HARRAP'S
SHORTER
Italian

**DICTIONARY
ENGLISH ITALIAN
ITALIAN ENGLISH**

```
IL NUOVO RAGAZZINI
DIZIONARIO
INGLESE - ITALIANO
ITALIANO - INGLESE
ZANICHELLI-HARRAP-U.S.A
0002876
```

HARRAP
London

ZANICHELLI
Bologna

Distributed in the United States by
PRENTICE HALL
New York

Published in Great Britain
by HARRAP BOOKS Ltd
Chelsea House, 26 Market Square, Bromley, Kent BR1 1NA

© *Nicola Zanichelli S.p.A., Bologna* 1984, 1989

Second edition
Reprinted 1990

All rights reserved. No part of this publication may be reproduced in any form or by any means without the prior permission of Harrap Books Limited.

ISBN 0 245-54837-8

In the United States, ISBN 0-13-383340-2
ISBN thumb-indexed edition 0-13-383357-7

Library of Congress Cataloging-in-Publication Data

Ragazzini, Giuseppe.
Il Nuovo Ragazzini Dizionario inglese-italiano italiano-inglese di Giuseppe Ragazzini. — 2a ed.
  p.   cm.
ISBN 0-13-383340-2 (plain edged) : $35.00 (est.).
ISBN 0-13-383357-7 (indexed) : $36.00 (est.).
1. Italian language — Dictionaries — English.
2. English language — Dictionaries — Italian.
   I. Title.

PC1640.R26 1990
453'.21 — dc20

89-72199
CIP

CONTENTS

page		
	4	Acknowledgement of compilers
	5	Publisher's introduction
	6	Notes on the content
	10	Phonetic symbols
	11	Abbreviations used in the dictionary
	12	Quick reference guide
15-1122		English-Italian section
1123-2062		Italian-English section

Appendices

2063	English acronyms, abbreviations, symbols
2078	English proper names
2081	English surnames
2088	English place names
2092	Main irregular verbs in English
2095	Italian acronyms, abbreviations, symbols
2106	Main irregular verbs in Italian

Tables of specialist terminology

2108	Cardinal numbers
2108	Ordinal numbers
2108	Mathematical signs
2109	Punctuation and special characters
2109	Chemical elements
2110	English monetary system
2110	American monetary system
2110	Weights and measures
2112	Military ranks
2113	Illustrated tables of nomenclature

This dictionary includes words that are, or are claimed to be, trademarks. In all cases where the registration is known to the Editor, the word 'marchio' (trademark) appears. Neither the presence nor absence of such designation should be regarded as affecting the legal status of any trademark.

Original title: *Il Nuovo Ragazzini* edited by Giuseppe Ragazzini and published by Nicola Zanichelli S.p.A. – Bologna

© 1984, 1989 Nicola Zanichelli S.p.A., Bologna
English edition © Harrap Books Ltd 1990

Translation of preliminary pages: Catherine Bruzzone, Multi Lingua, London
Typesetting of preliminary pages: Parker Typesetting Service, Leicester

All rights reserved. No part of this publication may be copied or reproduced, stored in a retrieval system or transmitted in any form or by any means (electronic, mechanical, photocopy, recording or otherwise) without the prior permission of the publishers.

Printing completed June 1990
by OFSA - Casarile, Milano
for Nicola Zanichelli Editore
Via Irnerio 34, Bologna

ACKNOWLEDGEMENT OF COMPILERS

Second edition

The plan for the revision was carried out, on behalf of the publisher, by Miro Dogliotti with the collaboration of Giuseppe Ragazzini.

Project director: Giuseppe Ragazzini

General revision and updating of the English-Italian section: Giuseppe Ragazzini with the collaboration of Alessandra Stefanelli, James R. Modrall and Giovanna Alessandrello Vitale and contributions from Roberta Balboni and Rosella Fiorentini Rocca.

General revision and updating of the Italian-English section: Adele Biagi with the collaboration of Giovanna Alessandrello Vitale and of Laurence McGrow, James R. Modrall and Alessandra Stefanelli and contributions from Renato Ferrari, Paul Bayley, Lucia Wildt, Rosella Fiorentini Rocca and Beata Lazzarini.

Phonetic transcription of the new English headwords: Antonio Luigi Pranzo.

Editorial: Roberta Balboni, Rosella Fiorentini Rocca, Beata Lazzarini.

Proof reading: Maria Rosa Biagi Oliva, Giovanna Mascellani.

Computerisation of the lexicographical data: Pier Francesco Bernardi; *lexicographical consultant:* Beata Lazzarini; *magnetic recording:* FIEM, Bologna; *text wordprocessing:* Elios, Trento, using the EDG-Zanichelli system; *automatic page make-up:* Honeywell-Zanichelli systems; *phototypesetting:* Lasercomp-Monotype.

Design: Raimondo Biscaretti, Giovanna Fiorillo. *Cover design:* Anna Zamboni. *Secretarial:* Gabriella Gelsomini.

Production: Edgardo Garaffoni, Mauro Stanghellini.

Editorial management: Alessandra Stefanelli.

First edition

Project director: Giuseppe Ragazzini.

Supervisors. English section: Giuseppe Ragazzini. *Italian section:* Adele Biagi and Giuseppe Ragazzini.

Editors. English-Italian section: Giuseppe Ragazzini. *Italian-English section:* Adele Biagi, Giuseppe Ragazzini, Camilla Roatta.

Contributors: Maria Antonini, Allan Bullock, Renato Ferrari, Andrew MacKenna, Lindsay Phillips. *Entries on botany and zoology:* Giovanna Bacchi; *nautical science:* Giorgio Castellani; *law:* Raffaele Nobili; *mathematics, physics, applied mechanics:* David Russi; *Phonetics:* James Burke, William Clyde, James Jenkins.

Editorial management: Anna Cimino.

INTRODUCTION

This new edition of the Nuovo Ragazzini, English-Italian Italian-English Dictionary *is designed for all those who need Italian and English for speaking, reading, writing and translating. It can be used for study, at work, for consulting documents, research and information, for travel and for literature. This second edition is a completely revised, updated and re-typeset version of the work which the publishers, Zanichelli, first issued in 1967. The* Nuovo Ragazzini *is therefore foremost amongst the modern, 'second generation', bilingual Italian-English dictionaries.*

During this revision, we have taken particular account of the needs of student beginners: firstly, through the choice of headwords and the scope of the dictionary, and secondly by making sure that the organization of the entries is clear, that the sections of the entry are easily recognizable, and that they are legible even to the least experienced users, or for quick reference. Nevertheless, we have never let the importance of clarity and legibility interfere with the necessity for a comprehensive and accurate treatment of the material. This is not, therefore, a dictionary aimed solely at language students, who are, with modern teaching methods, more likely to be studying by means of dialogue and communication rather than translation and use of the dictionary. It should however, with its unusually large selection of words and example phrases from the last hundred years or so, also satisfy the wider needs of those reading modern literature, or translating literary, scientific or technical material.

The inclusion of a large number of regionalisms and neologisms, literary and colloquial terms, and words and expressions from various scientific and technical disciplines, increases the value of the Nuovo Ragazzini *to the wider readership beyond education.*

Non-specialists, too, with a passion for language will be interested to discover the curious translations of the recent borrowings from English into Italian. A common example is lo smoking *(or* l'abito scuro*) which is the English* dinner jacket *and the American* tuxedo. *A less common example would be the expression* in tilt *commonly used in Italy for a malfunctioning electrical gadget, or figuratively, for a bewildered or confused person. This term does not derive directly from an English expression but from an imaginative interpretation of a warning notice which appears on pinball machines, called* flipper *in Italian – another example of a term with a completely different meaning in the English-speaking world.*

The inclusion of the new terms means that the number of headwords in the dictionary has increased from 100,000 to 128,000. The addition of new meanings and idiomatic expressions, has increased the number of pages from 1864 to 2144. The top and bottom margins of the page have also been reduced which gives a greater number of lines per column. All this means that the size of the dictionary has been enlarged overall by about 20%. This increase in size is the most obvious improvement of the new edition, but it is worthwhile pointing out certain other innovations which the reader will certainly find useful:

a) *The dictionary has been re-set using clear phototypeset characters which improve legibility.*
b) *The sections of those headwords with more than one part of speech are identified by a bold letter (***A, B, C***, etc.) which should help with dictionary search.*
c) *Each headword is positioned slightly out into the margin, which also helps quick reference.*
d) *At the back of the book, as well as the appendices containing acronyms, abbreviations, symbols and proper names of people and places, the reader can consult an array of lexical tables covering various scientific and technical fields (chemical elements, weights and measures, mathematic signs, military ranks, etc.).*
e) *In this reprint, 32 illustrated tables of nomenclature with bilingual captions have been added.*

This Nuovo Ragazzini *is the result of the careful and accurate work of numerous specialists, lexicographers and editors, whose names are listed opposite and to whom we offer our grateful thanks. We would like to thank, in particular:* Giuseppe Ragazzini, *who directed the whole work and was personally in charge of the English-Italian section, and who has given us the benefit of his twenty years' or more experience in general and specific lexicographical work;* Adele Biagi *who was in charge of the Italian-English section, revising and updating it more than once with her usual intelligent care;* Giovanna Alessandrello Vitale, Laurence McGrow, James R. Modrall *and* Alessandra Stefanelli *who were important lexicographical contributors to both sections.*

We are looking forward now to the reaction of our readers and hope that you will inform us about any gaps or errors you may find.

The Publishers

May 1984/November 1988

NOTES ON THE CONTENT

Choice and inclusion of words. This dictionary contains over 128,000 entries, including many Americanisms, the most commonly used technical terms, the most recent neologisms in both languages and a comprehensive list of scientific terms. Nevertheless, the user must be aware that as the compilers wanted to provide the maximum number of phrases and examples, some sacrifices had to be made and certain devices had to be used to gain space. So, in general, those English (or Italian) **adverbs** which are easily derived from their corresponding adjectives by adding the suffix *-ly* (or *-mente*) have not been listed in the dictionary. However, all those adverbs which present particular semantic difficulties are listed (typical examples: *actually* and *finally*, from English: 'certamente' and 'semplicemente', from Italian.

In English, if the **plural of nouns** is not noted (e.g. flower, diamond, episode) then this means that it is 'regular' and forms its plural by adding an *-s* (or *-es*). The plural form of an English noun is always noted: *a)* if it is 'irregular'; *b)* if there are two plural forms (e.g. leaf, fisherman, epithelium, fish); *c)* in the case of nouns which could be confusing (e.g. ditto, Iraqi, potato, etc.).

For **proper names** (names of people and places) the convention used is to include almost all those names which have the same spelling in the two languages in the special lists in the appendices (Ada, Adlai, Agricola, etc.; Aberdeen, Accra, Adelaide, Aden, Austria, etc.). Even in this case, however, an exception has been made for those proper names which are part of particular expressions (like *Africa* and *Africa del Sud*, *Arabia* and *Arabia Saudita*, *Asia* and *Asia Minore*, *Canossa* the place name and *andare a Canossa* to eat humble pie, *Lovelace* in its figurative sense, *Madonna* for *Madonna lily*, *Malacca* for *Malacca cane* and so on). Proper names of this type, therefore, will be found in the main sections in alphabetical order. For names from classical antiquity, preference has been given to those most frequently encountered, and in particular to those for which the English spelling differs from that of the Latin or Greek.

It has obviously been impossible to list all the **alternative forms** (augmentatives, diminutives, terms of endearment, pejoratives) which so enrich the Italian language. So words like 'bambolina, bamboletta, casetta, casina, casona, casaccia' and so on, will not be found. It is widely known how to deal with these in English and which adjectives to use to modify the noun appropriately. However, listed in the dictionary are words like 'banderuola, casupola, casella, casello, casino' and many other similar nouns, which have a quite independent meanings from the original unaltered headword.

For **adjectives** which are in effect past participles, cross-reference will be made to the verb from which they derive and examples and explanations will be given at the end of the entry. Here again, however, those adjectives (like 'perduto, perso, pervertito, piazzato, riservato, rotto, scoperto, sentito, sovraffollato, superaffollato', etc.) which for various reasons (omission of the verb, secondary meanings etc.) required, in our view, separate treatment, have been listed as headwords in their own right.

Lastly, it should be noted that in the Italian-English section all those **foreignisms** are included which seem now to have gained full acceptance through common usage in the Italian language. In particular, for words entering Italian from English without any spelling change, the following criteria have been adopted: those words which are not easily substituted by Italian words with equal meaning are listed (bulldog, beat, bluff, folk, doping, hovercraft, happening, play-off, pop, poker, rock-and-roll, soul, sport, surf, timer, etc.). Also listed are those words whose meaning differs, in a sense arbitrarily, from the original English meaning (flipper, footing, hostess, kart, night, pullman, smoking, tight, tilt, etc.).

Arrangement and order of terms. The dictionary lists as separate headwords, the so-called 'simple lexical items', that is plain and simple words which, when taken out of context, are considered as a single unit. This is obviously an arbitrary operation, carried out for practical reasons to create order from a collection of linguistic material. To make searching the dictionary easier, the order is alphabetical. Of course all the 'compound lexical items' have been included (compound nouns and verbs, etc.), and also the 'complex lexical items' – in other words idiomatic expressions (brief examples, compound and complex phrases, etc.). Compound lexical items can be found in the entry for the simple lexical item (in other words the headword or main entry) with which it shares the first component. Clearly the ideal solution for these compounds would be to give them their own placing within the general alphabetical order. This would be best for at least two reasons: a logical one (the expressions *to run down the street* and *to run down a child* have very little connection, not only with the verb *to run*, but also with each other), and a practical one (it would be much easier to search for the compound words, whether hyphenated or not). Unfortunately, this type of arrangement would significantly increase the size of the dictionary and make it less manageable and therefore less easy to consult. For this reason alone, this dictionary follows the normal convention of only listing the basic words in alphabetical order.

In the same way, to save space, **suffixes** are only treated under the entry of the words they modify and only the most common **prefixes** (*self*, *un*, etc.) are given a separate entry, which highlights their importance.

In the English-Italian section, therefore, the numerous **compound entries** (whether they be *hyphenated words* or not) are given under the headword of the first component (in other words, of the word which forms the first part), and sometimes also under the second component (the second part). So, *glass-blower, glass case, glass-cloth, glass-cutter*, etc. will be found under the headword *glass*; *go-by* and *go-off* under *go* (noun). However, the adjectives *go-ahead* and *go-as-you-please* are given as separate headwords, as are the nouns *go-between, go-cart* and *go-kart*. As these are a different part of speech, they are not normally found under the verb *to go* to which they logically belong. Also, anyone looking for compound words in English must be aware of the fact that the use of the hyphen in English is very uncertain and fluctuating and continuously evolving. (In American English in particular, there is a definite tendency for compound words to be written as one word, without the hyphen.) Compound words will therefore be found under the headword which corresponds to the first component. If not – perhaps because they are one word, without a hyphen – they will be listed as separate headwords in alphabetical order. This is not a problem with compound verbs (verbs followed by an adverbial particle) which are never written with a hyphen (except some past participles used as adjectives) and are therefore found in the appropriate section under the headword of the main verb. However, to make the spelling absolutely clear, a double hyphen (a hyphen at the end of one line and at the beginning of the next) is used when a hyphenated word is broken at the end of a line at the point of the hyphen.

Homonyms (words which are spelled the same way but have different meanings) are treated as separate entries especially if they have a different derivation. They are listed one after another and followed by a bold figure in brackets. Sometimes, particularly with fairly complex 'structural' words, they are broken down into several words, listed one after another and numbered as above.

For the **order within an entry**: each word is structured systematically according to morphological distinctions (noun, adjective, adverb, verb, transitive and intransitive, etc.) and then subdivided semantically (into various meanings). The basic meanings (or groups of meanings) are numbered in bold. The various meanings are often preceded by a brief Italian explanation (in italics, in brackets), and followed by the example phrases, given in one language and then translated into the other. When there are two or more parts of speech within one entry (for example *v.t.* and *v.i.*, *a.* and *n.*, etc.), the abbreviation of the part-of-speech label is preceded by a bold capital letter (**A, B, C**, etc.). The part of the entry preceded by a bullet (●) contains the special expressions: idiomatic, technical, proverbs and (in the English-Italian section) the compound nouns. All these are arranged in alphabetical order. The compound nouns have a double entry: first the compounds that have the headword as their first component and then those, fewer in number, with the headword as the second component. (Note that the order within the entry does not take into consideration the verbs *to be* and 'essere' and the definite and indefinite articles.) At the end of this section are all the phrases which are not applicable to any particular meaning of the headword and cannot be ordered alphabetically. At the very end, are the proverbs.

In the English-Italian section, the **verbs followed by an adverbial particle** (or the true compound verbs) are treated together with those which take the various prepositions. The two groups are combined into one, called for convenience 'compound verbs', and labelled with a bold letter like the various parts of speech. The entries under this combined group are numbered progressively from 1. (For example, the 'compounds' of the verb *to get* go from 1 to 26.) This numbering is therefore quite different from that used for the meanings of the transitive and/or intransitive main verb. This should make it much easier to consult the dictionary and find the correct term. Even though these two uses of the verb (prepositional and adverbial) appear under the same number, they are distinguished by using the different abbreviations *sb.* (*somebody*) and *st.* (*something*). So, found under *to get*, in section **C** *verbi composti* (compound verbs), number 20, will be first *to get over st.*, 'scavalcare, superare q.c.; riaversi da q.c.', and then *to get st. over*, 'liberarsi di q.c., togliersi il pensiero di q.c., ecc.'.

In the Italian section, the true reflexive verbs, the apparent reflexive verbs and the pronominal intransitives (verbs which all have the -si ending in common) can all be found under *v. rifl.*. A more precise grammatical analysis has been deliberately avoided to favour the bilingual aspect of the dictionary.

Finally, in the Italian-English section it should be noted that the last of the sections into which a complex English word is divided (the section preceded by the bullet point and which contains idiomatic expressions, compounds etc.) is often divided into two or three parts. These three parts are not listed at the end of the whole section but at the end of the particular entry for the part of speech. This is because while it is reasonably easy to decide on the part of speech of an Italian word, it is often quite difficult to categorise an English word so precisely. In some cases, such as 'forms ending in *-ing*', the categories are not comparable with those in Italian.

For a quick reference guide to these notes on the content, please turn to pages 12-13.

The phonetic transcription. To help with the correct pronunciation of the English words, each headword in the ENGLISH-ITALIAN section is followed by its phonetic transcription (in square brackets). A slightly modified version of the IPA (International Phonetic Alphabet) has been used (see the table on page 10). Of the various forms of English pronunciation, preference has been given to the so-called *received pronunciation*. This is broadly the pronunciation of educated people in Greater London and southern England but is also in use all over the British Isles. There is a transcription for all headwords, including, if they are pronounced differently, the various alternative spellings listed one after another, and the words which only refer to other headwords. This means that if pronunciation only is required, it can be found quickly and easily. As is well known, even with *received pronunciation*, many English words may be pronounced in various ways by different people, at different times. These various pronunciations, or at least the main ones, are usually listed in pronunciation dictionaries in order of their frequency of use. In this dictionary there is only one phonetic transcription, which must be taken as the most frequent good usage in England (and not in North America or other English speaking countries). The American pronunciation, however, has been included when it differs substantially from the British one.

The **stress** in the English headword is marked with an accent ['] before the stressed syllable. In the case of monosyllables where stress is not in doubt it is not marked. Many polysyllabic words have more than one stressed syllable and these are marked by ['] before the syllable with the main stress and [,] before the syllable or syllables with the secondary stress.

A restricted group of words (about 50) have a separate phonetic treatment. These consist of the words in very frequent use (articles, conjunctions, prepositions, personal pronouns, possessive adjectives, anomalous verb forms, etc.). With these words, their **'weak' forms** (i.e. the forms used in everyday speech) occur much more frequently than their **'strong' forms** (i.e. those used when the word is pronounced alone, out of context, or in an emphatic tone). These words have two or more phonetic transcriptions: the first represents the 'strong' form and the second (or subsequent ones) represents the 'weak' form (or 'weak' forms in decreasing order of frequency). For example: *must*, pronunciation [mʌst, məst].

Sometimes, certain **letters** in the phonetic transcription are printed **in italics**. This means that the corresponding sound is optional and it can be pronounced or left out. For the 'compound' symbols or digraphs ([tʃ], [dʒ]), if the transcription has the first letter in italics ([*t*ʃ], [*d*ʒ]), the symbol is split into two distinct symbols [tʃ] and [ʃ], [dʒ] and [ʒ]. To take as examples the words *launch, punch, mange* and *angel*: the word *launch* transcribed phonetically [lɔ:n*t*ʃ], can be pronounced either [lɔ:ntʃ] or [lɔ:nʃ]; the word *punch* [pʌn*t*ʃ], either [pʌntʃ] or [pʌnʃ]; the word *mange* [mein*d*ʒ], either [meindʒ] or [meinʒ]; and finally the word *angel* [ein*d*ʒəl], has as many as four pronunciations: ['eindʒəl], ['einʒəl], ['eindʒl] or ['einʒl].

We have already mentioned the **final 'linking r'** (symbol ★). This is not pronounced if the word is spoken on its own or followed by a word beginning with a consonant. It is pronounced if it is followed by a word beginning with a vowel. Taking, for example, the words *brother* ['brʌðə★] and *her* [hə:★, hə★]. in the hypothetical contexts outlined above we have *brother-in-law* ['brʌðərinlɔ:] ; *my brother and I* [mai|'brʌðər|ənd|'ai]; *Tell her I want her* [|telhər|ai|'wɒnt|hə(:)]; etc.

Another diacritic mark is the **colon** [:]. When this comes after the transcription for a vowel, it means that it differs qualitatively from the same transcription without the colon and is double the length. So *pull* [pul] is pronounced with a short, more 'open' 'u'; *pool* [pu:l] with a longer, more 'closed' 'u'. If it is in round brackets [(:)], it means that the preceding vowel can be pronounced either long or short, for example, *her* in the phrase above (*Tell her I want her*). Yet another diacritic mark is the **hyphen** which sometimes separates two transcription symbols. This means that the two symbols it divides must be considered as separate symbols and not as digraphs: *nightshade* ['nait-ʃeid], or they must be pronounced separately: *biplane* ['bai-plein], *outsize* ['aut-saiz].

Finally, the **phonetic transcription of inflected forms** of 'irregular' nouns (except compounds) and 'irregular' verbs is always given. These forms are, in fact, listed as separate headwords (with the appropriate cross-reference to the singular form or the infinitive). It is perhaps as well to remember that for compound nouns with *man* [mæn] (plural *men* [mən]), the pronunciation of the plural is generally the same as that of the singular (*countryman* ['kʌntrimən], *countrymen* ['kʌntrimən]), while compounds with *woman* ['wumən] the plural is pronounced like *women* ['wimin] (*countrywoman* ['kʌntri,wumən], *countrywomen* ['kʌntri,wimin]). For the three forms of the regular plural of nouns ([s], [z], [iz]), for the third person singular of most verbs and for the past and past participle of 'regular' verbs, ([t], [d], [id]), please refer to an English grammar. For the plural forms of nouns derived from Latin or Greek (scientific terminology, etc.), it is best to consult an English dictionary of phonetics.

In the ITALIAN-ENGLISH section, accents have been used for all the non-paroxytone words – words which do not have the stress on the penultimate syllable – and for those which, even though paroxytone, have the stress on a dipthong. The grave accent is also used to indicate an open vowel and an acute accent to indicate a closed vowel (on 'e' and on stressed 'o'). Unvoiced 's' is marked s and voiced 's' is marked ş. Unvoiced 'z' is marked z and voiced 'z' is marked ẓ.

The appendices. The dictionary is supplemented by various appendices: *a)* a substantial list of common abbreviations and acronyms commonly used in Great Britain and in the United States of America; *b)* a list of untranslatable English, American, Irish, etc. proper names (e.g. *Griffith*) or proper names which are invariable in the two languages (e.g. *Lavinia*); *c)* a selection of particularly interesting English, American, etc. surnames; *d)* a list of English place names which do not have Italian equivalents; *e)* a list of the main irregular verbs in English; *f)* a list of the most common abbreviations and acronyms used in Italy; *g)* a list of the main irregular verbs in Italian *h)* a quick reference guide to weights and measures and currency of Great Britain and the USA together with indices of other useful reference terminology (cardinal and ordinal numbers, mathematical signs, chemical elements etc.) with their equivalents in Italian; *i)* several pages of illustrated bilingual technical terminology covering 33 fields, including aeronautics, architecture, electronics, seamanship and theatre.

We sincerely hope that these long, but practical, notes on the content have been read with some care. Anyone who has only managed to glance through them should, before consulting the dictionary, try at least to read more carefully the list of abbreviations on page 11. Some of the abbreviations (like *m.* for masculine nouns and *f.* for feminine nouns) might otherwise seem somewhat obscure. At least one of the symbols, the asterisk, has a different function in the two sections. In the phonetic transcription of the English section, it denotes a final 'linking r'. In the Italian section it marks the translations of Italian headwords which are nouns with 'irregular' plurals and infinitives of 'irregular' verbs (except *to be* and *to have* which are too common and well known). It would also be useful to get to know all the other conventions used in the dictionary (like the use of brackets to indicate alternative or optional forms, etc.). For this, take a look at pages 12-13, which show a quick reference guide to the layout and organization of the entries.

Conclusion. The original work, which appeared in 1967, had a long period of development over a total of ten years. After nearly twenty years, we are pleased to present this second edition to the users. It has been enlarged by about 20% and methodically updated, revised and enriched with new headwords, subheadwords, examples and phrases. Many of the entries have been entirely restructured according to the most modern lexicographical criteria (clarity, availability, semantic frequency, space saving, etc.). We sincerely hope that the reader will find this dictionary a clear, flexible, and reliable source of reference and information.

This dictionary has also been the result of long and serious 'teamwork', planned, organized and overseen by the author. This time the editorial team has benefited from the invaluable contribution of new members whose names appear on the acknowledgements page. Amongst these, however, I would like to mention two in particular: Giovanna Alessandrello Vitale, a well-known lexicographer of considerable experience, who is held in the highest esteem, and Alessandra Stefanelli, who has coordinated the editorial work and whose competence, diligence and passion for the job throughout these years has been beyond measure. In addition, I would like to express my sincere gratitude to Paolo Valesio, Chairman of the Department of Italian Language and Literature at Yale University, who has kindly offered, on more than one occasion, acute lexical observations (idiomatic phrases and American neologisms, etc.) which are the fruit of his long experience of living and teaching in the United States. A warm thanks must also go to the Publisher, who has not only helped and encouraged us all, offering us the valuable support of his efficient organization but has also been generous with his managerial and technical involvement. A sincere thanks also to all those many people who have, over the years, given us their views and suggestions.

As a last word, I would like to finish with a quotation from the first great English lexicographer, Samuel Johnson, who took only eight years to complete his monumental work: "In this work, when it shall be found that much is omitted, let it not be forgotten that much likewise is performed" (from the *Preface* to the *Dictionary of the English Language*, 1755). If *parva licet*, to me a 'harmless drudge'!

G.R.

PHONETIC SYMBOLS

SYMBOLS

symbol   **examples**

(vowels)

symbol				
i:	bee [bi:]	he [hi:]	please [pli:z]	tree [tri:]
i	it [it]	is [iz]	pig [pig]	pin [pin]
e	bed [bed]	hen [hen]	pen [pen]	yes [jes]
æ	and [ænd]	cat [kæt]	hat [hæt]	man [mæn]
a:	car [ka:★]	large [la:dʒ]	park [pa:k]	father ['fa:ðə★]
ɔ	box [bɔks]	clock [klɔk]	dog [dɔg]	not [nɔt]
ɔ:	ball [bɔ:l]	fork [fɔ:k]	horse [hɔ:s]	wall [wɔ:l]
u	book [buk]	foot [fut]	full [ful]	look [luk]
u:	blue [blu:]	goose [gu:s]	fool [fu:l]	shoe [ʃu:]
ʌ	cup [kʌp]	duck [dʌk]	nut [nʌt]	up [ʌp]
ə:	bird [bə:d]	girl [gə:l]	sir [sə:★]	word [wə:d]
ə	a [ə]	the [ðə]	mother ['mʌðə★]	Saturday ['sætədi]

(dipthongs)

ei	name [neim]	plate [pleit]	table ['teibl]	train [trein]
ou	boat [bout]	go [gou]	goat [gout]	those [ðouz]
ai	eye [ai]	five [faiv]	fly [flai]	nine [nain]
au	cow [kau]	how [hau]	mouse [maus]	house [haus]
ɔi	boy [bɔi]	noise [nɔiz]	oil [ɔil]	toy [tɔi]
iə	dear [diə★]	ear [iə★]	here [hiə★]	near [niə★]
ɛə	care [kɛə★]	chair [tʃɛə★]	there [ðɛə★]	where [wɛə★]
uə	boor [buə★]	moor [muə★]	poor [puə★]	sure [ʃuə★]

(semi-vowels)

w	win [win]	wind [wind]	woman ['wumən]	away [ə'wei]
j	year [jiə★]	yes [jes]	yellow ['jelou]	you [ju:]

(consonants)

p	pen [pen]	pencil ['pensl]	pot [pɔt]	stop [stɔp]
b	boat [bout]	book [buk]	boy [bɔi]	husband ['hʌzbənd]
t	table ['teibl]	tree [tri:]	train [trein]	pot [pɔt]
d	day [dei]	dog [dɔg]	door [dɔ:★]	kind [kaind]
k	car [ka:★]	black [blæk]	cat [kæt]	clock [klɔk]
g	girl [gə:l]	go [gou]	good [gud]	egg [eg]
f	fish [fiʃ]	floor [flɔ:★]	foot [fut]	off [ɔf]
v	veil [veil]	very ['veri]	vowel ['vauəl]	seven ['sevn]
θ	thank [θæŋk]	thick [θik]	thin [θin]	mouth [mauθ]
ð	that [ðæt]	this [ðis]	then [ðen]	with [wið]
s	sit [sit]	sun [sʌn]	stone [stoun]	place [pleis]
z	zero ['ziərou]	zoo [zu:]	noise [nɔiz]	pens [penz]
ʃ	ship [ʃip]	shirt [ʃə:t]	shoe [ʃu:]	fish [fiʃ]
ʒ	leisure ['leʒə★]	measure ['meʒə★]	pleasure ['pleʒə★]	treasure ['treʒə★]
tʃ	chain [tʃein]	chair [tʃɛə★]	chin [tʃin]	church [tʃə:tʃ]
dʒ	jewel ['dʒu:əl]	jug [dʒʌg]	judge [dʒʌdʒ]	age [eidʒ]
h	hand [hænd]	head [hed]	hammer ['hæmə★]	hat [hæt]
m	man [mæn]	match [mætʃ]	mouth [mauθ]	him [him]
n	nail [neil]	name [neim]	nose [nouz]	pen [pen]
ŋ	king [kiŋ]	ring [riŋ]	sing [siŋ]	song [sɔŋ]
r	rat [ræt]	room [ru:m]	very ['veri]	around [ə'raund]
l	leaf [li:f]	leg [leg]	full [ful]	pull [pul]
x (1)	loch [lɔx]	och [ɔx]	Buchan ['bʌxən]	

SPECIAL SIGNS

'	(upper stress mark)	is the main stress mark and comes before the main stressed syllable
,	(lower stress mark)	is the secondary stress mark and comes before the secondary stressed syllable
:	(colon)	comes after the symbol for a vowel and indicates lengthening
(:)	(colon in brackets)	the lengthening is optional
★	(asterisk)	the end of a word, means a 'linking r' or vocalic glide
-	(hyphen)	marks the division between two phonetic symbols in a transcription
˘	(short syllable mark)	on the symbol for a vowel in a dipthong, means that that vowel is shorter than the other
'	(apex)	under a consonant (l, n), indicates its syllabic value (l, n)
~	(tilde) (2)	above a vowel, indicates a nasal sound

N.B. The letters in italics refer to an optional sound which can be pronounced or omitted. (For diacritic marks, see also *Notes on the content*.)

Notes: (1) This sound is found in Gaelic words (Irish and Scots).
       (2) The nasal sounds only occur in words of French origin.

ABBREVIATIONS USED IN THE DICTIONARY

a. = adjective, adjectives
abbr. = abbreviation; abbreviated
accr. = augmentative
aeron. = aeronautics
afferm. = affirmative; affirmation
agg. = adjective; adjectival
agric. = agriculture
anat. = anatomy
anglo-ind. = Anglo-Indian
arc. = archaic; archaism
archeol. = archaeology
archit. = architecture
art. = article, linked with article
A.-S. = Anglo-Saxon
ass. = insurance
astron. = astronomy
autom. = motor cars
avv. = adverb; adverbial

biol. = biology
Borsa = Stock Exchange
bot. = botany
bur. = officialese

card. = cardinal
cfr. = compare
chim. = chemistry
cinem. = film-making
collett. = collective
comm. = business, commercial
compar. = comparative
compl. = complement
condiz. = conditional
cong. = conjunction
contraz. = contraction
costr. = construction

def. = definition; definite
deriv. = derivative, derivatives
determ. = definitive
dial. = dialect
difett. = defective
dim. = diminutive
dubit. = doubtful

ecc. = etcetera
econ. = economics, economic
edil. = building industry
elab. = computing, information technology
elettr. = electricity
elettron. = electronics
enfat. = emphatic
es. = for example
escl. = exclamation, exclamative
espress. = expression
estens. = broader meaning
etc. = etcetera

f. = feminine; feminine noun
fam. = colloquial
farm. = pharmacy; pharmacological
femm. = feminine
ferr. = railways
fig. = figurative
filol. = philology
filos. = philosophy
fin. = finance, financial
fis. = physics
fon. = phonetics
fotogr. = photography

f. pl. = feminine plural noun
franc. = French; Frenchism, Gallicism

G.B. = Great Britain; England
generalm. = generally
geogr. = geography
geol. = geology
geom. = geometry
gramm. = grammar

idiom. = idiomatic
imper. = imperative
impers. = impersonal
ind. = industry
indecl. = indeclinable
indef. = indefinite
indic. = indicative
indir. = indirect
inf. = infinitive
infant. = baby-talk
ing. = engineering
ingl. = English; Anglicism
inter. = interjection
interr. = interrogative
invar. = invariable
irl. = Irish
iron. = ironic
irr. = irregular
ital. = Italian

lat. = Latin; Latinism
leg. = legal, law
lett. = literary
letter. = literature
letteralm. = literally
locuz. = idiom

m. = masculine; masculine noun
masch. = masculine
mat. = mathematics
mecc. = mechanics
med. = medicine
merid. = southern; southern Italian
metall. = metallurgy
mil. = military
min. = mining
miner. = mineralogy
miss. = rocketry, astronautics
mitol. = mythology
m. pl. = masculine plural noun
mus. = music, musical

n. = noun, nouns
naut. = nautical science, naval
neg. = negative; negation
neol. = neologism
n. pl. = plural noun
n. pr. = proper name
nucl. = nuclear
num. = numeral

ogg. = object
oland. = Dutch
ord. = ordinal
origin. = originally

part. = participle
pass. = past
pers. = person, personal
pitt. = painting

pl. = plural
poet. = poetic
polit. = political
pop. = popular, lay
poss. = possessive
p.p. = past participle
p.pr. = present participle
pred. = predicate; predicative
pref. = prefix
prep. = preposition
pres. = present
pron. = pronoun; pronominal
prov. = proverb; proverbial
psic. = psychology

q. = someone
q.c. = something
q.V., q.v. = see

radio = radio
rag. = accounting
recipr. = reciprocal
relat. = relative
relig. = religion, religious
retor. = rhetoric, rhetorical
rif. = referring to
rifl. = reflexive

sb. = somebody
scherz. = jocular
scient. = science, scientific
scozz. = Scots
scult. = sculpture
sett. = northern; northern Italian
sim. = analogy, analogies
sing. = singular
sogg. = subject
sost. = noun
spagn. = Spanish
specialm. = especially
spreg. = pejorative
st. = something
stat. = statistics
stor. = history, historical
suff. = suffix
superl. = superlative

teatr. = theatre, theatrical
tecn. = technology
ted. = German
tel. = telephony; telegraphy
telev. = television
tipogr. = printing
tosc. = Tuscan

USA = America, American; Americanism

v. = verb, verbs
V. = see
verb. = verbal
vet. = veterinary science
vezzegg. = form of endearment
v.i. = intransitive verb
vocat. = vocative
volg. = vulgar, common
v.rifl. = reflexive verb
v.t. = transitive verb

zool. = zoology

QUICK REFERENCE GUIDE

headword — **task** [ta:sk], *n.* compito; lavoro; incarico; dovere; mansione; impresa: **The teacher has given us an easy t.**, l'insegnante ci ha dato un compito facile; **an arduous t.**, un compito arduo; un'impresa difficile; **to set a t.**, assegnare un compito (*o* un incarico); **He has the t. of keeping the correspondence**, ha la mansione di tenere la corrispondenza. ● **t. bond**, indennità per prestazioni speciali □ (*mil., naut.*) **t. fleet**, flotta d'impiego □ **t.(-)force**, (*mil.*) task force; unità operativa; (*in G.B.*) squadra speciale (*della polizia*) □ (*ind.*) **t. management**, organizzazione funzionale □ **t. wage**, salario a cottimo □ **t. work**, lavoro a cottimo □ **to take sb. to t.** rimproverare q., richiamare (all'ordine) q.; trovare a ridire sul conto di q.

entry / **part-of-speech label** / **abbreviation of the headword**

headword (verb preceded by to) — **to taxi** ['tæksi], **A** *v. i.* **1** andare in taxi **2** (*d'aeroplano*) rullare (*sulla pista*) **3** (*d'idrovolante*) flottare. **B** *v. t.* trasportare in taxi.

numbered headwords with different meaning and/or derivation — **pod (1)** [pɔd], *n.* **1** (*bot.*) baccello; capsula; siliqua; guscio (*di pisello, ecc.*) **2** (*zool.*) bozzolo (*di baco da seta*) **3** (*pesca*) nassa; rete per anguille **4** (*aeron.*) contenitore sganciabile **5** (*miss.*) scomparto distaccabile (*d'astronave*).
pod (2) [pɔd], *n.* (*mecc.*) **1** portapunta (*di un trapano, ecc.*) **2** scanalatura; cava.

translations or equivalents / **usage and special field labels**

capital letters showing different parts of speech — **timber** ['tɪmbə*], **A** *n.* **1** legname (*specialm. da costruzione*) **2** alberi da legname **3** (*falegnameria*) tavolone; grossa trave **4** (*naut.*) ordinata **5** (*specialm. USA*) bosco; foresta **6** (*raro*) palizzata; steccato **7** (*fig.*) tempra; carattere; stoffa: **a man of his t.**, un uomo della sua tempra. **B** *inter.* caduta (dell'albero)!; fate largo! ● **t.-beam**, trave di legno □ **t.-frame**, tavolato □ (*naut.*) **t.-head**, testa di scaleno, monachetto; bitta □ **t. mill**, segheria □ (*scherz.*) **t.-toe(s)**, «gamba di legno» (*lo zoppo*) □ **t.-tree**, albero da legname; albero d'alto fusto □ **t.-work**, costruzione in legno □ **t.-yard**, cantiere; deposito di legname □ **building t.**, legname da costruzione □ (*fam., scherz.*) **Shiver my timbers!**, al diavolo!

special section, introduced by bullet point, listing compound words and idiomatic expressions

numbers showing different meanings of the headword — **plurality** [pluə'ræliti], *n.* **1** pluralità; molteplicità **2** (*gramm.*) l'essere (*al*) plurale **3** gran numero; moltitudine **4** (*relig.*) cumulo di benefici ecclesiastici **5** (*polit. USA*) maggioranza relativa; scarto di voti (*tra il candidato che ha ottenuto la maggioranza e il secondo*) **6** (*relig.*) V. **pluralism**. (*def. 2.*) ● (*leg.*) **p. of charges**, concorso di capi d'accusa □ **p. of offices**, cumulo d'incarichi.

small square mark separating expressions in the special section / **cross-reference to other headwords**

explanatory phrase — **to tickle** ['tɪkl], **A** *v. t.* **1** solleticare; fare il solletico a; titillare; vellicare; (*fig.*) allettare, lusingare, stimolare, stuzzicare: **Don't t. me**, non farmi il solletico!; **I was tickled by the proposal**, la proposta mi solleticò; **This will t. his palate**, ciò gli stuzzicherà l'appetito **2** prendere (*pesci*) con le mani: **We used to t. trout in the brook**, prendevamo le trote con le mani nel ruscello. **B** *v. i.* **1** fare solletico; dare prurito; pizzicare: **This vest tickles**, questa maglietta pizzica **2** prudere; avere il prurito; formicolare; pizzicare: **My foot tickles**, mi formicola un piede. ● (*fam.*) **to be tickled to death**, (*o* **to be tickled pink**), essere deliziato; andare in solluchero □ **The story tickled me**, trovai il racconto assai divertente (*o* eccitante, ecc.).

tiger ['taigə*], *n.* **1** (*zool., Panthera tigris: pl.* **tiger, tigers**) tigre (*anche fig.*): **Bengal t.**, tigre del Bengala **2** (*fam.*) rodomonte; smargiasso; spaccone **3** (*fam. USA*) grido finale (*dopo una salva di evviva*). ● (*zool.*) **t. beetle**, cicindela ▫ (*zool.*) **t.-cat**, (*Felis pardalis*) ozelot; gattopardo americano; (*Felis serval*) gattopardo africano; servalo ▫ **t. cub**, tigrotto ▫ (*miner.*) **t.('s)-eye**, occhio di tigre ▫ (*bot.*) **t. lily** (*Lilium tigrinum*), giglio cinese ▫ (*zool.*) **t. shark**, squalo tigre ▫ **t. wolf**, (*Crocuta crocuta*) iena maculata; (*Thylacinus cynocephalus*) lupo zebra ▫ **t.-wood**, legno pregiato (*esportato dalla Guyana*) ▫ (*fig., polit.*) **paper t.**, tigre di carta ▫ (*fig., fam.*) **to ride the t.**, cavalcare la tigre.

tassel ['tæsəl], *n.* **1** fiocco; nappa; fiocchetto; nappina **2** (*bot.*) pennacchio; infiorescenza staminifera; barba (*del granoturco*) **3** segnalibro (*a forma di fiocco*).

taste [teist], *n.* **1** gusto (*quasi in ogni senso*); sapore; buon gusto; predilezione; propensione; preferenza: **Sugar is sweet to the t.**, lo zucchero è dolce al gusto; **My t. has gone**, ho perso il (*senso del*) gusto; **It has no t.**, non ha sapore; è insapore; **She has a t. for music**, ha gusto per la musica; **a man of t.**, un uomo di buon gusto; **Your remark was in bad t.**, la tua osservazione fu di cattivo gusto; **the bitter t. of defeat**, il sapore amaro della sconfitta; **They have a t. for English literature**, hanno una propensione per la letteratura inglese **2** attitudine; disposizione; inclinazione: **He has no t. for business**, non ha attitudine agli affari **3** bocconcino; tantino; po' (*di q.c.*); assaggio (*di cibo*): **Will you have a t. of my ice cream?**, vuoi un po' del mio gelato? **4** (*cucina*) assaggio; degustazione **5** (*fig.*) saggio; campione: **In his writings he gives us a t. of his learning**, nei suoi scritti egli ci dà un saggio della sua erudizione. ● (*anat.*) **t. bud**, papilla gustativa ▫ **a t. for red ties**, una preferenza per le cravatte rosse ▫ (*anche fig.*) **to leave a bad t. in the mouth**, lasciare la bocca amara ▫ **Is it to your t.?**, è di tuo gusto? ▫ (*nelle ricette*) **Add salt to t.**, aggiungete sale a piacere ▫ (*prov.*) **Tastes differ** (*o* **There is no accounting for tastes**), tutti i gusti sono gusti; dei gusti non si discute.

trannie, tranny ['træni], *n.* (*fam.*) radio a transistor; radiolina (*fam.*).

commèssa, *f.* **1** (*di negozio*) shop girl; salesgirl; saleswoma*n; shop assistant; sales clerk (*USA*) **2** (*econ.: ordinazione*) (work) order: **una c. libraria**, a book order.

conclusióne, *f.* **1** (*di una trattativa, ecc.*) conclusion; settlement: **la c. della pace**, the conclusion of peace **2** (*deduzione*) conclusion; inference: **trarre la c.**, to draw the conclusion **3** (*fine, termine*) conclusion; end; ending: **la c. della questione**, the end of the affair; **Il libro non ha una vera c.**, the book hasn't got a proper ending **4** (*pl., leg.*) summing up **5** (*risultato*) result; issue: **portare una faccenda a una felice c.**, to bring matters to a successful issue. ● **in c.**, well; in short; to sum up; in conclusion: **In c., cosa te ne pare?**, well, what do you think of it?; **In c., volevo sapere che cosa gliene paresse**, in short, I wanted to know what he thought of it; **In c., abbiamo motivo di credere che le prove siano truccate**, to sum up, we have reason to believe that the evidence is faked ▫ **senza c.**, inconclusively.

English • Italian

a, A

A (1), a [ei, ə], *n.* (*pl.* **A's, a's; As, as**) **1** A, a (*prima lettera dell'alfabeto ingl.*) **2** (*mus.*) la (*nota e scala corrispondente*): **A flat**, la bemolle **3** votazione di «ottimo». ● **A-bomb**, bomba atomica □ (*aeron.*) **A-bomber**, bombardiere atomico □ (*tel.*) **a for Andrew** (*USA*: **a for Able**), a come Ancona □ **A level**, esame a livello superiore (*in G. B.: per accedere all'università e a vari college*) □ **A1**, (*di nave classificata nel Registro del Lloyd di Londra*) di prima classe; (*mil.*) idoneo; (*fam.*) ottimo, eccellente □ **from A to Z**, dall'A alla Z □ **vitamin A**, vitamina A.

a (2) [ei, ə], **an** [æn, ən], *art. indeterminativo* (**an** *è usato davanti a parola con suono iniziale vocalico*) **1** (*generalm.*) un, uno, una: **I see a boy, an ass and a horse**, vedo un ragazzo, un asino e un cavallo; **a ewe**, una pecora; **a ewer**, una brocca; **a university**, un'università; **a one-legged man**, un uomo con una gamba sola; **a jug**, una brocca; **a jewel**, un gioiello; **an honest man**, un uomo onesto; **an heir**, un erede; **a young girl**, una ragazzina **2** il, lo, la: **A dog is an animal**, il cane è un animale **3** (*deriv. dalla prep. A.-S. on*) al, allo, alla (*nel senso di: ogni*); per: **It costs five shillings a pound**, costa cinque scellini alla (*o* per) libbra **4** medesimo; stesso: **They are of an age (of a size)**, sono della stessa età (delle stesse dimensioni) **5** un certo; un tale: **Do you know a Mr Brown?**, conosci un certo Mr Brown? **6** (*prima di* **few, great, many, good many**, *e dopo* **what** *e* **many**, *è idiom.*): **a few tools**, alcuni arnesi; **a great (***o* **a good) many presents**, moltissimi regali; **what a shame!**, che peccato!; **what a disgrace!**, che vergogna!; (*lett.*) **many a man**, parecchi uomini.

a (3) [ə], *prep.* **1** (*deriv. dall'A.-S. of*) da: **St. Thomas a Becket**, San Tommaso da Becket **2** (*deriv. dall'A.-S. on*, *usata come pref.*) (*lett.*) **abed**, a letto; **aboard**, a bordo; **ashore**, a riva; **asleep**, addormentato; (*lett.*) **a-hunting**, a caccia; (*lett.*) **a-fishing**, a pesca.

A (4) [ei], *n. e a* (*film*) inadatto ai minori di 14 anni.
AA [ei'ei], *n. e a.* (*film*) vietato ai minori di 14 anni.
aardvark ['a:dva:k], *n.* (*zool.*, *Orycteropus afer*) oritteropo.
aardwolf ['a:dwulf], *n.* (*pl.* **aardwolves**) (*zool.*, *Proteles cristatus*) protele.
Aaron ['ɛərən], *n.* (*Bibbia*) Aronne. ● **A.'s rod**, (*Bibbia*) la verga d'Aronne. (*bot.*, *Verbascum thapsus*) tassobarbasso, verbasco.
aback [ə'bæk], *avv.* **1** (*arc.*) dietro; di dietro; all'indietro **2** (*naut.*) all'indietro; (*di vela*) a collo. ● **taken a.**, (*di nave*) colta da vento di prua; (*di persona*) colto alla sprovvista.
abacus ['æbəkəs], *n.* (*pl.* **abaci, abacuses**) **1** abaco, abbaco; pallottoliere **2** (*archit.*) abaco.
Abaddon [ə'bædən], *n.* **1** (*Bibbia*) Angelo dell'abisso **2** (*fig.*) inferno.
abaft [ə'ba:ft], *avv. e prep.* (*naut.*) a poppa; verso poppa; a poppavia: **a. the beam**, a poppavia del traverso.
to abandon [ə'bændən], **A** *v. t.* abbandonare; lasciare; rinunziare a: **The sailors had to a. the sinking ship**, i marinai dovettero abbandonare la nave che affondava; **to a. all hope**, lasciare ogni speranza; **Don't a. the attempt!**, non rinunziare al tentativo! ● (*leg.*) **to a. prosecution**, desistere da un'azione. **to abandon oneself (to) B** *v. rifl.* abbandonarsi (a); darsi (a): **When her son died, she abandoned herself to despair**, quando suo figlio morì, si abbandonò (*o* si diede) alla disperazione.
abandon [ə'bændən], *n.* **1** abbandono; effusione; slancio **2** licenza; dissolutezza; sfrenatezza; maniere troppo libere.
abandoned [ə'bændənd], *a.* **1** dissoluto: **an a. woman**, una donna dissoluta **2** sfrenato **3** abbandonato; desolato: **an a. village**, un villaggio desolato.
abandonee [ə,bændən'i:(:)], *n.* (*ass.*, *naut.*) cessionario dei diritti d'abbandono; abbandonatario.
abandonment [ə'bændənmənt], *n.* (*anche leg.*) abbandono; rinunzia **2** (*ass.*, *naut.*) abbandono: **notice of a.**, dichiarazione d'abbandono **3** abbandono; effusione; slancio ● (*leg.*) **a. of action**, desistenza da un'azione.
to abase [ə'beis], **A** *v. t.* **1** abbassare; umiliare: **God abases the proud**, Dio abbassa i superbi; **Whosoever exalteth himself shall be abased** (*Luca*, XIV,II), chi si esalta sarà umiliato **2** degradare. **to abase oneself B** *v. rifl.* umiliarsi; degradarsi: **He abased himself to the vilest practices**, si degradò sino a usare i mezzi più abietti.
abasement [ə'beismənt], *n.* **1** (*anche* **self-a.**) umiliazione **2** degradazione.
to abash [ə'bæʃ], *v. t.* confondere; intimidire; sconcertare; turbare.
abashed [ə'bæʃt], *a.* confuso; imbarazzato; sconcertato; turbato.
abashment [ə'bæʃmənt], *n.* confusione; turbamento.
abatable [ə'beitəbl], *a.* riducibile.
to abate [ə'beit], **A** *v. t.* **1** diminuire; alleviare; lenire; ridurre; ribassare: **This medicine should a. the pain**, questa medicina dovrebbe alleviare il dolore; **to a. prices**, ribassare i prezzi **2** porre fine a; eliminare: **to a. a nuisance**, eliminare un inconveniente **3** (*comm.*) detrarre; scontare **4** (*leg.*) annullare; cassare **5** (*fin.*) abbattere (*un reddito imponibile*). **B** *v. i.* diminuire; calmarsi; (*di acque*) abbassarsi: **The wind abated**, il vento si calmò. ● (*leg.*) **abated suit**, causa annullata.
abatement [ə'beitmənt], *n.* **1** diminuzione; lenimento; riduzione; (*comm.*) ribasso **2** (*comm.*) detrazione; sconto **3** (*leg.*) sospensione, estinzione (*di procedimento giudiziario*) **4** (*leg.*) riduzione **5** (*fin.*) abbattimento (*dell'imponibile*). ● (*fin.*) **an a. of taxes**, una riduzione delle imposte □ **Noise A. Society**, associazione per la lotta contro i rumori.
abatis ['æbətis], *n.* (*pl.* **abatis, abatises**) (*mil.*) abbattuta.
abattoir ['æbətwa:*] (*franc.*), *n.* macello; mattatoio.
abb [æb], *n.* (*ind. tessile*) trama dell'ordito.
abbacy ['æbəsi], *n.* abbazia (*titolo e beneficio ecclesiastico*).
abbatial [ə'beiʃəl], *a.* abbaziale; badiale.
abbess ['æbis], *n.* badessa.
abbey ['æbi], *n.* **1** abbazia; badia **2** chiesa (*già parte di abbazia*).
abbot ['æbət], *n.* abate.
to abbreviate [ə'bri:vieit], *v. t.* abbreviare. ● **abbreviated address**, indirizzo telegrafico.
abbreviation [ə,bri:vi'eiʃən], *n.* abbreviazione.
abbreviator [ə'bri:viətə*], *n.* abbreviatore.
ABC ['eibi:'si:], *n.* **1** (*anche fig.*) abbicci **2** orario ferroviario (*con le stazioni in ordine alfabetico*).
to abdicate ['æbdikeit], **A** *v. t.* abdicare a; rinunciare a. **B** *v. i.* abdicare.
abdication [,æbdi'keiʃən], *n.* abdicazione.
abdomen ['æbdəmen], *n.* (*anat.*) addome.
abdominal [æb'dɔminl], *a.* addominale.
abdominous [æb'dɔminəs], *a.* panciuto.
abducent [æb'dju(:)sənt], *a.* (*anat.*) abducente.
to abduct [æb'dʌkt], *v. t.* **1** rapire (*donna, bimbo*) **2** (*anat.*) abdurre.
abduction [æb'dʌkʃən], *n.* **1** (*leg.*) ratto, rapimento (*in genere di minore*); sequestro (*di persona*) **2** (*anat.*) abduzione.
abductor [æb'dʌktə*], *n.* **1** rapitore **2** (*anat.*) abduttore.
abeam [ə'bi:m], *avv.* (*naut.*) sul traverso; al traverso.
abecedarian [,eibi(:)si(:)'dɛəriən], **A** *a.* **1** ordinato alfabeticamente **2** (*fig.*) elementare. **B** *n.* (*USA*) **1** scolaro che impara l'alfabeto **2** maestro elementare **3** (*fig.*) principiante; novellino.
abed [ə'bed], *avv.* (*lett.*) a letto; sul letto.
Abel ['eibəl], *n.* Abele.
abele [ə'bi(:)l], *n.* (*bot.*, *Populus alba*) pioppo bianco; gattice.
abelmosk ['eibəlmɔsk], *n.* (*bot.*, *Hibiscus abelmoschus*) abelmosco.
aberdevine [,æbədə'vain], *n.* (*zool.*, *Carduelis spinus*) lucherino.
Aberdonian [,æbə'dounjən], **A** *a.* di Aberdeen. **B** *n.* abitante di Aberdeen.
aberrance [æ'berəns], **aberrancy** [æ'berənsi], *n.* aberrazione.
aberrant [æ'berənt], *a.* **1** (*zool.*, *bot.*) aberrante; atipico **2** anormale.
aberration [,æbə'reiʃən], *n.* (*med.*, *fis.*, *astron.*) aberrazione.

abet

to abet [ə'bet], *v. t.* **1** appoggiare; spalleggiare (*specialm. in attività criminose o illecite*) **2** (*leg.*) istigare, rendersi complice di (*un delitto*). ● (*leg.*) **to aid and a. sb.**, istigare q.; essere complice di q.
abetment [ə'betmənt], *n.* favoreggiamento; complicità.
abetter, abettor [ə'betə*], *n.* favoreggiatore; complice.
abeyance [ə'beiəns], *n.* (*leg.*) **1** sospensione temporanea, sospensiva (*di legge, regolamento*): **This law is in** (*o* **has fallen into) a.**, questa legge è in sospensiva **2** quiescenza **3** vacanza (*di eredità*). ● (*fig.*) **to be in a.**, essere messo da parte; essere lettera morta.
to abhor [əb'hɔ:*], *v. t.* aborrire; detestare; non poter soffrire.
abhorrence [əb'hɔrəns], *n.* aborrimento; avversione; ripugnanza.
abhorrent [əb'hɔrənt], *a.* **1** contrario (a); incompatibile (con); alieno (da); avverso **2** detestabile; disgustoso; odioso; ripugnante.
abidance [ə'baidəns], *n.* l'attenersi a (*una norma, ecc.*); osservanza.
to abide [ə'baid] (*pass. e p. p.* **abode**), *v. t.* **1** − **to a. by**, tener fede a; mantenere; attenersi a; rispettare: **You must always a. by your promises**, devi sempre tener fede alla parola data; **A good citizen abides by the law**, il buon cittadino rispetta la legge **2** (*in frasi neg. e interr.*) sopportare: **I cannot a. his rudeness**, non posso sopportare la sua scortesia **3** (*lett.*) aspettare; attendere.
abiding [ə'baidiŋ], *a.* (*lett.*) persistente; costante; duraturo. ● **law-a.**, rispettoso della legge.
Abigail ['æbigeil], *n.* **1** Abigaille **2** (*lett.*) domestica; ancella.
ability [ə'biliti], *n.* abilità; capacità; ingegno. ● **a. test**, test attitudinale □ (*fin.*) **a. theory**, teoria della capacità contributiva □ **I'll do it to the best of my a.**, ce la metterò tutta.
abiogenesis [,eibaiou'dʒenisis], *n.* (*pl.* **abiogeneses**) (*biol.*) abiogenesi.
abiogenetic [,eibaioudʒen'etik], *a.* (*biol.*) abiogenetico.
abject ['æbdʒekt], *a.* **1** abietto; spregevole **2** miserabile; vile. ● **in a. poverty**, nella più nera miseria.
abjection [æb'dʒekʃən], *n.* **1** abiezione **2** miseria; degradazione.
abjuration [,æbdʒuə'reiʃən], *n.* **1** abiura **2** ritrattazione.
to abjure [əb'dʒuə*], *v. t.* **1** abiurare **2** ritrattare; ripudiare.
ablactation [æblæk'teiʃən], *n.* (*med.*) divezzamento.
ablation [æb'leiʃən], *n.* (*med., geol.*) ablazione.
ablative ['æblətiv], *a. e n.* (*gramm.*) ablativo.
ablaze [ə'bleiz], *a. pred. e avv.* **1** in fiamme **2** (*fig.*) fiammeggiante; splendente: **The Christmas tree was a. with lights**, l'albero di Natale era splendente di luci **3** (*fig.*) acceso; infiammato: **His face was a. with enthusiasm**, il suo viso era acceso d'entusiasmo.
able ['eibl], *a.* **1** capace; abile; bravo **2** atto; idoneo **3** efficiente **4** (*leg.*) capace. ● **to be a. to** (*do* st.), potere, sapere; esser capace di, essere in grado di, riuscire a (fare q.c.).
able-bodied ['eibl'bɔdid], *a.* **1** robusto; sano; forte **2** (*mil.*) idoneo. ● **a.-bodied** (*abbr.* **A.B.**) **seaman**, marinaio scelto.
abloom [ə'blu(:)m], *a. pred. e avv.* (*lett.*) fiorito; in fiore.
ablush [ə'blʌʃ], *a. pred. e avv.* (*lett.*) soffuso di rossore.
ablution [ə'blu:ʃən], *n.* abluzione.
to abnegate ['æbnigeit], *v. t.* **1** negarsi (q.c.); rinunziare a **2** abiurare; rinnegare.
abnegation [,æbni'geiʃən], *n.* **1** rinuncia **2** (*anche* **self-a.**) abnegazione **3** abiura.
abnormal [æb'nɔ:məl], *a.* **1** anormale **2** (*fig.*) eccessivo: **a. profits**, profitti eccessivi **3** (*psic.*) subnormale: **a. children**, bambini subnormali.
abnormality [,æbnɔ:'mæliti], *n.* anormalità; deformità.
abnormally [,æb'nɔ(:)məli], *avv.* in modo anormale.
abnormity [æb'nɔ:miti], *V.* **abnormality**.
aboard [ə'bɔ:d], (*naut., aeron.*) **A** *avv.* a bordo. **B** *prep.* a bordo di: **We went a. the «Queen Mary»**, salimmo a bordo della «Queen Mary». ● **all a.!**, (*naut.*) tutti a bordo!; (*ferr.*) in carrozza!; in vettura! □ **close a.**, vicino a; accostato: **The two ships were close a.**, le due navi erano accostate □ **to go a.**, imbarcarsi □ **to take a.**, imbarcare.
abode (1) [ə'boud], *n.* (*lett.*) **1** dimora: **to take up** (*o* **to make) one's a.**, prendere dimora (*o* domicilio) **2** soggiorno; residenza.
abode (2) [ə'boud], *pass. e p. p.* di **abide**.
aboil [ə'bɔil], *a. e avv.* (*lett.*) bollente; in ebollizione.
to abolish [ə'bɔliʃ], *v. t.* abolire: **to a. a customs duty**, abolire un dazio doganale.
abolition [,æbə'liʃən], *n.* abolizione.
abolitionism [,æbə'liʃənizm], *n.* abolizionismo.
abolitionist [,æbə'liʃənist], *n. e a.* abolizionista.
abominable [ə'bɔminəbl], *a.* **1** abominevole; odioso; obbrobrioso **2** (*fam.*) pessimo; orribile: **an a. dinner**, un pranzo pessimo; **a. taste**, pessimo gusto. ● **the A. Snowman**, l'abominevole uomo delle nevi □ **a. weather**, tempo da lupi.
to abominate [ə'bɔmineit], *v. t.* **1** abominare; aborrire **2** (*fam.*)

detestare; non poter soffrire.
abomination [ə,bɔmi'neiʃən], *n.* **1** abominazione; aborrimento; abominio **2** (*fam.*) ripugnanza; disgusto. ● **to hold a thing in a.**, aborrire q.c. □ (*fam.*) **This tea is an a.**, questo tè è uno schifo.
aboriginal [,æbə'ridʒənl], *a. e n.* aborigeno; indigeno; originario.
aborigine [,æbə'ridʒini:], *n.* aborigeno.
to abort [ə'bɔ:t], *v. t. e i.* **1** abortire; far abortire **2** (*biol.*) atrofizzarsi; arrestarsi nello sviluppo **3** (*fig.*) abortire; fallire.
abort [ə'bɔ:t], *n.* (*fig.*) aborto. ● (*miss.*) **an a. launch**, un lancio abortito.
abortifacient [ə,bɔ:ti'feiʃənt], *a. e n.* (*med.*) abortivo.
abortion [ə'bɔ:ʃən], *n.* **1** aborto **2** (*biol.*) atrofizzazione.
abortionist [ə'bɔ:(ʃ)ənist], *n.* **1** chi procura aborti **2** abortista.
abortive [ə'bɔ:tiv], *a.* **1** (*med.*) abortivo **2** (*biol.*) rudimentale; malformato **3** (*fig.*) abortito; fallito; vano.
aboulia [ə'bu(:)liə], *n.* (*med.*) abulia.
aboulic [ə'bu(:)lik], *a.* (*med.*) abulico.
to abound [ə'baund], *v. i.* **1** abbondare; essere in abbondanza: **Fish no longer a. in the Adriatic**, non c'è più abbondanza di pesci nell'Adriatico **2** − **to a. in**, avere in abbondanza; essere ricco di. ● **He abounds in courage**, ha coraggio da vendere.
about (1) [ə'baut], *avv.* **1** intorno; attorno; qua e là; in giro: **It must be somewhere a.**, deve essere qui intorno, da qualche parte; **Don't leave your things lying a.**, non lasciare le tue cose in giro **2** dietro front: **He faced a.**, fece dietro front **3** quasi; circa; pressappoco: **She's just a. ready**, è quasi pronta; **It's a. two o'clock**, sono le due circa; **Give me a. twenty**, dammene una ventina. ● **a.-face**, voltafaccia (*anche fig.*); (*mil.*) dietro front; (*geogr.*) inversione del corso (*di un fiume*); (*naut.*) inversione di rotta □ **to a.-face**, fare un voltafaccia; (*mil.*) fare dietro front; (*naut.*) invertire la rotta □ **to a. leave**, sta per partire □ **a.-turn**, (*mil.*) dietro front; (*fig.*) voltafaccia □ **to a.-turn**, (*mil.*) fare dietro front; (*fig.*) fare un voltafaccia □ (*mil.*) **A. turn!**, dietro front! □ (*di notizia*) **to be going a.**, circolare, correre: **The news is going a. that...**, corre voce che... □ **to bring a.**, causare; fare accadere □ (*naut.*) **to bring a ship a.**, virare di bordo (in prua) □ **to come a.**, accadere; (*naut.*) virare di bordo (in prua) □ (*naut.*) **to go a.**, virare di bordo □ **to order a.**, dare ordini a destra e a sinistra: **He orders people a. as if he were a king**, dà ordini a questo e a quello come se fosse un re □ (*naut.*) **to turn a.**, invertire la rotta □ (*fam.*) **to be out and a.**, essere ristabilito e già al lavoro □ **to play a.**, gingillarsi □ **turn and turn a.**, uno dopo l'altro; a turno □ (*fam.*) **to be up a.**, essere già in piedi e in moto.
about (2) [ə'baut], *prep.* **1** circa; intorno a; di: **What can you tell me a. him?**, che cosa sai dirmi di lui? **2** per; intorno: **They were tired of walking a. the streets**, erano stanchi di camminare per le strade **3** addosso; con sé; in: **I haven't any money a. me**, non ho denaro con me; **There is something strange a. him**, c'è qualcosa di strano in lui. ● **Go a. your business**, va per i fatti tuoi □ **What** (*o* **how) a. going to the theatre?**, che ne diresti di andare a teatro? □ **What a. him?**, e lui? (*che ne è?*; *che ne facciamo?*; *che ha detto, fatto, ecc.?*) □ **What is he a.?**, che cosa sta facendo? □ (*fam.*) **He knows what he's a.**, sa il fatto suo □ **What a. it?**, e allora? □ **What is it all a.?**, di che si tratta?
above (1) [ə'bʌv], *avv. e a.* **1** sopra; di sopra; lassù (*in cielo*): **The stairway leads a.**, la scala porta di sopra; **See the notes a.**, vedi le note sopra **2** precedente; surriferito; surriportato: **Refer to the a. clause**, si faccia riferimento alla clausola sopra riportata. ● **a.-cited**, succitato; suddetto □ **a.-mentioned**, summenzionato; suddetto.
above (2) [ə'bʌv], *prep.* **1** sopra (*senza contatto*); al di sopra di: **The aeroplane was flying a. the clouds**, l'aeroplano volava sopra le nuvole; **All children a. six years of age must go to school**, tutti i bambini sopra i sei anni devono andare a scuola **2** oltre; a monte di: **We anchored two miles a. the village**, ci ancorammo due miglia a monte del villaggio **3** superiore (a); incapace (di); troppo difficile; più che, più di; sopra: **He is far a. his schoolfellows**, egli è di gran lunga superiore ai suoi compagni; **He is a. any form of dishonesty**, è incapace di qualsiasi disonestà; **This work is a. me**, questo lavoro è troppo difficile per me; **a. all**, più di tutto; soprattutto □ (*fam.*) **to be a. oneself**, sopravvalutarsi; reputarsi superiore agli altri □ (*fin.*) **a. par**, sopra la pari □ (*fin.*) **to be a. par**, fare aggio □ **a. zero**, sopra zero □ **to keep one's head a. water**, tener la testa a fior d'acqua; stare a galla (*anche fig.*).
above (3) [ə'bʌv], *pron.* (il) suddetto, (il) sunnominato.
above(-)board [ə'bʌv'bɔ:d], **A** *a. pred.* leale; aperto; chiaro; onesto: **If this business is not a.**, **I will have nothing to do with it**, se questo affare non è chiaro, non ci voglio avere nulla a che fare. **B** *avv.* lealmente; apertamente; onestamente.
abovestairs [ə'bʌv'stɛəz], **A** *avv.* al piano di sopra. **B** *n. pl.* (*col verbo al sing.*) il piano superiore.

abracadabra [ˌæbrəkə'dæbrə], *n.* **1** abracadabra **2** (*fig.*) linguaggio incomprensibile (*o* misterioso); gergo.
to abrade [ə'breid], *v. t.* abradere; raschiare; scorticare (*la pelle*).
Abraham ['eibrəhæm], *n.* Abramo. ● (*Bibbia*) **in A.'s bosom**, in paradiso con i propri antenati; in uno stato di beatitudine celeste.
abranchial [ə'bræŋkjəl], *a.* (*zool.*) abranchiato.
abranchian [ə'bræŋkjən], **abranchiate** [ə'bræŋkjət], *a.* e *n.* (*zool.*) (animale) abranchiato.
abrasion [ə'breiʒən], *n.* abrasione; raschiatura; scorticatura.
abrasive [ə'breiziv], *n.* e *a.* abrasivo. ● **a. cloth**, tela smeriglio.
abreast [ə'brest], *avv.* **1** affiancati per due (*o* tre, ecc.); fianco a fianco: **The soldiers advanced four a.**, i soldati venivano avanti affiancati per quattro **2** (*naut.*) al traverso; di fronte. ● **a. of** (*o* **a. with**), all'altezza di (*anche naut.*); di pari passo con □ **to come a. of sb.**, affiancarsi a q. □ **to keep a. of st.**, tenersi aggiornato (*o* informato) di q.c. □ (*naut.*) **line a.**, linea di fronte.
to abridge [ə'bridʒ], *v. t.* **1** compendiare; riassumere; ridurre: **abridged edition**, edizione ridotta **2** abbreviare; accorciare **3** (*leg.*) circoscrivere; limitare: **The rights of citizens are abridged in time of war**, i diritti dei cittadini vengono limitati in tempo di guerra.
abridg(e)ment [ə'bridʒmənt], *n.* **1** abbreviazione; compendio; riassunto **2** (*leg.*) riduzione, limitazione, restrizione (*di diritti, ecc.*).
abroach [ə'broutʃ], *a. pred.* (*di botte, barile*) forato (*per spillare il liquido*). ● **to set a cask a.**, spillare una botte.
abroad [ə'brɔ:d], *avv.* **1** all'estero: **Our firm is well known a.**, la nostra ditta è assai conosciuta all'estero **2** (*arc. o USA*) fuori; all'aperto; in giro: **There are few people a. today**, oggi c'è poca gente in giro **3** (*sport*) fuori casa; in trasferta: **a game a.**, una partita fuori casa. ● **to be a.**, essere fuori, all'estero; (*fig., arc.*) essere in errore, fuori strada; (*di notizia, diceria*) circolare, correre □ (*di notizie*) **to spread a.**, diffondersi; spargersi.
to abrogate ['æbrougeit], *v. t.* abrogare.
abrogation [ˌæbrou'geiʃən], *n.* abrogazione.
abrupt [ə'brʌpt], *a.* **1** improvviso; repentino: **a. death**, morte repentina **2** brusco; rude; sgarbato **3** erto; ripido; scosceso **4** slegato; sconnesso: **an a. style**, uno stile sconnesso **5** (*d'albero*) mozzo.
abruption [ə'brʌpʃən], *n.* improvviso distacco (*di una parte dal tutto*).
abruptly [ə'brʌptli], *avv.* **1** improvvisamente **2** bruscamente **3** a picco; ripidamente.
abruptness [ə'brʌptnis], *n.* **1** precipitazione **2** rudezza (*di modi, ecc.*) **3**. ripidezza **4** sconnessione, discontinuità (*di stile, ecc.*).
Absalom ['æbsələm], *n.* (*Bibbia*) Assalonne.
abscess ['æbsis], *n.* (*med.*) ascesso.
abscissa [æb'sisə], *n.* (*pl.* **abscissae, abscissas**) (*geom.*) ascissa.
abscission [æb'siʒən], *n.* (*med.*) escissione.
to abscond [əb'skɔnd], *v. i.* scappare; darsi alla latitanza; farsi uccel di bosco: **He absconded with the money**, scappò con il denaro. ● (*leg.*) **to a. from justice**, darsi alla latitanza; rendersi irreperibile.
absconder [əb'skɔndə*], *n.* (*leg.*) latitante.
absconding [əb'skɔndiŋ], *a.* (*leg.*) latitante.
absence ['æbsəns], *n.* assenza; mancanza: **in the a. of evidence**, in mancanza di prove. ● (*comm.*) **a. of consideration**, mancanza di copertura □ **a. of mind**, distrazione; l'essere con la mente altrove □ (*leg.*) **a. to appear**, mancata comparizione in giudizio; contumacia □ **leave of a.**, licenza; congedo.
absent ['æbsənt], *a.* assente. ● **a.-minded**, distratto; con la mente altrove □ **a.-mindedly**, distrattamente; con la mente altrove □ **a.-mindedness**, distrazione □ **a. without leave**, assente ingiustificato □ **in an a. way**, in modo distratto, assorto, svagato.
absentee [ˌæbsən'ti:], *n.* assente. ● **an a. landlord**, un proprietario terriero che non risiede nelle sue terre (e non se ne occupa).
absenteeism [ˌæbsən'ti(:)izəm], *n.* assenteismo.
to absent oneself [æb'sent wʌn'self], *v. rifl.* assentarsi; essere assente.
absinth(e) ['æbsinθ], *n.* assenzio.
absolute ['æbsəlu:t], *a.* **1** assoluto; completo: **a. dark**, buio completo **2** puro: **a. alcohol**, alcool puro **3** certo; reale; indiscusso: **It is an a. fact that the moon goes round the earth**, è un fatto indiscusso che la luna giri intorno alla terra **4** incondizionato: **An a. promise is sacred**, le promesse incondizionate sono sacre. ● (*filos.*) **the A.**, l'Assoluto □ (*leg.*) **a. impediment**, impedimento dirimente □ (*leg.*) **a. liability**, responsabilità incondizionata □ **a. monarchy**, monarchia assoluta □ (*econ.*) **a. monopoly**, monopolio perfetto □ (*leg.*) **a. right**, diritto incontestabile □ **He is an a. fool**, è un perfetto stupido □ **This is the a. limit!**, questo è il colmo!

absolutely ['æbsəlu:tli], *avv.* **1** assolutamente; completamente; del tutto; incondizionatamente **2** (*fam.*) certamente!; sicuro!; senz'altro! ● **to be a. right**, avere perfettamente ragione.
absoluteness ['æbsəlu:tnis], *n.* assolutezza.
absolution [ˌæbsə'lu:ʃən], *n.* assoluzione.
absolutism ['æbsəlu:tizəm], *n.* assolutismo; despotismo.
absolutist ['æbsəlutist], **A** *n.* assolutista. **B** *a.* assolutistico.
absolutory [æb'sɔlutəri], *a.* assolutorio.
absolvable [əb'zɔlvəbl], *a.* assolvibile.
to absolve [əb'zɔlv], *v. t.* **1** assolvere **2** sciogliere (*da una promessa*); liberare (*da un obbligo*).
to absorb [əb'sɔ:b], *v. t.* assorbire; assimilare; incorporare.
absorbability [əbˌsɔ(:)bə'biliti], *n.* capacità di essere assorbito.
absorbable [əb'sɔ(:)bəbl], *a.* assorbibile: che può essere assorbito.
absorbed [əb'sɔ(:)bd], *a.* **1** assorbito **2** (*fig.*) assorto; immerso: **He was a. in the study of Latin**, era immerso nello studio del latino.
absorbency [əb'sɔ(:)bənsi], *n.* capacità di assorbimento.
absorbent [əb'sɔ(:)bənt], *a.* e *n.* assorbente. ● (*USA*) **a. cotton**, cotone idrofilo.
absorber [əb'sɔ(:)bə*], *n.* assorbitore. ● (*autom.*) **shock-a.**, ammortizzatore.
absorbing [əb'sɔ(:)biŋ], *a.* **1** assorbente **2** avvincente; molto interessante: **an a. subject**, un argomento molto interessante.
absorbingly [əb'sɔ(:)biŋli], *avv.* in modo avvincente. ● **a. interesting**, sommamente interessante.
absorption [əb'sɔ:pʃən], *n.* **1** assorbimento; assimilazione; incorporazione **2** profondo interesse; dedizione: **A. in one's work is very important for success**, per avere successo, è assai importante la dedizione al proprio lavoro.
absorptive [əb'sɔ:ptiv], *a.* assorbente.
to abstain [əb'stein], *v. i.* astenersi (da q.c.).
abstainer [əb'steinə*], *n.* **1** chi si astiene **2** astemio. ● **total a.**, persona che si astiene da ogni sorta di bevande alcoliche.
abstemious [æb'sti:mjəs], *a.* **1** astemio **2** sobrio; temperante.
abstemiousness [æb'sti(:)mjəsnis], *n.* sobrietà; temperanza.
abstention [æb'stenʃən], *n.* astensione (*specialm. dal voto*).
to absterge [æb'stə(:)dʒ], *v. t.* astergere; detergere.
abstergent [æb'stə:dʒənt], *a.* e *n.* astergente; detergente.
abstersion [əb'stə:ʃən], *n.* astersione; detersione.
abstinence ['æbstinəns], **abstinency** ['æbstinənsi], *n.* astinenza; continenza: **total a.**, astinenza completa (*dalle bevande alcoliche*).
abstinent ['æbstinənt], *a.* astinente; sobrio.
abstract (1) ['æbstrækt], *a.* **1** astratto: **an a. noun**, un nome astratto **2** astruso. ● **the a.**, le idee astratte □ **in the a.**, in astratto.
abstract (2) ['æbstrækt], *n.* **1** riassunto; sommario **2** (*leg.*) estratto: **a. of record**, estratto di verbale; **a. of title**, estratto di un certificato di proprietà. ● (*banca*) **a. of account**, estratto (di) conto.
to abstract [æb'strækt], *v. t.* **1** (*chim.*) estrarre; ricavare **2** sottrarre; portar via di nascosto: **The dishonest clerk abstracted money from the safe**, l'impiegato disonesto sottrasse del denaro dalla cassaforte **3** astrarre; fare astrazione da **4** (*raro*) riassumere; compendiare.
abstracted [æb'stræktid], *a.* **1** distratto; preoccupato **2** (*chim.*) estratto; ricavato **3** (*arc.*) astratto.
abstractedness [əb'stræktidnis], *n.* **1** astrattezza **2** distrazione.
abstraction [æb'strækʃən], *n.* **1** (*chim.*) estrazione **2** sottrazione (*di denaro*) **3** (*arte, filos.*) astrazione **4** distrazione. ● (*leg.*) **a. of books**, sottrazione dei libri contabili.
abstractionism [æb'strækʃənizəm], *n.* (*arte*) astrattismo.
abstractionist [æb'strækʃənist], *n.* e *a.* (*arte*) astrattista.
abstractness [æb'stræktnis], *n.* astrattezza.
abstruse [æb'stru:s], *a.* astruso; difficile; recondito.
abstruseness [æb'stru(:)snis], *n.* astrusità; astruseria.
absurd [əb'sə:d], *a.* **1** assurdo; irragionevole **2** sciocco **3** ridicolo.
absurdity [əb'sə(:)diti], *n.* **1** assurdità **2** sciocchezza **3** ridicolaggine.
abulia [ə'bju:liə], *n.* (*med.*) abulia.
abulic [ə'bju(:)lik], *a.* (*med.*) abulico.
abundance [ə'bʌndəns], *n.* abbondanza.
abundant [ə'bʌndənt], *a.* abbondante. ● **a. in st.**, ricco di q.c.
to abuse [ə'bju:z], *v. t.* **1** abusare di; fare cattivo uso di: **Don't a. his kindness**, non abusare della sua gentilezza **2** ingiuriare; insultare **3** maltrattare; trattar male: **A good rider never abuses his horse**, un buon cavaliere non tratta mai male il suo cavallo.
abuse [ə'bju:s], *n.* **1** abuso; cattivo uso **2** ingiurie; insulti **3** pratiche non lecite **4** maltrattamenti. ● (*leg.*) **a. of blank cheque**, abuso d'assegno in bianco.
abusive [ə'bju:siv], *a.* **1** offensivo; ingiurioso **2** scurrile

abusiveness

3 abusivo.
abusiveness [ə'bju:sivnis], n. 1 illegalità 2 ingiuriosità (raro); insolenza 3 abusivismo.
to abut [ə'bʌt], v. i. 1 fare capo (a); confinare (con); essere a ridosso (di): **The church abutted on the Town Hall**, la chiesa era a ridosso del municipio 2 (archit.) appoggiarsi, poggiare (su) 3 (mecc.) attestarsi.
abutment [ə'bʌtmənt], n. 1 (archit.) spalla; piedritto 2 (archit.) appoggio 3 (mecc.) attestatura. ● (edil.) **a. stone**, copriferro.
abutter [ə'bʌtə], n. (leg.) proprietario di terreno limitrofo; confinante.
abutting [ə'bʌtiŋ], a. confinante; contiguo; adiacente.
abysm [ə'bizəm], n. (poet.) abisso.
abysmal [ə'bizməl], a. abissale (anche fig.). ● **a. ignorance**, ignoranza crassa.
abyss [ə'bis], n. 1 abisso 2 (cosmologia) caos originario.
abyssal [ə'bisəl], a. abissale.
Abyssinia [ˌæbi'sinjə], n. (geogr.) Abissinia.
Abyssinian [ˌæbi'sinjən], n. e a. abissino.
acacia [ə'keiʃə], n. 1 (bot., Acacia) acacia 2 (anche **gum** a.) gomma arabica. ● (bot.) **false a.** (Robinia pseudo-acacia), robinia.
academese [ˌækədə'mi:z], n. gergo accademico.
academic [ˌækə'demik], a. e n. accademico; universitario.
academical [ˌækə'demikəl], a. accademico.
academicals [ˌækə'demikəlz], n. pl. toga e tocco accademici.
academician [əˌkædə'miʃən], n. accademico (membro di un'accademia).
academicism [ˌækə'demisizəm], **academism** [ə'kædəmizəm], n. accademismo.
academy [ə'kædəmi], n. 1 accademia 2 scuola privata (a carattere aristocratico) 3 scuola secondaria. ● **a. of business**, istituto superiore di commercio □ **a. of music**, conservatorio □ **military a.**, accademia militare.
Acadia [ə'keidjə], n. (geogr.) Acadia (un tempo, regione corrispondente a New Brunswick e Nuova Scozia).
Acadian [ə'keidjən], n. e a. 1 (un tempo) (abitante) dell'Acadia (q.V.) 2 (geol.) acadiano.
acajou [ˈækəʒu:], n. (bot., Anacardium occidentale) acagiù.
acanthus [ə'kænθəs], n. (pl. **acanthuses, acanthi**) 1 (archit.) acanto 2 (bot., Acanthus) acanto.
acarids [ˈækəridz], n. pl. (zool., Acaridae) acaridi.
acarpous [æ'kɑ:pəs], a. (bot.) acarpo.
acarus [ˈækərəs], n. (pl. **acari**) (zool., Acarus) acaro.
acaulous [ˈæˈkɔ:ləs], a. (bot.) acaule.
to accede [æk'si:d], v. i. 1 accedere (a); acconsentire (a): **to a. to a proposal**, accedere a una proposta 2 assumere (una carica); salire (al trono) 3 entrare in possesso (di): **to a. to an estate**, entrare in possesso di un bene immobile 4 aderire (a): **to a. to a political party**, aderire a un partito politico.
acceding [æk'si:diŋ], a. aspirante; candidato. ● **the a. countries**, i paesi candidati (a un'organizzazione internazionale).
to accelerate [æk'seləreit], v. t. e i. accelerare. ● (econ.) **accelerated depreciation**, deprezzamento accelerato.
acceleration [ækˌselə'reiʃən], n. accelerazione.
accelerative [æk'selərətiv], a. accelerativo.
accelerator [æk'seləreitə*], n. (econ., chim., mecc.) acceleratore. ● (autom.) **a. pedal**, pedale dell'acceleratore.
accent [ˈæksənt], n. 1 accento; tono: **He speaks English with an Italian a.**, parla inglese con accento italiano 2 accento straniero 3 (fig.) rilievo; risalto; enfasi 4 (fon., mat.) apice. ● (fig.) **to place the a. on**, mettere in evidenza; sottolineare.
to accent [æk'sent], v. t. 1 accentare; mettere l'accento su 2 (fig.) accentuare; mettere in evidenza; dare risalto a; sottolineare.
accentual [æk'sentjuəl], a. 1 accentuativo: **Italian poetry is a.**, la poesia italiana è accentuativa 2 accentuale.
to accentuate [æk'sentjueit], v. t. 1 accentuare; dare risalto a; sottolineare 2 accentuare; pronunciare con enfasi 3 (fon.) accentare.
accentuation [ækˌsentju'eiʃən], n. accentuazione; (fig.) enfasi.
to accept [ək'sept], v. t. 1 accettare; accogliere: **I accepted his invitation**, accettai il suo invito; (comm.) **to a. a bill**, accettare una cambiale 2 accettare; tenere per buono (o per vero): **I cannot a. such a poor excuse**, non posso tenere per buona una scusa così misera. ● **an accepted truth**, una verità universalmente riconosciuta.
acceptability [əkˌseptə'biliti], n. accettabilità.
acceptable [ək'septəbl], a. 1 accettabile 2 soddisfacente 3 bene accetto; gradito.
acceptableness [ək'septəblnis], n. accettabilità.
acceptance [ək'septəns], n. 1 (anche comm.) accettazione; accoglienza: **in case of non-a.**, in caso di mancata accettazione 2 buona disposizione (ad accettare); benevolenza 3 approvazione. ● (comm.) **a. bill**, tratta documentaria □ **a. for honour** (o

supra protest), accettazione per intervento □ (fin.) **a. house**, istituto d'accettazione bancaria (in G.B.).
acceptation [ˌæksep'teiʃən], n. 1 approvazione; consenso 2 accezione; significato.
accepting [ək'septiŋ], a. (comm.) accettante. ● **a. house**, V. **acceptance house**.
acceptor [ək'septə*], n. (comm.) accettante.
access [ˈækses], n. 1 accesso; adito: **difficult of a.**, di difficile accesso; **I have a. to the library at any time**, ho accesso alla biblioteca in ogni momento 2 (anche med.) accesso; attacco: **an a. of fever**, un attacco di febbre; **in an a. of anger**, in un accesso di rabbia 3 aumento; accessione: **This book is a new a. to our library**, questo libro è una nuova accessione alla nostra biblioteca 4 (autom.) accesso; entrata. ● (autom.) **a. road**, rampa d'accesso; raccordo autostradale □ (autom.) **a. sign**, segnale di entrata □ **a. time**, tempo d'accesso (di un calcolatore) □ **No a. southwards**, manca l'accesso alla corsia sud (di un'autostrada).
accessary [æk'sesəri], V. **accessory**.
accessibility [ækˌsesi'biliti], n. accessibilità.
accessible [æk'sesəbl], a. 1 accessibile; avvicinabile; raggiungibile 2 aperto (a); capace (di): **He is not a. to pity**, non è capace di pietà.
accessibly [æk'sesəbli], avv. in modo da essere accessibile.
accession [æk'seʃən], n. 1 entrata (in carica); ascesa (al trono) 2 (anche leg.) accessione 3 assenso; adesione (a un partito, ecc.). ● **a. number of a book**, numero di accessione di un volume (in una biblioteca).
accessorial [ˌæksə'sɔ:riəl], a. 1 accessorio 2 (leg.) di complicità: **a. crime**, reato di complicità.
to accessorize [æk'sesəraiz], v. t. (specialm. USA) provvedere d'accessori.
accessory [æk'sesəri], n. e a. 1 accessorio: **the accessories of a motorcar**, gli accessori di un'automobile 2 (leg.) complice. ● (leg.) **a. after the fact**, favoreggiatore □ (leg.) **a. before the fact**, istigatore.
accidence [ˈæksidəns], n. (gramm.) morfologia.
accident [ˈæksidənt], n. incidente; accidente: **Be careful! An a. might happen**, sta' attento! potrebbe succedere un incidente. ● **a. insurance**, assicurazione contro gli infortuni □ **a. prevention**, prevenzione degli infortuni; (legislazione) antinfortunistica □ **by a.**, accidentalmente; per caso □ (ass.) **liability to** (o **number of**) **accidents**, sinistrosità □ **to meet with an a.**, avere un incidente.
accidental [ˌæksi'dentl], A a. 1 accidentale; fortuito 2 secondario. B n. accidente (anche mus.). ● (autom., elettr.) **a.-contact protection**, protezione anticontatto.
to acclaim [ə'kleim], n. acclamazione; applauso.
to acclaim [ə'kleim], v. t. acclamare.
acclamation [ˌæklə'meiʃən], n. acclamazione: **The proposal was carried by a.**, la proposta fu approvata per acclamazione.
to acclimate [ə'klaimit], V. **to acclimatize**.
acclimation [ˌækli'meiʃən], n. acclimazione; acclimatazione.
acclimatizable [əˌklaimə'taizəbl], a. acclimatabile.
acclimatization [əˌklaimətai'zeiʃən], n. acclimazione; acclimatazione.
to acclimatize [ə'klaimətaiz], v. t. e i. acclimare; acclimarsi; acclimatare; acclimatarsi.
acclivity [ə'kliviti], n. pendio; erta; salita.
acclivous [ə'klaivəs], a. erto; ripido.
accolade [ˌækə'leid], n. 1 (stor.) accollata; abbraccio 2 (fig.) approvazione (o lode) sperticata 3 (mus., tipogr.) graffa.
to accommodate [ə'kɔmədeit], v. t. 1 alloggiare; accogliere; ricevere: **This steamer can a. 500 passengers**, questo piroscafo può accogliere 500 passeggeri 2 adattare: **When in England, you will have to a. yourself to the English way of living**, quando sarai in Inghilterra, dovrai adattarti al sistema di vita inglese 3 fornire; dare; favorire: **Can you a. me with change for a ten-pound note?**, potete favorirmi del resto di un biglietto da dieci sterline? 4 conciliare; comporre: **to a. a quarrel**, comporre una lite.
accommodating [ə'kɔmədeitiŋ], a. accomodante; compiacente; servizievole. ● **a. movements**, trasferimenti d'oro e valuta all'estero (per sanare il deficit della bilancia dei pagamenti).
accommodation [əˌkɔmə'deiʃən], n. 1 alloggio; ricettività: **Hotel a. should be increased**, bisognerebbe aumentare la ricettività alberghiera 2 oggetti, attrezzature, strutture (utili o convenienti); comodità; posto (a sedere): **On an airplane, accommodations include seats and berths**, sugli aeroplani vi sono attrezzature quali i sedili e le cuccette 3 (ottica) accomodazione (dell'occhio) 4 adattamento; sistemazione 5 (anche leg.) compromesso; transazione; accordo; accomodamento. ● (comm.) **a. bill**, cambiale di favore (o di comodo) □ **a. for payment**, facilitazioni di pagamento □ (naut.) **a. ladder**, barcarizzo □ (USA) **a. train**, treno accelerato.
accommodative [ə'kɔmədeitiv], a. accomodante; arrendevole.
accompaniment [ə'kʌmpənimənt], n. 1 cosa che si accompagna

(a): **Famine is often an a. of war**, la carestia s'accompagna spesso alla guerra **2** (*mus.*) accompagnamento (*vocale o strumentale*).
accompanist [əˈkʌmpənist], *n.* (*mus.*) accompagnatore.
to accompany [əˈkʌmpəni], *v. t.* **1** (*anche mus.*) accompagnare **2** (*anche naut.*) scortare **3** (*fig.*) accompagnarsi a.
accomplice [əˈkɔmplis], *n.* (*leg.*) complice.
to accomplish [əˈkɔmpliʃ], *v. t.* **1** compiere; completare; portare a termine: **Did you a. your task?**, hai portato a termine il tuo compito? **2** compiere, aver passato (*una certa età*).
accomplished [əˈkɔmpliʃt], *a.* **1** compiuto: **an a. fact**, un fatto compiuto **2** compito; bene educato; raffinato **3** abile; esperto.
accomplishment [əˈkɔmpliʃmənt], *n.* **1** compimento; completamento **2** opera bene compiuta; risultato **3** abilità; qualità; dote; talento **4** compitezza. ● **Among her accomplishments were riding and fencing**, ella sapeva, fra l'altro, cavalcare e tirare di scherma.
to accord [əˈkɔːd], *v. t. e i.* **1** accordare; concedere **2** − (*di cose*) to a. with, accordarsi, concordare con: **That does not a. with what you said before**, questo non concorda con quello che hai detto prima **3** conciliare; metter d'accordo: **I cannot a. your words with your behaviour**, non mi riesce di conciliare le tue parole con il tuo comportamento.
accord [əˈkɔːd], *n.* **1** accordo; trattato (*fra nazioni*); armonia (*di suoni, colori, ecc.*) **2** accordo; consenso **3** (*mus.*) accordo. ● (*leg.*) **a. and satisfaction**, mutuo consenso □ **in a. with**, in conformità con; in armonia con □ **of one's own a.**, di propria iniziativa; spontaneamente □ **with one a.**, di comune accordo; all'unanimità.
accordance [əˈkɔːdəns], *n.* **1** concordanza **2** conformità (*specialm. nella frase:*) **in a. with**, in conformità con; in armonia con; secondo: **In a. with custom, football games are still played on Saturday afternoons in England**, secondo la consuetudine, le partite di calcio in Inghilterra si giocano ancora il sabato pomeriggio **3** concessione.
accordant [əˈkɔːdənt], *a.* che s'accorda (con); conforme (a).
according as [əˈkɔːdiŋ ˈæz], *cong.* secondo che: **You will be rewarded or punished a. as you are diligent or negligent**, sarai premiato o punito secondo che sarai diligente o negligente.
accordingly [əˈkɔːdiŋli], *avv.* **1** in conformità; di conseguenza: **He promised to leave at once, and acted a.**, promise di partire subito e agì in conformità **2** quindi; perciò.
according to [əˈkɔːdiŋ ˈtuː], *prep.* **1** secondo; in base all'autorità di: **a. to the Bible**, secondo la Bibbia **2** secondo; in conformità con: **a. to plan**, secondo i piani; **a. to what we decided**, secondo quanto abbiamo stabilito; (*fam.*) **a. to one's lights**, secondo i propri lumi (*fig.*) **3** secondo; in rapporto con; in proporzione di: **You will be paid a. to the quality of your work**, sarai pagato secondo la qualità del tuo lavoro.
accordion [əˈkɔːdjən], *n.* (*mus.*) fisarmonica.
accordionist [əˈkɔːdjənist], *n.* (*mus.*) fisarmonicista.
to accost [əˈkɔst], *v. t.* avvicinare; abbordare (*per strada*); rivolgere la parola a (q.); attaccar discorso con: **I was accosted by a stranger**, fui avvicinato da uno sconosciuto.
accost [əˈkɔst], *n.* approccio; abbordo; parole di approccio.
accostable [əˈkɔstəbl], *a.* abbordabile; accostabile.
accouchement [əˈkuːʃmənt] (*franc.*), *n.* parto; degenza per parto.
account [əˈkaunt], *n.* **1** (*anche comm.*) conto; acconto; resa dei conti: **I have a current a. with the Westminster Bank**, ho un conto corrente presso la Westminster Bank; **deposit a.**, conto di deposito; **profit and loss a.**, conto profitti e perdite; **to open an a. with**, aprire un conto con; **on a.**, in acconto; **to bring** (*o* **to call**) **to a.**, chiamare alla resa dei conti; **to cast accounts**, fare i conti; **money of a.**, moneta di conto (*cioè che esiste di nome e non di fatto, come la ghinea*); **to settle an a.**, saldare un conto; **to square accounts with sb.**, sistemare i conti con q. **2** resoconto; relazione; rapporto: **Will you give me an a. of what happened?**, vuoi farmi un resoconto dell'accaduto? **3** ragione; causa; motivo: **on no a.**, per nessun motivo; **on a. of**, a causa di; **on this a.**, per questo motivo; **on his a.**, per causa sua; per amor suo; per lui conto; profitto; vantaggio; tornaconto: **on a. of**, per conto di; **on one's own a.**, per conto proprio; a proprio vantaggio; **to turn st. to a.**, trarre profitto da q.c.; volgere q.c. a vantaggio; **to find one's a. in**, trovare il proprio tornaconto in **5** importanza; valore; considerazione: **of no a.**, senza importanza; **to make little a. of**, dare poca importanza (*o* valore) a; **to take into a.**, prendere in considerazione; tener conto di; **to take no a. of** (*o* **to leave out of a.**), non tenere in alcuna considerazione; **to hold in some a.**, tenere in qualche conto **6** (*Borsa*) liquidazione; termine **7** (*rag.*) esercizio **8** (*econ.*) bilancia: **the long-term capital a.**, la bilancia dei capitali a lungo termine **9** (*pl., rag.*) scritture contabili; contabilità. ● (*comm.*) **a. books**, libri dei conti; libri contabili □ (*banca*) **a. current**, conto corrente □ (*Borsa*) **a. day**, giorno di liquidazione □ **accounts**

department, reparto contabilità □ (*banca*) **accounts payable** (**receivable**), cambiali in pagamento (all'incasso) □ **a. sale**, vendita a credito □ (*comm.*) **a. sales**, conto vendite (*a provvigione*) □ **by all accounts**, a detta di tutti □ **on all accounts**, sotto ogni aspetto □ **to give a good a. of oneself**, farsi onore.
to account [əˈkaunt], *v. t. e i.* **1** ritenere; considerare: **He was accounted a teacher of ability**, era reputato un docente di grande capacità **2** − **to a. for**, rendere conto di; spiegare: **His poverty accounts for his stinginess**, la sua povertà spiega la sua avarizia; **You shall a. for every penny you spend**, renderai conto di ogni penny che spendi **3** − **to a. for**, dar conto di; giustificare: **Can he a. for his actions?**, può dar conto delle sue azioni? **4** − **to a. for**, distruggere; spacciare; uccidere: **The anti-aircraft accounted for five enemy planes**, la contraerea distrusse cinque aerei nemici **5** − **to a. for**, scontare; pagare: **He will a. for his crime**, sconterà il suo delitto **6** − **to a. for**, gravare, influire, incidere su: **Oil imports a. for 30 per cent of the trade deficit**, le importazioni di petrolio incidono per il 30% sul disavanzo commerciale.
accountability [əˌkauntəˈbiliti], *n.* **1** responsabilità **2** l'essere spiegabile (*o* giustificabile).
accountable [əˈkauntəbl], *a.* **1** responsabile; che è tenuto a render conto: **He is not yet a. for his actions**, non è ancora responsabile delle sue azioni **2** spiegabile; giustificabile.
accountableness [əˈkauntəblnis], *V.* **accountability**.
accountably [əˈkauntəbli], *avv.* comprensibilmente; per ovvi motivi: **He was a. reticent**, per ovvi motivi, era reticente.
accountancy [əˈkauntənsi], *n.* ragioneria: **A. is a science, while bookkeeping is an art**, la ragioneria è una scienza, mentre la contabilità è un'arte.
accountant [əˈkauntənt], *n.* **1** ragioniere: **chartered a.** (*USA:* **certified public a.**), ragioniere iscritto all'albo **2** (*fam.*) commercialista; fiscalista. ● **A. and Comptroller General**, Ragioniere Generale dello Stato.
accountantship [əˈkauntəntʃip], *n.* lavoro (*o* posto) di ragioniere.
accounting [əˈkauntiŋ], *n.* contabilità. ● **a. data**, dati contabili □ **a. department**, amministrazione (*l'ufficio*) □ **a. machine**, macchina contabile □ (*rag.*) **a. period**, esercizio □ **There's no a. for his behaviour**, il suo comportamento è inspiegabile.
to accoutre, (*USA:*) **to accouter** [əˈkuːtə*], *v. t.* **1** (*mil.*) equipaggiare **2** (*per estens.*) equipaggiare; attrezzare.
accoutrement, (*USA:*) **accouterment** [əˈkuːtəmənt], *n.* **1** (*mil.*) equipaggiamento (*armi e uniformi escluse*) **2** (*per estens.*, *di solito al pl.*) equipaggiamento.
to accredit [əˈkredit], *v. t.* accreditare; registrare a credito; rendere credibile; fornire di credenziali: **Mr A. was accredited Ambassador to London**, il Sig. A. fu accreditato ambasciatore a Londra.
accreditation [əˌkrediˈteiʃən], *n.* accreditamento.
accredited [əˈkreditid], *a.* **1** accreditato **2** tenuto per vero; riconosciuto. ● (*leg.*) **the a. party**, l'accreditato.
accrete [æˈkriːt], *a.* cresciuto (*per concrezione*).
to accrete [æˈkriːt], *v. i.* concrescere; crescere insieme; aderire.
accretion [æˈkriːʃən], *n.* **1** concrescenza; concrezione **2** aggiunta; aumento. ● (*leg.*) **a. by alluvion**, accrescimento per alluvione.
accrual [əˈkruːəl], *n.* (*fin.*) accumulazione; maturazione.
to accrue [əˈkruː], *v. i.* **1** risultare; provenire; derivare: **Great honour accrued to him from his bravery**, grande onore derivò a lui dal suo comportamento valoroso **2** (*fin.*) accumularsi; maturare: **accrued interest**, interessi maturati.
to acculturate [əˈkʌltʃəreit], **A** *v. t.* acculturare. **B** *v. i.* acculturarsi.
acculturation [əˌkʌltʃəˈreiʃən], *n.* acculturazione.
to accumulate [əˈkjuːmjuleit], *v. t. e i.* accumulare, accumularsi; ammassare, ammassarsi; mettere insieme (*per gradi*): **He accumulated great wealth**, mise insieme una grossa fortuna. ● (*fin.*) **accumulated profit**, utile reinvestito □ (*fin.*) **accumulated surplus**, plusvalenza.
accumulation [əˌkjuːmjuˈleiʃən], *n.* **1** accumulazione **2** cumulo; mucchio **3** collezione; raccolta **4** (*fin.*) aumento del capitale (*con il concorso dell'interesse capitalizzato*).
accumulative [əˈkjuːmjulətiv], *a.* **1** cumulativo **2** avido.
accumulator [əˈkjuːmjuleitə*], *n.* **1** chi accumula, accumulatore; accaparratore **2** (*elettr., elettron., mecc.*) accumulatore.
accuracy [ˈækjurəsi], *n.* accuratezza; esattezza; diligenza; precisione.
accurate [ˈækjurit], *a.* accurato; esatto; diligente; preciso.
accursed [əˈkɔːsid], *a.* **1** maledetto **2** esecrando; detestabile.
accusable [əˈkjuː(ː)zəbl], *a.* accusabile.
accusal [əˈkjuː(ː)zəl], *n.* (*raro*) accusa.
accusation [ˌækju(ː)ˈzeiʃən], *n.* **1** (*anche leg.*) accusa **2** atto d'accusa; incriminazione. ● **to bring an a. against sb.**, accusare q.

accusative [ə'kju:zətiv], *a.* e *n.* (*gramm.*) accusativo.
accusatorial [ə,kju(:)zə'tɔ(:)riəl], *a.* (*leg.*) accusatorio: **a. procedure**, procedura accusatoria.
accusatory [ə'kju:zətəri], *a.* **1** (*leg.*) accusatorio: **the a. system**, il sistema accusatorio **2** di accusa: **a. words**, parole di accusa.
to accuse [ə'kju:z], *v. t.* accusare; incriminare.
accused [ə'kju:zd], *a.* e *n.* (*leg.*) accusato. ● **a. confessed guilty**, reo confesso.
accuser [ə'kju:zə*], *n.* (*anche leg.*) accusatore.
to accustom [ə'kʌstəm], **A** *v. t.* abituare; avvezzare. **to accustom oneself to B** *v. rifl.* abituarsi a: **You must a. yourself to keeping your promises**, devi abituarti a mantenere le promesse.
accustomed [ə'kʌstəmd], *a.* **1** abituato; avvezzo: **He was a. to sleeping after lunch**, era abituato a dormire dopo colazione **2** abituale; consueto; solito: **He spoke with a. ease**, parlò con la facilità che gli era consueta. ● **to get a. to doing st.**, abituarsi a fare q.c.
ace [eis], *n.* **1** asso (*anche fig.*); campione: **a basketball ace**, un campione di basket **2** (*aeron., mil.*) asso **3** (*golf*) buca in uno **4** (*tennis*) servizio vincente. ● (*fig., fam.*) **an ace in the hole** (*o* **up one's sleeve**), un asso nella manica □ **to be within an ace of**, essere sul punto di (*o* a un pelo da) □ **to be within an ace of death**, essere in pericolo di morte □ **I was within an ace of confessing**, poco ci mancò che confessassi.
acephalous [ə'sefələs], *a.* (*zool., metrica*) acefalo.
acerbity [ə'sə:biti], *n.* **1** acerbità **2** (*fig.*) acredine; asprezza.
acerose ['æsərous], *a.* (*bot.*) aceroso; aghiforme.
acervate [ə'sə(:)vit], *a.* (*bot.*) acervato.
acescence [ə'sesəns], *n.* (*chim.*) acescenza.
acescent [ə'sesənt], *a.* (*chim.*) acescente.
acetabulum [,æsi'tæbjuləm], *n.* (*pl.* **acetabula, acetabulums**) (*anat.*) acetabolo.
acetate ['æsiteit], *n.* (*chim.*) acetato.
acetated ['æsi,teitid], *a.* (*chim.*) acetato.
acetic [ə'si:tik], *a.* (*chim.*) acetico.
acetification [ə,setifi'keiʃən], *n.* (*chim.*) acetificazione.
to acetify [ə'setifai], *v. t.* e *i.* acetificare, acetificarsi.
acetone ['æsitoun], *n.* (*chim.*) acetone.
acetous ['æsitəs], *a.* (*chim.*) acetoso.
acetyl ['æsitil], *n.* (*chim.*) acetile.
acetylene [ə'setili:n], *n.* (*chim.*) acetilene.
Achaean [ə'ki(:)ən], *a.* e *n.* (*stor. greca*) acheo, achea.
to ache [eik], *v. i.* **1** (*specialm. di testa, denti, orecchie, pancia*) dolere, far male ● essere indolenzito: **After sleeping on the ground, I ached all over**, dopo aver dormito per terra, ero tutto indolenzito **3** — (*fam.*) **to a. for**, desiderare ardentemente; morire dalla voglia di.
ache (1) [eik], *n.* dolore persistente; male (*specialm. di testa, denti, orecchie, pancia*): **headache**, mal di testa; **stomachache**, mal di pancia.
ache (2) [eitʃ], *n.* acca; lettera h.
achene [ə'ki(:)n], *n.* (*bot.*) achenio.
Acheron ['ækərɔn], *n.* (*mitol.*) Acheronte.
achievable [ə'tʃi:vəbl], *a.* conseguibile; raggiungibile.
to achieve [ə'tʃi:v], *v. t.* **1** compiere; portare a termine **2** conseguire; ottenere; raggiungere (*uno scopo*): **You will a. your ambition if you work hard**, otterrai ciò cui ambisci se lavorerai sodo.
achievement [ə'tʃi:vmənt], *n.* **1** risultato (*positivo*); conquista; scoperta; impresa: **My uncle was awarded the Nobel prize for his scientific achievements**, a mio zio fu assegnato il premio Nobel per le sue scoperte scientifiche **2** compimento; conseguimento: **It was impossible of a.**, era impresa che non era possibile portare a compimento **3** rendimento (*scolastico*) **4** (*araldica*) arme; stemma.
Achilles [ə'kili:z], *n.* Achille: (*fig.*) **Achilles' heel**, il tallone di Achille; (*anat.*) **Achilles' tendon**, il tendine di Achille.
achoo [ə'tʃu:], (*USA*) *V.* atishoo.
achromatic [,ækrou'mætik], *a.* (*fis.*) acromatico.
achromatism [ə'kroumətizm], *n.* (*fis.*) acromatismo.
to achromatize [ə'kroumətaiz], *v. t.* (*fis.*) acromatizzare.
acid (1) ['æsid], *n.* **1** (*chim.*) acido **2** (*pop.*) LSD (*dietilammide dell'acido lisergico*); acido; allucinogeno. ● (*mus.*) **a. rock**, rock duro □ **a. test**, prova dell'acidità, prova con la cartina al tornasole; (*fig.*) prova del fuoco □ **a. tester**, acidimetro □ (*pop.*) **a. trip**, «viaggio con l'LSD».
acid (2) ['æsid], *a.* **1** (*chim.*) acido **2** acido; aspro; acre **3** (*fig.*) caustico; mordace; pungente.
acidhead ['æsid,hed], *n.* (*pop.*) chi si droga con l'LSD (*o* con altre droghe); tossicodipendente; tossicomane.
acidification [æ,sidifi'keiʃən], *n.* (*chim.*) acidificazione.
acidifier [ə'sidifaiə*], *n.* (*chim.*) acidificatore.
to acidify [ə'sidifai], *v. t.* e *i.* acidificare, acidificarsi.
acidimeter [,æsi'dimitə*], *n.* (*chim.*) acidimetro.

acidimetry [,æsi'dimitri], *n.* (*chim.*) acidimetria.
acidity [ə'siditi], *n.* **1** acidità **2** (*fig.*) causticità.
acidly ['æsidli], *avv.* acidamente; in modo pungente (*o* caustico).
acidosis [,æsi'dousis], *n.* (*pl.* **acidoses**) (*med.*) acidosi.
to acidulate [ə'sidjuleit], *v. t.* (*chim.*) acidulare. ● **acidulated drops**, caramelline acidule (*al limone*).
aciduous [ə'sidjuləs], *a.* acidulo.
aciform ['æsifɔ(:)m], *a.* (*bot.*) aghiforme.
aciniform [æ'sinifɔ(:)m], *a.* (*bot., zool.*) aciniforme.
acinose ['æsinous], *a.* (*anat.*) acinoso.
acinus ['æsinəs], *n.* (*pl.* **acini**) (*bot., anat.*) acino.
to acknowledge [ək'nɔlidʒ], *v. t.* **1** riconoscere; ammettere **2** attestare l'autenticità di: **He acknowledged the contract**, attestò l'autenticità del contratto **3** ammettere; dichiarare (*di aver ricevuto q.c.*). ● **to a. a gift**, esprimere la propria gratitudine per un dono ● (*comm.*) **to a. receipt**, accusare ricevuta □ **He acknowledged my greetings**, dette segno di aver visto che lo avevo salutato (*cioè, rispose al mio saluto*) □ **He acknowledged me with a nod**, mi salutò con un cenno del capo.
acknowledg(e)ment [ək'nɔlidʒmənt], *n.* **1** (*anche leg.*) riconoscimento; ammissione **2** riconoscenza: **in a. of**, in segno di riconoscenza per **3** dichiarazione (*di ricevuta*); ricevuta **4** dono, regalo (*in segno di riconoscenza*): **An a. came in the morning mail**, con la posta del mattino arrivò un piccolo dono **5** attestazione.
aclinic [ə'klinik], *a.* acline. ● (*geofisica*) **a. line**, equatore magnetico.
acme ['ækmi], *n.* acme (*punto più alto*); culmine; crisi (*in una malattia*): **the a. of one's hopes**, il culmine delle proprie speranze.
acne ['ækni], *n.* (*med.*) acne.
acock [ə'kɔk], *avv.* (*di cappello*) alla sgherra; sulle ventitré.
acolyte ['ækəlait], *n.* **1** accolito (*anche fig.*); novizio **2** chierico.
aconite ['ækənait], *n.* (*bot., Aconitum napellus*) aconito; napello.
aconitine [ə'kɔniti:n], *n.* (*chim.*) aconitina.
acorn ['eikɔ:n], *n.* ghianda. ● (*zool.*) **a.-shell** (*Balanus*), balano.
acotyledon [æ,kɔti'li:dən], *n.* (*bot.*) acotiledone.
acotyledonous [æ,kɔti'li(:)dənəs], *a.* (*bot.*) acotiledone.
acoustic [ə'ku:stik], *a.* acustico. ● (*mus.*) **a. bass**, basso armonico □ (*anat.*) **a. duct** (*o* **a. meatus**), canale (*o* condotto) uditivo □ (*naut.*) **a. mine**, mina acustica.
acoustical [ə'ku:stikəl], *a.* acustico. ● (*radio*) **a. feedback**, retroazione acustica.
acoustician [,ækus:'tiʃən], *n.* tecnico del suono.
acoustics [ə'ku:stiks], *n. pl.* **1** (*parte della fis.*; *col verbo al sing.*) acustica **2** (*qualità acustiche*; *col verbo al pl.*) acustica.
acoustoelectronics [ə,ku:stouilek'trɔniks], *n. pl.* (*col verbo al sing.*) acustoelettronica.
to acquaint [ə'kweint], *v. t.* informare; mettere al corrente; rendere edotto: **to a. sb. with st.**, informare q. di q.c. ● **to a. oneself with**, imparare; familiarizzarsi con □ **to be acquainted with**, conoscere: **I have often heard of him, but I am not acquainted with him**, ne ho sentito spesso parlare, ma non lo conosco di persona □ **to become acquainted with sb.**, fare la conoscenza di q.
acquaintance [ə'kweintəns], *n.* **1** conoscenza: **to make sb.'s a.**, fare la conoscenza di q. **2** conoscente: **I have many acquaintances but few friends**, ho molti conoscenti ma pochi amici.
acquaintanceship [ə'kweintənʃip], *n.* **1** conoscenza **2** (*collett.*) conoscenti; cerchia di conoscenze.
acquest [æ'kwest], *n.* **1** acquisto **2** (*leg.*) beni acquisiti (*non ereditati*).
to acquiesce [,ækwi'es], *v. i.* essere acquiescente; acconsentire (*senza grande entusiasmo*); accettare (*senza far rimostranze*): **The other members acquiesced in his resignation**, gli altri soci accettarono senza protestare le sue dimissioni.
acquiescence [,ækwi'esns], *n.* (*anche leg.*) acquiescenza; tacito consenso.
acquiescent [,ækwi'esnt], *a.* **1** acquiescente; tacitamente consenziente **2** condiscendente; remissivo.
acquirable [ə'kwaiərəbl], *a.* acquisibile; acquistabile.
to acquire [ə'kwaiə*], *v. t.* acquisire; acquistare; procurarsi; farsi (*il nome, la fama*): **an acquired taste**, un gusto acquisito; **He has acquired a reputation for honesty**, si è fatto la rinomanza di essere un uomo onesto. ● (*miss.*) **to a. a target by radar**, trovare un bersaglio col radar □ **to a. a taste for st.**, imparare ad apprezzare q.c.
acquirement [ə'kwaiəmənt], *n.* **1** acquisizione (*di nozioni, ecc.*) **2** (*pl.*) risultati (*conseguiti*); successi **3** (*pl.*) doti, qualità (*acquisite*).
acquisition [,ækwi'ziʃən], *n.* **1** acquisizione **2** acquisto: **He is a valuable a. for the team**, egli è un buon acquisto per la squadra.
acquisitive [ə'kwizitiv], *a.* desideroso di acquisire; avido. ● **an a. society**, una società che pensa solo ai beni materiali.
to acquit [ə'kwit], *v. t.* **1** (*leg.*) assolvere; prosciogliere: **to a. a**

person of a crime, prosciogliere uno dall'accusa di aver commesso un delitto **2** saldare, pagare (*un debito*) **3** liberare, esonerare (*da un obbligo, da un dovere*). ● **to a. oneself of a duty**, adempiere un dovere □ **to a. oneself well (ill, etc.)**, assolvere un compito bene (male, ecc.); comportarsi bene (male, ecc.).

acquittal [ə'kwitl], *n.* **1** (*leg.*) assoluzione; proscioglimento **2** adempimento, assolvimento (*di un compito, di un dovere*) **3** saldo (*di un debito*) **4** sgravio (*di coscienza*).

acquittance [ə'kwitəns], *n.* **1** remissione; pagamento (*di un debito*) **2** quietanza; ricevuta.

acre ['eikə*], *n.* **1** acro (*misura di superficie, pari a 4046 mq*) **2** (*pl.*) terreni; proprietà. ● **God's a.**, il camposanto.

acreage ['eikəridʒ], *n.* superficie in acri (*di un terreno*).

acrid ['ækrid], *a.* (*anche fig.*) acre; aspro; pungente; molesto.

acridity [æ'kriditi], *n.* acredine; asprezza.

acrimonious [,ækri'mounjəs], *a.* aspro; astioso; acrimonioso.

acrimony ['ækriməni], *n.* acrimonia; asprezza; astiosità.

acrobat ['ækrəbæt], *n.* (*anche fig.*) acrobata.

acrobatic [,ækrə'bætik], *a.* acrobatico.

acrobatically [,ækrə'bætikəli], *avv.* in modo acrobatico.

acrobatics [,ækrə'bætiks], *n. pl.* **1** acrobazie: **mental a.**, acrobazie mentali **2** (*col verbo al sing.*) acrobatismo **3** (*aeron.*) acrobazie.

acrobatism ['ækrəbætizəm], *n.* acrobatismo.

acronym ['ækrənim], *n.* acronimo.

acropolis [ə'krɔpəlis], *n.* acropoli; cittadella.

across (1) [ə'krɔs], *avv.* **1** da un lato all'altro; da una parte all'altra; in larghezza: **The river is two miles a.**, il fiume misura due miglia in larghezza **2** dall'altra parte: **You'll be soon a.**, sarete presto dall'altra parte **3** diagonalmente; in diagonale; di traverso. ● **to go a.**, andare (*o* passare) dall'altra parte □ **He was standing with his arms a.**, stava in piedi a braccia incrociate.

across (2) [ə'krɔs], *prep.* **1** attraverso (*nel senso della larghezza*) **2** dall'altra parte (di); oltre; di là (di): **There is a wood a. the river**, c'è un bosco oltre il fiume ● **a.-the-board**, generale; indiscriminato □ **a. the (English) Channel**, oltremanica □ **a. the Iron Curtain**, oltrecortina □ **a. the ocean**, oltreoceano □ **to come** (*o* **to run**) **a. sb.**, imbattersi in q. □ **to come a. st.**, trovare q.c. per caso: **I came a. an interesting book in a bookstall**, ho trovato per caso un libro interessante su una bancarella □ **to get a. sb.**, litigare con q. □ **to get st. a. to sb.**, far capire qc. a q. □ **to go a. st.**, attraversare, traversare q.c. □ **to run a. the street**, attraversare di corsa la strada.

acrostic [ə'krɔstik], *n.* e *a.* (*poesia*) acrostico.

acrylate ['ækrileit], *n.* (*chim.*) **1** acrilato **2** resina acrilica.

acrylic [ə'krilik], *a.* (*chim.*) acrilico: **a. resin**, resina acrilica. ● (*ind. tessile*) **a. fibres**, fibre acriliche.

act [ækt], *n.* **1** atto; azione: **act of faith**, atto di fede; **in the act of doing st.**, nell'atto di fare q.c. **2** (*teatr.*) atto **3** legge (*approvata dal Parlamento, dal Congresso o da un tribunale*): **the Abolition of Slavery Act**, la legge per l'abolizione della schiavitù **4** (*leg.*) documento; atto **5** (*teatr.*) numero di varietà **6** (*un tempo*) tesi di laurea **7** (*fig.*) posa; atteggiamento. ● (*leg.*) **act of bankruptcy**, atto di fallimento (*in G.B.*) □ (*leg.*) **act of God**, causa di forza maggiore □ **act of oblivion**, indulto □ (*leg.*) **Act of Parliament**, provvedimento legislativo; legge □ (*leg.*) **in the act**, in flagrante; sul fatto □ (*teatr.*) **one-act play**, atto unico □ **to put on an act**, fare la commedia □ **His first act was to fling the window open**, la prima cosa che fece fu spalancare la finestra.

to act [ækt], *v. t.* e *i.* **1** agire: **The time has come to act**, è venuta l'ora di agire **2** comportarsi: **to act like a fool**, comportarsi da stupido; **to act one's age**, comportarsi da persona adulta (*e non da bambino*) **3** (*mecc.*) funzionare: **The brakes of my car act too quickly**, i freni della mia automobile hanno un funzionamento troppo immediato **4** (*teatr.*) recitare; rappresentare; fare (*una parte*); impersonare: **to act Macbeth**, rappresentare il Macbeth; impersonare Macbeth **5** recitare; fingere; fare la commedia: **I had a feeling that the boy was acting**, avevo l'impressione che il ragazzo fingesse. ● **to act as**, agire da (*in qualità di*) □ **to act the fool**, fare lo stupido □ **to act for**, fungere da, sostituire; (*comm.*) rappresentare, agire per conto di □ **to act in bad faith**, agire in malafede □ **to act on**, agire su; aver effetto su □ **to act on advice**, agire in base ai consigli ricevuti □ **to act out**, tradurre in pratica (*un progetto, ecc.*) □ (*fam.*) **to act up**, fare i capricci; funzionare male □ **to act up to one's reputation**, comportarsi all'altezza della propria reputazione.

actable ['æktəbl], *a.* (*teatr.*) rappresentabile; recitabile.

acting (1) ['æktiŋ], *n.* **1** rappresentazione; recitazione **2** finzione; commedia (*fig.*) **3** (*mecc.*) funzionamento. ● **a. copy**, copione (*per gli attori*) □ **a. version of a play**, riduzione per la scena di un dramma (*già dato alle stampe*) □ **double-a. machine**, macchina a doppio effetto □ **single-a. machine**, macchina a effetto unico.

acting (2) ['æktiŋ], *a.* facente funzione (di); incaricato; reggente;

delegato; interinale: **a. headmaster**, preside incaricato; **a. manager**, facente funzione di direttore (*in un'azienda*). ● (*leg., comm.*) **a. partner**, socio accomandatario.

actinia [æk'tinjə], *n.* (*pl.* **actiniae, actinias**) (*zool.*, *Actinia*) attinia; anemone di mare.

actinic [æk'tinik], *a.* (*fis., fotogr.*) attinico: **a. ray**, raggio attinico.

actinism ['æktinizm], *n.* (*chim.*) attinismo; attinicità.

actinium [æk'tiniəm], *n.* (*chim.*) attinio.

action ['ækʃən], *n.* **1** azione (*anche nel senso di:* effetto; intreccio *di opera letteraria o drammatica*); combattimento; azione giudiziaria: **a man of a.**, un uomo d'azione; **the a. of drugs on man**, l'azione degli stupefacenti sull'uomo; (*mil., leg.*) **to break off an a.**, sospendere un'azione; (*mil.*) **to put out of a.**, mettere fuori combattimento; **to clear for a.**, prepararsi al combattimento; **a. station**, posto di combattimento **2** moto, movimento, funzionamento (*di macchinario, organizzazione, ecc.*); parti meccaniche (*di pianoforte, fucile, ecc.*): **The machines are now in a.**, le macchine sono in moto, ora **3** mimica; gesti (*di attore, oratore*) **4** (*arte*) movimento **5** (*leg.*) azione legale; causa; querela; processo. ● (*leg.*) **a. at law**, azione giudiziaria □ (*leg.*) **a. for recovery**, azione di regresso □ (*telev., sport*) **a. replay**, ripetizione □ (*mil.*) **A. stations!**, ai posti di combattimento! □ (*leg.*) **a. upon a bill**, azione cambiaria □ (*leg.*) **to bring** (*o* **to take**) **an a. against sb.**, far causa a q.; querelare q.; intentare processo contro q. □ (*mecc.*) **engine in full a.**, motore funzionante a pieno regime □ (*comm.: di lettere*) **for a.**, in evidenza □ (*mil.: di reparti, armi*) **to go into a.**, entrare in azione □ **killed in a.**, ucciso in combattimento □ **line of a.**, linea di condotta; (*mecc.*) linea dei contatti □ **out of a.**, fermo; guasto □ (*mil.*) **to see a. for the first time**, ricevere il battesimo del fuoco □ **to take a.**, mettersi in moto (*o* all'opera); prendere provvedimenti.

to action ['ækʃən], *v. t.* (*leg.*) far causa a; querelare.

actionable ['ækʃnəbl], *a.* (*leg.*) perseguibile (*a termini di legge*).

to activate ['æktiveit], *v. t.* **1** (*chim.*) attivare; rendere attivo **2** organizzare (*un ufficio, una formazione militare, ecc., così da metterli in grado di funzionare*) **3** (*fis.*) rendere radioattivo.

activation [,ækti'veiʃən], *n.* (*chim.*) attivazione.

active ['æktiv], *a.* **1** attivo (*in tutti i sensi*); sveglio: **an a. brain** (*o* **mind**), una mente sveglia **2** fattivo; effettivo: **I need a. help**, mi occorre un aiuto fattivo; (*mil.*) **to be on the a. list**, essere in servizio effettivo. ● (*leg., comm.*) **a. partner**, socio effettivo; socio accomandatario □ (*poker*) **a. player**, chi è (rimasto) in gioco; chi ci sta (*fam.*) □ (*mil.*) **to be on a. service**, essere in zona d'operazioni.

activism ['æktivizm], *n.* (*filos., polit.*) attivismo.

activist ['æktivist], *n.* (*filos., polit.*) attivista.

activity [æk'tiviti], *n.* attività (*in tutti i sensi*).

to activize ['æktivaiz], *v. t.* attivare; rendere attivo.

actor ['æktə*], *n.* attore; commediante.

actress ['æktris], *n.* attrice; commediante.

actual ['æktjuəl], *a.* **1** reale; vero; effettivo: **an a. fact**, un fatto vero; **a. cost**, costo effettivo **2** (*raro*) attuale. ● (*sport*) **a. play**, gioco effettivo □ (*econ.*) **a. prices**, prezzi reali □ (*mat.*) **a. value**, valore attuale □ **a. words**, parole testuali □ (*comm.*) **in a. cash**, in contanti □ **in a. fact**, in effetti; in realtà.

actualism ['æktjuəlizm], *n.* (*filos.*) attualismo.

actualist ['æktjuəlist], *n.* (*filos.*) attualista.

actuality [,æktju'æliti], *n.* **1** realtà **2** (*pl.*) fatti veri; condizioni reali **3** (*cinem., telev.*) attualità: **a. film (programme)**, film (programma) d'attualità.

actualization [,æktjuəlai'zeiʃən], *n.* **1** realizzazione; attuazione **2** descrizione realistica.

to actualize ['æktjuəlaiz], **A** *v. t.* **1** realizzare; attuare **2** descrivere realisticamente. **B** *v. i.* realizzarsi; attuarsi.

actually ['æktjuəli], *avv.* **1** realmente; effettivamente; davvero **2** addirittura.

actuarial [,æktju'ɛəriəl], *a.* (*mat.*) attuariale.

actuary ['æktjuəri], *n.* attuario; studioso di matematica attuariale.

to actuate ['æktjueit], *v. t.* **1** mettere in moto; azionare; far funzionare (*una macchina*) **2** muovere, spingere (*ad agire*): **What motives actuated him?**, quali motivi lo spinsero ad agire?

actuation [,æktju'eiʃən], *n.* **1** (*mecc.*) messa in moto **2** impulso.

acuity [ə'kju(:)iti], *n.* acutezza (*anche fig.*); acume; sagacia.

aculeate [ə'kju(:)lieit], *a.* **1** (*bot., zool.*) aculeato **2** (*fig.*) pungente.

aculeus [ə'kju(:)liəs], *n.* (*pl.* **aculei**) (*bot., zool.*) aculeo.

acumen [ə'kju:men], *n.* acume; perspicacia.

acuminate [ə'kju:minit], *a.* acuminato; aguzzo.

to acuminate [ə'kju(:)mineit], *v. t.* acuminare; aguzzare.

acumination [ə,kju(:)mi'neiʃən], *n.* l'acuminare; l'aguzzare.

acupuncture ['ækju,pʌŋktʃə*], *n.* (*med.*) agopuntura.

acute [ə'kju:t], **A** *a.* **1** acuto (*in tutti i sensi*); penetrante; perspi-

acuteness

cace; intenso: **a. pain**, acuto dolore **2** acuminato; aguzzo. **B** *n.* (*gramm.*) accento acuto.
acuteness [ə'kju:tnis], *n.* **1** acutezza; acume; perspicacia **2** (*med.*) stadio acuto (*di una malattia*).
acyclic [ei'saiklik], *a.* (*chim., bot., fis.*) aciclico.
A.D. [,ei'di], *locuz. avv.* (*abbr. di* **anno Domini**) nell'anno del Signore; dopo Cristo (*abbr.* d.C.): **in A.D. 410** (*o* **410 A.D.**), nel 410 d.C.
ad [æd], *n.* (*pl.* **ads**) (*abbr. fam. di* **advertisement**) annuncio pubblicitario; inserzione. ● (*fam.*) **ad copy**, materiale pubblicitario □ **ad writer**, (agente) pubblicitario.
adage ['ædidʒ], *n.* adagio; massima; sentenza.
adagio [ə'da:dʒiou], *avv., a. e n.* (*pl.* **adagios**) (*mus.*) adagio.
Adalbert ['ædəlbə:t], *n.* Adalberto.
Adam ['ædəm], *n.* Adamo: **A.'s apple**, il pomo di Adamo. ● **A.'s ale** (*o* **wine**), l'acqua □ **not to know sb. from A.**, non conoscere affatto q. □ (*scherz.*) **the old A.**, la debolezza umana.
adamant ['ædəmənt], **A** *n.* (*arc.*) diamante; adamante (*poet.*). **B** *a.* duro come il diamante; adamantino: **He was a.**, si mostrò duro come un diamante (*cioè inflessibile*). ● **heart of a.**, cuore di pietra.
adamantine [,ædə'mæntain], *a. anche fig.* adamantino.
Adamite ['ædəmait], *n.* **1** discendente d'Adamo **2** (*stor.*) adamita.
to adapt [ə'dæpt], **A** *v. t.* adattare. **to adapt oneself B** *v. rifl.* adattarsi.
adaptability [ə,dæptə'biliti], *n.* adattabilità.
adaptable [ə'dæptəbl], *a.* **1** adattabile **2** che sa adattarsi.
adaptation [,ædæp'teiʃən], *n.* **1** adattamento **2** riduzione: **This play is an a. of a novel**, questo dramma è la riduzione di un romanzo.
adapter [ə'dæptə*], *n.* **1** chi adatta; chi riduce; riduttore **2** (*elettr., elab., ing., ottica*) adattatore **3** (*fotogr.*) riduttore **4** (*mecc.*) pezzo interposto; raccordo.
to add [æd], *v. t. e i.* **1** aggiungere: **to add insult to injury**, aggiungere l'offesa al danno **2** − **to add to**, aumentare; accrescere: **The music added to our pleasure**, la musica accrebbe il nostro piacere **3** (*mat.*) addizionare; sommare. ● (*fig.*) **to add fuel to the fire**, gettare olio sulle fiamme □ **to add in**, includere □ **to add up** (**together**), addizionare; sommare □ **to add up to**, ammontare a □ (*econ.*) **added value**, valore aggiunto □ (*fin.*) **added-value tax**, imposta sul valore aggiunto □ **adding machine**, addizionatrice □ **This adds up to saying that...**, ciò equivale a dire che....
add [æd], *n.* (*fam.*) addizione.
addend [ə'dend], *n.* (*mat.*) addendo.
addendum [ə'dendəm], *n.* (*pl.* **addenda**) aggiunta; supplemento.
adder (1) ['ædə*], *n.* addizionatrice.
adder (2) ['ædə*], *n.* **1** vipera: **horned a.** (*Cerastes cornutus*), ceraste **2** serpe (*non velenosa, dell'America del nord*). ● (*zool.*) **a.-fly**, *V.* **flying a.** □ (*bot.*) **a.'s tongue** (*Ophioglossum*), ofioglossa; lingua di serpente □ (*zool.*) **flying a.**, libellula.
to addict [ə'dikt], **A** *v. t.* indurre, stimolare, spingere (q.) al vizio. **to addict oneself to B** *v. rifl.* abbandonarsi a; darsi a (*generalm. a cosa riprovevole*): **He has addicted himself to drink**, si è dato al bere. ● **to be addicted to drugs**, essere dedito alla droga; essere un tossicodipendente.
addict ['ædikt], *n.* **1** persona dedita a un vizio **2** (*specialm.*) tossicodipendente. ● **a drug a.**, un tossicomane □ **morphine a.**, morfinomane □ **opium a.**, oppiomane.
addiction [ə'dikʃən], *n.* **1** condizione di chi è dedito (*a cosa riprovevole*) **2** propensione; passione: **a. to comics**, passione per i fumetti **3** (*med., anche* **drug a.**) tossicomania; tossicodipendenza.
addictive [ə'diktiv], *a.* (*di droga, ecc.*) che dà assuefazione; che crea dipendenza.
addition [ə'diʃən], *n.* **1** (*mat.*) addizione; somma **2** aggiunta; supplemento **3** (*chim.*) addizione: **a. compound**, composto di addizione. ● **in a. to**, oltre a □ **There was an a. to the family**, nacque un bambino.
additional [ə'diʃənl], *a.* addizionale; aggiuntivo; supplementare; suppletivo. ● (*comm.*) **a. charge**, (spesa) addizionale □ (*econ.*) **a. tax**, (imposta) addizionale; soprattassa.
additionally [ə'diʃənli], *avv.* in aggiunta; in più; inoltre.
additive ['æditiv], *n.* **1** aggiuntivo **2** (*chim.*) additivo.
addle ['ædl], *a.* **1** (*di uovo*) guasto; marcio **2** (*di cervello*) confuso; vuoto. ● **a.-brained** (*o* **a.-headed**, *scherz.* **a.-pated**), sciocco; dalla testa vuota; svanito; svampito (*pop.*).
to addle ['ædl], *v. t. e i.* **1** confondere, confondersi **2** (*di uova*) guastarsi; andare a male: **an addled egg**, un uovo andato a male.
address [ə'dres], *n.* **1** indirizzo; recapito **2** discorso; allocuzione **3** (*anche* **social a.**) maniera di presentarsi; modo di fare (*o* di parlare) **4** modo di rivolgersi (a q.): **The correct form of a. to an English policeman is «Excuse me, officer»**, il modo corretto di rivolgersi a un poliziotto inglese è «Excuse me, officer» **5** abilità; tatto. ● **a. book**, indirizzario □ **a person of no fixed a.**, una persona senza fissa dimora □ **to pay one's addresses (to)**, fare la corte (a).
to address [ə'dres], **A** *v. t.* **1** indirizzare (*una lettera, un pacco, ecc.*) **2** parlare a; rivolgere la parola a; rivolgersi a: **You must a. the judge as «Your Honour»**, dovete rivolgere la parola al giudice chiamandolo «Vostro Onore»; **His words were addressed to you, not to me**, le sue parole erano rivolte a te, non a me **3** arringare; fare un discorso a (*una folla, ecc.*) **4** (*comm., naut.*) affidare; raccomandare. **to address oneself to B** *v. rifl.* mettersi a; dedicarsi a; impegnarsi in.
addressee [,ædre'si:], *n.* destinatario, destinataria (*di una lettera*).
addresser [ə'dresə*], *n.* **1** mittente (*di una lettera*) **2** targhettatrice.
addressing machine [ə'dresiŋ mə,ʃi:n], *n.* (*comm.*) adrema; macchina stampaindirizzi. ● **addressing machine operator**, adremista.
Addressograph [ə'dresəgra:f], *n.* (*marchio*) targhettatrice.
to adduce [ə'dju:s], *v. t.* addurre; accampare (*una ragione*); citare (*come esempio o fonte*).
adducent [ə'dju(:)sənt], *a.* (*anat.*) adduttore.
adducible [ə'dju:sibl], *a.* adducibile; citabile.
to adduct [ə'dʌkt], *v. t.* (*anat.*) addurre.
adduction [ə'dʌkʃən], *n.* **1** citazione **2** (*anat.*) adduzione.
adductor [ə'dʌktə*], *n.* (*anat.*) adduttore.
Adela ['ædilə], **Adele** [ə'del], *n.* Adele.
adenitis [,ædən'aitis], *n.* (*med.*) adenite.
adenoidal [,ædi'nɔidəl], *a.* (*anat., med.*) adenoideo. ● **a. voice**, voce da adenoidi.
adenoids ['ædinɔidz], *n. pl.* (*anat., med.*) adenoidi.
adept (1) ['ædept], *n.* esperto. ● **He is a great a. in the art of lying**, è assai abile nell'arte del mentire □ **like a musical a.**, come un esperto musicista.
adept (2) [ə'dept], *a.* abile; esperto; provetto.
adequacy ['ædikwəsi], *n.* adeguatezza.
adequate ['ædikwit], *a.* **1** adeguato; sufficiente; proporzionato (a) **2** passabile; discreto. ● **a. to**, all'altezza di (*esigenze, situazioni*).
to adhere [əd'hiə*], *v. i.* aderire: **to a. to**, essere attaccato a; aderire a; sostenere (*un partito*); essere fedele a (*un'idea*).
adherence [əd'hiərəns], *n.* **1** aderenza **2** adesione **2** (*fig.*) attaccamento; devozione; fedeltà.
adherent [əd'hiərənt], **A** *a.* aderente. **B** *n.* aderente; seguace.
adhesion [əd'hi:ʒən], *n.* **1** adesione **2** (*fig.*) attaccamento; devozione; fedeltà **3** (*med.*) aderenza.
adhesive [əd'hi:siv], **A** *a.* adesivo: **a. tape**, nastro adesivo. **B** *n.* **1** adesivo **2** francobollo. ● **a. paper**, carta gommata.
to adhibit [əd'hibit], *v. t.* (*raro*) **1** applicare; somministrare (*specialm. un rimedio*) **2** attaccare (*un'etichetta, ecc.*).
ad hoc [æd 'hɔk] (*lat.*), *a. e avv.* ad hoc: **an ad hoc committee**, un comitato (creato) ad hoc.
ad-hocracy [,æd'hɔkrəsi], *n.* (*polit.*) adocrazia.
adiabatic [,eidaiə'bætik], *a.* (*fis.*) adiabatico: **a. chart**, grafico adiabatico.
adiantum [,ædi'æntəm], *n.* (*solo sing.*) (*bot., Adiantum*) adianto.
adieu [ə'dju:], **A** *inter.* addio. **B** *n.* (*pl.* **adieus, adieux**) addio: **to make** (*o* **to take**) **one's a.**, dire addio; congedarsi.
adipocere [,ædipou'siə*], *n.* (*chim.*) adipocera.
adipose ['ædipous], **A** *a.* adiposo. **B** *n.* adipe.
adiposity [,ædi'pɔsiti], *n.* adiposità.
adit ['ædit], *n.* **1** adito; accesso **2** (*ind. mineraria*) galleria d'accesso.
adjacence [ə'dʒeisəns], *V.* **adjacency**.
adjacency [ə'dʒeisənsi], *n.* adiacenza: **in the adjacencies**, nelle adiacenze.
adjacent [ə'dʒeisənt], *a.* adiacente: **a. angles**, angoli adiacenti.
adjectival [,ædʒek'taivəl], *a.* (*gramm.*) aggettivale.
adjective ['ædʒiktiv], **A** *a.* **1** (*gramm.*) aggettivale: **the a. use of nouns**, l'uso aggettivale dei sostantivi **2** accessorio; addizionale. **B** *n.* (*gramm.*) aggettivo.
to adjoin [ə'dʒɔin], *v. t. e i.* **1** essere vicino (*o* contiguo (a)): **My farm adjoins the lake**, la mia fattoria è vicina al lago; **The two building lots a.**, i due lotti sono contigui **2** congiungere; collegare; unire.
adjoining [ə'dʒɔiniŋ], *a.* vicino; attiguo; adiacente.
to adjourn [ə'dʒə:n], *v. t. e i.* **1** rimandare; differire; aggiornare; sospendere i lavori (*di deputati, congressisti, ecc.*): **The meeting adjourned at ten sharp**, la seduta fu tolta alle dieci in punto **2** (*fam.*) mutar luogo; spostarsi; passare: **When lunch was over, we adjourned to the library**, dopo la colazione, passammo in biblioteca.

adjournment [ə'dʒəːnmənt], *n.* rinvio; sospensione; aggiornamento.

to adjudge [ə'dʒʌdʒ], *v. t.* (*leg.*) **1** giudicare **2** condannare: **The criminal was adjudged to jail**, il criminale fu condannato al carcere **3** aggiudicare; assegnare con sentenza. ● **to a. legal damages to sb.**, accordare un indennizzo a q.

adjudgement [ə'dʒʌdʒmənt], *n.* (*leg.*) **1** giudizio; sentenza **2** condanna **3** aggiudicazione.

to adjudicate [ə'dʒuːdikeit], *v. t. e i.* (*leg.*) **1** giudicare **2** fare da giudice; decidere **3** aggiudicare. ● **to a. sb. bankrupt**, dichiarare q. fallito.

adjudication [ə,dʒuːdi'keiʃən], *n.* (*leg.*) **1** giudizio; sentenza **2** aggiudicazione **3** (*anche* **a. of bankruptcy**) dichiarazione di fallimento.

adjudicative [ə'dʒuːdikətiv], *a.* aggiudicativo.

adjudicator [ə'dʒuːdikeitə*], *n.* chi giudica; chi aggiudica; giudice; membro di una giuria (*in un concorso*).

adjunct ['ædʒʌŋkt], **A** *n.* **1** aggiunta; appendice **2** impiegato aggiunto; subordinato **3** (*gramm.*) attributo; epiteto **4** (*filos.*) attributo secondario. **B** *a.* aggiuntivo; conseguente. ● (*USA*) **a. professor**, professore incaricato (*all'università*).

adjunctive [æ'dʒʌŋktiv], *a.* aggiuntivo.

adjuration [,ædʒuə'reiʃən], *n.* **1** impegno solenne (*sotto giuramento*) **2** implorazione; supplica.

adjuratory [ə'dʒuərətəri], *a.* giuratorio (*raro*); di giuramento: **an a. formula**, una formula di giuramento.

to adjure [ə'dʒuə*], *v. t.* **1** imporre a (q.) su giuramento (*di fare q.c.*) **2** scongiurare; implorare; supplicare.

to adjust [ə'dʒʌst], **A** *v. t.* **1** sistemare; aggiustare; adattare; accomodare; mettere in ordine: (*mil.*) **to a. one's aim** (*o* **to a. the gun sight**), aggiustare la mira **2** (*leg.*) comporre (*una lite*) **3** regolare, mettere a punto (*l'orologio, ecc.*) **4** (*tecn.*) regolare; aggiustare; registrare; tarare (*strumenti, ecc.*) **5** (*fin., rag.*) rettificare; conguagliare **6** (*Borsa, econ.*) correggere: **adjusted price**, prezzo corretto; **to a. imbalances**, correggere squilibri **7** (*ass., naut.*) liquidare (*un'avaria*). **to adjust oneself (to) B** *v. rifl.* adattarsi (a).

adjustable [ə'dʒʌstəbl], *a.* **1** adattabile; regolabile; sistemabile **2** (*leg.*: *di lite, ecc.*) componibile **3** (*tecn.*) registrabile **4** (*d'avaria*) liquidabile. ● (*mecc.*) **a. spanner** (*USA*: **a. wrench**), chiave inglese (*o* a rullino) □ (*autom.*) **a. steering wheel**, volante regolabile.

adjuster [ə'dʒʌstə*], *n.* **1** (*leg.*) chi porta a un accomodamento; chi compone una vertenza **2** (*ass.*) chi fa la perizia di un danno; perito **3** (*ass., naut.*) liquidatore (*d'avaria*) **4** (*mecc.*) regolatore.

adjustment [ə'dʒʌstmənt], *n.* **1** aggiustamento; adattamento; sistemazione **2** (*leg.*) accomodamento; composizione (*di una lite*) **3** regolazione (*dell'orologio, ecc.*) **4** (*tecn.*) registrazione; regolazione; taratura (*di strumenti, ecc.*) **5** (*fin., rag.*) rettifica; conguaglio **6** (*Borsa, econ.*) correzione **7** (*ass., naut.*) liquidazione (*d'avaria*). ● (*rag.*) **a. account**, conto generale ○ (*ass., naut*) **a. of average**, liquidazione d'avaria □ (*autom., mecc.*) **out of a.**, sregolato: **The points are out of a.**, le puntine sono sregolate.

adjustor [ə'dʒʌstə*], *V.* **adjuster**.

adjutancy [æ'dʒutənsi], *n.* (*mil.*) ufficio di aiutante.

adjutant ['ædʒutənt], *a. e n.* **1** assistente **2** (*mil.*) aiutante (*di stato maggiore*): **a. general**, aiutante maggiore; (*USA*) ufficiale amministratore di un'unità; (*naut.*) aiutante di bordo **3** (*zool., Leptoptilus dubius*; *anche* **a. crane**, **a. stork**) marabù asiatico.

adjuvant ['ædʒuvənt], **A** *a.* ausiliare; che è d'aiuto. **B** *n.* **1** coadiutore; cooperatore **2** (*farm.*) adiuvante.

ad lib [,æd'lib], *locuz. avv.* (*abbr. di* **ad libitum**) **1** a piacere; a volontà **2** improvvisando; «ex tempore»; là per là.

ad-lib [,æd'lib], *a. pred.* (*fam.*) improvvisato; estemporaneo.

to ad-lib [,æd'lib], *v. t.* (*fam.*) improvvisare; inventare (*battute, musica, ecc.*).

adman ['ædmæn], *n.* (*pl.* **admen**) (*fam.*) (agente) pubblicitario; addetto alle inserzioni.

to admeasure [æd'meʒə*], *v. t.* **1** commisurare **2** ripartire.

admeasurement [æd'meʒəmənt], *n.* **1** misurazione; confronto **2** misura; dimensioni **3** equa distribuzione; ripartizione.

adminicle [æd'minikl], *n.* **1** aiuto; appoggio; sostegno **2** (*leg.*) prova aggiuntiva; pezza d'appoggio (*fam.*).

to administer [əd'ministə*], **A** *v. t.* **1** amministrare (*la giustizia, una proprietà, i sacramenti*) **2** somministrare (*una medicina, una punizione*) **3** deferire, far prestare (*un giuramento*). **B** *v. i.* **1** fungere da amministratore **2** – **to a. to**, essere d'aiuto; venire incontro a: **to a. to sb.'s needs**, venire incontro ai bisogni di q. ● **to a. the law**, applicare la legge □ **to a. relief**, fornire aiuti; dare assistenza □ (*econ.*) **administered prices**, prezzi amministrati.

administrable [əd'ministrəbl], *a.* **1** amministrabile **2** somministrabile.

to administrate [əd'ministreit], *v. t.* **1** amministrare **2** somministrare.

administration [əd,minis'treiʃən], *n.* **1** amministrazione (*anche nel senso di*: governo, personale di un ministero, ecc.) **2** somministrazione (*di medicine, punizioni, ecc.*) **3** prestazione (*di giuramento*) **4** (*leg.*) curatela **5** (*USA*) governo federale; Amministrazione: **the Republican A.**, l'Amministrazione repubblicana. ● (*leg.*) **a. of a bankrupt's estate**, curatela di un fallimento □ (*USA*) **A. office**, ufficio governativo (*o* federale) □ (*leg.*) **letters of a.**, nomina di curatore (*dei beni di una persona morta «intestata»*).

administrative [əd'ministrətiv], *a.* amministrativo.

administrator [əd'ministreitə*], *n.* **1** amministratore **2** somministratore **3** (*leg.*) curatore testamentario.

administratorship [əd'ministreitəʃip], *n.* **1** funzione di amministratore **2** (*leg.*) curatela testamentaria.

administratrix [əd'ministreitriks], *n.* (*pl.* **administratrices**) amministratrice.

admirable ['ædmərəbl], *a.* **1** ammirabile; mirabile; ammirevole **2** eccellente; ottimo.

admirably ['ædmərəbli], *avv.* **1** mirabilmente; in modo ammirevole **2** a meraviglia; perfettamente; benissimo: **This offer suits me a.**, questa offerta mi quadra a meraviglia.

admiral ['ædmərəl], *n.* **1** ammiraglio **2** (*anche* **a.-ship**) nave ammiraglia. ● **a.'s flag**, insegna ammiraglia □ **A. of the Fleet**, Comandante in capo della Flotta □ **Lord High A.**, Grand'Ammiraglio (*in G.B.*) □ **Rear A.**, contrammiraglio.

admiralship ['ædmərəlʃip], *n.* ammiragliato (*grado, funzione di ammiraglio*).

admiralty ['ædmərəlti], *n.* **1** ammiragliato (*grado, ufficio di ammiraglio*) **2** – **the A.**, l'Ammiragliato (*Ministero della Marina*). ● **A. Court**, Tribunale competente per cause marittime □ (*leg.*) **A. law**, diritto della navigazione □ **Court of A.**, Tribunale militare della Marina □ **First Lord of the A.**, Ministro della Marina (*in G.B.*).

admiration [,ædmə'reiʃən], *n.* **1** ammirazione **2** oggetto di ammirazione: **She was the a. of the whole town**, ella era oggetto dell'ammirazione di tutta la città. ● **note of a.**, punto esclamativo.

to admire [əd'maiə*], *v. t.* **1** ammirare **2** (*fam.*) esprimere ammirazione per (q.c.): **I forgot to a. her doggie**, dimenticai di esprimere la mia ammirazione per il suo cagnolino.

admirer [əd'maiərə*], *n.* ammiratore; (*anche*) corteggiatore.

admiringly [əd'maiəriŋli], *avv.* con ammirazione.

admissibility [əd,misə'biliti], *n.* ammissibilità.

admissible [əd'misibl], *a.* ammissibile; accettabile.

admission [əd'miʃən], *n.* **1** ammissione (*a scuola, circolo, ecc.*): **A. Day**, giorno dell'Ammissione (*festa di alcuni Stati americani, per celebrare l'ammissione all'Unione*) **2** riconoscimento (*che una cosa è vera o è stata detta*); confessione (*di colpa, ecc.*); ammissione (*di responsabilità, ecc.*) **3** entrata; ingresso: **free a.**, ingresso libero ● **a. fee**, prezzo del biglietto d'ingresso □ (*leg.*) **a. of evidence**, ammissione di prova □ **a. ticket**, biglietto d'ingresso □ **to give a. to sb.**, lasciare entrare q.

admissive [əd'misiv], *a.* che ammette; che tende ad ammettere.

to admit [əd'mit], **A** *v. t.* **1** ammettere; far entrare **2** ammettere; riconoscere; concedere; confessare **3** contenere; ospitare: **The hotel admits five hundred guests**, l'albergo può contenere cinquecento clienti. **B** *v. i.* – **to a. of**, ammettere; lasciare adito a: **It does not a. of doubt**, non lascia adito ad alcun dubbio. ● **to a. a claim**, accogliere un reclamo; (*leg.*) accogliere un ricorso □ **This ticket admits two**, questo biglietto è valido per due persone.

admittable [əd'mitəbl], *a.* ammissibile.

admittance [əd'mitəns], *n.* **1** ammissione; ingresso; entrata **2** (*elettr.*) ammettenza. ● **No a.**, vietato l'ingresso.

admittedly [əd'mitidli], *avv.* per ammissione (*o* riconoscimento) generale; dichiaratamente; certamente; certo.

to admix [əd'miks], **A** *v. t.* **1** mescolare **2** aggiungere (q.c.) a una miscela. **B** *v. i.* mescolarsi.

admixture [əd'mikstʃə*], *n.* **1** mescolanza; miscela **2** parte aggiunta in una miscela; ingrediente **3** miscuglio.

to admonish [əd'mɔniʃ], *v. t.* ammonire; esortare; rimproverare: **I admonished him against being late**, lo ammonii a non arrivare in ritardo.

admonisher [əd'mɔniʃə*], *n.* ammonitore.

admonishment [əd'mɔniʃmənt], *n.* ammonimento; esortazione; avvertimento; rimprovero.

admonition [,ædmə'niʃən], *n.* ammonizione; rimprovero.

admonitory [əd'mɔnitəri], *a.* ammonitorio.

ado [ə'duː], *n.* (*pl.* **ados**) **1** trambusto; chiasso; baccano; rumore: **much ado about nothing**, molto rumore per nulla **2** fatica; fastidio.

adobe [ə'doubi] (*spagn.*), *n.* **1** adobe; mattone cotto al sole **2**

adolescence

adobe; casa di mattoni cotti al sole.
adolescence [,ædou'lesns], **adolescency** [,ædou'lesnsi], *n.* adolescenza.
adolescent [,ædou'lesnt], **A** *n.* adolescente. **B** *a.* **1** di (*o* da) adolescente; adolescenziale **2** (*spreg.*) infantile; puerile.
Adolph ['ædɔlf], *n.* Adolfo.
Adonis [ə'dounis], *n.* **1** (*mitol.*) Adone **2** (*fig.*) giovane di bell'aspetto (*o* effeminato); adone **3** (*bot.*, *Adonis*) adonide **4** (*bot.*, *Adonis vernalis*) adonide.
to **adopt** [ə'dɔpt], *v. t.* adottare (*un bambino, un'idea, un metodo, un provvedimento*). ● (*comm.*) **to a. a balance**, approvare un bilancio □ **one's adopted country**, la patria d'elezione; il paese d'adozione □ **adopted son**, figlio adottato (*o* adottivo).
adoptable [ə'dɔptəbl], *a.* adottabile.
adoptee [ə,dɔp'ti:], *n.* (*leg.*) adottato.
adopter [ə'dɔptə*], *n.* (*leg.*) adottante.
adoption [ə'dɔpʃən], *n.* (*anche leg.*) adozione.
adoptive [ə'dɔptiv], *a.* adottivo: **a. son**, figlio adottivo.
adorability [ə,dɔ:(;)rə'biliti], *n.* adorabilità.
adorable [ə'dɔ:rəbl], *a.* **1** adorabile **2** (*fam.*) delizioso; favoloso (*fam.*).
adoration [,ædɔ:'reiʃən], *n.* adorazione; venerazione.
to **adore** [ə'dɔ:*], *v. t.* **1** adorare; venerare; amare molto **2** (*fam.*) piacere molto (*impers.*); andare pazzo per (*fam.*): **I simply a. it**, è la mia passione; ne vado pazzo.
adorer [ə'dɔ:rə*], *n.* adoratore; (*anche*) ardente innamorato.
to **adorn** [ə'dɔ:n], *v. t.* adornare; abbellire; ornare.
adornment [ə'dɔ:nmənt], *n.* adornamento (*raro*); ornamento.
adrenal [ə'dri:nl], *a.* (*anat.*) surrenale: **a. glands**, ghiandole surrenali.
adrenaline [ə'drenəlin], *n.* (*biol.*) adrenalina.
Adrian ['eidriən], *n.* Adriano.
Adrianople [,eidriə'noupl], *n.* (*geogr.*) Adrianopoli.
Adriatic [,eidri'ætik], *a.* e *n.* (*geogr.*) Adriatico.
adrift [ə'drift], *avv.* e *a. pred.* **1** (*anche fig.*) alla deriva: (*naut.*) **to go a.**, andare alla deriva **2** (*fig.*) in giro; in disordine; fuori posto. ● **to be morally a.**, essere uno sbandato □ **to turn sb. a.**, cacciare q. di casa; gettare q. sul lastrico.
adroit [ə'drɔit], *a.* abile; accorto; destro; sagace.
adroitness [ə'drɔitnis], *n.* abilità; accortezza; destrezza; sagacia.
adry [ə'drai], *avv.* e *a. pred.* **1** a secco; in secco **2** (*fig.*) assetato.
adscititious [,ædsi'tiʃəs], *a.* ascitizio (*lett.*); accessorio; supplementare.
adscription [æd'skripʃən], *n.* ascrizione; attribuzione.
to **adsorb** [əd'sɔ:b], *v. t.* (*fis.*, *chim.*) adsorbire.
adsorbent [æd'sɔ:bənt], *a.* e *n.* (*chim.*, *med.*) adsorbente.
adsorption [əd'sɔ:pʃən], *n.* (*fis.*, *chim.*) adsorbimento.
to **adulate** ['ædjuleit], *v. t.* adulare.
adulation [,ædju'leiʃən], *n.* adulazione.
adulator ['ædjuleitə*], *n.* adulatore.
adulatory ['ædjuleitəri], *a.* adulatorio.
adult ['ædʌlt], **A** *a.* **1** adulto; maturo **2** da adulto **3** per adulti. **B** *n.* **1** adulto **2** (*leg.*) maggiorenne. ● **a. education**, istruzione permanente.
adulterant [ə'dʌltərənt], *a.* e *n.* adulterante.
adulterate [ə'dʌltərit], *a.* **1** adulterato; alterato; sofisticato; spurio **2** adultero **3** adulterino.
to **adulterate** [ə'dʌltəreit], *v. t.* **1** adulterare; sofisticare; contraffare **2** corrompere (*un testo, ecc.*) **3** falsificare.
adulteration [ə,dʌltə'reiʃən], *n.* **1** adulterazione; sofisticazione; contraffazione **2** corruzione (*di un testo, ecc.*) **3** falsificazione.
adulterator [ə'dʌltəreitə*], *n.* adulteratore; sofisticatore.
adulterer [ə'dʌltərə*], *n.* adultero.
adulteress [ə'dʌltəris], *n.* adultera.
adulterine [ə'dʌltərain], *a.* **1** adulterino **2** sofisticato; contraffatto **3** illegale; illecito.
adulterous [ə'dʌltərəs], *a.* adultero; di (*o* relativo a) adulterio.
adultery [ə'dʌltəri], *n.* adulterio.
adumbral [ə'dʌmbrəl], *a.* in ombra; ombreggiato; ombroso.
to **adumbrate** ['ædʌmbreit], *v. t.* **1** adombrare; accennare **2** far intravedere; far presagire **3** ombreggiare **4** abbozzare; schizzare.
adumbration [,ædʌm'breiʃən], *n.* **1** adombramento; accenno **2** presagio **3** ombreggiamento **4** abbozzo; schizzo.
adumbrative [ə'dʌmbrətiv], *a.* **1** che adombra; allusivo **2** che fa presagire; premonitore.
adunc [ə'dʌŋk], **aduncous** [ə'dʌŋkəs], *a.* adunco.
adust [ə'dʌst], *a.* **1** adusto; abbruciato; riarso **2** (*fig.*) tetro; triste; malinconico.
ad valorem [,ædvə'lɔ:rem], *avv.* (*comm.*) ad valorem; dazio doganale ad valorem.
advance [əd'va:ns], *n.* **1** avanzata; l'avanzare **2** aumento: **There has been a considerable a. in the cost of living**, c'è stato un notevole aumento del costo della vita **3** anticipo; anticipazione; acconto; prestito: **I was granted an a. on current account**, ottenni un anticipo su conto corrente; **His ideas are in a. of the times**, le sue idee sono in anticipo sui tempi **4** progresso: **Technology is making great advances**, la tecnologia fa grandi progressi **5** (*pl.*) approcci; tentativi: **to make advances**, fare approcci (*per farsi amico q.*); fare tentativi (*per comporre una vertenza*) **6** (*pl.*) avances; approcci amorosi **7** (*autom., mecc.*) anticipo. ● (*comm.*) **a. against merchandise**, anticipo sulla merce □ **a. copy (of a book)**, copia (di un libro) fatta pervenire prima dell'effettiva pubblicazione □ (*mil.*) **a. guard**, avanguardia □ (*USA*) **a. man**, assistente (*di un uomo politico*) mandato «in avanscoperta elettorale» □ (*banca*) **advances on securities**, prestiti su titoli □ **in a.**, anticipatamente □ **payment in a.**, pagamento anticipato.
to **advance** [əd'va:ns], **A** *v. i.* **1** avanzare; progredire **2** crescere; aumentare (*di grado, ecc.*); salire (*fig*): **Prices continue to a.**, i prezzi continuano a salire. **B** *v. t.* **1** promuovere; favorire **2** anticipare (*una data*); mettere avanti (*l'orologio*) **3** esporre; presentare: **May I a. my opinion on the matter?**, posso dire la mia (sull'argomento)? **4** anticipare (*denaro*); pagare in anticipo; concedere (*come acconto o prestito*): **I will a. you a week's pay as a loan**, vi anticiperò una settimana di salario come prestito **5** (*comm.*) aumentare (*prezzi, percentuali, ecc.*) **6** (*autom., mecc.*) anticipare. ● **to a. a claim**, avanzare una pretesa; (*leg.*) accampare un diritto □ **to a. in price**, aumentare di prezzo □ (*mil.*) **to a. on the enemy**, muovere contro il nemico.
advanced [əd'va:nst], *a.* **1** avanzato **2** avanzato negli anni; anziano **3** progredito; avanzato: **a. ideas**, idee avanzate (*o* progredite) **4** superiore: **a. studies**, studi superiori. ● (*comm., naut.*) **a. freight**, nolo anticipato □ (*a scuola*) **a. level**, *V.* **A level** (*sotto* **A**, **a (1)**) □ **a. students**, studenti di un corso (*o* a un livello) superiore.
advancement [əd'va:nsmənt], *n.* **1** avanzamento; progresso; promozione **2** (*di prezzi*) rialzo.
advantage [əd'va:ntidʒ], *n.* **1** vantaggio; convenienza; beneficio; profitto: **They sold the goods to a.**, vendettero la merce con profitto **2** vantaggio; superiorità: **to gain** (*o* **to win**) **an a. over**, acquistare un vantaggio su; **to have an a. over** (*o* **to have the a. of**), essere in vantaggio su **3** (*sport*) vantaggio. ● **a. ground** (*più comune* **vantage ground**), posizione di vantaggio □ **to a.**, con profitto, in modo da mettere in evidenza i meriti e le qualità di q. *o* q.c. □ **to the best a.**, nel modo più vantaggioso □ **to take a. of sb.**, approfittarsi di q.; ingannare q. □ **to take a. of st.**, approfittare di q.c.; trarre profitto da q.c. □ **to take sb. at a.**, cogliere q. alla sprovvista □ **to turn st. to a.**, volgere q.c. a proprio vantaggio; trarre profitto da q.c.
to **advantage** [əd'va:ntidʒ], *v. t.* avvantaggiare; favorire.
advantageous [,ædvən'teidʒəs], *a.* vantaggioso; proficuo.
advent ['ædvənt], *n.* **1** avvento; venuta **2** – (*relig.*) (**the**) **A.**, l'Avvento.
Adventism ['ædvəntizəm], *n.* (*relig.*) avventismo.
Adventist ['ædvəntist], *n.* e *a.* (*relig.*) avventista. ● (*relig.*) **Seventh Day A.**, avventista del settimo giorno.
adventitious [,ædven'tiʃəs], *a.* **1** avventizio; accidentale; casuale **2** (*leg.*: *di patrimonio*) ereditato da estranei (*o* per via collaterale).
adventure [əd'ventʃə*], *n.* **1** avventura **2** spirito d'avventura: **He is full of a.**, è animato da un grande spirito d'avventura **3** (*comm.*) speculazione **4** (*comm., naut.*) viaggio marittimo. ● (*ingl.*) **a. playground**, terreno di giochi per bambini.
to **adventure** [əd'ventʃə*], *v. t.* e *i.* avventurare; rischiare; correre rischi; avventurarsi: **to a. into** (*o* **in**) **a place**, avventurarsi in un luogo; **to a. on** (*o* **upon**) **an undertaking**, avventurarsi in un'impresa.
adventurer [əd'ventʃərə*], *n.* **1** avventuriero **2** soldato di ventura; mercenario **3** (*piuttosto arc.*) persona avventurosa **4** speculatore.
adventuress [əd'ventʃəris], *n.* avventuriera.
adventurous [əd'ventʃərəs], *a.* **1** avventuroso **2** pericoloso; rischioso.
adverb ['ædvə:b], *n.* (*gramm.*) avverbio. ● **a. phrase**, locuzione avverbiale.
adverbial [əd'və:bjəl], *a.* (*gramm.*) avverbiale.
adversary ['ædvəsəri], *n.* **1** avversario; antagonista **2** – (*relig.*) **the A.**, Satana.
adversative [əd'və:sətiv], *a.* (*gramm.*) avversativo.
adverse ['ædvə:s], *a.* **1** avverso; ostile; contrario **2** sfavorevole: **a. weather report**, bollettino meteorologico sfavorevole **3** (*di vento*) contrario. ● (*leg.*) **the a. party**, la controparte □ (*fin.*) **an a. trade balance**, una bilancia commerciale deficitaria (*o* passiva).
adversity [əd'və:siti], *n.* avversità; sfortuna; calamità; miseria.
to **advert** [əd'və:t], *v. i.* riferirsi (a); richiamare l'attenzione (su); portare il discorso (su); passare a trattare: **I shall now a. to some**

other matters, passerò ora a trattare altri argomenti.
advertence [əd'və:təns], *n*. avvertenza.
to advertise ['ædvətaiz], *v. t.* e *i.* fare pubblicità (*a un prodotto*); propagandare; reclamizzare; lanciare (*fig.*); inserire annunci (*su giornali*); diffondere (*per radio, ecc.*) annunci pubblicitari: **They advertised a new product**, lanciarono un nuovo prodotto. ● **to a. for st. (sb.)**, richiedere q.c. (l'opera di q.) mediante annuncio pubblicitario: **We advertised for a cook**, mettemmo un annuncio sul giornale per trovare una cuoca □ **to a. on the radio (on television)**, fare pubblicità alla radio (alla televisione).
advertisement [əd'və:tismənt], *n*. annuncio (*o* avviso) pubblicitario; inserzione (*sui giornali*); cartellone murale: **to put an a. in a newspaper**, mettere un annuncio su un giornale. ● **a. hoarding**, tabellone pubblicitario □ **a. rates**, tariffe pubblicitarie.
advertiser ['ædvətaizə*], *n*. inserzionista.
advertising ['ædvətaiziŋ], **A** *n*. pubblicità. **B** *a*. pubblicitario. ● **a. agency**, agenzia di pubblicità □ **a. agent** (*o* **a. man**), agente pubblicitario □ **a. designer**, designer pubblicitario □ **a. manager**, direttore della pubblicità □ **a. media**, mezzi pubblicitari.
to advertize ['ædvətaiz], e *deriv*. (*USA*) *V*. **to advertise**, e *deriv*.
advice [əd'vais], *n*. **1** (*collett.*) consiglio; consigli: **a piece** (*fam.*: **a bit**) **of a.**, un consiglio **2** (*leg.*) consulenza; parere **3** (*comm.*) avviso **4** (*raro*) comunicazione; notizia; informazione: **diplomatic advices**, informazioni di un rapporto diplomatico. ● (*naut., arc.*) **a. boat**, nave avviso; avviso □ (*comm., ferr.*) **a. note**, lettera d'avviso □ (*Borsa*) **a. of deal**, avviso d'operazione compiuta □ (*comm.*) **as per a.**, come da avviso □ **to take medical a.**, consultare un medico.
advisability [əd,vaizə'biliti], *n*. opportunità.
advisable [əd'vaizəbl], *a*. consigliabile; raccomandabile; opportuno.
advisableness [əd'vaizəblnis], *n*. opportunità.
to advise [əd'vaiz], *v. t.* e *i.* **1** consigliare; raccomandare **2** (*comm.*) avvisare; informare; notificare. ● **to a. with sb.**, consigliarsi con q.; consultare q. □ **He advised me against it**, me lo sconsigliò.
advised [əd'vaizd], *a*. **1** considerato; cauto; riflessivo **2** deliberato; intenzionale **3** informato: **to keep sb. a.**, tenere informato q., tenere al corrente q. ● **ill-a.**, sconsiderato; incauto □ **well-a.**, avveduto; giudizioso.
advisedly [əd'vaizidli], *avv*. con le dovute cautele; con la debita considerazione; dopo matura riflessione.
advisement [əd'vaizmənt], *n*. attenta considerazione; lunga riflessione.
adviser, (*leg.*) **advisor** [əd'vaizə*], *n*. consulente; consigliere.
advisory [əd'vaizəri], *a*. che dà consigli; consultivo: **a. committee**, comitato consultivo; **a. opinion**, parere consultivo. ● **a. service**, servizio di consulenza.
advocacy ['ædvəkəsi], *n*. **1** (*leg.*) avvocatura; funzione dell'avvocato. **2** patrocinio; appoggio (*di una causa, di un'idea*); propugnazione.
advocate ['ædvəkit], *n*. **1** (*leg.*) avvocato: **the Devil's A.**, l'avvocato del diavolo (*nelle cause di canonizzazione; anche fig.*) **2** sostenitore; fautore; avvocato. ● **the Lord A.**, il primo magistrato di Scozia.
to advocate ['ædvəkeit], *v. t.* difendere; sostenere; patrocinare; perorare; essere in favore di; propugnare.
advocation [,ædvə'keiʃən], *n*. **1** (*leg.: Scozia e Vaticano*) avocazione (*di una causa a un tribunale superiore*) **2** (*leg.*) patrocinio.
advowson [əd'vauzən], *n*. (*leg.*) collazione; diritto di conferire un beneficio ecclesiastico; diritto di patronato.
adynamic [,ædai'næmik], *a*. (*med.*) adinamico.
adytum ['æditəm], *n*. (*pl*. **adyta**) (*ant*.) penetrale (*di casa o tempio*).
adz, adze [ædz], *n*. **1** ascia (*a lama ricurva*) **2** (*stor.*) azza.
to adze [ædz], *v. t.* tagliare; assottigliare, pulire (*con l'ascia*).
aedile [i:'dail], *n*. (*stor.*) edile (*magistrato romano*).
aedileship [i:'dailʃip], *n*. (*stor.*) edilità (*V*. **aedile**).
Aegean [i(:)'dʒi:ən], *a*. e *n*. (*geogr.*) Egeo.
aegis [i:'dʒis], *n*. **1** (*mitol.*) egida **2** (*fig.*) protezione; patronato.
Aegisthus [i:'dʒisθəs], *n*. (*letter.*) Egisto.
aegrotat [i(:)'groutæt], *n*. certificato medico (*per studente universitario*).
Aeneas [i'ni:æs], *n*. (*letter.*) Enea.
Aeneid [i:'niid], *n*. (*letter.*) Eneide.
Aeolian [i(:)'ouljən], *a*. eolio: **A. harp**, arpa eolia.
Aeolic [i(:)'ɔlik], *a*. eolico.
aeolipile, aeolipyle [i(:)'ɔlipail], *n*. (*fis., stor.*) eolipila.
aeolotropy [i(:)ə'lɔtrəpi], *n*. (*fis.*) anisotropia.
Aeolus [i:'oləs], *n*. (*mitol.*) Eolo.
aeon ['i:ən], *n*. **1** (*filos.*) eone **2** (*fig.*) eternità.
to aerate ['eiəreit], *v. t.* **1** aerare; arieggiare; dar aria a **2** ossigenare (*il sangue, respirando*) **3** immettere anidride carbonica in (*un liquido*); gassare. ● **aerated bread**, pan buffetto (*soffice*)

□ **aerated water**, acqua gassata □ **aerated wine**, vino spumante (*artificiale*) □ (*ind.*) **aerating agent**, gassificante.
aeration [,eiə'reiʃən], *n*. **1** aerazione **2** ossigenazione **3** immissione di anidride carbonica (*in un liquido*); (*ind.*) gassatura. ● (*chim., fis.*) **a. cell**, pila a ossigeno □ (*ing.*) **a. tank**, vasca d'aerazione.
aerator ['eiəreitə*], *n*. **1** (*ing., mecc., metall.*) aeratore **2** (*ind.*) apparecchio per gassare.
aerial (1) ['ɛəriəl], *a*. **1** aereo (*di o nell'aria; di aeroplano*) **2** etereo; immateriale; immaginario **3** (*bot.*) aereo. ● (*mil.*) **a. bomb**, bomba d'aereo □ (*USA*) **a. ladder**, scala da pompieri □ **a. photogrammetry**, aerofotogrammetria □ **a. photograph**, aerofotograma □ **a. photography**, aerofotografia □ **a. railway** (*o* **a. ropeway**), funivia; teleferica □ **a. survey**, rilievo aereo; rilevamento aereo □ (*mil.*) **a. torpedo**, aerosiluro.
aerial (2) ['ɛəriəl], *n*. (*radio, telev.*) antenna (*esterna*); aereo. ● (*radio, telev.*) **a. contractor** (*o* **fitter**), antennista.
aerialist ['ɛəriəlist], *n*. (*USA*) trapezista (*di circo*); funambolo.
aerie ['ɛəri], *n*. **1** nido di uccello rapace **2** (*anche fig.*) nido d'aquila; fortilizio assai elevato **3** nidiata d'aquilotti (*o di rapaci*).
aeriform ['ɛərifɔ(:)m], *a*. **1** aeriforme **2** immateriale; irreale.
to aerify ['ɛərifai], *v. t.* **1** mutare in aria (*o in gas*) **2** immettere aria in; aerare.
aerobatics [,ɛərə'bætiks], *n. pl.* **1** acrobazie aeree **2** (*col verbo al sing.*) acrobatica aerea.
aerobe ['ɛəroub], *n*. (*biol.*) aerobio.
aerobic [ɛə'roubik], *a*. (*biol.*) aerobico; aerobio.
aerobus ['ɛərəbʌs], *n*. aerobus.
aerodrome ['ɛərədroum], *n*. aerodromo.
aerodynamic ['ɛəroudai'næmik], *a*. (*fis.*) aerodinamico. ● (*autom.*) **a. drag factor**, coefficiente di resistenza aerodinamica (*o di penetrazione*) □ **a. properties**, aerodinamicità.
aerodynamics ['ɛəroudai'næmiks], *n. pl.* (*col verbo al sing.*) (*fis.*) aerodinamica.
aerodyne ['ɛərədain], *n*. (*aeron.*) aerodina, aerodine.
aeroengine [,ɛərou'endʒin], *n*. (*aeron., mecc.*) motore per aerei; motore aeronautico.
aerofoil ['ɛərəfɔil], *n*. (*aeron.*) superficie aerodinamica; superficie portante.
aerogram ['ɛərə,græm], *n*. **1** marconigramma **2** aerogramma.
aerograph ['ɛərəgræf], *n*. **1** meteorografo **2** aerografo.
aerographer [ɛə'rɔgræfə*], *n*. aerografista.
aerography [ɛə'rɔgrəfi], *n*. aerografia.
aerolite ['ɛərəlait], **aerolith** ['ɛərəliθ], *n*. (*geol.*) aerolito.
aerology [ɛə'rɔlədʒi], *n*. aerologia.
aeromechanics [,ɛəroumə'kæniks], *n. pl.* (*col verbo al sing.*) aeromeccanica.
aerometer [ɛə'rɔmitə*], *n*. (*fis.*) aerometro.
aeromodelling ['ɛərou'mɔdliŋ], *n*. aeromodellismo.
aeronaut ['ɛərənɔ:t], *n*. aeronauta.
aeronautic(al) [,ɛərə'nɔ:tik(əl)], *a*. aeronautico.
aeronautics [,ɛərə'nɔ:tiks], *n. pl.* (*col verbo al sing.*) aeronautica.
aerophagy [ɛər'ɔfədʒi], *n*. (*med.*) aerofagia.
aerophobia [,ɛərou'foubjə], *n*. (*med.*) aerofobia.
aerophotogram [,ɛərou'foutəgræm], *n*. aerofotogramma; aerofotografia (*l'immagine*).
aerophotography [,ɛəroufou'tɔgrəfi], *n*. aerofotografia (*la tecnica*).
aerophyte ['ɛəroufait], *n*. (*bot.*) aerofita.
aeroplane ['ɛərəplein], *n*. aeroplano: **commercial a.**, aeroplano da trasporto (*o di linea*). ● **model a.**, aeromodello.
aerosol ['ɛərou,sɔl], *n*. (*chim., med.*) aerosol.
aerospace ['ɛərouspeis], **A** *n*. **1** aerospazio **2** (*fig.*) industria aerospaziale. **B** *a*. aerospaziale: **a. industry**, industria aerospaziale; **a. medicine**, medicina aerospaziale.
aerostat ['ɛəroustæt], *n*. aerostato.
aerostatic(al) [,ɛərə'stætik(əl)], *a*. aerostatico.
aerostatics [,ɛərə'stætiks], *n. pl.* (*col verbo al sing.*) aerostatica (*parte dell'aeromeccanica*).
aerostation [,ɛərə'steiʃən], *n*. aerostazione.
aerotherapeutics [,ɛərəθerə'pju(:)tiks], *n. pl.* (*col verbo al sing.*) (*med.*) aeroterapia.
aerotrain ['ɛərətrein], *n*. aerotreno (*treno su cuscino d'aria*).
Aertex ['ɛəteks], *n*. (*marchio*) stoffa a trama rada (*per camicie, ecc.; in G.B.*).
aery ['ɛəri], **A** *a*. (*poet.*) aereo; etereo. **B** *n. V*. **aerie**.
Aesop ['i:sɔp], *n*. (*stor., letter.*) Esopo.
aesthete ['i:sθi:t], *n*. esteta.
aesthetic(al) [i:s'θetik(əl)], *a*. **1** estetico **2** dotato di senso estetico.
aesthetician [,i(:)sθe'tiʃən], *n*. studioso di estetica.
aestheticism [i:s'θetisizəm], *n*. **1** estetismo **2** sensibilità estetica.
aesthetics [i:s'θetiks], *n. pl.* (*col verbo al sing.*) (*filos.*) estetica.

aestival [iːsˈtaivəl], *a.* (*raro*) estivo.
to aestivate [ˈiːstiveit], *v. i.* (*zool.*) passare l'estate in letargo.
aestivation [ˌiːstiˈveiʃən], *n.* **1** (*zool.*) estivazione **2** (*bot.*) estivazione; fioritura precoce.
aether [ˈiːθə*], *n.* etere.
aethereal [i(ː)ˈθi(ː)riəl], *a.* **1** etereo **2** delicatissimo; raffinatissimo.
Aethiopia [ˌiːθiˈoupjə], *n.* (*geogr.*) Etiopia.
Aethiopian [ˌiːθiˈoupjən], **A** *n.* etiope. **B** *a.* etiopico.
aetiological [ˌiːtiəˈlɔdʒikəl], *a.* (*med.*) etiologico, eziologico.
aetiology [ˌiːtiˈɔlədʒi], *n.* (*med.*) etiologia, eziologia.
Aetna [ˈetnə] (*lat.*), *n.* (*geogr.*) Etna.
afar [əˈfaː*], *avv.* lontano; lungi. ● **from a.**, di (*o* da) lontano.
afear(e)d [əˈfiəd], *a.* (*dial.*) impaurito; spaventato.
affability [ˌæfəˈbiliti], *n.* affabilità.
affable [ˈæfəbl], *a.* affabile.
affair [əˈfeə*], *n.* **1** affare; faccenda **2** fatto; avvenimento; cosa: **It was a horrible a.**, è stata una cosa orribile **3** relazione; rapporto amoroso **4** caso; scandalo **5** aggeggio; coso (*fam.*). ● **a. of honour**, duello □ **Department of Home Affairs**, Ministero degli Interni □ **love a.**, relazione amorosa (*specialm.* illecita); (*fig.*) passione.
to affect (1) [əˈfekt], *v. t.* **1** avere effetto su (q. *o* q.c.); incidere, influire su (q. *o* q.c.) **2** avere un effetto deleterio su (q. *o* q.c.); nuocere a; pregiudicare **3** concernere; riguardare; toccare (*il cuore, ecc.*); colpire; affliggere: **The loss of his little boy affected him deeply**, la perdita del suo figlioletto lo afflisse (*o* colpì) profondamente **4** (*di malattia*) attaccare; colpire: **The contagion did not a. him**, il contagio non lo colpì.
to affect (2) [əˈfekt], *v. t.* **1** affettare; ostentare; darsi arie di: **to a. the lady-killer**, darsi arie da rubacuori; **He affects noble feelings**, affetta nobili sentimenti **2** predilegere; usare (*o* indossare) volentieri: **She affected expensive fur coats**, indossava volentieri lussuose pellicce **3** fingere, simulare (*interesse, ecc.*).
affectation [ˌæfekˈteiʃən], *n.* affettazione; posa; finzione.
affected [əˈfektid], *a.* **1** affettato; non naturale; falso: **a. manners**, modi affettati; affettazione **2** disposto; incline: **well-a.**, ben disposto; propenso; **ill-a.**, mal disposto; avverso **3** (*med.*) affetto (*da malattia*) **4** commosso; afflitto; scosso.
affectedness [əˈfektidnis], *V.* **affectation**.
affecting [əˈfektiŋ], *a.* commovente; toccante.
affection [əˈfekʃən], *n.* affezione (*anche nel senso di malattia*); affetto **2** (*pl.*) sentimenti di amicizia; viva simpatia: **to set one's affections on sb.**, provare viva simpatia per q.
affectional [əˈfekʃənl], *a.* affettivo; di affetto.
affectionate [əˈfekʃnit], *a.* affezionato; affettuoso.
affectionateness [əˈfekʃnitnis], *n.* affettuosità.
affective [əˈfektiv], *a.* (*psic.*) affettivo; emotivo.
affectivity [ˌəfekˈtiviti], *n.* (*psic.*) affettività; emotività.
afferent [ˈæfərənt], *a.* (*anat.*) afferente.
affiance [əˈfaiəns], *n.* **1** (*poet.*) fede; fiducia **2** impegno di fedeltà; promessa di matrimonio.
to affiance [əˈfaiəns], *v. t.* (*di solito usato al passivo*) promettere in matrimonio; fidanzare: **They were affianced when only seventeen**, si fidanzarono all'età di soli diciassette anni.
affidavit [ˌæfiˈdeivit], *n.* (*leg.*) «affidavit»; deposizione scritta e giurata: **to swear** (*pop.*: **to make**, **to take**) **an a.**, fare un affidavit; (*del giudice*) **to take an a.**, ricevere un affidavit.
to affiliate [əˈfilieit], *v. t. e i.* **1** affiliare, affiliarsi; associare, associarsi **2** (*leg.*) affiliare, affiliarsi (*un bambino*) **3** (*leg.*) attribuire la paternità di **4** attribuire, ascrivere (q.c. a q.). ● (*comm.*) **affiliated company** (*o* **firm**), società affiliata.
affiliate [əˈfiliət], *n.* **1** affiliato; iscritto; socio **2** (*comm.*) società affiliata.
affiliation [əˌfiliˈeiʃən], *n.* **1** affiliazione; connessione; appartenenza (*a un gruppo o a un partito politico*) **2** (*leg.*) affiliazione **3** (*leg.*) attribuzione di paternità.
affined [əˈfaind], *a.* affine; congiunto.
affinity [əˈfiniti], *n.* **1** (*leg.*) affinità; parentela acquisita **2** (*biol., chim., ecc.*) affinità: **elective a.**, affinità elettiva.
to affirm [əˈfəːm], *v. t. e i.* **1** affermare; asserire **2** (*leg.*) confermare; dichiarare solennemente; convalidare.
affirmable [əˈfəːməbl], *a.* affermabile.
affirmance [əˈfə(ː)məns], *n.* **1** affermazione **2** (*leg.*) conferma (*di una sentenza da parte di un grado superiore della magistratura*); convalida.
affirmation [ˌæfəːˈmeiʃən], *n.* **1** affermazione; asserzione **2** (*leg.*) dichiarazione solenne (*in sostituzione del giuramento*) **3** (*leg.*) ratifica; sanzione. ● (*leg.*) **a. of contract**, accettazione di un contratto.
affirmative [əˈfəːmətiv], **A** *a.* affermativo. **B** *n.* (*leg.*) affermativa (*risposta affermativa a un quesito*). ● (*USA*) **a. action plan** (*o* **program**), programma per assistere vittime di pregiudizi (*donne, negri, ecc.*) specialmente nel trovare lavoro □ **to answer in the a.**, rispondere affermativamente; dire di sì.
affirmatory [əˈfəːmətəri], *a.* affermativo.
affix [ˈæfiks], *n.* **1** aggiunta **2** (*gramm.*) affisso.
to affix [əˈfiks], *v. t.* **1** affiggere; attaccare **2** aggiungere per iscritto (*in calce*); apporre (*firma o sigillo*) **3** attribuire (*una censura, ecc.*). ● **to a. ridicule to a person**, rendere una persona oggetto di ridicolo.
affixture [əˈfikstʃə*], *n.* **1** apposizione **2** (*gramm.*) aggiunta di affissi.
afflatus [əˈfleitəs], *n.* afflato; estro poetico.
to afflict [əˈflikt], *v. t.* affliggere.
affliction [əˈflikʃən], *n.* **1** afflizione; dolore; acciacco: **the afflictions of old age**, gli acciacchi della vecchiaia **2** calamità; disgrazia.
afflictive [əˈfliktiv], *a.* afflittivo (*raro*); che affligge.
affluence [ˈæfluəns], *n.* **1** abbondanza; ricchezza; opulenza: **He was used to living in a.**, era abituato a vivere nell'abbondanza **2** afflusso; affluenza (*di un liquido*).
affluent [ˈæfluənt], **A** *a.* **1** abbondante; florido **2** benestante; opulento; ricco **3** che fluisce liberamente (*specialm. di pensieri, ecc.*). **B** *n.* affluente; tributario (*fiume*). ● **the a. society**, la società del benessere.
afflux [ˈæflʌks], *n.* afflusso; affluenza.
to afford [əˈfɔːd], *v. t.* **1** (*usato all'inf., preceduto da* **can**, **could**, **to be able to**) permettersi; (*fam.*) permettersi il lusso di; poter spendere (*denaro*); poter disporre di (*tempo*): **I cannot a. a new car every year**, non posso permettermi di cambiare macchina una volta all'anno; **He cannot a. (to spend) such a lot of money**, non può spendere tanto denaro; **I cannot a. time for football games**, non posso disporre di tempo per le partite di calcio **2** dare; offrire; produrre: **Books a. me great pleasure**, i libri mi danno un grande piacere.
to afforest [æˈfɔrist], *v. t.* imboschire; mettere (*un terreno*) a bosco.
afforestation [æˌfɔrisˈteiʃən], *n.* imboschimento.
to affranchise [əˈfrænʃaiz], *v. t.* affrancare; liberare.
affray [əˈfrei], *n.* baruffa; rissa; mischia; tafferuglio.
to affreight [əˈfreit], *v. t.* (*comm., naut., leg.*) noleggiare (*una nave intera o parte di essa*).
affreightment [əˈfreitmənt], *n.* (*comm., naut., leg.*) noleggio (*di nave*); trasporto marittimo (*delle merci*).
affricate [ˈæfrikət], *n.* (*fon.*) affricata.
to affront [əˈfrʌnt], *v. t.* **1** offendere; insultare (*deliberatamente*); oltraggiare **2** affrontare.
affront [əˈfrʌnt], *n.* affronto; insulto; oltraggio: **to feel it an a.**, sentire come un affronto; **to put an a. upon** (*o* **to offer an a. to**) **sb.**, fare un affronto a q. ● **to take a. at st.**, offendersi per q.c.
affusion [əˈfjuː(ː)ʃən], *n.* **1** (*med.*) affusione **2** (*relig.*) aspersione (*battesimale*).
Afghan [ˈæfgæn], *a. e n.* afgano.
afield [əˈfiːld], *avv.* **1** nei (*o* per i, sui, verso i) campi: **The labourers were a.**, i contadini erano nei campi **2** lontano da casa: **Don't go too far a.**, **it looks like rain**, non andare lontano da casa, minaccia di piovere. ● **to go a.**, andare fuori strada (*anche fig.*).
afire [əˈfaiə*], *avv. e pred.* (*anche fig.*) in fiamme; infocato: **to be a. with the desire to do st.**, ardere dal desiderio di fare q.c.
aflame [əˈfleim], *avv. e a. pred.* (*anche fig.*) in fiamme; infiammato; acceso. ● **to be a. with the autumn colours**, fiammeggiare dei colori dell'autunno □ **to be a. with passion**, ardere di passione.
afloat [əˈflout], *avv. e a. pred.* **1** a galla; galleggiante; alla deriva; fluttuante (*anche in aria*): **to keep a.**, restare a galla; (*fig.*) riuscire a pareggiare il dare con l'avere; cavarsela **2** in mare; a bordo di una nave **3** (*di ponte o altra parte della nave*) inondato **4** (*di notizia*) corrente; in giro **5** (*banca: di effetti*) in incolazione; in sofferenza. ● **life a.**, vita di mare □ (*naut.*) **to get a ship a.**, disincagliare una nave.
aflutter [əˈflʌtə*], *a. pred.* **1** svolazzante **2** (*fig.*) eccitato; emozionato; palpitante.
afoot [əˈfut], *avv. e a. pred.* **1** (*arc.*) a piedi; in marcia **2** in corso; avviato: **Preparations were well a.**, i preparativi erano ben avviati.
afore [əˈfɔː*], *prep.* (*naut.*) davanti a.
aforecited [əˈfɔː(ː)ˌsaitəd], *a.* succitato.
aforegoing [əˈfɔː(ː)ˌgouiŋ], *a.* precedente.
aforementioned [əˈfɔːˌmenʃənd], *a.* summenzionato.
aforenamed [əˈfɔː(ː)ˌneimd], *a.* sunnominato.
aforesaid [əˈfɔːˌsed], *a.* suddetto; predetto.
aforethought [əˈfɔːˌθɔːt], *a.* premeditato. ● (*leg.*) **with malice a.**, con premeditazione.
aforetime [əˈfɔːˌtaim], *avv.* un tempo; una volta; in passato.
afoul [əˈfaul], *a.* imbrogliato; impigliato; aggrovigliato. ● **a. of**, in contrasto con (*la legge, ecc.*); in urto con; (*naut.*) in collisione con.

afraid [ə'freid], *a. pred.* impaurito; spaventato. ● (*fam.*) **to be a.**, essere dolente; dispiacersi: **I'm a. my father is not in**, mi dispiace, ma mio padre non è in casa □ **to be a. of st.**, aver paura di q.c.

afresh [ə'freʃ], *avv.* di nuovo; da capo: **to start a.**, ricominciare da capo.

African ['æfrikən], *a. e n.* Africano. ● **A. studies**, africanistica.

Africanism ['æfrikənizəm], *n.* africanismo.

Africanist ['æfrikənist], *n.* africanista.

Afrikaans [ˌæfri'ka:ns], *n.* afrikaans (*lingua parlata nel Sud Africa, derivata dall'olandese parlato dai Boeri*).

Afrikander [ˌæfri'ka(:)ndə*], *a. e n.* sudafricano (*di origine europea, specialm. olandese*); afrikander; boero.

Afro-American [ˌæfrou-ə'merikən], *a. e n.* afroamericano.

Afro-Asian [ˌæfrou'eiʃən], *a. e n.* afroasiatico.

Afro-Asiatic ['æfrou,eiʃi'ætik], *a.* afroasiatico. ● **A. people**, gli afroasiatici.

Afro-Cuban [ˌæfrou'kju:bən], *a.* afrocubano.

aft [a:ft], *avv.* (*naut.*) a poppa; verso poppa: **fore and aft**, da prua a poppa; nel senso della lunghezza (*della nave*); **aft wind**, vento in poppa. ● **aft castle**, castello di poppa □ **aft draught**, pescaggio a poppa.

after (1) ['a:ftə*], *prep.* **1** (*compl. di tempo*) dopo; dopo di: **a. all**, dopo tutto; alla fin fine; in conclusione; **day a. day**, un giorno dopo l'altro; **He came a. me**, venne dopo di me **2** (*stato e moto a luogo*) dietro: **men in file one a. another**, uomini in fila uno dietro l'altro; **He came (ran) a. me**, mi venne (corse) dietro **3** secondo; a imitazione di: **a. the Paris fashion**, secondo la moda di Parigi; **a. Milton's style**, secondo lo stile (*o* alla maniera) di Milton; **a. one's own heart**, secondo il proprio cuore (*o* desiderio, gusto). ● (*fam.*) **to be a.**, cercare; mirare a: **What is he a.?**, che va cercando?; dove vuole andare a parare? □ (*med.*) **a.-care**, assistenza postoperatoria □ **a.-clap**, evento improvviso; contraccolpo (*di un fatto*) □ (*agric.*) **a.-crop**, secondo raccolto (*d'una stagione*) □ **a. dark**, a sera □ (*naut.*) **a.-deck**, ponte di poppa □ **a.-effect**, effetto ritardato; postumo: **the a.-effect of whisky**, i postumi del whisky □ (*Borsa*) **a. hours**, (il) dopoborsa □ **a.-life**, vita dopo la morte; vita futura (*o* ultraterrena) □ (*comm.*) **a.-sales service**, assistenza alla clientela □ (*banca, comm.: di cambiale*) **a. sight**, a certo tempo vista □ (*fin.*) **a.--tax money**, denaro (*o* guadagno, stipendio) al netto delle tasse □ **a. that**, dopo di ciò; poi □ (*pitt.*) **a.-touch**, ritocco □ **a.--war**, (*sost.*) dopoguerra □ (*agg.*) del dopoguerra: **in the a.-war years**, negli anni del dopoguerra □ (*USA*) **at half a. nine**, alle nove e mezzo □ **the day a. tomorrow**, dopodomani; domani l'altro □ **time a. time**, spesso; più volte □ **to ask** (*o* **to enquire**) **a. sb.**, chiedere notizie di q.; informarsi della salute di q. □ **to look a.**, badare a.; prendersi cura di □ **to name** (*o* **to call**) **a.**, imporre il nome (*del padre, del nonno*): **I was named a. my grandfather**, mi fu imposto il nome di mio nonno □ **to take a.**, prendere da (*fig.*); somigliare a (*un parente*) □ **to thirst a. righteousness**, essere assetato di giustizia.

after (2) ['a:ftə*], *avv.* **1** dopo; di poi; in seguito: **He arrived shortly a.**, arrivò di lì a poco (*o* poco dopo) **2** dietro: **The wounded soldier came a.**, il soldato ferito veniva dietro (*o* ci seguiva). ● **ever a.**, da allora in poi; per sempre □ **long a.**, molto tempo dopo □ **never a.**, mai più; giammai □ **soon a.**, poco dopo.

after (3) ['a:ftə*], *cong.* dopo che: **A. he left, I spoke openly to her**, dopo che se ne fu andato, le parlai apertamente; **A. he has gone, I shall come and see you**, dopo che se ne sarà andato, verrò da te.

after (4) ['a:ftə*], *a.* **1** seguente; successivo; futuro: **in a. years**, negli anni seguenti (*o* futuri) **2** (*naut.*) di poppa; poppiero.

afterbirth ['a:ftəbə:θ], *n.* **1** (*anat.*) placenta **2** (*leg.*) nascita postuma.

after(-)born ['a:ftə'bɔ:n], *a. e n.* (*leg.*) (figlio) postumo.

afterdamp ['a:ftədæmp], *n.* (*nelle miniere*) gas residui dell'esplosione di grisù.

afterglow ['a:ftə-glou], *n.* **1** (*meteorologia*) «afterglow»; ultimo bagliore; luce diffusa a occidente (*dopo il tramonto del sole*) **2** (*fig.*) euforia (*che rimane dopo una sensazione piacevole*); traccia, ricordo (*di fama passata, ecc.*) **3** (*fotoelettricità*) bagliore residuo **4** (*radar*) persistenza dell'immagine **5** (*fis. del plasma*) postluminescenza.

afterheat ['a:ftəhi:t], *n.* calore residuo (*di un reattore nucleare*).

aftermath ['a:ftəmæθ], *n.* **1** secondo taglio (*del fieno*); fieno di secondo taglio **2** conseguenza (*di un solito spiacevole*); strascico (*fig.*): **the aftermaths of an economic crisis**, gli strascichi di una crisi economica **3** (*med.*) postumi (*di una malattia*).

aftermost ['a:ftəmoust], *a.* **1** (*il*) più arretrato; ultimo **2** (*naut.*) (*il*) più a poppa; (*il*) più vicino alla poppa.

afternoon ['a:ftə'nu:n], *n.* pomeriggio: **Good a.!**, (*dalle 12 al tramonto*) buongiorno!; (*dopo una certa ora*) buona sera! ● **a. shift**, turno pomeridiano (*di lavoro*); **a. tea**, tè del pomeriggio (*in albergo: con sandwich e sim.*) □ **in the a. of life**, nel meriggio della vita.

after(-)pains ['a:ftə-'peinz], *n. pl.* (*med.*) dolori (*o* morsi uterini) dopo il parto.

afterpiece ['a:ftəpi:s], *n.* farsa, atto unico, balletto, ecc. (*presentati a chiusura d'uno spettacolo teatrale*).

afters ['a:ftəs], *n. pl.* (*fam.*) **1** secondo (piatto) **2** dessert.

aftershave ['a:ftəʃeiv], **A** *a.* dopobarba: **a. lotion**, lozione dopobarba. **B** *n.* dopobarba.

aftertaste ['a:ftəteist], *n.* **1** sapore che resta in bocca; (*specialm. del vino*) retrogusto, retrosapore **2** (*fig.*) ricordo (*di solito piacevole, d'una precedente sensazione*); strascico.

afterthought ['a:ftəθɔ:t], *n.* **1** ripensamento; riflessione **2** pensiero tardivo; spiegazione tardiva.

aftertime ['a:ftətaim], *n.* tempo a venire; futuro.

afterward ['a:ftəwəd], *(raro) V.* **afterwards**.

afterwards ['a:ftəwədz], *avv.* dopo; in seguito; poi; successivamente.

afterworld ['a:ftəwə(:)ld], *n.* mondo di là; oltretomba.

again [ə'gen], *avv.* **1** di nuovo; ancora una volta; da capo: **Do it a.!**, fallo di nuovo! **2** (*in frase neg.*) più: **never a.**, mai più; **He won't do that a.**, non lo farà più **3** inoltre; d'altra parte; d'altro lato; e poi...?: **a. would he accept the offer?**, e, poi, accetterebbe l'offerta? ● **a. and a.** (*o* **time and a.**), più volte; spesso □ **as much (many) a.**, altrettanto (altrettanti); due volte tanto (tanti) □ **now and a.**, di tanto in tanto; talvolta □ **over a.**, ancora una volta □ **to answer a.**, far eco □ **to try a.**, provar di nuovo; riprovare □ **to be oneself a.**, essere di nuovo quello di prima; tornare a essere se stesso □ **Here we are a.!**, eccoci qui di nuovo!; rieccoci!; ci risiamo!

against [ə'genst], *prep.* **1** contro (*in tutti i sensi*): **He was warned a. pickpockets**, fu messo in guardia contro i borsaioli; **a. one's will**, contro la propria volontà; controvoglia **2** in senso contrario a: (*di un veicolo*) **to drive a. the traffic**, procedere in senso contrario al traffico; procedere contromano **3** su: **black a. a white background**, nero su sfondo bianco **4** di fronte a: **The church is a.** (*di solito* **over a.**) **the hospital**, la chiesa è di fronte all'ospedale **5** in previsione di; per: **to save a. a rainy day**, risparmiare in previsione dei (*o* per i) giorni di magra. ● **as a.**, in confronto a □ (*comm.*) **payment a. documents**, pagamento contro documenti □ **to run a. sb.**, (*fam.*) imbattersi in q.; (*sport, polit., ecc.*) competere con q. □ **to run a. st.**, urtare q.c.; entrare in collisione con q.c. □ (*fam.*) **to run up a. sb.**, imbattersi in q. □ (*fig., fam.*) **to be up a. it**, essere con l'acqua alla gola □ **Are you for it or a. it?**, sei favorevole o contrario?

Agamemnon [ˌægə'memnən], *n.* (*mitol.*) Agamennone.

agamic [ə'gæmik], *a.* (*biol.*) agamico; asessuato.

agamogenesis [ˌægəmou'dʒenisis], *n.* (*biol.*) agamogenesi; agamia.

agamous ['ægəməs], *a.* (*biol.*) agamico; asessuato.

agape (1) ['ægəpi(:)], *n.* (*pl.* **agapae, agapai, agapes**) (*stor. relig.*) agape.

agape (2) [ə'geip], *avv. e a. pred.* **1** a bocca aperta (*per stupore, sorpresa, ecc.*) **2** spalancato.

agaric ['ægərik], *n.* (*bot., Agaricus*) agarico.

agate ['ægət], *n.* **1** (*miner.*) agata **2** strumento con punta di agata **3** pallina da gioco **4** (*tipogr.*) corpo cinque e mezzo.

Agatha ['ægəθə], *n.* Agata.

agave [ə'geivi], *n.* (*bot., Agave*) agave.

agaze [ə'geiz], *avv. e a. pred.* fissamente; con lo sguardo fisso; con gli occhi sbarrati.

age [eidʒ], *n.* **1** età; epoca; periodo; evo; era: **I don't know his age**, non conosco la sua età; non ne conosco l'età; **the Stone Age**, l'età della pietra; **a man of middle age**, un uomo di mezza età; **the Victorian Age**, l'era della Regina Vittoria; il periodo vittoriano; **full age**, maggiore età **2** vecchiaia: **the weakness of age**, la debolezza della vecchiaia; «**Age after beauty**», «la vecchiaia dopo la bellezza» (*si dice cedendo il passo a donne*) **3** (*pl., fam.*) secoli: **I haven't seen him for ages**, sono secoli che non lo vedo. ● **age-old**, antichissimo; vecchio di secoli (*di problema, ecc.*) annoso □ **the golden age**, (*mitol.*) l'età dell'oro; periodo aureo (*di un paese, ecc.*) □ **to look one's age**, dimostrare la propria età □ **the Middle Ages**, il medioevo; l'età di mezzo □ **to be (to come) of age**, essere (diventare) maggiorenne □ **our age**, il nostro tempo; la nostra generazione □ **to be over age**, avere superato i limiti d'età □ **promotion in order of age**, promozione per anzianità □ **to be under age**, essere minorenne □ **She's twenty years of age**, ella ha vent'anni □ **He is my age**, ha la mia stessa età □ (*fam.*) **Be** (*o* **act**) **your age!**, non fare il bambino!

to age [eidʒ], *v. t. e i.* invecchiare; far invecchiare; stagionare.

aged A *a. attr.* ['eidʒid] anziano; attempato. **B** *a. pred.* [eidʒd] **1** dell'età di: **a girl a. six**, una bambina di sei anni **2** stagionato.

agedness ['eidʒidnis], *n.* età avanzata; vecchiaia.

ageing ['eidʒiŋ], **A** a. che invecchia. **B** n. **1** invecchiamento; l'invecchiare. **2** invecchiamento; stagionatura.
ageless ['eidʒlis], a. **1** che non invecchia; senza età **2** eterno.
agelong ['eidʒlɔŋ], a. che dura a lungo; eterno.
agency ['eidʒənsi], n. **1** azione; forza; potere; impulso: **moral a.**, impulso morale; **free a.**, azione spontanea, non coatta; **Atomic energy is a mysterious a.**, l'energia atomica è una forza misteriosa **2** (comm.) agenzia; rappresentanza: **sole a.**, rappresentanza esclusiva **3** opera; intervento; mediazione: **through** (o **by**) **the a. of**, per opera di; grazie a: **Through the a. of the International Red Cross, prisoners were exchanged**, i prigionieri furono scambiati grazie alla mediazione della Croce Rossa Internazionale **4** (USA) ente governativo; organismo: (econ.) **market-support agencies**, gli organismi d'intervento (sul mercato). ● (leg.) **a. agreement** (o **a. contract**), contratto di rappresentanza □ **a. commission**, compenso d'agenzia.
agenda [ə'dʒendə], n. pl. **1** cose da fare **2** ordine del giorno: **The first item on the a. of the meeting is to elect a chairman**, il primo punto dell'ordine del giorno dell'assemblea è l'elezione del presidente **3** agenda; taccuino.
agent ['eidʒənt], n. **1** agente (naturale o chimico): **Inasmuch as it swells the sails of a boat, the wind is a natural a.**, in quanto gonfia le vele d'una barca, il vento è un agente naturale **2** (comm., leg.) agente; rappresentante **3** (leg.) mandatario. ● **commission a.**, commissionario □ **forwarding a.**, spedizioniere (per via di terra); □ **shipping a.**, spedizioniere marittimo; (USA) spedizioniere (in genere).
agent provocateur [,æʒɔ̃ prɔvɔkə'tɛː*] (franc.), n. (pl. **agents provocateurs**) agente provocatore.
agglomerate [ə'glɔmərit], a. e n. (bot., geol.) agglomerato.
to agglomerate [ə'glɔməreit], v. t. e i. agglomerare, agglomerarsi.
agglomeration [ə,glɔmə'reiʃən], n. **1** agglomerazione **2** (urbanistica) agglomerato (di edifici).
agglomerative [ə'glɔmərətiv], a. agglomerante.
agglutinant [ə'glu:tinənt], a. e n. (sostanza) agglutinante.
agglutinate [ə'glu:tinit], a. agglutinato.
to agglutinate [ə'glu:tineit], v. t. e i. agglutinare, agglutinarsi; incollare, incollarsi.
agglutination [ə,glu:ti'neiʃən], n. (biol., med., linguistica) agglutinazione.
agglutinative [ə'glu:tinətiv], a. agglutinante.
agglutinin [ə'glu:tənin], n. (biol., med.) agglutinina.
to aggrandize [ə'grændaiz], v. t. **1** ingrandire; (di autorità, potenza, ricchezza) fare più grande **2** esagerare; esaltare.
aggrandizement [ə'grændizmənt], n. **1** ingrandimento; aumento **2** esagerazione; esaltazione.
to aggravate ['ægrəveit], v. t. **1** aggravare; peggiorare **2** (fam.) esasperare; irritare; seccare, scocciare (fam.).
aggravating ['ægrəveitiŋ], a. **1** aggravante **2** (fam.) irritante; seccante, scocciante (fam.). ● (leg.) **a. circumstance**, (circostanza) aggravante.
aggravation [,ægrə'veiʃən], n. **1** aggravamento; peggioramento **2** (fam.) esasperazione; irritazione; seccatura, scocciatura (fam.) **3** (leg.) (circostanza) aggravante.
aggregate ['ægrigit], a. e n. **1** (importo) globale; totale: (econ.) **a. demand** (**supply**), domanda (offerta) globale □ (fin.) **a. deficit**, disavanzo complessivo □ **in the a.**, nel complesso; in totale.
to aggregate ['ægrigeit], v. t. e i. **1** aggregare, aggregarsi **2** (raro, anche **to a. to**) ammontare a.
aggregation [,ægri'geiʃən], n. aggregazione, aggregamento.
aggregative ['ægri,geitiv], a. **1** aggregativo **2** complessivo.
aggression [ə'greʃən], n. **1** aggressione **2** atto d'aggressione.
aggressive [ə'gresiv], a. **1** aggressivo; litigioso **2** intraprendente; attivo; energico **3** (sport) aggressivo; grintoso.
aggressiveness [ə'gresivnis], n. aggressività; (sport) grinta.
aggressor [ə'gresə*], n. aggressore.
to aggrieve [ə'gri:v], v. t. **1** addolorare; offendere (nei sentimenti) **2** ledere (q. nei suoi diritti); fare torto a (q.).
aggrieved [ə'gri:vd], a. **1** addolorato; offeso **2** (leg.) leso: **the a. party**, la parte lesa.
aggro ['ægrou], n. (abbr. pop. di) **1 aggressiveness 2 aggression**.
aghast [ə'ga:st], a. pred. atterrito; inorridito: **I was a. at the thought of the victims**, ero inorridito al pensiero delle vittime **2** sorpreso; stupefatto.
agile ['ædʒail], a. agile; destro; svelto.
agility [ə'dʒiliti], n. agilità; destrezza; prontezza.
aging ['eidʒiŋ], V. **ageing**.
agio ['ædʒiou], n. (pl. **agios**) (fin.) aggio.
agiotage ['ædʒətidʒ], n. (fin.) aggiotaggio; speculazione di Borsa.
to agist [ə'dʒist], v. t. **1** ammettere al pascolo dietro pagamento (bestiame di altri sul proprio terreno) **2** porre una servitù (o un gravame) pubblico su (una proprietà, un proprietario).
agistment [ə'dʒistmənt], n. **1** ammissione di bestiame al pascolo; denaro ricavatone **2** servitù (o gravame) pubblico (V. **to agist**).
to agitate ['ædʒiteit], **A** v. t. agitare; turbare; scuotere; dibattere (una questione). **B** v. i. fare l'agitatore; promuovere un'agitazione; agitarsi; battersi: **We were agitating for new schools and hospitals**, ci agitavamo per ottenere nuove scuole e ospedali.
agitated ['ædʒi,teitid], a. agitato; turbato; scosso.
agitation [,ædʒi'teiʃən], n. **1** agitazione (in tutti i sensi); turbamento; rivolta; tumulto **2** dibattito; discussione.
agitator ['ædʒiteitə*], n. **1** agitatore (politico o sindacale, spesso in senso sfavorevole); arruffapopoli **2** apparecchio per agitare; agitatore.
agitprop ['ædʒit,prɔp], **agitpropist** ['ædʒit,prɔpist], n. (polit.) agit-prop.
aglet ['æglit], n. aghetto (punta metallica di laccio da scarpe, busto, ecc.; ornamento metallico di vestito o uniforme).
aglow [ə'glou], avv. e a. pred. acceso; ardente; eccitato; raggiante.
agnail ['ægneil], n. (med.) **1** pipita **2** patereccio; giradito.
agnate ['ægneit], n. e a. **1** (leg.) agnato **2** (fig.) affine.
agnatic [æg'nætik], a. (leg.) agnatizio.
agnation [æg'neiʃən], n. (leg.) agnazione.
Agnes ['ægnis], n. Agnese.
agnostic [æg'nɔstik], n. e a. (filos.) agnostico.
agnosticism [æg'nɔstisizəm], n. (filos.) agnosticismo.
ago [ə'gou], avv. fa; or è; or sono: **long ago**, molto tempo fa.
agog [ə'gɔg], avv. e a. pred. sulle mosse; impaziente; in ansia; ansioso; eccitato: **to be all a.**, essere tutto eccitato. ● **He was all a. to leave**, non stava più nella pelle dal desiderio di partire.
agonic [ə'gɔnik], a. (geom.) agonico. ● (geofisica) **a. line**, linea agona.
agonist ['ægənist], n. (stor. greca) agonista.
agonistic(al) [,ægə'nistik(əl)], a. **1** agonistico **2** battagliero; combattivo **3** forzato; esibizionistico.
to agonize ['ægənaiz], **A** v. i. **1** soffrire grandi pene; tormentarsi; contorcersi per il dolore **2** combattere nell'agone **3** lottare disperatamente; fare sforzi disperati **4** (raro) agonizzare; essere in agonia. **B** v. t. tormentare; far soffrire.
agonized ['ægənaizd], a. **1** angosciato; d'angoscia: **an a. cry**, un grido d'angoscia **2** disperato.
agonizing ['ægənaiziŋ], a. assai doloroso; tormentoso; angoscioso; straziante: **an a. wait**, un'attesa tormentosa.
agony ['ægəni], n. **1** angoscia; estrema sofferenza; parossismo; spasimo (di dolore, d'ira) **2** lotta disperata **3** emozione forte e improvvisa **4** agonia. ● (giornalismo; scherz.) **a. column**, rubrica per la ricerca di persone scomparse (o di oggetti smarriti, o per altri problemi personali) □ (pop.) **to pile on** (o **to pull on, to turn on**) **the a.**, fare la vittima; fare del vittimismo (per impietosire, ecc.) □ **to suffer agonies**, spasimare.
agoraphobia [,ægərə'foubiə], n. (psic.) agorafobia.
agoraphobic [,ægərə'foubik], **A** n. (psic.) agorafobo. **B** a. agorafobico.
agouti, agouty [ə'gu:ti], n. (pl. **agoutis, agouties**) (zool., Dasyprocta aguti) aguti.
agrarian [ə'greəriən], **A** a. agrario; agricolo. **B** n. (polit.) fautore della ridistribuzione delle terre. ● **an a. economy**, un'economia rurale.
agrarianism [ə'greəriənizəm], n. (polit.) movimento politico in favore della ridistribuzione delle terre.
to agree [ə'gri:], v. t. e i. **1** acconsentire; convenire; dire di sì; andare d'accordo: **to a. to a proposal**, acconsentire a una proposta **2** – **to a. with**, concordare (anche gramm.); essere d'accordo; mettersi d'accordo: **The story does not a. with the facts**, il racconto non concorda con i fatti **3** – **to a. with**, confarsi a; andare bene per: **A wet climate does not a. with me**, il clima umido non mi si confà **4** – **to a. on** (o **upon**), accordarsi su; convenire (prezzi, condizioni): **terms agreed upon**, condizioni convenute **5** (comm.) fare quadrare (un bilancio); pareggiare (partite di conti): **I cannot get my totals to a.**, non riesco a far quadrare le somme **6** accettare (un conto come esatto, ecc.). ● **to a. a tax return**, accettare una denuncia dei redditi □ **a. to differ**, riconoscere il diritto altrui di dissentire; rinunziare a convincersi l'un l'altro.
agreeability [ə,gri(:)ə'biliti], n. **1** piacevolezza; amabilità **2** buona disposizione; arrendevolezza.
agreeable [ə'gri:əbl], a. **1** piacevole; gradevole; amabile; simpatico **2** ben disposto; consenziente; arrendevole; d'accordo: **We found him a. to our plan**, constatammo che era d'accordo con il nostro piano **3** confacente; conforme: **a. to all experience**, conforme a ogni esperienza. ● (fam.) **I'm a.**, (sono) d'accordo; per me, sta bene.
agreeableness [ə'gri:əblnis], V. **agreeability**.
agreeably [ə'gri:əbli], avv. **1** piacevolmente; amabilmente **2** in modo confacente (o conforme); conformemente (a).

agreed [ə'gri(:)d], *a.* convenuto; pattuito. ● (*comm.*) **a. consideration**, compenso forfettario □ **a. rate**, tariffa concordata □ **as a.**, come d'accordo.
agreement [ə'gri:mənt], *n.* **1** accordo; convenzione; patto: **He is in a. with what you wrote to him**, è d'accordo su ciò che gli scrivesti **2** (*comm., leg.*) contratto **3** (*leg.*) composizione (*di una vertenza*) **4** (*gramm.*) concordanza. ● (*leg.*) **a. to sell**, patto di futura vendita; compromesso (*fam.*) □ **gentleman's a.**, accordo verbale; impegno sulla parola.
agrestic [ə'grestik], *a.* **1** agreste; rustico **2** rozzo.
agribusiness [,ægri'biznis], *n.* (*econ.*) agri-industria; agricoltura e attività connesse (*trasformazione, distribuzione, ecc. dei prodotti agricoli*).
agricultural [,ægri'kʌltʃurəl], *a.* **1** agricolo **2** agrario.
agriculturalist [,ægri'kʌltʃərəlist], *V.* **agriculturist**.
agriculture ['ægrikʌltʃə*], *n.* **1** agricoltura **2** agraria.
agriculturist [,ægri'kʌltʃərist], *n.* **1** agricoltore **2** perito agrario.
agrimony [ə'griməni], *n.* (*bot., Agrimonia*) agrimonia.
agrimotor ['ægrimoutə*], *n.* trattore agricolo.
agrobiologist [,ægroubai'ɔlədʒist], *n.* agrobiologo.
agrobiology [,ægroubai'ɔlədʒi], *n.* agrobiologia.
agroindustrial ['ægrou-in'dʌstriəl], *a.* agroindustriale.
agronomic [,ægrə'nɔmik], *a.* agronomico.
agronomics [,ægrə'nɔmiks], *n. pl.* (*col verbo al sing.*) agronomia.
agronomist [ə'grɔnəmist], *n.* agronomo.
agronomy [ə'grɔnəmi], *n.* agronomia.
aground [ə'graund], *avv. e a. pred.* (*di natante*) in secco; arenato; incagliato: **to be a.**, essere in secco o arenato; **to run** (*o* **to go**) **a.**, dare in secco; arenarsi; incagliarsi.
ague ['eigju:], *n.* **1** febbre ricorrente (*di solito malarica, con brividi*) **2** attacco di brividi.
agued ['eigju(:)d], *a.* **1** colpito da febbre malarica **2** preso da brividi.
aguish ['eigjuiʃ], *a.* **1** soggetto a febbre malarica **2** malarico; simile a malaria **3** corso da brividi **4** (*fig.*) saltuario; a ondate.
ah [a:], *inter.* (*di dolore, di sorpresa, piacere, ecc.*) ah!
aha [a(:)'ha], *inter.* (*di trionfo, soddisfazione, ironia*) ah! ah!
ahead [ə'hed], *avv. e a. pred.* **1** avanti; davanti; dritto **2** in vista (*fig.*): **There's trouble a. for him**, ci sono guai in vista per lui **3** – **a. of**, davanti a; di fronte a; in testa a; in anticipo su: **There are enemy advanced posts a. of us**, ci sono avamposti nemici davanti a noi; **They are a. of their production plan**, essi sono in anticipo sul loro piano di produzione. ● (*autom.*) **A. only**, divieto di svolta (a destra e a sinistra) (*cartello*) □ **to be a.**, trarre guadagno (*o* profitto) □ (*naut.*) **easy a.**, avanti adagio □ (*naut.*) **full speed a.**, avanti a tutta forza □ **to get a.**, farsi strada (*nella società, finanziariamente*) □ **to get a. of sb.**, superare q.; battere q. □ **to go a.**, progredire; andare avanti; tirar diritto □ (*naut.*) **half speed a.**, avanti a mezza forza □ (*naut.*) **line a.**, linea di fila □ **to look a.**, guardare avanti; prepararsi per il futuro.
ahem [m'mm], *inter.* (*per attrarre l'attenzione, ecc.*) ehm!
ahoy [ə'hɔi], *inter.* (*naut.*) ehi!; olá!: **Ship a.**, ehi, di bordo!
ai (1) [ai], *inter.* (*di dolore*) ahi!
ai (2) ['eiai], *n.* (*pl.* **ais**) (*zool., Bradypus tridactylus*) bradipo tridattilo (*dell'America del Sud*); ai-ai.
to aid [eid], **A** *v. t.* **1** aiutare; assistere; soccorrere **2** contribuire; affrettare; promuovere: **This medicine will aid his recovery**, questa medicina affretterà la sua guarigione. **B** *v. i.* esser d'aiuto; dare assistenza.
aid [eid], *n.* **1** aiuto; assistenza; soccorso; sussidio: **first-aid station**, posto di pronto soccorso **2** aiuto; assistente **3** (*mil.*, anche **aide**) aiutante di campo **4** (*leg.*) contributo (*richiesto dal convenuto a una terza persona cointeressata al processo*) **5** (*stor.*) sussidio, imposta (*votati dal parlamento a favore del sovrano*) **6** (*fin.*) sovvenzione **7** (*pl., fin.*) erogazioni **8** (*pl.*) accessori: (*comm.*) **kitchen aids**, accessori per la cucina (*elettrodomestici, ecc.*). ● **aids for exports**, aiuti alle esportazioni □ (*econ.*) **aid package**, pacchetto di aiuti □ **aids and appliances**, materiale sussidiario; attrezzatura sussidiaria □ **grant-in aid**, contributo statale (*o* di un ente pubblico o morale) □ **visual aids**, sussidi visivi (*carte geografiche, tabelloni, ecc.*).
aide [eid], **aide-de-camp** ['eiddə'kã:ŋ], *n.* (*pl.* **aides-de-camp**) (*mil.*) aiutante di campo.
AIDS [eidz], *n.* (*med.*) AIDS; sindrome da immunodeficienza acquisita.
aigrette ['eigret] (*franc.*), *n.* **1** (*zool.*) *V.* **egret 2** aigrette; pennacchio; aspri **3** punta (*di parafulmine*).
aiguille ['eigwi:l] (*franc.*), *n.* guglia (*cima, special. delle Alpi*).
aiguillette [,eigwi'let], *V.* **aglet**.
aikido ['aiki'dou] (*giapponese*), *n.* (*solo sing.*) (*sport*) aikido.
to ail [eil], **A** *v. t.* addolorare; affliggere: **What ails you?**, cosa ti affligge? **B** *v. i.* essere sofferente; sentir dolore; sentirsi male; essere malato.

ailanthus [,ei'lænθəs], *n.* (*bot., Ailanthus altissima*) ailanto.
aileron ['eilərɔn], *n.* (*aeron.*) alerone; alettone.
ailing ['eiliŋ], *a.* indisposto; malaticcio; sofferente.
ailment ['eilmənt], *n.* indisposizione; malattia non grave.
to aim [eim], *v. t. e i.* **1** mirare (a); puntare (*un'arma da fuoco*) (su): **to aim a distant target**, mirare a un bersaglio lontano **2** assestare (*un colpo*) (a); tirare (q.c.) (a): **I aimed a shoe at him**, gli tirai una scarpa **3** rivolgere (*un'osservazione*): **He aimed his remark at me**, rivolse il suo rilievo a me **4** mirare (*fig.*); aspirare: **He doesn't a. high**, non ha grandi mire (*o* aspirazioni). ● **to aim at doing st.** (*USA*: **to aim to do st.**), aspirare, tendere a fare q.c. □ **to aim at** (*o* **for, toward**) **st.**, mirare a q.c.; aspirare a q.c.
aim [eim], *n.* **1** mira; puntamento: **to take aim**, prendere la mira **2** (*fig.*) mira; intenzione; aspirazione; scopo. ● (*mil.*) **aiming**, punteria; puntamento □ **to take aim at**, mirare a.
aimless ['eimlis], *a.* privo di scopo; inconsulto.
aimlessness ['eimlisnis], *n.* mancanza di scopo (*o* di costruttività): **The a. of his efforts was apparent**, la mancanza di costruttività dei suoi sforzi era evidente.
ain't [eint], *voce verb.* **1** (*pop.*) contraz. di **am not 2** (*dial.*) contraz. di **are not**, **is not**, **has not**, **have not**.
air [ɛə*], **A** *n.* aria (*anche nel senso di*: cielo, brezza, impressione, aspetto, atteggiamento, melodia, importanza, ecc.): **in the open air**, all'aria aperta; **to clear the air**, aerare, cambiar l'aria (*d'una stanza*); (*fig.*) chiarire una situazione; **to give oneself** (*o* **to put on**) **airs**, darsi delle arie; **to take the air**, prendere aria (*o* una boccata d'aria); uscire; partire. **B** *a. attr.* aereo: (*mil.*) **air raid**, attacco aereo ● **air alert**, allarme aereo; (*mil.*) stato d'allarme □ (*autom.*) **air bag**, pallone anti-incidente (*che si gonfia da solo agli urti*) □ **air balloon**, palloncino di gomma (*giocattolo*); aerostato □ **air base**, base aerea □ (*aeron.*) **air beacon**, aerofaro; (*radio*) radiofaro □ (*comm.*) **air bill**, bolletta di trasporto aereo □ **air bladder**, vescica natatoria □ **air brake**, freno ad aria compressa □ **air-brick**, mattone forato □ **air bridge**, ponte aereo □ **air-brush**, aerografo □ **air bubble**, bolla d'aria □ **air chamber**, camera d'aria (*nelle macchine idrauliche*) □ **air conditioner**, condizionatore d'aria □ **air-conditioned**, ad aria condizionata □ **air conditioning**, condizionamento dell'aria □ (*aeron.*) **air controller**, controllore di volo □ (*ing., mecc.*) **air-cooled**, raffreddato ad aria □ **air crash**, incidente aereo □ **air cushion**, cuscino pneumatico □ **air-cushion vehicle**, veicolo a cuscino d'aria □ **air-drop**, lancio (*di materiale o uomini*) col paracadute □ **air fare**, (prezzo del) biglietto aereo □ **air-flow**, che lascia circolare l'aria; aerodinamico □ (*mil.*) **air force**, aviazione □ **air gun**, fucile ad aria compressa; pistola a spruzzo □ **air hole**, sfiatatoio □ **air hostess**, hostess (*di aereo di linea*); assistente di volo □ **air jacket**, (*aeron.*) giubbotto pneumatico; (*mecc.*) involucro per il raffreddamento ad aria □ (*aeron.*) **air lane**, rotta □ **air-lift**, ponte aereo □ **air line**, linea aerea; aerolinea; tubo dell'aria compressa (*di subacqueo*) □ **air-liner**, aereo di linea □ (*aeron.*) **air log**, dromografo □ **air mail**, posta aerea □ (*mil.*) **air marshall**, maresciallo dell'aria □ **air mattress**, materasso pneumatico □ **air-minded**, che s'interessa d'aviazione, di volo o di aerei □ **air piracy**, pirateria aerea □ **air pirate**, pirata dell'aria □ (*bot.*) **air plant**, epifita □ (*aeron.*) **air pocket**, vuoto d'aria □ **air-proof**, a tenuta d'aria; ermetico □ **air pump**, pompa pneumatica □ **air raid**, incursione aerea □ **air-raid shelter**, rifugio antiaereo □ (*aeron.*) **air-screw**, elica □ **air-sickness**, mal d'aereo □ **air station**, stazione aeroportuale □ **air taxi**, aerotaxi □ **air terminal**, aerostazione (*urbana*); terminal □ (*mil.*) **air-to-air**, aria-aria: **an air-to-air missile**, un missile aria-aria □ (*mil.*) **air-to-ground** (*o* **air-to-surface**), aria-terra □ **air traffic**, traffico aereo □ **air traffic contoller**, controllore di volo; uomo-radar (*fam.*) □ **air tube**, camera d'aria (*di pneumatico*) □ **air umbrella**, ombrello protettivo di aerei (*in guerra*) □ (*comm.*) **air waybill**, bolletta di trasporto aereo □ **to build castles in the air**, fare castelli in aria □ **by air**, per via aerea □ **to give air to one's opinions**, esprimere pubblicamente le proprie opinioni □ (*dial.*) **to give sb. the air**, licenziare q.; mandare a spasso q. (*fig.*) □ (**up**) **in the air**, (*di progetto*) campato in aria, incerto, non ancora deciso; (*di idee, ecc.*) diffuso, sparso □ (*radio*) **on the air**, trasmesso per radio □ **to speak on the air**, parlare alla radio □ **Royal Air Force** (*abbr.* **R.A.F.**), aviazione militare inglese □ (*di notizie, voci*) **to take air**, diffondersi; spargersi □ **to vanish into thin air**, svanire nel nulla □ **to walk on air**, essere in uno stato euforico; essere al settimo cielo □ **I feel like some air**, vorrei prendere un po' (*o* una boccata) d'aria.
to air [ɛə*], *v. t.* **1** arieggiare; dare aria a; aerare **2** (*fig.*) ventilare; diffondere; rendere di pubblica ragione **3** mettere in mostra. ● **to air the linen**, sciorinare la biancheria.
airblast ['ɛəbla:st], *n.* getto d'aria.
airborne ['ɛəbɔ:n], *a.* **1** aerotrasportato; aviotrasportato **2** (*aerodinamica*) sostenuto dall'aria **3** (*di aereo*) in volo.

airbrush ['eəbrʌʃ], *n.* aerografo.
airbus ['eəbʌs], *n.* (*aeron.*) aerobus.
to **air-condition** ['eə-kən,diʃən], *v. t.* munire (*un locale*) di condizionamento dell'aria; condizionare l'aria di (*un ambiente*).
to **air-cool** ['eə-ku:l], *v. t.* (*ing., mecc.*) raffreddare ad aria.
aircraft ['eə-kra:ft], *n.* (*aeron., sing. o pl. collett.*) apparecchio; aereo; velivolo; aeromobile; aerei; velivoli. ● **a. carrier**, portaerei: **nuclear-powered a. carrier**, portaerei a propulsione nucleare □ **a. engineer**, ingegnere aeronautico □ **a. works**, fabbrica d'aeroplani □ **jet a.**, aviogetto □ **rocket a.**, aviorazzo.
aircraftman ['eə-kra:ftmən], *n.* (*pl.* **aircraftmen**) (*specialm. ingl.*) meccanico d'aviazione (*sottufficiale*).
airdrome ['eədroum], *n.* (*USA*) aerodromo.
to **air(-)drop** ['eə-drɔp], *v. t.* (*anche mil.*) paracadutare.
to **air-dry** ['eə-drai], *v. t.* essiccare all'aria; stagionare.
Airedale ['eədeil], *n.* Airedale (*specie di grosso terrier con pelo irsuto*).
airfield ['eə-fi:ld], *n.* campo d'aviazione.
airflow ['eə-flou], *n.* flusso d'aria. ● (*tecn.*) **a. meter**, flussometro.
airfoil ['eə-fɔil], (*USA*) V. **aerofoil**.
airframe ['eə-freim], *n.* 1 (*aeron.*) cellula 2 (*miss.*) struttura.
airhouse ['eəhaus], *n.* (*edil.*) pallone pressostatico.
airiness ['eərinis], *n.* 1 qualità di essere arioso 2 gaiezza; vivacità 3 grazia; delicatezza 4 superficialità; leggerezza (*V.* **airy**).
airing ['eəriŋ], *n.* 1 aerazione; esposizione all'aria 2 (*fig.*) divulgazione 3 passeggiata (*all'aria aperta*): **to take** (*o* **to go for**) **an a.**, fare una passeggiata (*o* cavalcata) all'aria aperta; prendere una boccata d'aria; **Give the dog an a. in the park**, fa' prendere al cane una boccata d'aria nel parco. ● **a. cupboard**, stenditoio (*riscaldato: per asciugare panni*).
airless ['eəlis], *a.* 1 privo d'aria; dall'aria viziata 2 senza vento.
to **airlift** ['eə,lift], *v. t.* (*aeron., mil.*) aerotrasportare. ● **to a. st. to sb.**, rifornire q. di q.c. (*materiali, viveri, ecc.*) mediante un ponte aereo.
airlift ['eə,lift], *n.* (*aeron., mil.*) ponte aereo.
to **air-mail** ['eə'meil], *v. t.* spedire per posta aerea.
airman ['eəmæn], *n.* (*pl.* **airmen**) 1 aviatore 2 (*mil.*) aviere.
airmechanic ['eə-mi,kænik], *n.* meccanico d'aviazione.
airmobile [,eə'moubail], *a.* (*mil. USA*) trasportato in elicottero; elitrasportato.
airplane ['eə-plein], *n.* (*specialm. USA*) aeroplano; aereo (*fam.*)
airport ['eə-pɔ:t], *n.* aeroporto.
airship ['eə-ʃip], *n.* aeronave; dirigibile.
airspace ['eə-speis], *n.* 1 spazio aereo (*di un dato Paese*) 2 (*radio*) canali (*di trasmissione*).
airstop ['eə-stɔp], *n.* stazione di elicotteri; eliporto.
airstrip ['eə-strip], *n.* pista d'atterraggio; campo provvisorio.
airtight ['eə-tait], *a.* 1 a tenuta d'aria; ermetico 2 (*fig.*) ermetico; inattaccabile: **an a. alibi**, un alibi inattaccabile.
airwaves ['eəweivz], *n. pl.* (*radio, telev.*) (l')etere.
airway ['eəwei], *n.* 1 via aerea 2 (*ind. min.*) galleria di ventilazione 3 (*radio, telev.*) canale.
airwoman ['eəwumən], *n.* (*pl.* **airwomen**) aviatrice.
airworthiness ['eə,wə:ðinis], *n.* (*aeron.*) navigabilità (*di un aereo*).
airworthy ['eə,wə:ði], *a.* (*di aereo*) atto alla navigazione (aerea).
airy ['eəri], *a.* 1 (*poet.*) aereo; elevato 2 arioso; arieggiato 3 immateriale; etereo 4 gaio; vivace; lieve (*come l'aria*) 5 grazioso; delicato 6 superficiale; leggero, frivolo; irriverente 7 (*fam.*) borioso; affettato.
aisle [ail], *n.* 1 (*archit.: di chiesa*) navata laterale 2 spazio fra due file di panche (*in chiesa*) 3 (*di teatro, carrozza ferroviaria, autobus, ecc.*) corridoio fra i posti a sedere 4 passaggio (*fra due file di alberi*).
aisled [aild], *a.* 1 (*di chiesa*) a navate 2 con corridoio laterale.
ait [eit], *n.* (*specialm. ingl.*) isoletta (*per lo più fluviale*).
aitch [eitʃ], *n.* acca; lettera h.
aitchbone ['eitʃboun], *n.* 1 (*anat.*) osso sacro 2 (*macelleria*) culatta.
ajar (1) [ə'dʒa:*], *avv. e a. pred.* socchiuso; semiaperto.
ajar (2) [ə'dʒa:*], *avv. e a. pred.* in disarmonia; in disaccordo.
akimbo [ə'kimbou], *avv.* sui fianchi: **with arms a.**, con le mani sui fianchi (*e i gomiti in fuori*).
akin [ə'kin], *a.* 1 consanguineo 2 (*fig.*) simile; affine.
à la [a: la:] (*franc.*), *prep.* nello stile di; alla: **a poem à la Kipling**, una poesia nello stile di Kipling.
alabaster ['æləba:stə*], **A** *n.* alabastro. **B** *a.* d'alabastro; alabastrino.
alabastrine [,ælə'ba(:)strin], *a.* alabastrino.
à la carte [,ælə'ka(:)t] (*franc.*), *avv.* e *a.* (*di pasto in ristorante*) alla carta.
alack [ə'læk], *inter.* ahimè!; ohimè!

alacrity [ə'lækriti], *n.* alacrità.
Aladdin [ə'lædin], *n.* Aladino.
à la mode, **alamode** [,ælə'moud] (*franc.*), *avv.* 1 di moda; alla moda 2 (*USA: di torta, ecc.*) con gelato. ● **à la mode beef**, brasato di manzo lardellato.
alar ['eilə*], *a.* 1 alare 2 simile ad ala 3 (*anat.*) ascellare.
Alaric ['ælərik], *n.* (*stor.*) Alarico.
alarm [ə'la:m], *n.* 1 allarme: **to sound** (*o* **to ring**) **the a.**, suonare l'allarme 2 paura; preoccupazione; timore; ansia 3 (*anche* **a. clock**) sveglia. ● (*scherma*) **A.!**, all'erta!; in guardia! □ **a. bell**, campanello d'allarme (*anche fig.*) □ **a. clock**, sveglia □ **to feel a.**, essere in ansia, preoccupato, agitato □ **fire a.**, segnalatore d'incendio □ **to set the a. to wake sb. at half past six**, mettere la sveglia per svegliare q. alle sei e mezzo □ **to take a. at st.**, allarmarsi per q.c.
to **alarm** [ə'la:m], *v. t.* 1 dare l'allarme a; mettere in stato d'allarme 2 mettere in apprensione; spaventare; turbare; allarmare.
alarmed [ə'la:md], *a.* allarmato; in ansia; spaventato.
alarming [ə'la:miŋ], *a.* preoccupante; allarmante.
alarmism [ə'la:mizm], *n.* allarmismo.
alarmist [ə'la:mist], **A** *n.* allarmista. **B** *a.* allarmistico.
alary ['eiləri], *a.* 1 alare 2 simile ad ala.
alas [ə'la:s], *inter.* ahimè!; ohimè!
Alaska [ə'læskə], *n.* (*geogr.*) Alaska.
Alaskan [ə'læskən], *a.* e *n.* (abitante) dell'Alaska.
alate ['eileit], **alated** ['eileitid], *a.* alato.
alb [ælb], *n.* (*relig.*) camice (*sacerdotale*); alba (*raro*)
albacore ['ælbək,ɔ(:)*], *n.* (*pl.* **albacores, albacore**) (*zool., Thunnus alalunga*) alalonga; albacora.
Alban ['ɔ:lbən], *n.* Albano.
Albanian [æl'beinjən], *n.* e *a.* albanese.
albata [æl'beitə*], *n.* argentone.
albatross ['ælbətrɔs], *n.* (*pl.* **albatrosses, albatross**) (*zool., Diomedea*) albatro.
albeit [ɔ:l'bi:it], *cong.* (*lett.*) benché; quantunque; sebbene.
Albert ['ælbət], *n.* Alberto.
Albertine [ælbə'tain], *n.* Albertina.
albescent [æl'besənt], *a.* albescente; biancheggiante.
Albigenses [,ælbi'dʒensi:z], *n. pl.* (*stor.*) Albigesi.
Albigensian [,ælbi'dʒensiən], *a.* e *n.* albigese.
albinism ['ælbinizəm], *n.* albinismo.
albino [æl'bi:nou], *n.* (*pl.* **albinos**) albino.
Albion ['ælbjən], *n.* (*geogr., poet.*) Albione.
albite ['ælbait], *n.* (*miner.*) albite.
album ['ælbəm], *n.* album.
albumen ['ælbjumin], *n.* 1 albume 2 (*chim.*) albumina.
albumin ['ælbjumin], *n.* (*chim.*) albumina.
albuminate [æl'bju:mineit], *n.* (*chim.*) albuminato.
albuminoid [æl'bju:minɔid], *a.* e *n.* (*chim.*) albuminoide.
albuminous [æl'bju:minəs], *a.* (*chim.*) albuminoso.
albuminuria [æl,bju:mi'njuəriə], *n.* (*med.*) albuminuria.
alburnum [æl'bə:nəm], *n.* (*bot.*) alburno.
Alcaeus [æl'si:əs], *n.* (*letter. greca*) Alceo.
alcaic [æl'keiik], (*poesia*) **A** *a.* alcaico. **B** *n.* verso alcaico.
alchemic(al) [æl'kemik(əl)], *a.* alchimistico.
alchemist ['ælkimist], *n.* alchimista.
alchemistic(al) [,ælki'mistik(əl)], *a.* alchimistico.
to **alchemize** ['ælkimaiz], *v. t.* alchimizzare.
alchemy ['ælkimi], *n.* alchimia.
Alcibiades [ælsi'baiədi:z], *n.* (*stor. greca*) Alcibiade.
alcohol ['ælkəhɔl], *n.* 1 alcol, alcool 2 bevanda alcolica.
alcoholic [,ælkə'hɔlik], **A** *a.* 1 alcolico 2 (*med.*) alcolizzato. **B** *n.* 1 (*med.*) alcolizzato 2 (*pl.*) (gli) alcolici.
alcoholism ['ælkəhɔlizəm], *n.* (*med.*) alcolismo; etilismo.
alcoholization [,ælkəhɔlai'zeiʃən], *n.* alcolizzazione.
to **alcoholize** ['ælkəhɔlaiz], *v. t.* alcolizzare.
alcoholometer [,ælkəhɔ'lɔmitə*], *n.* alcolimetro, alcolometro.
Alcoran [,ælkɔ'ra:n], *n.* (*relig.*) Corano.
alcove ['ælkouv], *n.* 1 alcova 2 pergola 3 padiglione d'estate.
Alcuin ['ælkwin], *n.* (*stor.*) Alcuino.
aldehyde ['ældihaid], *n.* (*chim.*) aldeide.
al dente [a:l'dentei] (*ital.*), *a.* (*cucina*) al dente.
alder ['ɔ:ldə*], *n.* (*bot., Alnus*) ontano; alno.
alderman ['ɔ:ldəmən], *n.* (*pl.* **aldermen**) 1 (*in G.B.: fino al 1974*) consigliere comunale anziano, che dura in carica più degli altri e ha particolari attribuzioni (*corrisponde all'incirca all'ital.:* assessore) 2 (*USA*) consigliere comunale.
aldermancy ['ɔ:ldəmənsi], *n.* ufficio (*o* carica) di consigliere anziano (*V.* **alderman**).
aldermanry ['ɔ:ldəmənri], *n.* distretto (*o* borgo) che ha un suo consigliere anziano; grado e dignità di consigliere anziano (*V.* **alderman**).
aldermanship ['ɔ:ldəmənʃip], *V.* **aldermancy**.
aldine ['ɔ:ldain], **A** *a.* (*tipogr.*) aldino. **B** *n.* 1 libro aldino

2 edizione aldina.
Aldous ['ɔːldəs], *n.* Aldo.
ale [eil], *n.* **1** birra chiara (*ad alta gradazione alcolica*) **2** (*stor.*) festa della birra. ● **ale brewer**, birraio (*fabbricante*) □ **ale-house**, birreria □ **ale-house keeper**, birraio (*venditore*) □ **ale-wife**, proprietaria di birreria.
aleatory ['eilətəri], *a.* (*anche leg.*) aleatorio.
alee [ə'liː(ː)], *avv.* e *a. pred.* (*naut.*) sottovento.
alegar ['eiligə*], *n.* **1** birra acida **2** aceto di malto.
Alemannic [ˌæli'mænik], *a.* e *n.* (*stor.*) alemanno.
alembic [ə'lembik], *n.* alambicco.
alert [ə'ləːt], **A** *a.* **1** vigile; sveglio **2** agile; pronto; intelligente. **B** *n.* allarme (*anche aereo*). ● **to be on the a.**, stare all'erta.
to alert [ə'ləːt], *v. t.* mettere in guardia (*o* in stato d'allarme).
alertness [ə'ləːtnis], *n.* **1** prontezza **2** vigilanza.
aleuron(e) [ə'ljuərən], *n.* (*bot.*) aleurone.
Aleutian [ə'luːʃən], *a.* (*geogr.*) aleutino: **A. Islands**, Isole Aleutine.
Alexander [ˌælig'zaːndə*], *n.* Alessandro.
Alexandra [ˌælig'zaːndrə], *n.* Alessandra.
Alexandria [ˌælig'zaːndriə], *n.* (*geogr.*) Alessandria.
Alexandrian [ˌælig'zaːndriən], *a.* (*stor.*) **1** alessandrino (*di Alessandria d'Egitto e della sua civiltà*) **2** di Alessandro Magno.
alexandrine [ˌælig'zændrain], *a.* e *n.* (*poesia*) (verso) alessandrino.
alexipharmic [ˌeileksi'faːmik], *n.* (*farm.*) alessifarmaco.
Alexis [ə'leksis], *n.* Alessio.
alfalfa [æl'fælfə], *n.* (*USA*) (*bot.*, *Medicago sativa*) erba medica.
Alfred ['ælfrid], *n.* Alfredo.
alfresco, al fresco [æl'freskou], *avv.* e *a.* all'aperto: **an a. dinner**, un pranzo all'aperto.
alga ['ælgə], *n.* (*pl.* **algae, algas**) (*bot.*) alga.
algebra ['ældʒibrə], *n.* algebra.
algebraic(al) [ˌældʒi'breiik(əl)], *a.* algebrico.
algebraist [ˌældʒi'breiist], *n.* algebrista.
Algerian [æl'dʒiəriən], *a.* e *n.* algerino.
Algerine ['ældʒəraiːn], *a.* e *n.* algerino.
algid ['ældʒid], *a.* (*poet.* e *med.*) algido.
algidity [æl'dʒiditi], *n.* (*med.*) algidità.
Algiers [æl'dʒiəz], *n.* (*geogr.*) Algeri.
Algol ['ælgɔːl], *n.* (*elab.*) Algol.
algology [æl'gɔlədʒi], *n.* (*bot.*) algologia.
algor ['ælgə*], *n.* (*poet.*) algore; freddo intenso.
algorism ['ælgərizm], *n.* **1** algorismo (*sistema metrico decimale arabo*) **2** V. **algorithm**.
algorithm ['ælgəriðəm], *n.* (*mat.*) algoritmo.
algorithmic [ˌælgə'riðmik], *a.* (*mat.*) algoritmico.
alias ['eiliæs], **A** *n.* pseudonimo; falso nome. **B** *avv.* alias; altrimenti detto.
alibi ['ælibai], *n.* (*pl.* **alibis**) **1** (*leg.*) alibi **2** (*fam.*) scusa; pretesto.
Alicia [ə'liʃɪə], *n.* Alice.
alidad ['ælidæd], **alidade** ['ælideid], *n.* (*tecn.*) alidada.
alien ['eiljən], **A** *a.* **1** straniero **2** alieno (*anche nel senso di: estraneo; altrui*): **These principles are a. to me**, questi principi mi sono estranei (*o* mi ripugnano). **B** *n.* **1** straniero: **aliens law**, legge sugli stranieri **2** (*fantascienza*) extraterrestre; alieno. ● **a. from**, lontano da; in contrasto con: **principles a. from our religion**, principi in contrasto con la nostra religione.
to alien ['eiljən], *v. t.* **1** (*leg.*) V. **to alienate 2** (*poet.*) estraniare.
alienability [ˌeiljənə'biliti], *n.* alienabilità.
alienable ['eiljənəbl], *a.* alienabile.
to alienate ['eiljəneit], *v. t.* **1** (*leg.*) alienare; trasferire (*specialm. beni immobili*) **2** alienare, alienarsi; estraniare (*amici, ecc.*).
alienation [ˌeiljə'neiʃən], *n.* (*leg., psic.*) **1** alienazione: **mental a.**, alienazione mentale **2** (*fig.*) alienazione; disaffezione.
alienee [ˌeiljə'niː], *n.* (*leg.*) cessionario.
alienism ['eiljənizm], *n.* **1** (*leg.*) condizione di straniero **2** (*med.*) studio delle alienazioni mentali; psichiatria.
alienist ['eiljənist], *n.* (*med.*) alienista; psichiatra.
alienor [ˌeiljə'nɔː*], *n.* (*leg.*) alienatore; alienante; cedente.
aliform ['ælifɔː(ː)m], *a.* aliforme.
to alight [ə'lait], *v. i.* **1** smontare (*da cavallo*); scendere (*dal treno, autobus, tram, ecc.*) **2** (*di uccelli o cose dall'aria*) posarsi. ● **to a. on one's feet**, cadere in piedi (*anche fig.*) □ (*aeron.*) **to a. on land**, atterrare □ (*miss.*) **to a. on the moon**, atterrare sulla luna; allunare □ (*aeron.*) **to a. on water**, ammarare □ **to a. on (o upon) sb.**, imbattersi in q.
alight [ə'lait], *a. pred.* **1** acceso; che brucia **2** illuminato, (*fig.*) splendente (*in viso, per gioia*). ● **to set st. a.**, dar fuoco a q.c.
alighting [ə'laitiŋ], *n.* (*aeron.*) **1** (*anche* **a. on land**) atterraggio **2** (*anche* **a. on water**) ammaraggio.
to align [ə'lain], *v. t.* e *i.* allineare, allinearsi: **to a. the sights and bull's eye**, allineare il mirino e la tacca (*del fucile*) con il centro del bersaglio. ● **to a. oneself with sb.**, allinearsi (*o* schierarsi) con q. □ (*polit.*) **non-aligned countries**, paesi non allineati.
alignment [ə'lainmənt], *n.* **1** allineamento **2** schieramento: **the new a. of political parties**, il nuovo schieramento di partiti politici. ● **to be in a.**, essere in linea (*o* allineato) □ **out of a.**, male allineato; non allineato.
alike [ə'laik], **A** *a. pred.* simile; somigliante: **Father and son were extraordinarily a.**, padre e figlio si somigliavano in modo straordinario. **B** *avv.* similmente; egualmente; in egual misura: **He deals kindly with inferiors and superiors a.**, tratta con pari gentilezza sia gli inferiori che i superiori.
aliment ['ælimənt], *n.* **1** (*anche fig.*) alimento **2** sostentamento; nutrimento **3** (*scozz., leg.*) alimenti.
to aliment ['ælimənt], *v. t.* **1** alimentare **2** (*leg.*) passare gli alimenti a.
alimentary [ˌæli'mentəri], *a.* **1** alimentare; alimentario; nutritivo **2** (*anat.*) digerente: **a. canal**, tubo digerente.
alimentation [ˌælimen'teiʃən], *n.* **1** alimentazione **2** sostentamento.
alimony ['æliməni], *n.* **1** mezzi di sostentamento **2** (*leg.: in cause di separazione o divorzio*) alimenti.
to aline [ə'lain], *V.* **to align**.
alinement [ə'lainmənt], *V.* **alignment**.
aliped ['æliped], *a.* e *n.* (*poet.*) alipede.
aliphatic [ˌæli'fætik], *a.* (*chim.*) alifatico.
aliquot ['ælikwɔt], **A** *n.* (*mat.*) aliquota. **B** *a.* (*chim., mat.*) frazionato.
alive [ə'laiv], *a. pred.* **1** vivo (*anche fig.*); in vita (*in vigore, in atto*) **2** vivace; attivo **3** vibrante; vivido **4** (*elettr.*) attivo; sotto tensione **5** (*radio, tel., telev.*) in operazione. ● **a. and kicking**, vivo e vegeto □ **to be a. to**, essere conscio di; capire pienamente: **He was a. to his failings**, era conscio dei suoi difetti □ **to be a. with**, essere pieno di (*specialm. di esseri viventi o cose in moto*); formicolare (*o* brulicare) di: **The rotten log was a. with ants**, il ceppo marcio brulicava di formiche □ **to be a. with hope**, essere pieno di speranza □ **any man a.**, chiunque; tutti □ **to come a.**, ravvivarsi; animarsi □ **Look a.!**, svegliati!; affrettati!
alizarin(e) [ə'lizərin], *n.* (*chim.*) alizarina.
alkahest ['ælkəhest], *n.* (*alchimia*) pietra filosofale.
alkalescence [ˌælkə'lesns], **alkalescency** [ˌælkə'lesnsi], *n.* (*chim.*) alcalescenza.
alkalescent [ˌælkə'lesnt], *a.* (*chim.*) alcalescente.
alkali ['ælkəlai], *n.* (*pl.* **alkalis, alkalies**) (*chim.*) alcali; prodotto alcalino. ● **a. metal**, metallo alcalino.
to alkalify ['ælkəlifai], *v. t.* e *i.* (*chim.*) alcalinizzare, alcalinizzarsi.
alkalimeter [ˌælkə'limitə*], *n.* alcalimetro.
alkalimetry [ˌælkə'limitri], *n.* (*chim.*) alcalimetria.
alkaline ['ælkəlain], *a.* (*chim.*) alcalino.
alkalinity [ˌælkə'liniti], *n.* (*chim.*) alcalinità.
to alkalize ['ælkəlaiz], *v. t.* (*chim.*) alcalinizzare.
alkaloid ['ælkəlɔid], *n.* (*chim.*) alcaloide.
alkanet ['ælkənet], *n.* (*bot.*) **1** (*Alkanna tinctoria*) alcanna **2** (*Anchusa*) buglossa.
alkermes [æl'kəː(ː)miː(ː)z], *n.* alchermes.
Alkoran [ˌælkə'raːn], *n.* (*relig.*) Corano.
all [ɔːl], *n., a., pron.* e *avv.* **1** tutto, tutta; tutti, tutte; tutto ciò che si possiede: **He gave his all**, dette tutto il suo; **they all** (*o* **all of them**), essi tutti; tutti loro; **and all**, e tutto: **He jumped into the river, clothes and all**, si gettò nel fiume, vestiti e tutto **2** ogni; qualsiasi: **beyond all doubt**, fuor d'ogni dubbio; **all manner of men**, qualsiasi genere d'uomini **3** ciascuno; completamente: **He was all worn out**, era completamente sfinito **4** ciascuno; a testa: **The score was thirty all**, il punteggio era di trenta a testa (*a tennis*: trenta pari). ● **all alone**, da solo; da sé □ **all along**, fin dal principio: **I had known it all along**, l'avevo saputo sin dal principio □ **all-American**, completamente americano, composto di soli americani, di tutte le Americhe; (*di persona*) purosangue; puro: **an all-American boy**, un americano purosangue □ **all-around**, versatile; completo; (*comm. USA*) globale; **an all-around sportsman**, uno sportivo completo □ **all at once**, tutto a un tratto; tutti in una volta; tutti insieme: **The vision disappeared all at once**, la visione sparì tutto a un tratto; **They spoke all at once**, parlarono tutti in una volta (*fam.*) □ **all the best**, tanti auguri; tante cose □ **all the better (the worse)**, tanto meglio (peggio) □ **all but**, poco meno che; quasi: **He is all but a thief**, se non è un ladro, poco ci manca; **The hard work is all but completed**, il lavoro duro è quasi finito □ **all-clear**, (segnale di) cessato allarme (*specialm. aereo*) □ **all day (night)**, tutto il giorno (tutta la notte) □ **all day long**, tutto il santo giorno □ **all-English**, esclusivamente inglese; tutto d'inglesi: **an all-English eleven**, una squadra (di calcio) tutta di giocatori inglesi □ **to be all eyes (ears)**, essere tutt'occhi (orecchie) □ **All Fool's Day**, il primo d'aprile (*il giorno di tutti gli sciocchi, cioè del «pesce d'aprile»*) □ **All-Hallows**, Ognissanti □ **all-

allay

-important, di somma importanza; essenziale □ **all in all**, tutto considerato, tutto sommato; la cosa più cara; tutto: **His son was all in all to him**, suo figlio era tutto per lui □ *(fam.)* **to be all in**, essere stremato (o esausto, sfinito) □ *(sport)* **all-in wrestling**, lotta libera □ **all-inclusive**, comprensivo di tutto (o di ogni spesa) □ **all-knowing**, onnisciente □ **all-male**, per (o di) soli uomini □ **all-night**, che dura (o che resta aperto) tutta la notte □ **all-nighter**, avvenimento (festa, ecc.) che dura una notte intera □ **all of a sudden**, tutt'a un tratto; improvvisamente □ *(fam.)* **all-out**, completo; incondizionato □ **all-out support**, appoggio incondizionato □ **all out**, a tutta forza; mettendocela tutta: **He was running all out**, correva mettendocela tutta, a più non posso □ **all over**, dappertutto: **I have travelled all over Europe**, in Europa, sono stato dappertutto □ **all-over**, completo, integrale; su tutta la superficie (del corpo, ecc.): **an all-over tan**, un'abbronzatura integrale □ *(fam.)* **to be** (to sound, etc.) **all over**, essere (sembrare, ecc.) da cima a fondo (o da capo a piedi, del tutto): **From what you say, he sounds my son all over**, a quel che dici, sembra (proprio) si tratti di mio figlio da capo a piedi □ **to be all over with**, essere finito: **It is all over with our friendship**, la nostra amicizia è finita □ **all-powerful**, onnipossente □ **all--red**, interamente britannico: **an all-red line**, una linea (di navigazione) interamente britannica □ **all right**, bene; proprio: **Everything turned out all right**, tutto andò a finir bene; **That's the man all right**, è proprio lui (l'uomo che cerchiamo, ecc.); *(pop. USA)* **He's an all-right guy**, è un tipo simpatico □ **all right!**, d'accordo!; bene! *(pop.)* fantastico! □ **to be all right**, stare bene: **It's all right**, sta bene; **I'm all right**, sto bene □ **all--round**, completo; *(comm.)* globale: **He is an all-round athlete**, è un atleta completo; **all-round price**, prezzo tutto incluso; prezzo globale □ **all-rounder**, persona versatile; *(sport)* atleta (pugile, ecc.) completo □ **All Saints' Day**, Ognissanti □ **all the same**, lo stesso; nonostante questo; tuttavia: **He was punished all the same**, fu punito lo stesso; **He is a rascal all the same**, nonostante questo è un mascalzone □ **all-seeing**, onniveggente □ *(autom.)* **All services**, area di servizio e ristorante (cartello autostradale in G. B.) □ **All Souls' Day**, il giorno dei morti □ **all-star**, *(cinem., telev., teatr.)* composto di stelle (o celebrità); *(sport)* composto di campioni □ **all-terrain vehicle**, fuoristrada □ *(econ., fin.)* **all-time high (low)**, rialzo (ribasso) massimo □ *(sport)* **all-time record**, primato assoluto □ **all told**, in tutto: **There were twenty, all told**, ce n'erano venti in tutto □ *(aeron.)* **all-up**, peso lordo (di un aeroplano) □ **all the way**, lungo tutto il cammino; *(fig.)* fino in fondo □ *(d'abito, ecc.)* **all--weather**, per tutte le stagioni □ **all-year**, che si trova (o che si può fare) tutto l'anno: **an all-year sport**, uno sport che si può praticare in ogni stagione dell'anno □ **above all**, soprattutto □ **after all**, dopo tutto □ **at all**, minimamente; affatto; per nulla: **He is not at all clever**, non è per nulla intelligente □ **for all I know**, per quel che so io; a quanto ne so io □ **for all that**, nonostante tutto; con tutto ciò: **For all that, I shall go**, nonostante tutto, andrò; **For all that, you must not forget he is your brother**, con tutto ciò, non devi dimenticare che è tuo fratello □ **for good and all**, per sempre; sul serio: **I am going for good and all**, me ne vado per sempre □ **in all**, in tutto: **We were eleven in all**, eravamo undici in tutto □ *(fam.)* **not to be all there**, essere via con la testa; essere svanito: **The poor old man was not all there**, il povero vecchio era via con la testa □ **on all fours**, a quattro zampe; carponi □ **once and for all**, una volta per tutte □ **one and all**, dal primo all'ultimo □ **when all is said and done**, in fin dei conti; alla fin fine; tutto considerato □ **It is all one to me**, per me è lo stesso (o è tutt'uno) □ **I am not all that old**, non sono poi tanto vecchio □ **It is all up**, we are defeated, è finita, siamo sconfitti □ **I will do my all to help you**, farò di tutto (o l'impossibile) per aiutarti.

to **allay** [ə'lei], *v. t.* **1** diminuire; alleviare; lenire **2** calmare; acquietare; placare: **He could not a. his thirst**, non riusciva a placare la sete **3** dissipare (sospetti, ecc.) **4** sedare (apprensioni).

allegation [ˌæleˈgeiʃən], *n.* **1** dichiarazione; affermazione; asserzione **2** *(leg.)* allegazione; argomentazione.

to **allege** [ə'ledʒ], *v. t.* **1** dichiarare; affermare; asserire **2** allegare, addurre (scuse, pretesti); citare (ragioni). ● **The alleged murderer will be tried next week**, il presunto assassino verrà processato la settimana prossima.

allegeable [ə'ledʒəbl], *a.* **1** che si può affermare (o presumere) **2** che può essere allegato (o addotto, citato).

allegedly [ə'ledʒidli], *avv.* **1** secondo quanto si asserisce; presumibilmente **2** secondo quanto viene addotto come ragione (o pretesto).

Alleghenies (the) [ˌæliˈgeiniz], *n. pl. (geogr.)* gli Allegheny (o Alleghany).

allegiance [əˈliːdʒəns], *n.* **1** fedeltà (di suddito a sovrano, di cittadino a governo) **2** lealtà, devozione (a una causa, a una persona).

allegoric(al) [ˌæleˈgɔrik(əl)], *a.* allegorico.
allegorist [ˈæligərist], *n.* allegorista.
to **allegorize** [ˈæligəraiz], **A** *v. t.* **1** volgere in allegoria: **He allegorized the tale**, volse il racconto in allegoria **2** allegorizzare; interpretare allegoricamente. **B** *v. i.* allegoreggiare; allegorizzare.
allegory [ˈæligəri], *n.* allegoria.
allegretto [ˌæliˈgretou], *a., avv.* e *n. (pl.* **allegrettos***) (mus.)* allegretto.
allegro [əˈleigrou], *a., avv.* e *n. (pl.* **allegros***) (mus.)* allegro.
alleluia(h) [ˌæliˈluːjə], *inter.* e *n.* alleluia.
allergic [əˈləːdʒik], *a. (med.* e *fig.)* allergico.
allergy [ˈælədʒi], *n. (med.* e *fig.)* allergia.
to **alleviate** [əˈliːvieit], *v. t.* alleviare; lenire; attenuare.
alleviation [əˌliːviˈeiʃən], *n.* alleviamento; lenimento.
alleviative [əˈliː(ː)vieitiv], *a.* che allevia; lenitivo.
alleviator [əˈliː(ː)vieitə*], *n.* **1** alleviatore (lett.) **2** (farm.) lenitivo.
alleviatory [əˈliː(ː)viətəri], *a.* che allevia; lenitivo.
alley [ˈæli], *n.* **1** vicolo: **blind a.**, vicolo cieco (anche fig.) **2** viale, vialetto (di giardino o parco) **3** (anche **bowling a.**) bocciodromo; (corsia di) bowling **4** (tennis) corridoio. ● **a. cat**, gatto randagio *(fam.: di cosa)* **down** (o **up**) **one's a.**, congeniale; che va a fagiolo; che sfagiola (pop.).
alliaceous [ˌæliˈeiʃəs], *a.* **1** (bot.) agliaceo **2** che sa di aglio.
alliance [əˈlaiəns], *n.* **1** alleanza (di Stati, ecc.); apparentamento (di partiti) **2** unione, l'imparentarsi (di famiglie per matrimonio); matrimonio **3** parentela; somiglianza; affinità.
allied [ˈælaid], *a.* **1** alleato; apparentato **2** imparentato **3** simile; affine **4** (biol.) affine: **a. species**, specie affini.
alligator [ˈæligeitə*], *n.* (zool., Alligator) alligatore.
to **alliterate** [əˈlitəreit], *v. i.* **1** usare l'allitterazione **2** formare allitterazione.
alliteration [əˌlitəˈreiʃən], *n.* allitterazione.
alliterative [əˈlitərətiv], *a.* allitterativo.
to **allocate** [ˈæləkeit], *v. t.* **1** *(fin.)* stanziare *(in bilancio);* accantonare: **They will a. funds for housing**, stanzieranno fondi per la costruzione di case **2** assegnare; distribuire; ripartire.
allocation [ˌæləˈkeiʃən], *n.* **1** stanziamento *(di fondi, ecc.);* somma stanziata; accantonamento; somma accantonata **2** assegnazione; ripartizione **3** *(fin.)* **a. of profits**, ripartizione degli utili □ *(econ.)* **a. of quotas**, assegnazione di quote.
allocution [ˌæləˈkjuːʃən], *n.* allocuzione.
allodial [əˈloudiəl], *a. (stor.)* allodiale.
allodium [əˈloudiəm], *n. (stor.)* allodio.
allogamy [əˈlɔgəmi], *n. (bot.)* allogamia; fecondazione incrociata.
allograft [ˈælougrɑːft], *n. (med.)* allotrapianto.
allonge [əˈlɔndʒ], *n. (comm.)* allunga, coda (di cambiale).
allopathic [ˌæləˈpæθik], *a. (med.)* allopatico.
allopathist [əˈlɔpəθist], *n.* medico allopatico.
allopathy [əˈlɔpəθi], *n. (med.)* allopatia.
allosaurus [ˌæloˈsɔːrəs], *n. (paleontologia)* allosauro.
to **allot** [əˈlɔt], *v. t.* **1** assegnare; concedere **2** distribuire *(facendo le parti)* **3** *(fin.)* ripartire *(azioni o obbligazioni).* ● *(Bibbia)* **the allotted span**, il termine di vita *(settant'anni)* concesso agli uomini.
allotment [əˈlɔtmənt], *n.* **1** assegnazione; concessione **2** *(leg.)* distribuzione; divisione; spartizione **3** *(anche leg.)* porzione; cosa assegnata; lotto di terra *(da coltivare)* **4** *(fin.)* ripartizione *(di titoli).*
allotrope [ˈælətroup], *n. (chim.)* allotropo.
allotropic(al) [ˌæləˈtrɔpik(əl)], *a. (chim.)* allotropico.
allotropy [əˈlɔtrəpi], **allotropism** [əˈlɔtrəpizəm], *n. (chim.)* allotropia.
allottee [ˌælɔˈtiː(ː)], *n. (leg.)* assegnatario.
to **allow** [əˈlau], **A** *v. t.* **1** permettere; lasciare **2** ammettere: **Dogs are not allowed**, i cani non sono ammessi **3** ammettere, riconoscere *(un fatto, ecc.)* **4** concedere; elargire; dare; passare: **I a. my son ten pounds a week**, passo a mio figlio dieci sterline alla settimana **5** *(comm.)* accordare *(una provvigione, uno sconto);* abbonare, dedurre. **to allow oneself B** *v. rifl.* concedersi: **He allows himself no cigarettes**, non si concede (di fumare) sigarette. ● *(comm.)* **to a. a claim**, accogliere un reclamo □ **to a. 5 per cent for cash payment**, dedurre il 5% per pagamento in contanti □ **to a. for**, tener conto di; calcolare: **You must a. for his youth**, devi tener conto del fatto che è giovane □ **to a. of**, ammettere; tollerare: **This rule does not a. of exceptions**, questa regola non ammette eccezioni.
allowable [əˈlauəbl], *a.* **1** ammissibile **2** accordabile **3** lecito.
allowance [əˈlauəns], *n.* **1** assegno; gratifica; indennità; somma di denaro concessa *(di tanto in tanto, per un dato scopo):* **my wife's dress a.**, il denaro che dò a mia moglie per il vestiario **2** concessione; assegnazione: **an a. of food for the prisoners**, un'as-

segnazione di generi alimentari per i prigionieri **3** (*comm.*) abbuono; sconto: **a 3 per cent a.**, uno sconto del 3%; **4** permesso; autorizzazione **5** ammissione, riconoscimento (*di un fatto, ecc.*) **6** razione (*di viveri*): **We were put on short a.**, fummo messi a razione ridotta **7** (*mecc.*) tolleranza **8** (*USA*) denaro per le piccole spese; paghetta (*fam.*); argent de poche (*franc.*). ● **a. for expenses**, detrazione per spese □ (*comm.*) **a. for tare**, abbuono per tara □ **family a.**, assegni familiari □ **lodging a.**, indennità d'alloggio □ **the monthly a.**, la mesata □ **travelling a.**, indennità di viaggio □ **to make a.** (*o* **allowances**) **for**, tener conto di; concedere attenuanti a: **You must make allowances for the inexperience of youth**, devi concedergli qualche attenuante in considerazione della inesperienza della gioventù.

to allowance [ə'lau-əns], *v. t.* **1** razionare; mettere a razione **2** assegnare una somma di denaro a (q.).

allowedly [ə'lauidli], *avv.* per riconoscimento generale; notoriamente: **He is a. very rich**, è notoriamente molto ricco.

alloy ['æloi], *n.* **1** (*metall.*) lega **2** lega; metallo non pregiato; (*fig.*) metallo vile, bassa lega **3** titolo (*dell'oro o dell'argento*).

to alloy [ə'loi], *v. t.* **1** amalgamare, legare (*metalli*) **2** abbassare il titolo di (*oro, ecc.*) **3** (*fig.*) alterare; svilire; guastare.

allspice ['ɔ:l-spais], *n.* pepe della Giamaica; pimento.

to allude [ə'lu:d], *v. i.* alludere.

to allure [ə'ljuə*], *v. t.* allettare; lusingare; affascinare; sedurre.

allurement [ə'ljuəmənt], *n.* **1** allettamento; adescamento; lusinga **2** attrattiva; fascino; incanto.

allurer [ə'ljuərə*], *n.* allettatore, allettatrice; adescatore, adescatrice.

alluring [ə'ljuəriŋ], *a.* allettante; affascinante; seducente.

allusion [ə'lu:ʒən], *n.* allusione.

allusive [ə'lu:siv], *a.* allusivo.

allusiveness [ə'lu:sivnis], *n.* carattere allusivo.

alluvial [ə'lu:vjəl], (*geol.*) **A** *a.* alluvionale. **B** *n.* materiale (*o* terreno) alluvionale. ● **a. cone** (*o* **a. fan**), conoide di deiezione.

alluvion [ə'lu:vjən], *n.* **1** (*geol., leg.*) alluvione **2** materiale alluvionale **3** alluvione; inondazione.

alluvium [ə'lu:vjəm], *n.* (*pl.* **alluviums, alluvia**) materiale alluvionale.

ally [ə'lai], *n.* **1** alleato **2** (*bot., zool.*) affine.

to ally [ə'lai], **A** *v. t.* **1** alleare: **Cavour succeeded in allying Piedmont with France**, Cavour riuscì ad alleare il Piemonte con la Francia **2** imparentare: **The Medici allied their family with the French dynasty**, i Medici imparentarono la loro famiglia con la dinastia francese. **B** *v. i.* allearsi: **France allied with Great Britain**, la Francia s'alleò con la Gran Bretagna.

almagest ['ælmədʒest], *n.* (*stor.*) almagesto.

alma(h) ['ælmə], *n.* almea (*danzatrice egiziana*).

alma mater ['ælmə'ma:tə*] (*lat.*), *n.* (*pl.* **alma maters, almae matres**) **1** università (*detto, per lo più, di quella che si è frequentata*) **2** inno di detta università.

almanac ['ɔ:lmənæk], *n.* almanacco.

almandine ['ælməndi:n], *n.* (*miner.*) almandino.

alme, almeh ['ælmə], *V.* **alma(h).**

almightiness [ɔ:l'maitinis], *n.* onnipotenza.

almighty [ɔ:l'maiti], *a.* **1** onnipotente; onnipossente (*lett.*): **the A.**, l'Onnipotente **2** (*fam.*) grande; estremo; enorme. **B** *avv.* (*pop.*) estremamente; enormemente.

almond ['a:mənd], **A** *n.* **1** mandorla **2** (*anche* **a. tree**) mandorlo. **B** *a.* di mandorla; del sapore (*o* colore, forma) della mandorla: **a. eyes**, occhi a mandorla. ● **a.-eyed**, dagli occhi a mandorla □ **a.-tumbler**, piccione tombolere.

almoner ['ælmənə*], *n.* **1** elemosiniere **2** assistente sanitario.

almost [ɔ:l'moust], *avv.* quasi; pressoché.

alms [a:mz], *n.* (*invar. al pl.*) elemosina; carità: **to give a.**, fare l'elemosina. ● **a.-box**, cassetta delle elemosine □ (*relig.*) **a.-fee**, obolo di S. Pietro □ **a.-giving**, il fare la carità □ **a.-house**, ospizio di carità; ricovero di mendicità (*o* di vecchiaia).

almsman ['a:mzmən], *n.* (*pl.* **almsmen**) uomo che vive della carità pubblica organizzata.

aloe ['ælou], *n.* **1** (*bot., Aloe*) aloe **2** (*pl., con il verbo al sing.*) aloe; lassativo estratto dalle foglie di aloe. ● (*bot.*) **American a.** (*Agave americana*), agave.

aloetic [ˌælou'etik], **A** *a.* (*med.*) aloetico. **B** *n.* medicina a base di aloe.

aloft [ə'lɔft], *avv. e a. pred.* **1** in alto; (*anche fig.*) alto; elevato **2** (*naut.*) sull'alberatura (*di nave a vela*); in alto; sulle sartie; in coffa: **to send sb. a.**, mandare q. in alto; **A. there!**, voi, di coffa!

alone [ə'loun], *a. pred. e avv.* **1** solo; isolato: **You can't live on bread a.**, non si vive di solo pane **2** soltanto; solamente: **He a. could do that**, lui solo saprebbe farlo. ● (*fam.*) **to go it a.**, fare da sé □ **to leave a.**, lasciar solo; (*fam.*) lasciar stare, lasciare in pace □ **let a.**, per non parlare di; e tanto meno: **I haven't a penny, let a. a pound**, non ho un penny e tanto meno una sterlina □ **to let a.**, lasciar stare; lasciare in pace □ **to let**

well enough a., accontentarsi (*delle cose come sono*); non cercare la perfezione □ (*prov.*) **Let well a.**, il meglio è nemico del bene.

along [ə'lɔŋ], **A** *prep.* lungo; per: **a. the wall**, lungo il muro; **a. the road**, per la strada. **B** *avv.* **1** avanti: **Move a.!**, andate avanti!; circolate! **2** con sé; insieme: **Take it a.**, prendilo con te; **a. with**, insieme con **3** (*idiom.*) — **He walked a.**, continuò a camminare; **Come a.!**, avanti, vieni! ● **a. here** (**there**), da questa (quella) parte; qui (là) □ (**all**) **a. of**, a causa di; per via di: **The accident happened all a. of your impatience**, l'incidente accadde per via della tua impazienza □ **all a.**, per tutto il tempo; sin dal principio: **I told you so all a.**, te l'ho detto sin dal principio □ **to get a. well** (**together**), andar d'accordo; intendersela □ **to get a.** (**with**), andare avanti; procedere: **How are you getting a. with your work?**, come procede il tuo lavoro?

alongshore [ə'lɔŋʃɔ(:)*], *avv.* lungo la spiaggia (*o* la costa).

alongside [ə'lɔŋ'said], **A** *avv.* **1** (*anche fig.*) fianco a fianco **2** (*naut.*) sottobordo. **B** *prep.* a fianco di; lungo. ● **a. of**, a fianco di □ (*comm.*) **a. ship**, sotto paranco □ **to go a.**, accostare; approdare □ **to go a.** (**a pier**), approdare; attraccare (a un molo) □ **Come a.!**, accostate!

aloof [ə'lu:f], **A** *avv.* **1** a distanza; in disparte **2** (*naut.*) all'orza; al vento. **B** *a. pred.* **1** distante; appartato **2** freddo; riservato. ● **to keep a.**, tenere (*o* tenersi) a distanza □ **to stand** (*o* **to hold oneself**) **a.**, stare (*o* tenersi) appartato □ **He kept a.**, stava sulle sue.

aloofness [ə'lu:fnis], *n.* distacco; freddezza; riserbo; distanza (*fig.*).

alopecia [ˌælou'pi:ʃiə], *n.* (*med.*) alopecia (*calvizie*).

aloud [ə'laud], *avv.* forte; ad alta voce; a voce alta.

alow [ə'lou], *avv.* (*naut.*) sotto coperta.

alp [ælp], *n.* **1** alpe; montagna **2** alpeggio (*pascolo estivo*).

alpaca [æl'pækə], *n.* alpaca (*l'animale e la lana*).

alpenhorn ['ælpənhɔ:n] (*ted.*), *n.* alpenhorn (*corno dei pastori svizzeri*).

alpenstock ['ælpənstɔk] (*ted.*), *n.* alpenstock (*bastone da montagna*).

alpestrine [æl'pestrin], *a.* (*bot.*) subalpino.

alpha ['ælfə], *n.* **1** alfa (*prima lettera dell'alfabeto greco, chim., astron.*) **2** (*voto di*) ottimo (*a scuola*) **3** (*fig.*) principio; inizio: **the a. and omega**, il principio e la fine; il più (di q.c.). ● (*fis. nucl.*) **a. particle**, particella alfa □ (*psic.*) **a. test**, test alfa.

alphabet ['ælfəbit], *n.* **1** alfabeto **2** (*fig.*) abbicci; rudimenti.

alphabetic(al) [ˌælfə'betikəl], *a.* alfabetico.

to alphabetize ['ælfəbetaiz], *v. t.* mettere in ordine alfabetico.

Alphonso [æl'fɔnzou], *V.* Alfonso.

alpine ['ælpain], *a.* **1** alpino **2** alpinistico: **a. sports**, sport alpinistici. ● (*sci*) **the A. combined**, la combinata alpina □ **a. garden**, giardino delle rocce □ (*geol.*) **A. orogeny**, orogenesi alpina.

alpinism ['ælpinizəm], *n.* alpinismo.

alpinist ['ælpinist], *n.* alpinista.

Alps (the) [ælps], *n. pl.* (*geogr.*) le Alpi.

already [ɔ:l'redi], *avv.* già; di già; ormai.

alright [ɔ:l'rait], (*improprio*) *V.* **all right**, *sotto* **all**.

Alsace ['ælsæs], *n.* (*geogr.*) Alsazia.

Alsatia [æl'seiʃə], *n.* **1** Alsazia (*antico nome dell'Alsazia*) **2** Alsatia (*regione vicino a Londra, rifugio nel XVII secolo di criminali e debitori*).

Alsatian [æl'seiʃən], *a. e n.* **1** alsaziano **2** (*anche* **A. dog**) lupo alsaziano; cane da pastore tedesco; pastore tedesco (*fam.*).

also ['ɔ:lsou], *avv.* anche; pure. ● **a.-ran** (*ippica*) cavallo non classificatosi; (*polit., ecc.*) candidato (*o* concorrente) perdente.

alt [ælt], *n. e a.* (*mus.*) nota alta (*dell'ottava*); ottava alta; alto.

altar ['ɔ:ltə*], *n.* altare: **high a.**, altar maggiore. ● **a. boy**, chierico (*o chi ne fa le veci*) che serve messa □ **a. cloth**, tovaglia d'altare □ (*arte*) **a.-piece**, pala d'altare □ **a. rail**, balaustra □ **a. screen**, dossale □ (*fig.*) **to lead to the a.**, condurre all'altare; sposare.

to alter ['ɔ:ltə*], *v. t. e i.* **1** alterare, alterarsi; cambiare, modificare (*anche di carattere*); mutare, mutarsi **2** ritoccare; fare modifiche a (*un vestito*): **This dress must be altered**, occorre fare modifiche a questo vestito **3** (*eufemistico*) castrare (*un animale*). ● (*naut., fig.*) **to a. course**, cambiare rotta; dirottare.

alterability [ˌɔ:ltərə'biliti], *n.* alterabilità.

alterable ['ɔ:ltərəbl], *a.* alterabile.

alteration [ˌɔ:ltə'reiʃən], *n.* **1** alterazione; mutamento; cambiamento **2** (*di un abito*) modifica; ritocco **3** (*fin.*) aggiustamento.

alterative ['ɔ:ltərətiv], **A** *a.* alterativo. **B** *n.* (*raro, med.*) medicamento alterativo.

to altercate ['ɔ:ltəkeit], *v. i.* altercare; litigare.

altercation [ˌɔ:ltə'keiʃən], *n.* alterco; lite.

alternant [ɔ:l'tə:nənt], *a.* che (si) alterna; alternante.

alternate A *a.* [ɔ:l'tə:nit], **1** alterno; alternato: **on a. days**, a giorni alterni **2** (*bot., geom.*) alterno: **a. angles**, angoli alterni

alternate B *n.* ['ɔ:ltənit] (*USA*) sostituto, sostituta.
to **alternate** ['ɔ:ltəneit], *v. t. e i.* alternare, alternarsi; avvicendare, avvicendarsi. ● (*elettr.*) **alternating current**, corrente alternata.
alternation [,ɔ:ltə'neiʃən], *n.* **1** alternazione; avvicendamento **2** (*agric., biol., fis.*) alternanza. ● (*agric.*) **a. of crops**, rotazione (*o* alternanza) delle colture □ (*biol.*) **a. of generations**, alternanza di generazioni; metagenesi.
alternative [ɔ:l'tə:nətiv], **A** *a.* **1** alternativo **2** che offre un'alternativa; che offre un'altra scelta (*o* possibilità); alternativo: **His a. proposal was more appealing**, la sua proposta alternativa era più attraente. **B** *n.* **1** alternativa; dilemma **2** corno del dilemma; scelta; soluzione: **to have no (other) a.**, non avere (altra) scelta. ● (*econ.*) **a. commodity**, bene surrogabile □ **an a. offer**, un'offerta alternativa □ **a. route**, (*autom.*) itinerario alternativo; (*a scuola*) uscita «laterale»; sbocco alternativo.
alternator ['ɔ:ltəneitə*], *n.* (*elettr.*) alternatore.
alth(a)ea [æl'θi(:)ə], *n.* (*bot.*) **1** (*Althaea*) altea **2** (*Hibiscus syriacus*) ibisco.
Althea [æl'θi(:)ə], *n.* (*mitol.*) Altea.
altho [ɔ:l'ðou], (*USA*) V. **although**.
althorn ['ælthɔ(:)n], *n.* (*mus.*) flicorno.
although [ɔ:l'ðou], *cong.* sebbene; benché; quantunque.
altimeter ['æltimitə*], *n.* (*aeron.*) altimetro: **sound-ranging a.**, altimetro acustico.
altitude ['æltitju:d], *n.* **1** (*geogr., astron.*) altitudine; (*anche geom.*) altezza **2** luogo elevato; (*anche fig.*) posizione eccelsa **3** (*aeron.*) quota; altitudine: **cruising a.**, altitudine di crociera; **to lose a.**, perdere quota.
alto ['æltou], (*mus.*) **A** *n.* (*pl.* **altos**) **1** contralto (*voce e cantante*) **2** spartito per contralto **3** (*anche* **a. horn**) flicorno. **B** *a.* **1** alto **2** contralto: **a. saxophone**, sassofono contralto.
altocumulus [,æltou'kju:mjuləs], *n.* (*pl.* **altocumuli**) altocumulo.
altogether [,ɔ:ltə'geðə*], **A** *avv.* **1** del tutto; completamente **2** in complesso; tutto considerato. **B** *n.* complesso, insieme (*di cose*). ● (*fam.*) **in the a.**, nudo □ **He was in the a.**, era come mamma l'ha fatto.
alto-rilievo ['æltouriliˈeivou], *n.* (*pl.* **alto-rilievos, alto-rilievi**) (*arte*) altorilievo.
altruism ['æltruizəm], *n.* altruismo.
altruist ['æltruist], *n.* altruista.
altruistic [,æltru'istik], *a.* altruistico.
alum ['æləm], *n.* (*chim.*) allume.
alumina [ə'lju:minə], *n.* (*chim.*) allumina.
aluminium [,ælju:minjəm], *n.* (*chim.*) alluminio. ● **a. bronze**, cupralluminio □ **a. paper**, carta alluminiata □ **hard a.**, duralluminio.
to **aluminize** [ə'lju:minaiz], *v. t.* alluminare, alluminiare.
aluminous [ə'lju:minəs], *a.* (*chim.*) alluminoso.
aluminum [ə'lu:minəm], (*USA*) V. **aluminium**.
alumna [ə'lʌmnə], *n.* (*pl.* **alumnae**) ex-alunna; diplomata (*di una certa scuola*); laureata (*di una certa università*).
alumnus [ə'lʌmnəs], *n.* (*pl.* **alumni**) ex-alunno; diplomato (*di una certa scuola*); laureato (*di una certa università*).
alveolar [æl'viələ*], *a.* (*anat., fon.*) alveolare.
alveolate [æl'viəlit], *a.* alveolato.
alveolus [æl'viələs], *n.* (*pl.* **alveoli**) (*anat.*) alveolo.
alway ['ɔ:lwei], (*poet.*) V. **always**.
always ['ɔ:lwəz], *avv.* sempre: **He a. complains about everything**, si lamenta sempre di tutto; **I'm a. at home in the afternoon**, sono sempre a casa di pomeriggio. ● (*comm., naut.*) **a. afloat**, sempre in mare (*clausola*) □ **almost** (*o* **nearly**) **a.**, quasi sempre □ **not a.**, non sempre.
a.m., A.M. [ˈeiˈem], *avv.* (*abbr. di ante meridiem*) di mattina; antimeridiano: **It's 9 A.M.**, sono le 9 di mattina. ● **the 10 a.m. (bus) from Abingdon**, l'autobus delle 10 (*di mattina*) da Abingdon.
AM [ˈeiˈem], *n.* (*abbr. di* **amplitude modulation**) (*elettron.*) modulazione d'ampiezza. ● **an AM radio**, un radioricevitore a modulazione d'ampiezza.
am [æm, əm], *1ª pers. sing. indic. pres.* di **to be**.
amalgam [ə'mælgəm], *n.* amalgama.
amalgamate [ə'mælgəmit], *a.* amalgamato; unito; fuso.
to **amalgamate** [ə'mælgəmeit], *v. t. e i.* (*anche econ., fin.*) amalgamare, amalgamarsi; unire, unirsi; fondersi; concentrare, concentrarsi.
amalgamation [ə,mælgə'meiʃən], *n.* **1** amalgamazione; unione **2** (*econ., fin.*) fusione, concentrazione (*in genere: di due o più enti o società commerciali*). ● (*leg.*) **a. agreement**, accordo di fusione.
amalgamative [ə'mælgəmeitiv], *a.* che tende ad amalgamarsi; amalgamativo (*raro*).
amalgamator [ə'mælgəmeitə*], *n.* **1** chi amalgama **2** (*chim.*) apparecchio per amalgamare (*un metallo col mercurio*).

amanuensis [ə,mænju'ensis], *n.* (*pl.* **amanuenses**) amanuense.
amaranth ['æmərænθ], *n.* **1** (*bot., Amaranthus*) amaranto **2** (*color*) amaranto **3** (*poet.*) fiore che non appassisce mai.
amaranthine [,æmə'rænθain], *a.* **1** di amaranto **2** amarantino; color amaranto **3** (*poet.*) eterno; immortale; imperituro.
amaryllis [,æmə'rilis], *n.* (*bot., Amaryllis*) amarilli; amarillide.
to **amass** [ə'mæs], *v. t.* ammassare; accumulare.
amateur ['æmətə:*], **A** *n.* **1** cultore appassionato (*di musica, ecc.*); dilettante **2** (*sport*) dilettante. **B** *a. attr.* (*sport*) dilettantistico: **a. boxing**, pugilato dilettantistico **2** (*spreg.*) dilettantesco. ● (*sport*) **a. team**, squadra di dilettanti.
amateurish [,æmə'tə:riʃ], *a.* dilettante; dilettantesco.
amateurism ['æmətə:rizəm], *n.* dilettantismo.
amative ['æmətiv], *a.* amoroso; incline all'amore.
amativeness ['æmətivnis], *n.* tendenza (*o* propensione) ad amare.
amatory ['æmətəri], *a.* amatorio; erotico.
amaurosis [,æmɔ:'rousis], *n.* (*pl.* **amauroses**) (*med.*) amaurosi; cecità.
amaurotic [,æmɔ:'rɔtik], *a.* (*med.*) amaurotico.
to **amaze** [ə'meiz], *v. t.* stupire; meravigliare; sorprendere; sbalordire.
amazed [ə'meizd], *a.* stupito; meravigliato; sorpreso; stupefatto. ● **to be a. at st.**, stupirsi di q.c.; sbalordire per q.c.
amazement [ə'meizmənt], *n.* stupore; meraviglia; sorpresa. ● **to my a.**, con mio grande stupore.
amazing [ə'meiziŋ], *a.* stupefacente; sorprendente; sbalorditivo.
Amazon ['æməzən], *n.* **1** (*mitol.*) Amazzone **2** – **a.**, amazzone. ● (*geogr.*) **the A.**, il Rio delle Amazzoni.
Amazonas [,æmə'zounəs], *n.* (*geogr.*) Amazzonia.
Amazonian [,æmə'zounjən], *a.* **1** (*mitol.*) amazzonio; di (*o* da) Amazzone **2** (*geogr.*) del Rio delle Amazzoni; amazzonico **3** – **a.**, di (*o* da) amazzone.
ambages [æm'beidʒi:z], *n. pl.* (*arc.*) ambagi; ambiguità.
ambassador [æm'bæsədə*], *n.* ambasciatore. ● **a.-at-large**, ambasciatore a disposizione.
ambassadorial [æm,bæsə'dɔ:riəl], *a.* di (*o* da) ambasciatore.
ambassadorship [æm'bæsədəʃip], *n.* **1** ambasceria **2** ufficio di ambasciatore.
ambassadress [æm'bæsədris], *n.* ambasciatrice.
amber ['æmbə*], *n.* **1** ambra **2** (*color*) ambra **3** (*autom.*) giallo (*anche* **a. light**): **Cars must stop when the a. light shows**, le auto devono fermarsi quando c'è il giallo. **B** *a. attr.* ambrato. ● (*fig.*) **to give the a. light to a plan**, dare via libera, o quasi, a un progetto.
ambergris ['æmbəgri(:)s], *n.* ambra grigia.
ambidexter [,æmbi'dekstə*], *a. e n.* **1** ambidestro **2** (*fig.*) falso; infido; doppio; ambiguo.
ambidexterity [,æmbideks'teriti], *n.* **1** condizione di ambidestro **2** (*fig.*) falsità; doppiezza; ambiguità.
ambidextrous [,æmbi'dekstrəs], *a.* **1** ambidestro **2** (*fig.*) eccezionalmente abile; versatile **3** (*fig.*) falso; infido; doppio.
ambience ['æmbjəns], *n.* **1** ambiente **2** atmosfera.
ambient ['æmbjənt], **A** *a.* circostante: **the a. air**, l'aria circostante. **B** *n.* **1** ambiente **2** atmosfera (*fig.*); carattere.
ambiguity [,æmbi'gjuiti], *n.* ambiguità.
ambiguous [æm'bigjuəs], *a.* ambiguo; equivoco.
ambiguousness [,æm'bigjuəsnis], *V.* **ambiguity**.
ambit ['æmbit], *n.* (*lett.*) **1** adiacenza (*specialm. di edificio*) **2** ambito **3** circonferenza; giro **4** campo; raggio (*o* sfera) d'azione.
ambition [æm'biʃən], *n.* **1** ambizione: **The height of his a. was to become a lawyer**, la sua massima ambizione era di diventare avvocato; **vaulting a.**, ambizione sfrenata **2** aspirazione.
ambitious [æm'biʃəs], *a.* ambizioso.
ambitiousness [æm'biʃəsnis], *n.* ambizione; carattere ambizioso.
ambivalence [æm'biveiləns], *n.* ambivalenza.
ambivalent [æm'biveilənt], **A** *a.* ambivalente. **B** *n.* **1** persona ambivalente **2** bisessuale; bivalente (*fam.*).
amble ['æmbl], *n.* **1** (*ippica*) ambio **2** (*fig.*) passo comodo. ● **to go at an a.**, andare all'ambio; (*fig.*) prendersela comoda.
to **amble** ['æmbl], *v. i.* **1** (*ippica*) ambiare; andare all'ambio **2** (*fig.*) camminare lentamente **3** (*fig.*) andare a zonzo.
ambler ['æmblə*], *n.* **1** (*ippica*) ambiatore **2** (*fig.*) persona che cammina lentamente; posapiano (*fam.*).
ambling ['æmbliŋ], *a.* (*ippica*) ambiatore.
amblyopia [,æmbli'oupiə], *n.* (*med.*) ambliopia.
ambo ['æmbou], *n.* (*pl.* **ambos, ambones**) (*archit.*) ambone.
Ambrose ['æmbrouz], *n.* Ambrogio.
ambrosia [æm'brouzjə], *n.* (*anche fig.*) ambrosia.
ambrosial [æm'brouzjəl], **ambrosian** [æm'brouzjən], *a.* ambrosio; d'ambrosia.
Ambrosian [æm'brouzjən], *a.* ambrosiano (*di S. Ambrogio*): **A. chant**, canto ambrosiano.

ambry ['æmbri], *n.* **1** armadio a muro (*per arredi sacri*) **2** ripostiglio **3** dispensa.
ambsace ['eimzeis], *n.* **1** ambassi, ambasso (*punto minimo ai dadi*) **2** cosa infima fra tutte **3** inezia **4** sfortuna.
ambulance ['æmbjuləns], *n.* (*anche mil.*) ambulanza.
ambulant ['æmbjulənt], *a.* **1** ambulante **2** (*med.*) in grado di camminare.
to **ambulate** ['æmbjuleit], *v. i.* deambulare.
ambulation [ˌæmbju'leiʃən], *n.* deambulazione.
ambulatory ['æmbjulətəri], **A** *a.* **1** ambulatorio **2** ambulante **3** (*med.*) in grado di camminare **4** (*leg.*) modificabile; revocabile. **B** *n.* (*archit.*) ambulacro; deambulatorio.
ambuscade [ˌæmbəs'keid], *n.* imboscata.
to **ambuscade** [ˌæmbəs'keid], *v. t.* e *i.* **1** stare in agguato; tendere un'imboscata **2** tendere un agguato (a) **3** mettere (*truppe, ecc.*) in imboscata.
ambush ['æmbuʃ], *n.* **1** imboscata; agguato: **to make** (*o* **to lay) an a.**, tendere un'imboscata (*o* un agguato); **to lie in a.** (**for sb.**), mettersi in imboscata; stare in agguato (*anche, scherz.*: essere in attesa di q.) **2** truppe (*o* armati) in imboscata **3** luogo dell'imboscata.
to **ambush** [ə'mbuʃ], *V.* **to ambuscade.**
ameba [ə'mi:bə], *n.* (*pl.* **amebas, amebae**) (*USA*) (*zool.*, *A-moeba*) ameba.
amebic [ə'mi:bik], *a.* (*USA*) amebico.
to **ameliorate** [ə'mi:ljəreit], *v. t.* e *i.* migliorare.
amelioration [əˌmi:ljə'reiʃən], *n.* miglioramento.
ameliorative [ə'mi:ljərətiv], *a.* migliorativo.
amen [a:'men], *inter.* e *n.* amen; così sia. ● (*fam.*) **to say a. to st.**, dichiararsi completamente d'accordo su q.c.
amenability [əˌmi:nə'biliti], *n.* **1** l'essere assoggettabile (*o* soggetto) **2** (*di cose*) riducibilità; qualità di rientrare in; qualità di poter essere ricondotto a: **The a. of hate within the range of criminality is a moral fact**, la qualità (propria) dell'odio di rientrare nell'ambito della criminalità è un fatto morale **3** (*di persone*) trattabilità; docilità.
amenable [ə'mi:nəbl], *a.* **1** assoggettabile; soggetto: **Foreigners are a. to the laws of the country**, gli stranieri sono soggetti alle leggi del Paese **2** trattabile; docile; che può essere ricondotto (*o* ridotto): **a. to reason**, che può essere ridotto alla ragione **3** suscettibile; sensibile; esposto: **a. to flattery**, sensibile all'adulazione **4** (*di cosa*) riconducibile; riducibile; che rientra in: **a. to the laws of physics**, riconducibile alle leggi della fisica.
amenableness [ə'mi:nəblnis], *V.* **amenability.**
to **amend** [ə'mend], **A** *v. t.* emendare (*anche leg., polit.*); correggere; rettificare: **to a. a law**, emendare una legge **2** migliorare **3** (*leg.*) riformare (*una sentenza*). **B** *v. i.* emendarsi; rimettersi sulla retta via. ● (*rag.*) **to a. an account**, rettificare un conto.
amendable [ə'mendəbl], *a.* **1** emendabile; correggibile **2** migliorabile **3** (*leg.*) riformabile.
amendatory [ə'mendətəri], *a.* emendativo; correttivo.
amendment [ə'mendmənt], *n.* **1** emendamento (*anche leg., polit.*); correzione; rettifica: **the fifth a. to the U.S. Constitution**, il quinto emendamento alla costituzione americana **2** miglioramento **3** (*leg.*) riforma (*d'una sentenza*).
amends [ə'mendz], *n. pl.* (*anche col verbo al sing.*) **1** ammenda; riparazione: **to make a.** (**for**), fare ammenda (di); riparare (a) **2** compenso; indennizzo; risarcimento.
amenity [ə'mi:niti], *n.* **1** amenità; piacevolezza (*di luoghi, persone*) **2** (*pl.*) amenità; aspetti gradevoli; attrattive; (*anche*) comfort: **the amenities of a place**, le attrattive di un luogo **3** (*pl.*) cortesie; gentilezze.
ament (1) [ə'ment], *n.* (*bot.*) amento; gattino.
ament (2) [ə'ment], *n.* (*psic.*) amente.
amentaceous [ˌæmen'teiʃəs], *a.* (*bot.*) amentaceo.
amentia [ə'mentiə], *n.* (*psic.*) amenza.
Amerasian [ˌæmər'eiʃən], *n.* e *a.* (persona) di origine mista, americana e asiatica.
to **amerce** [ə'mə:s], *v. t.* **1** multare **2** (*per estens.*) punire.
amercement [ə'mə:smənt], **amerciament** [ə'mə:siəmənt], *n.* **1** multa; ammenda **2** punizione.
American [ə'merikən], *a.* e *n.* americano. ● **A. English**, l'inglese parlato in America; l'americano ▫ (*sport*) **A. football**, football americano ▫ **A. Indian**, amerindio; indiano d'America ▫ (*turismo*) **A. plan**, tutto compreso.
Americanism [ə'merikənizəm], *n.* americanismo.
Americanist [ə'merikənist], *n.* americanista.
Americanization [əˌmerikənai'zeiʃən], *n.* americanizzazione.
to **Americanize** [ə'merikənaiz], **A** *v. i.* americanizzarsi; prendere la cittadinanza americana. **B** *v. t.* americanizzare.
Americanologist [əˌmerikə'nɔlədʒist], *n.* (*polit.*) americanologo.
Americanophobe [ə'merikənəˌfoub], *n.* (*polit.*) americanofobo.
americium [ˌæmə'risiəm], *n.* (*chim.*) americio.
Amerind ['æmərind], *n.* amerindio.

Amerindian [ˌæmər'indjən], *a.* e *n.* amerindio.
Amerindic [ˌæmər'indik], *a.* amerindio.
amesace ['eimzeis], *V.* **ambsace.**
amethyst ['æmiθist], *n.* (*miner.*) ametista.
amethystine [ˌæmi'θistain], *a.* di ametista; color ametista.
Amharic [æm'hærik], *a.* e *n.* amarico (*specialm. la lingua*).
amiability [ˌeimjə'biliti], *n.* amabilità; affabilità; affettuosità.
amiable ['eimjəbl], *a.* amabile; affabile; affettuoso.
amiableness ['eimjəblnis], *V.* **amiability.**
amianthus [æmi'ænθəs], **amiantus** [æmi'æntəs], *n.* (*miner.*) amianto.
amicability [ˌæmikə'biliti], *n.* amichevolezza.
amicable ['æmikəbl], *a.* amichevole. ● (*leg.*) **a. settlement**, accordo amichevole.
amicableness ['æmikəblnis], *V.* **amicability.**
amice (1) ['æmis], *n.* (*relig.*) amitto.
amice (2) ['æmis], *n.* (*relig.*) mozzetta; cappuccio.
amid [ə'mid], *prep.* **1** tra; fra; nel mezzo di **2** durante: **a. the dances**, durante le danze; fra una danza e l'altra.
amide ['æmaid], *n.* (*chim.*) ammide.
amidship(s) [ə'midʃip(s)], *avv.* (*naut.*) al centro della nave; a mezza nave.
amidst [ə'midst], *V.* **amid.**
amine ['æmain], *n.* (*chim.*) ammina.
aminoacids [ə'mi:nou'æsidz], *n. pl.* (*chim.*) amminoacidi.
amino resin [ə'mi:nou'rezin], *n.* (*chim.*) resina amminica.
amiss [ə'mis], **A** *a. pred.* sbagliato; inopportuno; fuori luogo; difettoso. **B** *avv.* in modo sbagliato (*o* difettoso); inopportunamente; fuori luogo: **to speak a.**, parlare fuori luogo, andar male; andar storto; andar di traverso ▫ **to judge a.**, giudicare male; sbagliare, sbagliarsi (su q. *o* q.c.) ▫ **to take st. a.**, prendere q.c. in mala parte; offendersi.
amity ['æmiti], *n.* amicizia; relazioni amichevoli; amistà (*lett.*).
ammeter ['æmitə*], *n.* (*elettr.*) amperometro.
Ammon ['æmən], *n.* (*mitol.*) Ammone.
ammonia [ə'mounjə], *n.* (*chim.*) ammoniaca.
ammoniac(al) [ə'mouniæk(əl)], *a.* (*chim.*) ammoniacale.
ammoniated [ə'mounieitid], *a.* (*chim.*) ammoniacato.
ammonite ['æmənait], *n.* (*paleontologia*) ammonite.
ammonium [ə'mounjəm], *n.* (*chim.*) ammonio.
ammunition [ˌæmju'niʃən], *n.* **1** (*mil.*) munizioni **2** (*fig.*) cartucce; argomenti. ● **a. belt**, cartucciera; (*di mitragliatrice*) nastro ▫ **a. boots** (**hat, etc.**), scarpe (cappello, ecc.) in dotazione (*o* d'ordinanza) ▫ **a. pouch**, giberna.
amnesia [æm'ni:zjə], *n.* amnesia.
amnesty ['æmnesti], *n.* (*anche leg.*) amnistia.
to **amnesty** ['æmnesti], *v. t.* amnistiare.
amniocentesis [ˌæmniousen'ti:sis], *n.* (*pl.* **amniocenteses**) (*med.*) amniocentesi.
amniography [ˌæmni'ɔgrəfi], *n.* (*med.*) amniografia.
amnion ['æmniən], *n.* (*pl.* **amnions, amnia**) (*biol.*) amnio.
amnioscope [ˌæmniə'skoup], *n.* (*med.*) amnioscopio.
amnioscopy [ˌæmni'ɔskəpi], *n.* (*med.*) amnioscopia.
amniotic [ˌæmni'ɔtik], *a.* (*biol.*) amniotico.
amoeba [ə'mi:bə], *n.* (*pl.* **amoebas, amoebae**) (*zool.*, *Amoeba*) ameba.
amoebaean [æmi'bi(:)ən], *a.* (*poesia*) amebeo; scambievole.
amoebic [ə'mi:bik], *a.* amebico.
amoeboid [ə'mi:bɔid], *a.* (*biol.*) ameboide.
amok [ə'mɔk], *avv.* (*dal malese* **amoq**; *solo nell'espress.*:) **to run a. 1** correre intorno in preda a furore omicida **2** diventare pazzo furioso **3** (*fam.*) perdere la testa.
amomum [ə'mouməm], *n.* (*bot.*, *Amomum*) amomo.
among(st) [ə'mʌŋ(st)], *prep.* **1** fra; tra; in mezzo a: **Don't quarrel a. yourselves**, non litigate fra voi; **The property was divided a. his children**, la proprietà fu divisa fra i suoi figli; **a. the trees**, fra gli alberi; **a. the crowd**, fra la (*o* in mezzo alla) folla **2** fra; nel complesso: **They earned a fortune a. themselves**, fra loro, misero insieme una fortuna. ● **an artist a. artists**, un artista fra i primi ▫ **That leaves ten pounds a. us**, ci restano 10 sterline a testa.
amontillado [əˌmɔnti'la:dou] (*spagn.*), *n.* (*pl.* **amontillados**) «amontillado» (*vino bianco secco*).
amoral [æ'mɔrəl], *a.* amorale.
amorality [ˌæmər'æliti], *n.* amoralità.
amoretto [ˌæmə'retou], *n.* (*pl.* **amoretti, amorettos, amorettoes**) (*arte*) amorino; puttino.
amorino [æmə'ri(:)nou] (*ital.*), *n.* (*pl.* **amorini, amorinos**) *V.* **amoretto.**
amorous ['æmərəs], *a.* **1** amoroso **2** innamorato **3** erotico; sensuale. ● **a. poetry**, poesia d'amore.
amorousness ['æmərəsnis], *n.* **1** amorosità (*lett.*) **2** erotismo; sensualità.
amorphism [ə'mɔ:fizəm], *n.* amorfismo.

amorphous [ə'mɔːfəs], *a.* amorfo.
amorphousness [ə'mɔːfəsnis], *n.* mancanza di forma.
amortisation [ə,mɔːtiˈzeiʃən], *V.* **amortization**.
to **amortise** [ə'mɔːtaiz], *V.* **to amortize**.
amortizable ['æməˈtaizəbl], *a. (comm., leg.)* ammortabile; ammortizzabile.
amortization [ə,mɔːtiˈzeiʃən], *n.* **1** *(comm., leg.)* ammortamento; ammortizzamento **2** somma destinata ad ammortare un debito **3** *(leg.)* trasferimento di una proprietà in mano morta.
to **amortize** [ə'mɔːtaiz], *v. t.* **1** *(comm., leg.)* ammortare, ammortizzare *(un debito, un prestito, ecc.)* **2** *(leg.)* trasferire *(una proprietà)* in mano morta.
amortizement [ə'mɔːtizmənt], *V.* **amortization**.
amount [ə'maunt], *n.* **1** ammontare; importo; somma; totale **2** valore; significato; portata **3** quantità: **a considerable a. of patience**, una notevole quantità di pazienza. ● *(comm.)* **the a. of an invoice**, l'importo d'una fattura □ *(rag.)* **a. written off**, cifra di deprezzamento □ **a thing of little a.**, una cosa di poca importanza.
to **amount** [ə'maunt], *v. i.* **1** ammontare; sommare; ascendere (a) **2** significare; equivalere (a); essere come; essere lo stesso che: **It amounts to saying he is a liar**, è come dire che è un mentitore. ● *(leg.)* **to a. to a crime**, costituire reato.
amp (1) [æmp], *n. (abbr. fam. o tecn. di)* **1 ampere 2 amplifier**, *def.* 2.
amp (2) [æmp], *n. (pop. USA)* chitarra elettrica.
amperage [æm'pɛəridʒ], *n. (elettr.)* amperaggio.
ampere ['æmpɛə*], *n. (elettr.)* ampere. ● **a.-hour**, amperora □ **a.-meter**, amperometro □ **a.-turn**, amperspira.
ampersand ['æmpəsænd], *n.* «e» commerciale (& *in luogo di* **and**): **Messrs Jones, Wood & Co.**, la Ditta Jones, Wood e C.
amphetamine [æm'fetəmiːn], *n. (farm.)* amfetamina, anfetamina.
amphibian [æm'fibiən], *a. e n.* **1** *(bot., zool.)* anfibio **2** *(mil.)* mezzo anfibio; velivolo anfibio. ● *(naut.)* **a. landing force**, forza anfibia da sbarco.
amphibians [æm'fibiənz], *n. pl. (zool., Amphibia)* anfibi.
amphibiology [æmfi'biɔlədʒi], *n. (zool.)* anfibiologia.
amphibious [æm'fibiəs], *a.* anfibio *(di animale o veicolo)*.
amphibole ['æmfiboul], *n. (miner.)* anfibolo.
amphibolic [,æmfi'bɔlik], **amphibological** [,æmfibə'lɔdʒikl], *a.* anfibolo; anfibologico; ambiguo.
amphibology [,æmfi'bɔlədʒi], *n.* anfibologia; ambiguità.
amphibolous [æm'fibələs], *V.* **amphibolic**.
amphiboly [æm'fibəli], *V.* **amphibology**.
amphibrach ['æmfibræk], *n. (poesia)* anfibraco.
amphioxus [,æmfi'ɔksəs], *n. (pl.* **amphioxi, amphioxuses**) *(zool., Branchiostoma)* anfiosso.
amphipods ['æmfi,pɔdz], *n. pl. (zool., Amphipoda)* anfipodi.
amphiprostyle [æmfi'proustail], *a. e n. (archit.)* anfiprostilo.
amphisbaena [,æmfiz'biː)nə], *n. (pl.* **amphisbaenae, amphisbaenas**) *(mitol., zool.)* anfisbena.
amphitheatre ['æmfi,θiətə*], *n.* anfiteatro.
amphitheatrical [,æmfiθi'ætrikl], *a.* ad anfiteatro.
amphora ['æmfərə], *n. (pl.* **amphorae, amphoras**) anfora.
Amphytryon [æm'fitriən], *n. (mitol.)* Anfitrione.
ample ['æmpl], *a.* **1** ampio; spazioso **2** abbondante; più che sufficiente: **There is a. evidence of his guilt**, vi sono prove più che sufficienti della sua colpevolezza **3** sufficiente; bastevole: **Supplies will be a. for two weeks**, le provviste saranno sufficienti per due settimane.
ampleness ['æmplnis], *n.* **1** ampiezza **2** abbondanza.
amplification [,æmplifi'keiʃən], *n.* **1** amplificazione; ingrandimento; allargamento **2** aggiunta *(di materiale o di particolari)* **3** esagerazione.
amplificatory ['æmplifikeitəri], *a.* amplificativo.
amplifier ['æmplifaiə*], *n.* **1** chi amplifica **2** *(fis., radio)* amplificatore.
to **amplify** ['æmplifai], *A v. t.* **1** ampliare; allargare; integrare *(un rapporto)* **2** *(radio)* amplificare. *B v. i.* **1** diffondersi; dilungarsi **2** esagerare.
amplitude ['æmplitjuːd], *n.* **1** ampiezza; estensione; amplitudine *(lett.)* **2** abbondanza **3** sufficienza; bastevolezza *(raro)* **4** *(fis., radio)* ampiezza: **a. modulation** *(abbr.* **AM**), modulazione d'ampiezza **5** *(astron.)* amplitudine.
ampulla [æm'pulə], *n. (pl.* **ampullae**) *(relig., biol.)* ampolla.
to **amputate** ['æmpjuteit], *v. t.* amputare.
amputation [,æmpju'teiʃən], *n.* amputazione.
amputee [,æmpju'tiː], *n.* persona cui è stato amputato un membro.
amtrac(k) ['æm'træk], *n. (mil. USA; contraz. di* **amphibious tractor**) mezzo anfibio *(da sbarco)*.
Amtrak ['æmtræk], *n. (USA)* ente statale per i trasporti ferroviari interurbani.

amuck [ə'mʌk], *V.* **amok**.
amulet ['æmjulit], *n.* amuleto.
to **amuse** [ə'mjuːz], *A v. t.* divertire, dilettare; svagare: **She amused her children with fairy tales**, divertiva i figli raccontando loro fiabe. to **amuse oneself B** *v. rifl.* divertirsi.
amused [ə'mjuːzd], *a.* divertito.
amusement [ə'mjuːzmənt], *n.* **1** spasso *(di chi si diverte)*; divertimento: **She looked serious, but her a. was apparent**, appariva seria, ma il suo spasso era evidente **2** divertimento; svago: *(USA)* **a. park**, parco dei divertimenti. ● **a. arcade**, sala giochi *(con macchine mangiasoldi)*; galleria dei divertimenti □ *(fin.)* **a. tax**, tassa sugli spettacoli.
amusing [ə'mjuːziŋ], *a.* divertente; spassoso; faceto.
amygdala [ə'migdələ*], *n. (pl.* **amigdalae**) *(anat.)* amigdala.
amygdalic [æmig'dælik], *a. (chim.)* amigdalico.
amygdalin [ə'migdəlin], *n. (chim.)* amigdalina.
amyl ['æmil], *n. (chim.)* amile. ● **a. alcohol**, alcol amilico.
amylaceous [æmil'eiʃəs], *a. (chim.)* amilaceo; amidaceo.
amylase ['æmileis], *n. (biol., chim.)* amilasi.
amylopsin [æmil'ɔpsin], *n. (chim.)* amilopsina.
an [æn, ən], *art. indeterminativo* un, uno, una (*V.* **a** (2)).
Anabaptism [,ænə'bæptizəm], *n. (stor. relig.)* anabattismo.
Anabaptist [,ænə'bæptist], *(stor. relig.)* **A** *n.* anabattista. **B** *a.* anabattistico.
anabolism [ə'næbəlizəm], *n. (biol.)* anabolismo.
anachronism [ə'nækrənizəm], *n.* anacronismo.
anachronistic(al) [ə,nækrə'nistik(əl)], *a.* anacronistico.
anacoluthon [,ænəkə'luːθɔn], *n. (pl.* **anacolutha, anacoluthons**) *(gramm.)* anacoluto.
anaconda [,ænə'kɔndə], *n. (zool., Eunectes murinus)* anaconda.
anacreontic [,ænəkri'ɔntik], **A** *a.* anacreontico. **B** *n. (poesia)* **1** anacreonteo **2** anacreontica.
anacrusis [,ænə'kruːsis], *n. (pl.* **anacruses**) *(poesia)* anacrusi.
anaemia [ə'niːmjə], *n. (med.)* anemia.
anaemic [ə'niːmik], *a. (anche fig.)* anemico.
anaerobe [æn'ɛəroub], *n. (biol.)* anerobio, anaerobio.
anaerobic [ænɛə'roubik], *a. (biol.)* anerobico, anaerobico; anaerobio.
anaesthesia [,ænis'θiːzjə], *n. (med.)* anestesia.
anaesthetic [,ænis'θetik], *a. e n. (med.)* anestetico.
anaesthetics [,ænis'θetiks], *n. pl. (col verbo al sing.) (med.)* anestesiologia.
anaesthetist [æ'niːsθitist], *n. (med.)* anestesista.
anaesthetization [æ,niːsθitai'zeiʃən], *n. (med.)* anestesia.
to **anaesthetize** [æ'niːsθitaiz], *v. t. (med.)* anestetizzare.
anaglyph ['ænəglif], *n. (arte)* anaglifo.
anagoge [,ænə'goudʒ], *n. (retor.)* anagogia.
anagogic(al) [,ænə'gɔdʒik(əl)], *a. (retor.)* anagogico.
anagogy [,ænə'gɔdʒi], *V.* **anagoge**.
anagram ['ænəgræm], *n.* anagramma.
anagrammatic(al) [,ænəgrə'mætik(əl)], *a.* anagrammatico.
anagrammatism [ænə'græmətizəm], *n.* l'anagrammare.
anagrammatist [ænə'græmətist], *n.* anagrammista.
to **anagrammatize** [ænə'græmətaiz], *v. t.* anagrammare.
anal ['einəl], *a. (anat.)* anale.
analecta [ænə'lektə], **analects** ['ænəlekts], *n. pl.* analecta; *(raccolta di spigolature* (o *frammenti letterari*); miscellanea.
analeptic [,ænə'leptik], *a. e n. (farm.)* analettico.
analgesia [,ænæl'dʒiːzjə], *n. (med.)* analgesia.
analgesic [,ænæl'dʒesik], *a. e n. (farm.)* analgesico.
analog ['ænəlɔg], *(USA) V.* **analogue**.
analogic(al) [,ænə'lɔdʒik(əl)], *a.* analogico.
analogism [ə'nælədʒizəm], *n.* analogismo.
analogist [ə'nælədʒist], *n.* analogista.
to **analogize** [ə'nælədʒaiz], **A** *v. t.* **1** rappresentare (o spiegare) con analogie **2** dimostrare l'analogia di. **B** *v. i.* usare analogie.
analogous [ə'næləgəs], *a.* analogo; parzialmente simile.
analogousness [ə'næləgəsnis], *n.* qualità di essere analogo; somiglianza.
analogue ['ænəlɔg], *n.* **1** parola (*o* cosa) analoga **2** persona corrispondente, equivalente *(a un'altra)*. ● *(elab.)* **a. computer**, calcolatore analogico.
analogy [ə'nælədʒi], *n.* analogia *(in tutti i sensi)*.
analysable ['ænəlaizəbl], *a.* analizzabile.
to **analyse** ['ænəlaiz], *v. t.* **1** analizzare **2** *(gramm.)* analizzare *(una frase)* **3** *(mat.)* risolvere per mezzo di equazioni **4** *(USA)* psicanalizzare.
analyser ['ænəlaizə*], *n. (anche scient.)* analizzatore.
analysis [ə'næləsis], *n. (pl.* **analyses**) **1** analisi **2** *(mat.)* soluzione per mezzo di equazioni; analisi *(differenziale)* **3** *(USA)* psicanalisi; analisi.
analyst ['ænəlist], *n.* **1** analista **2** *(USA)* psicanalista; analista **3** *(anche* **systems a.**) specialista del funzionamento dei sistemi.
analytic(al) [,ænə'litik(əl)], *a.* analitico.

analytics [ˌænəˈlitiks], *n. pl.* (*col verbo al sing.*) analitica.
to analyze [ˈænəlaiz], (*USA*) *V.* **to analyse.**
anamnesis [ˌænəmˈniːsis], *n.* (*pl.* **anamneses**) (*filos., med.*) anamnesi.
anamorphosis [ˌænəˈmɔːfəsis], *n.* (*pl.* **anamorphoses**) (*pittura*) anamorfosi.
ananas [əˈnaːnəs], *n.* (*bot., Ananas sativus*) ananas; ananasso.
anapaest [ˈænəpiːst], *n.* (*poesia*) anapesto.
anaphora [əˈnæfərə], *n.* (*retor.*) anafora.
anarch [ˈænaːk], *n.* (*poet.*) ribelle; capo di rivoltosi.
anarchic(al) [æˈnaːkik(əl)], *a.* anarchico.
anarchism [ˈænəkizəm], *n.* anarchia; anarchismo.
anarchist [ˈænəːkist], *n.* anarchico.
anarchy [ˈænəki], *n.* anarchia (*anche fig.*).
anasarca [ænəˈsa(ː)kə], *n.* (*med.*) anasarca.
anastigmatic [ənˌæstigˈmætik], *a.* (*fis., fotogr.*) anastigmatico.
anastigmatism [ˌænəˈstigmətizəm], *n.* (*fis.*) anastigmatismo.
to anastomose [əˈnæstəmous], *v. i. e t.* (*biol., med.*) anastomizzarsi, anastomizzare.
anastomosis [ˌænəstəˈmousis], *n.* (*pl.* **anastomoses**) (*anat., med.*) anastomosi.
anastrophe [əˈnæstrəfi], *n.* (*retor.*) anastrofe.
anathema [əˈnæθimə], *n.* **1** (*relig. e fig.*) anatema **2** (*fig.*) persona (*o* cosa) odiata; maledizione **3** (*relig.*) persona scomunicata.
to anathematize [əˈnæθimətaiz], **A** *v. t.* anatematizzare, colpire con anatema; scomunicare. **B** *v. i.* scagliare anatemi.
Anatolian [ˌænəˈtouljən], *a. e n.* anatolico.
Anatolic [əˈnætɔlik], *a.* anatolico.
anatomic(al) [ˌænəˈtɔmik(əl)], *a.* anatomico.
anatomist [əˈnætəmist], *n.* (*anche fig.*) anatomista.
to anatomize [əˈnætəmaiz], *v. t.* (*anche fig.*) anatomizzare.
anatomy [əˈnætəmi], *n.* **1** (*anche fig.*) anatomia **2** (*fam.*) scheletro **3** (*fam.*) corpo **4** (*fig.*) analisi **5** (*fig.*) struttura.
ancestor [ˈænsistə*], *n.* **1** antenato; avo **2** (*fig.*) antenato; prototipo **3** (*leg.*) ascendente **4** (*biol.*) progenitore.
ancestral [ænˈsestrəl], *a.* ancestrale; atavico; avito.
ancestress [ˈænsistris], *n.* **1** antenata; ava **2** progenitrice.
ancestry [ˈænsistri], *n.* **1** ascendenza; lignaggio **2** schiatta (*lett.*); razza; stirpe **3** (*collett.*) antenati; avi **4** origine; principio.
Anchises [ænˈkaisiːz], *n.* (*letter.*) Anchise.
anchor [ˈæŋkə*], *n.* (*naut. e fig.*) ancora: **The ship was at a.**, la nave era all'ancora. ● **a. berth**, posto di fonda; posto di ormeggio □ (*comm.*) **a. dues**, diritti d'ancoraggio □ **a. man**, (*sport*) uomo chiave; pilastro (*fig.*); (*telev.*) moderatore □ (*mecc.*) **a. plate**, piastra di fissaggio □ **a. watch**, guardia di porto (*quando la nave è all'ancora*) □ **to back the a.**, appennellare l'ancora □ **bower a.**, ancora di guardia (*o* di posta) □ **to cast** (*o* **to drop**) **a.**, gettar l'ancora; dar fondo; (*fig.*) fermarsi, arrestarsi stabilirsi (*in un. luogo*); □ **to come to a.**, ancorarsi; (*fig.*) fermarsi, arrestarsi □ **to drag a.**, strascinare l'ancora sul fondo, arare con l'ancora; (*fig.*) perdere terreno, fallire, slittare □ **kedge a.**, ancorotto □ **to let go the a.**, mollare l'ancora □ **mushroom a.**, ancora a tazza □ **to ride** (*o* **to lie, to be**) **at a.**, essere all'ancora; essere alla fonda □ **sea a.**, ancora galleggiante □ **sheet a.**, ancora di speranza (*o* di rispetto) □ **to weigh a.**, levare l'ancora, salpare; (*fig.*) partire, andarsene □ **The a. drags**, l'ancora ara.
to anchor [ˈæŋkə*], **A** *v. t.* (*anche fig.*) ancorare. **B** *v. i.* **1** (*naut.*) ancorarsi; gettare l'ancora **2** (*fig.*) fermarsi; fissarsi.
anchorage [ˈæŋkəridʒ], *n.* **1** (*naut.*) ancoraggio **2** (*fig.*) punto d'appoggio; punto fermo; appiglio. ● (*comm., naut.*) **a. dues**, diritti d'ancoraggio.
anchoress [ˈæŋkəris], *n.* donna che vive da eremita.
anchoret [ˈæŋkəret], **anchorite** [ˈæŋkərait], *n.* anacoreta.
anchoretic(al) [æŋkəˈretik(əl)], **anchoritic(al)** [æŋkəˈritik(əl)], *a.* anacoretico.
anchorman [ˈæŋkəmən], *n.* (*pl.* **anchormen**) (*radio, telev.*) **1** radiocronista (*o* telecronista) di collegamento **2** moderatore.
anchovy [ˈæntʃouvi], *n.* acciuga: **a. paste**, pasta d'acciughe.
to anchylose [ˈæŋkilouz], **A** *v. t.* anchilosare. **B** *v. i.* anchilosarsi.
anchylosis [ˌæŋkiˈlousis], *n.* (*pl.* **anchyloses**) (*med.*) anchilosi.
ancient [ˈeinʃənt], **A** *a.* antico. **B** *n.* (*arc.*) vegliardo. ● **the ancients**, gli antichi; i classici □ **a.-looking**, antiquato □ (*relig.*) **the A. of Days**, Dio.
ancientry [ˈeinʃəntri], *n.* (*raro*) antichità (*in tutti i sensi*).
ancillary [ænˈsiləri], **A** *a.* (*anche leg.*) **1** subordinato; dipendente **2** ausiliare; sussidiario **3** ancillare. **B** *n.* assistente; collaboratore; persona di servizio.
ancipital [ænˈsipitl], *a.* (*bot.*) ancipite; gladiato.
ancle [ˈæŋkl], *n.* (*ingl.; anat.*) caviglia.
ancon [ˈæŋkɔn], *n.* **1** (*anat., arc.*) gomito; ancone (*arc.*) **2** (*archit.*) mensola.
ancress [ˈæŋkris], *V.* **anchoress.**
and [ænd, ənd], *cong.* **1** e; ed: **men and women**, uomini e donne; **for hours and hours**, per ore e ore; (*arc.*) **It is five and twenty to four**, sono le tre e trentacinque (minuti) **2** più: **Seven and three makes ten**, sette più tre fa dieci **3** (*idiom., fam.*) — **Try and come tomorrow**, cerca di venire domani; **Wait and see**, non precipitare le cose; sta a vedere quel che succede e poi agisci. ● (*pop. USA*) **And how!**, eccome!; altroché! □ **and/or**, e/o; o solo... o solo..., o entrambi: **We accept money and/or goods in payment**, accettiamo in pagamento o solo denaro o solo merci, o entrambi □ **and so forth** (*o* **on**), e così via; eccetera □ **better and better**, sempre meglio □ **by and by**, fra poco; di lì a poco □ **carriage and pair**, carrozza a due cavalli; tiro a due □ **now and then**, di quando in quando.
Andalusian [ˌændəˈluː(ː)zjən], *a. e n.* andaluso.
andante [ænˈdænti] (*ital.*), *avv. e n.* (*mus.*) andante.
Andean [ˈændiən], *a.* andino.
Andes (the) [ˈændiːz], *n. pl.* (*geogr.*) le Ande.
andiron [ˈændaiən], *n.* alare (*da camino*).
Andrew [ˈændruː], *n.* Andrea.
androecium [ænˈdriːʃəm], *n.* (*pl.* **androecia**) (*bot.*) androceo.
androgen [ˈændrədʒən], *n.* (*biol.*) androgeno.
androgynous [ænˈdrɔdʒinəs], *a.* (*anche bot.*) androgino.
androgyny [ænˈdrɔdʒini], *n.* (*anche bot.*) androginia.
Andromache [ænˈdrɔməki], *n.* (*letter.*) Andromaca.
Andronicus [ænˈdrɔnikəs], *n.* (*letter.*) Andronico.
andropause [ˈændrouˈpɔːz], *n.* (*fisiologia*) andropausa.
anecdotage [ˈænekˌdoutidʒ], *n.* **1** aneddotica; raccolta di aneddoti **2** (*scherz.*) loquace età senile: **He is in his a.**, è nella loquace età senile.
anecdotal [ˌænəkˈdoutl], *a.* **1** aneddotico **2** ricco di aneddoti.
anecdote [ˈænikdout], *n.* aneddoto.
anecdotic(al) [ænəkˈdɔtik(əl)], *a.* aneddotico.
anecdotist [ˈænikdoutist], *n.* aneddotista.
anemia [əˈniːmjə], *n.* (*USA*) (*med.*) anemia.
anemic [əˈniːmik], *n.* (*USA*) (*anche fig.*) anemico.
anemograph [əˈniːməˌɡra(ː)f], *n.* (*fis.*) anemografo.
anemometer [ˌæniˈmɔmitə*], *n.* (*fis.*) anemometro.
anemometry [ˌæniˈmɔmitri], *n.* (*fis.*) anemometria.
anemone [əˈnemoni], *n.* (*bot., Anemone*) anemone. ● (*zool.*) **sea a.** (*Actiniaria*), anemone di mare; attinia.
anemophilous [ænəˈmɔfələs], *a.* (*bot.*) anemofilo.
anemoscope [ˈænəməskoup], *n.* (*fis.*) anemoscopio.
anent [əˈnent], *prep.* (*arc., scozz.*) riguardo a; circa.
aneroid [ˈænərɔid], *a.* (*fis.*) aneroide: **a. barometer**, barometro aneroide.
anesthesia [ˌænisˈθiːzjə], e *deriv.* (*USA*) *V.* **anaesthesia**, e *deriv.*
anesthesiology [ˌænisθiːziˈɔlədʒi], (*USA*) *V.* **anaesthetics**.
aneurin [ˈænjuərin], *n.* (*chim.*) aneurina.
aneurism, **aneurysm** [ˈænjuərizəm], *n.* (*med.*) aneurisma.
aneurismal, **aneurysmal** [ˌænjuəˈrizməl], *a.* (*med.*) aneurismatico.
anew [əˈnjuː], *avv.* (*lett.*) **1** di nuovo **2** in modo nuovo (*o* diverso). ● **to begin a.**, rifarsi da capo; ricominciare.
anfractuosity [ˌænfrækˌtjuˈɔsiti], *n.* anfrattuosità.
anfractuous [ænˈfræktjuəs], *a.* anfrattuoso.
angary [ˈæŋɡəri], *n.* (*leg., naut.*) angaria; angheria.
angel [ˈeindʒəl], *n.* **1** angelo **2** (*fig.*) messaggero: **a. of death**, messaggero di morte **3** (*anche* **a.-noble**) angelo (*antica moneta d'oro ingl. sulla quale figurava l'arcangelo Michele*) **4** (*fam.*) finanziatore (*di un'impresa*). ● **a.-cake** (*USA*: **a.-food cake**), pan degli angeli □ (*zool.*) **a. fish** (*Squatina*), pesce angelo; squadro □ **a.-like**, angelico □ **a. guardian**, angelo custode □ (*USA*) **Hell's angels**, teppisti motorizzati.
angelica [ænˈdʒelikə], *n.* (*bot., Angelica*) angelica.
angelic(al) [ænˈdʒelik(əl)], *a.* angelico.
Angeline [ˈændʒəli(ː)n], *n.* Angelina.
Angelus [ˈændʒiləs], *n.* (*relig.*) angelus.
anger [ˈæŋɡə*], *n.* rabbia; collera; ira; stizza.
to anger [ˈæŋɡə*], *v. t.* fare adirare; mandare in collera; irritare.
Angevin [ˈændʒivin], *a. e n.* (*stor.*) angioino.
angina [ænˈdʒainə], *n.* (*med., anche* **a. pectoris**) angina.
angiology [ændʒiˈɔlədʒi], *n.* (*anat.*) angiologia.
angiosperms [ˈændʒiouˈspəːmz], *n. pl.* (*bot., Angiospermae*) angiosperme.
angle [ˈæŋɡl], *n.* **1** (*geom.*) angolo **2** punto di vista; aspetto (*di un problema*): **You must consider this from all angles**, dovete considerare la cosa da tutti i punti di vista **3** (*fam.*) fine; scopo; interesse **4** (*sport*) direzione angolata (*della palla*): **to put a. on a tennis ball**, angolare una palla da tennis. ● **a. bracket**, mensola (*di sostegno: a «elle»*); (*tipogr.*) parentesi uncinata □ (*edil.*) **a. iron**, cantonale □ **at an a.**, obliquo; storto; in diagonale.
to angle (1) [ˈæŋɡl], *v. t. e i.* **1** piegare (*o* piegarsi) ad angolo; formare un angolo **2** svoltare; girare: **The path angled into the wood**, il sentiero svoltava nel bosco **3** (*fig.*) presentare in modo tendenzioso; dare una certa angolazione a, deformare (*una noti-*

zia) 4 (*sport*) angolare (*una palla*): **to a. a tennis ball**, angolare una palla da tennis. ● (*cinem.*, *telev.*) **to a. a camera**, dare una certa angolazione a una cinecamera (*o* telecamera).
to angle (2) ['æŋgl], *v. i.* 1 pescare con la lenza 2 (*fig.*) tender l'amo; adescare. ● **to a. for st.**, cercare di ottenere q.c. con l'astuzia □ **What is he angling for?**, dove vuole arrivare?; a che cosa mira?
angled ['æŋgld], *a.* 1 ad angoli 2 angoloso 3 (*araldica*) angolato 4 (*sport: di tiro*) angolato.
angler ['æŋglə*], *n.* 1 pescatore con la lenza 2 (*fig.*) chi tende l'amo (*chi cerca di ottenere q.c. con l'astuzia*) 3 (*zool.*, *Lophius piscatorius*) rana pescatrice; lofio.
Angles ['æŋglz], *n. pl.* (*stor.*) Angli.
angleworm ['æŋglwə:m], *n.* lombrico (*verme da esca*).
Anglian ['æŋgliən], **A** *a.* anglico. **B** *n.* 1 Anglo 2 anglico (*la lingua*).
Anglican ['æŋglikən], *a. e n.* (*relig.*) anglicano.
Anglicanism ['æŋglikənizəm], *n.* (*relig.*) anglicanesimo.
anglicism ['æŋglisizəm], *n.* 1 anglicismo; anglismo; inglesismo 2 tratto (*o* caratteristica) inglese 3 abitudine (*o* usanza) inglese.
anglicist ['æŋglisist], *n.* anglista.
to anglicize ['æŋglisaiz], **to anglify** ['æŋglifai], *v. t.* anglicizzare.
angling (1) ['æŋgliŋ], *n.* (*sport*) angolazione.
angling (2) ['æŋgliŋ], *n.* pesca con la lenza.
anglist ['æŋglist], *n.* anglista.
Anglo-American ['æŋglou-ə'merikən], **A** *a.* angloamericano. **B** *n.* americano di origine inglese.
Anglo-Catholic ['æŋglou-'kæθəlik], *a. e n.* (*relig.*) anglocattolico.
Anglo-French ['æŋglou-'frentʃ], *a. e n.* anglofrancese.
Anglo-Indian ['æŋglou-'indjən], *a. e n.* angloindiano.
Anglomania [,æŋglou'meinjə], *n.* anglomania.
Anglomaniac [,æŋglou'meiniæk], *n.* anglomane.
Anglophile ['æŋgloufail], *n.* anglofilo.
Anglophilia ['æŋgloufiliə], *n.* anglofilia.
Anglophobe ['æŋgloufoub], *n.* anglofobo.
Anglophobia [,æŋglou'fobjə], *n.* anglofobia.
Anglophone ['æŋgloufoun], *n.* anglofono.
Anglophonic [,æŋglou'founik], *a.* anglofono.
Anglo-Saxon ['æŋglou-'sæksən], *a. e n.* anglosassone (*anche la lingua*).
angola [æŋ'goulə], **angora** [æŋ'gɔ:rə], *n.* angora; tessuto di lana d'angora.
Angora [æŋ'gɔrə], *n.* 1 (*geogr.*, *un tempo*) Angora; Ankara 2 (*anche* **A. cat**) gatto d'Angora 3 (*anche* **A. goat**) capra d'Angora 4 (*anche* **A. wool**) lana d'Angora.
angostura [,æŋgɔs'tjuərə], *n.* (*bot.*, *farm.*) angostura.
angry ['æŋgri], *a.* 1 adirato; incollerito; arrabbiato; in collera 2 collerico; irascibile 3 (*di ferita o taglio*) irritato, infiammato. ● **the angries**, i giovani arrabbiati; i contestatori □ **to be a. at** (*o* **about**) **st.**, essere in collera per q.c. □ **to be a. with sb.**, essere in collera con q. □ (*letter.*) **a. young man**, giovane arrabbiato (*intellettuale anticonformista*) □ **to get a.**, adirarsi; arrabbiarsi □ **to make sb. a.**, fare andare in collera q.; fare arrabbiare q.
anguine ['æŋgwin], *a.* anguineo (*lett.*); serpentino.
anguish ['æŋgwiʃ], *n.* 1 dolore intenso; spasimo 2 (*fig.*) angoscia; angustia; tormento.
anguished ['æŋgwiʃt], *a.* 1 angosciato; angustiato 2 angoscioso; d'angoscia: **an a. cry**, un grido d'angoscia.
angular ['æŋgjulə*], *a.* 1 angolare; angoloso (*anche fig.*) 2 secco; ossuto 3 rigido: **an a. stride**, un'andatura rigida.
angularity [,æŋgju'læriti], *n.* 1 angolarità; angolosità (*anche fig.*) 2 rigidezza.
angulate ['æŋgjuleit], *a.* angolato; (fatto) ad angoli; spigoloso.
angulation [æŋgju'leiʃən], *n.* angolazione.
anhydrid(e) [æn'haidraid], *n.* (*chim.*) anidride.
anhydrite [æn'haidrait], *n.* (*miner.*) anidrite.
anhydrous [æn'haidrəs], *a.* (*chim.*) anidro.
anil ['ænil], *n.* 1 (*bot.*, *Indigofera anil*) anile 2 indaco (*colore*).
anile ['einail], *a.* (*detto di donna*) senile; rimbambita.
aniline ['ænili:n], *n.* (*chim.*) anilina. ● **a. dye**, colorante d'anilina.
anility [æ'niliti], *n.* (*detto di donna*) senilità; rimbambimento.
animadversion [,ænimæd'və:ʃən], *n.* 1 osservazione (*sfavorevole*); critica 2 rimprovero; biasimo.
to animadvert [,ænimæd'və:t], *v. i.* – **to a. on st.**, fare critiche a q.c.; criticare q.c.; (*anche*) fare osservazioni su q.c.
animal ['æniməl], *n. e a.* animale (*in ogni senso*). ● **a. courage**, coraggio fisico □ **a. behaviour**, costumi degli animali; etologia □ (*chim.*) **a. fats**, grassi animali □ **a. husbandry**, zootecnia □ **a. magnetism**, mesmerismo □ **a. spirits**, vitalità; slancio (*o* gaiezza) naturale.
animalcule [,æni'mælkju:l], *n.* micro(o)rganismo; microbo.

animalism ['æniməlizəm], *n.* 1 comportamento (*o* indole) degli animali 2 sensualità 3 (*filos.*) animalismo.
animalist ['æniməlist], *n.* (*arte*, *filos.*) animalista.
animality [æni'mæliti], *n.* 1 animalità 2 vita animale.
animalization [,æniməlai'zeiʃən], *n.* 1 mutamento in sostanza animale 2 abbrutimento.
to animalize ['æniməlaiz], *v. t.* 1 mutare (q.c.) in sostanza animale 2 abbrutire 3 (*arte*) rappresentare con attributi animali.
animate ['ænimit], *a.* animato; vivente; (*fig.*) vivace.
to animate ['ænimeit], *v. t.* 1 animare (*in ogni senso*) 2 ravvivare; far muovere: **The wind animated the leaves**, il vento faceva muovere le foglie 3 (*fig.*) incitare; incoraggiare; dare animo a; stimolare. ● **to be animated by** (*o* **with**) **st.**, essere animato (*o* mosso) da q.c.
animated ['ænimeitid], *a.* animato; (*fig.*) vivace, acceso: **a. cartoons**, cartoni animati; **an a. discussion**, una discussione animata.
animation [,æni'meiʃən], *n.* animazione (*anche cinem.*); (*fig.*) vivacità.
animator ['ænimeitə*], *n.* 1 (*anche cinem.*) animatore 2 disegnatore di cartoni animati.
animism ['ænimizəm], *n.* (*filos.*) animismo.
animist ['ænimist], *n.* (*filos.*) animista.
animistic [,æni'mistik], *a.* (*filos.*) animistico.
animosity [,æni'mɔsiti], *n.* animosità; malanimo.
animus ['æniməs], *n.* (*solo sing.*) 1 spirito animatore 2 animus; intenzione 3 animosità; malanimo.
anion ['ænaiən], *n.* (*chim. nucl.*) anione.
anise ['ænis], *n.* (*pl.* **anises**, **anise**) (*bot.*, *Pimpinella anisum*) anice (*la pianta e il seme*).
aniseed ['ænisi:d], *n.* semi di anice.
anisette [,æni'zet], *n.* anisetta (*liquore*).
anisotropic [ə,naisə'trɔpik], *a.* (*miner.*) anisotropo.
anisotropy [ənai'sɔtrəpi], *n.* (*miner.*) anisotropia.
ankle ['æŋkl], *n.* (*anat.*) caviglia. ● (*anat.*) **a. bone**, astragalo □ **a. socks**, calzini corti.
anklet ['æŋklit], *n.* 1 ornamento (*anello*, *catenella*, *ecc.*) che si porta alla caviglia 2 cavigliera 3 calzino corto (*da donna*).
ankylosaur [,æŋkilou'sɔ:r], *n.* (*paleontologia*) anchilosauro.
to ankylose ['æŋkylouz], *v. t. e i.* (*med.*) anchilosare, anchilosarsi.
ankylosis [,æŋki'lousis], *n.* (*pl.* **ankyloses**) (*med.*) anchilosi.
Ann [æn], *n.* Anna.
anna ['ænə], *n.* anna (*moneta indiana*).
Annabel, **Annabelle** ['ænəbel], *n.* Annabella.
annalist ['ænəlist], *n.* annalista.
annalistic [ænə'listik], *a.* annalistico.
annals ['ænlz], *n. pl.* annali; cronache; rassegne.
annates ['æneits], *n. pl.* (*leg.*, *relig.*) annualità.
Anne [æn], *n.* Anna.
to anneal [ə'ni:l], *v. t.* 1 ricuocere (*vetri*, *metalli*) 2 (*fig.*) fortificare; temprare.
annealing [ə'ni:liŋ], *n.* (*metall.*) ricottura. ● (*ing.*) **a. furnace** (*o* **oven**), forno di ricottura.
annelids [ə'nelidz], *n. pl.* (*zool.*, *Anellida*) anellidi.
Annette [ə'net], *n.* Annetta.
to annex [ə'neks], *v. t.* 1 (*polit.*) annettere 2 aggiungere 3 allegare; accludere: **to a. clause**, allegare una clausola 4 (*scherz.*) prendere; portare via.
annexable [ə'neksəbl], *a.* 1 che si può annettere 2 aggiungibile.
annexation [,ænek'seiʃən], *n.* 1 annessione 2 territorio annesso.
annexational [,ænek'seiʃənəl], *a.* (*polit.*) annessionistico.
annexationism [,ænek'seiʃənizəm], *n.* (*polit.*) annessionismo.
annexationist [,ænek'seiʃənist], *n.* (*polit.*) annessionista.
annex(e) ['æneks], *n.* 1 (edificio) annesso 2 (documento) allegato.
to annihilate [ə'naiəleit], **A** *v. t.* annientare; annichilire. **B** *v. i.* annientarsi; annullarsi.
annihilation [ə,naiə'leiʃən], *n.* annientamento; annichilimento; annichilazione (*anche fis.*).
annihilator [ə'naiəleitə*], *n.* annientatore.
anniversary [,æni'və:səri], *n. e a.* anniversario.
Anno Domini ['ænou'dɔmini] (*lat.*), *locuz. avv.* (*di solito*, **A.D.**) nell'anno del Signore; dopo Cristo.
to annotate ['ænouteit], *v. t.* annotare; chiosare; commentare.
annotation [,ænou'teiʃən], *n.* annotazione; nota; chiosa.
annotator ['ænouteitə*], *n.* annotatore; commentatore; chiosatore.
to announce [ə'nauns], **A** *v. t.* annunciare, annunziare (*in ogni senso*). **B** *v. i.* 1 (*radio*, *telev.*) fare l'annunciatore 2 (*USA*) presentarsi candidato.
announcement [ə'naunsmənt], *n.* 1 annuncio, annunzio; pubblicazione; notificazione 2 avviso; proclama 3 partecipazione (*di nozze*).

announcer [ə'naunsə*], *n.* annunciatore (*specialm. della radio e telev.*); presentatore.
to annoy [ə'nɔi], *v. t.* importunare; molestare; disturbare; infastidire; dar noia a; seccare. ● **to be annoyed at st.**, essere seccato per q.c.
annoyance [ə'nɔiəns], *n.* seccatura; molestia; disturbo; fastidio.
annoyed [ə'nɔid], *a.* irritato; contrariato; seccato; infastidito.
annoying [ə'nɔiiŋ], *a.* irritante; seccante; molesto; fastidioso.
annual [ænjuəl], **A** *a.* annuo; annuale. **B** *n.* **1** pianta annua **2** annuario.
annuitant ['ænjuitənt], *n.* **1** beneficiario di rendita annuale (*o vitalizio, pensione*); pensionato **2** chi vive di rendita.
annuity [ə'njuiti], *n.* **1** (*fin.*) annualità **2** rendita annua. ● **a. premium**, premio di vitalizio □ **life a.**, vitalizio.
to annul [ə'nʌl], *v. t.* annullare; abrogare; revocare; rescindere.
annular ['ænjulə*], *a.* anulare: **a. eclipse**, eclissi anulare.
annulate(d) ['ænjuleit(id)], *a.* inanellato; ad anelli.
annulation [,ænju'leiʃən], *n.* **1** formazione di anelli **2** (*raro*) cintura.
annulet ['ænjulit], *n.* **1** anellino; anelluccio **2** (*archit.*) collarino.
annullable [ə'nʌləbl], *a.* annullabile; rescindibile; risolvibile.
annulment [ə'nʌlmənt], *n.* annullamento; abrogazione; rescissione; risoluzione (*di contratto*).
annum ['ænəm] (*lat.*), *n. solo nella locuz. avv.:* **per a.**, all'anno: **salary: £ 10,000 per a.**, stipendio: 10 000 sterline all'anno.
to annunciate [ə'nʌnʃieit], *v. t.* proclamare; annunciare.
annunciation [ə,nʌnsi'eiʃən], *n.* annunciazione; annuncio. ● (*relig.*) **the A.**, l'Annunciazione.
annunciator [ə'nʌnʃieitə*], *n.* **1** annunciatore **2** segnalatore elettrico, avvisatore (*delle chiamate: in alberghi, uffici, ecc.*) **3** (*fis.*) quadro di segnalazione (*specialm. di ferrovia*).
anode ['ænoud], *n.* **1** (*elettr.*) anodo **2** (*elettron.*) anodo; placca.
anodic [æ'noudik], *a.* anodico: **a. coating**, rivestimento anodico.
to anodise ['ænoudaiz], *v. t.* e *deriv.* **V. to anodize**, e *deriv.*
to anodize ['ænədaiz], *v. t.* anodizzare.
anodizer ['ænoudaizə*], *n.* anodizzatore.
anodizing ['ænoudaiziŋ], *n.* anodizzazione.
anodyne ['ænoudain], **A** *a.* anodino. **B** *n.* **1** medicamento anodino; calmante **2** (*fig.*) conforto; sollievo.
to anoint [ə'nɔint], *v. t.* ungere (*un sacerdote, un re*); consacrare. ● (*relig.*) **the Lord's Anointed**, l'Unto del Signore; Cristo.
anointing [ə'nɔintiŋ], *n.* unzione. ● (*relig.*) **A. of the Sick**, Estrema Unzione; Olio Santo (*fam.*).
anointment [ə'nɔintmənt], *n.* unzione; consacrazione.
anomalism [ə'nɔməlizəm], *n.* **1** l'essere anomalo **2** anomalia.
anomalistic [ə,nɔmə'listik], *a.* anomalistico.
anomalous [ə'nɔmələs], *a.* anomalo; irregolare. ● (*fis., chim.*) **a. water**, acqua anomala.
anomaly [ə'nɔməli], *n.* anomalia; irregolarità.
anomia [æ'noumjə] *n.* (*med.*) anomia.
anomic [æ'nɔmik], *a.* anomico. ● (*med.*) **a. aphasia**, afasia anomica.
anomy ['ænəmi], *n.* (*scient.*) anomia.
anon [ə'nɔn], *avv.* (*arc.*) **1** presto; tra poco **2** in altra occasione. ● **ever and a.**, di tanto in tanto.
anonym ['ænənim], *n.* **1** anonimo **2** (*raro*) pseudonimo.
anonymity [,ænə'nimiti], *n.* anonimia; anonimato.
anonymous [ə'nɔniməs], *a.* (*anche fig.*) anonimo.
anonymousness [ə'nɔniməsnis], *n.* anonimato.
anopheles [ə'nɔfili:z], *n.* (*invar. al pl.*) (*zool., Anopheles*) anofele.
anorak ['ænəræk], *n.* (*moda*) giacca a vento (*con cappuccio*).
anorexia [,ænou'reksiə], *n.* (*med.*) anoressia.
anorexiant [,ænou'reksiənt], *a.* e *n.* (*med.*) anoressante.
anosmia [ə'nɔsmiə], *n.* (*med.*) anosmia.
another [ə'nʌðə*], *a.* e *pron.* un altro; un secondo: **Give me a.**, dammene un altro; **Garibaldi was a. Leonidas**, Garibaldi fu un secondo Leonida. ● **one a.**, (*pron. recipr.*) l'un l'altro □ **such a.**, un altro del genere □ **one with a.**, alla rinfusa □ (*idiom.*) «**You are a liar!**» «**You're a.!**», «sei un bugiardo!» «anche tu!».
Anselm ['ænselm], *n.* Anselmo.
anserine ['ænsərain], *a.* **1** anserino (*d'oca o simile a oca*) **2** (*fig.*) sciocco; stupido **3** (*anat.*) anserino.
answer ['a:nsə*], *n.* **1** risposta **2** (*leg.*) replica. ● **in a. to**, in risposta a; in seguito a □ (*fig.*) **to know all the answers**, sapere tutto; saperla lunga □ **to make** (*o* **to give**) **no a.**, non rispondere nulla.
to answer ['a:nsə*], *v. t.* e *i.* **1** rispondere (*in quasi tutti i sensi*): **to a. a letter** (**the phone, the door, the bell**), rispondere a una lettera (al telefono, alla porta, al campanello); **This instrument does not a. my purpose**, questo strumento non risponde al mio scopo; **The ship wouldn't a. her rudder**, la nave non rispondeva al timone **2** pagare lo scotto; pagare di persona: **The guilt was mine and I answered for it**, la colpa fu mia e pagai lo scotto

3 (*anche* **to a. a purpose**) rispondere a uno scopo; esser utile; servire: **That won't a. at all**, ciò non servirà affatto. ● (*fam.*) **to a. back**, rispondere (*in modo impertinente e sgarbato*); ribattere; rimbeccare □ **to a. blow with blow**, ribattere colpo su colpo □ **to a. for**, rispondere di; essere responsabile di; farsi garante di □ (*naut.*) **to a.** (**to**) **the helm**, ubbidire al timone; sentire il timone □ **to a. to**, rispondere a; reagire a (*una sollecitazione*) □ **to a. to the name of**, rispondere al nome di; chiamarsi □ **to a.** (**to**) **one's hopes** (**a description, etc.**), rispondere (*o* corrispondere) alle proprie speranze (a una descrizione, ecc.) □ (*tel.*) **answering machine**, segreteria telefonica.
answerable ['a:nsərəbl], *a.* **1** responsabile; garante **2** cui si può rispondere. ● **to be a. to sb. for st.**, essere responsabile di q.c. verso q.
ant [ænt], *n.* formica. ● (*zool.*) **ant bear** (*Myrmecophaga tridactyla*), formichiere gigante □ (*zool.*) **ant-eater**, (*Myrmecophaga*) formichiere; (*Tamandua*) tamandua □ **ant-fly**, formica con le ali □ **ant-hill**, formicaio; termitaio □ (*fig.*) **ant-like**, industrioso; laborioso □ (*zool.*) **ant-lion** (*Myrmeleon formicarius*), formicaleone □ (*zool.*) **ant thrush**, (*Formicarius*) formicario; (*Batara*) batara □ (*zool.*) **white ant** (*Reticulitermes, Xalotermes, ecc.*), termite; formica bianca.
an't [a:nt], *voce verb.* **1** (*fam.*) variante di **aren't** (*contraz. di* **are not**) **2** (*pop.*) contraz. di **am not**, **is not**, **have not**, **has not**.
antagonism [æn'tægənizəm], *n.* antagonismo; rivalità.
antagonist [æn'tægənist], *n.* **1** antagonista; avversario **2** (*anat.*) (muscolo) antagonista **3** (*fam.*) medicamento ad azione antagonista.
antagonistic [æn,tægə'nistik], *a.* antagonistico.
to antagonize [æn'tægənaiz], *v. t.* **1** contrapporsi a **2** inimicarsi **3** opporsi a (q.); resistere a (q.).
antalkaline [ænt'ælkəlain], *a.* e *n.* (*med.*) antialcalino.
Antarctic [ænt'a:ktik], *a.* e *n.* (*geogr.*) antartico.
Antarctica [ænt'a:ktikə], *n.* (*geogr.*) Antartide.
ante ['ænti], *n.* **1** (*poker*) cip (*quota minima concordata*) **2** (*poker*) invito (*quota aggiuntiva*): **to call for an a. of fifty p.**, fare un invito di cinquanta penny **3** (*fam.*) prezzo (*di azioni, titoli, ecc.*) pagato in anticipo. ● **to raise the a.**, (*poker*) aumentare il cip; (*fig.*) rischiare una posta più alta, correre un maggior rischio.
to ante ['ænti], **A** *v. t.* **1** (*poker*) mettere su (*fiche, denaro*) come cip (*o* come invito, *di solito su richiesta del mazziere*); aggiungere (*come invito*) al piatto: **to a. one chip**, mettere su un cip di una fiche **2** (*fam.*, *spesso* **to a. up**) sborsare, tirar fuori, cacciare (*una somma di denaro*) **3** (*fam.*, *di solito* **a. up**) avanzare, lanciare (*idee, proposte, ecc.*). **B** *v. i.* (*di solito* **to a. up**) pagare.
to antecede [ænti'si:d], *v. t.* e *i.* (*raro*) precedere; antecedere.
antecedence [,ænti'si:dəns], *n.* precedenza; antecedenza.
antecedent [,ænti'si:dənt], **A** *a.* antecedente; precedente; anteriore. **B** *n.* **1** (*gramm., mat.*) antecedente **2** precedente **3** (*pl.*) precedenti **4** (*pl.*) antenati ● **a. to**, prima di.
antecessor ['ænti,sesə*], *n.* predecessore; antecessore.
antechamber ['ænti,tʃeimbə*], *n.* anticamera.
antedate ['ænti'deit], *n.* antidata.
to antedate ['ænti'deit], *v. t.* **1** antidatare, retrodatare (*una lettera, un documento*) **2** precedere **3** (*raro*) anticipare.
antedating ['ænti'deitiŋ], *n.* retrodatazione.
antediluvian [,æntidi'luvjən], **A** *a.* (*anche fig.*) antidiluviano. **B** *n.* persona (*o* cosa) antidiluviana.
antefix ['æntifiks], *n.* (*archit.*) antefissa.
antelope ['æntiloup], *n.* (*pl.* **antelope, antelopes**) (*zool., Antilope*) antilope.
antemeridian [æntimə'ridiən], *a.* antimeridiano.
antenatal [ænti'neitl], **A** *a.* prenatale. **B** *n.* (*med.*) visita prenatale (*a donna incinta*). ● **a. clinic**, consultorio di maternità.
antenna [æn'tenə], *n.* (*pl.* **antennae, antennas**) (*zool., radio, telev.*) antenna: **telescopic a.**, antenna telescopica (*incorporata*).
antenuptial ['ænti'nʌpʃəl], *a.* prematrimoniale.
antepenult ['ænti'nʌlt], **antepenultimate** ['æntipi'nʌltimit], **A** *a.* terzultimo; antepenultimo. **B** *n.* terzultima sillaba.
anteprandial [ænti'prændjəl], *a.* che precede il pranzo.
anterior [æn'tiəriə*], *a.* anteriore (*nel tempo e nello spazio*).
anteriority [,æntiri'ɔriti], *n.* anteriorità.
anteroom ['æntirum], *n.* anticamera.
ante-war ['ænti'wɔ:*], *a.* prebellico; d'anteguerra.
anthelion [æn'θi:ljən], *n.* (*pl.* **anthelia, anthelions**) (*astron.*) antelio.
anthelmintic [,ænθil'mintik], *a.* e *n.* (*farm.*) antelmintico.
anthem ['ænθəm], *n.* **1** (*arc.*) antifona **2** coro religioso **3** inno: **the national a.**, l'inno nazionale.
anther ['ænθə*], *n.* (*bot.*) antera.
anthological [,ænθə'lɔdʒikəl], *a.* antologico.
anthologist [æn'θɔlədʒist], *n.* compilatore di antologie.

anthology

anthology [ænˈθɔlədʒi], *n.* antologia.
Anthony [ˈæntəni], *n.* Antonio.
anthozoans [ˌænθouˈzouəns], *n. pl.* (*zool.*, *Anthozoa*) antozoi.
anthracene [ˈænθrəsiːn], *n.* (*chim.*) antracene.
anthracite [ˈænθrəsait], *n.* (*miner.*) antracite.
anthracitic [ˌænθrəˈsitik], *a.* di antracite.
anthracosis [ˌænθrəˈkousis], *n.* (*pl.* **anthracoses**) (*med.*) antracosi.
anthrax [ˈænθræks], *n.* (*pl.* **anthraces**) (*vet.*, *med.*) antrace.
anthropocentric [ˌænθrəpəˈsentrik], *a.* (*filos.*) antropocentrico.
anthropography [ˌænθrəˈpɔgrəfi], *n.* antropografia.
anthropoid [ˈænθrəpɔid], *a. e n.* (*zool.*) **a.** ape, scimmia antropoide □ (*spreg.*) **that a. friend of yours**, quello scimmione del tuo amico.
anthropological [ˌænθrəpəˈlɔdʒikəl], *a.* antropologico.
anthropologist [ˌænθrəˈpɔlədʒist], *n.* antropologo.
anthropology [ˌænθrəˈpɔlədʒi], *n.* antropologia.
anthropometry [ˌænθrəˈpɔmitri], *n.* antropometria.
anthropomorphic [ˌænθrəpəˈmɔːfik], *a.* antropomorfico.
anthropomorphism [ˌænθrəpəˈmɔːfizəm], *n.* antropomorfismo.
to anthropomorphize [ˌænθrəpəˈmɔːfaiz], *v. t.* attribuire forma umana (*o* facoltà umane) a (q. o q.c.).
anthropomorphous [ˌænθrəpəˈmɔːfəs], *a.* antropomorfo.
anthropophagi [ˌænθrəˈpɔfəgai], *n. pl.* (gli) antropofagi.
anthropophagite [ˌænθrəˈpɔfəgait], *n.* antropofago.
anthropophagous [ˌænθrəˈpɔfəgəs], *a.* antropofago.
anthropophagy [ˌænθrəˈpɔfədʒi], *n.* antropofagia.
anti [ˈænti], (*fam.*) **A** *a.* (*pl.* **antis**) oppositore (di q.c.); contestatore. **B** *avv. e a. pred.* contro, contrario (a q.c.).
anti-Abolitionist [ˌænti-əbouˈliʃənist], *n. e a.* (*stor. USA*) antiabolizionista.
antiabortion [ˈæntiəˈbɔʃən], *a. attr.* antiabortista.
antiabortionist [ˈæntiəˈbɔʃənist], *n.* antiabortista.
antiaccident [ˌæntiˈæksident], *a. attr.* antinfortunistico.
antiacid [ˈæntiˈæsid], *a. e n.* (*chim.*, *farm.*) antiacido.
anti-aircraft [ˈæntiˈɛə-kraːft], **A** *a.* antiaereo: **a. gun**, cannone antiaereo. **B** *n.* **1** (artiglieria) contraerea **2** difesa contraerea.
antiallergic [ˌæntiəˈlədʒik], *a. e n.* (*farm.*) antiallergico.
antianxiety [ˌænti-æŋˈksaiəti], *a. attr.* (*farm.*) ansiolitico.
antiasthmatic [ˌæntiæsˈθmætik], *a.* (*farm.*) antiasmatico.
antiatom [ˌæntiˈætəm], *n.* (*fis.*) antiatomo.
antiauthoritarian [ˈænθɔˌθɔriˈtɛəriən], *a.* antiautoritario.
antiauthoritarianism [ˈæntiɔˌθɔriˈtɛəriənizəm], *n.* antiautoritarismo.
antiballistic [ˌæntibəˈlistik], *a.* (*mil.*, *miss.*) antibalistico.
antibilious [ˈæntiˈbiljəs], *a.* (*farm.*) antibilioso.
antibiotic [ˈæntibaiˈɔtik], *n. e a.* (*farm.*) antibiotico.
antibody [ˈæntiˌbɔdi], *n.* (*biol.*) anticorpo.
antic [ˈæntik], **A** *a.* (*arc.*) bizzarro; grottesco; stravagante. **B** *n.* **1** (*di solito al pl.*) buffonata; buffoneria; comportamento stravagante; atteggiamento (*o* gesto) grottesco: **the antics of a clown**, le buffonate di un pagliaccio **2** (*arc.*) buffone **3** (*pop.*) capriccio.
anticancer [ˌæntiˈkænsə*], *a.* (*farm.*) anticanceroso: **an a. drug**, una medicina anticancerosa.
anticatarrhal [ˌæntikəˈtɑː(ː)rəl], *a.* (*farm.*) anticatarrale.
anticathode [ˌæntiˈkæθoud], *n.* (*elettron.*) anticatodo.
antichrist [ˈæntikraist], *n.* avversario di (*o* chi non crede in) Cristo. ● **the A.**, l'Anticristo.
antichristian [ˌæntiˈkristjən], *a. e n.* anticristiano.
antichristianism [ˌæntiˈkristjənizəm], *n.* anticristianesimo.
anticipant [ænˈtisipənt], *a. e n.* (persona) che prevede (*o* si aspetta) che q.c. avvenga.
to anticipate [ænˈtisipeit], *v. t.* **1** prevedere; aspettarsi; pregustare: **I a. the pleasure of meeting her**, pregusto il piacere di incontrarla **2** affrettare; accelerare: **Do not a. your ruin**, non affrettare la tua rovina **3** prevenire; precedere (q.): **Amundsen was anticipated by Peary, the first explorer who reached the North Pole**, Amundsen fu preceduto da Peary, il primo esploratore che raggiunse il Polo Nord; **He always anticipates my requests**, previene sempre le mie richieste **4** usare (*o* spendere) in anticipo: **Don't a. your salary!**, non spendere in anticipo lo stipendio! **5** (*comm.*) anticipare; pagare in anticipo.
anticipated [ænˈtisipeitid], *a.* **1** previsto **2** presunto. ● (*fin.*) **a. profit**, utile presunto.
anticipation [ænˌtisiˈpeiʃən], *n.* **1** previsione; aspettazione **2** (*comm.*, *med.*, *mus.*) anticipazione **3** pregustazione ● **in a.**, in attesa: **I thank you in a.**, nell'attesa vi ringrazio.
anticipative [ænˈtisipeitiv], *a.* che prevede *o* si aspetta (q.c.).
anticipator [ænˈtisipeitə*], *n.* **1** chi prevede *o* si aspetta (q.c.) **2** chi affretta (q.c.) **3** chi previene **4** chi fa uso anticipato (di q.c.) **5** chi anticipa (*denaro*, *ecc.*).
anticipatory [ænˈtisipeitəri], *V.* **anticipative**.
anticlerical [ˈæntiˈklerikl], *a. e n.* anticlericale.

anticlericalism [ˈæntiˈklerikəlizəm], *n.* anticlericalismo.
anticlimax [ˈæntiˈklaimæks], *n.* **1** *anticlimax* (*improvvisa caduta nel vieto o nel ridicolo di uno stile, situazione o argomento, solenni*) **2** doccia fredda; sgonfiatura; smontatura; delusione: **After so many lofty words, his asking me for a loan of five pounds was an a.**, dopo tante nobili parole, la sua richiesta di un prestito di cinque sterline fu una doccia fredda **3** (*in qualche caso*) distensione: **The situation had become so dramatic that his humourous words were a welcome a.**, la situazione s'era fatta così drammatica che le sue parole scherzose crearono una gradevole distensione.
anticlinal [ˈæntiˈklainl], *a. e n.* (*geol.*) anticlinale.
anticline [ˈæntiklain], *n.* (*geol.*) anticlinale.
anticlockwise [ˌæntiˈklɔkwaiz], *a. e avv.* (in senso) antiorario.
anticoagulant [ˌæntikouˈægjulənt], *a. e n.* (*farm.*) anticoagulante.
anticoagulative [ˌæntikouˈægjulətiv], *a. e n.* (*farm.*) anticoagulante.
anti-competitive [ˌæntikəmˈpetitiv], *a.* (*econ.*) anticoncorrenziale.
anticonstitutional [ˌæntiˌkɔnstiˈtjuːʃənəl], *a.* anticostituzionale.
anticrease [ˌæntiˈkriːs], *a.* (*di tessuto*) antipiega.
anticyclone [ˌæntiˈsaikloun], *n.* (*meteorologia*) anticiclone.
anticyclonic [ˌæntisaiˈklɔnik], *a.* anticiclonico.
antidazzle [ˌæntiˈdæzl], *a.* (*autom.*) antiabbagliante; anabbagliante: **a. headlights**, fari anabbaglianti.
antidemocratic [ˌæntidɛməˈkrætik], *a.* antidemocratico.
antidepressant [ˌæntidiˈpresnt], *a.* (*farm.*) antidepressivo.
antidepressive [ˌæntidiˈpresiv], *a.* (*farm.*) antidepressivo.
antideuteron [ˌæntiˈdjuːtərən], *n.* (*fis. nucl.*) antideutone.
antidoping [ˌæntiˈdoupiŋ], *a.* antidoping. ● **a. test**, (controllo *o* esame) antidoping.
antidotal [ˈæntidoutəl], *a.* pertinente a (*o* che serve di) antidoto.
antidote [ˈæntidout], *n.* (*med.*, *fig.*) antidoto.
antidumping [ˌæntiˈdʌmpiŋ], *a.* (*econ.*) antidumping.
antielectron [ˌænti-iˈlektrən], *n.* (*fis. nucl.*) antielettrone.
antiemetic [ˌænti-iˈmetik], *a. e n.* (*farm.*) antiemetico.
anti-European [ˈæntijuərəˈpiː(ə)n], (*polit.*) **A** *a.* **1** antieuropeo **2** antieuropeistico. **B** *n.* antieuropeista.
antifading [ˌæntiˈfeidiŋ], *n.* (*fis.*) antifading.
anti-Fascism [ˌæntiˈfæʃizəm], *n.* antifascismo.
anti-Fascist [ˌæntiˈfæʃist], *a. e n.* antifascista.
antifat [ˈæntifæt], *n.* (*farm.*) dimagrante.
antifebrile [ˌæntiˈfiːbrail], *n.* (*farm.*) antifebbrile; febbrifugo.
antifederalist [ˌæntiˈfedərəlist], *n.* antifederalista.
antifeminism [ˌæntiˈfeminizəm], *n.* antifemminismo.
antifeminist [ˌæntiˈfeminist], *a. e n.* antifemminista.
antifertility [ˌæntifəːˈtiliti], *a.* antifecondativo.
antifog [ˌæntiˈfɔg], *a. e n.* antiappannante; antinebbia.
antifreeze [ˌæntiˈfriːz], *n.* (*autom.*) anticongelante; antigelo.
antifreezing [ˌæntiˈfriːziŋ], *a.* (*autom.*) anticongelante.
antigen [ˈæntidʒen], *n.* (*biol.*) antigene.
antiglare [ˌæntiˈglɛə*], *V.* **antidazzle**.
antigravity [ˌæntiˈgræviti], *a.* antigravità.
antigropelos [ˌæntiˈgroupiləs], *n. pl.* ghette impermeabili.
anti-G suit [ˌænti-ˈdʒiː ˈsjuːt], *n.* (*miss.*) tuta antigravità.
antihemophilic [ˌæntiˌhiːmouˈfilik], *a. e n.* (*farm.*) antiemofilico.
antihero [ˌæntiˈhiərou], *n.* (*pl.* **antiheroes**) antieroe.
antiheroic [ˌæntihiˈrouik], *a.* antieroico.
antiheroine [ˌæntiˈherouin], *n.* antieroina.
antihistamine [ˌæntiˈhistəmiːn], *n.* (*farm.*) antistaminico.
antihistaminic [ˌæntihistəˈmiːnik], *a. e n.* (*farm.*) antistaminico.
antihypertensive [ˈæntiˌhaipəˈtensiv], *a.* (*farm.*) antipertensivo.
anti-icer [ˌænti-ˈaisə*], *n.* (*aeron.*) dispositivo (*o* sostanza) antighiaccio.
anti-imperialist [ˌænti-imˈpiəriəlist], *a. e n.* antimperialista.
anti-inflammatory [ˌænti-inˈflæmətəri], *a.* (*farm.*) antinfiammatorio.
anti-inflationary [ˌænti-inˈfleiʃənəri], *a.* (*econ.*) antinflazionistico.
antiknock [ˌæntiˈnɔk], *a. e n.* (*chim.*) antidetonante.
antileukemic [ˌæntijuːˈkiːmik], *a. e n.* (*farm.*) antileucemico.
antilogarithm [ˌæntiˈlɔgəriθəm], *n.* (*mat.*) antilogaritmo.
antilogy [ænˈtilədʒi], *n.* (*filos.*) antilogia; contraddizione.
antimacassar [ˌæntiməˈkæsə*], *n.* capezziera; coprischienale.
antimask, antimasque [ˌæntiˈmɑːsk], *n.* (*teatr.*) intermezzo grottesco.
antimatter [ˌæntiˈmætə*], *n.* (*fis. nucl.*) antimateria.
antimilitarism [ˌæntiˈmilitərizəm], *n.* antimilitarismo.
antimilitarist [ˌæntiˈmilitərist], *n.* antimilitarista.
antimissile [ˌæntiˈmisail], (*mil.*) **A** *a.* antimissile; antimissilistico: **an a. system**, un sistema antimissilistico. **B** *n.* missile antimissile.

antimonarchical [ˌæntimɔ'na:kikəl], *a.* antimonarchico.
antimonarchist [ˌænti'mɔnəkist], *n.* antimonarchico.
antimonial [ˌænti'mounjəl], **A** *a.* (*chim.*) antimoniale. **B** *n.* **1** (*chim.*) composto antimoniale **2** medicina a base di antimonio.
antimonic [ˌænti'mɔnik], *a.* (*chim.*) antimonico.
antimonious ['ænti'mouniəs], *a.* (*chim.*) antimonioso.
antimony ['ænti̇məni], *n.* (*chim.*) antimonio.
antinational [ˌænti'næʃənl], *a.* antinazionale.
antineuralgic [ˌæntinju'rældʒik], *a.* e *n.* (*farm.*) antinevralgico.
antineutron [ˌænti'nju:trɔn], *n.* (*fis. nucl.*) antineutrone.
antinoise [ˌænti'nɔiz], *a. attr.* (*autom., ind.*) contro i rumori (molesti): **a. laws**, leggi contro i rumori. ● (*autom.*) **a. paint**, antirombo.
antinomic(al) [ˌænti̇ˌnɔmik(əl)], *a.* (*filos., leg.*) antinomico.
antinomy [æn'tinəmi], *n.* antinomia.
antinuclear [ˌænti'nju:kliə*], *a.* (*biol., med., polit.*) antinucleare.
antinucleus [ˌænti'nju:kliəs], *n.* (*pl.* **antinuclei, antinucleuses**) (*fis. nucl.*) antinucleo.
Antioch ['æntiɔk], *n.* (*geogr., stor.*) Antiochia.
Antiochian [ˌænti'ɔkiən], *a.* e *n.* (*stor.*) antiocheno.
antipapal [ænti'peipl], *a.* antipapale.
antiparasitic ['æntiˌpærə'sitik], *a.* e *n.* (*farm.*) antiparassitario.
antipathetic(al) [ænˌtipə'θetik(əl)], *a.* **1** che prova antipatia **2** contrario; opposto; avverso: **He is a. to all liberal ideas**, è contrario a qualsiasi idea liberale **3** antipatico; inviso (a q.).
antipathic [ˌænti'pəθik], *a.* **1** contrario; opposto **2** (*med.*) che presenta (*o* che produce) sintomi contrari.
antipathy [æn'tipəθi], *n.* **1** antipatia; avversione **2** contrasto; opposizione **3** ripugnanza; ripulsione.
antiperistalsis [ˌæntipəri'stælsis], *n.* (*pl.* **antiperistalses**) (*fisiologia*) antiperistalsi.
antipersonnel [ˌæntiˌpə:sə'nel], *a.* (*mil.*) antiuomo (*di bombe, mine e missili*).
antiphlogistic [ˌæntiflou'dʒistik], *a.* e *n.* (*farm.*) antiflogistico.
antiphon ['æntifən], *n.* (*mus., relig.*) antifona.
antiphonal [æn'tifənl], (*mus.*) **A** *a.* antifonale. **B** *n.* antifonario.
antiphonary [æn'tifənəri], *n.* (*mus.*) antifonario.
antiphony [æn'tifəni], *n.* (*mus., relig.*) **1** antifonia **2** antifona.
antiphrasis [æn'tifrəsis], *n.* (*pl.* **antiphrases**) (*retor.*) antifrasi.
antipitching [ˌænti'pitʃiŋ], *a.* (*naut.*) antibeccheggio: **a. fin**, pinna antibecheggio.
antipodal [æn'tipədl], **A** *a.* **1** che sta agli antipodi **2** (*fig.*) diametralmente opposto. **B** *n.* (*bot.*) (cellula) antipode.
antipodean [ænˌtipə'di(:)ən], **A** *a.* che sta agli antipodi. **B** *n.* **1** antipode **2** (*ingl.*) australiano.
antipodes [æn'tipədi:z], *n. pl.* (*anche fig.*) antipodi.
antipoison ['ænti'pɔizn], *n.* contravveleno.
antipole ['æntipoul], *n.* polo opposto; antipolo.
antipolio ['ænti'pouliou], *a.* (*farm.*) antipolio. ● **a. injection** (**vaccination**), (iniezione, vaccinazione) antipolio.
antipolitical ['æntipə'litikəl], *a.* **1** antipolitico **2** (*improprio, ma usato*) apolitico. ● **an a. man**, un apolitico.
antipolitics [ænti'politiks], *n.* antipolitica.
antipollution [ˌænti-pə'lu:ʃən], *a. attr.* (*ecologia*) antinquinamento.
antipope ['æntipoup], *n.* antipapa.
antiproton [ˌænti'proutɔn], *n.* (*fis. nucl.*) antiprotone.
antipyretic [ˌæntipai'retik], *a.* e *n.* (*farm.*) antipiretico; febbrifugo.
antipyrin(e) [ˌænti'paiərin], *n.* (*farm.*) antipirina.
antiquarian [ˌænti'kwɛəriən], *a.* e *n.* antiquario.
antiquarianism [ˌænti'kwɛəriənizəm], *n.* antiquaria.
to antiquarianize [ˌænti'kwɛəriənaiz], *v. i.* (*fam.*) occuparsi d'antiquaria.
antiquary ['æntikwəri], *n.* **1** antiquario **2** collezionista di antichità.
to antiquate ['æntikweit], *v. t.* **1** rendere antiquato **2** invecchiare; dare una patina (*o* una parvenza) d'antichità a (q.c.).
antiquated ['æntikweitid], *a.* antiquato; obsoleto.
antique [æn'ti:k], **A** *a.* **1** antico **2** antiquato. **B** *n.* pezzo d'antiquariato; oggetto artistico antico. ● **the a.**, l'antico (*lo stile, l'arte*) □ **a. dealer**, antiquario □ **a. finish**, finitura tipo antico □ **a. furniture**, mobili d'antiquariato.
antiqueness [æn'ti:knis], *n.* antichità (*V.* **antique**).
antiquity [æn'tikwiti], *n.* **1** antichità (*specialm. classica*) **2** (*pl.*) (le) antichità (*opere d'arte, monumenti*); (i) costumi (*o* fatti storici*) antichi.
anti-rabic [ˌænti'ræbik], *a.* e *n.* (*farm.*) antirabbico.
antiracism [ˌænti'reizizəm], *n.* (*polit.*) antirazzismo.
antiracist [ˌænti'reisist], *a.* e *n.* (*polit.*) antirazzista.
antiradar [ˌænti'reida:*], *a.* (*mil., tecn.*) antiradar: **a. coating**, rivestimento antiradar.
antiradical [ˌænti'rædikəl], *a.* (*polit.*) antiradicale.

anti-recession [ˌænti-ri'seʃən], *a. attr.* (*econ.*) anticongiunturale.
antireligious [ˌæntiri'lidʒəs], *a.* antireligioso.
antirheumatic [ˌæntiru:'mætik], *a.* e *n.* (*farm.*) antireumatico.
antiroll [ˌænti'roul], *a.* (*autom., naut.*) antirollio: **a. bar**, barra antirollio; barra stabilizzatrice; **a. tank**, cassa antirollio. ● (*naut.*) **a. fin**, aletta di rollio; pinna antirollio.
antirrhinum [ˌænti'rainəm], *n.* (*bot., Antirrhinum*) antirrino; bocca di leone.
antirust [ˌænti'rʌst], *a.* e *n.* antiruggine.
antisatellite [ˌænti'sætəlait], *a.* (*mil.*) antisatelliti: **a. missile**, missile antisatelliti.
antiscorbutic [ˌænti-skɔ:'bju:tik], *a.* e *n.* (*farm.*) antiscorbutico.
anti-Semite [ˌænti'si:mait], *n.* antisemita.
anti-Semitic [ˌænti'si:mitik], *a.* antisemita.
anti-Semitism [ˌænti'semitizəm], *n.* antisemitismo.
antisepsis [ˌænti'sepsis], *n.* (*pl.* **antisepses**) (*med.*) antisepsi.
antiseptic [ˌænti'septik], **A** *a.* e *n.* (*med.*) antisettico. **B** *a.* (*anche fig.*) asettico.
antiserum [ˌænti'siərəm], *n.* (*pl.* **antiserums, antisera**) (*farm.*) antisiero; siero immunizzante; immunsiero.
antiskid [ˌænti'skid], *a.* (*autom.*) antisdrucciolevole; antislittamento. ● (*ing.*) **a. plate**, piastra antislittamento.
antislavery [ˌænti'sleivəri], **A** *n.* antischiavismo. **B** *a. attr.* antischiavista.
antislip [ˌænti'slip], *a.* (*metall.*) antisdrucciolevole: **a. metal**, metallo antisdrucciolevole.
antislump [ˌænti'slʌmp], *a.* (*econ.*) anticongiunturale: **an a. measure**, una misura anticongiunturale.
antismog [ˌænti'smɔg], *a. attr.* antismog.
antisocial [ˌænti'souʃəl], *a.* antisociale.
antispasmodic [ˌænti-spæz'mɔdik], *a.* e *n.* (*farm.*) antispasmodico; antispastico; spasmolitico.
antisplash [ˌænti'splæʃ], *a.* antispruzzo. ● (*autom.*) **a. guard**, paraspruzzi.
antistatic [ˌænti'stætik], *a.* (*fis.*) antistatico.
antistrophe [æn'tistrəfi], *n.* (*letter. greca*) antistrofe.
antisubmarine [ˌænti'sʌbməri:n], *a.* (*mil.*) antisommergibile: **a. missile**, missile antisommergibile.
antitail [ˌænti'teil], *n.* (*astron.*) anticoda.
antitank [ˌænti'tæŋk], *a.* (*mil.*) anticarro; controcarri: **a. gun**, cannone controcarri; **a. obstacle**, ostacolo anticarro.
antitheft [ˌænti'θeft], *a.* antifurto: **a. device**, dispositivo antifurto. ● (*autom.*) **a. column lock**, bloccasterzo.
antithesis [æn'tiθisis], *n.* (*pl.* **antitheses**) antitesi.
antithetic(al) [ˌænti'θetik(əl)], *a.* antitetico.
antitoxic [ˌænti'tɔksik], *a.* (*med.*) antitossico.
antitoxin [ˌænti'tɔksin], *n.* (*biol., med.*) antitossina.
antitrades [ˌænti'treidz], *n. pl.* (*meteorologia*) controalisei.
antitrust [ˌænti'trʌst], *a. attr.* (*econ., fin.*) antitrust; antimonopolistico.
antitubercular [ˌæntitju(:)'bə:kjulə*], *V.* **antituberculous**.
antituberculosis ['æntitju(:)bə:kju'lousis], *V.* **antituberculous**.
antituberculous [ˌæntitju(:)'bə:kjuləs], *a.* (*farm., med.*) antitubercolare.
antitumor [ˌænti'tju:mə*], *V.* **antitumoral**.
antitumoral [ˌænti'tju:mərəl], *a.* (*farm., med.*) antitumorale.
antivenin [ˌænti'venin], *n.* (*farm.*) **1** antiveleno; contravveleno **2** *V.* **antiserum**.
antiviral [ˌænti'vairəl], *a.* e *n.* (*farm.*) (sostanza) antivirale.
antiwar [ˌænti'wɔ:*], *a.* contro la guerra: **an a. demonstration**, una dimostrazione contro la guerra.
antler ['æntlə*], *n.* **1** corno ramificato (*di cervo e sim.*) **2** ramificazione (*di corno*); palco.
antlered ['æntləd], *a.* (*zool.*) che ha corna ramificate.
antonomasia [ˌæntɔnou'meiʃə], *n.* (*retor.*) antonomasia.
Antony ['æntəni], *n.* Antonio.
antonym ['æntənim], *n.* antonimo; contrario.
antrum ['æntrəm], *n.* (*pl.* **antra**) (*anche anat.*) antro.
Antwerp [ˌænt-wə:p], *n.* (*geogr.*) Anversa.
anurans [ə'njuərənz], *n. pl.* (*zool., Anura*) anuri.
anuresis [ənju'ri:sis], *n.* (*pl.* **anureses**) (*med.*) anuresi; anuria.
anuria [ə'njuəriə], *n.* (*med.*) anuria; anuresi.
anus ['einəs], *n.* (*pl.* **anuses, ani**) (*anat.*) ano.
anvil ['ænvil], *n.* (*anche anat.*) incudine.
anxiety [æŋ'zaiəti], *n.* **1** ansia; inquietudine; ansietà **2** forte desiderio; bramosia; brama.
anxious ['æŋkʃəs], *a.* **1** ansioso; inquieto **2** inquietante; preoccupante **3** vivamente desideroso; bramoso; impaziente: **I am a. to go on holiday**, sono impaziente d'andare in vacanza. ● (*USA*) **a. bench** (*o* **a. seat**), posto vicino al predicatore nelle chiese revivaliste (*per i fedeli in ansia di salvezza*).
any (1) ['eni], *a.* e *pron.* **1** (*generalm. in frasi neg., interr., dubit. e condiz.*) qualche; nessuno, nessuna; alcuno, alcuna, alcuni,

any (2)

alcune; un po' di; del, della, dei, delle (*partitivo*); affatto; ne: **There isn't any bread**, non c'è affatto pane; **Have you got any matches?**, hai (dei) fiammiferi?; **I haven't any**, non ne ho; **I wonder whether there is any wine**, mi chiedo se ci sia del vino; **If there is any trouble, let me know**, se c'è qualche guaio (*o* se ci sono guai), fammelo sapere; **I did not buy any of them**, non ne comperai nessuno; **without any doubt**, senza (alcun) dubbio **2** (*in frasi afferm.*) qualsiasi, qualunque; ogni; chiunque; ognuno: **Any colour will do**, qualsiasi colore andrà bene; **Come at any time**, vieni in qualunque momento (*o* quando vuoi); **Any boy knows that**, ogni ragazzo lo sa; **Any of them can tell you about it**, chiunque di loro può raccontartelo. ● **at any rate**, ad ogni modo; almeno □ **hardly any**, quasi nessuno; quasi niente: **Hardly any of them was there**, non c'era quasi nessuno di loro □ **if any**, se ce n'è; se ve ne sono: **There are few honest people, if any, in this world**, ci sono poche persone oneste, se pur ve ne sono, a questo mondo □ **in any case**, in ogni caso; qualunque cosa accada.

any (2) ['eni], *avv.* (*in frasi interr., neg., dubit. e condiz.*) **1** un po'; affatto; in qualche misura: **not... any**, niente affatto; niente; **Are you any better today?**, stai un po' meglio oggi?; **I cannot walk any farther**, non posso andare oltre **2** (*specialm. USA*) affatto; per niente: **They didn't help us any**, non ci aiutarono per niente. ● **any more** (*USA:* **anymore**), ancora; più: **He doesn't live here any more**, non vive più qui □ **He doesn't know any better**, non va più in là; non sa quello che fa; non vede più in là della punta del suo naso □ **It isn't any good speaking to him**, non serve a nulla parlargli.

anybody ['eni,bɔdi], *pron. indef.* **1** (*in frasi interr., neg., dubit. e condiz.*) qualcuno (*anche nel senso di:* persona importante); nessuno: **Is there a. here?**, c'è nessuno (qualcuno) qui?; **There isn't a.**, non c'è nessuno; **a. else**, qualcun altro; nessun altro **2** (*in frasi afferm.*) chiunque: **A. can do that**, chiunque sa farlo. ● **Everybody who is a. will be at the party**, al ricevimento ci saranno tutte le persone che contano (che hanno una certa importanza).

anyhow ['enihau], **A** *avv.* **1** (*in frasi neg., interr., ecc.*) in nessun modo; in modo alcuno: **I couldn't persuade him a.**, non riuscii a convincerlo in nessun modo **2** (*in frasi afferm.*) in un modo qualsiasi; in qualunque modo; alla meglio; ad ogni modo: **Don't do your work a.**, non fare il tuo lavoro alla meglio; **I'll see him a.**, lo vedrò ad ogni modo. **B** *cong.* comunque; tuttavia; in ogni caso: **A., it is too late to help them**, comunque è troppo tardi per aiutarli.

anyone ['eniwan], *V.* **anybody**.
anyplace ['enipleis], (*USA*) *V.* **anywhere**.
anyroad ['eniroud], (*pop. ingl.*) *V.* **anyway**.
anything ['eniθiŋ], **A** *pron. indef.* **1** (*in frasi neg., interr., ecc.*) qualche cosa; qualcosa; alcuna cosa; alcunché; niente; nulla: **There isn't a. for you**, non c'è niente per te; **Can you see a.?**, vedi nulla (*o* qualcosa)?; **without saying a.**, senza dir niente **2** (*in frasi afferm.*) qualunque cosa; qualsiasi cosa: **A. is better than nothing**, qualunque cosa è meglio di niente; **A. for a quiet life!**, darei qualsiasi cosa per (avere, vivere, condurre) una vita tranquilla!; **I wouldn't do that for a.**, non lo farei per qualunque cosa (*o* per tutto l'oro del mondo). **B** *avv.* (*in frasi neg., interr.*) affatto; un poco; in qualche misura; in nessun modo; a qualche misura: **He isn't a. like he used to be**, non è affatto com'era un tempo; **Is this watch a. like his?**, somiglia in qualche modo al suo, quest'orologio? ● **a. but**, (null')altro che; tutt'altro che: **I can't give him a. but advice**, non posso dargli (altro) che consigli; **He is a. but clever**, è tutt'altro che intelligente □ **a. else** (*o* **more**), qualcos'altro; nient'altro □ **if a.**, se mai: **He is worse, if a.**, se mai, sta peggio □ (*fam.*) **like a.**, in modo straordinario; moltissimo □ **They worked like a.**, lavoravano da matti (*o* in nessun modo).

anytime ['enitaim], *avv.* in qualunque momento; a qualsiasi ora.
anyway ['eniwei], **A** *avv.* **1** in qualche modo **2** in ogni modo: **You must do your work a.**, devi fare il tuo lavoro in ogni modo **3** alla meglio. **B** *cong.* comunque; almeno; ad ogni modo; tuttavia: **A., he has come**, comunque, è venuto.

anywhere ['eniwɛə*], *avv.* **1** (*in frasi neg., interr., ecc.*) in qualche luogo (*o* posto); da qualche parte; in nessun luogo (*o* posto); da nessuna parte: **Are you going a. tomorrow?**, vai in qualche posto domani? **2** (*in frasi afferm.*) dovunque; in qualsiasi luogo (*o* posto); da qualunque parte: **You can go a.**, puoi andare dovunque (*o* in qualsiasi luogo); **A. you go, it's always the same**, dovunque tu vada, è sempre lo stesso (*o* la solita musica). ● **a. else**, in qualche altro luogo (*o* posto); da qualche altra parte; in qualsiasi altro luogo: **Are you going a. else?**, vai in qualche altro posto?; **A. else there is a crowd**, in qualunque altro luogo c'è folla □ (*fam.*) **not to get a.**, non approdare a nulla.

anywise ['eniwaiz], *avv.* (*raro*) in ogni modo.
aorist ['ɛərist], *n.* (*gramm. greca*) aoristo.

aorta [ei'ɔ:tə], *n.* (*pl.* **aortas, aortae**) (*anat.*) aorta.
apace [ə'peis], *avv.* (*lett.*) di buon passo; velocemente; in fretta.
apache [ə'paʃ], *n.* apache; teppista parigino.
apanage ['æpənidʒ], *n.* **1** (*anche fig.*) appannaggio **2** prerogativa.
apart [ə'pa:t], *avv.* **1** da (una) parte; a una certa distanza: **We lived widely a.**, abitiamo a una grande distanza (*uno dall'altro*) **2** separatamente; in disparte: **to live** (**to stand**) **a.**, vivere (stare) in disparte **3** da parte: **to set a.**, mettere da parte (*denaro, ecc.*) **4** a parte: **joking a.**, a parte gli scherzi; **considered a.**, considerato a parte. ● **a. from**, a parte; oltre a: **A. from the M.P.'s there were many officials**, oltre ai deputati, c'erano molti funzionari □ **to keep a.**, tener separato □ **to take a.**, separare; smontare (*una macchina*); (*fig.*) attaccare, criticare □ **to tell a.**, distinguere: **They are twins and I cannot tell them a.**, sono gemelli e io non distinguo l'uno dall'altro.

apartheid [ə'pa:theit], *n.* (*polit.*) discriminazione e segregazione razziale (*nel Sud Africa*); apartheid.
apartment [ə'pa:tmənt], *n.* **1** camera (*di solito ammobiliata*) **2** (*pl.*) appartamento ammobiliato: **to take apartments**, prendere in affitto un appartamento ammobiliato **3** (*specialm. USA*) appartamento. ● **a. building** (*o* **a. house**), condominio □ **a. hotel**, casa albergo.

apathetic(al) [,æpə'θetik(əl)], *a.* apatico; indifferente.
apathy ['æpəθi], *n.* apatia; indifferenza.
apatite ['æpətait], *n.* (*miner.*) apatite.
ape [eip], **A** *n.* **1** scimmia (*specialm. senza coda*) **2** (*fig.*) imitatore. **B** *a.* (*fam.*) matto; pazzo: **to go ape over a girl**, andare pazzo per una ragazza. ● **ape-man**, uomo scimmia □ **to play the a.**, fare la scimmia; scimmiottare.
to ape [eip], *v. t.* scimmiottare; imitare (sciocconamente).
apeak [ə'pi:k], *avv. e a. pred.* (*naut.*) a picco; verticale: **The anchor is a.**, l'ancora è a picco.
Apelles [ə'peliz], *n.* (*stor.*) Apelle.
Apennines (the) [,æpinainz], *n. pl.* (*geogr.*) gli Appennini.
apepsy [ə'pepsi], *n.* (*med.*) apepsia.
aperient [ə'piəriənt], *a. e n.* (*farm., raro*) lassativo; (*farmaco*) aperiente.
aperitif [a(:)peri(:)'ti:f] (*franc.*), *n.* aperitivo.
aperitive [ə'peritiv], *V.* **aperient**.
aperture ['æpətjuə*], *n.* apertura; pertugio; spiraglio.
apery ['eipəri], *n.* **1** contraffazione; scimmiottatura **2** gabbia (*o* recinto) per le scimmie.
apetalous [ə'petələs], *a.* (*bot.*) apetalo.
apex ['eipeks], *n.* (*pl.* **apexes, apices**) (*geom., fig.*) apice; vertice; sommità: **the a. of a triangle**, il vertice di un triangolo.
aphaeresis [ə'fiərisis], *n.* (*pl.* **aphaereses**) (*gramm.*) aferesi.
aphasia [ə'feizjə], *n.* (*med.*) afasia.
aphasic [æ'feizik], (*med.*) **A** *a.* di (*o* da) afasia: **a. seizure**, crisi d'afasia. **B** *n.* affetto da afasia.
aphelion [æ'fi:ljən], *n.* (*pl.* **aphelia**) (*astron.*) afelio.
aphesis ['æfisis], *n.* (*pl.* **apheses**) (*gramm.*) aferesi (*di vocale atona*).
aphid ['eifid], *V.* **aphis**.
aphis ['eifis], *n.* (*pl.* **aphides**) (*zool.*) afide.
aphonia [æ'founjə], *n.* (*med.*) afonia.
aphonic [æ'fɔnik], **aphonous** ['æfənəs], *a.* afono.
aphony ['æfəni], *V.* **aphonia**.
aphorism ['æfərizm], *n.* aforismo, aforisma.
aphoristic [,æfə'ristik], *a.* aforistico.
aphrodisiac [,æfrou'diziæk], *a. e n.* afrodisiaco.
Aphrodite [,æfrə'daiti], *n.* **1** (*mitol.*) Afrodite **2** (*zool.*) afrodite.
aphtha ['æfθə], *n.* (*pl.* **aphthae**) (*med., vet.*) afta.
aphyllous [ə'filəs], *a.* (*bot.*) afillo.
apiarian [,eipi'ɛəriən], *a.* relativo all'apicoltura; apistico.
apiarist ['eipjərist], *n.* apicoltore, apicultore.
apiary ['eipjəri], *n.* apiario; alveare; arnia.
apical ['æpikəl], *a.* (*anche fon.*) apicale.
apiculture ['eipikʌltʃə*], *n.* apicoltura, apicultura.
apiculturist [,eipi'kʌltʃərist], *n.* apicoltore, apicultore.
apiece [ə'pi:s], *avv.* a testa; a ognuno; per ciascuno: **We gave them a pound a.**, demmo loro una sterlina a testa **2** l'uno; ciascuno: **The eggs cost 10 pence a.**, le uova costano 10 penny l'una.
apish ['eipiʃ], *a.* **1** scimmiesco **2** che imita (sciocconamente).
apishness ['eipiʃnis], *n.* **1** qualità di scimmiesco; scimmiaggine (*raro*) **2** tendenza alla sciocca imitazione.
aplomb [æ'plɔŋ], *n.* **1** appiombo; dirittura perpendicolare **2** sicurezza; padronanza di sé; disinvoltura; spigliatezza.
apnea, apnoea [æp'ni:ə], *n.* (*med.*) apnea.
apneic [æp'ni:ik], **apnoeic** *a.* (*med.*) apnoico.
apocalypse [ə'pɔkəlips], *n.* apocalisse.
apocalyptic(al) [ə,pɔkə'liptik(əl)], *a.* apocalittico.
apocopate [ə'pɔkəpit], *a.* (*gramm.*) apocopato; tronco.

to apocopate [ə'pɔkəpeit], *v. t.* (*gramm.*) apocopare; troncare.
apocope [ə'pɔkəpi], *n.* (*gramm.*) apocope; troncamento.
apocrypha [ə'pɔkrifə], *n. pl.* **1** scritti apocrifi (*specialm. del Vecchio Testamento*) **2** vangeli apocrifi.
apocryphal [ə'pɔkrifəl], *a.* apocrifo; spurio.
apodal ['æpədəl], *a. e n.* (*zool.*) apodo.
apodeictic [,æpou'daiktik], *V.* **apodictic**.
apodes ['æpoudz], *n. pl.* (*zool.*, *Apoda*) apodi.
apodictic [,æpou'diktik], *a.* apodittico.
apodosis [ə'pɔdəsis], *n.* (*pl.* **apodoses**) (*gramm.*) apodosi.
apogeal [,æpə'dʒiəl], **apogean** [,æpə'dʒiən], *a.* (*astron.*) apogeo.
apogee ['æpoudʒi:], *n.* (*astron. e fig.*) apogeo.
apolitical [,eipə'litikəl], *a.* apolitico.
apollo [ə'pɔlou], *n.*, *pl.* **apollos** (*fig.*) apollo.
apollonian [,æpə'louniən], **apollonic** [,æpə'lounik], *a.* (*lett.*) apollineo.
Apollyon [ə'pɔljən], *n.* Satana (*letteralm.: il Distruttore*).
apologetic(al) [ə,pɔlə'dʒetik(əl)], *a.* **1** di scusa; umile; contrito: **a. behaviour**, un contegno contrito **2** apologetico: **an a. essay**, un saggio apologetico.
apologetics [ə,pɔlə'dʒetiks], *n. pl.* **1** scritti apologetici **2** (*col verbo al sing.*) apologetica.
apologia [,æpə'loudʒiə], *n.* (*pl.* **apologias**, **apologiae**) apologia; (*spesso*) autodifesa.
apologist [ə'pɔlədʒist], *n.* apologista; apologeta.
to apologize [ə'pɔlədʒaiz], *v. i.* **1** scusarsi; chiedere scusa: **to a. to sb. for st.**, scusarsi con q. di q.c. **2** fare un'apologia.
apologue ['æpəlɔg], *n.* apologo.
apology [ə'pɔlədʒi], *n.* **1** scuse **2** apologia; difesa **3** (*misero*) ripiego; meschino sostituto: **He sent me this a. for a letter**, mi ha mandato questo misero ripiego di lettera (*o* questa lettera per modo di dire). ● **to make an a. to sb.**, fare le proprie scuse a q. ☐ **to offer an a.**, presentare le proprie scuse ☐ **Please accept my apologies**, La prego di volermi scusare.
apophthegm ['æpouθem], *n.* (*retor.*) apoftegma.
apophysis [ə'pɔfisis], *n.* (*pl.* **apophyses**) (*anat.*) apofisi.
apoplectic [,æpə'plektik], *a. e n.* (*med.*) apoplettico.
apoplexy ['æpəpleksi], *n.* (*med.*) apoplessia.
aposiopesis [,æpousaiou'pi:sis], *n.* (*pl.* **aposiopeses**) (*retor.*) aposiopesi; reticenza.
apostasy [ə'pɔstəsi], *n.* apostasia.
apostate [ə'pɔstit], **A** *n.* apostata. **B** *a.* reo di apostasia.
apostatical [,æpous'tætikəl], *a.* (*o da*) apostata; apostatico.
to apostatize [ə'pɔstətaiz], *v. i.* apostatare; diventare apostata.
a posteriori ['ei-pɔs,teri'ɔ:rai] (*lat.*), *locuz. avv. e agg.* (*filos.*) a posteriori.
apostil, **apostille** [ə'pɔstil], *n.* postilla; nota marginale.
apostle [ə'pɔsl], *n.* **1** apostolo (*in tutti i sensi*); fautore: **an a. of temperance**, un fautore della temperanza (*nel bere*) **2** missionario cristiano **3** uno dei 12 capi della Chiesa dei Mormoni.
apostolate [ə'pɔstəlit], *n.* apostolato.
apostolic(al) [,æpəs'tɔlik(əl)], *a.* apostolico.
apostrophe (1) [ə'pɔstrəfi], *n.* (*retor.*) apostrofe.
apostrophe (2) [ə'pɔstrəfi], *n.* (*gramm.*) apostrofo.
apostrophic (1) [,æpəs'trɔfik], *a.* (*retor.*) pertinente a (*o* che serve di) apostrofe. ● **an a. writer**, uno scrittore che fa largo uso dell'apostrofe.
apostrophic (2) [,æpəs'trɔfik], *a.* (*gramm.*) dell'apostrofo; che contiene l'apostrofo.
to apostrophize (1) [ə'pɔstrəfaiz], *v. t. e i.* (*retor.*) apostrofare.
to apostrophize (2) [ə'pɔstrəfaiz], *v. t.* (*gramm.*) apostrofare; mettere l'apostrofo a.
apothecary [ə'pɔθikəri], *n.* (*arc.*) farmacista. ● **apothecaries' weight**, sistema di pesi da farmacia.
apothegm ['æpəθem], *V.* **apophthegm**.
apothem ['æpəθem], *n.* (*geom.*) apotema.
apotheosis [ə,pɔθi'ousis], *n.* (*pl.* **apotheoses**) (*anche fig.*) apoteosi.
to apotheosize [ə'pɔθiousaiz], *v. t.* deificare; fare l'apoteosi di (q.).
to appal [ə'pɔ:l], *v. t.* atterrire; spaventare.
Appalachian [,æpə'leitʃjən], *a.* (*geogr.*, *geol.*) appalachiano. ● **A. Mountains**, i Monti Appalachi.
Appalachians (the) [,æpə'leitʃjənz], *n. pl.* (*geogr.*) gli Appalachi.
appalled [ə'pɔ:ld], *a.* atterrito; spaventato; sgomento.
appalling [ə'pɔ:liŋ], *a.* **1** terrificante; spaventoso **2** (*fam.*) pessimo.
appanage ['æpənidʒ], *V.* **apanage**.
apparatus [,æpə'reitəs], *n.* (*pl.* **apparatuses**, **apparatus**) apparato; (*ind.*, *fis.*) apparecchio; impianto: **central-heating a.**, impianto di riscaldamento centrale; (*anat.*) **digestive a.**, apparato digerente; (*filol.*) **a. criticus**, apparato critico (*di un testo*); (*mil.*) **smoke a.**, apparecchio fumogeno.

apparel [ə'pærəl], *n.* **1** (*relig.*) ricamo di abito talare; ornamento; addobbo; paramenti **2** (*lett.*) veste: **the white a. of winter**, la veste bianca dell'inverno **3** (*naut.*) armamento; attrezzatura (*della nave*) **4** (*specialm. USA*) abbigliamento; vestiario; abiti; confezioni: **children's a.**, confezioni per bambini.
to apparel [ə'pærəl], *v. t.* **1** (*lett.*) vestire; rivestire **2** addobbare; ornare **3** (*naut.*) armare; equipaggiare.
apparent [ə'pærənt], *a.* **1** evidente; manifesto; ovvio **2** vero; indiscusso; legittimo: (*astron.*) **a. time**, tempo vero; **heir a.**, erede manifesto; erede legittimo **3** apparente.
apparition [,æpə'riʃən], *n.* **1** apparizione **2** spettro; fantasma.
apparitor [ə'pæritɔ:*], *n.* **1** (*stor.*) apparitore **2** (*leg.*) usciere.
appeal [ə'pi:l], *n.* **1** appello; implorazione; istanza; invocazione: **to make an a. to the country** (**to reason**, etc.), fare appello alla nazione (alla ragione, ecc.) **2** (*leg.*) appello; ricorso in appello: **to file** (*o* **to lodge**) **an a.**, interporre appello **3** ricorso: **to make a. to force**, far ricorso alla forza **4** richiamo; attrazione; interesse: **That painting hasn't much a. for me**, quel dipinto non esercita molta attrazione su di me; **sex-a.**, attrazione del sesso; fascino sessuale; attrattiva fisica.
to appeal [ə'pi:l], *v. i.* **1** fare appello (a): **He appealed to me for help**, fece appello a me perché l'aiutassi; **to a. to the country**, fare appello al paese; sciogliere il parlamento e indire le elezioni **2** ricorrere (a) **3** attrarre; essere attraente; interessare; riuscire interessante; andare (a genio); piacere (*molto*, *poco*): **Music doesn't a. to him**, la musica non gli dice molto; **Would it a. to you to come with us to the theatre?**, ti andrebbe (a genio) di venire a teatro con noi? **4** (*leg.*) appellarsi; ricorrere; presentare (*o* interporre) appello: **to a. from a judgment**, appellarsi contro (*o* appellare) una sentenza; **to a. to a higher court**, appellarsi all'autorità giudiziaria superiore.
appealability [ə'pi:ləbiliti], *n.* (*leg.*) appellabilità.
appealable [ə'pi:ləbl], *a.* **1** cui si può fare appello **2** (*leg.: di sentenza*) appellabile.
appealer [ə'pi:lə*], *n.* **1** chi fa appello (a q.) **2** (*leg.*) appellante.
appealing [ə'pi:liŋ], *a.* **1** commovente; supplichevole: **She gave him an a. look**, gli gettò un'occhiata supplichevole **2** attraente; piacevole.
to appear [ə'piə*], *v. i.* **1** apparire; comparire; farsi vedere: **He didn't a. until late in the evening**, non si fece vedere fino a tarda sera **2** apparire; parere; sembrare: **He appears to be better**, sembra stia meglio; **It appears to me**, mi pare **3** (*leg.*) comparire (*davanti al giudice*); presentarsi in giudizio: **to a. for sb.**, rappresentare q. in giudizio **4** (*di attori*, *oratori*, *musicisti*) presentarsi, esibirsi (*in pubblico*): **He will a. in Hamlet**, si esibirà nell'Amleto **5** (*di libro*, *articolo*) essere dato alle stampe; essere pubblicato. ● (*leg.*) **to a. at the bar**, comparire in giudizio ☐ **to a. upon the scene**, mostrarsi in scena.
appearance [ə'piərəns], *n.* **1** apparizione; atto di presenza; comparsa: **to put in** (*o* **to make**) **an a.**, fare un'apparizione fugace; fare atto di presenza; esibirsi (*in pubblico*) **2** (*leg.*) comparsa: in apparenza; **to all appearances**, secondo ogni apparenza; **to judge by appearances**, giudicare dalle apparenze; **to keep up** (*o* **to save**) **appearances**, salvare le apparenze **3** (falsa) impressione: **He gave the a. of being busy**, dava la (falsa) impressione di essere indaffarato **4** (*leg.*) comparizione, costituzione (in giudizio) **5** (*di attori*, *ecc.*) comparsa; esibizione **6** (*di libro*, *articolo*) pubblicazione. ● (*teatr.*) **first a.**, debutto ☐ **for the sake of appearances**, per salvare le apparenze ☐ (*leg.*) **non-a.**, mancata comparizione in giudizio ☐ (*telev.*, *cinem.*) **special appearances by...**, e con la partecipazione (straordinaria) di...
appearer [ə'piərə*], *n.* (*leg.*) comparente.
appeasable [ə'pi:zəbl], *a.* **1** placabile **2** appagabile.
to appease [ə'pi:z], *v. t.* **1** placare; pacificare; calmare; appagare: **Water appeases thirst**, l'acqua calma la sete **2** (*polit.*) rabbonire con concessioni spesso eccessive (*un possibile aggressore*); ammansire.
appeasement [ə'pi:zmənt], *n.* **1** pacificazione; acquietamento; appagamento **2** (politica di) eccessive concessioni (*a un possibile aggressore*); arrendevolezza; ammansimento.
appeasing [ə'pi:ziŋ], *a.* **1** calmante; lenitivo **2** che rabbonisce; che ammansisce; arrendevole.
appellant [ə'pelənt], *n.* (*leg.*) appellante (*chi interpone appello*).
appellate [ə'pelit], *a.* (*leg.*) di appello: **a. court**, corte di appello; **a. jurisdiction**, giurisdizione d'appello.
appellation [,æpe'leiʃən], *n.* appellativo; appellazione (*lett.*); epiteto.
appellative [ə'pelətiv], **A** *a.* **1** che serve a denominare **2** (*gramm.*) comune: **a. noun**, nome comune. **B** *n.* **1** appellativo **2** (*gramm.*) nome comune.
appellee [,æpel'i:], *n.* (*leg.*) appellato (*contrario di appellante*).
appellor [ə'pelɔ*], *n.* (*leg.*) appellante.
to append [ə'pend], *v. t.* **1** apporre (*la firma*); aggiungere (*per iscritto*) **2** (*lett.*) aggiungere; attaccare; appendere.

appendage [ə'pendidʒ], *n.* **1** pendaglio (*cosa attaccata ad altra più grande*) **2** aggiunta; annesso; complemento **3** (*anat.*) appendice.
appendant [ə'pendənt], **A** *a.* **1** aggiunto; connesso; accessorio; sussidiario **2** (*leg.*) incorporato; accessorio. **B** *n.* **1** cosa aggiunta (*o* connessa) **2** (*leg.*) bene incorporato in un altro; bene accessorio.
appendectomy [,æpən'dektəmi], *n.* (*med.*) appendicectomia.
appendicitis [ə,pendi'saitis], *n.* (*med.*) appendicite.
appendicular [,æpən'dikjulə*], *a.* (*anat.*) appendicolare.
appendix [ə'pendiks], *n.* (*pl.* **appendices, appendixes**) (*in tutti i sensi, anche anat.*) appendice. ● **to have one's a. out**, farsi togliere l'appendice; farsi operare d'appendicite □ (*anat.*) **vermiform a.**, appendice vermiforme.
to apperceive [,æps'i:v], *v. t.* (*filos.*) appercepire.
apperception [,æpə(:)'sepʃən], *n.* (*filos.*) appercezione.
to appertain [,æpə'tein], *v. i.* **1** essere pertinente (a); essere di pertinenza (di); spettare (a): **the duties appertaining to your office**, i doveri pertinenti alla (*o* connessi con la) tua carica **2** riferirsi (a); essere appropriato (a).
appetence ['æpitəns], **appetency** ['æpitənsi], *n.* **1** brama; desiderio; appetenza; appetito **2** attrazione (*verso q.c.*); inclinazione; affinità.
appetent ['æpitənt], *a.* bramoso; desideroso.
appetite ['æpitait], *n.* appetito (*specialm. di cibo*); avidità; brama: **to spoil sb.'s a.**, guastare l'appetito a q. ● **a. depressant**, anoressante.
appetition [æpi'tiʃən], *n.* (*filos.*) appetizione.
appetizer ['æpitaizə*], *n.* **1** antipasto **2** aperitivo **3** (*fig.*) stimolo; stimolante.
appetizing ['æpitaiziŋ], *a.* **1** appetitoso **2** (*fig.*) allettante.
Appian way ['æpiən wei], *n.* via Appia.
to applaud [ə'plɔ:d], *v. t. e i.* applaudire; plaudire.
applause [ə'plɔ:z], *n.* applauso; plauso.
applausemeter [ə'plɔ:z,mi:tə*], *n.* (*radio, telev.*) applausometro.
applausive [ə'plɔ:ziv], *a.* plaudente; di plauso.
apple ['æpl], *n.* **1** mela **2** (*anche* **a. tree**) melo. ● **a. brandy**, brandy distillato dal sidro □ **a. butter**, marmellata di mele cotte nel sidro □ **a.-cart**, carretto di fruttivendolo □ **a. dumpling**, torta di mele □ **a. green**, verde mela □ (*anche fig.*) **the a. of discord**, il pomo della discordia □ **the a. of one's eye**, la pupilla dei propri occhi; il cocco (*fam.*): **He is the a. of his mother's eye**, è il cocco della mamma □ **a. orchard**, meleto □ **a.- pie**, torta di mele □ **a.-pie bed**, scherzo del «sacco» nel letto □ (*USA*) **a. polisher**, leccapiedi; adulatore □ **a. sauce**, polpa di mele inzuccherata e bollita; (*fam. USA*) sciocchezze; parole adulatorie □ **a.-sauce!**, storie!; fandonie! □ **Adam's a.**, il pomo di Adamo □ (*pop.: per antonomasia*) **Big A.**, New York □ (*fam.*) **in a.-pie order**, in perfetto ordine □ (*fig.*) **to upset sb.'s a.-cart**, mandare tutto all'aria a q.; rompere le uova nel paniere a q.
applejack ['æpldʒæk], *n.* (*USA*) brandy distillato dal sidro.
appliance [ə'plaiəns], *n.* **1** apparecchio; arnese; congegno; dispositivo; (*specialm.*) elettrodomestico: **time-saving appliances**, apparecchi che fanno risparmiare tempo; **safety a.**, dispositivo di sicurezza **2** applicazione **3** (*pl.*) attrezzature; accessori: **office appliances**, attrezzature per ufficio.
applicability [,æplikə'biliti], *n.* applicabilità.
applicable ['æplikəbl], *a.* **1** applicabile **2** appropriato; adatto.
applicant ['æplikənt], *n.* richiedente (*un impiego, l'ammissione, ecc.*); aspirante (*a un posto*); candidato; postulante.
application [,æpli'keiʃən], *n.* **1** applicazione (*in ogni senso*); assiduità; diligenza **2** (*anche leg.*) domanda; istanza; richiesta: **a. for a job**, domanda d'impiego; **to make an a. to sb.**, rivolgere un'istanza a q.; (*comm.*) **samples on a.**, campioni su richiesta **3** (*fin.*) sottoscrizione (*d'azioni*) **4** (*rag.*) imputazione (*di spesa*). ● **a. blank**, modulo d'assunzione (*di personale*) □ **an a. for employment**, una domanda d'impiego □ **a. form**, modulo d'assunzione; (*fin.*) modulo di sottoscrizione (*d'azioni*) □ (*med.*) **for external a.**, per uso esterno □ (*comm.*) **free on a.**, gratis a richiesta.
applicative ['æplikeitiv], *a.* che si applica **2** applicabile.
applied [ə'plaid], *a.* applicato: **a. science**, scienza applicata.
applique [ə'pli:kei], *n.* (*moda*) applicazione (*in pizzo, ecc.*).
to appliqué [ə'pli:kei], *v. t.* (*moda*) ornare (*un abito, ecc.*) con applicazioni.
to apply [ə'plai], **A** *v. t. e i.* **1** – **to a. for**, fare domanda formale (*d'impiego, ecc.*); richiedere; rivolgersi (*a q. per aiuto, ecc.*): **I applied to him for help**, mi rivolsi a lui per aiuto **2** – **to a. to**, riferirsi a; essere rivolto a: **My remark doesn't a. to you**, la mia osservazione non si riferisce a te **3** applicare, applicarsi; dare: **to a. a rule**, applicare una regola; **to a. paint**, dare la vernice **4** essere valido: **This argument applies to the case**, questo argomento è valido in questo caso (*è pertinente*) **5** impiegare; adoperare; usare: **This sum of money must be applied for the payment of your debts**, questo denaro deve essere impiegato per il pagamento dei tuoi debiti; (*autom. e fig.*) **to a. the brakes**, usare (*o* azionare) i freni; frenare **6** (*rag.*) imputare (*una spesa*). **to apply oneself to B** *v. rifl.* applicarsi, dedicarsi a (*lavoro, studio, ecc.*). ● **to a. to sb. for st.**, rivolgersi a q. per ottenere q.c. □ **A. within!**, rivolgersi qui (*per informazioni, ecc.*).
to appoint [ə'point], *v. t.* **1** (*anche leg.*) nominare; designare: **They appointed him chairman**, lo nominarono presidente **2** stabilire; decidere; ordinare: **I appointed that he should come earlier**, stabilii che venisse più di buon'ora **3** fissare, stabilire (*una data, un luogo*): **on the day appointed**, nel giorno fissato **4** (*anche leg.*) assegnare **5** arredare; ammobiliare (*di solito al p.p.*): **a well-appointed flat**, un appartamento arredato (*o* ammobiliato) bene.
appointee [əpoin'ti], *n.* persona nominata (*in un posto*); persona designata (*a ricoprire un incarico*); incaricato.
appointment [ə'pointmənt], *n.* **1** (*anche leg.*) nomina: **He received the a. of ambassador**, ricevette la nomina di ambasciatore **2** appuntamento: **to keep an a.**, mantenere un appuntamento **3** posto; carica; ufficio **4** (*pl.*) arredo; mobilio **5** (*leg.*) assegnazione, attribuzione (*di proprietà*) **6** decreto; ordinanza; ordine: **by the King's a.**, per ordine del re. ● **a. book**, agenda.
to apportion [ə'pɔ:ʃən], *v. t.* **1** ripartire; fare le parti (*o le porzioni*) di (*q.c.*) **2** distribuire; spartire **3** lottizzare (*terreni*).
apportionment [ə'pɔ:ʃənmənt], *n.* **1** ripartizione **2** (*anche leg.*) distribuzione; spartizione **3** lottizzazione (*di terreni*).
to appose [æ'pouz], *v. t.* **1** apporre **2** accostare; avvicinare.
apposite ['æpəzit], *a.* appropriato; adatto; giusto; opportuno: **an a. example**, un esempio appropriato.
apposition [,æpə'ziʃən], *n.* **1** (*gramm.*) apposizione **2** avvicinamento; accostamento **3** (*leg.*) apposizione (*di sigillo*).
appositional [,æpə'ziʃənəl], **appositive** [æp'əzitiv], *a.* (*gramm.*) in apposizione; di apposizione; appositivo.
appraisable [ə'preizəbl], *a.* valutabile; stimabile; periziabile.
appraisal [ə'preizəl], *n.* (*anche leg.*) valutazione; stima; perizia.
to appraise [ə'preiz], *v. t.* (*anche leg.*) valutare; stimare; periziare.
appraisement [ə'preizmənt], *V.* **appraisal**.
appraiser [ə'preizə*], *n.* (*leg.*) perito stimatore. ● **a.'s report**, perizia.
appreciable [ə'pri:ʃəbl], *a.* **1** apprezzabile; stimabile; valutabile **2** considerevole; notevole; sensibile; cospicuo: **an a. difference in pay**, una sensibile differenza di paga.
to appreciate [ə'pri:ʃieit], **A** *v. t.* **1** apprezzare; riconoscere il valore di: **He cannot a. abstract painting**, non sa apprezzare la pittura astratta **2** rendersi conto di; capire; comprendere: **I a. your difficulties**, comprendo le tue difficoltà **3** (*fin.*) aumentare il valore di; rivalutare; apprezzare (*una valuta*). **B** *v. i.* (*fin.*) aumentare di valore; salire di prezzo; (*di una valuta*) apprezzarsi: **Real estate has greatly appreciated**, il valore dei beni immobili è assai aumentato. ● **An early reply would be greatly appreciated**, vi saremmo grati se voleste risponderci con sollecitudine.
appreciation [ə,pri:ʃi'eiʃən], *n.* **1** apprezzamento; riconoscimento (*del valore di q.c.*) **2** comprensione **3** valutazione; calcolo; stima **4** (*fin.*) aumento di valore (*o* di prezzo); rivalutazione; apprezzamento (*di una valuta*).
appreciative [ə'pri:ʃiətiv], **appreciatory** [ə'pri:ʃiətəri], *a.* **1** che apprezza; che valuta; che comprende **2** elogiativo; d'apprezzamento **3** grato; riconoscente.
to apprehend [,æpri'hend], *v. t.* **1** (*leg.*) arrestare (*un ladro, ecc.*) **2** (*arc.*) afferrare (*con la mente*); comprendere; capire **3** (*lett.*) temere; paventare.
apprehensibility ['æpri,hensi'biliti], *n.* **1** comprensibilità **2** temibilità.
apprehensible [,æpri'hensibl], *a.* **1** comprensibile; percepibile **2** temibile.
apprehension [,æpri'henʃən], *n.* **1** apprensione; inquietudine; timore; paura **2** comprensione; perspicacia; capacità d'intendere; intelligenza: **a boy of weak a.**, un ragazzo di scarsa intelligenza **3** (*leg.*) arresto: **the a. of a burglar**, l'arresto d'uno scassinatore **4** modo d'intendere (*q.c.*); opinione **5** (*pl.*) ansie; preoccupazioni; pensieri.
apprehensive [,æpri'hensiv], *a.* **1** apprensivo; timoroso: **a. of st.**, che ha timore di q.c **2** capace d'intendere; pronto a capire; perspicace; intelligente **3** relativo a comprensione (*o* a percezione). ● **to be a. for sb.** (**st.**), essere in ansia (*o* stare in pena) per q. (q.c.).
apprehensiveness [,æpri'hensivnis], *n.* **1** l'esser apprensivo; timore **2** facilità d'apprendimento; intelligenza; perspicacia.
apprentice [ə'prentis], *n.* **1** apprendista. ● **to bind sb. a.** (**to**), collocare q. come apprendista (presso) **2** principiante; novellino.
to apprentice [ə'prentis], *v. t.* mettere a mestiere (*o* a fare pratica); collocare come apprendista: **He was apprenticed to a tailor**, fu collocato come apprendista presso un sarto.

apprenticeship [ə'prentiʃip], *n.* apprendistato; tirocinio: **to serve one's a.**, fare il tirocinio.

to apprise, to apprize [ə'praiz], *v. t.* informare; avvertire; avvisare. ● **to be apprised of**, essere messo al corrente di: **I was apprised of the facts**, fui messo al corrente dei fatti.

appro [æprou], *n.* (*comm.*) *abbr. fam.* di **approval** nella *locuz.*: **on a.**, in esame, in prova (*di merci*).

approach [ə'proutʃ], *n.* **1** avvicinamento; l'avvicinarsi; l'approssimarsi **2** accesso; via d'accesso (*a luoghi o persone*): **easy (difficult) of a.**, di facile (difficile) accesso **3** (*spesso pl.*) approccio (*l'accostarsi a q. per saggiarne le intenzioni*; *mil.*: *i mezzi per avvicinarsi alle linee nemiche*) **4** approccio; modo di dare inizio (*a uno studio*, *a un lavoro*); modo di affrontare (*un problema*); introduzione; premessa: **a casual a. to a difficult problem**, un modo superficiale d'affrontare un problema difficile; **A knowledge of history is the best a. to the study of literature**, la conoscenza della storia è la migliore introduzione allo studio della letteratura **5** (*mat.*) approssimazione **6** (*pl.*) approcci amorosi; proposte. ● **Britain's western approaches**, le rotte marittime dell'Atlantico verso la Gran Bretagna.

to approach [ə'proutʃ], **A** *v. i.* avvicinarsi; approssimarsi. **B** *v. t.* **1** avvicinarsi a: **We were approaching the mountains**, ci avvicinavamo alle montagne **2** avvicinare (q. *o* q.c.); rivolgere la parola a (q.): **Don't a. strangers**, non avvicinare gente che non conosci **3** fare un approccio con (q.); rivolgersi a (q.); parlare di (q.c.): **When can I a. him?**, quando posso rivolgermi a lui? **4** iniziare, affrontare (*un lavoro*, *un problema*): **I will a. the matter tomorrow**, affronterò la faccenda (*o* tasterò il terreno) domani **5** avvicinarsi a; accostarsi a; essere simile a: **My opinion approaches yours**, i nostri due pareri si accostano; **This painting approaches perfection**, questo quadro s'avvicina alla perfezione.

approachability [ə,proutʃə'biliti], *n.* accessibilità.

approachable [ə'proutʃəbl], *a.* **1** accessibile; avvicinabile **2** (*fig.*, *fam.*: *di persona*) accessibile; disponibile.

to approbate ['æproubeit], *v. t.* **1** approvare **2** sanzionare.

approbation [,æprə'beiʃən], *n.* **1** approvazione **2** sanzione **3** (*comm.*) prova: **goods on a.**, merce in prova.

approbative ['æproubeitiv], *a.* approvativo; che approva.

approbatory ['æ'prəbətəri], *a.* approvativo; d'approvazione.

appropriable [ə'proupriəbl], *a.* **1** di cui ci si può appropriare **2** (*fin.*) che si può assegnare; assegnabile; stanziabile.

appropriate [ə'proupriit], *a.* **1** appropriato; adatto **2** tipico; proprio (*d'ente*, *organismo*, *ecc.*) competente.

to appropriate [ə'prouprieit], *v. t.* **1** impossessarsi di; appropriarsi **2** (*fin.*) assegnare; destinare; stanziare: **More money should be appropriated for education**, si dovrebbero stanziare maggiori somme di denaro per l'istruzione **3** sottrarre; rubare.

appropriateness [ə'proupriitnis], *n.* appropriatezza; adeguatezza.

appropriation [ə,proupri'eiʃən], *n.* **1** appropriazione **2** cosa che ci si è appropriata **3** (*fin.*) assegnazione; destinazione (*a uno scopo*); stanziamento: **a. bills**, disegni di legge per stanziamenti in bilancio **4** (*leg.*) appropriazione indebita.

appropriative [ə'proupriətiv], *a.* **1** incline ad appropriarsi **2** (*fin.*) che si appropria, assegna, stanzia (*V.* **appropriation**).

appropriator [ə'prouprieitə*], *n.* **1** appropriatore; chi si appropria **2** chi assegna; chi stanzia **3** (*relig.*) detentore di beneficio ecclesiastico.

approvable [ə'pru:vəbl], *a.* approvabile.

approval [ə'pru:vəl], *n.* **1** approvazione; benestare **2** (*comm.*) prova: **goods on a.**, merce in prova (*o* in esame) **3** (*leg.*) omologazione; ratifica: **a. of a sentence**, ratifica di una sentenza. ● **in a.**, in segno di approvazione.

to approve [ə'pru:v], **A** *v. t.* **1** approvare; stimare o dichiarare soddisfacente; dare il proprio consenso a: **I a. all his plans**, approvo tutti i suoi progetti **2** sanzionare; omologare; ratificare **3** dimostrare; provare: **to a. one's valour**, dimostrare il proprio valore. **B** *v. i.* – **to a. of**, approvare: **I don't a. of your behaviour**, non approvo la tua condotta.

approved [ə'pru:vd], *a.* **1** accettato; riconosciuto: **a. society**, società riconosciuta (*per legge*) **2** provato; dimostrato. ● **a. school**, casa di correzione; riformatorio; correzionale (*raro*).

approver [ə'pru:və*], *n.* **1** approvatore; chi approva **2** (*leg.*, *stor.*) testimone a carico dei coimputati; delatore.

approximate [ə'prɔksimit], *a.* **1** approssimato; approssimativo **2** (*fig.*) molto simile; vicino.

to approximate [ə'prɔksimeit], **A** *v. t.* **1** avvicinarsi a; essere molto simile a: **This picture approximates reality**, questo quadro si avvicina alla realtà **2** arrotondare (*una cifra*) **3** ravvicinare (*punti di vista*, *prezzi di merci*, *ecc.*). **B** *v. i.* – **to a. to**, accostarsi a; avvicinarsi a: **His poems a. to musical compositions**, le sue poesie si avvicinano alle composizioni musicali.

approximation [ə,prɔksi'meiʃən], *n.* **1** approssimazione **2** ravvicinamento (*d'opinioni*, *prezzi*, *ecc.*).

approximative [ə'prɔksimətiv], *a.* approssimativo.

appurtenance [ə'pə:tinəns], *n.* **1** cosa connessa (*ad altra*); accessorio; annesso **2** (*pl.*) annessi e connessi; beni: **my appurtenances**, i miei beni; le cose che mi appartengono **3** (*leg.*) diritto accessorio **4** (*pl.*) accessori; apparecchiature **5** (*fig.*) prerogativa.

appurtenant [ə'pə:tinənt], **A** *a.* pertinente (a); che appartiene (a); annesso. **B** *n.* cosa connessa; annesso; accessorio.

après-ski [,aprei'ski:] (*franc.*), *n.* e *a.* (*sport*) doposcì: **a. boots**, scarponi doposcì.

apricot ['eiprikɔt], *n.* **1** albicocca **2** (*anche* **a. tree**) albicocco **3** (*color*) albicocca.

April ['eiprəl], **A** *n.* aprile. **B** *a. attr.* d'aprile. ● **A. fool**, vittima di un pesce d'aprile; pesce d'aprile □ **A. Fools' Day**, il primo d'aprile.

a priori ['ei-prai'ɔ:rai] (*lat.*), *locuz. avv.* e *agg.* (*filos.*) a priori.

apriorism [ei-'praiərism], *n.* (*filos.*) apriorismo.

aprioristic [,ei-,praiə'ristik], *a.* (*filos.*) aprioristico.

apriority [,ei-prai'ɔriti], *n.* (*filos.*) apriorità.

apron ['eiprən], *n.* **1** grembiule, grembiale **2** (*mecc.*) riparo; piastra metallica; parafango **3** (*in un aeroporto*) area di stazionamento **4** (*teatr.*, *anche* **a. stage**) proscenio **5** (*ind.*) nastro trasportatore **6** graticciata protettiva (*su fiume o lago*) **7** (*falegnameria*) cuneo (*della pialla*) **8** (*mil.*) bocchetta (*di cannone*). ● **a. string**, laccio di grembiule **□** (*fig.*) **to be tied to one's mother's** (*o* **wife's**) **a. strings**, essere attaccato alle sottane della madre (*o* della moglie).

apropos ['æprəpou], *a.* e *avv.* appropriato; adatto; a proposito: **He spoke a.**, parlò opportunamente; **a. of**, a proposito di.

apse [æps], *n.* (*astron.*, *archit.*) abside.

apsidal ['æpsidl], *a.* absidale; di abside.

apsis ['æpsis], *n.* (*pl.* **apsides**) (*astron.*, *archit.*) abside.

apt [æpt], *a.* **1** adatto; atto; appropriato **2** sveglio; pronto (*di mente*); intelligente: **an apt student**, uno studente intelligente **3** proclive; propenso; soggetto; che ha la tendenza a: **I am apt to catch colds**, vado soggetto a raffreddori; **He is apt to fall into debt**, ha la tendenza a indebitarsi. ● **an apt expression**, un'espressione felice □ **apt to forget**, scordevole (*raro*) □ **an apt word**, un vocabolo esatto □ **Sleeping too much is apt to make one feel sleepy all the time**, il dormire troppo può far sì che ci si senta sempre assonnati.

apteral ['æptərəl], *a.* (*zool.*, *archit.*) aptero, attero.

apterous ['æptərəs], *a.* (*zool.*) aptero, attero.

apteryx ['æptəriks], *n.* (*zool.*, *Apteryx*) atterige; kiwi.

aptitude ['æptitju:d], *n.* **1** appropriatezza (*raro*); opportunità; abilità: **The a. of his speech was highly admired**, l'abilità del suo discorso fu molto ammirata **2** attitudine; tendenza; proclività (*lett.*); propensione **3** prontezza (*nell'apprendere*); intelligenza; perspicacia. ● **a. test**, esame attitudinale.

aptness ['æptnis], *V.* **aptitude**.

aqua ['ækwə] (*lat.*), *n.* (*pl.* **aquae**) (*chim.*) acqua: **a. fortis**, acqua forte (*acido nitrico*); **a. regia**, acqua regia; **a. vitae**, acquavite.

aquacade ['ækwə,keid], *n.* (*sport USA*) spettacolo acquatico (*con musica*).

aquafarm ['ækwəfa:m], *n.* allevamento di pesci (*o* ostriche, *ecc.*).

aqualung ['ækwəlʌŋ], *n.* (*sport*) autorespiratore.

aquamarine [,ækwəmə'ri:n], *n.* **1** (*miner.*) acquamarina **2** color acquamarina.

aquanaut ['ækwənɔ:t], *n.* (*sport*) acquanauta.

to aquaplane ['ækwəplein], *v. i.* **1** (*sport*) andare sull'acquaplano **2** (*autom.*: *di pneumatico*, *ecc.*) subire l'effetto aquaplaning (*slittare sul bagnato*).

aquaplane ['ækwəplein], *n.* (*sport*) acquaplano.

aquarelle [,ækwə'rel], *n.* (*arte*) acquerello.

aquarellist [,ækwə'relist], *n.* acquerellista.

Aquarian [ə'kwɛəriən], (*astrologia*) **A** *n.* persona nata sotto il segno dell'Acquario. **B** *a.* dell'Acquario.

aquarium [ə'kwɛəriəm], *n.* (*pl.* **aquariums**, **aquaria**) acquario.

Aquarius [ə'kwɛəriəs], **A** *n.* **1** (*astron.*, *astrologia*) Acquario (*costellazione e XI segno dello Zodiaco*) **2** (*astrologia*: *pl.* **Aquarii**, **Aquariuses**) (un) acquario; individuo nato sotto il segno dell'Acquario. **B** *a.* (*astrologia*) dell'Acquario.

aquatic [ə'kwætik], *a.* acquatico: **a. sports**, sport acquatici.

aquatics [ə'kwætiks], *n. pl.* sport acquatici.

aquatint ['ækwətint], *n.* (*arte*) acquatinta.

aqueduct ['ækwidʌkt], *n.* **1** acquedotto **2** (*anat.*) acquedotto.

aqueous ['eikwiəs], *a.* acqueo; acquoso.

aquiculture ['ækwi,kʌltʃə*], *n.* **1** acquacoltura **2** idroponica.

aquiculturist ['ækwi,kʌltʃərist], *n.* acquacoltore.

aquilegia [,ækwi'li:dʒiə], *n.* (*bot.*, *Aquilegia*) aquilegia.

aquiline ['ækwilain], *a.* aquilino.

aquosity

aquosity [əˈkwɔsiti], *n.* acquosità.
ar [a:*], *n.* erre; lettera r.
Arab [ˈærəb], *a.* e *n.* 1 arabo 2 cavallo arabo. ● **street a.**, monello.
arabesque [ˌærəˈbesk], *a.* e *n.* arabesco.
to arabesque [ˌærəˈbesk], *v. t.* arabescare.
Arabian [əˈreibjən], *a.* e *n.* 1 arabo 2 cavallo arabo. ● **the A. bird**, l'araba fenice □ **the A. Nights**, le Mille e una notte.
Arabic [ˈærəbik], **A** *a.* arabico. **B** *n.* arabo (*la lingua*). ● **a. numerals**, numeri arabi.
Arabism [ˈærəbizəm], *n.* arabismo.
Arabist [ˈærəbist], *n.* arabista.
arable [ˈærəbl], **A** *a.* arabile; arativo. **B** *n.* terreno arabile.
arachis [ˈærəkis], *n.* (*bot.*, *Arachis*) arachide.
arachnids [əˈræknidz], *n. pl.* (*zool.*, *Arachnida*) aracnidi.
arachnoid [ərˈæknɔid], *n.* 1 (*anat.*) aracnoide 2 (*zool.*) aracnide.
Aragon [ˈærəgən], *n.* (*geogr.*) Aragona.
Aragonese [ˌærəgəˈni:z], *a.* e *n.* (*invar. al pl.*) aragonese.
aragonite [əˈrægənait], *n.* (*miner.*) aragonite.
Aramaic [ˌærəˈmeiik], *a.* e *n.* aramaico.
arapaima [ˌærəˈpaimə], *n.* (*zool.*, *Arapaima*) arapaima.
araucaria [ˌærɔ:ˈkɛəriə], *n.* (*bot.*, *Araucaria*) araucaria.
arbalest [ˈa(:)bəlest], *n.* (*stor.*) balestra.
arbalester [ˈa:bəlestə*], *n.* (*stor.*) balestriere.
arbiter [ˈa:bitə*], *n.* (*leg.* e *fig.*) arbitro: **He is the a. of fashion**, è l'arbitro della moda.
arbitrable [ˈa(:)bitrəbl], *a.* arbitrabile.
arbitrage [ˌa:biˈtra:ʒ], *n.* 1 (*Borsa*) arbitraggio 2 (*leg.*) arbitrato.
arbitrager [ˌa:biˈtra:ʒə*], **arbitragist** [ˌa:biˈtra:ʒist], *n.* (*Borsa*) operatore in arbitraggi.
arbitral [ˈa(:)bitrəl], *a.* arbitrale.
arbitrament [a:ˈbitrəmənt], *n.* 1 (*leg.*) arbitrato; arbitramento 2 (*sport*) arbitraggio.
arbitrariness [ˈa:bitrərinis], *n.* arbitrarietà.
arbitrary [ˈa:bitrəri], *a.* 1 (*anche leg.*) arbitrario; dispotico 2 capriccioso 3 (*leg.*) discrezionale.
to arbitrate [ˈa:bitreit], **A** *v. i.* arbitrare; fare da arbitro. **B** *v. t.* sottoporre ad arbitrato: **Nations should a. their differences**, le nazioni dovrebbero sottoporre le loro discordie a un arbitrato.
arbitration [ˌa:biˈtreiʃən], *n.* 1 (*leg.*) arbitrato 2 (*sport*) arbitraggio. ● (*leg.*) **a. award**, lodo arbitrale □ **a. board**, collegio arbitrale □ **a. clause**, clausola arbitrale (*o* compromissoria) □ (*Borsa*) **a. of exchange**, arbitraggio.
arbitrator [ˈa:bitreitə*], *n.* (*leg.*) arbitratore; arbitro.
arbitrement [aˈbitrəmənt], *V.* **arbitrament**.
arbitress [ˈa:bitris], *n.* arbitra.
arblast [ˈa(:)bla(:)st], (*arc.*) *V.* **arbalest**.
arbor (1) [ˈa:bə*], *n.* 1 (*mecc.*: *pl.* **arbors**) albero (*di macchina*); asse; mandrino 2 (*araldica*: *pl.* **arbores**) albero genealogico 3 (*bot.*: *pl.* **arbores**) albero: **a. Judae**, albero di Giuda.
arbor (2) [ˈa:bə*], (*USA*) *V.* **arbour**.
arboraceous [ˌa:bəˈreiʃəs], *a.* 1 arboreo 2 boscoso.
Arbor Day [ˈa:bəˈdei], *n.* (*USA*) la festa degli alberi (*in aprile o maggio*).
arboreal [a:ˈbɔ:riəl], *a.* 1 arboreo 2 arboricolo.
arboreous [a:ˈbɔ:riəs], *a.* 1 arboreo 2 boscoso.
arborescence [ˌa:bəˈresns], *n.* arborescenza.
arborescent [ˌa:bəˈresnt], *a.* arborescente.
arboretum [ˌa:bəˈri:təm], *n.* (*pl.* **arboretums**, **arboreta**) arboreto.
arboriculture [ˈa:bərikʌltʃə*], *n.* arboricoltura.
arboriculturist [ˌa:bəriˈkʌltʃərist], *n.* arboricoltore.
arborization [ˌa:bəraizˈeiʃən], *n.* 1 (*anat.*) arborizzazione 2 ramificazione (*in genere*).
arbour [ˈa:bə*], *n.* 1 pergola; pergolato 2 recesso ombroso.
arboured [ˈa:bəd], *a.* 1 fornito di pergolato 2 alberato.
arbutus [a:ˈbju:təs], *n.* (*bot.*, *Arbutus unedo*) corbezzolo.
arc [a:k], *n.* (*geom.*, *fis.*, *astron.*) arco: **a. lamp**, lampada ad arco; **a. light**, (luce di) lampada ad arco; (*mat.*) **arc secant**, arco secante; (*mat.*) **arc sine**, arcoseno; **a. welding**, saldatura ad arco; **diurnal a.**, arco diurno (*di astro sull'orizzonte*).
arcade [a:ˈkeid], *n.* 1 portico; colonnato; galleria 2 (*archit.*) arcata; fila d'archi e colonne 3 viale alberato.
Arcadian [a:ˈkeidjən], **A** *a.* arcadico. **B** *n.* abitante d'Arcadia; arcade.
Arcady [ˈa:kədi], *n.* (*poet.*) Arcadia.
arcane [a:ˈkein], *a.* arcano; esoterico.
arcanum [a:ˈkeinəm], *n.* (*pl.* **arcana, arcanums**) 1 arcano; mistero 2 elisir; filtro (*pozione misteriosa*).
to arch [a:tʃ], **A** *v. t.* 1 fornire di arcata (*o* d'arco); coprire (*un vuoto*) con un'arcata: **The river was arched with a bridge**, si costruì un ponte sul fiume 2 inarcare; curvare ad arco: **to a.**

one's back, inarcare la schiena. **B** *v. i.* formare arco; inarcarsi.
arch (1) [a:tʃ], *n.* 1 (*archit.*, *anat.*, *ecc.*) arco; arcata: **triumphal a.**, arco di trionfo; **a. of the foot**, arco del piede 2 *V.* **archway**. ● (*poet.*) **the a. of the heavens**, la volta celeste □ (*med.*) **fallen arches**, piedi piatti.
arch (2) [a:tʃ], *a.* 1 (*di solito nei composti*) straordinario; matricolato; di tre cotte: **an a.-knave**, un furfante di tre cotte 2 astuto; abile: **an a. villain**, un'abile canaglia 3 principale; più temibile: **our a. rival**, il nostro avversario più temibile 4 birichino; birbone; malizioso: **an a. look (smile)**, uno sguardo (un sorriso) birichino.
archaeologic(al) [ˌa:kiəˈlɔdʒik(əl)], *a.* archeologico.
archaeologist [ˌa:kiˈɔlədʒist], *n.* archeologo.
archaeology [ˌa:kiˈɔlədʒi], *n.* archeologia.
Archaeozoic [ˌa:kiouˈzouik], (*geol.*) **A** *a.* archeozoico: **the A. era**, l'era archeozoica. **B** *n.* – **the A.**, l'Archeozoico.
archaic [a:ˈkeiik], *a.* 1 arcaico 2 antiquato.
archaism [ˈa:kiizəm], *n.* 1 arcaicità 2 arcaismo.
archaist [ˈa:keiist], *n.* arcaista.
archaistic [ˌa:keiˈistik], *a.* arcaistico.
to archaize [ˈa:keiaiz], **A** *v. t.* rendere arcaico. **B** *v. i.* arcaizzare; usare arcaismi.
archangel [ˈa:kˌeindʒəl], *n.* arcangelo.
archbishop [ˈa:tʃˈbiʃəp], *n.* arcivescovo.
archbishopric [ˈa:tʃˈbiʃəprik], *n.* arcivescovato.
archdeacon [ˈa:tʃˈdi:kən], *n.* arcidiacono.
archdeaconry [a:tʃˈdi:kənri], *n.* 1 (*relig.*) arcidiaconato 2 residenza di arcidiacono.
archdeaconship [a(:)tʃˈdi:(k)ənʃip], *n.* arcidiaconato.
archdiocese [ˈa:tʃˈdaiəsis], *n.* arcidiocesi.
archducal [a:tʃˈdju:kəl], *a.* arciducale.
archduchess [ˈa:tʃˈdʌtʃis], *n.* arciduchessa.
archduchy [ˈa:tʃˈdʌtʃi], *n.* arciducato.
archduke [ˈa:tʃˈdju:k], *n.* arciduca.
arched [a:tʃt], *a.* 1 munito di (*o* coperto da) arco 2 ad arco; arcuato; inarcato.
arch(-)enemy [ˈa:tʃˈenimi], *n.* (il) nemico per eccellenza (*o* più temibile). ● (*relig.*) **the A.**, Satana.
archer [ˈa:tʃə*], *n.* 1 arciere 2 – (*astron.*, *astrologia*) **the A.**, il Sagittario (costellazione *e* IX segno dello Zodiaco).
archery [ˈa:tʃəri], *n.* 1 arte del tiro con l'arco 2 arco e annessi (*frecce*, *ecc.*) 3 (*collett.*) (gli) arcieri.
archetypal [ˈa:kitaipl], *a.* archetipo (*lett.*); originario; primitivo.
archetype [ˈa:kitaip], *n.* archetipo.
arch(-)fiend [ˈa:tʃˈfi:nd], *n.* arcidiavolo. ● **the A.**, Satana.
archiater [a:ˈkieitə*], *n.* archiatra.
Archibald [ˈa:tʃibəld], *n.* Arcibaldo.
archidiaconal [ˌa:kidaiˈækənəl], *a.* arcidiaconale.
archiepiscopal [ˌa:kiiˈpiskəpəl], *a.* arcivescovile; archiepiscopale.
archil [ˈa:tʃil], *n.* (*bot.*, *Roccella*) oricello.
Archilochus [a:ˈkiləkəs], *n.* (*stor.*, *letter.*) Archiloco.
archimandrite [ˌa:kiˈmændrait], *n.* (*relig.*) archimandrita.
Archimedean [ˌa:kiˈmi:djən], *a.* di Archimede. ● (*mecc.*) **A. screw**, vite d'Archimede; coclea.
Archimedes [ˌa:kiˈmi:di:z], *n.* (*stor.*) Archimede.
archipelago [ˌa:kiˈpeləgou], *n.* (*pl.* **archipelagoes**, **archipelagos**) arcipelago.
architect [ˈa:kitekt], *n.* 1 architetto 2 (*fig.*) artefice.
architectonic [ˌa:kitekˈtɔnik], *a.* 1 architettonico 2 armonioso.
architectonics [ˌa:kitekˈtɔniks], *n. pl.* (*col verbo al sing.*) 1 architettura 2 struttura: **the a. of Bach's sonatas**, la struttura delle sonate di Bach.
architectural [ˌa:kiˈtektʃərəl], *a.* architettonico. ● **a. concrete**, cemento per ornamentazione □ **a. engineering**, ingegneria edile.
architecture [ˈa:kitektʃə*], *n.* 1 architettura 2 (*fig.*) struttura.
architrave [ˈa:kitreiv], *n.* architrave.
archives [ˈa:kaivz], *n. pl.* 1 archivio 2 documenti d'archivio.
archivist [ˈa:kivist], *n.* archivista.
archivolt [ˈa:kivoult], *n.* (*archit.*) archivolto.
archlute [ˈa:tʃlju:t], *n.* (*mus.*) arciliuto.
archness [ˈa:tʃnis], *n.* malizia.
archon [ˈa:kən], *n.* (*stor. greca*) arconte.
archonship [ˈa:kənʃip], *n.* (*stor. greca*) arcontato.
archpriest [ˈa:tʃˈpri:st], *n.* arciprete.
archstone [ˈa:tʃstoun], *n.* (*archit.*) cuneo dell'arco; chiave di volta.
archway [ˈa:tʃwei], *n.* passaggio a volta; volta; voltone.
archwise [ˈa:tʃwaiz], *avv.* ad arco; a volta.
arctic [ˈa:ktik], *a.* 1 (*geogr.*) artico 2 polare; molto freddo: **a. weather**, freddo polare. ● **the A.**, l'Artico; l'Artide.
arctics [ˈa(:)ktiks], *n. pl.* (*USA*) soprascarpe da neve.
Arcturus [a:kˈtjuərəs], *n.* (*astron.*) Arturo (stella).

arcuate ['a:kjuit], **arcuated** ['a:kjueitid], *a.* arcuato.
arcuation [,a:kju'eiʃən], *n.* arcuazione; incurvatura.
ardency ['a:dənsi], *n.* ardore; fervore; entusiasmo.
ardent ['a:dənt], **A** *a.* ardente; fervente; entusiastico. **B** *n.* — (*USA*) the a., l'alcol. ● **a. spirits**, bevande alcoliche; liquori.
ardour, (*USA*) **ardor** ['a:də*], *n.* **1** ardore; fervore **2** calore intenso.
arduous ['a:djŭəs], *a.* **1** arduo; ripido; difficile; scabroso **2** (*di persona*) energico; strenuo **3** (*del clima*) rigido.
arduousness ['a:djŭəsnis], *n.* **1** arduità (*lett.*); difficoltà **2** energia; strenuità **3** ripidezza **4** (*del clima*) rigidità.
are (1) [a:*, ,ə*], 2ª *pers. sing.*, 1ª, 2ª e 3ª *pers. pl. del pres. indic.* di **to be**.
are (2) [a:*], *n.* ara (*misura di superficie*).
area ['ɛəriə], *n.* **1** area; superficie **2** distretto; regione; zona: **landing a.**, zona d'atterraggio; **mined a.**, zona minata **3** (*anche* **a. way**) ingresso a un seminterrato; sorta di corridoio scoperto attorno a una casa (*più basso del piano stradale e separato da questo da una ringhiera*) **4** campo (*d'attività*); raggio (*d'azione*). ● **a. bell**, campanello di servizio □ (*mil.*) **a. bombing**, bombardamento a tappeto □ (*tel.*, *USA*) **a. code**, prefisso teleselettivo; indicativo interurbano □ (*comm.*) **a. manager**, capozona □ **metropolitan a.**, grande agglomerato urbano; metropoli.
areaway ['ɛəriəwei], *V.* **area**, *def.* 3.
areca ['ærikə], *n.* (*bot.*, *Areca*) areca.
arena [ə'ri:nə], *n.* arena; (*fig.*) agone (*lett.*): **the political a.**, l'agone politico.
arenaceous [,æri'neiʃəs], *a.* **1** arenaceo **2** (*bot.*) arenicolo.
arenose ['ærinouz], *a.* arenoso; sabbioso.
aren't [a:nt], *voce verb.* **1** *contraz.* di **are not 2** (*fam.*) *contraz.* di **am not**.
areola [æ'riələ], *n.* (*pl.* **areolae, areolas**) (*anat.*) areola.
areometer [,æri'ɔmitə*], *n.* (*fis.*) areometro.
Areopagite [,æri'ɔpədʒait], *n.* (*stor.*) areopagita.
arête [æ'reit] (*franc.*), *n.* ruga di circo glaciale.
argala ['a:gələ], *n.* (*zool.*) **1** (*Leptoptilos dubius*) marabù maggiore **2** (*Leptoptilos crumeniferus*) marabù d'Africa.
argali ['a:gəli], *n.* (*pl.* **argali, argalis**) (*zool.*, *Ovis ammon*) argali.
argent ['a:dʒənt], *n.* e *a.* (*poet.* o *araldica*) argento; color argento.
argentiferous [,a:dʒən'tifərəs], *a.* argentifero.
argentine ['a:dʒəntain], **A** *a.* argentino; argentato. **B** *n.* **1** (*metall.*) argentone **2** (*zool.*, *Argentina*) argentina.
Argentine ['a:dʒəntain], *a.* e *n.* argentino. ● (*geogr.*) **the A.**, l'Argentina.
Argentinean [,a:dʒən'tinjən], *n.* argentino.
argentite ['a:dʒəntait], *n.* (*miner.*) argentite.
argil ['a:dʒil], *n.* argilla.
argillaceous [,a:dʒi'leiʃəs], *a.* **1** argillaceo **2** argilloso.
Argive ['a:gaiv], *a.* e *n.* argivo (*della città d'Argo, o, per estens., greco*).
argle-bargle ['a:gl'ba:gl], *n.* (*scherz.*) disputa; discussione.
to argle-bargle ['a:gl'ba:gl], *v. i.* (*scherz.*) disputare; discutere.
argol ['a:gɔl], *n.* tartaro (*di vino*).
Argolis ['a:gəlis], *n.* (*geogr. stor.*) Argolide.
argon ['a:gɔn], *n.* (*chim.*) argon, argo.
Argonaut ['a:gənɔ:t], *n.* (*mitol.*; *zool.*, *Argonauta*) argonauta.
Argonautic [,a:gə'nɔ:tik], *a.* argonautico.
argosy ['a:gəsi], *n.* (*poet.*) nave carica di merci pregiate.
argot ['a:gou] (*franc.*), *n.* gergo (*di malfattori, ecc.*).
arguable [a:'gjuəbl], *a.* **1** discutibile **2** sostenibile.
to argue [a:gju:], *v. i.* e *t.* **1** argomentare; ragionare; sostenere **2** discutere; dibattere; disputare: **Stop arguing!**, smettila di discutere! **3** denotare; indicare; rivelare: **Her manner of speech argues a university education**, il suo modo di parlare rivela una cultura universitaria **4** fare obiezioni; sollevare eccezioni. ● **to a. sb. into st.**, persuadere q. □ **to a. sb. out of st.**, dissuadere q. dal fare q.c.: **His parents are trying to a. him out of this marriage**, i suoi genitori cercano di distoglierlo da questo matrimonio □ **to a. st. away**, togliere di mezzo q.c. (*un ostacolo, ecc.*) dando ragioni in contrario.
argument ['a:gjumənt], *n.* **1** argomento; ragione (*addotta o da addursi*): **The strongest a. against war is its cruelty**, il più forte argomento contro la guerra è la sua crudeltà **2** discussione; disputa; dibattito **3** argomento; sommario (*di un libro, ecc.*) **4** (*mat.*) argomento.
argumentation [,a:gjumən'teiʃən], *n.* **1** argomentazione; modo e metodo dell'argomentare; dialettica **2** discussione; dibattito.
argumentative [,a:gju'mentətiv], *a.* **1** attinente all'argomento; dialettico **2** controverso; discutibile **3** (*di persona*) polemico.
Argus ['a:gəs], *n.* (*mitol.*) Argo.
argute [a:'gju:t], *a.* sagace; acuto; sottile.
to argy-bargy ['a:dʒi-,ba:dʒi], *v. i.* (*fam.*) disputare; litigare.
argy-bargy [,a:dʒi'ba:dʒi], *n.* (*fam.*) disputa; litigio.

aria ['a:riə] (*ital.*), *n.* (*pl.* **arias, arie**) (*mus.*) aria.
Ariadne [,æri'ædni], *n.* (*mitol.*) Arianna.
Arian ['ɛəriən], *n.* e *a.* **1** ariano (*seguace della o pertinente alla dottrina di Ario*) **2** *V.* **Aryan.**
Arianism ['ɛəriənizəm], *n.* (*relig.*) arianesimo.
to Arianize ['ɛəriənaiz], **A** *v. t.* arianizzare; convertire all'arianesimo. **B** *v. i.* farsi ariano.
arid ['ærid], *a.* arido (*in ogni senso*).
aridity [æ'riditi], **aridness** ['æridnis], *n.* aridità (*in ogni senso*).
Ariel ['ɛəriəl], *n.* (*letter.*) Ariele.
Arien ['ɛəriən], (*astrologia*) **A** *n.* persona nata sotto il segno dell'Ariete. **B** *a.* dell'Ariete.
Aries ['ɛəri:z], **A** *n.* **1** (*astron., astrologia*) Ariete (*costellazione e I segno dello Zodiaco*) **2** (*astrologia: pl.* **Arietes**) (un) ariete; individuo nato sotto il segno dell'Ariete. **B** *a.* (*astrologia*) dell'Ariete.
aright [ə'rait], *avv.* correttamente; nel modo giusto.
aril ['æril], *n.* (*bot.*) arillo.
to arise [ə'raiz] (*pass.* **arose**, *p. p.* **arisen**), *v. i.* **1** sorgere; levarsi; alzarsi (*di cose; raro di persone*): **The sun also arises**, il sole sorge ancora; **A new difficulty has arisen**, è sorta una nuova difficoltà **2** risultare; derivare **3** cominciare; avere inizio (*o origine*); nascere **4** presentarsi; offrirsi: **I shall do it when the occasion arises**, lo farò quando si presenterà l'occasione.
arista [ə'ristə], *n.* (*bot.*) arista; resta.
Aristarch ['æristɑ:k], *n.* Aristarco.
aristate [ə'risteit], *a.* (*bot.*) aristato.
aristocracy [,æris'tɔkrəsi], *n.* aristocrazia.
aristocrat ['æristəkræt], *n.* aristocratico.
aristocratic(al) [,æristə'krætik(əl)], *a.* aristocratico.
Aristophanes [,æris'tɔfəni:z], *n.* (*stor., letter.*) Aristofane.
Aristotelean, **Aristotelian** [,æristo'ti:ljən], *a.* e *n.* (*filos.*) aristotelico.
Aristotelianism [,æristo'ti:liənizəm], *n.* (*filos.*) aristotelismo.
Aristotle ['æristɔtl], *n.* (*stor.*) Aristotele.
arithmetic [ə'riθmətik], *n.* aritmetica (*in tutti i sensi*). ● **My a. is poor**, sono debole in matematica.
arithmetic(al) [,æriθ'metik(əl)], *a.* aritmetico.
arithmetician [ə,riθmə'tiʃən], *n.* aritmetico.
arithmometer [,æriθ'mɔmitə*], *n.* (*stor.*) macchina calcolatrice.
Arizonan [,æri'zounən], **Arizonian** [,æri'zouniən], *a.* e *n.* (abitante) dell'Arizona.
ark [a:k], *n.* **1** (*Bibbia*) arca: **the ark of the Covenant**, l'arca dell'Alleanza; **Noah's ark**, l'arca di Noè **2** barcone **3** (*fig.*) rifugio.
Arkansan [a:'kænzən], *a.* e *n.* (abitante) dell'Arkansas.
arm (1) [a:m], *n.* **1** (*anche fig.*) braccio: **an arm of the sea**, un braccio di mare; **the arm of a balance**, i bracci d'una bilancia; **the arm of a chair**, il bracciolo di una poltrona; **the arm of the law**, il braccio della legge **2** manica (*di giacca, ecc.*) **3** ramo; branca: **the legislative arm**, il ramo legislativo (*del potere*). ● **arm-band**, bracciale □ **arm in arm** (**with sb.**), a braccetto (con q.); sottobraccio □ **arm-twisting**, il torcere il braccio (a q.); (*fig., polit.*) forte pressione □ **a child** (*o* **a baby**, **an infant**) **in arms**, un bambino in fasce (*ancora portato in braccio*) □ **fore-arm**, avambraccio □ (*fig.*) **to keep** (*o* **to hold**) **sb. at arm's length**, trattare q. con freddezza; tenere q. a distanza □ **the secular arm**, il braccio temporale (*l'autorità civile*).
arm (2) [a:m], *n.* **1** arma (*generalm. al pl., anche nel senso di:* servizio militare; mestiere del soldato; simboli araldici; insegne di città, ecc.*): **the air arm**, l'arma azzurra; l'aeronautica; **the artillery arm**, l'arma di artiglieria; **to be in** (*o* **under**) **arms**, essere in armi; **to be up in arms**, essere in armi; essere in rivolta; ribellarsi; (*fig.*) indignarsi; **to bear arms**, fare il soldato; essere sotto le armi; **to carry arms**, portare armi addosso; **to lay down arms**, deporre (*o* abbassare) le armi; **to receive a call to arms**, essere chiamato sotto le armi; **to take up arms**, prendere le armi; (*fig.*) iniziare una disputa; entrare in polemica **2** (*araldica*) arme; stemma. ● **arms cache**, deposito d'armi (*specialm. segreto*) □ (*polit.*) **arms race**, corsa agli armamenti □ **coat of arms**, stemma □ **fire-arms**, armi da fuoco □ **in arms**, armato □ **man-at-arms**, uomo d'armi □ **side arms**, armi bianche □ **small arms**, armi leggere.
to arm [a:m], *v. t.* e *i.* **1** armare, armarsi **2** corazzare, corazzarsi; fortificare, fortificarsi; munirsi **3** (*naut.*) armare.
armada [a:'ma:də], *n.* flotta di navi da guerra; armata (navale): (*stor.*) **the** (**Invincible**) **A.**, l'Invincibile Armata.
armadillo [,a:mə'dilou], *n.* (*pl.* **armadillos, armadilloes**) (*zool., Dasypus*) armadillo.
Armageddon [,a:mə'gedn], *n.* battaglia campale decisiva (*da un luogo dell'Apocalisse*).
armament ['a:məmənt], *n.* armamento: **the armaments race**, la corsa agli armamenti. ● (*mil.*) **a. supply**, munizionamento.
armature ['a:mətjuə*], *n.* **1** armatura (*in ogni senso*) **2** (*elettr.*)

armchair

indotto, rotore (*di un motore elettrico*).
armchair ['a:m'tʃɛə*], **A** *n.* sedia a braccioli; poltrona. **B** *a. attr.* (*fig.*) da tavolino: **an a. strategist**, uno stratega da tavolino. ● (*spreg.*) **a. critic**, critico poco pratico (di q.c.) □ **a. traveller**, chi fa viaggi solo con la fantasia □ (*USA*) **long a.**, dormeuse (*franc.*).
armed [a:md], *a.* armato: **a. neutrality**, neutralità armata. ● (*leg.*) **a. robbery**, rapina a mano armata.
Armenian [a:'mi:niən], *a.* e *n.* armeno.
armful ['a:mful], *n.* bracciata (*quanto sta sulle braccia*).
armhole ['a:mhoul], *n.* giro della manica.
armiger ['a:midʒə*], *n.* (*pl.* **armigers, armigeri**) (*stor.*) armigero; scudiero.
armillary ['a:miləri], *a.* (*stor.*) armillare.
Arminian [a:'miniən], *a.* e *n.* (*stor. relig.*) arminiano.
Arminianism [a:'minjənizəm], *n.* (*stor. relig.*) arminianesimo.
armistice ['a:mistis], *n.* armistizio.
armless ['a:mlis], *a.* **1** privo di braccia **2** senz'armi; inerme.
armlet ['a:mlit], *n.* **1** bracciale; braccialetto **2** piccolo braccio (*del mare, ecc.*).
armor ['a:mə*], e *deriv.* (*USA*) *V.* **armour** e *deriv.*
armorial [a:'mɔ:riəl], **A** *a.* araldico; stemmato. **B** *n.* armerista; stemmario. ● **a. bearings**, blasone; stemma.
Armorican [a:'mɔrikən], *a.* e *n.* (*stor., geol.*) armoricano.
armorist ['a:mərist], *n.* studioso d'araldica; araldista.
armory ['a:məri], *n.* araldica.
armour ['a:mə*], *n.* **1** armatura; corazza (*di guerriero antico, animali, ecc.*) **2** corazza, blindatura (*di navi, carri armati, ecc.*) **3** (*mil., collett.*) mezzi corazzati; unità blindate **4** (*arc.*) scafandro **5** (*araldica*) stemma. ● **a.-bearer**, scudiero □ **a.-clad**, corazzato; blindato □ **a. plate**, piastra di corazza; (*mil.*) blindatura, corazza.
to armour ['a:mə*], *v. t.* corazzare; blindare: **armoured division**, divisione corazzata; **armoured train**, treno blindato. ● **armoured cable**, cavo (*elettrico*) armato □ (*mil.*) **armoured car**, autoblinda.
armourer ['a:mərə*], *n.* **1** fabbricante di armi **2** armaiolo **3** (*mil.*) armiere.
armouring ['a:məriŋ], *n.* blindatura; corazzatura.
to armour-plate ['a:mə-pleit], *v. t.* (*anche mil.*) blindare; corazzare.
armoury ['a:məri], *n.* **1** armeria; arsenale **2** fabbrica d'armi **3** sala d'armi.
armpit ['a:mpit], *n.* (*anat.*) ascella.
armrest ['a:mrest], *n.* **1** bracciolo **2** (*autom.*) appoggiabraccio.
army ['a:mi], *n.* **1** esercito (*anche fig.*): **standing a.**, esercito permanente; **the Salvation A.**, l'Esercito della Salvezza **2** armata **3** gran moltitudine; massa; schiera; stuolo: **the a. of the unemployed**, la massa dei disoccupati. ● **a. ant**, formica che viaggia in orde distruttrici (*Anomma* dell'Africa) □ **A. Club**, circolo militare □ **a. contractor**, appaltatore militare □ **a. corps**, corpo d'armata □ **a. list**, elenco degli ufficiali in servizio □ **to be in the a.**, prestare servizio militare □ **to enter** (*o* **to join, to go into**) **the a.**, entrare nell'esercito; andare sotto le armi.
arnica ['a:nikə], *n.* (*bot.*, *Arnica*) arnica.
Arnold ['a:nld], *n.* Arnoldo.
aroma [ə'roumə], *n.* (*anche fig.*) aroma; fragranza.
aromatic [ˌærou'mætik], **A** *a.* (*anche chim.*) aromatico; fragrante. **B** *n.* **1** (*bot.*) pianta aromatica **2** (*chim.*) composto aromatico.
to aromatize [ə'roumətaiz], *v. t.* aromatizzare.
aromatizer [ə'roumətaizə*], *n.* (*ind.*) aromatizzante.
aromatizing [ə'roumətaiziŋ], *a.* (*ind.*) aromatizzante.
arose [ə'rouz], *pass.* di **arise**.
around [ə'raund], **A** *avv.* (*V. anche* **round**) **1** attorno; intorno; in giro; da ogni parte **2** in tondo; in cerchio **3** (*fam.*) intorno; vicino; nei paraggi: **Stay a.**, sta' nei paraggi; non allontanarti **4** (*idiom.*) **Come a. and see us**, vieni a trovarci! **B** *prep.* **1** attorno a; intorno a: **a. 1340**, intorno al 1340 **2** (*USA*) circa: **a. five thousand dollars**, circa cinquemila dollari. ● **a.-the-clock**, ventiquattr'ore su ventiquattro; di continuo □ **a. the corner**, dietro l'angolo □ **to fool a.**, perdere tempo; gingillarsi □ **to get a.**, andare in giro; viaggiare (molto) □ (*fam.*) **to have been a.**, conoscere il mondo; saperla lunga □ **to turn a.**, fare dietro front □ **to get a. again**, esser di nuovo in piedi; stare meglio (*di salute*) □ **We went for a walk a. the town**, andammo a fare un giro per la città.
to arouse [ə'rauz], *v. t.* **1** svegliare; risvegliare **2** suscitare; provocare; destare: **His behaviour aroused our indignation**, il suo comportamento suscitò la nostra indignazione **3** (*fig.*) scuotere.
arpeggio [a:'pedʒiou] (*ital.*), *n.* (*pl.* **arpeggios, arpeggi**) (*mus.*) arpeggio.
arquebus ['a:kwibəs], *n.* (*stor.*) archibugio.
arquebusier [ˌa:kwibə'siə*], *n.* (*stor.*) archibugiere.

to arraign [ə'rein], *v. t.* **1** (*leg.*) chiamare in giudizio (penale) **2** (*leg.*) accusare **3** biasimare; criticare; mettere in dubbio (*un'affermazione*); trovar a ridire su (q.c.).
arraignment [ə'reinmənt], *n.* **1** (*leg.*) accusa **2** (*leg.*) chiamata in giudizio penale **3** biasimo; critica.
to arrange [ə'reindʒ], *v. t.* e *i.* **1** accomodare; ordinare; sistemare; classificare **2** stabilire; fissare; decidere; provvedere (a); dare istruzioni (per); fare in modo (di): **Can you a. to be back at ten?**, puoi fare in modo d'essere di ritorno alle dieci? **3** raggiungere (*un accordo*); comporre (*liti, vertenze*); appianare (*divergenze*): **Let us try to a. our differences**, cerchiamo di appianare le nostre divergenze **4** (*mus.*) adattare; arrangiare. ● **to a. a marriage**, combinare un matrimonio □ **to a. a meeting**, predisporre un incontro □ **to a. a treaty**, preparare un trattato.
arrangement [ə'reindʒmənt], *n.* **1** sistemazione; disposizione; ordinamento **2** (*di solito al pl.*) piano; progetto; preparativo **3** accomodamento; accordo; (*comm.*) concordato, compromesso **4** espediente **5** (*mus.*) adattamento; arrangiamento **6** (*fam.*) affare; aggeggio; coso: **that feather a. that you call a hat**, quel coso di penne che chiami cappellino. ● (*leg.*) **a. with creditors**, concordato con i creditori □ (*fin.*) **a. with the Revenue Office**, concordato fiscale.
arranger [ə'reindʒə*], *n.* **1** chi accomoda, chi ordina, ecc. **2** (*mus.*) arrangiatore.
arrant ['ærənt], *a.* (*lett., spreg.*) completo; perfetto; arcinoto; matricolato: **an a. knave**, un furfante matricolato; **an a. fool**, un perfetto cretino.
arras ['ærəs], *n.* (*invar. al pl.*) **1** arazzo **2** (*teatr.*) tela.
arrased ['ærəsd], *a.* adorno di arazzi.
array [ə'rei], *n.* **1** raggruppamento ordinato; schieramento, spiegamento, ordine (*specialm. di truppe*): **in battle a.**, in ordine di battaglia **2** (*di soldati, ecc.*; *anche fig.*) schiera **3** (*leg.*) lista di giurati **4** (*lett.*) abbigliamento; ornamento; abito: **women clad in black a.**, donne abbigliate in abiti neri.
to array [ə'rei], *v. t.* **1** ordinare; disporre; collocare in ordine; schierare (*truppe, specialm. in battaglia*) **2** (*lett., anche fig.*) abbigliare; adornare **3** (*leg.*) insediare, costituire (*una giuria*).
arrear [ə'riə*], *n.* (*per lo più al pl.*) **1** arretrati (*differenza a saldo*) **2** (*lavoro*) arretrato **3** (*mil.*) retroguardia. ● **arrears of wages**, salario arretrato; (gli) arretrati (*fam.*) □ (*leg.*) **to be in arrears**, essere moroso □ **to be in a. of sb.**, essere in arretrato rispetto a q. □ **in arrears**, in arretrato (*specialm. coi pagamenti*).
arrearage [ə'riəridʒ], *n.* **1** l'essere in arretrato (*con i pagamenti, ecc.*) **2** (*spesso al pl.*) arretrati.
arrect [ə'rekt], *a.* ritto; teso **2** (*fig.*) in guardia; vigile.
arrest [ə'rest], *n.* **1** arresto (*in ogni senso, anche leg.*); fermo (*di polizia*): **under a.**, in (stato di) arresto; (*mil.*) agli arresti **2** (*leg.*) sospensione: **a. of judgement**, sospensione di giudizio.
to arrest [ə'rest], *v. t.* **1** (*anche leg.*) arrestare; fermare **2** (*leg.*) sospendere (*un giudizio, una sentenza*) **3** fermare, attirare (*l'attenzione di q., ecc.*).
arrestable [ə'restəbl], *a.* (*leg.*) **1** passibile d'arresto **2** che prevede l'arresto: **an a. offence**, un reato che prevede l'arresto.
arrester [ə'restə*], *n.* **1** persona che arresta; dispositivo d'arresto **2** (*aeron., anche* **a. hook**) gancio d'appontaggio (*su una portaerei*) **3** (*radio*) scaricatore a terra. ● (*aeron.*) **a. wires**, cavi d'appontaggio.
arresting [ə'restiŋ], *a.* interessante; che fa colpo: **an a. speech**, un discorso interessante. ● (*aeron.*) **a. gear**, dispositivo d'appontaggio.
arrestive [ə'restiv], *a.* che serve ad arrestare; che tende a fermare.
arrestment [ə'restmənt], *n.* arresto.
arrestor [ə'restə*], *V.* **arrester**.
arrhythmia [ə'riθmjə], *n.* (*med.*) aritmia.
arrhythmic(al) [ə'riθmik(əl)], *a.* (*med.*) aritmico.
arrhythmy ['æriθmi], *V.* **arrhythmia**.
arris ['æris], *n.* (*pl.* **arris, arrises**) (*archit.*) spigolo (*specialm. di colonna dorica*).
arrival [ə'raivəl], *n.* **1** arrivo; venuta **2** arrivato: **He is a new a.**, è fra i nuovi arrivati. ● (*ferr.*) **a. platform**, marciapiede d'arrivo.
to arrive [ə'raiv], *v. i.* (*anche fig.*) arrivare; giungere: **to a. at**, arrivare a; raggiungere (*anche fig.*: *una conclusione, ecc.*); **to a. in England** (**in London**), arrivare in Inghilterra (a Londra). ● (*comm.*) **to a.**, salvo arrivo □ (*naut.*) **to a. at a port** (*o* **in harbour**), arrivare in un porto (*o* in porto) □ **He has arrived professionally**, è arrivato nella sua professione.
arriviste [ˌæri'vi(:)st] (*franc.*), *n.* arrivista.
arrogance ['ærəgəns], **arrogancy** ['ærəgənsi], *n.* arroganza; alterigia; tracotanza.
arrogant ['ærəgənt], *a.* arrogante; altezzoso; tracotante.
to arrogate ['ærougeit], *v. t.* **1** arrogarsi (*un diritto, ecc.*); pretendere (q.c.) indebitamente **2** attribuire ad altri (q.c.) indebitamente **3** (*diritto romano*) arrogare. ● **to a. to oneself**, arrogarsi (*un titolo, ecc.*).

arrogation [,ærou'geiʃən], *n.* **1** pretesa ingiusta **2** attribuzione indebita **3** asserzione ingiustificata **4** (*diritto romano*) arrogazione.

arrow ['ærou], *n.* freccia; dardo; strale (*poet.*). ● **a.-head**, punta di freccia; (*bot.*, *Sagittaria*) sagittaria □ **a.-headed characters**, caratteri cuneiformi □ (*mil.*, *stor.*) **a. slit**, feritoia □ **broad a.**, punta larga di freccia (*simbolo posto sui generi o articoli di proprietà dello Stato, in G.B.*).

arrowroot ['ærəru:t], *n.* **1** (*bot.*, *Maranta arundinacea*) arrowroot **2** amido che se ne ricava (*usato come cibo*).

arrowy ['ærou], *a.* **1** di (*o* simile a) freccia **2** (*fig.*) aguzzo; acuto **3** (*fig.*) sfrecciante; veloce.

arse [a:s], *n.* **1** (*volg.*: *specialm. ingl.*) culo (*volg.*) **2** (*pop.*, *volg.*) scocciatore (*pop.*); rompiballe (*volg.*).

to arse about ['a:s ə'baut], *v. i.* (*volg.*; *anche* **to a. around**) grattarsi la pancia (*volg.*); far flanella (*fam.*); gingillarsi; oziare.

arsenal ['a:sinl], *n.* (*anche fig.*) arsenale.

arsenate ['a:sinit], **arseniate** [a:'si:nieit], *n.* (*chim.*) arseniato.

arsenic (1) ['a:snik], *n.* (*chim.*) arsenico.

arsenic (2) [a:'senik], *a.* (*chim.*) di arsenico; arsenico.

arsenical [a:'senikəl], *a.* (*chim.*) arsenicale.

arsenious [a:'si:njəs], **arsenous** ['a:sənəs], *a.* (*chim.*) arsenioso.

arsis ['a:sis], *n.* (*pl.* **arses**) (*poesia e mus.*) arsi.

arson ['a:sən], *n.* (*leg.*) incendio doloso.

arsonist ['a:sənist], *n.* (*leg.*) colpevole di incendio doloso.

art (1) [a:t], *n.* **1** arte: **the fine arts**, le belle arti; **the liberal arts**, le arti liberali **2** (*pl.*) materie umanistiche; (belle) lettere: **bachelor (master) of Arts**, laureato (dottore) in lettere. ● **arts and crafts**, arti e mestieri □ **to be art and part in**, essere l'artefice e l'esecutore di (*un piano, ecc.*) □ **art school**, scuola d'arte (*di arti figurative*) □ **an arts subject**, una materia umanistica □ **the black art**, la magia (nera); la negromanzia □ **art work**, (oggetto d') artigianato; materiale illustrativo.

art (2) [a:t], *voce verb.* (*arc.*) 2ª *pers. sing. pres. indic.* di **to be**.

artefact [,a:ti'fækt], *n.* manufatto.

Artemis ['a:timis], *n.* (*mitol.*) Artemide.

artemisia [,a:tə'mi:ziə], *n.* (*bot.*, *Artemisia*) artemisia.

arterial [a:'tiəriəl], *a.* (*med.*) arterioso; arteriale (*raro*). ● (*autom.*) **a. road**, strada di grande comunicazione; arteria.

arterialization [a,tiriəlai'zeiʃən], *n.* (*med.*) arterializzazione, arterizzazione; mutamento (*di sangue venoso*) in arterioso.

to arterialize [a:'tiriəlaiz], *v. t.* (*med.*) mutare (*sangue venoso*) in arterioso.

arteriole [a:'tiərioul], *n.* (*med.*) arteriola (*arteria terminale*).

arteriosclerosis [a:'tiəriou-skliə'rousis], *n.* (*pl.* **arterioscleroses**) (*med.*) arteriosclerosi.

arteriotomy [a:təri'ɔtəmi], *n.* (*med.*) arteriotomia.

arteritis [,a:tə'raitis], *n.* (*med.*) arterite.

artery ['a:təri], *n.* (*anat.*, *fig.*) arteria.

artesian [a:'ti:zjən], *a.* artesiano: **a. well**, pozzo artesiano.

artful ['a:tful], *a.* astuto; furbo; ingannevole; scaltro **2** abile; destro; magistrale **3** artificiale; artificioso.

artfulness ['a:tfulnis], *n.* **1** astuzia; scaltrezza **2** abilità; destrezza **3** artificiosità; artificio.

arthritic [a:'θritik], *a. e n.* (*med.*) artritico.

arthritis [a:'θraitis], *n.* (*pl.* **arthritides**) (*med.*) artrite.

arthropods ['a:θrəpɔdz], *n. pl.* (*zool.*, *Arthropoda*) artropodi.

arthrosis [a:'θrousis], *n.* (*pl.* **arthroses**) (*med.*) artrosi.

Arthur ['a:θə*], *n.* **1** Arturo (*letter.*) Artù.

Arthurian [a:'θjuəriən], *a.* (*letter.*) arturiano (*di re Artù*).

artichoke ['a:titʃouk], *n.* (*bot.*, *Cynara scolymus*) carciofo. ● **Jerusalem a.** (*Helianthus tuberosus*), topinambur.

article ['a:tikl], *n.* **1** articolo (*in ogni senso, anche comm.*): (*USA*) **leading a.**, articolo di fondo (*di giornale*); (*gramm.*) **definite a.**, articolo determinativo; **the articles we deal in**, gli articoli che noi trattiamo **2** (*pl.*) articoli (*anche leg.*); dichiarazioni; statuto; codice: (*leg.*) **articles of association** (*o* **of incorporation**), statuto (*di una società di capitali*); **articles of partnership**, statuto (*di una società di persone*); (*USA*) **Articles of war**, codice militare; **the Thirty-nine Articles**, i trentanove articoli (*dichiarazione ufficiale della dottrina della chiesa Anglicana*) **3** (*pl.*, *anche* **articles of apprenticeship**) accordo di apprendistato **4** (*pl.*, *naut.*) contratto d'arruolamento. ● (*leg.*) **a. of accusation**, capo d'accusa □ (*naut.*) **a. of gear**, attrezzo □ **in the a. of death**, in articulo mortis; in punto di morte □ (*naut.*) **ship's articles**, contratto di arruolamento.

to article ['a:tikl], *v. t.* **1** (*arc.*) esporre in articoli **2** impegnare con contratto (*specialm. come apprendista*). ● **articled clerk**, praticante; apprendista; giovane di studio (*specialm. notarile*).

articular [a:'tikjula*], *a.* (*anat.*) articolare.

articulate [a:'tikjulit], *a.* **1** (*anche anat.*) articolato **2** (*di parola, discorso, suono*) distinto; chiaro **3** (*di argomento*) chiaro; ben formulato **4** (*di persona*) eloquente; che ha facilità di parola **5** (*di persona*) loquace; pettegolo.

to articulate [a:'tikjuleit], *v. t.* **1** (*anat.*, *fon.*) articolare; collegare e pronunciare distintamente (*parole*, *suoni*); congiungere e far muovere (*articolazioni*) **2** esprimere (*o* formulare) chiaramente. ● **to a. one's anger**, sfogare la propria rabbia a parole grosse.

articulated [a:'tikjuleitid], *a.* articolato. ● (*autom.*) **a. vehicle**, autoarticolato.

articulateness [a:'tikjulitnis], *n.* **1** qualità di essere articolato **2** chiarezza **3** eloquenza; facondia **4** loquacità.

articulation [a:,tikju'leiʃən], *n.* **1** articolazione (*dei suoni, delle ossa*) **2** pronuncia distinta; dizione chiara.

articulator [a:'tikjuleitə*], *n.* **1** persona (*o* cosa) atta ad articolare **2** (*fon.*) organo dell'articolazione dei suoni (*lingua, glottide, ecc.*)

artifact ['a:tifækt], *n.* (*USA*) manufatto.

artifice ['a:tifis], *n.* **1** artificio; espediente; stratagemma **2** abilità; ingegnosità; destrezza **3** astuzia; scaltrezza.

artificer [a:'tifisə*], *n.* **1** artigiano (*specialm. se abile*); artiere (*raro*) **2** inventore **3** (*mil.*) artificiere.

artificial [,a:ti'fiʃəl], *a.* **1** artificiale **2** artefatto; artificioso; falso: **an a. smile**, un sorriso artefatto, falso **3** finto: **a. flowers**, fiori finti **4** (*ind.*) artificiale; sintetico. ● **a. insemination**, fecondazione artificiale □ (*leg.*) **a. person**, persona giuridica.

artificiality [,a:tifiʃi'æliti], *n.* **1** artificiosità **2** cosa artificiale.

to artificialize [,a:ti'fiʃəlaiz], *v. t.* rendere artificiale.

artificialness [,a:ti'fiʃəlnis], *V.* **artificiality**.

artillerist [a:'tilərist], *n.* **1** esperto in balistica **2** artigliere.

artillery [a:'tiləri], *n.* **1** artiglieria **2** balistica.

artilleryman [a:'tilərimən], *n.* (*pl.* **artillerymen**) artigliere.

artiness ['a:tinis], *n.* (*fam.*) (l'avere) pretese artistiche.

artiodactyl(e) [,a:tiou'dæktil], *n.* (*zool.*) artiodattilo.

artisan [,a:ti'zæn], *n.* artigiano. ● (*econ.*) **a. production**, produzione artigianale.

artist ['a:tist], *n.* (*anche fig.*) artista. ● (*mus.*) **concert a.**, concertista □ **landscape a.**, paesaggista.

artiste [a:'ti:st] (*franc.*), *n.* artista (*del canto, della danza, ecc.*); cantante; ballerino, ballerina.

artistic(al) [a:'tistik(əl)], *a.* **1** artistico **2** amante delle arti; dotato di senso artistico. ● **She is so a.!**, ha un tale amore per le cose belle!

artistry ['a:tistri], *n.* qualità (*o* elaborazione) artistica; arte: **The conception of the book is good, but the a. is poor**, l'idea del libro è buona, ma l'elaborazione è scadente.

artless ['a:tlis], *a.* **1** senz'arte; incolto; rozzo; grezzo **2** naturale; schietto; semplice; ingenuo; spontaneo.

artlessness ['a:tlisnis], *n.* **1** mancanza d'arte; rozzezza **2** naturalezza; ingenuità; semplicità; spontaneità.

artmobile ['a:tmou,bi:l], *n.* (*USA*) autorimorchio attrezzato per mostre d'arte.

artsy-craftsy [,a:tsi'kra:ftsi], (*USA*) *V.* **arty-crafty**.

arty ['a:ti], *a.* (*fam.*) che ha pretese artistiche. ● **a.-crafty**, (*di persona*) che ha pretese artistiche, pseudoartistico; (*spreg.*) maniaco del «fatelo da voi»; (*scherz.*, *specialm. di mobili*) bello ma scomodo.

arum ['ɛərəm], *n.* (*bot.*, *Arum*) aro. ● (*bot.*) **a. lily** (*Zantedeschia aethiopica*), calla (*dei fioristi*).

aruspex [ə'rʌspeks], *n.* (*pl.* **aruspices**) aruspice.

Aryan ['ɛəriən], *a. e n.* ariano (*di stirpe*; *o la lingua*).

as (1) [æz, əz], *avv. e cong.* **1** come; così; tanto; quanto: **You are as rich as he**, tu sei tanto ricco quanto lui; **I have as much money as he**, ho tanto denaro quanto lui; **We have as many books as he**, abbiamo tanti libri quanti ne ha lui **2** come; nel modo in cui; in qualità di; da; in quanto: **as you can see**, come puoi vedere; **as I was saying**, come dicevo; **Do as I tell you!**, fa' come ti dico!; **I tell you that as a friend**, te lo dico da amico; **men as different from animals**, gli uomini in quanto diversi dagli animali **3** siccome; poiché; giacché: **As it was late, we made haste**, siccome (*o* poiché) era tardi, ci affrettammo **4** come; quando; da; mentre: **As he saw him, he ran away**, come (*o* quando) lo vide, corse via; **as he was reading**, mentre leggeva; **as a child**, da bambino **5** come; sebbene, per quanto: **Rich as he is, he is not happy**, ricco com'è, non è felice; **Clever as you may be, you cannot beat him**, per quanto bravo, non sarai capace di vincerlo. ● **as against** (*o* **as compared with**), in confronto a □ **as at**, (*banca*) valuta (*scadenza*); (*rag.*: *di bilancio*) chiuso □ **as far as**, fino a (*distanza*); per quello che; per quanto: **We went as far as the station**, andammo fino alla stazione; **as far as I know**, per quel che mi consta □ **as for**, quanto a: **as for him**, quanto a lui □ (*comm.*) **as from**, a partire da: **as from April 1**, a partire dal 1º aprile □ **as good as**, come; quasi: **He is as good as dead**, è come fosse morto □ **as if**, come se; quasi; che: **He acted as if he were mad**, agì come se (*quasi*) fosse pazzo; **It isn't as if he were rich**, non che sia ricco □ **as it is**, invero (*lett.*); sta di fatto che: **As it is, things are getting worse**, invero, le cose vanno per il

as (2)

peggio □ **as it were**, per così dire □ **as late as**, l'ultima volta: **I saw him as late as last June**, lo vidi l'ultima volta nel giugno scorso □ **as long as**, finché (*per tutto il tempo che*); purché: **As long as he is well, he can work**, finché sta bene, può lavorare; **As long as he keeps it clean, the machine will work**, purché la tenga pulita, la macchina funzionerà □ **as many**, tanti; altrettanti □ **as a matter of fact**, effettivamente, in realtà, invero (*lett.*) □ **as much**, tanto; altrettanto □ **I thought as much!**, lo dicevo io!, me l'aspettavo! □ (*comm.*) **as per advice**, come da avviso □ (*comm.*) **as per sample**, come da campione □ **as recently as**, non più tardi di □ **as regards**, per ciò che riguarda; quanto a □ **as a rule**, di regola; normalmente □ **as soon as**, appena: **As soon as he saw him, he ran away**, appena lo vide, corse via □ **as soon as possible**, il (*o* al) più presto possibile □ **as soon** (*o* **as soon as not**), indifferentemente; **I would as soon go as stay** (*o* **I would go as soon as not**), mi è indifferente andare o restare □ **as though**, V. **as if** □ **as to**, quanto a: **as to me**, quanto a me; **No decision has been taken yet as to his appointment**, quanto alla sua nomina, non è stata presa ancora una decisione □ **as usual**, come (al) solito □ **as well**, pure; anche: **You might as well help me**, potresti anche aiutarmi □ **as well as**, come pure □ **as yet**, ancora; finora; fino a questo momento; fino ad allora: **He hasn't come as yet**, finora, non è venuto □ **so as to**, da; in modo da: **Be so kind as to help me**, sii tanto gentile da aiutarmi; **He arranged matters so as to suit everybody**, sistemò le cose in modo da accontentare tutti □ **so long as**, purché: **So long as you don't tell anybody, there's no danger**, purché tu non lo dica a nessuno, non c'è alcun pericolo □ **He is as good as his word**, è un uomo di parola.
as (2) [æz], **A** *pron. relat.* (*correlativo di* **such**, **same**) che; quale; di: **He is not such a fool as he looks**, non è quello stupido che sembra; **They had the same difficulties as you** (had), incontrarono le stesse difficoltà che incontraste voi (*o* le vostre stesse difficoltà), **such as don't know me**, coloro che non mi conoscono; **poets such as Milton and Marvell**, poeti quali Milton e Marvell; **He is the same as before**, è lo stesso di prima; non è mutato affatto. **B** *pron. impers.* (*idiom.*) **as is obvious**, com'è ovvio.
as (3) [æs], *n.* (*pl.* **asses**) (*stor.*) asse (*misura e moneta romana*).
asafoetida [‚æsə'fetidə], *n.* (*bot.*, *Ferula assafoetida*) assafetida **2** (*farm.*) assafetida.
asbestine [æz'bestin], *a.* di (*o* simile a) asbesto; incombustibile.
asbestos [æz'bestɔs], *n.* (*miner.*) asbesto; amianto. ● **a. cement** (*o* **a. lumber, a. wood**), fibrocemento; Eternit (*marchio*) □ **a. flexboard**, cartone flessibile d'amianto.
ascarid ['æskərid], *n.* (*pl.* **ascarids, ascarides**) (*zool.*, *Ascaris*) ascaride.
to ascend [ə'send], *v. t. e i.* **1** (*anche fig.*) ascendere; salire; crescere di grado: **to a. the throne**, salire al trono **2** risalire: **to a. a river**, risalire un fiume; **This building ascends to the twelfth century**, questo edificio risale al secolo XII **3** scalare (*un monte*).
ascendance [ə'sendəns], **ascendancy** [ə'sendənsi], *n.* **1** influsso dominante; autorità (morale); ascendente **2** supremazia; predominio. ● **to gain a. over sb.**, acquistare ascendente su q.
ascendant [ə'sendənt], **A** *n.* **1** ascendente; influsso dominante; autorità (morale) **2** ascendente; antenato **3** (*astron.*, *astrologia*) ascendente. **B** *a.* **1** ascendente (*anche astron.*); nascente **2** predominante. ● (*fig.*) **in the a.**, in ascesa.
ascendence [ə'sendəns], V. **ascendance**.
ascendent [ə'sendənt], V. **ascendant**.
ascending [ə'sendiŋ], *a.* (*astron.*, *mus.*) ascendente.
ascension [ə'senʃən], *n.* **1** ascensione (*anche astron.*); ascesa **2** - (*relig.*) A., Ascensione: **A. day**, giorno dell'Ascensione.
ascensional [ə'senʃənl], *a.* ascensionale.
ascensive [ə'sensiv], *a.* progressivo; crescente.
ascent [ə'sent], *n.* **1** (*anche fig.*) ascesa: **Caesar's a. to power**, l'ascesa al potere di Cesare **2** scalata **3** salita; pendio **4** pendenza (*d'una salita*).
to ascertain [‚æsə'tein], *v. t.* accertare; assicurarsi di; constatare.
ascertainable [‚æsə'teinəbl], *a.* accertabile.
ascertainment [‚æsə'teinmənt], *n.* accertamento.
ascetic [ə'setik], **A** *a.* ascetico. **B** *n.* asceta.
ascetical [ə'setikəl], *a.* ascetico.
asceticism [ə'setisizəm], *n.* **1** ascetismo **2** ascetica (*dottrina*).
ascidians [ə'sidiənz], *n. pl.* (*zool.*, *Ascidiacea*) ascidiacei.
ascidium [ə'sidiəm], *n.* (*pl.* **ascidia**) (*bot.*) ascidio.
asclepiad (1) [æs'kli:piæd], *n.* (*poesia*) asclepiadeo.
asclepiad (2) [æs'kli:piæd], *n.* (*bot.*) pianta delle asclepiadacee.
asclepiadean [ə‚sklipiəd'i:ən], *a.* (*poesia*) asclepiadeo.
ascorbic [əs'kɔ:bik], *a.* (*chim.*) ascorbico: **a. acid**, acido ascorbico.
ascribable [əs'kraibəbl], *a.* ascrivibile.
to ascribe [əs'kraib], *v. t.* ascrivere; attribuire.
ascription [əs'kripʃən], *n.* l'ascrivere; attribuzione.
asdic ['æzdik], *n.* (*acronimo di Anti-Submarine Detection Investigation Committee*) (*naut.*) asdic; ecogoniometro.
asepsis [æ'sepsis], *n.* (*pl.* **asepses**) (*med.*) asepsi.
aseptic [æ'septik], *a.* **1** (*med.*) asettico **2** (*fig.*) gelido; freddo.
asexual [æ'seksjuəl], *a.* (*biol.*) asessuale; asessuato.
asexuality [æ‚seksju'æliti], *n.* (*biol.*) asessualità.
ash (1) [æʃ], *n.* (*bot.*, *Fraxinus*) frassino (*anche il legno*). ● **ash fly** (*o* **ash grub**), verme del frassino □ **ash key**, samara (*seme alato del frassino*) □ **ash leaf**, foglia di frassino; (*anche*) patata primaticcia □ (*bot.*) **mountain ash** (*Sorbus aucuparia*), sorbo selvatico.
ash (2) [æʃ], *n.* **1** cenere (*anche il colore*) **2** (*pl.*) ceneri (*anche di morto*): **to burn** (*o* **to reduce**) **to ashes**, incenerire; ridurre in cenere; **to be reduced to ashes**, andare in cenere **3** (*sport*) – **the Ashes**, il campionato internazionale di cricket. ● **ash bin** (*o* **ash pit, ash pan**), ceneraio □ **ash can**, pattumiera □ **ash-tray**, portacenere □ (*relig.*) **Ash Wednesday**, le Ceneri (*il mercoledì delle Ceneri*).
ashamed [ə'ʃeimd], *a. pred.* vergognoso; riluttante; che ha (*o* sente) vergogna (*anche nel senso di*: ritegno). ● **to be a. of st.**, vergognarsi di q.c. □ **You should be a. of yourself for telling so many lies**, ti dovresti vergognare d'aver detto tante bugie □ **He is a. to tell her**, si vergogna di dirglielo.
ashen (1) ['æʃn], *a.* del frassino; di frassino.
ashen (2) ['æʃn], *a.* **1** di cenere **2** cenerino; cinereo; color cenere.
ashlar, ashler ['æʃlə*], *n.* **1** (*archit.*) concio; pietra squadrata (*per costruzione o rivestimento*) **2** (*anche* **ashlaring**) muratura in pietra squadrata; bugna. ● **rusticated a.**, bugnato rustico.
ashore [ə'ʃɔ:*], *avv.* **1** sulla spiaggia; a riva **2** sulla terraferma; a terra: **They went a. at every port**, scendevano a terra in ogni porto **3** (*naut.*) incagliato; arenato; a terra. ● **to go** (*o* **to get**) **a.**, sbarcare; scendere a terra □ **to run a ship a.**, incagliare una nave.
ashy ['æʃi], *a.* **1** di (*o* coperto di) cenere **2** cenerino; cinereo.
Asian ['eiʃən], *a. e n.* asiatico. ● (*med.*) **A. flu**, l'asiatica.
Asiatic [‚eiʃi'ætik], *a. e n.* asiatico.
aside [ə'said], **A** *avv.* a parte; da parte; in disparte; via: **Step a.!**, fatti da parte!; **Put it a.!**, mettilo via! **B** *n.* **1** (*teatr.*) a parte; a solo **2** (*fig.*) digressione; divagazione. ● **a. from**, fatta eccezione per; a prescindere da □ **joking a.**, scherzi a parte □ **to lay a.**, metter via; rinunciare a □ **to lay a proposal a.**, accantonare una proposta □ **to put a.**, mettere via; mettere da parte: **Put a. your winter clothes**, metti via i tuoi abiti da inverno; **Put it a. for me**, mettilo da parte per me □ **to set a.**, messo da parte; riservato (*a un uso, ecc.*) □ **to stand a.**, tenersi in disparte.
asinine ['æsinain], *a.* da asino; asinino; asinesco; stupido.
asininity [‚æsi'niniti], *n.* asinaggine; asinità; stupidità.
to ask [a:sk], *v. t. e i.* **1** domandare; informarsi; chiedere; richiedere: **He asked me for some money**, mi chiese del denaro; **He asked to go**, chiese di poter andare **2** invitare: **They asked me to lunch**, mi invitarono a colazione. ● **to ask about st.**, informarsi di q.c. □ **to ask after sb.**, chiedere notizie di q. (*specialm. della salute di q.*) □ **to ask for sb.**, chiedere di q.; cercare q.: **Ask for the manager**, chiedi del direttore □ **to ask for st.**, chiedere q.c.; richiedere: **It asks for a large amount of patience**, ciò richiede molta pazienza □ **to ask for trouble**, cercar guai □ **to ask a question**, fare una domanda □ **to ask sb. in** (out, up, down), chiedere a q. di entrare (uscire, salire, scendere) □ **to ask sb. to do st.**, chiedere a q. di fare q.c. □ **to ask st. of sb.**, chiedere q.c. a q. □ (*comm.*) **asking price**, prezzo di cartellino □ (*fam.*) **It's yours for the asking**, basta che tu lo chieda (e ti sarà dato) □ (*fam.*) **You asked for it!**, te la sei voluta! □ **I ask you!**, domando e dico!
askance [əs'kæns], **askant** [əs'kænt], *avv.* di traverso; per traverso; obliquamente: **to look a. at sb.**, guardare q. di traverso.
askari ['æskəri], *n.* (*pl.* **askaris**) ascaro.
askew [əs'kju:], **A** *avv.* di traverso; a sghembo; di sghimbescio; obliquamente: **to wear one's hat a.**, portare il cappello di traverso. **B** *a.* sghembo; obliquo; storto: **The picture you've hung is a.**, il quadro che hai appeso è storto.
aslant [ə'sla:nt], **A** *avv.* a sghembo; di traverso. **B** *a. pred.* sghembo; obliquo. **C** *prep.* di traverso a; attraverso.
asleep [ə'sli:p], *avv. e a. pred.* addormentato (*anche nei sensi, fam. in ital., di*: pigro, tardo, ottuso; *o di parte del corpo*: intorpidito): **fast a.**, profondamente addormentato; **to be a.**, essere addormentato; dormire. ● **to fall a.**, addormentarsi.
aslope [ə'sloup], *avv. e a. pred.* in pendio; in pendenza; inclinato.
asocial [ei'souʃəl], *a.* **1** asociale **2** egoistico; egoista.
asociality [ei‚souʃi'æliti], *n.* **1** asocialità **2** egoismo.
asp (1) [æsp], *n.* (*poet.*) tremola, tremolo; pioppo tremulo.
asp (2) [æsp], *n.* (*zool.*, *Naja haje*) aspide.
asparagus [əs'pærəgəs], *n.* (*collett.*, *bot.*, *Asparagus officinalis*) asparago, asparagi.
aspect ['æspekt], *n.* **1** aspetto; apparenza; figura **2** esposizione

(*di edificio*): **That house has a southern a.**, quella casa ha un'esposizione a mezzogiorno **3** lato (*di casa*) volto (*verso un punto cardinale*): **the northern a. of the school**, il lato della scuola volto a settentrione **4** (*linguistica, astrologia*) aspetto.
aspectual [æs'pektʃuəl], *a.* (*linguistica*) aspettuale.
aspen ['æspən], **A** *n.* (*bot., Populus tremula*) tremola, tremolo; pioppo tremulo. **B** *a.* **1** di (*o* simile a) pioppo tremulo **2** (*fig., lett.*) tremulo; timoroso.
aspergill ['æspədʒil], *V.* **aspergillum**.
aspergillum [ˌæspə'dʒiləm], *n.* (*pl.* **aspergilla, aspergillums**) (*relig.*) aspersorio.
aspergillus [ˌæspə'dʒiləs], *n.* (*pl.* **aspergilli**) (*bot., Aspergillus*) aspergillo
asperity [æs'periti], *n.* **1** asprezza; asperità (*di superficie, suoni, ecc.*); rudezza, durezza (*di carattere*) **2** inclemenza, rigore (*del tempo*) **3** (*pl.*) rigori; sofferenze **4** (*pl.*) parole dure; insulti.
to asperse [əs'pəːs], *v. t.* **1** denigrare; calunniare **2** (*relig.*) aspergere.
aspersion [əs'pəːʃən], *n.* **1** denigrazione; calunnia **2** (*relig.*) aspersione. ● **to cast aspersions on sb.**, calunniare (*o* denigrare) q.
aspersorium [ˌæspə'souriəm], *n.* (*pl.* **aspersoria, aspersoriums**) (*relig.*) **1** acquasantiera **2** aspersorio.
asphalt ['æsfælt], *n.* asfalto. ● **a. road**, strada asfaltata □ **a. workman**, asfaltatore; asfaltista.
to asphalt ['æsfælt], *v. t.* asfaltare.
asphalter ['æsfæltə*], *n.* asfaltatore; asfaltista.
asphalting ['æsfæltiŋ], *n.* asfaltatura. ● **a. machine**, asfaltatrice.
asphodel ['æsfədel], *n.* (*pl.* **asphodel, asphodels**) (*bot., Asphodelus*) asfodelo.
asphyxia [æs'fiksiə], *n.* asfissia.
asphyxiant [æs'fiksiənt], **A** *a.* asfissiante. **B** *n.* sostanza asfissiante.
to asphyxiate [æs'fiksieit], *v. t.* e *i.* asfissiare; soffocare.
asphyxiation [æsˌfiksi'eiʃən], *n.* asfissia; soffocamento.
asphyxy [æs'fiksi], *V.* **asphyxia**.
aspic (1) ['æspik], *n.* (*poet.*) aspide.
aspic (2) ['æspik], *n.* gelatina di carne; aspic.
aspic (3) ['æspik], *n.* (*bot., Lavandula spica*) spigo.
aspirant [əs'paiərənt], *a.* e *n.* aspirante; candidato.
aspirate ['æspərit], **A** *a.* aspirato. **B** *n.* (*fon.*) aspirata.
to aspirate ['æspəreit], *v. t.* (*fon., med.*) aspirare.
aspiration [ˌæspə'reiʃən], *n.* (*anche fig.*) aspirazione.
aspirator ['æspəreitə*], *n.* aspiratore (*apparecchio*).
to aspire [əs'paiə*], *v. i.* aspirare; ambire; agognare: **to a. to** (*o* **after, at**) **st.**, aspirare a q.c.; ambire (a) q.c.
aspirin ['æspərin], *n.* (*pl.* **aspirins, aspirin**) (*farm.*) aspirina (*marchio*).
asquint [ə'skwint], **A** *avv.* di traverso; al modo degli strabici. **B** *a. pred.* storto; strabico. ● **to look a.**, guardar losco.
ass (1) [æs], *n.* asino (*anche fig.*); somaro. ● **to make an ass of oneself**, fare la figura dello stupido; rendersi ridicolo □ **to play the ass**, fare lo stupido □ **she-ass**, asina □ **wild ass**, asino selvatico; onagro.
ass (2) ['æs], *n.* (*specialm. USA*) **1** (*volg.*) culo (*volg.*) **2** chiavata, scopata (*volg.*). ● (*fig.*) **a bit of ass**, un (bel) pezzo di fica (*volg.*); una ragazza □ (*fig.*) **to get one's ass in gear**, darci sotto; mettercisi di buzzo buono.
assagai ['æsəgai], *n.* zagaglia.
to assagai ['æsəgai], *v. t.* colpire con la zagaglia.
to assail [ə'seil], *v. t.* **1** assalire (*anche fig.*); assaltare: **I am assailed by a doubt**, mi assale un dubbio **2** affrontare decisamente (*una difficoltà, ecc.*). ● **to a. sb. with questions**, investire q. di domande.
assailable [ə'seiləbl], *a.* (*anche fig.*) attaccabile.
assailant [ə'seilənt], *n.* assalitore.
assassin [ə'sæsin], *n.* assassino; sicario.
to assassinate [ə'sæsineit], *v. t.* assassinare.
assassination [əˌsæsi'neiʃən], *n.* assassinio.
assault [ə'sɔːlt], *n.* **1** (*anche fig.*) assalto; attacco: **to make an a. on**, dare l'assalto a **2** (*eufemismo*) stupro; violenza carnale **3** (*leg.*) violenza; aggressione; (minaccia di passare alle) vie di fatto. ● (*leg.*) **a. and battery**, vie di fatto; percosse □ (*mil.*) **a. craft**, mezzo da sbarco □ **a. units**, mezzi d'assalto □ (*mil.*) **to take by a.**, espugnare (*una fortezza*).
to assault [ə'sɔːlt], *v. t.* **1** assaltare; assalire; attaccare (*anche fig.*) **2** (*eufemismo*) stuprare **3** (*leg.*) minacciare; aggredire.
assay [ə'sei], *n.* **1** (*miner.*) saggio; assaggio: **gold ore a.**, saggio di minerale aurifero; **wet a.**, assaggio a umido; **dry a.**, assaggio a secco **2** campione di analisi **3** (*fig.*) tentativo arduo.
to assay [ə'sei], **A** *v. t.* **1** (*miner.*) saggiare; assaggiare (*raro*) **2** (*fig.*) tentare; intraprendere (*q.c. di difficile*). **B** *v. i.* risultare al saggio (*o* all'analisi): **This ore assays high in gold**, al saggio questo minerale grezzo risulta ricco d'oro.

assayable [ə'seiəbl], *a.* (*metall.*) saggiabile.
assayer [ə'seiə*], *n.* (*ind.*) saggiatore, assaggiatore.
assaying [ə'seiŋ], *n.* saggiatura (*di minerali*).
assegai, to assegai ['æsigai], *V.* **assagai, to assagai**.
assemblage [ə'semblidʒ], *n.* **1** adunata; accolta (*lett.*); assembramento **2** riunione, raccolta (*di cose*) **3** (*mecc.*) montaggio; assemblaggio **4** (*arte*) assemblaggio.
assemblagist [ə'semblidʒist], *n.* (*ind., arte*) assemblaggista.
to assemble [ə'sembl], *v. t.* e *i.* **1** riunire, riunirsi; radunare, radunarsi **2** (*mecc., elettron.*) montare; assemblare.
assembler [ə'semblə*], *n.* (*mecc., elettron.*) montatore; assemblatore.
assembling [ə'sembliŋ], *n.* **1** (*mecc., elettron.*) montaggio; assemblaggio **2** (*comm.*) assiemaggio: **the a. of goods**, l'assiemaggio delle merci. ● **a. bay**, reparto montaggio □ **a. line**, catena di montaggio □ **a. shop**, officina di montaggio.
assembly [ə'sembli], *n.* **1** adunanza; riunione; trattenimento **2** (*mil.*) adunata; segnale d'adunata **3** assemblea (*anche legislativa*) **4** (*mecc.*) montaggio; pezzi da montare. ● **a. shop** (**hall, plant**), officina (sala, reparto) di montaggio; **a. line**, catena di montaggio; ● **a. room**, aula per convegni; sala da ballo, concerto, ecc.
assemblyman [ə'semblimən], *n.* (*pl.* **assemblymen**) membro d'assemblea (*anche legislativa*).
assent [ə'sent], *n.* **1** assenso; consenso **2** benestare; approvazione. ● **royal a.**, sanzione sovrana □ **with one a.**, all'unanimità.
to assent [ə'sent], *v. i.* **1** assentire; acconsentire **2** – **to a. to**, approvare; sanzionare: **to a. to a proposal**, approvare una proposta.
assentation [ˌæsen'teiʃən], *n.* assentimento (*o* consenso) servile.
assentient [ə'senʃənt], **A** *a.* assenziente. **B** *n.* chi assente.
to assert [ə'səːt], **A** *v. t.* **1** asserire; affermare; sostenere **2** rivendicare; difendere, far valere (*un diritto*). **to assert oneself B** *v. rifl.* far valere i propri diritti; farsi valere; farsi avanti; imporsi.
assertable [ə'səːtəbl], *a.* **1** sostenibile **2** rivendicabile.
asserter [ə'səːtə*], *n.* assertore; propugnatore.
assertion [ə'səːʃən], *n.* **1** asserzione; affermazione **2** rivendicazione, difesa (*dei propri diritti*). ● (*leg.*) **a. under oath**, asseverazione con giuramento.
assertive [ə'səːtiv], *a.* **1** assertivo (*lett.*); dogmatico **2** assertivo; che si fa valere; che si fa avanti; che s'impone.
assertiveness [ə'səːtivnis], *n.* **1** dogmaticità **2** assertività; capacità di farsi valere.
assertor [ə'səːtə*], *V.* **asserter**.
to assess [ə'ses], *v. t.* **1** accertare (*un reddito*); valutare (*una proprietà ai fini fiscali*); stimare, valutare (*l'ammontare dei danni, ai fini legali o assicurativi*); stabilire, fissare (*l'ammontare d'una penalità*): **Damages were assessed at £ 1,000**, i danni furono valutati 1 000 sterline **2** gravare d'imposta; tassare; multare: **to a. sb.** (*o* **at**) (*o* **in**), gravare q. (q.c.) d'imposta per l'ammontare di; multare q. per l'ammontare di; **Your profits will be assessed under the schedule of income from trade**, i tuoi utili saranno tassati come redditi d'attività commerciale. ● (*fin.*) **assessed taxes**, imponibile accertato □ **assessed value**, valore imponibile.
assessable [ə'sesəbl], *a.* **1** accertabile **2** imponibile; tassabile. ● (*fin.*) **a. income**, (reddito) imponibile.
assessment [ə'sesmənt], *n.* **1** accertamento (*di reddito, ecc.*); valutazione (*di proprietà*); stima (*di danni*) **2** imposizione (*di imposta*) **3** ammontare d'una multa. ● (*fin.*) **a. book**, ruolo delle imposte □ (*ass.*) **the a. of a loss**, il regolamento di un sinistro □ (*fin.*) **a. on income**, accertamento dei redditi; imposta sul reddito □ (*fin.*) **a. on landed property**, imposta fondiaria.
assessor [ə'sesə*], *n.* **1** funzionario del fisco **2** consigliere tecnico (*di comitati, ecc.*); perito (*di corpi giudicanti*).
asset ['æset], *n.* **1** bene (*economico*) **2** qualità; pregio; numero (*fig.*): **Honesty is his chief a.**, l'onestà è il suo miglior numero **3** (*pl., comm.*) attivo; attività; avere **4** (*pl., leg.*) beni; patrimonio. ● (*rag.*) **assets and liabilities**, attivo e passivo; avere e dare □ (*rag.*) **the assets side**, la colonna delle attività; la parte dell'avere.
to asseverate [ə'sevəreit], *v. t.* asseverare; asserire; dichiarare.
asseveration [əˌsevə'reiʃən], *n.* asseverazione.
asshole ['æsˌhoul], *n.* (*specialm. USA*) **1** (*volg.*) buco del culo (*volg.*) **2** (*volg.*) testone, zuccone; cazzone (*volg.*).
to assibilate [ə'sibileit], *v. t.* e *i.* (*fon.*) assibilare, assibilarsi.
assiduity [ˌæsi'djuːiti], *n.* **1** assiduità; diligenza. **2** (*pl.*) attenzioni; premure.
assiduous [ə'sidjuəs], *a.* **1** assiduo; diligente **2** premuroso.
assiduousness [ə'sidjuəsnis], *n.* assiduità.
to assign [ə'sain], *v. t.* **1** assegnare **2** designare; delegare; incaricare: **Five men were assigned to patrol the road**, cinque uomini furono incaricati di pattugliare la strada **3** stabilire; fissare: **Has a day been assigned for the meeting?**, è stato fissato il giorno dell'incontro? **4** attribuire; trovare: **The doctor was unable to**

assign

a. a cause for my illness, il medico non riuscì a trovare la causa della mia malattia 5 (*leg.*) cedere, trasferire (*una proprietà, un diritto*).
assign [ə'sain], *n.* (*leg.*) 1 avente causa; avente diritto 2 (*leg.*) cessionario.
assignable [ə'sainəbl], *a.* 1 assegnabile 2 designabile 3 che si può fissare 4 attribuibile 5 (*leg.*) cedibile; trasferibile.
assignation [ˌæsig'neiʃən], *n.* 1 assegnazione 2 designazione 3 appuntamento 4 attribuzione 5 (*leg.*) trasferimento, cessione (*di proprietà o di diritti*).
assignee [ˌæsi'ni:], *n.* 1 (*leg.*) avente diritto; avente causa 2 (*leg.*) cessionario 3 (*comm.*) assegnatario; mandatario 4 (*anche* a. in bankruptcy) curatore (di fallimento); amministratore dei beni di un fallito.
assignment [ə'sainmənt], *n.* 1 assegnazione 2 designazione; nomina 3 compito; lavoro assegnato 4 attribuzione 5 (*leg.*) trasferimento; cessione: deed of a., atto di cessione (*il documento*) 6 nomina; incarico.
assignor [ˌæsi'nɔ*], *n.* 1 (*leg.*) cedente 2 (*comm.*) mandante.
assimilability [əˌsimiləˈbiliti], *n.* assimilabilità.
assimilable [ə'similəbl], *a.* 1 assimilabile; assorbibile 2 incorporabile 3 paragonabile.
to **assimilate** [ə'simileit], A *v. t.* 1 assimilare, assorbire (*anche fig.*) 2 incorporare: The Roman Empire assimilated many smaller states, l'Impero Romano incorporò molti stati minori 3 paragonare 4 (*fon.*) assimilare. B *v. i.* 1 essere assimilato (*o assorbito*) 2 (*fon.*) assimilarsi.
assimilation [əˌsimiˈleiʃən], *n.* 1 assimilazione; assorbimento 2 incorporazione 3 paragone.
assimilative [ə'similətiv], **assimilatory** [əˈsimilətəri], *a.* assimilativo (*V.* assimilation).
to **assist** [ə'sist], A *v. t.* assistere; aiutare. B *v. i.* — to a. at, assistere a; presenziare. ● to a. sb. in doing st., aiutare q. a fare q.c. □ to a. a ship in distress, soccorrere una nave in pericolo.
assistance [ə'sistəns], *n.* assistenza; aiuto: public a., assistenza pubblica; economic a., aiuti economici. ● (*anche autom.*) a. phone, telefono per (richiedere) l'assistenza.
assistant [ə'sistənt], A *a.* assistente; di aiuto. B *n.* 1 assistente; aiutante 2 aiuto; cosa che è d'aiuto 3 (*telev.*) valletta. ● a. accountant, aiuto contabile □ a. director, (*comm.*) vicedirettore; (*cinem.*) aiuto regista □ a. editor, vicedirettore (*di un giornale*); (*anche*) aiuto redattore □ (*nelle università*) a. in English, assistente d'inglese □ (*comm.*) a. manager, vicedirettore □ (*USA*) a. professor, assistente universitario □ a. secretary, vicesegretario □ shop a., commesso, commessa (*di negozio*).
assistantship [ə'sistəntʃip], *n.* assistentato (universitario).
assize [ə'saiz], *n.* (*leg.*) 1 inchiesta; seduta 2 (*pl.*) le Assise; la Corte d'Assise. ● (*fig., relig.*) the great a., il giudizio universale.
associability [əˌsouʃəˈbiliti], *n.* associabilità.
associable [ə'souʃəbl], *a.* associabile.
associate [ə'souʃiit], A *a.* 1 associato; alleato; unito 2 aggiunto; subordinato. B *n.* 1 socio; collega; compagno 2 membro subordinato (*di un'associazione o di un istituto*) 3 cosa unita a un'altra 4 (*USA*) diplomato (*con diploma parziale*): a. in music, diplomato in musica 5 (*leg.*) complice. ● a. editor, condirettore (*di giornale*) □ (*leg.*) a. judge, giudice a latere □ (*USA*) a. professor, professore associato.
to **associate** [ə'souʃieit], A *v. t.* 1 associare (*anche idee*); collegare (*anche fig.*): Everybody associates the name of Christopher Columbus with the discovery of America, tutti collegano il nome di Cristoforo Colombo alla scoperta dell'America 2 unire; congiungere (*cose*); mettere insieme. B *v. i.* 1 — to a. with, associarsi, collegarsi, unirsi a; entrare in società con: They want to a. (themselves) with a bigger concern, vogliono associarsi a un'azienda più grossa 2 — to a. with, stare in compagnia di; frequentare: Don't a. with people of doubtful repute, non frequentare persone di dubbia fama.
association [əˌsousiˈeiʃən], *n.* 1 (*anche leg.*) associazione; lega: Young Men's Christian A., associazione cristiana della gioventù 2 associazione d'idee; collegamento: the a. of fashion with industrial reality, il collegamento della moda con la realtà industriale 3 colleganza; unione; rapporti (*di lavoro*); contatti (*di vita*); compagnia: Boswell's long a. with Samuel Johnson, la lunga comunanza di vita fra Boswell e Samuel Johnson 4 (*sport*) associazione. ● (*sport*) a. football (*abbr.*: soccer), gioco del calcio (*cfr.* rugby football).
associationism [əˌsousiˈeiʃənizəm], *n.* (*psic.*) associazionismo.
associationist [əˌsousiˈeiʃənist], *n.* (*psic.*) associazionista.
associative [ə'souʃjətiv], **associatory** [ə'souʃjətəri], *a.* associativo.
assonance ['æsənəns], *n.* 1 (*fon., poesia*) assonanza 2 corrispondenza (*o somiglianza*) approssimativa.
assonant ['æsənənt], *a.* 1 (*fon., poesia*) assonante 2 approssimativamente corrispondente.

to **assort** [ə'sɔ:t], A *v. t.* 1 assortire 2 rifornire di merci varie. B *v. i.* essere dello stesso gruppo. ● to a. with, (*di cose*) armonizzare con; (*di persone*) frequentare, stare in compagnia di.
assorted [ə'sɔ:tid], *a.* assortito: a. toffees, caramelle assortite; ill--a. people, persone male assortite.
assortment [ə'sɔ:tmənt], *n.* assortimento.
to **assuage** [ə'sweidʒ], *v. t.* 1 alleviare; lenire; mitigare 2 placare; appagare; calmare; sedare: to a. one's thirst, calmare la sete.
assuagement [ə'sweidʒmənt], *n.* 1 alleviamento; lenimento 2 appagamento.
assumable [ə'sju:məbl], *a.* presumibile; assumibile, ecc. (*V.* to assume).
to **assume** [ə'sju:m], A *v. t.* 1 assumere, prendere (*un'aria, un aspetto; un nome; il comando; un impegno*) 2 usurpare 3 presumere; supporre: Let us a. he is right, supponiamo che abbia ragione 4 assumere; accogliere; accettare: He was assumed as a partner, fu accettato come socio 5 fingere; affettare; simulare; darsi l'aria di: He assumed an air of honesty, si dava l'aria d'essere onesto. B *v. i.* presumere; essere presuntuoso. ● to a. personal responsibility, assumersi la responsabilità □ (*leg.*) to a. a right, arrogarsi un diritto.
assumed [ə'sju:md], *a.* 1 finto; falso: an a. air of incorruptibility, un'aria falsa d'incorruttibilità; a. name, falso nome 2 presunto; supposto 3 affettato; ostentato.
assuming [ə'sju:miŋ], *a.* presuntuoso; arrogante.
assumption [ə'sʌmpʃən], *n.* 1 assunzione (*in ogni senso, eccetto quello di nomina a un impiego*): a. of power, assunzione del potere; the A. of the Virgin, l'Assunzione della Vergine 2 finzione; mostra: His honesty was all a., la sua onestà era solo mostra 3 supposizione; ipotesi 4 presunzione; arroganza 5 affettazione; ostentazione. ● a. of indifference, ostentazione d'indifferenza ● the a. of an obligation, l'accettazione di un obbligo □ (*leg.*) a. of ownership, entrata in possesso (*di un bene*).
assumptive [ə'sʌmptiv], *a.* 1 presunto; ipotetico; supposto 2 presuntuoso; arrogante.
assurable [ə'ʃuərəbl], *a.* (*comm., specialm. ingl.*) assicurabile.
assurance [ə'ʃuərəns], *n.* 1 assicurazione; garanzia; promessa: She gave me her a. that she would marry me, mi diede assicurazione che m'avrebbe sposato 2 fiducia; certezza 3 (*anche* self-a.) sicurezza; fiducia in sé 4 sicumera; impudenza; sfacciataggine: He had the a. to tell me I was wrong, ebbe la sfacciataggine di dirmi che avevo torto 5 (*comm., specialm. ingl.*) assicurazione: life a., assicurazione sulla vita. ● the a. of victory, la certezza della vittoria; la fede nella vittoria.
to **assure** [ə'ʃuə*], *v. t.* 1 assicurare; affermare con sicurezza; garantire; promettere 2 rassicurare: The news assured us, la notizia ci rassicurò 3 assicurare; mettere al sicuro 4 (*comm., specialm. ingl.*) assicurare. ● to a. one's life, fare un'assicurazione sulla vita.
assured [ə'ʃuəd], A *a.* 1 sicuro; certo: an a. income, una rendita sicura 2 sicuro di sé 3 impudente 4 (*comm.*) assicurato. B *n.* (*comm.*) 1 assicurato (*per lo più, sulla vita*) 2 beneficiario (*d'una polizza*).
assuredness [ə'ʃuədnis], *n.* 1 certezza 2 fiducia in sé.
assurer [ə'ʃuərə*], *n.* (*comm.*) assicuratore.
assurgent [ə'sə:dʒənt], *a.* 1 che assurge; che si eleva 2 (*bot.*) ascendente 3 aggressivo.
Assyria [ə'siriə], *n.* (*geogr., stor.*) Assiria.
Assyrian [ə'siriən], *a. e n.* assiro.
Assyriologist [əˌsiriˈɔlədʒist], *n.* assiriologo.
Assyriology [əˌsiriˈɔlədʒi], *n.* assiriologia.
ast [a:st], *voce verb.* (*pop. USA*) asked (*V. sotto* to ask).
astatic [ə'stætik], *a.* (*fis.*) astatico: a. needle, ago astatico.
astatine ['æstəti:n], *n.* (*chim.*) astato.
aster ['æstə*], *n.* (*bot., Callistephus chinensis*) aster; astro della Cina.
asterisk ['æstərisk], *n.* asterisco; stelloncino.
to **asterisk** ['æstərisk], *v. t.* segnare con un asterisco.
asterism ['æstərizəm], *n.* 1 (*astron.*) asterismo; costellazione 2 (*miner.*) asterismo 3 (*tipogr.*) triangolo di tre asterischi.
astern [əs'tə:n], *avv.* (*naut.*) a poppa; indietro: full speed a.!, indietro a tutta forza!; (*di nave*) to fall a., restare indietro; essere distanziata (*da altra nave*). ● a. of, a poppavia di (*naut.*) to drop a., scadere di poppa □ (*naut.*) to form a., accodarsi □ (*naut.*) to go a., andare indietro □ (*naut.*) to pass a. of a ship, defilare di poppa a una nave.
asteroid ['æstərɔid], A *a.* a forma di stella. B *n.* 1 (*astron.*) asteroide 2 (*pl., zool., Asteroidea*) asteroidi.
asthenia [æs'θi:njə], *n.* (*med.*) astenia.
asthenic [æs'θenik], *a. e n.* (*med.*) astenico.
asthma ['æsmə], *n.* (*med.*) asma.
asthmatic [æs'mætik], *a. e n.* (*med.*) asmatico.
asthmatical [æs'mætikəl], *a.* asmatico.
astigmatic [ˌæstig'mætik], *a.* (*med.*) astigmatico.

astigmatism [æs'tigmətizəm], *n.* (*med.*) astigmatismo.
astir [ə'stəː*], *avv.* e *a. pred.* **1** in moto; in agitazione **2** alzato; in piedi: **You are a. as such an early hour?**, sei in piedi così di buon'ora? ● **to be a. with**, brulicare di: **The river was a. with fish**, il fiume brulicava di pesci.
to astonish [əs'tɔniʃ], *v. t.* stupire; sorprendere; meravigliare.
astonished [əs'tɔniʃt], *a.* stupito; sorpreso. ● **an a. look**, uno sguardo di stupore □ **to be a. at st.**, essere stupito (*o* stupirsi, meravigliarsi) di q.c.
astonishing [əs'tɔniʃiŋ], *a.* stupefacente; sorprendente; straordinario. ● **an a. show**, uno spettacolo straordinariamente bello.
astonishment [əs'tɔniʃmənt], *n.* stupore; sorpresa; meraviglia.
to astound [əs'taund], *v. t.* riempire di stupore; stordire per la meraviglia; sbalordire.
astounding [əs'taundiŋ], *a.* stupefacente; sbalorditivo.
astrachan [ˌæstrə'kæn], *V.* **astrakhan**.
astraddle [ə'strædl], *avv., a. pred.* e *prep.* a cavalcioni (di).
astragal ['æstrəgəl], *n.* **1** (*archit.*) astragalo (*tondino*) **2** (*USA*) *V.* **astragalus**.
astragalus [æs'trægələs], *n.* (*pl.* **astragali**) (*anat.; bot.*, Astragalus) astragalo.
astrakhan [ˌæstrə'kæn], **A** *n.* astrakan. **B** *a.* d'astrakan.
astral ['æstrəl], *a.* astrale: **a. lamp**, lampada astrale. ● **a. body**, (*astron.*) corpo celeste; (*parapsicologia*) corpo astrale □ **a. hatch**, cupola d'aeroplano (*per osservare gli astri*).
astray [əs'trei], *avv.* e *a. pred.* fuori strada (*anche fig.*); smarrito; sviato: **to go a.**, andar fuori strada; smarrirsi; sviarsi; traviarsi. ● **to lead sb. a.**, sviare q.; traviare q.
astriction [ə'strikʃən], *n.* **1** (*raro*) costrizione; restrizione **2** (*med.*) stitichezza.
astrictive [ə'striktiv], *a.* e *n.* (*farm.*) astringente.
astride [əs'traid], **A** *avv.* e *a. pred.* **1** a cavalcioni **2** a gambe divaricate. **B** *prep.* **1** a cavalcioni di: **a. (of) the chair**, a cavalcioni della sedia **2** – **a. of**, in senso trasversale; attraverso: **The soldiers were posted a. of the road**, i soldati erano schierati attraverso la strada. ● **to ride a.**, cavalcare (*a gambe divaricate, non all'amazzone*).
to astringe [æs'trindʒ], *v. t.* (*raro*) astringere.
astringency [əs'trindʒənsi], *n.* **1** astringenza; potere astringente **2** (*fig.*) durezza; rigidità; severità.
astringent [əs'trindʒənt], **A** *a.* **1** astringente **2** (*fig.*) duro; rigido; severo. **B** *n.* (*farm.*) astringente.
astro ['æstrou], (*pop.*) *V.* **astronaut**.
astrobiological ['æstroubaiə'lɔdʒikəl], *a.* astrobiologico.
astrobiologist [ˌæstroubai'ɔlədʒist], *n.* astrobiologo.
astrobiology [ˌæstroubai'ɔlədʒi], *n.* astrobiologia.
astrochemist [ˌæstrou'kemist], *n.* astrochimico.
astrochemistry [ˌæstrou'kemistri], *n.* astrochimica.
astrodynamic [ˌæstroudai'næmik], *a.* astrodinamico.
astrodynamicist [ˌæstroudai'næmisist], *n.* astrodinamico.
astrodynamics [ˌæstroudai'næmiks], *n. pl.* (*col verbo al sing.*) astrodinamica.
to astrogate ['æstrəgeit], *v. i.* navigare nello spazio.
astrogation [ˌæstrə'geiʃən], *n.* navigazione spaziale.
astrogeologic [ˌæstroudʒiə'lɔdʒik], *n.* astrogeologico.
astrogeologist ['æstroudʒi'ɔlədʒist], *n.* astrogeologo.
astrogeology [ˌæstroudʒi'ɔlədʒi], *n.* astrogeologia.
astrolabe ['æstrouleib], *n.* (*astron.*) astrolabio.
astrologer [əs'trɔlədʒə*], *n.* astrologo.
astrologic(al) [ˌæstrə'lɔdʒik(əl)], *a.* astrologico.
astrology [əs'trɔlədʒi], *n.* astrologia.
astronaut ['æstrɔnɔːt], *n.* astronauta; cosmonauta.
astronautess ['æstrɔnɔːtis], *n.* astronauta, cosmonauta (*donna*).
astronautic(al) [ˌæstrə'nɔːtik(əl)], *a.* astronautico; cosmonautico.
astronautics [ˌæstrə'nɔːtiks], *n. pl.* (*col verbo al sing.*) astronautica; cosmonautica.
astronomer [əs'trɔnəmə*], *n.* astronomo.
astronomic(al) [ˌæstrə'nɔmik(əl)], *a.* (*anche fig.*) astronomico: **a. figures**, cifre astronomiche.
astronomy [əs'trɔnəmi], *n.* astronomia.
astrophotograph [ˌæstrou'foutəgraːf], *n.* astrofotografia (*l'immagine*).
astrophotographer ['æstroufə'tɔgrəfə*], *n.* fotografo astronautico; astrofotografo.
astrophotography [ˌæstroufə'tɔgrəfi], *n.* astrofotografia (*la tecnica*).
astrophysical [ˌæstrou'fizikəl], *a.* astrofisico.
astrophysicist [ˌæstrou'fizisist], *n.* astrofisico.
astrophysics ['æstrou'fiziks], *n. pl.* (*col verbo al sing.*) astrofisica.
astrospace ['æstrouˌspeis], *n.* astrospazio.
astute [əs'tjuːt], *n.* **1** avveduto; sagace **2** astuto; furbo; scaltro.
astuteness [əs'tjuːtnis], *n.* **1** sagacia; avvedutezza **2** astuzia;

furbizia; scaltrezza.
asunder [ə'sʌndə*], *avv.* **1** a pezzi (*in due o più parti*) **2** separatamente. ● **to come a.**, disgiungersi; separarsi □ **to drive a.**, separare □ **to fall a.**, andare in pezzi; rompersi □ **to tear a.**, stracciare; spezzare; fare a pezzi.
asylum [ə'sailəm], *n.* **1** asilo; rifugio **2** (*stor.*) diritto di asilo **3** (*polit.*) asilo politico **4** ospizio; casa di ricovero. ● **lunatic a.**, manicomio.
asymmetric(al) [ˌæsi'metrik(əl)], *a.* asimmetrico.
asymmetry [æ'simitri], *n.* asimmetria.
asymptote ['æsimptout], *n.* (*geom.*) asintoto.
asymptotic [ˌæsimp'toutik], *a.* (*geom.*) asintotico.
asynchronism [æ'siŋkrənizəm], *n.* (*fis., mecc.*) asincronismo.
asynchronous [æ'siŋkrənəs], *a.* (*fis., mecc.*) asincrono.
asyndeton [æ'sinditən], *n.* (*pl.* **asyndeta, asyndetons**) (*gramm.*) asindeto.
at [æt, ət], *prep.* **1** (*luogo, tempo, occupazione, modo, direzione, prezzo*) a, ad: **at Florence**, a Firenze; **at home**, a casa; (**near**) **at hand**, a portata di mano; **at a distance**, a una certa distanza; **at Easter**, a Pasqua; **at midday**, a mezzogiorno; **at work**, al lavoro; **at dinner**, a pranzo; **at school**, a scuola; **Let's play at being soldiers!**, giochiamo ai soldati (*o* alla guerra)!; **at will**, a volontà; **at (first) sight**, a (prima) vista; **The wolf jumped at the man's throat**, il lupo balzò alla gola dell'uomo; **He threw a stone at the dog**, tirò un sasso al cane; **It was sold at a low price**, fu venduto a basso prezzo **2** (*luogo, condizione, delimitazione*) in: **at the place where**, nel luogo in cui; **at the top of the page**, in cima alla pagina; **at peace**, in pace; **at war**, in guerra; **at rest**, in riposo; **to be clever** (*o* **good**) **at Latin**, essere bravo in latino **3** (*tempo, modo*) di; a: **at night**, di notte; **at a run**, di corsa; **at a gallop**, al galoppo **4** (*modo*) con: **at leisure**, con comodo **5** contro; addosso: **The wounded tiger rushed at the hunter**, la tigre ferita fece un balzo contro il cacciatore; (*fam.*) **At him!**, (dagli) addosso!; **to fire at sb.**, sparare contro q. **6** da; presso; per; attraverso: **at the barber's**, dal barbiere; **The burglar got in at the back door**, il ladro s'introdusse dalla porta didietro. ● **at all**, affatto; punto □ **at first**, dapprima; al principio □ **at hand**, a portata di mano; vicino □ (*leg.*) **at large**, latitante □ **at last**, infine; finalmente □ **at least**, almeno □ **at most**, al massimo □ **at once**, subito; immediatamente □ **at present**, adesso; ora □ **at that**, a questo punto; per giunta: **Let it go at that**, lasciamo perdere (a questo punto); non voglio discutere più; **She has lost a ring, and an expensive one at that**, ha perso un anello, e costoso, per giunta □ **at a time**, alla volta: **one thing at a time**, una cosa alla volta □ **at times**, a volte; talora, talvolta □ **to be at**, stare facendo; combinare: **What are you at?**, che stai facendo? □ **to be surprised (pleased) at**, essere sorpreso (lieto) di □ **to call at**, passare da (q.); (*naut.*) fare scalo in (*un porto*) □ **to laugh at sb.**, ridere di (*o* deridere) q. □ **to look at**, guardare □ **to point at**, indicare; additare □ **He's at it again**, ci risiamo.
ataraxia [ˌætər'æksiə], **ataraxy** ['ætəræksi], *n.* (*filos.*) atarassia.
atavic [ə'tævik], *a.* atavico; atavistico.
atavism ['ætəvizəm], *n.* atavismo.
atavistic [ˌætə'vistik], *V.* **atavic**.
ataxia [ə'tæksiə], **ataxy** [ə'tæksi], *n.* (*med.*) atassia.
ataxic [ə'tæksik], *a.* atassico; affetto da atassia.
atchoo [ə'tʃuː], (*USA*) *V.* **atishoo**.
ate [et], *pass.* di **to eat**.
Athanasian [ˌæθə'neiʃən], *a.* e *n.* (*stor. relig.*) (seguace) di Atanasio.
Athanasius [ˌæθə'neiʃəs], *n.* (*stor. relig.*) Atanasio.
atheism ['eiθiizəm], *n.* ateismo.
atheist ['eiθiist], *n.* ateo; ateista.
atheistic(al) [ˌeiθi'istik(əl)], *a.* ateo; ateistico.
Athena [ə'θiːnə], *n.* (*mitol.*) Atena.
athenaeum, (*USA*) **atheneum** [ˌæθi'ni(ː)əm], *n.* **1** ateneo; società letteraria (*o* scientifica) **2** biblioteca; sala di lettura.
Athene [ə'θiːni(ː)], *n.* (*mitol.*) Atena.
Athenian [ə'θiːnjən], *a.* e *n.* ateniese.
Athens ['æθinz], *n.* (*geogr.*) Atene.
athirst [ə'θəːst], *a. pred.* **1** (*poet.*) assetato **2** (*fig.*) avido.
athlete ['æθliːt], *n.* atleta. ● **a.'s foot**, piede d'atleta.
athletic [æθ'letik], *a.* **1** atletico **2** (*sport: di tackle, ecc.*) vigoroso.
athletically [æθ'letikəli], *avv.* atleticamente.
athleticism [æθ'letisizəm], *n.* atletismo.
athletics [æθ'letiks], *n. pl.* (*anche col verbo al sing.*) atletica.
at-home [ət'houm], *n.* ricevimento (*in casa privata*): **a. day**, giorno di ricevimento.
athwart [ə'θwɔːt], *avv.* e *prep.* **1** di traverso (a); obliquamente (rispetto a); da un lato all'altro (di) **2** in opposizione (a); in contrasto (con) **3** (*naut.*) al traverso (di); per madiere; di traverso. ● **a.-ship bulkhead**, paratia trasversale.

atilt [ə'tilt], *avv.* e *a. pred.* **1** inclinato; di sghembo **2** con la lancia in resta. ● **to ride** (*o* **to run**) **a.**, correre la giostra; giostrare; torneare; (*fig.*) combattere (a) lancia in resta; andare all'attacco.

atishoo [ə'tiʃu:], *inter.* (*ingl.*) ecci!; etci!; atciù!; ecciù (*starnuto*). ● **to go a.**, fare ecci.

Atlantean [,ætlæn'ti:ən], *a.* **1** di Atlante (*monte e gigante*) **2** dell'Atlantide **3** (*fig.*) fortissimo; possente.

Atlantic [ət'læntik], *a.* e *n.* (*geogr.*) atlantico. ● (*naut.*) **an A. liner**, un transatlantico.

Atlanticism [ət'læntisizəm], *n.* (*polit.*) atlantismo.

Atlanticist [ət'læntisist], *n.* (*polit.*) fautore dell'atlantismo.

Atlantis [ət'læntis], *n.* (*geogr., mitol.*) Atlantide.

atlas ['ætləs], *n.* **1** (*geogr., anat.: pl.* **atlases**) atlante **2** (*archit.: pl.* **atlantes**) atlante, telamone (*cariatide maschile*).

Atlas ['ætləs], *n.* Atlante (*monte e gigante mitico*).

atmosphere ['ætməsfiə*], *n.* (*anche fig.*) atmosfera.

atmospheric [,ætməs'ferik], *a.* **1** atmosferico: **a. disturbance**, perturbazione atmosferica; **a. pressure**, pressione atmosferica **2** (*fig.*) che crea un'atmosfera: *Her songs are very a.*, le sue canzoni creano un'atmosfera. ● **a. physics**, fisica dell'atmosfera.

atmospherical [,ætməs'ferikəl], *V.* **atmospheric**.

atmospherics [,ætməs'feriks], *n. pl.* **1** (*radio, telev.*) interferenza atmosferica; scariche **2** fenomeni atmosferici.

atoll ['ætɔl], *n.* atollo.

atom ['ætəm], *n.* **1** (*fis.*) atomo **2** (*fig.*) briciola: **to blow to atoms**, ridurre in briciole (*con un'esplosione*). ● **a. bomb**, bomba atomica □ **atoms of dust**, particelle di polvere □ (*fig.*) **to blow** (*o* **to crush, to smash**) **to atoms**, distruggere totalmente.

atomic [ə'tɔmik], *a.* atomico; nucleare: **a. bomb**, bomba atomica; **a. plant**, centrale atomica; **a. warfare**, guerra atomica; (*mil.*) **a. weapon**, arma nucleare.

atomical [ə'tɔmikəl], *V.* **atomic**.

atomicity [ætə'misiti], *n.* **1** (*chim.*) numero di atomi in una molecola; (*un tempo*) valenza **2** (*fis.*) atomicità.

atomism ['ætəmizəm], *n.* (*filos.*) atomismo.

atomist ['ætəmist], *n.* (*filos.*) atomista.

atomistic [,ætə'mistik], *a.* atomistico.

atomistics [,ætə'mistiks], *n. pl.* (*col verbo al sing.*) (*chim.*) atomistica.

atomization [,ætəmai'zeiʃən], *n.* **1** atomizzazione **2** nebulizzazione, polverizzazione (*di un liquido*).

to atomize ['ætəmaiz], *v. t.* **1** atomizzare **2** polverizzare, nebulizzare (*un liquido*).

atomizer ['ætəmaizə*], *n.* atomizzatore; nebulizzatore; polverizzatore (*di liquidi in genere*); spruzzatore (*di profumo*).

atomy ['ætəmi], *n.* (*raro*) **1** briciola; minuzzolo **2** pigmeo.

atonal [ei'tounl], *a.* (*mus.*) atonale.

atonality [,eitou'næliti], *n.* (*mus.*) atonalità.

to atone [ə'toun], *v. i.* fare ammenda; espiare; riparare: **to a. for one's wrongs**, riparare le proprie colpe; **to a. for a wrongdoer**, espiare per un colpevole.

atonement [ə'tounmənt], *n.* riparazione; ammenda; espiazione. ● (*relig.*) **the A.**, la Redenzione.

atonic [æ'tɔnik], *A a.* **1** (*fon.*) atono **2** (*med.*) atonico. *B n.* sillaba (*o* parola) atona.

atony ['ætəni], *n.* (*fon., med.*) atonia.

atop [ə'tɔp], *avv.* e *prep.* (*lett.*) in cima (a).

atrabiliar [,ætrə'biljə*], **atrabilious** [,ætrə'biljəs], *a.* **1** (*med.*) atrabiliare **2** malinconico; ipocondriaco **3** irascibile; irritabile.

atrabiliousness [,ætrə'biljəsnis], *n.* **1** malinconia; ipocondria **2** irascibilità; irritabilità.

Atreus ['eitriu:s], *n.* (*mitol.*) Atreo.

atrip [ə'trip], *a. pred.* (*naut.*) **1** (*di ancora*) spedata **2** (*di vela*) alzata a segno **3** (*di pennone*) ghindato e pronto per essere incrociato.

atrium ['a:triəm], *n.* (*pl.* **atria, atriums**) **1** atrio (*in ogni senso*) **2** sagrato (*di chiesa*).

atrocious [ə'trouʃəs], *a.* **1** atroce; feroce **2** (*fam.*) orribile; pessimo; di pessimo gusto: **an a. dress**, un vestito di pessimo gusto; **a. weather**, tempo pessimo.

atrociousness [ə'trouʃəsnis], *n.* atrocità.

atrocity [ə'trɔsiti], *n.* **1** atrocità **2** (*fam.*) orrore; pessimo gusto.

atrophic [æ'trɔfik], *a.* atrofico.

atrophy ['ætrəfi], *n.* (*med.*) atrofia.

to atrophy ['ætrəfi], *v. t.* e *i.* atrofizzare, atrofizzarsi.

atropin(e) ['ætrəpin], *n.* (*chim.*) atropina.

Atropos ['ætrəpɔs], *n.* (*mitol.*) Atropo.

attaboy ['ætəbɔi], *inter.* **1** coraggio!; forza! **2** bravo!

to attach [ə'tætʃ], *A v. t.* **1** attaccare; legare; fissare; unire: **to a. oneself to**, unirsi a; entrare a far parte di **2** attirare; avvincere; legare a sé; rendersi simpatico a: *He hasn't the gift of attaching people to him*, non ha il dono di rendersi simpatico alla gente; attacca poco con tutti (*fam.*) **3** apporre: **to a. one's signature**, apporre la propria firma **4** annettere; attribuire: **to a. importance to st.**, annettere importanza a q.c. **5** (*leg.*) sequestrare; pignorare **6** (*specialm. mil.*) assegnare; aggregare: *Captain B. was attached to the 11th regiment*, il capitano B. fu assegnato all'11° reggimento **7** allegare; accludere (*documenti, ecc.*). *B v. i.* **1** essere annesso (*o* connesso); comportare: *the advantages that a. to the office of president*, i vantaggi connessi con la carica di presidente; *No salary attaches to this appointment*, questa nomina non comporta retribuzione alcuna **2** (*leg.*) avere effetto (*o* efficacia): *The insurance has ceased to a.*, l'assicurazione ha cessato d'avere effetto.

attachable [ə'tætʃəbl], *a.* **1** attaccabile; fissabile **2** che si affeziona **3** attribuibile **4** (*leg.*) sequestrabile; pignorabile.

attaché [ə'tæʃei] (*franc.*), *n.* addetto (*d'ambasciata*). ● **a. case**, borsa (*di cuoio, per documenti*).

attached [ə'tætʃt], *a.* **1** attaccato; affezionato; devoto **2** assegnato; addetto **3** (*comm.*) accluso; allegato; annesso **4** (*edil.*) annesso; attiguo **5** (*mil.*) aggregato.

attachment [ə'tætʃmənt], *n.* **1** l'attaccare; attaccatura **2** cosa attaccata; aggiunta **3** attaccamento; affetto; devozione **4** accessorio (*di strumento, di macchina*) **5** (*leg.*) sequestro; pignoramento.

attack [ə'tæk], *n.* **1** attacco; assalto; accesso (*di malattia*): **a heart a.**, un attacco di cuore **2** avvio, inizio (*di lavoro, impresa*) **3** (*mil., sport*) attacco. ● (*sport*) **incessant** (*o* **insistent**) **a.**, forcing □ **to make an all-out a. on sb.** (*st.*), partire in quarta contro q. (q.c.; *fig.*).

to attack [ə'tæk], *v. t.* **1** attaccare; assalire: *Acids a. metal containers*, gli acidi attaccano i recipienti metallici **2** iniziare (*un lavoro, ecc.*); affrontare (*un problema*); attaccare a (*seguito da inf.*): *He attacked his meal at once*, iniziò subito il pasto; attaccò subito a mangiare **3** (*mil., sport*) attaccare.

attackable [ə'tækəbl], *a.* attaccabile; assalibile.

attacker [ə'tækə*], *n.* **1** assalitore; aggressore **2** (*mil., sport*) attaccante **3** (*calcio*) punta.

attackman [ə'tækmən], *n.* (*pl.* **attackmen**) (*sport*) attaccante; punta.

to attain [ə'tein], *A v. t.* **1** raggiungere; arrivare a: *She attained the age of ninety*, arrivò all'età di novant'anni **2** conseguire; ottenere; raggiungere: *I hope he will a. his object*, spero che conseguirà il suo scopo. *B v. i.* — **to a. to**, arrivare a; raggiungere.

attainability [ə,teinə'biliti], *n.* l'essere ottenibile (*o* raggiungibile); accessibilità.

attainable [ə'teinəbl], *a.* raggiungibile; ottenibile; accessibile.

attainableness [ə'teinəblnis], *V.* **attainability**.

attainder [ə'teində*], *n.* (*leg., stor.*) perdita dei beni e dei diritti civili (*in conseguenza di proscrizione*).

attainment [ə'teinmənt], *n.* **1** conseguimento; raggiungimento **2** risultato raggiunto; cosa conseguita; realizzazione; successo: *He is famous for his literary attainments*, è famoso per i suoi successi letterari **3** (*specialm. al pl.*) cognizioni; preparazione; cultura.

to attaint [ə'teint], *v. t.* **1** (*leg., stor.*) privare dei beni e dei diritti civili **2** macchiare; disonorare **3** (*raro*) infettare.

attaint [ə'teint], *n.* (*leg., stor.*) perdita dei beni e dei diritti civili; morte civile.

attar ['ætə*], *n.* essenza di fiori: **a. of roses**, essenza di rose.

to attemper [ə'tempə*], *v. t.* (*raro o arc.*) **1** temperare (*i moti dell'animo, la temperatura, ecc.*); moderare; frenare (*l'ira, ecc.*) **2** diluire; stemperare **3** adattare (a) **4** accordare (*la voce*); intonare.

attempt [ə'tempt], *n.* **1** tentativo; sforzo: **an a. at escaping**, un tentativo d'evasione **2** attentato: *A fanatic made an a. on the President's life*, un fanatico fece un attentato contro la vita del Presidente.

to attempt [ə'tempt], *v. t.* tentare; provare; sforzarsi di fare: *He attempted a task beyond his powers*, si sforzò di fare un lavoro superiore alle sue forze; *Our forces attempted the fortress*, le nostre forze tentarono di espugnare la fortezza. ● **to a. sb.'s life**, attentare alla vita di q. □ (*leg.*) **attempted murder**, tentato omicidio.

attemptable [ə'temptəbl], *a.* tentabile.

attempter [ə'temptə*], *n.* **1** chi tenta; chi si sforza **2** attentatore.

to attend [ə'tend], *v. t.* e *i.* **1** frequentare; essere presente a; presenziare; intervenire, andare a: *They a. lectures every other day*, vanno a lezione un giorno sì e uno no **2** — **to a. to**, attendere a; applicarsi a; occuparsi di; badare a: *You should a. to your work*, dovresti attendere (*o* applicarti) al tuo lavoro **3** — **to a. upon**, essere al seguito (*o* al servizio) di; scortare **4** assistere; aver cura di: *Which nurse is attending him?*, qual è l'infermiera che lo assiste? **5** accompagnare; seguire: *Success attended his efforts*, il successo accompagnò i suoi sforzi; i suoi sforzi furono coronati dal successo **6** prestare attenzione; dare ascolto **7** (*arc.*) attendere; aspettare. ● **to a. a meeting**, presenziare una riunione ☐ **to a. sb.'s lessons**, seguire le lezioni di q. ☐ **to a. sb.'s orders**, eseguire gli ordini di q. ☐ **to a. strictly to business**, occuparsi solo d'affari ☐ (*comm.*) **to a. to the collection of a bill**, curare l'incasso di una cambiale ☐ **to a. to a trial**, assistere a un processo.

attendance [ə'tendəns], *n.* **1** frequenza; presenza **2** servizio; disposizione: **to be in a.** (**up**)**on sb.**, essere al servizio (*o* a disposizione) di q.; **Is Doctor Jones still in a.?**, è ancora in servizio il Dottor Jones? **3** assistenza: **medical a.**, assistenza medica **4** pubblico; spettatori; gente presente. ● **a. at school**, frequenza scolastica ☐ **a. book**, registro delle presenze ☐ **a. check** (*o* **a. fee**), gettone di presenza ☐ **a. register**, registro delle presenze ☐ **lady-in-a.**, dama di compagnia.

attendant [ə'tendənt], **A** *a.* **1** che è presente **2** che presta assistenza **3** che accompagna (*o* segue) (q. *o* q.c.): **war and its a. calamities**, la guerra e le sventure che l'accompagnano (*o* seguono). **B** *n.* **1** servitore; guardiano; sorvegliante; custode: **a museum a.**, il custode di un museo **2** compagno **3** (persona) presente; frequentatore (*assiduo*) **4** (*pl.*) personale (*di negozio, ecc.*) **5** (*pl.*) seguito, seguaci (*di sovrano*). ● **a. circumstances**, circostanze concomitanti ☐ **to be a. on sb.**, accompagnare (*o* scortare) q.

attention [ə'tenʃən], *n.* **1** attenzione: **to pay a. to**, prestare attenzione a **2** assistenza; prime cure: **The victim of the accident received a. at the hospital**, la vittima dell'incidente ricevette le prime cure all'ospedale **3** (*pl.*) premure; cortesie; gentilezze; attenzioni **4** (*mil.*) attenti: **A.!**, attenti!; **to come to a.**, mettersi sull'attenti; **to stand at a.**, stare sull'attenti. ● **a. of Mr X. Y.**, all'attenzione del Sig. X. Y. ☐ (*fam.*) **to be all a.**, essere tutt'orecchi ☐ **to pay one's attentions to a girl**, fare la corte a una ragazza.

attentive [ə'tentiv], *a.* **1** attento; che presta attenzione **2** assiduo; premuroso; cortese; sollecito; riguardoso: **to be a. to sb.**, essere premuroso con q.

attentiveness [ə'tentivnis], *n.* **1** attenzione **2** assiduità; premura; cortesia; sollecitudine.

attenuant [ə'tenjuənt], **A** *n.* (*med.*) sostanza diluente. **B** *a.* diluente.

to attenuate [ə'tenjueit], **A** *v. t.* **1** assottigliare **2** attenuare **3** (*med.*) diluire; rarefare (*le secrezioni*) **4** (*med.*) sminuire la virulenza di; indebolire. **B** *v. i.* assottigliarsi, attenuarsi.

attenuate [ə'tenjuit], *a.* **1** esile **2** rarefatto.

attenuation [ə‚tenju'eiʃən], *n.* **1** assottigliamento **2** attenuazione.

to attest [ə'test], *v. t.* e *i.* **1** attestare; testimoniare; dimostrare; essere prova di: **He attested to my innocence**, egli attestò la mia innocenza; **His words attested his honesty**, le sue parole erano prova della sua onestà **2** affermare (*con giuramento*); far prestare giuramento (a) **3** autenticare; legalizzare; vidimare: **to a. a signature**, autenticare una firma. ● (*leg.*) **attested affidavit**, atto notorio ☐ **attested copy**, copia vidimata, copia autentica (*di un documento*) ☐ (*ingl.*) **attested milk**, latte a norma di legge (*pastorizzato, ecc.*).

attestation [‚ætes'teiʃən], *n.* **1** attestazione; attestato; testimonianza; deposizione **2** il far prestare giuramento **3** autenticazione; legalizzazione; vidimazione.

attester, **attestor** [ə'testə*], *n.* **1** attestatore; chi fa un'attestazione, ecc. (*V.* **attestation**). **2** (*leg.*) testimone.

Attic ['ætik], *a.* e *n.* attico: **A. salt**, sale attico (*spirito degli Ateniesi*); **A. tastes**, gusti attici.

attic ['ætik], *n.* **1** (*archit.*) attico; mansarda **2** soffitta; solaio.

atticism ['ætisizəm], *n.* atticismo; atticità (*raro*).

to atticize ['ætisaiz], *v. i.* atticizzare.

attire [ə'taiə*], *n.* **1** abito; abbigliamento; vesti **2** (*zool.*) palchi (*di corna di cervo*).

to attire [ə'taiə*], *v. t.* vestire; abbigliare; acconciare.

attitude ['ætitju:d], *n.* **1** (*anche fig.*) atteggiamento: **We must maintain a firm a.**, dobbiamo tenere un atteggiamento fermo **2** posa: **to strike an a.**, assumere una posa **3** opinione; modo di comportarsi **4** (*aeron.*) assetto; posizione di un aeroplano. ● **a. of mind**, abito mentale.

attitudinarian [‚ætitjudi'nɛəriən], *n.* posatore.

to attitudinize [‚æti'tju:dinaiz], *v. i.* posare; essere affettato.

to attorn [ə'tə:n], *v. i.* **1** (*stor.*) prestare omaggio (*al nuovo signore feudale*) **2** (*leg.*) rimanere affittuario (*di un nuovo proprietario*).

attorney [ə'tə:ni], *n.* (*leg.*) **1** procuratore; mandatario; rappresentante **2** (*anche* **a.-at-law**) procuratore legale; avvocato; plaintiff's a., avvocato di parte civile. ● **A. General**, Procuratore Generale (*e, a un tempo, ministro della giustizia in USA*) ☐ (*leg.*) **a.'s office**, procura (*ufficio del procuratore*) ☐ **letter of a.**, procura (*documento*) ☐ **power of a.**, procura (*autorità conferita*).

attorneyship [ə'tə:niʃip], *n.* (*leg.*) carica (*o* ufficio) di procuratore.

to attract [ə'trækt], **A** *v. t.* **1** attirare: **The first aim of advertising is to a. the attention of prospective customers**, il primo scopo della pubblicità è d'attirare l'attenzione dei probabili clienti **2** attrarre: **Her beautiful face attracts people**, il suo bel viso attrae la gente. **B** *v. i.* attrarre; essere attraente.

attractable [ə'træktəbl], *a.* che può essere attirato (*o* attratto).

attraction [ə'trækʃən], *n.* **1** attrazione **2** attrattiva; seduzione: **the attractions of life in Paris**, le attrattive del vivere a Parigi.

attractive [ə'træktiv], *a.* **1** che attira; attraente; piacevole; affascinante; avvincente **2** (*fis.*) attrattivo. ● (*comm.*) **an a. price**, un prezzo allettante.

attributable [ə'tribjutəbl], *a.* attribuibile.

attribute ['ætribju:t], *n.* attributo (*in ogni senso*).

to attribute [ə'tribju(:)t], *v. t.* attribuire; ascrivere.

attribution [‚ætri'bju:ʃən], *n.* attribuzione.

attributive [ə'tribjutiv], **A** *a.* (*anche gramm.*) attributivo. **B** *n.* (*gramm.*) attributo.

attrited [ə'traitid], *a.* logoro (*per attrito*).

attrition [ə'triʃən], *n.* **1** attrito; logorio **2** logoramento: **war of a.**, guerra di logoramento **3** (*relig.*) attrizione.

to attune [ə'tju:n], *v. t.* **1** accordare (*strumenti musicali*) **2** (*fig.*) mettere d'accordo; armonizzare, sintonizzare (*persone*).

atypic(al) [ə'tipik(əl)], *a.* atipico.

aubergine ['oubəʒi:n], *n.* melanzana.

Aubrey ['ɔ:bri], *n.* Alberico.

auburn ['ɔ:bən], *a.* e *n.* (color) biondo rame; (colore) castano chiaro con riflessi ramati.

auction ['ɔ:kʃən], *n.* (*comm.*) asta; incanto; licitazione: **to put up for a.**, mettere all'asta ● **a. sale**, vendita all'asta ☐ **to sell by a.**, vendere all'asta (*o* all'incanto).

to auction ['ɔ:kʃən], *v. t.* (*anche* **to a. off**) **1** vendere all'asta (*o* all'incanto) **2** (*USA*) appaltare (*un lavoro, ecc.*).

auctioneer [‚ɔ:kʃə'niə*], *n.* banditore (*di aste*).

to auctioneer [‚ɔ:kʃə'niə*], **A** *v. t.* vendere all'asta. **B** *v. i.* fare il banditore (*di aste*).

audacious [ɔ:'deiʃəs], *a.* **1** audace; intrepido **2** temerario **3** insolente; impudente; sfacciato.

audaciousness [ɔ:'deiʃəsnis], *V.* **audacity**.

audacity [ɔ:'dæsiti], *n.* **1** audacia **2** temerarietà **3** impudenza.

audibility [‚ɔ:di'biliti], *n.* udibilità.

audible ['ɔ:dəbl], *a.* udibile; intelligibile.

audibleness ['ɔ:dəblnis], *V.* **audibility**.

audience ['ɔ:djəns], *n.* **1** uditorio; pubblico; spettatori; pubblico dei lettori: **That novelist has a large a.**, quel romanziere ha un vasto pubblico **2** udienza; ascolto: **to grant an a.**, concedere (*o* accordare) un'udienza; **to give a.**, dare udienza; dare ascolto.

audio ['ɔ:diou], *n.* (*pl.* **audios**) (*radio, telev.*) audio.

audiofrequency [‚ɔ:diou'fri:kwənsi], *n.* (*fis., radio, telev.*) audiofrequenza.

audiolingual [‚ɔ:diou'liŋguəl], *a.* audiolinguistico.

audiometer [‚ɔ:di'ɔmitə*], *n.* (*med.*) audiometro.

audiotape [‚ɔ:diou'teip], *n.* nastro per registrazioni.

audiotyping ['ɔ:diou‚taipiŋ], *n.* dattilografia dal nastro (magnetico).

audiotypist ['ɔ:diou‚taipist], *n.* dattilografo (*o* dattilografa) che trascrive da un nastro.

audio(-)visual ['ɔ:diou'viʒuəl], *a.* audiovisivo. ● **a. aids** (*o* **a. media**), mezzi audiovisivi; (gli) audiovisivi.

audiphone ['ɔ:difoun], *n.* (*med.*) audifono.

audit ['ɔ:dit], *n.* **1** (*comm., leg.*) revisione; verifica ufficiale (*di conti*) **2** conto definitivo **3** (*fig.*) resa dei conti.

to audit ['ɔ:dit], *v. t.* (*comm., leg.*) rivedere; verificare (*i conti; ufficialmente*); controllare (*i bilanci*).

auditing ['ɔ:ditiŋ], *n.* (*comm., leg.*) revisione contabile; verifica ufficiale (*di conti*).

audition [ɔ:'diʃən], *n.* **1** udito **2** audizione (*prova di un cantante, ecc.*); (*radio, telev., teatr.*) provino.

to audition [ɔ:'diʃən], **A** *v. t.* sottoporre a un'audizione; far fare un provino a (q.). **B** *v. i.* sostenere un'audizione, fare un provino.

auditive ['ɔ:(:)ditiv], *a.* auditivo, uditivo: (*anat.*) **the a. canal**, il canale auditivo.

auditor ['ɔ:ditə*], *n.* **1** (*comm.*) revisore contabile; controllore, revisore ufficiale di conti; sindaco (*di società*) **2** (*raro*) uditore; ascoltatore.

auditorial [‚ɔ(:)di'tɔ:riəl], *a.* (*comm.*) relativo a una revisione ufficiale di conti; sindacale (*di sindaco d'una società*).

auditorium [‚ɔ(:)di'tɔ:riəm], *n.* (*pl.* **auditoriums, auditoria**) **1** spazio riservato al pubblico (*in un teatro, ecc.*) **2** auditorio; sala per concerti **3** parlatorio (*di convento*).

auditorship ['ɔ:ditəʃip], *n.* (*comm.*) ufficio di revisore di conti; carica di sindaco (*di società*).

auditory ['ɔːditəri], A a. uditivo: **a. canal**, canale uditivo. B n. (raro) 1 uditorio; pubblico 2 auditorio. ● (anat.) **a. nerve**, nervo acustico.
auger ['ɔːgə*], n. 1 trivella (da falegname); succhiello 2 (ind. min.) verrina; punta a succhiello. ● **a. boring**, perforazione a succhiello.
aught [ɔːt], A pron. (lett.) alcunché; alcuna cosa: **for a. I know**, per quel che io so. B avv. affatto; in alcun modo; assolutamente. ● **for a. I care**, per quel che me n'importa; per me.
augment ['ɔːgmənt], n. (gramm.) aumento.
to **augment** [ɔːg'ment], v. t. e i. aumentare; accrescere; crescere.
augmentable [ɔːg'mentəbl], a. aumentabile.
augmentation [ˌɔːgmen'teiʃən], n. 1 aumento; accrescimento 2 aggiunta 3 (mus.) aumentazione.
augmentative [ɔːg'mentətiv], A a. 1 (econ.) aumentativo 2 (gramm.) accrescitivo. B n. (gramm.) accrescitivo.
augur ['ɔːgə*], n. 1 (stor. romana) augure 2 (fig.) indovino; profeta.
to **augur** ['ɔːgə*], A v. t. predire; presagire; profetare; profetizzare. B v. i. essere di augurio (o auspicio, o presagio): **This news augurs no good**, questa notizia è di cattivo presagio; **to a. well (ill)**, essere di buon (cattivo) auspicio.
augural ['ɔːgjurəl], a. augurale (V. **to augur**).
augury ['ɔːgjuri], n. 1 arte della divinazione 2 augurio; cerimonia degli auguri 3 augurio; auspicio; presagio.
August ['ɔːgəst], A n. agosto. B a. attr. d'agosto; agostano: **A. holidays**, ferie d'agosto; **A. grapes**, uva agostana.
august [ɔːˈgʌst], a. augusto; maestoso; nobile; venerabile.
Augustan [ɔːˈgʌstən], A a. 1 augusteo 2 (fig.) classico; elegante. B n. scrittore dell'età augustea.
Augustin(e) [ɔːˈgʌstin], n. Agostino.
Augustinian [ˌɔːgəsˈtiniən], a. e n. (relig.) agostiniano.
Augustinianism [ˌɔː(ː)gəsˈtiniənizəm], **Augustinism** [ɔː(ː)ˈgʌstinizəm], n. (relig.) agostinismo.
augustness [ɔːˈgʌstnis], n. maestà; nobiltà.
Augustus [ɔːˈgʌstəs], n. (stor.) Augusto.
auk [ɔːk], n. (zool., Alca) alca.
auld [ɔːld], a. (dial., scozz.) vecchio. ● **a. lang syne**, il (bel) tempo passato; i bei tempi antichi.
aulic ['ɔː(ː)lik], a. aulico.
aunt [aːnt], n. zia. ● **A. Sally**, gioco in uso nelle fiere (si cerca di colpire una pipa messa in bocca a una testa femminile di legno); (fig.) bersaglio, capro espiatorio □ **great-a.**, prozia.
auntie, aunty ['aːnti], n. zietta.
au pair [ɔːˈpɛə*] (franc.), a. e n. (ragazza) alla pari.
to **au pair** [ɔːˈpɛə*], v. i. essere una (o fare la) ragazza alla pari.
aura ['ɔːrə], n. (pl. **auras, aurae**) 1 aura; effluvio; emanazione 2 (fig.) aria; atmosfera: **an a. of peace**, un'aria di pace 3 (fig.) aureola; alone.
aural (1) ['ɔːrəl], a. (lett.) dell'aura.
aural (2) ['ɔːrəl], a. (tecn.) 1 auricolare 2 uditivo.
aureate ['ɔːriit], a. (lett.) aurato; aureo.
aurelia [ɔːˈriːljə], n. (zool.) 1 crisalide (di lepidottero) 2 (Aurelia) aurelia; medusa.
aurelian [ɔːˈriːljən], A a. 1 (zool.) di aurelia; di medusa 2 aureo; dorato. B n. collezionista d'insetti; entomologo.
aureola [ɔːˈriələ], n. (pl. **aureolas, aureolae**) V. **aureole**.
aureole ['ɔːrioul], n. aureola.
Aureomycin [ˌɔːriouˈmaisin], n. (marchio: farm.) aureomicina.
au revoir [ˌouraˈvwaː*] (franc.), inter. arrivederci.
auric ['ɔːrik], a. 1 aureo 2 aurifero 3 (chim.) aurico.
auricle ['ɔːrikl], n. 1 (bot.) organo auricolato 2 (zool.) orecchio esterno 3 (anat.) auricola.
auricula [əˈrikjulə], n. (pl. **auriculas, auriculae**) 1 (bot., Primula auricula) auricola; orecchio d'orso (pop.) 2 (anat.) auricola.
auricular [ɔːˈrikjulə*], a. (anche fig.) auricolare; dell'orecchio: **a. confession (witness)**, confessione (testimone) auricolare.
auriculate [ɔːˈrikjulit], a. (bot.) auricolato.
auriferous [ɔːˈrifərəs], a. (ind. min.) aurifero.
auriform ['ɔː(ː)rifɔ(ː)m], a. a forma di orecchio.
aurist ['ɔːrist], n. (med.) otoiatra.
aurochs ['ɔːrɔks], n. (pl. **aurochs, aurochses**) (zool.) 1 (Bos primigenius) uro 2 (Bison bonasus) bisonte europeo.
aurora [ɔːˈrɔːrə], n. (pl. **auroras, aurorae**) (anche poet., fig.) aurora.
auroral [ɔːˈrɔːrəl], a. (poet.) aurorale; dell'aurora.
aurous ['ɔː(ː)rəs], a. (chim.) auroso.
to **auscultate** ['ɔːskəlteit], v. t. (med.) auscultare.
auscultation [ˌɔːskəlˈteiʃən], n. (med.) auscultazione.
to **ausform** ['ɔːsfɔːm], v. t. (ind., metall.) «ausformare»; bonificare isotermicamente.
ausforming ['ɔːsˌfɔːmiŋ], n. (ind., metall.) «ausforming»; «ausformatura».

auspex ['ɔːspeks], n. (pl. **auspices**) (stor. romana) auspice.
to **auspicate** ['ɔː(ː)spikeit], v. t. iniziare (q.c.) con un atto di buon auspicio.
auspice ['ɔːspis], n. 1 auspicio (osservazione di uccelli fatta dall'auspice) 2 predizione 3 (per lo più al pl.) auspici; patronato; protezione: **under the auspices of**, sotto gli auspici di.
auspicious [ɔːsˈpiʃəs], a. 1 di lieto auspicio; fausto; propizio 2 auspicato (fatto o cominciato sotto buoni auspici); prospero.
Aussie ['ɔsi], n. (abbr. pop.) australiano.
austere [ɔsˈtiə*], a. 1 austero; severo; semplice 2 (di vino) amarognolo 3 (di frutto) aspretto.
austereness [ɔsˈtiənis], n. austerità.
austerity [ɔsˈteriti], n. (anche econ.) austerità. ● **an a. programme**, un programma d'austerità.
austral ['ɔːstrəl], a. (geogr.) australe; meridionale.
Australasian [ˌɔstrəˈleiʒən], a. e n. (abitante) dell'Australasia.
Australian [ɔsˈtreiljən], a. e n. australiano.
Austria-Hungary ['ɔstriəˈhʌŋgəri], n. (stor.) Austria-Ungheria.
Austrian ['ɔstriən], a. e n. austriaco.
Austro-Asiatic ['ɔstrouˌeiʃiˈætik], a. (geogr.) austroasiatico.
Austro-Hungarian ['ɔstrouhʌŋˈgɛəriən], a. austroungarico.
autarchic(al) [ɔː(ː)ˈta(ː)kik(əl)], a. 1 autocratico; dispotico 2 (econ.) autarchico.
autarchy ['ɔː(ː)taː(ː)ki], n. 1 dispotismo 2 (econ.) autarchia.
autarkic [ɔː(ː)ˈtaːkik], a. (econ.) autarchico.
autarky ['ɔː(ː)taː(ː)ki], n. (econ.) autarchia.
authentic [ɔːˈθentik], a. 1 autentico; genuino 2 degno di fede; fondato 3 (leg.) **a. deed**, atto autentico.
authentically [ɔːˈθentikəli], avv. autenticamente.
to **authenticate** [ɔːˈθentikeit], v. t. 1 (leg.) autenticare; legalizzare; vidimare 2 provare l'autenticità di (un'opera); dimostrare la verità di (un fatto) 3 avvalorare; accreditare; convalidare.
authentication [ɔːˌθentiˈkeiʃən], n. 1 (leg.) autenticazione; legalizzazione; vidimazione 2 riconoscimento di autenticità.
authenticity [ˌɔːθenˈtisiti], n. 1 autenticità; genuinità 2 fondatezza; validità; veridicità.
author ['ɔːθə*], n. 1 autore; (USA, anche) autrice 2 artefice.
authoress ['ɔːθəris], n. (raro in USA) autrice.
authorial [ɔːˈθɔː(ː)riəl], a. d'autore.
authoritarian [ɔːˌθɔriˈtɛəriən], A a. autoritario; dispotico. B n. fautore del dispotismo; assolutista.
authoritarianism [ɔːˌθɔriˈtɛəriənizəm], n. autoritarismo; dispotismo.
authoritative [ɔːˈθɔritətiv], a. 1 autorevole 2 autoritario.
authoritativeness [ɔːˈθɔritətivnis], n. 1 autorevolezza 2 carattere (o tono) autoritario; perentorietà.
authority [ɔːˈθɔriti], n. 1 autorità (in ogni senso) 2 autorizzazione: **He has my a. to do it**, ha la mia autorizzazione a fare ciò 3 fonte (d'informazione) 4 potere di agire in nome altrui 5 ente, organismo (pubblico o parastatale): **the local authorities**, gli enti locali. ● **the Atomic Energy A.**, l'Ente per l'Energia Atomica (Euratom) □ **the health authorities**, le autorità sanitarie; il servizio d'igiene □ (leg.) **a. of the father**, patria potestà □ **Who is in a. here?**, chi comanda qui?
authorizable ['ɔːθəraizəbl], a. autorizzabile.
authorization [ˌɔːθəraiˈzeiʃən], n. concessione; autorizzazione.
to **authorize** ['ɔːθəraiz], v. t. autorizzare; conferire autorità a.
authorized [ˈɔːθəraizd], a. autorizzato. ● (fin.) **a. capital**, capitale nominale □ (fin.) **a. stock**, capitale massimo emissibile.
authorless ['ɔːθəlis], a. senz'autore; anonimo.
authorship ['ɔːθəʃip], n. 1 professione di scrittore 2 paternità (di un libro, di un'idea, ecc.) 3 fonte, origine (d'una notizia, ecc.).
autism ['ɔːtizəm], n. (psic.) autismo.
autist [ɔːtist], n. (psic.) autista.
autistic [ɔːˈtistik], a. (psic.) autistico.
auto ['ɔː(ː)tou], A n. (pl. **autos**) (fam., specialm. USA) auto; automobile. B a. attr. (USA) automobilistico: **the a. industry**, l'industria automobilistica. ● (USA) **a. body shop**, autocarrozzeria □ (mecc.) **a. lift**, ponte sollevatore; ponte (fam.).
autoanalyzer [ˌɔːtouˈænəlaizə*], n. (chim.) autoanalizzatore.
autobiographer [ˌɔːtoubaiˈɔgrəfə*], n. chi scrive la propria biografia; autobiografo (raro).
autobiographic(al) ['ɔːtouˌbaiouˈgræfik(əl)], a. autobiografico.
autobiography [ˌɔːtoubaiˈɔgrəfi], n. autobiografia.
autobus ['ɔːtəbəs], n. (pl. **autobuses, autobusses**) (USA) autobus.
autocamp ['ɔːtəkæmp], n. (USA) campeggio per automobilisti.
autochanger [ˌɔːtəˈtʃeindʒə*], n. cambiadischi (automatico).
autochthon [ɔːˈtɔkθən], n. (pl. **autochthones, autochthons**) 1 (antropol.) aborigeno 2 (zool.) animale autoctono 3 (bot.) pianta autoctona.
autochthonic [ˌɔː(ː)tɔkˈθɔnik], **autochthonous** [ɔːˈtɔkθənəs], a. autoctono.
autochthony [ɔːˈtɔkθəni], n. autoctonia.

autoclave ['ɔ(:)toukleiv], *n.* **1** autoclave **2** pentola a pressione.
to autoclave ['ɔ(:)toukleiv], *v. t.* sterilizzare nell'autoclave.
autocracy [ɔ:'tɔkrəsi], *n.* **1** autocrazia **2** governo autarchico.
autocrat ['ɔ:təkræt], *n.* (*anche fig.*) autocrate.
autocratic(al) [,ɔ:tə'krætik(əl)], *a.* autocratico; dispotico.
autocross ['ɔ:təkrɔs], *n.* (*sport*) autocross.
autocycle ['ɔ:tou,saikl], *n.* ciclomotore; motorino (*fam.*).
autodidact [,ɔ(:)tou'daidækt], *n.* autodidatta.
autodrome ['ɔ(:)tədroum], *n.* (*sport*) autodromo.
autoeroticism [,ɔ:tou-i'rɔtisizəm], **autoerotism** [,ɔ:tou'erətizəm], *n.* autoerotismo.
autogenous [ɔ:'tɔdʒənəs], *a.* (*mecc., costr., psic.*) autogeno: **a. training**, training autogeno; (*metall.*) **a. welding**, saldatura autogena.
autogestion [,ɔ:tə'dʒestiən], *n.* (*econ.*) autogestione.
autogiro [,ɔ:tou'dʒaiərou], *n.* (*pl.* **autogiros**) (*aeron.*) autogiro.
autograft ['ɔ:təgra:ft], *n.* (*med.*) autotrapianto; autoinnesto.
autograph ['ɔ:təgra:f], *n.* autografo.
to autograph ['ɔ:təgra:f], *v. t.* **1** scrivere (*o* firmare) di proprio pugno **2** (*tipogr.*) autografare.
autographic(al) [,ɔ:tə'græfik(əl)], *a.* autografo; autografico.
autography [ɔ:'tɔgrəfi], *n.* (*anche tipogr.*) autografia.
autogyro ['ɔ:tou'dʒaiərou], *n.* (*pl.* **autogyros**) (*aeron.*) autogiro.
autoimmune [,ɔ:təi'mju:n], *a.* (*med.*) autoimmune.
autoimmunity [,ɔ:təi'mju:niti], *n.* (*med.*) autoimmunità.
autoimmunization ['ɔ:tə,imju(:)nai'zeiʃən], *n.* (*med.*) autoimmunizzazione.
to autoimmunize [,ɔ:tə'imju(:)naiz], *v. t.* (*med.*) autoimmunizzare.
autoist ['ɔ(:)touist], *n.* (*fam. USA*) automobilista.
automaker [,ɔ:tə'meikə*], *n.* (*USA*) fabbricante d'automobili.
automat ['ɔ(:)təmæt], *n.* (*specialm. USA*) **1** tavola calda a gettoni **2** distributore automatico **3** automa; robot.
to automate ['ɔtoumeit], *v. t.* automatizzare.
automatic [,ɔ:tə'mætik], **A** *a.* automatico. **B** *n.* **1** arma automatica **2** (bottone) automatico **3** (*autom., mecc.*) (automobile con il) cambio automatico. ● **a. gear change**, cambio automatico □ **a. machine**, distributore automatico □ (*aeron.*) **a. pilot**, pilota automatico □ (*econ.*) **a. saving**, risparmio automatico □ (*comm.*) **a. selling**, vendita mediante distributori automatici □ **a. vendor**, distributore automatico.
automatical [,ɔ:tə'mætikəl], *a.* automatico.
automaticity [,ɔ(:)təmæ'ticiti], *n.* automaticità.
automation [,ɔ:tə'meiʃən], *n.* (*mecc., ind.*) automazione.
automatism [ɔ:'tɔmətizəm], *n.* automatismo.
to automatize [ɔ'tɔmətaiz], *v. t.* automatizzare.
automaton [ɔ:'tɔmətən], *n.* (*pl.* **automata, automatons**) automa.
automobile [,ɔ:təməbi:l], *n.* (*specialm. USA*) automobile.
automobilist [,ɔ(:)təmə'bi:list], *n.* (*specialm. USA*) automobilista.
automotive [,ɔ:tə'moutiv], *a.* (*ind.*) automobilistico. ● (*econ.*) **the a. market**, il mercato dell'automobile e dei suoi accessori.
autonomic [,ɔ:tou'nɔmik], *a.* autonomo.
autonomist [ɔ(:)'tɔnəmist], *n.* autonomista.
autonomous [ɔ:'tɔnəməs], *V.* **autonomic**.
autonomy [ɔ:'tɔnəmi], *n.* **1** autonomia **2** comunità autonoma.
autopilot [,ɔ:tə'pailət], *n.* (*aeron.*) pilota automatico.
autoplasty ['ɔ:tə,plæsti], *n.* autoplastica.
autopsy ['ɔ:tɔpsi], *n.* (*leg., med.*) autopsia.
autorally ['ɔ:tou,ræli], *n.* (*autom.*) autoraduno.
autoregulation ['ɔ:tə,regju'leiʃən], *n.* (*scient.*) autoregolazione.
autosled ['ɔ:təsled], *n.* autoslitta.
autosuggestion ['ɔ:tousə'dʒestʃən], *n.* (*psic.*) autosuggestione.
autotimer [,ɔ:tə'taimə*], *n.* regolatore automatico, timer (*del tempo d'accensione: di cucina o forno*).
autotype ['ɔ:tətaip], *n.* (*tipogr.*) **1** facsimile **2** autotipia.
autoworker ['ɔ:tə,wə:kə*], *n.* (*ind. USA*) operaio dell'industria automobilistica. ● **autoworkers' union**, sindacato dei lavoratori dell'automobile.
autumn ['ɔ:təm], *n.* (*anche fig.*) autunno.
autumnal [ɔ:'tʌmnəl], *a.* autunnale. ● **a. equinox**, equinozio d'autunno.
auxiliary [ɔ:g'ziljəri], **A** *a.* **1** (*specialm. gramm.*) ausiliare **2** (*specialm. mil.*) ausiliario (*di truppe, ecc.*): **a. ship**, nave ausiliaria. **B** *n.* **1** ausiliare (*persona, cosa che è d'aiuto; verbo ausiliare*) **2** organizzazione supplementare; sezione; (*USA, anche*) associazione di beneficenza (*legata a un ospedale, ecc.*): **This club has a women's a.**, questo circolo ha una sezione femminile **3** (*pl.*) ausiliari; milizie ausiliarie **4** (*naut.*) nave ausiliaria.
to avail [ə'veil], **A** *v. i.* giovare; servire; essere utile: **Courage does not a. here**, qui il coraggio non serve. **B** *v. t.* giovare a; servire a; essere d'aiuto a: **His wife's wealth did not a. him**, la ricchezza della moglie non gli fu d'aiuto. **to avail oneself (of) C** *v. rifl.* valersi (di); trarre profitto (da); approfittare (di).

avail [ə'veil], *n.* profitto; vantaggio; utilità (*usato soprattutto nelle frasi*): **to be of no a.**, essere inutile; **to be of little a.**, servire a poco; **to little a.**, con scarso profitto; **to no a.** (*o* **without a.**), senza profitto; inutilmente.
availability [ə,veilə'biliti], *n.* **1** disponibilità (*di persone o cose*): (*fin.*) **a. of capital**, disponibilità di capitali **2** accessibilità **3** validità (*di documento, ecc.*).
available [ə'veiləbl], *a.* **1** disponibile; libero; utilizzabile: **This credit is a. up to April 30th, 1985**, questo credito è utilizzabile fino al 30 aprile 1985 **2** accessibile; alla portata (di) **3** valido; valevole. ● (*fin.*) **the a. assets**, le disponibilità □ **a. funds**, fondi disponibili (*o* liquidi) □ (*comm.*) **a. stocks**, giacenze disponibili □ **to make st. a. to sb.**, mettere q.c. a disposizione di q.
availableness [ə'veiləblnis], *V.* **availability**.
avalanche ['ævəla:nʃ], *n.* (*anche fig.*) valanga.
avant-garde [,ævɔ:ŋ'ga:d] (*franc.*), **A** *n.* (*arte, letter.*) avanguardia. **B** *a. attr.* (*arte, letter.*) d'avanguardia; avanguardista.
avarice ['ævəris], *n.* (*lett.*) **1** avidità; cupidigia **2** avarizia.
avaricious [,ævə'riʃəs], *a.* (*lett.*) **1** avido; cupido; bramoso **2** avaro.
avatar [,ævə'ta:*], *n.* **1** (*relig. induista*) avatara **2** (*fig.*) incarnazione **3** (*fig.*) manifestazione; apparizione.
ave ['a:vi], *inter.* e *n.* **1** ave; salve **2** − (*relig.*) **A.**, Ave Maria. ● **the ave bell**, l'avemaria (*la campana dell'Angelus*).
to avenge [ə'vendʒ], **A** *v. t.* vendicare; fare vendetta di. **to avenge oneself (on) B** *v. rifl.* vendicarsi (di). ● **to be avenged**, vendicarsi.
avenger [ə'vendʒə*], *n.* vendicatore.
avens ['ævənz], *n.* (*invar. al pl.*) (*bot., Geum urbanum*) cariofillata; ambretta selvatica; erba benedetta.
Aventine ['ævəntain], *n.* (*geogr., stor., polit.*) Aventino.
aventurin(e) [ə'ventjurin], *n.* (*miner.*) avventurina; venturina.
avenue ['ævinju:], *n.* **1** viale **2** (*specialm. in USA*) strada ampia (*anche se non alberata*) **3** (*fig.*) via; strada; accesso: **The a. to fame is hard**, la via della fama è difficile. ● (*fig.*) **to explore every a.**, non lasciare nessuna strada inesplorata.
to aver [ə'və:*], *v. t.* **1** asserire; affermare **2** (*leg.*) dimostrare.
average (1) ['ævəridʒ], *n.* **1** media; norma: **on an** (*o* **on the**) **a.**, in media; **above** (**below**) **the a.**, sopra (sotto) la media **2** (*comm., naut.*) avaria: **general a.**, avaria generale (*o* comune); **particular a.**, avaria particolare. ● **a. adjuster**, liquidatore d'avaria □ **a. adjustment**, liquidazione d'avaria □ **a. damage**, danni d'avaria □ **a. statement**, (certificato di) liquidazione d'avaria □ **a. stater**, *V.* **a. adjuster**.
average (2) ['ævəridʒ], *a.* **1** medio; comune; normale: **a man of a. intelligence**, un uomo d'intelligenza media; **The a. speed of this car is not high**, la velocità media di quest'automobile non è alta **2** (*comm., naut.*) calcolato secondo le leggi sull'avaria.
to average ['ævəridʒ], **A** *v. t.* **1** fare (*o* calcolare) la media di (*numeri, ecc.*) **2** fare una media di: **I a. ten hours on a working day**, faccio una media di dieci ore di lavoro al giorno **3** ripartire, distribuire in modo proporzionale (*fra più di due*): **They averaged the damages among themselves**, ripartirono i danni fra loro. **B** *v. i.* essere (*o* ammontare) in media; avere in media: **The pupils of this class a. sixteen years of age**, gli scolari di questa classe hanno in media sedici anni. ● (*comm., naut.*) **to a. a loss**, ripartire una perdita in modo proporzionale □ (*fam.*) **to a. out to** (*o* **at**), raggiungere la media di.
averaging ['ævəridʒin], *n.* **1** ripartizione proporzionale **2** (*Borsa, comm.*) acquisto (*o* vendita) al fine di rendere minime le perdite. ● (*rag.*) **a. account**, conto di ripartizione.
averment [ə'və:mənt], *n.* **1** asserzione; affermazione **2** (*leg.*) testimonianza; affermazione di fatti (*in giudizio*).
Avernus [ə'və:nəs], *n.* (*geogr. mitol.*) Averno.
Averroism [,ævər'ouizəm], *n.* (*filos.*) averroismo.
Averroist [,ævə'rouist], *n.* (*filos.*) averroista.
averse [ə'və:s], *a.* **1** avverso, contrario (a); alieno (da) **2** riluttante; maldisposto.
averseness [ə'və:snis], *V.* **aversion**, *def. 1 e 3*.
aversion [ə'və:ʃən], *n.* **1** avversione; ripugnanza; antipatia **2** persona antipatica; cosa che ripugna: (*fam.*) **John is my pet a.**, Giovanni è la mia antipatia numero uno **3** riluttanza.
aversive [ə'və:siv], *a.* contrario; di segno opposto (*fig.*); dissuasivo.
to avert [ə'və:t], *v. t.* **1** distogliere; allontanare (*lo sguardo, il pensiero*) **2** evitare; prevenire: **to a. atomic war**, evitare la guerra atomica; **to a. a road accident**, prevenire un incidente stradale.
avertable, avertible [ə'və:təbl], *a.* **1** allontanabile **2** evitabile.
avgas ['ævgæs], *n.* (*aeron. USA*) benzina avio.
avian ['eivjən], *a.* **1** (*zool.*) aviario; relativo agli uccelli **2** (*vet.*) aviare.
aviary ['eivjəri], *n.* aviario; uccelliera.
to aviate ['eivīeit], *v. i.* (*raro*) viaggiare in aeroplano.

aviation [ˌeiviˈeiʃən], *n.* aviazione; aeronautica.
aviator [ˈeivieitə*], *n.* aviatore.
aviatress [ˈeiviətris], **aviatrix** [ˈeiviətriks], *n.* (*pl.* **aviatrices, aviatrixes**) aviatrice.
aviculture [ˈeivikʌltʃə*], *n.* avicoltura, avicultura.
aviculturist [ˌeiviˈkʌltʃərist], *n.* avicoltore, avicultore.
avid [ˈævid], *a.* avido; bramoso; cupido: **a. of glory**, avido di gloria; **a. for revenge**, avido di vendetta. □ (*fig.*) **an a. reader**, un avido lettore.
avidity [əˈviditi], *n.* avidità (*anche fig.*); bramosia; cupidigia.
avifauna [ˈeivifɔ:nə], *n.* (*zool.*) avifauna.
aviso [əˈvaizou], *n.* (*pl.* **avisos̀**) (*stor. naut.*) avviso (*nave portaordini*).
avitaminosis [ˌævitəminˈousis], *n.* (*pl.* **avitaminoses**) (*med.*) avitaminosi.
avocado [ˌævəˈka:dou], *n.* (*pl.* **avocados, avocadoes**) **1** (*bot.*, *Persea gratissima*) avocado **2** (*anche* **a. pear**) (pera) avocado.
avocation [ˌævouˈkeiʃən], *n.* **1** svago; hobby **2** occupazione secondaria; lavoro marginale **3** (*raro*) mestiere **4** (*raro*) vocazione.
avocet [ˈævouset], *n.* (*zool.*, *Recurvirostra avocetta*) avocetta; monachina.
to avoid [əˈvoid], *v. t.* **1** evitare; scansare; sfuggire **2** (*leg.*) invalidare; annullare; rescindere. ● **to a. arrest**, sottrarsi all'arresto □ **to a. taxation**, evitare le tasse; sottrarsi al fisco.
avoidable [əˈvoidəbl], *a.* **1** evitabile **2** (*leg.*) invalidabile.
avoidance [əˈvoidəns], *n.* **1** l'evitare; lo sfuggire **2** (*leg.*) invalidazione; annullamento; rescissione **3** vacanza, disponibilità (*di un posto, ecc.*). ● (*leg.*) **a. clause**, clausola risolutiva □ **a. of taxation**, l'evitare (*con mezzi leciti*) di pagare (troppe) tasse.
avoirdupois [ˌævədəˈpoiz], *n.* **1** «avoirdupois» (*uno dei due sistemi di misure di peso nei paesi anglosassoni; l'altro, per i medicinali e i preziosi, è il* **troy**) **2** (*fam.*) peso (*specialm. di persona*); ciccia (*fam.*).
to avouch [əˈvautʃ], **A** *v. t.* **1** asserire; affermare **2** garantire **3** confessare; riconoscere; ammettere: **He avouched his guilt**, riconobbe la sua colpevolezza. **B** *v. i.* dare assicurazioni.
avouchment [əˈvautʃmənt], *n.* **1** asserzione **2** garanzia **3** confessione; ammissione.
to avow [əˈvau], *v. t.* ammettere; confessare (*lett.*): **The martyrs avowed themselves Christians**, i martiri ammisero di essere cristiani. ● **to a. oneself guilty**, ammettere (*o* confessare) di essere colpevole.
avowal [əˈvauəl], *a.* ammissione; confessione.
avowed [əˈvaud], *a.* dichiarato; confesso; noto: **an a. thief**, un ladro confesso. ● **the a. author of st.**, colui che si dichiara autore di q.c. □ **an a. enemy of democracy**, un nemico giurato della democrazia.
avowedly [əˈvauidli], *avv.* **1** per ammissione (*o* confessione) esplicita; apertamente; dichiaratamente **2** per unanime giudizio; evidentemente.
avulsion [əˈvʌlʃən], *n.* (*med., leg.*) avulsione.
avuncular [əˈvʌŋkjulə*], *a.* di zio; da zio.
to await [əˈweit], *v. t.* attendere; aspettare: **We all a. death**, tutti aspettiamo la morte; **Death awaits the rich and the poor**, la morte attende il ricco e il povero. ● (*di di lettera, ecc.*) **to a. arrival**, fermo posta □ (*comm.*) **awaiting your early reply**, in attesa di un vostro sollecito riscontro.
to awake [əˈweik] (*pass.* **awaked, awoke**, *p. p.* **awoke, awaked**), **A** *v. t.* (*anche fig.*) svegliare; risvegliare; destare. **B** *v. i.* (*anche fig.*) svegliarsi; risvegliarsi; destarsi. ● **to a. sb. to st.**, richiamare l'attenzione di q. su q.c. □ **to a. to st.**, rendersi conto di q.c.; aprire gli occhi su q.c.: **They awoke to their predicament when it was too late**, aprirono gli occhi sulla loro brutta situazione quando era troppo tardi.
awake [əˈweik], *a. pred.* **1** sveglio; desto; vigile; pronto **2** − **a. to**, consapevole, conscio di: **a. to danger**, consapevole del pericolo.
to awaken [əˈweikən], *V.* **to awake**.
awakening [əˈweikniŋ], *n.* (*specialm. fig.*) risveglio.
to award [əˈwɔ:d], *v. t.* **1** dare; concedere; assegnare: **He was awarded the Nobel prize**, gli fu assegnato il premio Nobel **2** (*leg.*) aggiudicare; assegnare: **Part of the estate was awarded to the widow**, parte della proprietà fu aggiudicata alla vedova **3** (*leg.*) decretare: **to a. damages**, decretare il risarcimento dei danni **4** (*leg.*) affidare (*i figli minori in caso di divorzio*).
award [əˈwɔ:d], *n.* **1** ricompensa; premio; onorificenza: **The a. is a gold medal**, il premio è una medaglia d'oro **2** (*leg.*) aggiudicazione; assegnazione **3** (*leg.*) lodo arbitrale (*decisione di arbitri*) **4** borsa di studio. ● (*mil.*) **a. for valour**, ricompensa al valore.
awardable [əˈwɔ:dəbl], *a.* (*leg.*) assegnabile; aggiudicabile.
awarding [əˈwɔ:diŋ], *n.* **1** concessione; assegnazione **2** (*leg.*) aggiudicazione; assegnazione **3** (*leg.*) affidamento (*dei figli minori*).
aware [əˈwɛə*], *a.* **1** consapevole; conscio: **to be a. of st.**, essere consapevole di q.c.; rendersi conto di q.c. **2** informato; preparato: **He is politically a.**, in politica è informato **3** che ha gli occhi aperti (*fig.*); che è al corrente. ● **to be a. that...**, rendersi conto che... □ **to make sb. a. of st.**, informare q. di q.c.
awareness [əˈwɛənis], *n.* consapevolezza. ● **new a.**, nuova consapevolezza; presa di coscienza.
awash [əˈwɔʃ], *avv. e pred.* **1** sulla battigia; bagnato appena dalle onde **2** a galla; a fior d'acqua **3** inondato **4** (*fam.*) ubriaco; sbronzo. ● (*naut.*) **to proceed a.**, navigare in affioramento.
away (1) [əˈwei], *avv. e inter.* **1** via; lontano: **He is a.**, è via di casa, fuori città; **I was a. from home**, ero lontano da casa; ero fuori casa; **A. with that dog!**, porta via quel cane!; **to give st. a.**, dar via q.c.; far dono di q.c.; **to run a.**, scappar via; scappare di casa; **The town is a. behind**, la città è lontana dietro (di noi); **My house is a mile a.**, la casa è a un miglio di distanza **2** (*usato con verbi per indicare perdita, distruzione*): **The milk has boiled a.**, il latte è tutto evaporato a forza di bollire; **to fall a. from sb.**, abbandonare q.; cessare di sostenere (*o* seguire) q.; **He made a. with himself**, l'ha fatta finita; s'è ucciso; **to pass a.**, passare a miglior vita; morire **3** (*usato con verbi per indicare continuazione*): **He was scribbling a.**, continuava a scribacchiare. ● **A.!**, vattene!; via!; in marcia! □ **a. back in my childhood**, fin dal tempo della mia infanzia □ **far and a.**, di gran lunga: **He is far and a. the best player in our team**, è di gran lunga il miglior giocatore della nostra squadra □ **to fool a.**, sperperare; sprecare □ **to give a. a secret**, svelare un segreto □ **to look a. from st.**, non guardare q.c.; distogliere lo sguardo da q.c. □ **right** (*o* **straight**) **a.**, subito □ **Fire a.!**, spara (subito)!; sparagli addosso!; (*fig.*) sparate le domande (*in un'intervista, ecc.*).
away (2) [əˈwei], *a. attr.* (*sport*) fuori casa; in trasferta: **an a. game** (*o* **match**), una partita in trasferta; **an a. win**, una vittoria fuori casa.
away day return [əˈweidei riˈtə:n], *n.* (*ferr.*) biglietto giornaliero d'andata e ritorno (*a prezzo ridotto*).
awe [ɔ:], *n.* riverente timore; soggezione; paura; sgomento: **to hold** (*o* **to keep**) **in awe**, tenere in soggezione; **to stand** (*o* **to be**) **in awe of**, aver soggezione di. ● **awe-inspiring**, che incute timore; maestoso; solenne □ **awe-stricken** (*o* **awe-struck**), in preda a riverente timore; atterrito; sgomento.
to awe [ɔ:], *v. t.* ispirare timore (*o* soggezione) a; impaurire; sgomentare: **I was awed by his sudden apparition**, la sua improvvisa apparizione m'impaurì.
aweigh [əˈwei], *a. pred.* (*naut.: di ancora*) libera; pendente; spedata.
aweless [ˈɔ:lis], *a.* senza timore; intrepido (*V.* **awe**).
awesome [ˈɔ:səm], *a.* **1** che incute riverente timore; terrificante; pauroso: **an a. sight**, uno spettacolo terrificante **2** imponente; maestoso; solenne **3** riverente e timoroso; pauroso.
awful [ˈɔ:ful], *a.* **1** che incute riverente timore; terribile; terrificante; impressionante **2** imponente; maestoso; solenne **3** (*fam.*) enorme; pessimo; tremendo; orribile: **He does an a. lot of work**, fa un mucchio enorme di lavoro; **an a. voice**, una voce orribile; **an a. bore**, un tremendo seccatore.
awfully [ˈɔ:fuli], *avv.* **1** terribilmente; tremendamente **2** (*fam.*) molto: **an a. good dinner**, un pranzo ottimo; **I'm a. sorry**, mi dispiace tanto. ● **Thanks a.**, grazie mille!
awfulness [ˈɔ:fulnis], *n.* **1** terribilità (*raro: qualità d'ispirare terrore*) **2** imponenza; maestosità; solennità.
awhile [əˈwail], *avv.* per un po'; ancora un po' (*di tempo*): **stay a.**, fermati un po' (*con me, con noi*).
awkward [ˈɔ:kwəd], *a.* **1** goffo; sgraziato **2** maldestro; impacciato **3** mal fatto; scomodo: **an a. chair**, una sedia scomoda **4** difficile; pericoloso: **This rifle is an a. one**, questo fucile è pericoloso (*o* difficile da maneggiare) **5** imbarazzante; inopportuno: **an a. situation**, una situazione imbarazzante; **an a. remark**, un'osservazione inopportuna. ● **the a. age**, l'età ingrata □ **an a. customer**, una persona difficile (*o* intrattabile) □ **to feel a.**, sentirsi a disagio.
awkwardness [ˈɔ:kwədnis], *n.* **1** goffaggine; mancanza di grazia **2** imbarazzo; difficoltà **3** inopportunità.
awl [ɔ:l], *n.* lesina; punteruolo.
awn [ɔ:n], *n.* (*bot.*) barba (*di grano e altri cereali*).
awning [ˈɔ:niŋ], *n.* tenda (*stesa all'esterno sopra una porta, sul ponte d'una nave, ecc.*); riparo; tendone. ● (*naut.*) **a. rope**, gratile di tenda □ (*edil.*) **a. window**, finestra a vasistas.
awoke [əˈwouk], *pass. e p. p.* di **to awake**.
awry [əˈrai], *avv. e a. pred.* **1** storto; di traverso: **to have one's tie a.**, avere la cravatta storta **2** male; a monte (*fig., fam.*): **All my schemes have gone a.**, tutti i miei progetti sono andati a monte.

ax(e) [æks], *n.* **1** ascia; accetta; scure; mannaia **2** (*stor.*, *anche* **battle-axe**) azza **3** (*fig.*) decapitazione. • **axe helve**, manico dell'ascia □ (*fam.*) **to get the axe**, rimetterci la testa; (*fam.*) essere licenziato in tronco; (*di progetto, ecc.*) essere accantonato □ (*fam.*) **to give sb. the axe**, licenziare q. in tronco □ (*fam.*) **to have an axe to grind**, avere un interesse personale; tirare acqua al proprio mulino □ (*sport*) **ice axe**, piccozza □ **pick-axe**, piccone □ (*fig.*) **to put the axe in the helve**, risolvere un problema, un enigma.

to ax(e) [æks], *v. t.* **1** scortecciare con l'ascia **2** (*fig.*) ridurre (*o* tagliare) drasticamente (*spese, personale*) **3** (*fam.*) licenziare.

axial ['æksɪəl], *a.* (*mecc., ind.*) assiale.

axially ['æksɪəli], *avv.* in senso assiale; lungo l'asse.

axil ['æksɪl], *n.* (*bot.*) ascella.

axile ['æksaɪl], *a.* (*bot.*) assile.

axilla [æk'sɪlə], *n.* (*pl.* **axillae, axillas**) (*anat., bot.*) ascella.

axillary [æk'sɪlərɪ], *a.* (*anat., bot.*) ascellare.

axiom ['æksɪəm], *n.* assioma.

axiomatic(al) [,æksɪə'mætɪk(əl)], *a.* assiomatico.

axis ['æksɪs], *n.* (*pl.* **axes**) **1** (*mat., fis.*) asse: **the x-a.**, l'asse delle ascisse; **a. of a lens**, asse ottico; (*astron.*) **a. of revolution**, asse di rivoluzione **2** – (*stor.*) **the A.**, l'Asse (*Roma-Berlino*).

axle ['æksl], *n.* **1** (*mecc.*) asse: **coupled a.**, asse accoppiato **2** (*ferr., mecc.*) assale. • (*ferr.*) **a. box**, boccola □ (*autom.*) **a. shaft**, semiasse □ **a.-tree**, assale fisso □ **dead a.**, asse portante □ **live a.**, asse motore.

axolotl [,æksə'lɒtl], *n.* (*zool.*) axolòtl.

ayah ['aɪə], *n.* (*anglo-ind.*) cameriera (*o* bambinaia) indiana.

ay(e) (1) [aɪ], **A** *inter.* (*dial.*) sì. **B** *n.* sì; voto favorevole: **The ayes have it**, i voti favorevoli sono in maggioranza.

aye (2) [eɪ], *avv.* (*poet. o scozz.*) sempre: **for aye**, per sempre.

azalea [ə'zeɪljə], *n.* (*bot., Azalea*) azalea.

azarole ['æzəroʊl], *n.* (*bot., Crataegus azarolus*) lazzaruolo.

azimuth ['æzɪməθ], *n.* (*astron.*) azimut. • **a. circle**, (*astron.*) arco azimut; (*strumento*) cerchio azimutale □ **a. compass**, bussola azimutale; bussola di rilevamento □ **a. difference**, parallasse □ (*mil.*) **a. rate**, velocità di brandeggio (*di un cannone*).

azimuthal ['æzɪmju(:)θəl], *a.* (*astron.*) azimutale.

azoic [ə'zoʊɪk], *a.* (*geol.*) azoico.

azole ['æzoʊl], *n.* (*chim.*) azolo.

Azores (the) [ə'zɔ:z], *n. pl.* (*geogr.*) le Azzorre.

azote [ə'zoʊt], *n.* (*chim., arc.*) azoto.

azotemia [,æzə'ti(:)mjə], *n.* (*med.*) azotemia.

azotic [ə'zɒtɪk], *a.* (*chim.*) azotico.

to azotize ['æzətaɪz], *v. t.* (*chim.*) azotare.

Aztec ['æztek], *a.* e *n.* azteco.

Aztecan ['æztekən], *a.* azteco.

azure ['æʒə*], **A** *a.* azzurro. **B** *n.* **1** azzurro (*colore*) **2** (*miner.*) lapislazzuli.

to azure ['æʒə*], *v. t.* rendere azzurro; azzurrare.

azurine ['æʒuraɪn], *a.* azzurrino.

azurite ['æʒuraɪt], *n.* (*miner.*) azzurrite.

azygote [ə'zaɪɡoʊt], *n.* (*biol.*) azigote.

azygous ['æzɪɡəs], *a.* e *n.* (*anat.*) azygos, azigos.

azyme ['æzɪm], *n.* azzima; azzimella; pane azzimo.

azymous ['æzɪməs], *a.* azzimo; non lievitato.

b, B

B, b [biː], *n.* (*pl.* **B's, b's; Bs, bs**) **1** B, b (*seconda lettera dell'alfabeto ingl.*) **2** (*mus.*) si (*nota e scala corrispondente*) **3** votazione (*o classifica*) di «buono» (*inferiore a* «*ottimo*»): **a B in geography**, una votazione di «buono» in geografia. ● (*fam.*) **b and b**, letto e prima colazione (*in una locanda, pensione, ecc.*) □ (*mus.*) **B flat**, si bemolle □ (*tel.*) **b for Benjamin** (USA: **b for Baker**), b come Bologna.
B.A. [ˌbiːˈei], *n.* **1** (*acronimo di* **Bachelor of Arts**) laurea di primo grado (in materie umanistiche; *V.* **M.A.**) **2** dottore in lettere (*con detta laurea*); baccelliere: **James Bullock, B.A.**, James Bullock, dottore in lettere **3** (*acronimo di* **British Airways**) Linee Aeree Britanniche (*compagnia di bandiera*).
to baa [baː] (*pass. e p. p.* **baaed, baa'd**), *v. i.* belare; fare bee.
baa [baː], *n.* belato. ● (*infant.*) **baa-lamb**, agnellino.
Baal [ˈbeiəl], *n.* **1** Baal **2** falso dio; idolo.
Baalism [ˈbeiəlizəm], *n.* **1** adorazione di Baal **2** idolatria.
Baalist [ˈbeiəlist], **Baalite** [ˈbeiəlait], *n.* adoratore di Baal.
Babbitt(t) [ˈbæbit], *n.* **1** uomo d'affari incolto, di mentalità conformistica e ristretta (*dal protagonista del romanzo omonimo di Sinclair Lewis*).
babbitt [ˈbæbit], *n.* (*metall., anche* **b. metal**) metallo antifrizione.
to babbitt [ˈbæbit], *v. t.* (*mecc.*) rivestire con metallo antifrizione.
Babbit(t)ry [ˈbæbitri], *n.* mentalità conformistica e ristretta (*V.* **Babbit(t)**).
to babble [bæbl], *v. t. e i.* **1** balbettare; barbugliare **2** cianciare; ciarlare; parlare a vanvera **3** (*di acque*) mormorare.
babble [bæbl], **babblement** [ˈbæblmənt], *n.* **1** balbettio; balbettamento **2** ciancia; ciarla; discorso a vanvera **3** mormorio.
babbler [ˈbæblə*], *n.* chiacchierone; ciarlone.
babe [beib], *n.* **1** (*anche fig.*) bambino; bimbo: **That man is a b.**, quell'uomo è un bambino **2** (*pop. USA*) (bella) ragazza; bambola, pupa (*pop.*).
Babel [ˈbeibəl], *n.* **1** Babele **2** – (*fig.*) **b.**, babele; confusione grandissima **3** piano assurdo.
babir(o)ussa [ˌbæbiˈruː(ː)sə], *n.* (*zool., Babirussa babirussa*) babirussa.
baboon [bəˈbuːn], *n.* (*zool., Papio cynocephalus*) babbuino.
baboonery [bəˈbuːnəri], *n.* **1** comportamento da babbuino; buffoneria **2** (*zool.*) colonia di babbuini.
baboonish [bəˈbuːniʃ], *a.* da babbuino; sciocco; goffo.
babouche [baːˈbuːʃ] (*franc.*), *n.* babbuccia.
baby [ˈbeibi], **A** *n.* **1** (*anche fig.*) bambino, bambina; bimbo, bimba; bebè (*fam.*): **She is a real b.**, è proprio una bambina **2** (il) più giovane (o più piccolo) di un gruppo: **He is the b. of the party**, è il più giovane della compagnia **3** (*pop.*) bambina; ragazza; bambola: **Quite a b.!**, che bambola! **B** *a. attr.* piccolo (*d'animale*): **b. elephant**, piccolo d'elefante; elefantino. ● **b. beef**, (carne di) vitellone □ **b. boom**, boom delle nascite □ **b. boy**, bambino; maschietto □ (*USA*) **b. buggy**, carrozzella (*da bambini*) □ **b. car**, (automobile) utilitaria □ (*USA*) **b. carriage**, *V.* **b. buggy** □ **b. girl**, bambina; femminuccia □ **b. grand**, pianoforte a mezza coda □ **b. marrows**, zucchini □ **b.-minder**, bambinaia (*chi bada ai bambini in assenza della madre*) □ **b. pin**, spillo da balia □ **b.-sitter**, baby-sitter (*chi, dietro compenso, sorveglia i bambini in assenza dei genitori*) □ **b.-sitting**, babysitteraggio □ **b. talk**, linguaggio infantile (*o usato con i bambini*) □ (*USA*) **b. tooth**, dente di latte □ **to hold** (*o* **to carry**) **the b.**, assumere una responsabilità sgradita □ (*fig.*) **to be left with the b.**, restare nei pasticci.
babyhood [ˈbeibihud], *n.* prima infanzia.
babyish [ˈbeibiiʃ], *a.* **1** infantile **2** bambinesco; puerile.
babyishness [ˈbeibiiʃnis], *n.* **1** infantilismo **2** puerilità.
Babylon [ˈbæbilən], *n.* **1** (*geogr.*) Babilonia **2** (*fig.*) la Roma papale.
Babylonia [ˌbæbiˈlouniə], *n.* Babilonia (*il regno*).
Babylonian [ˌbæbiˈlouniən], *a. e n.* babilonese.
to baby-sit [ˈbeibisit], *v. i.* fare la baby-sitter (*q.V.*).
baccalaureate [ˌbækəˈlɔːriit], *n.* **1** baccellierato, baccalaureato (laurea di grado inferiore a **Master**, *q.V.*) **2** (*USA*) discorso pronunciato al conferimento del baccellierato.
baccate [ˈbækeit], *a.* (*bot.*) **1** fornito di bacche **2** a forma di bacca.
Bacchae [ˈbækiː], *n. pl.* (*mitol.*) baccanti; menadi.
bacchanal [ˈbækənl], **A** *n.* **1** (*stor. relig.*) baccante; sacerdotessa di Bacco **2** (*fig.*) chi fa baldoria; gaudente in preda ai fumi del vino **3** (*anche fig.*) baccanale; orgia; baldoria. **B** *a.* **1** bacchico **2** che fa baldoria; orgiastico.
Bacchanalia [ˌbækəˈneiliə], *n. pl.* (*stor. relig.*) baccanali.
bacchanalian [ˌbækəˈneiljən], **A** *a.* **1** relativo ai baccanali **2** orgiastico **B** *n.* chi fa baldoria; gaudente avvinazzato.
bacchant [ˈbækənt], **A** *n.* (*pl.* **bacchants, bacchantes**) **1** sacerdotessa di Bacco **2** (*fig.*) chi fa baldoria; orgiasta. **B** *a.* **1** bacchico **2** amante del vino; dedito a Bacco.
bacchante [bəˈkænti], *n.* **1** baccante **2** (*fig.*) donna dedita al vino.
Bacchic [ˈbækik], *a.* **1** bacchico **2** orgiastico.
Bacchus [ˈbækəs], *n.* (*mitol.*) Bacco.
baccy [ˈbæki], *n.* (*abbr. fam.*) tabacco.
bach [bætʃ], *n.* (*pop. USA*) *V.* **bachelor**.
bachelor [ˈbætʃələ*], *n.* **1** celibe; scapolo **2** baccelliere, baccalaureato (*in G.B. e USA, chi ha conseguito il primo grado accademico*): **Bachelor of Science** (*abbr.* **B.S., B.Sc.**), baccelliere in scienze **3** (*stor., anche* **b.-at-arms**), scudiero **4** (*zool., anche* **b. seal**) foca maschio che vive senza compagna. ● (*bot.*) **b.'s button**, (*Ranunculus acris*) ranuncolo comune, bottone d'oro; (*Bellis perennis*) margheritina; (*Centaurea cyanus*) fiordaliso □ **b. flat**, appartamentino da scapolo □ **b. girl**, ragazza nubile che fa vita indipendente □ **b. quarters**, appartamento da scapolo.
bachelorhood [ˈbætʃələhud], **bachelorship** [ˈbætʃələʃip], *n.* **1** celibato **2** baccellierato.
bacillar [bəˈsilə*], **bacillary** [bəˈsiləri], *a.* (*biol.*) bacillare.
bacilliform [bəˈsilifɔːm], *a.* bacilliforme.
bacillus [bəˈsiləs], *n.* (*pl.* **bacilli**) (*biol.*) bacillo.
back (1) [bæk], *n.* **1** schiena; dorso; retro; (*fig.*) spalle: **b. of a mountain**, dorso (*o* schiena) di un monte; **b. of a knife**, dorso di coltello; **b. of the hand**, dorso (*o* rovescio) della mano; **b. of a book**, dorso (*o* costola) di libro; **Excuse my b.**, scusate le spalle; **to have a large family on one's b.**, avere sulle spalle una famiglia numerosa; **see on the b.**, vedasi a tergo **2** spina dorsale **3** schienale: **the b. of a chair**, lo schienale di una sedia **4** parte posteriore; retro; rovescio: **a room in the b. of the school**, un'aula nella parte posteriore della scuola; **We need a mirror to see the b. of our head**, occorre uno specchio per potersi vedere la nuca; **the b. of the mouth**, il retrobocca **5** (*calcio, hockey*) difensore; terzino **6** forza fisica **7** fondo; sfondo: **the b. of the stage**, lo sfondo del palcoscenico **8** (*mil.*) retroguardia **9** (*leg.*) avallo **10** (*leg.*) dichiarazione di esecutività. ● **b. of the neck**, nuca □ **b. scratcher**, manina grattaschiena; (*fig.*) leccapiedi, lustrastivali □ **b. to front**, alla rovescia □ **at the b. of**, dietro □ **to be at the b. of sb.**, essere dietro a (*o* alle spalle di) q. (*inseguendo o pedinando*); (*fig.*) sostenere q. stando nell'ombra □ (*fam.*) **at the b. of beyond**, molto lontano; lontanissimo; a casa del diavolo (*fam.*) □ **behind sb.'s b.**, (*anche fig.*) dietro le spalle di q.; all'insaputa di q. □ **to break the b. of st.**, fare il grosso di q.c.: **We shall break the b. of the work by tonight**, entro questa sera faremo il grosso del lavoro □ (*fig.*) **to break one's b.**, rompersi la schiena (*per eccesso di lavoro*) □ (*fig.*) **to break sb.'s b.**, caricare q. di lavoro; rovinare q. □ (*calcio*) **centre half-b.**, centromediano □ (*calcio*) **full-b.**, terzino □ (*calcio*) **half-b.**, mediano □ (*fig.*) **to have st. (sb.) on one's b.**, avere q.c. (q.) sulle spalle □ **on the b. of**, in aggiunta a; per giunta □ **to be on one's b.**, stare supino □ (*fig.*) essere ridotto male (*a letto ammalato, vinto, indifeso, ecc.*) □ (*fig.*) **to put one's b. into st.**, impegnarsi a fondo in q.c.; mettercela tutta □ **to put** (*o* **to get, to set**) **one's b. up**, infuriarsi, andare in collera (*come i gatti quando inarcano il dorso*); (*fig.*) puntare i piedi □ **to put** (*o* **to**

backhand

get, to set) sb.'s b. up, irritare q.; mandare sulle furie q □ to stand b. to b., essere spalla a spalla; essere addossati □ to turn one's b. on sb., voltare le spalle a q. (per ira, disprezzo); piantare in asso q. □ to turn one's b. to sb., voltare la schiena a q.; volgere le spalle a q. (fuggendo) □ (fig.) to be with one's b. to the wall, essere con le spalle al muro.

back (2) [bæk], *a*. **1** posteriore; arretrato; in fondo **2** remoto; lontano **3** scaduto; arretrato: **b. copy of a newspaper**, copia arretrata di un giornale **4** di rimando; contrario **5** *(fon.)* velare; gutturale. ● **b.-bencher**, membro dell'assemblea, che siede negli ultimi posti (e quindi poco importante) □ **b. board**, V. **backboard** □ *(fam.)* **b. chat**, V. **b. talk** □ *(teatr.)* **b.-cloth** (o **b.-drop**), fondale □ (nuoto) **b. crawl**, dorso □ **b. current**, controcorrente □ *(sport)* **b. dive**, tuffo all'indietro □ **b. door**, porta di servizio; *(fig.)* lavoro di corridoio, intrighi □ **b.-door trade**, commercio illegale □ *(dial.)* **b. end**, tardo autunno □ **b. formation**, retroformazione, formazione retrograda □ *(comm., naut.)* **b. freight**, soprannolo □ *(autom.)* **b. light**, fanalino di coda (o posteriore); fanalino di dietro *(fam.)* □ *(pallavolo)* **b. line**, linea di mezzocampo □ **b. number**, numero arretrato (di giornale, rivista); *(fam.)* persona di idee arretrate; oggetto fuori moda □ *(comm.)* **b. order**, ordine non eseguito; ordinazione inevasa □ *(anat., eufemistico)* **b. passage**, ano; retto □ **b. pay**, arretrati (di salario o stipendio) □ **b. road**, strada secondaria di campagna □ **b. room**, sala interna (di club, ecc.); *(polit.)* camera di consiglio, stanza dei bottoni (fig.) □ **b.-room boy**, consigliere, consulente; ricercatore, scienziato (impegnato in un lavoro segreto) □ **b. seat**, *(autom.)* sedile posteriore; posto (a sedere) in fondo; *(fig.)* posizione secondaria, poco importante *(autom.)* **to get into the b. seat**, salire di dietro □ *(scherz.)* **b.-seat driver**, passeggero d'automobile che importuna il guidatore con consigli □ **b. shop**, retrobottega; piccolo negozio indipendente in un negozio più grande □ **b.-sight**, tacca (mirino più vicino al calcio di un'arma) □ **b. slang**, gergo nel quale le parole vengono pronunciate e scritte a ritroso (per es. **ynnep** invece di **penny**) □ **b.-stair(s)**, scala di servizio; scala segreta; *(fig.)* lavoro di corridoio, intrighi □ **b. street**, via secondaria; viuzza □ *(fig.)* **b.-street**, clandestino; furtivo □ *(nuoto)* **b.-stroke**, dorso □ *(fam.)* **b. talk**, risposta pepata, impertinente; insolenza; recriminazioni □ **b. wages** (**salary, rent**), salario (stipendio, affitto) arretrato □ **to give a b. answer**, dare una risposta sgarbata □ **to take a b. seat**, (fig.) piegare la schiena; stare nell'ombra; umiliarsi.

back (3) [bæk], *avv*. **1** indietro (di luogo e nel tempo); addietro; in fondo: **Keep b.!**, sta' (o state) indietro!; fatti (o fatevi) indietro!; **If we go b. a few years, we can realize what progress science has made**, se risaliamo a pochi anni addietro, possiamo misurare quali progressi ha fatto la scienza; **Never look b.**, non volgerti addietro; non guardare mai indietro; non pentirti (o ricrederti) mai **2** a posto; nel posto; nella condizione di prima: **Put the razor b. after using it**, rimetti a posto il rasoio dopo averlo usato **3** in posizione **4** *(idiom.)* in senso contrario: **Bend the tube b.**, piega il tubo in senso contrario (o nella posizione di prima). ● **to be b.**, essere di ritorno: **I'll be b. in no time**, sarò di ritorno in un attimo □ **b. and forth**, avanti e indietro □ **b. from**, discosto da: **b. from the road**, discosto dalla strada □ (*USA*) **b. home**, a casa; *(fig.)* in patria □ (*USA*) **b. of**, dietro (a) □ **b.-to-work injunction**, ingiunzione di riprendere il lavoro □ **to answer b.**, rispondere in modo insolente; rimbeccare □ **to beat b.**, tenere indietro; respingere □ **to bring b.**, riportare □ **to call b.**, richiamare □ **to come b.**, ritornare □ **to fasten b.**, legare, tenere fermo nella posizione di prima □ **a few years b.**, alcuni anni or sono (prima) □ **to find** (o **to make**) **one's way b.**, trovare la via del ritorno □ *(autom.)* **to go b.**, fare retromarcia □ **to go b. on one's word**, mangiarsi la parola □ **to go b. on sb.**, tradire q. □ **to hang b.**, tenersi indietro; indugiare; restare indeciso □ **to hold b. information**, non dare informazioni; non comunicare una notizia □ **to keep sb. b.**, trattenere, tenere a freno q. □ **to pay money b.**, restituire denaro □ **to pay sb. b.**, ripagare, ricompensare q. □ *(fig.)* **to pay sb. b.** (**in his own coin**), ripagare q. della stessa moneta; rendere pan per focaccia □ **to ride b.**, ritornare a cavallo □ **to sail b.**, salpare verso il porto di partenza □ **to stay b.**, rimanere indietro; non partire □ **there and b.**, andata e ritorno: **It takes an hour there and b.**, ci vuole un'ora per andare là e tornare □ **to turn b.**, volgersi indietro; volgersi per tornare □ **to walk b.**, ritornare a piedi □ **I am b. where I started**, sono di nuovo al punto di partenza.

back (4) [bæk], *inter*. indietro!

to back [bæk], **A** *v. t*. **1** (anche **to b. up**) far indietreggiare; spingere indietro (un cavallo, una barca, ecc.): **He backed his car up**, fece marcia indietro **2** (spesso **to b. up**) dare appoggio a; appoggiare, sostenere, spalleggiare: **to b. a candidate**, appoggiare un candidato **3** firmare; sottoscrivere; *(comm.)* avallare: **I refuse to b. that bill**, mi rifiuto di avallare quella cambiale **4** puntare (o scommettere) su: **to b. horses**, puntare sui cavalli (alle corse) **5** munire di fondo (o rinforzo, fodera) **6** montare in groppa a **7** fare da sfondo a; addossarsi a: **the hills that b. the village**, le colline che s'addossano al paese **8** *(naut.)* appennellare (l'ancora) **9** *(naut.)* bracciare (una vela). **B** *v. i.* **1** indietreggiare; rinculare; fare marcia indietro **2** (del vento) soffiare in senso contrario al sole; soffiare in senso antiorario **3** *(naut.)* bracciare le vele. ● **to b. and fill**, *(naut.)* bordeggiare, orzare e poggiare, procedere a zigzag; (fig.) barcamenarsi, vacillare, essere indeciso □ **to b. one's car into** (**out of**) **the garage**, mettere l'automobile in (togliere l'automobile dal) garage a marcia indietro □ *(fam.)* **to b. down**, fare marcia indietro *(fig.)*; recedere; rinunziare (a una pretesa, a un diritto) □ (*USA*) **to b. off**, V. **to b. down** □ **to b. out (of st.)**, *(fam.)* tirarsi indietro, ritirarsi (da q.c.): **to b. out of a bargain**, ritirarsi da un affare □ **to b. a sail**, tenere una vela spiegata (al vento) □ **to b. up**, appoggiare, sostenere; rafforzare; rendere più consistente: **He'll b. up his offer with extra incentives**, renderà più consistente la sua offerta con incentivi straordinari □ **to b. water**, remare all'indietro; *(fig.)* fare macchina indietro □ **to b. a winner**, puntare su un cavallo vincente; *(fig.)* avere un colpo di fortuna □ **to b. the wrong horse**, puntare sul cavallo perdente (anche fig.).

backache ['bækeik], *n*. mal di schiena.

backband ['bæk-bænd], *n*. portastanghe; dossiere.

to backbite ['bækbait] (*pass.* **backbit**, *p. p.* **backbitten**, **backbit**), *v. t*. e *i*. fare della maldicenza; sparlare (di q.); calunniare.

backbiter ['bæk,baitə*], *n*. maldicente; malalingua; calunniatore.

backbiting ['bækbaitiŋ], **A** *n*. maldicenza; calunnia. **B** *a*. maldicente.

backboard ['bækbɔːd], *n*. **1** asse che forma (o che sostiene) il fondo di q.c. **2** (di un carro) sponda **3** *(med.)* reggischiena **4** (pallacanestro) tabellone.

backbone ['bækboun], *n*. **1** spina dorsale (anche fig.); colonna vertebrale **2** (fig.) fermezza; carattere. ● (fig.) **to the b.**, fino in fondo; da cima a fondo; da capo a piedi □ **He has no b.**, è uno smidollato.

backbreaking ['bækbreikiŋ], *a*. (di lavoro, ecc.) assai faticoso; massacrante; snervante.

to backcomb ['bæk-'koum], *v. t*. cotonare (i capelli).

backcourt ['bæk-kɔːt], *n*. **1** (tennis, ecc.) fondo campo **2** (pallacanestro) zona di difesa.

to backcross ['bæk-krɔs], *v. t*. e *i*. reincrociare; incrociare (un ibrido) con un progenitore.

to backdate ['bæk'deit], *v. t*. retrodatare (una lettera, ecc.).

back-door ['bæk'dɔː*], *a*. segreto; nascosto; clandestino.

backdrop ['bækdrɔp], *n*. **1** (teatr.) fondale **2** (fig.) sfondo; ambiente (di un romanzo, ecc.).

backed [bækt], *a*. **1** (nei composti) dal dorso; dalla schiena; dalle spalle: **stiff-b.**, dalla schiena rigida; **broad-b.**, dalle spalle larghe **2** (nei composti) dallo schienale: **a high-b. chair**, una sedia dallo schienale alto **3** (di tessuto) a trama rinforzata. ● (comm.) **b. bills**, cambiali avallate □ (econ., fin.) **b. currency**, moneta garantita.

backer ['bækə*], *n*. **1** sostenitore; fautore; patrono **2** scommettitore **3** (comm.) avallante (di una cambiale, ecc.). ● (comm.) **financial b.**, finanziatore.

backfall ['bækfɔːl], *n*. **1** ricaduta **2** (lotta greco-romana) schienata.

backfield ['bækfiːld], *n*. (gioco del calcio USA) **1** zona di difesa (i giocatori e la posizione).

backfire ['bækfaiə*], *n*. (mecc.) ritorno di fiamma.

to backfire ['bækfaiə*], *v. i*. **1** (mecc.) fare un ritorno di fiamma **2** (fig.) fallire; saltare (fam.) ritorcersi contro: **His plan backfired**, il suo piano gli si è ritorto contro.

backgammon [bæk'gæmən], *n*. backgammon; tric-trac; sbaraglino; tavola reale.

background ['bækgraund], *n*. **1** fondo, sfondo (di quadro, luogo, scena, descrizione); ambiente (anche fig.); retroterra (sociale, culturale, ecc.) **2** (fig.) oscurità; ritiro; ombra: **to keep** (o **to stay**) **in the b.**, restare nell'ombra **3** bagaglio, preparazione culturale; esperienza personale: **He has the right b. for this work**, ha la preparazione che ci vuole per questo lavoro **4** antefatto; precedenti; antecedenti: **You don't know the b. of the affair**, tu non conosci i precedenti della faccenda **5** informazioni; dati (relativi a q.c.): **Will you give me the b. of the problem?**, vuoi fornirmi i dati relativi al problema **6** (cinem., radio) sottofondo; effetto (o rumore) di fondo. ● **b. music**, musica di fondo; sfondo musicale.

backgrounder ['bækgraundə*], *n*. (polit. USA) conferenza stampa.

backhand ['bæk'hænd], **A** *n*. **1** grafia (o scrittura) inclinata a sinistra **2** manrovescio **3** (sport) rovescio. **B** *a*. di rovescio. **C** *avv*. **1** col dorso della mano **2** (sport) con un rovescio; di

backhanded

rovescio: **He hit the ball b.**, colpì la palla con un rovescio.
backhanded ['bæk'hændɪd], *a.* **1** dato di rovescio o col dorso della mano: (*tennis*) **a b. stroke**, un colpo (dato) di rovescio **2** (*fig.*: *di osservazione, complimento*) ambiguo; a doppio taglio; a rovescio; sarcastico **3** (*di scrittura*) inclinato verso sinistra **4** goffo; maldestro.
backhander ['bæk'hændə*], *n.* **1** manrovescio **2** (*sport*) rovescio **3** (*fig.*) attacco indiretto, inatteso, sleale.
backing ['bækɪŋ], *n.* **1** sostegno (*o rinforzo*) posteriore **2** (*fig.*) sostegno; appoggio: **I have the b. of the party leadership**, ho l'appoggio della direzione del partito **3** (*comm., leg.*) avallo **4** sostenitori; seguaci; seguito: **Our M.P. has a large b.**, il nostro deputato ha un vasto seguito **5** rivestimento (*di poltrone, ecc.*) **6** arretramento; marcia indietro **7** (*naut.*) fasciame interno **8** (*mus.*) sottofondo **9** (*fin.*) copertura (*di un'emissione di banconote*).
backlash ['bæklæʃ], *n.* **1** (*di molla*) scatto **2** (*di lenza da pesca*) groviglio **3** (*mecc.*) gioco, scorrimento (*di parti logore o sconnesse*) **4** (*USA, anche* **white b.**) violenta reazione (*dei bianchi: contro i negri d'America*). ● (*polit.*) **a right-wing b.**, un repentino recupero di voti della destra.
backless ['bæklɪs], *a.* senza dorso; senza schiena.
backlog ['bæklɒg], *n.* **1** grosso ceppo **2** arretrato (*di lavoro o d'affari*) **3** (*comm.*) (lista delle) ordinazioni inevase **4** (*pop. USA*) fondo di riserva.
backmost ['bækmoʊst], *a.* (il) più indietro; ultimo (*verso il fondo*).
backpack ['bækpæk], *n.* (*specialm. USA*) zaino (*specialm. con intelaiatura*).
to backpedal ['bæk'pedəl], *v. i.* **1** pedalare all'indietro **2** (*fig.*) fare macchina indietro; fare marcia indietro.
backproject [ˌbæk'prɒdʒekt], *n.* immagine proiettata dal didietro (*su uno schermo*).
to backproject [ˌbækprə'dʒekt], *v. t.* retroproiettare (*un'immagine: su uno schermo*).
backrest ['bæk-rest], *n.* schienale.
backroom ['bækruːm], *n.* **1** retrocamera; retrostanza **2** stanza dei bottoni (*fig.*). ● (*fam.*) **b. boys**, addetti ai lavori (*fig.*); esperti.
backset ['bækset], *n.* **1** sconfitta; rovescio; ostacolo; arresto **2** gorgo; mulinello; vortice.
backsheesh ['bækʃiːʃ] (*persiano*), *n.* (*invar. al pl.*) mancia; bustarella (*fig.*).
backside ['bæk'saɪd], *n.* **1** didietro, parte posteriore (*di q.c.*) **2** (*fam.*) deretano; didietro.
backslapper ['bækslæpə*], *n.* (*fam.*) cordialone (*che dà manate sulle spalle*).
to backslide ['bæk'slaɪd] (*pass. e p. p.* **backslid**), *v. t.* **1** ricadere nel vizio (*o nel peccato*); apostatare **2** (*fig.*) calare di tono **3** (*Borsa*) scivolare.
backslider ['bæk'slaɪdə*], *n.* chi ricade nel peccato; apostata.
backsliding ['bækslaɪdɪŋ], *n.* **1** ricaduta nel vizio (*o nel peccato*); apostasia **2** (*Borsa*) scivolamento; scivolata.
to backspace ['bæk-'speɪs], *v. i.* battere il tasto di ritorno.
backspace key ['bæk-speɪsˈkiː], *V.* **backspacer.**
backspacer ['bæk-'speɪsə*], *n.* tasto di ritorno (*di macchina da scrivere*).
backstage ['bæk-'steɪdʒ], **A** *avv.* (*teatr.*) dietro la scena (*o le quinte; anche fig.*) **B** *a.* (che avviene) dietro le quinte **C** *n.* retroscena.
backstairs ['bæk'stɛəz], **A** *n.* **1** scala di servizio **2** (*fig.*) intrighi; manovre di corridoio. **B** *a.* (*anche* **backstair**) **1** segreto; nascosto; clandestino **2** scandalistico.
backstay ['bæk-steɪ], *n.* **1** (*naut.*) paterazzo **2** reggischiena.
backstitch ['bæk-stɪtʃ], *n.* punto indietro; impuntura.
to backstitch ['bæk-stɪtʃ], *v. t. e i.* impunturare.
backstroke ['bæk'stroʊk], *n.* **1** contraccolpo **2** manrovescio **3** (*sport*) nuoto sul dorso; dorso **4** (*mecc.*) corsa di ritorno. ● (*sport*) **b. swimmer**, dorsista.
backsword ['bæk'sɔːd], *n.* **1** spadone **2** bastone con impugnatura.
to backtrack ['bæktræk], *v. i.* **1** tornare indietro **2** (*fig.*) fare marcia indietro.
backup ['bækʌp], **A** *n.* (*specialm. USA*) **1** appoggio; sostegno **2** rinforzo **3** accumulo; gran massa **4** backup; riserva **5** rimpiazzo; sostituto. **B** *a.* di rimpiazzo; di riserva.
backward ['bækwəd], *a.* **1** volto indietro; diretto all'indietro; a ritroso **2** che è indietro; (*fig.*) arretrato: **a b. people**, un popolo arretrato **3** esitante; riluttante; timido **4** (*specialm. di stagione, frutto*) in ritardo; tardivo **5** (*di persona*) tardo di mente; ritardato; ottuso: **a b. pupil**, uno scolaro tardo di mente. ● (*naut.*) **b. call**, scalo (fatto durante il viaggio) di ritorno (*econ.*) **b. economies**, economie arretrate.
backwardation [ˌbækwə'deɪʃən], *n.* (*Borsa, comm.*) deporto.

backwardness ['bækwədnɪs], *n.* **1** arretratezza **2** riluttanza; timidezza **3** tardività; ottusità.
backward(s) ['bækwəd(z)], *avv.* **1** indietro (*nello spazio, nel tempo; fig.: di bene in male*): **to look b.**, guardare indietro; (*fig.*) riandare al passato **2** all'indietro; a ritroso: **to walk b.**, camminare a ritroso. ● **b. and forwards**, avanti e indietro (*fig.*); **to know st. b.**, conoscere q.c. da cima a fondo; sapere q.c. a menadito □ **to stroke the cat b.**, carezzare il gatto contropelo.
backwash ['bækwɒʃ], *n.* **1** onda infrenata da una nave, da un colpo di remo, ecc. **2** (*naut.*) risacca; riflusso **3** (*aeron.*) scia dell'elica **4** (*fig.*) ripercussioni; strascichi.
backwater ['bækˌwɔːtə*], *n.* **1** acqua infrenata da una diga **2** acqua stagnante (*separata dalla corrente d'un fiume o dal mare*) **3** (*fig.*) stasi; ristagno (*d'una situazione*); stato di letargo mentale **4** (*econ.*) zona depressa.
backwoods ['bækwʊdz], *n. pl.* **1** zona boscosa e selvaggia (*specialm. dell'America settentrionale*) **2** (*fam.*) regione lontana e poco popolata.
backwoodsman ['bækwʊdzmən], *n.* (*pl.* **backwoodsmen**) **1** abitante di una zona boscosa e selvaggia **2** (*fam.*) chi fa vita ritirata in campagna **3** (*polit.*) membro d'assemblea che va di rado alle sedute.
backyard ['bækjaːd], *n.* **1** cortile posteriore **2** (*USA*) prato dietro casa **3** (*fig.*) ambiente familiare; casa (*fig.*). ● **b. shed**, tettoia (*o capanna*) dietro casa.
bacon ['beɪkən], *n.* pancetta affumicata; bacon. ● (*pop.*) **to bring home the b.**, guadagnarsi da vivere (*o da mangiare*); aver fortuna □ (*fig.*) **to save one's b.**, salvare la pelle.
Bacon ['beɪkən], *n.* (*stor. filos.*) Bacone.
Baconian [beɪ'koʊnjən], **A** *a.* baconiano. **B** *n.* seguace di Francis Bacon.
bacterial [bæk'tɪərɪəl], *a.* batterico; di (*o da*) batteri.
bactericidal [bækˌtɪərɪ'saɪdl], *a.* battericida.
bacterin ['bæktərɪn], *n.* (*med.*) vaccino batterico.
bacteriological [bækˌtɪərɪə'lɒdʒɪkəl], *a.* batteriologico.
bacteriologist [bækˌtɪərɪ'ɒlədʒɪst], *n.* batteriologo.
bacteriology [bækˌtɪərɪ'ɒlədʒɪ], *n.* batteriologia.
bacterium [bæk'tɪərɪəm], *n.* (*pl.* **bacteria**) (*biol.*) batterio.
bad (1) [bæd], *a.* (*compar.* **worse**; *superl. relat.* **worst**) **1** cattivo; malo (*lett.*): **a bad crop**, un cattivo raccolto; **with bad grace**, con mala grazia; con mal garbo **2** dannoso; nocivo: **Smoking is bad for your health**, il fumo è dannoso alla salute; **Eggs are bad for my liver**, le uova sono nocive per il mio fegato **3** forte; intenso; grosso; brutto: **I have a bad cold**, ho un forte raffreddore; **a bad blunder**, un grosso errore; **a bad translation**, una brutta traduzione **4** guasto; andato a male; cattivo: **bad eggs**, uova guaste; **bad meat**, carne andata a male **5** scarso; scadente; negato (*fig.*): **He is very bad at figures**, è negato per il calcolo **6** brutto; scorretto; sbagliato: **His French is very bad**, il suo francese è assai scorretto **7** malato; guasto: **a bad tooth**, un dente guasto **8** di cattiva qualità; di scarso valore **9** (*leg.*) invalido; nullo; non valido: **a bad title**, un titolo (di proprietà) non valido. ● (*relig.*) **the bad**, i cattivi; i reprobi □ **a bad accident**, un grave incidente □ **bad air**, aria malsana □ **bad blood**, astio; rancore; inimicizia; cattivo sangue □ (*comm.*) **a bad cheque**, un assegno a vuoto □ **a bad coin**, una moneta falsa □ (*comm.*) **a bad debt**, un credito di dubbia esigibilità □ (*leg.*) **bad faith**, mala fede □ (*fam.*) **to be a bad egg** (*o* **hat, lot**), essere un poco di buono; essere un tipaccio □ **bad form**, cattiva educazione: **To speak aloud is bad form**, parlare ad alta voce non sta bene □ **bad language**, male parole; turpiloquio; linguaggio offensivo (*o* sconveniente) □ **bad news**, brutte notizie; (*USA*) persona (*o* cosa) fastidiosa, importuna □ **a bad shilling (dollar)**, uno scellino (un dollaro) falso □ (*fig.*) **a bad shot**, una congettura sbagliata □ **a bad storm**, un grosso temporale □ **bad-tempered**, irritabile; irascibile □ (*pop. USA*) **bad trip**, «viaggio» terrificante (*da allucinogeni*) □ **to feel bad**, sentirsi male □ (*fam.*) **to feel bad about st.**, essere addolorato (*o* preoccupato) per q.c.; prendersela per q.c. □ **to go bad**, andare a male; guastarsi □ **to go from bad to worse**, andare di male in peggio □ **to have a bad time**, passarsela male; passare un brutto quarto d'ora □ **to be in a bad temper**, esser di malumore □ **to be in a bad way**, essere mal messo, a mal partito (*di salute, a quattrini, ecc.*) □ (*fam.*) **not (so) bad**, abbastanza buono; discreto: **He's not a bad swimmer**, è un discreto nuotatore □ (*fam.*) **not half bad**, abbastanza buono; discreto; abbastanza bene; non male □ (*fam.*) **to be taken bad**, sentirsi male, essere colto da malore □ **That's too bad!**, quest'è troppo!; così non va! □ **Too bad of him**, troppo scortese da parte sua □ **Business is bad**, gli affari vanno male □ **Is it as bad as all that?**, siamo davvero a questo punto?; va proprio così male? □ «**How are you?**» «**Not bad**», «Come stai?» «Non c'è male».
bad (2) [bæd], *n.* male; mala (*o* cattiva) sorte; rovina. ● (*USA*) **to be (to get) in bad with sb.**, essere (cadere) in disgrazia con q.

□ **to go to the bad**, mettersi sulla cattiva strada; darsi alla malavita; andare in rovina □ **to take the bad with the good**, accettare la cattiva sorte insieme con la buona □ (*comm.*) **to be to the bad**, essere in perdita, essere in passivo.
baddish ['bædiʃ], *a.* piuttosto cattivo.
bade [beid], *pass.* di **to bid**, *def.* 4.
badge ['bædʒ], *n.* **1** distintivo; insegna **2** emblema; simbolo **3** (*fig.*) simbolo; segno; prova **4** (*sport*) scudetto **5** (*mil.*) gallone.
badger ['bædʒə*], *n.* **1** (*zool.*, *Meles*; *Taxidea*) tasso **2** pennello (*fatto con peli di tasso*). ● **b. dog**, bassotto tedesco; «Dachshund».
to badger ['bædʒə*], *v. t.* tormentare; molestare; infastidire; assillare (*V.* **badger-baiting**).
badger-baiting ['bædʒə,beitiŋ], *n.* l'aizzare cani per stanare un tasso.
badinage ['bædinɑːʒ], *n.* celia; burla; scherzo.
badly ['bædli], *avv.* (*compar.* **worse**; *superl. relat.* **worst**) **1** male; malamente **2** gravemente: **The enemy were b. beaten**, i nemici furono gravemente battuti **3** intensamente; fortemente **4** gravemente; seriamente: **He was b. hurt**, era ferito gravemente. ● **to be b. off**, passarsela male; trovarsi in cattive acque; essere male in arnese; essere giù a quattrini □ **to want st. b.**, avere urgente (*o* assoluta) necessità di q.c.
badman ['bædmən], *n.* (*pl.* **badmen**) (*USA*) bandito; fuorilegge.
badminton ['bædmintən], *n.* badminton; gioco del volano.
badness ['bædnis], *n.* **1** cattiveria **2** cattiva qualità **3** stato di cattiva conservazione **4** bruttezza; scorrettezza **5** dannosità; nocività **6** avversità; cattive condizioni (*del tempo, ecc.*) **7** (*leg.*) nullità, invalidità (*di un titolo, ecc.*).
baffle ['bæfl], *n.* **1** (*mecc.*) schermo; deflettore; diaframma **2** (*costr.*) pannello acustico **3** (*radio*) schermo a diaframma; «baffle». ● **b. board**, tavola di protezione; (*naut.*) paraspruzzi □ **b. plate**, placca di diaframma □ **b. wall**, parete antiacustica.
to baffle ['bæfl], *v. t.* **1** lasciare perplesso; confondere; sconcertare **2** render vano; frustrare; eludere; impedire **3** deviare. ● **a baffling face**, una faccia impenetrabile □ **baffling winds**, venti variabili.
bafflement ['bæflmənt], *n.* confusione; perplessità; sconcerto.
bag [bæg], *n.* **1** borsa; borsetta: **My bag was snatched by a youngster**, la borsa mi fu strappata (*o* fui scippato) da un giovinastro **2** sacco; sacchetto **3** carniere **4** cacciagione; selvaggina uccisa (*in una battuta o giornata di caccia*): **The hunter got a very good bag**, il cacciatore tornò con un buon carniere **5** mammella (*di animale*) **6** (*anat.*) sacco; vescica **7** (*pl.*, *pop.*) brache; pantaloni **8** (*pop.*) sciattona; vecchiaccia **9** (*USA*) borsellino **10** (*USA*) valigia **11** (*pop. USA*) centro d'interesse; cavallo di battaglia (*fig.*) **12** (*pop. USA*) guaio; pasticcio **13** (*pop. USA*) bustina, dose (*di droga*) **14** (*pop.*) modo d'essere (*o* di vivere) **15** (*pop.*) stato d'animo. ● (*fig.*) **bag and baggage**, armi e bagagli □ **to be a bag of bones**, essere un sacco d'ossa; essere pelle e ossa □ **bag snatcher**, scippatore □ **bag snatching**, scippo □ (*stor.*) **bag-wig**, parrucca del sec. XVIII (*coi capelli raccolti dietro in una reticella*) □ (*pop.*) **to be in one's stupid bag**, essere via con la testa □ (*fig.*) **in the bottom of the bag**, come ultima risorsa □ (*fam.*) **to be left holding the bag**, essere lasciato nei guai □ (*fig.*) **to let the cat out of the bag**, rivelare un segreto (*specialm. senza volerlo*) □ **mail-bag**, sacco della posta □ **paper-bag**, sacchetto di carta □ (*naut.*) **sea-bag**, zaino da marinaio □ **sleeping bag**, sacco a pelo □ **travelling bag**, borsa da viaggio □ **vanity bag**, borsetta elegante □ (*fig., pop.*) **It's in the bag**, è già nel sacco; è cosa fatta □ **I had my bag snatched last night**, sono stata scippata ieri sera.
to bag (1) [bæg], **A** *v. t.* **1** mettere in una borsa (*o* in un sacco); insaccare **2** (*di cacciatori*) prendere; catturare; mettere in carniere; uccidere: **We bagged two partridges only**, prendemmo soltanto due pernici **3** prendere; intascare; mettersi in tasca (*fam.*): **Who has bagged my lighter?**, chi s'è messo in tasca il mio accendino? **4** gonfiare (*le vele, ecc.*). **B** *v. i.* **1** gonfiarsi **2** (*di indumenti*) fare le borse; essere cascante: **That dress bags about her**, quel vestito le casca da tutte le parti.
to bag (2) [bæg], *v. t.* (*dial.*) mietere; falciare.
bagatelle [,bægə'tel], *n.* **1** bagattella **2** biliardino **3** (*mus.*) bagattella.
baggage ['bægidʒ], *n.* **1** (*specialm. USA*) bagaglio, bagagli **2** bagaglio (*dei soldati*); salmerie **3** (*arc.*) bagascia; prostituta **4** (*scherz.*) ragazzetta, ragazzotta **5** (*spreg.*) vecchiaccia. ● **b. animals**, animali da soma (*o da tiro*) □ (*ferr.*) **b. car**, bagagliaio □ **b. check**, scontrino del bagaglio □ (*ferr.*) **b. master**, addetto al servizio merci □ (*ferr.*) **b. rack**, portabagagli (*a rastrelliera*) □ (*ferr. USA*) **b. room**, deposito bagagli a mano □ (*mil.*) **b. train**, salmerie.
bagginess ['bæginis], *n.* gonfiezza.
bagging ['bægiŋ], *n.* tela da sacchi.
baggy ['bægi], *a.* **1** gonfio **2** cadente, cascante; che fa le borse:

b. cheeks, guance cascanti; **b. trousers**, calzoni con le borse.
bagman ['bægmən], *n.* (*pl.* **bagmen**) (*fam.*) commesso viaggiatore.
bagpipe ['bægpaip], *n.* zampogna; cornamusa.
bagpiper ['bægpaipə*], *n.* zampognaro; suonatore di cornamusa.
to bag-snatch [,bæg-'snætʃ], *v. t.* scippare.
bah [ba(:)], *inter.* (*per indicare disprezzo, disgusto*) bah!; ohibò!
Bahaism [bə'ha:izəm], *n.* (*relig.*) bahaismo.
Bahaist [bə'ha:ist], *n.* (*relig.*) bahaista.
Bahamas (the) [bə'ha:məz], *n.* (*geogr.*) le isole Bahama.
baignoire [beinwa:*] (*franc.*), *n.* (*teatr.*) barcaccia.
bail (1) [beil], *n.* **1** (*leg.*) cauzione (*pagata per ottenere la libertà provvisoria*) **2** chi paga la suddetta cauzione per q.; garante **3** (*leg.*) garanzia; fideiussione ● (*leg.*) **b. bond**, cauzione □ **to forfeit** (*fam.*: **to jump**) **one's b.**, non presentarsi al processo dopo aver ottenuto la libertà provvisoria □ (*scherz.*) **to give leg b.**, darsela a gambe □ **to go b.**, pagare la cauzione (per q.); garantire la verità (di q.c.) □ **to be out on b.**, essere in libertà provvisoria (*su cauzione*); essere a piede libero □ **to save one's b.** (*o* **to surrender to one's b.**), presentarsi al processo (*dopo la libertà provvisoria*).
to bail (1) [beil], *v. t.* **1** affidare (*merci*) in consegna (*o deposito*) **2** (*leg.*) ottenere la libertà provvisoria di (*q.*, *dietro pagamento di cauzione*) **3** (*leg.*) cauzionare. ● **to b. sb. out**, procurare la libertà provvisoria a q., ottenere la scarcerazione di q. (*dietro pagamento di cauzione*).
bail (2) [beil], *n.* (*naut.*) bugliolo; gottazza.
bail (3) [beil], *n.* **1** (*stor.*) palizzata; bastione; muro (*o* cortile esterno di castello **2** tramezzo di stalla **3** (*cricket*) traversa (*della porta*).
to bail (2) [beil], (*anche* **to b. out**) **A** *v. t.* gettare in mare (*acqua*) da un'imbarcazione. **B** *v. i.* vuotare un'imbarcazione che fa acqua; aggottare. ● **to b. out**, (*aeron.*) gettarsi col paracadute; (*fam.*) svignarsela; (*fam.*) aiutare, soccorrere (*specialm. finanziariamente*).
bail (4) [beil], *n.* **1** semicerchio di sostegno (*per es.*: *di telone di carro*) **2** manico semicircolare (*di secchio, bricco*).
bailable ['beiləbl], *a.* **1** (*leg.*) che ha diritto a (*o* suscettibile di) libertà provvisoria dietro cauzione **2** (*leg.*) cauzionabile.
bailee [bei'li:], *n.* **1** (*leg.*) depositario (*di merci*: *a garanzia*) **2** (*leg.*) comodatario.
bailer (1) ['beilə*], *n.* (*leg.*) **1** chi paga la cauzione (*per la libertà provvisoria di q.*) **2** depositante (*di merci*: *a garanzia*) **3** comodante.
bailer (2) ['beilə*], *n.* (*cricket*) palla che colpisce la traversa.
bailer (3) ['beilə*], *n.* (*naut.*) bugliolo; gottazza.
bailey ['beili], *n.* mura esterne; bastione (*o* corte intermedia) di un castello. ● **the Old B.**, il tribunale penale di Londra.
bailiff ['beilif], *n.* **1** (*stor.*) balivo; magistrato inquirente; funzionario rappresentante del re: **B. of Dover Castle**, balivo del castello di Dover **2** aiuto sceriffo **3** fattore (*di una grande tenuta*) **4** (*leg.*) ufficiale giudiziario **5** (*leg.*) usciere (*di tribunale*).
bailiwick ['beiliwik], *n.* **1** distretto, giurisdizione, ufficio di balivo, *ecc.* (*V.* **bailiff**). **2** (*fig.*) campo d'attività; sfera d'azione; competenza.
bailment ['beilmənt], *n.* (*leg.*) **1** libertà provvisoria su cauzione **2** deposito (*di merci, ecc.*: *a garanzia*); pegno **3** comodato.
bailor ['beilə*], *n.* (*leg.*) **1** depositante (*di merci*: *a garanzia*) **2** comodante.
bailout ['beilaut], *n.* **1** (*aeron.*) il gettarsi col paracadute **2** (*USA*) (*operazione di*) salvataggio (*specialm.* con aiuti finanziari).
bailsman ['beilzmən], *n.* (*pl.* **bailsmen**) (*leg.*) garante, mallevadore (*chi offre o paga la cauzione per q.*).
bain-marie [,bã-mə'ri:] (*franc.*), *n.* (*pl.* **bains-marie**) bagnomaria.
bairn [bɛən], *n.* (*scozz., lett.*) bambino; figlio.
bait [beit], *n.* **1** esca: **live b.**, pesciolini (*usati come esca*) **2** (*fig.*) lusinga; allettamento **3** sosta per ristorarsi (*durante un viaggio*) **4** (*un tempo*) pasto (*dei cavalli*). ● (*comm.*) **b.-and-switch advertising**, pubblicità ingannevole (*fatta a un prodotto conveniente, ma che induce a comprarne altri più costosi*).
to bait [beit], **A** *v. t.* **1** tormentare (*animali incatenati*) aizzando cani contro di essi **2** tormentare; esasperare **3** munire di esca (*un amo, una trappola*) **4** lusingare; allettare **5** dar da mangiare a (*cavalli, durante una sosta del viaggio*). **B** *v. i.* **1** (*di cavalli*) mangiare **2** fermarsi in una locanda per ristorarsi.
baiting ['beitiŋ], *n.* **1** l'aizzar cani contro belve incatenate **2** (*fig.*) scherno; irrisione. ● **bear b.**, combattimento di cani contro un orso.
baize [beiz], *n.* (*ind.*) panno grezzo e spesso (*usato per ricoprire tavoli, biliardi, ecc.*). ● **green b.**, tappeto verde.
to bake [beik], **A** *v. t.* **1** cuocere (*soprattutto al forno*) **2** esporre

bake

al calore del sole **3** (*detto del sole*) cuocere; disseccare; indurire; abbronzare. **B** *v. i.* **1** cuocersi (*soprattutto al forno*) **2** cuocersi; disseccarsi; indurirsi; abbronzarsi. ● **half-baked**, crudo; (*fig.*, *fam.*) stupido, sciocco; mal concepito.

bake [beik], *n.* cottura (al forno).
bakehouse ['beikhaus], *n.* forno; panificio.
Bakelite ['beikəlait], *n.* (*marchio*) bachelite.
baker ['beikə*], *n.* **1** fornaio; panettiere **2** (*pesca*) mosca artificiale. ● **a b.'s dozen**, tredici (*dall'usanza di dare un panino di giunta*) □ **b.'s (shop)**, forno; panetteria, panificio.
bakery ['beikəri], *n.* **1** panetteria; panificio; forno **2** (*comm.*) pane e dolci (*torte e sim.*).
baking ['beikiŋ], *n.* **1** cottura (*al forno o al sole*) **2** infornata (*di pane*) **3** cotta (*di mattoni*). ● **b. pan**, stampo per dolci; tortiera □ **b. powder**, lievito (artificiale) in polvere □ **b. soda**, bicarbonato (di sodio) □ **b. tin**, teglia.
baksheesh ['bækʃi:ʃ] (*persiano*), *n.* (*invar. al pl.*) mancia; (*fig.*) bustarella.
Balaclava helmet [‚bælə'klɑ:və 'helmit], *n.* (*mil.*) passamontagna.
balalaika [‚bælə'laikə], *n.* (*mus.*) balalaica.
balance ['bæləns], *n.* **1** bilancia (*a piatti, a molla, ecc.*) **2** (*anche fig.*) equilibrio; bilico: **The acrobat kept his b. on the tightrope**, l'acrobata si manteneva in equilibrio sulla corda **3** (*anche* **b. wheel**) bilanciere (*d'orologio*) **4** (*econ., fin.*) bilancia; bilancio, ragguaglio; pareggio; conguaglio; saldo; differenza a saldo **5** contrappeso; forza che ne bilancia un'altra: **France had ceased to be a b. to Germany**, la Francia non era più in contrappeso alla Germania **6** incertezza; indecisione; bilico (*fig.*) **7** (*fam.*) rimanenza; ciò che resta (*d. q.c.*) **8** — (*astron., astrologia*) **the B.**, la Bilancia (*costellazione e VII segno dello Zodiaco*). ● **b. at** (*o* **in**) **the bank**, saldo in banca □ **b. beam**, braccio della bilancia □ (*rag.*) **b. book**, libro dei saldi; libro dei bilanci di verifica □ (*comm.*) **b. due**, saldo debitore □ (*comm.*) **b. in hand**, saldo a credito □ **the b. of an account**, il saldo di un conto □ (*fin.*) **b. of indebtedness**, bilancia dei conti; bilancia economico □ (*fin.*) **the b. of payments**, la bilancia dei pagamenti; i conti con l'estero □ **b. of power**, equilibrio delle forze (*politiche*) □ (*fin.*) **b. of trade**, bilancia commerciale □ (*rag.*) **b. sheet**, bilancio (*prospetto del dare e dell'avere*) □ **b.-sheet items**, capitoli di bilancio □ **b. weight**, contrappeso □ **credit** (**debit**) **b.**, saldo a credito (a debito) □ **to hang** (*o* **to tremble**) **in the b.**, (*fig.*) essere in bilico □ **to hold the b.**, avere il potere di decidere; essere l'ago della bilancia; essere arbitro d'una situazione □ **to keep one's b.**, stare in equilibrio (*in* o *in bilico*); (*fig.*) mantenere la calma, rimanere padrone di sé, dominarsi □ **to lose one's b.**, perdere l'equilibrio; (*fig.*) perdere la calma, non essere più padrone di sé □ **to be off one's b.**, essere agitato; essere fuori di sé □ **on b.**, a conti fatti: **On b., I got off cheaply**, a conti fatti me la sono cavata bene □ (*autom., mecc.*) **out of b.**, sbilanciato □ **to strike a b.**, fare il bilancio; (*fig.*) considerare il pro e il contro □ **to be thrown off one's b.**, perdere l'equilibrio; (*fig.*) trovarsi sbilanciato □ **to turn the b.**, dare il tracollo alla bilancia.
to balance ['bæləns], **A** *v. t.* **1** bilanciare; equilibrare; tenere in equilibrio: **Can you b. this umbrella on the tip of your forefinger?**, sai tenere quest'ombrello in equilibrio sulla punta dell'indice?; **a balanced diet**, una dieta equilibrata **2** (*anche fig.*) pesare; soppesare; ponderare; valutare **3** (*rag.*) chiudere, pareggiare; saldare **4** controbilanciare; compensare; (*fig.*) avere lo stesso peso (*o* valore) di (*q. o* q.c.). **B** *v. i.* **1** essere (*o* stare) in equilibrio **2** (*fig.*) bilanciarsi; essere dello stesso peso (*o* valore) **3** (*fin., rag.*) equilibrarsi, conguagliarsi; chiudere, essere in pareggio; quadrare: **My accounts b.**, i miei conti quadrano; **The budget will b. next year**, il bilancio pubblico chiuderà in pareggio l'anno prossimo **4** oscillare; ondeggiare. ● (*fin.*) **to b. the budget**, pareggiare il bilancio pubblico □ **to b. each other**, bilanciarsi; compensarsi □ **to b. up**, bilanciare □ (*econ.*) **balanced development**, sviluppo equilibrato. **to balance oneself C** *v. rifl.* tenersi in equilibrio.
balancer ['bælənsə*], *n.* **1** chi mantiene l'equilibrio **2** acrobata; equilibrista **3** bilanciere **4** (*mecc.*) bilanciatrice (*macchina*) **5** (*elettr., anche* **b. set**) gruppo di compensazione.
balancing ['bælənsiŋ], *n.* **1** (*mecc.*) bilanciamento; equilibratura **2** (*elettr.*) compensazione.
balas ['bæləs], *n.* (*miner., anche* **b. ruby**) balascio.
balconied ['bælkənid], *a.* fornito di balconi.
balcony ['bælkəni], *n.* **1** balcone; loggia; terrazzino **2** (*teatr.*) prima galleria; balconata.
bald [bɔ:ld], *a.* **1** calvo; pelato (*fam.*). (*fig.*): **as b. as a coot**, pelato come un uovo (*o* un ginocchio) **2** (*di albero*) spoglio; (*di uccello*) implume; (*di animali, specialm. di cavalli*) con una macchia bianca sulla fronte **3** (*di stile*) nudo; disadorno; semplice **4** (*fig.*) arido; scialbo: **a b.**

---

statement, un'esposizione arida **5** schietto; esplicito; immediato: **a b. assertion**, un'affermazione esplicita. ● **b. eagle** (*Heliaeetus leucocephalus*), aquila di mare dalla testa bianca □ **b.-headed**, calvo □ (*pop.*) **to go at it b.-headed**, gettarsi a capofitto in q.c. (*fig.*); rischiare il tutto per il tutto.
baldachin, baldaquin ['bɔ:ldəkin], *n.* baldacchino.
bald-coot ['bɔ:ldku:t], *n.* **1** (*zool., Fulica atra*) folaga **2** (*fig.*) persona calva; zucca pelata (*fam.*).
balderdash ['bɔ:ldədæʃ], *n.* **1** sciocchezze; stupidaggini **2** sconcezze; parole oscene **3** (*arc.*) misciuglio.
baldhead ['bɔ:ldhed], *n.* **1** persona calva; testa pelata (*fam.*) **2** animale con una macchia bianca sulla fronte.
balding ['bɔ:ldiŋ], *a.* che perde i capelli; che diventa calvo.
baldly ['bɔ:ldli], *avv.* **1** aridamente; poveramente **2** schiettamente; esplicitamente; senza riguardi. ● **to put it b.**, per dirla in parole povere □ **to speak b.**, non aver peli sulla lingua.
baldmoney ['bɔ:ldmʌni], *n.* (*bot.*) **1** (*Gentiana*) genziana **2** (*Meum athamanticum*) finocchiella.
baldness ['bɔ:ldnis], *n.* **1** calvizie **2** (*fig.*) nudità **3** (*fig.*) semplicità; schiettezza; immediatezza.
baldpate ['bɔ:ldpeit], *n.* **1** persona calva; zucca pelata (*fam.*) **2** (*zool., Anas americana*) fischione americano; anatra americana.
baldric ['bɔ:ldrik], *n.* bandoliera; balteo, budriere (*stor.*). ● **b.-wise**, a tracolla.
bale (1) [beil], *n.* (*comm.*) balla (*di merce*).
to bale (1) [beil], *v. t.* imballare; mettere in balle.
bale (2) [beil], *n.* (*poet.*) **1** male; disastro **2** dolore; pena.
to bale (2) [beil], *V.* **to bail (2)**.
Bâle [ba:l], *n.* (*geogr.*) Basilea.
baleen [bə'li:n], *n.* fanone; osso di balena (*pop.*).
balefire ['beilfaiə*], *n.* **1** falò **2** rogo funebre; pira (*lett.*).
baleful ['beilful], *a.* funesto; malefico; nocivo; minaccioso.
baler ['beilə*], *n.* **1** imballatore **2** imballatrice (*macchina*) **3** (*agric.*) pressaforaggio.
balk [bɔ:k], *n.* **1** porca; lista di terra rilevata tra i solchi **2** ostacolo; difficoltà; intralcio **3** (*archit.*) catena (*di un edificio*) **4** (*biliardo*) punto (*o* linea) d'acchito **5** (*sport: baseball*) fallo (del lanciatore).
to balk [bɔ:k], **A** *v. t.* **1** evitare (*un argomento*); trascurare (*un dovere*); rinunciare a, lasciarsi sfuggire (*un'occasione, un turno*) **2** ostacolare; intralciare; impedire: **I was balked in my plans**, fui ostacolato nei miei progetti. **B** *v. i.* **1** (*specialm. di cavalli*) recalcitrare; rifiutare di andare avanti o di saltare; arrestarsi **2** esitare; titubare; tirarsi indietro.
Balkan ['bɔ:lkən], *a.* balcanico.
Balkanization [‚bɔ:lkənai'zeiʃən], *n.* (*polit.*) balcanizzazione.
to Balkanize ['bɔ:lkənaiz], *v. t.* (*polit.*) balcanizzare.
Balkans (the) ['bɔ:lkənz], *n.* (*geogr.*) i Balcani.
balky ['bɔ:lki], *a.* avverso; contrario; recalcitrante.
to ball [bɔ:l], **A** *v. t.* **1** appallottolare **2** aggomitolare. **B** *v. i.* (*spesso* **to b. up**) appallottolarsi. ● (*pop. USA*) **to b. the jack**, andare a tutta birra □ (*pop. USA*) **to b. up**, rovinare; pasticciare; incasinare (*pop.*).
ball (1) [bɔ:l], *n.* **1** palla (*in ogni senso*); pallone; pallina: **table-tennis b.**, pallina da ping-pong **2** globo (*della terra, dell'occhio*) **3** sfera (*di corpi celesti, di penna*) **4** gomitolo: **a b. of string (of wool)**, un gomitolo di spago (di lana) **5** proiettile, palla: **to load with b.**, caricare (*un'arma*) a palla **6** (*pl., volg.*) coglioni; palle **7** (*pl., volg.*) balle (*pop.*); fandonie. ● **b. and chain**, palla e catena (*al piede dei forzati*); (*fig.*) palla al piede □ (*mecc.*) **b. bearing**, cuscinetto a sfere □ (*sport*) **b. boy**, raccattapalle □ (*volg.*) **b.-breaker**, rompiballe □ **b.-cock** (*o* **b. tap**), galleggiante (*a palla*; *nei serbatoi d'acqua*) □ (*archit.*) **b.-flower**, palla ornamentale, retta dai petali di un fiore □ **b. game**, gioco praticato con una palla (*un pallone, ecc.*); (*USA*) partita di baseball; (*fam. USA*) paio di maniche: **It's a whole new b. game**, è un altro paio di maniche □ **b. of the eye**, globo oculare □ **b. of the foot**, avampiede □ **b. of the thumb**, polpastrello del pollice □ **b. pen** (*o* **b.-point pen**), penna a sfera □ **bowling b.**, boccia da bowling □ (*fig.*) **to have the b. at one's feet**, avere la strada del successo aperta □ (*fig.*) **to keep up the b.** (*o* **to keep the b. rolling**), tenere viva la conversazione; mandare avanti un'attività (*pop.*: la baracca) □ **meat-b.**, polpetta □ (*fam.*) **to be on the b.**, essere aggiornato, informatissimo □ **to play b.**, giocare a palla, al pallone; (*sport*) dare inizio al gioco; (*fig.*) collaborare, dare una mano □ **to start the b. rolling**, mettere in moto (*o* in gioco) la palla; (*fig.*) iniziare, riprendere un'attività □ **three balls**, tre palle (*insegna del monte dei pegni*) □ **The b. is with you** (*o* **is in your court**), tocca a te; è il tuo turno.
ball (2) [bɔ:l], *n.* danza; ballo: **to open the b.**, aprire le danze; (*fig.*) dare inizio a un'attività. ● **b.-room**, sala da ballo □ **fancy-dress b.**, ballo in costume □ (*pop.*) **to have a b.**, divertirsi un mondo; spassarsela □ **masked b.**, ballo in maschera.
ballad ['bæləd], *n.* ballata (*narrazione poetica popolare o po-*

polareggiante). ● **b.-monger**, venditore ambulante di ballate; poetastro.
ballade [bæ'la:d] (*franc.*), *n.* (*stor. lett., mus.*) ballata.
balladry ['bælədri], *n.* **1** (*collett.*) ballate: **Scottish b.**, le ballate scozzesi **2** arte di comporre ballate.
ballast ['bæləst], *n.* **1** zavorra (*di mare*): **in b.**, in zavorra; senza carico **2** (*fig.*) equilibrio; fermezza **3** massicciata (*di strada*). ● (*elettr., autom.*) **b. resistor**, preresistenza.
to ballast ['bæləst], *v. t.* **1** zavorrare **2** (*fig.*) render fermo, solido; equilibrare; stabilizzare **3** provvedere di massicciata.
ballasting ['bæləstiŋ], *n.* zavorramento; zavorratura.
ballerina [,bælə'ri:nə] (*ital.*), *n.* ballerina.
ballet ['bælei] (*franc.*), *n.* balletto (*classico: spettacolo e corpo di ballo*). ● **b. dancer**, ballerino, ballerina □ **b. girl**, ballerina □ **b. master** (**mistress**), maestro (maestra) di danza; coreografo (coreografa) □ **b. shoe**, scarpetta da ballo □ **b. skirt**, tutù.
ballista [bə'listə], *n.* (*pl.* **ballistae, ballistas**) (*stor.*) balista; balestra.
ballistic [bə'listik], *a.* (*mil.*) balistico.
ballistics [bə'listiks], *n. pl.* (*col verbo al sing.*) balistica.
ballocks ['bɔləks], (*volg., ingl.*) *V.* **bollocks.**
balloon [bə'lu:n], *n.* **1** pallone (*aerostatico*); mongolfiera; aerostato: **captive b.**, pallone frenato **2** palloncino (*giocattolo*) **3** (*fam.*) fumetto (*nei giornalini*); nuvoletta **4** (*chim.*) pallone (*di vetro: da distillazione*); alambicco tondo. ● (*mil.*) **b. barrage**, sbarramento di palloni frenati □ (*aeron.*) **b. basket** (*o* **b. car**), navicella □ **b. man** (*o* **b. seller**), pallonaio; venditore di palloncini □ **b. sleeve**, manica a sbuffo □ (*autom.*) **b. tyre**, grosso pneumatico a bassa pressione □ **sounding b.**, pallone sonda □ (*fig.*) **Then the b. went up**, allora successe il pandemonio.
to balloon [bə'lu:n], **A** *v. t.* gonfiare (*come un pallone*). **B** *v. i.* **1** viaggiare in pallone **2** gonfiarsi **3** (*fig.*) aumentare; crescere.
ballooning [bə'lu:niŋ], *n.* (l') andare in pallone; aerostatica.
balloonist [bə'lu:nist], *n.* **1** aeronauta **2** (*mil.*) aerostiere.
ballot (1) ['bælət], *n.* **1** palla, pallottola; scheda (*per votazione, anche* **b.-paper**) **2** (*leg.*) voto (*generalm. segreto*); scrutinio **3** estrazione a sorte **4** numero totale di voti **5** elenco di candidati; lista (*da votare*). ● **b. box**, urna (*per le schede*) □ (*polit.*) **second b.**, ballottaggio □ **to take a b.**, passare ai voti; votare.
to ballot ['bælət], **A** *v. i.* votare (*a scrutinio segreto*). **B** *v. t.* **1** scegliere mediante votazione (*a scrutinio segreto*) **2** sorteggiare. ● **to b. for the Presidency**, mettere ai voti l'elezione alla presidenza.
ballot (2) ['bælət] (*franc.*), *n.* (*comm.*) piccola balla.
ballotage ['bæli,tidʒ] (*franc.*), *n.* ballottaggio.
ballpark ['bɔ:lpa:k], (*USA*) **A** *n.* **1** campo di baseball **2** (*fam.*) campo; sfera di interesse (*o* di competenza). **B** *a.* approssimativo: **a b. figure**, una cifra approssimativa.
ballstone ['bɔ:l,stoun], *n.* (*geol.*) **1** concrezione calcarea **2** nodulo.
to balls up [bɔ:lz'ʌp], *v. t.* (*volg.*) guastare; rovinare; pasticciare; incasinare (*pop.*).
balls-up [bɔ:lz'ʌp], *n.* (*volg.*) pasticcio; casino, incasinamento (*pop.*).
ballsy ['bɔ:lzi], *a.* (*pop. USA*) aggressivo; duro (*fig.*).
ballute [bə'lu:t], *n.* (*aeron.*) paracadute ausiliario.
bally ['bæli], (*pop.*) **A** *a.* dannato; maledetto. **B** *avv.* maledettamente.
ballyhoo ['bæli,hu(:)], *n.* (*pl.* **ballyhoos**) (*fam.*) **1** baccano; frastuono **2** pubblicità sensazionale; montatura pubblicitaria; strombazzata **3** sciocchezze; balle (*pop.*).
to ballyhoo [,bæli'hu(:)], *v. t.* (*fam.*) strombazzare (*un prodotto*).
to ballyrag ['bæliræg], *V.* **to bullyrag.**
balm [ba:m], *n.* **1** (*anche fig.*) balsamo **2** sostanza aromatica.
balm-cricket ['ba:m,krikit], *n.* (*zool., Cicada*) cicala.
balmoral [bæl'mɔrəl], *n.* (da **B. Castle**, *residenza scozzese del re e della regina di G. B.*) **1** (*arc.*) sottoveste **2** (*arc.*) stivaletto con stringhe **3** (*mil.*) berretto scozzese.
balmy ['ba:mi], *a.* **1** balsamico; fragrante **2** (*fig.*) mite; gentile **3** (*pop. USA*) svanito; stolto; sventato; suonato (*pop.*).
balneal ['bælniəl], *a.* balneare.
balneotherapy [,bælniə'θerəpi], *n.* (*med.*) balneoterapia.
baloney [bə'louni], *n.* (*fam.*) fandonie; sciocchezze; balle (*pop.*).
balsa ['bɔ:lsə], *n.* **1** (*bot., Ochroma lagopus*) balsa **2** (*anche* **balsawood**) (*legno di*) balsa.
balsam ['bɔ:lsəm], *n.* **1** (*anche fig.*) balsamo **2** (*bot. Impatiens balsamira*) balsamina; begliuomini **3** (*bot., Impatiens noli-tangere*) noli me tangere. ● **b. fir** (*Abies balsamea*), abete del Canada.
balsamic [bɔ:l'sæmik], **A** *a.* balsamico. **B** *n.* medicamento balsamico.
balsamous ['bɔ:lsəməs], *a.* balsamoso.
Balthazar [,bælθə'za:*], *n.* (*lett.*) Baldassarre.

Baltic ['bɔ:ltik], *a.* e *n.* (*geogr.*) Baltico. ● **the B. Mercantile and Shipping Exchange**, la Borsa dei Noli Marittimi e dei Cereali (*a Londra*).
Baltimore ['bɔ:ltimɔ*], *n.* (*geogr.*) Baltimora.
baluster ['bæləstə*], *n.* (*archit.*) **1** balaustro; colonnino **2** (*pl.*) balaustra; balaustrata.
balustered ['bæləstəd], *a.* balaustrato.
balustrade [,bæləs'treid], *n.* balaustrata; balaustra.
balustraded [,bæləs'treidid], *a.* fornito di balaustrata.
bambino [bæm'bi:nou] (*ital.*), *n.* (*pl.* **bambinos, bambini**) **1** bambino (*in Italia*) **2** bambino Gesù (*l'immagine sacra*).
bamboo [bæm'bu:], *n.* (*pl.* **bamboos**) bambù (*pianta e canna*). ● (*polit.*) **the b. curtain**, la cortina di bambù.
to bamboozle [bæm'bu:zl], *v. t.* **1** (*fam.*) ingannare; imbrogliare **2** confondere; rendere perplesso; abbindolare: **She bamboozled him into marrying her**, lo abbindolò così bene da farsi sposare.
bamboozlement [bæm'bu:zlmənt], *n.* (*fam.*) inganno; imbroglio; abbindolamento.
ban (1) [bæn], *n.* **1** (*stor.*) bando; proclama **2** (*anche fig.*) bando: **to be (to put) under a ban**, essere (mettere) al bando **3** proibizione; interdizione; scomunica **4** (*arc.*) maledizione.
ban (2) [bæn], *n.* (*stor.*) bano (*in Ungheria*).
to ban [bæn], *v. t.* **1** proibire; interdire: **to ban sb. from holding public offices**, interdire q. dai pubblici uffici **2** mettere all'indice.
banal [bə'na:l], *a.* banale; comune; ordinario.
banality [bə'næliti], *n.* banalità; luogo comune.
to banalize [bə'nælaiz], *v. t.* banalizzare; rendere banale.
banana [bə'na:nə], *n.* **1** banana **2** (*anche* **b. tree**) banano. ● (*naut.*) **b. boat**, bananiera **3** **b. cluster**, casco di banane □ (*polit.*) **b. republic**, repubblica delle banane □ **b. split**, banana split; banana tagliata longitudinalmente con sopra gelato, panna, ecc.
bananas [bə'na:nəz], *a.* (*pop.*) matto; pazzo. ● **to drive sb. b.**, fare ammattire q.
band (1) [bænd], *n.* **1** (*ind.*) banda (*raro*); lamina (*di metallo*); nastro (*d'elastico*) per avvolgere q.c. **2** striscia (*di stoffa, di colore*); nastro **3** nastro **4** (*mecc.*) cinghia; nastro **4** (*elettr., radio*) banda **5** (*miner.*) sottile strato (*di minerale*) **6** cerchio (*di botte*) **7** (*pl.*) baverina (*di collare ecclesiastico, ecc.*) **8** (*elettr., radio*) banda: **b. filter**, filtro di banda; **b. switch**, commutatore di banda (*o* d'onda) **9** (*arc.*) catena; legame; vincolo. ● (*fin.*) **b. of fluctuation**, fascia d'oscillazione (*di una moneta*) □ (*tecn.*) **b. saw**, sega a nastro □ **b. wheel**, puleggia □ **a white cup with a red b. around it**, una tazza bianca con una riga rossa intorno.
to band (1) [bænd], *v. t.* **1** unire; legare **2** bendare; fasciare.
band (2) [bænd], *n.* **1** banda; compagnia; gruppo (*di persone*): **a b. of outlaws**, una banda di fuorilegge **2** banda musicale; orchestrina. ● **b. master**, capobanda □ **a b. of soldiers**, un reparto di soldati □ **b.-stand**, palco dell'orchestra (*o della banda*) □ **b.-wagon**, carro della banda (*nei circhi*) □ **brass b.**, fanfara □ (*fig., polit.*) **to climb** (*o* **to get**) **on the b.-wagon**, mettersi dalla parte del più forte; salire sul carro del vincitore □ (*fig.*) **to be on the b.-wagon**, essere influente; aver le mani in pasta.
to band (2) [bænd], *v. t.* e *i.* unire, unirsi in banda (*o in gruppo*); collegare, collegarsi; associare, associarsi.
bandage ['bændidʒ], *n.* benda; fascia. ● **adhesive b.**, cerotto.
to bandage ['bændidʒ], *v. t.* bendare; fasciare.
bandaging ['bændidʒiŋ], *n.* bendatura; fasciatura.
Band-Aid ['bændeid], **A** *n.* (*marchio USA*) «band-aid»; cerotto. **B** *a. attr.* (*fig.*) d'emergenza; provvisorio; temporaneo: **a b. solution**, una soluzione d'emergenza.
bandan(n)a [bæn'dænə], *n.* fazzoletto di seta o cotone a colori vivaci.
bandar ['bænda:*] (*anglo-ind.*), *n.* scimmia Reso. ● **b. log**, la tribù delle scimmie; (*fig.*) branco di chiacchieroni.
bandbox ['bændbɔks], *n.* scatola per cappelli; cappelliera. ● **to look as if one had just come out of a b.**, essere lindo ed elegante.
bandeau ['bændou] (*franc.*), *n.* (*pl.* **bandeaux**) benda (*o nastro*) per tenere a posto i capelli.
banderol(e) ['bændəroul], *n.* **1** banderuola (*di lancia*) **2** (*naut.*) pennone, pennoncello (*di nave*) **3** (*archit.*) cartiglio.
bandicoot ['bændiku:t], *n.* (*zool.*) **1** (*Mus malabaricus*) topo gigante **2** (*Perameles*) peramele.
bandit ['bændit], *n.* (*pl.* **bandits, banditti**) bandito; brigante.
banditry ['bænditri], *n.* banditismo; brigantaggio.
bandmaster ['bænd,ma:stə*], *n.* capobanda (*di musicanti*).
bandmoll ['bændmɔl], *n.* (*USA*) ragazza che fa parte di un complesso rock.
bandog ['bændɔg], *n.* (*arc.*) **1** cane (*tenuto*) alla catena **2** mastino.
bandoleer, bandolier [,bændə'liə*], *n.* bandoliera.
bandoline ['bændəli:n], *n.* brillantina solida; fissatore.
bandsman ['bændzmən], *n.* (*pl.* **bandsmen**) bandista; musicante.

bandwidth ['bændwidθ], *n*. (*radio*) larghezza di banda.
bandy (1) ['bændi], **A** *n*. **1** mazza da hockey **2** varietà di hockey. **B** *a*. (*di gambe*) arcuato: **b.-legged**, dalle gambe storte, arcuate.
to bandy ['bændi], *v. t*. **1** gettare, lanciare, passare (*una palla*) **2** far circolare (*una storia, una diceria*) **3** scambiare (*colpi, parole, ecc.*). ● **to b. words with sb.**, avere a che dire (*o venire a parole*) con q.
bandy (2) ['bændi], *n*. carro indiano.
bane [bein], *n*. **1** sventura; (*causa di*) rovina: **Gambling has been the b. of his brother**, il gioco (*d'azzardo*) è stato la rovina di suo fratello **2** (*lett.*) veleno (*comune solo nei composti, come in*): **rat's-b.**, veleno per i topi **3** (*poet.*) morte.
baneful ['beinful], *a*. **1** pernicioso; malefico: **a b. effect**, un effetto malefico **2** velenoso; mortale.
banefulness ['beinfulnis], *n*. **1** perniciosità **2** velenosità.
bang (1) [bæŋ], *n*. **1** botta; urto violento: **The boy got a nasty b. on the head**, il ragazzo ricevette una brutta botta sulla testa **2** fragore; detonazione; scoppio; esplosione; colpo (*di arma da fuoco*) **3** (*pop. USA*) emozione; eccitazione **4** (*USA*) impeto; vivacità **5** (*pop*.) grande successo: **He went over with a b.**, ebbe un successo strepitoso **6** (*volg*.) scopata; chiavata. ● (*USA*) **b.-zone**, zona soggetta ai bang degli aerei □ **big b.**, esplosione primordiale; big bang.
to bang (1) [bæŋ], **A** *v. t*. **1** colpire; battere, picchiare violentemente: **Walking in the garret, he banged his head against a beam**, camminando in soffitta, batté la testa contro una trave; **to b. sb. up**, picchiare q.; percuotere q. **2** sbattere (*con violenza*): **He went out banging the door**, se ne andò sbattendo la porta **3** (*volg.*) chiavare; scopare. **B** *v. i*. **1** scoppiare; esplodere: **Firecrackers b.**, i petardi scoppiano (*con particolare riferimento al fragore*) **2** sbattere, urtare (*contro q.c.*): **There is a window-shutter banging somewhere**, c'è una persiana che sbatte da qualche parte **3** (*fam., anche* **to b. away**) darci dentro, darci sotto (*a fare q.c.*). ● (*fin.*) **to b. the market**, far crollare il mercato (*con un forte ribasso dei prezzi*) □ **to b. on the door**, bussare alla porta □ **to b. out**, battere a macchina; suonare a tutto volume □ (*fam.*) **to b. up**, guastare, rovinare; scassare (*fam.*).
bang (2) [bæŋ], *avv*. **1** con un forte colpo **2** con improvviso fragore **3** (*pop*.) dritto; proprio: **The snowball hit me b. in the eye**, la palla di neve mi colpì dritto in un occhio. **B** *inter*. bum!: **to go b.**, fare bum; **B.! went the gun**, bum! fece il fucile.
to bang (2) [bæŋ], *v. t*. tagliare (*i capelli*) a frangetta.
bang (3) [bæŋ], *n*. frangia di capelli (*sulla fronte*). ● **b.-tail**, cavallo dalla coda tagliata a spazzola.
banger ['bæŋə*], *n*. **1** petardo **2** (*fam*.) salsiccia **3** (*pop. USA*) vecchia carcassa, catenaccio, macinino (*fig.*) (*di auto, motocicletta, ecc.*).
Bangladeshi [,bæŋglə'deʃi], *a. e n*. (abitante) del Bangladesh.
bangle ['bæŋgl], *n*. braccialetto, cerchietto (*da polso, ecc.*).
bangled ['bæŋgld], *a*. ornato di braccialetti.
bang-on [bæŋ'ɔn], *a*. (*fam*.) corretto; esatto; giusto.
bang-up [bæŋ'ʌp], *a*. (*fam*.) eccellente; ottimo; fantastico.
banian ['bæniən], *n*. **1** baniano; commerciante indù (*d'una casta vegetariana*); sensale bengalese **2** camicia (*o* tunica) indiana. ● (*naut.*) **b. day**, giorno di magro □ **b. tree** (*Ficus bengalensis*), baniano.
to banish ['bæniʃ], *v. t*. bandire (*anche fig.*); esiliare; scacciare: **You must b. all fear**, devi bandire ogni timore.
banishment ['bæniʃmənt], *n*. bando; (*anche leg.*) esilio.
banister ['bænistə*], *n*. balaustro.
banisters ['bænistəz], *n. pl*. **1** balaustrata **2** ringhiera (*di scala*).
banjo ['bændʒou], *n*. (*pl*. **banjos, banjoes**) (*mus.*) banjo; bangio.
banjoist ['bædʒouist], *n*. suonatore di banjo.
bank (1) [bæŋk], *n*. **1** argine; riva; sponda (*di fiume, canale, lago, ecc.*) **2** argine; sponda, scarpata, scarpa (*di strada*); pendio; pendenza (*di curva soprelevata*): **Shrubs were growing on the right b. of the road**, arbusti crescevano sulla sponda destra della strada **3** banco (*di sabbia, nebbia, pesci, ecc.*); cumulo: **The train was stopped by big banks of snow**, il treno fu arrestato da alti cumuli di neve **4** (*biliardo*) sponda **5** (*aeron.*) inclinazione trasversale (*per la virata*).
to bank (1) [bæŋk], *v. t*. **1** (*anche* **to b. up**) arginare (*un fiume, ecc.*); accumulare; coprire con terriccio (*per protezione*); sistemare (*un fuoco, perché bruci lentamente*) **2** soprelevare (*una strada, ecc.*): **banked curve**, curva soprelevata **3** inclinare (*un aeroplano, nella virata*) **4** (*biliardo*) battere (*una palla contro una sponda*). **B** *v. i*. **1** accumularsi; addensarsi in banchi **2** (*aeron.*) inclinarsi in virata **3** (*autom.*) prendere una curva su due ruote.
bank (2) [bæŋk], *n*. **1** banca **2** banco (*di gioco*): **to break the b.**, far saltare il banco **3** – **the B.**, la Banca d'Inghilterra. ● **b. acceptance**, tratta su un banchiere □ **b. account**, conto di

banca □ **b. bill**, (*ingl*.) tratta bancaria; (*USA*) banconota □ **b.-book**, libretto di banca □ **b. card**, carta di credito □ **b. charges**, spese (*o* commissioni) bancarie □ **b. cheque**, assegno bancario □ **b. clerk**, impiegato di banca; bancario □ **b. deposit**, deposito bancario □ **b. discount**, sconto bancario □ **b. draft**, assegno circolare; vaglia bancario □ **b. holiday**, festa civile (*osservata anche dalle banche*) □ **b. note**, biglietto di banca; banconota □ **b. of issue**, banca d'emissione □ **b. overdraft**, scoperto di conto corrente (*con fido bancario*) □ **b. paper**, moneta cartacea; effetto bancario □ **B. rate**, tasso ufficiale di sconto □ **b. reserve**, riserva bancaria □ **b. return**, rendiconto della situazione d'una banca □ **b. shares** (*o* **b. stocks**), titoli (*di Borsa*) bancari □ **b. statement**, estratto conto (*della banca: ai clienti*) □ **blood b.**, banca del sangue □ **branch b.**, filiale di banca □ **eye b.**, banca degli occhi □ **people's b.**, banca popolare □ **savings b.**, cassa di risparmio.
to bank (2) [bæŋk], *v. t. e i*. **1** depositare (denaro) in banca **2** tenere denaro in, essere cliente di (*una banca*): **Who do you b. with?**, di quale banca sei cliente? **3** avere (*o* gestire, dirigere) una banca **4** incassare (*presso una banca*) **5** – (*fam.*) **to b. on sb.** (**st.**), fare affidamento su q. (q.c.); contarci **6** tenere il banco (*a un gioco d'azzardo*).
bank (3) [bæŋk], *n*. **1** banco di rematori (*in una galea*) **2** ordine di remi (*in una galea*) **3** lunga panca; fila di sedili **4** fila di tasti (*di organo, macchina da scrivere, ecc.*) **5** banco (*da lavoro*) **6** stormo (*di aerei*).
bankable ['bæŋkəbl], *a*. (*comm*.) bancabile; presentabile a una banca (*per lo sconto*): **b. bills**, cambiali bancabili.
banker (1) ['bæŋkə*], *n*. **1** banchiere **2** chi tiene il banco (*in un gioco d'azzardo*). ● **b.'s acceptance**, accettazione bancaria □ **b.'s draft**, assegno circolare □ **b.'s references**, referenze bancarie □ **Who are your bankers?**, di quale banca sei cliente?
banker (2) ['bæŋkə*], *n*. **1** pescatore di merluzzi (*sui banchi di Terranova*) **2** barca per la pesca del merluzzo **3** (*caccia*) (cavallo) saltatore.
banker (3) ['bæŋkə*], *n*. banco di muratore (*per tagliare mattoni o pietre*).
banket ['bæŋkət], *n*. (*miner*.) conglomerato aurifero.
banking (1) ['bæŋkiŋ], *n*. **1** arginatura (*di fiumi, ecc.*) **2** soprelevazione (*di una curva*) **3** pesca sui banchi (*specialm. di Terranova*).
banking (2) ['bæŋkiŋ], **A** *n*. **1** attività bancaria **2** tecnica bancaria. **B** *a. attr*. di banca; bancario. ● **b. account**, conto di (*o* in) banca □ **b. firm** (*o* **b. house**), istituto bancario □ **b. hours**, orario di banca □ **b. secrecy**, il segreto bancario.
bankroll ['bæŋk,roul], *n*. (*USA*) **1** rotolo di banconote **2** risorse finanziarie (*di una persona, un'azienda*); fondi.
to bankroll ['bæŋk,roul], *v. t*. (*fam. USA*) finanziare.
bankrupt ['bæŋkrʌpt], **A** *n*. **1** (*comm., leg.*) fallito **2** (*in senso lato*) debitore insolvente. **B** *a*. **1** (*comm*.) che è fallito **2** insolvente. ● (*leg.*) **b.'s estate**, massa fallimentare □ **b.'s indebtedness**, debito complessivo del fallito □ **to go b.**, fallire □ **a mental b.**, un deficiente □ **a moral b.**, un immorale.
to bankrupt ['bæŋkrʌpt], *v. t*. **1** (*comm*.) far fallire **2** (*fam*.) mandare in rovina; rovinare.
bankruptcy ['bæŋkrəptsi], *n*. (*leg., anche fig*.) fallimento. ● **b. adjudication**, sentenza dichiarativa di fallimento □ **b. court**, tribunale fallimentare □ **b. law**, diritto fallimentare □ **b. notice**, preavviso di fallimento □ **b. petition**, istanza di fallimento □ **b. proceedings**, procedura fallimentare.
banksman ['bæŋksmən], *n. pl*. **banksmen** (*in una miniera di carbone*) sorvegliante che sta alla superficie.
banner ['bænə*], **A** *n*. **1** bandiera; stendardo; vessillo (*anche fig.*): **to join** (*o* **to follow**) **the b. of**, mettersi sotto la bandiera di **2** striscione (*usato nei cortei*) **3** (*anche* **b. headline**) titolo (*di giornale*) a tutta pagina. **B** *a. attr*. (*fam. USA*) eccellente; eccezionale; straordinario; favoloso (*fam*.).
banneret (1) ['bænərit], **bannerette** ['bænəret], *n*. bandierina.
banneret (2) ['bænərit], *n*. (*stor*.) banderese.
bannerol ['bænəroul], *n*. **1** bandiera (*ai funerali di uomini celebri*) **2** *V*. banderol(e).
bannister ['bænistə*], *V*. banister.
bannock ['bænək], *n*. focaccia di farina d'avena o d'orzo (*in Scozia*).
banns [bænz], *n. pl*. (*leg., anche* **b. of matrimony**) pubblicazioni di matrimonio. ● **to call** (*o* **to put up**) **the b.**, fare le pubblicazioni.
banquet ['bæŋkwit], *n*. banchetto; convito; lauto pranzo.
to banquet ['bæŋkwit], **A** *v. t*. offrire un banchetto a (q.). **B** *v. i*. **1** offrire banchetti **2** banchettare.
banqueter ['bæŋkwitə*], *n*. banchettante; commensale; convitato.
banquette [bæŋ'ket], *n*. **1** banchina (*di strada*) **2** (*mil.*) banchi-

na di tiro (*di trincea*) **3** (*in una carrozza*) sedile dietro il conducente **4** marciapiede **5** (*in un ristorante*) sedile lungo; panchetta.
banshee [bæn'ʃi:], *n.* (*in Irlanda e in Scozia*) spirito il cui lamento è presagio di morte.
to bant [bænt], *v. i.* (*fam.*) essere a dieta; fare una cura dimagrante.
bantam [bæntəm], *n.* **1** gallo, gallina «bantam» **2** (*fig.*) persona piccola ma ardimentosa **3** (*pugilato, anche* **bantamweight**) peso gallo.
banter ['bæntə*], *n.* bonarie prese in giro; punzecchiature scherzose; canzonatura; motteggio.
to banter ['bæntə*], **A** *v. t.* stuzzicare; prendere in giro in modo bonario; canzonare; motteggiare. **B** *v. i.* parlare in modo scherzoso; dire facezie.
banting ['bæntiŋ], *n.* (*fam.*) dieta (*o* cura) dimagrante.
bantling [bæntliŋ], *n.* marmocchio.
Bantu [bæn'tu], *a. e n.* (*pl.* **Bantu, Bantus**) bantu.
banyan ['bæniən], *V.* **banian**.
baobab ['beiəbæb], *n.* (*bot., Adansonia digitata*) baobab.
to baptise [bæp'taiz], *V. to* **baptize**.
baptism ['bæptizəm], *n.* (*anche fig.*) battesimo; iniziazione: **the b. of fire**, il battesimo del fuoco. ● **the b. of blood**, il martirio.
baptismal [bæp'tizməl], *a.* battesimale.
baptist ['bæptist], *n.* **1** battezzatore; battista **2** — (*relig.*) **B.**, battista. ● **John the B.**, Giovanni il Battista.
baptist(e)ry ['bæptistəri], *n.* battistero; fonte battesimale.
to baptize [bæp'taiz], *v. t.* (*anche fig.*) battezzare; purificare.
bar (1) [ba:*], *n.* **1** sbarra, spranga (*di ferro, legno*); barra (*in vari meccanismi*; morso di cavallo; ecc.); stecca (*di cancello*); pezzo oblungo (*di sapone*); tavoletta (*di cioccolata*) **2** sbarra; cancello; casa costruita a cavaliere d'una strada, con un arco per il passaggio **3** ostacolo; impedimento: **Ignorance is often a bar to success**, l'ignoranza è spesso d'ostacolo al successo **4** barra (*di sabbia o fango*): **They couldn't sail up the river owing to the numerous sand bars at its mouth**, non poterono risalire il fiume a causa delle numerose barre di sabbia alla foce **5** striscia (*di luce, di colore*; sul nastro d'una medaglia): **The sky was aflame with multicoloured bars**, il cielo era acceso di strisce multicolori **6** (*araldica*) fascia (*di stemma*) **7** (*mus.*) stanghetta; misura; battuta: **The orchestra played a few bars of the «Inno di Mameli»**, l'orchestra suonò alcune battute dell' «Inno di Mameli» **8** bar; banco (*di mescita*); spaccio di bibite (*o anche di vivande*) **9** (*in tribunale*) sbarra, ringhiera (*che divide la corte dal pubblico*) **10** — (*leg.*) **the Bar**, l'avvocatura, la professione forense; il foro (*tutti gli avvocati di un luogo*): **to be called to the Bar**, essere ammesso all'esercizio della professione forense **11** (*leg., anche fig.*) tribunale: **He was condemned at the bar of public opinion**, fu condannato dal tribunale dell'opinione pubblica **12** preclusione, sospensione (*di un'azione legale*) **13** (*nel parlamento ingl.*) ringhiera (*che delimita lo spazio entro il quale vengono introdotte persone da interrogare da parte dei deputati*) **14** (*atletica*) asticella (*del salto*). ● **bar-bell**, manubrio (*da ginnastica*); bilanciere (*per sollevamento pesi*) □ **bar billiards**, bigliardino □ (*metall.*) **bar folder**, piegatrice □ **bar gold**, oro in verghe □ **bar-keeper**, proprietario di bar □ **bar parlour**, saletta riservata (*in un albergo*) □ **bar-tender**, barista □ (*leg.*) **bar to action**, impedimento procedurale □ (*leg.*) **to appear at the bar**, comparire in giudizio □ **to be behind bars**, essere al fresco (*fig.*); vedere il sole a scacchi □ **to be called within the bar**, essere nominato «King's Counsel» (*q.V.*) □ (*fam.*) **to cross the bar**, morire □ **gold in bars**, oro in lingotti □ **handle-bar**, manubrio (*di bicicletta, motocicletta*) □ **parallel bars**, parallele (*da ginnastica*) □ (*leg.*) **the prisoner at the bar**, il detenuto alla sbarra; l'imputato □ **to read for the bar**, studiare da avvocato □ **to be tried at the bar**, subire un processo pubblico.
bar (2) [ba:*], *prep.* eccetto; eccettuato; tranne: **He is the cleverest pupil, bar none**, è lo scolaro più bravo, nessuno eccettuato.
to bar [ba:*], *v. t.* **1** sbarrare; sprangare; chiudere: **to bar sb. in (out)**, chiudere q. dentro (fuori) **2** ostacolare; impedire: **What bars him from going where he likes?**, che cosa gli impedisce di andare dove vuole? **3** sbarrare; munire di sbarre: **That window on the ground floor must be barred**, bisogna munire di sbarre quella finestra al piano terreno **4** segnare con strisce; striare: **The bird's feathers were barred with red**, le penne dell'uccello erano striate di rosso **5** escludere; eccettuare: **He was barred from the contest**, fu escluso dalla competizione **6** (*leg.*) sospendere (*un'azione giudiziaria*) **7** (*fam.*) trovare a ridire su (q. *o* q.c.); opporsi a; non permettere; disapprovare: **I bar that!**, non lo permetto!, mi oppongo! ● **to bar oneself in**, barricarsi □ (*leg.*) **to be barred by statute of limitations**, essere prescritto; prescriversi □ **barring-out**, ostruzionismo di studenti (*che consiste nell'impedire agli insegnanti l'accesso alla scuola*).
Barabbas [bə'ræbəs], *n.* (*Bibbia*) Barabba.

barathrum ['bærəθrʌm], *n.* (*pl.* **barathra**) baratro; abisso.
barb (1) [ba:b], *n.* **1** barba (*peli sul muso di animali*); barba (*di penna d'uccello*) **2** barbiglio, parte uncinata (*di freccia, arpione, ecc.*) **3** soggolo (*di certe suore*) **4** (*fig.*) asprezza, modo pungente: **The b. of his wit startled us**, il suo spirito pungente ci sorprese.
to barb [ba:b], *v. t.* munire di barbigli, ecc. (*V.* **barb (1)**). ● **barbed wire**, filo spinato; reticolato: **barbed-wire fence**, reticolato □ **barbed words**, parole pungenti.
barb (2) [ba:b], *n.* **1** barbero (*cavallo*) **2** barbo; piccione di Barberia.
barbaresque [ba:bə'resk], *a.* barbaresco.
barbarian [ba:'bɛəriən], **A** *n.* **1** (*stor.*) barbaro (*anche nel senso di straniero*) **2** (*fig.*) individuo ignorante, incolto. **B** *a.* **1** barbaro **2** (*fig.*) primitivo; rozzo; selvaggio.
barbaric [ba:'bærik], *a.* **1** barbaro; barbarico; primitivo **2** crudele.
barbarism ['ba:bərizəm], *n.* **1** (*gramm.*) barbarismo **2** barbarie.
barbarity [ba:'bæriti], *n.* **1** barbarie; inciviltà **2** barbarie; crudeltà; efferatezza.
barbarization [,ba:bərai'zeiʃən], *n.* imbarbarimento.
to barbarize [ba:bəraiz], *v. t. e i.* imbarbarire, imbarbarirsi; rendere (*o* diventare) barbaro; barbarizzare; barbareggiare (*lett.*).
barbarous ['ba:bərəs], *a.* (*di lingua, costumi, stile; anche fig.*) barbaro; crudele; rozzo; maleducato; selvaggio.
barbarousness ['ba:bərəsnis], *V.* **barbarity**.
Barbary ['ba:bəri], *n.* Barberia. ● (*zool.*) **B. ape** (*Macaca sylvana*), bertuccia □ **B. horse**, barbero; cavallo berbero.
barbate ['ba:beit], *a.* (*zool., bot.*) barbato.
barbecue ['ba:bikju:], *n.* **1** barbecue; grande graticola **2** bue (*o* maiale) arrostito intero; porchetta; carne arrostita all'aperto **3** (*specialm. USA*) banchetto all'aperto; festa campestre. ● **b. sauce**, salsa piccante.
to barbecue ['ba:bikju:], *v. t.* (*cucina*) **1** arrostire (*carne o un intero animale*) all'aperto **2** cuocere (*carne*) in salsa piccante.
barbel ['ba:bəl], *n.* **1** (*zool., Barbus; Barbus fluviatilis*) barbo, barbio **2** (*zool.*) barbiglio.
barber ['ba:bə*], *n.* barbiere; parrucchiere. ● **b.'s block**, porta-parrucche □ **b. chair**, poltrona da barbiere □ **b.('s) pole**, palo a spirali rosse e bianche (*insegna dei barbieri*) □ **b.('s) shop**, salone; negozio da barbiere □ (*stor.*) **b.-surgeon**, cerusico.
barber(r)y ['ba:bəri], *n.* (*bot., Berberis vulgaris*) crespino.
barbet ['ba:bət], *n.* (*zool.*) **1** (*Pogoniulus, Pogonornis*) barbuto **2** (*Bucco, Monasa, ecc.*) poltrone.
barbette ['ba:bet], *n.* (*stor., mil.*) barbetta.
barbican ['ba:bikən], *n.* **1** barbacane (*di fortezza*) **2** torre esterna.
barbiturate [ba:'bitjurit], *n.* (*farm.*) barbiturico; barbiturato.
barbituric [ba:bi'tjurik], *a.* (*chim.*) barbiturico.
barbule ['ba:bju:l], *n.* (*bot., zool.*) barbula.
barcarol(l)e ['ba:kəroul], *n.* (*mus.*) barcarola.
bard (1) [ba:d], *n.* bardo (*lett.*); poeta: **the B. of Avon**, il bardo di Avon (*Shakespeare*).
bard (2) [ba:d], *n.* (*stor.*) barda (*armatura di cavallo*).
to bard [ba:d], *v. t.* bardare (*un cavallo*).
barded ['ba:did], *a.* (*di cavallo*) bardato.
bardic ['ba:dik], *a.* di (*o* da) bardo; bardito (*raro, lett.*).
bare [bɛə*], *a.* **1** nudo; spoglio; privo; vuoto; disadorno; semplice; puro; schietto; scoperto; (*di spada, di pugnale*) sguainato: **He told me the b. truth**, mi disse la pura verità; **b. of credit**, privo di credito **2** mero; appena sufficiente; scarso; minimo: **There was a b. handful of people**, non c'era più che un gruppetto di persone; **There is a b. possibility that some missing soldiers are still alive**, c'è una minima possibilità che alcuni dispersi siano ancora vivi. ● **b.-back**, a dorso nudo; a bisdosso; senza sella; a pelo: **He rode b.-back**, cavalcava senza sella □ (*leg.*) **b. contract**, contratto di comodato (*o* a titolo gratuito) □ **b.-headed**, a capo scoperto □ **b.-legged**, a gambe nude □ **a b. majority**, una maggioranza esigua (*o* di stretta misura) □ (*econ.*) **the b. subsistence level**, il minimo vitale □ **to earn a b. living**, guadagnare appena da vivere □ **to be in one's b. skin**, essere in costume adamitico □ **to lay b.**, (*anche fig.*) mettere a nudo; svelare: **He laid b. the manoeuvres of his opponents**, mise a nudo le manovre dei suoi avversari.
to bare [bɛə*], *v. t.* **1** scoprire; denudare; mettere a nudo: **to b. one's head**, scoprirsi il capo **2** scoprire; rivelare; aprire: **to b. one's heart** (**soul**), aprire il cuore (l'animo); **to b. one's thoughts**, rivelare i propri pensieri **3** snudare, sguainare (*la spada*). ● (*di bestia*) **to b. one's teeth**, mostrare (*o* scoprire) i denti.
barefaced ['bɛəfeist], *a.* **1** con il viso scoperto; senza maschera **2** a viso aperto; franco; palese **3** impudente; sfacciato **4** imberbe.
barefacedness ['bɛəfeistnis], *n.* **1** schiettezza **2** impudenza;

barefisted

barefisted [ˈbɛəˈfistid], *a. e avv.* a mani nude; senza guantoni.
barefoot [ˈbɛəfut], *a. e avv.* a piedi nudi; scalzo.
barefooted [ˈbɛəˈfutid], *a.* scalzo; senza scarpe.
barehanded [ˈbɛəˈhændid], *a. e avv.* a mani nude; senza utensili (*attrezzi, ecc.*); inerme.
bareheaded [ˌbɛəˈhedid], *V. sotto* **bare**.
barely [ˈbɛəli], *avv.* **1** apertamente **2** appena; a mala pena: **I b. know him**, lo conosco appena **3** scarsamente; poveramente: **b. furnished rooms**, stanze poveramente ammobiliate.
bareness [ˈbɛənis], *n.* **1** nudità **2** scarsezza; povertà **3** semplicità.
baresark [ˈbɛəsaːk], **A** *n.* feroce guerriero. **B** *avv.* senza armatura.
to barf [baːf], *v. i.* (*pop.*) vomitare.
barf [baːf], *n.* (*pop.*) vomito.
bargain [ˈbaːgin], *n.* **1** affare (*anche leg. e nel senso di:* buon affare, affarone): **At this price, it's a b.**, a questo prezzo è un affare **2** (*anche leg.*) contratto **3** (*leg.*) accordo; transazione **4** (*comm.*) occasione; offerta speciale. ● **b.-hunter**, cacciatore di buoni affari □ **b. price**, prezzo d'occasione (*o* di liquidazione) □ **b. sale**, vendita speciale; vendita delle rimanenze □ **to drive a hard b.**, trattare un affare soltanto a proprio vantaggio; fare condizioni durissime □ **a hard b.**, un contratto gravoso (*per uno dei contraenti*) □ **into the b.**, per giunta, per soprammercato; in più (*oltre a quanto pattuito*) □ **to make a b. with sb.**, fare un contratto con q. □ **to make the best of a bad b.**, far buon viso a cattiva sorte □ **to strike a b.**, fare (*o* concludere) un affare □ «**Will you sell your car for one thousand pounds?**» «**Yes**» «**Then it's a b.**», «vuoi vendere la tua automobile per mille sterline?» «Sì» «Affare fatto» □ (*prov.*) **A b. is a b.**, bisogna stare ai patti.
to bargain [ˈbaːgin], **A** *v. i.* **1** mercanteggiare; tirare sul prezzo **2** contrattare; fare un contratto **3** — **to b. for**, aspettarsi; prevedere: **It's more than I bargained for**, è più di quanto mi aspettavo. **B** *v. t.* **1** negoziare; scambiare **2** stipulare. ● **to b. away**, svendere; vendere (*fig.*) □ **to b. on**, contare su; (*USA*) *V.* **to b. for**.
bargainer [ˈbaːginə*], *n.* chi mercanteggia; chi tira sul prezzo.
bargaining [ˈbaːginiŋ], *n.* **1** mercanteggiamento **2** contrattazione; trattativa sindacale: **collective b.**, contrattazione collettiva. ● **b. power**, potere contrattuale □ **b. procedure**, procedura delle trattative.
bargainor [ˌbaːgiˈnɔː*], *n.* (*leg.*) contraente.
barge (1) [baːdʒ], *n.* **1** chiatta; pontone (*per il trasporto di merci*) **2** lancia (*per gli ufficiali superiori di una nave da guerra*) **3** grande barca a remi (*per feste*). ● **b. pole**, pertica (*per sospingere una chiatta*) □ **unloading b.**, zattera da sbarco.
barge (2) [baːdʒ], *n.* (*archit.*) frontone. ● (*nei composti*) **b.-board**, asse ornamentale □ **b. course**, sporto del tetto; gronda.
to barge [baːdʒ], **A** *v. t.* trasportare su chiatta. **B** *v. i.* muoversi in modo lento e pesante **2** — (*fam.*) **to b. into**, piombare in (*un luogo*) **3** — (*fam.*) **to b. against sb. (st.)**, urtare contro q. (q.c.) **4** — (*fam.*) **to b. in** (*o* **into**), intromettersi; intervenire a sproposito.
bargee [baːˈdʒiː], *n.* chiattaiolo; barcaiolo. ● (*fam.*) **lucky b.**, uomo fortunato, nato con la camicia □ **to swear like a b.**, bestemmiare come un turco.
bargeman [ˈbaːdʒmən], *n.* (*pl.* **bargemen**) (*USA*) *V.* **bargee**.
baric [ˈbærik], *a.* **1** (*chim.*) barico; di bario **2** (*fis.*) barico.
barite [ˈbɛərait], *n.* (*miner.*) baritina; barite.
baritone [ˈbæritoun], **A** *n.* (*mus.*) baritono. **B** *a. attr.* baritonale.
barium [ˈbɛəriəm], *n.* (*chim.*) bario. ● (*med.*) **b. meal**, pasto (*fam.* pappa) di bario (*per raggi X*).
bark (1) [baːk], *n.* **1** abbaio; latrato **2** (*fam.*) tosse **3** (*fam.*) colpi (*di cannone*) **4** (*fam.*) secco ordine. ● (*prov.*) **His b. is worse than his bite**, can che abbaia non morde.
to bark (1) [baːk], **A** *v. i.* **1** abbaiare, latrare (*di cani, ecc.*) **2** parlare in modo iroso, petulante; sbraitare **3** (*fam.*) tossire. **B** *v. t.* **1** (*anche* **to b. out**) gridare, urlare (*un ordine, ecc.*) **2** (*fam.*) propagandare, strombazzare (*merce*). ● **to b. at the moon**, abbaiare alla luna □ **to b. at sb.**, ingiuriare q.; offendere q. □ **to b. up the wrong tree**, rivolgere i propri sospetti su un innocente; fare un'ipotesi sbagliata, essere fuori strada (*fig.*).
bark (2) [baːk], *n.* **1** corteccia; scorza **2** (*fam.*) pelle **3** concia; scorza (*di talune piante*) per tingere.
to bark (2) [baːk], *v. t.* **1** scortecciare (*un albero*) **2** conciare (*cuoio*) **3** (*fam.*) scorticarsi, sbucciarsi (*la pelle*): **The boy fell and barked his knees**, il ragazzo cadde e si sbucciò le ginocchia.
bark (3) [baːk], *n.* **1** (*naut.*) brigantino a palo **2** (*poet.*) barca.
barkeeper [ˈbaːˌkiːpə*], *n.* barista; proprietario di bar.
barkentine [ˈbaːkəntiːn], *n.* (*naut.*) goletta.
barker (1) [ˈbaːkə*], *n.* **1** abbaiatore; chi urla senza scopo né effetto **2** (*fam.*) imbonitore; strillone **3** (*fam.*) pistola.

barker (2) [ˈbaːkə*], *n.* **1** scortecciatore **2** (*tecn.*) scortecciatoio (*arnese*) **3** (*tecn.*) scortecciatrice (*macchina*).
barking (1) [ˈbaːkiŋ], *n.* **1** abbaiamento **2** (*pop.*) tosse secca.
barking (2) [ˈbaːkiŋ], *n.* scortecciamento; scortecciatura. ● (*tecn.*) **b. drum**, tamburo scortecciatore □ **b. machine**, scortecciatrice.
barley [ˈbaːli], *n.* orzo. ● (*scozz.*) **b.-bree**, **b.-broo**; (*dial. ingl.*) **b.-broth**, birra forte □ **b. sugar**, zucchero d'orzo; pasticca (*o* caramella) d'orzo □ **b. water**, orzata (*acqua d'orzo*) □ (*ingl.*) **b. wine**, birra fortissima.
barleycorn [ˈbaːlikɔːn], *n.* chicco d'orzo. ● **John. B.**, John Barleycorn (*personificazione degli alcolici*).
barlow [ˈbaːlou], *V.* **barlowknife**.
barlowknife [ˈbaːlouˌnaif], *n.* (*pl.* **barlowknives**) coltello (*o* temperino) a una sola lama.
barm [baːm], *n.* **1** lievito di birra **2** schiuma (*di malto che fermenta*).
barmaid [ˈbaːmeid], *n.* cameriera al banco; barista.
barman [ˈbaːmən], *n.* (*pl.* **barmen**) cameriere al banco; barista.
barmy [ˈbaːmi], *a.* **1** che contiene lievito **2** schiumoso **3** (*fam.*) tocco (*nel cervello*); svanito; svampito (*dial.*).
barn [baːn], *n.* **1** granaio; fienile; capannone agricolo **2** (*fig.*) tugurio **3** (*USA*) stalla; scuderia **4** (*USA*) rimessa, deposito (*di tram, ecc.*). ● **b. dance**, (festa campestre, in cui si balla) una specie di quadriglia □ **b. door**, portone del granaio; (*fig.*) facile bersaglio □ **b.-door fowl**, pollo □ (*zool.*) **b. owl** (*Tyto alba*), barbagianni □ (*zool.*) **b. swallow** (*Hirundo rustica*), rondine □ **b.-yard**, aia (*di fattoria*) □ **as big as a b.**, molto grande □ **not to be able to hit a b. door**, essere un pessimo tiratore.
Barnabas [ˈbaːnəbəs], *n.* (*Bibbia*) Barnaba.
Barnabite [ˈbaːnəbait], *n.* (*relig.*) barnabita.
Barnaby [ˈbaːnəbi], *n.* Barnaba. ● **B. bright**, giorno di S. Barnaba (*11 giugno, un tempo ritenuto il più lungo dell'anno*).
barnacle [ˈbaːnəkl], *n.* **1** (*zool.*) crostaceo dei cirripedi **2** (*zool.*, *Branta leucopsis*; *anche* **b. goose**) oca dalla faccia bianca; bernacla (*raro*) **3** (*fig.*, *fam.*) persona importuna; attaccabottoni; seccatore.
barnacles [ˈbaːnəklz], *n. pl.* **1** torcinaso (*da maniscalco o strumento di tortura*) **2** (*fam.*) occhiali a stringinaso.
Barnard [ˈbaːnəd], *n.* Bernardo.
to barnstorm [ˈbaːnstɔːm], **A** *v. i.* **1** girare per le campagne, dando rappresentazioni teatrali o tenendo comizi politici **2** (*di piloti*) fare acrobazie (*o* rodei volanti). **B** *v. t.* percorrere (*il Paese, una zona, ecc.*) dando rappresentazioni o tenendo comizi.
barnstormer [ˈbaːnstɔːmə*], *n.* attore girovago.
barnstorming [ˈbaːnstɔːmiŋ], *n.* (*USA*) (*aeron.*) rodeo volante (*V.* **to barnstorm**).
barograph [ˈbærougraːf], *n.* (*ing.*) barografo; barografo registratore.
barometer [bəˈrɔmitə*], *n.* (*meteorologia*) barometro.
barometric(al) [ˌbærouˈmetrik(əl)], *a.* barometrico.
barometry [bəˈrɔmitri], *n.* barometria.
baron [ˈbærən], *n.* **1** (*stor.*) barone; nobile; feudatario **2** barone (*della nobiltà ingl.*) **3** (*specialm. USA*) magnate; grande industriale: **beef b.**, magnate della carne. ● **b. of beef**, i due lombi del bue.
baronage [ˈbærənidʒ], *n.* **1** baronia; baronaggio **2** (*collett.*) (i) baroni (*nel loro complesso*); (la) nobiltà **3** albo dei baroni; annuario dei nobili.
baroness [ˈbærənis], *n.* baronessa.
baronet [ˈbærənit], *n.* baronetto.
to baronet [ˈbærənit], *v. t.* creare baronetto.
baronetage [ˈbærənitidʒ], *n.* **1** (*collett.*) (i) baronetti **2** albo dei baronetti.
baronetcy [ˈbærənitsi], *n.* rango (*o* titolo) di baronetto.
baronial [bəˈrouniəl], *a.* di (*o* da) barone; baronale; baronesco.
barony [ˈbærəni], *n.* baronia (*rango e possedimento*).
baroque [bəˈrouk], *a. e n.* (*anche fig.*) barocco.
baroquerie [bəˈroukəri], *n.* (*spreg.*) baroccume.
baroscope [ˈbærouskoup], *n.* (*ing.*) baroscopio.
barouche [bəˈruːʃ], *n.* carrozzella; calesse.
barque [baːk], *n.* *V.* **bark (3)**.
barquentine [ˈbaːkəntiːn], *n.* (*naut.*) goletta.
barracan [ˈbærəkən], *n.* barracano.
barrack [ˈbærək], *n.* (*generalm. al pl.*) **1** caserma **2** (*fig.*) baracca; casermone; baraccamento. ● **b. bag**, zaino □ **b. room**, camerata.
to barrack [ˈbærək], *v. t. e i.* **1** accasermare, accasermarsi; acquartierare, acquartierarsi **2** alloggiare in baracche **3** (*fam.*) fischiare, zittire, schernire (*specialm. giocatori, oratori e sim.*).
barracking [ˈbærəkiŋ], *n.* accasermamento; acquartieramento.
barracuda [ˌbærəˈkjuːdə], *n.* (*pl.* **barracuda**, **barracudas**) (*zool.*, *Sphyraena*) barracuda.
barrage [ˈbæraːʒ], *n.* **1** sbarramento: **balloon b.**, sbarramento di

palloni (*aerostatici*) **2** diga **3** (*mil.*, *anche* **b. fire**) tiro di sbarramento: **creeping b.**, tiro di sbarramento che si sposta con l'avanzare delle proprie truppe **4** (*fig.*) fuoco di fila (*di domande, ecc.*).

to barrage ['bæra:ʒ], *v. t.* **1** (*mil.*) sottoporre a un tiro di sbarramento **2** (*fig.*) sottoporre (q.) a un fuoco di fila di domande, ecc.; tempestare (q.) di domande, ecc.

barrater, **barrator** ['bærətə*], *n.* **1** (*stor.*) barattiere **2** (*leg.*) istigatore di liti.

barratry ['bærətri], *n.* **1** (*stor.*, *comm.*, *naut.*) baratteria **2** (*leg.*) frode; dolo **3** (*leg.*) litigiosità; istigazione alle liti.

barred [ba:d], *a.* **1** sbarrato; munito di sbarre **2** striato **3** (*di porto*) ostruito da sbarre **4** proibito. ● (*fin.*) **b. credit**, credito prescritto.

barrel ['bærəl], *n.* **1** barile (*anche misura di capacità*); botte **2** bariletto (*di orologio*) **3** cilindro (*di argano, ecc.*) **4** canna (*di pistola, fucile, ecc.*) **5** cannello (*di penna*) **6** serbatoio (*di penna stilografica*) **7** tamburo (*di rivoltella*) **8** cassa (*di tamburo*) **9** (*vet.*) tronco. ● (*USA*) **b.-house**, bar d'infimo ordine □ **b. organ**, organetto di Barberia; organino (*di suonatore ambulante*) □ **b. tub**, bigoncia □ (*archit.*) **b. vault**, volta a botte; fornice.

to barrel ['bærəl], *v. t.* **1** mettere in barili, imbarilare; mettere in botti, imbottare **2** (*fig.*) mettere da parte (*o* in serbo).

barrelled ['bærəld], *a.* **1** a forma di barile (*o* di botte) **2** imbarilato; imbottato. ● **a double-b. gun**, un fucile a due canne □ **long-b.** (**short-b.**) **firearm**, arma a canna lunga (a canna corta).

barren ['bærən], **A** *a.* **1** (*anche fig.*) sterile; infruttifero **2** (*anche fig.*) arido; privo d'interesse **3** privo: **a person b. of creative spirit**, una persona priva di spirito creativo. **B** *n.* terreno sterile; landa.

barrenness ['bærənnis], *n.* **1** sterilità **2** aridità.

barret ['bærət], *n.* berretto, berretta (*specialm. da prete*).

barricade ['bærikeid], *n.* **1** barricata **2** (*anche fig.*) barriera **3** (*nelle corse di cavalli*) cancelli di partenza.

to barricade ['bærikeid], *v. t.* **1** barricare (*una porta, una casa*) **2** sbarrare con barricate (*una strada*).

barrier ['bæriə*], *n.* (*anche fig.*) barriera. ● **b. reef**, barriera corallina □ (*fin.*) **customs barriers**, barriere doganali □ (*geogr.*) **the Great Ice B.**, la banchisa polare □ (*aeron.*) **the sound b.**, il muro del suono.

to barrier ['bæriə*], *v. t.* sbarrare. ● **to b. in**, chiudere con una barriera □ **to b. off**, escludere (*o* tener fuori) con una barriera.

barring [ba:riŋ], *prep.* eccetto; eccettuato; salvo; tranne.

barrister ['bæristə*], *n.* (*leg.*, *anche* **b.-at-law**) avvocato patrocinante; patrocinatore legale; avvocato (*ammesso a discutere le cause in tutte le corti*). ● (*polit.*) **revising b.**, revisore delle liste elettorali.

barrow (1) ['bærou], *n.* **1** (*anche* **wheel-barrow**) carriola **2** (*anche* **coster's b.**) carrettino (*spinto a mano*) **3** (*anche* **hand-barrow**) barella. ● **b. boy** (*o* **b. man**), venditore ambulante.

barrow (2) ['bærou], *n.* **1** collina; altura; monte (*specialm. nei toponimi*) **2** (*archeol.*) tumulo (*dial.*) mucchio.

bartender ['ba:,tendə*], *n.* cameriere (*o* cameriera) al banco; barista.

barter ['ba:tə*], *n.* (*anche leg.*) baratto; permuta; scambio.

to barter ['ba:tə*], **A** *v. t.* **1** barattare; scambiare: **to b. a thing for** (*o* **against**) **another**, barattare una cosa con un'altra **2** (*di solito* **to b. away**) barattare (*fig.*): **to b. away freedom for social security**, barattare la libertà con la sicurezza sociale. **B** *v. i.* fare baratti.

barterer ['ba:tərə*], *n.* chi fa baratti; barattatore (*raro*).

Bartholomew [ba:'θɔləmju:], *n.* Bartolomeo.

bartizan ['ba:tizæn], *n.* (*archit.*) bertesca.

barton ['ba:tn], *n.* **1** aia (*di fattoria*) **2** (*leg.*) parte di fattoria non ceduta in affitto.

barycentre ['bærisentə*], *n.* (*fis.*, *geom.*) baricentro.

barycentric [,bæri'sentrik], *a.* (*fis.*, *geom.*) baricentrico.

baryon ['bæriɔn], *n.* (*fis. nucl.*) barione.

baryonic [,bæri'ɔnik], *a.* (*fis. nucl.*) barionico.

barysphere ['bærisfiə*], *n.* (*geol.*) barisfera.

baryta [bə'raitə], *n.* (*chim.*) barite; ossido di bario.

barytes [bə'raiti(:)z], *V.* **barite**.

barytone ['bæritoun], *V.* **baritone**.

basal ['beisl], *a.* **1** basale; di base: **b. metabolism**, metabolismo basale **2** basilare; fondamentale.

basalt ['bæsɔ:lt], *n.* **1** (*geol.*) basalto **2** tipo di porcellana nera.

basaltic [bə'sɔ:ltik], *a.* (*geol.*) basaltico.

bascule ['bæskju:l], *n.* (*mecc.*) bilico. ● **b. barrier**, sbarra a bilico (*di passaggio a livello*) □ **b. bridge**, ponte a bilico; ponte levatoio.

base (1) [beis], *n.* (*chim.*, *geom.*, *mil.*, *sport*) base; basamento, fondamento; zoccolo; piattaforma; (*naut.*) **naval b.**, base navale; **supply b.**, base di rifornimento. ● (*baseball*) **b. hit**, battuta con la quale un giocatore consegue la prima base □ **b. line**, (*tennis*) linea di fondo; (*topografia*) base di rilevamento □ (*econ.*) **b. pay**, paga base □ (*comm.*) **b. price**, prezzo base □ (*econ.*) **b. salary**, stipendio base □ **b. unit**, base (*mobiletto da cucina*) □ (*econ.*) **b. wages**, salario base □ **to get to first b.**, (*baseball*) raggiungere la prima base; (*fig.*, *fam. USA*) ottenere un successo iniziale □ (*pop. USA*) **off b.**, errato, sbagliato; sballato (*pop.*); impreparato, alla sprovvista: **I was caught off b.**, fui preso alla sprovvista.

to base [beis], **A** *v. t.* (*anche fig.*) basare; fondare. **to base oneself B** *v. rifl.* basarsi, fondarsi (su q.c.) ● (*mil.*) **to be based at** (*o* **in**), essere di base (*o* di stanza) a.

base (2) [beis], **A** *a.* basso; vile; spregevole; meschino; egoistico; ignobile: **a b. man**, un uomo spregevole; un vile; **a b. motive**, un motivo ignobile. **B** *n.* (*mus.*) **1** tono basso; nota bassa **2** voce (*o* parte) di basso. ● **b.-born**, di oscuri natali; illegittimo □ (*bot.*) **b. broom** (*Genista tinctoria*), ginestrella □ **a b. coin**, una moneta di bassa lega; una moneta vile □ **b. Latinity**, la bassa latinità □ **b. metal**, metallo vile.

baseball ['beisbɔ:l], *n.* (*sport*) **1** baseball; pallabase **2** palla da baseball.

baseboard ['beisbɔ:d], *n.* (*edil. USA*) battiscopa.

Basel ['ba:zəl], *n.* (*geogr.*) Basilea.

baseless ['beislis], *a.* **1** senza base **2** (*fig.*) senza fondamento, infondato.

baselessness ['beislisnis], *n.* infondatezza.

baseman ['beismən], *n.* (*pl.* **basemen**) (*sport*) base (*il giocatore: nel baseball*).

basement ['beismənt], *n.* **1** basamento; (*fig.*) fondamento **2** seminterrato **3** (*piano*) interrato; scantinato; sottosuolo **4** (*mecc.*) basamento; base.

baseness ['beisnis], *n.* bassezza morale; ignobilità; meschinità.

to bash [bæʃ], *v. t.* **1** (*fam.*) colpire; urtare con violenza **2** — **to b. in**, sfondare; fracassare ● **to b. up**, pestare; picchiare a sangue.

bash [bæʃ], *n.* (*fam.*) colpo; urto violento; forte botta. ● (*pop.*) **to have a b. at it**, tentare di fare q.c.; provarcisi.

bashful ['bæʃful], *a.* **1** timido; ritroso **2** eccessivamente modesto.

bashfulness ['bæʃfulnis], *n.* timidezza; ritrosia.

bashing up ['bæʃiŋ ʌp], *n.* pestaggio; botte da orbi.

basic ['beisik], **A** *a.* **1** fondamentale; essenziale; basilare: **b. English**, inglese essenziale (*cioè ridotto a circa ottocento parole e così insegnato agli stranieri*) **2** (*chim.*) basico. **B** *n. pl.* (*fam.*) (gli) elementi; (le) basi: **the basics of maths**, le basi della matematica. ● (*fin.*) **b. abatement**, abbattimento alla base (*di un imponibile*) □ (*econ.*) **b. income**, reddito minimo □ **b. industry**, industria di base □ (*econ.*) **b. pay** (**salary**, **wages**), *V.* **base pay** (**salary, wages**), *sotto* **base (1)**.

basically ['beisikli], *avv.* fondamentalmente.

basicity [bə'sisiti], *n.* (*chim.*) basicità.

to basify ['beisifai], *v. t.* (*chim.*) basificare.

basil ['bæzl], *n.* (*bot.*, *Ocimum basilicum*) basilico.

Basil ['bæzl], *n.* Basilio.

basilar ['bæsilə*], **basilary** ['bæsiləri], *a.* (*biol.*) basilare.

basilica [bə'zilikə], *n.* (*pl.* **basilicae**, **basilicas**) basilica.

basilical [bə'zilikəl], **basilican** [bə'zilikən], *a.* basilicale.

basilisk ['bæzilisk], *n.* (*mitol.*; *zool.*, *Basiliscus*) basilisco. ● **a b. glance**, uno sguardo da basilisco (*perfido*; *malvagio*).

basin ['beisn], *n.* **1** bacino; bacile; bacinella; catino: **Wash your hands in the b.**, lavati le mani nel catino **2** (*geogr.*, *naut.*) bacino: **the Po b.**, il bacino del Po; **The deep part of a harbour is called a b.**, la parte profonda di un porto si chiama bacino; **repairing b.**, bacino di carenaggio; **b. trials**, prove di bacino. ● **b. stand**, portacatino □ **sugar b.**, zuccheriera □ (*naut.*) **wet b.**, darsena □ **wash-b.**, bacile; bacinella.

basinet ['beisi'net], *n.* (*stor.*) elmo leggero; bacinetto.

basis ['beisis], *n.* (*pl.* **bases**) (*specialm. scient. e fig.*) base; fondamento; principio. ● (*leg.*) **the b. of a contract**, la base d'un contratto □ (*comm.*) **b. rate**, tariffa base.

to bask [ba:sk], *v. i.* **1** crogiolarsi: **He was basking in the sun (in the firelight)**, si crogiolava al sole (vicino al fuoco) **2** (*fig.*) bearsi: **The courtier basked in the king's favour**, il cortigiano si beava nel favore del re. ● (*zool.*) **basking shark** (*Cetorhinus maximus*), squalo elefante; squalo pellegrino.

basket ['ba:skit], *n.* **1** cesta; canestro; paniere; sporta **2** (*pallacanestro*) canestro; cesto: **to make** (*o fam.* **to shoot**) **a b.**, fare cesto (*o* canestro); **to make** (*o* **to shoot**) **ten baskets**, fare dieci canestri **3** navicella (*di pallone aerostatico*) **4** (*fin.*) paniere (*monetario*). ● **b. chair**, sedia di vimini □ **b. maker**, canestraio; cestaio; panieraio □ **b.-work**, lavoro in vimini □ **clothes b.**, cesta dei panni □ (*fig.*) **the pick of the b.**, il meglio; la persona, l'oggetto migliore □ **shopping b.**, sporta (*della spesa*) □ **wastepaper b.**, cestino (*della carta straccia*) □ **work b.**, cestino da lavoro.

to basket ['ba:skit], *v. t.* **1** mettere in un cesto **2** cestinare.

basketball ['ba:skit,bɔ:l], *n.* (*sport*) **1** pallacanestro; basket

basketful

2 pallone da basket. ● **b. player**, giocatore di pallacanestro; cestista.
basketful ['ba:skitfʊl], *n.* panierata.
basketry ['ba:skitri], *n.* **1** arte del panieraio **2** (*collett.*) ceste; panieri.
basnet ['beisnət], *V.* **basinet**.
basque [bæsk], *n.* (*moda*) **1** camicetta attillata **2** corpetto stretto (*da donna*) **3** baschina, basca (*di giacca da donna*).
Basque [ba:sk], *a.* e *n.* basco.
bas-relief, bass-relief ['bæsri,li:f], *n.* (*arte*) bassorilievo.
bass (1) [bæs], *n.* (*pl.* **bass, basses**) (*zool., Perca fluviatilis*) pesce persico. ● **sea b.** (*Labrax lupus*), spigola.
bass (2) [bæs], *n.* (*bot.*) corteccia fibrosa del tiglio. ● **b. broom**, rozza scopa □ **b.-wood** (*Tilia americana*), (legno del) tiglio americano.
bass (3) [beis], (*mus.*) **A** *n.* **1** basso (*cantante*) **2** voce di basso **3** nota bassa. **B** *a.* basso. ● **b. clef**, chiave di basso □ (*viol.*) **viola da gamba**.
basset (1) ['bæsit], *n.* (*cane*) basset hound.
basset (2) ['bæsit], *n.* bassetta (*gioco di carte*).
basset (3) ['bæsit], *n.* (*geol.*) lembo di filone che affiora.
to basset ['bæsit], *v. i.* (*geol.*) affiorare (*V.* **basset (3)**).
basset horn ['bæsitho:n], *n.* (*mus.*) corno bassetto, clarinetto in fa.
bassinet [,bæsi'net], *n.* **1** culla di vimini **2** carrozzella; carrozzina.
basso ['bæsou] (*ital.*), (*mus.*) **A** *n.* (*pl.* **bassos, bassi**) **1** basso (*cantante*): **b. profundo**, basso profondo **2** voce di basso. **B** *a.* di (*o* da) basso.
bassoon [bə'su:n], *n.* (*mus.*) fagotto. ● **double b.**, controfagotto.
bassoonist [bə'su:nist], *n.* suonatore di fagotto; fagottista.
basso-rilievo ['bæsou-rə'ljeivou] (*ital.*), *n.* (*pl.* **basso-rilievos, basso-rilievi**) (*arte*) bassorilievo.
bast [bæst], *n.* **1** (*bot.*) libro **2** (*anche* **b. fiber**) rafia.
bastard ['bæ:stəd], **A** *n.* **1** bastardo (*anche spreg.*); figlio illegittimo **2** oggetto (*o* persona) di qualità inferiore all'apparente; contraffazione; falso. **B** *a.* **1** bastardo; illegittimo **2** contraffatto; falso; di qualità inferiore. ● **b. cedar**, cedro bastardo; (*USA*) sequoia □ (*mecc.*) **b. file**, lima bastarda □ (*pop.*) **a b. of an earthquake**, un dannato terremoto □ (*tipogr.*) **b. title**, occhiello □ (*zool.*) **b. wing**, alula □ (*fam., spreg.*; talora scherz. e affettuoso) **poor old b.**, poverino!
bastardization [,bæstədai'zeiʃən], *n.* **1** dichiarazione (*o* dimostrazione) d'illegittimità **2** imbastardimento (*per es., della lingua*).
to bastardize ['bæstədaiz], *v. t.* **1** dichiarare (*o* dimostrare) illegittimo **2** imbastardire: **Why b. the Italian language?**, perché imbastardire la lingua italiana?
bastardy ['bæstədi], *n.* **1** bastardaggine; condizione di bastardo; illegittimità **2** (*anche fig.*) fornicazione. ● (*leg.*) **b. order**, ingiunzione di provvedere al mantenimento di un figlio illegittimo.
to baste (1) [beist], *v. t.* imbastire (*in senso proprio*).
to baste (2) [beist], *v. t.* **1** ungere con burro fuso o col suo grasso (*la carne che arrostisce*) **2** versare cera fusa su (*gli stoppini*).
to baste (3) [beist], *v. t.* (*fam.*) **1** battere; bastonare; picchiare **2** attaccare (*a parole*); ingiuriare; sgridare.
bastille [bæs'ti:l], *n.* **1** (*stor.*) torre mobile; piccola fortezza o prigione. ● (*stor.*) **the B.**, la Bastiglia.
bastinado [,bæsti'neidou], *n.* (*pl.* **bastinadoes**) (*stor.*) bastonatura delle piante dei piedi (*punizione*).
basting (1) ['beistiŋ], *n.* **1** imbastitura **2** filo da imbastire.
basting (2) ['beistiŋ], *n.* (*fam.*) **1** bastonatura **2** sgridata, lavata di capo.
bastion ['bæstiən], *n.* bastione; baluardo; spalto.
bastioned ['bæstiənd], *a.* munito di bastioni.
bat (1) [bæt], *n.* pipistrello. ● **as blind as a bat**, cieco come una talpa □ (*pop.*) **to go bats**, andare giù di testa; dar di matto (*pop.*) □ (*fam.*) **to have bats in the belfry**, essere tocco, strambo.
to bat (1) [bæt], *v. t.* e *i.* (*sport*) **1** usare la mazza **2** battere; effettuare la battuta. ● (*fam.*) **to bat around**, viaggiare qua e là; vagliare, discutere (*un'idea*).
bat (2) [bæt], *n.* **1** robusto bastone; randello **2** (*sport*) mazza: **cricket bat**, mazza da cricket **3** (*sport*) racchetta (*da ping-pong*) **4** (*sport*) battuta; turno di battere (*nel baseball o nel cricket*) **5** (*sport*) battitore **6** pezzo, blocco (*per es., d'argilla*) **7** (*fam.*) botta; colpo **8** (*fam.*) rapidità; velocità. ● **to be at bat**, avere la battuta (*per es., nel baseball*) □ (*cricket*) **to carry one's bat**, essere ancora in gioco alla fine del proprio turno di battuta □ (*fam.*) **to go at full bat**, correre a tutto spiano □ (*fig., fam.*) **to go to bat for sb.**, intervenire in difesa di q. □ **off one's own bat**, con le proprie forze; per proprio conto; spontaneamente; senza invito □ (*fam.*) **(right) off the bat**, immediatamente; su due piedi; senza pensarci su.
to bat (2) [bæt], *v. t.* (*USA; fam. ingl.*) battere; ammiccare: **not**

to bat an eye, non battere ciglio; **I never batted an eyelid**, non riuscii a chiudere occhio.
batata [bə'ta:tə], *n.* (*bot., Ipomoea batatas*) batata; patata dolce.
Batavian [bə'teivjən], *a.* e *n.* (*geogr., stor.*) batavo.
batch [bætʃ], *n.* **1** infornata **2** complesso di cose (*o* persone) considerate insieme; gruppo; quantità: **a b. of students from France**, un gruppo di studenti dalla Francia; **a b. of rules to be learnt**, una quantità di regole da imparare **3** (*comm.*) lotto, partita (*di merce*). ● (*elab.*) **b. processing**, elaborazione a blocchi □ (*econ.*) **b. production**, produzione in lotti.
bate (1) [beit], *n.* soluzione alcalina (*per ammorbidire pelli da concia*).
to bate (1) [beit], **A** *v. t.* **1** diminuire; ridurre **2** trattenere; sospendere: **She bated her breath**, ella trattenne il respiro (*per paura, eccitazione, ecc.*) **3** (*comm.*) detrarre. **B** *v. i.* diminuire; calare.
to bate (2) [beit], *v. t.* ammorbidire (*pelli*) (*V.* **bate (1)**).
bate (2) [beit], *n.* (*fam.*) ira; furia.
bath [ba:θ], *n.* **1** bagno (*in ogni senso*): **The older houses of the village have no b.**, le case più vecchie del paese non hanno il bagno **2** (*anche* **bathtub**) vasca da bagno **3** (*pl.*) bagni pubblici; terme **4** piscina coperta: **Blackpool holidaymakers can swim in seawater baths**, a Blackpool i villeggianti possono nuotare in piscine d'acqua di mare. ● **b. attendant**, bagnino □ **b. heater**, scaldabagno □ **b.-house**, stabilimento balneare □ **b. mat**, stuoia da bagno □ **b. robe**, accappatoio □ **b.-room**, stanza da bagno □ **b. salts**, sali da bagno □ (*fig.*) **blood-b.**, bagno di sangue □ **foot-b.**, pediluvio □ **to have** (*o* **to take**) **a b.**, fare il bagno (*USA; ingl.*, soltanto *in vasca*) □ **mud b.**, fango termale; fangatura □ **sun b.**, bagno di sole □ **swimming b.**, piscina.
to bath [ba:θ], **A** *v. t.* fare il bagno a (*un bambino, un invalido, ecc.*) **B** *v. i.* fare il bagno; bagnarsi; lavarsi.
Bath chair ['ba:θtʃeə*], *n.* poltrona a rotelle (*per vecchi e invalidi*).
bathe [beið], *n.* **1** bagno (*di mare o in fiume, lago, ecc.*): **to have** (**to go for**) **a b. in the sea**, (andare a) fare un bagno nel mare **2** nuotata.
to bathe [beið], **A** *v. i.* **1** fare il bagno, fare i bagni (*al mare, in fiume, lago, ecc.*) **2** (*specialm. USA*) fare il bagno (*per lavarsi*). **B** *v. t.* **1** bagnare; toccare: **The Gulf Stream bathes the western coasts of England**, la corrente del Golfo bagna le coste occidentali dell'Inghilterra **2** lavare (*una ferita, ecc.*): **First, b. the wound with hot water**, per prima cosa, lava la ferita con acqua calda **3** immergere; coprire, inondare (*fig.*): **The wood was bathed in moonlight**, il bosco era immerso nel chiarore lunare. ● **to b. one's eyes**, bagnarsi gli occhi.
bather ['beiðə*], *n.* bagnante.
bathhouse ['ba:θhaus], *n.* **1** stabilimento balneare **2** cabina (*per bagnanti*).
bathing ['beiðiŋ], *n.* (il fare) i bagni: **I like b.**, mi piace fare i bagni; mi piacciono i bagni di mare. ● **b. beauty**, «bellezza» al bagno □ **b. box** (*o* **b. cabin**), cabina □ **b. cap**, cuffia da bagno □ **b. costume** (*o* **b. dress, b. suit**), costume da bagno □ **b. drawers** (*o* **b. slips**), calzoncini (*o* mutandine) da bagno □ **b. hut**, cabina (*balneare*) □ (*stor.*) **b. machine**, cabina montata su ruote (*ora in disuso*; serviva a raggiungere la linea dell'acqua) □ **b. resort**, stazione balneare.
bathometer [bə'θɒmitə*], *n.* (*ing.*) batometro; batimetro; scandaglio.
bathos ['beiθɒs], *n.* **1** *V.* **anticlimax 2** pateticità; sentimentalismo.
Bathsheba ['bæθʃibə], *n.* (*Bibbia*) Betsabea.
bathtub [ba:θtʌb], *n.* (*USA*) vasca da bagno.
bathyal ['bæθiəl], *a.* (*oceanografia*) batiale.
bathymetric [,bæθi'metrik], *a.* (*scient.*) batimetrico.
bathymetry [bə'θimitri], *n.* (*scient., tecn.*) batimetria.
bathyscaphe ['bæθiskæf], *n.* (*naut.*) batiscafo.
bathysphere ['bæθisfiə*], *n.* (*naut.*) batisfera.
bating ['beitiŋ], *prep.* eccetto; salvo; tranne.
batiste [bæ'ti:st], *n.* batista, battista (*tela finissima*).
batman ['bætmən], *n.* (*pl.* **batmen**) (*mil.*) attendente.
baton ['bætən], *USA* [bə'tɒn], *n.* **1** bastone (*da poliziotto*); manganello; sfollagente **2** bacchetta (*del direttore d'orchestra*) **3** bastone di comando: **Marshall's b.**, bastone da maresciallo **4** (*araldica*) bastone; bastone scorciato (*in uno stemma*) **5** (*atletica*) testimone. ● **b. gun**, fucile che spara proiettili di gomma □ **b. charge**, carica con gli sfollagente □ **b.-charge**, caricare con gli sfollagente □ **b. round**, proiettile di gomma □ (*sport USA*) **b. twirler**, chi lancia in aria un bastoncello (*e lo riprende al volo*).
to baton ['bætən], *v. t.* picchiare con lo sfollagente; manganellare.
bats [bæts], *a.* (*pop.*) matto; pazzo. ● **He's gone b.**, è ammattito!; è andato giù di testa; ha dato di matto (*pop.*).

batsman ['bætsmən], *n.* (*pl.* **batsmen**) **1** (*sport*) battitore (*nel baseball e nel cricket*) **2** (*aeron.*) segnalatore (*per l'atterraggio di aeroplani su una portaerei*).
battalion [bə'tæljən], *n.* **1** (*mil.*) battaglione **2** (*fig.*) folta schiera: **a b. of strikers**, una folta schiera di scioperanti.
battels ['bætlz], *n. pl.* retta (trimestrale) di college (*a Oxford*).
batten (1) ['bætn], *n.* **1** assicella (*per pavimenti in legno, ecc.*) **2** (*edil.*) traverso di porta **3** asse; tavolone **4** (*naut.*) serretta **5** (*aeron.*) scudo di prora.
to batten (1) ['bætn], *v. t.* **1** chiudere con rinforzi di legno **2** (*edil.*) applicare traversi a (*una porta*). ● **to b. down the hatches**, (*naut.*) chiudere (*o* rinforzare) con serrette i boccaporti; (*fig.*) prepararsi per un'emergenza.
batten (2) ['bætn], *n.* (*ind. tessile*) battente (*del telaio*).
to batten (2) ['bætn], *A v. i.* **1** ingrassare **2** – **to b. on**, fare una scorpacciata di; ingrassarsi (*o* prosperare) a spese di: **He battened on cherries and strawberries**, fece una scorpacciata di ciliege e fragole; **He battened on my father's income**, s'ingrassava a spese delle rendite di mio padre. **B** *v. t.* ingrassare; nutrire eccessivamente.
to batter (1) ['bætə*], **A** *v. t.* **1** battere (*ripetutamente, con violenza o con l'artiglieria*): **The wild waves battered the rocks**, le onde battevano furiose (contro) gli scogli **2** – **to b. down**, abbattere: **The police battered the door down**, la polizia abbatté la porta **3** danneggiare a forza di colpi; ridurre a mal partito; sfasciare: **The furniture of the house was all battered**, i mobili della casa erano assai malconci. **B** *v. i.* battere colpi, battere: **The bird was battering against the windowpanes**, l'uccello batteva contro i vetri della finestra. ● **to b. eggs, milk and flour**, sbattere uova, latte e farina per farne una pastella □ **to b. to pieces**, fare a pezzi, a furia di colpi □ (*stor.*) **battering ram**, ariete (*macchina d'assedio*).
batter (1) ['bætə*], *n.* **1** (*sport*) battitore (*nel baseball e nel cricket*) **2** pasta, pastella (*di uova sbattute, ecc.*) **3** (*tipogr.*) difetto di carattere tipografico o di stereotipia. ● (*baseball*) **b.'s box**, zona di battuta.
to batter (2) ['bætə*], *v. i.* (*di muro, dal basso verso l'alto*) assottigliarsi; fare scarpa.
batter (2) ['bætə*], *n.* (*edil.*) scarpa; inclinazione (*V.* batter (2)).
battery ['bætəri], *n.* **1** batteria (*in ogni senso*): **The heavy guns were in b.**, l'artiglieria pesante era in batteria (*in posizione di sparo*) **2** (*leg.*) percosse; aggressione **3** (*baseball*) il lanciatore e il ricevitore **4** (*fig.*) argomenti: **to turn a man's b. against himself**, ritorcere gli argomenti di q. a suo danno. ● (*autom.*) **b. case**, cassetta della batteria □ (*elettr.*) **b. cell**, elemento di batteria □ (*elettr.*) **b. charger**, caricabatterie □ (*mil.*) **b. chicken**, pollo di allevamento □ (*mil.*) **coast b.**, batteria costiera □ (*elettr.*) **storage b.**, accumulatore.
battiness ['bætinis], *n.* (*pop.*) **1** pazzia **2** eccentricità.
batting [bætiŋ], *n.* **1** azione di battere (*V.* bat (1) *e to* bat (2)) **2** fibra di cotone (*o* lana) battuta in strati **3** (*cricket, baseball*) battuta: **b. crease**, linea di battuta.
battle ['bætl], *n.* (*anche fig.*) battaglia; combattimento; scontro. ● (*stor.*) **b.-axe**, azza; (*fig., fam.*) virago □ (*naut.*) **b.-cruiser**, incrociatore da battaglia □ **b.-cry**, grido di guerra; (*fig.*) motto □ (*mil.*) **b.-dress**, uniforme da campo □ **b.-field** (*o* **b.-ground**), campo di battaglia □ **b.-piece**, descrizione pittorica o letteraria di una battaglia □ **b.-plane**, aeroplano da combattimento □ **b.-ship**, nave da guerra; corazzata □ **to give b.**, dare battaglia □ **in b. array**, in ordine di battaglia □ **pitched b.**, battaglia campale □ (*prov.*) **The b. is to the strong**, la vittoria è dei forti.
to battle ['bætl], *v. i.* battagliare; combattere; lottare: **The ship was battling with the heavy waves**, la nave lottava con i cavalloni.
battledore ['bætldɔ:*], *n.* **1** racchetta (*da volano*) **2** spatola (*pala di fornaio*). ● **b. and shuttlecock**, volano (*il gioco*).
battlement ['bætlmənt], *n.* (*di solito al pl.*) (*archit., stor.*) spalto merlato; merlo.
battue [bæ'tu:] (*franc.*), *n.* **1** battuta di caccia **2** battuta (*azione dei battitori*) **3** selvaggina presa in una battuta **4** (*fig.*) strage; massacro.
batty ['bæti], *a.* (*pop.*) **1** matto; pazzo strambo; eccentrico.
bauble ['bɔ:bl], *n.* **1** fronzolo; gingillo; ciondolo **2** giocattolo **3** (*stor.*) bastone di giullare.
baulk, to baulk [bɔ:lk], *V.* balk, to balk.
bauxite ['bɔ:ksait], *n.* (*miner.*) bauxite.
Bavaria [bə'vɛəriə], *n.* (*geogr.*) Baviera.
Bavarian [bə'vɛəriən], *a. e n.* bavarese. ● (*cucina*) **B. cream**, bavarese (*dolce*).
bawd [bɔ:d], *n.* **1** tenutaria (*di bordello*) **2** prostituta; puttana.
bawdiness ['bɔ:dinis], *n.*, **bawdry** ['bɔ:dri], *n.* **1** oscenità **2** discorso (*o* linguaggio, comportamento) osceno.
bawdy ['bɔ:di], **A** *a.* osceno. **B** *n.* discorso osceno. ● **b.-house**, bordello.
bawl [bɔ:l], *n.* **1** vocio; schiamazzo **2** (*fam.*) pianto rumoroso; sequela di strilli.
to bawl [bɔ:l], **A** *v. i.* **1** vociare; schiamazzare; urlare **2** (*fam.*) piangere rumorosamente; strillare. **B** *v. t.* gridare; urlare; dire a gran voce: **The officer bawled out his orders**, l'ufficiale diede gli ordini a gran voce. ● **to b. at** (**against**) **sb.**, gridare a (contro) q. □ (*fam. USA*) **to b. out**, sgridare □ **to b. out to**, chiamare a gran voce: **He bawled out to me across the river**, mi chiamò a gran voce dall'altra sponda del fiume.
bay (1) [bei], *n.* (*geogr.*) **1** baia (*di mare, lago*) **2** avvallamento; recesso (*fra i monti*) **3** (*USA*) radura (*fra boschi*). ● **bay-salt**, sale da cucina.
bay (2) [bei], *n.* **1** alcova; recesso (*diviso da tramezzo, spesso ad arco*) **2** (*archit.*) campata **3** sporto (*di una stanza*) **4** (*ferr.*) marciapiede di binario morto **5** (*aeron.*) scomparto (*d'aereo*) **6** (*naut., anche* **fore-bay**) parte prodiera usata come ospedale. ● (*ferr.*) **bay line**, binario morto □ (*edil.*) **bay window**, bovindo □ **horse bay**, posta (*di un cavallo nella stalla*) □ (*naut.*) **sick-bay**, infermeria di bordo.
bay (3) [bei], *n.* **1** abbaio; abbaiamento; latrato; ululato **2** fermo (*della preda*). ● **to be** (*o* **to stand**) **at bay**, (*di animale*) essere costretto a far fronte ai cani; (*fig.*) essere con le spalle al muro □ **to bring** (*o* **to drive**) **to bay**, (*di cani*) fermare (*la preda*); (*fig.*) mettere con le spalle al muro □ **to keep at bay**, tenere a bada (*il cacciatore o il nemico*) □ **to turn to bay**, far fronte (*al nemico*); accettar battaglia: **The bear turned to bay**, l'orso fece fronte ai cani e ai cacciatori.
bay (4) [bei], *n.* **1** (*bot., Laurus nobilis, anche* **bay tree**) alloro; lauro **2** (*anche* **bay wreath**) lauro; corona d'alloro. ● (*cucina*) **bay leaf**, (foglia di) alloro □ **bay oak** (*Quercus robur*), rovere □ (*fig.*) **to carry off the bays**, ottenere gli allori; riportare la vittoria.
bay (5) [bei], *a. e n.* (cavallo) baio pomellato. ● **dapple bay**, baio pomellato.
to bay [bei], **A** *v. i.* abbaiare, latrare (*specialm. di cani in caccia*); ululare. **B** *v. t.* **1** abbaiare a: **to bay** (**at**) **the moon**, abbaiare alla luna (*anche fig.*) **2** fermare, tenere a bada (*la preda*).
bayadere [ba:jə'diə*], *n.* **1** baiadera **2** (*ind. tessile*) tessuto baiadera (*a righe orizzontali, di vivaci colori*).
Bayard ['beia:d], *n.* **1** Baiardo **2** – (*fig.*) **b.**, uomo cavalleresco.
bayberry ['beibəri], *n.* **1** (*bot.*) *Pimenta acris* **2** (*bot., Myrica*) mirica **3** pimento; pepe della Giamaica.
bayonet ['beiənit], *n.* baionetta. ● (*elettr.*) **b. base**, zoccolo (*di lampadina*) a baionetta □ (*specialm. fotogr.*) **b. mount**, innesto a baionetta □ **b. thrust**, baionettata (*il colpo*) □ **b. wound**, baionettata (*la ferita*) □ **to fix bayonets**, inastare le baionette □ (*mil.*) **Fix bayonets!**, baionett'in canna!
to bayonet ['beiənit], *v. t.* colpire (q.) con la baionetta; dare una baionettata a (q.). ● **b. into**, costringere con le baionette a: **The population were bayoneted into leaving the city**, la popolazione fu costretta con le baionette ad abbandonare la città.
bayou ['beiu(:)], *n.* (*USA*) ramo paludoso (*di fiume*).
bay rum ['beirʌm], *n.* bay-rum; estratto di *Pimenta acris*. ● (*bot.*) **bay rum tree**,*V.* bayberry, def. 1.
baza(a)r [bə'za:*], *n.* **1** (*in Oriente*) bazar; strada (*o* quartiere) dei negozi **2** bazar; negozio di articoli vari **3** vendita di beneficenza.
bazooka [bə'zu:kə], *n.* (*mil.*) bazooka; cannoncino anticarro.
B.B.C. [,bi:bi:'si:], *n.* (*acrostico di* **British Broadcasting Corporation**) Ente Radiofonico e Televisivo Britannico; (la) B.B.C.
B.C. [bi:'si:], *n.* (*acrostico di* **Before Christ**) avanti Cristo (*abbr.* a.C.): **in the year 753 B.C.**, nel 753 a.C.
to be [bi:, bi] (*pass.* **was, were**, *p. p.* **been**), **A** *v. i.* **1** essere (*copula e nella coniugazione passiva*): **This is a book**, questo è un libro; «**Is that you?**», «sì tu?»; «**Yes, it's me**», «sì, sono io»; **He was not invited**, non fu invitato; **I was told he had left**, mi fu detto che era partito **2** essere; trovarsi; esistere: **My little girl is at school now**, la mia bambina è (*o* si trova) a scuola ora; **God is**, Dio esiste; **He is no more**, non è più; è morto **3** essere (*solo nei tempi composti, seguito dalla prep.* **to**: essere stato; *nel senso di*: aver visitato, conoscere un luogo, esservi andato): **I have been to London twice**, sono stato a Londra due volte; **Have you ever been to France?**, sei mai stato in (*o* conosci la) Francia? **4** essere (*nel senso di*: essere venuto): **Has anyone been here during my absence?**, c'è stato (*o* è venuto) nessuno durante la mia assenza? **5** avvenire; aver luogo: **The meeting will be tomorrow at six o'clock**, la riunione avrà luogo domani alle sei **6** essere; costare: **How much is it?**, quant'è?; **This hat is six pounds**, questo cappello costa sei sterline **7** diventare; fare (*di professione o mestiere*): **My son wants to be a doctor**, mio figlio vuole diventare (*o* fare il) medico **8** ammontare a; fare: **Two and two is four**, due più due fa quattro; **Three from ten is seven**, dieci meno tre fa sette **9** stare (*di salute*): «**How are you?**» «**Not too bad**», «come stai?» «non c'è male» **10** essere; significare; avere valore: **It**

beach

is nothing to me, ciò non significa nulla (*o* non ha nessun valore) per me; **What is this money?**, che cos'è questo denaro? **11** stare; rimanere; trattenersi: **Will he be here long?**, rimarrà (*o* si tratterrà) a lungo? **12** stare via; mettersi: **I shan't be long**, non starò via (*o* non ci metterò) molto **13** – **to be for**, essere per; essere in favore di: **I am for the freedom of the press**, sono per la (*o* in favore della) libertà di stampa **14** – **to be to** (*solo pres. e pass., seguito da un inf.*), essere da; dovere: **This house is to let**, questa casa è da affittare; **You are not to see him again**, non devi vederlo più; **I am to see him next week**, devo incontrarmi con lui la prossima settimana; **What was I to do?**, che cosa dovevo fare? **15** stare (*seguito dal gerundio*): **What are you doing?**, che cosa stai facendo?; **A new bridge was being built** (*o* **was building**), si stava costruendo un nuovo ponte **16** (*seguito dal p. pr. di un verbo di moto, in frase che contenga una locuzione temporale, esprime un futuro non remoto, un proposito o un'intenzione*): **We are driving to Rome tomorrow**, andremo a Roma in automobile domani **17** – **to be going** (*seguito da inf. con to*) *V. sotto* **to go**, *def. A* **15 18** avere (*in alcune locuz.*): **to be right** (**wrong**), avere ragione (torto); **to be afraid**, aver paura; **I am afraid you are wrong**, mi dispiace, ma hai torto; **He is over thirty**, ha più di trent'anni. **B** *verbi composti* **1** – **to be about to do st.**, stare per (*o* essere sul punto di) fare q.c. **2** – **to be after sb. (st.)**, dare la caccia a q. (q.c.); cercare q. (q.c.) **3** – **to be in**, essere in casa; essere di moda (*o* in voga). **4** – **to be off**, andare, andarsene; partire; (*di spettacolo, ecc.*) essere sospeso: **Charles is off to boarding school**, Carlo è in partenza per il collegio; **Be off with you!**, vattene!; va' fuori dai piedi! **5** – **to be out**, essere uscito, essere fuori; essere fuori moda □ **to be out of st.**, aver finito q.c. (*provviste, ecc.*) □ **to be out of work**, essere senza lavoro (*o* disoccupato). **6** – **to be over**, essere finito (*o* terminato). **7** (*fam.*) – **to be through with sb. (st.)**, aver rotto con q. (aver terminato q.c.). **8** – **to be up**, essere alzato (*o* in piedi); alzarsi; (*di tempo*) essere scaduto: **I was up at five o'clock**, mi sono alzato alle cinque. ● **the be-all**, l'essenza, (*fig.*) l'anima (di q.c.) □ **the be-all and end-all**, la cosa più importante; tutto il mondo (*fig.*); la cosa risolutiva (*o* che taglia la testa al toro) □ **the to-be**, l'avvenire □ **to be born**, essere generato; nascere □ **to be like sb.**, somigliare a q.: **He is like his father**, somiglia a suo padre □ **as it were**, per così dire □ **the bride to-be**, la futura sposa □ **for the time being**, per il momento; provvisoriamente □ **a has-been**, un vecchio decrepito; un rammollito; un uomo finito; una bellezza sfiorita □ **may-be**, forse; può darsi □ **the might-have-beens**, le occasioni mancate □ **would-be**, che immagina (*o* pretende) di essere; sedicente; che si atteggia a: **John is a would-be philosopher**, Giovanni si atteggia a filosofo □ **How far is the town?**, quanto dista la città? □ **There's no pleasing you**, non c'è verso di accontentarti □ **«What's yours?»** «**Mine's a beer**», «che cosa prendi?» «una birra» □ **There he is**, eccolo (là)! □ **Here I am**, eccomi!; presente! □ **Let it be!**, e sia!; lascia stare!; lascia perdere! □ **Is that all right?**, va bene così? □ **So be it**, così sia!; e sia!

beach [bi:tʃ], *A n.* **1** spiaggia; lido **2** ghiaia marina. *B a. attr.* da spiaggia: **b. bag**, borsa da spiaggia. ● **b. ball**, pallone da spiaggia □ (*autom.*) **b. buggy**, dune buggy; pulce del deserto □ **b.-comber**, frangente (*onda lunga che si frange a riva*); (*fam.*) accattone, vagabondo (*delle isole dei mari del Sud*) □ **b. flea**, pulce di mare □ **b. hat**, cappello da spiaggia □ **b.-head**, testa di ponte (*o* di sbarco) □ **B.-la-Mar**, lingua franca dei porti dell'Estremo Oriente □ **b.-master**, ufficiale che dirige operazioni di sbarco □ **b.-rest**, spalliera di sdraio □ **b. suit**, prendisole □ **b. umbrella**, ombrellone (*da spiaggia*) □ **to be on the b.**, (*naut.*) essere a terra, senza imbarco; (*fig.*) essere disoccupato. *B v. t.* tirare in secco, arenare (*un'imbarcazione*).

beachboy ['bi:tʃbɔi], *n.* (*USA*) **1** bagnino **2** istruttore di nuoto.
beachwear ['bi:tʃwɛə*], *n.* (*collett.*) articoli da spiaggia.
beachy ['bi:tʃi], *a.* ghiaioso; sassoso; sabbioso.
to beacon ['bi:kən], *A v. t.* **1** illuminare (*la via o la rotta*); guidare **2** munire di fuochi di segnalazione (*o* di fari). *B v. i.* **1** splendere di luce viva (*come di faro*) **2** (*fig.*) servire da guida.
beacon ['bi:kən], *n.* **1** fuoco di segnalazione **2** faro (*per navi o aeroplani*) **3** semaforo di passaggio pedonale: **flashing b.**, semaforo a luce intermittente (*per segnalare il diritto di precedenza dei pedoni*) **4** torre per segnalazioni **5** (*segnali*) guida; richiamo **6** (*radio*) radiofaro **7** (*aeron.*) aerofaro **8** (*naut.*) boa luminosa; gavitello luminoso. ● **b. fire**, falò.
bead [bi:d], *n.* **1** grano (*di rosario*); perlina (*di collana*) **2** mirino (*di fucile*) **3** bolla, goccia (*di liquido*); perla (*di sudore*) **4** schiuma (*di birra, ecc.*) **5** (*archit.*) bastoncino; fusaiola; tondino **6** (*chim.*) goccia di fondente. ● **beads**, (*relig.*) rosario; collana □ **b.-roll**, lista di nomi (*in origine, di persone per le quali si doveva pregare*) □ **to draw a b. on sb. (st.)**, prendere bene di mira (*o* mirare con cura) q. (q.c.) □ (*relig.*) **to tell** (*o* **to count, to say**) **one's beads**, dire il rosario.

to bead [bi:d], *A v. t.* **1** munire di grani; ornare di perle; imperlare **2** infilzare. *B v. i.* formare grani (*o* perle); imperlarsi.
beadhouse ['bi:dhaus], *n.* (*stor.*) ricovero di mendicità.
beading ['bi:diŋ], *n.* **1** decorazione di perline (*per es., in un vestito*) **2** (*archit.*) modanatura a tondini **3** bolle, schiuma (*di birra, ecc.*).
beadle ['bi:dl], *n.* **1** (*USA*) usciere di tribunale **2** mazziere (*nei cortei delle università, ecc.*) **3** (*arc.*) scaccino; sagrestano.
beadledom ['bi:dldəm], *n.* burocratismo sciocco e pedantesco.
beadsman ['bi:dzmən], *n.* (*pl.* **beadsmen**) **1** (*stor.*) uomo ospite di ricovero di mendicità, che deve pregare per il benefattore **2** mendicante; povero.
beadswoman ['bi:dzwumən], *n.* (*pl.* **beadswomen**) **1** (*stor.*) donna ospite di ricovero di mendicità che deve pregare per il benefattore **2** mendicante; povera.
beadwork ['bi:dwə:k], *n.* (*moda*) guarnizione di perline.
beady ['bi:di], *a.* **1** tondo, piccolo e luccicante (*come una perlina*): **b. eyes**, occhi piccoli e luccicanti **2** (*moda*) adorno di perline; imperlato.
beagle ['bi:gl], *n.* **1** «beagle»; cane inglese da seguito (*di piccola taglia*) **2** (*fig.*) spia; delatore.
beagling ['bi:gliŋ], *n.* caccia alla lepre con cani (*V.* **beagle**).
beak [bi:k], *n.* **1** becco (*di uccello*); rostro (*di rapaci*) **2** becco (*parte sporgente, di forma curva*); bocca (*d'insetto, pesce, tartaruga*); beccuccio (*di vaso*) **3** naso adunco **4** rostro (*di nave antica*) **5** corno (*d'incudine*) **6** (*pop.*) magistrato; avvocato **7** (*pop.*) insegnante; preside (*di scuola*).
beaked ['bi:kt], *a.* **1** munito di becco **2** a becco; aduncato **3** rostrato.
beaker ['bi:kə*], *n.* **1** (*chim., farm.*) becher (*recipiente cilindrico con beccuccio*) **2** (*arc., lett.*) nappo; coppa.
beakful ['bi:kful], *n.* imbeccata (*quanto sta nel becco*).
beam [bi:m], *n.* **1** tronco d'albero squadrato **2** trave; travatura **3** (*naut.*) baglio; larghezza massima (*d'una nave*); fusto (*dell'ancora*) **4** (*ind. tessile*) subbio (*di telaio*) **5** asta; giogo (*di bilancia*); stanga (*di aratro*) **6** (*radio*) fascio (*d'onde corte*); portata, raggio d'azione (*di un altoparlante o microfono*); segnale unidirezionale costante (*di radiofaro*) **7** (*zool.*) asta (*delle corna ramificate del cervo*) **8** raggio (*di luce, di calore; anche fig.*) **9** sorriso raggiante; aspetto raggiante **10** (*pop.*) sedere; didietro. ● (*radio*) **b. aerial** (*o* **antenna**), antenna a fascio □ **b. compass**, compasso a verga □ (*naut.*) **b. end**, testa (*o* testata) di baglio □ (*fis. nucl.*) **b. hole**, canale d'irradiazione □ **broad in the b.**, (*di nave*) larga; (*pop.: di persona*) dal sedere grosso □ (*fig.*) **to kick the b.**, essere battuto (*o* sconfitto, vinto) □ **off the b.**, (*di aeroplano*) che non segue il segnale unidirezionale; (*pop.: di persona*) fuori strada □ (*di nave*) **on her b. ends**, abbattuta sul fianco; ingavonata □ **on the b.**, (*di aeroplano*) che segue il segnale unidirezionale; (*pop.: di persona*) che segue la direzione (*o* la strada) giusta □ (*fig.*) **to be on one's b. ends**, essere ridotto a mal partito (*o* al lumicino, agli estremi) □ **on the port b.**, al traverso a sinistra □ **on the starboard b.**, al traverso a dritta.
to beam [bi:m], *A v. t.* **1** irradiare (*luce, bontà, ecc.*) **2** (*radio*) orientare (*un'emissione*) mediante antenna direzionale **3** (*aeron.*) guidare (*un aeroplano*) con un segnale unidirezionale. *B v. i.* **1** essere raggiante (*di gioia*) **2** sorridere radiosamente (*del sole*) sfavillare; splendere.
beaming ['bi:miŋ], *A a.* **1** che emette raggi; splendente **2** raggiante (*di gioia*); che sorride luminosamente. *B n.* **1** irraggiamento **2** (*anche fis.*) irradiazione.
beamy ['bi:mi], *a.* **1** (*raro*) splendente; raggiante; radioso **2** (*poet.: di lancia, ecc.*) poderoso; grande come trave **3** (*di animale*) munito di corna **4** (*naut.: di bastimento*) largo; capace.
bean [bi:n], *n.* **1** fagiolo (*seme, baccello e pianta*) **2** chicco, grano (*di caffè*) **3** (*pop.*) soldo: **We haven't got a b.**, siamo senza un soldo; siamo in bolletta **4** (*pop.*) testa; capoccia (*fig.*). ● (*pop. USA: baseball*) **b. ball**, lancio deliberatamente diretto contro la testa del battitore □ (*pop.*) **b.-feast**, festa, baldoria; pranzo annuale, offerto dal datore di lavoro ai suoi dipendenti □ **b. pod**, baccello □ **b.-pole**, bastone di sostegno per fagioli; (*fam.*) persona alta e magra; stecco (*fig.*); manico di scopa (*fig.*) □ **b.-stalk**, gambo di pianta di fagioli □ (*bot.*) **broad b.** (*Vicia faba*), fava □ **French beans**, fagiolini □ (*pop.*) **full of beans**, (*b.-fed*), assai attivo; energico; euforico □ (*pop.*) **to get beans**, prendersi una bella sgridata; essere strapazzato □ (*pop.*) **to give sb. beans**, rimproverare (*o* punire) severamente q.; dirgliene quattro; mangiarselo vivo □ (*pop.*) **to spill the beans**, spifferare tutto; vuotare il sacco (*fig.*) □ (*bot.*) **horse-b.**, fava cavallina □ (*pop. arc.*) **old b.**, vecchio mio.
beano ['bi:nou], *n.* (*pl.* **beanos**) **1** (*pop.*) festa; baldoria **2** (*USA*) tombola.
bear [bɛə*], *A n.* **1** (*pl.* **bears, bear**) orso **2** (*fig.*) orso; persona rozza, sgraziata, scontrosa **3** (*Borsa*) speculatore al ribas-

so; ribassista 4 (*mecc.*, *anche* **b. press**) punzonatrice portatile. **B** *a.* (*Borsa*) al ribasso; tendente a (provocare un) ribasso (*di titoli*). ● (*Borsa*) **b. account**, posizione di ribasso; scoperto □ (*stor.*) **b.-baiting**, combattimento di cani contro un orso (*incatenato*) □ (*bot.*) **b.'s breech** (*Acanthus mollis*), acanto □ (*Borsa*) **b. campaign**, campagna ribassista □ (*zool.*) **b. cat**, (*Ailurus fulgens*) panda minore; (*Arctictis binturong*) binturong □ **b.'s cub**, orsacchiotto □ (*fig.*) **to be a b. for punishment**, aver la pelle dura; essere duro a morire □ **b. garden**, recinto degli orsi; (*fig.*) gabbia di matti; luogo in preda al disordine e alla confusione □ **b. hug**, (*sport*) cintura frontale; (*fig.*, *fam.*) forte abbraccio □ (*stor.*) **b. leader**, precettore che accompagna un giovane in un viaggio di istruzione □ (*Borsa*) **b. sale**, vendita allo scoperto □ (*astron.*) **Great B.**, Orsa Maggiore □ (*astron.*) **Little B.**, Orsa Minore □ (*fam.*) **to be like a b. with a sore head**, essere intrattabile.

to bear (1) [bɛə*] (*pass.* **bore**, *p. p.* **borne** *o anche* **born**, *ma soltanto nel senso di*: generato, nato), **A** *v. t. e i.* **1** portare; reggere; sostenere; tenere; serbare; dare: **to b. a sword**, portare la spada; **Six columns b. the roof**, sei colonne reggono il tetto; **This support won't b. your weight**, questo appoggio non può sostenere il tuo peso; **These treasury bonds b. a ten per cent interest**, questi buoni del Tesoro danno il dieci per cento d'interesse; **to b. the marks** (*o* **signs, traces**) **of st.**, portare i segni di q.c.; **to b. the name** (**title, signature, date**), portare il nome (il titolo, la firma, la data) **2** sopportare; tollerare: **The wounded soldier bore the pain bravely**, il soldato ferito sopportò coraggiosamente il dolore; **I cannot b. that boy**, non riesco a sopportare (*o non posso soffrire*) quel ragazzo **3** generare; partorire: **She bore him two children**, ella gli generò due figli **4** dare; produrre; dare frutti, fruttificare: (*di albero*) **to b. apples** (**pears, etc.**), dare mele (pere, ecc.); **This plant bears every other year**, questa pianta dà frutti un anno sì e un anno no **5** muoversi, dirigersi (verso); voltare, girare (a): **When you get to the end of the road, b. to the left**, quando arrivi al termine della strada, volta a sinistra **6** appoggiarsi pesantemente; gravare **7** poggiare; tenersi: **You must b. to the right of the hill**, devi poggiare (*o* tenerti) alla destra della collina. **to bear oneself B** *v. rifl.* condursi; comportarsi. **C** *verbi composti* **1 to b. away**, portar via; conquistare (*un premio*); riportare (*la palma*); (*naut.*) poggiare; scostarsi (*o* deviare) dalla rotta; lasciarsi portare. **2 to b. down**, opprimere, gravare su; schiacciare; buttar giù, rovesciare, travolgere, sconfiggere; (*naut.*) andare col vento in poppa. **3 to b. down on** (*o* **upon**), avvicinarsi velocemente a, lanciarsi su; (*naut.*) accostare (*una nave*) da sopravvento: **The eagle bore down on him**, l'aquila si lanciò su di lui. **4 to b. off**, portar via; conquistare (*un premio*); allontanarsi, deviare; (*naut.*) prendere il largo. **5 to b. on**, appoggiarsi su, sostenersi con (*un bastone*, *ecc.*); pesare, influire su; riguardare, essere in rapporto (*o* aver riferimento) con: **This fact does not b. on the matter**, questo fatto non ha riferimento con la questione. **6 to b. out**, portare fuori, portare via; confermare: **They bore out the body**, portarono via il cadavere □ **His statement bears out what the police told me**, la sua dichiarazione conferma quel che mi disse la polizia. **7 to b. sb. through**, far attraversare q.; traghettare q. **8 to b. up**, sostenere (*un principio*); far forza, fare coraggio a (q.); farsi forza, farsi coraggio (*naut.*, *aeron.*) poggiare, andare a poggia: **His father's death was a horrible shock, but he is bearing up well**, la morte di suo padre è stato un colpo tremendo, ma si fa forza. **9 to b. upon**, *V.* **to b. on**. **10 to b. up to**, avvicinarsi, accostarsi a. **11 to b. with**, portare pazienza con, sopportare: **The patient is very irritable, but I try to b. with him**, l'ammalato è molto irritabile, ma io mi sforzo di portare pazienza (con lui). ● **to b. arms**, portare le armi; essere in grado di battersi □ **to b. the brunt**, sostenere tutto il peso; fare lo sforzo maggiore □ **to b. a charmed life**, avere l'armatura fatata; esser nato con la camicia □ **to b. sb. company**, fare compagnia a q.; stare in compagnia di q. □ **to b. comparison with sb.** (**st.**), reggere al confronto con q. (q.c.) □ **to b. enquiry** (*o* **investigation**), uscire indenne da un'indagine: **His business won't b. enquiry**, i suoi affari non possono uscire indenni da un'indagine (*o* sono poco puliti) □ **to b. false witness**, (*leg.*) deporre il falso; (*Bibbia*) dire falsa testimonianza □ **to b. fruit**, portare (*o* dare) frutto □ **to b. a grudge** (*o* **malice**), serbare rancore; volerne (a q.) □ **to b. a hand**, dare una mano; aiutare □ **to b. hard**, sopportare a fatica (*o* a malincuore); mal sopportare □ **to b. hard on**, gravare su; opprimere: **Indirect taxation bears hard on the poor**, le imposte indirette gravano sui non abbienti □ **to b. in mind**, tener presente; ricordare: **B. in mind that the train leaves at eleven sharp**, ricordati che il treno parte alle undici precise □ **to b. a loss**, sopportare una perdita □ **to b. a meaning**, avere un significato □ **to b. a part in st.**, aver mano in q.c.; sostenere una parte in q.c. □ **to b. a resemblance to sb.** (**st.**), essere simile, somigliare a q. (q.c.) □ (*leg.*) **to b. witness**, testimoniare; deporre □

to bring to b., applicare; puntare (*uno strumento ottico*, *ecc.*); (*fig.*) far pesare, mettere in moto: **You must bring to b. the big guns you know**, devi mettere in moto i pezzi grossi che conosci □ **not to b. repeating**, essere irripetibile (*o* sconveniente) □ **Grin and b. it!**, stringi i denti e tieni duro!

to bear (2) [bɛə*], (*Borsa*) **A** *v. i.* speculare al ribasso. **B** *v. t.* causare un ribasso di (*azioni*, *titoli*, *ecc.*). ● **to b. the market**, vendere allo scoperto.

bearable ['bɛərəbl], *a.* sopportabile; tollerabile.

bearbind ['bɛəbaind], **bearbine** ['bɛəbain], *n.* (*bot.*, *Convolvulus arvensis*) vilucchio.

beard [biəd], *n.* **1** barba (*d'uomo*, *animale o pianta*): **to grow a b.**, farsi crescere la barba **2** (*pop. USA*) barba; individuo barbuto **3** (*astron.*) chioma (*di cometa*). ● (*bot.*) **old-man's b.** (*Clematis vitalba*), vitalba □ **to wear a b.**, portare la barba.

to beard [biəd], *v. t.* prendere per la barba **2** affrontare; sfidare. ● (*fig.*) **to b. the lion in his den**, prendere il toro per le corna; affrontare q. risolutamente.

bearded ['biədəd], *a.* **1** barbuto **2** (*di cometa*) chiomata.

beardless ['biədlis], *a.* **1** senza barba; imberbe **2** senza barba; sbarbato. ● **a b. young man**, uno sbarbatello.

bearer ['bɛərə*], *n.* **1** (*anche comm.*) portatore; (*di lettera*) latore; messaggero: **b. bonds** (**shares**), titoli (azioni) al portatore; **a cheque payable to b.**, un assegno pagabile al portatore; **instruments payable to b.**, titoli pagabili al portatore **2** (*archit.*) elemento portante **3** (*di pianta*, *preceduto da agg.*) che dà frutti: **This tree is a good b.**, quest'albero dà molti frutti **4** (*anche* **pallbearer**) chi porta la bara **5** (*mecc.*, *tipogr.*) corona (*di cilindro*). ● (*mil.*) **b. company**, compagnia di sanità (*portaferiti*, *infermieri*, *ecc.*) □ **standard b.**, portastendardo; portabandiera.

bearing ['bɛəriŋ], **A** *a.* che porta, che dà; portante (*V.* **bear (1)**) **B** *n.* **1** connessione; relazione; rapporto; influenza, portata: **His evidence had no b. on the case**, la sua testimonianza non aveva rapporto alcuno con la causa; **The government's policy will have a strong b. on trade**, la politica del governo avrà una notevole influenza sul commercio **2** (*spesso al pl.*) posizione; direzione; (*naut.*, *aeron.*) rilevamento: **to lose** (*o* **to be out of**) **one's bearings**, (*anche fig.*) perdere la bussola, disorientarsi; **to take one's bearings**, (*anche fig.*) fare un rilevamento, orientarsi; (*naut.*, *aeron.*) **compass b.**, rilevamento alla bussola; (*naut.*, *aeron.*) **relative b.**, rilevamento relativo (*o* polare) **3** sopportazione: **It is beyond (all) b.**, ciò supera ogni sopportazione; è insopportabile **4** condotta; comportamento; portamento; modo di camminare; aspetto: **His b. makes him loved by everybody**, la sua condotta lo fa amare da tutti **5** capacità di produrre (*o* generare): (*di una pianta*) **to be in b.**, dare frutti; essere produttivo; **child-b.**, gravidanza; il mettere al mondo bambini **6** (*mecc.*) cuscinetto; supporto: **ball b.**, cuscinetto a sfere; **The b. runs hot**, il cuscinetto (*o* la bronzina) si scalda **7** (*archit.*) appoggio, sostegno (*di trave*) **8** (*araldica*) insegna campita. ● (*mecc.*) **b. axle**, assale portante □ (*edil.*) **b. pile**, palo portante (*di fondazione*) □ (*costr.*) **b. plate**, piastra d'appoggio □ (*edil.*, *mecc.*) **b. surface**, superficie portante □ **b. timber**, trave portante □ (*bot.*) **fruit-b.**, fruttifero □ (*comm.*) **interest-b.**, fruttifero.

bearish ['bɛəriʃ], *a.* **1** da orso; rude; sgarbato; sgraziato; scontroso: **b. manners**, maniere rudi (*o* scontrose) **2** (*Borsa*) ribassista; orientato, tendente al ribasso; inteso a provocare un ribasso. ● (*Borsa*) **a b. trend**, una tendenza al ribasso.

bearishness ['bɛəriʃnis], *n.* **1** rudezza; scontrosità **2** (*Borsa*) tendenza al ribasso.

bearskin ['bɛəskin], *n.* **1** pelle d'orso **2** colbacco (*di pelo d'orso*).

beast [bi:st], *n.* **1** bestia; animale **2** (*fig.*) bestia; bestione; animale (*persona grossolana o intrattabile*) **3** istinti animali: **It's the b. in him**, sono i suoi istinti animali **4** – (*Bibbia*) **the B.**, l'Anticristo. ● **b. of burden**, bestia da soma □ **b. of prey**, animale da preda □ **riding-b.**, cavalcatura.

beastlike ['bi:stlaik], *a.* da bestia; bestiale.

beastliness ['bi:stlinis], *n.* **1** bestialità **2** (*fam.*) sgradevolezza **3** cibo sgradevole; bevanda disgustosa.

beastly ['bi:stli], **A** *a.* **1** bestiale **2** stupido; oltraggioso: **What a b. remark!**, che osservazione stupida! **3** (*fam.*) sgradevole; schifoso; da cani: **They gave me a b. dinner**, mi offrirono un pranzo schifoso; **b. weather**, tempo da cani. **B** *avv.* (*fam.*) assai; moltissimo (*in senso cattivo*); maledettamente: **b. bad news**, notizie pessime. ● **a b. fellow**, un uomo bestiale □ **b. manners**, maniere bestiali □ **It is b. cold**, fa un freddo cane.

to beat [bi:t] (*pass.* **beat**, *p. p.* **beaten**, **beat**), **A** *v. t. e i.* **1** battere (*in molti sensi*); colpire; percuotere; picchiare; bussare; palpitare; pulsare; superare; vincere; sconfiggere: **The waves b. the rocks**, le onde battono gli scogli; **The rain was beating on the roof**, la pioggia batteva sul tetto; **The sun was beating down**, il sole batteva a picco; **We fought bravely, but were beaten**, combattemmo valorosamente, ma fummo sconfitti **2** aprirsi, farsi (*una strada o un sentiero*): **He beat his way through the crowd**, si

beat (1)

fece strada (*o* largo) tra la folla **3** sbattere; subire una sbattitura: **These eggs do not b. well**, queste uova non si sbattono bene **4** (*fam.*) lasciare perplesso: **It beats me!**, questo supera la mia comprensione!; non ci capisco nulla! **5** (*naut.*) bordeggiare **6** (*USA*) imbrogliare; ingannare. **B** *verbi composti* **1 to b. about**, perlustrare (*una zona*); (*naut.*) bordeggiare; guadagnare al vento □ (*fig.*) **to b. about the bush**, menare il can per l'aia; tergiversare □ **to b. about for**, dibattersi, agitarsi per; cercare affannosamente (*una soluzione, ecc.*). **2 to b. back** (*o* **off, away**), cacciare; respingere; volgere in fuga: **The enemy attacked but was beaten back**, il nemico attaccò ma fu respinto. **3 to b. down**, abbattere; allettare (*il grano, ecc.*); domare, reprimere, schiacciare: **These trees were beaten down by the storm**, questi alberi sono stati abbattuti dalla tempesta □ **The revolt was beaten down by the army**, la rivolta fu domata dall'esercito □ **to b. down the price**, far calare il prezzo; determinare il ribasso di un prezzo □ **to b. down a seller**, ridurre un venditore a più miti pretese. **4 to b. in** (*o* **into**), far entrare a forza, cacciare dentro; sfondare (*la testa, ecc.*); buttar giù (*una porta*). **5 to b. off**, *V.* **to b. back**. **6 to b. out**, far uscire a forza, cacciare fuori; aprirsi (*la strada*); forgiare (*metalli: battendo col martello*); (*naut.*) uscire bordeggiando □ **to b. sb.'s brain out**, accoppare q. □ **to b. a fire out**, spegnere un fuoco, calpestando l'erba o gli sterpi. **7 to b. up** (**cream, the eggs**), sbattere (la panna, le uova) □ **to b. up the quarters of sb.**, far visita a q. □ (*pop.*) **to b. sb. up**, suonarle a q.; dargliele (*di santa ragione*) menarlo, pestarlo; batterlo, superarlo. ● (*fig.*) **to b. the air**, pestare l'acqua nel mortaio; lavare il capo all'asino □ **to b. sb. black and blue**, coprire q. di lividi (*a forza di percosse*) □ **to b. the bounds**, segnare i confini (*piantando paletti*) □ **to b. one's brain**, scervellarsi □ (*comm.*) **to b. the competition**, battere la concorrenza □ **to b. the country** (**the woods, etc.**), battere la campagna (i boschi, ecc.) □ (*pop.*) **to b. sb. hollow**, battere q. con facilità; (*fig.*) superare di gran lunga, schiacciare □ (*pop.*) **to b. it**, battersela; darsela a gambe □ (*sport e fig.*) **to b. a record**, battere un primato □ **to b. a retreat**, (*mil.*) battere la ritirata; (*fig.*) battere in ritirata □ (*mus.*) **to b. time**, battere (*o* ritmare) il tempo □ (*mil.*) **to b. to arms**, suonare a raccolta □ (*fam.*) **dead beat**, stanco morto □ **That beats all!**, questo è il colmo!; questa sì che è bella! □ **This beats cock-fighting!**, è tutto da ridere!; è tutta una buffonata!

beat (1) [biːt], *n.* **1** colpo; il battere, rumore (*ritmico*); (*di tamburi*) rullo: **They heard the b. of the waves on the rocks**, sentivano il rumore delle onde che si frangevano sugli scogli **2** battito; palpito: **The beat of the dying man's heart was getting weaker and weaker**, i battiti del cuore del moribondo gli facevano sempre più deboli **3** itinerario solito; giro (*di servizio o di guardia*): **While on his b.**, the policeman arrested a burglar, mentre faceva il suo giro (d'ispezione), il poliziotto arrestò uno scassinatore **4** (*mus.*) battuta; ritmo; tempo; **on the b.**, a tempo **5** (*metrica*) accento ritmico **6** (*fis.*) battimento **7** (*naut.*) bordata; bordo **8** colpo giornalistico **9** *V.* **beatnik**. ● **to be out of** (*o* **to be off**) **one's b.**, non essere in servizio; (*fig.*) fare un lavoro cui non si è abituati: **That's off my b.**, non me ne intendo; non è affar mio.

beat (2) [biːt], *a.* **1** battuto; avvilito; esausto **2** beat: **a b. poet**, un poeta beat. ● **b. generation**, gioventù bruciata; (*letter.*) corrente beat (*anticonformista, ribelle*) □ (*fam.*) **to be dead b.**, essere stanco morto; essere distrutto.

beaten ['biːtn], **A** *p. p.* di **to beat**. **B** *a.* **1** battuto; picchiato; sconfitto **2** stanco; esausto; stremato **3** abbattuto; scoraggiato. ● **b. iron** (**gold, silver**), ferro (oro, argento) battuto □ **b. path**, sentiero battuto □ **to follow the b. path**, seguire un sentiero, una strada battuta (*anche fig.*) □ **to go off the b. track**, allontanarsi dalle vie battute □ **off the b. track**, isolato, fuori mano; (*fig.*) insolito, fuori dell'ordinario.

beater ['biːtə*], *n.* **1** strumento per battere; battitoio: **a carpet b.**, un battitappeto; un battipanni **2** (*specialm. nella caccia*) battitore **3** (*cucina*) frullino: **egg-b.**, frullino per le uova **4** (*ind. tessile*) battitore; aspo **5** (*mecc.*) macchina sfibratrice.

beatific [biːəˈtifik], *a.* **1** beatifico **2** gioioso; beato.
beatification [biːˌætifiˈkeiʃən], *n.* (*relig.*) beatificazione.
to beatify [biːˈætifai], *v. t.* **1** rendere beato; far felice **2** (*relig.*) beatificare.
beating ['biːtiŋ], *n.* **1** il battere; il pulsare **2** botte; percosse; busse; legnate; bastonate: **That boy deserves a good b.**, quel ragazzo merita una buona dose di legnate **3** battito; pulsazione **4** sconfitta; batosta (*fam.*): **The enemy gave us a good b.**, il nemico ci inflisse una sonora sconfitta.
beatitude [biːˈætitjuːd], *n.* beatitudine; piena felicità.
beatnik [ˈbiːtnik], **A** *n.* **1** beat **2** (*per estens.*) capellone. **B** *a. attr. V.* **beat (2)**.
Beatrice [ˈbiətris], **Beatrix** [ˈbiətriks], *n.* Beatrice.
beau [bou] (*franc.*), *n.* (*pl.* **beaux, beaus**) bellimbusto; damerino; cicisbeo.

Beaujolais [ˈbouʒəlei], *n.* beaujolais (*vino rosso francese*).
beau monde [ˌbouˈmɔːnd] (*franc.*), *n.* (*pl.* **beau mondes, beaux mondes**) (il) bel mondo; l'alta società.
beaut [bjuːt], **A** *n.* (*pop. USA*) bellezza (*fig.*); cosa bella, eccellente, favolosa: **This ice cream is a real b.**, questo gelato è proprio favoloso. **B** *a.* (*pop.*) eccellente; ottimo.
beauteous [ˈbjuːtjəs], *a.* (*poet.*) bello; vago.
beautician [bjuːˈtiʃən], *n.* estetista.
beautifier [ˈbjuːtifaiə*], *n.* **1** abbellitore **2** cosa che abbellisce.
beautiful [ˈbjuːtəful], **A** *a.* bello (*in sommo grado*); leggiadro; magnifico; eccellente: **a b. voice**, una voce magnifica; **a b. poem**, una bella poesia. **B** *n.* – **the b.**, il Bello; la bellezza. ● **the b. people**, la bella gente (*i nobili, gli artisti, ecc.*).
to beautify [ˈbjuːtifai], *v. t.* abbellire; adornare.
beauty [ˈbjuːti], *n.* **1** bellezza: **a b.**, una bellezza (*spesso iron.*); una bella donna; **Your new car is a b.**, la tua macchina nuova è una bellezza (*o* è bellissima) **2** (*fam., iron.*) meraviglia: **The black eye you've got is a real b.**, hai un occhio nero che è una meraviglia. ● **b. contest**, concorso di bellezza □ **b. parlour** (*o* **b. salon**, *USA* **b. shop**), istituto di bellezza □ (*fam.*) **b. sleep**, primo sonno □ **b. spot**, neo (*artificiale o naturale*); luogo famoso per la sua bellezza □ (*mitol.*) **the B. and the Beast**, la Bella e il Mostro □ **That's the b. of it!**, questo è il bello! □ (*prov.*) **B. is only skin-deep**, non è tutto oro quel che luce.
beaver (1) [ˈbiːvə*], *n.* (*pl.* **beaver, beavers**) **1** (*zool., Castor*) castoro **2** pelliccia (*o* berretto) di castoro **3** felpa (*per soprabiti, ecc.*) **4** (*pop., arc.*) barba; uomo barbuto. ● **b. lodge**, tana di castoro □ (*zool.*) **b.-rat** (*Hydromys chrysogaster*), idromide orientale □ (*fam.*) **eager b.**, gran lavoratore; stacanovista.
beaver (2) [ˈbiːvə*], *n.* **1** (*arc.*) visiera (*dell'elmo*) **2** (*stor. mil.*) ventaglia (*della visiera dell'elmo*).
to beaver [ˈbiːvə*], *v. i.* (*fam.*) lavorar sodo; darsi da fare; darci sotto (*fam.*).
bebop [ˈbiː(ː)bɔp], *n.* (*mus.*) be-bop (*varietà di jazz*).
to becalm [biˈkaːm], *v. t.* **1** (*naut.*) abbonacciare **2** (*fig., raro*) calmare; acquietare; sopire. ● (*naut.*) **to be becalmed**, restare in panna (*o* in bonaccia).
became [biˈkeim], *pass.* di **to become**.
because [biˈkɔz], *cong.* perché (*per la ragione o il motivo che*); poiché: **«Why can't you go at once?» «B. I'm busy»**, «perché non puoi andare subito?» «perché ho da fare». ● **b. of**, per, a causa di; per causa di: **I came back not b. of the rain, but b. it was getting late**, sono tornato non per la pioggia, ma perché si faceva tardi.
beccafico [ˌbekəˈfiːkou] (*ital.*), *n.* (*pl.* **beccaficos, beccaficoes**) (*zool., Sylvia borin*) beccafico.
béchamel [bəʃə(ː)ˈmel] (*franc.*), *n.* besciamella.
to becharm [biˈtʃɑːm], *v. t.* affascinare; incantare.
bêche-de-mer [ˌbeʃdəˈmeə*], *n.* (*pl.* **bêche-de-mer, bêches-de-mer**) **1** (*zool., Holothuria*) oloturia; trepang **2** lingua franca usata nei porti dei Mari del Sud.
beck (1) [bek], *n.* (*ingl. sett.*) ruscello; corso d'acqua montana.
beck (2) [bek], *n.* cenno, segno (*del capo, della mano*). ● **to be at sb.'s b. and call**, essere agli ordini di q.; prendere ordini da q.
to beck [bek], *v. t. e i.* (*poet.*) chiamare con un cenno; fare cenni.
to beckon [ˈbekən], **A** *v. t.* chiamare con un cenno; fare cenno a: **He beckoned (to) me to join him**, mi fece cenno di raggiungerlo. **B** *v. i.* fare cenni; (*fig.*) chiamare, invitare: **The open sea beckons**, il mare aperto ci chiama (*o* c'invita).
Becky [ˈbeki], *n. dim.* di **Rebecca**.
to becloud [biˈklaud], *v. t.* (*anche fig.*) annuvolare; coprire di nuvole. ● **to b. sb.'s mind**, confondere (*o* offuscare) la mente di q.
to become [biˈkʌm] (*pass.* **became**, *p. p.* **become**), **A** *v. i.* **1** divenire, diventare; (*seguito da un agg.*) farsi; (*seguito da un p.p.*) essere, venire: **It has become much colder**, si è fatto molto più freddo; **At last the truth became known**, alla fine la verità divenne nota (*o* si seppe) **2** (*in frasi interr. e dubit.*) – **to b. of**, avvenire, accadere di; succedere a; esserne di: **What will b. of us?**, che (ne) sarà di noi?; **I wonder what has become of the others**, mi chiedo che cosa ne sia (*o* sia accaduto) degli altri. **B** *v. t.* addirsi, convenirsi, confarsi a: **Mourning Becomes Electra**, Il lutto si addice a Elettra; **Rough manners do not b. him**, i modi bruschi non gli si confanno **2** donare; star bene a: **Your new dress doesn't b. you**, il vestito nuovo non ti sta bene. ● (*leg.*) **to b. applicable**, entrare in vigore □ (*comm.*) **to b. due**, scadere □ (*leg.*) **to b. final**, passare in giudicato □ **to b. obsolete**, diventare obsoleto; invecchiare □ **to b. vacant**, rendersi vacante (*di un posto di lavoro*) liberarsi.
becoming [biˈkʌmiŋ], *a.* **1** conveniente; appropriato; che s'addice; che si confà: **Swearing is not b. to a lady**, le imprecazioni non s'addicono a una signora **2** grazioso; che sta bene; che dona: **a b. hat**, un cappello grazioso (*o* che dona); **a hairdo that is b. to me**, una pettinatura che mi sta bene.
becomingness [biˈkʌmiŋnis], *n.* **1** convenienza; appropriatezza

(*raro*) **2** bella apparenza; grazia; eleganza.
B.Ed. [ˌbiːˈed], *n.* (*acronimo di* **Bachelor of Education**) laureato in pedagogia (*V.* **bachelor**).
bed [bed], *n.* **1** (*anche fig.*) letto; lettiera; giaciglio: **They crossed a dry river-bed**, attraversarono il letto asciutto d'un fiume **2** materasso: **feather bed**, materasso di piume **3** base; fondamento; (*edil., geol.*) strato; fondo; massicciata: **The lighthouse rests on a bed of concrete**, il faro poggia su una base di cemento; **a bed of coal (of leaves, etc.)**, uno strato di carbone (di foglie, ecc.); **Many wrecks lie on the bed of the sea**, molti relitti giacciono sul fondo del mare; **a railroad bed**, la massicciata d'una ferrovia **4** aiuola; pezzetto di terreno (*coltivato*): **a bed of beans**, un pezzetto di terreno coltivato a fagioli **5** (*mecc.*) banco (*d'una macchina*) **6** (*fam.*) l'andare a letto (con q.); rapporti sessuali. ● **bed and board**, vitto e alloggio; (*fig.*) tetto coniugale □ **bed and breakfast**, alloggio e prima colazione □ **bed-clothes**, biancheria e coperte da letto □ **bed-cover**, copriletto □ **bed jacket**, liseuse (*giacchetta di lana*) □ (*fig.*) **a bed of nails**, un letto di Procuste □ (*fig.*) **a bed of roses** (*o* **of down, of flowers**), un letto di rose □ (*fig.*) **a bed of thorns**, un letto di spine; una posizione delicata, difficile □ **bed-pan**, padella (*per ammalati*) □ **bed-plate**, lastra metallica che serve di base (*a una macchina, una stufa, ecc.*) □ **bed-rock**, (*miner.*) roccia fresca (*o in posto*); (*fig.*) fondo: **to get down to** (*o* **to reach**) **(the) bed-rock**, andare in fondo a (*o* al fondo di) una questione; (*fig.*) venire al dunque, al sodo □ **bed-sitter** (*o* **bed-sitting room**), camera da letto e soggiorno (*in un solo ambiente*); monolocale □ **bed-time**, l'ora d'andare a letto □ **bed warmer**, scaldaletto; scaldino □ (*med.*) **bed-wetting**, enuresi □ **bed vibrator**, fibrillatore □ **boiler bed**, platea della caldaia □ **to be brought to bed (of a child)**, partorire: **She was brought to bed of a male child**, partorì un maschietto □ **a double bed**, un letto matrimoniale □ **a flower-bed**, un'aiuola (*di fiori*) □ (*fig.*) **to get out of bed on the wrong side**, alzarsi di traverso (*o* di cattivo umore) □ **to go to bed**, andare a letto: (*pop.*) **Go to bed!**, ma va' a letto!; va' a quel paese! □ **the head of the bed**, il capezzale □ (*fig.*) **to lie in the bed one has made**, avere ciò che ci si merita; subire le conseguenze di ciò che s'è fatto; essersela voluta □ **to make the bed**, rifare il letto □ (*fig.*) **the narrow bed**, la tomba □ **to put to bed**, mettere a letto (*un bambino*); impaginare (*un giornale*) □ **a single bed**, un letto singolo (*o* a una piazza) □ **to take (to keep) to one's bed**, mettersi (stare) a letto (*soprattutto, per malattia*) □ (*eufemistico*) **to take to bed**, portare a letto.
to bed [bed], **A** *v. t.* **1** (*specialm.* **to bed out**) mettere a dimora, piantare (*fiori, ecc.*): **I want to bed out some tulips and hyacinths**, voglio piantare alcuni tulipani e giacinti **2** (*specialm.* **to bed down**) fare il letto a (*un animale*): **He bedded down his horse with straw**, fece il letto al suo cavallo con la paglia **3** collocare, disporre (*su un letto di posa*); conficcare, fissare; piantare saldamente: **The masons were bedding bricks in the mortar**, i muratori fissavano i mattoni nella calcina; **The arrow bedded itself in the tree trunk**, la freccia si conficcò nel tronco dell'albero **4** disporre in strati **5** mettere a letto (*un bambino, ecc.*) **6** (*fam.*) portare a letto (*una donna*). **B** *v. i.* **1** (*di animali*) coricarsi a giacere **2** (*geol.*) formare strati; stratificarsi. □ (*fam.*) **to bed down**, mettersi a dormire; coricarsi □ (*fam.*) **to bed sb. down**, dare da dormire a q., sistemare q. per la notte; fare il letto a (*un animale*).
to bedabble [biˈdæbl], *v. t.* macchiare; inzaccherare.
to bedaub [biˈdɔːb], *v. t.* **1** imbrattare; (*fig.*) dipingere male: **to b. the walls with slogans**, imbrattare le pareti di slogan **2** adornare eccessivamente; abbigliare in modo sgargiante; coprire di fronzoli.
to bedazzle [biˈdæzl], *v. t.* abbagliare; accecare; (*fig.*) confondere.
bedbug [ˈbedbʌɡ], *n.* (*zool., Cimex lectularius*) cimice dei letti.
beddable [ˈbedəbl], *a.* (*pop.*) da portare a letto (*detto di persona attraente*).
bedded [ˈbedid], *a.* (*geol.*) stratificato.
bedder [ˈbedə*], *n.* **1** chi rifà i letti **2** (*bot.*) piantina (*da trapiantare*) **3** (*ingl.*) camera da letto.
bedding [ˈbediŋ], *n.* **1** biancheria da letto; coperte e materassi **2** lettiera: **Straw is used as b. for horses**, la paglia è usata come lettiera per i cavalli **3** base; fondamento **4** il mettere a letto **5** coltivazione di piante in aiuole **6** (*geol.*) stratificazione. ● **b. out**, messa a dimora, trapianto (*di fiori, ecc.*) □ (*geol.*) **b. thrust**, scorrimento di strato.
Bede [biːd], *n.* (*stor. letter.*) Beda.
to bedeck [biˈdek], *v. t.* adornare; ornare; decorare: **to b. oneself with jewels**, adornarsi di gioielli.
bedehouse [ˈbiːdhaus], *V.* **beadhouse**.
bedesman [ˈbiːdzmən], *V.* **beadsman**.
to bedevil [biˈdevəl], *v. t.* **1** tormentare; far tribolare (*fam.*): **Britain is bedevilled by unconstructive competition between two parties**, l'Inghilterra è tormentata dalla concorrenza non costruttiva fra due partiti **2** far invasare dal demonio; stregare **3** guastare; corrompere; adulterare.
bedevilment [biˈdevəlmənt], *n.* **1** l'essere indemoniato; l'essere invasato dal demonio **2** pandemonio; gran confusione; diavoleto **3** tormento; tribolazione.
to bedew [biˈdjuː], *v. t.* irrorare; bagnare (*di rugiada o di stille*): **Her cheeks were bedewed with tears**, aveva le guance irrorate di lacrime.
bedfellow [ˈbedˌfeləu], *n.* **1** compagno di letto **2** (*fig.*) compagno.
bedgown [ˈbedɡaun], *n.* camicia da notte (*da donna*).
to bedim [biˈdim], *v. t.* (*anche fig.*) offuscare; velare: **The sun was bedimmed by clouds**, il sole era offuscato dalle nuvole.
to bedizen [biˈdaizn], *v. t.* (*arc.*) adornare eccessivamente; abbigliare in modo sgargiante; agghindare; coprire di fronzoli.
bedlam [ˈbedləm], *n.* **1** (*raro*) manicomio (*da Bedlam, manicomio di S. Maria di Betlemme a Londra*) **2** (*fam.*) confusione; bolgia; pandemonio.
bedlamite [ˈbedləmait], *n.* (*raro*) matto; pazzo.
bedmaker [ˈbedˌmeikə*], *n.* chi rifà i letti (*nei college*).
bedmate [ˈbedmeit], *n.* compagno, compagna di letto; coniuge.
bedouin [ˈbeduin], *n.* (*pl.* **bedouin, bedouins**) **1** beduino **2** (*fig.*) nomade; zingaro.
bedpost [ˈbedpəust], *n.* sostegno di lettiera; colonna del letto. ● **between you and me and the b.**, detto fra noi; in confidenza.
to bedraggle [biˈdræɡl], *v. t.* inzaccherare; infangare: **a bedraggled dress**, un vestito inzaccherato. ● **a bedraggled part of the town**, un quartiere malandato.
bedrail [ˈbedreil], *n.* sponda del letto.
bedrid(den) [ˈbedˌrid(n)], *a.* confinato (*o* costretto) a letto.
bedroom [ˈbedrum], *n.* camera (*o* stanza) da letto: **single (double) b.**, camera a un letto (a due letti). ● **a b. scene (story, etc.)**, una scena scabrosa (un racconto spinto, ecc.).
bedside [ˈbedsaid], *n.* **1** lato (*o* sponda) del letto **2** (*fig.*) capezzale (*di malato*): **He was at his b. when he died**, era al suo capezzale quando morì. ● **b. book**, libro da leggere a letto □ **b. literature**, letture «leggere»; letteratura amena □ **b. manner**, modo di fare (*di medico o infermiere*): **That nurse has a good b. manner**, quell'infermiera ha molto tatto (*o* garbo; ci sa fare) con i malati □ **b. rug**, scendiletto.
bedsit [ˈbedsit], *n.* (*fam.*) monolocale.
to bedsit [ˈbedsit] (*pass.* e *p. p.* **bedsat**), *v. i.* alloggiare (*o* vivere) in un monolocale. ● **bedsitting room**, monolocale.
bedsitter [ˌbedˈsitə*], *V.* **bedsit**.
bedsore [ˈbedsɔː*], *n.* (*med.*) piaga da decubito.
bedspace [ˈbedspeis], *n.* numero di letti; capacità ricettiva (*di un albergo, ospedale, ecc.*).
bedspread [ˈbedspred], *n.* copriletto.
bedstead [ˈbedsted], *n.* lettiera; fusto del letto.
bedtime [ˈbedtaim], *n.* ora di andare a letto. ● **b. stories**, favole per addormentare i bambini; (*fig.*) racconti inverosimili; (*tel.*) racconti della notte (*servizio ausiliario in G.B.*).
bee (1) [biː], *n.* **1** ape; (*fig.*) persona laboriosa **2** (*USA*) raduno di persone per lavorare (*o* divertirsi) insieme; gara (amichevole). ● (*zool.*) **bee-eater** (*Merops apiaster*), gruccione, grottaione □ **bee-keeper**, apicoltore □ **bee-keeping**, apicoltura □ **bee-line**, linea d'aria; strada diretta: (*fam.*) **to make a bee-line for**, andare diritto verso, prendere la strada diretta per (*un luogo*) □ **bee-master**, apicoltore □ **bee-skep**, alveare di paglia □ **bees-wax**, cera vergine □ **as busy as a bee**, molto affaccendato; indaffaratissimo □ **bumble-bee** (*Bombus*), bombo □ **busy-bee**, persona indaffarata □ (*fig.*) **to have a bee in one's bonnet**, avere un'idea fissa; essere fissato □ (*USA*) **sewing bee**, gara di cucito □ (*anche ingl.*) **spelling bee**, gara di compitazione.
bee (2) [biː], *n.* (*naut., anche* **bee block**) anello di metallo; golfare.
bee (3), be [biː], *n.* bi; lettera b.
beech [biːtʃ], *n.* (*pl.* **beeches, beech**) (*bot., Fagus silvatica*) faggio. ● (*zool.*) **b.-marten** (*Martes foina*), faina □ **b. mast**, (*collett.*) faggine □ **b.-nut**, faggina.
beechen [ˈbiːtʃən], *a.* di faggio.
beechwood [ˈbiːtʃwud], *n.* faggeta; faggeto.
beef [biːf], *n.* **1** manzo; carne di bue **2** (*pl.* **beeves, beefs**) bue da macello **3** (*pl.* **beeves, beefs**) bue macellato **4** (*fam.*) nerbo; muscolosità; robustezza **5** (*pop.*) sforzo; forza: **to put some b. into a job**, metterci un po' di forza in un lavoro **6** lagnanza; protesta. ● **b. cattle**, buoi da macello □ **b. tea**, brodo ristretto □ **b.-wood**, legno rosso (*di vari alberi*).
to beef [biːf], *v. i.* (*pop.*) lagnarsi; protestare; brontolare. ● (*fam. USA*) **to b. up**, rafforzare; rinforzare; tirare su (*fam.*).
beefcake [ˈbiːfkeik], *n.* (*fam.*) (fotografie di) «Mister Muscolo».
beefeater [ˈbiːfˌiːtə*], *n.* **1** chi mangia carne di manzo **2** persona sanguigna **3** guardia della Torre di Londra **4** (*fam. USA*) inglese.

beefiness ['bi:finis], *n.* nerbo; muscolosità; robustezza.
beefsteak ['bi:f'steik], *n.* bistecca.
beefy ['bi:fi], *a.* **1** nerboruto; muscoloso; robusto **2** corpulento.
beehive [bi:haiv], *n.* alveare; arnia.
Beelzebub [bi(:)'elzibʌb], *n.* Belzebù.
been [bi:n], *p. p.* di **to be**.
beep [bi:p], *n.* **1** bip **2** colpo di clacson **3** fischio (*di locomotiva, ecc.*).
to beep [bi:p], **A** *v. i.* **1** fare bip **2** (*di clacson*) suonare **3** (*autom.*) suonare il clacson. **B** *v. t.* suonare (*il clacson*).
beer [biə*], *n.* **1** birra **2** bevanda non alcolica (*estratta da piante o radici*). ● (*fig.*) **b. and skittles**, grande divertimento: **It was not all b. and skittles**, non ci fu molto da divertirsi ☐ **b. crate**, cassetta di birra ☐ (*un tempo*) **b. engine**, apparecchio per spillare la birra dal fusto (*in una birreria*) ☐ **b. garden**, birreria all'aperto ☐ **b.-house** (*o* **b.-shop**), birreria ☐ **b. money**, denaro per le piccole spese (*o* per i vizi); argent de poche (*franc.*) ☐ **b. stone**, tartaro di birra ☐ **draught b.**, birra alla spina ☐ **small b.**, birra leggera; (*fig.*) cosa di poca importanza, inezia ☐ **to think no small b. of sb.**, tenere q. in gran conto; avere stima di q.
beery ['biəri], *a.* **1** di (*o* simile a) birra **2** che sa di birra **3** brillo; sbronzo.
beestings ['bistiŋz], *n. pl.* colostro (*di vacca*).
beeswing ['bi:zwiŋ], *n.* **1** pellicola del vino **2** vino vecchio.
beet [bi:t], *n.* **1** (*bot.*, *Beta vulgaris*) barbabietola **2** (*USA*) V. **beetroot**. ● **b. sugar**, zucchero di barbabietola ☐ **white b.** (*Beta vulgaris cicla*), bietola.
beetle (1) ['bi:tl], *n.* **1** coleottero (*specialm. se grosso e nero*); scarabeo **2** (*anche* **black b.**) scarafaggio **3** (*fig.*) persona miope **4** (*autom., fam.*) Maggiolino (*la vecchia Volkswagen*). ● (*pop.*) **b.-crusher**, grosso stivale; scarpone ☐ **as blind as a b.**, cieco come una talpa.
beetle (2) ['bi:tl], *n.* mazzuolo; mazzapicchio; martello di legno. ● (*fig.*) **b.-brain** (*o* **b.-head**), testa di legno; zuccone.
beetle (3) ['bi:tl], *a.* **1** prominente; sporgente **2** irsuto; ispido. ● **b.-browed**, dalle sopracciglia irsute; (*fig.*) accigliato.
to beetle ['bi:tl], *v. i.* **1** sporgere; strapiombare: **beetling crags**, dirupi a strapiombo **2** incombere minaccioso (*del fato, ecc.*). ● **beetling eyebrows**, sopracciglia sporgenti (*molto folte*).
beetroot ['bi:tru:t], *n.* (*bot.*, *Beta vulgaris rubra*) barbabietola rossa. ● (*fam.*) **as red as a b.**, rosso come un gambero.
beeves [bi:vz], *pl.* di **beef**.
beezer ['bi:zə*], *n.* (*pop.*) naso.
to befall [bi'fɔ:l] (*pass.* **befell**, *p. p.* **befallen**), *v. t. e i.* accadere; capitare; succedere.
to befit [bi'fit], *v. t.* addirsi, confarsi, convenire; essere adatto a: **This language does not b. you**, questo linguaggio non ti si confà.
befitting [bi'fitiŋ], *a.* adatto; conveniente; confacente.
to befog [bi'fɔg], *v. t.* **1** avvolgere nella nebbia; annebbiare **2** rendere oscuro; oscurare; offuscare; ottenebrare.
to befool [bi'fu:l], *v. t.* **1** gabbare; ingannare **2** beffare; ridicolizzare.
before (1) [bi'fɔ:*], *avv.* **1** avanti; davanti: **He shouted to me to go b.**, mi gridò di andare avanti (*a tutti*) **2** prima; in passato; già: **I had met him the day b.**, l'avevo incontrato il giorno prima; **I have been here b.**, sono già stato qui. ● **long b.**, molto tempo prima.
before (2) [bi:'fɔ:*], *prep.* **1** davanti, innanzi a; prima di: **The problem b. us is very difficult**, il problema che ci sta davanti è assai difficile; **I swear it b. God**, lo giuro innanzi a Dio; (*leg.*) **to appear b. a judge**, comparire davanti a un giudice; **An admiral comes b. a rear-admiral**, ammiraglio viene prima di contrammiraglio **2** prima di; avanti: **b. Christ** (*abbr.* **B.C.**), avanti Cristo; **Come b. ten o'clock**, vieni prima delle dieci **3** piuttosto che; anziché: **He would die b. apologizing**, preferirebbe morire anziché chiedere scusa. ● (*naut.*) **b. the beam**, a proravia del traverso ☐ **b. everything else**, prima di ogni altra cosa; prima di tutto ☐ (*fam.*) **f. the Flood**, prima del Diluvio Universale; secoli fa (*fig.*) ☐ **b. long**, fra non molto; fra breve; fra poco ☐ (*naut.*) **b. the mast**, nel castello di prua (*fin.*) **b.-tax**, al lordo d'imposta; (*di profitto, reddito, utile*) lordo ☐ (*naut.*) **b. the wind**, col vento in poppa ☐ (*fig.*) **to carry all b. one**, riuscire in tutto ciò che si fa; avere un successo travolgente ☐ **the day b. yesterday**, avant'ieri; ieri l'altro; l'altro ieri ☐ **long b. that**, molto prima di ciò (*o* d'allora).
before (3) [bi'fɔ:*], *cong.* **1** prima che; prima di: **Write it down b. you forget it**, scrivilo prima che te lo dimentichi (*o* prima di dimenticartelo); **You should write to the hotel long b. you start**, dovresti scrivere all'albergo molto tempo prima di partire **2** piuttosto che: **He would die b. he would apologize**, preferirebbe morire piuttosto che chiedere scusa. ● (*fig., fam.*) **b. you know where you are**, in un baleno; in quattro e quattr'otto.
beforehand [bi'fɔ:ænd], *avv. e a. pred.* **1** in anticipo: **to be b. with st.**, essere in anticipo (*o* avanti) con q.c.; **You must pay him b.**, devi pagarlo in anticipo **2** troppo rapido; precipitoso. ● **b. retirement**, pensionamento anticipato ☐ (*fam.*) **to be b. with the world**, essere ben provvisto di denaro.
to befoul [bi'faul], *v. t.* **1** insudiciare; imbrattare **2** infamare.
to befriend [bi'frend], *v. t.* aiutare; assistere; soccorrere.
to befuddle [bi'fʌdl], *v. t.* stordire (*con bevande alcoliche*).
to beg [beg], *v. t. e i.* **1** elemosinare; chiedere l'elemosina; chiedere in elemosina: **He is too lazy to work and too proud to beg**, è troppo pigro per lavorare, e troppo orgoglioso per chiedere l'elemosina; **to beg a meal**, chiedere un pasto in elemosina; **to beg for money (food)**, chiedere denaro (cibo) in elemosina **2** pregare; implorare; chiedere, domandare (*umilmente o come favore*); supplicare: **to beg a favour of sb.**, chiedere un favore a q.; **I begged him to help me**, lo pregai di aiutarmi; **I begged (of) him not to get into trouble**, lo implorai di non mettersi nei pasticci; **to beg leave to do st.**, chiedere il permesso di fare q.c.; **to beg pardon**, chiedere scusa: «**I beg your pardon**», «chiedo scusa»; «scusi», ecc. (*formula che si usa anche per farsi ripetere parole che non si sono intese o per dimostrare d'essere seccato o in disaccordo*) **3** permettersi: **I beg to suggest a different plan**, mi permetto di suggerire un piano diverso **4** (*bur., comm.*) pregiarsi: **We beg to inform you that...**, ci pregiamo informarVi che... ● **to beg to differ**, permettersi di non essere d'accordo; dichiararsi d'altro avviso ☐ **to beg off**, esimersi scusandosi; tirarsi indietro accampando scuse ☐ **to beg sb. off**, esimere, scusare q.; ritenere q. giustificato (*per un'assenza*) ☐ **to beg the question**, dare q.c. per scontato; fare una petizione di principio; (*improprio*) essere evasivo ☐ **to go begging**, (*di cose*) non trovare chi le voglia, accetti o compri.
begad [bi'gæd], *inter.* perdinci; perdiana; perbacco.
began [bi'gæn], *pass.* di **to begin**.
to beget [bi'get] (*pass.* **begot**, *p. p.* **begot, begotten**), *v. t.* **1** generare; mettere al mondo **2** (*fig.*) generare; produrre; causare: **War begets destruction and poverty**, la guerra produce distruzioni e miseria. ● (*relig.*) **the Only Begotten**, l'Unigenito.
begetter [bi'getə:], *n.* **1** generatore; genitore, genitrice; padre, madre **2** (*fig.*) autore; ideatore.
beggar ['begə*], *n.* **1** mendicante; accattone **2** povero **3** (*fam., spesso scherz.*) individuo; furfante; birichino: **That boy is a fine little b., isn't he?**, quel ragazzo è un bel birichino, non è vero? ● (*bot.*) **b.'s lice** (*Galium aparine*), attaccamani; attaccavesti ☐ **b.-my-neighbour**, rubamazzo (*a carte*) ☐ **a little b.**, un furfantello ☐ **lucky b.**, tipo fortunato ☐ (*prov.*) **Beggars can't be choosers**, o mangiar questa minestra o saltar dalla finestra; a caval donato non si guarda in bocca.
to beggar ['begə*], *v. t.* ridurre in miseria (*o* sul lastrico); rovinare: **He beggared his father by going on running into debt**, ridusse in miseria suo padre a forza di far debiti. ● **to b. comparison**, essere incomparabile ☐ **to b. description**, essere indescrivibile: «**For her own person, it beggared all description**» (*Shakespeare*), quanto alla (bellezza della) sua persona, essa era tale da rendere inadeguata ogni descrizione.
beggarliness ['begəlinis], *n.* **1** mendicità; estrema povertà **2** meschinità; sordidezza; squallore.
beggarly ['begəli], *a.* **1** di (*o* da) mendicante; mendico; assai povero **2** meschino; sordido **3** misero; di scarso valore; meschino. ● **a b. fellow**, un pezzente.
beggary ['begəri], *n.* **1** mendicità; estrema povertà **2** condizione di mendicante **3** (*collett.*) (i) mendicanti.
to begin [bi'gin] (*pass.* **began**, *p. p.* **begun**), *v. t. e i.* iniziare; cominciare; incominciare; principiare: **Suddenly he began talking** (*o* **to talk**), improvvisamente cominciò a parlare; **He began by saying he would not speak long**, cominciò col dire che non avrebbe parlato a lungo. ● **to b. again**, ricominciare ☐ **to b. at the beginning**, cominciare dal principio ☐ **to b. on st.**, dare inizio a q.c.; mettersi a fare q.c. (*fam.*) ☐ **to b. with**, tanto per cominciare; per prima cosa; anzitutto ☐ (*prov.*) **Well begun is half done**, chi ben comincia è a metà dell'opera.
beginner [bi'ginə*], *n.* **1** iniziatore; chi inizia, chi comincia q.c. **2** principiante; esordiente; novizio. ● **b.'s luck**, fortuna (*che si dice assista i novellini*).
beginning [bi'giniŋ], *n.* **1** inizio; principio; esordio: **This is the b. of the end**, questo è il principio della fine **2** origine; (*fig.*) fonte: **This was the b. of all his troubles**, questa fu per lui la fonte di ogni guaio; **the beginnings of English Literature**, le origini della letteratura inglese.
to begird [bi'gə:d] (*pass.* **begirt, begirded**, *p. p.* **begirt**), *v. t.* **1** cingere **2** circondare.
begone [bi'gɔn], *inter.* vattene!; andatevene!
begonia [bi'gounjə], *n.* (*bot.*, *Begonia*) begonia.
begot [bi'gɔt], *pass. e p. p.* di **to beget**.
begotten [bi'gɔtn], *p. p.* di **to beget**.
to begrime [bi'graim], *v. t.* imbrattare; sporcare; lordare.
to begrudge [bi'grʌdʒ], *v. t.* **1** invidiare: **We don't b. him his**

success, non gli invidiamo il suo successo **2** lesinare: **Some husbands b. their wives every penny**, alcuni mariti lesinano il centesimo delle loro mogli.
to beguile [bi'gail], *v. t.* **1** ingannare; abbindolare **2** ingannare, passare (*il tempo*) **3** allettare; distrarre: **Don't b. him from his work**, non distrarlo dal suo lavoro. ● **to b. sb. into doing st.**, far fare q.c. a q. con l'inganno □ **to b. sb. of** (*o* **out of**) **st.**, privare q. di q.c. con l'inganno.
beguilement [bi'gailmənt], *n.* **1** inganno **2** allettamento; seduzione.
beguiler [bi'gailə*], *n.* **1** ingannatore **2** allettatore.
beguiling [bi'gailiŋ], *a.* **1** ingannevole **2** allettante; seducente.
beguinage [bi'ginidʒ], *n.* (*stor. relig.*) beghinaggio.
beguine (1) ['begin], *n.* (*stor. relig.*) beghina.
beguine (2) [bi'gi:n], *n.* (*mus.*) béguine.
begum ['beigəm], *n.* (*stor.*) regina (*o* principessa) indiana.
begun [bi'gʌn], *p. p.* di **to begin**.
behalf [bi'ha:f], *n.* (*soltanto nelle espressioni:*) (*USA*) **in b. of**, nell'interesse di; a favore di; per: **I have done it in his b.**, l'ho fatto nel suo interesse; **on b. of**, nell'interesse di; a favore di; per conto di; a nome di: **The paper was signed by the manager on b. of the firm**, il documento fu firmato dal direttore a nome della ditta.
to behave [bi'heiv], **A** *v. i.* **1** comportarsi; agire; condursi: **B. like a man!**, comportati da uomo! **2** comportarsi bene: **I'll make my boy b.**, costringerò mio figlio a comportarsi bene **3** (*mecc.*) andare; funzionare: **The new racing car behaved well on its test run**, la nuova automobile da corsa è andata bene durante le prove. **B** *v. rifl.* comportarsi bene. ● **badly behaved** (*o* **ill-behaved**), maleducato □ **well-behaved**, educato.
behavior [bi'heivjər], *e deriv.* (*USA*) *V.* **behaviour**, *e deriv.*
behaviour [bi'heivjə*], *n.* **1** condotta; comportamento; modo di comportarsi; maniere: **I'm ashamed of his b.**, mi vergogno della sua condotta **2** funzionamento; comportamento; modo di comportarsi (*d'una macchina, ecc.*). ● (*leg.*) **to be of good b.**, tenere buona condotta □ **to be on one's good b.**, fare di tutto per comportarsi bene □ **to be put on one's good b.**, essere sottoposto a un periodo di prova (*di buon comportamento*).
behavioural [bi'heivjərəl], *a.* (*psic.*) comportamentale; behaviorale: **b. model**, modello comportamentale.
behaviourism [bi'heivjərizəm], *n.* (*psic.*) comportamentismo; behaviorismo.
behaviourist [bi'heivjərist], (*psic.*) **A** *n.* comportamentista; behaviorista. **B** *a.* comportamentistico; behavioristico.
behaviouristic [bi,heivjə'ristik], *a.* (*psic.*) comportamentistico, behavioristico.
to behead [bi'hed], *v. t.* decapitare.
beheading [bi'hediŋ], *n.* decapitazione.
beheld [bi'held], *pass.* e *p. p.* di **to behold**.
behest [bi'hest], *n.* (*lett.*) comando; ordine.
behind (1) [bi'haind], *avv.* **1** dietro; di dietro; indietro (*anche nel tempo*); in arretrato: **Look b.**, guarda indietro!; **He was sitting b.**, era seduto di dietro; **I have fallen b. in** (*o* **with**) **my payments**, sono rimasto in arretrato con i miei pagamenti **2** in ritardo: **The train must be running b.**, il treno deve viaggiare in ritardo **3** (*fig.*) dietro, sotto (*celato, nascosto*): **There is st. b.**, c'è qualcosa sotto. ● **to be b. in** (*o* **with**) **one's work**, essere indietro con il proprio lavoro □ **to fall** (*o* **to drop**) **b.**, rimanere indietro □ **to leave b.**, lasciare; dimenticare (*di prendere*): **I must have left my umbrella b.**, devo aver lasciato (*o* dimenticato) l'ombrello □ (*fig.*) **to look b.**, riandare al passato.
behind (2) [bi'haind], *prep.* **1** dietro (di) (*anche nel tempo*): **He sat just b. me**, sedeva proprio dietro di me; **My best days are well b. me**, i miei giorni migliori sono ormai cosa del passato **2** (*fig.*) dietro; sotto: **There must be something b. this news**, ci dev'essere qualcosa sotto questa notizia **3** più indietro di: **I am b. him in my studies**, sono sotto più indietro di lui nei miei studi. ● (*anche fig.*) **b. sb.'s back**, alle spalle di q. □ **to be b.** (*con st.*), appoggiare, sostenere (q., q.c.): **The majority party is b. this bill**, il partito di maggioranza appoggia questo progetto di legge □ (*fig.*) **b. the scenes**, dietro le quinte; in segreto □ **b. time** (*o* **b. schedule**), in ritardo □ **b. the times**, antiquato; (*fam.*) fuori moda □ (*autom.*) **to be b. the wheel**, stare al volante □ **to go b. sb.'s words**, cercare un senso recondito nelle parole di q. □ **to leave b.**, lasciare dietro di sé (*persone, beni: dopo la morte*) □ (*fig.*) **to put st. b. one**, trascurare q.c.; gettarsi q.c. dietro le spalle.
behind (3) [bi'haind], *n.* (*fam.*) sedere; deretano.
behindhand [bi'haind,hænd], *avv.* e *a. pred.* **1** indietro; in ritardo **2** in arretrato (*con i pagamenti*) **3** lento; tardo.
to behold [bi'hould], (*pass.* e *p. p.* **beheld**), *v. t.* (*lett.*) vedere; guardare; mirare.
beholden [bi'houldən], *a. pred.* obbligato, grato, in debito (*fig.*).
beholder [bi'houldə*], *n.* osservatore; spettatore.
behoof [bi'hu:f], *n.* (*lett.*) interesse; vantaggio: **He said he had done it on** (*o* **to, for**) **my b.**, disse di averlo fatto a mio vantaggio.
to behoove [bi'hu:v], (*USA*) *V.* **to behove**.
to behove [bi'houv], *v. t. impers.* (*lett.*) **1** essere d'uopo; essere necessario: **It behoves me to pay a visit to him**, è d'uopo ch'io gli faccia visita **2** addirsi; convenirsi: **It doesn't b. a gentleman to act like that**, non si conviene a un gentiluomo agire in questo modo.
be-in ['bi:in], *n.* (*fam.*) riunione; raduno.
being ['bi:iŋ], **A** *n.* **1** (*anche filos.*) (l') essere; esistenza; vita; anima: **She responded to his love with all her b.**, ricambiava l'amore di lui con tutta l'anima **2** essere; ente: **God is the Supreme B.**, Dio è l'Ente Supremo **3** creatura; persona: **a human b.**, una creatura umana; **a wildered b.**, una creatura smarrita. **B** *a.* presente: **the time b.**, il momento (presente): **I'll stay here, for the time b.**, per il momento resterò qui. ● **to come into b.**, avere origine.
to bejewel [bi'dʒu:əl], *v. t.* ingioiellare.
to belabour, (*USA*) **to belabor** [bi'leibə*], *v. t.* **1** (*raro*) battere, bastonare, picchiare violentemente **2** (*fig.*) attaccare a fondo; assalire (*con domande, ecc.*) **3** (*fig.*) dilungarsi (*o* insistere) su (*un argomento, ecc.*).
belated [bi'leitid], *a.* **1** tardo; tardivo: **His b. repentance isn't any good**, il suo tardo pentimento non serve a nulla **2** (*arc.*) sorpreso dalle tenebre; colto dal calar della notte: **b. travellers**, viaggiatori sorpresi dalle tenebre **3** (*di concetto, idea, ecc.*) superato; vecchio.
to belaud [bi'lɔ:d], *v. t.* portare alle stelle (*fig.*).
to belay [bi'lei], **A** *v. t.* **1** (*naut.*) assicurare, legare, dare volta a (*un cavo, una gomena*) **2** (*alpinismo*) assicurare, legare (*con una corda*). **B** *v. i.* **1** (*naut.*) dare volta: **Belay!**, volta! **2** (*naut.*: *di cavo*) prendere volta. ● **B. there!**, basta cosi!; volta! □ (*naut.*) **belaying pin**, caviglia.
belch [beltʃ], *n.* **1** eruttazione; rutto **2** vomito; cosa vomitata **3** eruzione (*di vulcano*) **4** scoppio (*d'arma da fuoco, del gas, ecc.*).
to belch [beltʃ], *v. t.* e *i.* **1** eruttare; ruttare: **The volcano started belching ashes and lava**, il vulcano cominciò a eruttare ceneri e lava **2** vomitare (*bestemmie, ecc.*).
belcher [beltʃə*], *n.* fazzoletto da collo multicolore (*da Jim B., famoso pugile inglese*).
beldam(e) ['beldəm], *n.* **1** vecchia **2** megera; strega **3** virago.
to beleaguer [bi'li:gə*], *v. t.* (*anche fig.*) assediare; (*fig.*) assillare.
belemnite ['belemnait], *n.* (*paleontologia*) belemnite (*fossile*).
belfried [belfrid], *a.* munito di campanile.
belfry ['belfri], *n.* campanile; cella campanaria.
Belgian ['beldʒən], *a.* e *n.* belga.
Belgic ['beldʒik], *a.* (*stor.*) belga (*degli antichi Belgi*).
Belgium ['beldʒəm], *n.* (*geogr.*) Belgio.
Belgrade [bel'greid], *n.* (*geogr.*) Belgrado.
Belial ['bi:liəl], *n.* (*Bibbia*) Belial; (lo) spirito del male; Satana: **man of B.**, reprobo.
to belie [bi'lai], *v. t.* **1** celare; mascherare; nascondere: **His words b. his thoughts**, le sue parole mascherano quello che pensa **2** smentire: **Don't b. your good name**, non smentire il tuo buon nome **3** deludere: **All hopes for peace were soon belied**, ogni speranza di pace andò in breve delusa.
belief [bi'li:f], *n.* **1** credenza; fede: **a mistaken b.**, una credenza errata; **He died for his b.**, morì per la sua fede **2** credito: **Your claim is beyond b.**, la tua pretesa non trova credito **3** fiducia: **I haven't much b. in the validity of his claims**, non ho molta fiducia nella validità delle sue pretese **4** opinione; convinzione: **It is my b. he will come**, è mia opinione che verrà. ● **The B.**, il credo degli Apostoli □ **in the b. that**, credendo che □ **to the best of one's b.**, per quel che se ne sa □ **It is beyond b.** (*o* **It's past all b.**), è incredibile.
believable [bi'li:vəbl], *a.* credibile.
to believe [bi'li:v], *v. t.* e *i.* **1** credere (in, a); aver fede, fiducia (in): **I quite b. what he says**, credo senz'altro a ciò che dice; **I b. you**, ti credo; **Atheists don't b. in God**, gli atei non credono in Dio; **They don't b. in doctors**, non hanno fiducia nei medici **2** credere; immaginare; opinare; pensare; reputare; supporre: **I b. he is ready**, credo che sia pronto. ● **to make b.**, far mostra; fingere; immaginare □ **make-b.**, finzione; finta; mostra □ (*USA*) **I don't b. it!**, incredibile!; cose da pazzi!
believer [bi'li:və*], *n.* chi crede; credente.
believing [bi'li:viŋ], *a.* che ha fiducia; fiducioso; credente.
belike [bi'laik], *avv.* (*arc., spesso iron.*) probabilmente; forse.
Belisha beacon [bə,li:ʃə 'bi:kən], *n.* (*autom.*) luce intermittente gialla (*a un passaggio pedonale*).
to belittle [bi'litl], *v. t.* **1** impiccolire; far diventare (*o* far sembrare) più piccolo **2** sminuire; deprezzare.
bell (1) [bel], *n.* **1** campana **2** campanello **3** campaccio **4** rintocco; tocco; suono di campana **5** (*naut.*) campana dei turni di guardia (*che suona ogni mezz'ora*); rintocco; turno di guardia (*di mezz'ora*): **one bell**, il primo rintocco (alle ore 12 e 30'; **4**

bell (1)

e 30'; 8 e 30'); **eight bells**, gli otto rintocchi (*alle 12; 4; 8*); **The first three bells seemed interminable**, i primi tre turni di guardia parvero interminabili **6** suoneria (*di sveglia*) **7** (*biol.*) organo campanulato **8** (*pl., fam.*) pantaloni scampanati **9** (*pl., mus.*) campanelli; carillon. ● (*fig.*) **b., book and candle**, scomunica □ **b.-bottomed trousers** (*o* **b.-bottoms**), pantaloni scampanati □ **b.-boy** (*USA* **b.-hop**), fattorino; ragazzo d'albergo □ (*naut.*) **b. buoy**, boa a campana □ **b. clapper**, batacchio □ (*bot.*) **b.-flower**, campanula; campanella □ (*fis.*) **b. glass** (*o* **b. jar**), campana di vetro □ **b. metal**, bronzo da campane □ **b. pull**, cordone (*o* maniglia) di campanello □ **b. push**, bottone (*o* pulsante) del campanello □ **b.-ringer**, campanaro; (*pop. USA*) commesso viaggiatore; piazzista □ **b.-ringing**, arte del campanaro □ **b.-shaped**, a campana; scampanato □ **b. tower**, torre campanaria □ **b.-wether**, montone munito di campanaccio che guida le pecore; (*fig.*) caporione; capobanda □ **alarm b.**, campana d'allarme □ **to be as clear as a b.**, essere lampante (*o* chiaro) come il sole □ (*fig.*) **to be as sound as a b.**, essere sano come un pesce □ **to bear** (*o* **to carry away**) **the b.**, riportare la palma (*il primo premio, la vittoria*) □ **diving b.**, campana da immersione (*per palombari, ecc.*); campana sottomarina □ **dumb-bells**, manubri (*per ginnastica*) □ **to ring a b.**, non giungere nuovo; essere familiare: **Does this name ring a b.?**, questo nome ti dice qualcosa?
to bell (1) [bel], *v. t.* **1** fornire di campana (*o* di campanello) **2** foggiare a campana. ● **to b. the cat**, mettere il campanello al collo del gatto; (*fig.*) affrontare da soli un pericolo per il bene di tutti.
bell (2) [bel], *n.* **1** bramito (*di cervo, ecc.*) **2** abbaio.
to bell (2) [bel], *v. i.* **1** bramire (*di cervo, ecc.*) **2** abbaiare (*specialm. di cani da caccia*).
belladonna [ˌbelə'dɔnə], *n.* (*bot., Atropa belladonna*) belladonna.
belle [bel] (*franc.*), *n.* bella; reginetta (*di bellezza*).
belles-lettres ['bel'letr] (*franc.*), *n. pl.* (*col verbo al sing.*) belle lettere; lettere.
belletrist ['bel'letrist], *n.* letterato.
belletristic ['bel-let'ristik], *a.* letterario.
bellicism ['belisizəm], *n.* (*polit.*) bellicismo.
bellicist ['belisist], *n.* (*polit.*) bellicista.
bellicose ['belikous], *a.* bellicoso.
bellicosity [beli'kɔsiti], *n.* bellicosità.
bellied ['belid], *a.* (*nei composti*) dalla pancia: **a yellow-b. insect**, un insetto dalla pancia gialla. ● **round-b.**, panciuto.
belligerence [bi'lidʒərəns], *V.* **belligerency**.
belligerency [bi'lidʒərənsi], *n.* (*anche leg.*) belligeranza.
belligerent [bi'lidʒərənt], *a. e n.* (*anche leg.*) belligerante.
bellman ['belmən], *n.* (*pl.* **bellmen**) banditore.
bellow ['belou], *n.* **1** muggito; mugghio **2** barrito **3** urlo **4** fragore (*delle onde, ecc.*).
to bellow ['belou], **A** *v. i.* **1** muggire, mugghiare (*di tori, tuono, ecc.*) **2** barrire (*di elefanti*) **3** urlare: **The injured boy was bellowing with pain**, il ragazzo ferito urlava dal dolore. **B** *v. t.* **– to b. out** (*o* **forth**), gridare irosamente; sbraitare; urlare a squarciagola.
bellows ['belouz], *n. pl.* **1** mantice; soffietto **2** (*fig.*) polmoni **3** (*fotogr.*) soffietto **4** (*mus.*) mantice. ● **a pair of b.**, un soffietto.
belly ['beli], *n.* **1** (*anche fig.*) pancia, ventre: **He was left with an empty b.**, rimase a pancia vuota; **We went down into the b. of the ship**, scendemmo nel ventre della nave **2** golosità; gola (*fig.*). ● **b. ache**, mal di pancia; (*fig., pop.*) lagnanza, lamentela □ (*pop.*) **to b.-ache**, lagnarsi; lamentarsi □ **b.-band**, sottopancia (*del cavallo, ecc.*) □ **b.-belt**, ventriera; panciera □ (*fam.*) **b. button**, ombelico □ **b. dance**, danza del ventre □ (*fam.*) **b. flop**, panciata (*in acqua*); spanciata □ (*aeron.*) **to b.-land**, atterrare sulla pancia; spanciare □ (*aeron.*) **b. landing**, atterraggio sulla pancia; spanciata □ (*fam.*) **b. laugh**, risata profonda □ **b.-pinched**, a pancia vuota; affamato □ **b.-worship**, culto del ventre; ghiottoneria; golosità □ (*fam.*) **to have a b. laugh**, spanciarsi, sbellicarsi dalle risa.
to belly ['beli], **A** *v. i.* far pancia (*d'un muro, ecc.*). **B** *v. t.* (*del vento*) gonfiare (*le vele*). ● **to b. out**, (*del vento*) gonfiare (*le vele*); gonfiarsi (*di vele al vento*).
to bellyache ['beli-eik], *v. i.* (*pop.*) frignare; lagnarsi.
to bellyflop ['beliflɔp], *v. i.* spanciare (*tuffandosi*); dare una spanciata.
bellyful ['beliful], *n.* **1** scorpacciata; spanciata **2** (*fig., pop.*) troppo; fin sopra i capelli: **to have had a b. of st.**, averne fin sopra i capelli di q.c.
bellyhold ['belihould], *n.* (*aeron.*) capacità di carico (*di merci*) nella stiva; stivaggio.
to belong [bi'lɔŋ], *v. i.* **1** appartenere; essere di pertinenza (*di*); essere (*di*); far parte (*di*): **This house belongs to my father**, questa casa appartiene a (*o* è di) mio padre; **Entomology, or the study of insects, belongs under zoology**, l'entomologia, o studio degli insetti, è di pertinenza della zoologia; **She belongs in the movies**, fa parte del mondo del cinema **2** risiedere; aver rapporti (*o* legami*) con: **He belongs here**, risiede qui; è un membro di questa comunità (*partito, reggimento, ecc.*); (*scherz.*) **I know I do not b. here**, so che sono di un'altra parrocchia; **He doesn't b. anywhere**, non ha legami d'alcun genere **3** (*fam.*) andare (*messo*); avere il proprio posto: «**Where do these things b.?**» «**They b. here**», «dove vanno (*messi*) questi oggetti?» «vanno (*messi*) qui».
belongings [bi'lɔŋiŋz], *n. pl.* **1** oggetti, cose, bagagli (*di proprietà personale*); beni: **Have you got all your b.?**, hai tutte le tue cose? **2** (*raro*) parenti. ● **personal b.**, effetti personali.
beloved [bi'lʌvd], *a. e n.* diletto; amato; adorato: **my b. son**, il mio adorato figliolo. ● (*vocat.*) **my b.**, amor mio.
below (1) [bi'lou], *prep.* **1** sotto (*un dato punto o luogo*); sotto a; al disotto di: **You can write the words b. the picture**, puoi scrivere le parole sotto la figura; **Water freezes when temperature is b. zero**, l'acqua gela quando la temperatura è sotto zero; **b. (the) sea level**, sotto il livello del mare **2** a valle di: **Chatham is a few miles b. London**, Chatham è poche miglia a valle di Londra **3** sotto a; inferiore rispetto a; indegno di: **He is b. me in rank**, egli è inferiore di grado rispetto a me; **It is b. you to do that**, è indegno di te (*o* non è da te) fare ciò **4** meno di: **He owed me one hundred pounds, but I got b. eighty**, mi doveva cento sterline, ma ne ricevetti meno di ottanta. ● **b. one's breath**, sottovoce; a voce molto bassa □ (*naut.*) **b. decks**, sottocoperta □ (*econ., fin.*) **b.-the-line**, (*di capitolo d'entrata o di spesa del bilancio*) straordinario □ (*fig.*) **to be b. the mark**, essere di qualità scadente; non essere all'altezza; stare poco bene (*di salute*) □ (*fin.*) **b. par**, sotto la pari □ (*comm.*) **b. price**, sottoprezzo □ (*pugilato e fig.*) **to hit b. the belt**, assestare un colpo basso.
below (2) [bi'lou], *avv.* **1** sotto; di sotto; al piano di sotto: **Write your name here b.**, scrivi il tuo nome qui sotto **2** sotto; a piè di pagina: **see b.**, vedi sotto **3** quaggiù (*sulla terra*) **4** laggiù (*all'inferno*) **5** a valle **6** (*naut.*) sottocoperta: **When the storm burst, we went b.**, quando scoppiò la tempesta, scendemmo sottocoperta **7** (*mus.*) in un tono più basso.
Belshazzar [bel'ʃæzə*], *n.* (*Bibbia*) Baldassarre.
belt [belt], *n.* **1** cintura; cinghia (*anche mecc.*); cinta; cintola; cinturino; cinturone **2** cintura; fascia; zona: **My town has a green b. round it**, la mia città ha una cintura di verde **3** (*strada di*) circonvallazione **4** cintura a corazza (*lungo la linea di galleggiamento*): **nelle navi da guerra**). ● **b. ammunition**, munizioni da cartuccera; cartucce □ **b. conveyor**, nastro trasportatore □ **b. line**, anello ferroviario; circolare (*di autobus o filobus*) □ **the cotton** (**wheat, fever**) **b.**, la zona del cotone (*del grano, della malaria*) □ (*pugilato e fig.*) **to hit below the b.**, assestare un colpo basso □ (*pugilato*) **to hold the b.**, conservare il titolo (*di campione*) □ **life-b.**, salvagente; cintura di salvataggio □ (*fig.*) **to tighten one's b.**, stringere la cinghia □ (*fig., fam.*) **to wear a b. and braces**, essere arciprudente; voler stare sul sicuro.
to belt [belt], *v. t.* **1** allacciare; assicurare; legare (*con una cintura, ecc.*) **2** cingere; munire di cintura (*o di corazza*): **There were a belted cruiser and three torpedo boats**, c'erano un incrociatore corazzato e tre torpediniere **3** segnare con una striscia (*di colore*) **4** frustare con una cinghia **5** (*pop.*) picchiare di santa ragione. ● **to b. on**, cingere (*una spada*); allacciarsi (*una cartucciera*); mettersi a tracolla (*un fucile*) □ **to b. out**, cantare a squarciagola.
belted ['beltid], *a.* munito di cinta o cintura; cinto. ● (*autom.*) **b.-bias tyre**, (*pneumatico*) cinturato.
belting ['beltiŋ], *n.* **1** materiale per cinture **2** cinture; cinghie **3** (*fam.*) frustate; scudisciate; botte; busse; percosse.
beltway ['beltwei], *n.* (*autom. USA*) anello di circonvallazione; raccordo anulare (*cfr. ingl.* **ring road**).
to bemean [bi'mi:n], *v. t.* abbassare; immiserire: **I wouldn't b. myself to do that**, io non mi abbasserei a fare ciò.
to bemire [bi'maiə*], *v. t.* **1** infangare; inzaccherare **2** far impantanare. ● **to be bemired**, impantanarsi: **The car was bemired**, l'automobile s'impantanò.
to bemoan [bi'moun], *v. t.* piangere; lamentare; rimpiangere.
to bemuse [bi'mju:z], *v. t.* confondere; stupire.
bemused [bi'mju:zd], *a.* **1** confuso; stupefatto **2** assorto; immerso nei propri pensieri; preoccupato.
ben (1) [ben], *n.* (*scozz., irl.; geogr.*) picco; vetta; monte.
ben (2) [ben], (*scozz.*) **A** *avv. e prep.* dentro. **B** *a.* interno. **C** *n.* stanza interna (*di una casetta di due stanze*).
bench [bentʃ], *n.* **1** panca; panchina; sedile **2** banco (*di lavoro o nelle barche*): **carpenter's b.**, banco da falegname **3** (*fig.*) scanno, seggio (*di giudice*); (*fig.*) ufficio di magistrato; magistratura; tribunale **4** seggio in Parlamento (*in G.B.*) **5** seggio, scanno (*di vescovo*) **6** terrazzo; argine naturale **7** palco (*nelle mostre canine*) **8** (*sport*) panchina: **to be** (*o* **to remain**) **on the b.**, fare panchina. ● **b. dog**, cane che partecipa a una mostra canina □ (*mecc.*) **b. lathe**, tornio da banco □ **b. mark**, (*topografia*) segno di rilievo planimetrico; (*fig.*) pietra di parago-

ne, parametro □ **b.-table**, sedile di pietra (*in un chiostro*) □ **b. warmer**, (*sport*) chi fa panchina; (*fig., anche polit.*) scaldapanche □ **b. warrant**, mandato di cattura □ **to be on the b.**, fare parte della magistratura; essere giudice (*o* vescovo); (*sport, di un giocatore*) essere di riserva, in panchina; fare panchina (*fam.*) □ **to be raised to the b.**, entrare a far parte della magistratura; essere nominato giudice (*o* vescovo) □ (*sport*) **to warm the b.**, fare panchina.
to bench [bent∫], *v. t.* **1** munire di panche (*o* panchine) **2** fare partecipare (*un cane*) a una mostra **3** (*sport*) tenere in panchina; richiamare in panchina.
bencher ['bent∫ə*], *n.* (*leg., in G. B.*) membro anziano di uno dei quattro Inns of Court (*V.* inn). ● **back-b.**, deputato che siede nei banchi posteriori (e quindi poco importante).
bend (1) [bend], *n.* **1** curva; svolta; piegatura; ansa (*di fiume*): **The road made a sharp b. to the right**, la strada faceva una brusca curva a destra **2** piegamento; flessione **3** (*naut.*) nodo **4** (*ind.*) mezza pelle conciata. ● (*fam.*) **the bends**, male dei palombari, malattia dei cassoni (*embolia gassosa*) □ **b.-leather**, cuoio da suole.
bend (2) [bend], *n.* (*araldica*) banda: **b. sinister**, sbarra.
to bend [bend] (*pass.* e *p. p.* **bent**), *A v. t.* **1** curvare; piegare; volgere: **to b. one's back**, curvare la schiena; **I bent her will to my wishes**, piegai la sua volontà ai miei desideri; **He bent his steps homewards**, volse i suoi passi verso casa **2** rivolgere (*lo sguardo, l'attenzione, le energie*): **Bend your mind to your task**, rivolgi la mente al compito che ti è stato assegnato **3** (*naut.*) assicurare, fissare (*vele, funi*) **4** tendere (*l'arco*). *B v. i.* **1** curvarsi; piegarsi; inchinarsi: **It bends easily**, si piega facilmente; **She bent to my wishes**, si piegò ai miei desideri **2** volgere; voltare; svoltare: **The road bends to the right**, la strada volta (*o* svolta) a destra. ● **to b. back**, piegare (*o* piegarsi) all'indietro; ripiegare □ **to b. down**, piegare all'ingiù; piegarsi; chinarsi: **I cannot b. down**, non riesco a chinarmi □ **to b. forward**, piegarsi in avanti; protendersi □ **to b. over**, chinarsi; curvarsi □ **to be bent on**, essere propenso a; dedicarsi a (q.c.); (*fam.*) essersi messo a: **He is bent on studying French**, si dedica allo studio del francese; s'è messo a studiare il francese □ **to b. over backwards**, farsi in quattro (*per aiutare q., ecc.*) □ **to b. the rules**, fare uno strappo alla regola.
bended ['bendid], *a.* piegato; curvo. ● **on b. knees**, in ginocchio.
bender ['bendə*], *n.* **1** persona (*o* cosa) che piega; piegatrice (*macchina*) **2** (*pop., un tempo*) mezzo scellino **3** (*pop.*) bicchierata; bevuta.
beneath [bi'ni:θ], *A avv.* sotto; di sotto. *B prep.* **1** al disotto di; sotto; sotto a: **There were flowers b. the old trees**, c'erano fiori sotto gli alberi antichi; **It is hard to live b. a tyrant**, è duro vivere sotto un tiranno **2** inferiore a; indegno di: **A captain is b. a major**, il grado di capitano è inferiore a quello di maggiore; **This is b. you**, questo è indegno di te. ● **b. contempt**, indegno persino d'essere disprezzato □ **b. notice**, non degno d'essere preso in considerazione □ **to marry b. oneself**, sposare q. di condizione inferiore.
Benedict ['benidikt], *n.* Benedetto.
Benedictine [,beni'diktin], *a.* e *n.* (*relig.*) benedettino.
benediction [,beni'dikʃən], *n.* **1** benedizione **2** rendimento di grazie; ringraziamento (*preghiera*).
benedictory [,beni'diktəri], *a.* benedicente; di benedizione.
Benedictus [,beni'diktəs], (*lat.*), *n.* (*relig.*) Benedictus (*parte della messa*).
benefaction [,beni'fækʃən], *n.* beneficenza; opera buona.
benefactor ['benifæktə*], *n.* benefattore.
benefactress ['benifæktris], *n.* benefattrice.
benefic [bi'nefik], *a.* benefico.
benefice ['benifis], *n.* beneficio ecclesiastico; prebenda.
beneficed ['benifist], *a.* che gode di un beneficio ecclesiastico. ● **a b. clergyman**, beneficiato; un beneficiario.
beneficence [bi'nefisəns], *n.* beneficenza; opera di beneficenza.
beneficent [bi'nefisənt], *a.* benefico; caritatevole: **a b. man** (**remedy**), un uomo (un rimedio) benefico.
beneficial [,beni'fiʃəl], *a.* **1** che dà beneficio; che reca giovamento; che fa bene; giovevole: **Country life will be b. to your children**, la vita di campagna recherà giovamento ai tuoi figli **2** (*leg.*) che gode di usufrutto. ● (*leg.*) **b. association**, società di mutuo soccorso □ (*leg.*) **b. interest**, diritto di un beneficiario □ (*leg.*) **b. owner**, usufruttuario.
beneficiary [,beni'fiʃəri], *n.* **1** beneficiato; chi gode di un beneficio ecclesiastico **2** persona beneficiata **3** (*leg.*) beneficiario **4** chi trae beneficio (da q.c.).
benefit ['benifit], *n.* **1** beneficio; giovamento; utilità; vantaggio: **I derived much b. from sunshine and exercise**, trassi grande beneficio dal sole e dal moto **2** (*pl.*) assistenza; assegni; indennità: **The National Insurance Act provides medical benefits**, la legge sulle assicurazioni sociali provvede all'assistenza medica **3** immunità (*degli ecclesiastici o dei Pari del Regno Unito*) **4** (*teatr.*) recita (*o* spettacolo) di beneficenza; (*per un attore*) beneficiata. ● **b. association**, **b. club**, **b. society**), società di mutuo soccorso (*assai diffuse in USA*) □ **b. of clergy**, (*stor.*) immunità giudiziaria del clero; (*fam.*) matrimonio religioso: **to live together without b. of clergy**, convivere senza essersi sposati in chiesa □ (*sport*) **b.-match**, incontro di beneficenza □ **b.-night**, serata di beneficenza; (*teatr.*) beneficiata □ **a b. performance** (**concert**, **etc.**), uno spettacolo (concerto, ecc.) di beneficenza □ **to give sb. the b. of the doubt**, concedere a q. il beneficio del dubbio □ (*iron.*) **I had no end of a b. getting things straight**, ebbi un bel daffare per mettere le cose a posto.
to benefit ['benifit], *A v. t.* beneficare; giovare a; far bene a: **Sunshine and exercise will b. you**, il sole e il moto ti faranno bene. *B v. i.* — **to b. by**, beneficiare di; trarre profitto (*o* vantaggio) da: **The patient benefited very much by that new medicine**, il paziente trasse grande vantaggio da quella nuova medicina.
benevolence [bi'nevələns], *n.* **1** benevolenza **2** atto benevolo; dono generoso **3** (*stor.*) prestito forzoso; contribuzione straordinaria.
benevolent [bi'nevələnt], *a.* **1** benevolo; benevolente (*lett.*) **2** benefico; caritatevole. (*leg.*) **b. association** (*o* **b. society**), associazione con scopi filantropici, con scopi di carità.
Bengal [beŋ'gɔ:l], *n.* (*geogr.*) Bengala. ● **B. light**, bengala.
Bengalee [beŋgɔ:'li:], *a.* e *n.* bengalese.
Bengalese [,beŋgɔ:'li:z], *a.* e *n.* (*invar. al pl.*) bengalese.
Bengali [beŋ'gɔ:li], *a.* e *n.* (*pl.* **Bengali**, **Bengalis**) V. **Bengalee**.
benighted [bi'naitid], *a.* **1** (*arc.*) sorpreso dalle tenebre (*o* dal calare della notte): **a b. traveller**, un viaggiatore sorpreso dalle tenebre **2** (*fig.*) ottenebrato; arretrato: **a b. country**, un paese arretrato.
benign [bi'nain], *a.* benigno; benevolo; favorevole.
benignancy [bi'nignənsi], *n.* benignità; benevolenza.
benignant [bi'nignənt], *a.* benigno; benevolo.
benignity [bi'nigniti], *a.* **1** benignità; benevolenza **2** atto di benevolenza; favore.
benison ['benizn], *n.* (*arc., poet.*) benedizione.
benjamin ['bendʒmin], *n.* **1** (*chim., med.*) benzoino (*la sostanza*) **2** (*bot., Styrax benzoin*; *anche* **b. tree**) benzoino.
Benjamin ['bendʒəmin], *n.* Beniamino. ● (*Bibbia*) **B.'s mess**, la parte maggiore (*o* migliore).
bennet ['benit], *n.* (*bot.*) **1** (*Geum urbanum*, *anche* **herb b.**) cariofillata; garofanaia; erba benedetta **2** (*Conium maculatum*) cicuta maggiore **3** (*Valeriana officinalis*) valeriana.
bent (1) [bent], *A pass.* e *p. p.* di **to bend**. *B a.* **1** curvo; ricurvo **2** propenso: **He is b. on leaving at once**, è propenso ad andarsene subito **3** diretto: **westward b.**, diretto a occidente **4** (*pop.*) disonesto; corrotto **5** (*pop.*) matto; pazzo **6** (*pop.*) omosessuale; invertito.
bent (2) [bent], *n.* tendenza; inclinazione; disposizione; propensione: **He has a b. for art**, ha inclinazione per l'arte. ● **to follow one's b.**, seguire la propria inclinazione □ **to the top of one's b.**, al massimo; moltissimo; a più non posso: **He was enjoying himself to the top of his b.**, si divertiva a più non posso.
bent (3) [bent], *n.* **1** (*bot., Agrostis*) agrostide **2** stelo d'erba secco **3** prateria **4** (*bot., Ammophila arenaria*) sparto pungente **5** (*bot., Cynosurus cristatus*) gramigna canaiola.
benthos ['benθɔs], *n.* **1** (*biol.*) benthos, bentos **2** fondo marino.
to benumb [bi'nʌm], *v. t.* **1** intorpidire; intirizzire: **The awful cold benumbed the explorers**, il freddo terribile intirizziva gli esploratori **2** paralizzare (*la mente, la volontà*); inebetire.
Benzedrine ['benzədri:n], *n.* (*marchio: farm.*) benzedrina.
benzene ['benzi:n], *n.* **1** (*chim.*) benzene **2** *V.* **benzine**.
benzine ['benzi:n], *n.* (*ind.*) benzina (*per smacchiare, tingere, ecc.; per motori, specialm. d'aeroplani; cfr.* **petrol**, **gasoline**).
benzoate ['benzoueit], *n.* (*chim.*) benzoato.
benzoic [ben'zouik], *a.* (*chim.*) benzoico.
benzoin ['benzouin], *n.* (*bot., Styrax benzoin*; *chim., med.*) benzoino.
benzol(e) ['benzɔl], *n.* (*chim.*) benzolo.
to bequeath [bi'kwi:ð], *v. t.* **1** (*leg.*) lasciare in eredità; legare (*per testamento*) **2** trasmettere, tramandare (*specialm. ai propri discendenti*): **He bequeathed his honesty to his son**, trasmise al figlio la sua onestà.
bequeather [bi'kwi:ðə*], *n.* (*leg.*) testatore.
bequest [bi'kwest], *n.* (*leg.*) lascito, legato (*testamentario*).
to berate [bi'reit], *v. t.* sgridare; rimproverare; rampognare (*lett.*).
Berber ['bə:bə*], *a.* e *n.* berbero.
berberry ['bə:bəri], *n.* (*bot., Berberis vulgaris*) crespino.
to bereave [bi'ri:v] (*pass.* e *p. p.* **bereaved**, **bereft**), *v. t.* orbare (*lett.*); privare (*della vita, speranza, felicità, ecc.*). ● **the bereaved**, i dolenti; i familiari del defunto.
bereavement [bi'ri:vmənt], *n.* **1** privazione **2** perdita; lutto.

bereft [bi'reft], **A** *pass.* e *p. p.* di **to bereave**. **B** *a.* orbato (*lett.*); privo: **b. of reason**, privo della ragione; **b. of all hope**, privo d'ogni speranza.
Berenice [ˌberi'naisi(ː)], *n.* Berenice.
beret ['berei] (*franc.*), *n.* **1** (berretto) basco **2** berretta (*da prete*).
berg (1) [bəːg], *n.* montagna di ghiaccio; iceberg.
berg (2) [bəːg] (*oland.*), *n.* monte (*specialm. nei toponimi*). ● **b. wind**, vento caldo proveniente dal nord (*nel Sud Africa*).
bergamot ['bəːgəmɔt], *n.* **1** (*bot.*, *Citrus bergamia*) bergamotto **2** essenza di bergamotto **3** (pera) bergamotta **4** (*bot.*, *Mentha aquatica*) menta acquatica.
to berhyme [bi'raim], *v. t.* **1** mettere in rima, in versi; verseggiare **2** satireggiare in versi.
beri(-)beri ['beri'beri], *n.* (*med.*) beriberi.
to berime [bi'raim], *V.* **to berhyme**.
berk [bəːk], *n.* (*pop.*, *spreg.*) stupido; fesso (*pop.*): **you b.!**, stupido!; pezzo di fesso!
berkelium [bəˈkiːliəm], *n.* (*chim.*) berkelio.
Berlin [bəːˈlin], *n.* (*geogr.*) Berlino. ● **B. gloves**, guanti di lana fatti a mano □ **B. wool**, lana fine per lavori a maglia.
berlin(e) (1) [bəː(ː)ˈlin], *n.* **1** berlina (*carrozza*) **2** *V.* **Berlin wool**, *sotto* **Berlin**.
berline (2) [bəː(ː)ˈliː(ː)n], *n.* berlina (*automobile*).
Berliner [bəːˈlinə*], *n.* berlinese.
Berlinese ['bəː(ː)liːniːz], *a.* berlinese.
bermudas ['bəːmjuːdəz], *n. pl.* (*moda*) bermuda (*pantaloncini*).
Bermudas (the) [bəː(ː)ˈmjuːdəz], *n. pl.* (*geogr.*) le Bermude.
Bermudian [bəː(ː)ˈmjuːdiən], *a.* e *n.* (abitante) delle Bermude.
Bern [bəːn], *n.* (*geogr.*) Berna.
Bernard ['bəːnəd], *n.* Bernardo.
Bernardine (1) ['bəːnədi(ː)n], *n.* Bernardina.
Bernardine (2) ['bəːnədi(ː)n], **A** *a.* **1** di San Bernardo **2** cistercense. **B** *n.* monaco cistercense.
Berne [bəːn], *n.*, *V.* **Bern**.
berried ['berid], *a.* **1** (*bot.*) fornito di bacche **2** (*zool.*) fornito di uova (*detto di crostacei*).
berry ['beri], *n.* **1** (*bot.*) bacca **2** chicco (*d'uva, di grano, di caffè*) **3** uovo (*di pesci o crostacei*) **4** (*pop. USA*) dollaro.
to berry ['beri], *v. i.* **1** produrre bacche **2** cogliere bacche.
berserk ['bəːsəːk], **berserker** ['bəːsəːkə*], **A** *a.* **1** violento; frenetico **2** forsennato; pazzo. **B** *n.* **1** (*nelle leggende scandinave*) feroce guerriero **2** (*fig.*) chi combatte furiosamente. ● **to go b.**, diventare una furia; andare su tutte le furie.
berth [bəːθ], *n.* **1** cuccetta, letto (*in nave o treno*) **2** (*naut.*) ancoraggio; attracco; posto di fonda (*o d'ormeggio*): **to shift b.**, cambiare posto di ormeggio; **foul b.**, cattivo ormeggio **3** (*fig.*) impiego; posto. ● **to give a wide b. to**, (*naut.*) tenersi al largo di; (*fig.*) girare alla larga, tenersi alla larga da (*q.*).
to berth [bəːθ], *v. t.* **1** ancorare, attraccare (*una nave*); ormeggiare al molo **2** provvedere (*un passeggero*) di cuccetta (*o letto*).
bertha ['bəː(ː)θə], *n.* berta (*scialle o ampio colletto per donna, spesso di merletto*).
Bertha ['bəːθə], *n.* Berta.
Bertram ['bəːtrəm], *n.* Bertrando.
beryl ['beril], *n.* (*miner.*) berillo.
beryllium [beˈriljəm], *n.* (*chim.*) berillio.
to beseech [bi'siːtʃ], (*pass.* e *p. p.* **besought**, USA *anche* **beseeched**), *v. t.* **1** implorare; supplicare: **I b. you for mercy**, imploro la tua clemenza **2** sollecitare; chiedere con insistenza.
beseecher [bi'siːtsə*], *n.* supplicante; supplice (*lett.*).
beseeching [bi'siːtʃiŋ], **A** *a.* implorante; supplichevole (*di sguardo, voce, ecc.*). **B** *n.* supplica.
to beseem [bi'siːm], *v. t.* (*arc. o poet.*) **1** addirsi a (*q.*): **It (well) beseems him to give advice**, dare consigli gli si addice **2** (*con ill*) non essere bello; non star bene: **It ill beseems you to say so**, non sta bene che tu lo dica.
beseeming [bi'siːmiŋ], *a.* conveniente; opportuno; confacente.
to beset [bi'set] (*pass.* e *p. p.* **beset**), *v. t.* **1** − **to b. with**, cospargere, punteggiare, rendere irto di: **The enterprise is beset with difficulties**, l'impresa è irta di difficoltà **2** assalire; attaccare; assediare; circondare: **Many temptations b. us**, molte tentazioni ci assalgono (*o circondano*) **3** occupare; ingombrare (*strade, ecc.*). ● **a besetting difficulty**, una difficoltà che s'incontra sempre □ **the besetting sin**, il peccato abituale; il vizio inveterato □ **a crown beset with pearls**, una corona tempestata di perle □ **a village beset with high mountains**, un paese circondato da alte montagne.
besetment [bi'setmənt], *n.* **1** l'assediare; l'essere circondati; assedio **2** contrarietà; fastidio **3** vizio inveterato.
to beshrew [bi'ʃruː], *v. t.* (*arc.*) maledire.
beside [bi'said], **A** *prep.* **1** accanto a; presso; vicino a; al fianco di: **She sat b. him**, ella sedeva accanto a lui; **I was walking b. her**, camminavo al suo fianco **2** rispetto a; in confronto a: **My work is poor b. yours**, la mia opera vale poco rispetto alla tua

3 (*arc.*) oltre; in aggiunta a (*V.* **besides**). **B** *avv.* inoltre; per di più. ● **to be b. oneself**, essere fuori di sé □ **b. the mark** (*o* **b. the point**, **b. the question**), incongruo; non pertinente; lontano dal vero; estraneo (all'argomento trattato).
besides [bi'saidz], **A** *prep.* **1** oltre a; in aggiunta a: **There were many other students b. him**, c'erano molti altri studenti, oltre a lui **2** (*in frasi interr. e neg.*) a parte; a prescindere da: **Did anybody else speak b. him?**, a parte lui, parlò nessun altro? **B** *avv.* inoltre; per di più: **I don't need a new hat; b., this is too dear**, non mi occorre un cappello nuovo, inoltre questo è troppo caro.
to besiege [bi'siːdʒ], *v. t.* **1** assediare: **Venice was besieged by the Austrians**, Venezia fu assediata dagli Austriaci **2** (*fig.*) assillare; importunare; tempestare: **The king was besieged with petitions**, il re era tempestato di petizioni.
besiegement [bi'siːdʒmənt], *n.* (*anche fig.*) assedio.
besieger [bi'siːdʒə*], *n.* assediante.
to besmear [bi'smiə*], *v. t.* **1** impiastrare; impiastricciare **2** imbrattare; insudiciare.
to besmirch [bi'sməːtʃ], *v. t.* **1** imbrattare; insudiciare **2** (*fig.*) offuscare, oscurare (*la fama, ecc.*).
besom ['biːzəm], *n.* granata; scopa; (*anche fig.*) ramazza.
to besom [bi'zəm], *v. t.* spazzare; scopare.
to besot [bi'sɔt], *v. t.* **1** inebetire **2** istupidire **3** esaltare; infatuare.
besotted [bi'sɔtid], *a.* **1** inebetito **2** istupidito **3** infatuato.
besought [bi'sɔːt], *pass.* e *p. p.* di **to beseech**.
to bespangle [bi'spæŋgl], *v. t.* guarnire (*o* ornare) di lustrini.
to bespatter [bi'spætə*], *v. t.* **1** inzaccherare; gettar fango su **2** (*fig.*) coprire (*d'insulti, ecc.*) **3** (*fig.*) diffamare; denigrare.
to bespeak [bi'spiːk] (*pass.* **bespoke**, *p. p.* **bespoken**, **bespoke**), *v. t.* **1** prenotare; ordinare (*merci*); riservare (*tenere a disposizione*): **All the rooms were already bespoken**, tutte le camere erano già prenotate **2** rivelare; essere indizio di: **His manners b. a European education**, i suoi modi rivelano un'educazione europea **3** far presagire; essere un segno premonitore di; promettere (*fig.*).
bespectacled [bi'spektəkld], *a.* occhialuto.
bespoke [bi'spouk], **A** *pass.* e *p. p.* di **to bespeak**. **B** *a.* **1** ordinato in anticipo **2** su misura: **b. boots**, scarpe fatte su misura **3** (*di un artigiano*) che lavora su ordinazione: **a b. shoemaker**, un calzolaio che lavora su ordinazione.
bespoken [bi'spoukən], *p. p.* di **to bespeak**.
to besprinkle [bi'spriŋkl], *v. t.* aspergere; cospargere; spruzzare.
Bess [bes], **Bessie**, **Bessy** ['besi], *n.* (*dim. di* **Elizabeth**) Bettina.
best (1) [best], **A** *a.* (*superl. relat. di* **good**) (il) migliore: **He is the b. pupil in the class**, è il migliore (scolaro) della classe; **What is the b. thing to do?**, qual è la cosa migliore da farsi? **B** *n.* **1** − **the b.**, il migliore; il meglio: **nothing but the b.**, soltanto il meglio **2** il (proprio) meglio: **I did my b.**, ho fatto del mio meglio (*o* tutto quello che potevo) **3** − **one's b.** (*anche* **all the b.**), cari saluti; (i) migliori auguri **4** (*di solito* **one's Sunday b.**) abito della festa. ● (*fam., quasi arc.*) **one's b. girl**, la propria ragazza □ (*in un matrimonio*) **the b. man**, il testimone dello sposo □ **the b. (of it)**, la parte migliore; il bello: **The b. of the joke is that John didn't know**, il bello dello scherzo è che Giovanni non lo sapeva □ **the b. part of**, la maggior parte di; quasi: **It took the b. part of an hour to go there**, ci volle quasi un'ora per andare là □ **b. seller**, libro (*o* autore) di grande successo; (*comm.*) articolo assai venduto (*o* che si vende bene) □ **to be all for the b.**, andare per il meglio; andare a finir bene: **In the end all was for the b.**, alla fine tutto andò per il meglio □ **as b. one can**, come meglio si può: **Do it as b. you can**, fallo come meglio puoi □ **at b.**, nel migliore dei casi (*o* delle ipotesi); (*comm.*) al meglio (*detto di una vendita*) □ **to be at one's b.**, essere in ottime condizioni □ **to do one's b.**, fare del proprio meglio □ **to do st. to the b. of one's power (ability, etc.)**, fare q.c. come meglio si può (si sa, ecc.) □ **to have (o to get) the b. of sb.**, avere la meglio, prevalere (*in una discussione, ecc.*) su q. □ **to hope for the b.**, sperare che tutto vada per il meglio (*o* le lo sia in one's (Sunday) b.**, indossare l'abito della domenica (*o della festa*) □ **to look one's b.**, essere in gran forma; avere un'ottima cera □ **to make the b. of things**, accontentarsi; rassegnarsi □ **to make the b. of one's time (opportunities, etc.)**, sfruttare nel miglior modo possibile il proprio tempo (le occasioni, ecc.) □ **to make the b. of one's way**, andare il più in fretta possibile □ **to put one's b. foot forward**, camminare quanto più rapidamente possibile; (*fig.*) fare del proprio meglio □ (*comm., fin.*) **to sell at b.**, vendere al meglio □ **to the b. of one's knowledge**, per quel che ne so, si sa: **To the b. of my knowledge, he is a thief**, per quel che ne so, è un ladro □ **with the b.**, alla pari dei migliori □ **Bad is the b.**, non c'è da sperare che le cose cambino in meglio □ (*prov.*) **The b. is enemy of the good**, il meglio è nemico del bene □

(*prov.*) **The b. is the cheapest in the long run**, chi più spende meno spende.
best (2) [best], *avv.* (*superl. di* **well**) **1** nel modo migliore; meglio: **I study b. late in the evening**, studio meglio la sera tardi **2** di più; più di tutti: **Which of these novels do you like b.?**, quale di questi romanzi ti piace di più?; **He is the b.-loved doctor in the hospital**, è il medico più amato dell'ospedale. ● **You had b. do it at once**, faresti meglio a farlo subito.
to best [best], *v. t.* avere la meglio su, spuntarla con (q.).
bestial ['bestjəl], *a.* **1** bestiale; brutale **2** lussurioso; osceno.
bestiality [ˌbestiˈæliti], *n.* **1** bestialità; brutalità **2** depravazione; lussuria; oscenità.
to bestialize ['bestiəlaiz], *v. t.* abbrutire; rendere bestiale.
bestiary [ˈbestiəri], *n.* (*stor., letter.*) bestiario.
to bestir [biˈstə:*], **A** *v. t.* agitare; scuotere. **to bestir oneself B** *v. rifl.* agitarsi, scuotersi; (*fig.*) muoversi, darsi da fare.
to bestow [biˈstou], *v. t.* **1** dare; concedere; conferire: **More honours were bestowed on him**, gli furono conferite altre onorificenze **2** dedicare: **You should b. more time on your work**, dovresti dedicare più tempo al tuo lavoro **3** collocare, porre, posare (*un oggetto*). ● **to b. in marriage**, dare in moglie.
bestowal [biˈstouəl], *n.* **1** concessione; conferimento **2** donazione.
to bestrew [biˈstru:] (*pass.* **bestrewed**, *p. p.* **bestrewed, bestrewn**), *v. t.* **1** spargere intorno; cospargere **2** ricoprire; essere sparso per: **Bits of paper bestrewed the floor**, pezzetti di carta erano sparsi per terra.
to bestride [biˈstraid] (*pass.* **bestrode, bestrid**, *p. p.* **bestridden, bestrid, bestrode**), *v. t.* **1** montare, scavalcare, stare a cavallo, a cavalcioni di (*un cavallo, una sedia*) **2** stare a gambe larghe (*come sulle due rive di un ruscello o su una persona caduta*) **3** inarcarsi su: **The rainbow bestrides the horizon**, l'arcobaleno s'inarca sull'orizzonte **4** scavalcare: **We bestrode many ditches**, scavalcammo molti fossati.
bet [bet], *n.* **1** scommessa: **to make** (*o* **to lay**) **a bet**, fare una scommessa; **to take up** (*o* **to accept**) **a bet**, accettare una scommessa **2** (*a carte*) puntata. ● **a good** (*o* **safe**) **bet**, una cosa certa (*o* sicura): **That boxer is a good bet**, si può scommettere con sicurezza su quel pugile.
to bet [be:] (*pass. e p. p.* **bet, betted**), *v. t. e i.* scommettere; puntare: **I bet you he won't come**, scommetto (con te) che non verrà; **I never bet on horses**, non scommetto mai alle corse dei cavalli; **He bet ten pounds on that horse**, puntò dieci sterline su quel cavallo. ● (*fam.*) **You bet!**, naturalmente!; credo bene!; ma certo!
beta [ˈbi:tə], *n.* **1** beta (*seconda lettera dell'alfabeto greco*; *astron.*) **2** votazione (*o* classifica) di «buono» (*inferiore a* «ottimo»). ● **b. plus**, (*comm.*) di qualità intermedia fra la seconda e la prima; (*nei voti scolastici*) a metà tra «buono» e «ottimo» □ (*fis.*) **b. rays**, raggi beta □ (*stor., psic. USA*) **b. test**, prova beta (*per stabilire l'intelligenza degli analfabeti, nella prima guerra mondiale*).
to betake oneself [biˈteik wʌnˈself] (*pass.* **betook**, *p. p.* **betaken**), *v. rifl.* **1** recarsi; condursi: **He betook himself to the patient's**, si recò a casa del malato **2** (*fig., raro*) darsi, dedicarsi a.
betatron [ˈbi:tətrɔn], *n.* (*fis. nucl.*) betatrone.
betel [ˈbi:tl], *n.* (*bot., Piper betle*) betel. ● **b. nut**, noce di betel.
bête-noire [ˌbetˈnwa:*] (*franc.*), *n.* (*pl.* **bêtes-noires**) bestia nera (*fig.*).
bethel [ˈbeθəl], *n.* **1** luogo sacro **2** luogo di culto per marinai **3** cappella non conformista (*non anglicana*).
to bethink [biˈθiŋk] (*pass. e p. p.* **bethought**), **A** *v. i.* considerare; riflettere. **to bethink oneself B** *v. rifl.* decidersi (*a fare q.c.*); ricordarsi; rammentarsi: **I bethought myself that I had some work to do**, mi rammentai che avevo del lavoro da fare.
Bethlehem [ˈbeθlihem], *n.* (*geogr.*) Betlemme.
bethought [biˈθɔ(:)t], *pass. e p. p.* di **to bethink**.
to betide [biˈtaid], *v. t. e i.* (*usato solo alla terza pers. sing. del congiunt.*) accadere; succedere; incogliere: **whatever b.**, qualunque cosa accada; **Woe b. him**, mal gl'incolga.
betimes [biˈtaimz], *avv.* (*lett. o scherz.*) **1** per tempo; di buon'ora: **He got up b.**, si levò per tempo **2** in fretta; rapidamente **3** in tempo (*utile*).
to betoken [biˈtoukən], *v. t.* **1** far presagire; far prevedere **2** indicare; denotare; minacciare (*fig.*): **The sky is overcast and betokens snow**, il cielo è coperto e minaccia neve.
béton [beiˈtɔ̃] (*franc.*), *n.* (*costr.*) calcestruzzo; beton. ● **b. mixer**, betoniera.
betony [ˈbetəni], *n.* (*bot., Betonica officinalis*) bettonica; betonica.
betook [biˈtuk], *pass.* di **to betake**.
to betray [biˈtrei], *v. t.* **1** (*anche fig.*) tradire: **to b. a secret**, tradire un segreto; **His face betrayed his feelings**, il suo viso tradiva i suoi sentimenti **2** trarre in inganno; fuorviare.

betrayal [biˈtreiəl], *n.* tradimento.
betrayer [biˈtreiə*], *n.* traditore.
to betroth [biˈtrouð], *v. t.* fidanzare; promettere in matrimonio.
betrothal [biˈtrouðəl], *n.* fidanzamento; promessa di matrimonio.
betrothed [biˈtrouðd], **A** *a.* fidanzato: **She was b. to me**, era fidanzata con me. **B** *n.* fidanzato, fidanzata; promesso sposo, promessa sposa.
Betsy [ˈbetsi], *n.* (*dim. di* **Elizabeth**) Bettina.
better (1) [ˈbetə*], *a.* (*compar. di* **good**) migliore; meglio: **This is a b. book than the first**, questo libro è migliore del primo; **Haven't you any b. ones?**, non ne hai di migliori?; **That's much b.**, così va molto meglio. ● **to be b.**, stare meglio (*di salute*) □ **one's betters**, i propri superiori; chi ci è superiore per esperienza (*o* posizione sociale) □ **one's b. feelings**, la parte migliore (*o* più nobile) di sé □ (*fam.*) **one's b. half**, la propria metà; la moglie; (*talora*) il marito □ **to be b. off**, essere più ricco (*o* in posizione migliore) □ **the b. part of**, più della metà: **It cost the b. part of my salary**, è costato più della metà del mio stipendio □ **to do** (*o* **to be**) **b. than one's word**, fare più di quanto si era promesso □ **for the b.**, in meglio: **He has changed for the b.**, è cambiato in meglio □ **for b. or worse**, nel bene e nel male; nella buona e nella cattiva sorte □ **to get b.**, stare meglio; guarire □ **to get** (*o* **to have**) **the b. of**, avere la meglio, prevalere su □ (*pop.*) **to go** (*sb.*) **one b.**, prevalere; spuntarla: **I went him one b.**, l'ho spuntata con lui □ **to know b.**, sapere come vanno le cose (*o* come va il mondo); sapere come stanno le cose: **Don't insist, I know b.**, non insistere, so come stanno le cose □ **to look b.**, avere miglior cera (*o* aspetto) □ **no b. than**, non... (altro) che: **He is no b. than a thief**, non è (altro) che un ladro □ **to think b. of it**, ripensarci; cambiare idea □ **to think (all) the b. of sb. for st.**, avere maggior considerazione di q. in conseguenza di q.c.
better (2) [ˈbetə*], *avv.* (*compar. di* **well**) **1** meglio; in modo migliore: **He can speak English b. than I**, sa parlare l'inglese meglio di me; **Can't you do your work any b. than that?**, non sai fare il tuo lavoro meglio di così? **2** più; di più: **I gave him b. than forty pounds**, gli diedi più di quaranta sterline; **It is b. than fifty miles to the nearest town**, ci sono più di cinquanta miglia di qui alla città più vicina. ● **b. and b.**, sempre meglio; di bene in meglio: **You'll learn to do your work b. and b.**, imparerai a fare il tuo lavoro sempre meglio □ (*fam.: di donna*) **to be no b. than one should be**, essere di facili costumi; essere una poco di buono □ **to be none the b. for st.**, non aver tratto alcun vantaggio da q.c. □ **I (you, she, etc.) had b.**, farei (faresti, farebbe, ecc.) meglio a: **You had b. go now**, faresti meglio ad andartene ora □ **The more the b.**, quanto (*o* quanti) più, tanto meglio □ (*prov.*) **B. late than never**, meglio tardi che mai.
better (3) [ˈbetə*], *n.* scommettitore. ● (*a carte*) **b. interval**, intervallo per le puntate.
to better [ˈbetə*], **A** *v. t. e i.* **1** migliorare; diventare migliore **2** superare; sorpassare. **to better oneself B** *v. rifl.* migliorare le proprie condizioni (di vita): **He has gone to America to b. himself**, è andato in America per migliorare le sue condizioni.
betterment [ˈbetəmənt], *n.* **1** miglioramento **2** (*leg.*) miglioria.
betting [ˈbetiŋ], *n.* lo scommettere; (le) scommesse: **The b. is ten to one**, le scommesse si accettano dieci a uno. ● **b. laws**, leggi sulle scommesse □ **b. machine**, totalizzatore.
bettor [ˈbetə*], *V.* **better (3)**.
Betty [ˈbeti], *n.* (*dim. di* **Elizabeth**) Bettina.
between (1) [biˈtwi:n], *prep.* **1** tra, fra, nel mezzo di (*rif. di solito a due persone, cose o gruppi*): **to lie b. the covers**, essere fra le coperte; **The Atlantic Ocean is b. Europe and America**, l'Oceano Atlantico è fra l'Europa e l'America; **B. fear and horror, he didn't know what to do**, tra la paura e l'orrore non sapeva che fare; **A knowing look passed b. them**, uno sguardo d'intesa passò fra di loro **2** (*tutti*) insieme; in società: **They had a hundred pounds b. them**, tutti insieme avevano cento sterline; **B. them they lifted the trunk**, insieme riuscirono a sollevare il baule. ● (*naut.*) **b. decks**, (*avv.*) sottocoperta; (*sost.*) interponte □ **b. the devil and the deep sea**, fra l'incudine e il martello □ **b. ourselves** (*o* **b. you and me**; **b. you, me and the gatepost**), (detto) fra noi; in confidenza □ (*fig.*) **b. two fires**, fra due fuochi □ **b. whiles**, negli intervalli.
between (2) [biˈtwi:n], *avv.* in mezzo (*a due cose o persone*): **I can see nothing b.**, non vedo niente nel mezzo. ● **far b.**, a larghi (*o* lunghi) intervalli □ **a go-b.**, un intermediario; un mezzano, una mezzana □ **in b.**, in posizione intermedia; di mezzo, frapposto □ **something b.**, qualcosa di mezzo: **It's neither snow nor rain, it's sleet**, non è neve e neanche pioggia. È qualcosa di mezzo: è nevischio □ (*fig.*) **to stand b.**, mettersi di mezzo; fare da mediatore.
betwixt [biˈtwikst], *prep. e avv.* (*arc. o lett.*) fra; tra; in mezzo a; nel mezzo; in mezzo. ● **b. and between**, a mezzo a mezzo; né

bevel

carne né pesce; in una posizione intermedia.
bevel ['bevəl], *n.* **1** smussatura; smusso; angolo smussato **2** *(falegnameria)* ugnatura **3** *(mecc.)* bisello; smusso **4** *(anche* **b. square)** squadra falsa. ● **b. cut**, taglio a unghia □ **b. edge**, punta smussata □ **b. gear**, ingranaggio conico □ **b. wheel**, ruota dentata conica.
to bevel ['bevəl], **A** *v. t.* **1** smussare: **a sheet of plate glass with a bevelled edge**, una lastra di vetro da finestra con l'angolo smussato **2** *(ind.)* molare *(un vetro, un cristallo).* **B** *v. i.* essere smussato.
beveller ['bevələ*], *n.* **1** smussatore **2** *(ind.)* molatore.
beverage ['bevəridʒ], *n.* bevanda; bibita.
bevy ['bevi], *n.* **1** gruppo, frotta *(specialm. di donne, ragazze)* **2** stormo d'uccelli *(specialm. di quaglie)* **3** *(fam.)* raccolta *(di oggetti).*
to bewail [bi'weil], *v. t.* e *i.* lamentare; piangere; lamentarsi: **I b. the loss of my best friend**, piango la perdita del mio miglior amico.
to beware [bi'wεə*], *v. t.* e *i.* *(specialm. all'inf., all'imper. e dopo i verbi difettivi)* guardarsi da; stare in guardia; stare attento; badare: **B. of the dog!**, attenti al cane!; **B. of pickpockets**, attenti ai tagliaborse; **B. lest you should fall**, bada di non cadere; **You should b. of false friends**, devi guardarti dai falsi amici.
to bewig [bi'wig], *v. t.* imparruccare.
to bewilder [bi'wildə*], *v. t.* confondere; sconcertare; rendere perplesso; disorientare *(fig.)*: **My words seemed to b. him**, le mie parole parvero sconcertarlo.
bewildering [bi'wildəriŋ], *a.* sconcertante; stupefacente; sbalorditivo.
bewilderment [bi'wildəmənt], *n.* confusione; perplessità; smarrimento; sconcerto.
to bewitch [bi'witʃ], *v. t.* **1** stregare **2** ammaliare; affascinare; incantare: **The beauty of the girl bewitched him**, la bellezza della ragazza lo affascinò.
bewitching [bi'witʃiŋ], *a.* affascinante; seducente; ammaliatore.
bewitchment [bi'witʃmənt], *n.* **1** stregoneria; magia **2** malia; incantesimo.
to bewray [bi'rei], *v. t.* *(arc.)* svelare *(inavvertitamente)*; tradire.
bey [bei], *n.* bei, bey *(governatore turco).*
beylic, beylik ['beilik], *n.* beilicato *(V. bey).*
beyond (1) [bi'jɔnd], *prep.* **1** oltre; (al) di là di: **You can't go b. that point**, non si può andare oltre quel punto; **b. the river**, oltre il fiume; **There were b. a thousand men**, c'erano oltre mille uomini **2** più di: **He has prospered b. me**, ha avuto più fortuna di me. ● **b. compare**, incomparabile □ **b. control**, che sfugge al controllo; indomabile, irrefrenabile: **These means are b. the control of the monetary authorities**, questi mezzi sfuggono al controllo delle autorità monetarie □ **to be b. one's depth**, trovarsi dove l'acqua è troppo alta per toccare il fondo □ **b. hope**, senza più alcuna speranza: **His illness was b. hope**, la sua malattia non lasciava alcuna speranza □ **b. measure**, oltre misura □ **b. reason**, irragionevole □ **b. the seas**, oltremare □ **to live b. one's income**, vivere al di sopra dei propri mezzi □ **That's going b. a joke**, questo passa il segno *(o* i limiti dello scherzo) □ **That's b. me**, non ci arrivo (a capirlo) □ **This enterprise is quite b. me**, quest'impresa è superiore alle mie forze □ **This patient is b. the doctor's help**, il medico non può fare più nulla per questo malato.
beyond (2) [bi'jɔnd], *avv.* oltre; di là: **There is nothing b.**, di là non c'è nulla. ● **the (Great) B.**, l'aldilà; l'oltretomba □ *(fam.)* **the back of b.**, l'angolo più remoto della terra.
bezant ['bezənt], *n.* *(numismatica)* bisante.
bezel ['bezl], *n.* smussatura, smusso; spigolo inclinato *(di cesello, ecc.)* **2** faccia obliqua, sfaccettatura *(di gemma tagliata)* **3** *(ind.)* castone; *(dell'orologio)* lunetta.
to bezel ['bezl], *v. t.* **1** smussare **2** sfaccettare.
bezique [bi'zi:k], *n.* bazzica *(gioco di carte).*
bhang [bæŋ], *n.* **1** *(bot.)* canapa indiana **2** *(droga)* hascisc, ascisc.
bi [bai], *(pop.)* *V.* **bisexual**, *def. 2.*
Biafran [bi'æfrən], *a.* e *n.* biafrano; (abitante) del Biafra.
bias ['baiəs], **A** *n.* **1** deviazione; inclinazione *(dalla retta)* **2** diagonale; taglio *(o* cucitura) diagonale *(in una stoffa)* **3** *(bocce)* peso o rigonfio che dà effetto alla boccia; forza d'effetto **4** *(fig.)* inclinazione; tendenza; prevenzione; pregiudizio: **He has a b. against coeducational schools**, ha un pregiudizio contro le scuole miste **5** *(elettr., elettron.)* tensione base di griglia; polarizzazione **6** *(stat.)* distorsione; *(anche)* errore sistematico. **B** *a.* e *avv.* *(sartoria)* diagonale; di sbieco: **b. band**, striscia tagliata in diagonale. ● *(autom.)* **b.-belted tyre**, (pneumatico) cinturato □ *(sartoria)* **b. binding**, rinforzo *(di stoffa tagliata in sbieco)* □ **cut on the b.**, tagliato in diagonale *(o* di sbieco): **Striped neckties are cut on the b.**, le cravatte a strisce sono tagliate in diagonale.
to bias ['baiəs], *v. t.* **1** influenzare *(specie indebitamente)*; prevenire:

Politicians use mass media to b. the voters, gli uomini politici si servono dei mass media per influenzare gli elettori; **He is bias(s)ed against our plan**, è prevenuto contro il nostro progetto **2** *(elettr.)* polarizzare; dare una tensione di griglia a. ● **bias(s)ed opinion**, pregiudizio; preconcetto; prevenzione □ **biased statistic**, statistica distorta.
biaxial [bai'æksiəl], *a.* **1** *(fis.)* biassiale **2** *(miner.)* biassico.
bib (1) [bib], *n.* **1** bavaglino **2** pettorina, pettino *(di grembiule).* ● *(fam.)* **to be in one's best bib and tucker**, indossare l'abito migliore.
bib (2) [bib], *n.* *(zool., Gadus luscus)* gado barbato.
to bib [bib], *v. i.* trincare; sbevazzare; essere un beone.
bibasic [bai'beisik], *a.* *(chim.)* bibasico.
bibber ['bibə*], *n.* beone; bevitore: **a wine-b.**, un bevitore di vino.
bib(-)cock ['bib-kɔk], *n.* *(ind.)* rubinetto.
Bible ['baibl], *n.* *(anche fig.)* Bibbia. ● **B. oath**, giuramento sulla Bibbia □ *(ind.)* **B. paper**, carta bibbia *(sottile e forte)*.
biblical ['biblikəl], *a.* biblico.
biblicist ['biblisist], *n.* biblista; studioso della Bibbia.
bibliographer [ˌbibli'ɔgrəfə*], *n.* bibliografo.
bibliographic(al) [ˌbibliə'græfik(əl)], *a.* bibliografico.
bibliography [ˌbibli'ɔgrəfi], *n.* bibliografia.
bibliolater [ˌbibli'ɔlətə*], *n.* bibliolatra.
bibliolatrous [ˌbibli'ɔlətrəs], *a.* bibliolatra.
bibliolatry [ˌbibli'ɔlətri], *n.* bibliolatria.
bibliomancy ['bibliouˌmænsi], *n.* bibliomanzia.
bibliomania [ˌbibliou'meinjə], *n.* bibliomania.
bibliomaniac [ˌbibliou'meiniæk], *n.* bibliomane.
bibliophile ['bibliouˌfail], *n.* bibliofilo.
bibliophilism [ˌbibli'ɔfilizm], *n.* bibliofilia.
bibliophilist [ˌbibli'ɔfilist], *n.* bibliofilo.
bibliopole ['bibliəˌpoul], *n.* bibliopola *(raro, scherz.)*; libraio.
bibulous ['bibjuləs], *a.* **1** bibulo; assorbente **2** bibulo *(raro, lett.)*; beone; dedito al bere.
bicameral [bai'kæmərəl], *a.* *(leg., polit.)* bicamerale.
bicameralism [bai'kæmərəlizm], *n.* *(polit.)* bicameralismo.
bicameralist [bai'kæmərəlist], *n.* *(polit.)* bicameralista.
bicarb [bai'ka:b], *n.* *(abbr. fam. di bicarbonate)* bicarbonato.
bicarbonate [bai'ka:bənit], *n.* *(chim.)* bicarbonato.
bice [bais], *n.* **1** (colore) turchino **2** (colore) verdegialla.
bicentenary [ˌbai-sen'ti:nəri], *a.* e *n.* bicentenario.
bicentennial [ˌbai-sen'tenjəl], *a.* e *n.* *(specialm. USA)* **1** bicentennale **2** bicentenario.
bicephalous [bai'sefələs], *a.* bicefalo.
biceps ['baiseps], *n.* **1** *(anat.)* bicipite **2** *(fig.)* forza muscolare.
bichloride [bai'klɔ:raid], *n.* *(chim.)* bicloruro.
bichromate [bai'kroumit], *n.* *(chim.)* bicromato.
to bicker ['bikə*], *v. i.* **1** bisticciare; litigare **2** *(d'acqua)* borbottare; gorgogliare **3** *(di pioggia)* picchiettare **4** *(di luce, fiamma)* brillare.
bicker ['bikə*], *n.* **1** bisticcio; lite **2** borbottio, gorgoglio *(dell'acqua)* **3** picchiettio *(della pioggia).*
bicolour ['baikʌlə*], **bicoloured** ['bai'kʌləd], *a.* bicolore.
biconcave [bai'kɔnkeiv], *a.* biconcavo.
biconvex [bai'kɔnveks], *a.* biconvesso.
bicultural [ˌbai'kʌltʃərəl], *a.* biculturale.
biculturalism [ˌbai'kʌltʃərəlizm], *n.* biculturalismo.
bicuspid [bai'kʌspid], **A** *a.* bicuspide. **B** *n.* (dente) premolare.
bicycle ['baisikl], *n.* bicicletta. ● *(sport)* **b. racing**, ciclismo *(agonistico)*; corse ciclistiche.
to bicycle ['baisikl], *v. i.* andare in bicicletta.
bicycling ['baisikliŋ], *n.* ciclismo.
bicyclist ['baisiklist], *n.* ciclista.
bid [bid], *n.* **1** *(comm.)* offerta; *(leg.)* somma offerta *(specialm. a un'asta)*: **There were no bids for the jewels**, non ci furono offerte per i gioielli; **The bid is with you, sir**, tocca a Lei fare un'offerta **2** *(USA)* offerta d'appalto **3** *(nei giochi di carte)* dichiarazione; accuso **4** *(fam.)* invito, offerta *(specialm. d'iscrizione a una società).* ● **bid bond**, cauzione per concorrere a una gara d'appalto □ **advertisement for bids**, bando d'appalto □ **to make a bid for**, cercare d'ottenere *(o* d'assicurarsi, di vincere): **He'll make a bid for the prize**, cercherà di vincere il premio.
to bid [bid], *(pass.* e *p. p.* **bid** *nelle def. 1, 2, 3, pass.* **bade**, *p. p.* **bidden** *nella def. 4), v. t.* e *i.* **1** *(comm.)* offrire, fare un'offerta *(per q.c. in vendita, specialm. all'asta):* **I bid ten pounds for the picture**, offrii dieci sterline per il quadro; **Who is going to bid?**, chi fa un'offerta? **2** *(USA)* fare un'offerta d'appalto: **We shall bid on the new office building**, faremo un'offerta d'appalto per il nuovo palazzo degli uffici **3** *(nei giochi di carte)* dichiarare; accusare: **It's your turn to bid**, tocca a te dichiarare **4** *(arc.* o *lett., di solito non seguito da* **to)** comandare; ordinare; dire; invitare: **I bade him (to) go out**, gli dissi di *(o* lo invitai a) uscire; **You must do as you are bidden**, devi fare quel che ti si

ordina (*o* si dice) **5** (*fam.*) proporre l'iscrizione a una società; invitare, presentare (*come socio*): **Our club will bid some new members**, il nostro circolo presenterà alcuni nuovi soci. ● **to bid against**, competere con (*in una vendita all'asta*): **He bid against me for the painting**, si mise a competere con me per l'acquisto del quadro □ **to bid defiance to sb.**, sfidare q. □ **to bid fair**, promettere (bene): **Our effort bids fair to succeed**, il nostro sforzo promette d'avere successo □ **to bid sb. farewell** (goodbye, good morning, etc.), dire addio (arrivederci, buon giorno, ecc.) a q. □ **to bid for**, cercare di ottenere, di vincere (*una gara d'appalto, ecc.*) □ **to bid in**, far salire il prezzo (*a un'asta*) □ **to bid up**, fare un'offerta superiore (*a un'asta*); fare una dichiarazione superiore (*in un gioco di carte*).
biddable ['bidəbl], *a.* **1** obbediente; docile **2** (*di una mano di carte*) che permette di dichiarare (*o* d'accusare).
bidden ['bidn], *p. p.* di **to bid**, *def.* 4.
bidder ['bidə*], *n.* **1** (*comm.*) offerente (*a un'asta*); astante (*raro*) **2** (*USA*) concorrente, offerente (*a una gara d'appalto*) **3** (*carte*) dichiarante. ● **to the highest b.**, al maggior offerente.
bidding [bidiŋ], *n.* **1** offerta, offerte (*a un'asta o d'appalto*): **B. was slack**, le offerte erano scarse **2** comando; ordine; cenno di comando **3** (*nei giochi di carte*) dichiarazione; accuso. ● (*fin.*) **b. company**, società offerente □ **to be at sb.'s b.**, essere agli ordini di q. □ **to do sb.'s b.**, eseguire gli ordini di q.
biddy ['bidi], *n.* **1** (*dial.*) gallina; pollo **2** (*spesso* **old b.**) vecchia pettegola.
to bide [baid] (*pass.* **bode, bided**), *v. t. e i.* (*arc. o lett. per* **to abide**, comune solo nell'espressione): **to b. one's time**, attendere il momento opportuno.
bidet ['bi:dei], *n.* bidè.
bidonville [bidɔ̃'vi:l] (*franc.*), *n.* bidonville; quartiere di baracche; baraccopoli.
biennial [bai'eniəl], **A** *a.* biennale. **B** *n.* **1** pianta biennale **2** biennale, manifestazione (*o* evento, ricorrenza) biennale.
biennially [bai'eniəli], *avv.* ogni due anni.
biennium [bai'eniəm], *n.* (*pl.* **biennia, bienniums**) biennio.
bier [biə*], *n.* **1** catafalco; cataletto **2** bara; feretro.
biff [bif], *n.* (*pop.*) colpo; percossa; botta.
to biff [bif], *v. t.* (*pop.*) colpire; percuotere; picchiare.
biffin ['bifin], *n.* mela rossa (*da cuocere*).
bifid ['baifid], *a.* (*biol.*) bifido.
bifocal ['bai'foukəl], **A** *a.* bifocale. **B** *n.* lente bifocale.
bifocals ['bai'foukəlz], *n. pl.* occhiali bifocali.
bifoliate [bai'fouliit], *a.* (*bot.*) che ha due foglie; bifogliato.
biforked ['baifɔ:kt], *a.* biforcuto.
biform ['baifɔ:m], *a.* (*lett.*) biforme.
bifurcate ['baifəkeit], *a.* biforcuto; che si biforca.
to bifurcate ['baifəkeit], *v. t. e i.* biforcare, biforcarsi.
bifurcation [,baifə'keiʃən], *n.* biforcazione.
big [big], **A** *a.* **1** grosso; grande; importante: **There is big news**, ci sono grosse novità; **It was a big success**, fu un grande successo; **He does big things**, fa grandi cose; **He has a big heart**, ha un gran cuore; **He is a big man**, (*in senso proprio*) è un omone; (*in senso fig.*) è un pezzo grosso; **a big mistake**, un grosso errore **2** gravido; pieno: **The cat was big (with young)**, la gatta era gravida; **clouds big with rain**, nuvole gravide di pioggia **3** ampolloso; pomposo; reboante: **He is fond of using big talk**, indulge all'uso di parole reboanti (*o* pompose). **B** *avv.* (*fam.*) in modo pomposo, esagerato: **He likes to talk big**, gli piace spararle grosse. ● (*scient.*) **big bang theory**, teoria dell'esplosione primordiale □ (*pop. USA*) **big beat**, rock and roll □ **Big Ben**, «Big Ben» (*la torre, la campana e il grande orologio di Westminster*) □ **big brother**, fratello maggiore; (*fig.*) dittatore □ (*fig.*, *fam.*) **big bug**, alto papavero, pezzo grosso □ **big business**, i grossi affari; l'alta finanza □ (*pop., specialm. USA, spreg.*) «**big deal!**», «bella roba!»; «bell'affare!» □ (*USA*) **the Big Dipper**, l'Orsa Maggiore □ (*mecc.*) **big end**, testa (*di un pistone*) □ **the Big Five**, (*polit., stor.*) i cinque Grandi; (*fin., stor.*) le cinque grandi banche inglesi □ (*polit.*) **the Big Four**, i quattro Grandi; le quattro grandi potenze □ **big game**, caccia grossa; (*fig.*) meta ambita e difficile □ **big-headed**, dalla testa grossa; (*fam.*) presuntuoso □ **big-hearted**, generoso; magnanimo □ **big--mouthed**, dalla bocca grande; (*fam.*) magniloquente, pomposo, esagerato □ (*fam.*) **big name**, grosso nome □ **big noise** (*o* **shot**), V. **big bug** □ **big sister**, sorella maggiore □ **big-souled**, dall'animo nobile e generoso □ (*fam.*) **big stick**, grande dispiego di forze: **The government is using the big stick**, il governo usa la maniera forte □ (*comm.*) **big supermarket**, grande supermercato; ipermercato □ (*comm.*) **the big thing**, un articolo di gran moda, che va moltissimo □ (*pop.*) **big time**, alto livello; gran classe; primo piano □ (*pop.*) **big-timer**, artista (attore, ecc.) di primo piano □ (*anat.*) **big toe**, alluce □ **the big top**, il tendone (*di un circo*) □ **big trade**, commercio attivo □ (*fam.*) **to get (***o*** to grow) too big for one's boots**, montarsi la testa; darsi delle

arie □ (*fam.*) **to go over big**, avere successo; andare forte (*pop.*).
bigamist ['bigəmist], *n.* bigamo.
bigamous ['bigəməs], *a.* **1** bigamo **2** (*leg.*) che costituisce reato di bigamia.
bigamy ['bigəmi], *n.* (*leg.*) bigamia.
bigarade ['bigə,reid], *n.* (*bot., Citrus aurantium amara*) arancio amaro.
bigeminal [bai'dʒeminl], *a.* (*med.*) bigemino.
biggish ['bigiʃ], *a.* piuttosto grosso; grandicello.
bighead ['bighed], *n.* (*fam.*) borioso; presuntuoso.
bighorn sheep ['bighɔ:n ʃi:p], *n.* (*USA; zool., Ovis canadensis*) bighorn; pecora (*selvatica, munita di grosse corna*) delle Montagne Rocciose.
bight [bait], *n.* **1** baia; insenatura **2** ansa (*d'un fiume*) **3** (*naut.*) cappio; doppino (*di cavo*).
bigmouth ['bigmouθ], *n.* (*fam.*) persona maligna; maldicente; linguaccia (*fam.*).
bigness ['bignis], *n.* grossezza; grandezza.
bigot ['bigət], *n.* **1** fanatico **2** bigotto.
bigoted ['bigətid], *a.* **1** fanatico; intollerante; settario **2** bigotto.
bigotry ['bigətri], *n.* **1** fanatismo; intolleranza; settarismo **2** bigottismo; bigotteria.
bigwig ['bigwig], *n.* (*fam.*) alto papavero; pezzo grosso.
bijou ['bi:ʒu:] (*franc.*), *n.* (*pl.* **bijoux**) bigiù, bijou; gioiello; ninnolo.
bijouterie ['bi:ʒu:təri] (*franc.*), *n.* bigiotteria.
bike [baik], *n.* (*fam.*) **1** bicicletta; bici (*fam.*) **2** motocicletta; moto (*fam.*).
to bike [baik], *v. i.* (*fam.*) andare in bicicletta.
biker ['baikə*], *n.* (*fam. USA*) motociclista (*specialm. se membro di una banda*).
bikeway ['baikwei], *n.* (*fam. USA*) strada per (soli) ciclisti; pista ciclabile.
bikini [bi'ki:ni], *n.* (*moda*) bikini.
bilabial [bai'leibjəl], *a. e n.* (*fon.*) bilabiale.
bilabiate [bai'leibjit], *a. e n.* (*bot.*) bilabiato.
bilateral [bai'lætərəl], **A** *a.* bilaterale: **b. agreement**, accordo bilaterale. **B** *n.* discussione (*o* riunione) bilaterale.
bilberry ['bilbəri], *n.* (*bot., Vaccinium myrtillus*) mirtillo.
bile [bail], *n.* (*anche fig.*) bile. ● **b.-stone**, calcolo biliare.
bilge [bildʒ], *n.* **1** (*naut.*) curvatura (*orizzontale*) della carena **2** (*naut.*) sentina; assecco **3** (*anche* **b. water**) acqua di sentina **4** (*fam.*) sciocchezze; stupidaggini. ● **b. block**, puntello di bacino □ **b. keel**, chiglia di rollio □ **b. pump**, pompa di sentina □ **b. ways**, invasatura.
to bilge [bildʒ], **A** *v. t.* (*naut.*) aprire una falla nella sentina di (*una nave*). **B** *v. i.* (*naut.*) avere una falla; fare acqua.
biliary ['biljəri], *a.* **1** (*fisiologia*) biliare **2** (*fig.*) bilioso.
bilingual [bai'liŋgwəl], *a. e n.* bilingue.
bilingualism [bai'liŋgwəlizəm], *n.* bilinguismo.
bilinguist [bai'liŋgwist], *n.* (*persona*) bilingue.
bilious ['biljəs], *a.* **1** bilioso: **a b. temper**, un carattere bilioso **2** (*fisiologia*) biliare: **a b. disfunction**, una disfunzione biliare.
biliousness ['biljəsnis], *n.* **1** temperamento bilioso **2** (*med., arc.*) attacco di bile.
biliteral [bai'litərəl], *a. e n.* (*parola*) di due lettere.
bilk [bilk], *n.* **1** frode; inganno **2** imbroglione; truffatore.
to bilk [bilk], *v. t.* frodare; imbrogliare; ingannare.
bill (1) [bil], *n.* **1** becco (*di uccello*); muso a becco (*di tartaruga, ecc.*) **2** (*geogr.*) promontorio; punta. ● (*naut.*) **anchor b.**, unghia dell'ancora.
bill (2) [bil], *n.* **1** conto; fattura; nota (*di spesa*): **Who is going to pay the hotel b.?**, chi pagherà il conto dell'albergo? **2** avviso; cartellone; manifesto (*pubblicitario, teatrale*); locandina; lista; programma: **Will you hand me the concert b.?**, vuoi passarmi il programma del concerto? **3** (*leg.*) disegno di legge: **The third Home Rule B. was rejected by the Lords in 1912**, il terzo disegno di legge per l'autogoverno dell'Irlanda fu respinto dalla camera dei Lord nel 1912 **4** (*comm., anche* **b. of exchange**) cambiale; effetto; tratta: **I hope he will honour the b. at maturity**, spero che pagherà la cambiale alla scadenza **5** (*USA*) banconota; biglietto: **a ten-dollar b.**, un biglietto da dieci dollari **6** (*leg.*) documento; atto scritto; certificato; polizza **7** (*stor., naut.*) bollettino. ● (*comm.*) **b. at sight**, cambiale a vista (*comm.*) **b. broker**, agente di sconto □ (*rag.*) **b. collection**, incasso di fatture □ (*banca*) **bills department**, ufficio portafoglio □ (*rag.*) **b. diary**, scadenzario delle fatture □ (*banca*) **b. for collection**, effetto all'incasso □ (*banca*) **bills in hand**, portafoglio □ (*leg.*) **b. of costs**, nota delle spese giudiziarie □ (*comm.*) **b. of entry**, bolletta d'entrata doganale □ (*comm.*) **b. of exchange**, cambiale; tratta □ **b. of fare**, lista delle vivande □ (*naut.*) **b. of health**, certificato sanitario; patente sanitaria □ (*comm., naut.*) **b. of lading**, polizza di carico □ (*ind.*) **b. of materials**, distinta base dei materiali □ (*stor.*) **bills of mortality**,

bollettini dei decessi (*durante le epidemie*) □ (*ind.*) **b. of quantities**, distinta dei materiali e preventivo di spesa □ (*comm.*) **b. of sale**, atto di vendita □ (*naut.*) **b. of watch**, ruolino dei turni di guardia □ (*comm.*) **b. on demand**, cambiale a vista □ (*rag.*) **bills payable**, effetti passivi □ **b.-poster**, pannello per affissioni; attacchino (*di manifesti*) □ **b. posting**, affissione (*di manifesti*) □ (*rag.*) **bills receivable**, effetti attivi □ **b. stamp**, bollo cambiario □ **b.-sticker**, attacchino □ (*comm.*) **to accept** (*o* **to take up**) **a b.**, accettare una cambiale □ (*comm.*) **accommodation b.**, cambiale di comodo □ (*fam.*) **to fill the b.**, essere soddisfacente □ (*fam.*) **to foot the b.**, pagare il conto; sostenere le spese □ (*comm.*) **to have a b. protested**, protestare una cambiale □ (*comm.*) **sight b.**, cambiale a vista □ **Stick no bills**, vietata l'affissione.
bill (3) [bil], *n.* **1** alabarda **2** alabardiere **3** (*anche* **bill-hook**) falcetto; roncola; pennato.
to bill (1) [bil], *v. i.* **1** (*di uccelli*) becchettarsi **2** (*fig.*) carezzarsi; scambiarsi tenerezze. ● (*d'innamorati*) **to b. and coo**, tubare.
to bill (2) [bil], *v. t.* **1** annunciare in programma; mettere in cartellone: **The theatre is billing the opera for two weeks**, il teatro metterà l'opera in cartellone per due settimane; **He has always been billed in leading roles**, ha sempre sostenuto parti importanti **2** elencare **3** ricoprire di manifesti (*una città, ecc.*) **4** (*comm.*) fatturare **5** pubblicizzare; reclamizzare.
Bill [bil], *n.* (*dim. di* **William**) Guglielmino; Mino.
billboard ['bil,bɔːd], *n.* (*USA; cfr. ingl.* **hoarding**) quadro per le affissioni; tabellone (pubblicitario).
billet (1) ['bilit], *n.* **1** biglietto d'alloggio (*per militari*) **2** alloggio (*di militari*) in case private: **The soldiers are in billets**, i soldati hanno alloggio in case private **3** (*fam.*) impiego; posto di lavoro: **a good b.**, un buon posto.
billet (2) ['bilit], *n.* **1** ceppo (*di legna da ardere*) **2** (*mecc.*) billetta **3** (*archit. normanna*) modanatura.
to billet ['bilit], *v. t.* **1** alloggiare; acquartierare presso privati: **The troops were billeted with the inhabitants of the village**, i soldati furono acquartierati presso gli abitanti del villaggio **2** dare alloggio a (*soldati*).
billfold ['bil,fould], *n.* (*USA*) portafoglio.
billful ['bilful], *n.* beccata; quanto sta nel becco.
billiard ['biljəd], *a.* di (*o* da) biliardo: **b.-ball** (**b.-cue**), palla (stecca) da biliardo; **b.-room**, sala da biliardo; **b.-table**, tavolo da biliardo.
billiards ['biljədz], *n. pl.* (*col verbo al sing.*) biliardo.
Billie ['bili], *n.* (*dim. femm. di* **William**) Guglielmina; Mina.
billing ['biliŋ], *n.* **1** elencazione **2** (*comm.*) fatturazione **3** (*comm.*) fatturato **4** pubblicità **5** (*teatr.*) posizione di un nome sul cartellone: **top b.**, posizione di preminenza (*sul cartellone*). ● **b. clerk**, impiegato addetto alla fatturazione □ **b. machine**, fatturatrice (*macchina*).
billingsgate ['biliŋzgit], *n.* linguaggio sguaiato, volgare (*da B., il mercato del pesce a Londra*).
billion ['biljən], *n.* **1** (*USA*) bilione; miliardo **2** (*G. B.*) seconda potenza di un milione (*un 1 seguito da 12 zeri*; *quindi, un nostro trilione*).
billionaire [,biljən'ɛə*], *n.* (*USA*) miliardario.
billman ['bilmən], *n.* (*pl.* **billmen**) alabardiere.
billow ['bilou], *n.* **1** maroso; cavallone; ondata (*anche fig.*) **2** — (*poet.*) **the billows**, il mare.
to billow ['bilou], *v. i.* levarsi a ondate; accavallarsi; gonfiarsi.
billowy ['biloui], *a.* che si leva (*o* si gonfia) a ondate.
billy (1) ['bili], *n.* (*pl.* **billies, billys**) (*USA*) sfollagente; manganello; randello.
billy (2) ['bili], *n.* (*australiano, anche* **billy-can**) pentolino; gavetta.
Billy ['bili], *n.* (*dim. di* **William**) Guglielmino; Mino.
billyboy ['biliboi], *n.* (*naut.*) goletta a poppa tonda e carena piatta.
billycan ['bilikæn], *V.* **billy (2)**.
billycock ['bilikɔk], *n.* (*fam.*) bombetta.
billygoat ['biligout], *n.* (*fam.*) caprone; becco.
billy-o(h) ['bili-ou], *n.* (*fam., soltanto nella locuz.*:) **like b.**, con forza, con violenza; a più non posso: **to run like b.**, correre a più non posso. ● **to rain like b.**, piovere a catinelle (*o* a dirotto).
bilobate [bai'loubeit], *a.* (*anat., bot.*) bilobato.
biltong ['biltɔŋ], (*sudafricano*), *n.* liste di carne disseccate al sole.
bimanal ['baimənəl], **bimanous** ['baimənəs], *a.* (*zool.*) bimano.
bimane ['baimein], *n.* (*zool.*) animale bimano.
bimestrial [bai'mestriəl], *a.* bimestrale.
bimetallic [,baime'tælik], *a.* (*econ.*) bimetallico.
bimetallism [bai'metəlizm], *n.* (*econ.*) bimetallismo.
bimetallist [bai'metəlist], *n.* (*econ.*) bimetallista.
bimonthly [bai'mʌnθli], **A** *a.* **1** bimestrale **2** (*improprio*) bimensile. **B** *n.* pubblicazione bimestrale. **C** *avv.* **1** ogni due mesi **2** (*improprio*) due volte al mese.
bimotored ['bai'moutəd], *a.* a due motori: **b. airplane**, bimotore.
bin [bin], *n.* **1** bidone per il carbone, per le spazzatura **2** silo; deposito **3** (*fam.*) manicomio. ● **ash-bin**, pattumiera □ **bread-bin**, madia □ **dust-bin**, pattumiera □ **ore-bin**, silo per minerale □ **wine-bin**, ripostiglio per bottiglie di vino.
binary ['bainəri], *a.* (*astron., chim., mat., mus.*) binario.
binate ['baineit], *a.* (*bot.*) binato.
to bind [baind] (*pass.* e *p. p.* **bound**), **A** *v. t.* **1** legare; assicurare; fissare; attaccare; avvolgere; trattenere; tenere unito: **They bound my hands**, mi legarono le mani; **A common ideal binds them together**, un ideale comune li tiene uniti **2** rassodare, fare indurire; legarsi con: **Cellulose binds water**, la cellulosa si lega con l'acqua **3** (*spesso* **to b. up**) bendare; fasciare (*ferite, ecc.*) **4** obbligare; impegnare; vincolare; allogare (*come apprendista*): **The boy was bound** (**out**) **as an apprentice to a blacksmith**, il ragazzo fu messo come apprendista presso un fabbro ferraio (*con un contratto a tempo*) **5** rilegare: **This book is bound in cloth**, questo libro è rilegato in tela **6** orlare (*per rinforzo o ornamento*): **You must b. all these handkerchiefs**, devi orlare tutti questi fazzoletti **7** costipare (*l'intestino*). **B** *v. i.* **1** rassodarsi; legare; coagularsi; cagliare (*del latte*): **Heat makes clay b.**, il calore fa rassodare l'argilla; **To make custard you must beat eggs, milk, sugar and flour until they b.**, per fare la crema si devono sbattere uova, latte, zucchero e fior di farina finché leghino **2** (*chim.*) legare **3** (*mecc.*) grippare, gripparsi; incepparsi; restare bloccato: **I can smell st. burning; the brakes must be binding**, sento odore di bruciato; devono essere rimasti bloccati i freni **4** essere obbligatorio (*o* vincolante). ● **to b. hand and foot**, legare mani e piedi □ **to b. off**, calare (*un punto nel lavoro a maglia*) □ **to b. oneself to do st.**, impegnarsi a fare q.c. □ **to b. out**, vincolare con contratto d'apprendistato □ **to b. over**, obbligare legalmente: **He was bound over to appear**, fu obbligato a comparire in giudizio □ **to b. up**, legare; fasciare (*una ferita*); rilegare in un solo volume □ **to be bound to**, essere tenuto a: **He is bound to help his parents**, è tenuto ad aiutare i suoi genitori □ **Sooner or later it's bound to happen**, prima o poi deve succedere □ (*fig.*) **I'll be bound**, garantisco; giurerei: **I'll be bound I met him before**, garantisco (*o* giurerei) che l'ho incontrato prima d'ora.
bind [baind], *n.* **1** legatura; legamento; legaccio **2** nastro, bordo (*di vestito*) **3** (*mus.*) legamento; legatura **4** (*fam.*) guaio; scocciatura.
binder ['baində*], *n.* **1** persona (*o* cosa) che lega **2** legatore, rilegatore (*di libri*) **3** (*chim., costr.*) legante; agglomerante **4** (*agric.*) mietilega, mietilegatrice (*dei covoni*) **5** (*leg.*) polizza d'assicurazione provvisoria **6** caparra **7** copertina mobile; fascetta (*per giornali, ecc.*).
bindery ['baindəri], *n.* legatoria.
binding (1) ['baindiŋ], *a.* **1** impegnativo; vincolante: **a b. offer**, un'offerta vincolante **2** obbligatorio. ● (*fis. nucl.*) **b. energy**, energia di legame.
binding (2) ['baindiŋ], *n.* **1** il legare; legatura **2** legatura, rilegatura (*d'un libro*) **3** nastro; bordo; laccio; fettuccia **4** (*chim., costr.*) legante; agglomerante **5** (*mecc.*) grippaggio; inceppamento.
bindweed ['baindwiːd], *n.* (*bot.*) rampicante (*del genere Convolvulus, ecc.*); convolvolo; vilucchio.
bine [bain], *n.* **1** gambo di (pianta) rampicante **2** virgulto.
binge [bindʒ], *n.* (*pop.*) baldoria; bicchierata; bevuta. ● **to go on a b.**, far baldoria; darsi ai bagordi.
bingo ['biŋgou], **A** *n.* (*pl.* **bingos**) «bingo» (*gioco simile alla tombola*). **B** *inter.* (*pop.*) bene!; evviva!
binnacle ['binəkl], *n.* (*naut.*) chiesuola.
binocs [bi'nɔks], *n. pl.* (*fam.*) binocolo.
binocular [bai'nɔkjulə*], *a.* binoculare.
binoculars [bi'nɔkjuləz], *n. pl.* binocolo.
binomial [bai'noumjəl], (*mat.*) **A** *a.* binomiale. **B** *n.* binomio.
bioastronautical ['baiouˌæstrəˈnɔːtikəl], *a.* bioastronautico.
bioastronautics ['baiouˌæstrəˈnɔːtiks], *n. pl.* (*col verbo al sing.*) bioastronautica.
biochemical [ˌbaiou'kemikəl], *a.* biochimico.
biochemist ['baiou'kemist], *n.* biochimico.
biochemistry ['baiou'kemistri], *n.* biochimica.
bioclastic [ˌbaiou'klæstik], *a.* (*geol.*) bioclastico.
bioclimatology ['baiouˌklaimə'tɔlədʒi], *n.* bioclimatologia.
bio-contamination ['baiouˌkɔnˌtæmi'neiʃən], *n.* biocontaminazione.
biodegradability ['baiouˌdi,greidə'biliti], *n.* biodegradabilità.
biodegradable ['baiouˌdi'greidəbl], *a.* biodegradabile.
biodegradation ['baiouˌdegrə'deiʃən], *n.* biodegradazione.
to biodegrade [ˌbaioudi'greid], *v. i.* biodegradarsi.
biodestructible [ˌbaioudis'trʌktəbl], *a.* biodistruttibile.
bioelectric(al) [ˌbaioui'lektrik(əl)], *a.* bioelettrico.

bioelectricity [ˌbaiouilekˈtrisiti], n. bioelettricità.
bioelectronics [ˌbaiouilekˈtrɔniks], n. pl. (col verbo al sing.) bioelettronica.
bioengineer [ˈbaiouˌendʒiˈniə*], n. bioingegnere.
bioengineering [ˈbaiouˌendʒiˈniəriŋ], n. bioingegneria.
biogenesis [ˈbaiouˈdʒenisis], n. biogenesi.
biogenous [baiˈɔdʒinəs], a. biogeno.
biogeny [baiˈɔdʒəni], n. biogenia.
biogeography [ˌbaioudʒiˈɔgrəfi], n. biogeografia.
biographer [baiˈɔgrəfə*], n. biografo.
biographic(al) [ˌbaiouˈgræfik(əl)], a. biografico.
biography [baiˈɔgrəfi], n. biografia.
biologic(al) [ˌbaiəˈlɔdʒik(əl)], a. biologico.
biologist [baiˈɔlədʒist], n. biologo.
biology [baiˈɔlədʒi], n. biologia.
bioluminescence [ˈbaiouˌluːmiˈnesəns], n. bioluminescenza.
biomedical [ˌbaiouˈmedikəl], a. biomedico.
biomedicine [ˌbaiouˈmedsin], n. biomedicina.
biometeorology [ˈbaiouˌmiːtjəˈrɔlədʒi], n. biometeorologia.
biometric(al) [ˌbaiouˈmetrik(əl)], a. biometrico.
biometrician [ˌbaiouməˈtriʃən], n. biometrista.
biometrics [baiəˈmetriks], n. pl. (col verbo al sing.) biometria.
biometrist [baiˈɔmitrist], V. **biometrician**.
biometry [baiˈɔmitri], V. **biometrics**.
bionic [baiˈɔnik], a. bionico.
bionics [baiˈɔniks], n. pl. (col verbo al sing.) bionica.
bionomics [ˌbaiouˈnɔmiks], n. pl. (col verbo al sing.) ecologia.
biophysical [ˌbaiouˈfizikəl], a. biofisico.
biophysicist [ˌbaiouˈfizisist], n. biofisico.
biophysics [ˌbaiouˈfiziks], n. pl. (col verbo al sing.) biofisica.
bioplasm [ˈbaiouplæzəm], n. bioplasma.
biopsy [ˈbaiɔpsi], n. (med.) biopsia.
biorhythm [ˌbaiouˈriðəm], n. (med., sport) bioritmo.
biosatellite [ˌbaiouˈsætəlait], n. (miss.) biosatellite.
bioscope [ˈbaiəskoup], n. bioscopio.
biosociologist [ˌbaiouˌsousiˈɔlədʒist], n. biosociologo.
biosociology [ˌbaiouˌsousiˈɔlədʒi], n. biosociologia.
biosphere [ˈbaiouˌsfi(ː)ə*], n. (biol.) biosfera.
biotechnology [ˌbaiouˈtekˈnɔlədʒi], n. biotecnologia.
bipartisan [ˌbaipa(ː)tiˈzæn], a. bipartitico: **a b. foreign policy**, una politica estera bipartitica.
bipartite [baiˈpaːtait], a. **1** (bot.) bipartito **2** (leg.) in duplice copia **3** (polit.) bipartito; bipartitico. ● (sindacalismo) **b. board**, comitato paritetico.
biped [ˈbaiped], a. e n. (zool.) bipede.
bipedal [ˈbai.pedl], a. (zool.) bipede.
bipinnate [baiˈpineit], a. (bot.) bipennato.
biplane [ˈbai-plein], a. e n. (aeron.) biplano.
bipod [ˈbaipɔd], n. (mecc., mil., naut.) due piedi: **the b. of a sub--machine gun**, i (due) piedi di un fucile mitragliatore.
bipolar [baiˈpoulə*], a. (elettr.) bipolare.
biquadrate [ˈbaiˈkwɔdrit], n. (mat.) biquadrato; quarta potenza.
biquadratic [ˌbaikwɔˈdrætik], (mat.) **A** a. biquadratico: **b. equations**, equazioni biquadratiche. **B** n. biquadrato; quarta potenza.
birch [bəːtʃ], n. (bot.) **1** (Betula) betulla **2** (anche **b.-rod**) verga di betulla (usata un tempo per fustigare gli scolari, ecc.). ● **You should have given him the b.**, avresti dovuto fustigarlo a dovere.
to **birch** [bəːtʃ], v. t. fustigare; sferzare.
birchen [ˈbəːtʃən], a. di betulla.
Bircher [ˈbəːtʃə*], n. (polit. USA) membro della «Birch Society» (organizzazione conservatrice).
Birchism [ˈbəːtʃizəm], n. (polit. USA) posizione (o ideologia) di «Bircher» (q. V.).
Birchist [ˈbəːtʃist], n. (polit. USA) fautore del «Birchism» (q. V.).
bird [bəːd], n. **1** uccello **2** (pop.) individuo; tipo: **He's a queer (o a rum) b.**, è un tipo strano; **He's a gay old b.**, è un buontempone **3** (pop.) ragazza; bella ragazza **4** (pop.) aeroplano; astronave; razzo **5** (pop. USA) aquila (come insegna di grado militare) **6** (pop.) prigioniero; (condanna al) carcere: **The b. has** (o **is**) **flown**, il prigioniero è fuggito **7** (pop.) satellite (artificiale) **8** (volg.) gesto sconcio (col medio tenuto ritto fra le altre dita) **9** – (fig.) **little b.**, uccellino: **I know everything; a little b. told me**, so tutto; me lo ha detto l'uccellino. ● **b.-bath**, vaschetta per uccelli □ (fam.) **b.-brain(ed)**, che ha un cervello di gallina; sciocco; svampito (fam.) □ **b.-catcher**, uccellatore □ **b.-catching**, uccellagione □ (USA) **b. dog**, cane da presa (o da caccia) □ (bot.) **b.'s-eye** (Veronica chamaedrys), veronica maggiore □ **b.'s eye view**, veduta dall'alto, a volo d'uccello (d'una città, ecc.); (fig.) esame, rassegna a volo d'uccello; rapido riassunto □ **b.-fancier**, ornitologo; avicoltore; venditore di uccelli □ **b.-house**, nido (artificiale) di legno, «casina» per uccelli □ **birds' nest**, nido d'uccelli □ (fig.) **a b. in the bush**, una cosa incerta (o aleatoria); una possibilità remota □ (fig.) **a b. in the hand**, una cosa certa, sicura □ **b.-lime**, vischio; (anche fig.) pania □ (fig.) **birds of a feather**, persone dello stesso stampo □ (fig.) **b. of ill omen**, uccello del malaugurio □ (zool.) **b. of paradise** (Paradisea), uccello del paradiso □ **b. of passage**, uccello di passo (o migratore); (fig.) persona di passaggio: (fig.) **He's a b. of passage**, è come l'uccello sulla frasca □ **b. of prey**, (uccello) rapace □ **b.-seed**, mangime per gli uccelli; becchime □ **b.-shot**, pallini da caccia □ **b.-watcher**, chi osserva gli uccelli □ **b.-watching**, osservazione (o studio) degli uccelli □ **to be an early b.**, essere mattiniero; arrivare in anticipo □ **to eat like a b.**, mangiare come un uccellino □ (pop.) **to get the b.**, essere fischiato (di attore, oratore, ecc.) □ (pop.) **to give sb. the b.**, fischiare q. □ (fig.) **to kill two birds with one stone**, prendere due piccioni con una fava □ (prov.) **A b. in the hand is worth two in the bush**, meglio un uovo oggi che una gallina domani; meglio un fringuello in gabbia che un tordo in frasca □ (prov.) **Birds of a feather flock together**, Dio li fa poi li accoppia; ogni simile ama il suo simile □ (prov.) **The early b. catches the worm**, le ore del mattino hanno l'oro in bocca; chi dorme non piglia pesci q. □ (prov.) **Old birds are not caught with chaff**, passero vecchio non entra in gabbia.
to **bird** [bəːd], v. i. **1** osservare gli uccelli **2** (raro) uccellare.
birdcall [ˈbəːdkɔːl], n. **1** canto (o verso) degli uccelli **2** richiamo (o fischio) per uccelli.
birdie [ˈbəːdi], n. **1** (fam.) uccellino **2** (golf) «birdie» (colpo).
birdlike [ˈbəːdˈlaik], a. di (o da) uccello.
bireme [ˈbairiːm], n. (stor.) bireme.
biretta [biˈretə], n. berretta da prete.
biro [ˈbairou], n. (pl. **biros**) (marchio) biro; penna a sfera.
birth [bəːθ], n. **1** nascita; origine; natali; parto: **My wife is English by b.**, mia moglie è inglese di nascita; **Rabbits produce up to eight young at b.**, i conigli mettono al mondo sino a otto piccoli per parto; **She's a lady of (high, noble) b.**, è una donna di buoni natali **2** istinto (naturale): **He's an actor by b.**, è un attore nato. ● **b. certificate**, certificato (o atto) di nascita □ **b. control**, controllo delle nascite □ **b.-mark**, segno (sulla pelle); voglia (pop.) □ **b.-place**, luogo di nascita; luogo nativo (o natale) □ **b. rate**, indice (o tasso) di natalità □ **b.-right**, diritto di nascita; (leg.) primogenitura □ **to give b. to**, mettere al mondo, procreare; (fig.) produrre, causare.
birthday [ˈbəːθdei], n. compleanno; genetliaco; giorno natalizio. ● (scherz.) **b. suit** (o **b. clothes**), costume adamitico: **The boy dashed out of the bath in his b. suit**, il ragazzo saltò fuori dal bagno come mamma lo aveva fatto.
Biscay [ˈbiskei], n. (geogr.) Biscaglia.
biscuit [ˈbiskit], n. (pl. **biscuits, biscuit**) **1** (soprattutto ingl.) biscotto **2** (USA) panino; focaccia **3** (ind.) biscotto, biscuit (terracotta non verniciata) **4** color biscotto. ● **military b.** (o **ship's b.**), galletta.
to **bisect** [baiˈsekt], **A** v. t. **1** tagliare in due **2** (geom.) bisecare. **B** v. i. biforcarsi.
bisecting [baiˈsektiŋ], a. (geom.) bisecante.
bisection [baiˈsekʃən], n. (geom.) bisezione.
bisector [baiˈsektə*], n. (geom.) bisettrice; bisecante.
bisexual [ˈbaiˈseksjuəl], **A** a. **1** (biol.) bisessuale **2** (fam.) bivalente (sessualmente). **B** n. **1** (biol.) ermafrodito **2** (fam.) persona bivalente.
bisexuality [ˈbaiˌseksjuˈæliti], n. **1** (biol.) bisessualità **2** bivalenza sessuale.
bishop [ˈbiʃəp], n. **1** vescovo **2** (gioco degli scacchi) alfiere **3** vino caldo aromatizzato; vin brûlé.
bishopric [ˈbiʃəprik], n. **1** diocesi **2** episcopato; vescovado.
bismuth [ˈbizməθ], n. (chim.) bismuto.
bison [ˈbaisn], n. (pl. **bison, bisons**) (zool., Bison) bisonte.
bisque (1) [bisk], n. (tennis, golf, ecc.) vantaggio di un punto o della battuta, per ogni partita (concesso al giocatore più debole).
bisque (2) [bisk], n. (ind.) biscuit, biscotto (terracotta non verniciata).
bissextile [biˈsekstail], **A** a. bisestile. **B** n. anno bisestile.
bistability [ˌbaistəˈbiliti], n. (fis.) bistabilità.
bistable [baiˈsteibl], a. (fis.) bistabile.
bister [ˈbistə*], (USA) V. **bistre**.
bistort [ˈbistɔːt], n. (bot., Polygonum bistorta) bistorta; serpentina.
bistoury [ˈbisturi], n. (med.) bisturi.
bistre [ˈbistə*], **A** n. bistro. **B** a. color bistro.
bit (1) [bit], n. **1** morso; boccone: **Give me a bit of bread**, dammi un morso di pane; **He ate every bit of his cake**, mangiò il dolce fino all'ultimo boccone **2** pezzo; pezzetto; (un) poco: **bit by bit**, a poco a poco; **a bit at a time**, un po' alla volta; **Wait a bit**, aspetta un poco **3** tratto di paese; panorama (o paesaggio (anche dipinto): **That's a fine bit**, è un bel tratto di paese **4** (fam.) monetina: **a three-penny bit**, una monetina da tre penny **5** (fam. USA) 12,50 centesimi di dollaro: **two bits**, un quarto

bit (2)

di dollaro; **four bits,** mezzo dollaro **6** particina (*in una pellicola o dramma*): **She acted her bit very well,** recitò la sua particina molto bene **7** passo, brano (*d'opera letteraria*) **8** (*elab., mat.*) bit; cifra binaria **9** (*pop.*) ragazza; bambola; pupa **10** (*fam.*) parte (*fig.*): **He's doing the martyr bit,** fa la parte del martire. ● **a bit of a...,** un discreto, un bel...: **That man is a bit of a bore,** quel tale è un discreto seccatore (*è piuttosto noioso*) □ **bits and pieces,** pezzetti, (*fig.*) armi e bagagli □ **bits of,** esemplari miseri, scadenti, malandati: **Where am I to place my bits of furniture?,** dove devo mettere le sue carabattole? □ (*teatr.*) **bit part,** particina □ **a dainty bit** (*o* **a tit-bit**), un bocconcino delicato □ **to do one's bit,** fare il proprio dovere; fare la propria parte □ **to be every bit as** (*seguito da un agg.*), essere in tutto e per tutto altrettanto: **I am every bit as tired (as you),** sono in tutto e per tutto altrettanto stanco (quanto te) □ **to give sb. a bit of one's mind,** parlar chiaro a q.; dirne quattro a q. □ **not a bit** (*of it*), niente affatto; per nulla: «**Are you afraid?**» «**Not a bit**», «hai paura?» «niente affatto» □ (*pop.*) **a saucy bit,** una ragazza sfacciata.

bit (2) [bit], *n.* **1** (*di utensile*) punta; taglio **2** punta di trapano; trivella **3** morso, freno (*della briglia, e fig.*) **4** ingegno (*di chiave*). ● **to take the bit between one's teeth,** (*di cavallo*) non sentire il morso, imbizzarrirsi; (*fig.*) mordere il freno, ribellarsi; prendere la mano (*fig.*).

bit (3) [bit], *pass. e p. p.* di **to bite**.

to bit [bit], *v. t.* mettere il morso a (*un cavallo, e fig.*); imbrigliare.

bitch [bitʃ], *n.* **1** cagna; lupa; volpe femmina **2** donna pestifera; megera; strega **3** donnaccia; cagna (*fig.*). ● **b.-fox,** volpe femmina.

to bitch [bitʃ], *v. i.* (*fam.*) lagnarsi; lamentarsi; brontolare; trovare sempre da ridire.

bitchy ['bitʃi], *a.* (*fam.*) maligno; malevolo.

bite (bait], *n.* **1** morso; morsicatura; puntura; boccone: **Let me have a b.,** fammi dare un morso; dammene un boccone; **My hand was covered with mosquito bites,** avevo la mano coperta di punture di zanzare **2** morso; forte dolore: **The b. of hunger kept me awake all night,** il morso della fame mi tenne sveglio tutta la notte **3** qualcosa da mangiare; (*fam.*) spuntino **4** mordacità; mordente: **There is a b. to his words,** c'è mordacità nelle sue parole **5** presa; stretta; cosa che fa presa **6** (*anat.*) chiusura (*dei denti, della mascella*) **7** l'abboccare (*del pesce*). ● **the b. of the wind on my face,** la sferza del vento sul mio volto □ **the b. of straight whisky,** il sapore forte del whisky liscio □ (*med.: in ortodonzia*) **b. plate,** piano di rialzo (*o* di svincolo).

to bite [bait] (*pass.* **bit,** *p. p.* **bitten, bit**), *A v. t.* **1** mordere; pungere; offendere; danneggiare; addentare; intaccare; corrodere: **Dogs b.,** i cani mordono; **This saw doesn't b. wood,** questa sega non addenta il legno; **Acids b. metals,** gli acidi intaccano (*o corrodono*) i metalli; **A cold wind has bitten my flowers,** un vento gelido ha danneggiato i miei fiori; **frost-bitten,** punto (*o intirizzito*) dal freddo **2** (*di arma da taglio*) penetrare; (*di rimprovero*) ferire, pungere **3** (*fig.*) to be bitten, lasciarsi adescare, ingannare; cascarci. *B v. i.* **1** (*del pesce e fig.*) abboccare: **He doesn't b. easily,** non abbocca facilmente **2** (*mecc.: di ruote, ecc.*) fare presa; «prendere» **3** (*chim.*) corrodere; incidere: **The acid has failed to b. well,** l'acido non ha prodotto l'incisione desiderata. ● **to b. at,** fare l'atto (*o cercare*) di mordere □ (*fam.*) **to b. back,** trattenere (*parole, ecc.*): **to b. one's words back,** trattenersi dal parlare; mordersi le labbra (*fig.*) □ **to b. the bullet,** (*stor., mil.*) stringere una pallottola fra i denti (*di ferito operato senza anestesia*); (*fig.*) stringere i denti (*fig.*); farsi forza, rassegnarsi; far buon viso a cattiva sorte □ (*fig.*) **to b. the dust** (*o* **the ground**), mordere la polvere □ (*fam.*) **to b. sb.'s head off,** mangiarsi q. (vivo) □ **to b. one's lips,** mordersi le labbra □ **to b. off,** staccare con un morso (*fig.*) □ **to b. off more than one can chew,** fare il passo più lungo della gamba; tentare un'impresa superiore alle proprie forze □ **to b. a thread in two,** spezzare un filo con i denti (*fam.*) □ **to b. on,** mettere sotto i denti; (*fig.*) affrontare (*un problema, ecc.*) □ **to be bitten with,** essere tutto preso da; essere in preda a: **He was bitten with a real mania for golf,** era tutto preso da una vera e propria mania per il gioco del golf □ (*prov.*) **Once bitten, twice shy,** il gatto scottato teme l'acqua fredda.

biter ['baitə*], *n.* **1** chi morde **2** imbroglione; truffatore. ● **the b. bitten,** il gabbatore gabbato; i pifferi di montagna (*che andarono per suonare e furono suonati*).

biting ['baitiŋ], *a.* **1** pungente; aspro; doloroso: **It's b. cold,** fa un freddo pungente **2** pungente; sarcastico: **b. remarks,** osservazioni pungenti.

bitt [bit], *n.* (*naut.*) bitta.

bitten [bitn], *p. p.* di **to bite**.

bitter ['bitə*], *A a.* **1** amaro; aspro; spiacevole; sgradevole: **This beer is b.,** questa birra è amara; **b. words,** parole amare; **a b. remark,** un'osservazione aspra, spiacevole; **b. truths,** verità sgra-

devoli; **b. enmity,** aspra inimicizia; **a b. quarrel,** un'aspra lite **2** intenso; pungente; doloroso: **It is b. cold,** è un freddo intenso (*o pungente*); **a b. wind,** un vento pungente; **b. hardships,** privazioni dolorose **3** accanito: **b. hatred,** odio accanito. *B n.* **1** amaro; sapore amaro; amarezza: **the bitters of life,** le amarezze della vita **2** birra amara **3** (*pl.*) amaro (*bevanda*); bitter. *C avv.* amaramente. ● (*fam.*) **b.-ender,** persona caparbia, ostinata □ **b. enemies,** acerrimi nemici □ **a b. pill to swallow,** una pillola amara da ingoiare □ **b.-sweet,** agrodolce □ **to the b. end,** fino in fondo; a oltranza; sino alla feccia □ **This wine tastes b.,** questo vino sa d'amaro.

bitterish ['bitəriʃ], *a.* amarognolo.

bittern ['bitə:n], *n.* (*zool., Botaurus stellaris*) tarabuso.

bitterness ['bitənis], *n.* **1** amarezza; sapore amaro **2** amarezza; pena **3** intensità; dolorosità; asprezza **4** accanimento.

bittiness ['bitinis], *n.* **1** frammentarietà (*V.* **bitty**) **2** (*dial. USA*) piccolezza.

bittock ['bitək], *n.* (*specialm. scozz.*) pezzettino.

bitty ['biti], *a.* **1** a pezzi, a pezzetti; frammentario; smozzicato (*fam.*) **2** (*dial. USA*) piccolo; piccino; piccino picciò (*fam.*): **a b. baby,** un bambino piccino picciò.

bitumen ['bitjumin], *n.* bitume. ● **b. sprinkler,** bitumatrice.

bituminization [bi,tjumini'zeiʃən], *n.* **1** bitumatura **2** bituminizzazione.

to bituminize ['bitjuminaiz], *v. t.* **1** bitumare, bituminare **2** bituminizzare; trattare con bitume.

bituminous [bi'tju:minəs], *a.* bituminoso.

biunique [,baiju:'ni:k], *a.* (*mat.*) biunivoco.

biuniqueness [,baiju:'ni:knis], *n.* (*mat.*) biunivocità.

bivalence ['bai,veiləns], **bivalency** ['bai'veiləsi], *n.* (*chim.*) bivalenza.

bivalent ['bai,veilənt], *a.* (*chim.*) bivalente.

bivalve ['baivælv], *a. e n.* (*zool., bot.*) bivalve.

bivalved [,bai'vælvd], **bivalvular** [,bai'vælvjulə*], *a.* bivalve.

bivouac ['bivuæk], *n.* bivacco.

to bivouac ['bivuæk] (*p. pr.* **bivouacking,** *pass. e p. p.* **bivouacked**), *v. i.* bivaccare.

biweekly ['bai'wi:kli], *A a.* **1** quindicinale **2** bisettimanale. *B n.* pubblicazione quindicinale (*o* bisettimanale). *C avv.* **1** ogni due settimane **2** due volte la settimana.

biyearly ['bai'jiəli], *A a.* **1** biennale **2** semestrale. *B avv.* **1** ogni due anni **2** ogni sei mesi; semestralmente.

biz [biz], *n.* (*abbr. fam.* di **business**) affare; affari. ● **show biz,** l'industria dello spettacolo (*cinema, teatro, ecc.*).

bizarre [bi'za:*], *a.* bizzarro; eccentrico; stravagante.

bizarrerie [biz'a:rəri] (*franc.*), *n.* bizzarria; eccentricità; stravaganza.

bizonal [bai'zounl], *a.* (*polit.*) di due zone; bizonale.

bizone [bai'zoun], *n.* (*polit.*) bizona (*zona unificata d'occupazione*).

to blab [blæb], *A v. i.* **1** blaterare; cianciare; parlare troppo **2** (*pop.*) cantare (*fig.*); fare la spia. *B v. t.* (*spesso* **to b. out**) spifferare, svelare, tradire (*un segreto*).

blab [blæb], *n.* **1** chiacchiere; ciance **2** *V.* **blabber,** def. 2.

blabber ['blæbə*], *n.* **1** ciance; chiacchiere **2** (*anche* **blabber-mouth**) chiacchierone; cianciose; blaterone (*raro*).

black (1) [blæk], *a.* **1** nero; negro; buio; scuro; tetro; truce; orribile: **The sky is b.,** il cielo è nero; **b. despair,** nera disperazione; **b. ingratitude,** nera ingratitudine; **the b. race,** la razza negra; **b. crime,** un truce delitto; **a b. man,** un negro **2** adirato; minaccioso; brutto; di biasimo: **He gave me a b. look,** mi diede una brutta occhiata (*o un'occhiataccia*); **to look b. at sb.,** guardare qualcuno malamente **3** in nero; in lutto. ● **b. and blue,** bluastro: **a b. and blue mark,** un segno bluastro, un livido; **to be b. and blue all over,** essere pieno di lividi, essere tutto un livido □ **b. and tan,** (*sost.*) varietà di terrier (*cane*); miscela di birra amara e di birra forte; (*stor.*) soldato inglese arruolato nella polizia irlandese (*nella guerra del 1920-21*); (*agg., USA*) favorevole all'integrazione razziale; frequentato da bianchi e da negri (insieme) □ **b. and white,** (*di televisione, ecc.*) bianco e nero, in bianco e nero; (*fig.*) nero su bianco (*per iscritto*); (*di giudizio, ecc.*) assolutistico, senza mezzi termini, senza sfumature: **a b.-and-white TV set,** un televisore in bianco e nero □ **b. art,** magia nera; negromanzia □ **b. ball,** palla nera; (*fig.*) voto contrario □ **to b.-ball sb.,** votare contro q.; dare l'ostracismo a q. □ (*zool.*) **b. beetle,** scarafaggio □ **b. belt,** (*sport*) cintura nera (*di judo o karatè*); (*USA*) regione (*o* distretto, quartiere) dove i negri sono in maggioranza (*fig.*) **b. book,** libro nero; lista nera □ (*aeron.*) **b. box,** scatola nera □ (*fig.*) **b.-browed,** adirato; scuro in viso □ (*stor.*) **b. cap,** tocco nero, berretto nero (*che il giudice metteva per pronunciare una sentenza di morte*) □ **b.-coat worker,** impiegato □ **b. coffee,** caffè nero (*senza latte*) □ (*geogr.*) **the B. Country,** la zona industriale dello Staffordshire □ (*stor.*) **B. Death,** peste nera □ **b. eye,** occhio nero, occhio pesto: **to give sb. a b. eye**, fare un occhio nero a q. □ (*tipogr.*) **b. face**, neretto □ **b. flag** (*o* **b. jack**), bandiera nera (*dei pirati, ecc.*) □ **b. friar**, (frate) domenicano □ (*Borsa*) **B. Friday**, venerdì nero (*panico finanziario*) □ (*autom.*: strato di ghiaccio sottile e scivoloso sulle strade) **b. frost**, «verglas» (*franc.*) □ **a b.-hearted man**, un uomo dall'anima nera □ (*astron., fis.*) **b. hole**, buco nero □ **b. humour**, umorismo nero □ **b. humourist**, umorista nero □ (*autom.*) **b. ice**, *V*. **b. frost** □ **b. in the face**, paonazzo (*per l'ira, lo sforzo*) □ (*rag.*) **b. interest**, interessi passivi □ **b.-jack**, otre catramato (*per il vino*) □ (*ind.*) **b. lead**, piombaggine; grafite □ **to b.-lead**, pulire con la piombaggine (*una stufa, per es.*) □ (*tipogr.*) **b. letter**, carattere gotico □ **a b.-letter day**, una giornata infelice, disgraziata, segnata □ **b. list**, lista nera; (*fin.*) lista dei fallimenti, bollettino dei protesti; (*naut.*) lista dei disastri marittimi □ **to b.-list sb.**, mettere q. nella lista nera; schedare q. □ **B. Maria**, furgone cellulare □ **b. mark**, segno, nota di biasimo □ **b. market**, mercato nero; borsa nera □ **b. marketeer**, borsanerista; borsaro nero □ **b. Monday**, lunedì di Pasqua; (*gergo studentesco*) primo giorno di scuola (*dopo le vacanze*) □ (*pop. USA*) **b. money**, denaro «sporco» □ **b. monk**, (frate) benedettino □ (*polit.*) **B. Muslim**, Musulmano nero □ **b. oil**, petrolio grezzo (*polit.*) **B. Panther**, Pantera nera □ (*polit.*) **B. Power**, Potere nero (*dei Negri d'America*) □ (*cucina*) **b. pudding**, salsicciotto di sangue, grasso e cereali; sanguinaccio □ **B. Rod**, usciere del Lord ciambellano, della Camera dei Lord o dell'Ordine della Giarrettiera □ (*fig.*) **b. sheep**, pecora nera □ (*stor.*) **B.-shirts**, camicie nere; fascisti □ (*autom.*) **b. spot**, punto «nero» (*del traffico*); tratto stradale assai pericoloso □ (*fotogr.*) **b. strip**, pecetta (*per coprire le pudende*) □ **b. studies**, studi afroamericani □ (*fig.*) **a b. swan**, una mosca bianca □ **b. tie**, cravatta nera; (*fig.*) abito da sera: **a b.-tie dinner**, un pranzo in abito da sera □ (*zool.*) **b. widow** (*Latrodectus*), vedova nera □ **a b. woman**, una negra □ **to be in sb.'s b. book**, essere nel libro nero di q.; non essere nelle grazie di q.

black (2) [blæk], *n*. **1** nero; vernice nera; abiti neri; sudiciume: **There is too much b. in this picture**, c'è troppo nero in questo quadro; **Widows used to dress in b.**, le vedove solevano vestire di nero: **You have too much b. round your eyes**, hai troppo nero intorno agli occhi **2** (*spesso* **B.**) negro; persona di pelle scura **3** (*bot.*) carbone (*malattia delle piante*) **4** particella di fuliggine. ● (*banca*: rif. *a conto corrente o a correntista*) **in the b.**, in credito; in nero: **Few customers manage to keep in the b.**, pochi clienti riescono a mantenersi in credito (*o a* essere sempre in nero) □ (*banca*) **to be in the b.**, essere in attivo □ **to have st. down in b. and white**, mettere q.c. per iscritto; mettere nero su bianco □ (*fam.*) **to put up a b.**, fare una topica; fare una gaffe □ **to swear b. is white**, negare l'evidenza.

to black [blæk], *v*. *t*. **1** annerire; sporcare **2** pulire con piombaggine (*stufe, ecc.*) **3** lucidare di nero (*le scarpe*) **4** (*fam.*) boicottare (*un'azienda, un datore di lavoro*). ● **to b. out**, cancellare con freghi neri (*o* con vernice nera); (*mil.*) oscurare (*una città, in tempo di guerra*); (*di persona*) perdere coscienza, perdere la memoria.

blackamoor ['blækəmuə*], *n*. (*arc.*) moro; negro.
blackberry ['blækbəri], *n*. mora (*di rovo*). ● (*bot.*) **b. bush**, rovo □ **as plentiful as blackberries**, assai abbondante.
blackberrying ['blæk‚beriiŋ], *n*. raccolta delle more. ● **to go b.**, andare per more; raccogliere more.
blackbird ['blækbə:d], *n*. **1** (*zool., Turdus merula*) merlo **2** (*stor.*) negro imbarcato di forza su una nave negriera.
blackbirder ['blækbə:də*], *n*. (*stor.*) negriero.
blackbirding ['blækbə:diŋ], *n*. (*stor.*) tratta degli schiavi.
blackboard ['blækbɔ:d], *n*. lavagna (*l'oggetto*). ● (*fig.*) **b. jungle**, «giungla di lavagna» (*scuola in stato di caos*).
blackcap ['blækkæp], *n*. (*zool., Sylvia atricapilla*) capinera.
blackcurrant [blæk'kʌrənt], *n*. (*bot., Ribes nigrum*) ribes nero.
to blacken ['blækən], *A v*. *t*. **1** annerire; oscurare; sporcare **2** offuscare; denigrare; diffamare: **to b. sb.'s character**, denigrare q.; offuscare la reputazione di q. **B** *v*. *i*. annerirsi; farsi nero, scuro; oscurarsi.
blackguard ['blægɑ:d], *n*. canaglia; furfante; mascalzone.
to blackguard ['blægɑ:d], *A v*. *t*. dare del mascalzone a (q.); offendere; ingiuriare; **B** *v*. *i*. comportarsi da mascalzone.
blackguardly ['blægɑ:dli], *a*. canagliesco; furfantesco.
blackhead ['blækhed], *n*. punto nero (*sulla pelle*); comedone.
blacking ['blækiŋ], *n*. lucido nero (*da scarpe*).
blackish ['blækiʃ], *a*. nerastro; neroʼgnolo.
blackleg ['blækleg], *n*. **1** crumiro **2** baro; imbroglione (*nelle corse di cavalli, ecc.*) **3** (*vet.*) carbonchio; antrace maligno (*del bestiame*).
blackmail ['blækmeil], *n*. (*leg.*) ricatto; estorsione.
to blackmail ['blækmeil], *v*. *t*. ricattare. ● **to b. sb. into doing st.**, costringere q. a fare q.c., ricattandolo.
blackmailer ['blækmeilə*], *n*. ricattatore.

blackness ['blæknis], *n*. **1** nerezza (*raro*); oscurità **2** (*polit.*) negritudine **3** umorismo nero.
black(-)out ['blækaut], *n*. **1** oscuramento **2** interruzione della corrente elettrica **3** (*per estens.*) interruzione delle comunicazioni **4** perdita dei sensi **5** perdita della memoria **6** (*radio, telev.*) sciopero totale.
blacksmith ['blæksmiθ], *n*. fabbro ferraio; maniscalco.
blackthorn ['blækθɔ:n], *n*. **1** (*bot., Prunus spinosa*) prugnolo; prugno selvatico **2** bastone di prugnolo.
bladder ['blædə*], *n*. **1** (*anat.*) vescica: **gall b.**, vescica biliare; **swim b.**, vescica natatoria (*dei pesci*) **2** camera d'aria: **a football b.**, la camera d'aria d'un pallone **3** persona tronfia, vacua; pallone gonfiato (*fig.*). ● (*pop.*) **a b. of lard**, un ciccione; un grassone.
bladdery ['blædəri], *a*. **1** vescicolare **2** gonfio come una vescica.
blade [bleid], *n*. **1** lama (*di coltello, ecc.*); lametta (*da rasoio*); spada; (*fig.*) spadaccino **2** parte piatta; pala (*di remo, elica, ecc.*); patta **3** filo (*d'erba*); foglia (*di grano e altri cereali*) **4** (*bot.*) lamina **5** (*mecc.*) lama (*di bulldozer*) **6** (*ferr., anche* **switch b.**) ago (*d'uno scambio*) **7** (*autom.*) racchetta, spazzola (*del tergicristallo*) **8** (*arc., fam.*) giovanotto allegro, vivace o attaccabrighe; moscardino (*raro*). ● (*anat.*) **b.-bone**, scapola □ **in the b.**, in erba: **Wheat is still in the b.**, il grano è ancora in erba □ (*scherz.*) **an old b.**, una vecchia canaglia □ **switch-b. knife**, coltello a serramanico □ **a two-b. rasor**, un rasoio bilama.
bladed ['bleidid], *a*. **1** munito di lama, ecc. (*V*. **blade**). **2** (*bot.*) lanceolato. ● (*naut.*) **a three-b. propeller**, un'elica a tre pale.
blaeberry ['bleibəri], *n*. (*scozz.*) (*bot., Vaccinium myrtillus*) mirtillo.
blah [blɑ:], **blah-blah** [blɑ:-blɑ:], *n*. (*fam.*) blablà; paroloni; fesserie.
blain [blein], *n*. pustola; vescichetta; bolla cutanea.
blamable ['bleiməbl], *a*. biasimevole; riprovevole (*lett.*).
to blame [bleim], *v*. *t*. **1** biasimare; riprovare (*lett.*) **2** incolpare; prendersela con; dare la colpa a: **If anything goes wrong, don't b. me**, se qualcosa va male, non dare la colpa a me; **Bad painters b. their colours**, i cattivi pittori se la prendono con i colori; **He blamed his failure on his partners**, diede la colpa del suo fallimento ai soci. ● **to be to b.**, essere da biasimare: **Who is to b.?**, chi è da biasimare? (*meglio*: di chi è la colpa?) □ **to b. oneself for st.**, rimproverarsi q.c. □ **Nobody is to b.**, non è colpa di nessuno.
blame [bleim], *n*. **1** biasimo; riprovazione (*lett.*): **If you don't study, you will incur b.**, se non studi, sarai oggetto di biasimo **2** colpa; responsabilità: **You must share the b. for rejecting the proposal**, se la proposta è stata respinta, la colpa (*o* la responsabilità) è anche vostra. ● **to bear the b.**, assumersi la responsabilità; prendersi la colpa □ **to lay** (*o* **to put**) **the b. on sb.**, dare la colpa a q. □ **to lay the b. for st. at sb.'s door**, far ricadere la responsabilità di q.c. su q.
blamed [bleimd], *a*. (*fam. per* **damned**) benedetto (*per «maledetto»*): **It was on account of that b. train**, è stato tutto per via di quel benedetto treno.
blameful ['bleimful], *a*. biasimevole; riprovevole (*lett.*).
blameless ['bleimlis], *a*. **1** irreprensibile **2** innocente.
blamelessness ['bleimlisnis], *n*. **1** irreprensibilità **2** innocenza.
blameworthy ['bleim‚wə:ði], *a*. biasimevole; riprovevole (*lett.*).
to blanch [blɑ:ntʃ], **A** *v*. *t*. **1** sbiancare; sottoporre a imbianchimento; sbiadire: **to b. celery**, sottoporre a imbianchimento il sedano (*sotterrandone i gambi*) **2** pelare (*frutta o verdura, scottandole*). **B** *v*. *i*. sbiancare; impallidire: **He blanched from terror**, sbiancò dal terrore. ● (*fig.*) **to b. st. over**, attenuare (*o* mitigare) q.c.; nascondere (*uno scandalo, un difetto, ecc.*).
Blanche [blɑ:ntʃ], *n*. Bianca.
blancher ['blɑ:ntʃə*], *n*. **1** sbiancatore **2** (*agente*) sbiancante.
blancmange [blə'mɔnʒ], *n*. (*cucina*) biancomangiare.
bland [blænd], *a*. **1** gentile; cortese; dolce; melliflluo: **b. manners**, modi mellifui **2** blando; mite; temperato: **a b. climate**, un clima mite; **a b. medicine**, una medicina blanda **3** calmo; spassionato **4** insipido; insulso. ● **a b. diet**, una dieta leggera.
to blandish ['blændiʃ], *v*. *t*. blandire; lusingare.
blandishment ['blændiʃmənt], *n*. **1** lusinga; moina **2** (*pl.*) blandizie.
blandness ['blændnis], *n*. **1** gentilezza; mellifluità **2** mitezza **3** calma; spassionatezza.
blank (1) [blæŋk], *a*. **1** bianco; in bianco; vuoto; vacuo: **a b. page**, una pagina bianca; (*comm.*) **a b. cheque**, un assegno in bianco; (*fig.*) carta bianca: **That's giving him a b. cheque**, questo significa dargli carta bianca; (*comm.*) **b. bill**, cambiale in bianco; **b. space**, spazio vuoto; **a b. mind**, una mente vuota, vacua; (*comm., banca*) **a b. endorsement**, una girata in bianco; **a b. form**, un modulo in bianco da riempire; (*comm., banca*) **b. acceptance**, accettazione in bianco **2** assente; privo d'espressio-

ne (*o* d'interesse): **a b. look**, uno sguardo privo d'espressione (*o* assente) **3** sterile; improduttivo: **Those were b. years**, quelli furono anni sterili **4** assoluto; completo: **There was b. silence**, c'era assoluto silenzio **5** (*archit.*) cieco: **We came to a b. wall**, arrivammo a un muro cieco. ● **a b. cartridge**, una cartuccia a salve □ (*letter. ingl.*) **b. verse**, versi sciolti (*specialm. pentapodie giambiche non rimate*) □ **to look b.**, rimanere interdetto; non sapere che pesci pigliare.

blank (2) [blæŋk], *n.* **1** spazio vuoto (*o* in bianco); lacuna; vuoto: **Leave blanks for the names**, lasciate spazi in bianco per i nomi; **My mind was a b.**, avevo (*o* mi sentivo) la testa vuota **2** vuoto (*d'affetti, ecc.*): **Your departure has left a great b. in my life**, la tua partenza ha lasciato un gran vuoto nella mia vita **3** (*cartuccia a*) salve: **He fired ten rounds of b.**, sparò dieci (*cartucce a*) salve **4** (*USA*) modulo: **telegraph b.**, modulo per telegramma **5** (*mil., sport*) centro del bersaglio **6** biglietto, numero (*di lotteria*) non vincente: **to draw a b.**, estrarre un numero non vincente; (*fam.*) fare fiasco, fare cilecca **7** (*mecc.*) pezzo grezzo **8** (*tipogr.*) tratto lungo; lineetta di sospensione. ● (*mil.*) **b. firing**, tiro a salve □ **point-b.**, ad alzo zero; (*agg. e avv.*) a bruciapelo (*anche fig.*).

to blank [blæŋk], *v. t.* **1** (*di solito* **to b. out**) cancellare; annullare **2** (*USA, nei giochi*) non far segnare punti a (*un avversario*); lasciare a zero; dare cappotto a **3** (*mecc.*) tranciare **4** (*tipogr.*) indicare con una lineetta (*in luogo di una parola irriferibile*).

blanket [blæŋkit], **A** *n.* **1** coperta (*da letto, ecc.*): **horse b.**, coperta (*da cavallo*); gualdrappa **2** (*fig.*) manto; coltre; strato: **The fields are covered with a b. of snow**, i campi sono coperti di un manto di neve. **B** *a.* generale; globale; che copre tutti i casi: **a b. insurance policy**, una polizza (d'assicurazione) generale; **a b. invitation**, un invito generale (*o* rivolto a tutti); (*leg.*) **b. mortgage**, ipoteca generale. ● (*in Irlanda del Nord*) **b. protest**, «sciopero della coperta»: protesta contro l'uniforme carceraria (*da parte dei detenuti politici, che indossano una coperta*) □ (*fig.*) **to be born on the wrong side of the b.**, essere figlio illegittimo □ (*fig.*) **a wet b.**, un guastafeste.

to blanket [blæŋkit], *v. t.* **1** coprire con una coperta **2** (*fig.*) ammantare **3** (*d'una legge, ecc.*) applicarsi in modo uniforme a (*vari casi*) **4** (*naut.*) rubare il vento a (*una imbarcazione*) **5** archiviare (*un problema*); coprire, mettere a tacere (*uno scandalo*) **6** far rimbalzare (q.) su una coperta tesa **7** (*radio*) disturbare la ricezione di; sopraffare; coprire: **A powerful radio station blankets the weaker ones**, una stazione radio potente sopraffà le più deboli.

blanketing [blæŋkitiŋ], *n.* **1** stoffa per coperte (*collett.*) coperte **3** (*radio*) copertura di segnale.

blanking [blæŋkiŋ], *n.* **1** cancellazione **2** (*mecc.*) tranciatura.

blankly [blæŋkli], *avv.* **1** in modo assente, privo d'espressione: **He looked at me b.**, mi guardò in modo assente **2** assolutamente; completamente. ● **He denied b.**, negò recisamente.

blankness [blæŋknis], *n.* **1** vacuità **2** aria assente; mancanza d'interesse **3** sterilità; improduttività.

to blare [blɛə*], **A** *v. i.* **1** (*di tromba*) squillare (*d'automobile*) strombettare **3** (*della radio, ecc.*) essere a tutto volume. **B** *v. t.* **1** strombazzare: **to b. out the news of the victory**, strombazzare la notizia della vittoria **2** gridare; urlare: **to b. out a threat**, urlare una minaccia **3** tenere a tutto volume (*la radio, ecc.*). ● **to b. away**, fare un chiasso assordante.

blare [blɛə*], *n.* **1** squillo; strombettio; chiasso **2** luce accecante; barbaglio **3** (*di colore*) brillantezza; chiassosità **4** (*fig.*) sfarzo; pompa.

blarney [blɑ:ni], *n.* linguaggio adulatorio; moine; lusinghe.

to blarney [blɑ:ni], *v. t. e i.* adulare; lusingare; sviolinare (*fam.*).

to blaspheme [blæsˈfi:m], *v. t. e i.* bestemmiare; maledire; imprecare.

blasphemer [blæsˈfi:mə*], *n.* bestemmiatore; chi impreca.

blasphemous [blæsfiməs], *a.* blasfemo; empio.

blasphemy [blæsfimi], *n.* bestemmia; empietà.

blast [blɑ:st], *n.* **1** colpo di vento; ventata; raffica; folata **2** getto d'aria (*in un altoforno*): **The furnace is in b.** (**out of b.**), l'altoforno è in funzione (è spento) **3** squillo: **We heard a b. from his horn**, udimmo uno squillo del suo corno **4** scoppio; esplosione: **an atomic b.**, un'esplosione atomica **5** carica d'esplosivo **6** spostamento d'aria **7** (*in una macchina a vapore*) vapore di scarico **8** (*fig.*) influsso dannoso; flagello **9** (*fam.*) festa; trattenimento; party. ● **b.-furnace**, altoforno □ **b.-hole**, fornello di mina □ **b.-pipe**, scappamento (*di locomotiva a vapore*) □ **at full b.**, a tutta forza (*o* velocità).

to blast [blɑ:st], **A** *v. t.* **1** danneggiare; distruggere; disseccare; inaridire: **The oak was blasted by lightning**, la quercia fu distrutta dal fulmine; **The icy wind blasted the flowers**, il vento gelido inaridì i fiori **2** far saltare in aria; far brillare (*mine*): **The rearguard blasted the bridges**, la retroguardia fece saltare i ponti **3** deludere; frustrare **4** (*pop.*) maledire: **B. that fellow!**, al diavolo (quel tizio)! **B** *v. i.* **1** squillare **2** (*pop.*) sparare **3** (*pop. USA*) fumare marijuana. ● (*di missile o razzo*) **to b. off**, partire □ **to b. a road**, aprire una strada con le mine.

blasted [blɑ:stid], *a.* **1** distrutto; disseccato; inaridito **2** deluso; frustrato **3** (*pop.*) dannato; maledetto.

blasting [blɑ:stiŋ], *n.* **1** abbattimento (*con esplosivi*) **2** brillamento (*di mine*). ● **b. cap**, detonatore □ **b. fuse**, miccia □ **b. oil**, nitroglicerina □ (*mecc.*) **sand-b.**, sabbiatura.

blastoderm [blæstoudə:m], *n.* (*biol.*) blastoderma.

blast(-)off [blɑ:stɔf], *n.* (*miss.*) lancio, partenza (*di un razzo*).

blatancy [bleitənsi], *n.* **1** chiassosità; rumorosità (*raro*); vistosità **2** invadenza; sfacciataggine **3** chiarezza, evidenza.

blatant [bleitənt], *a.* **1** chiassoso; rumoroso; vistoso **2** invadente; sfacciato **3** flagrante; manifesto: **a b. lie**, una bugia manifesta.

to blather [blæðə*], *v. i.* (*pop. scozz.*) cianciare; parlare a vanvera.

blather [blæðə*], *n.* (*pop. scozz.*) ciance; discorsi a vanvera.

blatherer [blæðərə*], *n.* (*pop. scozz.*) cianciatore; blaterone.

to blaze (1) [bleiz], *v. i.* **1** ardere; bruciare; fiammeggiare: **His eyes were blazing with fury**, aveva gli occhi fiammeggianti d'ira **2** ardere; risplendere: **The sun was blazing in the sky**, il sole ardeva nel cielo. ● **to b. away**, continuare a bruciare, ardere ininterrottamente; sparare senza sosta; (*fig.*) lavorare con entusiasmo, d'impeto; parlare in fretta, accalorandosi □ **to b. away at a speaker**, tempestare di domande un oratore □ **to b. up**, divampare, prender fuoco; (*d'incendio*) scoppiare; (*fig.*) infiammarsi (*d'ira*) □ **a blazing fire**, un fuoco che divampa □ **a blazing house**, una casa in fiamme □ **a blazing lie**, una bugia sfacciata; una bugiona □ (*nella caccia*) **a blazing scent**, una traccia assai facile da fiutare.

blaze (1) [bleiz], *n.* **1** vampa; fiamma vivida; vampata; bella fiammata: **The logs soon burst into a b.**, i ceppi fecero presto una bella fiammata; **The whole house was in a b.**, tutta la casa era in fiamme **2** incendio **3** scatto; scoppio; slancio; impeto: **in a b. of fury**, in uno scoppio d'ira; **in a b. of oratory**, in uno slancio oratorio **4** splendore; (*fig.*) piena luce: **The city was a b. of lights in the night**, la città era uno splendore di luci nella notte; **The hero was in a b. of glory**, l'eroe era nella piena luce della (*o* circonfuso dalla) gloria. ● **like blazes**, energicamente; impetuosamente □ (*pop.*) **Go to blazes!**, va' al diavolo! **What the blazes!**, che diamine! □ «**Will you give me your car?**» «**Like blazes!**», «vuoi darmi l'auto?» «neanche per sogno!».

blaze (2) [bleiz], *n.* **1** stella; macchia bianca (*sul muso d'un animale*) **2** segnavia; incisione (*sulla corteccia d'un albero*).

to blaze (2) [bleiz], *v. t.* **1** segnare, incidere (*alberi*) **2** indicare, segnare (*una strada*). ● **to b. a trail**, segnare un sentiero (*in un bosco*); (*fig.*) aprire una via nuova, precorrere i tempi.

to blaze (3) [bleiz], *v. t.* (*specialm.* **to b. abroad**) diffondere; divulgare; proclamare: **He likes to b. abroad scandals**, gli piace divulgare notizie scandalistiche.

blazer [bleizə*], *n.* **1** blazer; giacca sportiva, a colori vivaci **2** divulgatore (*di notizie*) **3** (*pop.*) sfacciata menzogna.

blazon [bleizn], *n.* **1** blasone; stemma araldico (*o* gentilizio) **2** descrizione tecnica d'un blasone **3** (*fig.*) esaltazione; descrizione.

to blazon [bleizn], *v. t.* (*spesso* **to b. abroad, forth, out**) diffondere; divulgare; proclamare **2** blasonare; descrivere, disegnare (*un blasone*) **3** adornare; ornare; dare lustro a.

blazonry [bleiznri], *n.* **1** (*araldica*) descrizione tecnica di un blasone **2** (*collett.*) blasonario; blasoni; stemmi **3** (*fig.*) sfoggio; parata; esibizione fastosa.

to bleach [bli:tʃ], **A** *v. t.* **1** (*ind. tessile*) imbiancare; candeggiare **2** (*fotogr.*) sbiancare **3** imbianchire (*carta*). **B** *v. i.* **1** imbianchire; sbiancarsi **2** impallidire; scolorire; trascolorare.

bleach [bli:tʃ], *n.* (*ind. tessile*) **1** candeggiatura **2** candeggio; sbianca; imbianchimento.

bleacher [bli:tʃə*], *n.* (*ind. tessile*) **1** candeggiatore **2** candeggiatrice; candeggina **3** recipiente per candeggiare **4** (*pl., sport USA*) posti di gradinata.

bleaching [bli:tʃiŋ], *n.* (*ind. tessile*) imbianchimento; candeggio; sbianca. ● **b. powder**, polvere da sbianca; polvere per imbiancare.

bleak (1) [bli:k], *n.* (*zool., Alburnus albidus, Alburnus lucidus*) alburno; alborella; avola.

bleak (2) [bli:k], *a.* **1** tetro; desolato; brullo; squallido; esposto alle intemperie; spazzato dal vento: **a b. house**, una casa tetra; **a b. moor**, una brughiera desolata **2** pallido; esangue; bianco in volto: **a b. smile**, un pallido sorriso.

bleakness [bli:knis], *n.* **1** tetraggine; desolazione; squallore **2** pallore.

to blear [bliə*], *v. t.* **1** offuscare, ottenebrare, annebbiare (*la vista, la mente*) **2** sfumare; rendere indistinto.

blear [bliə*], *a.* **1** (*dell'occhio, dell'intelletto*) offuscato; ottenebrato; debole; confuso; annebbiato **2** incerto; nebuloso; sfumato. ● **b.-eyed**, dagli occhi cisposi; dalla vista debole □ **b.-witted**, dalla mente confusa, annebbiata; ottuso, tonto.

bleary ['bliəri], *a.* **1** incerto; nebuloso; sfumato **2** (*della mente, ecc.*) offuscato; confuso; annebbiato **3** dagli occhi cisposi; dalla vista debole **4** esausto; stanco morto.

to bleat [bli:t], *v. i.* **1** belare **2** (*fig.*) piagnucolare. ● **to b. out**, dire con voce piagnucolosa.

bleat [bli:t], *n.* **1** belato **2** (*fig.*) piagnucolio.

bleb [bleb], *n.* **1** vescichetta **2** bolla d'aria.

bled [bled], *pass.* e *p. p.* di **to bleed**.

to bleed [bli:d] (*pass.* e *p. p.* **bled**), A *v. i.* **1** (*anche fig.*) sanguinare: **My heart bleeds**, mi sanguina il cuore **2** morire; versare il proprio sangue (per q.) **3** (*di piante*) stillare linfa **4** (*d'una macchia*) saltar fuori (*di sotto a una mano di vernice*) **5** (*di tinta o vernice*) diffondersi; spargersi. B *v. t.* **1** salassare **2** (*fam.*) estorcere denaro a **3** (*bot.*) estrarre la linfa da (*una pianta*) **4** (*mecc.*) spurgare (*un sistema idraulico*) **5** (*mecc.*) prelevare (*vapore*). ● **to b. to death**, dissanguare, dissanguarsi; morire dissanguato □ **to b. white**, dissanguarsi completamente; (*fig.*) dissanguare, ridurre allo stremo.

bleeder ['bli:də*], *n.* **1** (*med.*) flebotomo; salassatore (*raro*) **2** (*med.*) emofiliaco **3** (*elettr.*) resistore zavorra **4** (*mecc.*) valvola di spurgo **5** chi estorce denaro; sanguisuga (*fig.*) **6** (*pop.*) briccone; canaglia **7** (*pop.*) individuo; tipo; tizio **8** (*pop.*) accidente, coi fiocchi (*fig.*): **a b. of a storm**, un temporale coi fiocchi; un accidente di temporale.

bleeding ['bli:diŋ], *n.* **1** (*med.*) emorragia **2** (*med.*) salasso **3** (*mecc.*) spurgo **4** (*fotogr.*) frangia.

bleed valve ['bli:d,vælv], *n.* (*mecc.*) valvola di scarico (*o* di spurgo).

bleep [bli:p], *n.* **1** bip; segnale acustico **2** *V.* **bleeper**.

to bleep [bli:p], A *v. i.* fare bip. B *v. t.* (*fam.*) chiamare (q.) con un cercapersone (*anche* **to b. for sb.**)

bleeper ['bli:pə*], *n.* cercapersone.

blemish ['blemiʃ], *n.* macchia; difetto (*fisico o morale*); magagna; pecca. ● **without b.**, immacolato; impeccabile; perfetto.

to blemish ['blemiʃ], *v. t.* **1** deformare; guastare **2** macchiare (*la reputazione*) **3** sfregiare; sciupare.

to blench [blentʃ], A *v. i.* ritrarsi; tirarsi indietro (*per paura*); scoraggiarsi. B *v. t.* chiudere gli occhi di fronte a (q.c.); fingere di non vedere.

to blend [blend] (*pass.* e *p. p.* **blended, blent**), A *v. t.* mescolare; miscelare: **Tea blenders b. different kinds of tea**, i miscelatori di tè miscelano diverse specie di tè; **Painters b. colours**, i pittori mescolano i colori. B *v. i.* **1** mescolarsi; fondersi (*anche fig.*): **substances that do not b.**, sostanze che non si mescolano; **where sky and ocean b.**, dove il cielo si fonde con il mare **2** (*di colori*) sfumare (*l'uno nell'altro*); armonizzare; accordarsi: **She chose a colour which blended with her skin**, ella scelse un colore in armonia con la sua carnagione.

blend [blend], *n.* **1** miscela; mistura; miscuglio dosato: **a b. of coffee**, una miscela di caffè **2** fusione; unione; (*di colori*) sfumatura **3** (*mus.*) modulazione **4** (*gramm.*) ibrido.

blende [blend], *n.* (*miner.*) blenda.

blender ['blendə*], *n.* **1** mescolatore **2** (*specialm. USA*) frullatore (*cfr. ingl.* **liquidizer**).

blending ['blendiŋ], *n.* **1** miscela **2** mescolanza (*di colori*) **3** (*ind.*) mescolatura.

blennorrhoea [,blenə'riə], *n.* (*med.*) blenorragia; blenorrea.

blenny ['bleni], *n.* (*zool.*, *Blennius*) blennio; bavosa.

blent [blent], *pass.* e *p. p.* di **to blend**.

blesbok ['blezbɔk], *n.* (*pl.* **blesbock, blesbocks**) (*zool.*, *Damaliscus albifrons*) damalisco dalla fronte bianca.

to bless [bles] (*pass.* e *p. p.* **blessed, blest**), A *v. t.* **1** benedire **2** fare il dono prezioso di: **He blessed us with his help**, ci fece il prezioso dono del suo aiuto **3** (*relig.*) consacrare (*il pane, ecc.*) **4** santificare (**5** *nelle escl., indica sorpresa, gioia, indignazione*) **B. me!** (**b. my soul!**), Dio mio!; **Well, I'm blest!**, per Bacco!; **I'm blest if I've done it**, mi venga il malanno (*o un accidente, ecc.*) se sono stato io!; **B. the boy!**, benedetto ragazzo! **to bless oneself** B *v. rifl.* **1** stimarsi beato, felice **2** segnarsi; farsi il segno della croce. ● **(God) b. you**, Dio ti benedica (*a chi starnuta*) salute! □ **to be blessed with**, avere in dono (*dalla sorte*); godere di (*salute, buon appetito, ecc.*) □ (*fig.*) **not to have a penny to b. oneself with**, non avere il becco di un quattrino (*infatti, sul penny d'argento era incisa una croce*).

blessed ['blesid], *a.* **1** (*anche fig.*) benedetto; sacro; santo: **I have yet to finish that b. work**, devo ancora finire quel benedetto lavoro **2** beato; felice: **b. ignorance!**, beata ignoranza!; **the B.**, i Beati, le anime beate **3** fortunato: **The day I met you was a b. one**, il giorno che ti incontrai fu un giorno fortunato.

blessedness ['blesidnis], *n.* **1** beatitudine (*celeste*) **2** felicità. ● (*scherz.*) **single b.**, la beata condizione di scapolo.

blessing ['blesiŋ], *n.* **1** (*anche fig.*) benedizione; dono del cielo:

A true friend is a great b., un amico sincero è un dono del cielo **2** preghiera di ringraziamento (*detta prima o dopo i pasti*); benedicite **3** approvazione; beneplacito: **This method had his b.**, questo metodo ebbe il suo beneplacito. ● **a b. in disguise**, un male apparente da cui deriva un bene.

blest [blest], *pass.* e *p. p.* di **to bless**.

to blether ['bleðə*], *v. i.* (*pop. scozz.*) cianciare; parlare a vanvera.

blether ['bleðə*], *n.* (*pop. scozz.*) ciance; discorsi a vanvera.

bletherer ['bleðərə*], *n.* (*pop. scozz.*) ciancione; blaterone.

blethering ['bleðəriŋ], *a.* (*pop.*) **1** che parla a vanvera **2** spregevole. ● **a b. idiot**, un perfetto idiota.

bletherskite ['bleðə,skait], *n.* (*pop. scozz.*) ciancione; blaterone.

blew [blu:], *pass.* di **to blow** (1) e (2).

blight [blait], *n.* (*bot.*) avvizzimento, moria, carbone, golpe, ruggine (*delle piante*) **2** (*fig.*) influsso malefico.

to blight [blait], *v. t.* **1** danneggiare; fare appassire; (*fig.*) fare intristire, rattristare: **His life was blighted by poverty**, la sua vita fu rattristata dalla miseria **2** deludere; frustrare: **All my expectations were blighted**, tutte le mie speranze furono deluse.

blighter ['blaitə*], *n.* (*pop.*) **1** iettatore; seccatore **2** canaglia; furfante **3** individuo; tizio.

Blighty ['blaiti], *n.* (*gergo mil.*) **1** casa (*fig.*); patria **2** (*anche* **b. one**) una ferita «intelligente» (*tale da fare rimpatriare*). ● **B. leave**, licenza.

blimey ['blaimi], *inter.* (*pop.*, *indica sorpresa*) accidenti!

blimp [blimp], *n.* **1** (*stor.*) dirigibile floscio **2** (*fam.*) conservatore ottuso e borioso **3** grassone; ciccione.

blind (1) [blaind], *a.* **1** (*anche fig.*) cieco: **a b. man**, un cieco; **the b.**, i ciechi; **b. of an eye**, cieco da un occhio; guercio; **the b. forces of nature**, le forze cieche della natura; **b. destiny**, la sorte cieca **2** alla cieca: **a b. search**, una ricerca alla cieca **3** cieco; chiuso; finto; invisibile; occulto; nascosto; tenebroso; sconsiderato: **a b. wall**, un muro cieco; **a b. alley**, un vicolo cieco (*anche fig.*); **b. window**, una finestra cieca (*o* finta); **a b. ditch**, una fossa cieca (*o* nascosta); **a b. stitch**, un punto di cucitura invisibile; **a b. dungeon**, un carcere tenebroso; **b. haste**, fretta sconsiderata **4** illeggibile; (*specialm. di posta*) con indirizzo illeggibile (*o* incompleto): **a b. letter**, una lettera con indirizzo illeggibile. ● **b. coal**, cortea a fiamma corta (*antracite*) □ **b. date**, appuntamento «alla cieca» (*con q. che s'incontra per la prima volta*) □ (*pop.*) **b. drunk**, sbronzo; ubriaco fradicio □ (*aeron.*) **b. flight** (*o* **flying**), volo cieco (*o* strumentale) □ (*aeron.*) **b. landing**, atterraggio cieco □ **b. man's buff**, mosca cieca (*gioco*) □ (*mil.*) **b. shell**, granata inesplosa □ **sb.'s b. side**, il punto vulnerabile di q. □ **b. spot**, punto cieco (*della retina*) (*radio*) zona di silenzio; (*radar*) zona morta; (*fig.*) punto debole □ **b. stamp**, timbro a secco □ **to b.-stitch**, cucire con punti interni □ (*pop. USA*) **b. tiger**, spaccio illegale di bevande alcoliche □ **b. track**, sentiero difficile da seguire (*o* rintracciare); (*ferr.*) binario morto □ **to go** (*o* **to become**) **b.**, diventare cieco □ **to turn a b. eye to sb.**, ignorare q.; fingere di non vedere q. □ **to turn a b. eye to st.**, chiudere un occhio su q.c.

to blind [blaind], *v. t.* **1** (*anche fig.*) accecare; abbagliare; impedire di vedere: **He was blinded by the headlights of a car**, fu accecato (*o* abbagliato) dai fari della sua automobile; **The girl's beauty blinded his judgement**, la bellezza della ragazza gli impedì di vederne i difetti **2** oscurare; rendere opaco; opacizzare **3** eclissare; superare in splendore **4** (*mil.*) blindare **5** (*radio*) schermare.

blind (2) [blaind], *n.* **1** schermo (*contro la luce*); ostacolo (*alla vista*) **2** avvolgibile (*di finestra*); (*tenda alla*) veneziana **3** (*USA*) paraocchi (*di cavallo*) **4** (*caccia, specialm. USA*) nascondiglio **5** finzione; pretesto; schermo, raggiratura (*fig.*) **6** (*poker*) buio; (*anche*) fiche obbligatoria (*per chi è di mano*) **7** (*pop.*) bicchierata **8** (*pop.*) sbornia; sbronza. ● (*poker*) **b. opening**, apertura al buio □ (*poker*) **b. raise**, controbuio □ (*poker*) **to raise the b.**, fare il controbuio □ **roller b.**, tendina a ghigliottina (*che s'avvolge su un rullo*) □ **vertical b.**, veneziana a stecche verticali.

blind (3) [blaind], *n.* — (*zool.*) **b. worm** (*Anguis fragilis*), orbettino.

blindage ['blaindidʒ], *n.* **1** (*mil.*) blindatura **2** (*radio*) schermatura.

blinder ['blaində*], *n.* **1** accecatore **2** (*pop. USA*) cannonata; schianto (*fig.*) **3** (*USA*, *di solito al pl.*; *di cavallo* e *fig.*) paraocchi.

to blindfold ['blaindfould], *v. t.* bendare (q., gli occhi a q.): **They blindfolded the prisoners before taking them to the headquarters**, bendarono i prigionieri prima di portarli al quartier generale.

blindfold ['blaindfould], A *a.* e *avv.* **1** bendato; con gli occhi bendati **2** sconsiderato; alla cieca: **He acted b.**, agì alla cieca. B *n.* benda.

blinding ['blaindiŋ], A *n.* **1** accecamento; abbagliamento **2** getto di ghiaietto (*su strada catramata*). B *a.* accecante;

blindness

abbagliante.
blindness ['blaindnis], *n.* (*anche fig.*) cecità.
blink [bliŋk], *n.* **1** ammiccamento; ammicco; battito di ciglia **2** balenio; bagliore fugace; barlume **3** rapida occhiata **4** attimo; baleno (*fig.*). ● **ice-b.**, riverbero (*del ghiaccio*) □ (*fam.*) **on the b.**, guasto.
to blink [bliŋk], **A** *v. i.* **1** ammiccare; battere le palpebre: **Don't b.!**, non battere le palpebre! **2** guardare di sottecchi: **He blinked at me**, mi guardò di sottecchi **3** brillare a intervalli o di luce incerta; (*di segnale luminoso*) lampeggiare **4** chiudere un occhio (su); non prendere in considerazione: **He blinked at my mistake**, chiuse un occhio sul mio errore **5** (*di latte*) inacidire. **B** *v. t.* **1** battere (*le palpebre*): **Don't b. your eyes!**, non battere le palpebre! **2** accendere e spegnere rapidamente (*una luce*). ● **to b. the fact that...**, chiudere gli occhi di fronte a; rifiutarsi di riconoscere (q.c.) □ **to b. a question**, eludere una domanda □ (*fam.*) **I'll tell you something that will make you b.**, ti dirò una cosa che ti farà restare a bocca aperta (*fig.*).
blinker ['bliŋkə*], *n.* **1** chi ammicca, ecc. **2** (*autom.*) lampeggiatore; semaforo a luce intermittente **3** (*pl.*) paraocchi (*di cavallo*) **4** (*pl.*) occhialoni; occhiali da motociclista **5** (*pl., fam.*) palpebre.
blinking ['bliŋkiŋ], *a.* **1** (*di luce*) intermittente **2** (*pop.*) dannato; maledetto: **a b. nuisance**, una maledetta seccatura. ● (*pop.*) **a b. idiot**, un perfetto idiota.
blintz [blints], *n.* frittella al formaggio.
blip [blip], *n.* **1** (suono acuto di) bip (*ma più breve di* **bleep**, q.V.) **2** (*radar*) puntino (*sullo schermo*).
bliss [blis], *n.* grande gioia; felicità perfetta; beatitudine.
blissful ['blisful], *a.* **1** felice; beato **2** che rende felice, beato **3** (*fam.*) delizioso.
blissfulness ['blisfulnis], *n.* felicità perfetta; beatitudine.
blister ['blistə*], *n.* **1** vescica (*sulla pelle*); pustola **2** bolla (*su foglie, legno, in un metallo, ecc.*) **3** (*med.*) vescicante **4** (*aeron.*) torretta d'aeroplano. ● (*zool.*) **b. beetle** (*o* **b. fly**) (*Lytta vesicatoria*), cantaride □ **b. gas**, gas vescicante.
to blister ['blistə*], **A** *v. t.* **1** produrre vesciche su **2** (*med.*) applicare un vescicante a. **B** *v. i.* coprirsi di vesciche: **His feet b. easily**, i suoi piedi si coprono di vesciche con facilità.
blithe [blaið], *a.* **1** allegro; gaio; gioioso **2** sconsiderato; superficiale.
to blither ['bliðə*], *V.* **to blether**.
blithesome ['blaiðsəm], *a.* allegro; gaio; gioioso.
blitz [blits] (*ted.*), *n.* **1** (*mil.*) attacco improvviso e violento; (*specialm.*) incursione aerea **2** — (*stor.*) **the B.**, il bombardamento (aereo) di Londra **3** (*fig.*) bombardamento: **an advertising b.**, un bombardamento pubblicitario.
to blitz [blits], *v. t.* (*mil. e fig.*) **1** attaccare **2** danneggiare; distruggere: **blitzed areas**, zone danneggiate (*o* distrutte) da bombardamento aereo.
blitzkrieg ['blitskri:g] (*ted.*), *n.* (*mil.*) guerra lampo.
blizzard ['blizəd], *n.* blizzard; bufera di neve; tormenta.
to bloat [blout], **A** *v. t.* **1** gonfiare (q.c. d'aria, d'acqua); ingrossare: **The river had been bloated by the heavy rains**, il fiume era stato ingrossato dalle forti piogge **2** affumicare e salare (*aringhe, scombri*). **B** *v. i.* gonfiarsi (*anche fig.*); insuperbire.
bloated ['bloutid], *a.* **1** gonfio; tronfio; borioso: **b. with food**, gonfio di cibo; sazio, satollo; **b. with pride**, gonfio d'orgoglio; **a b. aristocrat**, un borioso aristocratico **2** eccessivo; sproporzionato: **b. armaments**, armamenti eccessivi **3** affumicato e salato.
bloater ['bloutə*], *n.* aringa affumicata; sgombro affumicato.
blob [blɔb], *n.* **1** goccia (*di liquido, cera, vernice, ecc.*) **2** piccola macchia o spruzzo (*di colore*) **3** grumo **4** (*cricket*) zero punti.
blobber-lipped ['blɔbə'lipt], *a.* dalle labbra tumide.
bloc [blɔk] (*franc.*), *n.* (*polit., econ., fin.*) blocco: **the b. of the left-wing parties**, il blocco dei partiti di sinistra; **the sterling b.**, il blocco dei paesi dell'area della sterlina.
block [blɔk], *n.* **1** blocco (*di legno, pietra, ecc.*; *l'azione e l'effetto di bloccare*); masso; ingorgo; ostacolo; intasamento: **a fine b. of marble**, un bel blocco di marmo; **a traffic b.**, un ingorgo del traffico; **There is a b. in the drain**, c'è un intasamento nel tubo di scarico **2** ceppo (*del boia, del macellaio*): **to go (to be sent) to the b.**, andare (essere condannato) alla decapitazione; lasciare la testa sul ceppo **3** casamento; grande edificio **4** isolato: **Walk two blocks and then turn right**, va' avanti per due isolati e poi volta a destra **5** carrucola; (*naut.*) puleggia (*di paranco*); bozzello **6** (*mecc.*) blocco motore **7** cubo, blocchetto di legno (*nei giochi di costruzione*) **8** forma (*di legno, per cappelli, ecc.*): **barber's b.**, forma di legno (*per parrucche*) **9** piattaforma, palco (*per vendite all'asta*): **to be on the b.**, essere in vendita (*o* messo all'asta) **10** (*tipogr.*) lastra di zinco, rame, ecc.; cliché **11** (*fig.*) testa di legno; stupido **12** (*in parlamento*) opposizione (*a un disegno di legge*) **13** (*pl.*) costruzioni (*gioco*). ● (*naut.*) **b. and tackle**, paranco □ **b. chain**, catena (*da bicicletta, ecc.*) □ **b. letters**, stampatello □ **a b. of flats**, un caseggiato □ (*Borsa*) **b. of shares**, pacchetto d'azioni; pacchetto azionario □ (*comm.*) **b. offer**, offerta in blocco □ **b. tin**, stagno in pani □ **breech b.**, otturatore (*di fucile*) □ (*fig.*) **a chip of (off) the old b.**, un figlio (*o* una figlia) che somiglia al padre (*o* alla madre); chi rivela le caratteristiche del ceppo da cui deriva □ (*fig.*) **to cut blocks with a razor**, fare un lavoro inutile □ (*naut.*) **double b.**, bozzello doppio □ (*di una lettera commerciale*) **in b. form**, a blocco (*a paragrafi spaziati e senza capoversi*) □ (*naut.*) **keel b.**, taccata □ (*mecc.*) **sliding b.** (*o* **link-b.**), pattino □ (*naut.*) **snatch b.**, pastecca.
to block [blɔk], *v. t.* **1** bloccare; rendere impraticabile; ostruire; ostacolare; intasare; neutralizzare: **The line was blocked by a landslide**, la linea fu bloccata da una frana; **We succeeded in blocking the attack**, riuscimmo a neutralizzare l'attacco; (*fin.*) **blocked currency**, valuta bloccata; **blocked drains**, scarichi intasati **2** modellare (*cappelli, ecc.*) su una forma **3** tagliare in blocchi (*o* in massi) **4** rinforzare con blocchi (*o* massi) **5** (*chim.*) rendere inattivo **6** (*in parlamento*) bloccare, fare opposizione a (*un disegno di legge*). ● (*banca*) **to b. an account**, bloccare un conto; □ **to b. out**, abbozzare, sbozzare, delineare; nascondere alla vista □ **to b. up**, bloccare; ostruire.
blockade [blɔ'keid], *n.* **1** (*mil.*) blocco: **paper b.**, blocco «sulla carta» (*dichiarato, ma non messo in atto*); **to raise a b.**, togliere il blocco; **to run a b.**, forzare (*o* rompere) il blocco **2** ostruzione; blocco; impedimento. ● **b.-runner**, persona (*o* nave) che ha forzato il blocco.
to blockade [blɔ'keid], *v. t.* **1** (*mil.*) bloccare; stringere d'assedio **2** ostruire, impedire (*la vista, ecc.*).
blockage ['blɔkidʒ], *n.* blocco (*specialm. di moneta*).
blockbuster ['blɔkbʌstə*], *n.* **1** (*mil.*) grossa bomba (*che fa saltare in aria un intero isolato*) **2** (*fig.*) uomo forzuto, gigante, colosso (*fig.*); cannonata (*fig.*) **3** (*USA*) speculatore edilizio (*V.* **blockbusting**).
blockbusting ['blɔkbʌstiŋ], *n.* (*USA*) allontanamento dei proprietari bianchi da un quartiere, nel timore dell'arrivo d'inquilini negri.
blockhead ['blɔkhed], *n.* **1** forma (*per cappelli o parrucche*) **2** (*fig.*) testa di legno; stupido; testone; zuccone.
blockhouse ['blɔkhaus], *n.* **1** (*mil.*) fortino; casamatta **2** casa di tronchi squadrati.
blocking ['blɔkiŋ], *n.* **1** intasamento **2** il rinforzare con blocchi **3** (*polit.*) blocco (*di un disegno di legge*) **4** (*chim., edil., elettron.*) bloccaggio.
blockish ['blɔkiʃ], *a.* stupido; ottuso.
blockmaker ['blɔkmeikə*], *n.* (*tipogr.*) zincografo.
bloke [blouk], *n.* (*pop.*) individuo; tipo; tizio.
blond [blɔnd], **A** *a.* (*di capello*) biondo. **B** *n.* uomo dai capelli biondi.
blonde [blɔnd], **A** *a.* (*di donna*) bionda. **B** *n.* **1** bionda; donna dai capelli biondi **2** bionda (*merletto di seta*).
blood [blʌd], *n.* **1** sangue (*in tutti i sensi*): **There is bad b. between them**, non c'è buon sangue fra loro; **His b. is up**, gli è andato il sangue alla testa; **My b. ran cold**, mi si agghiacciò il sangue; **I love my children, because they are my own flesh and b.**, voglio bene ai miei figlioli, perché sono sangue del mio sangue **2** liquido vitale; linfa (*di piante*) **3** (*fam.*) damerino; zerbinotto; elegantone. ● **b.-and-thunder**, sensazionale; melodrammatico □ **b. bank**, banca del sangue; emoteca □ **b. bath**, bagno di sangue; massacro □ **b. brother**, fratello carnale; amico fraterno (*specialm. legato da un patto di fratellanza*) □ (*med.*) **b. clot**, grumo di sangue, embolo □ **b.-curdling**, che fa gelare il sangue nelle vene; orripilante; raccapricciante □ (*stor.*) **b. feud**, faida □ **b. donor** (*o* **b. giver**), donatore di sangue □ (*anat.*) **b. group**, gruppo sanguigno □ **b.-guilty**, macchiato del sangue (*d'un delitto*) □ **b. horse**, (cavallo) purosangue □ (*med.*) **b.-letter**, cavatore di sangue; flebotomo □ **b.-letting**, salasso; spargimento di sangue □ (*USA, autom., med.*) **b.-mobile**, autoemoteca □ **b. money**, compenso dato a un sicario (*o* a un delatore); (*stor.*) penale pagata da un omicida ai parenti dell'ucciso; guidrigildo □ **b. orange**, arancia sanguigna □ (*biol.*) **b. plasma**, plasma sanguigno □ (*med.*) **b. poisoning**, avvelenamento del sangue; setticemia □ **b. pudding**, migliaccio; sanguinaccio □ (*polit.*) **b. purge**, epurazione sanguinosa, cruenta □ **b.-red**, rosso (come il) sangue; di colore sanguigno □ **b. relation**, consanguineo □ **b. relationship**, consanguineità □ **b. royal**, sangue reale □ **b. sports**, sport sanguinari, cruenti □ **b.-stained**, macchiato di sangue (*anche fig.*) □ **b.-thirsty**, assetato di sangue; sanguinario □ (*anat.*) **b.-vessel**, vaso sanguigno □ **blue b.**, sangue blu; stirpe nobile □ (*fig.*) **flesh and b.**, la natura umana □ (*fig.*) **fresh b.**, membri nuovi (*d'una famiglia, ecc.*) □ **in cold b.**, a sangue freddo □ **in hot b.**, in un impeto d'ira □ **young b.** (*o* **fresh-b.**), damerino (*o* giovanotto alla moda) □ **to let b.**, cavar sangue; salassare □ **I hate cats, and so does my father**,

it's (*o* **it runs**) **in the b.**, non posso soffrire i gatti e così pure mio padre: l'abbiamo nel sangue □ **He made bad b. between her relatives**, egli seminò zizzania tra i parenti di lei □ (*prov.*) **B. will tell**, buon sangue non mente □ (*prov.*) **You cannot get b. out of a stone**, non si può cavar sangue da una rapa □ (*prov.*) **B. is thicker than water**, il sangue non è acqua.

to blood [blʌd], *v. t.* **1** (*med.*) salassare; cavar sangue a **2** assuefare (*un cane*) al gusto del sangue **3** (*fig.*) incitare; aizzare; esasperare.

blooded ['blʌdid], *a.* **1** (*nei composti:*) **blue-b.**, di sangue blu; nobile; aristocratico; **hot-b.**, dal sangue caldo **2** purosangue; di razza.

bloodhound ['blʌdhaund], *n.* **1** (*cane*) segugio di Sant'Uberto; limiere **2** segugio, bracco (*fig.*); agente investigativo; detective **3** (*mil.*) missile terra-aria.

bloodily ['blʌdili], *avv.* **1** sanguinosamente **2** crudelmente.

bloodiness ['blʌdinis], *n.* **1** crudeltà **2** istinto sanguinario.

bloodless ['blʌdlis], *a.* **1** senza sangue; esangue; anemico **2** insensibile; freddo; crudele **3** (*fig.*) debole; fiacco; senza sangue nelle vene **4** incruento: **a b. victory**, una vittoria incruenta.

bloodshed ['blʌdʃed], *n.* spargimento di sangue; massacro.

bloodshot ['blʌdʃɔt], *a.* (*d'occhio*) iniettato di sangue; rosso.

bloodstone ['blʌdstoun], *n.* (*miner.*) **1** eliotropia **2** ematite.

bloodsucker ['blʌd,sʌkə*], *n.* sanguisuga; mignatta; (*fig.*) usuraio; vampiro.

bloodthirsty ['blʌd,θə:sti], *a.* assetato di sangue; sanguinario.

bloody ['blʌdi], **A** *a.* **1** insanguinato; sanguinante: **a b. handkerchief**, un fazzoletto insanguinato; **The quarrel ended in b. noses**, la lite finì con i nasi (*dei contendenti*) sanguinanti **2** sanguinoso: **a b. battle**, una battaglia sanguinosa **3** sanguinario: (*stor.*) **B. Mary**, Maria la Sanguinaria **4** di color sanguigno; (*araldica*) rosso: **b. hand**, mano rossa (*insegna di baronetto*) **5** (*volg.*) maledetto; dannato: **that b. fool**, quel maledetto stupido **6** (*volg., enfat., idiom., per es.*): **not a b. one**, neanche uno. **B** *avv.* (*volg.*) maledettamente; molto. ● (*med.*) **b. flux**, dissenteria □ **b.-minded**, sanguinario; crudele; (*pop.*) litigioso, scontroso, intrattabile, rospo (*sost., fig.*).

to bloody ['blʌdi], *v. t.* insanguinare; macchiare di sangue.

bloom (1) [blu:m], *n.* **1** (*anche fig.*) fiore (*specialm. di piante da fiore*); fioritura: **The roses are in b.**, le rose sono in fiore; **Jane is in the b. of youth**, Giovanna è nel fiore della giovinezza **2** freschezza; splendore (*della carnagione, ecc.*); colorito roseo **3** pruina (*su uva, susine, ecc.*); lanugine, peluria (*di frutti, foglie*) **4** (*su un muro*) efflorescenza **5** (*telev.*) eccesso di luminosità; bagliore. ● **to take the b. off st.**, fare avvizzire (*o* inaridire) q.c.

to bloom (1) [blu:m], *v. i.* **1** (*anche fig.*) fiorire; essere in fiore **2** (*fig.*) essere raggiante; risplendere **3** essere di gran moda. ● (*di fanciulla*) **to b. into a beautiful woman**, diventare una donna bellissima.

bloom (2) [blu:m], *n.* **1** (*metall.*) lingotto sgrossato al laminatoio; massello; blumo; sbozzo **2** (*ind. vetraria*) massa di vetro fuso.

to bloom (2) [blu:m], *v. t.* (*metall.*) foggiare in lingotti (*o* masselli); massellare; blumare; sbozzare.

bloomer (1) ['blu:mə*], *n.* **1** (*un tempo*) abito femminile costituito da una sottana corta e da calzoni lunghi, stretti alla caviglia **2** (*pl.*) calzoncini da ginnastica (*per ragazze*).

bloomer (2) ['blu:mə*], *n.* **1** (*pop.*) errore grossolano; papera (*fig.*); topica, sproposito, strafalcione **2** (*pop. USA*) affare andato a male; fiasco (*fig.*).

bloomery ['blu:məri], *n.* (*metall.*) forno per masselli.

blooming ['blu:miŋ], *a.* **1** (*anche fig.*) fiorente; in fiore **2** raggiante; splendente **3** (*volg.*) dannato; maledetto; perfetto (*fig.*): **He's a b. idiot**, è un perfetto idiota.

bloomy ['blu:mi], *a.* **1** fiorente; in fiore **2** lanuginoso; pruinoso.

blooper ['blu:pə*], *n.* **1** (*pop.*) sfondone; strafalcione; papera (*fig.*) **2** (*radio*) radioricevitore che emette un segnale parassita.

blossom ['blɔsəm], *n.* **1** fiore (*specialm. di alberi da frutta; anche fig.*); fioritura: **The cherry trees are in b.**, i ciliegi sono in fiore; **She was in the b. of her youth**, era nel fiore della giovinezza **2** (*fig.*) speranza; promessa: **He was a b. of literature**, era una promessa della letteratura. ● **b.-faced**, dal viso gonfio.

to blossom ['blɔsəm], *v. i.* (*anche fig.*) fiorire; essere in fiore. ● **to b. into**, diventare □ **to b. out**, sbocciare; (*fig.*) diventare.

blossomy ['blɔsəmi], *a.* simile a un fiore **2** fiorito.

blot (1) [blɔt], *n.* **1** (*anche fig.*) macchia (*specialm. d'inchiostro*); difetto; vergogna; disonore: **That is a b. on his character**, quella è una macchia sulla sua reputazione; **It's a b. on the whole town**, è una vergogna per l'intera città **2** cancellatura. ● (*fig.*) **a b. on the landscape**, un pugno nell'occhio (*fig.*).

to blot [blɔt], **A** *v. t.* **1** (*anche fig.*) macchiare (*specialm. d'inchiostro*); fare macchie (*con la penna*); scarabocchiare; sporcare **2** asciugare (*con la carta assorbente*) **3** (*di solito* **to b. out**) cancellare (*con un frego*): **The signature had been blotted out**, la firma era stata cancellata. **B** *v. i.* **1** fare sgorbi; scarabocchiare **2** macchiarsi: **Children's copybooks b. easily**, i quaderni dei bambini si macchiano facilmente **3** assorbire. ● (*fam., fig.*) **to b. one's copybook**, macchiare, sporcare il proprio nome; sporcarsi la fedina penale (*anche solo per una multa per eccesso di velocità*) □ **to b. out**, cancellare; (*fig.*) nascondere (*alla vista*); distruggere, annientare □ **blotting case** (*o* **blotting dabber, blotting pad**), tampone di carta assorbente □ **blotting paper**, carta assorbente.

blot (2) [blɔt], *n.* **1** (*nel gioco della tavola reale*) pedina in pericolo **2** (*fig., raro*) punto debole.

blotch [blɔtʃ], *n.* **1** macchia della pelle; foruncolo; pustola **2** grossa macchia (*d'inchiostro, di colore*); scarabocchio; sgorbio.

to blotch [blɔtʃ], *v. t.* macchiare; scarabocchiare.

blotched ['blɔtʃt], **blotchy** ['blɔtʃi], *a.* pieno di macchie (*o* di foruncoli); pustoloso.

blotter ['blɔtə*], *n.* **1** (*tampone*) di carta assorbente **2** (*comm.*) brogliaccio **3** (*mecc.*) disco deformabile (*o* intermedio); (*USA*) **police b.**, registro degli arresti.

blotto ['blɔtou], *a.* (*pop.*) ubriaco fradicio; sbronzo.

blouse [blauz], *n.* **1** camiciotto di tela (*da operaio*) **2** camicetta (*da donna o da bambino*) **3** giubba (*d'uniforme militare*).

blow (1) [blou], *n.* **1** soffio; boccata d'aria (*fresca*): **Let's go for a b. in the country!**, andiamo a prendere una boccata d'aria in campagna! **2** colpo di vento; ventata **3** suono (*di strumento a fiato*) **4** soffiata (*di naso, ecc.*) **5** (*elettr.*) apertura di circuito per eccesso di corrente **6** (*fam.*) vanteria; fanfaronata **7** (*pop.*) fanfarone **8** (*pop.*) mangiata; pasto abbondante. ● (*tecn.*) **b.-down**, scarico; spurgo; (*meteorologia*) vento abbattitore □ **b.-out**, scoppio (*di pneumatico*); fuga d'aria, di gas o vapore; (*elettr.*) fusione (*del fusibile di valvola*); (*pop.*) festino, mangiata □ **b.-up**, esplosione; (*fotogr.*) ingrandimento, gigantografia.

to blow (1) [blou] (*pass.* **blew**, *p. p.* **blown**), **A** *v. i.* **1** soffiare; tirar vento: **A cold wind was blowing**, soffiava un vento freddo **2** volar via; essere spinto dal vento: **The kite blew away**, l'aquilone volò via; **His hat blew off**, gli volò via il cappello; **The dead leaves were blowing in the gale**, le foglie morte erano spinte dalla tempesta **3** suonare: **I heard the trumpets** (**the hooter**) **blowing**, sentii suonare le trombe (la sirena) **4** soffiare; ansare; sbuffare: **Far away two whales were blowing**, due balene soffiavano in lontananza; **The swimmer was blowing**, il nuotatore ansava **5** (*di mosche*) deporre uova **6** (*elettr.*) (*di un fusibile*) fondersi; (*di una lampadina*) fulminarsi **7** (*fam.*) vantarsi **8** (*pop.*) andarsene; tagliare la corda (*pop.*) **9** (*di cavallo, ecc.*) prendere fiato. **B** *v. t.* **1** soffiare (*il vetro*); soffiare su: **B. your tea to make it cold!**, soffia sul tè per raffreddarlo! **2** azionare (*un soffietto, un organo, ecc.*); fare uscire (*aria, fiato*) dalla bocca; gonfiare; insufflare (*lett.*): **They blew** (**up**) **the balloon**, gonfiarono il pallone **3** suonare (*uno strumento a fiato*) **4** (*fam.*) diffondere (*notizie*); tradire (*un segreto*) **5** (*elettr.*) fondere (*un fusibile*); fulminare (*una lampadina*) **6** (*fam.*) maledire; mandare al diavolo: **B. the risk!**, al diavolo il rischio! **7** (*fam.*) scialacquare; sperperare (*denaro*) **8** (*pop.*) fumare (*la marijuana*). **C** *verbi composti* **1** **to b. about**, (*del vento*) far volare di qua e di là. **2 to b. down**, abbattere; rovesciare; allettare (*cereali*); (*tecn.*) scaricare; spurgare: **The storm blew down four trees**, la tempesta abbatté quattro alberi. **3 to b. in**, entrare (*spinto dal vento*); (*fam.*) entrare con disinvoltura, capitare all'improvviso, fare un salto da (q.); (*di un pozzo di petrolio*) entrare in produzione. **4 to b. off**, (*del vento*) far volare via; (*del cappello, ecc.*) volar via □ **to b. off steam**, scaricare vapore; (*fam.*) sfogarsi. **5 to b. out**, fondersi, saltare; scoppiare; spegnere (*soffiando*); spegnersi: **The fuse has blown out**, la valvola è saltata (è saltata) □ **The tyre blew out**, scoppiò la gomma (*il pneumatico*) □ **B. out the candle!**, spegni la candela! □ **to b. one's brains out**, farsi saltare le cervella. **6 to b. over**, svanire, passare, placarsi; rovesciare: **The hurricane will soon b. over**, l'uragano passerà presto □ **Our quarrels soon b. over**, le nostre liti si placano presto □ **The wind blew him over**, il vento lo gettò a terra. **7 to b. up**, esplodere (*anche fig.*); saltare in aria; (*di tempesta*) infuriare; gonfiare; far saltare in aria; (*fotogr.*) ingrandire; (*fig.*) esagerare: **The bridge blew up**, il ponte saltò in aria □ **At last he blew up**, infine, egli esplose (*o* perse la pazienza) □ **The rearguard blew up the bridge**, la retroguardia fece saltare il ponte □ **B. up all the tyres**, gonfia tutte le gomme. **8 to b. upon sb.**, screditare q.; denigrare q. □ **to b. upon st.**, sciupare q.c.; mandare a male q.c. ● **to b. the bellows**, tirare il mantice □ **to b. bubbles**, fare le bolle di sapone □ (*pop.*) **to b. one's cool** (*o* **top, lid, stack**), perdere la calma; andare in bestia □ **to b. a fire**, far divampare il fuoco, soffiandovi sopra □ (*fig.*) **to b. a fuse**, perdere le staffe, uscire dai gangheri (*fig.*) □ (*pop.*) **to b. the gaff**, tradire un segreto; svelare un complotto □ (*del vento*) **to b. great guns**, soffiare a tutta forza □ **to b. one's horse**, sfiancare il cavallo; (*anche*) far prendere fiato al cavallo □ (fig.) **to b. hot and cold**, essere indeciso; tentennare □ (pop.) **to b. into town**, arrivare in città all'improvviso □ **to b. kisses**, gettare baci □ **to b. one's nose**, soffiarsi il naso □ (pop. USA) **to b. town**, fare fagotto all'improvviso □ (fig.) **to b. one's own trumpet**, battersi la grancassa; elogiarsi □ **to b. the** (o **one's**) **whistle**, fischiare (di arbitro sportivo, ecc.); (pop.) soffiare, fare la spia □ (grido di baleniere) **There she blows!**, balena in vista!

blow (2) [blou], n. 1 botta; colpo (anche fig.); percossa: **The loss of his son was a great b. to him**, la perdita del figlio fu per lui un grave colpo 2 attacco improvviso; colpo di mano; sforzo violento. ● **at a** (o **one**) **b.**, in un (sol) colpo; in una volta □ **to come to blows**, venire alle mani; scendere (o passare) a vie di fatto □ **to exchange blows**, darsele; picchiarsi □ **to strike a b. for** (o **against**) **sb.**, scendere in campo a favore (o contro) q. □ **without striking a b.**, senza colpo ferire.

to blow (2) [blou] (pass. **blew**, p. p. **blown**), v. i. (raro) fiorire; germogliare; sbocciare; dischiudersi.

blow (3) [blou], n. (anche fig.) fioritura: **in full b.**, in piena fioritura.

blowback ['bloubæk], n. 1 vampa di ritorno (d'arma da fuoco) 2 (chim.) «blowback».

blowball ['bloubɔ:l], n. (bot.) pappo.

blowcock ['bloukɔk], n. (tecn.) rubinetto di scarico.

blow-dry ['bloudrai], n. (fam.) asciugata (di capelli, ecc.) con il fon. ● **to give sb. a b.**, asciugare i capelli a q.

blower ['blouə*], n. 1 soffiatore: **glass-b.**, soffiatore (di vetro) 2 valvola di tiraggio (d'una stufa) 3 (ind.) soffiatore 4 (mecc.) compressore 5 sfiatatoio (di una miniera) 6 (pop.) telefono 7 (pop.) balena.

blowfly ['blou-flai], n. mosca carnaria; moscone della carne.

blowgun ['blouɡʌn], n. cerbottana.

blowhard ['blouhɑ:d], n. (USA) fanfarone; sbruffone; spaccone.

blowhole ['blouhoul], n. 1 (zool.) sfiatatoio (di balena) 2 (ind.) soffiatura (difetto di fusione o di saldatura); bolla 3 buco (o foro) nel ghiaccio (per respirare).

blowing ['blouiŋ], n. 1 respiro affannoso 2 (ind.) soffiatura (del vetro, ecc.) 3 (ind.) rigonfiamento (della gomma). ● **b. apparatus**, mantice (d'organo) □ **b. up**, esplosione.

blowlamp ['bloulæmp], n. (ind.) lampada per saldare.

blown (1) [bloun], **A** p. p. di **to blow (1)** e **(2)**. **B** a. 1 senza fiato; sfiatato 2 sfinito; stremato 3 (di cibo) guasto, andato a male.

blown (2) [bloun], **A** p. p. di **to blow (2)**. **B** a. (di un fiore) dischiuso, sbocciato.

blowoff ['blouɔf], n. (ind.) scarico, spurgo (di vapore, acqua, ecc.).

blowout ['blouaut], n. 1 scoppio (d'ira); rivolta, tumulto 2 (autom.) scoppio (di un pneumatico) 3 (elettr.) fusione, «salto» (di un fusibile).

blowpipe ['blou-paip], n. 1 soffione (tubo per soffiare nel fuoco) 2 (ind.) cannello (ferruminatorio; ossidrico; per soffiare il vetro) 3 cerbottana.

blowtorch ['bloutɔ:tʃ], n. (ind.) lampada per saldare.

blowy ['bloui], a. ventoso; battuto dal vento.

blowzed ['blauzd], **blowzy** ['blauzi], a. (specialm. di donna) 1 grasso e rosso in faccia; paonazzo 2 sciatto; trasandato.

to blub [blʌb], (pop.) V. **to blubber**.

to blubber ['blʌbə*], **A** v. i. piagnucolare; frignare. **B** v. t. dire piangendo (o singhiozzando): **He blubbered (out) the whole truth**, disse piangendo tutta la verità.

blubber (1) ['blʌbə*], n. 1 grasso di balena 2 (fam.) ciccia 3 (gergo naut.) medusa.

blubber (2) ['blʌbə*], n. piagnucolio; frignio.

blubber (3) ['blʌbə*], a. gonfio (per il pianto); (di labbro) tumido.

blubberer ['blʌbərə*], n. piagnucolone; frignone.

bludgeon ['blʌdʒən], n. mazza; randello.

to bludgeon ['blʌdʒən], v. t. percuotere con una mazza; prendere a randellate 2 (fig.) minacciare; intimidire.

blue (1) [blu:], a. 1 azzurro, azzurrino; blu; turchino: **b. sky**, cielo azzurro; **b. smoke**, fumo azzurrino 2 triste; depresso; d'umor nero: **He looks b. today**, oggi è d'umor nero; **to be feeling b.**, essere depresso; essere giù di giri (fig., fam.) 3 tetro; deprimente; nero: **The prospects looked b. for him**, le prospettive erano nere per lui 4 (polit.) conservatore 5 (fam.) indecente; osceno 6 (fam.) espressivo; icastico (lett.) 7 (USA) rigido; severo: **The laws**, leggi severe (già in vigore nella colonia puritana del Connecticut). ● (metall.) **b. annealing**, ricottura al blu □ **b. baby**, bambino cianotico (alla nascita); bambino blu □ **b. black**, nero brunito □ **b. blood**, (persona di) sangue blu □ **b. book**, (ingl.) libro azzurro (relazione di atti del Parlamento); (USA) registro di persone importanti □ (tel. USA) **b. box**, apparecchio per intercettazione e ascolto (senza manomissione della linea) □ **b.-bruise**, lividura □ **b. cheese**, formaggio tipo gorgonzola □ **b. chip**, (poker) fiche blu (che vale più di tutte); (Borsa) azione sicura, titolo d'élite; (agg.) di prima qualità □ (fig.) **b.- collar**, operaio (agg.) □ **b.-collar worker**, operaio (sost.) □ (USA) **b. cross**, mutua (per l'assistenza medica) □ **b. film**, V. **b. movie** □ **b. funk**, panico; fifa (fam.): **to be in a b. funk**, essere preso dal panico, avere una fifa tremenda □ **b. helmet**, casco blu (soldato dell'O.N.U.) □ **b. jacket**, marinaio (della marina militare) □ **b. movie**, film pornografico; pornofilm □ (fam.) **b.- nose**, (USA) persona di tendenze puritane; abitante della Nuova Scozia □ (naut. ingl.) **b. peter**, bandiera issata quando una nave fa vela (segnale di partenza) □ **b. ribbon**, nastro dell'Ordine della giarrettiera; massima onorificenza; massimo riconoscimento; insegna dell'assoluta astinenza (da bevande alcoliche) □ (zool.) **b. shark** (Prionace glauca), squalo azzurro; verdesca; verdone □ (miner.) **b. spar**, lazulite □ (chim.) **b.-stone**, solfato di rame □ (fig.) **b. water**, mare aperto □ **b.-water strategist**, stratega che basa la sicurezza dell'Inghilterra sul dominio dei mari □ **to be b. with cold**, essere livido dal freddo □ **deep b.**, blu scuro (o carico) □ **to drink till all's b.**, bere fino a ubriacarsi □ **to have the b. devils**, (fam.) essere depresso; (med.) avere il delirium tremens □ **light b.**, celeste □ **navy b.**, blu marino □ **once in a b. moon**, (fig.) di rado; ogni morte di papa □ **to run like a b. streak**, correre a rotta di collo □ **true-b.**, leale; fedele.

blue (2) [blu:], n. 1 (color) azzurro, blu, turchino: **The fairy was dressed in b.**, la fata era vestita di turchino 2 — **the b.**, il blu (il cielo); il mare 3 (metall.) brunitura (dei metalli) 4 turchinetto (quello usato dalle lavandaie) 5 persona che indossa un'uniforme blu; marinaio 6 (polit.) conservatore: **a true b.**, un conservatore intransigente 7 (fig.) depressione; malinconia; tristezza 8 (pl.) blues (canzoni popolari negre) 9 donna intellettuale o con pretesa di esserlo; intellettualoide 10 (sport) atleta di squadra universitaria 11 (stor. USA) soldato dell'Unione. ● **the Blues**, le Guardie reali a cavallo □ (fig.) **a bolt from the b.**, un fulmine a ciel sereno □ **the dark blues**, gli atleti dell'università di Oxford (nelle competizioni agonistiche) □ (fam.) **to have** (o **to be in**) **the blues**, essere depresso (o malinconico, triste) □ **the light blues**, gli atleti dell'università di Cambridge □ **out of the b.**, improvviso; repentino.

to blue [blu:], v. t. 1 rendere blu; tingere in blu 2 (metall.) brunire (un metallo) 3 (in lavanderia) azzurrare 4 (pop.) sperperare, scialacquare (denaro).

Bluebeard ['blu:biəd], n. (folklore) Barbablù (anche fig.).

bluebell ['blu(:)bel], n. (bot.) 1 (Scozia, Inghilterra sett., USA; Campanula rotundifolia) campanula; campanella 2 (Inghilterra merid., USA; Muscari comosum) cipollaccio; giacinto delle vigne.

blueberry ['blubəri], n. (bot., Vaccinium myrtillus) mirtillo.

bluebird ['blu:bə:d], n. (zool., Sialia) sialia.

bluebottle ['blu:ˌbɔtl], n. 1 (zool., Calliphora vomitoria) moscone azzurro 2 (bot., Centaurea cyanus) fiordaliso 3 (pop.) poliziotto.

bluefish ['blu:ˌfiʃ], n. (pl. **bluefish, bluefishes**) (zool., Pomatomus saltator) pomatomo; ballerino; pesce serra; pesce azzurro.

blueing ['blu:iŋ], n. 1 (metall.) brunitura (dei metalli) 2 (in lavanderia) azzurraggio; il tingere col turchinetto.

blueness ['blu:nis], n. 1 azzurro; azzurrità (lett.) 2 livido.

to blue-pencil [ˌblu:'pensl], v. t. 1 segnare con la matita blu 2 (fig., fam.) cancellare; censurare; espungere.

blueprint ['blu:'print], n. 1 copia cianografica; cianografia 2 (fig.) piano; progetto; programma. ● **b. machine**, macchina cianografica.

to blueprint ['blu:print], v. t. 1 cianografare 2 (fig.) programmare; progettare.

bluesman ['blu:zmən], n. (pl. **bluesmen**) (mus.) cantante (o suonatore) di blues.

bluestocking ['blu:ˌstɔkiŋ], n. 1 donna intellettuale o con pretese di esserlo; intellettualoide 2 (zool., Recurvirostra americana) avocetta americana.

bluff (1) [blʌf], a. 1 (di scogliera, ecc.) alta e ripida 2 (di prua) tozza e rigonfia 3 (di modo di fare) brusco; reciso; franco; sincero.

bluff (2) [blʌf], n. 1 scogliera alta e ripida 2 promontorio a picco 3 (naut.) grossa prua.

bluff (3) [blʌf], n. 1 (poker) bluff 2 (fig.) bluff; montatura 3 V. **bluffer**. ● **to call sb.'s b.**, (poker) vedere; (fig.) costringere q. a mettere le carte in tavola.

to bluff [blʌf], v. t. e i. 1 (poker) bluffare 2 (fig.) bluffare; ingannare (un avversario) con minacce a vuoto.

bluffer ['blʌfə*], n. (poker e fig.) bluffatore.

bluffness ['blʌfnis], n. bruschezza; franchezza.

bluing ['blu:iŋ], V. **blueing**.

bluish ['blu:iʃ], a. bluastro; azzurrognolo.

blunder ['blʌndə*], n. 1 errore grave; sbaglio grossolano; sfondone (fam.); strafalcione 2 (leg.) negligenza. ● **to make a b.**,

prendere una cantonata (*o* un granchio) (*fig.*, *fam.*).
to blunder ['blʌndə*], **A** *v. i.* **1** sbagliare grossolanamente **2** andare alla cieca; inciampare. **B** *v. t.* dire (*o* fare) (q.c.) in modo sciocco, confuso; abborracciare; pasticciare. ● **to b. st. away**, sciupare q.c. per imperizia □ **to b. into** (*o* **on**, **upon**), trovare per caso; imbattersi in.
blunderbuss ['blʌndəbʌs], *n.* (*stor.*) archibugio; trombone.
blunderer ['blʌndərə*], *n.* confusionario; pasticcione.
blunderhead ['blʌndəhed], *n.* persona sciocca; stolto.
blunge ['blʌndʒ], *v. t.* impastare (*l'argilla*, *ecc.*) con l'acqua.
blunt [blʌnt], **A** *a.* **1** (*anche fig.*) ottuso; spuntato (*del filo d'una lama*, *ecc.*) smussato **2** brusco; reciso; rude (*soprattutto a parole*) **3** franco; schietto; sincero. **B** *n.* **1** ago corto e grosso **2** (*pop.*) moneta sonante.
to blunt [blʌnt], **A** *v. t.* **1** (*anche fig.*) ottundere; spuntare **2** smussare **2** attutire; smorzare **3** diluire. **B** *v. i.* spuntarsi; smussarsi.
bluntly ['blʌntli], *avv.* bruscamente; recisamente.
bluntness ['blʌntnis], *n.* (*anche fig.*) ottusità; mancanza di punta o taglio; rudezza; franchezza (*V.* **blunt**).
to blur [blə:*], *v. t. e i.* **1** macchiare; imbrattare: **The letter was all blurred**, la lettera era tutta sbavature (*d'inchiostro e quindi difficilmente leggibile*) **2** rendere confuso (*o* indistinto); annebbiare; far velo a; oscurare: **The morning mist blurred the view**, la foschia del mattino annebbiava il paesaggio. ● **a blurred photo**, una foto sfocata □ **a blurred picture**, un'immagine sfocata (*o* indistinta) □ (*tipogr.*) **blurred print**, stampa sbavata □ (*telev.*, *radar*) **blurred zone**, zona d'incertezza.
blur [blə:*], *n.* **1** (*anche fig.*) macchia; sbavatura **2** offuscamento; visione confusa (*o* sfocata) **3** rumore indistinto **4** cosa appena visibile.
blurb [blə:b], *n.* (*fam.*) fascetta pubblicitaria (*di un libro*); soffietto.
to blurt [blə:t], *v. t.* — **to b. out**, lasciarsi uscire di bocca (q.c.) senza riflettere; spifferare; spiattellare; sbottare in (*imprecazioni*, *ecc.*): **to b. out a secret**, spifferare un segreto.
to blush [blʌʃ], *v. i.* **1** arrossire; vergognarsi **2** diventare rosso.
blush [blʌʃ], *n.* **1** rossore (*di vergogna*, *ecc.*) **2** colorito roseo: **the b. of youth**, il colorito roseo della giovinezza **3** sguardo; occhiata: **at first b.**, ad una prima occhiata; a prima vista; di primo acchito ● **the b. of sunset**, il rosso del tramonto □ **to put sb. to the b.**, fare arrossire q.
blusher ['blʌʃə*], *n.* **1** chi arrossisce **2** fard; rossetto per le guance; belletto.
blushingly ['blʌʃiŋli], *avv.* arrossendo; con rossore.
to bluster ['blʌstə*], **A** *v. i.* **1** (*del vento*, *delle onde*, *ecc.*) infuriare; imperversare; rumoreggiare **2** (*di persone*) imperversare; fare una sfuriata; dare in escandescenze; fare vuote minacce. **B** *v. t.* **1** intimidire; costringere con minacce **2** dire (q.c.) in modo violento. ● **to b. oneself into anger**, infuriarsi; scaldarsi; montarsi (*fam.*) □ **to b. st. out** (*o* **forth**), dire (q.c.) con grande sicumera; lanciare (*minacce*).
bluster ['blʌstə*], *n.* **1** furia, fragore (*degli elementi*) **2** bufera; tempesta **3** sfuriata; discorso minaccioso.
blusterer ['blʌstərə*], *n.* gradasso; prepotente; spaccone.
blusteringly ['blʌstəriŋli], *avv.* **1** furiosamente; rumorosamente **2** in modo minaccioso.
blusterous ['blʌstərəs], **blustery** ['blʌstəri], *a.* **1** burrascoso; rumoroso **2** minaccioso; spavaldo.
b.o., B.O. [ˌbiː'ou], *n.* (*acrostico di* **body odour**) cattivo odore; puzza di sudore.
bo (1) [bou], *n.* (*pl.* **boes**) (*pop. USA*) **1** vagabondo; barbone (*fam.*) **2** (*vocat.*) vecchio mio!
bo (2), boh [bou], *inter.* (*per spaventare q.*) buh! ● (*fig.*) **He can't say bo to a goose** (*o* **to a battledore**), ha paura d'una mosca.
boa ['bouə], *n.* (*zool.*, *Boa*; *moda*) boa.
boar [bɔ:*], *n.* **1** verro **2** (*anche* **wild b.**) (*zool.*, *Sus scropha*) cinghiale.
board [bɔ:d], *n.* **1** asse; assicella; tavola **2** tabellone; cartellone pubblicitario; albo; quadro (murario): **Pin the notice on the b.**, attacca l'avviso sul tabellone; **control b.**, (*telev.*) quadro di controllo; (*ind.*) quadro di comando **3** vitto, pasti (*in una pensione*, *ecc.*); (*fig.*) desco (*lett.*); mensa: **How much does it cost you for b. and lodging?**, quanto spendi per vitto e alloggio? **4** tavolo (*per riunioni*, *ecc.*); comitato; consiglio; dipartimento; ministero: **The B. will meet tomorrow**, il comitato (*o* il consiglio) si riunirà domani; (*fin.*) **b. of directors**, consiglio d'amministrazione; **b. of management**, direzione (*d'una fabbrica*); **B. of Education**, (*stor.*: *in G.B.*) Ministero della Pubblica Istruzione; (*USA*) comitato di cittadini che controlla le scuole di una zona **5** bordo, fianco, murata (*di nave*): **on b.**, a bordo (*di nave*, *aeroplano*, *automobile*, *ecc.*); **The ship had two hundred passengers on b.**, c'erano duecento passeggeri a bordo della nave **6** (*anche cardboard*) cartone **7** (*pl.*) copertina: **a book in cloth boards**, un libro dalla copertina in tela **8** (*pl.*) palcoscenico; (*fig.*) scene: **to tread the boards**, calcare le scene. ● (*fin.*) **b. chairman**, presidente del consiglio d'amministrazione □ **b. game**, gioco di simulazione (*Monopoli*, *il gioco della guerra*, *ecc.*) □ **B. of Admiralty**, Ministero della Marina □ **b. of arbitrators**, collegio arbitrale □ **B. of Customs and Excise**, Dipartimento dei Dazi e delle Dogane □ **b. of inquiry**, comitato d'inchiesta □ **B. of Trade**, (*G. B.*) Ministero del Commercio; (*USA*) associazione d'uomini d'affari □ **b.-room**, sala (per le riunioni) del consiglio d'amministrazione □ **b. wages**, supplemento (di salario) per spese di vitto non corrisposto □ (*fig.*) **above b.**, apertamente; lealmente; a carte scoperte □ (*fig.*) **bed and b.**, rapporti coniugali, tetto coniugale; vitto e alloggio, pensione completa □ (*naut.*) **bottom b.**, pagliolato □ (*di libro*) **bound in paper boards**, cartonato □ **chopping-b.**, tagliere □ **diving-b.**, trampolino (*per tuffi*) □ **foot b.** (*o* **running**), predellino (*d'automobile*, *ecc.*) □ (*comm.*) **free on b.**, franco a bordo □ **full b.**, pensione completa □ **to go by the b.**, (*naut.*: *di albero*, *ecc.*) essere spazzato via; (*fig.*: *di progetti*, *speranze*) fallire, venir meno □ (*fig.*) **groaning b.**, pasto abbondante □ **ironing b.**, tavolo da stiro □ **notice b.**, tabellone □ (*sport*) **spring-b.**, pedana; trampolino (*anche fig.*) □ **to sweep the b.**, (*nel gioco delle carte*) vincere tutte le mani, dare cappotto; far saltare il banco; (*fig.*) far piazza pulita.
to board [bɔ:d], *v. t. e i.* **1** coprire (*o* chiudere) con assi (*o* con tavole): **to b. (up) the doors and windows of an empty house**, chiudere con assi le porte e le finestre d'una casa vuota **2** ospitare pensionanti; far pensione; tenere (*o* essere) a pensione: **He boards at** (*o* **with**) **an old lady**, è a pensione da una vecchia signora **3** (*naut.*) abbordare, arrembare (*una nave*) **4** salire a bordo di (*una nave*); salire su (*un treno*, *autobus*, *tram*, *ecc.*) **5** (*naut.*) bordeggiare; virare di bordo. ● **to b. a bicycle**, inforcare una bicicletta □ **to b. out**, affidare (*bambini abbandonati*) a famiglie; consumare i pasti in luogo diverso da quello in cui si è alloggiato: **He has a bedroom in this house, but boards out**, ha una camera in questa casa, ma consuma i pasti fuori □ **to b. st. up**, chiudere q.c. con assi □ **boarded enclosure**, steccato di cinta.
boarder ['bɔ:də*], *n.* **1** pensionante **2** convittore **3** chi abborda (*una nave*); chi va all'arrembaggio. ● **day-b.**, esterno (*di un collegio*).
boarding ['bɔ:diŋ], *n.* **1** assito; tavolato **2** copertura con tavole **3** pensione; il tenere (*o* essere) a pensione: **I was tired of b. and so rented a flat**, ero stanco di stare a pensione e così affittai un appartamento **4** (*naut.*) abbordaggio; arrembaggio **5** (*naut.*, *aeron.*) imbarco; il salire a bordo. ● **b. area**, sala di imbarco (*in un aeroporto*) □ (*naut.*, *aeron.*) **b. card**, carta d'imbarco □ **b.-house**, pensione □ **b. kennel**, canile che fa pensione □ **b. school**, collegio; convitto; pensionato □ **b.-ship**, nave che, in guerra, ferma e ispeziona navi neutrali.
boardman ['bɔ:dmən], *n.* (*pl.* **boardmen**) **1** (*cinem.*) elettricista **2** uomo sandwich.
boarish ['bɔ:riʃ], *a.* **1** di (*o* da) cinghiale **2** (*fig.*) bestiale; lascivo, osceno; feroce.
boast [boust], *n.* **1** vanteria; millanteria **2** vanto: **It is his b. that he has an excellent memory**, si dà vanto d'avere una memoria eccellente. ● **to make b. of st.**, darsi (*o* farsi) vanto di q.c.
to boast (1) [boust], *v. t. e i.* vantare, vantarsi; gloriarsi; millantarsi: **It's nothing to b. of**, non c'è da vantarsene; **Our town can b. (of) beautiful works of art**, la nostra città può vantare belle opere d'arte; **He boasts himself a patriot**, si vanta d'essere un patriota.
to boast (2) [boust], *v. t.* sbozzare (*una statua*, *ecc.*).
boaster ['boustə*], *n.* **1** millantatore; spaccone **2** scalpello da sbozzo.
boastful ['boustful], *a.* vanaglorioso; presuntuoso.
boastfulness ['boustfulnis], *n.* millanteria; vanagloria; iattanza.
boat [bout], *n.* **1** (*naut.*) imbarcazione; barca; battello; lancia; nave: **They've come by b.**, sono venuti in barca (*o* in battello) **2** vasetto (*a forma di barca*); salsiera **3** (*chim.*) navicella; crogiolo. ● (*zool.*) **b.-fly** (*Notonecta glauca*), notonetta □ **b.-hook**, gaffa; gancio d'accosto □ **b.-house**, rimessa (*o* tettoia) per barche □ **b. race**, gara di canottaggio; regata □ **b. song**, barcarola □ **b. train**, treno in coincidenza con un battello □ (*fig.*) **to burn one's boats**, bruciarsi i vascelli alle spalle; precludersi ogni possibilità di ritirata □ **ferry-b.**, (*nave*) traghetto □ **fishing-b.**, barca da pesca; peschereccio □ (*aeron.*) **flying-b.**, idrovolante □ (*fig.*) **to have an oar in everyone's b.**, avere mano in pasta dappertutto □ (*naut.*) **hydrofoil b.**, aliscafo □ (*fig.*) **to be (all) in the same b.**, essere (tutti) nella stessa barca; correre gli stessi rischi □ **life-b.**, battello di salvataggio □ (*fam.*) **to miss the b.**, perdere (*o* lasciarsi sfuggire) un'occasione □ **motor-b.**, barca a motore □ (*fam.*) **to rock the b.**, mettere i bastoni fra le ruote (*fig.*) □ **rowing b.**, barca a remi; canotto □ **ship's b.**, lancia di bordo □ **to take b.**, imbarcarsi □ **to take to the**

boat

boats, (*naut.*) calare le scialuppe; (*fig.*) mettersi in salvo □ **torpedo b.**, torpediniera.
to boat [bout], **A** *v. i.* andare in barca. **B** *v. t.* **1** trasportare in barca **2** mettere su una barca. ● **to b. the oars**, tirare in barca i remi.
boatage ['boutidʒ], *n.* (costo del) trasporto in barca.
boatel [bou'tel], *n.* **1** albergo (*lungo un fiume*) per turisti in barca **2** albergo-barcone; nave albergo.
boater ['boutə*], *n.* **1** barcaiolo; battelliere **2** paglietta; cappello di paglia.
boatful ['boutful], *n.* carico (*d'una barca*); barcata.
boating ['boutiŋ], *n.* l'andare in barca per diporto; canottaggio, vela, ecc. ● **b. man**, appassionato di canottaggio (di vela, ecc.) □ **to go b.**, andare in barca per diporto.
boatman ['boutmən], *n.* (*pl.* **boatmen**) **1** barcaiolo; battelliere **2** noleggiatore di barche.
boatswain ['bousn], *n.* (*naut.*) nostromo.
bob [bɔb], *n.* **1** peso di un pendolo (*o* del filo a piombo); contrappeso; pendaglio **2** ciocca di capelli **3** capelli tagliati alla maschietta **4** coda mozza (*di cavallo*) **5** mazzetto di vermi (*per esca*) **6** sughero (*di lenza*) **7** rapido inchino **8** (*arc.*) colpetto; strappo; strattone; sobbalzo **9** verso breve (*in fine di strofa*); (*mus.*) breve ritornello (*alla fine d'una canzone*) **10** (*sport, anche* **bobsled, bobsleigh**) bob; guidoslitta (*raro*) **11** (*pop., invar. al pl.*) scellino; (*USA*) dollaro: **It costs ten bob**, costa dieci dollari **12** (*mecc.*) disco per lucidatrice. ● (*sport*) **bob run**, pista da bob □ **bob-sleighing**, il bob (*lo sport*) □ **bob veal**, vitello di latte □ **bob wig**, parrucca con riccioli corti □ **dry-bob**, giocatore di cricket (*a Eton*) □ **light bob**, soldato di fanteria leggera □ **to wear one's hair in a bob**, portare i capelli alla maschietta □ **wet-bob**, canottiere (*a Eton*).
to bob [bɔb], **A** *v. t.* **1** tagliare i capelli (*di donna o bambino*) alla maschietta (*o* corti): **Many schoolgirls have bobbed hair**, molte studentesse portano i capelli tagliati alla maschietta **2** mozzare (*la coda a un cavallo*) **3** (*far*) battere contro; spingere a scatti. **B** *v. i.* **1** sobbalzare; ballonzolare; muoversi di scatto: **A number of corks were bobbing on the water**, diversi sugheri ballonzolavano sull'acqua **2** pescare con il sughero (*o con un mazzetto di vermi*) (*per esca*) **3** fare un rapido inchino **4** □ **to bob for**, (cercare di) afferrare coi denti (*ciliege, uva, ecc.*) **5** (*sport*) andare in bob. ● **to bob one's head**, muovere il capo a scatti □ **to bob up**, farsi vivo; saltar fuori: **to bob up like a cork**, tornare a galla, in auge.
Bob [bɔb], *n.* (*dim. di* **Robert**) Robertino; Berto.
bobbery ['bɔbəri], *n.* baccano; rissa; tumulto.
bobbin ['bɔbin], *n.* **1** rocchetto; bobina; spola **2** (*elettr.*) bobina. ● **b. lace**, merletto a tombolo (*o a fuselli*) □ (*ind. tessile*) **to build the b.**, formare la bobina □ **winding-on b.**, bobina d'avvolgimento.
bobbinet ['bɔbinet], *n.* pizzo a rete (*fatto a macchina*).
bobbish ['bɔbiʃ], *a.* (*pop.*) brioso; vivace; in forma.
bobby ['bɔbi], *n.* (*fam.*) poliziotto. ● (*USA*) **b. pin**, forcina, molletta (*da capelli*) □ (*fam.*) **b. socks** (*o* **b. sox**), calzini corti □ (*USA*) **b.-soxer**, ragazzina che porta ancora i calzini corti; fanatica di divi, cantanti, ecc.
Bobby ['bɔbi], *V.* **Bob**.
bobcat ['bɔbkæt], *n.* (*pl.* **bobcats, bobcat**) (*zool.*, *Lynx rufus*) lince rossa.
bobolink ['bɔbəliŋk], *n.* (*zool.*, *Dolichonyx oryzivorus*) bobolink.
bobstay ['bɔbstei], *n.* (*naut.*) briglia del bompresso.
bobtail ['bɔbteil], *n.* e *a.* (cane, cavallo) con la coda mozza. ● **the ragtag and b.**, la canaglia; la plebaglia.
bobwhite ['bɔbwait], *n.* (*anche* **b. quail**) (*USA*; *zool.*, *Colinus virginianus*) quaglia della Virginia.
boche [bɔʃ], *n.* (*pl.* **boches, boche**) (*pop., spreg.*) crucco (*pop.*); tedesco.
bock [bɔk], *n.* (*USA, anche* **b. beer**) birra tedesca, forte e scura.
bod [bɔd], *n.* (*pop.*) individuo; tipo; tizio.
bode [boud], *pass.* di **to bide**.
to bode [boud], **A** *v. i.* far presagire; promettere; preannunciare: **This bodes no good**, ciò non promette nulla di buono. **B** *v. t.* predire; profetare. ● **to b. ill** (**well**), essere di cattivo (buono) augurio.
bodice ['bɔdis], *n.* **1** (*stor.*) corpetto; busto **2** corpetto; corpino; bustino **3** magliatta aderente **4** (*moda*) bolero.
bodied ['bɔdid], *a.* (*nei composti*) dal corpo: **a big-b. man**, un uomo dal corpo grosso. ● **able-b.**, abile; atto al lavoro.
bodiless ['bɔdilis], *a.* senza corpo; incorporeo.
bodily ['bɔdili], **A** *a.* fisico; corporale; corporeo: **b. fear**, paura fisica. **B** *avv.* **1** in persona; in carne e ossa: **He'll be b. present**, sarà presente in persona **2** completamente; di peso: **to pick up sb. b.**, prendere q. di peso **3** tutti insieme; come un sol uomo.
boding ['boudiŋ], **A** *n.* presagio; presentimento. **B** *a.* presago.
bodkin ['bɔdkin], *n.* **1** punteruolo **2** spillone (*da capelli*) **3** ago

grosso, senza punta **4** (*tipogr.*) pinze **5** (*arc.*) pugnale; stiletto. ● **to ride** (**to sit**) **b.**, viaggiare (sedere) schiacciato fra due persone.
Bodleian [bɔd'li(:)ən], *a.* e *n.* bodleiano: **the B.** (**library**), la biblioteca bodleiana (*dell'università di Oxford*).
body ['bɔdi], *n.* **1** corpo (*in ogni senso*): **Many bodies were found on the shore after the wreck**, parecchi corpi (*o* cadaveri) furono trovati sulla spiaggia dopo il naufragio; **the teaching b.**, il corpo insegnante; **heavenly b.**, corpo celeste; **the legislative b.**, il corpo legislativo; **the b. of the letter**, il corpo della lettera **2** busto; tronco: **He was wounded in the b.**, fu ferito al tronco **3** massa; quantità: **a b. of cold air**, una massa d'aria fredda; **a large b. of facts**, una grande quantità di fatti **4** corpo, forza (*di vino, ecc.*); consistenza (*d'un liquido*) **5** (*fam.*) tipo; tizio; persona: **She's a fretful old b.**, è una vecchietta irritabile **6** (*geom.*) solido **7** (*autom.*) carrozzeria (*di automobile*); cassone (*d'autocarro*); **b. repair**, lavoro di carrozzeria **8** (*aeron.*) fusoliera **9** (*mecc.*) gambo **10** (*mil.*) bastione (*di fortezza*) **11** (*miner., anche* **ore b.**) giacimento (*di minerale*) **12** (*tipogr., anche* **b. size**) corpo (*dei caratteri da stampa*). ● **b.-belt**, panciera, ventriera □ **b. blow**, (*boxe*) colpo al bersaglio grosso; (*fig.*) colpo grave, serio □ (*autom.*) **b.-builder**, carrozziere; carrozzaio □ (*leg.*) **b. corporate**, persona giuridica, ente morale □ **b. count**, (*mil.*) numero di nemici uccisi; (*in genere*) numero di vittime □ **b.-guard**, guardia del corpo □ **b. linen**, biancheria intima □ **b.-maker**, *V.* **b.-builder** □ (*fam., eufemistico*) **b. odour**, cattivo odore; puzza di sudore □ **b. of laws**, corpo (*o* raccolta) di leggi □ **b. snatcher**, dissotterratore di cadaveri (*a scopo di studio anatomico*) □ **b. stocking**, body; tutina □ (*autom.*) **b. work**, (lavoro di) carrozzeria □ (*autom.*) **custom-built b.**, carrozzeria fuori serie □ **in a b.**, tutti insieme; compatti □ **to keep b. and soul together**, salvare la pelle; mantenersi in vita (*in circostanze avverse*) □ **a public b.**, un ente pubblico.
to body ['bɔdi], *v. t.* **1** (*raro*) dare corpo a **2** incorporare **3** addensare; ispessire; rassodare **4** (*anche* **to b. forth**) dare forma corporea a; rappresentare; impersonare.
bodysuit ['bɔdisju:t], *n.* casacca, casacchetta (*da donna*).
Boeotian [bi'ouʃjən], *a.* e *n.* beota; (individuo) ottuso, stolido.
Boer ['bouə*], *a.* e *n.* boero.
boffin ['bɔfin], *n.* (*pop.*) esperto, scienziato (*di un progetto segreto*).
boffo ['bɔfou], *a.* (*pop.*) di gran successo; che è uno schianto (*pop.*).
bog (1) [bɔg], *n.* pantano; palude. ● **bog earth**, torba □ (*miner.*) **bog iron ore**, limnite □ **bog oak**, quercia annerita in un giacimento di torba □ **bog-trotter**, vagabondo delle paludi; (*spreg.*) irlandese.
to bog [bɔg], **A** *v. t.* impantanare. **B** *v. i.* impantanarsi (*anche fig.*). ● **to be bogged** (**down**), impantanarsi.
bog (2) [bɔg], *n.* (*pop.*) latrina; cesso.
bogey (1) ['bougi], *V.* **bogy**.
bogey (2) ['bougi], *n.* (*golf*) **1** norma **2** uno (*un colpo*) sopra la norma.
bogginess ['bɔginis], *n.* paludosità.
to boggle ['bɔgl], **A** *v. i.* **1** sobbalzare; trasalire **2** esitare; indugiare: **to b. at declaring war**, esitare a dichiarare guerra. **B** *v. t.* **1** colpire; impressionare; sbalordire **2** abborracciare. ● **My mind boggles!**, inorridisco al solo pensiero!
boggy ['bɔgi], *a.* pantanoso; paludoso.
bogie ['bougi], *n.* **1** (*ferr.*) carrello ferroviario **2** (*autom.*) carrello a tre assi **3** ruota di cingolo (*di trattore o carro armato*) **4** *V.* **bogy**.
bogle ['bougl], (*scozz.*) *V.* **bogy**.
bogus ['bougəs], *a.* artefatto; contraffatto; falso; finto.
bogy ['bougi], *n.* **1** fantasma; folletto; spirito maligno **2** (*anche* **b.-man**) spauracchio; babau; uomo nero **3** (*gergo mil.*) aereo non identificato.
Bohemia [bou'hi:mjə], *n.* (*geogr.*) Boemia.
Bohemian [bou'hi:mjən], *a.* e *n.* **1** boemo **2** zingaro **3** bohémien; (di, da) artista.
Bohemianism [bou'hi:mjənizəm], *n.* bohème.
bohunk ['bouhʌnk], *n.* (*spreg. USA*) **1** oriundo dell'Europa centro-orientale (*boemo, ceco o ungherese*) **2** operaio non qualificato **3** persona rozza.
boil (1) [bɔil], *n.* **1** punto d'ebollizione; bollore: **at** (*o* **on**) **the b.**, in bollore; **to bring st. to the b.**, far bollire q.c.; **to come to the b.**, (*di liquido*) alzare il bollore e bollitura.
boil (2) [bɔil], *n.* **1** (*med.*) bolla; pustola; foruncolo **2** (*ind.*) bollicina; pulica, puliga.
to boil [bɔil], **A** *v. i.* bollire; ribollire (*anche fig.*): **My blood was boiling**, mi sentivo ribollire il sangue. **B** *v. t.* bollire; far bollire; lessare. ● **to b. away**, evaporare a forza di bollire; continuare a bollire □ **to b. down**, condensare, far evaporare (*un liquido*) a forza di bollire; (*fig.*) condensare, riassumere □ **to b. over**, tra-

boccare (*per eccessivo bollore*): **to b. over with anger**, bollire d'ira □ **boiled beef**, (manzo) lesso □ **boiled eggs**, uova alla coque □ **boiled linseed oil**, olio di lino cotto □ (*scherz.*) **a boiled shirt**, una camicia inamidata □ **hard-boiled eggs**, uova sode □ (*fig.*) **to keep the pot boiling**, guadagnarsi da vivere □ **soft-boiled eggs**, uova bazzotte.

boiler ['bɔilə*], *n.* **1** caldaia **2** bollitore **3** scaldaacqua; scaldabagno. ● **b.-maker**, calderaio; whisky con birra □ **b. room**, locale delle caldaie □ **b. suit**, tuta da lavoro □ (*ind.*) **b. works**, fabbrica di caldaie □ (*USA*) **double b.**, pentola per bollire a bagnomaria □ **oil-fired b.**, caldaia a nafta.

boiling ['bɔiliŋ], **A** *n.* **1** ebollizione **2** bollitura. **B** *a.* **1** bollente **2** (*fig.*) agitato; ribollente; in stato di eccitazione. ● (*fam.*) **a b. hot day**, una giornata di caldo infernale □ (*ind. tessile*) **b. off**, sgommatura □ **b. point**, punto d'ebollizione □ (*fig.*) stato d'eccitazione □ (*pop.*) **the whole b.**, tutta la baracca; tutti quanti.

boisterous ['bɔistərəs], *a.* **1** forte; violento; tempestoso; turbolento: **a b. wind**, un forte vento; **a b. sea**, un mare tempestoso; **a b. man**, un uomo turbolento **2** allegro e chiassoso **3** (*di riso*) sfrenato.

boko ['boukou], *n.* (*pl.* **bokos**) (*pop.*) naso.

bold [bould], *a.* **1** baldo; baldanzoso; animoso; ardito; audace; coraggioso **2** impudente; sfacciato; sfrontato **3** chiaro; fermo; netto; sicuro: **He writes a b. hand**, ha una scrittura ferma e chiara; **He painted with quick, b. strokes**, dipingeva a pennellate rapide e sicure. ● **b.-faced**, impudente; sfacciato; (*tipogr.*) (stampato) in neretto □ **b. lettering**, caratteri marcati □ (*tipogr.*) **b. type**, neretto; grassetto □ **to make (so) b. (as) to**, avere l'ardire di □ **to make b. with sb.**, prendersi delle libertà con q. □ **to make b. with st.**, usare liberamente q.c. □ **to put a b. face on st.**, affrontare q.c. coraggiosamente.

boldface ['bouldfeis], *n.* (*tipogr.*) neretto; grassetto.

boldness ['bouldnis], *n.* **1** baldanza; ardire; audacia; coraggio; temerità **2** impudenza; sfacciataggine; sfrontatezza **3** chiarezza; nettezza; nitidezza; sicurezza (*di tocco, di pennello, ecc.*).

bole [boul], *n.* **1** tronco d'albero **2** (*miner.*) bolo d'Armenia.

bolero [bə'lɛrou], *n.* (*pl.* **boleros**) (*moda, mus.*) bolero.

bolide ['bɔlaid], *n.* (*astron.*) bolide; aerolito.

Bolivian [bə'liviən], *a.* e *n.* boliviano.

boll [boul], *n.* (*bot.*) capsula (*specialm. del cotone e del lino*).

bollard ['bɔləd], *n.* **1** (*autom.*) pilastrino spartitraffico **2** pilastrino di chiusura (*di una strada: al traffico*) **3** (*naut.*) bitta.

to bollix up ['bɔləks-ʌp], *v. t.* (*volg. USA*) V. **to balls up**.

bollocks ['bɔləks], *n. pl.* **1** (*volg.*) coglioni; palle **2** (*volg.*) balle (*pop.*); fregnacce (*volg.*).

bollocks-up ['bɔləks-ʌp], *n.* (*volg.*) V. **balls-up**.

to bollocks-up ['bɔləks-ʌp], *v. t.* (*volg.*) V. **to balls up**.

Bologna sausage [bə'lounjə 'sɔsidʒ], *n.* mortadella.

bolometer [bou'lɔmitə*], *n.* (*fis.*) bolometro.

boloney [bə'louni], *n.* **1** mortadella **2** fandonia; frottola; panzana; fesseria (*pop.*).

Bolshevik ['bɔlʃivik], *n.* (*pl.* **Bolsheviks, Bolsheviki**) **1** (*stor.*) bolscevico **2** (*per estens.*) marxista; comunista; rivoluzionario.

Bolshevism ['bɔlʃəvizəm], *n.* (*stor.*) bolscevismo.

Bolshevist ['bɔlʃivist], *a.* e *n.* bolscevico.

bolshevization [,bɔlʃəvai'zeiʃən], *n.* (*polit.*) bolscevizzazione.

to bolshevize ['bɔlʃəvaiz], *v. t.* (*polit.*) bolscevizzare.

bolshy ['bɔlʃi], *a.* e *n.* **1** (*fam., spreg.*) bolscevico; comunista; rivoluzionario **2** (*fig.*) refrattario; che non collabora.

bolster ['boulstə*], *n.* **1** capezzale, guanciale (alla francese) **2** imbottitura **3** (*mecc.*) piano (*o* intelaiatura) d'appoggio **4** (*ind.*) mensola.

to bolster ['boulstə*], *v. t.* **1** sostenere; (*fig.*) appoggiare **2** imbottire **3** (*di collegiali*) prendere (*o* prendersi) a cuscinate. ● **to b. up**, rafforzare; sottolineare □ **to b. up a statement**, appoggiare (*o* sostenere, puntellare) un'asserzione.

bolt (1) [boult], *n.* **1** freccia, dardo (*specialm. di balestra*) **2** saetta; fulmine. **3** catenaccio; chiavistello; paletto **4** (*mecc.*) bullone **5** (*mil.*) otturatore (*d'arma da fuoco*) **6** (*USA*) abbandono di, ritiro da (*un partito politico*) **7** rotolo (*di carta*); pezza (*di stoffa arrotolata*). ● (*fig.*) **a b. from the blue**, un fulmine a ciel sereno □ **a b. of water**, un getto d'acqua □ (*mecc., autom., ecc.*) **b.-on**, fissabile con bulloni; imbullonabile; avvitabile: **b.-on panels**, pannelli imbullonabili □ (*naut.*) **b.-rope**, gratile; ralinga □ **b. upright**, diritto come un fuso □ (*ferr.*) **clamping b.**, caviglia □ (*fam.*) **to make a b. for it**, darsela a gambe □ (*mecc.*) **nuts and bolts**, bulloneria □ (*fig.*) **to shoot one's b.**, sparare tutte le proprie cartucce; mettercela tutta □ (*mecc.*) **stay b.**, tirante □ (*mil.*) **stud b.**, vite prigioniera □ (*prov.*) **A fool's b. is soon shot**, lo sciocco fa presto a parlare e presto a tacere.

to bolt (1) [boult], **A** *v. t.* **1** lanciare; scagliare (*frecce, dardi*) **2** serrare; sprangare, chiudere col catenaccio **3** ingoiare, tranguggiare; ingollare: **You should not b. your food like that**, non dovresti tranguggiare il cibo a quel modo **4** dire all'improvviso; sputar fuori (*pop.*) **5** (*mecc.*) bullonare; imbullonare **6** (*USA*) abbandonare (*un partito*); togliere il proprio appoggio a (*un candidato*) **7** arrotolare (*carta, stoffa*). **B** *v. i.* **1** balzare; lanciarsi avanti **2** fuggire; scappare; (*di cavallo*) imbizzarrirsi, prendere la mano: **His partner bolted with all the money**, il suo socio è scappato con tutto il denaro **3** ingozzarsi **4** (*di piante, ecc.*) andare a seme. ● **to b. sb. in (out)**, chiudere q. dentro (fuori).

bolt (2) [boult], *n.* balzo; scatto; fuga improvvisa. ● **b. hole**, rifugio; via di scampo □ **to make a b. for the door**, lanciarsi verso la porta □ **to make a b. for it**, darsi alla fuga.

to bolt (2) [boult], *v. t.* abburattare; setacciare (*anche fig.*).

bolter (1) ['boultə*], *n.* **1** cavallo ombroso **2** (*USA*) transfuga politico.

bolter (2) ['boultə*], *n.* buratto; setaccio; staccio.

bolting ['boultiŋ], *n.* abburattatura; setacciatura (*anche fig.*). ● **b. machine**, buratto.

bolus ['bouləs], *n.* **1** bolo (alimentare) **2** (*med.*) bolo; grossa pillola.

bomb [bɔm], *n.* **1** (*mil.*) bomba **2** (*anche* **bomb-shell**) granata; (*fig.*) evento improvviso (*soprattutto spiacevole*) **3** (*pop.*) fortuna (*specialm. finanziaria*) **4** (*sport, pop. USA*) passaggio lungo; cannonata (*pop.*) **5** fiasco; insuccesso; frana (*pop.*). ● (*aeron.*) **b. bay**, vano bombe □ **b. disposal**, rimozione e disinnesco di bombe (*inesplose o a scoppio ritardato*) □ **b.-disposal expert**, artificiere □ **b.-disposal squad**, squadra di artificieri □ **b.-proof**, a prova di bomba □ (*aeron.*) **b.-sight**, dispositivo per puntamento, punteria □ **b. site**, area (urbana) distrutta dalle bombe □ **b. thrower**, lanciabombe □ **A-b.**, bomba atomica □ (*mil.*) **buzz b.**, (*o* **robot b.**), bomba volante □ (*med.*) **C-b.**, bomba al cobalto □ (*fam.*) **to cost (to spend) a b.**, costare (spendere) un patrimonio □ **fragmentation b.**, bomba dirompente □ (*fam.*) **to go like a b.**, andare forte; essere un fulmine (*fig.*); andare a gonfie vele □ **H-b.**, bomba all'idrogeno □ **smoke b.**, bomba fumogena.

to bomb [bɔm], **A** *v. t.* **1** bombardare; gettare (*o* lanciare, sganciare) bombe su **2** far saltare in aria (*con una bomba*). **B** *v. i.* **1** (*pop. USA*) fare fiasco; fallire. ● **b. b. out**, snidare con bombe; (*pop. USA*) fare fiasco □ **to b. up**, (*di aereo*) caricare bombe; caricare (*un aeroplano*) di bombe □ **the bombed out**, i senzatetto in seguito a bombardamento.

bombard ['bɔmba:d], *n.* (*mil., mus.*) bombarda.

to bombard [bɔm'ba:d], *v. t.* **1** bombardare (*anche atomi*) **2** (*fig.*) bersagliare, tempestare (*di domande, richieste*).

bombardier [,bɔmbə'diə*], *n.* **1** (*aeron.*) bombardiere (*l'uomo*) **2** (*mil.*) sottufficiale d'artiglieria **3** (*arc.*) artigliere.

bombardment [bɔm'ba:dmənt], *n.* (*mil., fis.*) bombardamento.

bombardon [bɔm'ba:dn], *n.* (*mus.*) bombardone.

bombasine ['bɔmbəsi:n], **bombazine** ['bɔmbəzi(:)n], *n.* (*ind. tessile*) bambagina.

bombast ['bɔmbæst], *n.* **1** (*arc.*) bambagia **2** magniloquenza; discorso altisonante; parole pompose; stile ampolloso.

bombastic [bɔm'bæstik], *a.* altisonante; reboante; pomposo.

bomber ['bɔmə*], *n.* **1** bombardiere (*aeroplano e soldato*) **2** attentatore; dinamitardo. ● **dive b.**, bombardiere a tuffo □ **torpedo b.**, aerosilurante.

bombing ['bɔmiŋ], *n.* **1** (*mil.*) bombardamento **2** esplosione di bombe. ● (*aeron.*) **b. run**, missione di bombardamento.

bomblet ['bɔmlit], *n.* petardo; bomba carta.

bona fide [,bounə'faidi] (*lat.*), **A** *avv.* (*leg.*) in buona fede. **B** *a.* che è (*o* è fatto) in buona fede. (*leg.*) **bona fide holder**, detentore in buona fede; terzo di buona fede.

bona fides [,bounə'faidiz] (*lat.*), *n.* (*leg.*) buona fede.

bonanza [bə'nænzə] (*spagn.*), *n.* **1** prosperità; fortuna **2** (*ind. min.*) ricco giacimento: **oil b. in the North Sea**, ricchi giacimenti petroliferi nel Mare del Nord **3** (*fam.*) fonte di grandi guadagni. **B** *a.* **1** prospero; fortunato **2** (*econ.*) produttivo: **a b. farm**, una fattoria che produce bene. ● **to be in b.**, avere un periodo di buona fortuna.

bonbon ['bɔn,bɔn], *n.* caramella; confetto; zuccherino.

bond (1) [bɔnd], *n.* **1** legame; vincolo; ritorta, vimine (*per legare fascine*) **2** (*pl.*) vincoli (*raro*); ceppi; catene: **to be in bonds**, essere in ceppi (*o* in prigione, in schiavitù) **3** (*leg.*) obbligo, impegno scritto **4** (*leg.*) garanzia; cauzione **5** (*fin.*) titolo del debito pubblico; buono del Tesoro; (*specialm. USA*) obbligazione: **Bonds are issued to raise money**, le obbligazioni vengono emesse per raccogliere denaro **6** (*ind.*) legante; agglomerante; agglutinante **7** (*elettr.*) collegamento **8** (*costr.*) apparecchio; giunto d'un muro; connessione per sovrapposizione **9** (*chim.*) legame. ● **b. clay**, argilla plastica (*o* da impasto) □ (*fin.*) **b. issue**, emissione obbligazionaria □ (*dogana*) **b. note**, bolletta di cauzione □ **b. paper**, carta per scrivere □ (*ind. costr.*) **b.-stone**, pietra di legamento □ (*fin.*) **b. to bearer**, obbligazione al por-

bond (2)

tatore ☐ (*comm.*: *di merce*) **in b.**, in magazzino doganale; **da sdoganare** ☐ (*comm.*) **mortgage b.**, obbligazione ipotecaria ☐ (*comm.*) **to take out of b.**, sdoganare ☐ (*comm.*) **warehouse b.**, buono di carico (*di magazzino*) ☐ (*fin.*) **b. yield**, reddito obbligazionario ● **His word is as good as his b.**, la sua parola vale quanto una firma.

bond (2) [bɔnd], *a.* (*arc.*, *usato nei composti*; *per es.*:) **b.-slave**, schiavo; servo della gleba.

to bond [bɔnd], *v. t.* **1** collegare, connettere (*anche mattoni*) **2** (*leg.*) assumere un impegno scritto per (q.); cauzionare **3** (*comm.*) porre (*merci*) in magazzino doganale **4** (*fin.*) emettere obbligazioni su; ipotecare **5** (*elettr.*) collegare; mettere a massa.

bondage ['bɔndidʒ], *n.* servitù; schiavitù.

bonded ['bɔndid], *a.* **1** (*di merci*) vincolato; da sdoganare **2** (*di debito*) garantito da obbligazioni. ● **b. goods**, merce in deposito nei magazzini doganali ☐ **b. shed**, capannone doganale ☐ (*comm.*) **b. warehouse**, magazzino doganale; deposito franco; punto franco.

bonder ['bɔndə*], *n.* (*comm.*) depositante (*di merci*: *nei magazzini doganali*).

bondholder ['bɔnd,həʊldə*], *n.* (*fin.*) possessore di obbligazioni (*o di buoni del Tesoro*); obbligazionista.

bonding ['bɔndiŋ], *n.* **1** (*comm.*) deposito (*di merci*: *nei magazzini doganali*) **2** (*elettr.*) collegamento a massa.

bondmaid ['bɔndmeid], *V.* **bondwoman**.

bondman ['bɔndmən], *n.* (*pl.* **bondmen**) (*stor.*) servo della gleba; schiavo.

bondservant ['bɔnd,sə:vənt], *V.* **bondman**.

bondslave ['bɔndsleiv], *V.* **bondman**.

bondsman ['bɔndsmən], *n.* (*pl.* **bondsmen**) **1** (*stor.*) servo della gleba; schiavo **2** (*leg.*) garante; mallevadore.

bondwoman ['bɔnd,wumən], *n.* (*pl.* **bondwomen**) (*stor.*) serva della gleba; schiava.

bone [boun], *n.* **1** osso **2** lisca, spina (*di pesce*) **3** (*pl.*) ossa; scheletro; spoglie (*mortali*): (*fig.*) **my old bones**, le mie povere ossa; **He's all skin and b.**, è pelle e ossa; **Let us inter his bones**, seppelliamo le sue spoglie! **4** (*pl., fam.*) dadi **5** (*pl.*) castagnette; nacchere **6** (*pl., col verbo al sing.*) suonatore di castagnette **7** (*pl.*) stecche di balena **8** (*pop. USA*) dollaro. ● (*chim.*) **b. ash**, cenere di ossa; fosfato di calcio ☐ (*chim.*) **b. black**, nero animale; carbone di ossa ☐ **b. china**, porcellana fine ☐ **b.-dry**, *V.* **as dry as a b.** ☐ **b. dust** (*o* **b. meal**), farina d'ossa ☐ (*fig.*) **the b. of contention**, il pomo della discordia ☐ **b.-setter**, conciaossa ☐ **b.-shaker**, bicicletta senza pneumatici; vecchia carcassa; macinino ☐ **as dry as a b.**, del tutto asciutto; completamente secco; riarso; (*fig.*: *di nazione*) proibizionista fino all'osso ☐ (*anat.*) **back-b.**, spina dorsale ☐ **bred in the b.**, connaturato ☐ **cheek-b.**, zigomo ☐ (*fig.*) **to cut to the b.**, ridurre (*prezzi, ecc.*) all'osso ☐ (*fam.*) **to feel it in one's bones**, sentire q.c. (*nelle ossa*); essere certi di q.c.; sentirsela ☐ (*fig.*) **to have a b. to pick with sb.**, avere un conto in sospeso con q. (*fig.*) ☐ (*pop.*) **lazy bones**, pigrone ☐ (*fam.*) **to make no bones about st.**, non esitare di fronte a q.c.; non pensarci su due volte; non far mistero di: **He makes no bones about his being an upstart**, non fa mistero di essere un villan rifatto ☐ **to pick a b.**, scarnire un osso ☐ **to the b.**, fino all'osso; fino al midollo; completamente: **chilled** (*o* **frozen**) **to the b.**, gelato fino al midollo ☐ **He'll make old bones**, camperà cent'anni.

to bone [boun], *A v. t.* **1** disossare **2** spinare, togliere le spine (*a un pesce*) **3** rinforzare con stecche di balena **4** fertilizzare **5** (*pop.*) sgraffignare (*fam.*); rubare. *B v. i.* (*pop., anche* **to b. up**) studiare sodo; sgobbare (*fam.*).

boned [bound], *a.* **1** ossuto **2** disossato **3** (*di pesce*) senza lische; spinato **4** fornito di stecche. ● **big-b.**, dalle ossa grosse.

boneless ['bounlis], *a.* **1** senz'ossa; disossato **2** (*di pesce*) senza spine **3** (*fig.*) senza spina dorsale; smidollato.

boner ['bounə*], *n.* (*pop.*) sfondone; strafalcione.

bonfire ['bɔn,faiə*], *n.* falò.

bonhomie [,bɔ:nə'mi:] (*franc.*), *n.* bonomia; bonarietà.

Boniface ['bɔnifeis], *n.* **1** Bonifacio **2** – (*fig.*) **b.**, locandiere; oste.

bonito [bən'i:tou], *n.* (*pl.* **bonitos, bonito**) (*zool.*) bonita (*tonno striato*). ● **plain b.** (*Auxis thazard*), tambarello.

bonkers ['bɔŋkəz], *a.* (*pop.*) matto; pazzo: **to go b.**, diventare matto; ammattire; impazzire.

bonnet ['bɔnit], *n.* **1** berretto scozzese (*da uomo, senza tesa*) **2** cappellino (*da donna o bambina, senza tesa*) **3** (*fam.*) cappellino da donna (*in genere*) **4** (*mecc.*) cofano (*d'automobile*); coperchio (*di valvola, ecc.*); parascintille (*del fumaiolo di una locomotiva*) **5** (*al gioco*) complice, compare (*di un baro*) **6** (*nelle aste*) offerente fittizio che fa salire i prezzi (*d'accordo con il banditore*) **7** (*aeron.*) tettuccio **8** (*anche* **warbonnet**) copricapo adorno di penne (*degli indiani d'America*). ● (*franc.*) **b. rouge**, berretto frigio; (*fig.*) rivoluzionario.

to bonnet ['bɔnit], *v. t.* **1** mettere il berretto (*o* il cappellino, la cuffia) a (q.) **2** calcare il berretto sugli occhi a (q.).

bonnie ['bɔni] (*scozz.*), *V.* **bonny**.

bonny ['bɔni] (*soprattutto scozz.*), *a.* **1** bello; piacevole; grazioso **2** dall'aspetto sano; robusto; vigoroso; florido.

bonus ['bounəs], *n.* **1** indennità; pagamento straordinario (*anche leg.*) premio **2** gratifica, buonuscita (*a dipendenti*) **3** (*fin.*) dividendo extra **4** (*mil.*) premio di congedo. ● (*fin.*) **b. issue**, emissione riservata gratuita (*d'azioni*) ☐ (*fin.*) **b. shares**, azioni gratuite ☐ **cost of living b.**, indennità di) carovita, contingenza ☐ **long-service b.**, premio di anzianità (*di servizio*) ☐ **task b.**, indennità per prestazioni speciali.

bony ['bouni], *a.* **1** osseo; tutt'ossa **2** (*di pesce*) pieno di lische (*o di spine*) **3** ossuto; magro **4** simile a (*o* duro come) un osso.

bonze [bɔnz], *n.* (*relig.*) bonzo.

boo [bu:], **booh** [bu:], *A inter.* **1** (*di disapprovazione, disprezzo*) poh! **2** (*per intimorire*) bu! **3** (*per scacciare*) passa via!; pussa via! (*pop.*). *B n.* (*pop. USA*) marijuana. ● **He wouldn't say boo to a goose**, non farebbe male a una mosca.

to boo [bu:], *v. i. e t.* **1** fare poh! (*V.* **boo**); disapprovare; dar la baia; urlare; fischiare: **The play was booed by the gallery**, la commedia fu fischiata dal loggione **2** spaventare; scacciare (*gridando*).

to boob [bu:b], *A v. t.* (*pop.*) fallire, fare fiasco in (*un esame, ecc.*). *B v. i.* (*pop.*) fare uno strafalcione.

boob [bu:b], *n.* **1** (*pop.*) sciocco; stolto; semplicione **2** (*pop.*) errore madornale; sproposito; strafalcione **3** (*pl., fam.*) poppe; tette (*fam.*). ● **the b. tube**, il televisore; la televisione.

booby ['bu:bi], *n.* tonto; zoticone. ● **b. prize**, premio dato all'ultimo arrivato, al giocatore che ha fatto meno punti, ecc.; premio di consolazione ☐ **b. trap**, scherzo per cui un oggetto, posto in bilico su una porta socchiusa, cade in testa al primo che l'apre; (*mil.*) ordigno esplosivo, dall'aspetto innocuo o contenuto in un oggetto d'uso comune (*penna stilografica, ecc.*); (*fig.*) tranello, trappola.

boodle ['bu:dl], *n.* (*pop. USA*) **1** banda; combriccola; masnada **2** denaro falso **3** bustarella, tangente (*fig.*) **4** bottino (*di malviventi*).

boogie ['bu:gi], *n.* **1** (*pop., spreg.*) negro **2** (*mus.*) *V.* **boogie-woogie**.

boogie-woogie [,bu:gi-'wu:gi], *n.* (*mus.*) boogie-woogie.

to boohoo [bu:'hu:], *v. i.* piangere forte; strillare.

boohoo ['bu:'hu:], *n.* (*pl.* **boohoos**) pianto rumoroso.

book [buk], *n.* **1** libro; registro: (*fig.*) **the b. of life**, il libro della vita **2** (*anche* **note-book**) quaderno per appunti **3** (*mus.*) libretto d'opera (*più in uso la parola italiana*) **4** libretto, blocchetto (*di biglietti, buoni, ecc.*): **cheque b.**, libretto degli assegni **5** – **the B.**, la Bibbia: **to swear on the B.**, giurare sulla Bibbia **6** (*sport*) elenco delle scommesse (*nelle corse dei cavalli*) **7** (*pl., comm.*) libri contabili; conti; contabilità: **to close one's books**, chiudere i conti; **to keep the books**, tenere la contabilità **8** (*Borsa*) posizione **9** (*fam.*) guida telefonica; elenco: **I'm not in the b. yet**, non sono ancora in elenco. ● **b.-cover**, sopraccoperta (*di libro*) ☐ (*leg.*) **b. debt**, debito attivo, credito chirografario ☐ (*ind.*) **b. designer**, impaginatore ☐ **b.-ends**, reggilibri (*rag.*) ☐ (*comm.*) **b. entry**, scrittura contabile, registrazione ☐ **b. fair**, fiera del libro ☐ **b.-jacket**, sopraccoperta ☐ **b.-learning** (*o* **b.-lore**), cultura libresca ☐ **b.-maker**, allibratore, book-maker; (*anche*) compilatore (*o* editore) di libri ☐ **b.-mark**, segnalibro ☐ (*comm., leg.*) **books of account**, libri contabili ☐ (*rag.*) **b. of entries** (*o* **of original entry**), libro giornale ☐ (*relig.*) **b. of hours**, breviario ☐ (*comm.*) **b. of invoices**, copiafatture ☐ **b.-plate**, ex-libris ☐ **b.-rest**, leggio ☐ **b. token**, buono per acquisto di libri; buono libri ☐ (*comm., leg.*) **b. value**, valore contabile; valore d'inventario ☐ **to bring sb. to b.**, costringere q. alla resa dei conti ☐ **by the b.**, correttamente; secondo le regole; autorevolmente ☐ **to be in sb.'s bad** (*o* **black**) **books**, essere nel libro nero di q.; non essere nelle grazie di q. ☐ **to be in sb.'s good books**, andare a genio a q.; essere nelle grazie di q. ☐ **to know sb. like a b.**, conoscere q. a fondo ☐ **minute b.**, libro (*o* registro) dei verbali ☐ **on the books**, messo in lista, iscritto (*come socio*); (*rag.*) registrato ☐ **picture b.**, libro illustrato ☐ (*naut., aeron.*) **signal b.**, codice dei segnali ☐ (*comm.*) **waste b.**, brogliaccio ☐ **without b.**, senza dare la fonte: **He quoted the passage without b.**, citò il passo senza dare la fonte ☐ **to speak like a b.**, parlare come un libro stampato ☐ **to suit one's b.**, andare a pennello ☐ (*leg., fam.*) **to take a leaf out of sb.'s b.**, seguire l'esempio di q. ☐ (*leg., fam.*) **to throw the b. at sb.**, gettare la broda addosso a q. (*fig.*); accusare q. di tutti i misfatti.

to book [buk], *v. t.* **1** annotare, elencare (*per iscritto*); registrare **2** (*rag.*) mettere a libro, registrare (*una partita*) **3** fissare; prenotare; far riservare: **Have you booked seats for the theatre?**, hai prenotato i posti a teatro? **4** (*cinem., teatr.*) scritturare **5** (*fam.*) accusare: **to be booked on a charge of speeding**, essere accusa-

to d'eccesso di velocità **6** (*leg., fam.*) incriminare **7** (*sport: dell'arbitro*) ammonire per iscritto. ● **to b. a telephone call**, prenotare una telefonata □ **I was booked to London**, avevo il biglietto per Londra □ (*fig.*) **I'm booked**, sono la pecora segnata; non c'è (*via di*) scampo per me.
bookable ['bukəbl], *a.* che si può prenotare; prenotabile.
bookbinder ['buk,baində*], *n.* legatore; rilegatore di libri.
bookbindery ['buk,baindəri], *n.* legatoria.
bookbinding ['buk,baindiŋ], *n.* legatura; rilegatura di libri.
bookcase ['bukkeis], *n.* libreria; armadietto per libri.
booketeria [,buki'tiəriə], *n.* libreria self-service.
bookie ['buki], *n.* (*pop.*) allibratore.
booking ['bukiŋ], *n.* **1** prenotazione **2** (*cinem., teatr.*) scritturazione, impegno; vendita di biglietti **3** (*fam.*) accusa; incriminazione (*V.* **to book**, *def.* 5, 6 e 7). ● **b. agency**, agenzia prenotazioni □ **b. clerk**, impiegato che registra le prenotazioni (*o* vende biglietti, ecc.); bigliettaio □ **b. office**, ufficio prenotazioni (*anche*) biglietteria; agenzia di viaggi.
bookish ['bukiʃ], *a.* **1** relativo ai libri **2** amante dei libri (*o* della lettura); d'inclinazioni letterarie **3** libresco; pedantesco.
bookishness ['bukiʃnis], *n.* **1** amore per i libri; inclinazioni letterarie **2** pedanteria.
bookkeeper ['buk,ki:pə*], *n.* contabile; computista.
bookkeeping ['buk,ki:piŋ], *n.* contabilità; computisteria. ● **b. machine**, macchina contabile.
booklet ['buklit], *n.* **1** libriccino; libretto **2** (*tipogr.*) libro legato alla bodoniana; libro in brossura.
bookmaker ['buk,meikə*], *n.* **1** (*sport*) allibratore; bookmaker **2** chi compila (*o* stampa) libri.
bookmaking ['buk,meikiŋ], *n.* **1** (*sport*) attività degli allibratori **2** editoria.
bookman ['bukmən], *n.* (*pl.* **bookmen**) **1** persona di gusti letterari, colta, istruita **2** chi compila (*o* stampa) libri.
bookmobile ['buk,moubail], *n.* (*USA*) bibliobus; autolibro.
bookseller ['buk,selə*], *n.* (*comm.*) libraio. ● **b.'s order form**, cedola di commissione libraria □ **a b.'s (shop)**, una libreria.
bookshelf ['bukʃelf], *n.* (*pl.* **bookshelves**) scaffale per libri. ● (*di un libro*) **to hit the bookshelves**, essere in libreria (*a una certa data*).
bookshop ['bukʃɔp], *n.* libreria (*il negozio*).
bookstall ['buk,stɔ:*], *n.* **1** bancarella (*di libri*) **2** edicola; chiosco.
bookstore ['bukstɔ:], *n.* (*USA*) libreria (*negozio*).
bookwork ['bukwə:k], *n.* lavoro intellettuale; lavoro di testa.
bookworm ['bukwə:m], *n.* **1** tarma; tignola **2** (*fig.*) topo di biblioteca.
boom (1) [bu:m], *n.* **1** (*naut.*) boma, asta (*che tiene tesa la vela*) **2** braccio (*di gru*) **3** sbarramento di tronchi (*attraverso un fiume o all'imboccatura d'un porto*) **4** (*cinem., telev.*) giraffa. ● **b. sheet**, scotta di randa □ **jib b.**, asta di fiocco □ (*cinem., telev.*) **microphone b.**, giraffa; portamicrofono.
to boom (1) [bu:m], *A v. i.* **1** rimbombare; rombare; parlare con voce profonda **2** ronzare. *B v. t.* indicare con un suono cupo: **The clock boomed the hour**, l'orologio battè l'ora con un suono cupo.
boom (2) [bu:m], *n.* **1** rimbombo; rombo **2** ronzio. ● (*aeron.*) **sonic b.**, bang sonico.
to boom (2) [bu:m], *A v. i.* **1** espandersi; fiorire; prosperare; andare a gonfie vele: **Business was booming then**, gli affari andavano a gonfie vele, ora **2** (*fin.: di titoli*) aumentare di valore; salire (*di prezzo*): **Stocks were beginning to b.**, i titoli cominciavano a salire. *B v. t.* **1** fare espandere; fare fiorire; fare prosperare: **War boomed the heavy industries**, la guerra ha fatto prosperare l'industria pesante **2** fare pubblicità; lanciare; appoggiare; sostenere; battere la grancassa a (q.): **They are trying to b. their goods**, cercano di lanciare i loro prodotti; **They boomed him for mayor**, gli batterono la grancassa per farlo eleggere sindaco.
boom (3) [bu:m], *n.* **1** improvviso fiorire (*delle industrie e dei traffici*); (*econ.*) boom, rapida espansione, congiuntura alta **2** improvvisa popolarità. ● **b. town**, città divenuta importante per un improvviso fiorire di traffici □ (*fin.*) **b. year**, anno (*o* esercizio) assai prospero.
boomer ['bu:mə*], *n.* (*zool.*) **1** (*Aplodontia rufa*) castoro di montagna **2** (*Macropus giganteus*) canguro gigante (*il maschio*).
to boomerang ['bu:məræŋ], *v. i.* sortire l'effetto contrario; ritorcersi (*contro*); ricadere (*su*).
boomerang ['bu:məræŋ], *n.* **1** boomerang (*arma da lancio degli aborigeni australiani*) **2** (*fig.*) azione (*o* proposta) controproducente; accusa che ricade su chi l'ha lanciata; argomento che si ritorce contro chi l'ha usato.
boomflation ['bu:m,fleiʃən], *n.* (*econ.*) boom associato a inflazione.

booming ['bu:miŋ], *a.* (*econ.*) fiorente; dinamico.
boon (1) [bu:n], *n.* **1** vantaggio; beneficio; (*fig.*) dono, manna: **Free education is a great b.**, l'istruzione gratuita è un grande beneficio **2** (*arc.*) favore; piacere: **to ask a b. of sb.**, chiedere un favore a q.
boon (2) [bu:n], *a.* allegro; piacevole: **a b. companion**, un compagno piacevole; un buontempone; un simpaticone.
boondoggle ['bu:n,dɔgl], *n.* (*fam. USA*) **1** oggetto artigianale (*cesto, ecc.*) di vimini (*o* di cuoio) **2** (*fig.*) impresa (*o* progetto) irrealizzabile e inutile (*e che fa sprecare tempo e denaro*).
boor [buə*], *n.* **1** (*arc.*) contadino **2** maleducato; zoticone; bifolco (*fig.*).
boorish ['buəriʃ], *a.* maleducato; rozzo; zotico.
boorishness ['buəriʃnis], *n.* rozzezza; zoticaggine; bifolcheria (*raro*).
boost [bu:st], *n.* **1** (*fam.*) spinta; aiuto **2** lancio pubblicitario; aumento di valore (*che ne deriva*) **3** (*econ.*) spinta (*al rilancio*): **a b. given to consumption**, una spinta impressa ai consumi **4** (*fis.*) aumento (*di pressione ecc.*) **5** (*mecc.*) sovralimentazione **6** (*aeron.*) pressione di alimentazione (*di un motore di aeroplano*) **7** (*fig.*) aumento: **a b. in wages**, un aumento di salario.
to boost [bu:st], *v. t.* **1** (*fam.*) spingere; sollevare; issare; (*fig.*) dare una mano a; aiutare **2** (*fig.*) gonfiare (*fig.*); levare, portare alle stelle (q.); lanciare (*un prodotto*): **to b. the value of a share**, gonfiare il valore di un'azione **3** (*fis.*) aumentare (*la pressione, ecc.*) **4** (*elettr.*) elevare (*la tensione*) **5** (*mecc.*) sovralimentare (*un motore*) **6** (*miss.*) lanciare (*nello spazio*). ● (*comm.*) **to b. sales**, aumentare di molto le vendite.
booster ['bu:stə*], *n.* **1** (*fam.*) sostenitore entusiasta **2** (*mecc.*) elevatore (*di pressione, ecc.*); sovralimentatore **3** (*radio*) amplificatore **4** (*telev.*) preamplificatore **5** (*pop. USA*) pubblicitario. ● (*econ.*) **b. measures**, misure di rilancio; pacchetto anticongiunturale □ (*miss.*) **b. rocket**, razzo ausiliario (*o* vettore); primo stadio □ (*radio, telev.*) **b. station**, ripetitore; ritrasmettitore.
boot (1) [bu:t], *n.* **1** stivale; mezzo stivale; stivaletto **2** scarpa alta **3** (*USA*) stivalone; stivale da caccia (*o* alla scudiera) **4** (*stor.*) stivale spagnolo; stivaletto (*strumento di tortura*) **5** (*autom.*) bagagliaio; baule **6** (*autom.*) mancione; rinforzo interno (*di pneumatico*); parapolvere (*dei freni idraulici*) **7** (*fig.*) calcio; pedata. ● (*mil.*) **b. and saddle**, segnale di tromba per ordinare di montare in sella; «in sella!» □ **b.-maker**, calzolaio □ **b. tree**, forma da scarpe □ **to die in one's boots**, morire in piedi (*in piena attività*) □ (*fam.*) **to get the b.**, essere licenziato □ (*fam.*) **to give the b.**, licenziare (*un dipendente*) □ **to have one's heart in one's boots**, avere la tremarella □ (*ingl.*) **high** (*o* **riding**) **boots**, stivali da caccia (*alla scudiera*) □ (*fig.*) **to lick sb.'s boots**, lustrare gli stivali a q.; adulare q. □ (*pop.*) **like old boots**, moltissimo; enormemente □ (*fig.*) **The b. is on the other leg**, è proprio il contrario □ **You can bet your boots on it**, puoi starne certo; ci puoi contare.
to boot (1) [bu:t], *v. t.* **1** calzare; mettere le scarpe a **2** prendere a calci **3** (*stor.*) mettere (q.) alla tortura dello stivale spagnolo **4** (*fam.*) licenziare (*un dipendente*); cacciare; mandare a spasso (*fam.*).
boot (2) [bu:t], *n.* (*arc.*) beneficio; vantaggio (*oggi soltanto nella locuz.*:) **to b.**, per giunta; inoltre.
to boot (2) [bu:t], *v. t.* (*arc., di solito impers.*) servire; valere a: **What boots him to lie?**, a che gli vale mentire?
bootblack ['bu:tblæk], *n.* lustrascarpe.
booted ['bu:tid], *a.* con stivali; calzato (*di stivali*). ● (*fig.*) **b. and spurred**, pronto per partire.
bootee ['bu:ti:], *n.* **1** stivaletto (*da donna o bambino*) **2** scarpetta di lana (*da bambino*); babbuccia; scarpina.
booth [bu:ð], *n.* **1** baraccone **2** bancarella coperta (*da un assito o telone*) **3** cabina: **polling b.** (*o* **voting b.**), cabina (*di seggio*) elettorale; **telephone b.**, cabina telefonica **4** (*mil.*) garitta.
bootjack ['bu:tdʒæk], *n.* cavastivali.
bootlace ['bu:tleis], *n.* **1** stringa (*da stivali*) **2** laccio, laccetto (*da scarpe*).
bootleg ['bu:tleg], *A n.* **1** gamba di stivale; gambale **2** liquore distillato alla macchia **3** (*pop.*) disco inciso di nascosto (*a un concerto, ecc., e poi rivenduto*). *B attr.* **1** (*di liquore*) distillato alla macchia **2** (*di disco, ecc.*) prodotto e venduto clandestinamente.
to bootleg ['bu:tleg], *v. t. e i.* distillare (liquore) alla macchia; contrabbandare; spacciare (liquore) clandestinamente.
bootlegger ['bu:t,legə*], *n.* distillatore (*o* contrabbandiere, spacciatore) clandestino di liquori (*specialm. in USA*).
bootlegging ['bu:t,legiŋ], *n.* contrabbando di liquori (*V.* **bootlegger.**)
bootless ['bu:tlis], *a.* (*arc., lett.*) inutile; vano.
to bootlick ['bu:tlik], *v. t.* (*pop.*) lustrare gli stivali, leccare i piedi a (q.).

bootlicker ['bu:t͵likə*], n. (pop.) leccapiedi; lustrascarpe (fig.).
boots [bu:ts], n. (invar. al pl.) **1** lustrascarpe **2** portabagagli, facchino (in un albergo).
bootstrap ['bu:tstræp], n. tirante (di scarpa alta, di stivale). ● (fig.) **b. method**, il far da sé □ **to lift** (o **to pull up, to raise**) **oneself by one's bootstraps**, tirarsi su da sé (fig.); farcela da solo.
to **bootstrap oneself** ['bu:tstræp wʌn'self], v. rifl. farcela da solo; tirarsi su da sé. ● **to b. oneself into** (out of) st., riuscire a ottenere (a evitare) q.c. coi propri sforzi.
booty ['bu:ti], n. **1** bottino (di guerra) **2** premio; guadagno.
to **booze** [bu:z], A v. i. (fam.) bere smoderatamente (vino o liquori). B v. i. trincare; ubriacarsi.
booze ['bu:z], n. (fam.) **1** bevanda alcolica **2** (anche **b.-up**) sbocciata; baldoria; gozzoviglia; bevuta.
boozer ['bu:zə*], n. (fam.) **1** ubriacone; beone **2** taverna; osteria.
boozy ['bu:zi], a. (fam.) **1** ubriaco; sbronzo **2** dedito al bere.
bop [bɔp], n. **1** (mus.) be-bop (q.V.) **2** (pop. specialm. USA) forte colpo; colpaccio.
bopeep [bou'pi:p], n. gioco del cucù, nascondino. ● **to play b.**, giocare a nascondino; fare a cucù; (fig.) essere evasivo (di un uomo politico, ecc.).
bopper ['bɔpə*], n. (pop.) adolescente fanatica del be-bop; ragazza musicomane.
boracic [bə'ræsik], a. (chim.) borico.
borage ['bɔridʒ], n. (bot., Borago officinalis) borragine.
borate ['bɔ:reit], n. (chim.) borato.
borax ['bɔ:ræks], n. (chim.) borace.
Bordeaux [bɔ:'dou], n. (invar. al pl.) **1** bordeaux (vino rosso francese) **2** (colore) bordeaux; (colore) bordò.
bordello [bɔ:'dəlou], n. (pl. **bordellos**) bordello.
border ['bɔ:də*], n. **1** contorno; orlo; margine; estremità; limitare: **We sat on the b. of the wood**, ci sedemmo al limitare del bosco **2** confine; frontiera: **within (out of) borders**, entro i (fuori dei) confini; **the Swiss b.**, la frontiera svizzera **3** striscia; orlo: **a lace b.**, un orlo di merletto **4** –(geogr.) **the B.**, (la zona di) confine fra l'Inghilterra e la Scozia: **a B. ballad**, una ballata originaria di tale zona. ● **b.-line**, linea di confine; linea di demarcazione □ **a b.-line case**, un caso limite.
to **border** ['bɔ:də*], v. t. e i. **1** munire di orlo; orlare **2** fare da confine a; confinare con; delimitare: **Devonshire borders on Cornwall**, la contea di Devon confina con la Cornovaglia; **My field is bordered by a brook**, il mio campo è delimitato da un ruscello. ● **to b. on** (o **upon**), confinare con; (fig.) rasentare: **His behaviour borders on provocation**, il suo comportamento rasenta la provocazione.
bordereau [͵bɔ:də'rou] (franc.), n. (pl. **bordereaux**) borderò; bordereau.
borderer ['bɔ:dərə*], n. abitante di zona di confine (specialm. di quella tra l'Inghilterra e la Scozia).
bordering ['bɔ:dəriŋ], A n. orlatura. B a. **1** (geogr.) confinante **2** (fig.) che rasenta.
borderland ['bɔ:dələænd], n. **1** zona di confine **2** condizione (o situazione, zona) incerta; (fig.) confini: **Science fiction goes beyond the b. of science**, la fantascienza va oltre i confini della scienza. ● **to live on the b. of society**, vivere ai margini della società.
bordure ['bɔ:dʒə*], n. (araldica) bordura.
to **bore (1)** [bɔ:*], A v. t. **1** forare; perforare; trivellare; scavare: **Oil wells are made by boring the ground**, i pozzi petroliferi si scavano trivellando il terreno; **A new tunnel will be bored under the Alps**, si scaverà una nuova galleria sotto le Alpi **2** (mecc.) alesare; barenare. B v. i. **1** perforarsi: **Soft materials b. easily**, i materiali teneri sono facili a perforarsi **2** farsi largo; spingersi avanti **3** (di cavallo) spingere da parte gli altri cavalli. ● **to b. a hole**, fare (o praticare) un foro □ **to b. for oil**, fare trivellazioni in cerca di petrolio □ **to b. one's way**, aprirsi un varco; farsi largo (fra la folla).
bore (1) [bɔ:*], n. **1** foro; pozzo (per trovare acqua, ecc.) **2** (mecc.) camera cilindrica; diametro interno (di tubo, ecc.) **3** (autom.) alesaggio (di cilindro di motore) **4** (mil.) anima (d'arma da fuoco) **5** trivella. ● (mil.) **b. diameter**, calibro (ind. min.) **b.-hole**, pozzo di trivellazione □ (mil.) **rifled-b. gun**, fucile ad anima rigata.
to **bore (2)** [bɔ:*], v. t. tediare; annoiare; seccare. ● **bored to death** (o **to tears**), annoiato a morte.
bore (2) [bɔ:*], n. **1** persona noiosa; seccatore **2** seccatura.
bore (3) [bɔ:*], pass. di **to bear (1)**.
boreal ['bɔ:riəl], a. boreale.
Boreas ['bɔ:riæs], n. (lett.) Borea (dio e vento del Settentrione).
boredom ['bɔ:dəm], n. noia; tedio.
borer ['bɔ:rə*], n. **1** trivella **2** operaio scavapozzi; minatore addetto al trivellamento **3** (mecc.) alesatore; barenatore **4** (zool.) tarlo.

boric ['bɔ:rik], a. (chim.) borico: **b. acid**, acido borico.
boring (1) ['bɔ:riŋ], n. **1** (ind. min.) perforazione; trivellazione; sondaggio: **b. head**, testa di trivellazione **2** (mecc.) alesatura; barenatura **3** (pl.) trucioli di alesatura. ● (mecc.) **b. bar**, bareno; barena □ (mecc.) **b. machine**, alesatrice; barenatrice □ (ind. min.) **b. test**, sondaggio.
boring (2) ['bɔ:riŋ], a. noioso; seccante.
born [bɔ:n], A p. p. di **to bear (1)**. B a. generato; nato. ● **b. name**, nome da nubile, da ragazza □ **to be b.**, nascere: **Where were you born?**, dove sei nato? (fig.) **b. to be hanged**, faccia da forca □ (fig.) **to be b. on the wrong side of the blanket**, essere (figlio) illegittimo □ **to be b. under a lucky star**, essere nato sotto una buona stella □ **to be a b. winner**, essere un uomo destinato alla vittoria □ (fig.) **to be b. with a silver spoon in one's mouth**, essere nato con la camicia □ **base-b.**, di bassi natali; di umile origine □ **first-b.**, primogenito □ **a new-b. baby**, un neonato □ **He's a b. fool**, è un perfetto idiota □ **He's a b. artist** (o **an artist b.**), è un artista nato.
borne [bɔ:n], p. p. di **to bear (1)**.
boron ['bɔ:rɔn], n. (chim.) boro.
borough ['bʌrə], n. **1** (G. B.) città che gode di autonomia amministrativa (concessa con **royal charter**) o che manda uno o più deputati in Parlamento **2** (USA) città che gode di autonomia amministrativa **3** distretto amministrativo di New York. ● (stor.) **to own** (**to buy**) **a b.**, avere (acquistare) la possibilità di manovrare ai propri fini un collegio elettorale □ (stor.) **rotten b.**, borgo putrido.
to **borrow** ['bɔrou], v. t. **1** prendere in (o a) prestito; mutuare: **Whom did you b. this book from (of)?**, da chi hai preso in prestito questo libro? **2** plagiare: **He borrowed my idea**, ha plagiato la mia idea **3** (Borsa) prendere a riporto; riportare. ● **to b. trouble**, crucciarsi inutilmente (o anzitempo) □ (edil.) **borrowed light**, finestra interna □ (fig.) **borrowed plumes**, penne altrui: **All his success was borrowed plumes**, ebbe fortuna, ma s'era fatto bello delle penne altrui □ **to live on borrowed time**, avere i giorni contati.
borrower ['bɔrouə*], n. chi prende a prestito; (comm.) mutuatario.
borrowing ['bɔrouiŋ], n. (comm.) assunzione di prestito. ● (fin.) **b. company**, società mutuataria □ (fin.) **b. rate**, tasso passivo □ (banca) **b. transactions**, operazioni passive.
borrow pit ['bɔrou pit], n. (costr.) cava di prestito.
Borstal ['bɔ:stəl], n. correzionale; riformatorio. ● **B. boy**, corrigendo.
bort [bɔ(:)t], n. (ind. min.) **1** bort; diamante industriale **2** (collett.) schegge di diamante **3** (collett.) polvere di diamante.
boscage ['bɔskidʒ], n. boschetto; gruppo d'arboscelli, d'arbusti.
bosh (1) [bɔʃ], n. e inter. (pop.) sciocchezze; fesserie.
bosh (2) [bɔʃ], n. (metall.) sacca (parte inferiore di altoforno).
to **bosh** [bɔʃ], v. t. (pop.) canzonare; punzecchiare; stuzzicare.
bosin ['bousn], n. (contraz. di **boatswain**) (naut.) nostromo.
bosk [bɔsk], **bosket** ['bɔskit], n. boschetto.
bosky ['bɔski], a. boscoso; ombroso.
bo's'n, bo'sn, bos'n ['bousn], V. **bosin**.
Bosnian ['bɔznian], a. e n. bosniaco.
bosom ['buzəm], n. **1** (poet.) petto; seno **2** (fig.) cuore; seno: **to be in the b. of one's family**, essere in seno alla propria famiglia; **to be b. friend**, l'amico del cuore (o prediletto); **to clasp sb. to one's b.**, stringersi q. al cuore (o al seno) **3** sparato (della camicia) **4** ampia distesa (del mare); superficie (di lago).
bosomy ['buzəmi], a. dal seno prosperoso; popputo (fam.).
boson ['bouzɔn], n. (fis., mecc.) bosone.
boss (1) [bɔs], n. (fam.) **1** capo; padrone; dirigente; capufficio **2** (USA) capo di un'organizzazione politica; caporione.
to **boss (1)** [bɔs], v. i. e t. (fam.) farla da padrone; spadroneggiare; dare ordini (a q.); comandare a bacchetta; (fig.) tenere in pugno (spesso **to b. about, to b. around**).
boss (2) [bɔs], n. **1** bozza; protuberanza; borchia (di scudo, ecc.) **2** (mecc.) mozzo; punzone **3** (archit.) bugna; bozza; aggetto; risalto; rosone (di lacunare). ● (pop.) **b.-eyed**, strabico □ (naut.) **b. of the screw**, mozzo dell'elica □ (pop.) **to make a b. shot at st.**, fare un tentativo (sfortunato) di colpire q.c.
to **boss (2)** [bɔs], v. t. **1** ornare di borchie (o bugne) **2** (mecc.) punzonare **3** lavorare a sbalzo.
bossage ['bɔsidʒ], n. (archit.) bugnato.
bossa nova [͵bɔsə'nouvə] (portoghese), n. (mus.) bossa nova.
bossy (1) ['bɔsi], a. (fam.) autoritario; prepotente; tirannico.
bossy (2) ['bɔsi], a. adorno di borchie (o bugne).
Bostonian [bɔs'tounjən], a. e n. (abitante) di Boston; bostoniano.
botanic [bə'tænik], a. botanico (nei nomi di antiche società botaniche).
botanical [bə'tænikəl], a. botanico: **b. garden**, orto botanico.
botanist ['bɔtənist], n. botanico (studioso di botanica).

to botanize ['bɔtənaiz], **A** *v. i.* **1** studiare botanica (*dal vivo*) **2** raccogliere piante (*per studio*); botanizzare (*raro*). **B** *v. t.* raccogliere piante in (*una regione*).
botanizer ['bɔtənaizə*], *n.* erborista.
botany ['bɔtəni], *n.* **1** botanica **2** flora; vegetazione.
botargo [bət'a:gou], *n.* (*pl.* **botargoes**) (*cucina*) bottarga.
to botch [bɔtʃ], *v. t.* e *i.* **1** rabberciare; rattoppare **2** abborracciare; raffazzonare; lavorar male; pasticciare.
botch [bɔtʃ], *n.* **1** rappezzo; rattoppo **2** lavoro mal fatto; pasticcio.
botcher ['bɔtʃə*], *n.* **1** rabberciatore, rattoppatore (*raro*) **2** pasticcione.
botchy ['bɔtʃi], *a.* **1** rabberciato; rattoppato **2** abborracciato; pasticciato.
both [bouθ], **A** *a.* e *pron.* ambo (*lett.*); ambedue; entrambi; tutt'e due; l'uno e l'altro: **We b.** (**B. of us**) **were present**, eravamo entrambi presenti; **on b. sides**, da ambo i lati; **I see them b.**, li vedo tutt'e due. **B** *cong.* **1** – **b.... and**, sia... sia; tanto... quanto: **B. boys and girls can attend that school**, sia i ragazzi sia le ragazze possono frequentare quella scuola **2** a un tempo; nello stesso tempo: **It is b. good and cheap**, è a un tempo di buona qualità e poco costoso **3** (*impropriamente anche per più di due alternative*) così... come... e: **You must love b. God and man and beast**, devi amare così Iddio come gli uomini e gli animali. ● **to have it b. ways**, dare un colpo al cerchio e l'altro alla botte.
to bother ['bɔðə*], **A** *v. t.* **1** infastidire; incomodare; importunare; seccare **2** confondere; turbare; innervosire; mettere di malumore: **Big cities b. him**, le città grandi lo innervosiscono. **B** *v. i.* preoccuparsi; prendersela; agitarsi; disturbarsi; darsi il disturbo: **She bothers about everything**, si preoccupa per ogni cosa; **Don't b. to come and see me to the station**, non disturbarti a venirmi ad accompagnare alla stazione.
bother (1) ['bɔðə*], *n.* **1** fastidio; incomodo; seccatura **2** agitazione; nervosismo; preoccupazione.
bother (2) ['bɔðə*], *inter.* uffa!; al diavolo!
botheration [,bɔðə'reiʃən], (*fam.*) **A** *n.* preoccupazione; seccatura; scocciatura (*fam.*). **B** *inter.* uffa!; al diavolo!
bothersome ['bɔðəsəm], *a.* fastidioso; seccante.
bothie, bothy ['bɔθi] (*scozz.*), *n.* capanna; casupola.
bottle (1) ['bɔtl], *n.* **1** bottiglia **2** bombola (*per gas*) **3** poppatoio; biberon. ● **b. baby**, bambino allattato artificialmente □ **b. bomb**, bottiglia incendiaria (*o* Molotov) □ **b.-fed**, allattato col biberon □ **b.-feeding**, allattamento artificiale □ **b. glass**, vetro di bottiglia □ **b. green**, verde bottiglia □ **b.-holder**, (*sport*) assistente di un pugile (*sul quadrato*), secondo; (*fig.*) sostenitore □ **b.-neck**, collo di bottiglia; strozzatura (*di una strada, ecc.*); strettoia; grave ostacolo □ **b.-nose**, naso gonfio; (*zool.*, *Tursiops truncatus*) tursiope □ **b.-nosed**, dal naso gonfio □ **b.-nosed dolphin** (*o porpoise*), *V.* **b.-nose** □ **b. opener**, apribottiglie □ **b. party**, festa in cui gli invitati portano da bere □ **b. rack**, portabottiglie □ **b. warmer**, scaldabiberon □ **b. washer**, lavapiatti; persona tuttofare (*di bambino*) **brought up with the b.**, allattato con il poppatoio, artificialmente □ **feeding b.**, poppatoio □ (*ind.*) **gas b.**, bombola per gas □ (*pop.*) **to hit the b.**, alzare il gomito; bere troppo □ **over a b.**, bevendoci sopra: **Let's discuss it over a b.**, discutiamone bevendoci sopra □ **to be a slave of the b.**, essere schiavo del bere □ **wine b.**, bottiglia da vino.
to bottle ['bɔtl], *v. t.* **1** imbottigliare; infiascare; mettere in bottiglia **2** imbottigliare, intrappolare, bloccare (*un ladro, ecc.*). ● **to b. up**, imbottigliare (*il traffico, ecc.*); contenere; frenare: **He bottled up his anger and said nothing**, egli frenò l'ira e tacque □ **bottled gas**, gas in bombole □ **bottled wine**, vino in bottiglia.
bottle (2) ['bɔtl], *n.* (*dial.*) fascio (*di fieno, di paglia*). ● (*fig.*) **to look for a needle in a b. of hay**, cercare un ago in un pagliaio.
bottler ['bɔtlə*], *n.* **1** imbottigliatore **2** (*ind.*) imbottigliatrice (*macchina*).
bottom (1) ['bɔtəm], *n.* **1** fondo (*nel senso di parte inferiore o più interna di q.c.*): **the b. of the box** (**cup**, **glass**, **page**, **sea**), il fondo della scatola (della tazza, del bicchiere, della pagina, del mare); **I can't reach the b.**, non riesco a toccare il fondo **2** (*spesso al pl.*) terreno basso; bassa: **the bottoms round Ferrara**, la bassa ferrarese **3** (*naut.*) carena; opera viva; nave (*specialm. da carico*): **Greek goods are seldom carried by foreign bottoms**, raramente le merci greche vengono trasportate da navi straniere **4** (*fam.*) deretano; sedere; **to smack sb.'s b.**, dare le sculacciate a q. **5** (*capacità di*) resistenza; (forza di) carattere **6** (*autom.*) prima (marcia) **7** (*pl.*) pantaloni (*del pigiama*) **8** (*fonderia*) suola (*di forno*) **9** (*ind.*) fondello **10** (*pl.*, *chim.*) residui (*di lavorazione*). ● (*fam.*) **b. kicking**, calcio (*o* calci) nel sedere (*fig.*, *fam.*) □ **b. land**, terreno basso; bassa □ **at b.**, in fondo: **He's a good boy at b.**, in fondo, è un buon ragazzo □ **to be at the b. of st.**, essere la causa (*o* all'origine) di q.c. □ **to get to the b. of the matter**, andare in fondo alla questione □ (*naut.*) **to go to the**

b., andare a picco; andare a fondo □ **to knock the b. out of an argument**, dimostrare l'infondatezza di un argomento □ **to send to the b.**, mandare a picco □ (*fig.*) **to stand on one's b.**, stare per conto proprio; essere indipendente; fare da sé □ (*fig.*, *fam.*) **to start at the b. of the ladder**, cominciare dalla gavetta □ **to touch b.**, toccare il fondo (*del mare o sim.* e *fig.*) □ (*fam.*) **Bottoms up!**, (alla) salute!; cin cin! □ **John is b. of the class**, Giovanni è l'ultimo della classe □ **The boat was floating b. up**, la barca galleggiava con la chiglia in alto (*o* capovolta) □ **I thank you from the b. of my heart**, ti ringrazio di cuore.
bottom (2) ['bɔtəm], *a. attr.* (il) più basso; ultimo in basso: **the b. shelf**, l'ultimo scaffale in basso; **This is our b. price**, questo è il prezzo più basso che possiamo fare. ● **b. drawer**, ultimo cassetto dal basso; (*fam.*) corredo (*da sposa*): **This is for your b. drawer**, questo (regalo) è per il tuo corredo □ (*Borsa*) **b. price**, prezzo minimo □ (*pop.*) **You can bet your b. dollar on it**, ci puoi scommettere l'ultimo centesimo (*o* la testa).
to bottom ['bɔtəm], **A** *v. t.* **1** rifare il fondo a (*una sedia, un tegame*) **2** toccare il fondo (*del mare, ecc.*); (*fig.*) andare in fondo a (*una questione*); sondare **3** (*naut.*) far posare (*un sottomarino*) sul fondo **4** (*ind.*) fissare la soletta a (*una scarpa*). **B** *v. i.* **1** (*naut.*) posarsi sul fondo **2** essere fondato (*o* basato) su. ● **to b. an argument on st.**, fondare (*o* basare) un argomento su q.c. □ **to b. out**, toccare il fondo (*anche fig.*).
bottomless ['bɔtəmlis], *a.* senza fondo; smisurato; insondabile. ● **the b. pit**, l'abisso senza fondo; l'inferno.
bottomry ['bɔtəmri], *n.* (*naut.*) cambio marittimo: **b. loan**, prestito a cambio marittimo.
botulism ['bɔtjulizəm], *n.* (*med.*) botulismo.
bougainvill(a)ea [,bu:gən'viliə], *n.* (*bot.*, *Bougainvillea spectabilis*) buganvillea.
bough [bau], *n.* ramo (*d'albero*, *specialm. se grosso*).
bought [bɔ:t], *pass.* e *p. p.* di **to buy**. ● (*rag.*) **b. account**, conto d'acquisto (*a provvigione*) □ **b. contract**, (*banca*) bordero d'acquisto; (*Borsa*) distinta d'acquisto □ (*rag.*) **b. journal**, registro acquisti □ **b. note**, (*comm.*) conto acquisti; (*Borsa*) nota di compra, fissato bollato.
bougie ['bu:ʒi:] (*franc.*), *n.* **1** candela **2** (*med.*) candeletta; sonda, catetere.
bouillon ['bu:jɔ:ŋ] (*franc.*), *n.* brodo. ● **b. cube**, dado per brodo.
boulder ['bouldə*], *n.* masso tondeggiante (*per erosione naturale*); ciottolo. ● (*geol.*) **b. clay**, deposito morenico.
boulevard ['bu:l(ə)va:d], *n.* viale; stradone.
boulter ['boultə*], *n.* (*pesca*) palamite; palangaro.
to bounce [bauns], **A** *v. i.* **1** (*di palla, ecc.*) rimbalzare **2** balzare; slanciarsi; muoversi di slancio: **The girl bounced into the room**, la ragazza entrò di slancio nella stanza **3** vantarsi; darsi delle arie **4** (*gergo comm.*: *di un assegno*) essere restituito al beneficiario (*perché emesso a vuoto o allo scoperto*) **5** (*aeron.*) piastrellare; rimbalzare. **B** *v. t.* **1** far rotolare; far ruzzolare: **He bounced the box down the stairs**, fece ruzzolare la scatola giù per le scale **2** far rimbalzare (*una palla, ecc.*) **3** (*pop.*) cacciar via con la forza **4** (*pop.*) licenziare; mandare a spasso. ● **to b. back**, tornare di rimbalzo; (*fig.*) riprendersi □ (*fig.*) **to b. like a ball**, essere attivissimo, pimpante □ **to b. into (doing) st.**, spingere q. a fare q.c.
bounce (1) [bauns], *n.* **1** rimbalzo; balzo **2** elasticità: **The ball has lost its b.**, la palla ha perso l'elasticità **3** botta; colpo **4** vanteria; sfacciataggine **5** (*fam.*) energia; spirito; slancio. ● (*radio*) **b. back**, eco □ (*pop.* *USA*) **to get the b.**, farsi cacciare (*o* licenziare).
bounce (2) [bauns], *avv.* improvvisamente; inaspettatamente. ● **to come b. against st.**, sbattere all'improvviso contro q.c.
bouncer ['baunsə*], *n.* **1** oggetto assai grosso **2** (*pop.*) grossa bugia; balla **3** (*pop.*) fanfarone; ballista **4** (*pop.*) buttafuori (*di bar o locale notturno*).
bouncing ['baunsiŋ], *a.* **1** grosso; pesante; corpulento **2** robusto; sano; vivace; esuberante: **a b. girl**, una ragazza piena di vita. ● (*banca*) **b. cheque**, assegno a vuoto.
bound (1) [baund], *n.* **1** confine; limite: **There are no bounds to his greediness**, la sua avidità non conosce limiti **2** (*pl.*) aree, locali, terreni delimitati (*o* ai quali non è lecito accedere). ● **to go beyond the bounds of reason**, essere irragionevole □ **out of bounds**, proibito, vietato: **These premises are out of bounds to military personnel**, l'accesso a questo locale è proibito ai militari □ **to place st. out of bounds**, proibire l'accesso a q.c. □ **within bounds**, entro i limiti fissati; nei dovuti limiti; a freno: **He cannot keep his temper within bounds**, non riesce a tenere a freno i nervi.
to bound (1) [baund], **A** *v. t.* **1** delimitare; fare da confine a: **Italy is bounded on the north by the Alps**, l'Italia è delimitata a nord dalle Alpi **2** contenere; frenare: **You must b. your wishes**, devi contenere i tuoi desideri. **B** *v. i.* – **to b. on**, confinare con: **England bounds on Scotland**, l'Inghilterra confina con la Scozia.

to bound (2) [baund], *v. i.* **1** (*di palla, ecc.*) rimbalzare **2** (*di persone, animali*; *e fig.*) balzare; saltare; saltellare: **My heart bounded with joy**, il cuore mi balzava in petto per la gioia.
bound (2) [baund], *n.* **1** rimbalzo **2** balzo; salto; saltello. ● **to advance by leaps and bounds**, procedere a salti; andare di carriera; (*fig.*) fare passi da gigante □ **to hit the ball on the first b.**, colpire la palla al primo rimbalzo.
bound (3) [baund], *a.* diretto (a); in viaggio (per): **I am b. for home**, sono diretto a casa; **homeward b.**, diretto al paese di origine; sulla via del ritorno; **outward b.**, diretto all'estero.
bound (4) [baund], **A** *pass. e p. p.* di **to bind**. **B** *a.* **1** – **b. to**, costretto; obbligato; tenuto a: **I'm b. to go**, sono tenuto ad andare **2** – **b. to**, destinato a: **The plan is b. to succeed**, il piano è destinato a riuscire; **It is b. to rain**, pioverà di sicuro; **He is b. to know**, lo saprà senz'altro **3** (*di un libro*) legato; rilegato: **half-b.**, rilegato in mezza pelle **4** (*chim.*: *di un elemento*) combinato **5** (*med.*) costipato. ● **b. hand and foot**, legato mani e piedi □ (*leg.*) **b. under oath**, sotto il vincolo del giuramento □ **b. up in**, cointeressato, coinvolto, implicato in □ **b. up with**, legato a, connesso con; (*fig.*) affezionato a.
boundary ['baundəri], *n.* **1** (*geogr., polit.*) confine; segno (*o* linea) di confine: **a b. dispute**, una contestazione di confine **2** (*geol.*) confine; limite **3** (*elettron.*) superficie di giunzione.
bounden ['baundən], *a.* (*arc.*) obbligato; indebitato **2** (*raro*) obbligatorio; (*fig.*) sacrosanto: **It is your b. duty to help him**, è tuo sacrosanto dovere aiutarlo.
bounder ['baundə*], *n.* persona (*o* cosa) che delimita **2** (*fam.*) persona invadente, smodatamente allegra; fracassone.
boundless ['baundlis], *a.* illimitato; sconfinato; immenso.
boundlessness ['baundlisnis], *n.* sconfinatezza; immensità.
bounteous ['bauntiəs], *a.* **1** generoso; liberale; munifico **2** dato con larghezza; abbondante; copioso.
bounteousness ['bauntiəsnis], *n.* **1** generosità; liberalità; munificenza **2** larghezza; abbondanza; copiosità.
bountiful ['bauntifυl], *a.* **1** generoso; liberale; munifico **2** abbondante; copioso: **a b. harvest**, un raccolto copioso.
bounty ['baunti], *n.* **1** generosità; liberalità; munificenza **2** dono generoso, liberale **3** premio (d'incoraggiamento); ricompensa: **a b. on export**, un premio all'esportazione **4** (*mil.*) premio d'arruolamento (*o* di rafferma) **5** taglia (*per la cattura di banditi o di animali nocivi*): **b. hunter**, cacciatore di taglie **6** (*econ.*) sovvenzione.
bouquet [bu'kei], *n.* **1** mazzo di fiori; mazzolino **2** aroma, profumo (*specialm. del vino*) **3** complimento; elogio.
bouquetin [,bukə'tæn] (*franc.*), *n.* (*zool., Capra ibex*) stambecco.
bourbon ['buəbən], *n.* (*USA*) bourbon (*whisky distillato dal granoturco e dalla segala*).
Bourbon ['buəbən], *n.* **1** (*stor.*) Borbone **2** (*stor. e fig.*) borbonico.
bourdon ['buədn], *n.* (*mus.*) **1** bordone **2** registro basso (*di organo, campane, ecc.*) **3** suono della zampogna.
bourgeois (1) ['buəʒwa:] (*franc.*), *n. e a.* (*invar. al pl.*) borghese.
bourgeois (2) [bə:'dʒɔis], *n.* (*invar. al pl.*) (*tipogr.*) corpo 9.
bourgeoisie [,buəʒwa:'zi:] (*franc.*), *n.* borghesia.
bourgeoisification [,buəʒwa:sifi'keiʃən], *n.* imborghesimento.
bourgeoisified ['buəʒwa:sifaid], *a.* imborghesito.
to bourgeoisify ['buəʒwa:sifai], *v. t.* imborghesire.
bourgeon ['bə:dʒən], *V.* **burgeon**.
bourn(e) (1) [buən], *n.* ruscello; torrentello.
bourn(e) (2) [buən], *n.* **1** (*poet.*) meta; obiettivo **2** (*arc.*) confine.
bourse [buəs] (*franc.*), *n.* (*fin.*) Borsa (*in Francia, ecc.*).
to bouse [bu:z], *V.* **to booze**.
bout [baut], *n.* **1** turno, tirata (*di lavoro, ecc.*): **Now we are in for a b. of floor scrubbing**, ora dobbiamo fare un po' di ramazza **2** gara; incontro; scontro: **a drinking b.**, una gara a chi beve di più; **a boxing b.**, un incontro di pugilato; **a b. with the enemy**, uno scontro col nemico **3** (*med.*) attacco: **a b. of flu**, un attacco d'influenza.
boutique [bu'ti:k] (*franc.*), *n.* (*moda*) boutique.
bovine ['bouvain], *a.* **1** bovino **2** (*fig.*) lento; inerte; ottuso.
bovver ['bɔvə*], *n.* (*pop.*) aggressione; minaccia; violenza (*da parte di teppisti che portano scarponi chiodati detti* **b. boots**).
bow (1) [bou], *n.* **1** (*mil., mus.*) arco (*mus., elettr.*) archetto **2** curva **3** (*anche* **rainbow**) arcobaleno **4** cappio, fiocco; nodo; nastro (*annodato a cappio*): **He tied the loose ends of the rope in a bow**, fece un cappio con le due estremità della corda; **The little girl had a bow of blue ribbon in her hair**, la ragazzina aveva un nastro azzurro nei capelli **5** (*anche* **bow tie**) cravatta a farfalla **6** (*specialm. USA*) stanghetta (*degli occhiali*) **7** (*pl., collett.; stor.*) arcieri. ● **bow-backed**, gobbo □ **bow collector**, pantografo (*di locomotore elettrico, ecc.*) □ (*ind.*) **bow compass** □ **bow pen**, balaustrino □ **bow divider**, compasso per tracciare □ (*mecc.*) **bow drill**, trapano ad arco □ **bow-legged**, dalle gambe arcuate □ (*ind.*) **bow saw**, seghetta ad arco □ **bow-string**, corda d'arco □ **to bow-string**, strangolare con la corda dell'arco □ (*archit.*) **bow window**, bovindo; finestra ad arco □ **to bend** (*o* **to draw**) **the bow**, tendere l'arco □ (*fig.*) **to draw the long bow**, esagerare □ (*fig.*) **to have many strings to one's bow**, avere molte frecce al proprio arco □ **saddle-bow**, arcione (*della sella*).
to bow (1) [bou], **A** *v. t.* **1** inarcare; piegare ad arco **2** suonare (*un violino, ecc.*) con l'archetto. **B** *v. i.* piegarsi ad arco; inarcarsi; curvarsi.
bow (2) [bau], *n.* inchino: **He made me a low bow**, mi fece un profondo inchino. ● (*fig.*) **to make one's bow**, esordire; (*e anche*) ritirarsi (*dalle scene o dalla vita pubblica*) □ **to take a bow**, ringraziare con un inchino (*dopo un applauso, un elogio*).
to bow (2) [bau], **A** *v. i.* **1** (*spesso* **to bow down**) inchinarsi; fare un inchino **2** curvarsi; piegarsi; chinare il capo; rassegnarsi: **We must bow to the inevitable**, dobbiamo chinare il capo di fronte all'inevitabile **3** fare cenno di cortese assenso (*o* di saluto): **He bowed to me as I passed him**, mentre gli passavo accanto, mi fece un cenno di saluto. **B** *v. t.* **1** (*anche fig.*) chinare; piegare: **They bowed their heads before the king**, chinarono la testa davanti al re; **Don't bow your neck to the enemy**, non piegare il collo davanti al nemico **2** (*spesso* **to bow down**) curvare; piegare; prostrare; sopraffare; schiacciare: **He is bowed down by care**, è prostrato dagli affanni; **Grief bowed him down**, il dolore lo sopraffece. ● (*fig.*) **to bow and scrape**, profondersi in inchini e salamelecchi □ **to bow sb. in**, invitare q. a entrare, con un inchino □ **to bow out**, ritirarsi (*da una gara, ecc.*) □ **to bow sb. out**, invitare q. a uscire, con un inchino □ **to bow one's thanks**, ringraziare con un cenno del capo □ (*fig.*) **to bow to nobody**, non cederla a nessuno □ **bowing acquaintance**, conoscenza superficiale (*limitata a un inchino di saluto*).
bow (3) [bau], *n.* (*naut.*) **1** prua; prora **2** rematore di punta. ● (*aeron.*) **bow cap**, scudo di prua (*di un dirigibile*) □ (*naut.*) **bow-heavy** (*o* **down by the bow**), appruato □ **bows on**, (*naut.*) di prua; (*fig.*) a capofitto, precipite (*lett.*) □ (*naut.*) **bow thruster**, elica di prua (*per facilitare l'attracco*) □ (*naut.*) **bows under**, con la prua sommersa □ (*naut.*) **bow wave**, baffi di prora □ (*naut.*) **at the bow**, a prora □ (*naut.*) **on the bow**, entro 45 gradi dalla linea di prua.
Bow bells [bou belz], *n. pl.* le campane di St. Mary le Bow. ● **within the sound of Bow bells**, dentro la City; nel centro di Londra.
bowdlerization [,baudlrai'zeiʃən], *n.* espurgazione (*di un libro, ecc.*).
to bowdlerize ['baudlraiz], *v. t.* espurgare (*un libro, un autore*).
bowel ['bauəl], *n.* **1** (*anat.*) intestino; budello (*pop.*) **2** (*pl.*) budella; viscere (*anche fig.*): **in the bowels of the earth**, nelle viscere della terra **3** (*pl., fig., arc.*) viscere; pietà: **He has no bowels of mercy**, non ha viscere (*o* cuore). ● **b. movement**, l'andare di corpo; defecazione □ **to move one's bowels**, andare di corpo □ **My bowels were loose**, avevo la sciolta.
to bowel ['bauəl], *v. t.* sbudellare; sventrare.
bower (1) ['bauə*], *n.* **1** pergola; pergolato; padiglione (*in un giardino*); recesso ombroso **2** (*poet.*) dimora **3** (*arc.*) salottino. ● (*zool.*) **b.-bird** (*Ptilonorhynchus*), uccello delle pergole; uccello giardiniere.
bower (2) ['bauə*], *n.* (*naut.*) ancora di prora: **best (small) b.**, grande (piccola) ancora di prora.
bowery ['bauəri], *a.* **1** che ha molte pergole **2** ombroso.
bowie knife ['bouinaif], *n.* (*USA*) lungo coltello da caccia.
bowing ['bouiŋ], *n.* (*mus.*) archeggio; tocco dell'archetto.
bowl (1) [boul], *n.* **1** coppa; ciotola; scodella: **a b. of rice**, una ciotola di riso **2** parte concava (*d'un oggetto*); cavo; incavo: **the b. of a spoon**, l'incavo d'un cucchiaio; **the b. of a balance**, il piatto d'una bilancia; **the b. of a pipe**, il fornello d'una pipa **3** (*autom.*) vaschetta (*del filtro della benzina*) **4** (*fig.*) **the b.**, il bere (*come vizio*): **He was addicted to the b.**, aveva il vizio del bere **5** (*geogr.*) bacino **6** anfiteatro; stadio. ● **the b. of the W.C.**, la coppa del water □ **fish-b.**, vaschetta sferica per pesci □ **fruit b.**, fruttiera □ **sugar b.**, zuccheriera.
bowl (2) [boul], *n.* **1** boccia; palla di legno **2** lancio di boccia **3** (*pl.*) gioco delle bocce.
to bowl [boul], **A** *v. i.* **1** giocare a bocce **2** giocare a bowling **3** lanciare una boccia **4** (*di solito* **to b. along**) andare velocemente e senza sbalzi; filare (*fam.*): **We were bowling along the motorway in our new racing car**, filavamo sull'autostrada nella nuova macchina da corsa (*cricket*) lanciare; servire. **B** *v. t.* **1** far rotolare (*una palla, un cerchio, ecc.*) **2** – (*cricket*) **to b. out**, mettere fuori gioco (*il battitore, colpendo il «wicket»*) **3** segnare (*punti, nel bowling*). ● **to b. over**, abbattere, buttar giù (*scagliando q.c.*); (*fig., fam.*) stupefare; sconcertare, confondere.
bowler (1) ['boulə*], *n.* **1** giocatore di bocce **2** (*cricket*) lanciatore.

bowler (2) ['boulə*], *n.* (*anche* **b. hat**) cappello duro; bombetta.
bowline ['boulin], *n.* (*naut.*) **1** bolina **2** (*anche* **b. knot**) gassa d'amante. ● **o n a b.**, stretto di bolina.
bowling ['boulin], *n.* **1** gioco delle bocce **2** bowling; gioco dei birilli (*automatici*). ● **b. alley**, bocciodromo; bowling, corsia coperta per il gioco dei birilli □ **b. club**, società bocciofila □ **b. crease**, linea di demarcazione (*per il lancio delle bocce*) □ **b. fan**, bocciofilo (*sost.*) □ **b. green**, campo di bocce; bocciodromo.
bowman (1) ['boumən], *n.* (*pl.* **bowmen**) arciere.
bowman (2) ['baumən], *n.* (*pl.* **bowmen**) rematore di punta.
bowser ['bauzə*], *n.* (*aeron.*) autocisterna (*per rifornimenti in aeroporto*).
bowshot ['bou.ʃɔt], *n.* tiro d'arco: He lives at a b. from here, abita a un tiro d'arco da qui.
bowsprit ['bousprit], *n.* (*naut.*) (albero di) bompresso.
bow-wow ['bau'wau], **A** *inter.* bau bau; bu bu. **B** ['bauwau], *n.* (*parola infant.*) (il) bu-bu; (il) cane. ● (*fig.*) **b. style**, modo enfatico di parlare (*o* scrivere).
bowyer ['boujə*], *n.* (*stor.*) fabbricante (*o* venditore) di archi.
box (1) [bɔks], *n.* **1** scatola; cassa **2** cassetta (*anche il sedile del cocchiere*): **letter box**, cassetta (*o* buca) per le lettere **3** dono; strenna; mancia (*specialm.* natalizia) **4** palco (*specialm.* di teatro): **press box**, palco della stampa **5** (*anche* **sentry box**) garitta (*di sentinella*) **6** casetta; capanno: **shooting (fishing) box**, capanno da caccia (da pesca) **7** (*ferr.*) cabina di segnalazione **8** stalla (*di cavallo da corsa*); posta (*nella stalla*): **loose box**, posta in cui il cavallo può muoversi **9** (*elettr.*) vaso (*d'una batteria*) **10** (*ind.*, *anche* **moulding box**) staffa **11** (*leg.*) banco (*della giuria*) **12** (*mil.*) bossolo (*di cartuccia*) **13** cassoncino (*di carro merci*) **14** (*baseball*) pedana (*del lanciatore*) **15** (*tipogr.*) riquadro; casella; rettangolino **16** (*tecn.*) alloggiamento; sede **17** – (*pop.*) **the box**, il televisore; la televisione **18** (*volg.*) fica (*volg.*); vulva. ● (*mil.*) **box barrage**, sbarramento antiaereo □ **box bed**, letto ad armadio □ (*ferr.*, *USA*) **box-car**, carro merci coperto □ **box coat**, mantello (*o* pastrano) pesante □ (*mecc.*) **box coupling**, giunto a manicotto □ **box iron**, ferro da stiro (*dentro il quale si metteva la brace*) □ **box-keeper**, inserviente addetto ai palchi (*a teatro*) □ **box kite**, aquilone senza coda □ (*ind.*) **box-nailing machine**, inchiodatrice per casse □ **box number**, numero di casella postale □ **box office**, botteghino (*di teatro*, *cinema*, *ecc.*) □ **box-office success**, (*di commedia*, *film*, *ecc.*) successo di cassetta □ (*sartoria*) **box pleat**, cannone □ **box seat**, posto a cassetta; (*teatr.*) posto in un palco □ (*mecc.*) **box spanner**, chiave a tubo □ **box spring**, mollone (*di un letto*) □ (*ferr.*) **box wagon**, carro merci coperto □ (*USA*) **box wrench**, chiave a tubo □ (*ferr.*) **axle box**, boccola □ (*elettr.*) **cable-junction box**, muffola di giunzione □ **call box** (*o* **telephone box**), cabina telefonica □ (*mecc.*) **fire-box**, camera di combustione □ (*autom.*) **gear-box**, cambio di velocità □ **gear-box casing**, scatola del cambio □ (*fig.*) **to be in the same box**, trovarsi nella stessa situazione (*o* nella stessa barca) □ (*fig.*) **to be in the wrong box**, trovarsi in una situazione imbarazzante □ **money box**, salvadanaio □ **post-office box**, casella postale □ (*mecc.*) **stuffing box**, premistoppa □ (*autom.*) **three-box**, a tre volumi: **a three-box car**, una «tre volumi» □ **tool box**, cassetta per utensili □ (*autom.*) **two--box**, a due volumi.
to box (1) [bɔks], *v. t.* **1** munire di scatole (*o* casse) **2** mettere in scatole (*o* casse); incassare; inscatolare **3** mettere in uno scompartimento separato. ● **to box the compass**, (*naut.*) accostare di 360° o 180°; nominare per ordine le 32 quarte della bussola; (*fig.*) ritornare sulle posizioni di partenza (*in politica*, *ecc.*) □ **to box in**, chiudere in una scatola (*o* cassa); comprimere; (*anche sport*) chiudere, tagliare la strada a (*un altro concorrente*, *ecc.*) □ **to box up**, chiudere in una scatola (*o* in una cassa); incassare; inscatolare; comprimere; racchiudere; (*pop.*) abborracciare, pasticciare.
box (2) [bɔks], *n.* (*di solito* **box on the ear**) ceffone; schiaffo.
to box (2) [bɔks], **A** *v. t.* (*di solito* **to box sb.'s ears**) schiaffeggiare; prendere a schiaffi; dare un ceffone a (q.). **B** *v. i.* **1** battersi; fare a pugni **2** (*sport*) boxare; tirare di boxe; fare il pugile; fare del pugilato.
box (3) [bɔks], *n.* (*pl.* **box, boxes**) (*bot.*, *Buxus sempervirens*; *anche* **box tree**) bosso.
to Box and Cox [,bɔksən'kɔks], *v. i.* (*fam.*) fare a turno.
boxer ['bɔksə*], *n.* **1** (*sport*) pugile; pugilatore **2** boxer (*tipo di cane*).
boxholder ['bɔks,houldə*], *n.* **1** (*posta*) casellista **2** (*teatr.*) palchettista.
boxing (1) ['bɔksin], *n.* **1** (*comm.*) imballaggio (*in casse*); inscatolamento **2** (*costr.*) cassaforma; armatura (*di legno*). ● **b. machine**, inscatolatrice.
boxing (2) ['bɔksin], *n.* (*sport*) pugilato; boxe. ● **b. gloves**, guantoni (*da pugile*) □ **b. match**, incontro di pugilato (*o* di boxe) □ **b. ring**, quadrato; ring □ **b. weights**, pesi (*dei pugili*: *massimi*, *mediomassimi*, *ecc.*) □ **b.**, **wrestling and weightlifting**, atletica pesante.
Boxing Day ['bɔksindei], *n.* (*in G. B.*) il 26 dicembre; Santo Stefano (*giorno delle mance di Natale*).
boxwood ['bɔkswud], *n.* **1** (*bot.*, *Buxus sempervirens*) bosso **2** legno di bosso.
boy [bɔi], *n.* **1** fanciullo; ragazzo; (*in senso lato*) giovanotto **2** figlio (*maschio*): **He has two children: a boy and a girl**, ha due figli: un maschio e una femmina **3** domestico, servitore, servo (*specialm.* di colore, nelle colonie) **4** fattorino; garzone **5** (*fam.*, al *vocat.*) **old boy** (*o* **my boy**), amico mio; caro mio; vecchio mio **6** (*naut.*) mozzo. ● **boy-friend**, amico, amichetto (*di una ragazza*); ragazzo (*fam.*) □ **boy-scout**, giovane esploratore □ **bell--boy**, ragazzo d'albergo □ **errand** (*o* **messenger**) **boy**, fattorino □ **little boy**, bambino; maschietto.
to boycott ['bɔikɔt], *v. t.* boicottare; dare l'ostracismo a (q.).
boycott ['bɔikət], *n.* boicottaggio; ostracismo.
boycotter ['bɔikətə*], *n.* boicottatore.
boycotting ['bɔikətin], *n.* boicottaggio; ostracismo.
boyhood ['bɔihud], *n.* **1** fanciullezza, adolescenza (*di maschi*) **2** (*collett.*) bambini; ragazzi.
boyish ['bɔiiʃ], *a.* **1** di (*o* da) ragazzo; fanciullesco **2** puerile.
boyishness ['bɔiiʃnis], *n.* **1** fanciullaggine **2** puerilità.
boylike ['bɔilaik], *a.* fanciullesco.
bra [bra:], *n.* (*fam.*, *abbr.* di **brassiere**) reggipetto; reggiseno.
brabble ['bræbl], *n.* bisticcio; litigio; altercio.
brace [breis], *n.* (*pl.* **brace, braces**) **1** coppia, paio (*di animali e spreg. di persone*): **two braces of hares**, due coppie di lepri **2** fermaglio; (*mecc.*) grappa, rinforzo, sostegno **3** (*pl.*) bretelle **4** (*mus.*) tiranti (*di tamburo*) **5** (*naut.*) braccio; femminella **6** (*falegnameria*) trave d'irrigidimento **7** (*anche* **bit-b.**) trapano a manubrio; girabecchino **8** (*costr.*) controvento; putrella **9** (*tipogr.*) graffa **10** (*med.*) busto ortopedico **11** (*med.*) arco ortodontico **12** (*mus.*) legatura **13** (*pl.*; *med.*) apparecchio (*per i denti*). ● (*mecc.*) **b. drill**, trapano a codolo.
to brace [breis], *v. t.* **1** fermare; assicurare; (*mecc.*) collegare, sostenere, rinforzare **2** (*fig.*: dell'aria, del clima) tonificare; rinvigorire **3** accoppiare; appaiare **4** (*naut.*) bracciare **5** (*costr.*, *aeron.*) controventare. ● **to b. about** (*o* **around**), bracciare per virare di bordo □ **to b. one's energies** (*fam.*: to b. oneself), raccogliere le forze; fare appello a tutte le proprie energie (*al proprio coraggio*, *ecc.*) □ **to b. in** (*o* **to**), bracciare in croce □ **to b. up**, bracciare di punta.
bracelet ['breislit], *n.* **1** braccialetto; catenella (*da portare al polso*) **2** (*pl.*, *pop.*) manette.
bracer (1) ['breisə*], *n.* bracciale (*d'arciere o schermidore*).
bracer (2) ['breisə*], *n.* **1** persona (*o* cosa) che ferma, assicura, ecc. *V.* **to brace 2** (*fam.*) bicchierino; cicchetto **3** (*fig.*) conforto; stimolo; sostegno morale.
brachial ['breikjəl], *a.* (*anat.*) brachiale.
brachiopod ['breikiə,pɔd], *n.* (*zool.*, *Brachiopoda*) brachiopode.
brachycephalic [,brækise'fælik], **brachycephalous** [,bræki'sefələs], *a.* (*anat.*) brachicefalo.
brachycephaly [,bræki'sefəli], *n.* (*anat.*) brachicefalia.
brachylogy [brə'kilədʒi], *n.* brachilogia.
bracing (1) ['breisin], *n.* **1** (*costr.*) controventamento, controventatura **2** (*mecc.*) rinforzo d'irrigidimento.
bracing (2) ['breisin], *a.* corroborante; tonificante.
bracken ['brækən], *n.* (*pl.* **bracken, brackens**) **1** (*bot.*, *Pteridium aquilinum*) felce aquilina **2** felceto, felceta.
bracket ['brækit], *n.* **1** (*archit.*, *mecc.*) mensola (*di sostegno*); supporto; staffa; sostegno **2** (*edil.*) beccatello **3** (*elettr.*) braccio (*portalampada*, *ecc.*) **4** (*mil.*) forcella; distanza fra due tiri d'artiglieria (*calcolata per rettificare il tiro*) **5** parentesi quadra; parentesi (*in genere*); graffa **6** (*stat.*) fascia; gruppo (*o* categoria) di persone (*o* cose): **income b.**, categoria di contribuenti raggruppati secondo il reddito **7** (*econ.*) forcella: **the target-price b. of the two producing States**, la forcella dei prezzi indicativi dei due Stati produttori. ● **wall b.**, mensola a muro.
to bracket ['brækit], *v. t.* **1** mettere fra parentesi (*o* dentro graffe) **2** provvedere di mensole (*o* staffe) **3** (*fam.*) raggruppare; classificare: **They were bracketed for the first prize**, furono classificati a pari merito (*o* ex aequo) per il primo premio **4** unire; accorpare **5** (*mil.*) sparare a forcella su (*una nave*, *ecc.*).
bracketing ['brækitin], *n.* **1** (*mecc.*) serie di sostegni, di staffe, di supporti **2** (*costr.*) nervatura di sostegno **3** (*fam.*) raggruppamento **4** accorpamento.
brackish ['brækiʃ], *a.* salmastro.
bract [brækt], *n.* (*bot.*) brattea.
bracteal ['bræktiəl], *a.* (*bot.*) bratteale.
bracteate ['bræktieit], *a.* (*bot.*) bratteato.
brad [bræd], *n.* (*falegnameria*) **1** chiodo senza testa **2** chiodino a testa tonda.

bradawl ['brædɔ:l], *n.* punteruolo a punta piatta.
Bradshaw ['brædʃɔ:], *n.* (*in G. B.*) orario ferroviario generale (*dal nome del primo stampatore*).
bradycardia [ˌbrædi'ka:djə], *n.* (*med.*) bradicardia.
bradyseism ['brædisaizəm], *n.* (*geol.*) bradisismo.
bradyseismal ['brædisaizməl], **bradyseismic(al)** ['brædisaizmik(əl)], *a.* (*geol.*) bradisismico.
brae [breɪ], *n.* (*scozz.*) spalla di monte; pendio; erta.
to brag [bræg], *v. i. e t.* vantare, vantarsi, millantare, millantarsi.
brag [bræg], *n.* **1** vanteria; millanteria; spacconeria **2** vanto, gloria **3** millantatore; spaccone **4** (*arc.*) gioco di carte simile al poker.
braggadocio [ˌbrægə'doutʃiou], *n.* (*pl.* **braggadocios**) **1** vanteria; millanteria; spacconeria **2** millantatore; spaccone.
braggart ['brægət], **A** *n.* millantatore; spaccone; sbruffone. **B** *a.* vanaglorioso; presuntuoso.
Brahman ['bra:mən], *n.* bramino; bramano.
Brahmanic(al) [brə'mænik(əl)], *a.* braminico; bramanico.
Brahmanism ['bra:(:)mənizəm], *n.* bramanismo; bramanesimo.
Brahmin ['bra:min], *n.* **1** bramino **2** (*fig. USA*) intellettuale; letterato **3** (*spreg.*) snob.
Brahminee ['bra:mini:], *n.* donna di casta braminica; bramina.
Brahminic(al) [bra:'minik(əl)], *a.* braminico.
Brahminism ['bra:minizəm], *n.* bramanismo; bramanesimo.
braid [breɪd], *n.* **1** treccia (*di capelli, paglia, ecc.*) **2** gallone; spighetta; passamano: **The officers' coats were covered with b.**, le giubbe degli ufficiali erano coperte di passamani **3** nastro (*per legare i capelli*). ● (*ind.*) **b. rope**, corda intrecciata.
to braid [breɪd], *v. t.* **1** intrecciare (*capelli, nastri, ecc.*) **2** guarnire (*o orlare*) con passamani **3** legare con un nastro **4** lavorare a treccia.
braiding ['breɪdɪŋ], *n.* **1** l'intrecciare **2** (*collett.*) trecce; nastri; passamaneria **3** (*elettr.*) calza metallica; involucro (*di un cavo*).
brail [breɪl], *n.* (*naut.*) imbroglio; cima per serrare le vele.
to brail [breɪl], *v. t.* (*naut.*) imbrogliare (*le vele, ecc.*).
Braille [breɪl], *n.* (*tipogr.*) caratteri Braille (*per ciechi*); Braille.
to braille [breɪl], *v. t.* stampare (*o scrivere*) in caratteri Braille.
brain [breɪn], *n.* (*anche fig.*) cervello: **That man has a fine b.**, quello lì è un uomo di gran cervello. ● (*anat.*) **b. box** (*o* **b. case**), scatola cranica □ **b.-child**, frutto dell'ingegno □ (*fig.*) **b. drain**, fuga dei cervelli □ (*di scienziato, ecc.*) **to b.-drain**, emigrare (*in USA, ecc.*) □ **b.-fag**, esaurimento nervoso □ (*med.*) **b. fever**, febbre cerebrale; encefalite □ **b.-pan**, *V.* **b. box** □ **b. sauce**, intelligenza □ **b.-sick**, malato di mente; pazzo □ **b.-storm**, (*med.*) disturbi cerebrali; (*fam. USA*) idea brillante □ **b. trust**, brain trust; trust dei cervelli; gruppo di esperti (*o consulenti*) chiamati a discutere di un argomento □ **to b.-wash**, fare il lavaggio del cervello a (q.) □ (*polit., pubblicità*) **b.-washing**, lavaggio del cervello □ **b. wave**, (*fisiologia*) onda cerebrale; (*fam.*) idea brillante □ **b.-work**, lavoro di testa, di concetto; attività mentale □ **b.-worker**, lavoratore di concetto (*o della mente*); intellettuale □ **to beat** (*o* **to cudgel, to rack**) **one's brains**, lambiccarsi il cervello; scervellarsi □ **to blow out one's brains**, farsi saltare le cervella □ **to have st. on the b.**, avere un chiodo fisso; essere ossessionato da q.c. □ **to make sb.'s b. reel**, far girare il cervello a q. □ (*fig.*) **to pick** (*o* **to suck**) **sb.'s brains**, sfruttare le idee di q. □ **to turn sb.'s b.**, dare al cervello a q.
to brain [breɪn], *v. t.* spaccare la testa a (q.). ● **hare-brained** (*o* **scatter-brained**), scervellato; sventato.
brainless ['breɪnlɪs], *a.* **1** senza cervello; scervellato **2** stupido.
brainy ['breɪnɪ], *a.* (*fam.*) **1** intelligente; sveglio **2** ingegnoso.
to braise [breɪz], *v. t.* cuocere in stufato; stufare; brasare.
brake (1) [breɪk], *n.* (*bot., Pteridium aquilinum*) felce aquilina.
brake (2) [breɪk], *n.* boschetto; macchia.
brake (3) [breɪk], *n.* **1** (*ind. tessile*) gramola; maciulla; scotola **2** gramola (*arnese dei pastai*) **3** (*ind.*) impastatrice **4** (*agric.*) erpice pesante.
to brake (1) [breɪk], *v. t.* **1** gramolare, maciullare, scotolare (*canapa, lino*) **2** impastare (*con la gramola*).
brake (4) [breɪk], *n.* **1** (*mecc. e fig.*) freno: **to put on the brakes**, azionare i freni; frenare; **air b.**, freno ad aria compressa; **foot b.**, freno a pedale; **hand b.**, freno a mano **2** (*arc.*) ruota (*di tortura*); tormento **3** grosso erpice **4** (*mecc.*) manovella; leva. ● (*autom.*) **b. drum**, tamburo del freno □ **b. lining**, guarnizione del freno; ferodo □ (*mecc., autom.*) **b. shoe**, ganascia, ceppo di freno □ (*ferr.*) **b. van**, (carro con) garitta del frenatore; carro di servizio (*o del personale viaggiante*) □ **coaster b.**, freno a contropedale (*di bicicletta*) □ **emergency b.**, (*ferr.*) freno d'emergenza; (*autom.*) freno a mano, di stazionamento □ **to put on the b.**, frenare; (*fig.*) rallentare □ (*fig.*) **to put the brakes on**, dare un colpo di freno a: **The Government has put the brakes on the economy**, il governo ha dato un colpo di freno all'economia □ (*mecc.*) **tyre b.**, freno a scarpa.
to brake (2) [breɪk], **A** *v. t.* **1** (*mecc. e fig.*) frenare **2** (*agric.*) erpicare; rompere le zolle. **B** *v. i.* (*mecc. e fig.*) frenare, frenarsi. ● **to b. up**, azionare i freni; rallentare □ (*mecc., econ.*) **braking effect**, effetto frenante.
brake (5) [breɪk], *V.* **break (2)**.
brakeman ['breɪkmən], *n.* (*pl.* **brakemen**) (*USA*) *V.* **brakesman**.
brakesman ['breɪksmən], *n.* (*pl.* **brakesmen**) (*ferr.*) frenatore. ● (*ferr.*) **b.'s cabin**, garitta del frenatore.
braking ['breɪkɪŋ], *n.* **1** (*autom., ferr.*) frenatura **2** (*sport*) frenaggio. ● (*autom., mecc.*) **b. system**, impianto frenante.
braless ['bra:lɪs], *a.* (*fam.*) senza reggiseno. ● **the b. movement**, il movimento (*femminista*) per l'abolizione del reggiseno.
bramble ['bræmbl], *n.* **1** (*bot., Rubus fruticosus*) rovo **2** mora (*di rovo*).
brambling ['bræmblɪŋ], *n.* (*zool., Fringilla montifringilla*) peppola.
brambly ['bræmblɪ], *a.* **1** pieno di rovi **2** pungente; spinoso.
bran [bræn], *n.* crusca; semola. ● **b. mash**, beverone di crusca; semolata.
brancard ['bræŋkəd], *n.* lettiera (*per cavalli*).
branch [bra:ntʃ], *n.* **1** ramo (*d'albero, specialm. secondario, o fig.*): **the b. of a tree** (**river, family, legislature**), il ramo d'un albero d'un fiume, d'una famiglia, d'un parlamento); **a b. of knowledge**, un ramo dello scibile **2** diramazione (*di strada, ferrovia, ecc.*) **3** (*comm.*) succursale; filiale **4** (*archit.*) nervatura (*di volta gotica*) **5** salto di programma (*di elaboratore elettronico*). ● (*elettr.*) **b. circuit** (**wire**), circuito (filo) derivato □ (*ferr.*) **b. line**, diramazione □ **b. manager**, direttore di filiale □ **b. office**, filiale; succursale □ **b. post office**, succursale d'ufficio postale □ **root and b.**, (*agg.*) completo; radicale; (*avv.*) completamente, radicalmente: **a root and b. reform**, una riforma radicale.
to branch [bra:ntʃ], *v. i.* **1** ramificare; mettere rami, ramificarsi **2** (*fig.*) diramarsi; ramificarsi: **Several lanes b. (off) on either side of the main street**, diverse viuzze si diramano su ambo i lati del corso. ● **to b. off**, ramificarsi, biforcarsi; divergere □ **to b. out**, ramificare, ramificarsi; estendersi; (*comm.*) ampliare il proprio giro d'affari, iniziare una nuova attività □ **branching off**, diramazione; biforcazione.
branchia ['bræŋkɪə], *n.* (*pl.* **branchiae**) (*zool.*) branchia.
branchial ['bræŋkjəl], *a.* (*zool.*) branchiale.
branchiate ['bræŋkieit], *a.* (*zool.*) branchiato.
branchless ['bra:ntʃlɪs], *a.* senza rami.
branchlet ['bra:ntʃlɪt], *n.* ramoscello.
branchy ['bra:ntʃɪ], *a.* ramoso.
brand [brænd], *n.* **1** tizzone; face (*poet.*) **2** marchio (*a fuoco, di fabbrica* e *fig.*); stigma: **the b. of Cain**, il marchio di Caino (*dell'assassino*) **3** marchio (*arnese*) **4** (*comm.*) marca; qualità; tipo: **a new b. of cigarettes**, una nuova marca di sigarette **5** (*bot.*) ruggine (*delle piante*) **6** (*poet.*) brando. ● (*fig.*) **a b. from the burning**, una persona salvata (*o convertita*) □ (*comm.*) **b. loyalty**, fedeltà alla marca □ (*comm.*) **b. manager**, brand manager □ (*comm.*) **b. name**, marca □ **b.-new**, nuovo di zecca □ (*fig.*) **to snatch a b. from the burning**, salvare q. da un pericolo; convertire q.
to brand [brænd], *v. t.* **1** marcare (*a fuoco*); marchiare **2** imprimere nella mente **3** stigmatizzare; bollare; tacciare: **He was branded as a thief**, fu tacciato di ladro. ● (*comm.*) **branded goods**, articoli di marca □ **branding iron**, ferro da marchio.
brandied ['brændɪd], *a.* conservato nel brandy. ● **b. peaches**, pesche sotto brandy.
to brandish ['brændɪʃ], *v. t.* brandire; agitare (*un'arma, una minaccia, ecc.*).
brandy ['brændɪ], *n.* brandy; acquavite (*di vino*). ● **b. ball**, cioccolatino (*o caramella*) al liquore □ **b. pawnee**, miscela di brandy e acqua □ **b. snap**, panpepato.
brank-ursine [ˌbræŋk'ə:sin], *n.* (*bot., Acanthus mollis*) acanto; branca ursina.
brant(goose) ['brænt'gu:s], *n.* (*pl.* **brant(geese), brants-(geese)**) (*zool., Branta bernicla*) oca colombaccio.
brash (1) [bræʃ], *a.* (*fam.*) **1** fragile **2** avventato **3** impudente; insolente; sfacciato **4** (*di colore*) sgargiante; vistoso **5** (*USA*) esuberante; impetuoso. ● **b. singer**, urlatore (*cantante*).
brash (2) [bræʃ], *n.* **1** (*di solito* **water b.**) acidità di stomaco; pirosi **2** acquazzone improvviso ● **teething-b.**, disturbi della dentizione □ **weaning-b.**, disturbi dello svezzamento.
brash (3) [bræʃ], *n.* **1** frammenti (*di roccia o ghiaccio*) **2** rami (*o* ramoscelli) potati; (frascame del) potatura. ● **b. ice**, frammenti di ghiaccio.
brashness ['bræʃnɪs], *n.* **1** fragilità **2** avventatezza **3** impudenza; insolenza; sfacciataggine **4** (*di colore*) vistosità **5** (*USA*) esuberanza.
brass [bra:s], **A** *n.* **1** ottone **2** – **the brass**, gli ottoni (*collett.* per strumenti a fiato, ornamenti, recipienti da cucina) **3** (anche **b. plate**), targa (d'ottone) **4** (*pop.*) soldi; quattrini **5** (*pop.*)

sfacciataggine; sfrontatezza; impudenza; faccia tosta 6 (pop., collett.) pezzi grossi, alti papaveri; ufficiali superiori 7 (mecc.) bronzina. B a. 1 d'ottone 2 (fig.) sfacciato. ● b. band, banda (di ottoni); fanfara □ (fig.) b. farthing, fico secco (fig.); niente; nulla: I don't care a b. farthing, non me ne importa un fico (secco) □ (gergo mil.) b. hat, ufficiale superiore □ (USA) b. knuckles, pugno di ferro (arma) □ (pop.) b.-monkey weather, tempo da lupi □ b. plate, targa (d'ottone) □ (naut.) b. rags, stracci (per pulire gli ottoni) □ b.-rubber, chi fa il «brass-rubbing» □ b.-rubbing, ricalco di figure e iscrizioni tombali □ b. sheet, lamiera d'ottone □ b.-ware, ottoname □ cartridge b., ottone per bossoli □ (fam.) to get down to b. tacks, venire al sodo; mettersi a lavorare sul serio □ (metall.) hard-drawn b., ottone crudo □ (gergo naut.) to part b. rags with sb., troncare ogni rapporto con q. □ to rub b., ricalcare figure, iscrizioni e targhe d'ottone (nelle chiese; hobby comune in G. B.) □ (pop.) brassed off, stanco, stufo, arcistufo (di q.c.).

to brass [bra:s], v. t. rivestire d'ottone; ottonare. ● (pop.) to b. up, pagare.

brassage ['bra:sidʒ], n. (stor.) costo del conio d'una moneta.

brassard [bræ'sa:d], n. bracciale (d'armatura o fascia per distintivo).

brassed off [,bra:st'ɔf], a. (pop.) seccato, stufo (fam.); scocciato (pop.).

brasserie [bras'ri] (franc.), n. birreria; piccolo ristorante.

brassie ['bra:si], V. brassy, def. B.

brassiere ['bræsiə*] (franc.), n. reggipetto; reggiseno.

brassiness ['bra:sinis], n. 1 l'essere simile all'ottone 2 presunzione 3 sfacciataggine; sfrontatezza.

brassy ['bra:si], A a. 1 di (o simile a) ottone 2 sfacciato; sfrontato; impudente 3 (di suono) penetrante; squillante 4 sgargiante; chiassoso. B n. mazza da golf (con paletta d'ottone).

brat [bræt], n. 1 marmocchio; monello 2 (spreg.) monellaccio; ragazzaccio.

bravado [brə'va:dou], n. (pl. bravadoes) spacconeria; bravata.

brave [breiv], A a. 1 valoroso; coraggioso; animoso 2 (lett.) bello; splendido; mirabile: b. new world, mirabile mondo nuovo. B n. 1 prode; valoroso 2 guerriero pellerossa 3 (arc.) bravo; bravaccio; sgherro.

to brave [breiv], v. t. affrontare; sfidare. ● to b. it out, affrontare guai, sospetti, ecc. (o sfidare il biasimo) a testa alta.

bravery ['breivəri], n. 1 valore; coraggio; audacia 2 (lett.) bell'aspetto; splendore; eleganza; magnificenza.

bravo (1) ['bra:vou] (ital.), A inter. bravo!; bene! B n. (pl. bravos, bravi) ovazione; applauso.

bravo (2) ['bra:'vou] (ital.), n. (pl. bravos, bravoes, bravi) (stor.) bravo; bravaccio; sgherro.

bravura [brə'vjuərə] (ital.), A n. 1 bravura; virtuosismo 2 pezzo di bravura; virtuosismo. B a. (mus.) di bravura; virtuosistico: a b. performance, un'esecuzione virtuosistica.

brawl [brɔ:l], n. 1 rissa; alterco 2 strepito; schiamazzo 3 (pop.) baldoria.

to brawl [brɔ:l], v. i. 1 rissare; litigare violentemente 2 (d'acqua) rumoreggiare 3 schiamazzare. ● to b. out, gridare, urlare (ordini, ecc.).

brawler ['brɔ:lə*], n. 1 attaccabrighe; rissaiolo 2 schiamazzatore.

brawn [brɔ:n], n. 1 muscolo 2 forza muscolare 3 (cucina) soppressata; coppa di testa 4 (fig.) lavoratore 5 (fig.) atleta. ● the b. drain, la fuga dei lavoratori (o degli atleti: in USA, ecc.).

brawniness ['brɔ:ninis], n. muscolosità; robustezza.

brawny ['brɔ:ni], a. muscoloso; forte; robusto.

bray [brei], n. 1 raglio 2 suono (di tromba, ecc.) alto e rauco.

to bray (1) [brei], v. i. 1 ragliare 2 risuonare alto e rauco. ● to b. st. out, dire q.c. con asprezza; gridare (o urlare) q.c.

to bray (2) [brei], v. t. frantumare; macinare (specialm. con un pestello).

to braze (1) [breiz], v. t. fare, rivestire, decorare con ottone; ottonare.

to braze (2) [breiz], v. t. (metall.) effettuare una brasatura forte (o una saldobrasatura); brasare.

brazen ['breizn], a. 1 di (o simile a) ottone 2 (anche b.-faced) sfacciato; sfrontato; impudente; svergognato 3 (di suono) penetrante; squillante. ● the b. age, l'età del rame □ b. face, faccia di bronzo.

to brazen ['breizn], v. t. affrontare (q.c.) con impudenza. ● to b. it out, superare (una situazione difficile) comportandosi in modo sfacciato (o da svergognato).

brazenness ['breiznis], n. sfacciataggine; sfrontatezza; impudenza.

brazier (1) ['breizjə*], n. braciere.

brazier (2) ['breizjə*], n. ottonaio; calderaio.

Brazil [brə'zil], n. 1 (geogr.) Brasile 2 (anche B. wood) brasile (legno rosso) 3 (color) rosso arancio.

Brazilian [brə'ziljən], a. e n. brasiliano.

brazing ['breiziŋ], n. (metall.) brasatura forte; saldobrasatura.

breach [bri:tʃ], n. 1 rottura; infrazione; violazione; il venir meno (a una promessa, ecc.); (leg.) inadempimento, inadempienza: b. of contract, inadempimento di contratto; inadempienza contrattuale 2 breccia, squarcio (in un muro); varco, buco (in una siepe): The guns made a b. in the walls, i cannoni aprirono una breccia nelle mura 3 (naut.) il frangersi delle onde; frangente 4 balzo (d'una balena fuori dall'acqua) 5 (fig.) frattura; incrinatura; screzio 6 (arc.) ferita. ● b. of close, violazione di un divieto d'accesso □ b. of confidence, abuso di fiducia □ b. of duty, il venir meno a un dovere □ (leg.) b. of the peace, violazione (o turbamento) dell'ordine pubblico □ (leg.) b. of promise, rottura di promessa (specialm. di matrimonio) □ b. of trust, abuso di fiducia □ (naut.) clean b., ondata che spazza via tutto ciò che si trova sopraccoperta □ (naut.) clear b., ondata che passa senza frangersi □ (anche fig.) to stand in the b., essere sulla breccia □ to throw (o to fling) oneself into the b., gettarsi nella mischia □ (fig.) mettersi di buzzo buono, gettarsi a capofitto.

to breach [bri:tʃ], A v. t. aprire una breccia (o un varco, uno squarcio) in (q.c.). B v. i. 1 irrompere 2 (di balena) fare un balzo fuori dall'acqua.

bread [bred], n. 1 (anche fig.) pane: a loaf of b., una pagnotta; un pane 2 (relig.) pane; ostia 3 (pop.) denaro; quattrini; soldi; grana (pop.). ● b.-basket, cestello del pane; (fig.) regione che produce molto grano; granaio (fig.); (pop.) stomaco □ b.-board, tagliere □ b. and butter, pane imburrato; (fig.) mezzi di sussistenza: One must earn one's b. and butter somehow, bisogna pur guadagnarsi il pane □ a b.-and-butter letter, una lettera di ringraziamento per ospitalità ricevuta □ (fig.) b. and cheese, cibo semplice □ b. and scrape, pane imburrato con parsimonia □ b.-crumb, mollica; pane grattugiato, pangrattato (per impanare) □ to b.-crumb, impanare □ b.-fruit, frutto dell'albero del pane □ (bot.) b.-fruit tree (Artocarpus incisa), albero del pane □ b.-stuffs, granaglie; farina □ b.-ticket, buono per una razione di pane □ b.-winner, chi guadagna il pane per sé e la famiglia □ to break b., spezzare il pane; (relig.) somministrare la comunione; comunicarsi, fare la comunione □ (fig.) to cast one's b. upon the waters, dare senza attendersi nulla in cambio □ to eat the b. of idleness (of affliction), vivere nell'ozio (nel dolore) □ to know which side one's b. is buttered (on), saper fare il proprio interesse □ (fam.) to quarrel with one's b. and butter, lagnarsi del proprio lavoro □ to take the b. out of sb.'s mouth, levare il pane di bocca a q. □ (fig.) to want one's b. buttered on both sides, volere più del necessario o del dovuto; volere la botte piena e la moglie ubriaca □ (prov.) Man does not live by b. alone, non si vive di solo pane.

to bread [bred], v. t. (cucina) impanare.

breaded ['bredid], a. (cucina) impanato.

breadline ['bredlain], n. (fila di) persone (disoccupati, indigenti, ecc.) in attesa di ricevere il pane. ● (fig.) to be on the b., mendicare il pane; vivere d'elemosina.

breadstick ['bredstik], n. grissino.

breadth [bredθ], n. 1 (anche fig.) larghezza; ampiezza; vastità: b. of mind (of view), larghezza di mente (di vedute) 2 (fig.) portata: The b. of his insight is remarkable, la portata del suo acume è notevole 3 altezza (di stoffa, ecc.); pezza (di stoffa). ● in b., per il largo; di larghezza: The room is twenty feet in b., la stanza è venti piedi di larghezza □ (fig.) to a hair's b., al capello; al millimetro; alla perfezione.

breadthways ['bredθweiz], breadthwise ['bredθwaiz], avv. nel senso della larghezza; in larghezza; per il largo.

break (1) [breik], n. 1 rottura; spaccatura; squarcio: There is a b. in the pipe, c'è una rottura nel tubo; a b. in the clouds (in the fence, etc.), uno squarcio fra le nubi (nello steccato, ecc.) 2 interruzione (anche elettr., radio, telev.); intervallo; pausa; sosta 3 (lo) spuntare; inizio: at the b. of day, allo spuntare del giorno; all'alba 4 (pl., tipogr.) puntini di sospensione 5 cambiamento improvviso: a b. in the weather, un cambiamento improvviso del tempo 6 (di una palla da gioco) deviazione (dalla direzione voluta) 7 incrinatura; imperfezione 8 diminuzione, calo (di prezzi, ecc.) 9 serie ininterrotta (per es., di carambole al biliardo) 10 (fam.) opportunità; occasione 11 (elettr.) commutatore 12 (tipogr., anche b. line) ultima riga; righino 13 (fonderia) gioco di colori (durante la fusione d'un metallo) 14 (mus.) cambiamento di registro 15 (geol.) dislocazione; faglia 16 (metrica) cesura 17 (rugby, boxe) break 18 (ippica) partenza 19 (fam. USA) papera; gaffe 20 corsa; balzo; (specialm.) fuga. ● (mus.) b. dancing, break dance □ (fin.) b.-even, pareggio (dei conti); chiusura in pareggio □ (comm., naut.) b. of bulk, inizio della discarica □ a b. from jail, un'evasione dal carcere □ (fam.) a bad b., un periodo di avversità □ (fam.) to give sb. a b., offrire a q. l'occasione di rifarsi (o riparare a un errore) □ (fam.) a lucky b.,

break (2)

un colpo di fortuna □ **a prison b.**, V. **a b. from jail** □ **without a b.**, senza interruzione (o sosta).

break (2) [breik], n. 1 carrozzino (per domare puledri) 2 carrozza aperta (per sei o più passeggeri).

to break [breik] (pass. **broke**, p. p. **broken**), **A** v. t. 1 rompere; infrangere; spezzare; spaccare; troncare: **The soldiers broke formation and ran**, i soldati ruppero le file e fuggirono; **to b. the silence (darkness)**, rompere il silenzio (le tenebre) 2 troncare con la forza; domare: **The revolt was broken**, la rivolta fu domata; **He broke (in) the horse**, egli domò il cavallo 3 (mil.) degradare; destituire 4 mandare in rovina; ridurre in miseria: **The war utterly broke him**, la guerra lo mandò completamente in rovina 5 (sport) battere, superare, migliorare, demolire (un primato): **Several records were broken at the Olympic Games**, parecchi primati furono battuti alle Olimpiadi 6 infrangere; violare; venir meno a: **He has broken a rule**, ha infranto una regola; **Those who b. the law are punished**, coloro che violano la legge sono puniti; **He broke his promise (his word)**, venne meno alla sua promessa (alla parola data) 7 fuggire (improvvisamente) da: **The murderer has succeeded in breaking prison**, l'assassino è riuscito a fuggire dal carcere 8 interrompere (anche un circuito elettrico): **We broke our journey to rest**, interrompemmo il viaggio per riposare 9 indebolire; frenare; attutire; smorzare: **These trees b. the force of the wind**, questi alberi smorzano l'impeto del vento; **The bushes broke his fall**, i cespugli gli attutirono la caduta 10 comunicare; dare alla stampa; rendere di pubblica ragione; rivelare 11 avviare, dare inizio a (un lavoro) 12 cambiare (una banconota o moneta, per avere denaro spicciolo); spicciolare 13 rompere, dissodare (il terreno) 14 smussare (un angolo). **B** v. i. 1 rompersi; frangersi; spezzarsi; spaccarsi; troncarsi; diradarsi: **Porcelain breaks easily**, la porcellana si rompe facilmente; **The billows broke against the rocks**, i cavalloni si frangevano contro gli scogli; **The clouds are breaking**, le nuvole si vanno diradando 2 sparpagliarsi; disperdersi: **Let's b. and run**, sparpagliamoci e fuggiamo 3 (elettr., mecc.) guastarsi; interrompersi: **This circuit has broken**, questo circuito si è interrotto 4 (della voce) alterarsi; mutarsi; incrinarsi: **He was so moved that his voice broke**, era così commosso che gli si alterò la voce 5 cominciare; spuntare: **The day was breaking**, spuntava il giorno 6 diffondersi; essere divulgato: **The story soon broke**, quella storia si diffuse ben presto 7 (di tempesta, temporale, scandalo, ecc.) scoppiare 8 (di periscopio) emergere; (di pesce) saltare (fuori dall'acqua) 9 distaccarsi; disintegrarsi 10 (di vocali) mutarsi in dittongo 11 (fam.: di cose) andare; mettersi: **Things were breaking badly**, le cose si mettevano male 12 (comm.) andare in rovina; fallire: **Several merchants broke**, diversi mercanti andarono in rovina 13 (comm.: di prezzi) crollare 14 sospendere il lavoro; fare un intervallo 15 (boxe) separarsi; dividersi 16 (ippica) partire 17 (rugby) sciogliere la mischia 18 (di una palla da gioco) deviare (dalla direzione voluta) 19 (del vento, del tempo, ecc.) cambiare; finire: **The spell of good weather broke**, il periodo di buon tempo finì. **C** verbi composti 1 **to b. away**, allontanarsi, distaccarsi (da); (specialm. polit.) defezionare; sfuggire, sottrarsi (a); (sport: calcio, ecc.) fare un contropiede; (ciclismo, ecc.) fare una fuga; (ippica) fare una falsa partenza (fig.) **to b. away from an old friend**, tagliare i ponti con un vecchio amico. 2 (archit.) **to b. back**, rientrare. 3 **to b. down**, (mecc.) guastarsi; (di salute) venir meno; (di piani) fallire; (di persone) accasciarsi; (di cose) classificarsi, dividersi: **My old lorry will soon b. down**, il mio vecchio camion si guasterà presto □ **When he heard she was dead, he broke down completely**, quando apprese che era morta, si accasciò completamente □ **to b. (st.) down**, infrangere; abbattere; (chim., fis.) disgregare; (mecc.) smontare; analizzare (un rapporto, una relazione): **Let's b. down the door!**, abbattiamo la porta!; **They broke down the enemy's resistance**, infransero la resistenza del nemico; **He broke down his gun and oiled it**, smontò la pistola e la oliò. 4 **to b. forth**, irrompere; (d'acqua) scaturire; (di luce) diffondersi 5 **to b. in**, irrompere; fare irruzione: **The enemy broke in during the night**, il nemico fece irruzione durante la notte □ **to b. in** (o **on, upon**), intromettersi (in q.c.); interrompere (q.): **I could tell the story better if you didn't b. in**, potrei raccontare la storia meglio se tu non interrompessi □ **to b. sb. in**, addestrare, impratichire q. (in un nuovo assunto, ecc.) □ **to b. st. in**, sfondare q.c.; (tipogr.) inserire q.c. (per es., un'illustrazione) nel testo; (mecc.) fare il rodaggio di q.c.: **Let's b. the door in!**, sfondiamo la porta! □ **to b. in a child** **(a horse)**, domare un ragazzo indisciplinato (un cavallo) □ (mecc.) **to b. in the engine of a car**, rodare il motore di un'automobile. 6 **to b. into**, irrompere in; fare irruzione in; scoppiare a: **A thief who breaks into houses is called a burglar**, un ladro che fa irruzione nelle case si chiama scassinatore; **He broke into laughter**, scoppiò a ridere □ **to b. into applause**, mettersi ad applaudire □ **to b. into a run (a gallop)**, mettersi a correre (a galoppare) □ **to b. into tears**, scoppiare in lacrime; mettersi a piangere. 7 **to b. off**, smettere di parlare (improvvisamente); interrompersi □ **to b. (st.) off**, rompere; staccare: **Their engagement was broken off**, il loro fidanzamento fu rotto; **Don't b. off that branch**, non staccare quel ramo □ **to b. off smoking**, smettere di fumare. 8 **to b. out**, scoppiare; esclamare; prorompere; (archit.) sporgere: **A fire broke out**, scoppiò un incendio; **to b. out laughing**, scoppiare in una risata; mettersi a ridere □ **to b. out of jail**, fuggire dal carcere. 9 **to b. through**, penetrare attraverso; farsi strada; passare con la forza; irrompere; sfondare; (rugby) infiltrarsi: **The moon was breaking through the clouds**, la luna si faceva strada (o faceva capolino) attraverso le nuvole; **The crowd broke through the lines of the police**, la folla sfondò i cordoni della polizia. 10 **to b. up**, finire; (di persona) perdere le forze; (di cosa) andare in pezzi; (del tempo) cambiare; (di coppia) separarsi; **Lessons will b. up at the end of June**, le lezioni avranno termine alla fine di giugno; **The boat broke up on the rocks**, la barca andò in pezzi sugli scogli □ **to b. (st.) up**, fare a pezzi; distruggere; disciogliere; disperdere; (comm.) frazionare (una partita di merce); liquidare (un'azienda); (ind.) demolire; **War broke up their home**, la guerra distrusse il loro focolare domestico; **The demonstrators were broken up by the police**, i dimostranti furono dispersi dalla polizia. ● **to b. an appointment**, non andare a un appuntamento □ **to b. the back of sb.**, spezzare le reni a q.; uccidere q. □ **to b. the back of a task**, fare la parte più ardua d'un lavoro □ (volg.) **to b. sb.'s balls**, rompere le scatole a q. (pop.) □ **to b. the bank**, far saltare il banco (al gioco) □ (naut.) **to b. bulk**, iniziare la discarica; cominciare lo scarico □ (fig.) **to b. a butterfly on a wheel**, fare spreco d'energia per cosa da poco; darsi molto da fare per nulla □ **to b. camp**, levare il campo □ **to b. an engagement**, non tener fede a un impegno □ **to b. even**, (fin.) chiudere in pareggio; pareggiare i conti □ **to b. a flag**, spiegare una bandiera □ **to b. ground**, (edil.) iniziare uno scavo; (naut.) spedare (liberare l'ancora) □ **to b. sb.'s heart**, spezzare il cuore di q. □ (fig.) **to b. the ice**, rompere il ghiaccio □ (fig.) **to b. a lance with sb.**, entrare in polemica con q. □ **to b. loose** (o **free**), sciogliersi (dai legami); scappare, darsi alla fuga □ (naut.) **to b. moorings**, spezzare gli ormeggi □ (fig.) **to b. new ground**, iniziare una nuova impresa (o un lavoro nuovo) □ **to b. one's neck**, rompersi il collo (l'osso del collo) □ **to b. open**, forzare, scassinare (una porta, ecc.) □ (mil.) **to b. ranks**, rompere le file (comm.) □ **to b. a set**, dividere una merce in partite (da vendere separatamente) □ (naut.) **to b. sheer**, mollare gli ormeggi □ (stor.) **to b. sb. on the wheel**, mettere q. alla tortura della ruota □ (mil.) **to b. step**, rompere il passo □ (naut.: di un sottomarino) **to b. surface**, affiorare □ **to b. with sb.**, rompere (o romperla) con q. □ **to b. with st.**, liberarsi di q.c.: **It is difficult to b. with inveterate habits**, è difficile liberarsi delle abitudini inveterate □ (boxe) **Break!**, break! (ordine dell'arbitro, di porre termine a un corpo a corpo).

breakable ['breikəbl], a. fragile.

breakables ['breikəblz], n. pl. oggetti fragili.

breakage ['breikidʒ], n. 1 rottura; guasto 2 (pl.) rottami 3 (pl.) danni (dovuti a rottura): **He paid a large sum for breakages**, pagò una grossa somma per i danni causati.

breakaway ['breikəwei], **A** n. 1 allontanamento; distacco; (polit.) scissione 2 defezione 3 fuga 4 (calcio, ecc.) contropiede 5 (ciclismo, ecc.) fuga 6 (ippica) falsa partenza. **B** a. attr. (polit.) scissionistico.

breakdown ['breikdaun], n. 1 (mecc.) guasto; interruzione; panne; panna: **There is a b. on the line**, c'è un'interruzione nella linea 2 (naut.) avaria 3 collasso; esaurimento: **He had a nervous b.**, ebbe un esaurimento nervoso 4 crollo; dissesto; sfacelo: **the b. of the Roman Empire**, lo sfacelo dell'Impero Romano 5 rottura (di negoziati); sospensione (di un servizio) 6 (chim., fis.) disgregazione 7 analisi (di un rapporto, ecc.) 8 scomposizione 9 «breakdown» (danza dei negri d'America) 10 (lotta greco-romana) schienata. ● **b. car** (o **lorry**), carro attrezzi □ **b. crane**, autogrù □ **b. gang**, squadra di soccorso (per la rimozione o riparazione di veicoli) □ (fin.) **the b. of public expenditure**, la ripartizione delle spese pubbliche □ (autom.) **b. service**, soccorso stradale □ **b. train**, convoglio di soccorso □ **b. truck** (o **van**), carro attrezzi (o di soccorso) □ (elettr.) **b. voltage**, tensione di scarica.

breaker ['breikə*], n. 1 chi (o cosa che) rompe, interrompe, ecc. V. **to break** 2 (anche **horse b.**) domatore di cavalli 3 frangente (ondata) 4 frantoio (per spezzare rocce o carbone) 5 (elettr., anche **circuit b.**), ruttore 6 (leg.) violatore; trasgressore 7 (ind.) sfilacciatrice (di stracci). ● (autom.) **b. arm**, martelletto (di ruttore) □ (autom.) **b. points**, puntine platinate; contatti □ (sport) **record-b.**, primatista □ **stone-b.**, spaccapietre.

breakerless ['breikəlis], a. (autom., elettron.) senza ruttore.

senza contatti (o puntine).
breakfast ['brekfəst], *n.* prima colazione.
to breakfast ['brekfəst], **A** *v. i.* fare (la prima) colazione. **B** *v. t.* offrire la prima colazione a (q.).
breakfastless ['brekfəstlis], *a.* senza colazione; (a) digiuno.
break-in ['breikin], *n.* **1** irruzione **2** (*mecc.*, *autom.* e *fig.*) rodaggio.
breaking ['breikiŋ], *n.* **1** rottura **2** (*elettr.*) interruzione **3** infrazione, ecc. *V.* **to break.** ● (*leg.*) **b. and entering**, effrazione; furto con scasso □ **b. in**, domatura (*raro*); addestramento; rodaggio (*di un motore* e *fig.*) □ (*leg.*) **b. of seals**, violazione dei sigilli □ **b. off of diplomatic relations**, la rottura delle relazioni diplomatiche □ **the b. out of a fire**, lo scoppio di un incendio □ **b. point**, limite di rottura; (*fig.*) punto di rottura, limite di sopportazione.
breakneck ['breiknek], *a.* **1** da rompere il collo; pericoloso: **a b. road**, una strada pericolosa **2** a rompicollo; precipitoso; rapidissimo; folle: **b. speed**, folle velocità; **Italy's b. industrial growth in 1950s**, il rapidissimo sviluppo industriale dell'Italia negli anni Cinquanta. ● **at a b. pace** (*o* **speed**), a rotta di collo.
break-out ['breikaut], *n.* **1** evasione; fuga **2** (*mil.*) contrattacco, offensiva (*per spezzare l'accerchiamento*).
breakthrough ['breik'θru:], *n.* **1** (*specialm. mil.*) sfondamento; breccia; varco **2** (*min.*) passaggio di comunicazione (*fra gallerie adiacenti*) **3** (*geol.*) affioramento **4** (*scient.*, *tecn.*) importante passo avanti; conquista **5** (*comm.*) balzo, rialzo (*di prezzi*).
break(-)up ['breik ʌp], *n.* **1** dispersione; scioglimento **2** disintegrazione; disfacimento **3** (*med.*) collasso **4** fine (*dell'anno scolastico*) **5** (*polit.*) smembramento (*d'uno Stato*) **6** (*naut.*) smantellamento **7** disgelo **8** (*chim.*, *fis.*) disgregazione **9** (*mil.*) sbandamento **10** (*comm.*) realizzo; svendita: **b. value**, valore di realizzo.
breakwater ['breik,wɔ:tə*], *n.* frangiflutti; frangimare; frangionde.
bream [bri:m], *n.* (*pl.* **bream**, **breams**) (*zool.*, *Abramis brama*) abramide comune.
to bream [bri:m], *v. t.* (*naut.*) bruschinare (*la carena d'una nave*).
breast [brest], *n.* **1** mammella; seno, petto (*anche fig.*): **in the b. of the sea**, in seno al mare **2** (*fig.*) cuore; coscienza; sentimenti **3** (*archit.*) parapetto **4** (*fonderia*) soglia **5** (*min.*) fronte (*d'avanzamento o d'abbattimento*). ● **b. drill**, trapano a petto □ **to b.-feed**, allattare al seno □ **-feeding**, allattamento al seno □ **b. harness**, pettorale (*di cavallo*) □ **b.-high**, che arriva al petto □ **b.-pin**, spilla da cravatta □ **b. pocket**, taschino (*di giacca*) □ (*naut.*) **b. rope**, traversino □ (*sport*) **b.-stroke**, nuoto a rana; rana □ **b.-stroke swimmer**, ranista □ (*archit.*) **b. wall**, muro di sostegno; parapetto □ **to make a clean b. of st.**, alleviare la coscienza di q.c.; fare ampia confessione di q.c.
to breast [brest], *v. t.* **1** affrontare; tener testa a **2** muovere contro (q.) **3** prendere di petto (*un'erta*); scalare (*un monte*). ● (*sport*) **to b. the tape**, tagliare il nastro (*o il traguardo*).
breastbone ['brestboun], *n.* (*anat.*) sterno.
breasted ['brestid], *a.* (*nei composti*) dal petto: **broad-b.**, dal petto largo. ● (*di giacca*, *ecc.*) **double-b.**, a doppio petto □ **single-b.**, a un petto; monopetto.
breastplate ['brestpleit], *n.* **1** (*stor.*) corazza (*armatura del busto*) **2** pettorale (*di cavallo*) **3** piastrone (*parte inferiore della corazza d'una tartaruga*) **4** targa con iscrizione (*su una bara*) **5** (*archit.*) architrave.
breastsummer ['bresəmə*], *n.* (*archit.*) architrave.
breastwork ['brest-wə:k], *n.* **1** (*mil.*) riparo difensivo di media altezza **2** (*naut.*) parapetto di murata (*del castello di prua e del ponte di poppa*).
breath [breθ], *n.* **1** fiato; respiro; soffio; alito **2** soffio (*d'aria*); alito (*fig.*): **a b. of fresh air**, una boccata d'aria fresca; **There wasn't a b. of wind**, non c'era un alito di vento **3** appannatura (*su vetro*, *specchio*, *ecc.*) **4** (*fon.*) aspirazione **5** effluvio; odore **6** sussurro; mormorio: **Not a b. was heard**, non s'udiva un sussurro **7** (*fig.*) respiro; sollievo; tregua **8** (*fig.*) macchia; ombra; sospetto. ● **the b. of life** (*o of one's nostrils*), l'aria che si respira: **You are as necessary to me as the b. of life**, mi sei necessario come l'aria che respiro □ **b.-taking**, da togliere il fiato; strabiliante; sbalorditivo □ **b. test**, prova del fiato (*per accertare il grado d'alcool nel sangue*) □ **to b.-test**, sottoporre (q.) alla prova del fiato (*facendolo soffiare in un palloncino di plastica*) □ **to draw b.**, respirare; vivere □ **to hold** (*o* **to catch**) **one's b.**, trattenere il respiro □ **in the same** (*o* **in one**) **b.**, senza riprender fiato □ **to lose one's b.**, rimanere senza fiato □ **to be out of b.**, essere senza fiato □ **to save one's b.** (*o* **to keep one's b.**) **to cool the porridge**), risparmiare il fiato; tacere □ **to speak under** (*o* **below**) **one's b.**, parlare sottovoce □ **to take** (*o* **catch**) **b.**, prendere fiato □ **to take a deep b.**, trarre un profondo respiro □ **to take sb.'s b. away**, far restare senza fiato □ **to waste one's b.**, sprecare il fiato □ **with one's last b.**, fino all'ultimo respiro.

breathable ['bri:ðəbl], *a.* respirabile.
to breathalyse ['breθəlaiz], *v. t.* sottoporre (q.) all'alcoltest.
breathalyser ['breθə,laizə*], *n.* (*marchio*) alcoltest.
to breathe [bri:ð], *v. i.* e *t.* **1** respirare; vivere: **The wounded soldier was still breathing**, il soldato ferito respirava ancora (*o* era ancora in vita) **2** (*fare*) prendere fiato: **Now I can b. again**, ora posso riprendere fiato; **B. your horse**, fa' prendere fiato al tuo cavallo **3** (*di vento*) alitare; soffiare **4** emanare; diffondere intorno a sé (*un odore*, *ecc.*): **The girl breathed simplicity**, la ragazza diffondeva intorno a sé un senso di semplicità **5** mormorare; sussurrare: **The beggar breathed a blessing and went away**, il mendicante mormorò una benedizione e se ne andò **6** ispirare; infondere: **He breathed confidence into his followers**, infondeva fiducia nei suoi seguaci **7** (*fon.*) aspirare. ● (*fig.*) **to b. again**, sentirsi sollevato □ (*fig.*, *fam.*) **to b. down sb.'s neck**, inseguire da vicino (*o tallonare*) q.; stare addosso a q.; sottoporre q. a uno stretto controllo □ **to b. forth**, esalare □ **to b. freely**, respirare liberamente; (*fig.*) sentirsi sollevato □ **to b. hard**, respirare con difficoltà; ansare □ **to b. in**, inspirare, aspirare (*l'aria*) □ **to b. one's last**, esalare (*o tirare*) l'ultimo respiro □ **to b. out**, espirare □ **to b. short**, avere il fiato corto; ansimare; ansare □ **to b. a sigh**, emettere un sospiro; sospirare □ **to b. strife**, borbottare minacce □ **not to b. a word** (*o* **a syllable**), non fiatare; non aprir bocca; non far parola.
breathed [breθt], *a.* **1** (*nei composti*) **foul-b.**, dall'alito cattivo; **long-b.**, che ha molto fiato **2** (*fon.*) aspirato; sordo.
breather ['bri:ðə*], *n.* **1** chi respira (*in un certo modo*; *per es.*): **a mouth b.**, uno che respira con la bocca (*e non attraverso il naso*) **2** (*fam.*) esercizio fisico breve, ma faticoso **3** (*fam.*) attimo di respiro; breve sosta **4** (*tecn.*) sfiatatoio.
breathing ['bri:ðiŋ], **A** *n.* **1** respirazione **2** respiro: **b.-space**, respiro (*fig.*); attimo di tregua **3** alito (*di vento*); soffio (*d'aria*) **4** emissione di voce **5** (*fon.*) aspirazione; spirito: **rough** (**smooth**) **b.**, spirito aspro (dolce). **B** *a.* che respira; che è (*o* pare) vivo: **a b. statue**, una statua che pare viva. ● **b. spell** (*o* **b. time**), respiro (*fig.*); attimo di tregua.
breathless ['breθlis], *a.* **1** senza fiato; ansante; ansimante: **He was b. with fear**, era senza fiato dalla paura **2** che non respira più; morto **3** da far restare col fiato sospeso: **He was in a b. hurry**, aveva una fretta da perdere il fiato **4** senza un alito di vento; soffocante: **The air is b.**, l'aria è soffocante. ● **b. expectation**, trepida attesa.
breathlessness ['breθlisnis], *n.* **1** affanno; difficoltà di respirazione **2** (*med.*) dispnea.
breccia ['bretʃiə] (*ital.*), *n.* (*geol.*) breccia.
Brechtian ['brektiən], *a.* (*letter.*) brechtiano.
bred [bred], **A** *pass.* e *p. p.* di **to breed.** **B** *a.* (*nei composti*) **ill-b.**, maleducato; **well-b.**, educato; che ha buone maniere.
breech [bri:(t)ʃ], *n.* **1** (*anat.*) deretano; sedere **2** parte terminale (*d'una puleggia*, *ecc.*) **3** (*mil.*) culatta (*di cannone*, *ecc.*). ● (*mil.*) **b.-block** (*o* **b. plug**), otturatore □ (*med.*) **b. delivery**, parto podalico □ **b.-loader** (*o* **b.-loading gun**), fucile (*o cannone*) a retrocarica □ **b.-well**, alloggio dell'otturatore.
to breech [bri:(t)ʃ], *v. t.* **1** (*arc.*) mettere (*un bambino*) in calzoncini **2** (*mil.*) munire (*un cannone*) di culatta.
breeches ['britʃiz], *n. pl.* **1** calzoni alla zuava; brache (*arc.*) **2** (*fam.*) calzoni; pantaloni. ● (*naut.*) **b. buoy**, carrello di salvataggio; va e vieni □ (*fig.*) **to get too big for one's b.**, insuperbire; montarsi la testa □ **riding b.**, calzoni alla cavallerizza □ (*fig.*: *di moglie*) **to wear the b.**, portare i calzoni.
breeching ['britʃiŋ], *n.* **1** (*dei finimenti del cavallo*) imbraca **2** (*mil.*) imbracatura (*di un cannone*, *ecc.*). ● **b. strap**, straccale (*di bestia da soma*).
breechless ['bri:(t)ʃlis], *a.* senza calzoni; sbracato.
to breed [bri:d], (*pass.* e *p. p.* **bred**), **A** *v. t.* **1** (*anche fig.*) generare; procreare; (*fig.*) produrre: **Long wars always b. economic depression**, le lunghe guerre producono sempre depressioni economiche **2** allevare; allenare; educare; destinare a: **I b. horses**, allevo cavalli; **He's an Irishman born and bred**, è irlandese di nascita e d'educazione; **He had bred his son to the law**, aveva destinato suo figlio all'avvocatura **3** (*agric.*) riprodurre (*piante*); selezionare (*specie vegetali*). **B** *v. i.* **1** riprodursi; figliare: **Wild beasts do not b. easily in captivity**, gli animali selvatici non si riproducono facilmente in cattività **2** nascere; avere origine; propagarsi. ● **to b. in and in**, accoppiarsi fra consanguinei; sposarsi fra parenti stretti □ **to b. like rabbits** (*o* **flies**), essere prolifici come conigli □ (*fig.*) **bred in the bone**, insito; innato.
breed [bri:d], *n.* razza; varietà; tipo; stirpe; famiglia; discendenza: **There are many breeds of dogs**, ci sono molte razze di cani. ● (*prov.*) **B. will tell**, buon sangue non mente.
breeder ['bri:də*], **A** *n.* **1** generatore; produttore (*detto di piante o animali*) **2** allevatore: **horse b.**, allevatore di cavalli **3** riproduttore; animale (*o pianta*) da riproduzione **4** (*fis. nucl.*) (*anche* **b. reactor**, **b. pile**) reattore autofertilizzante. **B** *a. attr.*

breeding

1 da razza; da riproduzione: **a b. hen**, una gallina da riproduzione **2** (*fis. nucl.*) autofertilizzante.
breeding ['bri:diŋ], *n.* **1** procreazione; riproduzione **2** allevamento: **sheep b.**, allevamento di pecore **3** (buona) educazione; buone maniere: **Punctuality is a sign of b.**, la puntualità è segno di buona educazione. ● **b. ground** (*o* **place**), terreno di riproduzione; luogo di cova; (*fig.*) terreno fertile **b.-in**, accoppiamento fra consanguinei □ **bad** (**good**) **b.**, cattiva (buona) educazione.
breeze (1) [bri:z], *n.* (*arc. o dial.*; *zool.*, *Tabanus*) tafano.
breeze (2) [bri:z], *n.* **1** brezza; venticello **2** (*pop.*) alterco; lite; bizza; sfogo di cattivo umore **3** (*fam. USA*) sciocchezza; gioco da ragazzi (*fig.*). ● (*meteorologia*) **gentle b.**, brezza tesa □ **moderate b.**, brezza moderata ● **stiff b.**, brezza intensa.
breeze (3) [bri:z], *n.* (*costr.*) scorie di coke (*o* di carbone di legna). ● **b. concrete**, calcestruzzo di scorie (di coke).
to breeze [bri:z], *v. i.* soffiare, spirare, tirare (*di brezza*, *vento*): **It's beginning to b.**, comincia a spirare un po' di vento. ● **to b. in** (**out**), entrare (uscire) inaspettatamente □ **to b. through**, dare una scorsa a (*un libro*, *ecc.*) □ (*del vento*) **to b. up**, rinfrescare; rinforzare.
breezeblock ['bri:zblɔk], *n.* (*ingl.*, *edil.*) blocco di calcestruzzo di scorie (di coke).
breezeless ['bri:zlis], *a.* senza brezza; immoto; afoso.
breeziness ['bri:ziness], *n.* **1** (*dell'aria*) freschezza; (*d'un luogo*) ariosità **2** allegria; brio; vivacità; spensieratezza; spigliatezza.
breezy ['bri:zi], *a.* **1** arioso; ventoso; battuto dalla brezza **2** allegro; vivace; gioviale; spigliato.
Bren gun ['brenɡʌn], *n.* (*mil.*) (mitra) Bren.
brent(goose) ['brent'ɡu:s], *n.* (*pl.* **brent(geese), brents-(geese)**) (*zool.*, *Branta bernicla*) oca colombaccio.
bressummer ['bresəmə*], *n.* (*archit.*) architrave.
brethren ['breðrin], *n. pl.* (*di* **brother**, *def.* 3) **1** (*arc.*) fratelli **2** (*relig.*) confratelli.
Breton ['bretən], *a.* e *n.* bretone.
breve [bri:v], *n.* **1** (*stor.*) breve (*papale*) **2** (*tipogr.*) segno di breve **3** (*mus.*) (segno di) breve (*pari a due semibrevi*).
brevet ['brevit], *n.* **1** (*stor.*) brevetto; (*decreto di* nomina, specialm. a una) carica onoraria **2** (*mil.*) nomina (*a un grado superiore*, *senza aumento di stipendio*); grado onorario. ● (*mil.*) **b. major**, maggiore che ha ancora la paga di capitano.
to brevet ['brevit], *v. t.* (*mil.*) conferire un grado onorario a (q.).
breviary ['bri:vjəri], *n.* (*relig.*) breviario.
brevier [brə'viə*], *n.* (*tipogr.*) corpo 8.
brevity ['breviti], *n.* brevità (*della vita*, *ecc.*) **2** concisione.
to brew [bru:], **A** *v. t.* **1** fabbricare, fare (*la birra e altre bevande fermentate*); mettere in infusione, preparare (*il tè*, *il ponce*) **2** (*fig.*) complottare; tramare; preparare: **He is brewing mischief**, sta tramando qualche birbonata. **B** *v. i.* **1** essere in fermentazione (*o* in infusione, in ebollizione): **The beer is brewing**, la birra sta fermentando **2** (*fig.*) addensarsi; prepararsi; bollire in pentola (*fig.*): **A storm was brewing in the west**, si stava addensando una tempesta a occidente. ● (*fig.*) **There is something brewing**, qualcosa bolle in pentola.
brew [bru:], *n.* **1** fermentazione; infusione; processo di fabbricazione della birra (*o* di preparazione del tè, *ecc.*) **2** (quantità di) bevanda così fabbricata (*o* preparata) **3** bevanda fermentata **4** infuso; tisana **5** miscela, qualità (*di tè*). ● (*fam.*) **b.-up**, (il) fare il tè (*o* il caffè): **Let's have a b.-up, shall we?**, facciamo il tè, vuoi?
brewage ['bru(:)idʒ], *n.* **1** bevanda fermentata; infuso (*di tè*, *ecc.*) **2** processo di fermentazione (*o* d'infusione) **3** (*fig.*) macchinazione.
brewer ['bru(:)ə*], *n.* **1** fabbricante di birra; birraio **2** macchinatore; complottatore (*raro*); intrigante. ● (*scherz.*, *ingl.*) **b.'s droop**, ammosciamento dello sbronzo □ **b.'s yeast**, lievito di birra.
brewery ['bru:əri], *n.* fabbrica di birra.
brewing ['bru:iŋ], *n.* **1** fabbricazione della birra **2** quantità di birra prodotta in una volta.
briar ['braiə*], *n.* **1** (*bot.*, *Erica arborea*) erica **2** (*bot.*) rovo; rosa selvatica (*e altre piante dei generi Rubus e Rosa*) **3** (*bot.*) tralcio spinoso (*di dette piante*) **4** (*anche* **b. pipe**) pipa di radica. ● (*bot.*) **b. root**, radica.
bribability [,braibə'biliti], *n.* corruttibilità.
bribable ['braibəbl], *a.* corruttibile.
bribe [braib], *n.* **1** dono, somma di denaro (*dati o promessi*) per corrompere; bustarella (*fam.*) **2** allettamento; esca (*fig.*). ● **b.-money**, bustarella □ **It's no use offering him a b.**, è inutile cercare di corromperlo.
to bribe [braib], *v. t.* **1** corrompere; comprare (*fam.*); subornare: **to b. sb. to silence**, comprare il silenzio di q. **2** indurre (*con promesse*, *doni o moine*): **I bribed my dog with a bone to jump the fence**, con l'offerta di un osso, indussi il mio cane a saltare lo steccato. ● **He's not above bribing**, è tutt'altro che incorruttibile.
briber ['braibə*], *n.* corruttore; subornatore.
bribery ['braibəri], *n.* corruzione (*a mezzo di denaro*, doni, *ecc.*); subornazione. ● **to be open to b.**, essere corruttibile.
bric-a-brac ['brikəbræk] (*franc.*), *n.* cianfrusaglie; anticaglie.
brick [brik], *n.* **1** mattone; laterizio **2** (*fig.*) mattonella; pane (*o* altro) a forma di mattone: **a b. of ice cream**, una mattonella (*o* un pezzo duro) di gelato **3** blocchetto di legno (*per il gioco delle costruzioni*) **4** (*pop.*) persona ammodo; brav'uomo: **He's a regular b.**, è un uomo d'oro. ● (*USA*) **b. cheese**, formaggio a pasta molle e bucherellato □ (*ind. costr.*) **b. flooring**, ammattonato □ **b. hammer**, martello da muratore □ **b.-kiln**, fornace; forno da mattoni □ **b. red**, rosso mattone □ **Bath b.**, composto siliceo per pulire metalli □ (*fam.*) **to come down on sb. like a ton of bricks**, scagliarsi contro q. con grande veemenza; mangiarsi vivo q. □ (*fam.*) **to drop a b.**, fare una topica (*o* una gaffe) □ **flue** (*o* **hollow**) **b.**, mattone forato □ (*fig.*) **to make bricks without straw**, friggere con l'acqua; fare i conti senza l'oste.
to brick [brik], *v. t.* costruire, pavimentare con mattoni; ammattonare, mattonare. ● **to b. up**, murare (*con mattoni*).
brickbat ['brikbæt], *n.* **1** mezzo mattone; frammento di mattone (*specialm. se usato come proiettile*) **2** (*fig.*, *fam.*) critica spietata; frecciata (*fig.*).
bricklayer ['brik,leiə*], *n.* muratore.
brickmaker ['brik,meikə*], *n.* mattonaio.
brickwork ['brikwə(:)k], *n.* muratura in mattoni; ammattonato.
bricky ['briki], *a.* **1** fatto di mattoni **2** color mattone.
brickyard ['brikja(:)d], *n.* fabbrica di mattoni; mattonificio.
bricole ['bri'koul], *n.* **1** (*biliardo*, *ecc.*) tiro di sponda (*o* di rimbalzo) **2** (*mil.*, *stor.*) soprasspalle; cinghia.
bridal ['braidl], **A** *a.* nozze; banchetto nuziale. **B** *a.* **1** della sposa: **the b. veil**, il velo da sposa **2** nuziale: **the b. cake**, la torta nuziale. ● **b. party**, la sposa e il suo seguito.
bride (1) [braid], *n.* sposa (*alle nozze*); promessa sposa (*nell'imminenza delle nozze*); sposa novella. ● **b.(-)cake**, torta nuziale □ **b.-to-be**, promessa sposa.
bride (2) [braid], *n.* **1** punto tulle (*di merletto*) **2** laccio (*di cappellino*) che si annoda sotto il mento.
bridegroom ['braidgrum], *n.* sposo; sposo novello.
bridesmaid ['braidzmeid], *n.* damigella d'onore (*della sposa*).
bridesman ['braidzmən], *n.* (*pl.* **bridesmen**) testimone dello sposo.
bridewell ['braidwəl], *n.* (*da St. Bride's Well*, *a Londra*) prigione; casa di correzione; correzionale (*raro*); riformatorio.
bridge (1) [bridʒ], *n.* **1** ponte (*in ogni senso*): **My dental b. is broken**, mi si è rotto il ponte (*dei denti*) **2** (*naut.*, *anche* **fore b.**, **pilot b.**) ponte di comando; plancia **3** (*naut.*, *anche* **fore and aft b.**) passerella (*su una nave*) **4** (*mus.*) ponticello (*di strumento ad arco*) **5** (*elettr.*) ramo in parallelo **6** (*radio*, *telev.*) intermezzo. ● (*mil.*) **b.-head**, testa di ponte □ (*naut.*) **b. house**, cassero; tuga □ (*econ.*) **b. law**, legge ponte □ (*mil.*) **b. train**, reparto di pontieri del genio con i relativi attrezzi □ (*naut.*) **after b.**, ponte poppiero □ **bascule b.**, ponte (levatoio) a bilico □ (*fig.*) **to burn one's bridges**, bruciarsi (*o* tagliarsi) i ponti alle spalle; precludersi la via della ritirata □ **draw-b.**, ponte levatoio □ **flying b.**, ponte sospeso □ **foot-b.**, passerella; ponte pedonale □ (*ferr.*) **over-line b.** (*o* **overbridge**), cavalcavia □ **steel b.**, ponte di acciaio □ **swing b.**, ponte girevole □ (*prov.*) **Build golden bridges for a flying foe**, a nemico che fugge, ponti d'oro □ (*prov.*) **Don't cross your bridges before you come** (*o* **get**) **to them**, non bisogna fasciarsi la testa prima d'esserla rotta.
bridge (2) [bridʒ], *n.* (*gioco di carte*) bridge.
to bridge [bridʒ], *v. t.* **1** fare un ponte su (*un fiume*, *ecc.*) **2** collegare (*due città*, *ecc.*) con un ponte **3** (*elettr.*) collegare **4** (*fig.*) superare; colmare: **They weren't able to b. the gap between their points of view**, non riuscirono a colmare il divario fra i loro punti di vista. ● **to b. a gap**, colmare una lacuna; (*econ.*) superare uno squilibrio □ **to b. over**, superare (*difficoltà*, *ecc.*); aiutare, dare una mano a (q.).
bridgebuilder ['bridʒ,bildə*], *n.* **1** costruttore di ponti **2** (*fig.*, *specialm. polit.*) intermediario; mediatore.
Bridget ['bridʒit], *n.* Brigida.
bridgework ['bridʒwə:k], *n.* (*med.*) insieme di ponti (*protesi dentaria*).
bridle ['braidl], *n.* **1** (*anche fig.*) briglia; (*fig.*) freno **2** (*naut.*) cima d'ormeggio **3** (*anat.*) frenulo; legamento **4** (*mecc.*) briglia; cravatta. ● **b. hand**, mano sinistra □ **b. path** (*o* **b. road**, **b.-way**), pista per traffico animale; mulattiera □ (*USA*, *di cavallo*) **b.-wise**, obbediente alla briglia □ **to give a horse the b.**, dare (*o* allentare) la briglia a una cavallo □ **to lay the b. on a horse's neck**, lasciare (*o* abbandonare) la briglia sul collo d'un cavallo.
to bridle ['braidl], **A** *v. t.* **1** mettere la briglia a, imbrigliare (*un*

cavallo, ecc.) **2** (*fig.*) imbrigliare; tenere a freno: **You must b. your ambition**, devi tenere a freno l'ambizione. **B** *v. i.* (*spesso* **to b. up**) alzare il capo per ira (*o* per orgoglio); adombrarsi; adirarsi; risentirsi.

bridoon [bri'du:n], *n.* redini e morso.

brief (1) [bri:f], *n.* **1** breve (*di un papa*) **2** (*leg.*) comparsa; memoria **3** (*aeron.*) piano di volo **4** (*leg. USA*) conclusioni presentate alla Corte; verbale di un processo **5** istruzioni; direttive **6** (*pl.*) mutande; mutandine; slip **7** trafiletto (*di giornale*). ● **b. bag**, borsa (*da legale*); cartella □ (*leg.*) **to hold a b. for sb.**, patrocinare (*o* perorare) la causa di q.

brief (2) [bri:f], *a.* **1** breve; corto; conciso **2** brusco; reciso; secco. ● **in b.**, in poche parole.

to brief [bri:f], *v. t.* **1** riassumere **2** (*leg.*) dare istruzioni a (*un «barrister»*) **3** dare istruzioni a; ragguagliare; informare (q. su q.c.): **The pilots were briefed before each flight**, i piloti ricevevano istruzioni prima d'ogni volo.

briefcase ['bri:fkeis], *n.* borsa (*da legale*); cartella (*per documenti*).

briefing ['bri:fiŋ], *n.* **1** (*anche leg.*) istruzioni; ragguagli **2** (*mil.*) istruzioni; foglio d'istruzioni (*prima di una missione*) **3** conferenza informativa. ● (*aeron.*) **b. room**, sala delle istruzioni □ **b. session**, conferenza informativa (*in un'azienda, ecc.*).

briefless ['bri:flis], *a.* **1** senza istruzioni **2** (*leg., fam.*) senza cause; senza clienti.

brier ['braiə*], *V.* **briar**.

brig (1) [brig], *n.* (*naut.*) brigantino.

brig (2) [brig], *n.* (*scozz.*) ponte.

brigade [bri'geid], *n.* **1** (*mil.*) brigata **2** associazione; corpo organizzato: **the fire b.**, il corpo dei vigili del fuoco.

to brigade [bri'geid], *v. t.* (*mil.*) costituire in brigata; unire (*un reggimento*) con altri, per formare una brigata.

brigadier [,brigə'diə*], *n.* (*mil., anche* **b.-general**) generale di brigata.

brigand ['brigənd], *n.* brigante; bandito.

brigandage ['brigəndidʒ], *n.* brigantaggio; banditismo.

brigandish ['brigəndiʃ], *a.* brigantesco; banditesco.

brigandism ['brigəndizəm], *V.* **brigandage**.

brigantine ['brigəntain], *n.* (*naut.*) brigantino.

bright [brait], **A** *a.* **1** luminoso; brillante; lucente; splendente **2** vivace; vivo; (*di carnagione*) chiaro: **These colours are not b. enough**, questi colori non sono abbastanza vivaci; **a b. red dress**, un abito color rosso vivo **3** allegro; vivace; (*fig.*) splendente; raggiante: **a b. face**, un viso raggiante **4** felice; prospero; lieto; brillante: **That boy will have a b. future**, quel ragazzo avrà un brillante avvenire **5** intelligente; acuto; sveglio (*fig.*): **a b. pupil**, uno scolaro intelligente **6** (*comm.: dell'attività*) vivace; animato **7** (*pl.*, *USA*) (fari) abbaglianti. **B** *avv.* (*anche* **brightly**) in modo luminoso, brillante, ecc. (*V. sopra*).

to brighten ['braitn], *v. t. e i.* **1** rendere, diventare (più) luminoso; far brillare **2** allietare; rallegrare, rallegrarsi; illuminarsi; ravvivare, ravvivarsi: **things that b. our lives**, cose che allietano la vita. ● **to b. a party**, animare una festa, esserne l'animatore □ **Business prospects are brightening**, l'orizzonte economico si schiarisce.

brightness ['braitnis], *n.* **1** luminosità; lucentezza; splendore **2** (*di colore*) vivacità **3** allegrezza; vivacità **4** intelligenza; acume **5** (*comm., Borsa*) vivacità; buon andamento (*del mercato, di un titolo*). ● (*telev.*) **b. control**, comando di luminosità.

Brigid ['bridʒid], *n.* Brigida.

brill [bril], *n.* (*pl.* **brill, brills**) (*zool., Rhombus laevis*) rombo liscio.

brilliance ['briljəns], **brilliancy** ['briljənsi], *n.* **1** splendore; magnificenza **2** intensità (*di un tono musicale*); vivacità (*di un colore*) **3** intelligenza vivace e pronta **4** (*telev.*) luminosità **5** (*fis.*) brillanza.

brilliant (1) ['briljənt], *a.* **1** brillante; splendente **2** splendido; magnifico **3** (*di colore, di mente*) vivace **4** d'intelligenza vivace; di talento; illustre: **a b. scholar**, un illustre erudito. ● (*autom.*) **b. performance**, brillantezza (*di un motore*).

brilliant (2) ['briljənt], *n.* **1** brillante **2** (*tipogr.*) corpo 3 e mezzo.

brilliantine [,briljən'ti:n], *n.* brillantina.

brim [brim], *n.* **1** orlo (*di tazza, bicchiere, ecc.*); margine (*di fiume, ecc.*) **2** falda, tesa (*del cappello*); margine sporgente. ● **full to the b.**, pieno fino all'orlo; colmo.

to brim [brim], **A** *v. t.* riempire fino all'orlo; colmare. **B** *v. i.* essere pieno fino all'orlo; essere colmo. ● **to b. over**, traboccare.

brimful(l) [brim'ful], *a.* pieno fino all'orlo; colmo: **He has a mind b. of information**, ha una mente piena di cognizioni.

brimless ['brimlis], *a.* **1** senza orlo **2** (*di cappello*) senza tesa.

brimmed [brimd], *a.* (*nei composti*) orlato; con tesa: **a broad-b. hat**, un cappello a larga tesa.

brimmer ['brimə*], *n.* coppa, bicchiere, tazza, ecc., colmi.

brimstone ['brimstən], *n.* (*chim., arc.*) zolfo.

brindle [brindl], **brindled** ['brindld], *a.* (*del mantello di animali*) pezzato; chiazzato; striato.

brine [brain], *n.* **1** acqua salsa (*o* salmastra) **2** salamoia **3** (*poet.*) mare **4** (*poet.*) lacrime **5** (*chim.*) soluzione salina. ● **b.-pan**, recipiente di ferro per ricavare sale dall'acqua; (*anche* **b.-pit**) salina □ **b. spring**, sorgente d'acqua salata.

to brine [brain], *v. t.* **1** mettere in salamoia **2** bagnare con acqua salmastra.

to bring [briŋ] (*pass.* e *p. p.* **brought**), **A** *v. t.* e *i.* **1** portare; prendere con sé: **B. the book here, please**, per favore, porta qui il libro; **B. your friends with you**, porta i tuoi amici con te **2** cagionare; causare; determinare; procurare; produrre; dare; rendere: **He brought trouble wherever he went**, portava guai dovunque andasse; **Rest brings us health**, il riposo ci procura (*o* ci dà) la salute; **His novels b. him ten thousand pounds a year**, i suoi romanzi gli rendono diecimila sterline all'anno **3** indurre; persuadere; fare (*seguito da un inf.*): **You should b. him to see the wisdom of your plan**, dovresti fargli capire la saggezza del tuo progetto **4** (*leg.*) portare, addurre, produrre (*argomenti, prove*); formulare, muovere (*accuse*). **B** *verbi composti* **1 to b. about**, causare; essere la causa di; determinare; (*naut.*) invertire la rotta di (*una nave*): **Gambling brought about his ruin**, il gioco fu la causa della sua rovina; (*comm.*) **to b. about sb.'s failure**, dissestare q. **2 to b. along**, portare, portarsi dietro; condurre con sé; educare, istruire. **3 to b. around**, (*di muta*re parere a; convincere, persuadere, far tornare il buon umore a; (*fam.*) far rinvenire, far riacquistare i sensi a; (*fam.*) portare con sé (*in visita*): **I cannot b. around my father**, non riesco a convincere mio padre; **These smelling salts will soon b. her round**, questi sali la faranno rinvenire presto; **B. him round**, portalo con te. **4 to b. back**, restituire, riportare; richiamare alla memoria: **His words brought back my youth**, le sue parole mi richiamarono alla memoria la mia giovinezza. **5 to b. down**, portare giù; abbattere; rovesciare; ferire; uccidere; abbassare; far calare: **The airplane was brought down**, l'aeroplano fu abbattuto; **to b. down a tyrant**, abbattere (*o* rovesciare) un tiranno; **The abolition of custom duties brought down the price of wheat**, l'abolizione dei dazi doganali fece calare il prezzo del grano □ (*teatr., fig.*) **to b. down the house**, fare crollare il teatro per gli applausi; avere un eccezionale successo di pubblico. **6 to b. forth**, produrre, generare, figliare; produrre; rivelare, svelare: **We must b. forth a plan to prevent future wars**, dobbiamo elaborare un piano per prevenire la guerra in futuro. **7 to b. forward**, presentare, proporre (*un provvedimento*); mettere in discussione (*un problema*); anticipare (*una data, ecc.*); (*leg.*) addurre, produrre (*prove, ecc.*); (*mat., rag.*) riportare (*cifre, totali*). **8 to b. in**, portare dentro, introdurre; (*fin.*) apportare (*capitali in un'azienda*); rendere, fruttare; (*naut.*) portare (*una nave*) in porto; (*leg.*) emettere (*una sentenza*), pronunciare (*un verdetto*): **His work brings him in forty thousand dollars a year**, il suo lavoro gli rende quarantamila dollari all'anno. **9 to b. into**, portare dentro, introdurre; (*fin.*) apportare (*capitali* □ (*rag.*) **to b. into account**, mettere in conto □ (*leg.*) **to b. into force**, far entrare in vigore. **10 to b. off**, portar via; portare in salvo; portare a termine, riuscire a compiere: **They brought off the passengers but not the crew**, portarono in salvo i passeggeri ma non l'equipaggio; **Did you b. it off?**, ci sei riuscito? **11 to b. on**, causare; essere causa di; procurare; far venire: **This long frost may b. on a serious famine**, questo lungo gelo può essere causa d'una grave carestia. **12 to b. out**, portar fuori; rivelare, spiegare, chiarire; dare alle stampe; pubblicare; presentare (q.) al pubblico; presentare (*una giovanetta*) in società; far aprire, far sbocciare (*piante*); mettere in risalto (*o* in evidenza); (*fin.*) lanciare (*una società, titoli sul mercato*): **Let's try to b. out the meaning of this poem more clearly**, proviamo a chiarire meglio il significato di questa poesia; **When will he b. out his new book?**, quando darà alle stampe il suo nuovo libro? **13 to b. over**, far mutare parere a (q.), convincere, persuadere; portare con sé (*in visita*). **14 to b. round**, *V.* **to b. around**. **15 to b. through**, far superare un pericolo (*o* una malattia): **The new treatment brought him through**, la nuova cura gli fece superare la malattia (*o* la crisi). **16 to b. to**, fare rinvenire, fare riacquistare i sensi a. **17 to b. together**, mettere insieme; unire; riunire. **18 to b. sb. under**, ridurre q. alla ragione; sottomettere q. **19 to b. up**, far salire; allevare, educare, tirar su (*fig.*); proporre, mettere in discussione (*un argomento*); arrestarsi, fermarsi, terminare un viaggio: **My grandmother brought up eight children**, mia nonna allevò (*o* tirò su) otto figli; **Please b. up the matter at the next meeting**, proponi l'argomento alla prossima riunione, per favore; **The ship brought up at Venice**, la nave terminò il suo viaggio a Venezia (*mil.*) **to b. up the rear**, essere alla retroguardia; venire ultimo □ **to b. up to date**, aggiornare: **We must b. the accounts up to date**, dobbiamo aggiornare i conti. ● (*leg.*) **to b. an action against sb.**,

bringing forward

far causa a q.; intentare causa (*o* lite) contro q. □ (*leg.*) **to b. a charge against sb.**, muovere un'accusa a q. □ **to b. oneself to**, rassegnarsi a; riuscire a: **I cannot b. myself to believe it**, non riesco (*o* non mi rassegno) a crederlo □ **to b. a** (**good, low, etc.**) **price**, vendersi a: **Second-hand cars b. a good price now**, le automobili di seconda mano si vendono a un prezzo alto ora □ **to b. sb. to book**, costringere q. alla resa dei conti; fargliela pagare □ **to b. sb. to his senses**, richiamare q. alla (*o* all'uso della) ragione □ **to b. st. home to sb.**, far comprendere (*o* sentire) q.c. a q. □ **to b. st. to an end**, porre termine a q.c. □ **to b. to bear**, esercitare; mettere in azione (*o* in opera); fare uso di, far valere □ **to b. to pass**, far accadere; causare.
bringing forward ['briŋiŋ'fɔːwəd], *n.* (*rag.*) riporto.
bringing-in ['briŋiŋ'in], *n.* (*fin.*) apporto (*di capitali*).
bringing-out ['briŋiŋ'aut], *n.* (*fin.*) lancio (*d'una società, di titoli, ecc.*).
bringing-up ['briŋiŋ'ʌp], *n.* **1** allevamento (*dei figli*) educazione.
bringing up to date ['briŋiŋ'ʌptə'deit], *n.* aggiornamento.
brink [briŋk], *n.* orlo, margine (*specialm. se alti*). ● **to be on the b. of doing st.**, essere sul punto di fare q.c. □ (*fig.*) **to be on the b. of the grave**, avere un piede nella fossa □ **on the b. of ruin**, sull'orlo della rovina □ **to shiver on the b.**, esitare a tuffarsi.
brinkmanship ['briŋkmənʃip], *n.* politica del «rischio calcolato».
briny ['braini], **A** *a.* (*molto*) salato. **B** *n.* (*fam.*) mare. ● (*poet.*) **the b. deep**, il mare.
brioche [bri:'ouʃ] (*franc.*), *n.* brioche; brioscia.
briquet ['brikət], **briquette** [bri'ket], *n.* bricchetta; mattonella.
brisk [brisk], *a.* **1** attivo; vivace, vispo; veloce **2** (*comm.*) animato; attivo, intenso; vivace; forte: **b. market**, mercato attivo: **There is b. trading on the Stock Exchange**, le contrattazioni in Borsa sono vivaci; **There is a b. demand for consumer goods**, c'è una forte domanda di beni di consumo **3** corroborante; (*di aria, ecc.*) frizzante: **a b. liquor**, un liquore corroborante. ● **b. manners**, modi spicci □ **a b. walker**, un buon camminatore □ **at a b. pace**, di buon passo.
to brisk [brisk], *v. t. e i.* (*di solito* **to b. up**) rendere (*o* farsi) attivo, vivace, ecc.: **He brisked up**, si ravvivò; si rianimò.
brisket ['briskit], *n.* punta del petto (*di bestia macellata*).
briskness ['brisknis], *n.* **1** attività; vivacità; sveltezza **2** (*comm.*) animazione; vivacità; intensità.
bristle ['brisl], *n.* **1** setola **2** barba corta. ● **to set up one's bristles**, arruffare, rizzare il pelo; adirarsi; arrabbiarsi.
to bristle ['brisl], **A** *v. i.* **1** rizzarsi (*dei capelli*); arruffarsi (*del pelo*) **2** rizzare il pelo **3** (*fig.*) mostrare i denti; essere adirato **4** essere pieno (*o* irto): **This speech bristles with quotations**, questo discorso è pieno di citazioni; **B** *v. t.* **1** far rizzare (*i capelli*); fare arruffare (*il pelo*) **2** rendere irto (*o* ispido).
bristled ['brisld], **bristly** ['brisli], *a.* **1** setoloso **2** ispido; irsuto.
bristols ['bristlz], *n. pl.* (*pop. ingl.*) tette (*pop.*).
Britain ['britn], *n.* (*anche* **Great B.**) Gran Bretagna **2** (*stor.*) Britannia. ● **North B.**, la Scozia.
Britannic [bri'tænik], *a.* britannico. ● **Her** (*o* **His**) **B. Majesty**, Sua Maestà Britannica.
britches ['britʃiz], (*USA*) *V.* **breeches**.
Briticism ['britisizəm], *n.* anglicismo; anglismo.
British ['britiʃ], **A** *a.* britannico. **B** *n.* **1** (*anche* **B. English**) l'inglese parlato in Gran Bretagna (*distinto dall'***American English**) **2** (*stor.*) bretone; lingua dei Britanni **3** — (*collett.*) **the B.**, il popolo britannico; (*pop.*) gli inglesi. ● (*geogr.*) **the B. Channel**, la Manica.
Britisher ['britiʃə*], *n.* suddito britannico; (*pop.*) inglese.
Britishism ['britiʃizəm], *n.* anglicismo; anglismo.
Briton ['britn], *n.* **1** (*stor.*) britanno **2** suddito britannico; (*pop.*) inglese. ● **a North B.**, uno scozzese.
Brittany ['britəni], *n.* (*geogr.*) Bretagna.
brittle ['britl], *a.* **1** fragile; friabile **2** (*fig.*) incostante; instabile: **a b. temper**, un temperamento instabile. ● **a b. marriage**, un matrimonio che sta in piedi a stento.
brittleness ['britlnis], *n.* **1** fragilità; friabilità **2** (*fig.*) incostanza; instabilità.
broach [broutʃ], *n.* **1** spiedo **2** (*archit.*) guglia **3** (*mecc.*) broccia; spina **4** scalpello (*da muratore*) **5** spina (*per botti*) **6** spilla; spillone.
to broach [broutʃ], **A** *v. t.* **1** provvedere (*una botte*) di spina **2** spillare (*una botte, o vino, ecc. da una botte*) **3** affrontare, toccare (*un argomento*) **4** (*mecc.*) brocciare. **B** *v. i.* **1** (*naut.*) (*di solito* **to b. to**) straorzare (*una nave*).
broad [brɔːd], **A** *a.* **1** largo: **b. hips**, fianchi larghi; **The river is 500 feet b. at this point**, in questo punto, il fiume è largo 500 piedi **2** ampio; aperto; spazioso: **b. plains**, ampie pianure; **a b. mind**, una mente aperta **3** completo; pieno; chiaro: **in b. daylight**, in pieno giorno **4** evidente; ovvio: **a b. purpose**, uno

scopo evidente **5** esplicito; senza riserve: **a b. hint**, un'allusione esplicita; **a b. statement**, un'affermazione senza riserve **6** distinto; spiccato: **a b. American accent**, uno spiccato accento americano **7** volgare; triviale; sguaiato; scollacciato (*fig.*): **a b. story**, una storiella scollacciata; **a b. joke**, uno scherzo volgare **8** liberale; tollerante: **a b. view**, un punto di vista tollerante **9** generale; generico: **a b. rule**, una regola generale **10** essenziale; schematico: **a b. outline**, un prospetto schematico; **He only gave his opinion in b. outline**, si limitò a dire la sua opinione tenendosi all'essenziale **11** (*fon.*) aperto. **B** *n.* **1** (il) largo; parte larga (*di q.c.*) **2** (*pop. USA*) donna **3** (*pop. USA*) donnaccia, prostituta. **C** *avv.* completamente; del tutto. ● **b. awake**, ben sveglio □ **b.-backed**, dall'ampia schiena □ (*bot.*) **b. bean** (*Vicia faba*), fava □ **b. brim**, cappello a larga tesa □ **b.-brush**, a grandi pennellate; (*fig.*) a grandi linee, approssimativo □ **B. Church**, «Chiesa larga» (*latitudinaria*) □ **b.-faced**, dalla faccia larga □ **b.-glass**, vetro da finestre □ (*sport*) **b. jump**, salto in lungo □ (*Borsa*) **b. market**, periodo di vivaci contrattazioni e scambi □ **b. silk**, seta in pezza □ **b.-walk**, lungomare □ **in a b. sense**, in senso lato □ **b.-shouldered**, dalle spalle larghe □ (*fig.*) **to have b. shoulders**, avere buone spalle □ **to speak b.**, parlare grasso □ (*fig.*) **It is as b. as it is long**, fa lo stesso; è la stessa cosa; non c'è differenza.
to broadcast ['brɔːdkɑːst] (*pass. e p.p.* **broadcast, broadcasted**) *v. t.* **1** (*agric.*) seminare a spaglio; spargere (*seme, ecc.*) con la mano **2** diffondere (*una notizia*) **3** trasmettere, teletrasmettere; (*in genere*) trasmettere: **The speech was broadcast**, il discorso fu trasmesso per radio (*o* per televisione).
broadcast (1) ['brɔːdkɑːst], *n.* **1** (*agric.*) semina a spaglio **2** radiodiffusione; teletrasmissione; (*in genere*) trasmissione.
broadcast (2) ['brɔːdkɑːst], *a.* **1** sparso; disseminato **2** radiodiffuso; teletrasmesso **3** radiofonico; televisivo. ● **b. account**, radiocronaca; telecronaca □ **b. listener**, radioascoltatore; telespettatore □ **b. programme**, programma radiofonico (*o* televisivo).
broadcaster ['brɔːdkɑːstə*], *n.* **1** ente radiofonico (*o* televisivo) **2** annunciatore radiofonico (*o* televisivo).
broadcasting ['brɔːdkɑːstiŋ], *n.* **1** (*agric.*) semina a spaglio **2** radiodiffusione; teletrasmissione. ● **b. station**, stazione radiotrasmittente (*o* teletrasmittente); emittente □ **b. studio**, auditorio radiofonico (*o* televisivo); sala di trasmissione.
broadcloth ['brɔːdklɔθ], *n.* (tessuto) pettinato in doppia altezza.
to broaden ['brɔːdn], *v. t. e i.* ampliare, ampliarsi; allargare, allargarsi.
broadloom ['brɔːdluːm], *n.* tappeto grande (*di solito, a tinta unita*).
broadminded [brɔːd'maindid], *a.* di mente aperta; di larghe vedute; liberale; tollerante.
broadmindedness [brɔːd'maindidnis], *n.* larghezza di vedute; liberalità; tolleranza.
broadness ['brɔːdnis], *n.* **1** larghezza **2** grossolanità; volgarità.
broadsheet ['brɔːdʃiːt], *n.* **1** pieghevole; opuscolo; volantino **2** (*di giornale*) formato normale.
broadside ['brɔːdsaid], *n.* **1** (*naut.*) fiancata; murata **2** (*naut.*) cannoni d'una fiancata; (*anche fig.*) bordata; attacco violento **3** (*pubblicità*) pieghevole; dépliant; volantino. ● (*di nave*) **b. on to**, con la fiancata rivolta verso □ **to fire a b.**, sparare una bordata.
broadsiding ['brɔːdsaidiŋ], *n.* sbandata controllata (*di motocicletta*).
broadsword ['brɔːdsɔːd], *n.* spadone.
broadtail ['brɔːdteil], *n.* breitschwanz.
broadways ['brɔːdweiz], **broadwise** ['brɔːdwaiz], *avv.* per il largo; in largo; nel senso della larghezza.
brocade [brə'keid], *n.* (*ind. tessile*) broccato.
to brocade [brə'keid], *v. t.* ornare (*una stoffa*) con disegni in rilievo; broccare.
broccoli ['brɔkəli], *n.* broccolo.
brochure ['brouʃjuə*], *n.* fascicolo; opuscolo; pieghevole.
brock [brɔk], *n.* **1** (*zool.*, *Meles*) tasso **2** (*fig.*, *pop.*) individuo maleodorante, puzzolente; puzzone (*pop.*).
brocket ['brɔkit], *n.* (*zool.*) **1** cervo di due anni **2** (*Mazama*) mazama.
brogue (1) [broug], *n.* **1** scarpone di cuoio non conciato **2** scarpa sportiva da uomo. ● **fishing brogues**, stivaloni da pesca.
brogue (2) [broug], *n.* accento dialettale (*specialm. irlandese*).
to broider ['brɔidə*], *v. t.* (*poet., arc.*) ricamare.
broidery ['brɔidəri], *n.* (*poet., arc.*) (arte del) ricamo.
to broil [brɔil], *v. t. e i.* **1** (*USA*) cuocere a fuoco vivo (*sulla graticola, ecc.*) **2** esporre (*o* esporsi) al caldo intenso (*del sole, ecc.*); arrostire, arrostirsi (*fig.*): **He was broiling in the sun**, si arrostiva al sole **3** (*fig.*) fremere d'ira (*o* d'impazienza); arrovellarsi; friggere (*fig.*).
broil (1) [brɔil], *n.* vivanda cotta a fuoco vivo (*alla griglia, alla*

piastra, ecc.).
broil (2) [brɔil], *n.* (*lett.*) lite; rissa; tumulto.
broiler (1) ['brɔilə*], *n.* **1** graticola; griglia; piastra **2** chi cuoce alla graticola **3** galletto da fare alla griglia **4** (*fam.*) giornata afosa (*o* torrida).
broiler (2) ['brɔilə*], *n.* (*lett.*) attaccabrighe; tipo litigioso.
broke [brouk], **A** *pass.* di **to break**. **B** *a.* (*pop.*) rovinato; fallito; senza un soldo; in bolletta; al verde. ● **to go b.**, andare in rovina; fare fallimento □ **to go for b.**, rischiare il tutto per tutto □ **stony-b.** (*USA*: **stone-b.**), completamente rovinato.
broken ['broukən], **A** *p. p.* di **to break**. **B** *a.* **1** rotto; (*mecc.*) guasto: **She wept and told her story in b. tones**, narrò la sua storia con voce rotta dal pianto **2** infranto; violato **3** (*di cavallo*) domato. ● **b.-down**, (*d'uomo*) gravemente malato; avvilito; finito; (*di macchina, ecc.*) guasto; inservibile; (*di cavallo*) inabile al lavoro □ **b. English**, inglese scorretto (*o* sgrammaticato) □ **b. ground**, terreno accidentato □ **b. health**, salute malferma □ **b.-hearted**, dal cuore spezzato (*o* infranto) □ (*autom.*) **b. line**, riga discontinua (*comm.*) **a b. line of goods**, un assortimento incompleto (di merci) □ **a b. man**, un uomo rovinato, fallito □ **b. meat**, avanzi di carne □ **b. money**, (denari) spiccioli □ **b. numbers**, numeri fratti; frazioni □ **a b. promise**, una promessa mancata □ **b. sleep**, sonno agitato □ **b. tea**, polvere (*o* scarto) di tè □ (*nel lavoro*) **b. time**, riduzione dell'orario (dovuta a interruzioni) □ (*tipogr.: di composizione*) **b. up**, in piedi □ **b. water**, mare mosso □ **b. weather**, tempo variabile □ **b. week**, settimana interrotta da una festa □ (*di cavallo*) **b. wind**, bolsaggine □ (*di cavallo*) **b.-winded**, bolso.
brokenly ['broukənli], *avv.* **1** a scatti; in modo irregolare; spasmodicamente; con interruzioni **2** con voce rotta.
broker ['broukə*], *n.* **1** (*comm.*) intermediario; mediatore; sensale **2** (*Borsa, anche* **stockbroker**) agente di cambio **3** rigattiere **4** (*leg.*) chi ha mandato di vendere (*o* stimare) beni pignorati. ● (*Borsa*) **b.'s account**, conto di liquidazione □ (*Borsa*) **b.'s contract**, contratto di commissione □ **ship-b.**, mediatore di noleggi marittimi.
brokerage ['broukəridʒ], *n.* **1** (*comm.*) senseria; mediazione **2** (*Borsa, fin.*) brokeraggio.
broking ['broukiŋ], *n.* attività di sensale; lavoro di mediatore.
brolly ['brɔli], *n.* (*fam., da* **umbrella**) ombrello.
bromal ['broumal], *n.* (*farm.*) bromalio.
bromate ['broumeit], *n.* (*chim.*) bromato.
bromic ['broumik], *a.* (*chim.*) bromico.
bromide ['broumaid], *n.* **1** (*chim., med.*) bromuro **2** (*fam.*) luogo comune; osservazione trita **3** (*fam.*) persona banale, noiosa. ● (*fotogr.*) **b. paper**, carta al bromuro d'argento.
bromin ['broumin], **bromine** ['broumi:n], *n.* (*chim.*) bromo.
bromism ['broumizəm], *n.* (*med.*) bromismo.
to bromize ['broumaiz], *v. t.* (*chim.*) trattare con bromo (*o* con bromuro).
bronchi ['brɔŋkai], *n. pl.* (*anat.*) bronchi (*specialm. i principali*).
bronchia ['brɔŋkiə], *n. pl.* (*anat.*) bronchi (*specialm. i secondari*).
bronchial ['brɔŋkiəl], *a.* (*anat.*) bronchiale. ● (*med.*) **b. asthma**, asma bronchiale □ **a b. cold**, un raffreddore di petto □ (*anat.*) **b. tube**, bronco.
bronchiole ['brɔŋkioul], *n.* (*anat.*) bronchiolo.
bronchitic [brɔŋ'kitik], *a. e n.* (*med.*) che ha (*o* che riguarda) la bronchite; bronchitico.
bronchitis [brɔŋ'kaitis], *n.* (*pl.* **bronchitides**) (*med.*) bronchite.
bronchium ['brɔŋkiəm], *n.* (*pl.* **bronchia**) (*anat.*) bronco di secondo ordine; bronco di terzo ordine.
bronchopneumonia ['brɔŋkounju(:)'mounjə], *n.* (*med.*) broncopolmonite.
bronchotomy [brɔŋ'kɔtəmi], *n.* (*med.*) broncotomia.
bronchus ['brɔŋkəs], *n.* (*pl.* **bronchi**) (*anat.*) bronco; bronco principale; bronco di primo ordine: **primary b.**, bronco principale.
bronco ['brɔŋkou], *n.* (*pl.* **broncos**) (*USA*) cavallino selvatico o semiselvatico. ● (*pop.*) **b.-buster**, domatore di «broncos».
brontosaurus [,brɔntou'sɔ(:)rəs], *n.* (*paleontologia*) brontosauro.
Bronx cheer ['brɔŋks'tʃiə*], *n.* (*pop. USA*) pernacchia (*cfr. ingl.* **raspberry**).
bronze [brɔnz] **A** *n.* **1** bronzo (*lega metallica e oggetto d'arte*) **2** color bronzo **3** (*fig.*) impudenza; faccia tosta. **B** *a.* **1** di bronzo; bronzeo **2** color bronzo; bronzeo. ● **the B. Age**, l'età del bronzo □ (*ind. metallurgica*) **leaded b.**, metallo rosa.
to bronze [brɔnz], *v. t. e i.* **1** bronzare (*metalli*) **2** abbronzare, abbronzarsi: **We were bronzing on the beach**, ci abbronzavamo sulla spiaggia.
bronzesmith ['brɔnz-smiθ], *n.* bronzista.
bronzing ['brɔnziŋ], *n.* **1** bronzatura (*di metalli*) **2** abbronzatura (*della pelle*).
bronzy ['brɔnzi], *a.* bronzeo.
brooch [broutʃ], *n.* spilla (*ornamentale*); broche

(*franc.*); spillone.
brood [bru:d], *n.* **1** covata (*di uccelli, ecc.*): **a b. of chicks**, una covata di pulcini **2** figliolanza; prole **3** (*spesso spreg.*) nidiata (*di bimbi*); branco, frotta (*d'uomini o animali*). ● **b. hen**, gallina covaticcia; chioccia □ **b. mare**, cavalla da riproduzione; fattrice.
to brood [bru:d], *v. t.* **1** covare **2** (*fig.*) meditare (*tristemente*); rimuginare: **to b. on** (*o* **over**) **st.**, meditare su q.c. **3** incombere; sovrastare minaccioso: **Night brooded over** (*o* **on**) **the earth**, la notte incombeva sulla terra.
brooder ['bru:də*], *n.* **1** animale che cova; chioccia **2** persona che medita **3** (*anche* **b. house**) incubatrice (*per polli*).
broodiness ['bru:dinis], *n.* **1** (*di animali*) inclinazione a covare; disposizione alla cova **2** (*di persone*) tendenza a meditare tristemente.
brooding ['bru:diŋ], **A** *n.* covatura; cova. **B** *a. attr.* **1** che cova **2** che medita tristemente; meditabondo.
broody ['bru:di], *a.* **1** incline a covare **2** tendente a immergersi in tristi pensieri; meditabondo. ● **b. hen**, gallina covaticcia; chioccia.
brook [bruk], *n.* **1** ruscello; torrente **2** (*ippica*) fossato.
to brook [bruk], *v. t.* (*di solito in frasi neg.*) sopportare; tollerare: **I cannot b. his insolence**, non posso sopportare la sua insolenza.
brooklet ['bruklit], *n.* ruscelletto; torrentello.
broom [brum], *n.* **1** (*bot., Genista, Cytisus*) ginestra **2** scopa; granata; ramazza. ● **b.-stick**, manico di scopa □ (*bot.*) **butcher's b.** (*Ruscus aculeatus*), pungitopo □ (*bot.*) **dyer's b.** (*Genista tinctoria*), ginestrella □ (*bot.*) **prickly b.** (*Ulex europaeus*), ginestrone □ (*prov.*) **A new b. sweeps clean**, scopa nuova scopa bene.
to broom [brum], *v. t.* spazzare; scopare.
broomcorn ['brumkɔ(:)n], *n.* (*bot., Sorghum vulgare*) saggina; sorgo.
broomrape ['brumreip], *n.* (*bot., Orobanche*) succiamele; lupa.
brose [brouz], *n.* zuppa di farina d'avena e acqua bollente o latte.
broth [brɔθ], *n.* **1** brodo (*specialm. di carne*) **2** (*biol.*) brodo (*di coltura*). ● (*irl.*) **a b. of a boy**, un ragazzo in gamba.
brothel ['brɔθl], *n.* bordello; postribolo (*lett.*).
brother ['brʌðə*], *n.* **1** fratello; (*fig.*) amico fraterno; compatriota **2** collega; compagno **3** (*relig.: pl.* **brethren**) fratello; confratello **4** (*Bibbia*) parente (*consanguineo*) **5** (*USA*) negro (*d'America*) **6** (*pop. USA*) amico; compagno. ● **b. german**, fratello germano (*o* carnale) □ **b.-in-arms**, compagno d'armi; commilitone □ **b.-in-law**, cognato □ **big b.**, fratello maggiore; protettore □ **foster-b.**, fratello di latte □ **half-b.**, fratellastro □ **lay b.**, frate laico; converso.
brotherhood ['brʌðəhud], *n.* **1** fratellanza; sentimenti fraterni; cameratismo **2** (*relig.*) confraternita **3** società (*di mutuo soccorso, ecc.*).
brotherless ['brʌðəlis], *a.* senza fratelli.
brotherliness ['brʌðəlinis], *n.* fraternità; fratellanza.
brotherly ['brʌðəli], *a.* fraterno.
brougham ['bru(:)əm], *n.* **1** brum; carrozza chiusa **2** automobile con guida esterna; limousine (*franc.*).
brought [brɔ:t], *pass. e p. p.* di **to bring**.
brouhaha ['bru:ha:ha:], *n.* (*fam.*) confusione; trambusto; casino (*pop.*).
brow [brau], *n.* **1** sopracciglio; (*per estens.*) fronte **2** (*fig.*) ciglio; orlo; cima (*di un colle*) **3** (*naut.*) passerella da sbarco. ● **b.-ague**, emicrania □ **to knit** (*o* **to bend**) **one's brows**, aggrottare le ciglia.
to browbeat ['braubi:t] (*pass.* **browbeat**, *p. p.* **browbeaten**), *v. t.* intimidire; intimorire; minacciare; tiranneggiare. ● **to b. sb. into doing st.**, costringere q. a fare q.c. con minacce (*o* prepotenza).
browed [braud], *a.* (*nei composti*) che ha sopracciglia; dalle sopracciglia: **heavy-b.**, dalle sopracciglia folte.
brown [braun], **A** *a.* marrone; bruno; castano scuro; giallo scuro: **a b. hat**, un cappello marrone; **The leaves are turning b.**, le foglie si vanno facendo gialle (*o* marrone); **b. hair**, capelli castano scuri. **B** *n.* **1** color marrone (*o* castano scuro) **2** (*pop.*) moneta di rame **3** (*cavallo*) sauro. ● **b. bag**, sacchetto di carta (marrone) □ (*pop. USA*) **to b.-bag**, portare (*bevande o cibo propri*) a un pranzo sociale, in un ristorante, ecc. □ (*zool.*) **b. bear** (*Ursus arctos*), orso bruno □ (*sport*) **b. belt**, cintura marrone (*di judo o karatè*) □ **b. bread**, pane nero (*o* integrale) □ **b. coal**, lignite □ **b.-haired**, dai capelli castani □ **b. owl**, allocco, gufo selvatico □ **b. paper**, carta (marrone) da pacchi □ (*stor.*) **B. Shirt**, camicia bruna; nazista □ **b. sugar**, zucchero scuro (*greggio o quasi*) □ **b. ware**, terraglie comuni □ (*pop.*) **to do sb. b.**, ingannare q.; imbrogliare q. □ (*pop.*) **to do st. up b.**, fare q.c. alla perfezione □ **to be in a b. study**, essere assorto in pensieri malinconici; essere meditabondo.
to brown [braun], *v. t. e i.* **1** rendere (*o* diventare) bruno **2** ro-

brownie

solare, rosolarsi **3** brunire (*un metallo*). ● **to b. out**, oscurare parzialmente (*una città*) □ (*pop.*) **browned off**, stufo; seccato; scocciato.
brownie ['brauni], *n.* **1** fata buona; folletto benigno **2** – **B.** (*anche* **B. Guide**), giovane guida; coccinella; ragazza della sezione giovanile (8-11 anni) delle **Girl Guides** (*giovani esploratrici*).
brownish ['brauniʃ], *a.* tendente al marrone; brunastro.
brownness ['braunnis], *n.* color bruno (*o* marrone).
brown(-)out ['braunaut], *n.* **1** oscuramento parziale **2** illuminazione ridotta.
brownstone ['braunstoun], *n.* (*USA*) arenaria da costruzione, di color bruno rossastro. ● (*fig.*) **b. district**, quartiere elegante.
browse [brauz], *n.* **1** ramoscelli, foglie e germogli (*brucati dagli animali*) **2** brucatura **3** (*fig.*) sfogliata; letta; scorsa.
to browse [brauz], *v. t. e i.* **1** brucare **2** (*fig.*) sfogliare libri, leggendo qua e là, per diletto; scorrere; scartabellare.
bruin ['bru(:)in], *n.* (*fam.*) orso bruno (*nome usato nelle fiabe*).
bruise [bru:z], *n.* ammaccatura; contusione; livido.
to bruise [bru:z], *A v. t.* **1** ammaccare; illividire; farsi un livido a: **He has bruised his leg**, s'è fatto un livido a una gamba; **The apricots were all bruised**, le albicocche erano tutte ammaccate **2** pestare; frantumare; battere (*legno, metallo*) **3** (*fig.*) urtare, offendere, ferire (*i sentimenti di q., ecc.*). **B** *v. i.* ammaccarsi; illividirsi; illividire; coprirsi di contusioni.
bruiser ['bru:zə*], *n.* (*pop.*) **1** pugile **2** attaccabrighe; prepotente **3** colosso, gigante (*fig.*); omaccione (*fig.*): **He's a big b.**, è un pezzo d'uomo.
to bruit [bru(:)t], *v. t.* (*lett.*) diffondere (*una voce, una notizia*). ● **to b. about**, propalare.
Brumaire ['bru:mεə*] (*franc.*), *n.* (*stor.*) Brumaio (*secondo mese del calendario rivoluzionario francese*).
brumal ['bru(:)məl], *a.* brumale; invernale.
brumous ['bru(:)məs], *a.* brumale; nebbioso.
brunch [brʌntʃ], *n.* (*contraz. fam. di* **breakfast** *e* **lunch**) pasto unico, che fa da prima e seconda colazione.
brunette [bru:'net], *n. e a.* brunetta; bruna.
Brunhild ['bru:nhild], *n.* Brunilde.
brunt [brʌnt], *n.* urto, colpo; (*fig.*) peso maggiore: **to bear the b. of an attack (of the argument)**, sostenere l'urto d'un attacco (il peso maggiore della discussione).
brush [brʌʃ], *n.* **1** spazzola; spazzolino; (*anche fig.*) pennello: **These pictures are from the same b.**, questi quadri sono dello stesso pennello **2** boscaglia; sottobosco; folto (*di cespugli*) **3** coda (*specialm. di volpe*) **4** (*anche* **b.-up**) spazzolata; pennellata: **He gave his hat a good b.**, diede una buona spazzolata al suo cappello **5** (*autom., elettr.*) spazzola: **carbon b.**, spazzola di carbone **6** (*fis.*) fascio (*di raggi di luce*) **7** lieve tocco (*sfiorando q.*) **8** (*anche mil.*) scaramuccia; schermaglia. ● (*elettr.*) **b. discharge**, scintillio □ **a b. haircut**, un taglio di capelli a spazzola (*o* all'umberta) □ (*elettr.*) **b. holder**, portaspazzole; portacarboni □ (*pop.*) **b.-off**, rifiuto; ripulsa (*lett.*); licenziamento: **to give sb. the b.-off**, respingere q. bruscamente; licenziare q. □ **b.-up**, spazzolata (*fig.*) ripassata, rinfrescata □ **b. work**, arte del pennello; tecnica d'un pittore □ **clothes b.**, spazzola per abiti □ (*pitt.*) **flat b.**, pennellessa □ **hair-b.**, spazzola per capelli □ **shaving b.**, pennello da barba □ **tooth-b.**, spazzolino da denti □ (*fig.*) **a b. with death**, un rischio di morte evitato per un pelo.
to brush [brʌʃ], *A v. t.* **1** spazzolare; pulire con la spazzola (*o* lo spazzolino): **to b. one's shoes**, spazzolarsi le scarpe; **to b. one's teeth**, pulirsi i denti con lo spazzolino **2** sfiorare; toccare lievemente (*passando*). **B** *v. i.* passare sfiorando: **He brushed past them quickly**, passò in fretta accanto a loro. ● **to b. aside** (*o* **away**), togliere spazzolando; danneggiare, scostare (q.c.) urtandola; respingere, cacciare (con un gesto della mano); mettere in disparte, dimenticare, passar sopra a: **He brushed away our thanks**, respinse i nostri ringraziamenti con un gesto della mano □ **to b. off**, togliere con una spazzolata; (*di macchia, ecc.*) andar via (*o* scomparire) con una spazzolata; cacciare (*con un gesto della mano*). (*fig.*) liberarsi di (q.), licenziare (q.) □ **to b. over**, dare una leggera pennellata a (q.c.) □ **to b. up**, spazzolare per bene; (*fig.*) ripassare, dare una ripassata a; limare (*fig.*): **I must b. up my English**, devo dare una ripassata al mio inglese.
brushwood ['brʌʃwud], *n.* **1** sottobosco; cespugli e arbusti; boscaglia **2** (*USA*) rami tagliati; fascine; ramaglia.
brushy ['brʌʃi], *a.* **1** cespuglioso; pieno di cespugli e arbusti **2** ispido; irto; irsuto.
brusque [bru(:)sk], *a.* brusco; aspro; rude.
brusqueness ['bru(:)sknis], *n.* asprezza; rudezza.
Brussels ['brʌslz], *n.* (*geogr.*) Bruxelles. ● **B. sprouts** (*Brassica oleracea gemmifera*), cavoli di Bruxelles.
brussels ['brʌslz], *n. pl.* (*fam.*) cavoli di Bruxelles.
brutal ['bru:tl], *a.* brutale. ● **the b. facts**, la dura realtà.
brutality [bru:'tæliti], *n.* brutalità.

brutalization [ˌbru:təlai'zeiʃən], *n.* **1** abbrutimento **2** brutale maltrattamento.
to brutalize ['bru:təlaiz], *A v. t.* **1** abbrutire; imbestialire **2** brutalizzare; trattare brutalmente. **B** *v. i.* (*raro*) abbrutirsi.
brute [bru:t], *A n.* **1** bestia; bruto; persona brutale, bestiale **2** istinti brutali; impulsi animali: **The b. awoke in him**, si risvegliarono in lui gli istinti animali. **B** *a.* bruto: **b. force (matter)**, forza (materia) bruta. ● **the b. world**, il mondo animale.
brutification [ˌbru(:)tifi'keiʃən], *n.* abbrutimento.
to brutify ['bru(:)tifai], *v. t.* abbrutire.
brutish ['bru:tiʃ], *a.* **1** brutale; bestiale; da bruto; disumano; inumano **2** ignorante; grossolano; rozzo; stupido.
brutishness ['bru:tiʃnis], *n.* brutalità; bestialità.
Brutus ['bru:təs], *n.* (*stor.*) Bruto.
bryony ['braiəni], *n.* (*bot.*, *Bryonia alba, Bryonia dioica*) brionia; vite bianca; fescera; barbone.
B.S. [ˌbi:'es], (*USA*) *V.* **B.Sc.**
B.Sc. [ˌbi:es'si], *n.* (*acronimo di* **Bachelor of Scienze**) **1** laurea di primo grado in materie scientifiche; *V.* **M. Sc.**). **2** dottore in scienze (*con tale laurea*).
bubal(e) ['bju:bəl], *n.* (*zool.*, *Antilope bubalis*) bubalo.
bubble ['bʌbl], *n.* **1** bolla; bolla di sapone (*anche fig.*); progetto che si risolve in nulla; gonfiatura; montatura **2** ribollimento; gorgoglio **3** frode; truffa **4** *V.* **bubbletop**. ● **b.-and-squeak**, fritto di carne e verdura □ **b. bath**, bagno di schiuma □ (*aeron.*) **b. canopy**, cupola di vetro; tettuccio □ (*fis.*) **b. chamber**, camera a bolle □ **b. gum**, gomma da masticare; cicca, bomba (*pop.*) □ **b.-top**, *V.* **bubbletop** □ **to blow bubbles**, fare le bolle di sapone (*o* **to prick the b.**, smascherare un'impostura; sgonfiare (*fig.*): **He was boasting, but I pricked the b.**, si vantava, ma io l'ho sgonfiato.
to bubble ['bʌbl], *A v. i.* fare ribollire; fare gorgogliare. **B** *v. i.* **1** formare bolle; ribollire; gorgogliare **2** (*elettr.*) bollire (*d'una batteria sotto carica*). ● **to b. over**, (*di liquido che bolle*) e, *fig.*: *d'eccitazione, di zelo*) traboccare □ **to b. over with happiness**, sprizzare felicità □ **to b. with wrath**, ribollire d'ira.
bubbletop ['bʌbltɔp], *n.* **1** (*autom.*) cupola di vetro (*a prova di proiettile*) **2** ombrello a cupola (*trasparente*). ● (*autom.*) **b. car**, automobile con la cupola di vetro.
bubbling ['bʌbliŋ], *n.* ribollimento; gorgogliamento.
bubbly ['bʌbli], *A a.* **1** pieno di bolle **2** ribollente; gorgogliante **3** a forma di bolla; tondeggiante **4** vivace; allegro. **B** *n.* (*pop.*) spumante; champagne.
bubo ['bju:bou], *n.* (*pl.* **buboes**) (*med.*) bubbone.
bubonic [bju:'bɔnik], *a.* bubbonico: **b. plague**, peste bubbonica.
buccal ['bʌkəl], *a.* (*anat.*) buccale; della bocca; delle guance.
buccaneer [ˌbʌkə'niə*], *n.* **1** bucaniere; pirata **2** avventuriero.
to buccaneer [ˌbʌkə'niə*], *v. i.* fare il bucaniere, pirateggiare.
buccaneerish [ˌbʌkə'niəriʃ], *a.* piratesco.
buccinator ['bʌksineitə*], *n.* (*anat.*) (*muscolo*) buccinatore.
Bucephalus [bju(:)'sefələs], *n.* **1** (*stor.*) Bucefalo **2** – (*scherz.*: *pl.* **bucephaluses, bucephali**) *n.*, cavallo.
Bucharest ['bju:kərest], *n.* (*geogr.*) Bucarest.
buck (1) [bʌk], *A n.* **1** (*pl.* **bucks, buck**) (maschio di) cervo; daino, camoscio, coniglio; caprone; leprotto **2** (*arc.*) damerino **3** (*fam., spreg.*) giovanotto (*specialm. se negro o indiano*) **4** (*pop. USA*) dollaro. **B** *a. attr.* (*pop.*) maschio; per soli uomini: **b. lunch**, un pranzo per soli uomini. ● **b. horn**, corno per manici di coltelli, ecc. □ (*zool.*) **b. hound**, levriero per la caccia al cervo □ **b.-jump**, sgroppata; salto su quattro zampe □ (*spreg.*) **b. nigger**, negro □ **b.-shot**, pallettoni □ **b.-tooth**, dente (incisivo) sporgente.
to buck (1) [bʌk], *A v. i.* **1** (*di cavallo, mulo*) sgroppare; dare sgroppate **2** (*USA*) attaccare a testa bassa (*come un caprone*) **3** (*fam.*) fare resistenza; rifiutarsi **4** (*fam. USA*: *di un veicolo*) procedere a strappi; strappare (*pop.*) **5** (*elettr.*) opporsi; agire in opposizione. **B** *v. t.* **1** caricare a testa bassa (*come nel gioco del rugby*) **2** (*anche* **to b. off**) gettare di sella, disarcionare (*il cavaliere*) **3** (*fam. USA*) resistere, opporsi a: **to b. change**, opporsi al cambiamento. ● (*gergo mil.*) **to b. for**, lavorare sodo; (*pop.*) darci sotto, sgobbare per (*una promozione, ecc.*) □ (*fam.*) **to b. up**, rincuorare, rincuorarsi; fare coraggio (*o* animo) a, rianimarsi; riaversi; riprendersi: **B. up!**, (fatti) coraggio!
buck (2) [bʌk], *n.* **1** (*falegnameria*) sega a telaio (*a lama tesa*); cavalletto (*su cui segare legna, ecc.*) **2** (*ginnastica*) cavallo.
to buck (2) [bʌk], *v. t.* (*raro*) **1** segare (*tronchi d'albero*) **2** portare.
buck (3) [bʌk], *n.* nassa per anguille.
buck (4) [bʌk], *n.* cassone, telaio (*di carro; specialm. nei composti*): **b.-board**, carrozza a quattro ruote, con sedile scoperto che poggia su balestre; **b.-cart**, carro agricolo.
buck (5) [bʌk], *n.* gettone (*o* altro) posto davanti a un giocatore (di poker), per rammentargli che tocca a lui fare le carte. ● **b.-passing**, il passare la mano; (*fig.*) palleggiamento delle respon-

sabilità, scaricabarile □ **to pass the b. (to sb.)**, passare la mano (a q.); (fam.) lavarsi le mani di q.c., fare a scaricabarile.
buck(-)bean ['bʌkbi(:)n], n. (bot., Menyanthes trifoliata) trifoglio d'acqua.
buckboard ['bʌk,bɔ:d], n. (USA) carrozza a quattro ruote, con sedile scoperto che poggia su balestre.
bucker ['bʌkə*], V. **buckjumper**.
bucket ['bʌkit], n. 1 secchio; secchia 2 secchiello (da spiaggia) 3 (idraulica) cucchiaia (di draga) 4 (naut.) bugliolo 5 (mecc.) tazza (di nastro trasportatore); benna; paletta mobile; pistone valvolato 6 (di ruota ad acqua) pala 7 (costr. idrauliche) dissipatore (di sfioratore). ● **b. dredger**, draga a noria, a tazze □ (autom.) **b.-seat**, strapuntino; sedile ribaltabile □ **b.-shop**, (Borsa, pop. USA) agenzia di cambio clandestina; (fam.) agenzia di viaggi che pratica forti sconti (per prenotazioni anticipate) □ (pop.) **to kick the b.**, tirare le cuoia; crepare.
to bucket ['bʌkit], v. t. e i. 1 attingere, portare (acqua, ecc.) in secchi 2 (fam.) cavalcare (un cavallo) a briglia sciolta 3 affrettarsi; correre.
bucketful ['bʌkitful], n. (quantità d'acqua, ecc., contenuta in un) secchio; secchiata.
buckjump ['bʌkdʒʌmp], n. sgroppata (d'equino).
buckjumper ['bʌk,dʒʌmpə*], n. cavallo (o mulo, ecc.) recalcitrante (o che dà sgroppate).
buckle ['bʌkl], n. 1 fibbia; fermaglio 2 (metall.) gobba; rigonfiamento.
to buckle ['bʌkl], A v. t. 1 (spesso **to b. up**, **to b. on**) affibbiare; fermare con una fibbia 2 collegare; unire 3 (mecc.) deformare (un metallo). B v. i. 1 essere affibbiato; essere fissato con una fibbia 2 (arc.) venire alle mani (o alle prese) con q. 3 (di metallo) deformarsi; cedere; storcersi: **The andirons buckled in the fire**, gli alari si deformarono al fuoco. ● **to b. (down) to st.**, prepararsi a fare q.c.; mettersi a fare q.c. con impegno □ (pop. USA) **to b. under**, cedere; arrendersi; sottomettersi.
buckler ['bʌklə*], n. 1 (stor., mil.) piccolo scudo rotondo 2 (fig.) protezione; scudo 3 guscio, corazza (di crostaceo).
to buckler ['bʌklə*], v. t. (fig.) fare scudo a; proteggere.
buckling ['bʌkliŋ], n. 1 (mecc.) deformazione, schiacciamento 2 (aeron.) ingobbamento 3 (metall.) gobba; rigonfiamento.
buckram ['bʌkrəm], A n. 1 tela rigida (usata in legatoria, ecc.) 2 rigidezza, sostenutezza (di maniere) 3 forza apparente. B a. 1 rigido, sostenuto (nel modo di fare) 2 forte solo in apparenza.
bucksaw ['bʌk,sɔ(:)], n. (falegnameria) sega a telaio (a lama tesa).
buckshee ['bʌk,ʃi(:)], A n. (gergo mil.) aggiunta; soprassoldo; razione extra. B a. (pop.) gratuito. C avv. (pop.) gratuitamente; gratis.
buckskin ['bʌkskin], n. 1 pelle di daino (o di camoscio) 2 pelle scamosciata 3 (pl.) calzoni (o guanti, scarpe) di pelle scamosciata.
buckthorn ['bʌkθɔ(:)n], n. (bot.) 1 (Rhamnus) ramno 2 (Rhamnus cathartica) spincervino.
buckwheat ['bʌkwi:t], n. (bot.) 1 (Fagopyrum esculentum) grano saraceno 2 farina di grano saraceno (con cui si fanno focacce in USA).
bucolic [bju(:)'kɔlik], A a. 1 bucolico; pastorale 2 rurale; rustico. B n. 1 bucolica; poema pastorale 2 (scherz.) campagnolo.
bud (1) [bʌd], n. 1 (bot.) gemma; germoglio; getto 2 (bot.) boccio; bocciolo 3 (biol.) gemma (di organismo) 4 (fig.) cosa ancora in germe; persona immatura. ● **in (the) bud**, in boccio □ (fig.) **to nip st. in the bud**, distruggere, stroncare q.c. in germe.
bud (2) [bʌd], n. (fam. USA) 1 amico; compagno 2 commilitone.
to bud [bʌd], A v. i. 1 (bot.) germogliare; gettare 2 (bot.) sbocciare: **budded roses**, rose sbocciate 3 (fig.) spuntare; crescere; promettere bene 4 (biol.) riprodursi per gemmazione. B v. t. 1 (bot.) fare germogliare; fare sbocciare 2 (agric.) innestare; inserire (una gemma) 3 (biol.) fare riprodurre per gemmazione. ● **a budding doctor**, un dottore in erba □ **budding horns**, corna che spuntano.
Buddha ['budə], n. (relig.) Budda.
Buddhism ['budizəm], n. buddismo.
Buddhist ['budist], A n. buddista. B a. buddista.
Buddhistic(al) [bu'distik(əl)], a. buddistico.
buddy ['bʌdi], n. (fam. USA) 1 amico; compagno 2 compagno d'armi; commilitone 3 (al vocat.) ragazzo; ragazzino.
to budge [bʌdʒ], A v. i. 1 spostarsi; muoversi: **I won't b. an inch**, non mi sposterò di un pollice 2 (econ.: dei prezzi) muoversi 3 (fig.) cambiare idea. B v. t. scostare; smuovere: **I can't b. the door; it's too heavy**, non riesco a scostare la porta, è troppo pesante.
budgerigar ['bʌdʒəriga:*], n. (zool., Melopsittacus undulatus) melopsittaco; pappagallino ondulato; parrocchetto canoro.

budget ['bʌdʒit], n. 1 (fin., rag.) bilancio (di previsione); bilancio preventivo: **the household b.**, il bilancio domestico 2 (pubblicità) stanziamento 3 (un tempo) sacco; (e per estens. dal «sacco» giornalistico) quantità, insieme di notizie. ● (fin.) **b. committee**, commissione del bilancio □ (fin.) **b. deficit**, deficit (o disavanzo) di bilancio □ (fin.) **b. estimate**, previsione di bilancio □ **a b. showing a deficit**, un bilancio deficitario □ (fin.) **b. surplus**, avanzo di bilancio.
to budget ['bʌdʒit], A v. i. (fin., rag.) impostare un bilancio (di previsione); fare un bilancio preventivo: **to b. for the coming year**, fare un bilancio per l'anno prossimo. B v. t. 1 stanziare in bilancio 2 preventivare. ● **to b. for an expenditure**, stanziare una spesa in bilancio □ (econ.) **to b. for a surplus**, programmare per ottenere un residuo attivo.
budgetary ['bʌdʒitəri], a. (fin., rag.) pertinente a bilancio (preventivo); budgetario, buggettario: **b. control**, controllo budgetario.
budgie ['bʌdʒi], n. (fam.) pappagallino (V. **budgerigar**).
budlet ['bʌdlit], n. bocciolo.
buff [bʌf], A n. 1 pelle di bufalo (o di bue); cuoio grosso soffice (che se ne ricava) 2 giaccone di cuoio 3 (ind.) cuoio per pulitrici; pulitrice rivestita di cuoio 4 (fam.) pelle nuda (dell'uomo): **in the b.**, nudo 5 color cuoio 6 (fam. USA) patito; appassionato; fanatico. B a. 1 di pelle di bufalo (o di bue); scamosciato 2 (di color) giallo-marrone. ● **b.-coat** (o **b.-jerkin**), giubba di pelle di bufalo □ (ind.) **b. stick** (o **b. wheel**), bastoncino (disco) ricoperto di pelle di bufalo, per pulire utensili.
to buff [bʌf], v. t. 1 (mecc.) pulire, lucidare (un metallo, ecc.) 2 scamosciare (il cuoio).
buffalo ['bʌfəlou], n. (pl. **buffalo, buffaloes, buffalos**) 1 (zool., Bubalus bubalis) bufalo indiano 2 (USA: zool., Bison bison) bisonte americano 3 (mil.) carro armato anfibio. ● (zool.) **b. fish**, pesce bufalo.
to buffalo ['bʌfəlou], v. t. (fam. USA) confondere; sconcertare; intimidire.
buffer (1) ['bʌfə*], n. 1 (autom.) paraurti; (ferr.) respingente; (mecc.) paracolpi 2 (mecc.) pulitrice; operaio addetto alla pulitrice 3 (chim.) tampone 4 (fin.) stock di riserva 5 (di calcolatore) memoria ausiliaria (o d'accumulo) 6 (chim.) **b. solution**, soluzione tampone □ (polit.) **b. state**, stato cuscinetto.
buffer (2) ['bʌfə*], n. (pop., di solito **old b.**) persona di vedute antiquate; incompetente; imbecille; pasticcione.
to buffer ['bʌfə*], v. t. (chim.) tamponare.
buffet (1) ['bʌfit], n. 1 buffetto; schiaffo; pugno 2 (fig.) colpo: **the buffets of fate**, i colpi della sorte (avversa).
to buffet ['bʌfit], A v. t. 1 colpire (con la mano o col pugno); schiaffeggiare 2 battere; urtare; (del fato) tormentare, avversare: **The ship was buffeted by the waves**, la nave era battuta dalle onde. B v. i. 1 combattere; lottare 2 farsi largo picchiando; aprirsi un varco combattendo: **He buffeted his way to the door**, si fece strada verso la porta a forza di pugni.
buffet (2) ['bufei], n. 1 credenza; buffet 2 ristorante; caffè; bar; buffet (di stazione, ecc.) 3 pranzo in piedi. ● (ferr.) **b. car**, vagone con servizio di bar; carrozza ristoro.
buffoon [bʌ'fu:n], n. buffone; pagliaccio.
to buffoon [bʌ'fu:n], v. i. fare il buffone.
buffoonery [bʌ'fu:nəri], n. buffoneria; buffonate; pagliacciate.
bug [bʌg], n. 1 (zool., Cimex; anche **bedbug**) cimice 2 (zool. USA) qualsiasi insetto (specialm. se dei coleotteri) 3 (fam.) germe; microbo; virus 4 (fam.) difetto (per es., in una macchina) 5 (fam.) mania; passione; pallino (fam.) 6 (fam.) fanatico; appassionato 7 (fam.) allarme; antifurto; microfono spia; microspia; cimice (pop.). ● **bug-hunter**, entomologo □ (tel.) **bug key**, tasto semiautomatico □ (pop.) **big bug**, «pezzo grosso»; personaggio influente (o potente).
to bug [bʌg], v. t. 1 (fam.) installare un microfono spia in (un posto) 2 (fam.) registrare abusivamente 3 (fam.) seccare; scocciare (fam.).
bugaboo ['bʌgəbu:], n. (pl. **bugaboos**) 1 orco; lupo mannaro 2 (anche fig.) spauracchio; babau.
bugbear ['bʌgbɛə*], V. **bugaboo**.
bugger ['bʌgə*], n. 1 sodomita; pederasta 2 (volg., scherz.) tipo; individuo 3 (spreg.) briccone, canaglia; farabutto 4 (scherz. o affettuoso: a un bambino o a un animale) birbantello; birichino.
to bugger ['bʌgə*], v. t. 1 sodomizzare 2 (pop.) dannare; maledire: **I'll be buggered if...**, sia dannato se... ● (pop.) **to b. off**, squagliarsela □ (pop.) **to b. up**, impasticciare; incasinare (pop.) □ (pop.) **B. it!**, accidenti!; maledizione!; cazzo! (volg.) □ (volg.) **B. you all!**, andate a farvi fottere! (volg.) □ (pop.) **to be quite buggered**, essere stanco morto; essere suonato (pop.).
buggery ['bʌgəri], n. sodomia.
Buggin's turn ['bʌginz tə:n], n. sistema delle promozioni per anzianità (e non per merito).

buggy (1) ['bʌgi], *a.* **1** infestato da cimici (*o* insetti, *in genere*) **2** (*pop. USA*) pazzo.
buggy (2) ['bʌgi], *n.* **1** calesse; calessino **2** (*ind.*) carrello **3** (*anche* baby b.) carrozzina, carrozzella (*per bambini*).
bughouse ['bʌghaus], *n.* (*pop. USA*) manicomio.
bugle (1) ['bju:gl], *n.* **1** (*in origine* b.-horn) corno da caccia **2** (*mil.*) piccola tromba; trombetta **3** (*stor.*) buccina (*romana*).
to bugle ['bju:gl], *v. i. e t.* (*mil.*) suonare la tromba; suonare (*la ritirata, ecc.*) con la tromba.
bugle (2) ['bju:gl], *n.* (*bot., Ajuga reptans*) bugola; morandola.
bugle (3) ['bju:gl], *n.* perlina oblunga (*per ornare vestiti, ecc.*).
bugler ['bju:glə*], *n.* (*mil.*) trombettiere.
bugloss ['bju:glɔs], *n.* (*bot., Anchusa officinalis*) buglossa.
to bug off ['bʌg ɔf], *v. i.* (*pop.*) andarsene; togliersi dai piedi; filare (*fam.*); smammare (*pop.*).
bugrake ['bʌgreik], *n.* (*pop., scherz.*) pettine.
buhl [bu:l], **A** *a.* (*di mobile*) intarsiato in avorio (*o* ottone, tartaruga). **B** *n.* tessera d'avorio (*o* ottone, ecc.) per intarsio.
to build [bild] (*pass.* e *p. p.* **built**), **A** *v. t.* **1** fabbricare; costruire; edificare **2** (*fig.*) basare, fondare (*aspettative, speranze, ecc.*) **3** (*fig.*) formare; modellare; plasmare (*fig.*). **B** *v. i.* **1** costruirsi, farsi (*o* fare) la casa: **When are you going to b.?**, quando comincerai a farti la casa? **2** fare il costruttore **3** (*degli uccelli*) nidificare. □ (*costr., mecc.*) **to b. in**, incassare; incorporare; **a built-in bath**, una vasca da bagno incorporata; **a built-in closet**, un armadio a muro □ **to b. on**, (*edil.*) aggiungere (*un'ala, ecc.*); basare, fondare, fare conto su; (*di nubi*) addensarsi: **This theory is built on facts**, questa teoria è basata sui fatti; **I b. all my hopes on him**, fondo in lui tutte le mie speranze □ **to b. up**, costruire, edificare; murare (*una porta, una finestra, ecc.*); accumulare, aumentare; potenziare; farsi (*per gradi*): **This area was open country but it has been built up lately**, quest'area era aperta campagna ma di recente è stata edificata; **Traffic is expected to b. up later on**, ci si attende che il traffico aumenti in seguito; **He has built up a fortune**, s'è fatto una fortuna □ **to b. up one's health**, rafforzare la propria salute □ (*comm.*) **to b. up reserves (stock)**, costituire riserve (scorte) □ (*di edificio, ecc.*) **to be built up** (*o* **round, in**), essere circondato da altri fabbricati □ **to be built up of**, essere composto (*o* formato) di: **Words are built up of letters**, le parole sono formate da lettere □ (*di automobile*) **custom-built**, fuori serie.
build [bild], *n.* **1** (*di edificio*) forma; stile; costruzione **2** (*di persona*) corporatura; fisico: **sturdy b.**, corporatura robusta. ● **b.-up**, accumulamento; aumento; crescita; incremento; potenziamento; rafforzamento; addensamento (*di nubi*); (*comm.*) lancio pubblicitario; (*mil.*) concentramento (*di forze*).
builder ['bildə*], *n.* (*anche fig.*) costruttore; imprenditore edile: **a railway b.**, un costruttore di ferrovie. ● (*fig.*) **an empire b.**, una persona che si costruisce una posizione di potere (*all'interno di un'organizzazione*) □ **ship b.**, costruttore navale.
building ['bildiŋ], *n.* **1** costruzione; edilizia: **b. land**, terreno da costruzione; **b.-lot**, lotto fabbricabile **2** edificio; fabbricato. **B** *a.* edile; edilizio. ● (*edil.*) **b. block**, blocco per costruzioni; (*fig.*) base, fondamento □ **b. code**, regolamento edilizio □ **b. contractor**, imprenditore edile □ **b. industry**, edilizia □ (*leg.*) **b.-lease**, affitto di terreno (*di solito, per 99 anni*) con obbligo di costruzione □ **b.-site**, area fabbricabile □ (*naut.*) **b. slip**, scalo di costruzione □ **b. society**, società di credito immobiliare (*per finanziare la costruzione o l'acquisto di case*) □ **b. surveyor**, perito edile; geometra □ **b. trade**, edilizia □ **b. yard**, cantiere edile □ **b. workers**, (gli) edili (*operai*) □ **cheap b.**, casa popolare.
built [bilt], *pass.* e *p. p.* di **to build**. ● **b.-in**, incorporato, incassato; (*fig.*) connaturato, innato, insito: **a b.-in wardrobe**, un armadio a muro □ (*econ.*) **b.-in stabilizer**, stabilizzatore automatico □ **b.-up**, (*edil.*) edificato, fabbricato; (*anche*) composto, a strati □ **b.-up area**, abitato; area urbana □ **a well-b. man**, un uomo ben piantato.
bulb [bʌlb], *n.* **1** (*di pianta, termometro, capello, ecc.*) bulbo; (*di pianta*) tubero **2** (*elettr., anche* **electric b.**) lampada; lampadina elettrica **3** (*radio*) valvola termoionica. ● **b. socket**, portalampada.
to bulb [bʌlb], *v. i.* gonfiarsi a forma di bulbo.
bulbiferous [bʌlb'ifərəs], *a.* bulbifero.
bulbiform ['bʌlbifɔ:m], *a.* bulbiforme.
bulbous ['bʌlbəs], *a.* bulboso.
Bulgarian [bʌl'gɛəriən], *a.* e *n.* bulgaro.
bulge [bʌldʒ], *n.* **1** rigonfiamento (*di un muro, ecc.*); protuberanza **2** aumento temporaneo (*di volume o di numero*); punta (*di diagramma statistico*) **3** (*naut.*) controcarena **4** (*mil.*) saliente **5** (*pop.*) vantaggio: **to have (to get) the b. on sb.**, avere (ottenere) un vantaggio su q.
to bulge [bʌldʒ], **A** *v. i.* incurvarsi (*in fuori*); essere protuberante (*o* rigonfio). **B** *v. t.* gonfiare (*una borsa, ecc.*, riempiendola).
bulginess ['bʌldʒinis], *n.* qualità d'essere curvo (*o* rigonfio).

bulgy ['bʌldʒi], *a.* incurvato; rigonfio; protuberante.
bulimia [bju(:)'limiə], **bulimy** ['bju(:)limi], *n.* (*med.*) bulimia.
bulk [bʌlk], *n.* **1** dimensioni, massa, mole, quantità (*specialm. se grandi*) **2** – **the b. of**, la maggior parte di; il grosso di: **The b. of his property went to his son**, il grosso della sua proprietà andò al figlio **3** (*naut.*) carico; stiva: **The b. is not equal to sample**, il carico non è conforme al campione. ● (*comm.*) **b. buying**, acquisto in massa □ (*comm.*) **b. selling**, vendita all'ingrosso □ (*naut.*) **to break b.**, iniziare la discarica; cominciare a scaricare □ (*naut.*) **to load in b.**, caricare alla rinfusa (*grano, carbone, ecc.*) □ (*comm.*) **to sell in b.**, vendere all'ingrosso.
to bulk [bʌlk], **A** *v. i.* **1** fare massa; ammassarsi **2** crescere di volume; gonfiarsi. **B** *v. t.* ammassare; accumulare. ● **to b. up**, accumulare (*una somma, ecc.*); ammassare (*pesce, ecc.*) □ **to b. up to**, assommare a □ (*comm.*) **to b. up tea**, verificare il peso del tè (*alla dogana*).
bulkhead ['bʌlkhed], *n.* **1** (*naut., aeron.*) paratia **2** (*aeron.*) ordinata di forza **3** (*costr.*) muratura di sostegno (*in una galleria*).
bulkiness ['bʌlkinis], *n.* grossezza; voluminosità.
bulky ['bʌlki], *a.* **1** grosso; voluminoso **2** ingombrante.
bull (1) [bul], **A** *n.* **1** (*anche fig.*) toro; bufalo (*maschio*) **2** (*specialm. nei composti*) maschio (*dei grandi mammiferi*): **b. elephant**, elefante maschio; **b. whale**, maschio della balena **3** (*comm.*) speculatore al rialzo (*in Borsa*); rialzista **4** – (*astron., astrologia*) **the B.**, il Toro (*costellazione e II segno dello Zodiaco*) **5** (*anche* **b.'s-eye**) centro del bersaglio, barilotto; colpo che fa centro **6** (*pop. USA*) poliziotto **7** (*pop.*) sciocchezze; parole prive di senso; balle (*pop.*) **8** (*cane*) bulldog. **B** *a.* **1** (*di animale*) maschio **2** taurino; di (*o* da) toro: **b. neck**, un collo taurino **3** (*Borsa*) al rialzo, tendente a (provocare un) rialzo: **b. operations**, operazioni al rialzo (*dei titoli*); **b. market**, mercato che tende al rialzo. ● (*Borsa*) **b. account**, posizione al rialzo □ (*un tempo*) **b.-baiting**, spettacolo popolare, in cui si aizzavano cani contro un toro incatenato □ **b. bitch**, femmina di bulldog □ **b. calf**, torello; vitello; (*fig.*) semplicciotto □ (*Borsa*) **b. campaign**, campagna rialzista □ **b.'s-eye**, (*archit., naut.*) occhio di bue; (*naut.*) portellino, oblò; barilotto (*centro del bersaglio*); colpo che fa centro; osservazione (dichiarazione, ecc.) che fa centro □ **b.-headed**, testardo, ostinato; precipitoso (*fig.*) □ **a b. in a china shop**, una persona impacciata (*o* maldestra); un elefante in un negozio di porcellane (*fig.*) □ **b.-necked**, dal collo taurino □ (*zool.*) **b.-of-the-bog** (*Botaurus stellaris*), tarabuso □ (*sport*) **b. point**, punto di vantaggio □ **b. pup**, cucciolo di bulldog □ (*Borsa*) **b. purchase**, acquisto allo scoperto □ **b.-ring**, arena (*per corride*) □ (*fam. USA*) **b. session**, chiacchierata fra uomini □ **b. terrier**, bull terrier (*incrocio di un bulldog con un terrier*) □ (*pop.*) **to shoot the b.**, chiacchierare; (*anche*) dire sciocchezze; parlare a vanvera □ (*anche fig.*) **to take the b. by the horns**, prendere il toro per le corna.
to bull [bul], **A** *v. i.* (*Borsa*) **1** speculare (*o* giocare) al rialzo **2** salire di prezzo. **B** *v. t.* causare un rialzo di (*azioni, titoli*). ● (*Borsa*) **to b. the market**, comprare allo scoperto.
bull (2) [bul], *n.* bolla (*editto, decreto papale*).
bull (3) [bul], **A** *n.* **1** (*pop.*) coglionate (*volg.*); sciocchezze: **a lot of b.!**, un mucchio di sciocchezze! **2** (*gergo mil.*) (la) mania della ramazza. **B** *inter.* sciocchezze!; balle! (*pop.*).
bullace ['bulis], *n.* (*bot., Prunus domestica insititia*) susino selvatico.
bullate ['buleit], *a.* (*bot., med.*) bolloso; coperto di bolle.
bulldog ['buldɔg], **A** *n.* **1** (*cane*) bulldog **2** pistola di grosso calibro **3** (*ind.*) refrattario per rivestimento di suola di forno **4** (*nelle università ingl.*) assistente del «proctor», col quale collabora per tenere la disciplina **5** (*pop. USA*) prima edizione del mattino (*d'un quotidiano*). **B** *a. attr.* coraggioso; tenace.
to bulldoze ['bul,douz], *v. t.* **1** spianare con un bulldozer **2** (*fam.*) angariare; costringere con minacce; intimorire; intimidire.
bulldozer ['bul,douzə*], *n.* **1** (*mecc.*) bulldozer; spianatrice a pripista **2** (*ind.*) fucinatrice orizzontale **3** (*fam.*) angariatore; bullo (*fam.*).
bullet ['bulit], *n.* (*mil.*) pallottola; proiettile. ● **b. drawer**, pinza cavapalle; ferro per estrarre la pallottola da una ferita □ **b.-headed**, dalla testa rotonda; (*fig.*) cocciuto, ostinato, testardo □ **b.-proof**, a prova di pallottola (*o* di proiettile); blindato; corazzato □ (*ferr.*) **b. train**, treno «lampo» (*in Giappone*) □ **spent b.**, pallottola morta □ **tracer b.**, proiettile tracciante.
bulletin ['bulitin], *n.* **1** bollettino **2** (*radio, telev.*) notiziario. ● (*USA*) **b. board**, tabellone; bacheca □ **news b.**, giornale radio; telegiornale.
bullfight ['bul-fait], *n.* corrida.
bullfighter ['bul-faitə*], *n.* torero.
bullfighting ['bul-faitiŋ], *n.* tauromachia.
bullfinch (1) ['bul-fintʃ], *n.* (*zool., Pyrrhula pyrrhula*) ciuffolotto maggiore.
bullfinch (2) [bul-fintʃ], *n.* siepe fiancheggiata da un fossato.

bullfrog ['bul-frɔg], *n.* (*zool.*, *Rana catesbeiana*) rana toro.
bullhead ['bulhed], *n.* **1** (*zool.*, *Cottus gobio*) magnarone **2** (*zool.*, *Ameiurus nebulosus*) pesce gatto **3** (*fig.*) stupido; testone; zuccone.
bullion ['buljən], *n.* oro (*o* argento) in lingotti.
bullionism ['buljənizəm], *n.* (*econ.*) bullionismo.
bullionist ['buljənist], *n.* (*econ.*) bullionista.
bullish ['buliʃ], *a.* **1** di (*o* da) toro; (*fig.*) testardo **2** (*Borsa*) rialzista; inteso a provocare un rialzo; orientato (*o* tendente) al rialzo. ● **a b. trend**, una tendenza al rialzo.
bullock ['bulək], *n.* **1** giovenco; manzo **2** (*specialm. USA*) torello.
bullshit ['bulʃit], **A** *n.* (*volg.*) fesserie; sciocchezze. **B** *inter.* (*volg.*) sciocchezze!; balle!
bulltrout ['bul-traut], *n.* (*zool.*, *Salmo trutta*) trota comune.
to bully ['buli], **A** *v. t.* angariare; opprimere; intimorire; intimidire. **B** *v. i.* fare il prepotente. ● **to b. sb. into st.**, costringere q. con minacce, a fare q.c. □ **to b. sb. out of st.**, impedire a q., con minacce, di fare q.c.
bully (1) ['buli], *n.* **1** prepotente; attaccabrighe; bullo (*fam.*) **2** (*arc.*) sfruttatore di donne **3** (*arc.*) sicario.
bully (2) ['buli], **A** *a.* **1** coraggioso; audace **2** (*fam.*) buono; eccellente. **B** *inter.* bene!: **b. for you (him, etc.)!**, bravissimo!
bully (3) ['buli], *n.* (*anche* **b. beef**) carne di manzo in scatola.
bully (4) ['buli], *n.* (*sport*, *spesso* **b.-off**) messa in gioco (*nell'hockey su prato*).
to bullyrag ['buliræg], *v. t.* angariare; intimorire; maltrattare.
bulrush ['bulrʌʃ], *n.* (*bot.*) **1** (*Scirpus lacustris*) giunco di palude; nocco **2** (*Typha latifolia*) stiancia **3** (*Cyperus papyrus*) papiro.
bulwark ['bulwək], *n.* **1** (*anche fig.*) baluardo; bastione; spalto **2** frangiflutti; pennello; molo **3** (*naut., di solito al pl.*) murata; parapetto di murata: **main bulwarks**, murata principale.
bum (1) [bʌm], *n.* (*pop.*) deretano; didietro. ● (*stor., spreg.*) **bum-bailiff**, ufficiale giudiziario (*toccava il debitore sulla schiena, arrestandolo*) □ **bum-boat**, barca dei viveri; bettolina.
bum (2) [bʌm], *n.* (*USA*) **1** vagabondo; fannullone; barbone **2** tipaccio; poco di buono **3** festa; baldoria. ● **to give sb. the bum's rush**, buttare fuori q. □ **on the bum**, dedito al vagabondaggio; (*di macchina, ecc.*) guasto.
bum (3) [bʌm], *a.* (*pop. USA*) **1** scadente; di qualità inferiore **2** falso: **a bum cheque**, un assegno falso.
to bum [bʌm], (*USA*) **A** *v. i.* oziare; fare il vagabondo; bighellonare; vivere a scrocco. **B** *v. t.* scroccare.
bumble (1) ['bʌmbl], *n.* usciere; impiegatuccio borioso.
to bumble ['bʌmbl], **A** *v. t.* raffazzonare; abborracciare. **B** *v. i.* **1** incespicare (*anche fig.*); barcollare **2** borbottare.
bumble (2) ['bʌmbl], *n.* **1** pasticcio; lavoro abborracciato **2** sfondone; strafalcione.
bumble(-)bee ['bʌmbl‚bi:], *n.* (*zool.*, *Bombus*) bombo.
bumbledom ['bʌmbldəm], *n.* boria d'impiegatuccio.
bumf [bʌmf], *n.* (*pop., spreg.*) **1** carta igienica **2** documenti burocratici.
bumkin ['bʌmkin], *n.* (*naut.*) buttafuori.
bummaree [‚bʌmə'ri], *n.* mediatore (*al mercato del pesce di Londra*).
bummer ['bʌmə*], *n.* (*pop.*) fannullone; vagabondo.
to bump (1) [bʌmp], *v. t. e i.* **1** battere, urtare, andare a sbattere (contro q.c.); gettare a terra (q.): **I bumped against the table**, andai a sbattere contro la tavola; **I have bumped my head**, ho battuto la testa **2** far sobbalzare: **The car bumped along**, l'automobile procedeva sobbalzando **3** (*pop.*) prendere il posto di (q.); soppiantare (q.); licenziare (q.) **4** (*pop. USA*) cancellare, eliminare (*una località: dall'itinerario di un viaggio*) **5** (*canottaggio*) raggiungere. ● **to b. into sb.**, incontrare q. per caso □ **to b. off**, gettare a terra, buttar giù (*da un tavolo, ecc.*); (*pop.*) togliere di mezzo, uccidere; far fuori (*pop.*) □ (*fam.*) **to b. up**, accrescere, aumentare; migliorare □ (*ferr.*) **bumping post**, respingente fisso (*in un binario morto*) □ **to come** (*o* **to go**) **b.**, andare a sbattere (*o* a urtare).
bump (1) [bʌmp], *n.* **1** colpo sordo; urto; collisione **2** sobbalzo; scossa (*anche di aeroplano*) **3** bernoccolo (*anche fig.*); gonfiore: **He has the b. of mathematics**, ha il bernoccolo della matematica **4** (*di una strada, ecc.*) gobba; protuberanza **5** (*canottaggio*) il toccare con la prua l'imbarcazione che precede: **b.-supper**, cena per celebrare la vittoria così conseguita **6** (*aeron.*) sbalzo di pressione.
to bump (2) [bʌmp], *v. i.* fare il verso del tarabuso.
bump (2) [bʌmp], *n.* (*zool.*) verso del tarabuso.
bumper ['bʌmpə*], **A** *n.* **1** bicchiere colmo **2** (*pop.*) cosa (*raccolto, ecc.*) di eccezionale grandezza (*o* abbondanza) **3** (*autom.*) paraurti **4** (*ferr. USA*) respingente **5** (*naut.*) parabordo. **B** *a. attr.* eccezionale; molto abbondante: **a b. crop**, un raccolto eccezionale. ● **b. car**, autoscontro □ (*autom.*) **b. sticker**, adesivo con slogan, per paraurti □ (*autom.: del traffico*) **b.-to-**

-b., con le auto una attaccata all'altra; in fila serrata.
bumph [bʌmf], *V.* **bumf.**
bumpiness ['bʌmpinis], *n.* irregolarità, l'essere accidentato (*di terreno, strada, ecc.*).
bumpkin ['bʌmpkin], *n.* **1** individuo goffo, maldestro; bifolco; zotico **2** (*naut.*) buttafuori.
bumptious ['bʌmpʃəs], *a.* presuntuoso; arrogante; borioso.
bumptiousness ['bʌmpʃəsnis], *n.* presunzione; arroganza; boria.
bumpy ['bʌmpi], *a.* **1** (*di terreno, strada, ecc.*) irregolare; accidentato **2** (*di un viaggio, di un volo*) pieno di sobbalzi; tutto scosse.
bun (1) [bʌn], *n.* **1** panino dolce; ciambella; focaccina **2** crocchia; chignon. ● **hot cross bun**, focaccina con un segno di croce sopra (*che si mangia il Venerdì Santo*).
bun (2) [bʌn], *n.* (*dial.*) **1** coniglio **2** scoiattolo.
bunch [bʌntʃ], *n.* **1** grappolo; gruppo (*di oggetti*); mazzo; mucchio: **a b. of flowers** (**of keys**), un mazzo di fiori (di chiavi); **a b. of grapes**, un grappolo d'uva; **the best of the b.**, il migliore del gruppo **2** (*fam.*) gruppo (*di persone*); comitiva **3** (*raro*) gobba **4** (*ind. tessile*) fiocco (*di lana, ecc.*) **5** (*elettron.*) pacchetto; gruppo. ● **a b. of bananas**, un casco di banane □ (*pop.*) **b. of fives**, mano; pugno.
to bunch [bʌntʃ], **A** *v. t.* **1** raggruppare; raccogliere in mazzo (*o* in mazzi) **2** drappeggiare (*una stoffa, un vestito*). **B** *v. i.* **1** raggrupparsi; raccogliersi in mazzo (*o* in mazzi) **2** (*mil.*) serrare le file.
bunchy ['bʌntʃi], *a.* **1** che cresce a grappoli **2** che ha (*o* è simile a) mazzi (*o* grappoli) **3** (*di una vena di minerale, ecc.*) irregolare.
bunco ['bʌŋkou], *n.* (*pl.* **buncos**) (*fam. USA*) imbroglio; truffa (*specialm. al gioco e con l'aiuto di complici*). ● **b. steerer**, imbroglione; truffatore.
to bunco ['bʌŋkou], *v. t.* (*fam. USA*) imbrogliare; truffare.
buncombe ['bʌŋkəm], *n. V.* **bunkum.**
bundle ['bʌndl], *n.* **1** (*anche bot.*) fascio; fastello **2** involto; pacco; fagotto **3** (*anat.*) fascio. ● **a b. of firewood**, una fascina di legna da ardere.
to bundle ['bʌndl], **A** *v. t.* **1** legare (q.c.) in un fascio (*o* fagotto); affastellare; impacchettare **2** (*seguito da* **away, off, out, into**) mettere (q.c.) alla rinfusa; mandare (q.) in tutta fretta: **He bundled everything into the case**, mise ogni cosa alla rinfusa dentro la cassa; **I bundled him off to my office**, lo mandai in tutta fretta al mio ufficio. **B** *v. i.* (*seguito da* **away, off, out**) andarsene in gran fretta; far fagotto: **We bundled off**, facemmo fagotto. ● **to b. up**, fare un fagotto di (q.c.); infagottarsi.
bung [bʌŋ], *n.* **1** (*ind.*) grosso turacciolo; tappo (*di botte, ecc.*); zipolo **2** (*di solito,* **b.-hole**) cocchiume.
to bung [bʌŋ], *v. t.* **1** mettere il tappo a, tappare (*una botte, ecc.*) **2** (*pop.*) gettare; lanciare; scagliare. ● (*pop.*) **to b. up**, chiudere, intasare; (*pop. USA*) pestare; ammaccare: **to have one's eyes bunged up**, avere gli occhi pesti (*per botte o malattia*) □ **bunged-up drains**, fogne intasate.
bungalow ['bʌŋgəlou], *n.* bungalow; casa di legno a un piano (*con veranda*).
bungle ['bʌŋgl], *n.* pasticcio (*fig.*); lavoro mal fatto (*o* abborraciato).
to bungle ['bʌŋgl], *v. t. e i.* abborracciare; impasticciare (*fig.*); fare male (*un lavoro*); sciupare; fare pasticci (*fig.*).
bungler ['bʌŋglə*], *n.* abborracciatore; pasticcione; confusionario.
bunion ['bʌnjən], *n.* (*med.*) borsite dell'alluce.
bunk (1) [bʌŋk], *n.* **1** cuccetta **2** lettino. ● **b. bed**, letto a castello □ (*fam.*) **b.-up**, aiuto; mano (*fig.*): **to give sb. a b.-up**, dare una mano a q.; aiutare q.
to bunk (1) [bʌŋk], *v. i.* **1** dormire in cuccetta **2** (*fam.*) alloggiare, dormire (*in modo provvisorio o alla meglio*). ● (*pop.*) **to b. up with sb.**, fare l'amore con q. □ **to b. with sb.**, dividere la camera con q.
bunk (2) [bʌŋk], *n.* (*pop.*) fuga. ● (*pop.*) **to do a b.**, andarsene alla chetichella; tagliare la corda (*fig.*).
to bunk (2) [bʌŋk], *v. i.* (*pop.*) fuggire; tagliare la corda (*fig.*).
bunk (3) [bʌŋk], *n.* (*pop. USA*) bubbola; fandonia; sciocchezza.
bunker ['bʌŋkə*], *n.* **1** (*naut.*) carbonile; stiva per il carbone **2** (*mil.*) bunker; fortino; casamatta **3** (*golf*) bunker; ostacolo (*artificiale*).
to bunker ['bʌŋkə*], **A** *v. t.* **1** (*golf*) colpire (*la palla*) facendola arrestare davanti a un ostacolo **2** (*fig.*) mettere in difficoltà **3** (*naut.*) rifornire di carbone. **B** *v. i.* (*naut.*) rifornirsi di carbone. ● **to be bunkered**, (*golf*) avere la palla ferma davanti a un ostacolo; (*fig.*) essere in difficoltà.
bunkering ['bʌŋkəriŋ], *n.* (*naut.*) caricamento dei carbonili. ● **b. station**, stazione di rifornimento.
bunko, to bunko ['bʌŋkou], *V.* **bunco, to bunco.**

bunkum ['bʌŋkəm], *n.* bubbole; fandonie; oratoria da strapazzo.
bunny ['bʌni], *n.* **1** (*infant.*) coniglietto **2** coniglietta (*ragazza di un Playboy Club*) **3** (*pop.*) ragazza; bella ragazza.
bunt [bʌnt], *n.* **1** parte concava, che si gonfia (*di vela, rete da pesca, ecc.*) **2** (*aeron.*) virata imperiale **3** (*USA, baseball*) smorzata. ● (*naut.*) **b.-line**, caricammezzo.
to bunt [bʌnt], **A** *v. i.* (*aeron.*) fare una virata imperiale. **B** *v. t.* **1** (*aeron.*) mettere (*un aereo*) in virata imperiale **2** (*USA, baseball*) smorzare (*una palla*).
bunting (1) ['bʌntiŋ], *n.* **1** (*ind. tessile*) stamigna, stamina (*stoffa per bandiere, ecc.*) **2** (*collett.*) bandiere; pavesi; bandierine.
bunting (2) ['bʌntiŋ], *n.* (*zool., Emberiza*) zigolo.
buoy [bɔi], *USA* [bu:i], *n.* **1** (*naut.*) boa; gavitello **2** (*naut., anche* **life b.**) salvagente **3** (*fig.*) sostegno; appoggio. ● **b. rope**, grippia □ **bell b.**, boa con campana □ **light b.**, boa luminosa □ **mooring b.**, boa di ormeggio □ **to pick up a b.**, ormeggiarsi a una boa □ **spar b.**, boa ad asta □ **warping b.**, boa per tonneggio □ **whistling b.**, boa a fischio.
to buoy [bɔi], *USA* [bu:i], *v. t.* (*naut.*) **1** provvedere di boe; disporre le boe su **2** (*talvolta* **to b. up**) segnare la posizione di (*q.c.*) con boe: **to b. a wreck**, segnare con boe la posizione di un relitto. ● **to b. up**, tenere a galla; venire a galla; (*fig.*) appoggiare, incoraggiare.
buoyage ['bɔiədʒ], *n.* (*naut.*) sistema di segnalazione a mezzo di boe.
buoyancy ['bɔiənsi], *n.* **1** galleggiabilità: **Cork has more b. than wood**, il sughero ha una galleggiabilità superiore a quella del legno **2** (*fis.*) spinta idrostatica **3** (*naut.*) spinta di galleggiamento **4** (*aeron.*) spinta aerostatica; forza ascensionale **5** (*fig.*) capacità di recupero; brio; allegria; vivacità; esuberanza **6** (*comm.*) elasticità; slancio; tendenza al rialzo. ● (*naut.*) **b. tank**, cassa di emersione (*di un sottomarino*) □ **centre of b.**, (*fis.*) centro di galleggiamento; (*naut.*) centro di carena □ (*comm.*) **a good market b.**, una spiccata tendenza del mercato a salire.
buoyant ['bɔiənt], *a.* **1** capace di galleggiare (*o* di tenere a galla) **2** (*naut.*) galleggiante; galleggiabile **3** (*fig.*) ottimisticamente esuberante; brioso; allegro; vivace **4** (*comm.*) elastico, tendente al rialzo.
bur [bə:*], *n.* **1** (*ind. tessile*) lappola **2** (*bot.*) involucro (*di un frutto*) spinoso o uncinato (*come quello della bardana*) **3** (*bot.: della castagna*) riccio **4** (*fig.*) persona appiccicaticcia; attaccabottoni (*fam.*).
Burberry ['bə:bəri], *n.* (*marchio*) impermeabile di marca Burberry.
to burble ['bə:bl], *v. i.* **1** gorgogliare; (*dello stomaco*) brontolare **2** ribollire (*di rabbia, ecc.*) **3** riboccare (*d'allegria, ecc.*). ● **to b. about st.**, chiacchierare di q.c.
burbot ['bə:bət], *n.* (*pl.* **burbot, burbots**) (*zool., Lota lota*) bottatrice.
burden (1) ['bə:dn], *n.* **1** (*anche fig.*) carico; fardello; onere; peso; soma: **ship of b.**, nave da carico; **beast of b.**, bestia da soma; **a b. of care**, un fardello di affanni **2** (*comm.*) gravame; aggravio: **the b. of taxation**, il gravame delle imposte; il carico tributario **3** (*anche leg.*) onere: **the b. of proof**, l'onere della prova **4** (*naut.*) portata; stazza; tonnellaggio (*d'una nave*) **5** (*fonderia*) letto di fusione.
to burden ['bə:dn], *v. t.* **1** (*anche fig.*) caricare; gravare; imporre un onere (*o* un peso) a (q.) **2** opprimere **3** gravare d'imposte; tassare.
burden (2) ['bə:dn], *n.* **1** (*mus.*) basso fondamentale **2** (*mus.*) bordone; ritornello **3** (*fig.*) motivo dominante; tema principale: **the b. of a speech**, il tema principale di un discorso. ● **the b. of the story**, il succo del racconto.
burdensome ['bə:dnsəm], *a.* gravoso; pesante; opprimente.
burdensomeness ['bə:dnsəmnis], *n.* gravosità; pesantezza.
burdock ['bə:dɔk], *n.* (*bot., Arctium lappa*) bardana; lappola; lappa.
bureau [bjuə'rou], *n.* (*pl.* **bureaus, bureaux**) **1** scrivania **2** (*USA*) cassettone **3** ufficio; agenzia: **B. of Standards**, Ufficio pesi e misure; **an information b.**, un'agenzia d'informazioni **4** dipartimento; sezione: (*USA*) **Federal B. of Investigation** (*abbr.* **F.B.I.**), Sezione investigativa della polizia federale.
bureaucracy [bjuə'rɔkrəsi], *n.* burocrazia.
bureaucrat ['bjuərouˌkræt], *n.* burocrate.
bureaucratese [ˌbjuə'rɔkrəti:z], *n.* gergo della burocrazia; «burocratese».
bureaucratic [ˌbjuərou'krætik], *a.* burocratico.
bureaucratism ['bjuərɔkrətizəm], *n.* burocratismo.
bureaucratist [bjuə'rɔkrətist], *n.* burocrate.
bureaucratization [ˌbjuərɔkrətai'zeiʃən], *n.* burocratizzazione.
to bureaucratize [bjuə'rɔkrətaiz], *v. t.* burocratizzare.
burette [bjuə'ret] (*franc.*), *n.* (*chim.*) buretta; provetta graduata.
burg [bə:g], *n.* **1** (*stor.*) città fortificata **2** (*fam. USA*) città.

burgee [bə:'dʒi], *n.* (*naut.*) bandiera sociale; guidone.
burgeon ['bə:dʒən], *n.* (*poet.*) gemma; germoglio.
to burgeon ['bə:dʒən], *v. i.* (*poet.*) **1** germogliare; gemmare **2** (*fig., di solito* **to b. out, to b. forth**) fiorire; crescere (*o* svilupparsi) rapidamente.
burgess ['bə:dʒis], *n.* **1** cittadino (*di un borough*) **2** (*stor.*) rappresentante parlamentare d'una città (*o* di un'università).
burgh [bʌrə], *n.* (*scozz.*) città; borgo; municipio.
burgher ['bə:gə*], *n.* (*stor.*) **1** cittadino (*specialm. di una città olandese o tedesca*) **2** borghese.
burglar ['bə:glə*], *n.* **1** (*leg.*) scassinatore **2** (*per estens.*) ladro. ● **b. alarm**, sistema d'allarme; antifurto (*in un edificio*).
burglarious [bə:'glɛəriəs], *a.* (*leg.*) relativo a (*o* che costituisce) furto con scasso.
to burglarize ['bə:glə:raiz], (*USA*) *V.* **to burgle**.
burglary ['bə:gləri], *n.* **1** (*leg.*) **1** furto con scasso; violazione di domicilio **2** (*per estens.*) furto; rapina.
to burgle ['bə:gl], **A** *v. t.* scassinare, svaligiare (*una casa, ecc.*); commettere un furto con scasso ai danni di (q.). **B** *v. i.* fare lo scassinatore.
burgomaster ['bə:gəˌma:stə*], *n.* borgomastro.
burgonet ['bə:gənet], *n.* (*stor., mil.*) borgognotta.
burgrave ['bə:greiv], *n.* (*stor.*) burgravio.
Burgundian [bə'gʌndjən], *a. e n.* borgognone.
Burgundy ['bə:gəndi], *n.* **1** (*geogr.*) Borgogna **2** – **b.**, borgogna; vino di Borgogna.
burial ['beriəl], *n.* **1** sepoltura; seppellimento; inumazione; tumulazione **2** funerale. ● **b. ground**, cimitero □ **b. mound**, tumulo; tomba □ **b. service**, ufficio funebre.
burin ['bjuərin], *n.* bulino.
burinist ['bjuərinist], *n.* incisore; bulinatore; bulinista.
to burke [bə:k], *v. t.* soffocare (*una discussione, ecc.*); mettere a tacere (*una voce*); passare sotto silenzio (*una notizia*); insabbiare (*un progetto di legge*).
burl [bə:l], *n.* **1** nodo (*di stoffa, legno*); escrescenza (*su un tronco*).
to burl [bə:l], *v. t.* (*ind. tessile*) rifinire (*una stoffa*) togliendo i nodi; slappolare.
burlap ['bə:læp], *n.* tela ruvida (*di juta, canapa, lino*); tela da sacchi.
burlesque [bə:'lesk], **A** *n.* **1** caricatura; parodia **2** (*teatr. USA*) rivista; spettacolo di varietà; spogliarello **3** (*letter.*) farsa; poema burlesco. **B** *a.* **1** caricaturale; parodistico **2** (*teatr. USA*) di rivista; di varietà.
to burlesque [bə:'lesk], *v. t.* parodiare; mettere in ridicolo.
burliness ['bə:linis], *n.* corpulenza.
burly ['bə:li], *a.* corpulento; tarchiato; atticciato.
Burma ['bə:mə], *n.* (*geogr.*) Birmania.
Burman ['bə:mən], *V.* **Burmese**.
Burmese [bə:'mi:z], *a. e n.* (*invar. al pl.*) birmano.
burn (1) [bə:n], *n.* **1** bruciatura; scottatura; (*med.*) ustione **2** marchio a fuoco **3** (*ind.*) cottura; calcinazione **4** (*miss.*) accensione (*di un razzo o retrorazzo*) **5** (*pl., pop. USA*) basette **6** (*pop.*) sigaretta; cicca (*pop.*). ● **b.-out**, incendio; (*di motore*) fine della combustione; (*fig.*) esaurimento, tracollo; (*elettr.*) bruciatura, interruzione (*per corto circuito*); (*miss.*) esaurimento, spegnimento (*del combustibile*); (*miss.*) punto d'esaurimento (*nella traiettoria*).
burn (2) [bə:n], *n.* (*scozz., poet.*) ruscelletto; torrentello.
to burn [bə:n] (*pass. e p. p.* **burnt**, *talvolta* **burned**), **A** *v. t. e i.* **1** (*anche fig.*) bruciare; ardere; cauterizzare; corrodere, corrodersi; infiammare, infiammarsi; cuocere troppo; scottare, scottarsi: **His face was burnt by the sun**, il suo viso era bruciato dal sole; **My forehead was burning with fever**, la fronte mi bruciava per la febbre; **They were burning to fight**, ardevano dal desiderio di combattere; **to b. with passion**, ardere dalla passione **2** (*ind.*) cuocere; (*anche*) calcinare (*cemento, ceramica, mattoni, ecc.*) **3** far bruciare: **to b. charcoal**, far bruciare il carbone di legna **4** consumare (*combustibile*); usare (*luce, riscaldamento, energia nucleare, ecc.*) **5** (*pop.*) giustiziare (*o* essere giustiziato) sulla sedia elettrica **6** (*med.*) cauterizzare **7** (*chim.*) bruciarsi; ossidarsi **8** (*miss.*) accendere (*un razzo*); (*di un razzo*) essere (*o* restare) acceso. **B** *verbi composti* **1 to b. away**, continuare a bruciare; consumarsi (*bruciando*): **The camp fire was burning away**, il fuoco dell'accampamento continuava a bruciare; **The candle has burnt away**, la candela s'è consumata □ **to b. st. away**, bruciare q.c.; eliminare q.c. bruciandola **2 to b. down**, bruciare; distruggere col fuoco: **The enemy burnt down the village**, il nemico distrusse il villaggio appiccandovi il fuoco. **3 to b. in** (*o* **into**), imprimere, marchiare a fuoco; (*fig.*) imprimersi, segnare indelebilmente. **4 to b. off**, distruggere col fuoco, bruciare (*tende, case, ecc.*) (*agric.*) bruciare (*le stoppie, ecc.*) □ (*agric.*) **to b. off the fields**, bruciare le stoppie nei campi. **5 to b. out**, estinguersi, spegnersi (*per mancanza di combustibile*) (*elettr.*) fulminarsi; bruciarsi: **The lamps burnt out for lack of oil,**

le lampade si spensero per mancanza d'olio □ **to b. oneself out**, logorarsi per eccesso di lavoro (*o* conducendo vita dissoluta) □ **to b. sb. out**, cacciare col fuoco: **The Indians burnt them out of the fort**, gli Indiani li fecero uscire dal forte appiccandovi il fuoco □ **to b. st. out**, distruggere q.c. col fuoco; asportare (*o* consumare) q.c. con la fiamma: **The factory was burnt out by the blaze**, la fabbrica fu distrutta dall'incendio □ (*mecc.*) **to b. out the bearings**, fondere i cuscinetti (*o* le bronzine). **6** to b. up, bruciare (*interamente*); consumarsi; prender fuoco; (*fam.*) irritare, irritarsi; far arrabbiare, arrabbiarsi; (*fam., autom.*) divorare: **Let's b. up all the papers**, bruciamo tutte le carte!; **The dry leaves burnt up in a moment**, le foglie secche presero fuoco in un attimo; **My new car burns up the motorway**, la mia macchina nuova divora l'autostrada. ● (*fig.*) **to b. one's boats** (*o* **bridges**), tagliarsi i ponti alle spalle □ **to b. the candle at both ends**, vegliare fino a tardi e alzarsi presto (*per lavorare*); lavorare troppo; sprecare energie □ (*arc.*) **to b. daylight**, fare cosa inutile, assurda □ (*fig.*) **to b. one's fingers**, bruciarsi le dita; rimanere scottato □ **to b. for a girl**, ardere (*o* bruciare) d'amore per una ragazza □ **to b. low**, bruciare a fiamma bassa □ (*fig.*) **to b. the midnight oil**, lavorare fino a notte tarda □ **to b. to ashes**, incenerire, incenerirsi □ **to b. the water**, pescare salmoni di frodo alla luce delle torce □ **to b. wood into charcoal**, bruciare legna (*nella carbonaia*) per farne carbone; fare carbone di legna □ **burnt almond**, mandorla caramellata □ **burnt lime**, calce viva □ **burnt offering**, (*relig.*) olocausto; (*fig.*) sacrificio □ **to be burnt to death**, morire carbonizzato □ **He burnt a hole in his pocket**, ha fatto un buco nella tasca (*con un mozzicone di sigaretta, ecc.*) □ (*pop., fig.*) **My ears b.**, mi fischiano le orecchie (*q. parla di me*) □ (*fig.*) **Money burns a hole in my pocket**, ho le mani bucate □ (*prov.*) **A burnt child dreads fire**, gatto scottato dall'acqua calda, ha paura di quella fredda.
burner ['bə:nə*], *n.* **1** (*mecc.*) bruciatore; becco a gas: **oil b.**, bruciatore a nafta; **Bunsen b.**, becco Bunsen **2** chi brucia; chi cuoce: **brick b.**, operaio che cuoce mattoni; **charcoal b.**, chi brucia legna per farne carbone; carbonaio **3** fornello (*a gas*) **4** (*tecn.*) bruciatore.
burnet ['bə:nit], *n.* (*bot.*) **1** (*Poterium sanguisorba*) salvastrella **2** (*Pimpinella saxifraga*) tragoselino becchino.
burning ['bə:niŋ], **A** *a.* **1** che brucia; che scotta **2** (*fig.*) scottante: **a b. issue** (**question**), un problema (una questione) scottante **3** grave; cocente: **b. shame**, cocente vergogna. **B** *n.* **1** bruciatura; scottatura; incendio **2** (*mecc.*) combustione; fusione **3** (*ind.*) cottura **4** (*metall.*) bruciatura. ● **b. glass**, specchio ustorio □ **b.-hot**, rovente □ **b. scent**, traccia facile da seguire a fiuto □ **b. smell**, odore di bruciato.
burnish ['bə:niʃ], *n.* brunitura; lucidatura; lustratura.
to burnish ['bə:niʃ], *v. t. e i.* brunire, brunirsi; lucidare, lucidarsi: **This metal burnishes well**, questo metallo si brunisce bene.
burnisher ['bə:niʃə*], *n.* **1** brunitore **2** (*metall.*) brunitoio.
burnishing ['bə:niʃiŋ], *n.* brunitura; lucidatura.
burnoose, burnous(e) [bə:'nu:z], *n.* burnus (*specie di mantello*).
burnt [bə:nt], *pass. e p. p.* di **to burn**. ● **b.-out**, (*di fuoco, ecc.*) consumato, spento; (*fig.*) esaurito, esausto, «bruciato»; (*elettr.*) fulminato; (*di motore*) fuso: **a b.-out writer**, uno scrittore «bruciato».
burp [bə:p], *n.* (*pop.*) eruttazione; eruttamento; rutto (*pop.*).
to burp [bə:p], **A** *v. i.* (*pop.*) eruttare; ruttare (*pop.*). **B** *v. t.* (*fam.*) far ruttare un (*un bambino*).
burr (1) [bə:*], *n.* **1** alone nebuloso (*della luna o di una stella*) **2** (*metall.*) bavatura; bava; ricciolo **3** (*mecc.*) riparella; rosetta **4** (*anche* **b. drill**), fresa, trapano (*da dentista*) **5** (*mecc.*) fresa a lima **6** pietra silicea (*usata per macine, mole e frese*) **7** macina.
burr (2) [bə:*], *V.* **bur**.
burr (3) [bə:*], *n.* **1** pronuncia della erre arrotata **2** pronuncia aspra **3** ronzio (*di macchinari, ecc.*).
to burr [bə:*], *v. t. e i.* **1** arrotare (la erre) **2** pronunciare in modo aspro **3** parlare con suoni confusi **4** fare un ronzio; ronzare.
burring ['bə:riŋ], *n.* (*ind. tessile*) slappolatura. ● **b. machine**, (*ind. tessile*) slappolatrice; (*ind. metall.*) sbavatrice.
burrow ['bʌrou], *n.* cunicolo; covo; tana (*di coniglio, volpe, ecc.*).
to burrow ['bʌrou], *v. t. e i.* **1** scavare (*il terreno, ecc.*); aprire un cunicolo; farsi il covo (*o* la tana) **2** vivere in tane; (*fig.*) nascondersi **3** (*fig.*) indagare; investigare ● (*fig.*) **to b. into the archives**, fare (*o* ingolfarsi in) un faticoso lavoro di ricerca.
burrower ['bʌrouə*], *n.* (*zool.*) (animale) scavatore.
bursar ['bə:sə*], *n.* **1** economo, tesoriere (*specialm. di un college universitario*) **2** (*scozz.*) borsista; chi gode di una borsa di studio.
bursarial [bə(:)'sɛərjəl], *a.* relativo a **bursar** *o* **bursary** (*q. V.*).
bursarship ['bə:səʃip], *n.* economato (*la carica*).
bursary ['bə:səri], *n.* **1** economato **2** (*specialm. universi-*

tari) **2** (*scozz.*) borsa di studio.
to burst [bə:st] (*pass. e p. p.* **burst**), **A** *v. i.* **1** esplodere; (*anche fig.*) scoppiare; spaccarsi: **The boilers burst**, le caldaie esplosero (*o* scoppiarono); **If you go on eating, you'll b.**, se continui a mangiare, scoppierai; **My heart burst at that sight**, mi scoppiava il cuore a quella vista **2** essere ricolmo di; traboccare; scoppiare; riboccare: **He's bursting with health**, scoppia di salute; **The shops are bursting with goods**, i negozi sono ricolmi di merce; **The children are bursting with joy**, i bambini riboccano di (*fam.*: non stanno nei panni dalla) gioia **3** aprirsi; (*di germogli, ecc.*) spuntare; (*di nuvole*) squarciarsi **4** essere impaziente, non vedere l'ora (*di fare q.c.*). **B** *v. t.* fare esplodere; far scoppiare; spaccare; rompere: **The flooded river has burst its banks**, il fiume in piena ha rotto gli argini; **Open up, or I'll b. the door**, aprite, o spacco la porta. **C** *verbi composti* **1** to b. forth, sgorgare, zampillare; (*del sole*) sorgere all'improvviso; (*di temporale*) scoppiare. **2** to b. in, irrompere, fare irruzione; interloquire □ **to b. st. in**, abbattere: **They burst in the door**, abbatterono la porta. **3** to b. into, irrompere in; prorompere in: **He burst into the classroom**, irruppe nell'aula; **He burst into angry words**, proruppe in parole grosse □ **to b. into bloom** (*o* **blossom**), fiorire all'improvviso □ **to b. into flame** (*o* **flames**), prendere fuoco improvvisamente □ **to b. into tears**, scoppiare in lacrime. **4** to b. out, (*di persona*) prorompere, cominciare a parlare improvvisamente (*o* in tono violento); (*di cosa*) scoppiare, apparire all'improvviso: **War burst out in 1939**, la guerra scoppiò nel 1939; **The sun burst out from among the clouds**, il sole apparve all'improvviso di fra le nuvole □ **to b. out laughing** (**crying**, **etc.**), mettersi a ridere (a piangere); scoppiare in risa (in lacrime, ecc.). **5** to b. up, esplodere; (far) saltare in aria; distruggere; mandare (*o* andare) a rotoli □ **to b. upon the enemy's country**, fare irruzione nel territorio nemico □ **to b. upon the view**, apparire all'improvviso: **The sea burst upon our view**, il mare ci apparve all'improvviso. ● **to b. a blood vessel**, causare la rottura di un vaso sanguigno; (*fam.*) eccitarsi oltre misura □ **to b. open**, aprire violentemente (*la porta, ecc.*) □ **to b. one's sides with laughing** (*o* **laughter**), sbellicarsi dalle risa □ **to b. with envy**, crepare d'invidia □ **to b. with laughter**, scoppiare dalle risate □ **ready to b.**, sul punto di esplodere.
burst [bə:st], *n.* **1** (*anche fig.*) scoppio; esplosione; scroscio: **a b. of laughter** (**applause, etc.**), uno scoppio di risate (uno scroscio d'applausi, ecc.) **2** falla; fenditura; rottura; spacco **3** scatto; volata: **a b. of speed**, uno scatto di velocità **4** (*mil.*) raffica: **a b. of machine-gun fire**, una raffica di mitragliatrice **5** (*nelle miniere*) cedimento con scoppio. ● **a b. of enthusiasm**, una fiammata d'entusiasmo □ **a b. of flames**, una vampata □ **b.-up**, collasso; rovina.
bursting ['bə:stiŋ], **A** *n.* esplosione; scoppio. **B** *a.* che scoppia; gonfio: **b. with impatience**, che scoppia d'impazienza; **b. heart**, cuore gonfio. ● (*mil.*) **b. bomb**, bomba dirompente.
burthen, to burthen ['bə:ðən], (*lett.*) *V.* **burden** (**1**), **to burden**.
burton ['bə:tn], *n.* (*naut.*) paranchino; candeletta.
to bury ['beri], *v. t.* **1** (*anche fig.*) seppellire; sotterrare: **He has buried himself in the country**, s'è andato a seppellire in campagna **2** nascondere; cacciare; sprofondare: **He buried his face in his hands**, nascose la faccia tra le mani; **He buried his hands in his pockets**, sprofondò le mani nelle tasche. ● (*fig.*) **to b. the hatchet**, seppellire l'ascia di guerra; fare la pace □ (*fig.*) **to b. one's head in the sand**, chiudere gli occhi alla realtà; non voler capire come stanno le cose □ (*costr.*) **to b. in concrete**, annegare nel calcestruzzo □ **to be buried alive**, essere sepolto vivo; (*fig.*) seppellirsi vivo, non uscire mai □ **to be buried in thought**, essere assorto nei propri pensieri □ **burying ground**, cimitero □ (*fig.*) **He has buried his mother**, gli è morta la mamma.
bus [bʌs], *n.* (*pl.* **buses, busses**) **1** autobus **2** (*pop.*) automobile; motocicletta; aeroplano **3** (*USA*) pullman; torpedone **4** (*miss.*) stadio (*di un razzo*). ● (*elettr.*) **bus-bar**, barra collettrice; barra di distribuzione □ (*USA*) **bus boy**, aiuto cameriere □ (*autom.*) **bus lane**, corsia riservata agli autobus □ **bus line**, autolinea; società d'autotrasporti (*per passeggeri*) □ **bus station**, autostazione □ **bus terminal**, capolinea □ **double-decker bus**, autobus a due piani □ **intercity bus**, autobus interurbano; torpedone □ (*fig.*) **to miss the bus**, lasciarsi sfuggire un'occasione; perdere l'autobus (*fam.*) □ **trolley bus**, filobus.
to bus [bʌs], **A** *v. i.* (*fam.*) andare (*o* viaggiare) in autobus. **B** *v. t.* (*specialm. USA*) trasportare (*o* portare) in autobus: **Some children are bussed to school**, alcuni ragazzi vengono portati a scuola in autobus.
busby ['bʌzbi], *n.* (*mil.*) colbacco.
bush (1) [buʃ], *n.* **1** cespuglio; arbusto **2** boscaglia; macchia; folto (*d'alberi*); sottobosco **3** coda folta a pennello (*come quella della volpe*) **4** terreno a macchia; zona selvaggia, incolta. ● (*zool.*) **b.-baby** (*Galago galago*), galagone □ (*zool.*) **b.-cat** (*Felis serval*), servalo □ **b.-fighter**, franco tiratore; guerrigliero

□ **b.-fighting**, guerriglia □ (*edil.*) **b.-hammer**, bocciarda; mazza da scalpellino □ (*agric.*) **b.-harrow**, erpice pesante □ (*australiano*) **b.-ranger**, evaso che si è dato alla macchia; bandito □ (*bot.*) **b.-rope**, liana □ (*fig.*) **b. telegraph**, telegrafo della giungla (*diffusione di notizie coi tam-tam*) □ (*fig.*) **to beat about the b.**, menare il can per l'aia □ **to take to the b.**, darsi alla macchia □ (*prov.*) **Good wine needs no b.**, il buon vino non ha bisogno di frasca (*insegna d'osteria*).
to **bush (1)** [buʃ], *v. t.* **1** piantare cespugli (*o* arbusti) su (*un terreno*) **2** (*agric.*) erpicare. ● (*fam.*) **to be bushed**, essere affaticato, stremato.
bush (2) [buʃ], *n.* **1** (*mecc.*) boccola; bussola **2** (*elettr.*) rivestimento (*o* guaina) isolante.
to **bush (2)** [buʃ], *v. t.* **1** (*mecc.*) mettere una boccola a; imboccolare; imbussolare **2** (*elettr.*) rivestire con isolante.
bushed [buʃt], *a.* **1** pieno di cespugli **2** (*australiano*) sperduto nella boscaglia **3** (*fam.*) esausto; stremato; stanco morto (*fam.*).
bushel [ˈbuʃl], *n.* **1** «bushel» (*misura di capacità, pari a circa 36 litri, per aridi*) **2** staio. ● (*fig.*) **to hide one's light under a b.**, mettere la lucerna (*o* la fiaccola) sotto il moggio; tenere celate le proprie virtù (*o i* propri meriti) □ (*fig.*) **to measure others' corn by one's own b.**, giudicare gli altri prendendo se stessi a misura.
bushelful [ˈbuʃlful], *n.* (quantità contenuta in un) «bushel».
bushiness [ˈbuʃinis], *n.* **1** cespugliosità **2** densità della vegetazione.
bushing [ˈbuʃiŋ], *n.* **1** (*mecc.*) boccola; bussola **2** (*elettr.*) rivestimento (*o* guaina) isolante. ● (*elettr.*) **b. insulator**, isolatore passante.
bushman [ˈbuʃmən], *n.* (*pl.* **bushmen**) abitante di regioni selvagge (*specialm. dell'Australia*).
Bushman [ˈbuʃmən], *n.* (*pl.* **Bushmen**) boscimano.
to **bushwack** [ˈbuʃwæk], **A** *v. i.* **1** aprirsi un varco (*o* viaggiare) nei boschi (*o* nella giungla) **2** darsi alla macchia; fare la guerriglia. **B** *v. t.* attaccare; assalire.
bushwacker [ˈbuʃwækə*], *n.* guerrigliero.
bushy [ˈbuʃi], *a.* **1** cespuglioso; folto; irsuto: **b. eyebrows**, sopracciglia folte **2** simile a un pennello: **a b. tail**, una coda a pennello.
business [ˈbiznis], *n.* **1** affare, affari; commercio: **He is in the cotton b.**, è nel commercio del cotone **2** azienda; compagnia; impresa; ditta: **They have sold their b.**, hanno venduto la loro azienda **3** attività; lavoro; occupazione; fatti: **B. as usual**, l'attività (*o* il lavoro) si svolge normalmente; «siamo aperti lo stesso» (*cartello su un negozio: durante sommosse o tumulti*); **What is his b.?**, qual è il suo lavoro (*o* la sua occupazione)?; **His b. is selling television sets**, si occupa della vendita di televisori; **Mind your own b.**, bada ai fatti tuoi **4** compito; dovere; affare: **It is a soldier's b. to defend his country, not to govern it**, il compito di un soldato è difendere la patria, non governarla; **It's no b. of mine** (*o* **none of my b.**), non è affar mio **5** faccenda; affare: **I'm fed up with the whole b.**, sono stufo di tutta la faccenda; **It's a strange b.**, è un affare strano **6** (cosa) da fare; (cosa all')ordine del giorno: **What is your b. with him?**, che hai da fare con lui?; **This is the b. of the meeting**, questo è l'ordine del giorno della riunione **7** (*teatr.*) azione mimica (*per riempire una pausa del dialogo*) **8** sistema, modo (*di condurre gli affari*): **It is poor b. to insult customers**, è un brutto modo di condurre gli affari quello d'insultare i clienti **9** affar serio; cosa, faccenda difficile: **What a b. it is!**, è un affar serio!; **He made a great b. of it**, ne ha fatto un affare di stato. ● **b. address**, indirizzo d'ufficio □ **b. agent**, agente di commercio □ **b. card**, biglietto da visita □ (*econ.*) **b. climate**, situazione congiunturale □ **b. college (school)**, istituto (scuola) commerciale □ (*econ.*) **b. combine**, concentrazione (*o* fusione) di aziende □ **b. consultant**, commercialista □ (*fin. USA*) **b. corporation**, società commerciale □ (*econ.*) **b. cycle**, ciclo economico; ciclo congiunturale □ **b. day**, giorno lavorativo □ **b. deal**, operazione commerciale □ (*econ.*) **b. dip**, lieve recessione □ **b. economics**, economia aziendale □ (*fam.*) **b. end**, punta (*della spada e sim.*); bocca (*d'arma da fuoco*) □ **b. executive**, dirigente commerciale □ **b. game**, gestione simulata (*di aziende, affari, ecc.*) □ **b. hours**, orario d'ufficio (*o* d'apertura dei negozi) □ **b.-like**, efficiente, pratico; metodico, ordinato; pronto, tempestivo □ **b. machine**, macchina per ufficio □ **b. management**, economia aziendale □ **b. manager**, direttore commerciale □ **b. mathematics**, computisteria □ **b. name**, nome dell'azienda; ragione sociale □ (*econ.*) **b. outlook**, congiuntura □ **b. premises**, locali (*di un'azienda*) □ **b. recovery**, ripresa dell'attività commerciale □ (*USA*) **b. suit**, (abito) completo □ (*econ.*) **b. trends**, evoluzione della congiuntura □ **b. trip**, viaggio d'affari □ (*rag.*) **b. year**, anno sociale; esercizio □ (*fig.*) **to do sb.'s b.**, spacciare q.; liquidare q. □ (*eufemistico*) **to do one's b.**, fare i propri bisogni (*o* bisognini) □ **to get down to b.**, cominciare a lavorare □ **to go into b.**, darsi agli affari; mettersi in affari □ **to go to b.**, andare al lavoro □ **Good b.!**, bene!; ben fatto! □ **a good stroke of b.**, un buon affare; un buon colpo (*pop.*) □ **to have no b. to**, non avere il diritto di: **You had no b. to say that**, non avevi il diritto di (*o* non spettava a te) dire ciò □ **in b.**, in affari: **He is no longer in b.**, non è più in affari □ **to make it one's b. to**, assumersi il compito di □ (*fam.*) **to mean b.**, fare sul serio □ **on b.**, per affari □ **What is your b.?**, che cosa desidera?; qual è lo scopo della Sua venuta (*o* visita)? □ (*prov.*) **B. is b.**, gli affari sono affari.

businessman [ˈbiznismən], *n.* (*pl.* **businessmen**) **1** uomo d'affari **2** manager; dirigente d'azienda.
busing [ˈbaisiŋ], *V.* **bussing**.
busk [bʌsk], *n.* stecca (*di busto*).
busker [ˈbʌskə*], *n.* (*pop.*) suonatore (*o* attore) ambulante.
buskin [ˈbʌskin], *n.* **1** stivaletto **2** (*stor.*) coturno **3** (*fig.*) tragedia. ● (*fig.*) **to put on the b.**, calzare il coturno.
buskined [ˈbʌskind], *a.* **1** che porta stivaletti **2** che calza il coturno.
busman [ˈbʌsmən], *n.* (*pl.* **busmen**) conducente (*o* bigliettaio) di autobus. ● (*fig.*) **b.'s holiday**, vacanza passata facendo più o meno quel che si fa nei giorni feriali.
buss (1) [bʌs], *n.* (*arc. o dial.*) bacio.
to **buss** [bʌs], *v. t. e i.* (*arc. o dial.*) baciare.
buss (2) [bʌs], *n.* (*naut.*) battello da pesca (*specialm. per le aringhe*).
bussing [ˈbʌsiŋ], *n.* **1** l'andare (*o* viaggiare) in autobus **2** (*polit. USA*) trasporto di ragazzi in scuole pubbliche di altri quartieri per favorire l'integrazione razziale.
bust (1) [bʌst], *n.* busto (*anche scult.*); torace; petto; seno.
to **bust** [bʌst], *v. t. e i.* (*pop.*) **1** (*far*) schiattare **2** (*far*) fallire; andare (*o* mandare) in rovina **3** (*mil.*) degradare, essere degradato **4** (*USA*) domare (*cavalli, ecc.*) **5** picchiare **6** arrestare, imprigionare **7** (*della polizia*) fare irruzione in (*un appartamento, ecc.*); mettere a soqquadro **8** (*nei giochi di carte*) sballare.
bust (2) [bʌst], *n.* (*pop.*) **1** fallimento; fiasco **2** colpo; pugno **3** festa; baldoria: **to have a b.**, fare baldoria **4** (*mil.*) degradazione **5** arresto; incarceramento **6** irruzione (*della polizia*) **7** (*econ.*) stasi dell'attività. ● **b.-card**, carta che può far sballare □ **b.-up**, lite; rottura □ (*comm.*) **to go b.**, fallire □ **to go on a b.**, fare baldoria.
bustard [ˈbʌstəd], *n.* (*zool.*, *Otis tarda*) otarda, ottarda. ● (*zool.*) **little b.** (*Otis tetrax*), gallina prataiola; otarda minore; fagianella.
buster [ˈbʌstə*], *n.* (*pop.*) **1** cosa eccezionale, straordinaria **2** chi spezza, stronca; demolitore: **T. Roosevelt was called «the trust b.»**, T. Roosevelt fu chiamato «lo stroncatore dei monopoli» **3** (*USA*) festa; baldoria **4** (*vocat., USA*) ragazzo.
bustle (1) [ˈbʌsl], *n.* confusione; tramestio; trambusto.
bustle (2) [ˈbʌsl], *n.* (*un tempo*) pouf; sellino.
to **bustle** [ˈbʌsl], **A** *v. i.* agitarsi; affaccendarsi; darsi da fare (*senza concludere molto*). **B** *v. t.* far fretta a; pungolare; mettere alla frusta (*fig.*); far lavorare sodo. ● **to b. about**, andare su e giù; agitarsi, affaccendarsi □ **to b. up**, affrettarsi □ **to b. with**, brulicare, pullulare di (*gente, ecc.*).
busy [ˈbizi], *a.* **1** affaccendato; attivo; indaffarato; occupato: **He was b. packing**, era indaffarato a far le valigie **2** laborioso; irrequieto; sempre in moto; vivace: **He is as b. as a bee**, è laborioso come un'ape **3** intraffermentante; che si fa avanti a gomitate **4** pieno d'attività; che ha molto lavoro; che ha un traffico intenso: **The restaurants and cafeterias are very b. now**, i ristoranti e le tavole calde hanno molto lavoro ora; **I have had a very b. day**, ho avuto una giornata molto attiva; **This crossroads is one of the busiest**, questo è uno degli incroci di maggior traffico **5** (*tel. USA*) occupato: **«Line b.»**, «(il numero è) occupato». ● (*tel. USA*) **b. signal** (*o* **b. tone**), segnale di occupato.
to **busy** [ˈbizi], *v. t.* tenere occupato (*o* impegnato). ● **to b. oneself (at, about, in) doing st.**, affaccendarsi, darsi da fare per q.c. □ **to b. oneself with st.**, occuparsi di q.c.
busybody [ˈbizi,bɔdi], *n.* faccendiere; intrigante; ficcanaso (*pop.*).
busyness [ˈbizinis], *n.* (*raro*) operosità; attività.
but (1) [bʌt, bət], **A** *cong.* **1** ma; però; eppure; tuttavia: **He had studied hard but he failed**, aveva studiato molto ma (*o* eppure) fu bocciato **2** tranne; eccetto; eccettuato: **Nobody went but I**, non vi andò nessuno tranne me **3** che non; senza che **4** (*in frasi neg.*) che; altro che; se non: **I cannot but try**, non posso (*fare altro*) che provare; **There was nothing else to do but (to) leave**, non c'era altro da fare che (*o* se non) partire **5** (*in frasi neg.*) da non: **He is not such a fool but he can see that**, non è tanto sciocco da non capire questo. **B** *prep.* **1** eccetto; eccettuato; tranne: **Nobody went but me**, non vi andò nessuno meno che **2** che; altro che; se non: **War brought nothing but misery**, la guerra non portò che miseria; **I haven't told anybody but you**, non l'ho detto che (*o* se non) a te **3** (*preceduto da* **can, could**) altro (da fare) che: **You can but insist**, non hai altra scelta (*o* altro da fare) che

insistere. **C** *avv.* solo; soltanto; non... (altro) che: **If I had but known**, solo che l'avessi saputo; **After all, he is but a common man**, dopo tutto, non è che un uomo come tutti gli altri. **D** *pron. relat. neg.* (*lett.*) che non: **There was no man but admired her**, non c'era uomo che non l'ammirasse. ● **but for**, se non fosse (stato) per: **But for your assistance, I should have failed**, se non fosse stato per il tuo aiuto, avrei fatto fiasco □ **but that**, se non; che non: **He would have gone but that I stopped him**, sarebbe andato se non l'avessi fermato □ **but then**, ma d'altra parte □ **but that**, quasi: **It's all but complete**, è quasi finito; **He all but did it**, l'ha quasi fatto (*o* finito) □ **anything but**, tutt'altro che: **It's anything but complete**, è tutt'altro che finito □ **anywhere but**, in qualsiasi posto all'infuori che; fuori che; ma non: **Put it anywhere but on the floor**, mettilo in qualsiasi posto fuori che (*o* ma non) sul pavimento □ **the last but one** (**but two**), il penultimo (il terzultimo) □ **the next but one**, il secondo (*in una serie*) □ **Ten to one but it was you**, (scommetto) dieci contro uno che sei stato tu □ (*prov.*) **It never rains but it pours**, piove sul bagnato.

but (2) [bʌt], *n.* ma; obiezione: **He's full of ifs and buts**, è pieno di ma e di se.

to but [bʌt], *v. t.* (*arc., scherz.*) fare, sollevare (*obiezioni*). ● **But me no buts**, non c'è ma che tenga!

but (3) [bʌt], *V.* **butt** (2), *def. 1*; **butt** (3).

but (4) [bʌt] (*scozz.*), **A** *avv.* e *prep.* fuori. **B** *a.* esterno. **C** *n.* stanza esterna (*di una casa di sole due stanze*). ● **but-and--ben**, casetta di due stanze.

butane ['bju:tein], *n.* (*chim.*) butano.

butch [butʃ], **A** *a.* (*pop., spreg.*) molto mascolino. **B** *n.* (*pop., spreg.*) maschiaccio.

butcher ['butʃə*], *n.* **1** (*anche fig.*) macellaio; beccaio; macellatore **2** (*USA*) ambulante che vende dolciumi (*o* giornali, ecc.) (*nei teatri, sui treni, ecc.*). ● **b.'s bill**, conto del macellaio; (*fig.*) elenco dei caduti in guerra □ (*zool.*) **b.-bird** (*Lanius excubitor*), averla maggiore □ (*bot.*) **b.'s broom** (*Ruscus aculeatus*), pungitopo □ **b.'s meat**, carne di macelleria; carne fresca □ **b.'s** (shop), macelleria.

to butcher ['butʃə*], *v. t.* **1** macellare **2** fare strage (*o* scempio) di (*persone, selvaggina, un testo, ecc.*).

butcherly ['butʃəli], *a.* da macellaio; brutale; sanguinario.

butchery ['butʃəri], *n.* **1** macello; mattatoio **2** macelleria **3** macellazione **4** (*fig.*) macello; strage; scempio.

butler ['bʌtlə*], *n.* **1** maggiordomo **2** cameriere addetto ai vini **3** (*anche* **silent b.**) portavivande. ● **b.'s pantry**, «office».

butlery ['bʌtləri], *n.* dispensa. **B.-hatch**, passavivande.

butt (1) [bʌt], *n.* grossa botte (*di 600 litri circa*).

butt (2) [bʌt], *n.* **1** (*anche* **b.-end**) estremità più grossa e rinforzata (*di bastone, asta, ecc.*): **to give a fish the b. (of a fishing rod)**, volgere nella direzione di un pesce l'estremità grossa della canna (*per opporgli maggiore resistenza*) **2** impugnatura, manico (*d'utensile*); (*mil.*) calcio (*di arma da fuoco*) **3** ceppo (*di un albero*) (*anche* **b.-end**) mozziccone, moncone **4** mozziccone di sigaretta; cicca **5** (terrapieno dietro un) bersaglio **6** (*pl.*) tiro a segno; poligono (di tiro) **7** (*fig.*) bersaglio; oggetto di beffe (*o* critiche); zimbello **8** scopo; fine **9** (*pop.*) cicca (*nel senso di sigaretta*) **10** (*pop.*) deretano; didietro **11** (*falegnameria*) cerniera **12** (*mecc., anche* **b.-joint**) giunto di testa **13** (*conceria*) cuoio spesso (*della parte posteriore dell'animale*). ● **b.-end**, *V. def. 1* e *3* □ (*USA*) **b.-legging**, contrabbando di sigarette; traffico di «bionde».

to butt (1) [bʌt], *v. t.* **1** far combaciare **2** (*tecn.*) fare giunti di testa.

to butt (2) [bʌt], *v. i.* e *t.* **1** cozzare, andare a cozzare, dar di cozzo; urtare (contro q., q.c.): **He butted against a tree in the dark**, nel buio andò a cozzare contro un albero **2** avanzare (*o* muoversi) a testa bassa; fare l'atto di cozzare (*specialm. di animali forniti di corna*) **3** (*far*) confinare con; posare; appoggiare; puntellare: **B. the pole against the wall**, punta il palo contro il muro **4** sporgere; venire in fuori. ● (*pop.*) **to b. in**, intromettersi; interferire.

butt (3) [bʌt], *n.* (*zool., Hippoglossus hippoglossus*) ippoglosso.

butt (4) [bʌt], *n.* cozzo; cornata; testata. ● **to come (full) b. against st.**, andare a sbattere (in pieno) contro q.c.

butter ['bʌtə*], *n.* **1** burro: **cocoa b.**, burro di cacao **2** (*fam.*) adulazione; sapone, saponata (*fig., pop.*). ● (*bot.*) **b.-and-eggs** (*Linaria vulgaris*), linaria; linaiola □ **b.-bean**, fagiolo americano; fagiolo di Lima □ **b.-boat**, recipiente per il burro fuso □ **b.-curler**, arricciaburro □ **b. dish**, burriera; portaburro □ (*fam.*) **b.-fingered**, dalle mani di pasta frolla (*o* di burro) □ (*fam.*) **b.-fingers**, persona dalle mani di pasta frolla (*o* di burro) □ (*bot.*) **b.-nut** (*Juglans cinerea*), noce americano □ **b.-print**, stampo per marcare il burro □ **b.-scotch**, caramella di zucchero e burro fusi □ (*fig.*) **to lay b. on sb.**, adulare q.; dare del sapone a q. (*pop.*) □ **to look as if b. would not melt in one's mouth**, avere l'aspetto innocente; fare la santarellina □ **melted b.**, burro fuso; salsa di burro, farina, ecc.

to butter ['bʌtə*], *v. t.* **1** imburrare **2** (*fam., to b. up*) adulare; dare del sapone (*o* del burro) a (q.) (*pop.*); insaponare (*fig., pop.*). ● (*fig.*) **to know which side one's bread is buttered**, saper fare il proprio interesse □ (*prov.*) **Fine words b. no parsnips**, le belle parole non servono a nulla.

butterbump ['bʌtəbʌmp], *n.* (*zool., Botaurus stellaris*) tarabuso.

butterbur ['bʌtəbə*], *n.* (*bot., Petasites officinalis*) farfaraccio.

buttercup ['bʌtəkʌp], *n.* (*bot.*) **1** (*Ranunculus acris*) botton d'oro; ranuncolo comune **2** (*Ranunculus bulbosus*) ranuncolo bulboso.

butterfly ['bʌtəflai], *n.* **1** (*anche fig.*) farfalla **2** (*fig.*) farfallino; farfallone **3** (*sport*) (nuoto a) farfalla **4** (*pl.*) crampi allo stomaco (*per l'agitazione*). ● (*mecc.*) **b. nut**, galletto; dado ad alette □ (*sport*) **b. stroke**, (nuoto a) farfalla □ (*sport*) **b. swimmer**, farfallista □ (*mecc.*) **b. valve**, valvola a farfalla (*di carburatore, ecc.*) □ (*fig.*) **to break a b. on a wheel**, far spreco di mezzi per raggiungere uno scopo minimo.

to butterfly ['bʌtəflai], *v. i.* (*USA*) **1** svolazzare **2** (*fig.*) passare di continuo (*da un lavoro a un altro, ecc.*).

buttermilk ['bʌtəmilk], *n.* siero (*del latte*); latticello.

butterwort ['bʌtəwə(:)t], *n.* (*bot., Pinguicula vulgaris*) pinguicola.

buttery (1) ['bʌtəri], *a.* **1** burroso **2** imburrato.

buttery (2) ['bʌtəri], *n.* **1** dispensa **2** spaccio (*in certe università inglesi*).

buttock ['bʌtək], *n.* **1** natica **2** (*pl.*) deretano; sedere **3** (*talvolta pl., naut.*) anca; giardinetto **4** (*lotta*) colpo d'anca; ancata **5** (*macelleria*) girello e controgirello (*di bue*).

to buttock ['bʌtək], *v. t.* (*lotta*) atterrare con un'ancata.

button ['bʌtn], *n.* **1** bottone; pulsante; distintivo (*da portare all'occhiello*) **2** (*bot.*) germoglio; gemma; fungo non ancora maturo **3** (*pl.*) paggio in livrea; ragazzo, inserviente (*d'albergo, circolo, ecc.*). ● **b.-down**, che s'abbottona: **a b.-down shirt collar**, un colletto con bottoni, di camicia da uomo □ (*USA*) **b.-down**, elegante; sofisticato; convenzionale, tradizionale □ **buttoned--down**, *V.* **b.-down** □ (*pop. USA*) **b. man**, «soldato», killer (*della Mafia*) □ (*fam.*) **to be a b. short**, essere corto di comprendonio □ (*bot.*) **b.-wood** (*Platanus occidentalis*), platano americano □ **boy in buttons**, paggio in livrea □ (*autom.*) **horn b.**, pulsante dell'avvisatore elettrico □ (*elettr.*) **push b.**, pulsante □ (*fig.*) **to take sb. by the b.**, attaccare un bottone a q. □ **to touch the b.**, premere il pulsante; (*fig.*) far scoccare la scintilla.

to button ['bʌtn], **A** *v. t.* **1** fornire (*o* ornare) di bottoni **2** (*anche* **to b. up**) abbottonare: **B. up your overcoat**, abbottonati il soprabito **3** (*comm.*) eseguire (*un'ordinazione*) **4** (*scherma*) toccare. **B** *v. i.* abbottonarsi: **This skirt buttons at the side**, questa sottana si abbottona sul fianco. ● (*fam.*) **to b. up**, concludere (*un affare*); portare a termine (*un compito*); abbottonarsi (*fig.*).

buttoned ['bʌtnd], *a.* **1** abbottonato **2** che ha un certo tipo di bottoni: **pearl-b.**, che ha bottoni di madreperla. ● (*fig.*) **b. up**, abbottonato (*fig.*); riservato; chiuso (*fig.*) (*di affare*) concluso; (*di lavoro, ecc.*) terminato.

buttonhole ['bʌtnhoul], *n.* **1** asola; occhiello **2** fiore portato (*o* da mettere) all'occhiello. ● **b. machine**, occhiellatrice.

to buttonhole ['bʌtnhoul], *v. t.* **1** fare gli occhielli a (*una giacca, ecc.*) **2** fare il punto occhiello **3** (*fig.*) attaccare un bottone a (q.).

buttonholer ['bʌtnhoulə*], *n.* **1** occhiellaia; asolaia **2** dispositivo per gli occhielli (*di macchina da cucire*) **3** (*fig.*) attaccabottoni.

buttonhook ['bʌtnhuk], *n.* **1** allacciascarpe **2** allacciaguanti.

buttoning ['bʌtniŋ], *n.* abbottonatura.

buttonless ['bʌtnlis], *a.* privo di bottoni.

buttony ['bʌtəni], *a.* **1** simile a un bottone **2** che ha molti bottoni.

buttress ['bʌtris], *n.* **1** (*edil.*) contrafforte; sperone **2** (*fig.*) appoggio; sostegno. ● (*archit.*) **flying b.**, arco rampante.

to buttress ['bʌtris], *v. t.* **1** (*edil.*) sostenere, rinforzare (*con un contrafforte o sperone*) **2** (*fig., spesso* **to b. up**) appoggiare; rafforzare: **to b. up an argument with solid facts**, rafforzare una tesi con fatti concreti.

buttstock ['bʌt,stɔk], *n.* (*mil.*) impugnatura (*d'arma da fuoco*).

butty ['bʌti], *n.* **1** (*fam.*) amico; compagno **2** (*nelle miniere*) capogruppo (*di minatori a cottimo*). ● **b.-gang**, gruppo di minatori a cottimo.

butyl ['bju:til], *n.* (*chim.*) butile.

butylene ['bju:tili:n], *n.* (*chim.*) butilene.

butyraceous [,bjuti'reiʃəs], *a.* burroso; butirroso.

butyric [bju:'tirik], *a.* (*chim.*) butirrico.

buxom ['bʌksəm], *a.* (*di donna*) prosperosa; avvenente; formosa.

buxomness ['bʌksəmnis], *n.* (*di donna*) formosità; prosperosità (*raro*).

to buy [bai] (*pass.* e *p. p.* **bought**), **A** *v. t.* **1** (*anche fig.*) acquistare; comp(e)rare (*anche nel senso di*: corrompere): **His wealth was dearly bought**, la sua ricchezza era stata acquistata a caro

prezzo 2 procurare: **He has given his son all that money can buy**, ha dato a suo figlio tutto ciò che il denaro può procurare 3 (*pop. USA*) credere; bere (*pop.*): **I'm not going to buy that load of bull!**, tutte queste fesserie non le bevo di certo! **B** *verbi composti* **1 to buy back**, ricomprare. **2 to buy in**, riscattare; comprare a un'asta per conto (*o* da parte) del venditore (*tenendo così i prezzi alti*); fare una scorta; fare provvista di. **3** (*fam.*) **to buy into** (**a company**, etc.), comprare titoli (*o* azioni) di (una società, ecc.). **4 to buy off**, tacitare (*uno che reclama*; *o un ricattatore*, *pagandolo*); pagare per ottenere il congedo di (*un militare*). **5 to buy out**, comprare (*un intero pacchetto azionario*); rilevare (*un negozio*) □ **to buy out a partner**, rilevare la parte di un socio. **6 to buy over** (*USA*: **to buy off**), comprare, corrompere: **The judges had been bought over**, i giudici erano stati comprati. **7 to buy up**, comprare in blocco; accaparrare, fare incetta di. ● (*fin.*) **to buy at best**, comprare al meglio □ **to buy cash**, comprare a contanti □ **to buy cheap**, comprare a buon mercato □ **to buy on credit**, comprare a credito □ **to buy on instalment** (*o* **by instalments**), comprare a rate □ (*fig.*) **to buy a pig in a poke**, comprare q.c. a occhi chiusi; impegnarsi in q.c. senza riflettere □ (*fam.*) **to buy time**, guadagnare tempo □ **to buy wholesale**, comprare all'ingrosso □ (*fam.*) **I'll buy it**, rinuncio a indovinare (*in risposta a un indovinello*); mi arrendo!
buy [bai], *n.* (*fam.*) **1** acquisto; compera: **a bad** (**good**) **buy**, un cattivo (un buon) acquisto **2** cosa in vendita. ● (*Borsa*) **buy order**, ordine d'acquisto □ **buy-out**, accaparramento; incetta.
buyable ['baiəbl], *a.* acquistabile; comprabile.
buyer ['bai-ə*], *n.* **1** acquirente; compratore **2** (*comm.*) direttore dell'ufficio acquisti (*in un'azienda*). ● (*econ.*) **buyers' market**, mercato favorevole ai compratori □ **buyers' strike**, ostruzionismo dei clienti □ **b.-up**, accaparratore; incettatore.
buying ['baiiŋ], **A** *a.* acquirente. **B** *n.* acquisto, compera. ● (*comm.*) **b. and selling**, compravendita □ **b. back**, riacquisto □ **b. power**, (*econ.*) potere d'acquisto, (*comm.*) potenziale d'acquisto □ **b.-up**, accaparramento; incetta.
buzz [bʌz], *n.* ronzio; brusio; bisbigliare diffuso. ● (*fam.*) **b. bomb**, bomba volante □ (*USA*) **b. saw**, sega circolare □ **b. word**, parola tecnica (*alla moda*); termine invalso; parolona □ (*pop.*) **to give sb. a b.**, fare una telefonata a q.
to buzz (1) [bʌz], **A** *v. i.* **1** ronzare; fare un brusio **2** bisbigliare, sussurrare (*senza tregua o in tono eccitato*) **3** pettegolare; fare della maldicenza **4** (*di notizia, voce*) essere diffusa; circolare. **B** *v. t.* **1** raccontare (*una notizia*); diffondere, riferire (*una voce*) **2** far ronzare (*le ali, ecc.*) **3** (*aeron.*) sorvolare a bassa quota **4** (*elettr.*) segnalare (*o* chiamare) con un cicalino **5** (*pop.*) telefonare. ● **to b. about** (*o* **around, along**), correre qua e là; agitarsi □ (*pop.*) **to b. off**, svignarsela; filare, tagliare la corda (*fam.*) □ **to b. stones**, scagliare sassi con tutta la forza.
to buzz (2) [bʌz], *v. t.* finire; (*pop.*) scolarsi (*una bottiglia di vino*).
buzzard ['bʌzəd], *n.* **1** (*zool.*, *Buteo buteo*) poiana; bozzago **2** (*fig., fam.*) avvoltoio (*fig.*).
buzzer ['bʌzə*], *n.* **1** insetto che ronza **2** persona che bisbiglia **3** (*elettr.*) vibratore a cicala; cicalino; segnale acustico; segnalatore acustico.
buzzing ['bʌziŋ], **A** *a.* ronzante. **B** *n.* ronzio; brusio.
by (1) [bai], *prep.* **1** (*compl. di luogo*) presso; vicino a; da; davanti a; per; attraverso; via; verso: **a house by the sea**, una casa presso il mare; **He was sitting by me**, era seduto vicino a me; **I go by the house every day**, passo davanti a quella casa ogni giorno; **I went to Naples by Rome**, andai a Napoli via Roma; **I got in by the back door**, entrai dalla porta di dietro; **He did well by his children**, si comportò bene verso i figli **2** (*compl. di tempo*) per; entro; di: **I'll finish it by tomorrow**, lo finirò per (*o* entro) domani; **by night**, di notte **3** (*compl. di mezzo o strumento*) a; con; da; per; di: **These machines are driven by electricity**, queste macchine sono azionate dall'elettricità; **to read by candlelight**, leggere a lume di candela; **to take sb. by the hand**, prendere q. per mano; **to hold st. by the handle**, tenere q.c. per il manico; **Are these goods made by hand or by machinery?**, questi articoli sono fatti a mano o a macchina?; **to send by land** (**sea, air**), spedire per terra (mare, via aerea); **to travel by train** (**boat, airplane**), viaggiare in treno (nave, aeroplano); **by post**, per posta; **by air mail**, per via aerea; **What do you mean by that?**, che vuoi dire con ciò?; **to live by bread**, vivere di (solo) pane; **to divide** (**to multiply**) **a number by another**, dividere (moltiplicare) un numero per un altro; **He apologized by saying he didn't know**, si scusò col dire (*o* dicendo) che non lo sapeva **4** (*compl. di modo*) per; di; a; secondo; da: **by accident** (**chance, mistake, good fortune**), per caso (buona sorte, errore, fortuna); **The enemy were taken by surprise**, i nemici furono colti di sorpresa; **by degrees**, per gradi; **She works by the hour**, lavora a ore; **He plays chess by the book**, gioca a scacchi attenendosi al manua-

le; **He speaks by the book**, parla come un libro stampato; **to judge by appearances**, giudicare dalle apparenze **5** (*compl. di agente*) da; di: **America was discovered by Columbus**, l'America fu scoperta da Colombo; **a play by Shakespeare**, un dramma di (*o* scritto da) Shakespeare **6** (*compl. di misura*) a; per: **to sell st. by the pound**, vendere q.c. a libbre; **to buy by detail** (**wholesale**), comprare al minuto (all'ingrosso); **The room is six feet by ten**, la stanza è sei piedi per dieci; **to win by half a mile**, vincere per mezzo miglio **7** (*compl. di limitazione*) in: **Love is made by two**, l'amore lo si fa in due. ● **by all means**, di sicuro; senz'altro □ (*comm.*) **by banker**, a mezzo banca □ (*di lavoro*) **by the day**, a giornata □ **by daylight** (**moonlight**), alla luce del giorno (al chiaro di luna) □ **by the dozen**, a dozzine □ **by far**, di gran lunga □ **by heart**, a memoria □ (*di lavoro*) **by the hour**, a ore □ **by your leave**, col tuo permesso □ **by now, by this** (**time**), ormai; **He should have arrived by now**, ormai dovrebbe essere già arrivato □ (**all**) **by oneself**, da solo; da sé; in disparte: **He was sitting by himself**, era seduto in disparte; **He's done it by himself**, l'ha fatto da sé □ (*leg.*) **by proxy**, per procura □ **by rail**, per ferrovia □ **by right**(**s**), di diritto; secondo giustizia □ **by show of hands**, per alzata di mano □ **by the side of**, al fianco di □ **by sight**, di vista □ **by then**, allora: **You'll be a man by then**, sarai già uomo allora □ **by twos**, due a due; due alla volta □ **by one's watch**, secondo il proprio orologio □ **by the way**, cammin facendo; incidentalmente □ **by way of a joke**, in via di scherzo □ **to abide by the rules**, stare alle regole □ **to begin** (**to end**) **by**, cominciare con (finire per): **He began by insulting me**, cominciò con l'insultarmi; **You'll end by breaking everything**, finirai per rompere tutto □ **to come by st.**, procurarsi, entrare in possesso di, ottenere q.c. □ **drop by drop**, goccia a goccia □ **to have st. by one**, avere q.c. a portata di mano (*o* addosso, con sé): **I haven't got the key by me**, non ho la chiave con me (*o* addosso) □ **little by little**, poco a poco □ **north by east**, tra il nord e il nord-nord-est; a nord, spostato un po' verso est □ **one by one**, uno a uno; uno alla volta □ **side by side**, fianco a fianco □ **to stand by sb.**, appoggiare, sostenere q.; restare fedele a q. □ **step by step**, passo a passo □ **to swear by God**, giurare nel nome di Dio.
by (2) [bai], *avv.* vicino; oltre: **We live close by**, abitiamo vicino; **The car sped by**, l'automobile passò oltre velocemente **2** da parte; in disparte; via: **He has put** (*o* **laid**) **by some money for his old age**, ha messo da parte un po' di denaro per la vecchiaia; **Lay** (*o* **Set**) **by your books**, metti in disparte i tuoi libri. ● **to be by**, esserci; essere presente: **He stole the gold when nobody was by**, rubò l'oro quando nessuno era presente □ **by and by**, fra breve; di qui a (*o* di lì) a poco □ **by the by**(**e**), incidentalmente; a proposito □ **by and large**, nell'insieme; nel complesso; in generale □ **all that is gone by**, tutto ciò che è passato □ **to hurry by**, passare in fretta □ **in days gone by**, in passato; in altri tempi; nei tempi andati □ **to keep st. by**, tenere q.c. a portata di mano □ **to let st.** (**sb.**) **by**, fare passare q.c. (q.), rimuovendo un ostacolo □ **to run by**, passare di corsa □ **to stand by**, stare vicino; essere lì; stare a guardare; essere pronto a intervenire.
by (3) [bai], *a. attr.* secondario; marginale; subordinato: **by consideration**, considerazione marginale.
by-bidder ['bai,bidə*], *n.* (*comm.*) chi fa offerte fittizie (*a un'asta*).
by-bidding ['bai,bidiŋ], *n.* (*comm.*) (il fare) offerte fittizie (*a un'asta*).
by-blow ['bai,blou], *n.* **1** colpo accidentale **2** figlio illegittimo.
by-business ['bai,biznis], *n.* attività collaterale.
bye (1) [bai], *n.* **1** cosa secondaria (*o* di scarsa importanza) **2** (*sport*) (posizione del) concorrente favorito dallo spareggio **3** (*golf*) buche non fatte alla fine di una partita (*e rimandate alla successiva*) **4** (*cricket*) punto per palla passata. ● **by the bye**, incidentalmente; a proposito.
bye (2) [bai], *inter.* (*fam.*) addio!; ciao! (*anche, USA*, **bye now**).
bye-bye, **A** *n.* ['baibai] (*infant.*) nanna: **to go to bye-byes**, andare a (far la) nanna. **B** *inter.* ['bai'bai] (*fam.*) addio; arrivederci; ciao.
by-effect ['bai,fekt], *n.* effetto secondario.
bye-law ['bailɔː], *V.* **bylaw**.
by-election ['baii,lekʃən], *n.* (*polit.*) elezione suppletiva.
by-end ['bai,end], *n.* fine reconditio; scopo segreto.
bygone ['baigɔn], **A** *a.* passato; remoto; antico. **B** *n.* cosa passata. ● **Let bygones be bygones**, mettiamoci una pietra sopra; (*prov.*) acqua passata non macina più.
by-issue ['bai,isjuː], *n.* questione (*o* problema) di secondaria importanza.
by-lane ['bailein], *n.* viottolo; vicolo; viuzza secondaria.
bylaw ['bailɔː], *n.* (*leg.*) **1** legge locale; ordinanza (*del sindaco, ecc.*) **2** (*USA*) statuto di società **3** legge suppletiva; leggina (*fam.*).

byname ['baineim], *n.* soprannome; nomignolo.
bypass ['bai-pa:s], *n.* **1** (*autom.*) tangenziale **2** deviazione stradale **3** (*nei tubi del gas, ecc.*) bipasso; by-pass; tubo di derivazione **4** (*elettr.*) derivazione; shunt **5** (*med.: alta chirurgia*) by-pass; bipasso. ● (*aeron.*) **b. engine**, motore a derivazione (*o* a bipasso).
to bypass ['bai-pa:s], *v. t.* **1** seguire la tangenziale di, girare attorno a (*una città*) **2** (*fig.*) fare una deviazione intorno a (*un ostacolo*); aggirare **3** (*mecc., elettr.*) provvedere di bipasso (*o* di derivazione); bypassare.
bypath ['bai-pa:θ], *n.* sentiero secondario; viottolo solitario. ● (*fig.*) **the bypaths of history**, i retroscena della storia.
byplay ['bai-plei], *n.* **1** fatti di secondaria importanza **2** (*teatr.*) azione secondaria (*per lo più mimica*) dei personaggi minori.
byplot ['bai-plɔt], *n.* (*teatr.*) intreccio secondario.
by-product ['bai‚prɔdəkt], *n.* **1** (*ind.*) sottoprodotto **2** (*fig.*) effetto secondario; conseguenza.
byre ['baiə*], *n.* stalla per bovini.
byroad [bairoud], *n.* strada secondaria; strada fuori mano.
Byronic [bai'rɔnik], *a.* (*letter.*) byroniano.
byssaceous [bi'seiʃəs], *a.* (*bot.*) bissaceo.

byssiferous [bi'sifərəs], *a.* (*zool.*) bissifero.
byssine ['bisain], *a.* bissino (*di tessuto*).
byssus ['bisəs], *n.* (*pl.* **byssuses, byssi**) (*ind. tessile, zool.*) bisso.
bystander ['bai‚stændə*], *n.* astante; spettatore.
bystreet ['bai-stri:t], *n.* strada secondaria; strada fuori mano.
byte [bait], *n.* (*elab.*) byte; bicarattere.
by(-)way ['baiwei], *n.* **1** strada fuori mano **2** scorciatoia **3** (*fig.*) via traversa **4** (*fig.*) parte poco nota (*di disciplina, argomento, ecc.*).
byword ['baiwɔ:d], *n.* **1** cosa proverbiale **2** (*di persona*) favola; zimbello **3** *V.* **by-name 4** proverbio. ● **His bad manners have become a b.**, la sua maleducazione è diventata proverbiale.
by-work ['baiwə:k], *n.* occupazione marginale; lavoro secondario.
Byzantine [bi'zæntain], *a.* e *n.* (*anche fig.*) bizantino.
byzantinesque [biz‚æntin'esk], *a.* bizantineggiante.
byzantinism [biz'æntinizəm], *n.* (*anche fig.*) bizantinismo.
to byzantinize [biz'æntinaiz], **A** *v. t.* rendere bizantino (*o* artificioso). **B** *v. i.* bizantineggiare.
Byzantium [bi'zæntiəm], *n.* (*stor.*) Bisanzio.

c, C

C, c [siː], *n.* (*pl.* **C's, c's; Cs, cs**) **1** C, c (*terza lettera dell'alfabeto ingl.*) **2** (*mus.*) do (*nota e scala corrispondente*) **3** terzo d'una serie; (*nelle votazioni*) mediocre: **a C in biology**, un mediocre in biologia. ● (*tel.*) **c for Charlie**, c come Como □ (*mecc.*) **C spring**, molla a c.
cab [kæb], *n.* **1** carrozza da nolo; carrozzella **2** (*autom.*) taxi **3** (*USA*) cabina (*di locomotiva, di camion, ecc.*). ● **cab driver, fiaccheraio; vetturino;** (*autom.*) tassista □ **cab rank**, fila di carrozze da nolo o di taxi (*fermi a un posteggio*) □ **cab-runner** (*o* **cab-tout**), persona che chiama carrozze, ecc. e ne scarica il bagaglio; facchino di piazza □ **cab-stand**, posteggio di carrozze da nolo (*o* di taxi) □ (*ferr.*) **engineer's cab**, cabina di comando □ **taxi-cab**, taxi.
to cab [kæb], *v. i.* andare in carrozza da nolo (*o* in taxi).
cabal [kəˈbæl], *n.* **1** cabala (*complotto, intrigo*) **2** combriccola; cricca.
to cabal [kæˈbæl], *v. i.* cabalare; ordire cabale; complottare.
cabala [kəˈbɑːlə], *n.* (*relig. e fig.*) cabala (*scienza occulta*); dottrina esoterica).
cabalism [ˈkæbəlizəm], *n.* cabalismo; occultismo.
cabalist [ˈkæbəlist], *n.* cabalista.
cabalistic [ˌkæbəˈlistik], *a.* cabalistico.
caballer [kæˈbælə*], *n.* **1** cabalista **2** cospiratore; intrigante.
cabaret [ˈkæbəˌrei] (*franc.*), **A** *n.* cabaret. **B** *a. attr.* cabarettistico.
cabbage [ˈkæbidʒ], *n.* (*bot., Brassica oleracea capitata*) cavolo cappuccio. ● (*zool.*) **c.-butterfly** (*Pieris brassicae*), cavolaia □ **c. patch**, cavolaia; cavolaio □ (*bot.*) **c.-rose** (*Rosa centifolia*), rosa centifoglia.
cabbagehead [ˈkæbidʒˌhed], *n.* **1** cavolo **2** (*pop.*) babbeo; testa (*o* torso) di cavolo.
cabbala [kæˈbɑːlə], e *deriv.* V. **cabala**, e *deriv.*
cabbie, cabby [ˈkæbi], *n.* (*fam.*) vetturino; tassista.
caber [ˈkeibə*], *n.* tronco d'abete sfrondato (*usato nello sport scozzese detto* **tossing the c.**, «lancio del tronco»).
cabin [ˈkæbin], *n.* **1** cabina (*di nave, aeroplano, stazione ferroviaria, ecc.*) **2** capanna; casupola; baracca. ● (*naut.*) **c. boy**, mozzo; aiuto cameriere di bordo □ (*naut.*) **c. class**, seconda classe (*naut.*) **c. cruiser**, (*motoscafo*) cabinato □ **c.-ship**, nave a classe unica □ (*naut.*) **after c.**, cabina di poppa □ (*aeron.*) **pressure c.**, cabina pressurizzata.
to cabin [ˈkæbin], *v. t.* chiudere in una capanna; ingabbiare.
cabinet [ˈkæbinit], *n.* **1** stipo; armadietto **2** — (*polit.*) **C.**, Gabinetto; Ministero; Governo: **a C. meeting**, una riunione del Gabinetto **3** mobiletto **4** vetrina. ● (*polit.*) **C. Council**, Consiglio dei Ministri □ **C. crisis**, crisi ministeriale □ **c. edition**, edizione pregiata □ **c.-maker**, stipettaio □ (*polit.; scherz.*) **C. maker**, primo ministro incaricato □ **c.-making**, ebanisteria □ (*polit. ingl.*) **C. Office**, Presidenza del Consiglio □ **c. photograph**, fotografia formato album □ (*polit.*) **C. posts**, posti di ministro; ministeri; dicasteri □ (*cucina*) **c. pudding**, sorta di plum-cake (*con grasso di rognone in luogo del burro*) □ **bathroom c.**, armadietto (*spesso con specchio*) □ **filing c.**, mobile a scomparti per schedario □ **kitchen c.**, credenza □ (*polit. USA*) **kitchen C.**, gruppo (*non ufficiale*) dei consiglieri presidenziali; «Ministero casalingo» (*origin. del Presidente F. D. Roosevelt*) □ **medicine c.**, armadietto dei medicinali □ (*polit.*) **shadow C.**, ministero ombra (*preparato dall'opposizione*).
cable [ˈkeibl], *n.* **1** cavo; fune; canapo **2** (*naut.*) cavo; gomena **3** (*naut., anche* **c.'s length**) misura di lunghezza di circa 183 metri **4** cablogramma **5** (*comm.*) rimessa telegrafica **6** (*archit.*) rudente. ● **c. address**, indirizzo cablografico □ (*naut.*) **c. buoy**, boa di cavo sottomarino □ **c. car**, vagone di funicolare; cabina di funivia (*o* di teleferica) □ (*elettr.*) **c. carrier**, portafili □ **c.-laid rope**, torticcio □ (*naut.*) **c. locker**, pozzo delle catene □ **c.-railway**, funicolare □ **c. television**, televisione via cavo □ **c. vessel** (*o* **c. ship**), nave posacavi □ **carrying c.**, fune portante (*di funicolare*) □ (*naut.*) **chain c.**, catena (*dell'ancora*)

□ (*naut.*) **shackle of c.**, lunghezza di catena (*circa 183 metri*) □ (*naut.*) **to shorten in c.**, recuperare catena.
to cable [ˈkeibl], **A** *v. t.* **1** provvedere di (*o* legare con) un cavo **2** trasmettere (q.c.), informare (q.c.) con un cablogramma; cablare. **B** *v. i.* inviare un cablogramma.
cablecast [ˈkeiblkɑːst], *n.* (*telev.*) teletrasmissione via cavo.
to cablecast [ˈkeiblkɑːst] (*pass. e p. p.* **cablecast**), *v. t.* (*telev.*) teletrasmettere via cavo.
cablecaster [ˈkeiblˌkɑːstə*], *n.* (*telev.*) teletrasmettitore via cavo.
cablegram [ˈkeiblɡræm], *n.* cablogramma; cablo.
cablese [ˈkeibliːz], *n.* (*USA*) cifrario (*o* linguaggio) telegrafico.
cablet [ˈkeiblit], *n.* piccolo cavo (*meno di 25 cm di diametro*)
cableway [ˈkeiblwei], *n.* funivia; teleferica.
cabling [ˈkeibliŋ], *n.* **1** (*elettr.*) cablaggio **2** (*archit.*) rudenti **3** (*ind. tessile*) ritorcitura.
cabman [ˈkæbmən], *n.* (*pl.* **cabmen**) vetturino; tassista.
cabochon [ˈkæbəʃɒn] (*franc.*), **A** *n.* cabochon. **B** *a. attr.* a cabochon.
caboodle [kəˈbuːdl], *n.* (*pop.*) banda; tribù (*fig.*). ● (*pop.*) **the whole (kit and) c.**, tutto quanto; tutti quanti; tutta la baracca; tutta la banda (*o* la tribù).
caboose [kəˈbuːs], *n.* **1** (*naut.*) cambusa; cucina di bordo **2** (*ferr. USA*) vagone del personale viaggiante (*in coda a un treno*).
cabotage [ˈkæbətɑːʒ] (*franc.*), *n.* (*naut.*) cabotaggio.
cabriolet [ˈkæbriəulei] (*franc.*), *n.* (*anche autom.*) cabriolet.
ca' canny [ˈkɑːˈkæni], *V.* **canny**.
cacao [kəˈkɑːou], *n.* (*pl.* **cacaos**) (*bot., Theobroma cacao*) cacao (*Cfr.* **cocoa**). ● **c. bean**, seme di cacao □ **c. butter**, burro di cacao □ **c. nibs**, chicchi di cacao tostati.
cacciatora [ˌkatʃəˈtuərə], *V.* **cacciatore**.
cacciatore [ˌkatʃəˈtuəri] (*ital.*), *a.* (*cucina USA*) alla cacciatora: **chicken c.**, pollo alla cacciatora.
cachalot [ˈkæʃəlɒt], *n.* (*zool., Physeter macrocephalus*) capodoglio.
cache [kæʃ], *n.* **1** nascondiglio (*di un tesoro, ecc.*) **2** deposito segreto (*di viveri, ecc.*). ● **to make a c.**, lasciare un deposito di viveri.
to cache [kæʃ], *v. t.* nascondere; lasciare (*viveri*) in un deposito.
cachectic(al) [kəˈkektik(əl)], *a.* (*med.*) cachettico.
cachet [ˈkæʃei] (*franc.*), *n.* **1** bollo; sigillo **2** (*fig.*) impronta; segno di autenticità (*o* distinzione); crisma **3** (*farm.*) cachet; cialdino.
cachexy [kəˈkeksi], *n.* (*med.*) cachessia (*anche fig.*).
to cachinnate [ˈkækineit], *v. i.* ridere smodatamente.
cachinnation [ˌkækiˈneiʃən], *n.* cachinno (*lett.*); riso smodato.
cachinnatory [ˈkækiˌneitəri], *a.* di cachinno.
cacholong [ˈkætʃəlɒŋ], *n.* (*miner.*) casciolongo.
cachou [kəˈʃuː], *n.* **1** (*ind.*) cacciù; catecù **2** (*bot., Acacia catechu*) catecù **3** pastiglia aromatica (*per l'alito*).
cacique [kæˈsiːk], *n.* cacicco (*anche fig.*).
to cackle [ˈkækl], **A** *v. i.* **1** (*della gallina*) chiocciare, fare coccodè; (*dell'anatra*) schiamazzare **2** parlare con voce stridula; ridacchiare; ciarlare **3** blaterare; parlare a vanvera. **B** *v. t.* dire (q.c.) con voce stridula (*o* in modo petulante).
cackle [ˈkækl], *n.* **1** (*della gallina*) coccodè; (*dell'anatra*) schiamazzo **2** parole dette con voce stridula; risate rumorose; ciarle; discorso a vanvera: **to cut the c.**, smetterla di fare ciance; passare ai fatti.
cacod(a)emon [ˌkækəˈdiː(ː)mən], *n.* cacodemone; spirito maligno; persona maligna.
cacography [kæˈkɒɡrəfi], *n.* cacografia.
cacophonous [kəˈkɒfənəs], *a.* cacofonico.
cacophony [kəˈkɒfəni], *n.* cacofonia.
cactus [ˈkæktəs], *n.* (*pl.* **cactuses, cacti**) (*bot., Cactus*) cactus.
cad [kæd], *n.* **1** maleducato; cialtrone **2** briccone; canaglia; furfante.
cadastral [kəˈdæstrəl], *a.* catastale: **c. survey**, rilievo catastale.
cadastre, cadaster [kəˈdæstə*], *n.* catasto.

cadaveric [kə'dævərik], *a.* (*med.*) cadaverico.
cadaverine [kə'dævəri:n], *n.* (*chim.*) cadaverina.
cadaverous [kə'dævərəs], *a.* cadaverico; pallidissimo.
caddie ['kædi], *n.* (*golf*) caddie; portabastoni; portamazze.
caddis, caddice ['kædis], *n.* 1 larva di friganea (*usata come esca*) 2 tessuto di lana grezza.
caddish ['kædiʃ], *a.* 1 ignobile; volgare 2 canagliesco; furfantesco.
caddy ['kædi], *n.* 1 *V.* **caddie.** 2 barattolo per il tè.
cadence ['keidəns], *n.* cadenza; intonazione; ritmo.
cadenced [keidənst], *a.* cadenzato; ritmico.
cadency ['keidənsi], *n.* 1 discendenza da un ramo cadetto 2 (*USA*) cadenza; intonazione; ritmo.
cadenza [kə'denzə] (*ital.*), *n.* (*mus.*) cadenza.
cadet [kə'det], *n.* 1 (*anche mil.*) cadetto: **an Air-Force c.**, un cadetto dell'aeronautica 2 (*naut.*) allievo (*dell'Accademia Navale*). ● **c. blue**, grigio-blù □ (*naut.*) **c. ship**, nave scuola.
cadetship [kə'det-ʃip], *n.* posizione (*o grado*) di cadetto.
to **cadge** [kædʒ], A *v. i.* 1 (*fam.*) mendicare; vivere a scrocco 2 (*dial.*) fare il venditore ambulante. B *v. t.* elemosinare; scroccare (*un pasto, ecc.*).
cadger ['kædʒə*], *n.* 1 venditore ambulante 2 mendicante; vagabondo 3 scroccone.
Cadiz [kə'diz], *n.* (*geogr.*) Cadice.
Cadmean [kæd'mi(:)ən], *a.* di Cadmo. ● (*fig.*) **a C. victory**, una vittoria di Pirro (*o* di Cadmo).
cadmic ['kædmik], *a.* (*chim.*) del cadmio; di cadmio.
cadmium ['kædmiəm], *n.* (*chim.*) cadmio. ● to **c.-plate**, cadmiare □ **c.-plating**, cadmiatura.
Cadmus ['kædməs], *n.* (*mitol.*) Cadmo.
cadre [ka:dr], *n.* 1 (*fig.*) quadro; schema 2 (*pl.*; *mil.*, *polit.*) quadri; organico 3 (*polit.*) cellula; gruppo 4 squadra (*d'operai, tecnici, ecc.*).
caduceus [kə'dju:sjəs], *n.* (*pl.* **caducei**) 1 (*mitol.*) caduceo 2 (*un tempo*) mazza di araldo.
caducity [kə'dju(:)siti], *n.* 1 (*anche biol.*) caducità 2 senilità.
caducous [kə'dju(:)kəs], *a.* (*biol., leg.*) caduco, (*fig.*) effimero, transeunte.
caecal ['si(:)kəl], *a.* (*anat.*) cecale.
caecitis [si(:)'saitis], *n.* (*med.*) infiammazione del cieco: tiflite.
caecum ['si:kəm], *n.* (*pl.* **caeca**) (*anat.*) (intestino) cieco.
Caerfilly [ka:'fili], *n.* (*cucina*) formaggio gallese tenero e delicato.
Caesar ['si:zə*], *n.* 1 Cesare 2 (*fig.*) cesare; imperatore; autocrate. ● (*fig.*) **C.'s wife**, persona al di sopra di ogni sospetto.
Caesarean, Caesarian [si(:)'zɛəriən], A *a.* 1 (*stor.*) cesariano 2 cesareo. B *n.* 1 cesariano; seguace di Giulio Cesare 2 sostenitore del cesarismo 3 (*med.*) taglio cesareo. ● (*med.*) **C. operation** (*o* **C. section**), taglio cesareo.
Caesarism ['si:zərizəm], *n.* (*polit.*) cesarismo.
Caesarist ['si:zərist], *n.* fautore del cesarismo.
caesious ['si:zjəs], *a.* (*bot.*) bluastro; grigioverde.
caesium ['si:zjəm], *n.* (*chim.*) cesio.
caestus ['sestəs], *V.* **cestus.**
caesura [si(:)'zjuərə], *n.* (*pl.* **caesuras, caesurae**) (*poesia*) cesura.
café ['kæfei], *n.* 1 caffè; bar 2 tavola calda; piccolo ristorante.
cafeteria [ˌkæfi'tiəriə], *n.* ristorante in cui i clienti si servono da soli; tavola calda; self-service; mensa aziendale.
caff [kæf], *n.* (*abbr. fam. di* **café**) caffè (*il locale*).
caffeine ['kæfi:n], *n.* (*chim.*) caffeina. ● **c.-free**, decaffeinato.
caftan ['kæfta(:)n], *n.* caffetano.
cage [keidʒ], *n.* 1 (*anche fis., mecc., fig.*) gabbia; prigione 2 palizzata; recinto; steccato 3 (*edil.*) ingabbiatura 4 (*ind. min.*) gabbia 5 (*di banca, ecc.*) sportello 6 (*sport*) cesto (*di pallacanestro*); porta (*di hockey*). ● **c. bird**, uccello da gabbia 2 (*pop. USA*) **c. man**, cassiere □ (*ind.*) **driver's c.**, cabina del manovratore □ **lift-c.**, montacarichi.
to **cage** [keidʒ], *v. t.* 1 mettere, tenere in gabbia: **a caged bird**, un uccello in gabbia 2 (*fig.*) imprigionare 3 (*sport*) insaccare (*una palla in rete*).
cagey ['keidʒi], *a.* (*fam.*) astuto; furbo; guardingo; circospetto.
caginess ['keidʒinis], *n.* (*fam.*) astuzia; furbizia; circospezione.
cahoots [kə'hu:ts], *n. pl.* (*pop.*) combutta; collusione; lega: **to be in c. with sb.**, essere in combutta (*o* fare lega) con q. ● **to go c.**, fare a mezzo.
caiman ['keimən], *n.* (*zool., Caiman*) caimano: **spectacled c.** (*Caiman crocodylus*), caimano dagli occhiali.
Cain [kein], *n.* (*anche fig.*) Caino. ● (*pop.*) **to raise C.**, fare il finimondo, l'iradiddio.
Cainozoic [ˌkainou'zoik], *a. e n.* (*geol.*) cenozoico ● (*geol.*) **the C.**, il Cenozoico; l'era cenozoica.
caique [kai'i:k], *n.* (*naut.*) caicco.
cairn [kɛən], *n.* (*scozz.*) 1 cumulo di pietre (*come monumento funebre, segno di confine, ecc.*) 2 (*anche* **c. terrier**) terrier piccolo e irsuto.
cairngorm ['kɛən'gɔ:m], *n.* (*miner.*) quarzo giallo o rossastro.
caisson ([kə'su:n], (*USA*) ['kei,sɔn]), *n.* 1 (*costr.*) cassone pneumatico (*per fondazioni, ecc.*) 2 (*costr. idrauliche*) barca portacassone 3 (*mil.*) cassone; cassonetto 4 (*costr. navali*) cassone d'immersione. ● (*med.*) **c. disease**, malattia dei cassoni; embolia gassosa.
caitiff ['keitif], *n. e a.* (*poet.*) (individuo) malvagio, ignobile, spregevole, vile.
to **cajole** [kə'dʒoul], *v. t.* blandire; circuire; allettare; raggirare. ● **to c. sb. into** (**out of**) **doing st.**, persuadere q. a fare (a non fare) q.c. adulandolo o circuendolo □ **to c. st. out of sb.**, ottenere q.c. da q. con moine o lusinghe.
cajolement [kə'dʒoulmənt], **cajolery** [kə'dʒouləri], *n.* allettamento; raggiro; moine.
cake [keik], *n.* 1 focaccia; torta (*anche fig.*); tortina: **Everyone should get a more equal share of the c.**, tutti dovrebbero avere una fetta più equa della torta (*una porzione maggiore di benessere*) 2 pasta; pasticcino 3 frittella (*di verdura, ecc.*); crocchetta (*di pesce, ecc.*); polpettina 4 pezzo; pane (*di cera, ecc.*): **a c. of soap**, un pezzo di sapone; una saponetta. ● (*fig.*) **cakes and ale**, le cose belle della vita; i piaceri mondani; gli spassi □ (*cucina*) **c. decorator**, siringa per (decorare) dolci □ **c. make-up**, cipria compatta □ **a c. of blood**, un grumo di sangue □ **a c. of chocolate**, una tavoletta di cioccolata □ **a c. of mud**, una macchia di fango □ **a c. of tobacco**, un blocchetto di tabacco □ **c. shop**, pasticceria □ **fish-c.**, crocchetta di pesce □ (*fam.*) **a piece of c.**, una cosa facile; un gioco da ragazzi □ (*fig.*) **to take the c.**, ottenere la palma; eccellere □ (*prov.*) **You cannot eat your c. and have it**, non si può avere la botte piena e la moglie ubriaca.
to **cake** [keik], *v. t. e i.* agglomerare, agglomerarsi; rapprendersi; incrostare, incrostarsi; seccare (*o* seccarsi) formando croste: **His overcoat was all caked with mud**, il suo soprabito era tutto incrostato di fango. ● **caked nails**, unghie sporche.
caky ['keiki], *a.* 1 simile a una focaccia 2 che si rapprende, s'incrosta.
calabar ['kæləbə*], *n.* 1 pelliccia marrone di scoiattolo calabrese 2 pelliccia grigia di scoiattolo siberiano.
Calabar bean [kælə'ba:'bi:n], *n.* (*bot.*) fava del Calabar.
calabash ['kæləbæʃ], *n.* 1 (*bot., Lagenaria vulgaris*) zucca a fiasco 2 (*bot.*) *Crescentia cujete* 3 pipa o recipiente ricavati da tale frutto.
calaber ['kæləbə*], *V.* **calabar.**
calaboose [ˌkælə'bu(:)s], *n.* (*pop. USA*) prigione; gattabuia.
Calabrian [kə'læbriən], *a. e n.* calabrese.
calamander [ˌkælə'mændə*], *n.* (*ind.*) calamandra (*legno pregiato*).
calamary ['kæləməri], *n.* (*zool., Loligo*) calamaro.
calamine ['kæləmain], *n.* (*miner.*) 1 (*USA*) calamina 2 (*G. B.*) smithsonite. ● **c. lotion**, lozione alla calamina (*contro le ustioni*).
calamint ['kæləmint], *n.* (*bot., Satureja calamintha*) calaminta; nepetella.
calamite ['kæləmait], *n.* (*geol.*) calamite.
calamitous [kə'læmitəs], *a.* calamitoso.
calamity [kə'læmiti], *n.* calamità. ● (*fam. USA*) **c.-howler**, uccello del malaugurio; pessimista; cassandra; profeta di sventure.
calamus ['kæləməs], *n.* (*pl.* **calami**) (*bot.*) 1 (*Calamus*) calamo 2 (*Acorus calamus*) calamo aromatico.
calash [kə'læʃ], *n.* 1 calesse (*per lo più fornito di mantice*) 2 mantice (*di carrozza*) 3 (*nel sec. XVIII*) cappuccio, cappellino (*specialm. di dama*).
calcar ['kælka:*], *n.* (*stor.*) calcara (*forno fusorio per vetro*).
calcareous, calcarious [kæl'kɛəriəs], *a.* calcareo.
calceolaria [ˌkælsiə'lɛəriə], *n.* (*bot., Calceolaria*) calceolaria.
calceolate ['kælsiəleit], *a.* (*bot.*) calceolato.
calcic ['kælsik], *a.* (*chim.*) calcico.
calciferous [kæl'sifərəs], *a.* (*chim., geol.*) calcifero.
calcific [kæl'sifik], *a.* (*chim.*) calcifico.
calcification [ˌkælsifi'keiʃən], *n.* (*biol., med.*) calcificazione.
to **calcify** ['kælsifai], *v. t. e i.* calcificare, calcificarsi.
calcinable [kæl'sainəbl], *a.* (*chim.*) calcinabile.
calcination [ˌkælsi'neiʃən], *n.* (*chim.*) calcinazione; calcinatura.
to **calcine** ['kælsain], A *v. t.* (*chim.*) 1 calcinare 2 ridurre in cenere. B *v. i.* 1 calcinarsi 2 ridursi in cenere.
calcite ['kælsait], *n.* (*miner.*) calcite.
calcium ['kælsiəm], *n.* (*chim.*) calcio: **c. carbide**, carburo di calcio; **c. chloride**, cloruro di calcio; **c. cyanamide**, calciocianammide.
calculability [ˌkælkjulə'biliti], *n.* qualità d'essere calcolabile.
calculable ['kælkjuləbl], *a.* calcolabile.
to **calculate** ['kælkjuleit], A *v. t.* 1 calcolare; computare; pre-

calculating

vedere 2 *(fam. USA)* credere; ritenere 3 *(al passivo)* **to be calculated**, essere inteso *(a un fine)*; essere deliberato: **This warning is calculated to keep him out of trouble**, questo avvertimento è inteso a evitargli di mettersi nei guai; **This is a calculated insult**, questo è un insulto deliberato. **B** *v. i.* **1** fare calcoli *(o* conti*)* **2** – **to c. on** *(o* upon*)*, contare su; fare calcolo sopra (q.): **We c. upon a hundred people attending the meeting**, contiamo che un centinaio di persone partecipi alla riunione.
calculating ['kælkjuleitiŋ], *a.* calcolatore; astuto; cauto. ● **c. machine**, (macchina) calcolatrice.
calculation [,kælkju'leiʃən], *n.* **1** calcolo; conteggio **2** previsione; congettura **3** calcolo; astuzia.
calculative ['kælkjulətiv], *a.* **1** relativo al calcolo **2** che fa *(o* che tende a fare*)* bene i propri calcoli.
calculator ['kælkjuleitə*], *n.* **1** computista **2** prontuario per fare calcoli **3** (macchina) calcolatrice; calcolatore **4** *(di persona)* calcolatore.
calculosis [,kælkju'lousis], *n. (pl.* **calculoses**) *(med.)* calcolosi.
calculous ['kælkjuləs], *a. (med.)* **1** calcoloso **2** causato da calcolo.
calculus ['kælkjuləs], *n. (pl.* **calculi**, **calculuses**) *(med., mat.)* calcolo.
caldron ['kɔ:ldrən], *n. (USA)* caldaia; calderone.
Caledonian [,kæli'dounjən], **A** *a.* **1** *(stor.)* caledonio **2** *(geol.)* caledoniano. **B** *n.* **1** *(stor.)* caledonio **2** *(poet., scherz.)* scozzese.
calefacient [,kæli'feiʃənt], *a.* e *n. (fis., med.)* calefacente.
calefaction [,kæli'fækʃən], *n. (fis.)* calefazione.
calefactory [,kæli'fæktəri], **A** *a.* calefacente. **B** *n.* **1** stanza riscaldata *(in un monastero)* **2** scaldaletto.
calendar ['kælində*], *n.* **1** calendario **2** annuario; lista; registro. ● **c. day**, giorno del calendario □ **c. month**, mese civile □ **c. year**, anno solare □ **the school c.**, il calendario scolastico.
to calendar ['kælində*], *v. t.* **1** registrare; includere in un elenco *(o* in una lista*)* **2** ordinare, esaminare, schedare *(documenti, ecc.)*.
calender ['kælində*], *n. (tecn.)* calandra; cilindratoio; pressa.
to calender ['kælində*], *v. t. (ind.)* calandrare: **calendered paper**, carta calandrata.
calends ['kælindz], *n. pl.* calende.
calendula [kæ'lendjulə], *n. (bot., Calendula)* calendola.
calenture ['kæləntjuə*], *n. (med.)* calentura; febbre tropicale.
calf (1) [ka:f], *n. (pl.* **calves**, **calfs**) **1** vitello **2** piccolo di grosso mammifero *(elefante, balena, ecc.)* **3** *(fam.)* pivello; sbarbatello **4** *(fam.)* sciocco; tonto **5** *(naut.)* V. **calved ice**, *sotto* **to calve**. ● *(di libro)* **c.-bound**, rilegato in pelle di vitello □ **c.-knees**, ginocchia valghe; gambe a ics □ *(fig.)* **c. love**, amore fanciullesco; cotta giovanile □ **c.'s teeth**, denti di latte □ *(fig.)* **the golden c.**, il vitello d'oro □ *(di vacca)* **in c.**, gravida; pregna □ *(fig.)* **to kill the fatted c.**, uccidere il vitello grasso; far festa in onore di q. □ **to slip one's c.**, abortire □ **sea-c.**, vitello marino □ *(di vacca)* **to be with c.**, essere pregna.
calf (2) [ka(:)f], *n. (pl.* **calves**) *(anat.)* polpaccio.
Caliban ['kælibæn], *n. (letter.)* Calibano.
caliber ['kælibə*], *(USA)* V. **calibre**.
to calibrate ['kælibreit], *v. t. (mecc.)* **1** calibrare; determinare il calibro di *(un tubo, ecc.)* **2** graduare, tarare *(uno strumento)*.
calibration [,kæli'breiʃən], *n. (mecc.)* calibratura; taratura.
calibrator ['kælibreitə*], *n. (tecn.)* calibratore.
calibre ['kælibə*], *n.* **1** *(mecc.)* calibro: **a howitzer's c.**, il calibro di un obice **2** *(fig.)* importanza; valore; levatura; calibro: **He's a man of excellent c.**, è un uomo di grande valore.
calico ['kælikou], *n. (pl.* **calicoes**, **calicos**) *(ind. tessile)* **1** calicò; tela di cotone **2** *(USA)* cotonina *(stampata)*.
calidarium [,kæli'dɛəriəm] *(lat.)*, *n. (pl.* **calidaria**) *(archeol.)* calidario.
calif ['kælif], *n.* califfo.
califate ['kælifeit], *n.* califfato.
Californian [,kæli'fɔ:njən], *a.* e *n.* californiano.
californium [,kæli'fɔ:njəm], *n. (chim.)* californio.
caliga ['kæligə] *(lat.)*, *n. (pl.* **caligae**) *(stor.)* caliga.
Caligula [kə'ligjulə], *n. (stor. romana)* Caligola.
caliper ['kælipə*], *n. (di solito al pl.)* compasso *(da tracciatore)*; calibro *(a compasso)*.
caliph ['kælif], e *deriv.* V. **calif**, e *deriv.*
calix ['kæliks], *n. (pl.* **calices**) *(relig.)* calice; coppa.
calk (1) [kɔ:k], *n. (ing., costr. navali)* materiale per calafataggio.
to calk (1) [kɔ:k], *v. t.* **1** *(ing., costr. navali)* calafatare **2** *(mecc.)* cianfrinare, presellare **3** chiudere, turare *(fessure, con stoppa, ecc.)*; stuccare.
to calk (2) [kɔ:k], *v. t.* munire *(un ferro di cavallo)* di rampone; provvedere *(una scarpa)* di piastrine di ferro.
calk (3) [kɔ:k], *n.* rampone, ferro *(su una scarpa, un ferro di cavallo, ecc.)*.
to calk (3) [kɔ:k], *v. t.* decalcare *(un disegno)*.

calker (1) ['kɔ:kə*], *(scozz.)* V. **calk (2)**.
calker (2) ['kɔ:kə*], *n.* **1** *(ing., costr. navali)* calafato **2** *(mecc.)* cianfrinatore **3** *(mecc.)* cianfrino; presella.
calkin ['kælkin], *n.* rampone, ferro *(su una scarpa, ecc.)*.
calking ['kɔ:kiŋ], *n. (ing., costr. navali)* **1** calafataggio **2** materiale per calafataggio **3** *(mecc.)* cianfrinatura; presellatura ● **c. chisel** *(o* tool*)*, cianfrino; presella □ **c. gun**, pistola turapori □ **c. iron**, ferro da calafato.
to call [kɔ:l], **A** *v. t.* e *i.* **1** chiamare: **He called me from the window**, mi chiamò dalla finestra **2** metter nome a; nominare: **The street was called after my father**, dettero alla strada il nome di mio padre **3** gridare; invocare: **She called my name**, ella gridò il mio nome **4** andare, venire *(nel senso di:* far visita, passare*)*: **Has anybody called?**, è venuto nessuno?; **John wasn't in when I called**, Giovanni era fuori quando passai da lui **5** convocare (q.); indire *(una riunione, ecc.)*; proclamare: **A meeting was called for April the tenth**, fu indetta una riunione per il dieci aprile; **to c. a strike**, proclamare uno sciopero **6** dichiarare, accusare *(nei giochi, per es. a biliardo)* **7** *(nel gioco del poker)* vedere: **He bluffed but I called (him)**, bluffava ma io vidi **8** chiamare, dare del *(bugiardo, ladro, ecc.)* **9** chiamare *(al telefono)*; telefonare a (q.) **10** *(d'uccelli)* richiamare; emettere il richiamo **11** *(fin.)* rimborsare: **called bond**, obbligazione rimborsata *(o* estratta*)* **12** *(al passivo)* **to be called**, chiamarsi: **She's called Ann**, si chiama Anna; **What's this toy called?**, come si chiama questo balocco? **B** *verbi composti* **1 to c. at**, andare, passare da; *(naut.)* fare scalo a: **The ship called at Genoa**, la nave fece scalo a Genova; **We called at the post-office**, ci fermammo un momento all'ufficio postale. **2 to c. away**, distrarre; distogliere: **You mustn't c. the boys away from their work**, non devi distrarre i ragazzi dal loro lavoro □ *(di un medico)* **to be called away**, essere chiamato per una visita: **Doctor Brown has been called away**, il dottor Brown non c'è *(perché è stato chiamato altrove)*. **3 to c. back**, richiamare *(q., anche al telefono)*; ritrattare; *(ind.)* ritirare *(prodotti difettosi: dal mercato)*: **He called back his confession**, egli ritrattò la sua confessione. **4 to c. down**, far scendere; invocare; *(pop.)* denigrare; dire corna *(o* peste e corna*)* di *(pop.)*; *(fam. USA)* rimproverare; sgridare; *(pop. USA)* sfidare *(q. a duello, a battersi, e sim.)*: **The people called down the wrath of God upon the tyrant's head**, il popolo invocò l'ira divina sul capo del tiranno. **5 to c. for**, richiedere; aver bisogno di; andare *(o* venire, passare*)* a prendere *(q. o q.c.)*: **Your project calls for large means**, il tuo progetto richiede grandi mezzi; **The army calls for more men**, l'esercito ha bisogno di un maggiore numero d'uomini; **We shall c. for you on our way to the station**, ti verremo a prendere quando passeremo per andare alla stazione □ *(leg.)* **to c. for bids**, fare un'offerta cauzionale per un'aggiudicazione □ *(fin.)* **to c. for subscribed capital**, richiamare i decimi. **6 to c. forth**, causare, suscitare; far uscire; evocare; fare appello a: **He had to c. forth all his strength**, dovette fare appello a tutta la sua forza. **7 to c. in**, chiedere il pagamento *(o* la restituzione*)* di; ritirare; chiamare *(in aiuto, ecc.)*; *(fin.)* ritirare *(monete)* dalla circolazione; *(ind.)* ritirare *(prodotti difettosi: dal mercato)*: **C. in a doctor at once**, chiama subito un medico □ **to c. in sick**, darsi malato per telefono. **8 to c. off**, disdire; revocare; richiamare, allontanare; leggere ad alta voce: **The meeting was called off**, la riunione fu disdetta; **to c. off a strike**, revocare uno sciopero; **He called off the watchdogs**, richiamò i cani da guardia. **9 to c. on sb.**, passare da q.; fargli una breve visita □ **to c. on** *(o* upon*)* **sb. to do st.**, chiedere a q. di fare q.c.; fare appello a q. perché faccia q.c. □ *(econ.)* **to c. on domestic savings**, fare ricorso al risparmio interno. **10 to c. out**, gridare; chiedere o dire ad alta voce; chiamare; convocare; sfidare a duello: **He called out the name of the winner**, disse ad alta voce il nome del vincitore; **The mayor had to c. out the troops**, il sindaco dovette chiamare in aiuto le truppe. **11 to c. over**, leggere ad alta voce *(nomi ecc., da una lista)*. **12 to c. up**, evocare *(spiriti, ecc.)*; *(USA)* chiamare *(al telefono)*, telefonare a; *(fam. ingl.)* chiamare alle armi; richiamare *(q. alle armi; q.c. alla mente)*; svegliare; ridestare, risvegliare *(ricordi, memorie, ecc.)*; *(fin.)* richiamare: **called-up capital**, capitale richiamato. ● **to c. aloud**, chiamare a gran voce □ **to c. the banns**, fare le pubblicazioni (matrimoniali) □ *(leg.)* **to c. a case (in a lawcourt)**, fissare un'udienza (in tribunale) □ **to c. cousins with**, vantare la propria parentela con; essere parente di □ *(nei giochi di carte)* **to c. for trumps**, chiamare la briscola □ **to c. a halt**, dare l'alt *(alle truppe, ecc.)* □ **to c. in question**, mettere in dubbio □ **to c. into being**, creare; dar vita a; chiamare in vita □ **to c. into play**, far appello a; far agire, far valere □ *(rugby)* **to c. mark**, chiedere un «mark» □ **to c. the roll**, fare l'appello □ **to c. sb.'s attention to st.**, richiamare l'attenzione di q. su q.c. □ *(fig.)* **to c. sb.'s bluff**, scoprire il gioco di q.; dire *(o* dimostrare*)* a q. che sta bluffando; non lasciarsi intimidire da q. □ **to c. sb. to account**, chiamare q. alla

resa dei conti □ **to c. sb. names**, dare dei titoli a q.; ingiuriare q. □ **to c. sb. over the coals**, rimproverare q.; sgridare q.; □ **to c. sb. to order**, richiamare q. all'ordine □ **to c. a spade a spade**, dir pane al pane □ **to c. to arms (to the army)**, chiamare alle armi □ **to c. to mind**, richiamare alla mente □ (*leg.*) **to be called to the bar**, essere ammesso alla professione forense; venire iscritto all'albo degli avvocati □ (*leg.*) **to be called within the bar**, diventare Queen's (*o* King's) Counsel (*q. V.*) □ **to feel called upon to do st.**, sentirsi in dovere di fare q.c. □ **to be kept until called for**, trattenere fino al ritiro; (*su una lettera*) fermo posta.

call [kɔ:l], *n.* **1** chiamata (*in ogni senso*); telefonata: **The doctor received a c.**, il dottore ha avuto una chiamata **2** grido; invocazione: **a c. for help**, un'invocazione d'aiuto; **I heard a c.**, ho sentito un grido **3** richiamo (*anche del cacciatore*); invito: **the c. of the sea**, il richiamo del mare; **the c. of the wild**, il richiamo della vita selvaggia (*o* della foresta, ecc.); **I had a c. to visit a sick friend**, ho ricevuto l'invito a far visita a un amico malato **4** vocazione: **If you want to become a priest, answer your c.**, se vuoi farti prete, segui la tua vocazione **5** breve visita (*anche professionale*); giro: **He received a c.**, ricevette una (breve) visita; **to pay** (*o* **to make**) **a c. on sb.**, fare una breve visita a q. **6** fermata (*di treno*); scalo (*di nave*) **7** richiesta (*di fondi, di denaro, d'aiuto, ecc.*): **He has many calls on his money**, riceve molte richieste di aiuti in denaro **8** (*specialm. in frasi neg. o interr.*) necessità; bisogno; motivo: **There is no c. to blush**, non c'è bisogno di arrossire; **Is there any c. for me to bother?**, c'è motivo che mi preoccupi? **9** (*comm.*) ordine; richiesta di pagamento **10** (*fin.*) richiamo dei decimi (*sulle azioni sottoscritte*) **11** (*nei giochi di carte*) chiamata; invito. ● (*ind.*) **c.-back**, ritiro (*di prodotti difettosi*) □ **c.-bell**, suoneria, soneria (*del telefono*) □ **c.-bird**, uccello da richiamo □ **c.-box**, cabina telefonica □ **c.-boy**, ragazzo (*d'albergo, ecc.*); (*teatr.*) buttafuori □ (*fam. USA*) **c.-down**, rimprovero; sgridata □ **c. for bids**, bando di gara d'appalto □ **c. for funds**, richiesta di fondi □ (*econ.*) **c. for manpower**, offerta di lavoro □ (*fam.*) **c.-girl**, ragazza squillo; (una) squillo (*fam.*) □ (*radio, telev.*) **c.-in (program)**, programma con telefonate (*del pubblico*) in diretta □ (*fin.*) **c.-loan**, prestito da rimborsare a richiesta □ **c.-money**, (*fin.*) credito esigibile in qualsiasi momento; (*Borsa*) denaro investito a brevissima scadenza □ **c.-over**, appello □ (*Borsa*) **c. price**, prezzo del contratto «dont» □ (*ass., naut.*) **calls risk**, rischio negli scali □ **c. sign**, (*tel., radio*) segnale di chiamata; (*naut.*) nominativo □ (*mil.*) **c. to quarters**, ritirata (*in caserma, ecc.*) □ (*fam. ingl.*) **c.-up**, chiamata alle armi, richiamo; richiamati (*collett.*), leva: **the 1962 c.-up**, la leva del 1962 □ (*mil.*) **c.-up papers**, cartolina precetto; cartolina rosa (*fam.*) □ **at c.**, *V.* **on c.** □ (*radio*) **distress c.**, segnale di pericolo; chiamata di pericolo □ **to have a close c.**, scamparla per miracolo ● **on c.**, (*di attrezzo, veicolo, ecc.*) a disposizione; (*di medico, ecc.*) a disposizione, in servizio; (*fin. di titolo*) pagabile a richiesta □ **a place** (*o* **house**) **of c.**, un posto dove si va spesso, per motivi di lavoro (*detto di commessi viaggiatori, ecc.*) □ (*naut.*) **port of c.**, porto di scalo □ (*nelle scuole, ecc.*) **roll-c.**, appello □ (*teatr.*) **to take a c.**, essere chiamato alla ribalta □ (*tel.*) **trunk c.** (*USA*: **long-distance c.**), telefonata interurbana □ **within c.**, a portata di voce □ **The postman has several more calls to make**, il postino deve fare ancora un giro lungo (*o* deve passare ancora da molte case).

calla ['kælə], *n.* (*bot.*) **1** (*Calla palustris*) calla **2** (*Zantedeschia aethiopica, anche* **c. lily**) calla dei fioristi; calla (*fam.*).

callable ['kɔ:ləbl], *a.* (*fin.*) **1** rimborsabile **2** redimibile: **c. bond**, obbligazione redimibile.

caller ['kɔ:lə*], *n.* **1** chi chiama, grida, ecc. (*V.* **to call**) **2** chi fa una breve visita; visitatore **3** chi fa una telefonata **4** chi estrae e chiama i numeri (*in una tombola, ecc.*) **5** chi guida le danze.

calligrapher [kə'lɪgrəfə*], *n.* calligrafo.
calligraphic [,kælɪ'græfɪk], *a.* calligrafico.
calligraphist [kæ'lɪgrəfɪst], *n.* calligrafo.
calligraphy [kæ'lɪgrəfɪ], *n.* calligrafia.
calling ['kɔ:lɪŋ], *n.* **1** il chiamare, gridare, ecc. (*V.* **to call**) **2** vocazione **3** professione; occupazione; mestiere. ● **c. card**, biglietto da visita □ **c. together**, convocazione □ (*fin.*) **c.-up**, richiamo (*di un versamento, ecc.*).
calliper ['kælɪpə*], *V.* **caliper**.
callisthenics [,kælɪs'θenɪks], *n. pl.* **1** (*col verbo al sing.*) ginnastica ritmica (*col verbo al pl.*) esercizi di ginnastica ritmica.
callosity [kæ'lɒsɪtɪ], *n.* **1** callosità **2** (*fig.*) durezza, insensibilità.
callous ['kæləs], *a.* **1** calloso **2** (*fig.*) indurito, insensibile; incallito.
callousness ['kæləsnɪs], *n.* **1** callosità **2** (*fig.*) durezza, insensibilità.
callow ['kæloʊ], *a.* **1** senz'ali **2** implume **3** (*fig.*) imberbe; inesperto: **a c. young man**, un giovane inesperto.

callus ['kæləs], *n.* (*pl.* **calluses, calli**) (*med., bot.*) callo.
calm (1) [ka:m], *n.* calma; quiete; tranquillità; serenità. ● (*naut.*) **dead c.**, bonaccia □ **There's a c. on the sea**, il mare è in calma.
calm (2) [ka:m], *a.* **1** calmo; quieto; tranquillo; sereno **2** (*fam.*) impudente; sfacciato: **That's pretty c. of him!**, è una bella impudenza da parte sua! ● (*del mare*) **as c. as a millpond**, calmissimo; liscio come l'olio □ **Keep c.!**, state calmi!; calma!
to calm [ka:m], **A** *v. t.* calmare; acquietare; rasserenare. **B** *v. i.* — **to c. down**, calmarsi; acquietarsi. **to calm oneself C** *v. rifl.* calmarsi.
calmative ['kɑ:mətɪv], *a. e n.* (*farm.*) calmante; tranquillante.
calmness ['kɑ:mnɪs], *n.* calma; quiete; tranquillità; serenità.
calomel ['kæləmel], *n.* (*chim., farm.*) calomelano.
Calor gas ['kælə gæs], *n.* (*marchio*) gas per uso domestico (*in bombole*).
caloric [kə'lɒrɪk], *a.* (*fis., biol.*) calorico.
calorie ['kælərɪ], *n.* (*fis., biol.*) caloria.
calorific [,kælə'rɪfɪk], *a.* (*fis.*) calorifico.
calorimeter [,kælə'rɪmɪtə*], *n.* (*fis.*) calorimetro.
calorimetric(al) [,kælərɪ'metrɪk(əl)], *a.* (*fis.*) calorimetrico.
calorimetry [,kælə'rɪmɪtrɪ], *n.* (*fis.*) calorimetria.
calory ['kælərɪ], *n.* (*fis., biol.*) caloria.
calotte [kə'lɒt], *n.* **1** calotta, papalina; zucchetto (*dei preti*) **2** (*zool.*) cresta a cappuccio **3** (*archit., geol., tecn.*) calotta **4** (*anat.*) calotta cranica.
caltrop ['kæltrəp], *n.* **1** (*stor., mil.*) tribolo; triangolo **2** (*bot.*) *Centaurea calcitrapa* **3** (*bot., Trapa natans*) castagna d'acqua **4** (*bot., Tribulus*) tribolo.
calumet ['kæljʊmet], *n.* calumet (*pipa degli Indiani d'America, simbolo di pace*). ● **to smoke the c. together**, fumare insieme il calumet; fare la pace.
to calumniate [kə'lʌmnɪeɪt], *v. t.* calunniare; diffamare.
calumniation [kə,lʌmnɪ'eɪʃən], *n.* calunnia; diffamazione.
calumniator [kə'lʌmnɪeɪtə*], *n.* calunniatore; diffamatore.
calumniatory [kə'lʌmnɪeɪtərɪ], **calumnious** [kə'lʌmnɪəs], *a.* calunnioso; diffamatorio.
calumny ['kæləmnɪ], *n.* calunnia; diffamazione.
Calvary ['kælvərɪ], *n.* **1** Calvario **2** rappresentazione sacra della crocefissione; Via Crucis.
to calve [ka:v], *v. t. e i.* **1** (*di vacca*) figliare; partorire **2** (*di iceberg o ghiacciaio*) lasciar cadere (*un blocco di ghiaccio*). ● (*naut.*) **calved ice**, blocco di ghiaccio disperso.
calves [ka:vz], *pl.* di **calf** (1) e (2).
Calvinism ['kælvɪnɪzəm], *n.* (*stor., relig.*) calvinismo.
Calvinist ['kælvɪnɪst], *n. e a.* (*stor., relig.*) calvinista.
Calvinistic(al) [,kælvɪ'nɪstɪk(əl)], *a.* **1** calvinistico **2** dogmatico.
calx [kælks], *n.* (*pl.* **calces, calxes**) residuo calcinato.
calycanthus [,kælɪ'kænθəs], *n.* (*bot., Calycanthus floridus*) calicanto d'estate.
calyciform [kə'lɪsɪfɔ:m], *a.* (*bot.*) a forma di calice; caliciforme.
calycinal [kə'lɪsɪnəl], **calycine** ['kælɪsaɪn], *a.* (*bot.*) simile a calice; calicino.
calycle ['kælɪkl], *n.* (*bot.*) calicetto.
calypso [kə'lɪpsoʊ], *n.* (*pl.* **calypsos, calypsoes**) (*mus.*) calipso (*canto popolare delle Indie occidentali*).
calyptra [kə'lɪptrə], *n.* (*bot.*) calittra, caliptra.
calyx ['keɪlɪks], *n.* (*pl.* **calyces, calyxes**) (*bot.*) calice.
cam [kæm], *n.* (*autom., mecc.*) camma; eccentrico.
camaraderie [,kæmə'rɑ:dərɪ] (*franc.*), *n.* cameratismo.
camber ['kæmbə*], *n.* **1** (*di una strada*) bombatura **2** (*mecc., aeron.*) curvatura **3** (*mecc., costr., elettr.*) freccia (*altezza della curva*) **4** (*autom., mecc.*) inclinazione (*delle ruote*) **5** (*anche* **c.-beam**) trave ricurva. ● (*autom., mecc.*) **c. angle**, campanatura (*delle ruote*) □ (*naut.*) **c.-keeled**, con la chiglia inarcata.
to camber ['kæmbə*], (*mecc., aeron., ecc.*) **A** *v. t.* **1** curvare **2** dare una (determinata) freccia a (q.c.). **B** *v. i.* avere una (certa) curvatura (*o* freccia).
cambist ['kæmbɪst], *n.* (*comm.*) **1** cambiavalute; cambista **2** manuale per la conversione di misure, pesi e valute (*di vari paesi*).
Cambodia [kæm'bəʊdʒə], *n.* (*geogr.*) Cambogia.
Cambodian [kæm'bəʊdʒən], *a. e n.* cambogiano.
cambrel ['kæmbrəl], *n.* uncino (*da macellaio*).
Cambrian ['kæmbrɪən], *a. e n.* **1** gallese **2** (*geol.*) cambriano. ● (*geol.*) **the C.**, il Cambriano (*il periodo cambriano*).
cambric ['keɪmbrɪk], (*ind. tessile*) **A** *n.* cambrì; (tela) batista. **B** *a.* di cambrì: **cotton c.**, cotone di cambrì. ● **c. muslin**, percalle.
Cambridge blue ['keɪmbrɪdʒ blu:], *n.* blu chiaro.
came (1) [keɪm], *pass.* di **to come**.
came (2) [keɪm], *n.* lamina (*o* bacchetta) di piombo (*per fissare vetri di finestra, ecc.*); piombo: **the cames of a glass door**, i piombi di una vetrata.

camel ['kæməl], *n.* **1** (*zool.*, *Camelus bactrianus*) cammello **2** (*color*) cammello **3** (*costr. idraulice*) cassone pneumatico. ● **c. driver**, cammelliere □ **c.('s) hair**, pelo di cammello □ **c.'s-hair**, di (pelo di) cammello; (*di pennello*) di scoiattolo.
cameleer [ˌkæmiˈliə*], *n.* cammelliere.
camelia [kəˈmiːljə], *n.* (*bot.*, *Camellia japonica*) camelia.
camelopard ['kæmiləpɑːd], *n.* (*arc.*: *zool.*, *Giraffa camelopardalis*) giraffa.
camelry ['kæmlri], *n.* (*mil.*) truppe cammellate.
Camembert ['kæməmbɛə*] (*franc.*), *n.* camembert (*formaggio*).
cameo ['kæmiou], *n.* (*pl.* **cameos**, **cameoes**) **1** cammeo **2** (*cinem.*, *teatr.*) scena; scenetta; quadro; partecipazione straordinaria.
camera ['kæmərə], *n.* **1** macchina fotografica; fotocamera **2** telecamera **3** (*leg.*: *pl.* **camerae**) ufficio privato di giudice. ● **c.-man**, fotoreporter, fotocronista; operatore (cinematografico, ecc.) □ **film** (*o* **motion-picture**) **c.**, macchina da presa □ **folding c.**, macchina fotografica a soffietto □ **in c.**, (*leg.*) in sessione segreta; a porte chiuse; (*fig.*) in segreto □ (*telev.*) **on c.**, davanti alle telecamere.
cameralism ['kæmərəlizəm], *n.* (*econ.*) cameralismo.
cameralist ['kæmərəlist], *n.* (*econ.*) cameralista.
camerlengo [ˌkæməˈleŋgou], **camerlingo** [ˌkæməˈliŋgou], *n.* (*pl.* **camerlengos**, **camerlingos**) (*relig.*) camerlengo.
cami-knickers ['kæmiˈnikəz], *n. pl.* (*moda*) combinazione (*da donna*); pagliaccetto.
cami-knicks ['kæminiks], (*fam.*) *V.* **cami-knickers**.
camisole ['kæmisoul], *n.* (*un tempo*) camiciola (*da donna*: portata sulla pelle*); (*ora*) canottiera (biancheria intima da donna).
camlet ['kæmlit], *n.* (*ind. tessile*) cammellotto.
camomile ['kæməmail], *n.* **1** (*bot.*, *Anthemis nobilis*) camomilla romana **2** (*bot.*, *Matricaria chamomilla*) camomilla comune; matricaria. ● **c. tea**, (infuso di) camomilla.
Camorra [kəˈmɔrə] (*ital.*), *n.* (*stor.*) camorra.
Camorrism [kəˈmɔrizəm], *n.* (*stor.*) camorrismo.
Camorrist [kəˈmɔrist], *n.* (*stor.*) camorrista.
camouflage ['kæmuflɑːʒ] (*franc.*), *n.* **1** (*anche mil.*) mascheramento; mimetizzazione **2** travestimento; camuffamento **3** frode; inganno.
to camouflage ['kæmuflɑːʒ] (*franc.*), *v. t.* camuffare; mascherare; mimetizzare.
camp [kæmp], **A** *n.* **1** (*specialm. mil.*) campo; accampamento; campeggio **2** (*fig.*) campo; partito; tendenza (*in politica, ecc.*) **3** esercito accampato **4** campeggiatori (*collett.*) **5** effeminatezza; mossette **6** cosa affettata, leziosa; leziosaggine; manierismo **7** omosessuale che fa le mossette. **B** *a.* **1** omosessuale **2** (*di un uomo*) effeminato **3** pretenzioso ma antiquato; ridicolo. ● **c. bed**, letto da campo □ **c. fever**, febbre tifoide □ **c. fire**, fuoco di bivacco □ **c. follower**, civile al seguito di un esercito □ **c. ground**, terreno per campeggio; camping □ (*USA*) **c. meeting**, raduno religioso all'aperto □ **c. site**, posto tenda (*o* roulotte) □ **c.-stool**, seggiolino pieghevole □ **c. stove**, fornello da campo □ **to break** (*o* **to strike**) **c.**, muovere (*o* levare) il campo □ **to pitch c.**, piantare le tende; accamparsi.
to camp [kæmp], **A** *v. i.* **1** accamparsi; alloggiare **2** (*anche* **to c. out**) attendarsi; dormire all'addiaccio **3** campeggiare **4** fare le mossette; avere l'atteggiamento dell'omosessuale. **B** *v. t.* accampare (*truppe, ecc.*). ● (*anche* **to c. out**), accamparsi □ (*pop.*) **to c.** (**it**) **up**, recitare da gigione; gigioneggiare □ **to go camping**, passare le vacanze in campeggio.
campaign [kæmˈpein], *n.* campagna (*militare, politica, pubblicitaria*).
to campaign [kæmˈpein], *v. i.* fare (*o* partecipare a) una campagna.
campaigner [kæmˈpeinə*], *n.* chi ha partecipato a molte campagne; chi fa campagne politiche (*o* pubblicitarie). ● (*anche fig.*) **old c.**, veterano.
campanile [ˌkæmpəˈniːli] (*ital.*), *n.* (*pl.* **campanili**, **campaniles**) (*archit.*) campanile.
campanologist [ˌkæmpəˈnɔlədʒist], *n.* esperto (*o* studioso) di campane.
campanology [ˌkæmpəˈnɔlədʒi], *n.* **1** arte di suonare le campane **2** tecnica della fusione delle campane **3** studio delle campane.
campanula [kəmˈpænjulə], *n.* (*bot.*, *Campanula*) campanula.
campanulaceous [kəmˈpænjuˈleiʃəs], *a.* (*bot.*) campanulaceo.
campanulate [kəmˈpænjuleit], *a.* (*bot., zool.*) campanulato.
camper ['kæmpə*], *n.* (*anche* **c.-out**) campeggiatore; campeggista **2** (*autom., USA*) camper; autocaravan.
camphor ['kæmfə*], *n.* **1** − (*bot.*) **c. tree**, (*Cinnamomum camphora*) canforo **2** (*chim.*) canfora. ● **c. ball**, pallottola di canfora.
to camphorate ['kæmfəreit], *v. t.* impregnare di canfora.
camphorate ['kæmfəreit], *n.* (*chim.*) canforato.

camphorated ['kæmfəreitid], *a.* (*chim.*) canforato.
camphoric [kæmˈfɔrik], *a.* (*chim.*) canforico.
camping ['kæmpiŋ], *n.* **1** l'accamparsi **2** campeggio.
campion ['kæmpjən], *n.* (*bot.*, *Lychnis*) licnide. ● **rose c.** (*Lychnis coronaria*), coronaria □ **bladder c.** (*Silene inflata*), erba del cucco.
to campshed ['kæmpʃəd], *v. t.* rinforzare (*un argine*) con pali e assi.
campshedding ['kæmpˈʃediŋ], **campsheeting** ['kæmpˌʃiːtiŋ], **campshot** ['kæmpʃɔt], *n.* rinforzo di pali e assi (*a un argine*).
campus ['kæmpəs], *n.* (*pl.* **campuses**, **campi**) **1** campus **2** (*fig.*) università; mondo universitario **3** terreno delle palestre e dei campi di gioco di un'università **4** (*USA*) dipartimento, sezione (*di una* «multiversity»). ● **c. life**, la vita universitaria (*o* accademica).
campy ['kæmpi], *a.* **1** effeminato; che fa le mossette; che parla da omosessuale **2** affettato; lezioso; smanceroso.
camshaft ['kæmʃɑːft], *n.* (*autom., mecc.*) albero a camme (*o* degli eccentrici, *o* della distribuzione).
can (1) [kæn, kən] (*pass.* **could**), *voce verb. difett.* **1** posso, puoi, ecc.; sono, sei, ecc. capace, in grado di; riesco, riesci, ecc. a; so, sai, ecc.: **I cannot** (*o* **can't**) **carry this trunk; it's too heavy**, non posso portare questo baule; è troppo pesante; **Can he speak English?**, sa parlare inglese?; **I can't swim**, non so nuotare; **I cannot understand why he behaves as he does**, non riesco a capire perché si comporti come fa **2** posso, puoi, ecc.; ho, hai, ecc. il diritto, (*fam.*) il permesso, di: **If you are under eighteen, you cannot vote**, se non hai ancora diciotto anni, non puoi votare; **You can go now**, puoi andare, ora **3** (*impers.*) è possibile: **Can it be true?**, possibile che sia vero?; **It can't be true**, non può essere vero **4** (*con verbi di percezione, e idiom.*) **I think I can smell st. burning**, mi pare di sentire q.c. che brucia; **Can you see that bird on the bush?**, lo vedi quell'uccello sul cespuglio? ● **as sure as can be**, senza dubbio; di sicuro □ (*lett.*) **I can no more**, non ne posso più; non posso fare (*o* dare, ecc.) di più □ **It can't be helped**, non c'è nulla da fare; è inevitabile □ **You never can tell**, non si sa mai □ **I can't afford a car**, non ho mezzi sufficienti per comprare (*o* tenere) un'automobile; □ **We can't afford to wait**, non possiamo permetterci d'aspettare □ **I can't help it**, non posso farci nulla; non c'è rimedio; non lo faccio apposta; pazienza! □ **I can but**, non posso (far altro) che: **I can but hate him**, non posso (far altro) che odiarlo □ **I cannot help**, non posso evitare (*o* fare a meno) di: **I cannot help admiring him**, non posso fare a meno di ammirarlo.
can (2) [kæn], *n.* **1** bidone, barattolo, recipiente, scatola (*specialm. di latta*); latta, lattina; fusto, fustino **2** (*USA*) scatoletta (*di generi alimentari conservati*; *cfr. ingl.* **tin**) **3** (*pop. USA*) prigione **4** (*pop. USA*) deretano; didietro **5** (*pop. USA*) latrina **6** (*cinem.*) pizza. ● (*pop.*) **can-carrier**, responsabile □ (*bot.*) **can-dock**, (*Nuphar luteum*) nenufero; (*Nymphaea alba*) ninfea □ (*fam.*) **a can of worms**, un imbroglio; un pasticcio □ (*USA*) **can opener**, apriscatole □ (*USA*) **ash can**, bidone dell'immondizia □ **milk can**, recipiente per il latte □ (*fam.*) **in the can**, (*di un film, un disco, ecc.*) registrato e curato; finito; (*fig.*) cosa fatta: **The contract is almost in the can**, il contratto è quasi cosa fatta □ (*pop.*) **to carry the can**, prendersi la responsabilità (*o* la colpa) □ (*USA*) **an old tin can**, un vecchio macinino (*un'automobile, ecc.*) □ **a petrol can** (*USA*: **a gasoline can**), una latta (*o* un bidone) da benzina.
to can [kæn], *v. t.* **1** mettere in scatola, inscatolare (*alimenti*) **2** (*pop. USA*) registrare (*musica*) su dischi **3** (*pop. USA*) licenziare **4** (*pop.*) smettere: **Can it!**, smettila!; piantala!
Canadian [kəˈneidjən], *a. e n.* canadese.
canal [kəˈnæl], *n.* **1** (*in ogni senso, eccetto quello di passaggio naturale marittimo*) canale **2** fiume reso navigabile (*con chiuse, ecc.*). ● **c. boat**, chiatta □ (*fis. nucl., stor.*) **c. ray**, raggio canale □ (*geogr.*) **the C. Zone**, la Zona del Canale (*di Panama*) □ **ship c.**, canale navigabile.
to canal [kəˈnæl], *v. t.* provvedere di canali; aprire un canale in.
canaliculate(d) [ˌkænəˈlikjuleit(id)], *a.* (*bot.*) canalicolato.
canalization [ˌkænəlaiˈzeiʃən], *n.* **1** (*anche med.*) sistema di canali; canalizzazione **2** (*anche fig.*) incanalamento.
to canalize ['kænəlaiz], *v. t.* **1** canalizzare **2** (*anche fig.*) incanalare.
canapé ['kænəpei] (*franc.*), *n.* (*anche cucina*) canapé.
canary [kəˈnɛəri], *n.* **1** (*bot.*, *Serinus canarius*; *anche* **c.-bird**) canarino ● (*anche* **C. wine**) vino delle Canarie **3** (*color*) giallo canarino. ● (*bot.*) **c. grass** (*Phalaris canariensis*), canaria; scagliola.
Canary [kəˈnɛəri], *n.* (*geogr.*) la Gran Canaria. ● **the C. Islands** (*o* **the Canaries**), le Canarie.
canasta [kəˈnæstə], *n.* canasta (*il gioco e il gruppo di almeno sette carte*).

canaster [kə'næstə*], *n.* tabacco grossolano.
Canberra ['kænbərə], *n.* (*geogr.*) Canberra.
cancan ['kæn,kæn], *n.* cancan (*ballo francese*).
to cancel ['kænsəl], *v. t.* **1** cancellare (*facendo una croce o tirando un frego*) **2** annullare (*un impegno, un'ordinazione, un francobollo, ecc.*); abrogare (*una legge*); rescindere (*un contratto*); disdire; revocare; sospendere; (*aeron.*) cancellare (*un volo*): **The match was cancelled**, la partita fu sospesa; **cancelled flights**, voli cancellati **3** (*mat.*) elidere (*fattori comuni*) **4** (*tipogr.*) sopprimere; omettere **5** (*anche* **to c. out**) bilanciare; neutralizzare. ● (*comm.*) **to c. an account** (**a debt**), estinguere un conto (un debito) ▢ (*rag., di conti*) **to c. each other**, bilanciarsi; annullarsi ▢ **to c. out**, annullarsi; (*comm.*) bilanciarsi; (*mat.*) elidersi.
cancel ['kænsəl], *n.* (*tipogr.*) **1** pentimento **2** soppressione, omissione (*di testo*) **3** testo soppresso (*o* omesso) **4** testo stampato in sostituzione di altro. ● (**pair of**) **cancels**, pinza per forare biglietti.
cancellate(d) ['kænsəleit(id)], *a.* **1** (*biol.*) reticolato **2** (*anat.: di osso*) spugnoso.
cancellation [,kænse'leiʃən], *n.* **1** cancellazione; (segno del) cancellatura **2** annullamento; abrogazione; soppressione; sospensione; (*aeron.*) cancellazione (*di voli*) **3** (*leg.*) risoluzione, revoca, rescissione (*di contratto o atto*) **4** (*turismo*) rinuncia; ritiro **5** (*di francobolli*) annullo. ● (*leg.*) **c. clause**, clausola risolutiva ▢ (*comm.*) **c. of a debt**, estinzione di un debito ▢ **c. of an order**, annullamento (*o* storno) *di un'ordinazione*.
cancellous ['kænsələs], *a.* (*anat.: di osso*) spugnoso.
cancer ['kænsə*], **A** *n.* **1** (*med., fig.*) cancro **2** – (*astron., astrologia*) **C.**, Cancro (*costellazione e IV segno dello Zodiaco*): **the Tropic of C.**, il Tropico del Cancro (*astrologia*) (un) cancro; individuo nato sotto il segno del Cancro. **B** *a.* (*astrologia*) del Cancro. ● **a c. patient**, un canceroso ▢ (*fam.*) **c. stick**, sigaretta.
cancered ['kænsəd], **cancerous** ['kænsərəs], *a.* (*med.*) canceroso.
cancerian [kæn'seriən], (*astrologia*) **A** *n.* cancerino; persona nata sotto il segno del Cancro. **B** *a.* del Cancro.
cancerization [,kænsərai'zeiʃən], *n.* (*med.*) cancerizzazione.
cancerogenic [,kænsərou'dʒenik], *a.* (*med.*) cancerogeno.
cancerologist [,kænsə'rɔlədʒist], *n.* (*med.*) cancerologo.
cancerology [,kænsə'rɔlədʒi], *n.* (*med.*) cancerologia.
cancroid ['kæŋkrɔid], **A** *a.* **1** (*zool.*) simile a un granchio; granchiforme **2** (*med.*) cancriforme; cancroide. **B** *n.* (*med.*) cancroide.
candela [kæn'di:la], *n.* (*fis.*) candela.
candelabrum [,kændi'lɑbrəm], *n.* (*pl.* **candelabra, candelabrums**) candelabro.
candescence [kæn'desəns], *n.* (*raro*) candescenza.
candescent [kæn'desənt], *a.* (*raro*) candescente.
candid ['kændid], *a.* **1** imparziale; onesto **2** candido (*fig.*); franco; esplicito; schietto; sincero. ● (*cinem., telev.*) **c. camera**, candid camera; macchina fotografica (*o* cinepresa, telecamera) per riprendere persone a loro insaputa ▢ **a c. critic**, un critico severo ▢ **c. friend**, chi si professa amico, ma gode a rivelare verità spiacevoli ▢ **c. photograph** (*o* **c. picture**), (fotografia) istantanea ▢ **c. photography**, fotografia-verità.
candidacy ['kændidəsi], *n.* (*anche fig.*) candidatura.
candidate ['kændidit], *n.* (*anche fig.*) candidato.
candidature ['kændiditʃə*], *n.* (*anche fig.*) candidatura.
candidness ['kændidnis], *n.* **1** imparzialità; onestà **2** candore (*fig.*); franchezza; schiettezza; sincerità.
candied ['kændid], *a.* **1** candito **2** (*fig.*) melato; mellifluo. ● **c. fruit**, frutta candita; canditi ▢ **c. peel**, scorza d'arancia candita.
Candiot ['kændiɔt], **Candiote** ['kændiout], **A** *a.* candiota; cretese. **B** *n.* abitante di Candia (*o* Creta); candiota.
candle ['kændl], *n.* **1** candela (*di cera, sego, ecc.*) **2** (*fis.*) V. **candela**. ● **c.-ends**, moccoli ▢ **c.-holder**, candeliere ▢ **c.-maker**, candelaio ▢ **c.-snuffer**, smoccolatoio ▢ (*fig.*) **to burn the c. at both ends**, sperperare le proprie energie ▢ **Roman c.**, candela romana (*fuoco di Bengala*) ▢ (*comm.*) **to sell by inch of c.**, vendere all'ultimo offerente (*nelle aste e estinzione di candela*) ▢ **st. not worth the c.**, q.c. che non vale la pena (*o* la candela) ▢ **He doesn't** (*o* **can't**) **hold a c. to his brother**, non è degno di lustrare le scarpe a suo fratello ▢ (*fig.*) **The game is not worth the c.**, la spesa non vale l'impresa.
candleberry ['kændlberi], *n.* (*bot.*) **1** *Myrica cerifera* **2** *Aleurites moluccana.*
candlelight ['kændllait], *n.* **1** lume di candela; luce artificiale **2** crepuscolo; sera.
Candlemas ['kændlməs], *n.* (*relig.*) (festa della) Candelora.
candlenut ['kændlnʌt], *n.* (*bot.*) frutto del **candleberry**, *def. 2.*
candlepower ['kændlpauə*], *n.* (*fis.*) (potenza luminosa in) candele; candelaggio: **a forty c. lamp**, una lampadina da quaranta candele.

candlestick ['kændlstik], *n.* candeliere.
can-do [kæn'du:], *a.* (*USA*) attivo; bravo; diligente.
candour, (*USA*) **candor** ['kændə*], *n.* **1** imparzialità; onestà **2** candore (*fig.*); franchezza; schiettezza; sincerità.
candy ['kændi], *n.* **1** (*anche* **sugar c., rock c.**) zucchero candito **2** (*USA*) confetto; caramella **3** (*pop. USA*) cocaina; coca (*pop.*) **4** (*pl., comm.*) dolciumi (*caramelle e sim.*). ● (*USA*) **cotton c.**, V. **candyfloss** ▢ (*USA*) **c. store**, negozio di caramelle, cioccolatini, ecc.
to candy ['kændi], **A** *v. t.* **1** candire; ricoprire di zucchero candito; caramellare **2** (*fig.*) addolcire; rendere gradevole. **B** *v. i.* (*di frutto, ecc.*) diventare candito; caramellarsi.
candyfloss ['kændiflɔs], *n.* **1** zucchero filato **2** (*fig.*) idee balzane; progetti campati in aria.
candytuft ['kænditʌft], *n.* (*bot., Iberis umbellata*) iberide di Creta.
cane [kein], *n.* (*pl.* **canes, cane**) **1** canna (*di bambù, da zucchero, ecc.*) **2** fusto (*di palma sottile*); stelo (*di pianta esile, come more, lamponi, ecc.*) **3** bastone da passeggio; bastoncino (*di ceralacca, ecc.*) **4** canna, verga (*per punizioni corporali*). ● (*bot.*) **c. apple** (*Arbutus unedo*), corbezzolo ▢ **c. chair**, poltroncina di bambù ▢ **c. mill**, zuccherificio ▢ (*edil.*) **c.-mesh ceiling**, soffitto a cannicci ▢ **c. sugar**, zucchero di canna.
to cane [kein], *v. t.* **1** rivestire (*il fondo di sedie, ecc.*) di bambù **2** battere con una canna; prendere a vergate; fustigare.
canebrake ['keinbreik], *n.* (*USA*) canneto.
canella [kæn'elə], *n.* (*bot., Canella alba, Canella winterana*) cannella bianca **2** (*cucina*) cannella.
canework ['keinwə:k], *n.* (*edil.*) canniccio.
canicular [kə'nikjulə*], *a.* canicolare.
canine ['keinain], *a.* canino; di (*o* da) cane: **the c. race**, la razza canina; **c. devotion**, devozione da cane. **B** *n.* **1** (*anche* **c. tooth**) (dente) canino **2** (*zool.*) canide. ● **c. squad**, squadra cinofila (*della polizia*).
caning ['keiniŋ], *n.* il prendere a vergate; fustigazione.
canister ['kænistə*], *n.* **1** scatola metallica (*per caffè, tabacco, tè, ecc.*) **2** (*mil., anche* **c. shot**) mitraglia (*con cui si caricavano i cannoni*) **3** (*mil.*) filtro (*di maschera antigas*) **4** (*relig.*) ciborio.
canker ['kæŋkə*], *n.* **1** (*med.*) stomatite aftosa; noma **2** (*vet.*) rogna auricolare (*di gatti, cani, ecc.*); cancrena del fettone (*dei cavalli, ecc.*) **3** (*agric.*) cancro (*del pero, melo, ecc.*) **4** (*fig.*) cancro; cancrena; morbo; male; vizio: **It is a c. in the bud**, è un vizio latente. ● (*med.*) **c.-rash**, varietà di scarlattina, con ulcerazioni alla gola. ▢ (*zool.*) **c.-worm**, bruco (*o* larva) del cancro delle piante; geometride.
to canker ['kæŋkə*], **A** *v. t.* **1** infettare; ulcerare **2** (*fig.*) corrompere. **B** *v. i.* **1** incancrenire; andare in cancrena **2** (*fig.*) corrompersi. ● (*fig.*) **cankered**, acido; maligno; velenoso.
cankerous ['kæŋkərəs], *a.* **1** (*agric.*) canceroso; cancheroso (*pop.*) **2** (*fig.*) malefico; corrompitore.
canna ['kænə], *n.* (*bot., Canna*) canna.
cannabis ['kænəbis], *n.* **1** (*bot., Cannabis sativa*) canapa **2** (*bot., Cannabis indica*) canapa indiana **3** (*farm.*) ascisc; marijuana.
cannabism ['kænəbizəm], *n.* (*med.*) cannabismo.
canned [kænd], *a.* **1** (*di alimenti*) in conserva; in scatola **2** (*pop. USA*) licenziato **3** (*di musica, suono*) riprodotto (*su disco, ecc.*); registrato: **c. music**, musica registrata **4** (*pop.*) ubriaco; sbronzo **5** (*fig.*) non originale; non spontaneo. ● **c. food**, scatolame; generi alimentari in scatola ▢ **c. goods**, scatolame ▢ (*mecc.*) **c. motor**, motore per pompa sommersa ▢ (*fig.*) **a c. speech**, un discorso preparato.
cannel ['kænəl], *n.* (*ind., anche* **c. coal**) carbon fossile bituminoso.
cannelloni [,kænə'louni], (*ital.*), *n. pl.* (*cucina*) cannelloni.
canner ['kænə*], *n.* (*ind.*) **1** inscatolatore; conserviero **2** industriale conserviero; conserviere.
cannery ['kænəri], *n.* stabilimento per la conservazione di alimenti in scatola; conservificio.
cannibal ['kænibəl], **A** *n.* cannibale. **B** *a. attr.* cannibalesco; di (*o* da) cannibale: **a c. feast**, un banchetto di (*o* da) cannibali.
cannibalism ['kænibəlizəm], *n.* cannibalismo.
cannibalistic [,kænibə'listik], *a.* cannibalesco.
to cannibalize ['kænibəlaiz], *v. t.* (*tecn.*) demolire (*una macchina, un aeroplano, ecc., per ricavarne pezzi utilizzabili come ricambi*); cannibalizzare.
cannikin ['kænikin], *n.* **1** piccola scatola di latta **2** secchiello.
canniness ['kæninis], *n.* **1** cautela; circospezione **2** parsimonia **3** astuzia; furberia **4** delicatezza; tatto.
canning ['kæniŋ], *n.* **1** (*ind.*) conservazione di cibi in scatola; inscatolamento **2** (*pop. USA*) registrazione (*di musica su dischi*); incisione. ● **the c. industry**, l'industria conserviera ▢ **c. machine**, inscatolatrice.
cannon ['kænən], *n.* (*pl.* **cannons, cannon**) **1** (*mil.*) cannone (*in ingl. di solito cannone antiquato o cannoncino di bordo; cfr.* **gun**); (*collett.*) cannoni, artiglieria **2** (*mil.*) bocca da fuoco **3**

cannon

(*anche* **c. bit**) morso ricurvo (*per cavallo*) **4** (*biliardo*) carambola **5** (*anche* **c. curl**) ricciolone; boccolo. ● (*vet.*) **c. bone**, osso tubolare □ (*fig.*) **c. fodder**, carne da cannone □ **c.-shot**, palla di cannone; cannonata; gittata, portata (*di cannone*) □ (*mil.*) **automatic c.**, cannone automatico (*a tiro rapido*).

to cannon ['kænən], **A** *v. i.* **1** sparare cannonate **2** fare carambola **3** scontrarsi. **B** *v. t.* **1** cannoneggiare **2** far fare carambola ● **to c. against** (*o* **into**) **st.**, urtare violentemente contro q.c.

cannonade [ˌkænəˈneid], *n.* (*mil.*) cannoneggiamento; bombardamento.

to cannonade [ˌkænəˈneid], *v. t.* e *i.* cannoneggiare; bombardare.

cannonball ['kænənbɔːl], **A** *n.* palla di cannone. **B** *a. attr.* molto veloce; assai potente. ● **human c.**, uomo proiettile (*di circo*).

cannoneer [ˌkænəˈniə*], *n.* (*mil.*) cannoniere.

cannot ['kænɒt], *voce verb. difett. neg.*, *V.* **can** (**1**).

cannula ['kænjulə] (*lat.*), *n.* (*pl.* **cannulas, cannulae**) (*med.*) cannula.

canny ['kæni], *a.* **1** cauto; circospetto; guardingo **2** parsimonioso **3** astuto; furbo **4** delicato; pieno di tatto; che ci sa fare (*pop.*). ● **ca' c.**, (*scozz.*, *locuz. verb.*) sii prudente, procedi con cautela; (*ingl.*, *sost.*) sciopero bianco; (*ingl.*, *agg.*) assai cauto, lento, guardingo: **ca' c. business methods**, metodi assai cauti di condurre gli affari.

canoe [kəˈnuː], *n.* canoa.

to canoe [kəˈnuː], **A** *v. i.* andare in canoa. **B** *v. t.* **1** trasportare su canoa **2** attraversare (*un lago, ecc.*) in canoa.

canoeing [kəˈnuːiŋ], *n.* (*sport*) canoismo.

canoeist [kəˈnuːist], *n.* (*sport*) canoista.

canon ['kænən], *n.* **1** canone (*in tutti i sensi, eccetto quello di prestazione di affittuario*) **2** (*per estens.*) elenco ufficiale; corpus: **the Shakespearian c.**, il corpus shakespeariano **3** canonico (*prete*) **4** anello di campana. ● **c. law**, diritto canonico.

cañon ['kænjən], *V.* **canyon**.

canoness ['kænənis], *n.* (*relig.*) canonichessa.

canonical [kəˈnɒnikəl], *a.* **1** (*relig.*) canonico: **c. hours**, ore canoniche **2** (*scient., tecn.*) canonico **3** autorevole; genuino; regolare **4** appartenente al canone della Bibbia. ● (*relig.*) **c. dress** (*anche* **canonicals**), paramenti.

canonicate [kəˈnɒnikət], *n.* (*relig.*) canonicato.

canonicity [ˌkænəˈnisiti], *n.* (*relig.*) canonicità.

canonist ['kænənist], *n.* (*leg.*) canonista.

canonistic(al) [ˌkænəˈnistik(əl)], *a.* (*relig.*) di (*o* da) canonista.

canonization [ˌkænənaiˈzeiʃən], *n.* (*relig.*) canonizzazione.

to canonize ['kænənaiz], *v. t.* **1** (*relig.*) canonizzare **2** (*fig.*) glorificare **3** riconoscere (*un testo sacro*) come canonico.

canonry ['kænənri], *n.* **1** canonicato **2** (*collett.*) canonici.

to canoodle [kəˈnuːdl], *v. t.* e *i.* (*pop.*) sbaciucchiare, sbaciucchiarsi; coccolare (*fam.*); pomiciare (*pop.*).

Canopic jar [kəˈnoupikˈdʒɑː*], *n. archeol.*; *anche* **C. vase, C. urn**) canopo.

canopied ['kænəpid], *a.* a baldacchino. **c. bed**, letto a baldacchino.

canopy ['kænəpi], *n.* **1** baldacchino (*fig.*) volta **2** (*archit.*) sporgenza ornamentale a guisa di tetto **3** (*aeron.*) calotta (*di paracadute*); tettuccio (*d'un aeroplano*) **4** (*fig.*) cielo; volta celeste **5** cappa (*non aspirante: della cucina*).

to canopy ['kænəpi], *v. t.* **1** fornire di baldacchino; fare al baldacchino a **2** (*fig.*) coprire, far volta sopra (q.c.).

canorous [kəˈnɔːrəs], *a.* canoro; musicale.

canst [kænst], *voce verb.* (*arc.*) 2ª *pers. sing.* di **can**.

cant (1) [kænt], **A** *n.* **1** gergo (*specialm. di ladri, vagabondi, ecc.*); linguaggio convenzionale (*o* tecnico) **2** frase fatta **3** linguaggio ipocrita, da santocchio. **B** *a.* (*di parole, ecc.*) **1** gergale; convenzionale: **a c. phrase**, un'espressione gergale **2** insincero; da ipocrita **3** trito; banale.

to cant (1) [kænt], *v. i.* **1** usare un linguaggio convenzionale; parlare in gergo **2** parlare in modo ipocrita.

cant (2) [kænt], *n.* **1** cantonata (*per es.: di un edificio*) **2** angolo smussato **3** scossa, spinta, urto (*che sbilancia o addirittura rovescia q. o q.c.*) **4** inclinazione; spostamento (*di direzione*); sbilanciamento **5** (*costr. stradali*) soprelevazione **6** (*costr. navali*) ordinata (*o costa*) deviata. ● **c.-board**, ordinata soprelevata □ (*mecc.*) **c. file**, lima triangolare piatta □ **c. hook**, asta con uncino (*per spostare tronchi d'albero*); (*mecc.*) raffio □ (*ferr.*) **c. of a track**, soprelevazione d'una rotaia.

to cant (2) [kænt], **A** *v. t.* **1** smussare **2** voltare sottosopra; rovesciare **3** inclinare (*q.c., per es. una bottiglia*) così da farne uscire il contenuto **4** scostare; spostare; sbilanciare. **B** *v. i.* **1** inclinarsi; rovesciarsi **2** essere inclinato; avere un'inclinazione **3** (*naut., anche* **to c. round**) sbandare; ingavonarsi.

can't [kɑːnt], *contraz.* di **cannot** (*V.* **can** (**1**)).

Cantab ['kæntæb], *abbr.* di **Cantabrigian** (*nei titoli di studio*): **Andrew Jones, B. A. Cantab**, Andrew Jones, laureato a Cambridge.

Cantabrigian [ˌkæntəˈbridʒiən], *a.* e *n.* **1** (abitante) di Cambridge **2** (membro) dell'Università di Cambridge.

cantaloup(e) ['kæntəluːp], *n.* cantalupo (*varietà di melone*).

cantankerous [kənˈtæŋkərəs], *a.* (*fam.*) irascibile; litigioso; intrattabile; stizzoso.

cantankerousness [kenˈtæŋkərəsnis], *n.* irascibilità, litigiosità; intrattabilità.

cantata [kænˈtɑːtə] (*ital.*), *n.* (*mus.*) cantata.

canteen [kænˈtiːn], *n.* **1** (*mil.*) bettolino; spaccio di bevande (*non alcoliche*: **dry c.**; *soprattutto alcoliche*: **wet c.**) **2** mensa aziendale; posto di ristoro **3** (*mil.*) borraccia **4** scatola (*o* cesta) per posate.

canter (1) ['kæntə*], *n.* chi parla in gergo, ecc. (*V.* **cant (1)**).

canter (2) ['kæntə*], *n.* piccolo galoppo. ● (*fig.*) **to win (a race) at a c.**, vincere (una corsa) con facilità.

to canter ['kæntə*], **A** *v. i.* andare al piccolo galoppo. **B** *v. t.* far andare (*un cavallo*) al piccolo galoppo.

canterbury ['kæntəbəri], *n.* leggìo per musica.

Canterbury ['kæntəbəri], *n.* Canterbury (*città del Kent*). ● (*bot.*) **C. bell**, (*Campanula medium*) giulietta; (*Campanula trachelium*) imbutini; (*Campanula glomerata*) campanula a mazzi.

cantharides [kænˈθæridiːz], *n. pl.* (*col verbo al sing. o al pl.*) (*farm.*) cantaride.

cantharidin [kænˈθæridin], *n.* (*chim.*) cantaridina.

cantharis ['kænθəris], *n.* (*pl.* **cantharides**) (*zool., Lytta vesicatoria*) cantaride.

cantharus ['kænθərəs] (*lat.*), *n.* (*pl.* **canthari**) (*archeol.*) cantaro.

canticle ['kæntikl], *n.* cantico.

cantilever ['kæntiliːvə*], *n.* **1** (*archit.*) trave a mensola **2** (*edil., mecc.*) trave (*o* elemento) a sbalzo. ● **c. bridge**, ponte a cantilever □ **c. roof**, pensilina □ (*aeron.*) **c. wing**, ala a sbalzo.

cantle ['kæntl], *n.* **1** pezzo; cantuccio (*di pane*) **2** arcione posteriore (*della sella*).

canto ['kæntou] (*ital.*), *n.* (*pl.* **cantos**) canto (*parte di un poema*).

canton ['kæntən], *n.* **1** cantone (*della Svizzera*) **2** regione; distretto **3** (*araldica*) cantone **4** (*archit.*) spicchio (*di volta*).

to canton (*def. 1* [kænˈtɒn], *def. 2* [kənˈtuːn]), *v. t.* **1** dividere in cantoni **2** accantonare, acquartierare (*truppe*).

cantonal ['kæntənəl], *a.* cantonale.

cantonment [kænˈtuːnmənt], *n.* (*mil.*) **1** accantonamento; acquartieramento **2** quartiere; alloggio di truppe.

cantor ['kæntɔː*], *n.* cantore (*di coro chiesastico*).

cantorial [kænˈtɔːriəl], *a.* di cantore (*V.* **cantor**).

cantrip ['kæntrip], *n.* (*scozz.*) **1** fattura (*di strega*) **2** brutto tiro; scherzo.

canty ['kænti], *a.* (*dial.*) vivace; allegro.

Canuck [kəˈnʌk], *a.* e *n.* (*pop.*) **1** franco-canadese (*la lingua*) **2** (*specialm. USA*) canadese.

Canute [kəˈnjuːt], *n.* (*stor.*) Canuto.

canvas ['kænvəs], *n.* **1** canovaccio; tenda (*da tende, imballaggio, ecc.*) **2** (*quadro dipinto su*) tela **3** tenda; telone (*specialm. di circo*) **4** (*fig.*) circo **5** (*naut.*) tela da vele; vele, velatura **6** canovaccio (*per ricami*) **7** imbottitura **8** (*sport*) tappeto: **to be on the c.**, essere al tappeto (*anche fig.*). ● **c. town**, tendopoli □ **under c.**, (*mil.*) in tenda, sotto le tende, attendato; (*naut.*) alla vela □ (*naut.*) **under a cloud of c.** (*o* **under full c.**), con tutte le vele spiegate □ (*naut.*) **under light c.**, con le sole vele sussidiarie.

canvasback ['kænvəsbæk], *n.* (*zool., Aythya valisineria*) moretta americana.

to canvass ['kænvəs], *v. t.* e *i.* **1** discutere minutamente; esaminare a fondo **2** sollecitare (*voti per un candidato, ordinazioni commerciali, ecc.*); fare propaganda **3** (*polit.*) fare una campagna elettorale (*per* q.) **4** sondare l'elettorato di (*una città, una zona, ecc.*).

canvass ['kænvəs], *n.* **1** discussione esauriente; esame approfondito **2** sollecitazione (*di voti, ordinazioni, ecc.*) **3** sondaggio elettorale.

canvasser ['kænvəsə*], *n.* **1** galoppino elettorale **2** (*comm.*) piazzista **3** (*ingl.*) chi raccoglie fondi (*o* sottoscrizioni).

canvassing ['kænvəsiŋ], *n.* (*polit., comm.*) «canvassing»; sollecitazione (*di voti, ordinazioni*); propaganda capillare.

canyon ['kænjən], *n.* (*geogr.*) canyon, cañón, canalone.

caoutchouc ['kautʃuk], *n.* (*ind.*) caucciù; gomma naturale.

cap [kæp], *n.* **1** copricapo senza tesa; berretto (*anche con visiera*); bustina militare; cuffia (*da donna o bambino*) **2** copricapo speciale: **cardinal's cap**, berretta cardinalizia; (*o* **square cap**), tocco accademico; **fool's cap**, berretto da giullare; **student's cap**, berretto goliardico **3** oggetto a forma di copricapo; cappello (*di fungo*); rotula (*del ginocchio*); coperchio, tappo (*metallico*).

(*anche* **toe-cap**) puntale (*di scarpa*); cima rotonda (*di monte*); capitello (*di colonna*) **4** (*mecc.*) cappello; cappellotto; coperchio **5** (*elettr.*) calotta; cappa; attacco (*d'una lampada*) **6** (*autom.*) tappo (*del radiatore, ecc.*); battistrada ricostruito **7** (*naut., anche* **cap of mast**) testa di moro **8** (*mil., anche* **percussion cap**) capsula (*di cartuccia*) **9** cartoccio di carta (*per avvolgere merce*) **10** (*di matita*) cappuccio **11** (*sport*) posto in squadra. ● (*stor.*) **cap and bells**, berretto con campanelli (*insegna del giullare*) □ **cap in hand**, col berretto in mano; (*fig.*) in modo umile e sottomesso □ **cap of liberty**, berretto frigio □ (*mecc.*) **cap screw**, vite a testa cilindrica (*per metalli*) □ **to assume the black cap**, (*di giudice inglese*) mettersi il tocco nero (*per pronunciare una condanna a morte*) □ (*fig.*) **a feather in one's cap**, un segno di distinzione (*o* d'onore) (*dall'uso dei pellirosse*) □ (*fam.*) **to put on one's thinking cap**, mettersi a pensare (*o* a cogitare) □ (*fam.*) **to set one's cap at** (*o* **for**) **a man**, dare la caccia a un uomo per farsi sposare □ (*mil.*) **a steel cap**, un elmetto □ (*fig.*) **The cap fits**, l'osservazione è giusta (*o* s'attaglia al caso) □ (*prov.*) **If the cap fits, wear it**, a buon intenditor poche parole.
to cap [kæp], *v. t.* **1** mettere il berretto a (q.) (*anche come segno d'appartenenza a una scuola, squadra sportiva, ecc.*) **2** (*stor.*) mettere una capsula sopra (*lo scodellino d'un fucile*) **3** mettere un rivestimento metallico a (q.c.) **4** ricoprire la cima di (q.c.): **Snow capped the hills**, la neve ricopriva la vetta dei colli **5** superare; far meglio di: **to cap an anecdote**, raccontare un aneddoto superiore a un altro, raccontato prima **6** farsi male alla punta di: **The horse has capped its hocks**, il cavallo si è fatto male alla punta dei garretti **7** (*autom.*) ricostruire (*un pneumatico*); applicare un nuovo battistrada a **8** essere in cima a; (*fig.*) coronare (q.c.): **We capped the evening with a song**, coronammo la serata cantando una canzone **9** (*archit.*) provvedere di capitello **10** (*med.*) legare **11** (*sport*) mettere in squadra. ● **to cap the climax**, oltrepassare ogni limite □ **to cap it all**, per colmare la misura (*o* il segno) □ **to cap to sb.**, fare una capata a q.
capability [,keipə'biliti], *n.* **1** capacità; idoneità **2** possibilità; facoltà **3** (*di cose*) facoltà; proprietà.
capable ['keipəbl], *a.* **1** (*di persona*) capace; abile; bravo; destro **2** capace, in grado (di): **c. of looking after one's interests**, in grado di badare ai propri interessi **3** (*di cosa*) suscettibile (di): **c. of misinterpretation**, suscettibile di essere frainteso.
capacious [kə'peiʃəs], *a.* capace; capiente; ampio; spazioso.
capaciousness [kə'peiʃəsnis], *n.* capacità; ampiezza; spaziosità.
capacitance [kə'pæsitəns], *n.* (*elettr.*) capacità. ● **c. meter**, capacimetro.
to capacitate [kə'pæsiteit], *v. t.* rendere capace (*di fare q.c.*).
capacitive [kə'pæsitiv], *a.* (*elettr.*) capacitivo: **c. reactance**, reattanza capacitiva.
capacitor [kə'pæsitə*], *n.* (*elettr.*) condensatore; capacitore (*raro*). ● **c. pickup**, fonorivelatore elettrostatico (*di grammofono*).
capacity [kə'pæsiti], *n.* **1** capacità (*quasi in ogni senso*): **measures of c.**, misure di capacità **2** capienza: **The theatre has a seating c. of six hundred**, il teatro ha una capienza di seicento posti **3** (*ind.*) capacità produttiva; rendimento **4** ufficio; funzione; posizione; qualità; veste (*fig.*): **He acts in the c. of an adviser**, agisce in qualità di consigliere; **He said that in his c. as a critic**, l'ha detto in veste di critico **5** (*di camion e sim.*) portata **6** (*autom., mecc.*) cilindrata **7** (*costr., idraulica*) portata **8** (*elettr.*) V. **capacitance 9** (*leg.*) capacità; potere. ● **filled to c.**, pieno zeppo □ **in an official c.**, in veste ufficiale □ **in a private c.**, a titolo personale.
cap-a-pie [,kæpə'pi:], *avv.* (*lett.*) da capo a piedi: **the knight was armed c.**, il cavaliere era armato da capo a piedi (*o* di tutto punto).
caparison [kə'pærisn], *n.* **1** gualdrappa **2** bardatura (*fig.*); vesti e ornamenti; corredo.
to caparison [kə'pærisn], *v. t.* **1** bardare; mettere la gualdrappa a (*un cavallo*) **2** (*fig.*) adornare; corredare.
cape (1) [keip], *n.* capo; promontorio. ● **the C. (of Good Hope)**, il Capo di Buona Speranza □ **C. boy**, ragazzo mulatto (*nel Sud Africa*) □ **C. doctor**, forte vento da sud-est (*in Sud Africa*) □ **C. smoke**, brandy sudafricano.
cape (2) [keip], *n.* **1** cappa; mantelletto **2** mantello (*da donna*) **3** (*di torero*) muleta.
capelan ['kæplin], V. **capelin**.
capelin ['kæplin], *n.* (*zool., Mallotus villosus*) capelan (*pesce dell'Atlantico sett.*).
caper (1) ['keipə*], *n.* **1** (*bot., Capparis spinosa*) cappero **2** (*cucina*) cappero. ● **English capers**, bocci fiorali di cappuccina sott'aceto.
caper (2) ['keipə*], *n.* **1** capriola; salto; saltello **2** scappata; birichinata **3** (*fam. USA*) reato (*specialm. furto*). ● **to cut a c.**, fare una capriola (*o* un saltello); fare birichinate (*o* scappatelle).

to caper ['keipə*], *v. i.* **1** far capriole; saltellare **2** fare stravaganze.
capercaillie, **capercailye** [,kæpə'keilji], **capercailzie** [,kæpə'keilzi], *n.* (*zool., Tetrao urogallus*) gallo cedrone.
caperer ['keipərə*], *n.* **1** chi fa salti (*o* capriole) **2** (*zool., Phryganea*) friganea.
Cape Town ['keip'taun], *n.* (*geogr.*) Città del Capo.
capful ['kæpful], *n.* quanto può stare in un berretto (*o* in una cuffia). ● **a c. of wind**, una folata di vento.
capias ['keipiæs] (*lat.*), *n.* (*leg.*) mandato di cattura.
capillarity [,kæpi'læriti], *n.* (*fis.*) capillarità.
capillary ['kæpiləri], **A** *a.* (*fis., anat.*) capillare. **B** *n.* (*anat.*) (*vaso*) capillare. ● (*fis.*) **c. action**, capillarità.
capital (1) ['kæpitəl], **A** *a.* **1** capitale (*in ogni senso*): **a c. offence** (**sentence**), un delitto (una sentenza) capitale; **c. punishment**, pena capitale; **a c. city**, una (città) capitale **2** principale; della massima importanza; di prim'ordine **3** (*fam.*) eccellente; magnifico; ottimo: **a c. speech**, un discorso eccellente **4** (*di lettera*) maiuscola. **B** *n.* **1** (*econ.*) capitale **2** (*città*) capitale **3** (*lettera*) maiuscola. **C** *inter.* bene!; eccellente! ● (*rag.*) **c. account**, conto capitale □ (*econ.*) **c. asset**, attività capitale □ (*rag.*) **c. assets**, capitale fisso (*o* immobilizzato) □ (*rag.*) **c. equipment**, capitale investito (*in impianti*) □ (*fin.*) **c. expenditure**, investimento di capitali; immobilizzazioni □ (*fin.*) **c. flight**, fuga di capitali □ (*econ., fin.*) **c. gain**, utile di capitale; plusvalenza □ (*fin.*) **c.-gains tax**, cedolare □ (*econ.*) **c. goods**, beni capitali (*o* strumentali) □ (*fin.*) **c. levy**, imposta patrimoniale □ (*fin.*) **c. market**, mercato finanziario (*o* dei capitali) □ **C. and Labour**, il Capitale e il Lavoro □ **c. manor**, maniero (*o* feudo) tenuto in vassallaggio diretto dal sovrano □ **c. ship**, il principale tipo di nave in una flotta (*corazzata, portaerei*) □ (*fin.*) **c. stock**, capitale azionario □ **c. sum**, (*ass.*) massimale; (*rag.*) capitale □ **circulating** (*o* **floating**) **c.**, capitale circolante (*merci, denaro*) □ (*fin.*) **company's c.**, capitale sociale □ (*rag.*) **fixed c.**, capitale immobilizzato (*o* fisso) □ **to make c. out of st.**, far capitale di q.c. □ (*fin.*) **paid-up c.**, capitale versato □ (*fam.*) **He is angry with a c. A!**, è seriamente arrabbiato!
capital (2) ['kæpitəl], *n.* (*archit.*) capitello.
capitalism ['kæpitəlizəm], *n.* (*econ.*) capitalismo.
capitalist ['kæpitəlist], (*econ.*) **A** *n.* capitalista. **B** *a.* capitalistico.
capitalistic [,kæpitə'listik], *a.* (*econ.*) capitalistico.
capitalization [,kæpitəlai'zeiʃən], *n.* **1** (*econ.*) capitalizzazione **2** (*rag.*) capitale complessivo (*d'una società*) **3** uso delle maiuscole. ● (*fin.*) **c. issue**, emissione di azioni gratuite; aumento gratuito di capitale.
to capitalize ['kæpitəlaiz], *v. t.* **1** (*fin.*) capitalizzare **2** (*rag.*) calcolare (*o* realizzare) il valore attuale di (*un'annualità, una rendita, ecc.*) **3** (*rag.*) valutare il capitale complessivo di (*una società*) **4** finanziare (*un'impresa*) **5** scrivere in maiuscolo (*o* in lettere maiuscole). ● (*fig.*) **to c. on st.**, volgere a proprio profitto q.c.; trarre vantaggio da q.c.
capitally ['kæpitəli], *avv.* **1** in modo eccellente; benissimo **2** (*leg.*) con la pena capitale.
capitate ['kæpiteit], **capitated** ['kæpiteitid], *a.* (*bot.*) capitato.
capitation [,kæpi'teiʃən], *n.* **1** capitazione (*tassa*) **2** (*leg.*) pagamento pro capite; testatico. ● (*fin.*) **c. tax**, imposta personale.
Capitol ['kæpitl], *n.* Campidoglio (*tempio e colle a Roma*; *sede del Congresso americano a Washington o del congresso di uno stato americano*).
Capitoline [kə'pitəlain], **A** *n.* colle Capitolino; Campidoglio. **B** *a.* capitolino (*del tempio e colle, a Roma*).
capitular [kə'pitjulə*], **A** *a.* capitolare (*di un capitolo di canonici o simili*). **B** *n.* **1** canonico di un capitolo **2** (*pl.*) capitolari; statuti di un capitolo.
capitulary [kə'pitjuləri], *n.* (*stor.*) capitolare; raccolta di ordinanze (*specialm. dei re Carolingi*).
to capitulate [kə'pitjuleit], *v. i.* capitolare; venire a patti; arrendersi.
capitulation [kə,pitju'leiʃən], *n.* **1** capitolazione; resa **2** capitolato; trattato **3** (*pl., leg.*) capitolazioni.
caplin ['kæplin], V. **capelin**.
capon ['keipən], *n.* cappone.
caponier [,kæpə'niːə*], *n.* (*mil., stor.*) capponiera, caponiera.
to caponize ['keipənaiz], *v. t.* accapponare, castrare (*galletti*).
capot [kə'pɔt] (*franc.*), *n.* cappotto (*nei giochi di carte*).
to capot [kə'pɔt] (*franc.*), *v. t.* dare cappotto a (q.) (*V.* **capot**).
capote [kə'pout] (*franc.*), *n.* **1** mantello con cappuccio **2** mantice, capote (*d'automobile*).
capping ['kæpiŋ], *n.* **1** (*mecc.*) rivestimento metallico **2** (*autom.*) cornice (*di finestrino*) **3** (*archit.*) capitello **4** (*ind. min.*) strato di roccia.
cappuccino [,kaputʃiːnou] (*ital.*), *n.* (*pl.* **cappuccinos**) cappuccino (*bevanda*).

capric ['kæprik], *a.* (*chim.*) caprinico; caprico (*raro*).
capriccio [kə'pritʃiou] (*ital.*), *n.* (*pl.* **capricci, capriccios**) (*mus.*) capriccio.
caprice [kə'priːs], *n.* (*anche mus.*) capriccio.
capricious [kə'priʃəs], *a.* capriccioso.
capriciousness [kəp'riʃəsnis], *n.* capricciosità.
Capricorn ['kæprikɔːn], *A n.* **1** (*astron., astrologia; anche* **Capricornus**) Capricorno (*costellazione e X segno dello Zodiaco*): **the Tropic of C.**, il Tropico del Capricorno **2** (*astrologia*) (un) capricorno; individuo nato sotto il segno del Capricorno. *B a.* (*astrologia*) del Capricorno.
capricornean [,kæpri'kɔːniən], (*astrologia*) *A n.* persona nata sotto il segno del Capricorno. *B a.* del Capricorno.
caprification [,kæprifi'keiʃən], *n.* (*bot.*) caprificazione.
caprifig ['kæprifig], *n.* (*bot., Ficus carica sylvestris*) caprifico (*fico selvatico*).
caprine ['kæprain], *a.* caprino; caprigno (*raro*).
capriole ['kæprioul], *n.* **1** (*balletto*) capriola; balzo **2** capriola, sgroppata (*di cavallo*).
to capriole ['kæprioul], *v. i.* **1** (*balletto*) fare una capriola **2** (*di cavallo*) sgroppare; impennarsi.
caproic [kə'prouik], *a.* (*chim.*) caproico: **c. acid**, acido caproico.
caps [kæps], *n. pl.* (*abbr. fam. di* **capitals**) (*tipogr.*) maiuscole.
capsicum ['kæpsikəm], *n.* (*bot., Capsicum*) capsico.
capsizable [kæp'saizəbl], *a.* ribaltabile.
capsizal [kæp'saizl], *n.* ribaltamento; capovolgimento (*d'una nave*).
to capsize [kæp'saiz], *v. t. e i.* capovolgere, capovolgersi; ribaltare, ribaltarsi; (*di imbarcazione a vela*) fare scuffia.
capstan ['kæpstən], *n.* (*naut.*) argano; verricello per salpare: **to man the c.**, armare l'argano; **to work the c.**, virare l'argano. ● (*mecc.*) **c. lathe**, tornio a torretta (*o* a revolver).
capstone ['kæpstoun], *n.* **1** (*archit.*) pietra per cimasa (*di un muro*) **2** (*fig.*) ultimo tocco; coronamento (*di un'opera*).
capsular ['kæpsjulə*], *a.* capsulare.
capsule ['kæpsjuːl], *A n.* **1** (*anche* **capsula**; pillola **2** (*anat., bot.*) capsula **3** tappo metallico (*o a corona: di bottiglia*) **4** (*miss.*) capsula (*orbitale, spaziale*) **5** (*fig.*) sommario; sunto. *B a. attr.* compendiato; condensato: **a c. summary**, un sommario condensato. ● (*naut.*) **c. submarine**, sottomarino tascabile □ (*miss.*) **manned c.**, capsula con equipaggio umano.
to capsule ['kæpsjuːl], (*USA*) *V.* **to capsulize**.
capsuliform ['kæpsju(:)lifɔːm], *a.* capsuliforme.
to capsulize ['kæpsjuːlaiz], *v. t.* **1** incapsulare **2** capsulare (*una bottiglia, ecc.*) **3** (*fig.*) riassumere.
captain ['kæptin], *n.* **1** capitano (*anche nel senso di capo, guida, ecc.*): **the c. of a rugby team**, il capitano d'una squadra di rugby **2** (*USA*) capitano (*di polizia*); comandante di compagnia (*dei vigili del fuoco*) **3** capoclasse (*a scuola*) **4** (*naut.*) capitano (*nella marina mercantile*); capitano di vascello (*nella marina da guerra*) **5** (*aeron.*) comandante (*pilota*) **6** (*stor.*) condottiero **7** (*USA*) capocameriere. ● **C.'s biscuit**, galletta di ottima qualità □ (*stor.*) **c. of fortune**, capitano di ventura □ **c. of industry**, capitano d'industria; grande industriale □ (*naut.*) **c. of top**, capocoffa.
to captain ['kæptin], *v. t.* capitanare (*una squadra di calcio, ecc.*).
captaincy ['kæptinsi], *n.* grado di capitano.
captainship ['kæptinʃip], *n.* **1** grado di capitano **2** comando; guida: **He assumed the c. of the enterprise**, egli assunse la guida dell'impresa.
captation [kəp'teiʃən], *n.* (*leg.*) captazione.
caption ['kæpʃən], *n.* **1** (*leg. scozz.*) cattura; arresto **2** (*leg.*) parte iniziale (*di documento*); rubrica **3** (*in una pellicola*) didascalia; sottotitolo **4** (*sotto un'illustrazione*) leggenda. ● (*tipogr.*) **c. writer**, titolista.
captious ['kæpʃəs], *a.* capzioso; insidioso; sofistico.
captiousness ['kæpʃəsnis], *n.* capziosità.
to captivate ['kæptiveit], *v. t.* **1** cattivarsi (*l'affetto, ecc. di q.*) **2** attirare (*l'attenzione di q.*) **3** attrarre; affascinare; incantare.
captivating ['kæptiveitiŋ], *a.* cattivante; affascinante; seducente.
captivation [,kæpti'veiʃən], *n.* attrazione; fascino; seduzione.
captive ['kæptiv], *a. e n.* prigioniero; captivo; cattivo (*lett.*). ● **c. audience**, uditorio avvinto: **We were a c. audience for the teacher's stories**, l'insegnante ci ha tenuti avvinti raccontandoci le sue storie □ **c. balloon**, pallone frenato □ **a c. bird**, un uccello in gabbia □ (*econ.*) **a c. industry**, un'industria sussidiaria □ (*fin.*) **c. market**, mercato «prigioniero» □ (*mecc.*) **c. test**, prova sul banco □ **to be taken c.**, essere fatto prigioniero.
captivity [kæp'tiviti], *n.* prigionia; schiavitù; cattività (*lett.*).
captor ['kæptə*], *n.* **1** chi cattura (*prigionieri, ecc.*); catturatore **2** chi prende un premio; vincitore; premiato.
captress ['kæptris], *n.* **1** catturatrice **2** vincitrice (*di un premio, ecc.*).
capture ['kæptʃə*], *n.* **1** cattura; arresto **2** presa di possesso **3** bottino; preda **4** (*econ.*) conquista (*di un mercato*) **5** (*fis. nucl.*) cattura.
to capture ['kæptʃə*], *v. t.* catturare; arrestare; impadronirsi di (*q.c.*); prendere, vincere (*un premio*). ● **to c. the attention**, attirare l'attenzione □ (*econ.*) **to c. a market**, conquistare un mercato □ **to be captured**, esser fatto prigioniero.
Capuchin ['kæpjuʃin], *n. e a.* (frate) cappuccino. ● (*zool.*) **c. monkey** (*Cebus capucinus*), cebo cappuccino.
capybara [,kæpi'baːrə*], *n.* (*zool., Hydrochoerus capybara*) capibara.
car [ka:*], *n.* **1** veicolo su ruote **2** (*anche* **motorcar**) automobile; auto; macchina; vettura **3** (*anche* **tramcar**; *USA* **streetcar, trolley car**) tram; vettura tranviaria **4** (*ferr., anche* **railway car**; *USA* **railroad car**) carrozza viaggiatori **5** (*ferr. USA*) vagone ferroviario; vettura **6** (*USA, anche* **freight car**) carro merci (*cfr. ingl.* **goods-waggon**) **7** (*aeron.*) navicella (*di aerostato o dirigibile*) **8** (*ind. min.*) vagoncino; vagonetto **9** gabbia, cabina (*dell'ascensore*) **10** (*poet.*) carro; cocchio: **the car of the sun**, il cocchio del sole; **a triumphal car**, un carro trionfale (*in basso e pesante, per trasporto di botti, ecc.*). ● **car-accessory manufacturer**, accessorista (*fabbricante*) □ **car-accessory supplier** (*o* **shop**), accessorista (*venditore*) □ **car-body builder**, carrozziere (*costruttore*) □ **car-body repairer**, carrozziere (*riparatore*) □ **car breaker**, sfasciacarrozze; demolitore d'auto □ **car-care products**, articoli per l'automobile (*additivi, spray, ecc.*) □ (*USA*) **car-carrier**, bisarca; cicogna □ **car distributor**, concessionario d'auto □ **car hire**, autonoleggio □ (*autom. USA*) **car hop**, inserviente di «drive-in» (*q. V.*) □ **car-licence**, permesso di circolazione; libretto (*auto*) □ **car-maker**, costruttore di automobili □ **car park**, parcheggio □ **car-park attendant**, posteggiatore □ (*autom.*) **car pool**, accordo per andare al lavoro (*a scuola, ecc.*) usando, a turno, un'auto sola □ **car-recovery service**, assistenza automobilistica su strada; il «116» (*fam.*) □ **car stylist**, carrozziere □ (*sport*) **car topper**, piccola imbarcazione (*che si può portare sul tetto dell'auto*) □ **car wash**, (impianto di) lavaggio per auto; autolavaggio □ **car-wash attendant**, lavaggista □ **car worker**, operaio dell'industria automobilistica □ (*USA*) **compact car**, utilitaria (americana) □ (*ferr.*) **dining-car**, carrozza ristorante □ **racing car**, macchina da corsa □ (*ferr.*) **sleeping car**, vagone letto □ **small car**, utilitaria □ (*ferr.*) **tank car**, vagone cisterna □ **utility car**, utilitaria.
carabin ['kærəbin], **carabine** ['kærəbain], *n.* (*arc.*) **1** *V.* **carbine 2** *V.* **carabineer**.
carabineer, carabinier [,kærəbi'niə*], *n.* soldato (*in origine, di cavalleria*) armato di carabina.
caracal ['kærəkæl], *n.* (*zool., Lynx caracal*) caracal; lince del deserto.
caracol(e) ['kærəkoul], *n.* caracollo.
to caracol(e) ['kærəkoul], *v. i.* caracollare.
caracul ['kærəkuːl], *n.* caracùl; pelliccia di agnelli appena nati di razza caracùl.
carafe [kə'raːf], *n.* caraffa.
caramel ['kærəmel], *n.* **1** caramello; zucchero caramellato **2** caramella **3** color caramello; marrone chiaro.
to caramelize ['kærəməlaiz], *v. t.* caramellare (*zucchero, ecc.*).
carapace ['kærəpeis], *n.* (*zool.*) carapace (*di tartaruga, ecc.*).
carat ['kærət], *n.* carato.
caravan ['kærəvæn], *n.* **1** carovana **2** carrozzone, carro coperto (*di girovaghi, ecc.*) **3** (*autom.*) caravan; roulotte (*cfr. USA* **trailer**). ● **c. park**, parcheggio per roulotte □ **motor c.**, camper.
to caravan [,kærə'væn], *v. i.* **1** (*autom.*) viaggiare in roulotte **2** viaggiare in carovana.
caravaneer [,kærəvə'niə*], *V.* **caravan(n)er**.
caravan(n)er [,kærə'vænə*], *n.* **1** carovaniere **2** (*autom.*) roulottista; caravanista.
caravan(n)ing [,kærə'væniŋ], *n.* (*autom.*) caravanning.
caravansary [,kærə'vænsəri], **caravanserai** [,kærə'vænsərai], *n.* caravanserraglio.
caravel, caravelle ['kærəvel], *n.* (*stor. naut.*) caravella.
caraway ['kærəwei], *n.* (*bot., Carum carvi*) carvi; cumino tedesco (*o dei prati*). ● **c. oil**, essenza di carvi.
carbide ['kaːbaid], *n.* (*chim.*) carburo.
carbine ['kaːbain], *n.* carabina.
carbineer [,kaːbi'niə*], *V.* **carabineer**.
carbohydrate ['kaːbou'haidreit], *n.* (*chim.*) carboidrato.
carbolic [kaː'bɔlik], *a.* (*chim.*) fenico; carbolico (*raro*): **c. acid**, acido fenico; fenolo.
to carbolize ['kaː(ː)bəlaiz], *v. t.* trattare (*o* sterilizzare) con acido fenico.
carbon ['kaːbən], *n.* **1** (*chim.*) carbonio **2** (*elettr.*) carbone **3** (*anche* **c. paper**) foglio di carta carbone **4** (*anche* **c. copy**) copia carbone: **I received only a c.**, ho ricevuto soltanto una copia carbone. ● **c. black**, nerofumo □ (*elettr., autom.*) **c. brush**, spazzola di carbone □ (*biol., astron.*) **c. cycle**, ciclo del carbonio

□ **c. dating** (*o* **c.-14 dating**), datazione al carbonio (*o* C-14) □ (*chim.*) **c. dioxide**, anidride carbonica; biossido di carbonio □ (*fis. nucl.*) **c.-14**, carbonio 14; radiocarbonio □ (*chim.*) **c. monoxide**, ossido di carbonio.
carbonaceous [,ka:bə'neiʃəs], *a.* **1** (*chim.*) carbonaceo; carbonioso **2** di (*o* simile a) carbone; carbonifero.
carbonado [,ka:bə'neidou], *n.* (*pl.* **carbonados**) (*miner.*) carbonado.
carbonate ['ka:bənit], **A** *n.* (*chim.*) carbonato. **B** *a.* (*chim.*) che contiene carbonati. ● (*miner.*) **c. mineral**, carbonato.
to carbonate ['ka:bəneit], *v. t.* **1** (*arc.*) carbonizzare **2** (*chim.*) trasformare in carbonato **3** addizionare d'anidride carbonica; gassare.
carbonated ['ka:bəneitid], *a.* addizionato d'anidride carbonica; gassato.
carbonation ['ka:bəneiʃən], *n.* carbonatazione.
to carbon-copy ['ka:bən,kɔpi], *v. t.* copiare con la carta carbone.
carbonic [ka:'bɔnik], *a.* (*chim.*) carbonico: **c. acid**, acido carbonico.
carboniferous [,ka:bə'nifərəs], **A** *a.* carbonifero. **B** *a. e n.* ‒ (*geol.*) **C.**, Carbonifero.
carbonization [,ka:bənai'zeiʃən], *n.* carbonizzazione.
to carbonize ['ka:bənaiz], *v. t.* **1** carbonizzare **2** *V.* **to carburize**.
carborne ['ka:bɔn], *a.* **1** (*autom.*) autotrasportato **2** (*autom.*: *di strumento*) installato a bordo di un'automobile.
Carborundum [,ka:bə'rʌndəm], *n.* (*marchio*: *ind.*) carborundo; carburo di silicio.
carboy ['ka:bɔi], *n.* damigiana (*per acidi*).
carbuncle ['ka:bʌŋkl], *n.* **1** (*med.*) carbonchio **2** granato tagliato a cabochon **3** (*raro*) foruncolo; pustola.
carbuncled ['ka:bʌŋkld], *a.* (*med.*) carbonchioso.
carbuncular [ka:'bʌŋkjulə*], *a.* (*med.*) carbonchioso.
carburant ['ka:bjurənt], *n.* (*chim.*) carburante.
to carburate ['ka:bjureit], *V.* **to carburet**.
carburation [,ka:bju'reiʃən], *V.* **carburetion**.
to carburet ['ka:bjuret], *v. t.* (*chim.*) carburare.
carburetant ['ka:bjuretənt], *V.* **carburant**.
carburetion [,ka:bju'reiʃən], *n.* (*autom.*) carburazione.
carburetter, **carburettor** ['ka:bjuretə*], *n.* (*autom.*) carburatore. ● **c. flooding**, carburatore ingolfato (*difetto*).
carburization [,ka:bjurai'zeiʃən], *n.* (*anche metall.*) carburazione.
to carburize ['ka:bjuraiz], *v. t.* **1** (*metall.*) carburare; cementare **2** (*autom.*) carburare (*un motore*).
carcass, carcase ['ka:kəs], *n.* **1** carcassa **2** carcame **3** (*autom.*) carcassa (*di pneumatico*) **4** (*ind.*) armatura (*d'un fabbricato*) **5** (*naut.*) ossatura (*di una nave*) **6** mucchio di rovine **7** (*spreg.*) pelle; pellaccia. ● **c. meat**, carne cruda □ (*fam.*) **to save one's c.**, salvare la pelle.
carcinogen [ka:'sinoud͡ʒən], *n.* (*med.*) cancerogeno.
carcinogenic [,ka:sinou'd͡ʒenik], *a.* (*med.*) cancerogeno.
carcinoma [,ka:si'noumə], *n.* (*pl.* **carcinomata, carcinomas**) (*med.*) carcinoma.
carcinomatous [,ka:si'noumətəs], *a.* (*med.*) carcinomatoso.
carcinosis [,ka:si'nousis], *n.* (*pl.* **carcinoses**) (*med.*) carcinosi.
card (1) [ka:d], *n.* **1** (*anche* **playing c.**) carta da gioco **2** (*anche* **correspondence c.**) cartoncino (*anche* **visiting c.**, *USA* **calling c.**) biglietto da visita; biglietto d'invito **3** (*anche* **postcard**) cartolina postale **4** cartellino: **a window c.**, un cartellino da vetrina (*col prezzo*) **5** scheda (*per ufficio, biblioteca, ecc.*) **6** programma (*stampato*): **a race c.**, un programma delle corse **7** (*anche* **compass c.**) quadrante (*di bussola*) **8** tessera; tesserino **9** biglietto (*di marche assicurative*) **10** (*stat.*) scheda **11** cartella (*di tombola*) **12** (*fam.*) persona eccentrica; tipo: **He's quite a c.!**, è proprio un tipo!; **a knowing c.**, un tipo che la sa lunga. ● **c.-carrying**, (*polit.*) tesserato; (*fig.*) caratteristico, tipico □ (*specialm. fig.*) **c. castle**, castello di carte □ **c. compiler**, schedatore □ **c. file**, schedario □ **c. holder**, schedario; (*di partito, ecc.*) iscritto, socio, tesserato □ **c. house**, *V.* **c. castle** □ **c. index**, schedario □ **c.-ledger**, partitario a fogli mobili □ **c. member**, tesserato; iscritto (*a un club, ecc.*) □ **c.-punch**, perforatrice (*di schede*) □ **c. room**, sala da gioco □ **c.-sharp(er)**, baro □ **c. vote**, voto per delega, in rapporto al numero dei tesserati (*specialm. nei sindacati britannici*) □ **a Christmas c.**, una cartolina (*o* biglietto) d'auguri per il Natale □ **collecting-c.**, biglietto (*o* nota) per sollecitare sottoscrizioni benefiche □ **a get-well c.**, un biglietto d'auguri di pronta guarigione □ (*fig.*) **to have a c. up one's sleeve**, avere ancora una carta da giocare; avere un asso nella manica □ **house of cards**, *V.* **c. castle** □ **to leave a c. on sb.**, lasciare il proprio biglietto da visita a q. (*come segno di essere stati a trovarlo*) □ **to make a c.**, fare (*o* vincere) una mano giocando una carta; farsi (*un asso, ecc.*; *fam.*) (*fig.*) □ **to play one's cards well** (*o* **right**), giocare bene le proprie carte □ (*fig.*) **to put** (*o* **to lay**) **one's cards on the table**, mettere le carte

in tavola; giocare a carte scoperte □ **to speak by the c.**, parlare con precisione, con sicurezza □ (*fig.*) **a sure** (*o* **safe**) **c.**, una carta sicura; un piano sicuro □ (*fig.*) **to throw up the cards**, cedere; darsi per vinto □ **a wedding c.**, una partecipazione di nozze □ (*fam.*) **This is the c.!**, questa è la cosa (giusta) da farsi □ (*fam.*) **It's on the cards** (*USA*: **in the cards**) **that I may go to Australia**, se le carte non sbagliano, andrò in Australia.
card (2) [ka:d], *n.* (*ind. tessile*) **1** scardasso **2** carda; cardatrice.
to card [ka:d], *v. t.* (*ind. tessile*) **1** scardassare **2** cardare.
cardamom, cardamum ['ka:dəməm], **cardamon** ['ka:dəmən], *n.* (*bot.*, *Elettaria cardamomum*) cardamomo.
cardan joint ['ka:dən 'd͡ʒɔint], *n.* (*mecc.*) giunto cardanico.
cardboard ['ka:dbɔ:d], *n.* cartone. ● **a c. box**, una scatola di cartone □ (*fig.*) **c. characters**, personaggi irreali, stereotipati □ **asphalted c.**, cartone catramato.
carder ['ka:də*], *n.* (*ind. tessile*) **1** scardassatore **2** cardatore **3** cardatrice, carda (*macchina*).
cardiac ['ka:diæk], (*med.*) **A** *a.* cardiaco: **c. insufficiency**, scompenso cardiaco. **B** *n.* **1** cardiotonico **2** cardiopatico. ● **c. neurosis**, cardionevrosi □ **c. pacing**, stimolazione artificiale del cuore □ **c. tamponade**, tamponamento cardiaco; tamponamento di Rose.
cardigan ['ka:digən], *n.* cardigan (*giacca o golf di maglia di lana, abbottonata davanti*).
cardinal ['ka:dinəl], **A** *a.* **1** cardinale: **c. virtues** (**numbers, points**), virtù (numeri, punti) cardinali **2** rosso cardinale **3** (*zool.*) del legamento (*o* cardine) di un mollusco bivalve. **B** *n.* **1** (*relig.*) cardinale **2** (*mat.*) (numero) cardinale **3** mantelletto da donna (*di solito, con cappuccio*) **4** (*zool.*, *Richmondena cardinalis*; *anche* **c. grosbeak**) cardinale rosso. ● (*bot.*) **c. flower** (*Lobelia cardinalis*), lobelia a fior di cardinale □ **c. red**, rosso cardinale.
cardinalate ['ka:dinəleit], *n.* **1** cardinalato; ufficio di cardinale; (*fig.*) la porpora (cardinalizia) **2** (*collett.*) (i) cardinali.
cardinalship ['ka:dinəlʃip], *V.* **cardinalate**, *def. 1*.
carding ['ka:diŋ], *n.* (*ind. tessile*) **1** cardatura; scardassatura **2** fibre (*di lana, ecc.*) cardate. ● **c. machine**, cardatrice; carda.
cardiogenic [,ka:diou'd͡ʒenik], *a.* (*med.*) cardiogenico.
cardiogram ['ka:diougræm], *n.* (*med.*) cardiogramma.
cardiograph ['ka:diəgra:f], *n.* cardiografo.
cardiography [,ka:di'ɔgrəfi], *n.* cardiografia.
cardiologist [,ka:di'ɔləd͡ʒist], *n.* cardiologo.
cardiology [,ka:di'ɔləd͡ʒi], *n.* cardiologia.
cardiopath ['ka:dioupəθ], *n.* (*med.*) cardiopatico.
cardiopulmonary [,ka:diou'pʌlmənəri], *a.* (*med.*) cardiopolmonare.
cardiotonic [,ka:diou'tɔnik], *a. e n.* (*farm.*) cardiotonico.
carditis [ka:'daitis], *n.* (*med.*) cardite.
cardo ['ka:dou] (*lat.*), *n.* (*pl.* **cardines**) (*stor.*, *archeologia*) cardo; cardine.
cardoon [ka'du(:)n], *n.* (*bot.*, *Cynara cardunculus*) cardo.
care [kɛə*], *n.* **1** cura; attenzione; cautela: **Do it with the utmost c.**, fallo con la massima cura **2** cure; ansietà; affanni; preoccupazioni; pensieri (*pop.*): **The old woman was oppressed by c.**, la vecchia era oppressa dagli affanni **3** cura, cure; premura; protezione; responsabilità: **The little girl was left in** (*o* **under**) **my c.**, la bambina fu affidata alle mie cure **4** custodia: **to be in sb.'s c.**, essere in custodia presso q. ● **c.-laden**, carico d'affanni □ **c. of** (*abbr.* **c/o**), presso (*negli indirizzi*) □ (*USA*) **c. of general delivery**, fermo posta □ **c.-worn**, logorato dalle preoccupazioni □ (*fam.*) **Have a c.!**, sta'! (*o* stia) attento!; bada (*o* badi) dove mette i piedi (*e sim.*) □ **to have** (**to take**) **c. of sb.**, avere (prendersi) cura di q.: **Take c. of yourself!**, abbiti cura!; riguardati! □ **to take c.**, fare attenzione, stare attento; avere cura; badare: **Take c. you don't get lost**, bada di non smarrirti □ **I'll take c. of the bill**, al conto ci penso io □ **to take a child into c.**, affidare un bambino a un ente assistenziale □ (*scritto su una cassa*) **Glass ‒ handle with c.**, Vetri ‒ (fare) attenzione; fragile □ (*prov.*) **C. killed the cat**, le preoccupazioni portano alla tomba.
to care [kɛə*], *v. i.* **1** preoccuparsi; prendersela (*fam.*); (*in frasi neg.*) importare, tenerci (*impers.*): **Although he says so little, he cares very much**, sebbene non dica niente, la cosa gli sta molto a cuore; **Who cares?**, che importa?; chi se ne infischia? **2** desiderare; volere; piacere (*impers.*): **I don't c. to answer**, non desidero rispondere; **Would you c. to go on holiday?**, ti piacerebbe andare in vacanza? **3** ‒ **to c. for**, amare; voler bene a; piacere (*impers.*): **Does she c. for him?**, gli vuol bene?; **I don't c. for that book**, quel libro non mi piace **4** ‒ **to c. for**, avere (*o* prendersi) cura di; provvedere a: **The sick must be cared for**, si deve aver cura dei malati. ● **I don't c. a pin** (*o* **a farthing**; *volg.*: **a damn**), non m'importa niente (*o* un fico secco; *volg.*: un accidente) □ **I couldn't c. less**, non me ne importa proprio nulla.
to careen [kə'ri:n], **A** *v. t.* (*naut.*) **1** carenare; abbattere in carena **2** far sbandare. **B** *v. i.* **1** (*naut.*) carenare una nave

careenage

2 sbandare.
careenage [kəˈriːnidʒ], *n.* (*naut.*) **1** posto di carenaggio **2** (spese di) carenaggio.
careening [kəˈriːniŋ], *n.* **1** (*naut.*) carenaggio; carenamento **2** sbandamento.
to career [kəˈriə*], *v. i.* andare di carriera. ● **to c. about** (*o* **along**), scorrazzare, andare di gran carriera.
career [kəˈriə*], *n.* carriera (*in ogni senso*): **to take up a c.**, abbracciare una carriera. ● **c. brief**, profilo professionale ☐ **c. diplomat**, diplomatico di carriera ☐ **c. girl** (**c. woman**), ragazza (donna) che fa carriera col suo lavoro ☐ (*USA*) **c. man**, diplomatico di carriera ☐ (*ingl.*) **careers master**, psicotecnico ☐ **a c. position**, un postc di ruolo ☐ **in full c.**, di gran carriera.
careerism [kəˈriərizəm], *n.* carrierismo; arrivismo.
careerist [kəˈriərist], *n.* carrierista; arrivista.
carefree [ˈkɛəfriː], *a.* sgombro di cure; libero da preoccupazioni.
careful [ˈkɛəful], *a.* **1** accurato; attento; diligente: **a c. search**, un'accurata ricerca; **a c. worker**, uno che lavora con grande diligenza **2** cauto; guardingo; prudente; sollecito: **c. of one's reputation**, sollecito del proprio buon nome **3** (*anche* **c. with one's money**) parsimonioso: **She is a very c. housewife**, è una massaia molto parsimoniosa. ● **to be c.**, stare attento (a); badare (di): **Be c. not to drop the vase**, bada di non lasciar cadere il vaso.
carefulness [ˈkɛəfulnis], *n.* **1** accuratezza; attenzione; diligenza **2** cautela; prudenza.
careless [ˈkɛəlis], *a.* **1** libero da preoccupazioni; spensierato **2** disattento; negligente; sbadato **3** incauto; sconsiderato: **Don't be so c. with your money**, non essere così sconsiderato nell'uso del tuo denaro **4** naturale; istintivo; spontaneo: **She has a c. grace**, ha una grazia istintiva. ● **a c. mistake**, un errore di distrazione ☐ **c. of**, senza curarsi di: **They did their duty, c. of danger**, fecero il loro dovere, senza curarsi dei pericoli ☐ **to be c. of one's clothes**, essere trascurato nel vestire ☐ **to be c. of one's food**, essere di bocca buona.
carelessness [ˈkɛəlisnis], *n.* **1** spensieratezza **2** trascuratezza; trascurataggine; disattenzione; negligenza; sbadataggine **3** mancanza di cautela; sconsideratezza; avventatezza.
caress [kəˈres], *n.* carezza; dimostrazione d'affetto.
to caress [kəˈres], *v. t.* (*anche fig.*) accarezzare; carezzare **2** abbracciare; baciare **3** coccolare; vezzeggiare.
caressing [kəˈresiŋ], *a.* carezzevole.
caret [ˈkærət], (*lat.*), *n.* segno d'omissione.
caretaker [ˈkɛəˌteikə*], *n.* **1** custode; guardiano; sorvegliante **2** portinaio. ● (*polit.*) **c. government**, governo d'affari (*o* di ordinaria amministrazione) ☐ (*polit.*) **to remain temporarily in office in c. status**, restare in carica per il disbrigo degli affari correnti.
carful [ˈkaːful], *n.* carrettata.
cargo [ˈkaːgou], *n.* (*pl.* **cargoes, cargos**) (*naut.*) **1** carico (*d'una nave, un aereo, ecc.*) **2** nave mercantile. ● **c. boat** (**steamer, ship**), imbarcazione (vapore, nave) da carico ☐ **c. plane**, aereo da carico.
Carib [ˈkærib], *n.* (*pl.* **Carib, Caribs**) **1** caraibo; caribo **2** caraibico; caraibo.
Caribbean [ˌkæriˈbiːən], *A a.* caraibico; caribico. *B n.* (*pl.* **Caribbean, Caribbeans**) (*geogr.*) caraibo; caribo. ● **the C. Sea**, il Mar dei Caraibi.
caribou [ˈkæribuː], *n.* (*pl.* **caribou, caribous**) (*zool.*, *Rangifer caribou*) caribù.
caricature [ˌkærikəˈtjuə*], *n.* caricatura.
to caricature [ˌkærikəˈtjuə*], *v. t.* fare la caricatura di (q.); mettere (q.) in caricatura; parodiare.
caricaturist [ˌkærikəˈtjuərist], *n.* caricaturista.
caries [ˈkɛəriːz], *n.* (*invar. al pl.*) (*med., bot.*) carie.
carina [kəˈrainə], (*lat.*), *n.* (*pl.* **carinae, carinas**) (*anat., bot., zool.*) carena.
carinal [kəˈrainəl], *a.* (*anat., bot., zool.*) di carena.
carinate(d) [ˈkeirineit(id)], *a.* (*anat., bot., zool.*) carenato.
carious [ˈkɛəriəs], *a.* (*med.*) cariato.
carking [ˈkaːkiŋ], *a.* (*poet.*) gravoso: **c. care**, cura gravosa.
carl(e) [kaːl], *n.* (*scozz.*) uomo; individuo (*rozzo o robusto*).
carline (1) [ˈkaː(ː)lin], *n.* (*scozz.*) **1** vecchia **2** strega.
carline (2) [ˈkaːlin], *n.* (*bot.*) **1** (*Carlina acaulis*) carlina (bianca) **2** (*Carlina vulgaris*) carlina comune.
Carlism [ˈkaːlizəm], *n.* (*stor.*) carlismo.
Carlist [ˈkaːlist], *n.* (*stor.*) carlista.
carload [ˈkaːloud], *n.* portata di (*un veicolo*); carico.
Carlovingian [ˌkaːlouˈvindʒiən], *a. e n.* (*stor.*) carlovingio.
carman [ˈkaːmən], *n.* (*pl.* **carmen**) **1** (*USA*) conducente di tram (*o* di autobus) **2** carrettiere **3** (*ferr. USA*) conduttore; macchinista **4** addetto ai carri o ai carrelli.
Carmelite [ˈkaːmilait], *A n.* carmelitano. *B n.* (*frate*) carmelitano; (*suora*) carmelitana.
carminative [ˈkaːminətiv], *a. e n.* (*farm.*) carminativo.

carmine [ˈkaːmain], *n. e a.* (*color*) carminio.
carnage [ˈkaːnidʒ], *n.* **1** carneficina; strage **2** carnaio.
carnal [ˈkaːnl], *a.* **1** carnale; fisico; terreno; temporale: **c. lust**, concupiscenza carnale; lussuria **2** sensuale; lascivo; impudico. ● (*specialm. leg.*) **c. knowledge**, congiunzione carnale ☐ **c. pleasures**, i piaceri della carne.
carnality [kaːˈnæliti], *n.* **1** carnalità; temporalità **2** sensualità; lascivia; impudicizia.
carnapper [ˈkaːˌnæpə*], *n.* (*USA*) ladro d'automobili.
carnation [kaːˈneiʃən], *A a.* incarnatino; (*lett.*) incarnato; (color) rosa; roseo. *B n.* (*bot.*, *Dianthus caryophyllus*) garofano.
carnelian [kaːˈniːljən], *n.* (*miner.*) corniola; cornalina.
carnet [kaːˈnei], *n.* (*autom.*) carnet.
to carney [ˈkaː(ː)ni], *V.* **to carny**.
carnification [ˌkaːnifiˈkeiʃn], *n.* (*med.*) carnificazione.
to carnify [ˈkaːniˌfai], *v. i.* (*med.*) carnificarsi (*dei polmoni*).
carnival [ˈkaːnivəl], *n.* **1** carnevale **2** (*fig.*) baldoria, orgia: **a c. of bloodshed**, un'orgia di sangue **3** parco di divertimenti.
carnivores [ˈkaːnivɔːz], *n. pl.* (*zool.*, *Carnivora*) carnivori.
carnivorous [kaːˈnivərəs], *a.* (*zool., bot.*) carnivoro.
to carny [ˈkaːni], *v. t.* (*fam.*) adulare; blandire; fare moine a (q.).
carny [ˈkaːni], *n.* (*USA*) **1** parco dei divertimenti; circo **2** chi lavora in un circo.
carob [ˈkærəb], *n.* **1** (*bot.*, *Ceratonia siliqua*) carrubo **2** carruba.
carol [ˈkærəl], *n.* **1** canto gioioso (*anche di uccelli*) **2** (*arc., mus.*) carola **3** (*anche* **Christmas c.**) canto di Natale.
to carol [ˈkærəl], *A v. i.* cantare gioiosamente. *B v. t.* cantare gioiosamente; celebrare con canti (*il Natale, ecc.*).
Carol [ˈkærəl], *n.* Carola.
Caroline [ˈkærəlain], *A n.* Carolina. *B a.* **1** (del tempo) di Carlomagno **2** (del tempo) di Carlo I e Carlo II d'Inghilterra.
Carolingian [ˌkærəˈlindʒiən], *a. e n.* (*stor.*) carolingio.
Carolinian [ˌkærəˈliniən], *A a.* **1** (del tempo) di Carlo Magno **2** di Carlo I e Carlo II d'Inghilterra. *B a. e n.* (abitante) della Carolina del Nord o del Sud (*in USA*).
caroller [ˈkærələ*], *n.* chi va in giro a cantare canti di Natale.
carom [ˈkærəm], *n.* (*USA*) **1** (*cfr. ingl.* **cannon**) carambola (*al biliardo*) **2** rimbalzo.
to carom [ˈkærəm], *v. i.* (*USA*) **1** fare carambola **2** rimbalzare.
carotene [ˈkærətiːn], *n.* (*chim.*) carotene.
carotid [kəˈrɔtid], (*anat.*) *A n.* carotide. *B a.* carotico; carotideo.
carotidal [kəˈrɔtidəl], *a.* (*anat.*) carotideo; carotico.
carotin [ˈkærətin], *V.* **carotene**.
carousal [kəˈrauzl], **carouse** [kəˈrauz], *n.* bevuta; bicchierata; baldoria.
to carouse [kəˈrauz], *v. i.* bere smodatamente; fare una bevuta (*o* una bicchierata); far baldoria.
carousel [ˌkæruˈzel], *n.* carosello; giostra.
carp [kaːp], *n.* (*pl.* **carp, carps**) (*zool.*, *Cyprinus carpio*) carpa.
to carp [kaːp], *v. i.* cavillare; trovare a ridire; lamentarsi. ● **to c. at sb.**, infastidire, tormentare q. (*con le proprie lamentele*) ☐ **to c. on** (*o* **about**) **st.**, lagnarsi (*o* lamentarsi) di q.c.
carpal [ˈkaːpəl], *a.* (*anat.*) del carpo; carpale.
Carpathian [kaːˈpeiθiən], *a.* (*geogr.*) carpatico.
Carpathians (the) [kaː(ː)peiθiːənz], *n. pl.* (*geogr.*) i Carpazi.
carpe diem [ˈkaːpiˈdiːəm] (*lat.*), *A inter.* carpe diem. *B n.* (*pl.* **carpe diems**) il vivere alla giornata.
carpel [ˈkaːpel], *n.* (*bot.*) carpello; carpofillo.
carpellary [ˈkaːpələri], *a.* (*bot.*) carpellare.
carpenter [ˈkaːpintə*], *n.* **1** carpentiere; falegname **2** (*naut.*) maestro d'ascia. ● (*zool.*) **c. ant** (*Camponotus*), formica che rode il legno ☐ (*zool.*) **c. bee** (*Xilocopa*), ape legnaiola ☐ (*teatr.*) **stage-c.**, macchinista.
to carpenter [ˈkaːpintə*], *v. i.* fare il carpentiere.
carpentry [ˈkaːpintri], *n.* carpenteria; falegnameria.
carpet [ˈkaːpit], *n.* **1** tappeto (*anche erboso, di fiori, ecc.*) **2** (*di strada*) manto superficiale. ● **c.-bag**, sacca da viaggio ☐ **c.-bagger**, candidato non residente nel collegio elettorale; (*USA*) mestatore politico nordista nel Sud, dopo la guerra di secessione; avventuriero, politicante ☐ **c.-beater**, battitappeto ☐ **c. bed**, aiuola con fiori che formano un disegno; ☐ (*mil.*) **c. bombing**, bombardamento a tappeto ☐ **c. dance**, ballo alla buona; quattro salti (*fam.*) ☐ **c. fitter**, specialista in moquette ☐ **c. fitting**, posa in opera di moquette ☐ **c. knight**, guerriero da salotto; (*mil.*) imboscato; damerino, donnaiolo ☐ **c.-rods**, aste fermaguida ☐ (*zool.*) **c. snake**, (*Python spilotes*) pitone diamantino; (*Lycodon aulicus*) licodonte aulico ☐ **c. sweeper**, battitappeto ☐ **bedside c.**, scendiletto ☐ (*fig.*) **on the c.**, (*di un problema, ecc.*) sul tappeto, in discussione; (*di una persona*) sotto il torchio (*fig.*) ☐ (*fig.*) **to sweep st. under the c.**, cercare di nascondere q.c. ☐ **wall-to-wall c.**, moquette ☐ (*fam.*) **He was called on the c. this morning for arriving late**, questa mattina s'è preso un cicchetto per essere arrivato in ritardo.

to carpet ['ka:pit], *v. t.* **1** tappezzare; ricoprire (*scale, ecc.*) di un tappeto **2** (*fam.*) sgridare; fare un cicchetto a (q.); cicchettare.
carping ['ka:piŋ], *a.* capzioso; cavilloso.
carpology [ka:'pɔlədʒi], *n.* (*agric.*) carpologia.
carport ['ka:pɔ:t], *n.* (*autom.*) tettoie per auto.
carpus ['ka:pəs] (*lat.*), *n.* (*pl.* **carpi**) (*anat.*) carpo.
carrageen [kærə'gi(:)n], *n.* (*bot., Chondrus crispus*) musco d'Irlanda.
carriage ['kæridʒ], *n.* **1** carrozza (*di solito a quattro ruote*); vettura: **a hackney c.**, una vettura di piazza **2** (*anche* **railway c.**; *cfr. USA* **car**) carrozza ferroviaria **3** trasporto (*di cose e persone*): **c. by rail (by ship)**, trasporto per ferrovia (per mare) **4** (*comm.*) porto; spese di trasporto **5** portamento; comportamento; atteggiamento; contegno: **Mary has a graceful c.**, Maria ha un portamento grazioso **6** approvazione (*d'una mozione, in Parlamento*) **7** (*mecc.*) carrello (*per es., di macchina da scrivere*) **8** (*mil., anche* **gun c.**) affusto (*di cannone*) **9** (*ind. tessile*) carro (*di filatoio*) **10** telaio con ruote (*di veicolo*). ● **a c. and pair (and four)**, un tiro a due (a quattro) □ **c. charges**, spese di trasporto □ **c. drive**, viale (*di accesso a una villa*) □ **c. entrance**, passo carraio □ (*comm.*) **c. forward**, porto assegnato □ (*comm.*) **c. free** (*o* **c. paid**), franco di porto □ **c. lever**, leva d'interlinea; leva di spaziatura □ **baby c.**, carrozzina (*per bambini*) □ **invalid c.**, carrozzella per invalidi.
carriageable ['kæridʒibl], *a.* (*di strada*) carrozzabile; rotabile.
carriageway ['kæridʒwei], *n.* **1** strada rotabile **2** carreggiata; corsia: **the northbound c.**, la corsia nord (*di un'autostrada*). ● (*autom.*) **dual c.**, strada a doppia carreggiata (*o a due corsie*).
carrier ['kæriə*], *n.* **1** (*comm.*) vettore, corriere; spedizioniere **2** portapacchi (*di bicicletta, ecc.*) **3** (*chim., med.*) veicolo, portatore (*di microbi*) **4** (*radio*) (elemento) portante **5** (*naut. mil., anche* **aircraft c.**) (nave) portaerei **6** (*anche* **pigeon c.**) piccione viaggiatore **7** (*USA*) postino. ● **c. bag**, borsa di plastica; sacchetto di carta (*o di plastica*) □ **c.-borne aircraft**, aereo di base su una portaerei □ (*tel.*) **c. current**, corrente vettrice □ **c. nation**, nazione dedita ai traffici d'oltremare □ (*miss.*) **c. rocket**, razzo vettore □ (*radio*) **c. wave**, onda portante □ (*ind.*) **c. belt**, trasportatore a nastro □ (*elettr.*) **cable c.**, portafili □ (*leg.*) **common c.**, vettore; impresa di trasporti □ (*naut.*) **water c.**, nave cisterna per acqua.
carriole ['kærioul], *n.* **1** calessino a un posto **2** slitta canadese.
carrion ['kæriən], **A** *n.* carogna. **B** *a.* in putrefazione; corrotto; disgustoso. ● (*zool.*) **c. crow** (*Corvus corone*), cornacchia nera.
carrom, to carrom ['kærəm], *V.* **carom, to carom**.
carronade [,kærə'neid], *n.* (*stor. naut.*) carronata.
carrot ['kærət], *n.* **1** (*bot., Daucus carota*) carota **2** (*fig.*) incentivo, esca (*fig.*): **political carrots**, incentivi politici. ● (*fam.*) **c. top**, pel di carota; (persona dai) capelli rossi.
carroty ['kærəti], *a.* **1** color carota **2** dai capelli rossi.
carrousel [,kærou'zel], *V.* **carousel**.
to carry ['kæri], **A** *v. t.* **1** portare; portare addosso (*o con sé*); trasportare; (*mat.*) (ri)portare (*una cifra*); (*giornalismo*) riportare (*una notizia, ecc.*): **to c. a bundle**, portare un fagotto; **to c. a baby in one's arms**, portare un bambino in braccio; **Do you c. money with you?**, porti denaro con te?; **to c. goods to their destination**, trasportare merci a destinazione; **I write down 9 and c. 3**, scrivo 9 e porto 3; **to c. good news (a message)**, portare una buona notizia (un messaggio) **2** continuare, estendere, prolungare (*un muro, uno steccato, ecc.*); protrarre (*fig.*): **Let's c. the painting up to the roof**, estendiamo la tinteggiatura fino al tetto! **3** conquistare; espugnare; prendere; vincere: **to c. a fortress**, espugnare una fortezza; **to c. an election**, vincere un'elezione **4** conquistare (q.) alla propria causa; far approvare, far passare (*una legge, ecc.*); procurarsi sostenitori per (*una causa, ecc.*): **They succeeded in carrying the bill**, riuscirono a far passare il disegno di legge; **The resolution was carried**, la mozione fu approvata **5** comportare; implicare; avere come conseguenza: **Such crimes c. heavy penalties**, tali crimini comportano gravi pene **6** (*comm., anche* **to c. in stock**) trattare, vendere, tenere, essere fornito di (*una merce*); (*fam.*) tenere registrato (*nei libri contabili*): **The shop will c. leather goods**, il negozio sarà fornito di articoli di cuoio **7** (*di terreno, ecc.*) produrre (*frutti, ecc.*); nutrire, dare alimento a (*bestiame*) **8** (*nella caccia*) seguire (*una traccia*) **9** (*mus.*) sostenere (*una parte*); cantare da (*tenore, ecc.*). **B** *v. i.* **1** fare da portatore **2** (*di cannoni, ecc.*) avere una (certa) portata **3** (*di rumore, sparo, ecc.*) arrivare, farsi sentire (*a una certa distanza*) **4** avere portamento di testa (*per es., di un cavallo*) **5** (*di donna o femmina di animale*) portare (in grembo). **to carry oneself C** *v. rifl.* **1** portarsi, comportarsi (*bene, male, ecc.*) **2** avere un certo portamento. **D** *verbi composti* **1 to c. about**, portare in giro; portare addosso. **2 to c. across**, trasportare dall'altra parte; traghettare. **3 to c. away**, portar via; (*di una malattia*) portarsi via, uccidere; (*naut.*) spazzar via, strappare (*gli alberi, le vele, ecc.*) □ (*fig.*) **to be carried away**, farsi trascinare, lasciarsi trasportare (*dalla passione, commozione, ecc.*). **4 to c. back**, riportare; far riandare, ricordare: **His words c. me back to my youth**, le sue parole mi fanno riandare alla mia giovinezza. **5 to c. forward**, riportare (*una cifra, ad altra colonna, pagina o libro*); (*rag.*) portare a nuovo. **6 to c. off**, portar via (*con la violenza*); far morire; riportare, vincere (*premi, onori*): **The disease carried off thousands of people**, la malattia uccise migliaia di persone □ **to c. it off well**, portarsi bene; farsi onore. **7 to c. on**, continuare, tirare avanti; esercitare (*un mestiere o commercio*); condurre, mandare avanti (*un'azienda*); (*fam.*) portarsi, comportarsi male; civettare, flirtare, fare il galletto; comportarsi in modo stravagante (*o sciocco*); (*fam.*) agitarsi, fare (delle) storie, prendersela: **C. on with your sweeping!**, continua a spazzare!; **I c. on my father's business**, mando avanti l'azienda di mio padre; **He has been carrying on with the Jones's daughter**, ha fatto il galletto con la figlia dei Jones □ **to c. on a conversation with sb.**, fare una conversazione con q. **8 to c. out**, compiere (q.c.); eseguire, disimpegnare (*un lavoro, un ordine, un'ordinazione*); portare a termine, condurre a buon fine (*un piano, ecc.*); mantenere (*una promessa*); mettere in atto (*una minaccia*). **9 to c. over**, continuare, durare; **to c. (sb., st.) over**, trasportare dall'altra parte; riportare (*una cifra*); compiere, portare a termine; sostenere; essere di grande aiuto (*nel vincere qualche difficoltà*): **His endurance will c. him through**, la sua capacità di sopportazione gli sarà di grande aiuto nel superare la prova. ● **to c. all before one**, avere un completo successo: **At college he carried all before him**, all'università ebbe un completo successo □ (*di persona*) **to c. authority**, avere autorità; sapersi imporre □ (*fig.*) **to c. the ball**, avere la maggiore responsabilità; assumere il ruolo principale □ **to c. conviction**, essere convincente □ **to c. the day** (*o* **it**), riportare la vittoria; avere la meglio □ **to c. one's head high**, tenere alta la testa □ (*teatr.*) **to c. the house**, conquistare il pubblico □ **to c. into effect**, mettere in atto (*fig.*) □ **to c. it too far**, andare oltre il segno; passare ogni limite □ **to c. one's point**, far prevalere il proprio punto di vista; spuntarla □ (*naut.*) **to c. sail**, spiegare le vele □ (*fin.*) **to c. stock**, riportare (*o prendere a riporto*) titoli □ (*mil.*) **to c. the sword**, alzare la spada in segno di saluto □ (*fig.*) **to c. a torch for sb.**, essere innamorato cotto di q. (*specialm., senza essere ricambiato*) □ (*fig.*) **to c. a tune**, cantare in modo intonato □ **to c. weight**, (*di un argomento*) aver peso, essere convincente; (*di persona*) avere autorità; (*di cavallo da corsa e fig. di persona*) essere handicappato, partire in condizione di svantaggio □ **to fetch and c.**, fare tutti i servizi; essere sottomesso; fare il tirapiedi □ (*prov.*) **to c. coals to Newcastle**, portare vasi a Samo; portar nottole ad Atene.
carry ['kæri], *n.* **1** portata (*di un cannone, di un fiume, ecc.*) **2** (*mil.*) posizione di saluto con la spada **3** (*golf*) traiettoria (*della palla*) **4** (*mat.*) riporto. ● (*fin.*) **c.-back**, riporto (*a un esercizio precedente*) □ (*fin.*) **c.-forward**, riporto (*a nuovo conto*) □ **c.-on**, borsa da viaggio; (*aeron.*) bagaglio a mano; (*fam.*) atto eccentrico, alzata di testa (*fig.*) □ (*aeron.*) **c.-on baggage**, bagaglio a mano □ (*USA*) **c.-out**, (bevanda, pietanza, ecc.) da asporto □ **c.-over**, (*comm.*) residuo, rimanenza; influsso, riflesso (*fig.*); continuazione; (*fin.*) riporto: **the c.-over of losses to subsequent years**, il riporto delle perdite agli anni successivi.
carry-all ['kæriɔ:l], *n.* **1** carrozza (*anche* automobile) con sedili disposti per il lungo **2** grosso cesto; grossa borsa.
carrycot ['kærikɔt], *n.* culla portatile (*di solito fa parte di un carrozzino*).
carrying capacity ['kæriiŋ kə'pæsiti], *n.* (*autom., aeron., naut.*) portata.
carrying charges ['kæriiŋ 'tʃa:dʒiz], *n. pl.* (*fin.*) costi d'immobilizzo.
carryings-on ['kæriiŋz'ɔn], *n. pl.* (*fam.*) stramberie; alzate di testa, impennate (*fig.*).
carsick ['ka:sik], *a.* che soffre il mal d'auto.
carsickness ['ka:siknəs], *n.* mal d'auto.
cart [ka:t], *n.* **1** carretta; barroccio; carretto (*anche a mano*) **2** carro agricolo (*a due ruote*) **3** carrello (*da supermercato*) **4** (*anche* **spring-c., mail c., dogcart**) calesse (*scoperto*). ● **c. horse**, cavallo da tiro □ **c.-load**, una carrettata, un carro (*di q.c.*) □ **c. road** (*o* **c. track, c. way**), strada carreggiabile □ **c. rut**, carreggiata □ **c.-wheel**, ruota di carro; grossa moneta; (*ginnastica*) ruota □ **c.-whip**, frusta grossa e pesante □ **c.-wright**, carradore; carraio □ **in the c.**, nei guai; nei pasticci (*fig.*) □ **to put the c. before the horse**, mettere il carro davanti ai buoi (*ginnastica*) □ **to turn a c.-wheel**, fare la ruota.
to cart [ka:t], *v. t.* **1** trasportare con un carro **2** (*fam.*) portare (a mano). ● (*fam.*) **to c. about**, scarrozzare □ **to c. away** (*o* **off, out**), portar via con un carro; (*fam.*) condurre a forza, trascinare.
cartage ['ka:tidʒ], *n.* **1** trasporto (*a mezzo di carro o carri*) **2**

carte (1) *(comm.)* spese di trasporto.
carte (1) [ka:t] *(franc.)*, *n*. lista delle vivande. ● **c. du jour**, menu del giorno □ **à la c. lunch (dinner)**, colazione (pranzo) alla carta □ **to dine à la c.**, pranzare alla carta, scegliendo liberamente dalla lista.
carte (2) [ka(:)t], *n*. quarta *(posizione nella scherma)*.
carte blanche [,ka:t'bla:nʃ] *(franc.)*, *n*. carta bianca *(fig.)*.
cartel [ka:'tel], *n*. **1** cartello di sfida **2** *(leg.)* (accordo per lo) scambio di prigionieri *(in tempo di guerra)* **3** *(econ., anche* **kartell**) cartello; accordo per sostenere prezzi o ripartire mercati; consorzio **4** *(polit.)* cartello. ● *(fin.)* **a c. of banks**, un cartello bancario.
cartelist ['ka:təlist], *n*. e *a*. *(econ.)* cartellista.
cartelistic [,ka:te'listik], *a*. *(econ.)* cartellistico.
to cartelize ['ka:təlaiz], *(econ.)* **A** *v. t*. cartellizzare. **B** *v. i*. formare un cartello.
carter ['ka:tə*], *n*. carrettiere; barrocciaio.
Cartesian [ka:'ti:zjən], *a*. e *n*. *(filos., mat.)* cartesiano.
Cartesianism [ka:'ti:zjənizəm], *n*. *(filos.)* cartesianismo.
Cartesius [ka:'ti:siəs], *n*. *(stor. filos.)* Cartesio.
cartful ['ka:tful], *n*. carrettata; barrocciata.
Carthage ['ka:θidʒ], *n*. *(geogr. stor.)* Cartagine.
Carthaginian [,ka:θə'dʒiniən], *a*. e *n*. cartaginese.
Carthusian [ka:'θju:zjən], *a*. e *n*. (monaco) certosino.
cartilage ['ka:tilidʒ], *n*. *(anat.)* cartilagine.
cartilaginous [,ka:ti'lædʒinəs], *a*. cartilaginoso; cartilagineo.
cartogram ['ka:tougræm], *n*. *(geogr.)* cartogramma.
cartographer [ka:'tɔgrəfə*], *n*. cartografo.
cartographic(al) [,ka:tou'græfik(əl)], *a*. cartografico.
cartography [ka:'tɔgrəfi], *n*. cartografia.
cartomancy ['ka:toumænsi], *n*. cartomanzia.
carton ['ka:tən], *n*. **1** scatola di cartone; «cartone» **2** *(di sigarette)* stecca **3** centro del bersaglio *(il disco bianco interno)*.
cartoon [ka:'tu:n], *n*. **1** vignetta; disegno umoristico *(per lo più con intenzioni di satira politica, su un giornale o rivista)* **2** *(pitt., ecc.)* cartone **3** fumetto **4** *(cinem.; anche* **animated c.**) cartone *(o disegno)* animato.
to cartoon [ka:'tu:n], **A** *v. i*. fare disegni umoristici *(o animati)*. **B** *v. t*. disegnare la caricatura di (q., q.c.); mettere in caricatura.
cartoonist [ka:'tu:nist], *n*. **1** caricaturista; vignettista **2** disegnatore di cartoni animati; cartonista.
cartouch(e) [ka:'tu:ʃ] *(franc.)*, *n*. **1** *(archit.)* cartoccio; cartiglio **2** *(stor. mil.)* cartoccio *(per la polvere da sparo)*; cassetta *(per palle da cannone)* **3** *(mil.)* cartuccia.
cartridge ['ka:tridʒ], *n*. **1** *(mil.)* cartuccia **2** *(ind.)* astuccio cilindrico; cartuccia *(di un filtro, ecc.)* **3** *(fotogr.)* caricatore: **c. camera**, macchina fotografica a caricatore **4** *(di registratore)* cassetta. ● **c. belt**, cartucciera; giberna □ **c. box**, cassetta da munizioni □ **c. case**, bossolo *(di cartuccia)* □ **c. paper**, carta da cartucce; carta opaca da disegno □ **ball c.**, cartuccia a pallottola □ **blank c.**, cartuccia a salve □ **tracer c.**, cartuccia a pallottola tracciante.
cartulary ['ka:tjuləri], *n*. *(lett.)* cartolario, cartulario.
caruncle ['kærəŋkl], *n*. *(anat., bot., zool.)* caruncola.
to carve [ka:v], **A** *v. t*. **1** *(arte)* intagliare *(mobili, pietra, avorio, ecc.)*; incidere; scolpire: **The boy carved his name on a tree**, il ragazzo incise il suo nome su un albero **2** scolpire; ricavare scolpendo *(o scalpellando, intagliando)*: **Statues are carved from** *(o out of)* **stone**, le statue si ricavano dalla *(o scalpellando la)* pietra **3** trinciare, fare a pezzi *(carne, ecc.)*: **to c. a chicken**, trinciare un pollo **4** *(fig.)* aprire, fare (a fatica, con sforzo): **to c. out a fortune for oneself**, farsi una fortuna; **to c. one's way**, farsi largo. **B** *v. i*. **1** fare l'intagliatore *(o l'incisore)* **2** *(a tavola)* fare le parti *(di un pollo, ecc.)*: **I usually c. for the family**, di solito le parti le faccio io. ● **to c. out**, tagliare in modo da distaccare *(un pezzo dal tutto)*; *(fig.)* costruire, fare: **He carved himself out a nice position in the firm**, s'è fatto una bella nicchia nell'azienda □ **to c. up**, dividere, suddividere *(un podere, ecc.)*; *(pop.)* sfregiare, accoltellare.
carven ['ka:vn], *a*. **1** intagliato; inciso; scolpito **2** trinciato *(dallo scalpo)*.
carver ['ka:və*], *n*. **1** *(arte)* intagliatore; incisore **2** scalco; chi trincia *(carne, ecc.)* **3** trinciante **4** *(pl.)* coltello da scalco e forchetta da scalco.
carve-up ['ka:vʌp], *n*. **1** *(comm.)* spartizione di un mercato **2** *(pop.)* truffa, imbroglio; fregatura *(pop.)*.
carving ['ka:viŋ], *n*. **1** *(arte)* intaglio **2** arte dello scalco. ● **c. fork**, forchetta da scalco □ **c. knife**, trinciante; coltello da scalco.
caryatid [,kæri'ætid], *n*. *(pl.* **caryatids, caryatides**) *(archit.)* cariatide.
cascade [kæs'keid], *n*. **1** cascata *(d'acqua)*; cascatella **2** *(fig.)* cascata *(di merletti, perle, scintille, ecc.)*; drappeggio **3** *(elettr.)* cascata. ● *(ing., chim.)* **c. cooler**, raffreddatore a pioggia □ *(fis.*

nucl.) **c. shower**, sciame a cascata.
to cascade [kæs'keid], **A** *v. i*. **1** scendere *(o* venir giù*)* a cascata **2** *(fig.)* venir giù a dirotto. **B** *v. t*. *(elettr.; anche* **to cascade--connect**) collegare in cascata.
cascara [kæ'ska:rə], *n*. **1** *(bot., Rhamnus purshiana; anche* **c. buckthorn**) cascara **2** *(farm., anche* **c. sagrada**) cascara sagrada *(lassativo)*.
case (1) [keis], *n*. **1** caso *(anche gramm. e med.)*; avvenimento; evento; condizione: **State the c. briefly**, esponi il caso in breve **2** *(leg.)* causa; processo: **The case will be tried next week**, la causa sarà discussa la prossima settimana **3** *(leg.)* tesi; argomentazione e prove; pretesa: **The c. for the defendant was a strong one**, la tesi del convenuto era assai solida; **to have a good c.**, avere una pretesa fondata; **He has no c.**, la sua pretesa non è fondata **4** *(pop.)* tipo strano; bel tipo: **He's a c.!**, è proprio un bel tipo! ● *(med.)* **c. history**, anamnesi; storia del caso *(del paziente)* □ **c. law**, giurisprudenza *(il complesso delle decisioni emesse)* □ **c. record**, V. **c. history** □ **c.-study method**, metodo dei casi; casistica □ **c.-work**, (opere di) assistenza sociale □ **c.-worker**, assistente sociale □ **in c.**, in caso; caso mai; qualora: **In c. I am not there, you will see to it**, caso mai io non ci fossi, pensaci tu; **Don't go too near the well in c. you fall in**, non avvicinarti troppo al pozzo, non si sa mai (potresti caderci dentro) □ *(fin.)* **in c. of need**, al bisogno, occorrendo *(su una cambiale)* □ **to be in a good (an evil) c.**, essere in buone (cattive) acque □ *(leg.)* **leading c.**, decisione giurisdizionale che fa testo □ *(med.)* **list of cases**, casistica □ **to make out one's c.**, dimostrare la giustezza della propria tesi □ **Put the c. that...**, metti il caso *(o* supponi che)*...* □ **That is the c.**, le cose stanno proprio così □ **This is not the c.!**, non è vero!; le cose non stanno così!
case (2) [keis], *n*. **1** cassa *(da imballaggio, d'orologio, di caratteri tipografici, ecc.)* **2** astuccio; custodia; fodera; guaina **3** *(bot.)* baccello **4** *(mil.)* fodero *(d'arma bianca)*; fondina *(d'arma da fuoco)*; bossolo *(di cartuccia)* **5** (un certo numero di) oggetti analoghi contenuti nel medesimo astuccio, ecc.; *(spesso)* coppia, paio: **a c. of pistols**, un paio di pistole **6** intelaiatura *(di porta, finestra)* **7** valigia **8** copertina *(di libro)* **9** *(pop. USA)* dollaro. ● **c. shot**, mitraglia *(da cannone)*; shrapnel □ **dressing c.**, beauty-case □ **glass c.**, astuccio *(o* campana) di vetro □ **jewel-c.**, astuccio per gioielli □ **packing c.**, cassa da imballaggio □ **pillow-c.**, federa □ **powder c.**, bossolo *(di polvere da sparo)* □ **revolver c.**, fondina di rivoltella □ **show-c.**, vetrina □ **suit-c.**, valigia.
to case [keis], *v. t*. **1** mettere in una cassa *(o* in un astuccio, ecc.*)* **2** foderare; rivestire; inguainare **3** rinfoderare, ringuainare *(un'arma)*. ● *(pop. USA)* **to c. the joint**, fare la ricognizione di un locale *(in cui rubare)*.
to case-harden ['keis,ha:dn], *v. t*. **1** *(metall.)* cementare *(a fuoco)* **2** temprare *(vetro)* **3** *(fig.)* rendere (q.) duro, insensibile. ● **a case-hardened criminal**, un delinquente inveterato.
case-hardening ['keis,ha:dniŋ], *n*. *(metall.)* cementazione a fuoco; carbocementazione.
casein ['keisi:in], *n*. *(chim.)* caseina.
casemate ['keis-meit], *n*. *(mil., naut.)* casamatta.
casemated ['keis,meitid], *a*. *(mil., naut.)* provvisto di casamatte.
casement ['keismənt], *n*. **1** *(edil.)* intelaiatura, telaio *(di finestra)* **2** *(spesso* **c. window**) finestra a battente *(o* a cerniera*)* **3** custodia; fodera. ● **c. cloth**, stoffa di cotone usata per tendine.
caseous ['keisiəs], *a*. *(biol.)* caseoso.
cash (1) [kæʃ], *n*. **1** *(comm.)* cassa: **c.-account**, conto cassa; **c.-book**, libro di cassa **2** denaro; moneta; contanti; liquido; soldi *(pop.)*: **There is a serious c. shortage**, c'è una notevole scarsità di liquido; **I am very short of c.**, ho pochissimo denaro. ● *(comm.)* **c. against documents**, pagamento contro documenti □ **c. and carry**, vendita con pagamento in contanti *(e trasporto della merce a opera del cliente)*; grande magazzino che vende per contanti *(e pratica forti sconti ai dettaglianti)*; centro grossisti □ *(rag.)* **c. assets**, attivo liquido □ *(rag.)* **c. balance**, rimanenza *(o* saldo) di cassa □ *(rag.)* **c. bond**, buono di cassa □ *(fin.)* **c. budget**, preventivo di cassa □ **c. clerk**, cassiere □ *(comm.)* **c. credit**, apertura di cassa *(o* allo scoperto) □ *(agric.)* **c. crop**, prodotto destinato alla vendita □ *(rag.)* **c. deficit**, disavanzo di cassa □ **c. department**, ufficio cassa □ **c. desk**, cassa *(il banco)* □ **c. discount**, sconto per contanti □ **c. down**, in contanti, a pronta cassa □ **c. drawings**, prelievi di cassa □ *(fin.)* **c. flow**, movimento di cassa; *(anche)* insieme delle disponibilità finanziarie utilizzabili *(in un'azienda)* □ *(comm.)* **c. on delivery**, pagamento alla consegna o contro assegno □ *(comm.)* **c. on hand**, fondo *(di cassa)* □ *(rag.)* **c. outlay**, esborso □ *(comm.)* **c. payment**, pagamento in contanti □ **c. price**, prezzo per contanti □ **c. register**, registratore di cassa □ *(comm.)* **c. settlement**, regolamento in contanti □ **c. slip**, scontrino di cassa □ *(rag.)* **c. statement**, situazione di cassa □ *(rag.)* **c. voucher**, buono (di) cassa □ **c. warrant**, mandato di riscossione □ *(fam.)* **hard c.**,

denaro sonante □ **to be in (out) of c.**, avere (essere senza) denaro (*pop.*: soldi) □ (*comm.*) **petty c.**, fondo di cassa per spese minute.
to cash [kæʃ], *v. t.* (*comm.*) **1** incassare (*un assegno, ecc.*); riscuotere **2** convertire in denaro (*un vaglia, ecc.*). ● (*fam. USA*) **to c. in**, morire □ (*fam., fig.*) **to c. in one's chips**, ritirarsi dagli affari dopo aver realizzato i propri crediti; (*anche*) tirare le cuoia, morire □ **to c. in on sb.**, fare un guadagno ai danni di q. □ **to c. in on st.**, ricavare un profitto da q.c.; lucrare su q.c.
cash (2) [kæʃ], *n.* (*invar. al pl.*) monetina indiana (*o* cinese) di poco valore.
cashable [ˈkæʃəbl], *a.* incassabile; riscuotibile; esigibile.
cashew [ˈkæʃuː], *n.* (*bot.*, *Anacardium occidentale*) anacardio; acagiù. ● **c. apple**, pomo di acagiù □ **c. nut**, noce di acagiù.
cashier [kæˈʃɪə*], *n.* cassiere. ● (*comm. USA*) **c.'s check**, assegno circolare □ **c.'s desk**, cassa.
to cashier [kæˈʃɪə*], *v. t.* **1** destituire (*un ufficiale*); licenziare (*un funzionario*) **2** scartare; buttar via.
cashmere [ˈkæʃmɪə*], *n.* (*ind.*) cachemire; lana del Kashmir.
casing [ˈkeɪsɪŋ], *n.* **1** (*edil.*) telaio, intelaiatura (*di finestra, ecc.*); infisso **2** (*mecc.*) astuccio; carcassa; corpo; cuffia; involucro protettivo; scatola: (*autom.*) **gearbox c.**, scatola del cambio **3** (*autom.*) copertone; gomma **4** budello per salumi; pelle (*di salsiccia*) **5** (*tecn.*) alloggiamento.
casino [kəˈsiːnoʊ] (*ital.*), *n.* (*pl.* **casinos**) casino (*luogo di ritrovo o di gioco*); casinò.
cask [kaːsk], *n.* **1** fusto (*di legno*); barile; botte **2** misura di capacità (*di valore variabile*).
to cask [kaːsk], *v. t.* imbarilare; mettere in botti.
casket [ˈkaːskɪt], *n.* **1** cofanetto; scrigno; astuccio **2** (*USA*) bara (*specialm. se lussuosa*); urna (*cineraria*).
Caspar, **Casper** [ˈkæspə*], *n.* Gaspare.
Caspian [ˈkæspɪən], *a.* (*geogr.*) Caspio: **the C. Sea**, il Mar Caspio.
casque [kæsk], *n.* (*stor.*, *poet.*) casco; elmo.
cassation [kæˈseɪʃən], *n.* (*leg.*) annullamento, cassazione (*d'una sentenza*). ● **Court of C.**, Corte di Cassazione.
cassava [kəˈsaːvə], *n.* **1** (*bot.*, *Manihot utilissima*) manioca **2** farina di manioca; cassava **3** fecola di manioca; tapioca.
casserole [ˈkæsəroʊl], *n.* (*cucina*) **1** casseruola **2** cibo cotto in casseruola.
cassette [kæˈset], *n.* **1** (*mus.*) cassetta **2** (*fotogr.*) caricatore. ● **c. recorder**, registratore a cassette □ **c. player**, mangiacassette (*fam.*) □ **c. television**, televisione a cassette.
cassia [ˈkæsɪə], *n.* (*bot., med.*) cassia.
cassock [ˈkæsək], *n.* abito (*o* veste) talare, tonaca (*del clero anglicano*): **to wear the c.**, vestire l'abito talare.
cassolette [kæsəˈlet], *n.* turibolo; incensiere.
cassowary [ˈkæsoʊwɛərɪ], *n.* (*zool.*, *Casuarius*) casuario.
to cast [kaːst] (*pass.* e *p. p.* **cast**), **A** *v. t.* e *i.* **1** gettare; buttare; lanciare; scagliare; tirare (*poet., eccetto in locuz. quali*): **to c. dice**, lanciare i dadi; **to c. lots**, tirare a sorte; **to c. ashore**, gettare a riva; **to c. anchor**, gettare l'ancora; **to c. st. in sb.'s teeth**, gettare q.c. in faccia a q.; rinfacciare a q.; **to c. an eye on st.**, buttare gli occhi su q.c.; **to c. a glance**, gettare uno sguardo; dare un'occhiata; **to c. a light (a shadow) on st.**, (*anche fig.*) gettar luce (un'ombra) su q.c.; **to c. into prison**, gettare in carcere **2** gettar via; lasciar cadere; perdere: **My mule cast a shoe**, il mio mulo perdette un ferro; **The cow has cast her calf**, la mucca ha perso il vitello (*ha abortito*); **The tree has cast its fruits**, l'albero ha lasciato cadere i suoi frutti **3** abbattere, gettare a terra (*un lottatore, ecc.*) **4** dare il voto a, votare per (q.) **5** preparare, progettare; disporre, ordinare, sistemare: **The painter has cast the draperies in a graceful arrangement**, il pittore ha disposto i drappeggi in modo assai aggraziato **6** fondere, gettare (*metallo, statue, ecc.*): **to c. a bronze statue**, gettare una statua di bronzo **7** assegnare, distribuire (*parti ad attori*); scegliere, scritturare (*un attore per una parte*): **The play has not been cast yet**, le parti della commedia non sono ancora state assegnate; **Jean Simmons was cast as Ophelia**, Jean Simmons fu scelta per la parte di Ofelia **8** (*mat.*) addizionare, sommare (*cifre, ecc.*) **9** (*di serpenti e sim.*) mutare (*la pelle*) **10** gettare (*l'amo*); pescare in (*un fiume*) **11** (*naut.*) abbattere, accostare **12** (*naut.*) scandagliare. **B** *verbi composti* **to c. about for st.**, guardarsi attorno (*o darsi da fare*) in cerca di q.c. □ **to c. about for a solution**, cercare una soluzione □ **to c. about to do st.**, cercare il modo di fare q.c. **2 to c. aside**, gettare da parte, scartare; ripudiare **3 to c. away**, buttar via; scartare □ (*naut.*) **to be cast away**, naufragare; far naufragio: **For a year we were cast away on an island**, per un anno fummo naufraghi su un'isola **4 to c. back**, tornare (*o* riferirsi) al passato **5 to c. down**, abbassare (*gli occhi, ecc.*) □ **to be (to look, etc.) cast down**, essere (apparire, ecc.) abbattuto, depresso **6 to c. off**, buttar via, scartare, smettere (*abiti*); ripudiare (*un figlio*); (*lavori a maglia*) fermare, chiudere; (*naut.*) mollare (*gli ormeggi*), levar volta, salpare: **C. off!**, molla!; leva volta!; **The ship cast off from Bristol in fine weather**, la nave salpò da Bristol col bel tempo; **to c. off a tow**, mollare un rimorchio **7 to c. on**, avviare, mettere su i punti (*a maglia*) **8 to c. out**, buttar fuori; espellere **9 to c. up**, gettar in alto; portare alla superficie; gettare a riva; rimettere, vomitare; addizionare: **The body was cast up by the sea**, il cadavere tornò a galla (*o* fu gettato a riva dal mare); **C. up these figures!**, addizzoni questi numeri! ● **to c. the blame on sb.**, dare la colpa a q. □ **to c. a horoscope**, fare l'oroscopo □ **to c. in one's lot with sb.**, legare la propria sorte a quella di q. □ **to c. loose**, liberarsi, staccarsi (da q.); (*naut.*) liberare dalle rizze, sciogliere □ **to c. one's ballot**, votare; dare il proprio voto □ **to c. a spell on sb.**, incantare, stregare; affascinare, ammaliare q. □ **to c. a stitch**, gettare una maglia (*nel lavoro a maglia*) □ **to c. a vote**, dare un voto □ (*prov.*) **C. not a clout till May be out**, aprile non ti scoprire.
cast [kaːst], *n.* **1** getto; lancio (*della rete, di dadi, ecc.*); tiro **2** sobbalzo (*di un carro, ecc.*) **3** colpo di fortuna **4** addizione; somma; calcolo; computo **5** colpo di lotta (*che abbatte l'avversario*) **6** congettura; previsione **7** (*zool.*) muta; pelle abbandonata (*nella muta*); vomito (*d'animale*); escremento (*di vermi*) **8** (*teatr., cinem.*) assegnazione delle parti; cast, complesso di attori (*in un dramma, ecc.*) **9** (*fonderia*) getto; fusione; colata; gettata **10** (*arte*) oggetto fuso; forma; stampo; calco: **plaster c.**, stampo in gesso **11** aspetto, stampo (*delle fattezze del volto, ecc.*); qualità, tipo (*di mente, intelletto, ecc.*): **He has an inductive c. of mind**, ha una mente intuitiva **12** ombra; sfumatura di colore **13** (*med.*) strabismo: **to have a c. in the eye**, avere un leggero strabismo **14** (*med.*) ingessatura **15** (*fig.*) inclinazione; tendenza.
Castalian [kæsˈteɪlɪən], *a.* (*mitol.*) castalio.
Castaly [ˈkæ(ː)stəlɪ], *n.* (*mitol.*) Castalia.
castanets [ˌkæstəˈnets], *n. pl.* castagnette; nacchere.
castaway [ˈkaːstəweɪ], **A** *n.* **1** (*naut.*) persona abbandonata a mare (*o* su un'isola deserta) **2** naufrago **3** reietto; reprobo **4** rifiuto; scarto. **B** *a.* **1** gettato via; scartato **2** arenato; che ha fatto naufragio.
caste [kaːst], **A** *n.* casta. **B** *a. attr.* di casta; castale. ● (*fig.*) **to lose c.**, calare di grado; perdere prestigio; scendere nella scala sociale.
castellan [ˈkaːstələn], *n.* castellano.
castellated [ˈkæsteleɪtɪd], *a.* **1** (*di un edificio*) turrito **2** (*di luogo*) ricco di castelli.
caster [ˈkaːstə*], *n.* **1** lanciatore; chi getta, ecc. **2** (*metall.*) fonditore; modellatore **3** (*mecc.*) ruota orientabile; rotella girevole (*di sedie, tavolini, ecc.*) **4** (*autom., mecc.*) angolo d'incidenza. ● **c. of horoscopes**, chi trae oroscopi □ **c. sugar**, *V.* **castor sugar**.
to castigate [ˈkæstɪgeɪt], *v. t.* **1** castigare **2** criticare aspramente **3** correggere, emendare (*un testo letterario*).
castigation [ˌkæstɪˈgeɪʃən], *n.* **1** castigo (*soprattutto corporale*) **2** critica severa **3** correzione, emendamento (*di un testo letterario*).
castigator [ˈkæstɪgeɪtə*], *n.* **1** castigatore **2** critico severo.
castigatory [ˈkæstɪgeɪtərɪ], *a.* punitivo.
Castile [kæsˈtiːl], *n.* (*geogr.*) Castiglia.
Castilian [kæsˈtɪlɪən], *a.* e *n.* castigliano.
casting [ˈkaːstɪŋ], *n.* **1** (*metall.*) getto; gettata; fusione; pezzo fuso; colata **2** (*zool.*) muta (*del pelo*) **3** (*cinem., teatr.*) assegnazione delle parti. ● (*metall.*) **c. ladle**, siviera □ **c. vote**, voto decisivo □ **c. net**, giacchio (*rete da pesca*).
cast iron [ˈkaːstˈaɪən], *n.* (*metall.*) ghisa. ● **cast-iron furnace**, cubilotto.
cast-iron [ˈkaːstˈaɪən], *a.* **1** di ghisa **2** duro; rigido; inflessibile: **c.-i. rules**, regole rigide; **a c.-i. will**, una volontà inflessibile. ● **to have a c.-i. alibi**, avere un alibi di ferro.
castle [ˈkaːsl], *n.* **1** castello **2** (*scacchi*) torre. ● (*in Irlanda*) **the C.**, il governo □ **c.-builder**, sognatore; chi fa castelli in aria □ **to build castles in the air** (*o* **in Spain**), fare castelli in aria □ (*prov.*) **The Englishman's house is his c.**, la casa dell'inglese è il suo castello (*nessuno deve turbarne la «privacy»*).
to castle [ˈkaːsl], *v. t.* e *i.* (*scacchi*) arroccare, arroccarsi.
castled [ˈkaːsld], *a.* **1** munito di castelli **2** merlato, turrito.
cast-off [ˈkaːstˈɔf], **A** *a.* **1** scartato **2** (*d'abito*) smesso. **B** *n.* (*anche* **castoff**) **1** emarginato; reietto **2** abito smesso.
castor (1) [ˈkaːstə*], *n.* **1** (*farm.*) castoreo, castorio **2** (*fam.*) berretto (*o* pelo (*di castoro o coniglio*) **3** (*raro*) castoro (*V.* **beaver**) **4** (*mecc.*) *V.* **caster**, def. 3 **5** ampolla **6** (*pl.*) ampolliera.
castor (2) [ˈkaːstə*], *n.* (*veter.*) castagna (*callosità del cavallo*).
castor bean [ˈkaː(ː)stə ˈbiː(ː)n], *n.* **1** seme di ricino **2** (*USA*) ricino.
castoreum [kæsˈtɔːrɪəm], *n.* (*farm., ind.*) castoreo.
castor oil [ˈkaːstərˈɔɪl], *n.* olio di ricino. ● (*bot.*) **castor oil plant**

castor sugar ['kɑ:stə 'ʃugə*], n. zucchero (bianco) raffinato.
castrametation [ˌkæstrəme'teiʃən], n. (archeol.) castrametazione.
to **castrate** [kæs'treit], v. t. **1** (anche fig.) castrare **2** (fig.) mutilare; espurgare.
castration [kæs'treiʃən], n. **1** (anche fig.) castrazione; castratura **2** (fig.) mutilazione, espurgazione (di libri).
Castroism ['kɑ:strouizəm], n. (polit.) castrismo.
Castroist ['kɑ:strouist], n. e a. (polit.) castrista.
Castroite ['kæstrouait], n. e a. (polit.) castrista.
casual ['kæʒjuəl], **A** a. **1** casuale; accidentale; fortuito; involontario: **a c. meeting**, un incontro fortuito **2** noncurante; indifferente; distaccato; negligente; trascurato: **a c. look**, un'occhiata indifferente; **She tried to look c.**, ella cercò d'assumere un'aria distaccata (o indifferente) **3** (di abito, ecc.) informale; sportivo **4** occasionale; saltuario; avventizio: **a c. worker**, un lavoratore avventizio; **the c. poor**, i poveri che hanno bisogno di assistenza solo saltuariamente; **the c. ward of a workhouse**, il reparto di un ospizio destinato al ricovero di tali poveri. **B** n. **1** V. **c. poor 2** V. **c. worker 3** (mil.) militare assegnato temporaneamente a un'unità **4** (pl.) abiti, scarpe, ecc. sportivi; casuals.
casualism ['kæʒjuəlizəm], n. (filos.) casualismo.
casually ['kæʒjuəli], avv. **1** casualmente; per caso; accidentalmente **2** in modo noncurante; con aria indifferente **3** con naturalezza.
casualness ['kæʒjuəlnis], n. **1** casualità **2** noncuranza; indifferenza **3** occasionalità **4** naturalezza.
casualty ['kæʒjuəlti], n. **1** incidente; disgrazia; disastro **2** (pl., mil.) perdite **3** vittima (anche fig.); ferito, morto (in guerra o in incidenti): **The earthquake caused a lot of casualties**, il terremoto fece molte vittime; (mil.) **c. list**, elenco dei morti e dei feriti **4** (med.) V. **c. department**. ● (med.) **c. department** (o **c. ward**), reparto traumatologico.
casuist ['kæʒjuist], n. **1** (relig.) casista **2** sofista; cavillatore.
casuistic(al) [ˌkæʒju'istik(əl)], a. **1** (relig.) casistico **2** sofistico; cavilloso.
casuistry ['kæʒjuistri], n. **1** (relig.) casistica **2** sofismi; cavilli.
casus belli [ˌkɑ:sus'beli:] (lat.), n. (invar. al pl.) (polit.) casus belli.
cat (1) [kæt], n. **1** gatto **2** (zool.) felino: **the Cats**, i Felidi **3** (fig.) donna bisbetica, dispettosa **4** (abbr. di **cat-o'-nine-tails**) gatto a nove code (staffile) **5** tripode doppio (cioè con sei piedi, su tre dei quali poggia comunque sia collocato) **6** bastoncino appuntito alle estremità (usato nel gioco detto **tipcat**) **7** (anche **catfish**) pesce gatto **8** (stor. mil.) testuggine (tettoia mobile usata negli assedi) **9** (naut., anche **cathead**) capone; grua dell'ancora **10** (pop.) fusto, fico; (per estens.) tipo, tale **11** V. **cat burglar**. ● **cat boarding kennel**, albergo del gatto □ **cat burglar**, ladro che s'arrampica sui muri; ladro acrobata □ **cat's cradle**, ripiglino (gioco) □ (naut.) **cat davit**, gru di capone □ **cat's-eye**, (miner.) occhio di gatto; dischetto catarifrangente, catadiottro (posto su una bicicletta, un paracarri) □ **cat-eyed**, che ha occhi da gatto; che ci vede anche al buio □ (bot.) **cat's foot**, (Nepeta hederacea) edera terrestre; (Antennaria dioica) bambagia selvatica □ **cat ice**, ghiaccio lattiginoso, irregolare □ **cat-lap**, bevanda insipida (tè, ecc.) □ **cat's meat**, carne equina (come cibo per gatti) □ **cat-nap**, pisolino □ **cat's-paw**, zampa di gatto; (fig.) strumento (involontario); marionetta (fig.): **He is a mere cat's paw in the hands of his enemy**, non è che uno strumento nelle mani del suo nemico □ **cat-sleep**, pisolino □ (moda) **cat suit**, tuta (da donna); calzamaglia intera; pagliaccetto (per bambini) □ (bot.) **cat's tail** (Typha latifolia), stiancia; tifa; biodo □ **cat-walk**, stretto marciapiede (lungo un ponte, ecc.); (aeron., naut., moda) passerella; (edil.) ponte dell'impalcatura □ (elettron.) **c. whisker**, baffo di gatto □ (fig.) **to bell the cat**, arrischiare la vita per mettere un comune nemico in condizione di non nuocere; (alla lettera) appendere il campanello al collo del gatto (da parte di un topo) □ (zool.) **civet cat**, (Civettictis civetta) civetta zibetto; (Bassariscus astutus) bassarisco astuto □ **to fight like Kilkenny cats**, battersi fino alla distruzione reciproca (da una favola irlandese) □ **to have a cat's lick**, lavarsi come i gatti □ (fig.) **to let the cat out of the bag**, lasciarsi sfuggire un segreto □ **to be like cat and dog**, essere come cane e gatto □ (fam.) **to be like a cat on hot bricks** (o **a hot tin roof**), star sulle spine; star sui carboni ardenti □ **to make a cat laugh**, fare ridere i polli □ (zool.) **musk cat** □ **civet cat** □ **to rain cats and dogs**, piovere a dirotto (o a catinelle) □ **tabby cat**, gatta □ **tip-cat**, gioco della lippa □ **tom-cat**, gatto (maschio) □ (fig.) **to wait for the cat to jump** (o **to see which way the cat jumps**), aspettare di vedere come si mettono le cose □ **There isn't enough room to swing a cat**, non c'è spazio per rigirarsi (alla lettera, per roteare uno staffile) □ (prov.) **A cat may look at a king**, anche un gatto può guardare un re (cioè: siamo tutti uguali, a dispetto delle differenze sociali).
cat (2) [kæt], n. (abbr. fam. di **caterpillar**) caterpillar.
to **cat** [kæt], **A** v. t. **1** (naut.) caponare (l'ancora) **2** fustigare. **B** v. i. (pop.) rimettere; vomitare. ● (volg. USA) **to go catting**, andare a donne.
catabolic [ˌkætə'bolik], a. (biol.) catabolico.
catabolism [kə'tæbəlizəm], n. (biol.) catabolismo.
catachresis [ˌkætə'kri(:)sis], n. (pl. **catachreses**) (retor.) catacresi.
cataclysm ['kætəklizəm], n. (geol. e fig.) cataclisma.
cataclysmal [ˌkætə'klizməl], **cataclismic** [ˌkætə'klizmik], a. **1** di (o causato da) un cataclisma **2** che ha la natura di un cataclisma; disastroso. ● (geol.) **cataclysmal theory**, catastrofismo.
catacomb ['kætəkoum], n. catacomba (anche fig.).
catafalque ['kætəfælk], n. catafalco.
Catalan ['kætələn], a. e n. catalano.
catalectic [ˌkætə'lektik], a. (poesia) catalettico.
catalepsy ['kætələpsi], n. (med.) catalessi; catalessia.
cataleptic [ˌkætə'leptik], a. (med.) catalettico.
catalexis [ˌkætə'leksis], n. (pl. **catalexes**) (poesia) catalessi.
catalog ['kætələg], n. (USA) **1** catalogo **2** annuario (d'università).
catalogue ['kætələg], n. catalogo. ● (comm.) **master c.**, catalogo generale.
to **catalogue** ['kætələg], v. t. catalogare; mettere in catalogo.
cataloguer ['kætələgə*], n. catalogatore.
cataloguing ['kætələgiŋ], n. catalogazione.
Catalonia [ˌkætə'lounjə], n. (geogr.) Catalogna.
catalysis [kə'tælisis], n. (pl. **catalyses**) (chim.) catalisi.
catalyst ['kætəlist], n. (chim. e fig.) catalizzatore.
catalytic [ˌkætə'litik], a. (chim.) catalitico: **c. cracking**, cracking catalitico. ● (autom.) **c. converter**, convertitore catalitico.
to **catalyze** ['kætəlaiz], v. t. (chim. e fig.) catalizzare.
catalyzer ['kætəlaizə*], V. **catalyst**.
catamaran [ˌkætəmə'ræn], n. **1** (naut.) zattera (a remi o a vela) **2** (naut.) catamarano (barca con due scafi paralleli) **3** (fig.) donna bisbetica; attaccabrighe.
catamount ['kætəmaunt], n. (zool.) **1** (Felis concolor) puma; coguaro **2** (Lynx lynx) lince.
catamountain [ˌkætə'mauntin], n. (zool.) **1** (Felis silvestris) gatto selvatico **2** (Felis pardus) leopardo.
cataplasm ['kætəplæzəm], n. (med.) cataplasma.
cataplexy ['kætəpleksi], n. (med.) cataplessia.
catapult ['kætəpʌlt], n. **1** (stor.) catapulta **2** (aeron., naut.) catapulta **3** fionda; frombola. ● (naut.) **c. aircraft**, velivolo catapultabile (da una nave).
to **catapult** ['kætəpʌlt], **A** v. t. **1** (anche fig.) catapultare (un aeroplano, ecc.) **2** tirare (o colpire) con la fionda; frombolare. **B** v. i. catapultarsi; lanciarsi; scagliarsi.
cataract ['kætərækt], n. **1** (geogr., med., idraulica) cateratta, cataratta **2** (fig.) diluvio; pioggia torrenziale.
catarrh [kə'tɑ:*], n. (med.) **1** catarro **2** raffreddore.
catarrhal [kæ'tɑ:rəl], a. (med.) catarrale.
cata(r)rhine [kə'tɑ:rain], a. e n. (zool.) catarrina.
catarrhous [kə'tɑ:rəs], a. (med.) catarroso.
catastrophe [kə'tæstrəfi], n. catastrofe.
catastrophic(al) [ˌkætə'strɒfik(əl)], a. catastrofico.
catastrophism [kə'tæstrəfizəm], n. (geol.) catastrofismo.
catbird ['kætbə:d], n. (zool., Dumetella carolinensis) uccello gatto.
catboat ['kætbout], n. (naut.) «catboat» (con albero a prua e vela aurica, senza fiocco).
catcall ['kætkɔ:l], n. fischio (di derisione o disapprovazione, contro attori, oratori, ecc.).
to **catcall** ['kætkɔ:l], v. t. e i. fischiare (V. **catcall**).
to **catch** [kætʃ] (pass. e p. p. **caught**), **A** v. t. e i. **1** prendere (in molti sensi); pigliare; acchiappare; agguantare; afferrare; buscarsi; comprendere; sorprendere; cogliere: **The killer was caught by the police**, l'assassino fu preso dai poliziotti; **I caught the ball**, afferrai il pallone; **I caught a severe cold**, mi buscai un forte raffreddore; **Did he c. the train?**, fece in tempo a prendere il treno?; **I caught him at it**, l'ho preso (o colto) sul fatto; **I didn't c. what you said**, non ho afferrato ciò che hai detto; **Do you c. my meaning?**, comprendi quel che voglio dire?; **They were caught in the storm**, furono sorpresi dalla tempesta **2** raggiungere; prendere (pop.): **They caught him soon**, lo raggiunsero presto **3** trattenere, impigliare; restar preso, impigliarsi: **My sleeve caught on a thorn**, mi s'impigliò la manica in una spina **4** prendere; far presa; chiudere: **This cogwheel doesn't c.**, questo ingranaggio non fa presa; **The lock won't c.**, la serratura non chiude **5** (del fuoco) diffondersi, prendere; (di malattia, ecc.) essere contagioso **6** rapprendersi; solidificare; gelare: **This pond catches in winter**, d'inverno questo stagno gela **7** (sport) afferrare; inter-

cettare: **to c. sb.'s pass**, intercettare il passaggio di q. **8** (*baseball, cricket*) ricevere **9** (*bot.*) prendere; attecchire **10** (*fam.*) cogliere, prendere (*con un colpo*); colpire **11** (*mecc.*: *di un motore*) mettersi in moto; partire. **B** *verbi composti* **1 to c. at**, cercare di afferrare; (*fig.*) attaccarsi a □ **to c. at an opportunity**, cogliere al volo un'occasione. **2** (*fam.*) **to c. on**, afferrare il significato, capire, comprendere; attecchire, diffondersi, diventare popolare (*o* di moda): **This style of hairdressing has caught on**, questa moda di acconciare i capelli ha attecchito. **3 to c. out**, cogliere in fallo, scoprire (*chi afferma il falso*); (*sport*) eliminare. **4 to c. up**, prender su; afferrare; raggiungere; mettersi in pari; (*econ.*) riprendere, essere in ripresa: **I caught him up in no time**, lo raggiunsi in un baleno; **It will be difficult for you to c. up with your work**, sarà difficile che tu ti metta in pari col lavoro □ **to c. up on one's homework**, rimettersi in carreggiata con i compiti a casa □ **to c. up the speaker**, interrompere chi sta parlando (*o* l'oratore). ● **to c. sb.'s attention**, attirare l'attenzione di q. □ **to c. one's breath**, trattenere il respiro □ **to c. sb.'s eye**, incontrare lo sguardo di q.; farsi notare: **The boy caught the teacher's eye and was asked to answer the question**, il ragazzo si fece notare dal maestro e fu invitato a rispondere alla domanda □ **to c. sb.'s fancy**, attirare su di sé le simpatie di q.; andare a genio a q. □ **to c. fire**, prendere fuoco □ **to c. one's foot**, inciampare □ **to c. a glimpse of st.**, avere una breve visione di q.c.; scorgere q.c. □ **to c. hold of st.**, afferrare q.c. □ (*fam.*) **to c. it**, buscarsi una sgridata; buscarle; prenderle; passarsela brutta □ **to c. a likeness**, cogliere una somiglianza □ **to c. sb. napping**, cogliere q. nel sonno, (*fig.*) cogliere q. di sorpresa (*o sport*) □ **to c. sb.'s pass**, intercettare il passaggio di q. □ **to c. sight of sb.**, scorgere q. □ **to c. sight of (a place)**, essere in vista di (un luogo) □ (*pop.*) **to c. a tartar**, avere a che fare con un osso duro □ **caught in the act**, colto sul fatto (*o in flagrante*) □ **to be caught short**, essere colto di sorpresa, (*Borsa*) essere allo scoperto □ (*fam.*) **to get caught**, restare incinta; rimanerci (*fam.*) □ **I caught him one** (*o* **a blow**), gli assestai un colpo □ **C. me!**, (puoi star certo che) non mi ci prendi (*o* non ci casco, non lo farò)!; stai fresco!

catch [kætʃ], *n.* **1** presa (*il prendere*, *la roba o la quantità presa*, *l'oggetto che fa presa*): **That was a good c.!**, è stata una bella caccia (*o* retata, ecc.)! **2** (*fig.*) persona accalappiata; partito: **That man is a good c.**, quell'uomo è un buon partito **3** frammento: **a c. of old tunes**, un frammento di vecchie canzoni **4** intoppo della voce o del respiro (*per emozione*) **5** gancio; fermaporta **6** (*fam.*) inganno; (*fig.*) tranello, trappola; trucco: **What is the c. in this offer?**, dov'è il tranello in questa offerta? **7** (*mus.*) canzone a più voci di pari tonalità **8** (*mecc.*) dente d'arresto; arresto; fermo **9** (*baseball, cricket*) presa **10** (*calcio*) intercettamento (*di un passaggio*) **11** (*di bambini*) gioco della palla **12** gioco di parole. ● (*sport*) **c.-as-c.-can**, lotta libera: (*fig.*) **It was a c.-as-c.-can affair**, è stata una lotta senza esclusione di colpi □ (*ing.*) **c. basin**, bacino artificiale (*di raccolta delle acque*); pozzetto di raccolta □ (*agric.*) **c. crop**, coltura intercalare □ (*agric.*) **c.-cropping**, metodo di coltura intercalare □ **c. drain**, canale di scolo □ (*bot.*) **c.-fly** (*Silene*), silene □ **c. phrase**, slogan; motto pubblicitario □ **c.-out**, circostanza che fa tradire q.: **His c.-out was when he started speaking French**, la circostanza che lo fece tradire fu quando si mise a parlare francese □ (*fam.*) **C.-22**, ostacolo insormontabile □ **c.-up**, aumento; intensificazione; (*econ.*) ripresa □ **a good c. of fish**, una buona pesca □ (*aeron.*, ecc.) **spring c.**, moschettone (*di paracadute*, ecc.) □ **This is no c.**, questo è un brutto acquisto (*o* un pessimo affare).

catchall ['kætʃ(ɔ:)l], *n.* (*specialm. USA*) ripostiglio; sgombrarobba.

catcher ['kætʃə*], *n.* **1** persona (*o* cosa) che prende, ecc. **2** (*mecc.*) arresto (*dente*, ecc.) **3** (*idraulica, anche* **c. basin**) separatore **4** (*sport*) ricevitore (*specialm. nel baseball*). ● **dog-c.**, accalappiacani.

catching ['kætʃiŋ], *a.* **1** contagioso: **A cold is c.**, il raffreddore è contagioso **2** che attira l'attenzione; attraente; vistoso **3** (*di canzone*) orecchiabile. ● (*econ.*) **c.-up**, ripresa.

catchment ['kætʃmənt], *n.* **1** raccolta delle acque **2** acqua piovana di raccolta **3** (*geogr.*, *anche* **c. area, c. basin**) bacino imbrifero; bacino pluviale **4** (*fig.*, *anche* **c. area**) zona di raccolta (*di studenti, malati*, ecc.). ● **c. drain**, canale collettore.

catchpenny ['kætʃ,peni], *a.* (*spreg.*) da due (*o* da quattro) soldi; dozzinale.

catchpole, **catchpoll** ['kætʃpoul], *n.* (*un tempo*) dipendente d'uno sceriffo, incaricato di arrestare i debitori insolventi.

catchup ['kætʃʌp], *n.* (*specialm. USA per ketchup*) salsa piccante.

catchword ['kætʃwə:d], *n.* **1** (*tipogr.*) esponente, testatina (*stampata in testa di pagina nei dizionari*) **2** (*teatr.*) ultima parola pronunciata da un attore (*e che dà il via alla battuta di un altro*) **3** slogan; motto.

catchy ['kætʃi], *a.* **1** che attira l'attenzione; vistoso **2** (*di canzone*, ecc.) orecchiabile **3** (*di domanda*, ecc.) ingannevole; insidioso **4** spasmodico; intermittente; irregolare; a scatti.

catechesis [,kæti'ki:sis], *n.* (*pl.* **catecheses**) (*relig.*) catechesi.

catechetic(al) [,kæti'ketik(əl)], *a.* (*relig.*) catechetico.

catechism ['kætikizəm], *n.* **1** (*relig.*) catechismo **2** (*per estens.*) prontuario a domande e risposte **3** istruzione orale **4** interrogatorio. ● (*fig.*) **to put sb. through his c.**, sottoporre q. a un interrogatorio.

catechismal [,kæti'kizməl], *a.* (*relig.*) catechismale.

catechist ['kætikist], *n.* (*relig.*) catechista.

catechistic(al) [,kæti'kistik(əl)], *a.* **1** (*relig.*) catechistico **2** di istruzione orale **3** di un interrogatorio.

to catechize ['kætikaiz], *v. t.* **1** (*relig.*) catechizzare **2** interrogare a fondo **3** insegnare mediante domande e risposte.

catechizer ['kætikaizə*], *n.* (*relig.*) catechizzatore.

catechu ['kætitʃu:], *n.* (*ind.*) catecù; cacciù.

catechumen [,kæti'kju:men], *n.* (*relig.*) catecumeno.

categorical [,kæti'gɔrikəl], *a.* categorico.

category ['kætigəri], *n.* categoria.

catenary [kə'ti:nəri], (*mat.*) **A** *a.* catenario. **B** *n.* (*curva*) catenaria. ● (*costr.*) **c. bridge**, ponte sospeso.

to catenate ['kætineit], *v. t.* (*anche elab.*) concatenare; collegare in catena.

catenation [,kæti'neiʃən], *n.* **1** concatenamento; collegamento in catena **2** serie di cose concatenate.

to cater ['keitə*], **A** *v. i.* **1** provvedere cibi, bevande, ecc.; organizzare il servizio (*per un banchetto*, ecc.) **2** provvedere (*a un bisogno in genere*); rivolgersi a: **Some magazines c. to boys, others to girls**, alcune riviste si rivolgono ai ragazzi, altre alle ragazze. **B** *v. t.* approvvigionare; procurare le provviste per (*un banchetto*, ecc.).

caterer ['keitərə*], *n.* **1** fornitore di cibi e bevande per alberghi, banchetti, ecc.; approvvigionatore **2** organizzatore di banchetti e pranzi ufficiali **3** (*improprio*) proprietario di ristoranti.

caterpillar ['kætəpilə*], *n.* **1** (*zool.*) bruco **2** − (*marchio: anche* **C. tractor**) **C.**, trattore a cingoli; caterpillar. ● **c. track** (*o* **tread**), cingolo di caterpillar.

caterwaul ['kætəwɔ:l], *n.* **1** miagolio (*di gatti in amore*) **2** lamentela; lagna.

to caterwaul ['kætəwɔ:l], *v. i.* **1** miagolare (*di gatti in amore*) **2** lamentarsi; lagnarsi **3** litigare, azzuffarsi (*come gatti*).

catfight ['kætfait], *n.* alterco; lite; litigio.

catfish ['kætfiʃ], *n.* (*zool.*, *Ameiurus nebulosus*) pesce gatto.

catgut ['kætgʌt], *n.* **1** minugia **2** (*med.*) catgut; filo per suture.

catharsis [kə'θa:sis], *n.* (*pl.* **catharses**) **1** catarsi **2** (*med.*) evacuazione.

cathartic [kə'θa:tik], *n.* (*farm.*) purga; purgante.

cathartic(al) [kə'θa:tik(əl)], *a.* **1** catartico **2** (*farm.*) purgativo.

Cathay [kæ'θei], *n.* (*geogr.*, *stor.*) Catai.

cathead ['kæthed], *n.* (*naut.*) capone; grua dell'ancora.

cathedra [kə'θi:drə], *n.* (*lat.*), cattedra vescovile.

cathedral [kə'θi:drəl], **A** *n.* **1** cattedrale; duomo **2** (*fig.*) posto grandioso. **B** *a.* **1** di (*o* simile a, provvisto di) cattedra vescovile **2** autorevole; ufficiale; ex cathedra: **a c. utterance**, una dichiarazione fatta ex cathedra.

Catherine ['kæθərin], *n.* Caterina. ● **C. wheel**, (*archit.*) rosone; girandola (*fuoco artificiale*); (*ginnastica*) ruota.

catheter ['kæθitə*], *n.* (*med.*) catetere.

catheterism ['kæθitərizəm], **catheterization** [,kæθitərai'zeiʃən], *n.* (*med.*) cateterismo; cateterizzazione.

to catheterize ['kæθitəraiz], *v. t.* (*med.*) cateterizzare.

cathetus ['kæθitəs], *n.* (*pl.* **catheti**) (*geom.*) cateto.

cathode ['kæθoud], (*elettr.*) **A** *n.* catodo. **B** *a. attr.* catodico: **c. rays**, raggi catodici. ● **c.-ray tube**, tubo catodico.

cathodic [kə'θɔdik], *a.* (*elettr.*) catodico.

catholic ['kæθəlik], *a.* **1** generale; universale: **Science is truly c.**, la scienza è veramente universale **2** liberale; aperto; eclettico; di mente aperta; tollerante: **a c. mind**, una mente aperta; **a c. taste for literature**, un gusto eclettico per la letteratura **3** (*relig.*) di tutti i cristiani; di tutte le Chiese cristiane (*escludendo, di solito, quelle nate dalla Riforma luterana*): **C. morality**, la morale accettata da tutti i cristiani **4** (*anche* **Roman C.**) cattolico: **His C. Majesty**, Sua Maestà Cattolica (*il re di Spagna*); **the C. Church**, la Chiesa Cattolica.

Catholic ['kæθəlik], *n.* (*relig.*) **1** cristiano (*in genere*); membro di una delle Chiese cristiane **2** (*anche* **Roman C.**) cattolico.

catholically [kə'θɔlikəli], *avv.* **1** universalmente **2** (*relig.*) cattolicamente.

Catholicism [kə'θɔlisizəm], *n.* **1** dottrina di qualsiasi Chiesa cristiana; (*specialm.*) cattolicesimo, cattolicismo **2** cattolicità.

catholicity [,kæθə'lisiti], *n.* **1** universalità; eclettismo (*di gusti*); liberalità (*d'idee*); tolleranza **2** (*relig.*) cattolicità.

to catholicize [kə'θɔlisaiz], *v. t. e i.* **1** rendere, diventare universale

Catiline

(*o liberale, eclettico, ecc.*) **2** (*relig.*) convertire, convertirsi al cattolicesimo.
Catiline ['kætilain], *n.* (*stor.*) Catilina.
cation ['kætaiən], *n.* (*fis.*) catione.
catkin ['kætkin], *n.* (*bot.*) gattino; amento.
catlike ['kætlaik], *a.* **1** di (*o* da) gatto; felino **2** (*fig.*) furtivo; silenzioso.
catling ['kætliŋ], *n.* **1** (*raro*) gattino **2** minugia fine **3** (*med.*) amputante (*bisturi*).
catmint ['kætmint], *n.* (*bot., Nepeta cataria*) (erba) gattaia.
catnep ['kætnep], **catnip** ['kætnip], *V.* **catmint**.
Cato ['keitou], *n.* (*stor.*) Catone.
cat-o'-mountain ['kætəmauntin], *V.* **catamountain**.
cat-o'-nine-tails [,kætə'nainteilz], *n.* (*invar. al pl.*) gatto a nove code (*staffile*).
catoptric [kə'tɔptrik], *a.* (*fis.*) catottrico, catoptrico.
catoptrics [kə'tɔptriks], *n. pl.* (*col verbo al sing.*) (*fis.*) catottrica, catoptrica.
catsup ['kætsəp], *V.* **ketchup**.
cattail ['kæt-teil], *n.* (*bot., Typha latifolia*) tifa; stiancia; biodo.
cattish ['kætiʃ], *a.* **1** felino; da gatto **2** (*fig.*) astuto; dispettoso; vendicativo; sornione.
cattle ['kætl], *n.* **1** (*collett.*) bestiame bovino; bovini **2** (*collett.*) bestiame grosso (*in genere*) **3** (*fig.*) gente di poco conto; marmaglia. ● **c.-breeder**, allevatore di bestiame □ **c. cake**, formella di mangime □ **c.-fair**, fiera del bestiame □ **c.-feeder**, macchina per alimentare il bestiame a dosi costanti □ **c. grid**, fossa coperta da una griglia (*di sbarre o traverse: per impedire l'uscita del bestiame*) □ (*USA*) **c. guard**, *V.* **c. grid** □ **c.-piece**, quadro che rappresenta bestiame □ (*vet.*) **c. plague**, peste bovina □ (*ferr.*) **c. truck**, carro bestiame.
cattleman ['kætlmən], *n.* (*pl.* **cattlemen**) **1** bovaro **2** (*USA*) allevatore di bestiame.
catty ['kæti], *V.* **cattish**.
Catullus [kə'tʌləs], *n.* (*stor. letter.*) Catullo.
Caucasian [kɔ:'keiʒən], *a.* e *n.* caucasico.
Caucasus ['kɔ:kəsəs], *n.* (*geogr.*) **1** Caucaso **2** Caucasia.
caucus ['kɔ:kəs], *n.* **1** caucus; riunione ristretta dei capi di un partito (*per decidere la linea politica, ecc.*) **2** (*polit.*) gruppo di maggioranza **3** (*spreg.*) cricca politica.
to caucus ['kɔ:kəs], *v. i.* (*USA*) **1** tenere una riunione politica ristretta **2** partecipare a un caucus (*q.V.*).
caudal ['kɔ:dəl], *a.* (*zool.*) caudale.
caudate(d) ['kɔ:deit(id)], *a.* (*zool.*) caudato.
caudle ['kɔ:dl], *n.* bevanda calda, di vino o di birra, uova, spezie e zucchero (*per malati*).
caught [kɔ:t], *pass.* e *p. p.* di **to catch**.
caul [kɔ:l], *n.* (*anat.*) **1** amnio; (*pop.*) camicia (*o* camicia della Madonna) **2** omento (*parte del peritoneo*).
cauldron ['kɔ:ldrən], *n.* caldaia; calderone.
caulescent [kɔ:'lesənt], *a.* (*bot.*) caulescente.
cauliflower ['kɔliflauə*], *n.* (*bot., Brassica oleracea botrytis*) cavolfiore.
cauline ['kɔlain], *a.* (*bot.*) caulinare.
caulis ['kɔ:lis] (*lat.*), *n.* (*pl.* **caules**) (*bot.*) caule; fusto.
to caulk [kɔ:k], *v. t.* **1** (*ing., costr. navali*) calafatare **2** (*mecc.*) cianfrinare; presellare **3** chiudere, turare (*fessure, con stoppa, ecc.*); stuccare.
caulker ['kɔ:kə*], *n.* **1** (*ing., costr. navali*) calafato **2** (*mecc.*) cianfrinatore **3** (*mecc.*) cianfrino; presella.
caulking ['kɔ:kiŋ], *n.* **1** (*ing., costr. navali*) calafataggio **2** (*ing., costr. navali*) materiale per calafataggio **3** (*mecc.*) cianfrinatura; presellatura. ● **c. chisel** (*o tool*), cianfrino; presella □ **c. gun**, pistola turapori □ **c. iron**, ferro da calafato.
causal ['kɔ:zəl], *a.* e *n.* causale.
causality [kɔ:'zæliti], *n.* causalità.
causation [kɔ:'zeiʃən], *n.* **1** il causare; l'esser causato **2** rapporto di causa ed effetto; causalità.
causative ['kɔ:zətiv], **A** *a.* (*anche gramm.*) causativo: «**Fell**» **is a c. verb**, «fell» (*ital.* «abbattere, far cadere») è un verbo causativo. **B** *n.* (*gramm.*) causativo.
cause [kɔ:z], *n.* **1** (*anche leg.*) causa: **to plead a c.**, perorare una causa **2** motivo; ragione: **There is no c. for regret**, non c'è motivo di rammaricarsi; **without good c.**, senza un legittimo motivo. ● **c. célèbre** (*franc.*), processo celebre; caso famoso □ (*leg.*) **c. list**, elenco delle cause a ruolo □ (*leg.*) **c. of action**, diritto posto a fondamento della propria azione □ (*specialm. filos.*) **efficient c.**, causa efficiente □ **to make common c. with sb.**, fare causa comune con q. □ (*specialm. filos.*) **material c.**, causa materiale □ (*specialm. leg.*) **to show c.**, provare il proprio diritto.
to cause [kɔ:z], *v. t.* **1** causare; cagionare; provocare; produrre: **What causes the eclipse?**, qual è la causa dell'eclissi? **2** (*seguito da un verbo all'inf.*) fare; costringere; indurre: **to c. to vary**, far variare; **They caused the poor man to leave the town**, costrinsero

il disgraziato a lasciare la città.
causeless ['kɔ:zlis], *a.* **1** senza causa (*apparente*); fortuito **2** senza ragione; immotivato; ingiustificato.
causer ['kɔ:zə*], *n.* chi è causa, chi è origine (di q.c.).
causeway ['kɔ:zwei], *n.* **1** strada rialzata (*attraverso paludi, ecc.*) **2** marciapiede elevato **3** strada di grande traffico **4** (*scozz.*) strada lastricata (*o* selciata).
to causeway ['kɔ:zwei], *v. t.* **1** provvedere di strada rialzata (*o* di marciapiede) **2** (*scozz.*) lastricare; selciare.
causey ['kɔ:zi], *V.* **causeway**.
caustic ['kɔ:stik], **A** *a.* (*chim. e fig.*) caustico: **c. soda**, soda caustica; **a c. remark**, un'osservazione caustica. **B** *n.* **1** (*chim.*) sostanza caustica **2** (*ottica*) caustica.
causticity [kɔ:s'tisiti], *n.* causticità.
cauter ['kɔ:tə*], *V.* **cautery, def. 1**.
cauterization [,kɔ:tərai'zeiʃən], *n.* (*med.*) cauterizzazione.
to cauterize ['kɔ:təraiz], *v. t.* **1** (*med.*) cauterizzare **2** (*fig.*) rendere duro, insensibile.
cautery ['kɔ:təri], *n.* (*med.*) **1** cauterio **2** cauterizzazione.
caution ['kɔ:ʃən], *n.* **1** cautela; circospezione; prudenza; attenzione **2** avvertimento; ammonimento; diffida: **The judge dismissed him with a c.**, il giudice lo rilasciò con diffida **3** (*pop.*) cosa straordinaria; tipo strano; spasso, sagoma (*fam.*). ● (*in un cartello*) **C.!**, attenzione! □ **c. money**, cauzione; garanzia; pegno (*di buona condotta*).
to caution ['kɔ:ʃən], *v. t.* **1** avvertire; mettere in guardia **2** ammonire; diffidare.
cautionary ['kɔ:ʃənəri], **A** *a.* di avvertimento; che mette in guardia; ammonitorio. **B** *n.* (*leg.*) cauzione; garanzia. ● **c. measures**, misure precauzionali.
cautioner ['kɔ:ʃənə*], *n.* (*leg.*) avallante; garante.
cautious ['kɔ:ʃəs], *a.* cauto; circospetto; guardingo; prudente.
cavalcade [,kævəl'keid], *n.* **1** compagnia di persone a cavallo; cavalcata **2** sfilata di carrozze (*o* d'automobili) **3** serie; sequela; successione.
cavalier [,kævə'liə*], **A** *n.* **1** cavaliere; cortigiano **2** −(*stor.*) **C.**, realista; sostenitore di Carlo I d'Inghilterra. **B** *a.* **1** (*raro*) allegro; vivace; cortese; alla mano **2** (*spreg.*) altero; altezzoso; arrogante; brusco; sdegnoso. ● **c. servant**, cavalier servente; cicisbeo.
Cavalierism [,kævə'liərizəm], *n.* (*stor.*) Cavalleria (*nel sistema feudale, o nel '600*).
cavalierly [,kævə'liəli], *avv.* **1** (*raro*) allegramente; cortesemente **2** (*spreg.*) alteramente; bruscamente; arrogantemente.
cavalla [kə'vælə], *n.* (*pl.* **cavalla, cavallas**) (*zool., Caranx hippos*) scombro cavallino.
cavally [kə'væli], *V.* **cavalla**.
cavalry ['kævəlri], *n.* **1** (*specialm. stor.*) cavalleria; (*collett.*) cavalleggeri **2** (*mil., specialm. USA*) mezzi corazzati leggeri.
cavalryman ['kævəlrimən], *n.* (*pl.* **cavalrymen**) (*specialm. stor.*) cavalleggero, cavalleggere. ● **c. twill**, (tessuto) diagonale.
cave (1) [keiv], *n.* **1** caverna; grotta; spelonca **2** (*gergo polit. ingl.*) secessione; (*collett.*) i dissidenti (*in un partito*) **3** (*ind. min.*) frana; franamento **4** (*ind. min.*) materiale franato (*dalla parete*). ● **c. art**, arte paleolitica; arte rupestre □ (*paleontologia*) **c. bear**, orso delle caverne □ **c. dweller** (*o* **caveman**), uomo delle caverne, cavernicolo, troglodita; (*fig.*) chi vive in una caverna; individuo rozzo, primitivo □ **c. dwelling**, abitazione rupestre.
to cave [keiv], *v. t.* e *i.* **1** scavare; trasformare in una caverna **2** determinare una scissione (*in un partito politico*). ● **to c. in**, crollare, franare; far crollare, far franare; schiacciare, deformare (*il cappello o la testa di q.*); (*fig., fam.*) cedere, sottomettersi.
cave (2) ['keivi] (*lat.*), *inter.* (*stud.*) attenti! (*arriva il professore!*).
caveat ['keiviæt] (*lat.*), *n.* (*leg.*) intimazione, diffida (*generalm. a un giudice o a un pubblico ufficiale, affinché si astengano dal compimento di determinati atti*) **2** avvertimento; ammonimento. ● (*leg.*) **c. emptor**, caveat emptor (*principio per cui l'acquirente deve, all'atto dell'acquisto, fare attenzione a eventuali difetti di fabbricazione, confezione e sim.*) □ (*leg.*) **to enter** (*o* **to file**) **a c. against st.**, fare opposizione a q.c.
cavern ['kævən], *n.* caverna; grotta (*specialm. se grande*).
cavernous ['kævənəs], *a.* **1** cavernoso; simile a caverna **2** (*di occhio*) incavato **3** (*di suono*) cupo; cavernoso **4** (*miner.*) poroso.
caves(s)on ['kævisən], *n.* (*ippica*) cavezzone.
caviar(e) ['kævia:*], *n.* caviale. ● (*fig.*) **c. to the general**, perle ai porci.
cavil ['kævil], *n.* cavillo.
to cavil ['kævil], *v. i.* cavillare. ● **to c. at** (*o* **about**) **st.**, cavillare su q.c.
caviller ['kævilə*], *n.* cavillatore; cavillatrice.
cavillous ['kæviləs], *a.* cavilloso.
caving ['keiviŋ], *n.* (*sport*) speleologia. ● **to go c.**, esplorare ca-

verne (*per divertimento*).
cavitation [ˌkæviˈteɪʃən], *n.* **1** (*chim.*, *mecc.*) cavitazione **2** (*ing.*) vaiolatura **3** (*med.*) formazione di cavità.
cavity [ˈkæviti], *n.* **1** (*anche med.*) cavità **2** (*mecc.*, *edil.*) intercapedine **3** carie (*di denti*). ● **c. wall**, muro a intercapedine.
to cavort [kəˈvɔːt], *v. i.* **1** (*fam.*) saltare; saltellare; far capriole **2** (*del cavallo*) corvettare.
cavy [ˈkeivi], *n.* (*zool.*, *Cavia*) cavia; porcellino d'India.
caw [kɔː], *n.* gracchio; gracchiata.
to caw [kɔː], *v. i.* gracchiare. ● **to caw out**, dire con voce gracchiante.
cawing [ˈkɔːiŋ], *n.* gracchiamento; (il) gracchiare.
cay [kei], *n.* banco corallino (*o di sabbia*).
cayenne [ˈkeien], *n.* (*anche* **C. pepper**) pepe di Caienna.
cayman [ˈkeimən], *n.* (*zool.*, *Caiman*) caimano.
to cease [siːs], *v. t. e i.* cessare; smettere; finire; sospendere; far cessare; porre termine a: (*arc.*) **C. (doing) that!**, smettila (di far ciò)!; (*mil.*) **C. fire!**, cessate il fuoco!; (*comm.*) **The bank has ceased payment**, la banca ha sospeso i pagamenti.
cease [siːs], *n.* (*arc.*) cessazione. ● **without c.**, incessantemente.
ceasefire [ˌsiːsˈfaiə*], *n.* (*mil.*) **1** (il) cessate il fuoco (*anche fig.*) **2** tregua; sospensione delle ostilità.
ceaseless [ˈsiːslis], *a.* incessante; continuo.
ceaselessness [ˈsiːslisnis], *n.* continuità; persistenza.
Cecil [ˈsesl, ˈsisl], *n.* **1** Cecilia **2** Cecilio.
Cecile [ˈsesil, ˈsesiːl], **Cecily** [ˈsisili, ˈsesili], *n.* Cecilia.
cecity [ˈsiːsiti], *n.* cecità (*specialm. fig.*).
cedar [ˈsiːdə*], *n.* (*bot.*, *Cedrus*) cedro (*anche il legno*). ● **c. of Lebanon** (*Cedrus libani*), cedro del Libano □ **c. wood**, legno di cedro.
cedarn [ˈsiːdən], *a.* (*poet.*) cedrino; di cedro.
to cede [siːd], *v. t.* cedere (*un diritto*, *un territorio*, *ecc.*); concedere. ● **to c. the point**, concedere (*o* ammettere) il punto in discussione.
cedilla [siˈdilə], *n.* cediglia.
cee, ce [siː], *n.* ci; lettera c.
to ceil [siːl], *v. t.* **1** soffittare (*una stanza*) **2** coprire, intonacare (*un soffitto o un muro*) **3** rivestire internamente (*una nave*).
ceiling [ˈsiːliŋ], *n.* **1** (*edil.*) soffitto **2** (*aeron.*) quota di tangenza; altitudine massima **3** (*meteorologia*) livello delle nubi **4** (*econ.*) livello massimo (*di prezzi*, *salari*, *ecc.*); tetto (*fin.*), plafond, plafone **5** fasciame interno (*di nave*) **6** (*fin.*) cielo (*del tunnel monetario*). ● (*econ.*, *fin.*) **c. price**, prezzo massimo □ (*pop.*) **to hit the c.**, andare su tutte le furie □ (*econ.*, *fin.*) **to set a c. to**, «plafonare».
celadon [ˈselədɒn], *n. e a.* **1** (*color*) verde pallido **2** (*ceramica*) «céladon»; porcellana (cinese) verde-grigia.
celandine [ˈseləndain], *n.* (*bot.*, *Chelidonium maius*) celidonia; erba da porri.
Celanese [ˌseləˈniːz], *n.* (*marchio*) celanese (*tipo di rayon*).
celebrant [ˈselibrənt], *n.* (*relig.*) celebrante; officiante.
to celebrate [ˈselibreit], **A** *v. t.* celebrare; commemorare; festeggiare; esaltare. **B** *v. i.* far festa.
celebrated [ˈselibreitid], *a.* celebre; famoso; illustre; rinomato.
celebration [ˌseliˈbreiʃən], *n.* celebrazione; festeggiamento.
celebrator [ˈselibreitə*], *n.* celebratore.
celebrity [siˈlebriti], *n.* **1** celebrità; persona famosa **2** celebrità; fama. ● **a c. concert**, un concerto tenuto da una celebrità del mondo musicale.
celerity [siˈleriti], *n.* celerità; velocità; sveltezza.
celery [ˈseləri], *n.* (*bot.*, *Apium graveolens*) sedano. ● (*cucina*) **a stick of c.**, un gambo di sedano.
celesta [siˈlestə], *n.* (*mus.*) celeste, celesta (*strumento musicale*).
celeste [siˈlest], *n.* **1** celeste; azzurro cielo **2** (*mus.*) registro celeste.
celestial [siˈlestjəl], **A** *a.* celeste; celestiale; divino: **a c. map**, una mappa celeste (*del cielo*); **c. happiness**, felicità celestiale. **B** *n.* (*astron.*) corpo celeste. ● **the C. Empire**, il Celeste Impero (*la Cina*) □ (*astron.*) **c. globe**, planetario □ **c. navigation**, navigazione astronomica □ (*astron.*) **c. pole**, polo celeste □ (*astron.*) **c. sphere**, sfera celeste.
celestine [ˈselistain], *n.* (*miner.*) celestina.
Celestine [ˈselistain], *n.* **1** Celestina **2** Celestino.
celibacy [ˈselibəsi], *n.* **1** celibato (*specialm. per voto religioso*) **2** castità.
celibatarian [ˌselibəˈtɛəriən], *a. e n.* celibatario.
celibate [ˈselibit], *a. e n.* **1** celibe **2** casto.
cell [sel], *n.* **1** cella (*di monastero*, *prigione*, *alveare*) **2** (*poet.*) casetta, capanna; tomba **3** (*biol.*, *polit.*) cellula **4** (*elettr.*) elemento (*di batteria*, *ecc.*); cella; pila **5** (*autom.*) elemento (*di radiatore*) **6** (*chim.*, *elettr.*, *fis. nucl.*) cella. ● **condemned c.**, cella dei condannati a morte □ (*biol.*) **single-c. protein**, bioproteina.
cellar [ˈselə*], *n.* **1** scantinato; sottosuolo; sotterraneo **2** (*anche* **wine c.**) cantina **3** (*fig.*) riserva (*o* scorta) di vini **4** (*fam.*, *sport*) ultimo posto (*in classifica*). ● **coal c.**, carbonaia □ **c.-flap**, (ribalta della) botola □ **c.-plate**, (sportello o griglia di) botola di carbonaia □ **He keeps a very good c.**, ha una riserva di vini eccellente.
to cellar [ˈselə*], *v. t.* mettere (*vino*, *ecc.*) in cantina.
cellarage [ˈselərɪdʒ], *n.* **1** spazio utile d'una cantina **2** scantinato **3** spese di magazzinaggio (*in cantina*).
cellarer [ˈselərə*], *n.* **1** cellerario, cellerario (*in un monastero*).
cellaret [ˌseləˈret], *n.* bar; contro-buffet; mobiletto per bottiglie di vino, liquori, bicchieri, ecc.
cellarman [ˈseləmən], *n.* (*pl.* **cellarmen**) cantiniere.
celliform [ˈselifɔːm], *a.* celliforme.
cellist [ˈtʃelist], *n.* (*mus.*) violoncellista.
cello [ˈtʃelou], *n.* (*pl.* **cellos, celli**) (*mus.*) violoncello.
cellophane [ˈseləfein], *n.* (*marchio*) cellofan, cellophane.
cellotape [ˈseləteip], *n.* (*marchio*) nastro adesivo.
cellular [ˈseljulə*], *a.* (*scient.*, *tecn.*) cellulare; a cella; a celle. ● **c. confinement**, segregazione cellulare □ **c. linen**, cellulare; tessuto a nido d'ape □ (*biol.*) **c. tissue**, tessuto cellulare.
cellulate(d) [ˈseljuleit(id)], *a.* cellulare: **c. glass**, vetro cellulare.
cellulation [ˌseljuˈleiʃən], *n.* (*biol.*) cellulazione.
cellule [ˈseljuːl], *n.* (*anat.*) piccola cellula; piccola cavità.
cellulitis [ˌseljuˈlaitis], *n.* (*med.*) cellulite.
Celluloid [ˈseljulɔid], *n.* **1** (*marchio*) celluloide **2** – (*fam.*) **c.**, pellicola cinematografica (*o* fotografica) **3** – (*fig.*) **c.**, (il) mondo della celluloide.
cellulose [ˈseljulous], **A** *n.* (*biochimica*) cellulosa. **B** *a.* **1** (*chim.*) cellulosico **2** di celluloide **3** (*anat.*) celluloso. ● (*chim.*, *fotogr.*, *ecc.*) **c. acetate**, acetilcellulosa □ (*ind.*) **c. spraying**, verniciatura alla cellulosa.
to cellulose [ˈseljulous], *v. t.* trattare (*un metallo*, *ecc.*) con cellulosa.
celt [selt], *n.* (*archeol.*) utensile preistorico (*di pietra o bronzo*) a forma di cesello (*o di ascia*).
Celt [kelt], *n.* (*stor.*) celta.
Celtic [ˈkeltik], **A** *a.* celtico. **B** *n.* lingua celtica; celtico.
celticism [ˈkeltisizəm], *n.* **1** uso (*o* costume) celtico; celtismo **2** attaccamento ai costumi celtici.
to celticize [ˈkeltisaiz], **A** *v. t.* rendere celtico. **B** *v. i.* diventare celtico.
cement [siˈment], *n.* **1** cemento (*anche geol.*) **2** adesivo; mastice; colla **3** (*fig.*) legame **4** (*med.*) cemento dentario. ● **c. factory**, cementificio □ **c. gun**, (*edil.*) pistola spruzzacemento; (*mecc.*) spruzzapigiata □ **c. industry**, industria cementiera □ **c. layer**, cementista □ **c. mixer**, betoniera; impastatrice di cemento □ **c. plaster**, intonaco di gesso.
to cement [siˈment], *v. t.* cementare (*anche fig.*); consolidare; coprire di cemento: **to c. an alliance**, consolidare un'alleanza.
cementation [ˌsiːmenˈteiʃən], *n.* (*edil.*, *chim.*) cementazione.
cementer [siˈmentə*], *n.* **1** (*ind.*) cementare **2** cementista; operaio cementiere **3** cementatore **4** (*USA*) vulcanizzatore (*di pneumatici*).
cementite [siˈmentait], *n.* (*metall.*) cementite.
cemeterial [ˌsemiˈtiəriəl], *a.* cimiteriale.
cemetery [ˈsemitri], *n.* cimitero; camposanto.
cenobite [ˈsiːnoubait], *n.* cenobita.
cenotaph [ˈsenətɑːf], *n.* cenotafio.
Cenozoic [ˌsiːnəˈzouik], *a. e n.* (*geol.*) cenozoico. ● (*geol.*) **the C.**, il Cenozoico; l'era cenozoica.
to cense [sens], *v. t.* incensare; bruciare incenso a (*un dio*).
censer [ˈsensə*], *n.* incensiere; turibolo. ● **c.-bearer**, turiferario.
censor [ˈsensə*], *n.* censore (*in ogni senso*).
to censor [ˈsensə*], *v. t.* censurare.
censorial [senˈsɔːriəl], *a.* censorio.
censorious [senˈsɔːriəs], *a.* incline a criticare; ipercritico.
censoriousness [senˈsɔːriəsnis], *n.* tendenza all'ipercritica; petulanza critica; atteggiamento censorio.
censorship [ˈsensəʃip], *n.* **1** censura **2** (*stor.*) censorato.
censurable [ˈsenʃərəbl], *a.* censurabile; biasimevole.
censure [ˈsenʃə*], *n.* riprovazione; biasimo; censura.
to censure [ˈsenʃə*], *v. t.* riprovare; biasimare; criticare; censurare.
censurer [ˈsenʃərə*], *n.* censuratore.
census [ˈsensəs], *n.* **1** (*stat.*) censimento **2** (*stor. romana*) censo. ● **c.-paper**, modulo per censimento □ **c. taker**, censitore.
to census [ˈsensəs], *v. t.* censire.
cent [sent], *n.* **1** (*USA*) centesimo di dollaro **2** cento (*soltanto in certe espressioni*): **per c.**, per cento; **c. per c.**, (percentuale del) cento per cento; (*fin.*) **three per cents**, obbligazioni pubbliche (*buoni del Tesoro*) al tre per cento. ● **I don't care a c.**, non me ne importa un soldo bucato (*o* niente) □ **I haven't got a c.**, non ho neppure un soldo; non ho (il becco di) un quattrino.
cental [ˈsentl], *n.* misura di peso uguale a cento libbre (*pari a 45,36 Kg*).

centare ['sentɛə*], *n.* centiara.
centaur ['sentɔː*], *n.* (*mitol.*) centauro.
Centaurus [sənˈtɔːrəs], *n.* (*astron.*) Centauro.
centaury ['sentɔːri], *n.* (*bot.*) **1** (*Centaurea*) centaurea **2** (*Erythraea centaurium*) centaurea minore; cacciafebbre.
centenarian [ˌsentiˈnɛəriən], **A** *a.* centenario; che ha cent'anni. **B** *n.* (vecchio) centenario.
centenary ['sentinəri], **A** *a.* centenario; che ricorre ogni cent'anni. **B** *n.* **1** centenario (*centesimo anno a partire da un evento*) **2** centennio.
centennial [senˈtenjəl], **A** *a.* centennale; centenne (*lett.*). **B** *n.* (celebrazione di) centenario. ● **c. pines**, pini centenari.
center ['sentə*], *e deriv.* (*USA*) *V.* **centre**, *e deriv.*
centerfold ['sentəfould], *n.* (*USA*) inserto centrale (*di una rivista illustrata*).
centesimal [senˈtesiməl], *a.* centesimale.
centigrade ['sentigreid], *a.* centigrado: **a c. thermometer**, un termometro centigrado; **c. scale**, scala centigrada.
centigram(me) ['sentigræm], *n.* centigrammo.
centilitre [ˌsentiˈliːtə*], *n.* centilitro.
centimetre ['sentiˌmiːtə*], *n.* centimetro.
centipede ['sentipiːd], *n.* (*zool.*) centopiedi.
centisecond [ˌsentiˌsekənd], *n.* (*scient.*) centesimo di secondo.
cento ['sentou], *n.* (*pl.* **centones, centoes, centos**) (*letter.*) centone.
central ['sentrəl], **A** *a.* centrale; principale: **c. heating**, riscaldamento centrale. **B** *n.* (*USA*) **1** centrale telefonica; centralino **2** (*raro*) centralinista. ● **c. control**, (*aeron., ing.*) controllo centralizzato; (*mil.*) centrale di tiro □ (*polit.*) **c. government**, governo centrale □ (*fin.*) **c. (exchange) rates**, parità centrali (*delle valute*) □ (*autom.*) **c. reservation**, aiuola spartitraffico (*d'autostrada*).
centralism ['sentrəlizəm], *n.* (*polit.*) centralismo.
centralist ['sentrəlist], *n.* e *a.* *attr.* (*polit.*) centralista; centrista: **a c. government**, un governo centrista.
centrality [senˈtræliti], *n.* **1** centralità; posizione di centro **2** tendenza a rimanere al centro.
centralization [ˌsentrəlaiˈzeiʃən], *n.* centralizzazione; accentramento.
to centralize ['sentrəlaiz], *v. t.* e *i.* centralizzare; accentrare, accentrarsi; rendere, diventare centrale.
centralizer ['sentrəlaizə*], *n.* accentratore, accentratrice.
centrally ['sentrəli], *avv.* in posizione centrale. ● (*econ.*) **c. planned economy**, economia dirigista □ (*di una casa*) **c. situated**, situata nel centro (*della città*).
centre ['sentə*], *n.* **1** centro (*in ogni senso*): **c. of gravity**, centro di gravità; baricentro (*geom.*) **c. angle**, angolo al centro; (*naut.*) **c. of buoyancy**, centro di spinta **2** (*mecc.*) perno; fulcro; punta (*in una macchina utensile*) **3** (*specialm.* **head-c.**) organizzatore politico; capo **4** (*sport*) centrocampista; (*anche* **c. forward**) centravanti, centrattacco; (*nell'hockey*) centro **5** (*biol.*) nucleo **6** (*archit.*) centina. ● (*sport*) **c. back**, centroterzino □ (*di ponte*) **c. bay**, campata mediana □ (*falegnameria*) **c. bit**, punta a centro □ (*mecc.*) **c. distance**, interasse □ (*sport*) **c.-field**, centrocampo □ (*sport*) **c.-fielder**, centrocampista □ (*sport*) **c. half**, centromediano □ (*polit.*) **c. left**, centrosinistra: **a c.-left government**, un governo di centrosinistra □ (*polit.*) **c. parties**, i partiti di centro □ **c. piece**, centrotavola (*archit.*) rosone centrale □ **c. rail**, rotaia centrale (*in ferrovia a cremagliera*) □ (*polit.*) **c. right**, centrodestra; di centrodestra □ (*sport*) **c. spot**, disco di centrocampo □ (*naut.*) **combat operational c.**, centrale di combattimento (*di una nave da guerra*) □ (*mecc.*) **dead c.**, contropunta fissa (*in una macchina utensile*); punto morto (*di un pistone*) □ **shopping c.**, quartiere (*di una città*) dei negozi □ (*USA*) **shopping center**, centro commerciale □ **urban c.**, centro urbano.
to centre ['sentə*], **A** *v. t.* **1** (*anche mecc.*) centrare: **to c. a wheel**, centrare una ruota **2** trovare il centro di; (*tipogr.*) centrare **3** provvedere di (*o* segnare con) un centro **4** (*calcio, rugby, ecc.*) passare (*la palla*) al centro **5** accentrare: **to c. one's hopes on sb.**, accentrare le proprie speranze su q. **B** *v. i.* essere al centro; accentrarsi.
centreboard ['sentəbɔːd], *n.* (*naut.*) deriva mobile.
centreless ['sentəlis], *a.* senza centro; senza centri: (*mecc.*) **c. grinder**, rettificatrice senza centri.
centric(al) ['sentrik(əl)], *a.* **1** centrale **2** (*bot.*) centrico.
centricity [senˈtrisiti], *n.* centralità.
centrifugal [senˈtrifjugəl], **A** *a.* centrifugo: **c. force**, forza centrifuga; **c. pump**, pompa centrifuga. **B** *n.* (*mecc., anche* **c. machine**) centrifuga.
to centrifuge ['sentriˌfjuːdʒ], *v. t.* centrifugare (*latte, ecc.*).
centrifuge ['sentriˌfjuːdʒ], *n.* (*mecc.*) centrifuga.
centrina shark [senˈtriːnə ˈʃaːk], *n.* (*zool.*, *Oxynotus centrina*) pesce porco (*piccolo squalo*).
centring ['sentriŋ], *n.* **1** (*edil.*) centina; centinatura **2** (*mecc.*)

centraggio; centratura. ● (*mecc.*) **c. machine**, centratrice.
centripetal [senˈtripitəl], *a.* centripeto: **c. force**, forza centripeta.
centrism ['sentrizəm], *n.* (*polit.*) centrismo.
centrist ['sentrist], *n.* e *a.* *attr.* (*polit.*) centrista.
centrosome ['sentrousoum], *n.* (*biol.*) centrosoma.
centrosphere ['sentrousfiə*], *n.* (*biol.*) centrosfera.
centumvir [senˈtʌmvə*], *n.* (*pl.* **centumviri**) (*stor. romana*) centumviro.
centumvirate [senˈtʌmvirit], *n.* (*stor. romana*) centumvirato.
centuple ['sentjupl], *a.* e *n.* centuplo.
to centuple ['sentjupl], *v. t.* centuplicare.
centuplicate [senˈtjuplikeit], **A** *a.* centuplicato. **B** *n.* centuplo. ● **in c.**, in cento copie.
to centuplicate [senˈtjuplikeit], *v. t.* centuplicare.
centurion [senˈtjuəriən], *n.* (*stor. romana*) centurione.
century ['sentʃuri], *n.* **1** (*stor. romana*) centuria **2** secolo: **the nineteenth c.**, il secolo decimonono **3** centinaio **4** (*pop. USA*) cento dollari.
cephalalgy [ˌsefəˈlældʒi], *n.* (*med.*) cefalea; cefalalgia; cefalgia.
cephalic [seˈfælik], *a.* (*anat.*) cefalico. ● (*antropologia*) **c. index**, indice cefalico.
cephalopods ['sefəloupɔdz], *n. pl.* (*zool.*, *Cephalopoda*) cefalopodi.
cephalotomy [ˌsefəˈlɔtəmi], *n.* (*med.*) cefalotomia.
ceramic [siˈræmik], *a.* relativo alla ceramica; ceramico: **c. coating**, rivestimento ceramico; **c. mosaic**, mosaico ceramico.
ceramics [siˈræmiks], *n. pl.* **1** (*col verbo al sing.*) (*arte della*) ceramica **2** ceramiche.
ceramist [siˈræmist], *n.* ceramista.
cerastes [siˈræstiːz], *n.* (*invar. al pl.*) (*zool.*, *Cerastes cornutus*) ceraste cornuto.
Cerberus ['səːbərəs], *n.* (*pl.* **Cerberuses, Cerberi**) (*mitol.*) Cerbero; (*fig.*) cerbero. ● (*fig.*) **a sop to C.**, un'offa a Cerbero.
cercopith ['səːkəpiθ], *n.* (*zool.*, *Cercopithecus*) cercopiteco.
cere [siə*], *n.* (*zool.*) cera, ceroma (*nella mandibola di vari uccelli*).
cereal ['siəriəl], **A** *a.* cereale. **B** *n.* (*generalm. al pl.*) **1** cereali; granaglie **2** (*cucina*) fiocchi d'avena, di frumento, ecc. ● **c. grower**, cerealicoltore □ **c. growing**, cerealicoltura.
cerebellum [ˌseriˈbeləm], *n.* (*pl.* **cerebella, cerebellums**) (*anat.*) cerebello; cervelletto.
cerebral ['seribrəl], *a.* **1** (*anat.*) cerebrale: (*med.*) **c. palsy**, paralisi cerebrale; **c. death**, morte cerebrale **2** (*fig.*) cerebrale; intellettuale.
cerebration [ˌseriˈbreiʃən], *n.* lavorio del cervello; elucubrazione.
cerebrospinal [ˌseribrouˈspainl], *a.* (*anat.*) cerebrospinale.
cerebrum ['seribrəm], *n.* (*pl.* **cerebrums, cerebra**) (*anat.*) cerebro; cervello.
cerecloth ['siəklɔθ], *n.* **1** tela cerata; incerata **2** pezzo di tela cerata **3** sudario di tela cerata.
cerement ['siəmənt], *n.* **1** tela cerata; sudario **2** (*pl.*) bende per la sepoltura.
ceremonial [ˌseriˈmounjəl], **A** *a.* cerimoniale; di (*o* da) cerimonia; rituale: **c. dress**, abito da cerimonia. **B** *n.* **1** cerimoniale; etichetta **2** (*relig.*) cerimoniale; rituale. ● **c. funeral**, esequie solenni.
ceremonious [ˌseriˈmounjəs], *a.* **1** cerimonioso **2** solenne.
ceremoniousness [ˌseriˈmounjəsnis], *n.* **1** cerimoniosità **2** solennità.
ceremony ['seriməni], *n.* **1** cerimonia **2** (*relig.*) cerimonia; rito **3** (*collett.*) cerimonie; convenevoli; complimenti: **without c.**, senza complimenti; **Please, don't stand on c.**, ti prego, non far complimenti **4** mera formalità. ● **master of ceremonies**, maestro di cerimonie; cerimoniere; (*radio, telev.*) presentatore.
Ceres ['siəriːz], *n.* (*mitol.*) Cerere.
cerise [səˈriːz], (*franc.*), *a.* e *n.* (*color*) rosso ciliegia.
cerium [ˈsiəriəm], *n.* (*chim.*) cerio.
ceroplastic [ˌsiərouˈplæstik], *a.* (*arte*) ceroplastico.
ceroplastics [ˌsiərouˈplæstiks], *n. pl.* (*col verbo al sing.*) (*arte*) ceroplastica.
cert [səːt], *n.* (*fam.*, *abbr. di* **certainty**) cosa certa; fatto certo: **His promotion is a c.**, la sua promozione è cosa certa. ● **a dead c.**, una cosa assolutamente certa.
certain [ˈsəːtn], *a.* certo; sicuro; indubbio; inevitabile; stabilito; qualche; alquanto: **He's c. to arrive tomorrow**, è cosa certa che arriverà domani; **a lady of a c. age**, una signora d'una certa età; **a c. John Smith**, un certo John Smith; **He showed a c. reluctance**, mostrava qualche riluttanza; **to a c. extent**, fino a un certo punto. ● (*fin.*) **c. exchange**, cambio certo □ **for c.**, per certo; di sicuro; senza fallo □ **to make c.**, accertarsi; assicurarsi (*che q.c. sia fatto*) □ **to make c. of st.**, accertarsi di q.c.
certainly [ˈsəːtinli], *avv.* certamente; senza dubbio; certo. ● **c. not!**, no di certo!
certainty [ˈsəːtnti], *n.* **1** certezza; sicurezza **2** cosa certa; fatto

certo. ● **to know st. for a** (*o* **to a**) **c.**, sapere q.c. con sicurezza (*o* per certo) □ **to bet on a c.**, scommettere a colpo sicuro (*per lo più, disonestamente*)

certes ['sə:tiz], *avv.* (*lett.*) certamente; invero.

certifiable ['sə:tifaiəbl], *a.* **1** attestabile **2** (*med.*) da ricoverare in manicomio; che dovrebbe essere dichiarato pazzo **3** (*pop.*) matto; pazzo.

certificate [sə'tifikit], *n.* **1** certificato; attestato; diploma **2** (*fin.*) cartella (*d'azioni, obbligazioni, ecc.*): **c. for one (for more than one) share**, cartella unitaria (multipla). ● **c. of character**, certificato di buona condotta □ (*dogana*) **c. of clearing inwards (outwards)**, certificato di arrivo (d'uscita) □ (*naut.*) **c. of navigation**, certificato di navigabilità □ (*comm.*) **c. of origin**, certificato di origine □ (*naut.*) **c. of registry**, certificato d'immatricolazione (*di una nave*) □ (*comm.*) **bankrupt's c.**, certificato che autorizza il fallito a riprendere la sua attività □ **birth c.**, certificato (*o* atto) di nascita □ **health c.**, certificato di sana costituzione □ (*naut.*) **master's c.**, brevetto di capitano.

to certificate [sə:'tifikeit], *v. t.* **1** certificare; attestare **2** autorizzare per mezzo di certificato; abilitare: **a certificated teacher**, un insegnante abilitato.

certification [,sə:tifi'keiʃən], *n.* **1** certificazione; attestazione **2** (*leg.*) legalizzazione; autenticazione (*di un documento, ecc.*). ● (*comm.*) **c. mark**, marchio d'origine.

certified ['sə:tifaid], *a.* **1** munito di certificato (*o* di documentazione); documentato: (*comm.*) **a c. transfer**, una cessione documentata **2** legalizzato; autenticato **3** garantito: **c. milk**, latte garantito immune da germi **4** abilitato; iscritto all'albo: (*USA*) **a c. public accountant**, un ragioniere iscritto all'albo. ● **c. advertisements**, (annunci pubblicitari con) offerte di lavoro (*fin.*) **c. cheque**, assegno con copertura garantita □ (*USA*) **c. mail**, corrispondenza raccomandata.

certifier ['sə:tifaiə*], *n.* chi certifica; chi attesta.

to certify ['sə:tifai], *v. t.* **1** certificare; attestare **2** (*leg.*) legalizzare; autenticare (*un documento, una firma*): **certified copy**, copia autenticata **3** attestare; dichiarare: **She certifies that John was with her on Saturday**, dichiara che Giovanni era con lei sabato **4** dichiarare pazzo (*da parte di un medico*): **These are certified mental cases**, questi sono casi di malattia mentale attestati dal medico **5** (*comm. USA*) garantire (*un assegno, ecc., da parte di una banca*).

certiorari [,sə:tiɔː'rɛərai], *n.* (*leg.*) richiesta degli atti di un processo (*fatta da una corte di giustizia superiore a quella dinanzi a cui il processo si è svolto, allo scopo di riesaminare gli stessi*).

certitude ['sə:titjuːd], *n.* certezza; sicurezza; convinzione.

cerulean [si'ru:ljən], *a.* e *n.* (*color*) ceruleo.

cerumen [si'ru:men], *n.* cerume. ● (*med.*) **inspissated c.**, tappo di cerume.

ceruminous [si'ru:minəs], *a.* ceruminoso.

ceruse ['siəru:s], *n.* (*chim.*) cerussa: biacca di piombo.

cervical ['sə:vikəl], *a.* (*anat.*) cervicale.

cervine ['sə:vain], *a.* di cervo; cervino (*raro*).

cervix ['sə:viks], *n.* (*pl.* **cervices, cervixes**) (*anat.*) cervice.

Cesarean, Cesarian ['si'zɛəriən], *V.* **Caesarean**.

cesium ['si:zjem], (*USA*) *V.* **caesium**.

cess (1) [ses], *n.* (*arc., ancora usato in Irlanda e Scozia*) tassa; imposta.

cess (2) [ses], *n.* (*specialm. irl.*) sorte; fortuna ● **Bad c. to him!**, gli venga un malanno!

cessation [se'seiʃən], *n.* cessazione; arresto; pausa; sospensione: **c. from work**, sospensione del lavoro.

cesser [sesə*], *n.* (*leg.*) cessazione.

cession ['seʃən], *n.* (*leg., polit.*) cessione (*di diritti, territori, ecc.*).

cessionary ['seʃənəri], *n.* (*leg.*) cessionario.

cesspit ['sespit], **cesspool** ['sespu:l], *n.* **1** pozzo nero **2** (*fig.*) luogo immondo; fogna.

c'est la vie [sei la vi] (*franc.*), *inter.* c'est la vie; è la vita.

cestodes ['sestoudz], *n. pl.* (*zool., Cestoda*) cestodi.

cestoid ['sestɔid], **A** *n.* (*zool.*) cestode. **B** *a. attr.* (*zool.:* di *verme*) nastriforme.

cestus ['sestəs] (*lat.*), *n.* (*invar. al pl.*) (*stor., sport*) cesto.

cetacean [si'teiʃjən], **A** *a.* dei cetacei; appartenente ai cetacei. **B** *n.* (*zool.*) cetaceo. **C** *n. pl.* (*zool., Cetacea*) cetacei.

cetaceous [si'teiʃjəs], *a.* (*zool.*) dei cetacei; appartenente ai cetacei.

cetane ['si:tein], *n.* (*chim.*) cetano: **c. number** (*o* **rating**), numero di cetano.

ceterach ['setəræk], *n.* (*bot., Ceterach officinarum*) cetracca; erba dorata; spaccapietra.

Ceylonese [,silə'ni:z], *a.* e *n.* (*invar. al pl.*) singalese, cingalese.

Chablis ['ʃæbli(:)], *n.* (*invar. al pl.*) chablis (*vino bianco della Borgogna*).

cha-cha ['tʃa: tʃa:], *n.* (*mus.*) cha-cha-cha (*ballo sudamericano*).

to chafe [tʃeif], **A** *v. t.* **1** fregare, sfregare; strofinare (*con conseguente usura*): **to c. one's hands**, fregarsi le mani (*per riscaldarle*) **2** logorare, riscaldare, irritare (*per sfregamento o attrito*): **If the collar is too tight, it will c. your throat**, se il colletto è troppo stretto, t'irriterà la gola **3** irritare; seccare (*fam.*): **Our delay will c. her**, il nostro ritardo la irriterà. **B** *v. i.* **1** sfregarsi; strofinarsi **2** irritarsi; spazientirsi; seccarsi (*fam.*). ● (*fig.*) **to c. at the bit**, mordere il freno.

chafe [tʃeif], *n.* **1** sfregamento; attrito **2** irritazione (*della pelle, ecc., prodotta da attrito*) **3** (*fig.*) irritazione; stizza; l'esser seccato (*fam.*). ● **to be in a c.**, essere irritato (*o* seccato) / In **a c. of impatience**, non riusciva a dominare la sua impazienza.

chafer ['tʃeifə*], *n.* (*zool.*) coleottero (*in genere*). ● **cock-c.** (*Melolontha melolontha*), maggiolino.

chaff [tʃa:f], *n.* **1** pula; loppa **2** paglia, fieno (*usati come foraggio*) **3** (*fig.*) cosa senza valore; surrogato di nessun pregio **4** celia; scherzo bonario. ● (*agric.*) **c.-cutter**, trinciapaglia □ (*fig.*) **caught with c.**, che abbocca all'amo con facilità □ (*fig.*) **to separate the wheat from the c.**, distinguere il grano dal loglio; separare i buoni dai cattivi.

to chaff [tʃa:f], **A** *v. i.* celiare; scherzare bonariamente. **B** *v. t.* **1** trinciare (*paglia, ecc.*) **2** prendersi gioco di; prendere in giro; canzonare; stuzzicare.

chaffer ['tʃæfə*], *n.* mercanteggiamento.

to chaffer ['tʃæfə*], *v. i.* mercanteggiare; tirare sul prezzo.

chaffinch ['tʃæfinʃ], *n.* (*zool., Fringuilla coelebs*) fringuello.

chaffy ['tʃa:fi], *a.* **1** coperto di (*o* simile a) pula **2** (*fig.*) inutile; senza valore; insignificante.

chafing dish ['tʃeifiŋdiʃ], *n.* scaldavivande.

chagrin ['ʃægrin], *n.* dispiacere; delusione; imbarazzo; mortificazione.

to chagrin ['ʃægrin], *v. t.* deludere; mortificare; umiliare. ● **to be (to feel) chagrined at** (*o* **by**) **st.**, essere (sentirsi) deluso (*o* mortificato) per q.c.

chain [tʃein], *n.* **1** catena (*in ogni senso*) **2** (*anche* **c. shot**) due palle incatenate (*usate un tempo per spezzare l'albero della nave nemica*) **3** (*naut.*) catena (*d'ancora*) **4** (*USA*) catena di negozi. ● (*mil., stor.*) **c. armour**, *V.* **c. mail** □ **c. bridge**, ponte sospeso □ (*naut.*) **c. cable**, catena (*d'ancora*) (*ferr.*) **c. coupling**, attacco a catena (*fra due vagoni*) □ (*mecc.*) **c. drive**, trasmissione a catena □ **c. gang**, squadra di forzati incatenati □ **c. letter**, lettera a catena; catena di Sant'Antonio □ (*naut.*) **c. locker**, pozzo delle catene □ (*mil., stor.*) **c. mail**, cotta di maglia (*di ferro*) □ (*archit.*) **c. moulding**, modanatura a catena □ (*chim.* e *fig.*) **c. reaction**, reazione a catena □ (*fis.*) **c. reactor**, reattore nucleare □ (*mat.*) **c. rule**, regola di derivazione di funzione di funzione □ **c. saw**, motosega; sega a catena □ **c. smoker**, chi fuma una sigaretta dopo l'altra; fumatore accanito □ **c. stitch**, punto catenella □ (*USA*) **c. store** (*cfr. ingl.* **multiple shop**), negozio (*o* grande magazzino) che fa parte di una catena □ (*mecc.*) **c. wheel**, puleggia per catena □ **to be in chains**, essere in catene; essere incatenato □ (*autom.*) **skid c.** (*o* **tyre c., snow c.**), catena da neve.

to chain [tʃein], *v. t.* incatenare; tenere in catene; mettere alla catena (*un cane, ecc.*). ● **chained up**, (*di cane*) alla catena; (*di persona*) incatenato; (*fig.*) inceppato, vincolato.

chainlet ['tʃeinlit], *n.* catenella; catenina.

to chain-smoke ['tʃeinsmouk], *v. i.* fumare una sigaretta dopo l'altra (*o* accanitamente).

chair [tʃɛə*], *n.* **1** sedia; (*fig.*) seggio (*presidenziale, ecc.*) **2** cattedra universitaria; carica di giudice, di sindaco, ecc. **3** (*anche* **chairman**) presidente (*di un'assemblea, riunione, ecc.*) **4** (*USA, anche* **electric c.**) sedia elettrica **5** (*ferr.*) ganascia; supporto metallico della rotaia **6** (*anche* **sedan c.**) portantina. ● «**C.! c.!**» (*appello rivolto al presidente di un'assemblea perché intervenga a sedare un tumulto*), «Presidente! Presidente!» □ **c.-back**, schienale □ **c. bed**, poltrona letto □ **c. lift**, seggiovia □ **c.-maker**, seggiolaio □ **c. warmer**, scaldaseggiole; fannullone □ **to address the c.**, rivolgersi al presidente □ **Bath c.**, sedia a rotelle (*per malati*) □ **deck c.**, sedia a sdraio □ **easy c.**, poltrona □ (*di un alderman, sergente di comitato, ecc.*) **to be below the C.**, non essere mai stato sindaco □ **to be past** (*o* **above**) **the C.**, aver ricoperto la carica di sindaco □ **to take (to leave) the c.**, assumere (lasciare) la presidenza □ **to be in the c.**, dare inizio (porre termine) ai lavori (*di un'assemblea, ecc.*) □ **Won't you take a c.?**, prego, s'accomodi; si sieda; prenda una sedia.

to chair [tʃɛə*], *v. t.* **1** mettere su una sedia; far sedere **2** scegliere come presidente; insediare **3** presiedere (*una riunione, ecc.*) **4** portare in trionfo.

chairman ['tʃɛəmən], *n.* (*pl.* **chairmen**) **1** presidente (*d'assemblea, di comitato, ecc.*) **2** chi spinge una sedia a rotelle (*per malati*) **3** portatore di portantina **4** (*USA*) direttore di un dipartimento universitario. ● (*fin.*) **c. of the board** (*o* **of directors**), presidente del consiglio d'amministrazione.

chairmanship ['tʃɛəmənʃip], *n.* presidenza.

chairperson ['tʃɛə,pə:sn], **1** V. **chairman 2** V. **chairwoman**.
chairwoman ['tʃɛəwumən], n. (pl. **chairwomen**) presidentessa.
chaise [ʃeiz], n. **1** calesse **2** carrozza da viaggio; diligenza. ● **c. longue**, sedia a sdraio; sdraio, sdraia (fam.) □ **post c.**, diligenza.
chalcedony [kæl'sedəni], n. (miner.) calcedonio.
chalcography [kæl'kɔgrəfi], n. calcografia.
chalcopyrite [,kælkou'pairait], n. (miner.) calcopirite.
Chaldea [kæl'di:ə], n. (geogr., stor.) Caldea.
Chaldean [kæl'di:ən], **A** a. e n. (stor.) caldeo. **B** n. (fig.) astrologo.
chaldron ['tʃɔ:ldrən], n. «chaldron» (antica misura usata per carbone e sim., pari a 36 «bushel»).
chalet ['ʃælei] (franc.), n. chalet.
chalice ['tʃælis], n. **1** calice; coppa **2** (relig.) calice.
chaliced ['tʃælist], a. (di pianta) che fiorisce in forma di calice.
chalk [tʃɔ:k], n. **1** (miner.) calcare fine **2** (anche piece of c.) gesso; gessetto. ● **c. drawing**, disegno con i gessetti colorati □ (med.) **c.-stone**, tofo (nodulo dei gottosi) □ **c.-up**, punteggio □ **to be as like as c. and cheese**, non essere affatto simili, essere del tutto diversi □ **by a long c.**, di gran lunga; con grande vantaggio: **The boy will win the race by a long c.**, il ragazzo vincerà la corsa con grande vantaggio (tennis: di palla) **to hit the c.**, battere sulla linea □ (fam.) **not to know c. from cheese**, prendere lucciole per lanterne (o fischi per fiaschi).
to **chalk** [tʃɔ:k], v. t. **1** (agric.) gessare; ammendare, fertilizzare col gesso **2** segnare, scrivere, strofinare, imbrattare col gesso: **to c. slogans on a wall**, scrivere con il gesso degli slogan su una parete **3** (tecn.) trattare con gesso. ● **to c. out**, delineare, abbozzare (un piano, ecc.) □ **to c. up**, scrivere, segnare (i punti d'una partita, ecc.) col gesso; (fig.) conseguire, ottenere (un risultato, un guadagno, ecc.).
chalkiness ['tʃɔ:kinis], n. qualità d'essere gessoso.
chalking ['tʃɔ:kiŋ], n. (tecn.) trattamento con gesso.
chalky ['tʃɔ:ki], a. **1** gessoso **2** (fig.) pallido; terreo.
challenge ['tʃælindʒ], n. **1** (mil.) «chi va là»; «alto là»: **A sentry gave the c.**, una sentinella diede l' «alto là» **2** sfida: **a c. to a duel**, una sfida a duello **3** il mettere in dubbio (o in discussione): **His c. of the premises of my argument irritated me**, il suo mettere in discussione le premesse della mia argomentazione, mi irritò **4** richiesta; rivendicazione; domanda di riconoscimento di un diritto **5** (leg.) opposizione; eccezione **6** (polit. USA) invalidazione **7** cosa stimolante: **My new job is a c.**, il mio nuovo lavoro è stimolante. ● (leg.) **c. of a juror**, ricusazione di un giurato □ **a c. to peace**, una minaccia alla pace □ **a c. to uphold democratic government**, un invito ad appoggiare il governo democratico □ (sport) **c. trophy**, trofeo «challenge».
to **challenge** ['tʃælindʒ], **A** v. t. **1** (mil.) dare il «chi va là» (o l' «alto là» a (q.) **2** sfidare **3** mettere in dubbio (o in discussione) **4** rivendicare; esigere **5** (leg.) fare opposizione a; impugnare **6** (leg.) ricusare (un giurato) **7** (polit. USA) invalidare (una votazione) **8** stimolare. **B** v. i. **1** lanciare una sfida **2** (dei cani da caccia) trovare la traccia; mettersi ad abbaiare. ● **to c. admiration**, essere degno d'ammirazione □ **to c. attention**, imporsi all'attenzione; meritare d'essere preso in considerazione: **This idea challenges attention**, quest'idea merita d'essere presa in considerazione.
challenger ['tʃælindʒə*], n. **1** (anche sport) sfidante; sfidatore **2** (leg.) chi ricusa (un giurato) **3** (leg.) chi impugna (una sentenza).
challenging ['tʃælindʒiŋ], a. **1** sfidante; che sfida **2** di sfida; provocatorio **3** (di un lavoro) difficile; impegnativo; stimolante. ● **a c. idea**, un'idea assai interessante □ **a c. personality**, una personalità affascinante □ **a c. question**, un problema stimolante □ **a c. smile**, un sorriso provocante □ **a c. statement**, un'affermazione polemica.
chalybeate [kə'libiit], **A** a. ferruginoso. **B** n. acqua ferruginosa.
cham [kæm], n. (lett., stor.) Cane, Khan (principe tartaro).
chamber ['tʃeimbə*], n. **1** (poet.) camera; stanza da letto **2** (pl.) appartamento (per persona sola); (leg.) ufficio di giudice (presso il tribunale); (leg.) studio di avvocato **3** (polit.) aula parlamentare; camera legislativa **4** (d'arma da fuoco) camera di cartuccia (o di caricamento). ● **C. of Commerce**, Camera di Commercio □ (stor.) **C. Council**, Consiglio segreto (di un monarca assoluto) □ **c. counsel**, avvocato che tiene ufficio di consulente, ma non esercita in tribunale □ **c.-maid**, cameriera (d'albergo) □ **c. music**, musica da camera □ **c. pot**, vaso da notte □ (naut.) **escape c.**, garitta di salvataggio (dei sommergibili) □ (polit.) **Upper (Lower) C.**, Camera Alta (Bassa).
to **chamber** ['tʃeimbə*], v. t. **1** alloggiare; ospitare **2** (d'arma da fuoco) contenere (vari tipi di cartucce). ● (edil.) **a chambered corridor**, un corridoio che dà sulle camere □ (zool.) **chambered nautilus** (Nautilus), nautilo.
chamberlain ['tʃeimbəlin], n. ciambellano; camerario. ● **Lord C. of the Household**, Ciambellano che s'occupa degli affari della Casa Reale e autorizza gli spettacoli drammatici; cerimoniere di corte.
chamberlainship ['tʃeimbəlinʃip], n. ufficio (o carica) di ciambellano.
chameleon [kə'mi:ljən], n. (zool., Chamaeleo) camaleonte (anche fig.).
chameleonic [kə,milj'ɔnik], a. camaleontico (anche fig.).
chamfer ['tʃæmfə*], n. **1** (mecc.) bisello; smussatura; taglio a sbieco **2** (archit.) modanatura; smussatura **3** (falegnameria) scanalatura. ● (mecc.) **c. angle**, angolo di smusso □ (mecc.) **c. bit**, punta per bisellare (o per smussare) □ (mecc.) **c. plane**, pialletto per bisellare (o per smussare); incorsatoio.
to **chamfer** ['tʃæmfə*], v. t. **1** (mecc.) smussare (uno spigolo, ecc.); bisellare **2** (falegnameria) scanalare.
chamferer ['tʃæmfərə*], n. (mecc.) bisellatrice; smusso.
chamfering ['tʃæmfəriŋ], n. **1** (mecc.) bisellatura; smussatura **2** (falegnameria) scanalatura.
chammy ['tʃæmi], n. **1** pelle di camoscio **2** pelle scamosciata. ● **c. leather**, pelle di camoscio.
to **chammy** ['tʃæmi], v. t. scamosciare (pelle).
chamois ['tʃæmwɑ], n. (invar. al pl.) **1** (zool., Rupicapra rupicapra) camoscio **2** (anche **c. leather**) pelle di camoscio **3** pelle scamosciata.
chamomile ['kæməmail], n. **1** (bot., Matricaria chamomilla) camomilla comune **2** (bot., Anthemis nobilis) camomilla romana **3** (farm.) camomilla.
to **champ** [tʃæmp], v. t. e i. **1** masticare rumorosamente (foraggio, ecc.); brucare **2** (del cavallo e fig.) mordere il freno.
champ (1) [tʃæmp], n. masticazione rumorosa.
champ (2) [tʃæmp], n. (fam.) campione (sportivo).
champagne [ʃæm'pein] (franc.), n. champagne; sciampagna.
champaign ['tʃæmpein], n. aperta campagna; pianura.
champers ['ʃæmpəz], n. (fam.) champagne.
champion ['tʃæmpjən], **A** n. (sport e fig.) campione: **the world's middle-weight c.**, il campione del mondo dei (pesi) medi; **He was a c. of the faith**, era un campione della fede. **B** a. attr. **1** campione (posposto al sost.): **a c. team**, squadra campione **2** che ha vinto il primo premio (a un'esposizione): **a c. horse**, un cavallo che ha vinto il primo premio. **C** (pop.) a. e avv. benissimo; da re; da papa: «**How do you feel?**» «**C.!**», «Come stai?» «da papa!». ● **a c. boxer**, un campione di pugilato □ **the c. of champions**, il campionissimo (fam.) □ **the c. soccer team**, la squadra di calcio che ha vinto il campionato; la squadra campione.
to **champion** ['tʃæmpjən], v. t. sostenere la causa di; battersi per, farsi paladino di.
championship ['tʃæmpjənʃip], n. **1** (sport) campionato; scudetto (fig.) **2** (sport) torneo **3** (fig.) difesa, sostegno (d'una causa, ecc.).
chance [tʃɑ:ns], **A** n. **1** caso; sorte; fortuna: **I don't want to leave anything to c.**, non voglio lasciar nulla al caso **2** probabilità; possibilità: **He has no c. of success**, non ha alcuna probabilità di riuscita; **He stands a good (fair) c. of winning**, ha buone (discrete) probabilità di vincere **3** opportunità; occasione: **This is a unique c.; don't miss it!**, questa è un'occasione unica; non perderla! **4** azzardo; rischio. **B** a. attr. casuale; fortuito: **a c. meeting**, un incontro fortuito. ● **c. comer**, visitatore inatteso □ **by c.**, per caso: **Many discoveries were made by c.**, molte scoperte furono fatte per caso □ **a game of c.**, un gioco d'azzardo □ **the main c.**, l'occasione di arricchire (o di far fortuna) □ **not to stand a c.**, non avere possibilità d'affermarsi (di successo, ecc.) □ **on the c. of** (o **on the off c. of**), caso mai; nell'eventualità che: **I'll go to the post office on the (off) c. of my registered letter being there**, andrò alla posta caso mai la mia raccomandata fosse là □ **to stand a poor c. of success**, avere poche probabilità di riuscita □ **to take no chances**, non voler correre rischi □ **to take one's chances**, affidarsi alla propria sorte; correre il rischio □ **The chances are against you**, hai poche probabilità a tuo favore.
to **chance** [tʃɑ:ns], **A** v. i. accadere; succedere; capitare; darsi il caso che: **It chanced that he wasn't in**, si dette il caso che non fosse in casa; **I chanced to meet him**, mi capitò d'incontrarlo. **B** v. t. affidare alla sorte; rischiare. ● (fam.) **to c. one's arm**, voler correre un rischio: **I'll c. my arm and offer fifty thousand pounds for the house**, voglio correre il rischio: offrirò cinquantamila sterline per la casa □ **to c. on** (o **upon**) **sb.**, imbattersi in q. □ (fam.) **to c. it**, tentare; provarci.
chancel ['tʃɑ:nsəl], n. (archit.) coro e presbiterio (di chiesa).
chancellery ['tʃɑ:nsələri], n. **1** cancelleria (ufficio, carica, sede di cancelliere) **2** ufficio annesso ad ambasciata (o a consolato).
chancellor ['tʃɑ:nsələ*], n. **1** (stor., polit.) cancelliere **2** primo segretario d'ambasciata (o di consolato) **3** (in G.B.) alto funzionario; alto magistrato: **C. of the Exchequer**, Cancelliere dello Scacchiere (ministro delle Finanze e del Tesoro); **the Lord (High)**

chancellor C. il Lord Cancelliere (*equivale al nostro Primo Presidente della Corte di Cassazione*) **4** (*USA*) rettore (*di talune università*).

chancellorship ['tʃɑ:nsələʃip], *n.* cancellierato (*V.* **chancellor**).

chancellory ['tʃɑ:nsəlri], *V.* **chancellery**.

chance-medley ['tʃɑ:ns'medli], *n.* **1** (*leg.*) omicidio preterintenzionale (*o* involontario) (*ad es.*, *per legittima difesa*) **2** (*fig.*) azione avventata.

chancery ['tʃɑ:nsəri], *n.* (*leg.*) **1** (*in G.B.*) corte di giustizia del Lord Cancelliere **2** (*in USA*) «corte d'equità» (*V.* **equity**). ● **in c.**, (*leg.*) in contestazione; (*fig.*) in una situazione difficile, senza via d'uscita.

chancre ['ʃæŋkə*], *n.* (*med.*) **1** ulcera **2** sifiloma iniziale. ● **soft c.**, *V.* **chancroid**.

chancroid ['kæŋkrɔid], *n.* (*med.*) ulcera molle; ulcera venerea.

chancy ['tʃɑ:nsi], *a.* (*fam.*) incerto; avventato; rischioso.

chandelier [ˌʃændi'liə*], *n.* lampadario (*a più bracci*).

chandelle [ʃæn'del] (*franc.*), *n.* (*aeron.*) candela. ● **c. climb**, salita (*o* volo) a candela.

chandler ['tʃɑ:ndlə*], *n.* **1** fabbricante (*o* venditore) di candele; candelaio **2** droghiere **3** commerciante (*in genere*): **corn c.**, commerciante in granaglie; **ship c.**, fornitore navale.

chandlery ['tʃɑ:ndlri], *n.* **1** (*negozio in cui si vendono*) candele, sapone, ecc.; drogheria **2** (commercio di) generi alimentari (*o* coloniali).

change [tʃeindʒ], *n.* **1** cambiamento; mutamento; alterazione; sostituzione; variazione: **It's a c. for the better**, è un cambiamento in meglio **2** cambio; ricambio; muta: **Your car needs a c. of oil**, la tua auto ha bisogno di un cambio d'olio; **I need three changes of clothes a week**, mi occorrono tre mute la settimana **3** (*denari*) spiccioli; resto: **He is very quick at making c.**, è sveltissimo a dare il resto; **Can you give me c. for a 5-pound note?**, può darmi spiccioli (*per o* spicciolarmi) un biglietto da cinque sterline? **4** — **C.**, Borsa (Valori): **All the big merchants were on C.**, tutti i grossi mercanti erano (impegnati) in Borsa **5** (*mus.*) modulazione **6** (*di campane*) variazione **7** (*fam.*) *V.* **c. of life**. ● (*autom.*) **c. gear**, cambio di velocità □ (*autom.*) **c.-lane signal**, segnale di cambio di corsia □ **c. of heart**, il mutar d'animo; ripensamento □ (*fam.*) **c. of life**, menopausa □ **the changes of life**, le vicissitudini della vita □ (*leg.*) **c. of venue**, rinvio di una causa (*a un'altra corte di giustizia*) □ (*naut.*) **c. of wind**, salto di vento □ **c.-over**, conversione; passaggio; cambiamento totale (*o* radicale) □ (*elettr.*) **c.-over switch**, commutatore □ **c. room**, spogliatoio □ **for a c.**, tanto per cambiare □ (*fig.*) **to get no c. out of sb.**, non cavare un ragno da un buco con q. (*negli affari*, *in una discussione*, *ecc.*) □ **to give sb. the wrong c.**, sbagliarsi a dare il resto a q. □ **to ring the changes**, (*mus.*) suonare le campane facendo tutte le variazioni possibili; (*fig.*) fare (*o* dire) q.c. in tutte le maniere possibili □ **small c.**, spiccioli, soldi spiccioli; (*fig.*) di scarsa importanza □ (*fig.*) **to take one's** (*o* **the**) **c. out of sb.**, prendersi la rivincita su q. □ **I need a c.**, ho bisogno di un cambiamento (*di vita*, *lavoro*, *aria*, *ecc.*); mi occorre un diversivo.

to change [tʃeindʒ], *v. t. e i.* **1** cambiare (*denaro*, *banconote*, *ecc.*); cambiarsi (*d'abito*); mutare, mutarsi; alterare; sostituire; trasformare, trasformarsi; variare: **to c. step** (*o* **foot**, **feet**), cambiare il passo (*marciando*); **to c. trains** (**buses**), cambiare treno (autobus); **Let's c. the subject**, cambiamo argomento!; **Success changed him**, il successo lo trasformò; **Admiration slowly changed to contempt**, a poco a poco l'ammirazione si mutò in disprezzo **2** scambiare, scambiarsi; fare un cambio: **I wouldn't like to c. places with her**, non vorrei far cambio di posto con lei (non vorrei essere al suo posto) **3** (*mecc.*) sostituire (*un pezzo*, *ecc.*) **4** (*ferr.*, *ecc.*) cambiare. ● **to c. about**, fare un voltafaccia; mutar parere continuamente □ **to c. the bed**, fare il cambio delle lenzuola □ **to c. colour**, mutar (di) colore □ **to c. one's condition**, mutare stato civile; sposarsi □ (*autom.*) **to c. down**, passare a una marcia inferiore; scalare una marcia (*fam.*) □ (*sport*) **to c. ends**, cambiare campo □ (*fam.*) **to c. one's feet**, cambiarsi le scarpe □ **to c. front**, assumere (*o* prendere) un'altra posizione (*in una discussione*, *ecc.*) □ **to c. gear(s)**, (*autom.*) cambiare marcia, cambiare; (*fig.*) cambiare musica □ **to c. hands**, (*di cosa*) cambiare di mano, cambiare proprietario (*o* padrone); (*di persona*) passare all'opposizione □ (*autom.*) **to c. into third (gear)**, mettere la terza □ (*di cavallo*) **to c. the leg**, cambiare andatura □ **to c. one's mind**, cambiare idea (*o* opinione); mutar (di) parere □ (*anche fig.*) **to c. one's note (tune)**, cambiar tono; cambiare registro □ **to c. over**, cambiare, fare un cambiamento (*radicale*); passare (*da q.c. a q.c. altro*); (*mil.*: *di sentinella*) dare il cambio; (*elettr.*) commutare □ **to c. political parties**, cambiare partito (*passare da un partito all'altro*) □ **to c. sides**, passare dall'altra parte, mutar bandiera □ (*autom.*) **to c. up**, passare a una marcia superiore □ (*autom.*, *ferr.*) «All c.!», «fine della corsa!».

changeability [ˌtʃeindʒə'biliti], *n.* mutevolezza; incostanza; variabilità; alterabilità.

changeable ['tʃeindʒəbl], *a.* mutevole; incostante; variabile; alterabile: **c. weather**, tempo variabile; **a c. person**, una persona incostante.

changeableness ['tʃeindʒəblnis], *V.* **changeability**.

changeful ['tʃeindʒful], *a.* mutevole; incostante; variabile.

changeless ['tʃeindʒlis], *a.* immutabile; costante.

changeling ['tʃeindʒliŋ], *n.* **1** bambino sostituito furtivamente a un altro; supposto (*lett.*) **2** bambino brutto, bizzarro o anormale (*lasciato in luogo di un altro rapito dalle fate*).

changer ['tʃeindʒə*], *n.* **1** (*comm.*) cambiavalute **2** (*elettr.*) commutatore. ● (*elettr.*) **frequency c.**, variatore di frequenza.

changing ['tʃeindʒiŋ], **A** *a.* mutevole; variabile. **B** *n.* **1** (il) cambiare; cambio: (*mil.* e *fig.*) **the c. of the guard**, il cambio della guardia **2** cambiamento **3** (il) cambiarsi d'abito. ● (*ingl.*) **c. room**, spogliatoio.

channel ['tʃænl], *n.* **1** (*geogr.*) canale (*naturale*); (*radio*, *telev.*) canale **2** (*di fiume*) alveo; (*di un porto*) parte più profonda; mezzo **3** (*anat.*) canale; condotto **4** (*fig.*) canale; via; mezzo; interposta persona: **to go through the prescribed channels**, seguire le vie (d'informazione) prescritte; **The press, the radio and television are channels of information**, la stampa, la radio e la televisione sono canali d'informazione; **The soldier made his request through channels**, il soldato fece la sua domanda per via gerarchica (*o per il canale gerarchico*) **5** (*archit.*, *falegnameria*) scanalatura **6** (*metall.*, *anche* **c. bar**, **c. iron**) ferro a U (*o a* C). ● **the** (**English**) **Channel**, il Canale della Manica; la Manica □ (*naut.*) **entrance c.**, canale di accesso □ (*naut.*) **swept c.**, rotta di sicurezza □ **through official channels**, tramite le vie ufficiali; per via gerarchica.

to channel ['tʃænl], *v. t.* **1** scavare (*o* aprire) canali in (*un luogo*); irrigare: **We channelled the whole plain**, aprimmo canali in (*o* irrigammo) tutta la pianura **2** (*archit.*, *falegnameria*) scanalare **3** (*fig.*) convogliare; incanalare; rivolgere: **to c. money into social expenditure**, incanalare le risorse finanziarie verso le spese sociali **4** (*fig.*) comunicare; trasmettere (*informazioni*, *messaggi*, *ecc.*) **5** (*dell'acqua*) aprire (*un varco*); farsi (*strada*): **The water has channelled its way into the pond**, l'acqua s'è fatta strada entro lo stagno **6** incanalare.

chant [tʃɑ:nt], *n.* **1** canto liturgico; cantico; salmodia **2** cantilena (*nel parlare*); voce monotona.

to chant [tʃɑ:nt], *v. t. e i.* **1** salmodiare **2** (*poet.*) cantare; celebrare col canto **3** intonare **4** dire (q.c.), parlare con voce monotona, con una cantilena. ● (*fig.*) **to c. one's horses**, decantare le qualità della merce (*per ingannare il compratore*).

chanter ['tʃɑ:ntə*], *n.* **1** chi canta, chi parla in modo monotono, ecc. (*V.* **to chant**) **2** cantore di oratorio; corista **3** (*mus.*) canna (*dei pifferi*); cannello (*di cornamusa*).

chanterelle [ˌtʃæntə'rel], *n.* (*bot.*, *Cantharellus cibarius*) gallinaccio; cantarello.

chantey ['tʃɑ:(:)nti], *V.* **chanty**.

Chanticleer [ˌtʃænti'kliə*], *n.* (*lett.*, *scherz.*) Cantachiaro (*usato come nome proprio per indicare il gallo*).

chantress ['tʃɑ:ntris], *n.* (*poet.*) cantatrice, corista (*V.* **chanter**).

chantry ['tʃɑ:ntri], *n.* **1** cappellania; lascito per messe di suffragio **2** altare votivo; cappella votiva.

chanty ['tʃɑ:nti], *n.* canzone marinaresca; coro dei marinai al lavoro.

chantyman ['tʃɑ:ntimən], *n.* (*pl.* **chantymen**) marinaio che fa da solista nel «chanty» (*V.* **chanty**).

Chanu(k)kah [hæ'nuka], *n.* (*relig.*) Hanukkah (*festa ebraica di otto giorni*).

chaos [keiɔs], *n.* caos; confusione; disordine: **to reduce the country to c.**, far precipitare il paese nel caos. ● **This room is in c.**, questa stanza è un caos.

chaotic [kei'ɔtik], *a.* caotico.

to chap [tʃæp], *v. t. e i.* screpolare, screpolarsi: **My lips c. easily**, le labbra mi si screpolano facilmente.

chap (1) [tʃæp], *n.* crepa; screpolatura.

chap (2) [tʃæp], *n.* **1** mascella (*specialm. di animali*) **2** guancia **3** (*pl.*) fauci. ● **c.-fallen**, dal viso lungo; (*fig.*) scoraggiato, depresso. ● (*fam.*, *fig.*) **to lick one's chaps**, leccarsi i baffi (*fig.*).

chap (3) [tʃæp], *n.* (*fam.*) uomo; ragazzo; individuo; tipo: **He's a funny c.**, è un tipo buffo. ● **Old c.!**, ciao, vecchio (mio)!

chapbook ['tʃæpbuk], *n.* libretto (*di racconti e poesie popolari*).

chape [tʃeip], *n.* **1** (*di guaina o fodero*) ghiera **2** (*di cinghia o fibbia*) attacco **3** (*della coda della volpe*) punta.

chapel ['tʃæpəl], **A** *n.* **1** cappella **2** tempio, luogo di culto (*di dissenzienti*; *non anglicano*) **3** (*tipogr.*) stabilimento tipografico; associazione di tipografi. **B** *a. attr.* (*relig.*) dissenziente: **He was born and bred c.**, nacque in una famiglia di dissenzienti e come tale fu educato. ● (*relig.*) **c. goer**, dissenziente; nonconformista □ (*nella Chiesa Anglicana*) **c. of ease**, cappella distaccata d'una parrocchia □ **c. royal**, cappella reale □ **Lady C.**, cappella

chaperon

dedicata alla Madonna.
chaperon ['ʃæpəroun], *n.* **1** signora (*o* nubile in età avanzata) che accompagna una ragazza a feste e ricevimenti; madre nobile (*fam.*) **2** persona adulta che sorveglia una festa di giovani.
to chaperon ['ʃæpəroun], *v. t.* **1** fare da madre nobile a (*una ragazza, ecc.*) **2** sorvegliare (*giovani*).
chaperonage ['ʃæpərounidʒ], *n.* **1** assistenza (*o* sorveglianza) di madre nobile **2** sorveglianza (*di un adulto*: *a un party di giovani*).
chapiter ['tʃæpitə*], *n.* (*archit.*) capitello.
chaplain ['tʃæplin], *n.* cappellano (*anche militare*).
chaplaincy ['tʃæplinsi], *n.* ufficio di cappellano; cappellanato (*raro*).
chaplet ['tʃæplit], *n.* **1** corona (*o* serto) di fiori **2** filza di grani; (*relig.*) rosario; corona del rosario **3** filza di perline; collana **4** filza d'uova di rospo (*e sim.*) **5** (*archit.*) modanatura a gocce (*o a perline*).
chapleted ['tʃæplitid], *a.* incoronato di fiori; inghirlandato.
chapman ['tʃæp-mən], *n.* (*pl.* **chapmen**) venditore ambulante.
chappy (1), chappie ['tʃæpi], *n.* (*fam.*) damerino; bellimbusto.
chappy (2) ['tʃæpi], *a.* **1** screpolato **2** riarso; arido.
chaps [tʃæps], *n. pl.* (*specialm. USA*) gambali da cowboy (*copricalzoni di cuoio, privi di fondo*).
chapter ['tʃæptə*], *n.* capitolo (*di libro, ecc.*; *anche di canonici o monaci*). ● **a c. of accidents**, una serie d'incidenti (*o* di guai) □ **c.-house**, capitolo (*luogo d'adunanza*); sala capitolare; sala per riunioni, circolo □ **c. and verse**, citazione esatta delle Sacre Scritture; (*fig.*) fonte precisa, riferimento esatto; esattezza, autorevolezza (*di un'affermazione*) □ (*fig.*) **to the end of the c.**, sino alla fine; per sempre.
char (1) [tʃɑ:*], *n.* (*pl.* **char, chars**) (*zool.*, *Salvelinus alpinus*) salmerino.
char (2) [tʃɑ:*], *n.* **1** lavoro a giornata (*o a ore*) **2** lavori (*di casa*); faccende domestiche.
char (3) [tʃɑ:*], *n.* (*abbr. di* **charwoman**) donna di servizio a ore.
char (4) [tʃɑ:*], *n.* **1** materiale bruciacchiato **2** *V.* **charcoal**.
char (5) [tʃɑ:*], *n.* (*fam.*) tè.
to char (1) [tʃɑ:*], *v. i.* **1** lavorare a giornata (*o a ore*) **2** fare la donna di servizio a ore: **She goes out charring**, ella va a servizio a ore.
to char (2) [tʃɑ:*], *v. t. e i.* **1** carbonizzare, carbonizzarsi **2** bruciacchiare, bruciacchiarsi; annerire (*per effetto del fuoco*).
char-a-banc, charabanc ['ʃærəbæŋ], *n.* **1** giardiniera; carrozza con sedili trasversali (*per escursioni, gite, ecc.*) **2** (*autom.*) pullman; torpedone.
character ['kæriktə*], **A** *n.* **1** carattere (*in ogni senso*); caratteristica; scrittura: **He is a man of c.**, è un uomo di carattere; **He's quite in c. now**, ora è proprio in carattere (*coerente con se stesso*); **Can you read Etruscan characters?**, sai leggere i caratteri etruschi? **2** reputazione; buon nome: **That man is now devoid of c.**, quell'uomo è ormai senza reputazione **3** attestato di servizio; benservito: **That maid was given an excellent c.**, quella cameriera ricevette un ottimo benservito **4** qualità; condizione: **He spoke in his c. as a doctor**, parlò in qualità di medico **5** personaggio (*di romanzo, di dramma, ecc.*); persona importante: **He's the c. of the day**, è il personaggio del giorno; **a public c.**, una persona investita di cariche ufficiali; un'autorità **6** caratterizzazione: **This novel is weak in c.**, questo romanzo è debole nella caratterizzazione **7** (*fam.*) personaggio eccentrico; (*tipo*) originale: **He's quite a c.**, è proprio un originale. **B** *a. attr.* **1** (*cinem.*, *teatr.*) che fa parti di caratterista **2** (*psic.*) caratteriale. ● **a c. actor**, un caratterista □ **c. drawing**, caratterizzazione dei personaggi □ **a bad c.**, un cattivo soggetto; un brutto tipo □ **in c.**, in carattere, in armonia (con q.c.) □ **out of c.**, non in carattere; non appropriato.
to character ['kæriktə*], *v. t.* **1** scrivere, stampare, incidere (*un'iscrizione, ecc.*) **2** caratterizzare; rappresentare (*un personaggio*).
characteristic [ˌkæriktə'ristik], **A** *a.* caratteristico; tipico. **B** *n.* caratteristica (*anche mat.*); qualità particolare.
characterization [ˌkæriktərai'zeiʃən], *n.* caratterizzazione.
to characterize ['kæriktəraiz], *v. t.* **1** caratterizzare; essere caratteristico di **2** attribuire il carattere di; definire; qualificare: **to c. an action as dishonest**, qualificare un'azione come disonesta.
characterless ['kæriktəlis], *a.* **1** senza carattere proprio; ordinario; comune **2** sprovvisto di benservito.
characterologic(al) [ˌkæriktərə'lɔdʒik(əl)], *a.* (*psic.*) caratterologico.
characterology [ˌkæriktərɔ'lədʒi], *n.* (*psic.*) caratterologia.
charade [ʃə'rɑ:d], *n.* **1** (*anche fig.*) sciarada **2** (*pl.*) sciarada mimata (*gioco di società*).
to charbroil ['tʃɑ:brɔil], *v. t.* cuocere sul carbone di legna (*o* con la carbonella).
charcoal ['tʃɑ:koul], *n.* **1** carbone (*di legna*); carbonella **2** carboncino (*da disegno*). ● **c. black**, nerofumo □ **c.-burner**, carbo-

naio; stufa a carbone □ **c. drawing**, disegno a carboncino.
chard [tʃɑ:d], *n.* (*bot.*, *Beta vulgaris cicla*; *anche* **Swiss c.**) bietola (*di cui si mangiano foglie e gambi cotti*).
chare [tʃɛə*], *V.* **chore**.
charge [tʃɑ:dʒ], *n.* **1** carica (*elettrica, di combustibile, d'esplosivo, ecc.*); assalto furioso; (*mil.*) (segnale di) carica **2** onere; incarico; responsabilità; dovere; custodia; cura: **He lives at the c. of his wife**, vive a carico della moglie; (*comm.*) **Carriage shall be to your c.**, il trasporto sarà a vostro carico; **This is a heavy c.**, questo è un incarico gravoso; **Who is in c. of this department?**, chi ha la responsabilità di (*o* a chi è affidato) questo reparto? **3** persona (*o* cosa) affidata alle cure di q. (*fig.*) gregge (*di sacerdote*): **The nursemaid was looking after her charges**, la bambinaia badava ai piccoli affidati alle sue cure **4** istruzioni; esortazioni; raccomandazioni; ingiunzione; ordine: **The jury received its c. from the judge**, la giuria ricevette le istruzioni (*o* le raccomandazioni) dal giudice **5** (*leg.*) accusa; capo d'accusa; imputazione: **What is the c. against the prisoner?**, qual è il capo d'accusa contro l'imputato?; **He was arrested under a c. of burglary**, fu arrestato sotto l'accusa di furto con scasso **6** (*leg.*) onere, privilegio speciale (*su un bene*) **7** (*comm.*) spesa; costo; prezzo richiesto: **What is the c. for a room?**, qual è il prezzo (*o* il costo) d'una camera? **8** (*araldica*) emblema; figura **9** (*sport*) carica: **a c. from behind**, una carica alle spalle **10** (*comm.*) addebito **11** (*pop.*) vivo piacere; eccitazione. ● (*USA*) **c. account**, conto aperto (*con un bottegaio e sim.*; *cfr. ingl.* **credit account**) □ **c. book**, libretto della spesa (*a credito*) □ (*rag.*) **charges forward**, spese assegnate □ (*leg.*) **c. of costs**, addebito di spese giudiziali □ (*leg.*) **c. sheet**, elenco delle cause a ruolo □ **at one's own c.**, a proprie spese □ (*naut.*) **depth c.**, bomba di profondità □ (*pop.*) **to get a c. out of st.**, trarre un vivo piacere da q.c. □ **to give sb. in c.**, consegnare q. alla polizia □ (*naut.*) **impulse c.**, carica di lancio (*per siluri*) □ **to be in c.**, (*di persona*) avere la responsabilità, il controllo, la supervisione; comandare; (*leg.*) essere in stato d'arresto □ (*di cosa o persona*) **to be in (the) c. of sb.**, essere sotto la sorveglianza di q.; essere affidato a q. □ **to lay st. to sb.'s c.**, fare carico a q. di q.c.; accusare q. di q.c. □ **parting c.**, esortazioni fatte alla partenza; viatico (*fig.*) (*anche fig.*) **to return to the c.**, tornare alla carica □ (*naut.*) **saluting c.**, carica di saluto (*o a salva*) □ **to take c. of**, prendersi cura di (*una cosa, una faccenda, ecc.*); prendere (*fam.*): **Take c. of the children**, prenditi cura dei bambini.
to charge [tʃɑ:dʒ], *v. t. e i.* **1** caricare (*un fucile, una batteria, il nemico, ecc.*); andare alla carica, attaccare (*specialm.*, *della cavalleria*) **2** (*anche fig.*) impregnare, saturare; gassare (*un liquido*): **The air was charged with steam**, l'aria era satura di vapore **3** incaricare; affidare, attribuire a (q.); dare istruzioni, un'ordine a (q.); imporre; (*di giudice*) fare l'allocuzione a (*una giuria*): **He was charged by the President to form a new Cabinet**, ebbe dal Presidente l'incarico di formare un nuovo governo; **A soldier is charged to obey**, ai soldati è imposto d'obbedire **4** accusare; incolpare; fare carico di (q.c. a q.): **He was charged with theft**, fu accusato di furto; **His wife charged him with adultery**, la moglie lo accusò di adulterio **5** (*comm.*) addebitare; mettere in conto; far pagare; chiedere (*un prezzo*): **Please c. the goods to me**, favorite addebitare a me la merce; **How much do you c. for board and lodging?**, quanto chiedete per vitto e alloggio?; **They charged me five pounds for the book**, mi fecero pagare il libro cinque sterline **6** (*mil.*) puntare; mettere (*un'arma*) in posizione d'uso (*o* di sparo): **C. bayonets!**, puntate le baionette! **7** (*araldica*) apporre una figura su (*uno scudo, una bandiera*) **8** (*pop.*) imbottirsi (*di droga*); drogarsi **9** (*sport*) caricare (*un avversario*). ● **to c. at sb.**, scagliarsi contro q. □ **to c. into a room**, precipitarsi in una stanza □ **to c. off**, andarsene in gran fretta; (*comm.*) considerare una perdita, mettere al passivo; attribuire, ascrivere (*ad altri*).
chargeability [ˌtʃɑ:dʒə'biliti], *n.* qualità d'essere imputabile, addebitabile, ecc. (*V.* **chargeable**).
chargeable ['tʃɑ:dʒəbl], *a.* **1** accusabile, imputabile (di); passibile di un'imputazione: **c. with embezzlement**, passibile dell'imputazione di peculato **2** imputabile (a): **The mistake is c. to his carelessness**, l'errore è imputabile alla sua negligenza **3** (*comm.*) addebitabile, a carico (di q.): **The duty is c. to the buyer**, il dazio è a carico dell'acquirente. ● (*di persona*) **c. to the parish**, a carico della parrocchia (della comunità); da iscrivere nell'elenco dei poveri (*fin.*) **c. with duty**, soggetto a dazio; tassabile.
chargé d'affaires [ˌʃɑ:ʒei dæ'fɛə*] (*franc.*), *n.* (*pl.* **chargés d'affaires**) (*polit.*) incaricato d'affari.
charger ['tʃɑ:dʒə*], *n.* **1** persona (*o* cosa) che carica, ecc. (*V.* **to charge**) **2** cavallo da battaglia; destriero **3** (*mil.*) caricatore; calcatoio **4** (*elettr.*) apparecchio per la carica delle batterie; caricabatterie.
charging ['tʃɑ:dʒiŋ], *n.* **1** il caricare; caricamento **2** (*leg.*) im-

chariness ['tʃɛərinis], n. 1 cautela; prudenza 2 parsimonia.
chariot ['tʃæriət], n. (stor.) carro (da guerra; trionfale); cocchio.
to chariot ['tʃæriət], v. t. e i. trasportare, essere trasportato in carro trionfale; viaggiare in cocchio.
charioteer [ˌtʃæriə'tiə*], n. auriga.
charism [ka,rizəm], n. (relig. e fig.) carisma.
charisma [kə'rizmə], n. (pl. **charismata, charismas**) (relig. e fig.) carisma.
charismatic [kəriz'mætik], a. (relig. e fig.) carismatico: **c. gifts**, doni carismatici; **a c. leader**, un capo carismatico.
charitable ['tʃæritəbl], a. 1 caritatevole; filantropico: **a c. institution**, un'istituzione filantropica 2 benevolo; indulgente: **a c. interpretation of sb.'s acts** un'interpretazione benevola delle azioni di q.
charitableness ['tʃæritəblnis], n. 1 qualità d'essere caritatevole 2 benevolenza; indulgenza.
charity ['tʃæriti], n. carità (amore del prossimo; lett.: affetto, benevolenza, gentilezza): **out of c.**, per pura carità 2 (leg.) istituzione di carità; opera pia; opera di carità (o di bene) 3 carità; beneficenza; elemosina 4 beneficiario, beneficiato (di un'opera di carità). ● **c. ball**, ballo di beneficenza □ **c. boy (c. girl)**, ragazzo (ragazza) allevato in un orfanotrofio; orfanello, orfanella □ **c. stamp**, francobollo d'opera pia (della Croce Rossa, ecc.); chiudilettera □ **Sister of C.**, suora di carità □ (prov.) **C. begins at home**, la carità comincia a casa propria; (scherz.) pensa prima a te e poi agli altri.
charivari [ʃa:ri'va:ri], n. 1 baccano; chiassata 2 scampanata; serenata fatta per dileggio (con coperchi, casseruole, ecc.).
charlady ['tʃa:,leidi], n. donna di servizio a ore.
charlatan ['ʃa:lətən], n. ciarlatano.
charlatanish ['ʃa:lətəniʃ], a. ciarlatanesco.
charlatanism ['ʃa:lətənizəm], **charlatanry** ['ʃa:lətənri], n. ciarlatanismo; ciarlataneria.
Charles [tʃa:lz], n. Carlo. ● (astron.) **C.'s Wain**, l'Orsa Maggiore.
Charleston ['tʃa:lstən], n. charleston (il ballo e la musica).
Charley, Charlie ['tʃa:li], n. 1 (dim. di **Charles**) Carletto; Carlino; Carluccio 2 (fam., arc.) guardiano notturno. ● (fam. USA) **c. horse**, crampo dovuto all'eccessivo esercizio fisico.
charlock ['tʃa:lɔk], n. (bot., Sinapis arvensis) senape selvatica.
Charlotte ['ʃa:lət], n. 1 Carlotta 2 – **c.**, charlotte (dolce).
charm [tʃa:m], n. 1 formula magica; incantesimo; malia; scongiuro: **to be under a c.**, essere sotto un incantesimo; essere stregato 2 fascino; incanto; malia (fig.) 3 amuleto; talismano; ciondolo portafortuna: **a c. bracelet**, un braccialetto portafortuna 4 fascino (femminile); bellezza; seduzione: **She is full of c.**, è una donna ricca di fascino 5 (pl.) grazie (femminili): **The stripteaser revealed her charms**, la spogliarellista svelò le sue grazie 6 (fis.) incanto. ● (fam.: di progetto e sim.) **to work like a c.**, andare (o funzionare) a meraviglia.
to charm [tʃa:m], v. t. e i. 1 incantare; ammaliare; usare incantesimi: **to c. snakes**, incantare i serpenti 2 affascinare; ammaliare (fig.); deliziare; dar gioia: **I was charmed by her manner**, il suo modo di fare mi affascinò. ● **to c. away**, far passare; liberare come per incanto: **She charmed my fears away**, ella mi liberò dai miei timori come per incanto □ **to be charmed**, essere affascinato (o deliziato, felice); provare grande gioia: **I shall be charmed to meet you**, sarò felice di conoscerLa (o di vederLa) □ (fig.) **charmed circle**, gruppo di privilegiati □ **to bear a charmed life**, avere la vita fatata; essere fatato.
charmer ['tʃa:mə*], n. 1 ammaliatore, ammaliatrice 2 incantatore, incantatrice: **a snake c.**, un incantatore di serpenti.
charming ['tʃa:miŋ], a. affascinante; delizioso; incantevole; attraente: **a c. smile**, un sorriso affascinante. ● **Prince C.**, il Principe Azzurro.
charnel house ['tʃa:nlhaus], n. ossario.
Charon ['kɛərɔn], n. (mitol.) Caronte.
chart [tʃa:t], n. 1 (naut.) carta nautica 2 tabella, quadro (per informazioni) 3 diagramma; grafico: **a temperature c.**, un grafico della temperatura. ● (naut.) **c. house** (o **c. room**), sala nautica.
to chart [tʃa:t], v. t. 1 (naut.) fare una carta nautica di (una regione) 2 tracciare (una rotta) sulla carta 3 (fig.) ideare; progettare. ● (fig.) **to c. out**, fare un piano; pianificare; progettare: **He charted out his behaviour for the future**, fece un piano di condotta per il futuro.
charter ['tʃa:tə*], n. 1 carta, statuto, atto istitutivo, documento di concessione (da parte di un governo o di un sovrano): **the Great C., la Magna Charta; the C. of the United Nations**, la Carta delle Nazioni Unite 2 privilegio; esenzione 3 (comm., anche **c. party**) (contratto) di noleggio (di nave; e per estens.: d'aereo-plano, autobus, ecc.) 4 (leg.) atto istitutivo, statuto (di una società). ● (naut.) **c. broker**, sensale di noli □ (aeron.) **c. flight**, volo charter □ (fin., USA) **c. member**, socio fondatore □ **by Royal C.**, per decreto reale.
to charter ['tʃa:tə*], v. t. 1 (di governo, sovrano, ecc,) concedere uno statuto, un documento, un privilegio, un'esenzione a (q.) 2 (comm.) noleggiare (una nave, un aereo, ecc.). ● (in G.B.) **chartered accountant**, ragioniere membro dell' «Institute of Accountants» □ (aeron.) **by chartered plane**, con un volo charter □ (naut.) **chartered freight**, nolo stabilito per contratto.
charterer ['tʃa:tərə*], n. (comm.) noleggiatore (di navi o d'aerei).
charterhouse ['tʃa:təhaus], n. (archit., relig.) certosa.
charter party ['tʃa:tə,pa:ti], n. (comm., naut.) contratto di noleggio.
Chartism ['tʃa:tizəm], n. (stor.) cartismo.
Chartist ['tʃa:tist], n. fautore (o seguace) del cartismo; cartista.
chartography [ka:'tɔgrəfi], n. deriv. V. **cartography**, e deriv.
chartreuse [ʃa:'trɔ:z] (franc.), n. 1 (archit., relig.) certosa; monastero certosino 2 chartreuse, certosino (liquore) 3 color verde pallido.
chartulary ['ka:tjuləri], V. **cartulary**.
charwoman ['tʃa:,wumən], n. (pl. **charwomen**) donna delle pulizie (in case private, uffici, negozi, ecc.) a giornata (o a ore).
charwork ['tʃa:wə:k], n. lavoro di domestica a ore.
chary [tʃɛəri], a. 1 cauto; prudente; attento: **a c. investor**, uno che è prudente nei suoi investimenti 2 parsimonioso; frugale; parco: **He is c. of compliments**, è parco di compliments 3 timido. ● **to be c. about one's food**, essere schizzinoso nel mangiare.
Charybdis [kə'ribdis], n. (geogr., mitol.) Cariddi.
chase (1) [tʃeis], n. 1 caccia; inseguimento 2 riserva di caccia 3 animale, cosa (nave, ecc.) cui vien data la caccia; preda. ● **to give c.**, dare la caccia; inseguire □ (anche fig.) **in c. of**, a caccia di □ **paper-c.**, gioco dei cani e delle lepri (fatto lasciando una traccia di pezzi di carta) □ (fig.) **a wild-goose c.**, un'impresa disperata.
to chase (1) [tʃeis], A v. t. 1 (anche fig.) dare la caccia a; inseguire: **My cat is chasing a mouse**, il mio gatto sta dando la caccia a un topo 2 cacciare; mettere in fuga: **C. the sheep out of the field!**, caccia le pecore dal campo! (anche per gioco). B v. i. affrettarsi; correre; precipitarsi. ● **to c. after sb.**, rincorrere q. □ **to c. sb. away**, scacciare q.
chase (2) [tʃeis], n. 1 solco; scanalatura 2 (edil.) traccia, incassatura 3 (mil.) canna (di fucile); volata (di cannone) 4 (tipogr.) telaio 5 castone (per gemma).
to chase (2) [tʃeis], v. t. 1 scavare (solchi) 2 (mecc.) scanalare; filettare 3 intagliare, cesellare (un metallo) 4 incastonare (una gemma).
chaser (1) ['tʃeisə*], n. 1 chi insegue; chi dà la caccia; cacciatore 2 (mil.) (aereoplano da) caccia; nave da inseguimento: **submarine c.**, cacciasommergibili 3 (fam.) bevanda bevuta dopo un'altra; bicchierino di liquore dopo una birra; ammazzacaffè.
chaser (2) ['tʃeisə*], n. 1 cesellatore; incisore 2 cesello.
chasm ['kæzəm], n. 1 (anche fig.) abisso; baratro 2 fenditura; fessura; crepa 3 lacuna; iato; omissione 4 (anche polit.) frattura; rottura.
chasmy ['kæzmi], a. 1 pieno d'abissi (o di baratri) 2 abissale.
chassis ['ʃæsi], n. (pl. **chassis, chassises**) 1 châssis (d'automobile, ecc.) 2 (aeron.) ossatura (di un aereoplano) 3 (mil.) slitta (su cui si muove l'affusto del cannone) 4 (pop., rif. a donna) carrozzeria; corpo.
chaste [tʃeist], a. 1 casto; puro 2 (di linguaggio) pudico, onesto 3 (di stile) semplice; disadorno; severo. ● **a c. meal**, un pasto frugale.
to chasten ['tʃeisn], v. t. 1 castigare, correggere castigando (detto, per es., di Dio o della Provvidenza) 2 tenere a freno; frenare (fig.) 3 castigare, purgare, temperare (lo stile, ecc.).
to chastise [tʃæs'taiz], v. t. castigare, punire (severamente): **to c. a boy by spanking him**, castigare un ragazzo con le sculacciate.
chastisement ['tʃæstizmənt], n. castigo; punizione (severa o corporale).
chastiser [tʃæs'taizə*], n. castigatore, castigatrice; punitore, punitrice.
chastity ['tʃæstiti], n. 1 castità; purezza 2 semplicità, severità (di stile, di gusti). ● (stor.) **c. belt**, cintura di castità.
chasuble ['tʃæzjubl], n. (relig.) casula, pianeta (di sacerdote).
to chat [tʃæt], v. i. chiacchierare; conversare. ● (fam.) **to c. up a girl**, cercare di «attaccare» con una ragazza.
chat (1) [tʃæt], n. chiacchierata; discorso alla buona; quattro chiacchiere (fam.): **We had a long c.**, facemmo una lunga chiacchierata. ● (telev., radio) **c. show**, programma con interviste di ospiti celebri.
chat (2) [tʃæt], n. (zool.) uccello dei passeriformi. ● **stone-c.** (Saxicola torquata), saltimpalo □ **whin-c.** (Saxicola rubetra),

chatelaine ['ʃætəlein] (*franc.*), *n.* **1** castellana **2** padrona di casa **3** catenella per reggere chiavi, ecc. (*portata alla cintura*).

chattel(s) ['tʃæl(z)], *n.* (*per lo più pl.*) (*leg.*) beni principali. ● (*leg. USA*) **chattel mortgage**, ipoteca sui beni mobili □ (*leg.*) **chattels personal**, beni mobili (*denaro, merci, ecc.*) □ (*leg.*) **chattels real**, beni reali (*non in proprietà assoluta*; *per es.*, *un affitto, un raccolto in erba, ecc.*).

to chatter ['tʃætə*], *v. i.* **1** ciarlare; chiacchierare; parlar troppo, dicendo sciocchezze **2** (*di scimmie, uccelli, ecc.*) schiamazzare; squittire **3** (*di denti*) battere: **His teeth chattered**, batteva i denti (*per il freddo o la paura*) **4** (*mecc.*) vibrare; far rumore; (*di valvola*) battere.

chatter ['tʃætə*], *n.* **1** chiacchiera; ciarla; ciarlio **2** (*di scimmie, uccelli, ecc.*) schiamazzo; squittio **3** il battere (*dei denti*) **4** (*mecc.*) vibrazione; rumore; (*di valvola*) battito.

chatterbox ['tʃætəbɔks], *n.* chiacchierone; ciarlone.

chattiness ['tʃætinis], *n.* **1** loquela; scilinguagnolo (sciolto): **His c. is irrepressible**, il suo scilinguagnolo è irrefrenabile **2** scioltezza, scorrevolezza, vivacità (*di conversazione amichevole*).

chatty ['tʃæti], *a.* **1** chiacchierino; loquace; dallo scilinguagnolo sciolto **2** (*di conversazione*) amichevole; alla buona.

Chaucerian [tʃɔː'siəriən], **A** *a.* relativo a Chaucer (*poeta inglese*). **B** *n.* studioso, ammiratore di Chaucer.

chauffer ['tʃɔːfə*], *n.* scaldino.

to chauffeur ['ʃoufə*], **A** *v. i.* fare l'autista. **B** *v. t.* (*anche* **to c. around**) fare da autista a (q.); scarrozzare (*fam.*).

chauffeur ['ʃoufə*] (*franc.*), *n.* conducente (*di automobile privata*); autista. ● **c.-driven**, con l'autista: **a c.-driven car**, un'automobile (*a nolo*) con l'autista.

chaunt, to chaunt [tʃɑːnt], (*arc.*) *V.* **chant**, **to chant**.

chauvinism ['ʃouvinizəm], *n.* **1** nazionalismo esasperato; sciovinismo **2** settarismo; orgoglio di gruppo: **professional chauvinism**, settarismo professionale **3** (*anche* **male c.**) maschilismo; sciovinismo maschile.

chauvinist ['ʃouvinist], *n.* **1** nazionalista esasperato; sciovinista **2** settario. ● **male c.**, maschilista; maschista.

chauvinistic [,ʃouvi'nistik], *a.* **1** sciovinistico **2** settario.

to chaw [tʃɔː], *v. t.* (*pop., scherz.*) masticare (*specialm. tabacco*). ● (*fig.*) **c.-bacon**, contadino; zotico.

chaw [tʃɔː], *n.* cicca (*di tabacco da masticare*).

cheap [tʃiːp], **A** *a.* **1** poco costoso; economico; (*ottenuto*) a buon mercato; (*di prezzo*) conveniente; (*di negozio, negoziante*) che vende a basso prezzo **2** dozzinale; scadente; di scarso valore; da pochi soldi: **c. pictures**, quadri dozzinali **3** (*USA*) avaro; spilorcio. **B** *avv.* a buon mercato; a buon prezzo: **I got it c.**, l'ho avuto a buon mercato. ● **c. and nasty**, di basso costo e di cattiva qualità (*ferr., ecc.*); **c. fare**, tariffa ridotta □ **c. Jack**, venditore ambulante (*fin.*) **c. money**, denaro a buon mercato; credito facile □ **c. promises**, facili promesse □ **c. trip**, gita popolare (*a tariffa ridotta*) □ **to act c.**, comportarsi male; fare delle figurette □ **dirt c.** (*o as c. as dirt*), a prezzo bassissimo (*fam.*) **to feel c.**, sentirsi tenuto in poco conto; riconoscere di valere poco; essere imbarazzato; vergognarsi; essere giù di corda □ (*fam.*) **to get off c.**, cavarsela a buon mercato □ **to hold sb. c.**, tenere q. in poco conto; disprezzare q. □ **on the c.**, in modo da spendere poco; economicamente; per pochi soldi □ **Don't make yourself c.!**, non comportarti in modo indegno!

to cheapen ['tʃiːpən], **A** *v. t. e i.* **1** calare, diminuire (*di prezzo*); ridurre il prezzo di (*un articolo e sim.*), deprezzare **2** sminuire l'importanza di; ingenerare disprezzo per; screditare; deprezzare (*fig.*). **to cheapen oneself B** *v. rifl.* perdere dignità; screditarsi.

cheapish ['tʃiːpiʃ], *a.* **1** abbastanza conveniente; piuttosto a buon mercato **2** alquanto dozzinale; piuttosto scadente.

cheap-jack ['tʃiːpdʒæk], *a.* (*fam.*) **1** che vende articoli da quattro soldi **2** da poco (*prezzo*); da quattro soldi: **a c. novel**, un romanzo da poco.

cheaply ['tʃiːpli], *avv.* **1** a buon prezzo; a buon mercato **2** in modo grossolano: **Your son behaved very c.**, vostro figlio si comportò in modo molto grossolano.

cheapness ['tʃiːpnis], *n.* **1** l'essere a buon mercato; basso costo; convenienza; modicità (*di prezzo*) **2** grossolanità; volgarità.

cheapskate ['tʃiːp-skeit], *n.* (*fam.*) avaro; spilorcio; taccagno.

cheat [tʃiːt], *n.* **1** inganno; imbroglio; frode; truffa; fregatura; fregata (*pop.*); inghippo (*dial.*) **2** imbroglione; truffatore **3** baro.

to cheat [tʃiːt], *v. t. e i.* **1** ingannare; imbrogliare; frodare; truffare; fregare (*pop.*) **2** barare (*al gioco*) **3** (*fam.*) essere infedele, tradire: **to c. on one's husband**, tradire il marito ● **to c. death**, farla in barba alla morte □ **to c. sb. out of st.**, defraudare q. di q.c. □ **to c. time**, ingannare il tempo □ (*leg.*) **to c. sb. with false pretences**, truffare q. con raggiri.

cheater ['tʃiːtə*], *n.* **1** imbroglione; truffatore **2** baro.

check (1) [tʃek], *n.* **1** verifica; controllo; esame **2** freno (*fig.*); impedimento: **Reason acts as a c. on feelings**, la ragione fa da freno ai sentimenti **3** arresto; fermata improvvisa; battuta d'arresto: **The invading army was pouring into the valley without a c.**, l'esercito invasore si riversava nella vallata senza una battuta d'arresto **4** scontrino; contromarca; tagliando: **Don't lose your luggage c.**, non perdere lo scontrino del tuo bagaglio **5** disegno (*o stoffa*) a quadri; riquadro **6** (*USA, cfr. ingl.* **cheque**) assegno bancario **7** (*USA e scozz.*) conto (*di ristorante e sim.*) **8** (*USA*) gettone (*di gioco d'azzardo*) **9** (*USA*) spunta; segno di controllo; visto (*cfr. ingl.* **tick (1)**, *def.* 3) **10** (*mecc.*) screpolatura; incrinatura **11** (*nel gioco degli scacchi*) scacco (*al re*) **12** (*nella caccia*) perdita della traccia. ● (*polit.*) **checks and balances**, controlli ed equilibri (*stabiliti dalla Costituzione degli USA, nel 1787, fra i tre rami del governo federale*) □ **c.-back**, controllo alla rovescia □ **c. clerk**, controllore; revisore □ **c.-in**, registrazione (*in albergo*) di un cliente in arrivo; (*anche* **c.-in time**) ora d'arrivo (*aeron.*) (*posto, banco, ecc. di*) controllo dei viaggiatori in partenza □ (*aeron.*) **c.-in clerk**, addetto al controllo dei viaggiatori in partenza □ **c.-ins**, arrivi (*in un albergo*) □ **c. list**, lista di controllo □ (*mecc.*) **c. nut**, controdado □ (*USA*) **c.-off**, trattenuta (*per contributi sindacali*) □ **c. rein**, martingala; redine che impedisce al cavallo di abbassare la testa □ **c. string**, cordone usato come segnale d'arresto (*in una carrozza*) □ (*teatr.*) **c.-taker**, addetto al ritiro degli scontrini (*o delle contromarche*) □ **c.-till**, registratore di cassa (*in un negozio*) □ **c.-up**, (*med.*) check-up, controllo generale; (*rag.*) controllo, verifica dei conti; (*mecc.*) controllo □ **door c.**, fermo della porta □ (*fam. USA*) **to hand in one's checks**, morire; tirare le cuoia (*pop.*) □ **to keep in c.**, tenere a freno (*o sotto controllo*).

check (2) [tʃek], *inter.* **1** (*nel gioco degli scacchi*) scacco al re! **2** (*fam. USA*) d'accordo!; benissimo!

to check [tʃek], **A** *v. t.* **1** controllare; verificare; esaminare; ispezionare: **C. the accounts!**, verifica i conti! **2** tenere a freno (*o sotto controllo*); trattenere; arrestare; fermare: **to c. a fire**, arrestare un incendio; **Try and c. your anger**, cerca di tenere a freno la tua ira!; **At last galloping inflation was checked**, finalmente l'inflazione galoppante fu arrestata **3** (*mil.*) rimproverare aspramente; ammonire **4** screpolare; incrinare **5** (*USA*) depositare: **Don't forget to c. your baggage**, ricordati di depositare il bagaglio **6** (*USA*) prendere in consegna (*bagagli o merci*) **7** (*USA*) spuntare; contrassegnare con una spunta (*cfr. ingl.* **to tick (1)**, *def.* B 2) **8** contrassegnare con quadretti; quadrettare **9** (*scacchi*) dare scacco (*al re*). **B** *v. i.* **1** concordare; corrispondere: **The accounts c.**, i conti concordano (*o tornano*) **2** (*USA*) emettere un assegno bancario **3** screpolarsi; incrinarsi: **Paint checks sometimes**, la vernice a volte si screpola **4** dare scacco al re **5** (*poker*) ritirarsi; passare; non starci (*fam.*) **6** (*di cani da caccia*) arrestarsi fiutando la traccia. ● **to c. in**, registrarsi; presentarsi alla «reception» (*in un albergo, ecc.*); presentarsi (*allo sportello, ecc.: per un volo e sim.*); registrare (*clienti, passeggeri, ecc.*) □ **to c. off**, spuntare (*le voci di un conto, ecc.*); trattenere (*i contributi sindacali*) □ **to c. out**, (*di persona*) lasciare libera la camera, saldare il conto (*in albergo*) e andarsene; partire; smontare (*dal lavoro*), timbrare il cartellino in uscita; (*di cosa*) concordare, collimare, quadrare; (*pop.*) morire; crepare, tirare le cuoia (*pop.*): **Your report checks out with the facts**, la tua relazione collima coi i fatti; **His story checks out**, il suo racconto quadra; **to c. (sb., st.) out**, controllare, indagare su (q.); verificare; registrare, controllare, far controllare (*merci in uscita, libri in prestito, ecc.*); accertare l'autenticità di (qc.); (*pop.*) guardare, osservare: **Have you checked out his qualifications?**, hai accertato se possiede i requisiti richiesti?; **Please c. him out according to the rules**, ti prego di fare le dovute indagini su di lui; **C. out that sports car!**, guarda quella macchina sportiva! □ **to c. up**, esaminare; verificare; (*della polizia, per es.*) fare indagini su; accertare l'autenticità di: **Have you checked up** (*USA*: **checked up on**) **his alibi?**, hai accertato l'autenticità del suo alibi?

checkbook ['tʃekbuk], *n.* (*fin. USA*) *V.* **chequebook**, sotto **cheque**.

checked [tʃekt], *a.* a quadri; quadrettato: **a c. tablecloth**, una tovaglia a scacchi.

checker ['tʃekə*], *n.* **1** chi esamina, controlla, verifica, ecc.; cassiera (*di supermercato*) **2** (*sport, ind.*) cronometrista; guardaroba **3** *V.* **chequer 4** *V.* **checkerman**.

checkerboard ['tʃekəbɔː(ː)d], *n.* scacchiera.

checkerman ['tʃekəmən], *n.* (*pl.* **checkermen**) (*USA*) pedina (*del gioco della dama*).

checkers ['tʃekəz], *n. pl.* (*USA, cfr. ingl.* **draughts**) dama (*gioco*).

checking ['tʃekiŋ], *n.* controllo; verifica; ecc. (*V.* **to check**). ● (*fin., USA*) **c. account**, conto corrente □ **c. board**, cartellone (*della tombola*).

checkmate ['tʃek'meit], *n. e inter.* scacco matto (*anche fig.*). sconfitta, disfatta.

to checkmate ['tʃekmeit], *v. t.* (*anche fig.*) dare scacco matto a.
checkout ['tʃekaut], *n.* **1** (*anche* **c. time**) ora di partenza (*da un albergo e sim.*) **2** (*anche autom., aeron., mecc.*) controllo; verifica **3** (*miss.*) controllo finale **4** (*fig.: di persona*) l'impratichirsi; rodaggio (*fig.*) **5** (*anche* **c. counter**) cassa (*di self-service, di supermercato, ecc.*) **6** (*pl.*) partenze (da un albergo).
checkpoint ['tʃekpɔint], *n.* (*autom., mil., ecc.*) posto di controllo.
checkroom ['tʃek-ru(:)m], *n.* (*USA*) **1** guardaroba (*di locale pubblico*) **2** deposito bagagli.
Cheddar ['tʃedə*], *n.* formaggio compatto, di colore bianco o giallo.
cheddite ['tʃedait], *n.* cheddite (*esplosivo*).
cheek [tʃi:k], *n.* **1** guancia; gota **2** (*fam.*) sfrontatezza; sfacciataggine; faccia tosta (*fam.*); discorso insolente: **He had the c. to ask me for money**, ebbe la faccia tosta di chiedermi del denaro **3** (*pl.*) (*mecc.*) ganasce (*d'una morsa*); (*naut.*) maschette (*di albero*); (*edil.*) lati d'una porta **4** (*pop.*) natica. ● (*anat.*) **c.-bone**, zigomo □ **c. tooth**, (dente) molare □ **to be c. by jowl**, essere guancia a guancia (*o* fianco a fianco); (*fig.*) essere in intimità, essere culo e camicia (*pop.*) □ (*fig.*) **brazen c.**, faccia di bronzo □ **to have plenty of c.**, avere una faccia da ammaccarci i pinoli (*fig., fam.*) □ **to say st. with (one's) tongue in (one's) c.**, dire q.c. intendendone un'altra; dire q.c. ironicamente, col sorriso sotto i baffi □ **to turn the other c.**, porgere l'altra guancia □ (*iron.*) **I like your c.!**, hai una bella faccia tosta!
to cheek [tʃi:k], *v. t.* parlare a (q.) in modo impertinente; essere insolente con (q.): **Don't dare to c. me like that**, non permetterti di parlarmi in modo così impertinente.
cheekiness ['tʃi:kinis], *n.* (*fam.*) sfrontatezza; sfacciataggine; faccia tosta.
cheeky ['tʃi:ki], *a.* (*fam.*) sfrontato; sfacciato; insolente.
cheep [tʃi:p], *n.* pigolio.
to cheep [tʃi:p], *v. i.* pigolare.
cheeper ['tʃi:pə*], *n.* (*zool.*) uccellino che pigola ancora.
cheer [tʃiə*], *n.* **1** umore; disposizione (*di spirito*); stato d'animo: **What c.?**, di che umore sei? **2** allegrezza; gaiezza **3** (*arc.: di solito* **good c.**) cibi e vivande che allietano; buona tavola; ricca imbandigione **4** applauso; acclamazione; evviva; urrà: **Three cheers for him!**, tre urrà per lui! ● (*teatr., sport USA*) **c.-leader**, capo della claque □ **to make good c.**, fare onore al cibo □ (*lett.*) **to be of good c.**, stare di buon animo; essere di buon umore □ **with good c.**, in modo cordiale □ **The fewer, the better c.**, meno siamo, più c'è da mangiare.
to cheer ['tʃiə*], *v. t. e i.* **1** (*anche* **to c. up**) allietare; rallegrare, rallegrarsi; farsi animo. **C. up!**, fatti animo!; coraggio! **2** applaudire; acclamare; esortare; incitare; incoraggiare con grida di plauso: **All cheered the chairman**, tutti applaudirono il presidente; **The fans cheered on their team**, i tifosi incitavano con grida la loro squadra.
cheerful ['tʃiəful], *a.* **1** allegro; contento; gioioso; che dà allegria: **a c. flat**, un appartamento allegro **2** cordiale; volenteroso; alacre: **a c. helper**, uno che presta il suo aiuto con molto slancio. ● **c. news**, notizie buone (*o* confortanti).
cheerfulness ['tʃiəfulnis], *n.* **1** allegria; contentezza; gioia **2** cordialità; volenterosità; alacrità.
cheeriness ['tʃiərinis], *n.* allegria; euforia; cordialità.
cheering ['tʃiriŋ], *n.* ovazione; applausi; acclamazioni.
cheerio ['tʃiəri'ou], *inter.* (*fam.*) **1** ciao **2** (*nei brindisi*) evviva!; (alla) salute!
cheerleader ['tʃiə:li:də*], *n.* (*sport, USA*) capo della tifoseria locale.
cheerless ['tʃiəlis], *a.* squallido; tetro; infelice; triste: **a c. room**, una stanza squallida; **a c. prospect**, una triste prospettiva.
cheerlessness ['tʃiəlisnis], *n.* squallore; tetraggine; tristezza.
cheerly ['tʃiəli], *avv.* (*naut.*) di buona lena; alla svelta.
cheers [tʃiəz], *inter.* (*nei brindisi*) evviva!; (alla) salute!
cheery ['tʃiəri], *a.* allegro; euforico; cordiale.
cheese (1) [tʃi:z], *n.* **1** formaggio; cacio **2** forma di cacio. ● **c.-board**, vassoio (*o* assortimento) dei formaggi □ **c.-cake**, torta di formaggio (*con uova, zucchero, ecc.*); (*pop.*) foto piccanti (*su un giornale, una rivista, ecc.*) □ **c.-cloth**, buratto, stamigna (*tessuto*) □ **c. cutter**, coltello da formaggio □ **c. dairy**, caseificio □ **c. dish**, formaggiera □ (*cucina*) **c. eggburger**, panino farcito di carne di manzo tritata, con dentro una fettina di formaggio tostato e un uovo fritto □ **c. hopper**, verme del formaggio □ **c.-maker**, formaggiaio □ **c.-paring**, crosta di formaggio; (*fig.*) grettezza; (*pl.*) accozzaglia di cose senza valore □ **c.-paring economy**, economia all'osso □ **c. rennet**, caglio; (*bot., Galium verum*) caglio, erba zolfina, presuola □ **c. sticks** (*o* **c. straws**), salatini al formaggio □ **green c.**, formaggio fresco, non ancora maturo (*gioco di bambini*) **to make cheeses**, girare su se stesse in tondo, accosciandosi, così che le sottane facciano campana.
cheese (2) [tʃi:z], *n.* (*pop.*) **1** cosa non plus ultra; cannonata;

schianto (*pop.*): **This motorbike is the c.!**, questa moto è una cannonata! **2** pezzo grosso; alto papavero (*fam.*): **If you want a job with the firm, he's the big c.**, se vuoi un posto presso la ditta, il pezzo grosso è lui. ● **Hard c.**, che disdetta!; che scalogna (*pop.*)! □ **That's the c.!**, è proprio quel che ci vuole!
cheeseburger ['tʃi:zbəgə*], *n.* (*cucina*) hamburger al formaggio (*panino farcito di carne di manzo tritata, con dentro una fettina di formaggio tostato*).
cheesed off ['tʃi:zdɔf], *a.* (*pop.*) stufo; scocciato.
cheese it ['tʃi:z-it], *inter.* (*pop.*) piantala!; smettila!
cheeselet ['tʃi:slit], *n.* (*marchio*) salatino al formaggio.
cheesemonger ['tʃi:z,mʌŋgə*], *n.* formaggiaio.
cheesiness ['tʃi:zinis], *n.* gusto (consistenza, ecc.) simile a quello del formaggio.
cheesy ['tʃi:zi], *a.* **1** che ha il sapore, la consistenza, ecc. del formaggio **2** (*pop. USA*) scadente; dozzinale; tutto fumo e niente arrosto. ● **c. odour**, odore di formaggio.
cheetah ['tʃi:tə], *n.* (*zool., Acinonyx jubatus*) ghepardo.
chef [ʃef] (*franc.*), *n.* chef; capocuoco (*d'albergo, di nave, ecc.*).
cheiromancy ['kaiərou,mænsi], *V.* **chiromancy**.
chela (1) ['tʃeilə], *n.* (*relig.*) novizio buddista.
chela (2) ['ki:lə], *n.* (*pl.* **chelae**) (*zool.*) chela.
chelate ['ki:leit], *a. e n.* (*chim.*) chelato.
cheliform ['ki:lifɔ:m], *a.* (*zool.*) cheliforme; a forma di chela.
cheloid ['ki:lɔid], *n.* (*med.*) cheloide.
Chelsea ['tʃelsi], *n.* Chelsea (*quartiere di Londra*). ● **C. bun**, sorta di focaccina □ **C. pensioner**, ricoverato dell'Ospedale Reale per veterani e invalidi di guerra □ **C. ware**, porcellane di Chelsea.
Cheltonian [tʃel'touniən], *a. e n.* (membro) del Cheltenham College.
chemical ['kemikəl], **A** *a.* chimico: **c. laboratory**, laboratorio chimico. **B** *n.* (*spesso al pl.*) sostanza chimica; prodotto chimico. ● **c. engineering**, chimica industriale □ **heavy chemicals**, prodotti chimici usati nell'industria e nell'agricoltura □ **c. rubber**, gomma sintetica.
chemise [ʃi'mi:z] (*franc.*), *n.* **1** camicia (*da donna*) **2** (*moda*) chemisier.
chemism ['kemizəm], *n.* (*chim., med.*) chimismo.
chemist ['kemist], *n.* **1** chimico **2** (*ingl., cfr. USA* **druggist**) farmacista. ● **c.'s (shop)**, farmacia □ **dispensing c.**, farmacista (*con negozio*) □ **manufacturing c.**, industriale farmaceutico.
chemistry ['kemistri], *n.* chimica.
chemosurgery [,kemə'sə:dʒəri], *n.* (*med.*) chemiochirurgia.
chemosurgical [,kemə'sə:dʒikəl], *a.* (*med.*) chemiochirurgico.
chemotaxis [,kemou'tæksis], *n.* (*pl.* **chemotaxes**) (*biol.*) chemiotassi.
chemotherapeutic(al) ['kemə,θerə'pju:tik(əl)], *a. e n.* (*farm.*) chemioterapico.
chemotherapy [,kemou'θerəpi], *n.* (*med.*) chemioterapia.
chenille [ʃə'ni:l], *n.* ciniglia.
cheque [tʃek], *n.* (*comm. ingl., cfr. USA* **check**) assegno bancario. ● (*banca*) **c. card**, carta assegni (*fino a una certa somma*) □ (*un tempo*) **c. stamp**, bollo dell'assegno □ **c. to be credited**, assegno per accreditamento □ **blank c.**, assegno in bianco; (*fig.*) carta bianca □ **crossed c.**, assegno sbarrato □ **open c.**, assegno non sbarrato.
chequebook ['tʃekbuk], *n.* (*fin.*) libretto degli assegni.
chequer ['tʃekə*], *n.* **1** scacchiera (*come insegna di locanda*) **2** (*spesso al pl., USA*) gioco della dama **3** (*spesso al pl.*) disegno a scacchi (*di tessuto, ecc.*) **4** pedina (*nel gioco della dama*). ● **c.-board**, scacchiera □ **c.-wise**, a scacchi; a quadri □ **c.-work**, disegno a scacchi; (*fig.*) traversie, alterne vicende.
to chequer ['tʃekə*], *v. t.* **1** disegnare (*o* disporre) a quadri (*specialm. alternando i colori*); quadrettare **2** variare, variegare (*un disegno, ecc.*).
chequered ['tʃekəd], *a.* **1** a scacchi; a quadri; quadrettato **2** variegato **3** (*fig.*) alterno; fortunoso: **a c. lot**, una sorte alterna.
to cherish ['tʃeriʃ], *v. t.* **1** aver caro; tenere in gran conto; adorare; prediligere **2** avere gran cura di; curare teneramente: **She cherishes her children**, ha gran cura dei suoi bambini **3** conservare, serbare nell'animo, avere il culto di (*una memoria, ecc.*); nutrire (*un sentimento*); accarezzare (*idee di gloria, ecc.*): **He cherishes the memory of his mother**, ha il culto della memoria di sua madre; **Don't c. hatred against anybody**, non nutrire odio contro alcuna persona.
cheroot [ʃə'ru:t], *n.* **1** sigaro spuntato (*tagliato quadro dalle due parti*) **2** sigaro (*in genere*).
cherry ['tʃeri], **A** *n.* **1** ciliegia **2** (*anche* **c. tree**) ciliegio. **B** *a.* **1** di ciliegio: **a c. cabinet**, uno stipo di ciliegio **2** color ciliegia; rosso come una ciliegia: **c. cheeks**, guance rosse come ciliegie. ● **c.-bob**, due ciliegie unite per il gambo □ **c. brandy**, brandy di ciliegio □ **c.-breeches**, «brache rosse» (*l'11° reggimento degli Ussari*) □ (*bot.*) **c. laurel** (*Prunus laurocerasus*), laurocera-

chersonese

so □ **c. liqueur**, liquore di ciliegie; ciliegiolo □ **c. pie**, torta di ciliegie □ **c.-pie**, (*bot.*) *Heliotropium arborescens*; *Epilobium hirsutum* □ (*fig.*) **to make two bites at a c.**, essere poco intraprendente; essere troppo cerimonioso.
chersonese ['kə:sənɪ:z], *n.* (*poet.*) penisola.
chert [tʃə:t], *n.* (*miner.*) selce.
cherub ['tʃerəb], *n.* (*pl.* **cherubs, cherubim**) **1** (*relig.*) cherubino (*anche fig.*) **2** (*arte*) amorino; cupido; putto.
cherubic [tʃe'ru:bik], *a.* di (*o* da) cherubino; serafico; cherubico (*raro*).
cherubim ['tʃerəbim], *V.* **cherub**.
cherubin ['tʃerəbin], *V.* **cherub**.
chervil ['tʃə:vil], *n.* (*bot.*, *Anthriscus cerefolium*) cerfoglio.
Cheshire ['tʃeʃə*], *n.* Cheshire (*nome d'una contea ingl.*). ● **C. cheese**, formaggio del Cheshire □ **C. cat** (*da «Alice in Wonderland»*), persona dal sorriso sardonico.
chess (1) [tʃes], *n.* gioco degli scacchi. ● **c.-board**, scacchiera □ **c. pieces** (*o* **chessmen**), scacchi; pezzi (*del gioco*) □ **to play c.**, giocare a scacchi.
chess (2) [tʃes], *n.* asse, tavolato (*di ponte di barche*).
chessel ['tʃesl], *n.* forma, stampo (*per il formaggio*).
chest [tʃest], *n.* **1** cassa; cassapanca; cassetta; (*mecc.*) cassetto (*di macchina a vapore, ecc.*): **a c. of tea**, una cassa di tè; **a medicine c.**, una cassetta di pronto soccorso **2** scrigno; (*fig.*) cassa, fondo: **the community c.**, la cassa della comunità **3** (*anat.*) torace; petto: **He has a weak c.**, è malato di petto □ (*med.*) **c. cold**, bronchite □ **c. of drawers**, cassettone □ (*med.*) **c. trouble**, male di petto □ **c. voice**, voce di petto □ (*mus.*: *di nota*) *from* **the c.**, di petto □ (*fam.*) **to get st. off one's c.**, levarsi un peso dallo stomaco; sfogarsi □ **to throw out one's c.**, gonfiare il petto; (*fig.*) camminare impettito.
chested ['tʃestid], *a.* (*nei composti, per es.*:) **broad-c.**, dall'ampio petto; (*di donna*) **flat-c.**, senza petto (*o* seno); piallata (*fam.*).
chesterfield ['tʃestəfi:ld], *n.* **1** soprabito a un petto, col bavero di velluto **2** divano imbottito, con braccioli.
chestnut ['tʃesnʌt], **A** *n.* **1** castagna **2** (*bot.*, *Castanea sativa*; *anche* **c. tree**) castagno **3** (*bot.*, *Aesculus hippocastanum*; *anche* **horse c.**) ippocastano **4** cavallo sauro **5** (*vet.*) castagna; castagnetta **6** (*fam.*) barzelletta arcinota, vecchia; aneddoto trito, risaputo. **B** *a.* **1** (*di colore*) castano **2** (*di cavallo*) sauro. ● **c. brown**, (color) castano □ **c. cake**, castagnaccio □ **c. flour**, farina di castagne □ **c. wood**, castagneto □ (*fig.*) **to pull sb.'s chestnuts out of the fire**, cavar la castagna dal fuoco per q.
chesty ['tʃesti], *a.* (*fam.*) **1** largo di torace **2** pettoruto; impettito **3** (*pop. USA*) borioso; presuntuoso; vanaglorioso. ● **a c. voice**, una voce di petto.
cheval glass [ʃə'væl glɑ:s] (*franc.*), *n.* specchio a bilico; psiche.
chevalier [ʃevə'liə*], *n.* **1** cavaliere (*di ordine cavalleresco straniero*) **2** cadetto (*di famiglia nobile francese*) **3** uomo cavalleresco; cavaliere. ● **a c. of industry**, un avventuriero; un imbroglione.
chevet [ʃə'vei] (*franc.*), *n.* (*archit.*) abside; complesso di absidi.
cheviot ['tʃeviət], *n.* **1** pecora dei monti Cheviot **2** (*stoffa di*) lana cheviot.
chevron ['ʃevrən], *n.* **1** (*archit.*) modanatura a zig-zag **2** (*mil.*) gallone a forma di «V» o di «Λ» (*portato sulla manica, in alto*) **3** (*araldica*) scaglione.
chevrotain ['ʃevrəutein], **chevrotin** ['ʃevrəutin], *n.* (*zool.*, *Tragulus*; *Hyemoschus*) gazzella d'acqua; tragolo.
to chevvy ['tʃevi], (*pop.*) *V.* **to chivvy**.
chevy ['tʃevi], *n.* **1** grido di caccia; hallalì **2** caccia; inseguimento.
to chevy ['tʃevi], *v. t.* **1** cacciare; inseguire **2** molestare; tormentare.
to chew [tʃu:], *v. t. e i.* **1** masticare; masticare tabacco **2** (*fig.*) rimuginare; cogitare. ● **to c. a hole in st.**, fare un buco in q.c. a forza di rodere (*o* di rosicchiare) □ (*gergo mil.*) **to c. the rag**, lagnarsi ripetutamente; brontolare; mugugnare (*pop.*) □ **to c. the cud**, ruminare (*anche fig.*) □ (*pop. USA*) **to c. out**, sgridare severamente; dare un cicchetto a (*fam.*) □ (*fam.*) **to c. over st.**, rimuginare q.c. □ **to c. up**, tritare, fare a pezzi □ (*fig.*) **to bite off more than one can c.**, fare il passo più lungo della gamba □ **chewing gum**, gomma da masticare.
chew [tʃu:], *n.* **1** masticazione **2** cicca (*presa di tabacco, ecc.*) da masticare; cicca: **a c. of tobacco**, una cicca di tabacco.
chewed up [,tʃu:d 'ʌp], *a.* (*pop. USA*) preoccupato; seccato; scocciato (*pop.*).
chewy ['tʃu:i], *a.* che si può (*o* si deve) masticare a lungo (*di caramella, ecc.*) che dura molto.
chi [kai], *n.* (*pl.* **chis**) chi (*ventiduesima lettera dell'alfabeto greco*).
chiasma [kai'æzmə], *n.* (*pl.* **chiasmata, chiasmas**) (*anat.*) chiasma.
chiasmus [kai'æzməs], *n.* (*pl.* **chiasmi**) (*retor.*) chiasmo.

chiastic [kai'æstik], *a.* (*retor.*) chiastico.
chic [ʃi:k], **A** *n.* eleganza; sciccheria (*pop.*). **B** *a.* chic; elegante; sciccoso (*pop. o scherz.*).
chicane [ʃi'kein], *n.* **1** artificio; imbroglio; cavillo **2** (*gioco del bridge*) chicane **3** (*autom., sport*) chicane.
to chicane [ʃi'kein], *v. t. e i.* **1** imbrogliare; ingannare; cavillare **2** ottenere con artifici (*o* raggiri): **He chicaned the old man out of his fortune**, con raggiri ottenne dal vecchio tutto il suo denaro.
chicanery [ʃi'keinəri], *n.* **1** cavillosità; sofismi **2** tortuosità; imbrogli, cavilli (*specialm. di avvocato*).
Chicano [tʃi'ka:nou], *n.* (*pl.* **Chicanos**) (*USA*) americano di origine messicana.
chichi ['tʃi:tʃi:], *a.* (*fam.*) pretenzioso; affettato; pacchiano; vistoso.
chick [tʃik], *n.* **1** pulcino **2** uccellino (*implume*) **3** (*termine affettuoso*) bambino; piccolo **4** (*fam.*) ragazza; pollastra, pollastrella (*fig., pop.*). ● **the chicks**, i piccoli (*d'una famiglia*) □ (*bot.*) **c.-weed** (*Stellaria media*), centonchia □ (*bot.*) **c.-pea** (*Cicer aretinum*), cece.
chickabiddy [,tʃikə'bidi], *n.* pulcino, coccolo (*termine affettuoso*).
chickelet(te) ['tʃiklit], *n.* (*pop. USA*) ragazza; pollastra, pollastrella (*fig., pop.*).
chicken ['tʃikin], *n.* **1** pollo; pollastro, pollastra; carne di pollo **2** uccello giovane **3** (*fam.*) pivello; giovincello inesperto; pollo (*pop.*): **He's no c.**, non è un pollo **4** (*pop.*) fifone; vigliacco **5** (*pop.*) donnicciola; (*persona*) pusillanime. ● (*med.*) **c. breast**, petto carenato; petto di pollo (*pop.*) □ **c. farm**, allevamento di polli □ **c. farmer**, pollicoltore; avicoltore □ **c. farming**, pollicoltura; avicoltura □ **c. feed**, mangime per polli; (*pop.*) somma di denaro trascurabile, spiccioli □ **c.-hearted**, pusillanime; timido; vile □ (*med.*) **c.-pox**, varicella □ **c. run**, pollaio; recinto per i polli □ (*fig.*) **to count one's chickens before they are hatched**, vendere la pelle dell'orso prima di averlo ammazzato □ **spring c.**, pollo novello; (*fig.*) novellino.
chickenburger ['tʃikin,bə:gə*], *n.* (*cucina*) panino farcito di carne di pollo tritata.
chickling ['tʃikliŋ], *n.* (*bot.*, *Lathyrus sativus*) cicerchia.
chicle ['tʃikl], *n.* lattice della sapota (*per la gomma da masticare*).
Chicom ['tʃai,kɔm], *n. e a.* (*fam. USA*) comunista cinese.
chicory ['tʃikəri], *n.* (*bot.*, *Cichorium intybus*) cicoria.
to chide [tʃaid] (*pass.* **chid, chided**, *p. p.* **chid, chidden, chided**), *v. t. e i.* (*lett.*) **1** rampognare; rimbrottare; rimproverare **2** borbottare; mugolare **3** (*del vento, del mare, ecc.*) mugghiare.
chiding ['tʃaidiŋ], *n.* rampogna; rimbrotto; rimprovero.
chief (1) [tʃi:f], *n.* **1** capo; comandante; condottiero **2** (*araldica*) capo; parte superiore d'uno scudo tripartito. ● (*mil.*) **C. of Staff**, capo di stato maggiore □ **Commander in C.**, comandante in capo (*o* supremo) □ **in c.**, soprattutto.
chief (2) [tʃi:f], *a.* **1** principale; più importante; primo (*per importanza*) **2** più elevato (*in grado*); preminente; primo; (*che sta a*) capo: **C. Justice**, primo giudice (*che presiede una corte di giustizia*); **c. inspector**, ispettore capo. ● (*naut.*) **c. boatswain's mate**, primo nostromo (*di bordo*) □ **c. clerk**, capufficio □ **c. constable**, capo della polizia d'una contea (*in G.B.*) □ (*naut.*) **c. engineer**, direttore (*o* primo ufficiale) di macchina □ **c. surgeon**, primario chirurgo □ **c. town**, (città) capoluogo.
chiefess ['tʃi:fis], *n.* donna a capo di una tribù (*specialm. in Polinesia*).
chiefly ['tʃi:fli], **A** *avv.* principalmente; soprattutto; per lo più. **B** *a.* degno di (*o* che si addice a) un capo.
chieftain ['tʃi:ftən], *n.* **1** (*scozz.*) capo di una tribù (*o* di un clan) **2** capotribù **3** capobanda; capo di banditi **4** (*poet.*) condottiero; capitano **5** capo; comandante.
chieftaincy ['tʃi:ftənsi], **chieftainship** ['tʃi:ftənʃip], *n.* l'esser capo, capobanda, ecc.; comando (*V.* **chieftain**).
chiffchaff ['tʃif-tʃæf], *n.* (*zool.*, *Phylloscopus collybita*) luì piccolo.
chiffon ['ʃifɔn] (*franc.*), **A** *n.* chiffon; velo crespo. **B** *a. attr.* di chiffon.
chiffonier [,ʃifə'niə*] (*franc.*), *n.* cassettoncino; stipo a cassetti.
chigger ['tʃigə*] (*USA*), *V.* **chigoe**.
chignon ['ʃi:njɔ:ŋ] (*franc.*), *n.* (*di capelli*) chignon; crocchia.
chigoe ['tʃigəu], *n.* (*Tunga penetrans*) pulce penetrante.
chihuahua [tʃi'wɑ:wə], *n.* (*zool.*) chihuahua (*cane*).
chilblain ['tʃilblein], *n.* (*med.*) gelone.
chilblained ['tʃilbleind], *a.* pieno di (*o* ha i) geloni.
child [tʃaild], *n.* (*pl.* **children**) **1** fanciullo, fanciulla; bambino, bambina; figlio, figlia **2** discendente **3** (*fig.*) seguace; discepolo. ● **c.-bearing**, gravidanza □ **c.-birth**, parto □ **c. bounty**, assegni familiari (*per i figli*) □ **c.-murder**, infanticidio □ **c. of one's imagination**, prodotto della propria immaginazine □ (*fig.*) **c.'s play**, gioco da bambini; cosa facilissima □ **c. prodigy**, bambino prodigio □ **c.-wife**, moglie bambina □ **foster c.**, figlio

di latte □ **from a c.**, fin da bambino □ (*pop.*) **this c.**, io; il sottoscritto □ (*di donna*) **with c.**, incinta; in stato interessante.
childbed ['tʃaildbed], *n.* puerperio; parto. ● (*med.*) **c. fever**, febbre puerperale □ **a woman in c.**, una donna che sta per partorire; una partoriente; una puerpera.
Childermas ['tʃildəmæs], *n.* (*anche* **C. Day**) festa degli Innocenti (28 dicembre).
childhood ['tʃaildhud], *n.* fanciullezza; infanzia. ● **second c.**, seconda infanzia; senilità.
childish ['tʃaildiʃ], *a.* **1** fanciullesco; infantile **2** puerile; sciocco: **a c. answer**, una risposta puerile.
childishness ['tʃaildiʃnis], *n.* **1** fanciullaggine **2** puerilità.
childless ['tʃaildlis], *a.* senza figli. ● **c. marriage**, unione sterile.
childlessness ['tʃaildlisnis], *n.* l'esser senza figli; sterilità.
childlike ['tʃaildlaik], *a.* **1** fanciullesco; infantile **2** semplice; schietto; innocente; fiducioso; ingenuo.
childproof ['tʃaildpruːf], *a.* che un bambino non può aprire, ecc.; di sicurezza: (*autom.*) **c. locks**, serrature di sicurezza.
children ['tʃildrən], *pl.* di **child**. ● **c.'s home**, nido d'infanzia; asilo infantile □ **c.'s wear**, abiti per bambini.
chile ['tʃili] (*USA*), *V.* **chilli**.
Chile ['tʃili], *n.* (*geogr.*) Cile. ● (*mecc.*) **C. mill**, molazza.
Chilean ['tʃiliən], *a.* e *n.* cileno.
chili ['tʃili] (*USA*), *V.* **chilli**.
chiliad ['kiliæd], *n.* **1** migliaio **2** millennio.
chiliasm ['kili,æzəm], *n.* (*relig.*) chiliasmo; millenarismo.
chiliastic ['kili,æstik], *a.* (*relig.*) chiliastico; millenaristico.
chill [tʃil], **A** *n.* **1** freddo; gelo; sensazione di freddo; brivido (*di febbre*), infreddatura: **I feel a c. in my feet**, ho una sensazione di freddo ai piedi; **I have caught a c.**, ho preso un'infreddatura **2** (*fig.*) senso di gelo; doccia fredda; maniere gelide: **The news of the riots cast a c. over the whole town**, la notizia dei tumulti gettò un senso di gelo su tutta la città **3** (*metall.*, *anche* **c. mold**) conchiglia. **B** *a.* freddo, gelido (*anche fig.*): **a c. wind**, un vento gelido; **a c. welcome**, un'accoglienza fredda. ● **to take the c. off water** (**wine**, **etc.**), intiepidire acqua (vino, ecc.).
to chill [tʃil], *v. t.* e *i.* **1** raffreddare, raffreddarsi; gelare (*anche fig.*); raggelare, raggelarsi; intirizzire: **The icy water chilled me to the bone**, l'acqua gelida m'intirizzì fino alle ossa; **The sad news chilled me**, la triste notizia mi raggelò **2** (*metall.*) temprare, temprarsi; fondere in conchiglia **3** mettere al fresco, raffreddare (*acqua*, *vino*, *ecc.*). ● **chilled meat**, carne tenuta in fresco, in ghiaccio (*non congelata*).
chiller ['tʃilə*], *n.* **1** congelatore (*di un frigorifero*) **2** racconto o storia agghiacciante, raggelante **3** (*metall.*) raffreddatore.
chilli ['tʃili], *n.* (*pl.* **chillies**) **1** (*bot.*, *Capsicum*) peperoncino rosso; chili **2** (*anche* **c. sauce**) salsa di peperoncino rosso **3** (*anche* **c. con carne**) carne di manzo con questa salsa.
chilliness ['tʃilinis], *n.* freddo; (*anche fig.*) freddezza, gelidità.
chilly (1) ['tʃili], *V.* **chilli**.
chilly (2) ['tʃili], *a.* freddo; gelido; (*anche fig.*) raggelante: **a c. room**, una stanza fredda; **a c. manner**, maniere fredde; freddezza; **a c. answer**, una risposta raggelante **2** che ha freddo; infreddolito; freddoloso: **I feel c. today**, mi sento infreddolito oggi. ● **to get** (*o* **to grow**) **c.**, prendere freddo; gelarsi, raggelarsi.
chimaera [kai'miərə], *V.* **chimera**.
chimb [tʃaim], *V.* **chime (2)**.
chime (1) [tʃaim], *n.* **1** (*mus.*) campana; meccanismo per farla suonare; sistema di campane regolate su un diapason **2** rintocco; scampanio **3** (*pl.*) concerto di campane; carillon: **to ring the chimes**, fare un concerto di campane; scampanare **4** suono armonioso, melodico; cantilena **5** suoneria (*d'orologio*), carillon **6** (*fig.*) armonia; accordo.
to chime [tʃaim], **A** *v. i.* **1** (*di campane*) rintoccare; suonare in modo armonioso; scampanare; (*fig.*) risuonare: **His last words chimed in my ears**, le sue ultime parole mi risuonavano nelle orecchie **2** dare, emettere un suono (*o* un rintocco) come di campana **3** parlare in modo monotono (*o* cantilenante) **4** (*fig.*) essere in armonia (*o* in accordo). **B** *v. t.* **1** suonare (*campane*); battere (*una campana*) **2** (*d'orologio*) battere (*le ore*): **The clock chimed midday**, l'orologio batté mezzogiorno. ● (*fam.*) **to c. in**, interloquire, aggiungere, far eco; approvare calorosamente □ **to c. together**, essere d'accordo (*o* in armonia) □ **to c. with**, accordarsi: **The music chimes well with the heroine's mood**, la musica ben s'accorda con lo stato d'animo dell'eroina.
chime (2) [tʃaim], *n.* capruggine (*di botte*).
chimer ['tʃimə*], *n.* (*relig.*) sopravveste senza maniche (*simile alla pianeta*) dei vescovi anglicani.
chimera [kai'miərə], *n.* (*mitol.* e *fig.*) chimera.
chimere [tʃi'miə*], *V.* **chimer**.
chimerical [kai'merikəl], *a.* chimerico.
chimney ['tʃimni], *n.* **1** camino **2** (*anche* **c. top**) comignolo **3** (*anche* **c. stalk**) ciminiera; fumaiolo **4** tubo metallico (*di stufa*); tubo di vetro (*di lampada a olio*). ● **c. breast**, cappa (*del camino*) □ **c. corner**, posto (d'angolo) presso un focolare all'antica □ **c. flue**, canna fumaria □ **c.-piece**, mensola di camino □ **c.-pot**, comignolo di terracotta □ **c.-pot hat**, cappello a cilindro □ **c. stack**, gruppo di camini □ **c. sweep** (*o* **c. sweeper**), spazzacamino □ (*zool.*) **c. swift**, *Chaetura pelagica* (*uccello americano simile a un rondone*).
chimp ['tʃimp], (*fam.*) *V.* **chimpanzee**.
chimpanzee [,tʃimpən'ziː], *n.* (*zool.*, *Pan troglodytes*) scimpanzé.
chin [tʃin], *n.* mento. ● (*med.*) **c. bandage**, mentiera □ **c. rest**, mentoniera (*di violino*) □ **c. strap**, sottogola (*d'elmo*, *ecc.*) □ (*pop.*) **c.-wag(ging)**, maldicenza; pettegolezzo □ **up to the c.** (*o* **c.-deep**), (immerso) fino al collo □ (*fam.*) (**Keep your) c. up!**, su con la vita!; coraggio! □ (*fam.*) **to take it on the c.**, affrontare avversità (sconfitte, ecc.) con coraggio.
china ['tʃainə], **A** *n.* **1** porcellana finissima (*in origine*, *importata dalla Cina*) **2** oggetti di porcellana; porcellane **B** *a.* di porcellana. ● **c. clay**, caolino □ **c. cabinet** (*o* **c. closet**), vetrina (*il mobile*) □ **c. shop**, negozio di porcellana.
China ['tʃainə], *n.* Cina. ● **C. ink**, inchiostro di China □ (*bot.*) **C.-root** (*Smilax china*), cina; radice di cina □ (*polit.*) **C. watcher**, sinologo.
Chinaman ['tʃainəmən], *n.* (*pl.* **Chinamen**) (*spreg.*) cinese.
Chinatown ['tʃainətaun], *n.* quartiere cinese.
chinaware ['tʃainəwɛə*], *n.* oggetti di porcellana; porcellane.
chinchilla [tʃin'tʃilə], *n.* **1** (*zool.*, *Chinchilla lanigera*) cincilla **2** (*anche* **c. fur**) pelliccia di cincilla; cincillà.
chin-chin ['tʃin-'tʃin] (*anglo-cinese*), **A** *inter.* **1** (*brindisi*) cincin!; (alla) salute! **2** salve!; addio! **B** *n.* saluto (*o* discorso) cerimonioso.
chine (1) [tʃain], *n.* burrone stretto e profondo; botro.
chine (2) [tʃain], *n.* **1** (*anat.*) spina dorsale **2** (*macelleria*) lombata (*di monte*) **3** cresta (*di monte*).
Chinee [tʃai'niː], *n.* (*fam.*, *scherz.*) cinese.
Chinese ['tʃai'niːz], *a.* e *n.* (*invar. al pl.*) cinese. ● **C. lantern**, lanterna cinese □ **C. pavillion**, padiglione alla cinese □ **C. puzzle**, indovinello cinese; (*fig.*) rompicapo.
chink (1) [tʃiŋk], *n.* **1** crepa; fessura **2** interstizio **3** (*fig.*, *specialm. nella locuz.* **a c. in one's armour**) punto debole.
chink (2) [tʃiŋk], *n.* **1** tintinnio (*di bicchieri*, *monete*, *ecc.*) **2** (*pop.*) quattrini; grana (*pop.*).
Chink [tʃiŋk], *n.* (*fam.*, *spreg.*) cinese.
to chink [tʃiŋk], **A** *v. i.* tintinnare. **B** *v. t.* far tintinnare.
chinless ['tʃinlis], *a.* **1** senza mento **2** dal mento sfuggente **3** (*fig.*) rammollito.
chino ['tʃiːnou], *n.* (*pl.* **chinos**) (*USA*) **1** stoffa cachi di cotone **2** (*pl.*) pantaloni di questa stoffa.
chinoiserie [,ʃiːnwaːzəˈriː] (*franc.*), *n.* (*anche arte*) cineseria.
chintz [tʃints], *n.* chintz, cinz (*tessuto di cotone stampato a colori*).
chip (1) [tʃip], *n.* **1** frammento; pezzetto; scheggia; truciolo **2** scheggiatura: **There is a c. in this cup**, c'è una scheggiatura in questa tazza **3** fettina (*di mela*, *patata*, *ecc.*): (*fam.*) **chips**, patatine fritte; **fish and chips**, pesce e patatine fritte **4** gettone, fiche (*al poker e sim.*) **5** cestino (*per fragole*, *ecc.*) **6** (*elab.*) chip; (*anche*) circuito integrato **7** (*pop.*) moneta; grana; soldi: **I'm in the chips**, sono pieno di soldi; ho molta grana. ● **c. basket**, cestino (*per fragole*, *ecc.*); reticella per friggere (*le patatine*) □ (*fig.*) **a c. off the old block**, figlio (*o* figlia) dello stesso stampo del padre (*o* della madre) □ **as dry as a c.**, arido come la pomice; insipido; privo d'interesse □ (*fig.*) **to have a c. on one's shoulder**, aver voglia di litigare (*o* di attaccar briga) □ (*fam.*, *fig.*) **when the chips are down**, se la situazione precipita; se le cose si mettono male □ (*poker*) **white c.**, cip.
to chip (1) [tʃip], **A** *v. t.* **1** tagliare; fare a pezzi (*con un arnese tagliente*); tagliuzzare **2** scheggiare: **Who has chipped the edge of this plate?**, chi ha scheggiato l'orlo di questo piatto? **3** scalpellare; incidere (*un'iscrizione*) **4** prendere in giro **5** tagliare a fette; affettare: **chipped potatoes**, patate tagliate a fette (e poi fritte). **B** *v. i.* **1** andare in pezzi; frantumarsi **2** scheggiarsi: **Chinaware c. easily**, le porcellane si scheggiano facilmente **3** (*di uova*) schiudersi. ● **to c. at**, tagliuzzare; (*fig.*) intaccare: **to c. away at a theory**, intaccare una teoria □ (*fam.*) **to c. in**, interloquire; interloquire; contribuire (a q.c.) con denaro o col proprio lavoro; «starci», mettere una fiche (*al poker e sim.*) □ **to c. off** (**from**), staccare; tagliare (*un pezzetto*, *dal tutto*).
chip (2) [tʃip], *n.* (*nella lotta*) sgambetto.
to chip (2) [tʃip], *v. t.* fare lo sgambetto a (q.).
chipboard ['tʃipbɔːd], *n.* (*ind.*) **1** cartone grigio; cartone per scatole **2** truciolato: **c. panel**, pannello di truciolato.
chipmuck ['tʃipmʌk], (*dial.*) *V.* **chipmunk**.
chipmunk ['tʃipmʌŋk], *n.* (*zool.*) **1** (*Tamias striatus*) tamia **2** (*Eutamias*) cipmunk; scoiattolo americano.

Chippendale

Chippendale ['tʃipəndeil], *a.* e *n.* (stile) Chippendale (*di mobili del '700 inglese*).
chipper (1) ['tʃipə*], *n.* (*metall.*) scriccatore (*arnese*).
chipper (2) ['tʃipə*], *a.* (*fam. USA*) **1** allegro; su di giri (*fam.*) **2** energico; robusto.
chipping ['tʃipiŋ], *n.* (*metall.*) scriccatura; sbavatura.
chippy ['tʃipi], **A** *a.* (*fam.*) **1** arido; monotono **2** indisposto (*specialm. dopo una sbornia*) **3** irritabile; stizzoso. **B** *n.* **1** (*fam.*) V. **chipmunk 2** (*pop.*) carpentiere **3** (*pop. USA*) fraschetta; donnina allegra **4** (*fam.*) ristorante che vende pesce e patatine fritte. ● **I'm feeling c. this morning**, stamani ho un tremendo cerchio alla testa (*dopo una sbornia*).
chips [tʃips], *n.* (*pl. col verbo al sing.*) (*gergo naut.*) carpentiere di bordo.
chirograph ['kaiərəgræf], *n.* (*leg.*) chirografo.
chirographary [,kaiərə'græfəri], *a.* (*leg.*) chirografario: **c. creditor**, creditore chirografario.
chiromancer ['kaiərəmænsə*], *n.* chiromante.
chiromancy ['kaiərəmænsi], *n.* chiromanzia.
chiropodist [ki'rɔpədist], *n.* pedicure; callista.
chiropody [ki'rɔpədi], *n.* mestiere di pedicure.
chiropractic [,kairə'præktik], *n.* (*med.*) chiropratica.
chiropractor ['kairə,præktə*], *n.* specialista in chiropratica, chiropratico.
chiropteran [kai'rɔptərən], *n.* (*zool.*) chirottero.
chiropterous [kai'rɔptərəs], *a.* (*zool.*) dei chirotteri.
chiropters [kai'rɔptəz], *n. pl.* (*zool., Chiroptera*) chirotteri.
chirp [tʃə:p], *n.* **1** cinguettio (*d'uccelli, di bimbi*); trillo **2** stridio (*di cicale, grilli*).
to chirp [tʃə:p], **A** *v. i.* **1** cinguettare (*anche fig.*); trillare **2** stridere; frinire (*di cicale, grilli*). **B** *v. t.* dire con voce stridula; canticchiare: **He chirped (out) a few notes**, canticchiò alcune note.
chirpiness ['tʃə:pinis], *n.* vivacità; allegria.
chirpy ['tʃə:pi], *a.* cinguettante; vivace; allegro.
chirr [tʃə:*], *n.* trillo prolungato, stridio (*di cavalletta, ecc.*).
to chirr [tʃə:*], *v. i.* stridere, trillare (*di cavalletta, ecc.*).
chirrup ['tʃirəp], *n.* **1** cinguettio **2** lo schioccar della lingua (*per stimolare un cavallo*) **3** applauso (*di claque*).
to chirrup ['tʃirəp], *v. i.* **1** cinguettare **2** schioccare la lingua (V. **chirrup**) **3** applaudire a pagamento (*a teatro, ecc.*).
chisel ['tʃizl], *n.* **1** cesello; scalpello; bulino **2** (*agric.*) dissodatore **3** (*pop.*) inganno; fregatura, fregata (*pop.*).
to chisel ['tʃizl], *v. t.* e *i.* **1** cesellare; scalpellare **2** (*pop.*) imbrogliare; ingannare; defraudare; fregare (*pop.*): **He's chiselled me out of ten dollars**, mi ha fregato dieci dollari.
chiseller ['tʃizələ*], *n.* **1** cesellatore **2** (*pop.*) imbroglione.
chit (1) [tʃit], *n.* (*fam.*) **1** bambino; marmocchio **2** ragazzetta; ragazzina. ● **c. of a girl**, ragazzina linguacciuta, tutta pepe.
chit (2) [tʃit], *n.* (*fam.*) **1** biglietto; promemoria **2** nota, noticina (*di conto lasciato in sospeso*) **3** benservito (*di un domestico*). ● **the c. system**, il sistema di accumulare piccoli debiti.
chital [tʃi:təl], *n.* (*zool., Cervus axis*) cervo pomellato.
chitchat ['tʃittʃæt], *n.* (*fam.*) **1** chiacchierata; quattro chiacchiere **2** maldicenza.
chitin ['kaitin], *n.* (*biol.*) chitina.
chitinous ['kaitinəs], *a.* (*biol.*) chitinoso.
chiton ['kaitən], *n.* (*stor. greca, zool.*) chitone.
chitterlings ['tʃitəliŋz], *n. pl.* trippa (*specialm. di maiale*).
chitty ['tʃiti], V. **chit (2)**.
chivalric ['ʃivəlrik], **chivalrous** ['ʃivəlrəs], *a.* (*stor.* e *fig.*) cavalleresco.
chivalry ['ʃivəlri], *n.* **1** (*stor.*) cavalleria **2** (*fig.*) cavalleria, nobiltà; lealtà; cortesia.
chive [tʃaiv], *n.* (*bot., Allium schoenoprasum*) erba cipollina, aglio cipollino.
to chivvy ['tʃivi], *v. t.* (*pop.*) sgridare; mangiare la faccia a (q.).
chivy, to chivy ['tʃivi], V. **chevy, to chevy**.
chlamys ['klæmis], *n.* (*pl.* **chlamydes, chlamyses**) (*stor. greca*) clamide.
chloral ['klɔ:rəl], *n.* (*chim.*) cloralio.
chloramphenicol [,klɔ:ræm'fenikɔl], *n.* (*farm.*) cloramfenicolo.
chlorate ['klɔ:rit], *n.* (*chim.*) clorato.
chloric ['klɔ:rik], *a.* (*chim.*) clorico: **c. acid**, acido clorico.
chloride ['klɔ:raid], *n.* (*chim.*) cloruro: **sodium c.**, cloruro di sodio. ● **c. of lime**, cloruro di calce.
to chlorinate ['klɔ:rineit], *v. t.* **1** (*chim.*) clorurare **2** (*chim.*) clorare, trattare con cloro (*l'acqua, ecc.*).
chlorination [,klɔri'neiʃən], *n.* **1** (*chim.*) clorurazione **2** (*dell'acqua, ecc.*) clorazione.
chlorine ['klɔ:ri:n], *n.* (*chim.*) cloro.
chlorite ['klɔ:rait], *n.* **1** (*chim.*) clorito **2** (*miner.*) clorite.
chloroform ['klɔrəfɔ:m], *n.* (*med.*) cloroformio.
to chloroform ['klɔrəfɔ:m], *v. t.* (*med.*) cloroformizzare.
chloroformization [,klɔrə,fɔ:mai'zeiʃən], *n.* (*med.*) cloroformizzazione.
Chloromycetin [,klɔ:roumai'si:tin], *n.* (*marchio: farm.*) cloromicetina.
chlorophyl(l) ['klɔrəfil], *n.* (*bot.*) clorofilla.
chlorosis [klɔ'rousis], *n.* (*pl.* **chloroses**) (*med., bot.*) clorosi.
chlorotic [klɔ'rɔtik], *a.* (*med., bot.*) clorotico.
chlorous ['klɔ:rəs], *a.* (*chim.*) cloroso.
choana ['kouənə], *n.* (*pl.* **choanae**) (*anat.*) coana.
chock [tʃɔk], *n.* **1** bietta; cuneo; zeppa (*per tener ferma una botte, una ruota, ecc.*); calzatoia **2** (*naut.*) calastra; morsa **3** *pl.* (*aeron.*) tacchi (*per il carrello*). ● **c.-full** (*o* **c.-a-block**), pieno zeppo; stipato □ **boat c.**, morsa per imbarcazione (*per tener ferma un'imbarcazione sul ponte*) □ **rolling c.**, aletta di rollio.
to chock [tʃɔk], *v. t.* **1** fermare (*una botte, una ruota, ecc.*) con una bietta (*o con un cuneo*) **2** (*naut.*) mettere (*un'imbarcazione*) sulle calastre. ● **to c. up**, stipare.
chocolate ['tʃɔkəlit], **A** *n.* **1** cioccolata; cioccolato: **a bar of c.**, una tavoletta di cioccolata; **a cup of (hot) c.**, una tazza di cioccolata **2** cioccolatino: **a box of chocolates**, una scatola di cioccolatini. **B** *a.* **1** di cioccolata **2** color cioccolata. ● **c. cream**, cioccolatino ripieno □ **c. manufacturer**, cioccolatiere, cioccolataio □ **c. pot**, cioccolatiera □ (*fig.*) **c. soldier**, soldatino di piombo (*fig.*); soldato che non combatte.
choice (1) [tʃɔis], *n.* **1** scelta; oggetto scelto: **Florence was Italy's second c. as capital**, Firenze fu la seconda scelta come capitale dell'Italia **2** possibilità di scelta; alternativa: **I have little c.**, non ho alternative; per me, c'è poco da scegliere; **I had no c. but to obey**, non mi restò (altra scelta) che obbedire **3** (*collett.*) assortimento: **They have a large c. of gloves**, hanno un grande assortimento di guanti **4** cose scelte, le più belle (*di tutte*); (il) meglio, (il) fior fiore: **These flowers are the c. of my garden**, questi fiori sono i più belli del mio giardino. ● (*sport*) **c. of ends**, scelta del campo □ **at c.**, a scelta □ **by** (*o* **for**) **c.**, di preferenza □ **to have one's c.**, fare a modo proprio □ **to have no c.**, (*in senso assoluto*) non avere preferenze; (*anche*) non avere facoltà di scelta □ **Hobson's c.**, nessuna scelta; prendere o lasciare (un'offerta unica) □ **to take one's c.**, fare la propria scelta; fare a modo proprio.
choice (2) [tʃɔis], *a.* **1** scelto; eccellente; di prima qualità: **c. goods**, merce scelta (*o* di prima scelta) **2** (*lett.*) scelto con cura **3** (*iron.*) ingiurioso; offensivo; duro: **to reply with c. words**, rispondere con parole dure. ● (*fin.*) **c. paper**, effetti di prim'ordine.
choiceness ['tʃɔisnis], *n.* eccellenza, squisitezza (*di qualità*).
choir ['kwaiə*], *n.* coro (*in ogni senso*). ● **c.-book**, corale (*libro liturgico*) □ **c.-boy**, corista (*fanciullo*) □ **c. loft**, galleria del coro □ **c.-master**, maestro del coro □ **c. screen**, grata del coro.
to choir ['kwaiə*], *v. i.* cantare in coro.
to choke [tʃouk], **A** *v. t.* **1** soffocare (*anche fig.*); strangolare **2** ostruire; intasare; ingorgare: **Sand has choked the water pipe**, la sabbia ha ostruito la conduttura dell'acqua **3** arrestare la crescita di, far morire (*una pianta, ecc.*) **4** (*autom.*) chiudere l'aria (*al carburatore*); strozzare (*fam.*). **B** *v. i.* **1** soffocare; sentirsi soffocare: **to c. with rage**, soffocare dalla rabbia **2** ostruirsi; ingorgarsi; intasarsi **3** (*fam.*) crollare; avere un tracollo. ● **to c. back**, frenare; contenere; reprimere; soffocare □ **to c. down**, inghiottire (*con difficoltà*); mandar giù (*collera, indignazione, ecc.*); reprimere (*il riso, la collera, ecc.*) □ **to c. off**, soffocare (*una rivolta, ecc.*); sventare (*un tentativo, ecc.*); liberarsi, sbarazzarsi di (q.) □ **to c. sb. to death**, soffocare q. a morte; strangolare q. □ **to c. up**, ostruire; intasare; (*pop.*) restare senza fiato, ammutolire (*dall'emozione*).
choke (1) [tʃouk], *n.* **1** soffocamento (*anche fig.*); strangolamento **2** sensazione (*o* rantolo) di chi soffoca **3** (*autom., mecc.*; *anche* **c. valve**) diffusore; valvola dell'aria **4** (*elettr.*; *anche* **c. coil**) bobina d'arresto, «choke» **5** strozzatura **6** (*lotta*) strangolamento **7** (*pop.*) prigione; gattabuia (*pop.*). ● **c.-bore**, (*fucile con*) canna che si restringe verso la bocca □ **c.-damp**, gas d'anidride carbonica (*nelle miniere*); atmosfera irrespirabile □ (*fig.*) **c. pear**, cosa (*o* rimprovero) difficile a mandarsi giù; rospo (*fig.*).
choke (2) [tʃouk], *n.* (*da* **artichoke**) parte fiorale; parte centrale (*del carciofo*).
choker ['tʃoukə*], *n.* **1** persona (*o* cosa) che soffoca **2** collana (*spesso a più giri*) a girocollo **3** (*fam.*) colletto alto e rigido. ● **white c.**, colletto inamidato (*o* cravatta bianca) strettamente aderente al collo.
choking ['tʃoukiŋ], *a.* **1** soffocante **2** strozzato, soffocato (*per l'emozione*): **in a c. voice**, con voce strozzata. ● (*mil.*) **c. gas**, gas asfissiante.
choky ['tʃouki], **A** *a.* soffocante. **B** *n.* (*pop.*) prigione; gattabuia (*pop.*).
cholagogic [,kɔlə'gɔdʒik], *a.* (*fisiologia, med.*) colagogo.
cholagogue ['kɔləgɔg], *n.* (*med.*) colagogo.

cholecyst ['koulisist], *n.* (*anat.*) colecisti; cistifellea.
cholecystectomy [,koulisis'tektəmi], *n.* (*med.*) colecistectomia.
cholecystitis [,koulisis'taitis], *n.* (*pl.* **cholecystitides**) (*med.*) colecistite.
choler ['kɔlə*], *n.* **1** (*arc.*) umore bilioso **2** collera; irritabilità; bile (*fig.*).
cholera ['kɔlərə], *n.* (*med.*) colera: **Asiatic c.**, colera asiatico; **c. nostras**, salmonellosi.
choleraic [,kɔlə'reiik], *a.* (*med.*) **1** colerico **2** coleroso.
choleric ['kɔlərik], *a.* collerico; irascibile; bilioso (*fig.*).
cholerine ['kɔlərain], *n.* (*med.*) colerina.
cholestasis [,kouli'steisis], *n.* (*pl.* **cholestases**) (*med.*) colestasi.
cholesterol [kɔ'lestərɔl], *n.* (*chim.*) colesterolo; colesterina.
choliamb ['kouliæmb], *n.* (*poesia*) coliambo.
choliambic [,kouli'æmbik], *a.* (*poesia*) coliambico.
choliambus [,kouli'æmbəs], *n.* (*pl.* **choliambi**) (*poesia*) coliambo.
to choose [tʃu:z] (*pass.* **chose**, *p. p.* **chosen**), *v. t. e i.* **1** scegliere; optare. **C. for yourself**, scegli da te; **I chose the lesser of two evils**, scelsi il male minore **2** preferire; decidere (*di fare q.c.*): **He chose to remain at home**, decise di stare a casa; **I c. not to go**, preferisco non andare **3** (*fam.*) desiderare; volere: **Do whatever you c.**, fa' quello che vuoi; **Just as you c.**, come vuoi tu (e sia!) **4** (*specialm. al p.p.*) eleggere: **the Chosen**, gli Eletti (*quelli che si salveranno*); (*fig.*) un'élite. ● **the chosen people**, il popolo eletto; qualsiasi gruppo che crede di essere scelto da Dio □ **I cannot c. but**, devo proprio; non ho altra scelta che: **I cannot c. but go there**, devo proprio andarci □ **to pick and c.**, scegliere con cura; essere di difficile contentatura; essere schizzinoso: **He is a man that picks and chooses**, è un uomo difficile da accontentare □ **There is little** (*o* **not much**) **to c. between her and him**, c'è poco da scegliere fra lei e lui; si equivalgono.
chooser ['tʃu:zə*], *n.* chi sceglie. ● **You'll be the c.**, sarai tu a scegliere.
choos(e)y ['tʃu:zi], *a.* (*fam.*) di difficile contentatura; schizzinoso; esigente; schifiltoso; pignolo: **He's very c. with his food**, è assai schizzinoso nel mangiare.
to chop (1) [tʃɔp], *v. t. e i.* **1** tagliare; mozzare; spaccare: **Don't forget to c. the firewood!**, non scordarti di spaccare la legna da ardere! **2** fare a pezzi; trinciare; tritare: **You must c. (up) the vegetables**, devi tritare la verdura **3** (*fig.*) mangiarsi, smozzicare (*le parole, ecc.*) **4** (*sport*) schiacciare (la palla) **5** (*naut.*) fare maretta. ● **to c. at**, vibrare un colpo (*d'ascia, ecc.*) a (q.) □ **to c. down**, abbattere: **I'll c. down that tree**, abbatterò quell'albero □ **to c. in**, interloquire; intromettersi (*fig.*) □ **to c. logic**, spaccare un capello in quattro; cavillare □ **to c. off**, tagliare; staccare con un colpo (*d'ascia, ecc.*) □ **to c. a passage** (*o* **one's way**) **through**, aprirsi un varco a colpi (*d'ascia, ecc.*) □ **to c. st. up**, sminuzzare, tritare q.c. □ **chopping block** (*o* **chopping board**), tagliere □ **chopping knife**, tritacarne; tritaverdura.
chop (1) [tʃɔp], *n.* **1** taglio netto; colpo (*d'ascia, scure, ecc.*); fendente **2** pezzo tagliato; mozziconе **3** costoletta, braciola (*specialm. di maiale o di montone*) **4** (*naut.*) maretta **5** (*sport*) schiacciata **6** screpolatura della pelle. ● **c.-house**, ristorante specializzato in piatti a base di carne (*cucina*) **c. suey**, pezzetti di verdura, carne e pesce, serviti con riso caldo (*piatto inventato dai cinoamericani*) □ (*fam.*) **to get the c.**, essere licenziato.
chop (2) [tʃɔp], *n.* (*generalm. al pl.*) mascella; ganascia. ● **c.-fallen**, avvilito; depresso □ **to lick one's chops**, leccarsi le labbra (*o* **i baffi**) (*per il piacere del cibo o per avidità*).
to chop (2) [tʃɔp], *v. i.* (*del vento, ecc.*) essere incostante (*o* variabile). ● **to c. about** (**round**), cambiare (direzione) improvvisamente □ **to c. back**, tornare bruscamente indietro □ (*fam.*) **to c. and change**, tentennare; essere incostante.
chop (3) [tʃɔp], *n.* cambiamento; variazione. ● (*fam.*) **chops and changes**, cambiamenti repentini; vicissitudini.
chop (4) [tʃɔp], *n.* **1** (*in India, Cina*) bollo; sigillo; permesso; licenza **2** (*in Cina*) marca di fabbrica; marchio **3** (*pop.*) qualità: **first-c. goods**, merce di prima qualità.
chop chop [tʃɔp'tʃɔp], *avv.* (*pop.*) presto; in fretta; subito.
chopper ['tʃɔpə*], *n.* **1** chi taglia; chi trincia; chi trita **2** ascia corta; mannaia (*da macellaio*) **3** (*agric.*) trinciaforaggi; trinciapaglia **4** (*USA*) controllore (*di biglietti d'ingresso*) **5** (*sport*) «chopper» (*motocicletta*) **6** (*elettr., ottica, ecc.*) modulatore meccanico **7** (*pop.*) elicottero **8** (*pl., pop.*) denti.
to chopper ['tʃɔpə*], (*pop.*) **A** *v. i.* andare in elicottero. **B** *v. t.* trasportare in elicottero.
chopping ['tʃɔpiŋ], *n.* **1** (*elettr., ottica, ecc.*) modulazione **2** (*elettron.*) livellatura.
choppy ['tʃɔpi], *a.* **1** (*del mare*) corto, rotto **2** (*del vento*) incostante; variabile **3** screpolato **4** (*del paesaggio*) ondulato **5** (*dello stile, ecc.*) disuguale discontinuo ● (*naut.*) **c. sea**, maretta; mare mosso.

chopstick(s) ['tʃɔpstik(s)], *n.* (*per lo più al pl.*) bastoncino (*d'avorio, di legno, di bambù*), bacchetta (*di cui i Cinesi si servono per mangiare*).
choral ['kɔrəl], **A** *a.* corale; di coro. **B** *n. V.* **chorale**. ● **c. service**, funzione religiosa con canti corali □ **full c. service**, funzione nella quale ogni parte è cantata e non letta (*cfr. la nostra* **messa cantata**).
chorale [kɔ'ra:l], *n.* (*relig., mus.*) corale: **a Bach c.**, un corale di Bach.
choralism ['kɔ(:)rəlizəm], *n.* coralità.
choralist ['kɔ(:)rəlist], *n.* corista.
chord (1) [kɔ:d], *n.* **1** (*arc.*) corda (*di strumento musicale*) **2** (*fig.*) sensibilità; corda (*fig.*): **His story touched the right c.**, la sua storia toccò la corda giusta (*o* il tasto giusto) **3** (*geom., anat., aeron.*) corda: **the vocal chords**, le corde vocali **4** (*edil.*) trave principale; catena.
chord (2) [kɔ:d], *n.* (*mus.*) accordo. ● **to break** (*o* **to spread**) **a c.**, arpeggiare □ **to strike a c.**, suonare un accordo.
chordal ['kɔ:dəl], *a.* **1** di (*o* simile a) corda **2** (*mus.*) di un accordo.
chordates ['kɔ:deits], *n. pl.* (*zool., Chordata*) cordati.
chordophone ['kɔ:dəfoun], *n.* (*mus.*) cordofono.
chore [tʃɔ:*], *n.* **1** lavoro domestico; lavoretto: **to do the chores**, fare i lavori di casa (*o* le faccende domestiche) **2** lavoro fastidioso, ingrato; lavoraccio.
to chore [tʃɔ:*], *v. i.* fare i lavori di casa (*o* le faccende).
chorea [kɔ'riə], *n.* (*med.*) corea; ballo di San Vito (*pop.*).
choree [kə'ri], *n.* (*poesia*) coreo; trocheo.
choreic [kə'ri:ik], *a.* (*med.*) coreico; affetto da corea.
choreographer [,kɔri'ɔgrəfə*], *n.* coreografo.
choreographic [,kɔriə'græfik], *a.* coreografico.
choreography [,kɔri'ɔgrəfi], *n.* coreografia.
choriamb ['kɔriæmb], *n.* (*poesia*) coriambo.
choriambic [,kɔri'æmbik], *a.* coriambico.
choriambus [,kɔri'æmbəs], *n.* (*pl.* **choriambi, choriambuses**) (*poesia*) coriambo.
choric ['kɔrik], *a.* del coro; a mo' di coro (*nella tragedia greca*).
chorine ['kɔri:n], *n.* (*fam. USA*) ballerina di fila.
chorion ['kɔriən], *n.* (*biol.*) corio, corion.
chorister ['kɔristə*], *n.* **1** corista (*specialm. se fanciullo*) **2** (*USA*) maestro del coro.
chorizo [tʃɔ'ri:zou] (*spagn.*), *n.* tipo di salsiccia piccante messicana e spagnola.
chorographer [kɔ:'rɔgrəfə*], *n.* corografo.
chorographic(al) [kɔ(:)rou'græfik(əl)], *a.* corografico.
chorography [kɔ:'rɔgrəfi], *n.* corografia.
choroid ['kɔ(:)rɔid], (*anat.*) **A** *n.* coroide. **B** *a.* coroideo: **c. coat** (*o* **c. membrane**) membrana coroidea; coroide.
chorology [kɔ'rɔlədʒi], *n.* (*geogr.*) corologia.
to chortle ['tʃɔ:tl], *v. i.* ridacchiare chiocciando (*parola coniata da Lewis Carroll: fusione di* **to chuckle** *e di* **to snort**).
chortle ['tʃɔ:tl], *n.* risata chioccia (*V.* **to chortle**).
chorus ['kɔ:rəs], *n.* **1** coro (in ogni senso) **2** (*nel dramma elisabettiano*) personaggio che recita il prologo e l'epilogo **3** corpo di ballo (*soprattutto nelle riviste musicali*) **4** ritornello. ● **c. girl**, ballerina di fila; (*anche*) corista □ **c. singer**, corista.
to chorus ['kɔ:rəs], *v. i e t.* cantare, parlare, dire in coro; fare coro.
chose [tʃouz] *pass.* di **to choose**.
chosen ['tʃouzn] *p. p.* di **to choose**.
chou [tʃu(:)], *n.* (*pl.* **choux**) rosetta ornamentale (*di nastro o velo*).
chough [tʃʌf], *n.* (*zool., Pyrrhocorax*) gracchio.
to chouse [tʃaus], *v. t.* (*fam.*) imbrogliare; raggirare; truffare.
chouse [tʃaus], *n.* (*fam.*) imbroglio; raggiro; truffa.
chow (1) [tʃau], *n.* **1** (*anche* **chow-chow**) chow chow (*cane di razza cinese*) **2** (*pop.*) cibo. ● (*cucina*) **c. mein**, piatto (cinoamericano) di pezzetti di carne e verdure varie, spesso guarnito con fettuccine.
chow (2) [tʃau], *a. e n.* (*spreg., australiano*) cinese.
chow-chow ['tʃau'tʃau] (*cinese*), *n.* **1** conserva di scorza d'arancio, zenzero, ecc., con salsa di senape **2** *V.* **chow (1)**.
chowder ['tʃaudə*], *n.* zuppa di pesce, molluschi, ecc., stufati con verdura (*spesso cotti nel latte*).
chrematistic [,kri:mə'tistik], *a.* (*econ.*) crematistico.
chrematistics [,kri:mə'tistiks], *n. pl.* (*col verbo al sing.*) (*econ.*) crematistica.
chrestomathy [kres'tɔməθi], *n.* (*letter.*) crestomazia.
chrism ['krizəm], *n.* (*relig.*) crisma.
chrisom ['krizəm], *n.* **1** veste lustrale **2** *V.* **chrism**. ● **c. child**, innocente; bambino morto entro il primo mese d'età.
Christ [kraist], *n.* Cristo. ● **the C. child**, il Bambino Gesù.
to christen ['krisn], *v. t.* **1** battezzare (*anche fig.: una nave, ecc.*) **2** (*fig.*) dare un nome a (q.) **3** inaugurare (*un oggetto nuovo: un'automobile, ecc.*)

Christendom

Christendom ['krisndəm], n. cristianità (il complesso dei cristiani).
christening ['krisniŋ], n. (relig.) battesimo (la cerimonia).
Christian ['kristjən], a. e n. cristiano (in ogni senso). ● **C. name**, nome (di battesimo) □ (relig.) **C. Science**, Scientismo □ (relig.) **C. Scientist**, scientista; seguace dello Scientismo □ **C. year**, anno del calendario gregoriano.
Christiania [,kristi'a:niə], n. (sci) cristiania.
Christianity [,kristi'æniti], n. **1** cristianesimo **2** cristianità.
christianization [,kristjənai'zeiʃən], n. conversione al cristianesimo; cristianizzazione.
to **christianize** ['kristjənaiz], **A** v. t. cristianizzare; convertire al cristianesimo. **B** v. i. convertirsi al cristianesimo.
Christianlike ['kristjənlaik], a. da cristiano.
Christianly ['kristjənli], **A** a. da cristiano. **B** avv. cristianamente.
Christie, Christy ['kristi], V. **Christiania**.
Christlike ['kraistlaik], a. simile a Cristo. ● **to lead a C. life**, fare una vita da santo.
Christmas ['krisməs], n. (abbr. **Xmas**) Natale; (anche **C. Day**) giorno di Natale. ● **C. box**, mancia natalizia □ **C. card**, cartoncino (o biglietto) d'auguri natalizi □ **C. carol**, canto di Natale □ **C. Eve**, la vigilia di Natale □ **C. present**, dono di Natale; strenna natalizia □ **C. tree**, albero di Natale.
Christmas(s)y ['krisməsi], a. (fam.) natalizio; festoso.
Christmastide ['krisməstaid], n. (periodo delle) feste natalizie.
Christmastime ['krisməstaim], V. **Christmastide**.
Christolatry [kris'tɔlətri], n. cristolatria.
Christologist [kris'tɔlədʒist], n. cristologo.
Christology [kris'tɔlədʒi], n. cristologia.
Christopher ['kristəfə*], n. Cristoforo.
Christy minstrels ['kristi'minstrəlz], n. pl. cantanti girovaghi di canzoni negre (i quali si anneriscono il volto).
chromate ['kroumeit], n. (chim.) cromato.
chromatic [krə'mætik], n. cromatico: **c. aberration**, aberrazione cromatica; (mus.) **c. scale**, scala cromatica.
chromatin ['kroumətin], n. (biol.) cromatina.
chromatism ['kroumətizəm], n. (fis.) cromatismo.
to **chromatograph** [krə'ma:təgra(:)f], v. t. (chim.) cromatografare.
chromatographic [krə,ma:tə'græfik], a. (chim.) cromatografico.
chromatography [,kroumə'tɔgrəfi], n. (chim.) cromatografia.
chromatophore [krou'mætəfɔ:*], n. (biol.) cromatoforo.
chrome [kroum], n. **1** (chim., fam.) cromo **2** (anche **c. leather**) cuoio al cromo **3** (fam.) cromature (su una moto, ecc.). ● **c. steel**, acciaio al cromo □ (chim.) **c. yellow**, giallo di cromo.
to **chrome** [kroum], v. t. cromare.
chromic ['kroumik], a. (chim.) cromico: **c. acid**, acido cromico.
chromite ['kroumait], n. (miner.) cromite.
chromium ['kroumjəm], n. (chim.) cromo. ● **to c.-plate**, cromare □ **c.-plated**, cromato □ **c.-plating**, cromatura.
chromo ['kroumou], n. (pl. **chromos**) (abbr.) cromolitografia (la riproduzione).
chromolithograph [,kroumou'liθəgra:f], n. cromolitografia (la riproduzione).
chromolithographer [,kroumouli'θɔgrəfə*], n. cromolitografo.
chromolithographic [,kroumouliθə'græfik], a. cromolitografico.
chromolithography ['kroumouli'θɔgrəfi], n. cromolitografia (il processo).
chromosome ['krouməsoum], (biol.) **A** n. cromosoma. **B** a. attr. cromosomico: **c. number**, numero cromosomico.
chronic ['krɔnik], **A** a. cronico (anche fig.): (med.) **c. disease**, malattia cronica; (econ.) **c. unemployment**, disoccupazione cronica. **B** n. (med.) (malato) cronico. ● **a c. grumbler**, uno che si lamenta sempre; un lagnone □ (fam.) **c. invalid**, (malato) cronico.
chronicity [krə'nisiti], n. cronicità (d'un male o fig.).
chronicle ['krɔnikl], n. cronaca (narrazione storica); cronistoria.
to **chronicle** ['krɔnikl], v. t. fare la cronaca (o la cronistoria) di (q.c.); annotare, narrare (in ordine cronologico).
chronicler ['krɔniklə*], n. cronista (scrittore di cronache).
chronogram ['krɔnəgræm], n. cronogramma.
chronograph ['krɔnəgra:f], n. cronografo.
chronographic [,krɔnə'græfik], a. cronografico.
chronologer [krə'nɔlədʒə*], V. **chronologist**.
chronologic(al) [,krɔnə'lɔdʒik(əl)], a. cronologico.
chronologist [krə'nɔlədʒist], n. cronologista; cronologo.
to **chronologize** [krə'nɔlədʒaiz], v. t. mettere in ordine cronologico.
chronology [krə'nɔlədʒi], n. cronologia.
chronometer [krə'nɔmitə*], n. cronometro.
chronometric(al) [,krɔnə'metrik(əl)], a. cronometrico.
chronometry [krə'nɔmitri], n. **1** cronometria **2** (anche sport) cronometraggio.
chrysalid ['krisəlid], V. **chrysalis**.

chrysalis ['krisəlis], n. (pl. **chrysalises, chrisalides**) (zool.) crisalide.
chrysanthemum [kri'sænθəməm], n. (bot.) **1** (Chrysanthemum) crisantemo **2** (Chrysanthemum segetum) crisantemo delle messi.
chryselephantine [,krisəli'fæntin], a. (arte) criselefantino.
chrysoberyl ['krisou,beril], n. (miner.) crisoberillo.
chrysolite ['krisəlait], n. (miner.) crisolito.
chrysoprase ['krisəpreiz], n. (miner.) crisoprasio, crisopraso.
chub [tʃʌb], n. (pl. **chub, chubs**) (zool., Leuciscus cephalus) cavedano.
chubbiness ['tʃʌbinis], n. paffutezza.
chubby ['tʃʌbi], a. paffuto: **a c. little girl**, una ragazzina paffuta.
to **chuck (1)** [tʃʌk], v. i. **1** chiocciare (della gallina) **2** fare un verso simile, per chiamare i polli **3** schioccare la lingua (per incitare un cavallo).
chuck (1) [tʃʌk], **A** n. **1** il chiocciare, chioccolio (verso di richiamo, della chioccia) **2** verso di chi chiama i polli **3** schiocco della lingua. **B** inter. pio pio (per chiamare i polli).
chuck (2) [tʃʌk], n. (vezzegg.) coccolo; pulcino.
to **chuck (2)** [tʃʌk], v. t. **1** dare un buffetto a (q.) **2** buttare; gettare: **He chucked the empty bottle**, buttò via la bottiglia vuota **3** (fam.) abbandonare; rinunciare a; cessare; smettere; piantare; mollare (fam.): **to c. up one's job**, piantare il proprio lavoro; **to c. work**, smettere di lavorare; **to c. a friend**, mollare un amico; rompere un'amicizia. ● **to c. away a chance**, lasciarsi sfuggire un'occasione □ **c.-farthing**, gioco della buca (fatto lanciando monetine) □ (pop.) **C. it!**, smettila!; piantala! □ **to c. out**, buttare fuori (una persona molesta) □ (fig.) **to c. up the sponge**, gettare la spugna □ **to be chucked at an exam**, farsi bocciare in un esame □ (pop.) **chucking-out time**, ora di chiusura (dei bar).
chuck (3) [tʃʌk], n. **1** buffetto; colpetto **2** lancio; getto; **3** buttar via (o fuori). ● (pop.) **the c.**, il licenziamento: **to give sb. the c.**, dare a uno gli otto giorni; licenziarlo, mandarlo a spasso □ **to get the c.**, essere licenziato; essere mandato a spasso (fig., fam.) □ **to play at c.**, giocare a buca (con monetine).
chuck (4) [tʃʌk], n. **1** cuneo; bietta; calzatoia **2** (mecc.) mandrino; morsa; morsetto **3** (mecc.) autocentrante (morsa a tre ganasce).
to **chuck (3)** [tʃʌk], v. t. (mecc.) ammorsare; bloccare (un pezzo) nel mandrino.
chuck (5) [tʃʌk], n. (pop.) cibo; roba da mangiare. ● (USA) **c. wagon**, carro delle provviste (un tempo per coloro che lavoravano all'aperto, specialm. i cow-boy).
chucker-out ['tʃʌkər'aut], n. (pop.) buttafuori (di locale notturno).
chucking ['tʃʌkiŋ], n. (mecc.) bloccaggio nel mandrino. ● **c. machine**, macchina utensile portapezzo.
to **chuckle** ['tʃʌkl], v. i. **1** ridere di soppiatto; ridacchiare; sogghignare **2** chiocciare (delle galline). ● **to c. over st.**, esultare tra sé per q.c.
chuckle ['tʃʌkl], n. **1** riso soffocato; sogghigno **2** chioccolio.
chucklehead ['tʃʌkl-hed], n. (individuo) sciocco, stupido; testone, zuccone (fam.).
chuckleheaded ['tʃʌkl,hedid], a. (fam.) sciocco; stupido; tonto.
chucky ['tʃʌki], V. **chuck (2)**.
chuff [tʃʌf], n. «ciuf ciuf», sbuffo (di locomotiva e sim.).
to **chuff** [tʃʌf], v. i. fare «ciuf ciuf»; sbuffare.
chuffed [tʃʌft], a. (pop.) contento; felice; euforico.
chug [tʃʌg], n. **1** ciuf ciuf; sbuffo (di locomotiva o motore a scoppio) **2** (aeron.) V. **chugging**.
to **chug** [tʃʌg], v. i. **1** fare ciuf ciuf; sbuffare **2** (aeron.) vibrare (per combustione irregolare). ● **to c. along**, (di treno) avanzare sbuffando; (di automobile) avanzare scoppiettando.
chugging ['tʃʌgiŋ], n. (aeron.) vibrazione irregolare; starnuto (di razzo), tosse (d'endoreattore).
chum [tʃʌm], n. (fam.) **1** amico intimo (fra ragazzi, studenti, ecc.) **2** (USA) compagno di camera; (australiano) **a new c.**, un immigrato recente; un novellino; un pivello.
to **chum** [tʃʌm], v. i. (fam.) **1** essere amici intimi **2** (USA) dormire nella stessa camera. ● **to c. up with sb.**, fare stretta amicizia con q. □ **to c. with sb.**, convivere con q.
chumminess ['tʃʌminis], n. (fam.) amicizia intima (o stretta).
chummy ['tʃʌmi], a. (fam.) amichevole; cameratesco.
chump [tʃʌmp], n. **1** ceppo; ciocco **2** pezzo grosso e corto (specialm. di carne); (in macelleria) taglio alto (con l'osso) **3** (fam.) (individuo) sciocco, stupido; testone, zuccone (fam.) **4** (fam.) testa; zucca (fam.). ● (fam.) **to be off one's c.**, essere via con la testa; essere mezzo matto.
chunk [tʃʌŋk], n. (fam.) **1** grosso ceppo (di legno); pezzo, tocco (di pane, carne, cacio, ecc.) **2** (un) bel pezzo; (una) bella porzione **3** grosso animale **4** pezzo d'uomo; omone.
chunky ['tʃʌŋki], a. (fam.) **1** grosso; spesso **2** robusto; ben piantato; tarchiato **3** (di cosa) a pezzi; a tocchi.

chunnel ['tʃʌnəl], *n.* (*contraz. di* **channel** *e* **tunnel**) tunnel sotto la Manica.
church [tʃəːtʃ], *n.* **1** chiesa (*in ogni senso*) **2** funzione religiosa (*anglicana*): **Remember to attend c.!**, ricordati d'andare alla funzione! ● **c. burial**, sepoltura religiosa □ **c. cleaner**, scaccino □ **c.-goer**, fedele; praticante; osservante □ **c.-going**, assiduità di osservare □ **c. house**, parrocchia, casa del parroco; rettorato (*anglicano*) □ *fam. USA*) **c. key**, apriscatole con la punta a triangolo □ **C. of England** (*o* **English C.**, **Anglican C.**), Chiesa Anglicana □ **the C. of Rome**, la Chiesa cattolica □ **c. party**, partito clericale □ **c. rate**, contributo a beneficio della parrocchia □ **c. service**, servizio divino □ **c. square**, sagrato □ **c. text**, carattere gotico da iscrizioni □ **c.-time**, l'ora d'andare in chiesa □ **after c.**, dopo il servizio divino □ **to be as poor as a c. mouse**, essere povero in canna □ **Established C**, chiesa (*o* religione) ufficiale □ **to go into the C.** (*o* **to enter the C.**), prendere gli ordini; farsi prete □ **to go to c.**, andare in chiesa; essere praticante □ **to be received into the c.**, (*di donna*) farsi monaca, prendere il velo; essere battezzato; ricevere (*o* fare) la prima comunione.
to church [tʃəːtʃ], *v. t.* condurre in chiesa (*specialm. una puerpera o una coppia di sposi, per benedizione o rendimento di grazie*).
to churchify ['tʃəːtʃifai], *v. t.* rendere fanatico, bigotto.
churchiness ['tʃəːtʃinis], *n.* fanatismo religioso; bigotteria.
churching ['tʃəːtʃiŋ], *n.* (*relig.*) rendimento di grazie (*di una puerpera in chiesa*).
churchless ['tʃəːtʃlis], *a.* **1** senza chiesa: **a c. village**, un paese senza chiesa **2** che non appartiene a (*o* non frequenta) nessuna chiesa.
churchman ['tʃəːtʃmən], *n.* (*pl.* **churchmen**) **1** ecclesiastico **2** appartenente a una chiesa (*specialm. alla chiesa anglicana*).
churchmanship ['tʃəːtʃmənʃip], *n.* appartenenza a una chiesa.
churchwarden ['tʃəːtʃ'wɔːdn], *n.* **1** amministratore (*o* rappresentante) laico d'una parrocchia (*anglicana o episcopale*); fabbriciere **2** (*fam.*) lunga pipa di terracotta.
churchwoman ['tʃəːtʃwumən], *n.* (*pl.* **churchwomen**) **1** donna appartenente a una chiesa **2** donna di chiesa.
churchy ['tʃəːtʃi], *a.* religioso in modo fanatico; bigotto.
churchyard ['tʃəːtʃ'jaːd], *n.* **1** terreno intorno a una chiesa; sagrato **2** cimitero, camposanto (*presso una chiesa*). ● (*fam.*) **a c. cough**, una tosse da (portare alla) tomba □ **a fat c.**, un cimitero pieno di lapidi.
churl [tʃəːl], *n.* **1** contadino; popolano **2** zoticone; persona rozza, volgare **3** persona irascibile, intrattabile **4** avaro; spilorcio.
churlish ['tʃəːliʃ], *a.* **1** rustico; plebeo **2** zotico; rozzo; volgare **3** irascibile; intrattabile **4** tirchio; spilorcio.
churlishness ['tʃəːliʃnis], *n.* **1** rusticità **2** zoticaggine **3** irascibilità; intrattabilità **4** tirchieria; spilorceria.
churn [tʃəːn], *n.* **1** zangola **2** bidone del latte **3** (*fig.*) agitazione; rimescolio. ● (*ind.*) **c. dasher** (*o* **c. staff**), paletta della zangola □ (*mecc.*) **c. drill**, sonda a percussione □ **c. milk**, latticello.
to churn [tʃəːn], **A** *v. t.* **1** agitare, sbattere (*latte o panna*) in una zangola **2** (*fig.*) agitare; sbattere; sconvolgere; sommuovere (*lett.*): **The steamer's screw churned the water**, l'elica del piroscafo sconvolgeva l'acqua. **B** *v. i.* **1** fare il burro con la zangola **2** (*delle acque, del mare, ecc.*) agitarsi; ribollire. ● **to c. out**, produrre a getto continuo, sfornare (*idee, progetti, ecc.*); fare meccanicamente.
churner ['tʃəːnə*], *n.* zangolatore.
churning ['tʃəːniŋ], *n.* **1** il fare il burro con la zangola; zangolatura **2** quantità di burro fatta in una volta.
churr, to churr [tʃəː*], *V.* **chirr, to chirr.**
chut [tʃʌt], *inter.* (d'impazienza) uff!
chute (1) [ʃuːt], *n.* **1** cascata (*d'acqua*); rapida **2** (*idrologia*) taglio del meandro **3** scivolo; piano inclinato: **a coal c.**, uno scivolo per il carbone **4** telone a scivolo (*dei pompieri*) **5** (*sport*) pista inclinata.
chute (2) [ʃuːt], *n.* (*fam., abbr. di* **parachute**) paracadute.
chutney ['tʃʌtni], *n.* salsa indiana a base di frutta e spezie.
chutzpah ['xutspə] (*yiddish*), *n.* (*fam. USA*) impudenza.
chyle [kail], *n.* (*fisiologia*) chilo.
chylifaction [,kaili'fækʃən], *n.* (*fisiologia*) chilificazione.
chyliferous [kai'lifərəs], *a.* (*fisiologia*) chilifero.
chylification [,kailifi'keiʃən], *n.* (*fisiologia*) chilificazione.
to chylify ['kailifai], *v. t.* (*fisiologia*) chilificare.
chyme [kaim], *n.* (*fisiologia*) chimo.
chymification [,kaimifi'keiʃən], *n.* (*fisiologia*) chimificazione.
to chymify ['kaimifai], *v. t.* (*fisiologia*) chimificare.
CIA [,siːai'ei], *n.* (*acronimo di* **Central Intelligence Agency**) (*USA*) Ufficio Centrale d'Informazioni (*servizio di controspionaggio*).
ciao ['tʃaou] (*ital.*), *inter.* ciao.
ciborium [si'bɔːriəm], *n.* (*pl.* **cibooria, ciboriums**) **1** (*archit.*) ciborio **2** (*relig.*) ciborio; tabernacolo **3** (*relig.*) cibo-

rio; pisside.
cicada [si'kaːdə], *n.* (*pl.* **cicadas, cicadae**) (*zool., Cicada*) cicala.
cicatrice ['sikətris], *V.* **cicatrix.**
cicatricial [,sikə'triʃəl], *a.* (*med.*) cicatriziale.
cicatricle ['sikətrikl], *n.* (*biol.*) cicatricola.
cicatricose [si'kætrikouz], *a.* (*bot.*) segnato da cicatrici.
cicatrix ['sikətriks], *n.* (*pl.* **cicatrices, cicatrixes**) cicatrice.
cicatrization [,sikətrai'zeiʃən], *n.* (*med.*) cicatrizzazione.
to cicatrize ['sikətraiz], *v. t. e i.* cicatrizzare, cicatrizzarsi.
cicely ['sisili], *n.* (*bot., Myrrhis odorata*; *anche* **sweet c.**) finocchiella.
Cicely ['sisili], *n.* Cecilia.
Cicero ['sisərou], *n.* (*stor. romana*) Cicerone.
cicerone [,tʃitʃə'rouni] (*ital.*), *n.* (*pl.* **ciceroni, cicerones**) cicerone; guida turistica.
to cicerone ['tʃitʃə'rouni], *v. t.* fare da cicerone a (q.).
Ciceronian [,sisə'rounjən], **A** *a.* ciceroniano. **B** *n.* studioso di Cicerone.
Ciceronianism [,sisə'rounjenizəm], *n.* (*letter.*) ciceronianesimo.
CID [,siːai'diː], *n.* (*acronimo di* **Criminal Investigation Department**) Ufficio Investigativo Criminale (*in G.B.*); la (polizia) scientifica.
cider ['saidə*], *n.* sidro. ● **c.-press**, pressa da mele (*per fare il sidro*) □ **hard c.**, sidro (*succo fermentato*) □ **sweet c.**, (*USA*: **soft c.**), succo (*di mele*) non fermentato.
cigar [si'gaː*], *n.* sigaro. ● **c. case**, portasigari □ **c. cutter**, tagliasigari □ **c. end**, mozzicone di sigaro; cicca (*fam.*) □ **c. holder**, bocchino (*per sigaro*) □ **c.-shaped**, a forma di sigaro.
cigarette [,sigə'ret], *n.* sigaretta. ● **c. case**, portasigarette □ **c. end** (*o* **stub, butt**), mozzicone di sigaretta; cicca (*fam.*) □ **c. girl**, sigaraia □ **c. holder**, bocchino (*per sigarette*) □ **c. lighter**, accendisigari; accendino (*fam.*) □ **filter-tipped c.**, sigaretta col filtro.
cigarillo [,sigə'rilou], *n.* (*pl.* **cigarillos**) sigaretto.
cilia ['siliə], *n. pl.* **1** (*anat.*) ciglia (*degli occhi*) **2** (*bot., zool.*) ciglia (*vibratili*).
ciliary ['siliəri], *a.* (*bot., zool.*) ciliare.
ciliate(d) ['silieit(id)], *a.* (*bot., zool.*) ciliato, cigliato.
cilice ['silis], *n.* cilicio.
cimbalom ['simbələm], **cimbalon** ['simbələn], *V.* **cymbalom, cymbalon.**
cimex ['saimeks], *n.* (*pl.* **cimices**) (*zool., Cimex*) cimice.
Cimmerian [si'miəriən], *a.* (*poet.*) cimmerio; oscuro; tenebroso.
cinch [sintʃ], *n.* **1** straccale (*di sella*) **2** (*pop.*) cosa sicura; certezza assoluta: **He's a c. to win**, è sicuro di vincere **3** (*pop.*) cosa facile; inezia; passeggiata (*fig., fam.*): **Can I? It's a c.!**, se ci riesco? per me è una passeggiata.
to cinch [sintʃ], *v. t.* **1** stringere lo straccale a (*un cavallo*) **2** (*pop.*) tenere saldamente stretto; tenere in pugno (q.) **3** (*pop.*) garantirsi, assicurarsi (*la vittoria, ecc.*).
cinchona [siŋ'kounə], *n.* (*farm., anche* **c. bark**) corteccia di china.
cinchonine ['siŋkənain], *n.* (*chim.*) cinconina.
cinchonism ['siŋkənizəm], *n.* (*med.*) cinconismo.
cincture ['siŋktʃə*], *n.* **1** recinzione; cinta (*di mura*) **2** (*lett., relig.*) cintura **3** (*archit.*) filetto; listello.
to cincture ['siŋktʃə*], *v. t.* recingere; cingere.
cinder ['sində*], *n.* **1** (*metall.*) scaglia; scoria **2** scoria di carbone; residuo incombustibile; carbone parzialmente combusto **3** carbone (*che brucia senza fiamma*); tizzone **4** (*pl.*) cenere **5** (*geol.*) cenere vulcanica. ● (*sport*) **c. path** (*o* **c. track**), pista di cenere □ **c.-sifter**, setaccio per separare le scorie della cenere.
Cinderella ['sində'relə], *n.* Cenerentola (*anche fig.*). ● **C. dance**, ballo che finisce a mezzanotte.
cindery ['sindəri], *a.* simile a (*o* che contiene) scorie (*o* cenere).
cine ['sini], *n.* (*abbr. fam. di* **cinematography**) cinematografia.
cine camera ['sini'kæmərə], *n.* cinecamera; cinepresa; macchina da presa.
cinema ['sinimə], *n.* cinematografo; cinema. ● **c.-goer**, frequentatore abituale dei cinematografi; appassionato di cinema.
Cinemascope ['sinimə'skoup], *n.* (*marchio*) cinemascope.
cinematheque ['sinimə'tek], *n.* cineteca.
cinematic [,sini'mætik], *a.* cinematografico.
cinematograph [,sini'mætəgraːf], *n.* **1** proiettore cinematografico; cineproiettore **2** (*USA*) cinecamera; macchina da presa.
to cinematograph [,sini'mætəgraː(ː)f], **A** *v. t.* cinematografare; riprendere (*scene, ecc.*) per il cinema. **B** *v. i.* fare riprese cinematografiche.
cinematographer [,sinimə'tɔgrəfə*], *n.* **1** operatore (cinematografico) **2** proiezionista; addetto alla macchina da proiezione.
cinematographic [,sini,mætə'græfik], *a.* cinematografico.
cinematography [,sinimə'tɔgrəfi], *n.* cinematografia.

cinephile ['sinəfail], *n.* cineamatore; cinefilo.
cine-projector [,sinipro'dʒektə*], *n.* proiettore cinematografico; cineproiettore.
Cinerama [,sini'ra:mə], *n.* (*marchio*) cinerama.
cineraria [,sinə'rɛəriə], *n.* (*bot.*, *Senecio cruentus*) cineraria.
cinerarium [,sinə'rɛəriəm], *n.* (*pl.* **cineraria**) urna cineraria; cinerario.
cinerary ['sinərəri], *a.* cinerario: **c. urn**, urna cineraria.
cinereous [si'niəriəs], *a.* cinereo.
Cingalese [,siŋgə'li:z], *a.* e *n.* (*invar. al pl.*) singalese, cingalese; (abitante, lingua) di Ceylon.
cinnabar ['sinəba:*], *n.* **1** (*miner.*) cinabro **2** (*arte*) cinabro; vermiglione.
cinnamon ['sinəmən], **A** *n.* (*bot.*) **1** (*Cinnamomum*) cinnamomo **2** (*Cinnamomum zeylanicum*) cannella **3** (*anche* **c. bark**) cannella. **B** *a.* color giallo-bruno (*o* cannella). ● **c. bear**, orso bruno.
cinnamonic [,sinə'mɔnik], *a.* (*bot.*) del cinnamomo.
cinque [siŋk], *n.* (il) cinque (*delle carte o dei dadi*).
cinquecentist [,tʃiŋkwe'tʃentist], *n.* (*pl.* **cinquecentists**, **cinquecentisti**) (*letter.*) cinquecentista.
cinquecento [,tʃiŋkwe'tʃentou] (*ital.*), *n.* (il) Cinquecento (*il secolo e lo stile*).
cinquefoil ['siŋkfɔil], *n.* **1** (*bot.*, *Potentilla reptans*) pentafillo; potentilla **2** (*archit.*) pentalobo; cinquefoglie **3** (*araldica*) cinquefoglie.
Cinque Ports [siŋk'pɔ:ts], *n. pl.* città portuali (*in origine cinque*) della costa sudorientale inglese, che godevano certi privilegi.
cion ['saiən], *n.* (*agric. USA*) marza; nesto.
cipher ['saifə*], *n.* **1** cifra (*segno convenzionale*); scrittura in cifra (*o* cifrata) **2** (*mat.*, *arc.*) zero; (*fig.*) persona di nessun conto; nullità **3** cifrario **4** monogramma; (lettere) iniziali intrecciate. ● **c. code**, cifrario □ **c. key**, chiave di cifrario □ **c. language**, linguaggio cifrato.
to cipher ['saifə*], **A** *v. i.* **1** (*raro*) risolvere problemi; fare calcoli **2** scrivere in cifra. **B** *v. t.* **1** (*raro*) risolvere (*un problema, ecc.*) per mezzo di calcoli matematici; calcolare **2** cifrare, trascrivere in cifra (*un messaggio, ecc.*). ● **to c. out (a sum, etc.)**, calcolare (una somma, ecc.).
cipherer ['saifərə*], *n.* cifrista.
ciphering ['saifəriŋ], *n.* **1** computazione; il far calcoli **2** cifratura.
cipolin ['sipəlin], *n.* cipollino (*marmo bianco verdastro*).
circa ['sə:kə] (*lat.*), *prep.* (*abbr.* **c.**) circa; intorno a: **He died c. 1050**, morì intorno al 1050.
Circassian [sə:'kæsiən], *a.* e *n.* circasso.
Circe ['sə:si], *n.* (*mitol.*) Circe; (*fig.*) ammaliatrice.
Circean [sə:'siən], *a.* di (*o* da) Circe; (*fig.*) ammaliatore, seducente.
circinate ['sə:sinit], *a.* (*bot.*) circinato.
circle ['sə:kl], *n.* **1** circolo, cerchio (*quasi in ogni senso, anche fig.*): **vicious c.**, circolo vizioso **2** cerchia: **Samuel Johnson and his c.**, Samuel Johnson e la sua cerchia **3** (*geogr.*) circolo; (*per estens.*) meridiano, parallelo **4** (*astron.*) orbita (*d'un pianeta*); alone **5** galleria (*di teatro*): **dress c.**, prima galleria; **upper c.**, seconda galleria **6** sfera d'influenza (*o* d'attività); cerchia **7** ciclo: **the c. of the seasons**, il ciclo delle stagioni **8** (*archeol.*) circolo di pietre monumentali **9** (*ginnastica*) (grande) volta. ● **c. line**, linea (*o* strada) circolare □ **arctic (antarctic) c.**, circolo artico (antartico) □ **to come full c.**, fare un giro completo; tornare al punto di partenza; compiere un ciclo; maturare: **The situation has come full c., now, and you will certainly get the job**, la situazione è maturata, ora, e di sicuro avrai il posto □ **family c.**, ambito familiare; (*teatr.*) seconda galleria □ (*geom.*) **great c.**, cerchio massimo □ **in artistic circles**, nel mondo dell'arte □ **in high (***o* **upper) circles**, negli ambienti aristocratici □ **polar c.**, circolo polare □ (*fam.*) **to run round in circles**, darsi un gran da fare, con scarsi risultati □ (*fig.*) **to square the c.**, fare la quadratura del cerchio; tentare l'impossibile.
to circle ['sə:kl], **A** *v. t.* **1** circondare; racchiudere **2** girare intorno a; circumnavigare: **The earth circles the sun**, la terra gira intorno al sol; **Magellan circled the earth**, Magellano circumnavigò la terra **3** (*mil.*) aggirare (*il nemico*). **B** *v. i.* **1** girare in circolo (*o* in tondo) **2** volteggiare: **The aeroplane was circling (around) above us**, l'aeroplano volteggiava sopra di noi. ● (*ginnastica*) **to c. the bar**, fare la grande volta.
circlet ['sə:klit], *n.* cerchietto, cerchiello (*specialm. ornamentale*).
circlewise ['sə:klwais], *avv.* in cerchio; in tondo.
circs [sə:ks], *n. pl.* (*abbr. fam. di* **circumstances**) circostanze.
circuit ['sə:kit], *n.* **1** circuito (*elettr.*, *sport*); giro perimetrale; cinta (*delle mura*): **external c.**, circuito esterno; **hydraulic c.**, circuito idraulico **2** giro (*per lavoro, d'ispezione, di spettacoli, ecc.*); serie; tournée: **We made a c. of New York State**, facemmo un giro nello Stato di New York; **The captain made a c. of the trenches**, il capitano fece un giro d'ispezione delle trincee; **That actor is on a regular c. in Wales**, quell'attore sta facendo una serie di spettacoli nel Galles **3** viaggio di trasferta (*di un giudice itinerante o di un predicatore*); distretto (*affidato ad un giudice*): **Once judges rode their circuits**, una volta i giudici facevano a cavallo i loro viaggi per servizio **4** (*astron.*) rivoluzione: **The moon's c. of the earth is shorter than that of the earth around the sun**, la rivoluzione della luna attorno alla terra è più corta di quella della terra attorno al sole **5** (*comm.*) organizzazione, catena (*di teatri, cinema, ecc.*) **6** (*sport: autom.*) giro **7** (*fig.*) rigiro; ambage. ● (*elettr.*) **c. breaker**, interruttore □ (*radio*, *telev.*) **c. diagram**, schema di montaggio □ (*USA*) **c. rider**, (*un tempo*) ministro del culto metodista che viaggiava a cavallo (*nel suo distretto*) □ (*elettr.*) **short c.**, corto circuito.
circuitous [sə(:)'kju:itəs], *a.* indiretto, tortuoso (*anche fig.*); che fa un ampio giro; preso alla larga: **We followed a c. line**, facemmo un lungo giro (*per raggiungere la meta*). ● **c. in speech**, che parla in modo tortuoso; che fa lunghe perifrasi.
circuitousness [sə(:)'kju:itəsnis], **circuity** [sə(:)'kju:iti(:)], *n.* tortuosità; l'essere indiretto.
circular ['sə:kjulə*], **A** *a.* **1** circolare: **a c. orbit**, un'orbita circolare; **a c. letter**, una (lettera) circolare; **a c. ticket**, un biglietto (ferroviario) circolare; **a c. note**, una lettera circolare di credito; **a c. saw**, una sega circolare; **a c. tour (trip)**, un viaggio circolare **2** indiretto; tortuoso **3** che non approda a conclusioni e che torna al punto di partenza: **c. argument**, circolo vizioso. **B** *n.* **1** (*autom.*) circonvallazione; (raccordo) anulare: **the South (the North) C.**, l'anulare sud (nord: *a Londra*; *sono i due semianelli*) **2** (*comm.*) circolare (pubblicitaria, ecc.). ● (*sport: autom.*) **c. course**, circuito chiuso □ (*mat.*) **c. function**, funzione periodica □ **to be c. in speech**, parlare in modo contorto □ **c. staircase**, scala a chiocciola.
circularity [,sə:kju'læriti], *n.* l'essere circolare; forma circolare.
to circularize [,sə:kjuləraiz], *v. t.* (*comm.*) mandare circolari a (q.).
to circulate ['sə:kjuleit], **A** *v. i.* **1** circolare **2** diffondersi; divulgarsi: **The news of his arrival soon circulated through the town**, la notizia del suo arrivo si diffuse subito per la città. **B** *v. t.* far circolare; mettere in circolazione; diffondere: **Never c. gossip!**, non diffondere mai pettegolezzi! ● (*econ.*) **circulating capital**, capitale circolante □ **circulating library**, biblioteca circolante □ (*fin.*) **circulating medium**, circolante.
circulation [,sə:kju'leiʃən], *n.* **1** circolazione (*in ogni senso*) (*econ.*) **c. of money**, circolazione monetaria **2** diffusione, divulgazione (*di notizie, ecc.*) **3** tiratura, diffusione (*specialm. di un giornale*): **This newspaper has a c. of about six hundred thousand**, questo giornale ha una tiratura di circa seicentomila copie **4** (*mat.*) circuitazione.
circulator ['sə:kju(:)leitə*], *n.* **1** chi mette in circolazione monete, diffonde notizie, ecc. **2** (*mat.*) funzione periodica.
circulatory ['sə:kju'leitəri], *a.* (*scient.*) circolatorio.
circumambiency [,sə:kəm'æmbjənsi], *n.* **1** l'essere circostante **2** ciò che ci circonda; ambiente.
circumambient [,sə:kəm'æmbiənt], *a.* circostante.
to circumambulate [,sə:kəm'æmbjuleit], *v. t.* e *i.* (*lett. e scherz.*) **1** girare attorno (a) **2** (*fig.*) menar il can per l'aia; tergiversare.
circumambulation [,sə:kəm,æmbju'leiʃən], *n.* **1** il girare attorno **2** (*fig.*) tergiversazione.
circumambulatory [,sə:kəm'æmbjulətəri], *a.* indiretto; tortuoso; (*fig.*) che tergiversa.
to circumcise ['sə:kəmsaiz], *v. t.* **1** circoncidere **2** (*fig., Bibbia*) purificare: **to c. the heart**, purificare il cuore.
circumcision [,sə:kəm'siʒən], *n.* **1** circoncisione **2** (*fig., Bibbia*) purificazione **3** — (*collett.*) **the C.**, gli Ebrei.
circumference [sə'kʌmfərəns], *n.* (*geom.*) circonferenza.
circumferential [,səkəmfə'renʃəl], *a.* (*geom.*) della circonferenza.
circumflection [,sə:kəm'flekʃən], *V.* **circumflexion.**
circumflex ['sə:kəmfleks], **A** *n.* (*fon.*) accento circonflesso. **B** *a.* circonflesso: (*fon.*) **c. accent**, accento circonflesso; (*anat.*) **c. nerve**, nervo circonflesso.
to circumflex ['sə:kəmfleks], *v. t.* (*fon.*) conflettere.
circumflexion [,sə:kəm'flekʃən], *n.* circonflessione.
circumfluence [sə'kʌmfluəns], *n.* conflluenza.
circumfluent [sə'kʌmfluənt], *a.* confluente; che fluisce intorno e circola.
to circumfuse [,sə:kəm'fju(:)z], *v. t.* **1** spargere (*o* versare) intorno **2** (*fig.*) confondere: **circumfused with light**, circonfuso di luce.
circumjacent [,səkəm'dʒeisənt], *a.* adiacente; contiguo.
circumlocution [,səkəmlə'kju:ʃən], *n.* circonlocuzione.
circumlocutionist [,sə:kəmlə'kju(:)ʃənist], *n.* persona amante delle circonlocuzioni.

circumlocutory [ˌsəːkəmˈlɔkjutəri], *a.* circonlocutorio.
to circumnavigate [ˌsəːkəmˈnævigeit], *v. t.* circumnavigare.
circumnavigation [ˈsəːkəmˌnæviˈgeiʃən], *n.* circumnavigazione.
circumnavigator [ˌsəːkəmˈnævigeitə*], *n.* circumnavigatore.
circumplanetary [ˌsəːkəmˈplænitəri], *a.* (*astron.*, *miss.*) circumplanetario.
circumpolar [ˌsəːkəmˈpoulə*], *a.* (*astron.*) circumpolare.
to circumscribe [ˈsəːkəmskraib], *v. t.* **1** (*anche geom.*) circoscrivere **2** incidere, scrivere (*sull'orlo d'una moneta*) **3** definire; limitare; restringere.
circumscription [ˌsəːkəmˈskripʃən], *n.* **1** circoscrizione; territorio circoscritto **2** limite; confine **3** iscrizione (*sull'orlo di una moneta*) **4** definizione; limitazione; restrizione.
circumsolar [ˌsəːkəmˈsoulə*], *a.* (*astron.*) circumsolare.
circumspect [ˈsəːkəmspekt], *a.* circospetto; cauto; guardingo.
circumspection [səːkəmˈspekʃən], *n.* circospezione; cautela.
circumspective [ˌsəːkəmˈspektiv], *a.* circospetto.
circumspectness [ˈsəːkəmspektnis], *V.* **circumspection.**
circumstance [ˈsəːkəmstəns], *n.* **1** (*di solito al pl.*) circostanza; occasione, caso; fatto; condizione; stato; particolare: **He wanted to know all the circumstances**, volle conoscere tutti i particolari; **The c. that he did not come is of paramount importance**, il fatto che egli non venne è di capitale importanza; **in** (*o* **under**) **the circumstances**, date le circostanze; **in** (*o* **under**) **no circumstances**, in nessuna occasione; in nessun caso **2** (*pl.*) condizioni finanziarie: **He is in bad** (*o* **reduced, straitened**) **circumstances**, si trova in cattive condizioni finanziarie (*o* in ristrettezze) **3** abbondanza di particolari: **The story was told with great c.**, la storia fu narrata con grande abbondanza di particolari **4** cerimonia; pompa, etichetta: **with pomp and c.**, con grande pompa; **without c.**, senza cerimonie; senza complimenti.
to circumstance [ˈsəːkəmstəns], *v. t.* (*raro*) mettere in determinate circostanze (*o* condizioni); determinare.
circumstanced [ˈsəːkəmstənst], *a.* **1** che si trova in una certa condizione finanziaria: **He is well c.**, è in buone condizioni finanziarie **2** circostanziato; particolareggiato.
circumstantial [ˌsəːkəmˈstænʃəl], *a.* **1** circostanziato; particolareggiato; ricco di particolari: **a c. report**, un rapporto circostanziato; **a c. story**, una storia ricca di particolari **2** (*leg.*) indiziario: **c. evidence**, prove indiziarie **3** secondario; di secondaria importanza; incidentale; accessorio.
circumstantiality [ˌsəːkəmˌstænʃiˈæliti], *n.* **1** l'essere circostanziato (*o* particolareggiato); ricchezza di particolari **2** particolare; dettaglio **3** l'essere incidentale (*o* accessorio).
to circumstantiate [ˌsəːkəmˈstænʃieit], *v. t.* **1** circostanziare; dettagliare; precisare **2** avvalorare, suffragare (*una tesi, una teoria, ecc.*).
circumstellar [ˌsəːkəmˈstelə*], *a.* (*astron.*) circumstellare: **c. dust**, polvere circumstellare.
circumterrestrial [ˌsəːkəmtiˈrestriəl], *a.* (*astron.*, *miss.*) circumterrestre.
to circumvallate [ˌsəːkəmˈvæleit], *v. t.* (*mil.*) cingere di mura, di trincee, ecc.; circonvallare.
circumvallation [ˌsəːkəmvəˈleiʃən], *n.* (*mil.*) cerchia di mura, di trincee, ecc.; circonvallazione.
to circumvent [ˌsəːkəmˈvent], *v. t.* **1** circonvenire; circuire; insidiare; raggirare **2** aver la meglio su (q.); intrappolare **3** impedire (*che q.c. avvenga*); frustrare (*speranze*); eludere (*la legge*). ● **to c. an obstacle**, aggirare un ostacolo.
circumvention [ˌsəːkəmˈvenʃən], *n.* circonvenzione; il circuire; l'essere circuito; raggiro.
circumvolution [ˌsəːkəmvəˈluːʃən], *n.* **1** circonvoluzione; avvolgimento **2** l'essere avvolto **3** piega; spira **4** rotazione; moto rotatorio.
circus [ˈsəːkəs], *n.* **1** circo; anfiteatro; circo equestre **2** piazza più o meno rotonda nella quale confluiscono più strade (*per es.*: **Piccadilly C.**, *a Londra*) **3** (*geogr.*) cerchio, anfiteatro (*di monti, colline*).
cirque [səːk], *n.* **1** (*poet.*) cerchio; anello **2** (*geogr.*) circo glaciale.
cirrhosis [siˈrousis], *n.* (*pl.* **cirrhoses**) (*med.*) cirrosi: **c. of the liver**, cirrosi epatica.
cirrhotic [siˈroutik], *a. e n.* (*med.*) cirrotico.
cirriform [ˈsirifɔːm], *a.* (*scient.*) cirriforme.
cirripeds [ˈsiripedz], *n. pl.* (*zool.*, *Cirripedia*) cirripedi.
cirrocumulus [ˈsirouˈkjuːmjuləs], *n.* (*pl.* **cirrocumuli**) (*meteorologia*) cirrocumulo.
cirrose [siˈrous], **cirrous** [ˈsirəs], *a.* (*scient.*) cirroso.
cirrostratus [ˈsirouˈstreitəs], *n.* (*pl.* **cirrostrati**) (*meteorologia*) cirrostrato.
cirrus [ˈsirəs], *n.* (*pl.* **cirri**) (*meteorologia, biol.*) cirro.
cisalpine [sisˈælpain], *a.* cisalpino.
cislunar [sisˈluːnə*], *a.* (*astron.*, *miss.*) cislunare.
cismontane [sisˈmɔntein], *a.* cismontano.

cispadane [ˈsispədein], *a.* cispadano.
cist [sist], *n.* (*archeol.*) **1** cista **2** tomba preistorica (*di pietra*).
Cistercian [sisˈtəːʃən], *a. e n.* (*monaco*) cistercense.
cistern [ˈsistən], *n.* **1** cisterna; serbatoio d'acqua **2** vaschetta (*di sciacquone*) **3** vaschetta (*di barometro*).
cistus [ˈsistəs], *n.* (*bot.*, *Cistus*) cisto.
citable [ˈsaitəbl], *a.* **1** citabile **2** encomiabile.
citadel [ˈsitədl], *n.* cittadella; fortezza; roccaforte (*anche fig.*).
citation [saiˈteiʃən], *n.* **1** citazione; (*leg.*) citazione, ordine di comparizione **2** (*mil. USA*) encomio.
to cite [sait], *v. t.* **1** (*anche leg.*) citare **2** (*mil. USA*) encomiare; menzionare a titolo d'onore (*in un rapporto ufficiale*).
cither [ˈsiθə*], **cithern** [ˈsiθən], *n.* (*mus.*) cetra.
citified [ˈsitiˌfaid], *a.* (*spesso spreg.*) di città; da cittadino; cittadinesco (*raro*); alla cittadina; sofisticato.
to citify [ˈsitiˌfai], *v. t.* rendere cittadino (*o* cittadinesco); rendere sofisticato.
citizen [ˈsitizn], *n.* **1** cittadino; abitante (*di un dato luogo*) **2** civile, borghese (*contrapposto a militare*). ● **c. of the world**, cittadino del mondo; cosmopolita ● **fellow c.**, concittadino.
citizenhood [ˈsitizənhud], *n.* cittadinanza.
citizenry [ˈsitizənri], *n.* cittadinanza (*il complesso dei cittadini*).
citizenship [ˈsitizənʃip], *n.* cittadinanza (*l'esser cittadino*). ● **c. papers**, documenti di cittadinanza ◻ **good c.**, civismo.
citrate [ˈsitrit], *n.* (*chim.*) citrato.
citric [ˈsitrik], *a.* (*chim.*) citrico: **c. acid**, acido citrico.
citrin [ˈsitrin], *n.* (*biol.*) citrina.
citrine [siˈtriːn], **A** *a.* citrino; (color) giallo verdastro. **B** *n.* (*miner.*) citrino.
citron [ˈsitrən], **A** *n.* **1** (*bot.*, *Citrus medica*) cedro **2** scorza di cedro candita. **B** *a. e n.* (color) citrino; (color) giallo verdastro.
citronella [ˌsitrəˈnelə], *n.* **1** (*chim.*) olio essenziale di citronella **2** (*bot.*, *Cymbopogon nardus*) citronella; nardo.
citrous [ˈsitrəs], *a.* degli (o relativo agli) agrumi. ● (*agric.*) **c. area**, zona agrumicola ◻ (*bot.*) **c. tree**, pianta di agrumi.
citrus [ˈsitrəs], *n.* (*pl.* **citruses, citrus**) agrume. ● **c. fruits**, agrumi ● **c. fruit grower**, agrumicoltore ◻ **c. fruit growing**, agrumicoltura ◻ **c. plantation**, agrumeto.
cittern [ˈsitəːn], *V.* **cither.**
city [ˈsiti], *n.* città (*che gode determinati privilegi statutari conferiti dallo Stato o dalla Corona*). ● **the C.**, il centro finanziario e commerciale di Londra (*l'antica città murata*) ◻ **c. boundary**, cinta daziaria ◻ **c. council**, consiglio municipale (*in G.B.*) ● **c. editor**, redattore finanziario (*di un quotidiano o d'un settimanale*) ◻ (*in USA*) **c. editor**, capocronista ◻ (*retor. USA*) **c. father**, notabile cittadino ◻ **c. hall**, municipio (*sede dell'*) amministrazione locale cittadina ◻ **C. man**, commerciante, banchiere, ecc., della «City» di Londra ◻ **c.-owned enterprise**, azienda municipalizzata ◻ **c. plan**, planimetria di città; piano regolatore ◻ **c. planner**, urbanista ◻ **c. planning**, urbanistica ◻ (*fam.*) **c. slicker**, chi è cittadino e sofisticato; chi è untuoso e insincero ◻ **the Holy C.**, la Città Santa; Gerusalemme.
civet [ˈsivit], *n.* **1** (*zool.*, *Civettictis civetta*; *anche* **c. cat**) civetta; zibetto **2** (*zool.*, *Bassariscus astutus*; *anche* **c. cat**) bassarisco astuto **3** zibetto (*profumo*).
civic [ˈsivik], *a.* civico; civile: **c. virtues**, virtù civiche, civili. ● **c. centre**, quartiere dove hanno sede uffici e pubbliche istituzioni ◻ (*teatr.*) **c. company**, compagnia stabile ◻ (*stor.*) **c. crown**, corona civica ◻ **c.-minded**, che ha senso civico.
civics [ˈsiviks], *n. pl.* (*col verbo al sing.*) **1** educazione civica (*materia d'insegnamento*) **2** (*USA*) lo studio dell'operato del governo.
civies [ˈsiviːz], *V.* **civvies.**
civil [ˈsivl], *a.* civile (*quasi in ogni senso*); gentile, cortese: **a c. answer**, una risposta civile, garbata; **c. engineering**, ingegneria civile; **c. law**, diritto civile; **c. year**, anno civile (*365 giorni*); **c. war**, guerra civile. ● **c. death**, perdita dei diritti civili; morte civile ◻ **c. defence**, difesa territoriale; protezione civile ◻ **c. disobedience**, disubbidienza civile ◻ **c. engineer**, ingegnere civile ◻ **the c. engineers**, il genio civile ◻ **c. list**, appannaggio della casa reale; lista civile ◻ **c. magistrates**, magistratura civile (*o* naturale, normale) ◻ **c. marriage**, matrimonio civile ◻ (*leg.*) **c. servant**, funzionario pubblico; impiegato statale ◻ **the C. Service**, l'amministrazione statale; la burocrazia.
civilian [siˈviljən], **A** *a.* civile; borghese (*non militare*); da borghese: **His c. occupation was teaching**, da borghese, la sua occupazione era l'insegnamento. **B** *n.* **1** civile; borghese (*non militare*) **2** (*leg.*) civilista. ● **a c. pilot**, un pilota civile ◻ (*fin.*) **c. spending**, investimenti civili.
to civilise [ˈsivilaiz], *e deriv. V.* **to civilize**, *e deriv.*
civility [siˈviliti], *n.* civiltà; cortesia; educazione; garbo.
civilizable [ˈsiviˌlaizəbl], *a.* civilizzabile.
civilization [ˌsivilaiˈzeiʃən], *n.* **1** incivilimento; civilizzazione **2** civiltà; (*collett.*) i paesi civili: **ancient civilizations**, le civiltà anti-

civilize

che; **C. is horrified at the prospect of atomic warfare**, la civiltà inorridisce di fronte alla prospettiva della guerra atomica.
to civilize ['sivilaiz], *v. t.* incivilire; civilizzare; ingentilire.
civilized ['sivilaizd], *a.* civilizzato; civile. ● **to become c.**, incivilirsi.
civilly ['sivili], *avv.* **1** civilmente; cortesemente; educatamente, garbatamente **2** (*leg.*) civilmente; secondo il diritto civile.
civism ['sivizəm], *n.* civismo.
civvies ['sivi:z], *n. pl.* (*pop.*) abito civile (*o* borghese). ● **to put on c.**, mettersi in borghese.
civvy street ['sivi'stri:t], *n.* (*pop.*) vita borghese (*non militare*).
clack [klæk], *n.* **1** rumore forte, secco; schianto; schiocco (*della frusta, della lingua*) **2** chiacchierio; schiamazzo **3** chiocciolio (*della gallina*).
to clack [klæk], *v. i.* **1** fare un rumore forte, secco (*come di zoccoli sul pavimento*); schioccare; tempestare (*fig.*): **clacking teleprinters**, telescriventi che tempestano (*battono furiosamente*) **2** chiacchierare ad alta voce; blaterare; schiamazzare **3** chiocciare (*di gallina*).
clad [klæd], **A** *pass.* e *p. p. arc.* di **to clothe**. **B** *a.* **1** vestito: **well--c. girls**, ragazze vestite bene **2** rivestito **3** (*di metallo*) placcato. ● **ivy-c.**, coperto d'edera.
to claim [kleim], *v. t.* **1** chiedere, esigere (*il riconoscimento di un diritto, la restituzione di q.c., ecc.*); rivendicare: **Nobody claimed that wallet**, nessuno chiese (la restituzione di) quel portafoglio **2** rivendicare; vantare; affermare, asserire, sostenere (*q.c. o d'aver fatto q.c., ecc.*): **Both parties c. the victory**, entrambi i partiti rivendicano la vittoria; **He claims the record in the high jump**, sostiene di detenere il primato nel salto in alto; **to c. accuracy**, affermare di dire cose esatte (*o* di aver fatto q.c. con accuratezza) **3** richiedere; meritare: **The economic crisis must c. everyone's attention**, la crisi economica richiede d'essere seguita attentamente da tutti. ● **to c. back**, reclamare, pretendere la restituzione di; ripetere (*leg.*) □ (*ass.*) **to c. damages**, reclamare i danni; chiedere il risarcimento dei danni □ **to c. one's due**, chiedere ciò che ci è dovuto; rivendicare i propri diritti □ **to c. responsibility for sb.'s assassination**, rivendicare l'uccisione di q.
claim [kleim], *n.* **1** rivendicazione, affermazione (*d'un diritto*); richiesta, domanda (*di riconoscimento d'un diritto*); vanto **2** diritto (*di cui si chiede il riconoscimento*): **He has no c. on me**, non ha alcun diritto su di me (non sono tenuto ad aiutarlo, ecc.); **He has no c. to the property**, non ha alcun diritto sulla proprietà **3** (*comm.*) reclamo: **to lodge a c.**, presentare un reclamo **4** (*leg.*) cosa rivendicata di cui si afferma il diritto di proprietà **5** (*leg.*) eccezione; istanza; ricorso **6** (*ass.*) richiesta di risarcimento; denuncia di sinistro **7** concessione (*mineraria*): **to stake out a c.**, segnare (con paletti, ecc.) i confini di una concessione mineraria. ● (*ass., naut.*) **c. agent**, commissario d'avaria □ (*fin.*) **c. for discharge**, domanda di sgravio □ **c. form**, modulo per ricorsi □ (*USA*) **c. jumper**, chi s'appropria d'un terreno minerario altrui □ (*USA*) **c. holder**, concessionario di miniere □ (*fin.*) **c. secured by bond**, credito privilegiato □ **to lay a c. on** (*o* **to stake a c. to**) **st.**, avanzare pretese su, rivendicare, vantare il proprio diritto a q.c.: **I laid no c. on her indulgence**, non pretendevo che fosse indulgente con me; **He staked a c. to the estate**, rivendicò il suo diritto alla proprietà □ (*ass.*) **no c. bonus**, abbuono in assenza di sinistri □ (*ass.*) **no c. discount**, sconto per mancanza di sinistri.
claimable ['kleiməbl], *a.* rivendicabile; esigibile.
claimant ['kleimənt], *n.* **1** rivendicatore; chi fa un ricorso (*per ottenere q.c.*); ricorrente **2** (*leg.*) attore (*in giudizio*). ● (*leg.*) **the rightful c.**, l'avente diritto.
Claire [klɛə*], *n.* Clara; Chiara.
clairvoyance [klɛə'vɔiəns] (*franc.*), *n.* chiaroveggenza.
clairvoyant [klɛə'vɔiənt] (*franc.*), *a.* e *n.* chiaroveggente.
clam (1) [klæm], *n.* **1** (*zool.*) mollusco bivalve; bivalve edule **2** (*pl.*) molluschi; frutti di mare **3** (*fig., pop.*) acqua cheta (*fig.*). ● (*USA*) **c. house**, ristorante specializzato in frutti di mare □ **c. shell**, valva di mollusco.
to clam [klæm], *v. i.* cercare (*o* raccogliere) molluschi. ● (*pop.*) **to c. up**, zittirsi; non fiatare □ **to go clamming**, cercare molluschi.
clam (2) [klæm], *V.* **clamp (1)**.
clamant ['kleimənt], *a.* **1** rumoroso; chiassoso **2** pressante; insistente; urgente.
clambake ['klæmbeik], *n.* (*USA*) **1** picnic in riva al mare **2** (*fam.*) festino, party assai divertente **3** (*fam.*) riunione chiassosa.
to clamber ['klæmbə*], *v. i.* arrampicarsi (*con mani e piedi o con difficoltà*): **to c. up a scaffold**, arrampicarsi su un'impalcatura.
clamber ['klæmbə*], *n.* l'arrampicarsi; arrampicata difficile.
clamminess ['klæminis], *n.* viscidità; viscosità.
clammy ['klæmi], *a.* viscido; vischioso, viscoso; appiccicaticcio.

clamor, to clamor ['klæmə*], (*USA*) *V.* **clamour, to clamour**.
clamorous ['klæmərəs], *a.* **1** clamoroso; chiassoso; rumoreggiante; schiamazzante; vociante: **a c. crowd**, una folla rumoreggiante **2** che chiede; che protesta; importuno; insistente.
clamour ['klæmə*], *n.* **1** clamore; schiamazzo; vocio **2** richiesta (*fatta in modo rumoroso*); lagnanza; rimostranza.
to clamour ['klæmə*], **A** *v. i.* **1** fare un grande clamore; rumoreggiare; schiamazzare; vociare **2** protestare (*contro q. o q.c.*); far rimostranze (*a gran voce*) **3** — **to c. for**, chiedere, invocare, fare appello a (*a gran voce*). **B** *v. t.* esprimere (*disapprovazione, ecc.*) con clamori. ● **to c. sb. down**, mettere a tacere q. con alte grida; subissare q. di grida (di disapprovazione) □ **to c. sb. into** (**out of**) **st.**, far fare (impedire di fare) q.c. a q., a forza di urli.
clamp (1) [klæmp], *n.* **1** grappa (*di ferro*); (*mecc.*) morsetto, morsa (*a vite*); pinza; ganascia: **a skate with clamps**, un pattino a ganasce **2** (*elettr.*) morsetto; serrafilo **3** (*naut., anche* **c. strake**) controdormiente; sottodormiente. ● (*fam.*) **c.-down**, giro di vite, stretta di freni (*fig.*) □ (*tecn.*) **c. jaw**, tenaglia □ (*mecc.*) **c. screw**, vite di contatto □ **adjustable c.**, morsetto a mano.
to clamp (1) [klæmp], *v. t.* **1** bloccare; chiudere (*con una grappa*); stringere (*in una morsa o come in una morsa*) **2** imporre (*una legge, ecc.*) con la forza. ● (*fam.*) **to c. down on sb.**, stringere i freni nei confronti di q.; dare un giro di vite a q. (*fig.*).
clamp (2) [klæmp], *n.* passo pesante, cadenzato.
to clamp (2) [klæmp], *v. i.* camminare con passo pesante, cadenzato.
to clamp (3) [klæmp], *v. t.* accumulare; ammucchiare.
clamping ['klæmpiŋ], *n.* (*mecc.*) bloccaggio.
clan [klæn], *n.* **1** clan; gruppo di famiglie (*scozzesi*); tribù **2** (*fig.*) gruppo di persone unite da comuni interessi **3** (*fam.*) cricca; congrega.
clandestine [klæn'destin], *a.* clandestino: **c. press**, stampa clandestina.
clandestineness [klæn'destinis], *n.* clandestinità.
clandestinity [,klændə'stiniti], *n.* clandestinità.
clang [klæŋ], *n.* **1** suono squillante; clangore; fragore **2** (*di un veicolo*) sferragliamento.
to clang [klæŋ], **A** *v. i.* **1** risuonare con clangore, fragore; echeggiare **2** (*di un veicolo*) sferragliare. **B** *v. t.* **1** far risuonare; suonare (*in modo da far strepito*) **2** chiudere, sbattere fragorosamente: **He clanged the gate in my face**, mi sbatté il cancello in faccia. ● **to c. the bell**, scampanellare.
clanger ['klæŋə*], *n.* (*fam. ingl.*) errore madornale; strafalcione; svarione: **to drop a c.**, fare uno strafalcione.
clangor, clangour ['klæŋgə*], *n.* clangore; fragore.
clangorous ['klæŋgərəs], *a.* che risuona con clangore; fragoroso.
clank [klæŋk], *n.* rumore metallico (*acuto, ma breve*): **the c. of chains**, il rumore delle catene.
to clank [klæŋk], *v. t.* e *i.* (far) risuonare (*catene, ecc.*) con suono metallico; sferragliare.
clanking ['klæŋkiŋ], *n.* rumore (*o* suono) metallico; sferragliamento.
clannish ['klæniʃ], *a.* **1** di clan **2** che ha spirito di clan (*o* di corpo); che sente la solidarietà di gruppo, familiare, ecc.; di cricca; di chiesuola.
clannishness ['klæniʃnis], *n.* solidarietà di clan; spirito di corpo; tendenza a formare (*o* a frequentare) chiesuole (*o* gruppi ristretti).
clanship ['klæn-ʃip], *n.* **1** sistema del clan (*in Scozia*) **2** divisione in gruppi avversi **3** attaccamento a un capo (*di clan, cricca, ecc.*).
clansman ['klænzmən], *n.* (*pl.* **clansmen**) membro di un clan.
clap (1) [klæp], *n.* **1** colpo secco; scoppio; applauso; battimano: **a c. of thunder**, uno scoppio di tuono; **There weren't many claps**, ci furono pochi applausi **2** colpo (*dato con il palmo della mano, anche in segno d'affetto o incoraggiamento*); colpetto; manata. ● **c.-net**, rete da uccellatore (*da entomologo*) □ (*cinem.*) **c.-sticks**, ciac □ **thunder-c.**, tuono.
to clap [klæp], *v. t.* e *i.* **1** battere (*le mani; per applaudire, riscaldarle, ecc.; anche, le ali*) **2** (*anche* **to c. hands**) battere le mani; applaudire: **As the curtain went down, everyone clapped hands**, quando calò il sipario, tutti applaudirono **3** (*anche* **to c. on the back**) battere sulla schiena (*o* sulla spalla) di q. (*per incoraggiarlo, ecc.*): **I clapped him for luck**, gli battei la mano sulla spalla in segno d'augurio **4** applicare, mettere, portare, fare (q.c.) in gran fretta, a precipizio: **to c. on all the sails**, spiegare in fretta tutte le vele; **to c. up a bargain**, fare un affare in modo avventato (*o* a precipizio, alla cieca). ● **to c. sb.'s cheek**, dare un buffetto affettuoso a q. □ (*fam.*) **to c. eyes on**, buttare, gettare l'occhio su; scorgere, vedere □ **to c. hold of**, afferrare bruscamente □ **to c. sb. into jail**, gettare q. in carcere; sbattere q. in prigione (*pop.*) □ (*della porta*) **to c. to**, chiudersi; sbattere con violenza.

clap (2) [klæp], *n.* (*volg.*) gonorrea; scolo (*volg.*).
clapboard ['klæpbɔːd], *n.* **1** assicella per rivestimento esterno **2** doga (*da botti*).
to clapboard ['klæpbɔːd], *v. t.* rivestire d'assicelle (*V.* **clapboard**).
clapped-out ['klæptaut], *a.* **1** (*pop.*) rovinato; sciupato; sgangherato **2** (*fam.*) esausto; stanco.
clapper ['klæpə*], *n.* **1** chi batte le mani; chi applaude **2** battaglio (*di campana*) **3** battente (*di porta*) **4** raganella **5** (*pop.*) lingua **6** (*cinem.*) ciac **7** (*teatr.*) membro della claque; clacchista. ● (*fam.*) **to run like the clappers**, correre a più non posso.
clapperboard ['klæpəbɔːd], *n.* (*cinem.*) ciac.
to clapperclaw ['klæpəklɔː], *v. t.* (*arc.*) **1** artigliare; graffiare **2** (*fig.*) dir male di (*q.*); criticare (*o* rimproverare) aspramente.
claptrap ['klæp-træp], *n.* imbonimento; sproloquio; sfilza di paroloni.
claque [klæk] (*franc.*), *n.* claque.
claqueur [kla'kœːr] (*franc.*), *n.* claqueur; clacchista.
Clare [klɛə*], *n.* Clara; Chiara.
Clarendon ['klærəndən], *n.* (*tipogr.*) Clarendon (*tipo di carattere, ora poco usato*).
Clarendonian [,klærən'dounjən], *n.* (*geol.*) Clarendoniano.
claret ['klærət], **A** *n.* **1** chiaretto; vino rosso (*in origine, di Borgogna*) **2** (*color*) rosso violaceo. **B** *a.* (*color*) rosso violaceo; paonazzo. ● **c. cup**, bevanda di vino rosso, succo di limone, brandy, zucchero e acqua di selz.
clarificant [klæ'rifikənt], *n.* (*tecn.*) chiarificante (*sostanza*).
clarification [,klærifi'keiʃən], *n.* **1** chiarificazione **2** chiarimento.
clarifier ['klærifaiə*], *n.* **1** chiarificatore **2** (*tecn.*) chiarificatore (*apparecchio*).
to clarify ['klærifai], **A** *v. t.* **1** chiarificare; purificare; (*pop.*) schiarire (*un liquido, ecc.*) **2** chiarire: **You must c. your meaning**, devi chiarire il significato delle tue parole. **B** *v. i.* **1** chiarificarsi **2** chiarirsi; schiarirsi; diventare limpido. ● (*ind. alimentare*) **clarifying agents**, agenti chiarificanti.
clarinet [,klæri'net], *n.* (*mus.*) clarinetto.
clarinettist [,klæri'netist], *n.* clarinettista.
clarion ['klæriən], *n.* **1** tromba militare (*antica*); chiarino; chiarina **2** squillo di chiarina. **B** *a. attr.* squillante. ● **a c. call**, uno squillo di tromba; (*fig.*) un fervido appello.
clarity ['klæriti], *n.* chiarezza; chiarità (*raro*); lucidità (*fig.*).
clarts [klaːts], *n. pl.* (*col verbo al sing.*) (*scozz.*) fango; mota; sudiciume.
clarty ['klaːti], *a.* (*scozz.*) fangoso; sudicio.
clary ['klɛəri], *n.* (*bot., Salvia sclarea*) sclarea; erba moscatella.
to clash [klæʃ], **A** *v. i.* **1** cozzare; collidere; sbattere; scontrarsi; urtarsi: **The daggers clashed together**, i pugnali cozzarono l'uno contro l'altro **2** rumoreggiare; stridere: **The gears clashed as the car sped along**, gl'ingranaggi stridettero mentre l'automobile s'allontanava velocemente **3** (*fig.*) essere in disaccordo (*o* in contrasto); non andare d'accordo; fare a pugni, stridere: **These colours c.**, questi colori fanno a pugni tra loro. **B** *v. t.* **1** battere, urtare, chiudere, far cadere, ecc., rumorosamente: **to c. horns** (**cymbals, weapons, etc.**), battere insieme le corna (i piatti musicali, le armi, ecc.) **2** suonare a stormo (*le campane*). ● **to c. the door**, sbattere la porta □ (*autom.*) **to c. the gears**, far grattare le marce □ **to c. into** (*o* **against**), precipitarsi contro; scontrarsi con; attaccare; andare alla carica di.
clash [klæʃ], *n.* **1** rumore metallico; clangore; suono discordante; frastuono: **the c. of swords**, il clangore delle spade; **the c. of gears**, lo stridore degli ingranaggi **2** cozzo; collisione; scontro; urto (*anche fig.*): **a c. of ideas**, uno scontro d'idee **3** (*fig.*) disaccordo; grande diversità: **the c. of styles**, la grande diversità di stili.
clashing ['klæʃiŋ], *a.* opposto; contrario; contrastante.
clasp [klaːsp], *n.* **1** fermaglio, borchia; fibbia; gancio; spilla **2** abbraccio; stretta (*di mano*). ● **c. knife**, coltello a serramanico.
to clasp [klaːsp], *v. t.* **1** fermare; affibbiare; agganciare **2** stringere; abbracciare: **I clasped her in my arms**, la strinsi fra le braccia. ● **to c. hands** (*o* **to c. sb.'s hand**), stringersi la mano; (*fig.*) fare causa comune □ **to c. one's hands**, giungere le mani (*allacciando le dita*).
clasper [klaːspə*], *n.* **1** chi stringe; chi abbraccia **2** (*pl., zool.*) appendici prensili (*di pesci o insetti*) **3** (*pl., bot.*) viticci.
class [klaːs], *n.* **1** classe (*in ogni senso*): **the middle c.**, il ceto medio; la borghesia; **the working c.**, la classe operaia; **They called up the c. of 1959**, chiamarono alle armi la classe del 1959; **first c.**, prima classe; **tourist c.**, classe turistica; **a first-c. ticket**, un biglietto di prima classe; **That woman has no (real) c.**, quella donna non ha (vera) classe **2** divisione (*della società*) in classi; sistema classista; classismo **3** (*USA*) gruppo di studenti che si laureano (*o* si laurearono) nella stessa sessione: **the c. of 1970**, i laureati del 1970 **4** (*in G.B.*) voto di laurea (*nelle lauree «with honours»*): **a first-c. honours degree**, una laurea a pieni voti **5** lezione; corso: **What time do classes begin?**, a che ora cominciano le lezioni?; **to take classes in French**, seguire corsi di francese **6** ordine; qualità; classe; serie (*fig.*): **a second-c. cabinet**, un governo di serie B; **He is a first-c. actor**, è un attore di prim'ordine; **low-c. goods**, merce di qualità scadente. ● **c.-book**, libro di testo usato in classe; registro di classe e dei voti; annuario (*d'una classe*) □ **c.-conscious**, che ha coscienza di classe; classista □ **c.-consciousness**, coscienza di classe; classismo □ **c. fellow**, compagno di classe (*a scuola*) □ (*in G.B.*) **c. list**, elenco dei laureati «with honours» □ **c. struggle**, lotta di classe □ (*a scuola*) **to be bottom** (**top**) **of the c.**, essere il primo (l'ultimo) della classe □ **As a boxer, he is in a c. by himself**, come pugile, è un fuoriclasse □ **This fact is in a c. by itself**, questo fatto è più unico che raro.
to class [klaːs], *v. t.* classificare; assegnare a una classe. ● (*nelle mostre*) **not classed**, fuori concorso.
classable ['klaːsəbl], *a.* classificabile.
classic ['klæsik], **A** *a.* **1** classico (*per lo più in arte e letteratura*): **c. style**, stile classico; **c. literature**, letteratura classica **2** classico; tipico; che fa (*o* fece) epoca: **It was a c. match**, fu un incontro che fece epoca; **It was a c. reply**, fu una risposta classica. **B** *n.* **1** classico (*scrittore o opera*) **2** (*raro*) classicista **3** (*fam.*) (gara) classica; avvenimento famoso in quanto tradizionale; evento tipico, tale da far epoca: **The Cup Final is a c.**, la finale di coppa è una classica **4** (*pop.*) abito classico (*da donna*) ● **the Classics**, i classici (*greci e latini*); le letterature e le lingue classiche; gli studi classici □ (*moda*) **a c. fur coat**, una pelliccia di linea classica.
classical ['klæsikl], *a.* classico: **c. mythology**, mitologia classica; **c. music**, musica classica; **c. education**, istruzione classica; **c. economics**, economia classica. ● **a c. scholar**, uno studioso dei classici (*latini e greci*); un classicista.
classicalism ['klæsikəlizm], *V.* **classicism.**
classicality [,klæsi'kæliti], *n.* **1** classicità **2** cultura classica.
classicism ['klæsisizm], *n.* **1** classicismo **2** erudizione classica.
classicist ['klæsisist], **A** *n.* classicista. **B** *a.* classicistico.
to classicize ['klæsisaiz], **A** *v. t.* classicizzare; rendere classico. **B** *v. i.* classicheggiare; usare (*o* affettare) uno stile classico.
classifiable ['klæsifaiəbl], *a.* classificabile.
classification [,klæsifi'keiʃən], *n.* **1** classificazione (*anche biol.*); classifica **2** graduatoria **3** (*rag.*) imputazione (*di spese e sim.*).
classificatory [,klæsifi'keitəri], *a.* di (*o* relativo a) classificazione.
classified ['klæsifaid], *a.* **1** (*di documento, ecc.*) riservato, segreto **2** (*di giornale*) che dà i risultati sportivi (*specialm. del calcio*) **3** (*di strada: in G.B.*) contrassegnata da una lettera (A, B, ecc.) e da una cifra (1, 2, ecc.). ● **c. advertisements**, piccola pubblicità (*divisa secondo l'argomento: nei giornali*).
classifier ['klæsifaiə*], *n.* classificatore; classificatrice.
to classify ['klæsifai], *v. t.* **1** classificare; assegnare a una classe **2** (*rag.*) imputare **3** dichiarare riservato (*un documento, ecc.*).
classless ['klaːslis], *a.* **1** senza classi: **a c. society**, una società senza classi **2** (*fam.*) senza classe; che non ha classe.
classmate ['klaːsmeit], *n.* compagno di classe (*a scuola*).
classroom ['klaːsrum], *n.* aula (*scolastica*); classe.
classwork ['klaːswəːk], *n.* (*a scuola*) compito in classe.
classy ['klaːsi], *a.* (*pop.*) eccellente; elegante; di alta classe: **a c. dress**, un abito di alta classe.
clast ['klæst], *n.* (*geol.*) clasto.
clastic ['klæstik], *a.* (*geol.*) clastico: **c. rocks**, rocce clastiche.
to clatter ['klætə*], **A** *v. t.* acciottolare (*stoviglie, ecc.*); far sbattere: **I tried hard not to c. the dishes on the tray**, facevo ogni sforzo per non far sbattere i piatti sul vassoio. **B** *v. i.* **1** produrre un (rumore di) acciottolio; sbattere (*anche, mecc.: di una valvola*); tintinnare; (*di un veicolo*) sferragliare: **The dishes clattered when he struck his fist on the table**, quando egli batté il pugno sulla tavola i piatti tintinnarono **2** vociare; tumultuare. ● **to c. along** (**down**), muoversi (cadere) con un rumore di acciottolio.
clatter ['klætə*], *n.* acciottolio (*di stoviglie, ecc.*); lo sbattere (*di una porta, di una valvola di motore*); (*di un veicolo*) sferragliamento; ticchettio: **We heard the c. of the typewriters**, udimmo il ticchettio delle macchine da scrivere.
Claude [klɔːd], *n.* Claudio.
claudicant ['klɔːdikənt], *a.* claudicante.
clause [klɔːz], *n.* **1** (*gramm.*) frase; proposizione **2** (*leg., comm.*) clausola. ● (*leg.*) **c. of a will**, disposizione testamentaria.
claustral ['klɔːstrəl], *a.* claustrale.
claustrophobia [,klɔːstrə'foubjə], *n.* (*psic.*) claustrofobia.
claustrophobic [,klɔːstrə'foubik], (*psic.*) **A** *a.* **1** affetto da claustrofobia **2** che dà claustrofobia. **B** *n.* claustrofobo.
clavate ['kleiveit], *a.* (*bot.*) claviforme.

clave [kleiv], *pass. arc.* di **to cleave** (2).
clavichord ['klævikɔːd], *n.* (*mus.*) clavicordo, clavicordio.
clavicle ['klævikl], *n.* (*anat.*) clavicola.
clavicular [klə'vikjulə*], *a.* (*anat.*) clavicolare.
claviform ['klævifɔːm], *a.* claviforme.
claw [klɔː], *n.* **1** artiglio; unghione; (*per estens.*) zampa: (*fig.*) **to pare** (*o* **to clip, to cut**) **sb.'s claws**, tagliare gli artigli a q.; rendere innocuo q. **2** chela, pinza (*di scorpione, ecc.*) **3** (*di martello*) granchio **4** (*spreg. o scherz.*) grinfia; zampa; mano: **Take off your claws!**, giù le zampe! ● **c. bar**, palanchino; piè di porco □ **c. hammer**, martello a granchio (*da carpentiere*) □ **c.-hammer coat**, giacca a coda di rondine □ **c. hatchet**, accetta a granchio.
to claw [klɔː], *A v. t.* **1** artigliare; ghermire; dilaniare (*o* tirare a sé) con gli artigli; graffiare **2** (*arc.*) grattare **3** scavare raspando (*o* grattando) **4** aprire (*un varco*) con gli artigli (*o* con le unghie). *B v. i.* aggrapparsi. ● **to c. back**, riavere a fatica (*Borsa, fin.*) ricuperare (*una somma pagata in eccesso, un'imposta, ecc.*) □ (*naut.*) **to c. off**, prendere il largo col favore del vento.
clawback ['klɔːbæk], *n.* (*fin.*) **1** ricupero; restituzione (*d'imposta*) **2** somma ricuperata.
clay [klei], *n.* **1** argilla (*anche fig.*); creta **2** (*poet.*) creta umana (*o* mortale); corpo umano; carattere, pasta (*fig.*). ● **c.-cold**, freddo come il marmo; insensibile (*di solito, di morti*) □ (*geol.*) **c. mineral**, minerale delle argille □ **c. pigeon**, piattello (*nel tiro al piattello*) □ **c. pipe**, pipa di terracotta □ (*geol.*) **c. stone**, roccia argillosa □ **c. fire c.**, argilla refrattaria □ (*fig., raro*) **to wet** (*o* **to moisten**) **one's c.**, bagnarsi il becco; bere.
clayey ['kleii], *a.* **1** argilloso: **a c. soil**, un terreno argilloso **2** simile ad (*o* incrostato di) argilla.
claymore ['kleimɔː*], *n.* (*stor.*) spada scozzese a doppio taglio.
clean (1) [kliːn], *a.* **1** pulito (*quasi in ogni senso*); decente; lindo; netto; puro; impeccabile; onesto; irreprensibile: **a c. life**, una vita impeccabile, onesta; **He has had a c. record for three years**, sono tre anni che ha la fedina (penale) pulita; **a c. candidate**, un candidato onesto; **a c. cut**, un taglio netto; **a c. profile**, un profilo puro; **They left him c. of money**, lo lasciarono pulito, a secco (*di denaro*); **c. fish**, pesce pulito (*senza gli intestini*); **a c. printing proof**, una bozza di stampa pulita (*senza o con poche correzioni*) **2** ben fatto; armonioso; dalla bella linea: **An athlete has c. limbs**, gli atleti hanno membra ben fatte (*o* tornite); **a c. ship**, una nave dalla linea svelta, armoniosa **3** accurato; preciso: **a c. worker**, un lavoratore preciso **4** (*sport*) corretto; leale; sportivo **5** (*nella Bibbia*) mondo; puro. ● (*comm.*) **c. acceptance**, accettazione incondizionata (*di una cambiale*) □ (*sollevamento pesi*) **c. and jerk**, slancio □ (*med., naut., fig.*) **a c. bill of health**, un certificato medico che attesta non esservi malati a bordo (*fis. nucl., mil.*) **a c. bomb**, una bomba pulita □ **c.-bred**, di razza pura □ **c. copy**, bella (*o* buona) copia □ **c.-fingered**, onesto, incorruttibile; agile di mano, destro □ (*sport*) **a c. fighter**, uno che si batte lealmente □ **c.-handed**, che ha le mani pulite (*che non ha commesso malefatte, non si è sporcato*); innocente □ **c.-handedness**, coscienza pulita; onestà □ (*fig.*) **c. hands**, mani pulite (*V. sopra*) □ **c.-out**, ripulita (*anche fig.*), repulisti; (*mil.*) rastrellamento; bonifica (*di un quartiere malfamato*) □ **c. timber**, legno pulito (*senza nodi*) □ (*fig.*) **a c. tongue**, un linguaggio castigato □ (*pop.*) **to come c.**, confessare; dire la verità (*anche sgradevole*) □ (*fig.*) **to have a c. slate**, essere libero da debiti, impegni, ecc. □ (*pop.*) **to keep it c.**, restare nei limiti della correttezza (*o della decenza*) □ **to make a c. breast of st.**, confessare q.c. interamente; liberarsi di un peso (*fig.*) □ **to make a c. sweep of**, fare piazza pulita di □ **to show a c. pair of heels**, battere (*o* mostrare, voltare) le calcagna; fuggire a gambe levate □ (*fig.*) **to be with c. hands**, avere le mani pulite.
to clean [kliːn], *A v. t.* **1** pulire; nettare: **to c. fish (a fowl)**, pulire il pesce (un pollo) **2** vuotare (*un piatto, ecc.*). *B v. i.* pulirsi; rassettarsi: **Tile floors c. well**, i pavimenti di ceramica si puliscono bene. ● **to c. down**, spolverare (*il soffitto, le pareti*); strigliare (*cavalli*) □ **to c. out**, pulire (*una stanza, ecc.*); riordinare (*cassetti, ecc.*); vuotare, fare piazza pulita di; dilapidare, far fuori (*una somma di denaro*) (*fam.*) **to c. sb. out**, lasciare q. senza un soldo; vuotare le tasche a q. □ **to c. up**, fare pulizia (*o* le pulizie); (*anche mil.*) ripulire, rastrellare (*una zona*); bonificare, epurare (*un quartiere*) (*fig.*) ripulirsi, rifinire (*un lavoro*); mettere in ordine; pulirsi, rassettarsi; (*fam.*) accumulare (*una fortuna*); assicurarsi (*un guadagno netto*) □ **to c. up on sb.**, sconfiggere q.
clean (2) [kliːn], *avv.* **1** completamente, interamente; del tutto; da parte a parte: **He has gone c. out of his head**, è ammattito del tutto; **The knife went c. through his arm**, il coltello gli trapassò il braccio da parte a parte **2** in modo da pulire bene; lasciando pulito: **to scrub the floor c.**, strofinare il pavimento in modo da pulirlo bene; **Brush the hat c.!**, spazzola bene il cappello! **3** lealmente; in modo corretto: **He doesn't play the game c.**, non gioca in modo corretto. ● **c.-cut**, netto, ben delineato, ben formato; nitido, chiaro, definitivo, ben congegnato; evidente, inequivocabile, lampante: **c.-cut features**, fattezze ben delineate □ **a c.-cut plan**, un piano ben congegnato □ **c.-limbed**, agile; dalle belle membra; asciutto □ **c. mad**, completamente matto; matto da legare □ **c.-shaven**, ben rasato; sbarbato di fresco □ **to be c. wrong**, aver torto marcio.
clean (3) [kliːn], *n.* pulita: **Give it (the dog) a c.!**, dagli una pulita (dà una pulita al cane)!
cleaner ['kliːnə*], *n.* **1** addetto (*o* addetta) alle pulizie; donna (*o* uomo) delle pulizie **2** proprietario (*o* gestore) di lavanderia **3** arnese (*o* macchina) per pulire **4** (*mecc.*) depuratore, filtro (*dell'aria, dell'olio d'un motore*) **5** detersivo **6** (*pl.*) lavanderia a secco. ● **dry-c.**, smacchiatore a secco □ **vacuum c.**, aspirapolvere.
cleaning ['kliːniŋ], *n.* **1** pulizie (*domestiche*) **2** (*ind.*) pulitura **3** ripulita (*fig.*); guadagno, profitto **4** (*pop. USA*) sconfitta; batosta (*fam.*). ● **c. contractor**, impresa di pulizie □ **c.-machine**, macchina pulitrice □ **c. rod**, scovolo (*per pulire la canna del fucile*) □ **c. woman**, donna delle pulizie □ «**I need some c.**», «lavami» (*scritta scherzosa sulla polvere che ricopre un'automobile*).
cleanliness ['klenlinis], *n.* pulizia (*come abitudine, qualità*); lindura.
cleanly (1) ['klenli], *a.* pulito; tenuto pulito; amante della pulizia.
cleanly (2) ['kliːnli], *avv.* in modo pulito; con pulizia.
cleanness ['kliːnnis], *n.* **1** pulizia (*come qualità o condizione*) **2** nitidezza, purezza (*di lineamenti, ecc.*).
to cleanse [klenz], *v. t.* **1** pulire; nettare; detergere (*la pelle*) **2** (*fig.*) purificare, lavare, mondare (*dal peccato*) **3** (*Bibbia*) guarire (*la lebbra, ecc.*).
cleanser ['klenzə*], *n.* **1** pulitore; addetto alle pulizie **2** detersivo **3** (*in G.B.*) netturbino; spazzino.
cleansing ['klenziŋ], *A a.* detergente: **c. cream**, crema detergente. *B n.* **1** pulitura **2** (*fig.*) purificazione; lavacro (*fig.*). ● **c. preparation**, detersivo.
clear (1) [kliə*], *a.* **1** chiaro; distinto; limpido; luminoso; manifesto; sereno; tranquillo: **a c. flame**, una fiamma luminosa; **a c. day**, una giornata serena; **a c. voice**, una voce chiara; **to have a c. head**, avere le idee chiare; **a c. mind**, una mente limpida, ordinata; **c. conscience**, coscienza tranquilla **2** certo; sicuro: **I am c. on the matter**, sono certo della faccenda; so per certo come stanno le cose **3** aperto; libero; sgombro: **The road is c. for traffic**, la strada è aperta al traffico (*o* è transitabile); **We must keep the railway track c.**, dobbiamo tenere sgombro il binario; **He's c. of debt**, è libero da debiti **4** netto: **I earned a c. one thousand pounds**, guadagnai mille sterline nette; (*rag.*) **c. profit**, utile netto **5** completo; intero: **a c. month**, un mese intero **6** (*leg.*) prosciolto (*da un'accusa*): **You are c. now**, sei prosciolto da ogni accusa, ora. ● (*leg.*) **c. estate**, proprietà (immobiliari) libera da gravami □ **c.-eyed**, che ha la vista buona; (*fig.*) acuto, intelligente □ **c.-headed**, che ha idee chiare; lucido □ **c. of danger**, libero da pericoli □ (*naut.*) **c. of ice**, libero dai ghiacci □ **to be c. of suspicion**, essere al di fuori di ogni sospetto □ **c. sight**, vista buona □ **c.-sighted**, dalla vista buona; (*fig.*) perspicace □ **c.-sightedness**, perspicacia □ (*leg.*) **c. title**, titolo incontestabile □ **in the c.**, all'aperto; al largo; fuori dei piedi; in piena libertà; (*anche fig.*) libero dalla colpa e da sospetti; senza debiti □ **to keep c. of**, tenersi lontano (*o* alla larga) da; evitare □ **to make oneself c.**, chiarire il proprio pensiero; spiegarsi □ **All c.!**, cessato pericolo! (*dopo un allarme, soprattutto aereo*) □ (*fig.*) **The coast is c.**, la via è libera; non ci sono pericoli in vista.
clear (2) [kliə*], *avv.* **1** in modo chiaro; chiaro: **to cry loud and c.**, dire forte e chiaro **2** (*fam.*) completamente; interamente; da parte a parte: **three hours c.**, tre ore intere; ben tre ore; **through the town**, da un capo all'altro della città **3** in disparte; a debita distanza; alla larga: **to stand c.**, stare in disparte, a debita distanza. ● **c.-cut**, ben delineato; distinto; netto.
to clear [kliə*], *v. t. e i.* **1** chiarire; rendere chiaro e manifesto; schiarire, schiarirsi; rischiarare, rischiararsi; rasserenarsi; purificare, purificarsi; depurare, depurarsi: **to c. one's throat**, schiarirsi la voce (*o* la gola); **to c. the air**, purificare l'aria; (*fig.*) sgombrare il terreno dai sospetti (*o* dall'incomprensione); mettere le cose in chiaro; **It cleared (up) quickly after the snowstorm**, dopo la tempesta di neve, si rasserenò subito; **You must c. the river water before you drink it**, prima di berla, devi depurare l'acqua del fiume **2** liberare; prosciogliere (*da un'accusa*); sgombrare; sparecchiare; stasare; sturare: **All the roads have been cleared of the snow**, tutte le strade sono state sgombrate dalla neve; **Please c. the table**, per favore, sparecchia la tavola; **to c. the land**, sgombrare il terreno (*dalle erbacce, ecc. per coltivarlo*); **to c. a debt**, liberarsi di un debito (*pagandolo*); **to c. a blocked drain**, sturare uno scarico intasato **3** aprire, aprirsi: **We had to c. a path through the jungle**, dovemmo aprirci un sentiero

attraverso la giungla 4 passare vicino a (q.c.) senza toccarla; evitare; saltare (pari pari): **The ship managed to c. the rocks**, la nave riuscì a evitare gli scogli 5 (*comm., naut.*) svincolare, sdoganare (*merce*); dare via libera a (*una nave*); (*di nave*) **to c. a ship inwards**, fare l'entrata in dogana di una nave 6 fare un guadagno netto di (*una somma*): **I succeeded in clearing a hundred pounds**, riuscii a fare un guadagno netto di cento sterline 7 sbrigare, smistare (*corrispondenza*): **This post office clears 500 letters an hour**, questo ufficio postale smista 500 lettere all'ora 8 (*fin.*) passare (*un assegno, ecc.*) alla stanza di compensazione; effettuare operazioni di compensazione 9 (*polit.*) dichiarare (*o* riconoscere) innocente (*o* innocuo per la sicurezza dello Stato). ● (*naut.*) **to c. an anchor**, disimpegnare un'ancora □ **to c. away**, sgombrare la tavola, sparecchiare; spalare (*la neve*); togliere di mezzo, portar via; andarsene: **We must c. away all suspicion**, dobbiamo togliere di mezzo ogni sospetto; **The mist has cleared away**, la nebbia se n'è andata □ (*sport*) **to c. the ball**, liberarsi della palla (*allontanandola dalla zona difensiva*) □ (*leg.*) **to c. the court**, far sgombrare l'aula □ **to c. (the decks) for action**, (*naut.*) sgombrare il ponte nell'imminenza della battaglia; (*fig.*) prepararsi all'azione □ (*comm.*) **to c. expenses**, rifarsi delle spese □ (*ferr.*) **to c. the line**, dare via libera □ (*sport*) **to c. an obstacle**, superare un ostacolo □ **to c. off**, estinguere, pagare (*un debito*); smaltire (*lavoro arretrato*); sgombrare, sparecchiare (*la tavola, ecc.*); liberarsi di; andarsene; squagliarsela (*pop.*): **The police are after him; he'd better c. off at once**, la polizia lo sta cercando; è meglio che se la squagli subito □ **to c. up the correspondence**, sbrigare (o evadere) la corrispondenza □ **to c. out**, vuotare, pulire; stasare; andarsene □ (*comm.*) **to c. through customs**, sdoganare (*merce*) □ **to c. up**, chiarire; delucidare (*un problema*); risolvere (*un mistero, ecc.*); schiarirsi, rischiararsi, rasserenarsi; sbrigare (*un lavoro*): **It** (*o* **the sky, the weather**) **cleared up soon**, il tempo (o il cielo) si rasserenò presto; **I have a lot of work to c. up before I can go home**, ho molto lavoro da sbrigare prima di andare a casa □ (*fam.*) **to be cleared out**, essere al verde; non avere il becco d'un quattrino.

clearance ['kliərəns], *n.* 1 liberazione (*da un ostacolo*); rimozione; sgombro 2 spazio lasciato libero; spazio sgombro; distanza: **There is only a three-foot c. between the locomotive and the tunnel wall**, fra la locomotiva e la parete della galleria c'è una distanza di tre soli piedi 3 (*costr.*) altezza (*di un ponte e sim.*); altezza, larghezza (*di una galleria, ecc.*): **a suspension bridge with a c. of 200 feet (above water)**, un ponte sospeso che ha un'altezza di 200 piedi sul pelo dell'acqua 4 (*comm.*) sdoganamento (*di merce*); pratica di sdoganamento (*di nave, per entrare in porto o salpare*); libera pratica: **No ship can leave port without c.**, nessuna nave può salpare senza libera pratica 5 (*fin.*) compensazione (*di debiti e crediti, con scambio d'assegni, ecc.*) 6 autorizzazione (*a lasciare un impiego statale*): **He obtained his c.**, ottenne l'autorizzazione a lasciare l'impiego 7 (*mecc.*) gioco, luce (*fra due parti di un congegno*) 8 (*sport*) disimpegno 9 (*polit., anche* **security c.**) dichiarazione ufficiale che non si è un rischio per la sicurezza dello Stato; superamento del vaglio del controspionaggio. ● (*naut.*) **c. inwards**, dichiarazione d'entrata; lasciapassare □ **c. papers**, documenti di sdoganamento □ **c. sale**, (vendita di) liquidazione (*delle rimanenze*) □ (*comm.*) **c. through (the) customs**, sdoganamento (*di merce*) □ **bank c.**, benestare bancario.

clearing ['kliəriŋ], *n.* 1 il liberare; lo sgombrare 2 tratto di terreno diboscato (*per la coltivazione*); radura (*dovuta a opere di diboscamento*) 3 (*fin.*) compensazione 4 rimozione (*di macerie, ecc.*) 5 levata (*della posta*). ● (*rag.*) **c. account**, partita di giro □ (*fin.*) **c. bank**, banca che aderisce alla stanza di compensazione di Londra □ **c. hospital**, ospedale da campo (*per lo smistamento dei feriti*) □ **c. house** (*fin.*) stanza di compensazione; (*per estens.*) punto di smistamento (*specialm. di informazioni*) □ **c.-up sales**, liquidazione delle rimanenze; liquidazioni.

clearly ['kliəli], *avv.* 1 chiaramente; evidentemente; perspicuamente 2 certamente; senza dubbio 3 (*nelle risposte*) certo che sì (*o* certo che no); naturalmente.

clearness ['kliənis], *n.* 1 chiarezza; l'esser distinto (*o* manifesto) 2 l'esser libero (*o* sgombro) (*da ostacoli, ecc.*).

clearstory ['kliəstəri], *V.* **clerestory**.

clearway ['kliəwei], *n.* (*autom.*) strada con divieto di sosta (*fuori città*); strada di transito veloce.

cleat [kli:t], *n.* 1 bietta; cuneo 2 striscia di rinforzo 3 costola (*di un cingolo*) 4 (*naut.*) galloccia; tacchetto.

cleavable ['kli:vəbl], *a.* fissile; spaccabile.

cleavage ['kli:vidʒ], *n.* 1 fenditura; spaccatura 2 (*geol.*) clivaggio: sfaldatura: **c. planes**, piani di clivaggio 3 (*biol.*) scissione 4 (*fig.*) divisione; disaccordo; disparità di vedute 5 (*fam.*) solco (*tra i seni di una donna*).

to **cleave (1)** [kli:v] (*pass.* **clove, cleft**, *p. p.* **cloven, cleft**), **A** *v. t.* 1 fendere; spaccare: **to c. a log of wood in two**, spaccare in due un ceppo di legno; **to c. sb.'s head** (*o* sb.'s skull) **open**, spaccare la testa (*o* il cranio) a q.; **to c. the air** (**the water**), fendere l'aria (l'acqua) 2 scindere; separare; dissociare, disunire. **B** *v. i.* fendersi; spaccarsi: **Fir wood cleaves well**, l'abete si spacca agevolmente. ● (*di nave*) **to c. through the water**, solcare le acque □ **to c. one's way through a thick wood**, aprirsi la strada in una fitta boscaglia □ (*med.*) **cleft palate**, palatoschisi; palato leporino; gola lupina □ **cloven hoof**, zoccolo (*o* piede) fesso (*di ruminanti, del diavolo, ecc.*) □ **to be in a cleft stick**, non aver spazio da rigirarsi; essere in una situazione difficile □ (*fig.*) **to show the cloven hoof**, rivelare la propria natura diabolica.

to **cleave (2)** [kli:v] (*pass. arc.* **clave**), *v. i.* 1 aderire, stare attaccato (a) 2 (*fig.*) essere devoto (*o* fedele) (a q., a q.c.).

cleaver ['kli:və*], *n.* 1 chi fende; chi spacca 2 mannaia (*di macellaio*).

cleavers ['kli:vəz], *n. pl.* (*col verbo al sing.*) (*bot., Galium aparine*) attaccavesti; attaccamani.

cleek [kli:k], *n.* 1 grosso uncino 2 mazza da golf con pomo di ferro.

clef [klef], *n.* (*mus.*) chiave: **treble c.**, chiave di sol (*o* di violino).

cleft (1) [kleft], *n.* fenditura; fessura; spacco; crepaccio.

cleft (2) [kleft], *pass.* e *p. p.* di **cleave**.

cleg [kleg], *n.* (*zool., Tabanus*) tafano.

cleistogamic [‚klaistou'gæmik], **cleistogamous** [klais'tɔgəməs], *a.* (*bot.*) cleistogamo.

cleistogamy [klais'tɔgəmi], *n.* (*bot.*) cleistogamia.

to **clem** [klem] (*ingl. sett.*), **A** *v. t.* affamare. **B** *v. i.* patire la fame.

clematis ['klemətis], *n.* (*pl.* **clematises, clematis**) (*bot., Clematis*) clematide.

clemency ['klemənsi], *n.* clemenza; (*fig.: del tempo*) mitezza.

clement ['klemənt], *a.* clemente; (*fig.*) mite.

Clement ['klemənt], *n.* Clemente.

clementine ['kleməntain], *n.* mandarancio; clementina.

Clementine ['kleməntain], *n.* Clementina.

to **clench** [klentʃ], **A** *v. t.* 1 stringere (*i denti, i pugni*) 2 afferrare saldamente 3 *V.* **to clinch A**, *def.* 1, 2, 3, 4. **B** *v. i.* 1 (*dello stomaco, ecc.*) stringersi 2 *V.* **to clinch B**, *def.* 1.

clench [klentʃ], *n.* 1 lo stringere (*i pugni, i denti*) 2 ribaditura (*di chiodi*); chiodo ribadito 3 (*salda*) presa; stretta.

clencher ['klentʃə*], *V.* **clincher**.

Cleopatra's needle [kliə'pɑ:trəz 'ni:dl], *n.* «ago di Cleopatra» (*nome dato a obelischi egiziani, di cui uno è a Londra e l'altro a New York*).

clepsydra ['klepsidrə], *n.* (*pl.* **clepsydrae, clepsydras**) clessidra.

cleptomania [‚kleptou'meiniə], *n.* (*psic.*) cleptomania.

cleptomaniac [‚kleptou'meiniək], *n.* (*psic.*) cleptomane.

clerestory ['kliəstəri], *n.* 1 (*archit.*) lanternino; lucernario a vetrata verticale 2 (*di pullman, ecc.*) finestratura superiore.

clergy ['klə:dʒi], *n.* clero; (*collett.*) ecclesiastici: **About fifty c. were arrested**, una cinquantina d'ecclesiastici furono arrestati. ● **benefit of c.**, sanzione della Chiesa (*per es., di un matrimonio*) □ (*stor.*) privilegio (*degli ecclesiastici*) di essere sottratti alla giurisdizione secolare □ **marriage without benefit of c.**, matrimonio civile.

clergyman ['klə:dʒimən], *n.* (*pl.* **clergymen**) ecclesiastico; sacerdote; (*specialm.*) ministro (*o* pastore) anglicano.

clergywoman ['klə:dʒi‚wumən], *n.* (*pl.* **clergywomen**) 1 donna che è stata ordinata sacerdote 2 (*arc.*) moglie di pastore anglicano (*o* protestante).

cleric ['klerik], *n.* e *a.* (*uomo*) di chiesa; ecclesiastico; religioso.

clerical ['klerikl], **A** *a.* 1 ecclesiastico; di (*o* da) pastore anglicano: **a c. collar**, un colletto da pastore anglicano 2 d'ufficio; relativo (*o* dovuto) a un impiegato (*o* a uno scrivano); impiegatizio: **c. duties**, mansioni d'impiegato; **a c. error**, un errore dovuto a uno scrivano (*di copiatura*); una svista; **the c. staff**, gli impiegati; il personale 3 (*polit.*) clericale. **B** *n.* 1 (*polit.*) clericale 2 ecclesiastico; sacerdote 3 (*pl.*) abiti sacerdotali.

clericalism ['klerikəlizm], *n.* (*polit.*) clericalismo.

clericalist ['klerikəlist], *n.* (*polit.*) clericale.

to **clericalize** ['klerikəlaiz], *v. t.* rendere clericale.

clerihew ['klerihju:], *n.* strofetta umoristica di quattro versi (*dal nome dello scrittore E. Clerihew Bentley*).

clerk [klɑ:k], *USA* [klə:k], *n.* 1 (*anche* **parish c.**) funzionario (*laico*) d'una parrocchia anglicana 2 impiegato, impiegata; contabile; copista; scrivano 3 (*USA, anche* **salesclerk**) commesso, commessa (*di negozio*; *cfr. ingl.* **shop assistant**) 4 (*USA*) portiere; chi riceve i clienti (*in un albergo*) 5 (*arc.*) ecclesiastico; uomo di chiesa (*arc.*) dotto; erudito. ● **c. in holy orders**, ecclesiastico; sacerdote □ (*sport*) **c. of the course**, commissario di gara (*in atletica e corse su pista*) □ **c. of the court**, cancelliere di tribunale □ **filing clerk**, archivista □ **c. of (the) works**, so-

vrintendente ai lavori □ **booking c.**, bigliettaio □ **town** (o **city**) **c.**, segretario comunale.
to clerk [klə:k], v. i. **1** (fam. USA) lavorare come commesso (di negozio) **2** fare l'impiegato (o il contabile, ecc.).
clerkess ['klɑ:kis], n. (specialm. scozz.) impiegata.
clerkly ['klɑ:kli], a. **1** di (o da) impiegato **2** (USA) di (o da) commesso **3** di (o da) ecclesiastico **4** (fig.) serio; modesto; preciso. ● **a c. career**, una carriera impiegatizia.
clerkship ['klɑ:kʃip], n. **1** lavoro impiegatizio; posto d'impiegato **2** (USA) lavoro di commesso **3** ufficio di cancelliere di tribunale.
clever ['klevə*], a. **1** abile; bravo; destro; intelligente; ingegnoso: **a c. speech**, un discorso abile; **a c. boy**, un ragazzo intelligente; **a c. device**, un dispositivo ingegnoso; **to be c. at maths**, essere bravo in matematica **2** bello; simpatico: **a c. idea**, una bella idea **3** (fam., spreg.) che la sa lunga; astuto; furbo. ● **a c. book**, un libro scritto con intelligenza □ (fam., spreg.) **c. c.**, furbastro, che fa il furbo □ (pop., spreg.) **C. Dick**, primo della classe (fig.); intelligentone □ **a c. horse**, un (cavallo) buon saltatore □ **a c. painter**, un pittore valente □ (sport) **c. play**, «accademia» □ (fam.) **too c. by half**, che vuole fare il furbo (ma non lo è) □ **He was too c. for me!**, me l'ha fatta!
cleverish ['klevəriʃ], a. piuttosto abile (o bravo, intelligente).
cleverly ['klevəli], avv. abilmente; intelligentemente. ● **That was c. done**, è stata una mossa indovinata.
cleverness ['klevənis], n. **1** abilità; bravura; destrezza; intelligenza **2** bellezza di un'idea, d'una trovata **3** (fam., spreg.) astuzia; furberia.
clevis ['klevis], n. **1** gancio d'attacco (dell'aratro) **2** (mecc.) cambra; cambretta; maniglione con perno **3** (ind. min.) staffa d'attacco.
clew [klu:], n. **1** gomitolo **2** (fig., di solito **clue**) filo d'Arianna; indizio (per venire a capo d'un mistero) **3** (naut.) bugna; angolo della vela: **c. ring**, anello della bugna. ● (naut.) **c. iron**, canestrello □ (naut.) **c. lines**, cime per issare le vele □ (naut.) **c. patch**, quadrello.
to clew [klu:], v. t. **1** (di solito **to c. up**) aggomitolare **2** — (fig.) **to c. out**, dare un indizio; indicare; suggerire **3** scoprire (per mezzo d'indizi). ● (naut.) **to c. down**, imbrogliare (una vela) (naut.) **to c. up**, alare, tirar su (una vela).
cliché ['kli:ʃei], (franc.), n. **1** (tipogr.) cliché **2** cliché (fig.); comportamento (giudizio, discorso, ecc.) convenzionale o banale.
click [klik], n. **1** scatto; clic (di giro di chiave nella toppa, di grilletto di fucile, ecc.) **2** schiocco (della lingua) **3** (mecc.) dente d'arresto ● (fon.) clic, click; consonante avulsiva.
to click [klik], A v. i. **1** scattare; fare clic: **The latch clicked as the door was shut**, il saliscendi scattò quando la porta fu chiusa **2** (di cavallo) urtare gli zoccoli anteriori nei posteriori **3** (fam.) aver successo; fare colpo (con le donne, ecc.) **4** andare a genio; piacere: **to c. with sb.**, andare a genio a q. B v. t. **1** far scattare; schioccare; battere (con un colpo secco): **Don't c. your tongue**, non schioccare la lingua; **The sentry clicked his heels (together) and turned**, la sentinella batté i tacchi e fece dietrofront **2** tagliare (stoffa, carta, cuoio) ● (fam.) **to c. with each other**, andare d'accordo; filare il perfetto amore.
click-clack ['klik'klæk], n. clicchettio; ticchettio.
to click-clack ['klik'klæk], v. i. ticchettare.
clicker ['klikə*], n. **1** tagliatore (di stoffa, carta, cuoio) **2** (tipogr.) compositore capo.
clickety-click [,klikiti 'klik], **clickety-clack** ['klikiti 'klæk], V. **click-clack**.
client ['klaiənt], n. **1** cliente (in tutti i sensi) ● (rag.) **clients' ledger**, libro mastro dei clienti **2** assistito (da un servizio sociale); mutuato. ● (econ.) **c. industries**, i settori utilizzatori (di un prodotto o d'una materia prima) □ (polit.) **c. state**, satellite.
clientage ['klaiəntidʒ], n. clientela.
clientele [,klaiən'tel], n. clientela.
cliff [klif], n. rupe; dirupo; falesia; scogliera: **the white cliffs of Dover**, le bianche scogliere di Dover. ● **c.-hanger**, radiodramma (libro pubblicato a puntate, originale televisivo) pieno di suspense (specialm. alla fine di una puntata); (fig.) evento (gara, elezione, ecc.) il cui risultato è in sospeso sino alla fine.
cliffsman ['klifsmən], n. (pl. **cliffsmen**) rocciatore.
cliffy ['klifi], a. dirupato; scosceso.
climacteric [klai'mæktərik], A a. **1** (med.) climaterico **2** (fig.) critico; cruciale. B n. **1** (med.) climaterio; età critica **2** (fig.) periodo critico (o cruciale). ● **the grand c.**, il gran climaterio (il 63° anno di vita).
climacterical [,klaimæk'terikəl], a. **1** (med.) climaterico **2** (fig.) critico; cruciale.
climactic [klai'mæktik], a. **1** (retor.) in progressione; in gradazione ascendente **2** che raggiunge o conduce al punto culminante o cruciale (V. **climax**).
climate ['klaimit], n. **1** clima (anche fig.) **2** regione, paese (con particolari condizioni climatiche): **He moved to a warmer c.**, si trasferì in un paese più caldo.
climatic [klai'mætik], a. climatico: **c. conditions**, condizioni climatiche.
climatologic(al) [,klaimətə'lɔdʒik(əl)], a. climatologico.
climatologist [,klaimə'tɔlədʒist], n. climatologo.
climatology [,klaimə'tɔlədʒi], n. climatologia.
climax ['klaimæks], n. **1** (retor.) climax; gradazione ascendente; crescendo graduale **2** punto saliente (o culminante); punto di massima tensione; acme: **The c. was reached when he rose to speak**, il punto di massima tensione fu quando egli si alzò per parlare **3** orgasmo **4** (ecologia, anche **c. community**) climax.
to climax ['klaimæks], A v. t. portare (un evento) al climax (o al punto saliente, culminante). B v. i. (di una serie di eventi) raggiungere il punto culminante; culminare: **His words climaxed to a moving close**, le sue parole culminarono in una chiusura commovente. ● **to c. one's career**, raggiungere l'apice della carriera.
to climb [klaim], v. i. e t. **1** arrampicarsi (anche fig.); salire (specialm. con mani e piedi); ascendere: **to c. a tree (a rope)**, arrampicarsi su un albero (una corda); **to c. a ladder**, salire su una scala a pioli; **The ivy has climbed up the wall**, l'edera s'è arrampicata su per il muro **2** scalare: **We are going to c. the mountain**, scaleremo il monte **3** (d'un aeroplano) alzarsi; prendere quota **4** (fig.) salire per gradi (o di grado); giungere a (con fatica); dare la scalata a: **He has climbed to success**, è arrivato al successo (un po' alla volta, per gradi); **He climbed to power in five years**, in cinque anni riuscì a dare la scalata al potere **5** (ciclismo) arrampicarsi. ● **to c. down**, scendere (da un albero, ecc.); (fig.) far marcia indietro, ritirarsi, cedere.
climb [klaim], n. **1** arrampicata; salita; ascensione (d'un monte) ascesa; scalata: **a hard c.**, una scalata difficile **2** (alpinismo, ciclismo) arrampicata; scalata. ● **c.-down**, discesa; (fig.) marcia indietro, ritirata □ (aeron.) **c.-out**, salita; il prender quota (al decollo) □ (aeron.) **rate of c.**, velocità ascensionale.
climbable ['klaiməbl], a. **1** scalabile **2** accessibile; superabile. ● (autom.) **maximum c. gradient**, pendenza massima superabile.
climber ['klaimə*], n. **1** arrampicatore; scalatore **2** (pianta o uccello) rampicante **3** rampone di ferro (che s'applica alle scarpe, per salire su pali, ecc.) **4** (fig., fam.) arrivista. ● **rock-c.**, rocciatore □ **social c.**, arrampicatore sociale.
climbing ['klaimiŋ], A a. (bot., zool.) rampicante. B n. l'arrampicarsi; il salire. ● **c. frame**, castello (di tubi metallici per giochi di bimbi) □ **c. iron**, rampone (da alpinista) □ (bot.) **c. plant**, (pianta) rampicante □ (ginnastica) **c. pole**, pertica □ (ginnastica) **c. rope**, fune (aeron.) **c. speed**, velocità di salita □ **mountain c.**, alpinismo.
clime [klaim], n. (poet.) regione (anche senza riferimento al clima).
to clinch [klintʃ], A v. t. **1** ribadire (un chiodo, ecc.) **2** fissare, assicurare (q.c.) con un chiodo ribadito **3** (fig.) stringere, concludere (un argomento, un affare, ecc.); decidere (una questione) **4** (naut.) legare con un mezzo collo **5** V. **to clench** A, def. 1. B v. i. **1** (di chiodo, ecc.) tenere **2** (pugilato) legare; tenere (con le braccia l'avversario, per impedirgli di colpire); (lotta) fare un corpo a corpo **3** (pop.) abbracciarsi appassionatamente.
clinch [klintʃ], n. **1** ribaditura (di chiodi); chiodo ribadito **2** (pugilato) clinch; (lotta) corpo a corpo **3** (naut.) allacciatura; legatura con mezzo collo **4** (pop.) abbraccio appassionato **5** il concludere, stringere (un argomento, ecc.). ● **c. nail**, ribattino.
clincher ['klintʃə*], n. **1** persona (o attrezzo ecc.) che ribadisce; ribaditore; ribaditoio (arnese); ribaditrice (macchina) **2** (fam.) argomento decisivo, che taglia la testa al toro.
clinching ['klintʃiŋ], n. ribaditura (di chiodi).
to cling [kliŋ] (pass. e p. p. **clung**), v. i. **1** aderire strettamente; stare attaccato **2** abbarbicarsi **3** aggrapparsi (a un amico, ecc.): **He clings to his only friend**, si aggrappa al suo unico amico. ● **to c. on to**, tenersi stretto a □ **to c. to a hope**, aggrapparsi a una speranza □ **to c. to the past** (o **to one's memories**), vivere nel passato; rimanere attaccato ai propri ricordi □ **to c. together**, stare attaccati; stringersi l'uno all'altro.
clinging ['kliŋiŋ], a. **1** (d'abito) aderente **2** eccessivamente dipendente (da un'altra persona); (di bambino) che sta attaccato alle sottane della mamma.
clingstone ['kliŋstoun], n. (bot.) (pesca, ciliegia, susina) duracina.
clingy ['kliŋi], V. **clinging**.
clinic ['klinik], n. **1** (med.) clinica (in ogni senso) **2** gruppo di lavoro (o di studenti).
clinical ['klinikəl], a. **1** clinico: **c. thermometer**, termometro clinico **2** (fig.) imparziale; distaccato; scientifico. ● **c. medicine**, clinica medica (la disciplina).
clinician [kli'niʃən], n. (med.) clinico.
clink (1) [kliŋk], n. tintinnio (di monete, bicchieri, chiavi, ecc.).
clink (2) [kliŋk], n. (pop.) prigione; gattabuia (pop.): **to be in the**

c., essere in gattabuia.
to clink [kliŋk], **A** v. i. tintinnare; tinnire (lett.). **B** v. t. far tintinnare.
clinker (1) ['kliŋkə*], n. **1** (edil.) clinker (mattone duro vetrificato) **2** massa fusa **3** scoria (di fornace): **basic, vitreous c.**, scoria basica, vetrosa **4** (geol.) massa di lava indurita **5** (pop. USA) fallimento; insuccesso; fiasco (fig.) **6** (pop. USA) nota stonata.
clinker (2) ['kliŋkə*], n. (fam.) fatto eccezionale; cosa straordinaria, eccellente; cannonata, bomba (fam.).
clinker-built ['kliŋkə-ˌbilt], a. (di nave, di battello) a fasciame cucito (o sovrapposto).
clinkety-clank ['kliŋkəti'klæŋk], V. **click-clack**.
clinking ['kliŋkiŋ], **A** a. (fam.) bellissimo; eccellente; ottimo; straordinario; che vale un Perù: **a c. race**, una corsa straordinaria. **B** avv. straordinariamente; in sommo grado.
clinkstone ['kliŋkstoun], n. (miner.) varietà di feldspato assai duro.
clinometer [klai'nɔmitə*], n. clinometro.
to clip (1) [klip], v. t. **1** abbrancare; tenere stretto **2** fermare con una graffa (o con una clip); attaccare (insieme); graffare: **Please, c. these sheets together**, per favore, attacca insieme questi fogli.
clip (1) [klip], n. **1** clip; graffa; graffetta; grappa; fermaglio; molletta **2** (mecc.) chiodo a gancio; anello d'attacco (per tubi); morsetto **3** (mil.) caricatore **4** clip; orecchino a clip: **two diamond clips**, due clip di brillanti. ● (di gioiello, ecc.) **c.-on**, da attaccare con una spilla □ **c.-on jewel**, fermaglio □ **hair c.**, forcina (per capelli) □ **toe c.**, fermapiede (di pedale di bicicletta).
to clip (2) [klip], v. t. e i. **1** tagliare (specialm.) con forbici; ritagliare; tosare (anche fig.): **I'll c. that article from the newspaper**, ritaglierò quell'articolo dal giornale; **to c. sheep (a hedge, a person, a coin, etc.)**, tosare pecore (una siepe, una persona, una moneta, ecc.) **2** omettere, tralasciare, (pop.) mangiarsi (una consonante o una vocale): **You c. your g's**, ti mangi le «g» finali (difetto comune soprattutto nella pronuncia dei gerundi: **goin', speakin'**, per **going, speaking**) **3** forare (un biglietto di treno, ecc.) **4** (fam.) colpire con un colpo rapido e secco; picchiare **5** (pop.) imbrogliare; ingannare; derubare; spogliare (q. del suo denaro); pelare (fig.): **Don't go to that shop: they'll c. you**, non andare in quel negozio: ti pelano **6** (fam., anche **to c. along**) muoversi rapidamente; filare; sfrecciare. ● **to c. sb.'s wings**, tarpare le ali a q.
clip (2) [klip], n. **1** tosatura; tosa (delle pecore) **2** ritaglio di lana ricavata in una tosa **4** (fam.) colpo rapido e forte; scappellotto **3** (fam.) buon passo; andatura sostenuta: **to hit a good c.**, marciare ad andatura sostenuta **6** (cinem.) inserto filmato. ● (pop.) **c. joint**, locale dove «pelano» i clienti; locale malfamato.
clipboard ['klipbɔːd], n. (cartoleria) portablocco con molla.
clip-clop ['klip'klɔp], n. **1** (del cavallo) clop clop; cloppette **2** (di persona) zoccolìo.
to clip-clop ['klip'klɔp], v. i. **1** (del cavallo) fare clop clop **2** (di persona) zoccolare.
clipper ['klipə*], n. **1** tagliatore; tosatore (di pecore) **2** (pl.) forbici, cesoie (da giardiniere, ecc.): **nail-clippers**, forbicine per le unghie **3** (pl.) macchina per tagliare i capelli; macchinetta (fam.) **4** (pl.) tagliasiepi **5** (naut.) clipper; veliero veloce **6** (aeron.) clipper; grande aeroplano per voli transoceanici **7** cavallo (o automobile, ecc.) particolarmente veloce; fulmine, saetta (fig.) **8** (pop.) persona (o cosa) straordinaria; (di persona) fuoriclasse, asso **9** (elettr.) clipper. ● **animal c.**, tosatrice (per bestiame) □ **hair-clippers**, macchina per tagliare i capelli; macchinetta (da barbiere).
clippety-clop ['klipiti'klɔp], n. (del cavallo) clop clop; cloppette.
clippie ['klipi], n. (fam.) bigliettaia di autobus.
clipping (1) ['klipiŋ], n. **1** taglio (di capelli, ecc.); tosatura **2** ritaglio (di giornale, ecc.) **3** (metall.) sbavatura. ● **c. bureau** (service), agenzia (servizio) di ritagli di stampa.
clipping (2) ['klipiŋ], a. **1** tagliente **2** veloce **3** (pop.) eccellente; ottimo; straordinario; che vale un Perù.
clique [kliːk], n. chiesuola; gruppo ristretto (di persone che hanno gli stessi gusti o interessi e si appoggiano a vicenda); conventicola; cricca.
cliquey, cliquy ['kliːki], **cliquish** ['kliːkiʃ], a. **1** di chiesuola; ristretto **2** che tende a formare chiesuole (o a isolarsi).
cliquishness ['kliːkiʃnis], **cliquism** ['kliːkizəm], n. tendenza a formare chiesuole (o gruppi ristretti).
clitoris ['klitəris], n. (anat.) clitoride.
cloaca [klou'eikə], n. (pl. **cloacae**) cloaca (anche fig.).
cloacal [klou'eikəl], a. cloacale; di cloaca.
cloak [klouk], n. **1** mantello; manto (anche fig.: di neve, ecc.); aureola (fig.): **I do not want the c. of martyrdom**, non voglio l'aureola del martirio **2** (fig.) travestimento; pretesto; schermo; maschera: **Some people use love for their country as a c. for aggression**, taluni si servono dell'amor di patria per mascherare le loro mire aggressive. ● **c.-and-dagger drama** (**novel**, etc.), dramma (romanzo, ecc.) avventuroso e melodrammatico (o di spionaggio) □ **c.-and-sword drama** (**film, novel**, etc.), dramma (film, romanzo, ecc.) di cappa e spada □ **c.-room**, guardaroba (di teatro, albergo, ecc.); deposito bagagli (di stazione ferroviaria) □ (ferr.) **c.-room ticket**, scontrino di deposito □ **under the c. of**, con la scusa di; sotto il manto di: **He spoke terrible truths under the c. of lunacy**, sotto il manto della pazzia diceva verità atroci.
to cloak [klouk], v. t. **1** coprire con un mantello; ammantare **2** (fig.) celare, nascondere, mascherare (un'intenzione, un sentimento).
clobber ['klɔbə*], n. (fam., collett.) indumenti; roba.
to clobber ['klɔbə*], v. t. (pop.) picchiare; massacrare di botte.
cloche [klɔʃ] (franc.), n. **1** campana di vetro (per proteggere piante) **2** (moda, anche **c. hat**) cloche; cappello a cloche.
clock (1) [klɔk], n. **1** orologio (non tascabile, né da polso) **2** (fam.) cronometro. ● **c. card**, cartellino di presenza, cartellino segnatempo (in fabbrica) □ **c.-face** (o **c. dial**), quadrante □ **c. radio**, radiosveglia □ **c.-tower**, torre dell'orologio □ (spreg.) **c.-watcher**, chi non vede l'ora che finisca il lavoro (la lezione, ecc.) □ **c.-watching**, (lo) stare sempre a guardare l'orologio; svegliarsi □ **alarm c.**, sveglia □ **around the c.**, V. **round the c.** □ **by the c.**, secondo l'orologio; orologio alla mano □ **chiming c.**, pendola a carillon □ **to kill the c.**, V. **to run out the c.** □ (ind.) **punching c.**, orologio segnatempo □ **to put the c. back**, mettere indietro l'orologio (anche fig.) □ **to put the c. forward** (o **on**, o USA **ahead**), mettere avanti l'orologio □ **round the c.**, 24 ore su 24; giorno e notte: **to work round the c.**, lavorare giorno e notte □ **a round-the-c. watch**, una sorveglianza continua (di 24 ore su 24) □ (sport USA) **to run out the c.**, trattenere la palla; far melina □ **time c.**, orologio di controllo (in una fabbrica) □ **to watch the c.**, guardare sempre l'orologio (in ansiosa attesa che il lavoro, la lezione, ecc. finisca) □ **to work against the c.**, lavorare con l'acqua alla gola (o con i minuti contati); combattere contro il tempo □ **What o'clock is it?**, che ora è? □ **It is four (five, etc.) o'clock**, sono le quattro (le cinque, ecc.).
to clock [klɔk], v. t. **1** (sport) cronometrare (una corsa, un corridore, ecc.) **2** (pop.) battere; picchiare: **I'll c. you one!**, ti mollo un cazzotto! ● **to c. in** (o **on**), (d'operaio, impiegato, ecc.) timbrare il cartellino all'entrata (fig.) cominciare a lavorare (a una data ora); attaccare (fam.) □ **to c. out** (o **off**), (d'operaio, ecc.) timbrare il cartellino all'uscita (fig.) smettere di lavorare (a una data ora); staccare (fam.) □ (fam.) **to c. up**, totalizzare (un certo numero di punti); accumulare (debiti); fare, percorrere (un certo numero di chilometri); fare (una certa velocità).
clock (2) [klɔk], n. baghetta; freccia (motivo ornamentale d'una calza).
clocking hen ['klɔkiŋ 'hen], n. (dial.) gallina che cova; chioccia.
clocklike ['klɔklaik], a. preciso come un orologio; cronometrico.
clockmaker ['klɔkˌmeikə*], n. orologiaio; fabbricante d'orologi.
clockwise ['klɔkwaiz], **A** a. (che gira) in senso orario; destrorso. **B** avv. in senso orario; nel senso delle lancette dell'orologio.
clockwork ['klɔkwəːk], n. **1** meccanismo (d'orologio) **2** carica, molla (di un giocattolo) **3** orologeria (di una bomba). ● **a c. bomb**, una bomba a orologeria □ **c.** (**driven**) **toys**, giocattoli a molla □ (cinem., letter.) **A C. Orange**, Arancia meccanica □ **like c.**, come un orologio (o un cronometro); con perfetta regolarità □ **Everything went like c.**, tutto andò liscio come l'olio.
clod [klɔd], n. **1** zolla; zolla erbosa; blocco d'argilla **2** **the c.**, il terreno, la terra; (fig.) l'argilla, la materia bruta **3** stupido; zuccone; persona goffa, sgraziata **4** (di bue macellato) petto grosso. ● (agric.) **c.-breaker**, frangizolle.
to clod [klɔd], v. t. e i. lanciare zolle (contro q.); colpire con zolle.
cloddish ['klɔdiʃ], a. stupido; goffo; sgraziato.
cloddishness ['klɔdiʃnis], n. stupidità; goffaggine.
cloddy ['klɔdi], a. pieno di zolle; zolloso.
clodhopper ['klɔdˌhɔpə*], n. **1** aratore; contadino **2** zoticone; persona goffa, sgraziata **3** scarpone da contadino.
clodpate ['klɔdpeit], **clodpole** ['klɔdpoul], n. stupido; zoticone.
clog [klɔg], n. **1** pezzo di legno legato alla gamba di un animale (per impedirgli di muoversi); ceppo; pastoia **2** (fig.) impedimento; ostacolo; ostruzione; intoppo **3** zoccolo (calzatura); zoccoletto **4** (anche **c. dance**) ballo rustico (con gli zoccoletti).
to clog [klɔg], **A** v. t. **1** ostacolare; impedire: **These measures will c. the markets**, questi provvedimenti ostacoleranno i mercati **2** ostruire; otturare; intasare: **The valves were clogged with dust**, le valvole erano ostruite dalla polvere. **B** v. i. **1** ostruirsi; intasarsi **2** diventare denso (o fitto, spesso); rapprendersi (e di conseguenza ostruire): **Clogged oil does not flow**, l'olio rappreso non fluisce.

cloggy ['klɔgi], *a.* **1** grumoso; nodoso **2** appiccicoso; viscoso.
cloisonné [klwa:'sɔnei] (*franc.*), *a.* e *n.* (*oreficeria*) (smalto) cloisonné.
cloister ['klɔistə*], *n.* **1** (*archit.*) porticato di chiostro **2** (*relig.*) chiostro; monastero; convento **3** (*archit.*) porticato; portico. ● (*fig.*) **the c.**, la vita monastica □ **c. garth**, chiostro.
to **cloister** ['klɔistə*], *v. t.* chiudere (q.) in convento. ● **to c. oneself**, appartarsi; isolarsi □ **cloistered nun**, suora di clausura.
cloistral ['klɔistrəl], *a.* claustrale.
clonal ['kloun], *a.* (*biol.*) clonale.
to **clone** [kloun], *v. t.* (*genetica*) clonare.
clone [kloun], *n.* (*biol.*) clone.
clonic ['klounik], *a.* (*med.*) clonico: **c. spasm**, spasmo clonico.
clonus ['klounəs], *n.* (*med.*) spasmo clonico; clono.
close (1) [klous], *a.* **1** chiuso; stretto; ristretto; ben custodito; appartato: **a c. vowel**, una vocale chiusa; **Italian has a c. and an open «o»**, in italiano c'è una «o» chiusa e una «o» aperta; **to march** (*o* **to fly, etc.**) **in c. order (formation)**, marciare (volare, ecc.) in ordine chiuso (in formazione chiusa); **to live in c. quarters**, vivere in un alloggio ristretto, insufficiente; **a c. secret**, un segreto ben custodito; **a c. siege**, uno stretto assedio; **to keep oneself c.**, tenersi appartato; **in c. contact**, a stretto contatto; **a c. resemblance**, una stretta somiglianza; **c. relatives**, parenti stretti; **a c. corporation**, una corporazione chiusa **2** compatto; fitto; serrato; coerente; conciso; stringato: **a c. material**, una stoffa compatta; **a c. argument**, un argomento serrato; **a c. writing**, una scrittura fitta; **a c. reasoner**, un ragionatore stringato **3** celato; segreto; nascosto: **to keep st. c.**, tenere alcunché celato, segreto; **to lie c.**, tenersi nascosto **4** (*anche c.- -fisted*) avaro; taccagno; tirchio **5** afoso; soffocante; opprimente; viziato; poco arieggiato: **c. weather**, tempo afoso; **It is c. here in summer**, qui, d'estate, si soffoca; **The air is c.**, l'aria è viziata **6** difficile (*a ottenersi*); scarso: **Credit is c. nowadays**, oggigiorno trovar credito è difficile **7** vicino; intimo; (*a distanza*) ravvicinata: **His house is quite c.**, la sua casa è vicinissima; **He is a c. friend of mine**, è un mio amico intimo; **a c. finish**, un finale (*di gara*) a distanza ravvicinata; **a c. escort**, scorta ravvicinata **8** aderente; di stretta misura; letterale; fedele: **a c. coat**, una giacca aderente; **a c. victory**, una vittoria di stretta misura; **a c. translation**, una traduzione letterale (*o* fedele, aderente al testo) **9** attento; accurato; preciso: **on closer inspection**, a un più attento esame. ● (*fam.*) **a c. call** (*o* **thing**), un rischio da cui si è scampati per miracolo □ **c. confinement**, segregazione cellulare □ **a c. contest** (*game*), una gara (una partita) d'esito incerto sino alla fine □ **c. custody**, rigorosa custodia (*di un detenuto*) □ **c.-cut price**, prezzo ristretto □ **c.-fisted**, spilorcio; avaro □ **c.- -fistedness**, avarizia; tirchieria (*fig.*) □ **c.-knit**, unito (*di paese, famiglia, ecc.*); coerente (*di libro, idea, ecc.*) □ **c.-mouthed** (*o* **c.-lipped**), taciturno; reticente; riservato □ **a c. prisoner**, un detenuto guardato a vista □ **c. season** (*o* **c. time**), stagione in cui la caccia e la pesca sono chiuse □ **a c. shave**, una rasatura alla base dei peli, perfetta; (*fig.*) l'essersela cavata per miracolo (*o* per il rotto della cuffia): **The bullet missed me, but it was a c. shave**, la pallottola non mi colpì, ma me la cavai per miracolo □ (*mil.*) **to come to c. quarters**, venire in contatto (*col nemico*) □ **to keep a c. watch on st.**, tener d'occhio attentamente qc.; star bene attento a qc. □ **to press sb. c.**, mettere q. alle strette □ **to run sb. c.**, tallonare q.; stare alle calcagna di q. □ (*fam.*) **That was c.!**, me la sono cavata per il rotto della cuffia (*o* per un pelo)!
close (2) [klous], *avv.* **1** vicino; dappresso; accanto: **He came c. up to me**, mi venne vicino; **I was c. by him**, gli ero dappresso; ero accanto a lui **2** strettamente; intimamente; in modo compatto. ● (*d'erba, di capelli*) **c.-cropped** (*o* **c.-cut**), tagliato raso; rasato □ (*d'abito*) **c.-fitting**, aderente; attillato □ **c.-grained**, a grana fitta; a struttura compatta □ (*naut.*) **c.-hauled**, stretto di bolina □ **c. to the wind**, (*naut.*) stringendo il vento, col vento stretto; (*fig.*) sul filo del rasoio, al margine della legalità □ **to come c. to perfection**, avvicinarsi alla perfezione.
close (3) (*def. 1* [klous], *def. 2, 3, 4, 5, 6, 7* e *8* [klouz]), *n.* **1** chiuso; recinto; terreno cintato (*intorno a una cattedrale, una scuola, ecc.*) **2** chiusa (*di lettera, discorso, ecc.*) **3** chiusura; fine; termine: **There will be a collection at the c. of the meeting**, ci sarà una colletta alla fine della riunione **4** corpo a corpo **5** (*della caccia, della pesca*) chiusura **6** (*fin.*) chiusura (*alla Borsa Valori*): **Tin shares strengthened at the c.**, le azioni dello stagno si rafforzarono in chiusura **7** (*radio, telev.*) fine delle trasmissioni **8** (*mus.*) finale. ● **to bring to a c.**, portare a termine □ **to draw to a c.**, portare (*o giungere*) a termine.
to **close** [klouz], **A** *v. t.* **1** chiudere; serrare; tappare: **to c. a circuit**, chiudere un circuito (*elettrico*); (*mil.* e *fig.*) **to c. ranks**, serrare le file; **to c. one's days**, chiudere la vita; morire **2** concludere; finire; portare a termine: **to c. a bargain**, concludere un affare **3** (*di nave*) accostare (*un'altra nave, ecc.*). **B** *v.*

i. **1** chiudersi; serrarsi **2** giungere al termine; finire: **The meeting closed at eight o'clock**, la riunione finì alle otto **3** (*fin.*) chiudere (*alla Borsa Valori*): **Our bank shares closed at 35 p.**, le azioni bancarie in nostro possesso erano a 35 pence in chiusura (*o* chiusero a 35 p.). ● **to c. about** (*o* **around**), circondare; avvolgere; calare: **The fog closed about me**, la nebbia m'avvolse; **Darkness is closing about us**, le tenebre vanno calando su di noi □ (*rag.*) **to c. an account**, chiudere un conto (*o una partita*) □ (*leg.*) **to c. a bankruptcy**, chiudere un fallimento □ **to c. down**, chiudere (*o cessare*) la propria attività (*definitivamente*); (*radio, telev.*) chiudere le trasmissioni □ **to c. in** (**upon**), avanzare da ogni lato; circondare: **The natives closed in upon us**, gl'indigeni ci circondarono □ (*comm. USA*) **to c. out**, liquidare, svendere (*merce*); fare una liquidazione □ **to c. up**, chiudere (*o cessare*) completamente; chiudersi (*anche di ferite*), serrare; tacere, chiudersi nel silenzio; ostruire, ostruirsi; avvicinarsi: (*mil.*) **C. up!**, serrate le file! □ **to c. upon**, chiudersi su; imprigionare: **The box closed upon my hand**, la scatola m'imprigionò la mano □ (*naut.*) **to c. the wind**, serrare (*o* stringere) il vento □ **to c. with**, accordarsi con (q.); farsi sotto, avvicinarsi (*a per attaccare*): **The order was given to c. with the enemy**, fu dato l'ordine di attaccare il nemico □ (*comm.*) **to c. with an offer**, accettare un'offerta; accordarsi; combinare (*pop.*) □ (*fam.*) **a closed book**, un libro chiuso (*fig.*); una storia finita (*fig.*) □ (*elettr.*) **closed circuit**, circuito chiuso □ **closed-circuit television**, televisione a circuito chiuso □ (*sport*) **closed course**, circuito chiuso (*per corse*) □ **a closed-door decision**, una seduta a porte chiuse (*di calcolatore*) **closed-loop**, a ciclo chiuso □ **closed shop**, fabbrica (*o* azienda, ecc.) impegnatasi per contratto a impiegare solo aderenti a un dato sindacato □ (*leg.*) **behind closed doors**, a porte chiuse □ (*mil.*) **C. right (left)!**, serrare a destra (a sinistra)!
close-down ['klouzdaun], *n.* **1** (*ind.*) chiusura (*di una fabbrica e sim.*) **2** (*radio, telev.*) segnale di fine trasmissioni.
closely ['klousli], *avv.* **1** da vicino; dappresso; attentamente; bene: **Watch him c.!**, osservalo attentamente!; sorveglialo da vicino!; tienilo d'occhio! **2** in sommo grado; moltissimo: **This insect c. resembles a gadfly**, questo insetto somiglia moltissimo a un tafano.
closeness ['klousnis], *n.* **1** strettezza; ristrettezza **2** compattezza; concisione **3** segretezza **4** oppressione; pesantezza: **the c. of the atmosphere**, l'oppressione (*o* la pesantezza) dell'atmosfera **5** vicinanza; (*grado di*) intimità: **You know the c. of our friendship**, tu conosci l'intimità della nostra amicizia **6** attenzione; accuratezza; precisione **7** discrezione; riservatezza **8** avarizia; tirchieria; spilorceria.
close-out [,klouz'aut], *n.* (*comm. USA; anche* **close-out sale**) liquidazione; saldo; svendita.
closet ['klɔzit], **A** *n.* **1** (*specialm. USA*) stanzino (*o* armadio) per biancheria, provviste, ecc.; guardaroba; ripostiglio (*cfr. ingl.* **cupboard** e **storeroom**) **2** studiolo **3** armadietto; credenza: **a china c.**, un armadietto delle porcellane **4** (*anche* **water c.**) gabinetto (*o* cesso); ritirata (*fig.*). **B** *a. attr.* (*USA*) **1** privato; segreto **2** speculativo, teorico; astratto. ● **c. play**, dramma scritto per essere letto (*non rappresentato*) □ (*fam.*) **c. queen**, omosessuale che cela la sua vera natura □ **c. strategist**, stratega da tavolino.
to **closet** ['klɔzit], *v. t.* (*per lo più rifl.*) chiudere (*a rapporto, in riunione segreta*): **The minister closeted himself with the ambassador**, il ministro si chiuse in riunione segreta con l'ambasciatore. ● **to be closeted together**, essere (chiusi) a rapporto (*o* in riunione segreta).
close-up ['klousʌp], *n.* (*cinem., fotogr., telev.*) primo piano (*anche fig.*).
closing ['klouziŋ], **A** *n.* chiusura (*di fabbrica, negozio, ecc.*). **B** *a. di chiusura; ultimo:* **in the c. days of May**, negli ultimi giorni di maggio; (*Borsa*) **c. price**, prezzo di chiusura. ● (*mil.*) **c. manoeuvre**, manovra di avvicinamento □ **c. time**, orario di chiusura (*di negozi, ecc.*) □ **early-c. day**, giorno di chiusura pomeridiana (*dei negozi*) □ **C. time!**, si chiude!
closure ['klouʒə*], *n.* **1** chiusura; conclusione; fine; termine: **tight c.**, chiusura ermetica; **zipper c.**, chiusura lampo **2** (*in Parlamento*) sospensione del dibattito (*per passare ai voti*); chiusura. ● **to apply the c.**, approvare la mozione di chiusura.
to **closure** ['klouʒə*], *v. t.* votare la sospensione di (*un dibattito*).
clot (1) [klɔt], *n.* **1** grumo; coagulo (*di sangue, fango, ecc.*). ● (*med.*) **c. on the brain**, embolo cerebrale.
to **clot** [klɔt], *v. t.* e *i.* raggrumare, raggrumarsi; coagulare, coagularsi. ● **clotted cream**, panna grassa e grumosa (*anche* **Devonshire cream**) □ **clotted hair**, capelli appiccicati in ciocche (*per il sangue, il sudiciume, ecc.*) □ (*fig.*) **clotted nonsense**, sciocchezze madornali □ **clotted with mud**, impiastrato di fango.
clot (2) [klɔt], *n.* (*pop.*) stupido; zuccone; testa di legno (*pop.*).
cloth [klɔθ], *n.* **1** panno, stoffa; tela; tessuto: **fancy c.**, stoffa fan-

tasia; **linen c.**, tela di lino; **waterproof c.**, tessuto impermeabile **2** pezza (*di panno, ecc.*); straccio **3** (*anche* **tablecloth**) tovaglia **4** — (*fig.*) **the c.**, l'abito talare; il clero **5** (*naut.*) ferzo (*di vela*). ● (*ind.*) **c.-beam**, subbio (*di telaio*) □ **c. binding**, rilegatura in tela □ **c.-cap**, operaio (*agg.*); di (*o* da) operaio: **a c.-cap association**, una società operaia □ **c.-eared**, che ha il cotone agli orecchi (*fig.*); sordo; sordastro □ **c.-maker**, fabbricante di stoffe □ **c. of gold** (**of silver**), stoffa intessuta d'oro (d'argento) □ **c. shirt**, camicia a giacca □ **American c.**, (sorta di) tela cerata □ (*fig.*) **to cut one's coat according to one's c.**, fare il passo secondo la gamba; commisurare le spese alle entrate **2** (*naut.*) **duck c.**, tela da vela □ **floor-c.**, straccio da pavimenti □ **to lay the c.**, apparecchiare la tavola □ **tracing c.**, tela da lucido (*da disegno*) □ **to wear** (*o* **to have got**) **c. ears**, avere il cotone agli orecchi (*o* le orecchie foderate di prosciutto) □ **wire c.**, reticella metallica.
clothback ['klɔθbæk], *n*. libro rilegato in tela.
to clothe [klouð] (*pass.* e *p. p.* **clothed, clad**), *v. t.* **1** vestire (*anche fig.*); rivestire; ricoprire; ammantare: **The leaves c. the trees**, le foglie rivestono gli alberi; **The land was clothed in snow**, la terra era ammantata di neve; (*lett.*) **clothed with humility**, vestito d'umiltà **2** atteggiare; esprimere: **to c. ideas in allegory**, esprimere idee in modo allegorico; **to c. one's face in smiles**, atteggiare il volto al sorriso.
clothes [klouðz], *n. pl.* (*mai usato con i numerali*) **1** abiti; vestiti; panni; biancheria; bucato **2** (*anche* **bedclothes**) biancheria e coperte da letto. ● **c. bag** (*o* **c. basket**), cesto per il bucato □ **c.-brush**, spazzola da panni □ **c. hanger**, gruccia; ometto; stampella □ **c.-hook**, attaccapanni a muro □ **c.-horse**, cavalletto (*per stendervi panni*); stenditoio; (*pop. USA*) manichino (*persona molto ricercata nel vestire*) □ **c.-line**, corda del bucato □ **c.-moth**, tarma; tignola □ **c.-peg** (*USA*: **clothespin**), molletta da bucato □ **c.-press**, armadio (*per biancheria*) □ **c.-prop**, palo della corda del bucato □ **c. tree** (*o* **c. stand**), attaccapanni a stelo □ **old-c. man**, rigattiere □ **to put on one's c.**, vestirsi □ **to sleep in one's c.**, dormire vestito □ **to take off one's c.**, svestirsi.
clothier ['klouðiə*], *n*. **1** fabbricante di stoffe **2** negoziante di stoffe (*o* abiti) **3** merciaio.
clothing ['klouðiŋ], *n*. **1** abbigliamento; vestiario: **the c. industry**, l'industria dell'abbigliamento; **an article of c.**, un capo di vestiario **2** copertura; rivestimento. ● (*ind. tessile*) **c. wool**, lana di carda □ **ready-made c.**, confezioni; confezione.
Clotho ['klouθou], *n.* (*mitol.*) Cloto.
clotting ['klɔtiŋ], *n*. coagulazione.
clotty ['klɔti], *a*. **1** grumoso **2** che tende a coagularsi.
cloture ['kloutʃə*], *n*. (*polit. USA*) mozione di chiusura (*di un dibattito in Parlamento*).
cloud [klaud], *n*. **1** nube; nuvola (*anche fig.*): **a c. of smoke**, una nuvola di fumo; **the clouds of war**, le nubi della guerra **2** nugolo, nuvolo: **a c. of flies**, un nugolo di mosche **3** appannamento, intorbidamento, ombra (*in un liquido, su uno specchio, ecc.*) **4** sciarpa leggera (*di lana*). ● **c. amount**, nuvolosità □ **c.-burst**, acquazzone; forte piovasco □ (*di picco montano*) **c.-capped**, incappucciato di nubi □ **c. castle**, castello in aria □ **c. ceiling**, cappa di nubi □ (*fis. nucl.*) **c. chamber**, camera di Wilson; camera a nebbia □ (*scherz.*) **c. compeller**, fumatore □ **c.-cuckoo-land** (*o* **cloudland**), paese dei sogni; utopia □ **c. drift**, fuga (*o* teoria) di nuvole □ (*di monte, grattacielo, ecc.*) **c.-kissing**, che tocca le nuvole □ **a c. of words**, una congerie di parole confuse □ **c. rack**, cumulo di nubi □ **to have a c. on one's brow**, avere la fronte rannuvolata □ **to have one's head in the clouds**, avere la testa fra le nuvole □ (*fig.*) **to be in the clouds**, vivere nelle nuvole □ (*pop.*) **to be on c. nine**, toccare il cielo con un dito; essere al settimo cielo □ **to be under a c.**, essere oggetto di sospetti (*o* di discredito), essere in disgrazia; essere depresso, essere giù di corda □ (*prov.*) **Every c. has a silver lining**, ogni cosa ha il suo lato buono; non tutto il male vien per nuocere.
to cloud [klaud], **A** *v. t.* **1** annuvolare (*anche fig.*); coprire di nuvole; annebbiare; intristire; turbare: **These doctrines c. the mind**, queste dottrine annebbiano la mente; **The sun is clouded**, il sole è coperto dalle nubi; **His old age was clouded by disillusionment**, la sua vecchiaia fu intristita dalle disillusioni **2** variegare; striare con colori incerti **3** oscurare; mettere in cattiva luce (*la reputazione di q., ecc.*): **The sky was clouded by the smoke**, il cielo era oscurato dal fumo. **B** *v. i.* **1** annuvolarsi, rannuvolarsi (*anche fig.*); rattristarsi: **Why did you c. up?**, perché ti sei rannuvolato? **2** annebbiarsi: **Windscreens c. when it's cold outside**, i parabrezza s'annebbiano quando fuori fa freddo. ● **to c. over** (**up**), (*del cielo*) annuvolarsi; (*di vetro* e *sim.*) appannarsi □ **His face clouded with indignation**, egli si annuvolò in volto per lo sdegno.
cloudberry ['klaudˌberi], *n.* (*bot., Rubus chamaemorus*) rovo camemoro.
cloudiness ['klaudinis], *n*. **1** nuvolosità; nebulosità **2** striatura; screziatura **3** torbidezza; opacità **4** (*fig.*) malumore; turbamento.
cloudland ['klaudˌlænd], *n*. paese dei sogni; mondo ideale inesistente; «Utopia».
cloudless ['klaudlis], *a*. senza nubi; sereno; limpido.
cloudlet ['klaudlit], *n*. nuvoletta.
cloudst ['kudst], *voce verb.* (*arc.*) 2ª *pers. sing.* di **could**.
cloudy ['klaudi], *a*. **1** nuvoloso; (*fig.*) rannuvolato; turbato **2** (*di marmo, ecc.*) di colore non uniforme; variegato; striato **3** offuscato; opaco; torbido: **a c. liquid**, un liquido torbido; **eyes c. with sleep**, occhi offuscati dal sonno **4** oscuro; fioco; poco chiaro: **c. ideas**, idee poco chiare. ● **a c. diamond**, un diamante non puro □ **It is c.**, è nuvoloso; il cielo è (parzialmente) coperto.
clough [klʌf], *n*. burrone; valle stretta e incassata; orrido.
clout [klaut], *n*. **1** pezza; toppa; straccio: **a dish c.**, uno straccio per i piatti **2** colpo, colpetto (*specialm. sulla testa, con le nocche*) **3** rinforzo di metallo (*per scarpe, ecc.*) **4** (*anche* **c. nail**) chiodo a testa piatta (*per fissare rinforzi di metallo*) **5** (*arc.*) indumento; capo di vestiario **6** (*fam., polit.*) prestigio; influenza; autorità: **to have a lot of c. with sb.**, avere molta influenza su q. **7** (*stor.*) bersaglio (*nel tiro dell'arco*). ● (*prov.*) **Never cast a c. till May is out**, aprile non ti scoprire.
to clout [klaut], *v. t.* **1** (*arc.*) rattoppare; rammendare alla meglio **2** colpire; dare un colpo a (*specialm. con le nocche*).
clove (1) [klouv], *pass.* di **cleave**.
clove (2) [klouv], *n*. **1** (*bot.*) *Eugenia caryophyllata* **2** chiodo di garofano. ● (*med.*) **oil of cloves**, essenza di chiodi di garofano.
clove (3) [klouv], *n*. spicchio (*d'aglio o d'altra pianta bulbosa*).
clove hitch ['klouv'hitʃ], *n.* (*naut.*) nodo parlato.
cloven ['klouvn], *p. p.* di **to cleave**.
clover ['klouvə*], *n*. (*bot., Trifolium*) trifoglio. ● (*autom.*) **c.-leaf (junction)**, raccordo (*o* incrocio) a quadrifoglio (*di strade*) □ (*fig.*) **to be** (*o* **to live**) **in c.**, vivere nel lusso; nuotare nell'abbondanza.
clown [klaun], *n*. **1** individuo rozzo, goffo; villano; zoticone **2** clown; pagliaccio **3** buffone; burlone.
to clown [klaun], *v. i.* fare il pagliaccio; fare il buffone.
clownery ['klaunəri], *n*. **1** buffoneria; buffonaggine **2** buffonata; pagliacciata.
clownish ['klauniʃ], *a*. **1** buffonesco; da pagliaccio **2** rozzo; sgarbato.
clownishness ['klauniʃnis], *n*. **1** buffoneria **2** rozzezza; grossolanità.
to cloy [klɔi], *v. t.* e *i.* saziare, stancare, nauseare (*per eccesso di q.c. prima dolce o piacevole*). ● **to c. the appetite**, togliere (*o* far passare) l'appetito (*per cibi succulenti*); dare la nausea.
club [klʌb], *n*. **1** bastone; clava; mazza; randello **2** (*sport*) mazza, bastone (*da golf, da hockey, ecc.*) **3** (carta di) fiori; (*pl.*) fiori (*nei giochi di carte*): **I have only one c. (left) in my hand**, ho (mi è rimasto) soltanto un fiori in mano **4** circolo; club; associazione; società; locali di un circolo: **benefit c.**, società di beneficenza **5** (*aeron.*) mulinello; elica di prova. ● (*ferr. USA*) **c. car**, carrozza salone □ (*med.*) **c. foot**, piede deforme (*dalla nascita*) □ **c.-footed**, dal piede deforme □ **c.-house** (*o* **c.-room**), (locale di un) circolo □ (*fig.*) **c.-law**, la legge del bastone, del più forte □ (*bot.*) **c. moss** (*Lycopodium clavatum*), licopodio □ (*bot.*) **c. root**, ernia del cavolo □ (*USA*) **c. sandwich**, sandwich a più strati □ (*comm.*) **c. trading**, vendita a rate con versamenti mensili □ (*pop.: di ragazza*) **to be in the c.**, essere nei guai; essere incinta □ (*ginnastica*) **Indian clubs**, clavette.
to club [klʌb], **A** *v. t.* **1** bastonare; picchiare (*con un bastone, una mazza, il calcio del fucile, ecc.*) **2** dare, raccogliere, mettere insieme (*denaro o altro, per uno scopo determinato*); unire (*risorse, ecc.*) **B** *v. i.* **1** formare un circolo; riunirsi in società **2** — **to c. with**, **to c. together**, associarsi, accordarsi con, unirsi a (*per raccogliere fondi o promuovere determinate attività*) **3** quotarsi; pagare una quota; dare il proprio contributo. ● **to c. sb. to death**, uccidere q. a bastonate.
clubbable ['klʌbəbl], *a.* (*raro*) **1** che ha i requisiti per entrare a far parte d'un circolo **2** (*fam.*) socievole; che lega facilmente.
clubbed [klʌbd], *a.* (*bot.*) claviforme.
clubby ['klʌbi], *a.* (*fam.*) socievole.
clubland ['klʌblænd], *n.* il quartiere dei circoli (*St. James's* e *Piccadilly, a Londra*).
clubman ['klʌbmən], *n.* (*pl.* **clubmen**) **1** socio d'uno o più circoli; frequentatore di circoli **2** (*USA*) socio di circoli costosi ed esclusivi.
clubwoman ['klʌbˌwumən], *n.* (*pl.* **clubwomen**) donna che fa parte di un circolo, di un'associazione, ecc. (*V.* **clubman**).
cluck [klʌk], *n.* **1** il chiocciare (*della gallina*) **2** (*della lingua*) schiocco.
to cluck [klʌk], **A** *v. i.* chiocciare. **B** *v. t.* esprimere (q.c.) imi-

clucky

tando il verso della chioccia; bofonchiare: **He clucked his disapproval**, espresse la sua disapprovazione bofonchiando. ● **to c. the tongue**, schioccare la lingua.
clucky ['klʌki], *a.* che chioccia; che tende a chiocciare.
clue [klu:], *n.* **1** indizio: **Fingerprints are clues**, le impronte digitali sono indizi **2** definizione (*nel gioco delle parole crociate*) **3** *V.* **clew**. ● (*fam.*) **He hasn't a c.**, non sa neanche di che cosa si tratti; non ne sa (*o* non ne capisce) un accidenti (*pop.*).
clueless ['klu:lis], *a.* **1** senza indizi; all'oscuro di tutto **2** (*pop.*) ignorante; sciocco; incapace; stupido.
clump [klʌmp], *n.* **1** pezzo informe; blocco **2** gruppo fitto; macchia (*di cespugli*); folto (*d'alberi*) **3** (*anche* **c. sole**) grossa suola di rinforzo **4** rumore di passi pesanti **5** (*biol.*) agglutinazione.
to clump [klʌmp], **A** *v. t.* **1** ammucchiare; piantare fitto (*alberi, ecc.*) **2** rinforzare (*una scarpa*) con una suola grossa **3** (*biol.*) agglutinare. **B** *v. i.* **1** camminare con passo pesante **2** (*biol.*) agglutinarsi.
clumsiness ['klʌmzinis], *n.* goffaggine; mancanza di tatto (*o* di garbo).
clumsy ['klʌmzi], *a.* **1** goffo; impacciato; maldestro; senza tatto **2** malfatto; mal costruito; rozzo: **c. implements**, attrezzi rozzi; **a c. piece of work**, un lavoro malfatto.
clung [klʌŋ], *pass.* e *p. p.* di **to cling**.
Cluniac ['klu:niæk], *a.* e *n.* (*relig.*) cluniacense, cluniacese.
cluster ['klʌstə*], *n.* **1** grappolo; mazzo; gruppo (*di persone, animali, ecc.*); sciame: **a c. of bees**, uno sciame d'api **2** (*astron.*) ammasso **3** (*fon.*) gruppo **4** (*mil.*) bomba a grappolo. ● **c. candlestick**, candelabro ▫ (*bot.*) **c. pine** (*Pinus pinaster*), pino marittimo; pino selvatico; pinastro ▫ **little clusters of people**, capannelli di gente.
to cluster ['klʌstə*], **A** *v. i.* **1** crescere in grappoli **2** far grappolo; raggrupparsi; stringersi: **The peasants clustered around the fireplace**, i contadini facevano grappolo intorno al camino. **B** *v. t.* raccogliere; raggruppare. ● (*archit.*) **clustered pier**, pilastro polistilo ▫ **The lifeboat was clustered with the survivors of the wreckage**, la scialuppa era stracolma di sopravvissuti al naufragio.
to clutch [klʌtʃ], *v. t.* e *i.* **1** afferrare; stringere fortemente; tenere stretto; tenersi stretto a: **He clutched his rifle**, teneva stretta la carabina **2** fare l'atto d'afferrare; annaspare. ● (*fig.*) **to c. power**, prendere il potere ▫ **He clutched at his daughter's love**, s'aggrappava all'amore di sua figlia.
clutch (1) [klʌtʃ], *n.* **1** l'atto d'afferrare: **to make a c. at st.**, fare l'atto d'afferrare q.c. **2** stretta; forte presa **3** (*pl.*) artigli; grinfie; morsa (*fig.*): **to fall into sb.'s clutches**, cadere nelle grinfie di q. **4** (*mecc.*) innesto; frizione **5** (*anche* **friction c.**) frizione (*per es., d'automobile*): **to let in (to throw out) the c.**, innestare (disinnestare) la frizione; **The c. is in (is out)**, la frizione è innestata (è disinnestata) **6** (*pop.*) situazione critica. ● **c. bag** (*o* **purse**), borsetta senza manici; busta ▫ (*autom.*) **c. pedal**, pedale della frizione ▫ (*mecc.*) **dry-disk c.**, frizione a secco.
clutch (2) [klʌtʃ], *n.* **1** covata (*di pulcini*) **2** nidiata **3** (*fig.*) gruppo.
clutchless ['klʌtʃlis], *a.* (*mecc.*) senza frizione. ● (*autom.*) **c. gearshift**, cambio automatico (*senza frizione*).
clutter ['klʌtə*], *n.* **1** confusione; disordine; scompiglio **2** ammasso; cumulo disordinato; mucchio **3** rumore confuso; frastuono; tumulto **4** (*radar*) eco parassita (*o* spurio).
to clutter ['klʌtə*], **A** *v. t.* ingombrare; mettere in disordine; buttare sottosopra: **The table was cluttered up with used cups and glasses**, la tavola era ingombra di (*o* ingombrata da) tazze e bicchieri sporchi. **B** *v. i.* **1** fare un rumore confuso **2** correre qua e là; muoversi affannosamente.
clypeate ['klipieit], *a.* (*zool.*) clipeato.
clypeiform ['klipiifɔ:m], *a.* (*zool.*) clipeiforme.
clypeus ['klipiəs], *n.* (*pl.* **clipei**) (*zool.*) clipeo.
clyster ['klistə*], *n.* (*med.*) clistere; clisma.
to clyster ['klistə*], *v. t.* fare un clistere a (q.).
Clytaemnestra [,klaitim'nestrə], *n.* (*mitol.*) Clitennestra.
coacervate [,kouə'sɔ:vit], *n.* (*chim., biol.*) coacervato.
coacervation [kou,æə'veiʃən], *n.* (*chim., biol.*) coacervazione.
coach [koutʃ], *n.* **1** carrozza (*chiusa*); vettura; (*anche* **stagecoach**) diligenza: **mail-c.**, carrozza di posta (*diligenza che faceva servizio postale*); **hackney c.**, carrozza (*o* vettura) da nolo **2** (*ingl.*) carrozza ferroviaria; vettura (*cfr. USA* **passenger car**) **3** (*USA*) carrozza ferroviaria, spesso con sedili reclinabili (*per viaggi diurni*) **4** (*autom.*) coupé **5** (*anche* **motorcoach**) pullman; torpedone: **c. park**, parcheggio per torpedoni **6** (*USA*) carrozzina (*per bambini*) **7** (*naut.*) sala del consiglio (*di nave da guerra*) **8** insegnante privato, ripetitore, istitutore (*specialm. chi prepara studenti per un esame*) **9** (*sport*) allenatore (*d'un atleta, di una squadra*); istruttore. ● **a c.-and-four**, un tiro a quattro ▫ (*autom.*) **c. body builder**, carrozziere per autobus e torpedoni (*costruttore*) ▫ **c. body repairer**, carrozziere per autobus (*riparatore*) ▫ **c. box**,

posto a cassetta; sedile del vetturino ▫ (*di un'automobile*) **c.-built**, carrozzata (*da una ditta, ecc.*) ▫ (*USA*) **c. class**, seconda classe (*di treno o aeroplano*) ▫ **c. house**, rimessa per vetture ▫ (*autom.*) **c.-painter**, verniciatore di carrozzeria ▫ (*autom.*) **c. repairer**, carrozziere (*che ripara carrozzerie*); autocarrozzeria ▫ **c. tour**, gita in pullman ▫ (*fig.*) **to drive a c. and six through an Act of Parliament**, fare scempio d'una legge; rendere inoperante una legge ▫ **mourning c.**, carro funebre ▫ **state c.**, carrozza di gala ▫ (*ferr.*) **through c.**, carrozza diretta.
to coach [koutʃ], **A** *v. i.* **1** viaggiare in carrozza (*o* in pullman) **2** studiare (*o* prepararsi a un esame) con un ripetitore. **B** *v. t.* **1** trasportare in carrozza **2** istruire; preparare; dare lezioni private a (*uno studente*): **Who coached you for the competitive examination?**, chi ti ha preparato per l'esame di concorso? **3** (*sport*) allenare, istruire (*atleti, ecc.*): **Who's going to c. the football team?**, chi allenerà la squadra di calcio? ● (*leg.*) **to c. a witness**, dare istruzioni ad un testimone ▫ **in the old coaching days**, al tempo delle carrozze (*o* delle diligenze).
coachbuilder ['koutʃ,bildə*], *n.* (*autom.*) carrozziere. ● **c.'s shop**, carrozzeria (*l'officina che costruisce carrozzerie*); autocarrozzeria.
coachbuilding ['koutʃbildiŋ], *n.* (*autom.*) costruzione di carrozzerie.
coacher ['koutʃə*], *n.* (*sport*) allenatore; istruttore.
coachful ['koutʃful], *n.* carrozzata.
coaching ['koutʃiŋ], *n.* **1** addestramento; formazione (*del personale*) **2** lezioni private; ripetizioni **3** (*sport*) allenamento.
coachman ['koutʃmən], *n.* (*pl.* **coachmen**) vetturino; postiglione; cocchiere.
coachmanship ['koutʃmənʃip], *n.* abilità di vetturino.
coachwork ['koutʃwɔ:k], *n.* **1** (*autom.*) carrozzeria (*di un'auto*) **2** (*autom.*) lavori di carrozzeria.
coaction [kou,ækʃən], *n.* (*leg.*) coazione; coercizione.
coactive [kou'æktiv], *a.* (*leg.*) coattivo; coercitivo.
coadjutor [kou'ædʒutə*], *n.* coadiutore; collaboratore.
coadjuvant [kou'ædʒuvənt], *a.* e *n.* coadiuvante.
coadunate [kou'ædʒunit], *a.* (*bot.*) connato.
coagulable [kou'ægjuləbl], *a.* (*med.*) coagulabile.
coagulant [kou'ægjulənt], *n.* (*med.*) sostanza coagulante; coagulante.
to coagulate [kou'ægjuleit], *v. t.* e *i.* coagulare, coagularsi.
coagulation [kou,ægju'leiʃən], *n.* coagulazione.
coagulator [kou'ægjuleitə*], *V.* **coagulant**.
coagulum [kou'ægjuləm], *n.* (*pl.* **coagula**) (*med., chim.*) coagulo.
coaita [ku:'ita:], *n.* (*zool., Ateles paniscus*) atele nero.
coal [koul], *n.* **1** carbone (*specialm. fossile, ma anche di legna*) **2** (*un*) carbone (*acceso o bruciato*); tizzone **3** (*pl.*) brace. ● **c.-bearing**, carbonifero ▫ **c. bed**, strato carbonifero ▫ **c. bin**, bidone per il carbone ▫ **c. black**, nero come il carbone ▫ **c. box** (*o* **bucket**), *V.* **c. scuttle** ▫ **c. bunker**, carbonile ▫ **c. cellar**, carbonaia ▫ **c. chute**, scivolo per carbone ▫ (*ind.*) **c. dust**, polverino di carbone ▫ **c. field**, bacino carbonifero ▫ (*zool.*) **c.-fish** (*Pollachius virens*), merlano nero ▫ **c.-flap**, botola di scivolo per carbone (*sul marciapiede*) ▫ **c. gas**, gas illuminante ▫ **c. heaver**, spalatore, scaricatore di carbone ▫ **c.-master** (*o* **-owner**), proprietario di miniera di carbone ▫ (*geol.*) **c. measures**, strati carboniferi ▫ **c. mine** (*o* **c.-pit**), miniera di carbone ▫ (*ind.*) **c. mining**, estrazione del carbone; attività bonifera ▫ **c.-plate**, *V.* **c.-flap** ▫ **c.-screen**, setaccio (*o* vaglio) per la cernita del carbone ▫ **c. scuttle**, secchia (*o* cassetta) per il carbone ▫ **c. seam**, filone di carbone ▫ (*naut.*) **c. ship**, nave carboniera ▫ **c. shoot**, *V.* **c. chute** ▫ **c. strike**, sciopero dei minatori di carbone ▫ **c. tar**, catrame di carbon fossile ▫ (*zool.*) **c. tit**, *V.* **coalmouse** ▫ **c. whipper**, uomo (*o* macchina) che solleva il carbone (*dalla stiva d'una nave*) ▫ (*fig.*) **to blow on the coals**, soffiare sul fuoco ▫ **brown c.**, lignite ▫ (*fig.*) **to carry coals to Newcastle**, portar vasi a Samo (*o* nottole ad Atene); fare cosa inutile ▫ **hard** (*o* **blind**) **c.**, antracite ▫ **to haul** (*o* **to call, to drag, to rake**) **sb. over the coals**, criticare (*o* rimproverare) aspramente q. ▫ **to heap coals of fire on sb.'s head**, fare arrossire q., facendogli del bene in cambio del male ricevuto ▫ **pit c.**, carbon fossile.
to coal [koul], **A** *v. t.* **1** carbonizzare (*legna, ecc.*) **2** rifornire (*una nave, ecc.*) di carbone. **B** *v. i.* (*di nave, ecc.*) rifornirsi di carbone; far carbone. ● (*naut.*) **coaling station**, scalo per il rifornimento del carbone.
coaler ['koulə*], *n.* **1** nave (*o* ferrovia, vagone) per il trasporto del carbone; (*naut.*) carboniera **2** commerciante di carbone.
to coalesce [,kouə'les], *v. i.* **1** (*anche med.*) riunirsi, attaccarsi (*di ossa rotte, ecc.*); agglomerarsi **2** unirsi; (*di nazioni, partiti, ecc.*) coalizzarsi; (*di società commerciali*) fondersi **3** (*fon.*) assimilarsi.
coalescence [kouə'lesns], *n.* **1** (*anche med.*) coalescenza; riunio-

ne, il saldarsi (di ossa, ecc.) **2** unione; coalizione; fusione (V. **to coalesce**).
coalie ['kouli], n. portatore (o scaricatore) di carbone.
coalition [ˌkouəˈliʃən], n. **1** unione; fusione **2** (polit.) coalizione: **a c. government**, un governo di coalizione.
coalitionist [ˌkouəˈliʃənist], n. fautore di una coalizione.
coalmouse ['koulmaus], n. (pl. **coalmice**) (zool., Parus ater) cincia mora.
coaly ['kouli], a. **1** ricco di carbone **2** simile a carbone; nero.
coaming ['koumiŋ], n. **1** (edil.) orlo rialzato (intorno a un'apertura) **2** (naut.) mastra (o battente) del boccaporto.
to coarct [kou'a:kt], v. t. (specialm. med.) coartare.
coarctate [kou'a:kteit], a. (biol.) coartato.
coarctation [ˌkouɑːkˈteiʃən], n. (specialm. med.) coartazione.
coarse [kɔ:s], a. **1** comune; dozzinale; (di qualità) scadente: **c. food** (o **c. fare**), vitto scadente **2** grezzo; ruvido; rozzo: **a c. metal**, un metallo grezzo; – **c. cloth**, tela grezza (o ruvida) **3** grossolano; rude; rozzo; sguaiato; triviale; volgare: **c. language**, linguaggio sguaiato; discorsi triviali; **c. manners**, modi grossolani; maniere rudi. ● **c.-fibred** (o **c.-grained**), a grana grossa; (fig.) grossolano, rozzo, sgarbato □ (cucina) **c. fish**, pesce d'acqua dolce (eccettuato il salmone) □ **c. salt**, sale grosso (o da cucina) □ **c.-wooled sheep**, pecora dalla lana ruvida.
to coarsen ['kɔ:sn], **A** v. t. rendere grossolano (o rozzo). **B** v. i. diventare grossolano (o rozzo).
coarseness ['kɔ:snis], n. **1** qualità scadente **2** stato grezzo; ruvidezza; grossezza: **c. of the grain**, grossezza di grana (di carta, ecc.) **3** grossolanità; rudezza; rozzezza; volgarità.
coarsish ['kɔ:siʃ], a. piuttosto grossolano (o rozzo, volgare).
coast [koust], n. **1** (anche **seacoast**) costa; litorale **2** (USA e Canada) pista per slittini; corsa (o discesa) su slitta **3** (per estens.) discesa percorsa (in slitta); discesa a scatto libero (in bicicletta). ● (fam. USA) **the C.**, la costa del Pacifico □ **c. artillery**, artiglieria da costa □ (naut.) **c. battery**, batteria costiera □ **c. defence**, difesa costiera □ (naut.) **c.-defence ship**, nave guardacoste □ **c.-guard**, guardia costiera (il reparto); guardacoste □ (naut.) **c.-guard cutter**, (nave) guardacoste □ (USA) **from c. to c.**, da costa a costa; nazionale □ **c.-waiter**, funzionario di dogana in servizio costiero (fig.) **The c. is clear**, la via è libera (non c'è rischio d'essere veduti o intralciati).
to coast [koust], **A** v. i. **1** (naut.) costeggiare; navigare lungo la costa **2** (naut.) esercitare il commercio costiero **3** (di un mezzo di trasporto) procedere per inerzia (o per gravità); (di o in bicicletta) andare a scatto libero; (di o in automobile) andare a motore spento **4** (fig.) procedere (o procedere) sull'abbrivo: **After the wartime push, the country is coasting along**, dopo il grande sforzo bellico, il paese continua (a procedere) sull'abbrivo. **B** v. t. (naut.) costeggiare □ far procedere (un mezzo di trasporto) per inerzia (o per gravità) □ (autom.) **to c. a car downhill**, fare una discesa (in macchina) a motore spento □ (fig.) **to c. to victory**, procedere senza sforzo verso la vittoria.
coastal ['koustl], a. litoraneo; presso (o lungo) la costa: **c. plain**, pianura presso la costa; litorale.
coaster ['koustə*], n. **1** (naut.) nave di cabotaggio; cabotiero; nave costiera **2** tavolinetto a rotelle **3** sottobicchiere; sottobottiglia **4** appoggia-piedi (sulla forcella anteriore della bicicletta) **5** otto volante; montagne russe. ● (mecc.) **c. brake**, freno a coaster.
coastguard ['koustgɑ:d], n. **1** guardia costiera (il reparto) **2** V. **coastguardsman**. ● (naut.) **c. cutter**, (nave) guardacoste.
coastguardsman ['koustˌgɑ(:)dzmən], n. (pl. **coastguardsmen**) guardia costiera; guardacoste.
coasting ['koustiŋ], **A** a. (naut.) costiero; cabotiero. **B** n. **1** (geogr.) configurazione di una costa **2** (naut.) il costeggiare **3** (naut., anche **c. navigation**) traffico costiero; cabotaggio **4** (di un mezzo) il procedere per inerzia (o per gravità); (di o in bicicletta) l'andare a scatto libero; (di o in automobile) l'andare a motore spento. ● (miss.: di un razzo, ecc.) **c. flight**, volo inerziale □ **c. trade**, commercio costiero □ **c. vessel**, V. **coaster**, def. 1.
coastline ['koust-lain], n. linea costiera; profilo (d'una costa).
coastwise ['koust-waiz], a. e avv. lungo la costa.
coat [kout], n. **1** giacca (anche da donna); giubba **2** (anche **topcoat**, **greatcoat**, **overcoat**) cappotto, soprabito **3** mantello, pelliccia, pelo (d'un animale): **a dog's rough c.**, il pelo irsuto d'un cane **4** involucro (d'un frutto, ecc.); membrana di rivestimento (d'un organo del corpo, ecc.) **5** strato di rivestimento; strato superficiale, mano (di vernice, ecc.) **6** (dial.) sottana; gonna. ● **c. and skirt**, vestito a giacca (da donna) □ **c. hanger**, gruccia, ometto, stampella (per abiti) □ (autom.) **c. hook**, gancio appendiabiti □ **c. of arms**, cotta d'arme; arme, blasone, stemma (araldico) □ **c. of mail**, cotta di maglia; giaco (d'un guerriero) □ **c.-rack**, rastrelliera; attaccapanni □ **c.-tails**, falde (di un abito); code (d'un frac); (polit. USA) forza traente (di un candidato che ne trascina altri) □ **c.-trailing**, (sost.) provocazio-
ne; sfida; (agg.) provocatorio, di sfida □ (fig.) **to cut one's c. according to one's cloth**, fare il passo secondo la gamba (fig.); commisurare le spese alle entrate □ **dress-c.**, giacca a coda di rondine □ (fig.) **to dust sb.'s c.**, spolverare le spalle (o il groppone) a q.; picchiare q. □ **red c.**, giubba rossa (uniforme tradizionale); (fig.) soldato inglese □ (fig.) **to ride on sb.'s c.-tails**, fare carriera stando alle costole di q. □ (fig.) **to trail one's c.-tails**, assumere un atteggiamento provocatorio, di sfida □ (fig.) **to turn one's c.**, mutar bandiera; voltar gabbana (o casacca, mantello) □ ● **to wear the king's** (o **the queen's**) **c.**, indossare l'uniforme; fare il soldato.
to coat [kout], v. t. **1** provvedere di (o coprire con) una giacca **2** rivestire; ricoprire: **This sweet is coated with sugar**, questo dolce è ricoperto di zucchero.
coatee ['kouti:], n. giubbetto; giubba corta.
coati [kou'a:ti], n. (zool., Nasua) coati; orsetto d'America.
coating ['koutiŋ], n. **1** rivestimento; strato; mano: **a c. of enamel**, uno strato di smalto; **a c. of paint**, una mano di vernice **2** stoffa per giacche (o soprabiti).
coauthor [kou'ɔ:θə*], n. coautore.
to coax [kouks], v. t. e i. blandire; persuadere (con le buone); convincere (con paziente insistenza): **I coaxed the boy into doing his homework**, convinsi il ragazzo a fare il compito da svolgere a casa. ● **to c. away** (o **out**), distogliere (con blandizie) □ ● **to c. a fire to burn**, fare tanto da riuscire ad accendere il fuoco □ **to c. the key into the lock**, fare tanto da riuscire a infilare la chiave nella serratura □ **to c. st. out of sb.**, ottenere q.c. da q. con blandizie.
coaxer ['kouksə*], n. chi blandisce; adulatore.
coaxial [kou'æksiəl], a. (elettr., geom.) coassiale: **c. cable**, cavo coassiale.
coaxing ['kouksiŋ], **A** a. che blandisce; adulatorio. **B** n. (collett.) blandizie; moine.
cob [kɔb], n. **1** (anche **cob-swan**) cigno maschio **2** cavallo da sella (robusto, con zampe corte) **3** (anche **corn-cob**) pannocchia (di granturco) **4** ovulo, pezzo tondo (di carbone, ecc.) **5** pagnotta **6** (edil.) mattone crudo. ● **cob coal**, carbone in ovuli.
cobalt [kə'bɔ:lt], n. (chim.) cobalto. ● (miner.) **c. bloom**, fiori di cobalto; eritrite □ **c. blue**, blu di cobalto □ (med., mil.) **c. bomb**, bomba al cobalto.
cobaltic [kou'bɔ:ltik], a. (chim.) cobaltico.
cobaltine ['kou,bɔ:ltin], **cobaltite** [kou'bɔ(:)ltait], n. (miner.) cobaltina; cobaltite.
cobaltous [kou'bɔ:ltəs], a. (chim.) cobaltoso.
cobber ['kɔbə*], n. (australiano e arc.) compagno; amico.
cobble ['kɔbl], n. **1** (anche **cobblestone**) ciottolo **2** (pl.) pezzi di carbone a forma di ciottoli. ● **c.-stone pavement**, acciottolato.
to cobble (1) ['kɔbl], v. t. pavimentare con ciottoli; acciottolare.
to cobble (2) ['kɔbl], v. t. **1** rattoppare, rabberciare (specialm. scarpe e stivali) **2** (fig.) acciabattare; abborracciare; rabberciare.
cobbler ['kɔblə*], n. **1** ciabattino; calzolaio **2** (fig.) abborracciatore; acciabattone **3** (anche **sherry c.**) bevanda ghiacciata di vino, limone e zucchero **4** (pl., pop.) ciance; fandonie; fesserie; sciocchezze **5** (USA) tipo di dolce ripieno di frutta. ● **c.'s wax**, pece da calzolaio.
cobelligerency [koubə'lidʒərənsi], n. (polit.) cobelligeranza.
cobelligerent ['koubə'lidʒərənt], n. e a. (polit.) cobelligerante.
coble ['koubl], n. (naut.) barcone da pesca a fondo piatto.
cobra ['koubrə], n. (zool., Naja) cobra.
cobweb ['kɔbweb], n. **1** ragnatela; tela di ragno; ragna (lett.) **2** filo di ragnatela **3** (fig.) ragna; trama; tranello; insidia: **the cobwebs of the law**, i tranelli della legge. ● (fam.) **to blow away the cobwebs (from one's brain)**, snebbiarsi il cervello; schiarirsi le idee.
cobwebby ['kɔbˌwebi], a. **1** simile a una ragnatela **2** coperto di ragnatele.
coca ['koukə], n. (bot., Erythroxylon coca) coca.
Coca-Cola [ˌkoukəˈkoulə], n. (marchio) coca cola.
cocaine [kou'kein], n. (chim.) cocaina. ● **c.-addict**, cocainomane.
cocaine habit [kou'kein 'hæbit], n. (med.) cocainomania.
cocainism [kou'keinizəm], n. (med.) cocainismo.
cocainist [kou'keinist], n. cocainizzato.
cocainization [kouˌkeinai'zeiʃən], n. (med.) cocainizzazione.
to cocainize [kou'keinaiz], v. t. (med.) cocainizzare.
coccagee [ˌkɔkə'dʒi:], n. **1** mela da sidro **2** sidro di mela.
coccus ['kɔkəs], n. (pl. **cocci**) (biol.) cocco.
coccygeal [kɔk'sidʒiəl], a. (anat.) coccigeo.
coccyx ['kɔksiks], n. (pl. **coccyges**, **coccyxes**) (anat.) coccige.
Cochin China ['kɔtʃin'tʃainə], n. **1** (geogr.) Cocincina **2** – **c.**, gallina della Cocincina.

cochineal ['kɔtʃini:l], *n.* **1** (*zool.*, *Coccus cacti*) cocciniglia dei cactus **2** cocciniglia.
cochlea ['kɔkliə], *n.* (*pl.* **cochleae, cochleas**) (*anat.*) coclea.
cochlear ['kɔkliə*], *a.* (*anat.*) cocleare.
cock (1) [kɔk], *n.* **1** gallo **2** maschio d'uccello e, talvolta, d'altro animale (*in combinazione o preposto*): **peacock**, pavone; **c. robin**, pettirosso maschio; **c. salmon**, salmone maschio **3** capo; caporione; capoccia; (*sport*) capitano **4** rubinetto; valvola: **c. metal**, metallo per rubinetti **5** cane (*d'arma da fuoco*): **at half c.**, col cane sollevato a metà; **at full c.**, col cane in posizione di sparo **6** ago, indice (*della bilancia*) **7** (*anche* **weathercock**) banderuola; galletto (*fam.*) **8** gnomone (*di meridiana*) **9** ponte del bilanciere (*di un orologio*) **10** (*pop.*) corbellerie; fesserie **11** (*pop.*) amico; compagno **12** (*volg.*) uccello (*volg.*); pene **13** (*pop.*) amico (*al vocat.*). ● **a c.-and-bull story**, un racconto inverosimile; una frottola; una balla (*pop.*) □ **c.-a-doodle-doo**, chicchirichì; (*infant.*) galletto □ (*bot.*) **c.'s-comb** (*Celosia cristata*) cresta di gallo □ **c.-crow** (*o* **c.-crowing**), canto del gallo; (*fig.*) alba □ **c.-fighting**, combattimento di galli □ (*bot.*) **c.'s foot** (*Dactylis glomerata*), erba mazzolina □ (*bot.*) **c.'s head** (*Onobrychis sativa*), lupinella; fieno santo; crocetta □ **c.-nest**, nido costruito da un uccello maschio (*come fa lo scricciolo*) □ (*fig.*) **the c. of the walk**, il gallo della Checca □ (*zool.*) **c. of the wood** (*Tetrao urogallus*), gallo di montagna, gallo cedrone □ **c.-shot** (*o* **c.-shy**), bersaglio (*da colpirsi con il lancio di bastoni, sassi, ecc.*; *in passato era un gallo legato in cima a un palo*); (*fig.*) bersaglio (*di critica, ecc.*) □ **to live like fighting cocks**, avere ogni ben di Dio; vivere da pascià (*o da nababbo, o da re*) □ (*naut.*) **sea c.**, valvola di presa d'acqua dal mare □ (*saluto fam.*) **Old c.!**, vecchio mio! □ **This beats c.-fighting**, questo sì ch'è uno spasso □ (*fig.*) **That c. won't fight**, non attacca; non funziona (*detto di tentativo, piano d'azione, ecc.*).
to cock (1) [kɔk], **A** *v. t.* **1** alzare; drizzare: **The dog cocked his ears**, il cane drizzò le orecchie **2** alzare, armare il cane di (*un'arma da fuoco*) **3** alzare e tirare indietro (*il braccio*), piegare verso l'alto (*il polso*: *per lanciare o colpire q.c.*). **B** *v. i.* assumere una posizione eretta. ● **to c. one's eye at sb.**, dare un'occhiata d'intesa a q.; ammiccare a q. □ **to c. one's hat**, mettersi il cappello di sghembo (*o sulle ventitré*) □ **to c. one's nose**, arricciare (*o storcere*) il naso □ **to c. one's snook** (*o* **snoot**) **at sb.** (*o* **to sb.**), fare marameo a q. □ **to go off half-cocked**, andare a monte per l'eccessiva fretta (*o per mancanza di preparazione*); agire impulsivamente, senza preparazione □ **cocked hat**, (*un tempo*) bicorno; feluca; (*ora*) tricorno □ **to knock st. (sb.) into a cocked hat**, ridurre q.c. (q.) uno straccio.
cock (2) [kɔk], *n.* **1** inclinazione, pendenza (*specialm. se buffa o spiritosa*): **Have you noticed the c. of his hat?**, avete notato che porta il cappello alla brava (sulle ventitré)? **2** (*anche* **full c.**) posizione di sparo (*del cane d'un fucile*). ● **c. of the head**, alzata di testa (*in senso concreto*).
cock (3) [kɔk], *n.* mucchio (*di fieno, raramente di grano*).
to cock (2) [kɔk], *v. t.* ammucchiare (*fieno, raramente grano*).
cockade [kɔ'keid], *n.* coccarda.
cockaded [kɔ'keidid], *a.* ornato (*o* decorato) di coccarda.
cock-a-hoop ['kɔkə'hu:p], *a. e avv.* **1** (in modo) esultante, euforico **2** (in modo) vanaglorioso, vanitoso **3** (*USA*) in disordine; a soqquadro; sottosopra.
Cockaigne [kɔ'kein], *n.* (paese della) cuccagna.
cockatoo [,kɔkə'tu:], *n.* (*pl.* **cockatoos**) (*zool.*, *Cacatua*) cacatua.
cockatrice ['kɔkətrais], *n.* (*mitol.*, *araldica*) basilisco.
Cockayne [kɔ'kein], *V.* **Cockaigne**.
cockboat ['kɔkbout], *n.* (*naut.*) piccola scialuppa a fondo piatto.
cockchafer ['kɔk,tʃeifə*], *n.* (*zool.*, *Melolontha melolontha*) maggiolino.
cocker ['kɔkə*], *n.* (*anche* **c. spaniel**) cocker (*razza di cani*).
to cocker ['kɔkə*], *v. t.* coccolare; viziare (*bambini, malati, ecc.*).
cockerel ['kɔkərəl], *n.* **1** galletto **2** (*fig.*) giovane attaccabrighe.
cockeyed ['kɔkaid], *a.* **1** strabico **2** (*fam.*) storto; messo di sghembo **3** (*pop.*) assurdo; strampalato **4** (*pop.*) sbronzo.
cockhorse ['kɔk'hɔ:s], **A** *n.* cavallo a dondolo. **B** *avv.* a cavalcioni.
cockiness ['kɔkinis], *n.* **1** impertinenza; impudenza **2** presunzione.
cockle (1) [kɔkl], *n.* (*bot.*) **1** (*Lolium temulentum*) loglio **2** (*Agrostemma githago*) gettaiola **3** golpe (*malattia del grano*).
cockle (2) ['kɔkl], *n.* **1** (*zool.*, *Cardium edule*) cuore edule; noce di mare (*e altri molluschi bivalvi del genere Cardium*) **2** (*zool.*, *anche* **cockleshell**) conchiglia di cuore edule **3** (*naut.*, *anche* **cockleboat**) piccola barca a fondo piatto. ● **to warm the cockles of sb.'s heart**, infondere gioia (*o calore*) nel cuore di q.; incoraggiare (*o* rincuorare) q.
to cockle ['kɔkl], **A** *v. i.* gonfiarsi; arricciarsi; incresparsi; raggrinzirsi. **B** *v. t.* gonfiare; arricciare; increspare; raggrinzare.

cockle (3) ['kɔkl], *n.* rigonfio, increspatura, grinza (*di vetro, carta*).
cockloft ['kɔk-lɔft], *n.* abbaino (*piccola soffitta*).
cockney ['kɔkni], **A** *n.* **1** (*spreg.*) cockney; nativo di Londra **2** popolano londinese **3** dialetto londinese. **B** *a.* cockney; tipicamente londinese; proprio dei popolani di Londra: **a c. accent**, un accento dialettale londinese.
cockneydom ['kɔknidəm], *n.* **1** quartiere dove vivono i cockney (*V.* **cockney**). **2** (*collett.*) i cockney **3** (*scherz.*) Londra.
cockneyese [,kɔkni'i:z], *n.* dialetto cockney (*V.* **cockney**).
to cockneyfy ['kɔknifai], *v. t.* dare un carattere cockney a (*modo di fare, di parlare, ecc.*).
cockneyism ['kɔkniizəm], *n.* idiotismo (*o* pronunzia) cockney.
to cockneyize ['kɔkniaiz], **A** *v. t.* rendere cockney. **B** *v. i.* fare il cockney; assumere atteggiamenti da cockney.
cockpit ['kɔkpit], *n.* **1** arena per combattimento di galli **2** (*fig.*) teatro di lotte; campo di battaglia: **For many centuries Italy was the c. of Europe**, per molti secoli l'Italia fu il campo di battaglia dell'Europa **3** (*aeron.*) abitacolo, cabina (*del pilota*) **4** (*naut.*) quartiere di poppa, poppetta (*per i subalterni*).
cockroach ['kɔkroutʃ], *n.* (*zool.*, *Blatta*) blatta; scarafaggio.
cockscomb ['kɔkskoum], *n.* **1** cresta di gallo **2** (*bot.*, *Celosia cristata*) cresta di gallo **3** (*fig.*) damerino; zerbinotto.
cocksfoot ['kɔks'fut], *n.* (*bot.*, *Dactylis glomerata*) erba mazzolina.
cockshead ['kɔks'hed], *n.* (*bot.*, *Onobrychis sativa*) lupinella; fieno santo; crocetta.
cockspur ['kɔkspə*], *n.* **1** sprone di gallo **2** (*bot.*, *Crataegus crusgalli*) biancospino della Virginia **3** (*bot.*, *Pisonia aculeata*) fringoa.
cocksure ['kɔk'ʃuə*], *a.* **1** arcisicuro; sicurissimo **2** baldanzoso; presuntuoso; sicuro di sé.
cocksureness ['kɔk'ʃuənis], *n.* baldanza; presunzione.
cockswain ['kɔkswein], (*naut.*) ['kɔksn], *V.* **coxswain**.
cocksy ['kɔksi], *V.* **cocky**.
cocktail ['kɔkteil], *n.* **1** cocktail (*miscela di liquori vari*) **2** (*USA*) macedonia (*di frutta*); succhi di frutta (*o di pomodoro*); frutti di mare con salsa (*serviti come antipasti*): **a shrimp c.**, un antipasto di gamberetti **3** cavallo dalla coda mozza **4** cavallo di sangue misto; mezzosangue **5** (*fig.*) villano rifatto. ● **c. bar**, bar per gli aperitivi, ecc. (*in un albergo*) □ **c. cabinet**, mobile bar □ **c. dress**, abito da cocktail □ **c. lounge**, sala da cocktail □ **c. party**, cocktail (*il ricevimento*) □ **c.-snacks**, salatini.
cock-up ['kɔkʌp], *n.* **1** (*tipogr.*) iniziale stampata in maiuscolo di corpo più grande (*del testo*) **2** cappello con la falda rialzata davanti; tricorno **3** (*volg.*) confusione; disordine; casino (*pop.*).
cocky ['kɔki], *a.* **1** impertinente; impudente **2** presuntuoso; vanitoso.
cockyolly bird [,kɔki'ɔli 'bə:d], *n.* (*infant.*) uccellino.
coco ['koukou], *n.* (*pl.* **cocos**) **1** *V.* **cocoanut 2** (*improprio*) *V.* **cocoa**.
cocoa ['koukou], *n.* **1** cacao (*polvere e bevanda*) **2** color cacao **3** (*improprio*) *V.* **cocoanut**. ● **c. butter**, burro di cacao.
cocoanut, coconut ['koukounʌt], *n.* (*bot.*) **1** (*Cocos nucifera*, *anche* **c. palm**, **c. tree**) cocco; palma di cocco **2** noce di cocco. ● **c. butter**, burro di cacao □ **c. matting**, stuoia di cocco □ **c. milk**, latte di cocco □ **c. oil**, olio di cocco □ **c. shy**, tiro con palle (*al luna park*) □ (*iron.*) **That accounts for the milk in the c.**, questo spiega tutto (*cioè nulla, perché la spiegazione data c'entra come i cavoli a merenda*).
cocoon [kə'ku:n], *n.* (*zool.*) **1** bozzolo (*specialm. del baco da seta*) **2** ooteca.
to cocoon [kə'ku:n], *v. i. e t.* **1** fare il bozzolo; avvolgere nel bozzolo **2** (*fig.*) racchiudere come in un bozzolo.
cocoonery [kə'ku:nəri], *n.* bozzolaia; bigattiera.
C.O.D. [,si:ou'di:], *locuz. avv.* (acronimo di **cash on delivery**) (*comm.*) pagamento alla consegna.
cod (1) [kɔd], *n.* (*pl.* **cod, cods**) (*zool.*, *Gadus morrhua*; *anche* **codfish**) merluzzo □ **cod-liver oil**, olio di fegato di merluzzo □ (*stor.*, *fig.*) **the cod war**, la guerra del merluzzo (*fra la G.B. e l'Islanda*) □ **dried cod**, stoccafisso □ **salt** (*o* **salted**) **cod**, baccalà.
cod (2) [kɔd], *n.* (*dial.*) baccello; involucro (*di semi*).
to cod [kɔd], *v. t.* (*pop.*) prendere in giro; farsi beffe di (q.).
cod (3) [kɔd], *a.* burlesco; farsesco; parodistico: **a cod sketch**, uno sketch farsesco.
coda ['koudə] (*ital.*), *n.* (*mus.*) coda.
to coddle ['kɔdl], *v. t.* **1** cuocere (*un uovo, ecc.*) a fuoco lento **2** trattare con grande cura; coccolare, viziare (*bambini, ecc.*).
coddle ['kɔdl], *n.* chi è coccolato (*o* viziato); cocco (*di mamma*); coccolo.
code [koud], *n.* **1** codice (*in ogni senso, eccetto quello di manoscritto antico*): **criminal c.**, codice penale; **c. of conduct** (*o* **c. of ethics**), codice di etica professionale; deontologia; **c. of honour**, codice d'onore; **moral c.**, codice morale; **telegraphic c.**,

codice telegrafico 2 cifra; cifrario **3** (*tel.*) indicativo interurbano; prefisso teleselettivo: (*USA*) **area c.**, (*G.B.*) **STD c.**, prefisso teleselettivo. ● **c. address**, indirizzo convenuto □ **c. book**, cifrario □ **c. clerk**, addetto ai codici □ **c. language**, linguaggio cifrato □ **c. number**, numero di codice; (*tel.*) indicativo interurbano, prefisso □ (*linguistica*) **c. switching**, il passare da un codice a un altro □ **international c.**, codice internazionale dei segnali □ **to read a c.**, decifrare un cifrario.

to code [koud], *v. t.* **1** mettere in cifra; cifrare **2** (*leg.*) codificare.
codebtor [kouˈdetə*], *n.* (*leg.*) debitore in solido.
codeclination [ˌkou-deklinˈeiʃən], *n.* (*astron.*) distanza polare; complemento della declinazione.
codefendant [ˌkoudiˈfendənt], *n.* (*leg.*) coimputato.
codeine [ˈkoudi:n], *n.* (*chim.*) codeina.
coder [ˈkoudə*], *n.* **1** chi mette (*messaggi, ecc.*) in cifra; cifrista **2** (*elaboratore*) (*di elaboratore elettronico*).
codex [ˈkoudeks], *n.* (*pl.* **codices**) **1** codice (*manoscritto antico*) **2** (*med.*) farmacopea; ricettario farmaceutico.
codfish [ˈkɔdfiʃ], *n.* (*pl.* **codfish, codfishes**) (*zool.*, *Gadus morrhua*) merluzzo.
codger [ˈkɔdʒə*], *n.* (*fam.*) tipo buffo; strambo: **an old c.**, un vecchio strambo, originale.
codicil [ˈkɔdisil], *n.* codicillo.
codicillary [ˌkɔdiˈsiləri], *a.* codicillare.
codification [ˌkɔdifiˈkeiʃən], *n.* codificazione; redazione in linguaggio cifrato.
codifier [ˈkɔdifaiə*], *n.* codificatore.
to codify [ˈkɔdifai], *v. t.* **1** codificare **2** cifrare (*un messaggio*).
codirector [ˌkoudiˈrektə*], *n.* condirettore (*di un'azienda*).
codling (1) [ˈkɔdliŋ], *n.* piccolo merluzzo; merluzzetto.
codling (2) [ˈkɔdliŋ], *n.* (*bot.*) mela da cuocere (*piccola e acerba*).
codswallop [ˈkɔdzwɔləp], *n.* (*pop., collett.*) fesserie; schiocchezze.
coed, co-ed [ˈkouˈed], **A** *a.* (*abbr. fam. di* **coeducational**) (*di scuola, ecc.*) misto. **B** *n.* studentessa di scuola mista.
coeditor [ˌkouˈeditə*], *n.* condirettore (*di un giornale*).
coeducation [ˈkouˌedju:ˈkeiʃən], *n.* coeducazione.
coeducational [ˈkouˌedju:ˈkeiʃənl], *a.* (*di scuola, istituto*) misto.
coefficient [ˌkouiˈfiʃənt], *n.* coefficiente: (*fis.*) **c. of expansion**, coefficiente di dilatazione (termica); (*mecc.*) **c. of friction**, coefficiente d'attrito. ● (*mat.*) **differential c.**, differenziale.
coelenterates [siˈlentəreits], *n. pl.* (*zool.*, *Coelenterata*) celenterati.
coeliac [ˈsi:liæk], *a.* (*anat.*) celiaco: (*med.*) **c. disease**, morbo celiaco; celiachia.
coemption [kouˈempʃən], *n.* (*comm.*) accaparramento; incetta.
coenobite [ˈsi:nəbait], *n.* cenobita.
coenobitic(al) [ˌsi:nəˈbitik(əl)], *a.* cenobitico.
coenobitism [ˈsi:nəbitizəm], *n.* cenobitismo.
coenobium [siˈnoubiəm], *n.* (*pl.* **coenobia**) **1** (*scient.*) cenobio **2** (*relig.*) cenobio.
coenoby [ˈsi:nəbi], *n.* (*relig.*) cenobio.
coenzyme [kouˈenzaim], *n.* (*chim.*) coenzima; coferimento.
coequal [kouˈi:kwəl], *a.* (*anche relig.*) coeguale; uguale a un altro.
coequality [ˌkoui:ˈkwɔliti], *n.* (*anche relig.*) coeguaglianza.
to coerce [kouˈə:s], *v. t.* **1** costringere; forzare; obbligare: **His parents coerced him into marrying the girl**, i genitori lo costrinsero a sposare la ragazza **2** imporre; ottenere con la forza. ● **coerced obedience**, obbedienza ottenuta con la costrizione.
coercible [kouˈə:səbl], *a.* (*fis.*) coercibile.
coercion [kouˈə:ʃən], *n.* coercizione; coazione.
coercionist [kouˈə:ʃənist], *n.* fautore di sistemi coercitivi.
coercive [kouˈə:siv], *a.* coercitivo. ● **c. means**, mezzi di coercizione.
coerciveness [kouˈə:sivnis], *n.* carattere coercitivo: **the c. of the law**, il carattere coercitivo della legge.
coessential [ˌkouəˈsenʃəl], *a.* coessenziale.
coetaneous [ˌkouəˈteiniəs], *V.* **coeval**.
coeternal [ˌkoui:ˈtə:nl], *a.* coeterno.
coeval [kouˈi:vəl], *a. e n.* **1** coevo; contemporaneo **2** coetaneo.
coevality [ˌkoui:ˈvæliti], *n.* l'essere coevo (*o* coetaneo).
coexecutor [ˈkouigˈzekjutə*], *n.* (*leg.*) coesecutore.
coexecutrix [ˈkouigˈzekjutriks], *n.* (*pl.* **coexecutrices, co-executrixes**) (*leg.*) coesecutrice.
to coexist [ˈkouigˈzist], *v. i.* coesistere.
coexistence [ˈkouigˈzistəns], *n.* coesistenza: (*polit.*) **peaceful c.**, coesistenza pacifica.
coexistent [ˈkouigˈzistənt], *a.* coesistente.
coffee [ˈkɔfi], **A** *n.* caffè (*pianta; chicchi crudi, tostati o macinati; bevanda*): **ground c.**, caffè macinato; **strong c.**, caffè ristretto; **weak c.**, caffè lungo (*o* alto). **B** *a. attr.* **1** di (da, per) caffè **2** color caffè. ● **c. bar**, caffè (*il locale*); bar □ **c. bean** (*o* **c. berry**), chicco di caffè □ **c. break**, intervallo per il caffè □ **c.**

cup, tazzina da caffè □ **c. grinder**, macinacaffè □ **c. grounds**, fondi di caffè □ (*anche stor.*) **c. house**, caffè □ **c. lounge**, sala per il caffè (*in un albergo*) □ **c. mill**, macinino da caffè □ **c.-pot**, caffettiera □ **c. roll**, brioche (*di vari tipi*) □ **c. room**, ristorante (*annesso a un albergo*) □ **c. set** (*o* **service**), servizio da caffè □ **c. shop**, bottega del caffè; drogheria; (*USA*) piccolo ristorante □ **c. shrub**, pianta del caffè □ **c. stall**, banchetto d'ambulante (*che vende caffè, panini, ecc.*) □ **c. table**, tavolino da caffè □ (*di libro*) **c.-table**, costoso; di formato assai grande e pieno d'illustrazioni □ **c. with milk**, caffellatte □ **c. with a dash of milk**, caffè macchiato □ **black c.**, caffè (nero) □ **white c.**, caffellatte.
coffer [ˈkɔfə*], *n.* **1** cofano; cassettone (*del soffitto*) **3** scrigno; forziere; cassa **2** (*archit.*) cassone pneumatico **4** (*pl.*) fondi, riserve (*di valuta o di preziosi*).
to coffer [ˈkɔfə*], *v. t.* **1** mettere in uno scrigno; accumulare **2** (*archit.*) decorare (*un soffitto*) a cassettoni.
cofferdam [ˈkɔfəˈdæm], *n.* **1** cassone pneumatico **2** (*edil.*) cassone di fondazione **3** (*idraulica*) argine (*di contenimento*) **4** (*naut.*) intercapedine stagna (*per la nafta*).
coffin [ˈkɔfin], *n.* **1** bara; cassa da morto **2** (*fig.; anche* **c. ship**) vecchia bagnarola; nave che non tiene il mare **3** cavità dello zoccolo (*del cavallo*). ● (*pop., scherz.*) **c. nail**, sigaretta □ **c.-plate**, targa funeraria □ **to drive a nail into one's c.**, fare q.c. che affretterà la propria morte (*strapazzi, stravizi, ecc.*).
to coffin [ˈkɔfin], *v. t.* **1** mettere nella bara **2** (*fig.*) riporre (*libri, ecc.*) in un luogo difficilmente accessibile; seppellire (*fig.*).
coffle [ˈkɔfl], *n.* carovana (*di bestie da soma*); convoglio (*di schiavi*).
cog (1) [kɔg], *n.* (*mecc.*) **1** dente (*di ruota*); ingranaggio (*anche fig.*): **John is an important cog in our business**, Giovanni è una rotella importante nell'ingranaggio della nostra azienda **2** (*anche* **cogwheel**) ruota dentata, a ingranaggio. ● (*mecc.*) **cog belt**, cinghia a denti □ (*fig., fam.*) **a cog in the machine**, una (semplice) rotella; l'ultima ruota del carro (*fig.*) □ **cog rail**, cremagliera □ **cog railway** (*o* **cogway**), ferrovia a cremagliera □ (*fig.*) **to slip a cog**, fare un errore (*nei propri calcoli*).
cog (2) [kɔg], *n.* (*falegnameria*) **1** incastro a dente **2** dente d'incastro; tenone.
to cog (1) [kɔg], *v. t.* **1** (*falegnameria*) congiungere mediante incastro a dente **2** (*metall.*) sbozzare al laminatoio.
to cog (2) [kɔg], *v. t.* (*arc.*) imbrogliare; ingannare; truffare. ● **to cog dice**, gettare i dadi in modo fraudolento; barare ai dadi.
cogency [ˈkoudʒənsi], *n.* **1** forza (*d'un argomento, ecc.*); forza di persuasione **2** urgenza (*di una situazione*).
cogent [ˈkoudʒənt], *a.* (*d'argomento, ecc.*) convincente; persuasivo; valido.
cogestion [kouˈdʒestʃən], *n.* (*econ.*) cogestione.
cogged [ˈkɔgd], *a.* (*mecc.*) d'ingranaggio) dentato: **c. wheel**, ruota dentata.
cogging [ˈkɔgiŋ], *n.* **1** (*mecc.*) addentatura **2** (*elettr.*) pendolazione.
cogitable [ˈkɔdʒitəbl], *a.* concepibile; pensabile.
to cogitate [ˈkɔdʒiteit], **A** *v. i.* cogitare; meditare. **B** *v. t.* **1** ponderare; meditare (*su*); considerare attentamente **2** (*filos.*) concepire.
cogitation [ˌkɔdʒiˈteiʃən], *n.* cogitazione; meditazione.
cogitative [ˈkɔdʒitətiv], *a.* **1** capace di concepire (*un'idea, ecc.*); cogitativo (*lett.*) **2** portato alla riflessione; meditativo.
cognac [ˈkounjæk], *n.* **1** (*franc.*) cognac **2** brandy; acquavite.
cognate [ˈkɔgneit], **A** *a.* **1** parente (*speciam. consanguineo*); congiunto; cognato (*lett.*) **2** (*di lingua, parola, ecc.*) affine **3** (*gramm.*) interno: **c. object** (*o* **c. accusative**), complemento oggetto interno. **B** *n.* **1** parente; congiunto **2** cosa affine, analoga (*a un'altra*) **3** vocabolo affine.
cognation [kɔgˈneiʃən], *n.* **1** parentela; consanguineità **2** affinità; analogia **3** (*filol.*) origine comune (*di lingue, parole, ecc.*).
cognition [kɔgˈniʃən], *n.* (*filos.*) apprensione (*facoltà di apprendere*); cognizione; percezione.
cognitive [ˈkɔgnitiv], *a.* (*filos.*) conoscitivo.
cognizable [ˈkɔgnizəbl], *a.* **1** (*filos.*) conoscibile; riconoscibile; percepibile **2** (*leg.*) soggetto alla giurisdizione di un dato tribunale.
cognizance [ˈkɔgnizəns], *n.* **1** conoscenza; cognizione: **to have c. of st.**, avere conoscenza sicura di q.c.; essere al corrente di q.c. **2** nota; atto; osservazione: **to take c. of st.**, prendere atto di q.c. (*in modo ufficiale*); prestare attenzione a q.c. **3** (*leg.*) competenza; cognizione: **to fall within one's c.**, essere di propria competenza; **to be beyond one's c.**, esulare dalla propria competenza **4** (*araldica*) segno distintivo; emblema.
cognizant [ˈkɔgnizənt], *a.* **1** che ha conoscenza, che è al corrente (*di q.c.*) **2** (*filos.*) che ha cognizione (*di q.c.*) **3** (*leg.*) competente: **the court c. of an offence**, il tribunale competente a giudicare un reato.

to cognize [kɔg'naiz], *v. t.* **1** (*filos.*) avere cognizione di (q.c.) **2** prendere nota (*o* atto) di (q.c.).
cognomen [kɔg'noumen], *n.* (*pl.* **cognomens, cognomina**) **1** «cognomen» (*terzo nome dei Romani*) **2** cognome **3** soprannome.
cognoscenti ['kɔnjouʃenti], *n. pl.* (i) conoscitori.
cognoscible [kɔg'nɔsibl], *a.* (*filos.*) conoscibile.
cognovit [kɔg'nouvit] (*lat.*), *n.* (*leg.*) dichiarazione scritta con la quale il convenuto riconosce il buon diritto dell'attore.
to cohabit [kou'hæbit], *v. i.* coabitare; convivere (*specialm. di persone non sposate*); vivere more uxorio.
cohabitation [ˌkouhæbi'teiʃən], *n.* coabitazione; convivenza.
coheir ['kou'ɛə*], *n.* (*leg.*) coerede (*uomo*).
coheiress ['kou'ɛəris], *n.* (*leg.*) coerede (*donna*).
to cohere [kou'hiə*], *v. i.* **1** aderire; restare unito **2** essere coerente.
coherence [kou'hiərəns], **coherency** [kou'hiərənsi], *n.* **1** coesione; aderenza **2** coerenza; connessione; intelligibilità; logicità: **His tale lacked c.**, il suo racconto mancava di coerenza.
coherent [kou'hiərənt], *a.* **1** che ha coesione; aderente **2** coerente; ben connesso; intelligibile; logico.
coherer [kou'hiərə*], *n.* (*elettr., radio*) «coherer»; rivelatore.
cohesion [kou'hi:ʒən], *n.* (*fis., geol., mecc., fig.*) coesione.
cohesive [kou'hi:siv], *a.* (*fis., geol., mecc., fig.*) coesivo.
cohesiveness [kou'hi:zivnis], *n.* (*fis., geol., mecc., fig.*) coesione.
cohort ['kouhɔ:t], *n.* **1** coorte (*anche fig.*) **2** schiera (*di soldati, ecc.*) **3** compagno; socio; complice **4** gruppo; banda.
coif [kɔif], *n.* (*stor.*) **1** cuffia **2** tocco bianco (*portato un tempo dai magistrati*) **3** calotta di cuoio (*portata sotto l'elmo*).
coiffeur [kwa:'fə:*] (*franc.*), *n.* parrucchiere (*per signora*).
coiffure [kwa:'fjuə*] (*franc.*), *n.* acconciatura (*dei capelli*); pettinatura.
coign(e) [kɔin], *n.* (*edil.*) angolo; pietra d'angolo. ● (*fig.*) **a c. of vantage**, una posizione vantaggiosa (*per osservare e agire*).
to coil [kɔil], **A** *v. t.* **1** avvolgere (*una corda, ecc.*) (a spirale); attorcigliare: **The python coiled itself round its prey**, il pitone si avvolse intorno alla preda **2** (*naut.*) adugliare; abbisciare. **B** *v. i.* **1** avvolgersi; attorcigliarsi **2** muoversi in spire; serpeggiare.
coil (1) [kɔil], *n.* **1** spira (*di serpente, ecc.*); giro (*di corda avvolta*) **2** rotolo **3** serpentina; serpentino (*tubo piegato a più curve*) **4** (*elettr.*) bobina; rocchetto: (*autom.*) **ignition coil**, bobina d'accensione; **induction c.**, rocchetto d'induzione; induttore **5** (*tecn.*) bobina; avvolgimento; spira **6** spirale (intrauterina) **7** crocchia di capelli **8** (*naut.*) duglia. ● **c. spring**, molla a spirale piatta; molla elicoidale □ (*radio*) **tuning c.**, bobina di sintonia.
coil (2) [kɔil], *n.* (*arc.*) affanno; tumulto; rumore. ● **this mortal c.**, questa vita piena d'affanni mortali.
coin [kɔin], *n.* **1** moneta (*metallica*): **a gold c.**, una moneta d'oro **2** (*pl. collett.*) denaro **3** (*archit.*) pietra angolare **4** (*fig.*) cosa che ha un suo peso: **A degree is good c. in the work world**, una laurea ha un suo peso nel mondo del lavoro. ● **coins and currency**, denaro liquido □ (*tel.*) **c. box**, apparecchio (*o* telefono) a gettoni (*o* a monete) □ **c. dealer**, mercante di numismatica □ **c. gold**, oro da conio □ **c. no longer in circulation**, moneta fuori corso □ **false c.**, moneta falsa (*anche fig.*) □ (*fig.*) **the other side of the c.**, il rovescio della medaglia □ (*fig.*) **to pay sb. (back) in his own c.**, pagare q. di pari moneta; rendere pan per focaccia □ **small coins**, spiccioli (*fig.*).
to coin [kɔin], *v. t.* **1** coniare (*anche fig.*): **to c. a word**, coniare una parola **2** (*econ., fin.*) monetare **3** (*ind.*) punzonare (*un massello, ecc.*). ● (*iron.*) **to c. a phrase**, per dire una novità (*si usa dopo aver detto un luogo comune*) □ (*fam., fig.*) **to c. money** (*o* **to c. it in**), far denaro a palate; arricchire alla svelta.
coinable ['kɔinebl], *a.* **1** coniabile **2** (*econ., fin.*) monetabile.
coinage ['kɔinidʒ], *n.* **1** conio; coniatura **2** monete; moneta metallica **3** sistema monetario: **decimal c.**, sistema monetario decimale **4** il coniare (*parole nuove*); parola coniata: «**Radar» is a recent c.**, «radar» è parola di conio recente **5** (*econ., fin.*) monetazione. ● **the c. of one's brain**, invenzione della propria mente.
to coincide [ˌkouin'said], *v. i.* coincidere; concordare; corrispondere (a).
coincidence [kou'insidəns], *n.* coincidenza; concordanza; corrispondenza; combinazione; caso.
coincident [kou'insidənt], *a.* coincidente; perfettamente rispondente, concordante (con q.c.).
coincidental [kouˌinsi'dentəl], *a.* casuale; fortuito; dovuto a una coincidenza.
coiner ['kɔinə*], *n.* **1** chi conia (*monete, ecc.*); coniatore **2** falsario.
coining ['kɔiniŋ], *n.* coniatura (*anche fig.*).
coinstantaneous [ˌkouinstən'teinjəs], *a.* simultaneo.
coinsurance [ˌkouin'ʃuərəns], *n.* (*ass.*) coassicurazione.

coinsured [ˌkouin'ʃuəd], *a. e n.* (*ass.*) coassicurato.
coir ['kɔiə*], *n.* fibra di cocco.
coital ['kɔuitl], *a.* relativo al coito; coitale.
coition [kou'iʃən], **coitus** [kou'itəs], *n.* coito.
coke (1) [kouk], *n.* coke; carbone coke. ● **c. breeze**, coke minuto □ **c. oven**, forno da coke □ **c.-oven gas**, gas di cokeria.
coke (2) [kouk], *n.* (*pop.*) cocaina; coca (*pop.*).
to coke [kouk], *v. t.* trasformare (*carbon fossile*) in coke.
Coke [kouk], *n.* (*marchio; pop.*) Coca-Cola; coca (*pop.*).
coker-nut ['koukənʌt], *V.* **cocoanut**.
cokery ['koukəri], *n.* cokeria; cocheria.
cokey, cokie ['kouki], *a. e n.* (*pop.*) cocainomane.
coking ['koukiŋ], *n.* (*chim.*) coking; cokizzazione.
col [kɔl], *n.* sella (*fra due monti*); passo; valico.
cola ['koulə], *n.* **1** (*bot., Cola*) cola **2** (*USA*) bibita simile alla Coca-Cola. ● **c. nut** (*o* **c. seed**), noce di cola.
colander ['kʌləndə*], *n.* colatoio; colino.
to colander ['kʌləndə*], *v. t.* colare; passare al colino.
colatitude [kou'lætitjud], *n.* (*geogr.*) colatitudine.
colchicine ['kɔltʃisi:n], *n.* (*farm.*) colchicina.
colchicum ['kɔltʃikəm], *n.* (*bot., Colchicum*) colchico.
colcothar ['kɔlkəθə*], *n.* (*chim.*) colcotar.
cold (1) [kould], *a.* **1** freddo (*in ogni senso*): **c. colours**, colori freddi; **c. drinks**, bibite fredde; **a c. personality**, un carattere freddo; **a c. reception**, un'accoglienza fredda; **His idea left me c.**, la sua idea mi lasciò freddo **2** (*di persona*) che ha (*o* che sente) freddo: **If you are** (*o* **feel**) **c., go home**, se hai freddo, va' a casa **3** gelido; raggelante; tetro: **They had a c. realization of their fate**, ebbero la raggelante consapevolezza del loro destino **4** deprimente; di scarso interesse; stantio: **c. news**, notizie stantie **5** (*anche nella caccia*) appena percepibile; difficile da seguire: **a c. scent**, una traccia difficile da seguire (*fig., e da parte dei cani*) **6** (*pop.*) privo di sensi: **The boxer was knocked c.**, il pugile ricevette un colpo che lo mandò a terra privo di sensi **7** (*mil., miss.*) di ordigno nucleare, ecc.) «freddo»; disinnescato; non innescato. ● **c. blast**, corrente d'aria fredda (*negli altiforni*) □ (*fig.*) **c. blood**, sangue freddo: **to do st. in c. blood**, fare q.c. a sangue freddo □ **c.-blooded**, (*di animale*) a sangue freddo, eterotermo; (*di persona*) che soffre il freddo; freddo, insensibile; crudele, spietato □ **c.-bloodedness**, sangue freddo; insensibilità; crudeltà □ (*mecc.*) **c. chisel**, tagliolo a freddo □ **c.-coil**, serpentina a freddo □ (*fam.*) **c. comfort**, magra consolazione □ **c. cream**, crema emolliente (*cosmetico*) □ **c. cuts**, carne fredda, a fette □ **c. duck**, miscela di champagne e vino frizzante □ (*fig., fam.*) **c. feet**, paura; mancanza di coraggio □ (*fig.*) **c. fish**, pesce in barile □ **c.-hearted**, freddo (*d'animo, negli affetti*); indifferente; insensibile; arido □ **c.-heartedness**, freddezza (*d'animo, ecc.*); indifferenza; insensibilità; aridità □ **c. in death**, freddo; morto; stecchito □ **c.-livered**, dotato di sangue freddo; calmo; tranquillo; padrone di sé □ **c. pig**, getto d'acqua fredda (*su q., per svegliarlo*) □ (*metall.*) **c. rolling**, laminazione a freddo □ **c. saw**, sega ad attrito; sega a freddo □ **c. shoulder**, spalla di montone arrostito, servita fredda; (*fig.*) freddezza ostentata, scortesia □ **a c. snap**, un'improvvisa ondata di freddo □ **c. sore**, erpete; febbre (*pop.*) □ (*autom.*) **c. starting**, partenza a (motore) freddo □ **c. steel**, arma bianca □ **c. store**, cella frigorifera; magazzino frigorifero □ **c. supper**, cena fredda □ **c. war**, guerra fredda □ (*USA*) **c. warrior**, fautore della guerra fredda □ **c. wave**, ondata di freddo; (*dei capelli*) permanente a freddo □ (*di cibo*) **to get c.**, raffreddarsi □ **to give sb. the c. shoulder**, essere freddo con q.; trattare q. con freddezza □ (*fig., fam.*) **to have c. feet**, aver paura; essere timido □ **to have sb. c.**, tenere q. alla propria mercé □ **ice-c.**, freddo come il ghiaccio □ **in c. blood**, a sangue freddo; a freddo □ (*pop.*) **to be in c. storage**, essere al fresco (*in carcere*) □ **to make sb.'s blood run c.**, far gelare il sangue (*nelle vene*) a q. □ **stone c.**, freddo come il marmo □ **to throw c. water on**, gettare acqua fredda su; scoraggiare; raffreddare l'entusiasmo di (q.) □ (*fig.*) **You're cold**, non ci sei; sei lontano (*dall'indovinare, dal trovare, e sim.*) □ (*nei giochi, cercando q.c.*) **You're getting cold** (*o* **colder**), acqua... acqua... ti anneghi!
cold (2) [kould], *n.* **1** freddo: **The c. was biting**, il freddo era pungente; **to catch** (*o* **to take**) **c.**, prendere freddo; **to shudder with the c.**, rabbrividire per il freddo **2** (*med.*) raffreddore; infreddatura: **to catch a c.**, prendere un raffreddore; **a head c.**, un raffreddore di testa. ● **to catch a c. in the eye**, prendere un colpo d'aria in un occhio □ (*fig., fam.*) **to be left out in the c.**, essere lasciato in disparte; venire trascurato.
cold (3) [kould], *avv.* (*fam.*) **1** completamente; del tutto; a fondo; per filo e per segno **2** seccamente; recisamente: **to refuse c.**, rifiutare recisamente **3** senza preparazione: **I took the test c.**, ho fatto l'esame senza aver aperto un libro.
coldish ['kouldiʃ], *a.* piuttosto freddo; freddino.
coldly ['kouldli], *avv.* freddamente (*soltanto fig.*).

coldness ['kouldnis], *n.* **1** freddezza; l'esser freddo **2** freddezza (*fig.*): **the c. of their reception**, la freddezza con cui ci ricevettero.

cole [koul], *n.* (*bot.*, *Brassica napus oleifera*) ravizzone: **c. seed**, seme di ravizzone.

colectomy [kɔ'lektəmi], *n.* (*med.*) colectomia.

coleopteran [,kɔli'ɔptərən], (*zool.*) **A** *a.* dei coleotteri. **B** *n.* coleottero.

coleopterous [,kɔli'ɔptərəs], *a.* (*zool.*) dei coleotteri. ● **a c. insect**, un coleottero.

coleslaw ['koulslɔ:], *n.* (*cucina*) insalata di cavolo (*a fettine*).

colibri ['kɔlibri], *n.* (*zool.*) colibrì; uccello mosca.

colic ['kɔlik], (*med.*) **A** *n.* colica. **B** *a.* colico: **c. pains**, dolori colici. ● (*anat.*) **c. artery**, arteria colica.

colicky ['kɔliki], *a.* (*med.*) **1** che provoca coliche **2** soggetto a coliche **3** colico.

Coliseum [,kɔli'siəm], *n.* (*archeol.*) Colosseo.

colitis [kɔ'laitis], *n.* (*med.*) colite.

to collaborate [kɔ'læbəreit], *v. i.* **1** collaborare **2** (*polit.*) essere un collaborazionista.

collaboration [kə,læbə'reiʃən], *n.* (*anche polit.*) collaborazione.

collaborationism [kə,læbə'reiʃənizəm], *n.* (*polit.*) collaborazionismo.

collaborationist [kə,læbə'reiʃənist], *n.* (*polit.*) collaborazionista.

collaborator [kə'læbəreitə*], *n.* collaboratore.

collage [kɔ'la:ʒ] (*franc.*), *n.* (*arte*) collage.

to collage [kɔ'la:ʒ], *v. t.* (*arte*) fare un collage con (*pezzi vari*).

collagen ['kɔlədʒən], *n.* (*biol.*) collageno, collagene.

collapsable [kə'læpsəbl], *V.* **collapsible**.

collapse [kə'læps], *n.* **1** crollo; rovina: **the c. of a circus tent**, il crollo del tendone d'un circo; **the c. of one's plans**, la rovina dei propri piani; **the c. of one's hopes**, il crollo delle proprie speranze **2** prostrazione; scoraggiamento **3** (*med.*) collasso: **mental c.**, collasso mentale **4** sgonfiamento (*di un pallone, ecc.*) **5** caduta (*di un ministero, dei prezzi, ecc.*); collasso (*d'una moneta e sim.*).

to collapse [kə'læps], **A** *v. i.* **1** crollare; franare; cadere in rovina; andare in pezzi **2** scoraggiarsi **3** (*med.*) avere un collasso **4** afflosciarsi; sgonfiarsi **5** (*di un governo, ecc.*) cadere. **B** *v. t.* **1** crollare **2** ripiegare; far rientrare.

collapsible [kə'læpsəbl], *a.* **1** pieghevole; apribile: **a c. bag**, una borsa pieghevole **2** (*fotogr.*) rientrabile (*di una lente*) **3** sgonfiabile. ● (*radio*) **c. antenna**, antenna telescopica □ **c. boat**, canotto pneumatico □ **c. hood**, soffietto (*d'automobile*).

collar ['kɔlə*], *n.* **1** colletto; solino; bavero; collare; ghiera **2** collare (*di cane, di cavallo*; *insegna d'ordine cavalleresco*; *striscia di colore al collo di uccelli, ecc.*) **3** (*mecc.*) collare; fascetta; anello **4** (*ind. min.*) bocca del pozzo **5** colletto di schiuma (*della birra in un bicchiere*) **6** (*cucina*) rotolo di carne. ● (*edil.*) **c. beam**, catena d'impluvio; controcatena □ (*mecc.*) **c. bearing**, cuscinetto reggispinta □ (*anat.*) **c.-bone**, clavicola □ **c.-harness**, pettorale (*di cavallo*) □ **c. stud** (*o* **c. button**), fermacolletto; bottone da colletto □ (*fig.*) **c. work**, lavoro duro □ (*USA*) **blue--c. worker**, operaio □ (*fam.*) **hot under the c.**, arrabbiato □ (*USA*) **white-c. worker**, impiegato.

to collar ['kɔlə*], *v. t.* **1** mettere il colletto (*o* il collare) a **2** prendere per il collo; acciuffare; arrestare: **I darted and collared the pickpocket**, mi slanciai e acciuffai il borsaiolo **3** (*fam., arc.*) prendere; appropriarsi di: **Who's collared my book?**, chi ha preso il mio libro? **4** (*sport*) arrestare (*un avversario che ha il pallone*) fermandolo con le braccia **5** (*fam.*) fermare (*q., per parlargli*): **I collared him on the doorway**, lo fermai sulla soglia **6** arrotolare (*carne da cuocere*).

collared ['kɔləd], *a. attr.* **1** dal colletto; che porta il colletto **2** (*nei composti*) dal collare; dal collarino: **a red-c. bird**, un uccello dal collarino rosso.

collaret(te) [,kɔlə'ret], *n.* **1** colletto di merletti **2** collana (*di perle, ecc.*).

to collate [kɔ'leit], *v. t.* **1** collazionare; comparare; confrontare (*documenti, edizioni, ecc.*) **2** (*legatoria*) raccogliere, unire (*le segnature di un libro*) **3** conferire un beneficio ecclesiastico a (*un sacerdote*) **4** (*nelle biblioteche*) collazionare; esaminare (*un libro, pagina per pagina*).

collateral [kɔ'lætərəl], **A** *a.* **1** collaterale; parallelo **2** secondario; aggiunto, (*leg.*) **c. evidence**, prove aggiuntive **3** (*fin.*) collaterale; (*comm.*) **c. security**, garanzia collaterale; **a c. loan**, un prestito con garanzia pignoratizia (*o* collaterale). **B** *n.* **1** (*fin.*) collaterale **2** (*anche* **c. kinsman**) (*parente*) collaterale.

collation [kɔ'leiʃən], *n.* **1** collazione; confronto **2** (*relig.*) collazione; conferimento di un beneficio ecclesiastico **3** pasto leggero; spuntino **4** (*nelle biblioteche*) descrizione di un libro (*numero delle pagine, illustrazioni, ecc.*) **5** (*legatoria*) raccolta (*delle segnature*).

collator [kɔ'leitə*], *n.* **1** chi collaziona, confronta, ecc. (*V.* **to collate**) **2** (*relig.*) collatore (*in diritto canonico*) **3** (*legatoria*) raccoglitrice **4** inseritrice (*macchina a schede perforate*).

colleague ['kɔli:g], *n.* collega.

to collect [kə'lekt], **A** *v. t.* **1** adunare; radunare **2** raccogliere; fare raccolta (*o* collezione) di (*francobolli, ecc.*) **3** coordinare (*le idee*); riordinare (*i pensieri*) **4** (*comm.*) incassare, riscuotere (*denaro*): **to c. a cheque**, incassare un assegno; **to c. taxes** (**a debt**), riscuotere le imposte (un credito). **B** *v. i.* **1** adunarsi; riunirsi **2** accumularsi; ammucchiarsi: **Dust collects on the surface of furniture**, la polvere si accumula sulla superficie dei mobili **3** (*comm.*) fare riscossioni. **to collect oneself C** *v. rifl.* riaversi; riprendere la padronanza di sé. ● **to c. one's children from school**, andare a prendere i figli a scuola □ **to c. one's courage**, ritrovare il coraggio □ **to c. for the poor**, fare una colletta per i poveri □ (*comm.*) **to c. goods**, ritirare merci □ **collecting bank**, banca esattrice □ **collecting clerk**, esattore □ **collecting department**, ufficio incassi (*d'una banca*) □ **stamp collecting**, filatelia.

collect (1) [kə'lekt], *avv.* (*USA*) con tassa a carico del destinatario: **Send it c.!**, mandalo a carico del destinatario! ● (*tel.*) **c. call**, telefonata a carico del destinatario.

collect (2) ['kɔlekt], *n.* (*relig.*) colletta (*breve preghiera aggiuntiva*).

collectable [kə'lektəbl], *a.* **1** radunabile; raccoglibile **2** (*comm.*) esigibile; incassabile; riscuotibile **3** (*comm.: di merce*) ritirabile; che si può andare a ritirare.

collectanea [,kɔlek'ta:njə] (*lat.*), *n. pl.* miscellanea; antologia.

collected [kə'lektid], *a.* **1** raccolto; riunito **2** calmo, padrone di sé; sicuro. ● (*ippica*) **c. gait**, passo raccolto □ **the c. works of Shakespeare**, l'opera completa di Shakespeare.

collectedness [kə'laktidnis], *n.* padronanza di sé; sicurezza.

collectible [kə'lektəbl], *V.* **collectable**.

collection [kə'lekʃən], *n.* **1** raccolta; il raccogliere; collezione (*di francobolli, di libri antichi, di moda, ecc.*); levata (*delle lettere dalle cassette*) **2** mucchio; cumulo; l'accumularsi: **a c. of dirt**, un mucchio di sporcizia **3** raccolta di denaro; colletta; questua **4** esazione; riscossione (*di tasse, ecc.*) **5** (*pl.*) esami trimestrali (*a Oxford*). ● **c. box**, cassetta delle elemosine □ **the c. of one's faculties**, il chiamare a raccolta le proprie facoltà mentali.

collective [kə'lektiv], **A** *a.* collettivo: **c. bargaining**, contrattazione collettiva (*dei sindacati*); (*econ.*) **c. farm**, fattoria collettiva; (*econ.*) **c. ownership**, proprietà collettiva; **c. wage agreements**, contratti collettivi (*di lavoro*). **B** *n.* (*gramm., anche* **n. noun**) nome collettivo. ● (*mil.*) **c. fire**, tiro in collegamento (*d'armi diverse*) □ (*polit.*) **c. leadership**, direzione collegiale.

collectivism [kə'lektivizəm], *n.* (*polit.*) collettivismo.

collectivist [kə'lektivist], *n.* (*polit.*) collettivista.

collectivistic [kə,lekti'vistik], *a.* (*polit.*) collettivistico.

collectivity [,kɔlek'tiviti], *n.* collettività.

collectivization [kə,lækti'vaizeiʃən], *n.* (*polit.*) collettivizzazione.

to collectivize [,kə'lektivaiz], *v. t.* (*polit.*) collettivizzare.

collector [kə'lektə*], *n.* **1** raccoglitore; collezionista: **a c. of rare books**, un collezionista di libri rari **2** (*comm.*) esattore; ricevitore: **tax c.**, esattore delle imposte **3** (*anche* **ticket c.**) bigliettaio (*nelle stazioni ferroviarie*) **4** (*aeron., elettron.*) collettore. ● **c.'s item** (*o* **piece**), pezzo da collezionista □ **c. of customs**, ricevitore delle dogane □ **c.'s office**, esattoria; ricevitoria □ (*elettr.*) **c. plate**, piastra conduttrice □ **stamp c.**, collezionista di francobolli; filatelista.

collectorate [kə'lektərit], **collectorship** [kə'lektəʃip], *n.* **1** esattoria **2** distretto di esattore delle imposte.

college ['kɔlidʒ], *n.* **1** collegio (*nel senso di: corpo di individui, ordine professionale e sim.*): **the c. of cardinals** (**the Sacred C.**), il collegio dei cardinali (il Sacro Collegio); **the C. of Surgeons**, l'Ordine dei chirurghi **2** college; istituto universitario (*che fa parte di un'università, ma è per certi aspetti indipendente*) **3** (*USA*) facoltà universitaria **4** (*USA*) college; istituto universitario con corsi di soli quattro anni (*che concede il* **bachelor's degree**, *laurea di primo grado*) **5** college (*nome pretenzioso che alcune scuole private, «collegi» nel senso ital., si attribuiscono*) **6** «public school»; importante scuola secondaria (*quella di Marlborough, per es.*). ● **c. cap**, berretto goliardico □ **c. education**, istruzione (*o* cultura) universitaria □ **c. life**, vita universitaria (*o* accademica) □ (*stor.*) **c. living**, lascito in favore di un college □ **c. man**, studente universitario (*che appartiene a un college*) □ **c. pudding**, piccolo budino (*porzione per una sola persona*) □ (*fam. USA*) (**the old**) **c. try**, il tutto per tutto □ **c. army**, collegio militare.

colleger ['kɔlidʒə*], *n.* **1** borsista (*di Eton*) **2** (*USA*) membro (*o* studente) di un college (*V.* **college**); (studente) universitario.

collegial [kə'li:dʒiəl], *a.* **1** collegiale **2** di (*o* relativo a) un college (*V.* **college**; *specialm. nella def. 1*).

collegiality [kə,li:dʒi'æliti], *n.* (*anche relig.*) collegialità.

collegian [kəˈliːdʒən], *n.* membro (*o* studente) d'un college.
collegiate [kəˈliːdʒiit], *a.* **1** collegiato: **c. church**, (chiesa) collegiata **2** relativo a un college (*o* ai suoi studenti) **3** *V.* **collegial**. ● **a c. school**, una scuola superiore □ **a c. university**, un'università divisa in colleges.
to collegiate [kəˈliːdʒəit], *v. t.* (*relig.*) rendere collegiato.
collet [ˈkɔlit], *n.* **1** (*mecc.*) anello metallico; bussola di chiusura **2** (*gioielleria*) castone **3** collare **4** (*ind. vetro*) boccame di soffiatura; rottame di vetro **5** (*di cronometro*) virola.
to collide [kəˈlaid], **A** *v. i.* collidere; scontrarsi; urtarsi (*anche fig.*: *d'idee e sim.*); (*naut.*) entrare in collisione. **B** *v. t.* (*fis. nucl.*) far collidere; far entrare in collisione. ● **to c. with a vehicle**, investire un veicolo □ (*naut.*) **colliding ship**, nave investitrice.
collie [ˈkɔli], *n.* collie; pastore scozzese (*cane*).
collier [ˈkɔliə*], *n.* **1** minatore (*di carbone*) **2** (nave) carboniera.
colliery [ˈkɔljəri], *n.* miniera di carbone.
to colligate [ˈkɔligeit], *v. t.* collegare (*specialm. fatti*).
colligation [ˌkɔliˈgeiʃən], *n.* collegamento (*specialm. di fatti*).
to collimate [ˈkɔlimeit], *v. t.* (*scient.*) collimare. ● (*mil.*) **collimating sight**, collimatore.
collimation [ˌkɔliˈmeiʃən], *n.* (*scient.*) collimazione.
collimator [ˈkɔlimeitə*], *n.* (*ottica*) collimatore (*strumento*).
collinear [kəˈliniə*], *a.* (*geom.*) situato sulla stessa retta.
collins [ˈkɔlinz], *n.* (*fam.*) lettera di ringraziamento (*all'ospite*).
collision [kəˈliʒən], *n.* collisione; scontro (*anche fig.*: *d'interessi, ecc.*); conflitto: **the c. of two ships (trains, etc.)**, la collisione di due navi (lo scontro di due treni, ecc.). ● (*aeron., naut.*) **c.-avoidance radar**, radar anticollisioni □ (*naut. e fig.*) **c. course**, rotta di collisione □ (*naut.*) **c. mat**, paglietto turafalle □ (*fig.*) **to come into c. with sb.**, trovarsi in contrasto con q.; venire ai ferri corti con q.
to collocate [ˈkɔləkeit], **A** *v. t.* **1** collocare, porre (*in un dato luogo*) **2** sistemare; ordinare; disporre. **B** *v. i.* (*linguistica*) accordarsi; andare d'accordo: **The adjective «mild» collocates with cigarette but «light» doesn't**, l'aggettivo «mild» s'accorda con «cigarette» ma «light» no.
collocation [ˌkɔləˈkeiʃən], *n.* **1** collocazione **2** sistemazione; ordine; disposizione **3** (*linguistica*) collocazione (*delle parole*) nella frase; ordine **4** (*linguistica*) locuzione corretta.
collocutor [kəˈlɔkjutə*], *n.* interlocutore.
collodion [kəˈloudjən], *n.* (*chim.*) collodio.
to collogue [kəˈloug], *v. i.* (*fam.*) discutere in segreto; confabulare.
colloid [ˈkɔlɔid], (*chim.*) **A** *a.* colloide (*raro*); colloidale. **B** *n.* colloide.
colloidal [kəˈlɔidl], *a.* (*chim.*) colloidale.
collop [ˈkɔləp], *n.* pezzetto, fetta (*specialm. di carne*).
colloquial [kəˈloukwiəl], *a.* **1** (*di parola, ecc.*) colloquiale; familiare; dell'uso corrente; della lingua parlata **2** colloquiale, relativo alla conversazione. ● **C. English**, l'inglese parlato.
colloquialism [kəˈloukwiəlizəm], *n.* espressione colloquiale.
colloquialist [kəˈloukwiəlist], *n.* chi usa espressioni colloquiali.
colloquist [ˈkɔləkwist], *n.* interlocutore.
colloquium [kəˈloukwiəm], *n.* (*pl.* **colloquiums, colloquia**) **1** riunione (*per discutere problemi, ecc.*) **2** congresso; conferenza.
colloquy [ˈkɔləkwi], *n.* **1** colloquio, dialogo (*specialm. formale*) **2** (*relig.*) corte legislativa e giudiziaria (*nella Chiesa presbiteriana*).
to collude [kəˈluːd], *v. i.* agire in collusione; colludere (*raro*).
collusion [kəˈluːʒən], *n.* collusione.
collusive [kəˈluːsiv], *a.* collusivo.
collutory [ˈkɔljutəri], *n.* (*med.*) colluttorio.
collyrium [kəˈliriəm], *n.* (*pl.* **collyria, collyriums**) (*farm.*) collirio.
collywobbles [ˈkɔliˌwɔblz], *n. pl.* (*fam.*) **1** mal di pancia **2** (*fig.*) paura; apprensione.
colocynth [ˈkɔləsinθ], *n.* (*bot., Citrullus colocynthis*) colloquintide.
cologarithm [kouˈlɔgəriθəm], *n.* (*mat.*) cologaritmo.
cologne [kəˈloun] (*franc.*) *n.* (*anche* **eau de c., C. water**) acqua di colonia.
Colombian [kəˈlʌmbiən], *a. e n.* colombiano (*della Colombia*).
colon (1) [ˈkoulən], *n.* **1** due punti (*segno d'interpunzione*) **2** (*pl.* **cola**) (*poesia*) colon. ● **semi-c.**, punto e virgola.
colon (2) [ˈkoulən], *n.* (*pl.* **colons, cola**) (*anat.*) colon.
colonate [ˈkɔluneit], *n.* (*stor.*) colonato; servitù della gleba.
colonel [ˈkəːnl], *n.* colonnello. ● **lieutenant c.**, tenente colonnello.
colonelcy [ˈkəːnlsi], **colonelship** [ˈkəː(ː)nlʃip], *n.* ufficio (*o* grado) di colonnello.
colonial [kəˈlounjəl], *a. e n.* coloniale. ● (*stor.*) **the C. Office**, il Ministero delle Colonie (*in G. B.*) □ (*arte*) **c. style**, stile coloniale.
colonialism [kəˈlounjəlizəm], *n.* (*polit.*) colonialismo.

colonialist [kəˈlounjəlist], (*polit.*) **A** *n.* colonialista. **B** *a.* colonialistico.
colonialistic [kəˌlounjəˈlistik], *a.* (*polit.*) colonialistico.
colonialization [kəˌlounjəlaiˈzeiʃən], *n.* (*polit.*) colonizzazione.
to colonialize [kəˈlounjəlaiz], *v. t.* (*polit.*) colonizzare.
colonist [ˈkɔlənist], *n.* colono; pioniere; coloniale (*abitante d'una colonia*).
colonization [ˌkɔlənaiˈzeiʃən], *n.* colonizzazione.
to colonize [ˈkɔlənaiz], **A** *v. t.* **1** colonizzare **2** (*USA*) trasferire (*elettori*) in un distretto. **B** *v. i.* **1** fondare una colonia **2** stabilirsi in una colonia.
colonizer [ˈkɔlənaizə*], *n.* colonizzatore.
colonnade [ˌkɔləˈneid], *n.* **1** (*archit.*) colonnato **2** filare d'alberi.
colony [ˈkɔləni], *n.* colonia (*in ogni senso*). ● **the American c. in Rome**, la comunità americana di Roma.
colophon [ˈkɔləfən], *n.* (*tipogr.*) **1** colophon **2** marchio (*in un libro*).
colophony [kəˈlɔfəni], *n.* colofonia; pece greca.
color [ˈkʌlə*], e *deriv.* (*USA*), *V.* **colour**, e *deriv.*
Colorado [ˌkɔːləˈraːdou], *n.* (*geogr. USA*) Colorado. ● (*zool.*) **C. (potato) beetle** (*Leptinotarsa decemlineata*), dorifora americana.
coloratura [ˌkɔləraˈtjuːrə] (*ital.*), *n.* **1** coloratura; infiorettatura **2** (*anche* **c. soprano**) soprano leggero.
colorific [ˌkɔləˈrifik], *a.* **1** colorante **2** fortemente colorato.
colorimeter [ˌkɔləˈrimitə*], *n.* colorimetro.
colorimetry [ˌkʌləˈrimitri], *n.* (*chim., fis.*) colorimetria.
colossal [kəˈlɔsl], *a.* **1** colossale **2** (*fam.*) magnifico; splendido.
Colosseum [ˌkɔləˈsiəm], *n.* (*archeol.*) Colosseo.
colossus [kəˈlɔsəs], *n.* (*pl.* **colossuses, colossi**) colosso (*anche fig.*).
colostomy [kəˈlɔstəmi], *n.* (*med.*) colostomia.
colostrum [kəˈlɔstrəm], *n.* (*biol.*) colostro.
colour [ˈkʌlə*], *n.* **1** colore (*anche fig.*); tinta; vernice; colorito (*del volto, d'un quadro*); apparenza; sembianza: **oil colours**, colori a olio; **fundamental** (*o* **primary, simple**) **colours**, colori fondamentali; **fast c.**, colore indelebile; tinta solida; **a film in c.**, un film a colori; (*fig.*) **to paint st. in dark (bright) colours**, descrivere q.c. a tinte nere (rosee); **to have a high c.**, avere un colorito acceso, sanguigno; **a man (a woman) of c.**, un uomo (una donna) di colore; **under c. of shyness**, sotto il manto (*o* la maschera) della timidezza; **local c.**, colore locale **2** (*pl.*) emblemi; distintivi; insegne; colori nazionali; bandiera: **the regimental colours**, la bandiera del reggimento; **to salute the colours**, salutare la bandiera **3** colore di verità; verosimiglianza; plausibilità **4** (*acustica, fon.*) timbro; tonalità (*d'un suono*) **5** caratteristica; qualità; tono (*d'uno scrittore*): **to take one's c. from sb.**, derivare il proprio tono da q. **6** (*mus.*) colorito **7** (*araldica*) colore; smalto **8** (*leg.*) titolarità apparente **9** (*tipogr.*) inchiostro **10** (*naut. USA*) alzabandiera; ammainabandiera. ● **the c. bar** (*o* **the c. line**), «la barriera del colore»; la discriminazione razziale □ **c. bearer**, portabandiera; alfiere □ **c.-blind**, (*med.*) daltonico; (*fotogr.*) ortocromatico; (*fig. USA*) neutrale (*al tempo della guerra civile*); (*ora*) che non fa discriminazioni razziali □ (*med.*) **c. blindness**, cecità ai colori, acromatopsia; daltonismo □ (*telev.*) **c. cast**, trasmissione a colori (*elettr., ind.*) **c. code**, codice dei colori □ (*fotogr.*) **c. film**, pellicola a colori □ **c. man**, commerciante di vernici □ (*tipogr.*) **c. printing**, stampa a colori, cromotipia □ **c. scheme**, disposizione dei colori □ (*mil.*) **c. sergeant**, sergente cui è affidata la bandiera □ **c. shade**, gradazione (*o* tonalità) di colore □ **c. slide**, diapositiva a colori □ (*telev.*) **c. television**, televisione a colori □ (*telev.*) **c. transmission**, *V.* **c. cast** □ **c. TV set**, televisore a colori □ **c. wash**, colore a calce □ (*mil.*) **call to the colours**, segnale di tromba per l'alzabandiera o l'ammainabandiera □ **to change c.**, cambiar colore; impallidire; diventare di mille colori □ **to come off with flying colours**, uscire da un'impresa con tutti gli onori; farsi molto onore □ (*mil. e fig.*) **to desert one's colours**, abbandonare la bandiera □ (*sport*) **to get one's colours**, ricevere il distintivo della squadra; essere messo in squadra □ **to give** (*o* **to lend**) **c. to a story** (**a tale, etc.**), dare colore di verità a una storia (a un racconto, ecc.); renderli credibili, plausibili □ **to give a false c. to st.**, svisare, travisare q.c.; deformare (*una notizia*) □ **in one's true colours**, quale q. o q.c. realmente è: **You don't see the facts in their true colours**, tu non vedi i fatti quali realmente sono □ (*mil.*) **to join the colours**, arruolarsi nell'esercito □ **to lose c.**, sbiancare; impallidire □ (*fig.*) **to lower one's colours**, arrendersi; darsi per vinto; dimettersi □ (*fig.*) **to nail one's colours to the mast**, tener duro; prendere una decisione definitiva, irrevocabile □ **to have much (little) c.**, essere molto (poco) colorito (*in viso*) □ **off-c.**, (*di persona*) giù di corda, depresso; (*di barzellette, aneddoti e sim.*) di cattivo gusto □ **to put false colours upon sb.**, denigrare q. □ (*fig.*) **to sail under false colours**, presentarsi sotto mentite spoglie; agire in modo

ipocrita (*o da impostore*); lavorare sott'acqua (*fam.*) □ **to see the c. of sb.'s money**, sentire appena l'odore dei soldi di q.; ricevere un pagamento parziale □ **to show one's true colours**, mostrarsi a viso aperto; mostrarsi per quel che si è; rivelare la propria natura; prendere una posizione chiara □ **to stick to one's colours**, non mutar bandiera □ **water-c.**, colore a tempera □ **water-colours**, acquerelli □ **to be** (*o* **to serve**) **with the colours**, essere sotto le armi □ (*mil.*) **with flying colours**, a bandiere spiegate; (*fig.*) vittorioso, trionfante.

to colour ['kʌlə*], **A** *v. t.* **1** colorare; colorire; tingere; dipingere; tinteggiare; macchiare: **to c. a picture**, dipingere un quadro (*dopo averne abbozzato le linee*); **to c. the front of a house**, tinteggiare la facciata di una casa **2** dare colore di verità (*a q.c.*); rendere verosimile: **He succeeded in colouring his story about the aggression**, riuscì a rendere verosimile il suo racconto sull'aggressione **3** alterare; deformare; svisare; travisare: **The reporting of actual facts is often coloured by journalists**, le cronache di fatti reali vengono spesso alterate dai giornalisti **4** dare un'impronta a; influire su; influenzare: **His sad experience coloured his views**, la sua triste esperienza influenzò le sue convinzioni. **B** *v. i.* **1** colorirsi (*in viso*); arrossire; farsi rosso: **He coloured with anger**, si fece rosso d'ira **2** colorarsi, mutar colore (*della frutta che matura, ecc.*). ● **to c. in**, colorare (*figure, disegni: in un album, ecc.*).

colourable ['kʌlərəbl], *a.* **1** che si può colorare; colorabile **2** credibile; plausibile **3** falso; finto; specioso; apparentemente plausibile, ma in realtà falso.

colouration [ˌkʌləˈreiʃən], *n.* colorazione.

to colour-cast ['kʌlə.kɑ:st], *v. t.* (*telev.*) trasmettere a colori.

to colour-code ['kʌlə-koud], *v. t.* (*elettr., ind., tecn.*) contrassegnare (*fili, tubi, ecc.*) con colori diversi (*per facilitarne l'identificazione*).

coloured ['kʌləd], **A** *a.* **1** colorato **2** di colore: **a c. person**, una persona di colore **3** che ha un dato colore: **flesh-c.**, del colore della carne; carnicino; incarnato **4** alterato; svisato; travisato; distorto: **His words were c. by hatred**, le sue parole erano distorte dall'odio. **B** *n.* uomo (donna) di colore.

colourfast ['kʌləˌfɑ:st], *a.* di colore indelebile (*o* solido); che non stinge.

colourfastness ['kʌləˌfɑ:stnis], *n.* indelebilità del colore.

colourful ['kʌləful], *a.* pieno di colore; colorito; pittoresco.

colouring ['kʌləriŋ], *n.* **1** colorazione; coloritura; arte di usare il colore **2** colorante; pigmento **3** colorito (*del volto*); arrossamento; rossore **4** apparenza; sembianza; colore (*fig.*) **5** colore (*politico, ecc.*); tendenza. ● (*ind.*) **c. agent**, colorante (alimentare).

colourist ['kʌlərist], *n.* **1** (*arte*) colorista **2** (*fotogr.*) ritoccatore.

colourless ['kʌləlis], *a.* **1** incolore; scolorito; sbiadito; scialbo; privo d'interesse **2** pallido (*in volto*) **3** indifferente; imparziale; neutrale.

coloury ['kʌləri], *a.* (*comm.*) colorito; che ha un bel colore (*del caffè, ecc.*).

colporteur [ˌkɔlˈpɔ:tə*], *n.* venditore ambulante di Bibbie.

colposcope ['kɔlpəskoup], *n.* (*med.*) colposcopio (*strumento*).

colposcopy [kɔlˈpɔskəpi], *n.* (*med.*) colposcopia.

colt [koult], *n.* **1** puledro **2** (*fig.*) uomo giovane, inesperto; pivello; sbarbatello.

colter ['koultə*], *n.* (*USA*) *V.* **coulter**.

coltish ['koultiʃ], *a.* **1** di (*o* da) puledro; vivace **2** (*spreg.*) inesperto; maldestro; che non ci sa fare.

coltishness ['koultiʃnis], *n.* **1** vivacità **2** (*spreg.*) inesperienza; (il) non saperci fare.

coltsfoot ['koultsfut], *n.* (*pl.* **coltsfoots**) (*bot.*, *Tussilago farfara*) farfara.

coluber ['kɔljubə*], *n.* (*zool., Coluber*) colubro.

colubrine ['kɔljubrain], *a.* serpentino.

columbarium [ˌkɔləmˈbɛəriəm], *n.* (*pl.* **columbaria**) (*archeol.*) colombario.

columbary [kəˈlʌmbəri], *n.* colombaia.

Columbia [kəˈlʌmbiə], *n.* (*geogr.*) Colombia.

Columbian [kəˈlʌmbiən], *a.* colombiano (*della Colombia o pertinente a Cristoforo Colombo*).

Columbine ['kɔləmbain], *n.* (*teatr.*) Colombina.

columbine ['kɔləmbain], *n.* (*bot., Aquilegia vulgaris*) aquilegia.

columbite [kəˈlʌmbait], *n.* (*miner.*) columbite.

columbium [kəˈlʌmbiəm], *n.* (*chim.*) columbio; niobio.

Columbus [kəˈlʌmbəs], *n.* (Cristoforo) Colombo. ● **C. Day**, festa per l'anniversario della scoperta dell'America (*il 12 ottobre*).

column ['kɔləm], *n.* **1** colonna (*in quasi tutti i sensi*): **rostral c.**, colonna rostrata; **a c. of figures**, una colonna di cifre; **a c. of water**, una colonna d'acqua; **a c. of smoke**, una colonna di fumo. (*anat.*) **the spinal c.**, la colonna vertebrale; **ad columns**, colonne degli annunci pubblicitari; (*mil.*) **a c. of tanks**, una colonna di carri armati; (*mat.*) **the tens c.**, la colonna delle decine; (*mil.*) **motor c.**, autocolonna; (*polit.*) **fifth c.**, quinta colonna **2** rubrica (*in giornale o rivista*): **the sports c.**, la rubrica sportiva **3** (*autom., mecc.*) piantone (*dello sterzo*). ● (*mecc.*) **c. crane**, gru a bandiera □ (*elab.*) **c. printer**, stampante a colonne.

columnar [kəˈlʌmnə*], *a.* **1** colonnare **2** formato da colonne **3** (*tipogr.*) stampato in colonne.

columned ['kɔləmd], *a.* **1** a colonne; colonnato **2** *V.* **columnar**.

columniform [kəˈlʌmnifɔ:m], *a.* a forma di colonna.

columnist ['kɔləmnist], *n.* **1** (*giornalismo*) articolista; cronista mondano; notista; columnist; colonnista **2** (*radio, telev.*) rubricista.

colure [kəˈljuə*], *n.* (*astron.*) coluro.

colza ['kɔlzə], *n.* (*bot.*) **1** (*Brassica napus oleifera*) ravizzone **2** (*Brassica napus arvensis*) colza: **c. oil**, olio di colza.

coma (1) ['koumə], *n.* (*med.*) coma: **to go into a c.**, entrare in coma.

coma (2) ['koumə], *n.* (*pl.* **comae, comas**) **1** (*astron.*) chioma (*d'una cometa*) **2** (*bot.*) ciuffo di peli (*sul seme*); grappolo di brattee (*per es., nell'ananas*) **3** (*ottica*) coma **4** (*elettron.*) effetto cometa.

comatose ['koumətous], *a.* **1** (*med.*) comatoso **2** (*fig.*) simile a coma; pesante: **c. sleep**, sonno pesante **3** (*fig.*) letargico; assonnato; appesantito (*fig.*): **to feel a bit c. after a big meal**, sentirsi un po' appesantito dopo un lauto pasto.

comb [koum], *n.* **1** pettine (*anche da cardare*) **2** (*anche* **currycomb**) striglia **3** (*zool. e fig.*) cresta **4** (*anche* **honeycomb**) favo **5** (*ind. tessile*) carda; cardatrice **6** (*geogr.*) spartiacque. ● (*fam.*) **c.-out**, pettinata; districata (*di capelli, ecc.*); setacciamento, vaglio (*di notizie, ecc.*); rastrellamento, setacciamento (*della polizia e sim.*); potatura (*fig.*), eliminazione, soppressione (*di posti di lavoro, ecc.*).

to comb [koum], **A** *v. t.* **1** pettinare (*capelli*) **2** (*ind. tessile*) pettinare, cardare (*lana, ecc.*) **3** strigliare (*un cavallo e sim.*) **4** (*mil.*) battere, tenere sotto tiro (*le posizioni del nemico*) **5** (*delle onde*) spazzare (*la spiaggia*). **B** *v. i.* (*delle onde*) frangersi (*a riva*). ● **to c. one's fingers through sb.'s hair**, passare le dita fra i capelli di q. □ (*fam.*) **to c. out**, pettinare (*capelli*); districare (*grovigli, ecc.*); setacciare; passare al vaglio, vagliare (*fatti, informazioni, ecc.*); potare (*fig.*), eliminare, sopprimere (*posti di lavoro, ecc.*): **The police have combed out the whole district for the kidnappers**, la polizia ha setacciato tutto il distretto alla ricerca dei sequestratori □ **to c. out the Civil Service**, potare i ranghi della pubblica amministrazione.

combat ['kɔmbæt], *n.* combattimento; battaglia; lotta: **hand-to-hand c.**, combattimento corpo a corpo. ● (*mil.*) **c. tyre**, pneumatico antiforatura □ **c. zone**, zona di combattimento □ **single c.**, singolar tenzone; duello.

to combat ['kɔmbæt], *v. t. e i.* combattere; lottare (contro q.).

combatant ['kɔmbətənt], *a. e n.* combattente.

combative ['kɔmbətiv], *a.* combattivo; battagliero; pugnace.

combativeness ['kɔmbətivnis], *n.* combattività.

combe [ku:m], *n.* (*alpinismo*) comba; valletta; burroncello.

comber ['koumə*], *n.* **1** chi pettina, striglia, ecc. (*V.* **to comb**) **2** (*ind. tessile*) pettinatore; cardatore; pettinatrice **3** (*ind. tessile*) pettinatrice, cardatrice (*macchina*) **4** frangente; maroso.

combinable [kəmˈbainəbl], *a.* (*anche chim.*) combinabile.

combination [ˌkɔmbiˈneiʃən], **A** *n.* **1** (*anche chim., mat.*) combinazione: **the c. of a safe**, la combinazione d'una cassaforte **2** associazione; lega; unione; alleanza: **a political c.**, un'alleanza politica; **a c. of workmen**, un'unione d'operai (*a scopi sindacali*) **3** (*pl.*) combinazione (*sottabito da donna*); costume in un solo pezzo (*per uomo*) **4** (*anche* **motorcycle c.**) motocicletta con carrozzino **5** (*econ., fin.*) concentrazione, fusione (*d'aziende*) **6** (*leg.*) associazione per delinquere; associazione per fini illeciti. **B** *a. attr.* a più usi: **a c. bed-sitting room**, una stanza a doppio uso, che fa da camera e da salotto. ● **c. in restraint of trade**, accordo (illegale) per la restrizione del commercio □ **c. lock**, serratura a combinazione □ (*a Cambridge*) **c. room**, sala di ritrovo □ (*elettr.*) **c. switch**, interruttore-commutatore □ (*mecc.*) **c. wrench**, chiave fissa ad anello e testa a bocca.

combinative ['kɔmbinətiv], *a.* **1** pertinente a una combinazione **2** capace di favorire una combinazione **3** derivante da una somma di circostanze: **The c. result was his dismissal**, il risultato derivante dalla somma delle circostanze fu il suo licenziamento.

combinatorial [ˌkɔmbinəˈtɔ:riəl], *a.* (*mat.*) combinatorio.

to combine [kəmˈbain], **A** *v. t.* **1** combinare (*anche chim.*); mettere insieme (*o* d'accordo); congiungere; unire: **Let's c. (our) forces to defeat our enemies!**, uniamo le nostre forze per sconfiggere il nemico! **2** (*econ., fin.*) concentrare, fondere (*aziende*). **B** *v. i.* **1** combinarsi (*anche chim.*); congiungersi; unirsi **2** contribuire; collaborare **3** (*econ., fin.*) concentrarsi; fondersi.

combine ['kɔmbain], *n.* **1** lega, unione (*a scopi politici, ecc.*) **2** (*econ., fin.*) cartello; sindacato; concentrazione (*d'aziende*); trust:

combined

business **combines**, concentrazioni d'aziende **3** (*sport*) combine; accordo illecito **4** (*agric., anche* **c. harvester**) mietitrebbia.
combined [kəm'baind] **A** *a.* **1** (*anche chim.*) combinato **2** (*messo*) insieme: **all his friends c.**, tutti i suoi amici messi insieme. **B** *n.* (*sport, anche* **c. event**) combinata: **the Nordic c.**, la combinata nordica. ● **c. efforts**, sforzi congiunti □ (*mil.*) **a c. operation**, un'operazione combinata (*tra le varie armi*).
combing ['koumiŋ], *n.* **1** pettinatura (*di capelli*) (*ind. tessile*) pettinatura, cardatura (*della lana, ecc.*) **2** (*specialm. al pl.*) capelli o lana, staccatisi durante la pettinatura. ● **c. card**, scardasso □ (*ind. tessile*) **c. machine**, (macchina) pettinatrice; carda, cardatrice □ **c.-out**, perlustrazione; retata (*della polizia*) □ **back c.**, cotonatura (*dei capelli*).
combining form [kəm'bainiŋ fɔ:m], *n.* (*linguistica*) **1** prefissoide **2** suffissoide.
combo ['kɔmbou], (*fam.*) **A** *a.* misto. **B** *n.* **1** (*fotogr.*) combo; combinazione **2** (*mus.*) piccola orchestra, da ballo o jazzistica.
combustibility [kəm,bʌstə'biliti], *n.* combustibilità.
combustible [kəm'bʌstəbl], **A** *a.* **1** combustibile **2** (*fig.*: *di persona*) che s'infiamma facilmente; irascibile. **B** *n.* combustibile.
combustion [kəm'bʌstʃən], *n.* **1** (*anche chim., biol.*) combustione **2** (*fig.*) eccitazione; agitazione; tumulto. ● (*mecc.*) **c. chamber**, camera di combustione □ (*mecc., autom.*) **c. shock**, battito in testa □ (*mecc., autom.*) **spontaneous c.**, autocombustione.
combustive [kəm'bʌstiv], *a.* (*chim.*) comburente.
combustor [kəm'bʌstə*], *n.* (*ing., aeron.*) combustore.
to come [kʌm] (*pass.* **came**, *p. p.* **come**), **A** *v. i.* **1** venire; provenire; derivare; arrivare; giungere; pervenire; venire a costare; ammontare a; venir bene; riuscire: **The dog came running**, il cane venne di corsa; **She came to see me**, ella venne a trovarmi; **He comes of strong peasant stock**, proviene da una robusta famiglia contadina; **He hasn't come yet**, non è ancora arrivato; **His illness may c. from a poor diet**, la sua malattia può derivare da una dieta insufficiente; **It comes expensive** (*easily, naturally, etc.*), viene caro (*facile, naturale, ecc.*); **I have come to believe he is wrong**, sono giunto a credere che abbia torto; **The bill comes to ten dollars**, il conto ammonta a dieci dollari; **The bus line comes near the hotel**, la linea dell'autobus arriva vicino all'albergo; **The butter will not c.**, il burro non viene bene **2** avvenire; accadere; succedere; essere il risultato di; equivalere a: **what may**, qualunque cosa accada; **It comes to this, that you don't agree at all**, è come dire che non sei affatto d'accordo; **No harm will c. to us**, non ci succederà niente di male; **This comes of your negligence**, questo è il risultato della tua negligenza **3** diventare; farsi; andare (bene, male, ecc.): **He came alive**, diventò vivace (*o* allegro); **Things came all right**, le cose andarono benissimo; **The nut has come loose**, il dado (*di un congegno meccanico*) è diventato lento (s'è allentato) **4** essere; trovarsi: **What page does it c. on?**, a che pagina si trova? **5** (*comm.*) essere disponibile: **This raincoat comes in several sizes**, questo impermeabile è disponibile in varie taglie **6** (*volg.*) raggiungere l'orgasmo; venire (*volg.*). **B** *v. t.* **1** (*con oggetto interno*) percorrere; fare: **I have come ten miles**, ho percorso dieci miglia; (*anche fig.*) **He had come a long way**, aveva fatto un lungo cammino (*o* molta strada) **2** avvicinarsi a; stare per compiere: **My daughter is coming twelve** (*years old*), mia figlia sta per compiere dodici anni **3** (*pop.*; *anche* **to c. over**) fare (*una parte*): **to c. the bully** (**over sb.**), fare il prepotente (con q.). **C** *verbi composti* **1 to c. about**, accadere; succedere; fare dietro front; (*naut.*) virare di bordo; (*del vento*) mutare direzione. **2 to c. across**, attraversare; imbattersi in; incontrare (*o* trovare) per caso: **I'll c. across on the ferry from Dieppe**, farò la traversata sul traghetto da Dieppe; **I came across a rare manuscript**, trovai per caso un manoscritto raro. **3 to c. along**, venire; (*fam.*) capitare □ (*fam.*) **C. along!**, suvvia!; fa' presto!; cammina! **4** (*naut.*) **to c. alongside**, affiancarsi; venire sottobordo. **5 to c. around**, rinvenire; riaversi; tornare in sé; cambiar direzione; influenzare; circuire; venire in grazia a (q., *con adulazioni, ecc.*); (*fam.*) arrendersi, cedere (*a una richiesta*); (*fam.*) fare una breve visita a, fare un salto da (q.) **6 to c. at**, arrivare, pervenire a; raggiungere; avere accesso a; (*fam.*) saltare addosso a (q.), attaccare: **He came at me with a knife**, mi attaccò con un coltello. **7 to c. away**, venire via; staccarsi: **The bottom of the box came away**, il fondo della scatola si staccò. **8 to c. back**, ritornare; tornare alla mente; (*fam.*) ribattere, rimbeccare, rispondere per le rime: **This model will c. back into fashion**, questo modello tornerà di moda. **9 to c. between**, frapporsi, interporsi (*così da seminare discordia, zizzania*): **She always comes between my wife and me**, si interpone sempre tra mia moglie e me. **10 to c. by**, fare un salto da (q.); andare a trovare (q.) □ to c. by st., ottenere, procurarsi, trovare, entrare in possesso di q.c.: **This book is rare and difficult to c. by**, questo libro è raro ed è difficile procurarselo.

11 to c. down, venir giù; discendere; (*di prezzi*) calare; derivare; essere tramandato; decadere □ (*fig.*) **to c. down to earth**, ritornare con i piedi sulla terra □ **to c. down upon sb.**, piombare addosso a q.; rimproverare aspramente q.; punire q. □ **to c. down with**, pagare; sborsare; sganciare □ **to c. down with measles** ('flu, etc.), prendersi (*o* buscarsi) il morbillo (l'influenza, ecc.). **12 to c. forward**, venire avanti; farsi avanti (*all'appello, offrendosi volontario, ecc.*) □ **to c. forward as a candidate**, presentarsi candidato; candidarsi. **13 to c. in**, venire dentro; entrare; essere eletto; andare al potere; arrivare (*in una competizione*); venire in uso (*o* di moda); salire (*di marea*); **He came in third**, arrivò terzo; **The Tories came in again**, i Conservatori ritornarono al potere □ (*fam.*) **to c. in for st.**, venire in possesso di q.c.; ottenere q.c. □ **to c. in useful** (*o* **handy**), tornare utile □ **Where do I c. in?**, che vantaggio ne ricavo?; che interesse ho io? □ **Where does the joke c. in?**, dove comincia lo scherzo? **14 to c. into**, andare dentro (*un luogo*), entrarvi; entrare in possesso di; ereditare (q.c.) □ **to c. into effect** (*o* **into force**), avere effetto; entrare in vigore: **The new law will c. into force soon**, la nuova legge entrerà presto in vigore □ (*di pianta*) **to c. into leaf** (**into flower**), mettere le foglie (fiorire) □ **to c. into one's own**, entrare in possesso di ciò che ci spetta □ **to c. into sight** (*o* **view**), apparire (alla vista) □ **to c. into value**, cominciare ad avere valore; (*fin.*: *di un titolo*) diventare fruttifero □ **to c. into the world**, venire al mondo. **15 to c. of**, venire fuori, derivare da: **I don't know what will c. of all these war preparations**, non so che cosa deriverà da tutti questi preparativi di guerra. **16 to c. off**, separarsi; staccarsi; districarsi; uscire da (*una situazione difficile*); accadere, succedere; riuscire, avere successo (*di un progetto, una barzelletta, ecc.*): **The button has come off**, s'è staccato il bottone; **He came off badly**, ne uscì malconcio □ (*fam.*) **C. off it!**, smettila!; piantala! (*fam.*) □ **to c. off well**, cavarsela. **17 to c. on**, progredire; migliorare; imbattersi in; trovare per caso; attaccare (q.); (*teatr.*) entrare in (*o* essere di) scena; (*fam., anche* **to c. on strong**) far colpo; andare forte (*fam.*) □ (*fam.*) **C. on!**, suvvia!; andiamo! □ **It came on dark** (to rain, etc.), si fece buio (venne a piovere, ecc.) □ (*comm.*) **to c. on offer**, essere offerto (*a un dato prezzo*). **18 to c. out**, venire fuori, uscire (*anche di libro, giornale, progetto, ecc.*); venire alla luce, essere presentato; andare a finire (*di un romanzo, ecc.*); debuttare (*in società, sulla scena*); entrare in sciopero; (*fam.; anche* **to c. out of the closet**) dichiararsi omosessuale; saltare il fosso, passare al nemico (*pop., scherz.*) □ **to c. out against** (**for**), prendere posizione contro (a favore di) (*un progetto, ecc.*) □ **to c. out of**, risultare: **What came out of his plan?**, che risultato ha avuto (*o* com'è andata a finire con) il suo progetto? □ (*pop.*) **C. out of that!**, via!; smettila! □ (*di persona*) **to c. out well**, venir bene (*in fotografia*); essere fotogenico □ **to c. out with**, uscire in (*una frase, parole*); dire, rivelare (q.c.). **19 to c. over**, venire (*da una certa distanza o attraversando il mare, ecc.*); capitare; passare a; cambiar partito: **His ancestors came over to England with William of Orange**, i suoi antenati vennero in Inghilterra con Guglielmo d'Orange; **I don't know what came over me**, non so che cosa m'è capitato (*o* m'ha preso). **20 to c. round**, V. to c. around. **21 to c. through**, consumare, logorare; portare a termine; compiere; superare; uscire da (*una situazione, ecc.*); mantenere le promesse; stare alla parola data. **22 to c. to**, rinvenire, riaversi, tornare in sé; ereditare; ammontare a, costare, venire (*fam.*): **How much does this article c. to?**, quanto viene questo articolo? □ (*naut.*) **to c. to anchor**, ancorarsi □ **to c. to an agreement**, raggiungere un accordo □ **to c. to blows**, venire alle mani; azzuffarsi □ **to c. to a decision**, giungere a una decisione □ **to c. to an end**, giungere al termine; aver fine □ **to c. to grief** (*o* **to harm**), passare dei guai: **I hope he won't c. to grief**, spero che non passerà dei guai; spero che non la paghi cara □ (*di lettera e sim.*) **to c. to hand**, pervenire; arrivare □ **to c. to light**, venire alla luce (*fig.*); essere rivelato □ **to c. to nothing** (*o* **naught**), finire in niente: **His hopes came to nothing**, le sue speranze finirono in niente □ **to c. to sb.'s notice** (*o* **to sb.'s ears**), giungere all'orecchio: **It came to my notice that they were leaving**, mi giunse all'orecchio che partivano □ **to c. to one's senses** (*o* **to oneself**), rinvenire; riaversi; tornare in sé □ **to c. to pieces**, andare in pezzi □ **to c. to a point**, terminare in punta □ **to c. to the point**, (*fig.*) venire al dunque (*o* al sodo) □ **to c. to a standstill**, fermarsi; (*fig.*) arrivare a un punto morto □ **to c. to terms**, venire a patti □ (*naut.*) **to c. to the wind**, orzare. **23 to c. under**, essere sotto l'autorità di, dipendere da (q.); rientrare in (*una classe, un ordine di cose*); trovarsi sotto (*il fuoco nemico, ecc.*) □ **to c. under the hammer**, essere venduto all'asta □ (*fam.*) **to c. under the knife**, finire sotto i bisturi. **24 to c. up**, sorgere, venir fuori (*in una discussione*); iscriversi (*all'università*); avvicinare (q.); venir su; spuntare (*di piante*); diventare di moda □ **to c. up against**, dover fare i conti con, scontrarsi con (*fig.*) □ **to c. up to**, estendersi fino

a; raggiungere; essere all'altezza di: **Your work doesn't c. up to expectation**, il tuo lavoro non è all'altezza di quello che ci si aspettava da te □ **to c. up with**, raggiungere; concepire, trovare (*un'idea, una soluzione, ecc.*): **We came up with them at the top of the hill**, li raggiungemmo in cima alla collina □ (*a un cavallo*) **C. up!, hop!**, trotta! forza! **25 to c. upon**, imbattersi in, incontrare per caso; attaccare di sorpresa, piombare su; (*di cosa*) venire in mente a. **26 to c. within**, rientrare in: **It doesn't c. within my duties**, non rientra nei miei doveri; non è cosa di mia competenza. ● **to c.**, (*agg.*) futuro; venturo: **in years to c.**, negli anni venturi □ **the to-c.**, l'avvenire; il futuro □ **to c. and go**, andare e venire; essere di passaggio; essere transitorio □ (*fam.*) **to c. clean**, confessare (*alla polizia, ecc.*) □ (*fam.*) **to c. expensive**, venire (a costare) caro □ **to c. home to sb.**, entrare in testa a q.: **At last it came home to him that I was right**, alla fine, gli entrò in testa che avevo ragione io □ (*fig.: di persona*) **to c. near**, essere a un pelo da: **He came near selling the house**, fu a un pelo dal vendere (*o* mancò poco che non vendesse) la casa □ **to c. to pass**, accadere; succedere □ (*fig.*, *fam.*) **to c. to stay**, prendere piede; affermarsi □ **to c. true**, avverarsi: **The prophecy has come true**, la profezia s'è avverata □ **C.!**, suvvia! andiamo! □ (*fam.*) **How come?**, perché? □ (*pop.*) **Let'em all c.!**, s'accomodino, vengano pure (*e avranno quello che si meritano*)! □ (*pop.*) **Come and get it!**, è pronto; (venite) a tavola! □ (*prov.*) **Light c., light go** (*o* **easy c., easy go**), presto avuto, presto perduto.
come [kʌm], *n*. (*in composti derivativi dal verbo*): **c.-again**, proroga; rinvio; (*elettr., mecc.*) **c.-along**, morsetto tirafilo; **c.-and-go**, (*sost.*) va e vieni, andirivieni; (*agg.*) mutevole, variabile; **c.-back**, ritorno; rientro; rilancio; (*fam.*) rimbeccata impertinente; risposta per le rime; **c.-down**, decadenza; rovescio finanziario; crollo; rovina; delusione, frustrazione; battuta d'arresto; **c.-off**, conclusione; risultato; il sottrarsi (*a un dovere*); (*pop.*) **c.-on**, occhiata provocante, gesto d'invito; lusinga, offa: (*di donna*) **to give sb. the c.-on**, essere provocante con q.; dare a q. uno sguardo provocante; (*fam.*) **c.-uppance**, sgridata (*o* punizione) meritata.
come-at-able [kʌm'ætəbl], *a*. (*fam.*) accessibile; che si può raggiungere (*o* ottenere).
Comecon ['kɔmikɔn], *n*. (*polit.*) Comecon.
comedian [kə'miːdjən], *n*. **1** attore comico; attore di rivista (*o* di varietà) **2** commediografo **3** persona divertente; tipo ameno **4** attore di prosa.
comedienne [kə,medi'en] (*franc.*), *n*. attrice comica.
comedist ['kɔmidist], *n*. commediografo.
comedo ['kɔmədou], *n*. (*pl*. **comedos, comedones**) (*med.*) comedone.
comedy ['kɔmidi], *n*. **1** pezzo (*teatrale, radiofonico, televisivo*) brillante e divertente; commedia; divertimento; spasso **2** elemento comico; nota divertente: **The c. was offered by granny**, la nota divertente fu ciò che disse (*o* fece) la nonnina. ● **c. of ideas**, commedia a tesi □ **c. of manners**, commedia di costume □ (*fam.*) **to cut the c.**, smettere di fare il buffone.
comedywright ['kɔmidirait], *n*. commediografo.
come-hither [,kʌm 'hiðə*], **A** *a*. (*fam.*) allettante; invitante; d'incoraggiamento; provocante. **B** *n*. invito allettante; occhiata provocante.
comeliness ['kʌmlinis], *n*. **1** bellezza; grazia; avvenenza **2** dignità; decoro.
comely ['kʌmli], *a*. **1** bello; aggraziato; piacevole (*alla vista*) **2** dignitoso; decoroso.
comer ['kʌmə*], *n*. **1** chi viene; chi si presenta: **The contest is open to all comers**, la gara è aperta a tutti (coloro che si presentano) **2** (*fam.*) persona che farà strada, che è sulla via del successo. ● **the first c.**, il primo arrivato □ **late-c.**, ritardatario □ **a new-c.**, uno arrivato di fresco; un nuovo venuto.
comestible [kə'mestibl], **A** *a*. (*raro*) commestibile. **B** *n*. (*generalm. al pl.*) generi alimentari; commestibili.
comet ['kɔmit], *n*. (*astron.*) cometa. ● **c. family**, famiglia di comete □ **c. year**, anno della cometa.
cometary ['kɔmitari], **cometic** [kə'metik], *a*. (*astron.*) cometario; di (*o* simile a) cometa.
comfit ['kʌmfit], *n*. caramella; confetto. ● **c. box**, bomboniera.
to comfort ['kʌmfət], *v. t.* confortare; consolare.
comfort ['kʌmfət], *n*. **1** conforto; consolazione **2** agiatezza; benessere; serenità **3** comodità; conforto; comfort, confort: **This flat has every modern c.**, questo appartamento ha tutti i conforti moderni **4** ristoro **5** (*USA, specialm. merid.*) coperta imbottita; trapunta. ● (*USA*) **c. station**, gabinetto pubblico □ **aid and c.**, aiuto e assistenza □ **That's cold c.**, è una magra consolazione □ **Be of good c.!**, fatevi animo!
comfortable ['kʌmfətəbl], *a*. **1** confortevole; comodo: **a c. house**, una casa comoda; **a c. suit**, un abito comodo **2** sereno; tranquillo; a proprio agio: **Do you feel c.?**, ti senti a tuo agio? **3** (*fam.*) adeguato; sufficiente; soddisfacente: **a c. income**, un reddito soddisfacente; **a c. salary**, uno stipendio adeguato. ● **to make oneself c.**, mettersi a proprio agio □ **to make oneself c. about st.**, mettersi l'animo in pace su q.c. □ **to make oneself c. in an armchair**, mettersi comodo in poltrona.
comfortably ['kʌmfətəbli], *avv.* **1** comodamente **2** senza difficoltà; agevolmente. ● **to be c. off**, vivere comodamente; star bene (a soldi).
comforter ['kʌmfətə*], *n*. **1** chi conforta; consolatore **2** sciarpa di lana **3** coperta imbottita; trapunta **4** tettarella; ciuccio (*per tener buoni i poppanti*). ● (*relig.*) **the C.**, lo Spirito Santo □ **Job's c.**, chi pretende di confortare e invece scoraggia.
comforting ['kʌmfətiŋ], *a*. confortante.
comfortless ['kʌmfətlis], *a*. **1** senza conforto; sconsolato: **a c. life**, una vita sconsolata **2** senza comodità; scomodo; squallido: **a c. home**, una casa squallida.
comfrey ['kʌmfri], *n*. (*bot.*, *Symphytum officinale*) consolida maggiore.
comfy ['kʌmfi], *a*. (*fam.*) comodo; a proprio agio; da papà (*fam.*).
comic ['kɔmik], **A** *a*. comico (*che concerne la commedia o che fa ridere*); umoristico: **a c. actor**, un (attore) comico; **a c. song**, una canzone umoristica. **B** *n*. (*fam.*) **1** attore di rivista (*o* di varietà); comico **2** giornale umoristico **3** (*pl.*) fumetti. ● **c. book**, giornale a fumetti □ **a c. dramatist**, un commediografo □ (*mus.*) **c. opera**, opera buffa □ (*di giornale*) **comics page**, pagina dei fumetti □ **c. strip**, fumetto; fumetti.
comical ['kɔmikl], *a*. comico (*che fa ridere*); faceto; buffo; divertente; ridicolo.
comicality [,kɔmi'kæliti], *n*. comicità.
Cominform ['kɔminfɔːm], *n*. (*polit.*) Cominform.
cominformist ['kɔmin,fɔːmist], *n*. (*polit.*) cominformista.
coming ['kʌmiŋ], **A** *n*. arrivo; venuta; avvento. **B** *a*. **1** prossimo; futuro: **during the c. winter**, durante il prossimo inverno **2** che si fa strada; che ha un avvenire: **He is a c. man**, è un uomo che ha un avvenire **3** meritato: **He has it coming**, lui lo merita (*un rimprovero, un aumento, ecc.*). ● **comings and goings**, andirivieni; movimento □ (*fam.*) **to have sb. c. and going**, avere in pugno q. □ **c. away**, partenza □ **c.-back**, ritorno □ **c.-between**, interferenza; interposizione □ **c.-down**, discesa; calo; ribasso (*di prezzi*) □ **c.-in**, entrata; l'attecchire (*di una moda*); inizio, arrivo (*della primavera, ecc.*) □ **c.-of-age**, raggiungimento della maggiore età; (*fig.*) raggiungimento della maturità □ **c. on**, attacco (*di una malattia*); inizio (*della tempesta*); il cader delle tenebre □ **c.-out**, uscita (*da scuola, da teatro*); caduta (*dei capelli*); debutto; (*Borsa*) emissione (*di titoli*); dichiarazione di essere omosessuale □ **the c. thing**, la moda; la cosa di domani (*che si sta affermando*) □ **c.-together**, adunata; riunione □ (*polit.*) **c. to power**, andata (*o* avvento) al potere □ **c. to the throne**, ascesa al trono □ **It will be ten years □ Christmas**, saranno dieci anni a Natale □ **He is the c. man**, è l'uomo nuovo; l'astro nascente (*fig.*).
Comintern ['kɔmintəːn], *n*. (*polit., stor.*) Comintern.
comity ['kɔmiti], *n*. cortesia; civiltà; buone maniere. ● **c. of nations**, rispetto reciproco delle leggi e dei costumi nazionali.
comma ['kɔmə], *n*. **1** virgola **2** (*mus.*) comma **3** (*acustica*) comma. ● (*med.*) **c. bacillus**, bacillo virgola □ **inverted commas**, virgolette (*di citazione*).
to command [kə'maːnd], **A** *v. t.* **1** comandare; ordinare; essere a capo di: **to c. a regiment**, comandare un reggimento **2** tenere a freno; controllare; dominare; offrire (*una vista*): **He cannot c. his temper**, non è capace di tenere a freno il suo temperamento; **The castle commands the valley**, il castello domina la vallata; **The house commands a good view**, la casa offre una buona vista **3** essere padrone di; disporre di: **He commands a large vocabulary**, è padrone di un vocabolario assai ampio; **to c. a great fortune**, disporre di un grosso patrimonio **4** accattivarsi; meritare: **He commands our admiration**, merita la nostra ammirazione. **B** *v. i.* avere il comando. ● **to c.-in-chief**, avere il comando supremo □ (*econ.*) **to c. a market**, avere il controllo di un mercato; controllare un mercato □ **yours to c.**, ai vostri ordini □ (*prov.*) **God commands and man obeys**, l'uomo propone e Dio dispone.
command [kə'maːnd], *n*. **1** comando (*in ogni senso*); ordine; autorità: **He has a regiment at his c.**, ha un reggimento al suo comando **2** padronanza; dominio; controllo: **He has a good c. of Italian**, ha una buona padronanza della lingua italiana; **C. of the sea is very important to England**, il dominio del mare è molto importante per l'Inghilterra **3** vista; visuale (*da un'altura, da una torre, ecc.*) **4** (*specialm. mil.*) unità agli ordini di un comandante. ● (*econ.*) **c. directing**, dirigismo □ **c.-in-chief**, comando supremo □ (*miss.*) **c. module**, modulo di comando □ **c. night**, serata in cui si dà uno spettacolo teatrale per ordine del sovrano □ **c. over oneself**, padronanza di sé □ **c. paper** (*abbr.* **Cmd**), documento presentato al Parlamento per ordine della Corona □ **c. performance**, spettacolo teatrale dato per ordine del

commandant

sovrano □ **to have st. at one's c.**, avere q.c. a propria disposizione □ (*mil.* e *fig.*) **to be in c. of**, avere il comando di, comandare (*un reparto*) □ (*marina, mil.* e *fig.*) **second-in-c.**, comandante in seconda □ (*mil.* e *fig.*) **to take c.**, prendere il comando □ **word of c.**, ordine verbale (*dato a militari*).

commandant [ˌkɔmənˈdænt], *n.* comandante (*specialm. d'una fortezza, di un distretto, porto o accademia militare*).

to commandeer [ˌkɔmənˈdiə*], *v. t.* **1** arruolare con la forza **2** requisire (*per uso militare*) **3** (*fam.*) prendere con la forza.

commander [kəˈmɑːndə*], *n.* **1** comandante; capo: **the c. of an army**, il comandante di un esercito **2** (*marina mil.*) capitano di fregata (*grado*); comandante (*al vocat.*). ● **c. in chief**, comandante in capo; comandante supremo □ **lieutenant c.**, capitano di corvetta □ (*aeron.*) **wing c.**, comandante di stormo.

commandership [kəˈmɑːndəʃip], *n.* comando; ufficio di comandante (*V.* **commander**).

commanding [kəˈmɑːndiŋ], *a.* **1** che ha il comando **2** (*di persona, qualità, ecc.*) imponente; autorevole; autoritario: **a c. presence**, un aspetto imponente; **in a c. voice**, con tono (di voce) autoritario **3** dominante; strategico: **in a c. position**, in posizione dominante. ● **c. beauty**, bellezza maestosa □ (*fig.*) **c. heights**, vertici (*dell'economia, ecc.*) □ (*mil.*) **c. officer**, comandante □ **c. spot**, luogo prominente.

commandment [kəˈmɑːndmənt], *n.* (*lett. o relig.*) comandamento: **the ten Commandments**, i dieci Comandamenti.

commando [kəˈmɑːndou], *n.* (*pl.* **commandos, commandoes**) (*mil., stor.*) **1** reparto di truppe speciali; commando **2** (*anche* **c. man**) soldato appartenente a un commando.

commeasurable [kɔˈmeʒərəbl], *a.* commensurabile.

to commeasure [kɔˈmeʒə*], *v. t.* commisurare; commensurare.

commemorable [kəˈmemərəbl], *a.* commemorabile.

to commemorate [kəˈmeməreit], *v. t.* commemorare: **to c. an anniversary (the end of the war, etc.)**, commemorare un anniversario (la fine della guerra, ecc.).

commemoration [kəˌmeməˈreiʃən], *n.* **1** commemorazione **2** (*a Oxford*) cerimonia annuale in memoria dei fondatori.

commemorative [kəˈmemərətiv], *a.* commemorativo.

to commence [kəˈmens], *v. t.* e *i.* **1** cominciare; iniziare **2** (*in certe università*) conseguire il titolo di «Master» o «Doctor» (*V.* **commencement**). **3** (*leg.*) intentare: **to c. proceedings against a debtor**, intentare causa a un debitore. ● **commencing salary**, stipendio iniziale.

commencement [kəˈmensmənt], *n.* **1** principio; inizio **2** (*a Cambridge, Dublino, e nelle università americane*) cerimonia del conferimento delle lauree **3** (*anche* **c. day**) giorno di tale cerimonia.

to commend [kəˈmend], *v. t.* **1** encomiare; lodare; commendare (*lett.*) **2** raccomandare; affidare: **to c. one's soul to God**, raccomandare l'anima a Dio; **to c. st. to sb.'s care**, affidare q.c. alle cure di q.

commendable [kəˈmendəbl], *a.* encomiabile; lodevole, commendevole, commendabile (*lett.*).

commendableness [kəˈmendəblnis], *n.* lodevolezza.

commendation [ˌkɔmenˈdeiʃən], *n.* **1** encomio; lode; commendazione (*lett.*) **2** raccomandazione. ● **letters of c.**, commendatizie.

commendatory [kəˈmendətəri], *a.* **1** elogiativo; d'encomio **2** commendatizio; di raccomandazione: **a c. letter**, una (lettera) commendatizia **3** (*relig.*) commendatario; attribuito come commenda.

commensal [kəˈmensl], *a.* e *n.* (*anche zool., bot.*) commensale.

commensalism [kəˈmensəlizəm], *n.* (*zool., bot.*) commensalismo.

commensurability [kəˌmenʃərəˈbiliti], *n.* commensurabilità.

commensurable [kəˈmenʃərəbl], *a.* (*anche mat.*) commensurabile.

commensurableness [kəˈmenʃərəblnis], *V.* **commensurability**.

commensurate [kəˈmenʃərit], *a.* **1** commisurato **2** proporzionato; adeguato: **help c. to sb.'s needs**, aiuto adeguato ai bisogni di q.

commensurateness [kəˈmenʃəritnis], **commensuration** [kəˌmenʃəˈreiʃən], *n.* l'essere commisurato (*o* proporzionato); commisurazione; proporzionalità.

comment [ˈkɔment], *n.* commento; osservazione; critica. ● **No c.**, nessuna dichiarazione □ **to pass a c. on st.**, fare un commento su q.c.

to comment [ˈkɔment], **A** *v. i.* fare commenti (*o* osservazioni); commentare. **B** *v. t.* commentare; annotare; chiosare. ● **to c. on sb.'s behaviour**, criticare il comportamento di q. □ **to c. upon a text**, commentare (*o* annotare) un testo.

commentary [ˈkɔməntəri], *n.* **1** commentario **2** commento (*d'un libro; o, orale, d'un avvenimento*); commento sonoro (*d'un documentario*) **3** radiocronaca; telecronaca: **to keep a running c. on st.**, fare la radiocronaca (*o* telecronaca) di q.c.

to commentate [ˈkɔmənteit], **A** *v. t.* **1** commentare; annotare **2** fare la radiocronaca (*o* la telecronaca) di (*un avvenimento*). **B** *v. i.* fare il commentatore (*alla TV, ecc.*).

commentation [ˌkɔmenˈteiʃən], *n.* (il) fare commenti.

commentator [ˈkɔmenteitə*], *n.* **1** commentatore **2** radiocronista **3** telecronista **4** (*giornalismo*) notista.

commerce [ˈkɔməːs], *n.* **1** commercio (*in generale; o fatto su larga scala, o fra città o paesi lontani; cfr.* **trade**): **Chamber of C.**, Camera di Commercio **2** contatto; rapporti: **I avoid all c. with him**, evito ogni contatto con lui.

to commerce [ˈkɔməːs], *v. i.* aver rapporti, essere in relazione (con q.): **I do not c. with them**, non ho rapporti con loro.

commercial [kəˈməːʃəl], **A** *a.* commerciale. **B** *n.* **1** (*radio, telev.*) comunicato commerciale; carosello: **TV commercials**, pubblicità televisiva **2** (*fam.*) (commesso) viaggiatore. ● **c. artist**, disegnatore pubblicitario □ **c. attaché**, addetto commerciale □ **c. car**, automobile utilitaria □ **c. law**, diritto commerciale □ **c. mark**, marchio commerciale □ (*ind.*) **c. ore**, minerale coltivabile □ **c. traveller**, rappresentante di commercio; commesso viaggiatore □ **c. treaty**, trattato commerciale □ **c. vehicles**, veicoli industriali.

commercialism [kəˈməːʃəlizəm], *n.* **1** mercantilismo; affarismo **2** consuetudine dei commercianti; espressione del linguaggio commerciale.

commercialist [kəˈməːʃəlist], *n.* **1** commerciante **2** affarista.

commerciality [kəˌməːʃiˈæliti], *n.* carattere commerciale.

commercialization [kəˌməːʃəlaiˈzeiʃən], *n.* commercializzazione.

to commercialize [kəˈməːʃəlaiz], *v. t.* **1** commercializzare **2** rendere commerciabile.

commie [ˈkɔmi], *n.* (*pop., spreg.*) comunista.

to comminate [ˈkɔmineit], *v. t.* (*leg.*) comminare.

commination [ˌkɔmiˈneiʃən], *n.* **1** (*leg.*) comminazione **2** (*nella Chiesa Anglicana*) litania delle minacce divine contro i peccatori.

comminatory [ˈkɔminətəri], *a.* (*leg.*) comminatorio.

to commingle [kɔˈmiŋgl], *v. t.* e *i.* mescolare, mescolarsi.

to comminute [ˈkɔminjuːt], *v. t.* **1** sminuzzare; polverizzare; stritolare **2** (*ing., mecc., med.*) comminuire. ● (*med.*) **comminuted fracture**, frattura comminuta.

comminution [ˌkɔmiˈnjuːʃən], *n.* **1** sminuzzamento; polverizzazione **2** (*ing., mecc., med.*) comminuzione.

comminutor [ˈkɔminjuːtə*], *n.* (*mecc.*) macchina per la comminuzione.

commiserable [kəˈmizərəbl], *a.* commiserabile; commiserevole.

to commiserate [kəˈmizəreit], **A** *v. t.* commiserare. **B** *v. i.* condolersi: **I c. with you on your serious loss**, mi condolgo con te della tua grave perdita.

commiseration [kəˌmizəˈreiʃən], *n.* **1** commiserazione **2** condoglianza.

commiserative [kəˈmizərətiv], *a.* di commiserazione; di condoglianza.

commissar [ˌkɔmiˈsɑː*], *n.* (*stor.* e *polit.: in Russia*) commissario del popolo.

commissarial [ˌkɔmiˈsɛəriəl], *a.* di commissario; commissariale.

commissariat [ˌkɔmiˈsɛəriət], *n.* **1** (*mil.*) commissariato; intendenza **2** (*stor.: in Russia*) commissariato; ministero.

commissary [ˈkɔmisəri], *n.* **1** commissario; delegato **2** (*relig.*) delegato del vescovo; vicario (vescovile) **3** (*mil.*) ufficiale di commissariato **4** (*USA: anche* **c. store**) spaccio aziendale (*o* militare) **5** (*USA*) mensa aziendale **6** commissario di pubblica sicurezza (*in Italia, ecc.*). ● **c. general**, comandante dei servizi di commissariato.

commission [kəˈmiʃən], *n.* **1** commissione (*comitato; incarico; comm.: provvigione*): **a Royal C.**, una commissione reale (*nominata dal sovrano*); **We sell on c.**, vendiamo a provvigione; **to execute a c. for sb.**, fare una commissione per q. **2** (*anche leg.*) autorità, potere (*di fare q.c.*); autorizzazione: **I must act within the limits of my c.**, devo agire entro i limiti dei miei poteri **3** (*mil.*) brevetto da ufficiale; grado d'ufficiale: **to hold a c. in the army**, avere il grado di ufficiale nell'esercito **4** (*leg.*) commissione; esecuzione; perpetrazione: **the c. of an offence**, la commissione di un reato **5** (*naut.*) armamento (*di nave da guerra*). ● (*comm.*) **c. account**, conto provvigioni; □ **c. agent**, (*comm.*) commissionario; (*Borsa*) commissionario di borsa □ (*leg.*) **c. day**, giorno d'apertura d'una corte d'assise □ (*comm.*) **c. on sales**, provvigione sulle vendite □ (*leg.*) **c. of the peace**, autorità conferita ai giudici di pace □ (*comm.*) **c. order form**, commissione □ **in c.**, (*di persona*) autorizzato, delegato; (*di nave da guerra*) armata ed equipaggiata; (*fam.: di cosa in genere*) in efficienza □ **out of c.**, (*di nave da guerra*) in disarmo; (*di linea elettrica, ecc.*) fuori servizio, fuori uso, guasto.

to commission [kəˈmiʃən], *v. t.* **1** dare una commissione; fare un'ordinazione a (*un commerciante, artigiano, ecc.*); commissionare, ordinare (*un lavoro, ecc.*) **2** autorizzare; delegare; incaricare: **I commissioned my bank to pay my taxes**, delegai alla banca il pagamento delle mie imposte **3** (*mil.*) nominare (q.) ufficiale, con brevetto **4** (*naut.*) armare ed equipaggiare (*una nave da guerra*) **5** (*tecn.*) mettere in servizio, mettere in funzione (*un impianto*).

commissionaire [kə͵miʃəˈnɛə*] (*franc.*), *n.* **1** (*comm. estero*) commissionario **2** portiere in livrea (*d'albergo, di cinema, ecc.*) **3** fattorino.

commissioned [kəˈmiʃənd], *a.* **1** autorizzato **2** (*di nave da guerra*) armata ed equipaggiata. ● (*naut.*) **to be c.**, passare in armamento □ (*mil.*) **c. officer**, ufficiale nominato con brevetto □ (*mil.*) **non-c. officer**, sottufficiale.

commissioner [kəˈmiʃənə*], *n.* **1** (*leg.*) commissario; membro d'una commissione (*specialm. ministeriale*); sovrintendente: **High C.**, Alto Commissario (*rappresentante d'un paese del Commonwealth a Londra*); **the C. of Customs**, il Sovrintendente alle Dogane; **the C. of highways**, il commissario delle strade nazionali **2** (*comm.*) committente. ● **C. of Police**, Comandante della polizia metropolitana (*tutta la Greater London*).

commissionership [kəˈmiʃənəʃip], *n.* carica (*o* ufficio) di commissario; commissariato.

commissural [͵kɔmiˈsjurəl], *a.* di (*o* simile a) commettitura.

commissure [ˈkɔmisjuə*], *n.* **1** commettitura; connessura; giuntura **2** (*anat.*) commessura.

to commit [kəˈmit], *v. t.* **1** commettere: **to c. a crime (a blunder, an offence)**, commettere un delitto (un errore, un reato) **2** affidare: **His fame is committed to posterity**, la sua fama è affidata ai posteri; **You should c. yourself to a doctor**, dovresti affidarti alle cure di un medico **3** impegnare; coinvolgere; compromettere: **He is committed to fight for the cause of freedom**, è impegnato a lottare per la causa della libertà; **I don't want to c. myself**, non voglio compromettermi (*o* impegnarmi) **4** rinviare (*un disegno di legge*) a una commissione parlamentare. ● **to c. a body to the flames**, dare alle fiamme (*o* ardere, bruciare) un corpo □ **to c. to memory**, mandare a memoria □ **to c. sb. to prison (to a mental hospital)**, mettere q. in carcere (in un ospedale psichiatrico) □ (*leg.*) **to c. sb. for trial**, rinviare q. a giudizio □ **to c. money to a bank**, depositare denaro in banca □ **to c. st. to paper (to writing)**, mettere q.c. sulla carta (*o* per iscritto) □ **to c. suicide**, suicidarsi.

commitment [kəˈmitmənt], *n.* **1** il commettere (*un errore, ecc.*); perpetrazione (*di un crimine*) **2** (ordine di) arresto; carcerazione; internamento (*in manicomio, ecc.*) **3** impegno; promessa **4** rinvio (*d'un progetto di legge*) a una commissione parlamentare. ● (*leg.*) **c. for trial**, detenzione preventiva.

committable [kəˈmitəbl], *a.* **1** (*di delitto, errore, ecc.*) che può essere commesso **2** (*leg.*) passibile d'arresto e carcerazione.

committal [kəˈmitl], *n.* **1** (*leg.*) carcerazione; internamento **2** impegno; promessa **3** sepoltura; seppellimento.

committed [kəˈmitid], *a.* impegnato: **a c. intellectual**, un intellettuale impegnato.

committee (def. *1* [kəˈmiti], def. *2* [͵kɔmiˈti]), *n.* **1** (*leg.*) comitato; commissione **2** (*leg.*) tutore; chi ha l'incarico della custodia di q. (*o* di q.c.): **committees for lunatics**, persone addette alla sorveglianza di malati di mente. ● **c.-man**, membro d'un comitato (*o* d'una commissione); (*USA*) delegato sindacale, membro di una commissione interna □ (*polit.*) **C. of the Whole** (*o* **C. of the Whole House**), seduta plenaria di un'assemblea, che la effettua con i regolamenti delle sedute di commissione □ (*polit. ingl.*: *di un disegno di legge*) **to be in c. stage**, essere in (esame di una) commissione □ **grievance c.**, commissione interna (*di fabbrica*) □ **joint c.**, comitato misto (*per es., di rappresentanti dei lavoratori e dei datori di lavoro*) □ (*polit.*) **standing c.**, commissione permanente □ **The House resolves itself into a c.** (*o* **goes into c., is in c.**), la Camera si riunisce (*o* è riunita) in commissione □ **The bill is in c.**, il disegno di legge è all'esame della commissione.

to commix [kɔˈmiks], *v. t. e i.* (*poet.*) mescolare, mescolarsi.

commixture [kəˈmikstjuə*], *n.* commistione; mescolanza.

commodatum [ˈkɔmədeitəm], *n.* (*pl.* **commodata**) (*leg.*) comodato.

commode [kəˈmoud], *n.* **1** cassettone; comò **2** lavabo (*non fisso al muro*) **3** (*anche* **night-c.**) seggetta **4** (*USA*) gabinetto; ritirata.

commodious [kəˈmoudiəs], *a.* spazioso; ampio.

commodiousness [kəˈmoudiəsnis], *n.* spaziosità; ampiezza.

commoditization [kəˌmɔditaizˈeiʃən], *n.* mercificazione.

to commoditize [kəˈmɔditaiz], *v. t.* mercificare.

commodity [kəˈmɔditi], *n.* **1** cosa utile; comodità (*in senso concreto*) **2** (*comm.*) merce; derrata; articolo; prodotto: **staple commodities**, prodotti fondamentali (*nell'economia d'un paese*) **3** (*arc.*) comodità; utilità. ● (*specialm. USA*) **c. economics**, merceologia □ **C. Exchange**, Borsa Merci □ (*econ.*) **c. market**, mercato delle materie prime □ **c. prices**, corsi commerciali.

commodore [ˈkɔmədɔ:*], *n.* **1** (*marina mil.*) commodoro **2** (*naut.*) commodoro (*titolo di cortesia usato per capitani anziani della marina mercantile, presidenti di club nautici, ecc.*). ● (*aeron. mil.*) **air c.**, generale di brigata.

common (1) [ˈkɔmən], *a.* comune (*in ogni senso*); usuale; frequente; semplice; trito, vieto; rozzo; ordinario; volgare; dozzinale: **a c. cause**, una causa comune; **a c. thief**, un ladro comune; un ladruncolo; **c. shoes**, scarpe dozzinali; (*mat.*) **c. denominator**, denominatore comune; **a c. feeling**, un sentimento comune, usuale; **a c. accent**, un accento volgare. ● (*comm.*) **c. carrier**, vettore; corriere; agenzia di trasporti □ (*med.*) **c. cold**, raffreddore; corizza virale □ **c. courtesy**, normale cortesia □ **a c. crier**, un pubblico banditore □ **C. Era**, era volgare (*o* cristiana) □ **c. ground**, terreno comune, punto d'incontro (*d'una discussione*) □ (*fam.*) **C. ground!**, (sono) d'accordo! □ (*edil.*) **c. joist**, travetto (*per soffittatura*) □ **to be c. knowledge that...**, essere di dominio pubblico che... □ (*leg.*) **c. law**, «common law», diritto comune (*in G.B.*); legge non scritta □ (*leg.*) **c.-law wife**, convivente; moglie di facto □ (*mat.*) **c. logarithm**, logaritmo volgare (*o* decimale) □ **the c. man**, l'uomo comune (*l'uomo della strada*) □ (*econ.*) **the C. Market**, il Mercato Comune □ **C. Marketeer**, fautore del Mercato Comune □ (*gramm.*) **a c. noun**, un nome comune □ **a c. nuisance**, un fastidio per tutti □ (*pop.*) **c. or garden**, ordinario; dozzinale; normale: **a c. or garden table-cloth**, una tovaglia ordinaria □ **the c. people**, la gente comune □ (*leg.*) **c. plea**, causa civile □ (*a Oxford, ecc.*) **c. room**, sala di ritrovo (*per gli studenti*); sala (dei) professori □ **c. sense**, senso comune; buon senso □ **a c. soldier**, un soldato semplice □ (*fin.*) **c. stock**, titoli ordinari; (*USA*) azione ordinaria □ (*edil.*) **c. storage**, memoria comune □ (*mus.*) **c. time** (*o* **c. measure**), misura di due o quattro battute □ (*edil.*) **c. wall**, muro di confine (*o* in comunione) □ **the Book of C. Prayer**, libro di preghiere, che contiene la liturgia ufficiale della Chiesa anglicana □ **by c. consent**, di comune accordo; per consenso unanime.

common (2) [ˈkɔmən], *n.* **1** (*anche pl.*) terreno di proprietà comune; pascolo demaniale; parco pubblico; spazio verde comunale **2** (*pl.*) (il) popolo, (la) gente comune (*cioè il proletariato, la borghesia e la piccola nobiltà; esclusi i Lord*) **3** (*leg., anche* **right of c.**) diritto di servitù attiva **4** (*pl.*) **the Commons**, i Comuni in *G. B.*). ● **c. of pasturage**, diritto di pascolo □ **the House of Commons**, la Camera dei Comuni (*in G. B.*) □ **in c. (with)**, in comune (con) □ **to be on short commons**, essere a corto di viveri; essere a razione □ **out of the c.**, fuori del comune; insolito; raro □ **to sit in the Commons**, essere un membro della Camera dei Comuni.

commonable [ˈkɔmənəbl], *a.* **1** (*d'animale*) che può pascolare su un terreno della comunità **2** (*di terreno*) di proprietà comune.

commonage [ˈkɔmənidʒ], *n.* **1** diritto di pascolo (*su un terreno della comunità*) **2** (terreno tenuto in) proprietà comune.

commonalty [ˈkɔmənlti], *n.* **1** la gente comune; il popolo **2** gli uomini, la gente (*in genere*) **3** comunità: **the c. of men of letters**, la comunità dei letterati.

commoner [ˈkɔmənə*], *n.* **1** cittadino comune (*non nobile*) **2** (*raro*) membro dei Comuni; deputato: **the great C.**, il grande «Commoner» (*W. Pitt senior*); **the First C.**, il Presidente della Camera dei Comuni **3** (*a Oxford*) studente che paga la retta per il vitto.

commonly [ˈkɔmənli], *avv.* **1** comunemente; usualmente; normalmente **2** in modo ordinario (*o* dozzinale); grossolanamente; volgarmente **3** mediocremente: **c. honest**, mediocremente onesto.

commonness [ˈkɔmənnis], *n.* l'essere comune (*o* usuale, ordinario, ecc.); volgarità; dozzinalità: **The c. of his manners was disgusting**, la volgarità dei suoi modi era disgustosa.

commonplace [ˈkɔmənpleis], **A** *n.* **1** (*in origine*) passo d'autore di particolare interesse: **c. book**, raccolta di passi d'autore di particolare interesse **2** luogo comune; osservazione vieta, trita; banalità; cosa ordinaria, usuale. **B** *a.* **1** ovvio; trito; banale **2** comune; usuale; ordinario.

to commonplace [ˈkɔmənpleis], **A** *v. t.* ricavare (*o* trascrivere) passi di particolare interesse da (*un libro, ecc.*). **B** *v. i.* parlare (*o* esprimersi) per luoghi comuni.

commonplaceness [ˈkɔmən͵pleisnis], *n.* banalità; mancanza d'originalità.

commonweal [ˈkɔmənwi:l], *n.* (*lett.; anche* **common weal**) bene pubblico; bene comune.

commonwealth [ˈkɔmənwelθ], *n.* **1** repubblica (*nel senso etimologico di* «cosa pubblica»); confederazione; comunità; stato indipendente: (*fig.*) **the c. of literature**, la repubblica delle Lettere **2** – **the c.**, l'insieme dei cittadini; la nazione **3** (*USA*) denominazione di alcuni Stati dell'Unione **4** – (*stor.*) **the C.**, la Repubblica (*governo di Oliver Cromwell: 1649-1660*). ● **the C. of Australia**, l'Australia (*in quanto unione di stati*) □ **the British**

commotion

C. of Nations, il Commonwealth Britannico.
commotion [kə'mouʃən], *n.* **1** commozione (*nel senso medico*); perturbazione; agitazione **2** confusione; baraonda; trambusto **3** tumulto; insurrezione; sommossa.
to **commove** [kə'mu:v], *v. t.* (*raro*) sommuovere; scuotere; eccitare.
communal ['kɔmjunl], *a.* **1** comunale; pertinente a un comune **2** della (*o* d'una) comunità; pubblico: **c. land**, suolo pubblico **3** (*stor.*) comunardo; della Comune (*di Parigi*). ● (*leg.*) **c. estate**, comunione dei beni (*fra coniugi*) □ (*etnologia*) **c. marriage**, matrimonio di gruppo □ (*leg.*) **c. tenure**, godimento in comune.
communalism ['kɔmjunəlizəm], *n.* **1** dottrina (*o* sistema) delle autonomie locali **2** (*polit.*) autonomismo **3** (*econ.*) (principio della) comunanza dei beni.
communalist ['kɔmjunəlist], *n.* **1** autonomista; fautore delle autonomie locali **2** (*stor.*) comunardo.
communalistic [,kɔmjunə'listik], *a.* autonomistico.
Communard ['kɔmjuna:d], *n.* **1** (*stor.*) comunardo **2** – (*anche polit.*) **c.**, membro di una comune.
commune ['kɔmju:n], *n.* **1** comune (*in senso storico e amministrativo*) **2** (il) popolo (*distinto dall'aristocrazia*) **3** (una) comunità **4** (*anche polit.*) (una) comune.
to **commune** [kə'mju:n], *v. i.* **1** essere (*o* mettersi) in comunione (spirituale), unirsi in spirito (con): **to c. with nature**, essere in comunione con la natura **2** (*relig.*) comunicarsi. ● **to c. with oneself**, pensare fra sé; meditare; raccogliersi.
communicability [kə,mju:nikə'biliti], *n.* **1** comunicabilità (*di un'idea, ecc.*) **2** (*med.*) trasmissibilità (*d'una malattia, ecc.*).
communicable [kə'mju:nikəbl], *a.* **1** comunicabile **2** (*med.*) comunicabile; contagioso; trasmissibile.
communicableness [kə'mju:nikəblnis], *V.* **communicability**.
communicant [kə'mju:nikənt], *n.* **1** (*relig.*) chi si comunica (*specie se regolarmente*); comunicando **2** chi comunica (q.c.); informatore.
to **communicate** [kə'mju:nikeit], *v. t. e i.* **1** comunicare, comunicarsi (*in ogni senso, anche relig.*); far conoscere (*una scoperta*) **2** trasmettere (*una malattia*) **3** (*di stanze, ecc.*) essere in comunicazione.
communication [kə,mju:ni'keiʃən], *n.* **1** comunicazione (*in ogni senso*); mezzo di comunicazione; comunicato **2** trasmissione, diffusione (*di malattie, ecc.*) **3** contatto; relazione; rapporto: **to get into c. with sb.**, mettersi in contatto con q.; **I broke off all c. with them**, ruppi ogni rapporto con loro. ● (*ferr.*) **c. cord**, segnale d'allarme □ **c. engineering**, radiotecnica □ (*miss.*) **communications satellite**, satellite per telecomunicazioni □ **confidential c.**, informazione segreta.
communicative [kə'mju:nikətiv], *a.* comunicativo; espansivo.
communicativeness [kə'mju:nikətivnis], *n.* comunicativa.
communicator [kə'mju:nikeitə*], *n.* **1** chi comunica **2** (*fis.*) trasmettitore (*d'un apparecchio telegrafico*) **3** (*ferr.*) campanello d'allarme.
communion [kə'mju:njən], *n.* **1** comunione; comunanza; società, comunità (*religiosa o politica*) **2** familiarità; intimità (con q.) **3** – (*relig.*: *anche* Holy C.), (santa) Comunione. ● (*relig.*) **C. cloth**, corporale □ (*relig.*) **C. cup**, calice (*per la comunione*) □ (*leg.*) **c. of goods**, comunione di beni □ (*relig.*) **C. plate**, patena □ **C. table**, altare dell'eucaristia □ **close C.**, open **C.**, *V.* **communionist** □ **to go to C.**, ricevere la Comunione □ **to hold c. with oneself**, essere assorto in meditazione □ **to take** (*o* **to receive**) **c.**, fare (*o* ricevere) la Comunione.
communionist [kə'mju:njənist], *n.* (*relig.*) **1** chi ha particolari credenze circa la Comunione: **close** (*o* **strict**) **c.**, chi sostiene l'esclusione dalla Comunione di chi non è battezzato secondo i principi battisti; **open** (*o* **free**) **c.**, chi ne sostiene invece l'ammissione **2** comunicando.
communiqué [kə'mju:nikei] (*franc.*), *n.* comunicato; bollettino.
communism ['kɔmjunizəm], *n.* (*polit.*) comunismo.
communist ['kɔmjunist], *n. e a.* (*polit.*) comunista.
communistic [,kɔmju'nistik], *a.* (*polit.*) comunistico.
communistically [,kɔmju'nistikli], *avv.* in modo comunistico; da comunista. ● **c. inclined**, propenso (*o* favorevole) al comunismo.
communitarian [kə'mju:ni'tɛəriən], *n.* membro (*o* fautore) d'una società comunistica.
community [kə'mju:niti], *A n.* **1** comunità (*religiosa, politica, amministrativa*); collettività; società: **the European Economic C.**, la Comunità Economica Europea (*C.E.E.*) **2** comunione; comunanza: **the c. of goods** (*o* **of wealth**), la comunione dei beni; **c. of interest**, comunanza di interessi **3** mondo; ambiente: **the business c.**, il mondo degli affari; gli ambienti commerciali. **B** *a. attr.* comunitario (*della C.E.E.*): **c. financing**, finanziamento comunitario; **c. law**, diritto comunitario. ● **the c.**, la collettività; il pubblico □ **the C.**, la Comunità (*Economica Europea*) □ (*telev.*) **c. antenna television**, sistema televisivo ad antenna centralizzata (*per una zona*) □ **c. centre**, luogo di ritrovo e ri-creazione (*di una comunità* □ **c. singing**, canto corale.
communization [,kɔmjunai'zeiʃən], *n.* collettivizzazione.
to **communize** ['kɔmjunaiz], *v. t.* **1** (*econ.*) collettivizzare **2** (*polit.*) comunistizzare.
commutability [kə,mju:tə'biliti], *n.* (*anche leg.*) commutabilità.
commutable [kə'mju:təbl], *a.* (*anche leg.*) commutabile.
to **commutate** ['kɔmjuteit], *v. t.* (*elettr.*) commutare. ● **commutating field**, campo di commutazione.
commutation [,kɔmju(:)'teiʃən], *n.* **1** commutazione (*di pena, di forma di pagamento, ecc.*); permuta; scambio **2** (*elettr., elettron.*) commutazione **3** (*USA*) pendolarità. ● (*USA*) **c. ticket**, abbonamento ferroviario (*cfr. ingl.* **season-ticket**).
commutative [kə'mju:tətiv], *a.* (*leg., mat., ecc.*) commutativo.
commutativity [kə,mju:tə'tiviti], *n.* (*leg., mat., ecc.*) commutatività.
commutator ['kɔmju(:)teitə*], *n.* (*elettr., elettron.*) commutatore.
to **commute** [kə'mju:t], *v. t. e i.* **1** commutare (*in ogni senso*): **to c. a capital sentence to life imprisonment**, commutare la pena di morte nell'ergastolo **2** (*ferr.*) viaggiare con un abbonamento ferroviario; fare il pendolare; essere un pendolare.
commute [kə'mju:t], *n.* **1** viaggio (*di pendolare*) **2** distanza coperta da un pendolare.
commuter [kə'mju:tə*], *n.* pendolare. ● **c. belt**, periferia abitata da pendolari; zona di pendolari.
comose ['koumous], *a.* **1** chiomato **2** peloso; ricoperto di peluria.
compact (1) ['kɔmpækt], *n.* patto; accordo; convenzione; trattato. ● **by general c.**, per consenso generale (*o* unanime).
compact (2) [kəm'pækt], *a.* **1** compatto; denso; sodo **2** compendioso; terso: **a c. style**, uno stile terso. ● (*mus., tecn.*) **c. disc**, compact disc.
compact (3) ['kɔmpækt], *n.* **1** (*anche* **powder c.**) portacipria (*da borsetta*) **2** compressa di cipria (*per ricambio*) **3** (*USA*: *autom.*; *anche* **c. car**) utilitaria.
to **compact** [kəm'pækt], *v. t.* **1** rendere compatto; pressare **2** (*tecn.*) compattare **3** (*costr. stradali*) costipare (*il terreno*) **4** comporre (*un tutto, di diverse parti*) **5** condensare; compendiare.
compactible [kəm'pæktəbl], *a.* (*tecn.*) compattabile.
compaction [kəm'pækʃən], *n.* **1** (*elab., geol.*) compattazione **2** (*costr. stradali, geol.*) costipamento.
compactness [kəm'pæktnis], *n.* **1** compattezza **2** concisione.
compactor [kəm'pæktə*], *n.* (*costr. stradali*) costipatore. ● (*USA*) **trash c.**, attrezzo domestico per schiacciare la spazzatura.
compages [kəm'peidʒi(:)z], *n.* (*invar. al pl.*) compagine; struttura.
companion (1) [kəm'pænjən], **A** *n.* **1** compagno; socio: **c. in arms**, compagno d'armi; **c. in misfortune**, compagno di sventura; **Here is my left glove; but where is its c.?**, ecco il guanto sinistro; ma dov'è il suo compagno? **2** (*anche* **lady-c.**) dama di compagnia **3** compagno (*grado più basso dell'ordine dei cavalieri*): **C. of the Bath**, Compagno dell'Ordine di Bath (*o* dell'Ordine del Bagno) **4** manuale; vademecum: **The Gardener's C.**, il manuale del giardiniere. **B** *a. attr.* compagno: **the c. glove**, il guanto compagno; **c. shoes**, scarpe compagne.
to **companion** [kəm'pænjən], **A** *v. t.* accompagnare; fare da compagno a (q.). **B** *v. i.* associarsi a, stare in compagnia di (q.).
companion (2) [kəm'pænjən], *n.* (*naut.*) **1** osteriggio; spiraglio **2** *V.* **c. hatch 3** *V.* **companionway**, *def. 1*. ● **c. hatch**, tambucio; capo scalo di boccaporto □ **c. hatchway**, boccaporto □ **c.-ladder**, scala interna.
companionable [kəm'pænjənəbl], *a.* socievole.
companionableness [kəm'pænjənəblnis], *n.* socievolezza.
companionship [kəm'pænjənʃip], *n.* **1** compagnia; amicizia; gruppo di compagni **2** (*tipogr.*) associazione di compositori.
companionway [kəm'pænjənwei], *n.* (*naut.*) **1** scala interna **2** tambucio.
company ['kʌmpəni], *n.* **1** compagnia (*in ogni senso*); (*leg.*) società (*di capitali*; *cfr.* **partnership**): **an insurance c.**, una società (*o* una compagnia) d'assicurazioni; **a theatrical c.**, una compagnia drammatica; **A limited c. is a c. with liability limited by shares**, una società per azioni è una società che risponde nei confronti dei terzi limitatamente all'importo del capitale sociale **2** comitiva; ospiti; visitatori: **We have invited c. for lunch**, aspettiamo ospiti a colazione **3** (*naut., anche* **ship's c.**) equipaggio; ciurma. ● (*fin.*) **c.'s assets**, attivo sociale □ **c.'s capital**, capitale sociale □ **c. climate**, clima aziendale □ **c. manners**, maniere di società □ (*mil.*) **c. officer**, ufficiale inferiore □ (*fin.*) **c. policy**, politica aziendale □ (*rag.*) **c. report**, relazione di bilancio □ **c. union**, sindacato aziendale □ **to bear** (*o* **to keep**) **sb. c.**, tenere compagnia a q. □ **c.** (*fare*) compagnia: **I'll go with you for c.**, verrò con te per farti compagnia □ **to be with only one's thoughts for c.**, essere solo in compagnia dei propri pensieri □ **to get into bad c.**, fare cattive amicizie □ **to be good**

(**bad, poor**) **c.**, essere (non essere) di compagnia; essere un compagno piacevole (noioso) ☐ **in c.**, in compagnia; in pubblico: **to swear in c.**, bestemmiare in pubblico ☐ **to keep c.**, stare insieme; fare all'amore, parlarsi (*di fidanzati*) ☐ **to keep one's own c.**, starsene solo (*o in disparte*) ☐ **to keep c. with sb.**, essere in rapporti d'amicizia con q.; frequentare q. ☐ **to keep good (bad) c.**, avere buone (cattive) amicizie ☐ (*anche fig.*) **to part c. (with sb.)**, separarsi (da q.) ☐ **present c. excepted**, esclusi i presenti ☐ (*naut.*) **shipowners' c.**, società armatrice ☐ **John Smith and C.** (*abbr.* **Co.**), John Smith e Compagni ☐ (*prov.*) **You may know a man by the c. he keeps**, dimmi con chi vai e ti dirò chi sei ☐ (*prov.*) **Two's c., three's none** (*o* **three's c. crowd**), poca brigata, vita beata.
comparability [ˌkɒmpərəˈbiliti], *n.* comparabilità.
comparable [ˈkɒmpərəbl], *a.* comparabile; paragonabile; confrontabile.
comparatist [kəmˈpærətist], *n.* (*specialm. letter.*) comparatista.
comparative [kəmˈpærətiv], **A** *a.* **1** comparativo: **a c. study**, uno studio comparativo **2** comparato: **c. anatomy**, anatomia comparata **c. linguistics**, filologia comparata **3** relativo: **to live in c. security**, vivere in relativa sicurezza. **B** *n.* (*gramm.*) comparativo. ● (*specialm. letter.*) **c. method**, comparativismo ☐ **He is a c. stranger**, tutto sommato, per me è quasi uno sconosciuto.
comparativist [kəmˈpærətivist], *V.* **comparatist**.
comparator [ˈkɒmpəreitə*], *n.* comparatore (*strumento*).
to compare [kəmˈpɛə*], *A v. t.* **1** comparare; confrontare; paragonare a: **Poets have compared maids to flowers**, i poeti hanno paragonato le fanciulle ai fiori **2** (*gramm.*) fare il comparativo di (*un aggettivo, ecc.*). **B** *v. i.* essere paragonato; reggere il confronto: **He cannot c. with Milton as a poet**, come poeta, non può reggere il confronto con Milton. ● **to c. favourably with sb. (st.)**, reggere bene il confronto con q. (q.c.); guadagnarci nel confronto con q. (q.c.) ☐ **to c. notes with sb.**, scambiare idee (*o* impressioni) con q. (*su un argomento*).
compare [kəmˈpɛə*], *n.* (*poet.*) confronto; paragone. ● **beyond** (*o* **without, past**) **c.**, senza confronto; incomparabilmente.
comparison [kəmˈpærisn], *n.* comparazione; paragone; confronto: (*gramm.*) **degrees of c.**, gradi di comparazione. ● **to bear** (*o* **to stand**) **c. with st.**, reggere il confronto (*o* il paragone) con q.c. ☐ **by c.**, al confronto; a paragone ☐ **in c. with**, a confronto di; a paragone di; rispetto a: **In c. with her husband, she is a genius**, a paragone di suo marito, ella è un genio.
to compart [kəmˈpɑːt], *v. t.* (*raro*) compartire; ripartire.
compartment [kəmˈpɑːtmənt], *n.* **1** ripartizione **2** compartimento (*nel senso di parte, reparto*); scompartimento: **a first-class c.**, uno scompartimento di prima classe **3** (*archit.*) partizione; scomparto **4** (*ind. min.*) scomparto (del pozzo) **5** (*fig.*) sezione; settore. ● (*marina mil.*) **torpedo c.**, camera di lancio ☐ (*naut.*) **watertight c.**, compartimento stagno.
to compartmentalize [ˌkɒmpɑːˈtmentlaiz], *v. t.* dividere in compartimenti (*o* in scomparti).
compass [ˈkʌmpəs], *n.* **1** (più spesso al *pl.*; anche **pair of compasses**) compasso **2** bussola: **mariner's c.**, bussola nautica **3** circonferenza; ambito; area; estensione (*anche di voce o strumento musicale*); competenza; limite: **This is beyond my c.**, questo esula dalla mia competenza; **within the c. of my knowledge**, entro i limiti delle mie cognizioni **4** (*arc.*) giro alla larga: **to fetch** (*o* **to go**) **a c.**, fare un giro alla larga; prenderla alla larga. ● (*naut.*) **c. adjustment**, compensazione della bussola ☐ **c. bearing**, rilevamento alla bussola ☐ (*naut.*) **c. bowl**, mortaio della bussola ☐ (*naut.*) **c. card**, rosa dei venti ☐ **c. compensation**, *V.* **c. adjustment** ☐ (*naut.*) **c. deviation**, deviazione magnetica ☐ **c. plane**, pialla per superfici concave ☐ (*naut.*) **c. rose**, rosa della bussola ☐ **c. saw**, gattuccio (*arnese da falegname*) ☐ **c. window**, finestra ad arco; bovindo ☐ **bow compasses**, balaustrino (*strumento da disegno*) ☐ **the points of the c.**, le quarte della bussola; i punti cardinali ☐ **to take a c. bearing**, fare un rilevamento alla bussola ☐ **a voice of great c.**, una voce di ampio registro.
to compass [ˈkʌmpəs], *v. t.* **1** circondare; racchiudere **2** afferrare; capire; comprendere **3** (tentare di) compiere (q.c.); raggiungere, ottenere (*uno scopo*) **4** (*leg.*) complottare; tramare. ● **Do you think you can c. it by yourself?**, credi di farcela da solo?
compassable [ˈkʌmpəsəbl], *a.* **1** che può essere racchiuso **2** comprensibile **3** che si può compiere, conseguibile; raggiungibile.
compassion [kəmˈpæʃən], *n.* compassione; pietà. ● **to have** (*o* **to take**) **c. on sb.**, avere pietà di q.; compassionare q.
compassionate [kəmˈpæʃənit], *a.* compassionevole; che prova pietà; pietoso. ● **c. allowance**, sovvenzione concessa a persona bisognosa ☐ (*mil.*) **c. leave**, congedo concesso per gravi motivi familiari.
to compassionate [kəmˈpæʃəneit], *v. t.* compassionare.
compatibility [kəmˌpætəˈbiliti], *n.* compatibilità; conciliabilità.

compatible [kəmˈpætəbl], *a.* **1** compatibile; conciliabile **2** capace d'andare d'accordo: **They're a very c. couple**, è una coppia che va perfettamente d'accordo.
compatriot [kəmˈpætriət], *n.* compatriota.
compeer [kɒmˈpiə*], *n.* (*lett.*) **1** persona d'uguale condizione; pari **2** compagno; amico.
to compel [kəmˈpel], *v. t.* **1** costringere; obbligare; forzare **2** imporre; esigere: **He compelled obedience from his students**, impose l'obbedienza ai suoi studenti; **to c. respect from sb.**, esigere rispetto da q. **3** (*poet.*) spingere (*o* trascinare) con la forza. ● **to be compelled to do st.**, dover fare q.c.
compellable [kəmˈpeləbl], *a.* coercibile; che si può costringere.
compelling [kəmˈpeliŋ], *a.* che suscita interesse (*o* ammirazione); irresistibile: **He has a c. personality**, ha una personalità irresistibile. ● (*leg.*) **c. evidence**, prova convincente.
compend [ˈkɒmpend], *n.* (*raro*) *V.* **compendium**.
compendious [kəmˈpendiəs], *a.* compendioso; conciso.
compendiousness [kəmˈpendiəsnis], *n.* concisione.
compendium [kəmˈpendiəm], *n.* (*pl.* **compendiums, compendia**) compendio; sommario.
compensability [kəmˌpensəˈbiliti], *n.* compensabilità.
compensable [kəmˈpensəbl], *a.* **1** compensabile **2** (*di un danno, ecc.*) risarcibile.
to compensate [ˈkɒmpenseit], **A** *v. t.* compensare (*anche tecn.*); risarcire; indennizzare. **B** *v. i.* **1** (*psic.*) compensare **2** — **to c. for**, compensare: **Nothing can c. for the loss of one's children**, niente può compensare la perdita dei figli.
compensating [ˈkɒmpenseitiŋ], *a.* (*elettr., mecc.*) di compensazione; compensatore (*attr.*).
compensation [ˌkɒmpenˈseiʃən], *n.* **1** compensazione (*anche tecn.*); risarcimento; indennizzo; indennità **2** ricompensa; soddisfazione **3** (*fisiologia*) compensazione **4** (*psic.*) meccanismo di compensazione. ● **c. balance**, bilanciere compensato (*d'orologio*) ☐ (*fin.*) **c. for loss of office**, buonuscita (*di direttore, ecc.*).
compensational [ˌkɒmpenˈseiʃənl], *a.* di (*o* per) compensazione; retributivo.
compensative [kəmˈpensətiv], *a.* compensativo.
compensator [ˈkɒmpənseitə*], *n.* **1** chi (*o* cosa che) compensa, risarcisce, ecc. **2** (*elettron., mecc., ottica, ecc.*) compensatore **3** (*fotogr.*) diaframma variabile.
compensatory [kəmˈpensətəri], *a.* compensativo: **c. amounts**, importi compensativi.
compere [ˈkɒmpɛə*], *n.* presentatore (*alla radio, ecc.*).
to compere [ˈkɒmpɛə*], **A** *v. i.* (*radio, telev.*) fare il (*o* da) presentatore. **B** *v. t.* presentare (*uno spettacolo*).
to compete [kəmˈpiːt], *v. i.* competere; gareggiare; concorrere: **to c. for a vacancy**, concorrere per un posto vacante. ● (*comm.*) **to c. with one another**, farsi concorrenza ☐ **one of the competing firms**, una delle ditte competitrici (*o* in concorrenza).
competence [ˈkɒmpitəns], **competency** [ˈkɒmpitənsi], *n.* **1** competenza (*anche linguistica*) **2** mezzi di sussistenza; entrate; rendita **3** (*leg.*) competenza (*di giudice, di pubblico ufficio*); ammissibilità (*di prova*); capacità (*di testimoniare, di testare*).
competent [ˈkɒmpitənt], *a.* **1** competente; che sa il fatto suo; capace; (*leg.*) che ha autorità di giudicare: **a c. architect**, un architetto capace; **the c. court of justice**, il tribunale competente **2** di competenza, in facoltà (di q.): **It was c. to him to refuse the offer**, era in sua facoltà rifiutare l'offerta **3** adeguato: **a c. understanding of the law**, un'adeguata comprensione della legge.
competition [ˌkɒmpiˈtiʃən], *n.* **1** competizione; gara; concorso: **an open c.**, un concorso pubblico **2** concorrenza; rivalità: **There is a keen trade c. between the two countries**, c'è una forte concorrenza commerciale fra le due nazioni. ● **not for c.**, fuori concorso.
competitive [kəmˈpetitiv], *a.* **1** competitivo; agonistico: **a c. sport**, uno sport agonistico **2** di concorso: **a c. examination**, esame di concorso **3** (*comm.*) competitivo; concorrenziale; in concorrenza: **c. firms**, ditte in concorrenza; **a c. market**, un mercato concorrenziale; **c. prices**, prezzi competitivi; **This kind of business is c.**, questa sorta di commercio è basato sulla concorrenza. ● **a c. footballer**, un calciatore combattivo ☐ (*sport*) **c. spirit**, spirito agonistico ☐ (*econ.*) **c. system**, sistema (*o* regime) concorrenziale.
competitiveness [kəmˈpetitivnis], *n.* competitività.
competitor [kəmˈpetitə*], *n.* competitore, competitrice; concorrente; rivale.
competitory [kəmˈpetitəri], *V.* **competitive**.
competitress [kəmˈpetitris], *n.* (*raro*) competitrice.
compilation [ˌkɒmpiˈleiʃən], *n.* **1** compilazione **2** (*mus.*) compilation.
to compile [kəmˈpail], *v. t.* **1** compilare **2** (*cricket*) segnare (*punti*).
compiler [kəmˈpailə*], *n.* compilatore.
complacence [kəmˈpleisns], **complacency** [kəmˈpleisnsi], *n.*

complacent

1 compiacimento, soddisfazione (*soprattutto di sé*) **2** (*anche* **self-c.**) autocompiacimento.

complacent [kəm'pleɪsənt], *a.* compiaciuto, soddisfatto (*di sé*).

to complain [kəm'pleɪn], *v. i.* **1** – **to c. of**, lagnarsi, dolersi di (q.c.) **2** reclamare; protestare: **I shall c. to the mayor about it**, reclamerò presso il sindaco contro di ciò **3** (*poet.*) levare lamento.

complainant [kəm'pleɪnənt], *n.* **1** (*arc.*) chi si lamenta; chi reclama **2** (*leg.*) querelante; attore; parte civile.

complainer [kəm'pleɪnə*], *n.* chi si lamenta; chi reclama.

complaint [kəm'pleɪnt], *n.* **1** lagnanza; lamento; protesta: **I have no c. to make**, non ho lagnanze da fare **2** reclamo; motivo di reclamo, d'insoddisfazione **3** malattia; disturbo: **He suffers from a nervous c.**, soffre d'un disturbo nervoso **4** (*leg.*) accusa; querela: **to make** (*o* **to lodge**) **a c. against sb.**, (*leg.*) muovere un'accusa a q., querelare q.; (*in genere*) presentare un reclamo contro q. ● **to lodge a c. with the town marshal**, sporgere reclamo presso (*o* reclamare con) lo sceriffo □ **There is no reason for c.**, non c'è motivo di lamentarsi.

complaisance [kəm'pleɪzəns], *n.* compiacenza; cortesia; deferenza.

complaisant [kəm'pleɪzənt], *a.* compiacente; cortese; deferente.

complement ['kɒmplɪmənt], *n.* **1** (*anche gramm., geom., mat.*) complemento: **the c. of an angle**, il complemento d'un angolo **2** (*anche* **full c.**) serie completa; (un) insieme **3** (*naut., anche* **ship's c.**) effettivo, effettivi; forza totale dell'equipaggio **4** (*anche mil.*) dotazione: **the normal c. of weapons**, la normale dotazione di armi.

to complement ['kɒmplɪment], *v. t.* completare, essere il complemento di (q.c. *o* q.).

complemental [,kɒmplɪ'mentl], **complementary** [,kɒmplɪ'mentərɪ], *a.* complementare: **c. angles** (**colours**), angoli (colori) complementari; (*econ.*) **c. goods**, beni complementari.

complementation [,kɒmplɪmən'teɪʃən], *n.* (*biol., mat.*) complementazione. ● (*stat.*) **c. law**, legge di complementazione.

complete [kəm'pliːt], *a.* **1** completo; intero; integro: **a c. edition**, un'edizione completa **2** compiuto; finito; concluso: **My work is now c.**, la mia opera è ormai conclusa **3** assoluto; perfetto; totale: **c. confidence**, fiducia assoluta; **He's a c. fool**, è un perfetto stupido; **c. surrender**, resa totale.

to complete [kəm'pliːt], *v. t.* **1** completare; finire; ultimare: **This completes my collection**, ciò rende completa la mia collezione **2** riempire (*un questionario, ecc.*) **3** (*naut.*) allestire (*una nave*) ● **to c. a full ticket**, fare tombola (*gioco*) □ **to c. the picture**, completare il quadro (*anche fig.*) □ **to c. a task**, portare a compimento un lavoro; assolvere un compito.

completeness [kəm'pliːtnɪs], *n.* completezza; compiutezza; integrità; pienezza; totalità.

completion [kəm'pliːʃən], *n.* **1** completamento; ultimazione **2** (*naut.*) allestimento; approntamento **3** completezza; integrità.

complex ['kɒmpleks], **A** *a.* complesso (*anche scient.*); complicato; intricato (*gramm.*) **a c. sentence**, un periodo complesso; **a c. question**, una questione complicata; (*mat.*) **c. variable**, variabile complessa. **B** *n.* (*geol., mat., miner., psic.*) complesso. ● (*chim.*) **c. compound**, composto di coordinazione; complesso.

complexion [kəm'plekʃən], *n.* carnagione; colorito: **a dark c.**, una carnagione scura; **a good c.**, un bel colorito **2** (*fig.*) aspetto; sapore; carattere; natura: **Your account puts a different c. on the matter**, la tua versione dà un sapore diverso alla faccenda; **His conduct wears another c.**, la sua condotta riveste un altro aspetto. ● **c. of mind**, forma mentis; carattere; indole.

complexioned [kəm'plekʃənd], *a.* (*nei composti:*) **light-c.**, di carnagione chiara.

complexionless [kəm'plekʃənlɪs], *a.* senza colorito; pallido.

complexity [kəm'pleksɪtɪ], *n.* complessità; complicatezza.

compliance [kəm'plaɪəns], *n.* **1** acquiescenza; arrendevolezza; consenso; adesione; condiscendenza **2** remissività; sottomissione. ● **in c. with**, aderendo a; secondo; in conformità di.

compliant [kəm'plaɪənt], *a.* **1** accondiscendente; arrendevole **2** remissivo; sottomesso.

complicacy ['kɒmplɪkəsɪ], *n.* complicatezza; complessità.

to complicate ['kɒmplɪkeɪt], **A** *v. t.* **1** complicare; causare delle complicazioni a (*anche med.*): **That complicates the situation**, questo complica la situazione **2** confondere; ingarbugliare. **B** *v. i.* complicarsi.

complicated ['kɒmplɪkeɪtɪd], *a.* **1** complicato: **a c. machine**, una macchina complicata; **a c. man**, un uomo complicato **2** confuso; intricato; arduo; difficile: **a c. question**, una questione difficile.

complication [,kɒmplɪ'keɪʃən], *n.* complicazione (*anche med.*); complicatezza (*raro*).

complicity [kəm'plɪsɪtɪ], *n.* complicità.

compliment ['kɒmplɪmənt], *n.* **1** complimento: **to pay** (*o* **to make**) **a c.**, fare un complimento **2** (*pl.*) omaggi; ossequi; rispetti: **My compliments to your mother**, i miei rispetti a tua madre; **to send one's compliments**, presentare i propri omaggi **3** (*arc.*) dono; gratifica. ● **compliments of the season**, auguri (*di Natale, Pasqua, ecc.*) □ **to send st. to sb. with one's compliments**, donare q.c. a q.; fare omaggio di q.c. a q. □ (*di copia di libro*) **with the author's compliments**, omaggio dell'autore.

to compliment ['kɒmplɪment], *v. t.* **1** fare un complimento a; congratularsi con; elogiare: **I wish to c. him on his success**, voglio congratularmi con lui per il suo successo **2** – **to c. sb. with st.**, fare omaggio a q. di q.c.

complimentary [,kɒmplɪ'mentərɪ], *a.* **1** complimentoso; elogiativo: **a c. speech**, un discorso elogiativo **2** (in) omaggio; d'omaggio: **a c. ticket**, un biglietto omaggio (*o* di favore); **c. copy**, copia (*d'un libro*) in omaggio. ● **c. close**, chiusa con i convenevoli (*d'una lettera*).

complin(e) ['kɒmplɪn], *n.* (*relig.*) compieta.

to comply [kəm'plaɪ], *v. i.* (*per lo più* **to c. with**) accondiscendere, aderire, assentire a (*una richiesta, ecc.*); ottemperare a (*un ordine*); attenersi a (*una regola*); secondare (*un desiderio*); osservare (*la legge*) ● (*leg.*) **to c. with the clauses of a contract**, rispettare le clausole di un contratto.

compo ['kɒmpoʊ], *n.* (*pl.* **compos**) (*abbr. di* **composition** *o* **component**) **1** (*edil.*) malta; stucco **2** (*ind.*) componente; ingrediente.

component [kəm'poʊnənt], **A** *n.* **1** componente **2** ingrediente. **B** *a.* componente. ● (*ind.*) **components industry**, componentistica □ **a c. part**, un elemento (*d'un tutto*).

to comport [kəm'pɔːt], **A** *v. i.* – **to c. with**, accordarsi, essere in armonia con: **His behaviour did not c. with the dignity of his office**, il suo comportamento mal s'accordava con la dignità della sua carica. **to comport oneself B** *v. rifl.* comportarsi: **He comported himself blamelessly**, si comportò in modo inappuntabile.

to compose [kəm'poʊz], **A** *v. t.* **1** comporre (*in ogni senso*); scrivere: **to c. a song**, comporre una canzone; **Air is composed of various gases**, l'aria è composta di diversi gas **2** conciliare, sedare (*liti, ecc.*); calmare; dominare (*emozioni*): **You should c. your passions**, dovresti dominare le tue passioni **3** atteggiare (*il volto, ecc.*); dare compostezza a; riordinare; riassettare: **to c. one's clothing**, riassettare i propri abiti (*o* il vestito). **to compose oneself B** *v. rifl.* calmarsi; tranquillizzarsi; raccogliersi: **to c. oneself to write**, raccogliersi per scrivere. ● **to c. one's features**, rasserenarsi in viso.

composed [kəm'poʊzd], *a.* calmo; composto; tranquillo; sereno.

composedness [kəm'poʊzɪdnɪs], *n.* calma; compostezza.

composer [kəm'poʊzə*], *n.* compositore (*specialm. di musica*).

composing [kəm'poʊzɪŋ], *n.* composizione (*l'atto del comporre*). ● (*tipogr.*) **c. frame**, telaio marginatore □ (*tipogr.*) **c. machine**, compositrice □ (*tipogr.*) **c. room**, sala di composizione □ (*tipogr.*) **c. rule**, filetto □ (*tipogr.*) **c. stick**, compositoio.

composite ['kɒmpəzɪt], **A** *a.* **1** (*anche archit., bot.*) composito **2** (*edil., naut., aeron.*) a struttura mista: **c. beam**, trave a struttura mista. **B** *n.* **1** cosa composta; composto **2** (*pl., bot., Compositae*) composite. ● (*ferr.*) **c. carriage**, carrozza mista □ (*fotogr.*) **a c. photograph**, un fotomontaggio.

compositeness ['kɒmpəzɪtnɪs], *n.* l'essere composito.

composition [,kɒmpə'zɪʃən], *n.* **1** composizione (*in ogni senso*); costituzione (*d'un oggetto*); composizione d'una lite, accordo; (*leg.*) concordato; (*comm.*) transazione: **He made a c. with his creditors**, fece un concordato con i suoi creditori **2** composizione; materia composta; composto sintetico **3** composizione mentale: **He had a touch of genius in his c.**, aveva un tocco di genio (*nella sua struttura mentale*). ● (*leg.*) **c. before bankruptcy**, concordato preventivo (*al fallimento*) □ (*tecn.*) **c. board**, pannello di fibre □ (*tecn.*) **c. leather**, cuoio artificiale □ **c. metal**, lega di rame.

compositive [kəm'pɒzɪtɪv], *a.* compositivo.

compositor [kəm'pɒzɪtə*], *n.* (*tipogr.*) compositore.

compos mentis [,kɒmpəs'mentɪs] (*lat.*), *n.* (*leg.*) compos sui; capace d'intendere e di volere; padrone di sé.

compost ['kɒmpɒst], *n.* **1** (*raro*) composta **2** (*agric.*) miscela organica fertilizzante; composta; terricciato.

to compost ['kɒmpɒst], *v. t.* **1** ridurre in concime organico **2** concimare con concime organico.

composure [kəm'poʊʒə*], *n.* calma; tranquillità; padronanza di sé.

compote ['kɒmpoʊt], *n.* **1** composta; conserva di frutta **2** (*USA*) coppa.

to compound [kəm'paʊnd], **A** *v. t.* **1** comporre (*anche una lite*); combinare (*elementi diversi*); mescolare (*ingredienti*); conciliare (*una vertenza*) **2** (*comm.*) fare una transazione per; saldare (*un debito, concordando un pagamento inferiore*) **3** (*leg.*) transigere (*una lite, una vertenza*) **4** accentuare; aumentare: **to c. a problem**, accentuare un problema **5** (*fin.*) capitalizzare (*o* calcolare) (*l'interesse*) sugli interessi; calcolare l'interesse composto.

B *v. i.* **1** accordarsi; venire a un accomodamento **2** (*leg.*) fare un concordato (*con i creditori*). ● **to c. a felony** (*o* **a crime**), non denunciare (l'autore di) un reato, dietro compenso in denaro ☐ **to c. a medicine**, preparare una medicina (*un preparato galenico*).

compound (1) ['kɔmpaund], **A** *a.* composto: **a c. word**, una parola composta; (*gramm.*) **a c. sentence**, un periodo composto; (*fin.*) **c. interest**, interesse composto; (*bot.*) **c. flower**, fiore composto. **B** *n.* **1** composto (*anche chim.*); parola composta **2** (*farm.*) preparato galenico. ● (*mecc.*) **c. engine**, macchina composta (*o* **compound**) ☐ (*zool.*) **c. eye**, occhio composto ☐ (*med.*) **c. fracture**, frattura composta ☐ (*mecc.*) **c. screw**, prigioniero con due filettature diverse.

compound (2) ['kɔmpaund], *n.* **1** (*in Oriente*) recinto (*entro cui sorgono case, fabbriche, ecc.*) **2** campo di raccolta (*di prigionieri, profughi, ecc.*).

compoundable [kəm'paundəbl], *a.* componibile; conciliabile.

to comprehend [,kɔmpri'hend], *v. t.* **1** comprendere; capire; intendere **2** contenere; includere; abbracciare (*fig.*).

comprehensibility [,kɔmpri,hensə'biliti], *n.* comprensibilità.

comprehensible [,kɔmpri'hensəbl], *a.* comprensibile; intelligibile.

comprehension [,kɔmpri'henʃən], *n.* **1** comprensione; capacità d'intendere: **It's beyond my c.**, ciò supera la mia capacità di comprensione **2** ampiezza; portata: **a concept of broad c.**, un concetto che ha grande ampiezza (di significato) **3** l'essere comprensivo; indulgenza; tolleranza.

comprehensive [,kɔmpri'hensiv], **A** *a.* **1** capace di comprendere (*o* d'includere) molte cose **2** ampio; lato: **a c. mind**, una mente ampia (*o* di grandi vedute); **a c. term**, un termine lato **3** esauriente; completo: **a c. survey**, una rassegna completa; **a c. report**, un resoconto esauriente. **B** *n. V.* **school**. ● **c. faculty**, capacità di capire ☐ (*ass.*) **c. policy**, polizza globale (*o* onnicomprensiva) ☐ (*in G.B.*) **c. school**, scuola secondaria onnicomprensiva, scuola superiore unificata (*con sezione classica, tecnica, professionale, ecc.*).

comprehensiveness [,kɔmpri'hensivnis], *n.* **1** capacità di comprendere (*o* di capire) **2** facoltà d'includere; comprensività (*raro*).

to compress [kəm'pres], *v. t.* **1** comprimere (*in ogni senso*): **compressed air**, aria compressa **2** (*fig.*) condensare (*pensieri, ecc.*).

compress ['kɔmpres], *n.* **1** compressa (*di garza*) **2** (*agric.*) macchina per pressare cotone; pressaballe.

compressibility [kəm,presi'biliti], *n.* (*fis., mecc.*) compressibilità; comprimibilità.

compressible [kəm'presəbl], *a.* (*fis., mecc.*) comprimibile; compressibile.

compression [kəm'preʃən], *n.* **1** (*fis., mecc.*) compressione: **c. ratio**, rapporto di compressione (*di un motore*) **2** (*fig.*) concentrazione, condensamento (*d'idee, ecc.*).

compressive [kəm'presiv], *a.* compressivo. ● (*edil., mecc.*) **c. strength**, resistenza alla compressione ☐ **c. stress**, sollecitazione di compressione.

compressor [kəm'presə*], *n.* **1** persona (*o* cosa) che comprime **2** (*elettron., mecc.*) compressore **3** (*anat.*) muscolo compressore.

comprisable [kəm'praizəbl], *a.* che può essere compreso (*o* incluso).

to comprise [kəm'praiz], *v. t.* **1** comprendere; contenere; includere **2** costituire; comporre.

compromise ['kɔmprəmaiz], *n.* (*anche leg.*) compromesso. ● **a policy of no c.**, una politica intransigente.

to compromise ['kɔmprəmaiz], **A** *v. t.* **1** comporre (*una vertenza*), risolvere (*una questione*) con un compromesso **2** compromettere; mettere in pericolo. **B** *v. i.* venire a un compromesso.

to compromise oneself C *v. rifl.* compromettersi.

compromising ['kɔmprəmaiziŋ], *a.* compromettente.

Comptometer [kɔmp'tɔmitə*], *n.* (*marchio*) macchina calcolatrice.

comptroller [kən'troulə*], *V.* **controller**.

compulsion [kəm'pʌlʃən], *n.* **1** coercizione: costrizione: **under** (*o* **upon**) **c.**, dietro costrizione **2** (*fig.*) mordente: **This story is lacking in c.**, questo racconto manca di mordente **3** (*psic.*) compulsione.

compulsive [kəm'pʌlsiv], **A** *a.* **1** coercitivo; costrittivo **2** (*psic.*) compulsivo. **B** *n.* (*psic.*) individuo soggetto a compulsione.

compulsoriness [kəm'pʌlsərinis], *n.* obbligatorietà.

compulsory [kəm'pʌlsəri], *a.* **1** obbligatorio; forzato; forzoso: **Most subjects are c. in Italian schools**, la maggior parte delle materie è obbligatoria nelle scuole italiane **2** (*leg.*) coercitivo; costrittivo. ● (*leg.*) **c. administration**, amministrazione coattiva ☐ (*leg.*) **c. sale**, liquidazione coatta; vendita forzosa.

compunction [kəm'pʌŋkʃən], *n.* compunzione; pentimento; rimorso: **without the slightest c.**, senza il minimo rimorso.

compunctious [kəm'pʌŋkʃəs], *a.* **1** di (*o* che provoca) compunzione **2** compunto; contrito.

compurgation [,kɔmpə'geiʃən], *n.* (*leg., stor.*) compurgazione.

compurgator ['kɔmpəgeitə*], *n.* (*leg., stor.*) compurgatore.

computable [kəm'pju:təbl], *a.* computabile; calcolabile.

computation [,kɔmpju'teiʃən], *n.* computazione; computo; calcolo. ● **beyond c.**, incalcolabile.

computational [,kɔmpju'teiʃənəl], *a.* di computo; di calcolo: **a c. error**, un errore di calcolo; **c. linguistics**, linguistica computazionale.

computative [kəm'pju:tətiv], *a.* che si serve del calcolo.

to compute [kəm'pju:t], **A** *v. t.* **1** computare; calcolare **2** calcolare con un computer. **B** *v. i.* usare un computer.

computer [kəm'pju:tə*], *n.* **1** calcolatore; calcolatrice **2** elaboratore elettronico; computer. ● **c. graphics**, eidomatica ☐ **c. language**, linguaggio degli elaboratori ☐ **c. unit**, unità di elaborazione.

computerese [kəm,pju:tə'ri:z], *n.* linguaggio degli elaboratori.

computerizable [kəm,pju:tə'raizəbl], *a.* computerizzabile.

computerization [kəm,pju:təraiz'eiʃən], *n.* computerizzazione.

to computerize [kəm'pju:təraiz], *v. t.* computerizzare: **to c. the tax register**, computerizzare l'anagrafe tributaria.

computerized [kəm'pju:təraizd], *a.* computerizzato: **c. models**, modelli computerizzati.

computerman [kəm'pju:təmən], *n.* (*pl.* **computermen**) esperto in elaboratori.

computing machine [kəm'pju:tiŋ mə,ʃi:n], *V.* **computer**.

comrade ['kɔmreid], *n.* **1** compagno (*anche*: membro del partito comunista); cameratta; collega; socio: **c.-in-arms**, compagno d'armi; commilitone **2** (*pl., spreg.*) (i) rossi; (i) comunisti.

comradely ['kɔmridli], *a.* cameratesco; da compagno.

comradeship ['kɔmridʃip], *n.* cameratismo; colleganza.

coms [kɔmz], *n.* (*abbr. fam. di* **combinations**) **1** (*moda*) combinazione (*da donna*) **2** costume in un solo pezzo (*da uomo*).

comsat [kɔm'sæt], *n.* (*contraz. di* **communications satellite**) (*miss.*) satellite per telecomunicazioni. ● (*radio, telev.*) **by c.**, via satellite.

comsymp ['kɔmsimp], *n.* (*contraz. di* **Communist sympathizer**) (*USA, polit., spreg.*) simpatizzante comunista; fiancheggiatore.

to con (1) [kɔn], *v. t.* (*naut., aeron.*) governare, pilotare (*una nave o un aeroplano*).

con (1) [kɔn], *n.* (*naut., aeron.*) **1** pilotaggio **2** cabina di comando.

con (2) [kɔn], **A** *a. attr.* — (*pop. USA, abbr. di* **confidence**) **con game**, truffa all'americana. **B** *n.* (*pop. USA*) truffa; raggiro.

to con (2) [kɔn], *v. t.* (*pop. USA*) raggirare; truffare.

con (3) [kɔn], (*abbr. del lat.* **contra**) **A** *avv.* contro: **pro and con**, pro e contro. **B** *n.* argomento (*o* motivo, voto) contrario. ● **the pros and cons**, il pro e il contro.

con (4) [kɔn], *n.* (*pop., abbr. di* **convict**) carcerato; detenuto.

to con (3) [kɔn], *v. t.* (*arc., spesso* **to con over**) studiare diligentemente (*o* a fondo); imparare a memoria.

to concatenate [kɔn'kætineit], *v. t.* concatenare.

concatenation [kɔn,kæti'neiʃən], *n.* concatenazione.

concause ['kɔnkɔ:z], *n.* concausa.

concave ['kɔn'keiv], (*anche geom.*) **A** *a.* concavo. **B** *n.* oggetto concavo; superficie concava. ● **the c. of heaven**, la volta celeste.

concavity [kɔn'kæviti], *n.* **1** (*geom.*) concavità **2** concavità; cavo; incavo; incavatura.

concavo-concave [kɔn'keivou-kɔn'keiv], *a.* (*ottica*) concavo-concavo.

concavo-convex [kɔn'keivou-'kɔnveks], *a.* (*ottica*) concavo-convesso.

to conceal [kən'si:l], *v. t.* celare; nascondere; occultare: **to c. st. from sb.**, nascondere q.c. a q.

concealment [kən'si:lmənt], *n.* **1** il nascondere; l'esser nascosto; occultamento **2** nascondiglio. ● **to remain in c.**, rimanere nascosto.

to concede [kən'si:d], **A** *v. t.* **1** concedere; ammettere; riconoscere **2** dare (per) vinto, perdere (*una partita, ecc.*). **B** *v. i.* **1** fare una concessione **2** (*poker*) passare (la parola): **I c.!**, passo!; «parole» (*franc.*).

conceit [kən'si:t], *n.* **1** presunzione; orgoglio; vanità **2** (*lett.*) concetto lambiccato; idea (*o* immagine) barocca; paragone ricercato. ● **in one's own c.**, secondo la propria idea (*o* il proprio parere) ☐ **to be out of c. with**, non essere più soddisfatto di ☐ **self-c.**, presunzione.

conceited [kən'si:tid], *a.* presuntuoso; vanitoso; pieno di sé.

conceivability [kən,si:və'biliti], *n.* l'esser concepibile; concepibilità.

conceivable [kən'si:vəbl], *a.* concepibile; immaginabile.

conceivableness [kən'si:vəblnis], *V.* **conceivability**.

to conceive [kən'si:v], *v. t. e i.* concepire (*in ogni senso*); ideare; generare. ● **to c. of st.**, immaginare (*o* concepire) q.c.; farsi un'i-

dea di q.c.
concelebrant [kɔnˈselibrənt], *n.* (*relig.*) concelebrante.
to concelebrate [kɔnˈselibreit], *v. i.* (*relig.*) concelebrare.
concelebration [kɔnseliˈbreiʃən], *n.* (*relig.*) concelebrazione.
to concentrate [ˈkɔnsentreit], *v. t. e i.* concentrare, concentrarsi.
concentrate [ˈkɔnsentreit], *n.* (*anche chim.*) concentrato.
concentrated [ˈkɔnsəntreitid], *a.* **1** concentrato: (*mil.*) **c. fire**, fuoco concentrato **2** forte; intenso: **a c. passion**, una forte passione; **c. study**, studio intenso.
concentration [ˌkɔnsenˈtreiʃən], *n.* **1** concentrazione; concentramento: **c. camp**, campo di concentramento **2** (*chim., ind. min.*) concentrazione.
concentrative [ˈkɔnsentreitiv], *a.* che concentra; che tende a concentrarsi.
concentrativeness [ˌkɔnsenˈtreitivnis], *n.* capacità di concentrare; tendenza a concentrarsi.
concentrator [ˈkɔnsentreitə*], *n.* **1** chi concentra **2** (*tecn.*) concentratore **3** (*tecn.*) impianto di concentrazione.
to concentre [kɔnˈsentə*], *v. t. e i.* concentrare, concentrarsi.
concentric(al) [kɔnˈsentrik(əl)], *a.* (*anche geom.*) concentrico. ● (*mil.*) **c. fire**, fuoco concentrato.
concentricity [ˌkɔnsenˈtrisiti], *n.* (*anche geom.*) concentricità.
concept [ˈkɔnsept], *n.* concetto; idea; nozione. ● **c. art**, arte concettuale.
conception [kənˈsepʃən], *n.* **1** concezione (*in ogni senso*) **2** (*fisiologia*) concepimento **3** concetto.
conceptional [kənˈsepʃənəl], *a.* (*anche fisiologia*) concezionale.
conceptive [kənˈseptiv], *a.* **1** che ha la facoltà di concepire; concettivo **2** (*fisiologia*) della concezione; del concepimento.
conceptual [kənˈseptjuəl], *a.* (*anche filos.*) concettuale. ● **c. art**, arte concettuale □ **c. artist**, artista concettuale.
conceptualism [kənˈseptjuəlizəm], *n.* (*filos.*) concettualismo.
conceptualist [kənˈseptjuəlist], *n.* (*filos., arte*) concettualista.
to conceptualize [kənˈseptjuəlaiz], *v. t.* concettualizzare.
to concern [kənˈsəːn], **A** *v. t.* **1** concernere; coinvolgere; riguardare; avere relazione con; attenere, essere attinente a; interessare **2** preoccupare; turbare: **Please don't let my troubles c. you**, vi prego, non statevi a preoccupare per i miei guai. **to concern oneself (with, about)** **B** *v. rifl.* occuparsi, interessarsi, preoccuparsi (di): **Don't c. yourself with other people's affairs**, non occuparti degli affari altrui. ● **to be concerned about sb.**, essere preoccupato per q. □ **as concerns**, per quanto concerne (*o* riguarda); con riferimento a; quanto a □ **as far as I am concerned...**, quanto a me... □ **This business doesn't c. me**, questo non è affar mio □ (*nelle circolari e sim.*) **to whom it may c.**, a chi di dovere; a tutti gli interessati.
concern [kənˈsəːn], *n.* **1** cosa (*o* fatto) che concerne, riguarda, interessa, si riferisce a (q. *o* q.c.); relazione; riferimento; affare: **It's no c. of yours**, non è affar tuo; **Let him mind his own concerns!**, (che) badi ai fatti suoi!; **This has no c. with my plan**, ciò non è affatto in relazione col mio progetto **2** interesse; cointeressenza; partecipazione: **to have a c. in a firm**, avere una cointeressenza in un'azienda **3** preoccupazione; sollecitudine; turbamento: **He felt a deep c.**, provò un profondo turbamento **4** (*comm.*) azienda; società; ditta; impresa: **a flourishing c.**, una ditta fiorente; **a paying c.**, un'azienda in attivo; **a going c.**, una ditta che fa affari; una ditta che lavora (*fam.*) **5** (*fam.*) cosa; aggeggio; arnese; affare. ● (*fin.*) **a banking c.**, un istituto bancario.
concerned [kənˈsəːnd], *a.* **1** interessato; coinvolto; implicato: **the parties c.**, le parti interessate; **the persons c.**, gli interessati; **He was c. in a bribery case**, era implicato in un caso di corruzione **2** ansioso; preoccupato; turbato **3** (*polit.*) impegnato.
concerning [kənˈsəːniŋ], *prep.* riguardo a; con riferimento a; circa; quanto a: **c. your request**, quanto alla vostra richiesta.
concernment [kənˈsəːnmənt], *n.* **1** affare; faccenda **2** importanza; interesse: **a thing of vital c.**, una cosa di vitale importanza **3** ansia; preoccupazione.
concert [ˈkɔnsət], *n.* concerto (*mus. e fig.*); accordo: **to act (to work) in c. with sb.**, agire (lavorare) di concerto con q. ● **c.-goer**, chi va ai concerti □ **c. grand**, pianoforte da concerto □ **c. hall**, sala da concerto □ (*mus.*) **c.-master**, primo violino □ **c. performer**, concertista □ **c. pitch**, diapason da concerto; (*fig.*) stato d'all'erta □ **c. season**, stagione concertistica.
to concert [kənˈsəːt], *v. t.* concertare; divisare insieme.
concerted [kənˈsəːtid], *a.* **1** concertato; concordato; divisato insieme: **The allied generals delivered a c. attack**, i generali alleati lanciarono un concertato attacco.
concertina [ˌkɔnsəˈtiːnə], *n.* (*mus.*) piccola fisarmonica.
to concertina [ˌkɔnsəˈtiːnə], *v. i.* (*fam.: di veicolo*) accartocciarsi (*in seguito a un incidente*).
concerto [kənˈtʃəːtou] (*ital.*), *n.* (*pl.* **concerti, concertos**) (*mus.*) concerto.
concession [kənˈseʃən], *n.* concessione (*in ogni senso*): **as a c.**, per fare una concessione; **to make no c. to the trade unions**, non fare concessioni ai sindacati; **a c. in the oilfields**, una concessione petrolifera.
concessionaire [kənˌseʃəˈnɛə*], *n.* (*comm.*) concessionario.
concessionary [kənˈseʃnəri], **A** *a.* relativo a una concessione; concessionario. **B** *n.* (*comm.*) concessionario.
concessive [kənˈsesiv], *a.* concessivo: (*gramm.*) **a c. conjunction**, una congiunzione concessiva.
conceptism [kənˈtʃetizəm], *n.* (*letter.*) concettismo.
conch [kɔŋk], *n.* (*pl.* **conchs, conches**) **1** (*zool., Strombus gigas*) strombo **2** (*come materiale decorativo*) conchiglia **3** (*archit., anche* **concha**) conca absidale **4** (*anat., anche* **conche**) padiglione auricolare.
conchie [ˈkɔŋʃi], *V.* **conchy.**
conchiferous [kɔŋˈkifərəs], *a.* **1** (*zool.*) conchifero **2** (*geol.*) conchilifero.
conchiform [ˈkɔŋkifɔːm], *a.* (*scient.*) conchiliforme.
conchoidal [kɔŋˈkɔidəl], *a.* (*geol.*) concoide.
conchologist [kɔŋˈkɔlədʒist], *n.* conchiliologo.
conchology [kɔŋˈkɔlədʒi], *n.* conchiliologia.
conchy [ˈkɔŋʃi], *n.* (*pop., per* **conscientious objector**) obiettore di coscienza.
concierge [ˌkɔnsiˈɛː] (*franc.*), *n.* portiere, portiera.
conciliar [kənˈsiliə*], *a.* conciliare.
to conciliate [kənˈsilieit], *v. t.* **1** conciliare; mettere d'accordo; pacificare **2** placare; blandire; rendere benevolo **3** conciliarsi, cattivarsi (*la benevolenza, la simpatia, ecc., di* q.).
conciliation [kənˌsiliˈeiʃən], *n.* conciliazione; conciliamento. ● (*leg.*) **Court of C.**, ufficio d'un giudice conciliatore.
conciliative [kənˈsiliətiv], *V.* **conciliatory.**
conciliator [kənˈsilieitə*], *n.* conciliatore.
conciliatoriness [kənˈsiliətərinis], *n.* l'esser conciliativo.
conciliatory [kənˈsiliətəri], *a.* conciliativo; conciliatorio; conciliante.
concinnity [kənˈsiniti], *n.* (*lett.*) concinnità.
concise [kənˈsais], *a.* conciso; breve; stringato.
conciseness [kənˈsaisnis], *n.* concisione; stringatezza.
concision [kənˈsiʒən], *n.* **1** concisione **2** (*arc., spreg.*) circoncisione.
conclave [ˈkɔnkleiv], *n.* **1** (*relig.*) conclave **2** riunione segreta. ● **to sit in c.**, essere chiusi in conclave; tenere una riunione segreta.
conclavist [ˈkɔnkleivist], *n.* (*relig.*) conclavista.
to conclude [kənˈkluːd], **A** *v. t.* **1** concludere (*in ogni senso*); conchiudere (*raro*): **to c. a bargain (a peace treaty, etc.)** concludere un affare (un trattato di pace, ecc.); **He concluded his speech with an appeal to cooperation**, concluse il suo dire con un appello alla collaborazione **2** arguire; dedurre **3** decidere (*di fare q.c.*). **B** *v. i.* **1** concludersi; finire **2** raggiungere un accordo; venire a una conclusione.
conclusion [kənˈkluːʒən], *n.* conclusione (*in ogni senso*). ● **a foregone c.**, una conclusione scontata □ **in c.**, in conclusione □ **to jump to conclusions**, giungere a conclusioni avventate; saltare alle conclusioni □ (*arc.*) **to try conclusions with sb.**, misurarsi con q.; fare a gara con q.
conclusive [kənˈkluːsiv], *a.* conclusivo; decisivo; definitivo. ● (*leg.*) **c. evidence**, prova conclusiva (*o* perentoria).
conclusiveness [kənˈkluːsivnis], *n.* l'essere conclusivo; carattere conclusivo: **The c. of his words was obvious**, il carattere conclusivo delle sue parole era evidente.
to concoct [kənˈkɔkt], *v. t.* **1** preparare (*mescolando ingredienti diversi*): **to c. a new dish**, preparare un piatto nuovo **2** ordire (*un piano*); inventare (*una scusa*); raffazzonare (*un pretesto, ecc.*): **to c. a plot for a novel**, raffazzonare l'intreccio d'un romanzo.
concoction [kənˈkɔkʃən], *n.* **1** miscela; preparato (*di ingredienti diversi*) **2** l'ordire, il raffazzonare, ecc. (*V.* **to concoct**) **3** macchinazione; trama.
concomitance [kənˈkɔmitəns], **concomitancy** [kənˈkɔmitənsi], *n.* (*anche relig.*) concomitanza.
concomitant [kənˈkɔmitənt], **A** *a.* concomitante: **c. factors**, fattori concomitanti. **B** *n.* fatto (*o* fattore) concomitante.
concord [ˈkɔŋkɔːd], *n.* **1** concordia; armonia **2** accordo (*anche mus.*); trattato **3** (*gramm.*) concordanza.
concordance [kənˈkɔːdəns], *n.* **1** armonia; accordo: **in c. with your wishes**, in armonia con i vostri desideri **2** concordanza (*indice analitico*): **a c. of the Bible**, una concordanza della Bibbia.
concordant [kənˈkɔːdənt], *a.* **1** concorde; concordante; in armonia (con q. *o* q.c.) **2** (*mus.*) armonioso.
concordat [kənˈkɔːdæt], *n.* **1** (*stor.*) concordato **2** accordo; trattato.
concourse [ˈkɔŋkɔːs], *n.* **1** concorso; affluenza: **The c. for the coronation of the Queen was great**, ci fu un gran concorso di folla per l'incoronazione della regina **2** folla; ressa **3** luogo di raduno **4** spazio aperto (*in un parco, ecc.*) **5** (*ferr., aeron.*)

atrio; sala **6** (*leg.*) concorso: **a c. of circumstances**, un concorso di circostanze.
concrescence [kənˈkresəns], *n.* (*biol.*) concrescenza.
concrete (1) [ˈkɔnkri:t], *a.* **1** concreto; reale **2** (*costr.*) di calcestruzzo; di cemento armato: **a c. bridge**, un ponte di cemento armato. ● (*letter.*) **c. poetry**, poesia concreta □ **in the c.**, nella realtà; in concreto.
concrete (2) [ˈkɔnkri:t], *n.* **1** cosa concreta (*o* reale) **2** (*costr.*) conglomerato cementizio; calcestruzzo; (*fam.*) cemento. ● (*edil.*) **c. mixer**, betoniera □ **c. work**, betonaggio □ **reinforced c.** (*o* **armoured c.**), cemento armato.
to concrete (*v. t. def. 1, v. i.* [kənˈkri:t]; *v. t. def. 2* [ˈkɔnkri:t]), **A** *v. t.* **1** conglomerare; solidificare **2** costruire in calcestruzzo. **B** *v. i.* solidificarsi.
concreteness [ˈkɔnkri:tnis], *n.* concretezza.
concretion [kənˈkri:ʃən], *n.* (*geol., med.*) concrezione.
concretionary [kənˈkriʃənəri], *a.* (*geol., med.*) concrezionario.
concretism [ˈkɔnkri:tizəm], *n.* (*arte, letter.*) concretismo.
concretist [ˈkɔnkri:tist], *n.* (*arte, letter.*) concretista.
concretization [ˌkɔnkritaiˈzeiʃən], *n.* concretizzazione.
to concretize [ˈkɔnkri(:)taiz], *v. t.* concretare; concretizzare; dare forma concreta a (q.c.).
concubinage [kɔnˈkju:binidʒ], *n.* concubinato.
concubinary [kɔnˈkju:binəri], **A** *a.* **1** concubinario **2** nato da un'unione illegittima. **B** *n.* concubino.
concubine [ˈkɔŋkjubain], *n.* concubina.
concupiscence [kɔnˈkju:pisəns], *n.* concupiscenza.
concupiscent [kɔnˈkju:pisənt], *a.* concupiscente.
concupiscible [kɔnˈkju(:)pisibl], *a.* concupiscibile.
to concur [kənˈkə:*], *v. i.* **1** essere concomitante; coincidere **2** concorrere; contribuire: **Everything concurred to make me believe he was wrong**, tutto concorreva a farmi credere che avesse torto **3** concordare, essere d'accordo (con q.): **I c. with his father in blaming him**, concordo con suo padre nel biasimarlo. ● **to c. with sb. in an opinion**, condividere l'opinione di q.
concurrence [kənˈkʌrəns], **concurrency** [kənˈkʌrənsi], *n.* **1** coincidenza; simultaneità **2** concorso (*di fattori, circostanze*); combinazione (*di cause*) **3** accordo; concordanza (*d'idee*) **4** (*anche geom.*) convergenza.
concurrent [kənˈkʌrənt], **A** *a.* **1** coincidente; simultaneo **2** concomitante; convergente **3** che agisce in accordo (con q.) **4** che è in accordo; concordante **5** (*geom.*) concorrente; convergente: **c. lines**, rette concorrenti. **B** *n.* fattore (*o* circostanza) concomitante. ● (*ass.*) **c. fire insurance**, coassicurazione contro l'incendio.
to concuss [kənˈkʌs], *v. t.* **1** (*per lo più fig.*) scuotere violentemente; agitare **2** (*raro*) intimidire **3** (*med.*) causare la commozione cerebrale a (q.).
concussion [kənˈkʌʃən], *n.* **1** scossa violenta; urto **2** (*med.*) commozione cerebrale; sindrome commotiva. ● (*mil.*) **c. fuse**, spoletta di simpatia (*di proiettile*).
to condemn [kənˈdem], *v. t.* **1** condannare (*in ogni senso*); dichiarare inguaribile **2** (*naut.*) radiare (*una nave dal servizio*); confiscare; sequestrare: **Both ship and cargo were condemned**, furono confiscati sia la nave sia il suo carico **3** dichiarare inservibile (*o* non commestibile, inabitabile, impraticabile, ecc.): **This house has been condemned by the housing authorities**, questa casa è stata dichiarata inabitabile dall'ufficio tecnico comunale **4** rivelare la colpevolezza di (q.): **His very words c. him**, le sue stesse parole rivelano che è colpevole **5** (*USA*) espropriare (*un terreno, ecc.*) per pubblica utilità. ● **condemned cell**, cella dei condannati a morte.
condemnable [kənˈdemnəbl], *a.* condannabile.
condemnation [ˌkɔndemˈneiʃən], *n.* **1** condanna (*anche leg.*); biasimo **2** motivo di condanna: **His own behaviour is his c.**, la sua stessa condotta lo condanna **3** (*USA*) messa al bando (*di un prodotto*) **4** (*USA*) esproprio (*di un terreno*). ● (*leg.*) **c. by default**, condanna in contumacia.
condemnatory [kənˈdemnətəri], *a.* condannatorio; di condanna.
condemner [kənˈdemə*], *n.* condannatore.
condensability [kənˌdensəˈbiliti], *n.* condensabilità.
condensable [kənˈdensəbl], *a.* condensabile.
condensate [kənˈdenseit], (*chim., fis.*) **A** *a.* condensato. **B** *n.* **1** condensato **2** condensa. ● **c. liquid**, condensato □ **c. well**, (*ing.*) pozzetto di condensa; (*ind. petrolifera*) pozzo erogante gas a condensati.
condensation [ˌkɔndenˈseiʃən], *n.* condensazione; condensamento: (*aeron.*) **c. trail**, scia di condensazione **2** (*chim., fis.*) condensato **3** condensato; compendio; riassunto.
to condense [kənˈdens], **A** *v. t.* **1** condensare; (*fig.*) compendiare; riassumere: **condensed milk**, latte condensato **2** (*chim., fis.*) concentrare (*raggi di luce, elettricità, ecc.*). **B** *v. i.* condensarsi; concentrarsi.
condenser [kənˈdensə*], *n.* **1** condensatore (*persona e macchina*) **2** (*elettr.*) condensatore **3** (*ottica*) condensatore. ● **c. coil**, serpentina di raffreddamento.
condensery [kənˈdensəri], *n.* fabbrica di latte condensato.
to condescend [ˌkɔndiˈsend], *v. i.* **1** accondiscendere; condiscendere; degnarsi (*di fare q.c.*) **2** abbassarsi: **I will never c. to mix with such people**, non mi abbasserò mai fino a frequentare gente siffatta.
condescendence [ˌkɔndiˈsendəns], *n.* condiscendenza; accondiscendenza; degnazione.
condescending [ˌkɔndiˈsendiŋ], *a.* condiscendente; accondiscendente.
condescension [ˌkɔndiˈsenʃən], *n.* condiscendenza; affabilità (*verso gli inferiori*); degnazione.
condign [kənˈdain], *a.* adeguato; proporzionato: **a c. punishment**, un'adeguata punizione; **a c. vengeance**, una vendetta proporzionata all'offesa.
condiment [ˈkɔndimənt], *n.* condimento.
condimental [kɔndiˈmentəl], *a.* di condimento.
condisciple [ˌkɔndiˈsaipl], *n.* condiscepolo.
condition [kənˈdiʃən], *n.* **1** condizione (*in ogni senso*); patto; limitazione; (*al pl.*) circostanze: **on c. that**, a condizione (*o* a patto) che; purché; **What are the conditions of the contract?**, quali sono le condizioni del contratto?; **He is in no c. to go back to work**, non è in condizioni di tornare al lavoro; **They are a family of humble c.**, è una famiglia d'umile condizione; **under present conditions**, nelle circostanze attuali **2** (*gramm.*) frase (*o* proposizione) condizionale **3** (*filos.*) proposizione condizionale; presupposto **4** (*leg.*) clausola condizionale (*in un contratto*) **5** (*USA*) obbligo (*d'uno studente*) di riparare un'insufficienza **6** (*pl.*) condizioni: **conditions of sale**, condizioni di vendita ● **c. of life**, condizione sociale □ (*fam.*) **to change one's c.**, cambiare stato civile; sposarsi □ **to be in** (*out of*) **c.**, essere in buone (in cattive) condizioni fisiche; (*fam.*) essere in forma (giù di forma) □ **to be in an interesting c.**, essere in stato interessante □ (*sport*) **to keep oneself in c.**, mantenersi in forma □ **living conditions**, condizioni di vita.
to condition [kənˈdiʃən], *v. t.* **1** (*anche leg.*) stipulare, pattuire (*di fare q.c.*) **2** condizionare (*anche psic.*); sottoporre a una condizione: **The two things c. each other**, le due cose si condizionano a vicenda; **to c. the air of a room**, condizionare l'aria di una stanza **3** (*comm.*) verificare la condizione di (*merce, ecc.*) **4** mettere in buone condizioni fisiche (*specialm. animali*) **5** (*USA*) obbligare (*uno studente*) a riparare un'insufficienza.
conditional [kənˈdiʃən], **A** *a.* condizionale; condizionato; soggetto a condizioni: (*gramm.*) **a c. clause**, una proposizione condizionale; (*leg.*) **a c. provision**, una clausola condizionata (*o* sotto condizione). **B** *n.* (*gramm.*) condizionale. ● (*banca*) **c. acceptance**, accettazione condizionata □ (*leg.*) **c. clause**, clausola restrittiva □ (*leg.*) **c. discharge**, libertà condizionale: **He was given a 2-year c. discharge**, fu condannato a due anni con la condizionale.
conditionality [kənˌdiʃəˈnæliti], *n.* l'essere condizionale.
conditionally [kənˈdiʃənəli], *avv.* **1** a una condizione; con riserva **2** (*leg.*) con la condizionale.
conditioned [kənˈdiʃənd], *a.* **1** che si trova in una certa condizione: **well-c. cattle**, bestiame in buone condizioni **2** condizionato; condizionale: **My acceptance is c.**, la mia accettazione è condizionata **3** (*tecn.*) condizionato; climatizzato **4** (*psic.*) condizionato: **c. reflex**, riflesso condizionato. ● (*tecn.*) **c. air**, aria condizionata □ **This room is air-c.**, questa stanza ha l'aria condizionata.
conditioning [kənˈdiʃəniŋ], *n.* (*scient., tecn.*) condizionamento.
condo [ˈkɔndou], *n.* (*USA, abbr. fam. di* **condominium**) (*edil.*) condominio.
condolatory [kənˈdoulətəri], *a.* di condoglianze.
to condole [kənˈdoul], *v. i.* condolersi; fare le proprie condoglianze: **to c. with sb. on** (*o* **over**) **st.**, condolersi con q. per q.c.
condolence [kənˈdoulens], *n.* (*spesso al pl.*) condoglianza.
condom [ˈkɔndəm], *n.* (*farm.*) preservativo.
condominium [ˌkɔndəˈminiəm], *n.* **1** (*polit.*) condominio **2** (*edil. USA*) condominio; palazzo in condominio **3** (*edil. USA*) appartamento di proprietà (*in un condominio*).
condonation [ˌkɔndouˈneiʃən], *n.* **1** condono; remissione (*d'una colpa*) **2** (*leg.*) perdono d'un coniuge adultero (*da parte dell'altro*).
to condone [kənˈdoun], *v. t.* **1** condonare (*un reato*); perdonare (*una colpa*) **2** fare ammenda di, riparare a (*una colpa*).
condor [ˈkɔndɔ:*], *n.* (*zool., Vultur gryphus*) condor, condore.
to conduce [kənˈdju:s], *v. i.* contribuire, portare (a); dare (*un risultato*); essere causa (di): **Wealth does not always c. to happiness**, la ricchezza non sempre porta alla felicità.
conducive [kənˈdju:siv], *a.* che contribuisce (a); che è causa (di): **Fresh air is c. to health**, l'aria aperta contribuisce alla buona salute.

conduct

conduct ['kɔndəkt], *n.* **1** condotta; direzione; guida; contegno; portamento; gestione; modo di condurre (*affari, ecc.*): **the c. of an examination**, il modo di condurre un esame; **the c. of business**, la gestione degli affari **2** (*arte*) trattamento; esecuzione. ● (*leg.*) **c. money**, (denaro pagato a un testimone come) rimborso per spese di viaggio □ (*mil.*) **regimental c. sheet**, foglio disciplinare (*delle punizioni*) □ **safe-c.**, salvacondotto.
to conduct [kən'dʌkt], *A v. t.* **1** condurre (*anche elettr., fis.*); guidare; dirigere, amministrare, gestire (*un'azienda, ecc.*): **Metals c. heat and electricity**, i metalli conducono il calore e l'elettricità **2** convogliare; trasportare: **These pipes c. water**, questi tubi convogliano l'acqua **3** (*mus.*) dirigere (*un'orchestra, un concerto, ecc.*). *B v. i.* (*mus.*) fare il direttore d'orchestra. **to conduct oneself** *C v.* rifl. comportarsi, condursi (*bene, male, ecc.*). ● **to c. business**, occuparsi d'affari; fare affari □ **to c. a business**, dirigere un'azienda □ **to c. an experiment**, eseguire un esperimento □ (*mil.*) **to c. a siege**, comandare (*o* condurre) un assedio □ **conducted tour**, visita turistica guidata.
conductance [kən'dʌktəns], *n.* (*elettr., mecc.*) conduttanza.
conductibility [kən,dʌkti'biliti], *n.* (*elettr., fis.*) conducibilità; conduttività.
conductible [kən'dʌktibl], *a.* (*elettr., fis.*) conduttivo.
conduction [kən'dʌkʃən], *n.* **1** (*fis.*) conduzione (*d'elettricità, calore, ecc.*) **2** (*idrica*) convogliamento (*d'acque*).
conductive [kən'dʌktiv], *a.* (*elettr., fis.*) conduttivo; conduttore: **c. coating**, rivestimento conduttivo. ● (*elettr.*) **c. coupling**, accoppiamento diretto.
conductivity [,kɔndʌk'tiviti], *n.* (*elettr., fis.*) conducibilità; conduttività; conduttanza specifica.
conductor [kən'dʌktə*], *n.* **1** capo; guida; direttore d'azienda **2** direttore d'orchestra (*o* d'un coro) **3** controllore, bigliettaio (*d'autobus, tram, ecc.*) **4** (*USA*) conduttore, controllore (*di treno; cfr. ingl. guard*) **5** (*fis.*) conduttore: **Metals are good conductors**, i metalli sono buoni conduttori (*d'elettricità*). ● (*edil.*) **c. pipe**, pluviale □ (*elettr., ferr.*) **c. rail**, terza rotaia □ **lightning c.**, parafulmine.
conductorship [kən'dʌktəʃip], *n.* (*mus.*) direzione (d'orchestra).
conductress [kən'dʌktris], *n.* bigliettaia; controllore (*donna*).
conduit ['kɔndit], *n.* **1** condotto, conduttura, tubazione (*delle acque*) **2** tubo protettivo (*per fili elettrici*) **3** passaggio segreto.
condyle ['kɔndil], *n.* (*anat.*) condilo.
condyloid ['kɔndilɔid], *a.* (*anat.*) condiloideo.
cone [koun], *n.* **1** (*acustica, geom., mecc.; di gelato, d'un vulcano, ecc.*) cono **2** (*bot.: frutto delle conifere, anche* **pine c.**) cono; pigna **3** (*meteorologia*) cono, cesto (*usato come segnale di cattivo tempo*) **4** (*ind. tessile*) cono; bobina conica; rocca **5** (*geol.*) cono; conoide (*di deiezione*). ● (*mecc.*) **c. clutch**, frizione a cono □ (*mecc.*) **c. key**, chiavetta conica □ (*costr.*) **c. valve**, diffusore a cono □ **ice-cream c.**, cono gelato.
to cone [koun], *A v. t.* dare forma conica a (q.c.). *B v. i.* (*bot.*) produrre pigne. ● (*d'un aeroplano*) **to be coned**, essere centrato dai riflettori del nemico.
Conestoga wagon ['kɔnəstougə 'wægən], *n.* (*stor. USA*) carro (*dei pionieri*).
coney ['kouni], *V.* **cony**.
confab ['kɔnfæb], *n.* (*abbr. fam. di* **confabulation**) chiacchierata.
to confab ['kɔnfæb], *v. i.* (*fam.*) chiacchierare.
to confabulate [kən'fæbjuleit], *v. i.* conversare; chiacchierare.
confabulation [kən,fæbju'leiʃən], *n.* conversazione familiare; chiacchierata; confabulazione (*scherz.*).
confabulatory [kən'fæbjulətəri], *a.* discorsivo; confabulatorio.
confection [kən'fekʃən], *n.* **1** composizione (*con ingredienti diversi*); miscela **2** confettura; confetto **3** confezione; indumento bell'e fatto (*specialm. da donna*) **4** (*farm.*) preparato galenico **5** (*fig.*) cosa (*libro, film, ecc.*) poco seria *o* priva d'importanza **6** (*pl.*) dolciumi.
to confection [kən'fekʃən], *v. t.* **1** preparare (*confetture, dolciumi, ecc.*) **2** confezionare, fabbricare (*abiti*).
confectionary [kən'fekʃənəri], *A a.* di pasticceria; dolciario. *B n.* **1** confettiera **2** confetteria; dolciumi.
confectioner [kən'fekʃənə*], *n.* pasticciere; confettiere. ● (*USA*) **c.'s sugar**, zucchero a velo.
confectionery [kən'fekʃnəri], *n.* **1** pasticceria; confetteria **2** dolciumi; confettiera **3** industria dolciaria.
confederacy [kən'fedərəsi], *n.* **1** confederazione; lega; alleanza **2** cospirazione; congiura **3** (*leg.*) collusione **4** — (*stor. USA*) **the C.**, la Confederazione sudista.
confederate [kən'fedərit], *A a. e n.* confederato; alleato. *B n.* **1** cospiratore; congiurato **2** (*leg.*) complice **3** — (*stor. USA*) **C.**, confederato; aderente alla Confederazione.
to confederate [kən'fedəreit], *A v. t.* confederare; unire in confederazione. *B v. i.* **1** confederarsi; allearsi **2** cospirare; complottare.
confederation [kən,fedə'reiʃən], *n.* **1** il confederarsi; l'allearsi

2 confederazione; alleanza; lega. ● (*stor. USA*) **the C.**, la Confederazione sudista.
confederative [kən'fedərətiv], *a.* confederativo; confederale.
to confer [kən'fə:*], *A v. t.* conferire; assegnare; dare (*un titolo, una carica, ecc.*): **Tomorrow the king will c. several titles of nobility**, domani il re conferirà diversi titoli nobiliari. *B v. i.* — **to c. with sb.**, conferire con q.; consultarsi con q.
conference ['kɔnfərəns], *n.* **1** consultazione; rapporto; consulto; colloquio; abboccamento: **Our teacher is now in c. with the headmaster**, il nostro insegnante è ora a rapporto dal preside **2** convegno; congresso; conferenza (*diplomatica*): **The c. will be held at Vienna**, la conferenza si terrà a Vienna **3** (*fin., polit.*) riunione; discussione **4** (*sport USA*) lega **5** (*relig.*) assemblea annuale della Chiesa Metodista. ● **c. of doctors**, consulto medico □ **c. room**, sala riunioni.
conferential [,kɔnfə'renʃəl], *a.* **1** consultivo **2** relativo a convegno (*o* conferenza, riunione, ecc.).
conferment [kən'fə:mənt], *n.* conferimento (*di titolo, di carica*).
conferrable [kən'fə:rəbl], *a.* conferibile.
to confess [kən'fes], *v. t. e i.* **1** confessare; ammettere; riconoscere: **I c. that I did it** (*o* **I c. to doing it**), ammetto d'averlo fatto io; **I c. myself a traditionalist**, confesso d'essere un tradizionalista; **to c. to an offence**, riconoscersi colpevole di un reato **2** (*relig.*) confessare, confessarsi: **to c. one's sins**, confessare i propri peccati. ● **to stand confessed as a liar** (**a traitor, etc.**), trovarsi smascherato come bugiardo (traditore, ecc.) □ (*prov.*) **A fault confessed is half redressed**, peccato confessato è mezzo perdonato.
confessant [kən'fesənt], *n.* (*relig.*) chi si confessa; penitente.
confessedly [kən'fesidli], *avv.* per ammissione spontanea; per confessione propria.
confession [kən'feʃən], *n.* **1** confessione (*anche relig.*); ammissione; riconoscimento **2** dichiarazione; professione: **a c. of faith**, una professione di fede. ● **auricular c.**, confessione auricolare □ (*relig.*) **to go to c.**, (andare a) confessarsi.
confessional [kən'feʃənl], *A a.* (*anche relig.*). confessionale: **c. schools**, scuole confessionali. *B n.* (*relig.*) confessionale.
confessionalism [kən'feʃənəlizəm], *n.* confessionalismo.
confessionary [kən'feʃənəri], *a.* (*relig.*) confessionale.
confessionist [kən'feʃənist], *n.* (*stor. relig.*) confessionista.
confessor [kən'fesə*], *n.* **1** chi confessa, ammette, riconosce (q.c.) **2** (*relig.*) confessore **3** (*relig.*) confessore della fede (*detto dei Santi*).
confetti [kən'feti(:)] (*ital.*), *n. pl.* **1** confetti; confetti di gesso **2** coriandoli.
confidant [,kɔnfi'dænt], *n.* confidente; amico intimo.
confidante [,kɔnfi'dænt], *n.* confidente; amica intima.
to confide [kən'faid], *A v. t.* **1** confidare (*un segreto, ecc.*) **2** affidare: **The defense of our country is confided to the Armed Forces**, la difesa del nostro paese è affidata alle forze armate. *B v. i.* **1** confidare, aver fiducia (in q.): **to c. in God**, confidare in Dio **2** confidarsi (con q.).
confidence ['kɔnfidəns], *n.* **1** fiducia; familiarità; intimità; confidenza: **to be in sb.'s c.**, godere la fiducia di q. **2** (*anche* **self-c.**) fiducia in se stesso; sicurezza di sé; (*anche*) presunzione, baldanza: **He is full of c.**, è pieno di fiducia in se stesso. ● **c. crisis**, crisi di fiducia □ **c. man** (*o* **c. trickster**), truffatore □ (*USA*) **c. trick** (*USA*) **c. game**), truffa all'americana □ (*polit.*) **motion of no c.**, mozione di sfiducia □ **to take sb. into one's c.**, accordare fiducia a q. □ **to tell st. in (strict) c.**, dire q.c. in confidenza (*o* in segreto, in via strettamente confidenziale) □ (*polit.*) **vote of c.**, voto di fiducia □ (*polit.*) **vote of no c.** (*o* **no c. vote**), voto di sfiducia.
confident ['kɔnfidənt], *A a.* **1** fidente; fiducioso; confidente; che confida: **He is c. of winning the race**, confida di vincere la corsa **2** sicuro di sé; (*anche*) presuntuoso, baldanzoso: **He speaks in a c. manner**, parla come uno che è sicuro di sé. *B n.* confidente; amico intimo.
confidential [,kɔnfi'denʃəl], *a.* **1** segreto; riservato: **c. information**, informazioni riservate; **a c. agent**, un agente segreto **2** che si fida; fiducioso **3** di fiducia; fidato. ● **c. books and documents**, archivio segreto □ **c. secretary**, segretario privato; segretario particolare.
confidentiality [,kɔnfiden'ʃiæliti], **confidentialness** [,kɔnfi'denʃəlnis], *n.* **1** riservatezza (*di un'informazione, ecc.*) **2** l'essere fiducioso, il fidarsi (di q.).
confiding [kən'faidiŋ], *a.* fiducioso; senza sospetto.
configuration [kən,figju'reiʃən], *n.* **1** configurazione (*del suolo, ecc.*); conformazione; struttura **2** (*astron.*) configurazione (*dei pianeti*) **3** (*mat.*) configurazione.
to configure [kən'figə*], *v. t.* rappresentare; configurare (*raro*).
confine ['kɔnfain], *n.* (*di solito al pl.*) confine, frontiera (*anche fig.*); linea divisoria, limite. (*V. anche* **confinement**).
to confine [kən'fain], *v. t.* **1** confinare; imprigionare; relegare; costringere (*q. a letto, in casa, ecc.*) **2** limitare; restringere: **C. your**

account to the facts, limita il tuo resoconto ai fatti; **I shall c. myself to saying that...**, mi limiterò a dire che... ● (*mil.*) **to c. a soldier to barracks**, consegnare un soldato □ **to be confined**, essere costretto (*a letto, a casa, ecc.*); (*di donna*) essere in puerperio; essere prossima a partorire.
confined [kən'faɪnd], *a.* **1** limitato; ristretto: **in a c. space**, in uno spazio ristretto **2** (*di donna*) in puerperio; prossima a partorire.
confinement [kən'faɪnmənt], *n.* **1** (*leg.*) confino; prigionia; relegazione; reclusione; ricovero in manicomio **2** limitazione; restrizione **3** l'esser costretto (*a letto, in casa, ecc.*) **4** (*di donna*) ricovero per parto. ● (*mil.*) **c. to barracks**, consegna (*punizione*) □ (*leg.*) **close** (*o* **solitary**) **c.**, segregazione cellulare.
to confirm [kən'fəːm], *v. t.* **1** rafforzare: **This confirms my determination**, questo rafforza la mia decisione **2** confermare: **The news has been confirmed**, la notizia è stata confermata **3** ratificare: **The treaty will be soon confirmed**, il trattato sarà presto ratificato **4** (*relig.*) cresimare.
confirmand ['kɒnfəˌmænd], *n.* (*relig.*) cresimando.
confirmation [ˌkɒnfə'meɪʃən], *n.* **1** rafforzamento **2** conferma; confermazione (*lett.*) **3** ratifica **4** (*relig.*) confermazione; cresima.
confirmative [kən'fəːmətɪv], **confirmatory** [kən'fəːmətəri], *a.* confermativo; che afferma; che tende ad affermare.
confirmed [kən'fəːmd], *a.* **1** inveterato; cronico: **a c. habit**, un'abitudine inveterata; **a c. disease**, una malattia cronica **2** impenitente; incallito; recidivo: **a c. bachelor**, uno scapolo impenitente; **a c. criminal**, un delinquente recidivo.
confirmee [ˌkɒnfə'miː], *n.* (*relig.*) cresimato.
confiscable [kən'fɪskəbl], *a.* **1** confiscabile **2** requisibile.
to confiscate ['kɒnfɪskeɪt], *v. t.* **1** confiscare **2** requisire; sequestrare.
confiscation [ˌkɒnfɪs'keɪʃən], *n.* **1** confisca **2** requisizione; sequestro. ● (*leg.*) **c. of property**, confisca di beni.
confiscator ['kɒnfɪskeɪtə*], *n.* confiscatore; chi requisisce.
confiscatory [kən'fɪskətəri], *a.* (che ha carattere) di confisca.
conflagration [ˌkɒnflə'greɪʃən], *n.* conflagrazione (*anche fig.*).
to conflate [kən'fleɪt], *v. t.* combinare, fondere insieme (*testi letterari, ecc.*).
conflation [kən'fleɪʃən], *n.* (*letter.*) conflazione; fusione (*di testi*).
conflict ['kɒnflɪkt], *n.* **1** conflitto (*anche fig.*); battaglia; lotta; contrasto: **a c. of ideas (of interests)**, un conflitto di idee (d'interessi); (*leg.*) **c. of powers**, conflitto di poteri (*o* d'attribuzioni); **to be in c. with**, essere in contrasto con **2** (*polit., econ.*) conflittualità: **continual** (*o* **permanent**) **c.**, conflittualità permanente.
to conflict [kən'flɪkt], *v. i.* **1** essere in conflitto (*o* in contrasto); contrastare (con q.c.) **2** contendere; lottare.
conflicting [kən'flɪktɪŋ], *a.* contrastante; in conflitto; contraddittorio: **c. emotions**, emozioni contrastanti; (*leg.*) **c. evidence**, prove contraddittorie.
confliction [kən'flɪkʃən], *n.* l'essere in conflitto (*o* in contrasto).
conflictual [kən'flɪktjʊəl], *a.* conflittuale.
confluence ['kɒnflʊəns], *n.* **1** confluenza (*d'acque, di strade, ecc.*); (*fig.*) convergenza **2** punto di confluenza; fiume collettore **3** concorso di gente; folla.
confluent ['kɒnflʊənt], **A** *a.* confluente; (*fig.*) che converge: **c. streams**, corsi d'acqua confluenti. **B** *n.* confluente (*fiume*).
conflux ['kɒnflʌks], *n.* (*lett.*) confluenza.
to conform [kən'fɔːm], **A** *v. t.* conformare; adattare. **B** *v. i.* **1** accordarsi; concordare; corrispondere: **The play conformed to my expectation**, il dramma corrispose alla mia aspettativa **2** conformarsi; adeguarsi: **You must c. to the law**, devi conformarti alla legge **3** aderire ai principi della Chiesa Anglicana.
conformability [kənˌfɔːmə'bɪlɪti], *n.* **1** conformità; consentaneità **2** accordo; corrispondenza **3** docilità; obbedienza; malleabilità (*fig.*).
conformable [kən'fɔːməbl], *a.* **1** conforme; simile; consentaneo **2** adatto; corrispondente **3** docile; obbediente; malleabile (*fig.*) **4** (*geol.*) concordante.
conformably [kən'fɔːməbli], *avv.* in maniera conforme; in conformità (*a un desiderio, ecc.*).
conformance [kən'fɔːməns], *n.* conformità; conformismo.
conformation [ˌkɒnfɔː'meɪʃən], *n.* **1** conformazione (*anche cnim., fis.*); struttura **2** adattamento.
conformational [ˌkɒnfɔː'meɪʃnl], *a.* (*fis.*) conformazionale.
conformism [kən'fɔːmɪzəm], *n.* (*anche relig.*) conformismo.
conformist [kən'fɔːmɪst], *n.* (*anche relig.*) conformista.
conformity [kən'fɔːmɪti], *n.* **1** conformità; consentaneità **2** accordo; corrispondenza **3** docilità; obbedienza **4** (*relig.*) conformismo. ● **in c. with**, in conformità di (*o* a), aderendo a (*desideri, ecc.*).
to confound [kən'faʊnd], *v. t.* **1** confondere (*in ogni senso*) **2** rendere perplesso; disorientare; sconcertare: **His success confounded them**, il suo successo li sconcertò (*arc.*) mandare in rovina (*progetti, speranze*); sconfiggere (*nemici*) **4** (*arc.*) umiliare; svergognare. ● **C. it!**, accidenti! □ **C. you!**, va' al diavolo!; va' in malora!
confounded [kən'faʊndɪd], *a.* **1** confuso; perplesso; disorientato **2** maledetto; detestabile: **That c. fool!**, quel maledetto stupido!
confraternity [ˌkɒnfrə'təːnɪti], *n.* **1** (*relig.*) confraternita **2** associazione professionale **3** lega; congrega.
confrere, confrère ['kɒnfrɛə*], *n.* **1** confratello **2** collega.
to confront [kən'frʌnt], *v. t.* **1** essere, stare di fronte a; incontrare faccia a faccia: **My house confronts theirs**, la mia casa è di fronte alla loro; **We are still confronted with the problem of galloping inflation**, abbiamo ancora di fronte il problema dell'inflazione galoppante **2** affrontare; far fronte a: **to c. danger (a problem, a question)**, affrontare il pericolo (un problema, una questione) **3** mettere (q.) di fronte a (*o* a confronto di): **He had to c. his accusers in court**, dovette sostenere il confronto con i suoi accusatori in tribunale **4** confrontare; collazionare.
confrontation [ˌkɒnfrən'teɪʃən], *n.* **1** confronto (*specialm. di imputati, ecc.*) **2** (*polit.*) contestazione.
confrontationist [ˌkɒnfrən'teɪʃnɪst], **A** *a.* (*arte, polit.*) che va contro corrente; anticonformista; contestativo. **B** *n.* (*polit.*) contestatore.
Confucian [kən'fjuːʃən], *a. e n.* (*relig.*) confuciano.
Confucianism [kən'fjuːʃənɪzəm], *n.* (*relig.*) confucianesimo.
Confucius [kən'fjuːʃəs], *n.* (*stor., relig.*) Confucio.
to confuse [kən'fjuːz], *v. t.* **1** confondere (*in ogni senso*) **2** rendere perplesso; disorientare; sconcertare. ● **to become** (*o* **to get**) **confused**, confondersi; rimanere perplesso.
confusedness [kən'fjuːzɪdnɪs], *n.* confusione; l'essere confuso.
confusing [kən'fjuːzɪŋ], *a.* che confonde; che disorienta.
confusion [kən'fjuːʒən], *n.* **1** confusione (*in ogni senso*) **2** imbarazzo; vergogna **3** (*arc.*) sconfitta. ● **C.!**, maledizione! □ **covered with c.**, assai confuso, imbarazzato; coperto di vergogna.
confusional [kən'fjuːʒənəl], *a.* (*psic.*) confusionale.
confutable [kən'fjuːtəbl], *a.* confutabile.
confutation [ˌkɒnfjuː'teɪʃən], *n.* confutazione.
confutative [kən'fjuːtətɪv], *a.* confutativo.
to confute [kən'fjuːt], *v. t.* confutare; ribattere.
Cong [kɒŋ], *n.* (*abbr. fam. di* **Vietcong**) Vietcong.
conga ['kɒŋgə], *n.* (*mus.*) conga.
conge [kɒndʒ], *n.* (*ind. alimentare*) conca.
congé ['kɔ̃ːnʒeɪ], *n.* **1** congedo; commiato **2** (*arc.*) inchino (*di commiato*). ● **He gave me my c.**, mi congedò.
to congé ['kɔ̃ːnʒeɪ], *v. t. e i.* congedare, congedarsi; accomiatare, accomiatarsi.
to congeal [kən'dʒiːl], *v. t. e i.* **1** congelare, congelarsi: **to c. water (into ice)**, congelare l'acqua **2** (*fig.*) agghiacciare, raggelare; agghiacciarsi, raggelarsi: **His blood was congealed by fear**, gli si raggelò il sangue dalla paura **3** (*fig.*) irrigidire, irrigidirsi; paralizzare, paralizzarsi **4** solidificare, solidificarsi; coagulare, coagularsi: (*metall.*) **congealed solution**, soluzione solida **5** (*anche polit.*) congelare.
congealable [kən'dʒiːləbl], *a.* congelabile.
congealment [kən'dʒiːlmənt], *n.* **1** congelamento **2** coagulazione; solidificazione.
congee, to congee ['kɒndʒiː], *V.* **congé, to congé**.
congelation [ˌkɒndʒɪ'leɪʃən], *n.* **1** congelazione **2** coagulazione; solidificazione **3** sostanza congelata (*o* coagulata).
congener ['kɒndʒɪnə*], **A** *a.* congenere (*anche biol.*); affine; consimile. **B** *n.* **1** persona (*o* cosa) congenere **2** (*biol.*) congenere.
congeneric [ˌkɒndʒɪ'nerɪk], *a.* congenere (*anche biol.*); affine.
congenerous [kən'dʒenərəs], *a.* congenere (*anche biol.*); affine.
congenial [kən'dʒiːnjəl], *a.* **1** (*di cosa*) congeniale; adatto; che va a genio; gradito: **a c. study**, uno studio congeniale; **a c. job (employment)**, un lavoro (un impiego) adatto, gradito **2** (*di persona*) affine; che ha gli stessi gusti e interessi **3** (*fam.*) amabile; simpatico.
congeniality [kənˌdʒiːnɪ'ælɪti], *n.* **1** congenialità **2** affinità (*d'indole, gusti, interessi*) **3** (*fam.*) amabilità; simpatia.
congenital [kən'dʒenɪtl], *a.* congenito: **a c. disease**, una malattia congenita. ● (*fig.*) **a c. liar**, un bugiardo nato.
conger ['kɒŋgə*], *n.* (*zool.*, *Conger conger*; *anche* **c. eel**) congro; grongo; anguilla di mare.
congeries [kən'dʒɪərɪːz], *n.* (*invar. al pl.*) congerie.
to congest [kən'dʒest], **A** *v. t.* congestionare (*anche fig.*); ingorgare. **B** *v. i.* congestionarsi.
congested [kən'dʒestɪd], *a.* congestionato: (*med.*) **a c. organ**, un organo congestionato; **a c. street**, una strada congestionata (*di traffico*). ● **a c. district**, una regione eccessivamente popolata.
congestion [kən'dʒestʃən], *n.* **1** (*med.*) congestione **2** (*fig.*) con-

congestive

gestione; ingorgo: **the c. of road traffic**, la congestione del traffico stradale.
congestive [kənˈdʒestiv], *a.* (*med.*) congestivo; congestizio.
to conglobate [ˈkɔŋgloubeit], *v. t. e i.* conglobare, conglobarsi.
conglobate [ˈkɔŋgloubeit], *a.* conglobato.
conglobation [ˌkɔŋglouˈbeiʃən], *n.* conglobazione.
to conglobulate [kənˈglɔbjuleit], *v. i.* **1** conglobarsi **2** (*fin.*) fondersi.
conglobulation [kənˌglɔbjuˈleiʃən], *n.* **1** conglobazione **2** (*fin.*) concentrazione, fusione (*d'aziende*).
to conglomerate [kənˈglɔməreit], *v. t. e i.* conglomerare, conglomerarsi.
conglomerate [kənˈglɔmərit], **A** *a.* **1** conglomerato **2** (*geol.*) di conglomerazione. **B** *n.* **1** (*anche geol.*) conglomerato **2** (*fin.*) gruppo di controllo (*di diverse aziende più piccole*).
conglomeration [kənˌglɔməˈreiʃən], *n.* conglomerazione.
to conglutinate [kənˈgluːtineit], **A** *v. t.* conglutinare; agglutinare. **B** *v. i.* conglutinarsi; agglutinarsi.
conglutination [kənˌgluːtiˈneiʃən], *n.* (*anche med.*) conglutinazione; conglutinamento.
congrats [kənˈgræts], *inter.* (*fam.*) congratulazioni!
congratulant [kənˈgrætjulənt], **A** *a.* gratulatorio. **B** *n.* chi si congratula.
to congratulate [kənˈgrætjuleit], **A** *v. t.* congratularsi: **I c. you on your success**, mi congratulo con te per il tuo successo. **to congratulate oneself** *v. rifl.* rallegrarsi; felicitarsi.
congratulations [kənˌgrætjuˈleiʃənz], *n. pl.* congratulazioni.
congratulative [kənˈgrætjulitiv], *a.* gratulatorio; congratulatorio.
congratulator [kənˈgrætjuleitə*], *n.* chi si congratula.
congratulatory [kənˈgrætjulətəri], *a.* gratulatorio; congratulatorio; di congratulazione: **a c. speech**, un discorso di congratulazione.
to congregate [ˈkɔŋgrigeit], **A** *v. t.* congregare; adunare. **B** *v. i.* congregarsi; adunarsi; raccogliersi.
congregation [ˌkɔŋgriˈgeiʃən], *n.* **1** congregazione (*in ogni senso*); assembramento **2** assemblea; riunione (*di fedeli in chiesa, di docenti universitari, ecc.*) **3** (*relig.*) comunità congregazionalista **4** (*Bibbia*) gli Ebrei.
congregational [ˌkɔŋgriˈgeiʃənl], *a.* **1** di (*o* simile a) congregazione **2** — (*relig.*) **C.**, congregazionalista (*V.* **Congregationalism**). ● **c. worship**, culto pubblico.
Congregationalism [ˌkɔŋgriˈgeiʃnəlizəm], *n.* (*relig.*) congregazionalismo (*setta protestante*).
Congregationalist [ˌkɔŋgriˈgeiʃnəlist], *a. e n.* (*relig.*) congregazionalista (*V.* **Congregationalism**).
congress [ˈkɔŋgres], *n.* **1** riunione; assemblea; incontro **2** congresso; conferenza (*diplomatica*): **a C. of mathematicians**, un congresso di matematici; **the C. of Vienna**, il Congresso di Vienna **3** associazione: **C. of Industrial Organizations**, Associazione delle Organizzazioni Industriali **4** the **C.**, il Congresso (*le due Camere legislative degli Stati Uniti*).
congressional [kənˈgreʃənl], *a.* **1** d'un congresso; congressuale: **c. records**, atti congressuali **2** —, del Congresso (*degli Stati Uniti*). ● (*USA*) **C. district**, collegio elettorale □ (*USA*) **C. Record**, (rivista che pubblica gli) atti del Congresso.
Congressman [ˈkɔŋgresmæn], *n.* (*pl.* **Congressmen**) (*USA*) membro del congresso (*specialm. della camera dei deputati; se donna,* **Congresswoman**) **2** — (*come titolo*) **C.**, onorevole.
congruence [ˈkɔŋgruəns], **congruency** [ˈkɔŋgruənsi], *n.* **1** (*anche mat.*) congruenza; corrispondenza; proporzionalità **2** convenienza; l'essere adatto (*o* appropriato) **3** (*gramm.*) concordanza.
congruent [ˈkɔŋgruənt], *a.* **1** congruente, congruo (*anche mat., geom.*); corrispondente; proporzionato: **c. numbers**, numeri congrui **2** (*gramm.*) in concordanza; concordato (con q.c.).
congruity [kɔŋˈgruːiti], *n.* **1** congruenza, congruità (*anche mat.*); rispondenza; armonia: **the c. between form and matter**, la rispondenza tra forma e contenuto **2** convenienza; appropriatezza.
congruous [ˈkɔŋgruəs], *a.* congruo; conveniente; adeguato; rispondente.
congruousness [ˈkɔŋgruəsnis], *n.* congruità.
conic [ˈkɔnik], (*geom.*) **A** *a.* conico. **B** *n.* (*anche* **c. section**) (sezione) conica.
conical [ˈkɔnikəl], *a.* (*geom.*) conico. ● (*mecc.*) **c. bearing**, cuscinetto a rulli conici.
conicalness [ˈkɔnikəlnis], *n.* conicità.
conidium [kəˈnidiəm] (*lat.*), *n.* (*pl.* **conidia**) (*bot.*) conidio.
conifer [ˈkounifə], *n.* (*bot.*, *Coniferae*) conifera.
coniferous [kouˈnifərəs], *a.* (*bot.*) conifero: **c. plants**, piante conifere.
coniform [ˈkounifɔːm], *a.* (fatto) a cono; conico.
coni(i)ne [ˈkouniːin], *n.* (*chim.*) conina.

conjecturable [kənˈdʒektʃərəbl], *a.* congetturabile.
conjectural [kənˈdʒektʃərəl], *a.* **1** congetturale **2** propenso a far congetture.
conjecture [kənˈdʒektʃə*], *n.* congettura.
to conjecture [kənˈdʒektʃə*], *v. t. e i.* congetturare; far congetture.
to conjoin [kənˈdʒɔin], *v. t. e i.* congiungere, congiungersi; combinare, combinarsi; collegare, collegarsi; associare, associarsi.
conjoint [ˈkɔndʒɔint], *a.* congiunto; combinato; collegato.
conjugable [ˈkɔndʒugəbl], *a.* coniugabile.
conjugal [ˈkɔndʒugəl], *a.* coniugale: **c. rights**, diritti coniugali.
conjugality [ˌkɔndʒuˈgæliti], *n.* stato coniugale.
to conjugate [ˈkɔndʒugeit], **A** *v. t.* **1** (*gramm.*) coniugare **2** (*biol.*) accoppiare. **B** *v. i.* **1** (*biol.*) coniugarsi **2** (*raro*) accoppiarsi.
conjugate [ˈkɔndʒugit], **A** *a.* **1** (*biol., bot., mat.*) coniugato; accoppiato **2** (*di parola*) che deriva dalla stessa radice. **B** *n.* **1** qualsiasi cosa coniugata (*per es., un cromosoma, una foglia, un angolo, ecc.*) **2** parola derivante dalla stessa radice (*di un'altra*) **3** (*mat.*) asse coniugato.
conjugation [ˌkɔndʒuˈgeiʃən], *n.* **1** congiunzione; unione; accoppiamento **2** (*gramm., biol.*) coniugazione.
conjugational [ˌkɔndʒuˈgeiʃənl], *a.* di congiunzione; di coniugazione.
conjunct [kənˈdʒʌŋkt], *a. e n.* (individuo, oggetto) congiunto, combinato, collegato, associato.
conjunction [kənˈdʒʌŋkʃən], *n.* **1** congiunzione (*anche gramm., astron.*) combinazione; unione **2** concomitanza; coincidenza: **the c. of events**, la concomitanza degli eventi. ● **in c. with**, in combinazione con; insieme con.
conjunctional [kənˈdʒʌŋkʃənl], *a.* di congiunzione, ecc. (*V.* **conjunction**).
conjunctiva [ˌkɔndʒʌŋkˈtaivə], *n.* (*pl.* **conjunctivas, conjunctivae**) (*anat.*) congiuntiva.
conjunctival [ˌkɔndʒʌŋkˈtaivl], *a.* (*anat.*) congiuntivale.
conjunctive [kənˈdʒʌŋktiv], **A** *a.* **1** (*biol.*) connettivo: **c. tissue**, tessuto connettivo **2** (*gramm.*) congiuntivo: **c. mood**, modo congiuntivo. **B** *n.* (*gramm.*) **1** congiunzione **2** (modo) congiuntivo.
conjunctivitis [kənˌdʒʌŋktiˈvaitis], *n.* (*med.*) congiuntivite.
conjunctural [kənˈdʒʌŋktʃərəl], *a.* congiunturale.
conjuncture [kənˈdʒʌŋktʃə*], *n.* **1** congiuntura (*anche fig.*); giuntura; concomitanza; unione **2** combinazione d'eventi o di circostanze; circostanza (*o* situazione) critica; (brutto) frangente (*fig.*).
conjuration [ˌkɔndʒuəˈreiʃən], *n.* **1** scongiuro; invocazione solenne **2** incantesimo; magia; evocazione (*di spiriti*); esorcismo.
to conjure (1) [kənˈdʒuə*], *v. t.* scongiurare; supplicare: **He conjured me to help him**, mi scongiurò d'aiutarlo.
to conjure (2) [ˈkʌndʒə*], **A** *v. i.* **1** fare incantesimi; esercitare la magia **2** fare giochi di prestigio. **B** *v. t.* **1** evocare (*spiriti, il demonio, ecc.*): **He tried to c. the spirit of Napoleon**, tentò di evocare lo spirito di Napoleone **2** far apparire, far sparire (q.c.) come in un gioco di prestigio. ● **to c. away**, far sparire; far svanire: **The music conjured away my troubles**, la musica fece sparire le mie preoccupazioni □ **to c. out**, esorcizzare; fare uscire: **The priest conjured the devil out of the woman**, il prete esorcizzò la donna liberandola dal demonio □ **to c. up**, evocare (*uno spirito*); rievocare (*alla memoria*): **The scene conjured up visions of his boyhood**, la scena gli rievocò alla memoria visioni dell'infanzia □ (*fig.*) **a name to c. with**, il nome di una persona molto influente.
conjurer (1), conjuror [kənˈdʒuərə*], *n.* chi scongiura; scongiuratore (*lett.*); chi supplica.
conjurer (2), conjuror [ˈkʌndʒərə*], *n.* **1** mago; stregone **2** prestigiatore; prestidigitatore **3** (*fig.*) aquila, cima (*fig.*).
conk [kɔŋk], *n.* (*pop.*) **1** naso **2** testa; botta sulla testa **3** (*moda*) stiratura (*dei capelli*).
to conk (1) [kɔŋk], *v. t.* **1** (*pop.*) picchiare sulla testa **2** (*moda*) stirare (*i capelli*).
to conk (2) [kɔŋk], *v. i.* (*fam.*, *anche* **to c. out**) guastarsi; incepparsi.
conked out [ˌkɔŋkt ˈaut], *a.* (*pop.*) sfasciato; sgangherato.
conker [ˈkɔŋkə*], *n.* **1** (*fam.*) castagna d'India **2** (*pl.*) gioco infantile con le castagne d'India.
conky [ˈkɔŋki], **A** *a.* (*pop.*) nasuto. **B** *n.* nasone.
conn [kɔn], *n.* *V.* **con** (4).
to conn [kɔn], *v. t.* *V.* **to con** (2).
connate [ˈkɔneit], *a.* **1** innato; congenito; connaturato **2** (*biol.*) unito congenitamente; connato (*raro*).
connatural [kəˈnætʃurəl], *a.* **1** connaturato; congenito **2** connaturale; conforme alla natura (di q.) **3** di natura affine.
to connect [kəˈnekt], **A** *v. t.* **1** connettere; collegare: **A ship canal connects the two towns**, un canale navigabile collega le due città; **The Piccadilly line connects central London to Heathrow Airport**,

la linea Piccadilly collega il centro di Londra con l'aeroporto di Heathrow; **to c. an idea with another**, connettere un'idea con un'altra **2** associare l'idea di (*q.c. con un'altra*): **We c. orange blossoms with weddings**, associamo l'idea dei fiori di arancio con quella del matrimonio **3** mettere in comunicazione (telefonica): **The operator will c. you with Rome**, la centralinista vi metterà in comunicazione con Roma; **to be connected with the wrong person**, essere messo in comunicazione con un numero sbagliato **4** (*elettr.*) collegare; attaccare; inserire **5** (*mecc.*) collegare; accoppiare. **B** *v. i.* **1** connettersi; collegarsi **2** essere in (*o fare*) coincidenza con: **This train connects with the Manchester train at London**, questo treno è in coincidenza a Londra con quello per Manchester. **to connect oneself C** *v. rifl.* **1** associarsi, mettersi in relazione (con q.) **2** imparentarsi (con q.). ● **to c. the telephone**, allacciare il telefono □ (*elettr.*) **to c. the wires**, collegare i fili □ (*elettron.*) **connecting circuit**, circuito di connessione □ (*elettr.*) **connecting plug**, spina di contatto □ (*mecc.*) **connecting rod**, biella.

connected [kə'nektid], *a.* **1** collegato; connesso **2** imparentato **3** coerente: **Will you please give me a c. account of the whole story?**, per favore, vuoi farmi un resoconto coerente dell'intera faccenda? ● **to be connected (with)**, essere in relazione (con); essere imparentato (con): **He is connected with the Foreign Office**, è in relazione con il Ministero degli Esteri; **He is connected with the prime minister by marriage**, è imparentato con il primo ministro per matrimonio □ **to be well-c.**, conoscere le persone giuste (*o che contano*); essere bene ammanigliato (*fam.*).

connectedness [kə'nektidnis], *n.* **1** associazione (*d'idee*); concatenazione **2** coerenza.

connecter [kə'nektə*], *V.* **connector**.

connectible [kə'nektəbl], *a.* che si può connettere (*o collegare*).

connection [kə'nekʃən], *n.* **1** (*anche elettr.*) connessione; collegamento: **telephone c.**, collegamento telefonico **2** tubo (*o tubazione*) di collegamento; (*mecc.*) attacco: **hot-water connections**, tubazioni di collegamento per l'acqua calda; **pipe c.**, attacco d'un tubo **3** associazione; nesso; relazione, rapporto: **I think there is a c. between advertising and sales**, credo che ci sia un rapporto tra pubblicità e vendite; **What is the c. between food and health?**, che nesso c'è fra il cibo e la salute?; **business connections**, rapporti d'affari **4** caso; circostanza; contesto: **in this c.**, in questo caso **5** (*di solito al pl.*) conoscenza, conoscente; amicizia, amico; parente (*specialm. acquisito per matrimonio*): **He is a man with good connections**, è un uomo che ha conoscenze (*o parenti*) autorevoli, importanti **6** (*ferr., ecc.*) coincidenza: **Owing to the strike I missed my c.**, a causa dello sciopero persi la coincidenza **7** (*comm.*) clientela: **This shop has a good c. in the town**, questo negozio ha una buona clientela in città **8** (*pl.*) persone collegate, associate (*in affari, politica, ecc.*) **9** comunità; setta religiosa: **the Baptist c.**, la setta battista **10** (*elettr.*) connessione; contatto **11** (*tel.*) collegamento **12** (*polit., spionaggio*) collegamento; pista; caso complesso, intrigo internazionale (*con molte connivenze*) **13** (*pop.*) spacciatore (*di droga*). ● (*leg.*) **criminal c.** (*abbr.* **crim. con.**), rapporti sessuali illeciti □ **in c. with**, con riferimento a; in rapporto con; insieme con.

connectional [kə'nekʃənl], *a.* di connessione; di collegamento.

connective [kə'nektiv], **A** *a.* **1** che connette, collega **2** (*scient.*) connettivo; connettivale: **c. tissue**, tessuto connettivo. **B** *n.* (*linguistica*) connettivo.

connector [kə'nektə*], *n.* **1** (*mecc.*) connettore **2** (*elettron.*) cercatore di chiamata **3** (*elettr.*) (morsetto) serrafili **4** (*linguistica*) connettivo.

connexion [kə'nekʃən], *V.* **connection**.

conning tower ['kɔniŋ,tauə*], *n.* (*marina mil.*) **1** torre di comando **2** torretta (*di sommergibile*).

conniption [kə'nipʃən], *n.* (*fam. USA, spesso* **c. fit**) attacco di bile; isterismo.

connivance [kə'naivəns], *n.* (*anche leg.*) connivenza.

to connive [kə'naiv], *v. i.* **1** cospirare **2** essere connivente: **He connived at his friend's escape**, egli fu connivente nella fuga del suo amico **3** chiudere gli occhi (*su una colpa, ecc.*); tollerare.

connivent [kə'naivənt], *a.* (*biol.*) connivente.

conniver [kə'naivə*], *n.* (*anche leg.*) connivente.

conniving [kə'naiviŋ], *a.* (*anche leg.*) connivente.

connoisseur [,kɔni'sə:*], *n.* conoscitore; intenditore.

connotation [,kɔnou'teiʃən], *n.* **1** implicazione; significato implicito (*di una parola*); connotazione **2** (*linguistica*) connotazione.

connotative [kɔ'nouteitiv], *a.* (*filos., linguistica*) connotativo.

to connote [kɔ'nout], *v. t.* **1** implicare un significato (*in aggiunta a quello lessicale*); suggerire (*o racchiudere*) l'idea di **2** (*in senso lato*) significare **3** (*filos.*) connotare.

connubial [kə'nju:bjəl], *a.* coniugale.

connubiality [kə,nju:bi'æliti], *n.* stato coniugale.

conoid ['kounoid], (*geom.*) **A** *a.* conoidale. **B** *n.* conoide.

conoidal [kou'nɔidl], *a.* (*geom.*) conoidale.

to conquer ['kɔŋkə*], *v. t.* **1** conquistare (*un paese, un territorio, ecc.*) **2** vincere; sconfiggere; sgominare: **You must c. your passions**, devi vincere le tue passioni; **to c. an enemy**, sgominare un nemico **3** soggiogare; domare (*fig.*) **4** superare (*una difficoltà*). ● (*fig.*) **to stoop to c.**, umiliarsi per ottenere un trionfo.

conquerable ['kɔŋkərəbl], *a.* **1** conquistabile **2** che si può vincere.

conqueror ['kɔŋkərə*], *n.* conquistatore; vincitore. ● (*stor.*) **(William) the C.**, (Guglielmo) il Conquistatore.

conquest ['kɔŋkwest], *n.* conquista (*in ogni senso*). ● **the (Norman) C.**, la conquista dell'Inghilterra da parte dei Normanni (1066) □ **to make a c. of sb.**, conquistare q.; guadagnarsi la stima di q.

Conrad ['kɔnræd], *n.* Corrado.

consanguine [kɔn'sæŋgwin], **consanguineous** [,kɔnsæŋ'gwiniəs], *a.* **1** consanguineo **2** (*fig.*) strettamente affine.

consanguinity [,kɔnsæŋ'gwiniti], *n.* **1** consanguineità **2** (*fig.*) stretta affinità.

conscience ['kɔnʃəns], *n.* coscienza: **to have a good** (*o* **clear**) **c.**, avere la coscienza pulita; **to have a bad** (*o* **guilty**) **c.**, avere la coscienza sporca (*o una cattiva coscienza*). ● (*leg.*) **c. clause**, clausola di coscienza □ **c. money**, somma di denaro che si paga o restituisce (*specialm. nell'anonimato: per es., in riparazione d'una evasione fiscale*) □ **c.-smitten** (*o* **c.-stricken**), preso dal rimorso □ **for c.' sake**, per sgravio di coscienza □ **to have the c. to do st.**, avere l'impudenza (*fam.: il coraggio*) di fare q.c. □ **to have st. on one's c.**, avere q.c. sulla coscienza □ **in all c.**, in coscienza; (*fam.*) in verità □ **to make st. a matter of c.**, fare di q.c. un caso di coscienza □ **to set one's c. at rest**, mettersi la coscienza in pace.

conscienceless ['kɔnʃənslis], *a.* senza coscienza; privo di scrupoli.

conscientiousness [,kɔnʃi'enʃəsnis], *n.* coscienziosità.

conscious ['kɔnʃəs], *a.* **1** consapevole; conscio; cosciente; che ha coscienza: **He is c. of his shortcomings**, è conscio delle sue manchevolezze; **He is c. that he is wrong**, è consapevole d'essere dalla parte del torto; **Man is a c. animal**, l'uomo è un animale cosciente; **The dying man was still c.**, il moribondo era ancora cosciente **2** deliberato; consapevole; di cui si ha coscienza: **c. guilt**, colpa di cui si ha coscienza **3** (*anche* **self-c.**) troppo consapevole delle proprie manchevolezze; imbarazzato; timido; affettato; innaturale. ● (*di un malato*) **to become c.**, riprendere coscienza.

consciousness ['kɔnʃəsnis], *n.* **1** consapevolezza **2** (*filos., psic.*) coscienza; (il) conscio. ● **to lose c.**, perdere la coscienza (*o i sensi*) □ **moral c.**, coscienza (*capacità di giudizio morale*) □ **to recover** (*o* **to regain**) **c.**, riprendere coscienza (*o conoscenza*).

conscript ['kɔnskript], **A** *n.* coscritto; soldato di leva. **B** *a.* coscritto: **c. fathers**, padri coscritti (*i Senatori dell'antica Roma*).

to conscript [kən'skript], *v. t.* (*mil.*) coscrivere; arruolare.

conscription [kən'skripʃən], *n.* coscrizione; arruolamento. ● **c. of wealth**, tassazione straordinaria (*in tempo di guerra*).

consecrate ['kɔnsikrit], *a.* consacrato.

to consecrate ['kɔnsikreit], *v. t.* consacrare (*anche fig.*); dedicare: **He consecrated his life to art**, consacrò la sua vita all'arte.

consecration [,kɔnsi'kreiʃən], *n.* **1** consacrazione (*in ogni senso*): **the c. of a bishop**, la consacrazione d'un vescovo **2** (*fig.*) dedizione.

consecrator ['kɔnsikreitə*], *n.* consacratore.

consecratory [,kɔnsi'kreitəri], *a.* che consacra; consacratore.

consecution [,kɔnsi'kju:ʃən], *n.* **1** consecuzione; nesso (logico); conseguenza **2** successione (*d'eventi*) **3** (*gramm.*) consecuzione.

consecutive [kən'sekjutiv], *a.* **1** consecutivo (*anche gramm.*); di seguito: (*gramm.*) **a c. clause**, una proposizione consecutiva; **We stopped there three c. days**, ci fermammo lì tre giorni di seguito **2** conseguente; coerente; ben connesso.

consecutively [kən'sekjutivli], *avv.* consecutivamente; di seguito. ● **to number enclosures c.**, numerare progressivamente gli allegati.

consecutiveness [kən'sekjutivnis], *n.* qualità d'esser consecutivo.

consenescence [,kɔnsi'nesəns], *n.* senescenza.

consensual [kən'senʃuəl], *a.* **1** (*leg.*) consensuale **2** (*fisiologia*) riflesso: **c. movements**, movimenti riflessi.

consensus [kən'sensəs], *n.* **1** consentimento (*lett.*); accordo **2** consenso generale; unanimità **3** opinione generale.

to consent [kən'sent], *v. i.* acconsentire; consentire: **I won't c. to his leaving**, non gli consentirò di partire; **to c. to a proposal**, acconsentire a una proposta.

consent [kən'sent], *n.* **1** consenso; (*comm.*) benestare **2** consentimento (*lett.*); parere favorevole. ● (*leg.*) **c. of the Court**, omologazione del tribunale □ (*leg.*) **age of c.**, la maggiore età (*a cui si può consentire legalmente a rapporti sessuali*) □ **by general** (*o* **common**) **c.**, per unanime consenso □ **with one c.**, all'unanimità □ (*prov.*) **Silence gives c.**, chi tace acconsente.

consentaneity [kənˌsentəˈneiti], *n.* **1** consentaneità **2** unanimità.

consentaneous [ˌkɔnsənˈteiniəs], *a.* **1** consentaneo **2** unanime.

consentaneousness [ˌkɔnsənˈteiniəsnis], *V.* **consentaneity**.

consentient [kənˈsenʃiənt], *a.* **1** consenziente **2** unanime.

consequence [ˈkɔnsikwəns], *n.* **1** conseguenza; conclusione; risultato (*logico*) **2** nesso (*logico*); connessione (*di fatti, ecc.*) **3** deduzione; illazione **4** importanza; rilievo; peso: **It is a matter of slight** (**of no**) **c.**, è cosa di poca (*di nessuna*) importanza. ● **in c.**, di conseguenza; perciò □ **in c. of**, a causa di □ **to be a person of c.**, essere una persona importante □ **to take the consequences**, subire le conseguenze.

consequent [ˈkɔnsikwənt], **A** *a.* **1** conseguente; derivante; risultante **2** che segue in connessione (*o* in nesso logico); conseguenziale; coerente **3** (*filos., mat.*) conseguente. **B** *n.* **1** conseguenza; risultato **2** deduzione; illazione **3** (*gramm.*) apodosi (*di discorso ipotetico*) **4** (*filos., mat.*) conseguente.

consequential [ˌkɔnsiˈkwenʃəl], *a.* **1** che consegue; che deriva; conseguente; derivante: **You must pay for your error and c. damages**, devi pagare per il tuo errore e i danni che ne sono derivati **2** conseguenziale; coerente **3** (*di persona*) pieno di sé; borioso; presuntuoso; tronfio **4** importante; che ha un (certo) peso.

consequentiality [ˌkɔnsikwenˈʃiæliti], *n.* **1** conseguenza (*di un ragionamento*); coerenza **2** boria; presunzione; prosopopea.

consequently [ˈkɔnsikwəntli], *avv.* di conseguenza; perciò; dunque.

conservable [kənˈsəːvəbl], *a.* conservabile.

conservancy [kənˈsəːvənsi], *n.* **1** conservazione; preservazione; tutela (*del patrimonio forestale, ecc.*) **2** commissione di controllo (*di un porto, ecc.*): **the Thames C.**, la commissione di controllo del Tamigi.

conservation [ˌkɔnsə(ː)ˈveiʃən], *n.* conservazione; preservazione (*delle risorse naturali, ecc.*); tutela (*del patrimonio forestale, ecc.*).

conservationist [ˌkɔnsəˈveiʃənist], *n.* (*ecologia*) conservazionista; fautore della preservazione della natura.

conservatism [kənˈsəːvətizəm], *n.* (*polit.*) conservatorismo.

conservative [kənˈsəːvətiv], **A** *a.* **1** conservativo; conservatorio **2** (*polit.*) conservatore: **the C. party**, il partito conservatore; **a c. policy**, una politica conservatrice; **c. views**, idee conservatrici **3** cauto; moderato; prudente; prudenziale: **a c. investment**, un investimento prudente. **B** *n.* (*anche polit.*) conservatore.

conservatoire [kənˈsəːvətwaː*] (*franc.*), *n.* **1** (*mus.*) conservatorio **2** scuola d'arte (*o* di recitazione).

conservator [ˈkɔnsə(ː)veitə*], *n.* **1** preservatore; tutore: (*in G.B.*) **the conservators of the peace**, i tutori della pace (*il Sovrano, il Lord Cancelliere, ecc.*) **2** conservatore (*di boschi, animali selvatici, ecc.*) **3** sovrintendente (*di museo, ecc.*) **4** (*leg.*) tutore.

conservatory [kənˈsəːvətri], *n.* **1** serra (*per piante*) **2** (*mus.*) conservatorio **3** scuola d'arte (*o* di recitazione).

conserve [kənˈsəːv], *n.* (*di solito al pl.*) conserva (*di frutta*); marmellata.

to conserve [kənˈsəːv], *v. t.* conservare; mettere (*frutta*) in conserva.

conshy [ˈkɔnʃi], *V.* **conchy**.

to consider [kənˈsidə*], **A** *v. t.* **1** considerare (*con la mente*); giudicare; reputare: **All things considered, I will accept the offer**, tutto considerato, accetterò l'offerta; **We c. experience in this field an essential qualification**, noi reputiamo che l'esperienza in questo campo sia un requisito essenziale **2** dare il debito peso a; tener conto di: **We must c. his lack of experience**, dobbiamo tener conto della sua mancanza d'esperienza **3** aver considerazione (*o* riguardo) per; rispettare: **We must c. their wishes**, dobbiamo rispettare i loro desideri **4** prendere in considerazione: **Would you c. taking up this job?**, prenderesti in considerazione l'accettazione di questo impiego? **B** *v. i.* considerare; meditare; riflettere.

considerable [kənˈsidərəbl], *a.* **1** considerabile; degno di considerazione: **a c. proposal**, una proposta degna di considerazione **2** considerevole; notevole; importante: **a c. success**, un notevole successo.

considerably [kənˈsidərəbli], *avv.* notevolmente; assai; parecchio: **It is c. warmer today**, oggi fa assai più caldo.

considerate [kənˈsidərit], *a.* sollecito; premuroso; riguardoso.

considerateness [kənˈsidəritnis], *n.* sollecitudine; premura.

consideration [kənˌsidəˈreiʃən], *n.* **1** considerazione; riflessione **2** conto (*in cui si tiene q.c.*) **3** fattore; motivo; ragione: **Money is an important c. in this case**, il denaro è un fattore importante in questo caso; **on** (*o* **under**) **no c.**, per nessun motivo; in nessun caso **4** rimunerazione; pagamento; indennità: **He would do anything for a c.**, farebbe qualsiasi cosa se lo pagassero **5** riguardo; sollecitudine; premura: **He doesn't show any c. for his mother's feelings**, non mostra alcun riguardo per i sentimenti di sua madre; **out of c. for his age**, per riguardo alla sua età **6** (*comm.*) indennità; provvigione: **an agreed c. of two per cent**, una provvigione stipulata al due per cento **7** (*raro*) importanza **8** (*leg.*) corrispettivo: **in c. of st.**, come corrispettivo di q.c.; **for a money c.**, per una somma di denaro (*data in cambio di q.c.*). ● **in c. of**, in considerazione di; in vista di; a causa di; in cambio di □ **to take st. into c.**, prendere q.c. in considerazione; tenere conto di q.c. □ **under c.**, in esame: **His request is still under c.**, la sua richiesta è ancora in esame □ (*leg.*) **without c.**, a titolo gratuito.

considered [kənˈsidəd], *a.* **1** meditato; ponderato **2** considerato; stimato. ● **all things c.**, tutto considerato; tutto sommato.

considering [kənˈsidəriŋ], **A** *prep.* in considerazione di; tenendo conto di; in vista di: **He is to be excused, c. his youth**, bisogna compatirlo, in considerazione della sua giovinezza. **B** *cong.* considerato che.

to consign [kənˈsain], *v. t.* **1** (*comm.*) consegnare; spedire: **The goods will be consigned by ship**, la merce sarà spedita per nave **2** affidare: **to c. one's soul to God**, affidare l'anima a Dio **3** depositare (*denaro in banca*) **4** assegnare (*a uno scopo o all'uso di q.*) **5** (*mil.*) consegnare: **consigned to barracks**, consegnato. ● **to c. goods to an agent**, spedire merce a un agente in conto deposito □ **to be consigned to prison**, essere associato alle carceri.

consignation [ˌkɔnsaiˈneiʃən], *n.* **1** (*comm.*) consegna, spedizione (*di merce*) **2** pagamento (*di una somma di denaro*) all'incaricato della riscossione. ● (*di merce spedita*) **to the c. of**, all'indirizzo di.

consignee [ˌkɔnsaiˈniː], *n.* (*comm.*) **1** consegnatario; depositario **2** destinatario (*di merci*): **at the c.'s risk**, a rischio del destinatario.

consigner [kənˈsainə*], *n.* (*comm.*) **1** mittente (*di merci*) **2** committente; chi invia merce in conto deposito.

consignment [kənˈsainmənt], *n.* (*comm.*) **1** consegna in conto deposito **2** spedizione; invio; merce spedita; partita (*di merce*): **c. note**, bollettino di spedizione; (*ferr.*) lettera di vettura. ● **c. sale**, vendita in commissione □ (*di merce*) **on c.**, (fornito) con diritto di resa (*contratto estimatorio*).

consignor [kənˈsainə*], *V.* **consigner**.

consilience [kənˈsiliəns], *n.* concordanza (*di constatazioni derivate dall'osservazione di fenomeni diversi*).

consilient [kənˈsiliənt], *a.* concordante (*V.* **consilience**).

to consist [kənˈsist], *v. i.* **1** — **to c. of**, constare di; essere composto di **2** — **to c. in**, consistere in: **Wisdom does not c. only in knowing things**, la saggezza non consiste solamente nel possedere nozioni **3** — **to c. with**, accordarsi con; essere in armonia con: **What you say does not c. with the facts**, quello che tu dici non s'accorda con i fatti.

consistence [kənˈsistəns], **consistency** [kənˈsistənsi], *n.* **1** consistenza; solidità; densità **2** concordanza; accordo: **There is no c. in these accounts**, non c'è concordanza in questi conti **3** (*fig.*; *sempre* **consistency**) coerenza; costanza; fermezza.

consistent [kənˈsistənt], *a.* **1** che è in armonia (con); compatibile (con): **Hurry is not c. with serious work**, la fretta non è compatibile con un lavoro serio **2** coerente; costante: **c. behaviour**, condotta coerente; **a c. economic policy**, una politica economica coerente.

consistorial [ˌkɔnsisˈtɔːriəl], *a.* (*relig.*) concistoriale.

consistory [kənˈsistəri], *n.* (*relig.*) concistoro. ● **C. Court**, tribunale diocesano (*di un vescovo anglicano*).

to consociate [kənˈsouʃieit], **A** *a.* consociato; associato. **B** *n.* consocio; socio.

to consociate [kənˈsouʃieit], *v. t. e i.* consociare, consociarsi; associare, associarsi.

consociation [kənˌsouʃiˈeiʃən], *n.* consociazione; associazione.

consolable [kənˈsouləbl], *a.* consolabile.

consolation [ˌkɔnsəˈleiʃən], *n.* consolazione: **a poor c.**, una magra consolazione. ● (*sport*) **c. prize**, premio di consolazione.

consolatory [kənˈsɔlətəri], *a.* consolatorio; di conforto.

to console [kənˈsoul], *v. t.* consolare; confortare.

console [ˈkɔnsoul] (*franc.*), *n.* **1** (*archit.*) mensola ornamentale **2** (*anche* **c. table**) tavola sostenuta da mensole; console **3** console; banco (*o* quadro, tavolo) di comando (*di elaboratore, laboratorio linguistico, ecc.*) **4** mobiletto (*per la radio o la TV*). ● **c. operator**, consolista.

to consolidate [kənˈsɔlideit], *v. t. e i.* **1** (*anche fig.*) consolidare, consolidarsi; rafforzare, rafforzarsi **2** combinare; unificare; fondere, fondersi: **to c. territories**, unificare territori; **to c. banks** (**business firms, etc.**), fondere banche (società commerciali, ecc.) **3** (*fin.*) consolidare: **to c. a debt**, consolidare un debito. ● (*fin.*)

consolidated annuities, titoli consolidati; (il) consolidato □ (*USA*) **consolidated school**, gruppo di scuole sotto un'unica amministrazione.
consolidation [kənˌsɔliˈdeiʃən], *n.* **1** (*anche fig.*) consolidamento; rafforzamento **2** fusione (*di aziende*) **3** (*leg.*) riunione di azioni giudiziarie **4** (*fin.*) consolidazione, consolidamento (*del debito pubblico*).
consolidator [kənˈsɔlideitə*], *n.* consolidatore.
consolidatory [kənˌsɔliˈdeitəri], *a.* che serve a consolidare.
consols [kənˈsɔlz], *n. pl.* (*abbr. di* **consolidated annuities**) (*fin.*, *in G.B.*) titoli consolidati; (il) consolidato.
consommé [kənˈsɔmei] (*franc.*), *n.* consommé; brodo ristretto.
consonance [ˈkɔnsənəns], *n.* **1** (*mus., poesia, linguistica*) consonanza **2** (*fig.*) consonanza; armonia; accordo.
consonant (1) [ˈkɔnsənənt], *a.* **1** consono; conforme; concorde: **actions c. with one's promises**, atti consoni alle proprie promesse **2** (*mus., poesia*) consonante **3** (*di suono*) armonioso.
consonant (2) [ˈkɔnsənənt], *n.* (*fon.*) consonante; suono consonantico.
consonantal [ˌkɔnsəˈnæntl], *a.* (*fon.*) consonantico.
consonantism [ˈkɔnsənəntizəm], *n.* (*fon.*) consonantismo.
consort [ˈkɔnsɔːt], *n.* **1** consorte; coniuge: **prince c.**, principe consorte **2** (*naut.*) nave che naviga di conserva con un'altra.
to consort [kənˈsɔːt], *v. i.* **1** associarsi con; frequentare: **I don't want you to c. with hooligans**, non voglio che tu frequenti teppisti **2** accordarsi, concordare, andare d'accordo con: **The plates of this book c. admirably with the text**, le tavole fuori testo di questo libro si accordano mirabilmente con il materiale a stampa.
consortium [kənˈsɔːtjəm] (*lat.*), *n.* (*pl.* **consortia, consortiums**) **1** (*econ.*) consorzio **2** (*marketing*) attività consortile **3** (*leg.*) consorzio coniugale; matrimonio.
conspecific [ˌkɔnspiˈsifik], *a.* (*biol.*) della stessa specie.
conspectus [kənˈspektəs], *n.* **1** panorama; rassegna **2** prospetto; sommario.
conspicuity [ˌkɔnspiˈkjuiti], *V.* **conspicuousness**.
conspicuous [kənˈspikjuəs], *a.* **1** evidente; bene in vista; lampante: **a c. mistake**, un errore lampante; **a c. tower**, una torre bene in vista **2** cospicuo; che attira l'attenzione; notevole; che dà nell'occhio; vistoso: **He is c. for his courage**, è notevole per il suo coraggio; **a c. dress**, un vestito vistoso. ● (*sociologia*) **c. consumption**, esibizionismo consumistico □ **to make oneself c.**, farsi notare; richiamare l'attenzione su di sé.
conspicuousness [kənˈspikjuəsnis], *n.* **1** l'essere ben visibile; evidenza **2** cospicuità; vistosità.
conspiracy [kənˈspirəsi], *n.* **1** cospirazione; congiura; complotto **2** (*leg.*) collusione **3** (*fig.*) coalizione. ● **c. of silence**, congiura del silenzio; omertà.
conspirator [kənˈspirətə*], *n.* cospiratore; congiurato.
conspiratorial [kənˌspirəˈtɔːriəl], *a.* di (*o* da) cospiratore; relativo a una cospirazione; cospirativo.
conspiratress [kənˈspirətris], *n.* cospiratrice.
to conspire [kənˈspaiə*], **A** *v. i.* **1** cospirare; complottare **2** (*fig.*) concorrere; contribuire: **Circumstances c. to cause his downfall**, le circostanze contribuiscono a determinare il suo tracollo. **B** *v. t.* macchinare; tramare.
constable [ˈkʌnstəbl], *n.* **1** (*stor.*) conestabile, connestabile **2** (*stor.*) governatore (*di castello, di città fortificata*) (*anche* **police c.**) poliziotto; agente; guardia; vigile urbano. ● **Chief C.**, capo della polizia d'una contea □ **High C. of England** (*o* **Lord High C.**), Gran Conestabile (*nella Corte d'Inghilterra*) □ **rural c.**, guardia campestre □ **special c.**, cittadino che, in certe occasioni, presta servizio di polizia.
constabulary [kənˈstæbjuləri], **A** *a.* di poliziotto; di polizia. **B** *n.* **1** corpo di polizia **2** (*collett.*) (i) poliziotti (*d'un distretto*).
Constance [ˈkɔnstəns], *n.* Costanza.
constancy [ˈkɔnstənsi], *n.* costanza; fermezza; perseveranza: **c. of faith**, costanza nella fede; **c. of purpose**, fermezza di propositi.
constant [ˈkɔnstənt], **A** *a.* costante; continuo; fedele; fermo; irremovibile, perseverante; risoluto: **c. sorrow**, dolore costante; **a c. reader**, un lettore costante; un lettore fedele (*d'un giornale o rivista*). **B** *n.* **1** costante; elemento (*o* fattore) costante **2** (*mat., fis., ecc.*) costante: **c. of friction**, costante d'attrito; **decay c.**, costante di decadimento.
constantan [ˈkɔnstəntən], *n.* (*chim.*) costantana (*verga di rame e nickel*).
Constantine [ˈkɔnstəntain], *n.* Costantino.
Constantinople [ˌkɔnstæntiˈnoupl], *n.* (*geogr.*) Costantinopoli.
to constellate [ˈkɔnstəleit], *v. t. e i.* **1** formare una costellazione **2** (*fig.*) costellare; cospargere; raggruparsi.
constellation [ˌkɔnstəˈleiʃən], *n.* **1** (*astron.*) costellazione **2** (*fig.*) gruppo: **a c. of beautiful women**, un gruppo di belle donne.
to consternate [ˈkɔnstə(ː)neit], *v. t.* **1** costernare **2** atterrire.
consternation [ˌkɔnstə(ː)ˈneiʃən], *n.* **1** costernazione **2** terrore.

to constipate [ˈkɔnstipeit], *v. t.* (*med.*) costipare; rendere stitico.
constipated [ˈkɔnstipeitid], *a.* costipato; stitico.
constipating [ˈkɔnstipeitiŋ], *a.* (*med.*) costipante. ● **a c. drug**, un costipante.
constipation [ˌkɔnstiˈpeiʃən], *n.* (*med.*) costipazione; stipsi; stitichezza.
constituency [kənˈstitjuənsi], *n.* **1** (*polit.*) collegio elettorale (*gli elettori e il distretto*) **2** gruppo di sostenitori, abbonati (*a un giornale, ecc.*).
constituent [kənˈstitjuənt], **A** *a.* **1** costituente; che compone: (*polit.*) **c. assembly**, assemblea costituente; **c. parts**, parti che compongono un tutto **2** che ha diritto di voto (*in un collegio elettorale*). **B** *n.* **1** (*polit.*) elettore (*d'un certo collegio*) **2** elemento componente; parte essenziale.
to constitute [ˈkɔnstitjuːt], *v. t.* **1** costituire; formare; fondare; stabilire; comporre: **to c. a committee**, costituire un comitato; **Twelve people c. a jury**, dodici persone costituiscono una giuria **2** dare un ordinamento a (*un'assemblea*); dare un regolamento a (*procedimenti parlamentari, ecc.*) **3** nominare; eleggere: **They constituted him their spokesman**, lo nominarono loro portavoce. ● **He is strongly constituted**, ha una costituzione (fisica) di ferro.
constitution [ˌkɔnstiˈtjuːʃən], *n.* **1** costituzione (*in ogni senso*). **Italy has a written c.**, l'Italia ha una costituzione scritta; **He has a poor c.**, è di gracile costituzione **2** conformazione (mentale); carattere; indole; temperamento **3** composizione; struttura. ● (*stor.*) **the Constitutions of Clarendon (1164)**, le Costituzioni di Clarendon (*sotto Enrico II*).
constitutional [ˌkɔnstiˈtjuːʃənl], **A** *a.* **1** (*med.*) costituzionale: **c. strength**, robustezza costituzionale; **c. disease**, malattia costituzionale **2** ricostituente: **a c. medicine**, un ricostituente **3** (*polit.*) costituzionale; sancito dalla costituzione: **c. rights**, diritti sanciti dalla costituzione **4** innato; del temperamento; del carattere. **B** *n.* passeggiata igienica. ● (*leg.*) **C. Court**, Corte Costituzionale.
constitutionalism [ˌkɔnstiˈtjuːʃənəlizəm], *n.* (*polit.*) **1** governo costituzionale **2** costituzionalismo.
constitutionalist [ˌkɔnstiˈtjuːʃənəlist], *n.* (*polit.*) costituzionalista.
constitutionality [ˌkɔnstitjuː(ː)ʃəˈnæliti], *n.* (*polit.*) costituzionalità.
to constitutionalize [ˌkɔnstiˈtjuːʃənəlaiz], **A** *v. t.* rendere costituzionale. **B** *v. i.* (*fam.*) fare una passeggiata igienica.
constitutive [ˈkɔnstitjuːtiv], *a.* **1** costitutivo; formativo **2** basilare; essenziale.
constitutor [ˈkɔnstitjuːtə*], *n.* costitutore; fondatore.
to constrain [kənˈstrein], *v. t.* **1** costringere; obbligare; forzare; vincolare (*fig.*): **I was constrained to accept their offer**, fui costretto ad accettare la loro offerta **2** strappare (*fig.*): **They constrained my consent**, mi strapparono il consenso **3** confinare; imprigionare; relegare.
constrained [kənˈstreind], *a.* **1** costretto; obbligato; vincolato (*fig.*) **2** forzato; innaturale; falso; impacciato: **in a c. voice**, con un tono di voce forzato; **a c. laugh**, una risata innaturale, falsa.
constraint [kənˈstreint], *n.* **1** costrizione; coercizione **2** limitazione; restrizione; relegamento **3** soggezione; imbarazzo; mancanza di naturalezza: **to feel (to show) c. in sb.'s presence**, provare (mostrare) imbarazzo al cospetto di q. ● **under c.**, per costrizione.
to constrict [kənˈstrikt], *v. t.* **1** comprimere; contrarre; restringere: **to c. a muscle**, contrarre un muscolo; **to c. a vein**, restringere una vena **2** inibire; reprimere; soffocare (*fig.*).
constricted [kənˈstriktid], *a.* ristretto; limitato; modesto: **a c. view of life**, vedute ristrette; prospettive limitate.
constriction [kənˈstrikʃən], *n.* **1** compressione; contrazione; restringimento **2** oppressione (*al petto, ecc.*) **3** inibizione; repressione.
constrictive [kənˈstriktiv], *a.* che comprime; che contrae; costrittivo.
constrictor [kənˈstriktə*], *n.* **1** (*anat.*) muscolo costrittore **2** (*zool., Boa constrictor; anche* **boa c.**) (serpente) boa.
to constringe [kənˈstrindʒ], *v. t.* stringere; comprimere; contrarre.
constringency [kənˈstrindʒənsi], *n.* capacità di comprimere (*o* di contrarre).
constringent [kənˈstrindʒənt], *a.* **1** che stringe, comprime, contrae **2** (*farm.*) astringente.
construable [kənˈstruːəbl], *a.* interpretabile; spiegabile.
to construct [kənˈstrʌkt], *v. t.* **1** costruire; edificare: **to c. a mathematical model**, costruire un modello matematico; **to c. a triangle**, costruire un triangolo **2** comporre; formulare: **to c. a drama**, comporre un dramma; **to c. a new hypothesis**, formulare una nuova ipotesi.
constructible [kənˈstrʌktəbl], *a.* costruibile.
construction [kənˈstrʌkʃən], *n.* **1** costruzione (*in ogni senso*);

constructional

edilizia: **c. firm**, impresa di costruzioni; **the c. boom**, il boom dell'edilizia **2** (*anche leg.*) interpretazione; spiegazione; senso: **This statute does not bear such a c.**, questa legge non ammette un'interpretazione simile **3** (*gramm.*) costrutto. ● **c. engineering**, (tecnica delle) costruzioni civili e grandi opere d'arte (*dighe, ponti, ecc.*) □ (*edil.*) **c. site**, cantiere □ **c. theory**, scienza delle costruzioni □ **to put a good (bad) c. upon st.**, interpretare qualche cosa in senso buono (cattivo).

constructional [kən'strʌkʃən], *a*. **1** di (*o* relativo a) costruzione: **c. defect**, difetto di costruzione **2** strutturale; originario. ● **c. engineer**, tecnico delle costruzioni; ingegnere civile.

constructive [kən'strʌktiv], *a*. **1** costruttivo; positivo: **c. criticism**, critica costruttiva; **c. suggestions**, suggerimenti positivi **2** di costruzione; strutturale **3** dedotto; presunto; implicito; (*leg.*) indiziario: **a c. denial (permission)**, un diniego (un permesso) implicito. ● (*ind.*) **c. industry**, edilizia □ (*rag.*) **c. value**, valore presunto.

constructor [kən'strʌktə*], *n*. **1** costruttore **2** (*anche* **naval c.**) sovrintendente alle costruzioni navali.

to construe [kən'stru:], **A** *v. t.* **1** (*gramm.*) costruire (*una frase, ecc.*); fare l'analisi di (*un periodo, ecc.*) **2** tradurre e commentare (*analizzando parola per parola*): **He cannot c. a Greek author**, non sa tradurre un autore greco **3** interpretare; spiegare: **His words were construed literally**, le sue parole furono interpretate alla lettera **4** dedurre; inferire; arguire. **B** *v. i.* **1** (*gramm.*) fare l'analisi logica **2** (*di un periodo, ecc.*) essere ben costruito; avere costrutto. ● (*d'un verbo*) **to be construed with**, reggere (*una preposizione*).

construe [kən'stru:], *n*. **1** (*gramm.*) analisi (*di una frase*) **2** traduzione letterale **3** passo tradotto e commentato (*sotto il profilo grammaticale*).

consubstantial [ˌkɔnsəb'stænʃəl], *a*. (*relig.*) consustanziale.

consubstantiality [ˌkɔnsəbstænʃi'æliti], *n*. (*relig.*) consustanzialità.

to consubstantiate [ˌkɔnsəb'stænʃieit], *v. t. e i.* (*relig.*) consustanziare, consustanziarsi.

consubstantiation ['kɔnsəbˌstænʃi'eiʃən], *n*. (*relig.*) consustanziazione.

consuetude ['kɔnswitju(:)d], *n*. consuetudine (*anche leg.*); costumanza; dimestichezza.

consuetudinary [ˌkɔnswi'tju:dinəri], **A** *a*. (*anche leg.*) consuetudinario: **c. law**, diritto consuetudinario. **B** *n*. (*relig.*) libro liturgico; rituale.

consul ['kɔnsəl], *n*. console (*in ogni senso*): **c. general**, console generale.

consulage ['kɔnsulidʒ], *n*. (*comm.*) diritti consolari.

consular ['kɔnsjulə*], *a*. consolare: **c. agent**, agente consolare; **c. charges** (*o* **c. fees**), diritti consolari; (*comm.*) **c. invoice**, fattura consolare.

consulate ['kɔnsjulit], *n*. consolato (*in ogni senso*).

consulship ['kɔnsəlʃip], *n*. consolato (*grado, ufficio, durata dell'ufficio*).

to consult [kən'sʌlt], **A** *v. t.* **1** consultare (*anche fig.*): **to c. a doctor (a solicitor, etc.)**, consultare un medico (un avvocato, ecc.); **to c. a book (a dictionary, etc.)**, consultare un libro (un dizionario, ecc.) **2** avere riguardo per; tener conto di: **We must c. his wishes**, dobbiamo tener conto dei suoi desideri. **B** *v. i.* consultarsi; chiedere consiglio (*o* parere). ● **to c. one's pillow**, pensarci su durante la notte **I advise you to c. your pillow**, la notte porta consiglio (*prov.*).

consultancy [kən'sʌltənsi], *n*. (*med.*) posto di medico specialista ospedaliero.

consultant [kən'sʌltənt], *n*. **1** consultatore **2** consulente **3** medico (*interno*) specialista **4** (*editoria*) collaboratore esterno.

consultation [ˌkɔnsəl'teiʃən], *n*. **1** consultazione **2** riunione (*per discutere q.c.*) **3** (*med.*) consulto: **to hold a c.**, tenere un consulto.

consultative [kən'sʌltətiv], *a*. consultivo; di consultazione.

consulting [kən'sʌltiŋ], *a*. consulente. ● **c. counsel**, avvocato consulente □ **c. engineer**, consulente tecnico □ **c. hours**, orario di visita □ **c. management engineer**, consulente in organizzazione aziendale □ **c. physician**, medico consulente □ **c. room**, studio (*di medico e sim.*); ambulatorio □ **c. service**, servizio di consulenza.

consultor [kən'sʌltə*], *n*. (*specialm. relig.*) consultore.

consumable [kən'sju:məbl], **A** *a*. consumabile. **B** *n. pl.* (*econ.*) beni di consumo.

to consume [kən'sju:m], **A** *v. t.* (*anche econ.*) consumare; (*del fuoco*) distruggere; sciupare; sperperare; sprecare: **to c. one's time (one's income, etc.)**, consumare il tempo (il proprio reddito, ecc.). **B** *v. i.* consumarsi (*fig.*); struggersi: **She is consuming with unrequited love**, ella si consuma di amore non corrisposto. ● **to be consumed by envy**, rodersi d'invidia □ **to be consumed with curiosity (desire, jealousy, etc.)**, struggersi dalla curiosità (dal desiderio, dalla gelosia, ecc.).

consumedly [kən'sju:midli], *avv*. eccessivamente; estremamente.

consumer [kən'sju:mə*], *n*. **1** (*anche econ.*) consumatore **2** utente. ● **c. cooperative**, cooperativa di consumo □ (*in G.B.*) **C. Council**, Ente per la tutela dei consumatori □ (*econ.*) **c. durables**, beni di consumo durevoli □ (*econ.*) **c. (*o* consumers') goods**, beni di consumo □ (*psic.*) **c. resistance**, apatia del cliente potenziale □ (*econ.*) **c. spending**, spese di consumo.

consumerism [kən'sju:mərizəm], *n*. **1** consumismo **2** movimento dei consumatori.

consumerist [kən'sju:mərist], *n*. **1** seguace del movimento dei consumatori **2** consumista.

consumeristic [kən'sju:mə'ristik], *a*. consumistico.

consummate [kən'sʌmit], *a*. consumato; completo; eccellente; perfetto: **a man of c. skill**, un uomo di consumata abilità; **a c. liar**, un perfetto bugiardo. ● **a c. politician**, un uomo politico abilissimo.

to consummate ['kɔnsʌmeit], *v. t.* **1** compiere; completare; coronare **2** consumare (*un matrimonio, un sacrificio, ecc.*)

consummation [ˌkɔnsʌ'meiʃən], *n*. **1** completamento; conclusione; coronamento (*di un'opera, ecc.*) **2** consumazione (*d'un matrimonio, ecc.*) **3** (*lett.*) fine; scopo; conclusione.

consummative ['kɔnsʌmeitiv], *a*. che compie, completa, corona (*un'opera, ecc.*).

consummator ['kɔnsʌmeitə*], *n*. chi compie, completa, ecc.

consummatory [kən'sʌmətəri], *a*. consumatorio: (*psic.*) **c. behaviour**, comportamento consumatorio.

consumption [kən'sʌmpʃən], *n*. **1** consumo: (*econ.*) **home c.**, consumo interno **2** (*med.*) consunzione; tubercolosi: **pulmonary c.**, tubercolosi polmonare; tisi **3** fine, distruzione (*del mondo*). **4** spreco; sciupio. ● (*econ.*) **c. goods**, beni di consumo □ (*fin.*) **c. tax**, imposta sui consumi □ **till the c. of the world**, fino alla consumazione dei secoli.

consumptive [kən'sʌmptiv], **A** *a*. **1** che consuma; che distrugge **2** (*med.*) tubercoloso; tubercolotico; tisico **3** (*econ.*) consuntivo; relativo al consumo (*o* ai consumi). **B** *n*. (*med.*) tubercoloso; tubercolotico.

consumptiveness [kən'sʌmptivnis], *n*. (*med.*) predisposizione alla tubercolosi.

contact ['kɔntækt], *n*. **1** contatto (*anche fig.*): **The pilot got in c. with his base**, il pilota entrò in contatto con la sua base **2** (*mat.*) punto d'incontro (*di linee, ecc.*) **3** (*med.*) portatore di germi **4** conoscenza; amicizia: **He made valuable contacts at the Democratic convention**, fece importanti conoscenze al congresso del partito democratico **5** (*elettr.*) contatto **6** (*sport*) scontro (*fra due giocatori*). ● (*elettr., autom.*) **c. breaker**, ruttore □ (*elettr.*) **c. clip**, ganascia di contatto □ (*aeron.*) **c. flight**, volo a vista □ (*aeron.*) **c. flying**, il volare a vista □ (*ottica*) **c. lenses**, lenti a contatto □ (*mil.*) **c. man**, «contact man»; intermediario □ (*mil.*) **c. mine**, mina a percussione □ (*ferr., elettr.*) **c. rail**, terza rotaia □ (*elettr.*) **c. to earth**, messa a terra □ **to bring into c.**, mettere in contatto □ (*elettr.*) **to make c.**, mettere (*o* stabilire) il contatto □ (*mil.*) **to make c. with the enemy**, prendere contatto col nemico □ (*naut.*) **sonar c.**, contatto a mezzo dell'ecogoniometro.

to contact [kən'tækt], *v. t. e i.* mettere, mettersi in contatto con (q.); contattare: **Remember to c. the manager**, ricordati di mettersi in contatto con il direttore.

contactor [ˌkɔn'tæktə*], *n*. (*elettr.*) contattore; teleruttore.

contagion [kən'teidʒən], *n*. contagio (*in ogni senso*): **the c. of panic**, il contagio del panico; **the c. of racial hatred**, il contagio dell'odio di razza.

contagious [kən'teidʒəs], *a*. **1** contagioso (*anche fig.*): **Laughter is c.**, il riso è contagioso **2** (*di persona*) portatore di contagio.

contagiousness [kən'teidʒəsnis], *n*. contagiosità.

to contain [kən'tein], *v. t.* **1** contenere; racchiudere; trattenere; frenare: **to c. an attack (inflation, etc.)**, contenere un attacco (l'inflazione, ecc.); **C. your anger!**, frena la tua ira! **2** (*mat.*) contenere; essere divisibile per: **Six contains two and three**, il sei è divisibile per due e per tre **3** (*anche geom.*) comprendere.

containable [kən'teinəbl], *a*. contenibile.

contained [kən'teind], *a*. **1** contenuto **2** (*fig.*) riservato; controllato.

container [kən'teinə*], *n*. **1** recipiente; contenitore **2** (*comm., naut.*) container; contenitore; cassa mobile.

containerization [kənˌteinərai'zeiʃən], *n*. (*comm.*) containerizzazione.

to containerize [kən'teinəraiz], *v. t.* (*comm.*) containerizzare.

containership [kən'teinəʃip], *n*. (*naut.*) nave (da carico) per container; porta-container.

containment [kən'teinmənt], *n*. **1** (*polit.*) contenimento **2** riserbo; ritegno.

contaminable [kən'tæminəbl], *a*. contaminabile.

to contaminate [kən'tæmineit], *v. t.* contaminare (*anche filol.*); in-

fettare; inquinare; (*fig.*) corrompere.
contamination [kənˌtæmiˈneiʃən], *n.* contaminazione (*anche filol.*); infezione; inquinamento; (*fig.*) corruzione.
contaminator [kənˈtæmineitə*], *n.* contaminatore.
contango [kənˈtæŋgou], *n.* (*pl.* **contangos, contangoes**) (*Borsa*) (interesse o premio di) riporto. ● **c. rate**, tasso (*o* corso) del riporto.
to contemn [kənˈtem], *v. t.* (*lett.*) spregiare; disprezzare.
contemner, contemnor [kənˈtemnə*], *n.* (*lett.*) spregiatore.
contemplable [kənˈtempləbl], *a.* **1** contemplabile; pensabile **2** prevedibile.
to contemplate [ˈkɔntempleit], **A** *v. t.* **1** contemplare; meditare; pensare: **I hope he doesn't c. leaving**, spero che non mediti di partire **2** prevedere; attendersi; aspettarsi: **to c. a purchase**, prevedere di fare un acquisto; **We don't c. any difficulties from his parents**, non ci attendiamo che sorgano difficoltà da parte dei suoi genitori **3** intendere; avere intenzione di; proporsi di: **They c. going abroad next summer**, hanno intenzione di andare all'estero la prossima estate. **B** *v. i.* meditare; riflettere.
contemplation [ˌkɔntemˈpleiʃən], *n.* **1** contemplazione; meditazione; riflessione **2** aspettativa; previsione **3** intenzione; progetto. ● (*di una cosa*) **in c.**, in progetto; allo studio.
contemplative [kənˈtemplətiv], **A** *a.* contemplativo; meditativo. **B** *n.* contemplativo. ● (*relig.*) **c. orders**, ordini contemplativi.
contemplativeness [kənˈtemplətivnis], *n.* l'esser contemplativo.
contemplator [ˈkɔntempleitə*], *n.* contemplatore.
contemporaneity [kənˌtempərəˈniːiti], *n.* contemporaneità.
contemporaneous [kənˈtempəˈreinjəs], *a.* contemporaneo.
contemporaneousness [kənˌtempəˈreinjəsnis], *n.* contemporaneità.
contemporary [kənˈtempərəri], **A** *a.* **1** contemporaneo; coevo **2** coetaneo **3** contemporaneo; moderno. **B** *n.* **1** contemporaneo **2** coetaneo **3** compagno; collega; commilitone (*con riferimento a un passato comune*): **We were contemporaries at school**, fummo compagni di scuola **4** (un) contemporaneo, (un) moderno (*per es.*, *uno scrittore, un pittore, un mobile*).
to contemporize [kənˈtempəraiz], **A** *v. t.* fare accadere contemporaneamente; sincronizzare. **B** *v. i.* accadere contemporaneamente.
contempt [kənˈtempt], *n.* **1** disprezzo; sprezzo; dispregio (*lett.*) **2** (*leg.*) vilipendio; oltraggio; disobbedienza (*all'ingiunzione d'un tribunale*) **3** (*leg., anche* **c. of court**) oltraggio alla corte **4** (*leg. USA, anche* **c. of Congress**) oltraggio al Congresso. ● **to fall into c.**, cadere in disprezzo □ **to have (to hold) in c.**, avere (tenere) in dispregio □ **in c. of danger**, con sprezzo del pericolo.
contemptibility [kənˌtemptəˈbiliti], *n.* spregevolezza.
contemptible [kənˈtemptəbl], *a.* spregevole; disprezzabile.
contemptibleness [kənˈtemptəblnis], *n.* spregevolezza.
contemptuous [kənˈtemptjuəs], *a.* sprezzante; sdegnoso.
contemptuousness [kənˈtemptjuəsnis], *n.* disprezzo; alterigia.
to contend [kənˈtend], *v. t. e i.* **1** contendere; combattere; battersi; lottare; gareggiare: **The French and the Germans have long contended for the Alsace-Lorraine**, francesi e tedeschi hanno combattuto a lungo per il possesso dell'Alsazia-Lorena **2** discutere; sostenere; controbattere: **He likes to c. about everything**, gli piace discutere su tutto **3** contrastare; essere in disaccordo. ● **contending feelings**, sentimenti contrastanti. ● (*leg.*) **the contending parties**, le parti litiganti; i contendenti.
contender [kənˈtendə*], *n.* contendente; concorrente.
content (1) [kənˈtent], *a. pred.* **1** ─ **c. with**, contento, pago, soddisfatto di **2** disposto; pronto: **I am c. to remain here**, sono disposto a rimanere qui. ● (*alla Camera dei Lord*) **c.**, sì; favorevole □ **not c.**, no; sfavorevole (*dichiarazioni di voto, cfr.* **ay, no** *alla Camera dei Comuni*) □ **well c.**, assai soddisfatto; arcicontento.
content (2) [kənˈtent], *n.* **1** contentezza; letizia; soddisfazione **2** voto favorevole **3** (*pl.*) votanti in favore (*d'una proposta di legge, ecc.*). ● (*di cose*) **to one's heart's c.**, in quantità; a sazietà.
to content [kənˈtent], **A** *v. t.* contentare; accontentare; soddisfare; appagare. **to content oneself (with)** **B** *v. rifl.* contentarsi (di); limitarsi (a): **He contented himself with threats**, si limitò a proferire minacce.
content (3) [ˈkɔntent], *n.* **1** (*di solito al pl.*) contenuto (*in ogni senso*): **the contents of a trunk**, il contenuto d'un baule; **the contents of a book**, il contenuto d'un libro **2** (*pl.*) (*anche* **table of contents**) indice (*d'un libro*) **3** capacità: **the c. of a cask**, la capacità d'una botte **4** (*geom.*) area (*d'una superficie*); volume (*d'un solido*) **5** (*metall.*) tenore; titolo.
contented [kənˈtentid], *a.* **1** contento; soddisfatto **2** di contentezza: **a c. smile**, un sorriso di contentezza.
contentedness [kənˈtentidnis], *n.* contentezza; soddisfazione.
contention [kənˈtenʃən], *n.* **1** contesa; controversia; disputa; polemica **2** assunto (*che si vuol dimostrare*); asserzione; tesi **3** competizione; emulazione; gara; lotta. ● (*fig.*) **the bone of c.**, il pomo della discordia.
contentious [kənˈtenʃəs], *a.* **1** litigioso; polemico **2** controverso: **a c. issue**, un punto controverso **3** (*leg.*) contenzioso. ● (*leg.*) **c. jurisdiction**, il contenzioso (*l'organo*) □ **c. procedure**, il contenzioso (*i procedimenti*).
contentiousness [kənˈtenʃəsnis], *n.* **1** litigiosità; polemicità **2** l'essere controverso.
contentment [kənˈtentmənt], *n.* contentezza; appagamento. ● (*prov.*) **C. is better than riches**, chi s'accontenta gode.
conterminal [kɔnˈtəːminəl], **conterminous** [kɔnˈtəːminəs], *a.* **1** contiguo; confinante; limitrofo **2** che ha la stessa estensione.
to contest [kənˈtest], **A** *v. t.* **1** (*leg.*) impugnare: **He will c. his father's will**, impugnerà il testamento di suo padre **3** contendere; contrastare: **The enemy contested every inch of land in their retreat**, nella ritirata il nemico contese ogni palmo di terreno **4** battersi per, disputarsi (*un premio, ecc.*) **5** presentarsi candidato a: **Is he going to c. the seat?**, intende presentarsi candidato al seggio (in Parlamento)? **B** *v. i.* contendere; disputare.
contest [ˈkɔntest], *n.* **1** contestazione; contesa; controversia; disputa **2** lotta; combattimento; conflitto **3** (*anche sport*) competizione; concorso; gara: **a beauty c.**, un concorso di bellezza; **a c. to launch a product**, un concorso a premi per lanciare un prodotto. ● (*pugilato*) **No c.**, verdetto di parità.
contestable [kənˈtestəbl], *a.* contestabile.
contestant [kənˈtestənt], *n.* **1** chi contesta; contestatore **2** competitore; concorrente (*anche sport*).
contestation [ˌkɔntesˈteiʃən], *n.* contestazione; contesa; discussione; disputa. ● **in c.**, in discussione.
context [ˈkɔntekst], *n.* **1** contesto **2** (*fig.*) ambiente; situazione.
contextual [kɔnˈtekstjuəl], *a.* contestuale.
contextualization [kɔnˌtekstjuəlaiˈzeiʃən], *n.* contestualizzazione.
to contextualize [kɔnˈtekstjuəlaiz], *v. t.* contestualizzare.
contexture [kɔnˈtekstʃə*], *n.* **1** tessitura; atto (*o* modo) dell'intessere **2** tessitura, trama (*di un tessuto*) **3** struttura; composizione.
contiguity [ˌkɔntiˈgjuːiti], *n.* contiguità.
contiguous [kənˈtigjuəs], *a.* contiguo; attiguo; prossimo.
contiguousness [kənˈtigjuəsnis], *V.* **contiguity**.
continence [ˈkɔntinəns], **continency** [ˈkɔntinənsi], *n.* continenza (*anche med.*); moderazione; castità.
continent (1) [ˈkɔntinənt], *a.* continente (*anche med.*); moderato; casto.
continent (2) [ˈkɔntinənt], *n.* (*geogr.*) continente. ● **the C.**, il continente europeo; l'Europa continentale (*distinta dall'Inghilterra*).
continental [ˌkɔntiˈnentl], **A** *a.* **1** continentale: **a c. climate**, un clima continentale **2** del (*o* sul) continente europeo; europeo: **c. wars**, guerre sul continente europeo **3** delle colonie americane (*durante la guerra d'indipendenza*); coloniale. **B** *n.* **1** abitante del continente europeo **2** (*stor. USA*) soldato dell'esercito coloniale. ● **c. breakfast**, colazione leggera; prima colazione all'europea (*cfr.* **English breakfast**) □ (*geol.*) **c. drift**, la deriva dei continenti □ (*geol.*) **c. formation**, formazione dei continenti □ **c. quilt**, piumino; trapunta (*di piume*) □ (*geol.*) **c. shelf (slope, rise)**, piattaforma (scarpata, elevazione) continentale □ (*sport*) **a c. team**, una squadra europea (*non britannica*).
continentalism [ˌkɔntiˈnentəlizəm], *n.* interesse per l'Europa; imitazione dei costumi ecc., del continente europeo.
continentality [ˌkɔntinənˈtæliti], *n.* continentalità.
continentalization [ˌkɔntiˌnentəlaiˈzeiʃən], *n.* (*geol.*) continentalizzazione.
to continentalize [ˌkɔntiˈnentəlaiz], *v. t.* rendere continentale; uniformare ai costumi ecc., del continente europeo.
contingence [kənˈtindʒəns], *n.* **1** (*geom.*) tangenza: **angle of c.**, angolo di tangenza **2** *V.* **contingency**.
contingency [kənˈtindʒənsi], *n.* **1** eventualità; possibilità **2** contingenza; caso; circostanza; occasione **3** evenienza: **We must be ready for any c.**, dobbiamo essere pronti per ogni evenienza **4** (*filos.*) contingenza. ● (*fin.*) **c. fund**, fondo di previdenza.
contingent [kənˈtindʒənt], **A** *a.* **1** eventuale; possibile **2** accidentale; casuale; fortuito **3** condizionato; soggetto a una condizione: (*leg.*) **c. fee**, parcella condizionata (*al buon esito della causa patrocinata*) **4** accessorio; secondario **5** (*filos.*) contingente. **B** *n.* **1** contingenza; circostanza; occasione **2** contingente; parte; quota: **a c. of troops**, un contingente di truppe. ● (*rag.*) **c. assets (liabilities)**, sopravvenienze attive (passive) □ (*Borsa*) **c. order**, ordine vincolato □ (*fin.*) **c. profit**, utile aleatorio.
continuable [kənˈtinjuəbl], *a.* **1** che può essere continuato **2** (*Borsa*: *di titolo*) riportabile.

continual [kən'tinjuəl], *a.* continuo; incessante: **c. snowstorms**, continue tempeste di neve.
continually [kən'tinjuəli], *avv.* **1** di continuo; continuamente; ripetutamente **2** ininterrottamente; incessantemente.
continuance [kən'tinjuəns], *n.* **1** durata: **of long c.**, di lunga durata **2** permanenza (*in carica, ecc.*); persistenza (*di condizioni, ecc.*) **3** continuazione, seguito (*di un romanzo, ecc.*) **4** (*leg.*) rinvio; proroga.
continuant [kən'tinjuənt], (*fon.*) **A** *a.* continuo. **B** *n.* consonante continua.
continuation [kən,tinju'eiʃən], *n.* **1** continuazione; seguito **2** ripresa: **The c. of the meeting was put off to the next week**, la ripresa della riunione fu rinviata alla settimana successiva **3** aggiunta; supplemento: **a c. to a building**, un'aggiunta a un edificio **4** (*Borsa*) riporto: **c. day**, giorno dei riporti **5** persistenza; il perdurare: **the c. of this state of affairs**, il perdurare di questo stato di cose. ● **c. school**, scuola per adulti (*per lo più, serale*).
continuative [kən'tinjuətiv], *a.* continuativo.
continuator [kən'tinjueitə*], *n.* continuatore.
to continue [kən'tinju(:)], **A** *v. i.* **1** continuare: **to c. doing** (*o* **to do**) **st.**, continuare a fare q.c.; **If you c. obstinate...**, se continui a fare l'ostinato... **2** rimanere; restare: **The chairman continued in office**, il presidente rimase in carica. **B** *v. t.* **1** continuare; proseguire; seguitare **2** riprendere (*un discorso, un racconto, un'attività*) **3** tenere; mantenere: **The American people continued Roosevelt in office for four terms**, il popolo americano tenne Roosevelt al potere per quattro periodi presidenziali **4** (*leg.*) rinviare; prorogare. ● **continued story**, racconto a puntate □ (*nei giornali, ecc.*) **to be continued**, il seguito alla prossima puntata.
continuity [,kɔnti'nju:iti], *n.* **1** continuità (*anche fis.*); successione logica; nesso logico **2** (*cinem.*) spettacolo continuato, proiezione continuata; (*anche*) sceneggiatura **3** (*radio, telev.*) testo scritto, copione (*d'un programma*). ● (*cinem.*) **c. girl**, segretaria di produzione □ (*cinem.*) **c. man**, segretario di produzione □ (*cinem.*) **c. writer**, sceneggiatore.
continuous [kən'tinjuəs], *a.* continuo; ininterrotto: **in a c. line**, in fila ininterrotta. ● (*ferr.*) **c. brake**, freno continuo □ (*ind. tessile*) **c. dyeing**, tintura in continuo □ (*cinem.*) **c. performance**, spettacolo continuato □ (*ind.*) **c. process**, processo (*di produzione*) a ciclo continuo □ (*ottica*) **c.-wave laser**, laser in continua.
continuousness [kən'tinjuəsnis], *n.* continuità.
continuum [kən'tinjuəm], *n.* (*pl.* **continua, continuums**) **1** (*filos., mat., ecc.*) continuo **2** (*fig.*) serie ininterrotta; sequela.
to contort [kən'tɔ:t], *v. t.* **1** contorcere; stravolgere; storcere: **His features were contorted with rage**, aveva la faccia stravolta dall'ira **2** (*fig.*) distorcere; travisare.
contortion [kən'tɔ:ʃən], *n.* contorsione; contorcimento.
contortionist [kən'tɔ:ʃənist], *n.* (*anche fig.*) contorsionista.
contour ['kɔntuə*], *n.* **1** contorno (*anche fis., scient.*); profilo (*d'una costa, di monti, ecc.*). ● **c. chair**, sedia anatomica □ (*geogr.*) **c. lines**, linee (*o* curve) di livello (*isoipse e isobate*) □ **c. map**, carta delle curve di livello □ (*agric.*) **c. ploughing**, terrazzamento.
to contour ['kɔntuə*], *v. t.* **1** segnare il contorno di (q.c.) **2** segnare con le curve di livello (*su una mappa*) **3** costruire (*una strada, ecc.*) seguendo le curve di livello.
contra ['kɔntrə], **A** *avv.* all'incontro; al contrario. **B** *n.* **1** cosa contraria (*o* opposta) **2** (*rag.*) contropartita (*in un conto*). ● (*rag.*) **c. account**, conto di contropartita; giroconto □ (**as**) **per c.**, in contropartita, a storno □ (**per**) **c. entry**, registrazione a storno □ **pro and c.**, pro e contro.
contraband ['kɔntrəbænd], **A** *n.* **1** contrabbando **2** merce di contrabbando **3** (*USA, durante la guerra civile*) negro fuggito al Nord. **B** *a.* di contrabbando: **c. liquors**, liquori di contrabbando.
contrabandist ['kɔntrəbændist], *n.* contrabbandiere.
contrabass ['kɔntrə'beis], *n.* (*mus.*) contrabbasso.
to contracept [,kɔntrə'sept], *v. t.* impedire il concepimento di (*un bambino*).
contraception [,kɔntrə'sepʃən], *n.* contraccezione.
contraceptive [,kɔntrə'septiv], *a. e n.* antifecondativo; contraccettivo; anticoncezionale.
contraclockwise [,kɔntrə'klɔkwaiz], *a. e avv.* (*scient.*) in senso antiorario.
contract ['kɔntrækt], *n.* **1** patto, accordo (*fra persone, Stati, ecc.*) **2** (*leg., comm.*) contratto **3** (*comm.*) (contratto di) appalto: **c. work**, lavoro in appalto (*o* a contratto) **4** (*gioco del bridge*) contratto. ● **c. bridge**, bridge contratto □ **to be engaged on a c. to supply st.**, avere un contratto per la fornitura di q.c. □ **jobbing c.**, cottimo □ **to make** (*o* **to enter into**) **a c. with sb.**, fare (*o* stringere, stipulare) un contratto con q. □ **the social c.**, (*filos.*) il contratto sociale (*teorizzato, tra gli altri, da J.J. Rousseau*); (*polit.*) il patto sociale (*fra lavoratori e datori di lavoro inglesi*).
to contract [kən'trækt], **A** *v. t.* **1** contrarre (*in ogni senso*): **to c. marriage** (**a habit, a debt, a disease, etc.**), contrarre matrimonio (un'abitudine, un debito, una malattia, ecc.); **to c. one's muscles** (**brow, etc.**), contrarre i muscoli (la fronte, ecc.) **2** (*fis.*) far contrarre **3** prendere in appalto; appaltare: **to c. to build a house**, prendere in appalto la costruzione d'una casa. **B** *v. i.* **1** (*leg., comm.*) fare un contratto; accordarsi (*formalmente*): **We contracted for the supply of victuals to the army**, facemmo un contratto per la fornitura di viveri all'esercito **2** contrarsi; restringersi: **Metals c. in cooling**, i metalli si contraggono raffreddandosi; **The river contracts to a gorge**, il fiume si restringe così da formare una gola. ● **to c. in**, impegnarsi in, assumere l'impegno di; (*leg.*) assumere (per contratto) l'impegno di (*fare q.c.*) □ **to c. (oneself) out of an agreement (an engagement)**, svincolarsi da un accordo (da un impegno).
contractable [kən'træktəbl], *a.* **1** (*leg.*) contraibile **2** (*med.*) contraibile; contagioso.
contracted [kən'træktid], *a.* **1** contratto **2** ristretto; conciso **3** meschino; gretto **4** acquisito: **a c. tendency**, una tendenza acquisita.
contractibility [kən,træktə'biliti], *n.* contrattilità.
contractible [kən'træktəbl], *a.* contrattile.
contractile [kən'træktail], *a.* **1** (*scient.*) contrattile: **Muscles are c.**, i muscoli sono contrattili **2** retrattile: (*aeron.*) **c. undercarriage**, carrello retrattile.
contractility [,kɔntræk'tiliti], *n.* **1** (*scient.*) contrattilità retrattilità; l'essere retrattile.
contracting [kən'træktiŋ], *a.* **1** che si contrae **2** (*leg.*) contraente: **the c. parties**, le parti contraenti.
contraction [kən'trækʃən], *n.* contrazione (*in ogni senso*); il contrarre (*matrimonio, debiti, ecc.*). ● **c. rule**, riga per modellisti.
contractive [kən'træktiv], *a.* che contrae; che tende a contrarsi.
contractor [kən'træktə*], *n.* **1** (*leg.*) contraente (*in un contratto*) **2** (*ind., comm.*) appaltatore; imprenditore; impresario **3** (*anat.*) muscolo contrattile. ● **building c.**, imprenditore edile.
contractual [kən'træktjuəl], *a.* (*leg.*) contrattuale.
contracture [kən'træktʃə*], *n.* **1** (*med.*) contrattura **2** (*archit.*) restringimento.
to contradict [,kɔntrə'dikt], **A** *v. t.* **1** contraddire; smentire; essere in contraddizione con: **His behaviour contradicts his principles**, la sua condotta è in contraddizione con i suoi principi **2** contraddirsi: **These statements c. each other**, queste affermazioni si contraddicono a vicenda **3** contrariare; opporsi a. **to contradict oneself B** *v. rifl.* contraddirsi.
contradiction [,kɔntrə'dikʃən], *n.* contraddizione (*in ogni senso*); smentita: **a c. in terms**, una contraddizione in termini. ● **c. of interest**, conflitto d'interessi.
contradictious [,kɔntrə'dikʃəs], *a.* che ama contraddire; polemico. ● **He's a c. person**, è un Bastian contrario (*fam.*).
contradictiousness [,kɔntrə'dikʃəsnis], *n.* polemicità.
contradictor [,kɔntrə'diktə*], *n.* contraddittore.
contradictoriness [,kɔntrə'diktərinis], *n.* l'essere contraddittorio.
contradictory [,kɔntrə'diktəri], **A** *a.* contraddittorio: **c. instructions**, istruzioni contraddittorie. **B** *n.* (*filos.*) proposizione contraddittoria.
contradistinction [,kɔntrədis'tiŋkʃən], *n.* distinzione antitetica.
to contradistinguish [,kɔntrədis'tiŋgwiʃ], *v. t.* distinguere.
contrail ['kɔntreil], *n.* (*contraz. di* **condensation trail**) (*aeron.*) scia di condensazione.
to contraindicate [,kɔntrə'indikeit], *v. t.* (*med.*) controindicare.
contraindication [,kɔntrə,indi'keiʃən], *n.* (*med.*) controindicazione.
contralto [kən'træltou] (*ital.*), *a. e n.* (*pl.* **contraltos**) (*mus.*) contralto.
contraposition [,kɔntrəpə'ziʃən], *n.* contrapposizione (*anche filos.*); contrasto; antitesi.
contrapositive [,kɔntrə'pɔzitiv], **A** *a.* **1** (*filos.*) della contrapposizione **2** antitetico. **B** *n.* (*filos.*) proposizione antitetica.
contraprop ['kɔntrəprɔp], *n.* (*contraz. di* **contrarotating propeller**) (*aeron.*) elica controrotante.
contraption [kən'træpʃən], *n.* (*fam.*) congegno; aggeggio.
contrapuntal [,kɔntrə'pʌntl], *a.* (*mus.*) contrappuntistico.
contrapuntist ['kɔntrəpʌntist], *n.* (*mus.*) contrappuntista.
contrariant [kən'trɛəriənt], *a.* (*raro*) avverso; contrario; opposto.
contrariety [,kɔntrə'raiəti], *n.* **1** contrarietà; avversione **2** contraddizione; discrepanza; discordanza; incoerenza.
contrarily (*def. 1* ['kɔntrərili], *def. 2* [kən'trɛərili]), *avv.* **1** al contrario; invece; viceversa **2** (*fam.*) ostinatamente; testardamente.
contrariness [kən'trɛərinis], *n.* **1** opposizione **2** (*fam.*) spirito di contraddizione; caparbietà; ostinazione; testardaggine.

contrarious [kən'trɛəriəs], *a.* (*raro*) caparbio; ostinato; testardo; scontroso.

contrariwise ['kɔntrərìwaiz], *avv.* **1** al contrario; all'opposto; invece **2** in senso contrario **3** ostinatamente; testardamente.

contrarotating [ˌkɔntrərou'teitiŋ], *a.* (*mecc.*) controrotante: (*aeron.*) **c. propeller**, elica controrotante.

contrarotation [ˌkɔntrərou'teiʃən], *n.* (*mecc.*) rotazione in senso opposto.

contrary (*def. 1* ['kɔntrəri], *def. 2* [kən'trɛəri]), **A** *a.* **1** contrario; avverso; sfavorevole; opposto: **c. winds**, venti contrari; **c. weather**, tempo sfavorevole **2** (*fam.*) caparbio; ostinato; testardo; avverso; ostile. **B** *n.* – **the c.**, il contrario; l'opposto. **C** *avv.* – **c. to**, contrariamente a; contro; in opposizione a: **C. to what I expected, he didn't come**, contrariamente a quel che m'aspettavo, non venne; **to act c. to regulations**, agire contro le regole. **c. to expectation**, contrariamente all'aspettativa. ● **by contraries**, in senso opposto; alle proprie speranze; alla rovescia; a rovescio □ **to interpret by contraries**, intendere al contrario; capire a rovescio □ **on the c.**, al contrario; all'opposto; invece: **You think he has finished; on the c., he has not yet begun**, tu credi che egli abbia finito; invece, non ha ancora cominciato □ **to the c.**, in (senso) contrario; nonostante: **I shall leave on Sunday, unless they wire me to the c.**, partirò domenica, a meno che essi non mi mandino un telegramma in senso contrario; **He was frightened, his bravado to the c.**, aveva paura, nonostante le sue bravate □ **unless I (you, etc.) hear to the c.**, salvo contrordini.

to contrary [kən'trɛəri], *v. t.* (*dial. USA*) contrariare; contraddire.

to contrast [kən'træst, 'kɔntræst], **A** *v. t.* mettere in contrasto; contrapporre; opporre; confrontare: **He contrasted the advantages of democracy to the drawbacks of dictatorship**, contrappose i vantaggi della democrazia agli svantaggi della dittatura. **B** *v. i.* contrastare; essere in contrasto (con).

contrast ['kɔntræst], *n.* contrasto. ● (*elettron.*) **c. control**, controllo del contrasto □ **to be a great c.**, fare un vivo contrasto □ **in c. with**, in antitesi con.

contrasty [kən'træsti], *a.* (*fotogr.*) contrastato.

contravallation [ˌkɔntrəvə'leiʃən], *n.* (*mil.*) contravvallazione.

to contravene [ˌkɔntrə'vi:n], *v. t.* **1** contravvenire a; trasgredire a: **to c. a law**, contravvenire a una legge **2** essere in contrasto con **3** contraddire: **to c. a statement**, contraddire un'affermazione.

contravener [ˌkɔntrə'vi:nə*], *n.* contravventore; trasgressore.

contravention [ˌkɔntrə'venʃən], *n.* contravvenzione; trasgressione; infrazione. ● **to be in c. of**, contravvenire a; trasgredire a.

contretemps ['kɔ̃:ntrətɑ̃:ŋ] (*franc.*), *n.* (*invar. al pl.*) contrattempo.

to contribute [kən'tribjut], **A** *v. t.* **1** contribuire con; dare (*come contributo*): **to c. a hundred pounds for the relief of the poor**, dare cento sterline per il soccorso ai poveri; **to c. suggestions**, dare suggerimenti **2** scrivere (*per i giornali, ecc.*): **to c. a poem to a magazine**, scrivere una poesia per una rivista **3** fornire: **to c. information**, fornire informazioni. **B** *v. i.* contribuire (a): **Have you contributed to this enterprise?**, hai contribuito a questa impresa? **2** collaborare (*a un giornale, ecc.*).

contributing [kən'tribjutiŋ], *a.* **1** che contribuisce **2** che collabora. ● **c. editor**, direttore aggiunto (*di giornale*).

contribution [ˌkɔntri'bju:ʃən], *n.* **1** contribuzione; contributo (*anche in denaro*) **2** collaborazione **3** articolo (*di un collaboratore a un giornale, ecc.*) **4** contributo di guerra: **to lay a people under c.**, imporre a un popolo il pagamento del contributo di guerra. ● (*fin.*) **c. of capital**, apporto di capitale.

contributive [kən'tribjutiv], *a.* contributivo.

contributor [kən'tribjutə*], *n.* **1** contributore; sottoscrittore **2** collaboratore (*a un giornale, ecc.*).

contributory [kən'tribjutəri], **A** *a.* **1** contribuente; concomitante; che contribuisce (*a determinare q.c.*): **c. cause**, causa concomitante; concausa **2** basato sul contributo; contributivo: **a c. scheme of insurance**, un piano d'assicurazioni sociali basato sul contributo degli assicurati. **B** *n.* (*leg.*) contributario. ● (*fin.*) **c. mass**, massa debitrice (*o* passiva) □ (*leg.*) **c. negligence**, concorso di colpa.

contrite [kən'trait], *a.* **1** contrito; amaramente pentito **2** (*di atto*) che rivela contrizione.

contrition [kən'triʃən], *n.* contrizione; pentimento sincero.

contrivable [kən'traivəbl], *a.* escogitabile.

contrivance [kən'traivəns], *n.* **1** invenzione; escogitazione; trovata (*fam.*) **2** congegno; dispositivo; apparecchio **3** espediente; artificio; inganno **4** capacità inventiva.

to contrive [kən'traiv], **A** *v. t.* **1** escogitare; trovare: **We must c. a way to solve the problem**, dobbiamo escogitare un modo di risolvere il problema **2** fare in modo di; trovare il mezzo di; riuscire: **Can you c. to arrive there in time?**, puoi fare in modo d'arrivarci in tempo? **3** inventare: **They have contrived a new washing machine**, hanno inventato una nuova lavabiancheria. **B** *v. i.* **1** fare piani; fare progetti **2** cavarsela; trarsi d'impiccio **3** far quadrare il bilancio domestico; sbarcare il lunario (*fam.*). ● **to c. tools from flint**, ricavare utensili dalla selce.

contrived [kən'traivd], *a.* affettato; artefatto; innaturale; forzato; studiato: **c. mirth**, gaiezza innaturale.

contriver [kən'traivə*], *n.* **1** chi fa piani; chi fa progetti **2** chi sa cavarsela: **His wife is an excellent c. in housekeeping**, sua moglie è bravissima a mandare avanti la casa spendendo poco.

to control [kən'troul], *v. t.* **1** controllare; riscontrare; verificare **2** tenere sotto il proprio controllo (*o* la propria direzione); essere padrone di; regolare a proprio piacere; controllare: **A trust is a pool of concerns which c. the market**, un trust è una combinazione di grosse aziende che tengono il mercato sotto il proprio controllo; (*econ.*) **to c. prices**, controllare i prezzi **3** tenere a freno; trattenere; frenare; contenere: **C. your anger!**, frena l'ira!; **C. your grief!**, contieni il tuo dolore!; **C. yourself!**, tienti a freno!; sta' calmo!; **to c. a horse**, tenere a freno un cavallo **4** (*aeron., naut.*) pilotare; governare **5** (*mecc.*) comandare; regolare **6** (*sport*) controllare: **to c. the ball**, controllare la palla. ● (*fin.*) **controlled floating**, fluttuazione controllata (*di una moneta*) □ (*econ.*) **controlled rents**, affitti bloccati.

control [kən'troul], *n.* **1** controllo; autorità; freno (*fig.*); padronanza; dominio; verifica: **She has no c. over her children**, ella non ha alcuna autorità sui figli; **He has a good c. over his subject matter**, ha una buona padronanza della sua materia; **Keep your temper under c.!**, tieni a freno i tuoi nervi!; **He lost c. of the lorry and went off the road**, perse il controllo del camion e andò fuori strada **2** (*elab., elettron., stat.*) controllo: **a c. experiment**, un esperimento basato sull'osservazione del comportamento di «controlli» **3** (*spesso al pl., mecc.; anche* **c. device**) comando; dispositivo di comando: **The pilot sat down at the controls**, il pilota prese posto ai comandi **4** (*sport*) controllo: **c. of the ball**, controllo della palla **5** (*sport, anche* **c. station**) (posto di) controllo. ● **c. board**, quadro di controllo (*o* di comando) □ (*aeron.*) **c. column**, barra di comando □ (*elettron.*) **c. grid**, griglia di controllo □ **c. panel**, *V.* **c. board** □ **c. room**, (*elettr.*) cabina di comando; (*miss., radio, telev., cinem.*) sala di controllo; (*naut.*) camera di manovra (*di sommergibile*) □ (*econ.*) **c. scheme**, regime vincolistico □ **c. station**, centrale di comando □ (*aeron.*) **c. stick**, barra di comando; cloche □ (*aeron.*) **c. surface**, piano (*o* superficie) mobile; governale □ (*aeron.*) **c. tower**, torre di controllo □ **air-traffic c.**, controllo della circolazione aerea □ **birth c.**, controllo (*o* limitazione) delle nascite □ **distant c.**, telecomando □ (*fin.*) **foreign-exchange c.**, controllo del movimento della valuta estera □ **to get** (*o* **to gain**) **c. over** (*o* **of**), tenere a freno; riuscire a trattenere: **The horse was frightened but I got c. over him**, il cavallo si spaventò, ma riuscii a tenerlo a freno □ **to get sb. (st.) under c.**, dominare, vincere, frenare q. (q.c.): **It took a long time to get the rioters under c.**, ci volle molto tempo per frenare i rivoltosi □ **out of c.**, che non risponde ai comandi: **The aeroplane is out of c.**, l'aeroplano non risponde ai comandi □ (*naut.*) **rudder c.**, manovra del timone □ **self-c.**, autocontrollo; padronanza di sé □ **traffic c.**, regolazione del traffico.

controllability [kənˌtroulə'biliti], *n.* **1** l'essere verificabile; controllabilità **2** (*aeron.*) manovrabilità **3** (*di cavallo, ecc.*) docilità.

controllable [kən'trouləbl], *a.* **1** verificabile; controllabile **2** regolabile: (*aeron.*) **c. pitch propeller**, elica a passo regolabile **3** (*aeron.*) manovrabile; maneggevole.

controller [kən'troulə*], *n.* **1** economo; controllore; chi controlla spese; chi rivede conti **2** (*USA*) direttore amministrativo **3** (*mecc., tecn.*) regolatore automatico **4** (*elettr.*) combinatore **5** (*nei tram, filobus, treni, ecc.*) combinatore di marcia, «controller». ● **air-traffic c.**, controllore del traffico aereo; controllore di volo.

controllership [kən'trouləʃip], *n.* ufficio d'economo (*o* di direttore amministrativo).

controversial [ˌkɔntrə'və:ʃəl], *a.* **1** controverso; discutibile: **a c. question**, una questione controversa **2** polemico.

controversialism [ˌkɔntrə've:ʃəlizəm], *n.* passione per le controversie; spirito polemico.

controversialist [ˌkɔntrə'və:ʃəlist], *n.* controversista; polemista.

controversy [ˌkɔntrə'və:si], *n.* **1** controversia; dibattito; discussione; disputa **2** (*leg.*) vertenza. ● **without** (*o* **beyond**) **c.**, incontrovertibile; senza dubbio; senza discussione.

to controvert ['kɔntrəvə:t], *v. t.* **1** discutere; disputare di **2** contraddire, smentire (*un'affermazione*).

controvertible ['kɔntrəvə:təbl], *a.* controvertibile; discutibile.

contumacious [ˌkɔntju'meiʃəs], *a.* **1** disobbediente; indocile; insubordinato **2** (*leg.*) contumace.

contumaciousness [ˌkɔntju'meiʃəsnis], **contumacy** ['kɔntjuməsi], *n.* **1** disobbedienza; indocilità; insubordinazione **2**

contumelious

(*leg.*) contumacia.
contumelious [ˌkɔntju(:)'mi:ljəs], *a.* insolente; ingiurioso.
contumely ['kɔntju(:)mli], *n.* **1** insolenza; disprezzo **2** contumelia; ingiuria; villania **3** (*lett.*) onta; vergogna.
to contuse [kən'tju:z], *v. t.* **1** (*med.*) contundere **2** ammaccare.
contusion [kən'tju:ʒən], *n.* **1** (*med.*) contusione **2** ammaccatura.
contusive [kən'tju:ziv], *a.* contundente.
conundrum [kə'nʌndrəm], *n.* indovinello; enigma; mistero.
conurbation [ˌkɔnə:'beiʃən], *n.* conurbazione.
to convalesce [ˌkɔnvə'les], *v. i.* rimettersi in salute; (*di malato*) entrare in convalescenza, migliorare.
convalescence [ˌkɔnvə'lesns], *n.* convalescenza.
convalescent [ˌkɔnvə'lesnt], *a.* e *n.* convalescente. ● **a c. diet**, una dieta da convalescente □ **a c. home**, un convalescenziario.
convection [kən'vekʃən], *n.* (*fis.*, *mecc.*, *meteorologia*) convezione: **c. current**, corrente di convezione.
convective [kən'vektiv], *a.* (*scient.*) convettivo.
convector [kən'vektə*], *n.* (*scient.*, *tecn.*) convettore. ● **c. heater**, termoconvettore.
convenable [kən'vi:nəbl], *a.* **1** convocabile **2** (*leg.*) citabile.
to convene [kən'vi:n], **A** *v. i.* convenire; adunarsi. **B** *v. t.* **1** convocare; adunare: **to c. an assembly (a meeting, etc.)**, convocare un'assemblea (una riunione, ecc.) **2** (*leg.*) convenire, citare (q.) in giudizio.
convener [kən'vi:nə*], *n.* **1** chi s'aduna con gli altri **2** convocatore (*di un'assemblea, ecc.*) **3** (*ingl.*) presidente (*di una commissione, di un comitato, ecc.*).
convenience [kən'vi:njəns], *n.*, **conveniency** [kən'vi:njənsi], *n.* **1** convenienza; utilità; interesse: **We accepted the plan because of its c.**, accettammo il piano in considerazione della sua convenienza; **a marriage of c.**, un matrimonio d'interesse **2** agio; comodo; comodità; vantaggio: **The house is full of conveniences of every sort**, la casa è provvista di tutte le comodità; **You can do the work at your c.**, puoi fare il lavoro a tuo comodo **3** (*anche public c.*) gabinetto pubblico, latrina. ● **c. food**, cibo già preparato (*disidratato, surgelato, ecc.*) □ (*formale*) **at your earliest c.**, non appena potete; al più presto possibile □ **to make a c. of sb.**, approfittare di q.; abusare di q.
convenient [kən'vi:njənt], *a.* **1** comodo; utile; conveniente; che va bene: **a c. tool for gardening**, un arnese utile per il giardinaggio; **We'll meet tomorrow if it is c. for you**, c'incontreremo domani se per te va bene **2** (*d'un luogo*) comodo, vicino **3** (*di un oggetto*) a portata di mano; sottomano.
convent ['kɔnvənt], *n.* convento; monastero (*di solito, di suore*): **to go into a c.**, entrare in convento; farsi monaca.
conventicle [kən'ventikl], *n.* (*stor.*) conventicola.
convention [kən'venʃən], *n.* **1** il convocare; l'essere convocato **2** convegno; riunione; incontro (politico) **3** (*polit.*) convenzione; assemblea **4** convenzione; accordo; patto **5** convenzione; consuetudine: **His behaviour is free from all c.**, il suo comportamento è libero d'ogni convenzione **6** (*nei giochi di carte*) convenzione; regola.
conventional [kən'venʃənl], *a.* convenzionale; formale; tradizionale; comune; ordinario: **c. behaviour**, comportamento formale; **a c. pattern**, un disegno tradizionale; (*mil.*) **c. weapons**, armi convenzionali. ● **c. compliments**, convenevoli.
conventionalism [kən'venʃənlizəm], *n.* convenzionalismo; formalismo.
conventionalist [kən'venʃənlist], *n.* **1** formalista; convenzionalista (*raro*) **2** membro d'una convenzione.
conventionality [kənˌvenʃə'næliti], *n.* **1** convenzionalità **2** condotta convenzionale **3** (*pl.*) convenzioni sociali.
to conventionalize [kən'venʃənlaiz], *v. t.* rendere convenzionale.
conventual [kən'ventjuəl], **A** *a.* conventuale. **B** *n.* **1** chi appartiene a un convento **2** frate dei Minori conventuali.
to converge [kən've:dʒ], **A** *v. i.* **1** convergere, confluire (*verso un luogo*) **2** (*geom.*) convergere. **B** *v. t.* far convergere.
convergence [kən'və:dʒəns], *n.*, **convergency** [kən'və:dʒənsi], *n.* (*scient.*) convergenza (*anche fig.*).
convergent [kən'və:dʒənt], *a.* (*scient.* e *fig.*) convergente: **c. lines**, rette convergenti.
conversable [kən'və:səbl], *a.* **1** affabile; alla mano (*fam.*) **2** che ama conversare; di piacevole conversazione **3** socievole.
conversableness [kən'və:səblnis], *n.* **1** affabilità **2** dote di piacevole conversatore **3** socievolezza.
conversance [kən'və:səns], **conversancy** [kən'və:sənsi], *n.* consuetudine; familiarità; dimestichezza.
conversant [kən'və:sənt], *a.* **1** che ha familiarità, dimestichezza (con q.) **2** pratico (di q.c.); versato (in q.c.); a conoscenza, al corrente (di q.c.): **He's not yet c. with the new rules**, non è ancora al corrente dei nuovi regolamenti.
conversation [ˌkɔnvə'seiʃən], *n.* **1** conversazione; discorso: **to keep the c. going**, tenere viva la conversazione **2** rapporto intimo; relazione **3** conoscenza; familiarità (*con un argomento, ecc.*) ● **c. picture**, gruppo di famiglia (*foto*) □ **c. piece**, oggetto di conversazione; (*anche*) gruppo di famiglia □ (*leg.*) **criminal c.** (*abbr. crim. con.*; *cfr. connection*), rapporti sessuali illeciti □ **I was only making c.**, parlavo del più e del meno.
conversational [ˌkɔnvə'seiʃənl], *a.* **1** (*di persona*) che ama conversare; di piacevole conversazione; loquace **2** (*di vocabolo, ecc.*) familiare; colloquiale; della lingua parlata.
conversationalist [ˌkɔnvə'seiʃnəlist], *n.* (buon) conversatore.
to converse [kən'və:s], *v. i.* **1** conversare **2** (*arc.*) avere rapporti (con q.); frequentare (q.).
converse ['kɔnvə:s], **A** *a.* contrario; opposto. **B** *n.* **1** contrario; opposto: «**White**» **is the c. of** «**black**», «bianco» è il contrario di «nero» **2** (*logica*) conversione; proposizione inversa **3** (*mat.*) inverso.
conversely [kən'və:sli], *avv.* per converso; al contrario.
conversion [kən'və:ʃən], *n.* **1** conversione (*in ogni senso*): (*fin.*) **the c. of lire into dollars**, la conversione di lire in dollari **2** trasformazione; cambiamento: **the c. of a ship**, la trasformazione di una nave **3** (*scient.*) conversione **4** (*chim.*) isomerizzazione **5** (*leg.*) appropriazione indebita. ● (*fin.*, *rag.*) **c. into cash**, realizzo □ (*elettr.*, *autom.*, *mecc.*) **c. kit**, serie (*o* corredo) di trasformazione □ **the c. of forest land into farms**, l'appoderamento di terreni boschivi □ (*fin.*) **c. of public funds**, peculato.
to convert [kən'və:t], **A** *v. t.* **1** convertire (*in ogni senso*); trasformare (*anche nel gioco del rugby*): **to c. foreign raw materials into finished products for export**, trasformare materie prime dall'estero in prodotti finiti per l'esportazione **2** (*leg.*) appropriarsi indebitamente di (q.c.) **3** (*metall.*) affinare (*per mezzo di un convertitore Bessemer*). **B** *v. i.* convertirsi; trasformarsi. ● (*fin.*, *rag.*) **to c. into cash**, realizzare □ (*rugby*) **converted try**, meta trasformata.
convert ['kɔnvə:t], *n.* **1** chi si converte a una causa **2** (*relig.*) convertito.
converter [kən'və:tə*], *n.* **1** convertitore; chi converte **2** (*scient.*, *tecn.*) convertitore. ● (*metall.*) **Bessemer c.**, convertitore Bessemer.
convertibility [kənˌvə:tə'biliti], *n.* (*anche fin.*) convertibilità.
convertible [kən'və:təbl], **A** *a.* **1** (*anche fin.*) convertibile **2** intercambiabile: **c. terms**, termini intercambiabili **3** (*autom.*) convertibile: **a c. car**, un'automobile convertibile (*o* decappottabile). **B** *n.* (*autom.*) convertibile; cabriolet. ● (*agric.*) **c. husbandry**, metodo dell'avvicendamento delle colture □ (*fin.*) **c. into cash**, convertibile in contanti; realizzabile.
convertiplane [kən'və:təˌplein], *n.* (*aeron.*) convertiplano; aereo convertibile.
convertoplane [kən'və:təˌplein], *V.* **convertiplane**.
convertor [kən'və:(:)tə*], *V.* **converter**.
convex ['kɔn'veks], (*anche geom.*) **A** *a.* convesso: **c. lens**, lente convessa. **B** *n.* oggetto convesso; superficie convessa.
convexity [kɔn'veksiti], *n.* **1** (*geom.*) convessità **2** convessità; parte convessa.
convexo-concave [kɔn'veksou-'kɔnkeiv], *a.* (*scient.*, *tecn.*) convesso-concavo.
to convey [kən'vei], *v. t.* **1** portare; trasportare **2** comunicare; trasmettere (*suoni, ecc.*); rendere, dare (*un'idea, ecc.*): **I will c. the information to him**, gli comunicherò l'informazione; **I hope these words will c. what is in my mind**, spero che queste parole rendano ciò che ho in mente **3** (*leg.*) trasferire, trasmettere, cedere (*proprietà ad altri*) **4** (*med.*) trasmettere (*una malattia*). ● **That name doesn't c. anything to me**, quel nome non mi dice niente □ **Does this c. anything to you?**, ciò non ti fa venire in mente nulla?
conveyance [kən'veiəns], *n.* **1** trasporto **2** mezzo di trasporto **3** comunicazione (*d'idee, ecc.*); trasmissione **4** (*leg.*) cessione, trasferimento, trapasso (*di proprietà*); atto di cessione (*di proprietà*). ● (*econ.*) **c. of goods to a common pool**, conferimento di merci all'ammasso □ (*leg.*) **c. of a patent**, cessione di un brevetto.
conveyancer [kən'veiənsə*], *n.* (*leg.*) legale che prepara i documenti per un trasferimento di proprietà; notaio.
conveyer, **conveyor** [kən'veiə*], *n.* **1** chi trasporta; trasportatore **2** (*tecn.*) convogliatore; trasportatore **3** (*leg.*) cedente. ● **c. belt**, nastro trasportatore □ **c. chain**, catena di convogliamento □ **c. truck**, carrello convogliatore.
convict ['kɔnvikt], *n.* **1** (*leg.*) reo convinto **2** carcerato; detenuto; condannato; forzato.
to convict [kən'vikt], *v. t.* **1** (*leg.*) giudicare (q.) colpevole di un reato; condannare **2** (*leg.*) dichiarare (q.) colpevole: **The jury convicted the accused man**, la giuria dichiarò l'accusato colpevole **3** condannare (*anche fig.*): **His own conscience convicted him**, la sua stessa coscienza lo condannava.
convicted [kən'viktid], *a.* (*leg.*) convinto: **a c. offender**, un reo convinto.

conviction [kən'vikʃən], *n.* **1** (*leg.*) dichiarazione di colpevolezza; condanna **2** convinzione; convincimento. ● **to carry c.**, essere convincente □ **to be open to c.**, essere disposto (*o* pronto) a ricredersi □ (*leg.*) **summary c.**, giudizio sommario (*che porta alla sentenza per «operato del giudice», senza intervento di giuria*).
convictive [kən'viktiv], *a.* **1** convincente; persuasivo **2** (*leg.*) che prova (*o* dichiara) la colpevolezza (*di q.*).
to convince [kən'vins], *v. t.* convincere; persuadere.
convinced [kən'vinst], *a.* convinto; persuaso.
convincement [kən'vinsmənt], *n.* convincimento.
convincible [kən'vinsəbl], *a.* convincibile.
convincing [kən'vinsiŋ], *a.* convincente; persuasivo: **a c. speech**, un discorso persuasivo.
convincingly [kən'vinsiŋli], *avv.* in modo convincente.
convincingness [kən'vinsiŋnis], *n.* l'essere convincente.
convivial [kən'viviəl], *a.* **1** conviviale **2** festoso; gioviale.
convivialist [kən'viviəlist], *n.* (*raro*) persona festosa, gioviale.
conviviality [kən,vivi'æliti], *n.* **1** festosità; giovialità **2** (*pl.*) festeggiamenti; festeggiamento.
convocation [,kɔnvə'keiʃən], *n.* **1** convocazione **2** assemblea; comitato (*riunito per convocazione*) **3** (*relig.*) concilio ecclesiastico (*a Canterbury o a York*) **4** assemblea dei laureati (*in certe università inglesi*)
convocational [,kɔnvə'keiʃənl], *a.* di convocazione.
to convoke [kən'vouk], *v. t.* convocare.
convolute ['kɔnvəlju:t], *a.* (*bot.*) convoluto; accartocciato: **c. leaf**, foglia convoluta.
convoluted ['kɔnvəlju:tid], *a.* **1** (*anat.*) convoluto; ritorto; a spirale (*fig.*) complicato; contorto; involuto: **c. reasoning**, ragionamenti involuti.
convolution [,kɔnvə'lju:ʃən], *n.* **1** attorcigliamento; avvolgimento **2** giro; spira **3** (*anat.*) circonvoluzione (*cerebrale*) **4** cosa contorta, involuta.
to convolve [kən'vɔlv], **A** *v. t.* avvolgere; arrotolare; attorcigliare. **B** *v. i.* avvolgersi; arrotolarsi; attorcigliarsi.
convolver [kən'vɔlvə*], *n.* (*elettron.*) convolutore.
convolvulus [kən'vɔlvjuləs], *n.* (*pl.* **convolvuluses, convolvuli**) (*bot.*, *Convolvulus*) convolvolo.
to convoy ['kɔnvɔi], *v. t.* **1** scortare (*specialm. detto di navi da guerra*) **2** (*arc.*) convogliare, accompagnare (*ospiti, ecc.*). ● (*naut.*) **convoying ship**, unità di scorta (*a un convoglio*).
convoy ['kɔnvɔi], *n.* **1** scorta; protezione **2** (*di navi, ecc.*) convoglio **3** (*mil.*) autocolonna.
to convulse [kən'vʌls], *v. t.* **1** agitare; sconvolgere (*anche fig.*): **The country was convulsed by social unrest**, il paese era sconvolto da disordini sociali **2** far venire le convulsioni a (*q.*). ● **to be convulsed with laughter**, essere preso da un convulso di riso.
convulsion [kən'vʌlʃən], *n.* **1** (*di solito al pl.*, *med.*) convulsione; convulso (*pop.*) **2** convulso di riso **3** agitazione; sconvolgimento: **civil convulsions**, sconvolgimenti dell'ordine politico (*o sociale*).
convulsionary [kən'vʌlʃnəri], *a. e n.* (*med.*) convulsionario.
convulsive [kən'vʌlsiv], *a.* **1** convulsivo: **c. motions**, moti convulsivi **2** convulso: **c. laughter**, riso convulso.
cony ['kouni], *n.* **1** coniglio **2** pelle di coniglio **2** pelliccia di coniglio, lapin **3** (*arc.*) sempliciotto. ● (*arc.*) **c.-catcher**, gabbatore, imbroglione; truffatore.
to coo [ku:], **A** *v. i.* tubare. **B** *v. t.* dire (*q.c.*) in tono amorevole (*o* sommesso). ● **to bill and coo**, tubare (*d'innamorati*).
coo [ku:], *n.* (*pl.* **coos**) il tubare (*dei piccioni, ecc.*).
cook [kuk], *n.* **1** cuoco, cuoca **2** (*gioco degli scacchi*) soluzione d'un problema diversa da quella prevista dal compositore. ● **c.-house**, (*anche mil.*) cucina da campo; (*naut.*) cucina di bordo □ **c.-room**, cucina; (*naut.*) cucina di bordo □ **c.-shop**, trattoria popolare □ **c.-stove**, cucina economica □ (*prov.*) **Too many cooks spoil the broth**, troppi cuochi guastano il pranzo (*letteralm.*: il brodo).
to cook [kuk], **A** *v. t.* **1** (*anche fig.*) cuocere; cucinare **2** (*fam.*, *anche* **to c. up**) manipolare; alterare; falsificare; inventare: **to c. up the accounts**, alterare (*o* falsificare) i conti; **to c. up an excuse**, inventare una scusa. **B** *v. i.* **1** cucinare; far la cucina **2** cuocersi: **The spaghetti is cooking now**, gli spaghetti si stanno cuocendo. ● (*fig.*) **to c. sb.'s goose**, conciare q. per le feste; mettere q. in (*o* nei, *fam.*); rompere le uova nel paniere a q. (*fig., fam.*) □ (*pop.*) **to be cooked**, essere esausto, sfinito, (*pop.*) cotto (*di atleti, ecc.*) □ (*fig.*) **What's cooking?**, che cosa bolle in pentola?
cookbook ['kukbuk], *n.* ricettario; libro di cucina.
cooker ['kukə*], *n.* **1** fornello; cucina: **a gas-c.**, una cucina a gas **2** recipiente per cuocere cibo (*tegame, teglia, ecc.*) **3** frutta da cuocere **4** (*fam.*) chi manipola (*q.c.*); chi altera, falsifica (*conti, ecc.*). ● **c. hood**, cappa (aspirante) della cucina.
cookery ['kukəri], *n.* gastronomia; arte culinaria: il cucinare. ● **c. book**, libro di gastronomia (*o* di cucina).

cookie ['kuki], *n.* **1** (*specialm.* USA) biscotto: **chocolate-chip c.**, biscotto con pezzetti di cioccolata **2** (*scozz.*) focaccina **3** (*pop.* USA) individuo; tipo; tizio **4** (*pop.* USA) bella ragazza; bocconcino (*fig.*).
cooking ['kukiŋ], *n.* **1** cottura **2** cucina; arte culinaria: **to do the c.**, fare la cucina; **plain** (*o* **home**) **c.**, cucina casalinga, alla buona. ● **c. apple**, mela da cuocere □ (*edil.*) **c. area**, angolo cottura □ **c. contest**, gara di cuochi (*o* d'arte culinaria) □ **c. plate**, fornello; piastra □ **c. range**, cucina economica □ **c. top**, cucina incorporata.
cookout ['kukaut], *n.* (*USA*) pasto (cucinato e consumato) all'aperto.
cooky (1) ['kuki], *n.* (*fam.*) cuoca.
cooky (2) ['kuki], *V.* **cookie**, *def. 1, 4 e 5*.
cool [ku:l], **A** *a.* **1** (*di cose naturali: aria, acqua, ecc.*) fresco: **a c. evening**, una sera fresca **2** (*di bevande, ecc.*) freddo; raffreddato: **The tea isn't c. enough**, il tè non è abbastanza freddo **3** (*d'abiti, ecc.*) fresco; che tiene fresco; leggero: **c. clothes**, vestiti leggeri (*o* che tengono fresco) **4** (*di persona, ecc.*) calmo, tranquillo; tiepido, freddo (*fig.*); indifferente, sfacciato: **Keep c.!**, sta' calmo!; **His manner was very c.**, aveva un modo di fare assai freddo **5** (*fam.*) ben; la bellezza di: **I paid a c. thousand pounds** (dollars, etc.) **for it**, l'ho pagato la bellezza di mille sterline (dollari, ecc.); **a c. thirty miles**, ben trenta miglia **6** (*fam.* USA) favoloso, fantastico. **B** *n.* **1** fresco; frescura: **the c. of the evening**, il fresco della sera **2** (*pop.*) calma; freddezza; sangue freddo: **to blow** (*o* **to lose**) **one's c.**, perdere la calma; **to keep one's c.**, mantenere la calma. ● **a c. customer**, uno sfacciato; un impudente □ (*fam.*) **a c. hand**, una persona dotata di fredda audacia □ **c.-headed**, calmo; che tiene la testa a posto □ (*mus.*) **c. jazz**, jazz freddo □ (*nella caccia e fig.*) **a c. scent**, una traccia debole, appena percettibile □ (*fig.*) **a c. tankard**, una bevanda rinfrescante □ (*fam.*) **as c. as a cucumber**, impassibile; imperturbabile □ **to get c.**, rinfrescarsi; prendere il fresco □ **Let's sit down and get c.**, sediamoci a prendere il fresco □ **What c. cheek!**, che sfacciataggine!
to cool [ku:l], **A** *v. t.* **1** rinfrescare; raffreddare (*anche fig.*): **to c. sb.'s enthusiasm**, raffreddare l'entusiasmo di q.; smontare q. **2** (*anche* **to c. down**) rendere calmo; calmare **3** (*tecn.*) refrigerare **4** (*fis. nucl.*) raffreddare. **B** *v. i.* **1** (*anche* **to c. down**) rinfrescarsi; raffreddarsi; calmarsi; (*d'ira*) sbollire **2** (*fam.*) fare una doccia fredda. ● (*pop.* USA) **C. it!**, calmati!; piantala!; smettila! □ (*fig.*) **to c. one's heels**, aspettare a lungo; fare anticamera □ (*pop.*) **to c. it**, calmarsi, restare calmo; restare distaccato, non farsi coinvolgere □ (*econ.*) **to c. off**, raffreddare, raffreddarsi; (*della domanda*) registrare una flessione □ **to let the horses c. down**, far riposare i cavalli.
coolant ['ku:lənt], *n.* **1** refrigerante **2** fluido refrigerante (*o* di raffreddamento) **3** fluido frigorifero.
cooler ['ku:lə*], *n.* **1** refrigerante; refrigeratore: **a wine c.**, un refrigeratore per vini **2** bibita ghiacciata **3** (*pop.*) cella di rigore.
coolie ['ku:li], *n.* «coolie» (operaio, facchino, servo, *specialm.* in India e in Cina).
cooling ['ku:liŋ], **A** *n.* (*anche fis. nucl.*) raffreddamento: **air-c.**, raffreddamento ad aria. **B** *a.* **1** rinfrescante **2** (*tecn.*) refrigerante: **c. coil**, serpentino refrigerante. ● **c. chamber**, cella frigorifera □ (*econ.*) **c.-off**, raffreddamento; flessione (*della domanda*) □ (*autom.*) **c. system**, impianto di raffreddamento □ (*ing.*) **c. tower**, torre di raffreddamento.
coolish ['ku:liʃ], *a.* piuttosto fresco.
coolness ['ku:lnis], *n.* **1** fresco; frescura **2** freddezza **3** indifferenza; calma; sangue freddo (*fig.*).
cooly ['ku:li], *V.* **coolie**.
coomb [ku:m], *n.* (*dial.*) valletta; burroncello.
coon [ku:n], *n.* **1** (*fam.*; *zool.*, *Procyon lotor*) procione; orso lavatore **2** (*spreg.*) negro **3** (*pop.*) furbacchione. ● **c. songs**, canti dei negri d'America □ (*fam.* USA) **a c.'s age**, un sacco di tempo □ (*pop.*) **gone c.**, andato in malora (*o* in rovina).
coop [ku:p], *n.* **1** stia (*per polli, ecc.*) **2** nassa **3** (*pop.*) gattabuia. ● (*pop.*) **to fly the c.**, scappar di prigione; evadere (*anche fig.*).
to coop [ku:p], *v. t.* (*anche* **to c. up**, **to c. in**) **1** mettere nella stia **2** costringere; rinchiudere; stipare: **We were cooped up in the cabin**, eravamo stipati nella cabina.
co(-)op ['kouɔp], *n.* (*abbr. fam. di* **co(-)operative**) cooperativa.
cooper (1) ['ku:pə*], *n.* **1** bottaio **2** (*anche* **wine c.**) vinaio **3** miscela di birra forte e di birra leggera. ● **dry c.**, fabbricante di botti per merci solide □ **wet c.**, fabbricante di botti per merci liquide □ **white c.**, fabbricante di secchi, tinozze, ecc.
to cooper ['ku:pə*], *v. t.* **1** fabbricare, riparare (*barili, botti e sim.*) **2** mettere (*vino, ecc.*) in botti o barili; imbarilare.
cooper (2) ['ku:pə*], *V.* **coper (2)**.
cooperage ['ku:pəridʒ], *n.* bottega (*o* lavoro) di bottaio.
co(-)operant [kou'ɔpərənt], *a.* che coopera; che collabora.
to co(-)operate [kou'ɔpəreit], *v. i.* **1** cooperare; collaborare

2 concorrere; contribuire: **Heavy rain and spring thaw have cooperated to swell the river**, la forte pioggia e il disgelo primaverile hanno contribuito a far gonfiare il fiume.
co(-)operation [kou͵ɔpəˈreiʃən], *n*. **1** cooperazione; collaborazione **2** (*econ*.) cooperativismo.
co(-)operative [kouˈɔpərətiv], **A** *a*. **1** (*econ*.) cooperativo: **c. society**, società cooperativa; **the c. movement**, il movimento cooperativo; la cooperazione (*econ*.) **2** disposto a collaborare **3** (*econ*.) cooperativistico. **B** *n*. (*econ*.) cooperativa: **consumers' c.**, cooperativa di consumo. ● (*agric*.) **c. farm**, cooperativa agricola □ **c. store** (*o* **c. shop**), spaccio cooperativo; cooperativa (*fam*.).
co(-)operator [kouˈɔpəreitə*], *n*. **1** cooperatore **2** (*econ*.) socio d'una cooperativa.
coopery [ˈkuːpəri], *n*. bottega (*o* lavoro) di bottaio.
to co(-)opt [kouˈɔpt], *v. t.* **1** (*anche fig.*) cooptare; eleggere (*un nuovo membro*) **2** assorbire, assimilare, incorporare (*per es.*, *una minoranza*, *un movimento*).
co(-)optation [kouɔpˈteiʃən], *n*. **1** (*anche fig.*) cooptazione **2** assorbimento, assimilazione (*per es.*, *di una minoranza o un movimento*).
co(-)ordinate [kouˈɔːdnit], **A** *a*. coordinato; dello stesso ordine (*mat*.) **c. axes**, assi coordinati; (*gramm*.) **c. clauses**, proposizioni coordinate. **B** *n*. **1** cosa (*o* persona) dello stesso ordine (*d'un'altra*) **2** (*mat*., *geogr*., *astron*.) coordinata.
to co(-)ordinate [kouˈɔːdineit], *v. t.* coordinare.
co(-)ordination [kou͵ɔːdiˈneiʃən], *n*. **1** coordinazione; coordinamento **2** eleganza, coordinamento (*dei movimenti*).
co(-)ordinative [kouˈɔːdinətiv], *a*. coordinativo; che coordina.
co(-)ordinator [kouˈɔːdineitə*], *n*. coordinatore.
coot [kuːt], *n*. **1** (*zool*., *Fulica atra*) folaga **2** (*fam*.) sempliciotto; tonto. ● **as bald as a c.**, pelato come un uovo.
cootie [ˈkuːti], *n*. (*pop. USA*) pidocchio.
co-owner [kouˈounə*], *n*. comproprietario; compadrone.
cop (1) [kɔp], *n*. (*ind. tessile*) bobina; spola (*filo avvolto sul fuso*) **2** cima (*d'un colle*) **3** cresta (*d'un uccello*).
cop (2) [kɔp], *n*. (*pop*.) poliziotto.
cop (3) [kɔp], *n*. (*pop*.) arresto; cattura; retata: **a fair cop**, una bella retata. ● (*fam. USA*) **cop-out**, pretesto, scappatoia, scusa (*per non fare q.c.*); chi si sottrae (*a un impegno*); lavativo, svicolone (*fam.*); (il) sottrarsi.
to cop [kɔp], *v. t.* (*pop.*) **1** acchiappare; afferrare **2** prendere; sorprendere (*q. che fa q.c. di sbagliato, una monelleria, ecc*.) ● **to cop it**, passare dei guai; prenderle, buscarle: essere fatto fuori (*ucciso*) □ **to cop a plea**, ammettere la propria colpa, chiedere perdono (*per avere una pena meno grave*) □ (*pop. USA*) **to cop out**, non impegnarsi, non assumere responsabilità.
copaiba [kəˈpaibə], **copaiva** [kəˈpaivə], *n*. **1** (*bot*., *Copaifera officinalis*) copaive, cop(p)aiba **2** (*farm*., *anche* **c. balsam**) balsamo di copaive.
copal [ˈkoupəl], *n*. copale, coppale.
coparcenary, coparcenery [ˈkouˈpaː(ː)sinəri], *n*. (*leg*.) coeredità.
coparcener [ˈkouˈpaːsinə*], *n*. (*leg*.) coerede.
copartner [ˈkouˈpaːtnə*], *n*. **1** socio; consocio **2** (*econ*.) lavoratore compartecipe degli utili dell'azienda.
copartnership [ˈkouˈpaːtnəʃip], *n*. **1** (*comm*.) associazione; società **2** (*econ*., *anche* **labour c.**) compartecipazione agli utili di un'azienda.
cope [koup], *n*. **1** mantello; (*relig*.) piviale; (*fig*.) manto, cappa, volta: **the c. of night**, il manto della notte; **the c. of heaven**, la cappa del cielo **2** (*fonderia*) coperchio; staffa superiore **3** (*edil*., *anche* **coping**) cimasa, copertina (*d'un muro*). ● **c.-stone**, pietra per cimasa; (*fig*.) ultimo tocco, coronamento (*di un'opera*).
to cope (1) [koup], **A** *v. t.* **1** munire di copertura; ricoprire d'un manto (*fig*.) **2** mettere il piviale a (*un vescovo*) **3** coprire (*un muro*) con una cimasa **4** (*mecc*.) lavorare alla mola. **B** *v. i.* — **to c. over**, sporgere (*a guisa di cimasa*).
to cope (2) [koup], *v. i.* **1** (*sempre* **to c. with**) essere all'altezza (di) (*un compito, ecc*.); far fronte, tener testa (a): **We cannot c. with him**, non possiamo tenergli testa **2** (*in senso assoluto*) farcela: **He couldn't have coped**, non avrebbe potuto farcela. ● **to c. with a difficult situation**, fronteggiare una situazione difficile.
copeck [ˈkoupek], *n*. copeco.
Copenhagen [͵koupnˈheigən], *n*. (*geogr*.) Copenaghen.
coper (1) [ˈkoupə*], *n*. (*anche* **horse c.**) mercante di cavalli.
coper (2) [ˈkoupə*], *n*. nave che fa spaccio d'alcolici.
Copernican [kouˈpəːnikən], *a*. copernicano: **the C. system**, il sistema copernicano.
Copernicus [kouˈpəːnikəs], *n*. (*stor*.) Copernico.
copier [ˈkɔpiə*], *n*. **1** chi copia; imitatore **2** chi trascrive; copista **3** copiatrice.
copilot [ˈkou͵pailət], *n*. (*aeron*.) secondo pilota.
coping [ˈkoupiŋ], *n*. **1** (*edil*.) cimasa, copertina (*d'un muro*) **2** (*mecc*.) lavorazione alla mola. ● (*mecc*.) **c. saw**, sega da traforo □ **c. stone**, pietra per cimasa; (*fig*.) ultimo tocco, coronamento (*di un'opera*).
copious [ˈkoupjəs], *a*. **1** copioso; abbondante **2** verboso; prolisso **3** (*d'autore*) prolifico (*fig*.).
copiousness [ˈkoupjəsnis], *n*. **1** copiosità; abbondanza **2** verbosità; prolissità **3** prolificità (*fig*.).
coplanar [kouˈpleinə*], *a*. (*geom*., *mecc*.) complanare.
coplanarity [͵kouplaˈnæriti], *n*. (*geom*.) complanarità.
copper (1) [ˈkɔpə*], **A** *n*. **1** (*chim*.) rame **2** moneta di bronzo (*un tempo di rame*) **3** (*pl*.) spiccioli: **We gave the boy a few coppers**, demmo qualche spicciolo al ragazzo **4** (*pl*.) (i) rami; (i) vasi di rame; (le) caldaie di rame. **B** *a*. **1** di rame **2** ramato; color rame. ● **c. alloy**, cuprolega □ (*bot*.) **c. beech** (*Fagus sylvatica atropunicea*), faggio rosso □ (*tecn*.) **c.-bit**, saldatoio □ **c.-bottomed**, (*di nave*) dal fondo rivestito di lastre di rame; (*fig*., *fam*.) di ferro, sicuro, solido: **c.-bottomed promises**, promesse di ferro □ (*elettr*.) **c. cable**, cavo di rame □ **c. engraving**, calcografia; incisione su rame □ **c. Indian** (*o* **c. skin**), indiano d'America; pellerossa ● **c. nose**, naso rosso (*di un beone*) □ **c. ore**, minerale ramifero □ (*metall*.) **c. plating**, ramatura □ **c.-smith**, ramaio; calderaio □ (*chim*.) **c. sulfide**, solfuro di rame (*o* rameico) □ (*pop*.) **c.-top**, rosso (*di capelli*); pel di carota □ **c. wire**, filo di rame.
copper (2) [ˈkɔpə*], *n*. (*pop*.) poliziotto.
copperas [ˈkɔpərəs], *n*. (*chim*.) vetriolo verde; solfato ferroso.
copperhead [ˈkɔpəhed], *n*. (*USA*) **1** (*zool*., *Agkistrodon contortrix mokasen*) mocassino; testa di rame **2** (*stor*.) cittadino degli Stati del Nord che parteggiava per i Sudisti (*al tempo della guerra civile*).
coppering [ˈkɔpəriŋ], *n*. **1** (*metall*.) ramatura **2** (*naut*.) rivestimento in rame.
copperplate [ˈkɔpəpleit], *n*. **1** lastra di rame (*per incisione*) **2** (*arte*) incisione su rame. ● **c. writing**, scrittura chiara e regolare.
to copperplate [ˈkɔpəpleit], *v. t.* (*metall*.) ramare; rivestire di rame.
copperplating [ˈkɔpə͵pleitiŋ], *n*. (*metall*.) ramatura.
coppery [ˈkɔpəri], *a*. **1** che contiene rame **2** color rame.
coppice [ˈkɔpis], *n*. **1** ceduo; bosco ceduo; bosco a ceppaia **2** macchia. ● **c.-wood**, sottobosco.
copra [ˈkɔprə], *n*. (*ind*.) copra (*polpa di noce di cocco essiccata*).
to coproduce [͵kouprəˈdjuːs], *v. t.* produrre insieme.
coproducer [͵kouprəˈdjuːsə*], *n*. coproduttore.
coproduction [͵kouprəˈdʌkʃən], *n*. coproduzione.
coprolalia [͵koprəˈleiljə], *n*. (*psic*.) coprolalia.
coprolite [ˈkɔprəlait], *n*. (*geol*.) coprolite.
coprological [͵kɔprəˈlɔdʒikəl], *a*. coprologico; osceno.
coprology [kɔpˈrɔlədʒi], *n*. (*anche med*.) coprologia.
coprophagy [kəˈprɔfədʒi], *n*. (*psic*.) coprofagia.
co-proprietor [͵kouprəˈpraiətə*], *n*. comproprietario; compadrone.
copse [kɔps], *n*. **1** ceduo; bosco ceduo; bosco a ceppaia **2** macchia.
to copse [kɔps], *v. t.* piantare a bosco ceduo.
copsewood [ˈkɔpswud], *n*. **1** *V*. **copse 2** sottobosco.
Copt [kɔpt], *n*. (*relig*.) copto.
Coptic [ˈkɔptik], **A** *a*. copto: **the C. Church**, la chiesa copta. **B** *n*. copto (*la lingua*).
copula [ˈkɔpjulə], *n*. (*pl*. **copulas, copulae**) **1** (*gramm*.) copula **2** (*anat*.) collegamento.
copular [ˈkɔpjulə*], *a*. di copula; che serve a collegare.
to copulate [ˈkɔpjuleit], *v. i.* accoppiarsi; copularsi (*raro*).
copulation [͵kɔpjuˈleiʃən], *n*. copulazione; accoppiamento.
copulative [ˈkɔpjulətiv], *a*. (*gramm*., *fisiologia*) copulativo.
copulatory [ˈkɔpjulətəri], *a*. di copulazione; d'accoppiamento. ● (*anat*.) **c. organ**, organo copulatore.
copy [ˈkɔpi], *n*. **1** copia; imitazione; riproduzione; trascrizione; esemplare: **rough** (*o* **foul**) **c.**, brutta copia; minuta; **fair** (*o* **clean**) **c.**, bella copia; **a c. of a magazine**, una copia di una rivista **2** modello (*di calligrafia, ecc*.); opera presa a modello: **This picture was not painted from nature, but from a copy**, questo quadro non è stato preso (*o* dipinto) dal vero, ma da un modello **3** (*tipogr*.) copia (*di stampa*); testo; materiale da stampare **4** argomento; materia d'interesse: **Crime and sex make good c. for popular papers**, i delitti e il sesso sono materia di grande interesse per i giornali popolari. ● **c.-book**, quaderno (*per esercizi di calligrafia*); (*USA*) cartella (*che contiene copie di documenti, ecc*.) □ (*spreg*.) **c.-book maxims**, massime viete, trite **c.-boy**, fattorino (*d'un giornale*) □ (*USA*) **c.-desk**, tavolo redazionale □ **c. editor**, redattore (*specialm. di giornale*) □ **c. of verses**, versi da ricopiare (*come esercizio scolastico*).
to copy [ˈkɔpi], *v. t. e i.* **1** copiare; far copie; trascrivere; imitare; riprodurre **2** (*elab*.) duplicare.
copycat [ˈkɔpi͵kæt], *n*. (*fam*.) **1** imitatore pedissequo; pappa-

gallo (*fig.*) **2** (*a scuola*) copione (*fam.*).
to copy-edit ['kɔpiˌedit], *v. t.* e *i.* curare (*un manoscritto, prima di mandarlo al tipografo*).
copyhold ['kɔpihould], *n.* (*leg., stor.*) **1** proprietà d'un terreno, basata su una copia di antichi documenti di concessione feudale **2** terreno così posseduto.
copyholder ['kɔpihouldə*], *n.* **1** (*leg., stor.*) proprietario di terreno per antica concessione feudale (*V.* **copyhold**). **2** aiuto correttore di bozze **3** (*tipogr.*) raccoglitore (*per un testo da comporre, ecc.*).
copying ['kɔpiiŋ], **A** *a.* copiativo: **c. ink**, inchiostro copiativo. **B** *n.* copiatura. ● **c. clerk**, copista □ **c. machine**, copiatrice □ **c. office**, copisteria □ **c. press**, copialettere □ **c. ribbon**, nastro copiativo.
copyist ['kɔpiist], *n.* **1** copista; scrivano **2** imitatore.
to copyread ['kɔpiriːd] (*pass.* e *p. p.* **copyread**), *v. t.* (*USA*) fare la revisione di (*un testo*).
copyreader ['kɔpiriːdə*], *n.* (*USA*) **1** lettore di manoscritti **2** redattore (*di casa editrice*).
copyright ['kɔpirait], **A** *n.* (*leg.*) diritto d'autore; proprietà letteraria riservata. **B** *a.* (*di libro, ecc.*) tutelato dai diritti d'autore.
to copyright ['kɔpirait], *v. t.* tutelare (*un libro, ecc.*) in base ai diritti d'autore.
copywriter ['kɔpiˌraitə*], *n.* redattore di testi pubblicitari; creativo.
coque [kɔk], *n.* **1** fiocchetto di nastro **2** ciuffo di piume.
coquet [kou'ket], **V. coquette, coquettish**.
to coquet, to coquette [kou'ket], *v. i.* civettare; far la civetta **2** gingillarsi (*con un'idea, ecc.*); prendere alla leggera.
coquetry ['koukitri], *n.* civetteria.
coquette [kou'ket], *n.* civetta (*fig.*); donna che fa la civetta.
coquettish [kou'ketiʃ], *a.* civettuolo.
cor [kɔː], *inter.* (*pop.*) accidenti!; acciderba!
coracle ['kɔrəkl], *n.* «coracle»; imbarcazione di vimini (*usata nel Galles e in Irlanda*).
coral ['kɔrəl], **A** *n.* (*zool.*) corallo. **B** *a.* corallino; di (*o* simile a) corallo. ● **c. island**, isola corallina □ **c. reef**, barriera corallina □ **c. red**, rosso corallo.
coralliferous [ˌkɔrə'lifərəs], *a.* corallifero.
coralline (1) ['kɔrəlain], *n.* (*bot., Corallina officinalis*) corallina.
coralline (2) ['kɔrəlain], *a.* **1** corallino; rosso corallo **2** (*bot.*) corallino **3** (*zool.*) simile al corallo.
corallite ['kɔrəlait], *n.* **1** scheletro di corallo **2** corallino (*marmo rosso screziato*).
cor anglais ['kɔːr ˈɔŋglei] (*franc.*), *n.* (*pl.* **cors anglais**) (*mus.*) corno inglese (*cfr. USA* **English horn**).
corbel ['kɔːbəl], *n.* (*archit.*) mensolone; modiglione. ● **c. arch**, arco di volta a cesto □ **c. steps**, V. **corbie-steps**, *sotto* **corbie**.
to corbel ['kɔːbəl], **A** *v. t.* provvedere di (*o* sostenere con) mensoloni. **B** *v. i.* — **to c. out** (*o* **off**), sporgere su mensoloni.
corbie ['kɔː(ː)bi], *n.* (*scozz.*) corvo; cornacchia. ● (*archit.*) **c.-gable**, frontone con mensolone a gradini □ (*archit.*) **c.-steps**, gradini ornamentali, posti sui lati d'un frontone.
cord [kɔːd], *n.* **1** corda; cordone (*anche elettrico*); funicella; spago: **umbilical c.**, cordone ombelicale; **the vocal cords**, le corde vocali **2** misura per cataste di legna (*pari a 128 piedi cubici o* m^3 *3,625*). **3** (*elettr.*) filo **4** (*ind. tessile*) costa (*di tessuto*) **5** (*ind. tessile*) velluto a coste **6** (*pl., fam.*) pantaloni di velluto a coste. ● (*elettr.*) **c. circuit**, circuito a spine □ (*anat.*) **spinal c.**, midollo spinale.
to cord [kɔːd], *v. t.* legare con una corda.
cordage ['kɔːdidʒ], *n.* **1** cordame **2** (*naut.*) sartiame.
cordate ['kɔːdeit], *a.* cordato; cuoriforme: **c. leaves**, foglie cordate.
corded ['kɔːdid], *a.* **1** legato con (*o* provvisto di) corde **2** (*di tessuto, ecc.*) a coste; cordonato.
Cordelier [ˌkɔːdi'liə*], *n.* (*relig.*) cordigliere (*frate francescano*) **2** — (*stor.*) **the Cordeliers**, i Cordiglieri; il Club dei Cordiglieri.
cordial ['kɔːdjəl], **A** *a.* **1** cordiale. **2** corroborante. **B** *n.* **1** cordiale (*liquore*) **2** (*farm.*) corroborante; stimolante.
cordiality [ˌkɔːdi'æliti], *n.* cordialità.
cordillera [ˌkɔːdi'ljɛərə], *n.* (*geogr.*) cordigliera.
cordite ['kɔːdait], *n.* cordite (*esplosivo*).
cordless ['kɔːdlis], *a.* (*elettr.*) senza filo: **a c. vacuum cleaner**, un aspirapolvere a batteria.
cordon ['kɔːdn], *n.* **1** cordone (*insegna d'ordine cavalleresco e barriera posta per mantenere l'ordine pubblico*) **2** (*archit.*) cordone (*di pietra*). ● (*franc.*) **c. bleu**, (*stor.*) «cordon bleu» (*onorificenza cavalleresca francese*); (*fig.*) cuoco (*o* cuoca) di prim'ordine □ **a c. bleu meal**, un pasto di prima qualità □ (*franc.*) **c. sanitaire**, (*med.*) cordone sanitario; (*fig., polit.*) zona cuscinetto.
to cordon ['kɔːdn], *v. t.* (*di solito* **to c. off**) **1** fare cordone intorno

a (*una folla, ecc.*) **2** circondare; isolare.
cordovan ['kɔːdəvən], **A** *n.* cuoio cordovano; cordovano. **B** *a.* di cuoio cordovano.
corduroy ['kɔːdərɔi], **A** *n.* **1** (*ind. tessile*) velluto a coste (*di cotone*) **2** (*pl.*) calzoni di velluto a coste. **B** *a. attr.* di velluto a coste: **a c. jacket**, una giacca di velluto a coste. ● (*USA*) **c. road**, strada di tronchi d'albero (*su terreno paludoso*).
core [kɔː*], *n.* **1** torsolo (*di frutto*) **2** centro; anima (*d'un metallo, d'una corda, ecc.*); cuore; nocciolo (*fig.*); nucleo: **the c. of a city** (**of a flame, of a storm, etc.**), il centro di una città (di una fiamma, di un temporale, ecc.); **rotten at the c.**, corrotto nell'anima; **the c. of the question**, il nocciolo della questione **3** (*biol., elettr., geol.*) nucleo **4** (*ind. min.*) carota (*fis. nucl.*) «core»; nocciolo. ● (*ind. min.*) **c. barrel**, tubo carotiere □ **c. bit**, corona da carotaggio □ **c. drill**, sonda campionatrice; sonda da carotaggio □ **c. drilling** (*o* **c. boring**), carotaggio □ (*metall.*) **c. iron**, ferro per nuclei □ (*metall.*) **c. molding**, formatura delle anime □ (*ind. min.*) **c. sample**, (campione di) carota.
to core [kɔː*], *v. t.* **1** estrarre la parte centrale di (q.c.); togliere il torsolo a (*una mela, ecc.*) **2** (*ind. min.*) carotare.
co(-)relation [ˌkouri'leiʃən], *n.* correlazione.
coreless ['kɔːlis], *a.* **1** senza torsolo, ecc. (*V.* **core**) **2** (*tecn.*) senza nucleo.
coreligionist [ˌkouri'lidʒənist], *n.* correligionario.
corer ['kɔːrə*], *n.* **1** «cavatorsoli» **2** (*ind. min.*) carotatore.
co-respondent [ˌkouris'pɔndənt], *n.* (*leg.*) coimputato, correo (*specialm. in una causa di divorzio per adulterio*).
corf [kɔːf], *n.* (*pl.* **corves**) **1** carrello (*per trasporto di minerale*) **2** cesto calato nell'acqua, in cui si tengono in vita i pesci.
corgi ['kɔːgi], *n.* (*pl.* **corgis**) welsh corgi (*cane di piccola taglia*).
coriaceous [ˌkɔri'eiʃəs], *a.* coriaceo.
coriander [ˌkɔri'ændə*], *n.* (*bot., Coriandrum sativum*) coriandolo.
coring ['kɔːriŋ], *n.* (*ind. min.*) carotaggio.
Corinth ['kɔrinθ], *n.* (*geogr.*) Corinto.
Corinthian [kə'rinθiən], **A** *a.* corintio, corinzio: (*archit.*) **C. order**, ordine corinzio. **B** *n.* **1** abitante di Corinto **2** (*arc.*) gaudente.
cork [kɔːk], *n.* **1** (*bot.*) sughero (*di quercia*) **2** sughero; tappo; turacciolo (*di sughero o d'altro*). ● (*naut.*) **c. jacket**, giubbotto di salvataggio □ (*bot.*) **c. oak** (*o* **c. tree**) (*Quercus suber*), sughera; quercia da sughero □ **c.-screw**, cavatappi; cavaturaccioli □ **to c.-screw**, muovere, muoversi a spirale □ (*aeron.*) avvitarsi □ **c.-screw curl**, ricciolo attorto a spirale □ (*aeron.*) **c.-screw dive**, picchiata in spirale □ (*di sigaretta*) **c.-tipped**, con il filtro di sughero □ (*di persona*) **to be like a c.**, stare (*o* tornare) sempre a galla (*fig.*).
to cork [kɔːk], *v. t.* **1** mettere il tappo a (*una bottiglia, ecc.*); tappare; turare **2** munire di sughero (*galleggianti, ecc.*) **3** annerire con sughero bruciacchiato. ● (*fig.*) **to c. up one's feelings**, reprimere i propri sentimenti.
corkage ['kɔːkidʒ], *n.* **1** il tappare (*o* lo stappare) bottiglie **2** somma che si paga all'oste per ogni bottiglia stappata (*se comperata altrove*).
corkboard ['kɔːkbɔːd], *n.* (*ind.*) sughero per rivestimenti.
corked ['kɔːkt], *a.* **1** tappato: **a c. bottle**, una bottiglia tappata **2** munito di sughero **3** annerito con sughero bruciacchiato **4** (*di vino*) che sa di turacciolo **5** (*pop.*) sbronzo; ubriaco fradicio.
corker ['kɔːkə*], *n.* **1** operaio (*o* arnese) che tappa bottiglie **2** (*pop.*) persona (*o* avvenimento) strabiliante **3** (*pop.*) argomento conclusivo, che taglia la testa al toro **4** (*pop.*) grossa bugia; fandonia; panzana.
corky ['kɔːki], *a.* **1** sugheroso; di (*o* simile a) sughero **2** (*fam.*) vivace; irrequieto; esuberante.
corm [kɔːm], *n.* (*bot.*) cormo.
cormophyte ['kɔːməfait], *n.* (*bot.*) cormofita.
cormorant ['kɔːmərənt], *n.* **1** (*zool., Phalacrocorax carbo*) cormorano; marangone **2** (*fig.*) persona avida, vorace; avvoltoio (*fig.*).
corn (1) [kɔːn], *n.* **1** (*nome generico*) cereale (*il chicco e la pianta*); granaglie **2** grano; frumento **3** (*scozz., irl.*) avena **4** (*USA, anche* **Indian c.**) granturco; frumentone; mais. ● (*USA*) **the C. Belt**, la zona del granturco □ (*USA*) **c. bread**, pane di granturco □ **c. chandler**, venditore al minuto di cereali □ **c.-cob**, tutolo □ **c.-cob pipe**, pipa fatta con un tutolo □ **c. dealer** (*o* **c. merchant**), grossista in granaglie □ (*zool.*) **c.-crake** (*Crex crex*), re di quaglie □ **the C. Exchange**, la Borsa dei cereali □ **c. factor** (*o* **c. merchant**), commerciante in granaglie □ (*bot.*) **c. flag** (*Gladiolus segetum*), spadaccina □ **c.-flakes**, fiocchi di granturco □ **c.-flour**, farina fine di granturco □ (*bot.*) **c.-flower**, (*Centaurea cyanus*) fiordaliso; (*Agrostemma githago*) gettaione □ (*USA*) **c.-husk**, cartoccio (*della pannocchia*) □ (*stor.*) **c. laws**, leggi protezionistiche sul grano □ **c. meal**, farina gialla (*o* da polenta); farina di grano □ (*USA*) **c. on the cob**, pannocchia

di granturco (*da mangiare*) □ (*agric.*, *USA*) **c. picker**, raccoglitrice di mais □ (*USA*: *negli Stati del Sud*) **c. pone**, pane di granturco □ **c. poppy** (*Papaver rhoeas*), papavero di campo □ **c.--rent**, canone pagato in grano (*o che varia col prezzo del grano*) □ (*USA*) **c. silk**, barba del granturco □ (*USA*) **c. shuck**, V. **c.-husk** □ (*sci*) **c. snow**, neve primaverile □ **c.-stalk**, stelo del granturco; (*fig.*, *fam.*) persona lunga e magra; stanga (*fig.*) □ (*USA*) **c. whiskey**, whisky di mais.
corn (2) [kɔːn], *n*. callo. ● **c. plaster**, cerotto per calli; callifugo □ (*fig.*) **to tread on sb.'s corns**, pestare i calli a q.
to corn [kɔːn], *v. t.* conservare (*carne*, *ecc.*) sotto sale (*in passato*, *mettendola nel grano*): **corned beef**, carne di manzo conservata.
cornea [ˈkɔːniə], *n.* (*anat.*) cornea.
corneal [ˈkɔːniəl], *a.* (*anat.*) corneale.
cornel [ˈkɔːnəl], *n.* (*bot.*, *anche* **c. tree**) **1** (*Cornus mas*) corniolo **2** (*Cornus sanguinea*) sanguinella.
cornelian [kɔːˈniːljən], *n.* (*miner.*) corniola; cornalina.
corneous [ˈkɔːniəs], *a.* corneo.
corner [ˈkɔːnə*], *n.* **1** angolo; canto; cantuccio **2** (*edil.*) spigolo **3** (*econ.*) accaparramento; incetta; imboscamento (*di merce*) **4** (*sport*: *autom.*, *ecc.*) curva **5** (*sport*) corner; calcio d'angolo. ● **c. boy**, monello; fannullone □ (*mecc.*) **c. chisel**, sgorbia triangolare □ **c. cupboard**, angoliera □ (*sport*) **c. flag**, bandierina del calcio d'angolo (*o del corner*) □ **c. house**, casa d'angolo; (*spesso*) ristorante □ (*sport*) **c. kick**, calcio d'angolo; corner □ **c. seat**, posto d'angolo □ (*edil.*) **c.-stone**, pietra angolare; (*anche fig.*) prima pietra □ **to cut corners**, (*autom.*) tagliare le curve; (*fig.*) fare alla svelta, tirar via □ **to cut off a c.**, prendere una scorciatoia (*fig.*) □ **to drive** (*o* **to put**) **sb. into a c.**, mettere q. alle corde (*o con le spalle al muro*) □ **the four corners of the earth**, i quattro angoli della terra □ (*fig.*) **hole-and-c. methods**, metodi poco puliti □ **to put a child in the c.**, mettere un bambino in castigo (*o nel cantuccio*) □ (*anche fig.*) **round the c.**, dietro l'angolo □ **a tight c.**, una situazione difficile □ **to turn the c.**, girare l'angolo; svoltare; (*fig.*) superare il punto critico (*d'una malattia*, *ecc.*).
to corner [ˈkɔːnə*], **A** *v. t.* **1** (*edil.*) fare lo spigolo (*o gli spigoli*) a (*una casa*, *ecc.*) **2** mettere in un angolo, in un cantuccio **3** mettere in difficoltà, con le spalle al muro, alle corde (*fig.*): **The counsel for the defence cornered the witness**, l'avvocato difensore mise con le spalle al muro il testimone **4** (*econ.*) accaparrare, fare incetta di (*merce*). **B** *v. i.* **1** formare un angolo **2** fare angolo; essere posto all'angolo (*d'una strada*, *ecc.*) **3** (*autom.*) curvare; fare una curva; svoltare.
cornered [ˈkɔːnəd], *a.* **1** (*nei composti*) che ha un certo numero di angoli **2** (*fig.*) con le spalle al muro; messo in difficoltà; (*di animale*) intrappolato. ● **a three-c. hat**, un tricorno.
cornering [ˈkɔːnərɪŋ], *n.* **1** (*edil.*) formazione degli spigoli **2** (*econ.*) accaparramento; incetta (*di merce*) **3** (*autom.*) il curvare; (*modo di*) prendere la curve. ● (*mecc.*, *falegnameria*) **c. tool**, ferro (*o utensile*) sagomato, per smussi.
cornerite [ˈkɔːnərait], *n.* (*edil.*) paraspigolo.
cornet [ˈkɔːnit], *n.* **1** (*mus.*) cornetta **2** cartoccio fatto a cono **3** cono di cialda (*per gelati*) **4** cuffia delle suore di carità.
cornettist [kɔ(ː)ˈnetist], *n.* (*mus.*) cornettista; suonatore di cornetta.
cornfield [ˈkɔːnfiːld], *n.* campo di granturco.
cornice [ˈkɔːnis], *n.* **1** (*archit.*) cornicione; cornice **2** (*alpinismo*) cornice **3** mantovana (*per tenda*).
corniced [ˈkɔːnist], *a.* provvisto di cornicione (*o di cornice*).
cornification [ˌkɔːnifiˈkeiʃən], *n.* (*fisiologia*) corneificazione.
Cornish [ˈkɔːniʃ], **A** *a.* della Cornovaglia. **B** *n.* lingua della Cornovaglia; cornico; lingua cornica.
Cornishman [ˈkɔːniʃmən], *n.* (*pl.* **Cornishmen**) abitante della Cornovaglia.
cornstone [ˈkɔːnstoun], *n.* (*miner.*) calcare screziato.
cornucopia [ˌkɔːnjuˈkoupjə], *n.* **1** cornucopia **2** (*fig.*) abbondanza.
cornucopian [ˌkɔːnjuˈkoupjən], *a.* copioso; ricco; pingue.
cornute [kɔːˈnjuːt], **cornuted** [kɔ(ː)ˈnjutid], *a.* (*biol.*) fornito di corna; cornuto.
Cornwall [ˈkɔːnwəl], *n.* (*geogr.*) Cornovaglia.
corny (1) [ˈkɔːni], *a.* **1** di grano; ricco di grano **2** (*pop.*) rifritto; trito; sentimentale; sdolcinato.
corny (2) [ˈkɔːni], *a.* calloso; relativo ai calli; che ha i calli.
corolla [kəˈrɔlə], *n.* (*bot.*) corolla.
corollary [kəˈrɔləri], *n.* **1** corollario **2** deduzione **3** conseguenza.
corollate(d) [ˈkɔrəleit(id)], *a.* (*bot.*) corollato.
corona (1) [kəˈrounə], *n.* (*pl.* **coronas**, **coronae**) **1** (*archit.*, *anat.*, *astron.*, *bot.*) corona **2** lampadario circolare (*in una chiesa*). ● (*elettr.*) **c. discharge**, effetto corona.
corona (2) [kəˈrounə], *n.* (*pl.* **coronas**, **coronae**) sigaro avana (*marca Corona*).

coronal (1) [ˈkɔrənl], *n.* **1** (*arc.*) corona; diadema **2** ghirlanda.
coronal (2) [ˈkɔrənl], *a.* (*anat.*, *bot.*, *astron.*) coronale; di corona: (*astron.*) **c. hole**, buco coronale; (*anat.*) **c. suture**, sutura coronale.
coronary [ˈkɔrənəri], **A** *a.* (*anat.*, *med.*) **1** coronario: **c. thrombosis**, trombosi coronaria **2** coronarico. **B** *n.* **1** (*anat.*, *anche* **c. artery**) (arteria) coronaria **2** (*fam.*) trombosi coronaria; infarto. (*improprio*). ● (*med.*) **c. disease**, coronaropatia.
coronate(d) [ˈkɔrəneit(id)], *a.* (*bot.*, *zool.*) coronato.
coronation [ˌkɔrəˈneiʃən], *n.* incoronazione; coronazione (*raro*).
coroner [ˈkɔrənə*], *n.* (*leg.*) «coroner»; magistrato che indaga sui casi di morte violenta o comunque sospetti. ● **c.'s inquest**, indagine fatta da un «coroner» □ **c.'s jury**, giuria che collabora con detto magistrato.
coronet [ˈkɔrənit], *n.* **1** corona nobiliare **2** (*moda*) diadema.
coronetted [ˈkɔrənitid], *a.* che ha una corona nobiliare; titolato.
corozo [kəˈrousou], *n.* (*pl.* **corozos**) (*bot.*, *Phytelephas macrocarpa*) corozo.
corporal (1) [ˈkɔːpərəl], *a.* **1** corporale: **c. punishment**, pena corporale **2** personale; individuale.
corporal (2) [ˈkɔːpərəl], *n.* (*mil.*) **1** caporale **2** (*USA*) missile terra-terra.
corporal (3) [ˈkɔːpərəl], *n.* (*relig.*) corporale.
corporality [ˌkɔːpəˈræliti], *n.* **1** materialità; vita materiale **2** corpo umano **3** (*pl.*) cose (*o* necessità) materiali.
corporate [ˈkɔːpərit], *a.* **1** collegato; unito **2** costituito (*in ente giuridico*): **a c. body**, un ente pubblico (*o* morale) **3** collettivo; collegiale: **c. responsibility**, responsabilità collegiale **4** (*fin. USA*) d'una società per azioni; sociale; societario: **the c. books**, i libri sociali; **c. capital**, capitale sociale; **c. law**, diritto societario (*o* delle società); **c. name**, nome (*o* ragione) sociale; **c. tax**, imposta sulle società **5** (*stor.*) di corporazione; corporativo. ● (*USA*) **c. climate**, clima aziendale □ (*agric. USA*) **c. farm**, grossa azienda agricola (*organizzata sul modello delle grandi società per azioni*) □ (*fin. USA*) **c. image**, immagine aziendale □ (*fin. USA*) **c. merger**, fusione d'imprese □ (*fin. USA*) **c. saving**, autofinanziamento □ **c. town**, città costituita in municipio.
corporation [ˌkɔːpəˈreiʃən], *n.* **1** (*leg.*: *in G.B.*) ente giuridico; persona giuridica **2** (*fin. USA*) società per azioni; società di capitali (*cfr. ingl.* **limited company**) **3** (*stor.*) corporazione **4** (*anche* **municipal c.**) consiglio comunale (*d'una città*): **the mayor and c.**, il sindaco e il consiglio comunale **5** (*fam.*) pancia; pancione. ● (*leg.*) **c. aggregate**, persona giuridica □ (*USA*) **c. cock** (*o* **c. stop**), rubinetto d'erogazione (*del gas*, *dell'acqua*) □ (*fin. ingl.*) **c. stocks**, titoli di prestito municipali □ (*fin.*) **c. tax**, imposta sulle società.
corporatism [ˈkɔːpərətizəm], *n.* (*stor.*, *polit.*) corporativismo.
corporatist [ˈkɔːpərətist], *a.* (*stor.*, *polit.*) corporativistico.
corporative [ˈkɔːpərətiv], *a.* **1** di grande azienda, d'ente pubblico, di consiglio comunale (*V.* **corporation**). **2** (*stor.*, *polit.*) corporativo: **a c. state**, uno stato corporativo □ (*polit.*) **c. system**, corporativismo.
corporativism [ˈkɔːpərətivizəm], *V.* **corporatism**.
corporator [ˈkɔːpəreitə*], *n.* membro d'una corporazione.
corporeal [kɔːˈpɔːriəl], *a.* **1** corporeo **2** fisico; materiale. ● (*leg.*) **c. hereditament**, eredità di beni materiali (*mobili o immobili*).
corporeality [ˌkɔ(ː)pɔriˈæliti], **corporeity** [ˌkɔ(ː)pəˈri(ː)iti], *n.* **1** corporeità **2** esistenza fisica, materiale.
corposant [ˈkɔːpəzænt], *n.* (*naut.*) fuoco di Sant'Elmo.
corps [kɔː*], *n.* (*invar. al pl.*) **1** corpo (*un complesso di persone*): **c. de ballet**, corpo di ballo (*d'un teatro*); **diplomatic c.**, corpo diplomatico; **Army Service C.**, Corpo della Sussistenza Militare; **esprit de c.**, spirito di corpo **2** (*mil.*) corpo d'armata.
corpse [kɔːps], *n.* cadavere. ● **c. candle**, fuoco fatuo (*nei cimiteri*).
corpulence [ˈkɔːpjuləns], **corpulency** [ˈkɔːpjulənsi], *n.* corpulenza; obesità.
corpulent [ˈkɔːpjulənt], *a.* corpulento; obeso.
corpus [ˈkɔːpəs], *n.* (*pl.* **corpora**, **corpuses**) **1** (*scherz.*) corpo; cadavere **2** corpus, corpo (*raccolta di testi*, *iscrizioni*, *ecc.*) **3** (*anat.*) corpo (*d'un organo*). ● (*relig.*) **C. Christi**, Corpus Domini □ (*leg.*) **c. delicti**, corpo del delitto (*o del reato*).
corpuscle [ˈkɔːpʌsl], **corpuscule** [kɔːˈpʌskjuːl], *n.* **1** (*anche anat.*, *fis.*) corpuscolo **2** (*fisiologia*) globulo (*del sangue*).
corpuscular [kɔːˈpʌskjulə*], *a.* (*scient.*) corpuscolare.
corral [kɔˈrɑːl], *n.* **1** recinto per bestiame **2** cerchio di carri (*contro gli Indiani*, *ecc.*).
to corral [kɔˈrɑːl], *v. t.* (*USA*) **1** rinchiudere (*o* spingere) (*bestiame*) in un recinto **2** disporre (*carri*) in forma di cerchio difensivo **3** (*fig.*) catturare (*anche fig.*).
to correct [kəˈrekt], **A** *v. t.* correggere (*in ogni senso*); aggiustare; regolare; rettificare; mettere a posto: **You should have the timing of your engine corrected**, dovresti far regolare l'accensione del

tuo motore. **to correct oneself B** *v. rifl.* correggersi; rettificare. ● (*tipogr.*) **to c. type-matter**, correggere in piombo.
correct [kəˈrekt], *a.* **1** corretto; esatto; giusto; ben fatto; conveniente; appropriato: **the c. time**, l'ora esatta; **a c. calculation**, un calcolo esatto; **c. behaviour**, comportamento corretto **2** (*di denaro*) contato: **Hold ready the c. money for the toll booth**, preparate i soldi contati per il casello! ● (*pop.*) **the c. card**, il programma (*di una riunione sportiva*) □ **to do (to say) the c. thing**, fare (dire) quel che è giusto □ **if my memory is c.**, se ben ricordo.
correction [kəˈrekʃən], *n.* correzione; rettifica; punizione: (*rag.*) **the c. of an account**, la rettifica di un conto. ● **house of c.**, casa di correzione; riformatorio □ (*lett.*) **I speak under c.**, correggetemi se sbaglio.
correctional [kəˈrekʃənl], *a.* **1** di correzione; correttivo **2** (*leg.*) correzionale. ● **a c. institution**, un riformatorio; un correzionale.
correctitude [kəˈrektitjuːd], *n.* correttezza (*specialm. di condotta*).
corrective [kəˈrektiv], *a. e n.* correttivo. ● (*elettr.*) **c. network**, rete correttrice.
correctness [kəˈrektnis], *n.* correttezza; esattezza; precisione.
corrector [kəˈrektə*], *n.* **1** correttore **2** censore; critico **3** (*di una bussola*) correttore; compensatore. ● **c. of the press**, correttore di bozze.
correlate [ˈkɔrileit], **A** *a.* correlato. **B** *n.* termine di correlazione. ● (*di due cose*) **to be correlates**, essere in correlazione (*fra loro*).
to correlate [ˈkɔrileit], **A** *v. t.* correlare; mettere in correlazione. **B** *v. i.* essere in correlazione.
correlation [ˌkɔriˈleiʃən], *n.* **1** (*anche geol.*) correlazione **2** rispondenza.
correlative [kɔˈrelətiv], **A** *a.* correlativo: **c. conjunction**, congiunzione correlativa. **B** *n.* termine di correlazione.
correlativity [kɔˌreləˈtiviti], *n.* **1** l'essere correlativo **2** grado di rispondenza.
correlator [ˈkɔrileitə*], *n.* (*elettron.*) correlatore.
to correspond [ˌkɔrisˈpɔnd], *v. i.* **1** corrispondere (*in ogni senso*); essere corrispondente (a): **Standards of living do not always c. to incomes**, il livello di vita non sempre corrisponde al reddito **2** essere in corrispondenza epistolare (con): **We have not corresponded for some years**, non siamo in corrispondenza da anni **3** rispondere, essere adatto (*ai bisogni, ecc.*).
correspondence [ˌkɔrisˈpɔndəns], *n.* **1** corrispondenza (*in ogni senso*); corrispettività **2** rispondenza; accordo; armonia. ● **c. clerk**, addetto alla corrispondenza □ **c. column**, (rubrica delle) lettere al direttore □ **c. department**, reparto corrispondenza □ **c. school**, scuola per corrispondenza.
correspondency [ˌkɔrisˈpɔndənsi], *n.* corrispondenza; rispondenza; corrispettività.
correspondent [ˌkɔrisˈpɔndənt], **A** *a.* corrispondente; corrispettivo. **B** *n.* corrispondente. ● (*di cosa*) **to be c. with**, corrispondere a (*speranze, aspettative, ecc.*) □ **political c.**, corrispondente politico □ **special c.**, inviato speciale □ **war c.**, corrispondente di guerra.
corresponding [ˌkɔrisˈpɔndiŋ], *a.* corrispondente (*in ogni senso*); equivalente; simile; analogo: **c. angles**, angoli corrispondenti. ● (*comm.*) **c. clerk**, corrispondente; addetto alla corrispondenza □ (*di accademia*) **c. member**, socio corrispondente □ (*comm.*) **c. secretary**, segretario incaricato della corrispondenza.
corridor [ˈkɔridɔː*], *n.* corridoio. ● **c. train**, treno con carrozze intercomunicanti □ (*stor., polit.*) **the Polish C.**, il corridoio polacco.
corrigendum [ˌkɔriˈdʒendəm], *n.* (*pl.* **corrigenda**) errore da correggere. ● **corrigenda**, errata corrige (*in un libro*).
corrigible [ˈkɔridʒəbl], *a.* correggibile.
corrival [kɔˈraivl], *n.* rivale; emulo; concorrente.
corroborant [kəˈrɔbərənt], (*arc.*) **A** *a.* **1** corroborante **2** che prova, che conferma (q.c.). **B** *n.* **1** (*farm.*) (medicamento) corroborante **2** fatto che prova (o conferma) (q.c.).
to corroborate [kəˈrɔbəreit], *v. t.* corroborare (*fig.*); provare; confermare; avvalorare.
corroboration [kəˌrɔbəˈreiʃən], *n.* corroborazione; corroboramento; conferma; avvaloramento.
corroborative [kəˈrɔbərətiv], *a.* corroborativo; che prova, che conferma (q.c.).
corroborator [kəˈrɔbəreitə*], *n.* corroboratore; chi prova, chi conferma (q.c.).
corroboratory [kəˈrɔbərətəri], *a. V.* **corroborative**.
to corrode [kəˈroud], *v. t.* (*chim. e fig.*) corrodere; intaccare; consumare. **B** *v. i.* corrodersi; consumarsi. ● **to cause to c.**, corrodere: **Rust causes metal to c.**, la ruggine corrode i metalli.
corrodibility [kəˌroudəˈbiliti], *n.* corrodibilità.
corrodible [kəˈroudəbl], *a.* corrodibile.

corrosibility [kəˌrousəˈbiliti], *V.* **corrodibility**.
corrosion [kəˈrouʒən], *n.* (*geol., metall., ecc.*) corrosione.
corrosive [kəˈrousiv], **A** *a.* corrosivo (*anche fig.*): **c. sublimate**, sublimato corrosivo. **B** *n.* sostanza corrosiva; corrosivo.
corrosiveness [kəˈrouzivnis], *n.* corrosività.
to corrugate [ˈkɔrugeit], **A** *v. t.* **1** corrugare **2** ondulare; increspare: **corrugated fibreboard**, cartone ondulato; **corrugated iron**, lamiera (di ferro) ondulata; **corrugated paper**, carta increspata. **B** *v. i.* **1** corrugarsi **2** incresparsi.
corrugation [ˌkɔruˈgeiʃən], *n.* corrugamento; increspatura.
corrugator [ˌkɔrugeitə*], *n.* (*anat.*) muscolo corrugatore.
corrupt [kəˈrʌpt], *a.* **1** corrotto; guasto; contaminato **2** che corrompe i costumi; immorale: **a c. film**, un film immorale. ● **c. practices**, forme (*o* mezzi) di corruzione (*per es., durante le elezioni*).
to corrupt [kəˈrʌpt], **A** *v. t.* corrompere; guastare; contaminare. **B** *v. i.* corrompersi; guastarsi; contaminarsi.
corrupter [kəˈrʌptə*], *n.* corruttore.
corruptibility [kəˌrʌptəˈbiliti], *n.* corruttibilità.
corruptible [kəˈrʌptəbl], *a.* corruttibile.
corruption [kəˈrʌpʃən], *n.* **1** corruzione (*in ogni senso*); corruttela **2** cosa (*o* influenza) corruttrice. ● (*leg.*) **c. of a witness**, subornazione di un teste □ **proof against c.**, incorruttibile.
corruptive [kəˈrʌptiv], *a.* corruttivo.
corruptness [kəˈrʌptnis], *n.* corruttela; corruzione.
corsage [kɔːˈsaːʒ], *n.* **1** corpetto (*di vestito da donna*) **2** mazzolino di fiori (*da appuntare al petto*).
corsair [kɔːˈsɛə*], *n.* **1** corsaro; pirata **2** (*naut.*) nave corsara.
corse [kɔːs], *n.* (*arc.*) cadavere.
corselet, corslet [ˈkɔːslit], *n.* **1** (*stor.*) corsaletto **2** busto corto e leggero (*da donna*); corsetto.
corset [ˈkɔːsit], *n.* **1** bustino; corsetto **2** (*med.*) busto (*ortopedico*); corsetto **3** (*pl.*) corsetteria. ● **c. maker**, bustaia.
corsetry [ˈkɔːsitri], *n.* **1** corsetteria **2** mestiere di bustaia.
Corsican [ˈkɔːsikən], *a., n.* còrso.
cortege, cortège [kɔːˈteiʒ], *n.* **1** corteggio; corteo **2** processione.
cortex [ˈkɔːteks] (*lat.*), *n.* (*pl.* **cortices, cortexes**) (*bot., anat.*) corteccia.
cortical [ˈkɔːtikəl], *a.* (*bot., anat.*) corticale.
corticated [ˈkɔːtikeitid], *a.* (*bot.*) provvisto di corteccia.
cortisone [ˈkɔːtizoun], *n.* (*chim., biol., farm.*) cortisone.
corundum [kəˈrʌndəm], *n.* (*miner.*) corindone.
coruscant [kəˈrʌskənt], *a.* corrusco; scintillante.
to coruscate [ˈkɔrəskeit], *v. i.* coruscare (*lett.*); brillare, scintillare (*anche fig.*).
coruscating [ˈkɔrəskeitin], *a.* corrusco; brillante, scintillante (*anche fig.*): **c. weapons**, armi corrusche; **a c. mind**, una mente brillante.
coruscation [ˌkɔrəsˈkeiʃən], *n.* **1** coruscazione (*raro*); il brillare, lo scintillare (*anche fig.: dell'ingegno, ecc.*) **2** (*fig.*) sfoggio di ingegno, gioco intellettuale (*specialm. in letter.*).
corvée [ˈkɔːvei], *n.* **1** (*stor.*) «corvée»; corvé **2** (*fig.*) corvé; lavoro pesante o forzato.
corves [kɔːvz], *pl. di* **corf**.
corvette [kɔːˈvet], *n.* (*naut.*) corvetta.
corvine [ˈkɔːvain], *a.* corvino.
Corybant [ˈkɔribænt], *n.* (*pl.* **Corybants, Corybantes**) (*mitol.*) coribante.
Corybantian [ˌkɔriˈbæntjən], **Corybantic** [ˌkɔriˈbæntik], **Corybantine** [ˌkɔriˈbæntain], *a.* coribantico.
corymb [ˈkɔrimb], *n.* (*bot.*) corimbo.
corymbose [ˈkɔrimˌbous], *a.* (*bot.*) **1** simile a un corimbo **2** che cresce in corimbi.
coryphaeus [ˌkɔriˈfiːəs], *n.* (*pl.* **coryphaei**) (*stor. greca*) corifeo.
coryza [kəˈraizə], *n.* (*med., vet.*) coriza, corizza.
cos (1) [kɔs], *n.* (*bot., Lactuca sativa longifolia; anche* **cos lettuce**) lattuga romana.
cos (2) [kɔs], *n.* (*abbr. di* **cosine**) (*mat.*) coseno.
cos (3) [kɔz], *cong.* (*abbr. fam. di* **because**) perché; poiché.
conscientious [ˌkɔnʃiˈenʃəs], *a.* coscienzioso: **a c. teacher**, un insegnante coscienzioso; **a c. piece of work**, un lavoro coscienzioso. ● **c. objector**, obiettore di coscienza.
cosecant [kouˈsiːkənt], *n.* (*mat.*) cosecante.
coseismal [ˌkouˈsaizməl], (*scient.*) **A** *a.* cosismico. **B** *n.* curva cosismica.
cosh [kɔʃ], *n.* (*pop.*) corpo contundente (*per lo più di gomma con anima di piombo, ecc.*); manganello; sfollagente.
to cosh [kɔʃ], *v. t.* (*pop.*) manganellare.
to cosher [ˈkɔʃə*], (*irl.*) **A** *v. i.* vivere a spese di un altro; fare lo scroccone (*fam.*). **B** *v. t.* vezzeggiare; coccolare.
cosignatory [ˈkouˈsignətəri], *n.* cofirmatario.
cosily [ˈkouzili], *avv.* comodamente; a bell'agio.
cosine [ˈkousain], *n.* (*mat.*) coseno. ● **c. curve**, cosinusoide □ **c.**

cosiness

function, coseno.
cosiness ['kouzinis], *n.* comodità; agio; confortevolezza.
cosmetic [kɔz'metik], **A** *a.* **1** cosmetico **2** (*med.*) plastico: **c. surgery**, chirurgia plastica **3** (*fig.*) decorativo; apparente; superficiale. **B** *n.* **1** cosmetico **2** (*fig.*) abbellimento; lustro superficiale; mostra; orpello.
cosmetician [,kɔzmə'tiʃən], *n.* **1** cosmetista **2** truccatore, truccatrice.
to cosmeticize [kɔz'metisaiz], *v. t.* **1** trattare con cosmetici **2** (*fig.*) abbellire; rendere più attraente.
cosmetology [,kɔzmə'tɔlədʒi], *n.* cosmesi.
cosmic ['kɔzmik], *a.* (*astron.* e *fig.*) cosmico: **c. dust**, polvere cosmica (*o* interstellare); **c. rays**, raggi cosmici. ● (*fis. nucl.*) **c.-ray shower**, sciame cosmico.
cosmical ['kɔzmikəl], *V.* **cosmic**.
cosmodrome ['kɔzmədroum], *n.* (*miss.*) cosmodromo.
cosmogonic(al) [,kɔzmou'gɔnik(əl)], *a.* cosmogonico.
cosmogony [kɔz'mɔgəni], *n.* cosmogonia.
cosmographer [kɔz'mɔgrəfə*], *n.* cosmografo.
cosmographic(al) [,kɔzmou'græfik(əl)], *a.* cosmografico.
cosmography [kɔz'mɔgrəfi], *n.* cosmografia.
cosmological [,kɔzmə'lɔdʒikəl], *a.* (*filos.*, *astron.*) cosmologico.
cosmologist [kɔz'mɔlədʒist], *n.* (*filos.*, *astron.*) cosmologo.
cosmology [kɔz'mɔlədʒi], *n.* (*filos.*, *astron.*) cosmologia.
cosmonaut ['kɔzmənɔ:t], *n.* (*miss.*) cosmonauta.
cosmonautic(al) [,kɔzmə'nɔ:tik(əl)], *a.* (*miss.*) cosmonautico.
cosmonautics [,kɔzmə'nɔ:tiks], *n. pl.* (*col verbo al sing.*) (*miss.*) cosmonautica.
cosmonette [,kɔzmə'net], *n.* (*miss.*) cosmonauta (*donna*).
cosmopolitan [,kɔzmə'pɔlitən], *a.* e *n.* (*anche ecologia*) cosmopolita.
cosmopolitanism [,kɔzmə'pɔlitənizəm], *n.* (*anche ecologia*) cosmopolitismo.
to cosmopolitanize [,kɔzmə'pɔlitənaiz], *v. t.* rendere cosmopolita.
cosmopolite [kɔz'mɔpəlait], *a.* e *n.* (*anche ecologia*) cosmopolita.
cosmorama [,kɔzmə'ra:mə], *n.* cosmorama.
cosmos (1) ['kɔzmɔs], *n.* **1** cosmo **2** armonia; ordine **3** (*filos.*) cosmo; sistema armonico.
cosmos (2) ['kɔzmɔs], (*pl.* **cosmos, cosmoses**) (*bot.*, *Cosmos*) cosmea.
cosmotron ['kɔzmətrɔn], *n.* (*fis. nucl.*) cosmotrone.
cosmovision [,kɔzmə'viʒən], *n.* (*telev.*) mondovisione.
Cossack ['kɔsæk], *a.* e *n.* cosacco. ● **c. hat**, colbacco.
cosset ['kɔsit], *n.* agnellino allevato in casa.
to cosset ['kɔsit], *v. t.* vezzeggiare; coccolare.
cosseting ['kɔsitiŋ], *n.* vezzeggiamento; coccolamento; moine (*pl.*).
to cost [kɔst] (*pass.* e *p. p.* **cost**), **A** *v. i.* **1** costare (*in ogni senso*): **His error cost him dear** (*o* **dearly**), il suo errore gli costò caro **2** (*pop.*) costare molto. **B** *v. t.* (*comm.*) stabilire, fissare, preventivare, valutare il costo di (*una merce, un articolo, ecc.*). ● (*fig.*) **to c. the earth**, costare un occhio della testa □ **c. what it may**, costi quel che costi.
cost [kɔst], *n.* **1** (*econ.*) costo: **the c. of living**, il costo della vita **2** (*ind.*) costo; spesa: **overhead costs**, costi fissi, spese generali (*di un'azienda*) **3** (*pl.*, *leg.*) spese processuali **4** prezzo (*fig.*); perdita; sacrificio: **at a great c. of life**, a caro prezzo; con grave perdita di vite umane. ● **c. accountant** (*o* **c. clerk**), analizzatore dei costi (*in un'azienda*) □ **c. accounting**, analisi dei costi; contabilità industriale □ **c. analysis**, analisi dei costi (*comm.*); **c. book**, libro contabile dei profitti e delle perdite □ **c.-free**, franco di spese □ (*econ.*) **c.** (*o* **c.-push**) **inflation**, inflazione da costi □ (*comm.*) **c., insurance and freight**, (*abbr.* **c.i.f.**), costo, assicurazione e nolo □ **c.-of-living allowance** (*o* **bonus**), indennità di carovita (*o* di contingenza: *per i dipendenti privati*); indennità integrativa speciale (*per i dipendenti pubblici*) (*anche*) la contingenza (*fam.*) □ (*econ.*) **c.-of-living index** (*o* **figure**), indice del costo della vita □ **c. price**, prezzo di costo □ (*comm.*) **at c.**, al (prezzo di) costo □ **at any cost** (*o* **at all costs**), a ogni costo □ **at the c. of one's life**, a costo della vita □ **to count the c.**, calcolare i rischi (*prima di mettersi in un'impresa*) □ **freight c.**, spese di nolo (marittimo) □ **operating costs**, spese di gestione □ **prime** (*o* **first**) **c.**, costo di produzione □ **to sell at c.**, vendere a prezzo di costo □ **to one's c.**, a proprie spese (*fig.*) □ **to spare no c.**, non badare a spese.
costal ['kɔstl], *a.* (*anat.*) costale.
co-star ['kou'sta:*], *n.* (*cinem.*, *teatr.*) (*anche*) **c.** (*bonus*), indennità comprimario; (attrice) comprimaria.
to co-star ['kou'sta:*], (*cinem.*, *teatr.*) **A** *v. i.* essere (attore) comprimario. **B** *v. t.* affidare il ruolo di (attore) comprimario a (q.). ● (*cinem.*, *telev.*, *ecc.*) **co-starring**, con la partecipazione di (*seguono i nomi degli attori comprimari*; *cfr.* **starring**, sotto **to star**).
costard ['kʌstəd], *n.* mela grossa (*grossa e ovale*).

coster ['kɔstə*], **costermonger** ['kɔstə*,mʌŋgə*], *n.* venditore ambulante.
costing ['kɔstiŋ], *n.* (*comm.*) **1** determinazione (*o* valutazione) dei costi **2** rilevazione dei costi aziendali; contabilità industriale.
costive ['kɔstiv], *a.* **1** costipato; stitico **2** (*fig.*) avaro; tirchio.
costiveness ['kɔstivnis], *n.* **1** stitichezza **2** (*fig.*) tirchieria.
costliness ['kɔstlinis], *n.* **1** sontuosità; ricchezza **2** prezzo eccessivo.
costly ['kɔstli], *a.* **1** magnifico; sontuoso **2** costoso; caro.
costmary ['kɔstmɛəri], *n.* (*bot.*) **1** (*Chrysanthemum balsamita*) erba amara; erba di San Pietro **2** (*Tanacetum vulgare*) tanaceto; solfina.
costume ['kɔstju:m], *n.* **1** abito, vestito (*specialm. se caratteristici d'una regione*) **2** costume; vestito all'antica **3** abito a due pezzi; tailleur. ● **c. ball**, ballo in costume □ (*teatr.*) **c. designer**, costumista □ **c. jewellery**, gioielli artificiali; bigiotteria □ **c. piece**, dramma in costume □ **a riding c.**, un abito da cavallerizzo (*o* da amazzone).
to costume ['kɔstju:m], *v. t.* mettere in costume (*V.* **costume**).
costumer [kɔs'tju:mə*], **costumier** [kɔs'tju:miə*], *n.* costumista; fabbricante, venditore, noleggiatore di costumi (*V.* **costume**).
cosy ['kouzi], **A** *a.* comodo (*anche di persona*); confortevole; accogliente; intimo. **B** *n.* (*anche* **tea c.**) copriteiera. ● **c. corner**, angolo intimo (*d'una stanza*).
to cosy ['kouzi], *v. i.* (*in verbi composti*) **1** — **to c. sb. along**, rassicurare (q.) (*specialm. con assicurazioni infondate*) **2** — **to c. up to** (sb.), ingraziarsi (q.) con blandizie.
cot (1) [kɔt], *n.* **1** capanna, ricovero, riparo (*specialm. per animali*) **2** (*poet.*) casa di campagna; casetta.
to cot [kɔt], *v. t.* mettere (*pecore, ecc.*) in una capanna, al riparo.
cot (2) [kɔt], *n.* **1** lettino (*per bimbi o d'ospedale*) **2** branda **3** (*naut.*, *stor.*) cuccetta (*per ufficiali o per malati*). ● (*med.*) **cot death**, morte improvvisa di un neonato.
cot (3) [kɔt], *n.* (*abbr. di* **cotangent**) (*mat.*) cotangente.
cotangent ['kou'tændʒənt], *n.* (*mat.*) cotangente.
cote [kout], *n.* capanna, ricovero, riparo, posta (*per animali*). ● **dove-c.**, piccionaia □ **hen-c.**, pollaio.
cotenant ['kou'tenənt], *n.* (*leg.*) coaffittuario.
coterie ['koutəri], *n.* **1** coterie; circolo (*o* gruppo) ristretto **2** (*spreg.*) consorteria; camarilla; cricca.
coterminous ['kou'tə:minəs], *a.* **1** contiguo; confinante; limitrofo **2** che ha la stessa estensione.
cothurnus [kə'θə:nəs], *n.* (*pl.* **cothurni**) coturno (*anche fig.*).
cotidal [kou'taidl], *a.* (*geogr.*) cotidale: **c. lines**, linee cotidali.
cotill(i)on [kə'tiljən], *n.* **1** «cotillon»; quadriglia (*la danza e la musica*) **2** ballo di società.
cotta ['kɔtə], *n.* (*relig.*) cotta.
cottage ['kɔtidʒ], *n.* **1** casetta; casupola **2** cottage; villetta. ● **c. cheese**, formaggio tipo «cottage» □ **c. hospital**, casa di salute (*senza personale medico interno*) □ (*econ.*) **c. industry**, industria che dà il lavoro a domicilio □ **c. loaf**, pagnotta di due pani sovrapposti □ **c. piano**, piccolo pianoforte □ **c. pie**, tortino di carne trita e patate al forno.
cottager ['kɔtidʒə*], *n.* chi abita in un cottage (*V.* **cottage**).
cotter (1), cottar ['kɔtə*], *n.* **1** *V.* **cottager 2** (*scozz.*) contadino; bracciante **3** (*irl.*) *V.* **cottier**.
cotter (2) ['kɔtə*], *n.* (*mecc.*) **1** bietta (*o* chiavetta) trasversale **2** (*anche* **c. pin**) copiglia, coppiglia.
to cotter ['kɔtə*], *v. t.* (*mecc.*) inchiavettare; imbiettare.
Cottian Alps (the) ['kɔtiən 'ælps], *n. pl.* (*geogr.*) le Alpi Cozie.
cottier ['kɔtiə*], *n.* **1** chi abita in un cottage (*V.* **cottage**). **2** (*irl.*) affittuario di un piccolo appezzamento di terreno.
cotton ['kɔtn], *n.* **1** cotone **2** (*bot.*, *Gossypium*; *anche* **c. plant**) pianta del cotone **3** (*anche* **sewing c.**) filo di cotone (*da cucito*); cotone (*pop.*) **4** tessuto di cotone. ● (*USA*) **c. batting**, cotone idrofilo □ (*USA*) **the C. Belt**, la zona del cotone □ **c. cake**, pane di semi di cotone pressati (*per foraggio*) □ (*USA*) **c. candy**, zucchero filato □ (*ind. tessile*) **c. gin**, sgranatrice di cotone; ginnatrice □ **c. ginning**, ginnatura □ (*bot.*) **c. grass**, (*Eriophorum*), erioforo □ **c. lord**, magnate del cotone □ **c. mill**, cotonificio □ **c. picker**, operaio (*o* macchina) che raccoglie il cotone; raccoglitrice di cotone □ (*pop. USA*) **c.-picking**, maledetto (*intensivo*) □ **c. press**, pressacotone □ **c.-seed oil**, olio di semi (*di cotone*) □ **c.-spinner**, operaio (*o* proprietario) di cotonificio □ **c. staple**, fiocco di cotone (*la fibra*) □ (*zool.*) **c.-tail** (*Sylvilagus floridanus*), silvilago; coniglio coda di cotone □ **c. waste**, cascame di cotone; bambagia □ (*bot.*) **c.-wood tree** (*Populus deltoides*), pioppo nero americano □ **c. wool**, cotone grezzo; bambagia; cotone idrofilo □ **c. yarn**, filato di cotone □ **gun-c.**, fulmicotone □ **sanitary c.**, cotone idrofilo.
to cotton ['kɔtn], *v. i.* (*fam.*) **1** andare d'accordo; vivere in armonia **2** — **to c. up**, cercare di fare amicizia; cercare di attaccare (*pop.*) **3** — **to c. on to sb.**, affezionarsi a q. **4** — **to c. on to**

st., capire q.c. **5** – (*fam. USA*) **to c. to**, approvare, andare d'accordo con (*un'idea, ecc.*); affezionarsi a (q.).
cottonmouth ['kɔtnmauθ], *n.* (*zool., Agkistrodon piscivorus*) mocassino acquatico (*serpente velenoso americano*).
cottonocracy [,kɔtn'ɔkrəsi], *n.* plutocrazia del cotone.
Cottonopolis [,kɔtə'nɔpəlis], *n.* (*scherz., stor.*) Cottonopoli (*Manchester*).
cottony ['kɔtni], *a.* cotonoso.
cotyledon [,kɔti'li:dən], *n.* (*bot.*) cotiledone.
cotyledonous [,kɔti'li:dənəs], *a.* (*bot.*) cotiledonare.
cotyloid ['kɔtilɔid], *a.* (*anat.*) a forma di coppa; cotiloide.
couch (1) [kautʃ], *n.* **1** divano (*anche di psicanalista*); ottomana; sofà **2** giaciglio **3** (*poet.*) letto: **to be on a c. of pain**, essere su un letto di dolore (*ammalato e sofferente*) **4** (*ind. della birra*) strato di cereale messo a germinare **5** strato di base; fondo (*di vernice*) **6** (*arc.*) covo; tana.
to couch [kautʃ], *A v. t.* **1** adagiare; coricare **2** abbassare, mettere in resta (*una lancia, ecc.*) **3** esprimere (*un pensiero, ecc.*) **4** velare, sottintendere (*un significato*): **My refusal was couched in polite words**, il mio rifiuto fu espresso in parole cortesi **4** (*med., arc.*) togliere, abbassare (*una cataratta con un ago, anche to c. sb., to c. sb.'s eye*). *B v. i.* **1** (*arc.*) adagiarsi; coricarsi; sdraiarsi: **couched in slumber**, abbandonato al sonno; in braccio a Morfeo; **couched at ease on the green grass**, comodamente sdraiato sull'erba verde **2** (*d'animale*; *anche* **to c. oneself**) accovacciarsi; acquattarsi; rimpiattarsi **3** (*anche mil.*) essere in agguato; stare in imboscata **4** ammucchiarsi (*di foglie, ecc.*).
couch (2) [kau:tʃ], *V.* **couch grass**.
couchant ['kautʃənt], *a.* **1** (*specialm. d'animale*) adagiato; coricato; accovacciato **2** (*araldica*) coricato: **a lion c.**, un leone coricato.
couchette [ku'ʃet] (*franc.*), *n.* (*ferr.*) cuccetta.
couch grass ['kautʃ gra(:)s], *n.* (*bot., Agropyron repens*) gramigna dei medici; falsa gramigna; dente canino.
cougar ['ku:gə*], *n.* (*pl.* **cougars, cougar**) (*zool., Felis concolor*) coguaro; puma.
to cough [kɔf], *v. i.* tossire. ● **to c. down**, far tacere (*un oratore*) a forza di colpi di tosse □ **to c. out** (*o* **up**), espellere tossendo; espettorare; **to c. up a bone**, espellere un osso tossendo □ (*pop.*) **to c. up**, tirar fuori, sganciare, sborsare (*denaro, ecc.*).
cough [kɔf], *n.* tosse. ● **c. drop** (*o* **c. lozenge**), pasticca per la tosse □ **hooping c.** (*o* **whooping c.**), pertosse; tosse asinina □ **to give a (slight) c.**, tossicchiare (*per avvertire q. della propria presenza*).
could [kud, kəd], *voce verb. difett.* (*pass. di* **can**) **1** potrei, potresti, ecc.; sarei, saresti, ecc. capace, in grado di; riuscirei, riusciresti, ecc.; saprei, sapresti, ecc.: **I c. recognize that man if I saw him again**, saprei (*o* potrei) riconoscere quell'uomo, se lo rivedessi; **C. you go at once?**, potresti andare subito?; **He c. not** (*abbr.* **couldn't**) **do that, even if he tried a hundred times**, non riuscirebbe a farlo, neanche se ci provasse cento volte **2** (*di solito in frasi neg. o nel discorso indir.*) potevo, potevi, ecc.; riuscivo, riuscivi, ecc.; sapevo, sapevi, ecc.; potei, potesti, ecc.; ho, hai, ecc. potuto: **He said he c. come**, disse che poteva venire; **I'm sorry I couldn't come earlier**, mi dispiace che non sono potuto (*o* di non esser potuto) venire prima; **Carlo c. speak English when he was a boy**, da ragazzo Carlo sapeva parlare l'inglese; **The doctors c. not save him**, i medici non riuscirono a salvarlo; **We c. not go to the country yesterday**, ieri non potemmo andare in campagna (*Cfr.* **We were able to go to the country yesterday**, ieri riuscimmo ad andare in campagna) **3** potessi, ecc.; riuscissi, ecc.; sapessi, ecc.: **I would help you, if I c.**, t'aiuterei, se potessi; **If you c. speak English, you would make yourself understood**, se tu potessi parlare in inglese, ti faresti capire **4** (*seguito da un inf. pass.*) avrei, avresti, ecc. potuto; sarei, saresti, ecc. potuto: **I c. have passed my exams, if I had studied harder**, avrei potuto superare gli esami, se avessi studiato di più; **I c. have arrived in time, if I hadn't missed the bus**, sarei potuto arrivare in tempo, se non avessi perso l'autobus **5** (*prima di un inf. pass., anche se sottinteso*) avessi, ecc. potuto: **I would have helped him, if I c.** (**have done so**), l'avrei aiutato, se avessi potuto **6** (*idiom.*) – **I c. hear the firing in the distance**, udivo gli spari in lontananza; **I looked everywhere, but I couldn't find the papers**, guardai dappertutto, ma non trovai i documenti. ● **I couldn't afford a car**, non avevo (*o* non avrei) mezzi sufficienti per comprare (*o* per tenere) un'automobile □ **We couldn't afford to wait**, non potemmo (*o* non potremmo) permetterci d'aspettare □ **I c. but**, non potei, non potevo (fare altro) che: **We c. but hope**, non potevamo che sperare □ **I c. not help**, non potei, non potevo (*o* non potrei) evitare, fare a meno di: **I couldn't help admiring him**, non potevo non ammirarlo; **You couldn't help laughing if you saw him**, non potresti fare a meno di ridere, se lo vedesse □ **I couldn't help it**, non potei (*o* non potevo) farci nulla; non c'era rimedio; l'ho fatto senza volerlo; è andata così □ **It couldn't be**

helped, non c'era nulla da fare; era inevitabile □ (*lett.*) **I c. no more**, non ne potevo più; non potevo fare (dare, ecc.) di più.
couldn't ['kudnt], *contraz. di* **could not**.
couldst ['kudst], *voce verb.* (*arc.*) 2ª *pers sing.* di **could**.
coulee ['kulei], *n.* **1** (*geol.*) lingua di lava **2** (*geogr. USA*) gola.
coulisse [ku'li:s] (*franc.*), *n.* **1** (*falegnameria*) coulisse; guida scanalata; scanalatura **2** (*teatr.*) quinta **3** (*Borsa*) coulisse; mercatino.
couloir ['ku(:)lwa:*], *n.* (*geol.*) canalone (*di montagna*).
coulomb ['ku:lɔm], *n.* (*elettr.*) coulomb. ● **c.-meter**, coulombmetro.
coulometer [ku:'lɔmitə*], *n.* (*elettr.*) coulombmetro.
coulter ['koultə*], *n.* (*agric.*) coltro; vomero.
coumarin ['ku:mərin], *n.* (*chim.*) cumarina.
council ['kaunsl], *n.* **1** consiglio (*adunanza di persone*): **borough c.**, consiglio comunale; **county c.**, consiglio di contea; (*mil.*) **c. of war**, consiglio di guerra **2** concilio (*ecclesiastico*): **diocesan c.**, concilio diocesano; **ecumenical c.**, concilio ecumenico. ● **c. board**, tavolo del consiglio; riunione consiliare □ **c. chamber**, camera di consiglio □ **c. house**, casa popolare (*costruita dal Comune*) □ (*specialm. USA*) **c.-man**, consigliere (*specialm. di un consiglio comunale*) □ (*in G.B.*) **the c. of ministers**, il consiglio dei ministri □ (*in G.B.*) **C. of State**, Consiglio di Stato □ (*specialm. USA*) **c.-woman**, consigliere (*donna*; *V.* **c.-man**) □ **to be in c.**, essere a una riunione di consiglio.
councillor ['kaunsilə*], *n.* consigliere; membro d'un consiglio.
councillorship ['kaunsiləʃip], *n.* carica (o ufficio) di consigliere.
counsel ['kaunsəl], *n.* **1** consiglio; consultazione; parere: **to give good c.**, dare buoni consigli; **to take c.**, sentire un parere; consultarsi (con q.) **2** (*leg.*) consulente legale; avvocato patrocinante; patrono **3** piano; risoluzione; disegno: **to keep one's own c.**, tener segreti i propri piani; essere riservato. ● (*leg.*) **c. for the defence** (*o* **defendant**), avvocato difensore; collegio di difesa □ **c. of perfection**, (*relig.*) consiglio evangelico; (*fam.*) consiglio difficile da seguire □ **Queen's** (*o* **King's**) **C.** (*abbr.* **Q. C., K. C.**), patrocinante per la Corona (*titolo onorifico concesso a pochi avvocati*) □ **the Queen's** (*o* **King's**) **C.**, il Consiglio della Corona □ **to take c. together**, consultarsi.
to counsel ['kaunsəl], *A v. t.* consigliare; raccomandare (*di fare q.c.*). *B v. i.* consultarsi (con q.); discutere e deliberare. ● **to c. against st.**, mettere in guardia contro q.c.
counsellor ['kaunsələ*], *n.* **1** consigliere; consulente **2** consigliere (*d'ambasciata*) **3** (*USA, anche* **c.-at-law**) avvocato patrocinante; patrono.
counselor ['kaunsələ*], *n.* (*USA*) *V.* **counsellor**.
to count [kaunt], *A v. t.* **1** contare; conteggiare; calcolare; annoverare; includere: **There are twenty of us, not counting the boy**, siamo in venti, senza contare il ragazzo; **I c. him among my friends**, lo annovero fra i miei amici **2** considerare; reputare; valutare; stimare: **I c. myself lucky**, mi considero fortunato. *B v. i.* contare; importare; valere: **His opinion doesn't c.**, la sua opinione non conta. ● **to c. against sb.**, tornare a svantaggio di q. □ **to c. the cost of st.**, considerare quello che verrà a costare q.c.; (*fig.*) calcolare i rischi di q.c. □ (*miss.*) **to c. down**, fare il conto alla rovescia □ **to c. for much (little, nothing)**, contare (*o* valere) molto (poco, nulla) □ **to c. heads** (*o* **noses**), contare un gruppo di persone) □ **to c. in**, comprendere; includere □ (*scozz.*) **to c. kin with sb.**, vantarsi parente di q. □ **to c. st. off**, dividere q.c. in parti uguali, contando □ **to c. on** (*o* **upon**), fare assegnamento su; contare su: **You can c. on him to keep your secret**, puoi contarci: manterrà il tuo segreto; **We had counted on winning the match**, avevamo contato di vincere la partita □ **to c. out**, contare (*prendendo da un mucchio*); non includere, non contare (q.); (*sport*) contare (*un pugile*) □ (*polit.*) **to c. out the House**, aggiornare la Camera (*dei Comuni o dei Lord*) per mancanza del numero legale □ **to c. up**, sommare; addizionare □ (*d'un pugile*) **to be counted out**, essere dichiarato fuori combattimento (*allo scadere dei dieci secondi*) □ (*prov.*) **Don't c. your chickens before they are hatched**, non dir quattro se non è nel sacco.
count (1) [kaunt], *n.* **1** conto; conteggio; calcolo **2** (*leg.*) capo d'accusa **3** (*arc.*) conto; considerazione; opinione; stima **4** (*pugilato*) conteggio: **to go down for the c.**, andare al tappeto (*per il conteggio*); farsi contare **5** (*polit.*) scrutinio **6** (*ind. tessile*) titolo **7** (*fis. nucl.*) impulso; segnale. ● (*gramm. ingl.*) **c. noun**, sostantivo numerabile □ **c.-out**, (*in Parlamento*) dichiarazione di mancanza di numero legale e rinvio della seduta; (*pugilato*) conteggio, conto (*dei dieci secondi regolamentari*); (*anche mil.*) conto delle perdite (*o* delle vittime) □ **to keep c.**, tenere il conto: **I couldn't keep c. of all of them**, non sono riuscito a contarli tutti □ **to lose c. of st.**, perdere il conto di q.c. □ (*pugilato*) **to take the c.**, essere dichiarato fuori combattimento □ **to take no c. of st.**, non tener conto di q.c.
count (2) [kaunt], *n.* conte (*titolo per stranieri*; *cfr.* **earl**).

countability [ˌkauntə'biliti], *n.* (*mat.*) l'essere numerabile.
countable ['kauntəbl], *a.* (*mat.*) numerabile. ● (*gramm. ingl.*) **c. noun**, sostantivo numerabile.
countdown ['kaunt‚daun], *n.* (*miss.*) conto alla rovescia; countdown. ● (*autom.*) **c. markers**, segnali trasversali progressivi (*di passaggio a livello*: rossi; *d'uscita dall'autostrada*: bianchi).
countenance ['kauntinəns], *n.* **1** espressione (*del volto*); fisionomia; viso; volto: **a man with an expressive c.**, un uomo dal volto espressivo **2** approvazione; incoraggiamento; appoggio; sostegno: **to give** (*o* **to lend**) **c. to sb.** (**to a plan, etc.**), dare il proprio appoggio a q. (a un progetto, ecc.); **to keep sb. in c.**, incoraggiare q. (*dandogli segno che lo si approva o sostiene*). ● **to change one's c.**, cambiare espressione; alterarsi in viso □ **to keep one's c.**, rimanere composto, calmo; restare serio (*specialm. trattenendo il riso*) □ **to lose c.**, perdere il dominio di sé; tradirsi (*mutando espressione*) □ **to put sb. out of c.**, mettere q. in imbarazzo; sconcertare q. □ **to stare sb. out of c.**, sconcertare q. fissandolo a lungo.
to countenance ['kauntinəns], *v. t.* **1** approvare; incoraggiare; appoggiare **2** consentire; permettere; tollerare.
counter (1) ['kauntə*], *n.* **1** persona (*o* macchina) che fa i calcoli **2** (*tecn.*) contatore: **a Geiger c.**, un contatore Geiger **3** fiche; gettone (*per giochi, ecc.*) **4** contrassegno; contromarca **5** banco (*di banca o di negozio*); bancone **6** (*comm.*) cassa; sportello (*anche bancario*). ● (*USA*: *banca*) **c. check**, assegno di sportello; assegno interno □ (*comm.*) **c. displays**, elementi di richiamo per banco di vendita □ **c. intelligence**, controspionaggio □ (*spreg.*) **c. jumper**, commesso di negozio □ (*elettron.*) **c. tube**, tubo indicatore □ (*mecc.*) **revolution c.**, contagiri □ (*comm.*) **to sell stock over the c.**, vendere titoli per il tramite di un intermediario (*anziché alla Borsa*) □ **to sell st. under the c.**, vendere q.c. sottobanco □ (*fig.*) **under the c.**, sottobanco; di nascosto; illegalmente.
counter (2) ['kauntə*], *a. attr.* contrario; opposto: **c. attraction**, attrazione opposta. ● (*mecc.*) **c. spring**, molla antagonista.
counter (3) ['kauntə*], *n.* **1** (il) contrario, (l') opposto **2** (*anat.*) sterno; parte superiore del petto (*nel cavallo*) **3** contrafforte, rinforzo del calcagno (*d'una scarpa*) **4** (*tipogr.*) occhio (*di un carattere tipografico*) **5** (*pugilato*) colpo d'incontro **6** (*scherma*) parata d'incontro.
to counter ['kauntə*], *v. t.* e *i.* **1** opporsi a; controbattere; contraddire; agire in opposizione (*o* in contrasto) a (q.) **2** respingere (*un attacco*); neutralizzare (*una mossa*); parare (*un colpo*) **3** (*scacchi*) rispondere (*con una mossa di contrattacco*); (*bridge*) contrare **4** (*pugilato*) contrare; colpire d'incontro **5** mettere un contrafforte a (*una scarpa*) **6** (*mecc.*) invertire (*un movimento*).
counter (4) ['kauntə*], *avv.* contro; in opposizione (a); in senso contrario: **to act c. to sb.'s wishes**, agire in opposizione ai desideri di q.; **to go c. to one's inclinations**, andare contro le proprie inclinazioni.
to counteract [ˌkauntə'rækt], *v. t.* **1** agire in opposizione a; ostacolare **2** annullare; mitigare; neutralizzare: **This medicine will c. the consequences of the disease**, questa medicina mitigherà le conseguenze della malattia.
counteraction [ˌkauntə'rækʃən], *n.* **1** controazione; azione che si oppone a un'altra **2** neutralizzazione **3** (*scherma*) controazione.
counteractive [ˌkauntə'ræktiv], *a.* **1** che si oppone a; antagonistico **2** neutralizzante; che neutralizza.
counteragent ['kauntə‚reidʒənt], *n.* **1** oppositore **2** forza opposta.
counterattack ['kauntərə‚tæk], *n.* **1** (*mil.*) contrattacco **2** (*sport*: calcio) contropiede.
to counterattack ['kauntərə‚tæk], *v. t.* e *i.* (*mil.*) contrattaccare.
counterattraction [ˌkauntərə'trækʃən], *n.* seconda attrazione; attrazione diversa (*dalla prima*).
counterbalance ['kauntə‚bæləns], *n.* contrappeso (*anche fig.*).
to counterbalance [ˌkauntə'bæləns], *v. t.* **1** controbilanciare; contrappesare **2** (*fig.*) compensare; equilibrare. ● **to c. each other**, controbilanciarsi.
counterblast ['kauntə‚blɑ:st], *n.* violenta reazione; violento contrattacco; replica energica.
counterblow ['kauntə‚blou], *n.* **1** colpo d'incontro **2** (*mil.*) colpo restituito; rappresaglia.
counterbrace ['kauntə‚breis], *n.* (*naut.*) controbraccio.
to counterbrace ['kauntə‚breis], *v. t.* (*naut.*) controbracciare.
counterchange [ˌkauntə'tʃeindʒ], *n.* (*araldica, pittura*) contrasto di colori chiari e scuri.
to counterchange [ˌkauntə'tʃeindʒ], *A v. t.* **1** scambiare **2** variare i colori di (*un dipinto*) **3** chiazzare (*il terreno*) di luci e d'ombre. *B v. i.* scambiarsi il posto; invertire le parti.
countercharge ['kauntə‚tʃɑ:dʒ], *n.* (*leg.*) contraccusa.
countercheck ['kauntətʃek], *n.* **1** freno (*fig.*); remora **2** seconda verifica; doppio riscontro (*di conti, ecc.*) **3** (*arc.*) replica; risposta.
to countercheck [ˌkauntə'tʃek], *v. t.* **1** contrastare; imbrigliare, frenare (*fig.*) **2** riscontrare; verificare.
counterclaim ['kauntəkleim], *n.* (*leg.*) domanda riconvenzionale; controquerela.
to counterclaim ['kauntəkleim], *v. i.* (*leg.*) riconvenire; presentare una domanda riconvenzionale.
counterclockwise ['kauntə'klɔkwais], *a.* e *avv.* (*USA*) (in senso) antiorario.
counterconditioning [ˌkauntəkən'diʃəniŋ], *n.* (*psic.*) controcondizionamento.
countercultural [ˌkaunə'kʌltərəl], *a.* controculturale.
counterculture ['kauntə'kʌltʃə*], *n.* controcultura.
counterculturist ['kauntə‚kʌltʃərist], *n.* esponente della controcultura.
countercurrent ['kauntə'kʌrənt], *n.* (*scient., tecn.*) controcorrente.
to counterdemonstrate ['kauntə'demənstreit], *v. i.* (*polit.*) contromanifestare.
counterdemonstrater ['kauntə'demənstreitə*], *n.* (*polit.*) contromanifestante.
countereffect ['kauntəri‚fekt], *n.* effetto contrario. ● **to have a c.**, essere controproducente.
counterespionage ['kauntər'espjəna:ʒ], *n.* controspionaggio.
counterfeit ['kauntəfit], *A a.* **1** falsificato; falso; contraffatto **2** simulato: **c. virtue**, virtù simulata. *B n.* **1** falsificazione; contraffazione **2** simulazione.
to counterfeit ['kauntəfi:t], *v. t.* **1** falsificare; contraffare: **to c. money**, falsificare denaro **2** contraffare; imitare: **to c. sb.'s voice**, contraffare la voce di q. **3** fingere, simulare (*sentimenti, ecc.*).
counterfeiter ['kauntəfi(:)tə*], *n.* **1** contraffattore; falsificatore; falsario **2** simulatore.
counterfire ['kauntəfaiə*], *n.* (*mil.*) **1** fuoco di risposta **2** fuoco di neutralizzazione.
counterfoil ['kauntəfɔil], *n.* (*comm.*) matrice; madre.
counterfort ['kauntəfɔ:t], *n.* (*costr.*) contrafforte.
counterintelligence ['kauntərin‚telidʒəns], *n.* controspionaggio.
counterirritant ['kauntər‚iritənt], *n.* (*med.*) revulsivo; vescicante.
counterirritation ['kauntər‚iri'teiʃən], *n.* (*med.*) revulsione.
to countermand [ˌkauntə'mɑ:nd], *v. t.* **1** annullare, revocare (*un ordine, ecc.*) **2** richiamare (*una persona, truppe, ecc.*).
countermand ['kauntə'mɑ:nd], *n.* contrordine; revoca (*d'un ordine*).
countermanoeuvre ['kauntəmə'nu:və*], *n.* contromanovra.
to countermarch ['kauntəma:tʃ], *A v. i.* **1** (*mil.*) fare una contromarcia **2** (*fig.*) invertire la marcia; ritirarsi. *B v. t.* far fare marcia indietro a (q.).
countermarch ['kauntəma:tʃ], *n.* (anche *mil.*) contromarcia.
countermark ['kauntəma:k], *n.* (*comm.*) contromarca; contrassegno.
to countermark ['kauntəma:k], *v. t.* contromarcare; contrassegnare.
countermeasure ['kauntə‚meʒə*], *n.* contromisura.
countermine ['kauntəmain], *n.* (*mil., naut.*) contromina.
to countermine [ˌkauntə'main], *A v. t.* (*mil., naut.*) controminare (anche *fig.*). *B v. i.* posare contromine.
countermove ['kauntəmu:v], *n.* contromossa (anche nel gioco degli scacchi).
counteroffensive ['kauntərə'fensiv], *n.* (*mil.*) controffensiva.
counterpane ['kauntəpein], *n.* copriletto; sopraccoperta, sovraccoperta.
counterpart ['kauntəpa:t], *n.* **1** cosa uguale; copia, duplicato (*fig.*); sosia: **He is the very c. of his father**, egli è la copia esatta di suo padre **2** complemento: **Woman is the c. of man**, la donna è il complemento dell'uomo. ● (*leg.*) **c. of a deed**, duplicato di un atto.
counterplot ['kauntəplɔt], *n.* **1** controprogetto; congiura, stratagemma, trama, opposti ad altri **2** (*letter., teatr.*) trama secondaria.
to counterplot ['kauntəplɔt], *A v. i.* congiurare, tramare in opposizione ad altri. *B v. t.* frustrare, sventare (*una congiura, ecc., promuovendone un'altra*).
counterpoint ['kauntəpɔint], *n.* (*mus.*) contrappunto.
counterpoise ['kauntəpɔiz], *n.* (*elettr., mecc.*) contrappeso (anche *fig.*).
to counterpoise ['kauntəpɔiz], *v. t.* (*mecc.*) contrappesare; bilanciare.
counterpower ['kauntə‚pauə*], *n.* (*polit.*) contropotere.
counterproductive ['kauntəprə‚dʌktiv], *a.* controproducente.
Counter-Reformation ['kauntərefə‚meiʃən], *n.* (*stor.*) Controriforma.

counter-revolution ['kauntərevə,lu:ʃən], *n.* controrivoluzione.
counter-revolutionary ['kauntərevə,lu(:)ʃnəri], *a.* e *n.* controrivoluzionario.
counter-revolutionist ['kauntərevə,lu:ʃənist], *n.* controrivoluzionario.
counterscarp ['kauntə,ska:p], *n.* (*costr.*, *mil.*) controscarpa.
countershaft ['kauntəʃa:ft], *n.* (*mecc.*) contralbero; albero di rinvio.
countersign ['kauntəsain], *n.* **1** controfirma; firma di autenticazione, contrassegno **3** (*leg.*) autenticazione, legalizzazione (*d'un documento, ecc.*) **4** (*mil.*) parola d'ordine.
to countersign ['kauntəsain], *v. t.* **1** controfirmare **2** (*leg.*) autenticare, legalizzare (*un documento, ecc.*).
countersignature [,kauntə'signitʃə*], *n.* controfirma.
to countersink ['kauntəsiŋk] (*pass.* **countersank**, *p. p.* **countersunk**), *v. t.* (*mecc.*) **1** fresare; svasare (*la cima d'un foro nel metallo o nel legno*) **2** accecare (*la testa d'una vite, ecc.*).
countersink ['kauntəsiŋk], *n.* (*mecc.*) **1** accecatoio **2** coltello (*o cucchiaio*) della trivella **3** accecatura; svasatura (*il foro*).
countersinking ['kauntə,siŋkiŋ], *n.* (*mecc.*) accecatura; svasatura (*l'operazione*).
countersteer ['kauntəstiə*], *n.* (*autom.*) **1** controsterzo **2** controsterzata.
to countersteer ['kauntəstiə*], *v. i.* (*autom.*) controsterzare.
counterstroke ['kauntə-strouk], *n.* contraccolpo.
countertenor [,kauntə'tenə*], *n.* (*mus.*) tenore leggero.
counterterrorism [,kauntə'terərizəm], *n.* (*polit.*) controterrorismo.
counterterrorist [,kauntə'terərist], **A** *n.* (*polit.*) controterrorista. **B** *a. attr.* (*polit.*) antiterrorismo: **c. measures**, misure antiterrorismo; **c. squad**, squadra antiterrorismo.
countertrend ['kauntətrend], *n.* tendenza contraria.
to countervail ['kauntəveil], *v. t.* e *i.* **1** bilanciare; equilibrare **2** compensare; essere di compensazione **3** frustrare; annullare. ● (*fin.*) **countervailing charge**, tassa di compensazione □ (*fin.*) **countervailing duty**, dazio doganale compensatore.
to counterweigh [,kauntə'wei], **A** *v. t.* contrappesare; controbilanciare. **B** *v. i.* fare da contrappeso.
counterweight ['kauntəweit], *n.* contrappeso.
counterwork ['kauntə,wə:k], *n.* **1** lavoro opposto a un altro **2** (*mil.*) opera difensiva in opposizione a quelle del nemico.
to counterwork [,kauntə'wə:k], **A** *v. t.* **1** contrastare; opporsi a **2** frustrare; annullare; neutralizzare. **B** *v. i.* agire (*o* operare) in opposizione (*a q. o q.c.*).
countess ['kauntis], *n.* contessa.
counting house ['kauntiŋhaus], *n.* (*comm.*, *raro*) (ufficio di) contabilità; amministrazione.
counting room ['kauntiŋru(:)m], (*USA*) *V.* **counting house**.
countless ['kauntlis], *a.* innumerevole.
countrified ['kʌntrifaid], *a.* rustico; campagnolo; rurale.
country ['kʌntri], **A** *n.* **1** campagna; terreno; territorio; regione; campo (*fig.*): **to go into the c.**, andare in campagna; **wooded c.**, terreno boschivo **2** paese; nazione; patria: **France is a European c.**, la Francia è una nazione europea; **Italy is my own country**, l'Italia è il mio paese natale. **B** *a.* di campagna; campestre: **c. life**, vita di campagna; **a c. road**, una strada di campagna. ● **c. bank**, banca rurale □ (*USA*) **c. club**, circolo sportivo (*fig.*) **c. cousin**, persona di gusti campagnoli; topo di campagna (*fig.*) **c. dance**, danza campestre; danza popolare □ **c. gentleman**, signore di campagna; proprietario terriero □ **c. house** (*o* **c. seat**), casa o residenza di campagna; grande villa □ (*polit.*) **c. party**, partito agrario □ (*geol.*) **c. rock**, roccia incassante □ **c. store**, bottega in cui si vendono diverse varietà di merce (*in campagna o piccoli centri*) □ **c. town**, cittadina di provincia □ (*polit.*) **to go** (*o* **to appeal**) **to the c.**, fare appello al paese; indire le elezioni generali.
countryfied ['kʌntrifaid], *V.* **countrified**.
countryman ['kʌntrimən], *n.* (*pl.* **countrymen**) **1** campagnolo; contadino **2** compatriota; concittadino.
countryside ['kʌntri'said], *n.* campagna.
countrywide ['kʌntriwaid], *avv.* su tutto il territorio nazionale.
countrywoman ['kʌntri,wumən], *n.* (*pl.* **countrywomen**) **1** campagnola; contadina **2** compatriota; concittadina.
countship ['kauntʃip], *n.* **1** titolo di conte (*V.* **count (2)**) **2** contea.
county ['kaunti], *n.* **1** contea (*divisione amministrativa in G. B. e USA*) **2** (gli) abitanti d'una contea. ● (*stor.*) **c. borough**, città con amministrazione autonoma (*fino al 1974*) □ **c. clerk**, segretario (di) consiglio di contea □ **c. council**, consiglio di contea □ **c. court**, tribunale di contea □ **c. family**, famiglia nobile che risiede da tempo nella contea □ (*USA*) **c. seat**, capoluogo di contea □ (*in G.B.*) **c. town**, capoluogo di contea □ the **home counties**, le sei contee intorno a Londra.
coup [ku:] (*franc.*), *n.* **1** colpo maestro; mossa brillante **2** (*biliardo*) messa in buca. ● **c. d'état**, colpo di Stato □ **c. de grâce**, colpo di grazia (*anche fig.*) □ (*mil.*) **c. de main**, colpo di mano □ **c. d'oeil**, colpo d'occhio □ **to pull off a c.**, fare un (bel) colpo.
coupé ['ku:pei] (*franc.*), *n.* **1** coupé; automobile (*o* carrozza chiusa) a due posti. ● (*autom.*) **convertible c.**, cabriolet.
couple ['kʌpl], *n.* **1** coppia; paio (*con valore numerico spesso indefinito*): **a c. of books**, un paio di libri; **a married c.**, una coppia di sposi; **a courting c.**, una coppia di fidanzati; (*fam.*) **I've a c. of things to do**, ho un paio di cose da fare **2** accoppiatoio (*guinzaglio per tenere i cani a due a due*); legame **3** (*invar. al pl.*) coppia (*di cani da caccia*): **There were ten c.**, c'erano dieci coppie (di cani) **4** (*fis.*) coppia (*di forze*) **5** (*elettr.*) coppia voltaica **6** (*chim.*) accoppiamento **7** (*elettron.*) coppia. ● **in couples**, a coppie; a due a due.
to couple ['kʌpl], **A** *v. t.* **1** (*anche tecn.*) accoppiare; collegare; unire **2** legare insieme (*specialm. cani, a due a due*) **3** unire in matrimonio **4** (*ferr.*) agganciare (*carrozze*) **5** associare (*mentalmente*). **B** *v. i.* accoppiarsi; appaiarsi.
coupled ['kʌpld], *a.* **1** (*anche tecn.*) accoppiato; collegato; unito **2** (*ferr.*) agganciato. ● (*elettr.*) **c. circuits**, circuiti accoppiati □ (*archit.*) **c. column**, colonna binata.
coupler ['kʌplə*], *n.* **1** chi accoppia, collega, unisce, ecc. **2** (*ferr.*) gancio di traino **3** (*mus.*) tirante (*d'organo*) **4** (*elettr.*, *naut.*) accoppiatore.
couplet ['kʌplit], *n.* **1** (*poesia*) distico: **heroic c.**, distico eroico **2** (*mus.*) «couplet».
coupling ['kʌpliŋ], *n.* **1** (*anche tecn.*) accoppiamento **2** (*tecn.*) giunto (*o* dispositivo) d'accoppiamento: (*autom.*) **cross-type c.**, giunto cardanico; cardano **3** (*ferr.*) agganciamento; attacco **4** (*tecn.*) manicotto (*di tubature*).
coupon ['ku:pɔn], *n.* **1** cedola; tagliando; buono; scontrino **2** (*fin.*) cedola: **Coupons are cut off from the sheet**, le cedole vengono staccate dalla cartella; (*fin.*) **c. in arrear**, cedola scaduta.
courage ['kʌridʒ], *n.* coraggio. ● **Dutch c.**, coraggio che deriva dall'aver bevuto □ **to have the c. of one's convictions**, avere il coraggio delle proprie convinzioni □ **to lose c.**, perdersi di coraggio (*o* d'animo) □ **to take** (*o* **to pluck up**, **to muster up**) **c.**, farsi coraggio; farsi animo □ **to take one's c. in both hands**, prendere il coraggio a due mani.
courageous [kə'reidʒəs], *a.* coraggioso; audace.
courageousness [kə'reidʒəsnis], *n.* coraggio; audacia.
courgette [,kuə'ʒet] (*franc.*), *n.* (*cucina*) zucchina.
courier ['kuriə*], *n.* **1** corriere (*nel senso di messaggero e di giornale*): **the Liverpool C.**, il Corriere di Liverpool **2** courier; assistente turistico; accompagnatore di turisti **3** corriere diplomatico **4** agente segreto; spia.
course [kɔ:s], *n.* **1** corso (*andamento regolare e progressivo; deflusso delle acque*); decorso (*di malattia*): **the c. of life**, il corso della vita; **in the c. of a year**, nel corso d'un anno; **a c. of study**, un corso di studi; **the c. of events**, il corso degli eventi; **the c. of the stars**, il corso degli astri; **The law is taking its c.**, la legge sta seguendo il suo corso **2** (*sport*) campo; campo di corse; circuito; pista: **a golf c.**, un campo di golf; (*autom.*) **a circular c.**, un circuito chiuso; **a ski c.**, una pista di sci **3** (*anche* **racecourse**) ippodromo **4** direzione; percorso; itinerario; (*naut.*, *aeron.*) rotta: **The ship changed c. many times while sailing in the archipelago**, mentre navigava nell'arcipelago, la nave cambiò più volte la rotta; **Our c. was due south**, la nostra rotta era verso il sud **5** condotta; portamento; via, strada, china (*fig.*): **He has taken a dangerous c.**, ha preso una strada pericolosa (*fig.*); **We shall follow a middle c.**, seguiremo una via di mezzo **6** portata; piatto: **The main c. was chicken**, il piatto principale fu il pollo **7** cura: **a c. of mud baths**, una cura di fanghi **8** (*edil.*) ricorso di muratura; corso (*di mattoni*) **9** (*caccia*) inseguimento (*soprattutto di lepri da parte di levrieri*) **10** (*pl.*, *med.*) corsi; mestruazioni **11** (*nel gioco delle bocce, al biliardo, ecc.*) traiettoria (*della boccia, della palla*). ● (*naut.*) **c.-line computer**, calcolatore di rotta □ (*fin.*) **c. of exchange**, corso del cambio □ (*comm.*) **the c. of prices**, l'andamento dei prezzi □ **to change c.**, cambiare direzione; (*naut.*) mutare rotta □ (*naut.*) **to hold the c.**, tenere la rotta (*o* la c., in corso; in via: **The new road is in c. of construction**, la nuova strada è in via di costruzione □ **in the c. of nature**, secondo natura □ **in due c.**, regolarmente; a tempo debito □ **a matter of c.**, una cosa naturale □ **of c.**, naturalmente □ (*di malattia, ecc.*) **to run** (*o* **to take**) **its c.**, seguire il suo corso □ (*naut.*) **to shape c. for**, far rotta per □ (*fig.*) **to stay the c.**, tirare diritto; non deflettere; non cedere □ (*naut.*) **true c.**, rotta vera.
to course [kɔ:s], **A** *v. t.* **1** cacciare, inseguire (*specialm. selvaggina*) **2** lanciare (*i levrieri*) all'inseguimento **3** attraversare; trascorrere (*lett.*) **4** far correre (*un cavallo, un cane*). **B** *v. i.* **1** cacciare (*specialm. con cani*) **2** scorrere: **Royal blood courses through my veins**, nelle mie vene scorre sangue reale.
courser (1) ['kɔ:sə*], *n.* (*poet.*) corsiero; destriero.

courser (2) ['kɔ:sə*], *n.* (*zool.*, *Cursorius cursor*) corrione biondo.

coursing ['kɔ:siŋ], *n.* caccia con levrieri (*specialm. alla lepre*).

court [kɔ:t], *n.* **1** corte (*in ogni senso*); corte di giustizia; tribunale: **a law c.** (*o* **a c. of law**), un tribunale; **a c. of justice**, una corte di giustizia; **criminal c.**, tribunale penale; **The c. found the prisoner not guilty**, la corte ha riconosciuto l'innocenza dell'imputato; **the C. of St. James**, la Corte di San Giacomo (*quella dei sovrani d'Inghilterra*); **the High C. of Parliament**, le due Camere riunite in alta corte di giustizia **2** (*leg.*) palazzo di giustizia **3** (*leg.*) sessione; udienza **4** castello; maniero; palazzo reale: **Hampton C.**, il palazzo reale di Hampton **5** udienza (*del sovrano*); ricevimento a corte **6** (*sport*) campo (*riservato a certi giochi*): **tennis c.**, campo da tennis; **basketball c.**, campo di pallacanestro **7** (*anche* **courtyard**) corte; cortile **8** (*nei toponimi*) piazzetta (*con case su tre lati*). ● **c. card**, figura (*nei giochi di carte*); *cfr.* USA **face card** □ **c. circular**, relazione quotidiana sugli avvenimenti di corte (*pubblicata sui giornali*) □ **c. dress**, abito di corte □ **c. guide**, elenco delle persone presentate a corte; almanacco delle persone nobili □ (*leg.*) **c.-house**, palazzo di giustizia □ (*leg.*) **C. of Appeal(s)**, Corte d'Appello □ (*leg.*) **C. of Assize**, Corte d'Assise □ (*leg.*) **C. of Cassation**, Corte di Cassazione (*in Italia, ecc.*) □ **c. plaster**, (sorta di) cerotto (*usato un tempo dalle dame di corte per piccole abrasioni*) □ **c. roll**, registro delle affittanze, tenuto da una corte feudale □ **c.-room**, aula di tribunale □ **c. shoe**, scarpa scollata, a tacco alto; scarpa da ballo (*antico gioco in G.B.*) **c. tennis**, tennis giocato su un campo chiuso (*e parzialmente coperto*) □ **to hold c.**, tener corte (*fig.*) tenere banco □ (*leg.*) **out of c.**, (*avv.*) in via amichevole; (*agg.*) estragiudiziale □ **to pay (one's) c. to sb.**, fare la corte a q. □ **to put oneself out of c.**, squalificarsi, perdere il diritto d'aver voce in capitolo (*comportandosi indegnamente*) □ **to settle a case (a dispute, etc.) out of c.**, conciliare una causa (comporre una disputa) in via amichevole □ (*leg.*) **to take a case to c.**, sottoporre una causa alla magistratura.

to court [kɔ:t], **A** *v. t.* **1** corteggiare; (*anche fig.*) fare la corte a **2** cercare; sollecitare; andare in cerca di: **to c. the independent voters**, sollecitare il voto degli elettori non iscritti ad alcun partito politico; **to c. an opportunity**, cercare una buona occasione; **You are courting trouble**, vai in cerca di guai. **B** *v. i.* fare la corte.

courteous ['kɔ:tjəs], *a.* cortese; gentile; bene educato.

courteousness ['kɔ:tjəsnis], *n.* cortesia; gentilezza.

courtesan ['kɔ:tizæn], *n.* cortigiana; prostituta.

courtesy ['kɔ:tisi], **A** *n.* **1** cortesia; gentilezza; favore: **by c.**, per favore; **title of c.**, titolo di cortesia (*per es., quello dato ai figli d'un duca*) **2** cortese concessione. **B** *a. attr.* di cortesia: **a c. visit**, una visita di cortesia. ● (*autom.*) **c. light**, luce interna (*automatica*).

courthouse ['kɔ:thaus], *n.* palazzo di giustizia.

courtier ['kɔ:tjə*], *n.* cortigiano; gentiluomo di corte.

courting ['kɔ:tiŋ], *n.* corteggiamento; corte (*a una donna*). ● **c. couple** (*o* **c. pair**), fidanzati; innamorati.

courtliness ['kɔ:tlinis], *n.* **1** cortesia; eleganza; raffinatezza **2** cortigianeria.

courtly ['kɔ:tli], *a.* **1** cortese; elegante; raffinato **2** cortigianesco (*in senso di corte*); regale. ● (*letter.*) **c. love**, amor cortese.

court-martial ['kɔ:t'mɑ:ʃəl], *n.* (*pl.* **courts-martial**, **court-martials**) corte marziale.

to court-martial, ['kɔ:t'mɑ:ʃəl], *v. t.* processare in una corte marziale.

courtyard ['kɔ:t'jɑ:d], *n.* cortile; corte (*di castello, ecc.*).

couscous ['kuskus], *n.* (*cucina*) cuscus.

cousin ['kʌzn], *n.* **1** cugino, cugina: **first c.** (*o* **c. german**), primo cugino; **second c.**, secondo cugino; **my second c. once removed**, mio cugino di terzo grado **2** (*per estens.*) parente (*anche fig.*). ● **to call cousins with sb.**, vantare la propria parentela con q.

cousinhood ['kʌzinhud], *n.* cuginanza.

cousinly ['kʌzinli], *a.* (*o* **da**) cugino.

cousinship ['kʌzinʃip], *V.* **cousinhood**.

couth ['ku:θ], *a.* (*scherz.*) elegante; raffinato (*cfr.* **uncouth**).

couture [ku:'tjuə*] (*franc.*), *n.* moda femminile; moda.

couturier [ku:'tjuəriei] (*franc.*), *n.* sarto (di classe).

couvade [ku'vɑ:d] (*franc.*), *n.* (*antropologia*) covata; accubito.

covalence [kou'veiləns], **covalency** [kou'veilənsi], *n.* (*chim.*) covalenza.

covalent [kou'veilənt], *a.* (*chim.*) covalente.

covariance [kou'vɛəriəns], *n.* (*stat.*) covarianza.

covariant [kou'vɛəriənt], *a.* e *n.* (*mat.*) covariante.

cove (1) [kouv], *n.* (*naut.*) piccola baia; cala; insenatura **2** angolo (*o* recesso) riparato (*fra dirupi*) **3** (*archit.*) modanatura concava.

to cove [kouv], *v. t.* (*archit.*) curvare (*o* piegare) ad arco. ● **coved ceiling**, soffitto ad arco.

cove (2) [kouv], *n.* (*pop.*) individuo; tipo; tizio.

coven ['kʌvn], *n.* congrega di streghe.

covenant ['kʌvinənt], *n.* **1** convenzione; accordo solenne; patto: **the Ark of the C.**, l'Arca dell'Allenza; (*stor.*) **the C. of the League of Nations**, il patto della Lega delle Nazioni; (*stor.*) **the National C.**, il patto dei presbiteriani scozzesi contro l'episcopato **2** (*leg.*) contratto formale. ● (*leg.*) **c. of quiet enjoyment**, garanzia di pacifico godimento.

to covenant ['kʌvinənt], *v. t.* e *i.* accordarsi; convenire; pattuire.

covenanted ['kʌvinəntid], *a.* **1** legato da un patto **2** pattuito. ● **the c. service**, la burocrazia dell'India (*quando era colonia*).

covenanter ['kʌvinəntə*], *n.* **1** chi aderisce a una convenzione (*o* a un patto) **2** (*stor.*) membro del «National Covenant» scozzese.

Coventry ['kɔvəntri], *n.* (*geogr.*) Coventry. ● **to send sb. to C.**, mettere q. al bando della società; dare l'ostracismo a q.; (*fig.*) emarginare q.

to cover ['kʌvə*], **A** *v. t.* **1** coprire; ricoprire; rivestire; celare; dissimulare; nascondere; mascherare; riparare; proteggere: **C. your head!**, copriti il capo!; **He was covered with dust**, era coperto di polvere; **She tried to c. her fear**, cercava di dissimulare la sua paura; **We covered forty miles**, coprimmo una distanza di quaranta miglia; **I am covered by insurance**, sono coperto da assicurazione **2** covare (*uova*) **3** (*mil.*: di fortezza) dominare; (*d'artiglieria, ecc.*) tenere sotto il fuoco; tenere (*q.*) nel mirino: **Our artillery covered every approach**, la nostra artiglieria teneva sotto il fuoco ogni via d'accesso **4** (*sport*) star dietro a, coprire (*un altro giocatore*); difendere (*una base, ecc.*) **5** accettare (*una scommessa*) **6** comprendere; abbracciare; includere; trattare esaurientemente: **His lectures c. the whole subject**, le sue conferenze trattano esaurientemente l'intero argomento **7** (*giornalismo*) occuparsi di; essere addetto a: **Mark covers the crime news**, Marco si occupa della cronaca nera **8** (*fin.*) coprire; garantire; pareggiare: **to c. a cheque**, coprire un assegno **9** (*anche mil.*) coprire; coprire le spalle a (q.), coprire alle spalle **10** (*di venditore ambulante*) coprire (*una piazza, un mercato*); (*di poliziotto*) coprire (*una zona*). **to cover oneself B** *v. rifl.* coprirsi; rimettersi il cappello (*Borsa, fin.*) coprirsi: **to c. oneself with glory (honour, shame, etc.)**, coprirsi di gloria (d'onore, di vergogna, ecc.); **C. yourself, please**, la prego, tenga il cappello (in testa). ● **to c. in**, ricoprire (*un canale*); colmare (*una fossa*) □ **to c. one's expenses**, coprire le spese □ **to c. oneself up**, coprirsi con panni pesanti □ **to c. sb. with a gun (a pistol)**, tenere q. sotto la mira d'un fucile (d'una pistola) □ (*comm.*) **to c. a small order**, evadere un piccolo ordinativo □ **to c. up**, coprire completamente; celare, nascondere; insabbiare (*fig.*) □ **to c. (up) one's tracks**, nascondere le proprie tracce; (*fig.*) tener segreti i propri piani □ (*ass.*) **to get oneself covered**, assicurarsi □ (*della polizia*) **to get the roads out of town covered**, fare controllare le vie d'uscita dalla città □ **to remain covered**, tenere il cappello in capo.

cover ['kʌvə*], *n.* **1** coperchio; calotta (*di protezione*) **2** coperta; fodera (*di poltrona, ecc.*); copertina (*di libro*) **3** busta (*di lettera*); involucro (*di pacco*): **We are sending the invoice under separate c.**, inviamo la fattura in busta a parte **4** (*anche* **outer c.**) copertone (*di pneumatico*) **5** rifugio; riparo; protezione; (*mil.*) copertura: **air c.**, copertura aerea **6** apparenza; finzione; pretesto; schermo, veste (*fig.*): **Under the c. of humility, he is very proud**, è molto orgoglioso sotto la sua apparenza d'umiltà **7** coperto (*d'un pranzo*); **c. charge**, (prezzo del) coperto (*in un ristorante, ecc.*) **8** (*leg.*) cauzione; garanzia; somma depositata in garanzia **9** (*ass.*) copertura **10** (*fin.*) margine **11** (*di animali*) monta. ● **c. girl**, cover girl; ragazza copertina □ **c. glass**, vetrino (*da microscopio*) □ **c. name**, pseudonimo □ (*ass.*) **c. note**, polizza provvisoria □ (*di rivista*) **c. story**, articolo collegato alla copertina □ **c.-up**, copertura; insabbiamento (*fig.*); schermo (*d'animali, ecc.*) **to break c.**, uscire allo scoperto □ (*d'un libro*) **from c. to c.**, da cima a fondo □ **to get under c.**, mettersi al coperto; nascondersi □ **to take c.**, rifugiarsi; nascondersi; (*mil.*) coprirsi □ **under the c. of darkness** (*o* **of the night**), col favore delle tenebre □ (*fin.*) **with c.**, con copertura; al coperto □ (*fin.*) **without c.**, senza copertura; allo scoperto.

coverage ['kʌvəridʒ], *n.* **1** (*fin.*) copertura (*anche di rischi, per mezzo d'assicurazione*): **gold c.**, copertura aurea **2** (*giornalismo*) ampiezza di trattazione (*d'una notizia*); cronaca; servizio **3** (*radio, telev.*) zona di ricezione; zona di udibilità.

coveralls ['kʌvərɔ:lz], *n. pl.* (*USA*) tuta (*specialm. da lavoro*).

covering ['kʌvəriŋ], **A** *a.* che copre. **B** *n.* **1** (*anche fin.*) copertura **2** protezione; rivestimento **3** guarnizione **4** (*di animali*) monta. ● **c. letter**, lettera d'accompagnamento □ (*mil.*) **c. party**, truppe di copertura □ (*metall., ottica*) **c. power**, potere coprente.

coverlet ['kʌvəlit], *n.* **1** sovraccoperta; copriletto **2** (*talora*) imbottita; trapunta.

covert (1) ['kʌvət], *a.* **1** celato; nascosto; di sfuggita; velato (*fig.*): **a c. glance**, uno sguardo di sfuggita; **a c. threat**, una velata minaccia **2** (*leg.*) sotto tutela maritale.

covert (2) ['kʌvət], *n.* **1** rifugio; riparo; nascondiglio **2** (*ind. tessile*) varietà di tweed. ● **c. coat**, soprabito corto e leggero □ **to draw a c.**, battere un terreno coperto (*per stanare volpi, ecc.*).

covertly ['kʌvətli], *avv.* copertamente; di nascosto.

coverture ['kʌvətjuə*], *n.* **1** rifugio; riparo **2** schermo; travestimento; paravento (*fig.*) **3** (*leg.*) tutela maritale.

to covet ['kʌvit], *v. t.* bramare; desiderare ardentemente; concupire.

covetable ['kʌvitəbl], *a.* bramabile; concupiscibile.

covetous ['kʌvitəs], *a.* bramoso; cupido; avido.

covetousness ['kʌvitəsnis], *n.* bramosia; cupidigia; avidità.

covey ['kʌvi], *n.* **1** (*zool.*) covata **2** (*zool.*) stormo (*specialm. di pernici o quaglie*) **3** (*fig.*) gruppetto; comitiva.

covin ['kʌvin], *n.* (*leg.*) intesa fraudolenta; collusione a danno di terzi.

coving ['kouviŋ], *n.* (*archit.*) **1** parte ricurva (*o a volta*) (*d'un edificio*) **2** (*pl.*) fiancate inclinate (*di un focolare*).

cow [kau], *n.* **1** vacca; mucca **2** (*in combinazione*) femmina (*di grosso mammifero*): **cow elephant**, elefantessa; **cow whale**, balena femmina; **cow buffalo**, bufala **3** (*spreg.*) donna; donnaccia. ● (*bot.*) **cow-bane** (*Cicuta virosa*), cicuta acquatica □ **cow-bell**, campanaccio □ (*USA*) **cow-catcher**, cacciapietre (*struttura metallica posta davanti a una locomotiva*) □ (*zool.*) **cow-fish**, (*Grampus griseus*) grampo grigio; (*Trichechus*) tricheco; (*Dugong*) dugongo; (*pop.*) pesce con proiezioni corniformi sopra gli occhi □ (*vet.*) **cowgirl**, mandriana □ (*USA*) **cow-hand**, cowboy; buttero □ **cow-hide**, cuoio di vacca, vacchetta; frusta di cuoio di vacca □ **cow-house**, stalla per bovini □ **cow-pea** (*Vigna sinensis*), fagiolo dall'occhio □ (*fam. USA*) **cow-poke**, cowboy; buttero □ (*vet.*) **cow-pox**, vaiolo bovino □ (*fam. USA*) **cow-puncher**, cowboy; buttero □ (*bot.*) **cow tree** (*Brosimum galactodendron*), albero del latte □ (*scherz.*) **the cow with the iron tail**, la pompa dell'acqua (*per annacquare di nascosto il latte*) □ (*fam.*) **till the cows come home**, un sacco di tempo.

to cow [kau], *v. t.* atterrire; intimidire; intimorire; spaventare.

cowage ['kauidʒ], *n.* (*bot.*) **1** *Macuna pruritum* **2** (*Campsis radicans*) gelsomino americano; trombetta rossa.

coward ['kauəd], *a.* e *n.* codardo; pusillanime; vile; vigliacco.

cowardice ['kauədis], *n.* codardia; pusillanimità; viltà.

cowardliness ['kauədlinis], *n.* codardia; pusillanimità; viltà.

cowardly ['kauədli], *a.* codardo; pusillanime; vile.

cowboy ['kau,bɔi], *n.* cowboy; buttero; mandriano.

cowboying ['kau,bɔiiŋ], *n.* (*USA*) lavoro da cowboy.

to cower ['kauə*], *v. i.* **1** accovacciarsi; accucciarsi **2** rannicchiarsi, farsi piccolo (*per la paura, ecc.*).

cowhage ['kauidʒ], *V.* **cowage**.

cowherd ['kauhə:d], *n.* bovaro; vaccaro.

cowish ['kauiʃ], *a.* di vacca; simile a vacca.

cowl [kaul], *n.* **1** cappuccio; tonaca con cappuccio (*da frate*); cappa (*arc.*) **2** comignolo metallico **3** (*autom.*) cofano **4** (*naut.*) manica a vento; cuffia **5** (*ferr.*) parascintille **6** (*aeron.*) *V.* **cowling**. ● **to take the c.**, vestire la tonaca □ (*prov.*) **The c. does not make the monk**, l'abito non fa il monaco.

cowlick ['kau,lik], *n.* (*USA*) ciuffo ribelle (*di capelli: sulla fronte*).

cowling ['kauliŋ], *n.* **1** (*autom., mecc.*) cofano **2** (*aeron.*) cappottatura (*che copre il motore*).

cowman ['kaumən], *n.* (*pl.* **cowmen**) **1** vaccaro **2** (*USA*) allevatore di bestiame.

cowpat ['kaupæt], *n.* (*mucchietto di*) sterco di mucca.

cowrie, cowry ['kauri], *n.* **1** (*zool., Cypraea*) ciprea **2** conchiglia di ciprea (*usata come moneta in Asia e Africa*).

cows-and-calves ['kauz-ənd-'ka:lvz], *n.* (*bot., Arum maculatum*) aro; gigaro; pan di serpe; lingua di serpe; piè di vitello.

cowshed ['kau-ʃed], *n.* stalla (*per bovini*).

cowslip ['kauslip], *n.* (*bot.*) **1** (*Primula veris*) primavera odorosa **2** (*Caltha palustris*) calta palustre; farferugine.

cox [kɔks], *n.* (*fam., naut., abbr. di* **coxwain**) timoniere.

to cox [kɔks], (*fam.*) **A** *v. i.* fare da timoniere. **B** *v. t.* governare (*un'imbarcazione*). ● (*canottaggio*) **coxed four**, quattro con □ **coxed pair**, due con.

coxa ['kɔksə], *n.* (*pl.* **coxae**) **1** (*anat.*) coxa; anca **2** (*zool.*) coxa (*di zampa di un insetto*).

coxal ['kɔksəl], *a.* (*anat.*) dell'anca; del fianco.

coxalgy ['kɔksəldʒi], *n.* (*med.*) coxalgia.

coxcomb ['kɔkskoum], *n.* **1** (*un tempo*) berretto rosso (*a forma di cresta di gallo*) dei giullari **2** damerino; bellimbusto.

coxcombical [kɔks'koumikl], *a.* presuntuoso; vanitoso; fatuo.

coxcombry ['kɔkskəmri], *n.* presunzione; vanità; fatuità.

coxitis [kɔk'saitis], *n.* (*pl.* **coxitides**) (*med.*) coxite.

coxswain (*def. 1, 2* ['kɔksn], *def. 3* ['kɔkswein]), *n.* **1** (*naut.*) nocchiere; timoniere **2** (*naut.*) sottufficiale che ha il comando di una scialuppa (*in assenza d'ufficiali*) **3** (*sport: canottaggio*) timoniere.

to coxswain ['kɔksn], (*naut.*) **A** *v. i.* fare da timoniere. **B** *v. t.* governare (*un'imbarcazione*).

coxswainless ['kɔkswɛinlis], *a.* (*sport*) senza timoniere; senza: (*canottaggio*) **c. four**, quattro senza; **c. pair**, due senza.

coxy ['kɔksi], *V.* **cocky**.

coy [kɔi], *a.* **1** modesto; riservato; ritroso; timido; schivo: **coy grace**, grazia ritrosa **2** lezioso, civettuolo; che affetta timidezza; falsamente modesto: **a coy girl**, una ragazza civettuola **3** sfuggente; evasivo: **a coy politician**, un politico sfuggente **4** (*arc.: di luogo*) appartato; isolato. ● **to be coy of**, essere alieno, rifuggire da: **He is coy of big words**, rifugge dai paroloni.

coyness ['kɔinis], *n.* **1** modestia; riserbo; ritrosia; timidezza **2** civetteria; leziosaggine; falsa timidezza **3** l'essere evasivo, sfuggente.

coyote ['kɔiout], *n.* (*pl.* **coyotes**, **coyote**) (*zool., Canis latrans*) coyote; lupo delle praterie.

coypu ['kɔipu], *n.* (*pl.* **coypus**, **coypu**) (*zool., Myocastor coypus*) nutria; topo d'acqua; castorino.

to coze [kouz], *v. i.* (*fam.*) chiacchierare.

coze [kouz], *n.* (*fam.*) chiacchierata.

to cozen ['kʌzn], *v. t.* gabbare; ingannare; defraudare (*con lusinghe*): **The fox cozened the raven out of its cheese**, la volpe defraudò il corvo del formaggio. ● **to c. sb. into doing st.**, indurre con l'inganno q. a fare q.c.

cozenage ['kʌzinidʒ], *n.* inganno; frode.

cozy ['kouzi], (*USA*) *V.* **cosy**.

crab (1) [kræb], *n.* **1** (*zool.*) granchio (*nome di vari crostacei dell'ordine dei Decapodi*) **2** (*zool., Phthirus pubis*; *anche* **c. louse**) piattola **3** – (*astron., astrologia*) **the C.**, il Cancro (*costellazione e IV segno dello Zodiaco*) **4** (*mecc.*) verricello; piccolo argano; gru a benna **5** (*pl.*) due assi (*il punto più basso ai dadi*): (*da cui, fig.*) **to turn out crabs**, fare fiasco **6** (*aeron.*) deriva **7** (*naut., anche* **c. winch**) verricello; paranco. ● **c. pot**, nassa per granchi □ (*naut.*) **to catch a c.**, perdere una battuta del remo.

to crab [kræb], *v. t.* e *i.* **1** pescare granchi **2** (*di falchi*) artigliare; graffiare; azzuffarsi **3** (*fam.*) screditare; demolire (*fig.*) **4** (*naut.*) derivare (*o* scarrocciare) sottovento **5** (*aeron.*) compensare la deriva (*dovuta al vento che spira di fianco*).

crab (2) [kræb], *n.* **1** (*bot., Malus sylvestris*; *anche* **c. apple**, **c. tree**) melo selvatico **2** (*anche* **c. apple**) mela selvatica **3** persona acida, bisbetica. ● (*bot.*) **c. grass** (*Digitaria*), sanguinella.

crabbed ['kræbid], *a.* **1** (*di persona*) acido; bisbetico; di difficile contentatura; irritabile **2** (*d'autore*) difficile, oscuro **3** (*di stile*) involuto, intricato, confuso **4** (*di uno scritto*) stentato, illeggibile, indecifrabile.

crabbedness ['kræbidnis], *n.* **1** acidità; asprezza; irritabilità **2** difficoltà; confusione; illeggibilità (*V.* **crabbed**).

crabbing ['kræbiŋ], *n.* (*naut.*) deriva sottovento; scarroccio.

crabby ['kræbi], *a.* acido; aspro; bisbetico; irritabile.

crablet ['kræblit], *n.* granchiolino.

to crack [kræk], **A** *v. i.* **1** schioccare: **The whip cracked**, la frusta schioccò **2** fendersi; incrinarsi; creparsi; rompersi: **The ice cracked**, il ghiaccio si crepò; **The bottle cracked**, la bottiglia s'incrinò **3** (*di voce*) rompersi, incrinarsi (*per l'emozione*); arrochire; diventare aspra o stridula (*nei ragazzi, durante la pubertà*) **4** (*pop.*) chiacchierare; vantarsi **5** (*fam.*) cedere: **He cracked under the strain**, cedette sotto lo sforzo. **B** *v. t.* **1** schioccare; far schioccare: **to c. the whip**, far schioccare la frusta; (*fig.*) esigere maggiore applicazione diventando più severo **2** fendere; incrinare; rompere; spaccare; spezzare; schiacciare: **Monkeys c. nuts with their teeth**, le scimmie schiacciano le noci coi denti **3** danneggiare, rovinare (*la reputazione di q., ecc.*) **4** (*chim.*) scindere; (*ind.*) sottoporre (*il petrolio*) a piroscissione **5** far diventare (*la voce*) aspra (*o* stridula) **6** (*fam.*) colpire (*con un pugno, uno schiaffo, ecc.*) **7** (*fam.*) risolvere; sbrogliare; trovare il bandolo di: **The police have cracked that murder case at last**, la polizia ha finalmente trovato il bandolo di quel caso d'assassinio **8** (*pop.*) sfondare; scassinare: **The burglar was not able to c. the safe**, lo scassinatore non riuscì a sfondare la cassaforte **9** aprire uno spiraglio in: **Would you c. the door?**, apriresti uno spiraglio di porta? ● (*fam.*) **to c. a book**, aprire un libro (*per studiare*) □ (*fig.*) **to c. a bottle**, stappare e bere una bottiglia; scolarsi una bottiglia □ (*pop.*) **to c. a crib**, penetrare in una casa con scasso □ **to c. down (on) sb.**, dare un giro di vite; diventare più severo con q. □ **to c. a joke**, dire una barzelletta □ **to c. a smile**, sorridere □ **to c. sb. (st.) up to the nines**, portare q. (q.c.) alle stelle □ **to c. up**, indebolirsi; perdere le forze; rimbambire (*per la vecchiaia, ecc.*); fracassarsi al suolo (*con un aeroplano*); (*fam.*) lodare; (*pop. USA*) ridere.

crack [kræk], **A** *n.* **1** schianto; schiocco; scoppio: **the c. of a whip**, lo schiocco d'una frusta; **the c. of a rifle** (*of thunder, etc.*), lo scoppio d'una carabina (*del tuono, ecc.*) **2** fessura; fenditura;

cracked incrinatura; crepa; screpolatura; spaccatura; spacco: **The bottle has a c. in it**, la bottiglia ha un'incrinatura; **The windscreen of that car is full of cracks**, il parabrezza di quella macchina è tutto un'incrinatura **3** forte colpo; botta; percossa: **He gave me a c. on the head**, mi diede una botta sulla testa **4** il mutar della voce (*per raucedine, emozione, o durante la pubertà*): **c.-voiced**, dalla voce fessa **5** (*fam.*, *anche* **wisecrack**) battuta (di spirito); frizzo; motteggio **6** attimo; istante: **in a c.**, in un attimo **7** (*fam.*) asso; campione; fuoriclasse **8** (*pop.*) effrazione; scasso **9** (*pop.*) tentativo; prova: **to have** (*o* **to take**) **a c. at st.**, tentare di fare q.c. **10** (*metall.*) cricca. **B** *a.* (*fam.*) di prim'ordine; eccellente; ottimo; fuoriclasse; speciale; formidabile (*fam.*): **He's a c. shot**, è un tiratore formidabile; **a c. police force**, reparto speciale di polizia (*ben addestrato, ecc.*). ● **c.-brain**, scemo; matto □ **c.-brained**, bizzarro; strambo; tocco; picchiatello; pazzesco: **a c.-brained plan**, un progetto pazzesco □ **c.-down**, giro di vite (*fig.*); stretta di freni (*fig.*); restrizioni severe □ **the c. of doom**, lo squillo della tromba del Giudizio Universale □ **c.-up**, esaurimento nervoso; (*autom.*) collisione, scontro; (*aeron.*) disastro; (*pop. USA*) tipo comico.

cracked ['krækt], *a.* **1** incrinato; rotto; crepato **2** (*di voce*) fessa; stridula **3** (*fam.*) bizzarro; strambo; matto; rimbambito; tocco; scemo **4** (*chim., ind.*) di cracking; crackizzato.

cracker ['krækə*], *n.* **1** chi (*o cosa che*) incrina, rompe, spacca, spezza, ecc. (*V.* **to crack**) **2** petardo; castagnola **3** (*cucina*) cracker **4** (*USA*) abitante della Florida o della Giorgia; (*spreg.*) bianco povero **5** (*pl.*, *anche* **nutcrackers**) schiaccianoci **6** (*pop.*) bella donna; fata (*fig.*) **7** (*pl., USA*) bigodini (*per capelli*). ● **c. of jokes**, burlone.

crackerjack ['krækəˌdʒæk], *a. e n.* (*fam. USA*) (persona o cosa) di prim'ordine; fuoriclasse; (tipo) in gamba.

crackers ['krækəz], *a.* (*pop.*) matto; pazzo. ● **to drive sb. c.**, fare ammattire q. □ **to go c. about st.**, andare pazzo per q.c.

cracking ['krækɪŋ], **A** *n.* **1** (*chim., ind. petrolifera*) cracking; pirolisi; pirocissione **2** (*metall.*) criccatura. **B** *a.* **1** veloce **2** eccellente; di prim'ordine. ● **to get c.**, iniziare (un lavoro, un'impresa, ecc.) alla svelta; darci dentro (*fam.*).

crackjaw ['krækdʒɔ:], *a.* difficile da pronunciarsi: **a c. word**, una parola difficile da pronunciare.

to crackle ['krækl], *v. i.* **1** crepitare; scricchiolare **2** (*specialm. della ceramica*) cavillare.

crackle ['krækl], *n.* **1** crepitio; scricchiolio: **the c. of the machine guns**, il crepitio delle mitragliatrici **2** screpolatura; fessura; fenditura **3** *V.* **crackle-china**. ● **c.-china** (*o* **crackleware**), ceramica cavillante.

crackling ['kræklɪŋ], *n.* **1** crepitio; scricchiolio **2** cotenna croccante (*del maiale*) **3** (*pl.*) ciccioli, siccioli.

cracknel ['kræknəl], *n.* **1** biscotto duro e croccante **2** (*pl.*) ciccioli, siccioli.

cracksman ['kræksmən], *n.* (*pl.* **cracksmen**) (*pop.*) scassinatore.

cracky ['kræki], *a.* **1** pieno di crepe; screpolato **2** che si screpola (*o si spezza*) facilmente **3** (*fam.*) tocco; picchiatello.

cradle ['kreɪdl], *n.* **1** culla (*anche fig.*): **from the c.**, fin dalla culla; fin dall'infanzia; **Athens was the c. of the arts**, Atene fu la culla delle arti **2** (*mecc., aeron., naut.*) culla; intelaiatura di sostegno **3** (*autom.*) carrello; sdraio **4** (*agric.*) intelaiatura di legno (*che si attacca alla falce*) **5** (*ind. min.*) crivello di legno (*per vagliare sabbie aurifere*) **6** (*ind. tessile*) culla; carrellino; selletta **7** (*edil.*) centina **8** alzacoperte (*per ammalato*); gabbia **9** (*el.*) forcella portamicrofono **10** (*naut.*) invasatura **11** (*arte*) intelaiatura. ● (*med.*) **c. cap**, crosta lattea □ (*ind. min.*) **c. dump**, rovesciatore di vagonetti □ (*fig.*) **the c. of the deep**, l'oceano □ **c.-song**, ninnananna □ (*naut.*) **hauling-up c.**, slitta di alaggio □ (*naut.*) **launching c.**, invasatura □ (*fig.*) **to rob the c.**, fidanzarsi (*o* sposarsi) con una persona assai giovane.

to cradle ['kreɪdl], *v. t.* cullare; mettere nella culla **2** allevare; aver cura di; **cradled in luxury**, allevato nel lusso **3** falciare (*il grano, ecc.*) con falce a rastrello **4** (*ind. min.*) vagliare (*sabbie aurifere*) **5** (*mecc.*) sollevare (*o* sostenere) con un'intelaiatura **6** posare (*il microfono*) sulla forcella: **to c. the phone**, riagganciare; mettere giù il telefono.

cradling ['kreɪdlɪŋ], *n.* **1** il cullare, falciare, vagliare, ecc. (*V.* **to cradle**) **2** (*edil.*) centinatura.

craft [krɑ:ft], *n.* **1** arte; abilità; maestria; destrezza: **This skyscraper is a fine specimen of the builder's c.**, questo grattacielo è un bell'esempio della maestria del costruttore **2** astuzia; furberia; inganno: **That man is full of c. and cunning**, quell'uomo è pieno d'astuzia e d'inganni; **by c.**, con l'inganno **3** arte manuale; mestiere artigianale: **arts and crafts**, arti e mestieri; **the mason's c.**, il mestiere del muratore **4** unione artigiana; corporazione **5** (*invar. al pl.*; *aeron., naut.*) aeroplano; aeroplani; imbarcazione; natante; nave; naviglio: **a seaworthy c.**, una nave capace di tenere il mare; **The port was full of small c.**, il porto era pieno di navi di piccola stazza. ● **c.-brother**, membro d'una corporazione □ **c. guild**, corporazione d'arti e mestieri □ **c. union**, sindacato di categoria □ **the gentle c.**, la pesca con la lenza □ (*naut.*) **landing c.**, mezzo da sbarco □ (*naut.*) **repair c.**, nave officina costiera □ (*naut.*) **torpedo c.**, naviglio silurante □ (*prov.*) **Every man to his c.**, a ciascuno il suo mestiere.

craftiness ['krɑ:ftɪnɪs], *n.* astuzia; furberia; scaltrezza.

craftsman ['krɑ:ftsmən], *n.* (*pl.* **craftsmen**) **1** artigiano; operaio specializzato **2** artista (*fig.*); chi è padrone del suo mestiere.

craftsmanship ['krɑ:ftsmənʃɪp], *n.* arte, abilità, maestria (*d'artigiano*); artigianato.

crafty ['krɑ:fti], *a.* abile; astuto; furbo; scaltro: **a c. fellow**, un tipo molto abile; **as c. as a fox**, astuto come una volpe.

crag [kræg], *n.* guglia; picco; spuntone (*di roccia*).

cragged ['krægɪd], *a.* a guglia; a picco; a spuntone.

craggedness ['krægɪdnɪs], **cragginess** ['krægɪnɪs], *n.* l'essere a guglia, a picco, a spuntone.

craggy ['krægɪ], *a.* **1** *V.* **cragged** **2** (*del viso, ecc.*) scavato; scolpito nella roccia; ruvido.

cragsman ['krægzmən], *n.* (*pl.* **cragsmen**) rocciatore; scalatore.

crake [kreɪk], *n.* (*pl.* **crakes, crake**) (*zool., Crex crex*) re di quaglie (*uccello dei ralliformi*).

to crake [kreɪk], *v. i.* fare il verso dei ralliformi; gracchiare.

to cram [kræm], **A** *v. t.* **1** riempire; inzeppare; imbottire; ricolmare **2** calcare; stipare: **He crammed the books into a drawer**, stipò i libri dentro un cassetto **3** ingozzare; rimpinzare **4** (*fam.*) preparare intensivamente (*uno studente*) per un esame; studiare (*una materia, ecc.*) in fretta, mnemonicamente. **B** *v. i.* **1** ingozzarsi; rimpinzarsi **2** accalcarsi; stiparsi **3** (*fam.*) sgobbare, fare una sgobbata (*per un esame*) **4** (*pop.*) dire una bugia, una balla (*pop.*). ● (*fig.*) **to c. st. down sb.'s throat**, costringere q. ad accettare q.c. di sgradevole; far inghiottire (*un rospo, ecc.*) a q. (*fig., fam.*) □ **to c. oneself with food**, rimpinzarsi di cibo.

cram [kræm], *n.* **1** calca; folla **2** (*fam.*) sgobbata (*per un esame*) **3** scorpacciata; rimpinzata **4** (*pop.*) bugia; panzana; balla (*pop.*). ● **c.-full**, pieno zeppo; stracolmo.

crambo ['kræmboʊ], *n.* (*pl.* **cramboes**) **1** gioco delle rime obbligate **2** versi di qualità scadente. ● **dumb c.**, sciarada mimata.

crammer ['kræmə*], *n.* **1** (*fam.*) studente che sgobba per un esame **2** insegnante (*o* istituto) che prepara intensivamente studenti agli esami **3** ingozzatrice (*per polli d'allevamento*).

cramp (1) [kræmp], *n.* (*med.*) **1** crampo: **writer's c.**, crampo dello scrivano **2** spasmo muscolare. ● (*zool.*) **c.-fish** (*Torpedo*), torpedine.

to cramp (1) [kræmp], *v. t.* far venire i crampi a (q.).

cramp (2) [kræmp], *n.* **1** (*edil., anche* **c. iron**) grappa **2** morsa; morsetto **3** (*fig.*) impedimento; ostacolo **4** forma (*per tomaia di scarpa*).

to cramp (2) [kræmp], *v. t.* **1** graffare; stringere con una grappa di ferro o in una morsa **2** (*anche* **to c. up**) intralciare; impedire; ostacolare: **Arthritis cramped his movements**, l'artrite gli impediva i movimenti **3** inibire: **to c. sb.'s style**, inibire il comportamento normale di q.

cramp (3) [kræmp], **cramped** ['kræmpt], *a.* **1** limitato; ristretto; senza spazio per muoversi **2** (*di uno scritto*) stentato; illeggibile.

crampness ['kræmpnɪs], **crampedness** ['kræmpɪdnɪs], *n.* **1** limitatezza; ristrettezza; mancanza di spazio **2** illeggibilità (*d'uno scritto*).

crampon ['kræmpən], *n.* **1** (*costr.*) braga a ganci; pinza per massi **2** (*pl.*) grappette, ramponi (*da scalatori di ghiaccio*).

cranage ['kreɪnɪdʒ], *n.* (denaro pagato per) l'uso d'una gru.

cranberry ['krænbəri], *n.* (*bot., Vaccinium oxycoccus*) mirtillo palustre.

crane [kreɪn], *n.* **1** (*zool., Grus*: *pl.* **cranes, crane**) gru **2** (*mecc.*) gru **3** (*anche* **water c.**) tubo di rifornimento d'acqua (*per le locomotive*) **4** sifone **5** braccio girevole (*per sostenere un paiolo sul focolare, ecc.*). ● (*bot.*) **c.'s bill**, (*Geranium robertianum*) cicuta rossa, erba cimicina; (*Geranium sanguineum*) geranio dei boschi ● (*zool.*) **c. fly** (*Tipula*), tipula ● (*mecc.*) **c. hoist**, gru a carrello □ **c. operator**, gruista □ (*naut.*) **floating c.**, gru galleggiante □ (*naut.*) **pontoon c.**, gru a pontone □ **travelling c.**, gru mobile.

to crane [kreɪn], **A** *v. t.* **1** (*mecc.*) sollevare (*o* spostare) con una gru **2** allungare (*il collo, per vedere*). **B** *v. i.* allungare il collo. ● **to c. at**, arrestarsi, esitare (*davanti a un ostacolo, a una difficoltà*) (*di cavallo*) **to c. at a hedge**, rifiutarsi di saltare una siepe.

craneman ['kreɪnmən], *n.* (*pl.* **cranemen**) gruista.

cranial ['kreɪnɪəl], *a.* (*anat.*) cranico; craniale.

craniectomy [ˌkreini'ektəmi], *n.* (*med.*) craniectomia.
craniography [ˌkreini'ɔgrəfi], *n.* craniografia.
craniological [ˌkreiniə'lɔdʒikl], *a.* craniologico.
craniologist [ˌkreini'ɔlədʒist], *n.* craniologo.
craniology [ˌkreini'ɔlədʒi], *n.* craniologia.
craniometer [ˌkreini'ɔmətə*], *n.* craniometro.
craniometrical [ˌkreiniə'metrikl], *a.* craniometrico.
craniometry [ˌkreini'ɔmətri], *n.* craniometria.
cranioscopy [ˌkreini'ɔskəpi], *n.* cranioscopia.
craniotome ['kreiniətoum], *n.* (*med.*) craniotomo.
craniotomy [ˌkreini'ɔtəmi], *n.* (*med.*) craniotomia.
cranium ['kreinjəm], *n.* (*pl.* **craniums, crania**) (*anat.*) cranio; scatola cranica.
crank (1) [kræŋk], *n.* **1** (*mecc.*) manovella **2** (*raro*) fantasioso giro di parole; idea strana, stramba, eccentrica **3** (*fam.*) (individuo) eccentrico; persona bizzarra; tipo strambo **4** (*USA*) persona bisbetica, acida. ● (*autom., mecc.*) **c.-case**, basamento del motore; carter.
to crank [kræŋk], *A v. t.* **1** piegare a gomito **2** munire di manovella **3** mettere in moto con una manovella: **to c. a cine camera**, mettere in moto una cinepresa **4** (*cinem.*) girare; riprendere. *B v. i.* girare una manovella. ● (*autom.*) **cranking motor**, motorino d'avviamento □ **to c. up**, avviare (*il motore di un'automobile, ecc.*) con la manovella; (*fam. USA*) prepararsi (*a fare q.c.*).
crank (2) [kræŋk], *a.* (*naut.*) soggetto a capovolgersi; instabile.
crankiness ['kræŋkinis], *n.* **1** debolezza **2** eccentricità; irritabilità **3** cattivo stato (*d'un macchinario*) **4** (*naut.*) instabilità.
to crankle ['kræŋkl], *v. i.* (*arc.*) curvarsi; serpeggiare; procedere a zigzag.
crankle ['kræŋkl], *n.* curva; serpeggiamento; zigzag.
crankpin ['kræŋkpin], *n.* (*mecc.*) perno di biella.
crankshaft ['kræŋkʃa:ft], *n.* (*autom., mecc.*) albero a gomiti (*o a* manovella).
cranky ['kræŋki], *a.* **1** debole; malaticcio **2** eccentrico; irritabile; capriccioso **3** (*di macchinario, ecc.*) malfermo; non in ordine; sconquassato **4** (*di strada*) serpeggiante; a zigzag **5** (*naut.*) instabile.
crannied ['krænid], *a.* pieno di fessure; screpolato.
cranny ['kræni], *n.* **1** crepa; fessura; screpolatura **2** (*fig.*) recesso; luogo nascosto.
crap [kræp], *n.* (*volg.*) **1** cacca (*fam.*); merda (*volg.*); sterco **2** cacata (*volg.*): **to have** (*o* **take**) **a c.**, fare una cacata **3** (*fig.*) fesserie; stronzate (*volg.*).
to crap [kræp], (*volg.*) *A v. i.* **1** cacare (*volg.*); defecare **2** fare lo stupido (*pop.*: l'asino). *B v. t.* imbrogliare. ● **to c. out**, fallire, ritirarsi (*per stanchezza, ecc.*) □ **to c. up**, incasinare (*un lavoro, ecc.*).
crape [kreip], *n.* **1** (*ind. tessile*) crespo **2** nastro nero (*in segno di lutto*). ● **c. band**, bracciale da lutto □ **c.-cloth**, tessuto crespo, di lana.
to crape [kreip], *v. t.* coprire di crespo, drappeggiare con crespo (*specialm. in segno di lutto*).
crappy ['kræpi], *a.* (*pop.*) pessimo; orribile; di merda (*pop.*): **a c. dinner**, un pranzo pessimo.
craps [kræps], *n. pl.* (*col verbo al sing.*) (*anche* **crap-shooting**) gioco d'azzardo con i dadi. ● **to shoot c.**, giocare a «craps».
crapulence ['kræpjuləns], *n.* crapula; gozzoviglia; bagordo.
crapulent ['kræpjulənt], **crapulous** ['kræpjuləs], *a.* **1** dedito alla crapula, al bere; intemperante **2** che soffre di nausea.
crapy ['kreipi], *a.* **1** simile a crespo **2** increspato; crespo.
to crash [kræʃ], *A v. i.* **1** crollare (*o rompersi, scontrarsi*) rumorosamente, fracassarsi; fare fracasso: **The tree crashed down**, l'albero crollò con un grande fracasso; **The car crashed into the wall**, l'automobile si fracassò contro il muro; **The locomotive crashed into a goods train**, la locomotiva si scontrò con un treno merci **2** muoversi (*o aprirsi un varco*) rumorosamente: **The buffalo crashed through the undergrowth**, il bufalo si muoveva rumorosamente attraverso il sottobosco **3** (*aeron.*) schiantarsi al suolo **4** fallire; andare in rovina: **His business crashed**, la sua azienda andò in rovina **5** (*Borsa, fin.*) crollare; avere un crollo: **Shares crashed five years ago**, le azioni ebbero un crollo cinque anni fa. *B v. t.* **1** fracassare; fare a pezzi **2** mandare (*un'automobile, ecc.*) a fracassarsi **3** far precipitare (*un aeroplano*) **4** (*fam.*) entrare (*a teatro, ecc.*) senza biglietto; intrufolarsi in (*una riunione, ecc.*). ● (*del tetto, ecc.*) **to c. in**, sprofondare □ **to c. out**, estrarre rumorosamente.
crash (1) [kræʃ], *n.* **1** schianto; fracasso; frastuono; fragore: **The house collapsed with a great c.**, la casa crollò con un grande fragore **2** disastro; incidente grave; caduta (*d'un aeroplano*); scontro (*d'automobile o ferroviario*) **3** fallimento; crollo; rovina: **The c. of the company ruined him**, il fallimento di quella società lo rovinò. ● (*autom.*) **c. barrier**, guardrail centrale (*d'autostrada, ecc.*) □ (*naut.*) **c. dive**, immersione rapida □ **c. helmet**, casco di protezione □ (*aeron.*) **c.-landing**, atterraggio d'emergenza (*o* di fortuna) □ **a c. of thunder**, uno scoppio di tuono.
crash (2) [kræʃ], *a.* (*fam.*) accelerato; di emergenza; intensivo: **a c. programme**, un programma accelerato; **a c. course**, un corso (*di studi*) intensivo □ **c. priority**, priorità assoluta.
crash (3) [kræʃ], *n.* tela pesante di lino (*per tende, asciugamani, ecc.*).
to crash-dive ['kræʃdaiv], *A v. i.* (*naut.: di sommergibile*) immergersi precipitosamente. *B v. t.* (*naut.*) far fare un'immersione rapida a (*un sommarino*).
crashing ['kræʃiŋ], *a.* (*fam.*) grande; coi fiocchi: **a c. bore**, un grande scocciatore; **a c. fool**, un cretino coi fiocchi.
to crash-land ['kræʃlænd], *A v. i.* (*aeron.*) fare un atterraggio di fortuna. *B v. t.* far fare un atterraggio di fortuna a (*un aereo*).
crashworthy ['kræʃˌwə:ði], *a.* (*autom.*) resistente agli urti; a prova d'incidente (*o* di collisione).
crasis ['kreisis], *n.* (*pl.* **crases**) (*gramm.*) crasi.
crass [kræs], *a.* grossolano; crasso: **c. ignorance**, ignoranza crassa.
crassitude ['kræsitju:d], **crassness** ['kræsnis], *n.* **1** grossolanità **2** stupidità grossolana; crassa ignoranza.
cratch [krætʃ], *n.* mangiatoia; rastrelliera (*all'aperto*).
crate [kreit], *n.* **1** gabbia (*da imballaggio*); cestino (*di fragole e sim.*) **2** cassetta; cassa: **beer crates**, cassette di birra **3** (*pop. d'automobile, ecc.*) carretta; macinino; caffettiera.
to crate [kreit], *v. t.* imballare in gabbie (*o* in cesti).
crater ['kreitə*], *n.* **1** cratere (*di vulcano o aperto da una bomba*) **2** (*archeol.*) cratere; anfora; vaso. ● (*geol.*) **c. cone**, cono crateriformo.
crateral ['kreitərəl], *a.* (*geol.*) craterico.
crateriform ['kreitərifɔ:m], *a.* a forma di cratere.
craterous ['kreitərəs], *V.* **crateral**.
cravat [krə'væt], *n.* **1** cravatta larga **2** fazzoletto da collo.
to crave [kreiv], *v. t. e i.* **1** chiedere insistentemente; implorare; scongiurare: **to c. mercy** (**indulgence, pardon**), implorare misericordia (indulgenza, perdono) **2** bramare; desiderare ardentemente: **to c. (for) st. to eat**, desiderare ardentemente q.c. da mangiare. ● **to c. flattery**, essere avido di adulazioni.
craven ['kreivən], *A a. e n.* codardo; vile. ● **to cry c.**, arrendersi.
craving ['kreiviŋ], *A a.* ardente; insaziabile: **a c. desire**, un ardente desiderio. *B n.* brama; forte desiderio; voglia matta (*fam.*).
craw [krɔ:], *n.* (*zool.*) **1** ingluvie; gozzo (*d'uccello*) **2** stomaco (*d'animale inferiore*). ● (*fig.*) **to stick in the** (*o* **in one's**) **c.**, essere un peso sullo stomaco; non andar giù.
crawfish ['krɔ:fiʃ], *V.* **crayfish**.
to crawl [krɔ:l], *v. i.* **1** strisciare (*anche fig.*); trascinarsi per terra; (*d'un bambino*) camminare carponi: **The wounded soldier crawled back to our lines**, il soldato ferito tornò strisciando alle nostre linee **2** procedere lentamente: **The truck was crawling uphill**, il camion si arrampicava lentamente su per la salita **3** brulicare; formicolare: **The floor was crawling with bugs**, il pavimento brulicava di scarafaggi **4** avere la pelle d'oca; (*della pelle*) accapponarsi: **That sight made my flesh c.**, quella vista mi fece accapponare la pelle **5** (*sport*) battere il crawl. ● (*fin.*) **crawling peg**, parità strisciante *o* mobile: **dei cambi**.
crawl (1) [krɔ:l], *n.* **1** lo strisciare; moto lento **2** (*nuoto*) crawl **3** (*autom.*) traffico lentissimo. ● (*sport*) **c. swimmer**, nuotatore di crawl; crawlista.
crawl (2) [krɔ:l], *n.* recinto di pali nell'acqua; vivaio subacqueo.
crawler ['krɔ:lə*], *n.* **1** persona (*o* cosa) che striscia, ecc. **2** persona (*o* cosa) molto lenta; lumaca (*pop., fig.*) **3** (*fam.*) pidocchio **4** (*pl.*) tuta per bambino (*per camminare carponi*) **5** (*mecc.*) cingolo **6** (*mecc.*) cingolato; trattore a cingoli (*o* cingolato) **7** (*pop.*) tipo servile, strisciante; leccapiedi. ● (*mecc.*) **c. crane**, gru a cingoli □ (*mecc.*) **c. wheel**, ruota motrice (*di trattore*).
crawlerway ['krɔ:ləwei], *n.* strada per il passaggio di missili (*razzi, ecc.*).
crawly ['krɔ:li], *a.* (*fam.*) **1** strisciante **2** raccapricciante; che fa accapponare la pelle. ● **to feel c.**, sentirsi la pelle d'oca.
crayfish ['krei-fiʃ], *n.* (*pl.* **crayfish, crayfishes**) (*zool.*) **1** (*Astacus, Cambarus*) gambero di acqua dolce **2** (*Palinurus vulgaris*) aragosta.
crayon ['kreiən] (*franc.*), *n.* **1** carboncino; gessetto, pastello (*da disegno*); matita colorata **2** disegno fatto col carboncino (*o con il gessetto*) **3** (*elettr.*) carbone (*nelle lampade ad arco*).
to crayon ['kreiən], *v. t.* **1** disegnare a pastello **2** (*fig.*) abbozzare.
to craze [kreiz], *A v. t.* **1** fare impazzire; rendere frenetico **2** screpolare (*lo smalto di ceramiche*). *B v. i.* (*specialm. di ceramica*) cavillarsi.
craze [kreiz], *n.* **1** mania; smania; voga **2** cavillatura, craquelure (*screpolatura dello smalto di ceramiche*). ● **to be the latest c.**, essere la moda del momento: **Skateboards are the latest c.**, gli skate-board sono ora in gran voga.

crazed [kreizd], *a.* **1** matto; pazzo **2** freneticamente entusiasta **3** (*ceramica*) craquelé; screpolato. ● **to be c. about st.**, andare matto per q.c.

craziness ['kreizinis], *n.* **1** pazzia; stravaganza **2** instabilità; decrepitezza; pericolosità **3** irregolarità (*d'un selciato, ecc.*).

crazy ['kreizi], **A** *a.* **1** matto; pazzo; stravagante; strampalato (*fam.*): **He is c. about sports cars**, va matto per le macchine sportive; **What a c. idea!**, che idea strampalata! **2** (*di edifici, ecc.*) instabile; pericolante; decrepito **3** irregolare: **a c. pavement**, un marciapiede a mosaico irregolare **4** (*pop.*) eccellente; favoloso. **B** *n.* (*pop.*) eccentrico; originale; pazzoide. ● **a c. show**, roba da matti □ (*fam.*) **to drive sb. c.**, far diventare matto q. □ **to go c.**, ammattire; perdere la testa □ (*fam.*) **like c.**, come un pazzo; a velocità (*o* con energia) pazzesca.

to creak [kri:k], *v. i.* **1** cigolare; stridere (*d'una porta, ecc.*) **2** (*anche fig.*) scricchiolare **3** procedere cigolando; procedere a fatica, in modo insicuro.

creak [kri:k], *n.* **1** cigolio; stridio **2** (*anche fig.*) scricchiolio.

creaky ['kri:ki], *a.* cigolante; scricchiolante (*anche fig.*).

cream [kri:m], *n.* **1** panna; crema; fior di latte: **Butter is made from c.**, il burro si fa con la panna (del latte); **double c.**, panna densa; **single c.**, panna liquida **2** crema (*cosmetico*); emulsione: **cold c.**, crema emolliente **3** crema (*liquore denso, ricco di zucchero*) **4** (*fig.*) (il) fior fiore; (la) crema: **the c. of society**, il fior fiore della buona società **5** (*fig.*) (la) parte migliore (*o* più interessante): **That was the c. of his tale**, quella fu la parte più interessante del racconto **6** spuma (*d'un liquido*) **7** (*cucina*) crema (*di verdura*); passato **8** color crema. ● **c. cake**, tortino (*o* pasta) alla panna ● **c. cheese**, formaggio morbido (e cremoso) □ **c.-coloured**, color crema (*agg.*) □ **c. cracker**, cracker semplice, da mangiare col formaggio □ **c.-laid** (*o* **c.-wove**) **paper**, carta di lettere filigranata, color crema □ (*chim.*) **c. of tartar**, cremore di tartaro □ **c. puff**, bignè, (*fig., fam.*) smidollato □ **c.-separator**, scrematrice □ **c. sherry**, sherry alla crema □ **c. tea**, merenda a base di tè, fette di pane, pasticceria e panna densa □ **boot-c.**, lucido da scarpe □ **ice c.**, gelato □ **whipped c.**, panna montata.

to cream [kri:m], **A** *v. i.* **1** (*del latte*) fare la panna **2** (*d'un altro liquido*) fare la spuma. **B** *v. t.* **1** scremare (*latte*) **2** (*fig.*) togliere la parte migliore di (q.c.) **3** aggiungere panna a (*tè, ecc.*) **4** cucinare con la panna **5** applicare la crema su (*il viso*) **6** (*ind. della gomma*) cremare **7** (*pop.*) battere completamente; stravincere; stracciare (*fig., pop.*). ● (*anche fig.*) **to c. off**, scremare.

creamer ['kri:mə*], *n.* **1** bricchetto per la panna **2** scrematrice.

creamery ['kri:məri], *n.* **1** caseificio; fabbrica di burro **2** latteria.

creaminess ['kri:minis], *n.* l'esser ricco di (*o* simile a) panna.

creaming ['kri:miŋ], *n.* **1** scrematura (*del latte*) **2** applicazione di crema (*al viso*) **3** (*ind. della gomma*) crematura. ● (*anche fig.*) **c.-off**, scrematura.

creamy ['kri:mi], *a.* **1** cremoso; ricco di panna; burroso **2** simile a crema (*o* a panna); morbido; vellutato.

crease [kri:s], *n.* **1** piega; piegatura **2** grinza; sgualcitura: **His suit was full of creases**, il suo vestito era tutto una sgualcitura **3** (*cricket, hockey*) linea che indica la posizione del lanciatore *o* quella del battitore **4** (*edil.*) colmo (*di un tetto*). ● **c.-resistant**, ingualcibile.

to crease [kri:s], **A** *v. t.* **1** fare la piega a **2** sgualcire; spiegazzare: **a badly creased suit**, un abito tutto sgualcito. **B** *v. i.* sgualcirsi: **This twill does not c. easily**, questo spigato non si sgualcisce facilmente. ● **well-creased trousers**, calzoni con la piega a posto.

creasy ['kri:si], *a.* pieno di pieghe; sgualcito; spiegazzato.

to create [kri:'eit], **A** *v. t.* creare; nominare; cagionare; produrre; dare; fare: (*teatr.*) **di attore**) **to c. a part**, creare una parte (*o* un personaggio); **to c. sb. a Peer**, nominare q. Pari (*d'Inghilterra*); **His conduct may c. a wrong impression**, la sua condotta può dare un'impressione errata. **B** *v. i.* **1** creare; escogitare; ideare **2** (*pop.*) fare storie; fare tragedie: **He's always creating about nothing**, fa sempre tragedie per un nonnulla. ● (*leg.*) **to c. a mortgage**, accendere un'ipoteca.

creatin, creatine ['kri:ətin], *n.* (*chim., biol.*) creatina.

creatinine [kri(:)'ætini:n], *n.* (*chim., biol.*) creatinina.

creation [kri(:)'eiʃən], *n.* **1** creazione (*in ogni senso*) **2** (il) creato: **Man is sometimes called the lord of c.**, l'uomo è a volte detto il re del creato **3** nomina; elezione. ● **the brute c.**, le bestie.

creationism [kri(:)'eiʃənizəm], *n.* (*relig.*) creazionismo.

creationist [kri(:)'eiʃnist], *n.* (*relig.*) creazionista.

creative [kri(:)'eitiv], *a.* creativo.

creativeness [kri(:)'eitivnis], *n.* capacità creativa; creatività.

creator [kri(:)'eitə*], *n.* creatore. ● (*relig.*) **the C.**, il Creatore.

creatress [kri(:)'eitris], *n.* creatrice.

creature ['kri:tʃə*], *n.* creatura (*in ogni senso*); persona: **a good c.**, una buona persona; **He is the chairman's c.**, è una creatura del presidente. ● (*scherz.*) **the c.**, il whisky (*o* altro liquore) □ **c. comforts**, comfort; le comodità materiali (della vita) □ **to be a c. of habit**, essere schiavo delle abitudini □ **the dumb creatures**, gli animali □ **Poor c.!**, poveretto!

creaturely ['kri:(ə)tʃəli], *a.* delle creature; umano.

crèche [kreʃ] (*franc.*), *n.* **1** (*USA*) presepio; presepe (*cfr. ingl.* **crib**) **2** brefotrofio **3** asilo infantile; nido d'infanzia.

credence ['kri:dəns], *n.* **1** credenza; credito; fede; fiducia: **to give c. to**, prestar fede a; dar credito a **2** (*relig.*) credenza, tavolinetto (*per arredi sacri*). ● **letter of c.**, lettera di presentazione.

credential [kri'denʃəl], *n.* **1** cosa che costituisce un titolo; cosa che giova (nella vita); titolo «spendibile» (*una laurea, per es.*) **2** *pl.* (*lettere*) credenziali.

credentialism [kri'denʃəlizəm], *n.* culto del pezzo di carta (*eccessiva fiducia nell'utilità dei titoli di studio per trovare lavoro*).

credibility [,kredi'biliti], *n.* credibilità. ● (*specialm. polit.*) **c. gap**, gap della credibilità.

credible ['kredəbl], *a.* credibile; degno di fede.

credit ['kredit], *n.* **1** credito (*anche comm.*); fiducia; reputazione; stima: **a man of high c.**, un uomo di buona reputazione; **to give c. to a story**, dar credito (*o* prestar fede) a un racconto; **to buy** (**to sell**) **on c.**, comprare (vendere) a credito; **Trade lives on c.**, il credito è l'anima del commercio; **His c. is good to ten thousand dollars**, gli si può far credito fino a diecimila dollari; (*fin.*) **The c. is exhausted**, il credito è esaurito **2** onore; elogio: **His industry does him c.**, la sua operosità gli fa onore; **He deserves c. for telling the truth** (*o* **It is to his c. that he told the truth**), merita un elogio per aver detto la verità **3** (*rag., anche* **c. balance**) differenza a credito; saldo attivo **4** (*banca*) fido **5** (*rag.*) accreditamento; somma registrata a credito; colonna dell'avere **6** (*USA*) certificato di promozione **7** (*pl.*) attribuzioni, riconoscimenti, elenco dei collaboratori (*in un libro, ecc.*) ● (*fin.*) **c. accommodations**, facilitazioni di credito □ **c. account**, (*ingl.*) conto aperto (*presso un negozio ecc.*); (*rag.*) conto creditore □ **c. advice**, nota di accredito □ (*rag.*) **c. balance**, saldo creditore (*o* a credito); saldo attivo □ **c. card**, carta di credito; creditcarta □ (*fin.*) **c. circulation**, circolazione fiduciaria □ (*rag.*) **c. item**, partita a credito □ (*banca*) **c. limit** (*o* **line**), fido; castelletto; plafond □ **c. sales**, vendite a credito □ (*econ., fin.*) **c. squeeze**, stretta creditizia □ **c. standing** (*o* **status**), credito (*di cui gode una ditta*); stabilità creditizia □ (*cinem.*) **c. titles**, titoli di testa □ (*banca*) **c. transfer**, bonifico; accreditamento □ **to add** (*o* **to be**) **to sb.'s c.**, contribuire al buon nome (*o* alla reputazione) di q. □ **bank c.**, credito bancario □ **to deal on c.**, vendere (*o* comprare) a credito □ (*comm.*) **to give sb. c. for a sum of money**, accreditare una somma di denaro a q. □ (*fin.*) **irrevocable c.**, credito irrevocabile □ (*fin.*) **letter of c.**, lettera di credito □ **long c.**, credito a lunga scadenza □ **opening of c.**, apertura di credito □ **to put c. in**, prestar fede a □ **to reflect c. on**, fare onore a □ **to take c. for**, attribuirsi; farsi il merito di.

to credit ['kredit], *v. t.* **1** far credito a; prestar fede a; attribuire a: **to c. a story**, prestar fede a un racconto; **The invention of the telephone has been credited both to the American Bell and the Italian Meucci**, l'invenzione del telefono è stata attribuita sia all'americano Bell sia all'italiano Meucci **2** (*comm.*) accreditare: **We have credited you with a hundred pounds** (*o* **a hundred pounds to you**), vi abbiamo accreditato la somma di cento sterline **3** (*rag.*) registrare nella colonna dell'avere.

creditable ['kreditəbl], *a.* che fa onore; encomiabile; lodevole: **a c. effort**, uno sforzo lodevole.

credited party ['kreditid'pɑ:ti], *n.* (*fin.*) (l') accreditato.

crediting ['kreditiŋ], **A** *a.* (*fin.*) accreditante: **the c. party**, l'accreditante. **B** *n.* (*fin.*) accreditamento; accredito: **c. entry**, scrittura d'accredito.

creditor ['kreditə*], *n.* **1** (*comm.*) creditore **2** (*rag., anche* **c. side**) colonna dell'avere; l'attivo (*di un conto*). ● (*leg.*) **creditors' meeting**, assemblea dei creditori □ (*econ.*) **c. nation**, nazione creditrice.

creditworthiness ['kreditwə:ðinis], *n.* (*fin.*) (l')essere degno di credito.

creditworthy ['kreditwə:ði], *a.* (*fin.*) degno di credito; cui si può fare credito.

credo ['kri:dou], *n.* (*pl.* **credos**) (*relig. e fig.*) credo; professione di fede.

credulity [kri'dju:liti], *n.* credulità.

credulous ['kredjuləs], *a.* credulo.

credulousness ['kredjuləsnis], *n.* credulità.

creed [kri:d], *n.* credo; dottrina; professione di fede.

creedless ['kri:dlis], *a.* senza fede; miscredente.

creek [kri:k], *n.* **1** piccola baia; insenatura; cala **2** piccolo corso d'acqua; torrente. ● (*pop.*) **to be up the c.** (**without a paddle**), essere nei guai.

creel [kri:l], *n.* **1** (*sport*) nassa; cesto di vimini per il pesce (*usato dai pescatori con la lenza*) **2** (*ind. tessile*) rastrelliera.

to creep [kri:p] (*pass.* e *p. p.* **crept**), *v. i.* **1** strisciare: **Snakes c.**, le serpi strisciano **2** (*fig.*) strisciare; adulare; essere servile **3** camminare; muoversi con passo lento (*o furtivo*); trascinarsi: **The old man can still c. about the house**, il vecchio riesce ancora a trascinarsi per casa **4** (*di piante*) arrampicarsi **5** (*della pelle*) accapponarsi ● **to c. down** (**up**), scendere (salire) lentamente (*o furtivamente*) ☐ **to c. in** (**into**), infiltrarsi, infilarsi, insinuarsi (in): **to c. into bed**, infilarsi sotto le lenzuola ☐ **to c. on**, scorrere lentamente: **Time crept on**, il tempo scorreva lentamente ☐ **to c. upon**, impossessarsi lentamente di: **Age creeps upon us**, la vecchiaia s'impossessa lentamente di noi ☐ **to make sb.'s flesh c.**, far accapponare la pelle a q.; far venire la pelle d'oca a q.
creep [kri:p], *n.* **1** strisciamento **2** apertura (*in una siepe, ecc.*) **3** (*geol.*) scollamento **4** (*ind.*) instabilità del legno **5** (*mecc.*) scorrimento plastico **6** (*elettron.*) deriva; spostamento **7** (*pl.*) pelle d'oca (*fig.*) **8** (*pop.*) tipo sgradevole; ladrunculo; adulatore. ● **to give sb. the creeps**, far rabbrividire q.; far accapponare la pelle a q.
creepage ['kri:pidʒ], *n.* (*elettr.*) dispersione; corrente dielettrica.
creeper ['kri:pə*], *n.* **1** animale o pianta rampicante; (*zool.*) rettile, verme; (*bot.*) pianta rampicante, liana **2** (*naut.*) grappino **3** (*pl.*) ramponi da ghiaccio (*per le scarpe*) **4** (*pl., USA*) tuta per bambini; tutina.
creeping ['kri:piŋ], *a.* **1** strisciante (*anche fig.*) **2** (*bot.*) rampicante. ● (*econ.*) **c. inflation**, inflazione strisciante ☐ (*med.*) **c. paralysis**, paralisi progressiva.
creepy ['kri:pi], *a.* **1** che striscia (*o si muove*) lentamente **2** (*anche* **c.-crawly**) raccapricciante; che fa accapponare la pelle: **The witch's laugh was c.**, la risata della strega mi fece accapponare la pelle.
creepy-crawly ['kri:pi'krɔ:li], **A** *n.* (*infant.*) insetto; verme. **B** *a.* (*fam.*) V. **creepy**, *def.* 2.
creese [kri:s], *n.* (*raro*) kriss (*pugnale malese, a lama serpeggiante*).
to cremate [kri'meit], *v. t.* cremare.
cremation [kri'meiʃən], *n.* **1** cremazione **2** incenerimento.
cremationist [kri'meiʃnist], *n.* fautore della cremazione.
cremator [kri'meitə*], *n.* **1** chi esegue cremazioni **2** crematoio.
crematorium [,kremə'tɔ:riəm], *n.* (*pl.* **crematoria, crematoriums**) crematorio; forno crematorio.
crematory ['kremətəri], *n.* **1** forno crematorio **2** inceneritore.
crème caramel [krem 'kærəməl] (*franc.*), *n.* (*cucina*) crème caramel; latte alla portoghese.
cremone bolt [kri'moun boult], *n.* (*edil., mecc.*) cremonese.
crenate [kri'neit], **crenated** [kri(:)'neitid], *a.* (*bot., zool.*) crenato; dentellato.
crenation [kri(:)'neiʃən], *n.* (*fisiologia*) crenatura.
crenature ['kri:nətʃuə*], *n.* (*bot., zool.*) crenatura; dentellatura.
crenel [kri(:)'nel], *n.* (*archit.*) spazio fra due merli; feritoia.
to crenel(l)ate ['kreniləit], *v. t.* (*archit.*) guarnire di merlatura.
crenel(l)ated ['kreniləitid], *a.* (*archit.*) merlato.
crenel(l)ation [,kreni'leiʃən], *n.* (*archit.*) merlatura.
creole ['kri:oul], *a.* e *n.* **1** creolo, creola **2** discendente dei coloni francesi della Luisiana **3** dialetto francese della Luisiana.
creolin ['kri:oulin], *n.* (*chim.*) creolina.
creosote ['kri:əsout], *n.* (*chim.*) creosoto.
crepe, crêpe [kreip] (*franc.*), *n.* **1** (*ind. tessile*) crespo **2** nastro nero (*portato al braccio in segno di lutto*) **3** (*cucina*) crêpe; sottile frittata. ● **c. de Chine**, crespo di Cina ☐ **c. paper**, carta crespata ☐ **c. rubber**, crêpe; lamina rugosa di gomma o di para (*per suole*) ☐ (*cucina*) **c. suzette**, crêpe suzette.
to crêpe [kreip], *v. t.* coprire di crespo; drappeggiare con crespo.
crepitant ['krepitənt], *a.* crepitante.
to crepitate ['krepiteit], *v. i.* crepitare.
crepitation [,krepi'teiʃən], *n.* **1** crepitio; crepito (*lett.*) **2** (*med.*) crepitazione.
crept [krept], *pass.* e *p. p.* di **to creep**.
crepuscular [kri'pʌskjulə*], *a.* **1** (*anche psic.*) crepuscolare **2** (*d'insetto, ecc.*) che vola al crepuscolo.
crepuscule ['krepəskju:l], *n.* (*raro*) crepuscolo.
crescendo [kri'ʃendou], *n.* (*pl.* **crescendos, crescendoes**) (*mus.* e *fig.*) crescendo.
crescent ['kresnt], **A** *n.* **1** falce di luna **2** mezzaluna (*l'islamismo e il suo emblema*): **the Cross and the C.**, la Croce e la Mezzaluna **3** strada a falce di luna; (*specialm.*) fila ricurva di case. **B** *a.* **1** (*poet.*) crescente: **a c. moon**, la luna crescente **2** a mezzaluna; falcato: **a c. beach**, una spiaggia a mezzaluna. ● (*astron.*) **c. phase**, fase crescente (*di pianeta*).
cresol ['kri:soul], *n.* (*chim.*) cresolo.
cress [kres], *n.* (*bot.*) crocifera (*in genere*); crescione. ● **garden c.** (*Lepidium sativum*), crescione inglese (*o degli orti*); agretto ☐ **water c.** (*Nasturtium officinale*), crescione (d'acqua).
cresset ['kresit], *n.* (*stor.*) specie di torcia.
crest [krest], *n.* **1** cresta (*del gallo, d'un monte, d'onda, ecc.*) **2** ciuffo di penne; cimia; cimiero; pennacchio **2** criniera (*di cavallo, leone, ecc.*) **3** (*archit., geogr., ecc.*) linea di displuvio (*d'un tetto, ecc.*) **4** (*anat.*) cresta: **the frontal c. of the skull**, la cresta frontale del cranio **5** (*mecc.*) cresta (*di vite*) **6** (*araldica*) cimiero **7** (*econ.*) picco (*di una congiuntura*) **8** (*poet.*) elmo. ● (*costr. idrauliche*) **c. gate**, paratia di coronamento ● **family c.**, insegna nobiliare d'una famiglia ☐ *anche fig.*) **on the c. of the wave**, sulla cresta dell'onda.
to crest [krest], **A** *v. t.* **1** munire di cresta (*o di pennacchio*) **2** ornare d'insegna nobiliare **3** raggiungere la cima di: **to c. a hill** (**a wave, etc.**), raggiungere la cima di un colle (di un'onda, ecc.) **4** (*fig.*) coronare: **A castle crests the hill**, un castello corona il colle. **B** *v. i.* (*d'onda*) sollevarsi in creste. ● **a golden-crested bird**, un uccello dal ciuffo dorato.
crested ['krestid], *a.* (*araldica, zool.*) crestato.
crestfallen ['krest,fɔ:lən], *a.* a testa bassa; depresso; giù di corda (*fam.*).
cretaceous [kri'teiʃəs], *a.* (*geol.*) cretaceo. ● **the C.**, il Cretaceo; il periodo cretaceo.
Cretan ['kri:tən], *a.* e *n.* cretese.
Crete [kri:t], *n.* (*geogr.*) Creta; Candia.
cretic ['kri:tik], *n.* (*poesia*) piede cretico; cretico.
cretin ['kretin], *n.* **1** (*med.*) cretino **2** (*pop.*) cretino; stupido
cretinism ['kretinizəm], *n.* (*med.*) cretinismo.
to cretinize ['kretinaiz], *v. t.* incretinire.
cretinous ['kretinəs], *a.* (*med.*) cretino; affetto da cretinismo.
cretonne [kre'tɔn] (*franc.*), *n.* cretonne; cotonina stampata.
crevasse [kri'væs], *n.* (*geol.*) «crevasse»; crepaccio (*di ghiacciaio*).
crevice ['krevis], *n.* crepa; fessura; screpolatura.
crew (1) [kru:], *n.* **1** (*naut., aeron.*) equipaggio; ciurma (*spreg.*) **2** gruppo; squadra: **road c.**, squadra d'operai addetti a lavori stradali **3** banda; combriccola **4** (*sport: canottaggio*) equipaggio; armo **5** (*mil.*) equipaggio: **a tank c.**, l'equipaggio di un carro armato **6** (*sport, più comune* **rowing**) canottaggio. ● (*naut.*) **c. list**, ruolo d'equipaggio ☐ (*moda*) **c. neck**, girocollo: **c.-neck sweater**, maglione a girocollo ☐ (*naut.*) **boat's c.**, rematori; vogatori ☐ (*aeron.*) **ground c.**, personale a terra ☐ (*naut.*) **gun's c.**, serventi di un pezzo (*o di un cannone*) ☐ (*naut.*) **quarters of the c.**, alloggi dell'equipaggio.
crew (2) [kru:], *pass.* di **to crow**.
crew cut ['kru:kʌt], *n.* taglio a spazzola (*dei capelli*).
crewel ['kru:il], *n.* filo di lana per ricami e tappeti. ● **c. stitch**, punto erba ☐ **c.-work**, ricamo di lana, su fondo di tela.
crib [krib], *n.* **1** mangiatoia; greppia **2** presepio; presepe **3** posta, stalla (*di bovini*) **4** capanna; casupola **5** lettino per bimbo, con sponde alte a sbarre **6** (*costr., anche* **cribwork**) armatura di sostegno **7** catasta di puntellamento (*in una miniera*) **8** (*USA*) ricettacolo di legno per granoturco, sale, ecc. **9** (*fam.*) furtarello; plagio **10** (*fam.*) bigino; traduttore **11** trappola di vimini, per salmoni **12** (*nel «cribbage»*) mano di carte del mazziere composta con gli scarti di tutti i giocatori **13** (*ing.*) tavolato di base **14** (*ferr.*) passo degli appoggi (*di binario*) **15** (*pop.*) casa da scassinare. ● (*dei cavalli*) **c.-biting**, ticchio d'appoggio ☐ (*med. USA*) **c. death**, V. **cot death**, *sotto* **cot** (2).
to crib [krib], **A** *v. t.* **1** rinchiudere in uno spazio ristretto; stipare **2** provvedere (*una stalla*) di mangiatoie **3** (*fam.*) plagiare **4** (*fam.*) rubacchiare; saccheggiare. **B** *v. i.* (*gergo studentesco*) copiare (*da un compagno o dal traduttore*).
cribbage ['kribidʒ], *n.* «cribbage» (*gioco di carte*). ● **c. board**, segnapunti (*usato nel gioco del «cribbage»*).
cribriform ['kribrifɔ:m], *a.* (*bot.*) cribriforme; bucherellato.
crick [krik], *n.* (*med.*) crampo; spasmo muscolare; torcicollo.
to crick [krik], *v. t.* (*med.*) prodursi uno spasmo muscolare a; provocare un crampo in. ● **to c. one's neck**, prendersi un torcicollo.
cricket (1) ['krikit], *n.* **1** (*zool., anche* **house c.**) grillo **2** (*edil.*) grembialina; fossalina; fandale.
cricket (2) ['krikit], *n.* **1** (*sport*) cricket: **c. ground**, campo di cricket **2** (*fig.*) correttezza; lealtà; sportività. ● (*fam.*) **It isn't c.**, non è leale; non è sportivo.
to cricket ['krikit], *v. i.* giocare a cricket.
cricketer ['krikitə*], *n.* giocatore di cricket.
cricoid ['kraikoid], **A** *n.* (*anat.*) cricoide. **B** *a.* cricoideo.
crier ['kraiə*], *n.* **1** (*leg.*) usciere (*di tribunale*) **2** (*anche* **town c.**) banditore **3** venditore ambulante che grida (*per attirare clienti*) **4** chi piange spesso; piagnone; piagnucolone.
crikey ['kraiki], *inter.* (*pop.*) per Bacco!; perbacco!; perdindirindina!; perdinci!
crime [kraim], *n.* **1** (*leg.*) crimine; delitto (*anche fig.*); peccato: **c. of passion**, delitto passionale; **It would be a c. to spoil the child**, sarebbe un delitto viziare il ragazzo **2** criminalità. ● (*mil.*) **c. sheet**, foglio delle punizioni ☐ **c. wave**, ondata di delitti.
to crime [kraim], *v. t.* (*gergo mil., ingl.*) accusare e punire (*un soldato*).
Crimean [krai'miən], *a.* della Crimea: (*stor.*) **the C. War**, la

guerra di Crimea.
criminal ['kriminl], **A** *a.* **1** criminale; criminoso: **a c. act**, un atto criminale **2** penale: **c. law**, diritto penale: **the c. code**, il codice penale **3** *(fam.)* eccessivo; esorbitante: **c. fees**, onorari esorbitanti. **B** *n.* criminale; delinquente. ● *(leg.)* **c. abortion**, aborto criminoso □ *(leg.)* **c. assault**, violenza carnale □ **c. association**, associazione per delinquere □ *(leg.)* **c. contempt**, oltraggio alla corte □ **c. lawyer**, penalista □ *(leg.)* **c. negligence**, negligenza delittuosa □ *(leg.)* **c. offence**, reato penale □ **c. records**, casellario penale □ **a habitual c.**, un pregiudicato; un recidivo.
criminalist ['kriminəlist], *n.* **1** *(leg.)* penalista; criminalista *(raro)* **2** criminologo.
criminality [,krimi'næliti], *n.* **1** criminalità; criminosità **2** azione criminale.
criminalization [,krimǝlai'zeiʃǝn], *n.* criminalizzazione.
to criminalize ['kriminǝlaiz], *v. t.* criminalizzare.
to criminate ['krimineit], *v. t. (leg.)* incriminare; accusare.
crimination [,krimi'neiʃǝn], *n. (leg.)* incriminazione.
criminative ['kriminǝtiv], *a. (leg.)* incriminante.
criminologist [,krimi'nɔlǝdʒist], *n.* criminologo.
criminology [,krimi'nɔlǝdʒi], *n.* criminologia.
crimp (1) [krimp], *n.* **1** increspatura; arricciatura **2** *(pl.)* riccioli *(artificiali)*; arricciatura **3** *(metall.)* ondulazione. ● *(fam. USA)* **to put a c. on st.**, ostacolare q.c.
to crimp (1) [krimp], *v. t.* **1** pieghettare; increspare, crespare, arricciare *(un abito, ecc.)* **2** arricciare; ondulare: **to c. one's hair**, arricciarsi i capelli **3** praticare tagli su *(un pesce, carne, ecc.)* per agevolarne la cottura **4** modellare *(il cuoio per le tomaie)* **5** comprimere; modellare **6** strozzare, restringere *(l'estremità di un tubo)* **7** *(metall.)* ondulare *(lamiere)* **8** *(USA)* impedire; ostacolare. ● **crimping iron**, arricciacapelli.
crimp (2) [krimp], *n. (stor.)* individuo che arruolava soldati o marinai con la forza o con l'inganno; arruolatore.
to crimp (2) [krimp], *v. t.* arruolare forzatamente.
Crimplene ['krimpli:n], *n. (marchio)* tessuto ingualcibile.
crimpy ['krimpi], *a.* arricciato; increspato; crespo.
crimson ['krimzn], **A** *a.* cremisi. **B** *n.* **1** *(color)* cremisi **2** *(fig.)* rossore. ● **c. lake**, pigmento rosso; lacca *(da pittore)*.
to crimson ['krimzn], **A** *v. t.* **1** fare arrossire **2** tingere di rosso; arrossare. **B** *v. i.* arrossire.
to cringe [krindʒ], *v. i.* **1** rannicchiarsi; accucciarsi; farsi piccolo *(per la paura)*: **He cringes at the very sight of his boss**, si fa piccolo alla sola vista del capo **2** essere servile; curvar la schiena *(fig.)*; umiliarsi. ● **a cringing fellow**, un individuo servile.
cringe [krindʒ], *n.* **1** l'accucciarsi; il farsi piccolo **2** servilismo; il curvar la schiena *(fig.)*.
cringle ['kriŋgl], *n. (naut.)* brancarella, brancherella; bosa.
crinite ['krainait], *a. (bot., zool.)* peloso.
to crinkle ['kriŋkl], **A** *v. t.* **1** arricciare; increspare, crespare; pieghettare **2** sgualcire; spiegazzare **3** far frusciare; far crepitare. **B** *v. i.* **1** arricciarsi; incresparsi; pieghettarsi **2** spiegazzarsi; sgualcirsi **3** crepitare; frusciare: **If you crush paper, it will c.**, la carta crepita, se la si accartoccia. ● **crinkled paper**, carta crespata.
crinkle ['kriŋkl], *n.* crespa; grinza; piega; ruga.
crinkly ['kriŋkli], *a.* **1** arricciato; increspato; pieghettato **2** spiegazzato; sgualcito **3** frusciante; crepitante. ● **c. hair**, capelli ricci.
crinkum-crankum ['kriŋkǝm'kræŋkǝm], *n. (fam.)* **1** ghirigoro; ornamento elaborato **2** *(fig.)* faccenda ingarbugliata.
crinoid ['krainɔid], **A** *n. (zool., Crinoidea)* crinoide. **B** *a.* dei crinoidi.
crinoline ['krinǝli:n], *n.* **1** crinolina **2** *(ind. tessile)* crinolino **3** *(mil.)* rete protettiva contro i siluri *(intorno a nave da guerra)*.
cripes [kraips], *inter. (pop.)* caspita!; perdinci!
cripple ['kripl], **A** *n.* **1** zoppo; sciancato; mutilato; storpio **2** *(fig.)* incapace; inetto **3** impalcatura *(per pulire finestre, ecc.)* **4** *(edil.)* traversa *(troppo)* corta. **B** *a.* storpio; sciancato; zoppo.
to cripple ['kripl], **A** *v. t.* **1** azzoppare; mutilare; storpiare: **He was crippled in the war**, fu mutilato in guerra **2** *(fig.)* rendere inefficiente; paralizzare; falcidiare: **The basic industries have been hit by crippling strikes**, le industrie di base sono state colpite da scioperi paralizzanti. **B** *v. i.* zoppicare. ● **to c. along**, andare zoppicando: **The poor man crippled along**, il poveretto se ne andò zoppicando.
cris [kri(:)z], *n.* kriss *(pugnale malese)*.
crisis ['kraisis], *n. (pl.* **crises, crisises)** crisi *(in ogni senso)*: **a cardiac c.**, una crisi cardiaca; **the economic c.**, la crisi economica. ● **c. centre**, telefono amico □ *(polit.)* **a c. government**, un governo d'emergenza.
crisp [krisp], **A** *a.* **1** crespo; arricciato; ricciuto: **c. hair**, capelli crespi **2** friabile; croccante: **c. biscuits**, biscotti croccanti **3** fresco e sodo: **c. lettuce**, insalata fresca e soda **4** frizzante; toni-
ficante; secco: **c. winter weather**, il freddo secco dell'inverno **5** *(di stile, ecc.)* vivace; deciso; rapido: **a c. dialogue**, un dialogo vivace **6** chiaro; preciso; terso. **B** *n. pl.* patatine fritte croccanti. ● **burned to a c.**, bruciato completamente □ *(di cibo)* **done to a c.**, croccante.
to crisp [krisp], *v. t. e i.* **1** increspare, incresparsi **2** rendere, diventare croccante, frizzante, vivace, ecc. *(V. crisp).*
crispate ['krispeit], *a. (anche bot.)* increspato; arricciato.
crispation [kris'peiʃǝn], *n.* **1** arricciamento; ondulazione **2** *(med.)* contrazione involontaria; tic.
crisper ['krispǝ*], *n.* scomparto per frutta e verdura *(di frigorifero)*.
Crispin ['krispin], *n.* Crispino.
crispness ['krispnis], *n.* **1** l'esser crespo *(di capelli)* **2** friabilità; qualità d'esser croccante, frizzante, vivace, ecc. *(V. crisp)* **3** freddo asciutto.
crispy ['krispi], *V.* **crisp**.
criss-cross ['kriskrɔs], **A** *n.* **1** segno di croce *(di analfabeta)* **2** rete; reticolo; incrocio. **B** *a.* **1** incrociato; a linee incrociate: **c. traffic**, traffico incrociato; **c. pattern**, disegno a linee incrociate **2** irritabile. **C** *avv.* **1** in direzione opposta **2** di traverso; a rovescio *(fig.)*: **Everything went c.**, tutto andò di traverso.
to criss-cross ['kriskrɔs], **A** *v. t.* **1** coprire di segni di croce **2** incrociare; intersecare. **B** *v. i.* intersecarsi; incrociarsi: **I watched the ants c. on the path**, osservavo le formiche incrociarsi sul sentiero.
cristate ['kristit], **cristated** [kris'teitid], *a. (biol.)* crestato.
criterion [krai'ti:riǝn], *n. (pl.* **criteria, criterions)** criterio; norma.
critic ['kritik], *n.* **1** critico: **a dramatic c.**, un critico teatrale **2** chi è pronto a criticare; criticone.
critical ['kritikǝl], *a.* **1** critico: **a c. estimate of the problem**, un'analisi critica del problema; **a c. situation**, una situazione critica; **c. temperature**, temperatura critica **2** pronto a criticare. ● *(fis. nucl.)* **c. equation**, equazione di criticità □ *(elettr.)* **c. frequency**, frequenza critica *(o* limite) □ *(fis. nucl.)* **c. reactor**, reattore critico.
criticality [,kriti'kæliti], *n. (fis. nucl.)* criticità.
criticaster ['kriti,kæstǝ*], *n.* criticastro; critico da strapazzo.
criticism ['kritisizǝm], *n.* **1** critica **2** opera critica **3** biasimo; censura **4** *(critica)* critica; esegesi **5** *(filos.)* criticismo. ● **the higher c.**, la critica testuale *(specialm. della Bibbia)* □ **to be oversensitive to c.**, risentirsi troppo delle critiche.
criticizable ['kritisaizǝbl], *a.* criticabile.
to criticize ['kritisaiz], **A** *v. t.* **1** analizzare, discutere, giudicare *(criticamente)* **2** criticare **3** biasimare; censurare. **B** *v. i.* fare la critica; criticare.
critique [kri'ti:k], *n.* **1** articolo; recensione; saggio critico **2** critica.
critter ['kritǝ*], *(pop. USA) V.* **creature**.
to croak [krouk], **A** *v. i.* **1** gracchiare *(anche fig.)*; gracidare; brontolare **2** *(fig.)* fare l'uccello del malaugurio; predire disastri **3** *(pop.)* morire; tirare le cuoia *(pop.).* **B** *v. t.* **1** dire (q.c.) con voce lugubre **2** *(pop.)* uccidere; ammazzare; far fuori *(pop.).*
croak [krouk], *n.* **1** gracchiamento; il gracchiare *(del corvo)* **2** gracidio; verso della rana **3** tono rauco *(della voce)*.
croaker ['kroukǝ*], *n.* **1** gracchiatore; animale che gracchia *(o* gracida) **2** *(fig.)* uccello del malaugurio.
croaky ['krouki], *a.* **1** gracchiante; gracidante **2** rauco; roco.
Croat ['krouæt], *a. e n.* Croato.
Croatia [krou'eiʃǝ], *n. (geogr.)* Croazia.
Croatian [krou'eiʃiǝn], *a. e n.* croato *(anche la lingua).*
croceate ['krousiǝt], *a.* croceo *(lett.)*; color zafferano.
crochet ['krouʃei], *(franc.) n.* lavoro all'uncinetto; crochet. ● *(mecc.)* **c. file**, lima ad ago □ **c. hook** *(o* **c. pin)**, uncinetto da crochet.
to crochet ['krouʃei], *(franc.) v. t. e i.* lavorare all'uncinetto.
crock (1) [krɔk], *n.* **1** vaso *(o* brocca, giara) di terracotta **2** coccio *(di terracotta)* **3** *(dial.)* pentola *(di metallo)*.
crock (2) [krɔk], *n. (pop.)* **1** persona malandata; rottame *(fig.)* **2** ronzino; brocco **3** *(fam.)* macinino *(vecchia automobile).*
to crock [krɔk], *(pop.)* **A** *v. t.* rendere (q.) inabile al lavoro; far diventare (q.) un rottame *(fig.).* **B** *v. i. (anche* **to c. up)** indebolirsi; ammalarsi; diventare un rottame *(fig.).*
crocked [krɔkd], *a. (pop.)* **1** *(ingl.)* ferito **2** *(USA)* sbronzo.
crockery ['krɔkǝri], *n.* terraglie; stoviglie; vasellame di terracotta.
crocodile ['krɔkǝdail], *n.* **1** *(zool., Crocodilus)* coccodrillo **2** *(fam.)* fila di scolare che camminano per due. ● *(fig.)* **c. tears**, lacrime di coccodrillo.
crocodilian [,krɔkǝ'diliǝn], *a.* di *(o* da) coccodrillo.
crocus ['kroukǝs], *n.* **1** *(bot., Crocus:* pl. **crocuses, croci, crocus)** croco **2** *(ind.)* croco di Marte; colcotar.
Croesus ['kri:sǝs], *n. (pl.* **Croesuses, Croesi)** *(stor.)* Creso *(fig.)* riccone.

croft [krɔft], *n.* **1** campicello **2** piccola fattoria.
crofter ['krɔftə*], *n.* (*specialm. scozz.*) affittuario d'una piccola fattoria.
croissant ['krwa:sɔŋ] (*franc.*), *n.* (*cucina*) cornetto; croissant.
cromlech ['krɔmlek], *n.* (*archeol.*) cromlech; tomba megalitica.
cromorne [krə'mɔ:n], *n.* (*mus.*, *stor.*) cromorno.
crone [kroun], *n.* **1** (*spreg.*) vecchiaccia rugosa **2** vecchia pecora.
crony ['krouni], *n.* amico intimo; amicone; compagno.
crook [kruk], *n.* **1** uncino; gancio; raffio **2** bastone da pastore **3** pastorale (*di vescovo*) **4** curvatura; incurvatura; piegatura **5** curva; svolta **6** (*fam.*) imbroglione; truffatore; gabbamondo. ● **c.-back**, gobba □ **c.-backed**, gobbo □ **by hook or c.**, di riffa o di raffa; per amore o per forza □ (*fam.*) **on the c.**, in modo disonesto.
to crook [kruk], **A** *v. t.* **1** curvare; piegare: **to c. one's arm** (**a finger, etc.**), piegare il braccio (il dito, ecc.) **2** uncinare; prendere con un uncino. **B** *v. i.* curvarsi; piegarsi. ● **to c. a finger at sb.**, chiamare q. con un dito.
crooked (*def. 1, 3, 4* ['krukid], *def. 2* [krukt]), *a.* **1** curvo; storto **2** (*d'un bastone*) ricurvo; a uncino **3** deforme; storpio: **a c. old man**, un vecchio storpio **4** (*fig.*) disonesto; losco; truffaldino: **a c. man**, un uomo disonesto; **a c. action**, un'azione truffaldina. ● **c. reasoning**, ragionamento tortuoso □ **a c. road**, una strada tutta curve.
crookedness ['krukidnis], *n.* **1** l'esser curvo, storto; deformità, disonestà, ecc. (*V.* **crooked**) **2** tortuosità (*d'una strada*).
to croon [kru:n], *v. t. e i.* **1** cantilenare; canticchiare: **to c. to oneself**, canticchiare fra sé, sottovoce **2** cantare in tono sommesso **3** cantare in modo (troppo) sentimentale.
croon [kru:n], *n.* **1** mormorio; canto sommesso **2** canzone sussurrata.
crooner ['kru:nə*], *n.* cantante di canzoni sentimentali; cantante confidenziale.
crop [krɔp], *n.* **1** (*agric.*) messe; raccolto; coltura; pianta coltivata: **the barley c.**, il raccolto dell'orzo **2** gruppo; mucchio; quantità: **a new c. of students**, un gruppo di studenti nuovi; **a c. of lies**, un mucchio di bugie; **a c. of questions**, una quantità di domande **3** ingluvie; gozzo (*d'uccelli*) **4** (*anche* riding-c., hunting-c.) manico di frusta; frustino **5** pelle conciata (*d'un intero animale*) **6** rapata (*di capelli*): **You have had a close c.**, ti sei fatto rapare a zero **7** mozzicone; spuntatura (*di carne, ecc.*) **8** marchio (*su bestie*) **9** (*macelleria*) spalla (*d'animale*) **10** (*metall.*) spuntatura. ● (*ind. min.*) **c. coal**, carbone affiorante □ **c. dusting**, *V.* **c. spraying** □ **c.-eared**, (*di animale*) dalle orecchie mozze; (*di persona*) rapato □ **c.-headed**, rapato (*a-gric.*) **c. rotation**, rotazione delle colture □ (*agric.*) **c. spraying**, irrorazione delle colture (*con insetticidi*) □ **land out of c.**, terra a maggese □ **land under c.**, terra coltivata □ (*fam.*) **neck and c.**, completamente; tutto compreso; armi e bagagli.
to crop [krɔp], **A** *v. t.* **1** tagliar via; mozzare; tosare corto; rasare; rapare: **to c. the edges of a book**, tagliare i margini d'un libro; **to have one's hair cropped**, farsi rasare i capelli **2** (*di pecore e vitelli.*) brucare **3** (*agric.*) cogliere; raccogliere: **We have cropped a lot of wheat this year**, abbiamo raccolto molto grano quest'anno **4** (*agric.*) seminare; piantare: **He is going to c. twenty acres with corn**, intende seminare venti acri a cereali **5** cimare (*tessuti*) **6** (*fotogr., grafica*) rifilare. **B** *v. i.* **1** dare un raccolto: **Barley cropped well last year**, l'orzo diede un buon raccolto l'anno scorso **2** seminare **3** pascolare. ● (*geol.*: *di rocce, ecc.*) **to c. out**, affiorare □ **to c. up**, sorgere inaspettatamente, saltar fuori.
cropper ['krɔpə*], *n.* **1** persona (o cosa) che taglia, mozza, tosa, ecc. (*V.* **to crop**) **2** colono; mezzadro; contadino **3** (*zool.*) piccione gozzuto **4** pianta che dà un raccolto: **a good** (*o* **heavy**) **c.**, una pianta che dà un buon raccolto; **a poor** (*o* **light**) **c.**, una pianta che dà un cattivo raccolto **5** (*ind. tessile*) cimatore; cimatrice (*macchina*) **6** (*fam.*) capitombolo; ruzzolone; disastro; fiasco (*fig.*): **to come a c.**, fare un capitombolo; far fiasco.
cropping ['krɔpiŋ], *n.* **1** rasatura **2** (*agric.*) semina **3** cimatura (*di tessuti*) **4** (*fotogr., grafica*) rifilatura.
croppy ['krɔpi], *n.* **1** persona con i capelli tagliati corti **2** (*stor.*) ribelle irlandese (*che guardava con simpatia alla rivoluzione francese*).
croquet ['kroukei], *n.* (*sport*) croquet; pallamaglio: **c. mallet**, maglio da croquet.
to croquet ['kroukei], **A** *v. t.* respingere (*la palla dell'avversario*) battendo la propria con la mazza. **B** *v. i.* giocare a croquet, a pallamaglio.
croquette [krou'ket], *n.* crocchetta; polpettina fritta.
crosier, crozier ['krouʒə*], *n.* pastorale (*bastone del vescovo*).
cross (1) [krɔs], *n.* **1** croce (*in ogni senso*); segno di croce; patimento; tribolazione: **the C.**, la Santa Croce; **Maltese C.**, croce di Malta; **the C. versus the Crescent**, la Croce contro la Mezzaluna; **the Distinguished Service C.**, la Croce al Valor Militare; (*astron.*) **the (Southern) C.**, la Croce del Sud; (*fig.*) **to bear one's c.**, portare la propria croce; **to make one's c.**, fare una croce (*in luogo della firma*) **2** incrocio; ibridazione; ibrido: **The hinny is a c. between a mare and an ass**, il bardotto è l'incrocio d'una cavalla con un asino **3** taglio; linea (*che completa un segno verticale*): **the c. of a «t»**, il taglio d'una «t» **4** (*tecn.*) raccordo a croce **5** (*pugilato*) cross; gancio d'incontro; traversone **6** (*calcio*) traversone **7** (*sport*: *lacrosse*) mazza **8** (*pop.*) trucco; (*soprattutto*) incontro sportivo truccato: **double c.**, incontro sportivo truccato quando entrambi i contendenti sono conniventi. ● (*relig.*) **c.-bearer**, portatore di croce; crocifero □ **c.-shaped**, cruciforme □ (*autom., mecc.*) **c.-type coupling**, giunto cardanico; cardano □ **on the c.**, di traverso; in croce; (*pop.*) (*in modo*) disonesto □ (*stor.*) **to take the c.**, farsi crociato □ (*fig.*) **to take up one's c.**, accettare (con rassegnazione) la propria croce.
to cross [krɔs], **A** *v. t.* **1** attraversare: **to c. a road** (**a river, the sea, etc.**), attraversare una strada (un fiume, il mare, ecc.) **2** tirare una riga su; sbarrare: (*banca*) **to c. a cheque**, sbarrare un assegno **3** tagliare; intersecare: **Broadway crosses Seventh Avenue at Times Square**, Broadway interseca la Settima Avenue a Times Square; **He doesn't c. his «t's»**, non taglia le «t» **4** fare un segno di croce su (q.c. o q.) **5** incrociare; accavallare: **My previous letter crossed yours**, la mia lettera precedente ha incrociato la tua; **to c. one's legs**, incrociare (*o* accavallare) le gambe **6** contrariare; contrastare; opporsi a: **Nobody likes to be crossed**, a nessuno piace essere contrariato **7** incrociare, ibridare (*piante e animali*) **8** spostare, trasportare (*truppe, ecc.*) attraverso (*un fiume, ecc.*) **9** stare a cavalcioni di (*una sella*); cavalcare (*un cavallo*) **10** scrivere di traverso (*una pagina già scritta di una lettera, ecc.*). **B** *v. i.* **1** fare una traversata: **I crossed by hovercraft from Ramsgate to Calais**, feci la traversata sull'hovercraft da Ramsgate a Calais **2** incrociarsi: **We crossed on the street**, ci siamo incrociati per strada; **Our letters crossed in the mail**, le nostre lettere si sono incrociate **3** (*calcio*) crossare (*fam.*). ● **Cross!**, avanti! (*ai semafori pedonali*) □ **c. oneself**, farsi il segno della croce □ **to c. one's fingers** (*o* **to keep one's fingers crossed**), incrociare due dita (*della stessa mano*; *porterebbe fortuna e sminuirebbe la colpa di chi sta mentendo*); toccare ferro □ **to c. sb.'s hand**, *V.* **to c. sb.'s palm** □ **to c. one's heart**, mettersi una mano sul cuore (*per asseverare*) □ (*pop.*) **to c. one's heart and hope to die**, promettere solennemente □ **to c. sb.'s mind**, venire in mente a q. □ (*fig.*) **to c. sb.'s palm** (**with silver**), dare dei soldi a q. (*specialm. a una chiromante*) □ **to c. sb.'s path**, trovarsi sulla strada di q.; intralciare q., sbarrare la strada a q. (*fig.*) □ **to c. out** (*o* **off**), cancellare; tirare un frego su; depennare; radiare: **Certain pages of his composition were crossed out**, certe pagine del suo tema furono cancellate □ (*fig.*) **to c. one's «t's» and dot one's «i's»**, mettere i puntini sulle «i» □ (*anche fig.*) **to c. swords with sb.**, incrociare la spada con s. □ (*fig.*) **We'll c. that bridge when we come to it**, ci occuperemo di quella cosa quando sarà il momento (*cioè, più tardi*) □ (*mecc.*) **crossed belt**, cinghia incrociata.
cross (2) [krɔs], *a.* **1** trasversale; obliquo; che interseca: **a c. stroke**, un frego trasversale **2** avverso; contrario; sfavorevole: **c. winds**, venti contrari **3** irascibile; adirato; di cattivo umore; iroso: **a c. word**, una parola irosa **4** di rimando: **a c. answer**, una risposta di rimando **5** (*d'animale, pianta*) incrociato; ibrido **6** (*sport*) angolato: **a c. shot**, un tiro angolato **7** (*rugby*) laterale: **a c. kick**, un calcio laterale. ● (*geol.*) **c.-bedding**, stratificazione incrociata □ (*polit.*) **c. bench**, banco trasversale dei deputati indipendenti □ (*polit.*) **c.-bench**, equanime; imparziale: **c.-bench mind**, animo imparziale □ (*polit.*) **c.-bench voting**, votazione in cui parte dei votanti vota contro il proprio partito □ (*polit.*) **c.-bencher**, deputato indipendente □ (*edil.*) **c. bracing**, controvento □ (*rag.*) **c. entry**, trasferimento d'una somma ad altro conto □ **c. hair**, *V.* **c. wire** □ (*calcio*) **c.-kick** (*o* **c.-pass**), cross; calcio (*o passaggio*) laterale; traversone □ **c. index**, indice (*di libro*) dei rimandi; indice dei rinvii □ (*fin.*) **c. participation**, partecipazione incrociata □ (*fam., arc.*) **c.-patch**, persona irritabile □ (*mecc.*) **c.-peen hammer**, martello da meccanico □ **c.-reference**, riferimento, rimando (*in un libro*) □ **c. section**, *V.* **cross-section** □ **c. talk**, *V.* **crosstalk** □ **c. wire**, reticolo □ (*fam.*) **to be as c. as two sticks**, essere d'umore nero.
crossbar ['krɔsba:*], *n.* **1** traversa (*specialm. della porta nel gioco del calcio*) **2** (*salto in alto*) asticella **3** (*ginnastica*) sbarra **4** (*della bicicletta*) canna **5** (*naut.*) ceppo (*dell'ancora*).
crossbeam ['krɔsbi:m], *n.* (*costr.*) trave trasversale; trave maestra.
crossbelt ['krɔsbelt], *n.* (*mil.*) cartuccera a tracolla.
crossbill ['krɔsbil], *n.* (*zool., Loxia*) crociere.
crossbolt ['krɔsboult], *n.* (*mecc.*) catenaccio (*o* chiavistello)

crossbones ['krɔsbounz], *n. pl.* tibie incrociate. ● *(fig.)* **skull and c.**, il teschio *(simbolo della morte; emblema dei pirati)*.
crossbow ['krɔsbou], *n.* balestra *(arma)*.
crossbowman ['krɔsboumən], *n. (pl.* **crossbowmen**) balestriere.
crossbred ['krɔsbred], **A** *pass.* e *p. p.* di **to crossbreed**. **B** *a.* incrociato; ibrido.
crossbreed ['krɔsbri:d], *n.* incrocio *(di razze)*.
to crossbreed ['krɔsbri:d] *(pass.* e *p. p.* **crossbred**), **A** *v. i.* produrre ibridi. **B** *v. t.* incrociare; ibridare.
crossbreeding ['krɔsbri:diŋ], *n.* ibridazione.
cross-buttock ['krɔs,bʌtək], *n. (lotta greco-romana)* ancata.
to cross-buttock ['krɔs,bʌtək], *v. t.* dare un'ancata a (q.).
crosscheck ['krɔs-tʃek], *n.* **1** controllo accurato; riscontro **2** mezzo di riscontro **3** *(hockey)* azione di ostacolare con la mazza.
to crosscheck ['krɔs-tʃek], *v. t.* **1** controllare accuratamente; riscontrare **2** *(hockey)* ostacolare (q.) con la mazza.
cross-counter ['krɔs'kauntə*], *n. (pugilato)* colpo d'incontro.
cross-country ['krɔs'kʌntri], **A** *a.* e *avv.* **1** attraverso la campagna; per i campi **2** *(sport)* cross-country. **B** *n. (sport)* cross-country. ● *(sport)* **a c. course**, una pista da motocross ▫ **c. race**, una corsa campestre ▫ **c. riding**, le corse campestri *(a cavallo)* ▫ **c. running**, le corse campestri *(a piedi)* ▫ **c. skiing**, sci di fondo.
cross-cultural ['krɔs:'kʌltʃərəl], *a.* che tratta di *(o* paragona) diverse civiltà.
cross-current ['krɔs,kʌrənt], *n.* **1** *(mecc. dei fluidi, naut.)* corrente trasversale **2** *(fig.)* tendenza contraria *(della pubblica opinione, ecc.)*.
crosscut ['krɔskʌt], **A** *a.* **1** *(di sega o altro arnese)* atto a tagliare *(il legno)* trasversalmente **2** tagliato di traverso. **B** *n.* **1** taglio trasversale *(rispetto alle fibre del legno)*; taglio di testa **2** scorciatoia **3** *(anche* **c. saw**) sega a telaio; segone **4** *(ind. min.)* galleria trasversale; traversa; traversobanco **5** *(cinem.)* montaggio incrociato. ● *(mecc.)* **c. file**, lima a taglio doppio.
cross-disciplinary ['krɔs,disi'plinəri], *a.* interdisciplinare.
to cross-dress [,krɔs'dres], *v. i.* travestirsi da uomo *(o* da donna).
crosse [krɔs], *n. (sport)* lunga racchetta *(usata nel gioco* «lacrosse»).
cross-examination ['krɔsig,zæmi'neiʃən], *n.* **1** *(leg.)* interrogatorio in contraddittorio; controinterrogatorio **2** *(fig.)* interrogatorio a fondo.
to cross-examine ['krɔsig,zæmin], *v. t.* **1** *(leg.)* interrogare in contraddittorio; sottoporre a controinterrogatorio **2** *(fig.)* interrogare a fondo; mettere alle strette.
cross-eye ['krɔsai], *n. (med.)* strabismo.
cross-eyed ['krɔsaid], *a.* strabico.
cross-fade ['krɔsfeid], *n. (cinem., telev.)* dissolvenza incrociata.
cross-fertilization ['krɔs,fə:tilai'zeiʃən], *n. (bot., zool.)* fecondazione incrociata; allogamia.
to cross-fertilize ['krɔs'fə:tilaiz], **A** *v. t.* **1** incrociare; ibridare **2** *(fig.)* fecondare *(fig.)*; influenzare. **B** *v. i.* incrociarsi.
crossfire ['krɔsfaiə*], *n. (mil.* e *fig.)* fuoco incrociato; tiro incrociato: **a c. of questions**, un tiro incrociato di domande.
cross-garnet ['krɔs,ga:nit], *n.* bandella a forma di T *(del cardine d'una porta, ecc.)*.
cross-grain ['krɔsgrein], *n.* fibra trasversale *(o* irregolare: *del legno)*.
cross-grained ['krɔsgreind], *a.* **1** *(di legno)* a fibra irregolare **2** *(fig.: di persona)* intrattabile; irascibile.
to crosshatch ['krɔshætʃ], *v. t.* e *i.* ombreggiare *(un disegno, un intaglio)* con tratteggio incrociato.
crosshatching ['krɔshætʃiŋ], *n.* tratteggio incrociato.
crosshead ['krɔshed], *n.* **1** *(tipogr.)* sottotitolo *(di giornale, ecc.)* **2** *(mecc.)* testa a croce **3** *(ind. min.)* telaio di guida.
crossheading ['krɔshediŋ], *n.* **1** *(tipogr.)* sottotitolo *(di giornale)* **2** *(ind. min.)* traversa di ventilazione.
crossing ['krɔsiŋ], *n.* **1** traversata: **a smooth c. of the Channel**, una traversata della Manica con mare calmo **2** incrocio *(d'animali o piante)* **3** crocicchio; incrocio stradale **4** *(anche* **pedestrian c.**) passaggio *(o* attraversamento) pedonale **5** contrasto; opposizione **6** *(archit.)* transetto **7** *(banca)* sbarratura *(di un assegno)*: **general c.**, sbarratura semplice. ● **c.-out**, cancellatura ▫ *(genetica)* **c.-over**, crossing over ▫ *(ferr. ingl.)* **level c.**, passaggio a livello *(cfr. USA* **grade c.**).
cross-keys ['krɔski:z], *n. (araldica)* due chiavi in croce.
cross-legged ['krɔslegd] ['krɔslegid], *a.* **1** *(di persona accovacciata)* a gambe incrociate **2** *(di persona seduta)* con le gambe accavallate.
crosslet ['krɔslit], *n. (araldica)* piccola croce; crocetta.
cross-light ['krɔslait], *n.* **1** fascio di luce che ne incrocia un altro **2** *(fig.)* luce gettata su un argomento, guardandolo con un'altra angolazione.
crossness ['krɔsnis], *n.* irritabilità; malumore.
crossover ['krɔs'ouvə*], *n.* **1** attraversamento *(pedonale o per veicoli)* **2** *(costr. stradali)* cavalcavia **3** *(ferr.)* crociamento *(di binari)* **4** *(elettr.)* incrocio isolato.
cross-pass ['krɔspa:s], *n. (sport)* traversone, cross *(nel gioco del calcio)*.
to cross-pass [,krɔs'pa:s], *v. i. (calcio)* crossare: **to c. to the centre of the field**, crossare a centrocampo.
crosspiece ['krɔspi:s], *n.* **1** traversa **2** *(mecc.)* pezzo a croce.
cross-ply ['krɔsplai], *a. (autom.)* a tele incrociate: **c. tyre**, pneumatico a tele incrociate.
to cross-pollinate [,krɔs'pɔlineit], *v. t. (bot.)* impollinare col metodo dell'impollinazione crociata.
cross-pollination ['krɔs,pɔli'neiʃən], *n. (bot.)* impollinazione crociata.
cross-purposes ['krɔs'pə:pəsiz], *n. pl.* scopi diversi; fini contrastanti. ● **to be at cross-purposes**, essere in contrasto; fraintendersi.
cross-question ['krɔs'kwestʃən], *n. (leg.)* domanda in contraddittorio **2** *(fig.)* domanda che mette in difficoltà.
to cross-question ['krɔs'kwestʃən], *v. t.* **1** *(leg.)* interrogare in contraddittorio **2** *(fig.)* interrogare a fondo; mettere alle strette.
to cross-refer ['krɔs-rə'fə:*], *v. t.* e *i.* rinviare *(a un'altra pagina o nota)*.
cross-reference ['krɔs'refərəns], *n.* rinvio *(a un'altra pagina o nota)*.
to cross-reference ['krɔs'refərəns], **A** *v. i.* V. **to cross-refer**. **B** *v. t.* fornire *(un libro)* di una serie di rinvii.
crossroad ['krɔsroud], *n.* **1** strada trasversale; traversa **2** strada secondaria **3** *(anche* **crossroads**) crocicchio; incrocio stradale; crocevia. ● *(anche fig.)* **to be at the crossroads**, essere a un bivio.
cross-section ['krɔs'sekʃən], *n.* **1** *(disegno)* sezione trasversale; spaccato **2** pezzo tagliato di traverso **3** *(fig.)* settore rappresentativo; campione: **a c. of the English middle classes**, un settore rappresentativo di tutta la borghesia inglese **4** *(mat.)* sezione **5** *(fis.)* sezione d'urto.
cross-stitch ['krɔsstitʃ], *n.* punto in *(o* a) croce.
cross-street ['krɔsstri:t], *n.* strada traversa; traversa *(di città)*.
crosstalk ['krɔstɔ:k], *n.* **1** conversazione; chiacchierata **2** *(teatr., polit.)* dialogo a botta e risposta **3** *(tel., radio, telev.)* diafonia; interferenza acustica.
cross-tie ['krɔstai], *n. (ferr.)* traversina *(di binario)*.
crosstown ['krɔstaun], **A** *avv.* attraverso la città. **B** *a.* **1** dall'altra parte della città **2** *(d'autobus, via, ecc.)* che traversa tutta la città.
crosswalk ['krɔswɔk], *n. (USA)* passaggio pedonale.
crossways ['krɔsweiz], *avv.* trasversalmente; di traverso.
crosswind ['krɔswind], *n.* vento di traverso.
crosswise ['krɔswaiz], *avv.* **1** di traverso, di sghembo **2** in croce; in forma di croce.
crossword ['krɔswə:d], *n. (anche* **c. puzzle**) cruciverba; parole incrociate.
crossworder ['krɔswə:də*], *n.* crucivebista.
crotch [krɔtʃ], *n.* **1** bastone biforcuto **2** forca, biforcazione *(di due rami, ecc.)* **3** inforcatura *(del corpo umano)* **4** *(sartoria)* cavallo.
crotched [krɔtʃt], *a.* biforcuto; forcuto.
crotchet ['krɔtʃit], *n.* **1** uncino; uncinetto **2** bizzarria; capriccio; mania; ubbia **3** *(mus.)* semiminima **4** *(tipogr.)* parentesi uncinata.
crotcheteer [,krɔtʃə'tiə*], *n.* persona bizzarra *(o* capricciosa).
crotchetiness ['krɔtʃətinis], *n.* bizzarria; capricciosità.
crotchety ['krɔtʃəti], *a.* acido; bisbetico; irritabile.
croton ['kroutən], *n.* **1** *(bot., Croton)* croton **2** *(farm.)* crotontiglio. ● *(farm.)* **c. oil**, olio di crotontiglio *(purgante)*.
to crouch [krautʃ], *v. i.* **1** *(specialm. di animali)* acquattarsi *(per balzare all'attacco)*; accucciarsi *(per paura)* **2** chinarsi; rannicchiarsi *(per schivare un colpo, ecc.)* **3** *(fig.)* strisciare; essere servile.
crouch [krautʃ], *n.* atto *(o* posizione) di chi s'acquatta, si china, ecc.: *(V.* **to crouch**). ● **to be sitting in a c.**, essere seduto tutto acquattato.
croup (1) [kru:p], *n. (med.)* crup; laringite difterica.
croup (2), **croupe** [kru:p], *n.* groppa *(del cavallo)*.
croupier ['kru:piə*] *(franc.)*, *n.* **1** *(nelle case da gioco)* croupier **2** vicepresidente in un banchetto ufficiale.
crouton ['kru:tɔn], *n. (cucina)* crostino *(dadino di pane)*.
crow (1) [krou], *n.* **1** *(zool.)* uccello dei corvidi *(in genere)* **2** *(zool.)* cornacchia: **carrion c.** *(Corvus corone)*, cornacchia nera; **hooded c.** *(Corvus cornix)*, cornacchia grigia **3** *(pop.)* corvo **4** *(anche* **crowbar**) palanchino; piede di porco. ● *(med.)* **c.-bill**, pinza cavapalle ▫ **c.'s-foot**, zampa di gallina *(ruga)*; *(mil., stor.)*

tribolo (*contro la cavalleria*) □ (*della pelle, del viso*) **c.'s-footed**, segnato da zampe di gallina □ (*naut.*) **c.'s-nest**, coffa; gabbia (*di vedetta*) □ **c. quill**, pennino per esercizi di calligrafia □ **as the c. flies** (*o* **in a c. line**), in linea d'aria □ (*fam. USA*) **to eat c.**, inghiottire un rospo (*fig.*) □ (*fig.*) **to have a c. to pluck with sb.**, avere un conto da regolare con q. □ (*fig.*) **a white c.**, una mosca bianca.

crow (2) [krou], *n*. **1** canto del gallo **2** grido di gioia (*di bimbo*).
to crow [krou] (*pass*. **crowed, crew,** *p. p.* **crowed**), *v. i.* **1** cantare (*del gallo*) **2** (*di bambino*) fare gridolini di gioia **3** esultare; essere ringalluzzito (*fam.*): **You shouldn't c. over a defeated enemy**, non dovresti esultare su un nemico vinto **4** gloriarsi; vantarsi: **to c. over one's ancestors**, gloriarsi dei propri antenati. ● **to c. over one's victory**, cantar vittoria.
crowbar ['krouba:*], *n*. **1** (*mecc.*) palanchino **2** (*elettr.*) barra di blocco.
crowberry ['krouberi], *n*. (*bot.*) **1** *Empetrum nigrum* **2** (*Arctostaphylos uva-ursi*) uva ursina.
crowd [kraud], *n*. **1** calca; folla; moltitudine; ressa **2** – **the c.**, la massa (*del popolo*) **3** (*fam.*) combriccola; compagnia; cricca: **Don't go about with that c.**, non andare in giro con quella combriccola **4** (*fam.*) gran numero (*di cose*); quantità; (*un*) sacco (*fam.*). ● (*fig.*) **c. puller**, grande attrazione; richiamo (*di pubblico*) □ **to follow** (*o* **to go with**) **the c.**, seguire la corrente (*fig.*).
to crowd [kraud], **A** *v. i.* **1** accalcarsi; assembrarsi; affollarsi; pigiarsi: **A large number of people crowded round him**, una quantità di gente gli si affollò intorno **2** far ressa: spingersi. **B** *v. t.* **1** affollare; pigiare; stipare: **to c. a drawer with souvenirs**, stipare un cassetto di ricordi turistici **2** calcare; spingere; ammassare: **to c. people into a building**, ammassare gente dentro un edificio **3** (*fam.*) accelerare; affrettare; far pressione su (q.); sollecitare (*un pagamento*) **4** (*pallacanestro*) marcare (*un avversario*). ● **to c. down**, scendere in massa □ (*di ricordi* e sim.) **to c. in upon sb.**, affollarsi alla mente di q. □ **to c. into**, entrare in massa: **The travellers crowded into the bus**, i viaggiatori entrarono in massa nell'autobus □ (*naut.*) **to c. on sail**, spiegare tutte le vele □ **to c. sb. out**, lasciar fuori q., facendo ressa: **I wanted to attend the concert, but I was crowded out**, volevo assistere al concerto, ma la folla mi impedì di entrare □ **to c. through**, attraversare in massa; (*di folla*) spingersi attraverso (*una strettoia*) □ **to c. to a place**, affluire in massa in un luogo □ **to c. up**, salire in massa (*sul tram, ecc.*) □ **to c. sb. with questions**, tempestare q. di domande.
crowded ['kraudid], *a*. **1** affollato; stipato **2** ingombro (*d'oggetti*) **3** (*fig.*) movimentato: **a c. career**, una carriera movimentata **4** (*di spazio*) ristretto.
crowding ['kraudiŋ], *n*. affollamento; assembramento.
crowfoot ['krou-fut], *n*. **1** (*bot.*, *Ranunculus*: *pl*. **crowfoots**) ranuncolo **2** (*naut.*: *pl*. **crowfeet**) patta d'oca **3** (*mil., stor.*: *pl*. **crowfeet**) tribolo (*contro la cavalleria*).
crown [kraun], *n*. **1** corona (*in ogni senso*): **to wear the c.**, portare la corona (*regnare*); **the C.**, la Corona (*il potere; il sovrano*); **to relinquish the c.**, abdicare alla corona; **martyr's c.**, corona del martirio (*un tempo*) **half a c.**, una mezza corona (*due scellini e mezzo*); **the c. of a tooth**, la corona d'un dente **2** parte superiore; cima (*d'un monte*) **3** (*anat.*) calotta (*o* volta) cranica **4** cocuzzolo (*della testa, del cappello*) **5** (*costr. stradali*) colmo (*della strada*) **6** (*fig.*) coronamento: **the c. of one's efforts**, il coronamento dei propri sforzi **7** (*archit.*) chiave (*d'un arco*) **8** (*naut.*) diamante (*d'ancora*) **9** (*mecc.*) colmo **10** (*met.*) capsula dentaria **11** (*metall.*) volta del forno **12** (*bocce*) rialzo. ● **c. and anchor**, gioco di dadi (*con figure di corona, ancora, ecc. al posto dei numeri*) □ **c. cap** (*o* **c. cork**), tappo a corona (*o* metallico: *di bottiglia*) □ (*leg.*) **C. court**, tribunale penale (*in G.B.*) □ (*fin.*) **C. debt**, debito pubblico □ **C. Derby**, varietà di porcellana (*fatta a Derby, con una corona come stemma*) □ (*ind.*) **c. glass**, (*un tempo*) vetro a tondini piatti, non separati al piombo o ferro, per finestre; (*ora*) vetro Crown (*tipo di vetro ottico*) □ (*agric.*) **c. grafting**, innesto a corona □ **C. lands**, terreni demaniali (*in G.B.*) □ (*leg.*) **C. law**, diritto penale □ **C. prince**, principe ereditario □ **c. wheel**, (*mecc.*) corona dentata; (*autom.*) ingranaggio planetario; (*orologeria*) ruota corona; scappamento a verga □ (*fam.*) **to break a c.**, rompersi la testa □ **from c. to toe**, dalla testa ai piedi □ **to succeed to the c.**, salire al trono; succedere (a q.) nel trono □ (*prov.*) **No cross no c.**, non c'è rosa senza spine; non c'è onore senza onere.
to crown [kraun], *v. t*. **1** incoronare; coronare; (*fig.*) aureolare: **to be crowned king**, essere incoronato re; **to be crowned with glory**, essere aureolato di gloria; **Your labours will be crowned with success**, le tue fatiche saranno coronate da successo; **crowned heads**, teste coronate (*monarchi*) **2** completare; dare l'ultimo tocco a (q.c.): **to c. a dinner with a pudding**, completare un pranzo con un budino **3** (*med.*) incapsulare, mettere una corona (*a un dente*) **4** (*nel gioco della dama*) damare, andare a dama con (*una pedina*). ● **to c. all**, per coronare l'opera; per giunta: **The journey was a failure and, to c. all, I lost my hat**, il viaggio fu un fiasco e per giunta persi il cappello □ **a high--crowned** (**low-crowned**) **hat**, un cappello a cupola alta (bassa).

crowning ['krauniŋ], **A** *n*. **1** incoronazione **2** (*fig.*) coronamento **3** (*costr. stradali*) bombatura. **B** *a*. sommo; supremo: **c. happiness**, somma felicità.
croze [krouz], *n*. (*falegnameria*) cappruggine.
crozier ['krouʒə*], *n*. pastorale (*bastone di vescovo*).
crucial ['kru:ʃəl], *a*. **1** cruciale; decisivo: **a c. point**, un punto cruciale **2** (*anat.*: *di legamento*) crociato. ● **a c. incision**, un'incisione a croce.
crucian ['kru:ʃən], *n*. (*zool.*, *Carassius carassius*) carassio comune.
cruciate ['kru:ʃieit], *a*. **1** (*anat.*) crociato **2** (*bot., zool.*) cruciforme.
crucible ['kru:sibl], *n*. **1** (*metall.*) crogiolo **2** (*fig.*) prova del fuoco.
crucifer ['kru:sifə*], *n*. **1** crocifero (*d'una processione*) **2** (*pl., bot.*, *Cruciferae*) crocifere.
cruciferous [kru:'sifərəs], *a*. **1** che porta (*o* adorno di) una croce **2** (*bot.*) delle crocifere.
crucifix ['kru:sifiks], *n*. crocifisso.
crucifixion [,kru:si'fikʃən], *n*. crocifissione.
cruciform ['kru:sifɔ:m], *a*. cruciforme, crociforme.
to crucify ['kru:sifai], *v. t*. **1** crocifiggere; mettere in croce (*anche* *fig.*) **2** mortificare (*la carne*).
crud [krʌd], *n*. (*pop., specialm. USA*) **1** sporcizia; immondizia **2** malattia (*specialm. della pelle*) non identificata.
crude [kru:d], **A** *a*. **1** greggio, grezzo; non raffinato: **c. oil**, petrolio greggio; **c. sugar**, zucchero non raffinato **2** (*fig.*) grezzo; rozzo; appena abbozzato: **a c. scheme**, un progetto appena abbozzato **3** acerbo; immaturo; in incubazione: **a c. disease**, una malattia in incubazione **4** grossolano; rozzo; rude; grezzo: **a c. fellow**, un individuo rozzo; **c. manners**, maniere rudi; **a c. conversation**, una conversazione grossolana **5** crudo; nudo (*fig.*); puro e semplice (*fig.*): **a c. answer**, una cruda risposta; **the c. reality**, la nuda realtà; **the c. facts**, i fatti puri (e semplici) **6** (*arc.*, *di cibo*) non assimilato. **B** *n*. (*ind.*) greggio (*petrolio*). ● (*ind. petrolifera*) **c. assay**, saggio del greggio □ (*ind. min.*) **c. ore**, grezzo di miniera; tout-venant.
crudeness ['kru:dnis], **crudity** ['kru:diti], *n*. **1** l'esser grezzo **2** acerbità; immaturità **3** grossolanità; rozzezza; rudezza **4** crudezza.
cruel [kruəl], *a*. crudele. ● **c.-hearted**, senza cuore; spietato.
cruelty ['kruəlti], *n*. crudeltà.
cruet [kru(:)it], *n*. **1** ampolla (*dell'olio e dell'aceto*) **2** ampollina (*per la messa*). ● **c.-stand**, ampolliera; oliera.
to cruise [kru:z], *v. i*. **1** andare in crociera; fare una crociera **2** (*di navi*) incrociare **3** (*di macchina, aereo, nave, ecc.*) andare a velocità di crociera **4** (*di taxi*) girare in cerca di clienti: **a cruising taxi**, un taxi che gira in cerca di clienti **5** (*di radiomobile della polizia*) essere in perlustrazione **6** (*fam.*) battere; essere in battuta (*fig.*); (*di prostituta*) cercare clienti.
cruise [kru:z], *n*. **1** crociera (*viaggio marittimo*) **2** (*scient.*) campagna: **surveying c.**, campagna idrografica. ● (*mil.*) **c. missiles**, missili cruise □ **to go on a c.**, fare una crociera.
cruiser ['kru:zə*], *n*. **1** (*mil.*) incrociatore: **an armoured c.**, un incrociatore corazzato; **guided-missile c.**, incrociatore lanciamissili; **light c.**, incrociatore leggero **2** (*naut.*) cruiser; cabinato **3** (*USA*) automobile della polizia; radiomobile. ● (*pugilato*) **c. weight**, mediomassimo.
cruising ['kru:ziŋ], *n*. (*naut., aeron.*) crociera. ● (*aeron.*) **c. altitude**, quota di crociera □ (*naut.*) **c. radius** (*o* **range**), autonomia di crociera (*o* a velocità di crociera) □ (*sport*) **c. yacht**, panfilo da crociera.
cruller ['krʌlə*], *n*. (*USA*) pasticcino fritto.
crumb [krʌm], *n*. **1** briciola **2** (*fig.*) bricciolo; minuzzolo; particella: **crumbs of knowledge**, briciole di sapienza **3** mollica; midolla (*del pane*) **4** (*ind.*) grumo (*di gomma*).
to crumb [krʌm], *v. t*. **1** sbriciolare **2** impanare (*carne, ecc.*) **3** (*fam.*) sgombrare (*la tavola*) dalle briciole.
to crumble ['krʌmbl], **A** *v. t*. sbriciolare; sgretolare; frantumare. **B** *v. i*. **1** sbriciolarsi; sgretolarsi: **crumbling walls**, muri che si sgretolano **2** (*fig.*) cadere; crollare; andare in rovina: **My hopes were crumbling (to dust)**, le mie speranze crollavano (*o* andavano in fumo). ● **crumbling rocks**, rocce friabili.
crumbliness ['krʌmblinis], *n*. friabilità.
crumbling ['krʌmbliŋ], *n*. **1** sgretolamento; frantumazione **2** (*Borsa, fin.*) crollo (*di prezzi, ecc.*).
crumbly ['krʌmbli], *a*. friabile: **c. soil**, terreno friabile.
crumby ['krʌmi], *a*. **1** pieno di briciole **2** soffice; molle.
crummy ['krʌmi], *a*. (*pop.*) **1** (*di donna*) grassoccia; prosperosa **2** (*d'uomo*) ricco **3** male in arnese; sdrucito; scadente **4** ma-

crump

laticcio; indisposto: **to feel c.**, sentirsi poco bene.
to crump [krʌmp], **A** *v. t.* (*fam.*) colpire forte (*specialm. la palla, nel cricket*). **B** *v. i.* (*gergo mil.*) esplodere; scoppiare.
crump [krʌmp], *n.* **1** (*fam.*) forte colpo **2** (*gergo mil.*) scoppio.
crumpet ['krʌmpit], *n.* **1** frittella; focaccina **2** crostino **3** (*pop.*) testa; zucca.
to crumple ['krʌmpl], **A** *v. t.* spiegazzare; sgualcire; raggrinzare; aggrinzire. **B** *v. i.* **1** sgualcirsi; raggrinzarsi: **This cloth crumples easily**, questo tessuto si sgualcisce facilmente **2** (*anche* **to c. up**), accartocciarsi, accartocciarsi; (*d'aeroplano*) schiantarsi al suolo; crollare, cedere: **The bridge crumpled up under the weight**, il ponte crollò sotto il peso **3** (*fam., anche* **to c. up**) crollare; cedere: **He has crumpled up under the strain**, sotto lo sforzo ha ceduto.
crumpled ['krʌmpld], *a.* **1** sgualcito; raggrinzito **2** (*di corno di mucca, ecc.*) ricurvo.
to crunch [krʌntʃ], **A** *v. t.* **1** schiacciare (*con i denti*); masticare rumorosamente; sgranocchiare: **The little boy is crunching a biscuit**, il bambino sta sgranocchiando un biscotto **2** far scricchiolare: **The wheels of our car crunched the gravel**, le ruote della macchina facevano scricchiolare la ghiaia. **B** *v. i.* **1** masticare rumorosamente **2** scricchiolare: **The frozen snow crunched under my feet**, la neve gelata scricchiolava sotto i miei piedi. ● **to c. through st.**, aprirsi un varco sgretolando q.c. □ **to c. up**, triturare.
crunch [krʌntʃ], *n.* **1** sgretolamento; sgretolio **2** scricchiolio **3** (*fig.*) crisi; momento critico; stretta: (*econ.*) **the c.**, la stretta economica (*o* finanziaria) **4** (*fig.*) resa dei conti. ● (*fam.*) **to be caught in a c.**, trovarsi fra l'incudine e il martello (*fig.*).
crupper ['krʌpə*], *n.* **1** (*dei finimenti*) sottocoda, groppiera **2** groppa (*del cavallo*).
crural ['kru(:)ərəl], *a.* (*anat.*) crurale.
crusade [kru:'seid], *n.* (*anche fig.*) crociata: **a c. against tuberculosis**, una crociata contro la tubercolosi.
to crusade [kru(:)'seid], *v. i.* (*anche fig.*) bandire una crociata; fare una crociata; partecipare a una crociata.
crusader [kru(:)'seidə*], *n.* **1** (*stor.*) crociato **2** (*fig.*) chi bandisce (*o fa*, partecipa a) una crociata.
cruse [kru:z], *n.* (*arc.*) pentolino; vasetto (di terracotta). ● (*fam.*) **It is like a widow's c.**, è il pozzo di San Patrizio.
to crush [krʌʃ], *v. t. e i.* **1** schiacciare; spiaccicare (*fam.*); pigiare, torchiare (*olive*); stipare: **He crushed the insect with his foot**, schiacciò l'insetto con un piede; **Olive oil is made by crushing olives**, l'olio d'oliva si fa pigiando le olive; **We cannot c. any more children into the bus**, non possiamo stipare altri bambini nell'autobus **2** sgualcire; spiegazzare; sgualcirsi: **He crushed the letter in his hand**, spiegazzò la lettera che teneva in mano; **This dress doesn't c. at all**, questo vestito non si sgualcisce affatto **3** (*fig.*) piegare; schiacciare; sgominare; annientare: **He crushed the rebellion**, schiacciò (*o* soffocò) la rivolta; **to c. the opposition**, annientare l'opposizione; **to be crushed by grief**, essere schiacciato dal dolore **4** triturare; frantumare. ● **to c. into**, entrare in (*un luogo*) a viva forza (*o* spingendo) □ **to c. one's way**, aprirsi un varco; farsi largo a gomitate □ **to c. out**, spremere; strizzare; spegnere (*un fuoco calpestandolo*); sedare (*un tumulto*): **to c. out the juice from an orange**, spremere il succo da un'arancia □ **to c. to death**, uccidere (*schiacciando*); □ **to c. to pieces**, stritolare □ **to c. up**, frantumare; polverizzare □ (*ing. min.*) **crushed stone**, roccia triturata.
crush [krʌʃ], *n.* **1** schiacciamento; forte pressione; frantumazione **2** calca; folla; ressa **3** (*fam.*) trattenimento sociale assai affollato **4** (*fam.*) spremuta **5** (*in Australia*) stretto passaggio fra due steccati (*per mettere il marchio al bestiame*) **6** (*fam.*) cotta (*fig.*); (*fam.*) **to have a c. on sb.**, avere una cotta per q. ● (*teatr.*) **c. bar**, bar nel ridotto □ (*teatr.*) **c.-room**, ridotto □ **c. barrier**, barriera (*o* transenna) per contenere la folla □ **c. hat**, gibus.
crusher ['krʌʃə*], *n.* **1** chi schiaccia, ecc. (*V.* **to crush**) **2** (*costr.*) frantumatore meccanico **3** (*ind. min.*) frantoio; frantumatore **4** (*ind. tessile*) frantoio.
crushing ['krʌʃiŋ], **A** *a.* schiacciante: **a c. victory**, una vittoria schiacciante. **B** *n.* **1** torchiatura (*delle olive*) **2** (*ind. min., metall.*) triturazione (*mecc.*) compressione. ● **a c. retort**, una risposta per le rime; una risposta che taglia le gambe (*fig.*).
crushproof ['krʌʃpru:f], *a.* ingualcibile.
crust [krʌst], *n.* **1** crosta (*in ogni senso*): **a c. of bread**, una crosta di pane; **a c. of mud**, una crosta di fango; **the c. of the Earth**, la crosta della terra **2** incrostazione: **a c. of wine**, un'incrostazione di vino (*dentro una bottiglia*) **3** (*pop.*) impudenza; insolenza; faccia tosta **4** manto superficiale (*d'una strada*).
to crust [krʌst], **A** *v. t.* coprire di croste; incrostare: **Ice crusted the river**, il ghiaccio ricoprì la superficie del fiume. **B** *v. i.* **1** coprirsi di croste; incrostarsi **2** indurirsi (*formando croste*): **The lava had crusted at last**, la lava s'era infine indurita.

crustacean [krʌs'teiʃən], *a. e n.* (*zool.*, *Crustacea*) crostaceo.
crustaceous [krʌs'teiʃəs], *a.* **1** di (*o* simile a) crosta **2** crostoso; provvisto di crosta **3** (*zool.*) crostaceo.
crustal ['krʌstəl], *a.* (*geol.*) crostale: **c. plate**, placca crostale.
crusted ['krʌstid], *a.* **1** incrostato: **c. with salt**, incrostato di sale **2** (*di vino*) grommato **3** (*fig.*) antiquato; inveterato.
crustiness [krʌstinis], *n.* **1** l'esser crostoso **2** durezza **3** (*fig.*) irritabilità; intrattabilità.
crusty ['krʌsti], *a.* **1** crostoso; che abbonda di crosta: **c. bread**, pane crostoso **2** duro come una crosta **3** (*di vino*) grommoso **4** (*di persona*) irritabile; intrattabile; duro (*fig.*).
crutch [krʌtʃ], *n.* **1** gruccia; stampella: **a pair of crutches**, un paio di grucce; **to walk on crutches**, camminare sulle grucce **2** (*fig.*) appoggio; sostegno **3** forca, forcella (*di due rami*) **4** inforcatura (*del corpo umano*) **5** (*naut.*) candeliere a forca; forcaccio, ghirlanda di poppa **6** (*naut.*) scalmiera a forcella (*per i remi*).
to crutch [krʌtʃ], *v. t.* **1** reggere con le grucce **2** (*fig.*) appoggiare; puntellare; sostenere.
crutched [krʌtʃt], *a.* munito di grucce.
crux [krʌks], *n.* (*pl.* **cruxes, cruces**) **1** croce **2** (*fig.*) punto cruciale; nodo **3** (*fig.*) punto difficile; problema arduo.
to cry [krai], **A** *v. t. e i.* **1** gridare; esclamare; strillare; urlare; (*di animali, specialm. d'uccelli*) fare il verso; (*di cani*) guaire, uggiolare: **to cry with pain**, gridare dal dolore; **The baby is crying**, il bambino strilla; **A bird was crying in the wood**, un uccello faceva il suo verso nel bosco **2** piangere; dolersi; lamentarsi: **Stop crying!**, smettila di piangere! **B** *verbi composti* **to cry down**, deprezzare; screditare □ **to cry for**, chiedere a gran voce; reclamare; richiedere; avere un gran bisogno di: **The people were crying for justice**, il popolo reclamava giustizia □ **to cry for the moon**, volere la luna □ **to cry for vengeance**, gridar vendetta (*al cospetto di Dio*). **3** **to cry off**, denigrare, svilire; ritirarsi (*da un affare, ecc.*); disdire (*un impegno*); tirarsi indietro (*fam.*). **4** **to cry out**, gridare, urlare; lamentarsi a gran voce; annunciare, proclamare □ **to cry out for**, avere un gran bisogno di (*aiuto, pioggia, ecc.*). **5** **to cry up**, esaltare; portare alle stelle; portare in palmo di mano. ● **to cry bitter tears**, piangere lacrime amare (*o* a calde lacrime) □ **to cry one's eyes** (*o* **one's heart**) **out**, consumarsi gli occhi dal piangere □ **to cry halves**, reclamare una parte (*o* metà) di (*una cosa trovata, ecc.*) □ **to cry quits**, riconoscere che la partita è pari; dichiararsi soddisfatto; rinunciare a una contesa □ **to cry shame on sb.**, svergognare q. □ (*fig.*) **to cry stinking fish**, deprezzare la propria merce (*parlar male di sé, della propria professione, ecc.*) □ **to cry oneself to sleep**, addormentarsi per il gran piangere □ **to cry one's wares**, strillare (*per vendere*) la propria merce (*di venditore ambulante*) □ (*fig.*) **to cry wolf**, gridare al lupo □ (*prov.*) **It's no use crying over spilt milk**, non serve piangere sul latte versato.
cry [krai], *n.* **1** grido; strillo; urlo; (*di animali, specialm. d'uccelli*) verso, richiamo; (*di cani*) guaito, uggiolio: **hostile cries**, grida ostili; **with a cry of joy**, con un grido di gioia; **a pedlar's cry**, il grido d'un venditore ambulante; **the cry of a baby**, lo strillo d'un bambino; **a cry of pain**, un urlo di dolore **2** annuncio; proclama; grida (*arc.*) **3** appello urgente; implorazione **4** voce pubblica; opinione **5** clamor di popolo; tumulto **6** (*anche* **battle cry**) grido di battaglia; (*anche* **war cry**) grido di guerra; slogan: **«Africa to the Africans» is their cry**, «l'Africa agli africani» è il loro slogan **7** pianto: **Have a good cry, and you'll feel better**, fatti un bel pianto e ti sentirai meglio. ● **a cry-baby**, un piagnucolone □ (*fig.*) **a far cry**, una grande differenza; tutt'altra cosa: **It's a far cry between a real actor and you**, c'è una bella differenza fra un vero attore e te □ **to follow in the cry**, andar dietro agli altri; fare quello che fanno i più □ **to be (to get) in full cry**, essere (gettarsi) all'inseguimento (*in origine, era detto d'una muta di cani*) □ **to be (to keep) within cry**, essere (tenersi) a portata di voce.
crybaby ['krai‚beibi], *n.* (*fam.*) piagnucolone; piagnone.
crying ['kraiiŋ], *a.* **1** che grida; piangente **2** evidente; palese: **a c. shame**, una palese vergogna **3** urgente: **a c. need**, un bisogno urgente.
cryobiology [‚kraioubai'ɔlədʒi], *n.* criobiologia.
cryochemistry [‚kraiou'kemistri], *n.* criochimica.
cryogenic ['kraiə'dʒenik], *a.* (*fis.*) criogeno. ● **c. engineering**, criotecnica.
cryogenics [‚kraiou'dʒeniks], *n. pl.* (*col verbo al sing.*) (*fis.*) criogenia; criotecnica.
cryolite ['kraiəlait], *n.* (*miner.*) criolite.
cryology [krai'ɔlədʒi], *n.* criologia.
cryonics [krai'ɔniks], *n. pl.* (*col verbo al sing.*) (*med.*) crionica; ibernazione dei cadaveri.
cryoprobe ['kraiouproub], *n.* (*med.*) criosonda.
cryoscope ['kraiouskoup], *n.* crioscopio.
cryoscopic(al) [‚kraiə'skɔpi(əl)], *a.* (*chim., fis.*) crioscopico.
cryoscopy [krai'ɔskəpi], *n.* (*chim., fis.*) crioscopia.

cryosurgeon [kraiou'sə:dʒən], *n.* criochirurgo.
cryosurgery [kraiou'sə:dʒəri], *n.* (*med.*) criochirurgia.
cryosurgical [kraiou'sə:dʒikəl], *a.* (*med.*) criochirurgico.
cryotherapy [ˌkraiou'θerəpi], *n.* (*med.*) crioterapia.
crypt [kript], *n.* (*archit., anat.*) cripta.
cryptic(al) ['kriptik(əl)], *a.* **1** criptico; celato; occulto; segreto **2** enigmatico; ermetico: **a c. prophecy**, una profezia ermetica **3** (*zool.*) criptico: **c. coloration**, colorazione criptica.
crypto ['kriptou], *n.* (*pl.* **cryptos**) (*fam.*) chi aderisce in segreto a un partito politico, una setta religiosa, ecc.
crypto-colonial [ˌkriptoukə'louniəl], *a.* criptocoloniale.
crypto-Communist [ˌkriptou'kɔmjunist], *n.* (*polit.*) criptocomunista.
cryptogam ['kriptougæm], *n.* (*bot.*) crittogama.
cryptogamic [ˌkriptou'gæmik], *a.*, **cryptogamous** [krip'tɔgəməs], *a.* (*bot.*) crittogamico.
cryptogamy [krip'tɔgəmi], *n.* (*bot.*) crittogamia.
cryptogram ['kriptougræm], *n.*, **cryptograph** ['kriptougra:f], *n.* crittogramma (*testo cifrato in cifra*).
cryptographer [krip'tɔgrəfə*], *n.* crittografo.
cryptographic [ˌkriptou'græfik], *a.* crittografico.
cryptography [krip'tɔgrəfi], *n.* (*fis.*) crittografia.
cryptophyte ['kriptoufait], *n.* (*bot.*) criptofita.
crystal ['kristl], **A** *n.* **1** (*miner., chim.*) cristallo: **crystals of snow**, cristalli di neve **2** (*anche* **c. work**) cristalli di rocca (*o* oggetti) di cristallo; cristalleria; cristallame; cristalli: **a dinner set of c.**, un servizio di bicchieri di cristallo **3** cristallo, vetro (*d'orologio*) **4** (*elettron.*) cristallo; quarzo piezoelettrico (*poet.*: *acqua limpida*) cristallo. **B** *a.* **1** di cristallo **2** cristallino. (*geol.*) **c. sandstone**, arenaria cristallina **3** (*di radio*) a galena. ● **c. ball**, sfera di cristallo ☐ **c. chemistry**, cristallochimica ☐ **c. clock**, orologio piezoelettrico ☐ (*fis. nucl.*) **c. counter**, contatore a cristallo ☐ (*miner.*) **c. face**, faccia di un cristallo ☐ **c.-gazing**, osservazione d'una sfera di cristallo (*per leggervi il futuro*); cristalloscopia ☐ **c. glass**, cristallo (*vetro*) ☐ **c. set**, apparecchio radio a galena ☐ **c.-ware**, cristalleria; cristalli ☐ **rock c.**, cristallo di rocca.
crystalline ['kristəlain], *a.* cristallino: **c. heaven**, cielo cristallino (*nel sistema tolemaico*). ● (*anat.*) **the c. lens**, il cristallino (*dell'occhio*).
crystallinity [ˌkristə'liniti], *n.* (*miner.*) cristallinità.
crystallizable [ˌkristə'laizəbl], *a.* cristallizzabile.
crystallization [ˌkristəlai'zeiʃən], *n.* (*miner.*) cristallizzazione.
to crystallize ['kristəlaiz], **A** *v. t.* **1** cristallizzare (*anche fig.*) **2** (*cucina*) candire: **crystallized fruit**, frutta candita **3** (*anche* **to c. out**) concretare, definire (*un piano, ecc.*). **B** *v. i.* **1** cristallizzarsi (*anche fig.*) **2** (*anche* **to c. out**) concretarsi; assumere un aspetto ben definito.
crystallizer ['kristəlaizə*], *n.* (*chim.*) cristallizzatore.
crystallographer [ˌkristə'lɔgrəfə*], *n.* cristallografo.
crystallographic(al) [ˌkristəlou'græfik(əl)], *a.* cristallografico.
crystallography [ˌkristə'lɔgrəfi], *n.* (*fis.*) cristallografia.
crystalloid ['kristəlɔid], *a. e n.* (*fis., chim.*) cristalloide.
ctenoid ['tenɔid], *a.* (*zool.*) ctenoide.
ctenophores ['tenəfɔ:z], *n. pl.* (*zool., Ctenophora*) ctenofori.
cub [kʌb], *n.* **1** cucciolo (*di certi animali selvatici*): **a lion cub**, un leoncino; **a whale cub**, un balenottero **2** (*fig.*; *anche* **unlicked cub**) principiante inesperto, goffo, rozzo **3** (*fig.*) principiante; (*specialm., abbr. di* **cub reporter**) cronista alle prime armi **4** (*anche* **cub scout**) lupetto (*giovane esploratore fra gli otto e gli undici anni*) **5** — (*marchio: aeron. USA*) **Cub**, aeroplano leggero; piccolo aereo. ● **cub hunting**, caccia ai volpacchiotti.
to cub [kʌb], *v. t. e i.* (*di certi animali selvatici*) partorire; figliare.
cubage ['kju:bidʒ], *n.* cubatura; volume.
Cuban ['kju:bən], *a. e n.* cubano.
cubature ['kju(:)bətʃə*], *n.* cubatura; volume.
cubbing ['kʌbiŋ], *n.* **1** caccia ai volpacchiotti **2** parto (*di certi animali selvatici*).
cubbish ['kʌbiʃ], *a.* **1** da cucciolo **2** (*fig.*) inesperto; goffo; rozzo.
cubby ['kʌbi], **cubbyhole** ['kʌbihoul], *n.* posto in cui star comodi; angolo intimo; nido (*fig.*).
cube [kju:b], *n.* **1** (*anche geom., mat.*) cubo: **the c. of four**, il cubo (*o* la terza potenza) di quattro **2** cubetto (*di zucchero, ecc.*) **3** (*costr. stradali*) blocchetto; pietra per pavimentazione **4** (*fotogr., anche* **flashcube**) cubo per flash. ● (*mat.*) **c. root**, radice cubica.
to cube [kju:b], *v. t.* **1** (*mat.*) elevare al cubo (*o* alla terza potenza) **2** fare la cubatura, calcolare il volume di (*un solido*) **3** (*costr. stradali*) pavimentare con blocchetti (*di pietra*) **4** tagliare in cubetti: **to c. vegetables**, tagliare la verdura in cubetti (*o a quadratini*).
cubeb ['kju:beb], *n.* (*bot., Piper cubeba*) cubebe **2** (*cucina*) (*pepe*) cubebe.
cubic ['kju:bik], *a.* (*anche mat., geom.*) cubico: **a c. foot** (**inch**, etc.), un piede (un pollice, ecc.) cubico; **a c. equation**, un'equazione cubica (*o* di terzo grado). ● (*autom.*) **c. capacity**, cilindrata (*del motore*) ☐ **c. contents**, volume ☐ (*mecc.*) **c. measure**, unità di volume.
cubical ['kju:bikəl], *a.* cubico; a forma di cubo.
cubicity [kju(:)'bisiti], *n.* cubicità.
cubicle ['kju:bikl], *n.* **1** celletta; scompartimento separato (*in un dormitorio, ospedale, ecc.*) **2** scomparto (*in una banca, ecc.*) **3** cabina di lettura (*in una biblioteca*) **4** (*elettr.*) armadio.
cubiform ['kju:bifɔ:m], *a.* cubiforme.
cubism ['kju:bizəm], *n.* (*arte*) cubismo.
cubist ['kju:bist], *n. e a.* (*arte*) cubista.
cubistic [kju:'bistik], *a.* (*arte*) cubistico.
cubit ['kju:bit], *n.* cubito (*antica misura di lunghezza*).
cubital ['kju:bitl], *a.* (*anat.*) cubitale; dell'ulna; ulnare.
cuboid ['kju:bɔid], *a. e n.* (*geom., anat.*) cuboide. ● (*anat.*) **c. bone**, osso cubiforme; cuboide.
cucking stool ['kʌkiŋstu:l], *n.* (*stor.*) sedia su cui i colpevoli erano esposti al pubblico ludibrio (*o* messi alla berlina).
cuckold ['kʌkəld], *n.* becco, cornuto (*pop.*).
to cuckold ['kʌkəld], *v. t.* cornificare; fare le corna a.
cuckoo ['kuku:], *n.* (*pl.* **cuckoos**) **1** (*zool., Cuculus canorus*) cuculo **2** cucù, cuccù: **a c. clock**, un orologio a cucù **3** (*fam.*) tonto; rimbambito. ● (*bot.*) **c.-flower**, (*Cardamine pratensis*) cardamine (*o* billeri, *o* crescione) dei prati; viola dei pesci (*regionale*); (*Lychnis flos-cuculi*) fior di cuculo; (*Oxalis acetosella*) acetosella, alleluia ☐ (*bot.*) **c.-pint** (*Arum maculatum*), aro; gigaro; pan di serpe; lingua di serpe; piè di vitello.
to cuckoo ['kuku(:)], *v. i.* fare cuccù; fare il verso del cuculo.
cucullate(d) ['kju:kəleit(id)], *a.* (*bot., zool.*) a forma di cappuccio.
cucumber ['kju:kʌmbə*], *n.* (*bot., Cucumis sativus*) cetriolo. ● (*USA*) **c. tree**, (*Magnolia acuminata*) magnolia acuminata; (*Averrhoa bilimbi*) averroa cilindrica, bilimbi ☐ (*di persona*) **as cool as a c.**, padrone di sé; impassibile; imperturbabile.
cucurbit [kju'kə:bit], *n.* **1** (*bot.*) cucurbita; zucca **2** (*chim.*) cucurbita (*caldaia dell'alambicco*).
cucurbitaceous [kju:kə:bi'teiʃəs], *a.* (*bot.*) delle cucurbitacee.
cud [kʌd], *n.* (*zool.*) bolo alimentare (*dei ruminanti*). ● **to chew the cud**, ruminare; (*fig.*) meditare, ponderare.
to cuddle ['kʌdl], **A** *v. t.* abbracciare teneramente; coccolare; vezzeggiare: **The girl is cuddling her doll**, la bambina vezzeggia la sua bambola. **B** *v. i.* (*spesso* **to c. up**) stringersi con affetto; rannicchiarsi.
cuddle ['kʌdl], *n.* **1** abbraccio affettuoso **2** coccolamento; vezzeggiamento.
cuddlesome ['kʌdlsəm], *a.* che invita a farsi coccolare (*o* vezzeggiare); che ispira tenerezza.
cuddly ['kʌdli], *a.* **1** affettuoso; tenero **2** *V.* **cuddlesome**.
cuddy (1) ['kʌdi], *n.* **1** (*naut.*) cabina di poppa **2** (*naut.*) cucina; cambusa **3** ripostiglio; stanzino **4** armadietto; credenza.
cuddy (2) ['kʌdi], *n.* (*scozz.*) **1** asino; ciuco; somaro (*anche fig.*) **2** leva su treppiede (*per sollevare pietre, ecc.*).
cudgel ['kʌdʒəl], *n.* **1** clava; mazza; randello. ● **c. play**, lotta col bastone ☐ (*fig.*) **to take up the cudgels for sb.**, difendere q. a spada tratta.
to cudgel ['kʌdʒəl], *v. t.* bastonare; randellare; picchiare con una clava. ● (*fig.*) **to c. one's brains**, lambiccarsi il cervello.
cudweed ['kʌdwi:d], *n.* (*bot., Gnaphalium sylvaticum*) canapicchia comune.
cue (1) [kju:], *n.* **1** (*teatr., mus.*) battuta d'entrata; attacco **2** (*cinem., radio*) segnale d'azione **3** parte (*d'attore o fig.*): **My cue was to admire in silence**, la mia parte (*o* la sola cosa che io dovevo *o* mi sentivo di fare) era di ammirare in silenzio **4** suggerimento; imbeccata; spunto: **to give sb. his cue**, dare a q. il suggerimento (*su che cosa fare*). ● **on cue**, al momento giusto (*o* opportuno) ☐ (*fig.*) **to take one's cue from sb.**, regolare la propria condotta su quella di q.; ricevere l'imbeccata da q.
cue (2) [kju:], *n.* **1** codino; coda (*di capelli sulla nuca*) **2** stecca (*da biliardo*) **3** (*USA, cfr. ingl.* **queue**) coda; fila (*davanti a un cinema, a un negozio, ecc.*). ● **cue-rack**, portastecche (*rastrelliera*).
to cue [kju:], **A** *v. i.* (*cinema, radio*) dare il ciac; dare il segnale d'azione. **B** *v. t.* **1** dare la battuta d'entrata a (*un attore, ecc.*) **2** ricordare (*q.c. a qc.*); dare informazioni a (q.). ● **to cue in**, inserire, provvedere all'inserimento di (*una canzone in un dramma, per es.*); (*pop. USA*) informare.
cueist ['kju:ist], *n.* giocatore di biliardo (*con la stecca*).
cuff (1) [kʌf], *n.* **1** polsino **2** risvolto (*di pantaloni*) **3** (*pl., anche* **handcuffs**) manette. ● **c. link**, bottone per polsino; gemello ☐ (*fam.*) **on the c.**, a credito ☐ (*fig.*) **to speak off the c.**, parlare a braccio (*improvvisando*).
to cuff (1) [kʌf], *v. t.* **1** mettere i polsini (*o* i risvolti a) **2** ammanettare.

cuff (2) [kʌf], *n.* celfone; schiaffo; manrovescio; scappellotto.
to cuff (2) [kʌf], *v. t.* dare un ceffone a (q.); schiaffeggiare; scappellottare.
Cufic ['kju:fik], **A** *a.* (*stor.*) cufico. **B** *n.* scrittura in caratteri cufici.
cuirass [kwi'ræs], *n.* (*stor.* e *zool.*) corazza.
to cuirass [kwi'ræs], *v. t.* **1** (*stor.*) mettere la corazza a (q.) **2** (*fig.*) corazzare.
cuirassier [ˌkwirə'siə*], *n.* (*mil.*) corazziere.
cuish [kwiʃ], *V.* **cuisse**.
cuisine [kwi(:)'zi:n], *n.* cucina; modo di cucinare.
cuisse [kwis], *n.* (*stor.*) cosciale.
c.u.l. [si:-ju:-'el], *inter.* (*acronimo pop. di* see you later) arrivederci; ciao.
cul-de-sac ['kuldə'sæk], *n.* (*pl.* **culs-de-sac, cul-de-sacs**) **1** culdisacco, vicolo cieco (*anche fig.*) **2** (*anat.*) cieco; diverticolo.
culinary ['kʌlinəri], *a.* **1** culinario; gastronomico **2** aromatico: **c. herbs**, erbe aromatiche. ● **c. art**, culinaria; gastronomia.
to cull [kʌl], *v. t.* **1** cogliere, raccogliere (*fiori, ecc.*) **2** scegliere; fare una cernita di (q.c.) **3** eliminare (*specialm. da un allevamento*).
ll [kʌl], *n.* **1** animale (*specialm. montone, vacca, o gallina*) eliminato da un allevamento **2** eliminazione (*di animali, anche selvatici*) **3** (*ind.*) scarto.
cullender ['kʌləndə*], *n.* V. **colander**.
cullet ['kʌlit], *n.* vetro di scarto (*che può essere rifuso*).
cully ['kʌli], *n.* (*pop.*) **1** babbeo; semplicione **2** amico; compagno.
culm (1) [kʌlm], *n.* (*ind. min.*) carbone minuto grigliato.
culm (2) [kʌlm], *n.* (*bot.*) culmo.
culminant ['kʌlminənt], *a.* culminante.
to culminate ['kʌlmineit], *v. i.* (*astron.* e *fig.*) culminare.
culmination [ˌkʌlmi'neiʃən], *n.* **1** culmine; apice; apogeo **2** (*astron.*) culminazione.
culottes [kju'lɒts] (*franc.*), *n. pl.* (*moda*) gonna-pantalone; gonna a pantaloni.
culpability [ˌkʌlpə'biliti], *n.* colpevolezza; colpa.
culpable ['kʌlpəbl], *a.* **1** colpevole: **to hold sb. c.**, reputare q. colpevole **2** (*leg.*) colposo: **c. negligence**, negligenza colposa.
culpableness ['kʌlpəblnis], *V.* **culpability**.
culprit ['kʌlprit], *n.* **1** colpevole **2** (*leg.*) imputato; accusato.
cult [kʌlt], *n.* **1** culto (*anche fig.*); venerazione: **the c. of Dante**, il culto di Dante **2** (*relig.*) gruppo di seguaci; setta.
cultivability [ˌkʌltivə'biliti], *n.* coltivabilità.
cultivable ['kʌltivəbl], *a.* coltivabile.
to cultivate ['kʌltiveit], *v. t.* **1** coltivare (*in ogni senso*) **2** tenersi amico, usar premura a (q.). ● **to c. one's accent**, curare la propria pronuncia.
cultivated ['kʌltiveitid], *a.* **1** coltivato: **c. land**, terreni coltivati **2** (*fig.*) colto; raffinato: **a c. man**, un uomo colto **3** (*d'accento, di voce, ecc.*) da persona colta. ● **c. pearl**, perla coltivata.
cultivation [ˌkʌlti'veiʃən], *n.* **1** coltivazione; coltura **2** (*fig.*) cultura; raffinatezza; il coltivare (*la mente, ecc.*) **3** (*biol.*) coltura (*di microbi, ecc.*).
cultivator ['kʌltiveitə*], *n.* **1** (*agric.*) coltivatore (*l'uomo e lo strumento*); dissodatore meccanico **2** cultore (*delle arti, ecc.*).
cultural ['kʌltʃərəl], *a.* **1** culturale **2** (*agric., biol.*) ottenuto per mezzo di coltura o coltivazione □ ● **c. features**, caratteristiche topografiche dovute all'azione dell'uomo (*città, strade, ecc.*) □ (*polit.*) **c. revolution**, rivoluzione culturale □ (*polit.*) **c. revolutionary**, esponente (*o* fautore) della rivoluzione culturale.
culturalization [ˌkʌltʃərəlai'zeiʃən], *n.* (*sociologia*) acculturazione; acculturamento.
to culturalize ['kʌltʃərəlaiz], *v. t.* (*sociologia*) acculturare.
culture ['kʌltʃə*], *n.* **1** cultura; istruzione; educazione: **voice c.**, educazione della voce (*al canto*) **2** civiltà: **ancient cultures**, le civiltà antiche (*agric., biol.*) coltivazione; coltivamento: **the c. of the olive tree**, la coltura dell'olivo; l'olivicoltura; **a c. of typhus germs**, una coltura di bacilli del tifo; **bulb c.**, coltivazione dei bulbi. ● (*sociologia*) **c. gap**, differenza (*o* salto) fra due culture □ **c. medium**, terreno di coltura (*pop., spreg.*) **c. vulture**, intellettualoide □ **physical c.**, culturismo.
to culture ['kʌltʃə*], *v. t.* coltivare (*in ogni senso*)
cultured ['kʌltʃəd], *a.* **1** colto; istruito; raffinato **2** (*agric., biol.*) ottenuto per mezzo di coltura (*o* di coltivazione). ● **c. pearl**, perla coltivata.
culturist ['kʌltʃərist], *n.* **1** chi coltiva piante; chi alleva animali **2** fautore della cultura **3** culturista.
culver ['kʌlvə*], *n.* (*pop.*) piccione; colombo selvatico. ● (*bot.*) **c.-key** (*Primula veris*), primavera odorosa.
culverin ['kʌlvərin], *n.* (*stor.*) **1** colubrina **2** moschetto.
culvert ['kʌlvət], *n.* **1** canale sotterraneo **2** conduttura sotterranea (*per cavi elettrici*) **3** chiavica; fogna; galleria di drenaggio.
cum [kʌm] (*lat.*), **A** *prep.* con. **B** *a. attr.* (*fin.*) con dividendo (*anche* **cum dividend**). ● (*specialm. USA*) **cum laude**, con lode (*di una laurea*) □ (*fin.*) **cum rights**, incluso il diritto d'opzione.
to cumber ['kʌmbə*], *v. t.* **1** impacciare; ingombrare; ostacolare; ostruire **2** appesantire; caricare; gravare: **to c. one's memory with unimportant details**, gravare la memoria di particolari insignificanti. ● **to c. oneself with heavy clothes**, coprirsi con abiti pesanti.
cumber ['kʌmbə*], *n.* **1** impaccio; ostacolo; ingombro; ostruzione **2** carico; gravame; peso.
cumbersome ['kʌmbəsəm], *a.* **1** ingombrante; che è d'impaccio (*o* d'ostacolo); scomodo **2** (*di persona*) goffo, impacciato; lento.
cumbersomeness ['kʌmbəsəmnis], *n.* l'esser ingombrante (*o* d'impaccio) (*V.* **cumbersome**).
Cumbrian ['kʌmbriən], *a.* e *n.* (abitante) del Cumberland. ● (*geogr.*) **the C. Mountains**, i Monti Cumbri.
cumbrous ['kʌmbrəs], *V.* **cumbersome**.
cumbrousness ['kʌmbrəsnis], *V.* **cumbersomeness**.
cumin ['kʌmin], *n.* (*bot., Cuminum cyminum*) cumino, comino. ● (*anche cosmesi*) **c. oil**, essenza di cumino.
cummer ['kʌmə*], *n.* (*scozz.*) **1** madrina; comare **2** donna; ragazza.
cummerbund ['kʌməbʌnd], *n.* (*moda*) fascia di seta (*portata intorno alla vita: specialm. con un abito da sera*).
cummin ['kʌmin], *V.* **cumin**.
cumulate ['kju:mjulit], *a.* accumulato; ammassato.
to cumulate ['kju:mjuleit], **A** *v. t.* accumulare; ammassare. **B** *v. i.* accumularsi; ammassarsi.
cumulation [ˌkju:mju'leiʃən], *n.* accumulazione; accumulo.
cumulative ['kju:mjulətiv], *a.* **1** cumulativo **2** (*leg.*) aggiuntivo: **c. evidence**, prove aggiuntive **3** (*fin.*) cumulativo: **c. preference shares**, azioni privilegiate con diritto di accumulo; **c. turnover tax**, imposta cumulativa sulla cifra d'affari. ● (*stat.*) **c. error**, errore cumulativo □ (*fin.*) **c. interest**, interesse composto.
cumulativeness [ˌkju:mjulətivnis], *n.* l'esser cumulativo.
cumuliform ['kju:mjuli,fɔ:m], *a.* (*meteorologia*) cumuliforme.
cumulo-cirrus [ˌkju:mju:lou'sirəs], *n.* (*pl.* **cumulo-cirri**) (*meteorologia*) cirro-cumulo.
cumulo-nimbus [ˌkju:mju:lou'nimbəs], *n.* (*pl.* **cumulo-nimbi**) (*meteorologia*) cumulonembo.
cumulo-stratus [ˌkju:mju:lou'streitəs], *n.* (*pl.* **cumulo-strati**) (*meteorologia*) stratocumulo.
cumulus ['kju:mjuləs], *n.* (*pl.* **cumuli**) (*meteorologia, anche* **c. cloud**) cumulo; nube cumulus.
cuneate(d) ['kju:nieit(id)], *a.* **1** cuneato **2** (*biol.*) cuneato; cuneiforme.
cuneiform ['kju:niifɔ:m], **A** *a.* cuneiforme: **c. characters**, caratteri cuneiformi. **B** *n.* **1** carattere cuneiforme **2** (*anat.*) cartilagine (*o* osso) cuneiforme.
cunnilinctus [ˌkʌni'liŋktəs] (*lat.*), *n.* «cunnilinctus» (*lat.*); cunnilingio.
cunnilingus [ˌkʌni'liŋgə] (*lat.*), *V.* **cunnilinctus**.
cunning (1) ['kʌniŋ], *a.* **1** astuto; furbo; (*di cosa*) abile: **He is as c. as a fox**, è astuto come una volpe; **a c. expedient**, un abile espediente **2** (*arc.*) abile; capace; destro **3** (*fam. USA*) attraente; grazioso; piacevole: **a c. little girl**, una bambina graziosa.
cunning (2) ['kʌniŋ], *n.* **1** astuzia; furberia **2** (*arc.*) abilità; destrezza.
cunt [kʌnt], *n.* (*volg.*) **1** fica (*volg.*); vulva **2** (*fig.*) persona sgradevole; stronzo (*fig., volg.*).
cup [kʌp], *n.* **1** tazza; tazzina: **a cup of tea**, una tazza di tè; **a coffee cup**, una tazza da caffè **2** coppa: (*sport*) **challenge cup**, coppa messa in palio **3** calice (*dei fiori, della messa, ecc.*); chiere (*a calice*): (*fig.*) **the cup of bitterness**, il calice dell'amarezza; **He is too fond of the cup**, è troppo amante del bicchiere (*o* del bere) **4** (*di reggiseno*) coppa **5** (*mecc.*) coppa; scodellino **6** (*med.*) coppetta; ventosa **7** (*di barometro*) vaschetta **8** (*metall.*) sbozzo (*o* tranciato) da imbutire. ● **cup barometer**, barometro a mercurio □ (*sport*) **cup final**, finale di coppa □ (*bot.*) **cup-moss** (*Cladonia pyxidata*), lichene pissidato □ (*fam.*) **one's cup of tea**, cavallo di battaglia (*fig.*), argomento prediletto; quel che fa al proprio caso; cacio sui maccheroni (*fig.*) □ (*falegnameria*) **cup shake**, accerchiatura, cipollatura (*difetto del legno*) □ (*fig.*) **to be in one's cups**, avere alzato il gomito; essere ubriaco □ (*fam.*) **It's quite another cup of tea**, è un altro paio di maniche (*fig.*).
to cup [kʌp], *v. t.* **1** (*med.*) cavar sangue a (q.) con coppette (*o* ventose) **2** foggiare a coppa; unire (*le mani, ecc.*) a forma di coppa. ● (*med., stor.*) **cupping glass**, coppetta da salasso.
cupbearer ['kʌpˌbɛərə*], *n.* coppiere, coppiera (*che serviva il vino a corte*).
cupboard ['kʌbəd], *n.* **1** (*anche* **kitchen c.**) credenza; armadio a muro **2** (*anche* **clothes c.**) armadio per abiti. ● **c. love**, amore interessato.

cupel ['kju:pl], *n.* (*metall.*) coppella.
to cupel ['kju:pl], *v. t.* (*metall.*) coppellare.
cupellation [ˌkjuˈpəleiʃən], *n.* (*metall.*) coppellazione.
cupful ['kʌpful], *n.* (quantità di liquido che sta in una) tazza (*o* in un calice): **a c. of wine**, un calice di vino.
Cupid ['kju:pid], *n.* (*mitol.*) Cupido: **C.'s bow**, l'arco di Cupido.
cupidity [kjuˈpiditi], *n.* cupidigia, cupidità (*raro*); bramosia.
cupola ['kju:pələ] (*ital.!*), *n.* 1 (*archit., anat.*) cupola 2 (*metall., anche* **furnace c.**) cubilotto (*per fondere metalli*) 3 (*ferr.*) garitta 4 (*mil.*) torretta.
cuppa ['kʌpə], *n.* (*pop. ingl.*) tazza di tè.
cupping ['kʌpiŋ], *n.* (*med., stor.*) salassatura con coppette.
cupreous ['kju:priəs], *a.* 1 (*chim.*) cuprico; di rame 2 simile al rame 3 color rame; cupreo (*lett.*).
cupric ['kju(:)prik], *a.* (*chim.*) rameico; di rame: **c. sulfate**, solfato rameico (*o* di rame).
cupriferous [kju(:)ˈprifərəs], *a.* (*miner.*) cuprifero.
cuprite ['kju(:)prait], *n.* (*miner.*) cuprite.
cupronickel [ˌkju:prouˈnikl], *n.* (*metall.*) cupronichel.
cuprous ['kju(:)prəs], *a.* (*chim.*) rameoso; di rame: **c. chloride**, cloruro rameoso (*o* di rame).
cupule ['kju:pju(:)l], *n.* 1 (*bot.*) cupola 2 (*zool.*) cupula.
cur [kə:*], *n.* 1 cagnaccio; cane bastardo 2 screanzato; vigliacco.
curability [ˌkjuərəˈbiliti], *n.* curabilità.
curable ['kjuərəbl], *a.* curabile.
curableness ['kjuərəblnis], *V.* **curability**.
curaçao [ˌkjuərəˈsou], **curaçoa** [ˌkjuərəˈsouə], *n.* curaçao; curassò (*liquore*).
curacy ['kjuərəsi], *n.* (*relig.*) curazia.
curara [kjuˈra:rə], *V.* **curare**.
curare, curari [kjuˈra:ri], *n.* curaro.
curarine [kjuˈra:rin], *n.* (*chim.*) curarina.
curarization [kjuˌra:riˈzeiʃən], *n.* (*med.*) curarizzazione.
to curarize ['kjuərəraiz], *v. t.* 1 avvelenare (*frecce, ecc.*) col curaro 2 (*med.*) trattare (*una malattia*) con il curaro; curarizzare.
curate ['kjuərit], *n.* curato; vicario parrocchiale; coadiutore. ● (*fig., fam.*) **c.'s egg**, cosa cattiva ma descritta eufemisticamente come buona in parte □ **c.-in-charge**, vicario che funge da parroco.
curative ['kjuərətiv], *a.* (*med.*) curativo; terapeutico.
curator [kjuəˈreitə*], *n.* 1 (*leg.*) amministratore; curatore, tutore (*di minorenne, d'incapace, ecc.*) 2 conservatore (*di galleria d'arte, museo, ecc.*) 3 membro del consiglio di amministrazione d'una università.
curatorial [ˌkjuərəˈtɔ:riəl], *a.* pertinente ad amministratore, a curatore, a conservatore, ecc. (*V.* **curator**).
curatorship [kjuəˈreitəʃip], *n.* 1 ufficio d'amministratore, conservatore, ecc. (*V.* **curator**) 2 (*leg.*) curatela; tutela.
curatrix ['kjurətriks], *n.* (*pl.* **curatrices**) (*leg.*) curatrice; tutrice.
curb [kə:b], *n.* 1 (*anche* **c. chain**) barbazzale (*di un morso*) 2 (*fig.*) freno; impedimento; ostacolo: **We must put a c. on inflation**, dobbiamo porre freno all'inflazione 3 (*costr. stradali*) cordolo; lista; orlo, cordone (*di marciapiede*) 4 (*anche* **well c.**) parapetto circolare d'un pozzo 5 (*vet.*) corba 6 (*archit.*) spiovente inferiore (*di tetto a mansarda*) 7 (*fin. USA, anche* **c. market**) Borsa non ufficiale; mercatino (*cfr. ingl.* **street market**) 8 (*ind. min.*) anello (*o* quadro, telaio) di base. ● **c. bit**, morso (*del cavallo*) □ (*edil.*) **c. roof**, tetto a mansarda □ (*USA*) **c.-stone**, paracarro □ (*fig.*) **to keep a c. on one's passions**, tenere a freno le proprie passioni.
to curb [kə:b], *v. t.* 1 tenere a freno (*un cavallo, ecc.*); dominare, vincere (*le passioni, ecc.*); contenere: **to c. one's tongue**, tenere a freno la lingua; (*econ.*) **to c. inflationary pressures**, contenere le spinte inflazionistiche 2 provvedere (*un morso di cavallo*) di barbazzale.
curcuma ['kə:kjumə], *n.* 1 (*bot., Curcuma*) curcuma 2 (*med., tintoria*) curcumina. ● (*chim.*) **c. paper**, carta alla curcuma.
curcumin ['kə:kjumin], *n.* (*chim.*) curcumina.
curd [kə:d], *n.* (*spesso al pl.*) cagliata; latte cagliato. ● **c. cheese**, ricotta □ **c. soap**, sapone da cucina (*di sego e soda*) □ **curds and whey**, latte cagliato e siero; giuncata □ **lemon c.**, miscela d'uova, burro e zucchero, aromatizzata con limone.
to curd [kə:d], *v. i. e t.* (*raro*) cagliare; rapprendersi; fare rapprendere.
to curdle ['kə:dl], **A** *v. i.* 1 (*del latte*) cagliare; rapprendersi 2 (*fig.*) coagularsi, gelarsi (*fig.*): **My blood curdled at the sight of the corpse**, mi si gelò il sangue alla vista del cadavere. **B** *v. t.* 1 cagliare; fare rapprendere 2 (*fig.*) coagulare, far gelare (*fig.*). ● **blood-curdling**, agghiacciante; terrificante.
curdy ['kə:di], *a.* simile alla cagliata; gelatinoso.
cure [kjuə*], *n.* 1 cura (*anche relig.*); rimedio: **I'm afraid there is no c. for your cough**, temo che non ci sia cura per la tua tosse; **grape c.**, cura dell'uva; **to obtain a c. (of souls)**, ottenere una cura d'anime (*o* una parrocchia) 2 (*med.*) guarigione: **In a few days his c. will be complete**, entro pochi giorni la sua guarigione sarà completa 3 conservazione (*di carne, pesce, ecc., salando o affumicando*) 4 vulcanizzazione (*della gomma*) 5 concia (*del tabacco*) 6 (*edil.*) maturazione (*del cemento*). ● **c.-all**, panacea; toccasana.
to cure [kjuə*], **A** *v. t.* 1 guarire: **These pills will c. you**, queste pillole ti guariranno 2 porre rimedio a: **to c. poverty**, porre rimedio alla miseria 3 conservare (*carne, pesce, ecc., salando o affumicando*) 4 vulcanizzare (*gomma*) 5 conciare (*tabacco*) 6 (*edil.*) far maturare (*il cemento*). **B** *v. i.* (*d'alimenti*) conservarsi: **This meat cures well**, questa carne si conserva bene.
cureless ['kjuəlis], *a.* (*med.*) incurabile.
curer ['kjuərə*], *n.* 1 guaritore 2 salatore di cibi 3 conciatore (*di tabacco*).
curet [kjuəˈret], *V.* **curette**.
curettage [kjuˈretidʒ], *n.* (*med.*) raschiamento.
curette [kjuəˈret], *n.* (*med.*) curetta; cucchiaio da chirurgo.
to curette [kjuəˈret], *v. t.* (*med.*) raschiare.
curfew ['kə:fju:], *n.* (*stor., mil.* e *polit.*) 1 coprifuoco 2 segnale del coprifuoco.
curia ['kjuəriə] (*lat.*), *n.* (*pl.* **curiae**) (*stor. romana, relig.*) curia.
curial ['kjuəriəl], *a.* (*stor. romana, relig.*) curiale.
curialism ['kjuəriəlizəm], *n.* (*relig.*) curialismo.
curie ['kjuri], *n.* (*fis.*) curie (*unità di misura*).
curio ['kjuriou], *n.* (*pl.* **curios**) curiosità; rarità; oggetto artistico (*o* raro).
curiosity [ˌkjuəriˈɔsiti], *n.* 1 curiosità; desiderio di conoscenza 2 (*spreg.*) invadenza 3 oggetto raro (*o* artistico); curiosità; rarità. ● (*letter.*) **The Old C. Shop**, La bottega dell'antiquario.
curious ['kjuəriəs], *a.* 1 curioso (*in ogni senso*): **a c. little girl**, una ragazzina curiosa; **a c. neighbour**, un vicino curioso (*o* indiscreto, ficcanaso); **a c. remark**, un'osservazione curiosa 2 (*USA: di un libro*) erotico; spinto (*fam.*); pornografico. ● **c.-looking**, dall'aspetto strano; curioso; singolare.
curiousness ['kjuəriəsnis], *n.* curiosità; singolarità.
curium ['kjuəriəm], *n.* (*chim.*) curio.
to curl [kə:l], **A** *v. t.* 1 arricciare: **to c. one's moustache**, arricciarsi i baffi 2 arrotolare; avvolgere a spirale 3 arricciare; increspare; storcere: **to c. one's mouth (lips)**, arricciare il muso (le labbra). **B** *v. i.* 1 arricciarsi; essere riccio: **Your hair curls naturally**, i tuoi capelli sono ricci per natura 2 arrotolarsi; avvolgersi a spirale. ● **to c. oneself up**, rannicchiarsi; raggomitolarsi □ **to c. up**, arricciarsi, avvolgersi a spirale; (*del fumo*) salire in spire; rannicchiarsi, raggomitolarsi; (*pop.*) cadere, crollare □ **to c. up the corners of a book**, piegare gli orli d'un libro; fare le orecchie a un libro.
curl [kə:l], *n.* 1 riccio; ricciolo; ciocca ricciuta 2 avvolgimento a spirale; spira, voluta (*di fumo, ecc.*) 3 arricciamento, accartocciamento (*della carta, ecc.*); arricciatura 4 (*bot.*) arricciamento (*o* accartocciamento) delle foglie (*per malattia*) 5 (*ind.*) ricciolo (*per farne impiallacciati*) 6 (*naut.*) giro di bitta 7 (*mat.*) rotore. ● **a c. of the lips**, una smorfia □ **c.-paper**, bigodino di carta □ **to keep one's hair in c.**, tenere i capelli arricciati (*o* in piega).
curler ['kə:lə*], *n.* 1 bigodino: **to put one's hair in curlers**, mettersi i bigodini 2 (*sport*) giocatore di curling (*V.* **curling, def. 2**).
curlew ['kə:lju:], *n.* (*pl.* **curlews, curlew**) (*zool., Numenius arquata*) chiurlo.
curlicue ['kə:likju:], *n.* ghirigoro; svolazzo.
curliness ['kə:linis], *n.* arricciatura; ondulazione.
curling ['kə:liŋ], *n.* 1 arricciatura, arrotolamento, ecc. (*V.* **curl**) 2 (*sport*) curling (*lancio di dischi sul ghiaccio*). ● **c. irons** (*o* **c. tongs, c. pins**), ferro per arricciare i capelli; arricciacapelli □ (*mecc.*) **c. machine**, bordatrice (*di barattoli*).
curly ['kə:li], *a.* 1 riccio; ricciuto 2 (*di mare*) increspato; leggermente mosso. ● **c.-headed**, dalla testa ricciuta; riccio; ricciuto.
curmudgeon [kəːˈmʌdʒən], *n.* individuo intrattabile; musone.
curragh (1), currach ['kʌrə], *V.* **coracle**.
curragh (2) ['kʌrə], *n.* (*irl.*) terreno paludoso. ● **the C.**, piazza d'armi e ippodromo presso Dublino.
currant ['kʌrənt], *n.* (*bot.*) 1 (*uva*) sultanina 2 (*Ribes*) ribes.
currency ['kʌrənsi], *n.* 1 (*fin.*) circolazione monetaria 2 (*fin.*) moneta corrente; valuta; divisa: **paper c.**, moneta cartacea in circolazione 3 larga diffusione; uso generale; lingua corrente; durata (*dell'uso di q.c.*); vita (*di una locuzione, di una parola, ecc.*): **His version of the facts soon gained c.**, sua versione dei fatti acquistò in breve larga diffusione; **words in common c.**, parole della lingua corrente 4 periodo di validità: (*ass.*) **c. of an insurance**, (periodo di) validità di un'assicurazione. ● (*fin.*) **c. adjustment**, conguaglio monetario □ (*fin.*) **c. alignment**, allineamento valutario (*o* delle valute) □ (*econ.*) **c.**

current (1)

appreciation, rivalutazione monetaria □ (*econ.*) **c. depreciation** (*o* **devaluation**), svalutazione monetaria □ (*fin.*) **c. fluctuations**, fluttuazioni delle monete □ **c. notes**, banconote □ (*fin.*) **c. parity**, parità monetaria □ (*fin.*) **c. regulations**, norme valutarie □ (*fin.*) **c. snake**, serpente monetario □ (*fin.*) **c. transactions**, manovre sulle valute □ (*fin.*) **foreign c.**, divisa estera.

current (1) ['kʌrənt], *a.* **1** corrente; d'uso corrente; attuale: **c. beliefs**, opinioni correnti; **c. coin** (*o* **c. money**), moneta corrente; **the c. month** (**week**), il mese (la settimana) corrente; **the c. fashion**, la moda attuale; **a c. word**, una parola d'uso corrente **2** (*banca*) corrente. **c. account**, conto corrente **3** (*ind.*: *di modello*) di serie **4** di moda; in voga. ● (*fin.*) **c. account**, bilancia commerciale (*o* delle partite correnti) □ (*fin.*) **c. assets**, attività correnti; disponibilità liquide □ (*econ.*) **the c. business situation**, la congiuntura □ **a c. handwriting**, una scrittura corsiva, sciolta □ (*fin.*) **c. items**, partite correnti □ (*fin.*) **the c. rate of exchange**, il cambio del giorno □ **I've read it in the c. issue of your magazine**, l'ho letto nell'ultimo numero della vostra rivista.

current (2) ['kʌrənt], *n.* **1** corrente (*in ogni senso*): (*elettr.*) **direct c.**, corrente continua; **alternating c.**, corrente alternata; **currents of public opinion**, correnti d'opinione pubblica **2** corso: **That event modified the whole c. of his life**, quell'avvenimento modificò l'intero corso della sua vita. ● (*elettr.*) **c. amplifier**, amplificatore di corrente □ (*elettr.*) **c. breaker**, interruttore □ **c. feed**, alimentazione in corrente □ (*elettron.*) **c. feedback**, retroazione di corrente □ **c. meter**, misuratore di corrente; (*idraulica*) correntometro □ (*elettr.*) **c. noise**, rumore elettrico □ (*elettr.*) **c. regulator**, stabilizzatore di corrente.

curricle ['kʌrikl], *n.* calesse (*di solito a due cavalli*).

curricular [kə'rikjulə*], *a.* **1** di un curricolo; curricolare **2** di un corso di studi.

curriculum [kə'rikjuləm], *n.* (*pl.* **curricula, curriculums**) **1** curriculum (*o* programma) di studi; curricolo **2** corso di studi. ● **c. vitae**, curricolo; curriculum vitae.

currier ['kʌriə*], *n.* **1** conciatore; conciapelli **2** (*raro*) chi striglia cavalli; mozzo di stalla.

curriery ['kʌriəri], *n.* conceria.

currish ['kʌriʃ], *a.* **1** da cane bastardo; ringhioso (*anche fig.*): **c. man**, un uomo ringhioso **2** intrattabile; irascibile **3** meschino; rozzo; volgare; spregevole.

currishness ['kʌriʃnis], *n.* **1** l'essere ringhioso **2** intrattabilità; irascibilità **3** meschinità; spregevolezza.

curry ['kʌri], *n.* **1** curry (*polvere piccante delle Indie orientali*) **2** (*cucina*) pietanza al curry. ● **c. powder**, curry.

to curry (1) ['kʌri], *v. t.* **1** condire con curry **2** cucinare con curry.

to curry (2) ['kʌri], *v. t.* **1** strigliare (*un cavallo, ecc.*) **2** conciare (*pelli*) **3** (*fig.*) conciare per le feste; bastonare; picchiare. ● **c.-comb**, striglia □ **to c. favour with sb.**, cercare d'ingraziarsi q. adulandolo.

curse [kə:s], *n.* **1** maledizione (*in ogni senso*): **to call down curses upon sb.**, invocare la maledizione di Dio su q.; **to be under a c.**, sentirsi pesare sul capo una maledizione **2** imprecazione; bestemmia **3** calamità; sventura; sciagura; rovina: **He is a c. to his family**, è la rovina della sua famiglia **4** (*relig.*) anatema; scomunica **5** (*pop.*) mestruazioni. ● (*nei giochi di carte*) **the c. of Scotland**, il nove di quadri □ (*fam.*) **It isn't worth a c.**, non vale un fico secco □ (*fam.*) **I do not care** (*o* **give**) **a c. for it**, non me ne importa un accidente (*pop.*). □ (*prov.*) **Curses come home to roost**, le maledizioni ricadono sul capo di chi le scaglia.

to curse [kə(:)s] (*pass.* e *p. p.* **cursed**, *arc.* **curst**), *v. t.* e *i.* **1** maledire **2** imprecare (contro q.); bestemmiare: **He cursed the man who had stepped on his toes**, imprecò contro l'uomo che gli aveva pestato i piedi **3** (*relig.*) scomunicare. ● **I am cursed with a worthless son**, ho la disgrazia d'avere un figlio indegno □ **We were cursed with swarms of mosquitoes**, eravamo tormentati da nugoli di zanzare □ **C. your folly!**, al diavolo la tua stoltezza!

cursed ['kə:sid], *a.* **1** maledetto (*spesso, fam., assai tenue*): **It's his c. conceit!**, è la sua maledetta presunzione! **2** abominevole; esecrabile; odioso **3** (*arc., di solito* **curst**) malevolo; maligno; litigioso.

cursedness ['kə(:)sidnis], *n.* l'esser maledetto, abominevole, ecc.

curses ['kə:səs], *inter.* (*spesso scherz.*) accidenti!

cursive ['kə:siv], *a.* e *n.* (*tipogr.*) corsivo.

cursor ['kə:sə*], *n.* (*scient., mecc.*) cursore; indice mobile.

cursorial [kə(:)'sɔ:riəl], *a.* *attr.* (*zool.*) atto a correre; corridore.

cursoriness ['kə:sərinis], *n.* rapidità; superficialità.

cursory ['kə:səri], *a.* frettoloso; rapido; superficiale; cursorio (*raro*): **I gave a c. glance at the headlines in the newspaper**, diedi una rapida occhiata (*o* una scorsa) ai titoli del giornale; **c. reading**, lettura cursoria.

curst [kə:st], **A** *pass.* e *p.* (*arc.*) di **to curse**. **B** *v.* **V.** **cursed**.

curt [kə:t], *a.* **1** reciso; risoluto; asciutto; secco (*fig.*): **a c. reply**, una secca risposta **2** (*lett.*) corto; breve; conciso.

to curtail [kə:'teil], *v. t.* abbreviare; accorciare; decurtare; ridurre: **to c. the working week**, accorciare la settimana lavorativa; **to c. a visit**, abbreviare una visita; **to c. an allowance of money**, decurtare un assegno in denaro; **to c. wages**, ridurre i salari. ● (*econ.*) **to c. the output of consumer's goods**, contingentare la produzione dei beni di consumo.

curtailment [kə(:)'teilmənt], *n.* abbreviazione; accorciamento; decurtazione; riduzione.

curtail step ['kə(:)teil'step], *n.* (*archit.*) gradino d'invito.

curtain ['kə:tən], *n.* **1** tenda; tendina: **cretonne curtains**, tendine di cretonne **2** cortina (*in ogni senso*): **a c. of smoke**, una cortina di fumo; (*polit.*) **the iron c.**, la cortina di ferro **3** (*teatr.*) sipario; tela: **The c. rises** (*o* **is raised**), s'alza il sipario; **The c. falls** (*o* **drops, is dropped**), cala la tela **4** (*archit., anche* **c. wall**) muro non portante **5** (*fis. nucl.*) cortina; striscia **6** (*pl., pop.*) la fine (*morte, licenziamento, ecc.*): **If he doesn't work harder, it will be curtains for him**, se non lavora di più, sarà la fine per lui. ● (*edil.*) **c. board**, tramezzo antincendio □ (*teatr.*) **c. call**, chiamata alla ribalta: **to take a c. call**, essere chiamato alla ribalta □ (*mil.*) **c. fire**, fuoco di sbarramento □ **c. lecture**, ramanzina a quattr'occhi □ (*teatr.*) **c.-raiser**, farsa d'apertura; spettacolo □ (*teatr.*) **c.-up**, l'alzarsi del sipario □ (*fig.*) **to draw the c. on** (*o* **over**) **st.**, stendere un velo su q.c. □ (*teatr.*) **fireproof c.**, sipario antincendio □ (*fig.*) **to lift the c. on st.**, dare inizio a q.c.; svelare q.c. □ (*teatr.*) **C. up!**, su il sipario!

to curtain ['kə:tən], *v. t.* **1** provvedere di tende (*o* tendine) **2** coprire (q.c.) con una tenda. ● **to c. off**, dividere (*o* separare) con (*o* come con*) una tenda (*o* una tendina).

curtesy ['kə:tisi], *n.* (*leg., stor.*) usufrutto a vita (*di vedovo: sui beni della moglie*).

curtness ['kə:tnis], *n.* **1** risolutezza; bruschezza **2** concisione.

curts(e)y ['kə:tsi], *n.* inchino, riverenza (*detto oggi soltanto di donna o ragazza*): **to make** (*o* **to drop**) **a c.**, fare un inchino.

to curts(e)y ['kə:tsi], *v. i.* inchinarsi; fare un inchino (*V.* **curts(e)y**).

curule ['kjuərul], *a.* (*stor. romana*) curule: **a c. chair**, una sedia curule. ● (*fig.*) **a c. magistrate**, un alto magistrato.

curvaceous [kə:'veiʃəs], *a.* (*fam.*) (*di donna*) piena di curve; formosa; procace.

curvature ['kə:vətʃə*], *n.* curvatura (*anche mat.*): **c. of the spine**, curvatura della spina dorsale; **the c. of space**, la curvatura dello spazio.

curve [kə:v], *n.* curva (*in ogni senso*). ● **c. ball**, (*baseball*) lancio curvo; (*fig., fam. USA*) inganno, raggiro, cosa che confonde (*per es., una domanda inaspettata*) □ (*autom.*) **Bad curves ahead**, curve pericolose (*cartello*) □ (*grafica*) **French c.**, curvilineo.

to curve [kə:v], *v. t.* e *i.* curvare, curvarsi; descrivere una curva.

curved [kə:vd], *a.* curvo: **a c. surface**, una superficie curva.

curvet [kə:'vet], *n.* corvetta (*del cavallo*).

to curvet [kə(:)'vet], **A** *v. i.* (*del cavallo o del cavaliere*) corvettare. **B** *v. t.* far corvettare (*un cavallo*).

curvilineal [,kə:vi'liniəl], **curvilinear** [,kə:vi'liniə*], *a.* (*scient., tecn.*) curvilineo.

curving ['kə:viŋ], *n.* curvatura.

cuscus (1) ['kʌskʌs], *n.* (*zool., Cuscus*) cusco.

cuscus (2) ['kʌskʌs], *V.* **couscous**.

cushat ['kʌʃət], *n.* (*zool., Columba palumbus*) colombaccio.

cushion ['kuʃən], *n.* **1** (*anche fig.*) cuscino: **a c. of air**, un cuscino d'aria **2** (*un tempo*) imbottitura (*sotto i capelli, dietro la nuca o in fondo alla schiena*) **3** (*di scarpa*) imbottitura **4** sponda elastica (*del biliardo*) **5** (*fig.*) cuscinetto; ammortizzatore (*fig.*).

to cushion ['kuʃən], *v. t.* **1** provvedere di cuscini; imbottire: **cushioned seat**, sedile imbottito **2** sostenere con cuscini **3** (*fig.*) proteggere; fare da cuscinetto a (q.) **4** assorbire, smorzare (*un urto*) **5** attenuare (*un suono*) **6** (*mecc.*) ammortizzare le scosse di (*una corsa, un viaggio, ecc.*) **7** (*fig.*) mettere a tacere (*uno scandalo*) **8** (*biliardo*) mettere (*o lasciare*) la palla in sponda. ● (*fig.*) **to c. sb. from disappointment**, alleviare una delusione a q.

cushioncraft ['kuʃənkra:ft], *n.* veicolo su cuscino d'aria.

cushiony ['kuʃəni], *a.* **1** ben provvisto di cuscini **2** morbido; soffice.

cushy ['kuʃi], *a.* (*pop.*) comodo; facile; piacevole: **a c. task**, un compito facile. ● **It's a c. life**, è una vita una pacchia (*fam.*).

cusp [kʌsp], *n.* **1** cuspide (*in ogni senso*) **2** (*geol.*) apice. ● (*astron.*) **c. cap**, calotta cuspidale.

cuspid ['kʌspid], *n.* (*anat.*) (*dente*) canino.

cuspidal ['kʌspidəl], *a.* cuspidale.

cuspidate(d) ['kʌspideit(id)], *a.* (*biol.*) cuspidato.

cuspidor ['kʌspidɔ:*], *n.* (*USA*) sputacchiera.

cuss [kʌs], *n.* (*pop.*) **1** maledizione; imprecazione; bestemmia **2** (*scherz. o spreg.*) individuo; tipo: **He's a queer c.**, è un individuo strano. ● **He doesn't care a c.**, non gliene importa un fico (*pop.*).

to cuss [kʌs], *v. t.* e *i.* (*fam.*) maledire; imprecare; bestemmiare.

cussed ['kʌsid], *a.* (*fam.*) **1** maledetto **2** ostinato; testardo.
cussedness ['kʌsidnis], *n.* (*fam.*) ostinazione; testardaggine; caparbietà.
custard ['kʌstəd], *n.* crema; budino di crema. ● (*bot.*) **c. apple**, (*Anona cherimolia*) anona; (*Anona reticulata*), cuor di bue □ (*cucina*) **c. pie**, torta alla crema □ (*fig.*) **c.-pie humour**, umorismo (*o* comicità) delle torte in faccia.
custodial [kʌs'toudjəl], *a.* relativo a custodia (*o* a custode). ● (*edil.*) **c. area**, area di servizio (*di un cantiere*).
custodian [kʌs'toudjən], *n.* custode (*di museo, ecc.*); portiere (*d'un edificio*).
custody ['kʌstədi], *n.* **1** custodia; protezione **2** (*leg.*) tutela: **He was placed in the c. of his uncle**, fu affidato alla tutela dello zio **3** (*leg.*) detenzione; imprigionamento **4** (*fin.*) custodia: **c. fees**, diritti di custodia. ● (*leg.: di persona*) **to be in c.**, essere in stato d'arresto □ **to take sb. into c.**, arrestare q.; mettere sotto custodia q.
custom ['kʌstəm], **A** *n.* **1** costume; abitudine; usanza; (*anche leg.*) consuetudine; uso: **It was his c. to go to bed early**, era suo costume andare a letto presto **2** convenzioni; convenienze sociali: **I don't want to bear the chains of c.**, non voglio portare le catene delle convenienze sociali **3** (*pl., comm.*) diritti (*o* dazi) doganali; dogana: **The officials in the Customs at Dover are rather strict**, i funzionari della dogana a Dover sono piuttosto severi **4** (*comm.*) clientela; il servirsi (*presso un negozio*): **We are trying hard to obtain their c.**, facciamo ogni sforzo perché diventino nostri clienti (*o* si servano da noi) **5** (*collett.*) (i) clienti. **B** *a.* (*USA*) **1** (*spesso* **c.-built**, **c.-made**) fatto su ordinazione (*o* su misura); costruito (*o* fatto) a richiesta; fuori serie: **c. clothes**, vestiti fatti su misura; **a c.-built car**, una automobile fuoriserie; **c.-made shoes**, scarpe fatte su misura **2** che lavora su ordinazione: **c. tailors**, sarti che lavorano (solo) su ordinazione. ● **customs agent**, agente (*o* spedizioniere) doganale □ **customs barriers**, barriere doganali □ (*autom., USA*) **c. body**, carrozzeria fuori serie □ **customs clearance**, sdoganamento □ **customs duties**, dazi doganali □ **customs entry**, dichiarazione doganale □ **customs franchise**, franchigia doganale □ **customs house**, dogana (*l'edificio*) □ **c. of trade**, uso commerciale □ **customs officer**, doganiere □ **customs station**, posto di dogana □ (*polit., econ.*) **customs union**, unione doganale □ (*autom.*) **International C. Pass**, trittico doganale.
customable ['kʌstəməbl], *a.* (*fin.*) soggetto a dazio doganale.
customariness ['kʌstəmərinis], *n.* l'esser consueto (*o* abituale); consuetudine; abitudine.
customary ['kʌstəməri], *a.* **1** consueto; abituale; usuale **2** (*leg.*) consuetudinario: **c. law**, diritto consuetudinario. ● (*leg.*) **c. clause**, clausola d'uso (*in un contratto*).
customer ['kʌstəmə*], *n.* **1** (*comm.*) cliente; avventore: **our customers**, i nostri clienti; la nostra clientela (*collett.*) **2** (*fam.*) individuo; tipo: **He's a queer c.**, è un tipo strano.
to customize ['kʌstəmaiz], *v. t.* (*ind.*) personalizzare: **a customized car**, un'automobile personalizzata.
to cut [kʌt] (*pass.* e *p. p.* **cut**), **A** *v. t.* **1** tagliare (*quasi in ogni senso*): **to cut st. in two** (**in half**), tagliare q.c. in due (a metà); **to cut st. into pieces**, tagliare q.c. a pezzi; **to cut bread** (**a slice of bread**), tagliare il pane (una fetta di pane); **to cut a manuscript** (**a lecture, etc.**), tagliare un manoscritto (una conferenza, ecc.); **to cut one's nails**, tagliarsi le unghie; **to have** (**to get**) **one's hair cut**, farsi tagliare i capelli; **to cut timber**, tagliare (*o* spaccare) la legna; **to cut the cards**, tagliare (*o* alzare) le carte; **to cut alcohol**, tagliare una bevanda alcolica (*con acqua*) **2** intagliare; incidere; scolpire: **to cut a heart on a tree**, incidere un cuore su un albero; **to cut a cameo**, intagliare un cammeo **3** fare, costruire (*tagliando q.c.*); scavare: **to cut a key**, fare una chiave; **to cut a road through a hill**, costruire una strada tagliando il fianco d'un colle; **to cut a tunnel through a mountain**, scavare una galleria attraverso un monte **4** falciare; mietere: **to cut hay**, falciare il fieno; **to cut wheat**, mietere il grano **5** abbassare, calare (*prezzi*); ridurre: **Are they going to cut my salary?**, intendono forse ridurmi lo stipendio? **6** (*sport*) tagliare (*una palla*) **7** colpire forte; ferire; urtare; penetrare: **to cut a horse with a whip**, colpire a sangue un cavallo con la frusta; **His sarcasm cut me to the quick**, il suo sarcasmo mi feriva nel profondo del cuore; **The icy blast cut him to the marrow**, il vento gelido gli penetrava fin nelle ossa **8** (*fam.*) fingere di non vedere (*o* di non conoscere): **When he passed me on the street, he cut me**, quando m'incontrò per la strada, finse di non conoscermi; **The Jenkinsons have cut me**, i Jenkinson mi hanno radiato dal novero delle loro conoscenze **9** (*fam.*) marinare, salare (*fig.*): **to cut classes**, salare le lezioni; **marinare la scuola 10** (*fam.*) smettere; cessare: **Cut the noise!**, smetti (*o* piantala) di far rumore! **11** (*cinem.*) montare (*un film*) **12** castrare (*un animale*). **B** *v. i.* **1** tagliare: **This knife cuts very well**, questo coltello taglia benissimo **2** tagliarsi: **This wood cuts easily**, questo legno si taglia bene **3** penetrare: **The wind cut through his clothes**, il vento gli penetrò nei vestiti **4** (*fam.*) svignarsela; tagliare la corda; scappare: **I must cut**, devo scappare **5** (*sport*) tagliare una palla **6** (*cinem.*) fare il montaggio d'un film. **C** *verbi composti* **1 to cut about**, guastare, sciupare; sfregiare, mutilare. **2 to cut across**, tagliare, prendere una scorciatoia; (*fig.*) trascendere (*posizioni ideologiche*); interessare, riguardare (*vari strati sociali*): **We cut across the meadows**, tagliammo attraverso i prati. **3 to cut after sb.**, correre dietro a q. **4 to cut at**, fare l'atto di tagliare; (*fig.*) tagliare le gambe (*speranze, ecc.*); stroncare, troncare. **5 to cut away**, tagliare, troncare, recidere; (*fam.*) tagliare la corda, svignarsela. **6 to cut back**, cimare, potare (*una pianta*); accorciare, ridurre; (*cinem., letter.*) descrivere (*o* proiettare) retrocedendo nel tempo □ (*comm.*) **to cut back a contract**, risolvere un contratto; ridurre i termini (*di tempo, quantità, ecc.*) □ **to cut back a dress**, accorciare un vestito □ (*fin., rag.*) **to cut back the cash deficit**, ridurre il disavanzo di cassa. **7 to cut down**, abbattere: **to cut down a tree** (**a foe**), abbattere un albero (un nemico) □ **to cut down an article**, tagliare un articolo (*di giornale*) □ (*fin.*) **to cut down expenditures**, ridurre le spese □ **to cut down a pair of trousers**, scorciare un paio di pantaloni □ **I must cut down on smoking**, devo ridurre il fumo (*fumare di meno*) □ **to cut down to size**, ridurre q.c. alla misura voluta (*tagliando*) □ (*fam.*) **to cut sb. down to size**, ridurre q. ai minimi termini; stracciare q. (*fig., pop.*) **8 to cut in**, frapporsi, intromettersi; (*autom.*) effettuare un rientro, rientrare (*in una fila*), fare un sorpasso azzardato; interloquire, interrompere, intromettersi (*in una conversazione*); (*elettr., mecc.*) inserirsi automaticamente; inserire, collegare; separare (*due che ballano, per scambiarsi partner*) □ **to cut into**, piantare il coltello in (*una torta, ecc.*); intaccare, consumare parte di (*q.c.*) □ (*autom.*) **to cut in abruptly**, fare un rientro in tutta fretta (*fam.:* a pelo) □ (*USA*) **to cut in on a conversation**, interrompere una conversazione. **9 to cut off**, tagliare, mozzare, troncare; sospendere, interrompere; tagliar fuori; (*tecn.*) escludere, disinserire, spegnere (*un apparecchio, un motore e sim.*): **to cut off sb.'s head**, tagliare la testa a q.; **to cut off sb.'s retreat**, tagliare la ritirata a q.; **to be cut off while talking on the telephone**, essere interrotti mentre si parla al telefono; **to cut off the gas supply**, sospendere l'erogazione del gas; **The islet was cut off at high tide**, l'isolotto era tagliato fuori con l'alta marea □ **to cut off at a corner**, tagliar dritto da un punto a un altro (*invece di seguire un percorso ad angolo retto*) □ (*naut.*) **to cut off a ship from the land**, tagliare la terra a una nave □ **to cut sb. off without a penny**, non lasciare a q. niente in eredità; diseredare q. **10 to cut on**, affrettarsi. **11 to cut out**, (*med.*) tagliar via, eliminare (*tagliando*); ritagliare; aprire (*tagliando*); tagliare (*un vestito dalla pezza di stoffa*); scavare; soppiantare; (*fam.*) tralasciare, rinunciare a; (*mecc., di un motore*) spegnersi (*automaticamente, per mancanza di benzina, ecc.*): **to cut a picture out of an old magazine**, ritagliare una fotografia da una rivista vecchia; **A deep gorge had been cut out by the swift waters of the river**, una forra profonda era stata scavata dalle veloci acque del fiume; **to cut out sb. for a girl's affections**, soppiantare q. nell'affetto d'una ragazza; **to cut out a needless explanation**, tralasciare una spiegazione inutile; **I must cut out drinking**, devo rinunciare al vino (*o* smettere di bere) □ (*autom.*) **to cut out a car**, tagliare la strada a un'automobile □ (*ferr.*) **to cut out a coach from a train**, staccare una carrozza da un treno □ (*fig., fam.*) **to cut out** (**the**) **dead wood**, tagliare i rami secchi (*fig.*) □ (*fam.*) **to cut it out**, smetterla; piantarla □ (*naut.*) **to cut out a ship**, portar via (*o* predare) una nave (*in un porto, ecc.*). **12 to cut up**, tagliare a pezzetti, trinciare; tagliare (*o* fare) a pezzi; (*fig.*) criticare aspramente, stroncare; (*fig.*) addolorare, sconvolgere; (*USA*) far baldoria: **to cut up a log**, fare a pezzi un tronco; **to cut up a chicken**, trinciare un pollo; **The battalion was cut up**, il battaglione fu fatto a pezzi; **to cut up a book**, stroncare un libro; **The cowboys cut up on Saturday night**, il sabato sera i cowboy fanno baldoria □ **to cut up rough**, aversene a male, risentirsi; fare il diavolo a quattro (*fam.*); (*sport: di una partita*) finire in modo tumultuoso □ **to cut up well**, (*di un pezzo di carne*) dare un bel numero di porzioni; (*fam.: di persona*) morire lasciando una grossa eredità. ● (*fam.*) **to cut and come again**, (*a tavola*) servirsi di nuovo; mangiare (*specialm. carne*) a quattro palmenti □ (*fam.*) **to cut and run**, tagliare la corda; darsela a gambe; scappare □ (*naut.*) **to cut across the bows of**, tagliare la rotta a □ **to cut a boat loose**, sciogliere una barca tagliando il cavo d'ormeggio □ (*fig.*) **to cut both ways**, essere a doppio taglio □ **to cut a caper**, fare una capriola □ (*fig.*) **to cut one's coat according to one's cloth**, fare il passo secondo la gamba (*fig.*); commisurare le spese alle entrate □ **to cut a connection with sb.**, tagliare i ponti con q.; rompere ogni rapporto con q. □ (*fin.*) **to cut the discount rate**, ridurre il tasso di sconto □ **to cut sb. dead** (*o* **cold**), fingere di non vedere (*o* di non conoscere) q.; tagliare i ponti con q. □ **to cut for deals**, alzare una

cut (1)

carta (*dal mazzo*) per decidere a chi tocca far le carte □ **to cut for partners**, alzare una carta per formare le coppie di compagni (di gioco) □ (*fig.*) **to cut the (Gordian) knot**, tagliare il nodo (gordiano); tagliare la testa al toro (*fig.*) □ **to cut a grand (poor, ridiculous, etc.) figure**, fare una bella (meschina, ridicola, ecc.) figura □ (*fig.*) **to cut the ground from under sb.'s feet** (*o* **from under sb.**), far mancare la terra sotto i piedi a q. □ **to cut one's head open**, spaccarsi la testa □ (*fam.*) **to cut it fine** (*o* **close**), farcela, riuscire (appena) □ **to cut a long story short**, (per) tagliar corto; (per) farla breve □ **to cut a loss** (*o* **one's losses**), rinunciare in tempo a un cattivo affare □ (*fam.*) **to cut no** (*o* **not much**) **ice**, non cavare un ragno dal buco (*fig.*); non avere nessuna importanza □ (*sport*) **to cut the record**, battere il primato 2 (*autom.*) **to cut a red light**, passare col rosso (*al semaforo*); bruciare il semaforo (*fam.*) □ (*fam.*) **to cut short the conversation**, troncare, tagliar corto (il discorso) □ **to cut sb. short**, troncare le parole in bocca a q. □ (*fig.*) **to cut one's stick**, tagliare la corda; andarsene □ (*fin.*) **to cut profits**, ridurre (*o* diluire) i profitti □ **to cut to pieces**, tagliare a pezzi; fare a pezzi; (*fig.*) distruggere, annientare □ **to cut one's teeth**, mettere i denti; (*fig.*) farsi le ossa: **The baby is cutting his teeth**, il bambino sta mettendo i denti □ **to cut one's teeth** (*o* **one's eyeteeth**) **on**, imparare a fare (q.c.) fin dall'inizio (*o* fin da bambino); farci la mano presto (*fam.*) □ (*fig.*) **to cut one's wisdom teeth** (*o* **one's eyeteeth**), mettere giudizio; (*anche*) diventare bravo □ **to cut the whole concern**, piantar tutti in asso; piantar baracca e burattini.

cut (1) [kʌt], *n.* 1 taglio (*in molti sensi*): **cuts on one's face**, tagli sulla faccia (*facendosi la barba, ecc.*); **a cut through a hillside**, il taglio d'una collina (*per aprire una strada*); **a nice cut of beef**, un bel taglio di manzo; **to make a cut in a play**, fare un taglio a un dramma; **a cut of cloth**, un taglio di stoffa; **clothes of ancient cut**, abiti di taglio antiquato 2 atto (*o* mossa) di colpire (*di taglio*); sferzata: **He made a cut at his enemy with his sword**, fece l'atto di colpire il nemico con un fendente; **He gave his horse a cut (with the whip)**, diede una sferzata al cavallo 3 diminuzione; ribasso; riduzione: **There has been a cut in wholesale prices**, c'è stato un ribasso dei prezzi all'ingrosso; **a salary cut**, una riduzione di stipendio 4 (*sport*) colpo di taglio; colpo tagliato 5 affronto; offesa; ferita (*fig.*); finta di non riconoscere q.: **to give sb. the cut direct**, fare a q. l'affronto di fingere di non conoscerlo 6 attacco (*verbale*); rimprovero 7 (*costr.*) sezione in sterro d'una strada; trincea; scavo; galleria; canale 8 alzata; taglio (*d'un mazzo di carte*) 9 (*elettr.*) interruzione 10 (*cinem.*) montaggio 11 (*telev.*) stacco 12 (*fam.*) assenza ingiustificata (*dalla scuola*) 13 (un) tantino; (un) po'; alquanto: (*fam.*) **Your work is a cut above his**, il tuo lavoro è fatto un po' meglio del suo 14 (*fam. USA*) cointeressenza; quota; tangente. ● **cut and fill**, (*costr.*) sezione in sterro e riporto; (*geol.*) erosione e riempimento □ **cut-back**, diminuzione, riduzione; (*econ.*) contrazione (*della produzione, ecc.*); (*comm.*) calo (*delle vendite, ecc.*); (*teatr., cinem. USA*) salto indietro, scena retrospettiva; (*sport*) rovesciata; (*ind. petrolifera*) «cutback» □ **cut-in**, interruzione; (*cinem., telev.*) inserto, scena di collegamento; (*tipogr.*) foto inserita (*nel corpo di un articolo*); (*fam.*) cointeressenza, quota, tangente □ **cut man**, (*giornalismo*) addetto alle pagine pubblicitarie; (*pugilato*) addetto alla cura delle ferite (*di un pugile*) □ **cut-off**, taglio, mozzatura; scorciatoia; braccio diretto (*che taglia l'ansa di un fiume*); (*mecc.*) arresto, chiusura (*dell'ammissione d'acqua, gas, ecc.*); (*autom., mecc.*) cut-off, (congegno di) chiusura dell'ammissione (*del carburante ai cilindri*); leva d'arresto, sicura (*di un fucile a ripetizione*); (*geol.*) taglio; (*elettron.*) interdizione; (*ind. min.*) limite della coltivabilità; (*tipogr.*) linea di separazione □ **cut-off tool**, utensile da taglio □ (*mecc.*) **cut-off valve**, valvola d'arresto □ (*costr. idrauliche*) **cut-off wall**, diaframma di tenuta □ (*mecc.*) **cut-off wheel**, mola a disco (*o* per troncatrice) □ **cut-out**, ritaglio; parte da ritagliare (*di un giornale e sim.*); (*elettr.*) interruttore; derivazione; diramazione; (*mecc.*) valvola di scappamento □ (*elettr.*) **cut-out box**, cassetta d'interruzione (*e* di protezione); salvavita (*fam.*) □ **to draw cuts**, fare a bruschette, tirare a sorte (*con fuscelli di lunghezza diversa, tenuti in pugno in modo che appaiano pari*) □ **hair-cut**, taglio dei capelli: **hair-cut and shave**, barba e capelli □ **a short cut**, una scorciatoia.

cut (2) [kʌt], *a.* 1 tagliato; reciso 2 (*del tabacco*) trinciato 3 (*di un prezzo*; *anche* **cut down**) ridotto 4 (*bot.*) lobato 5 (*di un animale*) castrato. ● (*fig.*) **cut and dried** (*o* **dry**), stantio, trito, vieto; bell'e fatto □ (*fam.*) **cut flowers**, fiori recisi □ **cut glass**, vetro tagliato (*di foto o illustrazione*) **cut in**, inserita nel corpo di un articolo □ **cut off**, tagliato fuori; escluso □ **cut out**, tagliato fuori (*fig.*); atto; idoneo: **He is cut out to be a doctor**, è tagliato per la medicina □ **cut-out panel envelope**, busta (commerciale) con finestra □ (*comm.*) **cut-price shop** (*o* **store**), negozio che pratica forti sconti; negozio che vende a prezzi stracciati (*fam.*) □ **cut up**, fatto a pezzi; tagliuzzato; (*fig.*) a pezzi, con i nervi a pezzi; addolorato, sconvolto: **He was quite cut up when he heard of the accident**, quando seppe dell'incidente, ne fu addirittura sconvolto.

cutaneous [kju(:)'teinjəs], *a.* cutaneo; della pelle. ● (*med.*) **c. reaction**, reazione cutanea.

cutaway ['kʌtəwei], **A** *a.* 1 tagliato via; scorciato 2 (*di disegno*) in sezione; spaccato 3 (*di giacca*) a coda di rondine. **B** *n.* 1 (*grafica*) spaccato 2 (*moda*) giacca a coda di rondine.

cute [kju:t], *a.* 1 abile; astuto; ingegnoso; intelligente 2 (*fam. USA*) attraente; grazioso; leggiadro.

cuteness ['kju:tnis], *n.* 1 abilità; astuzia; ingegnosità; intelligenza 2 (*fam. USA*) grazia; leggiadria.

cuticle ['kju:tikl], *n.* (*anat., bot.*) cuticola.

cuticular [kju(:)'tikjulə*], *a.* (*scient.*) cuticolare.

cutireaction [,kju:tiri(:)'ækʃən], *n.* (*med.*) cutireazione.

cutis ['kju:tis], *n.* (*pl.* **cutes, cutises**) (*anat.*) cute.

cutlass ['kʌtləs], *n.* (*naut.*) coltellaccio; sciabola corta.

cutler ['kʌtlə*], *n.* coltellinaio.

cutlery ['kʌtləri], *n.* 1 coltelleria; coltelli (*collett.*) 2 posate (*collett.*) 3 arte del coltellinaio.

cutlet ['kʌtlit], *n.* (*cucina*) costoletta; cotoletta.

cutpurse ['kʌtpə:s], *n.* (*arc.*) tagliaborse; ladro.

cutter ['kʌtə*], *n.* 1 persona che taglia; arnese da taglio; (*mecc.*) fresa, coltello; **tailor's c.**, (sarto) tagliatore 2 (*naut.*) cutter (*barca a vela con un albero solo*); lancia di bordo; lancia armata; canotto 3 (*edil.*) slitta leggera (*tirata da un solo cavallo*) 4 (*edil.*) tagliapietre 5 (*ind. cartaria*) taglierina; trancia 6 (*cinem.*) assistente al montaggio 7 (*acustica*) fonoincisore; testina d'incisione 8 (*ind. min.*) operatore di macchina tagliatrice. ● **coast-guard c.** (*o* **revenue c.**, (nave) guardacoste □ **pizza c.**, spatola per pizza □ **wire-cutters**, pinze tagliafili □ **wood-cutter**, taglialegna.

cutthroat ['kʌtθrout], **A** *n.* assassino. **B** *a.* da assassino; (*fig.*) spietato: (*comm.*) **c. competition**, concorrenza spietata. ● **c. bridge**, bridge giocato in tre.

cutting ['kʌtiŋ], **A** *n.* 1 il tagliare; taglio 2 pezzo tagliato 3 (*anche* **wood-c.**) incisione sul legno 4 diminuzione; limitazione; riduzione (*di spese*); ribasso (*di prezzi*) 5 (*costr.*) sezione in sterro, trincea (*di strada, ferrovia, ecc.*) 6 (*anche* **press c.**) ritaglio di giornale (*cfr. USA* **clipping**) 7 (*agric.*) talea: **geranium cuttings**, talee di gerani 8 (*cinem.*) montaggio (*d'un film*). **B** *a.* 1 tagliente; affilato 2 (*del vento*) tagliente 3 (*fig.*) tagliente; pungente; sferzante: **a c. reply**, una risposta pungente; **c. irony**, ironia sferzante. ● (*cucina*) **c. board**, tagliere □ **c. edge**, filo, taglio (*di lama*) □ (*mecc.*) **c.-off machine**, troncatrice □ (*mecc.*) **c. pliers**, pinze universali □ (*metall.*) **c. process**, taglio con cannello □ (*cinem.*) **c. room**, sala di montaggio □ (*mecc.*) **c. tool**, utensile da taglio □ (*mecc.*) **c. torch**, cannello da taglio.

cuttle ['kʌtl], *n.* 1 (*zool.*; *anche* **cuttlefish**) seppia 2 (*anche* **cuttlebone**) osso di seppia.

cutty ['kʌti] (*scozz.*), **A** *a.* corto; scorciato. **B** *n.* 1 pipa corta 2 cucchiaio corto. ● (*stor.*) **c. stool**, sgabello infame.

cutwater ['kʌt,wɔ:tə], *n.* 1 (*naut.*) tagliamare 2 sprone, frangicorrente (*della pila d'un ponte*).

cutworm ['kʌtwə:m], *n.* (*zool.*) agrotide.

cyanamide ['saiənəmaid], *n.* (*chim.*) cianammide.

cyanate ['saiəneit], *n.* (*chim.*) cianato.

cyanic [sai'ænik], *a.* 1 (*chim.*) cianico 2 azzurro; turchino.

cyanid ['saiənid], **cyanide** ['saiənaid], *n.* (*chim.*) cianuro.

to cyanide ['saiənaid], *v. t.* (*chim.*) cianurare.

cyanogen [sai'ænədʒin], *n.* (*chim.*) cianogeno.

cyanosis [,saiə'nousis], *n.* (*pl.* **cyanoses**) (*med.*) cianosi.

cyanotic [,saiə'nɔtik], *a.* (*med.*) cianotico.

cybernated [,saibə'neitid], *a.* automatizzato con l'assistenza del computer.

cybernation [,saibə'neiʃən], *n.* (*contraz. di* **cybernetics** e **automation**) automazione assistita da computer.

cybernetic [,saibə'netik], *a.* cibernetico.

cybernetics [,saibə'netiks], *n. pl.* (*col verbo al sing.*) cibernetica.

cybernetist [,saibə'netist], **cyberneticist** [,saibə'netisist], **cybernetician** [,saibənə'tiʃən], *n.* esperto di cibernetica; cibernetico.

cycad ['saikəd], *n.* (*bot., Cycas*) pianta delle cicadacee.

cyclamen ['sikləmən], *n.* (*bot., Cyclamen*) ciclamino.

cycle ['saikl], *n.* 1 ciclo (*in molti sensi*): **the c. of the seasons**, il ciclo delle stagioni; (*chim.*) **the nitrogen c.**, il ciclo dell'azoto; (*astron.*) **the lunar c.**, il ciclo lunare; (*econ.*) **productive c.**, ciclo produttivo (*letter.*) **the Arthurian c.**, il ciclo della Tavola Rotonda 2 (*elettr.*) ciclo; periodo 3 (*abbr. di* **bicycle** *o* **tricycle**) bicicletta; triciclo. ● **c. car**, motofurgone □ (*sport*) **c. racing**, ciclismo (*agonistico*) □ **c.-racing track** (*o* **c. track**), velodromo □ **c. shop**, negozio di biciclette; ciclista □ (*elettron.*) **c. timer**, programmatore (*o* temporizzatore) a ciclo □ (*econ.*) **business cycles**, cicli economici.

to cycle ['saikl], *v. i.* 1 svolgersi per cicli 2 andare in bicicletta.

cyclery ['saikləri], *n.* negozio di biciclette.
cyclic(al) ['siklik(əl)], *a.* (*anche scient.*, *tecn.*) ciclico: (*stor. letter.*) **a c. poet**, un poeta ciclico; (*chim.*) **c. amide**, ammide ciclica; (*chim.*) **c. compound**, composto ciclico; (*econ.*) **c. fluctuations**, fluttuazioni (*o* oscillazioni) cicliche. ● (*econ.*) **c. malaise**, crisi congiunturale ◻ (*mecc.*) **c. train**, ingranaggio a satelliti.
cycling ['saikliŋ], *n.* **1** ciclismo; l'andare in bicicletta: **This is no weather for c.**, non è tempo da bicicletta, questo **2** (*sport*) ciclismo. ● **c. holidays**, vacanze in bicicletta; cicloturismo.
cyclist ['saiklist], *n.* ciclista.
cyclization [ˌsaikli'zeiʃən], *n.* (*chim.*) ciclizzazione.
cyclo-cross ['saikləkrɔs], *n.* (*sport*) ciclocross; corsa (*o* gara) ciclocampestre.
cyclograph ['saiklougra:f], *n.* (*tecn.*) ciclografo.
cycloid ['saiklɔid], *n.* (*geom.*) cicloide.
cycloidal [sa'klɔidl], *a.* (*geom.*) cicloidale.
cyclometer [sai'klɔmitə*], *n.* **1** strumento per misurare archi di cerchio **2** (*tecn.*) odometro.
cyclone ['saikloun], *n.* (*meteorologia*, *chim.*, *mecc.*) ciclone. ● **c. cellar**, rifugio anticiclone ◻ (*meteorologia*) **c. wave**, onda ciclonica.
cyclonic(al) [sai'klɔnik(əl)], *a.* (*meteorologia*) ciclonico. ● **c. scale**, scala dei cicloni.
cyclop(a)edia [ˌsaiklə'pi:djə], *n.* enciclopedia.
Cyclopean, Cyclopian [sai'kloupjən], *a.* (*archeol.*, *mitol.* e *fig.*) ciclopico.
Cyclop(s) ['saiklɔp(s)], *n.* (*pl.* **Cyclops, Cyclopes**) (*mitol.*) ciclope.
cyclostyle ['saikləstail], *n.* ciclostile.
to cyclostyle ['saikləstail], *v. t.* ciclostilare.
cyclotron ['saiklətrɔn], *n.* (*fis. nucl.*) ciclotrone.
cyder ['saidə*], *V.* **cider**.
cygnet ['signit], *n.* cigno giovane.
cylinder ['silində*], *n.* **1** (*geom.*, *mecc.*, *autom.*) cilindro: **a four-c. motorcar**, un'automobile a quattro cilindri; **c. head**, testa di cilindro **2** (*ind.*) bombola (*di gas liquido, ecc.*): (*autom.*) **c. holder**, portabombole **3** (*mil.*) tamburo (*di rivoltella, ecc.*) **4** (*tipogr.*) cilindro; rullo **5** (*edil.*) tubo per fondazioni. ● (*autom.*, *mecc.*) **c. block**, monoblocco; blocco cilindri (*o* motore) ◻ (*autom.*, *mecc.*) **c. bore**, alesaggio ◻ (*tipogr.*) **c. press**, rotativa ◻ (*mil.*) **shell-c.**, bossolo (*di cartuccia*).
cylindrical [ˌsi'lindrikəl], *a.* (*scient.*, *tecn.*) cilindrico. ● (*mecc.*) **c. cutter**, fresa cilindrica ◻ (*mecc.*) **c. grinder**, rettificatrice per cilindri.
cylindroid ['silindrɔid], *n.* (*geom.*) cilindroide.
cyma ['saimə], *n.* (*archit.*) gola: **c. recta**, gola diritta.
cymar [si'ma:*], *n.* (*stor.*, *moda*) zimarra.
cymatium [sai'meiʃəm], *n.* (*pl.* **cymatia**) (*archit.*) cimasa.
cymbal ['simbəl], *n.* (*mus.*) **1** (*stor.*) cembalo (*piatto metallico concavo*) **2** (*ora*) piatto.
cymbalist ['simbəlist], *n.* (*mus.*) **1** (*stor.*) suonatore di cembali **2** (*ora*) suonatore di piatti.
cymbalom ['simbələm], **cymbalon** ['simbələn], *n.* (*mus.*, *stor.*) cembalo; salterio; dulcimer.
cyme [saim], *n.* (*bot.*) cima.
cymose ['saimouz], *a.* (*bot.*) cimoso.
Cymric ['kimrik], **A** *a.* cimrico. **B** *n.* lingua cimrica.

cynic ['sinik], *a.* e *n.* (*anche filos.*) cinico.
cynical ['sinikl], *a.* (*anche filos.*) cinico.
cynicism ['sinisizəm], *n.* **1** (*anche filos.*) cinismo **2** osservazione cinica.
cynocephalus [ˌsainou'sefələs], *n.* (*pl.* **cynocephali**) (*mitol.*) cinocefalo.
cynosure ['sinəzjuə*], *n.* **1** — (*astron.*) **C.**, Cinosura (*l'Orsa minore*) **2** (*fig.*) persona (*o* cosa) al centro dell'interesse (*o* dell'ammirazione) **3** (*fig.*) guida.
cypher, to cypher ['saifə*], *V.* **cipher, to cipher**.
cypress ['saipris], *n.* **1** (*bot.*, *Cupressus sempervirens*) cipresso **2** ramo di cipresso (*portato in segno di lutto*).
Cyprian ['sipriən], *a.* e *n.* **1** cipriota **2** (*fig.*, *spreg.*) (*individuo*) dissoluto, lascivo **3** (*fig.*, *spreg.*) cortigiana; prostituta.
cyprinids [si'prainidz], *n.* (*zool.*, *Cyprinidae*) ciprinidi.
Cypriot ['sipriɔt], **Cypriote** ['sipriout], *a.* e *n.* cipriota.
cypripedium [ˌsipri'pi:diəm], *n.* (*pl.* **cypripedia**) (*bot.*) **1** cipripedio (*in genere*) **2** (*Cypripedium calceolus*) cipripedio; pianella della Madonna.
Cyprus ['saiprəs], *n.* (*geogr.*) Cipro.
Cyrenaic [ˌsaiərə'neiik], *a.* e *n.* cirenaico.
Cyril [siril], *n.* Cirillo.
Cyrillic alphabet [si'rilik'ælfəbit], *n.* alfabeto cirillico.
cyst [sist], *n.* (*anat.*, *med.*) cisti, ciste.
cystectomy [sis'tektəmi], *n.* (*med.*) **1** cistectomia **2** asportazione di una cisti.
cystic ['sistik], *a.* (*anat.*, *med.*) cistico: **c. duct**, dotto cistico.
cysticercus [ˌsisti'sə:kəs], *n.* (*pl.* **cysticerci**) (*biol.*) cisticerco.
cystiform ['sistifɔ:m], *a.* (*anat.*, *med.*) cistiforme.
cystitis [sis'taitis], *n.* (*pl.* **cystitides**) (*med.*) cistite.
cystocele ['sistousi:l], *n.* (*med.*) cistocele.
cystography [sis'tɔgrəfi], *n.* (*med.*) cistografia.
cystoscope ['sistouskoup], *n.* (*med.*) cistoscopio.
cystotomy [sis'tɔtəmi], *n.* (*med.*) cistotomia.
cytochrome ['saitoukroum], *n.* (*biol.*) citocromo.
cytogenesis [ˌsaitou'dʒenisis], *n.* (*pl.* **cytogeneses**) (*biol.*) citogenesi.
cytogenetics [ˌsaitoudʒi'netiks], *n. pl.* (*col verbo al sing.*) (*biol.*) citogenetica.
cytogeny [sai'tɔdʒəni], *V.* **cytogenesis**.
cytologic(al) [ˌsaitə'lɔdʒik(əl)], *a.* (*biol.*) citologico.
cytologist [sai'tɔlədʒist], *n.* citologo.
cytology [sai'tɔlədʒi], *n.* (*biol.*) citologia.
cytoplasm ['saitouplæzəm], *n.* (*biol.*) citoplasma.
cytoplasmatic [ˌsaitouplæz'mætik], *a.* (*biol.*) citoplasmatico.
cytosome ['saitousoum], *n.* (*biol.*) citosoma.
cytostatic [ˌsaitə'stætik], *a.* (*biol.*, *med.*) citostatico.
cytostome ['saitoustoum], *n.* (*zool.*) citostoma.
czar [za:*], *n.* **1** (*stor.*) zar **2** (*fig.*) leader **3** (*fig.*) tiranno.
czardas ['tʃa:daʃ], *n.* (*invar. al pl.*) (*mus.*) ciarda, czarda.
czarevitch ['za:rivitʃ], *n.* (*stor.*) zarevic (*primogenito dello zar*).
czarina [za:'ri:nə], *n.* (*stor.*) zarina.
czarism ['za:rizəm], *n.* (*stor.*) zarismo.
czarist ['za:rist], *a.* e *n.* (*stor.*) zarista.
Czech [tʃek], **A** *a.* e *n.* ceco. **B** *n.* lingua ceca.
Czechoslovak ['tʃekou'slouvæk], *a.* e *n.* cecoslovacco.
Czechoslovakia ['tʃekouslou'vækiə], *n.* (*geogr.*) Cecoslovacchia.
Czechoslovakian ['tʃekouslou'vækjən], *a.* e *n.* cecoslovacco.

d, D

D, d [di:], **A** n. (pl. **D's, d's; Ds, ds**) **1** D, d (quarta lettera dell'alfabeto ingl.) **2** (USA, nelle scuole) voto di sufficienza; sei: **a «D» in geography**, un sei in geografia **3** (mus.) re (nota e scala corrispondente). **B** a. attr. a forma di D: **a D valve**, una valvola a forma di D. ● (tel.) **d for David** (USA: **d for Dog**), d come Domodossola.
'd [d], voce verb. (abbr. fam. di **had, would** e **should**) **I'd gone**, ero andato; **He'd go**, andrebbe.
d' [d], voce verb. (abbr. fam. di **do** e **did**).
da [da(:)], (pop.) V. **dad**.
to dab [dæb], v. t. e i. **1** battere leggermente; picchiettare **2** toccare lievemente; sfiorare: **to dab (at) one's eyes with a handkerchief**, sfiorarsi gli occhi con un fazzoletto (portarlo agli occhi) **3** applicare (una spugna, ecc. con rapidi tocchi); dare: **to dab powder on one's cheeks**, darsi la cipria alle guance; incipriarsi le guance; **to dab (at) one's lips with a lipstick**, darsi il rossetto (alle labbra) **4** (pop.) prendere le impronte digitali a (q.).
dab (1) [dæb], n. **1** lieve colpo; colpetto; tocco rapido **2** macchia (di vernice, ecc.); schizzo (di vernice, di fango, ecc.); zacchera: **a dab of rouge**, una macchia di rossetto **3** (pl., pop.) impronte digitali. ● **to give one's face a few dabs with a wet sponge**, passarsi ripetutamente una spugna umida sul viso.
dab (2) [dæb], n. (zool., Pleuronectes platessa) passera di mare (e altre varietà di pesci piatti).
dab (3) [dæb], n. (fam., anche **dab hand**) persona competente, pratica, abile (a fare q.c.): **He is a dab at shooting**, è uno che sa sparare bene; è un campione di tiro.
dabber ['dæbə*], n. **1** persona (o cosa) che picchietta, sfiora, ecc. (V. **to dab**) **2** tampone (usato da tipografi e incisori).
to dabble ['dæbl], **A** v. t. bagnare; immergere; tuffare; agitare (in un liquido): **to d. one's hands in the water**, agitare le mani nell'acqua. **B** v. i. **1** sguazzare; diguazzare: **Some birds like to d. in the water**, alcuni uccelli amano diguazzare nell'acqua **2** to d. in (o at), occuparsi a tempo perso (o da dilettante) di (q.c.); dilettarsi di: **He dabbles in politics**, a tempo perso, s'occupa di politica. ● **to d. on the stock exchange**, fare piccole operazioni di Borsa.
dabbler ['dæblə*], n. chi s'occupa di q.c. in modo superficiale, a tempo perso; dilettante.
dabchick ['dæbtʃik], n. (zool.) **1** (Podiceps ruficollis) tuffetto **2** (Podilymbus podiceps) podilimbo.
dabster ['dæbstə*], n. (fam.) **1** (anche **dab**) persona competente, pratica, abile (a fare q.c.) **2** (anche **daubster**) imbrattatele.
dace [deis], n. (pl. **dace, daces**) (zool.) **1** Leuciscus leuciscus **2** (USA) Rhinichtys **3** (USA) Minnilus cornutus.
dacha ['dɑ:tʃə] (russo), n. dacia.
dachshund ['dækshund] (ted.), n. (pl. **dachshunds, dachshunde**) (zool.) bassotto tedesco; dachshund.
dactyl ['dæktil], n. (poesia) dattilo.
dactylic [dæk'tilik], **A** a. dattilico. **B** n. verso dattilico.
dad [dæd], **daddy** ['dædi], n. (fam.) babbo; papà. ● (zool.) **daddy-longlegs**, (Opilio) opilione dei muri; (Tipula) tipula (Phalangium) falangio.
Dadaism ['dɑ:dəizm], n. (arte) dadaismo.
Dadaist ['dɑ:daist], n. (arte) dadaista.
Dadaistic ['dɑ:deistik], a. (arte) dadaista.
dado ['deidou], n. (pl. **dadoes**) (archit.) **1** dado **2** zoccolo (decorato).
daedal ['di:dəl], a. (poet.) **1** ingegnoso; abile **2** dedaleo (lett.); complesso; intricato.
Daedalean, Daedalian [di:'deiliən], a. dedaleo (lett.); complesso; intricato.
Daedalus ['di:dələs], n. (mitol.) Dedalo.
daemon [di:mən], n. demone.
daemonic [di:'mɔnik], a. **1** demoniaco **2** indemoniato **3** ispirato da un demone; soprannaturale.
daffodil ['dæfədil], n. **1** (bot., Narcissus pseudo-narcissus) trombone; tromboncino; giunchiglia grande **2** color giunchiglia.

daft [dɑ:ft], a. (fam.) **1** sciocco; stupido **2** debole di cervello; tocco; pazzerello **3** matto; pazzo.
daftness ['dɑ:ftnis], n. (fam.) **1** stupidità **2** pazzia.
dagger ['dægə*], n. **1** pugnale; stiletto **2** (tipogr.) obelo; obelisco. ● **to be at daggers drawn with sb.**, essere ai ferri corti con q. □ **to look daggers**, far gli occhiacci; guardare in cagnesco; fare il viso dell'arme □ **to speak daggers**, dire parole offensive, pungenti.
dago, Dago ['deigou], n. (pl. **dagos, dagoes**) (pop. USA, spreg.) individuo d'origine spagnola, portoghese o italiana.
daguerreotype [də'gerouταip], n. **1** dagherrotipo **2** dagherrotipia.
daguerreotypy [də'gerouταipi], n. dagherrotipia.
dahlia ['deiljə], n. **1** (bot., Dahlia) dalia **2** (anche **d. violet**) color viola; violetto. ● (fig.) **blue d.**, cosa impossibile, inverosimile; mosca bianca (fig.).
Dail Eireann [doil'ɛərən], n. (irl., polit.) Camera dei Deputati della Repubblica d'Irlanda.
daily ['deili], **A** a. quotidiano; giornaliero: **one's d. bread**, il pane quotidiano; il pane (fig.). **B** n. **1** (giornale) quotidiano **2** domestica che lavora a giornata. **C** avv. quotidianamente; giornalmente. ● **d. allowance**, indennità giornaliera; diaria □ **d. paper**, (giornale) quotidiano □ **d. wage**, paga giornaliera □ (fam.) **to do one's d. dozen**, fare un po' di ginnastica da camera.
daintiness ['deintinis], n. **1** delicatezza; squisitezza **2** bellezza; finezza; grazia **3** raffinatezza di gusti; l'essere esigente.
dainty ['deinti], **A** n. cosa delicata, squisita; bocconcino prelibato; ghiottoneria. **B** a. **1** (di cibo) delicato; squisito; prelibato **2** bello; grazioso; fine: **What d. cups!**, che belle tazzine!; **a d. little girl**, una bambina graziosa, d'una bellezza delicata **3** di gusti raffinati; esigente; di difficile contentatura; schizzinoso.
dairy ['dɛəri], n. **1** caseificio: **d. farming**, industria casearia, dei latticini **2** (anche **d. farm**) fattoria per la produzione di latte e latticini; caseificio **3** latteria. ● **d. cattle**, mucche da latte □ **d. farmer**, allevatore di mucche da latte □ **d. products**, latticini.
dairying ['dɛəriiŋ], n. industria lattiero-casearia.
dairymaid ['dɛərimeid], n. **1** donna che lavora in un caseificio **2** lattaia; lattivendola.
dairyman ['dɛərimən], n. (pl. **dairymen**) **1** uomo che lavora in un caseificio **2** lattaio; lattivendolo.
dais ['deiis], n. predella; palco.
daisied ['deizid], a. coperto di margherite.
daisy ['deizi], n. **1** (bot., Bellis perennis) margheritina; pratolina **2** (Chrysanthemum leucanthemum) margherita dei campi **3** (pop.) persona o cosa eccellente, eccezionale; gioiello, perla (fig.). ● **d.-chain**, ghirlanda di margherite □ **fresh as a d.**, fresco come una rosa □ (scherz.) **to push up daisies**, essere morto e sepolto.
dale [deil], n. (poet.) valle, valletta.
dalesman ['deilzmən], n. (pl. **dalesmen**) (poet.) valligiano.
dalliance ['dæliəns], n. **1** ozio; perditempo; svago **2** il non fare sul serio (specialm. in amore); amoreggiamento; schermaglia.
to dally ['dæli], v. i. **1** perder tempo; esitare; indugiare; oziare **2** giocare; gingillarsi; scherzare; trastullarsi; amoreggiare: **to d. with an idea**, gingillarsi con un'idea; **to d. with a young girl**, amoreggiare con una ragazzina. ● **to d. away an opportunity**, sprecare un'occasione □ **to d. away time**, sciupare il proprio tempo.
Dalmatia [dæl'meiʃiə], n. (geogr.) Dalmazia.
Dalmatian [dæl'meiʃiən], **A** a. dalmata. **B** n. **1** dalmata **2** lingua dalmata **3** (anche **D. dog**) (cane) dalmata.
dalmatic [dæl'mætik], **A** a. dalmatico. **B** n. (relig.) dalmatica.
daltonian [dɔl'touniən], a. e n. (med.) daltonico.
daltonism [dɔ:ltənizm], n. (med.) daltonismo.
dam (1) [dæm], n. **1** diga; argine; barriera **2** bacino d'acqua trattenuta da una diga **3** (metall.) dama; piastra.
to dam [dæm], v. t. (di solito **to dam up**) **1** costruire dighe su; munire di dighe: **to dam a river**, munire un fiume di dighe **2** ar-

ginare; contenere; sbarrare 3 (*fig.*) tenere a freno; trattenere: **to dam up one's tears**, trattenere le lacrime.
dam (2) [dæm], *n.* **1** genitrice (*di animali*) **2** (*arc.*) madre. ● (*fig.*) **the devil and his dam**, le forze del male.
damage ['dæmidʒ], *n.* **1** danno **2** (*pl.*, *leg.*) danni; risarcimento dei danni; indennizzo: **to claim damages**, chiedere il risarcimento dei danni; **to pay damages**, risarcire i danni **3** (*mecc.*) guasto **4** (*naut.*) avaria **5** (*pop.*, *scherz.*) costo; spesa: **What's the d.?**, qual è la spesa? ● (*leg.*, *naut.*) **d. by act of God**, danno dovuto a forza maggiore □ (*ass.*, *naut.*) **d. report**, certificato d'avaria.
to damage ['dæmidʒ], *v. t.* **1** danneggiare; portare (*o* recare) danno a: **They are trying to d. him**, cercano di recargli danno **2** guastare; avariare: **damaged goods**, merci avariate **3** compromettere: **a damaging admission**, una dichiarazione compromettente. ● (*leg.*) **the damaged party**, la parte lesa.
damageable ['dæmidʒəbl], *a.* danneggiabile.
Damascene ['dæməsi:n], *n.* a. e n. (abitante) di Damasco; damasceno.
damascene ['dæməsi:n], **A** *n.* (*metall.*) damaschinatura. **B** *a. attr.* damaschinato; damaschino.
to damascene ['dæməsi:n], *v. t.* (*metall.*) damaschinare; ageminare (*un metallo*).
damascener ['dæməsi:nə*], *n.* damaschinatore.
Damascus [də'ma:skəs], *n.* (*geogr.*) Damasco.
damask ['dæməsk], **A** *n.* **1** damasco **2** (*anche* **d. steel**) acciaio damaschino **3** damaschinatura **4** color rosa intenso (*colore della rosa damaschina*). **B** *a. attr.* **1** di damasco; damasceno **2** damaschino: **d. rose**, rosa damaschina.
to damask ['dæməsk], *v. t.* **1** damascare (*stoffa*) **2** damaschinare (*metalli*) **3** arrossare (*le guance, ecc.*); fare arrossire.
damaskeen ['dæməski:n], *V.* **damascene**.
dame [deim], *n.* **1** (*poet. o scherz.*) dama; signora: **D. Fortune**, la Signora Fortuna **2** (*a Eton*) chi (*uomo o donna*) tiene a pensione studenti **3** — **D.**, Donna (*seguito dal nome*) **4** (*pop. USA*) donna. ● (*un tempo*) **d. school**, scuola elementare gestita da una vecchia signora (*scherz.*) **an old d.**, una vecchia.
to damn [dæm], **A** *v. t.* **1** condannare; biasimare; dannare; disapprovare; riprovare **2** (*fam.*) maledire; mandare al diavolo; imprecare contro (*q.c.*): **The traveller damned the weather**, il viandante imprecò contro il tempo (avverso) **3** (*teatr.*) accogliere freddamente; condannare all'insuccesso; stroncare: **The audience has damned the play**, il pubblico ha accolto freddamente il dramma. **B** *v. i.* maledire; imprecare. ● **to d. with faint praise**, criticare (q. *o* q.c.) facendone le lodi, ma freddamente; essere assai tiepido nel recensire (q.c.) □ (*fam.*) **D. it all!**, al diavolo ogni cosa! □ (*fam.*) **D. you!**, va al diavolo! □ (*fam.*) **D. your eyes** (*o* **D. your impudence**)!, maledetta la tua sfacciataggine!
damn [dæm], (*fam.*) **A** *n.* maledizione; imprecazione. **B** *a. attr.* maledetto: **That d. idiot!**, quel maledetto idiota! ● (*pop.*) **d. all**, un bel nulla; non... un fico secco (*pop.*) □ (*pop.*) **d. well**, benissimo; perfettamente □ **It isn't worth a d.**, non vale un fico (secco) □ **I don't care** (*o* **give**) **a d.**, non me ne importa un fico (secco). **C** *inter.* maledizione!; accidenti!
damnable ['dæmnəbl], *a.* **1** dannabile **2** esecrabile; odioso; seccante **3** (*fam.*) maledetto; schifoso: **d. weather**, tempo schifoso.
damnation [dæm'neiʃən], **A** *n.* **1** dannazione (*anche fig.*); maledizione **2** disapprovazione (*di un dramma, ecc.*); insuccesso; fiasco. **B** *inter.* (*fam.*) maledizione!; al diavolo! ● (*pop.*) **in d.**, diamine; cavolo (*pop.*): **What in d. does he want?**, che cavolo vuole?
damnatory ['dæmnətəri], *a.* **1** condannatorio (*raro*); di condanna **2** di biasimo; di riprovazione: **d. words**, parole di biasimo.
damned [dæmd], **A** *n.* **1** condannato; biasimato; riprovato **2** (*pop.*) maledetto; infame; esecrabile; odioso: **It's a d. muddle!**, è un maledetto pasticcio! **3** (*relig.*) dannato: **the d.**, i dannati. **B** *avv.* (*pop.*) **1** maledettamente; straordinariamente: **It's a d. cold day**, è una giornata maledettamente fredda **2** benissimo; perfettamente: **You know d. well**, lo sai benissimo.
damnedest ['dæmdist], **A** *a. A. superl.* fantastico; eccezionale; straordinario. **B** *n.* (l') impossibile; di tutto: **I'm doing my d. to win**, faccio l'impossibile per vincere.
to damnify ['dæmnifai], *v. t.* danneggiare; recar danno a.
damning ['dæmiŋ], *a.* **1** che condanna, biasima, danna, ecc. (*V.* **to damn**) **2** (*leg.*) incriminante; schiacciante: **d. evidence**, prove schiaccianti.
Damocles ['dæməkli:z], *n.* (*stor.*) Damocle. ● (*fig.*) **the sword of D.**, la spada di Damocle.
damp [dæmp], **A** *n.* **1** umidità; umido **2** (*anche* **chokedamp**, **blackdamp**) atmosfera asfissiante (*o* irrespirabile: **nelle miniere**) **3** (*anche* **fire-d.**) grisù; grisou **4** (*fig.*) abbattimento; scoraggiamento. **B** *a.* umido; leggermente bagnato. ● (*edil.*) **d. course**, *V.* **d.-proof course** □ **d.-proof**, a prova d'umidità □ (*edil.*) **d.-proof course**, strato impermeabile, d'ardesia o altro (*contro l'umidità, nei muri*) □ (*edil.*) **d. proofing**, isolamento dall'umidità □ **d. squib**, petardo bagnato; (*fig.*, *pop.*) barzelletta mal riuscita; scherzo a vuoto; fiasco, insuccesso □ **to cast** (*o* **to throw**) **a d. over** (*o* **into**) **st.**, rattristare: **His father's absence cast a d. over his birthday**, l'assenza del babbo gettò un velo di tristezza sul suo compleanno □ **to cast a d. upon the nation's economy**, rendere incerte le prospettive dell'economia nazionale.
to damp [dæmp], *v. t.* **1** inumidire **2** smorzare; spegnere: **Nothing could d. his enthusiasm**, niente riusciva a smorzare il suo entusiasmo **3** (*acustica*, *elettr.*) smorzare: **damped waves**, onde smorzate (*della radio*). ● **to d. down a fire**, coprire un fuoco con la cenere (*per rallentarne la combustione*) □ (*di piante, germogli, ecc.*) **to d. off**, avvizzire, marcire (*per l'umidità*).
to dampen ['dæmpən], **A** *v. t.* **1** inumidire **2** abbattere; scoraggiare **3** (*acustica*, *elettr.*) smorzare (*un suono, un'onda radio, ecc.*) **4** (*econ.*) allentare; attenuare; raffreddare. **B** *v. i.* inumidirsi. ● (*econ.*) **dampened inflation**, inflazione attenuata.
damper ['dæmpə*], *n.* **1** persona (*o* cosa) che deprime, rattrista, scoraggia; guastafeste; doccia fredda (*fig.*) **2** (*mecc.*) valvola di tiraggio **3** (*autom.*, *mecc.*) ammortizzatore **4** (*elettron.*) smorzatore **5** (*mus.*) sordina **6** spugna per inumidire i francobolli. ● **to put a d. on a party**, smorzare l'allegria d'un trattenimento; fare il guastafeste □ (*mus.*) **d. pedal**, pedale della sordina.
damping ['dæmpiŋ], *n.* (*elettr.*, *fis.*) smorzamento.
dampish ['dæmpiʃ], *a.* umidiccio.
dampness ['dæmpnis], *n.* umidità; umido.
damsel ['dæmzəl], *n.* (*lett.*) damigella; donzella; fanciulla.
damson ['dæmzən], *n.* **1** (*bot.*, *Prunus insititia*) susino selvatico **2** susina selvatica (*o* damaschina). ● **d. cheese**, marmellata di prugne damaschine □ **d.-plum**, susina damaschina.
dan [da:n], *n.* (*sport*) dan (*grado nel judo e sim.*).
to dance [da:ns], *v. i. e t.* **1** danzare; ballare; far ballare: **to d. a waltz**, ballare un valzer; **to d. a bear**, far ballare un orso; **He danced her weary**, la fece ballare tanto da stancarla **2** (*del cuore, del sangue*) balzare in petto; pulsare; scorrere veloce **3** far ballare, far saltellare (*un bambino: sulle ginocchia, ecc.*). ● **to d. attendance upon sb.**, fare anticamera per esser ricevuto da q.; stare sempre alle costole di q.; fare i balletti intorno a q. □ **to d. one's head off**, stordirsi a forza di ballare □ **to d. in a ring**, danzare in tondo; (*di bimbi*) fare il girotondo □ **to d. to another tune**, cambiar musica (*anche fig.*) □ (*fig.*) **to d. to sb.'s piping**, seguire q., lasciarsi guidare da q.; legare l'asino dove vuole il padrone (*fig.*) □ (*pop.*) **to d. upon nothing**, pendere dalla forca; essere impiccato.
dance [da:ns], *n.* **1** ballo; danza: **May I have the next d.?**, mi concede il prossimo ballo?; **to give a d.**, dare un ballo **2** musica da ballo; ballabile. ● **d. band**, orchestra da ballo □ **d. floor**, pista (*di sala da ballo*) □ **d. hall**, sala da ballo □ **d. hostess**, entraîneuse, ragazza di locale notturno □ **D. of Death**, danza macabra □ **to lead the d.**, aprire le danze □ (*fig.*) **to lead sb. a** (**pretty**) **d.**, rendere la vita difficile a q.; far lavorare (*o* penare) a vuoto q. □ (*med.*) **St. Vitus's d.**, ballo di S. Vito.
danceable ['da:nsəbl], *a.* ballabile.
dancer ['da:nsə*], *n.* danzatore, danzatrice; ballerino, ballerina.
dancewear ['da:nswɛə*], *n. collett.* articoli (di vestiario) per balletto.
dancing ['da:nsiŋ], *n.* la danza; il ballo (*l'arte*). ● **d.-hall**, sala da ballo □ **d.-master**, maestro di ballo □ **d.-school**, scuola di danza.
dandelion ['dændilaiən], *n.* (*bot.*, *Taraxacum officinale*) tarassaco; dente di leone; soffione.
dander ['dændə*], *n.* (*fam.*, *specialm. USA*) ira; indignazione; collera. ● **to get one's d. up**, andare in collera; perdere la pazienza; uscire dai gangheri (*fig.*).
to dandify ['dændifai], *v. t.* rendere simile a un damerino; vestire con eleganza; attillare (*raro*).
to dandle ['dændl], *v. t.* **1** cullare; ninnare (*un bambino*) **2** accarezzare; vezzeggiare; coccolare.
dandriff ['dændrif], **dandruff** ['dændrəf], *n.* forfora.
dandruffy ['dændrəfi], *a.* forforoso.
dandy (1) ['dændi], **A** *n.* **1** dandy; bellimbusto; damerino; elegantone; zerbinotto **2** (*anche* **d.-cart**) carrettino a due ruote (*da lattaio, ecc.*) **3** (*pop. USA*) cosa eccellente, di prima qualità. **B** *a.* **1** da damerino; da elegantone; squisito **2** (*pop. USA*) eccellente; di prima qualità. ● **d.-brush**, striglia d'osso di balena □ (*ind. della carta*) **d. roll** (*o* **d. roller**), tamburo ballerino □ **She had a d. hat**, aveva un cappellino che era un amore.
dandy (2) ['dændi], *V.* **dengue**.
dandyish ['dændiiʃ], *a.* (*o* da) damerino.
dandyism ['dændiizəm], *n.* eleganza ricercata; dandismo.
Dane [dein], *n.* **1** Danese **2** (*anche* **Great D.**) (cane) danese.
danegeld ['deingeld], *n.* (*stor.*) «danegeld» (*imposta annuale, sui*

danger

terreni; *in origine, per comprare il ritiro degli invasori danesi*).
danger ['deindʒə*], *n.* pericolo; rischio: **He was in d. of losing his job**, correva il rischio di perdere il lavoro; **The patient is out of d.**, il malato è fuori pericolo. ● **d. money**, indennità di rischio □ (*autom.*) **the dangers of the road**, i pericoli della strada □ (*autom., ecc.*) **d. signal**, segnale di pericolo □ **to be in d.**, essere in pericolo; pericolare (*raro*).
dangerous ['deindʒrəs], *a.* pericoloso; rischioso: **d. crossing**, incrocio pericoloso; **d. occupations**, mestieri pericolosi.
to dangle ['dæŋgl], *v. i.* **1** dondolare; ciondolare; penzolare **2** (*gramm.*) essere sospeso, sconnesso: **In this sentence the gerund is dangling**, in questo periodo, il gerundio non è sintatticamente connesso. **B** *v. t.* **1** dondolare; far penzolare **2** (*fig.*) far balenare (*promesse, speranze, ecc.*). ● **to d. after a man of importance**, stare alle costole d'un uomo importante; ronzargli intorno.
dangler ['dæŋglə*], *n.* **1** bellimbusto; ciondolone **2** satellite (*fig.*); cascamorto; tirapiedi.
Daniel ['dænjəl], *n.* **1** Daniele **2** (*fig.*) giudice illuminato.
Danish ['deiniʃ], **A** *a.* danese. **B** *n.* (lingua) danese.
dank [dæŋk], *a.* umido; bagnato; gocciolante, stillante umidità: **a d. cave**, un'umida caverna **2** fetido; rancido; stantio.
Dantean ['dæntiən], **A** *a.* dantesco. **B** *n.* dantista.
Dantesque [dæn'tesk], *a.* dantesco.
Dantist ['dæntist], *n.* dantista.
Danube ['dænju:b], *n.* (*geogr.*) Danubio.
Danubian [dæ'nju:bjən], *a.* (*geogr.*) danubiano.
Danzig ['dæntsig], *n.* (*geogr.*) Danzica.
to dap [dæp], **A** *v. i.* **1** pescare calando l'esca a fior d'acqua **2** tuffarsi, immergersi (*con leggerezza e all'improvviso*) **3** rimbalzare; far rimbalzello. **B** *v. t.* far rimbalzare; lanciare (*un sasso nell'acqua*) in modo che faccia rimbalzello.
dap [dæp], *n.* **1** rimbalzo (*di palla, ecc.*) **2** esca (*V.* **to dap**).
daphne ['dæfni], *n.* (*bot., Daphne*) dafne.
Daphne ['dæfni], *n.* (*mitol.*) Dafne.
dapper ['dæpə*], *a.* **1** piccolo e vivace; lesto; svelto **2** agghindato; azzimato; attillato; elegante. ● **a d. wave of the hand**, un rapido cenno con la mano.
dapple (1) ['dæpl], **dappled** ['dæpld], *a.* **1** chiazzato; screziato; variegato **2** (*d'animale*) maculato **3** (*di cavallo*) pezzato, pomellato. ● **a d.-grey horse**, un cavallo grigio pomellato.
to dapple ['dæpl], **A** *v. t.* chiazzare; screziare; variegare. **B** *v. i.* chiazzarsi; screziarsi; variegarsi.
dapple (2) ['dæpl], *n.* **1** screziatura **2** animale maculato **3** cavallo pezzato, pomellato.
darbies ['da:biz], *n. pl.* (*pop.*) manette.
Darby and Joan [ˌda:bi ən 'joun], *n. pl.* (coppia di) coniugi anziani, che stanno bene insieme. ● **D. and J. club**, circolo per anziani.
Dardanelles (the) [ˌda:də'nelz], *n. pl.* (*geogr.*) i Dardanelli.
to dare [dɛə*], (*pass.* **dared, durst**, *p. p.* **dared**), *v. t. e i.* **1** osare; ardire; arrischiarsi; avere il coraggio di: **How d. you say such a thing!**, come osi dire una cosa simile!; **He dare not try** (*o* **he doesn't d. to try**), non ardisce tentare; **I would if I dared** (*o* **durst**), lo farei, se ne avessi il coraggio; **He didn't d.** (**to**) **go**, non osò andarci **2** (*pass.* **dared**) sfidare; provocare: **He dared me to follow him**, mi sfidò a seguirlo; **I will d. any danger**, sfiderò ogni pericolo. ● **to d. all things**, osare il tutto per tutto □ **to d. a leap**, azzardarsi a fare un salto □ **I d. say**, oso dire; suppongo; credo; credo bene.
dare [dɛə*], *n.* **1** atto di coraggio; azione temeraria **2** sfida; provocazione.
daredevil [ˈdɛəˌdevl], **A** *a.* audace; temerario. **B** *n.* scavezzacollo.
daring ['dɛəriŋ], **A** *a.* audace; ardito; coraggioso; intrepido. **B** *n.* audacia; ardire; coraggio; intrepidezza.
dark (1) [da:k], *a.* **1** oscuro; scuro; buio; fosco: **It was a d. night**, era una notte buia; **It's getting d.**, comincia a farsi buio (*o* a imbrunire); **d. blue**, blu scuro; **She has d. eyes**, ha gli occhi scuri; **a d. secret**, un oscuro segreto; **a d. saying**, un detto oscuro (poco chiaro) **2** bruno (*di carnagione, di colore*); (*d'occhi, di pelle, ecc.*) bruno, scuro **3** (*fig.*) cupo; tetro; triste; nero (*fig.*): **d. humour**, umor tetro (*o* nero): **to look on the d. side of things**, vedere soltanto il lato nero delle cose; essere pessimista **4** (*fig.*) astruso; incomprensibile **5** (*fig.*) oscurantistico. ● **the D. Ages**, l'alto Medioevo; (*specialm.*) l'età delle invasioni barbariche □ **the D. Blues**, gli studenti di Oxford □ (*teatr.*) **d. comedy**, commedia «nera» □ **the D. Continent**, il continente nero (*l'Africa*) □ **d.-haired**, dai capelli scuri; bruno □ **a d. horse**, un cavallo (*fig.*: un candidato) di cui non si conoscono le possibilità di vittoria; un outsider □ (*letter.*) **the d. lady of the Sonnets**, la dama bruna dei Sonetti (*di Shakespeare*) □ **d. lantern**, lanterna cieca □ (*fotogr.*) **d. room**, camera oscura □ **d.-skinned**, dalla pelle scura □ **to keep d.**, rimanere nascosto □ **to keep st. d.**, tenere q.c. segreto □ **Keep it d.!**, acqua in bocca!

dark (2) [da:k], *n.* oscurità; buio; tenebre: **We were left in the d.**, rimanemmo al buio. ● **after d.**, a notte fatta □ **at d.**, all'imbrunire □ **before d.**, prima del calar delle tenebre □ **to keep sb. in the d. about st.**, tenere q. all'oscuro di q.c. □ **the lights and darks of a picture**, le zone di luce e d'ombra in un quadro □ (*fig.*) **to take a leap in the d.**, fare un salto nel buio.
to darken ['da:kən], **A** *v. i.* **1** oscurarsi; farsi scuro (*o* buio) **2** (*fig.*) rabbuiarsi, farsi scuro (*in volto: per l'ira, ecc.*) **3** (*di un colore*) scurirsi. **B** *v. t.* **1** oscurare; rendere oscuro; offuscare **2** scurire; annerire: **Smoke had darkened the walls**, il fumo aveva annerito le pareti **3** (*fig.*) rattristare; deprimere; rendere fosco: **to d. sb.'s hopes**, deprimere le speranze di q.; **to d. the future**, rendere fosco l'avvenire. ● **to d. counsel**, confondere le idee a q.; accrescerne la perplessità □ **to d. sb.'s door**, fare visita a q. (*per lo più in frasi neg.*): **I won't d. his door again**, non mi vedrà mai più in casa sua.
darkey, darky ['da:ki], *n.* (*fam. o spreg.*) negro.
darkish ['da:kiʃ], *a.* piuttosto scuro (*o* buio).
to darkle ['da:kl], *v. t.* **1** oscurarsi; apparire buio **2** celarsi nel buio.
darkling ['da:kliŋ], (*poet.*) **A** *a.* **1** oscuro; incerto; indistinto: **a d. plot**, una trama oscura; un oscuro complotto **2** che avviene al (*o* nel) buio (*o* nelle tenebre): **a d. trip**, un viaggio con le tenebre (*o* di notte). **B** *avv.* al buio; nelle tenebre.
darkness ['da:knis], *n.* **1** oscurità; buio; tenebre **2** (*fig.*) ignoranza; cecità (*fig.*) **3** (*di un colore*) tinta cupa **4** (*il*) male: **the powers of d.**, le potenze del male. ● **d. of complexion**, carnagione bruna, scura □ **the Prince of D.**, il principe delle tenebre; il demonio.
darksome ['da:ksəm], *a.* (*poet.*) **1** oscuro; scuro **2** cupo; tetro.
darling ['da:liŋ], **A** *a. e n.* caro; diletto; prediletto; persona amata; tesoro (*fig.*): **What a d. little boy!**, che tesoro di bambino! **B** *a.* (*fam.*) bello; grazioso; carino (*fam.*).
to darn (1) [da:n], *v. t.* rammendare.
darn [da:n], *n.* rammendo; rammendatura.
to darn (2) [da(:)n], *v. t.* (*pop.*) maledire. ● **D. his impudence!**, che razza di sfacciato della malora!
darned ['da:nd], *a.* (*pop.*) maledetto; dannato.
darnel ['da:nl], *n.* (*bot., Lolium temulentum*) loglio; zizzania.
darner ['da:nə*], *n.* rammendatore, rammendatrice.
darning ['da:niŋ], *n.* rammendatura; rammendo. ● **d. ball** (*o* **last**), uovo (di legno) da rammendo □ **d. needle**, ago da rammendo □ **d. stitch**, punto rammendo.
dart [da:t], *n.* **1** dardo; giavellotto **2** balzo; guizzo **3** (*zool.: d'insetto*) pungiglione **4** lancio d'un dardo **5** freccetta; «dart» **6** (*gioco: pl., col verbo al sing.*) gioco del lancio di freccette (*fatto con le mani, assai comune in G. B.*) **7** (*sartoria*) pince (*franc.*); piccola piega.
to dart [da:t], *v. t. e i.* **1** lanciare, scagliare (anche *fig.*); dardeggiare: **He darted a furtive look over his shoulder**, lanciò un'occhiata furtiva di traverso; **The sun darts its beams**, il sole dardeggia **2** balzare; guizzare: **The rabbit darted off**, il coniglio balzò via.
dartboard ['da:tbɔ:d], *n.* bersaglio (rotondo) del gioco dei darts (*V.* **dart**, *def.* 5 e 6).
darter ['da:tə*], *n.* **1** chi lancia, scaglia, balza *o* guizza **2** (*zool., Perca flavescens*) perca dorata **3** (*zool., Anhinga*) aninga.
dartre ['da:tə*], *n.* (*med.*) erpete.
dartrous ['da:trəs], *a.* (*med.*) erpetico; affetto da erpete.
Darwinian [da:'winiən], **A** *a.* darviniano. **B** *n.* darvinista; darviniano.
Darwinism ['da:winizəm], *n.* darvinismo.
Darwinist ['da:winist], **Darwinite** ['da:winait], **A** *n.* darvinista; darviniano. **B** *a.* darviniano.
to dash [dæʃ], **A** *v. t.* **1** gettare; lanciare; buttare; sbattere: **He dashed down the book**, gettò a terra il libro; **The storm dashed the ship against the rocks**, la tempesta sbatté la nave contro gli scogli **2** (*anche fig.*) abbattere; distruggere; infrangere: **All my hopes are dashed**, tutte le mie speranze sono infrante **3** gettare (*liquidi*); cospargere; spruzzare: **D. cold water on his face**, spruzzagli la faccia con acqua fredda **4** chiazzare; macchiare: **Your clothes are dashed with blood**, i tuoi vestiti sono chiazzati di sangue **5** mescolare (*anche fig.*); mettere un po' di (*un liquido in un altro*); correggere: **to d. joy with pain**, mescolare il dolore alla gioia; **to d. water with spirit**, correggere l'acqua con un po' di liquore **6** sottolineare (*una parola, ecc.*) **7** (*pop.*) maledire; mandare al diavolo: **D. him!**, vada al diavolo! **B** *v. i.* **1** battere; cozzare; urtare: **The billows dashed against the pier**, i marosi cozzavano contro il molo **2** balzare; muoversi velocemente e con violenza; precipitarsi; saettare: **The tiger dashed through the jungle**, la tigre sfrecciò attraverso la giungla; **He dashed out of the house**, uscì a precipizio dalla casa; **I must d. now**, adesso devo (proprio) scappare (*andare via*). ● **to d. against st.**, andare a sbattere contro q.c. □ **to d. away**, scappare precipitosamente; darsela a gambe □ **to d. down** (*o* **off**),

buttar giù (*uno schizzo*, *uno scritto*); improvvisare; scribacchiare □ **to d. down the stairs**, scendere le scale a precipizio □ **to d. st. to pieces**, fare a pezzi, frantumare q.c. □ **to d. up**, sopraggiungere di corsa, arrivare all'improvviso; essere brillante (*nella conversazione*, *ecc.*); mettersi in mostra □ (*fam.*) **D. it!**, accidenti!; maledizione!

dash [dæʃ], *n.* **1** cozzo; urto **2** rumore (d'acqua); scroscio; scrosciare; tonfo: **the d. of water (of the rain, of the waves)**, lo scrosciare dell'acqua (della pioggia, delle onde); **the d. of oars**, il tonfo dei remi **3** balzo; salto: **The prisoner made a d. for freedom**, il prigioniero fece un balzo verso la libertà (*o* un tentativo d'evasione) **4** (un) po'; (un) tantino; goccio; sfumatura: **Add a d. of brandy**, aggiungi un goccio di brandy; **It is green with a d. of yellow**, è verde con una sfumatura di giallo **5** (*tel.*, *tipogr.*) linea; lineetta **6** foga; impeto; slancio: **He is famous for his courage and d.**, è famoso per il suo coraggio e il suo slancio **7** (*sport*) corsa veloce: **the 100-metre d.**, la corsa dei cento metri piani. ● **at a d.**, a precipizio; di volata □ **at one d.**, in un solo balzo □ **to cut a d.**, fare un figurone, una bella figura □ **to make a d. at**, lanciarsi contro; precipitarsi su: **The soldiers made a d. at the enemy**, i soldati si lanciarono contro il nemico.

dashboard [ˈdæʃbɔːd], *n.* **1** (*di veicolo*) riparo anteriore per l'acqua (*o* per il fango) **2** (*autom.*, *aeron.*) cruscotto; plancia portastrumenti.

dashed [dæʃt], *a.* **1** deluso; giù di corda, abbacchiato (*fam.*) **2** (*pop. per* **damned**) dannato; maledetto.

dasher [ˈdæʃə], *n.* **1** chi getta, lancia, cozza, urta, ecc. (V. **to dash**) **2** menatoio (*per fare burro o gelato*) **3** (*tecn.*) pestello **4** (*fam.*) elegantone; tipo brillante.

dashing [ˈdæʃɪŋ], *a.* **1** audace; ardito; focoso; vivace: **a d. rider**, un ardito cavaliere **2** elegante; vistoso; sgargiante.

dastard [ˈdæstəd], *n.* codardo; vigliacco.

dastardliness [ˈdæstədlinis], *n.* codardia; viltà; vigliaccheria.

dastardly [ˈdæstədli], *avv.* in modo codardo; vilmente.

dasyure [ˈdæsijuə*], *n.* (*zool.*, *Dasyurus maculatus*) dasiuro.

data [ˈdeitə] (*lat.*), *n. pl.* dati; dati di fatto; premesse. ● (*stat.*) **d. bank**, banca dei dati □ **to d.-bank**, immagazzinare (*informazioni*) nella banca dei dati □ **d. processing**, elaborazione di dati □ **d. processor**, elaboratore di dati.

datable [ˈdeitəbl], *a.* databile.

datary [ˈdeitəri], *n.* (*relig.*) **1** dataria **2** datario.

datcha [ˈdatʃə] (*russo*), *n.* dacia.

date (1) [deit], *n.* (*bot.*) **1** dattero **2** (*Phoenix dactylifera*; *anche* **d.-palm**) palma da datteri.

date (2) [deit], *n.* **1** data **2** tempo; periodo: **monuments of an earlier d.**, monumenti di un'epoca anteriore; **at that d.**, a quel tempo **3** (*poet.*) durata (*della vita*, *ecc.*); età (*d'una persona*) **4** (*fam.*) appuntamento (*specialm. amoroso*) **5** (*fam.*) persona con cui si ha un appuntamento (*o* con cui si esce); ragazzo, ragazza; moroso, morosa (*fam.*) **6** (*pl.*) data di nascita e data della morte. ● **d.-line**, (*geogr.*) linea del cambiamento di data; (*nei giornali*) riga che porta la data di un articolo □ (*comm.*) **d. of maturity**, data di scadenza □ **d. schedule**, calendario delle scadenze □ **d.-stamp**, datario (*timbro*) □ (*comm.*) **at long (short) d.**, a lunga (breve) scadenza □ **to go out of d.**, andare in disuso; diventare obsoleto; passare di moda □ **to be out of d.**, essere fuori moda; essere in disuso; essere antiquato □ (*fam.*) **to go out on dates**, uscire (*con un ragazzo o una ragazza*); andare in giro (*per amoreggiare*) □ **to d.**, fino a oggi; sinora □ (*comm.*) **under yesterday's d.**, in data di ieri □ **up to d.**, alla moda; moderno; all'altezza dei tempi; aggiornato; d'attualità: **His ideas are up-to-d.**, le sue idee sono all'altezza dei tempi □ **What's the d. today?**, quanti ne abbiamo oggi?; che giorno del mese è oggi?

to date [deit], **A** *v. t.* **1** datare (*una lettera*, *ecc.*): **Bills are dated on the day they are made out**, gli effetti cambiari sono datati il giorno della loro emissione **2** attribuire (*una scoperta archeologica*, *ecc.*) a un periodo storico; determinare, fissare la data (*di un evento*); datare: **The archeologists will d. this statue**, gli archeologi determineranno il periodo storico al quale apparrtiene questa statua **3** (*fam.*) dare appuntamento a (q.); vedere, uscire con (*una ragazza*, *ecc.*). **B** *v. i.* **1** applicare, segnare la data: **a machine that dates and weighs**, una macchina che segna la data e pesa (*la merce*) **2** – **to d. from** (*o* **back to**), risalire a: **This church dates from the 14th century**, questa chiesa risale al Trecento; **The furniture dates back to the 16th century**, il mobilio risale al secolo XVI **3** essere in disuso (*o* antiquato), passato di moda): **This idiom dates**, questa espressione idiomatica non è più in uso **4** (*fam.*, *anche* **to d. each other**) fare all'amore; uscire insieme; vedersi **5** (*fam.*) avere molti appuntamenti. ● (*comm.*) **to d. back**, retrodatare □ **to d. forward**, postdatare □ (*di un abbonamento e sim.*) **to d. from**, decorrere da □ **dating from that day**, a partire da quel giorno.

dated [ˈdeitid], *a.* **1** datato; con la data **2** in disuso; passato di moda; antiquato.

dateless [ˈdeitlis], *a.* **1** senza data **2** senza fine; interminabile **3** che esiste da tempo immemorabile **4** che non perde valore o interesse col passare degli anni.

dating [ˈdeitiŋ], *n.* **1** datazione: **the d. of a text**, la datazione di un testo **2** (*fam.*) il darsi appuntamento **3** (*fam.*) l'andare in giro, l'uscire (*con ragazzi o ragazze*). ● (*USA*) **d. bar**, bar punto di ritrovo (*per uomini e donne*).

dation [ˈdeiʃən], *n.* (*leg.*) dazione: **d. in payment**, dazione in pagamento.

datival [dəˈtaivəl], *a.* (*gramm.*) dativo.

dative [ˈdeitiv], *a. e n.* (*gramm.*) dativo.

datum [ˈdeitəm] (*lat.*), *n.* **1** (*anche stat.*: *pl.* **data** (*q.v.*)) dato **2** (*pl.* **datums**) assunto; premessa **3** (*ing.*: *pl.* **datums**) riferimento **4** (*geol.*, *geodesia*: *pl.* **datums**) dato; datum. ● (*mat.*) **a d. point** (**line**, *etc.*), un punto (una linea, ecc.) di riferimento.

datura [dəˈtjuərə], *n.* (*bot.*, *Datura*) datura.

to daub [dɔːb], *v. t. e i.* **1** spalmare; impiastrare **2** chiudere; ricoprire; stuccare: **to d. a crack with plaster**, stuccare una fessura con l'intonaco **3** imbrattare; impiastricciare; dipingere malamente: **That man doesn't paint, he just daubs**, quello lì non dipinge; non fa che imbrattare tele. ● **to d. on paint**, applicare i colori con scarsa abilità.

daub [dɔːb], *n.* **1** sostanza da spalmare (*vernice*, *intonaco*, *argilla*, *fango*, *ecc.*) **2** imbratto (*anche fig.*); sgorbio; pittura mal fatta.

dauber [ˈdɔːbə*], *n.* imbrattatele.

daubery [ˈdɔːbəri], **daubry** [ˈdɔːbri], *n.* imbratto; sgorbio.

daubster [ˈdɔːbstə*], *n.* imbrattatele.

dauby [ˈdɔːbi], *a.* **1** attaccaticcio **2** imbrattato **3** (*di pittura*, *quadro*) mal dipinto.

Dauerlauf [ˈdauəlauf] (*ted.*), *n.* (*sport*) fondo (*con gli sci*).

daughter [ˈdɔːtə*], *n.* figlia; figliola. ● **d.-in-law**, nuora.

daughterhood [ˈdɔːtəhud], *n.* l'essere figlia.

daughterly [ˈdɔːtəli], *a.* filiale; di figlia.

to daunt [dɔːnt], *v. t.* **1** atterrire; intimidire; spaventare **2** deprimere; scoraggiare **3** stipare (*aringhe*) in un barile.

dauntless [ˈdɔːntlis], *a.* impavido; intrepido.

dauntlessness [ˈdɔːntlisnis], *n.* intrepidezza; intrepidità.

dauphin [ˈdɔːfin], *n.* (*stor.*) delfino.

dauphiness [ˈdɔːfinis], *n.* (*stor.*) delfina.

Dave [deiv], *n. dim.* di **David**.

davenport [ˈdævənpɔːt], *n.* **1** scrittoio, scrivania (*con piano ribaltabile*) **2** (*USA*) sofà; divano letto.

David [ˈdeivid], *n.* Davide. ● **D. and Jonathan**, Davide e Gionata; (*fig.*) amici fedeli, inseparabili, Oreste e Pilade.

davit [ˈdævit], *n.* (*naut.*) gru. ● **boat d.**, gru d'imbarcazione.

davy [ˈdeivi], *n.* (*pop.*, *per* **affidavit**) giuramento; deposizione giurata. ● **to take one's d.**, giurare; asseverare.

Davy Jones [ˌdeiviˈdʒounz], *n.* (*gergo marinaro*) «Davy Jones» (*lo spirito maligno del mare*). ● **D. J.'s locker**, il fondo del mare.

Davy lamp [ˈdeivi ˈlæmp], *n.* (*nelle miniere*) lampada di sicurezza.

daw [dɔː], *n.* (*zool.*) **1** (*Corvus monedula*) taccola **2** (*Cassidix mexicanus*) gracchio dalla coda lunga.

dawdle [ˈdɔːdl], V. **dawdler**.

to dawdle [ˈdɔːdl], **A** *v. i.* bighellonare; ciondolare; gingillarsi; oziare. **B** *v. t.* – **to d. away**, sciupare, sprecare (*il tempo*).

dawdler [ˈdɔːdlə*], *n.* bighellone, bighellona, fannullone, fannullona.

dawk [dɔːk], *n.* (*polit. USA*) (*contraz. di* **dove** *e* **hawk**) mezzo colomba e mezzo falco.

to dawn [dɔːn], *v. i.* **1** albeggiare; farsi giorno **2** (*del giorno*) spuntare **3** essere agli albori: **Civilization was just dawning**, la civiltà era appena agli albori **4** (*di solito* **to d. on**, **to d. upon**) palesarsi; farsi evidente, chiaro; venire in mente; farsi strada (*fig.*): **The unwelcome truth at last dawned on him**, la verità sgradita infine si fece strada nella sua mente; **It has dawned on me that...**, m'è venuto in mente che...

dawn [dɔːn], *n.* **1** alba; spuntar del giorno: **D. is breaking**, si fa l'alba; spunta il giorno **2** (*fig.*) albori, alba (*fig.*); inizio; principio: **the d. of the Atomic Age**, il principio dell'era atomica. ● **from d. to dark**, dall'alba al tramonto.

dawning [ˈdɔːniŋ], **A** *a.* albeggiante; nascente. **B** *n.* **1** l'albeggiare **2** (*fig.*) albori; alba (*fig.*); inizio. ● **the d. of a new hope**, lo spuntare d'una speranza nuova.

day [dei], *n.* **1** giorno; giornata; dì (*poet.*): **We work during the day**, lavoriamo durante il giorno; **It was a glorious day**, era una splendida giornata; **an eight-hour day**, una giornata (lavorativa) di otto ore **2** giornata campale; fatto d'arme; battaglia; vittoria: **We have carried (o won) the day**, abbiamo conseguito (*o* riportato) la vittoria **3** (periodo di) tempo: **He was the best painter of his day**, fu il miglior pittore del suo tempo; **in the days of good**

daybreak

Queen Anne, al tempo della regina Anna; **in the days of old**, nei tempi andati; nel tempo passato; al tempo dei tempi. ● *(raro)* **day about**, a giorni alterni ☐ **day after day**, un giorno dopo l'altro ☐ *(fig.)* **the day after the fair**, troppo tardi, a festa finita ☐ **the day after tomorrow**, dopodomani; domani l'altro; posdomani ☐ **day and night**, giorno e notte; notte e giorno; notte e dì ☐ **day bed**, poltrona a sdraio; divano letto ☐ **the day before yesterday**, ieri l'altro; l'altro ieri ☐ *(med.)* **day blindness**, emeralopia ☐ **day-boarder**, semiconvittore ☐ **day-book**, diario; *(comm.)* brogliaccio ☐ **day-boy (day-girl)**, studente (studentessa) che frequenta una **day school** ☐ **day by day**, giorno per giorno ☐ *(USA)* **day-care center**, asilo; scuola materna ☐ *(tel.)* **day charge**, tariffa diurna ☐ *(ferr. USA)* **day coach**, carrozza normale (con sedili non reclinabili) ☐ **day-dream**, sogno a occhi aperti; fantasticheria ☐ **to day-dream**, sognare a occhi aperti ☐ **day-dreamer**, sognatore ☐ *(zool.)* **day-fly** *(Ephemera)*, effimera ☐ *(med.)* **day hospital**, «day hospital» ☐ **day in, day out**, dalla mattina alla sera; continuamente; per giorni e giorni ☐ **day labour**, lavoro *(o* manodopera*)* a giornata ☐ **day labourer**, chi lavora a giornata; giornaliero ☐ *(USA)* **day letter**, telegramma diurno *(costa meno e viaggia più lento)* ☐ *(bot.)* **day lily** *(Hemerocallis)*, emerocallide ☐ **day-long**, che dura tutto il giorno ☐ **day nursery**, asilo nido ☐ *(comm.)* **days of grace**, giorni di grazia *(o* di respiro*)*; *(per estens.)* dilazione ☐ **day off**, giorno di libertà, giornata libera ☐ **day room**, sala comune *(nei collegi o nelle caserme)* ☐ **day school**, scuola senza convitto; scuola aperta di giorno o nei giorni feriali *(opposto di scuola serale o domenicale)* ☐ *(ind.)* **day shift**, turno di giorno ☐ *(poet.)* **day-spring**, alba ☐ *(ferr.)* **day ticket**, biglietto d'andata e ritorno, valido per un solo giorno ☐ **day-time**, giorno *(opposto a notte)*; **in the day-time**, di giorno ☐ **day-to-day**, di giorno in giorno; giornaliero, quotidiano; alla giornata, futile ☐ **day-tripper**, chi va in vacanza per un solo giorno; *(ferr.)* viaggiatore con biglietto d'andata e ritorno valido per un solo giorno ☐ **all (the) day**, tutto il giorno ☐ **all day long**, tutto il santo giorno ☐ **to be as clear as day**, essere chiaro come la luce del giorno ☐ **before day**, prima dello spuntar del giorno ☐ **break of day**, lo spuntar del giorno; l'albeggiare; alba ☐ **to be broad day**, essere pieno giorno *(o* giorno fatto*)* ☐ **by day**, di giorno ☐ **by the day**, a(lla) giornata: **He is paid by the day**, è pagato a(lla) giornata ☐ *(fig.)* **to call it a day**, stimare d'aver fatto una buona giornata di lavoro; *(e quindi)* cessare di lavorare: **You can call it a day!**, puoi anche smettere di lavorare! ☐ **the creature of a day**, persona *(o* animale*)* di breve vita ☐ **to end one's days**, finire *(o* chiudere*)* i propri giorni; morire ☐ **every other** *(o* **every second**) **day**, un giorno sì e un giorno no ☐ **evil days**, giorni brutti, rovina: **The poor man had fallen on evil days**, il poveretto era caduto in rovina *(o* se la passava male*)* ☐ **the first day**, la domenica ☐ **from day to day**, di giorno in giorno; da un giorno all'altro: *(fig.)* **to live from day to day**, vivere alla giornata ☐ *(fig.)* **to have had one's day**, avere fatto il proprio tempo: **Feudalism has had its day**, il feudalesimo ha fatto il suo tempo ☐ **to have one's day**, avere il proprio giorno di gloria; avere successo; essere in auge ☐ **to have seen better days**, aver conosciuto giorni migliori ☐ **to keep one's day**, essere puntuale ☐ *(fig.)* **to know the time of day**, avere gli occhi aperti; sapere il fatto proprio; saperla lunga ☐ **the last Day** *(o* **the Day of Judgement)**, il giorno del giudizio (universale) ☐ *(comm.)* **lay days**, stallie ☐ **men of the day**, uomini illustri o famosi *(in un dato periodo)*; uomini del giorno ☐ **night and day**, giorno e notte; notte e dì ☐ **one day**, un giorno; una volta; un giorno o l'altro ☐ **one of these (fine) days**, uno di questi giorni ☐ **one's day**, il proprio giorno (di visita, *in cui si ricevono le persone in casa propria)*: **Which is your day, Madam?**, in quale giorno (della settimana) riceve, signora? ☐ **the other day**, l'altro giorno ☐ **to pass the time of day with sb.**, salutare q.; scambiare quattro chiacchiere con q. ☐ **present-day**, del giorno d'oggi; attuale; contemporaneo ☐ **the present day**, oggigiorno ☐ **to save money for a rainy day**, metter denaro da parte per i tempi difficili ☐ **some day**, un giorno (futuro); un giorno o l'altro ☐ **some days**, alcuni giorni; qualche giorno ☐ **these days**, di questi tempi ☐ **this day week (fortnight, month, year)**, oggi a otto (a quindici, a un mese, a un anno) ☐ **to a day**, esattamente: **It is five years ago to a day**, fu esattamente cinque anni fa; sono compiuti cinque anni precisi; fanno cinque anni proprio oggi ☐ **to the present day**, fino a oggi, fino al momento attuale ☐ **working day**, giornata lavorativa ☐ **His day is done**, la sua ora è passata (ha finito d'aver successo, di brillare, ecc.); è ormai tramontato ☐ **His days are numbered**, ha i giorni contati; è prossimo a morire ☐ **My day has come**, è venuta la mia ora.

daybreak ['dei-breik], *n.* lo spuntar del giorno; l'albeggiare; alba.
daylight ['deilait]. **1** luce del giorno *(o* del sole*)*; luce diurna **2** alba; l'albeggiare; lo spuntar del giorno: **I woke up before d.**, mi svegliai prima dell'alba; **from d. till dark**, dall'alba al tramonto

3 *(fig.)* luce: **to let d. into an affair**, mettere in luce una faccenda; **We can now see d. ahead**, si comincia a vedere un po' di luce *(in un lavoro)*, a vederci chiaro **4** distanza che si vede a occhio *(fra due canotti in gara, ecc.)*. ● **d.-saving time**, ora estiva *(o legale)* ☐ **in broad d.**, in pieno giorno ☐ *(versando vino in un bicchiere)* **No d.!**, (riempilo) fino all'orlo!
daywork ['deiwə:k], *n.* **1** lavoro fatto in un giorno **2** lavoro pagato a giornata *(o* a ore*)*; lavoro in economia.
to daze [deiz], *v. t.* **1** stordire; sbalordire; stupefare **2** abbagliare: **The bright lights dazed me**, lo splendore delle luci m'abbagliò.
daze [deiz], *n.* stordimento; stupore; sbalordimento. ● **in a d.**, stordito; stupefatto; sbalordito; intronato *(fam.)*.
dazed [deizd], *a.* stordito; stupefatto; sbalordito; intronato *(fam.)*.
to dazzle ['dæzl], *v. t.* abbagliare; abbacinare: **The motorist was dazzled by the lights of a lorry**, l'automobilista fu abbagliato dai fari d'un autocarro; **He was dazzled with her beauty**, rimase abbagliato dalla sua bellezza.
dazzle ['dæzl], *n.* bagliore: **the d. of the lake**, il bagliore del lago. ● *(autom.)* **d. lamps** *(o* **lights)**, (fari) abbaglianti.
dazzlement ['dæzlmənt], *n.* abbagliamento; abbacinamento.
dazzling ['dæzliŋ], *a.* abbagliante; splendente; splendido: **d. colours**, colori abbaglianti.
D-day ['di:-dei], *n.* **1** il giorno dello sbarco degli Alleati in Normandia (6 giugno 1944) **2** *(per estens.)* il giorno in cui dovrà effettuarsi un'operazione militare; il giorno dell'azione: **We are waiting for D-day**, aspettiamo il giorno dell'azione **3** giorno dell'introduzione del sistema monetario decimale in G.B. (15 febbraio 1971).
de [di:], *V.* **dee**.
deacon ['di:kən], *n. (relig.)* diacono.
deaconess ['di:kənis], *n. (relig.)* diaconessa.
deaconry ['di:kənri], **deaconship** ['di:kənʃip], *n. (relig.)* diaconato.
dead (1) [ded], *a.* **1** morto *(anche fig.)*; estinto; inanimato: **He has been d. for two hours**, è morto da due ore; **d. leaves**, foglie morte; **d. waters**, acque morte; **d. languages**, lingue morte; **d. letter**, lettera giacente *(non ritirata o non consegnata, per irreperibilità del destinatario)*; *(fig.)* lettera morta; **d. matter**, materia inanimata; **d. season**, stagione morta **2** smorto: **d. colour**, colore smorto; tinta smorta **3** sterile; improduttivo: **d. soil**, terreno sterile **4** inservibile; inutilizzabile: **d. match**, un fiammifero inservibile **5** già utilizzato, sfruttato; spento: **d. brand**, tizzone spento **6** smorzato: **d. sound**, un suono smorzato **7** informicolito; intirizzito; insensibile; sordo *(fig.)*: **My fingers are d. from cold**, ho le dita intirizzite dal freddo; **He is d. to any feeling of pity**, è sordo a ogni sentimento di pietà **8** monotono; piatto; privo d'interesse: **a d. picture**, un quadro privo d'interesse **9** assoluto; completo; totale; netto: **a d. calm**, una calma assoluta; **d. certainty**, certezza assoluta **10** *(elettr.)* messo a terra; senza tensione: **a d. wire**, un filo senza tensione. ● *(rag.)* **d. account**, conto estinto ☐ **d. air**, aria viziata *(nelle miniere)* ☐ *(edil.)* **d.-air space**, intercapedine chiusa ☐ **d.-alive**, *(di persona)* mezzo morto, più morto che vivo; *(di cosa, luogo, ecc.)* monotono, noioso, tedioso ☐ **d. and gone**, morto e sepolto ☐ *(edil.)* **d. arch**, arco murato ☐ *(fin.)* **d. assets**, attività fittizie ☐ *(sport)* **d. ball**, palla *(o* pallone*)* fuori gioco ☐ *(rugby)* **d.-ball line**, linea di pallone morto ☐ **d. body**, cadavere ☐ **d. bolt**, serratura di sicurezza ☐ *(leg.)* **d.-born**, nato morto ☐ *(naut.)* **d. calm**, calma piatta; bonaccia ☐ **d. centre**, *(di motore)* punto morto (del manovellismo); *(mecc.: di tornio, ecc.)* contropunta fissa ☐ **the d. centre of the target**, il centro esatto del bersaglio ☐ **d. drop**, deposito *(o* nascondiglio*)* d'informazioni riservate *(senza che la spia e il cliente s'incontrino)* ☐ **d. end**, *(ferr.)* binario morto; vicolo cieco *(anche fig.)* ☐ **d.-end job**, lavoro senza prospettive, senza sbocchi di carriera ☐ **d.-end kid**, giovane teppista ☐ **a d.-end policy**, una politica senza via d'uscita ☐ *(naut.)* **d. eye**, bigotta; carrucola ☐ **dead-eye** *(USA)*, *V.* **d. shot** ☐ **d. fire**, fuoco di Sant'Elmo ☐ **d. flowers**, fiori avvizziti ☐ *(leg.)* **d. hand**, manomorta ☐ *(fam.)* **d. head**, tipo noioso; borsa *(fig., fam.)* ☐ *(sport)* **d. heat**, corsa che si chiude in parità: **a d.-heat finish**, una finale in cui due o più concorrenti arrivano alla pari ☐ *(sport)* **to d.-heat**, chiudere una corsa alla pari ☐ **d.-house**, camera mortuaria; obitorio ☐ *(fis.)* **d. level**, livello costante, permanente *(teoria delle costr.)* ☐ **d. load**, carico fisso ☐ **d. loss**, *(fin.)* perdita netta *(o* secca*)*; *(fig., fam.)* caso disperato ☐ *(bot.)* **d. man's fingers** *(o* **d. man's thumb**), *(Orchis morio)* pan di cuculo; *(Orchis maculata)* manine ☐ **d. man's brake (control, handle)**, *V.* **deadman's brake (control, handle)**, sotto **deadman** ☐ **d. march**, marcia funebre ☐ *(radio)* **a d. microphone**, un microfono che non è in funzione ☐ **a d. mine**, una miniera esaurita ☐ **d. money**, denaro infruttifero ☐ *(bot.)* **d. nettle** *(Lamium)*, lamio ☐ **d. office**, ufficio funebre ☐ **d. oil**, olio inerte *(estratto dal catrame)* ☐ *(USA)* **d. pan**, faccia impassibile; faccia di

bronzo □ **d.-pan humour**, umorismo impassibile □ **a d.-pan stare**, uno sguardo inespressivo, stolido □ **a d.-pan style**, uno stile compassato, freddo □ *(mecc.)* **d. point**, *(di motore)* punto morto □ **d. pull** *(o* **d. lift)**, sforzo vano *(per sollevare o spostare un peso eccessivo)* □ *(naut. e fig.)* **d. reckoning**, determinazione del punto stimato □ **d. set**, *(nella caccia)* punta, ferma; *(fig.)* sforzo deciso: **Make a d. set at him and he'll marry you**, mettìcela tutta e vedrai che ti sposa □ **a d. shot**, un colpo di fucile (pistola, ecc.) preciso al millimetro; un tiratore infallibile □ *(fam.)* **d. spit**, ritratto vivente: **He's the d. spit of his father**, è il ritratto vivente di suo padre; è suo padre nato e sputato *(fig.)* □ **d. stock**, *(fin.)* capitale azionario inutilizzato; *(comm.)* giacenze di merce difficile a vendersi □ *(ferr.)* **d. track**, binario morto; binario isolato □ *(tipogr.)* **d. type**, piombo fermo □ *(edil.)* **d. wall**, muro cieco □ **d. weight**, peso morto; grave peso, fardello; *(naut., anche* **d.-weight tonnage)** portata lorda □ *(edil.)* **d. window**, finestra murata □ **d. wood**, legno secco; *(fam.)* persona *(o* cosa) inutile, ramo secco *(fig.)* □ **to be as d. as a doornail**, essere morto stecchito □ **at d. of night**, nel cuore della notte □ **in the d. hours (of night)**, nelle ore (silenziose) della notte □ **in the d. of winter**, nel cuore dell'inverno; in pieno inverno □ **on a d. level**, perfettamente piano, in pari □ *(fig.)* **to wait for d. men's shoes**, aspettare un'eredità (o che altri muoia o vada in pensione) per subentrare a q. □ **He is in d. earnest**, fa proprio sul serio □ **His face was d. with fright**, era bianco (come un morto) dalla paura □ **The train slowed down and then came to a d. stop**, il treno rallentò e poi si fermò del tutto □ **The wind fell d.**, il vento cadde all'improvviso □ *(prov.)* **D. men tell no tales**, i morti non parlano.

dead (2) [ded], *avv.* **1** assolutamente; completamente; nettamente; perfettamente; del tutto: **His partners were d. against his plan**, i suoi soci erano nettamente contrari al suo progetto **2 a d. level surface**, una superficie piana perfettamente uniforme **2** all'improvviso; di colpo; di botto: **to stop d.**, fermarsi di botto. ● *(naut.)* **d. ahead**, (dritto) di prua □ **d. asleep**, profondamente addormentato □ **d.-beat**, *(agg.)* sfinito, stanco morto; *(mecc.)* smorzato; *(orologeria)* senza rimbalzo (o senza ritorno); *(elettr.)* aperiodico; *(sost.)* *(pop.)* scroccone, parassita; fannullone □ **d. broke**, senza il becco di un quattrino; in bolletta *(fam.)* □ **d. drunk**, ubriaco fradicio □ **d. ripe**, ben maturo □ *(autom.)* «**D. slow**», «a passo d'uomo» *(cartello)* □ **to have sb. d. to rights**, avere prove sicure contro q.

to deaden ['dedn], *A v. t.* **1** ammortire *(fig.)*; affievolire; attenuare; attutire; indebolire; smorzare: **This medicine will d. your pain**, questa medicina ti attenuerà il dolore; **These materials d. all sounds**, questi materiali smorzano ogni suono **2** rendere insensibile; informicolire; intirizzire: **Cold has deadened my fingers**, il freddo mi ha intirizzito le dita **3** isolare acusticamente *(un pavimento, ecc.)*. *B v. i.* **1** affievolirsi; attenuarsi; attutirsi **2** informicolirsi; intirizzirsi.

deadener ['dednə*], *n.* materiale isolante.

deadening ['dedniŋ], *n.* **1** isolamento acustico **2** materiale isolante.

deadhead ['dedhed], *n.* **1** chi viaggia, chi va a teatro, ecc. senza pagare il biglietto; portoghese *(fig.)* **2** testone *(fig.)*; tonto **3** *(naut.)* pilone d'ormeggio, colonna d'ormeggio.

deadlight ['dedlait], *n.* *(naut.)* **1** oscuratore di oblò *(o* di boccaporto) **2** osteriggio; portellino di luce; spiraglio; oblò.

deadline ['dedlain], *n.* **1** linea insuperabile, che non si può varcare senza pericolo di morte **2** *(per estens.)* termine massimo, ora (data, ecc.) di scadenza.

deadliness ['dedlinis], *n.* micidialità; implacabilità.

deadlock ['dedlɔk], *n.* **1** arresto; incaglio; punto morto *(fig.)*; impasse: **The truce talks have come to a d.**, le trattative per una tregua sono giunte a un punto morto **2** (situazione di) stallo: **The last elections caused a d. in parliament**, le ultime elezioni causarono una situazione di stallo nel parlamento.

deadly (1) ['dedli], *a.* mortale; micidiale; fatale; implacabile: **d. poison**, veleno micidiale; **d. enemies**, nemici mortali; **a d. sin**, un peccato mortale; **d. terror**, un terrore mortale **2** eccessivo; intenso; grande: **in d. haste**, in gran fretta; **a d. dullness**, una grande monotonia **3** *(fam.)* insopportabile; assai noioso: **a d. party**, un trattenimento assai noioso. ● **d. aim**, mira infallibile □ **a d. combat**, un combattimento all'ultimo sangue □ *(bot.)* **d. nightshade**, *(Atropa belladonna)* belladonna; *(Solanum nigrum)* morella, ballerina □ **a d. silence**, un silenzio di morte.

deadly (2) ['dedli], *avv.* **1** mortalmente: **d. pale**, mortalmente pallido **2** eccessivamente; intensamente; tremendamente: **d. boring**, tremendamente noioso. ● **d. tired**, stanco morto.

deadman [ded,mæn], *n. (pl.* **deadmen) 1** − *(geogr.)* D., Uomo Morto *(nei toponimi)* **2** *(naut.)* corpo morto, colonna (o palo) d'ormeggio provvisorio **3** *(costr.)* ancoramento *(per un ponte, ecc.)* **4** *(ferr., mecc.)* V. **d.'s brake**. ● *(ferr., mecc.)* **d.'s (o d.) brake**, (dispositivo di) uomo morto; freno automatico □ **d.'s** (o **d.) control**, V. **d.'s brake** □ *(mecc.)* **d.'s handle**, leva d'arresto automatico; leva a ritorno automatico.

deadness ['dednis], *n.* stato di morte, inattività, ecc. (V. **dead**).

deadwood ['dedwud], *n.* **1** *(anche fig.)* rami secchi: *(econ., fin.)* **to cut the d.**, tagliare i rami secchi **2** *(naut.)* controchiglia **3** *(naut.)* massiccio di poppa.

deadworks ['dedwə:ks], *n. pl.* *(naut.)* accastellamento; opera morta.

deaf [def], *a.* sordo *(anche fig.)*; insensibile: **a d. man**, un sordo; **He was d. to her entreaties**, fu sordo alle sue preghiere. ● **d.-aid**, apparecchio acustico □ **d.-and-dumb alphabet**, alfabeto dei sordomuti □ **d. in one ear**, sordo da un orecchio □ **d.-mute**, sordomuto □ **d. nut**, noce priva di gheriglio □ **to be as d. as a post** *(o* **as an adder)**, essere sordo come una campana □ **to turn a d. ear to sb.**, non dare ascolto a q.; fare orecchi da mercante □ *(prov.)* **None so d. as those that won't hear**, non c'è peggior sordo di chi non vuol sentire.

to deafen ['defn], *v. t.* **1** assordare; intronare **2** sommergere *(un rumore, con uno più forte)* **3** isolare acusticamente.

deafening ['defniŋ], *a.* assordante; fragoroso: **d. cheers**, fragorosi applausi.

deafness ['defnis], *n.* sordità.

deal (1) [di:l], *n.* quantità. ● **a good** *(o* **a great) d. of**, una gran quantità di; assai; molto; moltissimo: **It takes a good d. of patience**, ci vuole molta pazienza □ **He was a good d. surprised**, fu assai stupito □ **I am a great d. better than yesterday**, sto molto meglio di ieri □ **by a good d.**, di molto; di gran lunga.

to deal [di:l] *(pass. e p. p.* **dealt)**, *A v. t.* **1** distribuire; dare in dono; elargire: **Providence has dealt him happiness**, la Provvidenza gli ha elargito la felicità **2** dare, fare *(le carte, al gioco)*: **to d. cards**, dare le carte; **to d. poker**, fare le carte a poker. *B v. i.* **1** fare affari; servirsi *(in un negozio)*: **We've dealt at this shop for ten years**, ci serviamo in questo negozio da dieci anni **2** − **to d. with**, trattare; occuparsi di (q.c.); aver a che fare con (q.); fare affari con (q.): **Science deals with facts**, la scienza s'occupa dei fatti; **I refuse to d. with him**, non voglio avere nulla a che fare con lui; **You are difficult to d. with**, è difficile trattare *(o* fare affari) con te; **We d. with many firms**, noi facciamo affari con molte ditte **3** − **to deal in**, occuparsi di; commerciare in; *(comm.)* trattare *(un articolo, ecc.)*: **That firm deals in chinaware**, quella ditta commercia in ceramiche e porcellane; **We don't d. in this line**, non trattiamo questo articolo **4** dare, fare le carte *(al gioco)*: **It's your turn to d.**, now, tocca a te ora fare le carte. ● **to d. a blow to sb. (to d. sb. a blow)**, dare, assestare, appioppare un colpo a q. □ **to d. fairly with sb.**, trattare q. equamente, lealmente, con giustizia □ *(comm.)* **to d. fairly** *(o* **honestly) with one's customers**, essere onesto con i clienti □ *(Borsa)* **to d. for a fall (a rise)**, operare al ribasso (al rialzo) □ **to d. honourably (cruelly, etc.) by sb.**, comportarsi in modo onorevole (crudele, ecc.) con q. □ *(comm.)* **to d. on credit**, comprare *(o* vendere) a credito □ **to d. out**, distribuire; spartire; *(al gioco)* dare *(carte: buone, cattive, ecc.)* □ **to d. with a problem**, affrontare un problema.

deal (2) [di:l], *n.* **1** *(fam.)* accordo; patto *(specialm., se in politica, segreto)*; affare losco, poco pulito **2** *(fam.)* trattamento: **He gave me a square (a raw) d.**, mi fece un trattamento equo (ingiusto) **3** *(nei giochi di carte)* distribuzione delle carte; il fare o dare le carte; mano; diritto o turno di fare le carte: **Whose d. is it?**, a chi tocca fare le carte?; **to pass the d.**, passare la mano **4** *(fam.)* piano; progetto; ordinamento politico o sociale. ● *(comm.)* **a cash d.**, un'operazione a contanti □ *(stor.)* **the New D.**, il «New Deal» *(di F.D. Roosevelt; in USA, dopo il 1932)* □ **Well, it's a d.**, allora, affare fatto.

deal (3) [di:l], *n.* asse *(o* legno) di pino o d'abete: **a d. table**, una tavola d'abete.

dealer ['di:lə*], *n.* **1** chi dà, distribuisce, traffica, ecc. (V. **to deal) 2** commerciante; mercante; venditore; rivenditore: **authorised dealers**, rivenditori autorizzati; **a d. in furs**, un mercante di pellicce; **a corn-d.**, un commerciante in cereali **3** *(nel gioco)* chi dà *(o* fa) le carte; mazziere **4** *(comm.)* operatore **5** *(Borsa, anche* **d. in stocks)** operatore, speculatore. ● *(poker)* **d.'s choice**, (varietà di) poker in cui il mazziere stabilisce quali regole di gioco seguire □ *(comm.)* **d. help**, assistenza promozionale □ *(leg.)* **d. in stolen goods**, ricettatore □ *(comm.)* **d. network**, rete delle vendite □ *(poker)* **d.'s option**, V. **d.'s choice** □ **retail d.**, commerciante al minuto; dettagliante □ **wholesale d.**, grossista.

dealing ['di:liŋ], *n.* **1** distribuzione *(delle carte da gioco)* **2** comportamento; condotta; modo d'agire: **He is notorious for his underhanded d.**, è famigerato per il suo subdolo modo d'agire **3** *(di solito al pl.)* rapporto, relazione *(specialm. d'affari)*. ● *(Borsa)* **d. for cash**, negoziazione per contanti □ *(Borsa)* **d. for a fall (for a rise)**, operazione al ribasso (al rialzo).

dealt [delt], *pass.* e *p. p.* di **to deal**.
deambulation [di,æmbju'leiʃən], *n.* deambulazione.
deambulatory [di'æmbjulətəri], **A** *a.* deambulatorio (*lett.*); pertinente alla deambulazione. **B** *n.* (*archit.*) deambulatorio; ambulacro.
dean (1) [di:n], *n.* **1** (*anche relig.*) decano: **the d. of Canterbury**, il decano di Canterbury; **He is the d. of English poets**, è il decano dei poeti inglesi **2** (*nelle università*) professore che risiede nel college e ha funzioni speciali; preside di facoltà.
dean (2) [di:n], *n.* valle, valletta (*specialm. come suffisso, nei toponimi*).
deanery ['di:nəri], *n.* **1** decanato **2** residenza d'un decano.
dear [diə*], **A** *a.* **1** caro: **a d. friend**, un caro amico; (*al vocat.*) **my d. sir**, caro signore (*gentile o ironico*); **What a d. little girl!**, che cara bambina! **2** caro; costoso: **d. goods** (**shops**, **etc.**), merci (botteghe, ecc.) care; (*fin.*) **d. money**, denaro caro. **B** *n.* **1** amore; tesoro: **She's a d.!**, è un tesoro! **2** (*di solito al vocat.*) caro: **Come here, my d.**, vieni qui, mio caro; **Yes**, **d.**, sì, caro. **C** *avv.* **1** caramente; con grande affetto **2** caro; a caro prezzo: **It isn't easy to buy cheap and sell d.**, non è facile comprare a buon mercato e vendere caro; **It will cost you d.**, ti costerà caro. **D** *inter.* (*di dolore, stupore, impazienza, ecc.*) **D.!** (*o* **d. me!**, **oh d.!**), povero me!; Dio mio! ● (*fig., fam.*) **D. John**, lettera d'addio (*o* di benservito: *inviata a un soldato in guerra dalla moglie che chiede il divorzio e sim.*) □ (*nelle lettere, al vocat.*) **D. Sir**, Egregio Signore; (*anche*) **My d. Mr Jones**, Egregio Sig. Jones **2** **a d. year**, un'annata cara (*di prezzi alti*) □ (*al vocat.*) **dearest John**, carissimo John □ **for d. life**, come ne andasse della vita: **He ran for d. life**, correva come ne andasse della vita □ **my d. ones**, i miei cari □ **My family is very d. to me**, ho molto cara la famiglia.
dearie, deary ['diəri], (*di solito al vocat.*) caro, carino, tesoruccio (*talora ironico o scherzoso*).
dearly ['diəli], *avv.* **1** moltissimo; ardentemente: **I d. wish to go**, desidero ardentemente andarmene **2** a caro prezzo: **Victory was d. won**, la vittoria fu ottenuta a caro prezzo. ● **I would d. love to meet him again**, avrei molto caro di rivederlo.
dearness ['diənis], *n.* **1** l'esser caro, dispendioso; alto costo (*o* prezzo): **the d. of credit nowadays**, l'alto prezzo del credito oggigiorno **2** amabilità; affetto, affettuosità.
dearth [də:θ], *n.* **1** scarsità; mancanza; penuria: **the d. of coins**, la scarsità di monete metalliche **2** scarsità di viveri; carestia: **in time of d.**, in tempo di carestia.
death [deθ], *n.* **1** morte (*anche fig.*); decesso; lutto; trapasso (*lett.*); cagione di morte; fine; distruzione: **He died a natural d.**, morì di morte naturale; **d. from drowning**, morte per annegamento; **The atomic bomb was d. to thousands**, la bomba atomica causò la morte di migliaia di persone; **closed: d. in the family**, chiuso per lutto (di famiglia); **the d. of my hopes**, la fine delle mie speranze **2** cosa sgradevolissima; esperienza rattristante, oltremodo spiacevole: **It was d. to me to have to see him again**, fu per me cosa assai spiacevole doverlo rivedere. ● (*zool.*) **d.-adder** (*Acanthophis antarcticus*), vipera della morte □ **d. bed**, letto di morte □ **d.-bed repetance**, pentimento in punto di morte □ **a d.-bed will**, un testamento fatto in punto di morte □ **d. benefit**, indennità per morte (*sul lavoro o per causa di servizio*) □ **d.-blow**, colpo mortale □ (*leg., fin.*) **d.-duty**, imposta di successione □ **d.-feud**, ostilità mortale; contesa all'ultimo sangue □ **d.'s head**, testa di morto; teschio □ (*zool.*) **d.'s head moth** (*Acherontia atropos*), acheronzia; sfinge testa di morto □ **d.-mask**, maschera mortuaria □ **d. notice**, necrologio □ **d. place**, luogo in cui uno muore (*o* è morto) □ (*stat.*) **d. rate**, indice di mortalità □ **d.-rattle**, rantolo della morte □ **d. roll**, elenco dei morti (*o* dei caduti) in guerra □ **d. tax**, *V.* **d. duty** □ **d. trap**, tranello mortale; luogo pericoloso; edificio pericolante □ **d.-watch**, veglia al letto di un moribondo; guardia fatta a un condannato a morte; (*zool., Atropos pulsatorium*) orologio della morte □ **to be the d. of sb.**, essere la morte di q.; far morire q.: **That racing car will be the d. of you**, quell'automobile da corsa sarà la tua morte; **Smoking will be the d. of me**, se non smetto di fumare ci lascerò la pelle □ (*pop.*) **to be d. on**, essere bravo a uccidere (*preda, selvaggina*); essere bravo a fare q.c. □ **to be at d.'s door**, avere la morte all'uscio; essere in punto di morte; trovarsi di fronte alla morte □ (*stor.*) **the Black D.**, la Morte Nera (*la peste del 1348*) □ **to be burnt to d.**, essere arso vivo; morire (*in un incendio*): **Many people were burnt to d. in the fire**, molte persone perirono nell'incendio □ **to catch one's d. of a cold**, prendere un raffreddore (che porta o può portare alla tomba) □ **civil d.**, morte civile □ **to do to d.**, mettere a morte, dare la morte a; (*fig.*) fare (suonare, ecc.) fino alla nausea: **That tune has been done to d.**, quel motivo è stato suonato fino alla nausea □ **field of d.**, campo di battaglia; luogo in cui avviene una strage □ **to frighten to d.**, far morire di paura □ **to be frozen to d.**, morire di freddo □ **to hold on like grim d.**, tener duro; stare attaccato tenacemente (al proprio lavoro, ecc.); non mollare □ **to be in at the d.**, (*sport*) essere presente al momento dell'uccisione della volpe; (*fig.*) essere presente nel momento culminante d'un evento o al compimento di un'impresa □ **in the throes of d.**, in agonia □ **to put to d.**, mettere a morte; dar la morte a □ **to be sick to d. of sb.** (*st.*), averne fin sopra i capelli di q. (q.c.) □ **to be starved to d.**, morire di fame □ **to be stoned to d.**, essere lapidato □ **to the d.**, fino alla morte; (*fig.*) all'ultimo sangue, fino in fondo: **war to the d.**, guerra all'ultimo sangue □ **to work oneself to d.**, ammazzarsi di lavoro □ **He has worried me to d.**, mi ha seccato a morte □ **He is as pale as d.**, è mortalmente pallido □ **It is** (*o* **We make it**) **d. to such offenders**, criminali del genere, noi li condanniamo alla pena di morte □ **It is as sure as d.**, è cosa arcisicura □ **This dog is d. on rats**, questo cane è bravissimo a uccidere i topi □ (*prov.*) **D. comes to all men**, la morte non guarda in faccia a nessuno.
deathless ['deθlis], *a.* immortale; imperituro.
deathlessness ['deθlisnis], *n.* immortalità.
deathlike ['deθlaik], *a.* mortale, simile a morte; di morte: **a d. stillness**, una quiete di morte.
deathly ['deθli], **A** *a.* **1** mortale; micidiale; fatale: **a d. weapon**, un'arma micidiale **2** mortale; simile a morte; di morte: **a d. silence**, un silenzio di morte. **B** *avv.* **1** mortalmente: **d. pale**, mortalmente pallido **2** estremamente; molto: **d. serious**, estremamente serio. ● **d. tired**, stanco morto.
deb [deb], *n.* (*USA*; *abbr. fam. di* **debutante**) esordiente; debuttante (*donna*); giovinetta che fa la sua prima comparsa in società.
debacle [dei'ba:kl], *n.* **1** débâcle; rotta; sconfitta **2** (*fin., Borsa*) crollo **3** (*geogr.*) disgelo improvviso.
to debag [di'bæg], *v. t.* (*pop., scherz.*) togliere i calzoni a (q.).
to debar [di'ba:*], *v. t.* **1** escludere (*da un diritto, ecc.*); impedire; interdire (*l'accesso, ecc.*); privare di: **Persons who have been imprisoned are debarred from voting at elections**, le persone che sono state in prigione sono private del diritto di voto **2** (*raro*) ostacolare; sbarrare; proibire; vietare. ● (*leg.*) **to d. by time**, prescrivere; mandare in prescrizione.
to debark [di'ba:k], *v. t.* e *i.* sbarcare.
debarkation [,di:ba:'keiʃən], *n.* sbarco.
to debase [di'beis], *v. t.* **1** abbassare; avvilire; degradare **2** alterare; sofisticare; adulterare (*merce, monete*) **3** (*fin., econ.*) deprezzare; svalutare; svilire: **to d. the pound**, deprezzare la sterlina.
debasement [di'beismənt], *n.* **1** avvilimento; degradazione **2** alterazione; sofisticazione; adulterazione **3** (*fin., econ.*) deprezzamento; svalutazione; svilimento: **the d. of coinage**, il deprezzamento della moneta.
debatable [di'beitəbl], *a.* **1** discutibile; da discutere **2** discutibile; dubbio. ● **d. territory**, territorio conteso fra due nazioni.
to debate [di'beit], *v. t.* e *i.* **1** dibattere; discutere; agitare (*una questione, ecc.*) **2** considerare; meditare; ponderare; riflettere: **I was debating with myself whether to go or not**, riflettevo fra me se andare o no **3** (*arc.*) contendersi; disputarsi: **They long debated the victory**, si contesero a lungo la vittoria. ● **debating society**, circolo di cultura; associazione che organizza dibattiti.
debate [di'beit], *n.* **1** dibattito; discussione **2** dibattimento; contraddittorio **3** disputa; controversia; polemica.
debater [di'beitə*], *n.* **1** disputante; disputatore; chi partecipa a un dibattito **2** argomentatore.
to debauch [di'bɔ:tʃ], *v. t.* **1** corrompere; pervertire; traviare **2** sedurre (*una donna*) **3** guastare (*i propri gusti*) **4** viziare (*il proprio giudizio*).
debauch [di'bɔ:tʃ], *n.* **1** deboscia; corruzione; pervertimento; traviamento **2** scostumatezza; sregolatezza **3** gozzoviglia; orgia.
debauched [di'bɔ:tʃt], *a.* debosciato; corrotto; dissoluto; scostumato.
debauchee [,debɔ:'tʃi:], *n.* depravato; debosciato; persona dissoluta, corrotta.
debauchery [di'bɔ:tʃəri], *n.* **1** depravazione; dissolutezza; scostumatezza **2** (*pl.*) gozzoviglie; orge **3** pervertimento; corruzione.
debbie, debby ['debi], *a.* (*fam.*) di (*o* da, per) debuttante: **a d. party**, un party per (*o* di) debuttante.
debenture [di'bentʃə*], *n.* **1** (*fin.*) obbligazione; titolo obbligazionario **2** polizza doganale di rimborso (*d'un dazio pagato: emessa a favore d'un importatore*). ● **d. bond**, obbligazione (*il titolo*) □ **d. capital**, capitale obbligazionario □ **d. certificate**, cartella obbligazionaria □ **d. holder**, obbligazionista □ **d. stock**, obbligazioni irredimibili (*dello Stato: in G.B.*).
to debilitate [di'biliteit], *v. t.* indebolire.
debilitation [di,bili'teiʃən], *n.* debilitazione.
debility [di'biliti], *n.* debolezza; scarsa fermezza (*di propositi, ecc.*).

debit ['debit], *n.* **1** (*rag.*) addebito; registrazione a debito **2** (*rag., anche* **d. side**) colonna del dare **3** (*fig.*) debito. ● **d. account**, conto debitore □ **d. advice** (*o* **note**), nota of addebito □ **d. and credit**, dare e avere, entrate e uscite □ **d. balance**, saldo debitore (*o* passivo) □ (*banca*) **d. interest**, interessi debitori □ **d. item**, partita a debito □ **d. ledger**, mastro delle vendite □ **d. side**, dare (*d'un conto*).
to debit ['debit], *v. t.* (*comm.*) addebitare: **to d. sb.** (**sb.'s account**) **with forty pounds**, addebitare q. (*il conto di q.*) di quaranta sterline; **to d. a hundred dollars to sb.** (*o* **to sb.'s account**), addebitare la somma di cento dollari a q.
to deblur [di:'blə:*], *v. t.* (*fotogr.*) scontornare.
debonair, debonaire [ˌdebə'nɛə*], *a.* **1** bonario; cordiale; affabile; cortese **2** allegro; gaio **3** disinvolto.
to debone [ˌdi:'boun], *v. t.* **1** disossare (*un pollo, ecc.*) **2** (*raro*) spinare (*un pesce*).
to deboost [di:'bu:st], (*miss.*) **A** *v. i.* (*di razzo, astronave, ecc.*) rallentare. **B** *v. t.* far rallentare. ● **deboosting rocket**, razzo di rallentamento.
deboost [di:'bu:st], *n.* (*miss.*) rallentamento (*mediante retrorazzi*): **d. maneuver**, manovra di rallentamento.
to debouch [di'baut∫], *v. i.* **1** (*mil.*) uscire (*da boschi, strettoie*) sul terreno aperto **2** (*di fiume, ecc.*) sboccare all'aperto.
debouchment [di'baut∫mənt], *n.* **1** (*mil.*) l'uscire allo scoperto; sbocco all'aperto **2** foce (*di fiume*); sfogo (*V.* **to debouch**).
Debrett [də'bret], *n.* almanacco dell'aristocrazia inglese (*dal nome del compilatore*).
to debrief [ˌdi:'bri:f], *v. t.* interrogare (*un transfuga, ecc.*); assumere informazioni da (q.).
debriefing [ˌdi:'bri:fiŋ], *n.* interrogatorio (*di un transfuga, ecc.*); seduta postoperativa.
debris, débris ['deibri:] (*franc.*), *n.* (*invar. al pl.*) (*anche geol.*) frammenti; detriti.
debt [det], *n.* (*comm.*) debito; (*fig.*) obbligo, obbligazione: **I am still in d. to my tailor**, sono ancora in debito verso il mio sarto; **a d. of gratitude**, un debito di gratitudine. ● **d. collecting** (*o* **d. collection**), recupero dei crediti □ **d.-collector**, esattore dei crediti □ **d. of honour**, debito d'onore (*specialm. di gioco*) □ **d. of nature**, debito che si paga alla natura (*la morte*) □ (*leg.*) **d. proved in bankruptcy**, credito ammesso al passivo del fallimento □ **bad d.**, credito difficile a riscuotersi □ **to be deeply in d.**, essere indebitato fino agli occhi (*o* fin sopra i capelli) □ **floating d.**, debito fluttuante □ **to get into d.**, indebitarsi □ **to get out of d.**, sdebitarsi; pagare i debiti □ **irrecoverable d.**, credito inesigibile □ **National D.**, debito pubblico □ **small d.**, credito di piccola entità (*esigibile presso una County Court*).
debtor ['detə*], **A** *n.* **1** debitore **2** (*rag., abbr.* **Dr**: *intestazione della colonna* **D**) dare. **B** *a. attr.* debitore: (*fin.*) **d. company** (**nation, etc.**), società (nazione, ecc.) debitrice. ● (*rag.*) **debtors ledger**, partitario clienti □ **d. on mortgage**, debitore ipotecario.
to debug [ˌdi:'bʌg], *v. t.* **1** bonificare (*un locale*); rimuovere le microspie da (*una stanza, ecc.*) **2** neutralizzare (*microspie*) elettronicamente **3** (*elab.*) cercare e correggere errori in (*un programma*) **4** (*elab.*) eliminare difetti in (*un computer*) **5** (*ing.*) mettere a punto (*un'installazione, un motore d'aereo, ecc.*).
to debunk ['di:'bʌnk], *v. t.* (*fam.*) ridimensionare; sgonfiare (*fam.*).
to debureaucratize [di:'bjuərəukrətaiz], *v. t.* sburocratizzare.
to debus [di(:)'bʌs], **A** *v. t.* scaricare (*merce o passeggeri*) da un autobus. **B** *v. i.* scendere (*da un autobus, ecc.*).
debut ['deibu:], *n.* esordio; debutto; prima comparsa (*d'una giovinetta*) in società. ● **to make one's d.**, fare la prima comparsa a teatro o in società; debuttare.
debutant, debutante [debju(:)ta:nt], *n.* **1** persona (*specialm. donna*) che fa la sua prima comparsa in società; giovinetta che viene presentata a Corte **2** (*teatr.*) esordiente; debuttante.
decadal ['dekədəl], **decadic** [di'kædik], *a.* di decade; di decennio.
decade ['dekeid], **decad** ['dekəd], *n.* **1** decade (*complesso di dieci cose*) **2** decennio **3** (*mat.*) decade **4** (*relig.*) posta (*di rosario*).
decadence ['dekədəns], **decadency** ['dekədənsi], *n.* **1** decadenza **2** (*arte, letter.*) decadentismo.
decadent ['dekədənt], **A** *a.* **1** decadente (*arte, letter.*) decadentistico. **B** *n.* (*arte, letter.*) scrittore decadente; decadentista.
decadentism ['dekədəntizəm], *n.* (*arte, letter.*) decadentismo.
to decaffeinate [di:'kæfineit], *v. t.* decaffeinare; decaffeinizzare.
decagon ['dekəgən], *n.* (*geom.*) decagono.
decagonal [də'kægənəl], *a.* decagonale.
decagram(me) ['dekəgræm], *n.* decagrammo.
decahedron [ˌdekə'hi:drən], *n.* (*pl.* **decahedrons, decahedra**) (*geom.*) decaedro.
decalcification ['di:ˌkælsifi'kei∫ən], *n.* (*med.*) decalcificazione.
to decalcify [di:'kælsifai], *v. t.* (*med.*) decalcificare. ● **to become decalcified**, decalcificarsi.

decalcomania [diˌkælkə'meiniə], *n.* decalcomania.
decalitre ['dekəˌli:tə*], *n.* decalitro.
decalogue ['dekəlɔg], *n.* decalogo.
decameron [di'kæmərən], *n.* (*lett., letter.*) raccolta di novelle.
decametre ['dekəˌmi:tə*], *n.* decametro.
to decamp [di'kæmp], *v. i.* **1** levare il campo; disperdersi; sparpagliarsi **2** andarsene; levare le tende **3** (*fig.*) scappare (*di nascosto*); svignarsela.
decampment [di'kæmpmənt], *n.* **1** il togliere le tende; sparpagliamento **2** (*fig.*) fuga precipitosa.
decan ['dekən], *n.* (*astrologia*) decano.
decanal [di'keinl], *a.* (*relig.*) **1** di decano **2** di decanato.
to decant [di'kænt], *v. t.* **1** (*chim.*) decantare, travasare (*vino, ecc.*) **3** (*fig., pop.*) trapiantare (*persone, operai, ecc.*).
decantation [ˌdi:kæn'tei∫ən], *n.* (*chim.*) decantazione.
decanter [di'kæntə*], *n.* caraffa, boccia (*da vino, ecc.*).
to decapitate [di'kæpiteit], *v. t.* decapitare; decollare.
decapitation [diˌkæpi'tei∫ən], *n.* decapitazione; decollazione.
decapods ['dekəpɔdz], *n. pl.* (*zool.*, **Decapoda**) decapodi.
decarbonization [diːˌkɑːbənai'zei∫ən], *n.* (*metall.*) decarburazione.
to decarbonize [diː'kɑːbənaiz], **to decarburize** [diː'kɑːbjuəraiz], *v. t.* (*metall.*) decarburare.
decastere ['dekəˌstiə], *n.* decastero.
decasyllabic ['dekəsi'læbik], *a.* (*poesia*) decasillabo.
decasyllable ['dekəˌsiləbl], *n.* (*poesia*) (verso) decasillabo.
decathlete [di'kæθli:t], *n.* (*sport*) decatleta; decathloneta.
decathlon [di'kæθlɔn], *n.* (*sport*) decathlon, decatlon.
to decay [di'kei], **A** *v. i.* **1** decadere; deperire; deteriorarsi **2** decomporsi; marcire; imputridire: **decaying vegetation**, vegetazione che marcisce **3** cariarsi: **My teeth begin to d.**, incominciano a cariarmisi i denti **4** (*fis.*) disintegrarsi. **B** *v. t.* far deperire; far marcire; far imputridire. ● **a decayed tooth**, un dente cariato.
decay [di'kei], *n.* **1** decadimento; decadenza; deperimento; deterioramento **2** decomposizione; imputridimento; rovina; sfacelo: **The temple is in d.**, il tempio è in sfacelo **3** marciume; putredine; tessuto putrefatto: **The surgeon had to remove the d.**, il chirurgo dovette rimuovere il tessuto putrefatto **4** (*fis.*) disintegrazione (*di sostanze radioattive*); decadimento radioattivo **5** carie (*dentaria*). ● **to fall into d.**, andare in rovina: **Arts and letters may fall into d.**, può darsi che le arti e la letteratura vadano in rovina.
decease [di'si:s], *n.* decesso.
to decease [di'si:s], *v. i.* decedere.
deceased [di'si:st], **A** *a.* deceduto; estinto; morto. **B** *n.* – **the d.**, il defunto; l'estinto; il morto.
deceit [di'si:t], *n.* **1** falsità; disonestà **2** inganno; raggiro; sotterfugio **3** (*leg.*) frode; truffa; dolo.
deceitful [di'si:tful], *a.* **1** ingannevole; disonesto; falso; fallace **2** fraudolento; truffaldino **3** menzognero: **a d. little boy**, un ragazzino menzognero.
deceitfulness [di'si:tfulnis], *n.* inganno; falsità; disonestà.
deceivable [di'si:vəbl], *a.* ingannabile.
to deceive [di'si:v], **A** *v. t.* **1** ingannare; raggirare; truffare **2** deludere (*specialm. speranze*). **to deceive oneself B** *v. rifl.* illudersi; ingannarsi. ● **to d. sb. into doing sth.**, convincere q. con l'inganno a fare q.c.
deceiver [di'si:və*], *n.* ingannatore, ingannatrice; imbroglione.
to decelerate [di(:)'seləreit], **A** *v. t.* rallentare la velocità di (q.c.); decelerare. **B** *v. i.* decelerare; rallentare.
deceleration [di:ˌselə'rei∫ən], *n.* decelerazione; rallentamento.
decelerator [di:'seləreitə*], *n.* deceleratore.
December [di'sembə*], **A** *n.* dicembre. **B** *a. attr.* di dicembre; dicembrino.
decemvir [di'semvə*], *n.* (*pl.* **decemvirs, decemviri**) (*stor.*) decemviro, deceniviro.
decemvirate [di'semvirit], *n.* (*stor.*) decemvirato.
decency ['di:snsi], *n.* **1** decenza; convenienza; decoro; modestia **2** (*pl.*) convenienze (sociali); norme del vivere civile: **to observe the decencies**, osservare le convenienze.
decennary [di'senəri], **A** *a.* decennale. **B** *n.* decennio.
decenniad [di'seniəd], *V.* **decennium**.
decennial [di'senjəl], *a. e n.* decennale.
decennium [di'seniəm], *n.* (*pl.* **decenniums, decennia**) decennio.
decent ['di:sənt], *a.* **1** decente; convenevole; decoroso; onesto: **d. clothes**, abiti decenti; **d. speech** (*o* **d. language**), linguaggio decoroso (*o* corretto) **2** (*fam.*) discreto; abbastanza soddisfacente; adeguato; passabile: **d. wages**, un salario discreto; **a d. lunch**, un pranzo passabile **3** gentile; generoso: **He is very d. to me**, è molto gentile con me **4** (*gergo studentesco*) buono; indulgente; di manica larga: **a d. teacher**, un professore indulgente. ● **d. people**, (la) gente per bene.
decently ['di:səntli], *avv.* **1** decentemente **2** (*fam.*) discretamen-

decentralization

te; abbastanza **3** bene: **Behave d.!**, comportati bene!; **He has always treated me d.**, m'ha sempre trattato bene.
decentralization [di:ˌsentrəlaiˈzeiʃən], *n.* decentramento; decentralizzazione.
to decentralize [di:ˈsentrəlaiz], *v. t.* decentrare; decentralizzare.
decentralizer [di:ˈsentrəlaizə*], *n.* decentratore; decentralizzatore.
deception [diˈsepʃən], *n.* **1** falsità; disonestà **2** inganno; frode; raggiro; sotterfugio: **Never practise d.!**, non usar mai inganni! **3** illusione. ● (*mil.*) **d. measures**, misure atte a ingannare il nemico.
deceptive [diˈseptiv], *a.* ingannevole; fallace; menzognero; illusorio. ● **Appearances are often d.**, l'apparenza inganna (*prov.*).
deceptiveness [diˈseptivnis], *n.* falsità; l'essere ingannevole; fallacia.
decibar [ˈdesibaː*], *n.* (*fis.*) decibar.
decibel [ˈdesibel], *n.* (*fis.*) decibel.
decidable [diˈsaidəbl], *a.* che può essere deciso.
to decide [diˈsaid], **A** *v. t.* **1** decidere; stabilire; risolvere (*una questione, una lite, ecc.*); **to d. to do** (*anche*: **on doing, for doing**) **st.**, decidere di fare q.c.; **to d. against doing st.**, decidere di non fare q.c. **2** far decidere; far prendere una decisione a: **That decides me**, ciò mi fa prendere una decisione **3** (*leg.*) decidere; risolvere: **to d. a controversy**, decidere una controversia. **B** *v. i.* **1** decidere, decidersi; risolversi: **I have decided to become a doctor**, ho deciso di fare il medico; **I decided for** (*o* **in favour of**) **a long holiday**, decisi di prendermi una lunga vacanza **2** (*leg.*) deliberare. ● **That decides the issue**, questo taglia la testa al toro (*fig.*).
decided [diˈsaidid], *a.* **1** definito; chiaro; netto; positivo: **a d. advantage**, un vantaggio netto **2** deciso; fermo; risoluto; saldo: **I am quite d.**, sono proprio deciso; **d. opinions**, opinioni ferme, salde.
decidedly [diˈsaididli], *avv.* **1** chiaramente; nettamente; senza dubbio **2** decisamente; risolutamente.
decider [diˈsaidə*], *n.* **1** chi decide (*V.* **to decide**) **2** (*sport*) partita (*o* gara) decisiva.
deciduous [diˈsidjuəs], *a.* (*bot., zool.*) deciduo; caduco (*anche fig.*): **d. leaves**, foglie decidue; **a d. flower**, un fiore caduco **2** (*bot.*) caducifoglio; a foglie decidue: **The maple is a d. tree**, l'acero è un albero a foglie decidue. ● (*anat.*) **deciduous teeth**, denti decidui.
decigram(me) [ˈdesigræm], *n.* decigrammo.
decilitre [ˈdesiˌliːtə*], *n.* decilitro.
decimal [ˈdesiməl], *a. e n.* (*mat.*) decimale: **d. fraction**, frazione decimale; **d. numeration**, numerazione decimale; **d. point**, puntino che separa l'intero dalla parte decimale; **d. system**, sistema decimale. ● **d. decimals**, aritmetica decimale □ **recurring d.**, numero decimale periodico.
decimalist [ˈdesiməlist], *n.* fautore del sistema decimale.
decimalization [ˌdesiməlaiˈzeiʃən], *n.* (*mat.*) adozione del (*o* riduzione al) sistema decimale; «decimalizzazione».
to decimalize [ˈdesiməlaiz], *v. t.* (*mat.*) adottare il (*o* ridurre al) sistema decimale; «decimalizzare»: **to d. the currency**, decimalizzare la moneta.
decimally [ˈdesiməli], *avv.* **1** a decine **2** per mezzo di decimali.
to decimate [ˈdesimeit], *v. t.* (*anche fig.*) decimare.
decimation [ˌdesiˈmeiʃən], *n.* (*anche fig.*) decimazione.
decimetre [ˈdesiˌmiːtə*], *n.* decimetro.
decimo-octavo [ˈdesimouəkˈteivou], *n.* (*pl.* **decimo-octavos**) (*tipogr.*) diciottesimo.
decimo-sexto [ˈdesimouˈsekstou], *n.* (*pl.* **decimo-sextos**) (*tipogr.*) sedicesimo.
to decipher [diˈsaifə*], *v. t.* (*anche fig.*) decifrare.
decipher [diˈsaifə*], *n.* decifrazione (*di documenti cifrati*)
decipherable [diˈsaifərəbl], *a.* decifrabile.
decipherment [diˈsaifəmənt], *n.* decifrazione; decifrazione.
decision [diˈsiʒən], *n.* **1** decisione; determinazione; risoluzione; risolutezza; fermezza: **to come to** (*o* **to arrive at**) **a d.**, giungere a una decisione; **a man of d.**, un uomo di grande fermezza (*o* risoluto) **2** (*leg.*) giudizio; sentenza: **d. by default**, sentenza in assenza della parte **3** (*atletica*) verdetto: **d. on points**, verdetto ai punti **4** (*pugilato*) vittoria ai punti. ● **d. making**, processo decisorio □ **d.-making power**, potere decisionale.
decisional [diˈsiʒənl], *a.* decisionale. ● (*leg.*) **d. law**, diritto basato sul principio del precedente giuridico.
decisive [diˈsaisiv], *a.* **1** decisivo; determinante; risolutivo: **a d. argument**, un argomento decisivo; **a d. battle**, una battaglia decisiva **2** deciso; fermo; risoluto: **a d. character**, un carattere fermo **3** chiaro, netto: **a d. superiority**, una netta superiorità.
decisiveness [diˈsaisivnis], *n.* **1** importanza decisiva **2** fermezza; risolutezza.
decistere [ˈdesiˌstiə], *n.* decistero.
to decivilize [di(ː)ˈsivilaiz], *v. t.* imbarbarire.

deck [dek], *n.* **1** (*naut.*) ponte; coperta; tolda **2** imperiale (*di diligenza, d'omnibus, ecc.*) **3** (*ferr.*) imperiale; tetto; pavimento **4** (*aeron.*) ponte di volo **5** (*d'autobus*) piano **6** (*specialm. USA*) mazzo di carte (*da gioco*) **7** (*pop. USA*) pacchetto (*di sigarette, di droga, ecc.*). ● (*naut.*) **d. cargo**, carico di coperta □ **d.-chair**, sedia a sdraio □ **d.-hand**, marinaio (*specialm. se lavora sopraccoperta*) □ **d.-house**, tuga □ (*aeron., naut.*) **d.-landing**, appontaggio □ **d. passenger**, passeggero di ponte (*che non ha una cabina*) □ **d. shoes**, scarpe antisdrucciolo per andare in barca □ **angled d.**, ponte angolato (*di nave portaerei*) □ **boat d.**, ponte delle imbarcazioni □ **to clear the decks (for action)**, sgombrare i ponti (*per il combattimento*); (*fig.*) prepararsi all'azione □ **flight d.**, ponte di volo □ **forecastle d.**, ponte del castello di prua □ (*pop.*) **to hit the d.**, alzarsi dal letto; prepararsi ad agire; rimboccarsi le maniche (*fig.*) □ **lower d.**, primo ponte □ **main d.**, ponte di coperta (*o* di manovra) □ **mess d.**, alloggio dell'equipaggio □ **middle d.**, ponte intermedio; batteria □ **on d.**, (*naut.*) sopracoperta; (*fam.*) pronto, a portata di mano □ **orlop d.**, ponte di stiva □ **poop d.**, ponte del cassero di poppa □ **spar (upper) d.**, controcoperta □ **tonnage d.**, ponte di stazza □ **upper d.**, ponte di coperta (*o* di manovra).
to deck [dek], *v. t.* **1** adornare; addobbare; ricoprire; rivestire: **The windows were decked with Chinese balloons**, le finestre erano adornate di palloncini cinesi **2** fornire (*navi, ecc.*) di ponte. ● **to be decked with flags**, essere imbandierato.
decker [ˈdekə*], *n.* autobus (nave, ecc.) con un dato numero di piani (ponti, ecc.): **double-d.**, autobus a due piani; (*naut.*) **three-d.**, treponti, bastimento a tre ponti. ● **double-d. sandwich**, panino (imbottito) doppio; doppio tramezzino.
deckle [ˈdekəl], *n.* barba, riccio, zazzera (*di carta*). ● (*di carta, foto, ecc.*) **d.-edged**, con (l'orlo) a riccio.
to declaim [diˈkleim], *v. t. e i.* **1** declamare **2** parlare con grande enfasi. ● **to d. against sb.**, inveire contro q.
declaimer [diˈkleimə*], *n.* declamatore, declamatrice.
declamation [ˌdekləˈmeiʃən], *n.* **1** declamazione **2** arringa; discorso enfatico.
declamatory [diˈklæmətəri], *a.* **1** declamatorio; retorico; ampolloso **2** adatto alla declamazione.
declarable [diˈklɛərəbl], *a.* **1** dichiarabile **2** da dichiarare (*alla dogana*).
declarant [diˈklɛərənt], *n.* (*leg.*) dichiarante.
declaration [ˌdekləˈreiʃən], *n.* dichiarazione (*quasi in ogni senso*); proclamazione: **a d. at the customs office**, una dichiarazione (*di merci*) fatta alla dogana. ● **d. of war**, dichiarazione di guerra □ **the D. of Independence**, la Dichiarazione d'Indipendenza (*delle colonie inglesi d'America, 1776*) □ (*polit.*) **d. of the poll**, proclamazione degli eletti (*con l'annuncio del totale dei voti ottenuti*).
declarative [diˈklærətiv], *a.* dichiarativo; esplicativo: (*gramm.*) **a d. sentence**, una proposizione dichiarativa.
declaratory [diˈklærətəri], *a.* dichiaratorio; dichiarativo.
to declare [diˈklɛə*], **A** *v. t.* **1** dichiarare; proclamare: **Have you anything to d.?**, (Lei ha) niente da dichiarare (*alla dogana*)? **2** (*anche fin.*) proclamare: **to d. a dividend**, proclamare un dividendo. **to declare oneself B** *v. rifl.* dichiarare le proprie intenzioni, prendere posizione; dichiararsi, fare una dichiarazione (*d'amore*). ● **to d. against**, dichiararsi contrario a □ **to d. for**, dichiararsi in favore di □ **to d. off a bargain**, recedere da un contratto □ (*leg.*) **to d. under oath**, asseverare con giuramento □ **to d. peace**, proclamare la pace □ **to d. war**, dichiarare la guerra □ **Well, I d.!**, beh! questa poi!
declarer [diˈklɛərə*], *n.* **1** dichiaratore **2** (*al bridge*) dichiarante.
declassification [ˌdiːklæsifiˈkeiʃən], *n.* declassificazione (*V.* **to declassify**)
to declassify [diːˈklæsifai], *v. t.* togliere (*documenti, ecc.*) dalla lista dei segreti di Stato; declassare; declassificare.
declension [diˈklenʃən], *n.* **1** (*gramm.*) declinazione **2** declività; declivio; pendenza **3** decadenza; deterioramento **4** allontanamento (*dalla retta via*); abbandono graduale (*d'una fede, ecc.*).
declinable [diˈklainəbl], *a.* declinabile; rifiutabile, ecc. (*V.* **to decline**).
declination [ˌdekliˈneiʃən], *n.* **1** (*astron., aeron.*) declinazione: **magnetic d.**, declinazione magnetica **2** inclinazione; pendenza **3** decadenza; declino **4** cortese rifiuto.
declinational [ˌdekliˈneiʃnəl], *a.* (*astron., aeron.*) declinazionale.
declinatory [diˈklainətəri], *a.* (*leg.*) declinatorio: **d. plea**, eccezione declinatoria.
to decline [diˈklain], *v. i. e t.* **1** declinare; digradare; abbassarsi; calare; diminuire; rifiutare cortesemente: (*gramm.*) **to d. a noun**, declinare un nome; **The hills d. to the sea**, i colli digradano verso il mare; **His health began to d.**, la sua salute cominciò a declinare; **Prices begin to d.**, i prezzi cominciano a diminuire; **to d. an invitation**, declinare un invito; **to d. an offer**, rifiutare un'of-

ferta; **The sun is declining**, sta calando il sole **2** decadere; deteriorarsi: **The fine arts have declined lately**, le belle arti sono andate decadendo negli ultimi tempi **3** evitare; rifiutare; scansare: **to d. a discussion**, evitare una discussione; **to d. a challenge**, rifiutare una sfida; **to d. a battle**, evitare il combattimento **4** chinare; piegare; reclinare; lasciar cadere: **The tree declines its blossoms**, l'albero lascia cadere i suoi fiori; **with head declined**, con il capo reclino; a capo chino **5** allontanarsi; deviare (*fig.*): **His behaviour declines from sound morals**, la sua condotta s'allontana da una sana moralità. ● **to d. to do** (*o doing*) st., rifiutarsi di fare q.c. □ (*raro*) **to d. on doing st.**, abbassarsi a fare q.c. □ (*spesso iron.*) **to d. st. with thanks**, rifiutare q.c., con tanti ringraziamenti □ **declining years**, anni del declino (*o* della vecchiaia).

decline [di'klain], *n.* **1** declino; decadenza; decadimento: **the d. of the Roman Empire**, la decadenza dell'Impero Romano; **the d. of one's strength**, il declino delle proprie forze **2** il declinare; il tramontare; tramonto (*fig.*): **in the d. of life**, nel tramonto della vita; **the d. of day**, il declinar del giorno (*poet.*); il tramontar del sole **3** (*med.*) deperimento; consunzione; tisi: **He fell into a rapid d. and died**, s'ammalò di consunzione e morì **4** diminuzione; calo; ribasso: **a d. in population**, una diminuzione della popolazione; **a d. in** (*o* **of**) **prices**, un ribasso dei prezzi **5** declivio; pendio. ● (*econ.*) **a d. of business activity**, un indebolimento congiunturale □ **to be on the d.**, essere in declino.

declinometer [ˌdekli'nɔmitə*], *n.* (*geogr.*) declinometro.
declivitous [di'klivitəs], *a.* declive (*lett.*); in pendio.
declivity [di'kliviti], *n.* declivio; pendio.
declivous [di'klaivəs], *a.* **1** declive (*lett.*); in pendio **2** (*antropologia*) sfuggente: **a d. profile**, un profilo sfuggente.
to declutch [di:'klʌtʃ], **A** *v. i.* (*autom.*) staccare (*o* disinnestare) la frizione; fare una debragliata (*o* debraiata). **B** *v. t.* disinnestare (*un meccanismo*).
declutching [di:'klʌtʃiŋ], *n.* (*autom.*) debragliata, debraiata.
decoction [di'kɔkʃən], *n.* decozione; decotto.
to decode [di:'koud], *v. t.* decodificare; decifrare (*telegrammi in cifra, ecc.*).
decoder [di:'koudə*], *n.* decodificatore; decifratore; crittografo.
decoding [di:'koudiŋ], *n.* **1** decodificazione; decifrazione **2** (*elab.*) decodifica.
to decollate [de'kɔleit], *v. t.* decapitare; decollare.
decollation [ˌdekə'leiʃən], *n.* decapitazione; decollazione.
decollator [ˌdekə'leitə*], *n.* (*elab.*) taglierina.
décolletage [deikɔlta:ʒ] (*franc.*), *n.* (*moda*) **1** scollatura **2** abito scollato.
décolleté [deikɔltei] (*franc.*), **A** *a.* (*moda*) (*d'abito*) scollato. **B** *n.* **1** décolleté; scollatura **2** abito scollato.
decolonization [ˌdi:kɔlənai'zeiʃən], *n.* (*polit.*) decolonizzazione.
to decolonize [ˌdi:'kɔlənaiz], *v. t.* (*polit.*) decolonizzare.
decolorant [di(:)'kʌlərənt], *a. e n.* decolorante.
decolo(u)rization [di:ˌkʌlərai'zeiʃən], *n.* decolorazione, scoloramento.
to decolo(u)rize [di:'kʌləraiz], *v. t.* decolorare; scolorare.
decomposable [ˌdi(:)kəm'pouzəbl], *a.* decomponibile; scomponibile.
to decompose [ˌdi:-kəm'pouz], **A** *v. t.* decomporre; scomporre. **B** *v. i.* decomporsi; imputridire; putrefarsi.
decomposition [ˌdi:-kɔmpə'ziʃən], *n.* decomposizione; scomposizione.
to decompress [ˌdi:kəm'pres], *v. t. e i.* decomprimere, decomprimersi.
decompression [ˌdi:kəm'preʃən], *n.* (*mecc., med.*) decompressione: **d. chamber**, camera di decompressione. ● (*med.*) **d. illness**, embolia gassosa.
to decondition [ˌdi:kən'diʃən], *v. t.* decondizionare.
deconditioning [ˌdi:kən'diʃəniŋ], *n.* decondizionamento.
to decongest [ˌdi:kən'dʒest], *v. t.* (*med. e fig.*) decongestionare.
decongestant [ˌdi:kən'dʒestənt], *a. e n.* decongestionante.
decongestion [ˌdi:kən'dʒestʃən], *n.* (*med. e fig.*) decongestionamento.
decongestive [ˌdi:kən'kʒestiv], *a.* decongestionante.
to deconsecrate [di:'kɔnsikreit], *v. t.* sconsacrare; secolarizzare.
deconsecration [di:ˌkɔnsi'kreiʃən], *n.* sconsacrazione.
to decontaminate [ˌdi:kən'tæmineit], *v. t.* decontaminare **2** espurgare (*un documento segreto: per poterlo dare alla stampa*).
decontamination [ˌdi:-kənˌtæmi'neiʃən], *n.* **1** decontaminazione **2** espurgazione (*di un documento segreto*).
to decontrol ['di:-kən'troul], *v. t.* abolire i controlli su (q.c.); liberalizzare; sbloccare (*prezzi, affitti, ecc.*).
decontrol ['di:-kən'troul], *n.* abolizione dei controlli; liberalizzazione; sblocco (*di fitti, prezzi, ecc.*).
décor ['deikɔ:*] (*franc.*), *n.* **1** decorazione, disposizione dei mobili, ecc. (*in una stanza*) **2** (*teatr.*) scenografia; allestimento scenografico.

to decorate [ˈdekəreit], *v. t.* **1** decorare; ornare **2** dipingere, guarnire di carta da parati (*una stanza, ecc.*) **3** (*anche mil.*) decorare, insignire di decorazione. ● (*archit.*) **decorated style**, stile decorato, gotico ornato (*inglese*).
decoration [ˌdekəˈreiʃən], *n.* **1** decorazione; ornamento **2** decorazione; onorificenza.
decorative [ˈdekərətiv], *a.* decorativo; ornamentale.
decorator [ˈdekəreitə*], *n.* **1** decoratore; pittore (*di case, stanze, ecc.*) **2** (*anche* **interior d.**) arredatore.
decorous [ˈdekərəs], *a.* decoroso; decente; dignitoso.
decorum [diˈkɔ:rəm], *n.* **1** decoro; dignità; proprietà **2** (*pl.*) maniere gentili; convenzioni (*o* norme) del vivere civile.
to decouple [di:ˈkʌpl], *v. t.* spaiare.
decoy [diˈkɔi], *n.* **1** (uccello da) richiamo (*anche artificiale*) **2** luogo (*o* stagno, ecc.) nel quale vengono attirati uccelli, anatre selvatiche, ecc.; paretaio **3** (*caccia, anche* **d.-duck**) (anatra da) richiamo; (*fig.*) chi fa o serve da esca; trappola; tranello; compare: **a police d.**, un tranello della polizia **4** (*mil., anche* **d. target**) falso bersaglio. ● (*naut.*) **d. ship**, nave civetta.
to decoy [diˈkɔi], *v. t.* **1** attirare (*uccelli, ecc.*) con i richiami **2** (*fig.*) adescare; allettare; attirare.
to decrease [di:ˈkri:s], **A** *v. i.* decrescere; diminuire; calare; scemare. **B** *v. t.* diminuire; far calare; ridurre: **to d. the amount of oil used**, ridurre la quantità di petrolio usato.
decrease [ˈdi:-kri:s], *n.* decrescenza; diminuzione; calo; ribasso: **a d. in prices**, un ribasso dei prezzi. ● **a d. in income**, un decremento del reddito □ **a d. in trade**, una flessione degli scambi □ **on the d.**, in diminuzione.
decreasingly [di:ˈkri:siŋli], *avv.* in modo decrescente.
decree [diˈkri:], *n.* (*leg.*) **1** decreto; deliberazione; ordine; provvedimento giudiziario (*o* amministrativo): **a d. of fate**, un decreto del fato; **consent d.**, provvedimento giudiziario emesso su consenso delle parti **2** (*nelle cause di divorzio e in quelle dell'Ammiragliato*) sentenza: **d. absolute**, sentenza definitiva (*di divorzio*); **d. nisi**, sentenza interlocutoria (*di divorzio*).
to decree [diˈkri:], *v. t.* decretare; deliberare; ordinare.
decrement [ˈdekrimənt], *n.* **1** decrescenza; decremento; diminuzione **2** perdita **3** (*mat., radio, ecc.*) decremento.
decrepit [diˈkrepit], *a.* decrepito.
to decrepitate [diˈkrepiteit], (*chim.*) **A** *v. i.* (*di un sale, un minerale, ecc.*) decrepitare. **B** *v. t.* sottoporre a decrepitazione.
decrepitation [diˌkrepiˈteiʃən], *n.* (*chim.*) decrepitazione.
decrepitude [diˈkrepitju:d], *n.* decrepitezza.
decrescendo [ˌdi:-kriˈʃendou] (*ital.*), *n.* (*pl.* **decrescendos**) (*mus.*) decrescendo.
decrescent [di:ˈkresnt], *a.* decrescente; calante: **d. moon**, luna calante.
decretal [diˈkri:tl], *a. e n.* (*relig.*) decretale: **the decretals**, le decretali.
decretalist [diˈkri:təlist], *V.* **decretist**.
decretist [diˈkri:tist], *n.* decretalista.
decrial [diˈkraiəl], *n.* **1** condanna; biasimo **2** denigrazione **3** (*fin.*) deprezzamento; svalutazione.
de-criminalization [di:ˌkriminəlaiˈzeiʃən], *n.* (*leg.*) depenalizzazione; decriminalizzazione.
to de-criminalize [di:ˈkriminəlaiz], *v. t.* (*leg.*) depenalizzare; decriminalizzare.
to decry [diˈkrai], *v. t.* **1** condannare; biasimare; denunciare: **We d. religious intolerance**, noi condanniamo l'intolleranza religiosa **2** screditare; sminuire; denigrare: **They d. the importance of foreign languages**, sminuiscono l'importanza delle lingue straniere **3** vituperare **4** (*fin.*) svalutare ufficialmente (*la moneta, ecc.*).
to decrypt [di:ˈkript], *v. t.* decriptare, decrittare.
decryption [di:ˈkripʃən], *n.* decriptazione, decrittazione.
decryptment [di:ˈkriptmənt], *V.* **decryption**.
decubitus [diˈkju:bitəs] (*lat.*), *n.* (*pl.* **decubiti**) (*med.*) decubito. ● **d. ulcer**, piaga da decubito.
to deculturate [ˌdi:ˈkʌltʃəreit], *v. t.* deculturare.
deculturation [ˈdi:ˌkʌltʃəˈreiʃən], *n.* deculturazione.
to deculture [ˌdi:ˈkʌltʃə*], *V.* **to deculturate**.
decuman [ˈdekjumən], *a.* **1** (*archeol., stor. romana*) decumano: **d. gate**, (porta) decumana **2** decumano (*lett.*): **d. wave**, flutto decumano (*enorme*).
decumanus [diˈkju:mənəs], *n.* (*pl.* **decumani**) (*archeol., stor. romana*) decumano.
decumbent [diˈkʌmbənt], *a.* (*bot., zool.*) disteso; reclinato.
decuple [ˈdekjupl], *a. e n.* decuplo.
to decuple [ˈdekjupl], *v. t.* decuplicare.
decupling [ˈdekjupliŋ], *n.* decuplicazione.
decurion [diˈkjuəriən], *n.* (*stor.*) decurione.
decury [ˈdekjuri], *n.* (*stor.*) decuria.
decussate [diˈkʌseit], *a.* **1** incrociato a x **2** (*anche bot.*) decussato.

to decussate [di'kʌseit], *v. t.* **1** incrociare a x **2** (*bot.*) decussare.
decussation [,dikʌ'seiʃən], *n.* **1** intersecamento a x **2** (*anche bot.*) decussazione. ● (*anat.*) **pyramidal d.**, decussazione piramidale.
to dedicate ['dedikeit], *v. t.* **1** dedicare; consacrare **2** inaugurare: **to d. a fair** (**a public building**), inaugurare una fiera (un edificio pubblico) **3** (*leg.*) destinare (*un terreno, ecc.*) a uso pubblico.
dedicatee [,dedikə'ti:], *n.* persona cui q.c. è dedicata.
dedication [,dedi'keiʃən], *n.* **1** dedicazione (*lett.*) **2** dedica **3** inaugurazione; consacrazione **4** dedizione; il votarsi.
dedicative ['dedikətiv], **dedicatory** ['dedikətəri], *a.* dedicatorio (*lett.*); di dedica. ● **epistle d.**, dedicatoria.
dedicator ['dedikeitə*], *n.* dedicante.
to deduce [di'dju:s], *v. t.* **1** dedurre; desumere; argomentare; concludere: **If you don't see him, you may d. he is ill**, se non lo vedi, puoi dedurne che sia malato **2** derivare; far discendere: **to d. sb. from sb. else**, far discendere q. da q. altro; stabilire la genealogia di q.
deducible [di'dju:səbl], *a.* deducibile; desumibile.
to deduct [di'dʌkt], *v. t.* dedurre; detrarre; (*comm.*) defalcare: **You must d. travelling expenses**, devi dedurre le spese di viaggio.
deductible [di'dʌktəbl], *a.* deducibile; detraibile; (*comm.*) defalcabile. ● (*leg.*) **tax d.**, fiscalmente detraibile.
deduction [di'dʌkʃən], *n.* **1** deduzione; conclusione **2** deduzione; detrazione; (*comm.*) defalco, trattenuta: **a d. from one's salary**, una trattenuta sullo stipendio; **a d. from one's taxable income**, una detrazione dal proprio imponibile.
deductive [di'dʌktiv], *a.* deduttivo: **d. reasoning**, ragionamento deduttivo.
dee [di:], *n.* **1** di; lettera d **2** anello fatto a d (*nei finimenti del cavallo*).
deed [di:d], *n.* **1** atto; azione: **good deeds**, buone azioni; **evil deeds**, azioni malvagie **2** atto di coraggio; impresa **3** (*pl.*) gesta: **the deeds of a gallant knight**, le gesta d'un valoroso cavaliere **4** (*leg.*) atto; atto solenne; scrittura pubblica (*o privata*) (*che ha effetto legale*). ● (*leg.*) **d. attested by a notary**, atto rogato da un notaio; rogito notarile □ **d. of assignment**, atto di cessione □ (*fin.*) **d. of association**, atto costitutivo (*d'una società*) □ (*leg.*) **d. of indemnity**, sanatoria ● **d. of trust**, fedecommesso □ (*leg.*) **d. poll**, atto unilaterale □ **d. under private seal**, scrittura privata □ **in d. and not in name**, non di nome ma di fatto □ **in** (**very**) **d.**, infatti; davvero □ **in word and d.**, di nome e di fatto □ (*prov.*) **Deeds are better than words**, i fatti contano più delle parole; fra il dire e il fare c'è di mezzo il mare (*prov.*).
to deem [di:m], *v. t.* credere; giudicare; ritenere; pensare; stimare: **It was, I deemed, time to go**, pensavo che fosse ora d'andare; **I d. it my duty to tell you the truth**, ritengo sia mio dovere dirti la verità; **It was deemed sufficient**, fu giudicato sufficiente. ● **to d. highly of sb.**, avere una grande stima di sb.
deep (1) [di:p], *a.* **1** profondo (*quasi in ogni senso*); fondo: **The river is very d. here**, il fiume è molto profondo in questo punto; **a d. hole**, un foro profondo; **d. sleep**, sonno profondo; **a d. wound**, una ferita profonda; **a d. sigh**, un profondo sospiro; **d. interest**, profondo interesse; **d. learning**, profonda dottrina; **d. voice**, voce profonda; **It was d. night**, era notte fonda; **d. gratitude**, profonda gratitudine; **He is d. in the human heart**, è un profondo conoscitore del cuore umano **2** grande; grave; lungo; sincero: **a d. draught**, un lungo sorso; **a d. drinker**, un gran bevitore; **a d. gamester**, un gran giocatore d'azzardo; **a d. reader**, un gran lettore; **d. love**, sincero amore; **a d. sin**, un grave peccato **3** immerso (*anche fig.*); intento; sprofondato: **He is d. in debt**, è immerso nei debiti; **He was knee-d. in water**, era immerso nell'acqua fino alle ginocchia; **He was d. in thought**, era immerso nei suoi pensieri; **He is d. in study**, è intento allo studio; **with hands d. in one's pockets**, con le mani sprofondate nelle tasche **4** (*di suono*) profondo; basso; cupo; grave: **a d. note**, una nota bassa; **a d. bell**, una campana dal suono cupo **5** (*di colore*) carico; cupo; intenso: **d. red**, rosso cupo **6** (*pop.*) astuto; chiuso (*fig.*); riservato; difficile da capire: **He's a d. one**, è un individuo astuto; è un dritto. ● **d. freeze**, freezer, congelatore; (*fig.*) frigo, attesa (*o sospensiva*) temporanea □ **to be d. in a pursuit**, essere tutto intento a un'impresa; non aver occhi per altro □ **d. mourning**, lutto stretto □ **d.-pile wall-to-wall carpeting**, moquette a pelo lungo □ **d. sea**, alto mare □ **d.-sea fishing**, pesca d'alto mare; pesca al largo; pesca oceanica □ (*naut.*) **d.-sea master**, capitano di lungo corso □ **d. snow**, neve alta □ (*geogr. USA*) **Deep South**, profondo Sud, gli Stati del sudest □ **to go off the d. end**, fare un tuffo nell'acqua profonda: (*fig., fam.*) lasciarsi andare allo sbaraglio; adirarsi, arrabbiarsi □ **to be in d. waters**, essere in difficoltà; trovarsi in cattive acque □ (*mil.*) **three d.**, in fila per tre □ **The people were standing ten d. along the street**, la gente s'assiepava per uno spessore di dieci persone lungo tutta la strada □ **This plot of land is thirty feet d.**, questo lotto di terreno s'addentra per circa dieci metri (*dal punto dove ci si trova*).
deep (2) [di:p], *n.* **1** — (*poet.*) **the d.**, il mare; l'oceano **2** — (*di solito al pl.*) **the deeps**, le profondità, gli abissi (*della mente, del pensiero, dell'animo, ecc.*); il fondo (*d'un abisso, ecc.*). ● **in the d. of night**, nel cuore della notte.
deep (3) [di:p], *avv.* **1** profondamente; in profondità; a fondo: **to cut** (**to dig, etc.**) **d.**, tagliare (scavare, ecc.) in profondità **2** (*nei composti, per es.*): **d.-chested**, dall'ampio torace; **a d.-drawn sigh**, un profondo sospiro; **d.-dyed**, completo; da capo a piedi, da cima a fondo: **a d.-dyed villain**, un completo farabutto; una perfetta canaglia; **a d.-laid scheme**, un piano ben elaborato; (*di cane*) **d.-mouthed**, dall'abbaio profondo; **d.-read**, profondamente versato, erudito; **a d.-rooted prejudice**, un pregiudizio radicato; **a d.-rooted dislike**, una profonda avversione; **a d.-seated fear**, un inveterato timore; **a d.-seated tradition**, una tradizione radicata. ● **d. in the night**, nel cuore della notte □ **Drink d.!**, bevi molto, a lunghi sorsi, fino a scolare il bicchiere! □ **He read d. into the night**, lesse fino a tarda notte.
to deep-draw [,di:p'drɔ:], *v. t.* (*metall.*) imbutire.
to deepen ['di:pən], *v. t. e i.* **1** approfondire, approfondirsi; scavare più a fondo: **to d. a canal**, scavare un canale per renderlo più profondo **2** aggravare, aggravarsi; accrescere, accrescersi; aumentare: **Their anxiety deepened as time passed**, la loro ansia aumentava col passar del tempo **3** caricare (*un colore, una tinta*); fare, farsi più intenso, incupire, incupirsi: **The girl's colour deepened**, il rossore della ragazza si fece più intenso **4** (*di suono*) fare, farsi più grave (*o cupo, profondo, ecc.*). ● **The water of the river deepened at every step**, l'acqua del fiume si faceva più profonda a ogni passo □ **Darkness is deepening**, le tenebre s'infittiscono.
to deep-freeze ['di:p'fri:z] (*pass.* **deep-froze**, *p. p.* **deep-frozen**), *v. t.* surgelare: **deep-frozen meat**, carne surgelata.
deep-freezer ['di:p'fri:zə*], *n.* (*ind.*) surgelatore.
to deep-fry [,di:p'frai], *v. t.* friggere in olio (*o strutto*) abbondante.
deepmost ['di:pmoust], *a.* (*arc.*) (il) più profondo; profondissimo.
deepness ['di:pnis], *n.* (*raro*) profondità.
deer [diə*], *n.* (*pl.* **deer, deers**) (*zool.*) **1** qualsiasi animale dei cervidi (*Cervidae*); alce, renna, cervo, ecc. **2** (*Cervus*) cervo; (*Dama*) daino; (*Capreolus*) capriolo; **d.-hunting** (*o* **d.-stalking**), caccia al cervo. ● **d.-forest**, riserva di cervi □ **d.-hound**, levriero scozzese □ **d.-neck**, collo da cervo (*di cavallo*) □ (*fig.*) **small d.**, animali o cose insignificanti, da nulla.
deerskin ['diə-skin], *n.* pelle di daino.
deerstalker ['diə,stɔ:kə*], *n.* **1** cacciatore di cervi **2** berretto da cacciatore, con copriorecchie.
to de-escalate [di:'eskəleit], *v. t.* (*specialm. polit., mil.*) diminuire; ridurre (*la tensione, ecc.*).
de-escalation [di:,eskə'leiʃən], *n.* (*polit., mil.*) diminuzione; riduzione (*della tensione, ecc.*).
de-escalatory [di:'eskəleitəri], *a.* (*polit., mil.*) atto a ridurre la tensione; distensivo: **a d. move**, una mossa distensiva.
to deface [di'feis], *v. t.* **1** deturpare; imbruttire; sfigurare; sciupare **2** cancellare (*una scritta, ecc.*) **3** annullare (*un francobollo*).
defacement [di'feismənt], *n.* **1** deturpazione; imbruttimento **2** cancellazione **3** annullamento; annullo.
de facto [,dei'fæktou] (*lat.*), *a. e avv.* de facto; di fatto.
to defalcate [di'fælkeit], **A** *v. t.* **1** (*leg.*) appropriarsi indebitamente (*di q.c.*) **2** (*fin.*) ridurre un debito per compensazione. **B** *v. i.* (*fin.*) stornare fondi.
defalcation [,di:fæl'keiʃən], *n.* (*leg.*) **1** appropriazione indebita **2** (*fin.*) riduzione di un debito per compensazione **3** (*fin.*) fondi mancanti.
to defalk [di'fɔ:lk], (*arc.*) *V.* **to defalcate**.
defamation [,defə'meiʃən], *n.* (*anche leg.*) diffamazione; calunnia.
defamatory [di'fæmətəri], *a.* (*anche leg.*) diffamatorio; calunnioso.
to defame [di'feim], *v. t.* (*anche leg.*) diffamare; calunniare.
defamer [di'feimə*], *n.* diffamatore, diffamatrice.
defatted [di'fætid], *a.* (*ind.*) sgrassato.
default [di'fɔ:lt], *n.* **1** mancanza; difetto: **in d. of agreement**, in mancanza di accordo **2** (*leg.*) assenza (*d'una delle due parti*); contumacia: **judgement by d.**, sentenza emessa in contumacia **3** (*comm., leg.*) inadempienza: **d. of one's loan terms**, inadempienza degli impegni relativi a un mutuo **4** (*sport*) abbandono: **The team lost the match by d.**, la squadra perse la partita per abbandono. ● (*Borsa*) **d. price**, prezzo di rescissione.
to default [di'fɔ:lt], **A** *v. i.* **1** venir meno a un impegno; essere in difetto **2** (*leg.*) non comparire in tribunale; essere contumace **3** (*comm., leg.*) essere inadempiente **4** (*sport*) perdere per ab-

bandono. **B** *v. t.* **1** (*leg.*) condannare in contumacia **2** (*sport*) abbandonare (*una gara, ecc.*); perdere (*un incontro, ecc.*) per abbandono.

defaulter [di'fɔ:ltə*], *n.* **1** chi vien meno a un impegno; inadempiente **2** (*leg.*) contumace **3** (*comm., leg.*) debitore moroso **4** (*mil.*) soldato colpevole d'infrazione disciplinare.

defeasance [di'fi:zəns], *n.* (*leg.*) **1** condizione risolutiva (*di un atto o contratto*) **2** annullamento, risoluzione (*di un atto o contratto*).

defeasibility [di,fi:zə'biliti], *n.* (*leg.*) risolubilità.

defeasible [di'fi:zəbl], *a.* (*leg.*) annullabile; risolubile.

to defeat [di'fi:t], *v. t.* **1** sconfiggere; superare; battere; vincere **2** frustrare; vanificare; deludere: **My hopes were defeated**, le mie speranze furono frustrate **3** annullare; respingere: **The bill was defeated at the Commons**, ai Comuni il disegno di legge fu respinto. ● **to d. one's own ends**, darsi la zappa sui piedi (*fig.*) □ **to d. the law**, eludere la legge.

defeat [di'fi:t], *n.* **1** sconfitta; disfatta **2** frustrazione; insuccesso; fallimento. ● **to suffer a d.**, subire una sconfitta; essere sconfitto.

defeatism [di'fi:tizəm], *n.* disfattismo.

defeatist [di'fi:tist], *n. e a.* disfattista: **d. talks**, discorsi disfattisti.

to defeature [di(:)'fi:tʃə*], *v. t.* sfigurare; rendere irriconoscibile.

to defecate ['defəkeit], **A** *v. t.* **1** (*chim.*) defecare **2** (*anche fig.*) purificare; raffinare: **The juice must be defecated**, il succo dev'essere purificato **3** espellere (q.c.) con le feci. **B** *v. i.* **1** purificarsi; raffinarsi **2** (*fisiologia*) defecare; espellere le feci.

defecation [,defə'keiʃən], *n.* **1** purificazione; raffinazione **2** (*chim., fisiologia*) defecazione.

defecator [,defə'keitə*], *n.* (*ind.*) vasca per raffinare (*zucchero, ecc.*).

defect [di'fekt], *n.* difetto; imperfezione; mancanza: **He has the defects of his qualities**, ha i difetti delle sue qualità.

to defect [di'fekt], *v. i.* defezionare; disertare. ● (*di agente segreto, ecc.*) **to d. to Canada**, rifugiarsi in Canada.

defection [di'fekʃən], *n.* defezione; diserzione.

defective [di'fektiv], **A** *a.* **1** difettoso; imperfetto; manchevole; incompleto: **This machine is d.**, questa macchina è difettosa **2** (*gramm. tradizionale*) difettivo: «**Can**» **is a d. verb**, «can» è un verbo difettivo **3** (*psic.*) subnormale. **B** *n.* **1** (*gramm. tradizionale*) difettivo **2** (*psic.*) subnormale. ● **to be d. in**, mancare di: **He is d. in psychological insight**, gli fa difetto la penetrazione psicologica □ (*psic.*) **mentally d.**, subnormale.

defectiveness [di'fektivnis], *n.* **1** difettosità; imperfezione; manchevolezza **2** (*gramm. tradizionale*) l'esser difettivo.

defector [di'fektə*], *n.* **1** chi defeziona; disertore; cecchino; franco tiratore (*fig., polit.*) **2** chi chiede asilo politico; transfuga.

defence [di'fens], *n.* (*anche leg., sport*) difesa: (*mil. e fig.*) **The best d. is offence**, la migliore difesa è l'attacco; **They overthrew the enemy's defences**, abbatterono le difese del nemico. ● (*naut.*) **antilanding d.**, sbarramento antisbarco □ (*naut.*) **antitorpedo d.**, ostruzioni parasiluri □ **the art** (*o* **the science**) **of d.**, l'arte della difesa personale (*pugilato, judo, karatè, ecc.*) □ (*mil.*) **coast d.**, difesa costiera □ (*leg.*) **the counsel for the d.**, l'avvocato difensore □ (*mil.*) **line of defences**, linea fortificata □ (*naut.*) **mine d.**, sbarramento di mine □ **self-d.**, difesa personale; autodifesa □ (*anche fig.*) **My defences are down**, ho abbassato la difesa.

defenceless [di'fenslis], *a.* **1** indifeso; inerme **2** incapace di difendersi.

defencelessness [di'fenslisnis], *n.* **1** mancanza di difesa **2** incapacità di difendersi.

to defend [di'fend], **A** *v. t.* **1** difendere (*anche leg., sport*); proteggere **2** sostenere; cercare di giustificare: **He defended his conduct**, cercò di giustificare la sua condotta **3** (*sport*) difendere **4** (*leg.*) difendere; essere il difensore di **5** (*arc.*) proibire; impedire: **God defend!**, Dio non voglia!; Dio ne guardi! **B** *v. i.* **1** parlare (scrivere, ecc.) in difesa (di q.) **2** (*leg.*) perorare in difesa; essere (o fare) il difensore.

defendable [di'fendəbl], *a.* **1** difendibile **2** sostenibile; giustificabile.

defendant [di'fendənt], **A** *n.* (*leg.*) convenuto; persona citata in giudizio; imputato. **B** *a. attr.* convenuto; citato in giudizio: **the d. company**, la società convenuta (*o* citata in giudizio).

defender [di'fendə*], *n.* **1** (*anche sport*) difensore **2** (*lotta, pugilato, ecc.*) difensore del titolo. ● (*calcio*) **the defenders**, la difesa (*i giocatori*).

defenestration [di,fenə'streiʃən], *n.* defenestrazione: (*stor.*) **the d. of Prague**, la defenestrazione di Praga.

defense [di'fens], (*USA*) *V.* **defence**.

defensibility [di,fensi'biliti], *n.* **1** difendibilità **2** sostenibilità.

defensible [di'fensəbl], *a.* **1** difendibile **2** sostenibile; giustificabile: **This thesis is hardly d.**, questa tesi è malamente sostenibile.

defensive [di'fensiv], **A** *a.* difensivo: **a d. weapon**, un'arma difensiva. **B** *n.* (*mil.*) difensiva: **to be** (*o* **to stand**) **on the d.**, stare sulla difensiva. ● **to act on the d.**, agire per motivi di difesa.

to defer (1) [di'fə:*], **A** *v. t.* differire; posticipare; procrastinare; rimandare; rinviare: **to d. payment**, posticipare il pagamento; **to d. a meeting**, rinviare una riunione. **B** *v. i.* procrastinare; indugiare.

to defer (2) [di'fə:*], *v. i.* condiscendere; accondiscendere; consentire; deferire (*raro*): **He always defers to his mother's wishes**, accondiscende sempre ai desideri di sua madre. ● **I d. to your opinion (judgment)**, mi rimetto alla tua opinione (al tuo giudizio).

deference ['defərəns], *n.* deferenza; condiscendenza; riguardo; rispetto. ● **in d. to**, per riguardo a □ **to pay d. to sb.**, avere (*o* mostrare) deferenza verso q.

deferent ['defərənt], *a.* **1** (*anat.*) deferente: **a d. duct**, un dotto deferente **2** (*raro*) deferente; rispettoso.

deferential [,defə'renʃəl], *a.* **1** deferente; rispettoso **2** (*anat.*) deferenziale: **d. artery**, arteria deferenziale.

deferment [di'fə:mənt], *n.* **1** differimento; dilazione; rinvio **2** (*mil.*) rinvio del servizio militare.

deferred [di'fə:d], *a.* **1** differito; posticipato; rinviato **2** consegnato in ritardo: **a d. telegram**, un telegramma consegnato in ritardo. **2** (*mat., ass.*) **d. annuity**, annualità differita; (*fin.*) rendita differita □ (*rag.*) **d. asset** (*o* **charge**), risconto attivo □ (*rag.*) **d. credit** (*o* **income, liability**), risconto passivo □ (*mil.*) **d. pay**, ritenuta sulla paga □ (*fin.*) **d. shares**, azioni postergate.

deferrer [di'fə:rə*], *n.* differitore, differitrice.

defiance [di'faiəns], *n.* **1** sfida; disfida (*lett.*); provocazione: **He shouted d. at the enemy**, lanciò la sua sfida al nemico con un grido **2** rifiuto d'obbedienza; resistenza (*all'autorità*) **3** disprezzo; sprezzo (*lett.*): **d. of danger**, sprezzo del pericolo. ● **to bid d. to sb.**, lanciare una sfida a q.; provocare q. □ **in d. of**, a dispetto di; senza tener conto di: **The soldier acted in d. of orders**, il soldato agì senza tener conto degli ordini □ **to set at d.**, sfidare (*le convenzioni, la legge, ecc.*).

defiant [di'faiənt], *a.* **1** provocatorio; di sfida; insolente; spavaldo: **a d. look**, uno sguardo di sfida **2** ribelle **3** (*arc.*) diffidente.

deficiency [di'fiʃənsi], *n.* **1** deficienza; difetto; mancanza; scarsità: **d. of food**, mancanza di cibo **2** differenza (*in meno*); disavanzo: **There is a d. of ten pounds**, c'è una differenza di dieci sterline **3** (*med.*) deficienza; carenza: **d. diseases**, malattie da carenza.

deficient [di'fiʃənt], **A** *a.* **1** deficiente; difettoso; manchevole; scarsamente dotato d'intelligenza **2** insufficiente. **B** *n.* (*psic.*) deficiente. ● **a mentally d. person**, un deficiente.

deficit ['defisit], *n.* (*fin., rag.*) deficit; disavanzo; sbilancio; saldo passivo: **a d. in the balance of payments**, un disavanzo nella bilancia dei pagamenti.

defier [di'faiə*], *n.* sfidante.

to defilade [,defi'leid], *v. t.* (*mil.*) defilare.

defilade [,defi'leid], *n.* (*mil.*) defilamento.

to defile (1) [di'fail], *v. i.* sfilare; marciare in fila.

defile ['di:fail], *n.* **1** (*mil.*) sfilata **2** gola (*di un monte*); stretta.

to defile (2) [di'fail], *v. t.* **1** contaminare; inquinare; corrompere; lordare; insozzare: **Do not d. the water of the river**, non contaminate l'acqua del fiume! **2** macchiare (*fig.*); denigrare: **I don't want them to d. my reputation**, non voglio che denigrino la mia reputazione.

defilement (1) [di'failmənt], *V.* **defilade**.

defilement (2) [di'failmənt], *n.* **1** contaminazione; inquinamento; corruzione; profanazione **2** macchia (*fig.*); denigrazione.

definable [di'fainəbl], *a.* definibile; determinabile.

to define [di'fain], *v. t.* **1** definire (*quasi in ogni senso*); determinare; chiarire: **a well-defined image**, un'immagine ben definita; **to d. one's position**, chiarire la propria posizione **2** delimitare **3** delineare **4** caratterizzare; contraddistinguere; distinguere.

definite ['definit], *a.* **1** definito; determinato; esatto; preciso: **We'll meet at a d. time**, c'incontreremo a un'ora precisa; **a d. answer**, una risposta precisa **2** certo, stabilito: **It's d. that he'll go**, è certo che andrà. ● (*gramm.*) **d. article**, articolo determinativo □ **d. past** (*o* **d. preterite**), passato remoto.

definitely ['definitli], **A** *avv.* **1** definitivamente **2** certamente; di sicuro. **B** *inter.* certo!; certo che sì!; sicuro! ● **D. not!**, no per certo!; neanche per sogno!

definition [,defi'niʃən], *n.* **1** definizione **2** (*elettron., telev.*) definizione **3** (*ottica*) definizione.

definitive [di'finitiv], *a.* definitivo; decisivo; finale; ultimo: **the d. edition**, l'edizione definitiva; **a d. verdict**, un verdetto decisivo; **the d. offer**, l'ultima offerta.

definitiveness [di'finitivnis], *n.* definitezza.

deflagrable [di'fleigrəbl], *a.* deflagrante.

to deflagrate ['deflǝgreit], **A** v. i. deflagrare. **B** v. t. **1** far deflagrare **2** bruciare rapidamente, con fuoco intenso.
deflagration [,deflǝ'greiʃǝn], n. deflagrazione.
deflagrator ['deflǝgreitǝ*], n. (ind.) deflagratore.
deflatable [di'fleitǝbl], a. sgonfiabile.
to deflate [di'fleit], v. t. **1** sgonfiare (un pneumatico, ecc.) **2** (econ.) deflazionare **3** (fig.) sgonfiare; ridimensionare; sminuire.
deflation [di'fleiʃǝn], n. **1** sgonfiamento **2** (econ.) deflazione.
deflationary [di'fleiʃǝnǝri], a. (econ.) deflazionistico; deflatorio: **d. measures**, misure deflazionistiche.
to deflect [di'flekt], v. t. e i. deflettere; deviare; sviare; stornare.
deflection [di'flekʃǝn], n. **1** (anche fig.) deviazione **2** (elettron., telev.) deflessione **3** (costr.) deformazione **4** (mil.) diversione: **d. change**, mutamento di direzione (di un cannone). ● **d. of trade**, diversione dei traffici.
deflector [di'flektǝ*], n. (aeron., fis.) deflettore. ● (elettr.) **d. coil (plate)**, bobina (piastra) di deflessione.
deflexion [di'flekʃǝn], V. **deflection.**
defloration [,di:flɔ:'reiʃǝn], n. deflorazione.
to deflower [di:'flauǝ*], v. t. **1** deflorare **2** devastare; sciupare **3** spogliare (una pianta, ecc.) dei fiori.
defluent ['defluǝnt], a. e n. (geol.) defluente.
to defog [di:'fɔg], v. t. snebbiare.
defogger [,di:'fɔgǝ*], n. snebbiatore.
defoliant [di'fouliǝnt], n. (agric., mil.) defoliante.
to defoliate [di'foulieit], v. t. (agric., mil.) defoliare.
defoliation [di:,fouli'eiʃǝn], n. (agric., mil.) defoliazione.
to deforest [di:'fɔrist], v. t. diboscare, disboscare.
deforestation [di:,fɔris'teiʃǝn], n. diboscamento, disboscamento.
to deform [di'fɔ:m], **A** v. t. deformare; deturpare; sfigurare; sformare. **B** v. i. deformarsi; diventare deforme.
deformation [di:fɔ'meiʃǝn], n. deformazione.
deformed [di'fɔ:md], a. deforme: **a d. foot**, un piede deforme.
deformity [di'fɔ:miti], n. **1** deformità **2** (fig.) bruttezza; depravazione.
to defraud [di'frɔ:d], v. t. defraudare; frodare.
defraudation [di,frɔ:'deiʃǝn], n. defraudazione; defraudamento.
defrauder [di'frɔ:dǝ*], n. defraudatore; defraudatrice.
to defray [di'frei], v. t. **1** pagare (il costo di q.c.); sostenere le spese di (q.c.) **2** rimborsare; risarcire.
defrayal [di'freiǝl], **defrayment** [di'freimǝnt], n. **1** pagamento delle spese **2** rimborso; risarcimento.
to defrock [di:'frɔk], v. t. sconsacrare (un prete)
defrocked [di:'frɔkt], a. (di prete) spretato.
to defrost [di:'frɔst], v. t. disgelare; liberare dal ghiaccio, sbrinare (un frigorifero, un parabrezza, ecc.); scongelare (cibo).
defroster [di:'frɔstǝ*], n. **1** (autom., ind.) sbrinatore **2** (autom.) visiera termica.
deft [deft], a. abile; bravo; destro (fig.); svelto.
deftness ['deftnis], n. abilità; bravura; destrezza; sveltezza.
defunct [di'fʌŋkt], a. e n. defunto. ● (fin.) **d. company**, società liquidata (o sciolta).
to defuse [,di:'fju:z], v. t. **1** (mil. e fig.) disinnescare **2** offuscare; far impallidire (fig.) **3** (fig.) sdrammatizzare; sminuire.
to defy [di'fai], v. t. **1** sfidare; provocare **2** rifiutarsi d'obbedire a; resistere all'autorità di: **Don't d. the law**, non rifiutarti d'obbedire alla legge **3** resistere a: **The fortress defied all attacks**, la fortezza resistette a ogni attacco. ● **to d. definition**, sfuggire a ogni definizione □ **to d. description**, essere impossibile a descriversi: **That animal defies description**, è impossibile descrivere quell'animale □ **to d. solution**, resistere a ogni tentativo di soluzione; essere insolubile.
degeneracy [di'dʒenǝrǝsi], n. degenerazione.
degenerate [di'dʒenǝrit], **A** a. **1** degenere **2** (biol.) degenerato. **B** n. degenerato.
to degenerate [di'dʒenǝreit], v. i. (anche biol.) degenerare; tralignare.
degeneration [di,dʒenǝ'reiʃǝn], n. degenerazione; tralignamento.
deglutition [,di:glu:'tiʃǝn], n. deglutizione.
degradability [,digreidǝ'biliti], n. (chim.) degradabilità.
degradable [di'greidǝbl], a. (chim.) degradabile.
degradation [,digrǝ'deiʃǝn], n. **1** degradazione; avvilimento; umiliazione **2** (geol., chim., fis.) degradazione.
to degrade [di'greid], **A** v. t. **1** (anche biol., geol.) degradare; avvilire; rendere spregevole; umiliare: **The officer was degraded**, l'ufficiale fu degradato; **Such actions d. a man**, azioni siffatte avviliscono un uomo **2** rendere (un prodotto) meno appetibile; peggiorare. **B** v. i. **1** degenerare **2** (a Cambridge) rimandare d'un anno le «honours examination». **to degrade oneself** C v. rifl. degradarsi; abbassarsi; avvilirsi.
degraded [di'greidid], a. abietto; basso (fig.); spregevole, vile.
degrading [di'greidiŋ], a. degradante; avvilente; umiliante.
to degrease [di:'gri:s], v. t. sgrassare.
degreaser [di:'gri:sǝ*], n. sgrassatore.

degreasing [di:'gri:siŋ], n. sgrassatura.
degree [di'gri:], n. **1** grado (quasi in ogni senso); condizione, ceto, rango: **to advance by degrees**, avanzare per gradi; **a cousin in the second d.**, un cugino di secondo grado; **burns of the third d.**, scottature di terzo grado; **d. of latitude**, grado di latitudine; **ten degrees below zero**, dieci gradi sotto zero; (gramm.) **comparative d.**, grado comparativo; **a lady of high d.**, una signora d'alto rango **2** titolo accademico; laurea: **to take one's d.**, prendere la laurea, laurearsi; **honorary d.**, laurea honoris causa; **an M.A. d.**, una laurea (di dottore) in lettere **3** (leg.) grado; gravità: **murder in the first d.** (o **first-d. murder**), omicidio di primo grado (premeditato). ● **prohibited degrees**, gradi di parentela fra i quali non è lecito il matrimonio □ (fam.) **third d.**, (interrogatorio di) terzo grado □ **to a d.**, in sommo grado, estremamente; fino a un certo punto: **He is proud to a d.**, è molto orgoglioso □ **to a high** (**to the last**) **d.**, in sommo grado □ **to what d.?**, in qual grado?, fino a che punto? □ **He suffers to such a d. that he can't sleep**, soffre tanto da non poter dormire □ **He was glad, but only to a slight d.**, era contento, ma solo fino a un certo punto.
degression [di'greʃǝn], n. **1** decrescenza **2** (fin.) diminuzione progressiva (dell'aliquota d'imposta).
degressive [di'gresiv], a. **1** decrescente **2** (fin.) regressivo: **d. taxation**, imposizione regressiva.
to degust [di'gʌst], v. t. (raro) gustare.
degustation [,digʌs'teiʃǝn], n. (raro) degustazione.
dehiscence [di'hisns], n. (bot.) deiscenza.
dehiscent [di'hisnt], a. (bot.) deiscente.
dehumanization [di:,hju:mǝnai'zeiʃǝn], n. disumanizzazione.
to dehumanize [di:'hju:mǝnaiz], v. t. disumanizzare; rendere disumano.
to dehydrate [di:'haidreit], **A** v. t. (chim., ind., med.) disidratare. **B** v. i. (chim., ind.) disidratarsi.
dehydration [,di:hai'dreiʃǝn], n. (chim., ind., med.) disidratazione.
dehydrator [di:'hai,dreitǝ*], n. (chim., ind.) disidratatore.
to de-ice [di:'ais], v. t. **1** liberare dal ghiaccio **2** (aeron.) liberare (un aeroplano, ecc.) dalle incrostazioni di ghiaccio.
de-icer [di:'aisǝ*], n. **1** (aeron.) dispositivo antighiaccio, sgelatore **2** antighiaccio; antigelo.
deicide [di'isaid], n. **1** deicida **2** deicidio.
deictic ['daiktik], a. (gramm., filos.) dimostrativo.
deification [,di:ifi'keiʃǝn], n. deificazione.
deiform ['di:ifɔ:m], a. deiforme.
to deify ['di:ifai], v. t. **1** deificare **2** (fig.) adorare; idealizzare.
to deign [dein], **A** v. i. degnarsi: **He did not d. to visit me**, non si degnò di venirmi a trovare. **B** v. t. degnarsi di dare; accordare; concedere: **Will you d. a glance?**, vuoi degnarti di dare un'occhiata?
to de-ink [di:'iŋk], v. t. disinchiostrare.
deism ['di:izǝm], n. (filos.) deismo.
deist ['di:ist], n. deista.
deistic(al) [di:'istik(ǝl)], a. deistico.
deity [di'iti], n. deità (lett.); divinità. ● (relig.) **D.**, Dio □ **tutelary d. of the village**, il nume tutelare del villaggio.
déjà vu [,deiʒa:'vju:] (franc.), n. (psic.) déjà vu.
to deject [di'dʒekt], v. t. abbattere (fig.); demoralizzare; deprimere; scoraggiare; avvilire.
dejected [di'dʒektid], a. abbattuto (fig.); demoralizzato; depresso; avvilito; triste; scoraggiato.
dejection [di'dʒekʃǝn], n. **1** abbattimento (fig.); demoralizzazione; depressione; avvilimento; scoraggiamento; tristezza **2** (fisiologia) deiezione; evacuazione (dell'intestino) **3** feci; escrementi.
de jure [,di:'dʒuǝri] (lat.), a. e avv. (leg.) de iure; di diritto.
dekko ['dekou], n. (pl. **dekkos**) (pop.) occhiata; sguardo: **to have a d. at st.**, dare un'occhiata a q.c.
to delate [di'leit], v. t. **1** denunziare; accusare **2** riferire; riportare.
delation [di'leiʃǝn], n. delazione.
delator [di'leitǝ*], n. delatore.
delay [di'lei], n. **1** indugio; rinvio; ritardo **2** (comm.) dilazione **3** (autom.) rallentamento (del traffico). ● **to make no d. in doing st.**, non frapporre indugi a fare q.c.
to delay [di'lei], v. t. **1** differire; rimandare; rinviare; ritardare: **We had to d. our departure**, dovevamo ritardare la partenza **2** trattenere; causare un ritardo a: **My work delayed me at the office**, il lavoro mi ha trattenuto in ufficio; **The train was delayed by the snowfall**, il treno ha subito un ritardo per la nevicata. **B** v. i. **1** indugiare; fermarsi; tardare **2** trastullarsi; gingillarsi: **Don't d.**, non gingillarti!
delayed [di'leid], a. **1** ritardato: **d. payment**, pagamento ritardato **2** posticipato: **d. retirement**, pensionamento posticipato. ● (mil.) **d.-action**, a scoppio ritardato.
delaying [di'leiiŋ], a. dilatorio: **a d. policy**, una tattica dilatoria.
del credere [del'kredǝri], a. e avv. (comm., leg.) del credere: **a**

del credere agent, un agente del credere; **del credere commission**, commissione (*o* provvigione) del credere.
dele ['di:li], *n.* (*tipogr.*) deleatur.
to dele ['di:li], *v. t.* (*tipogr.*) cancellare. ● **D.!**, deleatur!
delectable [di'lektəbl], *a.* (*di solito iron.*) dilettevole; dilettoso.
delectation [ˌdi:lek'teiʃən], *n.* diletto; godimento.
delegacy ['deligəsi], *n.* (*anche leg.*) delegazione; delega.
delegant ['deligənt], *n.* (*leg.*) delegante.
delegate ['deligit], *n.* delegato; rappresentante.
to delegate ['deligeit], *v. t.* delegare; deputare.
delegatee [ˌdeligə'ti:], *n.* (*leg.*) delegatario.
delegation [ˌdeli'geiʃən], *n.* (*anche leg.*) delegazione; delega; deputazione.
to delete [di'li:t], *v. t.* cancellare; cassare.
deleterious [ˌdeli'tiəriəs], *a.* deleterio; nocivo.
deletion [di'li:ʃən], *n.* 1 cancellatura 2 (*genetica*) delezione.
delf(t) [delf(t)], *n.* maiolica (originariamente) fabbricata a Delft.
delftware ['delftweə*], *n.* (*collett.*) maioliche (di Delft).
deli ['deli], (*abbr. fam. USA*) V. **delicatessen**, *def.* 2.
deliberate [di'libərit], *a.* 1 intenzionale; calcolato; premeditato; deliberato; voluto: **a d. insult**, un insulto calcolato 2 cauto; prudente; guardingo; ponderato: **a d. man**, un uomo cauto: **a d. judgement**, un giudizio ponderato 3 (*di movimenti, ecc.*) lento; fatto senza fretta: **to take d. aim**, prendere la mira senza fretta.
to deliberate [di'libəreit], *v. t.* deliberare; discutere; considerare; ponderare; riflettere su: **They were deliberating whether they should go or not**, stavano discutendo se andare o no.
deliberateness [di'libərətnis], *n.* cautela; prudenza; ponderatezza.
deliberation [diˌlibə'reiʃən], *n.* 1 deliberazione; discussione; considerazione; riflessione: **after long d.**, dopo lunga discussione 2 cautela; prudenza; ponderatezza 3 lentezza (*di movimenti, ecc.*).
deliberative [di'libərətiv], *a.* 1 deliberativo 2 (*polit.*) deliberante.
deliberator [di'libəreitə*], *n.* deliberatore; chi delibera.
delicacy ['delikəsi], *n.* 1 delicatezza; grazia; finezza; debolezza (*di salute*); sensibilità: **the d. of a compass**, la sensibilità d'una bussola 2 (*di solito al pl.*) cibo squisito; squisitezza; manicaretto: **caviar and other delicacies**, caviale e altre squisitezze.
delicate ['delikit], *a.* 1 delicato 2 raffinato: **d. living**, una vita raffinata 3 (*poet.*) delizioso; piacevole. ● **a d.-looking girl**, una ragazza dall'aspetto delicato ▢ **d. upbringing**, l'essere cresciuti nella bambagia: **You had a d. upbringing, my dear**, sei cresciuta nella bambagia, mia cara ▢ **to give a d. hint**, fare un accenno garbato.
delicatessen [ˌdelikə'tesn], *n. pl.* (*USA*) 1 specialità pronte da mangiare 2 negozio dove si comprano specialità da portar via o da mangiare sul posto.
delicious [di'liʃəs], **A** *a.* 1 delizioso; squisito 2 assai divertente. **B** *n.* – **D.**, delicious, delizia (*mela*).
deliciousness [di'liʃəsnis], *n.* delizia; squisitezza.
delict ['di:likt], *n.* (*leg.*) delitto.
delight [di'lait], *n.* delizia; diletto; godimento; gioia; piacere; divertimento: **The new motorbike is a real d.**, la nuova motocicletta è una delizia; **Equitation is my chief d.**, l'equitazione è per me il più grande divertimento. ● **to his great d.**, con sua grande gioia ▢ **to take d. in**, deliziarsi in; divertirsi a: **He takes d. in skiing**, si diverte a sciare.
to delight [di'lait], **A** *v. t.* dilettare; deliziare; allietare; rallegrare: **His tale delighted us all**, il suo racconto ci dilettò tutti. **B** *v. i.* – **to d. in**, dilettarsi di; deliziarsi di (*o* in); divertirsi a: **That boy delights in roller-skating**, quel ragazzo si diverte a correre sui pattini a rotelle; **the books delighted in by the many**, i libri di cui i più si dilettano.
delighted [di'laitid], *a.* assai contento; lietissimo; felice: **I'm d. to see you**, sono lietissimo di vederti; **He was d. at** (*o* **with**) **the result**, fu felice del risultato.
delightful [di'laitful], *a.* 1 delizioso; dilettevole; piacevole; incantevole: **a d. trip**, una gita incantevole 2 assai attraente; incantevole: **a d. young lady**, una signorina assai attraente.
delightsome [di'laitsəm], *a.* (*poet.*) delizioso; dilettevole.
Delilah [di'lailə], *n.* 1 Dalila 2 (*fig.*) donna infida; seduttrice.
to delimit [di:'limit], **to delimitate** [di(:)'limiteit], *v. t.* delimitare.
delimitation [diˌlimi'teiʃən], *n.* delimitazione.
to delineate [di'linieit], *v. t.* delineare; disegnare; descrivere per sommi capi; tracciare.
delineation [diˌlini'eiʃən], *n.* V. **delineation**; abbozzo; descrizione sommaria; traccia.
delineator [di'linieitə*], *n.* chi delinea; descrittore.
delinquency [di'liŋkwənsi], *n.* 1 (*leg.*) delinquenza: **juvenile d.**, delinquenza minorile 2 delitto; colpa; reato 3 negligenza: **d. in the performance of one's duty**, negligenza nell'adempimento dei propri doveri.
delinquent [di'liŋkwənt], **A** *a.* 1 colpevole (*anche d'una negligenza*) 2 arretrato: **d. taxes**, tasse arretrate 3 delinquenziale. **B** *n.* delinquente; malfattore. ● (*leg.*) **a d. debtor**, un debitore moroso.
to deliquesce [ˌdeli'kwes], *v. i.* 1 liquefarsi; sciogliersi 2 (*chim., bot.*) diventare deliquescente.
deliquescence [ˌdeli'kwesns], *n.* (*chim., bot.*) deliquescenza.
deliquescent [ˌdeli'kwesnt], *a.* (*chim., bot.*) deliquescente. ● **to become d.**, sciogliersi.
delirious [di'liriəs], *a.* 1 delirante; in delirio 2 (*di discorso, ecc.*) dissennato. ● **to be d.**, delirare ▢ **to be d. with joy**, esser fuori di sé per la gioia ▢ **to become d.**, cadere in delirio.
delirium [di'liriəm], *n.* (*pl.* **deliriums, deliria**) 1 delirio; vaneggiamento 2 (*fig.*) eccitazione; entusiasmo: **a d. of joy**, eccitazione dovuta alla gioia. ● (*med.*) **d. tremens**, delirium tremens.
delitescence [ˌdeli'tesns], *n.* (*med.*) delitescenza; stato latente (*di morbo, ecc.*).
delitescent [ˌdeli'tesnt], *a.* (*med.*) delitescente; latente.
to deliver [di'livə*], **A** *v. t.* 1 consegnare; distribuire: **to d. goods** (**letters, etc.**), consegnare merce (lettere, ecc.); **to d. the mail**, distribuire la corrispondenza 2 pronunciare; recitare: **to d. a speech**, pronunciare un discorso; **to d. a sermon**, recitare un sermone, una predica 3 esprimere; enunciare (*un'opinione, ecc.*) 4 liberare; salvare: **May God d. us!**, Dio ce ne scampi e liberi!; **to d. from bondage**, liberare dalla schiavitù 5 lanciare: **to d. a ball**, lanciare una palla; **to d. an attack**, lanciare un attacco 6 assestare: **to d. a blow**, assestare un colpo 7 (*med.*) aiutare (*un bambino*) a nascere: **The doctor delivered the child**, il bambino nacque con intervento medico 8 dare; erogare: **The well delivers lots of water**, il pozzo dà molta acqua 9 (*fam.*) riversare (*voti, ecc. su un candidato*). **B** *v. i.* 1 partorire: **She delivered easily**, ebbe un parto facile 2 (*fam.*) non venir meno alle aspettative; rispondere alle previsioni; fare bene (*fam.*). ● **to d. account**, dare (*o* rendere) conto ▢ **to d. battle**, dare battaglia ▢ (*pop.*) **to d. the goods**, tener fede a una promessa; non venir meno alle aspettative ▢ **to d. a lecture**, tenere una conferenza ▢ **to d. a message**, fare un'ambasciata ▢ **to d. on one's promise**, mantenere una promessa ▢ (*fin.*) **to d. stock**, consegnare titoli ▢ **to d. oneself up**, arrendersi; (*leg.*) costituirsi ▢ **to d. st. up** (*o* **over**), cedere q.c. ▢ **She was delivered of a male child**, si sgravò d'un maschio.
deliverance [di'livərəns], *n.* 1 liberazione 2 asserzione; opinione.
deliverer [di'livərə*], *n.* 1 chi consegna, distribuisce, ecc. (*V.* **to deliver**) 2 (*specialm.*) liberatore; salvatore.
delivery [di'livəri], *n.* (*comm.*) consegna; distribuzione: **home d.**, consegna a domicilio; **cash on d.**, pagamento alla consegna; **the d. of the mail**, la distribuzione della posta 2 modo di pronunciare (*un discorso*); dizione; modo di cantare; modo d'esprimersi: **to have a good** (**a poor**) **d.**, esprimersi bene (male) 3 (*leg.*) consegna, tradizione (*anche d'un atto o contratto*) 4 lancio, tiro (*d'una palla, ecc.*): **a good d.**, un buon lancio 5 (*fisiologia, med.*) parto 6 erogazione (*d'acqua*); portata (*d'una pompa, ecc.*) 7 liberazione; salvataggio. ● **d. book**, bollettino delle consegne ▢ (*comm.*) **d. costs**, costi di distribuzione ▢ **d. entry only**, ingresso (per le) merci (*cartello*) ▢ **d. ex warehouse**, consegna dal magazzino ▢ **d. man**, addetto alle consegne ▢ (*comm.*) **d. note**, buono (*o* bolla) di consegna ▢ (*comm.*) **d. order**, ordine di consegna ▢ **d. terms**, condizioni di consegna ▢ **d. van**, furgone ▢ (*comm.*) **non-d.**, mancata consegna.
dell [del], *n.* valletta; forra.
to delouse [di:'laus], *v. t.* 1 spidocchiare 2 (*fig.*) sgombrare (*un terreno*) dalle mine; sminare.
Delphi ['delfai], *n.* (*geogr.*) Delfi, Delfo (*la città e l'oracolo*).
Delphian ['delfiən], **Delphic** ['delfik], *a.* 1 delfico; di Delfi 2 (*fig.*) ambiguo; oscuro; sibillino.
Delphin [delfin], *a.* a uso del Delfino (*di Francia*): **a D. text**, un testo ad usum Delphini.
delphinium [del'finiəm], *n.* (*pl.* **delphiniums, delphinia**) (*bot., Delphinium*) delfinio.
delta ['deltə], *n.* 1 delta (*quarta lettera dell'alfabeto greco*) 2 (*geogr.*) delta: **the Po d.**, il delta padano 3 triangolo; (*elettr.*) **d. connection**, collegamento a delta; (*aeron.*) **d. wing**, ala a delta. ● (*metall.*) **d. metal**, metallo delta ▢ (*fis. nucl.*) **d. rays**, raggi delta.
deltaic [del'teiik], *a.* 1 di (*o* fatto a) delta 2 (*geogr., geol., ecc.*) di un delta, del delta 3 – (*geogr., stor.*) **D.**, del delta (del Nilo).
deltoid ['deltɔid], *a. e n.* (*anat.*) (muscolo) deltoide.
to delude [di'lu:d], **A** *v. t.* ingannare; illudere. **to delude oneself** **B** *v. rifl.* ingannarsi; sbagliarsi; illudersi.
deluge ['delju:dʒ], *n.* 1 diluvio (*anche fig.*); allagamento; inondazione: **a d. of protests**, un diluvio di proteste 2 – (*relig.*) **the D.**, il diluvio universale.

to deluge ['delju:dʒ], *v. t.* **1** inondare; allagare **2** (*fig.*) sommergere; tempestare: **The speaker was deluged with requests for help**, l'oratore fu sommerso di richieste d'aiuto.
delusion [di'lu:ʒən], *n.* **1** inganno; illusione **2** idea fissa; fissazione; mania: **He has delusions of grandeur**, ha manie di grandezza.
delusive [di'lu:siv], *a.* ingannevole; illusorio; fallace; falso: **a d. hope**, una speranza fallace.
delusiveness [di'lu:sivnis], *n.* illusorietà; fallacia; falsità.
delusory [di'lu:zəri], *V.* **delusive**.
de luxe [di'lʌks] (*franc.*), *a.* di lusso: **I like the de luxe model**, mi piace il modello di lusso.
to delve [delv], *v. t. e i.* **1** (*poet. o dial.*) scavare; vangare **2** fare ricerche; investigare; studiare a fondo; approfondire: **to d. into old books**, fare ricerche su libri antichi; **to d. into the origin of surnames**, investigare l'origine dei cognomi; **to d. into a subject**, studiare a fondo un argomento **3** (*di strada, ecc.*) avvallarsi. ● **to d. into the past**, rivangare il passato.
delve [delv], *n.* **1** cavità **2** avvallamento; depressione (*del terreno*).
demagnetization [di:ˌmægnitai'zeiʃən], *n.* (*elettr.*) demagnetizzazione; smagnetizzazione.
to demagnetize [di:'mægnitaiz], *v. t.* (*elettr.*) smagnetizzare.
demagnetizer [di:'mægnitaizə*], *n.* (*elettron.*) demagnetizzatore.
demagog ['deməgɔg], *e deriv.* (*USA*) *V.* **demagogue**, *e deriv.*
demagogic(al) [ˌdemə'gɔgik(əl)], *a.* demagogico.
demagogue ['deməgɔg], *n.* demagogo.
demagoguism ['deməgɔgizəm], *n.* **demagogy** ['deməgɔgi], *n.* demagogia.
to demand [di'ma:nd], *v. t.* domandare; chiedere; richiedere; esigere; pretendere: **The prisoner demanded a trial**, il prigioniero chiese un regolare processo; **I demanded him his business**, gli domandai che cosa volesse (*o* cercasse); **He demands immediate payment**, esige il pagamento immediato; **He demanded to be obeyed at once**, pretendeva d'essere obbedito all'istante; **This job demands a great deal of skill**, questo lavoro richiede molta abilità.
demand [di'ma:nd], *n.* **1** domanda (*anche econ.*); richiesta: (*econ.*) **the law of supply and d.**, la legge della domanda e dell'offerta; **We cannot satisfy your demands**, non possiamo accogliere le vostre richieste; **There is a great d. for foreign correspondents**, c'è una grande richiesta di corrispondenti in lingue estere; **The kidnappers' demands for money are unreasonable**, le richieste di denaro dei rapitori sono irragionevoli **2** esigenza; pretesa **3** (*leg.*) rivendicazione (*sindacale*). ● (*fin.*) **d. bill** (*o* **draft**), tratta a vista □ (*banca*) **d. deposit**, deposito ritirabile a richiesta □ (*econ.*) **d.** (*o* **d.-pull**) **inflation**, inflazione da (eccesso di) domanda □ (*leg.*) **cross-d.**, domanda riconvenzionale □ **to be in d.**, essere richiesto, ricercato: **These goods are not much in d. now**, questa merce non è molto richiesta ora □ (*comm.*) **on d.**, a richiesta: **A cheque is payable on d.**, l'assegno bancario è pagabile a richiesta □ **I have many demands on my purse**, molte persone battono cassa da me.
demandant [di'ma:ndənt], *n.* (*leg.*) attore.
demanding [di'ma:ndiŋ], *a.* **1** (*di persona*) esigente; severo **2** (*di cosa*) difficile; duro; arduo.
to demarcate ['di:ma:keit], *v. t.* demarcare; segnare; tracciare: **to d. the boundaries of an estate**, demarcare i confini di una proprietà.
demarcation [ˌdi:ma:'keiʃən], *n.* demarcazione: **line of d.**, linea di demarcazione.
demasculinization [ˌdi:ˌmæskjulinai'zeiʃən], *n.* smascolinazione.
to demasculinize [ˌdi:'mæskjulinaiz], *v. t.* smascolinare.
dematerialization [di:məˌtiəriəlai'zeiʃən], *n.* smaterializzazione.
to dematerialize ['di:mə'tiəriəlaiz], **A** *v. t.* smaterializzare. **B** *v. i.* smaterializzarsi.
deme [di:m], *n.* **1** (*stor.*) demo **2** (*biol.*) aggregato cellulare.
to demean oneself [di'mi:n wʌn'self], *v. rifl.* **1** comportarsi; condursi **2** abbassarsi; avvilirsi; degradarsi; umiliarsi: **He demeaned oneself by doing something dishonourable**, degradarsi facendo qualcosa di disonorevole.
demeanour [di'mi:nə*], *n.* comportamento; condotta; contegno.
to dement [di'ment], *v. t.* privare della ragione; far impazzire.
demented [di'mentid], *a.* **1** demente; pazzo; stolto **2** (*fam.*) impazzito; (*fig.*) assai preoccupato.
dementia [di'menʃiə], *n.* (*med.*) demenza: **d. praecox**, demenza precoce.
demential [di'menʃiəl], *a.* (*med.*) demenziale.
demerara [ˌdemə'rɛərə], *n.* zucchero bruno (*della Guyana; anche* **d. sugar**).
demerit [di:'merit], *n.* **1** demerito; azione biasimevole; colpa; difetto **2** (*anche* **d. note**) nota di biasimo (*nelle scuole, ecc.*).
demeritorious [ˌdi(:)ˌmeri'tɔ:riəs], *a.* demeritevole.

demesne [di'mein], *n.* **1** (*leg.*) dominio; proprietà (*di beni immobili*); fondi (poderi, ecc.) su cui si ha dominio (*non affittati*): **He holds this farm in d.**, ha il dominio di questo fondo **2** dominio; territorio d'un sovrano o d'uno Stato **3** proprietà fondiaria **4** (*fig.*) campo d'attività. ● **Royal D.**, possedimenti della Corona □ **State D.**, terreni demaniali; demanio.
Demeter [di'mi:tə*], *n.* (*mitol.*) Demetra.
demigod ['demigɔd], *n.* semidio.
demijohn ['demidʒɔn], *n.* damigiana.
demilitarization [ˈdiːˌmilitəraiˈzeiʃən], *n.* demilitarizzazione; smilitarizzazione.
to demilitarize ['di:'militəraiz], *v. t.* demilitarizzare; smilitarizzare.
demilune ['demilu:n], *n.* **1** mezzaluna **2** (*mil.*) opera di fortificazione a mezzaluna.
demineralization [ˈdiːˌminərəlaiˈzeiʃən], *n.* demineralizzazione.
to demineralize ['di:'minərəlaiz], *v. t.* demineralizzare.
demi-official ['demiəˈfiʃəl], *a.* ufficioso: **a d. letter**, una lettera ufficiosa.
demi-pension [ˌdemipɑ̃ˈsiɔ̃:n] (*franc.*), *n.* mezza pensione (*in albergo*).
demise [di'maiz], *n.* (*leg.*) **1** cessione, trasferimento (*di diritti*); cessione in affitto **2** trasmissione (*di titolo, corona, ecc.*) per morte (*o* abdicazione): **d. of the Crown**, trasmissione della sovranità **3** decesso; morte; fine.
to demise [di'maiz], *v. t.* (*leg.*) **1** cedere (*specialm. in affitto*) **2** trasmettere (*titolo, corona, ecc.*) per morte (*o* abdicazione).
demisemiquaver ['demisemiˌkweivə*], *n.* (*mus.*) biscroma.
demission [di'miʃən], *n.* dimissioni; abdicazione; rinuncia.
to demist [ˌdi:'mist], *v. t.* (*autom.*) sbrinare.
demister [ˌdi:'mistə*], *n.* (*autom.*) sbrinatore.
to demit [di'mit], **A** *v. t.* (*specialm. scozz.*) dimettersi da (*un ufficio, ecc.*). **B** *v. i.* dimettersi; dare le dimissioni.
demiurge ['di:miə:dʒ], *n.* demiurgo.
demiurgic [ˌdi(:)miˈə:dʒik], *a.* demiurgico.
demo ['demou], *n.* (*pl.* **demos**) (*abbr. fam.*) *V.* **demonstration**.
to demob [di:'mɔb], *v. t.* (*abbr. fam.*) smobilitare; congedare. ● **the demobbed**, i congedati □ **d. suit**, abito borghese dato ai soldati al momento del congedo (*dopo la seconda guerra mondiale*).
demob [di:'mɔb], *n.* (*abbr. fam.*) *V.* **demobilization**.
demobilization ['di:ˌmoubilaiˈzeiʃən], *n.* (*mil.*) smobilitazione.
to demobilize [di:'moubilaiz], *v. t.* (*mil.*) smobilitare; congedare.
democracy [di'mɔkrəsi], *n.* **1** democrazia **2** − **the d.**, la gente comune; il popolo **3** − (*USA*) **the D.**, il partito democratico.
democrat ['deməkræt], *n.* **1** democratico **2** − (*USA*) **a D.**, un democratico; un seguace del (*o* un iscritto al) partito democratico.
democratic [ˌdeməˈkrætik], *a.* democratico. ● (*USA*) **D. party**, partito democratico.
democratically [ˌdeməˈkrætikəli], *avv.* democraticamente.
democratism [diˈmɔkrətizəm], *n.* democrazia; democraticità.
democratization [diˌmɔkrətaiˈzeiʃən], *n.* democratizzazione.
to democratize [diˈmɔkrətaiz], *v. t. e i.* democratizzare, democratizzarsi.
Democritean [diˌmɔkriˈti:ən], *a.* (*filos.*) democriteo.
Democritus [diˈmɔkritəs], *n.* (*stor., filos.*) Democrito.
to demodulate [di:ˈmɔdjuleit], *v. t.* (*radio*) demodulare.
demodulation [diːˌmɔdjuˈleiʃən], *n.* (*radio*) demodulazione.
Demogorgon ['di:mouˈgɔ:gən], *n.* (*mitol.*) demorgorgone.
demographer [diˈmɔgrəfə*], *n.* demografo.
demographic(al) [ˌdi:məˈgræfik(əl)], *a.* demografico.
demography [di:ˈmɔgrəfi], *n.* demografia.
demoiselle [ˌdɔmwaːˈzel], *n.* **1** damigella; donzella **2** (*zool.*, *Anthropoides virgo*) damigella di Numidia; gru damigella.
to demolish [diˈmɔliʃ], *v. t.* **1** demolire; abbattere **2** (*fam.*) divorare; pappare (*fam.*).
demolisher [diˈmɔliʃə*], *n.* demolitore, demolitrice.
demolition [ˌdeməˈliʃən], *n.* demolizione. ● (*mil.*) **d. bomb**, bomba dirompente □ (*ind.*) **d. contractor**, demolitore.
demon [ˈdiːmən], **A** *n.* **1** demone (*anche fig.*); genio, spirito (*buono o cattivo*): **the d. of jealousy**, il demone della gelosia **2** demonio, diavolo (*anche fig.*): **He is a d. for driving**, è un diavolo, al volante. **B** *attr.* **1** demoniaco; diabolico; del demonio: **d. worship**, adorazione del demonio **2** indemoniato. ● **He is a d. at tennis**, quando gioca a tennis è un diavolo scatenato.
demonetization [diːˌmʌnitaiˈzeiʃən], *n.* (*fin.*) **1** demonetizzazione **2** ritiro (*di monete*) dalla circolazione.
to demonetize [diːˈmʌnitaiz], *v. t.* (*fin.*) **1** demonetizzare (*un metallo, ecc.*) **2** ritirare (*monete*) dalla circolazione.
demoniac [diˈmouniæk], **A** *a.* **1** indemoniato; demoniaco; diabolico **2** (*fig.*) indiavolato; frenetico. **B** *n.* indemoniato.
demoniacal [ˌdi:məˈnaiəkəl], *a.* **1** indemoniato: **d. possession**, l'essere indemoniato; l'essere invasato dal demonio **2** demoniaco; diabolico **3** (*fig.*) indiavolato; frenetico.

demonic [di:'mɔnik], *a.* **1** demoniaco **2** demonico; ispirato dal demone. ● **d. possession**, possessione diabolica; l'essere indemoniato; indemoniamento (*raro*).
demonism ['di:mənizəm], *n.* **1** demonismo **2** demonolatria.
to demonize ['di:mənaiz], *v. t.* **1** rendere (simile a) un demonio **2** indemoniare.
demonolatry [,di(:)mə'nɔlətri], *a.* demonolatria.
demonology [,di:mə'nɔlədʒi], *n.* demonologia.
demonstrability [,demənstrə'biliti], *n.* dimostrabilità.
demonstrable ['demənstrəbl], *a.* dimostrabile.
demonstrably ['demənstrəbli], *avv.* in modo dimostrabile.
demonstrant [di'mɔnstrənt], *n.* dimostrante.
to demonstrate ['demənstreit], *v. t.* **1** dimostrare; mostrare; manifestare; provare **2** (*comm.*) fare pubblicità a (*un prodotto*) mostrandone l'uso; fare la dimostrazione di (*un articolo*). **B** *v. i.* fare una dimostrazione; dimostrare: **The students will d. in favour of the long-overdue school reform**, gli studenti faranno una dimostrazione in favore della riforma scolastica da tanto tempo attesa invano.
demonstration [,demən'streiʃən], *n.* **1** dimostrazione; attestazione; prova: **a d. of love**, una dimostrazione d'affetto **2** (*comm.*) dimostrazione **3** dimostrazione; manifestazione (*di protesta*). ● **to teach by d.**, insegnare con il metodo dimostrativo.
demonstrative [di'mɔnstrətiv], **A** *a.* **1** dimostrativo: **a d. pronoun**, un pronome dimostrativo **2** definitivo; probante **3** espansivo: **a d. child**, un fanciullo espansivo **4** manifesto; chiaro; evidente: **a d. affection for one's mother**, un manifesto attaccamento alla propria madre. **B** *n.* (*gramm.*) aggettivo (*o* pronome) dimostrativo. ● **d. of st.**, che prova (*o* dimostra) q.c.: **His alibi is clearly d. of his innocence**, il suo alibi prova chiaramente la sua innocenza.
demonstrativeness [di'mɔnstrətivnis], *n.* l'essere dimostrativo, probante, espansivo, ecc. (*V.* **demonstrative**).
demonstrator ['demənstreitə*], *n.* **1** dimostratore (*raro*); chi dimostra **2** dimostrante (*in una manifestazione di protesta, ecc.*) **3** (*nelle università*) assistente; tecnico laureato **4** (*comm.*) dimostratore **5** (*comm.*) articolo (*o* prodotto) usato per dimostrazione.
demoralization [di,mɔrəlai'zeiʃən], *n.* **1** demoralizzazione; scoraggiamento **2** corruzione; depravazione.
to demoralize [di'mɔrəlaiz], *v. t.* **1** demoralizzare; scoraggiare **2** corrompere; depravare.
demos ['di:mɔs], *n.* **1** (*stor.*) demo **2** (la) gente comune; (il) popolo.
Demosthenes [di'mɔsθəni:z], *n.* (*stor.*) Demostene.
to demote [di(:)'mout], *v. t.* (*specialm. mil.*) retrocedere (*di grado*); degradare: **The sergeant was demoted to corporal**, il sergente fu retrocesso a caporale.
demotic [di(:)'mɔtik], *a.* **1** (*raro*) demotico (*lett.*); popolare **2** (*archeol.*) demotico: **d. writing**, scrittura demotica.
demotion [di(:)'mouʃən], *n.* (*specialm. mil.*) retrocessione (*di grado*); degradazione.
to demount [di(:)'maunt], *v. t.* (*mecc.*) smontare.
demountable [di'mauntəbl], *a.* (*mecc.*) smontabile.
demulcent [di'mʌlsənt], *a. e n.* (*med.*) lenitivo; demulcente.
to demur [di'mə:*], *v. i.* **1** esitare **2** fare obiezione; avere (*o* farsi) scrupolo: **I d. at accepting his offer**, ho scrupolo ad accettare la sua offerta **3** (*leg.*) sollevare un'obiezione (*o* un'eccezione); eccepire.
demur [di'mə:*], *n.* **1** esitazione: **without d.**, senza esitazione **2** obiezione; scrupolo **3** (*leg.*) obiezione; eccezione.
demure [di'mjuə*], *a.* **1** contegnoso; discreto; modesto; schivo: **a d. virgin**, una vergine schiva **2** pudibondo (*iron.*); falsamente pudico: **d. simplicity**, semplicità pudibonda.
demureness [di'mjuənis], *n.* **1** contegnosità; discrezione; modestia **2** falsa pudicizia.
demurrable [di'mə:rəbl], *a.* (*specialm. leg.*) che può essere contestato; contro cui si può sollevare un'obiezione.
demurrage [di'mʌridʒ], *n.* (*comm.*) **1** ritardo (*di nave, carro merci, ecc.*) **2** (*leg., naut.*) controstallia: **d. days**, giorni di controstallia **3** (*leg., naut., anche* **d. charges**) diritti (*o* spese) di controstallia.
demurrant [di'mə:rənt], *n.* (*leg.*) chi solleva un'obiezione (*o* un'eccezione).
demurrer (*def. 1* [di'mʌrə*], *def. 2* [di'mə:rə*]), *n.* **1** (*leg.*) eccezione **2** chi esita; chi ha scrupolo.
demystification [di:,mistifi'keiʃən], *n.* demistificazione.
to demystify [di:'mistifai], *v. t.* demistificare.
demythicization [di:,miθisai'zeiʃən], *n.* smitizzazione; demitizzazione.
to demythicize [di:'miθisaiz], *v. t.* smitizzare; demitizzare.
den [den], *n.* **1** nascondiglio; covo, tana (*anche fig.*); topaia (*fig.*) **2** fossa (*di animali selvatici, in un giardino zoologico*) **3** rifugio; luogo tranquillo (*in cui si legge, si lavora in pace, ecc.*).

denary ['di:nəri], *a.* composto di dieci unità; decuplo; decimale.
denationalization ['di:,næʃnəlai'zeiʃən], *n.* **1** (*polit.*) snazionalizzazione **2** (*econ.*) denazionalizzazione, snazionalizzazione (*d'una industria, ecc.*).
to denationalize ['di:'næʃnəlaiz], *v. t.* **1** (*polit.*) snazionalizzare **2** (*econ.*) denazionalizzare, snazionalizzare (*un'industria, ecc.*).
denaturalization [di:,nætʃrəlai'zeiʃən], *n.* **1** privazione delle caratteristiche naturali; snaturamento **2** (*leg., polit.*) privazione della cittadinanza.
to denaturalize [di:'nætʃrəlaiz], **A** *v. t.* **1** snaturare; rendere innaturale **2** (*leg., polit.*) privare (q.) della cittadinanza. **to denaturalize oneself B** *v. rifl.* rinunciare alla cittadinanza (*del paese d'origine*).
denaturant [di:'neitʃərənt], *n.* (*chim.*) denaturante.
to denature [di:'neitʃə*], *v. t.* **1** snaturare **2** (*chim.*) denaturare: **denatured alcohol**, alcol denaturato.
denazification [,di(:)nɑ:tsifi'keiʃən], *n.* (*polit.*) denazificazione.
to denazify [di(:)'nɑ:tsifai], *v. t.* (*polit.*) denazificare.
dendrite ['dendrait], *n.* (*miner., anat.*) dendrite.
dendritic [den'dritik], *a.* (*miner., anat.*) dendritico.
dendroid ['dendrɔid], *a.* (*scient.*) dendroide.
dendrologist [den'drɔlədʒist], *n.* (*scient.*) dendrologo.
dendrology [den'drɔlədʒi], *n.* (*bot.*) dendrologia.
dene (1) [di:n], *n.* terreno sabbioso presso il mare; duna.
dene (2) [di:n], *n.* valle; valletta.
dengue ['dengi], *n.* (*med., anche* **d. fever**) dengue.
deniable [di'naiəbl], *a.* negabile.
denial [di'naiəl], *n.* **1** diniego (*anche leg.*); negazione; smentita: **to meet a charge with a flat d.**, rispondere a un'accusa con una secca smentita **2** rinnegamento; ripudio: **the d. of one's faith**, il ripudio della propria fede **3** rifiuto: **a flat d.**, un netto rifiuto **4** (*anche* **self-d.**) abnegazione; (spirito di) rinuncia.
denicotinization [di:,nikətinai'zeiʃən], *n.* denicotinizzazione.
to denicotinize [,di:'nikətinaiz], *v. t.* denicotinizzare.
denier (1) [di'naiə*], *n.* **1** negatore **2** rinnegatore.
denier (2) [di'niə*], *n.* **1** (*arc.*) moneta di scarso valore; quattrino **2** (*comm., ind. tessile*) denaro (*misura di peso per la titolazione dei filati*).
to denigrate ['denigreit], *v. t.* **1** annerire **2** denigrare; diffamare.
denigration [,deni'greiʃən], *n.* denigrazione; diffamazione.
denigrator ['denigreitə*], *n.* denigratore; diffamatore.
denim ['denim], *n.* **1** tessuto di cotone ritorto **2** (*pl.*) tuta (*di cotone ritorto*); calzoni tipo jeans.
to denitrate [di:'naitreit], *v. t.* (*chim.*) denitrare.
denitration [di,nai'treiʃən], *n.* (*chim.*) denitrazione.
denitrification [di(:),naitrifai'keiʃən], *n.* **1** (*microbiologia*) denitrificazione **2** (*chim.*) denitrazione.
to denitrify [di(:)'naitrifai], *v. t.* **1** (*microbiologia*) denitrificare **2** (*chim.*) denitrare.
denizen ['denizn], *n.* **1** abitante; chi occupa una regione **2** (*leg.*) straniero naturalizzato **3** (*biol.*) animale o pianta acclimatati fuori del loro habitat naturale **4** (*linguistica*) parola straniera entrata nell'uso.
to denizen ['denizn], *v. t.* naturalizzare; concedere la naturalizzazione a (q.).
denizenship ['deniznʃip], *n.* (*leg.*) cittadinanza (*di straniero naturalizzato*).
Denmark ['denmɑ:k], *n.* (*geogr.*) Danimarca.
Dennis ['denis], *n.* Dionigi. ● (*nei fumetti*) **D. the Menace**, Pierino (la peste) (*il ragazzino pestifero*).
to denominate [di'nɔmineit], *v. t.* denominare; chiamare; nominare.
denomination [di,nɔmi'neiʃən], *n.* **1** denominazione; nome (*d'una classe o categoria di cose*) **2** unità (*di misura, peso, ecc.*); (*fin.*) valore, taglio: **The coin of the lowest d. in Britain is the half-penny**, la moneta di minor valore in Gran Bretagna è il mezzo penny; **bills of small denominations**, banconote di piccolo taglio **3** (*mat.*) denominatore: **to reduce fractions to the same d.**, ridurre frazioni allo stesso denominatore **4** (*relig.*) confessione; setta religiosa: **a Protestant d.**, una setta (religiosa) protestante **5** (*fin.*) valore nominale: **the d. of a bill**, il valore nominale d'una cambiale. ● **religious d.**, religione: **What religious d. does he belong to?**, di che religione è?
denominational [di,nɔmi'neiʃənl], *a.* **1** confessionale; settario: **d. education**, istruzione confessionale; **d. interests**, interessi settari **2** (*fin.*) nominale: **d. value**, valore nominale.
denominationalism [di,nɔmi'neiʃnəlizəm], *n.* confessionalismo; settarismo.
to denominationalize [di,nɔmi'neiʃnəlaiz], *v. t.* rendere confessionale (*o* settario).
denominative [di'nɔminətiv], *a.* (*anche gramm.*) denominativo.
denominator [di'nɔmineitə*], *n.* (*mat.*) denominatore: **highest (lowest) common d.**, massimo (minimo) comune denominatore.
denotation [,di:nou'teiʃən], *n.* **1** denotazione; indicazione **2** si-

gnificato esplicito (*d'una parola*) **3** segno; simbolo.
denotative [di'noutətiv], *a.* denotativo; atto a denotare.
to denote [di'nout], *v. t.* **1** denotare; indicare: **The red flag on the pole denoted that it was dangerous to bathe**, la bandiera rossa sul palo indicava che era pericoloso fare il bagno **2** significare; voler dire; riferirsi a: **The word «black» denotes all black things**, la parola «nero» si riferisce a tutte le cose nere.
denouement [dei'nu:mã] (*franc.*), *n.* **1** scioglimento dell'intreccio (*d'un romanzo, ecc.*); epilogo; finale **2** rivelazione (*o* risultato) finale.
to denounce [di'nauns], *v. t.* denunziare, denunciare.
denouncement [di'naunsmənt], *n.* denunzia, denuncia.
denouncer [di'naunsə*], *n.* denunziatore, denunziatrice; denunciatore, denunciatrice.
dense [dens], *a.* **1** denso; fitto; folto; spesso: **a d. fog**, una nebbia fitta; **a d. crowd**, una densa folla **2** sciocco; stupido; ottuso (*fig.*) **3** (*fotogr.*) opaco; denso **4** (*ottica*) opaco; scuro.
denseness ['densnis], *n.* **1** densità **2** stupidità; ottusità mentale.
densimeter [den'simitə*], *n.* (*fis.*) densimetro.
density ['densiti], *n.* **1** densità; spessore; foltezza; fittezza: **population d.**, la densità della popolazione; **the d. of a wood**, la foltezza d'un bosco **2** stupidità; ottusità (*elettr.*) densità; intensità **4** (*fotogr.*) opacità (*d'una negativa*) ● (*mil.*) **d. bombing**, bombardamento di saturazione □ **Ice has a lower d. than water**, il ghiaccio ha un peso specifico inferiore a quello dell'acqua.
dent [dent], *n.* **1** dentello; incavo; tacca **2** ammaccatura (*nella carrozzeria di un'automobile, ecc.*) ● (*fam.*) **to make a d. in st.**, intaccare q.c.
to dent [dent], **A** *v. t.* **1** dentellare; incavare; intaccare **2** ammaccare. **B** *v. i.* **1** dentellarsi; incavarsi **2** ammaccarsi.
dental ['dentl], **A** *a.* **1** dei denti; dentale; dentario: **a d. consonant**, una consonante dentale **2** dentistico; odontoiatrico: **d. laboratory**, laboratorio dentistico; **d. work**, lavoro dentistico; **a d. clinic**, una clinica odontoiatrica. **B** *n.* (*fon.*) dentale. ● (*anat.*) **d. arch**, arcata dentaria □ (*med.*) **d. caries** (*o* **decay**), carie dentaria □ (*med.*) **d. engine**, trapano da dentista □ **d. plate**, dentiera □ **d. student**, studente d'odontoiatria □ **d. surgeon**, odontoiatra; dentista □ **d. technician**, odontotecnico.
dentate ['denteit], *a.* (*bot., zool.*) dentato; dentellato.
dentation [den'teiʃən], *n.* (*bot., zool., ecc.*) dentellatura.
dentex ['denteks], *n.* (*zool., Dentex dentex*) dentice.
denticle ['dentikl], *n.* (*anche archit.*) dentello.
denticular [den'tikjulə*], **denticulate** [den'tikjulit], **denticulated** [den'tikjuleitid], *a.* **1** dentellato **2** (*archit.*) ornato di dentelli.
denticulation [den,tikju'leiʃən], *n.* (*anche archit.*) dentellatura.
dentiform ['dentifɔ:m], *a.* dentiforme (*raro*); a forma di dente.
dentifrice ['dentifris], *n.* dentifricio.
dentil ['dentil], *n.* (*archit.*) dentello.
dentin ['dentin], **dentine** [,den'ti:n], *n.* (*anat.*) dentina; avorio (*dei denti*).
dentist ['dentist], *n.* dentista; odontoiatra.
dentistry ['dentistri], *n.* professione di dentista; odontoiatria.
dentition [den'tiʃən], *n.* **1** (*fisiologia*) dentizione: **primary** (**secondary**) **d.**, prima (seconda) dentizione **2** (*anat.*) dentatura: **The d. of man does not differ from that of the monkey**, la dentatura dell'uomo non differisce da quella della scimmia.
denture ['dentʃə*], *n.* dentiera; protesi dentaria. ● **d. brush**, spazzolino per dentiera.
denuclearization [di:,nju:kliərai'zeiʃən], *n.* (*polit., mil.*) denuclearizzazione.
to denuclearize [di:'nju:kliəraiz], *v. t.* (*polit., mil.*) denuclearizzare.
denudation [,di:nju(:)'deiʃən], *n.* denudamento; denudazione (*anche geol.*); spoliazione.
to denude [di'nju:d], *v. t.* denudare (*anche geol.*); spogliare: **The land was denuded of vegetation**, la terra era spoglia di vegetazione; **to d. sb. of his property**, spogliare q. dei suoi averi.
denunciation [di,nʌnsi'eiʃən], *n.* **1** denuncia, denunzia (*di un trattato e sim.*) **2** minaccia; annuncio di sventura.
denunciative [di'nʌnsiətiv], *V.* **denunciatory**.
denunciator [di'nʌnsieitə*], *n.* denunziatore, denunciatore.
denunciatory [di'nʌnsiətəri], *a.* di (*o* relativo a) denunzia.
to deny [di'nai], **A** *v. t.* **1** negare; smentire; ricusare; rifiutare: **to d. a charge** (**an accusation**), negare un'accusa; **Justice must not be denied to anyone**, non si deve rifiutare di rendere giustizia a nessuno; **I don't d. that I may have done it**, non nego che io possa averlo fatto; **I can deny nothing to you**, a te non so rifiutare nulla **2** non tener fede a; non riconoscere; rinnegare; ripudiare: **to d. one's word**, non tener fede alla parola; **He denied his signature**, non riconobbe la firma come propria; **Julian the Apostate denied his faith**, Giuliano l'Apostata rinnegò la fede. **to deny oneself B** *v. rifl.* negarsi, privarsi (di q.c.): **John is so poor that he has to d. himself many things**, Giovanni è così povero che deve privarsi di molte cose. ● **to d. oneself to sb.**, rifiutarsi di ricevere q.; negarsi a q. (*fam.*) □ **He is not to be denied**, non gli si può dire di no.
deodar ['diouda:*], *n.* (*bot., Cedrus deodara*) deodara.
deodorant [di:'oudərənt], *a. e n.* deodorante.
deodorization [di:,oudərai'zeiʃən], *n.* deodorazione.
to deodorize [di:'oudəraiz], *v. t.* deodorare.
deodorizer [di:'oudəraizə*], *n.* deodorante.
deontological [di:,ɔntə'lɔdʒikl], *a.* (*filos.*) deontologico.
deontologist [,di:ɔn'tɔlədʒist], *n.* (*filos.*) deontologo.
deontology [di:ɔn'tɔlədʒi], *n.* (*filos.*) deontologia.
de-orbit [di:'ɔ:bit], *n.* (*miss.*) uscita dall'orbita.
to de-orbit [di:'ɔ:bit], (*miss.*) **A** *v. t.* deorbitare; far uscire (*un razzo, un'astronave*) dall'orbita. **B** *v. i.* andare fuori orbita; uscire dall'orbita.
deoxidant [di:'ɔksidənt], *V.* **deoxidizer**.
deoxidation [di:,ɔksi'deiʃən], *V.* **deoxidization**.
deoxidization [di:,ɔksidai'zeiʃən], *n.* (*chim.*) disossidazione.
to deoxidize [di:'ɔksidaiz], *v. t.* (*chim.*) disossidare.
deoxidizer [di:'ɔksidaizə*], *n.* (*chim.*) disossidante.
deoxidizing [di:'ɔksidaizəŋ], *n.* (*chim.*) disossidazione.
to depart [di'pa:t], **A** *v. i.* **1** (*poet.*) andarsene; accomiatarsi **2** partire **3** – **to d. from**, allontanarsi da; abbandonare; perdere: **Old people don't like to d. from inveterate habits**, i vecchi non amano abbandonare le abitudini inveterate. **B** *v. t.* abbandonare; lasciare (*arc., eccetto nella espress.*): **to d. this life**, addio alla vita; morire. ● **to d. from life**, morire; andarsene (*fam.*) □ **to d. from one's word** (**one's promise**), non tener fede alla parola data (a una promessa).
departed [di'pa:tid], *a.* **1** passato; trascorso: **the d. greatness**, la passata grandezza **2** defunto; estinto; morto. ● **the departed**, (*collett.*) i defunti, i morti; l'estinto, il defunto.
department [di'pa:tmənt], *n.* **1** dipartimento; dicastero; ministero: **the police d.**, il dipartimento di polizia; **the D. of Education**, il ministero della Pubblica Istruzione **2** compartimento; reparto; sezione; ufficio: **accounting d.**, ufficio contabilità; **shipping d.**, ufficio spedizioni; **In a big store there are numerous departments**, in un grande negozio ci sono molti reparti; **sales d.**, reparto vendite; ufficio commerciale **3** campo (*o* sfera) d'attività; compito; ramo (*fig.*): **Proofreading is his d.**, il suo compito è la correzione delle bozze **4** dipartimento (*universitario*): **the d. of sociology**, il dipartimento di sociologia; **the Italian d.**, il dipartimento di Lingua e Letteratura italiana. ● (*comm.*) **d. head**, caporeparto □ **d. store**, grande negozio; emporio; grandi magazzini.
departmental [,di:pa:t'mentl], *a.* **1** dipartimentale **2** (*polit.*) ministeriale **3** diviso in reparti, ecc. (*V.* **department**).
departure [di'pa:tʃə*], *n.* **1** partenza: **I had to postpone my d.**, dovetti rinviare la partenza **2** (*fig.*) allontanamento; deviazione; distacco; infrazione: **a d. from what is right**, un allontanarsi dalla retta via; **a d. from duty**, un'infrazione al proprio dovere **3** (*fig.*) indirizzo; orientamento; tecnica: **a new d. in cardiac surgery**, un nuovo indirizzo (o innovazione) nella cardiochirurgia. ● **d. lounge**, sala partenze (*di aeroporto*) □ (*ferr.*) **d. platform**, marciapiede (*o* pensilina) delle partenze □ **to take one's d.**, partire.
to depasture [di:'pa:stʃə*], *v. t.* **1** pascolare (*bestiame*) **2** (*del bestiame*) pascolare su (*un prato, un campo, ecc.*).
to depauperate [di(:)'pɔ:pəreit], *v. t.* depauperare; impoverire.
depauperation [di(:),pɔ:pə'reiʃən], *n.* depauperamento; depauperazione.
depenalization [di:,pi:nəlai'zeiʃən], *n.* (*leg. e fig.*) depenalizzazione.
to depenalize [di:'pi:nəlaiz], *v. t.* (*leg. e fig.*) depenalizzare.
to depend [di'pend], *v. i.* **1** dipendere (*anche gramm.*); derivare; procedere: **The value of a book does not d. on its size**, il valore d'un libro non dipende dalle sue dimensioni; **That depends** (*o* **It all depends**), dipende!; **It depends on himself**, (la riuscita, ecc.) dipende da lui solo **2** dipendere; essere (*o* vivere) a carico di: **He depends on his wife for everything**, vive completamente a carico della moglie **3** contare, fare assegnamento (su); fidarsi (di): **He is a man to be depended on**, è un uomo su cui si può contare **4** (*poet.*) pendere. ● **D. upon** (*o* **on**) **it!**, stanne certo; non dubitare!; senza dubbio!; **Ann will be late again, d. upon it!**, Anna sarà di nuovo in ritardo, stanne certo.
dependability [di,pendə'biliti], **dependableness** [di'pendəblnis], *n.* affidabilità; fidatezza; lealtà.
dependable [di'pendəbl], *a.* affidabile; che dà affidamento; fidato; fido; leale; sicuro: **a d. employee**, un impiegato fidato.
dependant [di'pendənt], *n.* **1** persona a carico: **Contributors to the National Insurance Fund and those d. upon them receive grants**, coloro che pagano i contributi delle assicurazioni sociali e le persone a loro carico ricevono sussidi **2** persona al servizio (*o* al seguito: di q.).

dependence [di'pendəns], *n.* **1** dipendenza; rapporto, relazione; l'essere conseguenza di (q.c.): **The d. of vintage on the abundance of rain must be taken into account**, il fatto che la vendemmia dipende dall'abbondanza della pioggia va tenuto nel debito conto **2** affidamento, conto (*che si fa su q.*) **3** l'essere a carico (di q.): **You should put an end to your d. on your wife**, dovresti cessare d'essere a carico di tua moglie **4** (*raro*) sostegno (*fig.*): **His son was his only d.**, il figlio era il suo unico sostegno. ● (*econ.*) **d. effect**, effetto di dipendenza □ **to place** (*o* **to put**) **d. on sb.**, fare affidamento su q.

dependency [di'pendənsi], *n.* **1** cosa che dipende da (*o* è subordinata a) un'altra **2** (*eufemistico*; *stor.*, *polit.*) possedimento; colonia: **The 14 remaining British dependencies have considerable self-government**, le 14 colonie inglesi che sono ancora tali godono di una notevole misura d'autogoverno **3** (*edil.*) dépendance; edificio annesso.

dependent [di'pendənt], **A** *a.* **1** (*anche gramm.*) dipendente; che dipende da: **a d. clause**, una proposizione dipendente; **The success of the party will be d. on you**, il successo della festa dipenderà da te **2** a carico di: **Children are d. on their parents**, i figli sono a carico dei genitori. **B** *n.* **1** (*gramm.*) proposizione dipendente; parola retta da un'altra **2** persona a carico (di q.). ● (*stor.*, *polit.*) **d. territory**, V. **dependency**, *def.* 2.

depersonalization [di:,pə:snəlai'zeiʃən], *n.* spersonalizzazione.
to depersonalize [di:'pə:snlaiz], *v. t.* spersonalizzare.
to depict [di'pikt], *v. t.* dipingere; descrivere.
depicter, depictor [di'piktə*], *n.* chi dipinge; chi descrive.
depiction [di'pikʃən], *n.* **1** il dipingere; il descrivere; descrizione **2** pittura (*o* scultura, ecc.) che ritrae q.c. **3** descrizione.
depictive [di'piktiv], *a.* descrittivo; rappresentativo.
to depilate ['depileit], *v. t.* depilare.
depilation [,depi'leiʃən], *n.* depilazione.
depilator ['depileitə*], *n.* depilatore.
depilatory [de'pilətəri], **A** *a.* depilatorio. **B** *n.* **1** depilatorio; sostanza (*o* crema, ecc.) depilatoria **2** depilatore (*strumento*).
to deplane [di(:)'plein], **A** *v. i.* scendere da un aeroplano; sbarcare (*da un aereo*). **B** *v. t.* fare scendere, sbarcare (*da un aereo*).
to deplenish [di:'pleniʃ], *v. t.* **1** vuotare; svuotare **2** esaurire la merce di (*un negozio*, ecc.).
to deplete [di'pli:t], *v. t.* **1** vuotare; svuotare **2** esaurire (*una miniera*, *fondi*, ecc.); togliere; privare di: **Illness may d. your strength**, la malattia può toglierti le forze **3** (*med.*) decongestionare; svuotare **4** (*econ.*) sfruttare eccessivamente (*una miniera*, ecc.) **5** (*fis. nucl.*) impoverire.
depletion [di'pli:ʃən], *n.* **1** svuotamento **2** esaurimento (*dovuto a perdita di sangue*) **3** (*med.*) deplezione **4** (*econ.*) sfruttamento eccessivo **5** (*fis. nucl.*) impoverimento. ● (*fin.*) **d. of capital**, svalutazione del capitale.
depletive [di'pli:tiv], **depletory** [di'pli:təri], *a.* atto a svuotare, esaurire, ecc. (V. **to deplete**).
deplorability [di,plɔ:rə'biliti], *n.* l'essere deplorabile, deplorevole, ecc. (*V.* **deplorable**).
deplorable [di'plɔ:rəbl], *a.* deplorabile; deplorevole; biasimevole; lacrimevole: **a d. mistake**, un deplorevole errore.
deplorableness [di'plɔ:rəblnis], *V.* **deplorability**.
to deplore [di'plɔ:*], *v. t.* deplorare; compiangere; lamentare; biasimare; disapprovare: **I d. his behaviour**, deploro la sua condotta.
to deploy [di'plɔi], (*mil.*) **A** *v. t.* schierare, spiegare (*le truppe*, *le forze*). **B** *v. i.* (*di truppe*, ecc.) schierarsi, spiegarsi.
deploy [di'plɔi], **deployment** [di'plɔimənt], *n.* **1** (*mil.*) spiegamento (*di forze*) **2** lo spiegarsi (*del paracadute*); apertura. ● (*mil. USA*) **rapid deployment force**, forza di rapido intervento.
to deplume [di(:)'plu:m], *v. t.* **1** spennare; spiumare **2** (*fig.*) spogliare (*degli averi*, *dell'onore*, ecc.).
depolarization [,di:,poulərai'zeiʃən], *n.* (*elettr.*) depolarizzazione.
to depolarize [di:'pouləraiz], *v. t.* **1** (*elettr.*) depolarizzare **2** (*fig.*) dissolvere (*pregiudizi*, ecc.); scuotere (*convinzioni*, ecc.).
depolarizer [di:'pouləraizə*], *n.* (*chim. fis.*) depolarizzatore.
depoliticization ['di:pə,litisai'zeiʃən], *n.* depoliticizzazione; spoliticizzazione.
to depoliticize [,di:pə'litisaiz], *v. t.* depoliticizzare; spoliticizzare.
to depollute [,di:pə'lu:t], *v. t.* (*ecologia*) disinquinare.
depollution [di:pə'lu:ʃən], *n.* (*ecologia*) disinquinamento.
depolymerization ['di:pɔ,limərai'zeiʃən], *n.* (*chim.*) depolimerizzazione.
to depolymerize [di:pɔ'limiraiz], *v. t.* (*chim.*) depolimerizzare.
deponent [di'pounənt], **A** *a.* (*gramm.*) deponente. **B** *n.* **1** (*gramm.*) verbo deponente **2** (*fig.*) chi fa una deposizione; testimone.
to depopulate [di:'pɔpjuleit], *v. t. e i.* (*stat.*) spopolare; spopolarsi.
depopulation [di:,pɔpju'leiʃən], *n.* (*stat.*) spopolamento.
to deport [di'pɔ:t], **A** *v. t.* **1** deportare; confinare; esiliare **2** espellere (*come indesiderabile*). **to deport oneself** **B** *v. rifl.* (*lett.*) comportarsi; portarsi; condursi: **to d. oneself like a gentleman**, comportarsi da gentiluomo.
deportation [,di:pɔ:'teiʃən], *n.* **1** deportazione **2** espulsione.
deportee [,di:pɔ:'ti:], *n.* deportato.
deportment [di'pɔ:tmənt], *n.* **1** comportamento; condotta; contegno **2** portamento.
to depose [di'pouz], *v. t. e i.* **1** deporre (*da una carica e specialm. dal trono*) **2** (*leg.*) attestare, dichiarare (*in giudizio*); testimoniare: **The witness deposed that he had seen the accused man**, il testimone depose d'aver visto l'imputato.
to deposit [di'pɔzit], *v. t.* **1** depositare: **to d. money in the bank**, depositare denaro in banca; **The river has deposited a layer of mud on the fields**, il fiume ha depositato uno strato di fango sui campi **2** fare un deposito di (*una somma di denaro*); lasciare come caparra: **They deposited 1,000 dollars on a new house**, diedero una caparra di 1 000 dollari per l'acquisto d'una nuova casa **3** deporre (*anche uova*); posare; mettere giù.
deposit [di'pɔzit], *n.* **1** deposito; somma di denaro pagata in anticipo; (*leg.*) caparra; sedimento: **money on d.**, denaro depositato in una banca; **a d. of mud**, un sedimento di fango **2** (*geol.*) giacimento: **a d. of copper**, un giacimento di rame **3** (*pl.*, *geol.*) detriti. ● (*comm.*) **a d. account**, un deposito vincolato □ (*banca*) **d. at call**, deposito rimborsabile a vista □ **d. book**, libretto (di deposito) nominativo □ (*banca*) **d. receipt**, buono cassa □ (*banca*) **d. slip**, distinta di versamento □ (*dogana*) **d. warrant**, certificato di deposito □ (*fin.*) **interest-bearing d.**, deposito fruttifero.
depositary [di'pɔzitəri], *n.* (*leg.*) depositario.
deposition [,depə'ziʃən], *n.* **1** deposizione: **the d. of the King**, la deposizione del re **2** deposito **3** (*leg.*) deposizione; testimonianza.
depositor [di'pɔzitə*], *n.* (*comm.*) depositante; (*leg.*) chi fa un deposito. ● (*banca*) **d.'s book**, libretto nominativo.
depository [di'pɔzitəri], *n.* **1** deposito; magazzino **2** V. **depositary**.
depot ['depou], *n.* **1** deposito; magazzino **2** (*mil.*) deposito; compagnia di deposito **3** (*ferr.*) deposito; scalo merci **4** (*USA*) scalo ferroviario. ● (*naut.*) **d. ship**, nave appoggio.
depravation [,deprə'veiʃən], *n.* depravazione; corruzione.
to deprave [di'preiv], *v. t.* depravare; corrompere; pervertire.
depraved [di'preivd], *a.* depravato; corrotto; degenerato.
depravity [di'præviti], *n.* **1** depravazione; corruzione **2** azione malvagia, perversa.
deprecable ['deprikəbl], *a.* deprecabile.
to deprecate ['deprikeit], *v. t.* **1** disapprovare: **We d. impoliteness**, noi disapproviamo la cattiva educazione **2** deprezzare (*fig.*); sminuire **3** (*arc.*) deprecare; scongiurare: **to d. sb.'s anger**, scongiurare q. di non adirarsi.
deprecating ['deprikeitin], *a.* **1** di disapprovazione **2** che sminuisce; di deprezzamento **3** (*arc.*) deprecativo; supplichevole. ● **self-d.**, che sminuisce un proprio successo, onore, ecc.
deprecation [,depri'keiʃən], *n.* **1** disapprovazione; espressione di disapprovazione **2** deprezzamento (*fig.*) **3** (*arc.*) deprecazione.
deprecative ['deprikətiv], **deprecatory** ['deprikətəri], *V.* **deprecating**.
to depreciate [di'pri:ʃieit], *v. t. e i.* **1** (*comm.*: *di merce*) deprezzare, deprezzarsi **2** (*fin.*: *di moneta*) svalutare, svalutarsi: **The Italian lira is depreciating**, la lira si sta svalutando **3** screditare; sottovalutare; mettere in discredito.
depreciation [di,pri:ʃi'eiʃən], *n.* **1** (*comm.*) deprezzamento (*di merce*) **2** (*fin.*) deprezzamento, svalutazione (*della moneta*) **3** (*fig.*) discredito **4** deperimento; (quota di) ammortamento: **d. fund**, fondo di ammortamento. ● (*fin.*) **d. allowances**, ammortamenti fiscali □ (*ind.*) **d. of a plant**, obsolescenza di un impianto.
depreciative [di'pri:ʃjətiv], **depreciatory** [di'pri:ʃjətəri], *a.* che deprezza, svaluta, scredita, ecc. (*V.* **to depreciate**).
to depredate ['deprideit], *v. t.* depredare; devastare.
depredation [,depri'deiʃən], *n.* depredazione; devastazione.
depredator ['deprideitə*], *n.* depredatore; predone; saccheggiatore.
to depress [di'pres], *v. t.* **1** deprimere; abbattere (*fig.*); rattristare; scoraggiare; umiliare: **a depressing book** (speech, etc.), un libro (un discorso, ecc.) deprimente **2** abbassare; premere; (*mil.*) **to d. a gun**, abbassare la volata di un cannone; **to d. the keys of a piano**, premere i tasti di un pianoforte **3** (*comm.*) ridurre (*il volume d'affari, i prezzi, ecc.*): **When trade is depressed, people may lose their jobs**, quando l'attività commerciale è ridotta (*o* fiacca), la gente può perdere il posto di lavoro **4** (*mus.*) calare il tono di, abbassare (*la voce*).
depressant [di'presənt], *a. e n.* (*med.*) deprimente; sedativo.
depressed [di'prest], *a.* **1** depresso; scoraggiato; avvilito; abbattuto **2** abbassato; premuto **3** (*econ.*) depresso: **d. areas**, aree depresse. ● (*archit.*) **d. arch**, arco ribassato □ (*in India*) **the**

depressible

d. classes, le classi inferiori.
depressible [di'presəbl], *a.* deprimibile, ecc. (*V.* **to depress**).
depressing [di'presiŋ], *a.* deprimente; scoraggiante: **d. news**, notizie deprimenti.
depression [di'preʃən], *n.* **1** depressione (*anche astron., med., ecc.*); abbattimento (*fig.*); avvilimento, scoraggiamento; abbassamento; avvallamento (*del terreno*): **in a fit of d.**, in un momento di depressione dell'animo; **a d. over the Mediterranean**, una depressione sul Mediterraneo **2** (*econ.*) depressione; ristagno; crisi: **a d. in the stock market**, una depressione nel mercato azionario; **a d. in trade**, un ristagno dell'attività commerciale **3** (*mus.*) diminuzione del tono (*della voce*).
depressor [di'presə*], *n.* **1** chi deprime, ecc. (*V.* **to depress**) **2** (*anat.*, *anche* **d. muscle**) muscolo depressore **3** (*chim.*) inibitore; catalizzatore negativo **4** (*med.*) abbassalingua.
depressurization [di:ˌpreʃərai'zeiʃən], *n.* (*aeron., miss.*) depressurizzazione.
to depressurize [di:'preʃəraiz], *v. t.* (*aeron., miss.*) depressurizzare.
deprival [di'praivl], *V.* **deprivation**.
deprivation [ˌdepri'veiʃən], *n.* **1** privazione **2** perdita: **That was a great d. for him**, quella fu una grave perdita per lui **3** (*psic.*) deprivazione **4** licenziamento; destituzione (*specialm. da una carica ecclesiastica*). ● (*leg.*) **d. of civil rights**, perdita dei diritti civili □ (*leg.*) **d. of enjoyment**, privazione del godimento (*di beni*)
to deprive [di'praiv], *v. t.* **1** privare; spogliare **2** destituire (*specialm. un ecclesiastico*).
deprived [di'praivd], *a.* (*psic.*) deprivato.
depth [depθ], *n.* **1** (*anche fig.*) profondità: **the d. of a pond** (*of the sea, etc.*), la profondità di uno stagno (*del mare, ecc.*); **d. of thought**, profondità di pensiero; **He is a man of great d.**, è un uomo di mente profonda **2** intensità: **d. of colour**, intensità del colore; **the d. of human passion**, l'intensità delle passioni umane **3** (*pl.*) profondità; abissi: **the depths of the ocean**, le profondità dell'oceano **4** (*naut.*) fondale marino; quota (*di un sommergibile*) **5** (*tipogr.*) altezza (*di un carattere*). ● (*aeron., mil.*) **d. bomb**, bomba di profondità □ (*naut., mil.*) **d. charge**, carica (*o bomba*) di profondità □ (*naut., mil.*) **d.-charge thrower**, lanciabombe antisommergibile □ (*naut., mil.*) **d. contour** (*o curve*), isobata □ (*naut.*) **d.-finder**, scandaglio □ (*mecc.*) **d.-gauge**, calibro di profondità □ **the depths of degradation**, il massimo della degradazione □ (*econ.*) **the d. of depression**, il punto più basso (*o il fondo*) della depressione □ (*psic.*) **d. psychology**, psicologia del profondo □ **in the d. of the country**, in piena campagna □ **in the depths of despair**, al colmo della disperazione □ **in the d. of one's heart**, nel profondo del cuore □ **in the d. of winter**, nel cuore dell'inverno □ **to be out of** (*o* **beyond**) **one's d.**, non toccare il fondo (*dell'acqua*); (*fig.*) essere fuori dal campo delle proprie cognizioni (*o capacità*) ● **periscope d.**, quota periscopica (*di un sommergibile*) □ **a study in d.**, uno studio approfondito □ **The snow was two feet in d.**, la neve era alta sessanta centimetri.
depurant ['depjurənt], *a.* e *n.* (*farm., med.*) depurativo.
to depurate ['depjureit], *v. t.* e *i.* depurare, depurarsi.
depuration [ˌdepju'reiʃən], *n.* depurazione; depuramento.
depurative [di'pjuərətiv], *a.* depurativo.
depurator ['depjureitə*], *n.* depuratore.
deputation [ˌdepju(:)'teiʃən], *n.* deputazione; delegazione.
to depute [di'pju:t], *v. t.* deputare; delegare; designare.
to deputize ['depjutaiz], **A** *v. t.* conferire autorità a (q.). **B** *v. i.* **1** – **to d. for**, agire come delegato (*o* rappresentante) di (q.) **2** (*teatr.*) fare la controfigura.
deputy ['depjuti], *n.* **1** (*leg.*) delegato; sostituto **2** (*polit.*) deputato (*di un'assemblea; non in G.B. e USA*) **3** aggiunto; sostituto; vice; che fa funzione di: **d. lieutenant**, viceluogotenente (*di contea*); (*fin., ecc.*) **d. chairman**, vicepresidente; **d. mayor**, vicesindaco. ● (*leg.*) **by d.**, per procura.
to deracinate [di:'ræsineit], *v. t.* sradicare; estirpare.
derail [di'reil], *n.* (*ferr.*) deragliatore; sviatore.
to derail [di'reil], (*ferr.*) **A** *v. i.* deragliare. **B** *v. t.* far deragliare.
derailer [di'reilə*], *V.* **derail.**
derailleur [ˌdeira'jə:*] (*franc.*), *n.* (*mecc.*) cambio (*di bicicletta*).
derailment [di:'reilmənt], *n.* (*ferr.*) deragliamento.
to derange [di'reindʒ], *v. t.* **1** disordinare; confondere; scompigliare **2** turbare; disturbare **3** (*specialm. al p. p.*) far impazzire; squilibrare: **He is deranged**, è squilibrato. ● **to become (mentally) deranged**, impazzire; ammattire.
derangement [di'reindʒmənt], *n.* **1** disordine; confusione **2** turbamento; disturbo **3** alienazione mentale; pazzia.
to derat [di(:)'ræt], *v. t.* derattizzare.
to derate [ˌdi:'reit], *v. t.* (*fin.*) diminuire (*o* eliminare) il carico d'imposta su (q.q.).
to deration [ˌdi:'ræʃən], *v. t.* abolire il razionamento di (*un prodotto*); mettere in vendita liberamente.

deratization [di(:)ˌrætai'zeiʃən], *n.* derattizzazione.
Derby ['da:bi], *n.* **1** derby (*corsa per cavalli di tre anni*) **2** – (*USA*) **d.**, cappello duro; bombetta (*cfr. ingl.* **bowler hat**). ● **D. day**, giorno del derby (*primo mercoledì di giugno*).
Derbyshire ['da:biʃə*], *n.* (*geogr.*) contea di Derby. ● (*med.*) **D. neck**, gozzo.
to deregulate [ˌdi:'regjuleit], *v.t.* deregolamentare; liberalizzare.
deregulation ['di:ˌregju'leiʃən], *n.* deregolamentazione; deregulation; liberalizzazione.
derelict ['derilikt], **A** *a.* **1** derelitto (*lett.*); abbandonato: **a d. ship**, una nave abbandonata (*un relitto*) **2** negligente; trascurato. **B** *n.* **1** derelitto; relitto della società **2** (*leg.*) cosa abbandonata (*dal proprietario*) **3** (*naut. e leg.*) scafo alla deriva; relitto (*marittimo*) **4** (*raro*) individuo negligente.
dereliction [ˌderi'likʃən], *n.* **1** abbandono **2** negligenza; trascuratezza; incuria **3** manchevolezza; difetto **4** (*leg.*) terreno abbandonato dal mare.
to derequisition [ˌdi:ˌrekwi'ziʃən], *v. t.* derequisire.
to derestrict [ˌdi:ri'strikt], *v. t.* (*econ., fin.*) liberalizzare.
to deride [di'raid], *v. t.* deridere; beffare; schernire.
de rigueur [dəri'gɛ:*] (*franc.*), *a.* di rigore: **A dinner jacket is de rigueur at the meeting**, lo smoking è di rigore alla riunione.
derisible [di'rizibl], *a.* risibile; ridicolo.
derision [di'riʒən], *n.* derisione; beffa; scherno. ● **to bring into d.**, mettere in ridicolo □ **to hold** (*o* **to have**) **in d.**, deridere □ **to be in d.**, essere deriso □ **object of d.**, zimbello.
derisive [di'raisiv], *a.* derisorio; derisivo (*raro*); di derisione: **d. cheers**, applausi di derisione.
derisory [di'raisəri], *a.* derisorio; irrisorio: **a d. offer**, un'offerta irrisoria.
derivable [di'raivəbl], *a.* **1** derivabile **2** deducibile **3** che si può ricavare; ottenibile.
derivation [ˌderi'veiʃən], *n.* **1** (*anche linguistica*) derivazione: **the d. of words**, la derivazione delle parole **2** (*elettr., mat.*) derivazione.
derivative [di'rivətiv], **A** *a.* **1** derivativo: **a d. word**, una voce derivativa **2** derivato: **a d. substance**, una sostanza derivata. **B** *n.* **1** (*chim., gramm., ecc.*) derivato **2** (*mat.*) derivata **3** (*farm.*) derivativo.
to derive [di'raiv], **A** *v. t.* **1** ottenere; ricavare; trarre: **I have derived great benefit from this treatment**, ho tratto grande beneficio da questa cura; **to d. a conclusion**, trarre una conclusione **2** derivare, dedurre, inferire (*idee, la verità, ecc.*) **3** (*chim.*) derivare (*una sostanza da un'altra*) **4** rintracciare, dimostrare, affermare la derivazione o discendenza di (*cosa, persona, parola, ecc.*): **He derives himself from Norman ancestors**, asserisce di discendere da antenati normanni. **B** *v. i.* derivare; discendere; provenire: **Italian derives from Latin**, l'italiano deriva dal latino. ● (*elettr.*) **derived current**, corrente derivata □ **to be derived from**, derivare da; discendere da.
derm [də:m], *V.* **derma.**
derma ['də:mə], *n.* (*pl.* **dermas, dermata**) **1** (*anat.*) derma **2** pelle (*in genere*).
dermal ['də:ml], *a.* (*anat.*) dermico; della pelle.
dermatitis [ˌdə:mə'taitis], *n.* (*pl.* **dermatitises, dermatitides**) (*med.*) dermatite.
dermatologist [ˌdə:mə'tɔlədʒist], *n.* dermatologo.
dermatology [ˌdə:mə'tɔlədʒi], *n.* (*med.*) dermatologia.
dermatopathic [də:ˌmatə'pæθik], *V.* **dermopathic.**
dermatosis [ˌdə:mə'tousis], *n.* (*pl.* **dermatoses**) (*med.*) dermatosi.
dermatozoa [də:ˌmatə'zouə], *n. pl.* (*zool.*) dermatozoi.
dermic ['də:mik], *V.* **dermal.**
dermis ['də:mis], *V.* **derma.**
dermographia [ˌdə:mə'græfiə], *n.* (*med.*) dermografia.
dermographism [də:'mɔgrəfizəm], *n.* (*med.*) dermografismo.
dermopathic [də:mə'pæθik], *a. e n.* (*med.*) dermopatico.
dermopathy [də:'mɔpəθi], *n.* (*med.*) dermopatia.
dermopteran [də:'mɔptərən], *n.* (*zool.*) dermottero.
dermosyphilopathy ['də:məˌsifi'lɔpəθi], *n.* (*med.*) dermosifilopatia.
to derogate ['derəgeit], **A** *v. i.* – **to d. from**, derogare a (*o* da); detrarre valore a (*un merito di q., ecc.*); sminuire; danneggiare, ledere: **to d. from one's principles**, derogare dai propri principi; **to d. from sb.'s reputation**, ledere la reputazione di q. **B** *v. t.* gettare discredito su; sminuire.
derogation [ˌderə'geiʃən], *n.* **1** diminuzione, indebolimento (*di autorità, ecc.*) **2** (*leg.*) derogazione; deroga (*a una legge*) **3** diffamazione; discredito.
derogatory [di'rɔgətəri], *a.* **1** che getta discredito (*su q.*); che sminuisce, che detrae valore (*al merito di q.*); peggiorativo; spregiativo: **This word is used in a d. sense**, questa parola è usata in senso peggiorativo; **d. remarks**, osservazioni che gettano discredito, umilianti **2** degradante; avvilente: **Your behaviour is d. to**

your dignity, la tua condotta è avvilente per la tua dignità (è indecorosa) **3** (*leg.*) derogatorio.

derrick ['derik], *n.* **1** (*naut.*) bigo; albero di carico **2** (*ind. min.*) derrick; torre di sondaggio (*o* di trivellazione) (*di un pozzo petrolifero*). ● **floating d.**, biga galleggiante.

derring-do ['deriŋ'du:], *n.* ardimento; temerarietà; valore.

dervish ['dəːviʃ], *n.* derviscio.

desacralization ['diːˌseikrəlaiˈzeiʃən], *n.* desacralizzazione; dissacrazione.

to desacralize [ˌdiːˈseikrəlaiz], *v. t.* desacralizzare; dissacrare.

desacralizer [ˌdiːˈseikrəlaizə*], *n.* desacralizzatore; dissacratore.

desacralizing [ˌdiːˈseikrəlaiziŋ], *a.* dissacrante.

to desalinate [diːˈsælineit], *v. t.* desalare, dissalare.

desalination [diːˌsæliˈneiʃən], *n.* desalazione, dissalazione.

desalinator [diːˈsælineitə*], *n.* (*ind.*) desalatore.

desalinization [diːˌsælinaiˈzeiʃən], *n.* desalazione, dissalazione.

to desalinize [diːˈsælinaiz], *v. t.* desalare, dissalare.

to desalt [diːˈsɔːlt], *v. t.* desalare, dissalare.

desalter [diːˈsɔːltə*], *n.* (*ind.*) desalatore.

to descale [ˌdiːˈskeil], *v. t.* (*tecn.*) disincrostare: **to d. a boiler**, disincrostare una caldaia.

descaling [ˌdiːˈskeiliŋ], *n.* (*tecn.*) disincrostazione. ● **d. agent**, disincrostante.

descant ['deskænt], *n.* **1** (*poet.*) aria; canzone **2** (*mus.*) discanto **3** (*fig.*) commento; esaltazione; lodi.

to descant [disˈkænt], *v. i.* **1** (*mus.*) discantare **2** — (*fig.*) **to d. on** (*o* **upon**) **st.**, parlare, discorrere a lungo di q.c.; dilungarsi su, decantare q.c.: **He descanted upon the beauties of his country-house**, decantò le bellezze della sua villa.

to descend [diˈsend], *v. i.* **e t.** **1** discendere; scendere; calare: **He descended the steps as if he were giddy**, discese i gradini come se avesse le vertigini; **The mountains descended precipitously to the edge of the sea**, le montagne scendevano a precipizio fino all'orlo del mare **2** essere trasmesso, passare (*in eredità*): **The estate has descended from father to son**, la proprietà è passata di padre in figlio **3** abbassarsi, avvilirsi (*a fare q.c.*): **You should never d. to lying**, non devi mai abbassarti a mentire. ● **to d. upon sb.**, calare, piombare su q. □ **to be descended from**, discendere, avere origine da; essere discendente di: **He is descended from an ancient Roman family**, discende da un'antica famiglia romana □ (*tipogr.*) **descending letter**, lettera discendente □ (*mat.*) **descending series**, serie discendente.

descendable [diˈsendəbl], *V.* **descendible**.

descendant [diˈsendənt], *n.* (*anche leg.*) discendente.

descendible [diˈsendəbl], *a.* (*leg.*) trasmissibile; che può essere trasmesso in eredità.

descent [diˈsent], *n.* **1** discesa; scesa (*pop.*); china; pendio: **a steep d.**, una discesa ripida; **the d. of a ski run**, la discesa di una pista da sci **2** discendenza; lignaggio; stirpe; famiglia: **He is of good d.**, è di buona famiglia; **I am of Scottish d.**, sono nato da genitori scozzesi **3** generazione (*di uno stesso lignaggio*): **He boasts a lineal succession of four descents from the Arundels**, egli vanta una successione diretta di quattro generazioni di Arundel **4** calata; attacco improvviso; scorreria; discesa: **the d. of the barbarians**, la discesa dei barbari **5** diminuzione (*d'importanza, stato sociale, ecc.*); caduta (*fig.*); declino **6** (*leg.*) trasmissione (*di titolo*); passaggio (*di beni*) in eredità.

to deschool [diːˈskuːl], *v. t.* descolarizzare.

deschooling [ˌdiːˈskuːliŋ], *n.* descolarizzazione.

describable [disˈkraibəbl], *a.* descrivibile.

to describe [disˈkraib], *v. t.* **1** descrivere; rappresentare; tracciare: **He describes the life of the pioneers**, egli descrive la vita dei pionieri; **His arm described a circle in the air**, il suo braccio descrisse un cerchio nell'aria; **to d. an arc (an ellipse, etc.)**, tracciare un arco (un'ellisse, ecc.) **2** dire d'essere, farsi passare per: **He describes himself as an architect**, dice di essere architetto **3** definire: **I would d. him as a scoundrel**, io lo definirei un farabutto.

describer [disˈkraibə*], *n.* descrittore.

description [disˈkripʃən], *n.* **1** descrizione: **The man answers to your d. of the thief**, l'individuo corrisponde alla tua descrizione del ladro **2** genere; qualità; risma; specie; sorta: **commodities of every d.**, derrate d'ogni sorta; **He is a rascal of the worst d.**, è un furfante della peggior specie **3** (*banca, rag.*) causale: **d. column**, colonna delle causali.

descriptive [disˈkriptiv], *a.* **1** descrittivo: **d. writing**, (passi di) letteratura descrittiva; **d. geometry**, geometria descrittiva **2** che ama le descrizioni: **a d. writer**, uno scrittore che ama le descrizioni.

to descry [disˈkrai], *v. t.* scorgere; discernere; vedere; scoprire: **We descried him behind the bush**, lo scorgemmo dietro il cespuglio.

to desecrate ['desikreit], *v. t.* (*anche fig.*) dissacrare; sconsacrare; profanare.

desecration [ˌdesiˈkreiʃən], *n.* (*anche fig.*) dissacrazione; sconsacrazione; profanazione.

desecrator ['desikreitə*], *n.* (*anche fig.*) dissacratore; profanatore.

to desegregate [diːˈsegrigeit], *v. t.* **e i.** abolire la segregazione razziale (in).

desegregation [diːˌsegriˈgeiʃən], *n.* abolizione della segregazione razziale.

desensitization [diːˌsensitaiˈzeiʃən], *n.* (*fotogr., med.*) desensibilizzazione.

to desensitize [ˌdiːˈsensitaiz], *v. t.* (*fotogr., med.*) desensibilizzare.

desensitizer [ˌdiːˈsensitaizə*], *n.* (*fotogr.*) desensibilizzatore.

to desert [diˈzəːt], **A** *v. t.* abbandonare; lasciare; venir meno a (q.): **He has deserted his family**, ha abbandonato la famiglia; **His courage deserted him**, gli venne meno il coraggio. **B** *v. i.* **1** disertare: **The two soldiers deserted**, i due soldati disertarono **2** (*specialm. polit.*) passare: **to d. to the majority party**, passare al partito di maggioranza. ● (*mil.*) **to d. the colours**, disertare □ (*econ.*) **to d. the land**, abbandonare la terra □ (*mil.*) **to d. one's post**, abbandonare il (proprio) posto.

desert (1) ['dezət], **A** *n.* deserto: **the Sahara D.**, il deserto del Sahara. **B** *a.* **1** deserto; disabitato: **a d. island**, un'isola deserta **2** (*fig.: d'argomento, ecc.*) arido; privo d'interesse.

desert (2) [diˈzəːt], *n.* (*di solito al pl.*) ciò che uno si merita; meriti: **Justice should award to each according to his deserts**, la giustizia vorrebbe che ciascuno fosse ricompensato secondo i suoi meriti; **He got his just deserts**, ha avuto quel che si meritava. ● **to get** (*o* **to obtain**, **to meet with**) **one's deserts**, avere quel che ci si merita; essere ricompensato (*o* punito) secondo i propri meriti (*o* le proprie colpe) □ **Your d.!**, te la sei meritata!

deserted [diˈzəːtid], *a.* **1** abbandonato: **a d. wife**, una moglie abbandonata **2** disabitato; deserto; abbandonato: **a d. house**, una casa disabitata.

deserter [diˈzəːtə], *n.* **1** disertore **2** chi abbandona la famiglia (una causa, ecc.).

desertion [diˈzəːʃən*], *n.* diserzione; abbandono (*di posto, ecc.*).

desertless [diˈzəː(:)tlis], *a.* privo di meriti.

to deserve [diˈzəːv], *v. t.* meritare; meritarsi (*fam.*); essere degno di: **You d. punishment**, meriti d'essere punito; **This is more than I d.**, è più di quanto io meriti.

deserved [diˈzəːvd], *a.* meritato.

deserving [diˈzəːviŋ], *a.* meritevole; degno: **He is d. of praise**, è meritevole di lode; **d. of blame**, meritevole di biasimo.

desiccant ['desikənt], **A** *a.* essiccativo; disseccativo. **B** *n.* disseccante; sostanza essiccante.

to desiccate ['desikeit], *v. t.* **1** essiccare; disseccare **2** stagionare (*legname*). ● **desiccated apples**, mele essiccate.

desiccation [ˌdesiˈkeiʃən], *n.* essiccazione; disseccazione.

desiccative [deˈsikətiv], **A** *a.* essiccativo. **B** *n.* disseccante.

desiccator ['desikeitə*], *n.* (*chim., tecn.*) essiccatore; essiccatoio.

to desiderate [diˈzidəreit], *v. t.* (*raro*) desiderare; sentire la mancanza di; volere: **to d. an impossibility**, desiderare l'impossibile.

desiderative [diˈzidərətiv], *a.* (*gramm. lat.*) desiderativo: **«Dicturio» is a d. verb**, «dicturio» è un verbo desiderativo.

desideratum [diˌzidəˈreitəm], *n.* (*pl.* **desiderata**) desiderato; quel che si desidera; «desideratum».

design [diˈzain], *n.* **1** disegno; progetto; piano; intenzione; progettazione; concezione: **the d. of a rug** (vase, etc.), il disegno d'un tappeto (di un vaso, ecc.); **This is a machine of excellent d.**, questa è una macchina progettata molto bene; **a d. for a house**, un progetto per una casa; **My d. was to get him to leave**, la mia intenzione era di farlo partire; **The d. of the book is poor**, la concezione del libro è misera **2** mira; cattiva intenzione; complotto: **imperialist designs**, mire imperialistiche; **a d. on sb.'s life**, un complotto contro la vita di q. **3** proposito; scopo; finalità: **I was unable to carry out my d.**, non riuscii a raggiungere il mio scopo; **I don't think there is a d. in history**, non credo ci sia una finalità nella storia **4** modello; figurino: **designs for children's dresses**, modelli per abiti da bambini **5** (*ind.*) design; disegno industriale. ● **the d. of manufacturing systems**, la progettazione d'impianti industriali □ **the d. of a novel**, l'abbozzo di un romanzo □ (*leg.*) **d. patent**, brevetto industriale □ **by d.**, di proposito; apposta; secondo un piano deliberato: **I don't know whether it was done by accident or d.**, non so se è stato fatto per caso o di proposito.

to design [diˈzain], *v. t.* **e i.** **1** disegnare; progettare; fare progetti; proporsi; intendere; fare il modello di (*un abito, ecc.*): **He designed to be a lawyer**, si proponeva di fare l'avvocato; **My sister designs all her own dresses**, mia sorella fa da sé i modelli di tutti i suoi vestiti; **to d. an attack on sb.**, progettare un attacco contro q.; **to d. a machine**, progettare una macchina **2** assegnare; destinare: **His father had designed him for the clergy**, il padre lo aveva destinato alla carriera ecclesiastica; **He was designed for that service**, fu assegnato a quel servizio **3** fare il designer (*o* il progettista, il modellista, il costumista, il figu-

designate

rinista): **She designs for a dress manufacturer**, fa la modellista per una casa di confezioni da donna. ● **This room was designed to be my study**, questa stanza doveva essere il mio studio.
designate ['dezignit], *a.* designato: **ambassador d.**, ambasciatore designato.
to designate ['dezigneit], *v. t.* **1** designare; indicare; proporre; nominare: **He was designated to** (*o* **for**) **that difficult task**, fu designato a quel difficile incarico **2** distinguere; segnare; definire: **to d. boundaries**, segnare i confini **3** denotare; rivelare; indicare.
designation [,dezig'neiʃən], *n.* **1** designazione; indicazione **2** designazione; nomina **3** nome; titolo distintivo.
designedly [di'zainidli], *avv.* di proposito; deliberatamente; apposta; a bella posta.
designer [di'zainə*], *n.* **1** chi fa piani, ecc.; intrigante (*V.* **to design**) **2** (*ind.*) designer; disegnatore industriale; progettista; modellista **3** (*cinem., teatr.*) costumista **4** (*moda*) figurinista **5** grafico (*pubblicitario*). ● (*autom.*) **body d.**, carrozziere, stilista □ (*teatr., cinem.*) **scene d.**, scenografo.
designing [di'zainiŋ], **A** *a.* **1** che fa piani, ecc. (*V.* **to design**) **2** astuto; intrigante. **B** *n.* lavoro di progettista, modellista, ecc. (*V.* **designer**); progettazione.
to desilver [di:'silvə*], *v. t.* disargentare.
desinence ['desinəns], *n.* (*gramm.*) desinenza.
desinential [,desi'nenʃəl], *a.* (*gramm.*) desinenziale.
desirability [di,zaiərə'biliti], *n.* desiderabilità; l'esser desiderabile.
desirable [di'zaiərəbl], *a.* desiderabile; gradevole; piacevole.
desirableness [di'zaiərəblnis], *V.* **desirability**.
to desire [di'zaiə*], *v. t.* **1** anelare a; bramare; desiderare: **All men d. peace of mind**, tutti anelano alla pace dell'animo; **His conduct leaves much to be desidered**, la sua condotta lascia molto a desiderare **2** chiedere; pregare (*di fare q.c.*); invitare: **The chairman desires that you should see him at once**, il presidente ti invita a recarti subito da lui; **They d. you to wait**, La pregano di attendere. ● **The President desires you in his office**, il Presidente vuole che Lei vada nel suo ufficio.
desire [di'zaiə*], *n.* **1** brama; voglia; desiderio **2** richiesta; preghiera; invito: **at the d. of Mr X**, per invito del signor X; **The pianist played the piece by d.**, il pianista suonò il pezzo a richiesta **3** cosa che si desidera; desiderio. ● **to get one's d.**, ottenere quel che si desidera □ **to have no d. for st.**, non desiderare q.c.
desirous [di'zaiərəs], *a.* bramoso; desideroso; voglioso: **He is d. of success**, è bramoso di successo. ● **He is d. of going abroad**, desidera andare all'estero.
to desist [di'zist], *v. i.* desistere; cessare; smettere: **to d. from doing st.**, desistere dal fare q.c.
desistance [di'zistəns], *n.* desistenza. ● (*leg.*) **d. from a suit**, remissione di causa.
desk [desk], *n.* **1** scrivania; scrittoio **2** banco (*di scuola*) **3** cattedra **4** leggio (*per musica*) **5** (*anche* **cash-d.**) cassa: **Pay at the d.!**, pagare alla cassa! **6** (*USA*) ufficio; redazione (*di giornale*): **city d.**, redazione dei servizi di cronaca **7** – (*fig.*) **the d.**, il lavoro a tavolino (*non all'aperto o manuale*). ● **d. calendar**, calendario da tavolo □ (*USA*) **d. clerk**, chi riceve i clienti; addetto alla reception (*in un albergo, ecc.*) □ (*pop. USA*) **d. jockey**, impiegato d'ufficio □ **d. study**, lavoro fatto a tavolino (*senza ricerche in laboratorio*) □ **d.-top computer**, elaboratore da tavolo □ **d. work**, lavoro d'ufficio □ **drawing d.**, tavolo da disegno.
deskwork ['deskwə:k], *n.* (*spesso spreg.*) lavoro d'ufficio; lavoro a tavolino.
desman ['dezmən], *n.* (*pl.* **desmans**) (*zool.*) **1** (*Desmana moschata*) desman; miogale **2** (*Galemys pyrenaicus*) galemide dei Pirenei.
desolate ['desəlit], *a.* **1** (*di luoghi*) desolato; disabitato; solitario **2** (*di edifici*) devastato; in rovina **3** (*di persone*) desolato; afflitto; abbandonato; solo; triste: **Among a crowd he had felt himself d.**, si era sentito solo in mezzo a una folla.
to desolate ['desəleit], *v. t.* **1** devastare; spopolare: **The Luftwaffe desolated innumerable cities with bombs**, la Luftwaffe devastò con le bombe innumerevoli città **2** desolare; affliggere.
desolation [,desə'leiʃən], **desolateness** ['desəlitnis], *n.* **1** devastazione; rovina **2** desolazione; afflizione **3** solitudine **4** zona desolata; luogo desolato.
to despair [dis'pɛə*], *v. i.* disperare, disperarsi: **The doctors d. of saving his life**, i medici disperano di salvargli la vita.
despair [dis'pɛə*], *n.* disperazione: **That boy is the d. of his family**, quel ragazzo è la disperazione della sua famiglia. ● **to drive sb. to d.**, far disperare q.; spingere q. alla disperazione □ **in d.**, disperato; in preda alla disperazione: **He applied to me in d.**, si rivolse a me disperato □ **Puns are the translator's d.**, i giochi di parole fanno disperare i traduttori.
despairing [dis'pɛəriŋ], *a.* disperato; che dispera; di disperazione: **a d. look**, uno sguardo di disperazione.

despatch, to despatch [dis'pætʃ], *V.* **dispatch, to dispatch**.
desperado [,despə'ra:dou], *n.* (*pl.* **desperadoes, desperados**) bandito; malvivente.
desperate ['despərit], *a.* **1** disperato; che non dà speranza; furibondo; furioso: **a d. illness**, una malattia disperata; **a d. attempt**, un tentativo disperato; **a d. attack**, un attacco furibondo **2** orribile; violento: **a d. night**, una notte orribile; **a d. storm**, una violenta tempesta **3** enorme; completo; perfetto: **d. fear**, paura enorme; **a d. fool**, un perfetto idiota. ● **d. courage**, coraggio della disperazione □ **a d. criminal**, un criminale pronto a tutto.
desperateness ['despəritnis], *n.* l'esser disperato, furibondo, ecc.
desperation [,despə'reiʃən], *n.* **1** disperazione **2** ardimento disperato; temerarietà. ● **to drive sb. to d.**, far disperare q.; portare q. alla disperazione.
despicable ['despikəbl], *a.* spregevole; disprezzabile; meschino.
to despise [dis'paiz], *v. t.* disprezzare; disdegnare; sdegnare.
despite [dis'pait], **A** *n.* dispetto (*anche nel senso, arc., di disprezzo*); malanimo; stizza. **B** *prep.* a dispetto di; malgrado, nonostante. ● **in d. of**, a dispetto di; nonostante.
to despoil [dis'poil], *v. t.* derubare; saccheggiare; spogliare.
despoiler [dis'poilə*], *n.* ladro; saccheggiatore; spoliatore.
despoilment [dis'poilmənt], **despoliation** [dis,pouli'eiʃən], *n.* spogliamento (*raro*); spoliazione; ruberia; saccheggio.
to despond [dis'pɔnd], *v. i.* abbattersi; perdersi d'animo; scoraggiarsi.
despondence [dis'pɔndəns], **despondency** [dis'pɔndənsi], *n.* abbattimento; scoraggiamento; sconforto; avvilimento.
despondent [dis'pɔndənt], *a.* abbattuto, scoraggiato, sconfortato; avvilito.
despot ['despɔt], *n.* despota.
despotic(al) [des'pɔtik(əl)], *a.* dispotico.
despotism ['despətizəm], *n.* dispotismo.
to desquamate ['deskwəmeit], *v. i.* squamarsi.
desquamation [,deskwə'meiʃən], *n.* desquamazione.
dessert [di'zə:t], *n.* dessert; frutta, dolci, ecc. (*serviti alla fine del pranzo*). ● **d. spoon**, cucchiaino da dessert □ **d. wine**, vino da dessert.
destabilization [di:,steibilai'zeiʃən], *n.* (*polit.*) destabilizzazione.
to destabilize [di:'steibi,laiz], *v. t.* (*polit.*) destabilizzare.
destalinization [di:,sta:linai'zeiʃən], *n.* (*polit.*) destalinizzazione.
to destalinize [di:'sta:linaiz], *v. t.* (*polit.*) destalinizzare.
destination [,desti'neiʃən], *n.* destinazione; meta.
to destine ['destin], *v. t.* destinare; assegnare: **His parents had destined him for the navy**, i genitori l'avevano destinato alla carriera militare in marina; **She was destined to be unhappy**, era destinata all'infelicità. ● **to be destined for**, essere diretto a: **He was destined for Rome**, era diretto a Roma.
destiny ['destini], *n.* destino; fato; sorte. ● (*mitol.*) **the Destinies**, le Parche.
destitute ['destitju:t], *a.* **1** bisognoso; indigente; misero: **a d. widow**, una vedova priva di risorse **2** privo; mancante: **d. of brains**, privo di cervello.
destitution [,desti'tju:ʃən], *n.* abbandono; indigenza; miseria.
to destroy [dis'trɔi], *v. t.* distruggere; annientare; rovinare; sterminare: **The goods were destroyed by fire**, la merce fu distrutta dal fuoco. ● **to d. sb.'s hopes**, infrangere le speranze di q. □ **to d. sb.'s reputation**, rovinare il buon nome di q.
destroyable [dis'trɔiəbl], *a.* distruttibile; distruggibile (*raro*).
destroyer [dis'trɔiə*], *n.* **1** distruttore, distruttrice **2** (*naut.*) cacciatorpediniere: **d. escort**, cacciatorpediniere di scorta; **d. leader**, cacciatorpediniere conduttore; **guided missile d.**, cacciatorpediniere lanciamissili.
destructibility [dis,trʌkti'biliti], *n.* l'esser distruttibile.
destructible [dis'trʌktəbl], *a.* distruttibile; distruggibile (*raro*).
destruction [dis'trʌkʃən], *n.* distruzione; rovina; annientamento; sterminio: **Alcohol was his d.**, l'alcol fu la sua rovina. ● (*leg.*) **d. of correspondence**, soppressione di corrispondenza.
destructive [dis'trʌktiv], *a.* **1** distruttivo; negativo: **d. criticism**, critica negativa; stroncatura **2** dannoso; rovinoso: **a d. hailstorm**, una grandinata rovinosa.
destructiveness [dis'trʌktivnis], **destructivity** [,distrʌk'tiviti], *n.* l'esser distruttivo; dannosità, ecc. (*V.* **destructive**).
desuetude [di'sju(:)itju:d], *n.* dissuetudine, desuetudine (*lett.*); disuso: **laws fallen into d.**, leggi cadute in disuso.
desulphurization [di:,sʌlfərai'zeiʃən], *n.* (*ind.*) desolforazione.
to desulphurize [di:'sʌlfəraiz], *v. t.* (*ind.*) desolforare.
desultorily ['desəltərili], *avv.* **1** saltuariamente **2** a casaccio.
desultoriness ['desəltərinis], *n.* saltuarietà; mancanza di metodo.
desultory ['desəltəri], *a.* **1** saltuario **2** non metodico; disordinato; fatto a casaccio: **d. reading**, letture disordinate; **a d. remark**, un rilievo fatto a casaccio. ● (*mil.*) **d. fire**, fuoco intermittente.

to detach [di'tætʃ], *v. t.* staccare; distaccare; disgiungere; separare: **to d. a bucket from its chain**, staccare un secchio dalla catena; **Two platoons were detached from the battalion**, due plotoni furono distaccati dal battaglione. ● (*fin.*) **to d. a coupon**, staccare una cedola.
detachable [di'tætʃəbl], *a.* staccabile; distaccabile; separabile.
detached [di'tætʃt], *a.* **1** distaccato, distante (*fig.*); obiettivo; sereno; imparziale; spassionato: **with a d. mind**, a mente serena; **a d. point of view**, un punto di vista obiettivo; **a d. opinion**, un parere spassionato **2** staccato; isolato: **a d. house**, una casa isolata (*non unita ad altre*). ● (*naut.*) **d. ship**, nave isolata.
detachedly [di'tætʃədli], *avv.* in modo distaccato.
detachedness [di'tætʃidnis], *n.* **1** obiettività; imparzialità; serenità **2** isolamento.
detachment [di'tætʃmənt], *n.* **1** distacco; separazione **2** obiettività; distacco; imparzialità; serenità **3** (*mil.*) distaccamento.
detail ['di:teil], *n.* **1** particolare; minuzia; dettaglio **2** cura dei dettagli **3** (*mil.*) piccolo distaccamento; (reparto inviato in) missione speciale. ● (*arte, mecc.*) **d. drawing**, disegno di particolari □ **to go** (o **to enter**) **into details**, entrare nei particolari □ **in d.**, nei particolari; dettagliatamente; per filo e per segno: **Tell me everything in d.**, raccontami tutto per filo e per segno.
to detail ['di:teil], *v. t.* **1** dettagliare; descrivere minutamente; raccontare per filo e per segno **2** (*mil.*) assegnare; distaccare: **The captain detailed five men to guard the house**, il capitano assegnò cinque uomini a guardia della casa.
detailed ['di:teild], *a.* particolareggiato; circostanziato; dettagliato.
to detain [di'tein], *v. t.* **1** trattenere; far perdere tempo a: **I am sorry having to d. you**, mi dispiace doverLa trattenere; **He was detained by an accident**, fu trattenuto da un incidente **2** detenere; tenere agli arresti.
detainee [,di:tei'ni:], *n.* detenuto politico; confinato.
detainer [di'teinə*], *n.* (*leg.*) **1** detenzione (illegale) **2** stato d'arresto; detenzione **3** ordine di detenzione.
to detect [di'tekt], *v. i.* **1** scoprire; sorprendere; scorgere: **They detected the thief in the act of stealing the money**, scoprirono il ladro nell'atto di rubare il denaro; **I detected the lost purse under a bush**, scorsi sotto un cespuglio il borsellino smarrito **2** (*radio*) rivelare; raddrizzare.
detectable [di'tektəbl], *a.* scopribile.
detection [di'tekʃən], *n.* **1** scoperta; rivelazione: **the d. of a crime**, la scoperta d'un delitto **2** (*radio*) rivelazione; raddrizzamento.
detective [di'tektiv], **A** *a.* **1** rivelatore **2** investigativo. **B** *n.* detective; agente investigativo; investigatore: **private d.**, investigatore privato. ● **d. agency**, agenzia investigativa □ **d. fiction**, giallistica □ **d. story**, racconto poliziesco □ **d.-story writer**, giallista □ **amateur d.**, poliziotto dilettante.
detector [di'tektə*], *n.* **1** scopritore; chi rivela q.c. **2** (*elettr.*) galvanometro direzionale **3** (*radio*) rivelatore; raddrizzatore **4** (*anche fis. nucl.*) rivelatore: **gas d.**, rivelatore di gas.
detent [di'tent], *n.* (*mecc.*) dente d'arresto (*d'un orologio, ecc.*).
détente [dei'tãnt] (*franc.*), *n.* (*anche polit.*) distensione.
detention [di'tenʃən], *n.* **1** l'esser trattenuto (da q.; *oppure oltre l'orario, a scuola, come punizione*) **2** (*leg.*) detenzione; arresto; prigionia. ● **d. barracks**, prigione militare □ **house of d.**, casa di pena.
to deter [di'tə:*], *v. t.* distogliere; dissuadere; impedire; scoraggiare; trattenere: **The weather didn't d. him from going into the country**, il tempo non valse a distoglierlo dall'andare in campagna; **Reprisal did not d. the invaders**, la rappresaglia non dissuase gli invasori.
detergent [di'tə:dʒənt], *a. e n.* detergente; detersivo.
to deteriorate [di'tiəriəreit], **A** *v. t.* deteriorare; guastare; corrompere. **B** *v. i.* **1** deteriorarsi; deperire **2** aggravarsi; acuirsi.
deterioration [di,tiəriə'reiʃən], *n.* **1** deterioramento; deteriorazione **2** aggravamento: **the d. of the monetary crisis**, l'aggravamento della crisi monetaria.
determent [di'tə:mənt], *n.* provvedimento atto a distogliere, scoraggiare, trattenere (*q. dal fare q.c.*); freno; impedimento; remora.
determinable [di'tə:minəbl], *a.* **1** determinabile **2** (*leg.: di contratto*) risolvibile.
determinant [di'tə:minənt], **A** *a.* determinante. **B** *n.* **1** fattore determinante **2** (*mat.*) determinante.
determinate [di'tə:minit], *a.* **1** determinato; definito **2** definitivo; fissato; stabilito.
determinatess [di'tə:minitnis], *n.* determinatezza.
determination [di,tə:mi'neiʃən], *n.* **1** determinazione; decisione; risoluzione: **I appreciate your d. to study Russian**, apprezzo la tua decisione di studiare il russo **2** decisione; risolutezza: **They act with great d.**, agiscono con grande risolutezza **3** (*scient.*) determinazione; rilevamento; calcolo: **the d. of the orbit of a satellite**, la determinazione dell'orbita di un satellite.

determinative [di'tə:minətiv], **A** *a.* determinante; determinativo (*anche gramm.*). **B** *n.* **1** fattore determinante **2** (*gramm.*) determinativo.
to determine [di'tə:min], **A** *v. t. e i.* **1** determinare; definire; decidere; risolvere; stabilire; causare: **Demand determines supply**, la domanda determina l'offerta (*di merci*); **The flood determined the downfall of the bridge**, l'inondazione causò il crollo del ponte; **His fate has not been determined yet**, la sua sorte non è stata ancora decisa; **The news will d. him on starting at once**, la notizia lo farà decidere a partire subito **2** porre termine, mettere fine a (q.c.) **3** (*leg.*) risolvere, sciogliere (*un contratto e sim.*). **B** *v. i.* determinarsi; decidersi; risolversi: **He has determined to stay here**, s'è deciso a rimanere qui. ● **to be determined on**, essere (ben) deciso a: **He is determined on getting the scholarship**, è ben deciso a ottenere la borsa di studio.
determined [di'tə:mind], *a.* **1** fissato; stabilito **2** deciso; fermo; risoluto: **with a d. mind**, con animo risoluto.
determiner [di'tə:minə*], *n.* (*gramm.*) determinante.
determinism [di'tə:minizəm], *n.* (*filos.*) determinismo.
determinist [di'tə:minist], (*filos.*) **A** *n.* determinista. **B** *a.* deterministico.
deterministic [di,tə:mi'nistik], *a.* (*filos.*) deterministico.
deterrence [di'terəns], *n.* prevenzione; freno; impedimento; remora.
deterrent [di'terənt], **A** *a.* **1** che dissuade, distoglie, scoraggia, trattiene (*q. dal fare q.c.*) **2** (*mil., polit.*) deterrente. **B** *n.* **1** prevenzione; freno; impedimento; remora **2** (*mil., polit.*) deterrente. ● **This pact will be a d. against any aggression**, questo patto varrà a scoraggiare ogni aggressione.
detersive [di'tə:siv], *n.* detersivo.
to detest [di'test], *v. t.* detestare; abominare; aborrire; odiare.
detestable [di'testəbl], *a.* detestabile; abominevole; odioso.
detestableness [di'testəblnis], *n.* l'esser detestabile; odiosità.
detestation [,di:tes'teiʃən], *n.* **1** il detestare; abominio; aborrimento **2** cosa (*o persona*) detestata; orrore. ● **to have** (*o* **to hold**) **in d.**, detestare; avere in orrore.
to dethrone [di'θroun], *v. t.* detronizzare; deporre (*un sovrano*).
dethronement [di'θrounmənt], *n.* detronizzazione; deposizione.
detinue ['detinju:], *n.* (*leg.*) detenzione (illegale). ● (*leg.*) **action of d.**, azione di rivendicazione.
to detonate ['detouneit], **A** *v. i.* detonare; esplodere. **B** *v. t.* far detonare; far esplodere: **The bomb was detonated**, la bomba fu fatta esplodere. ● (*mil.*) **detonating fuse**, spoletta detonante.
detonation [,detou'neiʃən], *n.* detonazione; esplosione.
detonator ['detəneitə*], *n.* **1** detonatore **2** (*ferr.*) petardo.
detour, détour ['di:tuə*], *n.* giro lungo; deviazione.
to detour [di'tuə*], *v. i.* fare una deviazione (*fam.:* un giro lungo).
detoxicant [di:'tɔksikənt], *n.* (*med.*) disintossicante.
to detoxicate [di:'tɔksikeit], *v. t.* disintossicare.
detoxication [di:,tɔksi'keiʃən], **detoxification** [di:,tɔksifi'keiʃən], *n.* disintossicazione.
to detoxify [di:'tɔksifai], **A** *v. t.* disintossicare. **to detoxify oneself B** *v. rifl.* disintossicarsi.
to detract [di'trækt], **A** *v. t.* detrarre; distogliere; sottrarre: **I don't want to d. attention from more important issues**, non voglio distogliere l'attenzione da problemi più gravi. **B** *v. i.* (*di solito*, **to d. from**) screditare; sminuire.
detraction [di'trækʃən], *n.* **1** detrazione; sottrazione **2** denigrazione; diffamazione; calunnia.
detractive [di'træktiv], *a.* **1** che detrae; che tende a detrarre **2** denigratorio; diffamatorio.
detractor [di'træktə*], *n.* detrattore; diffamatore; denigratore.
to detrain [di:'trein], **A** *v. i.* scendere dal treno. **B** *v. t.* far scendere dal treno (*soldati, ecc.*).
detriment ['detrimənt], *n.* detrimento; danno; pregiudizio: **to the d. of one's health**, a detrimento della propria salute.
detrimental [,detri'mentl], *a.* dannoso; nocivo; pregiudizievole.
detrital [di'traitl], *a.* (*geol.*) detritico.
detrition [di'triʃən], *n.* logorio (*dovuto ad attrito, all'azione dell'acqua, ecc.*).
detritus [di'traitəs], *n.* (*invar. al pl.*) (*geol.*) detriti.
Detroit [də'trɔit], *n.* **1** (*geogr.*) Detroit (*città in USA*) **2** (*fig.*) (l') industria automobilistica americana.
de trop [de'trou] (*franc.*), *a. e avv.* di troppo.
deuce (1) [dju:s], *n.* **1** (*carta da gioco, dadi*) due (*la carta o la faccia del dado*) **2** (*tennis*) 40 pari; parità: **third d.**, (vantaggio) pari per la terza volta.
deuce (2) [dju:s], *n.* (*nelle inter., ecc.*) diavolo; diamine: **The d. take it!**, il diavolo se lo porti!; **Where the d. is he?**, dove diamine s'è cacciato?; **The d. knows!**, lo sa il diavolo!; e chi lo sa! ● **a d. of a mess**, un diavolio; una confusione del diavolo □ **to play the d. with**, mandare in malora; rovinare: **The weather played the d. with our plans**, il tempo ha mandato in malora i nostri piani □ **The d. is in it if I cannot**, che il diavolo mi

deuced porti se non ne sono capace □ **There'll be the d. to pay**, ci saranno un sacco di guai □ **«He isn't a fool» «The d. he isn't»**, «non è uno stupido» «accidenti se lo è!».

deuced [dju:st], **A** *a.* **1** diabolico; dannato; maledetto **2** indiavolato, del diavolo (*fig.*); enorme: **to be in a d. hurry**, avere una fretta del diavolo. **B** *avv.* (*anche* **deucedly**) maledettamente; straordinariamente.

deuteragonist [ˌdjuːtəˈrægənist], *n.* deuteragonista.

deuterium [dju(ː)ˈtiəriəm], *n.* (*chim., fis. nucl.*) deuterio, idrogeno pesante. ● **d. oxide**, ossido di deuterio; acqua pesante.

deuteron [ˈdjuːtərən], *n.* (*fis. nucl.*) deutone; deuterone.

Deuteronomist [ˌdju(ː)təˈrɒnəmist], *n.* autore del Deuteronomio.

Deuteronomy [ˌdju(ː)təˈrɒnəmi], *n.* Deuteronomio.

deuton [ˈdju(ː)tɒn], *V.* **deuteron**.

to devaluate [diːˈvæljueit], *v. t.* (*econ.*) svalutare.

devaluation [ˌdiːvæljuˈeiʃən], *n.* (*econ.*) svalutazione; devalutazione.

devaluationist [diːˌvæljuˈeiʃənist], *n.* (*econ.*) fautore della svalutazione.

to devalue [diːˈvæljuː], *v. t.* (*econ.*) svalutare.

to devastate [ˈdevəsteit], *v. t.* devastare; rovinare; saccheggiare.

devastating [ˈdevəsteitiŋ], *a.* **1** devastatore, rovinoso **2** (*fig.*) impressionante, sconvolgente; terribile **3** (*fam.*) favoloso; fantastico (*fam.*). ● **a d. remark**, un'osservazione che taglia le gambe (*fig.*).

devastation [ˌdevəsˈteiʃən], *n.* devastazione; rovina.

devastator [ˈdevəsteitə*], *n.* devastatore.

to develop [diˈveləp], **A** *v. t.* **1** sviluppare; allargare; ampliare; svolgere: **to d. one's business**, sviluppare la propria azienda; **to d. films (plates)**, sviluppare pellicole (lastre); **Exercise develops one's body**, gli esercizi fisici sviluppano il corpo; **to d. a plot**, sviluppare un intreccio **2** manifestare; rivelare: **He developed symptoms of insanity**, manifestò sintomi di alienazione mentale; **to d. a tendency**, rivelare a poco a poco una tendenza. **B** *v. i.* **1** svilupparsi; ampliarsi; allargarsi: **Fruits d. from blossoms**, il frutto si sviluppa dal fiore **2** insorgere; manifestarsi; rivelarsi **3** crescere; trasformarsi: **Seeds d. into plants**, i semi (sviluppandosi) si trasformano in piante **4** (*USA*) emergere; risultare: **It developed today that he has gone bankrupt**, è risultato oggi che ha fatto fallimento. ● (*mat.*) **to d. an equation**, sviluppare un'equazione □ (*polit., econ.*) **developing countries**, paesi in via di sviluppo □ (*di progetto, ecc.*) **being developed**, allo studio.

developable [diˈveləpəbl], *a.* sviluppabile.

developer [diˈveləpə*], *n.* **1** (*chim.*) sviluppatore **2** (*fotogr.*) soluzione di sviluppo; rivelatore **3** persona (*o* autorità) che cura lo sviluppo di una regione, ecc.

developing [diˈveləpiŋ], *n.* (*chim., fotogr.*) sviluppo: **d. bath**, bagno di sviluppo.

development [diˈveləpmənt], *n.* **1** sviluppo; allargamento; ampliamento; svolgimento **2** avvenimento; evento: **What are the latest developments?**, quali sono gli ultimi avvenimenti? ● (*psic.*) **d. age**, età dello sviluppo □ **d. area**, area depressa (*da sviluppare*).

developmental [diˌveləpˈmentl], *a.* dello sviluppo; evolutivo: (*med.*) **d. diseases**, malattie dello sviluppo.

deviance [ˈdiːviəns], **deviancy** [ˈdiːviənsi], *n.* (*med., psic.*) devianza.

deviant [ˈdiːviənt], (*med., psic.*) *a.* e *n.* deviante.

deviate [ˈdiːviət], (*USA*) *V.* **deviant**.

to deviate [ˈdiːvieit], *v. i.* deviare; fare una digressione: **to d. from one's course**, deviare dalla propria strada. ● **to d. from a rule**, trasgredire una regola □ **to d. from truth**, allontanarsi dalla verità.

deviation [ˌdiːviˈeiʃən], *n.* **1** deviazione **2** (*stat.*) deviazione; scostamento; scarto quadratico. ● (*naut.*) **d. table**, tabella di deviazione □ (*aeron., naut.*) **compass d.**, deviazione della bussola.

deviationism [diːviˈeiʃənizəm], *n.* (*polit.*) deviazionismo.

deviationist [ˌdiːviˈeiʃənist], (*polit.*) **A** *n.* deviazionista. **B** *a.* deviazionistico.

device [diˈvais], *n.* **1** divisamento (*lett.*); piano; progetto **2** stratagemma; trucco **3** congegno; dispositivo; meccanismo; arnese; aggeggio: **firing d.**, congegno di sparo (*d'arma da fuoco*); **a d. for killing mosquitoes**, un arnese per uccidere le zanzare **4** divisa; emblema; insegna; stemma **5** disegno; figura ornamentale. ● **to leave sb. to his own devices**, abbandonare q. ai suoi capricci; lasciargli fare di testa sua; lasciarlo perdere (*fam.*).

devil [ˈdevl], *n.* **1** diavolo (*anche fig.*); demonio: **the D.**, il Demonio; **That d. of a man!**, diavolo d'un uomo!; **He has lost his job, poor d.**, povero diavolo, ha perso il posto; **What the d. do you want?**, che diavolo vuoi? **2** (*fig.*) demone: **the d. of greed**, il demone della cupidigia (*arc., lett.*) cosa nefanda; obbrobrio: **that d., slavery**, la schiavitù, quell'obbrobrio **4** apprendista; scrittore mercenario; «negro»; imbrattacarte; giovane di studio (*che fa pratica presso un avvocato*): **printer's d.**, apprendista tipografo **5** pietanza molto piccante. ● **the d.'s advocate**, l'avvocato del diavolo (*nel diritto canonico e fig.*) □ **the d. among the tailors**, un diavolio; un diavolo; una casa del diavolo □ **the d. and all**, il diavolo e il suo seguito; quanto c'è di peggio □ **the d. and one**, nessuno □ **the d.'s bedpost**, il quattro di fiori (*nel gioco delle carte*) □ (*bot.*) **d.'s-bit** (*Scabiosa succisa*), morso del diavolo □ **the d.'s bones**, i dadi □ **the d.'s books**, le carte da gioco □ (*scherz.*) **d.-dodger**, predicatore; parroco □ **d.'s dust**, stoffa fatta con gli stracci; (*fig.*) cosa di pessima qualità □ (*zool.*) **d.-fish**, (*Manta birostris*) manta, diavolo di mare, razza cornuta; (*Octopus*) polpo □ **d.-may-care**, avventato; sfrenato; temerario; incurante □ **the d. to pay**, qualcosa che si pagherà cara; la resa dei conti: **If you do that, you'll have the d. to pay**, se lo fai, la pagherai cara □ **to beat the d.'s tattoo**, tamburellare oziosamente col dita □ **to be between the d. and the deep sea**, trovarsi fra Scilla e Cariddi, essere tra l'incudine e il martello (*fig.*) □ **to give the d. his due**, rendere giustizia a q.; per quanti demeriti abbia, riconoscere i meriti di q. □ **to go to the d.**, andare in malora; andare in rovina □ **Go to the d.!**, va al diavolo! □ **to play the d. with**, sconvolgere, fare scempio di (*q. o q.c.*); mandare (*q.c.*) a catafascio □ **to raise the d.**, evocare il demonio; (*fam.*) fare il diavolo a quattro; fare un chiasso del diavolo, far casino (*volg.*); fare baldoria, fare bisboccia □ (*fam.*) **the very d.**, difficilissimo; una fatica del diavolo; faticosissimo: **My new motorbike is a real dream, but it's the very d. to ride**, la mia moto nuova è un sogno ma è difficilissima da guidare □ **It was a d. of an adventure**, un'avventura da non dirsi (*tanto fu spiacevole, straordinaria o divertente*) □ **He works like a d.**, lavora come un negro (*o* per quattro) □ «**I told her the whole truth!» «The d. you did!»**, «Le ho detto tutta la verità» «Ma no! (*o* ma va là!; non ci credo!; col cavolo! (*volg.*); *anche*: spero che non sia vero!)» □ (*prov.*) **Speak of the d. (and he will appear)**, lupus in fabula; persona nominata o è qui o è per strada □ (*prov.*) **The d. is not so black as he is painted**, il diavolo non è così brutto come lo si dipinge.

to devil [ˈdevl], **A** *v. i.* **1** fare l'apprendista (*presso un tipografo*); fare il giovane di studio **2** sgobbare, sfacchinare (*per un altro*). **B** *v. t.* **1** preparare (*cibo*) con molte spezie **2** stuzzicare; tormentare.

devildom [ˈdevldəm], *n.* **1** regno (*o* potere) del diavolo **2** influsso diabolico; diabolicità (*raro*).

devilhood [ˈdevlhud], *n.* (*raro*) diabolicità.

devilish [ˈdevliʃ], *a.* **1** diabolico; crudele; malvagio **2** (*fam.*) indiavolato; del diavolo; infernale (*fig.*): **It's a d. weather**, fa un tempo infernale; **It's d. cold**, fa un freddo del diavolo.

devilishness [ˈdevliʃnis], *n.* diabolicità (*raro*).

devilism [ˈdevlizəm], *n.* **1** diabolicità **2** adorazione dei demoni.

devilment [ˈdevlmənt], *n.* diavoleria; cattiveria; stato (*o* modo) d'agire di chi è invasato.

devilry [ˈdevlri], **deviltry** [ˈdevltri], *n.* **1** diabolicità (*raro*); malvagità; crudeltà **2** magia; arte diabolica **3** diavoleria; allegrezza (*o* audacia) sfrenata **4** (*collett.*) congrega di demoni.

devious [ˈdiːvjəs], *a.* **1** indiretto; traverso: **to go by a d. way**, andare per via indiretta; **to make a fortune by d. ways**, accumulare una fortuna per vie traverse **2** tortuoso: **a d. path**, un sentiero tortuoso **3** (*fig.*) ambiguo; infido; subdolo.

deviousness [ˈdiːvjəsnis], *n.* l'essere indiretto, ecc. (*V.* **devious**).

devisable [diˈvaizəbl], *a.* **1** concepibile; escogitabile **2** (*leg.*) trasmissibile in eredità.

to devise [diˈvaiz], *v. t.* **1** concepire; ideare; escogitare: **to d. a plan**, escogitare un piano **2** (*leg.*) lasciare in eredità, legare (*beni immobili*).

devise [diˈvaiz], *n.* (*leg.*) **1** disposizione testamentaria riguardante beni immobili **2** beni immobili lasciati in eredità.

devisee [ˌdeviˈziː], *n.* (*leg.*) legatario di beni immobili (*V.* **devise**).

deviser [diˈvaizə*], *n.* escogitatore; ideatore.

devisor [ˌdeviˈzɔː*], *n.* (*leg.*) testatore (*di beni immobili*).

devitalization [diːˌvaitəlaiˈzeiʃən], *n.* **1** (*med.*) devitalizzazione **2** (*fig.*) privazione della vitalità; indebolimento.

to devitalize [diːˈvaitəlaiz], *v. t.* **1** (*med.*) devitalizzare **2** (*fig.*) indebolire la vitalità di (*q.*); ridurre l'efficacia, la vivacità di (*q.c.*).

devitaminization [diːˌvitəminaiˈzeiʃən], *n.* (*ind., med.*) devitaminizzazione.

to devitaminize [diːˈvitəminaiz], *v. t.* (*ind., med.*) devitaminizzare.

devitrification [diːˌvitrifiˈkeiʃən], *n.* (*fis.*) devitrificazione.

to devitrify [diːˈvitrifai], *v. t.* (*fis.*) devitrificare.

devoid [diˈvɔid], *a.* privo, mancante, sprovvisto (di): **a region d. of inhabitants**, una regione priva d'abitanti; **a man d. of sense**, un uomo sprovvisto di senso comune.

devoir [ˈdevwɑː*], *n.* **1** dovere **2** (*pl.*) doveri; complimenti; omaggi: **to pay one's devoirs to a lady**, fare i propri doveri (*o* porgere i propri omaggi) a una signora.

to devolute ['devəlju:t], *v. t.* devolvere; delegare.
devolution [ˌdi:və'lu:ʃən], *n.* **1** devoluzione (*di diritti, proprietà, ecc.*) **2** delegazione; delega (*specialm. di poteri della Camera dei Comuni alle commissioni parlamentari*) **3** (*biol.*) involuzione **4** decentramento amministrativo (*o dei poteri*).
to devolve [di'vɔlv], **A** *v. t.* devolvere (*un diritto, ecc.*); delegare; affidare: **to d. one's work on a subordinate**, affidare il proprio lavoro a un dipendente. **B** *v. i.* devolversi; essere trasmesso; passare (*per competenza*): **When the manager is absent, his functions d. on me**, quando il direttore è assente, le sue funzioni passano a me.
Devonian [de'vounjən], *a.* e *n.* **1** (*geogr.*) (abitante) del Devonshire **2** (*geol.*) devoniano.
to devote [di'vout], *v. t.* votare; consacrare; dedicare; offrire: **He devotes all his energy to work**, dedica al lavoro ogni sua energia; **to d. oneself to God**, votarsi a Dio; **They are devoted to destruction**, sono votati a fine sicura.
devoted [di'voutid], *a.* **1** consacrato; dedicato **2** devoto; affezionato; leale; fedele: **a d. friend**, un devoto amico.
devotee [ˌdevəu'ti:], *n.* **1** devoto; fedele; appassionato: **a d. of the ballet**, un appassionato del balletto **2** persona devota (*o* pia).
devotement [di'voutmənt], *n.* devozione; dedizione; attaccamento.
devotion [di'vouʃən], *n.* **1** devozione; pietà; dedizione; attaccamento: **d. to one's ideals**, devozione ai propri ideali; **d. to one's family**, devozione (*o* attaccamento) alla famiglia **2** (*pl.*) atti di devozione; devozioni; preghiere: **The bishop was at his devotions**, il vescovo diceva le devozioni (*o* recitava le sue preghiere) **3** consacrazione.
devotional [di'vouʃənl], *a.* **1** devoto; pio; religioso: **d. books**, libri religiosi **2** di preghiera: **d. posture**, atteggiamento di preghiera.
to devour [di'vauə*], *v. t.* **1** (*anche fig.*) divorare: **The wolf devoured the lamb**, il lupo divorò l'agnello; **to d. a good book**, divorare un bel libro; **The horses devoured the way**, i cavalli divorarono la strada **2** distruggere; rovinare: **The Great Fire of 1666 devoured one third of London**, il grande incendio del 1666 distrusse un terzo di Londra. ● (*fig.*) **to d. sb.**, divorare q. con gli occhi □ **to be devoured by anger**, struggersi dalla bile □ **to be devoured by curiosity**, struggersi dalla curiosità.
devouring [di'vauəriŋ], *a.* **1** vorace **2** (*fig.*) divoratore: **a d. passion**, una passione divoratrice.
devouringly [di'vauərinli], *avv.* voracemente.
devout [di'vaut], *a.* **1** devoto; pio; religioso **2** sincero; fedele; leale: **d. thanks**, sinceri ringraziamenti; **d. wishes for prosperity**, sinceri auguri di prosperità; **a d. supporter**, un fedele seguace.
devoutness [di'vautnis], *n.* devozione; pietà; religiosità.
dew [dju:], *n.* **1** rugiada (*anche fig.*); conforto, sollievo: **the dew of night**, la rugiada della notte; **the dew of God's grace**, il conforto della grazia divina **2** (*fig., sempre al sing.*) sudore; rugiada delle guance (*lett.*); lacrime. ● **dew-claw**, sperone, unghiolo (*per lo più di cani non di razza*) □ **dew-drop**, goccia di rugiada; (*scherz.*) goccia al naso □ **dew-fall**, ora della caduta della rugiada; sera □ **the dew of youth**, il fiore della gioventù **2** (*fis.*) **dew point**, punto di rugiada; punto di condensazione (*del vapore*) □ **dew pond**, stagno poco profondo □ **to dew-ret**, macerare (*canapa, ecc.*) per esposizione alla rugiada **2** (*zool.*) **dew-worm** (*Lumbricus*), lombrico □ **mountain dew**, whisky distillato alla macchia.
to dew [dju:], **A** *v. t.* (*poet.*) bagnare di rugiada; rendere rugiadoso; imperlare; inumidire. **B** *v. i.* (*arc.*) cadere in forma di rugiada.
Dewar ['dju:ə*], *n.* (*fis., anche* **D. flask**, **D. vessel**) vaso Dewar; dewar.
to dewater [di:'wɔ:tə*], *v. t.* (*agric., ind.*) prosciugare.
dewberry ['dju:beri], *n.* (*bot.*) **1** (*in G. B.*) *Rubus caesius* **2** (*in USA*) *Rubus canadensis*.
dewiness ['dju:inis], *n.* l'essere rugiadoso; umidità; freschezza.
dewlap ['dju:læp], *n.* **1** giogaia, pagliolaia (*del bue e altri animali*) **2** (*pop., scherz.*) doppio mento; pappagorgia.
dewlapped ['dju:læpt], *a.* provvisto di (*o* che ha la) giogaia.
dewy ['dju:i], *a.* **1** della rugiada; rugiadoso; umido **2** (*poet.*) balsamico; rinfrescante: **a d. sleep**, un sonno balsamico. ● **d.-eyed**, dagli occhi umidi (*o* rugiadosi).
dexter ['dekstə*], *a.* (*araldica*) destro.
dexterity [deks'teriti], *n.* destrezza; abilità.
dexterous ['dekstərəs], *a.* **1** destro; abile; agile: **a d. typist**, un dattilografo abile (*veloce*) **2** che si serve della mano destra.
dextral [dekstrəl], *a.* **1** che si serve della mano destra **2** (*geol., zool.*) destrorso.
dextrality [deks'træliti], *n.* (*scient.*) destrismo.
dextrin(e) ['dekstrin], *n.* (*chim., biol.*) destrina.
dextrorsal [deks'trɔ:sl], **dextrorse** [deks'trɔ:s], *a.* destrorso.
dextrose ['dekstrous], *n.* (*chim.*) destrosio, destroso.
dextrous ['dekstrəs], *V.* **dexterous**.

diabase ['daiəbeis], *n.* (*miner.*) diabase.
diabetes [ˌdaiə'bi:ti:z], *n.* (*invar. al pl.*) (*med.*) diabete.
diabetic [ˌdaiə'betik], *a.* e *n.* diabetico.
diablerie, diablery [di'æbləri], *n.* **1** diavoleria; stregoneria **2** demonologia.
diabolic(al) [ˌdaiə'bɔlik(əl)], *a.* diabolico.
diabolism [dai'æbəlizm], *n.* **1** magia; stregoneria **2** culto del demonio **3** diabolicità (*raro*) **4** diavoleria; azione diabolica.
to diabolize [dai'æbəlaiz], *v. t.* **1** rendere diabolico **2** trasformare in (*o* raffigurare come) un demonio.
diachronic [ˌdaiə'krɔnik], *a.* (*geol. e linguistica*) diacronico.
diachrony [dai'ækrəni], *n.* (*geol. e linguistica*) diacronia.
diaconal [dai'ækənl], *a.* diaconale (*raro*) di diacono.
diaconate [dai'ækənit], *n.* **1** diaconato **2** (*collett.*) diaconi.
diacritic [ˌdaiə'kritik], **A** *a.* diacritico. **B** *n.* segno diacritico.
diacritical [ˌdaiə'kritikəl], *a.* diacritico: **d. marks**, segni diacritici.
diadelphous [daiə'delfəs], *a.* (*bot.*) diadelfo: **d. stamens**, stami diadelfi.
diadem ['daiədem], *n.* diadema.
diademed ['daiədemd], *a.* cinto di diadema; diademato.
diadochos [dai'ædəkəs], *n.* (*pl.* **diadochi**) (*stor.*) diadoco.
diaeresis [dai'iərisis], *n.* (*pl.* **diaereses**) dieresi.
diagenesis [daiə'dʒenisis], *n.* (*pl.* **diageneses**) (*geol.*) diagenesi.
to diagnose ['daiəgnouz], *v. t.* diagnosticare.
diagnosis [ˌdaiəg'nousis], *n.* (*pl.* **diagnoses**) diagnosi.
diagnostic [ˌdaiəg'nɔstik], **A** *a.* diagnostico. **B** *n.* diagnosi; sintomo.
to diagnosticate [daiəg'nɔstikeit], *v. t.* diagnosticare.
diagnostician [ˌdaiəgnəs'tiʃən], *n.* (*medico*) diagnostico.
diagnostics [ˌdaiəg'nɔstiks], *n. pl.* (*col verbo al sing.*) diagnostica.
diagonal [dai'ægənl], **A** *a.* diagonale; trasversale: **a d. line**, una linea diagonale; **a d. row**, una fila trasversale (*per es., dei quadrati dello stesso colore in una scacchiera*). **B** *n.* **1** (*geom.*) diagonale **2** (*anche* **d. cloth**) diagonale; tessuto operato in diagonale.
diagram ['daiəgræm], *n.* diagramma; grafico; schema.
diagrammatic(al) [ˌdaiəgrə'mætik(əl)], *a.* diagrammatico.
to diagrammatize [daiə'græmətaiz], *v. t.* diagrammare; rappresentare con un diagramma.
dial ['daiəl], *n.* **1** (*di solito* **sundial**) meridiana; orologio solare **2** (*anche* **d. plate**) quadrante (*di un orologio, di una bilancia automatica, ecc.*); mostra (*dell'orologio*) **3** disco combinatore (*del telefono*) **4** scala parlante (*di apparecchio radio*) **5** (*pop.*) faccia; muso (*pop.*). ● **d. lock**, serratura a combinazione □ (*tel. USA*) **d. tone**, segnale di centrale (*o* di linea libera).
to dial ['daiəl], *v. t.* **1** misurare (indicare, ecc.) per mezzo di un quadrante **2** (*tel.*) comporre; fare; chiamare: **to d. a number**, fare un numero; **We dialled the fire brigade**, chiamammo i pompieri **3** (*radio*) cercare (*una stazione*); sintonizzare (*un programma*). ● (*tel.*) **to d. direct to Italy**, chiamare l'Italia in teleselezione.
dialect ['daiəlekt], *n.* **1** dialetto; vernacolo **2** (*per estens.*) gergo **3** lingua (*parte di una famiglia linguistica*): **English is a West Germanic d.**, l'inglese è una lingua del gruppo germanico occidentale.
dialectal [ˌdaiə'lektl], *a.* dialettale.
dialectalism [ˌdaiə'lektəlizm], *n.* dialettalismo; dialettismo.
dialectic (1) [ˌdaiə'lektik], *n.* **1** (*anche* **dialectics**, *col verbo al sing.*) dialettica; arte dialettica **2** (*filos.*) dialettica (hegeliana, marxista, ecc.).
dialectic (2) [ˌdaiə'lektik], *a.* **1** (*filos.*) dialettico **2** dialettale.
dialectical [ˌdaiə'lektikl], *a.* **1** (*filos.*) dialettico: **d. materialism**, materialismo dialettico **2** dialettale.
dialectician [ˌdaiəlek'tiʃən], *n.* **1** dialettico; persona esperta nella dialettica **2** dialettologo.
dialecticism [ˌdaiə'lektisizəm], *n.* dialettalismo; dialettismo.
dialectologist [ˌdaiəlek'tɔlədʒist], *n.* dialettologo.
dialectology [ˌdaiəlek'tɔlədʒi], *n.* dialettologia.
diallage (1) [dai'ælədʒi], *n.* (*retor.*) diallage.
diallage (2) [dai'ælidʒ], *n.* (*miner.*) diallagio.
dialling ['daiəliŋ], *n.* **1** (*tel.*) selezione; (il) comporre un numero **2** (*radio*) sintonizzazione. ● **d. code**, prefisso (telefonico) □ **d. tone**, segnale (acustico) di linea libera □ **direct d.**, teleselezione.
dialog ['daiəlɔg], (*USA*) *V.* **dialogue**.
dialogic(al) [ˌdaiə'lɔdʒik(əl)], *a.* dialogico.
dialogist [dai'ælədʒist], *n.* **1** dialogista **2** interlocutore.
to dialogize [dai'ælədʒaiz], *v. i.* dialogare; fare un dialogo.
dialogue ['daiəlɔg], *n.* dialogo. ● **written in d.**, scritto in forma dialogica.
to dialogue ['daiəlɔg], *v. i.* e *t.* dialogare; dialogizzare.
to dialyse ['daiəlaiz], *v. t.* (*chim.*) dializzare.
dialysepalous [ˌdaiəli'sepələs], *a.* (*bot.*) dialisepalo.

dialyser ['daɪəlaɪzə*], *n.* (*chim.*) dializzatore.
dialysis [daɪ'ælɪsɪs], *n.* (*pl.* **dialyses**) (*chim.*) dialisi.
dialytic [ˌdaɪə'lɪtɪk], *a.* (*chim.*) dialitico.
to dialyze ['daɪəlaɪz], (*USA*) *V.* **to dialyse.**
dialyzer ['daɪəlaɪzə*], (*USA*) *V.* **dialyser.**
diamagnetic [ˌdaɪəmæg'netɪk], (*elettr.*) **A** *a.* diamagnetico. **B** *n.* sostanza diamagnetica.
diamagnetism [ˌdaɪə'mægnɪtɪzəm], *n.* (*elettr.*) diamagnetismo.
diamantiferous [ˌdaɪəmæn'tɪfərəs], *a.* diamantifero.
diameter [daɪ'æmɪtə*], *n.* (*geom.*) diametro.
diametral [daɪ'æmɪtrəl], **diametric(al)** [ˌdaɪə'metrɪk(əl)], *a.* **1** (*geom.*) diametrale **2** diametralmente opposto.
diamond ['daɪəmənd], **A** *n.* **1** (*miner.*) diamante **2** (*geom.*) rombo; losanga **3** (*tipogr.*) diamante; occhio di mosca **4** (*delle carte da gioco*) carta di quadri; (*pl.*) seme di quadri: **I've only one d.** (**left**) **in my hand**, ho (mi è rimasto) soltanto un diamante; **a small d.**, una carta bassa, di quadri (*un due, un tre, ecc.*) **5** (*tecn.*) (punta di) diamante; tagliavetri **6** (*sport*) diamante (*baseball*). **B** *a.* **1** di diamante; di brillanti: **a d. necklace**, una collana di brillanti **2** (*geom.*) romboidale **3** (*zool.*) **d.- -back moth** (*Plutella maculipennis*), tignola dei cavoli ☐ **d. cement**, colla per fissare diamanti artificiali ☐ (*mecc.*) **d. chisel**, scalpello a punta di diamante ☐ **d. drill**, trapano con punta di diamante ☐ **d. field**, giacimento diamantifero ☐ **d. panes**, vetrata con il telaio a divisioni romboidali ☐ (*mecc.*) **d. point**, punta di diamante ☐ (*zool.*) **d. snake** (*Python spilotes*), pitone diamantino; pitone tappeto ☐ **d. wedding**, nozze di diamante ☐ **black d.**, carbonado; carbone ☐ **cutting** (*o* **glazier's**) **d.**, (punta di) diamante (*usata da vetrai, ecc.*) ☐ **a rough d.**, un diamante grezzo; (*fig.*) una persona rozza ma piena di buone qualità; un burbero benefico.
to diamond ['daɪəmənd], *v. t.* adornare di diamanti (*o* di brillanti).
diamondiferous [ˌdaɪəmən'dɪfərəs], *a.* (*ind. min.*) diamantifero.
Diana [daɪ'ænə], *n.* **1** Diana **2** (*fig.: di donna*) cacciatrice.
dianthus [daɪ'ænθəs], *n.* (*bot., Dianthus*) dianto.
diapason [ˌdaɪə'peɪsn], *n.* (*mus.*) diapason.
diaper ['daɪəpə*], *n.* **1** (*ind. tessile*) tela operata (*a disegni romboidali*) **2** (*USA*) tovagliolino; pannolino (*per neonati*) **3** (*archit.*) decorazione con disegni romboidali (*per pannelli, ecc.*).
to diaper ['daɪəpə*], *v. t.* **1** tessere a disegni romboidali **2** (*archit.*) decorare (*pannelli, ecc.*) con disegni romboidali.
diaphanous [daɪ'æfənəs], *a.* diafano; trasparente.
diaphoresis [ˌdaɪəfə'riːsɪs], *n.* (*med.*) diaforesi.
diaphoretic [ˌdaɪəfə'retɪk], *a. e n.* (*med.*) diaforetico.
diaphragm ['daɪəfræm], *n.* **1** (*anche anat.*) diaframma **2** (*mecc., radio*) membrana **3** (*med.*) diaframma; pessario. ● (*mecc.*) **d. pump**, pompa a membrana ☐ (*fotogr.*) **d. shutter**, otturatore a diaframma.
diaphragmatic [ˌdaɪəfræg'mætɪk], *a.* diaframmatico.
diaphysis [daɪ'æfɪsɪs], *n.* (*pl.* **diaphyses**) (*anat.*) diafisi.
diarchy ['daɪəkɪ], *n.* diarchia.
diarial [daɪ'ɛərɪəl], *a.* di diario; d'agenda.
diarist ['daɪərɪst], *n.* diarista; scrittore di diari.
to diarize ['daɪəraɪz], **A** *v. i.* tenere un diario. **B** *v. t.* annotare (q.c.) in un diario.
diarrh(o)ea [ˌdaɪə'rɪə], *n.* (*med.*) diarrea.
diarrhoeal [ˌdaɪə'rɪəl], **diarrhoeic** [ˌdaɪə'riːɪk], *a.* (*med.*) diarroico.
diary ['daɪərɪ], *n.* **1** diario **2** agenda.
Diaspora [daɪ'æspərə], *n.* diaspora (*dispersione degli Ebrei*).
diastase ['daɪəsteɪs], *n.* (*chim., biol.*) diastasi.
diastasic [ˌdaɪə'steɪsɪk], **diastatic** [ˌdaɪə'stætɪk], *a.* (*chim., biol.*) della (*o* pertinente alla) diastasi; diastatico.
diastimeter [ˌdaɪə'stɪmɪtə*], *n.* distanziometro.
diastole [daɪ'æstəlɪ], *n.* (*med.*) diastole.
diastolic [ˌdaɪə'stɒlɪk], *a.* (*med.*) diastolico.
diathermal [ˌdaɪə'θɜːməl], *V.* **diathermic.**
diathermancy [ˌdaɪə'θɜːmənsɪ], *n.* (*fis.*) diatermanità.
diathermanous [ˌdaɪə'θɜːmənəs], *a.* (*fis.*) diatermano.
diathermic [ˌdaɪə'θɜːmɪk], *a.* **1** (*med.*) diatermico **2** (*fis.*) diatermano.
diathermy ['daɪəθɜːmɪ], *n.* (*med.*) diatermia.
diathesis [daɪ'æθɪsɪs], *n.* (*pl.* **diatheses**) (*med., gramm.*) diatesi.
diatom ['daɪətəm], *n.* (*bot., Diatoma*) diatomea.
diatomaceous [ˌdaɪətə'meɪʃəs], *a.* di diatomea. ● (*geol.*) **d. earth**, farina fossile; tripoli; tripolo (*pop.*).
diatomic [ˌdaɪə'tɒmɪk], *a.* (*chim.*) biatomico.
diatomite [daɪ'ætəmaɪt], *n.* (*geol.*) diatomite; farina fossile; tripoli.
diatonic [ˌdaɪə'tɒnɪk], *a.* (*mus.*) diatonico: **d. scale**, scala diatonica.
diatonism ['daɪətənɪzəm], *n.* (*mus.*) diatonia.
diatribe ['daɪətraɪb], *n.* diatriba.
diazepam [daɪ'æzɪpæm], *n.* (*marchio: farm.*) diazepam.

to dib [dɪb], *v. i.* calare leggermente l'esca nell'acqua.
dibasic [daɪ'beɪsɪk], *a.* (*chim.*) bibasico.
dibber ['dɪbə*], *V.* **dibble.**
dibble ['dɪbl], *n.* (*agric.*) piolo; piantatoio; foraterra.
to dibble ['dɪbl], **A** *v. t.* **1** forare (*il terreno*) con un piantatoio **2** piantare (*semi, ecc.*). **B** *v. i.* **1** servirsi di un piantatoio **2** calare leggermente l'esca nell'acqua.
dibs [dɪbz], *n. pl.* **1** (gioco infantile che si faceva con) ossicini di pecora **2** (*giocando a carte*) gettoni **3** (*pop.*) quattrini; grana (*pop.*).
dice [daɪs], *n. pl.* **1** (*sing.* **die**) dadi **2** (*col verbo al sing.*) gioco dei dadi. ● **d.-box**, bossolo (*o* bussolotto) dei dadi.
to dice [daɪs], **A** *v. i.* **1** giocare ai dadi **2** (*fig.*) giocare; scherzare: **to d. with danger**, scherzare col pericolo. **B** *v. t.* **1** (*anche* **to d. away**) giocarsi (*denaro, ecc.*) ai dadi **2** tagliare (*carne, verdura, ecc.*) a cubetti (*o* dadini, *o* quadrettini): **a dish of diced carrots**, un piatto di carote tagliate a cubetti **3** disegnare a quadri, a scacchi. ● **I'll d. you for it!**, me lo gioco ai dadi!
dicephalous [daɪ'sefələs], *a.* (*biol.*) dicefalo; bicipite.
dicer ['daɪsə*], *n.* giocatore di dadi. ● **d.'s oath**, promessa da marinaio.
dicey ['daɪsɪ], *a.* imprevedibile; rischioso.
dichotomic [ˌdaɪkəʊ'tɒmɪk], **dichotomous** [daɪ'kɒtəməs], *a.* (*scient.*) dicotomo.
dichotomy [daɪ'kɒtəmɪ], *n.* (*scient.*) dicotomia.
dichroic [daɪ'krəʊɪk], *a.* **1** (*miner., ottica*) dicroico: **d. mirror**, filtro dicroico **2** dicroico; dicromatico.
dichroism ['daɪkrəʊɪzəm], *n.* **1** (*ottica*) dicroismo **2** dicroismo; dicromismo; dicromatismo.
dichromatic [ˌdaɪkrəʊ'mætɪk], *a.* (*fis., med., zool.*) dicromatico.
dichromatism [daɪ'krəʊmətɪzəm], *n.* (*fis., med., zool.*) dicromatismo.
dichromic [daɪ'krəʊmɪk], *a.* **1** dicromatico **2** (*chim.*) dicromico.
dick (1) [dɪk], *n.* **1** individuo; tipo; tizio **2** (*pop.*) poliziotto; segugio **3** (*volg.*) cazzo (*volg.*); pene.
dick (2) [dɪk], *n.* (*pop. per* **declaration**) — **to take one's d. that…**, affermare, giurare che… ● **I'd take my d. to it**, ci giocherei (*o* scommetterei) la testa.
Dick [dɪk], *n. dim.* di **Richard.**
dickens ['dɪkɪnz], *n.* (*fam.*) diavolo; diamine: **What the d.!**, che diamine!
dicker (1) ['dɪkə*], *n.* (*gergo comm.*) decina (*specialm. di pelli*).
dicker (2) ['dɪkə*], *n.* (*fam.*) **1** affare **2** baratto; scambio.
to dicker ['dɪkə*], *v. i.* (*fam.*) mercanteggiare; tirare sul prezzo.
dickey, dicky (1) ['dɪkɪ], *n.* (*fam.*) **1** ciuco; somarello **2** (*anche* **d.-bird**) uccellino **3** falso sparato di camicia, pettino, pettorina (*che si può staccare*) **4** grembiule; tovagliolino **5** (*anche* **d. box**) sedile del guidatore (*in un veicolo*) **6** sedile posteriore (*di un veicolo:* per domestici). ● (*autom.*) **d. seat**, sedile ribaltabile ☐ (*fam.*) **not to say a d.-bird**, restare muto come un pesce.
dicky (2) ['dɪkɪ], *a.* (*pop.*) debole; barcollante; malsicuro.
dicotyledonous [ˌdaɪkɒtɪ'liːdənəs], *a.* (*bot.*) dicotiledone.
dicotyledons ['daɪˌkɒtɪ'liːdənz], *n. pl.* (*bot., Dicotyledones*) dicotiledoni.
Dictaphone ['dɪktəfəʊn], *n.* (*marchio*) dittafono.
dictate ['dɪkteɪt], *n.* (*generalm. al pl.*) dettame; norma; precetto: **the dictates of conscience**, i dettami della coscienza.
to dictate [dɪk'teɪt], *v. t. e i.* dettare; comandare; imporre; ordinare: **to d. a letter to one's secretary**, dettare una lettera alla (propria) segretaria; **to d. the terms of surrender**, dettare le condizioni di resa; **to d. one's successor**, imporre il proprio successore; **I don't want to be dictated to**, non voglio essere comandato.
dictation [dɪk'teɪʃən], *n.* **1** dettatura: **They write at the teacher's d.**, scrivono sotto dettatura dell'insegnante **2** dettato: **There are no mistakes in your d.**, il tuo dettato è senza errori **3** (il dare *o* ricevere) comandi, ordini; ingiunzione; imposizione: **I'm fed up with outside dictations**, sono stufo d'imposizioni dall'esterno. ● (*di una segretaria, ecc.*) **to take d.**, scrivere sotto dettatura.
dictator [dɪk'teɪtə*], *n.* **1** dittatore **2** chi detta.
dictatorial [ˌdɪktə'tɔːrɪəl], *a.* dittatoriale; dittatorio (*lett.*); autoritario; imperioso; prepotente.
dictatorship [dɪk'teɪtəʃɪp], *n.* dittatura.
dictatress [dɪk'teɪtrɪs], *n.* (*polit.*) dittatrice.
diction ['dɪkʃən], *n.* **1** dizione **2** espressione; stile (*letterario*): **poetic d.**, stile poetico.
dictionary ['dɪkʃənrɪ], *n.* dizionario; vocabolario; lessico: **This is an English-Italian d.**, questo è un dizionario inglese-italiano; **a d. of architecture**, un dizionario d'architettura; **a medical d.**, un dizionario di medicina. ● (*spreg.*) **d. English**, inglese da dizionario, pedantesco ☐ **to be a walking** (*o* **a living**) **d.**, essere informatissimo; sapere tutto; essere un'enciclopedia ambulante (*fig.*).
dictograph ['dɪktəɡrɑːf], *n.* dittografo.

dictum ['diktəm], *n.* (*pl.* **dicta, dictums**) **1** affermazione; asserzione **2** (*leg.*) osservazione, affermazione (*contenuta nel dispositivo di una sentenza*) **3** detto; massima; sentenza.

did [did], *pass.* di **to do**.

didactic(al) [di'dæktik(əl)], *a.* **1** didattico **2** didascalico: **a d. poem**, un poema didascalico.

didacticism [di'dæktisizəm], *n.* didattismo.

didactics [di'dæktiks], *n. pl.* (*col verbo al sing.*) didattica.

didapper ['daidæpə*], *n.* (*zool.*) **1** (*Podiceps ruficollis*) tuffetto **2** (*Podilymbus podiceps*) podilimbo.

to diddle ['didl], *v. t.* (*fam.*) imbrogliare; ingannare; gabbare. ● **to d. away one's time**, sprecare il tempo; bighellonare; oziare.

diddler ['didlə*], *n.* (*fam.*) imbroglione; gabbamondo.

didn't [didnt], *contraz.* di **did not** (*V.* **to do**).

dido ['daidou], *n.* (*pl.* **didoes, didos**) (*fam. USA*) **1** burla; scherzo **2** trucco; tiro mancino **3** stramberia; stravaganza: **to cut (up) didos**, fare stramberie.

Dido ['daidou], *n.* (*mitol.*) Didone.

didymium [di'dimiəm], *n.* (*chim.*) didimio.

didymous ['didiməs], *a.* (*bot., zool.*) didimo.

to die [dai], **A** *v. i.* **1** morire (*anche fig.*); perire; spegnersi; spirare; trapassare: **I am dying with curiosity**, muoio di curiosità **2** (*fam.*) desiderare ardentemente; morire dalla voglia (*o dal desiderio*): **I am dying to know**, muoio dalla voglia di sapere; **He is dying to go to sea**, desidera ardentemente diventare un marinaio; **I am dying for a glass of wine**, muoio dalla voglia di bere un bicchiere di vino **3** (*mecc.*) arrestarsi; fermarsi; (*di un motore*) spegnersi. **B** *verbi composti* **1** **to die away**, scomparire; smorzarsi (*o* spegnersi) a poco a poco; calare: **The sound was dying away**, il suono si faceva sempre più lontano e indistinto □ **The colours of the sunset died away**, i colori del tramonto si spegnevano a poco a poco □ **The wind has died away**, il vento è calato. **2** (*di una pianta*) **to die back**, seccarsi dalla cima verso la radice. **3** **to die down**, spegnersi; (*del vento*) cadere, cessare, finire; (*di fiori, ecc.*) appassire, avvizzire: **The fire has died down**, il fuoco s'è spento; **At nightfall the fighting died down**, al cader delle tenebre il combattimento cessò. **4** **to die off**, morire a uno a uno: **The buds on this tree are dying off**, le gemme di quest'albero muoiono a una a una. **5** **to die out**, estinguersi; venir meno; morire; scomparire: **The Medici family died out in 1737**, la famiglia dei Medici si estinse nel 1737; **When did mammoths die out?**, quando si estinsero i mammut?; **Patriarchate is slowly dying out**, il patriarcato va scomparendo a poco a poco. ● **to die at the stake**, morire sul rogo □ **to die broken-hearted**, morire di crepacuore □ **to die by one's own hand**, morire di propria mano; darsi la morte □ **to die by the sword**, perire di spada □ **to die by violence**, morire di morte violenta □ **to die a dog's death**, morire come un cane □ **to die from wounds**, morire di ferite □ **to die game**, morire combattendo □ **to die a glorious death**, fare una morte gloriosa; morire con onore □ **to die hard**, esser duro a morire: **Old superstitions die hard**, le vecchie superstizioni sono dure a morire □ **to die in one's bed**, morire di morte naturale; morire nel proprio letto □ **to die in one's boots** (*o* shoes), morire di morte improvvisa (*fam.*: con le scarpe) □ **to die in harness**, morire al proprio posto di lavoro □ (*anche fig.*) **to die in the last ditch**, morire sull'ultima trincea □ **to die a martyr**, morire da martire □ **to die of hunger**, morire di fame, d'inedia □ **to die of an illness** (*o* **a disease**), morire di malattia □ **to die laughing**, morire dal ridere, dalle risate □ **to die on the scaffold**, morire sul patibolo □ (*fam.*) **to die on the vine**, (*di progetti, speranze e sim.*) svanire nel nulla □ **to die through neglect**, morire per mancanza di soccorso, di cure □ **to die to the world**, morire (*o* diventare estraneo, indifferente) al mondo (*fig., di chi si ritiri in convento, ad es.*) □ **to die with one's boots on**, *V.* **to die in one's boots** □ **Never say die!**, non cedere (*o* non mollare, non arrendersi) mai!

die [dai], *n.* **1** (*pl.* **dice**) dado (*da gioco*); cubetto, dadino, quadratino (*di carne, verdura, ecc.*): **The die is cast**, il dado è tratto; **vegetables cut into dice**, verdura tagliata in cubetti **2** (*mecc.*: *pl.* **dies**) conio (*per monete*); matrice, stampo; filiera, trafila (*per filo metallico*); filiera, madrevite (*per filettare*) **3** (*archit.*: *pl.* **dies**) plinto; dado; zoccolo (*pop.*). ● (*metall.*) **die-casting**, colata (*o* fusione) sotto pressione, pressofusione; pezzo ottenuto per pressofusione □ **die-sinker**, fabbricante di stampi per monete o medaglie; stampista □ (*fig.*) **as straight** (*o* **true**) **as a die**, corretto; onesto; sincero; leale □ **to be upon the die**, essere in palio; essere in ballo.

die-cast ['dai-ka:st], *a.* (*metall.*) pressofuso.

to die-cast ['dai-ka:st] (*pass.* e *p. p.* **die-cast**), *v. t.* (*metall.*) colare (*o* fondere) sotto pressione, pressofondere, pressocolare.

die-hard ['dai-ha:d], **A** *n.* **1** persona intransigente, ostinata, tenace **2** (*polit.*) esponente della vecchia guardia (*del partito*) conservatore; ultraconservatore; tradizionalista. **B** *a. attr.* **1** duro a morire; radicato: **d. optimism**, ottimismo duro a morire **2** (*polit.*) intransigente (*di destra*); ultraconservatore; tradizionalistico.

dielectric [,daii'lektrik], *a.* e *n.* (*elettr.*) dielettrico; isolante.

diencephalon [,daien'sefəlon], *n.* (*anat.*) diencefalo.

dieresis [dai'iərisis], *V.* **diaeresis**.

diesel engine ['di:zəl 'endʒin], *n.* motore diesel. ● (*ferr.*) **diesel motor coach**, **diesel railroad car**, automotrice (diesel).

diesel fuel ['di:zəl fjuəl], *V.* **diesel oil**.

diesel oil ['di:zəl oil], *n.* (*autom.*) gasolio.

diet (1) ['daiət], *n.* **1** dieta; regime alimentare: (*med.*) **a low-calory d.**, una dieta a basso contenuto calorico; **a severe d.**, una dieta rigorosa **2** alimentazione; nutrimento; vitto: **prison d.**, vitto da carcerati. ● (*USA*) **d. pill**, pillola per dimagrire □ **d. sheet**, dieta (*lista dei cibi ammessi*) □ **to be on a d.**, essere (*o* stare) a dieta.

to diet ['daiət], **A** *v. i.* stare (*o* essere) a dieta; fare (*o* seguire) una dieta. **B** *v. t.* mettere (*o* tenere) a dieta.

diet (2) ['daiət], *n.* dieta; assemblea (*specialm. legislativa*); congresso: **the Japanese D.**, la Dieta giapponese.

dietary ['daiətəri], **A** *a.* (*med.*) dietetico. **B** *n.* **1** regime dietetico **2** vitto quotidiano (*passato in ospedale, prigione, ecc.*).

dietetic(al) [,daii'tetik(əl)], *a.* (*med.*) dietetico.

dietetics [,daii'tetiks], *n. pl.* (*col verbo al sing.*) dietetica.

dietician, dietitian [,daii'tiʃən], *n.* dietista; dietologo.

dietotherapy [,daiətou'θerəpi], *n.* (*med.*) dietoterapia.

to differ ['difə*], *v. i.* **1** differire; esser diverso **2** discordare; non essere d'accordo; dissentire: **I entirely d. from** (*o* **with**) **you**, dissento completamente da te; **I beg to d.**, mi permetto di dissentire **3** disputare; litigare. ● **to agree to d.**, riconoscere l'impossibilità di mettersi d'accordo □ (*prov.*) **Tastes d.**, tutti i gusti son giusti.

difference ['difrəns], *n.* **1** differenza (*anche nel senso di* resto); diversità: **a d. in temperature**, una differenza di temperatura; **He makes a d. between his son and his daughter**, fa differenza fra (*o* tratta in modo diverso) il figlio e la figlia; **The d. between 5 and 8 is 3**, 3 è la differenza fra 5 e 8 **2** disaccordo; discordia; controversia; dissapore; screzio: **During a married life of twenty years, they have not had even a d.**, durante vent'anni di vita coniugale, non c'è stato neanche uno screzio **3** (*leg.*) contestazione; vertenza. ● (*topografia*) **d. in height**, dislivello □ (*comm.*) **d. in price**, differenza di prezzo □ **to split the d.**, dividere a metà la differenza; (*fig.*) stare a metà delle spese, fare a mezzo; (*fig.*) giungere a un compromesso □ **It makes a d.!**, allora, le cose cambiano! □ **It makes no d.**, non fa niente; non ha importanza □ (*fam.*) **What's the d.?**, che cosa importa?; e con ciò?

to difference ['difrəns], *v. t.* rendere differente; differenziare.

different ['difrənt], *a.* **1** differente; diverso: **d. points af view**, punti di vista differenti **2** distinto; separato; diverso: **on d. occasions**, in diverse occasioni **3** diverso dagli altri; originale: **a d. style**, uno stile originale.

differentiable [,difə'renʃəbl], *a.* differenziabile.

differential [,difə'renʃəl], **A** *a.* **1** (*anche mat., mecc.*) differenziale: **d. rates on a railway**, tariffe ferroviarie differenziali; (*comm. estero*) **a d. tariff**, una tariffa differenziale; **d. calculus**, calcolo differenziale **2** (*med.*) differenziato; particolareggiato: **d. diagnosis**, diagnosi differenziata. **B** *n.* **1** (*mat.*) differenziale **2** (*mecc., anche d. gear*) differenziale **3** (*econ.*) differenza di salario (*fra operai qualificati e gli altri impiegati nella stessa industria*).

to differentiate [,difə'renʃieit], **A** *v. t.* **1** rendere differente; contraddistinguere; differenziare: **What differentiates the dog from the wolf?**, che cosa differenzia il cane dal lupo? **2** distinguere; riconoscere la differenza (fra): **We d. many varieties of animals**, noi distinguiamo molte varietà di animali **3** fare differenze (fra); discriminare. **B** *v. i.* **1** (*anche biol.*) differenziarsi; diventare differente **2** fare differenza, distinguere (*fra più cose*).

differentiation [,difərenʃi'eiʃən], *n.* (*anche biol.*) differenziazione.

difficult ['difikəlt], *a.* difficile: **a d. book** (**task, test, etc.**), un libro (un compito, una prova, ecc.) difficile; **She is a d. person**, è una donna difficile; **I am rather d. over my food**, sono un po' difficile (*o* di gusti difficili) nel mangiare; **d. times**, tempi difficili. ● **d. of access**, di difficile accesso; (*di persona*) quasi inavvicinabile □ **to be under d. circumstances**, essere in una posizione difficile □ **This question is d. to answer**, è difficile rispondere a questa domanda.

difficulty ['difikəlti], *n.* **1** difficoltà: **He has some d. (in) walking**, ha difficoltà a camminare; **There were various difficulties**, ci furono varie difficoltà **2** contrasto; dissapore; screzio; difficoltà. ● **to be in difficulties**, trovarsi in difficoltà (*finanziarie*) □ **to make** (*o* **to raise**) **difficulties**, fare difficoltà; sollevare obiezioni; trovar da ridire □ **money difficulties**, difficoltà finanziarie.

diffidence ['difidəns], *n.* **1** mancanza di fiducia in se stesso **2** modestia eccessiva; timidezza.

diffident ['difidənt], *a.* **1** che non ha fiducia in se stesso; insi-

diffluence

curo 2 eccessivamente modesto; timido; riservato; schivo.
diffluence ['difluəns], *n.* (*geogr.*) diffluenza.
diffluent ['difluənt], *a.* (*geogr.*) diffluente.
to diffract [di'frækt], *v. t.* (*fis.*) diffrangere.
diffraction [di'frækʃən], *n.* (*fis.*) diffrazione. ● **d. grating**, reticolo di diffrazione.
diffractive [di'fræktiv], *a.* pertinente a (*o* che è causa di) diffrazione.
diffractometer [,difrək'tomitə*], *n.* (*fis.*) diffrattometro.
diffuse [di'fju:s], *a.* diffuso; prolisso; verboso: **d. light**, luce diffusa; **a d. style**, uno stile diffuso **a d. writer**, uno scrittore prolisso.
to diffuse [di'fju:z], **A** *v. t.* diffondere; emanare; propagare; divulgare: **The sun diffuses its light**, il sole diffonde la sua luce; **to d. learning** (**a rumour, etc.**), diffondere la cultura (una voce, ecc.); **to d. heat** (**a scent, etc.**), emanare calore (un odore, ecc.). **B** *v. i.* diffondersi; spargersi; propagarsi.
diffused [di'fju:zd], *a.* diffuso: **d. lighting**, illuminazione a luce diffusa (*o* indiretta).
diffuseness [di'fju:snis], *n.* l'esser diffuso; prolissità; verbosità.
diffuser [di'fju:zə*], *n.* (*anche mecc.*) diffusore.
diffusibility [di,fju:zə'biliti], *n.* diffusibilità.
diffusible [di'fju:zəbl], *a.* diffusibile.
diffusiometer [di,fju:zi'ɔmitə*], *n.* (*fis.*) diffusiometro.
diffusion [di'fju:ʒən], *n.* **1** diffusione; divulgazione; propagazione: **the d. of an idea** (**of a language, etc.**), la diffusione di un'idea (di una lingua, ecc.); **the d. of heat** (**light, etc.**), la diffusione del calore (della luce, ecc.) **2** prolissità; verbosità. ● (*metall.*) **d. coating**, rivestimento per diffusione.
diffusive [di'fju:siv], *a.* **1** diffusivo **2** diffuso; prolisso.
diffusor [di'fju(:)zə*], *V.* **diffuser**.
to dig [dig] (*pass.* e *p. p.* **dug**), *v. t.* e *i.* **1** scavare; cavare, cercare, forare (*scavando*): **He dug a hole in the ground**, scavò una buca in terra; **to dig trenches**, scavare trincee; **to dig patatoes**, cavare le patate (*scavando*); **He was digging for gold**, cercava l'oro; faceva il cercatore d'oro; **to dig for worms**, cercare lombrichi **2** conficcare; piantare: **He dug his elbow into my ribs**, mi piantò il gomito nelle costole; **He dug the spurs into the horse**, piantò gli speroni nel fianco del cavallo **3** (*fam.*) studiare (*o* lavorare) sodo; faticare; sgobbare: **to dig away at one's homework**, sgobbare per fare il compito a casa **4** cercare; fare ricerche, studi; spulciare: **to dig for information**, cercare informazioni; **to dig into a book**, fare ricerche in un libro; **to dig information from old documents**, ricavare informazioni da antichi documenti **5** (*pop.*) ammirare; apprezzare **6** (*pop.*) notare; far caso a. ● **to dig at sb.**, dare frecciate a q.; essere scortese con q. □ **to dig in**, affondare (*scavando*); mettersi a lavorare (*o* a mangiare) di buona lena; correre forte; ambientarsi: **The fertilizer should be dug in well**, bisogna affondare bene il concime □ (*mil.*) **to dig in** (*o* **to dig oneself in**), scavare trincee, trincerarsi □ **to dig sb. in the ribs**, dare a q. un colpo (*o* una puntata) nelle costole □ **to dig into**, gettarsi avidamente su (*cibo*); esaminare a fondo, indagare su □ (*fig., fam.*) **to dig one's heels in**, puntare i piedi (*fig.*) □ **to dig out**, fuggire, scappare; andarsene in fretta; liberare (*scavando*); scovare, stanare, fare uscire dalla tana; scoprire: **He was buried under the ruins of his house and had to be dug out**, era sepolto sotto le macerie della sua casa e si dovette scavare per tirarlo fuori; **They dug out the rabbits**, stanarono i conigli; **to dig out the truth**, scoprire la verità □ (*fig.*) **to dig a pit for sb.**, tendere una trappola (*o* un tranello) a q. □ **to dig through a mountain**, traforare un monte □ **to dig up**, scavare; rompere, lavorare, dissodare (*il terreno*); portare, trarre alla luce scavando: **to dig up a treasure**, scavare un tesoro; **This field must be dug up**, questo campo dev'essere lavorato (*con zappa o vanga*); **A Greek vase was dug up**, gli scavi portarono alla luce un vaso greco □ **to dig up a plant by its roots**, sradicare una pianta.
dig [dig], *n.* **1** scavo; sterro **2** spinta; urto; colpo: **a dig in the ribs**, un colpo nelle costole **3** (*fig.*) frecciata; osservazione sarcastica, maligna; stoccata **4** (*pl., fam.*) camera ammobiliata.
digamma [dai'gæmə], *n.* digamma.
digamous [di'gæməs], *a.* (*leg.*) passato a seconde nozze.
digamy ['digəmi], *n.* (*leg.*) seconde nozze (*anche dopo un divorzio*).
digastric [dai'gæstrik], *a.* (*anat.*) digastrico: **d. muscle**, muscolo digastrico.
digest ['daidʒest], *n.* **1** compendio; riassunto; sommario: sinossi **2** — (*stor.*) **the D.**, il Digesto (*le Pandette di Giustiniano*).
to digest [di'dʒest], *v. t.* e *i.* **1** digerire (*anche fig.*); smaltire; assimilare; assorbire mentalmente; tollerare: **to d. scientific knowledge**, assimilare cognizioni scientifiche; **I cannot d. these insults**, non posso digerire questi insulti **2** assimilare; incorporare: **to d. a conquered territory**, assimilare un territorio conquistato **3** digerirsi; assimilarsi: **Veal digests easily**, il vitello si digerisce facilmente **4** (*di vino, medicine, ecc.*) favorire la digestione **5** compendiare; riassumere **6** classificare; ordinare: **to d. a mass of facts**, ordinare una quantità di fatti.
digester [di'dʒestə*], *n.* **1** compilatore di compendi, sommari, ecc. **2** medicinale digestivo **3** (*chim.*) digestore; bollitore.
digestibility [di,dʒestə'biliti], *n.* digeribilità.
digestible [di'dʒestəbl], *a.* digeribile.
digestibleness [di,dʒestəblnis], *V.* **digestibility**.
digestion [di'dʒestʃən], *n.* **1** digestione: **a good d.**, una buona digestione; **a weak** (**poor**) **d.**, una digestione difficile (laboriosa) **2** assimilazione (*di idee*) **3** cottura a fuoco lento **4** (*chim.*) digestione; lisciviazione. ● **This food is hard** (**easy**) **of d.**, questo cibo è difficile (facile) a digerirsi.
digestive [di'dʒestiv], *a.* e *n.* digestivo. ● (*chim.*) **d. enzyme**, enzima digestivo □ (*med.*) **d. ferments**, fermenti lattici □ (*anat.*) **d. gland**, ghiandola digestiva □ (*anat.*) **d. system**, apparato digerente (*o* digestivo) □ (*anat.*) **d. tract**, canale alimentare.
digger ['digə*], *n.* **1** escavatrice **2** sterratore; terrazziere **3** (*pop.*) soldato australiano. ● (*zool.*) **d.-wasp** (*Sphex*; *Bembex, ecc.*), sfecide □ **gold-digger**, cercatore d'oro.
digging [digiŋ], *n.* **1** scavo; sterro **2** (*pl.*) materiali di sterro; giacimento aurifero; miniera d'oro **3** (*pl., fam.*) camera ammobiliata.
digit ['didʒit], *n.* **1** (*anat., zool.*) dito **2** (*misura*) dito (*3/4 di pollice*) **3** (*mat.*) cifra: **The number 578 contains three digits**, il numero 578 è composto di tre cifre. ● (*elettron.*) **d. absorbing selector**, selettore soppressore d'impulsi □ **double-d.**, a due cifre: (*econ.*) **double-d. inflation**, inflazione a due cifre.
digital ['didʒitl], *a.* **1** (*anat.*) digitale; delle dita **2** (*mat.*) digitale; numerico: **d. electronic computer**, calcolatore elettronico digitale; **d. store**, memoria numerica. ● (*elettron.*) **d. circuit**, circuito digitale □ **d. clock**, orologio digitale (*di un'automobile, ecc.*) □ (*elettron.*) **d. counter**, contatore digitale □ (*elab.*) **d. data**, dati digitali.
digitalin [,didʒi'teilin], *n.* (*farm.*) digitalina.
digitalis [,didʒi'teilis], *n.* (*bot., farm., Digitalis*) digitale.
digitate(d) ['didʒiteit(id)], *a.* (*zool., bot.*) digitato.
digitation [,didʒi'teiʃən], *n.* (*zool., bot.*) digitazione.
digitigrade ['didʒitigreid], *a.* e *n.* (*zool.*) digitigrado.
diglossia [dai'glɔsiə], *n.* (*linguistica*) diglossia.
diglossic [dai'glɔsik], *a.* (*linguistica*) diglossico.
dignified ['dignifaid], *a.* dignitoso; nobile; solenne.
to dignify ['dignifai], *v. t.* onorare; esaltare; nobilitare; fregiare: **It isn't right to d. this hut with the name «house»**, non è il caso di nobilitare questa capanna con il nome di casa.
dignitary ['dignitəri], *n.* dignitario.
dignity ['digniti], *n.* **1** dignità; decoro: **the d. of labour**, la dignità del lavoro; **It is beneath my d. to answer this letter**, la mia dignità non mi consente di rispondere a questa lettera **2** dignità; alto ufficio; onorificenza; carica: **to confer a d. on sb.**, conferire una carica a q. **3** (*raro*) dignitario; dignità: **the dignities of the Kingdom**, i dignitari del regno. ● **to lose one's d.**, perdere la dignità □ **to stand upon one's d.**, non venir meno alla propria dignità.
digraph ['daigra:f], *n.* (*linguistica*) digramma.
to digress [dai'gres], *v. i.* divagare; fare digressioni: **to d. from the main subject**, divagare dall'argomento principale.
digression [dai'greʃən], *n.* digressione; divagazione.
digressive [dai'gresiv], *a.* digressivo.
dihedral [dai'hi:drəl], *a.* e *n.* (*geom.*) diedro: **d. angle**, angolo diedro.
dihedron [dai'hi:drən], *n.* (*geom.*) diedro.
dike [daik], *n.* **1** fosso; fossato; canale di scolo **2** argine; diga: **There are many dikes in Holland**, ci sono molte dighe in Olanda **3** (*fig.*) barriera; ostacolo **4** (*geol.*) dicco **5** strada sopralevata (*su un terreno paludoso, ecc.*). ● **d. reeve**, sovrintendente alle dighe (*in G.B.*).
to dike [daik], *v. t.* **1** arginare; provvedere di dighe **2** prosciugare per mezzo di canali di scolo.
to dilacerate [di'læsəreit], *v. t.* dilacerare; dilaniare.
to dilapidate [di'læpideit], **A** *v. t.* **1** demolire; rovinare; sciupare **2** (*arc.*) dilapidare (*un patrimonio, ecc.*). **B** *v. i.* rovinarsi; andare in malora (*o* in sfacelo).
dilapidated [di'læpideitid], *a.* **1** cadente; in rovina, in sfacelo: **a d. building**, un edificio cadente **2** (*arc.*) dilapidato.
dilapidation [di,læpi'deiʃən], *n.* **1** rovina; sfacelo **2** l'essere cadente (*o* in rovina) **3** (*pl., leg.*) somma addebitata (*a un affittuario*) per deterioramento dell'immobile **4** (*geol.*) disgregazione di rocce; detriti.
dilatability [dai,leitə'biliti], *n.* dilatabilità.
dilatable [dai'leitəbl], *a.* dilatabile.
dilatation [,daili'teiʃən], *n.* (*fis.*) dilatazione.
to dilate [dai'leit], **A** *v. t.* dilatare; allargare; spalancare: **with dilated eyes**, con gli occhi spalancati. **B** *v. i.* **1** dilatarsi; allargarsi: **The pupils of a cat can d. very much**, le pupille del gatto

possono dilatarsi moltissimo **2** diffondersi; dilungarsi: **If I had more time, I could d. on this theme**, se avessi più tempo, potrei dilungarmi sull'argomento.
dilation [dai'leiʃən], *n.* (*mat., ecc.*) dilatazione.
dilatometer [ˌdilə'tɔmitə*], *n.* (*ing.*) dilatometro.
dilator [dai'leitə*], *n.* **1** (*med.*) dilatatore **2** (*anat.*) dilatatore.
dilatoriness ['dilətərinis], *n.* **1** l'essere dilatorio **2** lentezza.
dilatory ['dilətəri], *a.* **1** dilatorio; dilazionatorio: (*leg.*) **d. plea**, eccezione dilatoria **2** lento (*nel fare q.c.*).
dildo ['dildou], *n.* (*pl.* **dildos**) pene artificiale.
dilemma [di'lemə], *n.* **1** dilemma: **the horns of the d.**, i corni del dilemma **2** alternativa; bivio (*fig.*); situazione imbarazzante: **to put sb. in** (*o* **into**) **a d.**, mettere q. di fronte a un'alternativa. ● **to be on the horns of a d.**, essere a un bivio (*fig.*).
dilettante [ˌdili'tænti], *n.* (*pl.* **dilettantes, dilettanti**) **1** amante delle arti **2** dilettante; chi coltiva un'arte (una scienza, ecc.) per diletto.
dilettantish [ˌdili'tæntiʃ], *a.* da dilettante; dilettantesco.
dilettantism [ˌdili'tæntizəm], *n.* dilettantismo.
diligence (1) ['dilidʒəns], *n.* diligenza; accuratezza; assiduità.
diligence (2) ['dilĩʒã:ns], *n.* diligenza; carrozza pubblica.
diligent ['dilidʒənt], *a.* diligente; accurato; assiduo.
dill [dil], *n.* (*bot., Anethum graveolens*) aneto; finocchio fetido.
to dilly-dally ['dilidæli], *v. i.* (*fam.*) esitare; indugiare; tentennare.
diluent [di'ljuənt], *a. e n.* (*chim.*) diluente.
to dilute [dai'lju:t], *v. t.* **1** (*anche fig.*) diluire: **to d. a colour**, diluire un colore **2** (*fig.*) annacquare; rendere più debole; peggiorare (*lo stile, ecc.*).
dilution [dai'lu:ʃən], *n.* **1** (*chim.*) diluizione **2** diluizione, stemperamento (*d'un colore*) **3** (*ind.*) impiego di manodopera non qualificata.
diluvial [dai'lu:vjəl], *a.* (*anche geol.*) diluviale.
diluvium [dai'lu:vjəm], *n.* (*pl.* **diluviums, diluvia**) (*geol.*) detrito.
dim [dim], *a.* **1** fioco; oscuro; incerto; indistinto; confuso; debole; **the dim light of an oil lamp**, il fioco lume d'una lampada a olio; **the dim outline of houses in the fog**, l'incerta sagoma delle case nella nebbia; **dim recollection**, un ricordo indistinto, confuso; **dim future**, avvenire oscuro (*o* fosco); futuro incerto **2** offuscato: **His eyes were dim with tears**, aveva gli occhi offuscati dalle lacrime **3** (*fam.*) ottuso; stupido. ● (*della vista*) **to get dim**, indebolirsi □ **to take a dim view of st.**, essere pessimista su q.c.; non aspettarsi niente di buono da q.c.
to dim [dim], *v. t.* **1** oscurare; offuscare; abbassare (*l'intensità luminosa*): **The lights of the theatre were dimmed**, le luci del teatro furono abbassate; **eyes dimmed with tears**, occhi offuscati dalle lacrime **2** (*fig.*) attenuare, offuscare, far diminuire (*sentimenti, prospettive, speranze, ecc.*). **B** *v. i.* (*della luce*) attenuarsi; offuscarsi; oscurarsi. ● (*autom. USA*) **to dim the lights** (*o* **headlights**), abbassare (*o* commutare) le luci (*o* i fari di profondità).
dime [daim], *n.* (*USA*) «dime» (*moneta da 10 cent*). ● (*fam. USA*) **a d. a dozen**, dozzinale; molto comune; di scarso valore; da due soldi □ **a d. novel**, un romanzo dozzinale □ (*USA*) **d. store**, grande magazzino a prezzi popolari.
dimension [di'menʃən], *n.* **1** dimensione: **the three dimensions**, le tre dimensioni; (*mat.*) **the fourth d.**, la quarta dimensione **2** (*fig.*) estensione; importanza **3** (*algebra*) grado: **a b² c³ is of the sixth d.**, il monomio a b² c³ è di sesto grado **4** (*tecn.*) quota (*di un disegno*).
dimensional [di'menʃənl], *a.* (*fis.*) dimensionale: **d. constant**, costante dimensionale. ● (*geom.*) **a three-d. figure**, una figura tridimensionale.
dimerous ['dimərəs], *a.* (*biol.*) dimero.
dimeter ['dimitə*], *n.* (*poesia*) dimetro.
dimidiate [di'midiit], *a.* (*anche biol.*) dimezzato.
to diminish [di'miniʃ], *v. t. e i.* **1** diminuire; scemare; ridurre, ridursi: **to d. in value**, diminuire di valore **2** (*archit.*) assottigliare, assottigliarsi; rastremare, rastremarsi **3** (*mus.*) diminuire.
diminishable [di'miniʃəbl], *a.* diminuibile.
diminished [di'miniʃt], *a.* diminuito; ridotto; scemato. ● (*archit.*) **d. arch**, arco scemo.
diminishing [di'miniʃiŋ], *a.* decrescente; (*econ.*) **d. returns**, ricavi decrescenti; produttività decrescente.
diminuendo [diˌminju'endou] (*ital.*), *n.* (*pl.* **diminuendos, diminuendoes**) (*mus.*) diminuendo.
diminution [ˌdimi'nju:ʃən], *n.* **1** (*anche mus.*) diminuzione **2** (*archit.*) rastremazione.
diminutival [diˌminju:'taivl], *a.* (*gramm.*) diminutivo.
diminutive [di'minjutiv], **A** *a. e n.* (*gramm.*) diminutivo. **B** *a.* minuscolo.
diminutiveness [di'minjutivnis], *n.* piccolezza estrema.
dimissory ['dimisəri], *a.* dimissorio (*relig.*) **d. letter**, lettera dimissoria; dimissoria.

dimity ['dimiti], *n.* tessuto di cotone con disegni in rilievo.
dimmer ['dimə*], *n.* **1** (*elettr., teatr.*) oscuratore graduale; graduatore **2** (*pl.*) (*autom. USA*) fari anabbaglianti. ● (*autom.*) **d. switch**, commutatore delle luci.
dimness ['dimnis], *n.* **1** oscurità; debolezza (*della luce*) **2** (*fam.*) ottusità; stupidità.
dimorphic [dai'mɔ:fik], *a.* (*scient.*) dimorfo.
dimorphism [dai'mɔ:fizəm], *n.* (*scient.*) dimorfismo.
dimorphous [dai'mɔ:fəs], *V.* **dimorphic**.
dim-out ['dimaut], *n.* (*mil. USA*) oscuramento.
dimple ['dimpl], *n.* **1** fossetta (*nelle guance*) **2** depressione (*del terreno*) **3** increspatura (*dell'acqua*).
to dimple ['dimpl], **A** *v. t.* **1** formare fossette su (*un viso*) **2** increspare: **The wind dimpled the water**, il vento increspava l'acqua **3** (*mecc.*) accecare; svasare. **B** *v. i.* **1** fare le fossette: **The little girl smiled and her face dimpled**, la bambina sorrise e fece le fossette sul viso **2** (*d'acqua*) incresparsi.
dimpling ['dimpliŋ], *n.* (*mecc.*) accecamento; svasamento.
dimply ['dimpli], *a.* **1** che ha fossette (*nelle guance*) **2** increspato.
dimwit ['dimwit], *n.* (*fam.*) stupido; testone, zuccone, fesso (*fam.*); cervellone (*iron., spreg.*).
dimwitted [ˌdim'witid], *a.* (*fam.*) stupido; stolto; fesso (*fam.*).
din [din], *n.* chiasso; fracasso; fragore; frastuono; strepito.
to din [din], **A** *v. i.* intronare; rintronare; assordare. **B** *v. t.* far chiasso; strepitare. ● **to din st. into sb.'s ears**, ripetere q.c. a q. così da frastornarlo: **He kept dinning into my ears the importance of the bargain**, continuava a rintronarmi le orecchie ripetendo che l'affare era molto importante.
dina ['di:nə], *n.* (*elettron.*) dina.
dinar ['di:na:*], *n.* dinaro.
to dinch [dintʃ], *v. t.* (*fam.*) schiacciare (*una sigaretta*).
to dine [dain], **A** *v. i.* pranzare; desinare. **B** *v. t.* **1** offrire un pranzo a, invitare a pranzo (q.) **2** (*di sala, ecc.*) contenere (*un certo numero di convitati*). ● **to d. in**, pranzare a casa □ **to d. on** (*o* **off**) **st.**, pranzare a base di: **We dined on** (*o* **off**) **cold chicken**, pranzammo a base di pollo freddo □ **to d. sb. off**, pagare (*o* offrire) il pranzo a q. □ **to d. out**, pranzare fuori casa; (*pop.*) restare a pancia vuota □ (*ferr.*) **dining car**, carrozza ristorante □ **dining hall**, sala da pranzo; refettorio □ **dining room**, sala da pranzo □ **dining table**, tavola (*per la mensa*); desco (*lett.*).
diner ['dainə*], *n.* **1** chi pranza; convitato **2** (*ferr. USA*) carrozza ristorante **3** (*USA*) piccolo ristorante. ● **d. out**, chi pranza spesso fuori casa.
dinette [dai'net], *n.* tinello (*anche i mobili*); zona pranzo.
dineutron [dai'nju:trɔn], *n.* (*fis. nucl.*) dineutrone.
ding-a-ling ['diŋə'liŋ], *n. e inter.* din, don; drin drin.
ding-dong ['diŋ'dɔŋ], **A** *n.* din don; scampanìo. **B** *a. e avv.* a fasi alterne; ad alterne vicende: **a d. race**, una gara di corsa ad alterne vicende.
dingey, dinghy ['diŋgi], *n.* (*naut.*) **1** lancia (*di bordo*); barca a remi **2** (*sport*) «dinghy»; dingo **3** (*anche* **rubber d.**) battello pneumatico.
dinginess ['dindʒinis], *n.* **1** scurezza; tetraggine **2** patina di sporcizia (*causata da fumo, carbone, fango, ecc.*).
dingle ['diŋgl], *n.* valletta (*di solito, ombreggiata da alberi*).
dingo ['diŋgou], *n.* (*pl.* **dingoes**) (*zool., Canis dingo*) dingo (*cane australiano*).
dingy ['dindʒi], *a.* **1** scuro; nerastro; incrostato di sporcizia **2** tetro; scolorito, sbiadito.
dinkey ['diŋki], *n.* (*fam., ferr.*) piccola locomotiva da manovra.
dinkum ['diŋkəm], *a.* (*fam., australiano*) vero; genuino. ● (*fig.*) **d. oil**, la pura verità.
dinky ['diŋki], *a.* **1** (*fam.*) civettuolo; grazioso **2** (*pop. USA*) piccolo; troppo piccolo.
dinner ['dinə*], *n.* **1** pranzo; desinare **2** pranzo ufficiale. ● **d. bell**, campanello che annuncia l'ora del pranzo □ **d. claret**, vino rosso da pasto □ **d. dress**, abito da mezza sera, da cocktail □ **d. jacket**, smoking; abito senza falde, non da cerimonia □ **d. party**, pranzo (*con invitati*) □ **d. set** (*o* **d. service**), servizio (*di posate*) da tavola □ **d. table**, tavola apparecchiata: **He doesn't know how to behave at the d. table**, non sa comportarsi a tavola □ **d. time**, ora di pranzo □ **d. wagon**, portavivande; carrello a più ripiani □ **to ask** (*o* **to invite**) **sb. to d.**, invitare q. a pranzo □ **to give a d. for** (*o* **in honour of**) **sb.**, dare un pranzo in onore di q. □ **to have d.**, pranzare; desinare.
dinosaur ['dainəsɔ:*], *n.* (*paleontologia*) dinosauro.
dinosaurian [ˌdainə'sɔ:riən], **A** *a.* (*paleontologia*) di dinosauro. **B** *n.* dinosauro.
dint [dint], *n.* **1** (*arc.*) colpo; sforzo **2** (*raro*) forza: **by d. of**, a forza di; per mezzo di; con: **by d. of great effort**, con grandi sforzi **3** dentello; tacca.
to dint [dint], *v. t.* ammaccare; segnare; fare una tacca su (q.c.).

diocesan [daiˈɔsisən], (*relig.*) **A** *a.* diocesano. **B** *n.* vescovo diocesano.
diocese [ˈdaiəsis], *n.* (*relig.*) diocesi.
Diocletian [ˌdaiəkliˈʃən], *n.* (*stor.*) Diocleziano.
diode [ˈdaioud], *n.* (*elettron.*) diodo. ● **d. gate**, porta a diodi □ **d. modulator**, modulatore a diodo □ **d. pack**, gruppo di diodi integrati.
dioecious [daiˈi(:)ʃəs], **dioicous** [daiˈi(:)kəs], *a.* (*biol.*) dioico.
Dionysiac [ˌdaiəˈniziæk], **Dionysian** [ˌdaiəˈniziən], *a.* dionisiaco.
Dionysus [ˌdaiəˈnaisəs], *n.* (*mitol.*) Dioniso.
diopter [daiˈɔptə*], (*USA*) *V.* **dioptre.**
dioptre [daiˈɔptə*], *n.* (*fis.*) diottria.
dioptric [daiˈɔptrik], **A** *a.* (*fis.*) diottrico. **B** *n.* diottria.
dioptrics [daiˈɔptriks], *n. pl.* (*col verbo al sing.*) diottrica.
diorama [daiəˈrɑːmə], *n.* diorama.
dioxide [daiˈɔksaid], *n.* (*chim.*) diossido; biossido: **carbon d.**, biossido di carbonio; anidride carbonica.
dioxin [daiˈɔksin], *n.* (*chim.*) diossina.
to dip [dip], **A** *v. t.* **1** bagnare; immergere; intingere; tuffare: **to dip one's face in the basin**, immergere il viso nel lavandino **2** (*anche naut.*) abbassare; inclinare; calare: **to dip a yard**, inclinare un pennone; **to dip a sail**, calare una vela **3** mettere; infilare: **He dipped his hand in his pocket**, infilò la mano in tasca **4** dare il tracollo a (*una bilancia*) **5** (*relig.*) battezzare (q.) immergendolo nell'acqua **6** (*fam.*) indebitare. **B** *v. i.* **1** immergersi, tuffarsi (*nell'acqua, ecc. e risalire subito alla superficie*) **2** abbassarsi (*improvvisamente*); tuffarsi: **The sun dipped into the ocean**, il sole si tuffò nell'oceano; **The swallows rose and dipped above the water**, le rondini si alzavano e abbassavano sull'acqua **3** scendere; essere in discesa, in declivio; digradare: **The road dipped a little**, la strada era leggermente in discesa; **The meadow dips towards the house**, il prato digrada verso la casa **4** (*della bilancia*) traboccare **5** (*di un aeroplano*) scendere in picchiata; picchiare **6** (*geol.*) inclinarsi **7** attingere, fare ricorso (a): **to dip into reserves**, attingere alle riserve **8** (*fin.*) diminuire, scemare, scendere (*di valore*). ● **to dip candles**, fabbricare candele, immergendo lo stoppino nella cera fusa □ (*fig.*) **to dip deeply into one's purse**, aprire (*o* allargare) la borsa □ **to dip a dress**, tingere un vestito (*immergendolo nella tintura*) □ (*naut.*) **to dip a flag**, abbassare una bandiera (*in segno di saluto*) □ (*fig.*) **to dip one's hand into one's purse**, spendere a piene mani; vuotare la borsa □ (*autom.*) **to dip the headlights**, togliere gli abbaglianti; mettere le mezze luci □ **to dip into a barrel for wine**, tuffare un recipiente in un barile per cavarne vino □ (*fig.*) **to dip into a book (an author, a subject, etc.)**, scorrere le pagine d'un libro (studiacchiare un autore, farsi un'infarinatura su un argomento) □ **to dip into one's savings**, intaccare i propri risparmi □ **to dip into the future**, fare un salto nel futuro; cercare di prevedere come sarà □ (*fig.*) **to dip one's pen in gall**, intingere la penna nel fiele; scrivere con grande amarezza (*o* sarcasmo) □ **to dip sheep**, immergere le pecore in un liquido disinfettante □ **to dip up**, attingere, tirar su; raccogliere: **He lowered the pail into the well and dipped up the water**, calò la secchia nel pozzo e attinse l'acqua □ (*naut.*) **dipping sonar**, sonar a immersione.
dip [dip], *n.* **1** immersione; tuffo; (*fam.*) bagno (*nel mare, ecc.*): **at each dip of the oars**, a ogni immersione dei remi; **to have** (*o* **to take, to go for**) **a dip**, fare un bagno **2** bagno disinfettante; liquido (*per tingere, disinfettare, ecc.*): **a sheep dip**, un bagno disinfettante per le pecore **3** candela di sego **4** declivio; pendio; pendenza: **There is a dip in the railway**, la ferrovia ha un tratto in pendenza **5** posizione abbassata (*d'una bandiera*): **The flag is at the dip**, la bandiera è abbassata (*in segno di saluto*) **6** avvallamento, depressione (*del terreno*): **The village lies in a dip among the hills**, il paese si trova in un avvallamento fra le colline **7** (*ginnastica*) flessione sulle braccia (*alle parallele*) **8** (*astron.*) inclinazione magnetica; depressione dell'orizzonte **9** (*aeron.*) picchiata **10** (*econ., fin.*) calo modesto; lieve caduta, lieve flessione (*di prezzi, ecc.*): **a business dip**, una lieve recessione; **a production dip**, un modesto calo della produzione **11** (*cucina*) crema; salsa **12** (*pop.*) borsaiolo **13** (*geol.*) inclinazione. ● (*fig.*) **a dip into politics**, un tuffo nella politica □ (*naut., stor.*) **dip-needle**, bussola d'inclinazione magnetica □ **dip-net**, rete da pesca; bilancino □ (*autom.*) **dip-stick**, asta di livello; stecca (*fam.*) □ (*autom., elettr.*) **dip-switch**, commutatore delle luci.
diphase [ˈdaifeiz], *a.* (*elettr.*) bifase.
diphtheria [difˈθiəriə], *n.* (*med.*) difterite.
diphtherial [difˈθiəriəl], **diphtheric** [difˈθerik], **diphtheritic** [ˌdifθəˈritik], *a.* (*med.*) difterico.
diphthong [ˈdifθɔŋ], *n.* (*fon.*) **1** dittongo **2** (*improprio, ma comune*) digramma.
diphthongal [difˈθɔŋgəl], *a.* (*fon.*) di (*o* formante) dittongo.

to diphthongize [ˈdifθɔŋgaiz], *v. t.* (*fon.*) dittongare.
diplodocus [diˈplɔdəkəs], *n.* (*paleontologia*) diplodoco.
diploma [diˈploumə], *n.* (*pl.* **diplomas, diplomata**) diploma.
diplomacy [diˈplouməsi], *n.* diplomazia; (*fig.*) tatto.
diploma'd, diplomaed [diˈploumad], *a.* diplomato: **a d. illiterate**, un analfabeta diplomato (*o* di ritorno).
diplomaism [daiˈploumaizəm], *n.* mania dei diplomi; mania del pezzo di carta (*fam.*); corsa alla laurea (*fig.*).
diplomat [ˈdipləmət], *n.* diplomatico.
diplomatic [ˌdipləˈmætik], *a.* (*anche fig.*) diplomatico: **d. corps** (*o* **d. body**), corpo diplomatico. ● (*chim.*) **d. ink**, inchiostro simpatico.
diplomatics [ˌdiplouˈmætiks], *n. pl.* (*col verbo al sing.*) diplomatica.
diplomatist [diˈploumətist], *n.* (*specialm. fig.*) diplomatico.
to diplomatize [diˈploumətaiz], *v. i.* usare diplomazia.
dipnoan [ˈdipnouən], *a. e n.* (*zool.*) dipnoo.
dipody [ˈdipədi], *n.* (*poesia*) dipodia.
dipole [ˈdai-poul], *n.* (*elettr.*) dipolo. ● **d. antenna**, antenna a dipolo; dipolo.
dipper [ˈdipə*], *n.* **1** chi tuffa, chi immerge (q.c.) (*V.* **to dip**) **2** mestolo; ramaiolo **3** (*zool.*, Cinclus cinclus) merlo acquaiolo **4** – (*astron. USA*) **the D.**, l'Orsa: **the Big (Little) D.**, l'Orsa Maggiore (Minore) **5** (*relig.*) battista; anabattista **6** (*mecc.*) escavatrice **7** (*autom., elettr.*) commutatore delle luci. ● **giant d.**, montagne russe (*di luna park*).
dippy [ˈdipi], *a.* (*fam.*) matto; pazzo; picchiato (*fam.*).
dipsomania [ˌdipsouˈmeinjə], *n.* (*med.*) dipsomania.
dipsomaniac [ˌdipsouˈmeiniæk], *n.* dipsomane; alcolizzato.
dipteral [ˈdiptərəl], *a.* **1** (*archit.*) dittero **2** (*zool.*) dei ditteri.
dipterans [ˈdiptərəns], *n. pl.* (*zool.*, Diptera) ditteri.
dipterous [ˈdiptərəs], *a.* (*zool.*) dei ditteri; relativo ai ditteri; dittero.
diptych [ˈdiptik], *n.* (*arte, archeol.*) dittico.
dire [daiə*], *a.* atroce; feroce; spaventoso; tremendo; diro (*lett.*). ● **d. need**, pressante bisogno □ (*mitol.*) **the d. sisters**, le Furie.
to direct [diˈrekt], **A** *v. t.* **1** dirigere; indirizzare; rivolgere; volgere; guidare: **to d. a firm (a company, a department, etc.)**, dirigere una ditta (una società, un dipartimento, ecc.); **Who directs the excavations?**, chi dirige gli scavi?; **He directed his remarks to you**, rivolse a te le sue osservazioni; **Duty directs my actions**, il senso del dovere guida le mie azioni; **to d. one's attention to st.**, rivolgere la propria attenzione a q.c. **2** comandare, ordinare, dare istruzioni a: **She was directed to answer the letter**, le furono date istruzioni di rispondere alla lettera **3** indicare, insegnare la strada a (q.): **I met a man who directed me to the castle**, incontrai un uomo che mi indicò la strada per il castello **4** indirizzare (*una lettera e sim.*) **5** (*mus.*) dirigere **6** (*cinem.*) dirigere; curare la regia di **7** assegnare, destinare (*fondi, ecc.*): **to d. parts of one's earnings to scholarship funds**, destinare parte dei propri guadagni a fondi per borse di studio. **B** *v. i.* **1** dare ordini; dare istruzioni **2** (*mus.*) dirigere (*un'orchestra*); guidare (*un coro*) **3** (*cinem., teatr.*) curare la regia; fare il regista. ● **to d. a film (a play)**, dirigere un film (un dramma); essere il regista di un film (di un dramma) □ **directed economy**, economia diretta □ **directing post**, cartello (indicatore) stradale □ **directing power**, potere direttivo.
direct [diˈrekt], **A** *a.* **1** diretto; diritto; immediato: **in a d. line**, in linea diretta; **a d. hit** (*o* **shot**), un tiro diretto (*di cannone*); **d. ray**, raggio diretto; **d. speech**, discorso diretto; **d. method**, metodo diretto **2** chiaro; franco; esplicito; preciso; sincero: **a d. answer**, una risposta precisa (*sì o no*); **He has a d. way of saying things**, dice le cose in modo esplicito **3** assoluto; esatto: **the d. opposite** (*o* **contrary**), l'esatto contrario (*proprio il contrario*). **B** *avv.* direttamente; diretto; dritto: **The train goes d. to London**, il treno va direttamente a Londra; **He went d. to heaven**, andò dritto in cielo. ● (*mecc.*) **d.-acting**, ad azione diretta; a comando diretto □ **d. action**, azione diretta (*in un'agitazione sindacale*) □ (*alpinismo*) **d. ascent**, direttissima □ (*edil.*) **d. bearing**, piedritto; sostegno verticale □ (*elab.*) **d. code**, codice macchina □ **d. contradiction**, piena contraddizione □ (*fin.*) **d. control**, controllo di maggioranza □ (*elettr.*) **d. current**, corrente continua □ **a d. denial**, una secca smentita □ (*sport*) **d. free kick**, calcio diretto □ (*tel.*) **d. dialling**, teleselezione □ (*mecc.*) **d. drive**, presa diretta □ (*gramm.*) **d. object**, complemento oggetto □ (*fin.*) **d. taxes**, imposte dirette.
direction [diˈrekʃən], *n.* **1** direzione; direttiva; senso: **in the d. of London**, in direzione di Londra; **sense of d.**, senso della direzione; **There have been improvements in many directions**, ci sono stati miglioramenti in molti sensi; **He wrote his thesis under my d.**, scrisse la tesi sotto la mia direzione **2** (*spesso al pl.*) ordine; istruzione: **directions to servants**, istruzioni ai domestici; **directions on the label**, istruzioni sull'etichetta **3** (*spesso al*

directional [di'rekʃənl], *a.* (*scient., tecn.*) direzionale. ● (*radio*) **d. antenna**, antenna direttiva □ (*elettr.*) **d. beam**, fascio direzionale ● (*fis. nucl.*) **d. counter**, contatore direzionale □ (*naut.*) **d. homing**, radioguida direzionale.

directive [di'rektiv], **A** *a.* **1** direttivo **2** che indica la direzione. **B** *n.* direttiva; istruzione; ordine.

directly [di'rektli], **A** *avv.* **1** direttamente; diritto; dritto: **We headed d. into the desert**, c'inoltrammo direttamente nel deserto **2** immediatamente; subito; fra breve: **Go in d.!**, entra subito!; **I'll be back d.**, sarò di ritorno fra breve **3** esattamente; completamente; diametralmente: **d. opposite**, diametralmente opposto; **proprio di fronte a** (q.c.). **B** *cong.* (*fam.*) appena; non appena: **Send him to me d. he comes**, mandalo da me appena viene.

directness [di'rektnis], *n.* **1** l'esser diretto; immediatezza **2** chiarezza; franchezza; precisione; sincerità; spontaneità. ● **d. of manner**, modo di fare spontaneo ● **d. of speech**, modo di parlare esplicito.

director [di'rektə*], *n.* **1** direttore; dirigente **2** (*fin.*) consigliere d'amministrazione; amministratore **3** (*cinem., teatr.*) regista **4** (*relig.*) direttore spirituale **5** (*mus., anche* **conductor**) direttore d'orchestra **6** (*elettr.*) elemento direttore **7** (*elettron.*) selettore **8** (*mil.*) calcolatore di tiro. ● **d. general**, direttore generale (*di ministero, ecc.*) □ (*leg.*) **D. of Public Prosecutions**, Procuratore Generale del Regno Unito □ (*fin.*) **board of directors**, consiglio d'amministrazione ● **joint d.**, condirettore □ (*fin.*) **managing d.**, consigliere delegato ● **sales d.**, direttore commerciale.

directorate [di'rektərit], *n.* **1** carica di direttore; direzione **2** (*fin.*) consiglio d'amministrazione.

directorial [‚direk'tɔːriəl], *a.* **1** direttoriale **2** (*fin.*) del consiglio d'amministrazione; direzionale.

directorship [di'rektəʃip], *n.* carica (*o* durata in ufficio) di direttore (*o* di consigliere d'amministrazione).

directory (1) [di'rektəri], *n.* **1** direttivo **2** (*leg.*) dispositivo. ● (*leg.*) **d. statute**, norma ordinaria (*o* derogabile).

directory (2) [di'rektəri], *n.* **1** libro d'istruzioni, di pratiche religiose, ecc. **2** elenco nominativo; annuario **3** – (*stor.*) **the D.**, il Direttorio **4** (*fin.*) consiglio d'amministrazione **5** (*tel.*) elenco; guida. ● (*tel.*) **d. enquiry**, servizio d'informazioni telefoniche □ (*di numero telefonico*) **ex-d.**, non in elenco □ **telephone d.**, elenco telefonico.

directress [di'rektris], *n.* direttrice; dirigente (*donna*). ● **social d.**, donna che organizza un party; organizzatrice.

directrice [di'rektriːs], (*franc.*), *n.* direttrice; dirigente. ● (*teatr.*) **d. of wardrobe**, capoguardarobiera □ (*fin.*) **managing d.**, consigliere delegato (*donna*).

directrix [di'rektriks], *n.* (*pl.* **directrixes, directrices**) **1** (*arc.*) direttrice (*V.* **directress**) **2** (*geom.*) direttrice.

direful ['daiəful], *a.* spaventoso; terribile; orrendo.

dirge [dəːdʒ], *n.* canto (*o* lamento) funebre; nenia (*lett.*).

dirigible ['diridʒəbl], **A** *a.* dirigibile: **d. balloon**, pallone dirigibile. **B** *n.* (*aeron.*) dirigibile; aerostato; aeronave.

dirigisme [diˈriːʒizəm] (*franc.*), *n.* (*econ.*) dirigismo.

diriment ['dirimənt], *a.* (*leg.*) dirimente: **d. impediment**, impedimento dirimente.

dirk [dəːk], *n.* pugnale, daga (*specialm. in Scozia*).

to dirk [dəːk], *v. t.* pugnalare.

dirt [dəːt], *n.* **1** immondizia; sporcizia; sudiciume; spazzatura **2** fango; terriccio **3** (*fig.*) bruttura; lordura; sozzura. ● **d. bed**, strato di torba □ **d.-eating**, geofagia □ (*fam.*) **d. farmer**, piccolo coltivatore diretto □ (*USA*) **d. road**, strada in terra battuta; strada bianca □ (*sport*) **d. track**, pista di terra battuta (*per cavalli*); pista di cenere (*per corse motociclistiche*) □ (*fam.*) **as cheap as d.** (*o* **d. cheap**), da due soldi; che non costa nulla *o* quasi □ (*fig.*) **to eat d.**, subire un'umiliazione; mandar giù un rospo □ **to fling** (*o* **to throw**) **d. at sb.**, gettare fango su q.; parlare male di q. □ **to treat sb. like d.**, trattare q. come spazzatura □ **yellow d.**, «sudiciume giallo» (*l'oro*).

dirtiness ['dəːtinis], *n.* **1** sporcizia; immondezza; lordura **2** (*fig.*) sordidezza; oscenità; meschinità.

dirty ['dəːti], *a.* **1** sporco; sudicio; immondo; lordo; lurido; sordido; osceno; meschino: **a d. handkerchief**, un fazzoletto sporco; **d. linen**, biancheria sporca, panni sporchi (*anche fig.*); **d. work**, lavoro sporco, poco pulito (*anche fig.*); **He is a d. scoundrel**, è uno sporco furfante; **a d. joke**, una barzelletta sporca; **That boy has a d. mind**, quel ragazzo ha una fantasia oscena (*o* un animo sordido); **d. yellow**, giallo sporco **2** (*del tempo, ecc.*) orribile; da cani: **I won't go out in such d. weather**, non uscirò con questo tempo da cani **3** scorretto; sleale **4** (*fis. nucl., mil.*) sporco: **a d. bomb**, una bomba sporca **5** che si droga; drogato. ● **a d. action**, un'azione disonesta □ (*fig., pop.*) **d. dog**, turpe individuo; sporcaccione (*pop.*) □ **d. money**, denaro sporco; guadagno disonesto □ **a d. trick**, un brutto scherzo; un colpo gobbo; un tiro mancino □ **d. word**, parola sporca; parolaccia □ (*fam.*) **to do sb.'s d. work**, fare un lavoro ingrato per q.

to dirty ['dəːti], **A** *v. t.* insudiciare; sporcare; insozzare; lordare: **He wore gloves not to d. his hands**, portava i guanti per non sporcarsi le mani; **I've never dirtied my hands with bribes**, non mi sono mai sporcato le mani con bustarelle. **B** *v. i.* insudiciarsi; sporcarsi; insozzarsi; lordarsi.

disability [‚disə'biliti], *n.* **1** (*anche leg.*) incapacità **2** (*med.*) invalidità (*al lavoro*). ● **d. clause**, clausola d'invalidità □ **d. pension**, pensione d'invalidità.

to disable [dis'eibl], *v. t.* **1** rendere inabile (*o* invalido) (*al lavoro*); inabilitare (*in senso leg. o anche al lavoro*) **2** mutilare (*una persona*). ● (*mil.*) **to d. a bomb**, disinnescare una bomba □ (*med.*) **disabled person**, disabile □ (*med.*) **disabled people**, i disabili □ **a disabled soldier**, un mutilato; un invalido di guerra □ **a d. worker**, un invalido del lavoro.

disablement [dis'eiblmənt], *n.* **1** il rendere inabile (*o* invalido) (*al lavoro*) **2** (*leg.*) inabilitazione.

to disabuse [‚disə'bjuːz], *v. t.* disingannare; disilludere.

disaccord [‚disə'kɔːd], *n.* disaccordo; discordia; dissenso.

to disaccord [‚disə'kɔːd], *v. i.* discordare; dissentire.

to disaccustom [‚disə'kʌstəm], *v. t.* disabituare; dissuefare (*lett.*).

to disadapt [‚disə'dæpt], *v. t.* (*psic., miss.*) disadattare.

disadaptation [dis‚ædæp'teiʃən], *n.* (*psic., miss.*) disadattamento.

disadapted [‚disə'dæptid], *a.* (*psic., miss.*) disadattato. ● (*miss.: d'astronauta*) **d. to normal gravity**, incapace di riadattarsi alla gravità della terra.

disadvantage [‚disəd'vaːntidʒ], *n.* **1** svantaggio; condizione sfavorevole: **If you haven't the books you need, you are working under disadvantages**, se non hai i libri che ti occorrono, lavori in condizioni sfavorevoli **2** detrimento; danno; nocumento. ● **at a d.**, in condizioni sfavorevoli: **We were fighting at a d.**, combattevamo in condizioni sfavorevoli ● **to put sb. at a d.**, mettere q. in condizione di svantaggio.

disadvantaged [‚disəd'vaːntidʒd], **A** *a.* svantaggiato. **B** *n. pl.* (*econ., polit.*) **the d.**, i diseredati.

disadvantageous [‚disædvaː'teidʒəs], *a.* **1** svantaggioso; sfavorevole **2** che è a detrimento (di q.); dannoso; nocivo.

to disaffect [‚disə'fekt], *v. t.* disaffezionare; disamorare; alienare.

disaffected [‚disə'fektid], *a.* disaffezionato; scontento; ostile.

disaffection [‚disə'fekʃən], *n.* disaffezione; scontentezza; ostilità.

to disaffirm [‚disə'fəːm], *v. t.* (*leg.*) **1** risolvere (*un contratto*) **2** revocare (*una dichiarazione precedente*).

to disafforest [‚disə'fɔrist], *v. t.* **1** privare (*un terreno*) del carattere di foresta demaniale **2** diboscare; disboscare.

disafforestation ['disæ‚fɔris'teiʃən], *n.* **1** privazione del carattere di foresta demaniale **2** diboscamento; disboscamento.

to disaggregate [‚dis'ægregeit], (*anche chim.*) **A** *v. t.* disaggregare. **B** *v. i.* disaggregarsi.

disaggregation [‚dis‚ægre'geiʃən], *n.* (*anche chim.*) disaggregazione.

to disagree [‚disə'griː], *v. i.* **1** discordare; non essere d'accordo con: **Your report and our information d.**, il tuo rapporto discorda dalle informazioni in nostro possesso **2** dissentire; essere in disaccordo: **I d. with her on most issues**, dissento da lei quasi su ogni punto **3** non confarsi, fare male a: **Wet weather disagrees with me**, il tempo umido non mi si confà; **Wine disagrees with some people**, a certe persone il vino fa male **4** disputarsi; litigare.

disagreeable [‚disə'griəbl], **A** *a.* **1** sgradevole; spiacevole: **d. company**, compagnia sgradevole; **a d. smell**, un odore spiacevole (*di persona*) di carattere difficile; antipatico; irascibile; scontroso. **B** *n.* (*pl.*) fastidi; seccature.

disagreeableness [‚disə'griəblnis], *n.* **1** sgradevolezza; spiacevolezza **2** (*di persona*) l'essere antipatico; scontrosità.

disagreement [‚disə'griːmənt], *n.* **1** disaccordo; disapore; dissenso **2** discordanza; differenza: **There is d. between the accounts**, c'è discordanza fra i due conti **3** discordia; lite.

to disallow [‚disə'lau], *v. t.* respingere; non ammettere; non riconoscere; non accettare: **The tax officials will d. your claim for a refund**, il fisco non accetterà la tua richiesta di rimborso delle tasse **2** (*specialm. polit.*) porre il veto a; non permettere.

disallowance [‚disə'lauəns], *n.* **1** rigetto; rifiuto **2** divieto; veto (*V.* **to disallow**).

to disannul [‚disə'nʌl], *v. t.* annullare; revocare.

to disappear [‚disə'piə*], *v. i.* scomparire (*anche fig.*); sparire; svanire.

disappearance [‚disə'piərəns], *n.* scomparsa; sparizione.

to disappoint [‚disə'pɔint], *v. t.* **1** deludere: **The play disappointed**

disappointing

me, il dramma mi ha deluso; **to d. sb.'s hopes**, deludere le speranze di q. **2** mancare di parola; venir meno a una promessa (o a un appuntamento, ecc.): **Please don't d. me again**, per favore, non mancarmi di parola di nuovo **3** frustrare; rendere vano; sconvolgere (*progetti e sim.*). ● **agreeably disappointed**, gradevolmente sorpreso: **I was agreeably disappointed at his behaviour**, il suo comportamento (*l'opposto di quello che mi aspettavo*) mi ha gradevolmente sorpreso □ **to be disappointed in sb.**, rimanere deluso di q.: **I was disappointed in him**, ha deluso le mie speranze □ **to be disappointed of st.**, essere frustrato in q.c.

disappointing [ˌdisəˈpɔintiŋ], *a.* deludente; spiacevole. ● **How d.!**, che delusione!; che contrarietà!; che peccato!

disappointment [ˌdisəˈpɔintmənt], *n.* delusione; disappunto: **To my great d., he did not come**, con mio grande disappunto, egli non venne; **to meet with a d.**, avere una delusione.

disapprobation [ˌdisæproʊˈbeiʃən], *n.* disapprovazione.

disapprobative [disˈæproʊbeitiv], **disapprobatory** [disˈæproʊbətəri], *a.* di disapprovazione.

disapproval [ˌdisəˈpruːvəl], *n.* disapprovazione; riprovazione (*lett.*).

to **disapprove** [ˌdisəˈpruːv], **A** *v. t.* disapprovare; riprovare (*lett.*). **B** *v. i.* **to d. of**, disapprovare: **I strongly d. of your behaviour**, disapprovo del tutto la tua condotta.

disapprovingly [ˌdisəˈpruːviŋli], *avv.* con aria (*o* in segno) di disapprovazione.

to **disarm** [disˈaːm], **A** *v. t.* **1** disarmare; rendere innocuo **2** (*fig.*) calmare; rabbonire; spuntar le armi in mano a: **She disarmed her angry boss with a smile**, con un sorriso rabbonì il capo che si era arrabbiato; **He disarmed criticism by an honest admission of his faults**, con un onesto riconoscimento delle sue colpe, egli spuntò le armi in mano alla critica **3** (*mil.*) disattivare. **B** *v. i.* (*polit.*) disarmare.

disarmament [disˈaːməmənt], *n.* (*anche polit.*) disarmo.

disarming [disˈaːmiŋ], *a.* disarmante: **d. outspokenness**, disarmante schiettezza.

to **disarrange** [ˌdisəˈreindʒ], *v. t.* mettere in disordine; disordinare; confondere; scompigliare.

disarrangement [ˌdisəˈreindʒmənt], *n.* disordine; confusione; scompiglio.

to **disarray** [ˌdisəˈrei], *v. t.* **1** disordinare; gettare lo scompiglio (*nelle file del nemico, ecc.*); scompigliare **2** (*poet.*) svestire.

disarray [ˌdisəˈrei], *n.* **1** disordine (*in particolare, negli abiti*); confusione; scompiglio **2** abbigliamento trasandato.

to **disarticulate** [ˌdisaːˈtikjuleit], *v. t.* disarticolare; disgiungere.

disarticulation [ˌdisaːˌtikjuˈleiʃən], *n.* disarticolazione; disgiunzione; disgiungimento.

to **disassemble** [ˌdisəˈsembl], *v. t.* (*mecc.*) smontare: **to d. an engine**, smontare un motore.

disassembly [ˌdisəˈsembli], *n.* (*mecc.*) smontaggio.

disassimilation [ˌdisəˌsimiˈleiʃən], *n.* (*med.*) disassimilazione; catabolismo.

to **disassociate** [ˌdisəˈsoʊʃieit], *v. t.* dissociare.

disassociation [ˌdisəˌsoʊʃiˈeiʃən], *n.* (*anche psic.*) dissociazione.

disaster [diˈzaːstə*], *n.* disastro; sventura; fallimento; (*ass.*) sinistro: **His life is a record of d.**, la sua vita è tutta una serie di fallimenti. ● **d. area**, zona sinistrata.

disastrous [diˈzaːstrəs], *a.* disastroso.

to **disavow** [ˌdisəˈvau], *v. t.* disconoscere; ripudiare; sconfessare.

disavowal [ˌdisəˈvauəl], *n.* disconoscimento; ripudio; sconfessione.

to **disband** [disˈbænd], **A** *v. t.* **1** sbandare; disperdere (*una folla*); sciogliere (*un assembramento*) **2** sciogliere, sopprimere (*un'associazione, un ente inutile, ecc.*) **3** (*mil.*) congedare, licenziare (*un esercito*). **B** *v. i.* sbandarsi; disperdersi; sciogliersi.

disbandment [disˈbændmənt], *n.* **1** sbandamento; dispersione; scioglimento **2** soppressione (*d'enti, ecc.*) **3** (*mil.*) sbandamento (*di truppe*).

to **disbar** [disˈbaː*], *v. t.* (*leg.*) radiare (*un avvocato*) dall'albo.

disbarment [disˈbaːmənt], *n.* (*leg.*) radiazione dall'albo (*V.* **to disbar**).

disbelief [ˌdisbiˈliːf], *n.* incredulità.

to **disbelieve** [ˌdisbiˈliːv], *v. t. e i.* non credere, non prestar fede (a): **to d. a statement**, non credere a un'asserzione.

disbeliever [ˌdisbiˈliːvə*], *n.* **1** incredulo **2** miscredente.

disbound [disˈbaund], *a.* (*di libro, ecc.*) slegato; che ha perso la rilegatura.

to **disbranch** [disˈbraːntʃ], *v. t.* **1** spogliare dei rami, scapezzare (*una pianta*) **2** potare.

to **disbud** [disˈbʌd], *v. t.* mondare (*una pianta*) dei germogli.

to **disburden** [disˈbəːdən], *v. t.* sgravare; alleggerire; alleviare; liberare: **to d. one's mind of st.**, liberarsi la mente del peso di q.c.

to **disburse** [disˈbəːs], *v. t.* **1** sborsare (*denaro, ecc.*) **2** (*fin.*) erogare.

disbursement [disˈbəːsmənt], *n.* **1** sborso; esborso **2** pagamento; spesa **3** (*fin.*) erogazione: **the d. of a loan**, l'erogazione di un mutuo.

disc [disk], *n.* **1** (*anche anat. e bot.*) disco: **the d. of the sun**, il disco del sole; (*med.*) **to suffer from a slipped d.**, avere l'ernia al disco **2** (*mus.*) disco (*fonografico*) **3** (*sport*) sollevamento pesi) disco **4** (*raro*) discoteca. ● (*autom., mecc.*) **d. brakes**, freni a disco □ (*bot.*) **d. flower**, fiore del disco □ (*agric.*) **d. harrow**, erpice a dischi □ (*radio, telev.*) **d. jockey**, disc jockey (*selezionatore e presentatore di dischi di successo*) □ **d. saw**, sega circolare □ **He has slipped a d.**, gli è venuta l'ernia al disco.

discaire [disˈkɛə*] (*franc.*), *n.* disc jockey.

discalceate [disˈkælsiit], **discalceated** [disˈkælsieitid], **discalced** [disˈkælst], *a.* scalzo (*di certi ordini monastici*).

discant [ˈdeskænt], *n.* (*mus.*) discanto.

discard [ˈdiskaːd], *n.* **1** scarto (*anche nel gioco delle carte*); rifiuto **2** carta scartata. ● **to be in d.**, essere messo da parte; essere in disuso.

to **discard** [disˈkaːd], *v. t. e i.* **1** scartare (*anche nel gioco delle carte*): **to d. a dress**, scartare un vestito **2** abbandonare; rinunciare a: **to d. a habit**, abbandonare un'abitudine **3** licenziare; tagliare i ponti con (q.): **I was sorry to have to d. such an old friend**, mi dispiacque dover tagliare i ponti con un vecchio amico **4** (*ind.*) rottamare. ● (*poker*) **to d. one's hand**, buttar via le carte; non starci (*fam.*).

discarding [disˈkaːdiŋ], *n.* (*ind.*) rottamaggio; rottamazione.

discarnate [disˈkaːnit], *a.* disincarnato; incorporeo.

to **discern** [diˈsəːn], *v. t. e i.* discernere; scorgere; distinguere; percepire: **I discerned a faint light far away**, scorsi un debole lume in lontananza; **to d. the difference between two things**, percepire la differenza fra due cose; **to d. good from bad**, distinguere il bene dal male.

discernible [diˈsəːnəbl], *a.* discernibile (*lett.*); distinguibile.

discerning [diˈsəːniŋ], *a.* che ha discernimento; acuto; perspicace.

discernment [diˈsəːnmənt], *n.* discernimento; acume; sagacia.

discerptibility [diˌsəː(ː)ptəˈbiliti], *n.* l'esser divisibile (*o* separabile).

discerptible [diˈsəː(ː)ptəbl], *a.* che si può strappare; divisibile; separabile.

discerption [diˈsəːpʃən], *n.* **1** divisione; separazione **2** pezzo staccato (*da un tutto*).

to **discharge** [disˈtʃaːdʒ], **A** *v. t.* **1** scaricare; liberare (*da un peso, ecc.*): **to d. a ship** (**a cargo**), scaricare una nave (un carico); **The Tiber discharges into the Tyrrhenian sea**, il Tevere si scarica nel Tirreno; **Clouds d. electricity**, le nuvole scaricano elettricità; **to d. a battery**, scaricare una batteria; **to d. a gun**, scaricare un fucile (*sparando*) **2** congedare; licenziare; dimettere: **The cook was discharged (from service)**, il cuoco fu licenziato; **to d. a committee (a jury, etc.)**, congedare una commissione (una giuria, ecc.); **to d. a patient from hospital**, dimettere un infermo dall'ospedale **3** liberare; rilasciare: **The prisoner was discharged**, il detenuto fu liberato (*o* dimesso dal carcere) **4** adempiere; compiere; pagare: **I have a duty to d.**, ho un dovere da compiere; **to d. a vow**, adempiere un voto; **to d. a debt**, pagare un debito **5** (*leg.*) assolvere, prosciogliere (*un imputato*); annullare, revocare (*un provvedimento, un'ordinanza*); adempiere (*un'obbligazione*) **6** (*med.*) secernere, emettere (*pus*) **7** (*tintoria*) decolorare, stingere (*un tessuto*). **B** *v. i.* **1** scaricare **2** (*di arma da fuoco*) sparare; lasciar partire un colpo **3** (*elettr.*) scaricarsi **4** (*med.*) emettere pus; suppurare **5** (*di una tinta*) stingere. ● **to d. an arrow**, scagliare una freccia □ (*leg.*) **to d. a bankrupt**, riabilitare un fallito □ (*fin.*) **to d. a bill of exchange**, estinguere una cambiale □ (*leg.*) **discharged bankrupt**, fallito riabilitato □ (*naut.*) **discharging port**, porto di discarica.

discharge [disˈtʃaːdʒ], *n.* **1** scarico; scaricamento **2** scarica (*elettrica, d'arma da fuoco, ecc.*): **a d. of arrows**, una scarica di frecce **3** (*med.*) deflusso (*di umori*); emissione (*di pus*); spurgo **4** efflusso (*d'acque*); portata (*di fiumi, ecc.*) **5** congedo; licenziamento: **d. from the army**, congedo dal servizio militare; **the d. of a dishonest clerk**, il licenziamento d'un impiegato disonesto **6** proscioglimento; esonero; liberazione; rilascio; (*leg.*) assoluzione: **the d. of the prisoners**, la liberazione dei prigionieri; **the d. of the accused man**, l'assoluzione dell'imputato **7** adempimento (*anche leg.*: *di un'obbligazione*); compimento; pagamento: **the d. of a duty**, il compimento d'un dovere; **the d. of a debt**, il pagamento d'un debito **8** (*mil.*) foglio di congedo; foglio matricolare **9** (*ind.*) liquido (*o* procedimento) usato per stingere (*una stoffa*) **10** (*naut.*) discarica **11** (*rag.*) scarico. ● (*leg.*) **d. for cause**, licenziamento per giusta causa □ (*ing., mecc.*) **d. head**, prevalenza (*d'una pompa*) □ (*elettron.*) **d. lamp**, lampada a scarica (*o* a luminescenza) □ (*leg.*) **the d. of a bankrupt**, la riabilitazione di un fallito □ (*fin.*) **the d. of a bill**, l'estinzione di una cambiale □ **d. tube**, (*elettron.*) tubo a scarica; (*mecc.*) tubo di scarico.

discharger [dis'tʃa:dʒə*], *n*. **1** chi scarica, ecc. (*V*. **to discharge**) **2** (*specialm. elettr.*, *mecc.*) scaricatore.
disciple [di'saipl], *n*. discepolo; seguace.
discipleship [di'saiplʃip], *n*. l'esser discepolo (di q.).
disciplinable ['disiplinəbl], *a*. **1** disciplinabile **2** (*leg.*) punibile.
disciplinal ['disiplinəl], *a*. disciplinare.
disciplinarian [ˌdisipli'nɛəriən], **A** *a*. disciplinare. **B** *n*. chi impone la disciplina; chi crede nell'utilità d'una severa disciplina.
disciplinary ['disiplinəri], *a*. disciplinare: **d. rules**, norme disciplinari; **d. lay-off**, sospensione disciplinare.
discipline ['disiplin], *n*. **1** disciplina **2** disciplina; materia di studio **3** castigo; punizione; frusta (*fig.*): **That boy needs a little d.**, quel ragazzo ha bisogno di un po' di frusta **4** (*relig.*) disciplina; flagello.
to discipline ['disiplin], *v. t*. **1** disciplinare; tenere in disciplina **2** castigare; punire **3** (*relig.*) disciplinare; flagellare.
to disclaim [dis'kleim], *v. t*. **1** (*leg.*) rinunciare al diritto su (*beni, ecc.*) **2** disconoscere, rinnegare; ripudiare; sconfessare.
disclaimer [dis'kleimə*], *n*. **1** (*leg.*) rinuncia (*a un diritto*) **2** disconoscimento; ripudio; sconfessione. ● (*leg.*) **d. of a contract**, denuncia di un contratto.
to disclose [dis'klouz], *v. t*. **1** dischiudere; scoperchiare **2** scoprire: **to d. a hidden treasure**, scoprire un tesoro nascosto **3** rivelare; svelare; divulgare: **to d. a secret**, svelare un segreto; **to d. a piece of news**, divulgare una notizia.
disclosure [dis'klouʒə*], *n*. rivelazione; scoperta; divulgazione.
disco [di'skou], *n*. (*pl*. **discos**) (*abbr. fam.*) *V*. **discotheque**.
discobolus [dis'kɔbələs], *n*. (*pl*. **discoboli**) (*arte*) discobolo.
discographic(al) [ˌdiskə'græfik(əl)], *a*. discografico (*V*. **discography**).
discography [dis'kɔgrəfi], *n*. discografia (*elenco di dischi musicali*).
discoid ['diskɔid], *a*. **1** discoidale; a forma di disco **2** (*biol.*) discoide.
to discolour, (*USA*) **to discolor** [dis'kʌlə*], *v. t. e i*. scolorare; scolorire; sbiadire.
discolouration, (*USA*) **discoloration** [disˌkʌlə'reiʃən], *n*. scoloramento; scolorimento.
discoloured [dis'kʌləd], *a*. scolorito; sbiadito.
to discomfit [dis'kʌmfit], *v. t*. **1** sconfiggere **2** confondere; frustrare; sconcertare.
discomfiture [dis'kʌmfitʃə*], *n*. **1** sconfitta **2** confusione; frustrazione; sconcerto; sconcertamento (*raro*).
discomfort [dis'kʌmfət], *n*. **1** disagio; mancanza di comodità; scomodità **2** afflizione; pena **3** incomodo; fastidio; disturbo.
to discomfort [dis'kʌmfət], *v. t*. mettere a disagio; affliggere.
to discommode [ˌdiskə'moud], *v. t*. (*lett.*) incomodare; scomodare.
to discompose [ˌdiskəm'pouz], *v. t*. **1** scompigliare; scomporre; disordinare **2** agitare; imbarazzare; sconcertare; turbare.
discomposedly [ˌdiskəm'pouzidli], *avv*. in modo scomposto (*o* disordinato, agitato, turbato).
discomposingly [ˌdiskəm'pouziŋli], *avv*. in modo da scomporre (*o* da disordinare, agitare, turbare).
discomposure [ˌdiskəm'pouʒə*], *n*. **1** agitazione; imbarazzo; sconcerto; turbamento **2** scompiglio; disordine.
to disconcert [ˌdiskən'sə:t], *v. t*. **1** sconcertare; imbarazzare; turbare **2** scombinare; scombussolare; sconvolgere: **That disconcerts all my plans**, ciò scombussola tutti i miei progetti.
disconcertment [ˌdiskən'sə:tmənt], *n*. **1** sconcerto; imbarazzo; turbamento **2** scombinamento (*raro*); scombussolamento.
to disconnect [ˌdiskə'nekt], *v. t*. **1** sconnettere; staccare; scollegare (*raro*) **2** (*mecc.*) disinserire; disinnestare **3** (*elettr.*) disconnettere; interrompere (*un circuito*). ● (*elettr.*) **disconnecting switch**, *V*. **disconnector**.
disconnected [ˌdiskə'nektid], *a*. **1** sconnesso; staccato **2** (*mecc.*) disinserito; disinnestato **3** (*fig.*) sconnesso; incoerente.
disconnectedness [ˌdiskə'nektidnis], *n*. **1** sconnessione; mancanza di connessione **2** (*fig.*) sconnessione; incoerenza.
disconnection, disconnexion [ˌdiskə'nekʃən], *n*. **1** sconnessione; disgiunzione **2** (*mecc.*) disinnesto; disinserzione.
disconnector [ˌdiskə'nektə*], *n*. (*elettr.*) sezionatore.
disconsolate [dis'kɔnsəlit], *a*. sconsolato; sconfortato.
discontent [ˌdiskən'tent], *n*. scontentezza; scontento; malcontento.
to discontent [ˌdiskən'tent], *v. t*. scontentare.
discontented [ˌdiskən'tentid], *a*. **1** scontento; malcontento **2** insoddisfatto: **I am d. with my salary**, sono insoddisfatto del mio stipendio.
discontentedness [ˌdiskən'tentidnis], **discontentment** [ˌdiskən'tentmənt], *n*. scontentezza; insoddisfazione.
discontiguous [ˌdiskən'tigjuəs], *a*. disgiunto; separato.
discontinuance [ˌdiskən'tinjuəns], *n*. **1** cessazione; interruzione **2** (*leg.*) abbandono; desistenza: **d. from a suit**, desistenza da una causa.

to discontinue [ˌdiskən'tinju(:)], *v. t. e i*. **1** cessare; smettere; interrompere; abbandonare; tralasciare: **to d. paying visits to sb.**, smettere di far visite a q.; **to d. a habit**, abbandonare un'abitudine **2** (*leg.*) desistere da, abbandonare (*una causa*). ● **to d. a newspaper**, smettere di pubblicare (*o* di comprare) un giornale □ **to d. a subscription**, non rinnovare un abbonamento (*a un giornale, ecc.*) □ (*ind., comm.*) **discontinued model**, modello non più in produzione; modello vecchio.
discontinuity [disˌkɔnti'nju(:)iti], *n*. discontinuità (*anche scient., tecn.*); interruzione.
discontinuous [ˌdiskən'tinjuəs], *a*. **1** discontinuo; interrotto; intermittente **2** (*geol., elettron., metall.*) discontinuo.
discord ['diskɔ:d], *n*. **1** discordia; disaccordo; discordanza; divergenza; dissenso: **the apple of d.**, il pomo della discordia **2** fragore; frastuono **3** (*mus.*) dissonanza.
to discord [dis'kɔ:d], *v. i*. **1** discordare; dissentire; essere in disaccordo **2** (*di suono*) essere dissonante **3** (*mus.*) dissonare.
discordance [dis'kɔ:dəns], **discordancy** [dis'kɔ:(d)ənsi], *n*. discordanza; discordia; disaccordo; dissenso; divergenza.
discordant [dis'kɔ:dənt], *a*. **1** discorde; discordante; dissimile; divergente: **d. views**, opinioni divergenti **2** (*mus.*) dissonante.
discotheque ['diskəutek], *n*. discoteca.
discount ['diskaunt], *n*. **1** (*comm.*) sconto; ribasso; riduzione: **We grant a 3% d. for cash**, concediamo uno sconto del 3% per un pagamento in contanti **2** (*fin.*) sconto: **to offer a bill for d.**, presentare una cambiale allo sconto **3** (*fig.*) tara (*che si fa a una notizia, ecc.*). ● **d. bank**, banca di sconto □ (*fin.*) **d. broker**, agente di sconto; scontista □ **d. house**, (*fin.*) istituto di sconto; (*comm. USA*) ditta che vende a prezzi scontati □ (*fin.*) **d. market**, mercato degli sconti □ (*fin.*) **d. rate**, tasso di sconto □ **at a d.**, (*comm.*) sotto prezzo; (*fin.*) sotto la pari; (*fig.*) in scarsa considerazione, in poco conto; con beneficio d'inventario: **Day-dreamers are at a d.**, i sognatori (a occhi aperti) godono di scarsa considerazione; **You must take what he says at a d.**, bisogna prendere quel che dice con beneficio d'inventario.
to discount ['diskaunt], *v. t*. **1** (*comm.*) scontare; detrarre (*dal conto, ecc.*); ribassare; vendere sottocosto **2** (*fin.*) scontare: **to d. a bill**, scontare una cambiale **3** (*fig.*) fare la tara a (*una notizia, un racconto*) **4** sminuire l'importanza di (*una notizia, ecc.*, *dando particolari in anticipo*).
discountable [dis'kauntəbl], *a*. (*anche fin.*) scontabile.
to discountenance [dis'kauntinəns], *v. t*. **1** sconcertare; umiliare **2** disapprovare; cercare d'impedire; scoraggiare.
discounter [dis'kauntə*], *n*. **1** (*fin.*) scontista; scontante **2** (*fin.*) scontatario.
discounting ['diskauntiŋ], *n*. (*fin.*) sconto (*l'operazione*): **the d. of notes**, lo sconto di effetti cambiari. ● **d. house**, banca (*o* istituto) di sconto.
to discourage [dis'kʌridʒ], *v. t*. **1** scoraggiare **2** dissuadere: **We tried to d. him from swimming across the river**, tentammo di dissuaderlo dall'attraversare il fiume a nuoto **3** (*econ.*) disincentivare.
discouragement [dis'kʌridʒmənt], *n*. **1** scoraggiamento; sconforto **2** freno (*fig.*); impedimento **3** (*econ.*) disincentivo.
discourse [dis'kɔ:s], *n*. **1** dissertazione; conferenza; orazione; sermone; trattato **2** (*lett.*) discorso; conversazione.
to discourse [dis'kɔ:s], **A** *v. t*. **1** pronunciare (*una conferenza, ecc.*) **2** suonare, eseguire (*musica*). **B** *v. i*. parlare o scrivere di, trattare (*esaurientemente: un argomento, ecc.*); tenere una conferenza.
discourteous [dis'kə:tjəs], *a*. scortese; incivile; screanzato.
discourtesy [dis'kə:tisi], *n*. scortesia; villania.
to discover [dis'kʌvə*], *v. t*. **1** scoprire; manifestare; palesare; svelare; trovare; accorgersi di: **Amerigo Vespucci discovered South America**, Amerigo Vespucci scoprì l'America del Sud; **I discovered that he was a traitor**, m'accorsi che era un traditore **2** (*arc.*) lasciare scoperto; rendere visibile.
discoverable [dis'kʌvərəbl], *a*. scopribile; trovabile.
discoverer [dis'kʌvərə*], *n*. scopritore, scopritrice.
discovert [dis'kʌvət], *a*. (*leg.: di donna*) priva di tutela maritale.
discovery [dis'kʌvəri], *n*. **1** scoperta; ritrovato: **a voyage of d.**, un viaggio di scoperta; **a scientific d.**, una scoperta scientifica **2** (*leg.*) presentazione, esibizione (*di documenti*). ● (*USA*) **D. Day**, anniversario della scoperta dell'America (*12 ottobre*).
discredit [dis'kredit], *n*. **1** discredito; scredito (*raro*); disistima: **to fall into d.**, cadere in discredito; **to bring d. on sb.**, mettere q. in discredito; screditare q. **2** incredulità; dubbio **3** disonore; vergogna; disdoro: **He is a d. to his family**, è una vergogna per la famiglia.
to discredit [dis'kredit], *v. t*. **1** screditare; tornare a discredito di: **His conduct will d. him seriously**, la sua condotta lo screditerà gravemente **2** non credere a; reputare incredibile.
discreditable [dis'kredɪtəbl], *a*. disonorevole; disdicevole; vergo-

discreet

gnoso: **d. behaviour**, comportamento disonorevole.
discreet [dis'kri:t], *a.* discreto; circospetto; guardingo; prudente.
discreetness [dis'kri:tnis], *n.* discrezione; circospezione; prudenza.
discrepancy [dis'krepənsi], *n.* discrepanza; diversità; disaccordo; divario: **There is considerable d. between the two stories**, c'è notevole discrepanza fra i due racconti.
discrepant [dis'krepənt], *a.* discrepante; diverso; contrastante.
discrete [dis'kri:t], *a.* **1** distinto; diviso; separato **2** (*mat.*) discreto: **d. set**, insieme discreto.
discreteness [dis'kri:tnis], *n.* l'esser distinto (*o* separato).
discretion [dis'kreʃən], *n.* discrezione; discernimento; giudizio; arbitrio; libertà (*di decidere, ecc.*); moderazione; misura; prudenza: **age** (*o* **years**) **of d.**, età della discrezione; **D. is the better part of valour**, la prudenza è la miglior parte del coraggio (*detto scherzando, a giustificazione della paura*). ● **at d.**, a discrezione; a piacere; a volontà □ **at one's d.**, secondo la propria discrezione; a proprio giudizio □ **to be at the d. of sb. else**, essere in balia (*o* nelle mani) d'altri □ **to surrender at d.**, arrendersi a discrezione (*o* senza condizioni) □ **It is within your d. to come or not**, hai piena libertà di venire o no.
discretional [dis'kreʃənl], *V.* **discretionary**.
discretionary [dis'kreʃənəri], *a.* discrezionale: (*leg., polit.*) **d. powers**, poteri discrezionali.
to discriminate [dis'krimineit], *v. t. e i.* **1** discriminare; distinguere; fare differenza fra; esser parziale: **The law should not d. the poor from the rich** (*o* **between the poor and the rich**), la legge non dovrebbe distinguere tra ricchi e poveri **2** discernere; distinguere: **He cannot d. good films from bad ones**, non sa distinguere un film buono da uno cattivo.
discriminating [dis'krimineitiŋ], *a.* **1** che discrimina; parziale; discriminante **2** acuto; fine; perspicace; sottile: **a d. critic of music**, un fine intenditore di musica **3** (*anche comm. estero*) discriminatorio; differenziale; di favore: **a d. tariff**, una tariffa differenziale; **d. duty**, dazio discriminatorio; **d. treatment**, trattamento di favore.
discrimination [dis,krimi'neiʃən], *n.* **1** discriminazione; parzialità: **racial d.**, discriminazione razziale **2** (*comm. estero*) differenziazione **3** discernimento; acume; giudizio; perspicacia.
discriminative [dis'krimənətiv], *a.* **1** che discrimina; discriminante **2** acuto; giudizioso; perspicace **3** (*comm. estero*) differenziale.
discriminatory [dis'krimənətəri], *a.* discriminatorio: **a d. law**, una legge discriminatoria.
to discrown [dis'kraun], *v. t.* detronizzare; deporre (*un sovrano*).
discursive [dis'kə:siv], *a.* **1** digressivo; che divaga; che salta di palo in frasca (*fig.*); sconnesso **2** (*filos.*) discorsivo.
discursiveness [dis'kə:sivnis], *n.* **1** l'essere digressivo; il divagare **2** (*filos.*) discorsività.
discus ['diskəs], *n.* (*pl.* **discuses, disci**) (*sport*) disco: **the d. throw**, il lancio del disco ● **d.-thrower**, lanciatore di disco; discobolo; discatore (*raro*) □ **d. throwing**, lancio del disco; il disco (*fam.*).
to discuss [dis'kʌs], *v. t.* **1** discutere; dibattere **2** (*fam.*) mangiare di gusto, bere volentieri (*q.c.*); consumare (*un pasto*) in allegria. ● **to d. the weather**, parlare del tempo □ (*comm.*) «**to be discussed**», trattabile (*di un prezzo*).
discussible [dis'kʌsəbl], *a.* discutibile.
discussion [dis'kʌʃən], *n.* discussione; dibattito: **The matter is still under d.**, la faccenda è ancora in discussione. ● (*di problema, ecc.*) − **to come up for d.**, venire discusso; essere oggetto di discussione.
disdain [dis'dein], *n.* disdegno; sdegno; disprezzo.
to disdain [dis'dein], *v. t.* disdegnare; sdegnare; disprezzare.
disdainful [dis'deinful], *a.* sdegnoso; sprezzante.
disease [di'zi:z], *n.* malattia; malanno; male; infermità: **Bigotry is a d. of society**, il fanatismo è una malattia della società. ● **occupational d.**, malattia professionale.
diseased [di'zi:zd], *a.* malato (*anche fig.*: di mente, cuore, ecc.).
diseconomy [,disi(:)'kɔnəmi], *n.* diseconomia.
to disembarrass [,disim'bærəs], *v. t.* **1** sbarazzare, liberare (*q. d'un peso*) **2** togliere d'imbarazzo; trarre d'impaccio.
to disembark ['disim'ba:k], *v. t.* **1** sbarcare.
disembarkation [,disemba:'keiʃən], *n.* sbarco.
disembodied [,disim'bɔdid], *a.* disincarnato; incorporeo.
disembodiment [,disim'bɔdimənt], *n.* **1** incorporeità **2** il rendere incorporeo.
to disembody [,disim'bɔdi], *v. t.* **1** liberare dal corpo; rendere incorporeo; disincarnare **2** (*mil., arc.*) congedare (*truppe*).
to disembogue [,disim'boug], *v. i.* **1** (*di fiume*) sboccare; sfociare; scaricare le acque **2** (*di folla*) riversarsi **3** (*di parole*) uscire a fiotti.
to disembosom [,disim'buzəm], **A** *v. t.* rivelare, svelare (*un segreto, ecc.*). **B** *v. i.* alleggerirsi (*d'un segreto*); aprirsi (*fig.*);

confidarsi.
to disembowel [,disim'bauəl], *v. t.* sbudellare; sventrare.
disembowelment [,disim'bauəlmənt], *n.* sventramento.
to disembroil [,disim'brɔil], *v. t.* sbrogliare; districare.
to disemplane [,disim'plein], *v. i.* sbarcare da un aereo.
to disenchant ['disin'tʃa:nt], *v. t.* disincantare; disilludere.
disenchantment [,disin'tʃa:ntmənt], *n.* disincanto; disillusione.
to disencumber [,disin'kʌmbə*], *v. t.* **1** sgombrare; sbarazzare; liberare **2** (*leg.*) liberare da un'ipoteca; sgravare.
disencumbrance [,disin'kʌmbrəns], *n.* **1** lo sbarazzarsi (*di q.c.*) **2** (*leg.*) sgravio (*da un'ipoteca*).
to disendow [,disin'dau], *v. t.* privare (*una chiesa*) delle dotazioni.
disendowment [,disin'daumənt], *n.* privazione delle dotazioni; espropriazione (*V.* **to disendow**).
to disengage [,disin'geidʒ], **A** *v. t.* **1** disimpegnare; districare; liberare; sbrogliare **2** (*mecc.*) disinnestare; disingranare; disimpegnare: **to d. the clutch**, disinnestare la frizione. **B** *v. i.* **1** disimpegnarsi; districarsi **2** (*mil.*) sganciarsi. ● (*mil.*) **disengaging action**, azione di disimpegno; sganciamento.
disengaged [,disin'geidʒd], *a.* **1** libero; non impegnato; disponibile **2** staccato; sciolto **3** (*polit.*) disimpegnato **4** (*mecc.*) disinnestato.
disengagement [,disin'geidʒmənt], *n.* **1** disimpegno; libertà (*da impegni, vincoli, ecc.*); disponibilità **2** naturalezza; spigliatezza; disinvoltura **3** rottura di fidanzamento **4** (*polit.*) disimpegno **5** (*mecc.*) disinnesto **6** (*scherma*) cavazione.
to disentail [,disin'teil], *v. t.* (*leg.*) liberare (*una proprietà*) da vincoli.
to disentangle [,disin'tæŋgl], **A** *v. t.* liberare; sbrogliare; districare; sciogliere (*un viluppo, ecc.*); trarre d'impaccio; sceverare (*lett.*): **to d. truth from a lot of lies**, sceverare la verità da un cumulo di bugie. **B** *v. i.* (*di fune, capelli impigliati, ecc.*) liberarsi; sbrogliarsi; districarsi.
disentanglement [,disin'tæŋglmənt], *n.* liberazione; sbrogliamento, districamento (*raro*).
to disenthral(l) [,disin'θrɔ:l], *v. t.* (*stor.*) affrancare, emancipare (*uno schiavo*); liberare.
disenthralment [,disin'θrɔ:lmənt], *n.* (*stor.*) emancipazione (*V.* **to disenthral(l)**).
to disentomb [,disin'tu:m], *v. t.* esumare, dissotterrare (*un cadavere*; e *fig.*); scoprire (*dopo lunghe ricerche*).
disequilibrium [dis,ekwi'libriəm], *n.* (*pl.* **disequilibriums**, **disequilibria**) squilibrio; instabilità.
to disestablish [,disis'tæbliʃ], *v. t.* **1** privare (*un'istituzione*) del suo carattere pubblico **2** privare (*una Chiesa*) del suo carattere di religione di Stato.
disestablishment [,disis'tæbliʃmənt], *n.* abolizione del carattere pubblico (*di un'istituzione, ecc.*; *V.* **to disestablish**).
disesteem [,disis'ti:m], *n.* disistima.
disfavour [dis'feivə*], *n.* disfavore (*lett.*); sfavore; disgrazia: **to be in d.**, essere in disgrazia; **to fall into d. with sb.**, cadere in disgrazia agli occhi di q. (*o* presso q.).
to disfavour [dis'feivə*], *v. t.* disapprovare; disistimare.
to disfeature [dis'fi:tʃə*], *v. t.* sfigurare.
disfiguration [dis,figju'reiʃən], *V.* **disfigurement**.
to disfigure [dis'figə*], *v. t.* sfigurare; deformare; deturpare.
disfigurement [dis'figəmənt], *n.* deformazione; deturpazione; sfregio.
to disforest [dis'fɔrist], *v. t.* **1** privare (*un terreno*) del carattere di foresta demaniale **2** diboscare, disboscare.
disforestation [dis,fɔri'steiʃən], *n.* **1** privazione del carattere di foresta demaniale **2** diboscamento, disboscamento.
to disfranchise [dis'fræntʃaiz], *v. t.* (*leg.*) **1** privare dei diritti civili **2** privare di qualsiasi diritto (*o* immunità).
disfranchisement [dis'fræntʃizmənt], *n.* privazione (*o* perdita) dei diritti civili.
to disfrock [dis'frɔk], *v. t.* sospendere dall'ufficio sacerdotale; privare dell'abito talare; spretare.
to disgorge [dis'gɔ:dʒ], *v. t. e i.* **1** rigettare; vomitare **2** (*fig.*) tirar fuori, rendere, restituire (*il maltolto, ecc.*) **3** (*di fiume*) sboccare, sfociare, scaricarsi; scaricare le acque.
disgrace [dis'greis], *n.* **1** disonore; ignominia; infamia; onta; vergogna: **I will choose death before d.**, preferisco la morte al disonore; piuttosto la morte che il disonore; **to bring d. on one's family**, arrecare onta alla propria famiglia **2** disgrazia; sfavore: **The courtier was in d.**, il cortigiano era in disgrazia. ● **to be a d. to**, fare disonore (*o* arrecare onta) a: **Such crimes are a d. to mankind**, crimini del genere fanno disonore all'umanità □ **It's a d.!**, è uno scandalo! □ (*di bambini*) **to be in d.**, essere in castigo.
to disgrace [dis'greis], *v. t.* **1** disonorare; fare (*o* recare) onta a; gettare la vergogna su: **His cowardice disgraced his family**, la sua codardia recò onta alla famiglia **2** far cadere in disgrazia; avvilire; umiliare.

disgraceful [dis'greisful], *a.* disonorevole; ignominioso; vergognoso: **to lead a d. life**, condurre una vita vergognosa.
disgracefulness [dis'greisfulnis], *n.* l'esser disonorevole; ignominiosità; obbrobrio.
to disgregate ['disgrəgeit], **A** *v. t.* (*anche chim.*) disgregare. **B** *v. i.* disgregarsi.
disgregation [,disgrə'geiʃən], *n.* (*anche chim.*) disgregazione.
disgruntled [dis'grʌntld], *a.* scontento; di cattivo umore.
to disguise [dis'gaiz], *v. t.* **1** travestire; mascherare; camuffare: **He disguised himself as a Roman emperor**, si mascherò da imperatore romano; **to d. oneself in costume**, mascherarsi (*o* mettersi) in costume **2** mascherare (*fig.*); celare; nascondere: **to d. one's intentions**, mascherare le proprie intenzioni; **to d. one's hatred (sorrow, etc.)**, nascondere il proprio odio (il proprio dolore, ecc.) **3** contraffare; alterare: **to d. one's voice**, contraffare la voce. ● **to be disguised in** (*o* **with**) **drink**, essere ubriaco.
disguise [dis'gaiz], *n.* **1** travestimento; mascheramento **2** finzione; infingimento (*lett.*); inganno. ● **a blessing in d.**, una cosa che a prima vista sembra un male, ma poi si rivela giovevole: **His failure was a blessing in d.**, since it was then that he turned over a new leaf, il suo fallimento, in definitiva, fu un bene, perché fu allora ch'egli cambiò vita (*non tutto il male vien per nuocere*) □ **She made no d. of her hatred for him**, non faceva mistero del suo odio per lui.
disguisement [dis'gaizmənt], *n.* travestimento; mascheramento.
disgust [dis'gʌst], *n.* disgusto; nausea; ripugnanza: **to feel d. at** (*o* **for, against, towards**) **st.**, provare (*o* avere) disgusto di q.c. ● **to abandon a committee** (**a political party, etc.**) **in d.**, abbandonare un comitato (un partito politico, ecc.) perché disgustato.
to disgust [dis'gʌst], *v. t.* disgustare; nauseare: **to be disgusted with** (*o* **at, by**) **st.**, essere disgustato di q.c.
disgustedly [dis'gʌstidli], *avv.* con disgusto.
disgustful [dis'gʌstful], **disgusting** [dis'gʌstiŋ], *a.* disgustoso; nauseante; nauseabondo; ripugnante.
dish [diʃ], *n.* **1** piatto (*specialm.* piatto da portata); portata; pietanza; vivanda: **a d. of meat and vegetables**, una portata di carne e verdura; **my favourite d.**, il mio piatto favorito **2** oggetto a forma di piatto **3** (*fotogr.*) bacinella **4** cunetta **5** (*chim.*) capsula **6** (*radar*) riflettore parabolico **7** (*arc.*) tazza: **a d. of tea**, una tazza di tè; (*specialm.*) il prendere il tè **8** (*fig.*) argomento preferito; cavallo di battaglia (*fig.*) **9** (*pop.*) ragazza appetitosa; (bel) bocconcino. ● **d.-cloth**, strofinaccio dei piatti □ **d.-cover**, copripiatti □ **d.-rack**, scolapiatti □ (*USA*) **d. towel**, *V.* **d.-cloth** □ **to do the dishes**, lavare (*fam.*: fare, rigovernare) i piatti; rigovernare □ **standing d.**, pietanza di tutti i giorni; (*fig.*) la solita minestra.
to dish [diʃ], **A** *v. t.* **1** mettere nel piatto; servire; scodellare: **to d. (up) the dinner**, servire il pranzo; mettere in tavola **2** – (*fig.*) **to d. up**, presentare (*fatti, notizie*) in forma piacevole **3** (*fam.*) ingannare; frustrare; sconfiggere con l'astuzia (*specialm., avversari politici*) **4** (*tecn.*) imbutire. **B** *v. i.* incavarsi (*a forma di piatto*). ● (*fam.*) **to d. out**, distribuire □ **to d. out good advice**, dare buoni consigli.
to dishabituate [,dishə'bitjueit], *v. t.* disabituare; disassuefare.
disharmonious [,disha:'məuniəs], *a.* disarmonico.
to disharmonize [dis'ha:mənaiz], *v. t.* rendere disarmonico.
disharmony [dis'ha:məni], *n.* disarmonia.
to dishearten [dis'ha:tn], *v. t.* scoraggiare; abbattere; deprimere.
disheartening [dis'ha:tniŋ], *a.* scoraggiante; deprimente.
disheartenment [dis'ha:tnmənt], *n.* scoraggiamento; abbattimento.
dished [diʃt], *a.* **1** concavo **2** (*mecc.*: *di ruota*) convergente **3** (*fam.*) sconfitto; spacciato.
to dishevel [di'ʃevl], *v. t.* arruffare; scarmigliare; scompigliare.
dishevelled [di'ʃevəld], *a.* arruffato; scarmigliato; scompigliato.
dishevelment [di'ʃevəlmənt], *n.* arruffamento; scompiglio.
dishonest [dis'ɔnist], *a.* disonesto.
dishonesty [dis'ɔnisti], *n.* disonestà.
dishonour [dis'ɔnə*], *n.* **1** disonore; onta; vergogna: **He is a d. to his family**, fa disonore alla sua famiglia **2** (*comm.*) mancata accettazione, mancato pagamento (*d'una cambiale e sim.*).
to dishonour [dis'ɔnə*], *v. t.* **1** disonorare **2** insultare; oltraggiare **3** (*comm.*) rifiutare di pagare (*un assegno, ecc.*); lasciar andare in protesto (*una cambiale*): **I hope the bank won't d. his cheques**, spero che la banca non rifiuterà di pagare i suoi assegni. ● **dishonoured bill**, cambiale insoluta □ **dishonoured cheque**, assegno a vuoto.
dishonourable [dis'ɔnərəbl], *a.* disonorevole; disonorante; vergognoso. ● (*specialm. mil.*) **d. discharge**, radiazione (dai ranghi).
dishonourableness [dis'ɔnərəblnis], *n.* l'essere disonorevole, ecc. (*V.* **dishonourable**).
to dishorn [dis'hɔ:n], *v. t.* privare delle corna.
to dishouse [dis'hauz], *v. t.* privare della casa; buttar fuori di casa.

dishwasher ['diʃ,wɔʃə*], *n.* lavastoviglie; lavapiatti.
dishwashing ['diʃ,wɔʃiŋ], *n.* (il) lavare i piatti. ● **d. machine**, lavapiatti; lavastoviglie.
dishwater ['diʃwɔ:tə*], *n.* **1** l'acqua in cui si sono lavati i piatti; risciacquatura; rigovernatura (*dei piatti*) **2** (*fig.*) cosa (*ad es. una bibita cattiva*) che somiglia alla risciacquatura; brodaglia.
dishy ['diʃi], *a.* (*fam.*) affascinante; appetitoso (*fig.*); dotato di sex appeal.
disillusion [,disi'lu:ʒən], *n.* disillusione; disinganno.
to disillusion [,disi'lu:ʒən], *v. t.* disilludere; disingannare.
to disillusionize [,disi'lu:ʒənaiz], *v. t.* disilludere.
disillusionment [,disi'lu:ʒənmənt], *n.* disillusione.
disincentive [,disin'sentiv], *n.* disincentivo; freno; remora.
disinclination [,disinkli'neiʃən], *n.* antipatia; avversione; ripugnanza; riluttanza: **Some pupils have a strong d. for study**, alcuni studenti hanno una forte avversione allo studio.
to disincline [,disin'klain], *v. t.* suscitare antipatia (*o* avversione, ecc.) in (q.); distogliere. ● **to be disinclined**, essere riluttante (*o* restio).
to disincorporate [,disin'kɔ:pəreit], *v. t.* (*anche fin.*) sciogliere (*una società costituita, un ente pubblico*).
to disinfect [,disin'fekt], *v. t.* disinfettare.
disinfectant [,disin'fektənt], *a. e n.* disinfettante.
disinfection [,disin'fekʃən], *n.* disinfezione.
to disinfest [,disin'fest], *v. t.* disinfestare.
disinfestant [,disin'festənt], *n.* disinfestante.
disinfestation [dis,infes'teiʃən], *n.* disinfestazione.
disinfestor [,disin'festə*], *n.* disinfestatore.
to disinflate [,disin'fleit], *v. t.* (*econ.*) disinflazionare.
disinflation [,disin'fleiʃən], *n.* (*econ.*) disinflazione.
disinflationary [,disin'fleiʃənəri], *a.* (*econ.*) disinflazionistico.
disinformation [,disinfə'meiʃən], *n.* (*specialm. polit.*) **1** disinformazione **2** false informazioni (*fornite a spie di un altro paese*).
disingenuous [,disin'dʒenjuəs], *a.* falso; insincero; in malafede.
disingenuousness [,disin'dʒenjuəsnis], *n.* falsità; insincerità.
to disinherit [,disin'herit], *v. t.* diseredare.
disinheritance [,disin'heritəns], *n.* diseredamento; diseredazione.
to disinhibit [,disin'hibit], *v. t.* (*psic.*) disinibire.
disinhibited [,disin'hibitid], *a.* (*psic.*) disinibito.
disinhibition [dis,inhi'biʃən], *n.* (*psic.*) disinibizione.
disinhibitory [,disin'hibitəri], *a.* (*med., psic.*) disinibitorio.
to disintegrate [dis'intigreit], **A** *v. t.* (*fis. nucl. e fig.*) disintegrare. **B** *v. i.* disintegrarsi.
disintegration [dis,inti'greiʃən], *n.* (*fis. nucl. e fig.*) disintegrazione.
disintegrative [dis'intigrətiv], *a.* **1** disintegrativo **2** dissolutivo.
disintegrator [dis'intigreitə*], *n.* (*specialm. fis.*) disintegratore.
to disinter [,disin'tə:*], *v. t.* dissotterrare; disseppellire; esumare.
to disinterest [dis'intrist], **A** *v. t.* disinteressare. **to disinterest oneself B** *v. rifl.* disinteressarsi.
disinterested [dis'intristid], *a.* **1** disinteressato; imparziale **2** (*fam.*) indifferente.
disinterestedness [dis'intristidnis], *n.* **1** disinteresse; imparzialità **2** (*fam.*) indifferenza.
disinterment [,disin'tə:mənt], *n.* dissotterramento; esumazione.
to disintoxicate [,disin'tɔksikeit], *v. t.* (*med.*) disintossicare. ● **to get disintoxicated**, disintossicarsi.
disintoxication [,disin,tɔksi'keiʃən], *n.* (*med.*) disintossicazione.
to disinvest [,disin'vest], *v. t.* (*econ.*) disinvestire.
disinvestment [,disin'vestmənt], *n.* (*econ.*) disinvestimento.
to disjoin [dis'dʒɔin], **A** *v. t.* disgiungere; dividere; separare; staccare. **B** *v. i.* disgiungersi; dividersi.
to disjoint [dis'dʒɔint], *v. t.* **1** disgregare; smembrare **2** sconnettere; scomporre; disgiungere.
disjointed [dis'dʒɔintid], *a.* **1** disgregato; smembrato **2** sconnesso; scomposto; disgiunto; disarticolato; incoerente: **a d. speech**, un discorso sconnesso.
disjointedness [dis'dʒɔintidnis], *n.* **1** disgregazione; smembramento **2** sconnessione; disarticolazione; incoerenza.
disjunction [dis'dʒʌŋkʃən], *n.* disgiunzione; disgiungimento.
disjunctive [dis'dʒʌŋktiv], **A** *a.* (*gramm.*) disgiuntivo. **B** *n.* congiunzione (*o* proposizione) disgiuntiva.
disk [disk], (*USA*) *V.* **disc**.
to dislike [dis'laik], *v. t.* provare antipatia (*o* avversione, ripugnanza) per (q. *o* q.c.); non piacere (*impers.*); non poter soffrire; detestare: **I strongly d. tea**, a me il tè non piace affatto; **I d. him**, non lo posso soffrire. ● **to get oneself disliked**, rendersi antipatico.
dislike [dis'laik], *n.* antipatia; avversione; ripugnanza: **He has taken a d. to** (*o* **for**) **you**, ti ha preso in antipatia; **He has a d. of** (*o* **for**) **dogs**, ha antipatia per i cani; non può soffrire i cani.

dislocate

to dislocate ['dislǝkeit], *v. t.* **1** slogare; lussare: **The boy dislocated his shoulder**, il ragazzo si slogò la spalla **2** disturbare; intralciare; ostacolare: **to d. traffic**, intralciare (*o* sconvolgere) la circolazione; **to d. the economy**, disturbare l'economia nazionale **3** (*geol.*) dislocare.
dislocation [,dislǝ'keiʃǝn], *n.* **1** slogatura; slogamento; lussazione **2** disturbo; intralcio: **d. of traffic**, intralcio al traffico **3** (*geol.*) dislocazione.
to dislodge [dis'lɔdʒ], *v. t.* **1** sloggiare; far sgombrare: **They dislodged the regiment from the trenches**, sloggiarono il reggimento dalle trincee **2** rimuovere; togliere; staccare: **to d. a stone from a wall**, staccare una pietra da un muro.
dislodg(e)ment [dis'lɔdʒmǝnt], *n.* **1** sloggiamento **2** rimozione.
disloyal ['dis'lɔiǝl], *a.* **1** sleale; infedele **2** ribelle (*contro il governo*); eversivo. ● (*leg.*) **d. to one's country**, reo d'alto tradimento.
disloyalist [dis'lɔiǝlist], *a. e n.* ribelle (*contro il governo*); rivoltoso; eversore.
disloyalty [dis'lɔiǝlti], *n.* **1** slealtà; infedeltà **2** (*anche* **d. to one's country**) ribellione; tradimento; eversione.
dismal ['dizmǝl], *a.* cupo; fosco; lugubre; orribile, tetro; squallido; triste: **He is looking very d.**, ha un'aria assai tetra; **a d. climate**, un clima orribile; **in a d. tone of voice**, in tono lugubre. ● **d. attempt**, misero tentativo □ **d. efforts**, sforzi risibili □ (*scherz.*) **the d. science**, l'economia politica □ (*fam.*) **the dismals**, malinconia; depressione: **to be in the dismals**, essere giù di spirito; essere depresso.
dismalness ['dizmǝlnis], *n.* tetraggine; squallore; tristezza.
to dismantle [dis'mæntl], *v. t.* **1** smantellare; demolire: **to d. a fort**, smantellare un forte; **to d. a house**, demolire una casa **2** (*mecc.*) smontare: **to d. an engine**, smontare un motore **3** (*naut.*) disarmare (*una nave*).
dismantlement [dis'mæntlmǝnt], *n.* **1** smantellamento; demolizione **2** (*mecc.*) smontaggio; smontatura **3** (*naut.*) disarmo.
to dismast [dis'ma:st], *v. t.* disalberare (*una nave*).
to dismay [dis'mei], *v. t.* costernare; sgomentare; sbigottire: **The sad news dismayed me**, la triste notizia mi sgomentò.
dismay [dis'mei], *n.* costernazione; sgomento; sbigottimento: **to be filled with d.**, essere preso dallo sgomento.
dismayed [dis'meid], *a.* costernato; sbigottito; sgomento.
to dismember [dis'membǝ*], *v. t.* smembrare.
dismemberment [dis'membǝmǝnt], *n.* smembramento.
to dismiss [dis'mis], **A** *v. t.* **1** congedare; licenziare; mandar via; accomiatare; sciogliere: **The Minister dismissed the journalists**, il ministro accomiatò i giornalisti; **to d. an assembly**, sciogliere un'assemblea; **to d. an army**, congedare un esercito; **to d. a servant**, licenziare un domestico **2** (*mil.*) destituire; rimuovere dal grado: **to d. an officer**, destituire un ufficiale **3** bandire (*fig.*); abbandonare, accantonare; scacciare: **You must d. this fantastic impractical plan**, devi abbandonare questo progetto fantastico e inattuabile; **to d. all fear**, lasciare ogni timore; **to d. st. from one's mind**, scacciare q.c. dalla mente **4** (*leg.*) prosciogliere (*un imputato*) **5** (*leg.*) respingere, rigettare; archiviare: **to d. a bankruptcy petition**, rigettare un'istanza di fallimento; **to d. a case**, archiviare una causa (*o* un processo). **B** *v. i.* (*mil.*) rompere le righe: **D.!**, rompete le righe! ● **to d. a subject**, lasciar cadere un argomento (*o*, il «rompete le righe!»).
dismissal [dis'misǝl], *n.* **1** congedo; licenza di partire; commiato **2** (*econ.*) licenziamento **3** destituzione **4** il bandire dalla mente, abbandono (*di un'idea, ecc.*) **5** (*leg.*) proscioglimento **6** (*leg.*) rigetto (*d'una domanda*). ● (*econ.*) **d. for cause**, licenziamento per giusta causa □ (*econ. USA*) **d. wage**, indennità di licenziamento; liquidazione (*al lavoratore licenziato senza sua colpa; non è come in Italia una forma differita di salario*).
dismissible [dis'misǝbl], *a.* **1** congedabile; licenziabile **2** destituibile **3** (*di un pensiero, ecc.*) che si può bandire dalla mente.
to dismount [dis'maunt], **A** *v. i.* smontare, scendere (*da cavallo, dalla bicicletta, ecc.*). **B** *v. t.* **1** far scendere; (*di vetturino e sim.*) far smontare (*q., dalla carrozza*) **2** appiedare; disarcionare: **The knight dismounted his opponent**, il cavaliere disarcionò il suo avversario **3** (*mil., mecc.*) smontare (*un cannone, una macchina, ecc.*).
dismount [dis'maunt], *n.* lo smontare, lo scendere (*da cavallo, ecc.*).
to disnature [dis'neitʃǝ*], *v. t.* snaturare.
disobedience [,disǝ'bi:djǝns], *n.* disubbidienza, disobbedienza.
disobedient [,disǝ'bi:djǝnt], *a.* disubbidiente, disobbediente.
to disobey [,disǝ'bei], *v. t. e i.* disubbidire, disobbedire: **Never d. your parents!**, non disubbidire mai ai tuoi genitori!
to disoblige [,disǝ'blaidʒ], *v. t.* **1** essere scompiacente verso (q.); fare una scortesia a (q.): **I'm sorry to d. you, but I can't lend you my car**, mi duole di essere scompiacente, ma non posso prestarti la mia automobile **2** disturbare; incomodare.

disobliging [,disǝ'blaidʒiŋ], *a.* scortese; scompiacente.
disobligingness [,disǝ'blaidʒiŋnis], *n.* scortesia.
disorder [dis'ɔ:dǝ*], *n.* **1** disordine; confusione; tumulto popolare **2** (*med.*) disturbo; indisposizione; malattia; male: **mental disorders**, disturbi mentali; turbe psichiche; **liver d.**, mal di fegato.
to disorder [dis'ɔ:dǝ*], *v. t.* **1** disordinare; confondere; mettere in disordine **2** alterare; turbare (*lo stato di salute di q.*). ● **a disordered mind**, una mente malata □ **a disordered stomach**, uno stomaco in disordine.
disorderliness [dis'ɔ:dǝlinis], *n.* **1** disordine; confusione **2** turbolenza; riottosità.
disorderly [dis'ɔ:dǝli], *a.* **1** disordinato; confuso; in disordine; sottosopra **2** (*leg.*) che turba l'ordine pubblico; tumultuoso; turbolento; riottoso: **He was arrested for d. conduct**, fu arrestato per condotta contraria all'ordine pubblico (*o* per aver turbato l'ordine pubblico); **a d. crowd**, una folla tumultuosa. ● **a d. house**, una casa di malaffare; una bisca clandestina.
disorganization [dis,ɔ:gǝnai'zeiʃǝn], *n.* disorganizzazione.
to disorganize [dis'ɔ:gǝnaiz], *v. t.* disorganizzare.
to disorient [dis'ɔ:riǝnt], (*USA*) *V.* **to disorientate**.
to disorientate [dis'ɔ:riǝnteit], *v. t.* disorientare.
disorientation [dis,ɔriǝn'teiʃǝn], *n.* disorientamento.
to disown [dis'oun], *v. t.* disconoscere; rinnegare; ripudiare: **to d. a signature**, disconoscere una firma; **to d. a friend**, rinnegare un amico; **to d. a son**, ripudiare un figlio. ● **The suspect disowned the gun**, l'indiziato rifiutò d'ammettere che la rivoltella era la sua.
to disparage [dis'pæridʒ], *v. t.* svilire; sminuire; screditare; mettere in discredito; denigrare; disprezzare: **He has disparaged my book**, ha messo in discredito il mio libro.
disparagement [dis'pæridʒmǝnt], *n.* svilimento; svalutazione; discredito; denigrazione; disprezzo.
disparaging [dis'pæridʒiŋ], *a.* **1** di discredito; denigratorio **2** di disprezzo; sprezzante.
disparate ['dispǝrit], **A** *a.* disparato. **B** *n.* (*pl.*) cose disparate.
disparateness ['dispǝritnis], *n.* disparità.
disparity [dis'pæriti], *n.* disparità; differenza: **d. in rank**, disparità di grado; **d. in age**, differenza d'età.
to dispart [dis'pa:t], **A** *v. t.* (*poet.*) dividere; separare. **B** *v. i.* dividersi; separarsi; prendere strade diverse.
dispassionate [dis'pæʃnit], *a.* spassionato; calmo; equo; imparziale.
dispassionateness [dis'pæʃnitnis], *n.* calma; imparzialità.
to dispatch [dis'pætʃ], *v. t.* **1** spedire; inviare; mandare **2** sbrigare; smaltire; finire; liquidare (*fig.*): **to d. business**, sbrigare affari (*o* faccende); **to d. one's lunch**, smaltire (rapidamente) la colazione **3** spacciare; uccidere: **to d. a prisoner**, uccidere un prigioniero.
dispatch [dis'pætʃ], *n.* **1** spedizione; invio: **the d. of telegrams**, l'invio di telegrammi **2** dispaccio; messaggio **3** prontezza; rapidità; sollecitudine: **to do st. with d.**, fare q.c. con prontezza (*o* alla svelta) **4** lo spacciare; uccisione **5** (*comm.*) agenzia di spedizioni. ● **d.-box** (*o* **d.-case**), valigia diplomatica; borsa per documenti □ (*naut.*) **d. money**, premio d'accelerazione □ (*comm.*) **d. note**, bollettino di spedizione □ (*mil.*) **d.-rider**, staffetta; motociclista portaordini.
dispatcher [dis'pætʃǝ*], *n.* **1** chi spedisce, ecc. (*V.* **to dispatch**); mittente **2** (*ferr., ecc.*) dirigente del traffico (*in una stazione*) **3** (*ind.*) organizzatore del lavoro d'officina (*o* di reparto).
to dispel [dis'pel], *v. t.* disperdere; dissipare; scacciare: **The sun dispels the fog**, il sole disperde la nebbia.
dispensable [dis'pensǝbl], *a.* **1** di cui si può fare a meno; superfluo **2** distribuibile **3** (*relig.*) remissibile.
dispensary [dis'pensǝri], *n.* **1** (*med.*) dispensario **2** farmacia (*che vende anche cosmetici, occhiali, ecc.*).
dispensation [,dispen'seiʃǝn], *n.* **1** dispensa; distribuzione: **the d. of medicines to the poor**, la distribuzione di medicine ai poveri **2** esenzione; dispensa: **a d. for intermarriage**, una dispensa matrimoniale (*per matrimonio fra consanguinei*); **the d. from exams**, la dispensa dagli esami **3** legge (religiosa); religione: **the Mosaic d.**, la legge di Mosè; **the Christian d.**, la religione cristiana **4** ordine, ordinamento (*naturale o della Provvidenza*): **the d. of the world by Providence**, l'ordine delle cose, voluto dalla Provvidenza.
dispensatory [dis'pensǝtǝri], **A** *a.* di dispensa; d'esenzione. **B** *n.* (*med.*) farmacopea; ricettario; dispensario (*raro*).
to dispense [dis'pens], **A** *v. t.* **1** dispensare; distribuire: **to d. charity**, dispensare elemosine **2** dispensare; esimere; esentare; esonerare: **He dispensed me from learning the poem by heart**, mi esentò dall'imparare la poesia a memoria; **to d. from an obligation**, dispensare da un obbligo **3** amministrare: **to d. justice (a sacrament)**, amministrare la giustizia (un sacramento) **4** preparare e distribuire (*ricette, medicine*); spedire (*ricet-*

te). **B** *v. i.* (**to d. with**) **1** esentare, esonerare da (*una disposizione, un regolamento*); liberare da (*un giuramento*) **2** fare a meno di; fare senza: **It is so cold that I cannot d. with an overcoat**, fa tanto freddo che non posso fare a meno del soprabito. ● **dispensing chemist**, farmacista (*in G.B.*).

dispenser [dis'pensə*], *n.* **1** dispensatore, chi distribuisce, ecc. (*V.* **to dispense**) **2** contenitore; recipiente **3** distributore (*automatico*); caricatore: **blade d.**, caricatore (*di lamette da barba*) **4** farmacista.

to dispeople [dis'pi:pl], *v. t.* spopolare.

dispersal [dis'pə:səl], *n.* dispersione; dissipamento.

dispersant [dis'pə:sənt], *n.* (*chim.*) disperdente.

to disperse [dis'pə:s], *v. t. e i.* **1** disperdere, disperdersi; dissipare; dissiparsi: **The sun dispersed the morning mist**, il sole disperse la foschia mattutina **2** spargere, spargersi; disseminare, divulgare; spargagliare, spargagliarsi: **to d. news**, divulgare notizie; **The sentries were dispersed in a long line**, le sentinelle erano sparse in una lunga fila.

dispersedly [dis'pə:sidli], *avv.* qua e là; in ordine sparso.

dispersible [dis'pə:səbl], *a.* dissipabile.

dispersion [dis'pə:ʃən], *n.* dispersione; dissipamento. ● (*stor.*) **the D.**, la dispersione degli Ebrei; la diaspora.

dispersive [dis'pə:siv], *a.* dispersivo.

dispersiveness [dis'pə:sivnis], *n.* dispersività.

to dispirit [di'spirit], *v. t.* abbattere; deprimere; scoraggiare.

dispirited [di'spiritid], *a.* abbattuto; depresso; scoraggiato.

to displace [dis'pleis], *v. t.* **1** spostare; rimuovere **2** destituire; dimettere, deporre (*q., da un ufficio, ecc.*) **3** sostituire; supplire; prendere il posto di (*q. in un ufficio, ecc.*); subentrare nel posto di (*q.*); soppiantare: **He was displaced in Jane's heart by the young captain**, egli fu soppiantato dal giovane capitano nel cuore di Giovanna **4** (*naut.*) dislocare **5** (*med.*) slogare, slogarsi (*un'articolazione*). ● **displaced persons**, perseguitati politici; profughi di guerra, ecc.; espatriati.

displaceable [dis'pleisəbl], *a.* spostabile; rimovibile.

displacement [dis'pleismənt], *n.* **1** spostamento; rimozione **2** destituzione **3** sostituzione; rimpiazzo **4** (*naut.*) dislocamento: **full-load d.**, dislocamento a pieno carico **5** (*mecc., anche* **piston d.**) cilindrata (*di un motore*) **6** (*geol.*) dislocazione; deriva: **the d. theory**, la teoria della deriva dei continenti **7** (*med.*) slogatura **8** (*fin.*) trasferimento (*di capitali*) **9** (*psic.*) dislocazione affettiva; transfert.

to display [di'splei], *v. t.* **1** mostrare; mettere in mostra; esporre; sfoggiare; ostentare: **Shopkeepers d. their goods in the windows**, i negozianti mettono in mostra la loro merce nelle vetrine; **His paintings were displayed at a famous gallery**, i suoi dipinti furono esposti in una galleria famosa **2** mostrare d'avere; dimostrare; rivelare: **They d. no fear**, non dimostrano timore alcuno; **That boy displays great intelligence**, quel ragazzo mostra una grande intelligenza **3** spiegare (*le penne, la coda, ecc.*) **4** (*tipogr.*) stampare a grandi caratteri. ● **to d. a notice**, esporre un avviso; affiggere un cartello.

display [di'splei], *n.* **1** mostra; esposizione: **D. is the key to self--service sales**, l'esposizione (*della merce*) è il segreto delle vendite self-service **2** sfoggio; spiegamento; ostentazione: **a d. of troops**, uno spiegamento di forze; **to make a d. of one's wealth**, fare sfoggio della propria ricchezza **3** dimostrazione: **a great d. of affection**, una grande dimostrazione d'affetto **4** (*tipogr.*) disposizione dei caratteri atta a far colpo **5** (*elettron.*) presentazione; visualizzazione. ● **d. artist**, vetrinista □ **d. case**, vetrina, bacheca □ (*elab.*) **d. console**, console (*o* terminale) video □ **d. model**, manichino □ **d. stand**, banco di mostra □ **d. window**, vetrina per esposizione (*della merce*) □ **a fashion d.**, una mostra di modelli (*o* di vestiti all'ultima moda).

displayman [di'spleimən], *n.* (*pl.* **displaymen**) vetrinista.

to displease [dis'pli:z], *v. t.* dispiacere a; dare un dispiacere a; recar dolore a; scontentare: **If you don't study, you will d. your parents**, se non studi, darai un dispiacere ai tuoi genitori. ● **to be displeased with**, essere scontento di: **Your teachers are displeased with you**, i tuoi insegnanti sono scontenti di te.

displeasing [dis'pli:ziŋ], *a.* spiacevole; sgradevole.

displeasure [dis'pleʒə*], *n.* dispiacere; scontentezza; scontento. ● **to incur sb.'s d.**, incorrere nella disapprovazione di q.

to displume [dis'plu:m], *v. t.* (*poet.*) spennare; (*fig.*) spogliare.

to disport [dis'pɔ:t], **A** *v. t.* fare mostra (*o* sfoggio) di (*q.c.*). **B** *v. i.* **1** comportarsi **2** (*di solito*, **to d. oneself**) divertirsi.

disposability [dis,pouzə'biliti], *n.* **1** disponibilità **2** l'esser eliminabile, vendibile.

disposable [dis'pouzəbl], **A** *a.* **1** disponibile **2** eliminabile; vendibile **3** da buttare dopo l'uso; a perdere. **B** *n.* (*USA*) oggetto (*fazzoletto di carta, contenitore, ecc.*) a perdere.

disposal [dis'pouzəl], *n.* **1** disposizione; collocazione; distribuzione; schieramento: **I don't like the d. of the furniture**, non mi piace la disposizione dei mobili; **the d. of troops**, lo schieramento delle truppe; **The books are at your d.**, i libri sono a tua disposizione **2** sistemazione; disbrigo: **the d. of business affairs**, il disbrigo degli affari **3** lo sbarazzarsi, il disfarsi di; eliminazione: **the d. of rubbish**, l'eliminazione delle immondizie **4** (*leg.*) alienazione, cessione, vendita (*di beni*); trasferimento (*anche per donazione o testamento*) **5** (*mil.*) eliminazione; distruzione.

to dispose [dis'pouz], *v. t. e i.* **1** disporre; collocare; distribuire; schierare; preparare: **The soldiers were disposed on a wide front**, i soldati erano schierati su un ampio fronte; **to d. sb. for a piece of bad news**, preparare q. a ricevere una cattiva notizia **2** — **to d. of**, sistemare; sbrigare; disbrigare: **The matter has been disposed of**, la faccenda è stata sistemata **3** — **to d. of**, sbarazzarsi di; disporre di, cedere, vendere (*beni, ecc.*); alienare (*leg.*); eliminare, disfarsi di; demolire (*accuse, argomenti, ecc.*); liquidare, uccidere; (*mil.*) distruggere, eliminare: **I shall d. of my goods as I like**, disporrò dei miei beni come voglio; **How can we d. of the rubbish?**, come possiamo sbarazzarci dei rifiuti?; **Richard III soon disposed of his own nephews, the boy-King Edward V and his brother Richard**, Riccardo III ben presto si sbarazzò dei suoi nipoti, il re fanciullo Edoardo V e suo fratello Riccardo; **to d. of several enemy planes**, eliminare diversi aerei del nemico **4** disporre; predisporre; inclinare: **The climate here disposes the people to laziness**, il clima qui predispone la gente alla pigrizia **5** — **to d. of**, mangiare; divorare: **He can d. of a lot of meat**, è capace di divorare una quantità enorme di carne. ● (*leg.*) **to d. by will**, disporre per testamento □ **to d. oneself to sleep**, disporsi a dormire □ (*comm.*) **an article** (**a product**) **difficult to d. of**, un articolo (un prodotto) di difficile smercio (*o* collocazione) □ (*prov.*) **Man proposes, God disposes**, l'uomo propone e Dio dispone.

disposed [dis'pouzd], *a.* disposto; inclinato; incline; propenso: **He isn't d. to help you**, non è disposto ad aiutarti; **Do you feel d. for a swim?**, te la senti di fare una nuotata? ● **ill-d.** (**well-d.**) **towards sb.**, maldisposto (ben disposto) verso q.

disposition [,dispə'ziʃən], *n.* **1** disposizione; predisposizione; attitudine; inclinazione; carattere; temperamento: **He has a d. to painting**, ha disposizione alla pittura; **a generous d.**, un carattere generoso; **a cheerful d.**, un temperamento allegro **2** disposizione; collocazione; distribuzione: **I don't like the d. of the flowers**, non mi piace la disposizione dei fiori **3** disposizione; comando; prescrizione; ordine: **The general gave dispositions for the defence**, il generale diede disposizioni per la difesa **4** sistemazione (*di affari*); disbrigo (*di faccende*) **5** cessione; alienazione (*di proprietà*); rinuncia (*a beni*) **6** autorità (*o* potere) di disporre **7** dono; benedizione (*fig.*): **This is a d. of Providence**, questo è un dono della Provvidenza **8** (*med.*) predisposizione; tendenza: **to have a d. to obesity**, avere la tendenza all'obesità. ● (*leg.*) **d. by will** (**o** *by testament*), disposizione testamentaria.

dispositive [dis'pozətiv], *a.* dispositivo.

to dispossess [,dispə'zes], *v. t.* **1** (*leg.*) spossessare; spodestare; espropriare **2** spogliare; privare **3** (*leg.*) sfrattare **4** (*arc.*) esorcizzare. ● (*leg.*) **dispossess notice**, notifica di sfratto.

dispossessed [,dispə'zest], *a.* **1** (*leg.*) spodestato; espropriato **2** (*leg.*) sfrattato. ● **the d.**, i diseredati.

dispossession [,dispə'zeʃən], *n.* **1** espropriazione; spodestamento **2** spoliazione **3** (*leg.*) sfratto **4** (*arc.*) esorcizzazione.

dispossessor [,dispə'zesə*], *n.* espropriatore; chi dà lo sfratto, ecc. (*V.* **to dispossess**).

to dispraise [dis'preiz], *v. t.* screditare; biasimare; criticare.

dispraise [dis'preiz], *n.* discredito; biasimo; critica.

disproof [dis'pru:f], *n.* confutazione; smentita.

disproportion [,disprə'pɔ:ʃən], *n.* sproporzione.

disproportional [,disprə'pɔ:ʃnəl], **disproportionate** [,disprə'pɔ:ʃnit], *a.* sproporzionato.

to disprove [dis'pru:v], *v. t.* confutare; smentire.

disputability [di,spju:tə'biliti], *V.* **disputableness**.

disputable [di'spju:təbl], *a.* **1** disputabile; discutibile; opinabile **2** (*leg.*) contestabile; impugnabile: **a d. claim**, un diritto contestabile.

disputableness [di'spju:təblnis], *n.* **1** discutibilità **2** (*leg.*) contestabilità; impugnabilità.

disputant [di'spju:tənt], *a. e n.* disputante; disputatore.

disputation [,dispju(:)'teiʃən], *n.* disputa; controversia; discussione.

disputatious [,dispju(:)'teiʃəs], *a.* cavilloso; litigioso; polemico.

disputatiousness [,dispju(:)'teiʃəsnis], *n.* cavillosità; litigiosità.

disputative [di'spju:tətiv], *a.* disputativo; cavilloso.

to dispute [dis'pju:t], *v. i. e t.* **1** disputare; discutere; dibattere; argomentare; contendere: **to d. with** (*o* **against**) **sb. on** (*o* **about**) **a subject**, discutere con q. su un argomento; **to d. the victory**, disputare la vittoria; **The enemy disputed every inch of ground**, il nemico disputò (*o* contese) il terreno metro per metro **2** litigare; altercare; bisticciare **3** mettere in discussione (*o* in dubbio); cercare d'invalidare: **to d. a statement**, mettere in dub-

dispute

bio un'affermazione; **to d. a decision**, mettere in discussione la giustezza d'una decisione; **The election of the delegates was disputed**, si cercò d'invalidare l'elezione dei delegati **4** (*leg.*) contestare; impugnare: **to d. a claim**, contestare un diritto; **to d. a will**, impugnare un testamento. ● (*leg.*) **disputed claims office**, ufficio del contenzioso.
dispute [dis'pju:t], *n.* disputa; controversia; discussione; dibattito; lite; contesa; vertenza: **We are trying to settle the d.**, stiamo cercando di comporre la vertenza; **religious disputes**, controversie religiose; **He was the arbitrator in the border d.**, fece da arbitro nella lite sui confini. ● **beyond** (*o* **past**) **d.**, fuori discussione □ (*leg.*) **the case under d.**, la causa in giudizio □ **the matter under d.**, la faccenda in discussione □ **without d.**, indiscutibilmente.
disqualification [dis‚kwɔlifi'keiʃən], *n.* **1** squalifica; squalificazione (*raro*) **2** (*anche leg.*) incapacità; mancanza dei requisiti necessari **3** (*leg.*) interdizione **4** dequalificazione.
to disqualify [dis'kwɔlifai], *v. t.* **1** squalificare **2** rendere incapace; inabilitare: **Arthritis disqualifies him for work**, l'artrite lo inabilita al lavoro **3** (*leg.*) dichiarare incapace; interdire.
to disquiet [dis'kwaiət], *v. t.* inquietare; mettere in ansia.
disquiet [dis'kwaiət], *n.* inquietudine; ansia; ansietà; allarme.
disquieted [dis'kwaiətid], *a.* inquieto; in ansia; allarmato.
disquietude [dis'kwaiitju:d], *n.* inquietudine; ansia; allarme.
disquisition [‚diskwi'ziʃən], *n.* disquisizione; dissertazione.
disquisitional [‚diskwi'ziʃənl], *a.* dissertatorio.
to disrate [dis'reit], *v. t.* **1** svalutare; deprezzare **2** (*naut.*, *mil.*) degradare.
to disregard ['disri'ga:d], *v. t.* non curarsi di; non far caso a; non fare nessun conto di (q. *o* q.c.); trascurare; disprezzare: **Don't d. my warnings!**, non trascurare i miei avvertimenti!
disregard [‚disri'ga:d], *n.* noncuranza; indifferenza; disprezzo.
disregardful [‚disri'ga:dful], *a.* noncurante; indifferente; sprezzante.
to disrelish [dis'reliʃ], *v. t.* provare ripugnanza (*o* avversione, antipatia) per (q. *o* q.c.); non piacere (*impers.*); detestare; non poter soffrire: **I d. tea**, non posso soffrire (*o* non mi piace) il tè.
disrelish [dis'reliʃ], *n.* ripugnanza; avversione; antipatia.
to disremember [‚disri'membə*], *v. t.* (*irl. o dial.*) non rammentare; non ricordarsi di.
disrepair [‚disri'pɛə*], *n.* cattivo stato; rovina; sfacelo: **Tom's house is in d.**, la casa di Maso è in cattivo stato (*o* va in rovina).
disreputable [dis'repjutəbl], *a.* malfamato; disdicevole; indecente; indecoroso; indegno; losco; sconveniente: **a d. coffee bar**, un caffè malfamato; **a d. overcoat**, un soprabito indecoroso.
disreputableness [dis'repjutəblnis], *n.* cattiva fama; indecenza; indecorosità; sconvenienza.
disrepute [‚disri'pju:t], *n.* cattiva fama (*o* reputazione); discredito: **The firm has fallen into d.**, la ditta è caduta in discredito.
disrespect [‚disris'pekt], *n.* mancanza di rispetto; disistima; scortesia; irriverenza; sgarberia: **He regarded my remark as a d.**, prese la mia osservazione come una mancanza di rispetto.
disrespectful [‚disris'pektful], *a.* che manca di rispetto; irriverente; scortese; sgarbato: **a d. son**, un figlio irriverente.
to disrobe [dis'roub], *v. t. e i.* svestire, svestirsi; spogliare, spogliarsi (*anche fig.*); togliersi gl'indumenti (da cerimonia): **After the ceremony the courtiers disrobed**, dopo la cerimonia i cortigiani si tolsero gl'indumenti paludati.
to disroot [dis'ru:t], *v. t.* sradicare.
to disrupt [dis'rʌpt], *v. t.* disgregare; mandare in frantumi; rompere; spezzare; scindere: **A succession of tumults seemed likely to d. the state**, una serie di tumulti sembrava dover disgregare lo stato.
disruption [dis'rʌpʃən], *n.* **1** disgregazione; disgregamento; rottura; frantumazione; scissione: **the d. of the Chinese Empire**, il disgregamento dell'impero cinese **2** scombussolamento; scompiglio **3** interruzione (*delle comunicazioni, ecc.*). ● (*stor.*) **the D.**, lo Scisma della Chiesa di Scozia (*nel 1843*).
disruptive [dis'rʌptiv], *a.* **1** dirompente; disgregativo; che rompe, spezza, scinde, ecc. (*V.* **to disrupt**) **2** (*mil.*) dirompente **3** (*elettr.*) disruttivo: **d. discharge**, scarica disruttiva.
dissatisfaction [‚dis‚sætis'fækʃən], *n.* insoddisfazione; malcontento; malumore; scontentezza. ● **He expressed his d. with your work**, si dichiarò insoddisfatto del tuo lavoro.
dissatisfied ['dis'sætisfaid], *a.* insoddisfatto; scontento: **We are d. with the wages we receive**, siamo scontenti del salario che riceviamo.
to dissatisfy [dis'sætisfai], *v. t.* non soddisfare; scontentare.
dissaving [dis'seiviŋ], *n.* (*econ.*) risparmio negativo; spesa in eccesso del reddito.
to disseat [dis'si:t], *v. t.* **1** privare del seggio (*anche in parlamento*); privare del posto a sedere **2** disarcionare. ● (*polit.*) **The liberal M. P. was disseated**, il deputato liberale perse il seggio.
to dissect [di'sekt], *v. t.* **1** sezionare; dissecare; anatomizzare: **to d. a body**, sezionare un cadavere **2** (*fig.*) analizzare; esaminare minutamente: (*rag.*) **to d. an account**, analizzare un conto. ● (*ottica*) **dissecting microscope**, microscopio per dissezione.
dissection [di'sekʃən], *n.* **1** dissezione; sezione anatomica **2** (*fig.*) analisi; esame analitico: (*rag.*) **the d. of last year's balance**, l'analisi del bilancio dell'esercizio passato **3** (*geol.*) dissezione.
dissector [di'sektə*], *n.* dissettore; perito settore.
to disseise, disseize [dis'si:z], *v. t.* (*leg.*) espropriare ingiustamente; spossessare.
disseisin, disseizin [dis'si:zin], *n.* (*leg.*) espropriazione illegale; spodestamento.
disseize [dis'si:z], *v. t.* (*leg.*) espropriare ingiustamente; spossessare.
to dissemble [di'sembl], *v. t. e i.* **1** dissimulare; celare; fare l'ipocrita: **He dissembled his hatred**, dissimulava il suo odio **2** simulare; fingere; atteggiarsi a: **Vice sometimes dissembles virtue**, talora il vizio s'atteggia a virtù **3** (*arc.*) fingere di non vedere.
dissembler [di'semblə*], *n.* dissimulatore; simulatore; ipocrita.
to disseminate [di'semineit], *v. t.* disseminare; diffondere; spargere; seminare: **to d. false doctrines**, disseminare false dottrine.
dissemination [di‚semi'neiʃən], *n.* disseminazione; diffusione: **the d. of advertising**, la diffusione della pubblicità commerciale.
disseminator [di'semineitə*], *n.* disseminatore; diffusore.
dissension [di'senʃən], *n.* **1** dissenso; dissidio; discordia; dissensione (*lett.*) **2** lite; litigio. ● **to sow d.**, seminare zizzania (*fig.*).
to dissent [di'sent], *v. i.* **1** dissentire; discordare: **I d. from what you say**, dissento da quello che dici **2** (*relig.*) essere dissenziente, dissidente (*dalla Chiesa d'Inghilterra*). ● **a dissenting church**, una Chiesa dissidente (*dall'Anglicana*) □ **dissenting minister**, pastore protestante di setta dissidente (*dall'Anglicana*) □ (*leg. USA*) **dissenting opinion**, parere di minoranza.
dissent [di'sent], *n.* **1** dissenso; dissidio **2** (*relig.*) dissidenza; scisma **3** (*collett.*) (i) dissidenti (*dalla Chiesa d'Inghilterra*).
dissenter [di'sentə*], *n.* **1** dissenziente **2** (*pl., relig.*) (i) Dissidenti (*dalla Chiesa Anglicana*).
dissentient [di'senʃiənt], *a. e n.* dissenziente; dissidente.
dissepiment [di'sepimənt], *n.* (*bot., zool.*) sepimento; setto.
to dissequester [‚disi'kwestə*], *v. t.* (*leg.*) dissequestrare.
dissequestration [di‚si:kwe'streiʃən], *n.* (*leg.*) dissequestro.
dissertation [‚disə(:)'teiʃən], *n.* dissertazione; disquisizione.
dissertational [‚disə'teiʃənl], *a.* dissertatorio.
dissertator ['disə(:)teitə*], *n.* dissertatore.
disservice [dis'sə:vis], *n.* **1** disservizio **2** cattivo servizio; danno: **to do oneself a d.**, rendere un cattivo servizio a sé stesso.
to dissever [dis'sevə*], *v. t.* dividere; separare; distaccare; staccare.
dissidence ['disidəns], *n.* dissidenza; dissidio; dissenso.
dissident ['disidənt], *a. e n.* dissidente; dissenziente.
dissimilar [di'similə*], *a.* dissimile; diverso.
dissimilarity [‚disimi'læriti], *n.* dissomiglianza; diversità.
to dissimilate [di'simileit], *v. t.* (*anche fon.*) dissimilare.
dissimilation [di‚simi'leiʃən], *n.* (*anche fon.*) dissimilazione.
dissimilitude [‚disi'militju:d], *n.* dissimilitudine (*lett.*).
to dissimulate [di'simjuleit], *v. t. e i.* dissimulare; fare l'ipocrita.
dissimulation [di‚simju'leiʃən], *n.* dissimulazione; ipocrisia.
dissimulator [di'simjuleitə*], *n.* dissimulatore; ipocrita.
to dissipate ['disipeit], **A** *v. t.* **1** dissipare; disperdere; scacciare: **The morning sun dissipated the mist**, il sole del mattino dissipò la nebbia; **to d. fears** (**doubts, etc.**), dissipare timori (dubbi, ecc.) **2** dissipare; sprecare; scialacquare; sciupare: **to d. money** (**one's energies**), dissipare denaro (le proprie energie). **B** *v. i.* **1** dissiparsi; disperdersi: **The mist will d. later in the morning**, la nebbia si dissiperà nella tarda mattinata; **The crowd soon dissipated**, la folla si disperse in breve tempo **2** essere dissoluto; darsi ai bagordi: **People go there to d.**, la gente si reca lì per darsi ai bagordi.
dissipated ['disipeitid], *a.* dissipato; dissoluto; scialacquatore: **He is a d. young man**, è un giovane dissipato.
dissipation [‚disi'peiʃən], *n.* **1** dissipazione (*anche elettr.*); dispersione **2** dissipatezza; vita dissoluta; dissolutezza; dissipazione; bagordi. ● (*elettr.*) **d. factor**, fattore perdita.
dissipative ['disipətiv], *a.* **1** che tende a dissipare (*o a* dissiparsi) **2** (*tecn.*) dissipativo.
dissipator ['disipeitə*], *n.* **1** dissipatore **2** (*tecn.*) dispersore.
dissociability [di‚souʃə'biliti], *n.* dissociabilità.
dissociable (*def.* **1** [di'souʃəbl], *def.* **2** [di'souʃəbl]), *a.* **1** dissociabile; separabile **2** non socievole.
dissocial [di'souʃəl], *a.* insocievole.
to dissocialize [di'souʃəlaiz], *v. t.* rendere insocievole.
to dissociate [di'souʃieit], **A** *v. t.* dissociare; separare; disunire; scindere. **B** *v. i.* dissociarsi; separarsi; disunirsi. ● **to d. oneself from**, ripudiare ogni legame con; dichiararsi estraneo a: **I wish**

to d. myself from that party, desidero ripudiare ogni legame con quel partito □ (*psic.*) **dissociated personality**, personalità dissociata.

dissociation [di,sousi'eiʃən], *n.* **1** dissociazione; separazione; scissione **2** (*psic.*) dissociazione psichica.

dissociative [di'souʃiətiv], *a.* (*fis. nucl.*, *psic.*) dissociativo.

dissolubility [di,sɔlju'biliti], *n.* dissolubilità; l'esser dissolubile.

dissoluble [di'sɔljubl], *a.* dissolubile.

dissolute ['disəlu:t], *a.* dissoluto; licenzioso.

dissoluteness ['disəlu:tnis], *n.* dissolutezza.

dissolution [,disə'lu:ʃən], *n.* **1** dissoluzione; dissolvimento; scioglimento: **the d. of marriage**, lo scioglimento del matrimonio; **the d. of snow**, lo scioglimento delle nevi; **the d. of Parliament**, lo scioglimento del parlamento **2** dissoluzione (*del corpo umano*); decomposizione; morte **3** fine; scomparsa **4** (*leg.*) risoluzione (*d'un contratto*) **5** (*leg.*, *comm.*) scioglimento (*di una società*).

to dissolve [di'zɔlv], **A** *v. t.* **1** dissolvere; disciogliere; sciogliere: **to d. salt in water**, sciogliere il sale nell'acqua; **to d. Parliament**, sciogliere il parlamento **2** sciogliere; annullare; porre termine a: **to d. a bond**, sciogliere un legame **3** (*leg.*) risolvere (*un contratto*) **4** (*leg.*, *comm.*) sciogliere (*una società*) **5** (*chim.*) disperdere. **B** *v. i.* **1** dissolversi; sciogliersi: **Sugar dissolves in water**, lo zucchero si scioglie nell'acqua; **The assembly dissolved**, l'assemblea si sciolse; **She dissolved in tears**, ella si sciolse in lacrime **2** fondersi; liquefarsi; dissolversi: **snow dissolving in the sun**, neve che si dissolve al sole **3** dissolversi; scomparire; svanire **4** (*cinem.*, *telev.*) fare (*o* eseguire) una dissolvenza.

dissolve [di'zɔlv], *n.* (*cinem.*, *telev.*) dissolvenza.

dissolvent [di'zɔlvənt], **A** *a.* dissolvente. **B** *n.* (*chim.*) solvente.

dissonance ['disənəns], *n.* (*specialm. mus.*) dissonanza; discordanza.

dissonant ['disənənt], *a.* dissonante; discordante; discorde.

to dissuade [di'sweid], *v. t.* dissuadere; distogliere; sconsigliare.

dissuader [di'sweidə*], *n.* dissuasore; dissuaditrice (*raro*).

dissuasion [di'sweiʒən], *n.* dissuasione.

dissuasive [di'sweisiv], *a.* dissuasivo.

dissyllabic [,disi'læbik], *a.* dissillabo; bisillabo; dissillabico.

dissyllable [di'siləbl], *n.* dissillabo; bisillabo.

dissymmetric(al) [,disi'metrik(əl)], *a.* asimmetrico.

dissymmetry [di'simitri], *n.* asimmetria.

distaff ['dista:f], *n.* conocchia; rocca **2** (*fig.*) lavori donneschi. ● **the d. side**, la linea femminile (*d'una famiglia*) □ (*fig.*: **di ascendenza**) **on the d. side**, per parte di madre.

distal ['distəl], *a.* (*anat.*) distale.

distance ['distəns], *n.* **1** distanza (*anche fig.*); lontananza; spazio; lasso di tempo, periodo, intervallo; differenza: **The steeple can be seen at a d. of five miles**, il campanile si vede da cinque miglia di distanza; **The Statue of Liberty could be seen in the d.**, si vedeva in lontananza la Statua della Libertà; **There is a great d. between health and illness**, c'è una bella differenza tra l'esser sani o malati; **It is hard to judge, at this d. of time**, a distanza di tanto tempo, è difficile giudicare; **the d. between birth and death**, il lasso di tempo fra la nascita e la morte **2** (*sport*; *anche*, **un tempo**, **d.-post**) distanza: **beaten by a d.**, battuto di una distanza **3** (*fig.*) distanza; distacco; riserbo **4** (*arte*) prospettiva **5** (*mus.*) intervallo. ● **d. glasses**, occhiali per vederci da lontano □ (*naut.*) **d. on beam**, distanza al traverso □ (*sport*) **d. runner**, fondista (*in atletica*) □ **d. running**, fondo (*di corsa*) □ (*naut.*) **d. signal**, segnale di lontananza □ **from** (*o* **at**) **a d.**, di lontano □ (*sport e fig.*) **to go the d.**, reggere fino alla fine (*o* fino in fondo); compiere l'intero percorso □ **to keep one's d. from sb.**, stare (*o* girare) alla larga da q. □ **to keep sb. at a d.**, mantenere le distanze da q.; tenere q. a distanza; star sulle sue □ (*tel.*) **a long-d. call**, una chiamata interurbana □ (*arte*) **middle d.**, secondo piano (*d'un quadro*, *d'un paesaggio*) □ **within striking d.**, a (portata di) tiro: **Our troops are not yet within striking d. of the enemy**, le nostre truppe non hanno ancora il nemico a tiro □ **I live within walking d. of the school**, abito abbastanza vicino alla scuola da poterci andare a piedi □ **The school is no d. at all from my house**, la scuola è vicinissima a casa mia (*o* a quattro passi da casa mia) □ **The airport is a great** (*o* **a good**) **d. off**, l'aeroporto è lontanissimo.

to distance ['distəns], *v. t.* **1** distanziare; lasciare addietro; staccare; superare: **James Hunt soon distanced all the others**, James Hunt distanziò presto tutti gli altri **2** (*arte*) mettere in prospettiva: **This painter knows how to d. his landscape well**, questo pittore sa mettere in giusta prospettiva i suoi paesaggi.

distant ['distənt], *a.* **1** distante; lontano; remoto: **The church is ten miles d.**, la chiesa è lontana (*o* dista) dieci miglia; **a d. relative**, un lontano parente; **a d. sound**, un suono lontano; **a d. resemblance**, una lontana (*o* vaga) somiglianza; **d. ages**, età remote **2** freddo (*fig.*); riservato; altero: **a d. manner**, modi riservati, alteri; **d. politeness**, fredda cortesia. ● **to be... d.**, distare: **Rome is three hundred kilometers d.**, Roma dista trecento chilometri (da qui) □ (*ferr.*) **d. signal**, segnale a distanza □ **to have a d. look in one's eyes**, guardare (*o* fissare lo sguardo) lontano □ **to have a d. view of st.**, vedere q.c. di lontano.

distantly ['distəntli], *avv.* **1** di lontano; alla lontana: **He is d. related to the mayor**, è imparentato alla lontana con il sindaco **2** freddamente; con (grande) distacco.

distaste [dis'teist], *n.* disgusto; antipatia; avversione; ripugnanza: **He has a d. for reading**, ha avversione per la lettura.

distasteful [dis'teistful], *a.* disgustoso; antipatico; ripugnante.

distastefulness [dis'teistfulnis], *n.* sgradevolezza; l'essere disgustoso; antipatia; ripugnanza.

to distemper (1) [dis'tempə*], *v. t.* (*arc.*, *salvo il p.p.*) turbare; agitare; fare ammalare: **a distempered fancy**, una fantasia turbata (*o* malata).

distemper (1) [dis'tempə*], *n.* **1** (*arc.*) disturbo; indisposizione; malattia; male **2** (*vet.*) cimurro (*dei cani*) **3** (*fig.*, *polit.*) malessere (sociale); disordine; rivolta; tumulto.

to distemper (2) [dis'tempə*], *v. t.* **1** stemperare (*un colore*) **2** dipingere a tempera **3** (*edil.*) tinteggiare a tempera.

distemper (2) [dis'tempə*], *n.* **1** (*edil.*) tinteggiatura a tempera **2** tempera **3** colore stemperato. ● **to paint in d.**, dipingere a tempera.

to distend [dis'tend], *v. t. e i.* dilatare, dilatarsi; gonfiare, gonfiarsi: **to d. a balloon**, gonfiare un pallone aerostatico; **The nostrils of a horse d. when it is excited**, le narici del cavallo si dilatano quando è eccitato. ● **a distended vein**, una vena gonfia.

distensibility [dis,tensə'biliti], *n.* dilatabilità.

distensible [dis'tensəbl], *a.* dilatabile.

distension, distention [dis'tenʃən], *n.* **1** dilatazione; rigonfiamento **2** (*med.*) gonfiore.

distich ['distik], *n.* (*poesia*) distico.

distichous ['distikəs], *a.* (*biol.*) distico.

to distil(l) [dis'til], **A** *v. t.* **1** distillare: **to d. salt water**, distillare l'acqua salata **2** far stillare; far gocciolare; essudare **3** (*fig.*) instillare; infondere. **B** *v. i.* **1** essere distillato **2** stillare; gocciolare.

distillable [dis'tiləbl], *a.* distillabile.

distillate ['distilit], (*chim.*) **A** *a.* distillato. **B** *n.* distillato.

distillation [,disti'leiʃən], *n.* **1** distillazione: **Whisky is made by the d. of barley**, il whisky si ottiene distillando l'orzo **2** (*fig.*) quintessenza; distillato (*fig.*).

distillatory [dis'tilətəri], *a.* distillatorio.

distilled [dis'tild], *a.* distillato: **d. water**, acqua distillata.

distiller [dis'tilə*], *n.* distillatore (*anche l'apparecchio*); distillatrice: **a whisky d.**, un distillatore di whisky.

distillery [dis'tiləri], *n.* distilleria.

distilling [dis'tiliŋ], *n.* distillazione. ● (*chim.*) **d. flask**, pallone per distillazione.

distinct [dis'tiŋkt], *a.* **1** distinto; chiaro; deciso; netto; spiccato: **a d. sound**, un suono chiaro, distinto; **a d. achievement**, un netto successo; **a d. refusal**, un netto rifiuto **2** separato; distinto; diverso: **two d. opinions**, due opinioni distinte; (*bot.*, *zool.*) **two d. species**, due specie distinte.

distinction [dis'tiŋkʃən], *n.* **1** distinzione: **He doesn't make any d.**, non fa nessuna distinzione; **without d. of rank**, senza distinzione di grado; **He has little d. of manner**, ha poca distinzione nei modi **2** caratteristica: **The d. of this building is its height**, la caratteristica di questo edificio è l'altezza **3** eccellenza; eminenza; originalità: **Thomas Hardy is a writer of d.**, Thomas Hardy è uno scrittore eminente **4** decorazione; onorificenza; riconoscimento: **The soldier won many distinctions for bravery**, ebbe molte decorazioni per i suoi atti di valore; **The king conferred a d. on him**, il re gli conferì un'onorificenza. ● **a d. without a difference**, una differenza apparente □ **the distinctions of birth**, le differenze sociali □ **He fought with d.**, combatté valorosamente; si distinse in combattimento.

distinctive [dis'tiŋktiv], *a.* distintivo; caratteristico; particolare: **Schoolboys at Eton wear a d. uniform**, a Eton gli studenti indossano un'uniforme particolare. ● **a d. badge**, un (segno) distintivo □ **d. flag**, distintivo (*di una nave*).

distinctiveness [dis'tiŋktivnis], *n.* caratteristica; particolarità.

distinctness [dis'tiŋktnis], *n.* **1** l'essere distinto; chiarezza; nettezza **2** diversità.

to distinguish [dis'tiŋgwiʃ], **A** *v. t. e i.* distinguere (*in ogni senso*). **to distinguish oneself B** *v. rifl.* distinguersi; farsi onore: **He distinguished himself in action**, si fece onore sul campo di battaglia.

distinguishable [dis'tiŋgwiʃəbl], *a.* distinguibile.

distinguished [dis'tiŋgwiʃt], *a.* **1** distinto; di grande distinzione; famoso; eminente; insigne; di riguardo: **a d. writer**, un insigne scrittore; **a d.-looking man**, un uomo dall'aria distinta; **a d. foreigner**, uno straniero di riguardo; **a d. man of letters**, un letterato eminente **2** onorevole; prestato con onore: **a d. career**

distort

in the government service, un'onorevole carriera al servizio del governo; **d. service in the navy**, servizio militare prestato con onore nella marina.

to **distort** [dis'tɔ:t], v. t. **1** distorcere; storcere; stravolgere; deformare; sformare: **His face was distorted with rage**, aveva il viso stravolto dall'ira; **After the crash, the chassis of my car was all distorted**, dopo l'incidente, il telaio della mia auto era tutto deformato **2** (fig.) alterare; falsare; travisare: **to d. the truth**, falsare la verità; **You d. the facts**, tu travisi i fatti.

distorted [di'stɔ:tid], a. **1** distorto; stravolto; deformato **2** alterato; falso; travisato.

distortedly [dis'tɔ:tidli], avv. **1** in modo distorto; scompostamente **2** in modo alterato; falsamente.

distortion [dis'tɔ:ʃən], n. **1** (elettron., ottica, tel., radio) distorsione (dei suoni, delle immagini, ecc.) **2** (mecc.) deformazione **3** alterazione (della verità, ecc.); travisamento (dei fatti, ecc.). ● **a d. of one's features**, un'alterazione del volto; una smorfia.

distortional [dis'tɔ:ʃənəl], a. di distorsione; di deformazione.

distortionist [dis'tɔ:ʃənist], n. **1** contorsionista **2** caricaturista.

to **distract** [dis'trækt], v. t. **1** distrarre; distogliere; sviare; **to d. sb.'s attention**, distrarre l'attenzione di q.; **to d. sb.'s mind**, distrarre la mente di q. **2** confondere; infastidire; rendere perplesso; sconcertare; turbare **3** fare impazzire; far diventare matto.

distracted [dis'træktid], a. **1** confuso; perplesso; sconcertato; turbato: **He is d. between the two things**, è perplesso fra le due cose; **a d. look**, uno sguardo turbato; un aspetto sconcertato **2** pazzo; folle; matto; impazzito: **She was almost d. with grief**, era quasi impazzita per il dolore. ● **to drive sb. d.**, fare impazzire q.

distracter [dis'træktə*], n. **1** chi distrae **2** (docimologia) risposta errata (in un test a risposte multiple).

distractingly [dis'træktiŋli], avv. in modo da confondere (o da turbare, da sconcertare; o da fare impazzire).

distraction [dis'trækʃən], n. **1** distrazione; mancanza di attenzione; divertimento; svago: **You won't get many distractions if you are staying in a camp**, se vai in campeggio, non avrai molti svaghi **2** confusione; fastidio; perplessità; turbamento: **Television is a d. when you are studying**, la televisione è un fastidio quando si studia **3** pazzia; follia; frenesia. ● **to drive sb. to d.**, spingere q. alla pazzia □ **to love sb. to d.**, amare q. alla follia.

distractor [dis'træktə*], V. **distracter**.

to **distrain** [dis'trein], v. t. e i. (leg.) pignorare; sequestrare: **to d. upon sb.'s goods for rent**, sequestrare i beni di q. per mancato pagamento dell'affitto. ● (leg.) **keeper of distrained goods**, sequestratario.

distrainee [,distrei'ni:], n. (leg.) sequestrato; chi subisce un sequestro.

distrainer [dis'treinə*], **distrainor** [,distrei'nɔ:*], n. (leg.) creditore che fa sequestrare i beni altrui; sequestratore; sequestrante.

distraint [dis'treint], n. (leg.) pignoramento; sequestro.

distrait [di'strei] (franc.), a. distratto.

distraught [dis'trɔ:t], a. **1** sconvolto; turbato **2** pazzo; folle.

distress [dis'tres], n. **1** angoscia; dolore: **His death was a great d. to me**, la sua morte fu un grande dolore per me **2** bisogno; miseria; indigenza: **There was great d. among the farmers**, c'era grande miseria fra i contadini **3** pericolo: **a ship in d.**, una nave in pericolo **4** (leg.) sequestro; bene sequestrato; beni sequestrati. ● (naut., radio) **d. call**, S.O.S.; segnale di richiesta di soccorso □ **d. rocket**, razzo d'allarme (per segnalare pericolo) □ (naut.) **d. signal**, segnale (bandiera, ecc.) di soccorso (o di pericolo) □ **d. warrant**, mandato di pignoramento.

to **distress** [dis'tres], v. t. **1** angosciare; affliggere; addolorare: **His bitter words distressed the sensitive girl**, le sue parole pungenti afflissero quella sensibile ragazza **2** spossare; stremare; stressare.

distressed [dis'trest], a. **1** angosciato; afflitto **2** spossato; stremato **3** bisognoso; indigente: **d. families**, famiglie bisognose **4** (fin.) in difficoltà: **d. businesses**, aziende in difficoltà (finanziarie) **5** (naut.: di nave) in pericolo. ● **d. areas**, zone disastrate.

distressful [dis'tresful], a. **1** doloroso; angoscioso; penoso **2** disgraziato; infelice; sventurato. ● (fig.) **the d. country**, il paese della sventura (l'Irlanda).

distressing [dis'tresiŋ], a. doloroso; angoscioso; penoso.

distributable [dis'tribjutəbl], a. distribuibile; ripartibile.

distributary [dis'tribjutəri], n. (geogr.) **1** canale deltizio **2** braccio secondario (di fiume).

to **distribute** [dis'tribju(:)t], v. t. **1** distribuire; assegnare; dare; ripartire; cospargere: **to d. paint over a door**, distribuire (o cospargere) la vernice su un uscio **2** (comm.) distribuire, smistare (merci, pacchi, ecc.) **3** (tipogr.) scomporre (caratteri e ricollocarli nelle cassette). ● **to d. justice**, amministrare la giustizia □ (fin.) **to d. profits**, ripartire gli utili □ (costr.) **distributed load**, carico ripartito □ (comm.) **a distributing centre**, un centro di distribuzione □ (elettron.) **distributing frame**, quadro di distribuzione; ripartitore.

distribution [,distri'bju:ʃn], n. **1** (anche econ., fin.) distribuzione; ripartizione: **the d. of goods**, la distribuzione dei beni; **the d. of profits**, la ripartizione dei profitti **2** diffusione: **The oak has a wide d.**, la quercia è una pianta che ha una grande diffusione **3** (stat.) distribuzione: **the d. of population**, la distribuzione della popolazione **4** (comm.) distribuzione (delle merci): **d. costs**, costi della distribuzione **5** (tipogr.) scomposizione. ● (elettr.) **d. switchboard**, quadro di distribuzione.

distributive [dis'tribjutiv], **A** a. distributivo: (mat.) **d. principle** (o **law**), proprietà distributiva. **B** n. (gramm.) aggettivo (o pronome) distributivo. ● (leg.) **d. share**, legittima □ (econ.) **d. trades**, il settore della distribuzione (trasporti, ecc.).

distributor [dis'tribjutə*], n. **1** distributore **2** (tipogr.) scompositore **3** (elettr.) distributore **4** (elettr., autom.) spinterogeno; distributore (d'accensione): **d. cap**, calotta dello spinterogeno; **d. points**, puntine (o contatti) dello spinterogeno. ● (elettr., autom.) **d. rotor**, spazzola rotante; ruttore.

district ['distrikt], n. **1** (anche leg.); circoscrizione; circondario: **postal d.**, distretto postale; **school d.**, distretto scolastico **2** regione; territorio; zona: **a farming d.**, una regione agricola; **the Lake D.**, (in G.B.) la regione dei laghi del Cumberland **3** quartiere (d'una città): **the business d.**, il quartiere commerciale, degli affari; **the Italian d.**, il quartiere italiano. ● (leg. USA) **d. attorney**, procuratore distrettuale □ (tecn.) **d. heating**, riscaldamento centralizzato (per un gruppo di case) □ (comm.) **d. manager**, direttore di zona □ **D. Railway**, ferrovia che serve Londra e dintorni □ **d. visitor**, coadiutore di un parroco; dama di carità □ **rural districts**, distretti rurali (in cui è divisa la contea inglese) □ **town d.**, distretto urbano (in cui si divide la città).

to **district** ['distrikt], v. t. dividere in distretti (o circoscrizioni).

distrust [dis'trʌst], n. sfiducia; diffidenza; sospetto.

to **distrust** [dis'trʌst], v. t. diffidare di; non aver fiducia in; sospettare.

distrustful [dis'trʌstful], a. diffidente; sospettoso.

distrustfulness [dis'trʌstfulnis], n. diffidenza; sospettosità.

to **disturb** [dis'tə:b], v. t. **1** disturbare; turbare: **Don't d. yourself for me**, non disturbarti per me; (leg.) **to d. the peace**, turbare l'ordine pubblico **2** mettere in disordine; buttare all'aria; scompigliare **3** (radio, telev.) disturbare.

disturbance [dis'tə:bəns], n. **1** disturbo; incomodo; turbamento **2** agitazione; confusione; disordine; scompiglio; tumulto: **Don't make so much d. about a little thing**, non metterti in tanta agitazione per una nonnulla; **Political disturbances are common nowadays**, le agitazioni (di carattere politico) sono comuni oggigiorno **3** (leg.) turbativa **4** (meteorologia e fig.) perturbazione: **a d. of the economic balance**, una perturbazione dell'equilibrio economico **5** (radio, telev.) disturbo. ● (leg.) **to cause a d.**, turbare l'ordine pubblico (o la quiete pubblica).

disturbed [dis'tə:bd], a. **1** disturbato (psic.) affetto da turbe psichiche.

disturber [dis'tə:bə*], n. disturbatore. ● (leg.) **d. of the peace**, disturbatore dell'ordine pubblico (o della quiete pubblica).

disunion [dis'ju:njən], n. disunione; separazione; discordia.

to **disunite** [,disju:'nait], **A** v. t. disunire; separare. **B** v. i. disunirsi; separarsi; staccarsi.

disuse [dis'ju:s], n. disuso; mancanza d'uso: **This word has fallen into d.**, questa parola è caduta in disuso; **The machinery has become rusty from d.**, il macchinario s'è arrugginito per mancanza d'uso. ● **The mine has fallen into d.**, la miniera è stata abbandonata.

to **disuse** [dis'ju:z], v. t. disusare; smettere d'usare.

disutility [,disju(:)'tiliti], n. (econ.) disutilità.

disyllabic [,disi'læbik], **disyllable** [di'siləbl], V. **dissyllabic, dissyllable**.

ditch [ditʃ], n. **1** fossa; fosso; fossato **2** (anche **drainage d.**) canale d'irrigazione; canale di scolo: **excavators for digging drainage ditches**, escavatrici per la costruzione di canali di scolo **3** (mil.) fosso; trincea **4** (costr. stradali) cunetta. ● **d. check**, aletta di cunetta. ● (fam.) **the D.**, (gergo aeron.) la Manica; (anche) il Mare del Nord; (USA) il Canale di Panama □ **d.-water**, acqua stagnante (o di fosso) □ (fig.) **to be as dull as d.-water**, essere noioso da morire; far morire di noia □ **a last-d. effort**, un tentativo disperato □ **to die in the last d.**, morire sull'ultima trincea; (fig.) difendersi disperatamente.

to **ditch** [ditʃ], v. t. e i. **1** scavare, riparare, pulire fossi (o canali di scolo) **2** provvedere di fossi (o canali di scolo); prosciugare **3** mandare in un fosso: **He ditched his car while learning to drive**, mandò l'automobile nel fosso mentre imparava a guidare **4** (fam.) abbandonare; lasciare; piantare (fig., fam.) **5** (aeron.) fare un ammaraggio forzato **6** (fam. USA) evitare (q.), scappare da (q.).

ditcher ['ditʃə*], n. **1** scavatore; sterratore **2** (agric.) scavafossi;

ditching ['ditʃiŋ], n. **1** scavo di fossi **2** (aeron.) ammaraggio forzato.
ditheism ['daiθiizəm], n. (relig.) diteismo.
dither ['diðə*], n. **1** tremito **2** (fam.) agitazione; eccitazione. ● (fam.) **to be in a d. about st.**, essere agitatissimo per q.c.
to dither ['diðə*], v. i. **1** tremare **2** esitare; titubare **3** (fam.) agitarsi; essere eccitato.
dithyramb ['diθiræmb], n. (poesia e fig.) ditirambo.
dithyrambic [,diθi'ræmbik], **A** a. ditirambico. **B** n. ditirambo.
dittany ['ditəni], n. (bot.) **1** (Origanum dictamnus) dittamo cretico **2** (Dictamnus albus) dittamo; frassinella.
ditto ['ditou], a. e n. (pl. **dittos, dittoes**) (comm.) idem; predetto; suddetto (nelle fatture, negli inventari, ecc.): **One hat at £ 5.50; d. at £ 6.30**, un cappello a 5 sterline e mezzo; idem a 6 sterline e 30 penny. ● **d. mark**, segno di ripetizione ▫ **d. suit** (o **suit of dittos**), abiti della stessa stoffa ▫ (fam.) **to say d. to sb.**, dichiararsi dello stesso parere di q.
ditty ['diti], n. canzoncina; arietta (parole e musica).
ditty-bag ['diti-bæg], **ditty-box** ['diti-bɔks], n. borsetta (o cassettina) usata da marinai e soldati per articoli da toeletta, ago e filo, ecc.
diuresis [,daijuə'ri:sis], n. (pl. **diureses**) (med.) diuresi.
diuretic [,daijuə'retik], a. e n. (farm.) diuretico.
diurnal [dai'ə:nl], **A** a. (astron., zool.) diurno. **B** n. (relig.) diurno (libro delle ore canoniche).
div [div], n. (abbr. fam.) **1** (fin.) dividendo **2** (mil.) divisione.
to divagate ['divəgeit], v. i. divagare; digredire.
divagation [,daivə'geiʃən], n. divagazione; digressione.
divalent ['dai,veilənt], a. (chim.) bivalente.
divan [di'væn], n. **1** divano **2** (anche **d. bed**) divano letto **3** (un tempo) sala per fumatori **4** (stor., letter.) divano.
to divaricate [dai'værikeit], **A** v. i. (di strade, ecc.) divergere, diramarsi; (di rami) biforcarsi. **B** v. t. divaricare.
divaricate [dai'værikeit], a. (bot., zool.) divergente; divaricato.
divarication [dai,væri'keiʃən], n. **1** diramazione; biforcazione **2** divaricamento; divaricazione.
to dive [daiv], **A** v. i. **1** tuffarsi; fare tuffi; immergersi (anche fig.); gettarsi a terra, buttarsi a capofitto: **to d. for pearls**, tuffarsi in cerca di perle; **The submarine suddenly dived**, il sottomarino s'immerse improvvisamente; **When the first shell burst, we dived for cover**, quando scoppiò la prima granata, ci gettammo tutti a terra in cerca di riparo **2** (aeron.) discendere in picchiata; fare una picchiata; picchiare: **The aeroplane dived and dropped its bombs**, l'aeroplano discese in picchiata e sganciò le bombe **3** affondare, cacciare la mano in (tasca, ecc.) **4** penetrare: **to d. into the heart of the matter**, penetrare nel vivo della questione. **B** v. t. tuffare, mettere (la mano, la testa, dentro q.c.): **He dived his head into the water**, tuffò il capo nell'acqua. ● **to d. into the study of a subject**, immergersi nello studio d'una disciplina.
dive [daiv], n. **1** tuffo **2** (aeron.) picchiata **3** (naut.) immersione (d'un sottomarino) **4** taverna (d'albergo o ristorante): **an oyster d.**, una taverna dove si vendono ostriche **5** (fam. USA) bettola; bisca. ● **d.-bomber**, bombardiere da picchiata (o a tuffo) ▫ **to d.-bomb**, bombardare in picchiata ▫ (di sommergibile) **crash d.**, immersione rapida ▫ (aeron.) **nose-d.**, affondata; (picchiata in) candela ▫ **quick-d. tank**, cassa di rapida immersione ▫ **to take a d.**, fare un tuffo; (pop.) accettare un incontro (specialm. di boxe) truccato; accordarsi per perdere.
diver ['daivə*], n. **1** chi si tuffa; tuffatore: **He is a clever d.**, è un bravo tuffatore **2** (naut.) palombaro; sommozzatore **3** (zool., Colymbus ruficollis) tuffetto **4** (zool., Gavia) strolaga (zool., **great northern d.** (Gavia immer), strolaga maggiore. ● **deep-sea d.**, palombaro di grande profondità ▫ **shallow-water d.**, sommozzatore.
to diverge [dai'və:dʒ], **A** v. i. divergere; differire; distaccarsi. **B** v. t. far divergere, deflettere. ● **to d. from a track**, deviare da un sentiero.
divergence [dai'və:dʒəns], **divergency** [dai'və:dʒənsi], n. **1** divergenza; differenza; disparità; deviazione **2** (mat.) divergenza.
divergent [dai'və:dʒənt], a. divergente; differente.
divers ['daivə(:)z], a. e pron. pl. (arc. o scherz.) diversi; vari; parecchi.
diverse [dai'və:s], a. diverso; differente; vario.
diversification [dai,və:sifi'keiʃən], n. **1** (anche econ.) diversificazione: **the d. of products**, la diversificazione dei prodotti **2** (comm., fin.) differenziazione (di portafoglio, ecc.).
diversified [dai'və:sifaid], a. (fin.) differenziato: **d. investment fund**, fondo d'investimento a portafoglio differenziato.
diversiform [dai'və:sifɔ:m], a. multiforme.

divine

to diversify [dai'və:sifai], **A** v. t. **1** diversificare (anche econ.); rendere diverso; variare **2** (comm., fin.) differenziare (investimenti, ecc.). **B** v. i. (anche econ.) diversificarsi.
diversion [dai'və:ʃən], n. **1** diversione: **the d. of the enemy**, la diversione del nemico **2** deviazione: **road d. ahead**, deviazione stradale (cartello); **the d. of a river**, la deviazione del corso di un fiume; (autom.) **traffic d.**, deviazione del traffico **3** divertimento; passatempo; diversivo; svago: **Bridge is his favourite d.**, il bridge è il suo passatempo prediletto **4** (autom., aeron., naut.) dirottamento (per la nebbia, ecc.) **5** (econ.) dirottamento: **the d. of demand**, il dirottamento della domanda (su altri beni) **6** (leg., fin.) storno; distrazione: **d. of public funds**, storno di fondi pubblici; **d. of profits**, distrazione degli utili **7** (mil.) diversione; (anche) diversivo tattico. ● (costr.) **d. gate**, paratoia deviatrice.
diversionary [dai'və:ʃənəri], a. (anche mil.) diversivo: **d. operation**, azione diversiva.
diversity [dai'və:siti], n. diversità; differenza; varietà.
to divert [dai'və:t], v. t. **1** deviare; deflettere; stornare: **to d. water from a river into the paddies**, deviare acqua da un fiume (e immetterla) nelle risaie; **to d. the course of a river**, deviare il corso d'un fiume **2** distrarre, distogliere (l'attenzione, ecc.); divertire: **Children are easily diverted**, è facile distrarre (o divertire) i bambini **3** (autom., aeron., naut.) dirottare; far deviare: **to d. traffic**, dirottare il traffico; (aeron: per la nebbia e sim.) **to divert flight Nº 306**, dirottare il volo numero 306 **4** (econ.) dirottare (fig.) **5** (leg., fin.) distrarre; stornare: **to d. funds to one's own use**, distrarre fondi per uso personale. ● **to d. calamity from sb.'s head**, stornare un pericolo da q. ▫ (autom.) **diverted traffic**, deviazione (del traffico) (cartello).
diverter [dai'və:tə*], n. **1** chi devia, distrae, storna, ecc. (V. **to divert**) **2** (elettr.) resistore (o riduttore) di campo.
diverticulitis [,daivə,tikju'laitis], n. (med.) diverticolite.
diverticulosis [,daivə,tikju'lousis], n. (med.) diverticolosi.
diverticulum [,daivə'tikjuləm], n. (pl. **diverticula**) (anat.) diverticolo.
divertimento [di,və:ti'mentou] (ital.), n. (pl. **divertimenti**) (mus.) divertimento; intermezzo.
diverting [dai'və:tiŋ], a. divertente: **a d. play**, una commedia divertente.
divertissement [di:ve:'tismɑ:] (franc.), n. **1** distrazione; divertimento **2** divertimento; intermezzo (eseguito negli intervalli d'un dramma o di un'opera).
Dives ['daivi:z], n. (fig.) ricco epulone; epulone (dalla Bibbia).
to divest [dai'vest], v. t. **1** svestire; spogliare **2** (leg.) spossessare; privare (di un diritto, di un potere): **The officer was divested of his rank**, l'ufficiale fu privato del grado. **to divest oneself B** v. rifl. liberarsi di (q.c.); abbandonare (q.c.).
divestiture [dai'vestitʃə*], **divestment** [dai'vestmənt], n. spoliazione; privazione.
divi ['divi], n. (gergo fin.) dividendo.
dividable [di'vaidəbl], a. divisibile.
to divide [di'vaid], **A** v. t. **1** dividere; separare; ripartire; spartire; distribuire: **to d. 20 by 4**, dividere 20 per 4; **The mountains d. us**, le montagne ci separano; **He divides his hair in the middle**, spartisce i capelli (o porta la scriminatura) nel mezzo; **I d. my spare time between my wife and my mother**, distribuisco il tempo libero fra mia moglie e mia madre **2** (d'un numero) essere divisore di (un altro): **4 divides 20**, il quattro è un divisore del venti. **B** v. i. **1** dividersi; separarsi; ripartirsi: **The Po divides at its mouth**, il Po si divide alla foce **2** essere diviso (o in disaccordo): **Opinions were divided**, i pareri erano divisi **3** (di parlamento, assemblea, ecc.) dividersi (in due gruppi opposti) per votare. ● (autom., USA) **divided highway**, strada a più corsie, con spartitraffico ▫ (fin.) **divided payments**, pagamenti rateali ▫ (moda) **divided skirt**, gonna pantalone.
divide [di'vaid], n. (geogr.) spartiacque.
dividend ['dividend], n. (mat., fin., leg.) dividendo: **The company declared a d. of 5%**, la società dichiarò un dividendo del 5%. ● (fin.) **d.-bearing share**, azione di godimento ▫ **d. coupon**, cedola ▫ **d.-warrant**, mandato di riscossione d'un dividendo ▫ **to pay dividends**, (fin.) pagare dividendi; (fig.) dare i propri frutti, rivelarsi fruttuoso.
divider [di'vaidə*], n. **1** divisore **2** (pl.) compasso a punte fisse **3** (autom. USA) spartitraffico.
dividing [di'vaidiŋ], a. di divisione; divisorio: (edil.) **d. wall**, muro divisorio.
dividual [di'vidjuəl], a. **1** diviso; distinto **2** divisibile; separabile.
divination [,divi'neiʃən], n. **1** divinazione; predizione **2** (fig.) intuizione; acume.
divinatory [di'vinətəri], a. divinatorio.
divine [di'vain], **A** a. **1** divino; eccellente: **He was king by d. right**, era re per diritto divino; **the d. Shakespeare**, il divino Shakespeare **2** (fam.) magnifico; splendido: **d. weather**, tempo

divine magnifico; **a d. dress**, un abito splendido. **B** *n.* **1** teologo **2** sacerdote; ecclesiastico. ● **d. service**, servizio religioso, culto (*nelle chiese protestanti*).

to divine [di'vain], *v. t. e i.* divinare; predire; presagire; indovinare: **to d. sb.'s intentions**, indovinare le intenzioni di q. ● **to d. water**, scoprire l'acqua (*con la bacchetta del rabdomante*).

diviner [di'vainə*], *n.* divinatore; indovino **2** rabdomante.

diving ['daiviŋ], *n.* **1** (*anche naut.*) immersione **2** il tuffarsi; tuffo **3** (*sport*) gare di tuffi (*V.* **to dive**). ● **d. apparatus**, attrezzature per sommozzatori □ **d. bell**, campana subacquea □ (*zool.*) **d. bird**, uccello tuffatore □ **d. board**, trampolino □ **d. dress** (*o* **suit**), scafandro da palombaro □ **d. mask**, maschera subacquea (*o* da sub) □ (*naut.*) **d. rudder**, timone di profondità (*di sommergibile*) □ **d. school**, scuola per subacquei.

divining [di'vainiŋ], *n.* **1** divinazione; il presagire **2** rabdomanzia; ricerca rabdomantica. ● **d. rod**, bacchetta da rabdomante.

divinity [di'viniti], *n.* **1** divinità: **the D.**, la divinità (Dio) **2** teologia: **doctor of d.**, dottore in teologia. ● (*legatoria*) **d. calf**, rilegatura in vitello marrone scuro.

divinization [,divinai'zeiʃən], *n.* deificazione; divinizzazione.

to divinize ['divinaiz], *v. t.* divinizzare; deificare.

divisibility [di,vizi'biliti], *n.* (*anche mat.*) divisibilità.

divisible [di'vizəbl], *a.* (*anche mat.*) divisibile. ● (*fin.*) **d. profits**, utili ripartibili.

division [di'viʒən], *n.* **1** (*anche mat.*) divisione (*econ.*) **the d. of labour**, la divisione del lavoro; (*fin.*) **the d. of profits**, la divisione degli utili; (*mil.*) **armoured d.**, divisione corazzata **2** divisione degli animi; disaccordo; discordia; disunione: **He stirred up divisions in his family**, egli suscitò discordia nella sua famiglia **3** (*filos.*) classificazione; distinzione **4** linea di divisione; confine **5** (*polit.*) divisione (*dei deputati alla Camera in due gruppi*); conto dei voti: **to come to a d.**, passare alla votazione per divisione; **The bill was passed without a d.**, il progetto di legge fu approvato senza dover ricorrere alla divisione per il conto dei voti (*cioè, a grande maggioranza o all'unanimità*) **6** categoria; specie; tipo; grado: (*nelle prigioni*) **1st** (**2nd**, **3rd**) **d.**, trattamento di primo (secondo, terzo) grado (*in ordine crescente di severità*) **7** (*USA*) divisione (*in un ministero*) **8** (*comm.*) settore; servizio; sezione; reparto: **the sales d. of a firm**, il reparto vendite di una ditta **9** (*sport*) (*calcio, ecc.*) divisione, serie; (*pugilato*) categoria. ● (*polit.*) **d. bell**, campanello che annuncia una votazione per divisione □ (*polit.*) **d. lobby**, scomparto per le votazioni per divisione.

divisional [di'viʒənl], *a.* **1** (*specialm. mil.*) divisionale **2** (*mat., fin.*) divisionario; divisionale. **d. coins**, monete divisionarie.

divisor [di'vaizə*], *n.* (*mat.*) divisore.

divorce [di'vɔ:s], *n.* **1** divorzio; (*per estens.*) annullamento di matrimonio **2** (*fig.*) separazione; dissidio: **the d. between management and labour**, il dissidio fra la dirigenza e la manodopera.

to divorce [di'vɔ:s], **A** *v. t.* **1** accordare il divorzio a (q.): **The judge divorced Mr and Mrs Johnson**, il giudice accordò il divorzio ai coniugi Johnson **2** divorziare da: **He divorced his first wife**, divorziò dalla prima moglie **3** (*fig.*) separare; scindere: **You can't d. honesty from truth**, non puoi separare l'onestà dalla verità. **B** *v. i.* divorziare; ottenere il divorzio.

divorcé [di,vɔ:'sei] (*franc.*), *n.* divorziato.

divorcée [di,vɔ:'si:] (*franc.*), *n.* divorziata.

divorcee [di(:),vɔ:'si], *n.* divorziato, divorziata.

divorcement [di'vɔ:smənt], *n.* divorzio; (*fig.*) separazione.

divot ['divət], *n.* (*golf*) zolla di terra erbosa (*sollevata per errore*).

divulgation [,daivʌl'geiʃən], *n.* divulgazione.

to divulge [dai'vʌldʒ], *v. t.* divulgare; rivelare a tutti.

divulgement [dai'vʌldʒmənt], **divulgence** [dai'vʌldʒəns], *n.* divulgamento; divulgazione.

divulsion [dai'vʌlʃən], *n.* (*med.*) divulsione.

divulsor [dai'vʌlsə*], *n.* (*med.*) divulsore.

divvy ['divi], (*pop.*) *n.* **1** divisione; spartizione **2** (*fin.*) dividendo.

to divvy ['divi], (*pop.*) **A** *v. t.* dividere; spartire. **B** *v. i.* fare le parti.

dixie, dixy ['diksi], *n.* (*mil.*) marmitta; pentolone.

Dixie (Land) ['diksilænd], *n.* (*USA*) gli Stati del Sud. ● (*mus.*) **D. jazz**, jazz tradizionale (del Sud); dixieland.

dizziness ['dizinis], *n.* vertigini (*pl.*); capogiro.

dizzy ['dizi], *a.* **1** che ha le vertigini; confuso; stordito: **to feel d.**, avere le vertigini (*o* il capogiro) **2** vertiginoso: **a d. height**, un'altezza vertiginosa **3** (*fig.*) confuso; sconcertato **4** (*fam.*) stupido; sciocco. ● **to make sb. d.**, far venire le vertigini a q.

to dizzy ['dizi], *v. t.* far venire il capogiro a q.); stordire.

djinn [dʒin], *n.* (*pl.* **djinns, djinn**) (*mitol.*) ginn; genietto.

DNA [di:ən'ei], *n.* (*biol.*) DNA.

to do [du:; du, də] (*pass.* **did**, *p. p.* **done**), **A** *v. t.* **1** fare; compiere: eseguire; portare a termine; (*cinem., teatr.*) fare la parte di: **to do one's duty**, fare il proprio dovere; **to do a deed**, compiere un'azione; portare a termine un'impresa; **What do you usually do?**, che cosa fai di solito?; **What are you doing now?**, che stai facendo ora?; **What does he do (for a living)?**, che cosa fa (che mestiere fa)?; **He could not do the problem**, non riuscì a fare il problema; **The express was doing ninety miles an hour**, l'espresso faceva novanta miglia all'ora; **We did the journey in two days**, facemmo il viaggio in due giorni; **I have done three copies of the letter**, ho fatto tre copie della lettera; **Leslie Howard did Pygmalion wonderfully**, Leslie Howard fece la parte di Pigmalione divinamente **2** (*al p.p. e nei tempi composti*) fare; finire: **My tasks are all done now**, i miei compiti sono tutti fatti, ora; **Dinner has been done for an hour**, il pranzo è finito da un'ora; **Have you done with the paint?**, hai finito con la vernice (*o* di usare la vernice)? **3** cuocere: **The meat is not done enough**, la carne non è abbastanza cotta; **The steak is done to a turn**, la bistecca è cotta a puntino **4** (*fam.*) visitare; fare (*fam.*): **Have you done London yet?**, hai già visitato Londra?; **We did France in two months**, visitammo (*o* facemmo) la Francia in due mesi **5** tradurre: **He did Virgil into English**, tradusse Virgilio in inglese **6** rendere: **He did honour to the great dead**, rese onore ai grandi del passato **7** (*fam.*) ingannare; imbrogliare; farla a (q.): **I had a suspicion he was doing me**, sospettavo che mi stesse ingannando; **You've been done**, te l'hanno fatta **8** (*fam.*) trattare (*un ospite*); fare un trattamento a (q.): **Your host will do you very well**, il tuo anfitrione ti tratterà ottimamente; **to do oneself well**, trattarsi bene; non farsi mancar niente **9** rovinare; farla bella: **That has done me**, ciò mi ha rovinato; **Now you've done it!**, l'hai fatta bella! **10** (*fam.*) scontare (*una pena*); fare (*fam.*): **He has done a long jail term**, ha scontato una lunga pena detentiva; **He has done four years in jail**, ha fatto quattro anni di carcere. **B** *v. i.* **1** fare; agire; operare; comportarsi: **You did well to refuse**, hai fatto bene a rifiutare; **He does well when treated well**, si comporta bene quando lo si tratta bene; **Do or die!**, operare o morire!; **Do, don't talk**, agisci e non far chiacchiere; **to do without**, fare a meno di **2** (*nei tempi composti*) finire; cessare; smettere: **Have done!**, smettila!; **Let us have done with it**, facciamola finita; **I have done with day-dreaming**, ho smesso di fare castelli in aria **3** andare; stare (*di salute*); passarsela; fare affari: **Everything in the fields is doing splendidly this year**, tutto va benissimo nella campagna quest'anno; **He is doing very well in business**, va benissimo negli affari; gli affari gli vanno a gonfie vele; **Mother and child are doing very well**, la madre e il bambino stanno benissimo; **He did very well out of the war**, fece affari d'oro con la guerra **4** fare; giovare; essere opportuno; bastare; andare: **You don't do for me any more**, Lei non fa più per me; **That will do**, ciò andrà bene; ciò sarà sufficiente; basta così; **It doesn't do to work too hard**, lavorare troppo, non va bene (*o* non è opportuno). **C** *verbo ausiliare* **1** fare (*determinato dal verbo precedente, di cui evita la ripetizione*): **If you want to tell him, do it now**, se vuoi dirglielo, fallo ora; (*idiom.*) «**Who took my hat?**» «**I did**», «chi ha preso il mio cappello?» «sono stato io»; **You saw him and so did I**, tu l'hai visto e io pure; «**I didn't do my homework**» «**Neither did I**», «non ho fatto il compito» «nemmeno io»; «**Did you see him?**» «**I did**», «l'hai visto?» «sì»; **You don't love me as I do you**, tu non mi vuoi bene come te ne voglio io **2** (*enfat.; idiom.*) **I do love you**, ti amo sul serio; ti voglio bene davvero; **Do I love you?**, (e mi chiedi) se ti amo?; **Do tell me!**, dimmelo, te ne prego!; **I did see him**, sì che l'ho visto; l'ho visto davvero; **He said he would go, and he did go**, disse che se ne sarebbe andato e se ne andò sul serio; **I do so wish I could speak English**, vorrei tanto saper parlare inglese **3** (*nelle frasi interr., neg. o per fare la costruzione inversa*): **Do you understand?**, capisci?; **I don't understand**, non capisco; **Rarely does it happen that...**, raramente accade che...; **Little did he realize that...**, egli non si rendeva conto (stentava a rendersi conto) che... **D** *verbi composti* **1 to do away with**, abolire; eliminare; sopprimere: **The office was done away with last year**, l'ufficio fu soppresso l'anno scorso; **The dictator did away with his opponents**, il dittatore eliminò i suoi avversari. **2 to do by sb.**, comportarsi con q.; trattare q.: **He did very well by me**, con me, si comportò benissimo; **He has been hard done by**, è stato trattato malissimo. **3** (*fam.*) **to do down**, imbrogliare, mettere nel sacco; fregare (*pop.*); far abbassare la cresta a (q.); far corna di, sparlare di (q.). **4 to do for oneself**, aver cura di sé stesso; badare a se stesso: **He's old enough to do for himself**, è abbastanza grande per badare a se stesso □ (*fam.*) **to do for sb.**, prendersi cura di q. (**come domestico, ecc.**); lavorare per: **While she was ill, she was done for by a neighbour**, finché fu malata, una vicina di casa le fece le faccende □ (*pop.*) **to do for sb.**, rovinare q.; far fuori, uccidere q.; (*fam.*) **to be done for**, essere rovinato, spacciato; essere irrimediabilmente sciupato, inservibile: **The nation's economy is done for**, l'economia del paese è in rovina; **I am done for**, sono spacciato; **These clothes are done for**, questi vestiti sono rovinati, inservibili. **5** (*pop.*) **to do sb. in**, far fuori q.; far la festa a q., uccidere q.; mandare in rovina, rovinare q.; spossare, stremare q.; imbrogliare, raggirare, truffare, fregare q.: **The gang did him in**, la banda lo fece fuori; **The stock-market crash did him in**, il crollo del mercato azionario lo rovinò; **I feel done in**, mi sento stremato □ (*pop.*) **to do sb. in the eye**, imbrogliare, ingannare, fregare q. **6 to do st. out**, pulire, ordinare, riordinare q.c.: **to do out the stables**, pulire le stalle; **My drawers need to be done out**, i miei cassetti hanno bisogno d'essere riordinati □ **to do sb. out of st.**, portar via, sottrarre, togliere q.c. a q., con la frode o l'inganno; rubare (*pop.* far fuori) q.c. a q. **7 to do st. over**, rifare q.c., fare di nuovo q.c.; dipingere di nuovo, riverniciare q.c.; rifare, riparare q.c.: **He did over his old car**, riverniciò la vecchia auto (*autom.*) **to do over the engine**, rifare il motore. **8** to do to (*arc.* **to do unto**) **sb.**, comportarsi con q.; trattare q. (*bene, male, ecc.*); fare (q.c.) a q.: **Do unto others as you would be done by**, fa' agli altri quel che vorresti fosse fatto a te. **9 to do up**, pulire, riordinare, imbiancare; avvolgere, impaccare, incartare, fare; fare su (*pop.*) abbottonare; allacciare, agganciare; stancare, spossare, stremare; **The flat needs doing up**, l'appartamento ha bisogno d'essere ripulito; **to do up the rooms**, riordinare (*o* rassettare, fare) le camere; **to do up a parcel**, fare (*o* confezionare) un pacco; **He was done up after the day's hard work**, era stremato al termine di una giornata di duro lavoro □ **to do up one's hair**, acconciarsi i capelli; (*detto di donna*) **to do oneself up**, farsi bella (*per una festa, ecc.*). **10 to do with**, farne di; aver voglia di, volere, desiderare; avere bisogno di; trattare, avere a che fare con; sopportare, tollerare; accontentarsi di: **What have you done with my lighter?**, che ne hai fatto del mio accendino?; **I could do with a nice cup of tea**, ho voglia di una bella tazza di tè; **Your jacket could do with a good brush**, la tua giacca avrebbe bisogno di una bella spazzolata; **You can't do with a man like that**, non si può trattare con un tipo come lui; **He has to do with all sorts of people**, ha a che fare con ogni sorta di persone; **I can't do with his disrespect**, non posso tollerare la sua mancanza di rispetto; **Can you do with two eggs for dinner?**, ti accontenti di due uova per cena? □ **What have you done with your friend?**, che ne hai fatto del tuo amico?; **che ne è del tuo amico?** (Cfr. **What have you done to your friend?**, che cosa (*di male, ecc.*) hai fatto al tuo amico?). **11 to do without st.**, fare senza q.c.; fare a meno di q.c.: **If there isn't any, I'll have to do without**, se non ce n'è, dovrò fare senza; **When it is warm, we can do without an overcoat**, quando è caldo, possiamo fare a meno del soprabito. ● **to do all one can** (*o* **one's utmost, everything in one's power**), fare di tutto (*o* il possibile, l'inimmaginabile, l'impossibile): **I did all I could to help her**, feci di tutto per aiutarla □ **to do sb. a bad turn**, fare uno sgarbo (*o* una scortesia, un brutto tiro) a q. □ **to do badly** (*o* **wrong**), far male; sbagliare: **You have done your work badly**, hai fatto male il lavoro; **He did wrong not to come**, fece male a non venire □ **to do the bedrooms**, rifare i letti; fare le camere (*fam.*) □ **to do one's best** (*o* **the best one can**), fare del proprio meglio: **I'll do my best to help him**, farò del mio meglio per aiutarlo □ **to do one's bit**, fare quel po' che si può; portare la propria pagliuzza □ **to do the correspondence**, sbrigare la corrispondenza □ (*fam.*) **to do one's damnedest**, darci sotto; mettercela tutta □ **to do duty as**, fare da; servire da; essere usato come: **«Fire» sometimes does duty as a verb and sometimes as a noun**, la parola «fire» a volte fa da sostantivo e a volte da verbo □ **to do evil**, far del male; commettere azioni malvagie □ **to do sb. a favour** (*o* **a kindness, a good turn**), fare un favore (*o* un piacere) a q.; rendere un servigio a q.: **He has done me many a good turn**, mi ha reso diversi servigi □ **to do the flowers**, ordinare (*o* sistemare) i fiori □ **to do good**, far bene; fare del bene: **This medicine will do you a lot of good**, questa medicina ti farà molto bene; **She does good among the poor**, fa del bene ai poveri □ **to do one's hair**, acconciarsi (*o* pettinarsi, spazzolarsi, mettersi in ordine) i capelli □ **to do the ironing**, stirare (*i panni*) □ **to do justice**, rendere giustizia a q.; dare a q. quel che gli spetta: **This photograph doesn't do you justice**, sei venuto male in questa fotografia □ **to do one's nails**, tagliarsi (*fam.* farsi) le unghie □ (*fig.*) **to do or die**, mettercela tutta: **It's a matter of do or die**, o la va o la spacca! □ **to do piece-work**, lavorare a cottimo □ (*comm.*) **to do the place**, battere la piazza; fare la zona □ **to do the polite**, fare il gentile, il cortese □ **to do a room**, riordinare una stanza □ **to do the sights**, visitare (*una città, ecc.*) da turista □ **to do one's teeth**, pulirsi i denti □ (*pop.*) **to do one's** (**own**) **thing**, fare quel che si vuole; fare il proprio comodo □ **to do one's training**, fare il tirocinio □ **to do wonders**, far meraviglie; dare ottimi risultati: **Perseverance will do wonders**, con un po' di costanza si ottiene tutto □ **to do the washing-up**, lavare i piatti, rigovernare □ **to do well** (*o* **right**), far bene; comportarsi bene, agire correttamente: **You have done your work well**, hai fatto bene il lavoro; **You did well to accept the offer**, facesti bene ad accettare l'offerta □ (*USA*) **to do oneself well**, farsi strada; aver successo □ **to do the windows**, pulire i vetri delle finestre; fare le finestre (*fam.*) □ **to do one's worst**, fare quanto più male è possibile; fare il diavolo a quattro: **Let him do his worst; I'm not afraid of him**, faccia pure (il diavolo a quattro); non mi fa paura □ **to make st. do**, far bastare q.c.; farcela con q.c.: **Can you make ten dollars do?**, riuscirai a farcela con dieci dollari? □ (*pop.*) **nothing doing**, niente da fare: «**Can I borrow your car?**» «**I'm sorry, old man; nothing doing**», «puoi prestarmi la tua auto?» «mi dispiace, vecchio mio; niente da fare» □ **a to-do**, una confusione; uno scompiglio; un gran chiasso □ **well-to-do**, benestante; prospero; ricco: **the well-to-do upper middle class**, l'alta borghesia benestante □ **Don't be frightened; the dentist won't do anything to you**, non aver paura, il dentista non ti farà niente (*o* non ti farà male) □ **That does it!**, ecco fatto!; basta così! □ **Done!**, d'accordo!; affare fatto!; ci sto! □ **How do you do?**, come sta? (*quando si conosce già la persona, ma non c'è intimità*: cfr. **How are you?**) □ (*oppure*) piacere (di conoscerLa), onorato, fortunatissimo, ecc. (*alla persona cui si è presentati, la quale risponde ripetendo la stessa frase*) □ (*fam., specialm. USA*) **How are you doing?**, come stai?; come va? (*a un amico*) □ **I have done with him now**, fra me e lui, è finita □ **It's as good as done**, (ormai) è cosa fatta □ **It isn't done**, non è finito (cotto, ecc.); (*anche*) non sta bene, è cattiva educazione: **You mustn't put your fingers in your mouth; it isn't done**, non devi metterti le dita in bocca; non sta bene □ (*iron.*) **Much good may it do you!**, buon pro ti faccia! □ **No sooner said than done**, detto fatto □ **Well done!**, bravo!; benissimo! □ **What have I to do with the matter?**, che c'entro io in questa faccenda? □ **What's doing at the club tonight?**, che si fa (di bello) al circolo stasera? □ **There was nothing doing in the town**, non succedeva niente nella città; la città era morta (*fig.*) □ **Easier said than done**, è presto a dirlo; è una parola!; fra il dire e il fare c'è di mezzo il mare (*prov.*) □ (*prov.*) **Well begun is half done**, chi ben comincia è a metà dell'opera □ (*prov.*) **When in Rome, do as the Romans do**, paese che vai, usanza che trovi.

do (1) [du:], *n.* (*pl.* **dos, do's**) **1** (*pop.*) imbroglio; inganno; fregatura, fregata (*pop.*) **2** (*fam.*) festa; ricevimento; trattenimento: **There is a big do on at Tom's**, c'è una gran festa (si stanno divertendo da matti) da Maso **3** (*pl.*) cose da farsi: **the do's and don'ts**, ciò che si può (*o* si deve) fare e ciò che non si può (*o* non si deve) fare; i comandamenti, le regole **4** (*pl.*) parti; porzioni: **fair do's!**, (bisogna fare le) parti giuste!

do (2) [dou], *n.* (*pl.* **dos, do's**) (*mus.*) do (*nota*).

doable ['du:əbl], *a.* fattibile; attuabile; realizzabile.

do-all ['du:ɔl], *n.* (*arc.*) factotum.

to doat [dout], *V.* **to dote**.

dobbin ['dɔbin], *n.* cavallo da tiro.

doc [dɔk], *n.* (*abbr. fam. di* **doctor**) dottore (*medico*).

docent [dou'sent], *n.* (*USA*) **1** libero docente (*in certe università*) **2** guida (*in un museo*).

docentship [dou'sentʃip], *n.* (*USA*) libera docenza.

dochmiac ['dɔkmiæk], *n.* (*poesia*) docmio.

docile ['dousail], *n.* docile; arrendevole; mansueto; che si lascia ammaestrare.

docility [dou'siliti], *n.* docilità; arrendevolezza; mansuetudine.

dock (1) [dɔk], *n.* **1** (*naut.*) bacino (*d'arsenale o cantiere*): **dry d.**, bacino di carenaggio; **floating d.**, bacino di carenaggio galleggiante; **wet d.**, bacino a livello d'acqua costante; darsena idrostatica; **graving d.**, bacino in muratura; **shipbuilding d.**, bacino di costruzione **2** (*pl.*) (serie di) bacini, moli o banchine, magazzini e uffici; (*anche* **dockyard**) arsenale, cantiere navale; darsena **3** (*naut.*) molo; banchina; scalo di alaggio; scalo d'approdo **4** (*ferr.*) piattaforma di carico (*alla fine d'un binario*). ● (*comm.*) **d. dues**, diritti di bacino (*o* di banchina) □ **d.-glass**, grande bicchiere (*per l'assaggio del vino*) □ **d.-master**, direttore dell'arsenale; capo di cantiere navale □ **d.-warrant**, fede di deposito doganale □ **d. workers**, (lavoratori) portuali.

to dock (1) [dɔk], **A** *v. t.* **1** (*naut.*) mettere in bacino (*una nave*) **2** (*naut. USA*) accostare alla banchina; attraccare, ormeggiare (*una nave*) **3** provvedere (*un porto*) di bacini **4** (*miss.*) attraccare; agganciare (*un'altra astronave*) **B** *v. i.* **1** (*di nave*) entrare in bacino **2** (*naut. USA*) ormeggiarsi; attraccare **3** (*miss.*: *d'astronave*) attraccare.

dock (2) [dɔk], *n.* (*leg.*) banco degli imputati.

dock (3) [dɔk], *n.* **1** mozzicone di coda; coda mozza (*di cane, ecc.*) **2** sottocoda (*nei finimenti del cavallo*). ● **d.-tailed**, dalla coda mozza.

to dock (2) [dɔk], *v. t.* **1** mozzare (*specialm. la coda*); mozzare la coda a (*un animale*) **2** tagliar corti (*i capelli*) **3** (*fig.*) diminuire; ridurre; tagliare: **to d. a clerk's salary**, ridurre lo stipendio a un impiegato; **to d. sb.'s supplies**, tagliare i rifornimenti a q. **4**

dock (4)

restringere, porre limiti alla libertà di (q.).
dock (4) [dɔk], *n.* (*bot.*, *Rumex*) romice; acetosa.
docker ['dɔkə*], *n.* scaricatore di porto; portuale.
docket ['dɔkit], *n.* **1** (*leg.*) lista delle cause da discutere; estratto di sentenza (*o* di altro provvedimento); registro contenente i medesimi **2** (*bur.*) attergato **3** (*comm.*) scontrino doganale (*attestante il pagamento del dazio*) **4** (*comm.*) autorizzazione per l'acquisto di merci razionate **5** ordine del giorno; agenda (*dei lavori*).
to docket ['dɔkit], *v. t.* **1** (*leg.*) registrare (*una sentenza*) **2** (*bur.*) attergare (*una pratica*).
docking ['dɔkiŋ], *n.* **1** (*naut.*) entrata (*o* messa) in bacino (*o* in darsena) **2** (*naut. USA*) attracco; ormeggio **3** (*miss.*) attracco; aggancio: **orbit d.**, attracco in orbita.
to dockize ['dɔkaiz], *v. t.* provvedere (*un fiume*) di bacino.
dockyard [dɔkjɑ:d], *n.* arsenale; cantiere navale; darsena. ● **d. hands**, maestranze di un cantiere navale.
doctor ['dɔktə*], *n.* **1** dottore; medico: **the Doctors of the Church**, i Dottori della Chiesa; **a d. of medicine**, un dottore in medicina; un medico; **a d. of law** (**divinity**, **literature, etc.**), un dottore in legge (in teologia, in lettere, ecc.); **a d. of dentistry**, un medico dentista **2** (*anche* **witch d.**) stregone **3** (*mecc.*) apparecchio (*o* strumento) usato come rimedio d'urgenza **4** (*tipogr.*) raspa; raschia **5** (*sport*) mosca artificiale (*per la pesca*) **6** (*USA*) dentista **7** (*fam.*) chi ripara (q.c.); aggiustatore: **a radio d.**, un radiotecnico; uno che ripara le radio **8** (*gergo naut.*) cuoco di bordo. ● **Doctor of Philosophy** (*abbr.* **Ph. D**), *V.* **doctorate** □ (*di paziente*) **to be on a d.'s panel**, essere mutuato; avere la mutua □ (*fam.*) **to be under the d. for st.**, essere in cura per q.c.
to doctor ['dɔktə*], **A** *v. t.* **1** addottorare; conferire il dottorato a (q.) **2** (*fam.*) curare; medicare; **to d. a patient (a cold)**, curare un malato (un raffreddore) **3** adulterare; fatturare; falsare; falsificare; manipolare; **to d. wine**, fatturare il vino; **to d. evidence**, falsare le prove; **to d. accounts**, falsificare i conti **4** (*mecc.*) riparare; rabberciare. **B** *v. i.* (*fam.*) fare il dottore; esercitare la medicina.
doctoral ['dɔktərəl], *a.* della laurea di terzo grado (*V.* **doctorate**). ● **d. dissertation**, tesi (*o* dissertazione) di dottorato.
doctorate ['dɔktərit], *n.* laurea di terzo grado (*equivalente all'italiano «dottorato di ricerca»*).
doctorial [dɔk'tɔ:riəl], *V.* **doctoral**.
doctorship ['dɔktəʃip], **doctorhood** ['dɔktəhud], *n.* dottorato (*o* l'esser dottore (*o* laureato).
doctrinaire [ˌdɔktri'nɛə*] (*franc.*), **A** *n.* dottrinario; teorico; visionario. **B** *a.* dottrinale; teorico; dogmatico.
doctrinairism [ˌdɔktri'nɛərizəm], *n.* dottrinarismo; l'essere un dottrinario.
doctrinal [dɔk'trainl], *a.* dottrinale.
doctrinarian [ˌdɔktri'nɛəriən], **doctrinarianism** [ˌdɔktri'nɛəriənizm], *V.* **doctrinaire, doctrinairism**.
doctrine ['dɔktrin], *n.* dottrina; teoria.
document ['dɔkjumənt], *n.* documento; certificato; attestato. ● (*fig.*) **human d.**, testimonianza umana.
to document ['dɔkjument], *v. t.* documentare; attestare; provare.
documentary [ˌdɔkju'mentəri], *a.* e *n.* documentario. ● (*fin.*) **d. bill**, tratta documentaria (*leg.*) **d. evidence**, prova scritta.
documentation [ˌdɔkjumen'teiʃən], *n.* **1** documentazione; prova; illustrazione **2** (*bur.*) pratica.
dodder ['dɔdə*], *n.* (*bot.*, *Cuscuta*) cuscuta.
to dodder ['dɔdə*], *v. i.* barcollare; tremare; vacillare.
doddered ['dɔdəd], *a.* (*d'un albero*) dalla vetta cimata, con i rami superiori caduti (*per vecchiaia*).
doddery ['dɔdəri], *a.* debole; fiacco; malfermo.
doddle ['dɔdl], *n.* (*fam.*) bazzecola; inezia; cosa facilissima.
dodecagon [dou'dekəgɔn], *n.* (*geom.*) dodecagono.
dodecahedron ['doudikə'hedrən], *n.* (*pl.* **dodecahedrons, dodecahedra**) (*geom.*) dodecaedro.
dodecanese [ˌdoudikə'ni:z], *a.* del Dodecaneso. ● (*geogr.*) **D. islands**, isole del Dodecaneso.
dodecaphonic [ˌdoudikə'fɔnik], *a.* (*mus.*) dodecafonico.
dodecaphony [ˌdoudi'kæfəni], *n.* (*mus.*) dodecafonia.
dodecasyllable ['doudikə'siləbl], *n.* (*poesia*) dodecasillabo.
to dodge [dɔdʒ], *v. i.* e *t.* **1** scansare, scansarsi; schivare, schivarsi; far civetta: **He dodged when I threw the snowball at him**, si schivò quando gli lanciai la palla di neve **2** (*fig.*) eludere; usare sotterfugi; far tira e molla; raggirare: **Don't try to d. your problems**, non cercare di eludere i tuoi problemi. ● **to d. behind sb.** (**st.**), ripararsi, rimpiattarsi dietro q. (q.c.) □ **to d. the call-up**, sottrarsi alla chiamata alle armi; imboscarsi (*fig.*) □ (*fam.*) «**dodg'em**», autoscontro (*V.* **dodgem**) □ **to d. taxes**, evadere le imposte; essere un evasore fiscale.
dodge [dɔdʒ], *n.* **1** balzo; schivata **2** (*fam.*) gherminella; inganno; sotterfugio; trucco **3** (*fam.*) espediente, piano; progetto. ● **tax d.**, evasione fiscale.

Dodgem ['dɔdʒəm], *n.* (*marchio*) autoscontro (*la pista*). ● **Dodgem car**, autoscontro (*l'automobilina elettrica*).
dodger ['dɔdʒə*], *n.* **1** imbroglione; furfante; furbacchione **2** (*fam.*) riparo contro gli spruzzi (*sul ponte d'una nave*) **3** (*USA*) pane (*o* focaccia) di granturco **4** (*USA*) volantino; foglietto pubblicitario. ● (*mil.*) **call-up dodger**, renitente alla leva.
dodgy ['dɔdʒi], *a.* **1** elusivo; evasivo **2** subdolo; furfantesco; ingannevole **3** (*di un tavolo, ecc.*) malfermo; insicuro; traballante.
dodo ['doudou], *n.* (*pl.* **dodoes, dodos**) **1** (*zool.*, *Raphus cucullatus*) dodo; dronte **2** (*fig.*) zuccone; testone **3** (*gergo aeron.*) allievo pilota che non ha ancora volato da solo. ● **to be as dead as a d.**, essere morto e sepolto (*fig.*); essere un pezzo d'antiquariato (*fig.*).
doe [dou], *n.* (*pl.* **does, doe**) (*zool.*) femmina del cervo (*o* del daino, dell'antilope, del coniglio, della lepre; *cfr.* **buck**, *il maschio*); daina; coniglia.
doer ['du(:)ə*], *n.* chi fa; chi agisce; chi opera; facitore: **He is a d., not a talker**, è uno che agisce, senza tante chiacchiere; **He is a d. of good**, è uno che fa del bene. ● **evil-d.**, malfattore.
does [dʌz, dəz], 3ª *pers. sing. del pres. ind.* di **to do**.
doeskin ['dou-skin], *n.* **1** pelle di daino **2** daino (*tessuto*).
doesn't ['dʌznt], *contraz.* di **does not** (*V.* **to do**).
doest ['du:ist], (*arc.*) 2ª *pers. sing. del pres. ind.* di **to do**.
to doff [dɔf], *v. t.* **1** togliersi (*l'abito*); levarsi (*il cappello*) **2** (*raro*) abbandonare (*un'abitudine, ecc.*).
dog [dɔg], *n.* **1** (*zool.*, *Canis familiaris*) cane; canide; (*fig.*) cane, persona spregevole **2** (*pop.*) tipo; individuo: **He is a sly (a lucky, etc.) dog**, è un tipo astuto (fortunato, ecc.) **3** (*astron.*) costellazione del Cane: **Greater Dog**, Cane Maggiore; (*o anche la stella*) Sirio; **Lesser Dog**, Cane Minore; (*o anche la stella*) Procione; **dog-star**, una delle suddette stelle principali; (*di solito*) Sirio **4** (*mecc.*, *anche* **dog iron**) briglia; dente d'arresto; gancio; grappa; rampone **5** (*falegnameria*) grappa **6** (*pl.*, *anche* **fire-dogs**) alari (*del focolare*) **7** (*meteorologia*, *anche* **sea-dog**) luce d'orizzonte che preannuncia la tempesta; (*anche*) parelio **8** (*pl.*) corse dei cani: **I've won ten pounds at the dogs**, ho vinto dieci sterline alle corse dei cani **9** (*pl.*, *pop. scherz.*) piedi; fettoni (*dial.*) **10** (*pl.*, *lett.*) distruzioni: (*fig.*) **the dogs of war**, le distruzioni (*o* le stragi) della guerra. ● (*fam.*) **a dog's age**, tantissimo tempo (*zool.*) **dog-ape** (*Papio cynocephalus*), babbuino □ **dog-biscuit**, biscotto per cani □ **dog boarding kennel**, albergo del cane □ (*ferr.*) **dog-box**, scompartimento per cani □ **dog-catcher**, accalappiacani □ (*fam.*) **a dog's chance**, la minima possibilità □ **dog-cheap**, a prezzo bassissimo; da due soldi □ **dog-collar**, collare di cane; (*fig.*) colletto alto inamidato □ (*meteorologia*) **dog days**, giorni canicolari; solleone □ **dog('s)-ear**, orecchio dell'angolo d'una pagina □ **to dog-ear a book**, fare le orecchie a un libro (*di fine e sim.*) **dog-eared**, con le orecchie □ **dog-eat-dog**, crudele; spietato □ (*zool.*) **dog-faced baboon** (*Papio cynocephalus*), babbuino □ (*nella lotta*) **dog-fall**, caduta contemporanea dei due lottatori □ **dog-fancier**, cinofilo; allevatore di cani □ (*bot.*) **dog-fennel** (*Anthemis cotula*), camomilla mezzana □ (*zool.*) **dog-fox**, maschio della volpe □ (*bot.*) **dog('s)-grass**, (*Agrostis canina*) agrostide canina; (*Agropyron repens*) dente canino □ **dog grooming**, toilettatura dei cani □ **dog-hole**, stanza misera; sgabuzzino; stamberga; tana; topaia □ **dog-house** (*o* **dog-kennel**), casotto con cuccia per il cane; canile □ (*fig.*, *fam: di persona*) **to be in the dog-house**, essere stato messo a cuccia □ **dog in a blanket**, pasta dolce arrotolata, con marmellata o uva passita □ **dog Latin**, latino maccheronico □ **dog-lead**, guinzaglio (*per cani*) □ **dog-leg(ged) staircase**, scala elicoidale □ **dog-lover**, cinofilo □ **dog's meat**, carne di cavallo; (*fig.*) offa □ **dog's nose**, bibita mista di birra e gin □ **dog-paddle**, nuoto (*o* nuotata) a cane □ **dog parlour**, salone di toelettatura per cani □ (*fam.*) **dog-poor**, poverissimo □ **dog-rose**, *V.* **dogrose** □ (*mecc.*) **dog screw**, vite a becco (*o* a naso) □ **dog-sleep**, sonno leggero e interrotto □ (*bot.*) **dog('s)-tail** (*Cynosurus cristatus*), coda di cane; ventolana □ (*fam.*) **dog-tired**, stanco morto; stremato □ (*bot.*) **dog's-tongue** (*Cynoglossum officinale*), cinoglossa; erba vellutina □ (*bot.*) **dog's-tooth** (*o* **dog's-tooth violet**), (*Erythronium denscanis*) dente di cane; (*Cynodon dactylon*) gramigna □ (*anat.*) **dog-tooth**, (dente) canino □ (*sport*) **dog-track**, cinodromo □ **dog training**, addestramento dei cani □ **dog-whip**, scudiscio □ (*zool.*) **dog-wolf**, lupo maschio □ **a cat and dog life**, una vita da cani e gatti; un continuo litigio (*specialm. fra marito e moglie*) □ **to die like a dog** (*o* **to die a dog's death**), morire come un cane □ (*fam.*) **to be dressed up like a dog's dinner**, essere vestito da arlecchino (*fig.*) □ **to give** (*o* **to throw**) **st. to the dogs**, buttar via q.c.; sprecare q.c.; gettar perle ai porci □ **to go to the dogs**, andare in malora (*o* in rovina) □ **to help a lame dog over a stile**, dimostrarsi amico di q.; soccorrere q. in un momento di bisogno □ **to lead a dog's life**, fare una vita da cani □ **to lead sb. a dog's life**, far fare a q. una vita da cane □ **not to have a dog's chance**, non avere

nessuna possibilità di successo (*o* nessuna probabilità di cavarsela) □ (*pop.*) **to put on the dog**, darsi delle arie; mettersi in ghingheri □ **to rain cats and dogs**, piovere a dirotto (*o* a catinelle) □ (*naut.*) **sea-dog**, lupo di mare □ (*fam.*) **to be top dog**, essere il pezzo più grosso; essere il gran capo; avere il comando □ **He is a dog in the manger**, è come il cane nella mangiatoia (*da una favola d'Esopo*), che impediva agli altri animali di mangiare cibo a lui inutile; è un grande e stupido egoista □ (*fam.*) **Take a hair of the dog that bit you**, per farti passar la sbornia, bevi un altro cicchetto! □ (*prov.*) **Dog does not eat dog**, lupo non mangia lupo; fra cani non si mordono □ (*prov.*) **Every dog has his day**, per tutti, prima o poi, viene il giorno della fortuna □ (*prov.*) **Give a dog a bad name and hang him**, la calunnia uccide □ (*prov.*) **Let sleeping dogs lie**, non svegliare il can che dorme □ (*prov.*) **You can't teach an old dog new tricks**, è impossibile far abbandonare ai vecchi (*o* agli abitudinari) le abitudini (*o* le idee inveterate) per adottarne di nuove.

to dog [dɔg], *v. t.* **1** seguire; pedinare; dare la caccia a: **to dog sb.'s footsteps**, seguire le orme di q.; **to dog the baby's kidnappers**, dare la caccia ai rapitori del bambino **2** (*fig.*) perseguitare: **He is dogged by bad luck**, è perseguitato dalla sfortuna **3** (*mecc.*) assicurare con una briglia (*o* con un rampone).

dogate [ˈdougeit], *n.* (*stor.*) dogato, dogado.

dogberry [ˈdɔgberi], *n.* **1** (*bot.*, *Cornus sanguinea*) sanguinella **2** – **D.**, funzionario sciocco e pomposo; poliziotto ottuso (*da un personaggio di una commedia di Shakespeare*).

dogcart [ˈdɔgkaːt], *n.* **1** carrettino tirato da un cane **2** biroccino; calesse.

doge [dɔudʒ], *n.* (*stor.*) doge.

dogfight [ˈdɔgfait], *n.* **1** zuffa fra cani **2** (*fig.*) mischia; combattimento; lotta accanita **3** (*mil.*) combattimento ravvicinato (*fra aerei da caccia o carri armati*).

dogfish [ˈdɔgfiʃ], *n.* **dogfish, dogfishes** (*zool.*) **1** (*Etmopterus*; *Centroscymnus*, ecc.) squalo **2** (*Scyliorhinus*, *Galeus*, ecc.) gatto di mare **3** (*Galeus canis*) canesca. ● **smooth d.** (*Mustelus mustelus*), palombo.

dogged [ˈdɔgid], *a.* caparbio; ostinato; tenace; accanito. ● (*prov.*) **It's d. does it!**, con la tenacia si riesce in tutto; chi la dura la vince (*prov.*).

doggedness [ˈdɔgidnis], *n.* caparbietà; ostinazione; tenacia; accanimento.

doggerel [ˈdɔgərəl], **A** *n.* (*anche* **d. verse**) versi fortemente scanditi; poesia burlesca. **B** *a.* troppo scandito; zoppicante; burlesco: **a d. poem**, una poesia burlesca.

doggie [ˈdɔgi], *V.* **doggy (1).**

doggish [ˈdɔgiʃ], *a.* **1** di (*o* da) cane; canino **2** ringhioso; ostile; dispettoso **3** (*fam.*) sgargiante; vistoso.

doggo [ˈdɔgou], *avv.* (*pop.*) in disparte. ● **to lie d.**, starsene fermo e quieto; fare il morto.

doggone [ˈdɔgɔn], *a.* (*pop. USA*; *eufemistico per* **God damn**) dannato; maledetto. ● **D. it!**, dannazione!; maledizione!

doggrel [ˈdɔgərəl], *V.* **doggerel.**

doggy (1) [ˈdɔgi], *n.* cagnolino; cagnetto.

doggy (2) [ˈdɔgi], *a.* **1** di (*o* da) cane; canino **2** amante dei cani; cinofilo **3** (*fam.*) elegante; pretenzioso; vistoso.

dogie [ˈdougi], *n.* (*USA*) vitellino (*in una mandria*) senza la mamma.

dogleg [ˈdɔgleg], *n.* **1** piega; piegatura **2** (*di strada*, *recinto*, *ecc.*) zigzag.

doglike [ˈdɔglaik], *a.* **1** simile a un cane **2** da cane; canino.

dogma [ˈdɔgmə], *n.* (*pl.* **dogmas, dogmata**) (*anche relig.*) dogma.

dogmatic [dɔgˈmætik], *a.* dogmatico (*anche relig.*); intransigente.

dogmatics [dɔgˈmætiks], *n. pl.* (*col verbo al sing.*) (*relig.*) dogmatica.

dogmatism [ˈdɔgmətizəm], *n.* dogmatismo.

dogmatist [ˈdɔgmətist], *n.* enunciatore di dogmi; dogmatico.

to dogmatize [ˈdɔgmətaiz], *v. t. e i.* dogmatizzare; parlare (*o* scrivere) in modo dogmatico; enunciare (q.c.) come dogma.

do-gooder [duːˈguːdə*], *n.* (*spreg. USA*) filantropo ingenuo e inefficiente.

dogrose [ˈdɔg-rouz], *n.* (*bot.*, *Rosa canina*) rosa canina.

dogwood [ˈdɔgwud], *n.* (*bot.*, *Cornus sanguinea*) sanguinella.

doh [dou], *n.* (*nota musicale*).

doily [ˈdɔili], *n.* sottocoppa; centrino (*ricamato o di merletto*).

doing [ˈduːiŋ], *n.* (*fam.*) **1** azione; opera: **That's your doing**, questo è opera tua (sei stato tu)! **2** (*pl.*) azioni; imprese; fatti **3** (*pl.*) aggeggi; arnesi; cosi. ● **Tell me about your doings in France**, raccontami quel che hai fatto in Francia □ **It will take some doing!**, ci vorrà del bello e del buono!

doit [dɔit], *n.* **1** antica moneta olandese, di scarso valore **2** oggetto di scarso valore, da due soldi; inezia; quisquilia; nonnulla. ● **I don't care a d.**, non me ne importa un fico.

do-it-yourself [ˈduːitjɔːˈself], **A** *a.* da costruire (fare, montare, ecc.) da soli. **B** *n.* il fardasé; il «fatelo da voi».

do-it-yourselfer [ˈduːitjɔːˈselfə*], *n.* **1** chi pratica il fardasé **2** chi fa piccoli lavoretti da sé (*senza ricorrere ad artigiani*).

do-it-yourselfery [ˈduːitjɔːˈselfəri], *n.* (il) fardasé; pratica del «fatelo da voi» (*V.* **do-it-yourself**).

Dolby [ˈdɔlˈbi], *n.* (*marchio*) Dolby.

dolce vita [ˌdɔltʃi ˈviːtə] (*ital.*), *n.* dolce vita.

doldrums [ˈdɔldrəmz], *n. pl.* **1** (*geogr.*, *naut.*) doldrums; zona delle calme equatoriali **2** (*fig.*) malinconia; depressione d'animo; tristezza **3** (*econ.*) crisi; inattività; stagnazione. ● (*fig.*) **to be in the d.**, essere malinconico (*o* depresso, giù di tono); avere le paturnie (*pop.*).

dole (1) [doul], *n.* **1** (*arc.*) destino; sorte: **Happy man be his d.**, la sorte gli sia favorevole **2** elemosina; carità (*sotto forma di cibo*, *panni*, *ecc.*) **3** (*fam.*) sussidio di disoccupazione **4** (*fig.*) sussidio; sovvenzione; aiuti finanziari: **to live on the American d.**, vivere degli aiuti americani. ● **d. queue**, coda (*o* fila) per (ritirare) il sussidio di disoccupazione □ **to go on the d.**, rimanere disoccupato □ **to be on the d.**, percepire il sussidio di disoccupazione.

to dole [doul], *v. t.* (*di solito* **to d. out**) dare, distribuire (*in elemosina*).

dole (2) [doul], *n.* (*poet.*) duolo; dolore; lamento.

doleful [ˈdoulful], *a.* addolorato; dolente; malinconico.

dolefulness [ˈdoulfulnis], *n.* dolore; malinconia; tristezza.

dolerite [ˈdɔləˌrait], *n.* (*miner.*) dolerite.

dolichocephalic [ˌdɔlikouˈkefælik], *a.* **dolichocephalous** [ˌdɔlikouˈkefələs], *a.* dolicocefalo.

dolina [dɔˈliːnə], **doline** [dɔˈliːn], *n.* (*geogr.*) dolina.

doll [dɔl], *n.* **1** bambola, pupattola (*anche fig.*): **d.'s house**, casa di bambola **2** (*pop.*) pupa; ragazza: **Guys and Dolls**, Bulli e pupe **3** (*pop. USA*) vero amico; tesoro (*fig.*) **4** (*pl.*, *pop.*) «donne», «signore» (*sull'uscio di una toilette*). ● **She's a d.'s face**, è una bambola; è una fata (*una bella ragazza*, *con poco cervello*).

dollar [ˈdɔlə*], *n.* **1** dollaro (*moneta americana*, *canadese*, *ecc.*) **2** (*fam.*, *stor.*) corona (5 *scellini*): **half-d.**, mezza corona (*moneta da due scellini e mezzo*). ● (*fin.*) **the d. area**, l'area del dollaro □ **d. diplomacy**, politica dell'infiltrazione economica come mezzo di potere politico □ (*fin.*) **d. gap** (*glut*), scarsità (sovrabbondanza) di dollari □ **d. sign**, simbolo del dollaro □ (*fig.*) **the almighty d.**, il denaro; la potenza dell'oro.

dollarwise [ˈdɔləwaiz], *avv.* (*fam.*, *USA*) in dollari; in termini economici.

dollish [ˈdɔliʃ], *a.* di (*o* da) bambola.

dollop [ˈdɔləp], *n.* (*fam.*, *spreg.*) piccola quantità, mucchietto, cucchiaiata (*spec. di cibo*).

to doll up [ˈdɔlʌp], *v. t. e i.* (*fam.*) agghindare, agghindarsi.

dolly [ˈdɔli], *n.* **1** (*dim. usato specialm. al vocat.*) bambola; bambolina **2** battitoio; spatola (*per lavar panni*, *ecc.*) **3** (*mecc.*, *ind.*, *cinem.*) carrello **4** (*mecc.*) controstampo **5** (*nei lavori stradali*) locomotiva a scartamento ridotto **6** (*fam.*, *anche* **d. bird**) pupa; bambola; bella ragazza. ● (*cinem.*) **d. shot**, carrellata.

to dolly [ˈdɔli], *v. i.* (*cinem.*) carrellare; fare una carrellata.

dollyman [ˈdɔlimən], *n.* (*pl.* **dollymen**) (*cinem.*) carrellista.

dolomite [ˈdɔləmait], *n.* (*miner.*) **1** dolomite **2** dolomia. ● (*geogr.*) **the Dolomites**, le Dolomiti.

dolomitic [ˌdɔləˈmitik], *a.* dolomitico.

dolomitization [ˌdɔləˌmaitiˈzeiʃən], *n.* (*geol.*) dolomitizzazione.

dolorous [ˈdɔlərəs], *a.* (*poet.*) **1** doloroso; penoso **2** addolorato; dolente; triste.

dolour [ˈdoulə*], *n.* (*poet.*) dolore; pena.

dolphin [ˈdɔlfin], *n.* **1** (*zool.*, *Delphinus delphis*) delfino **2** (*naut.*) colonna d'alaggio; boa d'ormeggio **3** (*sport*) (nuoto a) delfino. ● (*sport*) **d. swimmer**, delfinista.

dolphinarium [ˌdɔlfiˈnɛəriəm], *n.* acquario per delfini.

dolt [doult], *n.* stupido; stolto; zuccone (*pop.*).

doltish [ˈdoultiʃ], *a.* sciocco; stupido; ottuso.

doltishness [ˈdoultiʃnis], *n.* stupidità; ottusità mentale; stoltezza.

Dom [dɔm], *n.* **1** (*titolo onorifico*) don **2** (*titolo riservato ai benedettini*) dom.

domain [douˈmein], *n.* **1** dominio; territorio dominato (*posseduto da uno Stato*); proprietà (*anche privata*) **2** (*fig.*) campo, sfera (*d'attività o studio*): **in the d. of psychiatry**, nel campo della psichiatria. ● (*leg.*) **eminent d.**, diritto d'espropriazione (*da parte dello Stato*) per pubblica utilità.

domanial [douˈmeinjəl], *a.* di un dominio; d'una proprietà.

dome [doum], *n.* **1** (*archit.*) cupola; volta a cupola **2** (*poet.*) palazzo; magione (*lett.*) **3** (*mecc.*) duomo (*per es.*, *d'una caldaia*) **4** (*astron.*) tumulo; intumescenza **5** (*geol.*) cupola tettonica; duomo **6** (*pop.*) capoccia; testa; zucca (*fig.*). ● (*USA*) **d. car**, carrozza panoramica.

to dome [doum], *v. t.* **1** coprire con una cupola **2** dare forma di cupola a (q.c.).

domed [doumd], *a.* fornito di cupola; fatto a volta.

domestic [dəˈmestik], **A** *a.* **1** domestico: **d. happiness**, la felicità domestica; **Cats and dogs are d. animals**, i gatti e i cani sono animali domestici **2** nazionale; interno: **to buy d. goods**, comperare prodotti nazionali; **a d. loan**, un prestito nazionale; **d. trade**, commercio interno; (*in un giornale*) **d. news**, notizie dall'interno; **d. wines**, vini nazionali; (*econ.*) **d. demand**, la domanda interna **3** casalingo; amante della casa. **B** *n.* domestico; servitore. ● **d. appliances**, elettrodomestici (*cucine, lavatrici e sim.*) □ (*fin.*) **d. bill**, cambiale pagabile all'interno (*di un paese*) □ **d. refrigerator**, frigorifero per uso domestico □ **d. satellite**, V. **domsat** □ **d. science**, economia domestica (*materia di studio*) □ **d. worker**, addetto ai servizi domestici □ **to enter d. service**, andare a servizio presso privati.
domesticable [dəˈmestikəbl], *a.* addomesticabile; domesticabile (*raro*).
to domesticate [dəˈmestikeit], *v. t.* **1** rendere casalingo; rendere esperto nelle faccende domestiche **2** addomesticare (*animali*) **3** incivilire, civilizzare (*selvaggi*). ● **to become domesticated**, addomesticarsi; incivilirsi.
domesticated [dəˈmestikeitid], *a.* **1** addomesticato **2** incivilito, civilizzato.
domestication [dəˌmestiˈkeiʃən], *n.* **1** addomesticamento; addomesticamento **2** incivilimento; civilizzazione.
domesticity [ˌdoumesˈtisiti], *n.* **1** vita familiare (*o* domestica) **2** amore per la vita domestica **3** l'esser domestico (*o* addomesticato) **4** – (*pl.*) **the domesticities**, gli affari di casa; le faccende domestiche.
domett [douˈmet], *n.* (*ind.*) tessuto misto di lana e cotone.
domic(al) [ˈdoumik(əl)], *a.* **1** fatto a cupola **2** provvisto di cupola.
domicile [ˈdɔmisail], *n.* (*leg.*) domicilio; residenza stabile: **d. of choice**, domicilio d'elezione. ● **to fix one's d.**, domiciliarsi; prendere domicilio □ **to elect one's d.**, eleggere il proprio domicilio.
to domicile [ˈdɔmisail], **A** *v. t.* **1** stabilire, fissare la residenza di (*q., in un posto*) **2** (*comm.*) domiciliare (*una cambiale*). **B** *v. i.* (*raro*) fissare la propria residenza; stabilirsi; prendere domicilio.
domiciliary [ˌdɔmiˈsiljəri], *a.* domiciliare; a domicilio: (*med.*) **d. care**, cure a domicilio; (*leg.*) **d. visit**, visita (*o* ispezione) domiciliare.
to domiciliate [ˌdɔmiˈsilieit], *V.* **to domicile**.
domiciliation [ˌdɔmisiliˈeiʃən], *n.* **1** fissazione della residenza, presa di domicilio **2** (*comm.*) domiciliazione.
dominance [ˈdɔminəns], **dominancy** [ˈdɔminənsi], *n.* **1** dominio **2** predominio; prevalenza **3** ascendente; influenza **4** (*biol.*) dominanza.
dominant [ˈdɔminənt], **A** *a.* **1** (*anche mus., biol.*) dominante: **the d. note**, la nota dominante; **the d. character in a hybrid**, il carattere dominante in un ibrido; **a d. height**, un'altura dominante **2** più importante; più autorevole: **the d. party in a country**, il partito più importante in un paese. **B** *n.* **1** (*mus.*) nota dominante **2** (*biol.*) carattere dominante **3** (*psic.*) pensiero dominante.
to dominate [ˈdɔmineit], *v. t. e i.* dominare (*in ogni senso*).
domination [ˌdɔmiˈneiʃən], *n.* **1** dominazione **2** (*pl., relig.*) Dominazioni.
dominator [ˈdɔmineitə*], *n.* dominatore.
to domineer [ˌdɔmiˈniə*], *v. i.* spadroneggiare; tiranneggiare: **to d. over sb.**, tiranneggiare q. ● **a domineering fellow**, un tipo prepotente (*o* autoritario, dispotico).
dominical [dəˈminikəl], *a.* **1** dominicale; di Dio; del Signore: **in the d. year**, nell'anno del Signore (*dopo Cristo*) **2** domenicale; della domenica.
Dominican (1) [dəˈminikən], *a. e n.* (*relig.*) (frate) domenicano.
Dominican (2) [ˌdɔmiˈniːkən], *a. e n.* (*geogr.*) dominicano.
dominie [ˈdɔmini], *n.* **1** (*scozz.*) maestro; professore **2** (*USA*) pastore della Chiesa Riformista Olandese; (*per estens.*) prete.
dominion [dəˈminjən], *n.* **1** dominio (*anche leg.*); potere; sovranità; territorio dominato **2** dominion (*stato membro del «Commonwealth» britannico*): **the D. of New Zealand**, il dominion della Nuova Zelanda **3** (*pl.*) (*relig.*) Dominazioni.
domino [ˈdɔminou], *n.* (*pl.* **dominoes, dominos**) **1** domino (*veste da maschera*) **2** tessera di domino **3** (*pl.*) gioco del domino.
domsat [ˈdɔmsæt], *n.* (*acronimo di* **domestic satellite**) satellite domestico (*per telecomunicazioni USA*).
domy [ˈdoumi], *V.* **domic(al)**.
Don [dɔn] (*spagn.*), *n.* Don (*titolo onorifico*)
don [dɔn], *n.* **1** (*a Oxford e Cambridge*) professore d'un college (*V.* **fellow**); assistente d'un gruppo di studenti (*V.* **tutor**) **2** docente universitario (*in genere*) **3** (*fig.*) persona di riguardo, signore distinto.
to don [dɔn], *v. t.* (*arc. o poet.*) indossare, mettersi (*un abito, ecc.*).
dona(h) [ˈdounə], *n.* (*pop.*) donna; fidanzata; innamorata.
to donate [douˈneit], *v. t.* donare; fare dono di; dare.

donation [douˈneiʃən], *n.* donazione; dono; elargizione di denaro.
donative [ˈdounətiv], *n.* donativo.
donator [douˈneitə*], *n.* donatore.
done [dʌn], **A** *p. p.* di **to do**. **B** *a.* **1** fatto; finito **2** cotto: **The meat is d.**, la carne è cotta **3** che sta bene; da farsi: **the d. thing**, ciò che sta bene fare; **That isn't d.!**, non sta bene!; è da maleducato! **4** (*fam.*) sfinito; stanco morto; stremato **5** (*pop.*) gabbato; ingannato; fregato (*pop.*). ● **d. brown**, ben cotto; (*fig.*) ingannato, messo nel sacco (*fig.*) □ (*fam.*) **d. for**, finito, rovinato, spacciato; (*di oggetto*) inservibile, fuori uso □ **d. up** (*fam.* **d. in**), stanco morto; stremato □ (*di cibo*) **half-d.**, cotto a metà □ **d. well-d.**, ben cotto □ (*prov.*) **What's d. cannot be undone**, cosa fatta capo ha.
donee [douˈniː], *n.* (*leg.*) donatario.
doneness [ˈdʌnnis], *n.* (*cucina*) (l') essere cotto (*a puntino*): **to test the roast for d.**, provare se l'arrosto è cotto.
donjon [ˈdɔndʒən], *n.* torrione (*di castello*); torre interna.
Don Juan [ˌdɔnˈhwaːn], **A** *n.* (*pl.* **Don Juans**) (*fam.*) dongiovanni; grande seduttore. **B** *a. attr.* dongiovannesco.
donkey [ˈdɔŋki], *n.* (*zool., Equus asinus; anche fig.*) asino; ciuco; somaro. ● (*pop.*) **d.'s breakfast**, cappello di paglia; pagliettа □ (*mecc.*) **d. boiler**, caldaia ausiliaria; caldarina □ **d. engine**, (*naut.*) piccola macchina a vapore (*usata per caricare o scaricare merce, ecc.*); motore ausiliario; (*ferr.*) locomotiva da manovra; (*ind. petrolifera*) motore che aziona la pompa per l'estrazione del petrolio dal pozzo □ (*costr.*) **d. pump**, cavallino (*pompa azionata da macchina a vapore*) □ (*pop.*) **d.'s years**, molto tempo; secoli □ (*fam.*) **to do the d.-work**, tirare la carretta (*fig.*); fare il lavoro più ingrato, faticoso.
donnish [ˈdɔniʃ], *a.* meticoloso; preciso; pedantesco; pignolo.
donnishness [ˈdɔniʃnis], *n.* meticolosità; precisione; pedanteria.
donor [ˈdounə*], *n.* donatore: **a blood d.**, un donatore di sangue.
do-nothing [ˈduːˌnʌθiŋ], *n.* fannullone; ozioso; pigrone (*fam.*).
don't [dount], **A** *voce verb.* (*contr. di*) **do not** (*V.* **to do**). **B** *n.* divieto; proibizione; cosa da non fare.
don't-know [ˈdountˈnou], *n.* (*fam.*) incerto, indeciso; (*specialm. polit.*) elettore indeciso.
doodab [ˈduːdæb], **doodad** [ˈduːdæd], *n.* (*USA*) **1** aggeggio; coso **2** fronzolo; ninnolo.
to doodle [ˈduːdl], *v. i.* far disegnini, ghirigori, scarabocchi (*quasi inavvertitamente*); scarabocchiare.
doodle [ˈduːdl], *n.* **1** disegnino; ghirigoro; scarabocchio **2** (*fam.*) sciocco; semplicione; sempliciotto.
doodlebug [ˈduːdlbʌg], *n.* (*USA*) **1** (*zool.*) larva di formicaleone **2** pendolo (*da radioestesista, ecc.*) **3** (*fam.*) bomba volante **4** (*mecc.*) piccolo trattore, trattorino **5** (*ferr.*) carrello automotore (*per riparazioni*) **6** (*mil.*) carretta; tankette.
doom [duːm], *n.* **1** (*stor.*) decreto; statuto **2** (*arc.*) sentenza; condanna **3** (*generalm. al sing.*) destino (*tragico*); fato (*avverso*); distruzione; rovina; morte **4** (*relig.*) giudizio universale: **the day of d.**, il giorno del giudizio (*universale*). ● **d. writer**, scrittore apocalittico □ **d. writing**, narrativa catastrofica; fantascienza apocalittica □ **the crack of d.**, il giorno del giudizio.
to doom [duːm], *v. t.* **1** condannare; predestinare: **He was doomed to die on the scaffold**, fu condannato (*o* era predestinato) a morire sulla forca **2** (*arc.*) decretare.
doomsday [ˈduːmzdei], *n.* il giorno del giudizio (*universale*). ● (*stor.*) **the D. Book**, il Libro del Catasto (*fatto compilare da Guglielmo il Conquistatore nel 1086*) □ **from now till d.**, per sempre; sino alla fine del mondo.
door [dɔː*], *n.* **1** porta; uscio **2** sportello (*di mobile, automobile, treno, ecc.*); (*autom.*) portiera: **Don't open the d. until the car has come to a stop**, non aprire lo sportello finché l'automobile non s'è fermata **3** (*naut.*) portello **4** (*metall.*) porta; bocca. ● **d.-bell**, campanello della porta □ **d.-case** (*o* **d.-frame**), intelaiatura della porta □ **d. (and window) fitter**, serramentista (*installatore*) □ **d. hardware**, serramenti per porte □ (*edil.*) **d.-jamb**, *V.* **d.-post** □ **d.-keeper**, portiere; portinaio □ **d.-knob**, pomello (*della porta*) □ **d.-knocker**, batacchio; battiporta; picchiotto; battente □ **d.-money**, prezzo del biglietto d'ingresso (*a uno spettacolo, ecc.*) □ **d.-plate**, targa sulla porta □ **d.-post**, stipite (*o* montante) della porta □ **d.-stone**, lastra di pietra davanti alla porta; soglia □ **d.-stop**, battuta della porta; battente dello stipite; (*anche*) fermaporta □ (*comm.*) **d.-to-d. sales**, vendite a domicilio □ (*comm.*) **d.-to-d. service**, servizio di consegna (*delle merci*) a domicilio □ (*fam.*) **to answer the d.**, rispondere al campanello; aprire la porta □ **to be at death's d.**, avere un piede nella fossa □ **back d.**, porta posteriore; porta di servizio □ (*fig.*) **to close the d. upon**, sbarrare la strada a; rendere impossibile □ **double d.** (*o* **folding d.**), porta a due battenti □ **front d.**, porta d'ingresso; porta principale □ **to go from d. to d.**, andare di porta in porta (*o* di casa in casa) □ (*fig.*) **to lay st. at sb.'s d.**, imputare q.c. a q.; dare la colpa di q.c. a q. □ **next d.**, nella casa (*o*

nella stanza) accanto: **Who sleeps next d. (to you)?**, chi dorme nella camera accanto (alla tua)? □ **next-d. neighbours**, vicini di casa (*fig.*) □ **next d. to**, quasi, pressoché: **He is next d. to crazy**, è quasi pazzo; se non è pazzo poco ci manca □ (*fam.*) **to be on the d.**, stare alla porta (*o* allo sportello); fare il controllo dei biglietti (*e sim.*) □ (*fig.*) **to open a d. to**, aprire la strada a, rendere possibile: **We hope the conference will open a d. to peace**, noi speriamo che la conferenza aprirà la strada alla pace □ **our next-d. neighbour**, il nostro vicino di casa (*o, in un albergo*, di stanza) □ **out of doors**, fuori; all'aperto: **out-of-doors games**, giochi (*o* esercizi fisici) all'aperto □ **power d.**, porta automatica (*nei tram, ecc.*) □ **revolving d.**, porta girevole; bussola □ **to show sb. the d.**, mettere q. alla porta □ **swing d.**, porta apribile nei due sensi; porta volante □ **trap d.**, botola □ **within doors**, in casa; al chiuso □ **Our family doctor lives three doors off**, il nostro medico di famiglia abita nella terza casa dopo la nostra □ **The responsibility for the disaster lies at his d.**, la responsabilità del disastro è tutta sua.

doorbell ['dɔːbel], *n.* campanello della porta.

doorman ['dɔːmən], *n.* (*pl.* **doormen**) portiere (*d'albergo, teatro, ecc.*).

doormat ['dɔːmæt], *n.* stuoia della porta; stuoino; zerbino.

doornail ['dɔːneil], *n.* borchia sulla porta. ● **to be as dead as a d.**, essere morto stecchito □ **to be as deaf as a d.**, essere sordo come una campana.

doorscraper ['dɔːskreipə*], *n.* raschietto (*alla porta: per togliere il fango dalle scarpe*).

doorstep ['dɔːstep], *n.* **1** gradino davanti alla porta **2** (*pop.*) grossa fetta di pane.

doorstrip ['dɔːstrip], *n.* parafreddo.

doorway ['dɔːwei], *n.* **1** vano della porta; entrata **2** (*fig.*) via d'accesso: **the d. to China**, la via d'accesso alla Cina.

dopant ['doupənt], *n.* (*elettron.*) agente drogante.

dope [doup], *n.* **1** adesivo (*o* vernice) a base di esteri di cellulosa; lacca **2** (*aeron.*) vernice impermeabilizzante **3** (*autom.*) additivo; correttivo **4** (*fotogr.*) vernice per ritocchi **5** (*fam.*) narcotico; stupefacente, droga **6** (*sport*) droga; sostanza eccitante (*per stimolare cavalli da corsa, ecc.*); bomba **7** (*pop. USA*) informazioni riservate; notizia sicura, imbeccata (*su cavalli da corsa o altro*) **8** (*pop. USA, anche* **d. addict, d.-fiend**) drogato; tossicomane; morfinomane **9** (*pop.*) testone; tonto; zuccone. ● (*pop. USA*) **d.-head**, oppiomane □ **d. merchant** (*o* **pedlar, pusher**), trafficante di droga; spacciatore di droga □ **d. ring**, giro della droga.

to dope [doup], **A** *v. t.* somministrare sostanze eccitanti (*o* stupefacenti) a (q.); drogare: **to d. a horse**, drogare un cavallo. **B** *v. i.* (*pop.*) drogarsi; essere dedito alla droga. ● **to d. a drink**, drogare una bevanda □ (*pop.*) **to d. off**, essere intontito, sotto l'effetto della droga.

dop(e)y ['doupi], *a.* **1** (*fam.*) drogato **2** (*fam.*) assonnato; intontito; suonato (*pop.*) **3** (*pop.*) stupido; tonto; rimbambito.

doping ['doupiŋ], *n.* **1** (*sport*) doping; drogaggio **2** (*ind.*) trattamento antiadesivo **3** (*elettron.*) drogaggio; drogatura. ● **d. agent**, *V.* **dopant**.

dor [dɔːʳ], *n.* (*zool.*) **1** (*Vespa crabro*) calabrone **2** *V.* **dorbeetle**.

dorado [də'raːdou], *n.* (*pl.* **dorados**) (*zool., Coryphaena hippurus*) cantaluzzo; corifena cavallina.

dorbeetle ['dɔːbiːtl], *n.* (*zool., Geotrupes stercorarius*) scarabeo stercorario.

Dorian ['dɔːriən], **A** *a.* dorico. **B** *n.* (*pl.* **Dorian, Dorians**) abitante della Doride.

Doric ['dɔrik], **A** *a.* dorico: (*archit.*) **d. order**, ordine dorico; **a d. capital**, un capitello dorico. **B** *n.* **1** dorico (*lingua della Doride*) **2** (*per estens.*) l'inglese parlato dagli Scozzesi.

dorm [dɔːm], *n.* (*fam.*) *V.* **dormitory**.

dormancy ['dɔːmənsi], *n.* **1** sonno **2** (*biol.*) letargo **3** (*bot.*) dormienza; quiescenza; diapausa **4** (*geol.*) inattività (*di un vulcano*).

dormant ['dɔːmənt], *a.* **1** addormentato; dormiente; assopito **2** inattivo: **a d. volcano**, un vulcano inattivo **3** (*biol.*) in letargo; in torpore: **d. snakes**, serpenti in letargo **4** (*bot.*) dormiente: **d. plants**, piante dormienti **5** (*fig.*) latente; inerte; inoperoso: **d. faculties**, facoltà latenti **6** (*araldica*) disteso; sdraiato; accovacciato: **a d. lion**, un leone accovacciato. ● (*comm.*) **d. account**, conto inattivo □ (*fin.*) **d. partner**, socio accomandante.

dormer ['dɔːməʳ], *n.* (*edil.; anche* **d. window**) abbaino; lucernario.

dormitory ['dɔːmitri], *n.* **1** dormitorio, camerata **2** (*USA*) casa dello studente. ● **d. towns**, città dormitorio.

dormouse ['dɔːmaus], *n.* (*pl.* **dormice**) (*zool., Glis glis*) ghiro.

Dorothy ['dɔrəθi], *n.* Dorotea. ● **d. bag**, borsa da donna (*con apertura chiusa da un cordone da infilare al polso*).

dorsal ['dɔːsəl], *a.* (*anat., zool.*) dorsale: **d. fin**, pinna dorsale.

dorsigrade ['dɔːsigreid], *a.* (*zool.*) dorsigrado.

dory (1) ['dɔːri], *n.* barca da pesca a fondo piatto.

dory (2) ['dɔːri], *n.* (*zool., Zeus faber*) pesce San Pietro.

dosage ['dousidʒ], *n.* **1** dosatura, dosaggio (*di medicine, ecc.*); posologia **2** quantità (*di medicina, ecc.*) data in una dose; dose.

dose [dous], *n.* **1** (*anche fig.*) dose: **a good d. of flattery**, una buona dose d'adulazione **2** sostanza aromatica (*o* zucchero) (*aggiunti al vino*) **3** (*pop.*) scolo (*pop.*); gonorrea.

to dose [dous], *v. t.* **1** (*med.*) dosare **2** somministrare una medicina a (q.) **3** aggiungere zucchero (*o* una sostanza aromatica) a (*vino*); aromatizzare.

dosimeter [dou'simitəʳ], *n.* (*fis. nucl.*) dosimetro.

dosimetry [dou'simitri], *n.* (*fis. nucl.*) dosimetria.

dosing ['dousiŋ], *n.* (*anche med.*) dosatura; dosaggio.

doss [dɔs], *n.* (*pop.*) **1** letto; branda **2** dormitina; sonnellino; pisolino. ● **d.-house**, albergo (*o* pensione) d'infimo ordine; dormitorio pubblico.

to doss [dɔs], *v. i.* (*pop., spesso* **to d. down**) dormire; fare la nanna (*pop.*): **We'll d. down in the car**, dormiremo in macchina.

dossal ['dɔsəl], *n.* (*relig.*) dossale.

dosser ['dɔsəʳ], *n.* (*pop.*) chi dorme in un dormitorio pubblico.

dossier ['dɔsiei], *n.* incartamento; dossier.

dost [dʌst], (*arc.*) 2ᵃ *pers. sing. del pres. ind.* di **to do**.

dot [dɔt], *n.* **1** punto (*scrittura, mus., ecc.*); puntino; segno (*fatto con penna o matita*); macchiolina: **The dune buggy grew smaller and smaller until it was a mere dot on the horizon**, il fuoristrada si fece sempre più piccolo finché non fu che un puntino all'orizzonte; (*tel.*) **dots and dashes**, punti e linee **2** (*mat.*) virgola (*nei numeri decimali*); punto (*segno di moltiplicazione*) **3** (*elettron.*) punto: **dot generator**, generatore di punti. ● **a dot of a child**, un bambino alto come un soldo di cacio □ **dot-wheel**, rotella per fare una linea punteggiata □ (*pop.*) **to be off one's dot**, essere un po' tocco; essere picchiatello □ (*fam.*) **on the dot**, all'ora precisa; puntualmente: **to arrive on the dot**, arrivare all'ora precisa; **to pay on the dot**, pagare puntualmente □ **the year dot**, secoli fa.

to dot [dɔt], *v. t.* **1** mettere il puntino su (q.c.) **2** punteggiare: **The sea was dotted with ships**, il mare era punteggiato di navi. ● **to dot st. about**, spargere q.c. a chiazze (*o* a puntolini, ecc.) □ **to dot and carry one**, (*mat.*) riportare una cifra; (*fig.*) zoppicare □ **to dot one's i's and cross one's t's**, mettere i puntini sulle «i»; essere meticoloso, preciso, pignolo □ (*pop.*) **to dot sb. one**, assestare un colpo a q.

dotage ['doutidʒ], *n.* **1** rimbambimento; rammollimento **2** amore sviscerato; infatuazione; adorazione. ● **He is in his d.**, è rimbambito.

dotal ['doutl], *a.* (*leg.*) dotale: **d. property**, beni dotali.

dotard ['doutəd], *n.* vecchio rimbambito.

to dote [dout], *v. i.* **1** essere rimbambito (*o* rammollito) **2** – **to d. on**, amare sviscerataménte; essere infatuato di (q.): **He dotes on that girl**, è infatuato di quella ragazza.

doth [dʌθ], (*arc.*) 3ᵃ *pers. sing. del pres. ind.* di **to do**.

doting ['doutiŋ], **A** *a.* **1** rimbambito; rammollito **2** molto affezionato; ciecamente innamorato; infatuato. **B** *n.* **1** rimbambimento **2** infatuazione.

dotted ['dɔtid], *a.* **1** punteggiato: **d. line**, linea punteggiata **2** (*fig.*) punteggiato; costellato; trapunto: **d. with stars**, trapunto di stelle **3** (*mus.*) puntato. ● (*fig.*) **to sign on the d. line**, accettare senza esitazioni (*o* riserve); firmare a occhi chiusi (*fig.*).

dottel ['dɔtl], *V.* **dottle**.

dotterel ['dɔtrəl], *n.* (*pl.* **dotterels, dotterel**) (*zool., Charadrius morinellus*) piviere tortolino.

dottle ['dɔtl], *n.* residuo di tabacco (*in una pipa*).

dottrel ['dɔtrəl], *V.* **dotterel**.

dotty ['dɔti], *a.* **1** punteggiato; coperto di puntini **2** (*fam.*) debole; malfermo; instabile: **He is d. on his legs**, è malfermo sulle gambe **3** (*fam.*) mezzo matto; un po' tocco; picchiatello.

double (1) ['dʌbl], **A** *a.* **1** doppio; duplice; piegato in due; messo a doppio: **a d. consonant**, una (consonante) doppia; **d. space**, spazio doppio; (*fin.*) **d. taxation**, imposizione doppia; doppia tassazione; (*ferr.*) **d. track**, doppio binario; **to pay d. fare**, pagare doppio prezzo (*o* due biglietti); **a man with a d. chin**, un uomo col doppio mento; **to perform a d. service**, fare doppio servizio; avere duplice uso; **a d. beer**, una birra doppia; **a d. meaning**, un doppio senso **2** (*fig.*) doppio; falso; ambiguo; ipocrita. **B** *avv.* **1** (il) doppio; due volte: **to see d.**, vederci doppio; **This book cost me d. its value**, questo libro m'è costato il doppio (*o* due volte il) suo valore **2** a due; in due: **to ride d.**, cavalcare in due sullo stesso cavallo; **to sleep d.**, dormire in due nello stesso letto. ● (*mecc.*) **d.-acting**, a doppio effetto □ **d. agent**, spia che fa il doppio gioco □ **d. axe**, ascia a doppio taglio □ **d.-barrelled**, (*di fucile*) a due canne; (*fig.*) ambiguo; (*di cognome*) doppio: **a d.-barrelled compliment**, un complimento ambiguo □ (*mus.*) **d. bass**, contrabbasso □ **a d. bed**, un letto a due piazze (*o* matrimoniale) □ (*di camera*) **d.-bedded**, a due

double (2)

letti □ (*mecc.*) **d.-block brake**, freno a due ceppi □ (*USA*) **d. boiler**, *V*. **d. saucepan** □ (*chim.*) **d. bond**, doppio legame □ (*anche naut.*) **d. bottom**, doppiofondo □ (*di giacca*) **d.-breasted**, a doppio petto □ **d. chin**, doppio mento; pappagorgia □ **a d. coat of paint**, due mani di vernice □ **d. cream**, panna densa □ **d.-cross**, inganno, frode; doppio gioco □ **d.-crosser**, doppiogiochista □ (*tipogr.*) **d. dagger**, doppia croce □ **d.-dealer**, uomo doppio, finto, ipocrita; persona disonesta; doppiogiochista □ **d.-dealing**, (*agg.*) doppio, falso, ipocrita; (*sost.*) doppiezza, falsità, ipocrisia □ **d.-decker**, nave a due ponti; autobus a due piani; (*USA*) letto a castello; (*aeron.*) biplano; (*fam.*) sandwich (o tramezzino) doppio □ (*autom.*) **d.-declutching**, doppia debragliata □ **d. door**, porta doppia (o a due battenti) □ (*fam.*) **d.-Dutch**, lingua incomprensibile; turco, arabo (*fig.*): **This is d.-Dutch to me**, per me questo è turco □ (*fig.*) **d.-dyed**, matricolato; di tre cotte: **He is a d.-dyed scoundrel**, è un furfante di tre cotte □ **d.-eagle**, aquila bicipite; antica moneta d'oro americana (*20 dollari*) □ **d.-edged**, a doppio taglio (*anche fig.*) □ (*rag.*) **d. entry**, partita doppia □ **d.-faced**, a due facce, bifronte; (*fig.*) doppio, finto, ipocrita (*di tessuto*) double-face (*franc.*) □ (*cinem.*) **d. feature**, doppio programma □ **d. first**, (chi consegue) due lauree col massimo dei voti (*nelle università inglesi*) □ **d.-ganger**, doppio (etereo), spirito d'una persona ancora in vita (*dal ted.* Doppelgänger) □ (*edil.*) **d.-glazing**, (installazione dei) doppi vetri □ **d. harness**, finimenti per una pariglia di cavalli; (*fig.*) matrimonio □ (*leg. USA*) **d.-jeopardy**, il processare q. per un delitto per cui è già stato assolto □ **d.-jointed**, snodato □ (*tipogr.*) **d.-leaded**, a spaziatura doppia fra riga e riga □ (*Borsa*) **d. option**, stellage; stellaggio □ (*autom.*) **d.-parking**, parcheggio in seconda (*o* doppia) fila □ (*elettr.*) **d.-pole switch**, commutatore bipolare □ **d.-quick**, (*agg.*) velocissimo; (*avv.*) in un attimo, in un baleno □ (*mil.*) **d.(-quick) time**, passo di corsa □ **d. room**, camera doppia (*con letto matrimoniale*) □ **d. saucepan**, bagnomaria (*l'apparecchio*) □ (*canottaggio*) **d. scull**, barca di coppia; doppio skiff □ **d. standard**, (*econ.*) bimetallismo; (*fig.*) (valutazione con) due metri diversi (*di giudizio*); due pesi e due misure (*fig.*) □ (*astron.*) **d. star**, stella doppia (*formata di due stelle riconoscibili come tali solo al telescopio*) □ **d. talk**, frasi confuse, ambigue, insincere; discorso contorto, involuto (*o* ipocrita) (*econ.*) **d. time**, paga doppia □ **d.-tongued**, falso, infido, insincero □ (*leg.*) **d. will**, testamento congiuntivo e reciproco □ **to engage in d. dealing**, usare doppiezza (*o* finzione, ipocrisia); essere disonesto □ **a man with a d. character**, un uomo dalla duplice natura □ **a sword with a d. edge**, una spada a doppio taglio □ **to wear a d. face**, essere doppio, ipocrita.

double (2) ['dʌbl], *n*. **1** doppio: **Four is the d. of two**, quattro è il doppio di due; (*tennis*) **mixed doubles**, doppio misto; (*tennis*) **doubles side line**, linea laterale (*per il doppio*) **2** duplicato; doppione; ritratto (*fig.*): **He has his d. in his son**, suo figlio è il suo ritratto **3** (*teatr.*) sostituto; (*cinem.*) controfigura **4** (*bridge*) raddoppio **5** scarto (*d'animale inseguito*) **6** svolta, curva (*d'un fiume*) **7** doppia puntata (*nelle corse dei cavalli*) ● **d. or quits**, doppio o pari e patta; lascia o raddoppia (*gioco*) □ (*tennis*) **doubles-player**, doppista; giocatore di doppio □ (*mil.*) **at the d.**, a passo di corsa □ **on the d.**, velocissimo; in un attimo.

to double ['dʌbl], *A* v. *t*. **1** raddoppiare: **to d. prices (revenues, etc.)**, raddoppiare i prezzi (le entrate, ecc.); **D. the dose!**, raddoppia la dose! **2** piegare in doppio; piegare in due: **She doubled the sheet**, piegò in due il lenzuolo **3** duplicare; ripetere **4** (*naut.*) doppiare: **We doubled the Cape of Good Hope**, doppiammo il Capo di Buona Speranza **5** (*cinem., telev.*) doppiare: **to d. a film**, doppiare un film **6** (*cinem., teatr.*) fare la controfigura di (*un attore*); sostituire **7** (*naut.*) mettere (*un passeggero*) nella stessa cabina con un altro **8** (*biliardo e giochi di carte*) raddoppiare **9** (*biliardo*) far rimbalzare (*una palla*) di sponda. *B* v. *i*. **1** raddoppiare; diventare doppio **2** tornare indietro; volgersi, voltarsi di scatto (*cambiando direzione*) **3** (*teatr., cinem.*) fare il sostituto (*o* la controfigura) **4** (*teatr., cinem.*) fare (*o* sostenere) due parti (*o* due ruoli) **5** (*di un oggetto*) essere a doppio uso: **The Land-rover doubled as a lorry**, la Land-rover faceva anche da camioncino **6** (*mil.*) andare a passo di corsa **7** (*biliardo: di palla*) rimbalzare. ● **to d. back**, tornare indietro improvvisamente □ **to d. one's fists**, stringere i pugni □ **to d. over**, *V*. **to d. up** □ (*di attore*) **to d. part(s)**, fare due parti nello stesso dramma □ **to d. up**, piegare del tutto, arrotolare; piegarsi in due (*dalle risate, dal dolore, ecc.*); far piegare in due (*o* su se stesso).

to double-book ['dʌbl'buk], *v. t*. accettare prenotazioni da due persone diverse per (*una camera d'albergo*).

to double-check ['dʌbl'tʃek], *v. t. e i*. controllare due volte.

to double-clutch ['dʌbl klʌtʃ], *v. i*. (*autom., USA*) *V*. **to double-declutch**.

to double-cross ['dʌbl'krɔs], *v. t*. (*fam.*) fare il doppio gioco con (q.); ingannare; tradire.

to double-deal ['dʌbl'di:l], *v. i*. imbrogliare; ingannare; ciurlare

to double-declutch [,dʌbl di:'klʌtʃ], *v. i*. (*autom.*) fare una doppia debragliata.

double-declutching [,dʌbl di(:)'klʌtʃiŋ], *n*. (*autom.*) doppia debragliata.

to double-glaze [,dʌbl 'gleiz], *v. t*. mettere i doppi vetri a (*una finestra*).

double-glazing [,dʌbl 'gleiziŋ], *n*. (*edil.*) posa in opera di doppi vetri.

to double-lock ['dʌbl'lɔk], *v. t*. chiudere a doppia mandata.

doubleness ['dʌblnis], *n*. doppiezza; duplicità; ipocrisia.

to double-park ['dʌbl'pa:k], *v. t. e i*. (*autom.*) parcheggiare in seconda (*o* doppia) fila.

to double-space ['dʌbl'speis], *v. t*. scrivere (*a macchina*) con doppia spaziatura.

doublet ['dʌblit], *n*. **1** (*stor.*) farsetto: **d. and hose**, farsetto e calzoni stretti al ginocchio **2** doppione; duplicato **3** (*linguistica*) doppione; allotropo **4** (*pl.*) doppietto; lo stesso numero sulle facce di due dadi gettati contemporaneamente **5** doppietta (*colpo che uccide due uccelli*) **6** (*nel microscopio*) obiettivo doppio **7** (*radio*) dipolo.

to double-talk ['dʌbl tɔ:k], *v. i*. (*fam.*) **1** usare un linguaggio ambiguo **2** parlare (*troppo*) difficile.

doubleton ['dʌbltən], *n*. due carte dello stesso seme (*in una mano*).

doubling ['dʌbliŋ], *n*. **1** duplicazione; raddoppio **2** piega **3** fodera **4** (*autom.*) improvvisa inversione (*di marcia*).

doubloon [dʌb'lu:n], *n*. doblone (*antica moneta spagnola*).

doubly ['dʌbli], *avv*. doppiamente: **to be d. careful**, stare doppiamente attento **2** due alla volta.

doubt [daut], *n*. dubbio: **I am in d. what to do**, sono in dubbio sul da farsi; **I have no d. about his honesty**, non ho dubbi sulla sua onestà. ● **beyond d.**, senza possibilità di dubbio □ **to give sb. the benefit of the d.**, concedere a q. il beneficio del dubbio □ (*di esito*) **to be in d.**, essere in dubbio (*o* incerto): **The result is still in d.**, il risultato è ancora dubbio; **His success is in d.**, la sua riuscita è in dubbio □ **to make no d. that...**, non aver dubbi che...; esser certo che... □ **no d.**, senza dubbio, certamente; (*fam.*) con tutta probabilità □ **without d.**, senza dubbio.

to doubt [daut], *A* v. *i*. dubitare; essere in dubbio: **He never doubted of victory**, non dubitò mai della vittoria; **I don't d. that he will be able to pay**, non dubito che sarà in grado di pagare; **I d. whether to go or stay**, sono in dubbio se andare o restare. *B* v. *t*. mettere in dubbio; nutrire dubbi su: **Do you d. my promise?**, metti in dubbio la mia promessa?; **I d. the truth of this story**, nutro dubbi sulla verità di questa storia. ● (*scherz.*) **doubting Thomas**, incredulo, scettico: **Joe is a doubting Thomas**, Beppe è come San Tommaso!

doubter ['dautə*], *n*. dubitatore.

doubtful ['dautfəl], *a*. **1** dubbioso; dubbio; incerto; indeciso: **I am d. about what to do**, sono dubbioso sul da farsi; **The political situation is very d.**, la situazione politica è assai incerta; **It is d. whether he will join us**, è dubbio che si unisca a noi; **a d. battle**, una battaglia dall'esito incerto; **d. voters**, elettori indecisi **2** dubbio; discutibile; che dà scarso affidamento: **a d. remedy**, un rimedio discutibile; **d. repute**, dubbia fama **3** di dubbia fama; ambiguo; equivoco: **He's a d. character**, è un uomo di dubbia fama; **I shouldn't like to live in such a d. district**, non vorrei abitare in un quartiere così equivoco ● (*poesia*) **a d. syllable**, una sillaba che può essere lunga o breve □ **His coming is a d. blessing**, è discutibile che la sua venuta sia un bene o no.

doubtfulness ['dautfəlnis], *n*. **1** dubbiosità; incertezza **2** discutibilità **3** ambiguità; l'essere equivoco (*o* di dubbia fama).

doubtless ['dautlis], *avv*. **1** indubbiamente; senza dubbio; certamente: **I shall d. see him tomorrow**, lo vedrò certamente domani **2** (*fam.*) con tutta probabilità.

douche [du:ʃ], *n*. **1** doccia (*bagno*) **2** (*med.*) irrigazione ● (*fig., fam.*) **a cold d.**, una doccia fredda.

to douche [du:ʃ], *A* v. *i*. **1** far la doccia **2** fare irrigazioni. *B* v. *t*. far la doccia a (q. *o* q.c.); irrorare.

dough [dou], *n*. **1** pasta; impasto per il pane **2** (*fam.*) denaro; quattrini; grana, grano (*pop.*).

doughboy ['doubɔi], *n*. **1** (*cucina*) gnocco bollito (*o* fritto) **2** (*pop. USA*) soldato di fanteria; fantaccino.

doughiness ['douinis], *n*. pastosità; mollezza.

doughnut ['dounʌt], *n*. **1** frittella dolce; ciambellina **2** (*fis. nucl.*) ciambella. ● (*autom. USA*) **d. tire**, pneumatico a bassa pressione.

doughty ['dauti], *a*. (*arc. o scherz.*) ardito; prode; valoroso.

doughy ['doui], *a*. **1** pastoso; molle; soffice **2** pallido; terreo **3** (*della voce, ecc.*) pastoso. ● **d. bread**, pane molle, poco cotto.

doum [du:m], *n*. (*bot.*, *Hyphaene thebaica*; anche **d. palm**) palma dum.

dour [duə*], *a*. (*scozz.*) **1** severo **2** ostinato **3** cupo; arcigno.

dourness ['duənis], *n.* (*scozz.*) **1** severità **2** ostinazione **3** cupezza; tetraggine.
to douse (1) [daus], *v. t.* (*naut.*) ammainare (*una vela*).
to douse (2) [daus], *v. t.* **1** gettare, immergere (q.c.) nell'acqua **2** gettare acqua su (q.c.); bagnare **3** (*fam.*) spegnere (*la luce, il fuoco*). ● (*pop.*) **D. the glim!**, spegni la luce!
dove (1) [dʌv], *n.* **1** (*zool., Columba, ecc.*) colombo, colomba; piccione **2** (*fig.*) persona innocente, mite **3** (*polit.*) colomba (*fautore della pace, del compromesso, ecc.*) **4** (*vezzegg.*) piccioncino. ● **d.-colour(ed)**, (di un) color grigio rosato; color tortora □ **d.-cot(e)**, colombaia; piccionaia □ **d.-eyed**, dagli occhi di colomba; innocente □ (*fig.*) **to flutter the d.-cotes**, spaventare gente pacifica, tranquilla □ **ring d.** (*o wood d.*) (*Columba palumbus*), colombaccio □ **turtle d.** (*Streptopelia turtur*), tortora □ **rock d.** (*Columba livia*), piccione selvatico; colombo torraiolo.
dove (2) [douv], (*USA*) *pass.* di **to dive**.
dov(e)ish ['dʌviʃ], *a.* (*polit.*) di, da colomba (*V.* **dove (1)**).
dov(e)ishness ['dʌviʃnis], *n.* (*polit.*) (l') essere una colomba (*V.* **dove (1)**).
dovelike ['dʌvlaik], *a.* dolce; gentile; mansueto; mite.
dovetail ['dʌvteil], *n.* **1** maschio dell'incastro; tenone **2** (*anche* **d. joint**) incastro a coda di rondine.
to dovetail ['dʌvteil], **A** *v. t.* **1** congiungere (*o* incastrare) a coda di rondine **2** (*fig.*) collegare, connettere (*fatti, ecc.*) **3** (*fig.*) essere complementare con: **My research work dovetails yours**, il mio lavoro di ricerca è complementare con il tuo. **B** *v. i.* combaciare; formare un tutto organico: **According to Galileo, the laws of nature and the laws of physics d.**, secondo Galileo, le leggi della natura e quelle della fisica fanno un tutto organico. ● (*fig.*) **to d. into**, concorrere a formare □ **to d. with**, combaciare con.
dowager ['dauədʒə*], *n.* **1** vedova nobile, titolata **2** (*fam.*) vecchia signora distinta. ● **the d. duchess**, la duchessa madre □ **the queen d.**, la regina madre.
dowdiness ['daudinis], *n.* sciatteria, trascuratezza (*nel vestire*).
dowdy ['daudi], **A** *a.* sciatto, trascurato, trasandato (*nel vestire*). **B** *n.* sciattona; donna mal vestita.
dowdyish ['daudiiʃ], *a.* piuttosto sciatto.
dowdyism ['daudiizəm], *n.* sciatteria; trascuratezza.
dowel ['dauəl], *n.* **1** (*falegnameria, anche* **d.-pin**) caviglia **2** (*mecc.*) chiodo senza testa; perno (*di riferimento*).
to dowel ['dauəl], *v. t.* congiungere, unire (q.c.) con caviglie (*o* perni); (*falegnameria*) incavigliare.
dower ['dauə*], *n.* **1** (*leg.*) quota del patrimonio del marito di cui è usufruttuaria la vedova; dovario, doario **2** (*leg.*) dote **3** (*fig.*) dote; dono naturale; talento.
to dower ['dauə*], *v. t.* **1** assegnare una dote a (*una donna*) **2** (*fig.*) dotare: **He is dowered with many talents**, ha molte doti.
dowlas ['dauləs], *n.* tela rozza; calicò pesante.
down (1) [daun], *n.* **1** collina erbosa **2** duna. ● (*geogr.*) **the South Downs**, colline gessose nel Sud dell'Inghilterra.
down (2) [daun], *n.* (*pl.* **down, downs**) **1** (*di uccelli acquatici, ecc., usato per cuscini e piumini*) piumino; calugine **2** lanugine; peluria.
down (3) [daun], *avv.* **1** giù, in giù; abbasso; di sotto; a terra: **Put that gun d.**, metti giù quel fucile; **They held him d.**, lo tennero giù (*o* a terra; *e fig.*: a freno); **to get d. to work**, mettersi (giù) a lavorare (*sul serio*); **The flap of this envelope won't stay d.**, il lembo di questa busta non vuole star giù; **D.!**, giù!; a terra!; (*a un cane*) cuccia!, seduto!; **Keep d.!**, sta' giù!; (*mil.*) state giù (*o* al riparo)! **2** (*comm.*) subito; come anticipo; in contanti: **Fifty dollars d. and the remainder in instalments**, cinquanta dollari in contanti e il resto a rate **3** per iscritto; in lista; in nota: **I have his phone number d. somewhere**, ho il suo numero telefonico scritto da qualche parte **4** (*naut.*) sottovento **5** (*idiom.; per es.*): **The moon went d.**, la luna tramontò; **The ship went down**, la nave affondò; **She looked d. while I spoke to her**, tenne gli occhi bassi mentre le parlavo; **Bread is d. (in price)**, il pane è andato giù di prezzo; **Break d. the door**, abbatti la porta!; **The book has gone d.**, il libro è stato bene accolto dai lettori; **Take d. his name!**, scrivi il suo nome (sotto dettatura)!; **to get food d.**, inghiottire, mandar giù cibo; **to get d. from a bus**, scendere da un autobus; **The waves settled d.**, le onde si placarono; **D. with your money!**, (metti) fuori i soldi! (*per un acquisto, una scommessa, ecc.*); **He is awake, but not d. yet**, s'è svegliato, ma non è ancora sceso (*dalla sua camera*); (*comm.*) **money d.** (*o* **cash d.**), pagamento in contanti; **The blinds were d.**, le tendine erano abbassate; **The sun is d.**, il sole è tramontato; **The tide is d.**, la marea è calata; **The storm died d.**, la tempesta si placò; **At nightfall the fighting died d.**, al calar delle tenebre i combattimenti cessarono. ● (*fam.*) **to be d. and out**, (*di pugile*) essere suonato; essere rovinato; essere senza il becco di un quattrino; essere in cattiva salute □ **to be d. at heel**, (*di calzatura*) essere scalcagnato; (*fig., di persona*) essere scalcagnato, trasandato, mal messo □ (*naut.*) **d. by the stern**, appoppato □ (*USA*) **D.-Easter**, abitante della Nuova Inghilterra (*specialm. del Maine*) □ **to be d. for**, essere in lista per (*un impegno, una somma sottoscritta, ecc.*) □ (*fam.*) **to be d. in the mouth**, essere abbattuto (*o* scoraggiato, triste) □ **to be d. on one's luck**, essere sfortunato; avere un momento di sfortuna □ **to be d. on sb.**, essere adirato (*o* seccato) con q.; avercela con q. □ **d. on paper**, messo per iscritto; nero su bianco (*fam.*) □ **d.-to-earth**, pratico; realistico; coi piedi sulla terra (*fam.*) □ (*fam.*) **d. to the ground**, completamente; fino in fondo □ (*fam.*) **d. under**, dall'altra parte del mondo; agli antipodi; in Australia (*o* in Nuova Zelanda) □ **d. with**, abbasso: **D. with the dictator!**, abbasso il dittatore! □ **to be d. with fever**, essere a letto con la febbre □ (*naut.*) **to bear d.**, navigare sottocosta □ **to boil st. d.**, far rassodare q.c. facendola bollire □ **to calm d.**, calmare, calmarsi; placare, placarsi □ **to come d. in the world**, calare di grado (*o* scendere) nella scala sociale; decadere □ **to come d. on sb.**, dare addosso a q.; rimproverare, punire q. □ **to come** (*o* **to get**) **d. to business**, venire al sodo □ **to be** (*o* **to feel**) **d. (in spirits)**, essere giù (di morale), essere abbattuto (*o* scoraggiato, avvilito) □ **to be giù di giri** (*fig., fam.*) □ **from king d. to cobbler**, dal re fino al più umile suddito (*o* al ciabattino) □ (*di studente universitario*) **to go d.**, andare in vacanza; finire gli studi, laurearsi □ **to go d. to the country (to Scotland)**, andare in campagna (in Scozia; *da Londra*) □ **to hand d.**, tramandare □ **to have** (*o* **to get**) **st. d. on paper**, mettere q.c. per iscritto □ (*fig.*) **to hit** (*o* **to kick**) **a man when he is d.**, infierire su chi è già a terra; uccidere un uomo morto □ **to let sb. d.**, abbandonare, piantare in asso, deludere q. □ (*comm.*) **to pay d.**, pagare in contanti □ **to put sb. (sb.'s name) d. for**, mettere in lista per: **Put me d. for two pounds**, mettimi in lista per due sterline (*in una sottoscrizione*) □ **to put sb. d.**, sconfiggere q.; (*pop.*) umiliare q. □ **to run** (*o* **to ride, to hunt**) **sb. (an animal) d.**, mettere q. con le spalle al muro (dare la caccia a un animale fino a ridurlo allo stremo) □ **to send a student d.**, espellere uno studente (*dall'università*) □ **to shout** (*o* **to hiss**) **sb. d.**, far tacere q. a urli (*o* a fischi); non dargli modo di parlare □ **to talk d. to sb.**, parlare a q. condiscendendo al suo supposto inferiore livello mentale, in modo da farsi capire □ **to thin d.**, assottigliare, assottigliarsi □ **up and d.**, su e giù: **They walked up and d. for hours**, camminavano su e giù per ore e ore □ **to wear d.**, consumare (*un abito, ecc.*).
down (4) [daun], *a.* **1** (che va) in giù, verso il basso; rivolto in basso; discendente; in discesa; in pendenza: **a d. leap**, un salto in giù (*o* verso il basso); **a d. look**, uno sguardo diretto verso il basso **2** abbassato: **The lid is d.**, il coperchio è abbassato **3** (*di pneumatico*) a terra **4** giù (di morale); abbattuto; avvilito: **Today I'm feeling d.**, oggi mi sento giù. ● **d. draught**, corrente d'aria discendente (*in un camino, ecc.*) □ (*ferr.*) **d. grade**, pendenza; discesa □ (*comm.*) **d. payment**, pagamento in contanti; anticipo; versamento della prima rata □ (*ferr.*) **d. platform**, marciapiede di partenza (*o* d'arrivo) di un «down train» □ **d. shaft**, *V.* **downcast (2)** □ **a d. train**, un treno che dalla città principale (*per es., Londra*) porta in provincia □ **to be on the d. grade**, (*di terreno, ecc.*) essere in pendenza; (*fig.*) essere in decadenza (*o* in ribasso); essere sciupato (*fisicamente*).
down (5) [daun], *prep.* **1** giù per; verso il basso, a valle di: **to walk d. a hill**, andare giù per un colle; discendere un colle; **to sail d. a river**, navigare giù per (*o* verso la foce di) un fiume **2** lungo; per: **He was running d. the street**, correva per la strada. ● **d. the ages**, attraverso i tempi (*o* le età passate) □ **d. the wind**, sottovento □ (*fig.*) **Let it go the wind**, lascialo andare; gettalo via □ **The village is situated d. the Thames**, il villaggio è sul Tamigi, più a valle.
down (6) [daun], *n.* basso; rovescio (*della sorte*): **the ups and downs of life**, gli alti e bassi della vita. ● (*comm.*) **seasonal downs**, crisi stagionali □ (*fam.*) **to have a d. on sb.**, sentire avversione (*o* antipatia) per q.; serbare rancore a q.; avercela con q.
to down [daun], *v. t.* (*fam.*) **1** mettere giù; posare; mettere via **2** abbattere; atterrare; gettare a terra **3** (*aeron.*) abbattere (*un aeroplano, ecc.*) **4** battere, sconfiggere (*un avversario*) **5** (*polit.*) bocciare (*un disegno di legge, ecc.*) **6** abbassare, calare (*una vela, un segnale*) **7** mandar giù; bere fino in fondo; scolarsi (*pop.*): **to d. a bottle of wine**, scolarsi una bottiglia di vino. ● **to d. tools**, (*fig.*) cessare gli arnesi di lavoro; incrociare le braccia; scioperare; (*di un sindacato*) proclamare lo sciopero.
down-and-out ['daunənd'aut], **A** *a.* **1** rovinato; senza un soldo; al verde **2** malandato; malato **3** (*sport*) suonato: **a d. boxer**, un pugile suonato. **B** *n.* (*anche* **down-and-outer**) spiantato; squattrinato.
down-at-heel ['daunət'hi:l], *a.* **1** (*di calzatura*) scalcagnato **2** scalcinato: **a d. hotel**, un albergo scalcinato **3** (*di persona*) male in arnese; scalcinato; trasandato.
downbeat ['daunbi:t], **A** *n.* (*mus.*) **1** attacco (*del direttore d'orchestra*) **2** prima battuta. **B** *a.* pessimistico; triste.

● **a film with a d. ending**, un film con un finale triste (*o che finisce male*).
downcast (1) ['daunka:st], *a.* **1** abbattuto; depresso; scoraggiato; triste **2** (*d'occhi*) basso: **with d. eyes**, con gli occhi bassi.
downcast (2) ['daunka:st], *n.* (*nelle miniere*) pozzo d'aerazione.
downer ['daunə*], *n.* (*pop. USA*) **1** sedativo; tranquillante **2** individuo noioso; barba, borsa (*pop.*) **3** basso; punto basso: **uppers and downers**, alti e bassi.
downfall ['daunfɔ:l], *n.* **1** caduta; rovina; sfacelo: **His d. was due to ambition**, la sua rovina fu dovuta all'ambizione **2** forte precipitazione atmosferica: **a d. of snow**, una grande nevicata; **a d. of rain**, una grande pioggia; un acquazzone.
to downgrade ['daun'greid], *v. t.* retrocedere, degradare (*un funzionario, ecc.*).
downhearted ['daunha:təd], *a.* scoraggiato; abbattuto; avvilito.
downhill ['daun'hil], **A** *a. e avv.* in discesa; in pendenza; in pendio: **a d. road**, una strada in discesa; **to go d.**, andare in discesa; (*fig.*) peggiorare; essere in decadenza (*o* in ribasso); essere sempre più malandato (*in salute*). **B** *n.* **1** declivio; discesa; pendio; declino: **in the d. of life**, nel declino della vita **2** (*sci*) discesa. ● (*sci*) **d. racer**, discesista □ (*sci*) **d. racing**, discesa libera.
downhiller ['daun'hilə*], *n.* (*sci*) discesista.
downiness ['dauninis], *n.* l'esser lanuginoso (*o* soffice); morbidezza.
Downing Street ['daunɪŋ 'stri:t], *n.* **1** Downing Street (*strada di Londra in cui, al n. 10, è la residenza ufficiale del Primo Ministro*) **2** (*fig.*) il governo britannico.
downpipe ['daunpaip], *n.* (*edil.*) pluviale.
downpour ['daunpɔ:*], *n.* acquazzone; rovescio (*o* scroscio) di pioggia.
downright ['daunrait], **A** *a.* **1** onesto; franco; sincero; schietto; esplicito: **a d. person**, una persona onesta, sincera; **a d. answer**, una risposta franca, schietta **2** assoluto; perfetto; bell'e buono; chiaro: **It's a d. attack**, è un attacco bell'e buono; **a d. insult**, un chiaro affronto; un'offesa bell'e buona. **B** *avv.* **1** assolutamente; del tutto; proprio **2** subito: **to go d. to one's work**, mettersi subito al lavoro.
downrightness ['daunraitnis], *n.* onestà; franchezza; sincerità.
to downsize ['daun'saiz], *v. t.* (*anche ind.*) ridimensionare.
downsizing ['daun'saizɪŋ], *n.* (*anche ind.*) ridimensionamento.
downspout ['daunspaut], (*USA*) *V.* **downpipe**.
downstage ['daun'steidʒ], **A** *n.* (*teatr.*) ribalta; proscenio. **B** *avv.* alla (*o* verso) la ribalta.
downstairs ['daun'stɛəz], **A** *avv.* giù (*dalle scale*); di sotto; al piano di sotto: **to go d.**, andare di sotto; scendere le scale. **B** *a.* (*anche* **downstair**) al piano inferiore; (*specialm.*) al piano terreno: **a d. room**, una stanza al piano inferiore.
downstate ['daun'steit], (*USA*) **A** *n.* parte meridionale (*di uno Stato*). **B** *a.* del Sud (*di uno Stato*). **C** *avv.* nel sud; verso il sud (*dello Stato*).
downstream ['daun'stri:m], *a. e avv.* **1** lungo la corrente (*d'un fiume*) **2** a valle.
downstroke ['daun'strouk], *n.* (*mecc.*) corsa discendente (*di un pistone*).
downswing ['daun'swɪŋ], *n.* **1** discesa; pendio **2** (*econ.*) fase di flessione; tendenza depressionaria.
downtown ['daun'taun], (*specialm. USA*) **A** *avv.* verso il (*o* nel) centro (*della città*). **B** *a.* del centro: **a d. store**, un negozio del centro. **C** *n.* centro (*della città*); centro commerciale. ● **d. New York**, il centro di New York □ **to go d.**, andare in centro.
downtrend ['daun'trend], *n.* **1** calo; declino; diminuzione **2** (*econ.*) fase di flessione; tendenza depressionaria (*o* al ribasso).
downtrodden ['daun,trɔdn], *a.* calpestato; oppresso; tiranneggiato.
downward (1) ['daunwəd], *a.* **1** in discesa; in pendio: **a d. run**, una corsa in discesa **2** in giù; verso il basso: **a d. motion**, un movimento verso il basso **3** (*fig.*) degradante; che trascina in basso. ● **a d. career**, una carriera a rovescio; la carriera dell'asino □ (*econ.*) **a d. trend**, una tendenza al ribasso; uno sfavorevole andamento congiunturale.
downward(s) (2) ['daunwəd(z)], *avv.* **1** in giù; verso il basso **2** verso tempi più recenti: **If we go d. in history...**, se, nella storia, andiamo verso tempi più recenti... **3** (*fig.*) in basso; verso la rovina.
downwind [,daun'wind], **A** *n.* (*naut.*) vento in poppa. **B** *a. e avv.* (*anche naut.*) sottovento.
downy (1) ['dauni], *a.* (*di terreno, paesaggio*) **1** (*simile a*) colline erbose; ondulato **2** a dune; di dune.
downy (2) ['dauni], *a.* **1** coperto di piume (*o* di peluria) **2** lanuginoso; morbido; soffice **3** (*pop.*) sveglio, che sa il fatto suo.
dowry ['dauəri], *n.* (*leg.*) dote **2** (*fig.*) dote naturale; dono; talento: **Poetry was his d.**, aveva il dono della poesia.
to dowse (1) [daus], *V.* **to douse (2)**.
to dowse (2) [dauz], *v. i.* cercare acqua (*o* minerali) con la bacchetta da rabdomante.
dowser ['dauzə*], *n.* rabdomante.
dowsing ['dauzɪŋ], *n.* rabdomanzia. ● **d. rod**, bacchetta da rabdomante.
doxology [dɔk'sɔlədʒi], *n.* (*relig.*) dossologia.
doxy (1) ['dɔksi], *n.* credo; opinione; dottrina.
doxy (2) ['dɔksi], *n.* **1** (*lett.*) donna di facili costumi; prostituta **2** (*pop.*) ragazza; innamorata; amante.
doyen ['dɔiən], *n.* (*in diplomazia e fig.*) decano.
doyenne [dɔi'en], *n.* decana.
doyley ['dɔili], *V.* **doily**.
to doze [douz], *v. i.* **1** sonnecchiare; dormicchiare; fare un pisolino **2** essere assopito, appisolato. ● **to d. off**, appisolarsi.
doze [douz], *n.* sonnellino; pisolo; pisolino.
dozen ['dʌzn], *n.* (*pl.* **dozen, dozens**) **1** dozzina: **Eggs are 40 p. a d. today**, oggi le uova costano quaranta penny la dozzina; **two d. handkerchiefs**, due dozzine di fazzoletti; **to buy things in dozens**, comprare oggetti a dozzine **2** (*pl., fig.*) dozzine; un mucchio, un sacco di: **Dozens of people are coming behind me**, un sacco di gente mi sta seguendo. ● **baker's** (*o* **devil's, printer's**) **d.**, tredici (*V.* **baker**) □ **long d.**, tredici □ **to talk nineteen to the d.**, parlare ininterrottamente.
doziness ['douzinis], *n.* sonnolenza; torpore.
dozy ['douzi], *a.* sonnolento.
drab (1) [dræb], *a.* **1** bruno-giallastro; grigiastro **2** grigio (*fig.*); monotono; triste; incolore.
drab (2) [dræb], *n.* **1** (*arc.*) prostituta; sgualdrina **2** donna trasandata; sciattona **3** (*pl.*) *V.* **dribs**.
to drab [dræb], *v. i.* frequentare prostitute; andare a puttane (*volg.*).
drabbet ['dræbit], *n.* tela grossolana (*usata per le camicie da lavoro*).
to drabble ['dræbl], **A** *v. t.* imbrattare; sporcare (*trascinando nel fango*). **B** *v. i.* imbrattarsi; sporcarsi. ● **to d. through mud**, diguazzare nel fango.
drabness ['dræbnis], *n.* (*fig.*) grigiore; monotonia.
dracaena [drə'si:nə], *n.* (*bot., Dracaena*) dracena.
drachm [dræm], *n.* **1** *V.* **drachma 2** *V.* **dram**.
drachma ['drækmə], *n.* (*pl.* **drachmas, drachmae, drachmai**) dracma (*moneta greca*).
Draconian [drei'kounjən], *a.* (*stor. e fig.*) draconiano: **D. laws**, leggi draconiane.
draff [dræf], *n.* feccia; deposito; rifiuto; sedimento.
draft [dra:ft], **A** *n.* **1** abbozzo; bozza; prima stesura; minuta; schema; schizzo; progetto; disegno: **the d. of a letter**, la minuta di una lettera; **a d. for a Parliamentary Bill**, uno schema di disegno di legge (parlamentare); **a d. for a machine tool**, lo schizzo (*o* il disegno) d'una macchina utensile **2** (*fin.*) effetto; tratta; cambiale tratta: **A cheque is a d. on a banker**, l'assegno bancario è una tratta spiccata su una banca; **sight d.**, tratta a vista **3** (*comm., anche* **d. allowance**) abbuono per «calo peso» (*o* per «corpi estranei») **4** (*mil.*) distaccamento; reparto (*scelto per un'operazione particolare*) **5** (*edil.*) orlo; listello (*su una pietra*); bozza (*su un muro*) **6** (*mil. USA*) coscrizione; chiamata alle armi; leva **7** (*costr. idrauliche*) sezione (*di una bocca di scarico*) **8** (*USA*) *V.* **draught** (*per es.*, **d. animal** *per l'ingl.* **draught animal**, animale da tiro) **9** (*ing.*) sformo; spoglia **10** (*metall.*) trafilatura **11** (*metall.*) trafilato **12** (*mecc. dei fluidi*) tiraggio **13** (*naut.*) pescaggio: **a ship of 20 feet d.**, una nave che pesca 20 piedi. **B** *a. attr.* preliminare; di massima: (*fin.*) **d. budget**, bilancio preventivo di massima; **d. package of requests**, piattaforma comune di richieste (preliminari). ● (*USA*) **d. board**, commissione di leva □ (*leg.*) **d. contract**, bozza (*o* schema di contratto □ (*USA*) **d. dodger**, renitente alla leva □ (*USA*) **d. registration**, iscrizione nella lista di leva □ (*comm.*) **banker's d.**, assegno circolare.
to draft [dra:ft], **A** *v. t.* **1** abbozzare; fare uno schema (*o* una bozza) di; redigere; schizzare; disegnare: **to d. a Parliamentary Bill**, preparare un disegno di legge (parlamentare) **2** (*mil.*) distaccare (*un reparto*); mandare in missione (*soldati*) **3** (*edil.*) incidere un orlo (*o* un listello) su (*una pietra*) **4** (*USA*) chiamare alle armi; arruolare **5** (*tecn.*) progettare. **B** *v. i.* (*autom., sport*) farsi «tirare» (*fam.*); stare nella scia (*di un'altra vettura*). ● **to d. a programme**, elaborare un programma.
draftee [dra:f'ti:], *n.* (*mil. USA*) coscritto; soldato di leva.
drafter ['dra:ftə*], *n.* chi prepara una bozza; estensore, redattore.
drafting ['dra:ftɪŋ], *n.* **1** (*comm.*) l'azione di trarre, spiccare una tratta **2** formulazione; modo in cui q.c. è redatto; stesura **3** disegno; abbozzo **4** (*tecn.*) progettazione **5** elaborazione: **the d. of a programme**, l'elaborazione di un programma. ● (*arti grafiche*) **d. board** (*o* **table**), tavolo da disegno □ **d. machine**, tecnigrafo □ **d. paper**, carta da disegno (*per disegno tecnico*).
draftsman ['dra:ftsmən], *n.* (*pl.* **draftsmen**) **1** (*arti grafiche*) disegnatore tecnico; progettista **2** (*anche* **draughtsman**) estenso-

re di bozze di documenti; redattore di schemi di disegni di legge (parlamentare) **3** (*USA*) *V*. **draughtsman**, *def*. 3.
drafty ['drɑ:fti], (*USA*) *V*. **draughty**.
to drag [dræg], **A** *v. t.* **1** trascinare; strascinare; strascicare; tirare (*a fatica, con sforzo*): **The horse was dragging a heavy load**, il cavallo trascinava un grave peso; **I can hardly d. myself along**, riesco appena a trascinarmi avanti **2** (*agric.*) erpicare (*il terreno*) **3** dragare, rastrellare (*il fondo d'un fiume, ecc.*): **They dragged the river for the dead body**, dragarono il fiume per trovare il cadavere **4** frenare (*una ruota, un veicolo*) con la martinicca **5** (*pop.*) seccare; scocciare (*pop.*). **B** *v. i.* **1** (*anche* **to d. on**) trascinarsi; strascicarsi; strascinarsi; passare lentamente: **Time dragged on**, il tempo passava lentamente **2** (*naut.*) arare: **The anchor dragged**, l'ancora arava **3** (*di motivo musicale*) essere lento; mancare di vivacità **4** pescare a strascico **5** (*mecc.*) (*dei freni*) strisciare; aderire **6** (*fam.*) tirare una boccata (*da una sigaretta, ecc.*). ● **to d. one's feet**, strascicare i piedi; (*fig.*) tirarsi indietro, essere riluttante (*a fare q.c.*) □ (*fig.*) **to d. in** (*by the head and shoulders*), introdurre per forza; tirare per i capelli (*un argomento*); tirare in ballo: **Why d. in patriotism?**, perché tirare in ballo il patriottismo? □ **to d. on**, protrarre, protrarsi; tirare avanti in modo noioso; trascinarsi stancamente: **The trial of those accused of corruption is still dragging on**, il processo degli imputati di corruzione si sta trascinando ancora □ (*fam.*) **to d. up a child**, tirar su (*o* allevare, educare) un ragazzo alla meglio □ **to d. up a subject**, tirar fuori un argomento a sproposito □ **a dragging fear**, un terrore raggelante.
drag [dræg], *n.* **1** (*agric.*) erpice pesante **2** rozza slitta; treggia **3** carrozza chiusa; diligenza; tiro a quattro **4** (*anche* **dragnet**) rete a strascico (*da pesca o per selvaggina*) **5** draga; cavafango **6** freno a martinicca **7** (*fig.*) impedimento; ostacolo; peso: **His large family has always been a d. on him**, la sua numerosa famiglia è stata sempre un peso per lui **8** (*caccia*) odore di selvaggina; preda fittizia (*oggetto, che lascia un certo odore sul terreno, usato per l'allenamento di cani da caccia detti* **draghounds**) **9** forza resistente; forza trainante; resistenza aerodinamica **10** (*metall.*) fondo della staffa **11** (*fam.*) tirata (*di sigaretta*) **12** (*pop. USA*) autorità; influenza **13** (*pop.*) noia, seccatura; scocciatura (*fam.*) **14** (*pop.*) individuo noioso; barba, borsa (*pop.*) **15** (*pop.*) abbigliamento di travestito **16** (*pop.*) balletto verde **17** (*pop.*) (la) ragazza; (la) morosa. ● (*mecc.*) **d. bar**, barra di trazione □ **d. chain**, catena d'arresto di una ruota (*in un veicolo*); (*fig.*) ostacolo, peso; (*ferr.*) catena di aggancio; (*autom.*) catenella di messa a terra □ **d. hunt**, caccia con lo strascico □ (*mecc.*) **d.-link**, tirante longitudinale (*dello sterzo*); quadrilatero articolato a doppia manovella □ **d. queen**, travestito.
to draggle ['drægl], **A** *v. t.* infangare; inzaccherare. **B** *v. i.* **1** bagnarsi; sporcarsi; infangarsi; sciuparsi (*venendo trascinato sul terreno*) **2** trascinarsi in coda; restare indietro. ● **d.-tail**, sciattona □ **d.-tailed**, con la gonna inzaccherata, che strascica in terra.
draggy ['drægi], *a.* (*fam.*) noioso; barboso, borsoso (*fam.*).
dragline ['dræglain], *n.* (*mecc.*) escavatore a benna trascinata.
dragnet ['drægnet], *n.* **1** rete a strascico **2** (*fig.*) rete; retata (*della polizia, ecc.*).
dragoman ['drægoumən], *n.* (*pl.* **dragomans, dragomen**) dragomanno; interprete.
dragon ['drægən], *n.* **1** (*mitol.*) dragone; drago **2** (*fig.*) guardiano **3** (*fig.*) persona feroce. ● **d.'s blood**, sangue di drago (*resina rossa*) □ (*zool.*) **d.-fly** (*Libellula*), libellula □ (*mil.*) **d.'s teeth**, difese anticarro □ (*bot.*) **d. tree** (*Dracaena draco*), dracena; drago delle Canarie □ **the old D.**, Satana.
dragoon [drə'gu:n], *n.* **1** (*mil.*) dragone **2** (*mil., stor.*) sorta di moschetto **3** (*fig.*) individuo rozzo e bellicoso.
to dragoon [drə'gu:n], *v. t.* infierire su (q.) con l'impiego di dragoni. ● **to d. sb. into st.**, costringere q. a fare q.c. con la forza.
to drain [drein], **A** *v. t.* **1** prosciugare (*anche fig.*); logorare; esaurire: **to d. a marsh**, prosciugare una palude; **to d. the wealth of a nation**, esaurire le risorse d'una nazione **2** far defluire, togliere (*un liquido*); spurgare; scolare; bere: **to d. oil from an engine**, togliere l'olio da un motore; **to d. a bottle of beer**, bersi un'intera (*pop.*: scolarsi una) bottiglia di birra; (*fig.*) **to d. the cup (of sorrow, etc.)**, bere il calice sino alla feccia **3** (*med.*) drenare: **The doctor drained the abscess**, il medico drenò l'ascesso **4** filtrare. **B** *v. i.* **1** sgorgare; scorrere lentamente; sfociare: **The blood was draining from my wounds**, il sangue mi sgorgava dalle ferite; **This river drains into the Mediterranean**, questo fiume sfocia nel Mediterraneo **2** scaricare le acque: **Central Europe drains into the Danube**, l'Europa Centrale scarica le sue acque nel Danubio **3** ricevere le acque di (*un territorio*): **The Po drains the Po valley**, il Po riceve le acque della Valle Padana **4** asciugare; scolare; sgocciolare: **Put the umbrella into the stand to d.**, metti l'ombrello nel portaombrelli a sgocciolare. ● **to d. away**, (*di liquido*) scorrere via, fluire via, defluire; (*fig.*) prosciugarsi (*fig.*); esaurirsi, finire: **My wealth had drained away**, la mia ricchezza era finita □ **to d. dry**, scolarsi □ **to d. st. dry (to the dregs)**, bere fino in fondo (*o* fino alla feccia); scolare.
drain [drein], *n.* **1** fognatura; fogna; chiavica; scolmatore **2** (*anche* **drainpipe**) tubo di scarico (*o* di scolo, di spurgo) **3** (*pl.*) fognature; rete delle fognature **4** (*med., anche* **d.-tube**) tubo di drenaggio **5** (*fig.*) consumo; esaurimento; salasso: **a d. on one's strength**, un salasso d'energie; **Old age pension is a heavy d. on the financial resources of the community**, la pensione sociale è un forte salasso delle risorse finanziarie della comunità **6** (*fig.*) prosciugamento; esaurimento; (*fin.*) **a d. of dollars**, un esaurimento dei dollari; (*fin.*) **the d. on liquidity**, il prosciugamento della liquidità **7** (*pop.*) sorso; goccia. ● (*moda*) **d.-pipe trousers**, pantaloni a tubo □ (*fig., fam.*) **to go down the d.**, andare perso, essere sprecato; (*di progetto*) andare a monte.
drainage ['dreinidʒ], *n.* **1** prosciugamento; bonifica **2** scarico delle acque; scolo; spurgo **3** acque di scarico (*o* di scolo) **4** (*anche* **d. system**) rete delle fognature **5** (*med.*) drenaggio. ● (*geogr.*) **d.-basin**, bacino idrografico (*o* imbrifero) □ (*agric.*) **d. canal**, canale di scolo □ (*geogr.*) **d. pattern**, rete idrografica.
drainer ['dreinə*], *n.* **1** chi fa canali di scolo, fogne, ecc.; sterratore **2** scolatoio; recipiente per scolare **3** scolapiatti; rastrelliera.
draining ['dreiniŋ], *n.* **1** prosciugamento **2** (*fig.*) esaurimento (*di risorse, ecc.*) **3** scolamento; (lo) scolare **4** (*med.*) drenaggio. ● **d. board**, scolapiatti (*ripiano accanto al lavello*).
drake (1) [dreik], *n.* (*zool.*) maschio dell'anatra.
drake (2) [dreik], *n.* **1** (*stor., mil.*) dragonetto; drago **2** (*zool., anche* **d.-fly**) mosca usata come esca **3** (*arc.*) drago; dragone **4** (*zool., Ephemera vulgata*) efemera; effimera.
dram [dræm], *n.* **1** dracma, dramma (*1/16 di oncia «avoirdupois», pari a 1,77 grammi; 1/8 di oncia «troy», pari a 3,88 grammi*) **2** sorso di bevanda alcolica; bicchierino; cicchetto; goccio: **a d. of gin**, un goccio di gin (*fig.*) briciolo; granello; pezzettino. ● **d.-drinker**, beone; ubriacone □ **d.-shop**, osteria.
drama ['drɑ:mə], *n.* dramma (*anche fig.*); lavoro teatrale (*tragedia, commedia, ecc.*); teatro (*fig.*): **He is a student of Elizabethan d.**, è uno studioso del dramma (*o* del teatro) elisabettiano.
dramatic [drə'mætik], *a.* **1** drammatico; teatrale: **d. criticism**, critica teatrale **2** (*fig.*) drammatico; sensazionale: **a d. appeal**, un appello drammatico.
dramatics [drə'mætiks], *n. pl.* **1** (*col verbo al sing.*) arte drammatica **2** spettacoli drammatici teatrali **3** (*fig.*) atteggiamenti teatrali.
dramatist ['dræmətist], *n.* drammaturgo; commediografo.
dramatization [ˌdræmətai'zeiʃən], *n.* **1** drammatizzazione; riduzione (*d'un romanzo, ecc.*) in forma di dramma **2** (*fig.*) esagerazione (*di un fatto*); versione drammatica **3** (*psic.*) drammatizzazione.
to dramatize ['dræmətaiz], **A** *v. t.* **1** drammatizzare, ridurre in forma di dramma (*un romanzo, ecc.*) **2** (*fig.*) rendere drammatico, drammatizzare (*un avvenimento, ecc.*). **B** *v. i.* esagerare; drammatizzare.
dramaturge ['dræmətə:dʒ], *n.* drammaturgo.
dramaturgic [ˌdræmə'tə:dʒik], *a.* di drammaturgo.
dramaturgist ['dræmətə:dʒist], *n.* drammaturgo.
dramaturgy ['dræmətə:dʒi], *n.* drammaturgia.
drank [dræŋk], *pass.* di **to drink**.
to drape [dreip], **A** *v. t.* **1** drappeggiare; panneggiare: **She draped her fox furs round her shoulders**, si drappeggiò le volpi attorno alle spalle **2** coprire (*di drappi*); adornare; ornare: **The building fronts were draped with bunting**, le facciate degli edifici erano coperte di bandiere. **B** *v. i.* (*di stoffa*) ricadere; fare un drappeggio. ● **They draped themselves round the teacher's desk**, si raccolsero intorno alla cattedra.
drape [dreip], *n.* **1** drappo; panno; drappeggio **2** linea; taglio: **His suit has a French d.**, il suo vestito è di taglio francese **3** (*pl.*) drappeggi; tendaggi.
draper ['dreipə*], *n.* **1** (*arc.*) drappiere (*arc.*); fabbricante di stoffe **2** negoziante di stoffe (*o* di tessuti).
draperied ['dreipərid], *a.* coperto (*o* ornato) di drappi.
drapery ['dreipəri], *n.* **1** drapperie; stoffe; tessuti; tendaggi **2** drappeggio **3** commercio di stoffe; drapperia **4** (*USA*) stoffa (*pesante*) per tendaggi. ● **d. store**, negozio di stoffe.
drastic ['dræstik], *a.* drastico: **d. remedies**, rimedi drastici.
drat [dræt], *inter.* (*pop.*) accidenti (a); maledetto (*dall'imper.* **God rot!**): **D. that bore!**, accidenti a quel seccatore! ● **D. it!**, accidenti!; maledizione!
dratted ['drætid], *a.* (*pop.*) maledetto; dannato.
draught [drɑ:ft], *n.* **1** tiro; traino; trazione: **beasts of d.**, bestie da tiro; **d.-horse**, cavallo da tiro **2** tirata (*di rete da pesca*); retata (*di pesce*) **3** (*di liquido*) sorso; sorsata: **a d. of cool beer**,

draught

un sorso di birra fresca 4 spillatura (*dalla botte, ecc.*) 5 (*med.*) pozione: **black d.**, pozione purgativa 6 (*naut.*) pescaggio; profondità d'immersione: **a ship of 20 feet d.**, una nave che pesca 20 «piedi»; **d. marks**, quote (*o* marche) di pescaggio 7 corrente d'aria; spiffero (*fam.*) 8 (*di camino, ecc.*) tiraggio; valvola del tiraggio; tirante 9 (*pl., col verbo al sing.*) gioco della dama (*cfr. USA* **checkers**) 10 (*anche* **draft**) abbozzo; bozza; brutta copia; schema; schizzo; progetto; disegno (*tecnico*) 11 (*mil., di solito* **draft**) distaccamento; reparto (*scelto per una missione speciale*) 12 (*comm., arc.*) *V.* **draft**. ● **d. beer**, birra alla spina □ **d. board**, scacchiera □ (*fig.*) **a d. of happiness**, un po' di felicità □ **to drink at a** (*o* **at one**) **d.**, bere d'un fiato □ (*pop.*) **to feel the d.**, trovarsi nelle avversità.

to draught [dra:ft], *V.* **to draft**.

draughtiness ['dra:ftinis], *n.* l'esser pieno di (*o* esposto a) correnti d'aria.

draughtsman (*def. 1, 2* ['dra:ftsmən], *def. 3* ['dra:ftsmæn]), *n.* (*pl.* **draughtsmen**) 1 disegnatore (tecnico) 2 (*di solito* **draftsman**) estensore di bozze di documenti; redattore di schemi di disegni di legge 3 pedina (*nel gioco della dama*).

draughtsmanship ['dra:ftsmənʃip], *n.* tecnica (*nel disegno*).

draughtswoman ['dra:fts‚wumən], *n.* (*pl.* **draughtswomen**) disegnatrice; progettista.

draughty ['dra:fti], *a.* pieno di (*o* esposto alle) correnti d'aria.

Dravidian [drə'vidiən], **A** *n.* 1 (*antropologia*) dravida 2 lingua dravidica. **B** *a.* (*anche* **Dravidic**) dravidico.

to draw [drɔ:] (*pass.* **drew**, *p. p.* **drawn**), **A** *v. t.* 1 tirare; trainare; trarre; attingere; tendere; trascinare; cavare; ricavare; estrarre: **D. the curtains**, tira le tende; **The oxen d. the plough**, i buoi tirano l'aratro; **This flue draws well**, questa canna fumaria tira bene; **to d. the bow**, tendere l'arco; **to d. blood**, cavar sangue; **to d. water from a well**, attingere acqua da un pozzo; **to d. the bit** (**the bridle, the reins**), tirare il morso (la briglia, le redini); **to d. a deep breath**, tirare un profondo respiro; **to d. a tooth**, cavare (*o* estrarre) un dente; **to d. the sword**, estrarre (*o* sguainare) la spada; **to d. nails from a board**, cavare (*o* tirar via) chiodi da un'asse 2 attirare; attrarre; tirarsi dietro (*pop.*); tirarsi addosso; strappare (*anche fig.*): **The robbery drew a large crowd of people**, la rapina attirò una gran folla di gente; **to d. sb.'s attention**, attirare l'attenzione di q.; **to d. ruin upon oneself**, tirarsi addosso la rovina; **to d. tears** (**applause, etc.**), strappare le lacrime (gli applausi, ecc.) 3 ottenere; ricevere; ricavare; trarre; tirare (*pop.*): **His remark drew no reply**, la sua osservazione non ottenne risposta; **That novelist draws his inspiration from history**, quel romanziere trae ispirazione dalla storia; **to d. information from sb.**, ottenere (*o* ricavare) informazioni da q.; **He draws a good salary**, riceve (*pop.*: tira) un buon stipendio 4 tirare; tracciare; descrivere: **to d. a line**, tirare una riga; **to d. a circle**, disegnare un cerchio; **to d. a picture**, disegnare un quadro; descrivere una scena 5 formulare; stendere; redigere (*una bozza, un progetto, uno schema di disegno di legge*); scrivere: **to d. a plan**, formulare un piano; **to d. a contract**, stendere un contratto; **to d. a deed**, redigere un atto legale 6 (*comm.*) emettere; spiccare (*una tratta*); trarre; prelevare (*denaro*): **to d. a cheque**, emettere (*pop.*: staccare) un assegno; **to d. a bill of exchange**, spiccare una tratta, una cambiale; **to d. money from a bank**, prelevare denaro in banca 7 (*naut.: di nave*) pescare, avere un pescaggio di (*un certo numero di* «*piedi*») 8 contrarre: **His face was drawn with pain**, aveva il viso contratto per il dolore; **drawn features**, lineamenti contratti (*o* tesi, *pop.* tirati) 9 (*metall.*) trafilare (*un metallo*): **to d. gold** (**silver**), trafilare l'oro (l'argento) 10 (*ind. vetro*) laminare 11 (*nella caccia*) stanare; far uscire dal covo: **At last they succeeded in drawing the fox**, finalmente riuscirono a stanare la volpe 12 (*med.*) far spurgare; drenare: **This poultice will d. the abscess**, questo impiastro farà spurgare l'ascesso 13 (*nei giochi di carte*) prendere (*una carta, o più carte, dal mazzo*): **To** giocare, far calare, tirar giù (*pop.*): (*poker*) **to d. cards**, prendere carte; **I drew all his trumps**, gli feci calare tutte le briscole 14 protrarre; prolungare: **a long-drawn agony**, una lunga agonia 15 (*stor.*) tirare (q.) a coda di cavallo; sventrare: **He was drawn and quartered**, fu tirato a coda di cavallo e squartato; **I saw major-general Harrison hanged, drawn and quartered**, vidi impiccare, sventrare e squartare il generale Harrison 16 (*cucina*) pulire, sventrare (*un pollo, ecc.*) 17 (*nella caccia*) battere (*un terreno*) in cerca di selvaggina 18 spillare (*un liquido*): **to d. beer from a barrel**, spillare birra da un barile 19 tenere in infusione (*il tè*): **This tea must be drawn for a long time**, questo tè deve essere tenuto a lungo in infusione 20 (*ind. min.*) estrarre, portare a giorno (*minerali, ecc.*) 21 (*ind. min.*) disarmare 22 (*sport*) pareggiare (*un incontro, una partita*). **B** *v. i.* 1 estrarre (*o* tirare) a sorte: **Let's d. for partners**, tiriamo a sorte per vedere chi deve stare (*giocare, ecc.*) insieme 2 finire alla pari; (*sport*) pareggiare: **The two football teams drew**, le due squadre di calcio pareggiarono 3 sguainare la spada 4 estrarre la pistola 5 (*di un camino, ecc.*) tirare 6 (*del tè*) essere in infusione 7 (*seguito da una prep. o da un avv., quali* **to**, **near**, ecc.) muoversi verso; avvicinarsi a; arrivare a: **The speaker was drawing to a conclusion**, l'oratore s'avvicinava alla conclusione; **Holidays are drawing near**, le vacanze s'avvicinano; **At last we drew level with them**, alla fine li raggiungemmo 8 (*comm.*) trarre; spiccare (una) tratta: **You can d. on us for the amount of the invoice**, potete spiccare tratta su di noi per l'ammontare della fattura. **C** *verbi composti* 1 **to d. aside**, farsi da parte, scostarsi □ **to d. sb. aside**, tirare q. da parte, in disparte □ **to d. st. aside**, tirar q.c. da parte: **D. the curtain aside**, tira (*o* scosta) la tenda! 2 **to d. away from sb.**, allontanarsi da q. 3 **to d. back**, tirarsi indietro (*anche fig.*); ritirarsi; indietreggiare: **At the last moment, all my friends drew back**, all'ultimo momento tutti i miei amici si tirarono indietro □ **to d. st.** (**sb.**) **back**, tirare indietro q.c. (q.). 4 **to d. down**, tirare giù; abbassare; causare, essere la causa di (*proteste, ecc.*); percepire, riscuotere (*la paga, ecc.*): **to d. down the curtain**, (*a teatro*) calare il sipario, la tela; (*fig.*) smettere di parlare □ **to d. down sb.'s anger on oneself**, tirarsi addosso l'ira di q. 5 **to d. forth**, causare; provocare; strappare: **His acting drew forth enthusiastic applause**, la sua recitazione strappò al pubblico applausi entusiastici. 6 **to d. in**, accorciarsi; volgere al termine; fare economia: **The days are drawing in**, i giorni si accorciano; **The day draws in**, il giorno volge al termine; **You'll have to d. in**, dovrai fare economia (*o* tirare la cinghia) □ (*fig.*) **to d. in one's horns**, abbassare le corna, farsi prudente □ **to d. st. in**, tirar su (*una rete o sim.*); ritirare; limitare; ridurre; abbozzare; schizzare (*disegnando*); coinvolgere, invischiare (*fig.*); chiedere la restituzione di (*denaro prestato, ecc.*): **Snails d. in their horns**, le lumache ritirano le corna; **I'll have to d. in my expenditure**, dovrò ridurre le spese; **I don't want to be drawn in**, non voglio essere coinvolto. 7 **to d. off**, partire; andarsene □ **to d. st.** (**sb.**) **off**, cavare; togliere; ritirare: **to d. off water from a field**, cavare l'acqua da un campo; **to d. off one's gloves**, togliersi i guanti; **to d. off troops**, ritirare le truppe. 8 **to d. on**, avvicinarsi: **Winter is drawing on**, s'avvicina l'inverno □ **to d. on** (*o* **upon**) **st.**, fare appello a q.c.; ricorrere a q.c.; fare uso di q.c.: **If you don't know the facts, don't d. on your imagination**, se non sai come sono andate le cose, non ricorrere alla fantasia □ **to d. st.** (**sb.**) **on**, mettersi (*o* infilarsi) q.c.; tirare q. a sé, attrarre; (*fin.*) attingere, prelevare da: **to d. on one's gloves**, mettersi i guanti; **It was her charming manner that drew me on**, di lei mi attrasse lo squisito modo di fare; **to d. on one's bank account**, prelevare denaro dal proprio conto in banca □ **to d. sb. on to speak**, indurre q. a parlare. 9 **to d. out**, allungarsi; protrarsi; durare a lungo; uscire, partire: **The days begin to d. out**, le giornate cominciano ad allungarsi; **The speech drew out for hours**, il discorso durò ore e ore; **The train will d. out of the station in a few minutes**, il treno lascerà la stazione fra pochi minuti □ **to d. out a subject**, esaurire un argomento □ **to d. st.** (**sb.**) **out**, (*metall.*) trafilare (*un metallo*); tirare in lungo, dilungarsi su; protrarre, tirare per le lunghe; formulare, elaborare, preparare, tirare fuori; estrarre; cavare (*di bocca a q.*); far parlare, far cantare (*pop.*): **The meeting was drawn out into late night**, la riunione si protrasse fino a tarda notte; **Let's d. out a scheme**, prepariamo uno schema, un progetto; **He drew out a knife**, tirò fuori un coltello; **The police drew him out**, la polizia lo fece parlare □ **to d. sb. out of temptation**, liberare q. dalla tentazione. 10 **to d. round**, avvicinarsi; disporsi in cerchio: **D. round, and I'll tell you a fairy tale**, disponetevi in cerchio, e vi racconterò una favola. 11 **to d. together**, avvicinarsi; accostarsi: **The two ships drew together**, le due navi s'accostarono. 12 **to d. up**, arrestarsi; fermarsi; avvicinarsi; disporsi: **The car drew up at the door**, l'automobile s'arrestò alla porta di casa; **They drew up at the table**, si avvicinarono alla tavola □ **to d. up with** (*o* **to**) **sb.**, raggiungere q.: **At last, we drew up with them**, alla fine, li raggiungemmo □ **to d. st.** (**sb.**) **up**, tirar su, attingere (*acqua*); allineare, schierare (*soldati, truppe*); compilare, redigere, stendere: **to d. up a document**, compilare un documento; **to d. up a contract**, stendere un contratto □ **to d. oneself up**, tirarsi su; drizzare la schiena; alzarsi (in piedi). ● **to d. a bath**, aprire il rubinetto dell'acqua per il bagno; riempire la vasca □ (*fig.*) **to d. a blank**, far fiasco; restare con un pugno di mosche □ **to d. breath**, prendere fiato; fermarsi per riposare □ **to d. a distinction**, fare una distinzione □ **to d. first blood**, essere il primo ad attaccare □ **to d. one's first breath**, emettere il primo vagito; nascere □ **to d. a game** (**a match**), chiudere una partita (un incontro) alla pari □ **to d. a gun**, estrarre una pistola □ **to d. it fine**, farcela appena (*per limite di tempo, mancanza di denaro, ecc.*) □ (*fam.*) **to d. it mild**, non esagerare; essere modesto; sminuire la gravità (*o* l'importanza) di q.c. □ **to d. one's last breath**, dare l'ultimo respiro; esalare l'anima □ **to d. the line**, fissare un limite; dire basta (*fig.*); rifiutarsi di andare oltre (*fig.*) □ **to d. the line at**, non voler andare oltre (*un certo punto*); rifiutarsi di: **I don't mind helping him with his studies but I d. a line at writing his thesis for him**, lo aiuto volentieri nei suoi studi, ma mi rifiuto di fargli la tesi di laurea □ (*fig.*) **to d. the long bow**, esagerare; sparlarle grosse □ **to d. lots**, tirare a sorte (*con fuscelli di paglia o in modo simile*) □ **to d. a parallel between two things**, fare un parallelo (*o un confronto*) fra due cose □ **to d. one's pen (pencil, etc.) through st.**, tirare un frego su q.c. con la penna (*con la matita, ecc.*) □ **to d. a prize**, vincere un premio (*per es., alla lotteria*); tirar su un numero vincente □ (*mil.*) **to d. rations**, ritirare le razioni di viveri □ **to d. rein**, tirare le redini; fermare un cavallo □ (*fig.*) **to d. sb.'s teeth**, tagliare le unghie a q.; rendere inoffensivo q. □ **to d. two salaries**, cumulare due stipendi □ **to d. the winner**, prendere un biglietto col nome del cavallo vincente; (*fig.*) aver successo □ **We couldn't d. him into talk**, non riuscimmo a persuaderlo a parlare; non gli cavammo una parola di bocca □ **The calf draws the cow**, il vitello succhia il latte dalla mucca □ **This cart draws easily**, questo carro è agevole da tirare.

draw [drɔː], *n.* **1** strattone; tirata; strappo **2** atto di cavar fuori, di estrarre (*la pistola*), di sguainare (*la spada*): **He's fast on the d.**, è rapido nello sguainare la spada; **The marshall was the quickest on the d.**, lo sceriffo era il più veloce a estrarre la pistola **3** estrazione; sorteggio **4** attrazione: **The name of the Beatles was a great d.**, il nome dei Beatles era una grande attrazione **5** (*sport*) parità; pari; patta; pareggio: **The match ended in a d.**, la partita finì alla pari **6** ala di ponte levatoio **7** (*metall.*) cricca di ritiro. ● (*metall.*) **d.-bench**, trafilatrice; banco di trafilatura □ (*metall.*) **d. piece**, pezzo trafilato; profilato □ (*metall.*) **d.-plate**, trafila □ (*ing.*) **d.-point**, punta per tracciare □ **d. poker**, poker in cui si prendono carte (*dopo la prima distribuzione*); *si divide in*: **blind opening e jackpots**, *q.V.*) □ **d.(-top) table**, tavolo allungabile □ **That's a sure d.**, così si va a colpo sicuro □ **The battle was a d.**, (nella battaglia) non ci furono né vinti né vincitori.

drawback ['drɔːbæk], *n.* **1** inconveniente; svantaggio; manchevolezza **2** (*comm.*) rimborso (*o restituzione*) del dazio doganale (*quando la merce è riesportata*); premio all'esportazione **3** ritiro: **the d. of the missile installations**, il ritiro delle installazioni missilistiche **4** (*fin.*) ristorno. ● **d. lock**, serratura a catenaccio azionabile dall'interno.

drawbar ['drɔːbaː], *n.* (*ferr., autom.*) barra (*o asta*) di trazione.
drawbridge ['drɔːbrɪdʒ], *n.* ponte levatoio; ponte girevole.
drawdown ['drɔːdaʊn], *n.* **1** (*USA*) riduzione; taglio (*fig.*) **2** calo (*del livello dell'acqua*); abbassamento piezometrico.
drawee [drɔːˈiː], *n.* (*comm.*) trattario; trassato.
drawer (*def. 1, 2, 5, 6 e 7* ['drɔːə*], *def. 3* [drɔː*], *def. 4* [drɔːz]), *n.* **1** chi (*o cosa che*) tira, ecc. (*V.* **to draw**) **2** (*comm.*) traente (*d'una cambiale*); emittente (*d'un assegno bancario*) **3** cassetto: **chest of drawers**, cassettone **4** (*pl.*) mutande lunghe; mutandoni **5** disegnatore **6** mescitore di bevande alcoliche; barista **7** (*metall.*) trafilatore.
drawing ['drɔːɪŋ], *n.* **1** trazione; il tirare, ecc. (*V.* **to draw**) **2** disegno; schizzo; diagramma: **out of d.**, disegnato male, in modo difettoso **3** (*comm., fin.*) prelevamento, prelievo (*di denaro*) **4** (*metall.*) trafilatura (*d'un metallo*) **5** (*metall.*) imbutitura **6** (*ind. vetro*) laminazione **7** sorteggio; estrazione a sorte. ● (*banca*) **d. account**, conto corrente □ **d. block**, quaderno da disegno □ **d. board**, tavolo da disegno □ **d. compass(es)**, compasso da disegno □ (*banca*) **d. deposit**, deposito traibile □ (*ind.*) **d. office**, sala disegnatori □ **d. paper**, carta da disegno □ (*tecn.*) **d. pen**, tiralinee □ **d. pin**, puntina da disegno (*cfr. USA* **thumb-tack**) □ (*fin.*) **d. right**, diritto di prelievo □ **d. table**, tavolo da disegno □ **Back to the d. board!**, ripartiamo da zero! □ (*fin.*) **special d. rights**, diritti speciali di prelievo.
drawing-room ['drɔːɪŋrʊm], **A** *n.* **1** salotto **2** (*a Corte*) ricevimento **3** (*ferr. USA*) carrozza salone. **B** *a. attr.* di (*o da*) salotto; salottiero.
to drawl [drɔːl], **A** *v. i.* parlare in modo lento (*o affettato*); strascicare le parole. **B** *v. t.* strascicare: **to d. (out) one's words**, strascicare le parole.
drawl [drɔːl], *n.* pronuncia lenta, strascicata.
drawn [drɔːn], **A** *p. p.* **to draw**. **B** *a.* **1** (*del viso*) contratto; teso (*per il dolore, ecc.*) **2** sbudellato; sventrato **3** (*anche sport*) pari; in pareggio: **a d. game**, una partita chiusa in pareggio **4** estratto (*a sorte*) **5** (*metall.*) trafilato. ● **d. glass**, vetro ottenuto per laminazione □ **d.-out**, prolisso; che va (*o tirato*) per le lunghe □ **d. work**, ricamo sfilato □ **horse-d.**, a cavalli; ippotrainato □ **with d. swords**, con le spade sguainate.
drawstring ['drɔːˌstrɪŋ], *n.* cordoncino; funicella; laccio.
draw-well ['drɔːwel], *n.* pozzo (*munito di corda e secchio*.)
dray [dreɪ], *n.* carro pesante; barroccio. ● **d.-horse**, cavallo da tiro.
drayman ['dreɪmən], *n.* (*pl.* **draymen**) barrocciaio.

to dread [dred], *v. t. e i.* temere; aver paura (di); paventare; tremare (*fig.*): **I d. to think of the consequences**, tremo al pensiero delle conseguenze; **Does the boy d. a visit to the dentist?**, il bambino ha forse paura d'andare dal dentista?
dread (1) [dred], *n.* timore; paura; terrore: **Criminals always live in d. of being arrested**, i delinquenti vivono sempre col terrore d'essere arrestati.
dread (2) [dred], *a.* (*lett.*) **1** temuto; terribile; spaventoso **2** che incute riverenza e timore; maestoso; solenne.
dreadful ['dredful], *a.* terribile; tremendo; orribile; spaventoso: **a d. accident**, un incidente spaventoso; **d. weather**, tempo orribile.
dreadnaught, dreadnought ['drednɔːt], *n.* **1** (tessuto per) pesante mantello di lana **2** (*naut., mil.*) dreadnought; corazzata veloce (*da guerra*).
dream [driːm], *n.* (*anche fig.*) sogno: **to have bad dreams**, fare brutti sogni; **day-d.** (*o* **waking d.**), sogno a occhi aperti; fantasticheria; castelli in aria; **This hat is a d.!**, questo cappellino è un sogno! ● **d. book**, libro dei sogni □ **d. land**, il paese dei sogni; (*lett. o scherz.*) il sonno □ **d. reader**, chi interpreta i sogni □ **a d. villa**, una villa di sogno □ **d. world**, il mondo della fantasia (*o dell'irrealtà*); il paese dei sogni □ **He has dreams of being a great scientist**, sogna di diventare un grande scienziato.
to dream [driːm] (*pass. e p. p.* **dreamt, dreamed**), *v. t. e i.* sognare, sognarsi (*anche fig.*); fantasticare; immaginare: **The sailor dreamt of his native village**, il marinaio sognava il suo paese natale; **I shouldn't d. of hurting her pride**, non me lo sognerei neanche di ferirla nell'orgoglio; **He little dreamed that...**, non immaginava nemmeno lontanamente che... ● **to d. away one's time** (**life, etc.**), passare il tempo (la vita, ecc.) in fantasticherie □ **to d. a dream**, fare un sogno □ (*fam.*) **to d. up**, sognare; immaginare; escogitare; ideare.
dreamboat ['driːmbəʊt], *n.* (*pop.*) **1** (l') uomo dei propri sogni **2** (un) sogno di ragazza; (una) ragazza di sogno.
dreamer ['driːmə*], *n.* sognatore, sognatrice.
dreaminess ['driːmɪnɪs], *n.* **1** tendenza a sognare (*o a fantasticare*) **2** indeterminatezza; vaghezza.
dreamless ['driːmlɪs], *a.* senza sogni.
dreamlike ['driːmlaɪk], *a.* **1** di (*o simile a*) sogno; fantastico **2** indeterminato; vago.
dreamscape ['driːmskeɪp], *n.* paesaggio irreale (*o di sogno*).
dreamt [dremt], *pass. e p. p.* di **to dream**.
dreamy ['driːmɪ], *a.* **1** (*raro o poet.*) pieno di sogni **2** sognante; immerso in fantasticherie: **d. eyes**, occhi sognanti **3** fantastico; vago; indeterminato; irreale; come di sogno: **a d. remembrance**, un vago ricordo; **d. music**, musica come di sogno.
dreariness ['drɪərɪnɪs], *n.* desolazione; tetraggine; tristezza.
dreary ['drɪərɪ], *a.* cupo; desolato; fosco; tetro; triste: **a d. landscape**, un paesaggio desolato; **a d. day**, una giornata tetra, triste; **d. weather**, tempo cupo.
dredge [dredʒ], *n.* **1** (*mecc.*) draga (*macchina*) **2** (*oceanografia*) carotiere di fondo. ● (*naut.*) **d. ship**, draga (battello).
to dredge (1) [dredʒ], *v. t. e i.* dragare; scavare con la draga: **to d. (up) mud**, scavare il fango con la draga; **to d. (out) a river**, dragare un fiume. ● **to d. up**, ripescare (q. *o* q.c.) dragando; (*fig.*) rivangare (*fatti, storie, ecc.*).
to dredge (2) [dredʒ], *v. t.* spargere; spolverizzare: **to d. sugar**, spargere zucchero in polvere. ● **to d. meat with flour**, infarinare la carne.
dredger (1) ['dredʒə*], *n.* **1** (*naut.*) draga (battello) **2** draghista, dragatore (*operaio*).
dredger (2) ['dredʒə*], *n.* (*anche* **dredging box**) vasetto (*col coperchio forato*) per spolverizzare (*farina, zucchero, ecc.*); spolverino.
dredging ['dredʒɪŋ], *n.* dragaggio. ● **d. machine**, draga.
dreggy ['dregɪ], *a.* feccioso; impuro; torbido.
dregs [dregz], *n. pl.* **1** feccia (*anche fig.*); posatura; sedimento: **the dregs of society**, la feccia della società **2** (*sing.*) residuo; pezzetto: **There was not even a dreg left**, non ne era rimasto nemmeno un pezzetto. ● **to drink to the dregs**, bere sino alla feccia (*per lo più fig.*).
to drench [drentʃ], *v. t.* **1** infradiciare; inzuppare: **He came back drenched with rain**, ritornò inzuppato di pioggia **2** (*vet.*) somministrare un beverone a (*un animale*) **3** immergere (*in un liquido*: *una pecora perché non perda il vello, o anche cuoio per conciarlo*).
drench [drentʃ], *n.* **1** (*vet.*) beverone (*specialm. medicamentoso*) **2** bagnata; infradiciata **3** rovescio; scroscio di pioggia.
drencher ['drentʃə*], *n.* **1** chi bagna, inzuppa, immerge, ecc. (*V.* **to drench**) **2** acquazzone; rovescio (*di pioggia*).
drenching ['drentʃɪŋ], **A** *a.* (*di pioggia*) penetrante. **B** *n.* infradiciata: **to get a good d.**, prendersi una solenne infradiciata.
to dress [dres], **A** *v. t.* **1** vestire; abbigliare: **She was dressed in black**, era vestita di nero; **Mary Quant has dressed millions of people**, Mary Quant ha vestito milioni di persone **2** adorna-

dress

re; ornare; addobbare; decorare; parare a festa; pavesare (*una nave*): **The streets were dressed for the coronation**, le strade erano parate a festa per l'incoronazione **3** (*med.*) medicare; bendare; fasciare (*una ferita*) **4** preparare, allestire, pulire, rifinire, ecc. (*q.c. o q. per un determinato scopo, per es.*): **to d. stones**, squadrare pietre (*da costruzione*); **to d. leather**, conciare il cuoio; **to d. salad**, condire l'insalata; **to d. a chicken**, conciare un pollo; **to d. (down) a horse**, strigliare un cavallo; **to d. a board**, levigare un'asse; **to d. a shop-window**, allestire la mostra in una vetrina (di negozio) **5** (*mil.*) mettere in riga; allineare **6** (*agric.*) concimare (*campi*); potare, sarchiare (*piante*) **7** acconciare, pettinare (*i capelli*) **8** (*ind. tessile*) apprettare; dare l'appretto a **9** (*mecc.*) affilare, riaffilare (*un utensile*) **10** (*ind. min.*) arricchire (*o* concentrare, *o* lavare: *un minerale*). **B** *v. i.* **1** vestire; vestirsi; abbigliarsi: **Mary dresses well**, Maria veste bene; **I wash and d. in the morning**, la mattina, mi lavo e mi vesto; **to d. for dinner**, vestirsi (*o* cambiarsi) per il pranzo **2** (*mil.*: *di soldati*) mettersi in riga; allinearsi. **to dress oneself C** *v. rifl.* vestirsi. ● **to d. the Christmas tree**, addobbare (decorare; *pop.*: fare) l'albero di Natale □ (*fig.*) **to d. sb. down**, dare una strigliata a q.; fare una ramanzina a q. □ **to d. sb. out**, vestire q. in modo sfarzoso, vistoso □ (*naut.*) **to dress ship**, pavesare (*o* impavesare) la nave □ (*naut.*) **to d. ship overall**, alzare il gran pavese □ **to d. up**, vestirsi a festa (*o* per una cerimonia, un ballo, ecc.); mettersi in ghingheri; (*mil.*) mettersi in riga, allineare (*soldati*) □ **to be dressed in one's (Sunday) best**, indossare l'abito migliore; essere vestito a festa □ (*fam.*: *di donna*) **to be dressed (up) to kill**, avere il vestito delle grandi occasioni (*o* per fare conquiste) □ **to be dressed up to the nines**, essere vestito con ricercatezza.

dress [dres], *n.* **1** abbigliamento; abiti; vestiti **2** vestito (*da donna o da bambino*; *cfr.* **suit**): **Jane has a lot of nice dresses**, Giovanna ha molti bei vestiti **3** veste; piumaggio: **an Italian book appearing in English d.**, un libro italiano presentato in veste inglese; **birds in their winter d.**, uccelli con il piumaggio invernale **4** (*anche* **evening d.**) abito da sera (*da donna*) **5** (*mil.*) divisa; uniforme; tenuta: **full d.**, alta uniforme; divisa di gala **6** (*naut.*) pavese; gala di bandiere: **full d.**, gran pavese. ● (*a teatro*) **d. circle**, prima galleria □ **d. coat**, marsina; frac □ **d. designer**, figurinista; modellista □ **d. guard**, reticella (*su ruota di bicicletta da donna, ecc.*) □ **d. hanger**, appendiabiti; gruccia (per abiti) □ (*stor.*) **d. improver**, pouf; sellino □ **d. material**, stoffa per abiti □ (*mil.*) **d. parade**, parata in alta uniforme □ (*a teatro*) **d. rehearsal**, prova generale □ **d. shield** (*o* **d. preserver**), sottoascella □ **d. shirt**, camicia da sera □ **d. shop**, negozio d'abbigliamento femminile □ (*USA*) **d. suit**, abito (maschile) da cerimonia □ (*mil.*) **d. uniform**, alta uniforme; divisa di gala □ **d. morning**, abito (femminile) da mattino.

dressage ['dresɑ:ʒ] (*franc.*), *n.* (*sport*) «dressage»; dressaggio.

dresser (1) ['dresə*], *n.* **1** chi veste q.; (*stor.*) cameriere, valletto **2** (*teatr., cinem., telev.*) costumista **3** chi veste in un certo modo: **He is a fancy d.**, è un eccentrico, uno stravagante (*nel vestire*) **4** (*anche* **window-d.**) vetrinista **5** conciatore (*di cuoio, ecc.*) **6** (*med.*) assistente d'un chirurgo; infermiere **7** (*mecc.*) macchina affilatrice.

dresser (2) ['dresə*], *n.* **1** credenza (*il mobile*) **2** tavolo da cucina (*su cui preparare pietanze*) **3** cassettone con specchio **4** (*USA*) toeletta.

dressiness ['dresinis], *n.* ricercatezza, eccentricità, smania d'eleganza (*nel vestire o d'un vestito*).

dressing ['dresiŋ], *n.* **1** abbigliamento; vestiario; acconciatura **2** medicazione; medicamenti; bende; fasce **3** (*cucina*) condimento; salsa; ripieno **4** (*agric.*) composta; concime **5** (*ind. tessile*) finissaggio; apprettatura; appretto **6** (*naut.*) impavesata; pavesata; gala di bandiere **7** (*anche* **window-d.**) vetrinistica **8** (*fam., anche* **d.-down**) strigliata, sgridata, ramanzina; botte. ● **d. case**, nécessaire da viaggio; beauty-case □ **d. gown**, veste da camera; vestaglia □ **d. room**, spogliatoio; (*teatr.*) camerino □ (*mil.*) **d. station**, posto di medicazione, di primo soccorso □ **d. table**, toeletta (*il mobile*) □ (*fam.*) **to give sb. a good d.-down**, dare una strigliata a q.; fare una ramanzina a q.

dressmaker ['dres,meikə*], *n.* sarta (*o* sarto) da donna.

dressmaking ['dres,meikiŋ], *n.* confezione d'abiti da donna.

dressy ['dresi], *a.* **1** elegante; ricercato; eccentrico (*nel vestire*); smanioso d'eleganza **2** (*d'abito*) elegante; alla moda **3** (*fig.*) raffinato; mondano.

drew [dru:], *pass.* di **to draw**.

drey [drei], *n.* nido di scoiattolo.

to dribble ['dribl], **A** *v. i.* **1** gocciolare; sbavare; emettere (*o* colare) bava: **Boxers often d. at the mouth**, i (cani) boxer spesso sbavano dalla bocca **2** (*biliardo*) andare in buca (*della palla*). **B** *v. t.* **1** far gocciolare; sgocciolare **2** (*gioco del calcio*) scartare; dribblare (*uno o più avversari*) **3** (*biliardo*) mettere (*una palla*) in buca.

dribble ['dribl], *n.* **1** goccia; gocciolina; bava; spruzzo **2** (*calcio*) dribbling; dribblaggio. ● **in dribbles**, alla spicciolata.

dribbler ['driblə*], *n.* (*calcio*) dribblatore.

dribbling ['dribliŋ], *n.* (*calcio*) dribbling; dribblaggio.

driblet ['driblit], *n.* **1** gocciolina **2** (*fig.*) piccola quantità. ● **He pays his debt in driblets**, paga il suo debito a poco a poco (*o* col contagocce).

dribs [dribz], *n. pl.* (*fam.*) – *nella locuz.* **in d. and drabs**, un po' per volta; pochi per volta; alla spicciolata.

dried [draid], **A** *p. p.* di **to dry**. **B** *a.* essiccato; secco: **d. fruit**, frutta secca. ● **d. eggs (milk, etc.)**, uova (latte, ecc.) in polvere □ **d. up**, rinsecchito; magro □ (*fam.*) **cut and d.**, prestabilito; predisposto; bell'e fatto.

drier ['draiə*], *n.* **1** essiccatore **2** essiccatoio **3** (*chim.*) essiccativo; (sostanza) essiccante **4** (*anche* **hair-d.**) asciugacapelli **5** asciugatrice (*macchina*) **6** asciugastoviglie (*macchina*).

drift [drift], *n.* **1** moto; spostamento; movimento: **The boat was taken out to sea by the d. of the tide**, la barca fu portata al largo dal movimento della marea; **The d. of the stream was easterly**, il moto della corrente era verso est **2** (*naut.*) percorso (*o* velocità: *di una corrente*) **3** (*naut.*) trasporto di materiale solido (*detriti, ecc.*) **4** (*fig.*) tendenza; inclinazione; piega (*fig.*): **The general d. of international trade is towards stagnation**, la tendenza generale del commercio internazionale è verso il ristagno **5** significato; senso; tenore; intenzione: **Did you catch (o get, o make out) the d. of the conversation?**, hai colto il senso del discorso? **6** turbine (*di pioggia, neve, ecc.*); cumulo; mucchio (*di neve, foglie secche, ecc.*): **Progress was difficult owing to big drifts of snow**, era difficile avanzare a causa della presenza di grossi cumuli di neve **7** il lasciarsi trasportare dagli eventi; inazione; immobilismo (*polit.*) **8** (*geol.*) detrito **9** (*anche* **d.-net**) rete alla deriva (*specialm. per la pesca delle aringhe*) **10** (*nelle miniere*) galleria in direzione **11** (*mecc.*) punteruolo; punzone **12** (*geogr.*) corrente marina (*lenta*): **The North Atlantic d. bathes Britain's western shores**, la corrente dell'Atlantico settentrionale bagna le coste occidentali della Gran Bretagna **13** (*naut., aeron.*) scarroccio, deriva: **d. angle**, angolo di deriva **14** (*ing.*) deriva; deviazione **15** (*Sud-Africa*) guado. ● (*naut.*) **d. anchor**, ancora di deriva □ (*naut.*) **d. current**, corrente di deriva □ **the d. from the land**, la fuga dalle campagne □ **d. ice**, banchi di ghiaccio alla deriva □ (*aeron., naut.*) **d. indicator** (*o* **d. meter**), derivometro □ **d. net**, rete (da pesca) alla deriva □ **the d. of population from country to city**, lo spostamento della popolazione dalle campagne alle città □ (*mecc.*) **d.-pin**, spina conica □ **d.-wood**, cumuli di legname sulle spiaggie; detriti □ **to let things d.**, lasciare che le cose vadano per il loro verso.

to drift [drift], **A** *v. i.* **1** (*naut.*) scarrocciare; andare alla deriva (*anche fig.*); lasciarsi trasportare dalla corrente (*o* dagli eventi): **The boat drifted ashore**, la barca fu portata a riva dalla corrente; **The ship was drifting about**, la nave andava alla deriva (*o* scarrocciava); **That poor man is just drifting through life**, quel poveretto si lasciava andare alla deriva (*o* si lascia trasportare dalla corrente) **2** accumularsi, ammucchiarsi (*per l'azione del vento, ecc.*): **The snow had drifted all over the valley**, la neve s'era accumulata su tutta la valle **3** girovagare; vagare; spostarsi (lentamente): **clouds drifting in the sky**, nuvole che vagano nel cielo; **Africa is drifting towards Communism**, i paesi africani si spostano verso il comunismo **4** (*radio, telev.*) deviare. **B** *v. t.* **1** (*del vento, d'una corrente*) trasportare, trascinare (*tronchi d'albero, ecc.*) **2** accumulare; ammucchiare; coprire di (*neve, ecc.*): **The wind has drifted the snow in front of the door**, il vento ha ammucchiato la neve contro la porta.

driftage ['driftidʒ], *n.* **1** l'andare alla deriva, ecc. **2** detriti; materiale di deposito **3** (*aeron., naut.*) deriva.

drifter ['driftə*], *n.* **1** chi (*o* cosa che) va alla deriva, ecc. (*V.* **to drift**) **2** peschereccio con reti alla deriva **3** (*ind. min.*) addetto allo scavo di gallerie; (*anche*) drifter, martello perforatore pesante **4** (*USA*) violenta tempesta di neve.

drifting ['driftiŋ], **A** *n.* **1** l'andare alla deriva **2** (*ind. min.*) scavo di gallerie in direzione. **B** *a.* (*anche fig.*) che va alla deriva **2** (*fig.*) incerto; pusillanime. ● (*naut.*) **d. mine**, mina vagante.

drill (1) [dril], *n.* **1** (*mecc., anche* **d. bit**) punta da trapano **2** (*mecc.*) trapano: **electric d.**, trapano elettrico **3** (*ind. min.*) trivella; sonda **4** (*zool.*) Urosalpinx cinerea **5** (*anche mil.*) esercitazione; addestramento; istruzione: **The infantry recruits were at d.**, le reclute di fanteria facevano istruzione **6** esercizio (*per lo più orale*); esercitazione: **a pronunciation d.**, un esercizio di pronuncia **7** (*fam.*) modo; maniera; come fare una cosa: **What's the d. for getting in without buying a ticket?**, come si fa a entrare senza pagare il biglietto? ● (*mil.*) **d.-ground**, terreno per esercitazioni; piazza d'armi □ (*ing. mecc.*) **d. press**, trapano a colonna □ (*mil.*) **d. sergeant** (*anche* **drillmaster**), sergente istruttore □ (*mil.*) **d. team** (*o* **corps**), gruppo di soldati addestrati per partecipare a parate militari □ **dentist's d.**, trapano da (o del) dentista □ **fire d.**, esercitazione antincendio □ (*ind. min.*) **pneumatic rock-d.**, perforatrice ad aria compressa.

to drill (1) [dril], **A** *v. t.* **1** forare; perforare; trapanare; trivellare; fare (*un foro*) **2** (*anche mil.*) esercitare; addestrare: **to d. soldiers in the use of rifles**, addestrare soldati all'uso del fucile; — **to d. pupils in conversation**, esercitare alunni nella conversazione. **B** *v. i.* **1** fare perforazioni, trivellazioni, sondaggi **2** fare esercitazione, istruzione (*militare*); addestrarsi: **Our company will d. tomorrow**, la nostra compagnia farà istruzione domani **3** esercitarsi (*a scuola, ecc.*).

drill (2) [dril], *n.* (*agric.*) **1** seminatrice; seminatoio **2** solco (*in cui seminare*) **3** fila di semi (*o di piante cresciute*) lungo un solco.

to drill (2) [dril], *v. t.* (*agric.*) **1** seminare a righe **2** coltivare (*un campo*) seminando a righe.

drill (3) [dril], *n.* (*ind. tessile*) tessuto diagonale pesante (*di lino o cotone*); traliccio.

drill (4) [dril], *n.* (*zool.*, *Mandrillus leucophaeus*) drillo.

drillable ['driləbl], *a.* **1** perforabile; trapanabile; trivellabile **2** (*mil.*) addestrabile.

drilling ['driliŋ], *n.* **1** (*mecc.*) foratura; trapanatura **2** (*ind. min.*) trivellazione; perforazione **3** esercitazioni; addestramento, istruzione (*militare*) **4** esercitazione (*a scuola, ecc.*) **5** (*ind. tessile*) V. **drill (3)**. ● (*mecc.*) **d. machine**, trapanatrice; perforatrice.

drillship ['drilʃip], *n.* (*naut.*) **1** nave per ricerche petrolifere **2** nave scuola (*interrata*)

to drink [driŋk] (*pass.* **drank**, *p. p.* **drunk**), *v. t. e i.* **1** bere: **He drinks like a fish**, beve come una spugna (*o come un otre*); **The arid sod drank water like a sponge**, le aride zolle bevevano (*o assorbivano*) l'acqua come una spugna; **to d. sb.'s health**, bere alla salute di q.; **to d. success to sb.** (**st.**), bere al successo di q. (alla riuscita di q.c.) **2** bere (*alcolici*): **He doesn't d.**, non beve (è astemio). ● **to d. away**, bersi: **He has drunk away his weekly wage**, s'è bevuto la paga della settimana □ **to d. the cup of pain**, bere l'amaro calice □ **to d. deep**, bere a grandi sorsi; bere come una spugna □ **to d. everybody down (under the table)**, bere così a lungo da vedere tutti gli altri cadere a terra (o sotto la tavola) □ **to d. one's fill**, bere a sazietà; fare il pieno (*fam., scherz.*) □ **to d. hard** (*o* **heavily, like a fish**), bere come una spugna □ (*fig.*) **to d. in**, bere; ascoltare con grande diletto (*o* interesse): **The child drank in every word of the fairy tale**, il bambino beveva ogni parola della favola □ **to d. in the beauty of the landscape**, assaporare lentamente la bellezza del paesaggio □ **to d. oneself drunk**, bere tanto da ubriacarsi □ **to d. oneself out of one's job**, perdere l'impiego per il troppo bere □ **to d. oneself to death**, uccidersi col bere; bere tanto da morire d'etilismo □ **to d. straight from the bottle**, bere a collo □ **to d. to sb.**, bere alla salute di q.; fare un brindisi a q. □ **to d. a toast**, fare un brindisi □ **to d. (st.) up** (*o* **off, down**), bere (q.c.) in un sorso (*o* in un fiato); assorbire completamente □ **to d. the waters**, bere le (*o* fare la cura delle) acque □ **drinking-bout**, baldoria; gozzoviglia □ **drinking-fountain**, fontanella a spillo □ **drinking-song**, canzone conviviale □ **drinking-trough**, abbeveratoio □ **drinking-water**, acqua potabile □ (*prov.*) **D. as you have brewed**, chi la fa l'aspetti; chi semina vento raccoglie tempesta.

drink [driŋk], *n.* **1** il bere; bevanda; bibita: **We cannot live without d.**, non si può vivere senza bere; **Don't take to d.**, non darti al bere; **strong drinks**, bevande alcoliche **2** bevuta; sorsata; sorso: **Give me a d. of water**, dammi un sorso d'acqua **3** — (*pop.*) **the d.**, il mare. ● **d.-offering**, libagione sacra □ **to be in d.**, essere ubriaco □ **to be on the d.**, essere dedito al bere □ **to smell of d.**, puzzare d'alcol □ **to stand drinks round**, offrire da bere a tutti.

drinkable ['driŋkəbl], **A** *a.* bevibile; potabile. **B** *n. pl.* bevande.

drinker ['driŋkə*], *n.* chi beve; bevitore, bevitrice.

to drip [drip], *v. i. e t.* gocciolare; far gocciolare; sgocciolare; colare, stillare; grondare: **The coffee-pot was dripping**, il bricco del caffè gocciolava; **I was dripping sweat**, grondavo sudore. ● **dripping wet**, bagnato fradicio; umidissimo □ **Water is dripping from the eaves**, il tetto gocciola acqua piovana.

drip [drip], *n.* **1** gocciolamento; sgocciolatura; stillicidio **2** (*archit., anche* **d.-moulding**) gocciolatoio **3** (*med.*) flebloclisi: **to be on a d.**, essere sottoposto a fleboclisi **4** (*pop.*) individuo insignificante; nullità. ● (*edil.*) **d. cap**, gocciolatoio (*su porta o finestra*) □ **d.-drop**, stillicidio; gocciolio □ **d.-dry**, che asciuga da sé; stendi e asciuga; non stiro: **a d.-dry shirt**, una camicia non stiro □ (*edil.*) **d. edge**, doccione □ (*med.*) **d.-feed**, flebloclisi □ **d.-feed bottle**, flacone di soluzione fisiologica.

to drip-dry ['drip,drai], **A** *v. i.* (*d'indumento*) asciugare senza fare pieghe (*sullo stenditoio*). **B** *v. t.* (fare) asciugare (*un capo di vestiario*) senza stirare.

to drip-feed ['drip,fi:d] (*pass. e p. p.* **drip-fed**), *v. t.* (*med.*) alimentare con fleboclisi.

dripping ['dripiŋ], *n.* **1** sgocciolatura **2** (*di solito al pl.*) sugo d'arrosto; unto. ● **d. pan**, ghiotta; leccarda.

drippolator ['dripəleitə*], *n.* macchinetta da caffè; napoletana.

dripstone ['drip-stoun], *n.* **1** (*archit.*) gocciolatoio di pietra **2** (*geol.*) concrezione calcarea.

to drive [draiv] (*pass.* **drove**, *p. p.* **driven**), **A** *v. t. e i.* **1** spingere (*anche fig.*); cacciare; sospingere, trascinare; incalzare; sollecitare: **The shepherd was driving his sheep**, il pastore spingeva innanzi le pecore; **The storm drove the catamaran on the coral reef**, la tempesta sospinse il catamarano sulla barriera corallina; **Ambition drove him to crime**, l'ambizione lo spinse al delitto; **The enemy was driven out of the town**, i nemici furono cacciati dalla città **2** (*nella caccia*) scovare (*la selvaggina*); battere (*un terreno*) **3** (*sport*) battere, colpire, scagliare (*una palla*): **The batter drove the ball into the bleachers**, il battitore scagliò la palla nelle gradinate (*o* nei posti popolari) **4** condurre; guidare; andare (*guidando un veicolo*); portare (q.) in automobile; scarrozzare: **to d. a carriage and pair**, guidare una carrozza a due cavalli (*o* una pariglia); **He is learning to d.**, sta imparando a guidare; **Can you d. me to the office?**, puoi portarmi in macchina all'ufficio?; (*autom.*) **D. slowly, please**, vai più adagio, per favore; (*anche*) si prega di rallentare (*cartello*); **to d. a locomotive**, guidare una locomotiva **5** infilare; conficcare; piantare; avvitare: **to d. a stake into the ground**, piantare un palo per terra; **to d. a screw**, avvitare una vite **6** tagliare; scavare; costruire: **to d. a tunnel through a mountain**, scavare una galleria attraverso un monte; **He drove the first railroad across the Rockies**, costruì la prima ferrovia attraverso le Montagne Rocciose **7** far lavorare (*operai e sim.*); spingere al lavoro; affaticare **8** spingere; costringere: **to d. sb. to suicide**, spingere q. al suicidio **9** (*di solito al passivo*) azionare; far funzionare: **This machinery is driven by nuclear power**, questo macchinario è azionato dall'energia nucleare **10** rimandare; rinviare: **He drove the matter to the last minute**, rinviò la faccenda all'ultimo minuto **11** correre; affrettarsi; precipitarsi: **The spacecraft drove towards the moon**, la nave spaziale correva verso la luna **12** (*della pioggia, ecc.*) cadere (forte); venire giù: **The slanting rain was driving faster and faster**, la pioggia veniva giù di sghembo, sempre più forte **13** (*mil.*) spingersi; addentrarsi: **Napoleon drove (ahead) into Russia**, Napoleone si addentrò nella Russia **14** (*fig.*) andare; continuare: **Let's d. ahead with our plan**, andiamo avanti con il nostro progetto **15** (*naut., spesso* **to d. along**) correre (*innanzi al vento*). **B** *verbi composti* **1** (*fam.*) **to d. at**, mirare a; (*anche*) intendere, voler dire: **What is he driving at?**, a che cosa mira?; dove vuole arrivare (*fig.*)?; dove vuol andare a parare? □ **to d. (away) at**, lavorare assiduamente a: **We are still driving away at our dictionary**, stiamo ancora lavorando assiduamente al nostro dizionario. **2 to d. away** (*o* **off**), allontanarsi (*in un veicolo*); cacciare, spingere via (*il nemico, le nuvole, ecc.*). **3 to d. back**, (*autom.*) tornare, ritornare (*a casa, ecc.*); respingere, ricacciare (*il nemico, ecc.*). **4 to d. down**, spingere in basso; far calare, abbassare (*i prezzi, ecc.*). **5 to d. in**, entrare (*con un veicolo*) □ **to d. st. in**, introdurre, conficcare q.c.; (*fig.*) portare q.c. a conclusione. **6 to d. out**, uscire (*con un veicolo*) □ **to d. sb. out**, cacciare, scacciare q. □ **to d. sb. out of his senses**, far perdere il lume della ragione a q. **7 to d. under**, reprimere (*un sentimento*). **8 to d. up**, arrivare, avvicinarsi (*con un veicolo*); fermarsi: **I drove up to the police station and stopped**, arrivai (in auto) fino al commissariato di polizia e mi fermai; **The van drove up to the back door**, il furgone si fermò alla porta di servizio. ● (*naut.*) **to d. along before the wind**, correre col vento in poppa □ **to d. a good bargain**, fare un buon affare □ (*fig.*) **to d. sb. into a (tight) corner**, mettere q. alle corde (*o* con le spalle al muro) □ **to d. hard**, spingere a tutta forza; (*fig.*) sforzarsi □ **to d. sb. mad**, fare impazzire q. □ (*raro*) **to d. a pen** (*o* **a quill**), scrivere □ **to d. a roaring trade**, fare affari d'oro □ (*fig.*) **to d. through the roof**, far salire alle stelle (*prezzi, ecc.*) □ **to let d. at sb.**, assestare un colpo a q.; tirare un pugno a q. □ **to let d. at a ball**, colpire una palla.

drive [draiv], *n.* **1** gita (*o* passeggiata) in (*o* alla guida di una) carrozza (*o* automobile); scarrozzata **2** strada carrozzabile; (*specialm.*) viale d'accesso, strada privata **3** battuta di caccia; inseguimento **4** (*mil.*) attacco; offensiva **5** spinta; propulsione **6** (*sport*) colpo (*dato a una palla*); (*tennis*) diritto, drive; (*golf*) colpo lungo, drive **7** energia; forza; iniziativa: **A businessman should have plenty of d.**, un uomo d'affari deve avere molta iniziativa **8** (*autom.*) guida; trazione: **left-hand d.**, guida a sinistra; **front-wheel d.**, trazione anteriore **9** (*mecc.*) comando; trasmissione; presa: **belt d.**, trasmissione a cinghia; **direct d.**, presa diretta **10** (*psic.*) pulsione **11** (*USA*) sforzo eccezionale; campagna (pubblicitaria): **The firm made a great**

d. to sell its new products, la ditta fece una grande campagna per vendere i suoi nuovi prodotti **12** torneo (*di bridge, ecc.*) **13** (*ind. min.*) scavo di galleria; avanzamento. ● (*mecc.*) **d. screw**, vite autofilettante ☐ (*mecc.*) **d.-shaft**, albero motore ☐ (*econ.*) **the export d.**, l'impulso alle esportazioni.

drive-in ['draiv,in], *n.* **1** drive-in; cineparco (*nel quale gli spettatori restano seduti dentro le loro automobili*) **2** banca (*o* spaccio, ristorante) al cui sportello (*detto* **d.-in window**) si accede in automobile.

to drivel ['drivl], **A** *v. i.* **1** sbavare; avere la goccia al naso **2** fluire, scorrere dalla bocca (*come bava*) **3** cianciare; parlare a vanvera; dire sciocchezze. **B** *v. t.* **1** lasciar colare (q.c.) dalla bocca **2** dire (q.c.) in modo sciocco. ● **a drivelling idiot**, un perfetto idiota.

drivel ['drivl], *n.* **1** bava **2** ciance; sciocchezze; stupidaggini.

driveller ['drivlə*], *n.* ciancione; sciocco; stolto.

driven ['drivn], *p. p.* di **to drive**. ● (*di battello*) **d. ashore**, tirato in secco ☐ (*edil.*) **d. caisson**, palo infisso ☐ (*mecc.*) **d. gear**, ingranaggio condotto ☐ **d. snow**, neve sospinta e accumulata dal vento.

driver ['draivə*], *n.* **1** conducente; guidatore; cocchiere; autista **2** chi spinge avanti bestiame, ecc.: **cattle-d.**, mandriano (*anche fig.*) **slave-d.**, aguzzino **3** (*mecc.*) elemento motore (*ingranaggio, biella, ecc.*). **4** arnese che serve per piantare, avvitare, ecc.: **pile-d.**, battipalo; **screw-d.**, cacciavite **5** (*sport*) pilota (*d'auto da corsa*) **6** (*golf*) driver; bastone (*o* mazza) di legno **7** (*elettron.*) pilota; stadio pilota. ☐ (*autom.*) **d.'s door mirror**, specchietto laterale ☐ (*elettron.*) **d. element**, elemento attivo (*o* eccitatore) ☐ (*autom. USA*) **d.'s license**, patente di guida ☐ **d.'s mate**, secondo autista (*di camion*) ☐ **cab-d.**, vetturino; (*USA*) tassista ☐ (*ferr.*) **engine-d.**, macchinista ☐ (*autom.*) **test d.**, collaudatore ☐ **truck d.**, camionista.

drive-up window ['draivʌp,windou], *n.* sportello per automobilisti (*V.* **drive-in**).

driveway ['draiv,wei], *n.* **1** (*autom.*) passo carraio **2** *V.* **drive**, *def. 2.*

driving ['draiviŋ], *n.* **1** (*autom., ecc.*) guida; modo di guidare: **His d. is far from satisfactory**, il suo modo di guidare è tutt'altro che soddisfacente **2** (*mecc.*) comando; trasmissione **3** il conficcare, piantare, avvitare, ecc. (*V.* **to drive**). ● **d.-belt**, cinghia di trasmissione ☐ (*autom.*) **d. mirror**, specchietto retrovisivo ☐ **d. on the motorways**, guida autostradale ☐ (*mecc.*) **d. pinion**, pignone di trasmissione ☐ **d. rain**, pioggia sferzante ☐ (*autom.*) **d. school**, scuola guida ☐ (*autom.*) **d. test**, esame di guida ☐ (*mecc.*) **d. wheel**, ruota motrice ☐ **open-road d.**, guida su strada ☐ **urban d.**, guida in città.

to drizzle ['drizl], *v. i.* **1** piovigginare **2** cadere a goccioline: **The rain was drizzling**, la pioggia cadeva a goccioline.

drizzle ['drizl], *n.* pioviggine; acquerugiola (*fam.*).

drizzly ['drizli], *a.* piovigginoso.

drogue [droug], *n.* **1** (*naut.*) ancora galleggiante **2** (*meteorologia*) manica a vento **3** (*aeron., mil.*) bersaglio a rimorchio **4** (*aeron.*) piccolo paracadute; paracadute ritardatore **5** (*aeron.*) manica di rifornimento in volo.

droll [droul], **A** *a.* buffo; comico; divertente; faceto; strambo. **B** *n.* (*raro*) tipo buffo, capo ameno; persona stramba.

to droll [droul], *v. i.* (*raro*) fare il buffone; scherzare.

drollery ['drouləri], *n.* buffoneria; facezia; scherzo; stramberia.

drollness ['droulnis], *n.* comicità; stramberia.

drome [droum], *n.* (*abbr. fam. di* **aerodrome**) aerodromo.

dromedary ['drʌmədəri], *n.* (*zool., Camelus dromedarius*) dromedario.

drone [droun], *n.* **1** (*zool.*) fuco; pecchione **2** (*fig.*) scroccone (*fam.*); parassita; fannullone; poltrone **3** (*aeron.*) aeromobile senza pilota **4** (*naut.*) nave radiocomandata **5** ronzio **6** (*mus.*) bordone; suono di cornamusa.

to drone [droun], **A** *v. i.* **1** ronzare **2** parlare in modo confuso, monotono; borbottare **3** oziare; bighellonare (*fam.*). **B** *v. t.* dire (q.c.) con voce monotona: **The boy droned out his lesson**, il ragazzo recitò la lezione con voce monotona. ● **to d. away one's life**, passare la vita nell'ozio.

drool, to drool [dru:l], *V.* **drivel**, **to drivel**.

to droop [dru:p], **A** *v. i.* **1** chinarsi; curvarsi; inclinarsi; piegarsi; abbassarsi: **The branches of the willow drooped over the water**, i rami del salice si piegavano sull'acqua; **His head drooped with fatigue**, egli chinò la testa per la stanchezza **2** declinare; languire; venir meno; scoraggiarsi: **My spirits drooped**, mi venne meno l'animo **3** ammosciarsi **4** (*di fiori*) chinare il capo; appassire. **B** *v. t.* abbassare (*gli occhi, le ali, le palpebre, ecc.*); piegare, chinare (*il capo*). ● **His eyelids drooped**, gli si chiudevano le palpebre (*o* gli occhi).

droop [dru:p], *n.* **1** abbassamento; (*fig.*) abbattimento, sconforto, scoraggiamento: **the d. of an eyelid**, l'abbassamento d'una palpebra **2** ammosciamento.

droopy ['dru:pi], *a.* **1** chino; curvo **2** (*fig.*) depresso; scoraggiato.

drop [drɔp], *n.* **1** goccia (*anche fig.*); gocciola; goccio; gocciolo; stilla (*lett.*); sorso: **drops of rain** (**dew, blood, etc.**), gocce di pioggia (*di rugiada, di sangue, ecc.*); **There isn't a d. of water left**, non c'è rimasta una sola goccia d'acqua; **He's had a d. too much**, ne ha bevuto un sorso di troppo; è ubriaco **2** drop; caramellina; pasticca: **fruit drops**, caramelline (dure) di frutta **3** caduta; abbassamento (*della temperatura, ecc.*); ribasso; calo; diminuzione; contrazione, flessione: (*fis., mecc.*) **pressure d.**, caduta di pressione; (*comm.*) **There was a sudden d. in prices**, ci fu un'improvvisa caduta (*o* un improvviso ribasso) dei prezzi; **For better-quality oils the d. in price was less marked**, per le qualità migliori di olio la contrazione (*o* flessione) del prezzo fu meno accentuata; **a d. in exports**, un calo delle esportazioni; **a d. in state revenues**, una flessione del gettito fiscale; **a d. in living standard**, un abbassamento del tenore di vita **4** (*fig.*) abbassamento; decadimento: **A d. in social standing is always unwelcome**, il decadere a una condizione sociale inferiore è sempre sgradevole **5** differenza in altezza; salto; dislivello: **a d. of 100 meters**, un dislivello di 100 metri; (*naut.*) **steam d.**, salto della pressione del vapore **6** discesa rapida; strapiombo **7** trabocchetto (*che si apre sotto i piedi del condannato all'impiccagione, ecc.*) **8** (*teatr., anche* **d. curtain**) siparietto; sipario **9** (*rugby, anche* **d. kick**) drop; calcio di rimbalzo **10** (*aeron., mil.*) lancio (*di paracadutisti o di materiale*); discesa col paracadute **11** (*pl., archit.*) gocce **12** (*fig.*) briciolo; filo; pizzico: **a d. of sympathy**, un briciolo di simpatia **13** (*USA*) deposito **14** (*pop. USA*) deposito di ricettatore. ● (*elettr.*) **d. bar**, sbarra di messa a terra ☐ **d. earring**, orecchino a goccia (*metall.*) **to d.-forge**, fucinare a stampo ☐ (*metall.*) **d.-forging**, stampaggio con maglio meccanico; fucinatura a stampo ☐ (*metall.*) **d. hammer**, maglio a caduta libera ☐ (*fam.*) **d.-in**, visitatore casuale; locale d'incontri fortuiti ☐ **a d. in the bucket** (*o* **in the ocean**), una goccia nel mare; una quantità minima rispetto al totale ☐ (*rugby*) **d.-kick**, drop, calcio di rimbalzo ☐ **d.-out**, (*agg.*) emarginato; reietto; (*sost.*) scarto; (*elettr.*) diseccitazione ☐ (*mecc.*) **d. press**, pressa meccanica verticale ☐ (*tennis*) **d. shot**, tiro corto ☐ (*fotogr.*) **d. shutter**, obiettivo per istantanee ☐ (*costr. idrauliche*) **d. spillway**, sfioratore a stramazzo ☐ **d. table**, tavolo ribaltabile ☐ (*aeron.*) **d. tank**, serbatoio sganciabile ☐ (*elettr.*) **d. wire**, (filo di) discesa ☐ **at the d. of a hat**, a un cenno; subito; ben volentieri ☐ (*aeron.*) **delayed d.**, caduta ritardata (*d'un paracadute*) ☐ (*pop.*) **to get the d. on sb.**, essere il primo a sparare; (*fig.*) prendere q. in contropiede ☐ (*pop.*) **to have the d. on sb.**, tenere q. sotto il mirino; (*fig.*) avere q. in pugno ☐ **in drops**, a gocce; a goccia a goccia ☐ (*fig.*) **to have a d. in one's eye**, dar chiaro segno d'aver bevuto troppo.

to drop [drɔp], **A** *v. i.* **1** gocciolare; gocciare (*raro*); stillare: **The rain is still dropping from the trees**, la pioggia gocciola ancora dagli alberi **2** cadere (*anche fig.*); lasciarsi cadere; lasciarsi sfuggire (*di mano, di bocca, ecc.*); stramazzare: **The apples have all dropped from the branches**, tutte le mele sono cadute dai rami; **The prisoners dropped to their knees**, i prigionieri caddero in ginocchio; **He dropped into a chair**, si lasciò cadere su una sedia; **The soldiers dropped like flies under the enemy fire**, i soldati cadevano come le mosche sotto il fuoco nemico; **to d. dead from a heart attack**, stramazzare fulminato da un attacco cardiaco; **Let the matter d.**, lascia cadere la cosa; **The remark dropped from him just as I entered the room**, l'osservazione gli uscì di bocca (*o* si lasciò scappare di bocca l'osservazione) proprio mentre entravo nella stanza **3** abbassarsi; calare; diminuire: **The temperature will d. soon**, la temperatura presto si abbasserà; **Prices dropped suddenly**, i prezzi diminuirono all'improvviso; **His voice dropped to a whisper**, la sua voce si fece un sussurro **4** cessare; finire: **Our correspondence dropped abruptly**, la nostra corrispondenza cessò d'un tratto **5** (*poker*) passare (la mano); non starci (*fam.*) **6** (*di cane da caccia*) cadere in ferma; puntare **7** (*rugby, anche* **to d.-kick**) calciare di rimbalzo. **B** *v. t.* **1** far cadere a gocce; gocciolare; spruzzare **2** lasciar cadere; lanciare; sganciare (*bombe*); imbucare (*lettere*): **He dropped the vase**, lasciò cadere il vaso; **The aeroplane dropped ten bombs**, l'aeroplano sganciò dieci bombe; **Let's d. the subject**, lasciamo cadere il discorso **3** abbattere; (*pugilato*) mettere al tappeto: **He dropped ten grouse in one day**, abbatté dieci galli cedroni in un solo giorno; **to d. a tree**, abbattere un albero **4** (*di animali*) partorire: **The ewe has dropped a lamb**, la pecora ha partorito un agnello **5** omettere; non pronunciare; tralasciare: **The printer has dropped a whole line**, il tipografo ha omesso una riga intera; **Some Englishmen d. their aitches**, taluni inglesi non pronunciano l'acca (iniziale) **6** scrivere (*in fretta*); mandare, spedire (*una lettera*): **to d. a line**, scrivere un rigo; **D. me a postcard to let me know you've arrived**, mandami una cartolina per farmi sapere che sei arrivato **7** abbandonare;

rinunciare a; perdere: **The plan has been dropped**, il progetto è stato abbandonato; **The tree has dropped its leaves**, l'albero ha perso le foglie; **You must d. that habit**, devi perdere quell'abitudine **8** tagliare i ponti con; rompere con: **All his schoolfellows have dropped him**, tutti i suoi compagni di scuola hanno rotto con lui **9** abbassare: **D. your voice, will you?**, vuoi abbassare la voce?; **to d. one's eyes**, abbassare gli occhi **10** (*fam.*) far scendere (*da un'automobile, ecc.*); lasciare; depositare: **The truck driver dropped the stranger at the crossroads**, il camionista fece scendere lo sconosciuto all'incrocio; **D. the parcel at his home**, lascia il pacco a casa sua **11** (*aeron., mil.*) lanciare; paracadutare **12** (*naut.*) distanziare, lasciare indietro (*una nave*) **13** (*sport*) escludere **14** (*fam.*) perdere (*denaro, specialm. al gioco*). ● (*fam.*) **to d. across sb.**, imbattersi in q. ▢ (*naut.*) **to d. anchor**, dar fondo all'ancora ▢ (*naut.*) **to d. astern**, rimanere indietro ▢ (*mil.*) **to d. back**, rimanere indietro ▢ (*mil.*) ritirarsi, arretrare ▢ (*sport: dell'arbitro*) **to d. the ball**, scodellare la palla ▢ **to d. behind**, rimanere indietro (*o* in coda) ▢ (*pop.*) **to d. dead**, crepare; schiattare ▢ **to d. a hint**, dire una mezza parola (*come suggerimento, allusione, invito, ecc.*): **Just d. a hint and he'll understand**, digli una mezza parola e capirà ▢ **to d. in** (**on sb.**), fare una visita inaspettata (a q.); fare un salto (da q.): **He drops in on me very often**, viene spesso a trovarmi nei momenti più impensati ▢ **to d. into**, entrare un momento: **We dropped into the pub for a drink**, entrammo un attimo nel pub per una bevuta ▢ **to d. st. like a hot coal** (*o* **like a hot potato**), mollare la patata bollente (*fig.*) ▢ **to d. sb. a note**, scrivere un biglietto a q. ▢ **to d. off**, staccarsi, venir via; andar via, andarsene; morire; dileguarsi, scomparire; calare, diminuire; addormentarsi: **I picked up the hammer and the head dropped off**, presi su il martello ma mi si staccò dal manico; **His contemporaries have dropped off one by one**, i suoi coetanei se ne sono andati ad uno ad uno; **He dropped off during the lecture**, durante la conferenza, si addormentò ▢ (*autom.*) **to d. sb. off**, far scendere q. ▢ **to d. on sb.**, rimproverare q. ▢ **to d. out**, cadere, venir fuori; dare le dimissioni, andarsene (*da un'associazione, un partito, ecc.*); ritirarsi (*da un esame, da scuola, da una gara, ecc.*) (*di oggetti*) scomparire: **I picked up my hat and a card dropped out**, presi il cappello e ne uscì un biglietto; **As I couldn't keep up with the others, I had to d. out**, non potendo tenere il passo degli altri, dovetti ritirarmi; **Two letters have dropped out**, sono scomparse due lettere ▢ **to d. tears**, versar lacrime ▢ (*Borsa, fin.*) **to d. to a low**, toccare il minimo: **The Milan Stock Exchange has dropped to a new low**, la Borsa di Milano ha toccato i nuovi minimi ▢ **to d. through**, finire in niente; far fiasco; fallire: **His ambitious plans have dropped through**, i suoi piani ambiziosi son finiti in niente ▢ **D. it!**, smettila!; piantala! (*pop.*) ▢ (*cucina*) **dropped eggs**, uova affogate (*o* in camicia) ▢ (*rugby*) **dropped goal**, porta ottenuta su calcio di rimbalzo.

to **drop-kick** ['drɔpkik], *v. t. e i.* (*rugby*) **1** calciare di rimbalzo **2** ottenere una porta con un calcio di rimbalzo.

droplet ['drɔplit], *n.* gocciolina; stilla.

dropper ['drɔpə*], *n.* **1** contagocce **2** cane da punta. ● **d.-in**, visitatore casuale.

dropping ['drɔpiŋ], *n.* **1** gocciolamento **2** (*naut.*) saluto fatto ammainando le vele.

droppings ['drɔpiŋz], *n. pl.* **1** gocce di cera (*cadute dalla candela*) **2** sterco, escrementi (*specialm. di uccelli e polli*).

drop-scene ['drɔpsi:n], *n.* **1** sipario **2** scena finale; ultimo atto (*anche fig.*).

dropsical ['drɔpsikəl], *a.* (*med.*) idropico.

dropsy ['drɔpsi], *n.* (*med.*) idropisia.

dropwort ['drɔpwə:t], *n.* (*bot., Filipendula hexapetala*) filipendola; erba peperina.

droshky, drosky ['drɔʃki], *n.* troika.

drosometer [drɔ'sɔmitə*], *n.* (*fis.*) drosometro.

dross [drɔs], *n.* **1** (*metall.*) scoria **2** (*fig.*) cosa senza valore; rifiuto.

drossy ['drɔsi], *a.* **1** pieno di scorie **2** (*fig.*) privo di valore.

drought [draut], *n.* **1** siccità; mancanza d'acqua; aridità **2** (*arc.*) sete.

droughty ['drauti], *a.* **1** arido; asciutto; secco **2** (*dial.*) assetato.

drouth [drauθ], (*poet.; scozz.; USA*) V. **drought**.

drouthy ['drauθi], V. **droughty**.

drove (1) [drouv], *pass.* di **drive**.

drove (2) [drouv], *n.* **1** branco; gregge; mandria **2** (*fig.*) folla, moltitudine (*specialm. se in movimento*) **3** (*edil.*) scalpello da sbozzo.

to **drove** [drouv], *v. t.* condurre, spingere (*bestiame al mercato, ecc.*).

drover ['drouvə*], *n.* **1** bovaro; mandriano **2** mercante di bestiame.

to **drown** [draun], **A** *v. t.* **1** affogare; annegare: **He saved the drowning man**, salvò l'uomo che stava annegando; **He drowns sadness in wine**, affoga la tristezza nel vino **2** allagare; inondare; sommergere: **The flood drowned whole villages**, l'inondazione sommerse interi villaggi **3** coprire; soffocare: **The applause drowned the speaker's voice**, gli applausi coprirono la voce dell'oratore **4** (*fam.*) diluire troppo (*una bevanda alcolica*). **B** *v. i.* affogare; annegare. ● **to d. whisky**, mettere troppa acqua nel whisky ▢ **to be like a drowned rat**, essere bagnato come un pulcino ▢ **Her cheeks were drowned with tears**, il pianto le inondava le guance ▢ **They were drowned out**, l'inondazione li costrinse ad abbandonare la casa.

drowning ['drauniŋ], **A** *n.* annegamento; affogamento; sommersione (*raro*). **B** *a.* che affoga. ● (*prov.*) **A d. man will clutch at a straw**, un uomo che affoga si attacca a uno stelo.

to **drowse** [drauz], **A** *v. i.* **1** essere assonnato (*o* assopito); sonnecchiare **2** essere pigro, indolente. **B** *v. t.* **1** fare assopire; rendere sonnolento **2** impigrire; rendere indolente. ● **to d. away one's time**, passare il tempo sonnecchiando.

drowse [drauz], *n.* assopimento; sonnolenza; sopore.

drowsiness ['drauzinis], *n.* sonnolenza; sopore.

drowsy ['drauzi], *a.* **1** assonnato; assopito; sonnolento **2** pigro, indolente **3** soporifero; noioso; che fa dormire.

to **drub** [drʌb], *v. t.* **1** battere; bastonare; picchiare **2** battere; sconfiggere. ● **to d. a notion into sb.**, far entrare un'idea in testa a q. a furia di botte.

drubbing ['drʌbiŋ], *n.* **1** bastonatura; botte; legnate **2** batosta; disfatta; sconfitta.

drudge [drʌdʒ], *n.* chi fa lavori duri (*o* sgradevoli); uomo (*o* donna) di fatica; sgobbone, sgobbona.

to **drudge** [drʌdʒ], *v. i.* fare un lavoro duro, ingrato; sgobbare, sfacchinare (*fam.*).

drudgery ['drʌdʒəri], *n.* lavoro faticoso, ingrato; sgobbata, sfacchinata (*fam.*).

drug [drʌg], *n.* **1** (*farm.*) medicinale; farmaco **2** droga; narcotico; stupefacente: **the d. habit**, il vizio della droga; **d. addict**, drogato; persona dedita agli stupefacenti; **d.-resistance commerce**, *di solito* **d. on the market**, articolo poco richiesto; prodotto invendibile. ● **d. addiction**, tossicomania; tossicodipendenza ▢ **d. addict** (*spesso scherz.*: **d. fiend**), tossicomane; drogato ▢ **d. pedlar**, spacciatore di droga.

to **drug** [drʌg], **A** *v. t.* **1** drogare; mettere un narcotico in (*una bevanda*) **2** drogare; narcotizzare: **He was drugged and robbed**, fu narcotizzato e derubato **3** (*fig.*) intontire; istupidire; annebbiare. **B** *v. i.* drogarsi; fare uso di stupefacenti.

drugget ['drʌgit], *n.* (*ind. tessile*) **1** tessuto grossolano (*per foderare tappeti*) **2** (*anche* **Indian d.**) tappeto grezzo.

druggist ['drʌgist], *n.* (*USA*) **1** farmacista **2** proprietario di «drugstore» (*q.V.*).

druggy ['drʌgi], **A** *a.* **1** di farmaco; medicamentoso **2** di (*o* da) drogato. **B** *n.* (*USA*) drogato.

drugpusher ['drʌgˌpuʃə*], *n.* spacciatore di droga.

drugster ['drʌgstə*], *n.* drogato.

drugstore ['drʌgstɔ:*], *n.* (*USA*) farmacia (*cfr. ingl.* **chemist's shop**; *si noti che i «drugstores» americani vendono anche cosmetici, tabacco, gelati, libri, ecc.*); emporio.

Druid ['dru(:)id], *n.* (*stor.*) druido, druida.

Druidess ['dru(:)idis], *n.* (*stor.*) druida; druidessa.

Druidic(al) [dru(:)'idik(əl)], *a.* (*stor.*) druidico.

Druidism ['dru(:)idizəm], *n.* (*stor.*) druidismo.

drum (1) [drʌm], *n.* **1** (*mus., archit., mecc.*) tamburo; tamburino: **d. major**, tamburo maggiore **2** rullar del tamburo **3** oggetto cilindrico; barattolo; bidone, fusto (*di benzina, ecc.*) **4** (*mecc.*) tamburo (*intorno al quale si avvolge una fune*) **5** (*anat., anche* **d. of the ear**) timpano, membrana timpanica (*dell'orecchio*) **6** (*zool., anche* **d.-fish**) gracidatore; borbottone **7** (*USA*) trattenimento (*o* tè) pomeridiano o serale. ● (*autom.*) **d. brakes**, freni a tamburo ▢ (*edil.*) **d.-mixer**, betoniera a tamburo ▢ (*mus.*) **big d.**, grancassa ▢ (*anat.*) **ear-d.**, timpano ▢ (*mus.*) **kettle d.**, timpano ▢ (*mus.*) **set of drums** (*o* **drums**), batteria.

to **drum** [drʌm], **A** *v. i.* **1** battere (*o* suonare) il tamburo; tambureggiare **2** tamburellare **3** (*di uccelli o insetti*) fare un forte frullo d'ali. **B** *v. t.* **1** suonare (*un motivo*) sul tamburo **2** (*anche* **to d. up**) radunare a rullo di tamburo. ● **to d. at the door**, battere insistentemente alla porta ▢ **to d. one's feet on the floor**, battere i piedi sul pavimento ▢ **to d. a lesson into a boy's head**, fare entrare una lezione in testa a un ragazzo a forza di battere e ribattere ▢ **to d. on the piano**, strimpellare il pianoforte ▢ **to d. sb. out of**, cacciare (*o* espellere) q. con infamia da (*esercito, ufficio, ecc.*) ▢ **to d. the table with one's fingers**, tamburellare con le dita sulla tavola.

drum (2) [drʌm], **drumlin** ['drʌmlin], *n.* (*geol.*) collinetta di detrito glaciale.

drumfire ['drʌmˌfaiə*], *n.* (*mil.*) fuoco tambureggiante (*d'artiglieria*).

drumhead ['drʌmhed], *n.* **1** pelle del tamburo **2** (*anat.*) mem-

brana del timpano. ● (*mil.*) **d. court-martial**, corte marziale straordinaria (*specialm. sul campo di battaglia*).
drummer ['drʌmə*], *n*. **1** tamburino **2** (*mus.*) batterista **3** (*fam. USA*) commesso viaggiatore.
drumming ['drʌmiŋ], *n*. rullo di tamburo.
drumstick ['drʌm-stik], *n*. **1** bacchetta (*di tamburo*) **2** (*fam.*) coscia di pollo (*cotta*).
drunk [drʌŋk], **A** *p. p.* di **to drink**. **B** *a.* ubriaco; ebbro (*anche fig.*); sbronzo: **He was d., not with wine, but with joy**, era ebbro di gioia, e non di vino. ● (*leg.*) **d. and disorderly**, in stato di) ubriachezza molesta □ **to be d. as a fiddler** (**as a lord**), essere ubriaco fradicio □ **beastly** (*o* **blind, dead**) **d.**, ubriaco fradicio □ **to get d.**, ubriacarsi □ **to be half d.**, essere alticcio (*o* brillo). **C** *n*. **1** ubriaco **2** (*raro*) ubriacatura; sbornia.
drunkard ['drʌŋkəd], *n*. ubriacone, ubriacona; beone, beona.
drunken ['drʌŋkən], *a. attr.* **1** ubriaco; ebbro **2** alcolizzato; dedito al bere **3** da ubriaco, da ubriaca: **d. sleep**, sonno da sbornia; **a d. stupor**, un intontimento da ubriachezza. ● **a d. brawl**, una rissa di ubriachi □ (*autom., leg.*) **d. driving**, guida in stato di ebbrezza.
drunkenness ['drʌŋkənnis], *n*. **1** ubriachezza; ebbrezza **2** ubriacatura; sbornia.
drupaceous [dru'peiʃəs], *a.* (*bot.*) drupaceo. ● **d. plants**, le drupacee.
drupe [dru:p], *n*. (*bot.*) drupa.
druse [dru:z], *n*. (*geol.*) drusa.
Druse [dru:z], *n*. druso (*membro di una setta religiosa siriana*).
drusy ['dru:zi], *a.* (*geol.*) ricco di druse.
dry (1) [drai], *a.* **1** asciutto; secco; arido: **a dry well**, un pozzo asciutto; **with dry eyes**, a occhi asciutti, senza piangere; **in the dry season**, nella stagione secca; **dry cough**, tosse secca; **dry bread**, pane asciutto (*senza burro*); **dry wine**, vino asciutto, secco; **a dry nurse**, una balia asciutta; **a dry cow**, una vacca asciutta (*che non dà latte*) **2** (*fam.*) assetato: **to feel dry**, essere assetato **3** (*comm.*) solido; per solidi: **dry provisions**, provviste solide; **dry measure**, misura per solidi, per cereali **4** (*specialm. USA*) astemio; proibizionista: (*stor.*) **a dry law**, una legge proibizionista; **Kansas was a dry state**, il Kansas era uno stato proibizionista; **to go dry**, diventare astemio (*o* proibizionista) **5** duro; nudo (*fig.*); preciso: **the dry facts**, i nudi fatti **6** arido; privo d'interesse; noioso; infruttuoso: **a dry passage**, un brano arido; **a dry lesson**, una lezione noiosa; **a dry interview**, un'intervista infruttuosa **7** freddo; caustico; impassibile; pungente: **dry sarcasm**, freddo sarcasmo; **dry humour**, umorismo pungente; spirito caustico **8** distaccato; disinteressato: **to see st. in a dry light**, vedere q.c. in modo distaccato (*o* disinteressato) **9** (*di alimento*) essiccato; disidratato **10** (*edil.*) a secco **11** (*metall.*) a grana grossa; fragile **12** (*di suono, della voce, ecc.*) aspro; roco **13** (*naut.*) secco: **dry cargo**, carico secco. ● (*fam.*) **dry as a bone**, secco secco □ **dry as dust**, assetato; noioso, pedantesco □ (*elettr.*) **dry battery**, batteria a secco □ **dry blast cleaning**, sabbiatura (*di superfici metalliche*) □ **dry-bulb thermometer**, termometro a bulbo asciutto □ **dry cell**, pila a secco □ **to dry-clean**, pulire (*abiti*) a secco □ **dry cleaner's**, lavanderia a secco □ **dry cleaning**, pulitura a secco □ **dry cooper**, bottaio (*che fabbrica recipienti per cereali*) □ **to dry-cure**, conservare (*carne, ecc.*) con sale senza mettere in salamoia □ (*naut.*) **dry dock**, bacino di carenaggio □ **to dry-farm**, coltivare senza irrigazione □ **dry farming**, aridocoltura □ (*pesca*) **dry fly**, mosca secca; mosca galleggiante □ **dry goods**, merci solide; cereali; (*naut.*) carichi secchi; (*USA*) mercerie, tessuti □ **dry hole**, (*costr.*) pozzo trivellato a secco; (*ind. petrolifera*) foro sterile □ **dry ice**, ghiaccio secco □ **dry land**, terraferma □ **dry lodging**, lo stare in camera mobiliata (*senza consumare i pasti*) □ **to dry-nurse**, allevare (*un bambino*) artificialmente □ **a dry party**, un party senza bevande alcoliche □ (*elettr.*) **dry pile**, pila a secco □ (*fotogr.*) **dry plate**, lastra asciutta □ (*arte*) **dry-point**, (punta per) incisione a secco; puntasecca □ **dry-point etching**, incisione a puntasecca □ **dry rot**, carie (*o* marciume) del legno; (*fig.*) cancrena, corruzione profonda □ **dry run**, (*teatr.*) prova; (*mil.*) esercitazione □ **to dry-salt**, mettere sotto sale □ **dry-salter**, droghiere □ **dry-saltery**, drogheria □ **dry-shod**, a piedi asciutti □ **a dry spell**, un periodo di tempo asciutto; (*fam.*) un periodo in cui non si beve (alcol) □ **dry-stone wall**, muro a secco □ **dry wall**, muro a secco □ (*edil.*) muro a vista □ **to dry-wall**, murare a secco (*o* a vista) □ **dry work**, lavoro che fa venir sete □ **to die a dry death**, morire in modo diverso che per annegamento o spargimento di sangue □ (*fig., fam.*) **still not dry behind the ears**, immaturo; inesperto; ingenuo □ **to run dry**, prosciugarsi, inaridirsi; (*fig.*) restare a corto di argomenti.
dry (2) [drai], *n*. (*fam. USA*) proibizionista; nemico degli alcolici.
to dry [drai], *v. t. e i.* **1** asciugare, asciugarsi: **to dry one's hands**, asciugarsi le mani; **D. your tears**, asciugati le lacrime! **2** seccare, seccarsi **3** (*ind.*) essiccare, essiccarsi. ● **to dry st. out**, asciugare

q.c.: **Dry out your socks**, asciugati i calzini! □ **to dry out**, asciugarsi (*davanti al fuoco, al sole, ecc.*); (*del cemento, di vernice, ecc.*) asciugatarsi, seccarsi □ **to dry st. up**, essiccare, asciugare completamente q.c.: inaridire, prosciugare q.c.: **The sun has dried up all the puddles**, il sole ha prosciugato tutte le pozzanghere □ **to dry up**, seccarsi, inaridirsi; (*fig.*) inaridirsi, esaurirsi: **In summer the pond dries up**, d'estate lo stagno si secca □ (*teatr.*) **to dry up**, non ricordare la battuta □ (*fam.*) **D. up!**, smettila (di parlare)!; piantala!
dryad ['drai-əd], *n.* (*mitol.*) driade.
dryer ['draiə*], *V.* **drier**.
drying ['draiiŋ], **A** *a.* **1** che asciuga facilmente **2** (*chim.*) essiccativo. **B** *n.* (*ind.*) essiccamento; essiccazione. ● **d. agent**, essiccante □ (*ind. tessile*) **d. chamber**, essiccatoio □ (*ind. ceramica*) **d. oven**, forno d'essiccazione.
dryish ['draiiʃ], *a.* piuttosto arido; alquanto secco.
dryness ['drainis], *n.* **1** aridità; asciuttezza; secchezza **2** monotonia; noiosità **3** freddezza; distacco **4** ironia pungente; causticità; sarcasmo tagliente.
D.T.'s [ˌdi:'ti:z], *n.* (*acronimo fam. di* **delirium tremens**) *V.* **delirium**.
dual ['dju(:)əl], **A** *a.* **1** duplice; doppio (*autom., aeron.*) **d. control**, doppio comando **2** (*mat.*) duale. **B** *n.* (*linguistica*) duale. ● (*autom., mecc.*) **d. brake circuits**, doppio circuito frenante □ (*autom.*) **d. carriageway**, strada a doppia carreggiata □ (*tecn.*) **d.-purpose**, a doppio uso; a doppia funzione; bivalente: (*mil.*) **a d.-purpose gun**, un cannone bivalente □ (*aeron.*) **d.-thrust motor**, motore a spinta duale.
dualism ['dju(:)əlizəm], *n.* **1** dualità; duplicità **2** (*filos.*) dualismo.
dualist ['dju(:)əlist], *n.* (*filos.*) dualista.
dualistic [ˌdju(:)ə'listik], *a.* dualistico.
duality [dju(:)'æliti], *n.* dualità; duplicità.
to dualize ['dju(:)əlaiz], *v. t.* rendere duplice (*o* doppio).
dub (1) [dʌb], *n.* **1** pozza profonda (*in un fiume*) **2** (*pop., scozz.*) pozzanghera.
to dub (1) [dʌb], *v. t.* **1** (*stor.*) creare (q.) cavaliere (*toccandogli la spalla con la spada*) **2** conferire un titolo a (q.); nominare **3** chiamare; soprannominare: **He dubbed me a scribbler**, mi chiamò scribacchino **4** (*nella pesca*) preparare (*una mosca artificiale*) **5** (*ind.*) patinare; ammorbidire (*il cuoio*) strofinandolo con sego.
to dub (2) [dʌb], *v. t.* (*cinem., telev.*) **1** doppiare: **a dubbed film**, una pellicola doppiata **2** riregistrare **3** (*anche* **to dub in**) sonorizzare (*una pellicola*).
dub (2) [dʌb], *n.* (*cinem.*) doppiato.
dubber ['dʌbə*], *n.* (*cinem., telev.*) **1** doppiatore, doppiatrice **2** addetto alla riregistrazione.
dubbing (1) ['dʌbiŋ], *n.* **1** conferimento (d'un titolo, ecc.); il soprannominare, ecc. (*V.* **to dub (1)**) **2** (*anche* **dubbin**) patina (per cuoio).
dubbing (2) ['dʌbiŋ], *n.* (*cinem., telev.*) **1** doppiaggio; doppiatura **2** riregistrazione. ● **dubbing-in**, sonorizzazione (*di una pellicola*).
dubiety [dju(:)'baiəti], *n.* **1** dubbiosità; incertezza **2** cosa dubbia; dubbio.
dubious ['dju:bjəs], *a.* **1** dubbio; dubbioso; incerto; indistinto; vago; ambiguo; indeciso: **a d. friend**, un amico dubbio (*o* incerto); **d. light**, luce incerta; **I am d. what to do** (**about your plan, etc.**), sono dubbioso sul da farsi (ho dei dubbi sul tuo progetto, ecc.); **a d. undertaking**, un'impresa incerta; **The struggle is d.**, la lotta è indecisa **2** di dubbia fama (*o* reputazione); equivoco: **a d. company**, una società di dubbia reputazione; **a d. character**, un tipo equivoco. ● **to be d. of st.**, aver dubbi su q.c.
dubiousness ['dju:biəsnis], *n.* dubbiosità; incertezza; ambiguità, ecc. (*V.* **dubious**).
dubitable ['dju:bitəbl], *a.* dubitabile.
dubitation [ˌdju:bi'teiʃən], *n.* dubbio; incertezza.
dubitative ['dju:bitətiv], *a.* **1** dubitativo **2** dubbioso.
Dublin ['dʌblin], *n.* (*geogr.*) Dublino.
Dubliner ['dʌblinə*], *n.* dublinese.
ducal ['dju:kəl], *a.* ducale.
ducat ['dʌkət], *n.* **1** (*stor.*) ducato (*moneta*) **2** (*pl., fam.*) denaro; soldi; quattrini.
duchess ['dʌtʃis], *n.* **1** duchessa **2** (*pop.*) moglie di fruttivendolo.
duchy ['dʌtʃi], *n.* **1** ducato (*territorio*) **2** (*stor.*) ducato di Cornovaglia (*o* di Lancaster).
duck (1) [dʌk], *n.* **1** (*zool., Anas: pl.* **ducks, duck**) anatra (*specialm. la femmina*) **2** (*fam., specialm. ingl.*) amore; caro; tesoro: **a sweet old d.**, una cara vecchietta; **That girl is a real d.!**, che amore di bimba! **3** (*cricket; anche, ma raro,* **d.'s egg**) zero (*nel punteggio*) **4** (*pop.*) individuo; tipo: **He is a queer d.**, è un tipo strano **5** (*gergo mil.*) anfibio; mezzo da sbarco **6** (*fam.*,

anche pl., al vocat.) V. **ducky.** ● **d.-boards**, passerella di legno (*su una fossa o su terreno fangoso*) ◻ (*zool.*) **d.-hawk** (*Circus aeruginosus*), falco di palude ◻ **d.-shot**, pallini per la caccia all'anatra ◻ (*sport*) **to break one's d.**, fare il primo punto (*e sim.*); segnare ◻ (*fig.*) **in two shakes of a d.'s tail**, in un attimo; subito; a tamburo battente ◻ (*fig.*) **lame d.**, minorato fisico; zoppo; (*comm.*) debitore moroso (*alla Borsa*) ◻ **to be like a d. in a thunderstorm**, volgere gli occhi al cielo; avere un'aria smarrita, stupita ◻ (*fig.*) **like water off a d.'s back**, senza effetto alcuno; senza fare impressione: **Criticism, to him, was like water off a duck's back**, la critica non gli fece alcuna impressione ◻ **to play ducks and drakes**, giocare a rimbalzello ◻ **to play** (*o* **to make**) **ducks and drakes with money**, scialacquare (*o* sperperare) il denaro ◻ (*fig., fam.*) **a sitting d.**, un bersaglio facile; una facile preda ◻ **to take to st. like a d. to water**, dedicarsi a (*o* mettersi a fare) q.c. senza difficoltà, con naturalezza.

to duck [dʌk], **A** *v. t.* **1** immergere; tuffare; cacciare sott'acqua: **If you don't stop splashing me, I'll d. you**, se non smetti di spruzzarmi, ti caccio sott'acqua **2** chinare; piegare: **to d. one's head**, chinare la testa; far civetta **3** (*fam.*) evitare (*una persona*); scansare; schivare: **to d. a blow**, schivare un colpo. **B** *v. i.* **1** immergersi; tuffarsi **2** chinarsi; piegarsi **3** (*fam.*) battersela; filare, tagliare la corda (*fig.*); sparire all'improvviso.

duck (2) [dʌk], *n.* **1** rapida immersione; tuffo **2** breve inchino; schivata del capo.

duck (3) [dʌk], *n.* **1** tela olona (*o* da vele); canovaccio **2** (*pl.*) calzoni di tela olona.

duckbill ['dʌkbil], *n.* **1** (*zool., Ornithorhynchus anatinus*) ornitorinco **2** (*zool., Polyodon spathula*) pesce spatola **3** (*agric.*) frumento rosso **4** (*mecc.*) caricatrice a becco d'anatra.

duckbilled [,dʌk'bild], *a.* dal becco ad anatra ● (*paleontologia*) **d. dinosaur** (*Trachodon*), dinosauro degli Ornitopodi ◻ (*zool.*) **d. platypus**, V. **duckbill**, *def. 1*.

ducker (1) ['dʌkə*], *n.* **1** allevatore di anatre **2** cacciatore di anatre.

ducker (2) ['dʌkə*], *n.* **1** chi si tuffa, schiva, ecc. (*V.* **to duck**) **2** (*zool., Podilymbus podiceps*) podilimbo; (*Podiceps ruficollis*) tuffetto.

ducking ['dʌkiŋ], *n.* tuffo; immersione; bagnata: **I'll give you a good d.**, ti farò fare un bel tuffo. ● (*stor.*) **d. stool**, sgabello legato all'estremità d'un palo (*sul quale venivano tuffati in acqua taluni condannati e specialm. donne linguacciute e litigiose*).

duckling ['dʌkliŋ], *n.* anatroccolo.

duckweed ['dʌk-wi:d], *n.* (*bot., Lemna*) lente d'acqua; lemna.

ducky ['dʌki], *n.* (*fam., specialm. al vocat.*) caro; tesoro; tesoruccio; amor mio; amore.

duct [dʌkt], *n.* **1** (*anche mecc.*) condotto; tubo; tubatura **2** (*anat.*) canale; dotto; tromba: **biliary d.**, dotto biliare; **Eustachian ducts**, trombe d'Eustachio **3** (*elettr.*) condotto; elettrodotto.

ducted fan ['dʌktid 'fæn], *n.* (*aeron.*) elica intubata. ● **d.-fan engine**, propulsore a elica intubata.

ductile ['dʌktail], *a.* (*metall.*) duttile (*anche fig.*).

ductility [dʌk'tiliti], *n.* (*metall.*) duttilità (*anche fig.*).

ductless ['dʌktlis], *a.* (*anat.*) endocrino: **d. glands**, ghiandole endocrine.

dud [dʌd], **A** *n.* (*fam.*) **1** proiettile (*o* bomba, ecc.) che fa cilecca **2** progetto che va a vuoto; persona che non riesce a cavare un ragno da un buco **3** (*raro*) spaventapasseri. **B** *a.* falso; inutile; che non vale nulla: **a dud note**, una banconota falsa. ● **a d. cheque**, un assegno a vuoto.

dude [dju:d], *n.* (*USA*) **1** (*raro*) bellimbusto; damerino; elegantone **2** (*fam.*) individuo; tipo; tizio **3** (*pop., nel West*) turista (*specialm. della costa atlantica*). ● (*USA*) **d. ranch**, ranch per turisti.

dudeen, dudheen [du'di:n] (*irl.*), *n.* pipa di terracotta.

dudgeon [,dʌdʒən], *n.* risentimento; sdegno. ● **to be in high d.**, essere molto risentito.

dudish ['dju:diʃ], *a.* (*USA*) da bellimbusto; elegantissimo; lezioso.

duds [dʌdz], *n. pl.* (*pop.*) **1** abiti; vestiti; panni; straccetti (*pop.*) **2** (*USA*) effetti personali; cose (*pop.*).

due (1) [dju:], **A** *a.* **1** dovuto; debito; doveroso; adeguato; giusto; meritato; causato (da): **The accident was due to the mist**, l'incidente fu dovuto alla (*o* causato dalla) nebbia; **in due time** (*o* **in due course**), a tempo debito; **It is due to him to say that...**, è doveroso verso di lui dire che...; **with due care**, con la debita cura; **You've had your due reward**, hai avuto la giusta ricompensa; **after due consideration**, dopo adeguata riflessione **2** (*comm., leg.*) dovuto; esigibile; pagabile; che scade: **The first instalment is due today**, la prima rata è esigibile oggi; **My salary was due yesterday**, il mio stipendio era pagabile ieri; **When is the bill due?**, quando scade la cambiale? **3** atteso; in arrivo (*secondo l'orario*): **The steamer is due today**, il piroscafo è atteso oggi **Our train is due at 10.30 A.M.**, il nostro treno è in arrivo (*o* dovrebbe arrivare) alle 10,30. **B** *avv.* (*con i punti cardinali*) esattamente, precisamente (*in direzione, verso*): **He went due west**, egli andava (esattamente) verso occidente; **a due-north course**, una rotta verso il nord. ● (*leg.*) **due care**, normale diligenza ◻ (*di persone*) **to be due**, dovere: **He is due to leave tomorrow**, deve partire (o la partenza è fissata per) domani ◻ **to be due** (*o* **overdue**), essere in ritardo ◻ (*comm., fin.*) **due date**, data di scadenza; scadenza ◻ (*leg.*) **due notice**, avviso dato nei termini di legge ◻ (*comm.*) **due register**, scadenzario ◻ (*fam.*) **due to**, a causa di: **I came late due to an accident**, arrivai in ritardo a causa d'un incidente ◻ (*comm.*) **to fall** (*o* **to come**) **due**, scadere; essere esigibile.

due (2) [dju:], *n.* **1** (*soltanto sing.*) ciò che è dovuto, che spetta (a q.): **to give sb. his due**, dare a q. quel che gli spetta; riconoscerne i meriti **2** (*pl.*) diritti; dazi; tasse: **harbour dues**, diritti portuali; **town dues**, dazio (cittadino); **university dues**, tasse universitarie **3** (*pl.*) contributi sindacali. ● **club dues**, tasse d'iscrizione a un circolo; quote sociali ◻ **to give the devil his due**, «essere giusti (anche) col diavolo» (*anche col ci è sgradito*) ◻ (*prov.*) **Give every man his due!**, a ciascuno il suo.

duel ['dju(:)əl], *n.* duello; (*fig.*) contesa, lotta, scontro: **a verbal d.**, uno scontro a parole. ● **to fight a d.**, battersi in duello.

to duel ['dju(:)əl], *v. i.* duellare; battersi in duello.

duelling ['dju(:)əliŋ], *n.* il duellare; i duelli.

duellist ['dju(:)əlist], *n.* duellante; duellatore (*lett., raro*).

duenna [dju(:)'enə], *n.* governante; dama di compagnia.

duet, duett [dju(:)'et], *n.* (*mus.*) duetto (*anche fig.*).

duettist [dju(:)'etist], *n.* (*mus.*) chi esegue un duetto; duettista.

duff [dʌf], *n.* (*dial.*) **1** V. **dough 2** sorta di budino.

to duff [dʌf], *v. t.* (*pop.*) **1** adulterare; alterare; sofisticare (*merci, sostanze, ecc.*) **2** (*australiano*) rubare (*bestiame*) alterandone il marchio **3** (*golf*) sbagliare (*un colpo*); mancare (*la palla*).

duffel ['dʌfəl], *n.* **1** tessuto di lana grezza **2** corredo da cacciatore (*o* da campeggiatore). ● **d. bag**, sacca da viaggio ◻ (*moda*) **d. coat**, montgomery.

duffer ['dʌfə*], *n.* **1** venditore ambulante (*specialm. di oggetti di scarso valore o falsificati*); falsificatore **2** moneta falsa; quadro falso **3** miniera improduttiva **4** persona incapace, incompetente; sciocco. ● **a d. at chess**, un pessimo giocatore di scacchi.

duffing ['dʌfiŋ], *a.* **1** falso; contraffatto **2** stupido; sciocco.

duffle ['dʌfəl], V. **duffel.**

dug (1) [dʌg], *pass.* e *p. p.* di **dig.**

dug (2) [dʌg], *n.* mammella, capezzolo (*d'animale*).

dugong [,du:gɔŋ], *n.* (*pl.* **dugongs, dugong**) (*zool., Dugong*) dugongo.

dug-out ['dʌgaut], *n.* **1** canoa (*fatta scavando un tronco*) **2** rifugio; riparo antiaereo **3** (*mil.*) ricovero sotterraneo; trincea coperta **4** (*gergo mil.*) ufficiale della riserva richiamato in servizio.

duiker ['daikə*], *n.* (*pl.* **duikers, duiker**) (*zool., Cephalophus*) cefalofo.

duke [dju:k], *n.* **1** duca **2** (*Bibbia*) capo tribù **3** (*bot.*) varietà di ciliegia **4** (*pl., pop.*) pugni. ● (*pop.*) **to put up one's dukes**, mettersi in guardia.

dukedom ['dju:kdəm], *n.* ducato (*grado, titolo, territorio*).

dulcet ['dʌlsit], *a.* (*di suono*) dolce; melodioso.

dulcification [,dʌlsifi'keiʃən], *n.* dolcificazione; addolcimento.

to dulcify ['dʌlsifai], *v. t.* dolcificare; addolcire.

dulcimer ['dʌlsimə*], *n.* (*mus.*) dulcimer.

dull [dʌl], *a.* **1** ottuso (*anche fig.*); smussato; spuntato; duro (*di comprendonio, ecc.*); insensibile; tardo; cupo; velato; sordo: **a d. razor's edge**, il filo smussato d'un rasoio; **a d. mind**, una mente ottusa; **He's d. to grief**, è insensibile al dolore; **You must be d. of hearing**, devi essere duro d'orecchio; **a d. sound**, un suono ottuso (*o* cupo, velato, sordo); **a d. pain** (**headache, etc.**), un dolore (un mal di testa, ecc.) sordo **2** lento (*nei movimenti*); pigro; tardo **3** monotono; noioso; tedioso: **a d. book** (**speech, play, etc.**), un libro (un discorso, un dramma, ecc.) tedioso (*o* noioso) **4** depresso; scoraggiato; triste **5** fosco; nebbioso; offuscato; opaco; scuro; smorto: **d. weather**, tempo fosco; **a d. day**, un giorno nebbioso; **a d. mirror**, uno specchio offuscato; **a d. colour**, un colore opaco (*o* scuro, smorto) **6** (*comm.*) fermo, fiacco, stagnante: **Business is d.**, il commercio è fermo (*o* stagnante); **d. market**, mercato fiacco. ● **d.-brained** (*o* **d.-witted**), ottuso; tardo di mente ◻ (*geol.*) **d. coal**, carbone opaco ◻ **a d. fire**, un fuoco incerto; un focherello ◻ **He is d. of sight**, ci vede poco ◻ **That man is as d. as ditch-water**, (*USA*: **as dishwater**), quell'uomo è mortalmente noioso.

to dull [dʌl], **A** *v. t.* **1** ottundere (*anche fig.*); smussare; intorpidire; attutire: **to d. a razor's edge**, smussare il filo d'un rasoio; **to d. sb.'s mind**, ottundere (*o* intorpidire) la mente di q.; **to d. a sound**, attutire un suono **2** attutire; lenire: **Time dulls sorrow**, il tempo attutisce il dolore **3** appannare; attenuare;

dullard

smorzare; offuscare: **Colours can be dulled by adding water to the paint**, i colori si possono attenuare aggiungendo acqua alla vernice. **B** *v. i.* diventare ottuso; istupidirsi.

dullard ['dʌləd], *n.* individuo ottuso; stupido; tonto.

dullish ['dʌliʃ], *a.* piuttosto ottuso, monotono, ecc. (*V.* dull).

dullness ['dʌlnis], *n.* **1** ottusità; insensibilità **2** lentezza **3** monotonia; tediosità **4** tristezza; tetraggine (*V.* dull) **5** (*comm.*) fiacchezza; fiacca (*del mercato, ecc.*).

duly ['dju:li], *avv.* **1** debitamente; adeguatamente; come si conviene **2** a tempo debito; puntualmente **3** quanto basta; sufficientemente.

dumb [dʌm], *a.* **1** muto **2** ammutolito; silenzioso; taciturno: **He was d. with amazement**, era ammutolito per lo stupore **3** muto; senza parole: **d. grief**, muto dolore **4** (*fam.*) ottuso; sciocco; stupido. ● **the d. animals**, gli animali; le creature senza favella □ **d.-bell**, manubrio (*per ginnastica*); (*pop.*) stupido, fesso (*pop.*) □ **to d.-bell**, far ginnastica coi manubri □ **d. blonde**, oca giuliva, oca (*fig., fam.*) □ **the d. millions**, le masse che non hanno voce in capitolo □ **d. piano**, tastiera muta (*per fare esercizio*) □ **d. show**, pantomima; scena muta □ **d. well**, pozzetto di scarico (*per l'acqua*) □ **the deaf and d.**, i sordomuti □ (*fam.*) **to play d.**, fare il finto tonto □ **to strike d.**, fare ammutolire (*per l'orrore, lo spavento, ecc.*) □ **Science is d. on this point**, la scienza tace su questo punto.

to dumb [dʌm], **A** *v. t.* fare ammutolire. **B** *v. i.* (*di solito* **to d. up**) ammutolire.

to dumbfound [dʌm'faund], *v. t.* far ammutolire; stupire; stordire; confondere; sconcertare; rendere perplesso.

dumbfounded [dʌm'faundəd], *a.* stupito; confuso; ammutolito.

dumbness ['dʌmnis], *n.* mutismo; silenziosità; taciturnità.

dumbwaiter [dʌm'weitə*], *n.* **1** servo muto (*tavolinetto a più ripiani*) **2** (*USA*) montavivande **3** (*mecc.*) montacarichi per piccoli pesi **4** vassoio girevole posto al centro della tavola.

dum-dum [dʌmdʌm], *n. e a.* dum-dum. **d.** (**bullet**), proiettile dum-dum.

to dumfound [dʌm'faund], *V.* **to dumbfound.**

dummy (1) ['dʌmi], *n.* **1** (*pop.*) muto **2** manichino (*da sartoria*); sagoma d'uomo (*al tiro a segno, ecc.*); fantoccio **3** (*fig.*) uomo di paglia; (*leg.*) fiduciario, prestanome **4** imbecille; stupido; tonto **5** succhiotto; tettarella di gomma **6** (*nei giochi di carte*) morto **7** (*tipogr.*) menabò **8** (*ing.*) modello inerte; facsimile **9** (*ferr.*) locomotiva con condensatore. ● (*a carte*) **to play d.**, fare il morto □ (*rugby*) **to sell sb. a d.**, fare un finto passaggio (*o una finta: a un avversario*).

dummy (2) ['dʌmi], *a.* **1** falso; finto; fittizio: **a d. gun**, un cannone finto; **a d. corporation**, una società commerciale fittizia **2** giocato col morto: **d. whist**, «whist» col morto **3** (*mil.*) inerte: **a d. bomb**, una bomba inerte. ● (*sport*) **d. hare**, lepre meccanica (*nei cinodromi*) □ (*elab.*) **d. instruction**, istruzione fittizia (*o* vuota) □ (*aeron., mil.*) **d. run**, volo di prova □ (*mil.*) **d. target**, falso bersaglio (*visto da un aereo*).

to dump [dʌmp], **A** *v. t.* buttare; gettare; lasciar cadere; scaricare (*alla rinfusa*): **You can d. the rubbish in the ditch**, puoi gettare i rifiuti nel fosso **2** (*comm.*) vendere sottocosto, svendere (*prodotti, soprattutto all'estero*) **3** (*elab.*) scaricare **4** (*elettron.*) disalimentare. **B** *v. i.* **1** scaricare rifiuti **2** cadere con un tonfo **3** (*comm.*) vendere merce sottocosto. ● **to d. superfluous immigrants**, sbarcare in un paese straniero immigrati indesiderati.

dump (1) [dʌmp], *n.* **1** cumulo (*o* mucchio) di rifiuti **2** luogo di scarico di rifiuti **3** colpo sordo; tonfo **4** (*mil.*) deposito (*di munizioni, ecc.*) **5** (*USA*) postaccio; buco (*pop.*). ● (*mecc.*) **d. car**, vagonetto a bilico □ (*specialm. USA*) **d. truck**, autocarro a cassone ribaltabile.

dump (2) [dʌmp], *n.* **1** oggetto tozzo; pezzo informe: **a d. of lead**, un pezzo di piombo **2** (*in certi giochi di ragazzi*) gettone di piombo **3** specie di birillo **4** persona tozza; individuo basso e grasso. ● (*pop.*) **not worth a d.**, che non vale un soldo.

dump (3) [dʌmp], *n.* (*arc.*) canto (*o* musica) triste. ● (*fam.*) **to be down in the dumps**, essere depresso; essere giù di corda.

dumper ['dʌmpə*], *n.* **1** chi scarica, ecc. (*V.* to dump) **2** (*anche* **d. truck**) autocarro con cassone ribaltabile **3** (*ferr.*) ribaltatore.

dumpiness ['dʌmpinis], *n.* l'esser tozzo; l'esser basso e grasso.

dumping ['dʌmpiŋ], *n.* (*comm., leg.*) «dumping»; vendita sottocosto di merce (*specialm. su mercato straniero*).

dumpling ['dʌmpliŋ], *n.* **1** gnocco (*condito o ripieno di carne*) **2** budino di mele **3** (*fam.*) tipo tozzo, grassottello, piccolo ciccione (*fam.*).

dumpy (1) ['dʌmpi], **A** *a.* tozzo; basso e grasso. **B** *n.* gallina scozzese dalle gambe corte. ● (*topografia*) **d. level**, livella a cannocchiale.

dumpy (2) ['dʌmpi], *a.* (*fam.*) depresso; malinconico.

dun (1) [dʌn], *a. e n.* (*color*) bigio, grigio spento. ● (*zool.*) **d.-bird** (*Aythya ferina*), moriglione □ (*zool.*) **d. diver**, femmina dello smergo □ (*nella pesca*) **d. fly**, mosca artificiale di colore bigio □ **d. horse**, (cavallo) baio lupino.

to dun [dʌn], *v. t.* chiedere insistentemente, sollecitare (*il pagamento d'un debito*); importunare (*un creditore, ecc.*). ● (*comm.*) **dunning letter**, lettera di sollecito.

dun (2) [dʌn], *n.* **1** creditore insistente **2** esattore di crediti **3** richiesta di pagamento; sollecitazione; sollecito.

dunce [dʌns], *n.* asino (*fig.*); ignorante; stupido; tonto. ● **d.'s cap**, berretto a cono (*un tempo, sul capo d'uno scolaro come punizione*; *cfr. ital.* «orecchie d'asino»).

dunderhead ['dʌndəhed], *n.* stupido; testone (*fam.*); testa di legno.

dunderheaded ['dʌndəhedid], *a.* stupido; tonto.

dune [dju:n], *n.* (*geol., geogr.*) duna. ● (*autom.*) **d. buggy**, «dune buggy»; pulce del deserto.

dung [dʌŋ], *n.* **1** sterco; letame; concime **2** sporcizia; sudiciume; sudiceria. ● (*zool.*) **d. beetle** (*Geotrupes stercorarius*), scarabeo stercorario □ **d. cart**, carretta per il letame □ **d. fly**, mosca del letame □ **d. fork**, forcone per il letame.

to dung [dʌŋ], *v. t.* concimare con letame.

dungaree [ˌdʌŋgə'ri:], *n.* **1** tela grezza di cotone **2** (*pl.*) tuta.

dungeon ['dʌndʒən], *n.* **1** prigione sotterranea **2** (*anche* **donjon**) torre principale, torrione (*d'un castello*).

dunghill ['dʌŋhil], *n.* letamaio. ● **d. cock**, gallo domestico □ (*fig.*) **to be the cock on one's own d.**, fare il tirannello nella propria ristretta cerchia.

to dunk [dʌŋk], *v. t. e i.* inzuppare, tuffare (*pane, ecc.*).

dunking ['dʌŋkiŋ], *n.* (*pallacanestro*) schiacciata.

dunlin ['dʌnlin], *n.* (*pl.* **dunlins, dunlin**) (*zool., Erolia alpina*) piovanello pancianera.

dunnage ['dʌnidʒ], *n.* **1** (*naut.*) pagliolo **2** bagaglio; effetti personali.

dunnock ['dʌnək], *n.* (*zool., Prunella modularis*) passera scopaiola.

dunt [dʌnt], *n.* **1** (*scozz., dial.*) colpo; percossa **2** (*aeron.*) urto di corrente d'aria ascensionale.

duo ['dju(:)ou], *n.* (*pl.* **duos**) **1** (*mus.*) duetto **2** (*teatr.*) duo.

duodecimal [ˌdju(:)ou'desiməl], **A** *a.* (*mat.*) duodecimo; dodicesimale. **B** *n.* **1** dodicesimo (*frazione*) **2** (*pl.*) sistema duodecimale.

duodecimo [ˌdju(:)ou'desimou], *n.* (*pl.* **duodecimos**) (*tipogr.*) **1** formato dodicesimo **2** volume in dodicesimo.

duodenal [ˌdju(:)ou'di:nəl], *a.* (*anat.*) duodenale (*med.*) **d. ulcer**, ulcera duodenale.

duodenary [ˌdju(:)ou'di:nəri], *a.* (*mat.*) duodenario; duodecimale.

duodenitis [ˌdju(:)oudə'naitis], *n.* (*med.*) duodenite.

duodenum [ˌdju(:)ou'di:nəm], *n.* (*pl.* **duodena, duodenums**) (*anat.*) duodeno.

duologue ['djuələg], *n.* dialogo (*specialm. di dramma*); scena a due.

duopoly [dju'ɔpəli], *n.* (*econ.*) duopolio.

duotone ['dju(:)outoun], *n.* (*arti grafiche*) bicromia; stampa a due colori.

dupability [ˌdju:pə'biliti], *n.* credulità; dabbenaggine.

dupable ['dju:pəbl], *a.* facile a gabbarsi; credulone; baggiano.

dupe [dju:p], *n.* babbeo; gonzo; credulone.

to dupe [dju:p], *v. t.* gabbare; imbrogliare; ingannare; fregare (*pop.*).

duper ['dju:pə*], *n.* gabbatore, gabbatrice; imbroglione, imbrogliona.

dupery ['dju:pəri], *n.* imbroglio; inganno; truffa; fregatura (*pop.*).

duple ['dju:pl], *a.* doppio; duplice: (*mus.*) **d. time** (*o* **d. rhythm**), tempo doppio. ● (*mat.*) **d. ratio**, rapporto di 2 a 1.

duplex ['dju:pleks], *a.* **1** duplice; doppio **2** (*tecn.*) duplex **3** (*USA*: *di appartamento di lusso*) su due piani. ● (*radio*) **d. diode**, bidiodo □ (*edil.*) **d. house**, casa per due famiglie; villetta bifamiliare □ **d. lamp**, lampada a due becchi □ (*metall.*) **d. process**, processo duplex.

duplicate ['dju:plikit], **A** *a.* **1** duplice; doppio **2** esattamente uguale (*a un altro*); gemello: **a d. key**, una chiave gemella. **B** *n.* **1** duplicato; seconda copia **2** copia conforme; doppione **3** (*elab.*) **d. key**, chiave di duplicazione □ (*mat.*) **d. proportion** (*o* **d. ratio**), rapporto di uno a due □ **documents made in d.**, documenti redatti in duplice copia.

to duplicate ['dju:plikeit], *v. t.* **1** duplicare; fare una seconda copia di (*q.c.*); raddoppiare **2** ciclostilare (*lettere, ecc.*) **3** far accadere di nuovo; replicare; ripetere: **She duplicated her former success**, ella ripeté il suo precedente successo. ● **duplicating machine**, duplicatore; ciclostile.

duplication [ˌdju:pli'keiʃən], *n.* **1** duplicazione; raddoppio **2** duplicato; copia.

duplicator ['dju:plikeitə*], *n.* duplicatore; ciclostile.

duplicity [dju(:)'plisiti], *n.* duplicità; doppiezza; finzione.
durability [,djuərə'biliti], *n.* durabilità; durevolezza.
durable ['djuərəbl], **A** *a.* durevole; durabile; duraturo: (*econ.*) **d. goods**, beni durevoli. **B** *n. pl.* beni durevoli.
durableness ['djuərəblinis], *V.* **durability**.
duralumin [djuə'ræljumin], *n.* (*marchio: metall.*) duralluminio.
dura mater ['djuərə'meitə*] (*lat.*), *n.* (*anat.*) duramadre.
duramen [djuə'reimen], *n.* (*bot.*) durame.
durance ['djuərəns], *n.* (*leg.*) carcerazione; prigionia: **in d. vile**, in dura prigionia.
duration [djuə'reiʃən], *n.* durata. ● **d. control**, controllo di durata □ **for the d.**, per la durata della guerra (*clausola di contratto*) (*comm., stor.*); (*fam.*) fin che dura.
duress [djuə'res], *n.* **1** prigionia **2** coercizione; costrizione: **to sign a confession under d.**, firmare una confessione estorta con minacce *o* atti di violenza **3** (*leg.*) violenza; coazione. ● (*leg.*) **d. of imprisonment**, sequestro di persona; arresto illegittimo.
Durex ['diuəreks], *n.* (*marchio*) preservativo; profilattico.
durian ['du(:)riən], *n.* (*bot., Durio zibethinus*) durio; durione.
during ['djuəriŋ], *prep.* durante; nel corso di: **d. the day**, durante il giorno; **d. one's lifetime**, vita natural durante.
durion ['du(:)riən], *V.* **durian**.
durmast ['də:ma:st], *n.* (*bot., Quercus sessiliflora*) rovere.
to durn [də:n], *V.* **to darn**.
durra ['durə], *n.* (*bot., Sorghum vulgare*) sorgo.
durst [də:st], *voce verb.* (*arc.*) *pass. di* **to dare**.
dusk [dʌsk], *n.* **1** crepuscolo: **at d.**, al crepuscolo **2** semioscurità; luce del crepuscolo: **in the d.**, nella luce del crepuscolo.
to dusk [dʌsk], **A** *v. i.* (*poet.*) imbrunire; oscurarsi. **B** *v. t.* oscurare; offuscare.
duskiness ['dʌskinis], *n.* **1** oscurità; tetraggine **2** carnagione (*o* pelle) scura.
dusky ['dʌski], *a.* **1** fosco; oscuro; scuro; tetro: **a d. twilight**, un fosco crepuscolo **2** malinconico; triste **3** bruno; di pelle scura **4** (*spreg.: di persona*) di colore.
dust [dʌst], *n.* **1** polvere; polverio; polverone: **There is a great d. in the streets**, per le strade c'è un gran polverone **2** pattume; rifiuti; spazzatura: **d.-hole**, buca per la spazzatura **3** (*anche* **yellow d.**) polline **4** (*poet., lett.*) ceneri; spoglie mortali **5** (*fig., fam.*) confusione; strepito; tumulto: **I'll come back when the d. has settled**, tornerò quando sarà finita la confusione; **to make** (*o* **to raise**) **a d.**, sollevare polvere (*o* un polverone); (*fig.*) fare fuoco e fiamme, fare un (gran) polverone **6** (*fis.*) polvere; pulviscolo **7** polvere d'oro; (*pop.*) soldi; quattrini; grana (*pop.*). ● (*USA*) **D. Bowl**, regione (*nei Great Plains*) di terreni divenuti desertici durante gli anni Trenta (*per siccità, diboscamento, azione del vento*) □ **d. cloak** (*o* **d. coat**), indumento indossato per ripararsi dalla polvere; spolverino □ **d. cloth** (*o* **d. wrap**), copertina, foderina (*su un mobile, ecc.*) □ **d. colour**, color polvere □ **d. cover**, copertina, foderina; sopraccoperta (*di libro*) □ **d. guard**, parapolvere (*di bicicletta, ecc.*) □ **d. jacket**, sopraccoperta (*di libro*) □ **d.-pan**, paletta per la spazzatura □ (*elettr., autom.*) **d.-protection cover**, coperchio parapolvere □ **d.-sheet**, copertura contro la polvere □ **d. shot**, pallini da caccia minutissimi □ **d. storm**, tempesta di polvere □ **d. whirl**, turbine di polvere □ **d. wrapper**, sopraccoperta (*di libro*) □ (*fig.*) **to bite the d.**, mordere la polvere; essere completamente sconfitto □ (*mecc.*) **file-d.**, limatura □ (*fig.*) **to be in the d.**, essere umiliato (*o* vinto); esser tornato polvere, essere morto □ **in the d. and heat of the struggle**, nel pieno della lotta □ (*fam.*) **to kick up a d. about st.**, fare fuoco e fiamme, fare un gran casino (*pop.*) per q.c. □ **to lay the d.**, smorzare la polvere □ (*fig.*) **to be left far in the d.**, mangiare la polvere (*fig.*); essere assai distanziato (*o* superato di gran lunga); (*sport*) essere surclassato □ (*fig.*) **to lick the d.**, mordere la polvere, morire ammazzato; umiliarsi □ (*fig.*) **to make the d. fly**, darsi da fare, essere attivo; muoversi con grande rapidità □ (*fig.*) **to raise a d. about st.**, *V.* **to kick up a d. about st.** □ (*fig.*) **to shake the d. off one's feet**, andarsene adirato (*o* indignato, sdegnato) □ **to throw d. in sb.'s eyes**, gettare la polvere negli occhi a q.; ingannare q.
to dust [dʌst], **A** *v. t.* **1** (*spesso* **to d. off**) spolverare (*mobili, ecc.*) **2** spolverizzare; cospargere: **to d. a cake with sugar**, cospargere di zucchero un dolce. **B** *v. i.* **1** spolverare; levare la polvere **2** (*d'uccelli*) fare un bagno di polvere. ● (*fig.*) **to d. the eyes of sb.**, gettar la polvere negli occhi a q.; ingannare q. □ (*fig.*) **to d. sb.'s jacket**, spolverare le spalle a q.; bastonare q. □ **to d. off**, rispolverare (*fig.*); (*pop.*) ammazzare.
dustbin ['dʌstbin], *n.* (*ingl.*) pattumiera; bidone dell'immondizia (*o* della spazzatura) (*cfr. USA* **ash can**, **garbage can**, **trash can**).
dustcart ['dʌst-ka:t], *n.* (*ingl.*) camion della nettezza urbana; autoimmondizie (*cfr. USA* **garbage truck**).
duster ['dʌstə*], *n.* **1** chi spolvera, ecc. (*V.* **to dust**) **2** (*anche* **dustcloth**) straccio per la polvere **3** vassetto per spolverizzare (*zucchero, ecc.*); spolverino **4** indumento per ripararsi dalla polvere; spolverino **5** (*agric., mecc.*) polverizzatore **6** (*gergo naut.*) bandiera. ● **feather d.**, piumino.
dustiness ['dʌstinis], *n.* l'essere polveroso.
dusting ['dʌstiŋ], *n.* **1** spolverata **2** (*fam.*) bastonatura; botte.
dustless ['dʌstlis], *a.* **1** senza polvere: **a d. room**, una stanza senza polvere **2** che non fa polvere: **d. chalk**, gesso (*da lavagna, ecc.*) che non fa polvere.
dustman ['dʌstmən], *n.* (*pl.* **dustmen**) (*ingl.*) spazzino; netturbino (*cfr. USA* **garbage collector**).
dustoff ['dʌstɔf], *n.* (*aeron., mil.*) elicottero per l'evacuazione di feriti (*o* di truppe).
dustpan ['dʌstpæn], *n.* paletta per la spazzatura.
dustup ['dʌst-ʌp], *n.* (*pop.*) lite; rissa; zuffa.
dusty ['dʌsti], *a.* **1** polveroso; coperto di polvere **2** in polvere; fine **3** incerto; indeciso; vago: **a d. answer**, una risposta vaga (*o* incerta). ● (*nella pesca*) **d. miller**, mosca artificiale □ (*fam.*) **not so d.**, discreto; abbastanza buono; mica male (*fam.*); benino.
Dutch [dʌtʃ], **A** *a.* **1** olandese: **the D.**, gli olandesi **2** (*pittura*) fiammingo **3** (*pop. USA*) tedesco. **B** *n.* **1** (*lingua*) olandese **2** (*pop. USA*) tedesco. ● (*comm.*) **D. auction**, asta olandese (*o* al ribasso) □ **D. cap**, diaframma; pessario □ **D. cheese**, formaggio olandese; ricotta □ **D. courage**, coraggio fittizio, prodotto da stimolanti (*liquori, ecc.*) □ (*metall.*) **D. metal**, tombacco □ **D. oven**, forno portatile; pentola a pressione □ **D. treat**, pasto (*al ristorante, ecc.*) in cui ogni invitato paga la sua parte di spese □ (*pop.*) **to beat the D.**, sorprendere; superare ogni aspettativa: **That beats the D.!**, questa è una cosa straordinaria! □ **double D.**, linguaggio incomprensibile; turco, arabo (*fig.*) □ (*fam.*) **to go D.**, fare alla romana; dividere le spese; pagare ciascuno per sé □ (*stor., filol.*) **High** (**Low**) **D.**, alto (basso) tedesco □ (*pop.*) **to be in D.**, essere in difficoltà (*o* in disgrazia) □ **to talk to sb. like a D. uncle**, fare una paternale a q.
dutch [dʌtʃ], *n.* (*abbr. pop. di* **duchess**) **1** moglie di fruttivendolo **2** (*scherz., a Londra*) — **one's d.**, la moglie.
Dutchman ['dʌtʃmən], *n.* (*pl.* **Dutchmen**) **1** olandese **2** (*naut.*) nave olandese **3** (*gergo naut.*) nave tedesca. ● **the Flying Dutchman**, il vascello fantasma; l'Olandese volante □ **I'm a D. if...**, non sono più io se...
Dutchwoman ['dʌtʃ,wumən], *n.* (*pl.* **Dutchwomen**) olandese (*donna*).
duteous ['dju:tjəs], *a.* obbediente; ligio al dovere; sottomesso.
duteousness ['dju:tjəsnis], *n.* obbedienza; sottomissione.
dutiable ['dju:tjəbl], *a.* (*comm.*) soggetto a dazio (*o* a dogana); daziabile; tassabile.
dutiful ['dju:tiful], *a.* **1** deferente **2** obbediente; ligio al dovere.
dutifulness ['dju:tifulnis], *n.* **1** deferenza **2** obbedienza.
duty ['dju:ti], *n.* **1** dovere (*anche leg.*); obbligo morale; doveri, ossequi: **to do one's d.**, fare il proprio dovere; **when d. calls...**, quando il dovere ci chiama...; **Please present my d. to your father**, i miei ossequi al babbo!; **d. call**, visita di dovere **2** deferenza; rispetto; obbedienza **3** compito; funzione; lavoro; mansione; servizio: **the duties of a librarian**, i compiti di un bibliotecario; **These will be your new duties**, queste saranno le tue nuove mansioni; **a heavy-d. tractor**, un trattore per lavori pesanti **4** (*econ., comm.*) dazio; imposta; tassa; diritto: **customs d.**, dazio doganale; **excise d.**, imposta di consumo; dazio; **import and export duties**, dazi d'importazione e d'esportazione; **death** (*o* **succession**) **d.**, imposta di successione; **stamp d.**, tassa di bollo **5** (*mecc.*) rendimento di lavoro (*d'una macchina*). ● (*di merce*) **d.-free**, esente da dazio; franco di dazio □ **d.-free entry**, importazione in franchigia doganale □ **d.-free shop**, negozio esente da dazio □ **d.-paid**, sdaziato; sdoganato □ (*comm.*) **d. unpaid**, dazio escluso (*da pagare*) □ **to do d. as** (*o* **for**), servire da, fare da: **To the soap-box orators of Hyde Park Corner, a box does d. as a stand**, per gli oratori improvvisati di Hyde Park Corner, una cassa serve da tribuna □ **to come** (*o* **to go**) **off d.**, cessare (*o* smontare) dal servizio □ **to come** (*o* **to go**) **on d.**, entrare (*o* montare) in servizio □ **to be off d.**, essere fuori servizio □ **to be on d.**, essere in servizio □ (*relig.*) **to take sb.'s d. for sb.**, sostituire q. nel dir messa.
duumvir [dju(:)'ʌmvə*], *n.* (*pl.* **duumvirs, duumviri**) (*stor.*) duumviro.
duumvirate [dju(:)'ʌmvirit], *n.* (*stor.*) duumvirato.
duvet ['du:vei] (*franc.*), *n.* **1** (*bot.*) peluria **2** (*coperta*) imbottita.
duvetyn ['dju:vətin], **duvetyne** ['dju:vətain], *n.* (*ind. tessile*) duvetina.
dwale [dweil], *n.* (*bot., Atropa belladonna*) belladonna.
dwarf [dwɔ:f], **A** *n.* (*pl.* **dwarfs, dwarves**) **1** nano, nana; gnomo **2** (*bot., zool.*) animale (*o* vegetale) nano **3** (*astron.*) nana. **B** *a.* nano: **a d. tree**, un albero nano. ● (*bot.*) **d. disease**, nanismo; rachitismo □ (*astron.*) **d. star**, stella nana.
to dwarf [dwɔ:f], *v. t.* **1** impedire la crescita (*o* lo sviluppo) di (*una pianta, ecc.*) **2** rimpicciolire **3** far apparire piccolo

dwarfish

(*o basso*): **King Kong dwarfed the tallest skyscrapers of New York**, King Kong faceva sembrare bassi i più alti grattacieli di New York.
dwarfish ['dwɔːfiʃ], *a*. **1** di (*o* da) nano **2** piccolissimo; minuscolo.
dwarfishness ['dwɔːfiʃnis], *n*. nanismo; piccolezza estrema.
dwarfism ['dwɔːfizəm], *n*. (*med*.) nanismo.
dwarves [dwɔːvz], *pl*. di **dwarf**.
to dwell [dwel] (*pass.* e *p. p.* **dwelt, dwelled**), *v. i.* **1** (*lett.*) dimorare; abitare; risiedere (*anche leg*.); soggiornare; stare: **to d. in the country**, abitare in campagna; **to d. at home**, stare a casa propria **2** (*d'un cavallo*) essere lento; indugiare, arrestarsi (*prima di saltare un ostacolo*). ● **to d. on** (*o* **upon**) **st.**, indugiare, soffermarsi su q.c.; trattare ampiamente q.c.; diffondersi su q.c. (*un argomento, ecc*.) □ **to d. upon a note** (**a syllable**), prolungare una nota (fermare la voce su una sillaba).
dwell [dwel], *n*. (*mecc.*) pausa, sosta (*nel movimento di una macchina*.)
dweller ['dwelə*], *n*. abitante; abitatore, abitatrice: **a city** (*o* **a town**) **d.**, un abitante della città; un cittadino; **cave dwellers**, abitatori delle caverne; cavernicoli.
dwelling ['dwelin], *n*. **1** il dimorare; l'indugiare; il soffermarsi (su q.c.) *V*. **to dwell 2** abitazione; dimora; casa. ● (*edil.*, *leg*.) **d. house**, casa d'abitazione □ **d. place**, luogo di residenza.
dwelt [dwelt], *pass.* e *p. p.* di **to dwell**.
to dwindle ['dwindl], *v. i.* **1** diminuire; decrescere; rimpicciolire; ritrarsi; scemare **2** (*fig.*) declinare; perdere importanza.
dyad ['daiæd], **A** *n*. **1** (*mat*.) coppia; paio **2** (*chim*.) elemento (*o* atomo, radicale) bivalente **3** (*filos., biol., mus*.) diade. **B** *a*. **1** (*filos., biol*.) diadico **2** (*chim*.) bivalente.
dyadic [dai'ædik], *a*. **1** (*mat*.) diadico; binario **2** (*chim*.) bivalente **3** (*filos., biol*.) diadico.
dye [dai], *n*. **1** tinta; colore **2** materia colorante; colorante. ● **dye-house**, tintoria (*il locale, lo stabilimento*) □ **dye-stuff**, sostanza colorante □ (*arti grafiche*) **dye toning**, viraggio □ **dye-wood**, legno tintorio □ (*fig.*) **a crime of the blackest dye**, un crimine dei più neri; un delitto orrendo □ (*fig.*) **a scoundrel of the deepest dye**, un furfante della peggiore specie.
to dye [dai] (*pass.* e *p. p.* **dyed**, *part. pres.* **dyeing**), **A** *v. t.* **1** tingere: **to dye a dress red**, tingere di rosso un vestito; **to d. one's hair**, tingersi i capelli **2** colorare; arrossare: **A warm flush dyed my cheeks**, una vampata di calore mi arrossò le guance. **B** *v. i*. (*di stoffa*) tingersi; colorarsi; prendere il colore: **This cloth dyes well**, questa stoffa prende bene il colore. ● **to dye in the wool** (**in the yarn**), tingere la lana (il filato; *prima della filatura*): **dyed-in-the-wool**, (*di tessuto*) tinto (*prima della filatura*) (*fig.*) connaturato, radicato, inveterato (*di sportivo e sim*.) appassionato, fanatico; (*di politico*) dalla testa ai piedi, tutto d'un pezzo; (*di uno scapolo*) impenitente □ **dyed in the grain**, (*di tessuto*) tinto allo stato grezzo; (*fig.*) radicato, inveterato.
dyeing ['daiiŋ], *n*. tintura; tintoria (*arte del tingere*).
dyer ['daiə*], *n*. tintore. ● (*bot.*) **d.'s broom** (*Genista tinctoria*), ginestrella; baccellina.
dyeworks ['daiwəːks], *n*. (*invar. al pl*.) tintoria: **Jane works at a d.**, Giovanna lavora in (una) tintoria.
dying ['daiiŋ], **A** *a*. **1** morente; moribondo: **a d. man**, un moribondo **2** estremo; ultimo: **His d. words were for you**, le sue ultime parole furono per te. **B** *n*. morte; agonia. ● **d. bed**, letto di morte □ **d. oath**, giuramento in punto di morte □ **a d. social order**, un ordine sociale in pieno disfacimento □ **a d. tradition**, una tradizione che si va estinguendo □ **d. wish**, ultimo desiderio

(*di un morente o morituro*) □ **to one's d. day**, fino alla morte.
dyke (1) [daik], *V*. **dike**.
dyke (2) [daik], *n*. (*pop.*) lesbica.
dykey ['daiki], *a*. (*pop.*) di (*o* da) lesbica.
dynamic (1) [dai'næmik], *n*. energia; forza motrice (*della storia, ecc*.)
dynamic (2) [dai'næmik], *a*. **1** (*fis.* e *fig.*) dinamico: **a d. man**, un uomo dinamico; (*mecc.*) **d. balance**, equilibrio dinamico **2** in atto; non potenziale **3** (*med.*) funzionale.
dynamics [dai'næmiks], *n. pl*. (*col verbo al sing.*) dinamica.
dynamism ['dainəmizəm], *n*. (*filos.*) dinamismo (*anche fig.*).
dynamist ['dainəmist], *n*. (*filos.*) dinamista.
dynamistic [ˌdainə'mistik], *a*. (*filos.*) dinamistico.
dynamitard ['dainəmitaːd], *n*. dinamitardo.
dynamite ['dainəmait], *n*. dinamite.
to dynamite ['dainəmait], *v. t*. far saltare con la dinamite.
dynamiter ['dainəmaitə*], *V*. **dynamitard**.
dynamitic [ˌdainə'mitik], *a*. dinamitico; dinamitardo; che fa uso della dinamite.
dynamo ['dainəmou], *n*. (*pl*. **dynamos**) **1** (*elettr.*) dinamo **2** (*fam*.) tipo dinamico.
dynamoelectric [ˌdainəmoui'lektrik], *a*. dinamoelettrico.
dynamometer [ˌdainə'məmitə*], *n*. (*mecc., med.*) dinamometro.
dynamometric(al) [ˌdainəmou'metrik(əl)], *a*. (*fis.*) dinamometrico.
dynamometry [ˌdainə'məmitri], *n*. (*mecc., med.*) dinamometria.
dynast ['dinəst], *n*. dinasta; sovrano.
dynastic(al) [di'næstik(əl)], *a*. dinastico.
dynasty ['dinəsti], *n*. dinastia: **the Stuart d.**, la dinastia degli Stuart.
dyne [dain], *n*. (*fis.*) dina.
d'you [dju, dʒə], *contraz. fam*. di **do you**.
dysenteric [ˌdisn'terik], *a*. (*med.*) dissenterico.
dysentery ['disntri], *n*. (*med.*) dissenteria.
dysfunction [disˈfʌŋkʃən], *n*. (*med.*) disfunzione (*anche fig.*).
to dysfunction [disˈfʌŋkʃən], *v. i*. cessare di funzionare; non funzionare; funzionare male.
dysfunctioning [disˈfʌŋkʃəniŋ], *n*. disfunzionamento.
dysgenic [disˈdʒenik], *a*. (*scient.*) disgenico.
dyskinesia [ˌdiskaiˈniːzjə], *n*. (*med.*) discinesia.
dyslalia [disˈleiliə], *n*. (*med.*) dislalia.
dyslexia [disˈleksiə], *n*. (*med.*) dislessia.
dyslexic [disˈleksik], *a*. (*med.*) dislessico.
dysmenorrh(o)ea [ˌdisменəˈriːə], *n*. (*med.*) dismenorrea.
dysmenorrh(o)eic [ˌdisменəˈriːik], *a*. (*med.*) dismenorroico.
dyspepsia [disˈpepsiə], (*fam*.) **dyspepsy** [disˈpepsi], *n*. (*med.*) dispepsia.
dyspeptic [disˈpeptik], *a. e n*. (*med.*) dispeptico.
dysphonia [disˈfouniə], *n*. (*med.*) disfonia.
dysphonic [disˈfɔnik], *a*. (*med.*) disfonico.
dyspn(o)ea [disˈpniː(ə)], *n*. (*med.*) dispnea.
dyspn(o)eic [disˈpniːik], *a*. (*med.*) dispnoico.
dysprosium [disˈprousiəm], *n*. (*chim*.) disprosio.
dyssocial [diˈsouʃəl], *a*. (*psic.*) dissociale.
dysthymia [disˈθaimiə], *n*. (*psic.*) distimia.
dystonia [disˈtouniə], *n*. (*med.*) distonia.
dystonic [disˈtɔnik], *a*. (*med.*) distonico.
dystrophia [disˈtroufjə], *V*. **dystrophy**.
dystrophic [disˈtroufik], *a*. (*med.*) distrofico.
dystrophy [ˈdistrəfi], *n*. (*med.*) distrofia.
dysuria [ˌdisjuˈriːə], **dysury** [ˈdisjuri], *n*. (*med.*) disuria.

e, E

E, e [i:], *n.* (*pl.* **E's, e's; Es, es**) **1** E, e (*quinta lettera dell'alfabeto ingl.*) **2** (*mus.*) mi (*nota e scala corrispondente*) **3** (*comm.. naut.*) nave di seconda categoria (*secondo il registro del Lloyd di Londra*) **4** (*nelle scuole*) voto d'insufficienza **5** (*e-lettr.: abbr. di* **earth**) terra. ● (*tel.*) **e for Edward** (*USA*: **e for Easy**), e come Empoli.
each [i:tʃ], **A** *a.* e *pron.* ciascuno; ogni; ognuno: **E. of us has a book** (*o* **we have a book e.**), ciascuno di noi ha un libro; **E. boy has his toothbrush**, ogni ragazzo ha il suo spazzolino da denti. **B** *avv.* a testa; l'uno: **They cost a pound e.**, costano una sterlina l'uno. ● **e. man**, ognuno: **E. man may try twice**, ognuno può provare due volte ○ **e. other**, l'un l'altro: **They hate e. other**, si odiano (l'un l'altro); **They work for e. other**, lavorano l'uno per l'altro □ (*ippica*) **e.-way bet**, accoppiata invertibile (*o reversibile*) □ **in e.**, ogni; **one year in e. seven**, un anno ogni sette anni (*o* su sette).
eager ['i:gə*], *a.* **1** ansioso; bramoso; desideroso; impaziente; zelante: **to be e. to begin**, essere ansioso (*o* impaziente) di cominciare; **to be e. for knowledge**, essere desideroso d'apprendere **2** (*di sentimento, ecc.*) ardente; vivo. ● (*fam.*) **e. beaver**, secchione (*studente*); chi fa tutto con zelo esagerato.
eagerness ['i:gənis], *n.* **1** ansia; brama; desiderio; impazienza; zelo **2** ardore; vivacità.
eagle ['i:gl], *n.* **1** (*zool., Aquila*) aquila **2** (*USA*) antica moneta d'oro da dieci dollari: **double e.**, moneta da venti dollari. ● **e.-eyed**, dall'occhio d'aquila □ (*zool.*) **e. owl** (*Bubo bubo*), gufo reale.
eaglet ['i:glit], *n.* aquilotto.
eagre ['eigə*], *n.* ondata di marea (*nell'estuario di un fiume*).
ear (1) [iə*], *n.* **1** orecchio, orecchia: (*anat.*) **the outer ear**, l'orecchio esterno; **to have an ear for music**, avere orecchio per la musica; **to have a poor ear for music**, avere poco orecchio per la musica **2** (*d'una brocca, ecc.*) ansa; manico. ● **ear-ache**, mal d'orecchi □ **ear-catcher**, cosa che colpisce l'orecchio; canzone (musica, ecc.) orecchiabile □ **ear-clip**, orecchino a clip □ **ear-drop**, orecchino a goccia (*o* pendente); (*pl.*) gocce per instillazione auricolare □ (*anat.*) **ear-drum**, timpano □ (*anat.*) **ear lobe**, lobo dell'orecchio □ **ear-piercing**, *V.* **ear-splitting** □ **ear-plug**, tappo auricolare □ **ear-splitting**, penetrante; che assorda, che rintrona (gli orecchi); che spacca gli orecchi (*fam.*) □ (*med.*) **ear-trumpet**, cornetto acustico □ **ear-wax**, cerume □ (*leg.*) **ear-witness**, testimone auricolare □ **to be all ears**, essere tutt'orecchi □ **to be by the ears with sb.**, litigare (*o* essere alle prese) ccn q. □ **to cock one's ears**, drizzare gli orecchi □ **to come to** (*o* **to reach**) **sb.'s ears**, giungere all'orecchio di q. □ **to fall on deaf ears**, parlare a vuoto (senza ottenere ascolto) □ **to give ear** (*o* **to lend an ear**) **to sb.**, prestare orecchio a q. □ **to have** (*o* **to keep**) **an ear to the ground**, appoggiare un orecchio al suolo; (*fig.*) stare all'erta (*o* sul chi vive) □ **to have** (*o* **to win**) **sb.'s ear**, trovare ascolto (*o* essere influente) presso q.: **He has the manager's ear**, è influente presso il direttore (*o* il direttore lo ascolta) □ **to be in debt (trouble, etc.) up to the ears**, essere indebitato (nei guai, ecc.) fino al collo □ (*pop.*) **to be out on one's ear**, essere stato licenziato (*o* scalzato, ecc.) □ **to be over head and ears in debt (in love)**, essere indebitato fino al collo (innamorato cotto) □ **to play by ear**, suonare a orecchio □ **to prick up one's ears**, drizzare gli orecchi; tendere l'orecchio □ **to send sb. away with a flea in his ear**, mettere una pulce nell'orecchio a q. □ **to set by the ears**, seminare zizzania: **He sets the whole family by the ears**, semina zizzania fra tutti i familiari □ **to strain one's ears**, tendere l'orecchio; stare con gli orecchi all'erta □ **to turn a deaf ear**, non dare ascolto; fare orecchie da mercante □ **to be up to one's ears in work**, avere lavoro fin sopra i capelli □ (*fig.*) **to be wet behind the ears**, essere un novellino □ **A word in your ear!**, voglio dirti due parole a quattr'occhi! □ **I would give my ears...**, darei gli occhi (*o* la vita)... (per q. o q.c.) □ **It goes in at one ear and out at the other**, entra da un orecchio ed esce dall'altro; non lascia impressione alcuna; viene dimenticato subito □ **Were your ears burning last night?**, ti sentivi fischiare le orecchie iersera? (stavamo parlando di te).
ear (2) [iə*], *n.* (*bot.*) spiga; pannocchia: (*USA*) **an ear of corn**, una pannocchia di granturco.
to ear [iə*], *v. i.* (*di cereale*) spigare; fare la spiga.
eared [iəd], *a.* **1** (*zool.*) fornito d'orecchie **2** (*nei composti*) dalle orecchie **3** (*bot.*) auricolato. ● (*zool.*) **e. seal** (*Otaria*), otaria □ (*USA*) **full-e. corn**, granturco che ha le pannocchie piene □ **long--e.**, dalle orecchie lunghe □ **pink-e.**, dalle orecchie rosa □ **sharp--e.**, che ci sente bene.
earflaps ['iəflæps], *n. pl.* paraorecchi (*di berretto*).
earful ['iəful], *n.* (*fam.*) tirata d'orecchi; sgridata.
earing ['iəriŋ], *n.* (*naut.*) matafione.
earl [ə:l], *n.* conte. ● **E. Marshal**, conte preposto al Collegio d'araldica.
earldom ['ə:ldəm], *n.* contea (*titolo e territorio*). ● **to confer an e. on sb.**, creare q. conte.
earless ['iəlis], *a.* **1** senza orecchi **2** che non ha orecchio; stonato.
earliness ['ə:linis], *n.* **1** l'esser mattiniero **2** l'essere all'inizio **3** prossimità, vicinanza (*nel tempo*) **4** primitività; antichità **5** precocità.
early ['ə:li], **A** *a.* **1** mattiniero; mattutino; di buon mattino: **an e. visit**, una visita mattutina; **to have an e. breakfast**, far colazione di buon mattino **2** primo; appena iniziato: **e. morning**, primo mattino; **the e. spring**, la primavera appena iniziata; il principio della primavera **3** prossimo; vicino (*nel tempo*): **to fix an e. date**, fissare una data prossima **4** primitivo; antico; remoto: **the E. Church**, la Chiesa cristiana primitiva; **e. ages**, età remote **5** precoce; primaticcio: **e. cherries**, ciliegie primaticce **6** anticipato; prematuro: **to force the country into an e. general election**, imporre al paese elezioni politiche anticipate; **an e. death**, una morte prematura. **B** *avv.* presto; di buon'ora; di buon mattino; per tempo: **to get up e.**, alzarsi di buon'ora; **to go to bed e.**, andare a letto presto; **He died e. in life**, morì presto (*o* in età immatura). ● **to be e.**, essere in anticipo; arrivare presto □ (*archit.*) **E. Christian**, paleocristiano □ **e.-closing day**, giorno di chiusura pomeridiana (*dei negozi*) □ **e. fruit**, primizia □ **e.-morning coffee** (*o* **tea**), caffè (*o* tè) servito in camera di primo mattino □ **e. retirement**, pensionamento anticipato; prepensionamento □ **to be an e. riser** (*fam.* **an e. bird**), essere mattiniero; levarsi di buon mattino □ (*mil.*) **e.-warning system**, sistema di preallarme □ **at an e. hour**, di buon'ora □ (*comm.*) **at your earliest convenience**, con cortese sollecitudine; non appena possibile □ **e. next week**, ai primi (giorni) della settimana entrante □ **earlier on**, in tempi precedenti (*o* più remoti) □ **to keep e. hours**, andare a letto presto e alzarsi di buon'ora □ (*prov.*) **The e. bird gets** (*o* **catches**) **the worm**, chi dorme non piglia pesci; chi tardi arriva male alloggia.
earmark ['iəmɑ:k], *n.* **1** marchio (*sull'orecchio d'un animale, in segno di proprietà*) **2** (*fig.*) contrassegno; caratteristica.
to earmark ['iəmɑ:k], *v. t.* **1** marchiare, marcare (*bestiame*) **2** contrassegnare; distinguere **3** (*fig.*) mettere da parte (*per uno scopo particolare*); destinare; accantonare; stanziare: **to e. supplies for the army**, mettere da parte provviste per l'esercito; **to e. part of the national income for scientific research**, destinare parte del reddito nazionale alla ricerca scientifica.
earmuffs ['iəmʌfs], *n. pl.* paraorecchie.
to earn [ə:n], *v. t.* **1** guadagnare; meritare: **to e. one's living** (one's daily bread), guadagnarsi la vita (il pane); **I had a well-earned reward**, ebbi una meritata ricompensa **2** procurarsi; ottenere: **to e. a great reputation**, ottenere una grande rinomanza; **to e. fame**, procurarsi la fama **3** (*fin.*) fruttare: **to e. a high interest**, fruttare un alto interesse. ● (*econ.*) **earned income**, redditi da lavoro □ **earning capacity** (*o* **power**), capacità di guadagno.
earnest (1) ['ə:nist], *a.* **1** serio; sincero; convinto; sollecito; scrupoloso; zelante; assiduo: **an e. student**, uno studente serio;

an e. **philanthropist**, un filantropo sincero, convinto **2** ardente; caloroso; pressante; importante: **an e. desire**, un ardente desiderio; **an e. request for help**, una pressante richiesta d'aiuto; **e. matters**, cose importanti. ● **in e.**, sul serio; seriamente: **I am in e. about this**, dico (o faccio) proprio sul serio su questo punto.

earnest (2) ['ə:nist], n. **1** (comm., anche **e. money**) caparra **2** garanzia; pegno **3** (fig.) presagio; prova: **an e. of what is to come**, un presagio di ciò che accadrà in seguito.

earnestness ['ə:nistnis], n. serietà; sincerità; assiduità.

earnings ['ə:niŋz], n. pl. **1** (fin.) guadagni; profitti; utili **2** salario; stipendio. ● **e.-related**, basato sul salario (o sullo stipendio).

earphone ['iəfoun], n. **1** (radio) auricolare; cuffia **2** (tel.) ricevitore; auricolare.

earpiece ['iəpi:s], n. **1** V. **earphone** **2** stanghetta (d'occhiali) **3** paraorecchie.

earplugs ['iəplʌgz], n. pl. tappi per le orecchie; tappi auricolari.

earring ['iəriŋ], n. orecchino.

earshot ['iə-ʃɔt], n. portata d'orecchio: **within e.**, a portata d'orecchio.

earth [ə:θ], n. **1** terra; globo; mondo; terraferma; terreno; terriccio; suolo: **The e. has only one satellite, the moon**, la terra ha un solo satellite, la luna; **The aeroplane fell to (the) e.**, l'aeroplano precipitò al suolo; **to fill a hole with e.**, riempire un buco di terra **2** covo, tana (di volpe, tasso, ecc.): **The fox ran** (o **went**) **to e.**, la volpe fuggì dentro la sua tana; **to stop an e.**, chiudere una tana **3** (elettr.) terra; massa: **e. circuit**, circuito di terra; **e. connection**, presa di terra **4** (chim.) terra; ossido inodoro e insaporo **5** (poet.) terra; territorio; paese; nazione. ● **e.-born**, (mitol.) nato dalla terra; (fig.) mortale, umano □ **e.-bound**, attaccato alle cose terrene, mondano; (miss.) diretto verso la terra □ **e. closet**, gabinetto senza acqua corrente □ (astron.) **e.-light** (o **e.-shine**), luce riflessa dalla terra (sulla superficie non illuminata della luna) □ (mecc.) **e.-moving machines**, macchine (per) movimento di terra □ (bot.) **e.-nut**, (Bunium bulbocastanum) castagna di terra, bulbocastano; (Tuber) tartufo; (Arachis hypogaea) arachide □ **e.-shaking**, che scuote il mondo intero □ (radio, miss.) **e. station**, stazione terrestre □ (ippica) **e. track**, pista di terra battuta □ (fig.) **e.-tremor**, terremoto (anche fig.); sismo, sisma □ **e.-worm**, lombrico; verme (anche fig.) □ (fig.) **to come back** (o **down**) **to e.**, rimettere i piedi in terra; tornare alla realtà □ (di preda e fig.) **to go to e.**, rintanarsi □ (fig.) **down to e.**, pratico, realistico □ (fig.) **to move heaven and e.**, muovere mari e monti; fare ogni sforzo □ **Let's be down to e.!**, stiamo con i piedi in terra! □ **He is the greatest scientist on e.**, è il più grande scienziato del mondo □ **What on e. is that?**, che diamine è?; cosa diavolo è? □ **Why on e. didn't you come?**, perché mai non sei venuto?

to earth [ə:θ], A v. t. **1** (anche **to e. up**) coprire di terra; interrare: **to e. up the roots of a tree**, coprire di terra le radici d'un albero **2** costringere (una volpe, ecc.) dentro la tana **3** (elettr.) mettere a terra. B v. i. (di volpe, ecc.) rintanarsi.

earthday ['ə:θdei], n. (astron., miss.) giorno terrestre.

earthen ['ə:θən], a. **1** di terra: **e. floors**, pavimenti di terra **2** di terracotta: **e. jars**, vasi di terracotta **3** terreno; mondano.

earthenware ['ə:θənwɛə*], n. terraglie; terrecotte. ● **an e. vessel**, un recipiente di terracotta.

earthiness ['ə:θinis], n. **1** l'essere terroso; somiglianza al suolo (o al terreno) **2** l'essere terreno (o terrestre); mondanità; materialismo.

earthing ['ə:θiŋ], n. (elettr.) messa a terra.

earthliness ['ə:θlinis], n. l'essere terreno (o terrestre); mondanità.

earthling ['ə:θliŋ], n. (fantascienza) (creatura) terrestre.

earthly ['ə:θli], a. **1** terreno; terrestre; mondano: **e. possessions**, beni terreni; **e. pleasures**, piaceri mondani **2** (fam.) concepibile; immaginabile: **a thing of no e. use**, una cosa di nessuna immaginabile utilità. ● (arc.) **e.-minded**, mondano; materialistico □ **There is no e. reason**, non c'è una ragione a mondo □ (fam.) **not an e. chance**, nessuna probabilità.

earthman ['ə:θmən], n. (pl. **earthmen**) terrestre; abitante della terra.

earthquake ['ə:θkweik], n. **1** terremoto; sismo, sisma **2** (fig.) terremoto; sconvolgimento. ● (edil.) **e.-resistant house**, abitazione antisismica □ **submarine e.**, maremoto.

earthrise ['ə:θraiz], n. (astron., miss.) lo spuntare della terra (visto da un altro corpo celeste).

earthward(s) ['ə:θwəd(z)], avv. verso (la) terra.

earthwork ['ə:θwə:k], n. **1** lavori di sterro; sterro **2** terrapieno **3** (pl., arte) opere d'arte ecologica.

earthworker ['ə:θwə:kə*], n. (arte) artista ecologico.

earthy ['ə:θi], a. **1** terroso; di terra: **e. materials**, sostanze terrose **2** terreno; terrestre; mondano; materiale **3** (fig.) grossolano; rusticano; rustico: **e. humour**, umorismo rusticano.

earwig ['iəwig], n. (zool., Forficula auricularia) forfecchia; forbicina.

to earwig ['iəwig], v. t. (arc.) mettere una pulce nell'orecchio a (q.); mettere in sospetto.

ease [i:z], n. **1** agio; comodo; calma; riposo; quiete; serenità; tranquillità: **e. of mind**, tranquillità dello spirito; **He is at e. everywhere**, si trova a suo agio dovunque **2** facilità; disinvoltura; agevolezza; naturalezza: **to write with e.**, scrivere con grande facilità; **e. of manner**, naturalezza del modo di fare **3** (comm.) tendenza al ribasso. ● **to be ill at e.**, trovarsi a disagio; essere inquieto □ **to lead a life of e.**, vivere nell'agiatezza □ **to take one's e.**, mettersi a proprio agio; prendersela con calma □ (mil.) (**Stand) at e.!**, riposo!

to ease [i:z], A v. t. **1** alleviare; calmare; lenire; recare sollievo a; sollevare; tranquillizzare: **to e. sb.'s anxiety**, alleviare l'ansia di q.; **to e. the pain of a wound**, lenire il dolore d'una ferita; **to e. sb.'s mind**, sollevare l'animo di q.; tranquillizzare q. **2** allentare; mollare: **to e. a cable (a rope, etc.)**, allentare un cavo (una fune, ecc.) **3** (anche **to e. off, to e. up**) alleggerire; facilitare; rendere più facile: **to e. sb.'s task**, facilitare il compito a q. **4** rallentare: **to e. (down) one's car to 30 miles an hour**, rallentare la velocità della propria automobile a 30 miglia all'ora (limite in città in G. B.) **5** mettere a posto (o spostare, sistemare) con cautela: **They eased the piano into place**, misero a posto il pianoforte con cautela **6** (scherz.) alleggerire; derubare: **The pickpocket eased him of his purse**, il tagliaborse lo alleggerì del borsellino. B v. i. **1** attenuarsi; calmarsi; placarsi **2** (di prezzi, quotazioni) calare; scendere. ● (naut.) **to e. away the sails**, mollare le vele □ (naut.) **to e. away** (o **off**) **a rope**, mollare (o filare) un cavo □ **to e. a door (a drawer)**, rendere una porta (un cassetto) meglio apribile, scorrevole □ **to e. off** (o **up**), diminuire d'intensità (di difficoltà, severità, ecc.); rilassarsi; allentare, mollare □ (fin.) **to e. taxes**, allentare la pressione fiscale.

easeful ['i:zful], a. **1** che calma; che lenisce; che dà sollievo; riposante **2** comodo; a proprio agio **3** indolente; pigro.

easel ['i:zl], n. cavalletto (da pittore, per lavagna, ecc.).

easement ['i:zmənt], n. **1** (leg.) servitù **2** (archit.) elemento di raccordo **3** (arc.) conforto; sollievo. ● (autom.) **e. curve**, curva di raccordo.

easily ['i:zili], avv. **1** agevolmente; facilmente; comodamente **2** bene; senza intoppi: **The machine ran e.**, la macchina funzionava bene **3** con disinvoltura **4** di gran lunga; senza dubbio: **He is e. the best pupil**, è di gran lunga l'alunno migliore. ● **The train may e. be late**, è facile che il treno sia in ritardo.

easiness ['i:zinis], n. **1** agevolezza; facilità; comodità: **the e. of a problem**, la facilità d'un problema; (fin.) **e. of credit**, facilità di credito **2** disinvoltura; indifferenza; tranquillità **3** arrendevolezza; calma; bonarietà **4** (fin.) ristagno; periodo di quotazioni basse (in Borsa).

east [i:st], A n. oriente; levante; est; parte orientale: **China is in the e. of Asia**, la Cina è nella parte orientale dell'Asia; **Japan is to the e. of China**, il Giappone è a est della Cina; **the Middle E.**, il Medio Oriente; **the Far E.**, l'Estremo Oriente; **the Near E.**, il Vicino Oriente (Balcani e Turchia). B a. orientale; di levante: **an e. wind**, un vento di levante; **E. Africa**, (l') Africa Orientale; **the E. Indies**, le Indie Orientali. C avv. a (o verso) oriente: **to face e.**, guardare (o volgersi) a oriente; **to go e.**, andare verso oriente. ● (USA) **the E.**, gli Stati della costa atlantica □ **the E. End**, i quartieri orientali di Londra; i quartieri operai □ **E.-Ender**, abitante dei quartieri orientali di Londra □ (fam. USA) **down E.**, (nella) Nuova Inghilterra; (in particolare) nel Maine □ (fam. ingl.) **out E.**, in Asia; in Oriente.

eastbound ['i:stbaund], a. diretto a oriente (o a est).

Easter ['i:stə*], n. Pasqua: **E. Day** (o **E. Sunday**), il giorno di Pasqua; **E. eggs**, uova di Pasqua. ● **E. holidays**, vacanze di Pasqua; feste pasquali □ **E. Monday**, lunedì dopo la Pasqua; pasquetta □ (relig.) **E.-tide**, il periodo pasquale □ **E. week**, la settimana dopo la domenica di Pasqua.

easterly ['i:stəli], A a. **1** orientale **2** (specialm. del vento) dall'est; di levante: **an e. wind**, un vento di levante **3** verso levante; verso oriente: **an e. course**, una rotta verso l'est. B avv. **1** (specialm. del vento) da levante; dall'est: **The wind blew e.**, il vento soffiava da levante **2** verso oriente: **to sail e.**, navigare verso oriente.

eastern ['i:stən], A a. **1** orientale; d'oriente: **e. countries**, paesi orientali; **the E. question**, la questione orientale; **the E. Church**, la Chiesa d'Oriente (ortodossa); **the E. Empire**, l'Impero (Romano) d'Oriente **2** orientale; che guarda a est; volto a oriente: **the e. side of a house**, il lato orientale di una casa; **an e. window**, una finestra volta a oriente. B n. **1** orientale **2** (relig.) ortodosso.

easterner ['i:stənə*], n. **1** (abitante d'un paese) orientale **2** (USA) abitante di uno degli Stati dell'est.

easternmost ['i:stən,moust], a. (d'un paese, ecc.) posto all'estremo est; (il) più orientale.

easting ['i:stiŋ], n. (naut.) distanza percorsa verso oriente.

eastward ['i:stwəd], **A** *a*. verso est; di levante: **in an e. direction**, in direzione di levante. **B** *avv*. (*anche* **eastwards**) verso est; verso levante: **to travel e.**, viaggiare verso levante.

easy ['i:zi], **A** *a*. **1** agevole; facile; comodo; agiato: **an e. problem** un problema facile; **an e. life**, una vita agiata, comoda; **to be in e. circumstances**, essere di condizione agiata; **an e. customer (problem, etc.)**, un cliente (un problema, ecc.) facile **2** calmo; sereno; tranquillo: **to feel e. about the future**, essere tranquillo riguardo al futuro **3** a proprio agio; spigliato; disinvolto: **e. manners**, maniere disinvolte; **to be free and e. in the company of others**, trovarsi a proprio agio in compagnia d'altri **4** arrendevole; compiacente; indulgente; accomodante; facile (*raro*): **an e. master**, un padrone indulgente; **a lady of e. virtue**, una donna di facili costumi **5** abbondante; comodo; ampio: **an e. coat**, una giacca comoda **6** (*comm*.: *di mercato*, ecc.) moderato, poco attivo; (*di articolo*) poco richiesto. **B** *avv*. **1** facilmente **2** piano; comodamente; con calma: **to go e.**, prendersela con calma; (*fam*.) **Go e. on the wine!**, vacci piano col vino! **C** *inter*. (*naut*.) **E. does it!**, fai (o fate) piano! ● (*naut*.) **e. ahead (astern)**, avanti (indietro) adagio con le macchine □ **e. of access**, di facile accesso; (*di persona*) alla mano, alla buona □ **an e. chair**, una poltrona □ **E. come, e. go**, tanti presi, tanti spesi; con una mano si prendono e con l'altra si spendono □ **e. dress**, abito da tutti i giorni (*non da cerimonia*) □ **e. game**, *V*. **e. mark** □ **e. gait**, andatura tranquilla □ **an e.-going horse**, un cavallo lento (*o* sciolto) nell'andatura □ **an e.-going man**, un uomo che non se la prende, che tira a campare; un bonaccione, un pacioccone; (*anche*) un indolente □ (*fam*.) **e. mark**, semplicione; tonto □ **e. meat**, facile preda; (*pop*.) donna facile, donne facili; cosa facile, agevole □ **e. money**, denaro facile a guadagnarsi □ **by e. stages**, a piccole tappe □ (*fam*.) **to take it e.**, non prendersela; prendersela comoda (o con calma) □ **E. all!**, fermi, basta! (*comando, specialm. rivolto a rematori*) □ (*mil*.) **Stand e.!**, (*state*) comodi! (*permesso di muoversi*) □ **Easier said than done**, si fa presto a dirlo!

to eat [i:t] (*pass*. **ate**, *p. p.* **eaten**), *v. t. e i*. **1** mangiare (*anche fig*.); mangiarsi; corrodere; intaccare; distruggere; divorare; rodere: **The sea has eaten (away) long stretches of the beach**, il mare ha mangiato lunghi tratti di spiaggia; **Rust eats (into) iron**, la ruggine corrode il ferro; **The flames ate the wood**, le fiamme distrussero il bosco; **He is eaten up with envy**, l'invidia lo divora (*o* lo rode) **2** consumare (*pasti*): **to eat one's meals in a restaurant**, consumare i pasti al ristorante **3** rodere; aprirsi (*la strada*) con i denti, ecc.; scavare: **Termites eat their way through the wood**, le termiti si aprono la strada nel legno rodendolo. ● (*fam*.) **to eat crow**, essere costretto ad accettare q.c. di sgradevole □ **to eat one's fill**, mangiare a sazietà □ (*fam*.) **to eat one's hat if he comes**, scommetto la testa che non viene □ (*fam*.) **to eat sb.'s head off**, mangiarsi vivo q. □ (*fam*.) **to eat one's heart out**, rodersi (*o* mangiarsi) il fegato □ **to eat humble pie**, umiliarsi; chiedere scusa; chinare il capo (*fig*.) □ **to eat in**, mangiare a casa: **We were so tired that we decided to e. in**, eravamo così stanchi che decidemmo di mangiare a casa □ **to eat out**, mangiare fuori □ **to eat out of sb.'s hand**, prendere il cibo dalle mani di q.; (*fig*.) pendere dalle labbra di q. □ (*fam*.) **to eat sb. out of house and home**, mandare q. in rovina a forza di mangiare a sue spese; mangiare le sostanze (*pop*.: la camicia) a q. □ (*fig*.) **to eat one's terms** (*o* **dinners**), studiar legge; studiare da avvocato □ **to eat up**, distruggere, consumare (*guadagni, eredità, ecc*.); divorare, finire (*un pasto*); (*fam*.) ricevere con grande entusiasmo: **to eat up one's food**, finire di mangiare; **to be eaten up with curiosity**, essere divorato dalla curiosità; **to eat up flattery**, essere desideroso di complimenti □ **to eat one's words**, ritrattare (*perché costretti a farlo*) le proprie parole; rimangiarsi ciò che si è detto □ (*scherz*.) **Well, don't eat me!**, non mi vorrai mangiar vivo! □ (*prov*.) **You can't eat your cake and have it**, non si può avere la botte piena e la moglie ubriaca.

eatable ['i:təbl], **A** *a*. mangiabile; commestibile. **B** *n*. (*pl*.) commestibili; vivande; viveri.

eaten ['i:tn], *p. p*. di **to eat**.

eater ['i:tə*], *n*. mangiatore; divoratore, divoratrice; forchetta (*fig*.): **He is a good (*o* a big) e.**, è un gran mangiatore; è una buona forchetta. ● **He is a poor e.**, mangia poco □ **opium-e.**, mangiatore d'oppio.

eating ['i:tiŋ], *n*. **1** il mangiare: **He is fond of e.**, gli piace mangiare **2** cibo: **Salmon is exquisite e.**, il salmone è un cibo squisito. ● **e. apple**, mela da mangiare cruda □ **e. hall**, refettorio □ **e. house**, trattoria □ **The prison food was very poor e.**, il cibo della prigione era quasi immangiabile.

eats [i:ts], *n. pl*. (*pop*.) roba da mangiare; cibo.

eau [ou] (*franc*.), *n*. (*pl*. **eaux**) acqua: **eau de Cologne**, acqua di colonia.

eaves [i:vz], *n. pl*. (*edil*.) gronda; grondaia.

eavesdrop ['i:vzdrɔp], *n*. acqua di grondaia; grondatura.

to eavesdrop ['i:vzdrɔp], *v. i*. origliare; ascoltare di nascosto.

eavesdropper ['i:vz,drɔpə*], *n*. chi origlia; ficcanaso.

ebb [eb], *n*. **1** riflusso: **The canoes went out on the ebb**, le canoe presero il mare al riflusso **2** (*fig*.) decadenza; declino; ribasso: **the ebb of one's hopes**, il declino delle proprie speranze; **to be at a low ebb**, essere in decadenza. ● **ebb and flow**, flusso e riflusso (*del mare*); (*fig*.) moto alterno, avanti e indietro □ **ebb tide**, riflusso della marea; bassa marea.

to ebb [eb], *v. i*. **1** (*della marea*) rifluire; abbassarsi; calare **2** (*fig*.) decadere; declinare; venir meno: **Life was ebbing away**, la vita declinava (*o* era al lumicino); **His strength was beginning to ebb**, la forza cominciava a venirgli meno (*o* ad abbandonarlo).

E-boat ['i:bout], *n*. (*contraz. di* **Enemy boat**) motosilurante nemica.

ebon ['ebən], *a*. (*poet*.) di (*o* simile a) ebano.

ebonite ['ebənait], *n*. (*ind*.) ebanite.

to ebonize ['ebənaiz], *v. t*. (*ind*.) ebanitare; dare il colore dell'ebano (a).

ebony ['ebəni], **A** *n*. **1** (*legno*) ebano **2** (*bot., Diospyros ebenum*) ebano. **B** *a*. **1** d'ebano **2** nero come l'ebano; nero e lucente.

ebriety [i(:)'braiəti], *n*. (*raro*) ebbrezza; ubriachezza.

ebrious ['i(:)briəs], *a*. (*raro*) ebbro; ubriaco.

ebullience [i'bʌljəns], **ebulliency** [i'bʌljənsi], *n*. **1** ebollizione (*anche fig*.) **2** esuberanza.

ebullient [i'bʌljənt], *a*. **1** in ebollizione; bollente **2** esuberante.

ebulliometer [ə,bʌli'ɔmitə*], *n*. (*tecn*.) ebulliometro.

ebullioscope [ə'bʌliəskoup], *n*. ebullioscopio.

ebullioscopy [ə,bʌli'ɔskəpi], *n*. (*chim*.) ebullioscopia.

ebullition [,ebə'liʃən], *n*. **1** ebollizione **2** (*fig*.) accesso (*d'ira, ecc*.); scoppio improvviso (*della guerra, ecc*.).

eccentric [ik'sentrik], **A** *a*. (*anche geom., mecc*.) eccentrico; (*fig*.) originale, stravagante. **B** *n*. (*anche mecc*.) eccentrico.

eccentrically [ik'sentrikəli], *avv*. eccentricamente.

eccentricity [,eksen'trisiti], *n*. eccentricità (*in ogni senso*).

ecchymosis [,eki'mousis], *n*. (*pl*. **ecchymoses**) ecchimosi.

ecclesia [i'kli:zjə], *n*. (*pl*. **ecclesiae**) (*stor*.) ecclesia; assemblea.

ecclesial [i'kli:zjəl], *a*. (*relig*.) ecclesiastico.

ecclesiast [i'kli:(:)ziæst], *n*. **1** (*stor*.) ecclesiaste; membro di eclesia **2** (*Bibbia*) chi arringa il popolo; Salomone.

Ecclesiastes [i,kli:zi'æsti:z], *n*. (*Bibbia*) Ecclesiaste.

ecclesiastic [i,kli:zi'æstik], *n*. ecclesiastico; sacerdote.

ecclesiastical [i,kli:(:)zi'æstikəl], *a*. ecclesiastico.

ecclesiasticism [i,kli:zi'æstisizəm], *n*. **1** rituale ecclesiastico; principi religiosi **2** attaccamento alla Chiesa; clericalismo.

ecclesiologist [i,kli:zi'ɔlədʒist], *n*. ecclesiologo.

ecclesiology [i,kli:zi'ɔlədʒi], *n*. ecclesiologia.

ecdysis ['ekdisis], *n*. (*pl*. **ecdyses**) (*zool*.) **1** ecdisi; muta: **to mutar pelle**, il cambiar guscio (*di rettili, molluschi e insetti*) **2** spoglia; esuvia.

echelon ['eʃələn], *n*. **1** (*mil*.) scaglione: **in e.**, a scaglioni **2** (*aeron*.) formazione in linea **3** (*fig*.) gradino; grado: **the higher echelons of the Civil Service**, i gradi più alti della Pubblica Amministrazione. ● **an e. of wild geese**, uno stormo d'oche selvatiche.

to echelon ['eʃələn], (*mil*.) **A** *v. t*. scaglionare; disporre (*truppe*) a scaglioni. **B** *v. i*. avanzare (*o* muoversi) a scaglioni.

echidna [e'kidnə], *n*. (*pl*. **echidnas, echidnae**) (*zool., Tachyglossus aculeatus*) echidna istrice.

echinococcosis [e,kainouko'kousis], *n*. (*pl*. **echinococcoses**) (*med*.) echinococcosi.

echinoderms [e'kainoudə(:)mz], *n*. *pl*. (*zool., Echinodermata*) echinodermi.

echinus [e'kainəs], *n*. (*pl*. **echini**) **1** (*archit*.) echino **2** (*zool., Echinus*) echino; riccio di mare.

echo ['ekou], *n*. (*pl*. **echoes**) **1** eco (*anche fig*.) **2** (*fig*.) chi fa eco a uno; pedissequo imitatore (*o* seguace) **3** (*poesia*) verso ecoico **4** (*gioco del bridge*) carta «informativa» (*calata per indicare il numero di carte possedute in un dato seme*). ● (*naut*.) **e.-detection goniometer**, ecogoniometro □ **e. ranging**, (*naut*.) e-cometria, ecogoniometria; (*zool*.) ecolocazione (*dei delfini, ecc*.) □ (*naut*.) **e. sounder**, ecometro; ecoscandaglio; ecosonda □ (*naut*.) **e. sounding**, scandaglio a ultrasuoni; sondaggio ultrasonico □ (*arc*.) **to cheer sb. to the e.**, applaudire fragorosamente q.

to echo ['ekou], **A** *v. i*. **1** echeggiare; risuonare: **His voice echoed in the hall**, la sua voce echeggiò nella sala **2** dare un'eco: **The empty room echoed**, la stanza vuota dava un'eco (*o* rimbombava). **B** *v. t*. rimandare, ripetere (*echeggiando*; *anche fig*.); fare eco a (q.): **The overhanging cliffs echoed back the noise of the battle**, le rupi sovrastanti rimandavano l'eco del rumore della battaglia; **They e. the words of their teacher**, ripetono le parole del loro insegnante. ● **to e. sb.**, farsi l'eco di q.

echogram ['ekougræm], *n*. (*naut*.) ecogramma.

echograph ['ekougræf], *n*. (*naut*.) ecografo.

echoic [eˈkouik], *a.* onomatopeico.
echoism [əˈkouizəm], *n.* onomatopea.
echolalia [ˌekouˈleiliə], *n.* (*psic.*) ecolalia.
éclair [eiˈklɛə*] (*franc.*), *n.* cannolo; pasta ripiena di crema.
eclampsia [iˈklæmpsiə], *n.* (*med.*) eclampsia.
éclat [eiˈklɑː] (*franc.*), *n.* **1** fulgore; sfavillio **2** grande successo **3** ostentazione; esibizione **4** applauso; acclamazione.
eclectic [ekˈlektik], *a.* e *n.* (*anche filos.*) eclettico.
eclectically [ekˈlektikəli], *avv.* eclecticamente.
eclecticism [ekˈlektisizəm], *n.* (*anche filos.*) eclettismo; eclecticismo.
eclipse [iˈklips], *n.* **1** (*astron.*) eclissi, eclisse: **annular e.**, eclissi anulare **2** attimo d'oscuramento (*per es., della luce d'un faro*) **3** (*fig.*) decadenza; declino; eclissi. ● **to be in e.**, (*di persone*) essere in disgrazia; (*d'uccelli*) aver perso la livrea nuziale.
to eclipse [iˈklips], *v. t.* eclissare (*anche fig.*); sorpassare; superare.
ecliptic (1) [iˈkliptik], *n.* (*astron.*) eclittica.
ecliptic(al) (2) [iˈkliptik(əl)], *a.* (*astron.*) eclittico.
eclogue [ˈeklɔg], *n.* egloga, ecloga.
ecocatastrophe [ˌiːkoukəˈtæstrəfi], *n.* catastrofe ecologica; eco-catastrofe.
ecocidal [ˈiːkousaidl], *a.* che porta alla distruzione ecologica: **e. weapons like herbicides**, armi che portano alla distruzione ecologica, quali i diserbanti.
ecocide [ˈiːkousaid], *n.* distruzione ecologica; ecocidio.
ecocrisis [ˈiːkouˌkraisis], *n.* (*pl.* **ecocrises**) crisi ecologica.
ecologic(al) [ˌiːkəˈlɔdʒik(əl)], *a.* ecologico. ● **e. art**, arte ecologica □ **e. interaction**, interazione ecologica.
ecologist [iˈkɔlədʒist], *n.* ecologo.
ecology [i(ː)ˈkɔlədʒi], *n.* ecologia.
econometric [iˌkɔnəˈmetrik], *a.* (*econ.*) econometrico.
econometrician [ˌikɔnəməˈtriʃən], *n.* (*econ.*) econometrista.
econometrics [iˌkɔnəˈmetriks], *n. pl.* (*col verbo al sing.*) (*econ.*) econometria.
economic [ˌiːkəˈnɔmik], *a.* economico; che concerne l'economia: **e. geography**, geografia economica; **the e. policy of the crisis government**, la politica economica del governo d'emergenza. ● **e. activity**, attività economica; congiuntura □ **e. cycle**, ciclo economico (*o* **e. growth**, sviluppo economico □ **e. outlook**, prospettive dell'economia; congiuntura: **The e. outlook is brightening**, c'è una schiarita della congiuntura □ **e. recovery** (*o* **revival**), ripresa economica □ **e. trend**, tendenza dell'economia; (*evoluzione della*) congiuntura.
economical [ˌiːkəˈnɔmikəl], *a.* **1** economico; che fa risparmiare: **an e. stove**, una stufa economica; **an e. method of teaching**, un metodo d'insegnamento che fa risparmiare tempo **2** economo; parsimonioso: **an e. person**, una persona economa **3** economico; che concerne l'economia (*naut., aeron.*) **e. speed**, velocità economica □ **to be e. of one's time**, fare economia (*o* buon uso) del proprio tempo.
economics [ˌiːkəˈnɔmiks], *n. pl.* **1** (*col verbo al sing.*) economia (*la scienza*); l'economica **2** aspetto economico: **the e. of the project are doubtful**, l'aspetto economico del progetto è incerto.
economism [iˈkɔnəmizəm], *n.* (*polit.*) economismo.
economist [iˈkɔnəmist], *n.* **1** economista **2** (*arc.*) economo; persona economa.
economization [iˌkɔnəmaiˈzeiʃən], *n.* economia; risparmio.
to economize [iˈkɔnəmaiz], *v. t.* e *i.* fare economia (di); risparmiare; economizzare: **to e. on oil**, economizzare il petrolio.
economizer [iˈkɔnəmaizə*], *n.* economizzatore.
economy [iˈkɔnəmi], *n.* economia (*in ogni senso*); parsimonia; sistema economico: **an expanding e.**, un'economia in espansione; **political e.**, economia politica; **domestic e.**, economia domestica; **the e. of the human body**, l'economia del corpo umano. ● (*autom.*) **e. car**, utilitaria □ (*aeron., naut.*) **e. class**, classe economica (*o* turistica) □ **e.-minded**, amante delle economie; economo.
ecosystem [ˈiːkouˌsistəm], *n.* ecosistema.
ecru [eˈkruː)], **A** *n.* color tela greggia; écru. **B** *a.* bianco sporco.
to ecstasize [ˈekstəsaiz], **A** *v. t.* estasiare; mandare in estasi; rendere estatico. **B** *v. i.* andare in estasi; estasiarsi.
ecstasy [ˈekstəsi], *n.* estasi (*anche med., fig.*); rapimento mistico; trasporto; parossismo: **in an e. of joy**, in un trasporto di gioia; **in an e. of fear**, nel parossismo del terrore. ● **to go** (*o* **to be thrown**) **into ecstasies over st.**, andare in estasi per q.c. □ **to be in ecstasies**, essere in estasi.
ecstatic [eksˈtætik], *a.* estatico; rapito; entusiasta.
ecstatically [eksˈtætikəli], *avv.* estaticamente.
ectoderm [ˈektoudə(ː)m], *n.* (*biol.*) ectoderma.
ectoplasm [ˈektouplæzəm], *n.* **1** (*biol.*) ectoplasma; ectosarco **2** (*parapsicologia*) ectoplasma.
ecu [eˈkjuː], *n.* (*acronimo di* **European Community unit**) (*fin.*) unità monetaria europea; scudo.
Ecuadorian [ˌekwəˈdɔːriən], *a.* e *n.* ecuadoriano.

ecumenic(al) [ˌiːkjuː(ː)ˈmenik(əl)], *a.* ecumenico.
ecumenicalism [ˌiːkjuˈmenikəlizəm], *n.* ecumenismo.
ecumenism [ˈekjuːmənizəm], *n.* ecumenismo.
eczema [ˈeksimə], *n.* (*med.*) eczema.
eczematous [ekˈsemətəs], *a.* (*med.*) eczematoso.
edacious [iˈdeiʃəs], *a.* (*pedantesco*) edace (*lett.*); vorace.
edacity [iˈdæsiti], *n.* (*pedantesco*) voracità.
E-day [ˈiːdei], *n.* (*contraz. di* **Entry day**) giorno dell'entrata (*della G. B.*) nel Mercato Comune.
eddy [ˈedi], *n.* gorgo; mulinello; risucchio; spira; turbine; vortice: **in an e. of dust**, in un turbine di polvere; **eddies of mist**, spire di nebbia; **the eddies of a river**, i gorghi di un fiume. ● (*elettr.*) **e. current**, corrente parassita.
to eddy [ˈedi], *v. i.* mulinare; turbinare; girare vorticosamente.
edelweiss [ˈeidlvais], *n.* (*bot.*, *Leontopodium alpinum*) stella alpina.
edema [iˈdiːmə], *n.* (*pl.* **edemata**, **edemas**) (*med.*) edema.
edematose [iˈdiː(ː)mətouz], **edematous** [iˈdemətəs], *a.* (*med.*) edematico; edematoso.
Eden [ˈiːdn], *n.* (*anche fig.*) eden; paradiso terrestre.
edenic [iˈdenik], *a.* (*anche fig.*) edenico.
edentate [iˈdenteit], (*zool.*) **A** *a.* degli sdentati (*o* dei maldentati). **B** *n.* sdentato (*o* maldentato).
edentulous [iːˈdentʃuləs], *a.* (*med.*) edentulo; privo di denti.
Edgar [ˈedgə*], *n.* Edgardo.
edge [edʒ], *n.* **1** estremità; margine; orlo; bordo; spigolo; sponda: **a hut on the e. of the wood**, una capanna al margine del bosco; **the e. of a pond**, la sponda di uno stagno; **to sit on the e. of a chair**, stare seduti sull'orlo d'una sedia; **the e. of a book**, il margine d'un libro **2** filo; taglio: **a razor's e.**, il filo d'un rasoio; **The axe has no e.**, la scure ha perso il taglio **3** (*fig.*) acredine; acrimonia **4** (*fig.*) incisività; mordente **5** (*fam.*) vantaggio: **You have the e. on me**, sei in vantaggio su di me; tieni il coltello dalla parte del manico **6** (*pl.*, *degli sci*) lamine. ● **e.-bone**, (*anat.*) osso sacro; (*macelleria*) culatta (*del bue*) □ **e. tool**, arnese da taglio □ **to blunt the e. of sb.'s anger**, placare l'ira di q. □ (*pattinaggio*) **to do the inside** (**outside**) **e.**, pattinare appoggiandosi sull'orlo interno (esterno) del pattino □ **to give sb. the e. of one's tongue**, dare una bella sgridata a q. □ (*fig.*) **to be on e.**, avere i nervi tesi; essere irascibile (*o* nervoso) □ **to put an e. on a knife**, affilare un coltello □ **to put sb. to the e. of a sword**, passare q. a fil di spada □ **to set sb.'s teeth on e.**, fare rabbrividire q.; dare sui nervi a q., irritare q. □ **to take the e. off st.**, ottundere q.c.; (*fig.*) togliere il mordente (*o* il gusto) a q.c. □ **It takes the e. off my appetite**, mi calma l'appetito.
to edge [edʒ], **A** *v. t.* **1** affilare; arrotare: **to e. a razor**, affilare un rasoio **2** orlare: **to e. a handkerchief**, orlare un fazzoletto **3** fare da bordo a; fiancheggiare. **B** *v. i.* **1** muoversi di fianco (*o* di traverso); costeggiare: **to e. along a cliff**, costeggiare una rupe a picco **2** (*nello sci*) spigolare. ● **to e. away**, allontanarsi; andarsene alla chetichella; squagliarsela □ **to e. one's way through the pickets of the strikers**, farsi largo lentamente fra i picchetti degli scioperanti □ **to e. oneself into a conversation**, intromettersi in una conversazione □ **to e. out**, cavare (*o* spingere) fuori; (*anche sport*) battere di stretta misura □ **to e. a path with grass**, piantare erba ai margini d'un sentiero □ **to e. a road with trees**, piantare alberi lungo una strada.
edger [ˈedʒə*], *n.* **1** orlatore, orlatrice **2** tagliabordo (*da giardino*).
edgeways [ˈedʒweiz], **edgewise** [ˈedʒwaiz], *avv.* di taglio; di fianco; di traverso; di sbieco (*opposto di* **flatways**). ● **not to be able to get a word in e.**, non riuscire a inserirsi nella conversazione (*perché parlano di continuo gli altri*).
edging [ˈedʒiŋ], *n.* orlo; frangia; guarnizione; orlatura; bordura: **an e. of lace**, una guarnizione di merletto.
edgy [ˈedʒi], *a.* **1** affilato; tagliente **2** (*fig.*) irascibile; irritabile **3** (*di disegno*) a linee troppo aspre, dure; angoloso.
edibility [ˌediˈbiliti], *n.* commestibilità.
edible [ˈedibl], *a.* commestibile; mangereccio; edule.
edict [ˈiːdikt], *n.* editto; ordine; proclama.
edictal [i(ː)ˈdiktəl], *a.* di editto; (*leg.*) edittale (*raro*).
edification [ˌedifiˈkeiʃən], *n.* edificazione; beneficio (*o* conforto) morale; buon esempio.
edificatory [ˌediˈfikeitəri], *a.* edificativo (*raro*); edificante; esemplare.
edifice [ˈedifis], *n.* edificio (*anche fig.*); costruzione.
to edify [ˈedifai], *v. t.* edificare; beneficare (*moralmente*); ammaestrare, istruire (*con l'esempio*): **edifying poems**, poesie edificanti.
edile [ˈiːdail], *n.* (*stor.*) edile (*magistrato romano*).
Edinburgh [ˈedinbərə], *n.* (*geogr.*) Edimburgo.
to edit [ˈedit], *v. t.* **1** curare l'edizione di, dare alle stampe (*opere altrui*); compilare (*un'antologia*); annotare; chiosare; commentare: **to e. scientific books for a public of lay readers**, curare l'edizione di opere scientifiche per un pubblico di lettori non spe-

cializzati 2 rivedere (*un manoscritto*) per la stampa 3 dirigere (*giornali, riviste, ecc.*) 4 (*cinem., telev.*) montare. ● **to e. out**, eliminare; espungere □ (*d'un libro*) **edited by**, a cura di.
edit ['edit], *n.* (*abbr. fam.*) 1 *V.* **editing** 2 *V.* **editorial**.
editing ['editiŋ], *n.* 1 il dare alle stampe, ecc. (*V.* **to edit**) 2 revisione (*di un manoscritto*) 3 (*cinem., telev.*) montaggio.
edition [i'diʃən], *n.* 1 edizione: **revised e.**, edizione riveduta; **pocket e.**, edizione tascabile; **popular e.**, edizione popolare; **library e.**, edizione per biblioteche 2 tiratura: **limited e.**, tiratura limitata 3 (*fig.*) copia; riproduzione. ● **Eve is a more charming e. of her sister**, Eva è un'edizione migliorata di sua sorella.
editor ['editə*], *n.* 1 curatore, chi cura l'edizione (*d'opere altrui*); compilatore; annotatore; chiosatore; commentatore 2 direttore (*di giornale, rivista, ecc.*); redattore: **literary e.**, redattore letterario 3 scrittore di articoli di fondo; editorialista 4 (*cinem., telev.*) tecnico del montaggio. ● (*USA*) **e. in chief**, direttore (*di giornale, ecc.*) □ **city e.**, redattore della rubrica finanziaria; (*USA*) cronista che si occupa della cronaca cittadina).
editorial [ˌedi'tɔ:riəl], **A** *a.* 1 editoriale: **e. work**, lavoro editoriale 2 del direttore (*d'un giornale*); redazionale: **E. comment has no place in news stories**, il commento redazionale non s'applica agli articoli d'informazione. **B** *n.* articolo di fondo; editoriale; fondo (*fam.*). ● **e. office**, (ufficio di) redazione □ **e. staff**, redazione (*di giornale*).
editorialist [ˌedi'tɔ:riəlist], *n.* editorialista.
to editorialize [ˌedi'tɔ:riəlaiz], *v. i.* 1 esprimere un'opinione, un parere (*specialm. sotto forma di editoriale*) 2 (*spreg.*) essere tendenzioso; manipolare le notizie.
editorship ['editəʃip], *n.* direzione (*d'un giornale, ecc.*).
editress ['editris], *n.* direttrice, redattrice (*d'un giornale, ecc.*).
Edmund ['edmənd], *n.* Edmondo.
educability [ˌedju(:)kə'biliti], *n.* educabilità.
educable ['edjukəbl], *a.* (*di gusto, ecc.*) educabile; (*di persona*) educabile, che si può istruire.
to educate ['edju(:)keit], **A** *v. t.* 1 istruire, provvedere all'istruzione di (*una persona*); avviare (*a una professione*): **He was educated at home, not at school**, fu istruito privatamente, non a scuola; **He has educated his orphan nephew**, ha provveduto all'istruzione del nipote orfano 2 educare, coltivare, affinare (*l'indole, le qualità*): **You should e. your taste in literature**, dovresti educare il tuo gusto letterario 3 allevare, ammaestrare (*un animale*). ● **educate oneself B** *v. rifl.* istruirsi.
educated ['edju(:)keitid], *a.* colto; istruito: **e. speakers**, i parlanti colti. ● (*fam.*) **e. guess**, ipotesi fondata.
education [ˌedju(:)'keiʃən], *n.* 1 (*di persone*) istruzione: **He received a good e.**, ha ricevuto una buona istruzione; **high-school** (*o* **secondary**) **e.**, istruzione secondaria; **classical** (**commercial, art**) **e.**, istruzione classica (tecnica commerciale, artistica) 2 educazione, affinamento (*di qualità naturali, ecc.*) 3 insegnamento; didattica; pedagogia. ● **the Ministry of E.**, il Ministero della Pubblica Istruzione.
educational [ˌedju(:)'keiʃənl], *a.* 1 istruttivo; educativo: **an e. film**, una pellicola istruttiva 2 pertinente all'insegnamento; didattico; pedagogico: **an e. journal**, una rivista didattica. ● (*psic.*) **e. age**, età scolastica □ **e. psychologist**, psicopedagogista □ **e. psychology**, psicopedagogia □ **e. television**, le trasmissioni (*o i servizi*) della televisione che si occupano di pubblica istruzione □ **e. theory**, pedagogia □ **to be engaged in e. work**, dedicarsi all'insegnamento (*o* alla pedagogia).
educationalist [ˌedju(:)'keiʃnəlist], *n.* persona esperta in metodi didattici; pedagogista.
educationese [ˌedju(:)ˌkeiʃə'ni:z], *n.* gergo della pedagogia (*o* dei pedagogisti).
educationist [ˌedju(:)'keiʃənist], *V.* **educationalist**.
educative ['edju(:)kətiv], *a.* istruttivo; educativo.
educator ['edju(:)keitə*], *n.* 1 educatore; docente 2 pedagogista.
to educe [i(:)'dju:s], *v. t.* 1 estrarre; portare alla luce 2 (*chim.*) liberare, isolare (*un elemento da un composto*) 3 dedurre; desumere; evincere.
educible [i(:)'dju:səbl], *a.* 1 estraibile 2 deducibile; desumibile.
educt ['i:dʌkt], *n.* 1 (*chim.*) elemento liberato (*da un composto*) 2 deduzione; illazione.
eduction [i(:)'dʌkʃən], *n.* 1 l'estrarre, il portare alla luce, ecc. (*V.* **to educe**) 2 (*mecc.*) scarico: **an e-pipe**, un tubo di scarico (*di macchina a vapore*) 3 deduzione; illazione.
eductor [i(:)'dʌktə*], *n.* (*tecn.*) eiettore (*per fluidi*).
to edulcorate [i'dʌlkəreit], *v. t.* 1 edulcorare (*anche fig.*); dolcificare 2 (*chim.*) purificare.
edulcoration [iˌdʌlkə'reiʃən], *n.* 1 edulcorazione; dolcificazione 2 (*chim.*) purificazione.
Edward ['edwəd], *n.* Edoardo.

Edwardian [ed'wɔ:djən], **A** *a.* edoardiano (*del regno di Edoardo VII: 1901-1910*). **B** *n.* artista (*o* scrittore, ecc.) del periodo edoardiano.
eel [i:l], *n.* (*pl.* **eels, eel**) (*zool.*, *Anguilla*; *anche fig.*) anguilla. ● **eel-basket**, nassa per le anguille □ **eel-spear**, fiocina per anguille □ (*zool.*) **eel-worm** (*Anguillula*), anguillula □ **as slippery as an eel**, sfuggente come un'anguilla.
eely ['i:li], *a.* anguillesco; sfuggente; viscido; scivoloso.
e'en [i:n], (*poet.*) *V.* **even** (2).
e'er [ɛə*], (*poet.*) *V.* **ever**.
eerie ['iəri], *a.* che ha del soprannaturale; lugubre; misterioso; strano: **an e. sound**, un suono lugubre. ● **an e. experience**, un'esperienza strana e terribile.
eeriness ['iərinis], *n.* carattere soprannaturale (*o* lugubre); stranezza; mistero: **The e. of the place impressed us deeply**, il carattere soprannaturale del luogo ci fece una profonda impressione.
eery ['iəri], *V.* **eerie**.
ef, eff [ef], *n.* effe; lettera f.
to efface [i'feis], **A** *v. t.* 1 cancellare; obliterare; far scomparire: **to e. the memory of the past**, cancellare il ricordo del passato; **to e. a letter in a word**, cancellare una lettera in una parola 2 eclissare; sorpassare: **The new record effaces all previous exploits**, il nuovo primato eclissa ogni precedente risultato. ● **to efface oneself B** *v. rifl.* tenersi in disparte; eclissarsi; farsi piccolo (*fig.*).
effaceable [i'feisəbl], *a.* cancellabile, ecc. (*V.* **to efface**).
effacement [i'feismənt], *n.* cancellatura; obliterazione.
effect [i'fekt], *n.* 1 effetto; conseguenza; risultato; efficacia; vigore: **The medicine hasn't had any e.**, la medicina non ha sortito alcun effetto; **causes and effects**, le cause e gli effetti; **The law is still in e.**, la legge è ancora in vigore 2 senso; significato; tenore: **His letter was to this e.**, la sua lettera era di questo tenore (*o* aveva questo significato) 3 (*pl.*) beni; oggetti; effetti: **household effects**, oggetti domestici; masserizie; **personal effects**, oggetti di vestiario; effetti personali 4 (*cinem., teatr., ecc.*) effetto (speciale). ● **to bring** (*o* **to carry**) **st. to e.**, mandare a effetto, mettere in atto, eseguire q.c. □ **for e.**, per fare impressione; per fare colpo: **He spoke purely for e.**, parlò solamente per fare colpo □ **to give e. to**, attuare (*una promessa, un provvedimento*) □ **in e.**, effettivamente; praticamente; in realtà □ (*comm.*) **no effects**, privo di fondi (*scritto su un assegno emesso allo scoperto*) □ **of no e.**, inefficace; inutile □ **to take e.**, avere effetto; (*di legge, ecc.*) entrare in vigore □ **to talk for e.**, parlare per fare impressione (*o* colpo) □ **to no e.**, inutilmente; invano.
to effect [i'fekt], *v. t.* 1 effettuare; compiere; eseguire; attuare; fare: **to e. a payment**, effettuare (*o* eseguire) un pagamento; **to e. a delivery**, fare una consegna 2 causare; determinare; avere come effetto (*o* risultato). ● (*ass.*) **to e. a policy**, sottoscrivere una polizza d'assicurazione.
effective [i'fektiv], **A** *a.* 1 efficace; efficiente: **e. measures to curb inflation**, provvedimenti efficaci per tenere a freno l'inflazione; **an e. man of action**, un efficiente uomo d'azione 2 efficace; che fa effetto; che impressiona; che colpisce (*fig.*): **an e. picture**, un quadro che colpisce 3 effettivo: (*econ.*) **e. demand**, domanda effettiva; (*mil.*) **e. range of a gun**, portata effettiva d'un cannone 4 (*mil.: di nave, soldato, ecc.*) pronto per il combattimento; in assetto di guerra. **B** *n.* (*mil.*) effettivo.
effectiveness [i'fektivnis], *n.* efficacia; efficienza.
effectless [i'fektlis], *a.* inefficace; inutile.
effectual [i'fektjuəl], *a.* 1 efficace; decisivo: **an e. cure**, una cura efficace 2 effettivo: **the e. truth**, la verità effettiva.
effectualness [i'fektjuəlnis], *n.* efficacia.
to effectuate [i'fektjueit], *v. t.* 1 effettuare; compiere; attuare; fare 2 causare; determinare; avere come effetto (*o* risultato).
effectuation [iˌfektju'eiʃən], *n.* effettuazione; esecuzione.
effeminacy [i'feminəsi], *n.* effeminatezza.
effeminate [i'femineit], **A** *a.* effeminato. **B** *n.* uomo effeminato.
to effeminate [i'femineit], *v. t. e i.* effeminare, effeminarsi.
effendi [e'fendi] (*turco*), *n.* effendi.
efferent ['efərənt], *a.* (*anat.*) efferente: **e. duct**, dotto efferente.
to effervesce [ˌefə'ves], *v. i.* essere effervescente (*anche fig.*); sprigionare bollicine; ribollire; spumeggiare.
effervescence [ˌefə'vesəns], **effervescency** [ˌefə'vesənsi], *n.* effervescenza (*anche fig.*); esuberanza; vivacità.
effervescent [ˌefə'vesənt], *a.* effervescente; esuberante; vivace.
effete [e'fi:t], *a.* 1 esausto; indebolito; logoro; sorpassato; sterile; vecchio: **e. races**, razze esauste (*o* indebolite) **e. systems of education**, sistemi pedagogici sorpassati 2 effeminato.
effeteness [i'fi:tnis], *n.* l'esser esausto, ecc. (*V.* **effete**).
efficacious [ˌefi'keiʃəs], *a.* efficace.
efficaciousness [ˌefi'keiʃəsnis], **efficacy** ['efikəsi], *n.* efficacia.
efficiency [i'fiʃənsi], *n.* 1 efficienza 2 (*scient., tecn.*) efficienza; rendimento effettivo (*d'una macchina, ecc.*) 3 (*USA*; *anche* **e.**

apartment) monolocale. ● (*ind.*) **e. comparison**, misurazione dell'efficienza □ (*ind.*) **e. engineer** (*o* **expert**), esperto di problemi d'efficienza.

efficient [i'fiʃənt], *a.* efficiente: **an e. housewife**, una donna di casa efficiente; (*filos.*) **e. cause**, causa efficiente.

effigy ['efidʒi], *n.* effigie, effige. ● **to hang (to burn) sb. in e.**, impiccare (bruciare) q. in effigie.

to effloresce [,eflɔː'res], *v. i.* **1** (*bot.*) fiorire (*anche fig.*); sbocciare; schiudersi **2** (*chim.*) formare (*o* coprirsi di) efflorescenze.

efflorescence [,eflɔː'resns], *n.* **1** (*bot.*) fioritura (*anche fig.*) **2** (*chim.*) efflorescenza **3** (*fig.*) culmine; apogeo **4** (*med.*) eruzione.

efflorescent [,eflɔː'resnt], *a.* **1** (*bot.*) fiorito; in fiore **2** (*chim.*) efflorescente.

effluence ['efluəns], *n.* emanazione; efflusso; effusione (*di luce, ecc.*).

effluent ['efluənt], **A** *a.* effluente; defluente. **B** *n.* **1** (*geogr.*) emissario **2** deflusso, scarico (*di fogna, ecc.*) **3** (*ind., ecologia*) effluente.

effluvium [e'fluːvjəm], *n.* (*pl.* **effluvia, effluviums**) effluvio (*in ogni senso*).

efflux ['eflʌks], **effluxion** [e'flʌkʃən], *n.* **1** efflusso; deflusso; effusione (*di liquido, gas, ecc.*) **2** emanazione.

effort ['efət], *n.* **1** sforzo; fatica: **a great e. of will**, un grande sforzo di volontà; **the war e.**, lo sforzo bellico; **I will make every e. to finish it in time**, farò ogni sforzo per finirlo in tempo; **It takes great e.**, ci vuole molta fatica **2** (*fam.*) impresa: **It has been a pretty good e.**, è stata una bella impresa; c'è voluto del bello e del buono **3** (*fam.*) opera; creazione. ● **to make an e.**, fare uno sforzo; sforzarsi; fare il possibile: **Please, make an e. to come**, cerca di fare il possibile per venire, ti prego □ **to spare no e. to do st.**, non risparmiare fatiche per fare q.c. □ (*fam.*) **That's not a bad e.**, non è (niente) male.

effortless ['efətlis], *a.* **1** che non si sforza; indolente; passivo **2** senza sforzo; facile; naturale **3** spontaneo; sciolto; disinvolto.

effrontery [e'frʌntəri], *n.* sfrontatezza; impudenza; sfacciataggine.

effulgence [e'fʌldʒəns], *n.* fulgore; fulgidezza (*raro*); splendore.

effulgent [e'fʌldʒənt], *a.* fulgido; splendido; splendente.

to effuse [e'fjuː)z], *v. t.* effondere; emanare; spargere; irradiare.

effuse [e'fjuː)s], *a.* (*bot.*) effuso.

effusion [i'fjuːʒən], *n.* effusione; efflusso; profusione: (*med.*) **e. of blood**, effusione di sangue; **effusions of love**, effusioni d'affetto.

effusive [i'fjuːsiv], *a.* effusivo; espansivo; esuberante; profuso: (*geol.*) **e. rocks**, rocce effusive; **e. demonstrations of affection**, esuberanti dimostrazioni d'affetto.

effusiveness [i'fjuː(ː)sivnis], *n.* effusione; espansività; esuberanza.

eft [eft], *n.* (*zool., Molge cristata*) tritone crestato.

eftsoon(s) [eft'suː(ː)n(z)], *avv.* (*poet.*) **1** poco dopo; di lì a poco; subito **2** di frequente; spesso.

egad [i'gæd], *inter.* (*arc.*) per Bacco!; perbacco!

egalitarian [i,gæli'tɛəriən], *a. e n.* (*polit.*) egualitario.

egalitarianism [i,gæli'tɛəriənizəm], *n.* (*polit.*) egualitarismo.

egg [eg], *n.* **1** uovo: **This hen lays an egg every other day**, questa gallina fa l'uovo un giorno sì e un giorno no; **fried eggs**, uova al tegame **2** (*pop.*) bomba; granata **3** (*pop.*) individuo; tipo; uomo: **He's a bad egg**, è un tipaccio; è un poco di buono; **He's a good egg**, è un brav'uomo. ● (*archit.*) **egg and dart** (*o* **egg and tongue**), ovolo □ **egg-and-spoon race**, corsa fatta tenendo con la bocca un cucchiaio, su cui posa un uovo □ **egg-beater**, sbattiuova; frullino per montare le uova; (*fam. USA*) elicottero □ (*zool.*) **egg case** (*o* **capsule**), ooteca □ (*biol.*) **egg cell**, ovulo □ (*biol.*) **egg cleavage**, lo schiudersi delle uova □ **egg cup**, portauovo □ **egg custard**, crema (*a base di latte e uova*) □ **egg-dance**, ballo (*che si fa a occhi bendati*) fra le uova; (*fig.*) compito assai difficile □ **egg flip** (*o* **eggnog**), specie di zabaione □ (*bot.*) **egg-plant** (*Solanum melongena*), melanzana □ (*cucina*) **e. roll**, involtino primavera □ **egg-shaped**, a forma d'uovo; ovoidale □ **egg-shell**, guscio d'uovo □ (*cucina*) **egg timer**, clessidra da tre minuti □ (*biol.*) **egg tooth**, protuberanza sul becco dell'embrione d'un uccello (*che a suo tempo servirà per rompere il guscio dell'uovo*) □ **egg-whisk**, frullino □ **egg white**, albume; chiara d'uovo (*fam.*) □ **as sure as eggs is eggs**, senza possibilità di dubbio; con certezza assoluta □ (*fig.*) **in the egg**, allo stato embrionale; in potenza □ **to lay an egg**, fare (*o* deporre) un uovo; (*pop.*) far cilecca, far fiasco □ (*fig.*) **to put all one's eggs in one basket**, giocare tutto per tutto; puntare tutto su una carta sola □ **to suck an egg**, bere un uovo (fresco) □ (*fig.*) **to teach one's grandmother to suck eggs**, dare consigli a chi ha più esperienza di noi □ (*fig., fam.*) **with egg on one's face**, imbarazzato; umiliato.

to egg [eg], *v. t.* – **to egg on**, incitare; istigare; stimolare.

egghead ['eghed], *n.* (*pop.*) intellettuale; testa d'uovo.

egis ['iːdʒis], *n.* egida (*anche fig.*).

eglantine ['eglantain], *n.* (*bot.*) **1** (*Rosa eglanteria*) eglantina **2** (*Rosa canina*) rosa canina; rosa di macchia.

ego ['egou], *n.* (*pl.* **egos**) **1** (*filos., psic.*) io; ego **2** (*fam.*) egotismo; amor proprio **3** (*fam.*) boria; presunzione; prosopopea. ● (*pop.*) **ego trip**, atto egoistico.

egocentric [,egou'sentrik], *a. e n.* egocentrico.

egocentricity [,egousen'trisiti], **egocentrism** [,egou'sentrizm], *n.* egocentricità; egocentrismo.

egoism ['egouizəm], *n.* **1** egoismo **2** egotismo; egocentrismo.

egoist ['egouist], *n.* **1** egoista **2** persona egocentrica; egotista.

egoistic(al) [,egou'istik(əl)], *a.* **1** egoistico **2** egocentrico.

egotism ['egoutizəm], *n.* **1** egotismo; egocentrismo **2** egoismo.

egotist ['egoutist], *n.* **1** egotista; egocentrico **2** egoista.

egotistic(al) [,egou'tistik(əl)], *a.* **1** egotistico **2** egoistico.

to egotize ['egoutaiz], *v. i.* essere egocentrico.

egregious [i'griːdʒəs], *a.* **1** (*arc.*) egregio; singolare; straordinario **2** enorme; madornale; che passa il segno: **an e. blunder**, un errore madornale; **e. folly**, follia che passa ogni segno **3** che ha una brutta fama; famigerato.

egregiousness [i'griːdʒəsnis], *n.* **1** (*arc.*) singolarità **2** enormità **3** famigeratezza; brutta (*o* cattiva) fama.

egress ['iːgres], *n.* **1** uscita; egresso (*raro*) **2** (*leg.*) diritto d'uscita **3** (*fig.*) via d'uscita; scappatoia **4** (*astron.*) egresso, uscita (*della luna*).

egression [i(ː)'greʃən], *n.* uscita; egresso (*raro*).

egret ['iːgret], *n.* **1** (*zool., Casmerodius albus*) airone bianco; egretta; garzetta **2** (*moda*) aigrette; pennacchio di piume di garzetta **3** (*bot.*) lanugine.

Egypt ['iːdʒipt], *n.* (*geogr.*) Egitto.

Egyptian [i'dʒipʃən], *a. e n.* egiziano: **E. pound**, lira egiziana.

Egyptologist [,iːdʒip'tɔlədʒist], *n.* egittologo.

Egyptology [,iːdʒip'tɔlədʒi], *n.* egittologia.

eh [ei], *inter.* (*di sorpresa, dubbio, interrogazione, ecc.*) eh!; eh?

eider ['aidə*], *n.* **1** (*zool., Somateria mollissima*; *anche* **e. duck**) edredone **2** (*anche* **eiderdown**) piuma di edredone; coperta imbottita; piumino, trapunta.

eiderdown ['aidədaun], *V.* **eider**, *def. 2.*

eidetic [ai'detik], *a.* (*psic.*) eidetico.

eidograph ['aidougraːf], *n.* pantografo.

eidolon [ai'doulən], *n.* (*pl.* **eidola, eidolons**) **1** apparizione; fantasma **2** immagine ideale (*o* idealizzata).

eigenfrequency ['aigən,friːkwənsi], *n.* (*fis.*) frequenza normale; frequenza propria.

eigenvalue ['aigənvæljuː], *n.* (*mat.*) autovalore.

eight [eit], *a. e n.* otto (*anche figura del pattinaggio, carta da gioco, equipaggio di rematori, ecc.*). ● **the Eights**, le gare di canottaggio fra le università di Oxford e di Cambridge □ **e.-hour working day**, giornata lavorativa di otto ore □ **e. hundred**, ottocento □ (*sport*) **the 800-metre run**, gli ottocento □ (*canottaggio*) **e.-oared crew**, otto □ **a girl of e.**, una ragazzina di otto anni □ (*pop.*) **to have one over the e.**, ubriacarsi; prendere una sbornia.

eighteen ['ei'tiːn], *a. e n.* diciotto.

eighteenmo [ei'tiːnmou], *a. e n.* (*pl.* **eighteenmos**) (*tipogr.*) diciottesimo.

eighteenth [ei'tiːnθ], *a. e n.* diciottesimo.

eightfold ['eitfould], **A** *a.* ottuplo. **B** *avv.* otto volte (*tanto*).

eighth [eitθ], **A** *a.* ottavo. **B** *n.* **1** ottavo **2** (*mus.*) ottava **3** (*mus.*) croma. ● (*mus.*) **e. note**, croma.

eighthly ['eitθli], *avv.* all'ottavo posto; in ottavo luogo (*raro*).

eightieth ['eitiiθ], *a. e n.* ottantesimo.

eightsome ['eitsəm], *n.* (*anche* **e. reel**) danza scozzese per quattro coppie.

eighty ['eiti], *a. e n.* ottanta. ● **the eighties**, gli anni fra 80 e 89 (*nell'età d'una persona o in un secolo*) □ **to be in one's eighties**, essere fra gli 80 e i 90 anni d'età □ (*sport*) **the 80-metre hurdles**, gli ottanta a ostacoli.

Einsteinian ['ain,stainiən], *a.* einsteiniano.

einsteinium ['ain,stainiəm], *n.* (*chim.*) einsteinio.

Eire ['ɛərə], *n.* (*geogr.*) Eire; Irlanda.

eisteddfod [ais'teðvɔd], *n.* (*pl.* **eisteddfodau, eisteddfods**) convegno di bardi e menestrelli gallesi; certame poetico e musicale.

either ['aiðə*], **A** *a. e pron.* l'uno o l'altro; uno dei due; l'uno e l'altro; entrambi; tutt'e due; ambedue, ambo, (*in frase neg.*) né l'uno né l'altro, nessuno dei due: **I don't want e. (of them)**, non voglio né l'uno né l'altro; **E. of you can go**, può andare l'uno o l'altro di voi; **There are shops on e. side**, ci sono negozi su ambo i lati; **E. view is tenable**, tutt'e due le opinioni sono sostenibili. **B** *avv.* neanche; nemmeno; neppure: **I didn't go e.**, non ci sono andato nemmeno io; **I don't want that, e.**, non voglio neanche quello. **C** *cong.* o (*o idiom.*; *correlativo di* **or**): **He is e. in Rome or Florence**, o è a Roma o a Firenze; **Come e. today or**

tomorrow, vieni oggi o domani. ● **e. ... or**, o... o; (*in frase neg.*) né... né □ **an e.-or**, un dilemma, una sola alternativa □ (*letter.*) **an e.-or novel**, un romanzo manicheo.

to ejaculate [i'dʒækjuleit], *v. t.* **1** esclamare; gridare **2** (*fisiologia*) eiaculare; emettere (*un fluido*).

ejaculation [i,dʒækju'leiʃən], *n.* **1** esclamazione improvvisa; grido **2** (*fisiologia*) eiaculazione **3** (*relig.*) giaculatoria.

ejaculatory [i'dʒækjulətəri], *a.* **1** esclamativo; veemente: **e. words**, parole veementi **2** (*fisiologia*) eiaculatorio. ● (*relig.*) **e. prayer**, giaculatoria.

to eject [i(:)'dʒekt], *v. t.* **1** emettere: **The chimney ejects smoke**, il camino emette fumo **2** espellere; estromettere; scacciare; sfrattare: **The intruder was ejected from the meeting**, l'intruso fu espulso dalla riunione; **He was ejected for not paying the rent**, fu sfrattato per non aver pagato l'affitto **3** (*mecc.*) eiettare.

ejecta [i'dʒektə], *n. pl.* **1** (*geol.*) prodotti piroclastici **2** (*fisiologia*) escrementi **3** (*scient.*) materia espulsa.

ejection [i(:)'dʒekʃən], *n.* **1** emissione **2** espulsione; estromissione; cacciata; sfratto **3** (*mecc.*) eiezione. ● (*aeron.*) **e. seat**, seggiolino eiettabile.

ejective [i(:)'dʒektiv], *a.* **1** che è causa di emissione, espulsione, ecc. (*V.* **ejection**) **2** (*linguistica*) eiettivo.

ejectment [i(:)'dʒektmənt], *V.* **ejection**.

ejector [i(:)'dʒektə*], *n.* **1** chi emette, espelle, ecc. (*V.* **to eject**) **2** (*mecc.*) eiettore; estrattore **3** (*mil.*) eiettore, espulsore (*d'arma da fuoco*). ● (*aeron.*) **e. seat**, seggiolino eiettabile.

to eke [i:k], *v. t.* — **to eke out**, integrare; arrotondare: **He eked out his salary by working overtime**, arrotondava lo stipendio facendo del lavoro straordinario. ● **to eke out a living**, sbarcare il lunario.

el (1) [el], *n.* (*abbr. di* **elevated**) (*fam. USA*) ferrovia soprelevata.

el (2) [el], *n.* elle; lettera l.

elaborate [i'læbərit], *a.* elaborato; complesso; complicato; minuzioso; particolareggiato: **an e. speech**, un discorso elaborato; **e. preparations**, preparativi minuziosi.

to elaborate [i'læbəreit], *v. t.* elaborare (*una sostanza, una teoria, ecc.*); studiare con cura; sviluppare (*un'invenzione, ecc.*).

elaborateness [i'læbəritnis], *n.* elaboratezza (*raro*); complessità; minuziosità.

elaboration [i,læbə'reiʃən], *n.* elaborazione; elaboratezza (*raro*).

elaborative [i'læbərətiv], *a.* capace di elaborare.

elaborator [i'læbəreitə*], *n.* chi elabora; elaboratore (*uomo*).

élan [ei'la:n] (*franc.*), *n.* insieme di stile e vivacità; brio; slancio. ● (*filos.*) **é. vital**, slancio vitale.

eland ['i:lənd], *n.* (*pl.* **eland, elands**) (*zool.*, *Taurotragus*) taurotrago; antilope alcina.

to elapse [i'læps], *v. i.* (*del tempo*) passare; scorrere; trascorrere.

elastic [i'læstik], **A** *a.* elastico (*anche fig.*); dotato di capacità di recupero; adattabile: (*anat.*) **e. tissue**, tessuto elastico; **e. step**, passo elastico; **an e. conscience**, una coscienza elastica; **an e. temper**, un carattere dotato di capacità di recupero. **B** *n.* elastico: **a piece of e.**, un pezzo d'elastico. ● **an e. band**, un elastico □ **e. braces**, bretelle d'elastico □ **e.-side boots** (*o* **e. sides**), stivaletti con l'elastico ai lati (*usati nell'Ottocento*).

elasticity [,i:læs'tisiti], *n.* elasticità (*anche fig.*); capacità di recupero; adattabilità: (*econ.*) **the e. of demand**, l'elasticità della domanda.

elasticized [i'læstisaizd], *a.* (*ind.*) elasticizzato.

Elastoplast [i'læstəpla:st], *n.* (*marchio*) cerotto (*in G. B.*).

to elate [i'leit], *v. t.* animare; esaltare; imbaldanzire; inorgoglire; fare salire il morale di (q.); mandare su di giri, far andare su di giri (*fig., fam.*).

elate [i'leit], (*poet.*) *V.* **elated**.

elated [i'leitid], *a.* esaltato; esultante; giubilante; imbaldanzito; euforico; su di giri (*fig., fam.*). ● **to become e.**, andare su di giri (*fig., fam.*).

elation [i'leiʃən], *n.* esaltazione; esultanza; giubilo; baldanza; euforia.

Elbe [elb], *n.* (*geogr.*) Elba (*fiume*).

elbow ['elbou], *n.* **1** gomito (*anche fig.*); curva **2** bracciolo (*di sedia*). ● **e. chair**, sedia a braccioli □ (*fig.*) **e. grease**, sfregamento energico; lavoro duro; olio di gomito (*fig.*) □ **e.-room**, spazio per muoversi bene; (*fig.*) libertà d'azione (*o* di movimento) □ **at one's e.**, a portata di mano □ **to be out at (the) elbows**, (*di giacca*) essere sdrucita ai gomiti; (*fig.: di persona*) essere male in arnese □ **to push with one's e.**, urtare col gomito; dar gomitate □ (*fig.*) **to rub elbows with**, essere in confidenza con (*una persona celebre, importante*) □ (*fig.*) **to be up to the elbows in**, essere immerso fino al collo in (*un lavoro, ecc.*).

to elbow ['elbou], **A** *v. t.* dare gomitate a; spingere (*o* spostare) a gomitate. ● **to e. sb. out of the way**, allontanare q. a gomitate; **to e. oneself forward**, farsi avanti a gomitate. **B** *v. i.* farsi largo a gomitate. ● **to e. one's way through a mob of demonstrators**, farsi largo a gomitate tra una folla di dimostranti.

elder (1) ['eldə*], **A** *a.* (*compar. irr. di* **old**) **1** più vecchio; più anziano; maggiore (*d'età, fra due membri d'una famiglia*): **Which is the e.?**, qual è il primogenito (*dei due fratelli*)?; **My e. sister is married**, la mia sorella maggiore si è sposata **2** anziano; di grado più alto. **B** *n. pl.* **1** maggiori (*d'età*); persone più anziane; anziani (*in una comunità religiosa, ecc.*): **You should follow the advice of your elders**, dovresti seguire i consigli delle persone più anziane di te; **Respect your elders**, rispetta i tuoi maggiori **2** antenati. ● **He is my e. by five years**, ha cinque anni più di me □ (*stor.*) **William Pitt the e.** (*o* **the e. Pitt**), Pitt il Vecchio.

elder (2) ['eldə*], *n.* (*bot.*, *Sambucus nigra*) sambuco.

elderberry ['eldə,beri], *n.* bacca di sambuco.

elderly ['eldəli], *a.* anziano; attempato.

eldership ['eldəʃip], *n.* **1** carica di anziano (*in una comunità religiosa*) **2** gruppo di anziani.

eldest ['eldist], *a.* (*superl. irr. di* **old**) (il) più vecchio; (il) maggiore; primogenito: **Charles is my e. son**, Carlo è il mio primogenito.

El Dorado [,eldɔ'ra:dou], *n.* (*pl.* **El Dorados**) eldorado.

eldritch ['eldritʃ], *a.* (*poet.*) soprannaturale; strano.

Eleanor ['elinə*], *n.* Eleonora.

Eleatic [,eli'ætik], *a.* e *n.* (*filos.*) eleatico.

Eleaticism [,eli'ætisizəm], *n.* (*filos.*) eleatismo.

elecampane [,elikæm'pein], *n.* (*bot.*, *Inula helenium*) enula campana; elenio.

elect [i'lekt], **A** *a.* **1** eletto; prescelto; nominato; designato: **the bishop e.**, il vescovo nominato (*ma non ancora insediato*) **2** scelto; selezionato; eletto: **an e. group**, un gruppo eletto **3** (*relig.*) eletto; predestinato. **B** *n. collett.* **1** l'élite **2** (*relig., anche* **God's e.**) gli eletti (del Signore). ● **bride e.**, promessa sposa.

to elect [i'lekt], *v. t.* **1** eleggere; scegliere: **to e. sb. (to be) president**, eleggere q. presidente; **to e. sb. to the presidency**, eleggere q. alla presidenza **2** decidere, scegliere; preferire: **I elected to remain in the country**, decisi di rimanere in campagna.

election [i'lekʃən], *n.* elezione; scelta: **a general e.**, le elezioni generali (*o* politiche); **local elections**, elezioni amministrative. ● **e. results**, risultati elettorali □ **by-e.**, elezione suppletiva (*in G.B.*).

to electioneer [i,lekʃə'niə*], *v. i.* fare propaganda elettorale.

electioneer [i,lekʃə'niə*], *n.* galoppino elettorale; propagandista (*di un partito politico*).

electioneering [i,lekʃə'niəriŋ], *n.* propaganda elettorale.

elective [i'lektiv], *a.* **1** elettivo: **an e. assembly**, un'assemblea elettiva; **an e. office**, una carica elettiva **2** facoltativo, opzionale: **e. subjects**, materie opzionali (*a scuola*). ● (*chim. e fig.*) **e. affinity**, affinità elettiva.

electivity [ilek'tiviti], *n.* elettività.

elector [i'lektə*], *n.* **1** elettore **2** (*stor.*) principe elettore; elettore **3** (*polit.*) grande elettore; membro dell' «electoral college» (*in USA*; *V. sotto* **electoral**).

electoral [i'lektərəl], *a.* elettorale: **e. registers**, liste elettorali. ● (*USA*) **e. college**, assemblea dei grandi elettori (*che eleggono il Presidente*; *cfr.* **constituency**, collegio elettorale *uninominale*).

electorate [i'lektərit], *n.* **1** elettorato; elettori: **The Italian e. has not yet made up its mind**, gli elettori italiani sono ancora indecisi **2** (*stor.*) elettorato (*titolo, territorio d'un principe elettore*).

electorship [i'lektəʃip], *n.* elettorato (*grado, ufficio di elettore*).

Electra [i'lektrə], *n.* (*mitol.*) Elettra. ● (*psic.*) **E. complex**, complesso di Elettra.

electress [i'lektris], *n.* **1** (*raro*) elettrice **2** (*stor.*) consorte di principe elettore (*in Germania*).

electric [i'lektrik], **A** *a.* elettrico; elettro- (*nei composti*): **e. charge**, carica elettrica; **e. light**, luce elettrica; **e. shock**, scossa elettrica: **to get an e. shock**, prendere la scossa (*elettrica*); (*med.*) **e. shock therapy**, elettroshockterapia; (*USA*) **the e. chair**, la sedia elettrica. **B** *n.* (*USA*) **1** lampadina **2** veicolo elettrico **3** elettrotreno. ● **e. appliances**, elettrodomestici □ **e. arc**, arco elettrico □ **e. blanket**, termocoperta □ **e. blue**, blu elettrico □ (*zool.*) **e. eel** (*Electrophorus electricus*), gimnoto □ (*fam.*) **e. eye**, occhio magico (*fam.*); tubo fotoelettronico; cellula fotoelettrica □ **e. fence**, recinto elettrificato □ (*autom., mecc.*) **e. fuel pump**, pompa elettrica (*della benzina*) □ **e. generator**, gruppo elettrogeno □ **e. glow**, effetto corona □ (*mus.*) **e. guitar**, chitarra elettrica □ **e. iron**, ferro da stiro elettrico □ **e. meter**, contatore della luce (*elettrica*) □ **e. mixer**, frullatore □ (*mus.*) **e. pop** (**rock, etc.**), musica pop (rock, ecc.) suonata con chitarre elettriche □ **e. power**, energia elettrica □ **e. ring**, fornello elettrico □ **e. shaver**, rasoio elettrico □ **e. storm**, tempesta elettromagnetica □ **e. stove**, stufa elettrica □ **e. torch**, torcia elettrica □ (*ferr.*) **e. traction**, trazione elettrica; elettrotrazione □ (*ferr.*) **e. train**, elettrotreno □ (*fam. USA*) **He got the e. chair**, fu condannato alla sedia elettrica.

electrical [i'lektrikəl], *a.* **1** elettrico: **e. unit**, unità elettrica; (*autom.*) **e. equipment**, impianto elettrico **2** d'energia elettrica: **e.**

output, erogazione di energia elettrica **3** (*fig.*) elettrizzante. ● **e. contractor**, elettricista (*installatore d'impianti*) □ **e. domestic appliances**, elettrodomestici □ **e. engineer**, ingegnere elettrotecnico □ **e. engineering**, elettrotecnica □ **e. outfitter**, elettricista □ **e. technology**, elettrotecnica.
electrician [ilekˈtriʃən], *n.* elettricista.
electricity [ilekˈtrisiti], *n.* (*fis.*) elettricità: **static e.**, elettricità statica; **positive** (**negative**) **e.**, elettricità positiva (negativa). ● **e. cut**, interruzione (*o* sospensione) dell'erogazione dell'energia elettrica.
electrifiable [iˈlektrifaiəbl], *a.* **1** elettrificabile **2** elettrizzabile.
electrification [iˌlektrifiˈkeiʃən], *n.* **1** elettrificazione: **railway e.**, elettrificazione delle ferrovie **2** elettrizzazione.
to electrify [iˈlektrifai], *v. t.* **1** elettrificare: **to e. a railway**, elettrificare una ferrovia **2** (*anche fig.*) elettrizzare.
electro [iˈlektrou], *n. pl.* **electros** (*fam.*) **1** (*tipogr.*, *abbr. di* **electrotype**) galvano **2** (*ind.*, *abbr. di* **electroplate**) oggetto placcato (mediante galvanostegia).
electroacoustics [iˈlektrouəˈkuːstiks], *n. pl.* (*col verbo al sing.*) elettroacustica.
electrobiology [iˈlektroubaiˈɔlədʒi], *n.* elettrobiologia.
electrocardiogram [iˈlektrouˈkaːdjougræm], *n.* (*med.*) elettrocardiogramma.
electrocardiograph [iˈlektrouˈkaːdjougraːf], *n.* (*med.*) elettrocardiografo.
electrochemical [iˈlektrouˈkemikəl], *a.* elettrochimico.
electrochemistry [iˈlektrouˈkemistri], *n.* elettrochimica.
electrocoagulation [iˈlektroukouˌægjuˈleiʃən], *n.* (*med.*) elettrocoagulazione.
electroconductivity [iˈlektrouˌkɔndʌkˈtiviti], *n.* elettroconduttività.
electroconvulsive [iˌlektroukənˈvʌlsiv], *a.* (*med.*) convulsivante: **e. therapy**, terapia convulsivante; elettroshockterapia.
to electrocute [iˈlektrəkjuːt], *v. t.* **1** (*leg. USA*) giustiziare sulla sedia elettrica **2** fulminare (*con la scossa elettrica*).
electrocution [iˌlektrəˈkjuːʃən], *n.* (*leg. USA*) elettroesecuzione; elettrocuzione; esecuzione capitale per mezzo della sedia elettrica.
electrode [iˈlektroud], *n.* elettrodo; piastra (*d'una batteria*).
electroduct [iˈlektroudʌkt], *n.* elettrodotto.
electrodynamic [iˈlektroudaiˈnæmik], *a.* elettrodinamico.
electrodynamics [iˈlektroudaiˈnæmiks], *n. pl.* (*col verbo al sing.*) elettrodinamica.
electroencephalogram [iˈlektrouenˈsefələgræm], *n.* (*med.*) elettroencefalogramma.
electroencephalograph [iˈlektrouenˈsefələgraːf], *n.* (*med.*) elettroencefalografo.
electrofilter [iˈlektrouˈfiltə*], *n.* elettrofiltro.
electrofishing [iˈlektrouˈfiʃiŋ], *n.* pesca fatta con la corrente elettrica.
electrogenesis [iˈlektrouˈdʒenisis], *n.* (*biol.*) elettrogenesi.
electrogenic [iˈlektrouˈdʒenik], *a.* (*biol.*) elettrogenetico.
electrohydraulic [iˈlektrouhaiˈdrɔːlik], *a.* (*chim.*, *tecn.*) elettroidraulico.
electrohydraulics [iˈlektrouhaiˈdrɔːliks], *n. pl.* (*col verbo al sing.*) (*chim.*, *tecn.*) elettroidraulica.
electrokinetics [iˈlektrouˈkaiˈnetiks], *n. pl.* (*col verbo al sing.*) elettrocinetica.
electrology [ilekˈtrɔlədʒi], *n.* (*fis.*) elettrologia.
to electrolyse [iˈlektrouˌlaiz], *v. t.* (*chim.*) sottoporre a elettrolisi; elettrolizzare.
electrolyser [iˈlektrouˌlaizə*], *n.* (*elettr.*, *chim.*) elettrolizzatore.
electrolysis [ilekˈtrɔlisis], *n.* **1** (*chim.*) elettrolisi **2** (*med.*) distruzione (*di radici di capelli*, *ecc.*) per mezzo della corrente elettrica.
electrolyte [iˈlektroulait], *n.* elettrolito, elettrolita.
electrolytic [iˌlektrouˈlitik], *a.* elettrolitico.
to electrolyze [iˈlektrouˌlaiz], e *deriv.* (*USA*) *V.* **to electrolyse**, e *deriv.*
electromagnet [iˈlektrouˈmægnit], *n.* elettromagnete; elettrocalamita.
electromagnetic [iˈlektrouˈmægˈnetik], *a.* elettromagnetico.
electromagnetism [iˈlektrouˈmægnətizəm], *n.* elettromagnetismo.
electrometallurgy [iˈlektrouˈmetələ(ː)dʒi], *n.* elettrometallurgia.
electrometer [ilekˈtrɔmitə*], *n.* elettrometro.
electromotive [iˈlektrouˈmoutiv], *a.* elettromotrice. ● **e. force**, forza elettromotrice.
electromotor [iˈlektrouˈmoutə*], *n.* motore elettrico; elettromotore.
electromusic [iˈlektrouˈmjuːzik], *n.* (*mus.*) musica suonata con chitarre elettriche.
electron [iˈlektrɔn], *n.* (*fis.*) elettrone: **Atoms are made up of electrons and protons**, gli atomi sono composti di elettroni e protoni. ● **e. gun**, proiettore elettronico □ **e. microscope**, microscopio elettronico.
electronarcosis [iˈlektrounaːˈkousis], *n.* (*pl.* **electronarcoses**) (*med.*) elettronarcosi.
electronegative [iˈlektrouˈnegətiv], *a.* elettronegativo.
electronic [ilekˈtrɔnik], *a.* elettronico: **e. microscope**, microscopio elettronico. ● **e. brain**, cervello elettronico □ (*mus.*) **e. music**, musica elettronica.
to electronicize [ˌilekˈtrɔnisaiz], *v. t.* provvedere di apparecchi elettronici; rendere elettronico.
electronics [ilekˈtrɔniks], *n. pl.* (*col verbo al sing.*) elettronica. ● **e. technician**, perito elettronico.
electrophore [iˈlektroufɔ(ː)*], *n.* elettroforo.
to electrophorese [iˈlektroufəˈriːs], *v. t.* (*tecn.*) sottoporre a elettroforesi.
electrophoresis [iˈlektroufəˈriːsis], *n.* (*fis.*) elettroforesi.
electrophorus [ilekˈtrɔfərəs], *n.* (*pl.* **electrophori**) *V.* **electrophore**.
electrophysiology [iˈlektrouˌfiziˈɔlədʒi], *n.* (*med.*) elettrofisiologia.
to electroplate [iˈlektrouˌpleit], *v. t.* (*metall.*) trattare con la galvanostegia; placcare con la galvanoplastica.
electroplate [iˈlektrouˌpleit], *n.* (*collett.*) oggetti placcati (mediante galvanostegia).
electroplated [iˈlektrouˌpleitid], *a.* (*ind.*) placcato (*non di argento massiccio*, *ecc.*).
electroplater [iˈlektrouˌpleitə*], *n.* galvanostegista.
electroplating [iˈlektrouˌpleitiŋ], *n.* (*metall.*) galvanostegia; galvanoplastica.
electropositive [iˈlektrouˈpɔzətiv], *a.* elettropositivo.
electroscope [iˈlektrəskoup], *n.* elettroscopio.
electrosensitive [iˈlektrouˈsensitiv], *a.* (*fotogr.*) elettrosensibile.
electroshock [iˈlektrouˈʃɔk], *n.* (*med.*) elettroshock. ● **e. therapy**, elettroshockterapia; elettroshock (*fam.*).
electrostatic [iˈlektrouˈstætik], *a.* elettrostatico.
electrostatics [iˈlektrouˈstætiks], *n. pl.* (*col verbo al sing.*) elettrostatica.
electrosynchrotron [iˈlektrouˈsiŋkroutrɔn], *n.* (*fis. nucl.*) elettrosincrotrone.
electrotechnic(al) [iˈlektrouˈteknik(əl)], *a.* elettrotecnico.
electrotechnician [iˈlektrouˈtekˈniʃən], *n.* elettrotecnico.
electrotechnics [iˈlektrouˈtekniks], *n. pl.* (*col verbo al sing.*) elettrotecnica.
electrotherapeutic(al) [iˈlektrouˌθerəˈpjuːtik(əl)], *a.* (*med.*) elettroterapeutico.
electrotherapeutics [iˈlektrouˌθerəˈpjuː(ː)tiks], *n. pl.* (*col verbo al sing.*) (*med.*) elettroterapia.
electrotherapist [iˈlektrouˈθerəpist], *n.* elettroterapista; medico che usa l'elettroterapia.
electrotherapy [iˈlektrouˈθerəpi], *n.* (*med.*) elettroterapia.
electrothermal [iˈlektrouˈθəːməl], **electrothermic** [iˈlektrouˈθəːmik], *a.* elettrotermico.
electrotonus [ˌi(ː)lekˈtrɔtənəs], *n.* (*fisiologia*) elettrotono.
electrotype [iˈlektroutaip], *n.* (*tipogr.*) cliché; galvanotipo; galvano.
to electrotype [iˈlektroutaip], *v. t.* (*tipogr.*) riprodurre mediante galvanotipia.
electrotyping [iˈlektroutaipiŋ], *n.* galvanotipia; elettrotipia.
electrum [iˈlektrəm], *n.* **1** (*miner.*) lega naturale d'oro e argento **2** argentone; lega di rame, nickel e zinco (*usata per vasellame*).
electuary [iˈlektjuəri], *n.* (*med.*) elettuario.
eleemosynary [ˌeliiːˈmɔsinəri], *a.* **1** di (*o* dato in) elemosina; caritatevole **2** che vive di carità (*o* d'elemosina).
elegance [ˈeligəns], **elegancy** [ˈeligənsi], *n.* eleganza; grazia; finezza.
elegant [ˈeligənt], *a.* **1** elegante; aggraziato; fine **2** (*fam.*) eccellente; ottimo.
elegiac [ˌeliˈdʒaiək], **A** *a.* elegiaco: **e. couplet**, distico elegiaco. **B** *n.* **1** (*verso*) elegiaco; pentametro **2** (*pl.*) versi elegiaci.
elegiacal [ˌeliˈdʒaiəkəl], *a.* elegiaco.
elegist [ˈelidʒist], *n.* poeta elegiaco.
to elegize [ˈelidʒaiz], **A** *v. i.* scrivere elegie (*o* versi elegiaci) **B** *v. t.* commemorare con un'elegia; scrivere un'elegia su (q.).
elegy [ˈelidʒi], *n.* elegia.
element [ˈelimənt], *n.* elemento; fattore; nozione elementare; rudimento: **the four elements**, i quattro elementi (*secondo gli antichi*); **to be attacked by the fury of the elements**, essere assalito dalla furia degli elementi; **the elements of physics**, gli elementi (*o* le nozioni elementari) della fisica; **Honesty is an important e.**, l'onestà è un fattore importante. ● **to be in** (**out of**) **one's e.**, trovarsi nel (fuori del) proprio elemento: **He is in his e. when people are talking about literature**, si trova nel suo elemento quando si parla di letteratura □ **There is an e. of truth in what he says**,

c'è del vero in ciò che dice.
elemental [,eli'mentəl], *a.* **1** degli elementi della natura: **e. worship**, culto degli elementi della natura **2** fondamentale; primitivo; primordiale: **e. drives**, impulsi primitivi **3** (*chim., filos.*) elementare; semplice.
elementariness [,eli'mentərinis], *n.* elementarità; rudimentalità.
elementary [,eli'mentəri], *a.* elementare; rudimentale: **e. knowledge**, conoscenza rudimentale; **an e. school**, una scuola elementare; (*chim.*) **an e. particle**, una particella elementare.
elephant ['elifənt], *n.* (*pl.* **elephants, elephant**) **1** (*zool., Elephas*) elefante **2** foglio di carta (*cm 70 per 58 circa*). ● (*zool.*) **e. fish** (*Callorhynchus callorhynchus*), pesce elefante □ (*zool.*) **e. seal** (*Mirounga leonina*), elefante marino, foca elefantina □ **e. trainer**, domatore d'elefanti □ **cow e.**, elefantessa □ (*fig.*) **white e.**, cosa che costa di manutenzione più di quel che vale; cosa costosa di cui è difficile sbarazzarsi.
elephantiac [,eli'fæntiæk], *a.* (*med.*) elefantiaco.
elephantiasic [,elifən'taiəsik], *V.* **elephantiac.**
elephantiasis [,elifən'taiəsis], *n.* (*pl.* **elephantiases**) (*med.*) elefantiasi.
elephantine [,eli'fæntain], *a.* **1** di elefante; degli elefanti: (*geol.*) **the e. epoch**, l'era degli elefanti **2** elefantesco; mastodontico; pesante; sgraziato; gravoso: **e. movements**, movimenti sgraziati; **an e. task**, un compito gravoso. ● **e. memory**, memoria da elefante.
Eleusinian [,elju(:)'siniən], *a.* eleusino: **E. mysteries**, misteri eleusini.
Eleusis [i'lju:sis], *n.* (*geogr., stor.*) Eleusi.
to elevate ['eliveit], *v. t.* elevare (*anche fig.*); innalzare; alzare; esaltare: **to e. sb. to the peerage**, elevare q. alla carica di Pari di Inghilterra; **to e. one's eyes**, elevare lo sguardo; **to e. one's voice**, alzare la voce; **an elevating story**, un racconto che eleva (*o* che esalta). ● (*mil.*) **to e. a gun**, dare l'alzo a un cannone □ (*mil.*) **elevating arc**, alzo.
elevated ['eliveitid], **A** *a.* **1** elevato; alto; nobile; sublime: **an e. style**, uno stile elevato; **e. aims**, nobili scopi **2** soprelevato: **an e. railway**, una ferrovia soprelevata **3** (*fam. arc.*) alticcio; brillo. **B** *n.* (*fam.*) ferrovia soprelevata.
elevation [,eli'veiʃən], *n.* **1** elevazione; innalzamento; altura; prospetto (*d'un edificio, ecc.*): **e. to the peerage**, elevazione alla carica di Pari; **an e. of the ground**, un'elevazione del terreno; un'altura; (*relig.*) **E. of the Host**, Elevazione (dell'ostia) **2** elevatezza; nobiltà; sublimità: **e. of thought**, elevatezza di pensiero **3** (*geogr.*) altezza; altitudine: **an e. of 3,300 feet**, un'altitudine di circa 1 000 metri **4** (*mil.*) angolo d'elevazione (*di arma da fuoco*) **5** (*astron.*) altezza; elevazione **6** (*topografia*) quota. ● **a sudden e. of temperature**, un improvviso innalzamento della temperatura.
elevator ['eliveitə*], *n.* **1** elevatore; che eleva, ecc. (*V.* **to elevate**) **2** (*mecc.*) elevatore; montacarichi **3** (*USA*) ascensore (*cfr. ingl.* **lift**) **4** (*agric.*) silos; magazzino per cereali **5** (*mil.*) elevatore (*d'arma da fuoco*) **6** (*aeron.*) timone di profondità (*o* di quota). ● (*USA*) **e. boy**, ascensorista; lift.
eleven [i'levn], *a. e n.* undici. ● (*sport*) **an e.**, un «undici», una squadra di undici uomini (*come al calcio o al cricket*) □ **the E.**, gli undici discepoli (*escluso Giuda*) □ **11-plus (examination)**, esame d'ammissione (alla scuola media): **The abolition of the 11-plus examination was hailed as a sound social measure**, l'abolizione dell'esame d'ammissione fu salutata come un sano provvedimento sociale.
elevenses [i'levənziz], *n. pl.* (*fam.*) spuntino (*a metà mattina*).
eleventh [i'levənθ], *a. e n.* undicesimo; undecimo; decimo primo. ● (*fig.*) **at the e. hour**, all'ultimo momento; appena in tempo.
elf [elf], *n.* (*pl.* **elves, elfs**) **1** (*mitol.*) elfo; folletto (*anche fig.*); fata; fatina: **That little boy is an elf**, quel bambino è un folletto **2** nano; nanerottolo. ● **elf arrow** (*o* **elf bolt**), punta di freccia di selce □ **elf child**, bambino sostituito a un altro dai folletti □ **elf-lock**, massa di capelli arruffati □ **elf-struck**, incantato; stregato.
elfin ['elfin], **A** *a.* **1** di elfo; di folletto; di fata: **e. dance**, danza degli elfi (*anche fig.*) **2** minuscolo; piccolo **3** allegro; birichino; vivace. **B** *n.* **1** elfo; folletto (*anche fig.*) **2** nano; nanerottolo.
elfish ['elfiʃ], *a.* **1** di elfo; di folletto; di fata **2** birichino; malizioso.
Elias [i'laiəs], *n.* Elia.
to elicit [i'lisit], *v. t.* **1** far uscire, cavar fuori, suscitare, strappare (*di solito fig.*): **My remark elicited an angry reply**, la mia osservazione suscitò una risposta irosa; **to e. applause from the audience**, strappare applausi al pubblico **2** dedurre; ricavare: **to e. the truth from data**, dedurre la verità da dati di fatto.
elicitation [i,lisi'teiʃən], *n.* **1** (il) cavar fuori (*V.* **to elicit**) **2** deduzione.
to elide [i laid], *v. t.* elidere; sopprimere.

eligibility [,elidʒə'biliti], *n.* **1** (*anche leg.*) eleggibilità **2** idoneità; l'essere adatto.
eligible ['elidʒəbl], *a.* **1** (*anche leg.*) eleggibile **2** atto a essere scelto; adatto; idoneo; che ha i requisiti (necessari) per; che ha titolo (*o* diritto) a: **to be e. for an office**, avere i requisiti per ricoprire una carica; **to be e. for family allowance**, aver diritto agli assegni familiari; **to be e. for membership in a club**, avere i requisiti per essere ammesso a un circolo. ● **an e. bachelor**, un partito conveniente (*per una donna*) □ **e. to be employed**, che ha i titoli per essere assunto □ **an e. match**, un buon partito.
Elijah [i'laidʒə], *n.* Elia (*profeta biblico*).
eliminable [i'liminəbl], *a.* eliminabile.
to eliminate [i'limineit], *v. t.* **1** eliminare; rimuovere; sopprimere: **to e. unnecessary details**, eliminare particolari superflui; **to e. the risk of nuclear war**, eliminare il rischio della guerra nucleare **2** scartare (*una possibilità, ecc.*) **3** (*fam. o scherz.*) uccidere; eliminare (*fam.*).
elimination [i,limi'neiʃən], *n.* eliminazione (*in ogni senso*). ● (*mat.*) **e. factor**, fattore di eliminazione □ (*sport*) **e. race**, corsa a eliminazione.
eliminative [i'liminətiv], *a.* eliminatorio.
eliminator [i'limineitə*], *n.* **1** chi elimina **2** (*elettron.*) soppressore; eliminatore.
eliminatory [i'liminətri], *a.* eliminatorio.
Elisabeth [i'lizəbəθ], *n.* Elisabetta.
Elisha [i'laiʃə], *n.* Eliseo (*profeta biblico*).
elision [i'liʒən], *n.* (*fon., poesia*) elisione.
elite [ei'li:t], *n.* parte eletta; fior fiore; élite (*franc.*).
elitism [ei'li:tizəm], *n.* elitarismo.
elitist [ei'li:tist], *a. e n.* elitario.
elixir [i'liksə*], *n.* elisir; panacea. ● **e. of life**, pietra filosofale.
Eliza [i'laizə], *n.* Elisa.
Elizabeth [i'lizəbəθ], *n.* Elisabetta.
Elizabethan [i,lizə'bi:θən], *a. e n.* elisabettiano: **the E. age**, l'età elisabettiana (*di Elisabetta I, regina d'Inghilterra dal 1558 al 1603*); **Shakespeare was the greatest E.**, Shakespeare fu il più grande degli elisabettiani.
elk [elk], *n.* (*pl.* **elk, elks**) (*zool.*) **1** (*Alces alces*) alce **2** (*Cervus canadensis*) vapiti, wapiti. ● **elk-hound**, cane da alce.
ell [el], *n.* (*anche* **English ell**) antica misura di lunghezza, pari a circa 114 cm; braccio. ● (*fig.*) **Give him an inch and he'll take an ell**, se gli dai un dito, si prende il braccio.
ellipse [i'lips], *n.* (*geom.*) ellisse.
ellipsis [i'lipsis], *n.* (*pl.* **ellipses**) **1** (*gramm.*) ellissi **2** (*tipogr.*) segno d'omissione.
ellipsograph [i'lipsəgræf], *n.* (*geom.*) ellissografo.
ellipsoid [i'lipsɔid], *n.* (*geom.*) ellissoide.
ellipsoidal [i'lipsɔidəl], *a.* (*geom.*) ellissoidale.
elliptic(al) [i'liptik(əl)], *a.* (*geom., gramm., ecc.*) ellittico: **an e. construction**, una costruzione ellittica. ● **e. geometry**, geometria ellittica; geometria di Riemann.
ellipticity [,elip'tisiti], *n.* **1** (*gramm.*) costruzione ellittica **2** (*geom., elettron.*) rapporto assiale; ellitticità.
elm [elm], *n.* (*bot., Ulmus*) olmo. ● **elm grove**, olmeto.
elocution [,elə'kju:ʃən], *n.* elocuzione; dizione; recitazione.
elocutionary [,elə'kju:ʃnəri], *a.* **1** pertinente all'elocuzione; elocutorio (*raro*) **2** declamatorio; oratorio.
elocutionist [,elə'kju:ʃnist], *n.* **1** maestro d'elocuzione; professore di recitazione **2** declamatore; dicitore.
to elongate ['i:lɔŋgeit], **A** *v. t.* allungare; prolungare. **B** *v. i.* allungarsi; prolungarsi.
elongate ['i(:)lɔŋgeit], *a.* (*bot., zool.*) allungato; oblungo.
elongation [,i:lɔŋ'geiʃən], *n.* **1** allungamento; prolungamento **2** (*astron., geom.*) elongazione **3** (*poesia*) allungamento.
to elope [i'loup], *v. i.* **1** (*specialm. di donna*) fuggire, scappare (*con un amante*) **2** (*di due innamorati*) fuggire (insieme).
elopement [i'loupmənt], *n.* fuga (*di due innamorati, o di donna con un amante*).
eloquence ['eləkwəns], *n.* eloquenza.
eloquent ['eləkwənt], *a.* eloquente (*anche fig.*): **an e. sigh**, un sospiro eloquente. ● **e. of**, che dice molto di; indicativo, significativo di: **The poor crops are e. of their farming methods**, la scarsità dei raccolti è indicativa dei loro metodi di coltivazione.
else [els], **A** *a. e avv.* (*dopo un pron. interr. o un composto di* **some, any, no, every**) altro; (di) più: **What e. could I say?**, che altro potevo dire?; **Where e. did you go?**, in quale altro luogo sei andato?; **nothing e.**, nient'altro; nulla più; **everybody e.**, tutti gli altri; **nowhere e.**, in nessun altro luogo. **B** *avv.* altrimenti; se no: **You must leave at once, (or) e. you'll miss your train**, devi andar via subito, altrimenti perderai il treno. ● **Who e. was present?**, chi altri era presente?
elsewhere ['els'wɛə*], *avv.* altrove; in qualche altro luogo.
to elucidate [i'lu:sideit], *v. t.* delucidare; spiegare; elucidare (*raro*)
elucidation [i,lu:si'deiʃən], *n.* delucidazione; spiegazione; chiari-

elucidative mento; schiarimento.
elucidative [i'lu:sideitiv], *a.* esplicativo.
elucidator [i'lu:sideitə*], *n.* delucidatore; esplicatore.
elucidatory [i'lu:sideitəri], *a.* esplicatorio.
to elude [i'lu:d], *v. t.* eludere; schivare; sfuggire a; sottrarsi a: **to e. an inquiry**, eludere una domanda; **to e. one's pursuers**, sfuggire ai propri inseguitori; **to e. payment**, sottrarsi al pagamento; **to e. a blow**, schivare un colpo.
elusion [i'lu:ʒən], *n.* elusione (*raro*); lo schivare (*q.c.*); lo sfuggire, il sottrarsi (*a q. o q.c.*).
elusive [i'lu:siv], *a.* **1** elusivo; evasivo: **an e. answer**, una risposta elusiva **2** fuggevole; sfuggente; difficile da afferrare (*anche fig.*); inafferrabile: **an e. concept**, un concetto difficile da afferrare. ● (*med.*) **an e. virus**, un virus difficile da isolare.
elusiveness [i'lu:sivnis], *n.* **1** elusività **2** inafferrabilità.
elusory [i'lu:səri], *a.* elusivo; elusorio; ingannevole; illusorio.
elver ['elvə*], *n.* (*zool.*) ceca; anguilla giovane.
elves [elvz], *n. pl.* di **elf**.
elvish ['elviʃ], *V.* **elfish**.
Elysian [i'liziən], *a.* **1** (*mitol.*) elisio: **the E. fields**, i Campi Elisi **2** (*fig.*) paradisiaco.
Elysium [i'liziəm], *n.* (*pl.* **Elysiums, Elysia**) **1** (*mitol.*) Elisio; Eliso **2** (*fig.*) paradiso.
elytron ['elitrən], **elytrum** ['elitrəm], *n.* (*pl.* **elytra**) (*anat. zool.*) elitra.
Elzevir ['elziviə*], *a.* e *n.* (*tipogr.*) elzeviro (*carattere e libro*).
'em [em, əm], *pron. pers.* (*fam. per* **them**) loro; essi, esse.
em [em], *n.* **1** emme; lettera m **2** (*tipogr.*) quadratone **3** (*tipogr.*) corpo 12.
to emaciate [i'meiʃieit], *v. t.* **1** emaciare; far deperire; far dimagrire **2** (*fig.*) svuotare di vigore (forza, ecc.); attenuare; impoverire (*il terreno*).
emaciated [i'meiʃieitid], *a.* **1** emaciato; smunto, deperito **2** (*fig.*) svuotato di vigore (di forza, ecc.); attenuato; (*di terreno*) impoverito.
emaciation [i,meisi'eiʃən], *n.* **1** emaciazione; deperimento **2** (*fig.*) perdita di vigore (di forza, ecc.); attenuazione.
to emanate ['eməneit], *v. i.* emanare; derivare; scaturire.
emanation [,emə'neiʃən], *n.* emanazione.
emanative ['eməneitiv], *a.* che emana; che tende a emanare.
to emancipate [i'mænsipeit], *v. t.* (*leg., anche fig.*) emancipare: **to e. a slave**, emancipare uno schiavo.
emancipated [i'mænsipeitid], *a.* (*leg., anche fig.*) emancipato.
emancipation [i,mænsi'peiʃən], *n.* (*leg., anche fig.*) emancipazione.
emancipator [i'mænsipeitə*], *n.* (*leg.*) emancipatore.
emancipatory [i'mænsipətəri], *a.* di emancipazione; che emancipa.
emancipist [i'mænsipist] (*australiano*), *n.* ex-galeotto.
Emanuel [i'mænjuəl], *n.* Emanuele.
to emasculate [i'mæskjuleit], *v. t.* **1** evirare **2** (*fig.*) effeminare; indebolire; infiacchire; snervare.
emasculate [i'mæskjulit], *a.* **1** evirato **2** (*fig.*) effeminato.
emasculation [i,mæskju'leiʃən], *n.* **1** evirazione **2** (*fig.*) effeminatezza; indebolimento.
emasculative [i'mæskjulətiv], **emasculatory** [i'mæskjulətəri], *a.* che effemina; che infiacchisce.
to embalm [im'ba:m], *v. t.* **1** imbalsamare **2** rendere balsamico.
embalmer [im'ba:mə*], *n.* imbalsamatore.
embalmment [im'ba:mənt], *n.* imbalsamazione.
to embank [im'bæŋk], *v. t.* arginare (*un fiume*).
embankment [im'bæŋkmənt], *n.* **1** arginamento **2** argine; banchina; terrapieno. ● **the Thames E.**, il Lungotamigi.
embargo [em'ba:gou], *n.* (*pl.* **embargoes**) **1** (*leg., naut.*) embargo; fermo (*o* sequestro) imposto a navi mercantili (*specialm. straniere*) **2** (*econ.*) embargo; divieto: **e. on exports**, divieto d'esportazione (*di talune merci*) **3** (*fig.*) divieto; proibizione; veto. ● **to lay an e. on**, mettere l'embargo su □ (*di un governo*) **to lay st. under an e.**, requisire q.c. □ **to lift** (*o* **to raise**) **the e. on**, togliere l'embargo □ **to be under e.**, essere sotto embargo.
to embargo [em'ba:gou], *v. t.* (*leg., naut.*) **1** mettere l'embargo su (*navi, merci*) **2** requisire, sequestrare (*navi, merci*).
to embark [im'ba:k], *v. t. e i.* imbarcare; imbarcarsi (*anche fig.*): **The airplane embarked more passengers at Shannon**, l'aeroplano imbarcò altri passeggeri a Shannon; **to e. on a new adventure (career, etc.)**, imbarcarsi in una nuova avventura (carriera, ecc.).
embarkation [,emba:keiʃən], *n.* **1** imbarco **2** (*fig.*) (l') imbarcarsi (*fig.*): **his e. on a new adventure**, il suo essersi imbarcato in una nuova avventura.
to embarrass [im'bærəs], *A v. t.* **1** imbarazzare; confondere: **She embarrassed him with her questions**, lo imbarazzò con le sue domande **2** (*arc.*) complicare, rendere difficile (*una domanda, ecc.*) **3** mettere (q.) in difficoltà finanziarie **4** (*arc.*) impedire; impacciare. **B** *v. i.* imbarazzarsi: **I embarrassed**

easily, m'imbarazzo facilmente. ● (*fin.*) **embarrassed by debts**, gravato di debiti.
embarrassing [im'bærəsiŋ], *a.* imbarazzante: **an e. question**, una domanda imbarazzante.
embarrassment [im'bærəsmənt], *n.* **1** imbarazzo; perplessità **2** (*fig.*) difficoltà: **financial embarrassments**, difficoltà finanziarie **3** imbarazzo; quantità eccessiva (*di opzioni*): (*fig.*) **an e. of riches**, l'imbarazzo della scelta (*fra troppe cose*) **4** (*arc.*) impedimento; impaccio.
embassy ['embəsi], *n.* **1** ambasciata **2** ambasceria.
to embattle [im'bætl], *v. t.* (*mil.*) **1** schierare in ordine di battaglia **2** fortificare (*una città, ecc.*).
to embay [im'bei], *v. t.* **1** formare una baia intorno a (q.c.) **2** racchiudere in (*o* come in) una baia **3** (*naut.*) costringere (*una nave*) a ridossarsi (*dal vento*) in una baia.
embayment [im'beimənt], *n.* insenatura; baia.
to embed [im'bed], *v. t.* **1** conficcare; incastrare; incastonare: **The knife was embedded in the wood**, il coltello era conficcato nel legno; **bricks embedded in mortar**, mattoni incastrati nella calce **2** (*fig.*) incidere; imprimere (*nella mente, nella memoria, ecc.*).
to embellish [im'beliʃ], *v. t.* abbellire; ornare.
embellishment [im'beliʃmənt], *n.* abbellimento; ornamento.
ember ['embə*], *n.* **1** tizzo; tizzone; brace **2** (*pl.*) brace; cenere ardente **3** (*pl., fig.*) resti di q.c. non ancora spento. ● **the embers of my love for her**, il mio amore per lei, che ancora cova (*o* covava) sotto la cenere.
Ember days ['embədeiz], *n. pl.* (*relig.*) (giorni del digiuno delle) Quattro Tempora.
ember goose ['embə* 'gu:s], *n.* (*pl.* **ember geese**) (*zool., Gavia immer; anche* **common loon, great northern diver**) strolaga maggiore.
to embezzle [im'bezl], *v. t.* (*leg.*) appropriarsi indebitamente di, sottrarre (*denaro o altri beni*); malversare.
embezzlement [im'bezlmənt], *n.* (*leg.*) appropriazione indebita; malversazione.
embezzler [im'bezlə*], *n.* (*leg.*) malversatore.
to embitter [im'bitə*], *v. t.* **1** amareggiare; esacerbare; esasperare **2** inasprire, aggravare (*un male*) **3** avvelenare (*un piacere, ecc.*).
embitterment [im'bitəmənt], *n.* **1** amareggiamento; esasperazione **2** inasprimento; aggravamento.
to emblazon [im'bleizən], *v. t.* **1** adornare, decorare (*di stemma o di brillanti colori*) **2** (*fig.*) celebrare; elogiare; cantare le lodi di (q. *o* q.c.) **3** (*araldica*) blasonare.
emblazonment [im'bleizənmənt], *n.* **1** adornamento; decorazione **2** celebrazione; elogio **3** (*pl.*) (*araldica*) pezze onorevoli.
emblazonry [im'bleizənri], *n.* **1** (*collett., araldica*) blasoni; stemmi **2** (*araldica*) descrizione di un blasone **3** (*fig.*) abbellimento; ornamento.
emblem ['embləm], *n.* emblema; simbolo **2** (*araldica*) emblema; blasone; stemma.
emblematic(al) [,embli'mætik(əl)], *a.* emblematico; simbolico. ● **The dove is e. of peace**, la colomba è il simbolo della pace.
emblematist [em'blemətist], *n.* **1** creatore d'emblemi (*o* di simboli) **2** (*araldica*) disegnatore di blasoni (*o* di stemmi).
to emblematize [em'blemətaiz], *v. t.* simboleggiare; rappresentare.
emblements ['embləmənts], *n. pl.* (*leg.*) frutti pendenti.
embodiment [im'bɔdimənt], *n.* **1** incarnazione; espressione; personificazione: **She is the e. of virtue**, è la personificazione della virtù **2** incorporamento; inclusione.
to embody [im'bɔdi], *v. t.* **1** incarnare; concretare; esprimere; dar forma concreta a; tradurre (*fig.*); personificare; rappresentare: **to e. an idea**, incarnare un concetto; **to e. one's principles in actions**, tradurre i propri principi in azioni; **He embodies the aspiration of his people to liberty**, egli rappresenta l'aspirazione del suo popolo alla libertà **2** incorporare; comprendere; includere: **Our opinions are embodied in the committee's report**, le nostre opinioni sono incluse nel rapporto della commissione. ● (*leg.*) **to e. a clause**, inserire una clausola □ **an embodied spirit**, uno spirito incarnato.
to embog [im'bɔg], *v. t.* far impantanare (*anche fig.*).
to embolden [im'bouldən], *v. t.* imbaldanzire; incoraggiare.
embolism ['embəlizəm], *n.* **1** embolismo **2** (*med.*) embolia; embolismo **3** (*fam. med.*) embolo.
embolus ['embələs], *n.* (*pl.* **emboli**) (*med.*) embolo.
to embosom [im'buzəm], *v. t.* **1** abbracciare; stringere al seno **2** (*fig.*) avvolgere; cingere; circondare; racchiudere: **a cottage embosomed in an olive grove**, una casetta circondata da olivi.
to emboss [im'bɔs], *v. t.* **1** lavorare a sbalzo, sbalzare (*un metallo, ecc.*) **2** (*tecn.*) goffrare **3** (*tipogr.*) imprimere a secco; stampare in rilievo: **an embossed address on one's note-paper**, un indirizzo stampato in rilievo sulla propria carta da lettere **4** (*fig.*) abbellire; adornare.
embossed [im'bɔst], *a.* in rilievo; a sbalzo; goffrato: **e. work**, lavoro in rilievo. ● **e. plate**, targhetta (*per indirizzi*) □ **e.**

stamp, timbro a secco.
embosser [im'bɔsə*], *n. (ind.)* **1** goffratore **2** goffratrice *(la macchina).*
embossing [im'bɔsiŋ], *n.* **1** *(metall.)* lavoro a sbalzo **2** *(tecn.)* goffratura; goffraggio **3** *(tipogr.)* impressione a secco.
embossment [im'bɔsmənt], *n.* **1** rilievo; sbalzo **2** *(tecn.)* goffratura; goffraggio **3** figura (*o* ornamento) a sbalzo **4** gonfiore; protuberanza.
embourgeoisement [ãbu:rʒwaz'mã], *(franc.)*, *n.* imborghesimento.
to embowel [im'bauəl], *v. t. (raro)* sbudellare.
to embower [im'bauə*], *v. t.* **1** coprire di fogliame; ricoprire di verde **2** racchiudere, dar rifugio a *(in un pergolato).*
to embrace [im'breis], **A** *v. t.* abbracciare (*anche fig.*); accettare; afferrare; cogliere; comprendere; cingere; stringere: **to e. an opportunity**, abbracciare un'occasione; **to e. Christianity**, abbracciare la fede cristiana; **Philosophy embraces other sciences**, la filosofia abbraccia le altre scienze; **to e. an offer**, accettare un'offerta; **to e. a new profession**, abbracciare una nuova professione. **B** *v. i.* abbracciarsi.
embrace [im'breis], *n.* abbraccio; amplesso; stretta.
embracement [im'breismənt], *n.* l'abbracciare *(anche fig.);* abbraccio; accettazione; consenso.
embranchment [im'bra:ntʃmənt], *n.* diramazione *(d'un fiume).*
to embrangle [im'bræŋgl], *v. t. (raro, fam.)* **1** complicare; ingarbugliare **2** confondere; rendere perplesso.
embranglement [im'bræŋglmənt], *n. (raro, fam.)* **1** complicazione; garbuglio **2** confusione; perplessità.
embrasure [im'breiʒə*], *n.* **1** *(archit.)* strombatura; strombo; svasatura *(di una finestra o porta)* **2** *(mil.)* cannoniera; feritoia per cannone.
embriologic(al) [ˌembriou'lɔdʒik(əl)], *a.* embriologico.
to embrocate ['embroukeit], *v. t. (med.)* frizionare con un linimento.
embrocation [ˌembrou'keiʃən], *n. (med.)* embrocazione; linimento.
to embroider [im'brɔidə*], *v. t. e i.* ricamare *(anche fig.);* infiorare, esagerare, aggiungere frange a *(un racconto, ecc.).*
embroiderer [im'brɔidərə*], *n.* ricamatore.
embroideress [im'brɔidəris], *n.* ricamatrice.
embroidery [im'brɔidəri], *n.* ricamo *(anche fig.);* abbellimento.
to embroil [im'brɔil], *v. t.* **1** confondere; imbrogliare; pasticciare **2** coinvolgere; immischiare. ● **to e. matters**, imbrogliare le carte.
embroilment [im'brɔilmənt], *n.* **1** confusione; imbroglio; pasticcio; garbuglio **2** confusione, parapiglia; tumulto.
to embrown [im'braun], *v. t.* abbrunire; rendere bruno *(o* scuro).
embryo ['embriou], *(biol., anche fig.)* **A** *n. (pl.* **embryos**) embrione: **in e.**, in embrione. **B** *a.* embrionale.
embryogenesis [ˌembriou'dʒenisis], *n.* embriogenesi.
embryogeny [ˌembri'ɔdʒəni], *V.* **embryogenesis.**
embryology [ˌembri'ɔlədʒi], *n.* embriologo.
embryonal ['embriənəl], *V.* **embryonic.**
embryonic [ˌembri'ɔnik], *a. (anche fig.)* embrionale.
to embus [im'bʌs], **A** *v. t.* **1** far salire *(o* imbarcare) su un autobus **2** *(mil.)* caricare *(truppe, ecc.)* su autocarri. **B** *v. i.* salire su un autobus.
emcee [em'si], *n. (abbr. fam. di* **Master of Cerimonies**) cerimoniere; *(telev.)* presentatore.
to emcee [em'si], **A** *v. t.* fare da cerimoniere *(in uno spettacolo, ecc.); (telev.)* presentare. **B** *v. i.* fare il *(o* da) cerimoniere *(o* presentatore); *(telev.)* presentare.
to emend [i(:)'mend], *v. t.* emendare; correggere *(un testo e sim.).*
emendation [i:men'deiʃən], *n.* emendamento; emendazione; correzione *(di un testo e sim.).*
emendator ['i:mendeitə*], *n.* emendatore, correttore *(d'un testo).*
emendatory [i(:)'mendətəri], *a.* emendativo.
emerald ['emərəld], **A** *n.* **1** *(miner.)* smeraldo **2** *(tipogr.)* corpo sei e mezzo. **B** *a.* di smeraldi: **an e. ring**, un anello di smeraldi **2** color smeraldo, smeraldino. ● **e. cut**, taglio a smeraldo □ *(fig.)* **the E. Isle**, l'isola di smeraldo *(l'Irlanda).*
emeraldine ['emərəldain], *a.* smeraldino.
to emerge [i'mə:dʒ], *v. i.* **1** emergere; spuntare; apparire; manifestarsi **2** sorgere: **Will a new leader e.?**, sorgerà un nuovo capo? **3** risultare: **Caesar emerged the victor**, Cesare risultò il vincitore **4** *(scient.)* derivare *(per evoluzione).*
emergence [i'mə:dʒəns], *n.* **1** emersione; apparizione; manifestazione **2** *(scient.)* derivazione; emergenza **3** *(geol.)* emersione **4** *(geol.)* emergente **5** *(fig.)* comparsa in scena.
emergency [i'mə:dʒənsi], *n.* emergenza; circostanza imprevista, pericolosa. ● *(autom.)* **e. brake**, freno di stazionamento; freno a mano □ **e. door** (*o* **e. exit**), uscita di sicurezza □ *(fin.)* **e. fund**, fondo di riserva □ *(aeron.)* **e. landing field**, campo di fortuna □ *(autom.)* **e. lane**, corsia di emergenza □ *(mil., polit.)*
e. rule, stato d'emergenza □ *(aeron.)* **e. runway**, pista d'emergenza □ *(med.)* **e. ward**, (reparto di) pronto soccorso □ **state of emergency**, stato di emergenza.
emergent [i'mə:dʒənt], *a.* **1** *(anche polit.)* emergente: **e. countries**, i paesi emergenti **2** inaspettato; imprevisto.
emeritus [i(:)'meritəs], *(lat.)*, *a.* emerito: **professor e.**, professore emerito.
emersion [i(:)'mə:ʃən], *n. (astron., naut., ecc.)* emersione.
Emery ['eməri], *n.* Amerigo.
emery ['eməri], *n.* smeriglio. ● **e. cloth**, tela smeriglio □ **e. paper**, carta smerigliata □ **e. rubbing**, smerigliatura □ *(mecc.)* **e. wheel**, mola a smeriglio.
emetic [i'metik], *a. e n. (farm.)* emetico.
emetin(e) ['emitin], *n. (chim., farm.)* emetina.
emeu ['i:mju:], *V.* **emu.**
emigrant ['emigrənt], *a. e n.* emigrante; emigrato.
to emigrate ['emigreit], **A** *v. i.* emigrare. **B** *v. t.* far emigrare.
emigration [ˌemi'greiʃən], *n.* emigrazione.
emigratory ['emigrətəri], *a.* emigratorio; migratorio.
émigré ['emigrei], *(franc.)*, *n. (specialm. stor.)* emigrato politico.
Emil ['emil], *n.* Emilio.
Emily ['emili], *n.* Emilia.
eminence ['eminəns], *n.* eminenza *(in ogni senso).* ● *(fig.)* **é. grise** *(franc.)*, eminenza grigia □ **His E.**, Sua Eminenza.
eminency ['eminənsi], *n.* eminenza; preminenza.
eminent ['eminənt], *a.* **1** eminente; prominente; celebre **2** considerevole; notevole; ragguardevole: **He is a man of e. good sense**, è un uomo di notevole buon senso.
eminently ['eminəntli], *avv.* **1** eminentemente **2** notevolmente; assai; molto.
emir [e'miə*], *n.* emiro.
emirate [e'miərit], *n. (stor., geogr.)* emirato.
emissary ['emisəri], *n.* **1** emissario; spia **2** inviato.
emission [i'miʃən], *n.* **1** *(fis., fisiologia, radio)* emissione: **the e. of light (heat, smell, etc.)**, l'emissione di luce (calore, odore, ecc.) **2** *(ind., ecologia)* effluente; scarico: **distillery emissions**, gli effluenti delle distillerie.
emissive [i'misiv], *a.* emissivo; d'emissione.
to emit [i'mit], *v. t.* **1** emettere *(in ogni senso)* **2** *(radio, telev.)* trasmettere.
emitter [i'mitə*], *n.* **1** chi emette **2** *(elettron.)* emettitore.
Emmanuel [i'mænjuəl], *n.* Emanuele.
Emment(h)aler ['emantə:lə*], *n.* emmenthal, emental *(formaggio svizzero).*
emmet ['emit], *n. (dial.)* formica.
Emmy ['emi], *n. (telev.: USA)* Emmy *(Oscar televisivo).*
emollient [i'mɔliənt], *a. e n. (farm.)* emolliente.
emolument [i'mɔljumənt], *n.* emolumento; retribuzione.
to emote [i'mout], *v. i. (fam.)* essere *(o* mostrarsi) emozionato, emozionarsi.
emotion [i'mouʃən], *n.* **1** emozione **2** *(pl.)* sentimenti.
emotional [i'mouʃənl], *a.* **1** emozionale **2** emotivo; impressionabile: **an e. girl**, una ragazza emotiva **3** commovente; che suscita emozioni: **an e. speech**, un discorso commovente. ● *(psic.)* **e. person**, persona emotivo.
emotionalism [i'mouʃnəlizm], *n.* **1** emotività; impressionabilità **2** l'essere commovente; il fare appello ai sentimenti **3** *(psic.)* temperamento emotivo.
emotionalist [i'mouʃnəlist], *n.* **1** persona emotiva, impressionabile **2** chi fa appello ai sentimenti **3** *(psic.)* emotivo.
emotionality [i,mouʃə'næliti], *V.* **emotionalism.**
emotive [i'moutiv], *a.* **1** emotivo; impressionabile **2** che fa appello ai sentimenti; commovente; toccante.
to empanel [im'pænl], *v. t. (leg.)* iscrivere nella lista dei giurati. ● **to e. a (new) jury**, formare una giuria *(traendo i nomi dalla lista).*
empathy ['empəθi], *n. (psic.)* identificazione; immedesimazione; empatia.
emperor ['empərə*], *n.* **1** imperatore **2** *(zool., Saturnia pavonia)* pavonia maggiore.
emperorship ['empərəʃip], *n.* dignità *(o* ufficio) d'imperatore.
emphasis ['emfəsis], *n., pl.* **emphases**) **1** enfasi; efficacia; calore; forza; veemenza **2** importanza; rilievo; risalto; enfasi: **Some nations lay great e. on athletics**, certe nazioni danno grande importanza all'atletica **3** *(fon.)* inflessione della voce; accento; tono.
to emphasize ['emfəsaiz], *v. t.* **1** *(fon.)* enfatizzare, accentuare; mettere l'accento tonico su: **In the sentence «I saw him» the pronoun «him» is not emphasized**, nella proposizione «I saw him», il pronome «him» si appoggia per l'accento al verbo che lo precede **2** mettere in evidenza; mettere in rilievo; sottolineare *(fig.)*; evidenziare; enfatizzare: **He emphasized the fact that he did not know the thief**, sottolineò il fatto che non conosceva il ladro.
emphatic [im'fætik], *a.* **1** enfatico: **e. words**, parole enfatiche; **an e. person**, una persona enfatica **2** energico; risoluto; vivace;

emphatically

teatrale: **an e. gesture**, un gesto energico (*o* teatrale) **3** decisivo; grave; netto: **an e. defeat**, una grave sconfitta **4** (*fon.*) enfatico.
emphatically [im'fætikəli], *avv.* **1** enfaticamente **2** energicamente.
emphysema [,emfi'si:mə], *n.* (*med.*) enfisema.
emphysematous [,emfi'si:mətəs], *a.* (*med.*) enfisematoso.
emphyteusis [,emfi'tju:sis], *n.* (*pl.* **emphyteuses**) (*leg.*) enfiteusi.
emphyteuta [,emfi'tju:tə], *n.* (*pl.* **emphyteutae**) (*leg.*) enfiteuta.
emphyteutic [,emfi'tju:tik], *a.* (*leg.*) enfiteutico.
empire ['empaiə*], **A** *n.* impero; autorità assoluta; potere supremo: **the British E.**, l'Impero Britannico. **B** *a. attr.* stile impero. ● **the E.**, il Sacro Romano Impero; l'Impero (*di Napoleone I*) □ (*fig.*) **e.-builder**, persona che si costituisce posizioni di potere (*all'interno di un'organizzazione*) □ **E. Day**, la festa dell'Impero (*il 24 maggio, genetliaco della regina Vittoria*) □ (*USA*) **the E. State**, lo Stato di New York.
empiric [em'pirik], **A** *a.* empirico: **the e. method**, il metodo empirico; **an e. remedy**, una medicina empirica. **B** *n.* **1** empirico; pratico **2** (*spreg.*) praticone; ciarlatano.
empirical [em'pirikəl], *a.* empirico.
empiricism [em'pirisizəm], *n.* **1** empirismo **2** (*spreg.*) ciarlataneria.
empiricist [em'pirisist], *n.* **1** (*filos.*) empirista **2** (*spreg.*) pratico.
emplacement [im'pleismənt], *n.* **1** collocazione; ubicazione **2** (*mil.*) postazione, piazzola (*di cannone, mitragliatrice, ecc.*).
to emplane [im'plein], **A** *v. i.* salire a bordo d'un aeroplano. **B** *v. t.* far salire (*o* imbarcare) su un aeroplano.
to employ [im'ploi], **A** *v. t.* impiegare; adoperare; usare; valersi di; dare lavoro a; assumere; tenere occupato: **How do you e. your savings?**, come impieghi i tuoi risparmi?; **That firm employs hundreds of men**, quella ditta dà lavoro a centinaia d'uomini; **he is employed in an export firm**, è impiegato in una ditta d'esportazioni. **to employ oneself B** *v. rifl.* occuparsi di; dedicarsi a: **He will e. himself in study**, si dedicherà allo studio.
employ [im'ploi], *n.* impiego; occupazione. ● **to be in the e. of sb.**, essere alle dipendenze di q.
employable [im'ploiəbl], *a.* che può essere assunto; idoneo al lavoro.
employee [,emploi'i:], *n.* prestatore d'opera; impiegato; dipendente; operaio: **The firm has three hundred employees**, la ditta ha trecento dipendenti. ● **the employees**, le maestranze □ (*ind.*) **e. benefit plan**, sistema previdenziale (*per i dipendenti*).
employer [im'ploiə*], **A** *n.* **1** datore di lavoro; principale; padrone (*di un'azienda*) **2** chi impiega, chi fa uso (*di q.c.*). **B** *a. attr.* (*econ.*) padronale; datoriale. ● **employers' association**, sindacato padronale □ **e.'s liability**, responsabilità civile del datore di lavoro.
employment [im'ploimənt], *n.* **1** impiego; occupazione; professione; mestiere: **to find e.**, trovare impiego; **a policy of full e.**, una politica di piena occupazione **2** impiego; uso. ● **e. agency** (*o* **e. bureau**), agenzia di collocamento □ **e. card**, libretto di lavoro □ **e. exchange**, ufficio di collocamento (*in G. B.*) □ (*econ.*) **e. index**, indice dell'occupazione □ **e. of women**, l'occupazione femminile □ (*stat.*) **e. rate**, tasso di occupazione.
to empoison [im'poizən], *v. t.* (*raro*) avvelenare (*anche fig.*); corrompere; guastare; amareggiare.
emporium [em'pɔ:riəm], *n.* (*pl.* **emporiums, emporia**) emporio; centro (*o* base) commerciale; (*meno correttamente*) grande negozio, bazar.
to empower [im'pauə*], *v. t.* **1** conferire poteri a; concedere autorità a; autorizzare **2** mettere in grado, rendere capace di: **Science empowers men to control natural forces**, la scienza mette gli uomini in grado di dominare le forze della natura. ● **The President of the United States is empowered to veto legislation**, il Presidente degli Stati Uniti ha facoltà di porre il veto alle leggi del Congresso.
empress ['empris], *n.* imperatrice.
emptiness ['emptinis], *n.* **1** vuoto **2** vuotaggine; vacuità.
empty ['empti], **A** *a.* **1** vuoto; vacuo; vano; sterile: **an e. room** (**house, etc.**), una stanza (casa, ecc.) vuota; **e. words**, parole vuote; **e. pleasures** (**promises**), piaceri vani (promesse vane); **an e. person**, una persona vuota, vacua **2** (*fam.*) a stomaco vuoto; affamato: **to feel e.**, sentirsi lo stomaco vuoto **3** (*fig.*) sciocco; stolto **4** (*filos., mat.*) nullo. **B** *n.* (recipiente, imballaggio, ecc.) vuoto: **Please return empties**, si prega di restituire i vuoti. ● **e.-handed**, a mani vuote □ **e.-headed**, scervellato; sciocco □ **an e.-headed** (*o* **e.-pated**) **person**, una testa vuota; una zucca vuota □ (*ferr.*) **e. journey**, percorso a vagone vuoto.
to empty ['empti], **A** *v. t.* **1** vuotare; evacuare; sgombrare: **to e. one's glass**, vuotare il bicchiere; **to e. a van**, sgombrare un furgone **2** (*fig.*) svuotare; privare: **to e. a sentence of all meaning**, svuotare una frase di ogni significato. **B** *v. i.* **1** vuotarsi: **The piazza emptied in no time**, la piazza si vuotò in un baleno **2** (*dell'acqua*) scaricarsi: **The water empties slowly**, l'acqua si scarica lentamente **3** (*di fiume*) sboccare; sfociare: **The Po river empties (itself) into the Adriatic sea**, il Po sfocia nel mare Adriatico.
to empurple [im'pə:pl], *v. t.* imporporare.
empyema [,empai'i:mə], *n.* (*pl.* **empyemata, empyemas**) (*med.*) empiema.
empyemic [,empai'i:mic], *a.* empiemico.
empyreal [em'pairi(:)əl], *a.* empireo.
empyrean [,empai'ri(:)ən], *a. e n.* empireo.
E.M.S. [,i:em'es], *n.* (*acronimo di* European Monetary System) (*econ., fin.*) sistema monetario europeo (*abbr.* SME). ● **E.M.S. exchange rates**, (quotazioni dei) cambi SME.
emu ['i:mju:], *n.* (*zool.*, *Dromiceius novae-hollandiae*) emù.
to emulate ['emjuleit], *v. t.* emulare.
emulation [,emju'leiʃən], *n.* emulazione.
emulative ['emjulətiv], *a.* d'emulazione; emulativo.
emulator ['emjuleitə*], *n.* emulatore; emulo.
emulous ['emjuləs], *a.* **1** rivale **2** desideroso; bramoso (*di gloria, ecc.*).
emulsible [i'mʌlsibl], *V.* **emulsifiable**.
emulsifiable [i'mʌlsifaiəbl], *a.* emulsionabile.
emulsification [i,mʌlsifi'keiʃən], *n.* (*chim.*) emulsificazione.
emulsifier [i'mʌlsifaiə*], *n.* (*chim.*) emulsionante.
to emulsify [i'mʌlsifai], *v. t.* emulsionare.
emulsion [i'mʌlʃən], *n.* emulsione. ● (*tecn.*) **e. paint**, vernice con emulsionante.
to emulsionize [i'mʌlʃənaiz], *v. t.* emulsionare.
emulsive [i'mʌlsiv], *a.* emulsivo.
emunctory [i'mʌŋktəri], *n.* (*anat.*) emuntorio.
en [en], *n.* **1** enne; lettera n **2** (*tipogr.*) quadratino.
to enable [i'neibl], *v. t.* **1** rendere capace (*o* in condizione) di; consentire di; permettere di: **Television enables us to see what is happening in a distant place**, la televisione ci permette di vedere quello che sta succedendo in un luogo lontano **2** (*leg.*) conferire poteri a, concedere autorità a (q.).
enabling [i'neibliŋ], *a.* **1** che mette in grado **2** (*leg.*) che conferisce il potere (*di fare q.c.*). ● **e. legislation**, leggi che conferiscono specifici poteri a una persona o un'organizzazione; (*USA*) leggi che regolano l'adesione di un territorio agli USA.
to enact [i'nækt], *v. t.* **1** (*leg.*) decretare; ordinare; sancire; approvare, convertire in legge (*un disegno di legge*); promulgare (*un decreto, una legge*) **2** recitare; rappresentare: **to e. a character in a play**, fare una parte (*o* la parte d'un personaggio) in un dramma. ● **to be enacted**, aver luogo, avvenire; essere commesso, compiuto: **the place where the kidnapping was enacted**, il luogo dove fu commesso il rapimento □ (*leg.*) **the enacting clause**, la formula di promulgazione di una legge.
enaction [i'nækʃən], *V.* **enactment**, *def. 1*.
enactment [i'næktmənt], *n.* (*leg.*) **1** promulgazione, approvazione; sanzione; conversione in legge **2** legge; decreto.
enallage [e'nælədʒi], *n.* (*retor.*) enallage.
enamel [i'næməl], *n.* **1** smalto (*dei denti, da unghie, ecc.*) **2** pittura a smalto; smalto **3** (*fig.*) lustro. ● **e. kiln**, forno da smalto □ **e. ware**, stoviglie smaltate □ **stoving e.**, smalto a fuoco.
to enamel [i'næməl], *v. t.* **1** smaltare; decorare a smalto; verniciare **2** (*fig.*) decorare a vari e vivaci colori.
enameller [i'næmələ*], *n.* smaltatore.
enamelling [i'næməliŋ], *n.* smaltatura; (decorazione a) smalto.
enamellist [i'næməlist], *n.* smaltatore.
to enamor [i'næmə*], (*USA*) *V.* **to enamour**.
to enamour [i'næmə*], *v. t.* innamorare. ● **to be enamoured of** (*o st.*), essere innamorato di q. (*o* q.c.) □ **to become enamoured**, innamorarsi.
enantiomorph [i'næntioumɔ:f], *n.* (*chim.*) enantiomero.
enantiotropy [i,nænti'ɔtrəpi], *n.* (*chim.*) enantiotropia.
enargite ['enədʒait], *n.* (*miner.*) enargite.
enarthrosis [,ena(:)'θrousis], *n.* (*pl.* **enarthroses**) (*anat.*) enartrosi.
to encage [in'keidʒ], *v. t.* ingabbiare; (*fig.*) rinchiudere.
to encamp [in'kæmp], *v. t. e i.* (*mil.*) accampare, accamparsi.
encampment [in'kæmpmənt], *n.* (*mil.*) accampamento.
encapsulant [in'kæpsjulənt], *n.* (*tecn.*) materiale per incapsulare.
to encapsulate [in'kæpsjuleit], **A** *v. t.* incapsulare. **B** *v. i.* incapsularsi.
encapsulation [in,kæpsju'leiʃən], *n.* incapsulamento.
encarpus [en'ka:pəs], *n.* (*pl.* **encarpi**) (*archit.*) encarpo.
to encase [in'keis], *v. t.* **1** incassare; mettere in casse **2** racchiudere; ricoprire **3** cingere; avvolgere; circondare.
to encash [in'kæʃ], *v. t.* **1** (*comm.*) incassare; introitare **2** (*fin., rag.*) convertire in contanti; realizzare (*un credito, ecc.*).
encashment [in'kæʃmənt], *n.* **1** (*comm.*) incasso; introito **2**

(*fin.*, *rag.*) realizzazione; realizzo.

encaustic [en'kɔ:stik], **A** *n.* (*arte*) encausto; encaustica. **B** *a.* encaustico; decorato a fuoco: **an e. tile**, una piastrella decorata a fuoco.

encephalic [,ense'fælik], *a.* (*anat.*) encefalico.

encephalitic [en,sefə'litik], *a.* (*med.*) encefalitico.

encephalitis [,ensefə'laitis], *n.* (*pl.* **encephalitides**) (*med.*) encefalite.

encephalogram [en'sefələgræm], *n.* (*med.*) encefalogramma.

encephalon [en'sefələn], *n.* (*pl.* **encephala**) (*anat.*) encefalo.

to enchain [in'tʃein], *v. t.* (*anche fig.*) incatenare.

enchainment [in'tʃeinmənt], *n.* incatenamento.

to enchant [in'tʃa:nt], *v. t.* 1 incantare; affascinare; ammaliare 2 stregare; affatturare: **a princess enchanted by a witch**, una principessa affatturata da una strega. ● **I shall be enchanted to meet her**, sarò felice di conoscerla.

enchanter [in'tʃa:(:)ntə*], *n.* 1 incantatore; mago 2 stregone.

enchanting [in'tʃa:(:)ntiŋ], *a.* incantevole; affascinante.

enchantment [in'tʃa:(:)ntmənt], *n.* incantesimo; incanto; malia.

enchantress [in'tʃa:(:)ntris], *n.* 1 incantatrice; maliarda; maga 2 strega; fattucchiera 3 (*fig.*) ammaliatrice; donna affascinante.

to encircle [in'sə:kl], *v. t.* 1 circondare; cingere; attorniare 2 (*mil.*) accerchiare.

encirclement [in'sə:klmənt], *n.* 1 circondamento 2 (*mil.*) accerchiamento.

to enclasp [in'kla:sp], *v. t.* abbracciare; stringere.

enclave ['enkleiv], *n.* (*polit.*) enclave (*anche fig.*); oasi territoriale.

enclitic [in'klitik], (*gramm.*) **A** *a.* enclitico. **B** *n.* enclitica.

to enclose [in'klouz], *v. t.* 1 circondare; cingere; recingere; racchiudere: **to e. a fruit garden with a fence**, circondare un orto con uno steccato; (*stor.*) **to e. common land**, recingere terreni già appartenenti alla comunità 2 accludere; allegare; unire: **We are enclosing a cheque for two hundred dollars** 3 (*relig.*) mettere in clausura.

enclosure [in'klouʒə*], *n.* 1 chiusura; recinzione; (*stor.*) **e. of common land**, enclosure; recinzione di terre già appartenenti alla comunità 2 recinto; muro di cinta; steccato 3 terreno cintato; proprietà privata 4 allegato: **Don't forget to send the enclosures with the letter**, non dimenticare di spedire gli allegati con la lettera 5 (*relig.*) clausura.

to enclothe [in'klouð], *v. t.* rivestire.

to encloud [in'klaud], *v. t.* avvolgere in una nube.

to encode [in'koud], *v. t.* 1 mettere in cifra, cifrare (*un messaggio*, *ecc.*) 2 (*elab.*) codificare.

encodement [in'koudmənt], *n.* 1 il cifrare 2 (*elab.*) codifica.

encoder [in'koudə*], *n.* (*elab.*) codificatore.

encomiast [en'koumiæst], *n.* encomiatore; encomiatrice.

encomiastic(al) [en,koumi'æstik(əl)], *a.* encomiastico; elogiativo.

encomium [en'koumiəm], *n.* (*pl.* **encomiums, encomia**) encomio; panegirico.

to encompass [in'kʌmpəs], *v. t.* 1 circondare; attorniare 2 comprendere; racchiudere; includere 3 avvolgere 4 causare, determinare (*q.c. di brutto o di spiacevole*).

encompassment [in'kʌmpəsmənt], *n.* il circondare; l'essere circondato, incluso, compreso, ecc. (*V.* **to encompass**).

to encore [ɔŋ'kɔ:*], *v. t.* chiedere il bis a (q.); bissare, volere il bis di (*un pezzo*, *ecc.*): **The audience encored the tenor**, il pubblico chiese il bis al tenore.

encore [ɔŋ'kɔ:*], **A** *inter.* bis! **B** *n.* 1 bis: **The pianist got an e.**, al pianista fu chiesto il bis 2 esecuzione (*canzone*, *ecc.*) fuori programma. ● **to give an e.**, concedere (*o* dare) il bis: **The violinist gave two encores**, il violinista concesse due bis.

to encounter [in'kauntə*], *v. t. e i.* 1 incontrare; imbattersi in: **to e. an old friend**, incontrare un vecchio amico; **to e. difficulties**, incontrare difficoltà 2 scontrarsi (con): **to e. the enemy**, scontrarsi col nemico.

encounter [in'kauntə*], *n.* 1 incontro 2 (*mil.*) scontro; combattimento. ● (*psic.*) **e. group**, gruppo di incontro.

to encourage [in'kʌridʒ], *v. t.* incoraggiare; incitare; favorire; promuovere; stimolare: **to e. economic recovery**, favorire la ripresa dell'economia.

encouragement [in'kʌridʒmənt], *n.* incoraggiamento.

encouraging [in'kʌridʒiŋ], *a.* incoraggiante.

to encrimson [in'krimzən], *v. t.* arrossare; rendere color cremisi.

to encroach [in'krout∫], *v. i.* 1 intromettersi in; introdursi in; abusare di; usurpare; invadere: **to e. upon other people's land**, invadere (*o* occupare) illegalmente terre altrui; **to e. on sb.'s time**, abusare del tempo di q.; **to e. upon sb.'s rights**, usurpare i diritti di q. 2 (*leg.*) ledere, violare (*specialm. il diritto di proprietà altrui*). ● (*del mare*) **to e. upon the land**, invadere la spiaggia.

encroachment [in'krout∫mənt], *n.* 1 abuso; usurpazione; invasione 2 (*leg.*) violazione (*in particolare*, *del diritto di proprietà altrui*).

to encrust [in'krʌst], **A** *v. t.* 1 incrostare 2 ricoprire, rivestire, adornare fittamente di (*gioielli*, *ecc.*). **B** *v. i.* incrostarsi.

encrustation [,inkrʌs'teiʃən], *n.* incrostazione.

to encumber [in'kʌmbə*], *v. t.* 1 ingombrare; impacciare; ostacolare; intralciare: **This old furniture encumbers the room**, questi vecchi mobili ingombrano la stanza 2 imbarazzare; gravare: **to be encumbered with debts**, essere gravato di debiti.

encumberment [in'kʌmbəmənt], *V.* **encumbrance**.

encumbrance [in'kʌmbrəns], *n.* 1 ingombro; impaccio; ostacolo; intralcio 2 gravame; carico (*anche di famiglia*); persona a carico 3 (*leg.*) carico ipotecario. ● **a widow without e.**, una vedova senza figli.

encyclic(al) [en'siklik(əl)], **A** *a.* enciclico. **B** *n.* (*relig.*) enciclica.

encyclop(a)edia [en,saiklou'pi:djə], *n.* enciclopedia.

encyclop(a)edic(al) [en,saiklou'pi:dik(əl)], *a.* enciclopedico.

encyclop(a)edism [en,saiklou'pi:dizm], *n.* enciclopedismo.

encyclop(a)edist [en,saiklou'pi:dist], *n.* collaboratore di un'enciclopedia. ● (*stor.*) **the Encyclop(a)edists**, gli Enciclopedisti.

to encyst [en'sist], **A** *v. t.* (*scient.*) racchiudere in una cisti. **B** *v. i.* incistarsi.

encystation [,ensis'teiʃən], **encystment** [en'sistmənt], *n.* (*scient.*) incistamento.

end [end], *n.* 1 fine; estremità; capo (*di corda*, *ecc.*); limite; morte: **the end of a road** (**of a pole, of a rope, etc.**), la fine d'una strada (l'estremità d'un palo, di un capo d'una corda, ecc.); **the end of a friendship**, la fine di un'amicizia; **the ends of a barrel**, le estremità d'un barile; **the other end of the world**, l'altro capo del mondo; **I am at the end of my forbearance**, la mia sopportazione è arrivata al limite; **the end of the day** (**of the year, etc.**), la fine del giorno (dell'anno, ecc.); **He was an advocate of free trade to his very end**, fu un fautore del liberismo fino alla morte (*o* per tutta la vita) 2 fine; intento; scopo; mira (*fig.*): **to gain one's end**, raggiungere il proprio fine; **for this end**, a questo scopo 3 mozzicone; residuo: **candle ends**, mozziconi di candela; **cigarette ends**, mozziconi di sigarette 4 esito; risultato: **The end of it all was that I accepted his offer**, andò a finire che accettai la sua offerta 5 (*pop.*) fine del mondo (*fig.*); colmo; non plus ultra: **That's the end!**, è il colmo! 6 (*pop.*) sedere; deretano 7 (*pop.*) morte; distruzione; rovina: **You'll be the end of me!**, sarai la mia rovina! 8 (*pop.*, *anche* **the absolute end**) disastro; frana (*pop.*). ● (*econ.*) **end-consumer**, consumatore finale □ (*d'oggetto*) **end for end**, sottosopra; capovolto □ **end-iron**, piastra mobile di fornello □ (*sport*) **end-line**, linea di fondo (*o* di fondocampo) □ **the end of the matter**, il modo in cui sono andate a finire le cose; il risultato finale; la conclusione □ (*ind.*) **end-of-run model**, modello in via d'esaurimento □ **end on**, di fronte; frontalmente; verso chi guarda □ (*tipogr.*) **end papers**, risguardi, risvolti □ (*econ.*) **end product**, prodotto finito □ (*econ.*) **end-user**, consumatore finale □ **to be at an end**, aver finito; essere finito □ **at the end** (*o* **in the end**), in fine; alla fine □ (*fig.*) **to be at the end of one's tether** (*o* **rope**), essere al limite delle proprie capacità (*o* della propria pazienza); non poterne più □ (*fam.*) **to be at a loose end** (*USA*: **at loose ends**), essere sfaccendato; non avere nulla da fare □ **to be at one's wits' end**, essere perplesso; non sapere che pesci pigliare □ **to come to an end**, arrivare alla fine; finire; cessare □ **to come to a bad end**, fare una brutta fine □ **the East End**, il quartiere orientale (*operaio*) di Londra □ (*fam.*) **the end of the road**, la fine di una vita (di un progetto, ecc.) □ **to go off the deep end**, dare in escandescenze; uscir dai gangheri □ (*fam.*) **to keep one's end up**, restare a galla (*fig.*) □ **to make (both) ends meet**, sbarcare il lunario; far quadrare il bilancio familiare □ **to make an end of st.**, porre fine a q.c.; farla finita □ **to make sb.'s hair stand on end**, fare inorridire q.; far rizzare i capelli in testa a q. □ (*fam.*) **no end**, assai; molto: **I am no end disappointed**, sono molto deluso □ **no end of**, senza fine; un sacco di; moltissimo; grande: **He has no end of money**, ha moltissimo denaro; ha un sacco di quattrini; **We had no end of trouble**, avemmo un sacco di guai; **He is no end of a liar**, è un gran bugiardo □ **odds and ends**, cianfrusaglie; rimasugli; cascami □ **on end**, diritto, ritto, in posizione verticale; senza interruzione, di seguito: **Place the cases on end**, metti ritte (drizza, rizza) le casse! □ **I stood there for hours on end**, stetti là ore e ore di seguito □ **to place end to end**, mettere in fila, di seguito □ **to put an end to** (*o* **to make an end of**), mettere fine a; porre termine a; finire □ **rope's end**, staffile di corda □ **shoemaker's end**, spago da calzolaio □ **to no end**, invano; inutilmente □ **There will be no end to this work**, questo lavoro non avrà mai fine □ **the West End**, il quartiere occidentale (*elegante*) di Londra □ **without end**, senza fine; a non finire: **We had accidents without end**, avemmo incidenti a non finire (*o* innumerevoli incidenti) □ **Now, make an end of it!**, via, falla finita!

to end [end], *v. t. e i.* finire; completare; concludere; cessare; morire;

endamage

terminare; por fine a; uccidere: **The journey ends here**, il viaggio finisce qui; **He ended his life in poverty**, finì la vita in miseria. ● **to end by**, finire con: **He ended by saying he wouldn't come**, finì col dire che non sarebbe venuto □ **to end in smoke**, finire in nulla; andare in fumo □ (*fam.*) **to end it all**, farla finita; suicidarsi □ **to end up**, finire: **He'll end up in jail**, finirà in prigione □ **His son ended (up) in a Nazi concentration camp**, suo figlio finì in un campo di concentramento nazista.

to **endamage** [in'dæmidʒ], *v. t.* danneggiare.
to **endanger** [in'deindʒə*], *v. t.* rischiare; mettere in pericolo; compromettere: **to e. one's life**, rischiare la vita; **to e. one's chances of being elected**, compromettere le proprie possibilità d'essere eletto.
endangered [in'deindʒəd], *a.* **1** in pericolo **2** (*ecologia*) in pericolo (*o* in via) d'estinzione.
to **endear** [in'diə*], **A** *v. t.* accattivare; affezionare; rendere caro. **to endear oneself to B** *v. rifl.* accattivarsi la benevolenza (*o* la simpatia) di; amicarsi, farsi amico: **She endeared herself to the children**, si accattivò la simpatia dei bambini.
endearing [in'diəriŋ], *a.* affettuoso; dolce; gentile; tenero.
endearment [in'diəmənt], *n.* **1** affetto; affettuosità; tenerezza **2** gesto affettuoso; parola affettuosa; carezza. ● **a term of e.**, un appellativo affettuoso; un vezzeggiativo.
to **endeavour** [in'devə*], *v. i.* cercare; sforzarsi; tentare.
endeavour [in'devə*], *n.* sforzo; tentativo.
endemic [en'demik], **A** *a.* **1** indigeno; tipico di una zona (*o* di un popolo) **2** (*med.*) endemico. **B** *n.* (*med., biol.*) malattia (*o* pianta) endemica; endemia.
endemicity [endə'misiti], *n.* (*med.*) endemicità.
endermic(al) [en'də:mik(əl)], *a.* (*med.*) endermico.
endgame ['endgeim], *n.* (*scacchi*) finale.
ending ['endiŋ], *n.* **1** fine; conclusione; termine: **The story has a happy e.**, la storia è a lieto fine **2** (*gramm.*) desinenza.
endive ['endiv], *n.* (*bot., Cichorium endivia*) indivia.
endless ['endlis], *a.* **1** senza fine; infinito; sconfinato, sterminato; interminabile: **This will save e. trouble**, questo ci risparmierà infiniti guai; **an e. speech**, un discorso interminabile **2** continuo; incessante: **e. reproaches**, rimproveri continui **3** (*mecc.*) continuo; senza fine: **an e. belt**, un nastro continuo.
endlessness ['endlisnis], *n.* sconfinatezza; sterminatezza; interminabilità.
endocardiac [,endou'ka:diæk], *V.* **endocardial**.
endocardial [,endou'ka:diəl], *a.* endocardico.
endocarditis [,endouka:'daitis], *n.* (*med.*) endocardite.
endocardium [,endou'ka:diəm], *n.* (*pl.* **endocardia**) (*anat.*) endocardio.
endocarp ['endouka:p], *n.* (*bot.*) endocarpo.
endocranial [,endou'kreinjəl], *a.* (*anat.*) endocranio.
endocranium [,endou'kreiniəm], *n.* (*pl.* **endocrania**) (*anat.*) endocranio.
endocrinal [,endou'krainl], *a.* (*anat.*) endocrino.
endocrine [,endou'krain], **A** *a.* (*anat.*) endocrino. **B** *n.* **1** (*anat.*) ghiandola endocrina **2** (*fisiologia*) ormone.
endocrinologist [,endoukri'nɔlədʒist], *n.* endocrinologo.
endocrinology [,endoukri'nɔlədʒi], *n.* (*med.*) endocrinologia.
endoderm ['endouda:m], *n.* (*biol.*) endoderma.
endogamic [,endou'gæmik], *V.* **endogamous**.
endogamous [en'dɔgəməs], *a.* (*antropologia*) endogamo.
endogamy [en'dɔgəmi], *n.* (*antropologia*) endogamia.
endogen ['endoudʒen], *n.* (*bot.*) pianta endogena.
endogenesis [,endou'dʒenisis], *n.* (*pl.* **endogeneses**) (*biol., geol.*) endogenesi.
endogenic [,endou'dʒenik], *V.* **endogenous**.
endogenous [en'dɔdʒənəs], *a.* (*biol., geol.*) endogeno.
endogeny [en'dɔdʒəni], *n.* (*biol., geol.*) endogenesi.
endolymph ['endoulimf], *n.* (*anat.*) endolinfa.
endometritis [,endoumə'traitis], *n.* (*med.*) endometrite.
endometrium [,endou'mi:triəm], *n.* (*pl.* **endometria**) (*anat.*) endometrio.
endomorph ['endoumɔ(:)f], *n.* (*miner.*) minerale endomorfo.
endomorphic [,endou'mɔ:fik], *a.* (*miner.*) endomorfo.
endomorphism [,endou'mɔ:fizəm], *n.* (*geol., miner.*) endomorfismo.
endoparasite [,endou'pærəsait], *n.* (*biol.*) endoparassita.
endoplasm ['endou,plæzəm], *n.* (*biol.*) endoplasma.
endoplasmic [,endou'plæzmik], *a.* endoplasmatico.
endorsable [in'dɔ:səbl], *a.* (*fin.*) girabile.
to **endorse** [in'dɔ:s], *v. t.* **1** (*anche fin.*) attergare; firmare a tergo; girare; vistare: **to e. a cheque (a bill, etc.)**, firmare un assegno (girare una cambiale, ecc.); **to e. a passport**, vistare un passaporto **2** (*fig.*) sottoscrivere; approvare; appoggiare; sanzionare: **to e. the policy of the government**, approvare la politica del governo **3** scrivere a tergo di (*un documento*). ● **to e. a driving licence**, annotare le infrazioni sulla patente di guida □ (*in Sudafrica*) **to e. out**, trasferire (*gente di colore*) dalla città alle campagne.
endorsee [,endɔ:'si:], *n.* (*fin.*) giratario.
endorsement [in'dɔ(:)smənt], *n.* **1** (*anche fin.*) attergato; girata; visto: **blank e.**, girata in bianco; **qualified e.**, girata condizionata **2** (*ass.*) clausola aggiuntiva (*in una polizza di assicurazione*) **3** (*fig.*) approvazione; sanzione **4** (*fig.*) adesione; appoggio; sostegno.
endorser [in'dɔ(:)sə*], *n.* **1** (*fin.*) girante **2** (*fig.*) sottoscrittore; chi appoggia; chi approva.
endosarc ['endousa(:)k], *n.* (*anat.*) endosarco.
endoscope ['endouskoup], *n.* (*med.*) endoscopio.
endoscopic [,endou'skɔpik], *a.* endoscopico.
endoscopy [en'dɔskəpi], *n.* (*med.*) endoscopia.
endoskeleton [,endou'skelətən], *n.* (*anat.*) endoscheletro.
endosmosis [,endɔz'mousis], *n.* (*pl.* **endosmoses**) (*fis.*) endosmosi.
endosmotic [,endɔz'mɔtik], *a.* endosmotico.
endosperm ['endouspə(:)m], *n.* (*bot.*) endosperma.
endospermic [,endou'spə:mik], *a.* endospermatico.
endospore ['endouspɔ(:)*], *n.* (*bot.*) endospora.
endothelium [,endou'θi(:)liəm], *n.* (*pl.* **endothelia**) (*anat.*) endotelio.
endothermal [,endou'θə(:)məl], **endothermic** [,endou'θə(:)mik], *a.* (*chim., fis.*) endotermico.
endothermy [,endou'θə:mi], *n.* endotermia.
to **endow** [in'dau], *v. t.* dotare; concedere; fornire; assegnare; fare una donazione (*o* un lascito) a; sovvenzionare: **Nature endowed him with genius**, la natura lo dotò d'ingegno; **He is endowed with courage**, è dotato di coraggio; **to e. a hospital**, fare una donazione a un ospedale.
endowment [in'daumənt], *n.* **1** assegnazione, costituzione di dote (*leg.*); donazione; lascito; sovvenzione: **This university has several endowments**, quest'università gode di diversi lasciti **2** (*fig.*) dote; talento naturale: **mental endowments**, doti intellettuali. ● (*ass.*) **e. insurance**, assicurazione mista (*caso di morte o capitale a scadenza fissa*) □ (*ass.*) **e. policy**, polizza mista.
endpaper ['end,peipə*], *n.* (*editoria*) risguardo; risvolto.
to **endue** [in'dju], *v. t.* **1** dotare, fornire, provvedere (*q.*, *di qualità o poteri*); investire (*q.*, *d'autorità*) **2** (*raro*) vestire; rivestire.
endurable [in'djuərəbl], *a.* sopportabile; tollerabile.
endurance [in'djuərəns], *n.* **1** sopportazione; tolleranza; pazienza; resistenza: **He has great powers of e.**, ha grandi capacità di resistenza **2** (*mecc.*) durata: **e. test** (*o* **trial**), prova di durata; (*autom., sport*) prova di resistenza **3** (*aeron., naut.*) autonomia **4** (*sport*) tenuta. ● (*mecc.*) **e. limit**, limite di fatica □ **past** (*o* **beyond**) **e.**, insopportabile; intollerabile.
to **endure** [in'djuə*], **A** *v. t.* sopportare; resistere a; soffrire; tollerare: **to e. suffering (pain, etc.)**, sopportare le sofferenze (il dolore, ecc.); **to e. torture**, resistere alla tortura; **I cannot e. the sight of blood**, non sopporto la vista del sangue; **I can't e. that man**, non posso soffrire quell'uomo. **B** *v. i.* **1** resistere; tener duro: **The defenders of Leningrad endured to the end**, i difensori di Leningrado resistettero fino all'ultimo **2** durare; permanere: **Dante's name will e. forever**, il nome di Dante durerà in eterno.
enduring [in'djuəriŋ], *a.* **1** durevole; duraturo; permanente: **e. fame**, fama duratura **2** paziente; resistente; tenace.
enduro [en'djuərou], *n.* (*fam. sport*) gara di resistenza (*per auto o moto*).
endways ['endweiz], **endwise** ['endwaiz], *avv.* **1** di faccia; di punta **2** in posizione verticale; per ritto **3** per il lungo.
Endymion [en'dimiən], *n.* (*mitol.*) Endimione.
enema ['enimə], *n.* (*pl.* **enemas, enemata**) (*med.*) clistere; enteroclisma.
enemy ['enimi], **A** *n.* nemico; avversario: **The e. were advancing**, il nemico avanzava; **Gambling is his worst e.**, il gioco d'azzardo è il suo peggior nemico. **B** *a.* nemico; del nemico: **e. aircraft**, aeroplani nemici; **e. goods**, proprietà del nemico. ● **the E.**, il Nemico (*il Demonio*) □ **an e. alien**, un residente straniero, di nazionalità nemica (*in tempo di guerra*) □ (*fam.*) **How goes the e.?**, che ora è?
energetic [,enə'dʒetik], *a.* **1** energico; attivo **2** (*fis.*) energetico.
energetically [,enə'dʒetikəli], *avv.* energicamente.
energetics [,enə'dʒetiks], *n. pl.* (*col verbo al sing.*) (*fis.*) energetica.
to **energize** ['enədʒaiz], **A** *v. t.* **1** (*elettr.*) mettere sotto tensione **2** infondere energia in; ravvivare; stimolare. **B** *v. i.* agire con energia.
energized ['enədʒaizd], *a.* (*elettr.*) sotto tensione; caldo.
energizer ['enədʒaizə*], *n.* (*farm.*) energetico; corroborante.
energumen [,enə'gju:men], *n.* energumeno.
energy ['enədʒi], **A** *n.* (*anche fis.*) energia: **potential e.**, energia potenziale; **electrical e.**, energia elettrica; **to waste one's energies**, sprecare le proprie energie. **B** *a. attr.* energetico: **e. level**, livello

energetico; **e. budget**, bilancio energetico. ● (*anche med.*) **e.-giving**, energetico: **e.-giving food**, cibo energetico □ (*med.*) **e.-giving tonic**, energetico.
to enervate ['enə:veit], *v. t.* snervare; debilitare; infiacchire.
enervate ['enə(:)veit], *a.* snervato; debilitato; fiacco, molle.
enervation [,enə:'veiʃən], *n.* snervamento; debilitazione; infiacchimento; mollezza.
to enface [in'feis], *v. t.* (*comm.*) **1** scrivere, stampare (q.c.) su una cambiale, un assegno, ecc. **2** munire (*una cambiale, ecc.*) di una dicitura a mano (*o* a stampa).
en famille [,ɔnfæ'mi:] (*franc.*), *avv.* in famiglia; a casa propria.
enfant terrible [,ɔnfɔnte'ri:blə] (*franc.*), *n.* (*pl.* **enfants terribles**) enfant terrible (*anche fig.*).
to enfeeble [in'fi:bl], *v. t.* indebolire; debilitare; infiacchire.
enfeeblement [in'fi:blmənt], *n.* indebolimento; debilitazione.
to enfeoff [in'fef], *v. t.* (*stor.*) investire (q.) di un feudo; infeudare.
enfeoffment [in'fefmənt], *n.* (*stor.*) investitura (*d'un feudo*); infeudamento; infeudazione.
to enfetter [in'fetə*], *v. t.* incatenare; mettere in ceppi.
enfilade [,enfi'leid], *n.* **1** (*mil.*) tiro d'infilata **2** infilata (*di stanze, alberi, ecc.*).
to enfilade [,enfi'leid], *v. t.* (*mil.*) battere, colpire (*truppe, ecc.*) d'infilata **2** disporre in infilata (*stanze, alberi, ecc.*).
to enfold [in'fould], *v. t.* **1** avviluppare; avvolgere **2** abbracciare; stringere fra le braccia **3** piegare; disporre in pieghe.
to enforce [in'fɔ:s], *v. t.* **1** rafforzare; sostenere: **He enforced his argument by giving examples**, rafforzò la sua argomentazione fornendo esempi **2** costringere; obbligare **3** imporre; far valere: **to e. silence**, imporre il silenzio; **Don't e. your will on the boy**, non imporre la tua volontà al ragazzo; **to e. a right**, far valere un diritto **4** (*anche leg.*) applicare; far osservare; far rispettare: **to e. a law**, applicare una legge; **to e. a rule (a truce, etc.)**, far rispettare una regola (una tregua, ecc.).
enforceable [in'fɔ:(:)səbl], *a.* **1** che si può rafforzare, costringere, imporre, ecc. (*V.* **to enforce**) **2** (*leg.*) esecutorio; esecutivo.
enforcedly [in'fɔ:(:)sidli], *avv.* forzatamente; coercitivamente.
enforcement [in'fɔ:(:)smənt], *n.* **1** rafforzamento **2** costrizione; imposizione **3** applicazione; esecuzione: **the e. of antitrust legislation**, l'applicazione delle leggi contro i monopoli **4** (*leg.*) il far valere (*un diritto*). ● **the e. of order**, il mantenimento dell'ordine pubblico.
to enframe [in'freim], *v. t.* incorniciare; far cornice a.
to enfranchise [in'frænʃaiz], *v. t.* **1** affrancare; emancipare; liberare (*schiavi, ecc.*) **2** (*polit.*) concedere il diritto di voto a: **Women were enfranchised in 1946 in Italy**, in Italia le donne ottennero il diritto di voto nel 1946.
enfranchisement [in'fræntʃizmənt], *n.* **1** affrancamento; emancipazione; liberazione (*di schiavi, ecc.*) **2** (*polit.*) concessione del diritto di voto.
to engage [in'geidʒ], **A** *v. t.* **1** impegnare; occupare; prenotare; prendere; assumere; noleggiare: **Reading engages all my spare time**, la lettura impegna tutto il mio tempo libero; **to e. a room in a hotel**, prenotare una camera in albergo; **to e. sb. as a guide (a teacher, etc.)**, prendere q. come guida (insegnante, ecc.); **to e. a servant**, assumere un domestico; **to e. a taxi**, noleggiare un taxi **2** (*di solito, al passivo*) attirare; attrarre; affascinare: **My attention was engaged by the paintings**, la mia attenzione fu attirata dai dipinti **3** (*mil.*) impegnare; attaccare: **We engaged the enemy at once**, attaccammo subito il nemico **4** (*mecc.*) innestare; ingranare: **to e. the clutch**, innestare la frizione **5** (*di solito, al passivo*) fidanzarsi con: **He became engaged to a childhood friend**, si fidanzò con un'amica d'infanzia. **B** *v. i.* **1** (*anche rifl.*) impegnarsi; (*anche leg.*) obbligarsi: **I e. to pay all his debts**, m'impegno a pagare tutti i suoi debiti; **Don't e. yourself if you have no time**, non impegnarti se non hai tempo **2** (*mil.*) impegnare combattimento **3** (*mecc.*) ingranare; innestarsi; entrare: **The teeth of the two wheels won't e.**, i denti delle due ruote non vogliono ingranare. ● **to e. for**, garantire di, impegnarsi per: **I can e. for his honesty**, della sua onestà garantisco io □ **to e. in**, partecipare, prender parte a; dedicarsi a; darsi a; intraprendere: **Civil servants are forbidden to e. in any form of business**, ai funzionari statali è vietato intraprendere qualsiasi attività commerciale □ **to e. sb. in conversation**, attaccare discorso con q. □ far decti.pare q. alla conversazione □ **to e. upon a new career**, intraprendere una nuova carriera.
engaged [in'geidʒd], *a.* **1** (*di persona*) occupato; impegnato **2** occupato; riservato; preso: **Is this seat e.?**, è occupato questo posto? **3** fidanzato: **She's e. to my son**, è fidanzata con mio figlio **4** (*tel.*) occupato: **Sorry (the) line (is) e.**, spiacente, ma la linea è occupata **5** (*mil.*) impegnato in combattimento **6** (*mecc.*) ingranato, innestato; in presa **7** (*archit.*) incassato. ● **an e. couple**, una coppia di fidanzati □ (*architt.*) **e. pillar**, lesena, parasta □ (*tel.*) **e. tone**, segnale di linea occupata □ **to get e. to sb.**, fidanzarsi con q.

engagement [in'geidʒmənt], *n.* **1** impegno; obbligo; promessa; appuntamento; occupazione: **to meet one's engagements**, far fronte ai propri impegni; **to break an e.**, non tener fede a un impegno; mancare a un appuntamento **2** assunzione; nomina: **labour e. sheet**, modulo di assunzione **3** (*mil.*) combattimento; scontro **4** promessa di matrimonio; fidanzamento: **e. ring**, anello di fidanzamento **5** (*mecc.*) ingranamento; l'innestarsi.
engaging [in'geidʒiŋ], *a.* attraente; avvincente; simpatico; affascinante; seducente: **an e. smile (manner)**, un sorriso (un modo di fare) affascinante.
to engarland [in'ga:(:)lənd], *v. t.* inghirlandare.
to engender [in'dʒendə*], *v. t.* **1** generare; procreare **2** (*fig.*) ingenerare; generare (*fig.*); causare; produrre: **Social unrest is often engendered by unemployment**, spesso i disordini sociali sono causati dalla disoccupazione.
engine ['endʒin], *n.* **1** (*mecc.*) motore; macchina (*di nave, ecc.*): **a gasoline e.**, un motore a benzina; **an oil e.**, un motore a olio pesante (*nafta, ecc.*); **a steam e.**, una macchina a vapore; (*naut.*) **e. hatchway**, boccaporto delle macchine; **internal-combustion e.**, motore a scoppio; **engines of warfare**, macchine belliche **2** (*ferr.*) locomotiva (a vapore); macchina **3** (*anche* **fire e.**) autopompa **4** (*fig.*) elemento traente: **Entrepreneurs are a major e. of economic growth**, gli imprenditori sono un importante elemento traente dello sviluppo dell'economia. ● (*ferr.*) **e. cab**, cabina del macchinista □ (*ferr.*) **e. driver**, macchinista □ (*ing.*) **e. efficiency**, rendimento del motore □ **e. house**, rimessa delle autopompe □ (*mecc.*) **e. lathe**, tornio parallelo per filettare □ (*ferr.*) **e. pit**, buca per la riparazione delle locomotive □ (*mecc.*) **e. power**, potenza del motore □ (*anche naut.*) **e. room**, sala (delle) macchine □ (*autom., mecc.*) **e. size** (*o* **displacement**), cilindrata (*del motore*) □ **e.-sized paper**, carta tagliata (in fogli) a macchina □ (*autom., mecc.*) **e. tuning**, messa a punto del motore □ (*mecc.*) **e.-turning**, rabescamento (*su metalli*) fatto a macchina □ (*naut.*) **after e.**, macchina poppiera; motrice di poppa □ (*mecc.*) **a four-stroke(-cycle) e.**, un motore a quattro tempi.
engined ['endʒind], *a.* (*mecc.*; *nei composti*) che ha un motore (*o* una cilindrata): **a small-e. car**, un'auto di piccola cilindrata. □ (*aeron.*) **two-e. plane**, bimotore.
engineer [,endʒi'niə*], *n.* **1** ingegnere: **civil e.**, ingegnere civile; **electrical e.**, ingegnere elettrotecnico; **mining e.**, ingegnere minerario **2** macchinista; motorista: **the chief e. of a ship**, il primo ufficiale di macchina in una nave; (*aeron.*) **flight e.**, motorista di bordo **3** (*ferr. USA*) macchinista (*cfr. ingl.* **engine driver**) **4** tecnico: **lift e.**, tecnico della manutenzione degli ascensori; **television e.**, tecnico della televisione **5** (*mil.*) soldato (*o* ufficiale) del genio; geniere **6** organizzatore: **He was the e. of the plot**, fu lui a tessere le fila del complotto **7** (*raro*) costruttore di macchine (*o motori*). ● (*naut.*) **E. Branch**, Corpo del Genio Navale □ (*mil.*) **E. Corps**, Arma del Genio □ (*mil.*) **the Engineers**, i genieri.
to engineer [,endʒi'niə*], **A** *v. t.* **1** dirigere i lavori di; costruire: **to e. a railway**, dirigere i lavori di costruzione d'una ferrovia **2** dirigere; preparare; organizzare: **to e. an advertising campaign**, organizzare una campagna pubblicitaria **3** architettare, escogitare, ideare (*un piano, ecc.*) **4** macchinare, ordire, tramare (*un complotto, ecc.*). **B** *v. i.* fare l'ingegnere.
engineering [,endʒi'niəriŋ], *n.* **1** ingegneria: **road e.**, ingegneria stradale **2** tecnica: **radio e.**, radiotecnica **3** macchinazione; manovra: **The whole thing was of his own e.**, tutta la faccenda è stata una macchinazione sua. ● **e. department**, ufficio tecnico □ (*chim.*) **e. resin**, tecnopolimero; resina per l'ingegneria □ **civil e.**, ingegneria civile; genio civile □ **school of e.**, facoltà (*o* scuola) d'ingegneria; politecnico.
to engird [in'gə:d], **to engirdle** [in'gə:dl], *v. t.* cingere; circondare; racchiudere.
England ['iŋglənd], *n.* (*geogr.*) Inghilterra.
Englander ['iŋgləndə*], *n.* (*raro*) inglese. ● **Little E.**, fautore della «Piccola Inghilterra»; (*stor.*) oppositore della politica imperiale.
English ['iŋgliʃ], **A** *a.* inglese. **B** *n.* **1** (la lingua) inglese **2** — (*collett.*) **the E.**, gli inglesi **3** (*tipogr.*) corpo 14. ● **E.-born**, inglese di nascita □ **E. breakfast**, colazione all'inglese □ (*geogr.*) **the E. Channel**, il canale della Manica □ **E. E.**, l'inglese parlato in Inghilterra □ (*mus. USA*) **E. horn**, corno inglese □ (*USA*) **E. saddle**, sella da equitazione □ **E.-speaking**, anglofono □ (*chim.*) **E. vermilion**, vermiglione □ **in plain E.**, chiaro e tondo; esplicitamente □ **the King's (the Queen's) E.**, l'inglese puro, corretto □ **Old E.**, l'inglese antico; l'anglosassone.
Englisher ['iŋgliʃə*], *n.* **1** traduttore in inglese **2** (*raro*) inglese.
Englishism ['iŋgliʃizm], *n.* **1** inglesismo **2** anglofilia **3** caratteristica degli inglesi.
Englishman ['iŋgliʃmən], *n.* (*pl.* **Englishmen**) **1** inglese (*uomo*) **2** (*naut.*) nave inglese.
Englishment ['iŋgliʃmənt], *n.* **1** anglicizzazione **2** traduzione

Englishwoman

in inglese.
Englishwoman ['ɪŋglɪʃ‚wʊmən], *n.* (*pl.* **Englishwomen**) inglese (*donna*).
to engorge [ɪn'gɔ(:)dʒ], *v. t.* **1** ingozzare; divorare; ingollare; ingurgitare **2** (*med.*) congestionare (*una vena, un tessuto*) di sangue.
engorgement [ɪn'gɔ(:)dʒmənt], *n.* **1** ingurgitamento **2** (*med.*) congestione (*V.* **to engorge**).
to engraft [ɪn'grɑ:ft], *v. t.* **1** innestare (*anche fig.*); inserire; incorporare **2** (*fig.*) inculcare; infondere: **His father engrafted loyalty in his soul**, suo padre gli inculcò nell'animo la lealtà.
to engrain [ɪn'greɪn], *v. t.* **1** (*arc.*) far penetrare (*la tinta, ecc.*) in (q.c.); tingere a forti colori **2** (*fig.*) inculcare; radicare: **engrained habits (prejudices)**, abitudini inveterate (pregiudizi fortemente radicati). ● **an engrained rogue**, un furfante incallito.
to engrave [ɪn'greɪv], *v. t.* **1** incidere; intagliare; cesellare; (*fig.*) imprimere: **to e. an inscription on a tombstone**, incidere un'iscrizione su una lapide; **The scene was engraved on his memory**, la scena era impressa nella sua memoria **2** (*tipogr.*) riprodurre mediante incisione (*o* fotoincisione).
engraver [ɪn'greɪvə*], *n.* incisore; intagliatore; cesellatore. ● (*tipogr.*) **process e.**, zincografo.
engraving [ɪn'greɪvɪŋ], *n.* incisione; cesellatura. ● **copper-plate e.**, incisione su rame; calcografia □ **wood-e.**, incisione su legno; silografia, xilografia.
to engross [ɪn'grous], *v. t.* **1** scrivere a grandi lettere; stendere in forma legale; copiare (*un documento*) **2** monopolizzare (*per es.*, *la conversazione*):- assorbire completamente; occupare (*o prendere*) totalmente; avvincere: **This work engrosses me**, questo lavoro m'assorbe completamente; **to be engrossed in study**, essere totalmente preso dallo studio **3** (*econ.*) accaparrare, fare incetta di (q.c.) **4** (*leg.*) redigere (*un atto legale*).
engrossing [ɪn'grousɪŋ], **A** *a.* affascinante; avvincente; assai interessante. **B** *n.* (*econ.*) accaparramento; incetta.
engrossment [ɪn'grousmənt], *n.* **1** (stesura *o* copiatura di un) documento legale **2** (*econ.*) accaparramento; incetta **3** (*anche econ.*) il monopolizzare **4** l'essere assorto, ecc. (*V.* **to engross**).
to engulf [ɪn'gʌlf], *v. t.* **1** sommergere; immergere; inghiottire; circondare: **The sea engulfed the island**, il mare sommerse l'isola **2** (*fig.*) opprimere; divorare: **engulfed by worry**, divorato dall'ansia.
engulfment [ɪn'gʌlfmənt], *n.* l'inghiottire, ecc. (*V.* **to engulf**).
to enhance [ɪn'hɑ:ns], *v. t.* **1** aumentare, accrescere (*la bellezza, la potenza, ecc. di q.*) **2** esagerare; magnificare **3** (*econ.*) aumentare, crescere (*prezzi e sim.*).
enhancement [ɪn'hɑ:nsmənt], *n.* **1** aumento; accrescimento **2** esagerazione; magnificazione **3** aumento (*di prezzo*); rincaro.
enharmonic [‚enhɑ:'mɔnɪk], (*mus.*) **A** *a.* enarmonico. **B** *n.* accordo enarmonico.
enigma [ɪ'nɪgmə], *n.* (*pl.* **enigmas, enigmata**) enigma.
enigmatic(al) [‚enɪg'mætɪk(əl)], *a.* enigmatico.
to enigmatize [ɪ'nɪgmətaɪz], *v. t.* rendere enigmatico.
to enisle [ɪ'naɪl], *v. t.* (*poet.*) **1** fare di (q.c.) un'isola; rendere simile a un'isola **2** relegare su un'isola **3** (*fig.*) isolare; segregare.
enjambment, enjambement [ɪn'dʒæmbmənt], *n.* (*poesia*) continuazione della frase, senza pausa, da un verso al successivo; enjambement: **The first two lines of «Paradise Lost» offer a fine example of e.**, i primi due versi del «Paradiso perduto» offrono un bell'esempio di enjambement.
to enjoin [ɪn'dʒɔɪn], *v. t.* **1** comandare, ingiungere; (*anche leg.*) imporre, intimare: **The teacher enjoined silence on the class**, l'insegnante ingiunse alla scolaresca di fare silenzio; **to e. obedience**, imporre l'obbedienza; **to e. sb. that st. should be done**, intimare a q. di fare q.c. **2** (*specialm. USA*) ammonire, proibire; vietare; diffidare: **The company was enjoined from selling that article**, la società fu diffidata dal vendere quell'articolo.
to enjoy [ɪn'dʒɔɪ], **A** *v. t.* godere (di); provar gioia, trarre diletto da; gradire molto; avere molto piacere: **I enjoyed that film very much**, ho tratto grande diletto da quel film; quel film mi è piaciuto moltissimo; **I enjoyed seeing him**, ebbi molto piacere di vederlo; **to e. good health (a good income)**, godere buona salute (di una cospicua rendita); **to enjoy oneself B** *v. rifl.* godersela; divertirsi. ● **to e. poor health**, avere poca salute.
enjoyable [ɪn'dʒɔɪəbl], *a.* dilettevole; divertente; piacevole.
enjoyment [ɪn'dʒɔɪmənt], *n.* **1** godimento; diletto; piacere: **to take great e. in doing st.**, provar grande godimento a fare q.c. **2** (*leg.*) godimento: **the e. of civil rights**, il godimento dei diritti civili.
to enkindle [ɪn'kɪndl], *v. t.* (*anche fig.*) accendere; infiammare.
to enlace [ɪn'leɪs], *v. t.* **1** avvolgere; cingere; avviluppare **2** allacciare; stringere insieme; intrecciare.
enlacement [ɪn'leɪsmənt], *n.* **1** avvolgimento; viluppo **2** allacciamento.

to enlarge [ɪn'lɑ:dʒ], **A** *v. t.* **1** ampliare; ingrandire; allargare (*il cuore, la mente e sim.*): **to e. one's house (fortune, etc.)**, ampliare la propria casa (ingrandire il proprio patrimonio, ecc.); **to e. a photograph**, ingrandire una fotografia **2** (*arc.*) mettere in libertà; liberare. **B** *v. i.* ampliarsi; ingrandirsi; allargarsi. ● **to e. on** (*o* **upon**), diffondersi; dilungarsi: **The preacher enlarged upon the torments of hell**, il predicatore si dilungò sulle pene dell'inferno.
enlargement [ɪn'lɑ:dʒmənt], *n.* **1** ingrandimento (*specialm. fotogr.*); ampliamento; allargamento **2** (*arc.*) liberazione (*dal carcere*) **3** aggiunta: **The index is an e. to the book**, l'indice analitico è una aggiunta al libro. ● **an e. to a building**, una parte nuova aggiunta a un edificio.
enlarger [ɪn'lɑ:dʒə*], *n.* (*fotogr.*) ingranditore.
to enlighten [ɪn'laɪtn], *v. t.* illuminare (*fig. o poet.*); illuminare la mente di; portare (*o* rivelare) la verità a: **to e. the ignorant**, illuminare la mente degli incolti; **to e. the heathen**, portare la verità ai pagani **2** chiarire; dare schiarimenti; spiegare; illuminare (*scherz.*): **I hope you will e. me on this subject**, spero che mi darai schiarimenti su questo argomento.
enlightened [ɪn'laɪtnd], *a.* illuminato (*fig.*); di larghe vedute; libero da pregiudizi: **an e. person**, una persona di larghe vedute.
enlightenment [ɪn'laɪtnmənt], **A** *n.* **1** diffusione della cultura; miglioramento intellettuale **2** schiarimento; spiegazione **3** (*stor. filos.*) **the E.**, l'Illuminismo. **B** *a. attr.* illuministico: **an E. philosopher**, un (filosofo) illuminista.
to enlink [ɪn'lɪŋk], *v. t.* collegare; connettere.
to enlist [ɪn'lɪst], **A** *v. t.* **1** (*mil.*) arruolare; prendere alla leva: **to e. volunteers**, arruolare volontari; **to e. a recruit**, prendere una recluta alla leva; (*naut.*) **to e. men for the Navy**, arruolare personale per la Marina **2** prendere (q.) a far parte di; iscrivere (*fig.*): **We shall e. him in our movement**, lo iscriveremo al nostro movimento **3** ottenere, procurarsi (*l'aiuto, l'appoggio di q.*): **Let's e. his aid in our cause**, procuriamoci il suo aiuto per la nostra causa. **B** *v. i.* **1** (*mil.*) arruolarsi: **to e. as a volunteer**, arruolarsi volontario **2** (*fig.*) schierarsi: **to e. under the banner of freedom**, schierarsi sotto il vessillo della libertà. ● (*USA*) **enlisted man**, soldato semplice; (*anche*) graduato.
enlistment [ɪn'lɪstmənt], *n.* (*mil.*) **1** arruolamento; leva **2** servizio di leva **3** periodo di leva; ferma.
to enliven [ɪn'laɪvn], *v. t.* animare; ravvivare; rallegrare: **The wedding party was enlivened by music and songs**, la festa nuziale fu rallegrata da musica e canzoni.
to enmesh [ɪn'meʃ], *v. t.* irretire; avviluppare.
enmity ['enmɪti], *n.* inimicizia; ostilità; odio. ● **to be at e. with sb.**, essere nemico di q.; essere in cattivi rapporti con q.
ennead [eniæd], *n.* serie di nove (*discorsi, libri, ecc.*); enneade.
to ennoble [ɪ'noubl], *v. t.* nobilitare; far nobile (q.); elevare.
ennoblement [ɪ'noublmənt], *n.* nobilitazione; elevazione.
ennui [ɔn'wi:] (*franc.*), *n.* noia; tedio.
enormity [ɪ'nɔ:mɪti], *n.* **1** enormità (*d'una colpa e sim.*); mostruosità; scelleratezza: **the e. of the crime**, l'enormità del delitto **2** (*raro*) atrocità; atto scellerato; delitto mostruoso **3** *V.* **enormousness.**
enormous [ɪ'nɔ:məs], *a.* **1** enorme; smisurato: **an e. difference (amount of debts, etc.)**, una differenza (un mucchio di debiti, ecc.) enorme **2** atroce; malvagio; scellerato: **an e. crime**, un delitto atroce.
enormousness [ɪ'nɔ:məsnɪs], *n.* enormità; smisuratezza.
enough [ɪ'nʌf], **A** *a., n. e avv.* **1** abbastanza; a sufficienza; quanto basta; bastante; sufficiente: **You play the piano well e.**, suoni il pianoforte abbastanza bene; **We have beer e.** (*o* **e. beer**), c'è birra a sufficienza; **I've had e., thank you**, ne ho avuto a sufficienza, grazie; **There isn't e. for all of us**, non ce n'è abbastanza per tutti (noi); **We have more than e.**, ne abbiamo più che a sufficienza; **I've had e. of him**, ne ho avuto abbastanza di lui; **We've had e.!**, ne abbiamo abbastanza (*fig.*)!; siamo stufi!; non ne possiamo più!; **Ten men are e.**, dieci uomini sono sufficienti (*o* bastano); **Is this large e.?**, è abbastanza grande?; **It is boiled e.**, ha bollito abbastanza **2** molto; assai; ben: **He was glad e. to escape**, fu ben lieto di scamparla. **B** *inter.* basta!: **E.!**, basta così!; non dire altro!; **E. of this folly!**, basta, con queste follie! ● **to cry «e.»**, arrendersi; darsi per vinto; riconoscersi sconfitto □ (*fam.*) **fair e.!**, ragionevole; soddisfacente: **That's fair e.!**, mi sta bene! □ **to have e. and to spare**, avere più di quanto basta; averne anche di troppo □ **I had e. to do to catch the tram**, ebbi un bel da fare per prendere il tram □ **Oddly e. he wasn't there**, strano a dirsi, non c'era □ **You have done more than e.**, hai fatto anche troppo □ **Sure e.**, he has escaped your notice, certamente la sua presenza t'è sfuggita □ (*prov.*) **E. is as good as a feast**, chi si contenta gode.
to enounce [i(:)'nauns], *v. t.* **1** enunciare; esporre **2** annunciare; proclamare **3** enunciare; formulare.
en passant [‚ɔnpa'sɑ:nt] (*franc.*), *avv.* **1** en passant; incidental-

mente; di sfuggita **2** (*scacchi*) en passant.
to enplane [in'plein], *V.* **to emplane.**
to enquire [in'kwaiə*], *V.* **to inquire.**
enquiry [in'kwaiəri], *V.* **inquiry.**
to enrage [in'reidʒ], *v. t.* irritare; esasperare; far andare in collera.
● **to be enraged at** (*o* **by, with**) **st.**, essere adirato per q.c.
enraged [in'reidʒd], *a.* adirato; arrabbiato; incollerito.
to enrapture [in'ræptʃə*], *v. t.* rapire (*fig.*); mandare in estasi.
enraptured [in'ræptʃəd], *a.* rapito (*fig.*); estasiato; in estasi.
to enregiment [in'redʒimənt], *v. t.* irreggimentare.
to enrich [in'ritʃ], *v. t.* arricchire (*anche fig.*); rendere più pieno; fertilizzare; integrare: **Music has enriched my life**, la musica ha reso più piena la mia vita; **to e. the soil**, fertilizzare il terreno; **to e. bread with vitamins**, integrare il pane con l'aggiunta di vitamine. ● (*fis. nucl.*) **enriched uranium**, uranio arricchito.
enrichment [in'ritʃmənt], *n.* arricchimento (*anche fig.*); fertilizzazione (*del terreno*); integrazione; aggiunta.
to enrobe [in'roub], *v. t.* rivestire (*di panni curiali*); abbigliare.
to enrol(l) [in'roul], **A** *v. t.* **1** elencare; registrare (*anche un documento legale*) **2** (*mil.*) arruolare: **to e. men for the army**, arruolare uomini per l'esercito **3** iscrivere: **to e. sb. as a member of a club**, iscrivere q. come socio d'un circolo **4** (*raro*) arrotolare; avvolgere. **B** *v. i.* **1** (*mil.*) arruolarsi **2** iscriversi: **to e. in the school of medicine**, iscriversi alla facoltà di medicina.
enrol(l)ment [in'roulmənt], *n.* **1** elencazione; registrazione (*anche fig.*) **2** (*mil.*) arruolamento **3** iscrizione **4** numero degli arruolati (*o* iscritti) ● **e. form**, modulo d'iscrizione.
en route [ɔn'ru:t] (*franc.*), *a. e avv.* in viaggio; durante il viaggio: **en route delays**, ritardi durante il viaggio.
ensanguined [in'sæŋgwind], *a.* (*poet.*) insanguinato.
to ensconce [in'skɔns], **A** *v. t.* **1** nascondere; mettere al sicuro **2** collocare; mettere in un posto comodo e adatto: **to e. a statue in a niche**, collocare una statua in una nicchia. **to ensconce oneself B** *v. rifl.* **1** nascondersi **2** accomodarsi, sprofondarsi: **He ensconced himself on the sofa**, si sprofondò nel sofà.
ensemble [ɔn'sɔmbl] (*franc.*), *n.* **1** insieme; complesso **2** (*mus.*) complesso **3** (*moda*) completo; insieme **4** (*teatr.*) corpo di ballo **5** effetto d'insieme.
to enshrine [in'ʃrain], *v. t.* **1** mettere in un reliquiario **2** (*fig.*) conservare come una reliquia; custodire gelosamente (*un ricordo, ecc.*).
enshrinement [in'ʃrainmənt], *n.* il conservare come una reliquia; il custodire gelosamente.
to enshroud [in'ʃraud], *v. t.* avvolgere (*come in un sudario*); ricoprire completamente; celare alla vista.
ensiform ['ensifɔ(:)m], *a.* ensiforme: (*anat.*) **e. cartilage**, cartilagine ensiforme.
ensign ['ensain], *n.* **1** insegna; emblema; bandiera; stendardo; vessillo: **the white e.**, la bandiera della marina militare britannica; **the red e.**, la bandiera della marina mercantile; **the blue e.**, la bandiera della riserva navale **2** (*mil.*) alfiere; portabandiera; (*in passato*) sottotenente di fanteria **3** (*naut. USA*) guardiamarina.
ensigncy ['ensainsi], **ensignship** [ensainʃip], *n.* **1** (*mil.*) grado di alfiere **2** (*naut. USA*) grado di guardiamarina.
ensilage ['ensilidʒ], *n.* (*agric.*) **1** insilamento (*del foraggio*) **2** foraggio insilato. ● **e. blower** (*o* **cutter**), insilatrice.
to ensile [in'sail], *v. t.* (*agric.*) insilare (*foraggio, ecc.*).
to enslave [in'sleiv], *v. t.* asservire; assoggettare; fare schiavo.
● **to be enslaved by one's passions**, divenire schiavo delle proprie passioni.
enslavement [in'sleivmənt], *n.* asservimento; schiavitù.
enslaver [in'sleivə*], *n.* **1** chi asservisce, assoggetta, ecc. (*V.* **to enslave**) **2** (*di donna*) incantatrice, maliarda.
to ensnare [in'snɛə*], *v. t.* prendere in trappola; irretire; intrappolare (*anche fig.*).
to ensoul [in'soul], *v. t.* infondere un'anima in (q. o q.c.); animare.
to ensphere [in'sfiə*], *v. t.* **1** (*anche fig.*) racchiudere (*in una sfera*); comprendere **2** modellare a forma di sfera.
to ensue [in'sju(:)], *v. i.* seguire; conseguire; derivare; risultare.
to ensure [in'ʃuə*], *v. t.* assicurare; affermare con sicurezza; garantire; dare per sicuro: **We cannot e. that you will get a fair income**, non possiamo garantire che otterrete un reddito equo; **to e. a good harvest**, assicurare un buon raccolto; **to e. oneself against** (*o* **from**) **outside interferences**, assicurarsi contro interferenze esterne **2** (*in passato*) assicurare (*presso una compagnia d'assicurazione*; *cfr.* **to insure**).
to enswathe [in'sweið], *v. t.* avvolgere; bendare; fasciare.
enswathement [in'sweiðmənt], *n.* bendatura; fasciatura.
entablature [en'tæblətʃə*], *n.* (*archit.*) trabeazione.
entablement [in'teiblmənt], *n.* (*archit.*) **1** trabeazione **2** basamento di statua (*sopra il piedistallo*).
to entail [in'teil], *v. t.* **1** comportare; implicare; richiedere (*come conseguenza*): **Your schemes e. enormous expenses**, i tuoi progetti comportano spese enormi **2** (*leg.*) lasciare in eredità (*terre, ecc.*) con vincolo d'inalienabilità.
entail [in'teil], **entailment** [in'teilmənt], *n.* **1** (*leg.*) lascito soggetto a vincolo d'inalienabilità **2** (*fig.*) conseguenza inevitabile.
to entangle [in'tæŋgl], *v. t.* **1** impigliare; intricare; intrappolare; irretire, impegolare (*fig.*): **to e. oneself in a love affair**, impegolarsi in una relazione amorosa; **to be entangled by the charms of a woman**, essere irretito dalle malie d'una donna **2** imbrogliare; complicare; confondere: **Don't e. the matter**, non imbrogliare la faccenda!; **to e. a question**, complicare (*o* imbrogliare) una domanda. ● **to e. yarn**, far impigliare un filato □ **to e. a skein**, arruffare una matassa □ **to get entangled**, rimanere impigliato; (*fig.*) restare impegolato, invischiato (*fig.*).
entanglement [in'tæŋglmənt], *n.* **1** l'impigliarsi; l'irretire; l'essere irretito **2** imbroglio; complicazione; confusione; intrico; groviglio; viluppo **3** (*mil.*) reticolato.
entasis ['entəsis], *n.* (*pl.* **entases**) (*archit.*) entasi.
entelechy [in'telǝki], *n.* (*filos.*) entelechia.
entellus [en'teləs], *n.* (*zool.*, *Presbytis entellus*) entello.
entente [ã:n'tã:nt] (*franc.*), *n.* (*polit.*) intesa: (*stor.*) **the Triple E.**, la Triplice Intesa.
to enter ['entə*], **A** *v. t.* **1** entrare in; penetrare in; entrare a far parte di: **I entered the room**, entrai nella stanza; **The bullet entered his head**, la pallottola gli entrò nella testa; **He will e. our club**, entrerà a far parte del nostro circolo; **Henry is entering business**, Enrico entra in affari **2** iscrivere; mettere in elenco (*o in lista*): **He entered his son at a private school**, iscrisse suo figlio a una scuola privata; **to e. a political party**, iscriversi a un partito politico **3** annotare; segnare; (*comm.*) registrare, dichiarare: **I'll e. the engagement in my diary**, annoterò l'appuntamento nella mia agenda; **He entered the sum in his account book**, registrò la somma nel suo libro dei conti; **to e. a ship (a cargo)**, registrare una nave (un carico) alla dogana; (*dogana*) **to e. goods in transit**, dichiarare merci in transito **4** (*leg.*) presentare: **to e. evidence**, presentare prove **5** (*leg.*) far mettere a verbale **6** (*leg.*) entrare in possesso di (*un bene, una proprietà*) **7** intraprendere (*un mestiere*): **to e. the legal profession**, intraprendere l'attività legale; darsi all'avvocatura **8** domare (*un cavallo*); cominciare a istruire (*un cane*). **B** *v. i.* **1** entrare; penetrare **2** iscriversi: **to e. (oneself) for an examination**, iscriversi a un esame. ● (*leg.*) **to e. an action against sb.**, intentare causa a q. □ **to e. into sb.'s calculations**, entrare nei calcoli di q. □ **to e. the Church**, farsi sacerdote (*o* prete) □ **to e. into a contract (a treaty)**, fare un contratto (un trattato) □ **to e. into conversation (negotiations) with sb.**, entrare in conversazione (in trattative) con q. □ **to e. into the fun of the party**, partecipare all'allegria della festa □ (*fin.*) **to e. into partnership**, associarsi; entrare a far parte di una società di persone □ **to e. into the spirit of st.**, entrare nello spirito di q.c. □ **to e. the Navy**, andare in marina □ **to e. oneself** (*o* **one's name**) **for a contest (race, etc.)**, iscriversi a una competizione (corsa, ecc.) □ **to e. an objection**, avanzare (*o* muovere) un'obiezione □ (*rag.*) **to e. on the credit (debit) side**, registrare a credito (a debito) □ **to e. up**, finire di registrare; registrare completamente □ **to e. upon one's duties**, prendere servizio □ **to e. upon an inheritance**, entrare in possesso d'una eredità □ **to e. upon a new career**, cominciare una nuova carriera □ **to e. upon a subject**, cominciare (a trattare) un argomento □ **The idea never entered my head (once)**, l'idea non m'era mai passata per la testa.
enterable ['entərəbl], *a.* accessibile, iscrivibile, registrabile ecc. (*V.* **to enter**).
enteric [en'terik], *a.* (*anat., med.*) enterico: **e. fever**, febbre enterica.
enteritis [,entə'raitis], *n.* (*pl.* **enteritides, enteritises**) (*med.*) enterite.
enterobacterium [,entəroubæk'tiəriəm], *n.* (*pl.* **enterobacteria**) (*biol.*) enterobatterio.
enterocolitis [,entəroukə'laitis], *n.* (*med.*) enterocolite.
enterolith ['entəroυliθ], *n.* (*med.*) enterolito.
enteropathogenic ['entəroυ,pæθoυ'dʒenik], *a.* (*med.*) enteropatogeno.
enteropathy [,entə'rɔpəθi], *n.* (*med.*) enteropatia.
enterotomy [,entə'rɔtəmi], *n.* (*med.*) enterotomia.
enterprise ['entəpraiz], *n.* **1** impresa: **a difficult e.**, un'impresa difficile; **to embark on a new e.**, accingersi a una nuova impresa **2** intraprendenza; iniziativa: **He has no e.**, non ha intraprendenza; (*econ.*) **private e.**, l'iniziativa privata **3** (*econ.*) impresa; azienda.
enterprising ['entəpraiziŋ], *a.* intraprendente; pieno d'iniziativa.
to entertain [,entə'tein], **A** *v. t.* **1** intrattenere; divertire **2** ricevere; ospitare; avere; trattenere: **to e. a friend at lunch (to dinner, etc.)**, avere un amico a colazione (a pranzo, ecc.) **3** avere

(*in mente*, *in animo*); nutrire, covare (*fig.*): **to e. an idea** (**a doubt, etc.**), avere un'idea (un dubbio, ecc.); **to e. hopes of success,** nutrire speranze di buona riuscita; **to e. feelings of revenge,** nutrire sentimenti di vendetta **4** prendere in considerazione; considerare: **to e. a proposal,** prendere in considerazione una proposta; **to e. an offer,** considerare un'offerta. **B** *v. i.* dare ricevimenti; ricevere; avere ospiti: **They e. a great deal,** danno molti ricevimenti; **They often e. at dinner,** spesso hanno ospiti a pranzo. ● **to e. correspondence with sb.,** tenersi in corrispondenza con q. □ **to e. discourse with sb.,** intrattenersi a discorrere con q. □ **to e. peace with one's neighbours,** mantenere relazioni pacifiche con i propri vicini.

entertainer [ˌentəˈteinə*], *n.* **1** ospite; persona ospitale; anfitrione **2** cantante; canzonettista, comico (*di night club*, ecc.).

entertaining [ˌentəˈteiniŋ], *a.* divertente; piacevole.

entertainment [ˌentəˈteinmənt], *n.* **1** divertimento; spettacolo: **e. duty,** tassa sugli spettacoli **2** trattenimento; ricevimento: **He gives many entertainments to his friends,** offre molti ricevimenti agli amici **3** ospitalità; trattamento: **The Grand Hotel at Brighton is renowned for its e.,** il Grand Hotel di Brighton è rinomato per il trattamento (che fa ai clienti) **4** l'avere in mente (*o* nell'animo); il nutrire (*speranze,* ecc.). ● **e. allowance,** (fondo di) spese di rappresentanza.

enthalpy [ˈenθælpi], *n.* (*fis.*) entalpia.

to enthral(l) [inˈθrɔːl], *v. t.* **1** asservire; rendere schiavo **2** affascinare; incantare: **I was enthralled by her simple grace,** fui affascinato dalla sua semplice grazia.

enthralling [inˈθrɔːliŋ], *a.* affascinante; incantevole.

enthral(l)ment [inˈθrɔː(ː)lmənt], *n.* **1** asservimento **2** l'affascinare; l'essere affascinato.

to enthrone [inˈθroun], *v. t.* **1** insediare (*sul trono*): **to e. a bishop,** insediare un vescovo **2** (*fig.*) esaltare; mettere su un piedistallo.

enthronement [inˈθrounmənt], **enthronization** [inˌθrouniˈzeiʃən], *n.* insediamento (*sul trono*).

to enthuse [inˈθjuːz], *v. t. e i.* (*fam.*) entusiasmare, entusiasmarsi: **to e. about** (*o* **over**) **st.,** entusiasmarsi per q.c.

enthusiasm [inˈθjuːziæzəm], *n.* **1** entusiasmo: **to be full of e. for** (*o* **about**) **st.,** essere pieno d'entusiasmo per q.c. **2** passione: **His e. is fishing,** la pesca è la sua passione **3** (*arc.*) fanatismo religioso.

enthusiast [inˈθjuːziæst], *n.* **1** entusiasta: **He is an e. about** (*o* **for**) **modern music,** è un entusiasta della musica moderna **2** appassionato; fanatico; (*sport*) tifoso **3** (*arc.*) bigotto; fanatico.

enthusiastic [inˌθjuːziˈæstik], *a.* **1** entusiastico **2** (*di persona*) entusiasta: **to be e. about st.,** essere entusiasta di q.c. **3** appassionato.

enthusiastically [inˌθjuːziˈæstikəli], *avv.* entusiasticamente.

enthymeme [ˈenθimi(ː)m], *n.* (*filos.*) entimema.

to entice [inˈtais], *v. t.* adescare; allettare; attirare; istigare; lusingare; (*anche leg.*) sedurre: **to e. sb. into doing st.,** istigare q. a fare q.c.; **Only fools are enticed by the mirage of enormous earnings,** solo gli sciocchi sono allettati dal miraggio di enormi guadagni. ● **to e. a woman away from her husband,** sedurre una donna alienandola dal marito.

enticement [inˈtaismənt], *n.* **1** allettamento; adescamento; istigazione; (*anche leg.*) seduzione **2** attrattiva; fascino; lusinga.

enticing [inˈtaisiŋ], *a.* allettante; attraente; seducente.

entire [inˈtaiə*], **A** *a.* intero; completo; integro; intatto. **B** *n.* **1** (*zootecnia*) cavallo intero (*non castrato*); stallone **2** (*un tempo*) miscela di birra scura e chiara. ● **e. affection,** attaccamento profondo; amore cieco □ **an e. delusion,** un'illusione bell'e buona □ **an e. stranger,** un perfetto estraneo □ **to be in e. agreement with sb.,** essere del tutto d'accordo con q. □ **to be in e. ignorance of what happened,** essere completamente all'oscuro di quel che è accaduto.

entirely [inˈtaiəli], *avv.* **1** interamente; completamente: **e. forgotten,** completamente dimenticato **2** meramente; solamente; soltanto.

entireness [inˈtaiənis], *n.* interezza; integrità; completezza.

entirety [inˈtaiəti], *n.* **1** interezza; integrità; completezza **2** complesso; insieme: **You should consider the problem in its e.,** devi considerare il problema nel suo complesso **3** totalità: **the e. of the army,** la totalità dell'esercito; tutto l'esercito **4** (*leg.,* *anche* **possession by entireties**) proprietà indivisa tra marito e moglie.

to entitle [inˈtaitl], *v. t.* **1** intitolare; dare (*o* conferire) un titolo a (q.): **a novel entitled «Emma»,** un romanzo che si intitola «Emma» **2** conferire un diritto a (q.); dare (a q.) il diritto di (o per): dare facoltà a (q.); autorizzare: **This ticket entitles you to a free meal,** questo tagliando ti dà diritto a un pasto gratuito; **You are not entitled to punish,** tu non hai facoltà di punire.

entitlement [inˈtaitlmənt], *n.* cosa (*o* condizione) cui si ha diritto; diritto acquisito (*abbuono, sconto,* ecc.).

entity [ˈentiti], *n.* **1** entità; l'esistere **2** cosa reale, concreta.

to entomb [inˈtuːm], *v. t.* **1** mettere nella tomba; seppellire (*anche*

fig.): **Thirty miners were entombed by the explosion,** trenta minatori furono sepolti dall'esplosione **2** servire (*o* fare) da tomba a (q.); contenere le spoglie di (q.).

entombment [inˈtuːmmənt], *n.* seppellimento.

entomic [inˈtomik], *a.* che riguarda gli insetti; entomologico.

entomologic(al) [ˌentəməˈlɔdʒik(əl)], *a.* entomologico.

entomologist [ˌentəˈmɔlədʒist], *n.* entomologo.

to entomologize [ˌentəˈmɔlədʒaiz], *v. i.* occuparsi d'entomologia.

entomology [ˌentəˈmɔlədʒi], *n.* entomologia.

entomophagous [ˌentəˈmɔfəgəs], *a.* (*zool.*) entomofago.

entomophilous [ˌentəˈmɔfiləs], *a.* (*bot.*) entomofilo.

entomophily [ˌentəˈmɔfili], *n.* (*bot.*) entomofilia.

entourage [ˈɔntuəːʒ] (*franc.*), *n.* entourage; cerchia; seguito.

entozoon [ˌentəˈzouən], *n.* (*pl.* **entozoa**) (*zool.*) entozoo.

entr'acte [ˈɔntrækt] (*franc.*), *n.* **1** (*mus.*) intermezzo **2** (*teatr.*) intermezzo; intervallo.

entrails [ˈentreilz], *n. pl.* **1** (*anat.*) visceri; interiora; intestini **2** (*fig.*) viscere: **in the e. of the earth,** nelle viscere della terra.

to entrain [inˈtrein], **A** *v. t.* **1** mettere (*specialm.* soldati) sul treno **2** coinvolgere; trascinare: **A jet of water entrains air,** un getto d'acqua trascina con sé aria. **B** *v. i.* mettersi in treno; salire sul treno.

to entrammel [inˈtræməl], *v. t.* impigliare; intralciare; ostacolare.

entrance [ˈentrəns], *n.* **1** entrata; accesso; ingresso: **front e.,** entrata principale; **back e.,** ingresso posteriore; **An actor must not forget his entrances,** un attore non deve dimenticare le sue entrate in scena; **free e.,** ingresso libero, gratuito; **He was refused e. to the club,** gli fu vietato l'accesso al circolo; **e. channel,** canale di accesso **2** ammissione; iscrizione: **e. examination,** esame d'ammissione; **e. fee,** tassa d'ammissione (*o* d'iscrizione). ● **e. into** (*o* **upon**) **office,** entrata in carica □ **No e.!,** vietato l'accesso; divieto d'accesso (*su un cartello*).

to entrance [inˈtrɑːns], *v. t.* **1** far cadere in trance (*anche fig.*) **2** (*fig.*) estasiare; incantare; rapire (*fig.*). ● **to be entranced with joy** (**fear**), essere sopraffatto dalla gioia (dal timore).

entranced [inˈtrɑːnst], *a.* estasiato; in estasi; rapito (*fig.*).

entrancement [inˈtrɑːnsmənt], *n.* **1** il far cadere in trance **2** (*fig.*) estasi; incanto; rapimento (*fig.*).

entrant [ˈentrənt], *n.* **1** chi entra **2** chi intraprende una professione; principiante **3** chi s'iscrive a una società; nuovo socio **4** nuovo studente **5** (*sport*) iscritto a una gara; concorrente; competitore.

to entrap [inˈtræp], *v. t.* prendere in trappola; intrappolare; irretire.

entrapment [inˈtræpmənt], *n.* intrappolamento.

to entreat [inˈtriːt], *v. t.* **1** implorare; pregare; sollecitare; supplicare: **to e. the judge to suspend the sentence,** supplicare il giudice di voler applicare la condizionale; **to e. st. of sb.,** sollecitare q.c. da q. **2** (*arc.,* *Bibbia*) trattare.

entreatingly [inˈtriː(ː)tiŋli], *avv.* supplichevolmente; insistentemente.

entreaty [inˈtriːti], *n.* implorazione; preghiera; supplica.

entrée [ˈɔntrei] (*franc.*), *n.* **1** accesso; adito; entrata (*a far parte di,* ecc.) **2** (*cucina*) «entrée»; prima portata di carne. ● **to give sb. e. to the jet society,** aprire a q. le porte della jet society.

to entrench [inˈtrentʃ], **A** *v. t.* **1** trincerare; fortificare: **The Germans were entrenched on the top of the mountain,** i tedeschi erano trincerati in cima alla montagna **2** (*fig.*) inculcare; radicare: **to e. a habit,** radicare un'abitudine. **B** *v. i.* **1** (*mil.*) trincerarsi **2** intromettersi; usurpare: **to e. upon a right,** usurpare un diritto. **to entrench oneself C** *v. rifl.* trincerarsi (*anche fig.*). ● (*fig.*) **to be entrenched,** essere radicato.

entrenchment [inˈtrentʃmənt], *n.* il trincerare; trinceramento; trincea.

entrepôt [ˌɑːtrəˈpou] (*franc.*), *n.* (*comm.*) **1** punto franco **2** deposito (*o* magazzino doganale.

entrepreneur [ˌɔntrəprəˈnəː*] (*franc.*), *n.* **1** (*econ.*) imprenditore; operatore economico **2** (*mus.,* *teatr.*) impresario.

entrepreneurial [ˌɔntrəprəˈnəːriəl], *a.* (*econ.*) imprenditoriale.

entresol [ˈɔntrəsɔl] (*franc.*), *n.* (*edil.*) mezzanino; ammezzato.

entropy [ˈentrəpi], *n.* (*fis.*) entropia.

to entrust [inˈtrʌst], *v. t.* affidare; consegnare; commettere (*lett.*): **to e. money** (**a new responsibility,** **a task**) **to sb.,** (*anche*) **to e. sb. with money** (**a new responsibility,** **a task**), affidare denaro (una nuova responsabilità, un compito) a q.

entry [ˈentri], *n.* **1** entrata; ingresso; atrio; passaggio: **a triumphal e.,** un'entrata trionfale; **Italy's e. into the war,** l'entrata in guerra dell'Italia; **a narrow e. at the back of a house,** uno stretto passaggio dietro una casa **2** annotazione; registrazione: **to make an e. in a notebook,** fare un'annotazione in un taccuino **3** (*comm., naut.*) dichiarazione d'entrata (*d'un carico o d'una nave alla dogana*) **4** (*sport*) iscrizione, iscritto (*a una gara*); concorrente; cosa presentata (*a un concorso*): **There were twenty entries for the high jump,** c'erano venti concorrenti per il salto in alto **5** (*leg.*) entrata in possesso (*d'una casa, d'una proprietà,* ecc.) **6**

(*leg.*) violazione di domicilio **7** (*leg.*) inserzione (*di un atto*) in un pubblico registro **8** (*rag.*) scrittura, voce (contabile); partita **9** (*elab.*) immissione; registrazione; entrata: **e. block**, blocco d'entrata **10** (*di dizionario*; *anche* **e. word**, **dictionary e.**, **main e.**) lemma; voce; esponente. ● (*dogana*) **e. for home use**, bolletta d'entrata di merce per il consumo interno □ (*leg.*) **e. into force**, entrata in vigore □ (*autom.*) **e. point**, punto (*in Italia:* casello) d'entrata (*d'autostrada*) □ **e. visa**, visto d'ingresso □ **e. word**, lemma, esponente, voce (*di dizionario*) □ (*rag.*) **double-e. book-keeping**, contabilità in partita doppia □ (*rag.*) **single-e. book-keeping**, contabilità in partita semplice □ «**No e.**», «divieto d'accesso» (*cartello stradale*).

to entwine [in'twain], **A** *v. t.* allacciare; intrecciare; avvincere; stringere insieme. **B** *v. i.* allacciarsi; intrecciarsi; avvinghiarsi.

to entwist [in'twist], *v. t.* avvincere; annodare; stringere insieme.

to enucleate [i'nju(:)klieit], *v. t.* **1** (*biol.*) privare del nucleo **2** (*arc.*) delucidare; chiarire **3** (*med.*) enucleare.

enucleation [i,nju(:)kli'eiʃən], *n.* **1** (*biol.*) asportazione del nucleo **2** (*arc.*) delucidazione; chiarimento **3** (*med.*) e-nucleazione.

to enumerate [i'nju:məreit], *v. t.* enumerare; contare.

enumeration [i,nju:mə'reiʃən], *n.* enumerazione.

enumerative [i'nju:mərətiv], *a.* enumerativo.

enumerator [i'nju:məreitə*], *n.* chi enumera; enumeratore.

to enunciate [i'nʌnsieit], **A** *v. t.* **1** enunciare: **Einstein enunciated a new theory**, Einstein enunciò una teoria nuova **2** annunciare; proclamare **3** pronunciare: **to e. one's words with particular clarity**, pronunciare le parole in modo particolarmente chiaro. **B** *v. i.* pronunciare.

enunciation [i,nʌnsi'eiʃən], *n.* **1** enunciazione **2** annuncio; proclama **3** pronuncia.

enunciative [i'nʌnʃiətiv], *a.* **1** enunciativo che annuncia; che proclama.

enunciator [i'nʌnsieitə*], *n.* **1** enunciatore **2** proclamatore.

to enure [i'njuə*], *V.* **to inure**.

enuresis [,enjuə'ri(:)sis], *n.* (*med.*) enuresi.

to envelop [in'veləp], *v. t.* **1** avvolgere; avviluppare; nascondere: **to e. a baby in warm clothes**, avvolgere un bambino in panni caldi; **The peak was enveloped in black clouds**, la vetta era nascosta da nuvole nere **2** (*mil.*) accerchiare.

envelope ['enviloup], *n.* **1** busta: **stamped e.**, busta affrancata **2** involto; involucro **3** (*bot.*, *biol.*) involucro **4** (*geom.*) inviluppo.

envelopment [in'veləpmənt], *n.* **1** avvolgimento; l'avviluppare **2** involto; involucro **3** (*bot.*, *biol.*) involucro.

to envenom [in'venəm], *v. t.* (*anche fig.*) avvelenare.

envenomation [in,venə'meiʃən], *n.* (*specialm.* zool.) avvelenamento.

envenomization [in,venəmai'zeiʃən], *V.* **envenomation**.

enviable ['enviəbl], *a.* invidiabile.

envious ['enviəs], *a.* invidioso: **to be e. of another person's good fortune**, essere invidioso della buona fortuna altrui. ● **an e. glance**, un'occhiata d'invidia.

to environ [in'vaiərən], *v. t.* attorniare; circondare: **The village was environed by woods**, il paese era circondato da boschi.

environment [in'vaiərənmənt], *n.* **1** l'attorniare, l'essere attorniato (da q. o q.c.) **2** territorio circostante; dintorni **3** ambiente; condizioni (ambientali): **one's home e.**, il proprio ambiente familiare; **the social e.**, le condizioni sociali.

environmental [in,vaiərən'mentəl], *a.* ambientale. ● **e. conservation** (*o* **e. protection**), protezione dell'ambiente.

environmentalism [in,vaiərən'mentəlizəm], *n.* ecologia; difesa dell'ambiente; ambientalismo.

environmentalist [in,vaiərən'mentəlist], *n.* ecologo; fautore della preservazione dell'ambiente; ambientalista.

environs ['envirənz], *n. pl.* dintorni; periferia; sobborghi.

to envisage [in'vizidʒ], *v. t.* **1** vedere con l'occhio della mente; immaginare **2** avere in vista; prevedere (*futuri sviluppi, ecc.*) **3** (*arc., poet.*) guardare in faccia (*fig.*); affrontare.

to envision [in'viʒən], (*specialm. USA*) *V.* **to envisage**, *def. 1 e 2*.

envoy (1) ['envɔi], *n.* **1** inviato; delegato; messo; rappresentante **2** (*polit., anche* **e. extraordinary**) inviato straordinario.

envoy (2) ['envɔi], *n.* (*letter.*) commiato; congedo (*per lo più versi, a volte dedicatori, che concludevano certe composizioni poetiche*).

envoyship ['envɔiʃip], *n.* (*polit.*) carica (*o* ufficio) d'inviato.

envy ['envi], *n.* **1** invidia: **They have (*o* feel) a wild e. of their eldest brother**, hanno (*o* provano) una fortissima invidia per il fratello maggiore; **e. at sb.'s good luck (success, etc.)**, invidia della fortuna (del successo, ecc.) di q.; **out of e.**, per pura invidia **2** oggetto d'invidia.

to envy ['envi], *v. t.* invidiare: **I don't e. you this difficult task**, davvero non t'invidio questo tuo difficile compito; **Such people are to be envied**, gente siffatta è degna d'invidia (*o* è da invidiare).

to enwind [in'waind] (*pass. e p. p.* **enwound**), *v. t.* avvolgersi (*o* avvilupparsi) intorno a.

to enwomb [in'wu(:)m], *v. t.* **1** portare in grembo (*un figlio*) **2** (*fig.*) racchiudere in seno (*o* in grembo).

to enwrap [in'ræp], *v. t.* avvolgere; avviluppare; involtare.

to enwreathe [in'ri:ð], *v. t.* inghirlandare; intrecciare.

enzootic [,enzou'ɔtik], (*vet.*) **A** *a.* enzootico. **B** *n.* enzoozia.

enzymatic [,enzai'mætik], *a.* (*chim.*) enzimatico.

enzyme ['enzaim], *n.* (*chim.*) enzima: **Pepsin is a digestive e.**, la pepsina è un enzima della digestione. ● **e. detergent**, detergente a base di enzimi.

enzymic [en'zaimik], *V.* **enzymatic**.

Eocene ['i(:)ousi:n], (*geol.*) **A** *n.* Eocene. **B** *a.* eocenico.

Eolithic [,i(:)ou'liθik], *a.* (*preistoria*) eolitico.

eoliths ['i:ouliθs], *n. pl.* (*paleontologia*) eoliti.

eon ['i(:)ən], *n.* (*USA*) **1** (*filos.*) eone **2** (*fig.*) eternità.

eosin, eosine ['i(:)əsin], *n.* (*chim., ind.*) eosina.

eozoic [,i(:)ou'zouik], *a.* e *n.* (*geol.*) eozoico.

epact ['i:pækt], *n.* (*astron.*) epatta.

eparch ['epa:k], *n.* eparca (*governatore o vescovo d'un distretto greco*).

eparchy ['epa(:)ki], *n.* eparchia (*provincia o diocesi greca*).

epaulet(te) ['epouLet], *n.* (*mil.*) spallina. ● (*fig.*) **to win one's epaulets**, guadagnarsi le spalline.

épée ['eipei] (*franc.*), *n.* (*scherma*) spada.

epenthesis [e'penθisis], *n.* (*pl.* **epentheses**) (*linguistica*) epentesi.

epenthetic [,epen'θetik], *a.* (*linguistica*) epentetico.

ephebe [e'fi:b], *V.* **ephebus**.

ephebic [e'fi:bik], *a.* efebico.

ephebus [e'fi:bəs], *n.* (*pl.* **ephebi**) efebo; giovanetto.

ephemera [i'femərə], *n.* (*pl.* **ephemeras**, **ephemerae**) **1** (*zool., Ephemera vulgata*) effimera, efemera **2** cosa effimera **3** (*biol.*) insetto o fiore effimero; pianta effimera.

ephemeral [i'femərəl], **A** *a.* effimero (*anche biol.*); passeggero: **an e. fever**, una febbre effimera; **e. glory**, gloria effimera. **B** *n.* (*biol.*) insetto o fiore effimero; pianta effimera.

ephemerality [i,femə'ræliti], *n.* l'essere effimero; effimerità.

ephemerid [e'femərid], *n.* *V.* **ephemera**, *def. 1 e 3*.

ephemeris [i'femərɪs], *n.* (*pl.* **ephemerides**) (*astron.*) effemeride.

ephemeron [i'femərɔn], *n.* (*pl.* **ephemera**, **ephemerons**) **1** (*zool., Ephemera vulgata*) effimera, efemera **2** (*biol.*) insetto o fiore effimero; pianta effimera.

Ephesian [i'fi:ʒən], **A** *a.* (*stor.*) efesino; di Efeso; efesio. **B** *n.* abitante di Efeso; efesino: **Epistle to the Ephesians**, Lettera agli Efesini.

Ephesus ['efisəs], *n.* (*geogr., stor.*) Efeso.

ephod ['i:fɔd], *n.* (*relig. ebraica*) efod.

ephor ['efə*], *n.* (*pl.* **ephors, ephori**) (*stor. greca*) eforo.

epic ['epik], **A** *n.* **1** poema epico; epopea: **national e.**, poema epico nazionale **2** (*poesia*) epica; epopea **3** (*fig.*) epopea: **the e. of the West**, l'epopea del Far West. **B** *a.* epico: **an e. poem**, un poema epico; **e. poetry**, poesia epica; epica; **an e. fight**, una lotta epica.

epical ['epikəl], *a.* epico.

epicardium [,epi'ka:diəm], *n.* (*pl.* **epicardia**) (*anat.*) epicardio.

epicarp ['epika:p], *n.* (*bot.*) epicarpo.

epicedium [,epi'si(:)diəm], *n.* (*pl.* **epicedia**) (*letter.*) epicedio.

epicene ['episi:n], **A** *a.* **1** (*gramm.*) epiceno **2** ermafrodito **3** (*fig.*) effeminato **4** (*fig.*) assessuato. **B** *n.* ermafrodito.

epicentre ['episentə*], **epicentrum** ['episentrəm], *n.* (*geol.*) epicentro.

epicure ['epikjuə*], *n.* **1** epicureo **2** (*fig.*) buongustaio; intenditore.

epicurean [,epikjuə'ri(:)ən], *a.* e *n.* epicureo.

Epicureanism [,epikjuə'ri(:)ənizəm], **epicurism** ['epikjuərizəm], *n.* epicureismo (*la dottrina d'Epicuro*; *una vita da epicureo*).

epicycle ['episaikl], *n.* (*geom., astron.*) epiciclo.

epicyclic(al) [,epi'saiklik(əl)], *a.* (*geom., astron., mecc.*) epicicloidale.

epicycloid ['epi'saiklɔid], *n.* (*geom.*) epicicloide.

epicycloidal [,episai'klɔidəl], *a.* (*geom.*) epicicloidale.

epideictic [,epi'daiktik], *a.* epidittico; dimostrativo; espositivo.

epidemic [,epi'demik], **A** *a.* (*med.*) epidemico. **B** *n.* malattia epidemica; epidemia (*anche fig.*).

epidemical [,epi'demikəl], *a.* (*med.*) epidemico.

epidemicity [,epidi'misiti], *n.* epidemicità.

epidemiology [,epidi:mi'ɔlədʒi], *n.* (*med.*) epidemiologia.

epidermal [,epi'də:məl], **epidermic** [,epi'də:mik], *a.* (*anat.*) epidermico.

epidermis [,epi'də:mis], *n.* (*anat.*) epidermide.

epidermoidal [ˌepidəˈmɔidəl], *a.* (*scient.*) epidermoide.
epidiascope [ˌepiˈdaiəskoup], *n.* (*fis.*) epidiascopio.
epididymis [ˌepiˈdidiməs], *n.* (*pl.* **epididymides**) (*anat.*) epididimo.
epididymitis [ˈepiˌdidiˈmaitis], *n.* (*med.*) epididimite.
epigastric [ˌepiˈgæstrik], *a.* (*anat.*) epigastrico.
epigastrium [ˌepiˈgæstriəm], *n.* (*pl.* **epigastria**) (*anat.*) epigastrio, epigastro.
epigenesis [ˌepiˈdʒenisis], *n.* (*scient.*) epigenesi.
epigenetic [ˌepidʒəˈnetik], *a.* (*scient.*) epigenetico.
epigenetics [ˌepidʒəˈnetiks], *n. pl.* (*col verbo al sing.*) (*scient.*) epigenetica.
epigeous [ˌepiˈdʒi(:)əs], *a.* (*scient.*) epigeo.
epiglottic [ˌepiˈglɔtik], *a.* (*anat.*) epiglottico.
epiglottis [ˌepiˈglɔtis], *n.* (*pl.* **epiglottises, epiglottides**) (*anat.*) epiglottide.
epigone [ˈepigoun], **epigon** [ˈepigɔn], *n.* (*raro*) epigono.
epigram [ˈepigræm], *n.* epigramma.
epigrammatic [ˌepigrəˈmætik], *a.* epigrammatico.
epigrammatically [ˌepigrəˈmætikəli], *avv.* epigrammaticamente.
epigrammatist [ˌepiˈgræmətist], *n.* epigrammista.
to **epigrammatize** [ˌepiˈgræmətaiz], **A** *v. t.* esprimere in forma epigrammatica. **B** *v. i.* scrivere epigrammi; parlare in forma epigrammatica.
epigraph [ˈepigrɑːf], *n.* **1** epigrafe; iscrizione **2** citazione; motto.
epigraphic [ˌepiˈgræfik], *a.* epigrafico.
epigraphist [eˈpigrəfist], *n.* epigrafista.
epigraphy [eˈpigrəfi], *n.* epigrafia.
epilepsy [ˈepilepsi], *n.* (*med.*) epilessia.
epileptic [ˌepiˈleptik], *a. e n.* epilettico: **an e. fit**, un attacco epilettico; **an e.**, epilettico.
epileptoid [ˌepiˈleptɔid], *a. e n.* (*med.*) epilettoide.
epilogist [eˈpilədʒist], *n.* scrittore di epiloghi.
epilogue, epilog [ˈepilɔg], *n.* epilogo.
epiphany [iˈpifəni], *n.* **1** apparizione (*d'un essere soprannaturale*); epifania (*lett.*) **2** – (*relig.*) **E.**, Epifania **3** (*fig.*) momento illuminante.
epiphenomenon [ˌepifiˈnɔminən], *n.* (*pl.* **epiphenomena, epiphenomenons**) **1** (*anche filos.*) epifenomeno; fenomeno secondario **2** (*med.*) sintomo secondario.
epiphysis [eˈpifisis], *n.* (*pl.* **epiphyses**) (*anat.*) epifisi.
epiphyte [ˈepifait], *n.* (*bot.*) epifita.
Epirote [eˈpairout], *n.* Epirota.
Epirus [eˈpairəs], *n.* (*geogr.*) Epiro.
episcopacy [iˈpiskəpəsi], *n.* (*relig.*) episcopato.
episcopal [iˈpiskəpəl], *a.* episcopale; vescovile. ● **the E. Church**, la Chiesa episcopale (*in Scozia*) □ **the Protestant E. Church**, la Chiesa episcopale (*in USA*).
Episcopalian [iˌpiskəˈpeiljən], (*relig.*) **A** *a.* episcopaliano. **B** *n.* episcopale.
Episcopalianism [iˌpiskəˈpeiljənizəm], *n.* (*relig.*) episcopalismo; dottrina e organizzazione della Chiesa episcopale (*in G.B. e in USA*).
episcopalism [iˈpiskəpəlizəm], *n.* episcopalismo.
episcopate [iˈpiskəpit], *n.* **1** episcopato; vescovado: **the e.**, l'episcopato (*i vescovi*) **2** episcopio (*lett.*); vescovado **3** diocesi.
episode [ˈepisoud], *n.* episodio.
episodic(al) [ˌepiˈsɔdik(əl)], *a.* **1** episodico **2** episodi.
epispastic [ˌepiˈspæstik], *a. e n.* (*farm.*) epispastico; revulsivo.
epistasis [əˈpistəsis], *n.* (*pl.* **epistases**) (*genetica*) epistasi.
epistaxis [ˌepiˈstæksis], *n.* (*med.*) epistassi.
epistemological [iˌpistiməˈlɔdʒikəl], *a.* (*filos.*) epistemologico.
epistemologist [iˌpistiˈmɔlədʒist], *n.* (*filos.*) epistemologo.
epistemology [eˌpisti(:)ˈmɔlədʒi], *n.* (*filos.*) epistemologia.
epistle [iˈpisl], *n.* **1** epistola: **The Epistles**, le Epistole degli Apostoli **2** (*relig.*) passo di un'Epistola (*letto in chiesa*) **3** (*lett. o scherz.*) lettera; epistola.
epistolary [iˈpistələri], *a.* epistolare.
epistoler [iˈpistələ*], *n.* **1** chi scrive un'epistola **2** (*relig.*) chi legge un passo di un'Epistola.
epistrophe [eˈpistrəfi], *n.* (*retor.*) epistrofe.
epistyle [ˈepistail], *n.* (*archit.*) epistilio; architrave.
epitaph [ˈepitɑːf], *n.* epitaffio.
epithalamial [ˌepiθəˈleimjəl], **epithalamic** [ˌepiθəˈleimik], *a.* epitalamico.
epithalamium [ˌepiθəˈleimjəm], **epithalamion** [ˌepiθəˈleimjən], *n.* (*pl.* **epithalamiums, epithalamia**) (*letter.*) epitalamio.
epithalamus [ˌepiˈθæləməs], *n.* (*pl.* **epithalami**) (*anat.*) epitalamo.
epithelial [ˌepiˈθiːljəl], *a.* (*anat.*) epiteliale: **e. tissue**, tessuto epiteliale.
epithelioma [ˈepiˌθiːliˈoumə], *n.* (*pl.* **epitheliomas, epitheliomata**) (*med.*) epitelioma.
epithelium [ˌepiˈθiːljəm], *n.* (*pl.* **epithelia, epitheliums**) (*anat.*) epitelio.
epithet [ˈepiθet], *n.* epiteto.
epithetic(al) [ˌepiˈθetik(əl)], *a.* di epiteto.
epitome [iˈpitəmi], *n.* **1** (*raro*) epitome; compendio; sommario **2** (*fig.*) incarnazione; personificazione: **He is the e. of envy**, egli è l'invidia in carne e ossa. ● (*fig.*) **man, the world's e.**, l'uomo, questo microcosmo.
epitomist [iˈpitəmist], *n.* epitomatore, epitomatrice.
to **epitomize** [iˈpitəmaiz], *v. t.* **1** (*raro*) epitomare (*lett.*); compendiare **2** (*fig.*) incarnare; impersonare.
epizoon [ˌepiˈzouən], *n.* (*pl.* **epizoa**) (*zool.*) epizoo.
epizootic [ˌepizouˈɔtik], **A** *a.* (*vet.*) epizootico: **e. aphtha**, afta epizootica. **B** *n.* (*anche* **epizooty**) malattia epizootica; epizoozia.
epizooty [ˌepiˈzouəti], *V.* **epizootic**, *def. B*.
epoch [ˈiːpɔk], *n.* **1** epoca; era; età: **the Elizabethan e.**, l'età elisabettiana **2** (*astron., geol.*) epoca **3** (*fig.*) momento importante; svolta decisiva. ● **e.-making**, che fa (*o* fece) epoca; storico.
epochal [ˈepɔkəl], *a.* **1** caratteristico di un'epoca **2** che fa epoca.
epode [ˈepoud], *n.* (*poesia*) epodo.
epodic [eˈpoudik], *a.* (*poesia*) epodico.
eponym [ˈepounim], *n.* eponimo.
eponymous [iˈpɔniməs], *a.* eponimo: **the e. hero**, l'eroe eponimo.
epopee [ˈepoupiː], **epopoeia** [ˌepouˈpiːə], *n.* epopea; poesia epica; genere epico; poema epico.
epos [ˈepɔs], *n.* epos (*poema epico; epopea*).
epsilon [epˈsailən], *n.* epsilon (*quinta lettera dell'alfabeto greco*).
Epsom [ˈepsəm], *n.* **1** (*geogr.*) Epsom (*città inglese*) **2** ippodromo (*o* corsa) di Epsom. ● (*farm.*) **E. salts**, sale inglese (*purgativo*).
equability [ˌekwəˈbiliti], *n.* **1** equabilità (*lett.*); uniformità **2** imperturbabilità; calma; serenità; equanimità.
equable [ˈekwəbl], *a.* **1** equabile (*lett.*); uniforme; costante: **e. temperature**, temperatura uniforme **2** imperturbabile; calmo; sereno; equanime: **e. affection**, affetto calmo, sereno.
equal [ˈiːkwəl], **A** *a.* **1** uguale, eguale; pari; medesimo; stesso: **All men are created e.**, tutti gli uomini sono uguali alla nascita (*nella Dichiarazione d'Indipendenza americana*); **two e. shares**, due parti uguali; **There should be e. pay for e. work**, ci dovrebbe essere la stessa retribuzione per lo stesso lavoro; **I am e. to** (*o* **with) him in skill**, sono pari a lui in destrezza; **The two books are e. in colour**, i due libri sono dello stesso colore; **an e. fight**, una lotta pari; una lotta a parità di condizioni **2** equo; giusto: **e. laws**, leggi eque **3** imperturbabile; calmo; sereno: **to keep an e. mind in a time of trouble**, rimanere calmo (*o* sereno) in circostanze avverse **4** equo; equanime; imparziale. **B** *n.* pari; uguale: **He has no e.**, non ha l'uguale; non c'è un altro uguale a lui; (*mat.*) **Let x be the e. of y...**, sia x uguale a y... ● (*comm.*) **e. conditions of competition**, parità concorrenziale □ **e. distance**, equidistanza □ (*mat.*) **e. mark** (*o* **e. sign**), segno d'uguaglianza □ **to be e. to the occasion**, essere all'altezza della situazione □ **to be of e. mind with sb.**, essere dello stesso parere di q.; essere d'accordo con q. □ **to be on e. terms with sb.**, trattare q. da pari a pari.
to **equal** [ˈiːkwəl], *v. t.* **1** uguagliare, eguagliare; essere uguale (*o* pari) a; raggiungere (*fig.*): **Charles equals his elder brother in intelligence**, Carlo è pari a suo fratello maggiore quanto a intelligenza; (*mat.*) **If x equals 10...**, se x è uguale a 10...; **You can e. his record**, puoi uguagliare (*o* raggiungere) il suo primato **2** (*mat.*) essere uguale a; fare: **3 times 5 equals 15**, 3 per 5 fa 15.
equalitarian [iː(ˌ)kwɔliˈtɛəriən], *a. e n.* (*polit.*) egualitario.
equalitarianism [iˌkwɔliˈtɛəriənizəm], *n.* (*polit.*) egualitarismo.
equality [i(ː)ˈkwɔliti], *n.* uguaglianza, eguaglianza; parità: **I believe in the e. of men**, credo nell'uguaglianza degli uomini. ● **to be on a footing of e. with sb.**, essere su un piede d'uguaglianza con q.
equalization [ˌiːkwəlaiˈzeiʃən], *n.* **1** pareggiamento; uguagliamento; livellamento; perequazione: **the e. of taxes**, la perequazione delle imposte **2** (*sport*) pareggio **3** (*fin., tecn.*) equalizzazione.
to **equalize** [ˈiːkwəlaiz], **A** *v. t.* **1** pareggiare; uguagliare (*rendere uguale, uniforme*); livellare; equiparare; perequare: (*sport*) **to e. a match**, pareggiare una partita; **to e. salaries**, equiparare gli stipendi; **to e. the burden of taxation**, livellare il carico d'imposta **2** (*fin., tecn.*) equalizzare. **B** *v. i.* (*sport*) pareggiare; fare pareggio.
equalizer [ˈiː(ˌ)kwəlaizə*], *n.* **1** chi pareggia, ecc. (*V.* to **equalize**) **2** (*mecc.*) equilibratore **3** (*elettr.*) equalizzatore **4** (*ferr.*) bilanciere **5** (*sport*) punto del pareggio **6** (*fam. USA*) pistola.
equally [ˈiː(ˌ)kwəli], *avv.* **1** ugualmente, egualmente: **They are e.**

strong, sono ugualmente forti **2** in parti uguali; equamente: **Cut up the cake e.**, dividi la torta in parti uguali **3** uniformemente **4** allo stesso modo; similmente.
equanimity [ˌiːkwə'nimiti], *n.* equanimità; calma; serenità.
equanimous [i'kwænıməs], *a.* equanime; calmo; sereno.
to equate [i'kweit], *v. t.* **1** (*mat.*) esprimere in forma d'equazione **2** considerare uguale; equiparare; livellare; pareggiare: **to e. exports and imports**, pareggiare esportazioni e importazioni.
equation [i'kweiʃən], *n.* **1** (*mat.* e *fig.*) equazione: **first degree e.**, equazione di primo grado; **The e. of political idealism with (o and) armed terrorism cannot be accepted**, l'equazione dell'idealismo politico con il terrorismo armato è inaccettabile **2** adeguamento; equiparazione; livellamento; (*econ.*) **the e. of demand and supply**, il livellamento della domanda e dell'offerta **3** (*chim.*) equazione chimica; (*meglio*) uguaglianza.
equational [i'kweiʃənəl], *a.* **1** (*mat.*) di equazione **2** (*biol.*) equazionale.
equator [i'kweitə*], *n.* (*geogr.*, *astron.*) equatore: **magnetic e.**, equatore magnetico; **celestial e.**, equatore celeste.
equatorial [ˌekwə'tɔːriəl], **A** *a.* equatoriale: **E. Africa**, l'Africa equatoriale; **e. heat**, caldo equatoriale. **B** *n.* equatoriale; telescopio mobile.
equerry [i'kweri], *n.* scudiero (*carica di corte*).
equestrian [i'kwestriən], **A** *a.* equestre: **an e. statue**, una statua equestre; **e. exercises**, esercizi equestri. **B** *n.* **1** cavaliere (*chi va a cavallo*) **2** cavallerizzo (*di circo*). ● **e. events**, gare di equitazione □ **e. girl**, cavallerizza (*di circo*) □ **e. skill**, abilità di cavaliere.
equestrienne [iˌkwestri'en], *n.* **1** amazzone (*donna che cavalca*) **2** cavallerizza (*di circo*).
equiangular [ˌiːkwi'æŋgjulə*], *a.* (*geom.*) equiangolo.
equidistant [ˈiːkwi'distənt], *a.* (*anche geom.*) equidistante.
equilateral [ˈiːkwi'lætərəl], **A** *a.* (*geom.*) equilatero. **B** *n.* poligono equilatero.
to equilibrate [ˌiːkwi'laibreit], *v. t.* e *i.* equilibrare, equilibrarsi.
equilibration [ˌiːkwilai'breiʃən], *n.* **1** l'equilibrare **2** equilibrio.
equilibrist [i(ː)'kwilibrist], *n.* equilibrista; acrobata.
equilibrium [ˌiːkwi'libriəm], *n.* (*pl.* **equilibriums, equilibria**) (*anche fig.*) equilibrio.
equine ['iːkwain], **A** *a.* **1** (*zool.*) equino **2** da cavallo; cavallino: **his e. face**, la sua faccia cavallina. **B** *n.* (*zool.*) equino.
equinoctial [ˌiːkwi'nɔkʃəl], **A** *a.* (*astron.*, *geogr.*) equinoziale: **e. line**, linea equinoziale. **B** *n.* **1** linea equinoziale **2** (*pl.*) venti equinoziali.
equinox ['iːkwinɔks], *n.* (*astron.*) equinozio: **the spring** (*o* **vernal**) **e.**, l'equinozio di primavera; **the autumnal e.**, l'equinozio d'autunno.
to equip [i'kwip], *v. t.* **1** equipaggiare, allestire (*una nave, un esercito*) **2** attrezzare; corredare; dotare; fornire; provvedere: **to e. oneself for a journey**, attrezzarsi per un viaggio; **to e. one's children with a good education**, dotare i propri figli d'una buona istruzione.
equipage ['ekwipidʒ], *n.* **1** equipaggiamento; attrezzatura **2** equipaggio (*nel senso di*: carrozza signorile e servi in livrea).
equipartition [ˌiː(ː)kwipɑː'tiʃən], *n.* equipartizione.
equipment [i'kwipmənt], *n.* **1** equipaggiamento; attrezzatura; dispositivo; apparato; apparecchio; apparecchiatura: **the e. of a language lab**, l'attrezzatura d'un laboratorio linguistico; **electrical e.**, apparecchiatura elettrica (*per es.*, *in un locomotore*) **2** equipaggiamento; attrezzatura; allestimento; preparazione: **the e. of the new school**, l'allestimento della nuova scuola **3** (*ferr.*) materiale rotabile **4** (*mil.*) allestimento **5** (*naut.*) armamento **6** (*fig.*) bagaglio culturale (*o di nozioni*); preparazione.
equipoise ['ekwipɔiz], *n.* **1** (*spesso fig.*) equilibrio **2** (*fig.*) contrappeso; influsso che ne bilancia un altro.
to equipoise ['ekwipɔiz], *v. t.* controbilanciare; equilibrare.
equipollence [ˌiː(ː)kwi'pɔləns], **equipollency** [ˌiː(ː)kwi'pɔlənsi], *n.* equipollenza; equivalenza.
equipollent [ˌiː(ː)kwi'pɔlənt], *a.* equipollente; equivalente.
equiponderant [ˌiː(ː)kwi'pɔndərənt], *a.* **1** che ha lo stesso peso **2** ben bilanciato (*con qualcos'altro*).
to equiponderate [ˌiː(ː)kwi'pɔndəreit], **A** *v. t.* controbilanciare; equilibrare. **B** *v. i.* controbilanciarsi; equilibrarsi.
equipotential [ˌiː(ː)kwipə'tenʃəl], *a.* (*fis.*) equipotenziale.
equisetum [ˌekwi'siː(ː)təm], *n.* (*pl.* **equisetums, equiseta**) (*bot.*, *Equisetum*) equiseto.
equitable ['ekwitəbl], *a.* **1** equo; giusto; ragionevole: **an e. price**, un prezzo equo **2** (*leg.*) basato sul principio dell'equità (*V.* **equity**).
equitableness ['ekwitəblnis], *n.* equità; giustizia.
equitation [ˌekwi'teiʃən], *n.* equitazione.
equity ['ekwiti], *n.* **1** equità; giustizia **2** (*leg.*) corpo di norme basate sul principio dell'equità (*ed emanate dal Lord Chancellor*) **3** — **E.**, sindacato di attori **4** (*pl.*, *fin.*) azioni ordinarie

(a interesse variabile) **5** (*fin.*) valore (*d'una proprietà*) al netto d'ipoteche.
equivalence [i'kwivələns], **equivalency** [i'kwivələnsi], *n.* (*anche geom.*) equivalenza.
equivalent [i'kwivələnt], **A** *a.* (*anche geom.*) equivalente. **B** *n.* **1** (*anche chim.*, *mat.*, *fin.*) equivalente **2** (*parola*) equivalente: **What is the Italian e. of the English word «privacy»?**, qual è la parola italiana equivalente all'inglese «privacy»?
equivocal [i'kwivəkəl], *a.* **1** equivoco; ambiguo; evasivo: **an e. answer**, una risposta equivoca; **e. conduct**, condotta equivoca **2** dubbio; incerto; poco chiaro: **an e. outcome**, un risultato incerto. ● (*biol.*, *stor.*) **e. generation**, generazione spontanea.
equivocality [iˌkwivə'kæliti], **equivocalness** [i'kwivəkəlnis], *n.* equivocità; ambiguità.
to equivocate [i'kwivəkeit], *v. i.* esprimersi in modo ambiguo; giocare sull'equivoco; equivocare (su q.c.).
equivocation [iˌkwivə'keiʃən], *n.* **1** ambiguità; possibilità di duplice interpretazione **2** espressione equivoca (*o* ambigua) **3** (l') equivocare (*V.* **to equivocate**); (il) parlare in modo ambiguo.
equivocator [i'kwivəkeitə*], *n.* chi gioca sull'equivoco.
equivoke, equivoque ['ekwivouk], *n.* espressione equivoca (*o* ambigua); ambiguità; gioco di parole; doppio senso.
er [əː*], *inter.* ehm (*esprime esitazione parlando*).
era ['iərə], *n.* era (*anche geol.*); epoca; età: **the Christian era**, l'era cristiana (*o* volgare); **the Victorian era**, l'epoca vittoriana; **an era of progress**, un'età di progresso.
to eradiate [i'reidieit], *v. i.* irradiare; raggiare; emettere raggi (*o* radiazioni).
eradiation [iˌreidi'eiʃən], *n.* irradiazione; irradiamento.
eradicable [i'rædikəbl], *a.* sradicabile; estirpabile; eliminabile.
to eradicate [i'rædikeit], *v. t.* sradicare; estirpare; eliminare: **to e. illiteracy**, eliminare l'analfabetismo.
eradication [iˌrædi'keiʃən], *n.* sradicamento; estirpazione; eliminazione.
eradicator [i'rædikeitə*], *n.* smacchiatore (*per macchie d'inchiostro*).
erasable [i'reizəbl], *a.* cancellabile.
to erase [i'reiz], *v. t.* **1** cancellare (*anche fig.*); cassare; raschiare via **2** (*USA*) cancellare (*la lavagna*). ● **erase head** (*o* **erasing head**), testina di cancellazione (*di registratore*).
eraser [i'reizə*], *n.* **1** (*specialm.* USA) gomma (*da cancellare*); raschino: **a pencil e.**, una gomma da matita **2** (*USA*, *anche* **blackboard e.**) cimosa, cancellino (*da lavagna*).
erasion [i'reiʒən], *n.* **1** cancellazione; raschiatura **2** (*med.*) raschiamento.
Erasmian [i'ræzmiən], *a.* (*stor. filos.*) erasmiano.
Erasmus [i'ræzməs], *n.* (*stor.*) Erasmo.
erasure [i'reiʒə*], *n.* cancellazione; cassatura; raschiatura.
erbium ['əːbiəm], *n.* (*chim.*) erbio.
ere [ɛə*], *prep.*, *cong.* e *avv.* (*poet.*) **1** prima; prima di; prima che **2** piuttosto che. ● **ere long**, fra breve; in breve tempo; presto.
Erebus ['eribəs], *n.* (*mitol.*) Erebo.
erect [i'rekt], *a.* eretto; diritto; ritto: **to sit e.**, sedere eretto; **with hair e. from fright**, con i capelli ritti per la paura.
to erect [i'rekt], *v. t.* **1** erigere; costruire; fabbricare; alzare; innalzare: **to e. a greasy pole**, innalzare un albero della cuccagna; **They erected arbitrary social barriers**, eressero barriere sociali arbitrarie **2** costituire; fondare: **to e. a new government**, costituire un nuovo governo **3** (*anche mecc.*) montare: **to e. a lathe**, montare un tornio **4** (*geom.*) tracciare **5** (*ottica*) raddrizzare.
erectile [i'rektail], *a.* (*anat.*) erettile: **e. tissue**, tessuto erettile.
erection [i'rekʃən], *n.* **1** erezione; costruzione; edificazione **2** edificio; struttura **3** (*fisiologia*) erezione **4** (*mecc.*) montaggio.
erectness [i'rektnis], *n.* portamento eretto; posizione eretta.
erector [i'rektə*], *n.* **1** erettore, erettrice (*rari*); chi erige, ecc. (*V.* **to erect**) **2** (*fis.*) sistema ottico raddrizzatore **3** (*mecc.*) montatore. ● (*anat.*) **e. muscle**, muscolo erettore.
eremite ['erimait], *n.* (*raro*) eremita.
eremitic(al) [ˌeri'mitik(əl)], *a.* eremitico.
erethism ['eriθizəm], *n.* (*med.*, *psic.*) eretismo.
erethismic [ˌeri'θizmik], *a.* (*med.*, *psic.*) eretistico.
erg [əːg], *n.* (*fis.*) erg; ergon.
ergo ['əːgou], *avv.* ergo; dunque.
ergonomic [ˌəːgou'nɔmik], *a.* ergonomico.
ergonomics [ˌəːgə'nɔmiks], *n. pl.* (*col verbo al sing.*) ergonomia.
ergonomist [əː'gɔnəmist], *n.* ergonomo.
ergonomy [əː'gɔnəmi], *V.* **ergonomics**.
ergot ['əːgət] (*lat.*), *n.* (*bot.*) (fungo della) segala cornuta.
ergotherapy [ˌəːgou'θerəpi], *n.* (*med.*) ergoterapia.
ergotine ['əːgəti:n], *n.* (*chim.*) ergotina.
ergotism ['əːgətizəm], *n.* (*med.*) ergotismo.
Erin ['iərin], *n.* (*poet.*) Erin (*antico nome dell'Irlanda*).

Erinys [i'rinis], *n.* (*pl.* **Erinyes**) (*mitol.*) Erinni.
eristic [e'ristik], **A** *a.* **1** (*filos.*) eristico **2** (*fig.*) capzioso; polemico. **B** *n.* (*filos.*) **1** eristica **2** filosofo eristico.
Eritrean [,eri'triən], *a.* e *n.* eritreo.
erlking [ˈəːlkiŋ], *n.* (*mitol.*) (il) re degli elfi.
ermine [ˈəːmin], *n.* **1** (*zool., Mustela erminea*: *pl.* **ermines, ermine**) ermellino **2** (pelliccia di) ermellino **3** (*fig.*) toga **4** (*fig.*) dignità di Pari **5** (*araldica*) ermellino. ● (*fig.*) **to wear the e.**, vestire la toga; essere giudice: **He has worn the e. for ten years**, è giudice da dieci anni.
ermined [ˈəːmind], *a.* **1** vestito d'ermellino **2** guarnito d'ermellino **3** (*araldica*) ermellinato, armellinato.
erne, ern [əːn], *n.* (*zool., Haliaetus albicilla*) aquila di mare.
Ernest [ˈəːnist], *n.* Ernesto.
to **erode** [iˈroud], **A** *v. t.* **1** erodere (*anche geol.*); corrodere; scavare **2** (*fig.*) minare; intaccare; sgretolare. **B** *v. i.* **1** (*anche* to e. away) essere eroso; subire l'erosione **2** (*fig.*) sgretolarsi; essere intaccato.
erogenous [e'rɔdʒənəs], *a.* (*fisiologia*) erogeno; erotogeno.
eros [ˈerɔs], *n.* (*psic.*) eros.
erosion [iˈrouʒən], *n.* **1** (*anche geol.*) erosione: **soil e.**, erosione del terreno **2** (*fig.*) sgretolamento.
erosive [iˈrousiv], *a.* (*anche geol.*) erosivo.
erotic [iˈrɔtik], **A** *a.* erotico. **B** *n.* poesia erotica.
erotica [iˈrɔtikə], *n. pl.* arte (*o* letteratura) di carattere erotico.
eroticism [iˈrɔtisizəm], **erotism** [ˈirɔtizəm], *n.* **1** erotismo **2** (*fisiologia*) desiderio (*o* impulso) sessuale.
erotization [,erɔtiˈzeiʃən], *n.* (*psic.*) erotizzazione.
to **erotize** [ˈerətaiz], *v. t.* (*psic.*) erotizzare.
erotological [,erətəˈlɔdʒikəl], *a.* erotologico.
erotology [,erəˈtɔlədʒi], *n.* erotologia.
erotomania [i,rɔtouˈmeinjə], *n.* (*psic.*) erotomania.
erotomaniac [i,rɔtouˈmeiniæk], *n.* (*psic.*) erotomane.
to **err** [əː*], *v. i.* **1** errare; sbagliare **2** errare; peccare: **to err on the side of indulgence**, peccare per eccesso d'indulgenza.
errancy [ˈerənsi], *n.* l'errare; lo sviarsi; errore.
errand [ˈerənd], *n.* commissione; incarico; ambasciata; messaggio: **to go on** (*o* **to run**) **errands**, fare commissioni; portare ambasciate. ● **e. boy**, fattorino □ **a fool's e.**, un'ambasciata balorda (che è una presa in giro).
errant [ˈerənt], **A** *a.* **1** errante; vagante: (*stor.*) **a knight e.**, un cavaliere errante **2** che erra; che pecca. **B** *n.* (*stor.*) cavaliere errante.
errantry [ˈerəntri], *n.* **1** vagabondaggio **2** (*stor.*) condizione (*o* ideali) d'un cavaliere errante; cavalleria.
errata [iˈrɑːtə], *n. pl.* errata corrige.
erratic [iˈrætik], **A** *a.* **1** eccentrico; stravagante; strano; strambo **2** irregolare: (*med.*) **e. pulse**, polso irregolare **3** (*geol.*) erratico: **e. boulders**, massi erratici. **B** *n.* **1** persona (*o* cosa) eccentrica o irregolare **2** (*geol.*) masso erratico.
erratum [iˈrɑːtəm] (*lat.*), *n.* (*pl.* **errata**) errore di stampa. ● **errata slip**, errata corrige.
erroneous [iˈrounjəs], *a.* erroneo; sbagliato.
erroneousness [iˈrounjəsnis], *n.* erroneità.
error [ˈerə*], *n.* errore; colpa; fallo; sbaglio: **to make an e.**, fare un errore; **a grammatical e.**, un errore di grammatica; **clerical e.**, errore di copiatura; errore materiale; **an e. of judgement**, un errore di giudizio; **to repent the errors of one's youth**, pentirsi degli errori giovanili. ● (*comm.*) **errors and omissions excepted**, salvo errori e omissioni □ (*leg.*) **e. in** (*o* **of**) **law**, errore di diritto □ (*leg.*) **e. in** (*o* **of**) **fact**, errore di fatto □ (*stat.*) **e. of sampling**, errore di campionamento □ **to do st. in e.**, fare q.c. per sbaglio □ **to lead sb. into e.**, indurre q. in errore.
ersatz [ˈeəzæts] (*ted.*), *a.* e *n.* surrogato. ● **e. coffee**, surrogato di caffè.
Erse [əːs], *a.* e *n.* gaelico (*di Scozia o d'Irlanda*).
erubescence [,eruːˈbesns], *n.* erubescenza (*lett.*); rossore.
erubescent [,eruːˈbesnt], *a.* erubescente (*lett.*); che arrossisce.
to **eruct** [iˈrʌkt], to **eructate** [iˈrʌkteit], *v. t.* e *i.* **1** eruttare; ruttare **2** (*di vulcano*) eruttare.
eructation [,iːrʌkˈteiʃən], *n.* **1** eruttazione; rutto **2** (*geol.*) eruzione; materiali eruttati.
erudite [ˈeruːdait], *a.* erudito; dotto.
erudition [,eruːˈdiʃən], *n.* erudizione; dottrina.
to **erupt** [iˈrʌpt], **A** *v. i.* **1** (*d'un vulcano*) entrare in eruzione **2** (*di lava, ecc.*) erompere; sgorgare **3** (*di denti*) spuntare **4** (*fig.*) erompere; esplodere; scoppiare (*fig.*). **B** *v. t.* (*di vulcano*) eruttare.
eruption [iˈrʌpʃən], *n.* **1** (*geol., med.*) eruzione **2** scoppio (*d'una guerra, di tumulti, ecc.*); l'esplodere (*delle passioni, ecc.*) **3** (*fisiologia*) lo spuntare (*dei denti*).
eruptional [iˈrʌpʃənəl], *a.* pertinente a un'eruzione.
eruptive [iˈrʌptiv], *a.* **1** (*geol., med.*) eruttivo **2** che tende a scoppiare (*o* a esplodere); erompente.
erysipelas [,eriˈsipiləs], *n.* (*med.*) erisipela; risipola (*pop.*).

erysipelatous [,erisiˈpelətəs], *a.* (*med.*) erisipelatoso.
erythema [,eriˈθiːmə], *n.* (*med.*) eritema.
erythrocyte [iˈriθrəsait], *n.* (*anat.*) eritrocita; eritrocito.
es [es], *V.* **ess**.
escalade [,eskəˈleid], *n.* scalata.
to **escalade** [,eskəˈleid], *v. t.* dare la scalata a; scalare.
to **escalate** [ˈeskəleit], **A** *v. t.* (*polit.*) aumentare; intensificare: **to e. war**, intensificare operazioni belliche. **B** *v. i.* **1** (*polit.*) intensificarsi; aggravarsi **2** (*di prezzi, salari, ecc.*) aumentare; salire.
escalation [,eskəˈleiʃən], *n.* **1** (*polit.*) escalation; intensificazione; scalata (*fig.*): **the e. to political violence**, la scalata alla violenza politica **2** (*econ., fin.*) adeguamento (*di salari*); aumento (*di prezzi, ecc.*).
escalator [ˈeskəleitə*], *n.* (*mecc.*) scala mobile. ● (*econ.*) **e. clause**, clausola di scala mobile (*in un contratto di lavoro*).
escalatory [,eskəˈleitəri], *a.* (*polit.*) dell'escalation: **e. moves**, passi verso l'escalation.
escal(l)op [isˈkɔləp], *n.* **1** *V.* **scallop 2** (*araldica*) conchiglia.
escalope [ˈeskələp] (*franc.*), *n.* (*cucina*) scaloppina; scaloppa.
escapade [ˌeskəˈpeid], *n.* scappata; scappatella; avventura.
to **escape** [isˈkeip], **A** *v. i.* **1** scappare; fuggire; evadere: **The partisan escaped from prison**, il partigiano evase dal carcere **2** salvarsi; scamparla; cavarsela; uscire indenne: **Some were killed in the accident, but he escaped**, alcuni furono uccisi nell'incidente, ma egli si salvò (*o* ne uscì indenne) **3** fuoriuscire; sgorgare; scorrere; uscire; svanire: **The water escaped from the tub**, l'acqua usciva dalla tinozza; **The image escaped from my mind**, l'immagine mi svanì dalla mente **4** (*miss.*) acquistare la velocità di fuga (*da una traiettoria*). **B** *v. t.* sfuggire a; sottrarsi a; evitare; scansare; schivare: **His name** (**meaning, etc.**) **escapes me**, il suo nome (il significato delle sue parole, ecc.) mi sfugge; **to e. punishment**, sfuggire alla punizione; **A scream escaped her lips**, un grido le sfuggì dalle labbra.
escape [isˈkeip], *n.* **1** fuga; evasione: **Cellini's adventurous e. from Castel Sant'Angelo**, l'evasione romanzesca di Cellini da Castel Sant'Angelo; **an e. of gas**, una fuga di gas **2** lo scampare; lo sfuggire; scampo: **I am very glad for his e. from the air crash**, sono assai lieto che l'abbia scampata nel disastro aereo **3** (*fig.*) evasione; svago; distrazione; passatempo: **Movies are an e.**, il cinema è uno svago: **e. readings**, letture d'evasione (*o* fatte per svago) **4** (*di liquido*) fuoriuscita; perdita **5** (*mecc.*) scappamento; scarico: **e. pipe**, tubo di scappamento; **e. valve**, valvola di scarico **6** (*edil.*) uscita (*o* scala di sicurezza). ● **e. artist**, *V.* **escapologist**, *def.* 2 □ (*naut.*) **e. chamber**, garitta di salvataggio □ (*comm.*) **e. clause**, clausola che prevede la rescissione del contratto (*per una parte contraente*) □ **e. door**, porta di sicurezza □ **e. route**, (*naut., mil.*) rotta di salvataggio (*o* di sfuggita); (*fig.*) via di salvezza □ (*nelle miniere*) **e. shaft**, galleria d'emergenza □ **e. stair**, scala di sicurezza □ (*miss.*) **e. velocity**, velocità di fuga □ (*mecc.*) **e. wheel**, ruota di scappamento □ **fire e.**, uscita di sicurezza (*in caso d'incendio, ecc.*) □ **to have a narrow** (*o* **a hairbreath**) **e.**, scamparla per miracolo (*o* per un soffio, per un pelo) □ **to make one's e.**, evadere.
escapee [isˌkeiˈpi(ː)], *n.* evaso; fuggiasco.
escapement [isˈkeipmənt], *n.* (*mecc.*) scappamento (*d'un orologio, ecc.*).
escapism [isˈkeipizəm], *n.* escapismo; evasione dalla realtà (*in un mondo fantastico*); letteratura d'evasione.
escapist [isˈkeipist], **A** *n.* escapista; persona che cerca d'evadere dalla realtà; scrittore non impegnato. **B** *a. attr.* (*arte, letter.*) d'evasione.
escapologist [,eskəˈpɔlədʒist], *n.* **1** (*fam.*) chi cerca d'evadere dalla realtà **2** illusionista (*che si fa rinchiudere in bauli, ecc., liberandosi poi da solo*).
escarp [isˈkɑːp], *n.* scarpata; terrapieno a scarpa.
to **escarp** [isˈkɑːp], *v. t.* **1** tagliare (*un terreno, ecc.*) a scarpata **2** provvedere di scarpata.
escarpment [isˈkɑːpmənt], *n.* scarpa; scarpata (*anche mil.*).
eschalot [ˈeʃələt], *n.* (*bot., Allium ascalonicum*) scalogno.
eschatological [,eskətəˈlɔdʒikəl], *a.* escatologico.
eschatologist [,eskəˈtɔlədʒist], *n.* escatologo.
eschatology [,eskəˈtɔlədʒi], *n.* escatologia.
escheat [isˈtʃiːt], *n.* (*leg.*) **1** incameramento (*da parte dello Stato: di proprietà privata per mancanza d'eredi e in assenza di testamento*) **2** proprietà indemaniata (*o* incamerata dallo Stato).
to **escheat** [isˈtʃiːt], **A** *v. t.* (*leg.*) incamerare; indemaniare. **B** *v. i.* essere indemaniato; passare allo Stato.
to **eschew** [isˈtʃuː], *v. t.* evitare; astenersi da; rifuggire da.
escort [ˈeskɔːt], *n.* **1** scorta; accompagnamento; accompagnatore; gruppo d'accompagnatori **2** cavaliere: **Philip was her e. at the dance**, il suo cavaliere al ballo era Filippo **3** (*mil.*) scorta: **an e. of five cruisers**, una scorta di cinque incrociatori; (*naut.*) **e. vessel**, avviso scorta. ● **e. agency**, agenzia che procura accom-

pagnatori o accompagnatrici (cavalieri o ragazze) □ (*naut.*) **e. carrier**, portaerei di scorta □ (*naut.*) **antisubmarine e.**, scorta antisommergibile □ (*naut.*) **close e.**, scorta ravvicinata.

to **escort** [isˈkɔːt], *v. t.* scortare (*anche mil.*); accompagnare: **The king's plane was escorted by ten jets**, l'aeroplano del re era scortato da dieci reattori; **John escorted the girl home**, Giovanni accompagnò la ragazza a casa.

to **escribe** [isˈkraib], *v. t.* (*geom.*) exinscrivere (*un cerchio*).

escritoire [ˌeskriˈtwaː*], *n.* secrétaire; scrivania.

escrow [ˈeskrou], *n.* (*leg.*) impegno scritto (*affidato a terzi e inoperante fino all'adempimento di talune condizioni*).

escudo [esˈkuːdou], *n.* (*pl.* **escudos**) escudo (*moneta portoghese*).

esculent [ˈeskjulənt], *a.* esculento; commestibile.

escutcheon [isˈkʌtʃən], *n.* **1** scudo; arme gentilizia; stemma; blasone **2** bocchetta (*di serratura*) **3** targa metallica (*per il nome*) **4** (*naut.*) quadro (*o scudo*) di poppa. ● (*fig.*) **a blot on one's e.**, una macchia sul proprio onore □ **to blot one's e.**, macchiarsi l'onore.

esecrator [ˈeksikreitə*], *n.* esecratore.

Eskimauan [ˌeskiˈmouən], *V.* **Eskimoan**.

Eskimo [ˈeskimou], **A** *n.* (*pl.* **Eskimo, Eskimos**) eschimese, esquimese. **B** *a. e n.* (lingua) eschimese. ● **the E.**, gli eschimesi.

Eskimoan [ˌeskiˈmouən], *a.* eschimese, esquimese.

esophageal [iˈɔːsɔfəˈdʒiːəl], *a.* (*anat.*) esofageo.

esophagus [iˈɔːsɔfəgəs], *n.* (*pl.* **esophagi**) (*anat.*) esofago.

esoterica [ˌesouˈterikə], *n. pl.* cose esoteriche: **the e. of nuclear physics**, i fatti esoterici della fisica nucleare.

esoteric(al) [ˌesouˈterik(əl)], *a.* **1** (*relig.*) esoterico; riservato agli iniziati **2** (*fig.*) esoterico; astruso; difficile: **e. poetry**, poesia esoterica **3** misterioso; segreto: **an e. plan**, un piano segreto.

esotericism [ˌesouˈterisizəm], *n.* relig. e *fig.*) esoterismo.

espagnolette [esˌpænjouˈlet] (*franc.*) *n.* spagnoletta (*di finestra*).

espalier [isˈpæljə*] (*franc.*), *n.* **1** spalliera; graticcio; traliccio di legno; graticciata **2** pianta che cresce a spalliera.

esparto [esˈpaːtou], *n.* (*pl.* **espartos**) (*bot.*, anche **e. grass**) **1** (*Stipa tenacissima*) alfa **2** (*Lygeum spartum*) sparto.

especial [isˈpeʃəl], *a.* speciale; particolare; eccezionale: **a matter of e. interest**, una faccenda di particolare interesse. ● **an e. favourite**, una persona (*o* cosa) prediletta fra tutte □ **an e. friend**, un amico intimo.

Esperantist [ˌespəˈræntist], *n.* esperantista.

Esperanto [ˌespəˈræntou], *n.* esperanto.

espial [isˈpaiəl], *n.* lo spiare.

espionage [ˌespiəˈnaːʒ], *n.* spionaggio.

esplanade [ˌespləˈneid], *n.* **1** passeggiata (*specialm. a mare*) **2** spianata.

espousal [isˈpauzəl], *n.* **1** (*arc.*) (promessa di) matrimonio **2** (*fig.*) adesione; l'abbracciare, ecc.

to **espouse** [isˈpauz], *v. t.* **1** (*arc.*) sposare; prendere (*una donna*) in matrimonio **2** sposare, abbracciare, adottare (*fig.*); aderire a: **to e. a new religion**, abbracciare una nuova religione.

espresso [esˈpresou] (*ital.*), *n.* (*pl.* **espressos**) **1** (*anche* **e. coffee**) (caffè) espresso **2** (*anche* **e. machine**) macchina (per caffè) espresso **3** (*anche* **e. bar**) bar dove si beve il caffè espresso all'italiana.

esprit [esˈpriː] (*franc.*), *n.* spirito: **e. de corps**, spirito di corpo.

to **espy** [isˈpai], *v. t.* **1** scorgere; vedere **2** scoprire (*un fallo, ecc.*).

Esquimau [ˈeskimou], *V.* **Eskimo**.

esquire [isˈkwaiə*], *n.* **1** (*un tempo*) scudiero **2** (*arc.*) *V.* **squire** **3** (*titolo di cortesia, usato nell'indirizzare lettere a persone di riguardo; di solito abbreviato in* **Esq.**; per es.:) **Robert Smith, Esq.**, Egr. Sig. Robert Smith **4** (*raro*) accompagnatore (*di donna*); cavaliere.

ess [es], *n.* **1** esse; lettera s **2** oggetto fatto a esse: **a collar of esses**, un collare con disegni a esse (*emblema della Casa di Lancaster*).

essay [ˈesei], *n.* **1** saggio (*anche letterario*); prova; tentativo; cimento **2** (*a scuola*) composizione; tema **3** prova di stampa (*di francobolli*).

to **essay** [eˈsei], *v. t. e i.* saggiare; provare; cercare; tentare: **to e. to do st.**, cercare di fare q.c.; cimentarsi in q.c.

essayist [ˈeseiist], *n.* saggista.

essence [ˈesns], *n.* **1** essenza; sostanza **2** estratto: **meat essences**, estratti di carne **3** essenza; profumo. ● **in e.**, in sostanza, in fondo; fondamentalmente.

essential [iˈsenʃəl], **A** *a.* **1** essenziale; indispensabile: **Water is e. to life**, l'acqua è indispensabile alla vita; **e. character**, carattere essenziale; **e. oils**, olii essenziali **2** completo; perfetto: **e. happiness**, felicità perfetta **3** essenziale; fondamentale: **an e. difference**, una differenza essenziale. **B** *n.* **1** elemento essenziale **2** cosa indispensabile.

essentiality [iˌsenʃiˈæliti], *n.* **1** essenzialità **2** essenza **3** qualità essenziale **4** cosa indispensabile.

essentially [iˈsenʃəli], *avv.* **1** essenzialmente, fondamentalmente

in fondo: **He's e. good**, in fondo, è buono **2** necessariamente.

to **establish** [isˈtæbliʃ], **A** *v. t.* **1** stabilire; determinare; costruire; fondare; piantare: **to e. the real motives of sb.'s actions**, stabilire i veri motivi delle azioni di q.; **In 1946 we voted to e. a new republican State**, nel 1946 andammo alle urne per costituire un nuovo stato repubblicano; **to e. a big concern**, impiantare una grande azienda commerciale **2** sistemare; insediare; nominare: **We are now established in Paris**, ora ci siamo sistemati a Parigi; **He was established as vice-president of the firm**, fu nominato vicepresidente della ditta **3** enunciare, provare (*in modo definitivo*); confermare: **Einstein established the law of relativity**, Einstein enunciò la legge della relatività; **It won't be easy to e. our claim to the property**, non sarà facile provare il nostro diritto alla proprietà **4** istituire (*una Chiesa*) come religione ufficiale dello Stato **5** far riconoscere; rendere accetto; dimostrare: **to e. a new theory**, dimostrare una nuova teoria. ● **to establish oneself**, **B** *v. rifl.* **1** stabilirsi; installarsi **2** impiantarsi; mettersi in affari; metter su negozio: **He will e. himself as a grocer**, metterà su un negozio di droghiere. ● **the Established Church**, la Chiesa nazionale inglese (*anglicana*); **an established fact**, un fatto incontrovertibile; **well-established honesty**, onestà nota a tutti; (*leg.*) **establishing a norm**, normativo.

establishment [isˈtæbliʃmənt], *n.* **1** fondazione; costituzione: **the e. of the Italian republic**, la fondazione della repubblica italiana **2** stabilimento; fondazione; istituto; azienda; fabbrica; officina: **He has a large e. to supervise**, ha una grande azienda da dirigere **3** (*mil.*) effettivi; quadri (*d'un reggimento, ecc.*): **The peace e. of an army differs from nation to nation**, gli effettivi di pace d'un esercito differiscono da nazione a nazione **4** casa; famiglia e servitù **5** (*polit.*) «establishment»; classe dirigente; (il) sistema. ● (*relig.*) **the E.** (*o* **the Church E.**), la Chiesa nazionale inglese (*anglicana*); la Chiesa nazionale scozzese (*presbiteriana*) □ (*econ.*) **the e. of the European Common Market**, l'instaurazione del Mercato Comune Europeo □ **separate e.**, il mantenere un'amante (*in una casa diversa dalla propria*) □ (*mil.*) **war e.**, effettivi di guerra.

establishmentarian [isˈtæbliʃmənˈtɛəriən], *a. e n.* **1** (persona) che propugna i principi d'una Chiesa nazionale **2** (*polit.*) (persona) che appartiene (*o* è favorevole) alla classe dirigente; che (*o* chi) è inserito nel sistema.

estafette [ˌestəˈfet] (*franc.*), *n.* (*mil.*) staffetta; portaordini.

estate [isˈteit], *n.* **1** stato; classe sociale; ceto: **the Three Estates**, i tre Stati (*clero, nobiltà, borghesia*); **the third E.**, il terzo Stato (*la borghesia*) **2** (*leg.*) proprietà (*specialm. terriera*); beni; patrimonio; possedimento; bene; fondo: **He has bought an e. in Devon**, ha comprato una proprietà nel Devon; **He is the sole owner of large estates in the country**, è proprietario unico di grossi poderi (*o* di estesi fondi); **real e.**, beni immobili; **personal e.**, proprietà personale; beni d'uso **3** (*leg.*) asse patrimoniale **4** (*fin., rag.*) situazione contabile: **a bankrupt's e.**, la situazione contabile d'un fallito **5** (*arc.*) stato; condizione: **the e. of matrimony**, lo stato coniugale. ● **e. agency**, agenzia immobiliare □ **e. agent**, agente immobiliare (*mediatore di case e terreni*); fattore, sovrintendente (*di azienda agricola*) □ (*di vino*) **e. bottled**, imbottigliato all'origine □ (*autom.*) **e. car**, giardinetta □ **e. duty**, tassa di successione (*su beni immobili*) □ **the fourth E.**, il quarto potere (*la stampa, i giornali*) □ (*edil.*) **housing e.**, complesso residenziale □ **industrial e.**, zona industriale □ **to reach man's e.** (*o* **the e. of manhood**), raggiungere l'età virile (*o* la maggiore età).

to **esteem** [isˈtiːm], *v. t.* **1** stimare; apprezzare: **That writer is esteemed by most critics**, quello scrittore è apprezzato dalla maggior parte dei critici **2** stimare; credere; reputare; considerare: **I e. your plan a very rash one**, considero assai avventato il tuo piano. ● (*comm., pomposo*) **Your esteemed letter**, la Vostra pregiata lettera.

esteem [isˈtiːm], *n.* stima; considerazione; apprezzamento. ● **to hold sb. in high e.**, fare gran conto di q.; avere q. in grande stima.

ester [ˈestə*], *n.* (*chim.*) estere.

esterification [esˌtərifiˈkeiʃən], *n.* (*chim.*) esterificazione.

to **esterify** [esˈterifai], *v. t.* (*chim.*) esterificare.

Esther [ˈestə*], *n.* Ester.

esthete [ˈiːsθiːt], **esthetic** [iːsˈθetik], e *deriv.* (*USA*) *V.* **aesthete**, **aesthetic**, e *deriv.*

Esthonia [esˈtouniə], *n. geogr.*) Estonia.

Esthonian [esˈtouniən], **A** *a. e n.* estone. **B** *n.* (lingua) estone.

estimable [ˈestiməbl], *a.* **1** stimabile; pregevole; degno di stima **2** calcolabile; valutabile.

to **estimate** [ˈestimeit], **A** *v. t.* **1** (*comm.*) stimare; determinare il prezzo di; valutare; preventivare; fare il preventivo di: **The builders estimated the cost of my new flat at one hundred million lire**, i costruttori valutarono il costo del mio nuovo appartamento in cento milioni di lire; **to e. the expenditure**, fare il preventivo delle spese **2** (*fig.*) calcolare; giudicare; prevedere: **We**

estimate

e. that it will take great effort to carry out our five-year plan, prevediamo che ci vorranno grandi sforzi per portare a termine il nostro piano quinquennale **3** (*stat.*) stimare. **B** *v. i.* (*comm.*) fare un conto di previsione; fare un preventivo. ● (*ass.*) **to e. damages**, periziare i danni.

estimate ['estimit], *n.* **1** (*comm.*) stima; determinazione di prezzo; conto (*o* bilancio) di previsione; preventivo: **We'll have to make a new e.**, dovremo fare un nuovo preventivo **2** (*fig.*) opinione; giudizio; idea: **I cannot give a precise e. of his reliability**, non posso esprimere un giudizio preciso sulla sua attendibilità **3** (*stat.*) stima; calcolo: **e. of probability**, calcolo delle probabilità. ● (*fin.*) **the Estimates**, il bilancio preventivo dello Stato □ (*edil.*) **e. of costs**, computo estimativo □ (*edil.*) **e. of quantities**, computo metrico □ **at a rough e.**, a un calcolo approssimativo.

estimation [,esti'meiʃən], *n.* **1** opinione; giudizio; avviso: **in the e. of most people**, secondo il giudizio dei più; per opinione generale; **in my e.**, a mio avviso **2** stima; calcolo di previsione; preventivo **3** stima; considerazione; apprezzamento; conto: **to be held in high e.**, essere tenuto in grande considerazione.

estimative ['estimitiv], *a.* **1** (*comm.*) stimativo; che serve a preventivare **2** capace di giudicare. ● **an e. figure**, una cifra di preventivo.

estimator ['estimeitə*], *n.* **1** estimatore **2** (*comm.*) stimatore; perito in preventivi; preventivista.

estival [is'taivl], **to estivate** [is'tiveit], *e deriv.* (*USA*) *V.* **aestival, to aestivate**, *e deriv.*

Estonia [es'tounjə], **Estonian** [es'tounjən], *V.* **Esthonia, Esthonian.**

to estop [is'tɔp], *v. t.* (*leg.*) precludere.

estoppel [is'tɔpəl], *n.* (*leg.*) preclusione.

estovers [is'touvəs], *n. pl.* (*leg.*) (diritto di) legnatico.

estrade [es'tra:d], *n.* piattaforma; predella; palco.

to estrange [is'treindʒ], *v. t.* alienare; allontanare; estraniare.

estrangement [is'treindʒmənt], *n.* alienamento; allontanamento; estraniazione; disaffezione: **the e. of a betrayed wife**, la disaffezione di una moglie tradita.

to estreat [is'tri:t], *v. t.* (*leg.*) fare un estratto (*o* una copia) di (*specialm.*, *un atto relativo a un procedimento penale*).

estreat [is'tri:t], *n.* (*leg.*) estratto; copia (*V.* **to estreat**).

estrogen ['estrədʒən], *n.* (*chim.*, *biol.*) estrogeno.

estrous ['estrəs], *a.* (*biol.*) estrale; dell'estro venereo: **e. cycle**, ciclo estrale.

estuarine ['estjuərain], *a.* (*geogr.*) formatosi (*o* depositatosi) in un estuario.

estuary ['estjuəri], *n.* (*geogr.*) estuario.

esurience [i'sjuəriəns], **esuriency** [i'sjuəriənsi], *n.* (*spesso scherz.*) fame; avidità; voracità.

esurient [i'sjuəriənt], *a.* (*spesso scherz.*) affamato; avido; vorace.

eta ['eitə], *n.* eta (*settima lettera dell'alfabeto greco*).

etacism ['eitəsizəm], *n.* etacismo; pronuncia erasmiana (*del greco*).

et cetera [,et'setərə] (*lat.*), *avv.* eccetera.

to etch [etʃ], **A** *v. t.* **1** incidere all'acquaforte **2** incidere (*con un coltello o sim.*) **3** (*fig.*) imprimere (*nella mente*). **B** *v. i.* fare incisioni all'acquaforte.

etcher ['etʃə*], *n.* acquafortista.

etching ['etʃiŋ], *n.* **1** arte dell'acquaforte **2** incisione all'acquaforte; acquaforte **3** lastra incisa all'acquaforte. ● **e.-needle**, bulino.

eternal [i(:)'tə:nl], *a.* **1** eterno: **e. life**, la vita eterna; **the E. City**, la città eterna (*Roma*) **2** (*fam.*) continuo; incessante; ininterrotto: **Stop your e. complaints**, smettila con le tue continue lagnanze. ● (*fig.*) **the e. triangle**, il classico (*o* il solito) triangolo.

to eternalize [i(:)'tə:nəlaiz], *V.* **to eternize**.

eternity [i(:)'tə:niti], *n.* **1** eternità **2** (*pl.*) verità eterne, immutabili. ● **to send** (*o* **to blow**, etc.) **sb. to e.**, mandare q. all'altro mondo.

to eternize [i:'tə:naiz], *v. t.* eternare; immortalare.

ethane ['eθein], *n.* (*chim.*) etano.

ethanol ['eθənɔl], *n.* (*chim.*) etanolo; alcol etilico.

ether ['i:θə*], **A** *n.* etere (*in ogni senso*): (*fis.*) **cosmic e.**, etere cosmico; (*chim.*) **ethyl e.**, etere etilico. **B** *a. attr.* (*chim.*) etereo; eterico.

ethereal [i(:)'θiəriəl], *a.* **1** etereo: **e. beauty**, bellezza eterea **2** (*chim.*) etereo; eterico: **e. oil**, olio etereo (*o* essenziale).

ethereality [i(:),θiəri'æliti], *n.* l'essere etereo; spiritualità.

etherealization [i(:),θiəriəla'zeiʃən], *n.* spiritualizzazione.

to etherealize [i(:)'θiəriəlaiz], *v. t.* rendere etereo; spiritualizzare.

etherification [,i:θerifi'keiʃən], *n.* (*chim.*) eterificazione.

to etherify [i(:)'θerifai], *v. t.* (*chim.*) eterificare.

etherization [,i:θərai'zeiʃən], *n.* (*med.*) eterizzazione; anestesia mediante etere.

to etherize ['i:θəraiz], *v. t.* (*med.*) eterizzare; anestetizzare con l'etere.

ethic ['eθik], **A** *a.* etico; morale. **B** *n.* etica.

ethical ['eθikl], *a.* etico; morale. ● (*gramm.*) **e. dative**, dativo etico □ (*farm.*) **e. drug**, medicina soggetta a prescrizione medica.

to ethicize ['eθisaiz], *v. t.* rendere etico; moralizzare.

ethics ['eθiks], *n. pl.* (*col verbo al sing.*) **1** etica (*filosofia morale o trattato*) **2** etica; sistema di valori **3** eticità; moralità.

Ethiopia [,i:θi'oupjə], *n.* (*geogr.*) Etiopia.

Ethiopian [,i:(:)θi'oupjən], *a. e n.* etiope.

Ethiopic [,i:θi'ɔpik], *a. e n.* (linguaggio) etiopico.

ethmoid ['eθmɔid], (*anat.*) **A** *a.* etmoidale; etmoideo. **B** *n.* etmoide.

ethnic(al) ['eθnik(əl)], **A** *a.* **1** etnico **2** (*relig.*) etnico; pagano **3** (*specialm. USA*) esotico. **B** *n.* (*USA*) membro di una minoranza etnica. ● **e. group**, gruppo etnico; etnia □ **the e. peoples**, gli Etnici; i gentili, i pagani.

ethnographer [eθ'nɔgrəfə*], *n.* etnografo.

ethnographic(al) [,eθnou'græfik(əl)], *a.* etnografico.

ethnography [eθ'nɔgrəfi], *n.* etnografia.

ethnologic(al) [,eθnou'lɔdʒik(əl)], *a.* etnologico.

ethnologist [eθ'nɔlədʒist], *n.* etnologo.

ethnology [eθ'nɔlədʒi], *n.* etnologia.

ethological [,i:θou'lɔdʒikəl], *a.* etologico.

ethologist [i(:)'θɔlədʒist], *n.* etologo.

ethology [i(:)'θɔlədʒi], *n.* etologia.

ethos ['i:θɔs], *n.* ethos; costume; norma di vita.

ethyl ['eθil], (*chim.*) **A** *n.* etile. **B** *a.* etilico: **e. alcohol**, alcol etilico.

ethylene ['eθili:n], *n.* (*chim.*) etilene.

ethylic [e'θilik], *a.* (*chim.*) etilico.

to etiolate ['i:tiouleit], *v. t.* far scolorire, sbiadire (*per mancanza di sole*). ● (*bot.*) **an etiolated plant**, una pianta eziolata.

etiolation [,i:tiou'leiʃən], *n.* eziolamento; scolorimento, sbiadimento (*V.* **to etiolate**).

etiological [,i:tiə'lɔdʒikəl], **etiology** [,i:ti'ɔlədʒi], (*USA*) *V.* **aetiological, aetiology**.

etiopathogenesis [,i:tiə,pæθou'dʒenisis], *n.* (*pl.* **etiopathogeneses**) (*med.*) eziopatogenesi.

etiquette [eti'ket], *n.* **1** etichetta; cerimoniale; protocollo; galateo **2** etica professionale; deontologia.

etna ['etnə], *n.* fornello a spirito.

Eton ['i:tn], *n.* (*geogr.*) Eton (*città inglese, famosa per la sua «public school»*). ● **E. collar**, ampio colletto inamidato, che risvolta sopra la giacca □ **E. crop**, taglio dei capelli alla maschietta (*corti sul collo*) □ **E. jacket**, giacca nera a vita.

Etonian [i(:)'tounjən], **A** *a.* di Eton. **B** *n.* **1** studente di Eton **2** ex-studente di Eton.

Etruscan [i'trʌskən], *a. e n.* etrusco.

etymologic(al) [,etimə'lɔdʒik(əl)], *a.* etimologico.

etymologist [,eti'mɔlədʒist], *n.* etimologista; etimologo.

to etymologize [,eti'mɔlədʒaiz], **A** *v. t.* etimologizzare; dare l'etimologia di (*una parola*). **B** *v. i.* occuparsi d'etimologia.

etymology [,eti'mɔlədʒi], *n.* etimologia.

etymon ['etimɔn], *n.* (*pl.* **etyma, etymons**) (*linguistica*) etimo.

Euboea [ju:'biə], *n.* (*stor.*, *geogr.*) Eubea.

eucalyptus [,ju:kə'liptəs], *n.* (*pl.* **eucalypti, eucalyptuses**) (*bot.*, *Eucalyptus*) eucalipto. ● **e. oil**, olio d'eucalipto.

Eucaristic(al) [,ju:kə'ristik(əl)], *a.* (*relig.*) eucaristico: **Eucaristic Congress**, congresso eucaristico.

Eucharist ['ju:kərist], *n.* (*relig.*) eucaristia, eucarestia; comunione: **to give** (*o* **to receive**) **the E.**, amministrare (ricevere) l'eucaristia.

euchre ['ju:kə*], *n.* «euchre» (*gioco di carte americano, per 2, 3 o 4 persone*; *con mazzo di 32 carte, dal sette all'asso*).

to euchre ['ju:(:)kə*], *v. t.* **1** guadagnare due punti su (*un avversario*) al gioco dello «euchre» **2** (*fam.*) sconfiggere, superare, farla a (q.).

Euclid ['ju:klid], *n.* **1** Euclide **2** (*fig.*) geometria euclidea.

Euclidean, Euclidian [ju:'klidiən], *a.* euclideo.

eudaemonia [,ju(:)di(:)'mounjə], *n.* (*filos.*) eudemonia.

eudaemonism [ju:'di:mənizəm], *n.* (*filos.*) eudemonismo.

eudiometer [,ju:di'ɔmitə*], *n.* (*fis.*) eudiometro.

eudiometric(al) [,ju:diə'metrik(əl)], *a.* (*fis.*) eudiometrico.

eudiometry [,ju(:)di'ɔmətri], *n.* (*fis.*) eudiometria.

Eugene ['ju:dʒi:n], *n.* Eugenio.

eugenic [ju:'dʒnik], *a.* (*biol.*) eugenetico; eugenico.

eugenically [ju(:)'dʒenikəli], *avv.* (*biol.*) eugeneticamente.

eugenicist [ju(:)'dʒenisist], *n.* eugenista.

eugenics [ju(:)'dʒeniks], *n. pl.* (*col verbo al sing.*) eugenetica.

eugenist ['ju(:)dʒənist], *n.* eugenista.

euhemerism [ju(:)'hi(:)mərizəm], *n.* (*filos.*) evemerismo.

euhemerist [ju(:)'hi(:)mərist], *n.* (*filos.*) evemerista.

euhemeristic [ju(:),hi(:)mə'ristik], *a.* (*filos.*) evemeristico.

eulogist ['ju:lədʒist], *n.* elogiatore; panegirista; elogista.

eulogistic [,ju:lə'dʒistik], *a.* elogiativo; laudativo; encomiastico.

eulogistically [ju(:)ləˈdʒistikəli], *avv.* in modo elogiativo.
to **eulogize** [ˈjuːlədʒaiz], *v. t.* elogiare; lodare vivamente.
eulogy [ˈjuːlədʒi], *n.* **1** elogio; panegirico **2** (*specialm.*) elogio funebre. ● **to pronounce sb.'s e.**, fare il panegirico di q.
Eumenides [juː(:)ˈmenidi(:)z], *n. pl.* (*mitol.*) Eumenidi.
eunuch [ˈjuːnək], *n.* eunuco.
euonymus [juː(:)ˈɔniməs], *n.* (*bot., Evonymus*) evonimo.
eupepsia [juːˈpepsiə], **eupepsy** [juːˈpepsi], *n.* (*med.*) eupepsia.
eupeptic [juːˈpeptik], *a.* (*med.*) eupeptico.
euphemism [ˈjuːfimizəm], *n.* eufemismo.
euphemistic(al) [ˌjuːfiˈmistik(əl)], *a.* eufemistico; eufemico.
to **euphemize** [ˈjuːfimaiz], *v. t. e i.* parlare, scrivere (di q.c.) in modo eufemistico.
euphonic(al) [juːˈfɔnik(əl)], **euphonious** [juːˈfouniəs], *a.* (*anche fon.*) eufonico.
euphonium [juːˈfouniəm], *n.* (*mus.*) eufonio.
to **euphonize** [ˈjuːfənaiz], *v. t.* (*anche fon.*) rendere eufonico.
euphony [ˈjuːfəni], *n.* (*anche fon.*) eufonia.
euphorbia [juː(:)ˈfɔ(:)bjə], *n.* (*anche psic.*) (*bot., Euphorbia*) euforbia.
euphorbium [juː(:)ˈfɔ(:)bjem], *n.* (*farm.*) euforbio.
euphoria [juː(:)ˈfɔriə], *n.* (*anche psic.*) euforia.
euphoriant [juː(:)ˈfɔ(:)riənt], *a.* (*anche psic.*) euforizzante.
euphoric [juː(:)ˈfɔ(:)rik], *a.* (*anche psic.*) euforico.
euphorigenic [ˌjuː(:)fɔ(:)riˈdʒenik], *a.* (*anche psic.*) che ingenera euforia; euforizzante.
euphory [ˈjuː(:)fɔri], *V.* **euphoria**.
euphrasy [ˈjuːfrəsi], *n.* (*bot., Euphrasia officinalis*) eufrasia.
Euphrates [juːˈfreitiːz], *n.* (*geogr.*) Eufrate.
Euphrosyne [juːˈfrɔziniː], *n.* (*mitol.*) Eufrosine.
euphuism [ˈjuː(:)fjuː(:)izəm], *n.* (*letter.*) eufuismo; manierismo (*paragonabile al nostro Marinismo*); preziosità verbale.
euphuist [ˈjuː(:)fjuː(:)ist], *n.* eufuista; scrittore ampolloso (*V.* **euphuism**).
euphuistic(al) [ˌjuː:fjuːˈistik(əl)], *a.* eufuistico; ampolloso.
Eurasian [juəˈreiʒən], *a. e n.* (*antropologia*) eurasiano; eurasiatico.
eureka [juəˈriːkə], *inter.* eureka.
eurhythmic(al) [juː(:)ˈriðmik(əl)], *a.* euritmico; armonioso.
eurhythmics [juː(:)ˈriðmiks], *n. pl.* (*col verbo al sing.*) euritmia; armonia di movimenti; ginnastica ritmica.
eurhythmy [juː(:)ˈriðmi], *n.* euritmia.
Euripidean [juəˌripiˈdiːən], *a.* (*letter.*) euripideo.
Euripides [juəˈripidiːz], *n.* (*stor. letter.*) Euripide.
Eurobond [ˈjuərouˌbɔnd], *n.* (*fin.*) euroemissione; eurooobbligazione.
Eurocheque [ˈjuərouˌtʃek], *n.* (*fin.*) «eurocheque»; euroassegno.
Eurocommunism [ˈjuərouˌkɔmjunizəm], *n.* (*polit.*) eurocomunismo.
Eurocommunist [ˈjuərouˌkɔmjunist], *a. e n.* (*polit.*) eurocomunista.
Eurocracy [juəˈrɔkrəsi], *n.* (*econ.*) eurocrazia.
Eurocrat [ˈjuəroukræt], *n.* (*econ.*) eurocrate.
Eurodollar [ˈjuərouˈdɔlə*], *n.* (*fin.*) eurodollaro.
Euroelections [ˈjuərouˌlekʃənz], *n. pl.* (*polit.*) euroelezioni.
Euromarket [juərouˈmaːkit], *n.* (*fin.*) euromercato.
Euromerger [ˈjuərouˈməːdʒə*], *n.* (*fin.*) eurofusione.
Euromissile [ˈjuərouˌmisail], *n.* (*mil.*) euromissile.
Euro-passport [ˌjuərəˈpaːspɔːt], *n.* europassaporto.
Europe [ˈjuərəp], *n.* (*geogr.*) Europa.
European [ˌjuərəˈpiː(:)ən], *a. e n.* europeo.
Europeanism [ˌjuərəˈpiːənizəm], *n.* europeismo.
Europeanist [ˌjuərəˈpiənist], *n.* europeista.
Europeanization [ˌjuərəˌpiː(:)naiˈzeiʃən], *n.* europeizzazione.
to **Europeanize** [ˌjuərəˈpiː(:)naiz], *v. t.* europeizzare.
europium [juəˈroupjəm], *n.* (*chim.*) europio.
Europort [ˈjuərəpɔːt], *n.* (*comm., naut.*) europorto.
Eurosocialism [ˈjuərouˌsouʃəlizəm], *n.* (*polit.*) eurosocialismo.
Eurosocialist [ˈjuərouˌsouʃəlist], *a. e n.* eurosocialista.
Eurovision [ˈjuərouˌviʒən], *n.* (*telev.*) eurovisione.
Eurus [ˈjuərəs], *n.* (*mitol.*) Euro (*vento di est-sud-est*).
Eurydice [juːˈridisi], *n.* (*mitol.*) Euridice.
eurythmic(al) [juː(:)ˈriðmik(əl)], *a.*, **eurythmy** [juː(:)ˈriðmi], *V.* **eurhythmic(al)**, **eurhythmy**.
Eustachian tube [juːˈsteiʃən ˈtjuːb], *n.* (*anat.*) tromba d'Eustachio.
eustatic [jʌ(:)sˈtætik], *a.* (*geol., oceanografia*) eustatico.
eutectic [juː(:)ˈtektik], *a.* (*metall.*) eutettico: **e. alloy**, lega eutettica.
euthanasia [ˌjuːθəˈneiziə], *n.* eutanasia.
evacuant [iˈvækjuənt], *a. e n.* (*farm.*) evacuante; purgante.
to **evacuate** [iˈvækjueit], *v. t. e i.* evacuare; sgombrare; sfollare.
evacuation [iˌvækjuˈeiʃən], *n.* evacuazione; sfollamento.
evacuee [iˌvækjuː(:)ˈiː], *n.* sfollato.

evadable [iˈveidəbl], *a.* che si può eludere; evitabile.
to **evade** [iˈveid], **A** *v. i.* **1** (*raro*) evadere **2** evadere dalla realtà. **B** *v. t.* eludere; evitare; schivare; sfuggire; sottrarsi a: **to e. one's pursuers** (**the police, etc.**), sfuggire ai propri inseguitori (alla polizia, ecc.); **to e. a blow** (**an obstacle, etc.**), schivare un colpo (evitare un ostacolo, ecc.); **to e. a question** (**the law, etc.**), eludere una domanda (la legge, ecc.); **to e. service during the war** (**paying taxes, etc.**), sottrarsi al servizio militare in tempo di guerra (al pagamento delle tasse, ecc.).
evader [iˈveidə*], *n.* evasore: **tax e.**, evasore fiscale.
to **evaginate** [iˈvædʒineit], *v. t.* (*med.*) evaginare.
evagination [iˌvædʒiˈneiʃən], *n.* (*med.*) evaginazione.
to **evaluate** [iˈvæljueit], *v. t.* **1** (*anche econ., fin., stat.*) valutare; stimare; apprezzare: **to e. results**, valutare i risultati **2** (*mat.*) calcolare (*il valore numerico d'una espressione*).
evaluation [iˌvæljuˈeiʃən], *n.* **1** (*anche econ., fin., stat.*) valutazione; stima: **the e. of students** (**of a survey, etc.**), la valutazione degli studenti (di un'indagine, ecc.) **2** (*mat.*) valutazione; calcolo.
to **evanesce** [ˌiːvəˈnes], *v. i.* svanire; scomparire.
evanescence [ˌiːvəˈnesns], *n.* evanescenza.
evanescent [ˌiːvəˈnesnt], *a.* evanescente; fugace.
evangelic(al) [ˌiːvænˈdʒelik(əl)], **A** *a.* evangelico: **the e. message**, il messaggio evangelico; **the Evangelical Churches**, le Chiese evangeliche. **B** *n.* membro d'una Chiesa evangelica; evangelico.
evangelicalism [ˌi(:)vænˈdʒelikəlizəm], *n.* (*relig.*) evangelicalismo.
Evangeline [iˈvændʒiliːn], *n.* Evangelina.
evangelism [i(:)ˈvændʒilizəm], *n.* **1** predicazione evangelica **2** (*relig.*) evangelicalismo; dottrina delle Chiese evangeliche.
evangelist [iˈvændʒilist], *n.* **1** evangelista **2** predicatore evangelico; evangelizzatore **3** – (*Bibbia*) **E.**, Evangelista.
evangelistic [iˌvændʒiˈlistik], *a.* **1** d'un evangelista; d'un evangelizzatore **2** evangelico **3** – (*Bibbia*) **E.**, di uno dei quattro Evangelisti.
evangelization [iˌvændʒilaiˈzeiʃən], *n.* evangelizzazione.
to **evangelize** [iˈvændʒilaiz], *v. t.* evangelizzare.
evangelizer [iˈvændʒilaizə*], *n.* evangelizzatore.
to **evanish** [iˈvæniʃ], *v. i.* (*poet.*) svanire; scomparire; spegnersi.
evanishment [iˈvæniʃmənt], *n.* (*poet.*) svanimento; scomparsa.
evaporable [iˈvæpərəbl], *a.* (*fis.*) evaporabile.
to **evaporate** [iˈvæpəreit], **A** *v. i.* **1** (*fis.*) evaporare **2** (*fig., fam.*) svanire; dissolversi: **His determination evaporated**, la sua risolutezza svanì **3** (*di persona*) andarsene; scomparire (per sempre). **B** *v. t.* far evaporare; evaporare.
evaporated [iˈvæpəreitid], *a.* (*ind.*) evaporato: **e. milk**, latte evaporato.
evaporation [iˌvæpəˈreiʃən], *n.* **1** (*fis.*) evaporazione **2** (*fig.*) scomparsa; sparizione; dissoluzione.
evaporative [iˈvæpəritiv], *a.* evaporativo.
evaporator [iˈvæpəreitə*], *n.* (*tecn.*) evaporatore.
evapotranspiration [iˌvæpouˌtrænspəˈreiʃən], *n.* (*idrologia*) evapotraspirazione.
evasion [iˈveiʒən], *n.* **1** evasione; il sottrarsi, lo sfuggire a (q.c.): **tax e.**, evasione fiscale **2** pretesto; scappatoia; sotterfugio; espediente **3** discorso evasivo; risposta evasiva.
evasive [iˈveisiv], *a.* **1** evasivo; elusivo; ambiguo: **an e. answer**, una risposta evasiva; **e. talk**, parole ambigue **2** inafferrabile; sfuggente: **an e. prey**, una preda inafferrabile; **e. eyes**, occhi sfuggenti. ● (*mil., aeron., naut.*) **to take e. action**, sottrarsi al combattimento; disimpegnarsi.
evasiveness [iˈveizivnis], *n.* l'essere evasivo; ambiguità.
Eve [iːv], *n.* Eva: **the daughters of Eve**, le figlie d'Eva (*le donne*).
eve [iːv], *n.* **1** vigilia: **on the eve of victory**, alla vigilia della vittoria; **Christmas Eve**, la vigilia di Natale **2** (*poet.*) sera. ● **New Year's Eve**, l'ultimo giorno dell'anno; la vigilia di Capodanno.
evection [iˈvekʃən], *n.* (*astron.*) evezione.
Eveline [ˈiːvlin, ˈevlin, ˈeviliːn], *n.* Evelina.
Evelyn [ˈiːvlin, ˈevlin], *n.* Evelino.
even (1) [ˈiːvən], *a.* **1** pari; piano; liscio; piatto; uniforme; regolare; uguale: **e. numbers**, numeri pari; **e. country**, terreno piano, piatto; **The lawn is perfectly e.**, il prato è perfettamente liscio; **His style is not e.**, il suo stile non è sempre uguale (*ora è buono e ora è cattivo*); (*med.*) **e. pulse**, polso regolare **2** calmo; placido; sereno; tranquillo: **to speak in an e. voice**, parlare con voce calma; **an e. disposition**, un temperamento tranquillo **3** equo; giusto: **an e. exchange**, uno scambio equo **4** esatto; preciso: **an e. mile**, un miglio esatto. ● **e. chances**, le stesse probabilità: **It's e. chances that he won't accept**, forse accetterà e forse no □ **e.-handed**, imparziale □ **e.-handedness**, imparzialità □ (*costr. navali*) **e. keel**, carena diritta □ **e.-minded**, imparziale; equanime □ (*nelle scommesse*) **e. money**, denaro scommesso alla pari □ **e. odds**, parità di probabilità (*o di possi-*

bilità) □ **e.-tempered**, calmo; imperturbabile; sereno; tranquillo □ **to be e. with sb.**, essere pari (*pop.*: pari e patta) con q. □ (*fam.*, *comm.*) **to break e.**, far pari e patta □ **to get e. with sb.**, saldare i conti con q: vendicarsi di q. □ (*autom.*) «**on e. days only**», «sosta consentita nei giorni pari» □ (*fig.*) **on an even keel**, stabile; sicuro; a galla (*fig.*): **He kept the company on an e. keel**, tenne l'azienda a galla □ (*comm.*) **our letter of e. date**, la nostra lettera in pari (*meglio*: della stessa) data □ **to stand an e. chance of doing st.**, avere il cinquanta per cento di probabilità di fare q.c. □ **The scales hung e.**, la bilancia era in bilico □ **Our scores are e.**, siamo pari (*al gioco*) □ (*fin.*) **The firm has stayed e.**, la ditta ha chiuso in pareggio.

even (2) ['i:vən], *avv.* **1** anche; perfino; persino; addirittura: **E. a fool could understand it**, persino uno stupido lo capirebbe; **This book is e. more interesting than that**, questo libro è anche più interessante di quello; **e. unto death**, addirittura fino alla morte **2** proprio; esattamente (*arc.*) **e. so**, proprio così; **E. as he went, it began to rain**, proprio mentre se ne andava, cominciò a piovere; **It happened e. as I expected**, andò a finire proprio come me l'aspettavo **3** almeno: **Does he e. suspect the danger?**, ha almeno il sospetto di trovarsi in pericolo? **4** alla pari: **The two horses ran e.**, i due cavalli corsero alla pari **5** (*arc.*) cioè; precisamente. ● **e. if** (*o* **e. though**), anche se: **E. if he is there, I don't want to speak with him**, anche se c'è, non voglio parlargli; **I will do it, e. though I have to work all day**, lo farò, anche se devo (*o* se dovessi) lavorare tutto il giorno □ **e. so**, comunque; con tutto ciò; in ogni caso: **E. so, I dont think he's dishonest**, comunque, non credo che sia disonesto □ **not e.** (*o* **never e.**), neanche; nemmeno; neppure: **He never e. answered my letter**, non ha neppure risposto alla mia lettera.

to even ['i:vən], **A** *v. t.* **1** appianare; livellare; spianare **2** (*anche* **to e. up**) pareggiare; eguagliare; livellare **3** trattare alla pari. **B** *v. i.* **1** essere alla pari; eguagliarsi **2** (*anche* **to e. out**) livellarsi. ● **to e. up with sb.**, fare i conti con q. (*anche fig.*) □ (*USA*) **to e. up the score (with sb.)**, saldare il conto con q.; prendersi la rivincita (su q.).

even (3) ['i:vən], *n.* (*poet.*) sera; vespro.

evening ['i:vnɪŋ], *n.* **1** sera; serata: **this e.**, questa sera; **on the e. of the 10th**, la sera del dieci; **in the e.**, di sera; la sera; **on Saturday e.**, sabato sera; **on Saturday evenings**, tutti i sabato sera; **We've had a pleasant e.**, abbiamo passato una bella serata; **a musical e.**, una serata musicale **2** (*fig.*) tramonto; declino: **in the e. of life**, nel tramonto della vita. ● **e. dress** (*o* **e. clothes**), abito da sera; (*da uomo*) marsina, frac; (*da donna*) vestito da sera, décolleté ● **e. gown**, abito lungo, vestito da sera □ **an e. paper**, un quotidiano della sera □ **e. prayer**, *V.* **evensong** □ **the e. star**, la stella della sera; vespero (*Venere*) □ **e. suit**, abito da sera (*da uomo*) □ **to make an e. of it**, passare una bella serata.

evenings ['i:vnɪŋz], *avv.* di sera; la sera.

evenly ['i:vənli], *avv.* **1** uniformemente, regolarmente **2** con calma; tranquillamente **3** equamente **4** in parti uguali.

evenness ['i:vənnɪs], *n.* **1** parità; uniformità, regolarità; uguaglianza **2** calma; serenità; tranquillità **3** equità; imparzialità.

evens [i:vənz], *n. pl.* (*col verbo al sing.*) (*fam.*) **1** parità di probabilità **2** denaro scommesso alla pari.

evensong ['i:vənsɔŋ], *n.* (*relig.*) **1** (*nella Chiesa cattolica*) vespro **2** (*nella Chiesa anglicana*) preghiera della sera.

event [i'vent], *n.* **1** evento; avvenimento; caso; circostanza; eventualità: **The coronation was the chief e. of the year**, l'incoronazione fu l'avvenimento più importante dell'anno; **at all events** (*o* **in any e.**), in ogni caso; qualunque cosa accada; **in the e. of**, nell'eventualità di: **In the e. of the President's death, the Vice-president succeeds**, nell'eventualità della morte del Presidente, subentra il Vicepresidente; **in the e. of his not coming**, nell'eventualità ch'egli non venga; caso mai non venisse; (*stat.*) **double e.**, evento duplice; **in that e.**, in quel caso **2** (*sport*) avvenimento sportivo; competizione; gara **3** (*anche* **quite an e.**) avvenimento importante; fatto insolito; cosa rara. ● **in the e.**, nella realtà; all'atto pratico; di fatto □ **in either e.**, in ambo i casi □ **in the natural course of events**, nell'ordine naturale delle cose.

eventful [i'ventful], *a.* **1** pieno d'eventi; denso d'avvenimenti; avventuroso; movimentato: **an e. trip**, una gita avventurosa, movimentata; **an e. month**, un mese denso d'avvenimenti **2** importante; decisivo; pieno di sviluppi: **an e. conversation**, un colloquio decisivo, importante.

eventide ['i:vəntaɪd], *n.* (*poet.*) sera; vespro.

eventual [i'ventjuəl], *a.* **1** (*raro*) eventuale; possibile **2** definitivo; conclusivo; finale: **errors leading to e. disaster**, errori che conducono a un disastro finale.

eventuality [i,ventju'ælɪtɪ], *n.* eventualità; caso; evenienza: **to be ready for any eventuality**, essere pronto a tutte le evenienze.

eventually [i'ventjuəli], *avv.* alla fine; infine; finalmente.

to eventuate [i'ventjueɪt], *v. i.* **1** andare a finire; risolversi: **to e. well (ill)**, andare a finire bene (male) **2** succedere (*come conseguenza*); conseguire (*lett.*) **3** (*USA*) accadere; succedere. ● **A terrible drought eventuated from the great heat**, il grande caldo causò una terribile siccità.

ever ['evə*], *avv.* **1** (*in frasi interr. e in frasi neg. col verbo afferm.*) alcuna volta; mai: **Have you e. been in London?**, sei mai stato a Londra?; **No one e. turns up here**, qui non si vede mai nessuno; **Did you e. taste it before?**, l'hai mai assaggiato prima d'ora? **2** (*arc.*) sempre: **He is e. the same**, è sempre lo stesso; **e. at your service**, sempre ai vostri ordini **3** (*fam.*, *idiom.*) mai; diamine: **What e. does he want?**, che diamine vuole?; **Where e. did you go?**, dove diamine sei andato?; **He's e. such a naughty boy**, è un ragazzo così birichino; **Why e. didn't you say so?**, perché mai non l'hai detto?; **It is e. so much easier**, è tanto più facile; **It's the best thing you e. did**, è la cosa migliore che tu abbia fatto mai. ● **e. after**, da allora in poi □ **e. and again**, di quando in quando □ **e.-increasing**, in continuo aumento □ **e. since**, fin da quando; da allora in poi: **I've known him e. since he came to Italy**, lo conosco fin da quando venne in Italia □ (*nelle lettere ad amici*) **E. yours**, sempre affettuosamente tuo □ **for e. (and e.)**, per sempre □ **for e. and a day**, per sempre □ **hardly** (*o* **scarcely**) **e.**, quasi mai □ (*fam. USA*) «**Did you like the book?**» «**Did I e.!**», «ti è piaciuto quel libro?» «Sì, molto!» (o «Altroché, moltissimo!»).

everglade ['evəgleɪd], *n.* (*USA*) terreno paludoso (*coperto da erbe alte*).

evergreen ['evəgri:n], **A** *a.* **1** (*bot.*) sempreverde **2** (*fig.*) sempre attuale, alla moda. **B** *n.* **1** (*bot.*) (pianta) sempreverde **2** (*comm.*) articolo sempre di moda.

everlasting [,evə'la:stɪŋ], **A** *a.* **1** eterno; immortale: **fame**, fama immortale **2** continuo; incessante; interminabile: **I am fed up with your e. teasing**, sono stufo delle tue continue punzecchiature. **B** *n.* **1** (*poet.*) eternità **2** (*bot.*) semprevivo **3** (*ind. tessile*) fustagno. ● **the E.**, l'Eterno (*Dio*).

everlastingness [,evə'la:(s)tɪŋnɪs], *n.* eternità; immortalità.

evermore ['evə'mɔ:*], *avv.* sempre; eternamente. ● **for e.**, per sempre; (*fam.*) di continuo, incessantemente, sempre.

eversion [i'və:ʃən], *n.* **1** eversione (*anche med.*); rovesciamento **2** (*arc.*) abbattimento; distruzione; eversione.

eversive [i'və:sɪv], *a.* (*anche polit.*) eversivo.

to evert [i'və:t], *v. t.* **1** rovesciare (*per es.*, una palpebra) **2** (*arc.*) abbattere; distruggere.

every ['evri], *a.* ogni; ciascuno, ciascuna; tutti, tutte: **He comes e. day**, viene ogni giorno; **I have seen e. film he has shot**, ho visto tutti i film che ha girato; **He has been given e. chance**, gli è stata data ogni possibilità. ● **e. bit**, tutto quanto: **I ate up e. bit of it**, me lo mangiai tutto quanto □ **e. bit as**, proprio, del tutto □ **E. man for himself!**, si salvi chi può! □ **e. minute**, da un minuto all'altro: **I expect him to arrive e. minute**, m'aspetto che arrivi da un minuto all'altro □ **e. now and then** (*o* **e. now and again**), di quando in quando □ **e. one**, ognuno, ciascuno, ciascuna; tutti, tutte: **E. one of them is wrong**, ciascuno di loro ha torto; **They were drowned, e. one of them**, morirono affogati, tutti quanti □ **e. other** (*o* **e. second**), uno sì e uno no: **He comes e. other day**, viene un giorno sì e uno no (*o* ogni due giorni, a giorni alterni) □ **e. other**, tutti gli altri: **E. other man was killed**, tutti gli altri (uomini) furono uccisi □ (*fam.*) **e. so often**, di quando in quando, ogni tanto: **The explorer stopped e. so often to look at his map**, l'esploratore si fermava ogni tanto per guardare la mappa □ **e. time**, (*avv.*) ogni volta, tutte le volte, sempre; (*cong.*) ogni volta che, tutte le volte che □ **e. three weeks** (*o* **e. third week**), ogni tre settimane □ **in e. way**, in tutto e per tutto; sotto ogni aspetto □ (*fam. USA*) **e. which way**, da tutte le parti □ (*prov.*) **E. man for himself (and God for us all)**, ognuno per sé (e Dio per tutti).

everybody ['evrɪbɒdɪ], *pron.* ognuno; ciascuno; tutti: **E. admired him**, ognuno lo ammirava. ● **e. else**, tutti gli altri: **E. else was absent**, tutti gli altri erano assenti.

everyday ['evrɪdeɪ], *a.* di ogni giorno; di tutti i giorni; quotidiano; comune: **e. shoes**, le scarpe di tutti i giorni; **e. sentences**, frasi che si dicono ogni giorno; frasi fatte; **an e. occurrence**, una cosa che succede tutti i giorni; **e. speech**, la parlata comune; la lingua d'uso.

Everyman ['evrɪmæn], *n.* «Ognuno»; l'uomo della strada.

everyone ['evrɪwʌn], *pron.* ognuno; ciascuno; tutti: **E. likes to have his way**, a tutti piace fare a modo proprio.

everyplace ['evrɪpleɪs], (*fam. USA*) *V.* **everywhere**.

everything ['evrɪθɪŋ], *pron.* ogni cosa; tutto: **He thinks he knows e.**, crede di sapere tutto; **Money is not e.**, il denaro non è tutto. ● **e. else**, ogni altra cosa; tutto il resto □ (*fam.*) **and e.**, eccetera; e così via.

everywhere ['evrɪwɛə*], *avv.* in ogni luogo; dovunque; dappertutto: **Slavery anywhere is a danger to freedom e.**, il fatto che vi sia la schiavitù in qualche luogo mette in pericolo la libertà dappertutto; **You'll find wicked people e. you go**, troverai gente malvagia dovunque tu vada.

to evict [i(:)'vikt], *v. t.* (*leg.*) **1** evincere; rivendicare (*proprietà, mediante un processo*) **2** sfrattare; sfrattare; dare lo sfratto (*o* l'escomio) a (*un inquilino, un colono*).

evictee [,i(:)vik'ti:], *n.* (*leg.*) **1** sfrattato **2** colono escomiato.

eviction [i(:)'vikʃən], *n.* (*leg.*) **1** evizione **2** sfratto; escomio: **e. order**, ingiunzione di sfratto.

evictor [i'viktə*], *n.* chi dà lo sfratto (*o* l'escomio).

evidence ['evidəns], *n.* **1** evidenza (*specialm. nella espressione:*) **in e.**, in evidenza: **Nowadays the very rich prefer not to be in e.**, oggigiorno le persone molto ricche preferiscono non mettersi in evidenza **2** (*anche leg.*) prova; dimostrazione; testimonianza; deposizione: **This is an e. of my good faith**, questa è una prova della mia buona fede; **the evidences of Christianity**, le testimonianze del Cristianesimo; **There wasn't the slightest e. to condemn him**, non c'era la ben che minima prova per condannarlo **3** segno; traccia: **an e. of wealth**, un segno di ricchezza; **There were still a few evidences of the former prosperity of the ghost town**, c'era ancora qualche traccia dell'antica prosperità della città abbandonata. ● (*leg.*) **e. for the accused** (**for the prosecution**), prova a discarico (a carico) □ **e. to the contrary**, (*leg.*) prova in contrario; (*fig.*) prova contraria □ (*leg.*) **to be e.**, far fede □ **to call sb. in e.**, chiamare q. a testimoniare □ **to give e.**, testimoniare; deporre □ **to turn King's** (*o* **Queen's, State's**) **e.**, testimoniare contro i propri complici □ **verbal e.**, deposizione verbale.

to evidence ['evidəns], *v. t.* attestare; comprovare; testimoniare.

evident ['evidənt], *a.* evidente; chiaro; manifesto; ovvio.

evidential [,evi'denʃəl], **evidentiary** [,evi'denʃəri], *a.* (*anche leg.*) probatorio.

evil ['i:vl], **A** *a.* **1** cattivo; dannoso; maligno; malvagio; perverso: **e. deeds**, cattive azioni; **e. weather**, cattivo tempo; **an e. taste**, un cattivo sapore; **a man of e. repute**, un uomo di cattiva fama; **She has an e. tongue**, ha una lingua maligna; è una mala lingua **2** funesto; disgraziato; sventurato: **in an e. hour**, in un'ora funesta. **B** *n.* male; malvagità; danno; peccato: **to do e.**, fare del male; **to return good for e.**, ricambiare il bene per il male. **C** *avv.* male: **to speak e. of sb.**, parlar male (*o* sparlare) di q. ● **e.-disposed**, maldisposto □ **e.-doer**, malfattore; persona malvagia □ **the e. eye**, il malocchio; la iettatura □ **e.-minded**, malvagio, maligno; lascivo, osceno □ **the E. One**, il Maligno; il demonio □ **e.-tempered**, che ha un brutto carattere; bisbetico; irascibile □ **to fall on e. days**, passare un brutto periodo; cadere in miseria □ **to lead an e. life**, condurre una vita dissoluta, peccaminosa □ **a person of e. fame**, una persona malfamata □ **to wish sb. e.**, desiderare il male (*o* la rovina) di q. □ **hear no e., see no e., speak no e.**, non sento, non vedo, non parlo.

to evince [i'vins], *v. t.* dimostrare; manifestare; rivelare: **He evinced his desire to go home**, manifestò il suo desiderio d'andare a casa.

evincive [i'vinsiv], *a.* dimostrativo; indicativo.

to evirate ['i:vireit], *v. t.* (*arc.*) **1** evirare **2** (*fig.*) effeminare.

eviration [,evi'reiʃən], *n.* evirazione.

to eviscerate [i'visəreit], *v. t.* **1** sviscerare (*raro*); sventrare **2** (*fig.*) svuotare (q.c.) del suo contenuto **3** (*med.*) eviscerare.

evisceration [i,visə'reiʃən], *n.* **1** sventramento; svuotamento **2** (*med.*) eviscerazione.

evocation [,evou'keiʃən], *n.* evocazione.

evocative [i'vɔkətiv], *a.* evocativo; evocatore.

evocator [i'evoukeitə*], *n.* evocatore.

evocatory [i'vɔkətəri], *V.* **evocative**.

to evoke [i'vouk], *v. t.* **1** evocare: **to e. the dead**, evocare i morti; **to e. the happy memories of one's childhood**, evocare le felici memorie dell'infanzia **2** provocare; suscitare: **to e. curiosity** (**discontent**, **etc.**), suscitare curiosità (scontentezza, ecc.) **3** fare appello a; richiamare: **to e. one's energies**, fare appello alle proprie energie □ **to e. applause**, strappare gli applausi □ **to e. no response**, non ottenere alcuna reazione (*o* risposta).

evolute ['i:vəlu:t], *n.* (*geom.*, *anche* **e. curve**) evoluta.

evolution [,i:və'lu:ʃən], *n.* **1** evoluzione; sviluppo; svolgimento: **the theory of e.**, la teoria dell'evoluzione; **the evolutions of a skater**, le evoluzioni di un pattinatore; **the e. of an argument**, lo svolgimento di un'argomentazione **2** (*fis.*, *chim.*) emanazione (*di calore*); sviluppo (*d'un gas*) **3** (*mat.*) estrazione (*d'una radice*).

evolutional [,i:və'lu:ʃənl], **evolutionary** [,i:və'lu:ʃnəri], *a.* pertinente a (*o* prodotto da) evoluzione; evolutivo.

evolutionism [,i:və'lu:ʃənizəm], *n.* evoluzionismo.

evolutionist [,i(:)və'lu:(ʃ)ənist], **A** *n.* evoluzionista. **B** *a.* attr.

evolutionistic [,i(:)vəlu(ʃ)ə'nistik], *a.* evoluzionistico.

evolutive ['evəlu(:)tiv], *a.* evolutivo. ● **e. conditions**, condizioni favorevoli all'evoluzione.

to evolve [i'vɔlv], **A** *v. t.* **1** evolvere; sviluppare; svolgere: **He has evolved a new teaching technique**, ha sviluppato una nuova didattica **2** dedurre (*fatti*, *ecc.*) **3** (*fis.*, *chim.*) emettere (*calore*). **B** *v. i.* evolversi; svilupparsi: **Organic life has evolved over millions of years**, gli organismi viventi si sono evoluti in milioni di anni.

evolvement [i'vɔlvmənt], *n.* evoluzione; svolgimento; sviluppo.

evolvent [i'vɔlvənt], *n.* (*mat.*) evolvente.

evulsion [i'vʌlʃən], *n.* (*raro*) evulsione; estirpazione.

ewe [ju:], *n.* (*zool.*) pecora (*femmina*). ● **ewe cheese**, (formaggio) pecorino □ **ewe lamb**, agnella □ (*di cavallo*) **ewe-necked**, dal collo sottile e incavato □ (*fig.*) **one's ewe lamb**, la pupilla dei propri occhi; la cosa più cara.

ewer ['ju(:)ə*], *n.* brocca; caraffa.

ex (1) [eks], *pref.* ex; già; un tempo: **ex-minister**, ex ministro; **ex-president**, ex presidente; **ex-husband**, ex marito; **ex-wife**, ex moglie.

ex (2) [eks] (*lat.*), *prep.* (*comm.*) **1** (*di merce*) fuori di; su; da; franco: **ex ship**, fuori della nave (*o* franco nave, allo sbarco); **ex quay**, sulla banchina (*o* franco molo); **ex warehouse**, fuori magazzino; franco magazzino **2** (*di azioni e sim.*) senza: **ex dividend**, senza dividendi; **ex interest**, senza interessi. ● (*di merce*) **ex bond**, sdoganata □ (*di numero telefonico*) **ex-directory**, non sull'elenco □ **ex works**, franco (*o* alla) fabbrica: **ex-works price**, prezzo di fabbrica.

ex (3) [eks], *n.* (*fam.*), *n.* ex marito; ex moglie.

to exacerbate [eks'æsə(:)beit], *v. t.* esacerbare; inasprire; aggravare; esasperare: **to e. a disease**, aggravare una malattia; **to e. a pain**, esacerbare un dolore.

exacerbation [eks,æsə(:)'beiʃən], *n.* esacerbamento; esacerbazione; inasprimento; aggravamento; esasperazione.

exact [ig'zækt], *a.* **1** esatto; preciso; rigoroso: **the e. meaning**, il significato esatto; **the e. time**, l'ora esatta; **e. instructions**, istruzioni precise; **the e. sciences**, le scienze esatte; **an e. philologist**, un filologo rigoroso **2** rigido; severo: **He is an e. disciplinarian**, è un rigido sostenitore della disciplina. ● **an e. ear**, un buon orecchio (*per la musica, i suoni, ecc.*).

to exact [ig'zækt], *v. t.* esigere; richiedere; pretendere: **to e. respect from one's children**, esigere rispetto dai figli; **to e. payment of a debt**, esigere il pagamento d'un debito; **Such a delicate task exacts absolute secrecy**, un compito così delicato richiede segretezza assoluta.

exacta [ig'zæktə] (*spagn.*), *n.* (*ippica*, *USA*) accoppiata.

exactable [ig'zæktəbl], *a.* esigibile.

exacter [ig'zæktə*], *V.* **exactor**.

exacting [ig'zæktiŋ], *a.* **1** esigente; severo: **an e. teacher**, un insegnante esigente **2** arduo; difficile: **an e. job**, un lavoro difficile.

exaction [ig'zækʃən], *n.* **1** esazione (*di denaro*) **2** richiesta eccessiva; estorsione; imposizione. ● **an e. on one's time** (**strength, etc.**), un impegno che richiede molto tempo (sforzo, ecc.).

exactitude [ig'zæktitju:d], **exactness** [ig'zæktnis], *n.* esattezza; precisione; rigore.

exactly [ig'zæktli], *avv.* **1** esattamente; proprio **2** (*nelle risposte*) proprio così; appunto. ● **e. nothing**, niente di niente; un bel nulla.

exactor [ig'zæktə*], *n.* **1** chi esige; chi richiede **2** esattore.

to exaggerate [ig'zædʒəreit], *v. t. e i.* esagerare; ingrandire.

exaggerated [ig'zædʒəreitid], *a.* esagerato.

exaggeration [ig,zædʒə'reiʃən], *n.* esagerazione.

exaggerative [ig'zædʒərətiv], *a.* che tende a esagerare.

exaggerator [ig'zædʒəreitə*], *n.* esageratore; chi esagera; esagerato (*fam.*).

to exalt [ig'zɔ:lt], *v. t.* **1** innalzare; elevare: **to e. sb. to the throne**, elevare q. al trono; **to e. sb. to the rank of ambassador**, innalzare q. al grado d'ambasciatore **2** esaltare; magnificare **3** eccitare; esaltare; entusiasmare **4** rendere più intenso, ravvivare (*colori*, *ecc.*). ● **to e. sb. to the skies**, portare q. alle stelle.

exaltation [,egzɔ:l'teiʃən], *n.* **1** elevamento; innalzamento **2** esaltazione; magnificazione **3** eccitazione; esaltazione.

exalted [eg'zɔ:(l)tid], *a.* **1** elevato; eminente: **a man of e. position**, un uomo che occupa una posizione eminente **2** esaltato; eccitato.

exam [ig'zæm], *n.* (*abbr. fam. di* **examination**) esame.

examinant [ig'zæminənt], *n.* esaminatore; esaminante.

examination [ig,zæmi'neiʃən], *n.* esame; indagine; investigazione; interrogatorio; prova (d'esame); controllo, verifica; visita (medica): **an entrance e.**, un esame d'ammissione; **an e. in history**, un esame di storia; **a written e.**, una prova scritta; **the e. of the prisoner**, l'esame (*o* l'interrogatorio) dell'accusato; **an e. of luggage**, un controllo dei bagagli; una visita doganale; **an e. of one's sight** (*o* **an eye e.**), un esame oculistico; **a medical e.**, una visita medica. ● (*leg.*) **the e. of witnesses**, l'escussione dei testi □ **e. paper**, tema d'esame; compito (scritto); elaborato □ **competitive e.**, esame di concorso □ **to pass an e.**, supera-

re un esame □ (*leg., med.*) **post-mortem e.**, autopsia □ **to sit (for) an e.**, sostenere un esame (*in genere, scritto*).
examinatorial [igˌzæminəˈtɔ(ː)rjəl], *a.* esaminatorio.
to examine [igˈzæmin], *v. t.* **1** esaminare; indagare; investigare; verificare: **to e. students in geography**, esaminare studenti in geografia; **to e. old documents**, esaminare vecchi documenti **2** (*fig.*) esaminare; interrogare: **to e. one's conscience**, interrogare la propria coscienza **3** (*leg.*) interrogare; escutere: **to e. a witness in a law court**, interrogare un testimone in tribunale **4** (*med.*) visitare: **The doctor examined the patient**, il medico visitò l'ammalato. ● (*rag.*) **to e. the accounts**, verificare i conti □ **to e. a proposal**, prendere in esame una proposta □ (*fam.*) **You need to get your head examined!**, devi farti visitare!; tu sei pazzo!
examinee [igˌzæmiˈniː], *n.* candidato (a un esame); esaminando.
examiner [igˈzæminə*], *n.* **1** esaminatore **2** ispettore.
example [igˈzaːmpl], *n.* **1** esempio; modello; esemplare; campione: **This textbook gives a lot of examples**, questo libro di testo dà molti esempi; **for e.**, per esempio **2** avvertimento; punizione esemplare: **Let this be an e. to the rest of the class**, che ciò serva d'avvertimento al resto della classe!; **to make an e. of sb.**, infliggere a q. una punizione che serva d'esempio (agli altri). ● **cruelty without** (*o* **beyond**) **e.**, crudeltà senza precedenti □ **to set** (*o* **to give**) **a good e. (to sb.)**, dare (a q.) il buon esempio □ (*prov.*) **E. is better than precept**, l'esempio vale più dell'ammaestramento.
exanimate [eksˈænimit], *a.* (*raro*) esanime; senza vita (*anche fig.*).
exanthem [ˌeksænˈθim], *V.* **exanthema**.
exanthema [ˌeksænˈθiː(ː)mə], *n.* (*pl.* **exanthemata, exanthemas**) (*med.*) esantema.
exarch [ˈeksaːk], *n.* (*stor., relig.*) esarca.
exarchate [ˈeksa(ː)keit], *n.* (*stor., relig.*) esarcato.
to exasperate [igˈzaːspəreit], *v. t.* **1** esasperare; inasprire; irritare: **I was exasperated at his carelessness**, ero esasperato dalla sua noncuranza **2** aggravare, peggiorare (*una malattia, ecc.*). ● **to e. sb. into doing st.**, provocare q. a fare q.c., esasperandolo.
exasperatingly [igˌza(ː)spəˈreitiŋli], *avv.* in modo esasperante.
exasperation [igˌza(ː)spəˈreiʃən], *n.* **1** esasperazione; irritazione **2** aggravamento; peggioramento.
ex cathedra [ˌeksəˈθiːdrə] (*lat.*), *avv. e a.* ex cathedra.
to excavate [ˈekskəveit], *v. t.* scavare; portare alla luce; dissotterrare; estrarre: **to e. a ditch (a tunnel, etc.)**, scavare una fossa (una galleria, ecc.); **to e. Roman ruins**, portare alla luce rovine romane; **to e. mineral ore**, estrarre minerali.
excavation [ˌekskəˈveiʃən], *n.* **1** scavatura; escavazione (*lett.*) **2** scavo; sterro: **the excavations of Pompeii**, gli scavi di Pompei.
excavator [ˈekskəveitə*], *n.* **1** scavatore; sterratore **2** (*mecc.*) escavatore; escavatrice. ● **e. operator**, escavatorista.
to exceed [ikˈsiːd], *A v. t.* eccedere; oltrepassare; esorbitare da; sorpassare; superare: **He was fined for exceeding the speed limit**, fu multato per aver superato il limite di velocità; **You have exceeded your powers**, hai esorbitato dai tuoi poteri; **The show exceeded our expectations**, lo spettacolo superò la nostra aspettativa. **B** *v. i.* **1** eccedere; esagerare **2** eccellere; essere preminente.
exceeding [ikˈsiːdiŋ], *a.* eccessivo; estremo; straordinario.
to excel [ikˈsel], **A** *v. i.* eccellere; primeggiare: **He excels in self-control (wit, etc.)**, eccelle per la padronanza di sé (per lo spirito, ecc.); **to e. in physics**, eccellere nella fisica. **B** *v. t.* sorpassare; superare; vincere: **to e. others in doing st.**, superare gli altri nel fare q.c.
excellence [ˈeksələns], *n.* eccellenza; bravura; perfezione; superiorità.
excellency [ˈeksələnsi], *n.* eccellenza (*titolo onorifico*): **Your (His) E.**, Vostra (Sua) Eccellenza.
excellent [ˈeksələnt], *a.* eccellente; ottimo.
excelsior [ekˈselsiɔ*], **A** *inter.* più in alto (*usata come motto*). **B** *n.* (*marchio USA*) trucioli lunghi e sottili (*per imbottire poltrone, ecc.*).
to except [ikˈsept], **A** *v. t.* eccettuare; escludere; omettere; tralasciare: **to e. sb. from the general pardon**, escludere q. dall'amnistia; **present company excepted**, esclusi i presenti; **nobody excepted**, nessuno eccettuato. **B** *v. i.* (*raro*) eccepire; obiettare; sollevare obiezioni: **He excepted to** (*o* **against**) **my statement**, sollevò obiezioni alla mia affermazione.
except [ikˈsept], **A** *prep.* eccetto; salvo; eccettuato; all'infuori di; a eccezione di: **They go there every weekend e. at Easter and Whitsun**, ci vanno tutti i fine settimana eccetto a Pasqua e a Pentecoste; **They all failed e. me**, fallirono tutti, me eccettuato. **B** *cong.* (*arc.*) salvo che; a meno che. ● **e. for**, salvo per; fatta eccezione per: **Your dictation is good e. for some omissions**, il tuo dettato è ben fatto, salvo (per) alcune omissioni □ **e. that**, eccetto che; salvo che; se non che.
excepted [ikˈseptid], *a.* eccettuato; escluso. ● **not e.**, compreso.

excepting [ikˈseptiŋ], **A** *prep.* eccetto; salvo. **B** *cong.* (*arc.*) a meno che. ● **not e.** (*o* **without e.**), senza escludere; compreso: **All are fallible, not e. you**, tutti possono sbagliare, te compreso.
exception [ikˈsepʃən], *n.* **1** eccezione: **The e. proves the rule**, l'eccezione conferma la regola; **with the e. of**, a eccezione di **2** obiezione: **to take e. to st.**, muovere obiezione a q.c.; eccepire a q.c.; obiettare a q.c. **3** (*leg.*) eccezione. ● **by way of e.**, in via (del tutto) eccezionale □ **to take e. at st.**, sentirsi offeso per q.c.; risentirsi per q.c.
exceptionable [ikˈsepʃnəbl], *a.* eccepibile; criticabile. ● **There's nothing e. in it**, non c'è niente da eccepire!
exceptional [ikˈsepʃənl], *a.* eccezionale; insolito; straordinario: **e. prices**, prezzi eccezionali; **an e. opportunity**, un'occasione straordinaria.
exceptionality [ikˌsepʃəˈnæliti], *n.* eccezionalità; singolarità.
exceptive [ikˈseptiv], *a.* **1** eccezionale **2** (*raro*) che tende a eccepire (*o* a criticare); capzioso; cavilloso **3** (*filos., gramm.*) eccettuativo.
excerpt [ˈeksəpt], *n.* estratto; stralcio; brano; passo.
to excerpt [ekˈsəpt], *v. t.* stralciare; citare (*un brano, un passo*).
excerption [ekˈsəːpʃən], *n.* **1** lo stralciare; citazione **2** estratto; brano; passo.
excess [ikˈses], **A** *n.* **1** eccesso; dismisura; intemperanza; smoderatezza: **an e. of kindness**, un eccesso di gentilezza; **He eats to e.**, mangia a dismisura; **the excesses committed by war criminals**, gli eccessi commessi dai criminali di guerra **2** (*fin., rag.*) eccedenza; sopprappiù; supero: **Last year there was an e. of assets over liabilities**, l'anno scorso vi fu un'eccedenza delle attività sulle passività. **B** *a. attr.* in eccesso; in eccedenza (*al consentito, alla norma, ecc.*); addizionale; aggiuntivo: **e. luggage**, bagaglio in eccedenza; **e. postage**, affrancatura aggiuntiva (*d'una lettera*); soprattassa. ● (*comm.*) **e. charge** (*o* **e. price**), soprapprezzo □ (*ferr.*) **e. fare**, supplemento di tariffa □ (*fin.*) **e.-profits duty** (*o* **tax**), tassa sui sovraprofitti (*specialm. di guerra*) □ **in e.**, in eccesso □ **in e. of**, in eccedenza su; al di là di; più di: **to spend in e. of one's earnings**, spendere più di quello che si guadagna.
excessive [ikˈsesiv], *a.* eccessivo; intemperante; smoderato: **e. demands**, richieste eccessive; **e. drinking**, bere smoderato.
to exchange [iksˈtʃeindʒ], **A** *v. t.* cambiare (*anche fin.*); barattare; scambiare (*anche econ.*): **to e. st. for st. else**, cambiare q.c. con q.c. altro; **to e. honour for wealth**, barattare l'onore con la ricchezza; **to e. blows (glances, greetings, gifts, etc.) with sb.**, scambiare colpi (uno sguardo, il saluto, doni, ecc.) con q. **B** *v. i.* **1** fare un cambio (*o* un baratto): **to e. from** (*o* **out of**) **a regiment into another**, fare cambio di reggimento (*con un altro ufficiale*) **2** (*fin.: di moneta*) cambiarsi: **Italian lire exchanged at par with French francs**, le lire italiane si cambiavano alla pari con i franchi francesi. ● (*leg.*) **to e. contracts**, fare il rogito notarile; rogitare □ (*mil.*) **to e. prisoners**, fare uno scambio di prigionieri □ **to e. words with sb.**, venire a parole con q.
exchange [iksˈtʃeindʒ], *n.* **1** cambio (*anche econ.*); baratto; scambio: **E. is no robbery**, i baratti non sono furti (*detto scherzando d'un cambio vantaggioso*); **e. of goods (of prisoners, greetings, etc.)**, scambio di merci (di prigionieri, di saluti, ecc.); **in e. for**, in cambio di; (*fin.*) **What is the rate of e. today?**, qual è il corso dei cambi oggi?; **e. bank**, banca di cambio **2** (*fin.*) Borsa: **The Cotton E. is dull**, la Borsa del cotone è fiacca; **the Stock E.**, la Borsa Valori **3** (*tel.*) centrale; centralino: **telephone e.**, centralino telefonico. ● (*fin.*) **e. broker**, agente di cambio; cambiavalute □ (*fin.*) **e. control**, controllo dei cambi □ **e. of correspondence**, scambio di corrispondenza □ (*tel.*) **e. operator**, centralinista □ (*fin.*) **e. rate**, corso (*o* tasso) dei cambi; cambio; parità ● **E.M.S. e. rates**, (quotazioni dei) cambi SME; **central e. rates**, parità centrali □ (*fin.*) **e. restrictions**, restrizioni valutarie □ **e. student**, studente che si trova all'estero (*per un piano di scambi culturali*) □ (*econ.*) **e. value**, controvalore □ (*fin.*) **e. values**, valori di cambio □ (*fin.*) **bill of e.**, cambiale; tratta; effetto □ (*comm.*) **first (second, third) of e.**, prima (seconda, terza) di cambio (*di cambiali estere*) □ **labour e.**, ufficio di collocamento.
exchangeability [iksˌtʃeindʒəˈbiliti], *n.* possibilità di scambio; l'esser cambiabile.
exchangeable [iksˈtʃeindʒəbl], *a.* cambiabile; che si può scambiare. ● (*d'una merce*) **e. value**, valore di scambio.
exchequer [iksˈtʃekə*], *n.* **1** erario; finanze; tesoro; scacchiere: **Chancellor of the E.**, Cancelliere dello Scacchiere (*ministro delle finanze in G. B.*) **2** (*fin.*) fondi; riserve monetarie (*d'una persona o di un'associazione*). ● (*fin.*) **e. bonds**, buoni del tesoro.
excipient [ikˈsipiənt], *n.* (*chim., farm.*) eccipiente.
excisable [ekˈsaizəbl], *a.* (*fin.*) soggetto a imposta di fabbricazione (*o* a dazio di consumo).
excise [ekˈsaiz], *n.* (*fin. e leg.*) **1** imposta indiretta **2** imposta di fabbricazione **3** dazio di consumo. ● (*in G. B.*) **the E.**, l'ufficio delle imposte; il Dazio □ **e. duty**, imposta sui consu-

mi; dazio di consumo □ **e. officer**, daziere.
to excise (1) [ek'saiz], *v. t.* **1** imporre il pagamento del dazio a (q.); tassare; gravare d'imposta **2** taglieggiare; far pagare caro.
to excise (2) [ek'saiz], *v. t.* tagliare; omettere; recidere; asportare: **to e. a passage**, omettere un passo (*d'un libro*); (*med.*) **to e. a tumor**, asportare un tumore.
exciseman ['eksaizmən], *n.* (*pl.* **excisemen**) (*fin.*) agente delle imposte; daziere.
excision [ek'siʒən], *n.* **1** taglio; omissione; espunzione **2** (*med.*) asportazione; escissione **3** (*relig.*) scomunica.
excitability [ik‚saitə'biliti], *n.* eccitabilità.
excitable [ik'saitəbl], *a.* eccitabile; impressionabile.
excitant ['eksitənt], *a.* e *n.* (*farm.*) eccitante, stimolante.
excitation [‚eksi'teiʃən], *n.* eccitazione.
excitative [ek'saitətiv], **excitatory** [ek'saitətəri], *a.* eccitativo; eccitante.
to excite [ik'sait], *v. t.* **1** eccitare (*anche scient.*); agitare; stimolare: **The injection of adrenalin excited the rat**, l'iniezione di adrenalina eccitò il topo **2** suscitare; provocare; far nascere: **Jane excited his jealousy**, Giovanna suscitò la sua gelosia; **to e. suspicion in sb.**, far nascere sospetti in q.
excited [ik'saitid], *a.* eccitato; agitato. ● **to get e.**, eccitarsi; agitarsi.
excitement [ik'saitmənt], *n.* eccitamento; eccitazione; agitazione.
exciter [ik'saitə*], *n.* (*anche elettr., elettron.*) eccitatore, eccitatrice.
exciting [ik'saitiŋ], *a.* eccitante; emozionante: **an e. piece of news**, una notizia eccitante; **an e. story**, una storia emozionante.
to exclaim [iks'kleim], *v. t.* e *i.* esclamare; gridare. ● **to e. against sb.**, inveire contro q.
exclamation [‚ekskla'meiʃən], *n.* **1** esclamazione; grido **2** invettiva; protesta **3** (*gramm.*) esclamazione. ● (*gramm.*) **note of e.** (*o* **e. mark**, *o* **USA e. point**), punto esclamativo.
exclamatory [eks'klæmətəri], *a.* (*anche gramm.*) esclamativo.
exclosure [ik'skləuʒə], *n.* recinzione; zona protetta.
to exclude [iks'klu:d], *v. t.* **1** escludere; lasciar fuori; non ammettere: **to e. some immigrants as undesirables**, non ammettere taluni immigranti considerati indesiderabili **2** escludere; scartare: **to e. the possibility of an agreement**, scartare la possibilità di un accordo.
exclusion [iks'klu:ʒən], *n.* esclusione. ● (*USA*) **the e. law**, la legge che (*negli Stati Uniti*) esclude gli immigranti provenienti da certi paesi □ (*fis.*) **e. principle**, principio di esclusione □ **to the e. of**, a esclusione di.
exclusionist [iks'klu:ʒnist], **A** *a.* (*USA*) della politica d'esclusione (*di certi immigranti*). **B** *n.* fautore di una politica d'esclusione (*di merci straniere, immigranti, ecc.*).
exclusive [iks'klu:siv], **A** *a.* **1** esclusivo; solo; unico: **an e. right**, un diritto esclusivo; un'esclusiva; **Pop music is my e. hobby**, la musica pop è il mio solo hobby **2** altezzoso; altero; che mantiene le distanze **3** riservato, ristretto; esclusivo; precluso ai più: **the most e. London clubs**, i circoli più esclusivi di Londra **4** (*fam.*) caro; costoso; di lusso; lussuoso: **an e. shop**, un negozio caro; **an e. hotel**, un albergo di lusso **5** escluso: **pages 5 to 50 e.**, pagine da 5 a 50 esclusa. **B** *n.* **1** articolo (notizia, ecc.) in esclusiva **2** prodotto in esclusiva. ● (*comm.*) **e. agency**, rappresentanza esclusiva □ **e. agent**, agente esclusivo; esclusivista □ (*comm.*) **e. distributor**, concessionario □ **e. of**, a esclusione di; eccetto □ **an e. newspaper**, un giornale pubblicato in esclusiva □ (*comm.*) **The price is e. of packaging**, il prezzo non comprende l'imballaggio.
exclusiveness [iks'klu(:)sivnis], *n.* esclusività.
exclusivism [iks'klu(:)sivizəm], *n.* esclusivismo.
exclusivist [iks'klu(:)sivist], *n.* esclusivista.
to excogitate [eks'kɔdʒiteit], *v. t.* escogitare; inventare; ideare.
excogitation [eks‚kɔdʒi'teiʃən], *n.* escogitazione (*raro*); invenzione.
excogitative [eks'kɔdʒititiv], *a.* escogitativo.
to excommunicate [‚ekskə'mju:nikeit], *v. t.* (*anche relig.*) scomunicare.
excommunicate [‚ekskə'mju(:)nikeit], *a.* e *n.* (*anche relig.*) scomunicato.
excommunication ['ekskə‚mju:ni'keiʃən], *n.* (*anche relig.*) scomunica.
excommunicative [‚ekskə'mju(:)nikitiv], *a.* (*anche relig.*) di scomunica.
excommunicator [‚ekskə'mju(:)nikeitə*], *n.* (*anche relig.*) chi scomunica.
excommunicatory [‚ekskə'mju(:)nikitəri], *a.* (*anche. relig.*) di scomunica.
to excoriate [eks'kɔ:rieit], *v. t.* **1** escoriare; scorticare **2** (*fig.*) scuoiare (*fig.*); criticare aspramente; demolire (*fig.*).
excoriation [eks‚kɔ:ri'eiʃən], *n.* **1** escoriazione; scorticatura **2** (*fig.*) aspra critica; demolizione (*fig.*).

excrement ['ekskrimənt], *n.* escremento.
excremental [‚ekskri'mentl], **excrementitious** [‚ekskrimen'tiʃəs], *a.* escrementizio.
excrescence [iks'kresns], **excrescency** [iks'kresnsi], *n.* **1** escrescenza (*anche med.*); protuberanza, sporgenza **2** (*fig.*) aggiunta superflua.
excrescent [iks'kresnt], *a.* **1** (*med.*) escrescente **2** (*fig.*) superfluo.
excrescential [‚ekskri'senʃəl], *a.* (*anche med.*) di (*o* che forma) un'escrescenza.
excreta [eks'kri(:)tə], *n. pl.* (*fisiologia*) escrementi; escrezioni.
to excrete [eks'kri:t], *v. t.* espellere (*escrementi*); secernere (*sudore*).
excretion [eks'kri:ʃən], *n.* escrezione.
excretive [eks'kri(:)tiv], *a.* escretivo.
excretory [eks'kri(:)təri], **A** *a.* escretore; escretorio. **B** *n.* (*fisiologia*) organo escretore.
to excruciate [iks'kru:ʃieit], *v. t.* crucciare; tormentare; torturare.
excruciating [iks'kru(:)ʃieitiŋ], *a.* tormentoso; straziante; atroce: **e. pains**, dolori atroci.
excruciation [iks‚kru:ʃi'eiʃən], *n.* cruccio; tormento; tortura.
to exculpate ['ekskʌlpeit], *v. t.* discolpare; scolpare; assolvere.
exculpation [‚ekskʌl'peiʃən], *n.* discolpa; assoluzione.
exculpatory [eks'kʌlpətəri], *a.* che discolpa; giustificativo.
excurrent [eks'kʌrənt], *a.* **1** (*scient.*) che scorre in fuori **2** (*med.: di sangue*) arterioso **3** (*bot.*) sporgente.
to excurse [eks'kə:s], *v. i.* (*raro*) **1** vagare; fare un'escursione **2** divagare; fare digressioni.
excursion [iks'kə:ʃən], *n.* **1** escursione; gita; viaggetto: **to make** (*o* **to go on**) **an e.**, fare un'escursione; andare in gita **2** (*mecc.*) escursione; ampiezza; corsa **3** (*astron.*) deviazione **4** (*fig.*) digressione; divagazione. ● (*ferr.*) **e. rates**, tariffe speciali (per gite) □ **e. train**, treno popolare.
excursional [iks'kə:ʃənl], **excursionary** [iks'kə:ʃənəri], *a.* di (*o relativo a*) escursione; escursionistico.
excursionist [iks'kə:ʃnist], *n.* escursionista; gitante.
excursive [eks'kə:siv], *a.* **1** saltuario: **e. readings**, letture saltuarie **2** digressivo **3** sconnesso; slegato.
excursiveness [eks'kə:sivnis], *n.* l'esser saltuario (*o* digressivo, sconnesso).
excursus [eks'kə:səs], *n.* (*pl.* **excursuses, excursus**) **1** dissertazione **2** digressione; divagazione; excursus.
excusable [iks'kju:zəbl], *a.* scusabile; giustificabile; perdonabile.
excusableness [iks'kju(:)zəblnis], *n.* scusabilità.
excusatory [iks'kju:zətəri], *a.* giustificativo; di scusa.
to excuse [iks'kju:z], *v. t.* **1** scusare; scagionare; scolpare; perdonare; giustificare: **E. me for not answering before**, scusami per non averti risposto prima; **His youth excuses his mistake**, la sua giovinezza giustifica il suo errore **2** dispensare; esimere; esentare; esonerare; condonare: **I cannot e. you from the gym lessons**, non posso esonerarti dalle lezioni di ginnastica; **They will e. him the fee**, gli condoneranno il pagamento della tassa **3** concedere a (q.) il permesso di andarsene; scusare (*fam.*). **to excuse oneself B** *v. rifl.* **1** scusarsi; giustificarsi; farsi dispensare (*o* esentare): **I want to e. myself from attending the meeting**, chiedo di essere esentato dal partecipare alla riunione **2** chiedere congedo **3** (*eufemistico*) andare in bagno. ● **E. me!**, scusami!; mi scusi! (*rivolgendo la parola a q. e sim.*); (con) permesso! (*passando nella folla, ecc.*); (*USA*) scusa!; scusi!; pardon! (*urtando o pestando q., ecc.*; *cfr. ingl.* **sorry!**).
excuse [iks'kju:s], *n.* **1** scusa; giustificazione; pretesto: **to offer excuses**, addurre scuse (*o* pretesti); **He wishes to make his excuses**, desidera fare le sue scuse **2** dispensa; esenzione; esonero **3** richiesta di giustificazione **4** (*fam.: anche* **poor e.**) per finta; da burla: **He's a poor e. for a husband**, è un marito da burla. ● **in e. of**, a giustificazione di □ **without e.**, senza giustificazione.
ex-directory [‚eksdi'rektəri], *a.* (*tel.: di numero*) non in elenco. ● **to go e.**, far togliere il proprio numero dall'elenco.
exeat ['eksiæt], *n.* (*nelle scuole*) permesso d'assentarsi.
execrable ['eksikrəbl], *a.* **1** esecrabile; esecrando; odioso: **e. misdeeds**, esecrabili misfatti **2** orribile; pessimo: **e. taste**, pessimo gusto.
to execrate ['eksikreit], **A** *v. t.* esecrare; detestare. **B** *v. i.* imprecare; maledire.
execration [‚eksi'kreiʃən], *n.* **1** esecrazione; detestazione (*lett.*) **2** imprecazione; maledizione.
execrative [‚eksi'kreitiv], *a.* esecratorio; di esecrazione.
execratory ['eksikreitəri], *V.* **execrative**.
executable ['eksikju:təbl], *a.* **1** eseguibile; fattibile **2** (*leg.*) giustiziabile.
executant [ig'zekjutənt], *n.* esecutore (*specialm. di musica*).
to execute ['eksikju:t], *v. t.* **1** eseguire; adempiere; mettere in atto: **to e. sb.'s orders**, eseguire gli ordini di q.; **to e. a musical composition (a drama, a picture, a statue, etc.)**, eseguire una

execution 310

composizione musicale (un'opera teatrale, un quadro, una statua, ecc.); **to e. an office (a function)**, adempiere un ufficio (una funzione); **to e. a purpose (a law, etc.)**, mettere in atto un proposito (una legge, ecc.) **2** (*leg.*, *comm.*) redigere; perfezionare; firmare; **to e. a contract (a deed)**, perfezionare un contratto (un atto legale) **3** (*leg.*) giustiziare: **to e. a spy (a murderer, etc.)**, giustiziare una spia (un assassino, ecc.) **4** (*leg.*) rendere esecutivo; eseguire (*una sentenza*) **5** (*teatr.*) recitare; interpretare. ● (*comm.*) **to e. an order**, eseguire (*o* evadere, dar corso a) un'ordinazione □ (*ass.*) **to e. a policy**, emettere una polizza.

execution [ˌeksiˈkjuːʃən], *n.* **1** esecuzione; fattura; adempimento: **The e. of the plan failed**, l'esecuzione del piano fallì; **a work of admirable e.**, un'opera di mirabile fattura; **in the e. of one's duty**, nell'adempimento del proprio dovere **2** (*leg.*) esecuzione (*capitale*): **the e. of a traitor**, l'esecuzione di un traditore **3** distruzione; strage (*anche fig.*): **The bombs did heavy e.**, le bombe fecero una grande strage **4** (*leg.*, *comm.*) redazione, perfezionamento, firma (*d'un contratto, ecc.*) **5** (*leg.*, *comm.*) esecuzione; processo esecutivo; disposto esecutivo **6** (*arte*) esecuzione; fattura **7** (*comm.*) esecuzione, evasione (*di un'ordinazione*). ● (*fin.*) **the e. of the national budget**, la gestione del bilancio dello Stato □ **to put st. into e.**, mettere q.c. in esecuzione; dare esecuzione (*o* corso) a q.c.

executioner [ˌeksiˈkjuːʃnə*], *n.* carnefice; boia.

executive [igˈzekjutiv], **A** *a.* **1** esecutivo: (*polit.*) **the e. power**, il potere esecutivo; **e. committee**, comitato esecutivo **2** direttivo; amministrativo: **e. ability**, capacità direttiva. **B** *n.* **1** (*polit.*, *leg.*) (*potere*) esecutivo **2** dirigente d'azienda; dirigente; capo (*d'un servizio, ecc.*). ● (*polit.*) **e. game**, gestione simulata □ (*polit.*) **the e. head of a nation**, il capo del potere esecutivo in una nazione □ (*USA*) **E. Mansion**, residenza ufficiale del Presidente degli Stati Uniti (*o* del governatore d'uno dei 50 Stati) □ (*naut.*, *mil.*) **the e. officer**, il comandante in seconda □ (*cinem.*) **e. producer**, produttore (*organizzatore*) □ (*fin.*) **e. secretary**, segretario di direzione.

executor [igˈzekjutə*], *n.* **1** esecutore **2** (*leg.*) esecutore testamentario. ● **literary e.**, incaricato della pubblicazione di opere postume.

executrix [igˈzekjutriks], *n.* (*pl.* **executrices, executrixes**) (*leg.*) esecutrice testamentaria.

exedra [ˈeksi(ː)drə], *n.* (*pl.* **exedrae**) (*archit.*) esedra.

exegesis [ˌeksiˈdʒiːsis], *n.* (*pl.* **exegeses**) esegesi.

exegete [ˈeksidʒiːt], *n.* esegeta; commentatore; interprete.

exegetic(al) [ˌeksiˈdʒetik(əl)], *a.* esegetico.

exegetics [ˌeksiˈdʒetiks], *n. pl.* (*col verbo al sing.*) esegetica.

exemplar [igˈzemplə*], *n.* esemplare; modello; prototipo.

exemplariness [igˈzemplərinis], *n.* esemplarità.

exemplary [igˈzempləri], *a.* esemplare; tipico: **e. behaviour**, condotta esemplare; **e. justice**, giustizia esemplare. ● (*leg.*) **e. damages**, ammenda, penalità, danni simbolici (*in aggiunta al risarcimento dei danni arrecati*).

exemplification [igˌzemplifiˈkeiʃən], *n.* **1** esemplificazione **2** (*leg.*) copia autentica (*o* conforme) (*d'un documento*).

to exemplify [igˈzemplifai], *v. t.* **1** esemplificare **2** essere un esempio (di q.c.) **3** (*leg.*) fare una copia autentica (*o* conforme) di (*un documento*).

to exempt [igˈzempt], *v. t.* esentare; esonerare; dispensare: **to e. sb. from service in the army**, esonerare q. dal servizio militare.

exempt [igˈzempt], **A** *a.* esente: **These goods are e. from duty**, questa merce è esente da dazio. **B** *n.* **1** persona esente (*specialm. da imposte*) **2** (*mil.*) ufficiale delle guardie della Torre di Londra. ● **e. from military service**, esente da obblighi militari; militesente (*fam.*).

exemption [igˈzempʃən], *n.* **1** esenzione; esonero; dispensa: **e. from taxation**, esenzione dalle imposte; esonero fiscale **2** (*fin.*) franchigia.

to exenterate [egˈzentəreit], *v. t.* **1** (*med.*) eviscerare **2** (*raro*) sventrare (*solamente fig.*).

exenteration [egˌzentəˈreiʃən], *n.* **1** (*med.*) eviscerazione **2** (*raro*) sventramento (*fig.*).

exequies [ˈeksikwiːz], *n. pl.* esequie.

exercisable [ˌeksəˈsaizəbl], *a.* esercitabile.

exercise [ˈeksəsaiz], *n.* **1** esercizio; esercizio fisico; esercitazione; compito; tema: **circulatory disorders from lack of e.**, disturbi circolatori per mancanza d'esercizio fisico; **gymnastic exercises**, esercizi ginnici; **military exercises**, esercitazioni militari; **the e. of power (of one's rights, etc.)**, l'esercizio del potere (dei propri diritti, ecc.); **an e. in English spelling**, un esercizio di ortografia inglese **2** (*relig.*) esercizio spirituale (*o* di pietà) **3** (*pl. USA*) cerimonie: **opening exercises**, cerimonie d'apertura (*di una riunione, ecc.*). ● **e-book**, quaderno □ **e. yard**, cortile dell'aria (*in un carcere*) □ **for e.**, per fare dell'esercizio: **You should play golf for e.**, dovresti giocare a golf per fare dell'esercizio □ **to take** (*USA*: **to get**) **some e.**, fare un po' di moto.

to exercise [ˈeksəsaiz], **A** *v. t.* **1** esercitare; adoperare: **to e. veto power (one's rights)**, esercitare il diritto di veto (i propri diritti); **to e. self-control**, esercitare l'autocontrollo; fare appello alla padronanza dei propri nervi; **to e. one's authority**, esercitare la propria autorità **2** esercitare; allenare; addestrare: **to e. sb. in judo (swimming, etc.)**, esercitare q. nel judo (nel nuoto, ecc.) **3** – (*al passivo*) **to be exercised**, praticare: **She was exercised in virtue**, praticava la virtù **4** (*spesso al passivo*) preoccupare; turbare: **The minister was greatly exercised about the situation in our secondary schools**, il ministro era molto preoccupato della situazione delle nostre scuole secondarie. **B** *v. i.* esercitarsi; allenarsi; fare esercizio. **to exercise oneself C** *v. rifl.* esercitarsi: **He was exercising himself in English composition**, si esercitava a comporre in inglese. ● (*Borsa*) **to e. an option**, esercitare un'opzione.

exerciser [ˈeksəsaizə*], *n.* **1** esercitatore, esercitatrice **2** attrezzo per esercizi fisici.

exergue [ekˈsəːg], *n.* esergo (*di una moneta*).

to exert [igˈzəːt], *v. t.* esercitare; applicare; fare uso di: **to e. all one's strength (will power, etc.)**, fare uso di tutta la propria forza (forza di volontà, ecc.); **to e. a profound influence on sb.**, esercitare un profondo influsso su q.; **The generals e. the real power**, il vero potere è esercitato dai generali. **to exert oneself B** *v. rifl.* sforzarsi; darsi da fare: **He didn't e. himself much**, non si sforzò molto; **I hope you will e. yourself to attain your aim**, spero che ti darai da fare per raggiungere lo scopo.

exertion [igˈzəːʃən], *n.* **1** esercizio; applicazione; uso: **the e. of real power**, l'esercizio reale del potere **2** sforzo: **All my exertions were to no end**, tutti i miei sforzi furono vani.

exeunt [ˈeksiʌnt] (*lat.*), *voce verb.* (*teatr.*) escono (*nelle didascalie di drammi*). ● **e. omnes**, escono tutti.

to exfoliate [eksˈfoulieit], **A** *v. t.* **1** sfaldare **2** ridurre in foglie (*o* in lamine). **B** *v. i.* **1** (*geol.*) sfaldarsi **2** (*med.*: *della pelle*) squamarsi.

exfoliation [eksˌfouliˈeiʃən], *n.* **1** (*geol.*) desquamazione; sfaldatura **2** (*med.*) esfoliazione (*della pelle*).

exhalation [ˌekshəˈleiʃən], *n.* esalazione; esalamento; emanazione; effluvio; respiro. ● **an e. of anger**, uno sfogo d'ira.

to exhale [eksˈheil], *v. t. e i.* esalare; emanare; emettere; espirare: **to e. a sigh**, emettere un sospiro; **to e. air**, espirare l'aria.

to exhaust [igˈzɔːst], **A** *v. t.* **1** esaurire; consumare; rendere esausto; spossare; vuotare; svuotare: **to e. one's endurance (resources, etc.)**, esaurire la propria sopportazione (le proprie risorse, ecc.); **to e. a gold vein**, esaurire una vena aurifera; **War exhausts nations**, la guerra rende esauste le nazioni; **to e. a subject**, esaurire un argomento; **to e. a bank account**, esaurire (*o* estinguere, spegnere) un conto in banca; **to e. a wine cask**, svuotare una botte di vino **2** aspirare (*aria o gas da un recipiente*). **B** *v. i.* (*mecc.*) scaricarsi. **to exhaust oneself C** *v. rifl.* esaurirsi; logorarsi.

exhaust [igˈzɔːst], *n.* **1** (*mecc.*) apparecchio per l'aspirazione di gas, aria viziata, vapore, ecc. **2** (*mecc.*) scarico; scappamento: (*autom.*) **e. pipe**, tubo di scappamento; **e. valve**, valvola di scarico; **e. steam**, vapore di scarico **3** gas (*o* vapore) di scarico. ● (*autom.*) **e. emission**, fuoriuscita dei gas di scarico □ (*mecc.*) **e. fan**, aspiratore.

exhausted [igˈzɔː(ː)stid], *a.* esaurito; esausto; spossato.

exhaustibility [igˌzɔː(ː)stəˈbiliti], *n.* esauribilità.

exhaustible [igˌzɔː(ː)stəbl], *a.* esauribile.

exhaustion [igˈzɔːstʃən], *n.* esaurimento: (*rag.*) **the e. of funds**, l'esaurimento dei fondi.

exhaustive [igˈzɔːstiv], *a.* esauriente; esaustivo; completo: **an e. study**, uno studio esaustivo; **an e. list of articles**, una lista d'articoli completa.

exhaustiveness [igˈzɔː(ː)stivnis], *n.* l'essere esauriente.

exhedra [eksˈhiːdrə], *n.* (*pl.* **exhedrae**) (*archit.*) esedra.

to exhibit [igˈzibit], *v. t. e i.* **1** esporre; mettere in mostra; mostrare; dimostrare; rivelare: **to e. paintings (goods in a shop window, etc.)**, esporre quadri (merce in vetrina, ecc.); **to e. bravery (impatience, etc.)**, dimostrare valore (impazienza, ecc.) **2** (*leg.*) esibire, produrre (*documenti, prove, ecc.*) **3** (*med.*) somministrare (*una medicina*).

exhibit [igˈzibit], *n.* **1** esposizione; mostra **2** oggetto esposto; raccolta d'oggetti esposti **3** (*leg.*) documento, oggetto esibito (*o* prodotto) in giudizio; reperto.

exhibition [ˌeksiˈbiʃən], *n.* **1** esposizione; mostra; spettacolo: **an art e.**, un'esposizione d'arte; **the Great E.**, la Grande Esposizione (*a Londra, nel 1851*) **2** esibizione; dimostrazione: **an e. of one's knowledge**, un'esibizione del proprio sapere **3** fondazione (*universitaria*); borsa di studio **4** (*leg.*) produzione, esibizione (*di documenti*) **5** (*med.*) somministrazione. ● **e. hall**, sala d'esposizione □ **to make an e. of oneself**, mettersi in mostra; dare spettacolo; rendersi ridicolo.

exhibitioner [ˌeksiˈbiʃnə*], *n.* borsista (*all'università*).

exhibitionism [ˌeksiˈbiʃnizəm], *n.* (*anche psic.*) esibizionismo.
exhibitionist [ˌeksiˈbiʃnist], *n.* (*anche psic.*) esibizionista.
exhibitionistic [ˌeksibiʃəˈnistik], *a.* (*anche psic.*) esibizionistico.
exhibitor [igˈzibitə*], *n.* **1** espositore **2** (*comm.*) espositore **3** (*cinem.*) gestore (*o* esercente) di sala cinematografica. ● (*a una fiera*) **exhibitors**, espositori; ditte espositrici.
exhibitory [igˈzibitəri], *a.* **1** esibitivo **2** (*comm.*) da esposizione; per mostra.
exhilarant [igˈzilərənt], **A** *a.* esilarante. **B** *n.* cosa esilarante.
to exhilarate [igˈzilareit], *v. t.* **1** esilarare; rallegrare; ravvivare **2** stimolare; tonificare.
exhilarating [igˈziləreitiŋ], *a.* **1** esilarante; divertente **2** stimolante; tonificante.
exhilaration [igˌziləˈreiʃən], *n.* **1** l'esilarare; esilaramento (*raro*) **2** ilarità; allegrezza **3** tonificazione; rinvigorimento.
exhilarative [igˈzilərətiv], *a.* esilarante.
to exhort [igˈzɔ:t], *v. t.* **1** esortare; ammonire **2** propugnare (*una riforma, ecc.*).
exhortation [ˌegzɔ:ˈteiʃən], *n.* **1** esortazione; ammonimento **2** predica; sermone.
exhortative [igˈzɔ:tətiv], *a.* esortativo.
exhortatory [igˈzɔ:(:)tətəri], *a.* esortatorio.
exhorter [igˈzɔ:tə*], *n.* esortatore, esortatrice.
exhumation [ˌekshju:ˈmeiʃən], *n.* esumazione.
to exhume [eksˈhju:m], *v. t.* (*anche fig.*) esumare.
exigence [ˈeksidʒəns], *n.* esistenza; vita. ● **to come into e.**, avere origine, nascere (*fig.*) □ **to lead** (*o* **to have**) **a wretched e.**, condurre una vita infelice □ **This is the largest ship in e.**, questa è la nave più grande che esista.
exigent [ˈeksidʒənt], *a.* **1** urgente; impellente **2** esigente.
exigible [ˈeksidʒibl], *a.* (*anche leg.*) esigibile.
exiguity [ˌeksiˈgju(:)iti], *n.* esiguità; tenuità.
exiguous [egˈzigjuəs], *a.* esiguo; piccolo; tenue.
exiguousness [egˈzigjuəsnis], **V. exiguity.**
exile [ˈeksail], *n.* **1** esilio; bando; proscrizione **2** esule; esiliato; proscritto **3** – (*stor.*) **the E.**, la cattività babilonese.
to exile [ˈeksail], *v. t.* esiliare; bandire; proscrivere: **Ovid was exiled at Tomis on the Black Sea**, Ovidio fu esiliato a Tomi sul Mar Nero.
exilian [egˈziljən], **exilic** [egˈzilik], *a.* relativo all'esilio (*spec. dei Ebrei a Babilonia*).
to exist [igˈzist], *v. i.* **1** esistere; trovarsi; vivere; esserci: **She doesn't even know I e.**, non sa neanche se esisto (*o* se sono al mondo); **Man cannot e. without air**, l'uomo non può vivere senza l'aria; **Bacteria exist in water**, nell'acqua ci sono dei batteri **2** (*fam.*) vivere in povertà. ● **to e. as**, esistere in forma di.
existence [igˈzistəns], *n.* esistenza; vita. ● **to come into e.**, avere origine, nascere (*fig.*) □ **to lead** (*o* **to have**) **a wretched e.**, condurre una vita infelice □ **This is the largest ship in e.**, questa è la nave più grande che esista.
existent [igˈzistənt], *a.* esistente; attuale; presente.
existential [ˌegzisˈtenʃəl], *a.* (*anche filos.*) esistenziale.
existentialism [ˌegzisˈtenʃəlizəm], *n.* (*filos.*) esistenzialismo.
existentialist [ˌegzisˈtenʃəlist], *a. e n.* (*filos.*) esistenzialista.
existing [igˈzistiŋ], *a.* esistente; attuale; presente.
exit (1) [ˈeksit], *n.* **1** uscita: **emergency e.**, uscita di sicurezza **2** (*fig.*) fine; morte; dipartita. ● (*autom.*) **e. (point)**, punto (*in Italia*: casello) d'uscita (*d'autostrada*) □ (*autom.*) **e. sign**, segnale d'uscita (*d'autostrada*) □ **e. visa**, visto d'uscita □ **to make an e.**, uscire; andarsene □ (*autom.*) **No e. northbound**, manca l'uscita dalla corsia nord.
exit (2) [ˈeksit] (*lat.*), *voce verb.* (*teatr.*) esce (*nelle didascalie di drammi*): **E. Hamlet**, esce Amleto.
ex libris [eksˈlaibris] (*lat.*), *n.* (*invar. al pl.*) ex libris.
exocrine [ˈeksoukrain], *a.* (*anat.*) esocrino.
exoderm [ˈeksoudə(:)m], *n.* (*bot.*) esoderma.
exodus [ˈeksədəs], *n.* esodo; (*fig.*) partenza in massa. ● **E.**, l'Esodo (*libro della Bibbia*).
ex officio [ˌeksəˈfiʃiou] (*lat.*), *a. e avv.* ex officio; di diritto: **an ex officio member**, (un) membro di diritto (*di un ente, ecc.*).
exogamous [ekˈsɔgəməs], *a.* (*antropologia*) esogamico.
exogamy [ekˈsɔgəmi], *n.* (*antropologia*) esogamia.
exogen [ˈeksodʒən], *n.* (*bot.*) (pianta) esogena.
exogenous [ekˈsɔdʒinəs], *a.* (*biol., geol., econ.*) esogeno.
exon [ˈeksɔn], *n.* (*mil.*) ufficiale delle guardie della Torre di Londra.
to exonerate [igˈzɔnəreit], *v. t.* **1** discolpare; prosciogliere: **to e. sb. from blame**, discolpare q. dal biasimo; **to e. sb. from a charge**, prosciogliere q. da un'accusa **2** esonerare; dispensare; sgravare.
exoneration [igˌzɔnəˈreiʃən], *n.* **1** discolpa; proscioglimento **2** esonero; dispensa; gravio.
exonerative [igˈzɔnərətiv], *a.* **1** giustificativo; che discolpa **2** che esonera; che dispensa.
exorbitance [igˈzɔ:bitəns], **exorbitancy** [igˈzɔ:bitənsi], *n.* sorbitanza; eccessività; esagerazione.
exorbitant [igˈzɔ:bitənt], *a.* esorbitante; eccessivo; esagerato.

to exorcise [ˈeksɔ:saiz], **V. to exorcize.**
exorcism [ˈeksɔ:sizəm], *n.* **1** esorcismo **2** esorcizzazione.
exorcist [ˈeksɔ:(:)sist], *n.* **1** esorcizzatore **2** (*relig.*) esorcista.
exorcistic(al) [ˌeksɔ:(:)ˈsistik(əl)], *a.* esorcistico.
to exorcize [ˈeksɔ:saiz], *v. t.* (*anche fig.*) esorcizzare.
exordial [ekˈsɔ:djəl], *a.* di esordio; introduttivo; proemiale (*lett.*).
exordium [ekˈsɔ:djəm], *n.* (*pl.* **exordiums, exordia**) esordio; proemio.
exoskeleton [ˌeksouˈskelətən], *n.* (*anat., zool.*) esoscheletro.
exosphere [ˈeksousfiə*], *n.* (*geol.*) esosfera.
exoteric(al) [ˌeksouˈterik(əl)], *a.* essoterico; ordinario; popolare.
exoterics [ˌeksouˈteriks], *n. pl.* (*col verbo al sing.*) **1** essoterismo **2** dottrine volgarizzate; trattati di divulgazione.
exotic [egˈzɔtik], **A** *a.* **1** esotico; forestiero; straniero **2** (*fis. nucl.*) (*d'elemento, ecc.*) assai instabile. **B** *n.* **1** (*bot.*) pianta esotica (*anche fig.*) **2** (*linguistica*) parola esotica; esotismo.
exotically [egˈzɔtikəli], *avv.* esoticamente.
exoticism [egˈzɔtisizəm], **exotism** [egˈzɔtizəm], *n.* **1** esotismo; esoticità **2** (*linguistica*) esotismo; parola esotica.
to expand [iksˈpænd], **A** *v. t.* **1** espandere; allargare; ampliare; dilatare: **He is trying to e. his business**, cerca di ampliare la sua azienda; **Education expands the minds of children**, l'istruzione allarga la mente dei ragazzi; **The excessive heat had expanded the rails**, l'eccessivo calore aveva dilatato le rotaie **2** distendere; spiegare: **The eagle expanded its wings**, l'aquila spiegò le ali **3** (*anche mat.*): **to e. a topic**, sviluppare un argomento. **B** *v. i.* **1** espandersi; allargarsi; ampliarsi; dilatarsi: **Most substances e. if you warm them up**, la maggior parte delle sostanze si dilata se le si riscaldano; **Our trade will e. rapidly**, il nostro commercio si espanderà rapidamente; **Lake Garda expands there**, il lago di Garda s'allarga in quel punto **2** distendersi; spiegarsi; (*di fiori*) schiudersi: **His features expanded in a broad smile**, il viso gli si distese in un largo sorriso **3** (*fig.*) diventare espansivo (*o* cordiale); aprirsi. ● **to e. on**, diffondersi su, sviluppare (*un argomento, ecc.*) □ (*metall.*) **expanded metal**, lamiera stirata □ (*ind.*) **expanded plastic**, resina espansa; espanso □ (*tipogr.*) **expanded type**, caratteri larghi.
expandable [iksˈpændəbl], *a.* espansibile; dilatabile.
expander [iksˈpændə*], *n.* **1** chi espande **2** (*ind. tessile*) tenditore **3** (*mecc.*) espansore; allargatubi; mandrino **4** (*ginnastica*) estensore.
expanding [iksˈpændiŋ], *a.* che si espande; in espansione: **an e. economy**, un'economia in espansione.
expanse [iksˈpæns], *n.* **1** distesa; estensione: **the blue e. of the Atlantic**, l'azzurra distesa dell'Atlantico **2** espansione; allargamento.
expansibility [iksˌpænsəˈbiliti], *n.* espansibilità; dilatabilità.
expansible [iksˈpænsəbl], *a.* espansibile; dilatabile.
expansile [iksˈpænsail], *a.* espansibile; dilatabile.
expansion [iksˈpænʃən], *n.* **1** espansione; allargamento; ampliamento; dilatazione: **the e. of steam**, l'espansione del vapore; **territorial e.**, espansione territoriale **2** aumento; estensione: **the e. of armaments**, l'aumento degli armamenti; (*fin.*) **the e. of currency**, l'aumento della circolazione monetaria **3** (*anche mat.*) sviluppo: **the e. of an idea**, lo sviluppo di un'idea. ● (*mecc.*) **e. coupling**, attacco (*o* giunto) ad espansione □ (*econ.*) **the e. of home demand**, la dilatazione della domanda interna □ (*mecc.*) **triple-e. engine**, macchina a triplice espansione.
expansionism [iksˈpænʃnizəm], *n.* (*polit., econ.*) espansionismo.
expansionist [iksˈpænʃnist], (*polit., econ.*) **A** *n.* espansionista. **B** *a.* espansionistico; espansionista: **an e. policy**, una politica espansionistica.
expansionistic [iksˌpænʃəˈnistik], *a.* (*polit., econ.*) espansionista; espansionistico.
expansive [iksˈpænsiv], *a.* **1** espansivo; cordiale: **an e. person**, una persona espansiva; **the e. power of steam**, la forza espansiva del vapore **2** ampio; esteso **3** (*di motore*) a espansione.
expansiveness [iksˈpænsivnis], **expansivity** [ikspænˈsiviti], *n.* espansività; cordialità; effusione; calore (*fig.*).
to expatiate [eksˈpeiʃieit], *v. i.* diffondersi, spaziare (su) (*fig.*): **to e. upon a subject**, diffondersi su un argomento.
expatiation [eksˌpeiʃiˈeiʃən], *n.* **1** il diffondersi; il dilungarsi **2** ampia relazione; lungo discorso.
expatiatory [eksˈpeiʃiətəri], *a.* che si diffonde; che si dilunga.
to expatriate [eksˈpætrieit], **A** *v. i.* **1** espatriare; spatriare **2** rinunciare alla propria nazionalità. **B** *v. t.* **1** bandire; esiliare **2** togliere la cittadinanza (a q.).
expatriate [eksˈpeitrieit], **A** *a.* espatriato. **B** *n.* persona espatriata; esule.
expatriation [eksˌpætriˈeiʃən], *n.* espatrio.
to expect [iksˈpekt], *v. t.* **1** aspettare; attendere; contare su; presumere; prevedere: **I'm expecting a wire**, aspetto un telegramma; **The ship is expected at Plymouth tomorrow**, la nave è attesa do-

mani a Plymouth; **Just what I expected of him**, proprio quello che m'aspettavo da lui; **I e. you to be cooperative** (*o* **that you will cooperate**), conto sulla tua collaborazione; **I e. to arrive there on Monday**, presumo che sarò là lunedì; **I e. him to come** (*o* **that he will come**), prevedo che verrà **2** esigere; pretendere; aspettarsi (*fam.*): **Some parents e. too much from their children**, certi genitori pretendono troppo dai figlioli; **to e. too much of sb.**, aspettarsi troppo da q. **3** (*fam.*) credere; supporre: **It is cheaper than I expected**, è più a buon mercato di quanto supponessi; **I e. so**, credo di sì; **I don't e. so**, credo di no. ● (*fam.*) **to be expecting**, essere in stato interessante □ **Don't e. me till you see me**, non aspettatemi: se verrò, mi vedrete □ **when least expected**, quando uno non se l'aspetta; quando meno te l'aspetti.

expectance [iks'pektəns], **expectancy** [iks'pektənsi], *n.* **1** aspettazione; aspettativa (*anche leg.*); attesa **2** (*stat.*) probabilità (*mat. attuariale*) **life e.**, probabilità di vita; vita presunta.

expectant [iks'pektənt], **A** *a.* **1** (che è) in grande aspettazione; ansioso; speranzoso **2** che ha probabilità (*di riuscita, ecc.*). **B** *n.* **1** chi è in attesa (*di q.c.*) **2** candidato (*a un posto, ecc.*). ● **an e. mother**, una donna incinta; una mamma in attesa □ (*leg.*) **e. heir**, chi è designato erede (*prima dell'apertura della successione*) □ **to be e. of st.**, aspettarsi q.c.; contare su q.c.

expectation [,ekspek'teiʃən], *n.* **1** aspettazione; aspettativa; attesa; previsione; prospettiva; speranza: **beyond expectations**, oltre le previsioni; **against** (*o* **contrary to**) **expectations**, contro ogni aspettazione; **to answer** (*o* **to meet**) **one's expectations**, rispondere alla propria aspettativa; **to fall short of** (*o* **not to come up to**) **sb.'s expectations**, non corrispondere all'aspettativa di q.; **to have great expectations**, avere grandi speranze, buone prospettive (*di ricevere un'eredità, ecc.*) **2** (*stat.*) probabilità: (*mat. attuariale*) **e. of life**, probabilità di vita; vita presunta. ● **I have great expectations of you**, m'aspetto grandi cose da te.

expectative [eks'pektətiv], *a.* di aspettazione; di attesa.

expectorant [eks'pektərənt], *a. e n.* (*farm.*) espettorante.

to expectorate [eks'pektəreit], *v. t. e i.* espettorare.

expectoration [eks,pektə'reiʃən], *n.* (*anche med.*) **1** espettorazione **2** espettorato.

expedience [iks'pi:djəns], **expediency** [iks'pi:djənsi], *n.* **1** convenienza; opportunità; utilità **2** interesse; vantaggio personale.

expedient [iks'pi:djənt], **A** *a.* **1** conveniente; opportuno; utile; vantaggioso **2** di opportunità; opportunistico: **for e. reasons**, per motivi di opportunità. **B** *n.* espediente; mezzo ingegnoso; ripiego.

expediential [iks,pi:di'enʃəl], *a.* **1** basato sulla convenienza; opportunistico **2** usato come ripiego (*o* surrogato); di fortuna.

to expedite ['ekspidait], *v. t.* accelerare; facilitare; sbrigare.

expedition [,ekspi'diʃən], *n.* **1** spedizione; impresa: **an e. to the North Pole**, una spedizione al Polo Nord **2** speditezza; prontezza.

expeditionary [,ekspi'diʃənəri], *a.* di spedizione: (*stor.*) **the American E. Force**, il corpo di spedizione americano (*nel 1918*).

expeditionist [,ekspi'diʃənist], *n.* membro d'una spedizione.

expeditious [,ekspi'diʃəs], *a.* spedito, sbrigativo; pronto; sollecito.

expeditiousness [,ekspi'diʃəsnis], *n.* speditezza; prontezza; sollecitudine.

to expel [iks'pel], *v. t.* espellere; cacciare; scacciare: **Lew was expelled from school**, Gigi fu espulso dalla scuola; **to e. the enemy from their trenches**, cacciare il nemico dalle sue trincee.

expellee [,ekspe'li:], *n.* espulso.

expellent [iks'pelənt], **A** *a.* (*scient.*) espulsivo. **B** *n.* farmaco espulsivo.

to expend [iks'spend], *v. t.* **1** spendere **2** esaurire; consumare; passare (*il tempo*).

expendable [iks'pendəbl], **A** *a.* **1** spendibile; che si può consumare; usabile **2** (*mil.*) che si può sacrificare. **B** *n.* **1** cosa spendibile (*o* sacrificabile) **2** (*pl., ind.*) materiale di consumo.

expenditure [iks'penditʃə*], *n.* **1** spesa; spese: **E. of the public authorities is increasing**, la spesa pubblica è in aumento **2** consumo; dispendio (*di tempo, di energia, ecc.*) **3** (*fin., rag.*) uscita; uscite: **income and e.**, le entrate e le uscite.

expense [iks'pens], *n.* spesa; costo: **Expenses will be charged to your account**, le spese saranno addebitate al vostro conto; **I've learnt it at my e.**, l'ho imparato a mie spese; **They pay my expenses**, mi rimborsano le spese. ● **e. account**, conto spese; nota spese (*da rimborsare*) □ **e. account per diem**, diaria □ (*rag.*) **at sb.'s e.**, a carico di q. □ **at the e. of**, a scapito di: **Motorists are reluctant to buy fuel economy at the e. of performance**, gli automobilisti non vogliono sacrificare le prestazioni al risparmio di benzina □ **at public e.**, a spese dello Stato (*o* della comunità) □ **to go to the e. of**, sobbarcarsi alla spesa di □ **to put sb. to the e. of buying st.**, far sostenere a

q. la spesa d'acquistare q.c. □ **to spare no e.**, non badare a spese □ **travelling expenses**, spese di viaggio.

expensive [iks'pensiv], *a.* costoso; caro; dispendioso: **a very e. fur coat**, una pelliccia assai costosa; **Gold is** (*o* **comes**) **e.**, l'oro costa caro.

expensiveness [iks'pensivnis], *n.* costosità; dispendiosità.

experience [iks'piəriəns], *n.* esperienza; pratica: **a pleasant e.**, una piacevole esperienza; **I've learnt by e.**, ho imparato con l'esperienza; **teaching e.**, esperienza come insegnante; pratica d'insegnamento. ● **business e.**, pratica d'affari □ **to gain e.**, acquistare esperienza □ **to go through a sad e.**, fare una dura esperienza.

to experience [iks'piəriəns], *v. t.* fare esperienza di; provare; sentire; subire; incontrare: **to e. joy** (**grief**), provare gioia (sentir dolore); **to e. bad treatment**, subire un cattivo trattamento; **to e. great difficulty**, incontrare grandi difficoltà; **to e. life**, fare esperienza di vita (*fin.*) **to e. a loss**, subire una perdita.

experienced [iks'piəriənst], *a.* esperto; competente; pratico; versato: **an e. accountant**, un contabile esperto.

experiential [iks,piəri'enʃəl], *a.* sperimentale; empirico: **e. philosophy**, filosofia sperimentale.

experientialism [iks,piəri'enʃəlizm], *n.* (*filos.*) empirismo.

experientialist [iks,piəri'enʃəlist], *n.* (*filos.*) empirista.

experiment [iks'periment], *n.* **1** esperimento; esperienza; prova: **to perform an e. in physics**, fare un esperimento di fisica; **an educational e.**, un esperimento didattico **2** lo sperimentare, sperimentazione. ● **e. station**, centro sperimentale.

to experiment [iks'periment], *v. i.* sperimentare; fare esperimenti: **to e. with new methods of teaching**, sperimentare nuovi metodi d'insegnamento; **to e. on animals**, fare esperimenti su animali.

experimental [eks,peri'mentl], *a.* sperimentale; empirico: **e. theatre**, teatro sperimentale; **e. methods**, metodi empirici. ● **e. animals**, animali da esperimento; cavie.

experimentalism [eks,peri'mentəlizəm], *n.* (*filos.*) sperimentalismo.

experimentalist [eks,peri'mentəlist], *n.* (*filos.*) sperimentalista.

experimentation [eks,perimen'teiʃən], *n.* sperimentazione.

experimenter [eks'perimentə*], *n.* sperimentatore.

expert (1) ['ekspə:t], *a.* esperto; competente; provetto; pratico; versato: **an e. pilot**, un pilota esperto; **He is e. in (at) collecting rare objects**, è esperto nella raccolta d'oggetti rari. ● **in an e. capacity**, in qualità d'esperto.

expert (2) ['ekspə:t], *n.* esperto; competente; perito; specialista: **a chemical e.**, un perito chimico. ● (*leg.*) **e. evidence**, testimonianza di perito □ **e. in commercial law**, commercialista (*giurista*) □ **an e. opinion**, il parere d'un competente (*leg.*) una perizia.

expertise [,ekspə(:)'ti(:)z], *n.* **1** competenza; perizia **2** perizia; expertise (*franc.*).

expertness ['ekspə:tnis], *n.* abilità; competenza; perizia.

expiable ['ekspiəbl], *a.* espiabile.

to expiate ['ekspieit], *v. t.* espiare.

expiation [,ekspi'eiʃən], *n.* espiazione.

expiator ['ekspieitə*], *n.* espiatore.

expiatory ['ekspiətəri], *a.* espiatorio.

expiration [,ekspaiə'reiʃən], *n.* **1** espirazione **2** termine; scadenza: **the e. of a contract** (**of an option, etc.**), la scadenza di un contratto (di un'opzione, ecc.).

expiratory [iks'paiərətəri], *a.* **1** espiratorio **2** (*anat.*) espiratore.

to expire [iks'paiə*], *v. t. e i.* **1** espirare: **Air is expired from the lungs**, l'aria viene espirata dai polmoni **2** spirare; morire **3** finire; terminare; scadere: **The lease will e. soon**, il contratto d'affitto scadrà presto **4** (*di fuoco e sim.*) spegnersi **5** (*di casata, razza, ecc.*) estinguersi.

expiry [iks'paiəri], *n.* **1** fine; termine **2** (*comm.*) scadenza **3** (*fig.*) lo spirare; decesso; morte.

to explain [iks'plein], **A** *v. t.* spiegare; chiarire; manifestare: **These phenomena are very difficult to e.**, è assai difficile spiegare questi fenomeni; **to e. the facts**, chiarire i fatti. **B** *v. i.* dare spiegazioni; giustificarsi. **to explain oneself C** *v. rifl.* spiegarsi; dare spiegazioni. ● **to e. st. away**, spiegare (*o* giustificare) q.c. in modo soddisfacente; dissipare (*timori, sospetti, ecc.*) dando spiegazioni esaurienti.

explainable [iks'pleinəbl], *a.* spiegabile.

explainer [iks'pleinə*], *n.* chi spiega.

explanation [,eksplə'neiʃən], *n.* spiegazione; (s)chiarimento; giustificazione: **His e. is far from convincing**, la sua spiegazione è tutt'altro che convincente.

explanatory [iks'plænətəri], *a.* esplicativo; di spiegazione.

to explant [eks'pla:nt], *v. t.* (*med.*) espiantare.

explant ['eksplænt], *n.* (*med.*) espianto (*il tessuto*).

explantation [,eksplæn'teiʃən], *n.* (*med.*) espiantazione; espianto (*l'azione*).

expletive [eks'pli:tiv], **A** *a.* espletivo; pleonastico; riempitivo.

B *n.* **1** parola usata come riempitivo **2** esclamazione; imprecazione.
explicable ['eksplikəbl], *a.* esplicabile; spiegabile.
to explicate ['eksplikeit], *v. t.* **1** esplicare; spiegare **2** districare; sbrogliare.
explication [,ekspli'keiʃən], *n.* esplicazione; spiegazione; chiarimento.
explicative [eks'plikətiv], **explicatory** [eks'plikətəri], *a.* esplicativo.
explicit [iks'plisit], *a.* esplicito; chiaro; franco: **an e. statement**, un'affermazione esplicita; **to be quite e. about st.**, essere molto franco su q.c. ● **e. instructions**, istruzioni precise.
explicitness [iks'plisitnis], *n.* chiarezza; franchezza.
to explode [iks'ploud], *v. t. e i.* **1** esplodere; scoppiare; far scoppiare: **The mine exploded with a terrific bang**, la mina scoppiò con un terribile fracasso; **to e. a bomb**, far scoppiare una bomba; **He exploded with wrath when he heard the news of the defeat**, la sua ira esplose quando ricevette la notizia della sconfitta; **to e. with anger**, scoppiare dalla rabbia **2** screditare; dimostrare la falsità di: **to e. a myth (a rumour, etc.)**, dimostrare la falsità di un mito (di una diceria, ecc.); **an exploded theory**, una teoria screditata. ● (*di una città*) **to e. (outward)**, scoppiare (*fig.*); avere un'esplosione demografica.
exploded [iks'ploudid], *a.* **1** esploso **2** (*tecn.: di disegno, grafico, ecc.*) esploso; che illustra i pezzi smontati **3** screditato. ● (*tecn.*) **e. view**, (disegno) esploso; quadro dei pezzi (*o dei particolari*) smontati.
explodent [iks'ploudənt], *n.* (materiale) esplodente.
exploder [iks'ploudə*], *n.* esploditore; detonatore: **magneto e.**, detonatore elettrico (*per cariche d'esplosivo*).
exploding [iks'ploudiŋ], *a.* esplodente; che esplode.
exploit ['eksplɔit], *n.* impresa; atto eroico; prodezza. ● **brave exploits**, audaci gesta.
to exploit [iks'plɔit], *v. t.* servirsi di; utilizzare; sfruttare: **to e. natural resources**, sfruttare le risorse naturali; **to e. the working classes**, sfruttare le classi lavoratrici.
exploitable [iks'plɔitəbl], *a.* sfruttabile; utilizzabile.
exploitation [,eksplɔi'teiʃən], *n.* sfruttamento; utilizzazione: **the e. of a coal mine**, lo sfruttamento d'una miniera di carbone; **the e. of water power**, l'utilizzazione dell'energia idrica.
exploiter [iks'plɔitə*], *n.* sfruttatore, sfruttatrice.
explorable [iks'plɔ(:)rəbl], *a.* esplorabile.
exploration [,eksplɔ:'reiʃən], *n.* (*anche med.*) esplorazione.
explorative [eks'plɔ:rətiv], **exploratory** [eks'plɔrətəri], *a.* (*anche med.*) esplorativo; d'esplorazione.
to explore [iks'plɔ:*], **A** *v. t.* **1** (*anche med.*) esplorare **2** esaminare; indagare (su, intorno a); investigare: **to e. a problem (a question, etc.)**, indagare intorno a un problema (una questione, ecc.); (*fig.*) **to e. all the possibilities**, esplorare ogni possibilità. **B** *v. i.* **1** fare ricerche: **to e. for oil**, fare ricerche petrolifere **2** esplorare.
explorer [iks'plɔ:rə*], *n.* **1** esploratore, esploratrice **2** – (*miss.*) **E., Explorer** (*1° satellite artificiale americano*).
explosion [iks'plouʒən], *n.* esplosione; scoppio: **the e. of an H-bomb**, l'esplosione di una bomba H; **an e. of wrath**, un'esplosione di collera. ● (*stat.*) **population e.**, esplosione demografica.
explosive [iks'plousiv], **A** *a.* **1** (*anche fon.*) esplosivo; (*fon.*) occlusivo: **an e. substance**, una sostanza esplosiva; (*fig.*) **an e. situation**, una situazione esplosiva; **an e. consonant**, una consonante occlusiva **2** (*fig.*) collerico; irascibile. **B** *n.* **1** esplosivo: **high e.**, alto esplosivo **2** (*fon.*) consonante esplosiva (*o* occlusiva).
explosiveness [iks'plousivnis], *n.* esplosività.
expo ['ekspou], *n.* (*pl.* **expos**) (*abbr. fam. di* **exposition**) esposizione; mostra.
exponent [eks'pounənt], *n.* **1** espositore; illustratore, interprete (*di teorie, ecc.*) **2** esponente; rappresentante **3** fautore; sostenitore **4** (*mat.*) esponente; indice.
exponential [,ekspou'nenʃəl], *a.* (*mat.*) esponenziale.
to export [eks'pɔ:t], *v. t.* (*econ. e fig.*) esportare.
export ['ekspɔ:t], *n.* (*econ.*) esportazione; merce (*o* prodotto) d'esportazione: **e. duty**, dazio d'esportazione. ● **e. bounty**, premio all'esportazione ▢ **e. licence**, licenza d'esportazione ▢ **e. refunds**, restituzioni (*o* rimborsi) all'esportazione.
exportable [eks'pɔ:təbl], *a.* esportabile.
exportation [,ekspɔ:'teiʃən], *n.* (*econ.*) esportazione; prodotto (*o* merce) d'esportazione.
exporter [eks'pɔ(:)tə*], *n.* (*econ.*) **1** esportatore, esportatrice **2** ditta esportatrice **3** paese esportatore.
exporting [eks'pɔ:tiŋ], *a.* che esporta; esportatore: **e. country**, paese esportatore.
exposé [iks'pousei] (*franc.*), *n.* denuncia; libro bianco; film (*o* articolo) di denuncia: **the exposé of the president's corruption shocked everyone**, la denuncia della corruzione del presidente scandalizzò tutti.

to expose [iks'pouz], **A** *v. t.* **1** esporre; mettere in mostra: **to e. the latest models in a stand**, esporre gli ultimi modelli in uno stand; **to e. sb. to risks**, esporre q. a rischi; **to e. a natural son**, esporre (*o* abbandonare) un figlio naturale; **This house is exposed to the east**, questa casa è esposta a oriente **2** denunziare; smascherare; svelare: **to e. a scoundrel (a traitor, etc.)**, smascherare un furfante (un traditore, ecc.); **An anonymous letter to Lord Monteagle exposed the Gunpowder Plot in 1605**, una lettera anonima a Lord Monteagle svelò la Congiura delle Polveri nel 1605 **3** (*fotogr.*) impressionare (*una pellicola, ecc.*). **to expose oneself B** *v. rifl.* **1** esporsi (*a un pericolo, al ridicolo, ecc.*) **2** (*leg.*) esibire le vergogne; scoprire i genitali (*atto osceno*).
exposed [iks'pouzd], *a.* **1** esposto: **e. to the wind**, esposto al vento **2** non riparato; allo scoperto; scoperto **3** (*fotogr.*) impressionato.
exposition [,ekspə'ziʃən], *n.* **1** esposizione; interpretazione; spiegazione **2** esposizione; mostra: **an international e.**, un'esposizione internazionale **3** (*relig.*) esposizione. **4** (*leg.*) narrativa.
expositive [eks'pozitiv], *a.* espositivo; interpretativo; esplicativo.
expositor [eks'pozitə*], *n.* espositore; commentatore; chiosatore.
expository [eks'pozitəri], *V.* **expositive**.
ex post facto [eks 'poust 'fæktou] (*lat.*), *a.* (*specialm. leg.*) retroattivo: **an ex post facto law**, una legge retroattiva.
to expostulate [iks'pɔstjuleit], *v. i.* lagnarsi; fare rimostranze; protestare: **to e. with sb. about st.**, lagnarsi con q. per q.c.
expostulation [iks,pɔstju'leiʃən], *n.* lagnanza; rimostranza.
expostulative [iks'pɔstjulətiv], **expostulatory** [iks'pɔstjulətəri], *a.* di lagnanza; di rimostranza.
exposure [iks'pouʒə*], *n.* **1** esposizione: **a bedroom with an eastern e.**, una camera da letto con esposizione a oriente; **e. to the rain (to the sunlight)**, esposizione alla pioggia (al sole); **e. to atomic radiation**, esposizione alle radiazioni atomiche **2** denunzia; rivelazione; scoperta; smascheramento: **the e. of a crime (of a plot, etc.)**, la scoperta d'un delitto (d'un complotto, ecc.); **the e. of a spy (of a traitor, etc.)**, lo smascheramento di una spia (di un traditore, ecc.) **3** esposizione alle intemperie; assideramento: **to die of e.**, morire per assideramento **4** (*fotogr.*) esposizione; posa **5** (*fis. nucl.*) irradiazione. ● (*fotogr.*) **e. meter**, esposimetro ▢ (*leg.*) **indecent e.**, esibizione delle vergogne (*atto osceno*) ▢ (*fotogr.*) **instantaneous e.**, istantanea ▢ **to live in fear of e.**, vivere nel timore d'essere smascherato (*o* scoperto).
to expound [iks'paund], *v. t. e i.* (*anche* **to e. on**) esporre; esprimere: **to e. a new philosophy**, esporre una nuova filosofia; **to e. one's opinions**, esprimere le proprie opinioni. ● **to e. a text**, interpretare (*o* spiegare) un testo.
to express [iks'pres], **A** *v. t.* **1** esprimere; dichiarare; manifestare: **His face expressed sorrow**, il suo viso esprimeva dolore; **I cannot e. what I feel**, non so esprimere quel che sento **2** spremere; strizzare (*fam.*); far uscire: **to e. poison from a wound**, far uscire veleno da una ferita **3** mandare (*una lettera*) per espresso **4** (*comm.*) inviare (*o* spedire) (*merci*) per espresso. **to express oneself B** *v. rifl.* esprimersi: **to e. oneself strongly**, esprimersi con grande risolutezza.
express (1) [iks'pres], **A** *a.* **1** espresso; chiaro; esplicito; manifesto; esatto; preciso: **an e. injunction**, un'espressa ingiunzione; **an e. provision**, una clausola esplicita; **for his e. wish**, per suo espresso desiderio; **an e. likeness**, una precisa somiglianza; **an e. reason**, un chiaro motivo **2** espresso; veloce; direttissimo (*ferr.*) **an e. train**, un treno espresso (*un tempo*: un direttissimo) **3** (*mil.*) a espansione. **B** *avv.* per espresso: **to send a package e.**, mandare un pacco per espresso. ● (*leg.*) **e. agreement**, accordo espresso (*o* esplicito) ▢ (*mil.*) **e. bullet**, proiettile a espansione ▢ (*USA*) **e. company**, agenzia di spedizioni per espresso ▢ **e. delivery**, consegna per espresso ▢ (*USA*) **an e. highway**, un'autostrada ▢ **e. letter**, (lettera) espresso ▢ **an e. messenger**, un messo inviato espressamente; un corriere speciale ▢ (*USA*) **an e. rifle**, un fucile a tiro rapido (*per la caccia grossa*).
express (2) [iks'pres], *n.* **1** corriere speciale **2** messaggio inviato per espresso **3** autobus espresso **4** (*ferr.*) treno espresso; (*un tempo*) direttissimo **5** fucile a tiro rapido **6** agenzia di spedizioni per espresso; servizio di corriere.
expressage [iks'presidʒ], *n.* **1** trasporto di pacchi per espresso **2** spese di trasporto per espresso.
expressible [iks'presəbl], *a.* esprimibile.
expression [iks'preʃən], *n.* **1** (*anche mat.*) espressione: **She acts without e.**, recita senza espressione; **a joyful e.**, un'espressione di gioia; **an idiomatic e.**, un'espressione idiomatica **2** (*lo*) spremere; strizzamento. ● **beyond** (*o* **past**) **e.**, in modo inesprimibile; indicibilmente ▢ **to give e. to st.**, esprimere q.c.
expressional [iks'preʃənl], *a.* pertinente all'espressione.
expressionism [iks'preʃnizəm], *n.* (*arte*) espressionismo.
expressionist [iks'preʃnist], *n. e a.* (*arte*) espressionista.
expressionistic [iks,preʃə'nistik], *a.* (*arte*) espressionistico.
expressionless [iks'preʃnlis], *a.* senza espressione; ine-

expressive

spressivo.
expressive [iks'presiv], *a.* espressivo; significativo; eloquente: **an e. voice**, una voce espressiva; **an e. look**, uno sguardo significativo; **e. silence**, silenzio eloquente. ● **e. of**, che esprime: **a song e. of joy**, un canto che esprime la gioia.
expressiveness [iks'presivnis], *n.* espressività; forza espressiva.
expressly [iks'presli], *avv.* espressamente; esplicitamente; chiaramente; appositamente.
expressway [iks'preswei], *n.* (*autom. USA*) autostrada.
to expropriate [eks'prouprieit], *v. t.* (*anche leg.*) espropriare.
expropriation [eks'proupri'eiʃən], *n.* (*anche leg.*) espropriazione; esproprio.
expropriator [eks'prouprieitə*], *n.* espropriatore, espropriatrice.
expulsion [iks'pʌlʃən], *n.* espulsione; cacciata: (*polit.*) **e. order**, ordine d'espulsione.
expulsive [iks'pʌlsiv], *a.* espulsivo.
expunction [eks'pʌŋkʃən], *n.* espunzione.
to expunge [eks'pʌndʒ], *v. t.* **1** espungere; cancellare; togliere: **to e. a name from a list**, espungere un nome da un elenco **2** (*fig.*) annientare; distruggere.
to expurgate ['ekspə:geit], *v. t.* espurgare; purgare (*un libro e sim.*).
expurgation [ˌekspə:'geiʃən], *n.* espurgazione.
expurgator ['ekspə(:)geitə*], *n.* espurgatore, espurgatrice.
expurgatorial [eksˌpə:gə'tɔ:riəl], **expurgatory** [eks'pə:gətəri], *a.* espurgatorio; purificatorio.
exquisite ['ekskwizit], **A** *a.* **1** squisito; delicato; raffinato; ricercato; mirabile: **e. food**, cibo squisito; **an e. pleasure**, un piacere delicato; **an e. ear for music**, un raffinato orecchio per la musica; **an e. portrait**, un ritratto mirabile **2** acuto; intenso; vivo: **an e. observer**, un acuto osservatore; **an e. pain**, un dolore intenso. **B** *n.* (*arc.*) elegantone; bellimbusto; damerino; gagà.
exquisiteness ['ekskwizitnis], *n.* **1** squisitezza; delicatezza; raffinatezza; ricercatezza **2** acutezza; intensità.
to exsanguinate [ek'sæŋgwineit], *v. t.* (*raro*) dissanguare.
exsanguine [ek'sæŋgwin], *a.* esangue; anemico.
to exscind [ek'sind], *v. t.* **1** recidere; estirpare **2** (*fig.*) omettere; escludere.
to exsect [ek'sekt], *v. t.* (*med.*) asportare.
exsection [ek'sekʃən], *n.* (*med.*) escissione.
to exsert [ek'sə(:)t], *v. t.* (*anche biol.*) emettere; metter fuori.
ex-service ['eksˈsə:vis], *a.* (*mil.*) già appartenente alle forze armate; (già) dell'esercito: **to buy e. trucks**, comprare camion dell'esercito.
ex-serviceman ['eksˈsə:vismən], *n.* (*pl.* **ex-servicemen**) (*mil.*) ex combattente; reduce; veterano.
to exsiccate ['eksikeit], *v. t.* essiccare; asciugare; prosciugare.
exsiccation [ˌeksi'keiʃən], *n.* essiccazione; prosciugamento.
extant [eks'tænt], *a.* (*di documento, opera e simili*) ancora esistente.
extemporaneous [eksˌtempə'reinjəs], *a.* **1** estemporaneo; improvvisato: **an e. speech**, un discorso estemporaneo **2** improvvisto; di fortuna: **an e. fireplace**, un focolare improvvisato.
extemporaneousness [eksˌtempə'reiniəsnis], **extemporariness** [iks'tempərərinis], *n.* estemporaneità; improvvisazione.
extemporary [iks'tempərəri], *a.* estemporaneo; improvvisato.
extempore [eks'tempəri], **A** *a.* estemporaneo. **B** *avv.* estemporaneamente; improvvisando: **to speak e.**, parlare improvvisando (*o a braccio*).
extemporization [eksˌtempərai'zeiʃən], *n.* improvvisazione.
to extemporize [iks'tempəraiz], *v. t. e i.* improvvisare.
to extend [iks'tend], **A** *v. t.* **1** estendere; allargare; ampliare; allungare; prolungare; protrarre; stendere; tendere: **Russia extended its power into Asia**, la Russia estese il suo dominio sull'Asia; **Emperor Trajan extended the boundaries of the Roman Empire**, l'imperatore Traiano allargò i confini dell'impero romano; **to e. a school building**, ampliare un edificio scolastico; **to e. a fence** (**a ship canal, an underground railway line, etc.**), prolungare uno steccato (un canale navigabile, la linea di una metropolitana, ecc.); **to e. one's stay**, protrarre la propria permanenza; **to e. one's legs**, stendere le gambe; **to e. ropes**, tendere corde; **to flex and e. one's arms**, flettere e tendere le braccia; **to e. one's holidays**, allungare le vacanze **2** offrire; porgere; accordare; concedere: **to e. a hearty welcome to sb.**, porgere un cordiale benvenuto a q.; **to e. one's sympathy**, accordare la propria simpatia **3** (*comm.*) dilazionare, prorogare (*un pagamento, una scadenza*) **4** (*leg.*) stimare, valutare (*terreni, ecc.*) **5** (*gergo sportivo*) estenuare, forzare, stancare (*un cavallo, un atleta*) **6** (*mil.*) schierare (*truppe*) **7** (*rag.*) riportare a nuovo. **B** *v. i.* **1** estendersi; protrarsi; prolungarsi; stendersi: **My farm extends as far as the foothills**, la mia fattoria si estende fino alle colline pedemontane; **The snow-covered steppe extended on all sides**, la steppa coperta di neve si stendeva da ogni lato **2** estendersi; ampliarsi **3** (*mil.*) raffermarsi. ● (*fin.*) **to e. the maturity of a bill**, differire la scadenza di una cambiale.

extended [iks'tendid], *a.* **1** steso; disteso; teso: **e. arms**, braccia tese **2** prolungato; protratto: **an e. trip** (**visit, etc.**), un viaggio prolungato (una visita protratta, ecc.) **3** ampio; vasto: **an e. vocabulary**, un ampio vocabolario; **an e. kingdom**, un vasto regno **4** ampliato; allargato **5** (*mil.*) sparso: **e. order**, ordine sparso **6** (*rag.*) riportato a nuovo. ● (*mus.*) **e. play**, microsolco a 45 giri (*che suona da 6 a 8 minuti*).
extendible [iks'tendəbl], *a.* estendibile; estensibile; allungabile.
extensibility [iksˌtensə'biliti], *n.* estensibilità; estendibilità.
extensible [iks'tensəbl], **V.** **extendible**.
extensile [iks'tensail], *a.* estendibile; protrattile.
extension [iks'tenʃən], *n.* **1** estensione; espansione; ampiezza; allargamento; ampliamento; aggiunta: **Trajan's reign saw the last major e. of the Roman frontiers**, il principato di Traiano fu testimone dell'ultima grande espansione delle frontiere romane; **the e. of a railway**, il prolungamento d'una ferrovia; **an e. to a building**, un'aggiunta a un edificio **2** (*comm.*) dilazione; proroga **3** (*gramm.*) apposizione **4** (*tel.*) (numero) interno **5** (*med.*) estensione; trazione **6** (*elettr., mecc.: anche e. cord*) prolunga **7** (*mil.*) rafferma ● (*università*) **e. course**, corso per studenti lavoratori ⬜ **e. ladder**, scala allungabile ⬜ **e. of time**, proroga.
extensive [iks'tensiv], *a.* **1** esteso; ampio; largo; vasto; esauriente: **an e. estate**, una vasta tenuta; **an e. report**, una relazione esauriente **2** (*agric.*) estensivo: **e. farming**, coltura estensiva. ● **e. damage**, gravi danni ⬜ **e. repairs**, riparazioni su larga scala.
extensiveness [iks'tensivnis], *n.* ampiezza; larghezza; vastità.
extensor [iks'tensə*], *n.* (*anat., anche e. muscle*) (muscolo) estensore.
extent [iks'tent], *n.* **1** estensione; ampiezza; vastità: **a farm of great e.**, una fattoria di grandi dimensioni; **The e. of his powers is remarkable**, l'ampiezza dei suoi poteri è notevole **2** grado; limite; punto: **to a great e.**, in larga misura; **to the full e. of his power**, fino all'estremo limite della sua capacità; **to a certain e.**, fino a un certo punto; **To what e. can we trust him?**, fino a che punto possiamo fidarci di lui? **3** (*leg.*) azione per ottenere il pagamento di un debito verso lo Stato (*con valutazione dei beni del debitore ed esecuzione sugli stessi*). ● (*comm.*) **to the e. of**, fino alla concorrenza di: **I will supply money for the plan to the e. of 1,000 pounds**, fornirò i fondi per il progetto fino alla concorrenza di 1000 sterline ⬜ **within the e. of human knowledge**, nell'ambito delle conoscenze umane ⬜ (*anche leg. USA*) **writ of e.**, ordine di confisca.
to extenuate [eks'tenjueit], *v. t.* **1** attenuare; diminuire; ridurre: **Is there anything that can e. his guilt?**, c'è nulla che possa attenuare la sua colpa? **2** (*impropriamente*) giustificare; scusare: **Don't e. yourself!**, non cercare di scusarti! **3** sminuire; minimizzare **4** (*arc.*) assottigliare; indebolire. ● (*leg.*) **extenuating circumstances**, circostanze attenuanti.
extenuation [eksˌtenju'eiʃən], *n.* **1** attenuazione; diminuzione; riduzione **2** circostanza attenuante; giustificazione: **One cannot plead ignorance of the law in e. of an offence**, non si può addurre l'ignoranza della legge a giustificazione d'un reato.
extenuative [eks'tenjuətiv], **extenuatory** [eks'tenjuətəri], *a.* attenuante; addotto a giustificazione.
exterior [eks'tiəriə*], **A** *a.* esteriore; esterno: **an e. wall**, un muro esterno; (*geom.*) **e. angle**, angolo esterno; **e. forces**, forze esterne. **B** *n.* **1** esterno; parte esterna: **the e. of a building**, la parte esterna d'un edificio **2** aspetto (esteriore) **3** (*cinem., fotogr., telev.*) esterno. ● **e. shooting**, ripresa girata all'aperto; esterno.
exteriority [eksˌtiəri'ɔriti], *n.* esteriorità.
exteriorization [eksˌtiəriərai'zeiʃən], *n.* **1** (*psic., med.*) esteriorizzazione **2** estrinsecazione; espressione; manifestazione.
to exteriorize [eks'tiəriəraiz], *v. t.* **1** (*psic., med.*) esteriorizzare **2** estrinsecare; esprimere; manifestare.
to exterminate [eks'tə:mineit], *v. t.* sterminare, annientare, distruggere; estirpare, sradicare (*fig.*).
extermination [eksˌtə:mi'neiʃən], *n.* sterminio; distruzione.
exterminative [eks'tə:minətiv], **exterminatory** [eksˈtə:minə-təri], *a.* di sterminio; distruttivo.
exterminator [eks'tə:mineitə*], *n.* **1** sterminatore; distruttore **2** (*chim.*) disinfestante (*topicida, ecc.*) **3** disinfestatore.
extern [eks'tə:n], *n.* (*USA*) **1** studente esterno **2** (*med.*) medico esterno.
external [eks'tə:nl], **A** *a.* **1** esterno; esteriore; superficiale: **lotion for e. use only**, lozione solo per uso esterno; **the e. world**, il mondo esterno; **e. politeness**, cortesia esteriore (*o superficiale*) **2** (*anche leg.*) estrinseco: **e. evidence**, prova estrinseca **3** estero: **e. affairs**, affari esteri. **B** *n. pl.* aspetti esteriori; esteriorità; apparenze: **the externals of religion**, gli aspetti esteriori della religione. ● **e. relations**, rapporti con il pubblico; (*polit.*) rapporti con l'estero ⬜ (*econ.*) **e. trade**, scambi con l'estero; commercio estero.

externality [,ekstə:'næliti], *n.* esteriorità; l'essere esterno.
externalization [eks,tə:nəlai'zeiʃən], *n.* **1** estrinsecazione; espressione; manifestazione **2** (*psic.*) esteriorizzazione.
to externalize [eks'tə:nəlaiz], *v. t.* **1** estrinsecare; concretare; esprimere; manifestare **2** (*psic.*) rivolgere verso l'esterno; esteriorizzare.
exterritorial ['eks,teri'tɔ:riəl], *a.* extraterritoriale, estraterritoriale.
extinct [iks'tiŋkt], *a.* **1** estinto; spento; smorzato; annullato; morto; distrutto: **an e. species**, una specie estinta; **an e. fire**, un fuoco spento; **an e. volcano**, un vulcano spento; **e. hopes**, speranze distrutte; **an e. language**, una lingua morta **2** caduto in disuso; desueto: **an e. custom**, una tradizione caduta in disuso **3** (*di sentimento*) morto; spento; finito: **Her love was e.**, il suo amore era finito. ● **to become e.**, estinguersi; spegnersi; morire; cadere in disuso.
extinction [iks'tiŋkʃən], *n.* estinzione (*in ogni senso*).
extinctive [iks'tiŋktiv], *a.* estintivo; che estingue; che spegne.
to extinguish [iks'tiŋgwiʃ], *v. t.* **1** estinguere; spegnere; smorzare; annullare; distruggere: **to e. a light (a fire, etc.)**, spegnere una luce (un fuoco, ecc.); **to e. sb.'s hopes**, distruggere le speranze di q. **2** eclissare; oscurare: **Her beauty extinguished that of all others**, la sua bellezza eclissava quella di tutte le altre **3** (*fin.*) estinguere: **to e. a debt**, estinguere un debito. ● **to e. a mortgage**, cancellare un'ipoteca.
extinguishable [iks'tiŋgwiʃəbl], *a.* estinguibile; spegnibile.
extinguisher [iks'tiŋgwiʃə*], *n.* **1** (*anche* **fire e.**) estintore **2** spegnitoio (*per candele*); spegnimoccolo.
extinguishment [iks'tiŋgwiʃmənt], *n.* estinzione; spegnimento.
to extirpate ['eksta:peit], *v. t.* estirpare; sradicare; distruggere.
extirpation [,eksta:'peiʃən], *n.* estirpazione; sradicamento.
extirpator ['eksta:(:)peitə*], *n.* estirpatore, estirpatrice.
to extol [iks'tɔl], *v. t.* celebrare; decantare; esaltare; estollere (*poet.*).
to extort [iks'tɔ:t], *v. t.* estorcere; strappare (*con la forza o con minacce*): **to e. a confession**, estorcere una confessione; **to e. a promise from sb.**, strappare una promessa a q.
extortion [iks'tɔ:ʃən], *n.* **1** estorsione **2** denaro estorto; cosa estorta.
extortionate [iks'tɔ:ʃnit], *a.* **1** che estorce **2** eccessivo; esorbitante: **an e. demand**, una richiesta eccessiva; **an e. price**, un prezzo esorbitante.
extortioner [iks'tɔ:ʃnə*], *n.* chi estorce; strozzino.
extortionist [iks'tɔ:ʃnist], *V.* **extortioner.**
extortive [iks'tɔ:(:)tiv], *a.* di estorsione.
extra ['ekstrə], **A** *a.* **1** addizionale; aggiuntivo; supplementare; straordinario; (*comm.*) extra: **e. charge**, spesa supplementare; soprattassa; supplemento (*per es., in ferrovia*); **e. pay**, compenso aggiuntivo (*oltre la paga*); supplemento; **e. work**, lavoro straordinario **2** eccellente; eccezionale; di qualità superiore; (*comm.*) extra: **e. calf**, vitello di qualità superiore; cuoio extra di vitello. **B** *avv.* eccezionalmente; straordinariamente; (*comm.*) extra: **These socks are e. long**, questi calzini sono più lunghi del normale. **C** *n.* **1** aggiunta; supplemento; spesa aggiuntiva; (*comm.*) extra: **Wine is an e.**, il vino è un extra **2** edizione straordinaria (*di un giornale*) **3** (*cinem.*) comparsa. ● **e.-fine quality**, qualità superiore (*o* extrafine) □ **e. foolscap**, foglio protocollo di formato maggiore del normale □ (*comm., naut.*) **e. freight**, soprannolo □ **e. price**, soprapprezzo □ (*econ.*) **e. profit**, soprapprofitto; extraprofitto □ **e.-special**, «specialissimo»: **an e.-special friend**, un amico carissimo □ (*sport*) **e. time**, tempo supplementare □ **to work e.**, fare del lavoro straordinario; fare lo straordinario (*fam.*).
extracorporeal [,ekstrəkɔ:'pɔ:riəl], *a.* (*med.*) extracorporeo.
to extract [iks'trækt], *v. t.* **1** (*anche mat.*) estrarre; cavare: **to e. a tooth**, estrarre un dente; **to e. the juice of apples to make cider**, estrarre il succo delle mele per fare il sidro; **to e. copper from copper ore**, estrarre il rame dal minerale ramifero; (*mat.*) **to e. the square root of a number**, estrarre la radice quadrata di un numero **2** ottenere; ricavare; strappare; spremere (*denaro*): **to e. information from sb.**, ricavare informazioni da q.; **to e. examples from a grammar book**, ricavare esempi da una grammatica; **to e. full confession**, strappare una piena confessione **3** scegliere; togliere; citare: **to e. passages from a book**, scegliere brani da un libro; **to e. money from sb.**, spillare denaro a q.
extract ['ekstrækt], *n.* **1** estratto; essenza: **e. of beef**, estratto di manzo; **vanilla e.**, essenza di vaniglia **2** stralcio; brano; citazione: **e. from a long speech**, un brano d'una lunga orazione.
extractable, extractible [iks'træktəbl], *a.* estraibile; ricavabile.
extraction [iks'trækʃən], *n.* estrazione: **the e. of oil**, l'estrazione del petrolio **2** discendenza; lignaggio; origine: **He is of Indian e.**, è di origine indiana; **people of humble** (*o* **low**) **e.**, gente di umile origine. ● (*ind., chim.*) **e. column**, torre d'estrazione □ (*agric.*) **e. rate**, resa del grano (*alla macinazione*).

extractive [iks'træktiv], **A** *a.* estrattivo: **e. industries**, industrie estrattive. **B** *n.* **1** (*bot.*) estrattivo **2** estratto; sostanza estratta.
extractor [iks'træktə*], *n.* **1** (*anche mecc.*) estrattore (*per es., d'un fucile*) **2** (*med.*) estrattore.
extracurricular [,ekstrəkə'rikjulə*], *a.* che esula dal piano normale di studi; fuori curricolo; marginale: **Debating is an e. activity**, le discussioni sono una attività marginale. ● **e. activities**, attività parascolastiche.
extraditable [,ekstrə'daitəbl], *a.* **1** che può essere estradato **2** (*di un reato*) che rende passibile d'estradizione.
to extradite ['ekstrədait], *v. t.* (*leg.*) **1** estradare **2** ottenere l'estradizione di (q.).
extradition [,ekstrə'diʃən], *n.* (*leg.*) estradizione.
extrados [eks'treidɔs], *n.* (*pl.* **extrados, extradoses**) (*archit.*) estradosso.
extra-European ['ekstrə,juərə'pi:ən], *a.* (*geogr.*) extraeuropeo.
extragalactic [,ekstrəgə'læktik], *a.* (*astron.*) extragalattico.
extrajudicial ['ekstrədʒu:(:)'diʃəl], *a.* (*leg.*) extragiudiziale; stragiudiziale.
extralegal [,ekstrə'li:gl], *a.* (*leg.*) estralegale; metagiuridico; extralegale.
extralinguistic [,ekstrəliŋ'gwistik], *a.* extralinguistico.
extralunar ['ekstrə'lu:nə*], *a.* (*astron.*) extralunare.
extramarital ['ekstrə'mæritl], *a.* extraconiugale.
extramundane [,ekstrə'mʌndein], *a.* ultraterreno.
extramural [,ekstrə'mjuərəl], *a.* **1** fuori delle mura (*d'una città*) **2** fuori dell'università; libero: **e. classes**, corsi liberi **3** (*sport USA*) (*di partita, ecc.*) contro la squadra di un'altra scuola. ● (*med.*) **e. care**, cure a domicilio □ **e. department**, dipartimento che gestisce i corsi liberi.
extraneity [,ekstrə'ni:əti], *n.* estraneità.
extraneous [eks'treinjəs], *a.* estraneo; non pertinente: **an e. substance**, una sostanza estranea.
extraneousness [eks'treinəsnis], *n.* l'essere estraneo; estraneità.
extranuclear [,ekstrə'nju:kliə*], *a.* (*mil.: d'arma*) extranucleare; convenzionale.
extraordinariness [iks'trɔ:dinərinis], *n.* **1** straordinarietà; eccezionalità **2** singolarità; stranezza.
extraordinary [iks'trɔ:dənəri], *a.* **1** straordinario; eccezionale; raro: **envoy e.**, inviato straordinario; **a girl of e. beauty**, una ragazza di straordinaria (*o* rara) bellezza **2** singolare; strano.
to extrapolate [eks'træpəleit], *v. t.* **1** (*mat., stat.*) estrapolare, extrapolare **2** (*fig.*) arguire, ricavare; estrapolare (*fig.*).
extrapolation [,ekstrəpou'leiʃən], *n.* (*mat., stat.*) estrapolazione.
extrasensory ['ekstrə'sensəri], *a.* extrasensoriale: **e. perception**, percezione extrasensoriale.
extrasolar [,ekstrə'soulə*], *a.* (*astron.*) extrasolare.
extraterrestrial [,ekstrəti'restriəl], **A** *a.* (*astron.*) extraterrestre. **B** *n.* (*fantascienza*) extraterrestre.
extraterritorial ['ekstrə,teri'tɔ:riəl], *a.* extraterritoriale, estraterritoriale.
extraterritoriality ['ekstrə,teritɔ(:)ri'æliti], *n.* extraterritorialità, estraterritorialità.
extra-urban [,ekstrə'ə:bən], *a.* extraurbano.
extrauterine ['ekstræ'ju:(:)tərain], *a.* (*med.*) extrauterino: **e. pregnancy**, gravidanza extrauterina.
extravagancy [iks'trævigənsi], **extravagancy** [iks'trævigənsi], *n.* **1** (*raro*) stravaganza; bizzarria **2** dissipazione; prodigalità; spereo: **His children's e. ruined him**, la prodigalità dei suoi figli lo mandò in rovina **3** eccessività; esorbitanza (*di prezzi e sim.*) **4** esagerazione; eccesso.
extravagant [iks'trævigənt], *a.* **1** (*raro*) stravagante; bizzarro **2** prodigo **3** dispendioso: **e. tastes**, gusti dispendiosi **4** eccessivo; esorbitante; esoso: **e. prices**, prezzi esorbitanti **5** esagerato; smodato.
extravaganza [iks,trævə'gænzə], *n.* **1** condotta (*o* discorso) stravagante **2** (*letter., teatr., mus.*) composizione fantastica o farsesca; fantasia; farsa.
to extravasate [eks'trævəseit], **A** *v. t.* **1** (*med.*) far travasare (*sangue e sim.*) **2** (*geol.*) eruttare (*lava, ecc.*). **B** *v. i.* **1** (*med.*) travasarsi **2** (*geol.*) fuoriuscire.
extravasation [eks,trævə'seiʃən], *n.* **1** (*med.*) estravasazione **2** (*med.*) travaso **3** (*geol.*) eruttazione **4** (*geol.*) materiale eruttato.
extravehicular [,ekstrəvi:'hikjulə*], *a.* (*miss.*) extraveicolare.
extravert ['ekstrəvə:t], *V.* **extrovert.**
extreme [iks'tri:m], **A** *a.* **1** estremo; ultimo; drastico: **the e. borders of the empire**, gli estremi confini dell'impero; **in e. old age**, nell'estrema vecchiaia; **e. poverty**, estrema povertà; **the e. left**, l'estrema sinistra; (*relig.*) **e. unction**, l'estrema unzione; **an e. case**, un caso estremo; **the e. penalty**, l'estremo supplizio; **e. measures**, provvedimenti drastici; (*stat.*) **e. values**, valori estremi **2** da estremista; estremistico: **e. views**, opinioni da estremista. **B** *n.* estremo (*anche mat.*); punto estremo; ecces-

extremeness

so; colmo: **Extremes meet**, gli estremi si toccano; **the extremes of heat and cold in the desert**, gli eccessi del caldo e del freddo nel deserto; **an e. of despair**, il colmo della disperazione. ● **extremes of wealth and poverty**, ricchezza e povertà estreme; enormi disuguaglianze sociali □ **to go to extremes** (*o* **to run to an e.**), spingere le cose all'estremo; ricorrere a rimedi estremi; fare di tutto □ **in the e.**, estremamente; sommamente; assai: **This work is boring in the e.**, questo lavoro è estremamente noioso.

extremeness [iks'tri:mnis], *n.* **1** l'essere estremo; estremità **2** l'essere eccessivo; estremismo **3** drasticità.

extremism [iks'tri:miz∂m], *n.* (*polit.*) estremismo; oltranzismo.

extremist [iks'tri:mist], **A** *n.* (*polit.*) estremista; oltranzista. **B** *a.* estremistico.

extremity [iks'tremiti], *n.* **1** estremità; punto estremo (*anat.*) **the lower extremities**, le estremità inferiori **2** eccesso; colmo; stremo: **an e. of grief** (**joy**), un eccesso di dolore (gioia); **to be driven to e.**, essere spinto allo stremo **3** caso estremo; frangente (*o* situazione) grave; estremo pericolo: **What can we do in this e.?**, che cosa possiamo fare in questo grave frangente? **4** misura estrema; provvedimento eccezionale; passo estremo: **to go** (*o* **to proceed, to resort**) **to extremities**, adottare misure estreme **5** (*polit.*) estremismo: **the e. of his political opinions**, l'estremismo delle sue idee politiche.

extricable ['ekstrik∂bl], *a.* districabile; liberabile.

to extricate ['ekstrikeit], *v. t.* **1** districare; liberare; sbrigare; sbrogliare: **to e. one's paws from a snare**, districare le zampe da una trappola; **to e. oneself from a dangerous situation**, districarsi da una situazione pericolosa; **to e. oneself from debt**, liberarsi dai debiti **2** (*chim., raro*) liberare: **to e. a gas**, liberare un gas.

extrication [,ekstri'kei∫∂n], *n.* **1** il districarsi; lo sbrigarsi; liberazione **2** (*chim.*) liberazione.

extrinsic [eks'trinsik], *a.* **1** estrinseco: **the e. value of a coin**, il valore estrinseco di una moneta **2** esterno; estraneo.

extrorse [iks'tro:(:)s], *a.* (*bot.*) estrorso.

extroversion [,ekstrou'v∂:∫∂n], *n.* (*psic.*) estroversione.

extrovert ['ekstrouv∂:t], **A** *n.* (*psic.*) estroverso. **B** *a.* estroverso (*anche psic.*); vivace.

extroverted [,ekstrou'v∂:tid], *a.* (*psic.*) estroverso.

to extrude [eks'tru:d], *v. t.* **1** (*mecc., metall.*) estrudere **2** espellere.

extruder [eks'tru:d∂*], *n.* (*tecn.*) estrusore.

extrusion [eks'tru:ʒ∂n], *n.* **1** (*mecc., metall.*) estrusione: **e. ingot**, lingotto di estrusione **2** espulsione **3** (*geol.*) estrusione.

extrusive [eks'tru:siv], *a.* (*geol.*) estrusivo: **e. rocks**, rocce estrusive.

exuberance [ig'zju:b∂r∂ns], **exuberancy** [ig'zju:(:)b∂r∂nsi], *n.* esuberanza; sovrabbondanza: **the e. of young people**, l'esuberanza dei giovani.

exuberant [ig'zju:b∂r∂nt], *a.* esuberante; lussureggiante; sovrabbondante: **an e. person**, una persona esuberante; **e. vegetation**, vegetazione lussureggiante; **an e. crop**, un raccolto sovrabbondante.

to exuberate [ig'zju:b∂reit], *v. i.* **1** (*raro*) esuberare (*raro*); sovrabbondare **2** essere esuberante; esaltarsi.

exudate [eks'ju(:)deit], *n.* (*med.*) essudato.

exudation [,eksju:'deiʃ∂n], *n.* (*med.*) essudazione; essudato.

exudative [eks'ju(:)d∂tiv], *a.* (*med.*) essudativo.

to exude [ig'zju:d], **A** *v. t.* **1** trasudare; stillare **2** (*fig.*) emanare (*un odore, ecc.*); diffondere: **The roasting pig exuded a delicious smell**, il maiale che arrostiva diffondeva un odore delizioso. **B** *v. i.* trasudare.

to exult [ig'zʌlt], *v. i.* esultare; gioire; giubilare; rallegrarsi: **to e. in** (*o* **at**) **the victory of one's army**, esultare per la vittoria del proprio esercito; **to e. at** (*o* **in**) **one's success**, gioire per il (*o* rallegrarsi del) proprio successo. ● **to e. over a defeated enemy**, esultare per la sconfitta di un nemico.

exultancy [ig'zʌlt∂nsi], *n.* esultanza.

exultant [ig'zʌlt∂nt], *a.* esultante.

exultation [,egzʌl'teiʃ∂n], *n.* esultanza; giubilo.

exultingly [ig'zʌltiŋli], *avv.* con grande esultanza (*o* giubilo).

exuviae [ig'zju:vii:], *n. pl.* (*biol.*) esuvie; spoglie (*degli animali*).

exuvial [ig'zju:vi∂l], *a.* (*biol.*) esuviale.

to exuviate [ig'zju:vieit], *v. i.* (*biol.*) spogliarsi; mutar pelle.

exuviation [ig,zju:vi'eiʃ∂n], *n.* (*biol.*) il mutar pelle (*di rettili, ecc.*).

eye [ai], *n.* **1** occhio; (*fig.*) sguardo, vista: **I couldn't take my eyes off her**, non mi riusciva di staccare gli occhi da lei; **to cast an eye on st.**, gettar l'occhio su q.c.; **to have a keen eye**, avere la vista acuta; **He got a black eye**, gli hanno fatto un occhio nero (*con un pugno*) **2** (*anche* **eye of the needle**) cruna (*d'ago*) **3** occhiello (*d'un ferro e sim.*) **4** occhiello, asola (*di un abito*) **5** occhio, centro (*di un ciclone*) **6** occhio, gemma (*di pianta*) **7** macchia tonda, occhio (*sulla coda del pavone*) **8** (*elettr., anche* **electric eye**) occhio magico; cellula fotoelettrica **9** (*fotogr.*) obiettivo **10** (*naut., anche* **eye hole**) gassa. ● **eye-bath**, *V.* **eye-cup** □ (*mecc.*) **eye-bolt**, bullone a occhio □ **eye-catcher**, cosa (*o* oggetto, prodotto, ecc.) che attira lo sguardo □ **eye-catching**, vistoso; (*di colore*) chiassoso □ (*med.*) **eye chart**, tabellone per l'esame della vista □ (*med.*) **eye-cup**, occhino; occhiera □ **eye doctor**, oculista □ (*farm.*) **eye-drops**, gocce per gli occhi; collirio □ (*med.*) **eye examination**, esame oculistico □ **eye-glass**, lente (*per vista difettosa*); monocolo; oculare (*di microscopio, ecc.*) □ (*specialm. USA*) **eye-glasses**, occhiali (*cfr. ingl.* **spectacles**) □ (*ottica*) **eye lens**, oculare □ (*cosmesi*) **eye-liner**, eye-liner (*liquido o matita per il trucco degli occhi*) □ (*poet.*) **the eye of day**, l'occhio del giorno (*il sole*) □ (*fig.*) **eye-opener**, cosa che fa aprir gli occhi (*o* capire le cose): **Her long absence was an eye-opener for him**, la lunga assenza di lei gli aprì gli occhi □ (*cosmesi*) **eye shadow**, ombretto □ (*anat.*) **eye socket**, orbita; cavità orbitale □ **eye splice**, occhiello di fune □ **eye-tooth**, dente canino superiore: **to cut one's eye-teeth**, fare i canini superiori; (*fig.*) diventare grande □ **to be all eyes**, essere tutt'occhi □ (*fig.*) **the apple of one's eye**, la pupilla dei propri occhi □ **as far as the eye can see**, a perdita d'occhio □ **bull's-eye**, (*naut.*) occhio di bue, oblò; centro del bersaglio □ **to catch sb.'s eye**, attirare l'attenzione di q.; dar nell'occhio □ (*pop.*) **to do sb. in the eye**, imbrogliare, fregare q. □ (*elettr.*) **electric eye**, cellula fotoelettrica □ **to feast one's eyes on st.**, saziare gli occhi ammirando q.c.; trovare che q.c. è una festa per gli occhi □ (*fam.*) **to give one's eye-teeth**, dare il mondo (intero); fare di tutto (*o* l'impossibile): **I'd give my eye-teeth for that bike!**, farei l'impossibile per avere quella bici! □ **glass eye**, occhio di vetro □ **to have an eye for**, avere occhio (*capacità di valutare, apprezzare, godere*) per: **He has an eye for proportion**, ha occhio per le proporzioni; **He has no eye for modern painting**, non ha occhi per la pittura moderna □ **to have an eye on**, mettere gli occhi su (*o* addosso a); avere come mira; mirare a: **He had an eye on her fortune**, egli aveva messo gli occhi sulle ricchezze di lei □ **to have an eye to**, pensare a; tenere conto di □ (*fam.*) **to have eyes in the back of one's head**, avere gli occhi di Argo; avere occhi anche di dietro □ (*pop.*) **to have eyes only for sb.**, non avere occhi che per q.; essere innamorato pazzo di q. □ **to have a sure eye**, avere occhio; saper giudicare □ **in the eyes of the law**, agli occhi della legge □ **in the mind's eye**, con l'occhio della mente (*o* dell'animo) □ **to be in the public eye**, avere una posizione eminente; essere ben conosciuto; essere in vista □ **to keep an eye on sb.**, tener d'occhio q.; sorvegliare q. □ (*fam.*) **to keep an eye out**, stare attento (*per trovare q.c.*) □ **to keep one's eyes open**, tenere gli occhi aperti □ **to keep one's eyes skinned** (*o* **peeled**) **for st.**, cercare q.c. con la massima attenzione □ (*anche fig.*) **to look sb. in the eye**, guardare q. negli occhi □ **to make (sheep's) eyes at sb.**, fare l'occhio di triglia a q.; fare gli occhi dolci a q.; fare l'occhiolino a q. □ **to open sb.'s eyes to st.**, aprire gli occhi di q. su q.c. □ **out of the corner of one's eye**, con la coda dell'occhio □ (*spreg.*) **to pipe one's eye** (*o* **to put one's finger in one's eye**), frignare, piagnucolare (*per mostra, tanto che è necessario cacciarsi un dito nell'occhio per cavarne lacrime*) □ **to run one's eyes over** (*o* **through**) **st.**, dare una scorsa a q.c. □ **to see eye to eye with sb.**, essere pienamente d'accordo con q.; essere dello stesso avviso di q. □ **to see with a friendly eye**, vedere di buon occhio □ **to see st. with half an eye**, capire q.c. a prima vista; accorgersi di q.c. alla prima occhiata □ **to set one's eyes on sb.**, posare gli occhi su q. □ **to sleep with one eye open**, dormire con gli occhi aperti □ **to throw dust in sb.'s eyes**, buttar polvere negli occhi a q. □ **to turn a blind eye on st.**, chiudere un occhio su q.c. □ **under sb.'s very eyes**, proprio sotto gli occhi di q.; apertamente; scopertamente □ **to be up to the** (*o* **one's**) **eyes in debt** (**in work**), essere indebitato fino agli occhi (essere immerso nel lavoro fin sopra i capelli) □ **to wink an eye** (**at sb.**), strizzare l'occhio, far l'occhiolino (a q.); (*fig.*) chiudere un occhio, far finta di non vedere □ (*fig*) **with one's eyes open**, con piena consapevolezza □ **with one's eyes shut** (*o* **closed**), a occhi chiusi: **I could get home with my eyes shut!**, potrei tornare a casa a occhi chiusi! □ **with an eye to**, avendo di mira; tenendo conto di: **You must write with an eye to the public**, devi scrivere tenendo conto dei gusti del pubblico □ **with half an eye**, facilmente; subito: **You can see with half an eye that he is fed up**, si vede subito che è stufo □ **with the naked eye**, a occhio nudo □ (*mil.*) **Eyes front!**, fissi! □ (*mil.*) **Eyes right** (**left**)!, attenti a destra (a sinistra) □ **His eyes are bigger than his belly**, ha gli occhi più capaci della pancia (*detto di chi ha preso sul piatto più cibo di quanto possa mangiarne*) □ **If you had half an eye...**, se tu non fossi cieco (*o* ottuso)...; se tu non chiudessi gli occhi alla realtà... □ (*fam.*) **It's all my eye**, sono tutte sciocchezze □ **Mind your eye!**, occhio!; (*fam.*) attenzione! □ **My eye(s)!**, accidenti!; perbacco! □ **That sight made me open my eyes**, quella vista mi fece spalancare gli occhi (*o* mi stupì grandemente) □ (*prov.*) **An eye for an eye**, occhio per occhio, dente per dente

(*prov.*) **What the eye doesn't see, the heart doesn't grieve over**, occhio non vede, cuore non duole.
to eye [ai], *v. t.* **1** guardare; osservare; squadrare: **to eye sb. with mistrust**, squadrare q. con sospetto; **to eye narrowly**, osservare da vicino **2** tener d'occhio; osservare attentamente: **to eye the fluctuations of market prices**, tener d'occhio le fluttuazioni dei prezzi di mercato **3** mirare a; cercare d'ottenere **4** provvedere (*un abito*) di occhielli.
eyeball ['aibɔ:l], *n.* (*anat.*) globo dell'occhio; bulbo oculare. ● (*fam.*) **to be e. to e. with sb.**, essere ai ferri corti con q. □ **an e.- -to-e. confrontation**, uno scontro ai ferri corti.
eyebright ['aibrait], *n.* (*bot.*, *Euphrasia officinalis*) eufrasia.
eyebrow ['aibrau], *n.* sopracciglio: **e. pencil**, matita per le sopracciglia. ● **to knit one's eyebrows**, aggrottare le ciglia □ **to raise one's eyebrows**, alzare (*o* inarcare) le ciglia □ (*fam.*) **to be up to one's eyebrows in work**, avere lavoro fin sopra i capelli.
eyed [aid], *a.* **1** dagli occhi (*usato nei composti:*) **a green-e. girl**, una ragazza dagli occhi verdi **2** occhiato; occhiuto: **the e. feathers of the peacock**, le penne occhiute del pavone. ● (*fig.*) **blue-e. boy**, favorito; prediletto □ **one-eyed**, monocolo (*che ha un occhio solo*).
eyeful ['aiful], *n.* (*fam.*) **1** lunga occhiata: **to get an e. of st.**, dare una lunga occhiata a q.c. **2** cosa che riempie gli occhi **3** cosa assai bella (*o* con cui rifarsi gli occhi) **4** donna bellissima. ● **a blond e.**, una bionda favolosa (*fam.*).
eyehole ['aihoul], *n.* **1** orbita dell'occhio; occhiaia **2** spioncino (*di porta*) **3** buco per gli occhi; occhio (*per es., di una maschera*).
eyelash ['ailæʃ], *n.* ciglio: **Jane has long eyelashes**, Giovanna ha le ciglia lunghe.
eyeless ['ailis], *a.* **1** senz'occhi; cieco **2** (*di ago*) senza cruna **3** (*fig.*) che va (*o* procede) alla cieca.

eyelet ['ailit], *n.* **1** occhiello; asola **2** (*mecc.*) occhiello; occhiello metallico **3** (*mil.*, anche **e.-hole**) feritoia **4** piccolo occhio; occhietto. ● (*mecc.*) **e. punch**, (macchina) occhiellatrice.
eyeletting ['ailitiŋ], *n.* (*mecc.*) occhiellatura.
eyelid ['ailid], *n.* palpebra. ● (*fig.*) **to hang on by one's eyelids**, essere sospeso a un capello.
eyepiece ['ai-pi:s], *n.* oculare; lente (*di microscopio, ecc.*).
eyeshade ['ai-ʃeid], *n.* visiera.
eyeshot ['ai-ʃɔt], *n.* portata d'occhio (*o* visiva); vista: **within e.**, a portata d'occhio; **beyond e.**, fuori di vista; a perdita d'occhio.
eyesight ['ai-sait], *n.* vista; visione: **a person with good (poor) e.**, una persona dalla vista buona (cattiva).
eyesore ['ai:sɔ:*], *n.* pugno nell'occhio (*fig.*); cosa sgradita (*o* spiacevole) a vedersi.
eyespot ['ai‚spɔt], *n.* **1** (*biol.*) macchia oculare **2** (*bot.*) occhio **3** (*zool.*) ocello.
eyestrain ['aistrein], *n.* (*med.*) male agli occhi (*per il troppo leggere, ecc.*).
eyewash ['aiwɔʃ], *n.* **1** (*farm.*) gocce per gli occhi; collirio **2** (*fam.*) polvere negli occhi (*fig.*); adulazione; impostura; inganno.
eyewater ['ai‚wɔ:tə*], *n.* (*arc.*) **1** lacrime **2** gocce per gli occhi; collirio.
eyewink ['aiwiŋk], *n.* batter d'occhi; strizzatina d'occhio; occhiolino. ● **in an e.**, in un batter d'occhio; in un baleno.
eyewitness ['ai‚witnis], *n.* (*leg.*) testimone oculare.
to eyewitness ['ai‚witnis], *v. t.* (*leg.*) essere testimone oculare di (q.c.).
eyot [eit], *n.* (*arc.*) isoletta; isolotto.
eyre [ɛə*], *n.* (*leg., stor.*) **1** corte di giustizia ambulante **2** giro fatto da detta corte. ● **justices in e.**, giudici ambulanti.
eyrie, eyry ['aiəri], *n.* **1** nido d'aquila (*o altro uccello da preda*); (*fig.*) luogo inaccessibile **2** nidiata d'uccelli da preda.

f, F

F, f [ef], *n.* (*pl.* **F's, f's; Fs, fs**) **1** F, f (*sesta lettera dell'alfabeto ingl.*) **2** (*mus.*) fa (*nota e scala corrispondente*). ● (*tel.*) **f for Fred** (*USA:* **f for Fox**), f come Firenze.
fa [fa:], *n.* (*pl.* **fas, fa's**) (*mus.*) fa (*nota*).
fab [fæb], (*fam.*) *V.* **fabulous**.
Fabian ['feibjən], **A** *a.* **1** fabiano: (*stor.*) **the F. Society**, la Società fabiana (*fautrice di un socialismo riformista*) **2** (*fig.*) temporeggiante; di temporeggiamento: **a F. policy**, una politica di temporeggiamento. **B** *n.* fabiano (*membro della* **F. Society**).
Fabianism ['feibjənizəm], *n.* (*stor.*) fabianesimo; fabianismo.
fable ['feibl], *n.* **1** favola: **Aesop's fables**, le favole d'Esopo **2** mito; leggenda **3** fandonia; fola (*lett.*). ● **old wives' fables**, ciance di donnicciole.
to fable ['feibl], **A** *v. i.* (*poet.*) favoleggiare. **B** *v. t.* favoleggiare di (q. o q.c.); romanzare.
fabled ['feibld], *a.* di cui si favoleggia; favoloso; leggendario.
fabler ['feiblə*], *n.* **1** favoleggiatore **2** favolista.
fabric ['fæbrik], *n.* **1** (*spesso* **textile f.**) stoffa; tessuto: **cotton fabrics**, tessuti di cotone; **curtain f.**, stoffa per tendaggi **2** (*raro*) fabbrica; fabbricato; edificio **3** (*fig.*) composizione; struttura: **the f. of society**, la struttura della società; **the political f.**, le strutture politiche.
to fabricate ['fæbrikeit], *v. t.* **1** (*raro*) fabbricare; costruire; (*mecc.*) montare **2** (*fig.*) fabbricare; architettare; falsare; falsificare; inventare: **to f. a charge**, fabbricare un'accusa; **to f. a document**, falsificare un documento.
fabrication [ˌfæbriˈkeiʃən], *n.* **1** (*raro*) fabbricazione; costruzione **2** falsificazione; falso; invenzione; montatura; menzogna.
fabricator ['fæbrikeitə*], *n.* **1** (*raro*) fabbricante; costruttore **2** contraffattore; falsificatore; mentitore; bugiardo.
fabulist ['fæbjulist], *n.* **1** favolista **2** mentitore; bugiardo.
fabulosity [ˌfæbjuˈlɔsiti], *n.* favolosità (*raro*); l'essere favoloso.
fabulous ['fæbjuləs], *a.* favoloso: **f. princes**, principi favolosi; **f. riches**, ricchezza favolosa **2** (*fam.*) favoloso; eccellente; straordinario. ● **f. historians**, storici fantasiosi (*o che favoleggiano*).
fabulousness ['fæbjuləsnis], *V.* **fabulosity**.
façade [fəˈsɑ:d] (*franc.*), *n.* **1** (*archit.*) facciata **2** (*fig.*) aspetto esteriore; apparenza: **a f. of wellbeing**, un'apparenza di benessere.
face [feis], *n.* **1** faccia (*anche geom., mecc.*); viso; volto; muso (*d'animale*); aspetto; sembianza; prestigio; reputazione; sfacciataggine; sfrontatezza; superficie; **He is ashamed to show his f.**, si vergogna di mostrar la faccia; **to look sb. in the f.**, guardare q. in faccia; (*fig.*) guardare bene in faccia q.; **This dog has a nice f.**, questo cane ha un bel muso; **to pull** (*o* **to make, to wear**) **a long f.**, fare la faccia lunga; fare il muso; assumere (*o* avere) un aspetto di scontentezza (*o* di disapprovazione); **I don't dare to say that to his f.**, non oso dirglielo in faccia; **to save f.**, salvare la faccia; **Japan lost f. by her defeat**, il Giappone perse la faccia (*o* scadde nel prestigio) con la sconfitta; **to meet sb. f. to f.**, incontrarsi faccia a faccia con q.; **He'll only laugh in your f.**, ti riderà in faccia; **How can you have the f. to come here?**, come puoi avere la faccia (*o* la sfacciataggine) di venir qui?; **A cube has six faces**, il cubo ha sei facce; **the f. of the earth**, la faccia della terra **2** (*edil.*) facciata; faccia; fronte **3** (*di stoffa*) diritto **4** (*di monte*) parete **5** (*ind. min.*) fronte: **the coal f.**, la fronte del carbone **6** (*tipogr.*) faccia; occhio **7** quadrante (*d'orologio*) **8** (*mecc.*) taglio (*di un utensile*) **9** (*fin., spesso* **f. value**) valore nominale. ● **f.-ache**, nevralgia facciale □ (*nel gioco delle carte*) **f. card**, figura □ **f. down**, a faccia in giù; bocconi, prono; (*di carta da gioco*) coperta □ **f. flannel**, pezzuola per (lavarsi) il viso □ (*mecc.*) **f. gear**, ingranaggio frontale □ **f. lathe**, tornio per spianatura □ **f.-lift** (*o* **f.-lifting**), (*med.*) eliminazione delle rughe, lifting; (*edil.*) restauro della facciata; (*autom.*) rifacimento del frontale; (*fig.*) miglioramento (*special.* di un'immagine pubblica) □ (*archit.*) **f. of the arch**, fronte dell'arco □ **f.-off**, (*hockey*) ingaggio; (*fig., USA*) confronto, scontro, resa dei conti □ **f. pack**, maschera di bellezza □ **f. powder**, cipria □ **f.-saver**, cosa (*o* concessione, risultato, ecc.) che salva la faccia □ **f.-saving**, che salva la faccia □ **f. to f.**, (*a*) faccia a faccia: **The wrestlers were brought f. to f.**, i lottatori furono messi faccia a faccia □ **a f.-to-f. discussion**, una discussione a quattr'occhi (*o* vis à vis) □ **f. up**, a faccia in su; supino; (*di carta da gioco*) scoperta □ (*fin.*) **f. value**, valore facciale (*o* nominale) (*d'una moneta, banconota, ecc.*); (*fig.*) valore apparente □ (*edil.*) **f. wall**, muro di sostegno □ (*edil.*) **f.-work**, rivestimento di facciata □ **to come f. to f. with death**, trovarsi faccia a faccia con la morte □ **to fly in the f. of sb.**, sfidare q.; disobbedire apertamente a q. □ **in the f. of**, di fronte a; a dispetto di: **What could I do in the f. of all these difficulties?**, che potevo fare di fronte a tutte queste difficoltà? □ **in the f. of day**, apertamente; a carte scoperte □ **to make** (*o* **to pull**) **faces at sb.**, fare le boccacce a q. □ **on the f. of it**, a prima vista; a giudicare dalle apparenze: **On the f. of it the story is absurd**, questa storia sembra assurda a prima vista □ **to put a bold f. on st.**, affrontare q.c. coraggiosamente (*o* a viso aperto) □ **to put a good f. on st.**, fare buon viso a q.c. □ **to put a new f. on st.**, conferire (*o* dare) un aspetto nuovo a q.c.; cambiare q.c.: **That puts an entirely new f. on the matter**, ciò cambia totalmente la faccenda □ **to set one's f. against sb.**, far faccia (*o* fronte) a q.; contrastare q.; resistere a q. □ **to show one's f.**, mostrare la faccia; farsi (appena) vedere □ (*fig.*) **to throw st. in sb.'s f.**, rinfacciare q.c. a q. □ **to take sb. at f. value**, farsi un'idea di q. dal suo aspetto esteriore □ **to take st. at (its) f. value**, giudicare q.c. dalle apparenze; prendere q.c. alla lettera.
to face [feis], *v. t. e i.* **1** fronteggiare; essere (*o* stare) di fronte a; guardare verso; essere volto a: **What's the building facing the church?**, che cos'è l'edificio che sta di fronte alla chiesa?; **My house faces the public park**, la mia casa è di fronte al parco pubblico; **The ancient temple faced (to the) east**, l'antico tempio era volto a oriente; **the foe (the difficulty, the problem) that faces us**, il nemico (la difficoltà, il problema) che ci sta di fronte (*o* che dobbiamo affrontare) **2** affrontare; far fronte a; tener testa a: **to f. danger (death, etc.)**, affrontare il pericolo (la morte, ecc.); **to f. one's enemies**, tener testa ai propri nemici **3** voltare (*una carta*) a faccia in su **4** (*edil.*) ricoprire; rivestire: **to f. a wall with stone slabs**, rivestire un muro di lastre di pietra **5** (*sartoria*) guarnire; rivestire **6** (*mecc.*) sfacciare **7** (*mil., special. USA*) volgersi; voltarsi; girarsi; far voltare: **to f. about**, fare dietro front; **About f.!**, dietro front!; **He faced his men about**, fece fare dietro front ai suoi uomini; **Left (right) f.!**, fronte a sinistra (fronte a destra)! ● (*fig.*) **to f. about**, fare un voltafaccia □ **to f. sb. down**, sconcertare q.; sopraffare q. □ (*sport: hockey, ecc.*) fare un ingaggio (*o* una rimessa) □ (*edil.*) **to f. off a stone**, levigare (*o* spianare) una pietra □ **to f. out the matter**, portare a compimento una faccenda difficile □ **to f. sb. out**, affrontare q. a viso aperto □ **to f. it out**, resistere; tener duro □ **to f. up to a danger (a situation, etc.)**, affrontare (*o* far fronte a) un pericolo (una situazione, ecc.).
facecloth ['feiskloθ], *n.* **1** (*un tempo*) pezzuola per (lavarsi) il viso **2** (*ora*) panno di spugna (*da bagno*); spugnetta (*fam.*); mano di spugna **3** telo per (coprire) il volto (*di un morto*).
faced [feist], *a.* (*nei composti*) dotato della faccia; dal viso: **full-f.**, dalla faccia tonda; paffuto. ● **bold-f.**, sfacciato □ (*fig.*) **two-f.** (*o* **double-f.**), doppio; falso; ipocrita.
facedown ['feis-daun], *n.* (*USA*) resa dei conti; scontro.
faceless ['feislis], *a.* **1** senza volto **2** (*fig.*) senza volto; anonimo; impersonale: **f. people**, gente anonima.
facer ['feisə*], *n.* **1** persona che affronta, ecc. (*V.* **to face**) **2** (*fam.*) schiaffo **3** (*fam.*) difficoltà improvvisa; duro colpo; batosta **4** (*mecc.*) utensile per sfacciare.
facet ['fæsit], *n.* **1** faccetta; sfaccettatura **2** (*fig.*) aspetto; lato.
to facet ['fæsit], *v. t.* sfaccettare: **a faceted diamond**, un diamante

sfaccettato.
facetiae [fəˈsiːʃiiː] (*lat.*), *n. pl.* **1** facezie **2** libri licenziosi.
facetious [fəˈsiːʃəs], *a.* faceto; arguto; lepido.
facetiousness [fəˈsiː(ʃ)ʃəsnis], *n.* arguzia; lepidezza.
facia [feiʃə], *n.* (*pl.* **faciae**) insegna di negozio.
facial [ˈfeiʃəl], **A** *a.* (*anat.*) facciale: (*anat.*) **f. angle**, angolo facciale; (*med.*) **f. surgery**, chirurgia facciale. **B** *n.* (*fam.*) massaggio facciale; trattamento del viso.
facile [ˈfæsail], *a.* **1** facile; superficiale: **a f. solution**, una soluzione facile; **a f. reading**, una lettura facile; **f. mind**, ingegno facile **2** affabile; arrendevole; condiscendente; docile; remissivo: **a person with a f. temper**, una persona di carattere arrendevole **3** abile; svelto.
to facilitate [fəˈsiliteit], *v. t.* facilitare; agevolare.
facilitation [fəˌsiliˈteiʃən], *n.* facilitazione; agevolazione.
facility [fəˈsiliti], *n.* **1** facilità; abilità; destrezza: **to show f. in doing st.**, dimostrare abilità nel fare q.c. **2** facilitazione; agevolazione: **to give facilities for st.**, offrire facilitazioni per q.c. **3** arrendevolezza; condiscendenza; remissività **4** (*pl.*) attrezzature; mezzi; servizi: **port facilities**, attrezzature portuali; **good transportation facilities**, buoni mezzi di trasporto; **sport facilities**, attrezzature sportive **5** (*mil. USA*) (reparto di) base missilistica.
facing [ˈfeisiŋ], **A** *n.* **1** (*d'un abito*) copririsvolto; paramontura; (*pl.*, *mil.*) mostrine **2** (*edil.*) rivestimento: **a brick wall with a f. of concrete**, un muro di mattoni con un rivestimento di calcestruzzo **3** (*pl.*, *mil.*) conversioni; evoluzioni **4** (*mecc.*) guarnizione, spessore (*dei dischi, ecc.*) **5** (*mecc.*) sfacciatura; tornitura in piano **6** (*metall.*) sabbia da modello. **B** *a.* prospiciente: **f. the lake**, prospiciente il (*o* al) lago. ● (*ferr.*) **a seat f. the engine**, un posto (a sedere) nel senso della direzione del treno □ (*mecc.*) **f. machine**, macchina per tornire in piano □ (*metall.*) **f. sand**, sabbia da modello □ (*fig.*) **to go through one's facings**, essere messo alla prova □ (*fig.*) **to put sb. through his facings**, mettere q. alla prova.
facsimile [fækˈsimili], *n.* **1** facsimile; copia esatta **2** (*radio, tel.*) telefax; fax; facsimile; telegrafia per facsimile **3** telefoto (*trasmessa per radio*).
to facsimile [fækˈsimili], *v. t.* fare un facsimile di, riprodurre esattamente (c.c.).
fact [fækt], *n.* **1** fatto; fatto reale: **He is interested only in facts**, s'interessa solo dei fatti **2** realtà; verità: **The film is based on f.**, il film è basato sulla realtà; **the f. of the matter is (that)…**, la realtà delle cose è (che)…; i fatti stanno così:… ● **f.-finder**, chi indaga sui fatti; (*leg.*) inquirente □ **f.-finding**, che indaga sui fatti □ **f.-finding board**, commissione d'inchiesta (*o* inquirente) □ **after the f.**, a fatto compiuto □ **as a matter of f.** (*o* **in f.**, **in point of f.**), effettivamente; in effetti; realmente; per la verità □ **before the f.**, prima del fatto (*o* dell'atto) □ **f. of life**, fatto concreto □ (*fam.*) **the facts of life**, i fatti riguardanti la vita sessuale □ **in actual f.**, in realtà; di fatto □ **I know it for a f.**, lo so per certo.
faction [ˈfækʃən], *n.* **1** fazione; setta **2** discordia; lotta intestina **3** (*di un partito*) corrente.
factional [ˈfækʃənl], *a.* **1** di fazione **2** (*polit.*) di corrente; correntizio.
factionalism [ˈfækʃənlizəm], *n.* **1** (l')essere di una fazione **2** (*polit.*) (l')essere correntizio.
factious [ˈfækʃəs], *a.* fazioso; settario.
factiousness [ˈfækʃəsnis], *n.* faziosità; spirito di parte.
factitious [fækˈtiʃəs], *a.* fittizio; artificiale; artificioso; innaturale: **f. emotion**, emozione fittizia.
factitiousness [fækˈtiʃəsnis], *n.* artificiosità; innaturalità.
factitive [ˈfæktitiv], *a.* (*gramm.*) causativo; fattitivo: **a f. verb**, un verbo causativo.
factor [ˈfæktə*], *n.* **1** fattore (*anche mat.*); coefficiente; elemento: **hereditary factors**, fattori ereditari; **2 and 5 are factors of 20**, 2 e 5 sono i fattori primi di 20; **f. of safety** (*o* **safety f.**), coefficiente di sicurezza **2** (*comm.*) agente commissionario; depositario; mandatorio (*anche leg.*) **3** (*scozz.*) fattore; agente agricolo (*cfr. ingl.* **bailiff** *o* **steward**). ● (*mat.*, *stat.*) **f. analysis**, analisi fattoriale □ (*ind.*) **f. cost**, costo di produzione (*di un articolo*) □ (*econ.*) **f. of expansion**, fattore d'espansione □ (*econ.*) **f. of production**, fattore produttivo.
to factor [ˈfæktə*], *V.* **to factorize**.
factorage [ˈfæktəridʒ], *n.* (*comm.*) commissione; provvigione (*di commissionario*).
factorial [fækˈtɔːriəl], (*mat.*) **A** *a.* fattoriale: **The f. of 3 is 1 x 2 x 3**, **or 6**, il fattoriale di 3 è 1 x 2 x 3, cioè 6. **B** *a.* di fattore; fattoriale.
factoring [ˈfæktəriŋ], *n.* (*fin.*) factoring.
to factorize [ˈfæktəraiz], *v. t.* (*mat.*) scomporre in fattori.
factory [ˈfæktəri], *n.* **1** fabbrica; stabilimento; manifattura; opificio **2** (*arc.*, *comm.*) stazione commerciale (*in paese straniero*). ● (*stor.*) **F. Acts**, leggi sul lavoro industriale □ (*econ.*) **f. cost**, costo di produzione □ **f. farm**, allevamento industriale (*di polli, mucche da latte, ecc.: il luogo*) □ **f. farming**, allevamento industriale □ **f. owner**, manifatturiere □ **f. price**, prezzo di fabbrica □ (*naut.*) **f. ship**, peschereccio d'alto mare (*che lavora il pesce pescato*) □ **f. shop**, spaccio aziendale □ **f. workers**, operai.
factotum [fækˈtoutəm], *n.* factotum; tuttofare.
factual [ˈfæktjuəl], *a.* che riguarda i fatti; effettivo; reale.
facula [ˈfækjulə], *n.* (*pl.* **faculae**) (*astron.*) facola; facella.
facultative [ˈfækəltətiv], *a.* **1** facoltativo **2** eventuale; possibile.
faculty [ˈfækəlti], *n.* **1** facoltà: **the mental faculties**, le facoltà mentali; **the f. of hearing**, le facoltà dell'udito; **the F. of Law**, la facoltà di giurisprudenza; **the science f.**, la facoltà di scienze naturali **2** abilità; capacità: **the f. of making oneself understood by everyone**, la capacità di farsi capire da tutti **3** corpo insegnante; corpo dei professori (*di una università*) **4** senato accademico. ● (*pop.*) **the F.**, la classe dei medici.
fad [fæd], *n.* **1** capriccio; mania (*fig.*); pallino (*pop.*); moda passeggera: **This fashion won't last; it's only a fad**, questa moda non durerà; è una mania del momento **2** ghiribizzo; ubbia; fisima: **to be full of fads**, essere pieno di ghiribizzi.
fadayeen [ˌfædəˈjiːn], *n.* (*pl.* **fadayeen**) feddayn.
faddiness [ˈfædinis], *n.* **1** (*di una moda*) l'essere passeggero **2** capricciosità; l'essere strambo; stramberia.
faddish [ˈfædiʃ], *a.* **1** (*di una moda*) passeggero **2** capriccioso; maniaco (*fig.*); strambo.
faddishness [ˈfædiʃnis], *V.* **faddiness**.
faddism [ˈfædizəm], *n.* **1** propensione a seguire mode passeggere **2** capricciosità; stramberia.
faddist [ˈfædist], *n.* **1** chi segue mode passeggere **2** persona capricciosa, stramba; maniaco (*fig.*).
faddy [ˈfædi], *V.* **faddish**.
to fade [feid], **A** *v. i.* **1** affievolirsi; appassire; avvizzire; deperire: **The flowers have faded**, i fiori sono avvizziti; **He fell ill and slowly faded away**, s'ammalò e deperì a poco a poco **2** scolorire; sbiadire; stingersi; svanire: **This material will never f.**, questa stoffa non si stingerà mai; **The recollection of that happy time has faded from his mind**, il ricordo di quel tempo felice è svanito dalla sua mente. **B** *v. t.* **1** affievolire; far appassire; far avvizzire; sbiadire, stingere (*fig.*): **Time has not faded the brilliancy of his style**, il tempo non ha sbiadito il suo stile brillante **2** scolorare; sbiadire; stingere. ● **to f. in**, (*cinem.*) aprire (*una pellicola*) in dissolvenza; (*radio, telev.: di suono, immagine*) rinforzarsi; aumentare per gradi d'intensità □ **to f. out**, (*cinem.*) chiudere in dissolvenza; (*radio, telev. e fig.*) affievolirsi, dissolversi, scomparire a poco a poco □ **to f. up**, *V.* **to f. in** □ **These colours f. into one another**, questi colori sfumano l'uno nell'altro.
fade [feid], *n.* (*cinem., telev.*) dissolvenza. ● **f.-in**, dissolvenza in apertura □ **f.-out**, dissolvenza in chiusura.
fadeless [ˈfeidlis], *a.* **1** (*di colore, ecc.*) durevole; resistente **2** (*fig.*) che non svanisce; che non muore.
fading [ˈfeidiŋ], *n.* **1** (*cinem., telev.*) dissolvenza **2** (*radio, telev.*) fading; affievolimento; evanescenza.
faecal [ˈfiːkl], *a.* fecale.
faeces [ˈfiːsiːz], *n. pl.* feci; escrementi.
faerie [ˈfeiəri], **faery** [ˈfeiəri], **A** *n.* **1** (il) paese delle fate **2** fata. **B** *a.* fatato; immaginario.
to fag [fæg], **A** *v. i.* **1** faticare; sgobbare **2** (*nelle scuole inglesi*) fare da servitore; fare piccoli servizi: **to fag for a senior (student)**, fare servizi a uno studente più anziano. **B** *v. t.* **1** affaticare; stancare: **to be fagged out**, essere stanco morto **2** far fare piccoli servizi a (*uno studente di corso inferiore*).
fag [fæg], *n.* **1** (*fam.*) lavoro pesante, ingrato; faticata; sgobbata **2** (*nelle scuole inglesi*) studente di corso inferiore che fa piccoli servizi a un anziano **3** (*pop.*) sigaretta; cicca (*pop.*) **4** (*pop.*) omosessuale; finocchio (*pop.*); checca (*fam.*). ● **fag-end**, mozzicone, cicca; residuo, rimasuglio; estremità sfilacciata (*di corda o tessuto*) □ **brain-fag**, esaurimento nervoso.
fagged [fægd], *a.* (*pop., anche* **f. out**) spossato; stremato; stanco morto (*fam.*); spompato (*pop.*).
fag(g)ot [ˈfægət], *n.* **1** fascina; fascio (*di legna o di sbarre metalliche*) **2** polpetta (*o* involtino) di fegato di maiale **3** *V.* **fag**, *def.* 4. ● (*stor.*) **f.-voters**, persone cui venivano fittiziamente trasferite proprietà per dar loro il diritto al voto □ (*stor.*) **f. votes**, voti così ottenuti.
to faggot [ˈfægət], *v. t.* legare in fascine; affastellare.
faggotry [ˈfægətri], *n.* (*pop.*) omosessualità (*maschile*).
faggoty [ˈfægəti], **faggy** [ˈfægi], *a.* (*pop.*) omosessuale.
faience [faiˈɑːns], *n.* ceramica, porcellana (*in origine, di Faenza*); faentina.
to fail [feil], **A** *v. i.* **1** fallire; fare fiasco; non riuscire; mancare; sbagliare; venir meno: **Our attack failed**, la nostra offensiva non riuscì (*o* fallì lo scopo); **Our ammunition supply failed us**, ci vennero meno le munizioni; **His courage failed him**, gli mancò il

fail

coraggio; **Don't f. to let me know**, non mancare d'informarmi; **Words f. me**, mi mancano le parole **2** non riuscire: **He failed to understand why you rejected his offer**, non riuscì a capire perché tu avessi respinto la sua offerta **3** essere privo di; mancare di: **He is a good boy but fails in diligence**, è un buon ragazzo ma manca di diligenza **4** essere respinto (*o* riprovato, bocciato): **Many candidates failed**, molti candidati furono respinti **5** (*med.*) deperire; indebolirsi **6** (*mecc.*) guastarsi; smettere di funzionare: **The engine has failed**, s'è guastato il motore **7** (*fin.*) fallire; andar fallito. **B** *v. t.* respingere; riprovare; bocciare: **If you don't study, I'll f. you**, se non studi, ti boccio **2** essere respinto in; non superare: **to f. mathematics (one's driving test, etc.)** essere bocciato in matematica (non superare l'esame di guida, ecc.) **3** abbandonare; venir meno a: **His good humour failed him**, gli venne meno il buon umore. ● **to be failing in health**, essere di salute cagionevole; deperire □ (*leg.*) **The witness failed to appear**, il testimone non si presentò.

fail [feil], *n.* **1** fallo (*nell'espressione*) **without f.**, senza fallo; certamente **2** bocciatura **3** bocciato (*a un esame*). ● **f.-safe**, (*mecc.*) a prova d'errore (*o* di guasto); sicuro; (*fig.*) che non sbaglia; d'arresto, d'emergenza: **f.-safe brake**, freno d'emergenza □ **to f.-safe**, rendere sicuro, a prova d'errore; (*di meccanismo, ecc.*) fermarsi (*o* interrompersi) in caso di guasto.

failing ['feiliŋ], **A** *n.* **1** debolezza; difetto; manchevolezza; punto debole **2** *V.* **failure**. **B** *prep.* in mancanza di; venendo meno: **F. a telephone call, I'll come in person**, in mancanza d'una telefonata, verrò di persona. ● **F. this, we shall let you know**, se ciò non dovesse succedere, vi informeremo.

faille [feil] (*franc.*), *n.* (*ind. tessile*) tessuto opaco di seta; faglia.

failure ['feiljə*], *n.* **1** (*anche fin.*) fallimento; insuccesso; fiasco (*fig.*): **The attack was a f.**, l'attacco fu un insuccesso; **a bank f.**, il fallimento d'una banca **2** mancanza; omissione; insufficienza: **f. to obey the rules**, la mancanza d'obbedienza ai regolamenti; **the crop f.**, l'insufficienza dei raccolti agricoli **3** (*di persona*) fallito, fallita (*fig.*): **He was a f., as a manager**, come dirigente, era un fallito **4** (*mecc.*) collasso **5** (*mecc.*) mancato funzionamento; guasto; avaria. ● (*leg.*) **f. to appear**, mancata comparizione in giudizio; contumacia □ (*leg.*) **f. to perform**, mancata esecuzione (*in un contratto o* to meet with**), fallire; far fiasco: **All my plans ended in f.**, tutti i miei progetti fallirono.

fain (1) [fein], (*arc.*) **A** *a. pred.* **1** contento, lieto (*di*) **2** disposto, rassegnato (*a*). **B** *avv.* volentieri; di buon grado: **He would f. come with us**, verrebbe volentieri; sarebbe lieto di venire con noi.

fain (2) [fein], *voce verb.* (*nell'espressione infant.*) *f.*, non voglio; mi rifiuto: **F. I playing with you**, figurati se gioco con te!

fainéant ['feiniɑːn] (*franc.*), **A** *a.* ozioso; pigro. **B** *n.* fannullone.

fains [feinz], *V.* **fain (2)**.

faint (1) [feint], *a.* **1** debole; fievole; flebile; fiacco; confuso; indistinto; pallido; vago; timido: **a f. effort**, un debole sforzo; **f. sounds**, suoni fievoli, indistinti; **I haven't the faintest idea what you mean**, non ho la più pallida idea di che cosa tu voglia dire; **There is a. f. hope he will survive**, c'è una vaga speranza che sopravviva; **f. green**, verde pallido **2** languido; fiacco; stremato; sul punto di svenire: **He was f. with hunger**, era stremato per la fame **3** (*d'aria, profumo, ecc.*) opprimente; che fa girare la testa; che dà il capogiro. ● **f.-heart**, persona pusillanime □ **f.-hearted**, pusillanime □ **f.-heartedness**, pusillanimità □ **f. lines**, rigatura (*della carta*) □ **to become** (*o* **to grow**) **f.**, affievolirsi □ **to feel f.**, sentirsi svenire □ (*prov.*) **F. heart never won fair lady**, chi non risica non rosica.

faint (2) [feint], *n.* svenimento; deliquio: **to go off in a f.**, cadere in deliquio. ● **to fall down in a f.**, cadere svenuto □ **to be in a dead f.**, essere come morto (*per svenimento*).

to faint [feint], *v. i.* **1** svenire; venir meno **2** languire; perdersi d'animo **3** sentirsi venir meno: **to f. from hunger**, sentir venir meno per la fame. ● **to f. away**, attenuarsi, svanire: **The bad smell fainted away**, il cattivo odore s'attenuò.

faintish ['feintiʃ], *a.* deboluccio; piuttosto fiacco, indistinto, pallido. vago, ecc. (*V.* **faint (1)**).

faintness ['feintnis], *n.* **1** debolezza; fievolezza; flebilità; l'esser vago (*o* indistinto) **2** languore; fiacchezza.

faints [feints], *V.* **feints**.

fair (1) [fɛə*], *n.* **1** fiera; mercato; mostra: **the book f.**, la fiera del libro **2** fiera (*o* pesca) di beneficenza **3** luna park; parco divertimenti. ● **Fairs organisation**, Ente Fiere □ (*fig.*) **a day after the f.**, troppo tardi; al fumo delle candele.

fair (2) [fɛə*], **A** *a.* **1** bello; buono; favorevole: **f. women**, donne belle; **a f. fortune**, una bella fortuna; **un bel patrimonio**; **f. weather**, tempo bello, buono; **a f. copy**, una bella copia; **a f. road**, una strada buona (*sgombra da ostacoli, ecc.*); **f. promises**, belle promesse; **a f. fame (reputation)**, una buona fama (reputazione); **a f. name**, un buon nome; una buona rinomanza; **in f. or foul weather**, col buono o col cattivo tempo; (*fig.*) nella fortuna e nell'avversità; **a f. wind**, un vento favorevole **2** biondo; chiaro: **f. hair**, capelli biondi; **a f. complexion**, una carnagione chiara **3** giusto; equo; equanime; imparziale; leale; onesto: **a f. price**, un prezzo giusto; **a f. criticism**, una critica giusta, oggettiva; **a f. exchange**, uno scambio equo; **a f. judge**, un giudice equanime; **f. treatment**, trattamento imparziale; **a f. decision**, una decisione leale; **a f. share**, una parte equa **4** discreto; mediocre; abbastanza buono: **a f. capital**, un discreto capitale; **His performance was merely f.**, la sua esecuzione fu appena mediocre; **a f. knowledge of English**, una discreta conoscenza della lingua inglese **5** (*sport*) corretto. **B** *n.* (*arc.*) **1** bellezza; cosa bella **2** bella; donna bella **3** ciò che è leale, che sta bene, che vale «vale»: (*nei giochi*) **No f.!**, non vale! ● **f. and square**, (*agg.*) leale, onesto, sincero; (*avv.*) a carte scoperte □ (*comm.*) **f. average quality**, buona qualità media □ (*econ.*) **f. competition**, concorrenza leale □ **f. game**, preda consentita; (*fig.*) facile bersaglio □ **f.-haired**, biondo; dai capelli biondi: **a f.-haired girl**, una ragazza bionda □ **f.-minded**, equanime □ **f.-mindedness**, equanimità □ **f. play**, correttezza; lealtà; lo stare alle regole del gioco □ **the f. sex**, il gentil sesso □ **f.-spoken**, gentile, cortese (*nel parlare*) □ **f. trade**, commercio basato sulla vendita dei prodotti a un prezzo minimo (*stabilito dal produttore*) □ **f.-trade practices**, correttezza commerciale □ **f.-weather friends**, amici della buona sorte (*infidi, incostanti*) □ **to bid f.**, avere buone probabilità: **He bids f. to make money**, ha buone probabilità di far quattrini □ **by f. means**, con mezzi leciti, leali, onesti □ **by f. means or foul**, di riffa o di raffa □ **to be in a f. way to**, essere bene incamminato verso; promettere di; stare per (*vincere, ecc.*): **He is in a f. way to succeed**, è bene incamminato verso il successo □ (*prov.*) **All's f. in love and war**, in amore e in guerra tutto è lecito.

fair (3) [fɛə*], *avv.* **1** correttamente; lealmente; onestamente: **to play f.**, agire correttamente; **to fight (to hit) f.**, combattere lealmente (colpire secondo le regole) **2** esattamente; proprio: **He struck me f. on the face**, mi colpì proprio in faccia **3** bene; in bei caratteri; in bella copia: **to copy a letter out f.**, copiare una lettera in bella (copia) **4** (*naut.: del vento*) in senso favorevole **5** (*arc.*) gentilmente; cortesemente.

to fair [fɛə*], **A** *v. i.* (*di tempo*) schiarirsi; rasserenarsi. **B** *v. t.* **1** ricopiare (*un documento, ecc.*) in bella (copia); fare la bella copia di **2** (*naut.*) lisciare, spianare (*assi della nave e sim.*) **3** (*aeron.*) carenare.

fairground ['fɛəgraund], *n.* **1** prato (*o* terreno) per il parco divertimenti **2** zona fieristica.

fairing (1) ['fɛəriŋ], *n.* (*raro*) dono acquistato a una fiera.

fairing (2) ['fɛəriŋ], *n.* (*aeron.*) carenatura.

fairish ['fɛəriʃ], *a.* **1** discreto; mediocre; passabile **2** biondastro; biondiccio.

fairly ['fɛəli], *avv.* **1** con giustizia; equamente; onestamente: **He treated me f.**, mi trattò con giustizia **2** discretamente; abbastanza: **I am f. well**, sto abbastanza bene **3** completamente; del tutto; letteralmente: **The river was f. alive with crocodiles**, il fiume era letteralmente brulicante di coccodrilli. ● **f. good**, abbastanza buono; discreto; (*ma anche*) **That's f. good!**, mica male!

fairness ['fɛənis], *n.* **1** bellezza; bontà **2** (*di capelli*) l'esser biondi; biondezza; (*di carnagione*) l'esser chiara, chiarezza **3** equità; equanimità; imparzialità; onestà.

fairway ['fɛəwei], *n.* **1** (*naut.*) canale d'accesso; zona navigabile d'un fiume (*o* d'una baia) **2** (*golf*) percorso normale.

fairy ['fɛəri], **A** *n.* **1** fata **2** (*pop.*) invertito; finocchio (*pop.*); checca (*fam.*). **B** *a.* di (*o* da) fata; delicato; leggiadro; grazioso: **a f. smile**, un sorriso di fata. ● **f. lamps**, lanternine colorate □ **f. lights**, lampadine sull'albero di Natale □ **f. ring**, circolo d'erba più scura, in un prato (*attribuito a danze delle fate*) □ **the f. queen**, la regina delle fate □ **f. tale**, racconto di fate; fiaba; (*per estens.*) storia incredibile, fandonia, frottola □ **f.-tale** (*agg.*), irreale; magico; di favola.

fairydom ['fɛəridəm], *n.* regno delle fate.

fairyhood ['fɛərihud], *n.* **1** l'essere fata (*o* fatato) **2** (*collett.*) le fate.

fairyland ['fɛərilænd], *n.* **1** (il) regno delle fate **2** (*fig.*) luogo paradisiaco.

fait accompli [‚feitəkɔm'pli] (*franc.*), *n.* fatto compiuto; cosa fatta: **to present sb. with a fait accompli**, mettere q. davanti al fatto compiuto.

faith [feiθ], *n.* fede; fiducia; credenza religiosa: **the Catholic f.**, la fede cattolica; **I haven't much f. in his skill**, non ho molta fede nella sua abilità; **in good f.**, in buona fede; **in bad f.**, in mala fede; **to put one's f. into sb. (st.)**, riporre la propria fiducia in q. (q.c.). ● **the f.**, la fede (*in Dio*); la religione □ **f.-cure** (*o* **f.-healing**), guarigione (di malati) per mezzo delle preghiere □ **f.-curer** (*o* **f.-healer**), guaritore; chi cura malati con le preghiere □ **to break f.**, mancare alla parola data; non essere di parola □ **to keep f.**, mantenere la parola data □ **to pin one's f. to** (*o* **upon**), dare (o prestar) fede a □ **to pledge** (o **to give, to plight**) **one's f.**, dare la propria parola □ **Punic f.**, fede punica; tradimento □ (arc.) **By my f.!** (o **In f.!; F.!**), in fede mia!; in verità!; davvero!

faithful ['feiθful], a. **1** fedele; leale: **a f. friend**, un amico fedele; **a f. wife**, una moglie fedele; **to be f. to one's word**, essere fedele alla parola data **2** fedele; accurato; esatto: **a f. copy of a letter**, una copia fedele d'una lettera. ● (relig., collett.) **the f.**, i fedeli; i credenti.

faithfully ['feiθfuli], avv. **1** fedelmente; lealmente **2** fedelmente; esattamente. ● (nelle lettere) **Yours f.**, distinti saluti (e sim.) □ **to deal f. with sb.**, dire la dura verità a q. □ (fam.) **to promise f.**, promettere in modo assoluto.

faithfulness ['feiθfulnis], n. **1** fedeltà; lealtà **2** accuratezza; precisione; esattezza.

faithless ['feiθlis], a. infedele; infido; miscredente; perfido; sleale: **a f. wife**, una moglie infedele; **a f. friend**, un amico infedele.

faithlessness ['feiθlisnis], n. infedeltà; miscredenza; mancanza di fede; perfidia; slealtà.

to fake (1) [feik], A v. t. **1** alterare; contraffare; falsare; falsificare; truccare: **to f. accounts**, alterare (o falsare) i conti; **to f. a report**, falsificare un resoconto; **to f. an old master**, contraffare il quadro di un grande pittore del passato **2** fingere; (anche sport) simulare, fintare (fam.): **to f. surprise**, fingere sorpresa; **to f. a robbery**, simulare una rapina. B v. i. **1** fingere; simulare **2** (sport) fare una finta; fintare (fam.). ● **to f. up**, falsificare; inventare (una storiella) □ **to f. illness**, fingersi malato.

fake (1) [feik], A n. **1** contraffazione; falsificazione; falso: **This rare stamp is a f.**, questo francobollo raro è un falso **2** notizia falsa; trucco; raggiro. B a. attr. falso; contraffatto: **a f. jewel**, un gioiello falso.

fake (2) [feik], n. (naut.) duglia; giro di cavo.

to fake (2) [feik], v. t. (naut.) avvolgere, arrotolare (un cavo, ecc.).

fakement ['feikmənt], n. (raro) alterazione; falsificazione; truffa.

faker ['feikə*], n. **1** contraffattore; falsificatore **2** impostore; truffatore; ciarlatano.

fakir ['fa:kiə*], n. fachiro.

Falangism [fə'lændʒizm], n. (stor., polit.) falangismo.

Falangist [fə'lændʒist], n. (stor., polit.) falangista.

falbala [fælbələ], n. falpalà; balza (in sartoria).

falcate ['fælkeit], a. (astron.) falcato **2** (biol.) falciforme.

falcated ['fælkeitid], a. (astron.) falcato (specialm. della luna).

falchion ['fɔ:lʃən], n. (stor., mil.) falcione (sorta di spada).

falciform ['fælsifɔ:m], a. (anat., biol.) falciforme: **f. ligament**, legamento falciforme.

falcon ['fɔ:lkən], n. **1** (zool., Falco) falco; falcone **2** (stor.) falcone femmina (in falconeria) **3** (stor., mil.) falcone.

falconer ['fɔ:lkənə*], n. **1** falconiere **2** cacciatore col falcone.

falconet ['fɔ:lkənit], n. **1** (stor., mil.) falconetto **2** (zool., Microhierax) microierace.

falconry ['fɔ:lkənri], n. falconeria.

falderal ['fældə'ræl], **falderol** ['fældə'rɒl], n. **1** tralleralera; ritornello di canzone **2** gingillo; ninnolo **3** nonnulla; quisquilia.

faldstool ['fɔ:ldstu:l], n. (relig.) **1** (Chiesa cattolica) faldistorio **2** inginocchiatoio **3** (Chiesa anglicana) banco da cui si leggono le litanie.

Falernian [fə'lə:njən], a. (lett.) falerno: **F. wine**, vino di Falerno.

to fall [fɔ:l] (pass. **fell**, p. p. **fallen**), A v. i. **1** cadere; cascare; ricadere; precipitare; stramazzare; crollare; scendere; calare; discendere; abbassarsi; diminuire: **He fell out of the window**, cadde dalla finestra; **The rain was falling**, cadeva la pioggia; **The wind fell**, cadde il vento; **The centre-left government has fallen**, è caduto il governo di centrosinistra; **The fortress fell to the enemy**, la fortezza cadde in mano al nemico; **Many fell in battle**, molti caddero in battaglia; **Several houses fell in the earthquake**, parecchie case crollarono nel terremoto; **Darkness fell on the earth**, le tenebre calarono (o scesero) sulla terra; **Night is falling**, cade la notte; **Easter falls in March this year**, la Pasqua cade di marzo quest'anno; **The barometer has fallen**, il barometro è sceso; **The land falls gently to the sea**, il terreno scende dolcemente verso il mare; **Her hair falls over her shoulders**, i capelli le cadono (o scendono) sulle spalle; **His voice fell to a murmur**, la sua voce si abbassò in un sussurro; **Prices will f.**, i prezzi caleranno; **The national income keeps falling**, il reddito nazionale continua a diminuire **2** spettare; toccare (come dovere, in sorte); andare (di diritto): **The hardest toil fell on our company**, alla nostra compagnia toccò il lavoro più pesante; **It falls to me to introduce the orator**, tocca a me presentare l'oratore; **The inheritance falls to the widow**, l'eredità va alla vedova **3** (di parole, ecc.) uscire (di bocca) **4** dividersi; suddividersi: **The powers of the Federal Government f. into three branches**, i poteri del Governo Federale si dividono in tre rami; **These stories f. into** (o **under**) **two classes**, questi racconti si dividono in due categorie **5** (di fiume, ecc.) sboccare; sfociare **6** (di faccia, espressione, ecc.) allungarsi; mostrarsi; farsi triste: **His face fell at the news**, gli si allungò la faccia (o fece la faccia lunga) alla notizia **7** (di animali) nascere. B verbi composti **1 to f. among thieves**, cadere in mano ai ladri; essere derubato. **2** (naut.) **to f. astern**, rimanere indietro, in coda (a un convoglio). **3** to f. away, deperire; (di cose) scomparire, svanire □ **to f. away from sb.**, abbandonare q.; tradire q. **4 to f. back**, indietreggiare; ripiegare; ritirarsi □ **The rebels had to f. back**, gli insorti dovettero ritirarsi □ (fig.) **to f. back on** (o **upon**), ricorrere a; far ricorso a. **5** to f. **behind**, rimanere indietro: **The red car fell behind all the others**, la macchina rossa restò in coda; **I've fallen behind with my work**, sono rimasto indietro col mio lavoro. **6** to f. **down**, cadere in ginocchio, prosternarsi, prostrarsi; (anche di prezzi) cadere, crollare □ **to f. down on st.**, non riuscire in q.c. **7** (fam.) **to f. for**, innamorarsi, incapricciarsi di; prendere una cotta per (una ragazza, ecc.); aderire a (un suggerimento); accettare (un consiglio): **I fell for her at first sight**, m'innamorai di lei a prima vista; **She fell for the gold bracelet (on display) in the window**, s'incapricciò del braccialetto d'oro in (mostra nella) vetrina. **8** to f. **in**, (di un edificio) crollare, sprofondare; (di un contratto, di un debito) scadere; (mil.) fare allineare, allinearsi; (di un solo soldato) mettersi in riga □ **to f. in with**, imbattersi in; riunirsi a; trovarsi d'accordo con: **a thought that falls in well with mine**, un pensiero che s'accorda bene con il mio. **9** to f. into, cadere in: **to f. into abeyance**, cadere in disuso □ **to f. into arrears**, accumulare arretrati □ **to f. into conversation with sb.**, mettersi a conversare con q. □ **to f. into a doze**, appisolarsi □ **to f. into a habit**, prendere un'abitudine □ **to f. into line**, (mil.) mettersi in riga, allinearsi; (fig.) adeguarsi (all'andazzo generale), adattarsi (al volere altrui) □ **to f. into poverty (ruin, etc.)**, cadere in miseria (in rovina, ecc.). **10 to f. off**, cadere; diminuire; degenerare; peggiorare; (di colore) sbiadire; (mar.) scadere sottovento, scarrocciare; (di sudditi) ribellarsi: **I fell off my motorbike**, caddi dalla motocicletta; **Sales have fallen off**, le vendite sono calate; **Your work has fallen off**, il tuo lavoro è peggiorato. **11 to f. on** (o **upon**), gettarsi su; attaccare: **Our soldiers fell bravely on the enemy**, i nostri soldati attaccarono coraggiosamente il nemico □ **to f. on one's feet** (o **legs**), cadere in piedi; uscire incolume da una disgrazia □ **to f. on the food**, gettarsi sul cibo; cominciare a mangiare di gusto □ **to f. on one's sword**, gettarsi sulla spada (per uccidersi) □ **It fell on me to break the bad news**, toccò a me portare la brutta notizia. **12 to f. out**, accadere, succedere; (mil.) rompere le righe □ **to f. out of a habit**, perdere un'abitudine □ **to f. out well**, avere un buon esito; andare a finir bene □ **to f. out (with sb.)**, litigare (con q.): **He has fallen out with all his friends**, ha litigato con tutti i suoi amici. **13 to f. over**, cadere: **The boy ran too fast and fell over**, il ragazzo correva troppo forte e cadde □ **to f. over sb. (st.)**, inciampare in q. (q.c.) □ **to f. over backwards** (o **to f. over oneself**) **to be useful**, fare di tutto per rendersi utile. **14 to f. to**, (mil.) dare inizio alle ostilità, attaccare; mettersi all'opera; mettersi a mangiare □ **to f. to doing st.**, cominciare (o mettersi) a fare q.c.: **He fell to scolding her**, si mise a sgridarla. **15 to f. through**, fallire; far fiasco: **All our plans fell through**, tutti i nostri piani fallirono. **16 to f. under**, dividersi; essere classificabile; ricadere: **In taxonomy species f. under genera**, nella tassonomia le specie si classificano nell'ambito dei generi. **17 to f. within**, cadere nel numero; essere incluso □ **to f. within sb.'s competence**, essere di competenza di q. ● **to f. asleep**, addormentarsi □ **to f. due**, scadere: **The bill falls due tomorrow**, la cambiale scade domani □ **to f. flat**, cadere bocconi; (fig.) andare a vuoto, far fiasco, fare cilecca: **The plan fell flat** (o **to the ground**), il piano fallì □ **to f. foul of**, urtarsi con; litigare con; restare impigliato in; (naut.) entrare in collisione con (un'altra nave) □ (relig.) **to f. from grace**, perdere lo stato di grazia; cadere nel peccato □ **to f. headlong**, cadere a capofitto; precipitare □ **to f. ill**, cadere ammalato; ammalarsi □ **to f. in love with**, innamorarsi di □ (aeron.) **to f. in spin**, cadere in vite; avvitarsi □ **to f. in two**, spaccarsi in due □ (di cavallo e sim.) **to f. lame**, azzopparsi □ (naut.) **to f. overboard**, cadere in mare □ **to f. a prey to sb.**, cadere in preda to q. □ **to f. prostrate**, prostrarsi □ **to f. short**, essere troppo corto; essere insufficiente, non bastare; venir meno, venire a mancare; essere inferiore a (speranze, aspettative, ecc.): **Provisions fell short**, le provviste vennero a mancare □ **to f. to pieces**, andare in pezzi; rompersi □ **to f. to work**, mettersi a lavorare □ **a fallen angel**, un angelo caduto □ **a fallen woman**, una donna caduta (nella colpa), perduta □ **to have fallen on evil times**, essere caduto in disgrazia; essere andato in rovina □ **Her eyes fell**, ella abbassò lo sguardo □ (mecc.) **The engine speed is falling**, il motore perde giri.

fall [fɔ:l], n. **1** caduta (anche fig.); cascata; crollo; precipitazione atmosferica: **a f. from a ladder**, una caduta da una scala a pioli; **the f. of the Roman Empire**, la caduta (o il crollo) dell'impero romano; **a heavy f. of hailstones**, una forte caduta di gran-

fallacious

dine 2 (*anche* **waterfall**) cascata 3 declivio; discesa; pendio 4 diminuzione; calo; ribasso; abbassamento: **a f. in wholesale prices**, un ribasso dei prezzi all'ingrosso; **a f. in temperature**, un abbassamento di temperatura; **the f. of a flood**, l'abbassamento delle acque; il deflusso di un'inondazione 5 (*USA*) autunno: **f. weather**, tempo autunnale 6 (*lotta greco-romana*) schienata 7 (*mecc.*) catena di comando; cavo di manovra 8 (*di un mulino*) misura della caduta dell'acqua 9 (*naut.*) cavo sotto sforzo; tirante 10 legname abbattuto 11 (*ind. min.*) distacco (*di roccia, di minerale*) 12 (*di animali*) nascita; parto; figliata (*specialm. di agnelli*) 13 veletta (*attaccata a un cappellino da donna*) 14 toupet. ● **f.-back**, ripiego (*fam. USA*) **f. guy**, capro espiatorio; babbeo □ **f. line**, (*sci*) linea di massima pendenza; (*geol.*) linea di caduta (*o di stacco*) □ **the F. (of Man)**, la caduta d'Adamo; il peccato originale □ (*anche fig.*) **the f. of the curtain**, il calare del sipario □ (*anche fin.*) **f.-off**, calo; diminuzione; declino; flessione; contrazione: **a f.-off in prices**, una flessione dei prezzi; **a f.-off in exports**, una contrazione delle esportazioni □ **f.-out**, (*fis. nucl.*) ricaduta radioattiva, pioggia radioattiva; abbandono, rinuncia, ritiro; (*fig.*) derivato (*o* ritrovato) inatteso; sottoprodotto □ (*stat.*) **f.-out rate**, percentuale di abbandono □ (*edil.*) **f.-out shelter**, rifugio antiradiazioni □ **f. trap**, trabocchetto □ **a (heavy) f. of snow**, una (forte) nevicata □ **to take a bad f.**, fare una brutta caduta □ (*fam. USA*) **to take a f. out of sb.**, avere la meglio (*o* spuntarla) su q.

fallacious [fə'leɪʃəs], *a.* fallace; falso; ingannevole: **f. expectations**, speranze fallaci.

fallaciousness [fə'leɪʃəsnɪs], *n.* fallacia; falsità; ingannevolezza.

fallacy ['fæləsi], *n.* 1 fallacia; falsità; ingannevolezza: **the f. of the senses**, l'ingannevolezza dei sensi 2 errore; credenza errata; superstizione; falso ragionamento; sofisma: **a popular f.**, una credenza errata, ma assai diffusa.

fallal [fæ'læl], *n.* 1 falpalà 2 ninnolo; fronzolo.

fallen ['fɔːlən], *p. p.* di **to fall**. ● (*collett.*) **the f.**, i caduti (*in guerra*).

fallibility [,fælɪ'bɪlɪti], *n.* fallibilità; disposizione a errare.

fallible ['fæləbl], *a.* fallibile; che è soggetto ad errare.

falling ['fɔːlɪŋ], *A a.* (*anche fig.*) cadente. *B n.* 1 caduta 2 decadimento; abbassamento 3 diminuzione. ● **f. away**, deperimento; defezione; rivolta; apostasia □ **f. back**, indietreggiamento; ripiegamento; ritirata □ **f. in**, crollo; sprofondamento; scadenza; (*mil.*) l'allinearsi □ **f.-off**, degenerazione; declino; diminuzione; caduta, flessione (*di prezzi*): **a f.-off in sales**, una diminuzione delle vendite □ **f.-out**, dissidio; litigio □ (*autom.*) **f. (o fallen) rocks**, caduta massi (*cartello*) □ (*med.*) **f. sickness**, mal caduco □ **f. star**, stella cadente (*o* filante) □ **f. stone**, meteorite.

fallow (1) ['fæloʊ], *A n.* (*agric.*) maggese; maggesato. *B a.* incolto (*anche fig.*) a maggese: **a f. mind**, una mente incolta. ● **to lie f.**, (*di terreno*) essere a maggese; (*fig.*) essere inutilizzato.

to fallow ['fæloʊ], *v. t.* (*agric.*) maggesare; tenere (*un terreno*) a maggese.

fallow (2) ['fæloʊ], *a.* fulvo; rossastro. ● (*zool.*; *invar. al pl.*) **f. deer** (*Dama dama*), daino.

falls [fɔːlz], *n. pl.* cascate (*specialm. nei toponimi*): **Niagara F.**, le cascate del Niagara.

false [fɔːls], *A a.* 1 falso; contraffatto; falsato; falsificato; artificiale; posticcio; finto; infido; sleale: **a f. note**, una nota falsa; **a f. alarm**, un falso allarme; **f. weights**, pesi falsati; **f. coins**, monete false (*o* contraffatte); **f. teeth**, denti artificiali (*o* finti); **f. hair**, capelli finti (*o* posticci); **a f. drawer**, un finto cassetto 2 errato; erroneo; sbagliato: **a f. verdict**, un verdetto errato; (*gramm.*) **f. concord**, concordanza erronea; (*caccia* e *fig.*) **a f. scent**, una pista sbagliata 3 fuori luogo; infondato; illusorio; falso: **f. hopes**, speranze illusorie; **a f. sense of security**, un falso senso di sicurezza. *B avv.* slealmente (*solo nella locuz.:*) **to play sb. f.**, trattare qualcuno slealmente; imbrogliare (*o* ingannare, tradire) q. ● (*edil.*) **f. attic**, falso attico; attico interposto □ **f. bottom**, doppiofondo □ (*edil.*) **f. ceiling**, controsoffitto □ (*leg.*) **a f. entry**, un falso in scritture contabili □ **f.-faced**, ipocrita □ **f.-hearted**, perfido; sleale □ **f. imprisonment**, incarcerazione illegale; detenzione abusiva □ (*naut.*) **f. keel**, controchiglia □ (*leg.*) **f. pretences**, asserzioni (*o* dichiarazioni) false; millantato credito □ (*anat.*) **f. rib**, falsa costola □ (*sport* e *fig.*) **f. start**, falsa partenza □ **to be f. to one's promises**, non tener fede alle promesse □ **to be (to put sb.) in a f. position**, essere (mettere q.) in una falsa posizione □ (*leg.*) **to give f. witness**, deporre (*o* testimoniare) il falso □ **to sail under f. colours**, (*naut.*) navigare sotto falsa bandiera; (*fig.*) spacciarsi per quello che non si è □ (*anche fig.*) **to take a f. step**, fare un passo falso.

falsehood ['fɔːlshʊd], *n.* 1 falsità; bugia; menzogna; falso: **to tell a f.**, asserire il falso 2 credenza errata; idea sbagliata.

falseness ['fɔːlsnɪs], *n.* falsità; doppiezza; perfidia; slealtà.

falsetto [fɔːl'setoʊ] (*ital.*), (*mus.*) *A n.* (*pl.* **falsettos**) falsetto. *B a.* di falsetto. *C avv.* in falsetto.

falsework ['fɔːlswəːk], *n.* (*edil.*) gabbia; armatura; ponteggio.

falsies ['fɔːlsɪz], *n. pl.* (*fam.*) seno finto.

falsifiable [fɔːlsɪ'faɪəbl], *a.* falsificabile.

falsification ['fɔːlsɪfɪ'keɪʃən], *n.* falsificazione; contraffazione.

falsifier ['fɔːlsɪfaɪə*], *n.* falsificatore; contraffattore; falsario.

to falsify ['fɔːlsɪfaɪ], *v. t.* 1 falsificare; contraffare; falsare; alterare: **to f. accounts (documents, etc.)**, alterare i conti (falsificare documenti, ecc.) 2 deludere (*aspettative, speranze, ecc.*); ingannare 3 dimostrare falso, infondato (*un timore* e *sim.*); dimostrare inattendibile (*una promessa, ecc.*).

falsity ['fɔːlsɪti], *n.* falsità; doppiezza; menzogna; perfidia; slealtà.

to falter ['fɔːltə*], *v. i.* 1 incespicare; inciampare 2 esitare; vacillare: **The front ranks faltered before the enemy fire**, le prime file vacillarono sotto il fuoco nemico 3 balbettare; borbottare. ● **to f. out**, balbettare; borbottare: **He faltered out an excuse and then was silent**, balbettò una scusa e tacque.

falter ['fɔːltə*], *n.* 1 esitazione; incertezza; vacillamento 2 balbettamento; borbottio.

faltering ['fɔːltərɪŋ], *a.* esitante; incerto; vacillante.

fame [feɪm], *n.* 1 fama; celebrità; gloria; rinomanza; reputazione (*buona o cattiva*) 2 (*arc., raro*) notizia; voce pubblica. ● **house of ill f.**, una casa di malaffare □ **ill f.**, cattiva fama.

to fame [feɪm], *v. t.* (*raro*) rendere famoso.

famed [feɪmd], *a.* 1 famoso; celebre; rinomato 2 conosciuto; noto: **to be f. as a liar**, essere noto come bugiardo.

familial [fə'mɪljəl], *a.* familiare; della (*o* di una) famiglia: **f. background**, ambiente familiare. ● (*med.*) **f. disease**, malattia di famiglia (*o* ereditaria) □ (*med.*) **f. Mediterranean fever**, malattia periodica.

familiar [fə'mɪljə*], *A a.* 1 familiare; intimo; comune; consueto: **He is f. with the English language**, l'inglese gli è familiare; ha familiarità con l'inglese; **This sight is f. to me**, questa vista mi è familiare; **a f. friend**, un amico intimo; **Unfortunately, road accidents are a f. sight**, purtroppo gli incidenti stradali sono uno spettacolo comune (*o* consueto) 2 confidenziale; che è in confidenza: **I am not f. with the chairman**, non sono in confidenza con il presidente 3 (*che si prende troppa confidenza*); indiscreto; invadente 4 (*di animale*) domestico. *B n.* 1 amico intimo 2 (*relig.*) famiglio; cameriere (*d'un vescovo, ecc.*) 3 *V.* **f. spirit**. ● (*mitol.*) **f. spirit**, demone al servizio d'una strega □ **to grow f. with**, prendere confidenza con □ **to make oneself f. with sb.**, entrare in confidenza con q.; familiarizzare con q. □ **to make oneself f. with st.**, acquistare familiarità (*o* dimestichezza) con q.c. □ **to be on f. terms with sb.**, avere familiarità con q.

familiarity [fə,mɪlɪ'ærɪti], *n.* 1 familiarità; confidenza; dimestichezza; intimità; buona conoscenza: **to be on terms of f. with sb.**, avere familiarità (*o* dimestichezza) con q.; **f. with Chinese**, buona conoscenza del cinese 2 eccessiva confidenza; sfacciataggine; sfrontatezza; invadenza. ● (*prov.*) **F. breeds contempt**, confidenza toglie riverenza.

familiarization [fə,mɪljəraɪ'zeɪʃən], *n.* il familiarizzare; l'entrare in rapporti familiari (*con q.*).

to familiarize [fə'mɪljəraɪz], *A v. t.* 1 diffondere; rendere universalmente noto; rendere familiare: **The war familiarized words like radar and jeep**, la guerra rese universalmente note parole come radar e jeep 2 far acquistare dimestichezza a; addestrare. **to familiarize oneself f.** *B v. rifl.* familiarizzarsi.

family ['fæmɪli], *A n.* famiglia; figli; (*fig.*) gruppo; discendenza: **He has a large f. to provide for**, ha una famiglia numerosa da mantenere; **a girl of good f.**, una ragazza di buona famiglia; **birds of the sparrow f.**, uccelli della famiglia del passero; **the Latin f. of languages**, la famiglia delle lingue latine. *B a.* 1 familiare: **inside the f. circle**, nella cerchia familiare; **f. jargon**, lessico familiare 2 in famiglia: **a f. dance**, un ballo (*pop.*): quattro salti in famiglia 3 per famiglie: **a f. film**, un film per famiglie 4 per uso familiare; da famiglia: **a f. car**, un'automobile per uso familiare. ● **f. allowance**, assegni familiari □ **the f. Bible**, la Bibbia di famiglia (*sulle cui pagine bianche si segnano le nascite, i matrimoni, ecc.*) □ **f. budget**, bilancio familiare □ **f. doctor**, medico di famiglia (*o* di fiducia) □ **f. hotel**, albergo di tipo familiare □ **a f. likeness**, somiglianza tra familiari; aria di famiglia □ **a f. man**, un uomo che ha famiglia; un uomo tutto famiglia □ **f. name**, cognome □ **f. planning**, limitazione delle nascite; pianificazione demografica □ (*fin.*) **f.-run company**, società a conduzione familiare □ (*comm.*) **f.-size package**, confezione (*tipo*) famiglia □ **f. tree**, albero genealogico □ **in the f. way**, senza far cerimonie; in modo familiare □ (*fam.: di donna*) **to be in the f. way**, essere incinta □ (*agric., econ.*) **one-f. farm**, azienda agricola a conduzione familiare □ **to start a f.**, avere il primo figlio; mettere su famiglia (*pop.*).

famine ['fæmɪn], *n.* 1 carestia 2 fame: **to die of f.**, morire di fame 3 estrema mancanza; grande scarsità: **water f.**, grande scarsità d'acqua. ● **f. prices**, prezzi molto alti (*a causa d'una carestia o fig.*).

to famish ['fæmiʃ], **A** v. t. affamare; far patire la fame a; far morire di fame. **B** v. i. essere affamato; patire la fame. ● (fam.) **to be famishing** (o **famished**), avere una fame da lupo.

famous ['feiməs], a. **1** famoso; celebre; rinomato: **a f. novelist**, un romanziere famoso **2** (fam., ormai raro) eccellente; ottimo: **to have a f. dinner**, fare un ottimo pranzo **3** (arc.) famigerato.

famously ['feiməsli], avv. **1** famosamente; in modo famoso **2** (fam., ormai raro) molto bene; benissimo; splendidamente; ottimamente.

famulus ['fæmjuləs] (lat.), n. (pl. **famuli**) famulus; famulo.

fan (1) [fæn], n. **1** ventaglio **2** ventola; sventola **3** (elettr., mecc.) ventilatore; ventola: **fan blade**, pala del ventilatore; **fan belt**, cinghia del ventilatore **4** pala (di mulino a vento) **5** (naut.) pala dell'elica **6** coda (del pavone) **7** pinna caudale (di balena) **8** (agric.) vaglio (per il grano) **9** (geol.) conoide. ● **fan heater**, termoconvettore □ (archit.) **fan-light**, lunetta a ventaglio; lunetta □ (zool.) **fan tail**, coda a ventaglio; piccione con la coda a ventaglio □ (archit.) **fan tracery**, motivi ornamentali a forma di ventaglio.

to fan [fæn], **A** v. t. sventolare; ventilare; far vento a: **to fan the fire**, far vento al fuoco **2** (agric.) vagliare (grano, ecc., dalla pula) **3** aprire (o distendere) a ventaglio. **B** v. i. **1** (del vento) soffiare lievemente **2** (anche **to fan out**) aprirsi (o distendersi) a ventaglio. **to fan oneself C** v. rifl. farsi vento; sventolarsi. ● **to fan the air**, menar colpi in aria □ **to fan away**, scacciare (per es. mosche) sventolando q.c. □ (anche fig.) **to fan the flames**, soffiare sul fuoco.

fan (2) [fæn], n. (fam.) ammiratore, ammiratrice; appassionato; fanatico; tifoso: **soccer fans**, tifosi del calcio; **a film fan**, un fanatico del cinema. ● **fan club**, club di tifosi (o di ammiratori) □ **fan mail**, lettere di ammiratori (ad attori, ecc.).

fanatic [fə'nætik], a. e n. **1** fanatico; entusiasta **2** (sport) tifoso.

fanatical [fə'nætikəl], a. fanatico; frenetico: **f. devotion**, devozione fanatica; **f. enthusiasm**, entusiasmo frenetico.

fanaticism [fə'nætisizəm], n. **1** fanatismo **2** fanatismo sportivo; tifo (fam.).

to fanaticize [fə'nætisaiz], **A** v. t. rendere fanatico; fanatizzare. **B** v. i. comportarsi da fanatico.

fancied ['fænsid], a. fantastico; immaginario.

fancier ['fænsiə*], n. amatore; appassionato; cultore; collezionista; intenditore: **a bird (dog, etc.)-f.**, un amatore di uccelli (di cani, ecc.); **a rose-f.**, un appassionato coltivatore di rose.

fancies ['fænsiz], n. pl. (fam. per **fancy cakes**) pasticcini extra (o di prima qualità).

fanciful ['fænsiful], a. fantastico; fantasioso; bizzarro; immaginoso; immaginario; (di) fantasia: **f. tales**, novelle fantastiche; **f. costumes**, costumi fantasia.

fancifulness ['fænsifulnis], n. l'esser fantasioso; bizzarria.

fancy ['fænsi], **A** n. **1** immaginazione; fantasia: **the fancies of a lover**, le fantasie d'un innamorato **2** idea; impressione: **I have a f. that he will not come at all**, ho idea (o l'impressione) che non verrà affatto **3** capriccio; ghiribizzo; desiderio; gusto; inclinazione: **a passing f.**, un capriccio passeggero **4** (collett.) (gli) appassionati di uno sport (specialm. del pugilato). **B** a. attr. **1** (di) fantasia; fantastico: **a f. picture**, un quadro di fantasia; **a f. necktie**, una cravatta fantasia **2** d'affezione; esorbitante: **a f. price**, un prezzo di affezione; **f. prices**, prezzi esorbitanti **3** elaborato; elegante; bizzarro; stravagante: **f. diving**, tuffi elaborati, difficili, acrobatici **4** di lusso: **a f. shop**, un negozio di lusso **5** (di animali) di razza (scelta): **a f. dog**, un cane di razza **6** (comm.) extra; di qualità superiore: **f. fruits**, frutta extra; **f. canned goods**, cibi in scatola di qualità superiore; **f. cakes**, pasticcini extra (o di prima qualità) **7** di vari colori; multicolore: **f. carnations**, garofani multicolori (o screziati) ● **f. bread**, pane speciale □ **f. dress**, costume (per maschera) □ **f.-dress ball** (o **f.-ball**), ballo in maschera □ **f. fair**, fiera di beneficenza con vendita di articoli vari □ **f.-free**, spensierato, allegro; (anche) non fidanzato, che ha il cuore libero □ **f. girl**, ragazza di facili costumi; donnina allegra; prostituta □ (comm.) **f. goods**, articoli vari; chincaglieria □ **f. man**, innamorato; fidanzato; (raro) protettore (di donne di malaffare); magnaccia, pappone (pop.) □ **f. woman**, amante (donna) □ **to catch** (o **to take**) **sb.'s f.**, colpire la fantasia di q.; piacere a q. □ **to take a f. to** (o **for**), affezionarsi a, provare simpatia per (una persona); incapricciarsi (di una cosa) □ **He has a f. for delicate food**, gli piacciono i cibi delicati □ **How does his proposal strike your f.?**, ti va a genio la sua proposta?

to fancy ['fænsi], v. t. **1** immaginare, immaginarsi; figurarsi; vedere (fig.); supporre; sembrare a, parere a (impers.): **Just f. how embarassed I was**, immagina (un po') come ero imbarazzato!; **Can you f. me as a jet pilot?**, mi ci vedi come pilota di un reattore?; **F. having to wait all day!**, figurati (che cosa sia o sia stato) dover aspettare tutto il giorno!; **I f. he won't forgive you**, suppongo che non ti perdonerà; **He fancied he saw a shadow in the garden**, gli parve di vedere un'ombra nel giardino **2** gradire; piacere a, andare a genio a (impers.); trovare (q.) simpatico: **I could f. a glass of beer**, gradirei un bicchiere di birra; **I don't f. him at all**, non mi piace per niente; non lo trovo affatto simpatico; **Do you f. the idea of a picnic?**, ti va l'idea di fare una merenda all'aperto? **3** allevare (animali di razza); coltivare (piante rare). ● (fam.) **to f. oneself**, avere un'alta stima (o una buona opinione) di sé □ **F. that!**, pensa un po'!; strano! □ **Just f.!**, immaginati! □ figurati! □ **F. meeting you in London!**, che combinazione incontrarci a Londra!

fancywork ['fænsiwə:k], n. ricamo.

fandangle [fæn'æŋgl], n. (fam.) ornamento bizzarro.

fandango [fæn'dæŋgou], n. (pl. **fandangos**) (mus.) fandango (danza e musica).

fane [fein], n. (poet.) tempio.

fanfare ['fænfɛə*], n. **1** (mus.) fanfara **2** (fig.) ostentazione.

fanfaronade [ˌfænfærə'na:d], n. fanfaronata; millanteria; spacconata.

fang [fæŋ], n. **1** zanna **2** dente (di serpente velenoso) **3** punta (di forca, bidente e sim.) **4** (anat.) punta della radice (d'un dente).

to fang [fæŋ], v. t. **1** azzannare **2** (tecn.) adescare (una pompa).

fanged [fæŋd], a. zannuto; provvisto di zanne.

fanny ['fæni], n. **1** (volg.) fica (volg.); vulva **2** (fam. USA) sedere; deretano; culo (volg.).

fantasia [fæn'teizjə] (ital.), n. (mus., arte, ecc.) fantasia.

fantast ['fæntæst], n. sognatore; fantasticone; fantasticatore.

fantastic(al) [fæn'tæstik(əl)], a. **1** fantastico; bizzarro; eccentrico; capriccioso; strano; stravagante: **f. figures**, figure fantastiche; **f. costumes**, costumi stravaganti; **f. ideas**, idee bizzarre; **a f. hat**, un cappellino eccentrico **2** (fam.) fantastico; splendido; ottimo; eccellente.

fantasticality [fænˌtæsti'kæliti], **fantasticalness** [fæn'tæstikəlnis], n. fantasticheria; bizzarria; stranezza; stravaganza.

fantasy ['fæntəsi], n. **1** fantasia (anche mus.); immaginazione **2** fantasia di visionario; chimera; fantasticheria; illusione; capriccio **3** (anche **f. coin**) moneta da collezionista (o di dubbia origine).

faquir ['fɑ:kiə*], n. fachiro.

far (1) [fɑ:*], avv. **1** lontano: **to live in a house far from the town**, abitare in una casa lontano dalla città; **They didn't go far**, non andarono lontano **2** assai; molto; di molto; di gran lunga: **far different**, molto diverso; **far better**, assai migliore; **He is far the cleverest of the brothers**, è di gran lunga il più intelligente dei fratelli **3** a fondo; fino in fondo: **to drive a nail far into the wall**, piantare un chiodo a fondo nel muro. ● **far above**, molto (al di) sopra (le nubi, ecc.); (fig.) di gran lunga superiore (agli altri, ecc.) □ **far ahead**, molto avanti: **He is far ahead of us**, è molto avanti a noi □ **far and away**, di gran lunga □ **far and near**, vicino e lontano; dappertutto □ **far and wide**, in lungo e in largo; dappertutto: **He has travelled far and wide**, ha viaggiato in lungo e in largo □ **far-away**, lontano, distante, remoto; (fig.) assente, sognante: **a far-away town**, una città lontana; **a far-away look**, uno sguardo assente □ **far between**, a grandi intervalli; infrequente; raro: **Cases of the kind are few and far between**, casi del genere sono pochi e (si verificano) a grande distanza l'uno dall'altro □ **far-famed**, di vasta rinomanza; famoso □ **far-fetched**, forzato; ricercato; stiracchiato; tirato per i capelli (fig.) □ **far-flung**, assai diffuso, esteso; lontano, remoto □ **Far from it**, al contrario!; Dio me ne guardi!; tutt'altro! □ **to be far gone**, essere molto avanti (nei debiti, nel bere, ecc.); essere molto malato, essere con un piede nella tomba (o più di là che di qua) □ **far gone in debt**, indebitato fino agli occhi □ **far in the future**, molto avanti nel futuro; nel remoto futuro □ (polit.) **the far-left parties**, i partiti d'estrema sinistra □ **far-off**, lontano; distante; remoto: **far-off countries (times)**, paesi (tempi) remoti □ **far-out**, lontano, remoto; (fig.) non convenzionale, originale, bizzarro; (pop.) eccellente, fantastico □ **far-outer**, anticonformista □ **far-reaching**, di grande estensione; di vasta portata: **a far-reaching measure**, un provvedimento di larga portata □ **far-seeing**, che vede lontano; (fig.) lungimirante, preveggente □ **far-sighted**, (med.) presbite; (fig.) perspicace, sagace; lungimirante, preveggente □ **far-sightedness**, (med.) presbiopia; (fig.) perspicacia, lungimiranza □ **as far as**, fino a: **We went as far as the station**, andammo fino alla stazione □ **as far as possible**, per quanto possibile □ **by far**, di gran lunga: **This book is by far the best**, questo libro è di gran lunga il migliore □ (fig.) **to go far**, andare lontano; fare molta strada: **This young man will go far**, questo giovane andrà lontano □ (fig.) **to carry** (o **to take**) **st. too far**, spingere troppo avanti q.c.; esagerare □ **to go far to effect st.**, riuscire quasi a spuntarla (o a farcela); riuscire quasi a realizzare q.c.: **He went far to effect his plan**, c'è mancato poco che portasse a compimento il suo piano □ (fig.) **to go too far**, passare il segno (fig.) □ **how far?**, fino a che pun-

far (2)

to?; fin dove?: **How far can you walk?**, fin dove puoi camminare? □ **How far is it from here to Rome?**, quanto c'è di qui a Roma? □ **so far**, fino a questo punto; fin qui; finora: **Now that we have come so far, we can stop for a little**, ora che siamo arrivati a questo punto, possiamo fermarci un poco; **So far, he has behaved splendidly**, finora si è comportato splendidamente (in) **so far as** (o **as far as**), per quello che; per quanto: **in so far as I am concerned...**, per quanto mi riguarda...; **as far as I know**, per quel che so io; per quel che mi consta □ (*USA*) **so far as may be**, per quanto possibile □ **so far from doing st.**, lungi dal (o invece di) fare q.c. □ **So far, so good**, fin qui, tutto bene; niente da ridire □ **Do you come from far?**, vieni di lontano? □ **He is far from well**, sta tutt'altro che bene □ **I am far from blaming him** (o **far be it from me to blame him**), lungi da me il biasimarlo.

far (2) [fa:*], a. (*compar.* **farther, further**; *superl. rel.* **farthest, furthest**) **1** lontano; distante; remoto: **in a far district**, in un distretto lontano; **the far past**, il lontano passato **2** lungo: **a far journey**, un lungo viaggio **3** opposto; altro: **the far side of the town**, la parte opposta della città; **a house on the far side of the hill**, una casa sull'altro fianco della collina **4** (*polit.*) estremo: **the f. left** (**right**), l'estrema sinistra (destra). ● **to be a far cry**, esserci una bella differenza: **It's a far cry from being an intelligent person to being a genius**, c'è una bella differenza fra essere intelligente ed essere un genio □ **the Far East**, l'Estremo Oriente.

farad ['færəd], n. (*elettr.*) farad.
faradaic [,færə'deiik], **faradic** [fə'rædik], a. (*elettr.*) faradico.
farce [fa:s], n. farsa (*anche fig.*); burla; buffonata; canzonatura.
to farce [fa:s], v. t. (*cucina*) farcire.
farcical ['fa:sikəl], a. farsesco; burlesco; ridicolo.
farcicality [,fa:si'kæliti], n. comicità; ridicolaggine.
farcy ['fa:si], n. (*vet.*) farcino; scabbia (*specialm. del cavallo*).
fardel ['fa:dl], n. (*arc.*; *anche fig.*) fardello.
fare [fɛə*], n. **1** prezzo di una corsa (o del biglietto); tariffa: **What's the f. from Milan to Rome?**, qual è il prezzo del biglietto da Milano a Roma?; **railway fares**, tariffe ferroviarie **2** passeggero (*di treno, autobus, taxi, ecc.*); cliente **3** cibo; vitto: **plentiful f.**, cibo abbondante; **good f.**, vitto buono. ● **f.-stage**, tratta tariffaria (*di tram, autobus, ecc.*) □ (*detto da bigliettaio di tram, ecc.*) **All fares, please!**, biglietti, prego! □ **bill of f.**, lista delle vivande.
to fare [fɛə*], v. i. **1** passarsela; andare: **How did it f. with him?**, come gli è andata?; **It fared well** (**ill**) **with her**, le è andata bene (male); **How did you f. abroad?**, come te la sei passata all'estero? **2** mangiare; trattarsi (a cibo): **to f. oneself well**, trattarsi bene; **We all fared alike**, mangiammo tutti le stesse cose **3** (*poet.*) viaggiare. ● **to f. forth**, partire.
farewell ['fɛə'wel], A *inter.* addio: **f. to the mountains**, addio ai monti. B n. addio; congedo; commiato: **a f. bow**, un inchino di commiato. ● **to make one's f.**, fare gli addii; accomiatarsi □ **to take one's f. of sb.**, accomiatarsi da q.; salutare q. (partendo).
farina [fə'rainə], n. **1** farina **2** (*chim.*) amido **3** (*bot.*) polline.
farinaceous [,færi'neiʃəs], a. **1** farinaceo **2** (*chim.*) amidaceo **3** (*biol.*) farinoso. ● **f. foods**, farinacei.
farinose ['færinous], a. farinoso.
farl [fa:l] (*scozz.*). n. focaccia di farina d'avena (o di grano).
farm [fa:m], A n. **1** podere; tenuta **2** (*anche* **farmhouse**) fattoria; casa colonica **3** allevamento; vivaio: **chicken f.**, allevamento di polli; **oyster f.**, vivaio di ostriche **4** (*fam.*) nido d'infanzia. B a. **1** agricolo: **f. trade**, commercio agricolo; (*USA*) **f. belt**, zona agricola **2** agrario: **f. policy**, politica agraria **3** di prodotti agricoli: (*comm.*) **f. exports**, esportazioni di prodotti agricoli. ● **f.-bailiff**, fattore; agente di campagna □ **f. holidays**, agriturismo □ **f. holidaymaker**, agriturista □ **f. implements**, attrezzi agricoli □ **f. labourer** (o **f. hand**, **f. worker**), bracciante agricolo □ **f. prices**, prezzi agricoli □ **f. products**, prodotti agricoli □ **f. shop**, fattoria che vende i prodotti al pubblico □ **f. subsidies**, sussidi all'agricoltura.
to farm [fa:m], v. t. e i. **1** coltivare; fare l'agricoltore: **He farms 100 acres of land**, coltiva cento acri di terra; **He is farming in Kenya**, fa l'agricoltore nel Kenya **2** (*anche* **to f. out**) affittare; dare in affitto (*terreni e anche manodopera*): **Slave owners used to f. their slaves**, i proprietari di schiavi solevano affittarli (o darli in uso ad altri dietro compenso) **3** (*fin., anche* **to f. out**) appaltare; dare in appalto: **to f. (out) a tax**, appaltare l'esazione di un'imposta **4** (*un tempo*) prendere in custodia e allevare (*specialm. bambini*) dietro compenso.
farmer ['fa:mə*], n. **1** coltivatore (*diretto o affittuario*); colono; agricoltore **2** allevatore: **sheep farmer**, allevatore di pecore **3** (*fin.*) appaltatore (*d'imposte*). ● **farmers' union**, consorzio agrario.
farmhouse ['fa:mhaus], n. casa colonica; fattoria.
farming ['fa:miŋ], n. **1** agricoltura; coltivazione **2** allevamento:

cattle f., allevamento di bovini; **sheep f.**, allevamento di pecore **3** (*fin.*) appalto (*d'imposte*).
farmstead ['fa:msted], n. casa colonica; fattoria.
farmyard ['fa:m-ja:d], n. aia; corte (*di casa colonica*).
faro ['fɛərou], n. (*pl.* **faros**) faraone (*gioco d'azzardo*).
farouche [fə'ru:ʃ] (*franc.*), a. selvatico; scontroso; timido.
farraginous [fə'reidʒinəs], a. farraginoso.
farrago [fə'ra:gou], n. (*pl.* **farragoes**) farragine; congerie; guazzabuglio.
farrier ['færiə*], n. **1** maniscalco **2** (*arc.*) veterinario.
farriery ['færiəri], n. mascalcia; bottega (o lavoro) di maniscalco.
farrow ['færou], n. figliata (*di scrofa*): **Ten pigs were born at one f.**, in una figliata nacquero dieci maialini.
to farrow ['færou], v. t. e i. (*di scrofa*) figliare.
fart [fa:t], n. (*volg.*) **1** peto; scor(r)eggia (*volg.*) **2** verme (*fig.*); persona spregevole.
to fart [fa:t], v. i. (*volg.*) scor(r)eggiare.
farther ['fa:ðə*], (*compar. di* **far**) A *avv.* **1** più lontano; oltre; più oltre: **I was so tired I could go no f.**, ero così stanco che non potei andare oltre **2** (*raro*) ancora; in aggiunta; inoltre; ulteriormente (*cfr.* **further**). B a. **1** più lontano; più distante; più remoto: **the f. side of the mountain**, il lato più lontano (*opposto rispetto a chi guarda*) della montagna **2** (*raro*) aggiuntivo; ulteriore (*cfr.* **further**). ● **f. back**, più indietro □ **f. on**, più avanti; più oltre □ **f. off**, più lontano.
farthermost ['fa:ðəmoust], a. (il) più lontano (o distante, remoto).
farthest ['fa:ðist], (*superl. di* **far**) A a. il più lontano (o distante, remoto). B *avv.* **1** il più lontano possibile **2** al più tardi **3** al più; al massimo. ● **at** (**the**) **f.**, al massimo; al più tardi.
farthing ['fa:ðiŋ], n. (*stor.*) «farthing» (*moneta ingl. non più in uso; quarta parte d'un penny*). ● **I don't care a f.**, non me ne importa un fico (secco) □ **It isn't worth a** (**brass**) **f.**, non vale un soldo.
farthingale ['fa:ðiŋgeil], n. (*stor.*) guardinfante.
fasces ['fæsi:z], n. pl. (*spesso col verbo al sing.*) (*stor.*) fascio (littorio).
fascia (*def. 1* ['fæʃə], *def. 2, 3 e 4* ['feiʃə]) (*lat.*), n. (*pl.* **fasciae**, **fascias**) **1** (*anat.*) fascia **2** (*autom., raro; anche* **f. board**) cruscotto (*cfr.* **dashboard**) **3** insegna di negozio **4** (*edil.*) assicella (o mantovana) di gronda.
fasciate ['fæʃiit], **fasciated** ['fæʃieitid], a. **1** (*bot.*) affastellato; fascicolato **2** (*zool.*) striato.
fascicle ['fæsikl], n. **1** (*anche bot.*) fascetto; fastello **2** (*anat.*) fascicolo **3** fascicolo (*di pubblicazione a puntate*); dispensa.
fascicled ['fæsikld], V. **fasciculate**.
fasciculate [fə'sikjulit], a. (*bot.*) fascicolato.
fasciculation [fə,sikju'leiʃən], n. (*scient.*) formazione in fascetti.
fascicule ['fæsikju:l], n. **1** (*scient.*) fascio; fascetto **2** fascicolo; dispensa.
fasciculus [fə'sikjuləs], n. (*pl.* **fasciculi**) V. **fascicule**.
to fascinate ['fæsineit], v. t. **1** affascinare; ammaliare; incantare: **The girl was fascinated by his personality**, la ragazza fu affascinata dalla sua personalità **2** paralizzare con lo sguardo; incantare (*fam.*): **Snakes f. small birds**, i serpenti incantano gli uccellini.
fascinating ['fæsineitiŋ], a. affascinante; incantevole; seducente.
fascination [,fæsi'neiʃən], n. fascino; incanto; malia; seduzione.
fascinator ['fæsineitə*], n. **1** affascinatore **2** (*moda*) leggero scialle di merletto; velo (*da teatro, ecc.*).
fascine [fæ'si:n], n. fascina (*per rafforzare trincee, argini e sim.*). ● **f. dwellings**, abitazioni su palafitte.
Fascism ['fæʃizəm], n. (*stor.*) fascismo.
Fascist ['fæʃist], n. e a. (*stor.*) fascista.
to fash [fæʃ] (*scozz.*), v. t. disturbare; infastidire; seccare.
fash [fæʃ] (*scozz.*), n. disturbo; fastidio; seccatura.
fashion (1) ['fæʃən], n. **1** foggia; maniera; modo; uso: **The boy behaves in a strange f.**, il ragazzo si comporta in modo strano; **to walk crab-f.**, camminare a mo' dei granchi **2** moda; voga: **F. changes every season**, la moda cambia ogni stagione **3** (*arc., anche* **people of f.**) gente alla moda; gente elegante. ● **f. designer**, figurinista □ **a f. magazine**, una rivista di moda □ (*anche fig.*) **f.-plate**, figurino □ **f. shop**, negozio di mode □ **f. show**, sfilata di moda □ **f. show room**, sala (delle) sfilate □ **after the f. of**, a mo' di; secondo la moda di □ **after the Spanish f.**, alla spagnola □ **after a f.**, in qualche modo; più o meno; non troppo bene; alla meglio; a modo mio (tuo, suo, ecc.): **He can dance, after a f.**, sa ballare alla meglio □ **to bring into f.**, far diventare di moda □ **to come into f.**, venire di moda □ **to follow the f.**, seguire la moda □ **in f.**, alla moda □ (*di persone*) **to be in the f.** (o **to keep in f.**), essere (o vestire) alla moda □ **out of fashion**, fuori (di) moda: **This style of dress went out of f. last year**, questa foggia d'abito passò di moda l'anno scorso □ **people of f.**, gente di mondo □ **to set**

the f., dettare la moda □ **to set a f.**, lanciare una moda □ **These hats are all the f. this year**, questi cappellini sono molto di moda (*o* in gran voga) quest'anno □ (*prov.*) **Everyone after his f.**, ciascuno a suo modo.

fashion (2) ['fæʃən], *suffissoide* alla (+ *agg. femm.*): **to eat Chinese-f.**, mangiare alla cinese; **to dress Russian-f.**, vestire alla russa.

to fashion ['fæʃən], *v. t.* foggiare; formare; modellare. ● **to f. clay into a jug (o a jug out of clay)**, fare una brocca con l'argilla □ **to f. st. to**, adattare q.c. a.

fashionable ['fæʃnəbl], **A** *a.* alla moda; di moda; elegante: **a f. dress**, un abito elegante; **a f. tailor**, un sarto alla moda. **B** *n.* persona elegante. ● **the f. society**, il bel mondo.

fashionableness ['fæʃənəblnɪs], *n.* l'essere alla moda; eleganza.

fashionably ['fæʃnəbli], *avv.* alla moda; con grande eleganza: **f. dressed**, vestito alla moda.

fast (1) [fa:st], *n.* digiuno; vigilia: **f. day**, giorno di vigilia. ● **to break one's f.**, rompere il digiuno.

to fast [fa:st], *v. i.* digiunare; far vigilia. ● **fasting day**, giorno di vigilia (*o* di digiuno).

fast (2) [fa:st], **A** *a.* **1** fermo; fisso; saldo; sicuro; solido; stretto: **The pole was (set) f. in the ground**, il palo era saldo (*o* saldamente conficcato) nel terreno; **Make the door f.**, assicura (ferma) la porta; **f. colours**, colori solidi, che non stingono; **a f. knot**, un nodo stretto (*che non si scioglie facilmente*); **a f. friendship**, una salda amicizia **2** celere; rapido; veloce: **a f. flight**, un volo rapido; **a f. car**, un'automobile veloce; **a f. typist**, una dattilografa veloce; **a f. worker**, uno che lavora in fretta **3** che consente alte velocità; di marcia veloce: **a f. highway**, una strada che consente alte velocità; (*autom.*) **f. lane**, corsia di marcia veloce (o di sorpasso: *in autostrada*) **4** (*d'orologio*) che è (*o* va) avanti: **My watch is (half an hour) f.**, il mio orologio va avanti (di mezz'ora) **5** (*arc. o raro*) dissoluto; gaudente: **a f. woman**, una donna dissoluta; **a f. bunch of youngsters**, un gruppo di giovani gaudenti **6** (*fotogr.*) (*di pellicola*) ad alta sensibilità **7** (*tecn.*) resistente: **f. to sunlight**, resistente alla luce del sole. **B** *avv.* **1** fermamente, saldamente; solidamente; bene: **The windows are shut f.**, le finestre sono ben chiuse **2** in fretta; presto; rapidamente: **Don't run so f.**, non correre così in fretta **3** in rapida successione; uno dopo l'altro: **The bullets were coming f.**, i proiettili piovevano fitti **4** in anticipo; avanti: **The bus is five minutes f.**, l'autobus è in anticipo di cinque minuti; **My watch runs f.**, il mio orologio va avanti **5** (*arc. o raro*) in modo dissoluto. ● **to be f. asleep**, essere profondamente addormentato □ (*fis. nucl.*) **f. breeder (reactor)**, reattore autofertilizzante veloce □ (*fis. nucl.*) **f.-burst reactor**, reattore impulsato □ (*poet.*) **f. by** (*o* **f. beside**), presso; vicino a; a due passi da: **f. by the river**, a due passi dal fiume □ **f. food**, fast food; cibo precotto; cibo di rapida cottura □ **f.-food emporium**, spaccio di vendita di alimentari precotti (*o* di rapida cottura) □ **a f. prisoner**, un prigioniero saldamente legato □ **f. sleep**, sonno profondo □ (*ferr.*) **a f. train**, un treno diretto □ **to be f. with gout**, essere inchiodato (*o* costretto all'immobilità) dalla gotta □ **hard and f. rules**, regolamenti rigidi, severissimi □ **to hold f. to st.**, tenersi stretto a q.c. □ (*arc.*) **to live f.**, condurre una vita dissoluta □ **to make a boat f.**, ormeggiare una barca □ **to play f. and lose with sb.'s affections**, fare a tira e molla con i sentimenti di q.; essere incostante, infido □ (*fam.*) **to pull a f. one on sb.**, giocare un brutto tiro a q. □ **to stand f.**, rimanere immobile; star saldo; (*fig.*) tener duro □ **to stick f.**, non riuscire a muoversi; piantarsi: **Our car stuck f. in the mud**, la nostra automobile si piantò nel fango □ **to take (a) f. hold of st.**, stringere (afferrare) q.c. saldamente □ **It is raining f.**, piove a dirotto.

fastback ['fa:stbæk], *n.* **1** (*autom.*) (auto a) inclinazione normale del lunotto **2** (*zootecnia*) «fastback» (*razza di maiali magri*).

to fasten ['fa:sn], **A** *v. t.* **1** assicurare; fermare; fissare; chiudere (a chiave): **He fastened the windows (the doors shut, etc.)** chiuse le finestre (chiuse a chiave le porte, ecc.); **to f. a bolt**, fermare un catenaccio **2** allacciare; attaccare; collegare; legare; affibbiare: **F. your seat belts!**, allacciarsi le cinture di sicurezza!; **to f. on a ribbon**, attaccare un nastro; **to f. a nickname upon sb.**, affibbiare un soprannome a q.; **to f. together**, legare insieme **3** attribuire; imputare: **They fastened the crime on him**, imputarono il delitto a lui. **B** *v. i.* chiudersi; fissarsi; allacciarsi: **The shutter won't f.**, la persiana non si vuol chiudere; **Some ladies' dresses f. down the back**, certi abiti da donna si allacciano di dietro. ● **to f. one's attention on st.**, fissare la propria attenzione su q.c. □ **to f. one's dress**, abbottonarsi l'abito □ **to f. one's eyes on**, fissare lo sguardo su □ **to f. one's hair with pins**, fermarsi i capelli con le forcine □ **to f. on** (*o* **upon**), afferrare, tener stretto (q.c.); attaccarsi, tenersi stretto a (q.c.): **He fastened on a pretext**, si attaccò (*o* si aggrappò) a un pretesto □ **to f. a quarrel upon sb.**, attaccar lite con q. □ **to f. up**, chiudere saldamente; serrare; legare: **to f. up a trunk**, chiudere un baule □ **to f. up the**

watchdog in the courtyard, legare il cane da guardia nel cortile □ **to f. a thread off**, fissare un filo con un nodo.

fastener ['fa:snə*], *n.* **1** chi ferma, fissa, attacca, ecc. (*V.* **to fasten**) **2** chiusura; serratura; fibbia; fermaglio; bottone: **a zip f.**, una chiusura lampo; **a paper f.**, un fermaglio per fogli di carta; **snap fasteners**, bottoni automatici **3** (*mecc.*) dispositivo di chiusura; elemento di fissaggio. ● **door f.**, chiavistello.

fastening ['fa:snɪŋ], *n.* **1** chiusura; legatura; fissaggio **2** chiavistello; catenaccio **3** bottone; gancio **4** serratura **5** (*mecc.*) elemento di fissaggio.

fastidious [fæs'tɪdɪəs], *a.* difficile; esigente; incontentabile; meticoloso; schifiltoso; schizzinoso; fastidioso (*lett.*); pignolo (*fam.*): **to be f. about cleanness of the person**, essere pignolo in fatto di pulizia personale; **to be f. about one's food**, essere schizzinoso per il mangiare.

fastidiousness [fæs'tɪdɪəsnɪs], *n.* incontentabilità; meticolosità; pignoleria (*fam.*).

fastigiate [fæs'tɪdʒɪɪt], *a.* (*archit., bot.*) fastigiato.

fasting ['fa:stɪŋ], *n.* (il) digiunare; digiuno.

fastness ['fa:stnɪs], *n.* **1** fermezza; saldezza; sicurezza; solidità (*di colori e sim.*) **2** (*arc. o raro*) celerità; rapidità; velocità **3** forte; luogo fortificato; covo; rifugio (*di banditi, ecc.*): **a mountain f.**, un luogo fortificato (*o* un covo) fra i monti.

fat (1) [fæt], *a.* **1** grasso; pingue; adiposo; fertile; oleoso; untuoso; viscoso: **a fat woman**, una donna grassa; **fat meat**, carne grassa; **fat lands**, terreni fertili; terre grasse; **fat cheese**, formaggio grasso; **a fat benefice**, un pingue beneficio (ecclesiastico); **fat lime**, calce grassa **2** (*fig.*) ben fornito; pieno; ben pagato; lucroso: **a fat fridge**, un frigorifero ben fornito; **a fat purse**, un borsellino pieno; **a fat job**, un lavoro ben pagato, lucroso **3** (*fig.*) lento; stupido; tardo **4** (*di carattere tipogr.*) grande; grosso. ● (*fam. USA*) **fat cat**, pezzo grosso □ (*anat.*) **fat cell**, cellula adiposa □ **fat coal**, carbone ricco di bitume □ (*pop. USA*) **fat farm**, centro per cura dimagrante □ **a fat fee**, un lauto compenso □ (*pop.*) **fat guts**, grassone; pancione □ **fat-head**, zuccone; testa dura □ (*bot.*) **fat hen** (*Chenopodium bonus-henricus*), spinacio selvatico □ **fat lady**, donna cannone (*di circo*) □ (*pop., iron.*) **fat lot**, assai; molto: **A fat lot of good it did you!**, per quel che ti è servito! □ **fat-witted**, stupido; stolto □ (*fig.*) **to cut it fat**, fare bella mostra; fare sfoggio □ (*fig.*) **to cut up fat**, lasciare una grossa eredità □ **to get fat**, ingrassare.

fat (2) [fæt], *n.* **1** (*anche chim.*) grasso (*animale o vegetale*): **to fry st. in deep fat** (*o* **to deep-fat fry st.**), friggere q.c. in molto grasso **2** (*fig.*) (il) meglio **3** (*teatr.*) pezzo di bravura; pezzo forte. ● **to be inclined to fat**, tendere a ingrassare (*o* alla pinguedine) □ (*fig.*) **to chew the fat**, chiacchierare (*o* mugugnare) insieme □ **to live off the fat of the land**, avere ogni ben di Dio □ (*fig.*) **The fat is in the fire**, ci siamo!; ormai è fatta; adesso arrivano i guai!

to fat [fæt], *v. t. e i.* ingrassare: **to fat (up) pigs for the market**, ingrassare i maiali per venderli. ● (*fig.*) **to kill the fatted calf for sb.**, ricevere a braccia aperte chi ritorna all'ovile (*o* a casa, si pente, ecc.); uccidere il vitello grasso.

fatal ['feɪtl], *a.* **1** fatale; fatidico; decisivo: **a f. mistake**, un errore fatale; **The f. day arrived**, il giorno fatidico (*o* decisivo) arrivò **2** funesto; disastroso; mortale: **a f. accident**, un incidente disastroso; **a f. disease**, una malattia mortale. ● (*mitol.*) **the f. Sisters**, le Parche □ **the f. shears**, le forbici di Atropo; (*fig.*) la morte.

fatalism ['feɪtəlɪzəm], *n.* fatalismo.

fatalist ['feɪtəlɪst], *n. e a.* fatalista.

fatalistic [ˌfeɪtə'lɪstɪk], *a.* fatalistico.

fatality [fə'tælɪtɪ], *n.* **1** fatalità; avvenimento fatale **2** effetto funesto; esito mortale: **the f. of a disease**, il carattere (*o* esito) mortale d'una malattia **3** incidente mortale; morte violenta: **Road accidents cause many fatalities**, gli incidenti stradali sono la causa di molte morti violente **4** (*spesso al pl.*) morto; vittima.

fatally ['feɪtəlɪ], *avv.* **1** fatalmente; inevitabilmente **2** mortalmente; a morte: **He was f. wounded**, fu ferito a morte.

fate [feɪt], *n.* fato; destino; sorte: **I was anxious about the f. of the missing soldier**, ero in ansia per la sorte del soldato disperso. ● **the Fates**, le Parche □ **as sure as f.**, sicurissimo; quanto è vero Iddio □ **to decide sb.'s f.**, decidere della sorte di q. □ **to go to one's f.**, andare incontro al proprio destino □ **to meet one's f.**, trovare la morte; restare ucciso □ (*retor. o scherz.*) **to suffer a f. worse than death**, perdere la verginità (*o* la virtù).

to fate [feɪt], *v. t.* (*arc., eccetto al passivo*) assegnare; destinare; condannare: **my fated lot in life**, la sorte che mi è assegnata nella vita; **He was fated to be killed in war**, era destinato a morire in guerra.

fateful ['feɪtfʊl], *a.* **1** fatale; fatidico; decisivo; mortale: **a f. event**, un evento fatidico **2** fatidico; profetico.

father ['fa:ðə*], *n.* (*anche relig.*) padre: **adoptive f.**, padre adottivo; **the F. of English poetry**, il padre della poesia inglese (*Chaucer*); **f. of his country**, padre della patria (*per es., Washington*);

father

the Holy F., il Santo Padre (*il Papa*). ● **the F.**, il Padre (*Dio*) □ **F. Christmas**, Babbo Natale □ **F.'s Day**, la festa del papà □ (*psic.*) **f.-figure**, immagine (*o* figura) paterna □ **f.-in-law**, suocero □ **f.'s name**, nome del padre; paternità □ **the Fathers of the Church**, i Padri della Chiesa □ **the F. of lies**, il demonio □ **god-f.**, padrino □ (*fam.*) **Our F.**, padrenostro; padrenostro (*stor.*) **the Pilgrim Fathers**, i Padri Pellegrini □ **to sleep with one's fathers**, riposare con i propri antenati; essere nella tomba □ **step-father**, patrigno □ **The child is f. to the man**, nel fanciullo è già prefigurato l'uomo □ (*prov.*) **The wish is f. to the thought**, si crede facilmente a ciò che fa piacere.
to father ['fa:ðə*], *v. t.* **1** mettere al mondo; generare **2** fare da padre a (q.); adottare **3** riconoscersi come padre (di q.) **4** (*fig.*) essere l'autore di (*un libro*); riconoscere la paternità di (q.c.) **5** assumere la responsabilità di (*una dichiarazione e sim.*).
fatherhood ['fa:ðəhud], *n.* paternità.
fatherland ['fa:ðəlænd], *n.* paese d'origine; patria.
fatherless ['fa:ðəlis], *a.* senza padre; orfano di padre; illegittimo.
fatherlike ['fa:ðəlaik], *a.* da padre; paterno.
fatherliness ['fa:ðəlinis], *n.* comportamento paterno; amore paterno.
fatherly ['fa:ðəli], *a.* di padre; paterno: **f. duties**, doveri di padre; **f. advice**, consigli paterni. ● **in a f. way**, paternamente.
fathom ['fæðəm], *n.* (*naut.*) fathom; braccio (*misura di profondità, pari a 6 piedi o metri 1,83 circa*).
to fathom ['fæðəm], *v. t.* **1** scandagliare; sondare **2** (*fig.*) andare al fondo di; approfondire; penetrare; capire bene: **I cannot f. his intentions**, non riesco a capire bene le sue intenzioni.
Fathometer [fə'ðɔmitə*], *n.* (*marchio*: *naut.*) ecometro; scandaglio acustico (*o* ultrasonoro).
fathomless ['fæðəmlis], *a.* **1** incommensurabile; senza fondo; insondabile **2** (*fig.*) impenetrabile; incomprensibile: **a f. mystery**, un mistero impenetrabile.
fatidic [fei'tidik], *a.* fatidico; profetico.
fatigue [fə'ti:g], *n.* **1** fatica (*anche mecc., metall.*); stanchezza; affaticamento: **bodily** (**mental**) **f.**, stanchezza fisica (mentale); **f. failure**, rottura per fatica **2** (*pl., anche* **f. uniform**, **f. dress**) tenuta di fatica. ● **f. duty**, (*mil.*) corvé; (*naut.*) comandata □ (*mil.*) **f. party**, squadra di corvé □ (*mecc.*) **f. test**, prova di (resistenza alla) fatica □ (*mil.*) **to be** (**to be put**) **on f.**, essere (essere messo) di corvé.
fatigued [fə'ti:gd], *a.* affaticato (*anche metall., mecc.*); stanco.
fatiguing [fə'ti:giŋ], *a.* affaticante; faticoso; sfibrante.
fatless ['fætlis], *a.* senza grasso; senza grassi: **a f. diet**, una dieta senza grassi.
fatling ['fætliŋ], *n.* bestia giovane (*vitello, ecc.*) da ingrasso.
fatness ['fætnis], *n.* **1** grassezza; pinguedine; oleosità; untuosità **2** (*fig.*) fertilità (*di terreni e sim.*).
to fatten ['fætn], *v. t. e i.* ingrassare; impinguare (*anche fig.*): **to f. animals**, ingrassare bestie (*per la macellazione*); **He fattened his purse by robbing the poor**, impinguò la borsa derubando i poveri. ● (*di persona*) **to f. up**, ingrassare.
fattener ['fætənə*], *n.* **1** ingrassatore, ingrassatrice; chi ingrassa animali **2** animale da ingrasso.
fattiness ['fætinis], *n.* grassezza; pinguedine; untuosità.
fattish ['fætiʃ], *a.* grassoccio; grassottello; piuttosto pingue.
fatty ['fæti], **A** *a.* **1** grasso; pingue; oleoso; untuoso; unto: **f. matters**, sostanze grasse **2** (*med.*) adiposo: **f. tissue**, tessuto adiposo. **B** *n.* (*fam.*) grassone; ciccione.
fatuity [fə'tju:iti], *n.* fatuità; stoltezza; stupidaggine.
fatuous ['fætjuəs], *a.* fatuo; stolto; sciocco.
fatuousness ['fætjuəsnis], *n.*, *V.* **fatuity**.
faucal ['fɔ:kəl], *a.* **1** (*anat.*) faucale; delle fauci **2** (*fon.*) faucale.
fauces ['fɔ:si:z], *n. pl.* (*anat.*) fauci; gola.
faucet ['fɔ:sit], *n.* (*USA*) **1** rubinetto **2** zipolo (*di barile*).
faugh [fɔ:], *inter.* (*di disgusto, disprezzo*) puh!
Faulknerian [fɔ:k'niəriən], *a.* (*letter.*) faulkneriano.
fault [fɔ:lt], *n.* **1** difetto; manchevolezza; menda; magagna: **She is blind to her son's faults**, ella è incapace di vedere i difetti di suo figlio **2** colpa; fallo: **It was his f. that we were failed**, fu colpa sua se fummo bocciati; **Whose f. is it?**, di chi è la colpa?; **It is your f., not mine**, è colpa tua, non mia; **Who is at f.?**, chi è in fallo? **3** errore; sbaglio: **Your exercise is full of faults of grammar**, il tuo esercizio è pieno d'errori di grammatica **4** (*geol.*) faglia, frattura (*degli strati*) **5** (*elettr., elettron.*) guasto **6** (*sport*) fallo: (*tennis*) **double f.**, doppio fallo. ● **f.-finder**, chi trova a ridire su tutto; criticone; (*tecn.*) localizzatore di guasti, cercaguasti □ **f.-finding**, il trovar da ridire su tutto; tendenza al biasimo (*o* alla critica) □ **to be at f.**, essere colpevole, avere la colpa; (*di cani*) aver perso la pista, le tracce; (*fig.*) essere indeciso, perplesso; essere in fallo □ **if my memory is not at f.**, se la memoria non mi inganna □ **to find f. (with)**, trovare a ridire (su); brontolare (per); lagnarsi (di) □ (*mecc.*) **metal f.**, difetto di fusione (*di metallo*) □ **to a f.**, eccessivamente (*fin*) trop-

po: **You are meticulous to a f.**, sei troppo meticoloso □ (*comm.*) **with all faults**, a rischio del compratore □ **The f. lies with the boss**, la colpa è del capo.
to fault [fɔ:lt], **A** *v. t.* **1** (*raro*) biasimare; criticare **2** (*geol.*) provocare una faglia in (*uno strato*). **B** *v. i.* **1** (*geol.*) acquisire una faglia; fagliare **2** (*sport*) commettere un fallo; fare fallo.
faultily ['fɔ:ltili], *avv.* imperfettamente; in modo difettoso; male.
faultiness ['fɔ:ltinis], *n.* imperfezione; difettosità.
faulting ['fɔ:ltiŋ], *n.* (*geol.*) fagliatura.
faultless ['fɔ:ltlis], *a.* senza difetti; perfetto; impeccabile; irreprensibile.
faultlessness ['fɔltlisnis], *n.* perfezione; irreprensibilità.
faulty ['fɔ:lti], *a.* **1** difettoso; imperfetto: (*naut.*) **f. stowage**, stivaggio difettoso **2** pieno d'errori; scorretto: **a f. pronunciation**, una pronuncia scorretta **3** erroneo. ● **a f. memory**, una memoria poco buona.
faun [fɔ:n], *n.* (*mitol.*) fauno.
fauna ['fɔ:nə], *n.* (*pl.* **faunas, faunae**) fauna.
faunal ['fɔ:nl], *a.* della fauna; faunistico: **f. region**, regione faunistica.
faunist ['fɔ:nist], *n.* studioso della fauna; faunista.
faux pas [,fou'pa:] (*franc.*), *n.* (*invar. al pl.*) gaffe; sproposito.
favel(l)a [fə'velə] (*portoghese*), *n.* favela.
favor, to favor ['feivə*] (*USA*), *e deriv. V.* **favour, to favour**, *e deriv.*
favour ['feivə*], *n.* **1** favore; benevolenza; cortesia; grazia; favoritismo; protezioni; favori; grazie: **to ask a f. of sb.**, chiedere un favore a q.; **to do sb. a f.**, fare un favore a q.; **I'll speak in your favour**, parlerò in tuo favore; **to win sb.'s f.**, accattivarsi la benevolenza di q.; entrare nelle grazie di q.; **He got the ministerial post by f.**, ebbe il posto di ministro per favoritismo; (*di donna*) **to bestow one's favours on sb.** (*o* **to grant one's favours to sb.**), concedere i propri favori a q. **2** (*arc., comm.*) lettera: **We have received your f. under yesterday's date**, abbiamo ricevuto la vostra lettera in data di ieri **3** omaggio; dono: **The ladies received bouquets as favours at the banquet**, al banchetto le signore ricevettero mazzi di fiori in omaggio **4** distintivo (*d'appartenenza a un'associazione, ecc.*); coccarda; fiore (*artificiale*) all'occhiello; colori (*d'una squadra*) **5** (*arc.*) aspetto; fattezze. ● (*sulla busta di lettera consegnata a mano*) **by f. of Mr X**, a mezzo (*o* alla cortesia) del Sig. X □ (*comm.*) **a cheque drawn in your f.**, un assegno emesso a vostro favore □ **to curry f. with sb.**, insinuarsi nelle grazie di q.; cercare di ingraziarsi q. □ **to find f. in sb.'s eyes**, essere nelle buone grazie di q. □ **to be** (*o* **to stand**) **high in sb.'s f.**, essere molto considerato (*o* stimato) da q. □ **to be in f. of**, essere favorevole a □ **to keep sb.'s f.**, rimanere nelle grazie di q. □ **to look on a plan with f.**, guardare con occhio benevolo un progetto □ **to look on sb. with f.**, avere q. nelle proprie grazie; avere q. in simpatia □ **to lose f.**, perdere la popolarità □ **to be out of f. with the people**, non godere il favore popolare □ **to show f. towards sb.**, mostrarsi parziale verso q.; (*sport e fig.*) fare il tifo per q. □ (*arc.: di donna*) **the ultimate f.**, i favori; le grazie.
to favour ['feivə*], *v. t.* **1** favorire; aiutare; proteggere; concedere; dare: **He chiefly favoured one of his nephews**, favoriva soprattutto un suo nipote; **The mild weather favoured the formation of avalanches**, il tempo mite favoriva la formazione di valanghe; **Will you f. us with a reply within the end of the week?**, volete favorirci una risposta entro la fine della settimana?; **Will you f. me with an interview?**, volete concedermi un colloquio? **2** (*fam.*) somigliare a; rassomigliare a: **The baby favours his mother**, il bambino somiglia alla madre **3** usare con grande cautela; risparmiare: **The boxer favoured his injured hand**, il pugile risparmiava la mano offesa **4** prediligere; preferire; indossare; portare volentieri: **Women f. green this year**, le donne portano volentieri il verde quest'anno. ● **to f. sb. with a smile**, fare un bel sorriso a q.
favourable ['feivərəbl], *a.* favorevole; ben disposto; propizio; vantaggioso: **a f. answer**, una risposta favorevole; **a f. climate for citrus fruits**, un clima propizio agli agrumi. ● **a f. aspect**, un aspetto promettente □ (*econ.*) **a f. balance of trade**, una bilancia commerciale attiva □ (*econ.*) **f. trend**, tendenza favorevole; alta congiuntura □ **to have a f. reception**, essere ben accolto.
favourableness ['feivərəblnis], *n.* disposizione favorevole.
favourably ['feivərəbli], *avv.* favorevolmente. ● **to be f. impressed by sb.**, avere una buona impressione di q.
favoured ['feivəd], *a.* **1** favorito; privilegiato: (*comm. estero*) **most f. nation clause**, clausola della nazione più favorita **2** favorito dalla natura; dotato. ● (*sulla busta di lettera consegnata a mano*) **f. by Mr X**, a mezzo (*o* alla cortesia) del Sig. X □ **ill-f.**, di brutto aspetto; brutto □ **well-f.**, di bell'aspetto; bello.
favourite ['feivərit], **A** *a.* favorito; prediletto; preferito: **my f. novelist**, il mio romanziere prediletto. **B** *n.* **1** favorito, favorita; beniamino, beniamina: **He is a general f.**, è il beniamino di tutti **2** (*sport*) favorito. ● (*USA*) **f. son**, uomo famoso, beneme-

rito del luogo natale; (*polit.*) candidato proposto dal suo Stato natale (*alla presidenza degli USA*; *presentato anche se è improbabile che sia eletto*) □ **This singer is a great f. of mine**, questo cantante è tra i miei prediletti.

favouritism ['feivəritizəm], *n.* favoritismo.

fawn [fɔ:n], **A** *n.* **1** (*zool.*) daino, cerbiatto (*di età inferiore all'anno*) **2** (*anche* **f. colour**) (color) fulvo chiaro. **B** *a.* (*anche* **f.-coloured**) (di color) fulvo chiaro. ● (*di cerva o daina*) **in f.**, pregna.

to fawn (1) [fɔ:n], *v. t. e i.* (*di cerva, daina*) figliare.

to fawn (2) [fɔ:n], *v. i.* **1** (*degli animali e specialm. del cane*) fare festa; far le feste (*saltando, scodinzolando, leccando le mani; ecc.*) **2** (*fig.*) adulare ignobilmente; essere servile e strisciante; leccare (*pop.*): **The courtiers fawned on the king**, i cortigiani adulavano ignobilmente il re.

fawner ['fɔ:nə*], *n.* adulatore servile; leccapiedi.

fawning ['fɔ:niŋ], *a.* servile; strisciante.

fawnlike ['fɔ:nlaik], *a.* di (*o* da) cerbiatto.

fay (1) [fei], *n.* (*poet.*) fata.

fay (2) [fei], *n.* (*arc.*) fede: **by my fay!**, in fede mia!; affé mia!

to faze [feiz], *v. t.* (*USA*) sconcertare; preoccupare; turbare.

FBI [‚ef bi: 'ai], *n.* (*acronimo di* **Federal Bureau of Investigation**) FBI (*Ufficio Investigativo Federale*: *in USA*).

fealty ['fi:əlti], *n.* **1** (*stor.*) omaggio, fedeltà (*di vassallo*): **to make f. to one's lord**, fare atto d'omaggio al proprio signore (feudale); **to swear f.**, giurare omaggio e fedeltà **2** (*poet.*) fedeltà; lealtà.

to fear [fiə*], *v. t. e i.* aver paura (di); temere; paventare (*lett.*); provare timore. □ **to f. to do** (*o* **doing**) **st.**, aver paura di fare q.c.; (*anche*) trattenersi (*per timore*) dal fare q.c.; **to f. death**, temere la morte; **We feared for his health**, temevamo per la sua salute; **I f. (that) the guests are late**, temo che gli ospiti siano in ritardo. ● **Never f.!**, niente paura!; sta' tranquillo! □ **You need not f. but (that) he will come**, non aver paura; vedrai che verrà □ **I f. not**, temo di no □ **I f. so**, temo di sì.

fear [fiə*], *n.* **1** paura; timore; tema (*lett.*); apprensione; ansia; spavento: **a man without f.**, un uomo senza paura; **the f. of God**, il timore di Dio; **to tremble with f.**, tremare di paura; (*leg.*) **f. of personal injury**, timore di danno grave; **He's studying hard for f. (that) he should fail the exam**, studia a più non posso per paura d'essere bocciato all'esame **2** (*fam.*); caso; probabilità: **There is no f. of that**, non c'è pericolo che ciò accada; **No f.!**, non c'è pericolo!; neanche per sogno! ● **to be in f. of one's life**, temere per la propria vita □ **to put the f. of God into sb.**, far venire a q. una paura del diavolo; terrorizzare q. □ **to stand in f.**, essere impaurito (*o* spaventato) □ **without f. or favour**, imparzialmente.

fearful ['fiəful], *a.* **1** terribile; tremendo; spaventevole; spaventoso: **a f. sight**, uno spettacolo tremendo; **a f. cry**, un grido terribile; **a f. accident**, uno spaventoso incidente **2** pauroso; timoroso; apprensivo **3** impaurito; spaurito; spaventato: **a f. look**, uno sguardo impaurito. ● **to be f. for**, stare in ansia per □ **to be f. of**, aver paura di □ **to be f. that** (*o* **lest**) **st. should happen**, temere che q.c. accada.

fearfully ['fiəfuli], *avv.* **1** paurosamente; con paura **2** terribilmente; tremendamente; spaventosamente: **to be f. tired**, essere terribilmente stanco.

fearfulness ['fiəfulnis], *n.* **1** terribilità; spaventosità **2** apprensione; timidezza **3** timore; paura.

fearless ['fiəlis], *a.* senza paura; impavido; intrepido. ● **f. of what may happen**, incurante di quel che può succedere.

fearlessness ['fiəlisnis], *n.* impavidità; intrepidezza.

fearsome ['fiəsəm], *a.* **1** (*spesso scherz.*) terribile; spaventevole; spaventoso **2** pauroso; timoroso.

fearsomeness ['fiəsəmnis], *n.* terribilità; spaventosità (*V.* **fearsome**).

feasibility [‚fi:zə'biliti], *n.* l'esser fattibile; fattibilità; praticabilità.

feasible ['fi:zəbl], *a.* fattibile; praticabile; possibile; attuabile; realizzabile. ● **f. solution**, (*mat.*) soluzione possibile; (*elab.*) soluzione accettabile.

feast [fi:st], *n.* **1** festa: **a movable f.**, una festa mobile (*come la Pasqua*) **2** banchetto; convito **3** (*fig.*) diletto; piacere: **a f. for the eyes**, una bellezza per gli occhi. ● **a f. day**, un giorno festivo.

to feast [fi:st], **A** *v. i.* **1** banchettare **2** — **to f. on** (**st.**), pascersi, dilettarsi, appagarsi (di q.c.). **B** *v. t.* festeggiare; intrattenere a banchetto: **to f. one's fellow students**, intrattenere a banchetto i propri compagni di università. ● **to f. away the weekend**, passare il fine settimana in feste, a divertirsi □ **to f. one's eyes on the autumn colours**, pascersi gli occhi dei colori dell'autunno □ **He feasted his eyes on her**, se la divorava con gli occhi.

feaster ['fi:stə*], *n.* **1** convitato, convitata **2** gaudente; festaiolo, festaiola.

feat (1) [fi:t], *n.* **1** atto di valore; impresa; prodezza **2** (*pl.*)

gesta. ● **feats of arms**, fatti d'arme.

feat (2) [fi:t], *a.* (*arc.*) **1** adatto; atto **2** abile; destro **3** netto; lindo.

feather ['feðə*], *n.* **1** penna; piuma: **as light as a f.**, leggero come una piuma **2** (*collett.*) piumaggio **3** ciocca (*di capelli*) **4** (*fig.*) inezia; nonnulla **5** (*mecc.*) aletta (*o* flangia) in aggetto; nervatura **6** (*naut.*) baffo (*di remo*) spalatura **7** (*naut.*) (*di periscopio*) scia. ● **f. bed**, materasso di piume; (*fig.*) comodità, lusso □ (*moda*) **f. boa**, boa (*di piume*) □ **f. duster**, piumino per spolverare □ **f.-edge**, estremità ben smussata di alcune cose; spigolo acuto; (*edil.*) stecca per lisciare; (*metall.*) bava; (*di strada ghiaiata*) manto a schiena d'asino □ **f.-head** (*o* **f.-brain**), testolina vuota; sciocco □ **f.-headed** (*o* **f.-brained, f.-pated**), sciocco; stupido; vuoto (*senza cervello*) □ (*fig.*) **a f. in one's cap**, una distinzione; un segno d'onore □ (*naut.*) **f.-spray**, baffi di prua □ (*zool.*) **f. star**, comatula □ **f.-stitch**, punto corallo □ **f.-weight**, (*sport*) peso piuma; (*fig.*) persona insignificante □ (*fig.*) **birds of a f.**, gente della stessa sorta (*o* risma) □ **to crop sb.'s feathers**, tarpare le ali a q.; umiliare q. □ (*nella caccia*) **fur and f.**, selvaggina di pelo e di penna (*d'uccello*) **in f.**, coperto di penne (*o* di piume); pennuto □ (*fig.*) **to be in full f.**, essere in grande toeletta □ **to be in high** (*o* **fine, good**) **f.**, essere su di morale; godere ottima salute □ (*fig.*) **to show the white f.**, dare segni di paura; mostrarsi vile □ (*prov.*) **Fine feathers make fine birds**, l'abito fa il monaco.

to feather ['feðə*], **A** *v. t.* **1** mettere la penna (*o* le penne) a; adornare di piume; impennare: **to f. an arrow**, mettere le penne a una freccia **2** (*naut.*) spalare: **to f. one's oars**, spalare i remi **3** (*aeron., mecc.*) bandierare; mettere (*un'elica*) in bandiera. **B** *v. i.* **1** (*d'uccelli*) mettere le penne **2** sembrare una piuma; ondeggiare (*o* volare) come piume. ● (*fig.*) **to f. one's nest**, arricchire approfittando delle circostanze; farsi il nido (*pop.*).

to featherbed ['feðəbed], **A** *v. t.* **1** tenere (q.) nella bambagia (*fig.*) **2** (*econ.*) sovvenzionare (*un'azienda, ecc.*). **B** *v. i.* (*econ.*) **1** impiegare manodopera superflua **2** (*econ.*) richiedere ai dipendenti del necessario (*per es., con un contratto*) **3** (*d'operai, ecc.*) svolgere un lavoro fittizio (*o* superfluo).

featherbed ['feðəbed], *a.* (*econ.*) relativo al **featherbedding** (*q. V.*). ● **f. job**, posto di lavoro creato artificialmente.

featherbedding ['feðəbediŋ], *n.* (*econ.*) mantenimento di un tasso di occupazione artificialmente alto.

feathered ['feðəd], *a.* **1** pennuto; piumato **2** (*fig.*) alato; veloce.

featheriness ['feðərinis], *n.* **1** l'essere pennuto, piumato **2** leggerezza; morbidezza.

feathering ['feðəriŋ], *n.* **1** piumaggio **2** penne attaccate a una freccia **3** (*di capelli*) frangia **4** (*archit.*) ornamento a fogliami **5** (*aeron.*) messa in bandiera (*di un'elica*).

featherless ['feðəlis], *a.* senza penne; implume.

featherlet ['feðəlit], *n.* (*raro*) pennetta; pennina.

feathery ['feðəri], *a.* **1** pennuto; piumato **2** leggero e soffice.

feature ['fi:tʃə*], *n.* **1** fattezza; lineamento: **regular** (**stern, ecc.**) **features**, fattezze regolari (severe, ecc.) **2** caratteristica; aspetto tipico; tratto distintivo: **the distinctive features of the Dutch landscape**, le caratteristiche (*o* gli aspetti tipici) del paesaggio olandese **3** attrattiva principale (*d'uno spettacolo, in un negozio e sim.*); «numero»; pezzo importante, servizio speciale (*in un giornale*) **4** (*cinem.*) *V.* **f. film**. ● **f. film**, (*cinem.*) lungometraggio; (*pubblicità*) film a soggetto □ (*cinem.*) **f. program**, doppio programma.

to feature ['fi:tʃə*], **A** *v. t.* **1** rappresentare; ritrarre **2** mettere in evidenza; dare spicco a (q.c.) **3** (*cinem., teatr.*) mettere in scena, presentare (*nelle parti principali*): **a film featuring famous actors**, una pellicola che presenta attori famosi **4** (*comm.*) pubblicizzare in modo particolare. **B** *v. i.* essere presente (o importante); comparire (*al primo posto, ecc.*). ● (*cinem., telev., ecc.*) **featuring …**, con (*seguono i nomi degli attori*).

featured ['fi:tʃəd], *a.* (*nei composti*) dalle fattezze, dai lineamenti: **hard-f.**, dai lineamenti duri.

featureless ['fi:tʃəlis], *a.* informe; piatto; scialbo; noioso.

febrifugal [‚febri'fju(:)dʒəl], *a.* (*farm.*) febbrifugo; antipiretico.

febrifuge ['febrifju:dʒ], *n.* (*farm.*) febbrifugo; antipiretico.

febrile ['fi:brail, 'febril], *a.* (*med. e fig.*) febbrile.

February ['februəri], *n.* febbraio. **B** *a. attr.* di febbraio.

fecal ['fi:kəl], **feces** ['fi:(:)si:z], (*USA*) *V.* **faecal, faeces**.

feckless ['feklis], *a.* **1** inefficiente; inetto; incapace **2** incosciente; irresponsabile **3** debole; indifeso.

fecklessness ['feklisnis], *n.* **1** inettitudine; incapacità **2** incoscienza; irresponsabilità **3** debolezza.

fecula ['fekjulə], *n.* (*pl.* **feculae**) (*zool.*) materia fecale (*di un insetto*).

feculence ['fekjuləns], *n.* **1** l'essere stercorario **2** feccia; sudiciume.

feculent ['fekjulənt], *a.* **1** stercorario **2** sudicio; torbido.

fecund ['fi:kənd], *a.* fecondo; fertile; prolifico.

fecundate

to fecundate ['fi:kəndeit], *v. t.* fecondare; rendere fertile.
fecundation [,fi:kən'deiʃən], *n.* fecondazione, fertilizzazione.
fecundity [fi'kʌnditi], *n.* fecondità; fertilità; prolificità.
fed [fed], *pass.* e *p. p.* di **to feed**. ● (*fam.*) **fed up**, stufo, arcistufo, scocciato; seccato: **I am fed up with you**, sono stufo di te; **We're fed up!**, siamo arcistufi!; ci siamo rotti (*volg.*)!
Fed [fed], *n. (abbr. pop. USA)* **1** (il) Governo Federale **2** impiegato del Governo Federale; (*specialm.*) agente dell'Ufficio investigativo federale (*cioè*, dell'F.B.I.).
fedai [,feda:'i:], *n. (pl.* **fedayin**) *V.* **fedayin**.
fedayee [,feda:'ji:], *n. (pl.* **fedayeen**) *V.* **fedayin**.
fedayin [,feda:'ji:n], *n. (pl.* **fedayin**) feddayn; guerrigliero arabo.
federal ['fedərəl], **A** *a.* **1** federale: (*USA*) **the F. government**, il governo federale **2** – (*stor. USA*) **F.**, federalista. **B** *n.* **1** federalista **2** – (*stor. USA*) **F.**, soldato (*o* sostenitore) del governo federale (*nella guerra civile*); nordista **3** – (*USA*) **F.**, impiegato del Governo Federale. ● (*USA*) **F. Bureau of Investigation** (*abbr.* **FBI**), Ufficio investigativo federale □ (*USA*) **F. property**, demanio, beni demaniali □ (*fin. USA*) **F. Reserve Board** (*of Governors*), Comitato (*delle 12 Banche*) della Riserva federale (*equivale alla Banca d'Italia, alla Bank of England, ecc.*).
federalism ['fedərəlizəm], *n.* federalismo.
federalist ['fedərəlist], *n.* e *a.* **1** federalista **2** – (*stor. USA*) **F.**, nordista.
federalization [,fedərəlai'zeiʃən], *n.* atto (*o* effetto) del federare; federazione.
to federalize ['fedərəlaiz], *v. t.* federare; confederare.
federate ['fedərit], *a.* federato; confederato.
to federate ['fedəreit], **A** *v. t.* federare; confederare. **B** *v. i.* federarsi; confederarsi.
federation [,fedə'reiʃən], *n.* federazione; confederazione; lega.
federative ['fedərətiv], *a.* federativo; confederativo.
fee [fi:], *n.* **1** onorario; compenso; rimunerazione; emolumento; parcella: **The doctor's fee is ten pounds a visit**, l'onorario del medico è di dieci sterline per visita **2** tassa; quota; diritto: **school fees**, tasse scolastiche; **entrance fee**, tassa d'iscrizione (*a una scuola*); **club fees**, quote sociali (*d'un circolo*); **consular fees**, diritti consolari **3** dono in denaro; mancia **4** (*stor.*) feudo; possesso (*o* beneficio) feudale. ● **fee-paying**, (*di insegnante, ecc.*) pagante; (*di scuola, ecc.*) a pagamento □ (*leg.*) **fee simple**, proprietà assoluta □ (*leg.*) **fee tail**, possesso con limitazioni circa la successione □ (*leg.*) **to hold st. in fee simple**, detenere q.c. in proprietà assoluta.
to fee [fi:], *v. t.* **1** pagare, rimunerare (*un professionista*): **to fee a lawyer**, pagare un avvocato **2** assicurarsi le prestazioni di (q.); assumere.
Feebie ['fi:'bai], *n. (pop. USA)* agente dell'FBI.
feeble ['fi:bl], *a.* debole; fiacco; fievole; fragile: **a f. old man**, un debole vecchio; **a f. attempt**, un debole tentativo; **a f. light**, una luce debole (*o* fioca); **a f. barrier**, una fragile barriera; **He is f. in mind**, è debole di mente (*o* di cervello). ● **f.-minded**, (*med.*) debole di mente, frenastenico; privo di volontà, irresoluto; sciocco, stupido □ **f.-mindedness**, (*med.*) frenastenia, irresolutezza; stupidità.
feebleness ['fi:blnis], *n.* debolezza; fiacchezza; fragilità.
feeblish ['fi:bliʃ], *a.* piuttosto debole (*o* fiacco).
to feed [fi:d] (*pass.* e *p. p.* **fed**), **A** *v. t.* **1** alimentare (*anche fig.*, *elettron.* e *mecc.*); cibare; nutrire; dar da mangiare a: **He has a large family to f.**, ha molti figli da nutrire; **The saline lake of the sink is fed by subterranean springs**, il lago salato della dolina è alimentato da sorgenti sotterranee; **The news fed his anger**, la notizia alimentò la sua ira; **Please f. the stove**, per favore alimenta (*o* rifornisci di combustibile) la stufa; **Praise will f. his vanity**, gli elogi alimenteranno la sua vanità; **Grandmother feeds the chickens**, la nonna dà da mangiare ai polli; **What do you f. your cat on?**, che cosa dai da mangiare al tuo gatto? **2** pascolare (*bestiame*) **3** inserire, mettere (*monete, ecc.*) **4** (*sport*) fare un passaggio a (*un compagno di squadra*) **5** (*gergo teatr.*) dare la battuta a; suggerire a: **to f. an actor**, dare la battuta a un attore. **B** *v. i.* **1** (*specialm. d'animali*) mangiare; pascolare: **The sheep are feeding in the mountain pastures**, le pecore pascolano nell'alpeggio; (*pop., scherz.*) **What time do we f.?**, a che ora si mangia? **2** (*mecc.*) entrare (*nel motore, nel caricatore, e sim.*): **The bullets don't f. into the chamber**, i proiettili non entrano (dal caricatore) nella camera di scoppio. ● **to feed oneself**, **C** *v. rifl.* alimentarsi, nutrirsi; mangiare da sé, da solo. ● **to f. at the high table**, mangiare al tavolo dei padroni □ **to f. a cold**, mangiare molto per farsi passare il raffreddore □ (*d'animali*) **to f. down** (*o* **close**) **a meadow**, consumare l'erba d'un prato, brucandola □ **to f. false hopes**, alimentare false speranze □ **to f. off**, *V.* **to f. on** □ **to f. on** (*o* **upon**), nutrirsi di; cibarsi di: **The natives f. on fish and game**, gli indigeni si nutrono di pesce e di selvaggina □ **to f. sb. up**, nutrire bene q. □ **to f. up animals**, ingrassare animali □ **to f. well**, mangiare bene □ **to f. sb. with**

hope, alimentare le speranze di q.; incoraggiare q. □ **to f. sb. with lies**, imbottire q. di bugie □ **F. coal (wood, etc.) to the stove**, metti carbone (legna, ecc.) nella stufa.
feed (1) [fi:d], *n.* **1** pasto (*specialm. d'animali*); (*fam.*) mangiata, scorpacciata: **We had a good f.**, facemmo una gran mangiata **2** pascolo; pastura, foraggio; mangime, alimento; razione (*d'avena, ecc.*): **The cows are out at f.**, le vacche sono al pascolo; **f. for the horses**, foraggio per i cavalli **3** (*mecc.*) avanzamento; rifornimento **4** (*elab.*) alimentazione **5** (*mil.*) carica (*di cannone*) **6** (*teatr.*) battuta **7** (*teatr.*) chi dà la battuta, spalla **8** (*ind. della birra*) mosto fermentato. ● (*agric.*) **f. grains**, cereali foraggieri (*o* per la zootecnia) □ (*mecc.*) **f.-pipe**, tubo di mandata □ (*mecc.*) **f.-pump**, pompa d'alimentazione □ (*mecc.*) **f. screw**, vite d'alimentazione □ (*mecc.*) **f.-tank** (*o* **f.-trough**), serbatoio di rifornimento (*d'acqua, per locomotive*) □ (*pop.*) **to be off one's f.**, aver perso l'appetito.
feed (2) [fi:d], *pass.* e *p. p.* di **fee**.
feedback ['fi:dbæk], *n.* **1** (*elettron.*) feedback; retroazione: **multiple-loop f.**, retroazione a più vie **2** (*in genere*) automatismo **3** ritorno di segnale (*nei sistemi di controllo*) **4** (*fig.*) effetto reciproco; reazione (*o* rapporto) a doppio senso **5** (*fam.*) informazioni di ritorno; reazioni. ● (*elettron.*) **f. amplifier**, amplificatore retroazionato □ (*fam.*) **to play the f.**, ascoltare una registrazione.
feedbag ['fi:dbæg], *n. (USA)* musetta; sacchetto per la biada.
feeder ['fi:də*], *n.* **1** chi ciba, nutre, ecc. (*V.* **to feed**) **2** chi mangia, si ciba, si nutre, ecc.: **This stove is a large f.**, questa stufa consuma (*o* mangia) molto combustibile **3** (*mecc.*) alimentatore; alimentazione; (*autom.*) **the petrol f.**, l'alimentazione (*il sistema*) **4** bavaglino (*per bimbo*) **5** poppatoio **6** affluente (*di fiume*); immissario (*di lago*) **7** (*ferr.*) raccordo: **f. line**, binario di raccordo **8** ferrovia (*o* linea aerea, fluviale, ecc.) secondaria (*o* sussidiaria) **9** (*elettr.*) linea d'alimentazione (*o* di distribuzione, *o* di trasmissione) **10** (*geol.*) filone, vena **11** (*mil.*) congegno d'alimentazione **12** (*teatr.*) chi dà la battuta; spalla.
feedforward ['fi:dfɔ:wəd], *n.* (*elettron.*) «feedforward»; preazione. ● **f. circuit**, circuito feedforward □ **f. control**, regolazione anticipativa (*o* stimata).
feeding ['fi:diŋ], **A** *n.* **1** cibo; nutrimento; pasto; il dar da mangiare **2** (*mecc.*) alimentazione: (*elettr.*) **f. point**, punto di alimentazione (*della linea*). **B** *a.* **1** che alimenta, nutre **2** che si ciba, si nutre, ecc. (*V.* **to feed**). ● **f. bottle**, poppatoio □ **f. cup**, bicchiere con beccuccio (*per malati*) □ **f. ground**, terreno da pascolo ● **a f. storm**, una tempesta che cresce continuamente di intensità □ **f. stuffs**, mangimi.
feedstock ['fi:d-stɔk], *n.* **1** (*ind.*) materia prima; materiale (*per la lavorazione*) **2** (*ing.*) carica (*per una macchina o un processo*).
feedstuff ['fi:d-stʌf], *n.* (*zootecnia*) mangime.
feedthrough ['fi:dθru:], *a.* e *n.* (*elettr.*) passante.
fee-faw-fum ['fi:'fɔ:'fʌm], **A** *inter.* (*dell'Orco, nella favola*) ahm!; (*per spaventare bambini*) bau bau! **B** *n.* babau; spauracchio; orco. ● **It's all f.**, sono tutte fandonie!
feel [fi:l], *n.* **1** tatto: **soft to the f.**, soffice al tatto **2** tastata; toccata: **Let me have a f. of this cloth**, fatemi toccare (*o* dare una toccata a) questa stoffa **3** sensazione (tattile): **the f. of wet sawdust**, la sensazione tattile della segatura bagnata **4** abilità; facilità: **to have a f. for words**, saper usare le parole **5** (*fig.*) aria; atmosfera: **That place has the f. of home**, ci si sente a casa propria in quel posto. ● **by the f.**, al tatto □ **to have a cold (smooth, sticky) f.**, riuscire freddo (liscio, appiccicoso) al tatto.
to feel [fi:l] (*pass.* e *p. p.* **felt**), *v. t.* e *i.* **1** sentire (*con l'animo; con i sensi*; *specialm. col tatto*); percepire; provare; tastare; toccare; palpare; riconoscere; aver coscienza di; intendere; accorgersi di: **I don't f. much pity for him**, non sento molta compassione per lui; **I felt the floor shake under my feet**, sentii tremare il pavimento sotto i piedi; **F. whether the water is warm enough**, senti se l'acqua è abbastanza calda; **I don't f. the fatigue at all**, non sento affatto la fatica; **I f. it my duty to inform you**, sento che è mio dovere informarti; **I'm feeling better today**, mi sento meglio oggi; **I felt something terrible was going to happen**, sentivo che stava per succedere qualcosa di terribile; **He shall f. my vengeance**, proverà la mia vendetta; **The ship feels the helm**, la nave sente il (*o* risponde al) timone **2** credere; pensare; supporre: **I f. that he is right**, credo che egli abbia ragione; **We f. that the chairman should resign**, pensiamo che il presidente debba dimettersi **3** (*mil.*) fare una ricognizione del (*terreno*); saggiare la forza del (*nemico*) **4** dare la sensazione (*di essere, o sembrare*) al tatto: **Velvet feels smooth**, il velluto è liscio al tatto; **The water felt warm**, l'acqua sembrava calda, a toccarla; **The air feels chilly**, l'aria è piuttosto fredda; **It feels cold outside**, sembra che fuori faccia freddo **5** (*provare un'emozione*) sentirsi: **I f. sad today**, mi sento triste oggi. ● **to f. about** (*o* **around**) **for st.**, cercare (di trovare) q.c. (*che non si vede, ecc.*): **to f. about for an answer to a difficult problem**, cercare una ri-

sposta a un difficile problema ☐ **to f. (about) after st.**, cercare di prendere q.c. brancolando (*senza vederla*) ☐ **to f. along**, andare a tentoni; brancicare ☐ **to f. angry**, essere adirato ☐ (*fam.*) **to f. cheap**, sentirsi un verme ☐ **to f. cold**, aver freddo ☐ **to f. one's feet** (*o* **legs**), poggiare saldamente i piedi; (*fig.*) sentirsi a proprio agio ☐ **to f. for sb.**, cercare q.c. a tentoni; avere compassione per q. ☐ **to f. for st.**, cercare q.c. brancicando (*o* a tentoni) ☐ **to f. funny**, sentirsi strano, non sentirsi bene: **My head feels funny**, mi sento strano; mi gira la testa ☐ **to f. in one's bones**, sentire nell'intimo; sentirsela: **I felt it in my bones!**, me la sentivo! ☐ (*di persona*) **to f. like**, aver voglia di: **I f. like a drink**, ho voglia di bere; **I don't f. like going for a walk**, non ho voglia di fare una passeggiata ☐ (*di cosa*) **to f. like**, sembrare (*al tatto*): **It feels like glass**, sembra vetro, a toccarlo ☐ **to f. (quite) oneself**, sentirsi bene: **Tom isn't feeling quite himself today**, Maso non si sente bene oggi ☐ **to f. out of sorts**, sentirsi indisposto; essere di malumore ☐ (*fig.*) **to f. sb. out**, saggiare (*o* sondare) le opinioni di q.; tastare il terreno con q. ☐ (*anche fig.*) **to f. sb.'s pulse**, tastare il polso a q. ☐ **to f. small**, farsi piccolo (*fig.*) ☐ **to f. sorry**, provare dispiacere (*o* pietà); sentire il rimorso; dispiacersi (*impers.*): **I felt sorry for her**, sentii pietà per lei; **I felt sorry for hurting her feelings**, mi dispiaceva di aver ferito i suoi sentimenti ☐ **to f. up to st.**, sentirsi di poter (*o* sentirsi in grado di) fare q.c.: **I don't f. up to sitting my exam today**, non me la sento di sostenere l'esame oggi ☐ **to f. one's way**, andare brancolando (*o* a tentoni); (*fig.*) tastare il terreno ☐ **to f. with sb.**, avere comprensione per q.; provare simpatia per q. ☐ **a felt want**, una necessità profondamente sentita; un urgente bisogno ☐ **It feels like rain**, sembra voglia piovere ☐ **F. free to ask questions!**, fate pure domande!

feeler ['fi:lə*], *n.* **1** chi (*o* cosa che) sente, percepisce, ecc. (*V.* **to feel**) **2** (*d'animale*) antenna; tentacolo **3** atto, discorso, osservazione, ecc., fatti allo scopo di tastare il terreno (*o* di saggiare le intenzioni di q.); sondaggio: **to put** (*o* **to throw**) **out a f.**, fare un sondaggio **4** (*mecc.*) sonda **5** (*mil.*) esploratore. ● **f. gauge**, (*mecc.*) calibro a spessori, spessimetro; (*ind. tessile*) tastatore.

feeling (1) ['fi:liŋ], *n.* **1** sentimento; sensazione; senso; opinione; sensibilità: **a f. of hostility**, un sentimento di ostilità; **a f. of pain**, una sensazione di dolore; **I have a f. that something unpleasant will happen**, ho la sensazione che succederà qualcosa di spiacevole; **to hurt sb.'s feelings**, ferire i sentimenti di q.; offendere q.; **a f. of uneasiness**, un senso di disagio; **I've lost all f. in my right arm**, ho perso ogni sensibilità nel mio braccio destro; **He has a f. for music**, ha sensibilità per la musica **2** emozione; eccitazione; ostilità: **F. ran high at his proposal to lower wages**, l'ostilità andò alle stelle alla sua proposta di diminuire i salari; **to rouse the feelings of the mob**, risvegliare le emozioni della folla **3** compassione; comprensione; simpatia: **He hasn't much f. for the needs of the poor**, non ha molta compassione per i bisogni dei poveri **4** (*senso del*) tatto. ● **to appeal to sb.'s better feelings**, fare appello al lato migliore di q. ☐ **general f.**, opinione generale; sentimento popolare: **The general f. was against the law**, il sentimento popolare era avverso alla legge ☐ **good f.**, sentimento di simpatia; cordialità ☐ (*fam.*) **to have no hard feelings**, non essersela avuta a male; non essersela presa ☐ **to have strong feelings on** (*o* **about**) **st.**, essere inflessibile (*o* intransigente) su q.c.; non transigere su q.c. ☐ **ill f.**, sentimento d'avversione; animosità; rancore ☐ (*fam.*) **No hard f.!**, senza rancore!

feeling (2) ['fi:liŋ], *a.* **1** sensibile; sensibile alla pietà; che si commuove; che dimostra comprensione; improntato a simpatia: **a f. heart**, un animo sensibile; **a f. letter**, una lettera improntata a simpatia ● **a f. creature**, una creatura senziente. ● **He spoke in a f. way**, parlò con grande partecipazione (*o* con sincera emozione).

feet [fi:t], *pl.* di **foot**.

to feign [fein], *A v. t. e i.* **1** fingere; far finta di; simulare; ostentare: **He feigned that he was ill**, finse d'essere malato; **He feigned madness**, simulò la pazzia; **to f. surprise (indifference, etc.)**, simulare sorpresa (ostentare indifferenza, ecc.) **2** inventare; contraffare; falsificare: **to f. an accusation (a story, etc.)**, inventare un'accusa (una storia, ecc.); **to f. a document**, falsificare un documento. **to feign oneself B** *v. rifl.* fingersi: **He feigned himself dead**, si finse morto.

feigned [feind], *a.* **1** finto; simulato; immaginario **2** contraffatto; falsificato; falso.

feint [feint], *n.* **1** (*anche sport*) finta: **to make a f.**, fare una finta; **to make a f. of doing st.**, far finta di fare q.c. **2** (*mil.*) finto attacco.

to feint [feint], *v. i.* **1** (*anche sport*) fintare; fare una finta: **The boxer feinted with his right hand and struck with the left**, il pugile fece una finta di destro e colpì di sinistro **2** (*mil.*) lanciare un finto attacco.

feints [feints], *n. pl.* alcol di coda; feccia di whisky scozzese.

feisty ['faisti], *a.* (*fam. USA*) **1** irritabile; petulante **2** altezzoso; che si dà delle arie **3** *V.* **frisky**.

feldspar ['feldspa:*], *n.* (*miner.*) feldspato, feldispato.

feldspathic [felds'pæθik], *a.* (*miner.*) feldspatico.

felicide ['fi:lisaid], *n.* uccisione di un gatto.

to felicitate [fi'lisiteit], *v. t.* **1** congratularsi con; felicitarsi con: **May I f. you on your success?**, posso congratularmi con Lei per il Suo successo? **2** (*raro*) rendere felice.

felicitations [fi,lisi'teiʃənz], *n. pl.* congratulazioni; felicitazioni.

felicitous [fi'lisitəs], *a.* felice; appropriato; ben scelto; calzante: **a f. style**, uno stile felice; **a f. expression**, un'espressione appropriata (*o* calzante).

felicity [fi'lisiti], *n.* **1** felicità; letizia **2** felicità; appropriatezza; proprietà: **f. of expression**, felicità espressiva **3** espressione felice (*o* appropriata).

felids ['fi:lids], *n. pl.* (*zool. Felidae*) felidi; felini.

feline ['fi:lain], *A a.* felino; di (*o* da) gatto; (*fig.*) astuto, ingannevole, vendicativo: **f. agility**, agilità felina. *B n.* (*zool.*) felino. ● **f. amenities**, punzecchiature; frecciate; stoccate (*specialm. se date con velata ironia*).

felinity [fi'liniti], *n.* l'essere felino (*V.* **feline**).

fell (1) [fel], *pass.* di **fall**.

to fell [fel], *v. t.* **1** abbattere; atterrare: **to f. trees**, abbattere alberi; **I felled the boar with a single shot**, abbattei il cinghiale con un sol colpo **2** (*nel cucito*) ribattere.

fell (2) [fel], *n.* **1** (*USA*) quantità di legname (*di alberi abbattuti in una stagione*) **2** (*nel cucito*) ribattitura.

fell (3) [fel], *n.* pelle; vello. ● **f. of hair**, capelli arruffati, ispidi.

fell (4) [fel], *n.* **1** collina rocciosa; monte brullo (*specialm. nei toponimi: per es.*, **Sca'Fell**) **2** brughiera.

fell (5) [fel], *a.* (*poet.*) **1** crudele; feroce **2** mortale.

fellah ['felə], *n.* (*pl.* **fellahin, fellaheen**) fellah; contadino egiziano.

to fellate [fə'leit], *v. t.* fellare (*raro*); irrumare.

fellatio [fə'leiʃou], (*lat.*), *n.* (*pl.* **fellatios**) «fellatio».

fellation [fə'leiʃən], *n.* fellazione (*raro*); irrumazione (*letter.*).

fellator [fə'leitə*], *n.* fellatore (*letter.*).

fellmonger ['felmʌŋgə*], *n.* commerciante di (*o* in) pelli.

felloe ['felou], *n.* (*falegnameria*) **1** cerchio di ruota **2** gavello (*segmento circolare o settore di ruota*).

fellow ['felou], *A n.* **1** (*fam.*) individuo; tipo; ragazzo; uomo; diavolo (*fig.*): **He is a nice f.**, è un tipo simpatico; **He's a good f.**, è un buon diavolo; **He is a jolly good f.**, è un tipo allegro, gioviale; **Poor f.!**, povero diavolo!; poveretto!; poverino!; **a worthless f.**, un tipaccio; **a queer f.**, un tipo strano; un originale **2** compagno; camerata; collega; complice; socio: **We were fellows at Eaton**, siamo stati compagni a Eaton, (*leg.*) **fellows in a crime**, complici in un delitto **3** – **F.**, (professore universitario) membro d'un college; membro (*di un'accademia e sim.*) **4** – **F.**, laureato che compie un lavoro di ricerca; borsista **5** compagno (*di cose appaiate*): **I've lost the f. of this earring**, ho perso l'orecchino compagno di questo (*o* l'altro orecchino). *B a.* altro; compagno: **We met a F. explorer in Juba**, Juba incontrammo un altro esploratore. ● **f. clerk**, collega d'ufficio ☐ **f. being**, simile (*sost.*) ☐ **f. boarder**, commensale ☐ **f. citizens**, concittadini ☐ **f. countryman**, compatriota ☐ **one's f. creatures**, i propri simili; tutte le creature (*anche gli animali*) ☐ **f. feeling**, cameratismo; simpatia ☐ (*leg.*) **f.-heir**, coerede ☐ **f. passengers**, compagni di viaggio ☐ **f. prisoner**, compagno di prigionia ☐ **f. soldiers**, commilitoni ☐ **f. traveller**, compagno di viaggio; (*polit.*) compagno di strada, fiancheggiatore, filocomunista ☐ **f. workers**, compagni di lavoro ☐ **He shall never find his f.**, non troverà mai l'uguale; nessuno l'eguaglierà mai ☐ **my dear f.**, caro mio ☐ (*pop.*) **A f. can't work all day long**, non si può (*o* uno non può) lavorare tutto il santo giorno.

fellowship ['felouʃip], *n.* **1** compagnia; amicizia; collegalità; cameratismo; fratellanza; confraternita; società **2** (*nelle università*) dotazione; borsa di studio (*V.* **fellow**, *def.* 4): **research f.**, borsa di studio per compiere ricerche scientifiche **3** (*nelle università*) grado (*o* titolo, retribuzione) di «Fellow» (*V.* **fellow**, *def.* 3). ● **good f.**, buona collegalità; cordialità; socievolezza ☐ (*fig.*) **the right hand of f.**, segno di ammissione, d'accettazione (*di q. in una società, ecc.*).

felly ['feli], *V.* **felloe**.

felo de se ['fi:loudi:'si:], *n.* (*pl.* **felones de se, felos de se**) (*leg.*) **1** suicida **2** (*solo al sing.*) suicidio.

felon (1) ['felən], *A a.* (*poet.*) crudele; malvagio; scellerato. *B n.* (*leg.*) criminale.

felon (2) ['felən], *n.* (*med.*) patereccio; giradito.

felonious [fi'lounjəs], *a.* **1** crudele; malvagio **2** (*leg.*) criminoso; delittuoso.

felonry ['felənri], *n.* (*collett.*) (i) criminali.

felony ['feləni], *n.* **1** (*leg.*) delitto grave; crimine **2** (*stor.*)

felsite

fellonia.
felsite ['felsait], *n.* (*geol.*) felsite.
felspar ['fel-spa:*], *n.* (*miner.*) feldspato.
felstone ['felstoun], *V.* **felsite.**
felt (1) [felt], *pass.* e *p. p.* di **to feel.**
felt (2) [felt], *n.* **1** feltro **2** cartonfeltro. B *a. attr.* di feltro: **a f. hat,** un cappello di feltro. ● **f.-tip** (*o* **f.-tipped**) **pen,** pennarello.
to felt [felt], *A v. t.* feltrare. *B v. i.* (*di panno e sim.*) infeltrire, infeltrirsi.
felting ['feltiŋ], *n.* **1** feltratura **2** panno feltrato (*o* per feltro).
felucca [fe'lʌkə], *n.* (*naut.*) feluca (*imbarcazione*).
female ['fi:meil], *A a.* **1** (*anche biol.*) femminile; femmineo: **the f. sex,** il sesso femminile; **f. weakness,** debolezza femminile **2** (*tecn.*) femmina: **f. gauge,** calibro femmina. *B n.* **1** femmina **2** (*fam.*) donna: **a young f.,** una ragazza. ● (*telev.*) **f. announcer,** annunciatrice □ **a f. child,** una bambina □ **a f. elephant,** un'elefantessa □ (*bot.*) **f. fern,** (*Athyrium filix-foemina*) felce femmina; (*Pteridium aquilinum*) felce aquilina □ **f. labour,** lavoro (*o* manodopera) femminile □ **f. operatives,** operaie (*di fabbrica*) □ (*fam.,* elettr.) **f. plug,** presa (*di corrente*) □ (*mecc.*) **a f. screw,** una madrevite □ (*polit.*) **f. suffrage,** voto alle donne □ (*leg.*) **f. ward,** pupilla.
femineity [,femi'ni:iti], *n.* **1** femminilità **2** effeminatezza.
feminine ['feminin], *a.* **1** femminile (*anche gramm.*); femminino (*lett.*); femmineo; donnesco: **f. gender,** genere femminile; **f. virtues,** virtù femminili; **a f. voice,** una voce femminea **2** effeminato. ● (*poesia*) **f. caesura,** cesura debole □ (*poesia*) **f. rhyme,** rima femminile.
feminineness ['feminninis], **femininity** [,femi'niniti], *n.* **1** femminilità **2** (*collett.*) (le) donne.
feminism ['feminizəm], *n.* femminismo.
feminist ['feminist], *A n.* femminista. *B a.* femminista; femministico.
feminity [fə'miniti], *n.* **1** femminilità **2** (*collett.*) (le) donne.
feminization [,feminai'zeiʃən], *n.* **1** il rendere (*o* il diventare) femminile **2** effeminatezza **3** (*biol.*) femminilizzazione.
to feminize ['feminaiz], *v. t.* e *i.* **1** rendere (*o* diventare) femminile **2** effeminare; effeminarsi **3** (*biol.*) femminilizzare; acquisire i caratteri femminili.
Femlib ['femlib], *n.* movimento per la liberazione della donna (*anche* **Fem Lib**).
femme [fæm] (*franc.*), *n.* **1** donna **2** moglie.
femme fatale ['fæm,fə'ta:l] (*franc.*), *n.* (*pl.* **femmes fatales**) donna fatale; fatalona (*fam.*).
femoral ['femərəl], *a.* (*anat.*) femorale.
femur ['fi:mə*], *n.* (*pl.* **femurs, femora**) (*anat.*) femore.
fen (1) [fen], *n.* palude; maremma. ● **the Fens,** le paludi del Cambridgeshire □ (*bot.*) **fen-berry** (*Vaccinium oxycoccus*), mortella di palude □ **fen fire,** fuoco fatuo □ **fen-man,** abitante delle paludi □ **fen-pole,** pertica per saltare fossi □ **fen-reeve,** guardiano di palude.
fen (2) [fen], *V.* **fain** (2).
fence [fens], *n.* **1** recinto; palizzata; staccionata; steccato: **The horse jumped over the f.,** il cavallo saltò la staccionata **2** (*sport*) scherma **3** (*baseball*) recinto **4** (*ippica*) steccato **5** (*mecc.*) guida di appoggio (*di un pezzo alla lavorazione*) **6** (*ing.*) recinto schermante **7** (*mil.*) cortina radar **8** (*miss.*) linea di stazioni di controllo (*o* di rilevamento) di satelliti **9** (*pop.*) ricettatore; magazzino di ricettatore **10** (*arc.*) baluardo; difesa. ● **f.-mending,** riparazione di steccati (*fig., polit.*) ricostruzione della propria reputazione □ **f. month** (**f. season, f. time**), mese (stagione, tempo) della chiusura della caccia o della pesca □ (*fig.*) **to come down on the right side of the f.,** prendere le parti del vincitore □ **a master of f.,** un maestro di scherma, un abile schermidore; (*fig.*) un abile polemista □ (*fig.*) **to sit on the f.,** rimanere neutrale (*in una contesa*).
to fence [fens], *A v. t.* **1** recingere; cingere; cintare; recintare: **They have fenced their garden,** hanno recinto (*o* recintato) il loro giardino **2** — **to f. in** (*o* **off**), recintare; chiudere con un recinto **3** (*arc.*) difendere, proteggere **4** (*pop.*) comprare e vendere (*roba rubata*). *B v. i.* **1** tirar di scherma **2** (*di cavallo*) saltare steccati **3** (*pop.*) fare il ricettatore; comprare e vendere roba rubata **4** (*spesso* **to f. with**) schermirsi da, eludere, schivare (*in un'intervista, un interrogatorio, ecc.*): **He fenced with all my questions,** si schermiva da tutte le mie domande **5** polemizzare; usare abilmente parole e argomentazioni. ● **to f. off,** recintare, chiudere; (*fig.*) porre riparo a, evitare: **to f. off the consequences of a mistake,** porre riparo alle conseguenze d'un errore.
fenceless ['fenslis], *a.* **1** aperto; non recintato **2** (*poet.*) senza cinta; non fortificato; indifeso.
fencer ['fensə*], *n.* **1** (*sport*) schermitore **2** chi fa (*o* ripara) steccati.
fencibles ['fensiblz], *n. pl.* (*stor.*) soldati della milizia territoriale.
fencing ['fensiŋ], *n.* **1** (*sport*) scherma; arte della scherma **2** materiale da recinzione (*o* per fare steccati) **3** (*collett.*) recinti; staccionate; steccati; recinzione **4** dibattito abile **5** il parer risposte evasive; elusione (*raro: di domande, ecc.*) **6** (*pop.*) mestiere di ricettatore. ● **f. contractor,** (titolare d') impresa di posa in opera di recinzioni (steccati, ecc.) □ **f.-master,** maestro di scherma □ **barded-wire f.,** (recinto di) filo spinato.
to fend [fend], *A v. t.* (*poet.*) difendere. *B v. i.* difendersi; resistere. ● **to f. for oneself,** provvedere a se stesso; arrangiarsi □ **to f. off,** parare, schivare; respingere: **to f. off a blow,** parare un colpo.
fender ['fendə*], *n.* **1** parafuoco (*davanti a un camino*) **2** paraurti (*di tram, locomotiva, ecc.*) **3** (*naut.*) parabordo d'accosto **4** (*USA*) parafango (*di bicicletta, automobile, ecc.*). ● **f. stool,** sgabello per i piedi.
fenestrate [fi'nestreit], *a.* (*biol.*) fenestrato.
fenestrated [fi'nestreitid], *V.* **fenestrate.**
fenestration [,fenis'treiʃən], *n.* **1** (*archit.*) disposizione delle finestre (*in un edificio*) **2** (*biol.*) fenestrazione.
Fenian ['fi:njən], *n.* e *a.* (*stor.*) feniano (*membro d'una società segreta antibritannica d'irlandesi d'America*).
Fenianism ['fi:njənizəm], *n.* (*stor.*) fenianismo (*V.* **Fenian**).
fennel ['fenl], *n.* (*bot., Foeniculum vulgare*) finocchio.
fenny ['feni], *a.* **1** paludoso; pantanoso **2** palustre.
fens [fenz], *V.* **fain** (2).
fenugreek ['fenju,gri:k], *n.* (*bot., Trigonella foenum-graecum*) fieno greco.
feoff [fef], *n.* (*stor.*) feudo.
to feoff [fef], *v. t.* (*stor.*) infeudare; dare in feudo.
feoffee [fe'fi:], *n.* (*stor.*) feudatario **2** (*leg.*) donatario; cessionario.
feoffment ['fefmənt], *n.* (*stor.*) infeudamento; infeudazione.
feoffor, feoffer [fe'fɔ:*], *n.* chi dà terreni in feudo.
feracious [fe'reiʃəs], *a.* ferace.
feracity [fe'ræsiti], *n.* feracità.
feral (1) ['fiərəl], *a.* **1** ferino; bestiale **2** selvaggio; selvatico **3** (*d'animale domestico*) inselvatichito.
feral (2) ['fiərəl], *a.* **1** funereo; tetro **2** (*raro*) ferale; funesto.
Ferdinand ['fə:dinənd], *n.* Ferdinando.
feretory ['feritəri], *n.* **1** reliquiario; sacrario **2** (*raro*) feretro.
ferial ['fiəriəl], *a.* (*specialm. relig.*) feriale.
ferine ['fiərain], *a.* ferino; bestiale; selvaggio; selvatico.
ferment ['fə:ment], *n.* **1** (*biol., chim.*) fermento; lievito **2** (*fig.*) fermento; agitazione; eccitazione; tumulto: **to be in a f.,** essere in fermento.
to ferment [fə(:)'ment], *A v. i.* **1** (*biol., chim.*) fermentare **2** (*fig.*) agitarsi; eccitarsi; essere in fermento. *B v. t.* **1** far fermentare **2** (*fig.*) agitare; eccitare; mettere in fermento.
fermentable [fə:'mentəbl], *a.* (*biol., chim.*) fermentabile.
fermentation [,fə:men'teiʃən], *n.* **1** (*biol., chim.*) fermentazione **2** (*fig.*) fermento; agitazione; tumulto.
fermentative [fə'mentətiv], *a.* (*biol., chim.*) fermentativo.
fermion ['fə:miən], *n.* (*fis. nucl.*) fermione.
fermium ['fə:miəm], *n.* (*chim.*) fermio.
fern [fə:n], *n.* (*bot.*) felce; (*collett.*) felci. ● (*zool.*) **f. owl** (*Caprimulgus europaeus*), succiacapre.
fernery ['fə:nəri], *n.* **1** felceto; felceta **2** (*collett.*) felci.
ferny ['fə:ni], *a.* (*ferouso*) (*o* ricco) di felci.
ferocious [fə'rouʃəs], *a.* **1** feroce (*anche fig.*); fiero; crudele: **The heat was f.,** faceva un caldo feroce **2** (*fam.*) enorme: **a f. appetite,** un enorme appetito.
ferocity [fə'rɔsiti], *n.* ferocia; crudeltà.
ferrate ['fereit], *n.* (*chim.*) ferrato.
ferret (1) ['ferit], *n.* **1** (*zool., Mustela furo*) furetto **2** (*zool., Mustela nigripes*) mustela dai piedi neri **3** (*fig.*) investigatore **4** (*fig.*) agente operativo (*di spionaggio*) **5** (*mil.*) radiogoniometro mobile.
to ferret ['ferit], *v. t.* e *i.* **1** cacciare, stanare (*conigli, ecc.*) con il furetto **2** (*fig., spesso* **to f. out**) dare la caccia a, stanare (*nemici*) **3** (*fig.*) indagare; investigare; cercare attentamente **4** (*fig.*) frugare; rovistare. ● **to f. out a criminal,** stanare (*o snidare*) un delinquente □ **to f. out sb.'s hideout,** scoprire il nascondiglio di q. (a forza di indagare).
ferret (2) ['ferit], **ferreting** ['feritiŋ], *n.* fettuccia; nastro.
ferrety ['feriti], *a.* di (*o* da) furetto.
ferriage ['feriidʒ], *n.* (prezzo del) trasporto in nave traghetto.
ferric ['ferik], *a.* (*chim.*) ferrico.
ferriferous [fe'rifərəs], *a.* (*scient.*) ferrifero.
Ferris wheel ['feris-wi:l], *n.* ruota panoramica (*di luna park*).
ferrite ['ferait], *n.* **1** (*metall., miner.*) ferrite **2** (*chim.*) ferrito.
ferroalloy [,ferou'æloi], *n.* (*metall.*) ferrolega.
ferroconcrete [,ferou'kɔnkri:t], *n.* (*edil.*) cemento armato.
ferroelectric [,feroui'lektrik], *a. elettr.*) ferroelettrico.
ferromagnetic [,ferou mæg'netik], *a.* (*fis.*) ferromagnetico.
ferromagnetism [,ferou'mægnətizəm], *n.* (*fis.*) ferromagnetismo.

ferrotype ['ferəutaip], *n.* (*fotogr.*) **1** ferrotipo **2** ferrotipia.
ferrous ['ferəs], *a.* **1** (*chim.*) ferroso **2** ferreo; ferrigno.
ferruginous [fe'ru:dʒinəs], *a.* **1** ferruginoso **2** ferrigno.
ferrule ['feru:l], *n.* **1** (*mecc.*) boccola; ghiera, virola **2** (*falegnameria*) puntale.
ferry ['feri], *n.* **1** traghetto **2** (*anche* **ferryboat**) nave traghetto **3** (*leg.*) diritto di traghetto **4** (*aeron.*) trasporto aereo. ● **f. bridge**, trasbordatore.
to ferry ['feri], *v. t. e i.* **1** traghettare: **to f. cars across a river**, traghettare automobili di là da un fiume **2** portare (*una barca di là da un fiume, canale, ecc.*) **3** (*aeron.*) trasportare (*in aeroplano*) **4** (*fam.*) portare (*avanti e indietro*).
ferryman ['ferimən], *n.* (*pl.* **ferrymen**) traghettatore.
fertile ['fə:tail], *a.* **1** (*anche fig.*) fertile; fecondo: **f. lands**, terreni fertili; **f. imagination**, immaginazione fertile; **a f. seed**, un seme fecondo **2** (*biol.*) fecondato: **f. eggs**, uova fecondate **3** (*fis. nucl.*) fertile.
fertility [fə:'tiliti], *n.* (*anche fig.*) fertilità; fecondità. ● (*farm.*) **f. drug**, medicina contro la sterilità.
fertilization [,fə:tilai'zeiʃən], *n.* fertilizzazione; fecondazione.
to fertilize ['fə:tilaiz], *v. t.* **1** fertilizzare; fecondare **2** (*agric.*) fertilizzare; concimare **3** (*fis. nucl.*) fecondare.
fertilizer [,fə:tilaizə*], *n.* **1** fertilizzante; concime **2** (*biol.*) fecondatore, fecondatrice; pronubo: **Bees are fertilizers of flowers**, le api sono fecondatrici dei fiori. ● (*agric.*) **f. distributor** (*o* **f. spreader**), spandiconcime.
ferula ['ferjulə], *n.* **1** (*bot.*, *Ferula*: *pl.* **ferulas, ferulae**) ferula **2** *V.* **ferule**.
ferule ['feru:l], *n.* ferula; bacchetta, righello (*per punire i ragazzi*).
to ferule ['feru:l], *v. t.* fustigare.
fervency ['fə:vənsi], *n.* fervore; ardore; calore (*fig.*); zelo.
fervent ['fə:vənt], *a.* fervente; fervido; infuocato; ardente; caloroso: **a f. socialist**, un fervente socialista; **f. love**, ardente amore; **a f. hope**, una fervida speranza. ● **f. heat**, caldo torrido.
fervid ['fə:vid], *a.* **1** fervido; ardente **2** (*poet.*) caldo; infuocato.
fervour ['fə:və*], *a.* fervore; ardore; calore; zelo.
Fescennine ['fesənain], *a.* fescennino: **F. verses**, versi fescennini.
fescue ['feskju:], *n.* **1** (*bot.*, *Festuca*) festuca (*bot.*) fuscello **3** bacchetta, canna (*con cui il maestro indica le lettere, ecc.*).
fesse [fes], *n.* (*araldica*) fascia (*in mezzo a uno scudo*).
festal ['festl], *a.* **1** festivo; di (*o* da) festa: **a f. occasion**, un giorno di festa; **f. clothes**, abiti da festa festoso; allegro; festante: **a f. crowd**, una folla festante.
to fester ['festə*], *A v. i.* **1** (*di ferita, piaga*) suppurare; ulcerarsi **2** (*fig.*) farsi più aspro (*o* più amaro): **The injustice festered in his mind**, il ricordo dell'ingiustizia subita si fece sempre più amaro nel suo animo **3** (*fig.*) corrompersi; guastarsi. **B** *v. t.* **1** far suppurare **2** (*fig.*) aggravare, ingigantire (*un affronto, ecc.*); amareggiare, avvelenare (*fig.*).
fester ['festə*], *n.* (*med.*) **1** (*anche festering*) suppurazione **2** ferita suppurante; piaga; ulcera.
festival ['festəvəl], **A** *n.* **1** festa; festività **2** celebrazione; spettacolo; serie di rappresentazioni (*di concerti, ecc.*): **the Bach f.**, la serie di concerti in onore di Bach **3** festival: **a pop f.**, un festival di musica pop. **B** *a. attr.* festivo; di festa: **a f. day**, un giorno di festa.
festive ['festiv], *a.* festivo; festoso; gioioso; lieto: **a f. scene**, una scena festosa. ● **the f. board**, la tavola del banchetto □ **a f. season**, una stagione di feste □ **the f. season**, le feste di Natale; le festività natalizie.
festivity [fes'tiviti], *n.* **1** festività; festosità; gaiezza; lietezza **2** (*pl.*) celebrazioni festive; festeggiamenti.
festoon [fes'tu:n], *n.* **1** (*anche archit.*) festone.
to festoon [fes'tu:n], *v. t.* ornare di festoni.
festoonery [fes'tu:nəri], *n.* ornamento di festoni.
fetal ['fi:təl], *a.* (*biol., med.*) fetale; di feto.
to fetch [fetʃ], *v. t. e i.* **1** andare a prendere (*o* a cercare); portare: **F. me a drink**, vammi a prendere da bere; **I'll f. the marshal from the town**, andrò a cercare lo sceriffo in città; **I'll f. him from the office**, andrò a prenderlo in ufficio; **Please**, **f. me the dictionary**, per favore, portami il vocabolario **2** (*di cani*) riportare **3** ottenere, spuntare (*un prezzo*); rendere, valere; essere venduto per: **These goods will f. a high price**, questa merce spunterà un buon prezzo; **How much did the furniture f. at the auction sale?**, per quanto fu venduto il mobilio all'asta? **4** (*fam.*) assestare; mollare; appioppare: **I fetched him a punch on the chin**, gli assestai un pugno sul mento **5** (*fam.*) attirare; attrarre; affascinare; sedurre: **to f. large audiences**, attirare un folto pubblico. ● **to f. and carry (for sb.)**, fare da servitore (a q.) □ **to f. back**, riportare □ **to f. blood**, cavar sangue □ **to f. a sigh (a groan, etc.)**, mandare un sospiro (emettere un lamento, ecc.) □ **to f. a sneeze**, fare uno starnuto □ **to f. tears to sb.'s eyes**, strappare le lacrime a q. □ **to f. up**, vomitare; espettorare; (*fam.*) arrestarsi, fermarsi; (*naut.*) arrivare in porto □ **to go**
and f. st., andare a prendere q.c.
fetch (1) [fetʃ], *n.* **1** l'andare a prendere (*V.* **to fetch**) **2** stratagemma; trucco **3** (*naut.*) distanza da percorrere **4** (*geogr.*) tratto di mare (*percorso da un'onda o dal vento*).
fetch (2) [fetʃ], *n.* apparizione (*di persona vivente*); doppio (*etereo*).
fetching ['fetʃiŋ], *a.* (*fam.*) attraente; seducente.
fête [feit] (*franc.*), *n.* **1** festa; trattenimento **2** onomastico.
to fête [feit] (*franc.*), *v. t.* festeggiare; fare grandi feste a (q.).
fetial ['fi:ʃəl], *a. e n.* (*stor. romana*) feziale, feciale.
feticide [,fi:ti'said], *n.* (*leg.*) feticidio.
fetid ['fetid], *a.* fetido.
fetidness ['fetidnis], *n.* fetore; fetidume.
fetish, fetich(e) ['fi:tiʃ], *n.* **1** (*relig., psic., anche fig.*) feticcio **2** fissazione; mania.
fetishism ['fi:tiʃizəm], *n.* **1** (*relig., psic.*) feticismo **2** (*fig.*) fanatismo.
fetishist ['fi:tiʃist], *n.* (*relig., psic.*) feticista.
fetishistic [,fi:ti'ʃistik], *a.* feticista.
fetlock ['fetlɔk], *n.* (*di cavallo*) **1** nodello; nocca **2** fiocchetto, barbetta (*ciuffo di peli sul garretto*).
fetologist [fi(:)'tɔlədʒist], *n.* (*med.*) fetologo.
fetology [fi(:)'tɔlədʒi], *n.* (*med.*) fetologia.
fetor ['fi:tə*], *n.* fetore.
fetter ['fetə*], *n.* **1** catena (*da mettere ai piedi*) **2** (*pl.*) ceppi; ferri **3** (*pl., fig.*) impedimenti; ostacoli; pastoie.
to fetter ['fetə*], *v. t.* **1** mettere in ceppi (*o* ai ferri); incatenare **2** (*di cavallo*) impastoiare **3** (*fig.*) impedire; ostacolare; inceppare.
fetterlock ['fetəlɔk], *n.* **1** pastoia **2** *V.* **fetlock**.
fettle ['fetl], *n.* condizione; stato; forma (*fam.*): **The speaker was in fine** (*o* **good**) **f.**, l'oratore appariva in forma.
fettuccine [,fetə'tʃi:nei] (*ital.*), *n. pl.* (*cucina*) fettuccine.
fetus ['fi:təs], *n.* (*pl.* **fetuses, feti**) (*biol.*) feto.
feud (1) [fju:d], *n.* contesa; lotta; inimicizia; ostilità: **to be at f. with sb.**, essere in lotta con q.; **a deadly f.**, una contesa all'ultimo sangue.
feud (2) [fju:d], *n.* (*stor.*) feudo.
to feud [fju:d], *v. i.* (*specialm. di due clan, ecc.*) essere in lite; litigare; contendere.
feudal ['fju:dl], *a.* feudale: **the f. system**, il sistema feudale.
feudalism ['fju:dəlizəm], *n.* (*stor.*) feudalesimo; feudalismo.
feudalist ['fju:dəlist], *n.* fautore del feudalesimo.
feudalistic [,fju:də'listik], *a.* feudale; favorevole al feudalesimo.
feudality [fju:'dæliti], *n.* **1** l'esser feudale; feudalità **2** feudo.
feudalization [,fju:dəlai'zeiʃən], *n.* trasformazione (*dell'ordinamento politico*) in feudale.
to feudalize ['fju:dəlaiz], *v. t.* rendere feudale.
feudatory ['fju:dətəri], **A** *n.* (*stor.*) feudatario; vassallo. **B** *a.* feudatario; soggetto a un signore feudale.
fever ['fi:və*], *n.* (*anche fig.*) febbre: **The doctor felt my pulse and said I had a high f.**, il dottore mi tastò il polso e disse che avevo la febbre alta; **yellow f.**, febbre gialla; **typhoid f.**, febbre tifoide. ● (*med.*) **f. blister**, erpete febbrile; febbre (*fam.*) □ **f. heat**, calore febbrile; (*fig.*) grande eccitazione □ **at a f. pitch**, in uno stato di grande eccitazione □ **to be in a f. of anxiety**, avere un'ansia febbrile □ **scarlet f.**, scarlattina.
to fever ['fi:və*], **A** *v. t.* **1** dare (*o* far venire) la febbre a (q.) **2** (*fig.*) mettere in agitazione. **B** *v. i.* **1** avere la febbre **2** (*fig.*) agitarsi febbrilmente; essere sovreccitato.
fevered ['fi:vəd], *a.* **1** febbricitante **2** (*fig.*) febbrile; agitato; eccitato: **a f. imagination**, una fantasia eccitata.
feverfew ['fi:vəfju(:)], *n.* (*bot., Chrysanthemum parthenium*) partenio; matricale; amarella.
feverish ['fi:vəriʃ], *a.* **1** febbricitante **2** (*fig.*) febbrile: **f. activity**, attività febbrile **3** dovuto alla febbre: **f. dreams**, sogni dovuti alla febbre **4** che dà la febbre: **a f. climate**, un clima che dà la febbre.
feverishness ['fi:vəriʃnis], *n.* l'esser febbricitante, ecc. (*V.* **feverish**).
feverous ['fi:vərəs], *V.* **feverish**.
few [fju:], *a. e pron.* **1** pochi, poche; scarsi, scarse: **I have few friends in this town**, ho pochi amici in questa città; **Few know the truth**, pochi sanno la verità; **Visitors are few here**, i visitatori sono scarsi qui **2** – **a few**, alcuni, alcune; alquanti; qualcuno; qualche: **He spoke a few words**, disse qualche parola; **A few know the truth**, qualcuno sa (*o* alcuni sanno) la verità; **I'll be back in a few days**, sarò di ritorno fra qualche giorno **3** – **only a few**, pochi; troppo pochi: **Only a few of us were present**, eravamo presenti in pochi. ● **the few**, la minoranza; i meno □ **few and far between**, rari, rarissimi □ **a few more**, degli altri, delle altre; ancora: **I like these apples**: **I'd like a few more**, queste mele mi piacciono: ne vorrei delle altre □ **every few minutes (hours, days, etc.)**, a intervalli di pochi minuti (di poche

fewer ore, di pochi giorni, ecc.): **The buses run every few minutes**, gli autobus passano a intervalli di pochi minuti □ (*fam.*) **a good few** (*o* **quite a few**), parecchi; molti □ **the happy few**, gli eletti □ (*arc.*) **in few**, in poche parole; in breve □ **not a few**, non pochi □ (*fam.*) **some few**, alcuni; taluni.

fewer ['fjuə*], *a.* (*compar. di* **few**) meno (*con nomi pl.*): **I have f. friends than you**, ho meno amici di te. ● **no fewer than**, non meno di: **No fewer than two hundred soldiers were killed**, non meno di duecento soldati furono uccisi.

fewest ['fju:ist], *a.* (*superl. relat. di* **few**) meno (*con nomi pl.*); il minor numero di: **Which of the travellers got the f. orders?**, chi dei commessi viaggiatori ha fatto il minor numero di ordinazioni?

fewness ['fju:nis], *n.* scarsità; numero ristretto (*di cose o persone*).

fey [fei], *a.* **1** (*arc. o scozz.*) destinato a morire; sul punto di morire **2** eccitato; frenetico; pazzo **3** capace di vedere fate, di capire il soprannaturale; visionario **4** di (*o* da) fata; soprannaturale; bizzarro.

fez [fez], *n.* (*pl.* **fezzes, fezes**) fez (*berretto turco*).

fiancé [fi'ã:nsei] (*franc.*), *n.* fidanzato.

fiancée [fi'ã:nsei] (*franc.*), *n.* fidanzata.

fiasco [fi'æskou] (*ital.*), *n.* (*pl.* **fiascoes, fiascos**) fallimento; fiasco; insuccesso.

fiat ['faiæt], *n.* **1** (*leg.*) decreto; comando; ordine (*dell'autorità*) **2** approvazione; sanzione. ● (*econ., fin.*) **f. money**, moneta a corso forzoso.

to fiat ['faiæt], *v. t.* (*raro*) approvare; sancire.

fib (1) [fib], *n.* (*fam.*) bugia; bugiola; fandonia; frottola.

to fib (1) [fib], *v. i.* dir bugie; contar frottole.

fib (2) [fib], *n.* pugno; colpo.

to fib (2) [fib], *v. t.* dar pugni a (*q.*); colpire; picchiare.

fibber ['fibə*], *n.* bugiardo; bugiardello.

fiber ['faibə*] *e deriv.* (*USA*), *V.* **fibre** *e deriv.*

fibre ['faibə*], *n.* **1** fibra (*anche fig.*); tempra: **cotton fibres**, le fibre del cotone; **moral f.**, tempra morale **2** (*bot.*) radice fibrosa **3** (*ind.*) fibra; cartone fibra.

fibreboard ['faibəbɔ:d], *n.* (*ind.*) cartone fibra; fibra.

fibrefill ['faibəfil], *n.* (*ind.*) fibra sintetica per imbottiture.

fibreglass ['faibəgla:s], *n.* (*ind.*) fibra di vetro; fiberglass.

fibreless ['faibəlis], *a.* senza fibre.

fibrescope ['faibəskoup], *n.* (*med.*) fibroscopio.

fibriform ['faibrifɔ:m], *a.* fibriforme.

fibril ['faibril], *n.* (*scient.*) fibrilla.

fibrillar(y) ['faibrilə(ri)], *a.* fibrillare.

fibrillation [ˌfaibri'leiʃən], *n.* (*med.*) fibrillazione.

fibrillose ['faibrilous], **fibrillous** ['faibriləs], *a.* fibrilloso.

fibrin ['faibrin], *n.* (*biol.*) fibrina.

fibrinogen [fai'brinədʒen], *n.* (*biol.*) fibrinogeno.

fibrinous ['faibrinəs], *a.* fibrinoso.

fibroid ['faibrɔid], **A** *a.* fibroide; fibroso. **B** *n.* (*med.*) tumore fibroso; fibroma.

fibroin ['faibrouin], *n.* (*chim.*) fibroina.

fibroma [fai'broumə], *n.* (*pl.* **fibromas, fibromata**) (*med.*) fibroma.

fibrosis [fai'brousis], *n.* (*pl.* **fibroses**) (*med.*) fibrosi.

fibrous ['faibrəs], *a.* fibroso.

fibrousness ['faibrəsnis], *n.* fibrosità.

fibster ['fibstə*], *n.* bugiardo; bugiardello.

fibula ['fibjulə], *n.* (*pl.* **fibulae, fibulas**) **1** (*anat.*) fibula; perone **2** (*archeol.*) fibula; fibbia.

fichu ['fi:ʃu:] (*franc.*), *n.* fisciù; fazzoletto da collo; scialle.

fickle ['fikl], *a.* incostante; instabile; mutevole; volubile: **a f. girl**, una ragazza volubile; **f. weather**, tempo instabile.

fickleness ['fiklnis], *n.* incostanza; instabilità; volubilità.

fictile ['fiktil], *a.* **1** fittile; di terracotta **2** dell'arte ceramica.

fiction ['fikʃən], *n.* **1** (*letter.*) narrativa; novellistica: **works of f.**, opere di narrativa; (*anche*) romanzi, novelle **2** invenzione; finzione; fantasia: **We want facts, not fictions**, vogliamo fatti, non fantasie; **a legal f.**, una finzione legale. ● **f. writer**, romanziere; novellista.

fictional ['fikʃənl], *a.* **1** (*letter.*) romanzesco **2** romanzato.

fictionalization [ˌfikʃənəlai'zeiʃən], *n.* il romanzare.

to fictionalize ['fikʃənəlaiz], *v. t.* romanzare.

fictionist ['fikʃənist], *n.* narratore; romanziere; novellista.

fictitious [fik'tiʃəs], *a.* **1** fittizio; immaginario; inventato; falso: **Tom Jones is a f. character**, Tom Jones è un personaggio immaginario; **to write under a f. name**, scrivere sotto falso nome **2** (*tecn., scient.*) fittizio (*naut.*) **f. equator**, equatore fittizio. ● (*rag.*) **f. assets**, attività fittizie □ (*leg.*) **f. payee**, beneficiario fittizio.

fictitiousness [fik'tiʃəsnis], *n.* l'esser fittizio; falsità.

fictive ['fiktiv], *a.* **1** dotato d'inventiva **2** fittizio; immaginario.

ficus ['faikəs], *n.* (*bot., Ficus*) ficus.

fid [fid], *n.* **1** (*naut.*) caviglia (*per impiombare*) **2** cuneo (*di legno o d'altro*) **3** (*naut., anche* **f. of mast**) chiave d'albero.

fiddle ['fidl], **A** *n.* **1** (*mus.*) fiddle **2** (*fam. o spreg.*) violino; viola **3** (*fam.*) imbroglio; truffa. **B** *inter.* sciocchezze! ● **f. bow**, archetto del violino □ **f. case**, astuccio per violino □ **f.-de-dee!**, sciocchezze! □ (*fam.*) **f.-faddle**, inezie; sciocchezze; piccinerie □ (*fam.*) **to f.-faddle**, dire sciocchezze; perdersi in inezie; far molto chiasso per nulla □ **to be as fit as a f.**, essere sano come un pesce □ **a face as long as a f.**, faccia scontenta (*o* da funerale); muso lungo: **When he came home he had a face as long as a f.**, quando rincasò aveva una faccia da funerale □ **to hang up one's f. when one comes home**, essere di buon umore fuori e tetro in casa □ (*fig.*) **to play second f.**, avere una parte di secondaria importanza.

to fiddle ['fidl], *v. t. e i.* (*fam.*) **1** suonare il violino; suonare (*una musica*) sul violino **2** (*spesso* **to f. with**) baloccarsi; gingillarsi: **to f. with a gun**, gingillarsi con una pistola **3** (*fam.*) imbrogliare; truffare; fregare (*fam.*) **4** attrarre; falsificare; contraffare **5** — **to f. with**, manomettere: **to f. with a door lock**, manomettere la serratura di una porta **6** giocherellare; dare segni di nervosismo (*specialm.* con le mani). ● **to f. around** (*o* **about**), sprecare tempo □ **to f. time away**, perdere tempo in sciocchezze.

fiddler ['fidlə*], *n.* **1** (*fam.*) violinista; strimpellatore (*di violino*) **2** (*fam.*) imbroglione; truffatore **3** (*zool., Rhinobatus*) pesce chitarra. ● **F.'s green**, paradiso (*per le anime*) dei marinai.

fiddlestick ['fidlstik], *n.* archetto del violino. ● **fiddlesticks!**, sciocchezze! □ (*fam.*) **I don't care a f.**, non me ne importa un fico secco.

fiddling ['fidliŋ], *a.* insignificante; minuscolo; da nulla.

Fidelism [fə'delizəm], *n.* (*polit.*) castrismo.

Fidelist [fə'delist], *n.* (*polit.*) castrista.

fidelity [fi'deliti], *n.* fedeltà; esattezza; precisione: **f. to one's ideals**, fedeltà ai propri ideali; **to copy a document with complete f.**, copiare un documento con assoluta esattezza.

fidget ['fidʒit], *n.* **1** agitazione; irrequietezza **2** persona irrequieta (*o* nervosa, che s'agita). ● **to have the fidgets** (*o* **to be in a f.**), essere agitato; stare sulle spine.

to fidget ['fidʒit], **A** *v. i.* agitarsi; dimenarsi; giocherellare (*nervosamente*): **Stop fidgeting with your pencil**, smettila di giocherellare con la matita. **B** *v. t.* mettere a disagio; infastidire; preoccupare.

fidgetiness ['fidʒitinis], *n.* agitazione; irrequietezza; nervosismo.

fidgety ['fidʒiti], *a.* agitato; irrequieto; nervoso.

fiducial [fi'dju:ʃjəl], *a.* **1** fiduciale; fiduciario **2** (*astron., ottica, agrimensura*) di riferimento: **a f. point**, un punto (*o* un segno) di riferimento.

fiduciary [fi'dju:ʃjəri], **A** *a.* (*anche leg., fin.*) fiduciario: **a f. guardian for a minor**, un tutore fiduciario d'un minorenne; **f. circulation**, circolazione fiduciaria (*di cartamoneta*). **B** *n.* (*leg.*) fiduciario. ● (*fin.*) **f. currency** (*o* **money**), moneta a corso fiduciario.

fie [fai], *inter.* (*arc. o scherz.*) vergogna!

fief [fi:f], *n.* (*stor.*) feudo.

field [fi:ld], *n.* **1** (*in molti sensi, anche fig.*) campo: **a f. of oats**, un campo di avena; **a football f.**, un campo da gioco del calcio; **a flying f.**, un campo d'aviazione; **a landing f.**, un campo di atterraggio; **the f. of battle** (*o* **the battlefield**), il campo di battaglia (*anche fig.*); **in the f.**, sul campo (di battaglia); **in the f. of science**, nel campo della scienza; **His knowledge is confined to his particular f.**, le sue conoscenze sono limitate al suo campo di studi (*o* al suo settore) particolare; **He left his rival in possession of the f.**, lasciò il suo rivale padrone del campo **2** (*geol.*) giacimento: (*in combinazione*) **a coalfield**, un giacimento carbonifero; **an oilfield**, un giacimento petrolifero **3** (*mil.*) campo di battaglia; battaglia: **a hard-fought f.**, una battaglia aspramente combattuta **4** distesa; banco: **a f. of ice** (*o* **an ice f.**), un banco di ghiaccio **5** (*sport*) (i) concorrenti in campo: **a good f.**, una schiera di ottimi concorrenti **6** (*ippica*) (i) cavalli iscritti a una corsa **7** (*caccia alla volpe*) (la) comitiva dei cacciatori **8** (*fig.*) settore (*di studio*); luogo, terreno (*d'osservazione*) **9** (*tecn., scient.*) campo **10** (*elettron.*) semiquadro. ● **f. allowance**, soprassoldo, indennità di campagna (*pagata agli ufficiali*) □ **f. artillery**, artiglieria da campo (*o* campale) □ **f. battery**, batteria campale □ **f. book**, taccuino da agrimensore (*elettr.*) **f. coil**, avvolgimento di campo; bobina eccitatrice □ (*anche fig.*) **f. day**, giornata campale □ **f. dressing**, pacco di medicazioni d'emergenza □ **f. engineer**, ingegnere di cantiere (*sport*) **f. events**, gare su campo; (*riunioni di*) atletica leggera □ **f. glasses**, binocolo (*da campagna*) □ (*pallacanestro*) **f. goal**, canestro (fatto) su azione □ (*USA*) **f. gun**, cannone da campagna □ (*sport*) **f. hand**, bracciante agricolo □ (*sport*) **f. hockey**, hockey su prato □ **f. hospital**, ospedale da campo □ (*sport*) **f. house**, spogliatoio □ **f. ice**, banchisa □ **f. kitchen**, cucina da campo □ (*mil.*) **f. marshal**, feldmaresciallo □ **f.-mouse**, topo di campagna; arvicola □ f. of vision, campo visivo □ f.-officer, ufficiale superiore □ (aeron.) f. personnel, personale a terra □ (mil.) f.-piece, cannone da campagna □ f. preacher, predicatore ambulante □ f. sports, caccia e pesca □ f. telephone, telefono da campo □ f. test, test sul campo □ to f.-test, sperimentare sul campo □ f.-trip, gita (scolastica) di istruzione □ (baseball) f. umpire, secondo arbitro □ f.-work, (mil.) fortificazione campale; (comm.) raccolta diretta di dati; (ecologia, ecc.) osservazione diretta della natura □ f.-worker, chi raccoglie dati; osservatore diretto della natura □ a diamond f., un campo diamantifero □ to give fair f. and no favour, concedere campo franco e sicuro; assicurare condizioni di parità a due concorrenti □ a gold f., un terreno aurifero □ (mil.) to hold the f., tenere il campo; non cedere terreno □ to keep the f., (mil.) restare in campo; (fig.) non abbandonare un'attività (o una gara) □ (mil.) to lose the f., perdere (o cedere) il campo □ (fis.) magnetic f., campo magnetico □ (mil.) mine f., campo minato □ (agric.) rice fields, risaie □ to take the f., (mil., sport) scendere in campo; (fig.) dare inizio a un'attività.

to field [fi:ld], v. t. (sport) 1 (in vari giochi) prendere e rilanciare (la palla) 2 mettere in campo (un giocatore, una squadra). ● (fig.) to f. a question, rispondere a una domanda.
fielder ['fi:ldə*], n. (baseball, cricket) giocatore che prende e rilancia la palla; esterno.
fieldfare ['fi:ldfeə*], n. (zool., Turdus pilaris) cesena; viscarda.
fieldsman ['fi:ldzmən], n. (pl. **fieldsmen**) V. fielder.
fieldward(s) ['fi:ldwəd(z)], avv. verso i campi.
fiend [fi:nd], n. demonio; diavolo (anche fig.): He's a f. at tennis, a tennis è un diavolo (scatenato). ● **cigarette f.**, fumatore accanito □ **drug f.**, tossicodipendente □ **morphia f.**, morfinomane.
fiendish ['fi:ndiʃ], a. 1 demoniaco; diabolico; infernale 2 diabolico; machiavellico 3 (fam.) tremendo; enorme: **f. difficulty**, tremenda difficoltà.
fiendishness ['fi:ndiʃnis], n. diabolicità; malvagità infernale.
fiendlike ['fi:ndlaik], a. da demonio; diabolico; infernale.
fierce [fiəs], a. 1 fiero; feroce; crudele; furioso; violento: **a f. tribe**, una tribù feroce; **a f. struggle**, una fiera lotta; **a f. storm**, una violenta tempesta; **a f. wind**, un vento furioso; **a f. effort**, un violento sforzo 2 (sport) grintoso. ● **f. fighting**, aspri combattimenti □ **a f. temper**, un carattere ardente, focoso.
fierceness ['fiəsnis], n. 1 fierezza; ferocia; crudeltà; furia; violenza 2 (sport) grinta.
fieriness ['faiərinis], n. 1 ardore; foga; impeto; impetuosità 2 infiammabilità; irritabilità (V. **fiery**).
fiery ['faiəri], a. 1 infuocato; ardente; focoso; impetuoso: **a f. furnace**, una fornace infuocata; **a f. sun**, un sole ardente; **f. words**, parole infuocate; **a f. horse**, un cavallo focoso; **f. eyes**, occhi ardenti; **a f. nature**, un temperamento focoso 2 fiammeggiante; di fiamma: **a f. sunset**, un tramonto fiammeggiante 3 appassionato 4 infiammabile; irritabile: **a f. gas**, un gas infiammabile. ● **f. tongues**, lingue di fuoco.
fife [faif], n. (mus.) piffero: **a f. band**, una banda di pifferi.
to fife [faif], v. t. e i. suonare il piffero; suonare col piffero.
fifer ['faifə*], n. pifferaio.
fifteen ['fif'ti:n], a. e n. quindici. ● **a rugby f.**, una squadra di rugby (composta di 15 giocatori).
fifteenth [fif'ti:nθ], A a. quindicesimo; decimoquinto. B n. 1 (un) quindicesimo; (la) quindicesima parte 2 (mus.) intervallo di due ottave.
fifth [fifθ], A a. quinto. B n. 1 (un) quinto; (la) quinta parte 2 (mus.) quinta 3 (USA) (un) quinto di gallone (soprattutto come misura di liquore). ● (polit.) **f. column**, quinta colonna; spie □ **f. columnist**, spia □ **f. wheel**, (mecc.) ralla; (autom.) ruota di scorta; (fig.) ultima ruota del carro; persona di nessun conto; cosa inutile, superflua.
fifthly ['fifθli], avv. in quinto luogo.
fiftieth ['fiftiiθ], A a. cinquantesimo. B n. (un) cinquantesimo; (la) cinquantesima parte.
fifty ['fifti], a. e n. cinquanta. ● (sport) **the 50,000-metre walk**, la marcia di 50 chilometri □ **the fifties**, gli anni dai 50 ai 60 (nella vita di q.); gli anni dai '50 ai '60 (in un secolo); gli anni Cinquanta (specialm. del XX secolo) □ **to go f.-f. with sb.**, fare a metà con q. (nel pagamento di q.c.) □ **on a f.-f. basis**, sulla base di un'equa ripartizione; in piena parità.
fiftyish ['fiftiiʃ], a. sulla cinquantina: **The woman who opened was small and f.**, la donna che venne ad aprire era piccola e sulla cinquantina.
fig (1) [fig], n. 1 fico: **green figs**, fichi freschi; **dried figs**, fichi secchi 2 (bot., Ficus carica; anche **fig tree**) fico. ● (zool.) **fig- -eater** (o **fig-pecker**) (Sylvia simplex), beccafico □ (anche arte) **fig-leaf**, foglia di fico (fig.) □ **to be under one's vine and fig tree**, essere a casa propria, al sicuro □ **I don't care a fig for him**, non me ne importa un fico, di lui □ **It isn't worth a fig**, non vale un fico (secco).

fig (2) [fig], n. (fam.) 1 abito; vestito; arnese (fig.): **to be in full fig**, essere in abito di gala; essere in ghingheri; **He was in poor fig**, era male in arnese 2 condizione; forma: **He is in good fig today**, è in buone condizioni (o in forma) oggi.
to fight [fait] (pass. e p. p. **fought**), A v. i. 1 combattere; lottare; battersi; battagliare: **Italy fought against Germany in the first world war**, l'Italia combatté contro la Germania nella prima guerra mondiale 2 azzuffarsi; fare a pugni: **Dogs and cats often f.**, i cani e i gatti spesso si azzuffano; **Boys sometimes f.**, i ragazzi talvolta fanno a pugni 3 litigare: **Spouses sometimes fight**, ogni tanto gli sposi litigano 4 (sport) battersi; boxare. B v. t. 1 combattere; contrastare; opporsi a: **Doctors f. disease**, i medici combattono le malattie; **to f. a battle (a war)**, combattere una battaglia (una guerra) 2 far combattere; manovrare in battaglia: **to f. cocks**, far combattere i galli; **The captain fought his ship well**, il capitano manovrò bene la sua nave in battaglia 3 (sport) combattere contro (q.); disputare (un incontro). ● **to f. back**, resistere; rispondere a un attacco □ **to f. a cause** (o **a suit at law**) **against sb.**, intentare (o fare) causa a q. □ **to f. a duel**, fare un duello; battersi (in duello) □ **to f. it out**, combattere fino in fondo; decidere una vertenza combattendo (o facendo a pugni) □ **to f. a losing battle**, battersi per una causa disperata □ **to f. off**, respingere (q.) combattendo; vincere, superare (una malattia, ecc.): **to f. off a cold**, stroncare un raffreddore □ (comm.) **to f. off the competition**, battere la concorrenza □ **to f. on**, continuare a combattere □ **to f. over sb. (st.)**, disputarsi q. (q.c.); battersi per q. (q.c.) □ **to f. shy of**, evitare di (fare q.c.); stare alla larga da (q.) □ **to f. to a finish**, combattere (o lottare) fino all'ultimo; □ **to f. one's way through the crowd**, farsi largo a fatica tra la folla □ **to f. one's way to the top**, arrivare in alto nella scala sociale, lottando tenacemente.
fight [fait], n. 1 combattimento; battaglia; lotta; conflitto; contesa: **a f. between two armies**, un combattimento fra due eserciti; **a f. for higher wages**, una lotta per ottenere salari più alti; **to give f.**, dar battaglia 2 mischia; zuffa; fare a pugni: **a f. between two cats**, una zuffa fra due gatti 3 lite; litigio 4 ardore combattivo; combattività; volontà di combattere: **He still had some f. in him**, aveva ancora dello spirito combattivo 5 (sport) incontro (di boxe); combattimento. ● **to put up a f.**, resistere; non arrendersi □ **to put up a good (a poor) f.**, battersi bene (male) □ **a sham f.**, un finto combattimento □ **to show f.**, mostrarsi combattivo; mostrare i denti (fig.) □ **a stand-up f.**, una battaglia in campo aperto; una lotta dichiarata.
fightback ['faitbæk], n. (mil. e fig.) contrattacco; controffensiva.
fighter ['faitə*], n. 1 combattente; lottatore (fig.) 2 (sport) pugile 3 (mil., anche **f. plane**) (aeroplano da) caccia. ● (mil.) **f. bomber**, cacciabombardiere □ (mil.) **f. interceptor**, caccia-intercettore □ (mil.) **f. pilot**, pilota da caccia.
fighting ['faitiŋ], A n. combattimento; battaglia; lotta: **Was there much f.?**, ci furono molti combattimenti?; si combatté molto? B a. 1 combattente; battagliero: **f. men**, (soldati) combattenti 2 di (o da) combattimento: **a f. plane**, un apparecchio da combattimento; **f. cock**, gallo da combattimento; **f. spirit**, ardore combattivo; combattività. ● **f. line**, linea del fuoco; prima linea □ **to have a f. chance**, avere una probabilità di riuscita (o di successo), se ci si dà da fare.
figment ['figmənt], n. finzione; invenzione; fantasia: **figments of the mind**, fantasmi della mente.
figuline ['figjulin], A a. figulino; di ceramica. B n. opera figulina; vaso di terracotta.
figurant ['figjurənt], **figurante** [,figju'rænti], n. (teatr.) figurante; comparsa; ballerino, ballerina (di balletto).
figuration [,figju'reiʃən], n. 1 (anche arte) figurazione; rappresentazione; ornamentazione 2 allegoria 3 (mus.) contrappunto fiorito.
figurative ['figjurətiv], a. 1 figurato; metaforico; traslato: **f. language**, linguaggio figurato 2 allegorico; simbolico 3 figurativo: **f. arts**, arti figurative 4 (arte) ornato; fiorito.
figurativeness ['figjurətivnis], n. 1 l'essere figurato (o allegorico) 2 figurativismo.
figure ['figə*], n. 1 figura (anche geom.); aspetto; forma; immagine; disegno: **I saw her slender f. in the crowd**, vidi la sua esile figura tra la folla; **That man has a fine** (o **handsome**) **f.**, quell'uomo ha una bella figura (o un bel personale); **Einstein is one of the great figures of this age**, Einstein è una delle grandi figure del nostro tempo; **She was a f. of deep sorrow**, ella era l'immagine del dolore (pop.): pareva la Madonna dei sette dolori); **The wall was covered with figures of birds and flowers**, il muro era ricoperto da disegni d'uccelli e di fiori; (geom.) **a plane f.**, una figura piana; (geom.) **a solid f.**, una figura solida; **figures of speech**, figure retoriche 2 (mat.) cifra, numero; (comm.) somma, ammontare; (pl., fig.) aritmetica: **in round figures**, in cifra tonda; **His income runs into five figures**, il suo reddito (in dollari o sterline) ascende a un numero di cinque cifre; **I am not very**

figure

good at figures, non sono molto bravo coi numeri (*o* in aritmetica) **3** venatura (*del legno*) **4** (*specialm.*, *di donna*) linea: **to keep one's f.**, mantenere la linea. ● **f.-dance**, ballo figurato □ **f.-head**, (*naut.*) polena, figura di prua; (*fig.*) prestanome; persona d'alto grado, ma di limitato potere □ **f. (of) eight**, otto; nodo sabaudo (*pattinaggio*) paragrafo ● **a f. of fun**, una persona grottesca; un tipo ridicolo □ (*sport*) **f. skating**, pattinaggio artistico □ **f. of speech**, modo di dire □ **to cut a fine (a poor) f.**, fare una bella (una brutta) figura □ **to cut quite a f. figurone** □ **to cut a sorry f.**, fare una figuraccia □ (*mat.*) **double figures**, numeri di due cifre □ **to get st. at a high f.**, pagare q.c. una bella cifra □ **a person of f.**, una persona distinta, notevole □ (*fin.*) **a six-f. income**, un reddito che sta entro le sei cifre (*fra 100 000 e 999 999 dollari o sterline*).

to figure ['figə*], *v. t. e i.* **1** figurare; raffigurare; rappresentare; ritrarre; simboleggiare; adornare di disegni; avere un posto preminente: **The Japanese like to f. silk**, ai Giapponesi piace adornare la seta di disegni; **Roosevelt will certainly f. in history**, Roosevelt occuperà certo un posto preminente nella storia **2** (*anche* **to f. to oneself**) immaginare; figurarsi: **I cannot f. to myself how he could do it**, non so figurarmi come abbia potuto fare ciò **3** segnare (q.c.) con numeri (*o* cifre); mettere il prezzo a **4** far di conto; fare calcoli **5** (*fam. USA*) calcolare; decidere; credere, pensare: **I f. it's time to go**, penso che sia ora d'andare **6** quadrare; accordarsi con le aspettative. ● **to f. as**, passare per, essere reputato: **He figures as an honest man**, passa per uomo onesto □ (*USA*) **to f. in**, includere (*in un prezzo, ecc.*) □ (*USA*) **to f. on**, calcolare, contare, fare affidamento su; intendere, volere (*fare q.c.*) □ **to f. out**, calcolare, risolvere col calcolo; comprendere, capire: **to f. out the total cost**, calcolare il costo complessivo; **to f. out a problem**, risolvere un problema; **He talks in riddles, so I can't f. him out**, parla per indovinelli e così non riesco a capirlo □ **to f. up**, calcolare l'ammontare di □ **to f. up** (*o* **out**) **at**, ammontare a: **The bill figures up** (*o* **out**) **at 50 pounds**, il conto ammonta a 50 sterline □ (*fam.*) **That figures!**, c'era da aspettarselo!

figured ['figəd], *a.* figurato; decorato; ornato con figure; stampato: **f. language**, linguaggio figurato (*o* metaforico); **f. satin**, raso stampato; **f. glass**, vetro stampato. ● (*mus.*) **f. bass**, basso cifrato.

figurine ['figjuri:n], *n.* figurina; statuetta.

figwort ['figwə:t], *n.* (*bot.*) **1** (*Scrophularia*) scrofularia **2** (*Ranunculus ficaria*) favagello.

Fiji [fi:'dʒi:], A *n.* (*geogr.*) **1** (*anche* **F. islands**) isole Figi **2** abitante delle Figi. B *a.* delle (isole) Figi.

filament ['filəmənt], *n.* **1** filamento (*in ogni senso*); filo (*di tessuto artificiale*) **2** filo (*d'aria*); bava (*di vento*) **3** (*metall.*) filo. ● (*elettr.*) **f. lamp**, lampada a incandescenza.

filamentary [,filə'mentəri], **filamentous** [,filə'mentəs], *a.* filamentoso.

filature ['filətjuə*], *n.* (*ind. tessile*) **1** filatura **2** filatoio **3** filanda.

filbert ['filbə(:)t], *n.* **1** nocciola; avellana **2** (*bot., Corylus avellana*) nocciolo; avellano.

to filch [filtʃ], *v. t.* rubare; rubacchiare; fare man bassa di.

file (1) [fail], *n.* **1** filza (*di documenti e sim.*); archivio; casellario; schedario: **our (your) f.**, il nostro (il vostro) numero di riferimento (in archivio) **2** collezione (*di documenti, giornali, ecc.*); raccolta; incartamento: **Please, give me the f. of «The Economist»**, per favore, mi dia la collezione dell' «Economist» **3** scheda: **to read one's personal f.**, leggere la propria scheda personale **4** (*elab.*) file; archivio. ● **f.-card**, cartellino; scheda □ **f. clerk**, archivista □ **f. holder**, raccoglitore □ **f. material**, materiale d'archivio □ **to keep** (*o* **to have**) **a f. on sb.**, tenere q. schedato □ (*di documento*) **on f.**, registrato; schedato.

to file (1) [fail], *v. t.* **1** registrare; schedare; archiviare: **F. all these invoices**, registra tutte queste fatture **2** presentare (*un documento*); passare agli atti: **to f. a petition (a protest)**, presentare una petizione (una protesta); **The documents pertaining to the case were filed by the court's clerks**, i documenti pertinenti alla causa furono messi agli atti dai cancellieri del tribunale. ● (*leg.*) **to f. a bankruptcy petition**, presentare istanza di fallimento □ (*leg.*) **to f. a suit against sb.**, fare causa a q.

file (2) [fail], *n.* **1** (*anche mil.*) fila; coda: **in (single) f.**, in fila; **in Indian f.**, in fila indiana; **to march in f.**, marciare in fila; sfilare; **to stand in f.**, fare la coda **2** (*scacchi*) colonna. ● **f. leader**, capofila □ (*mil.*) **a f. of men**, dei soldati comandati per un servizio speciale □ **the rank and f.**, (*mil.*) la truppa e i graduati (*soldati e caporali*); (*polit.*) la base (*di un partito*); (*fig.*) la massa, il popolino.

to file (2) [fail], A *v. i.* marciare in fila; sfilare: **The soldiers filed out of the barracks**, i soldati uscirono in fila dalla caserma. B *v. t.* far marciare in fila; far sfilare. ● **to f. away** (*o* **off**), andarsene (marciando) in fila.

file (3) [fail], *n.* **1** (*tecn.*) lima **2** (*pop.*) furbo; dritto; volpone: lenza (*pop.*): **He's an old** (*o* **a deep**) **f.**, è un drittone, un furbo di tre cotte. ● **f. dust**, limatura □ (*mecc.*) **f. hardness**, durezza alla lima □ **to bite** (*o* **to gnaw**) **a f.**, cercare di fare una cosa impossibile; portare l'acqua con un cesto □ **cabinet-f.**, lima per ebanisti □ **knifeedge f.**, lima a spada □ **three-square f.**, lima a coltello □ **three-square f.**, lima triangolare.

to file (3) [fail], *v. t.* limare (*anche fig.*); ripulire, rifinire (*un testo letterario, ecc.*). ● **to f. away**, portar via (*o* togliere) con la lima □ **to f. through the bars**, limare le sbarre.

filemot ['filimət], *a. e n.* (del) colore delle foglie morte.

filer ['failə*], *n.* (*tecn.*) limatore.

filial ['filjəl], *a.* filiale: **f. devotion**, devozione filiale.

filiation [,fili'eiʃən], *n.* (*anche leg.*) filiazione.

filibuster ['filibʌstə*], *n.* **1** filibustiere **2** (*USA*) ostruzionismo; tattica ostruzionistica; ostruzionista (*in Parlamento*): **To halt a f. the Senate may use the arm of cloture**, per arrestare una tattica ostruzionistica il Senato può usare l'arma della mozione di chiusura del dibattito.

to filibuster ['filibʌstə*], *v. i.* **1** fare il filibustiere **2** (*USA*) fare ostruzionismo (*in Parlamento*).

filibusterer ['filibʌstərə*], *n.* (*USA*) ostruzionista (*in Parlamento*).

filibustering ['filibʌstəriŋ], *n.* (*USA*) ostruzionismo (*come prassi parlamentare*).

filiform ['filifɔ:m], *a.* filiforme.

filigrane ['filigrein], *n.* (*raro*) filigrana.

filigree ['filigri:], *n.* filigrana.

filigreed ['filigri(:)d], *a.* filigranato.

filing ['failiŋ], *n.* **1** archiviazione; registrazione; schedatura **2** (*tecn., spesso al pl.*) limatura: **iron filings**, limatura di ferro **3** (*mil.*) sfilata. ● **f. cabinet**, casellario □ **f. clerk**, archivista □ **f. room**, archivio.

Filipino [,fili'pi:nou], *n. e a.* (*pl.* **Filipinos**) filippino; (abitante) delle Filippine.

to fill [fil], A *v. t.* **1** riempire; colmare; empire; nutrire; saziare; otturare; turare: **The mist filled the valley**, la nebbia riempiva la valle; **I was filled with envy**, ero pieno d'invidia; **F. the hole with mortar**, riempi il buco di malta!; tura il buco con la malta!; **This food doesn't f. me**, questo cibo non mi sazia (*o* non mi riempie); (*med.*) **to f. a tooth**, otturare un dente **2** adempiere; compiere (*un dovere, una mansione*); occupare (*un posto*); impiegare (*il proprio tempo*); tenere (*un impiego*) **3** (*comm.*) eseguire; evadere: **to f. an order**, eseguire un'ordinazione **4** caricare: **to f. one's pipe**, caricare la pipa; **to f. coal into a ship's hold**, caricare carbone nella stiva d'una nave **5** (*naut.*) gonfiare (*le vele*). B *v. i.* **1** riempirsi; colmarsi: **The theatre soon filled**, il teatro si riempì in breve tempo **2** (*naut.: delle vele*) gonfiarsi. ● **to f. the bill**, fare tutto quel che è necessario, fare il proprio dovere; essere sufficiente, bastare, andar bene □ **to f. in**, riempire; turare; completare; compilare; dare informazioni, informare; **to f. in a form**, compilare un modulo □ **to f. in for sb.**, rimpiazzare (*o* sostituire) q. □ **to f. in one's name (date of birth, etc.)**, scrivere il proprio nome (la data di nascita, ecc.) in un modulo □ **to f. out**, ampliare, ingrandire; ingrassare; compilare: **The girl was very thin but soon filled out on good food**, la ragazza era magrissima ma ben presto, con una buona alimentazione, ingrassò □ **I filled out the application form**, compilai il modulo d'assunzione □ **to f. out a cheque**, riempire un assegno □ **to f. out a document**, completare un documento □ **to fill sb. in**, informare q. □ **to f. up**, riempire, riempirsi (*del tutto*); colmare, colmarsi; compilare (*un modulo, ecc.*): **F. up the pond with stones**, colma lo stagno di sassi! □ (*autom.*) **to f. up with petrol**, fare il pieno (*della benzina*): **F. her** (*o* **it**) **up!**, il pieno, prego! □ **to f. a vacancy**, occupare un posto vacante □ **If Mary sings, that fills the bill**, se Maria canta, siamo a posto.

fill [fil], *n.* **1** sazietà, sufficienza (*di cibo o altro*); quantità sufficiente: **to eat one's f.**, mangiare a sazietà **2** (*edil., costr.*) colmata; riporto; rinterro **3** carica (*della pipa*) **4** (*autom.*) pieno: **a f. of petrol**, un pieno di benzina; **to get another f.** (*of petrol*), fare un altro pieno. ● **f.-in**, inserzione, inserto; rimpiazzo, sostituto; sommario, sunto; (*fam. USA*) riassunto di notizie (*o* informazioni) □ **to cry one's f.**, piangere tutte le proprie lacrime □ **to drink one's f.**, bere a volontà □ (*fig.*) **to have had one's f. of sb.**, averne abbastanza di q. □ **to have one's f. of sorrow**, avere la propria parte di dolori.

filler ['filə*], *n.* **1** chi riempie, colma, ecc. (*V.* **to fill**) **2** riempitivo; cosa (*o* sostanza) aggiunta **3** dispositivo (*pompetta e sim.*) di riempimento (*in una stilografica*) **4** (*autom.*) riempitore (*della carrozzeria*); bocchettone di riempimento (*del serbatoio della benzina*) **5** (*giornalismo*) tappabuco **6** (*tecn.*) fondo (*per la vernice*); stucco, turapori **7** (*chim.*) carica **8** (*metall.*) metallo di apporto.

fillet ['filit], *n.* **1** benda; nastro (*per capelli, ecc.*) **2** filetto (di *carne, pesce, ecc.*); strisciolina: **f. of beef**, filetto di manzo **3** (*archit., edil.*) listello **4** (*araldica*) filetto **5** (*ing.*) striscia. ● **f. steak**, bistecca di filetto.

to fillet ['filit], *v. t.* **1** filettare; adornare di bende, di nastri o di listelli **2** disossare (*carne, pesce*) e tagliare in filetti.

filling ['filiŋ], *n.* **1** riempimento; colmamento **2** (materiale da) otturazione (*specialm. d'un dente*) **3** (*ind. tessile*) trama **4** (*geol.*) colmata **5** (*costr.*) riporto; rinterro **6** (*cucina*) farcia; ripieno **7** (*comm.*) esecuzione; evasione (*di ordini*) ● (*autom.*) **f. station**, stazione di rifornimento; distributore (di benzina).

fillip ['filip], *n.* **1** buffetto; schiocco (*d'un dito*) **2** (*fig.*) incentivo; incitamento; stimolo. ● **It isn't worth a f.**, non vale un fico.

to fillip ['filip], **A** *v. t.* **1** dare buffetti (o colpetti) a **2** (*fig.*) incitare; stimolare; incentivare. **B** *v. i.* dare buffetti; schioccare le dita.

fillister ['filistə*], *n.* (*falegnameria*) **1** scanalatura, incassatura (*per finestra*) **2** incorsatoio; pialletto per scanalature.

filly ['fili], *n.* **1** puledra; cavallina **2** (*fig., pop.*) ragazzina vivace.

film [film], *n.* **1** pellicola; membrana; strato sottile: **a f. of dust on the furniture**, un sottile strato di polvere sui mobili **2** (*fotogr., cinem.*) pellicola; film; (*pl.*) cinema: **a roll of f. for a camera**, una bobina, un rotolo di pellicola per una macchina fotografica; **Silent films have been replaced by sound films**, il cinema muto è stato sostituito dal cinema sonoro **3** patina; velo: **a f. of mist (of tears)**, un velo di nebbia (di lacrime) **4** filamento. ● **a f. actor**, un attore cinematografico □ (*telev.*) **f. clip**, filmato □ **f. fan**, appassionato del cinema □ **f. jacket**, portanegativo (*per microfilm*) □ **f. library**, cineteca; filmoteca □ **a f. première**, una prima cinematografica □ **f. society**, cineclub □ **a f. star**, un divo (o una diva) dello schermo □ **f. script**, copione cinematografico □ **f. slide**, diapositiva □ **f. stock**, pellicola vergine □ **f. strip**, filmina □ **a f. test**, un provino cinematografico □ **f. weld**, giunta (*di pellicola*) □ **short f.**, cortometraggio ● «F. processing», «si sviluppano pellicole» (*cartello*).

to film [film], *v. t. e i.* **1** filmare; girare un film; adattare per il cinema; ricavare un film da: **They have filmed several of Shakespeare's plays**, hanno ricavato film da parecchi drammi di Shakespeare; **They filmed the story**, hanno adattato il racconto per il cinema **2** (*anche to f. over*) coprire (o coprirsi) d'una patina; annebbiare, annebbiarsi: **The landscape filmed over**, il paesaggio si annebbiò **3** prestarsi a un adattamento per il cinema: **This story will f. very well**, questo racconto si presterà benissimo a un adattamento cinematografico.

filmable ['filməbl], *a.* (*cinem.*) **1** filmabile **2** fotogenico.

filminess ['filminis], *n.* nebulosità; trasparenza.

filmlet ['filmlit], *n.* filmetto.

filmography [fil'mɔgrəfi], *n.* filmografia.

filmset ['filmset], *n.* set cinematografico.

to filmset ['filmset], (*pass.* e *p. p.* **filmset**), *v. t.* (*tipogr.*) fotocomporre.

filmsetter ['film,setə*], *n.* (*tipogr.*) fotocompositrice.

filmsetting ['film,setiŋ], *n.* (*tipogr.*) fotocomposizione.

filmy ['filmi], *a.* **1** annebbiato; indistinto; velato **2** trasparente.

filoselle ['filəsel], *n.* (*ind. tessile*) filaticcio.

filter ['filtə*], *n.* filtro; (*fotogr.*) filtro luce; schermo: **a colour f. for a camera lens**, un filtro colorato per l'obiettivo d'una macchina fotografica. ● **f. bed**, letto filtrante (*in uno stagno, serbatoio, ecc.*) □ (*elettron.*) **f. crystal**, filtro a cristallo (*a quarzo*) □ **f. tip**, sigaretta col filtro □ (*di sigaretta*) **f.-tipped**, col filtro □ (*autom.*) **cartridge f.**, filtro cilindrico; cartuccia.

to filter ['filtə*], *v. t. e i.* **1** filtrare; chiarificare; purificare: **The light filtered through the shutters**, la luce filtrava attraverso le persiane **2** (*anche* **to f. out**) togliere (o ottenere) filtrando **3** (*fig.*) penetrare; trapelare: **The news filtered through the whole town**, la notizia trapelò per tutta la città **4** (*autom. del traffico*) scorrere a sinistra. ● (*fig.*) **to f. out**, filtrare; trapelare.

filterability [,filtərə'biliti], *n.* filtrabilità.

filterable ['filtərəbl], *a.* (*anche biol.*) filtrabile: **a f. virus**, un virus filtrabile.

filtering ['filtəriŋ], *n.* (*tecn.*) filtraggio.

filth [filθ], *n.* **1** lordura; sporcizia; sozzura; sudiciume **2** porcheria; indecenza; oscenità **3** linguaggio osceno; turpiloquio.

filthiness ['filθinis], *n.* **1** lordura; sporcizia; sozzura; sudiciume **2** indecenza; oscenità.

filthy ['filθi], *a.* **1** lordo; sporco; sozzo; sudicio **2** indecente; osceno **3** schifoso; ripugnante.

filtrability [,filtrə'biliti], *n.* **filtrable** ['filtrəbl], *V.* **filterability, filterable.**

filtrate ['filtrit], *n.* filtrato; liquido filtrato.

to filtrate ['filtreit], *v. t.* filtrare.

filtration [fil'treiʃən], *n.* filtrazione; (*tecn.*) filtraggio.

fimbriate ['fimbriit], *a.*, **fimbriated** ['fimbrieitid], *a.* (*bot., zool.*) sfrangiato; fimbriato.

fin [fin], *n.* **1** (*di pesce*) pinna; (*di mammifero acquatico*) natatoia; **dorsal fin**, pinna dorsale **2** (*aeron., naut.*) pinna; (piano di) deriva **3** (*fonderia*) bava; bavatura **4** (*mecc.*) aletta **5** (*pop.*) mano; zampa (*fig.*): **Tip us your fin**, qua la mano! **6** (*pop. USA*) biglietto da 5 dollari. ● (*naut.*) **fin keel**, chiglia di deriva; deriva □ **antirolling fin**, pinna antirollio.

finable ['fainəbl], *a.* soggetto a multa; multabile.

to finagle [fi'neigl], **A** *v. i.* (*USA*) intrallazzare; arrangiarsi. **B** *v. t.* (*USA*) procacciarsi; rimediare (*fam.*).

final ['fainl], **A** *a.* **1** finale; ultimo: **the f. scene of a play**, l'ultima scena di un dramma; (*gramm.*) **a f. clause**, una proposizione finale **2** definitivo; decisivo; conclusivo; irrevocabile: **a f. decision**, una decisione definitiva; (*leg.*) una sentenza inappellabile; **f. solution** (*stor.*) soluzione definitiva; (*fig.*) genocidio; **a f. decree**, un decreto irrevocabile. **B** *n.* **1** (*sport*) finale: **the Cup f.**, la finale di Coppa **2** (*fam., spesso al pl.*) esame finale: **to take one's finals**, sostenere gli esami finali **3** (*fam.*) ultima edizione (*d'un giornale*) **4** (*mus.*) finale. ● (*rag.*) **f. balance**, (bilancio) consuntivo □ (*econ.*) **f. product**, prodotto finale □ (*tipogr.*) **f. proof**, stampone □ (*leg.*) **f. statement (of a case)**, (comparsa) conclusionale.

finale [fi'na:li] (*ital.*), *n.* (*mus., teatr.*) finale: **the f. of an opera (of a play)**, il finale di un'opera (d'un dramma).

finalism ['fainəlizəm], *n.* (*filos.*) finalismo.

finalist ['fainəlist], *n.* (*sport, filos.*) finalista.

finality [fai'næliti], *n.* **1** finalità: **the principle of f.**, il principio di finalità **2** l'essere definitivo (o decisivo, conclusivo) **3** (*pl.*) cose dette (o fatte) da ultimo; cose definitive. ● **to say st. with an air of f.**, dire q.c. con l'aria di chiudere l'argomento (o la partita).

to finalize ['fainəlaiz], *v. t.* **1** completare; finire; ultimare **2** rendere definitivo.

finally ['fainəli], *avv.* **1** finalmente; infine **2** definitivamente: **to solve a problem f.**, risolvere un problema definitivamente.

finance [fai'næns], *n.* finanza; finanze: **the Minister of F.**, il ministro delle Finanze (*in G. B.*, **Chancellor of the Exchequer**); **the F. Department**, il ministero delle Finanze; **The country's finances are not strong enough**, le finanze del paese non sono abbastanza solide. ● **f. bill**, (*fin.*) cambiale usata come mezzo di finanziamento; (*polit.*) *V.* **financial bill**, *sotto* **financial** □ **f. company**, (società) finanziaria □ **f. shares**, azioni finanziarie.

to finance [fai'næns], *v. t.* finanziare; sovvenzionare: **The State will f. the scheme**, lo Stato finanzierà il progetto.

financial [fai'nænʃəl], *a.* finanziario: **the f. year**, l'anno finanziario. ● **f. backer**, finanziatore □ **f. bill**, disegno di legge finanziaria □ (*econ.*) **f. control**, controllo finanziario □ **f. market**, mercato finanziario □ **f. resources**, risorse finanziarie; finanze □ **f. trust**, (società) finanziaria.

financier [fai'nænsiə*], *n.* **1** finanziere **2** finanziatore.

to financier [,finən'siə*], (*USA*) **A** *v. t.* defraudare; frodare; truffare: **to f. sb. out of his money**, truffare q. del suo denaro. **B** *v. i.* (*spreg.*) fare operazioni finanziarie; fare l'aggiotatore.

financing [fai'nænsiŋ], *n.* finanziamento.

finch [fintʃ], *n.* (*zool.*) **1** (*Fringilla*) fringuello **2** passero della famiglia dei fringillidi (*canarino, cardellino, ecc.*).

to find [faind] (*pass.* e *p. p.* **found**), **A** *v. t.* **1** trovare; scoprire; trovare per caso; ritrovare; rinvenire: **Have you found your wallet?**, hai ritrovato il portafoglio?; **The kidnapped boy was found injured and starving**, il ragazzo rapito fu trovato ferito e affamatissimo; **We found him (to be) dishonest**, lo trovammo disonesto; **to f. happiness**, trovare la felicità; **to f. one's voice**, ritrovare la voce (la favella) **2** accorgersi di; giudicare; reputare; stimare: **I f. that I have been mistaken**, m'accorgo che avevo torto (*o* mi sbagliavo); **I f. the terms reasonable**, giudico ragionevoli le condizioni **3** provvedere; procurarsi di; procurarsi: **All employees must f. their own tools**, i dipendenti devono tutti provvedersi degli arnesi di lavoro **4** (*leg.*) giudicare; dichiarare; riconoscere; emettere (*una sentenza o un verdetto*): **The jury found the accused guilty**, la giuria giudicò colpevole l'imputato; **The jurors found a verdict of guilty** (*o* **found him guilty**), i giurati emisero un verdetto di colpevolezza (*o* lo riconobbero colpevole). **B** *v. i.* **1** (*caccia*) scoprire la traccia **2** (*leg.*) emettere una sentenza (*o* un verdetto). **to find oneself C** *v. rifl.* trovarsi; stare; sentirsi (*di salute*); imparare a conoscere se stesso; scoprire la propria vocazione: **He'll soon f. himself in prison**, si troverà presto in prigione; **How do you f. yourself today?**, come ti senti oggi? ● **to f. one's bearings**, orientarsi □ **to f. fault with**, trovar da ridire su; criticare: **She finds fault with everything Johnny does**, trova da ridire su tutto quello che fa Gianni □ **to f. favour with sb.**, incontrare il favore (*o* la simpatia) di q. □ **to f. one's feet**, reggersi in piedi; riuscire a camminare (da solo); ambientarsi; cavarsela; sistemarsi □ (*leg.*) **to f. for sb.**, emettere una sentenza (*o* un verdetto) favorevole a q.: **The jury found for the defendant**, la giuria emise un verdetto favorevole al convenuto □ **to f. sb. in clothes (money, etc.)**, provvedere q. d'abiti (denaro, ecc.) □ (*di dipen-*

find

dente) **to f. oneself in clothes**, provvedere al (proprio) vestiario □ **to f. sb. in (up, in bed, etc.)**, trovare q. in casa (alzato, a letto, ecc.) □ **to f. it in one's heart**, avere (*o* bastare) l'animo di; sentirsela □ (*di proiettile*) **to f. its** (*o* **the**) **mark**, colpire il bersaglio; andare a segno □ **to f. mercy in sb.**, trovare compassione in q. □ **to f. out**, scoprire, trovare; imparare a conoscere; cogliere in fallo; calcolare; risolvere: **The robbers found out where he kept the money**, i rapinatori trovarono dove teneva i soldi; **We must f. out the truth**, dobbiamo scoprire la verità; **I've found you out!**, ti ho scoperto (ti ho colto in fallo)!; **to f. out the volume**, calcolare il volume □ **to f. one's place (in a book)**, trovare il segno (in un libro) □ **to f. one's tongue**, ritrovare la voce □ **to f. one's way**, trovare la via □ **to f. one's way to**, arrivare a, raggiungere (*un luogo*) □ **to f. one's way home**, ritrovare la strada di casa □ **to f. one's way in**, riuscire ad entrare □ **to f. one's way out**, riuscire ad andarsene (*dal chiuso*); trovare l'uscita □ **all found**, tutto (*alloggio, vitto, ecc.*) compreso: **wages 100 pounds a year, and all found**, salario di 100 sterline l'anno, più vitto e alloggio □ **to be well found in st.**, essere ben fornito o provvisto di q.c. □ **I was disappointed to f. you out**, mi dispiacque non trovarti in casa □ (*leg.: del giudice alla giuria*) «**How do you find (him)?**» (*risposta*) «**Not guilty, Your Honour**», «Qual è il vostro verdetto?» «Innocente, Vostro Onore» □ **How did such rubbish f. its way into print?**, come si sono potute stampare sciocchezze di questo genere?

find [faind], *n*. scoperta; ritrovamento; oggetto trovato: **I have made a great f. in a second-hand bookshop**, ho fatto una grande scoperta in un negozio di libri usati. ● **a sure f.**, un posto dove si può star certi di trovare q.c. (*specialm., la volpe*); un buon appostamento.

findable [ˈfaindəbl], *a*. che si può trovare; ritrovabile.

finder [ˈfaində*], *n*. **1** chi trova; chi ritrova; scopritore: **Lost, a gold watch: f. will be rewarded**, smarrito un orologio d'oro: ricompensa a chi lo troverà **2** (*fotogr., fis.*) mirino; traguardo (*per es., di macchina fotografica*) **3** (*astron.*) cercatore **4** (*tecn.*) mirino; monitor; visore. ● (*fam.*) **Finders (are) keepers!**, la roba è di chi la trova!; l'ho trovato e me lo tengo!

fin de siècle [ˌfæn dəˈsjeklə] (*franc.*), *a*. fin de siècle; (della) fine Ottocento.

finding [ˈfaindiŋ], *n*. **1** ritrovamento; reperimento; scoperta **2** (*leg.*) sentenza; verdetto **3** (*di solito al pl.*) conclusioni, risultanze (*d'un lavoro di ricerca, ecc.*) **4** (*pl.*) arnesi da lavoro; l'occorrente (*per cucire, ecc.*). ● (*fam.*) **F.'s keeping**, *V*. **Finders (are) keepers**, *sotto* **finder** □ (*aeron.*) **f. of one's bearings**, orientamento.

findspot [ˈfaindspɔt], *n*. (*archeol.*) zona di reperimento.

fine (1) [fain], **A** *a*. **1** bello (*anche iron*.); bravo; (*del tempo*) buono, soddisfacente; eccellente; elegante: **f. jewels**, bei gioielli; **a f. dress**, un bel vestito; **f. weather**, bel tempo; tempo buono: **a f. baby**, un bel bambino; **a f. mistake**, un bell'errore; **a f. Italian compromise**, un bel compromesso all'italiana; **a f. teacher**, un bravo insegnante; **the f. arts**, le belle arti; **You're looking very f. today**, sei molto elegante, oggi **2** fine; acuto; aguzzo; delicato; fino; raffinato; sottile; squisito; tagliente: **f. sand**, sabbia fine; **a f. dust**, una polvere fine; **f. thread**, filo sottile; **a f. point**, una punta acuta, aguzza; **f. silk**, seta fine; **f. workmanship**, lavorazione fine; fattura squisita; **a f. distinction**, una distinzione sottile; **a knife with a f. edge**, un coltello dal filo tagliente **3** (*sport*) in ottime condizioni fisiche; in buona forma **4** troppo elegante; troppo raffinato; ricercato; lezioso: **f. writing**, modo di scrivere ricercato **5** finito; rifinito; perfetto: **f. products**, prodotti rifiniti **6** (*di metallo*) fino: **f. gold**, oro fino. **B** *n*. **1** bel tempo; tempo buono: **in rain or f.**, con la pioggia e con il bel tempo **2** (*pl.*) materiale fine **3** (*pl., metall.*) fini. **C** *avv*. **1** (*fam.*) bene; benissimo: **to talk f.**, parlare bene; **I'm feeling f. today**, oggi mi sento benissimo **2** molto; moltissimo: **I like it f.**, mi piace molto **3** elegantemente **4** finemente; fino: **Cut up the meat very f.**, taglia finemente la carne!; tritala fine! ● **f. chemicals**, prodotti chimici raffinati, puri □ **f.-drawn**, rammendato con grande precisione; (*fig.*) esile, assai sottile; (*sport*) riportato entro i limiti del peso (*di pugile, ecc.*) □ **f. feathers**, belle piume; (*fig.*) abiti sfarzosi □ **a f. gentleman (lady)**, un signore (una signora) del bel mondo □ **f.-grained**, a grana fine □ (*costr.*) **f. gravel**, ghiaia fine □ (*comm., fin.*) **a f. margin of profit**, un buon margine di guadagno □ (*fin.*) **a f. paper**, un effetto di buona firma (*o di prim'ordine*) □ **a f. pen**, una penna dalla punta sottile □ **a f. pencil**, una matita dura, per scrivere sottile □ (*tipogr.*) **f. print**, caratteri minuti □ **f.-spoken**, che parla bene □ **f.-spun**, (*ind. tessile*) fine, sottile; (*fig.*) delicato (*di costituzione*); esile; (*di una teoria, ecc.*), sottile, ingegnoso □ **f.-toothed comb**, pettine fitto; pettinina □ (*fig.*) **to go over st. with a f.-toothed comb**, esaminare q.c. a fondo; passare q.c. al setaccio □ **to f.-tune**, (*mecc.*) regolare al millimetro; (*radio*) sintonizzare accuratamente; (*fig.*) aggiustare perfettamente □ **f.-tuning**, (*mecc.*) regolazione al millimetro; (*radio*) sintonizzazione accurata; (*anche econ.*) perfetta sintonia □ (*fam.*) **to cut (o to run) it f.**, farcela appena (*o* per un pelo) □ **one** (*o* **some**) **f. day**, un bel giorno, una volta (*nelle narrazioni*) □ **one of these f. days**, un bel giorno, un giorno o l'altro (*nelle previsioni*) □ **to say f. things about sb.**, dire bene di q. □ (*prov.*) **F. feathers make f. birds**, l'abito fa il monaco.

to fine (1) [fain], **A** *v. t*. **1** chiarificare; schiarire (*birra, vino, ecc.*) **2** (*spesso* **to f. down**) raffinare. **B** *v. i*. (*di vino, birra, ecc.*) schiarirsi; diventare limpido. ● **to f. away** (*o* **down, off**), assottigliare, levigare, affusolare; assottigliarsi, levigarsi, affusolarsi; affinare, raffinare (*metalli e sim.*).

fine (2) [fain], *n*. **1** multa; contravvenzione; ammenda: (*autom.*) **speeding f.**, multa per eccesso di velocità **2** (*leg.*) indennità; buonuscita (*pagata dall'inquilino subentrante*).

to fine (2) [fain], **A** *v. t*. multare; fare la contravvenzione a. **B** *v. i*. – **to f. for**, pagare denaro per ottenere (*una nomina o un privilegio*). ● **to be fined**, essere multato (*o* dichiarato in multa).

fineable [ˈfainəbl], *a*. soggetto a multa; multabile.

to fine-draw [ˈfainˈdrɔː] (*pass*. **fine-drew**, *p. p.* **fine-drawn**), *v. t*. rammendare con grande precisione; cucire con rammendo invisibile.

finely [ˈfainli], *avv*. **1** benissimo; magnificamente: **to behave f.**, comportarsi benissimo **2** finemente; delicatamente **3** finemente; fine: **f. cut meat**, carne tritata finemente (*o* fine).

fineness [ˈfainnis], *n*. **1** bellezza; eccellenza; eleganza **2** finezza; acutezza; delicatezza; raffinatezza; sottigliezza; squisitezza **3** (*metall.*) titolo (*dell'oro, ecc.*).

finery (1) [ˈfainəri], *n*. **1** eleganza; (*fig.*) splendore: **nature in its spring f.**, la natura nel suo splendore primaverile **2** abito elegante; vestito sgargiante **3** (*pl.*) fronzoli; ornamenti.

finery (2) [ˈfainəri], *n*. (*metall.*) forno di puddellaggio (*o* di affinazione).

finesse [fiˈnes], *n*. **1** finezza; diplomazia; sottigliezza; tatto **2** artificio; astuzia; furberia **3** (*alle carte*) impasse.

to finesse [fiˈnes], *v. i*. **1** usare diplomazia (*o* sottigliezza, tatto, ecc.); manovrare **2** (*nel gioco del bridge, ecc.*) fare l'impasse. ● **to f. sb. into doing st.**, far fare q.c. a q., usando artifici o astuzie.

finger [ˈfiŋɡə*], *n*. **1** dito (*di mano o di guanto*) **2** (*mecc.*) dente; lancetta; nottolino; guida **3** (*fonderia*) maschio; pestone **4** (*mus.*) tocco **5** (*cucina*) bastoncino (*di pesce*) **6** – (*volg.*) **the f.**, gesto sconcio (*col medio tenuto ritto fra le altre dita*). ● **f.-alphabet**, linguaggio dei segni (*usato dai sordomuti*) □ **f.-board**, tastiera (*di pianoforte*); manico (*di violino*); (**f. of glass**), coppa lavadita □ (*bot.*) **f. fern**, (Ceterach officinarum) cedracca; (Asplenium) asplenio; (Phyllitis scolopendrium) fillitide □ (*zool.*) **f.-fish**, (Asteria, Odina, Echinaster, ecc.), stella di mare □ **f. hole**, (*mus.*) foro (*di strumento a fiato*); foro (*di palla da bowling*); (*tel.*) foro (*del disco combinatore*) □ **f.-mark**, ditata; segno lasciato da un dito □ **f.-nail**, unghia □ **f. plate**, placca protettiva (*su una porta*) □ **f. post**, cartello (*stradale*) indicatore di direzione □ **f.-stall**, copridito (*di gomma*) □ (*anche fig.*) **to burn one's fingers**, scottarsi le dita □ **f. (o index) f.**, indice □ **fourth (o ring) f.**, anulare □ (*fig.*) **to have a f. in the pie**, avere uno zampino in q.c.; aver le mani in pasta □ (*fig., fam.*) **to have itchy fingers**, avere le mani lunghe; essere ladro □ (*fam.*) **to keep one's fingers crossed**, toccare ferro; fare scongiuri □ (*fig.*) **to lay (o to put) one's f. on st.**, mettere il dito sulla piaga □ **to lay (o to put) a f. upon**, toccare leggermente □ **to let st. slip through one's fingers**, lasciarsi sfuggire q.c. di mano (*o* di tra le dita) □ **little f.**, mignolo □ **to look through one's fingers at sb.**, guardare q. di tra le dita; far finta di non vedere q. □ **middle f.**, medio □ **not to lift (o to raise, to stir) a f.**, non muovere un dito (*a favore di q., ecc.*) □ (*pop.*) **to put the f. on**, fare la spia a; designare (*la persona da uccidere, derubare, ecc.*) □ **ring f.**, anulare □ (*fig.*) **to the f.-nails**, fino al collo; completamente □ **to show two fingers to sb.**, fare le corna a q. (*il gesto volgare*) □ **to turn (o to twist) sb. round one's (little) f.**, rigirare q. come si vuole □ (*fig.*) **with a wet f.**, con grande facilità; senza sforzo □ (*fam.*) **to work one's fingers to the bone**, lavorare come un negro □ **He has more wit in his little f. than you in your whole body**, c'è più intelligenza nel suo mignolo che in tutta la tua persona □ **His fingers are all thumbs**, è una persona assai maldestra □ **My fingers itch**, mi prudono le dita; (*fig.*) sono impaziente □ **This is done by the f. of God**, questo avviene per mano di Dio.

to finger [ˈfiŋɡə*], *v. t*. **1** toccare; tastare; palpare: **to f. the beads of a rosary**, far scorrere fra le dita i grani di un rosario **2** sgraffignare; rubare; accettare, intascare (*mance, ecc.*) **3** (*mus.*) diteggiare **4** mostrare a dito; indicare; denunciare: **to f. a suspect to the police**, denunciare una persona sospetta alla polizia **5** designare come vittima; tradire; consegnare (*al nemico*): **to f. sb. for his foes**, consegnare q. ai suoi nemici.

fingered [ˈfiŋɡəd], *a*. **1** (*nei composti*) dalle dita: **light-f.**, dalle dita leggere; (*fig.*) dalle mani lunghe, ladro **2** (*anche* **finger-**

-marked, segnato da ditate **3** (*biol.*) digitato **4** (*mus.*) diteggiato.
fingering (1) ['fiŋgəriŋ], *n*. **1** il tastare; il palpare; tocco **2** (*mus.*) digitazione; diteggiatura.
fingering (2) ['fiŋgəriŋ], *n*. lana grossa per calze.
fingerling ['fiŋgəliŋ], *n*. **1** oggetto minuscolo (*grosso come un dito*) **2** pesciolino (*lungo un dito*); (*specialm.*) piccolo salmone.
fingerprint ['fiŋgəprint], *n*. **1** impronta digitale **2** (*fig.*) caratteristica; peculiarità.
to fingerprint ['fiŋgəprint], *v. t.* prendere le impronte digitali a (q.).
fingertip ['fiŋgətip], *n*. **1** punta di un dito (*o delle dita*) **2** ditale. ● **to have st. at one's fingertips**, avere q.c. a portata di mano (*o sottomano*); sapere q.c. a menadito (*o sulla punta delle dita*) □ **He is a scholar to his fingertips**, è un vero erudito □ **He's Italian to his fingertips**, è italiano fino al midollo.
finial ['fainiəl], *n*. (*archit.*) fiore cruciforme (*di pinnacolo*).
finical ['finikəl], *a*. esigente; difficile; meticoloso; pedante; pignolo; schizzinoso; sofistico: **to be f. about one's food**, essere schizzinoso nel mangiare.
finicality [ˌfini'kæliti], **finicalness** ['finikəlnis], *n*. meticolosità; pedanteria; pignoleria; sofisticheria.
finicking ['finikiŋ], **finicky** ['finiki], **finikin** ['finikin], *V*. **finical**.
finis ['fainis], *n*. (*solo al sing.*) fine (*specialm. d'un libro, film e sim.*).
to finish ['finiʃ], **A** *v. t.* **1** finire; compiere; completare; concludere; consumare; terminare: **to finish (off) the meal**, finì il pasto **2** finire; rovinare; uccidere; distruggere: **to f. the wounded**, dare il colpo di grazia ai feriti; **That scandal will f. him as a politician**, quello scandalo distruggerà la sua carriera politica. **B** *v. i.* **1** finire; cessare; terminare: **School will f. tomorrow**, le lezioni finiranno domani; **He finished by saying he would go**, finì col dire (dicendo) che sarebbe andato **2** (*sport*) finire; arrivare: **He finished third**, arrivò terzo **3** (*di malattia*) avere un esito: **to f. fatally**, avere un esito letale. ● **to f. off** (*o* **up**), finire; mangiar tutto; uccidere; spacciare □ **to f. up with**, finire con: **We finished up with a glass of port**, finimmo con un bicchiere di porto □ **to f. with sb.**, farla finita con q.; non avere più a che fare con q.
finish ['finiʃ], *n*. **1** fine; finale; ultima fase: **The f. of the car race was exciting**, il finale della corsa automobilistica fu emozionante; **to be in at the f.**, essere presente all'ultima fase (*della caccia alla volpe o d'altro*) **2** prodotto (*appretto, vernice, ecc.*) che serve a rifinire un oggetto **3** finitura; rifinitura; ultimo tocco: **mahogany f.**, rifinitura in mogano **4** raffinatezza; perfezione: **the exquisite f. of his works**, la squisita raffinatezza delle sue opere **5** (*ind.*) prodotto a finire **6** (*ind. tessile*) finissaggio. ● **to fight to a f.**, combattere sino alla fine.
finished ['finiʃt], *a*. finito; rifinito; eccellente; perfetto; raffinato: (*econ.*) **f. goods**, prodotti finiti; **a f. artist**, un artista finito, perfetto; **a f. performance**, una rappresentazione eccellente; un'esecuzione perfetta; **a f. gentleman**, un perfetto gentiluomo; **f. manners**, maniere raffinate **2** finito; che non vale più niente. ● **I'm f.**, sono un uomo finito!
finisher ['finiʃə*], *n*. **1** finitore; rifinitore; chi dà l'ultimo tocco **2** (*costr. stradali*) macchina per rifinire; finitrice **3** (*fam.*) colpo di grazia; avvenimento decisivo. ● (*ind. tessile*) **f. card**, carda finitrice.
finishing ['finiʃiŋ], **A** *n*. **1** finitura; rifinitura; ultimi tocchi; ultima mano **2** (*ind. tessile*) finissaggio. **B** *a*. conclusivo; ultimo: **f. touches**, gli ultimi ritocchi ● (*sport*) **f. line**, (linea del) traguardo □ **f. school**, collegio femminile □ **She got her f. in Rome**, ella completò la sua educazione in un collegio di Roma.
finite ['fainait], *a*. **1** limitato; circoscritto **2** (*mat., gramm.*) finito.
finiteness ['fainaitnis], *n*. limitatezza; l'essere circoscritto.
fink [fiŋk], *n*. (*fam. USA*) **1** delatore; spia **2** crumiro ● **f.-out**, ritirata; marcia indietro (*fig.*).
to fink [fiŋk], *v. i.* (*fam. USA*) **1** fare la spia **2** fare il crumiro. ● **to f. out**, ritirarsi; fare marcia indietro (*fig.*).
Finland ['finlənd], *n*. (*geogr.*) Finlandia.
Finlandization [ˌfinləndai'zeiʃən], *n*. (*polit.*) finlandizzazione.
Fin(n) [fin], *n*. Finlandese.
finnan ['finən], *n*. (*anche* **f. haddock**) eglefino affumicato.
finned [find], *a*. (*zool.*) che ha pinne.
finner ['finə*], *n*. (*zool., Balaenoptera physalus*) balenottera comune.
Finnic ['finik], *a*. finnico; dei Finni.
finnicking ['finikiŋ], **finnicky** ['finiki], *V*. **finicking, finicky**.
Finnish ['finiʃ], **A** *a*. finlandese. **B** *n*. (lingua) finlandese.
finny ['fini], *a*. **1** (*zool.*) fornito di pinne **2** simile a pinna; pinniforme **3** (*poet.*) ricco di pesce; pescoso.
fiord [fjɔ:d], *n*. (*geogr.*) fiordo.
fiorin ['faiərin], *n*. (*bot., Agrostis alba*) capellini; pennacchini.
fir [fə:*], *n*. (*anche* **fir tree**) abete. ● **fir apple** (*o* **fir ball**, **fir cone**), pigna (*d'abete*) □ **fir needle**, foglia, ago (*d'abete*) □ **fir wood**, abetaia, abetina.
fire ['faiə*], *n*. **1** fuoco (*anche fig.*); incendio; (*mil.*) fuoco, tiro; (*fig.*) ardore, entusiasmo, foga, slancio: **coal f.**, fuoco di carbone; **forest fires**, incendi di boschi; **There is a f. in the sitting room**, c'è il fuoco acceso nel salotto; **eyes full of f.**, occhi pieni di fuoco; **the f. of his oratory**, la foga della sua oratoria; **We were under heavy enemy f.**, eravamo esposti al fuoco intenso del nemico; **Open** (**cease**) **f.!**, aprite (cessate) il fuoco! **2** caminetto (*elettrico o a gas*) **3** (*fig.*) fulgore; splendore **4** (*med.*) febbre **5** (*ind. min.*) segnalazione di sparo mine. ● **f. alarm**, allarme antincendio □ **f.-and-brimstone**, apocalittico □ **f. and sword**, ferro e fuoco; incendi e uccisioni (*in guerra*) □ **f. barrier**, **V. f. wall** □ (*zool.*) **f.-bird** (*Icterus galbula*), ittero di Baltimora □ (*bot.*) **f. blight**, malattia del luppolo □ **f.-boat**, imbarcazione dei pompieri (*per domare incendi nei porti*); motopompa □ **f.-bomb**, bomba incendiaria □ **f.-box**, focolare (*di caldaia*); fornello (*di stufa*) □ **f.-brand**, tizzone ardente; (*fig.*) face della discordia, agitatore □ **f.-break**, (viale) tagliafuoco; striscia di terreno dove si abbattono gli alberi, ecc., per arrestare un incendio □ **f.-brick**, mattone refrattario □ **f. brigade**, corpo dei pompieri; vigili del fuoco □ (*fam.*) **f.-bug**, incendiario; piromane □ **f. clay**, argilla refrattaria □ (*mil.*) **f. control**, controllo del tiro □ **f.-cracker**, petardo; castagnola □ **f.-damp**, grisou □ (*USA*) **f. department**, (corpo dei) vigili del fuoco □ **f.-dog**, alare (*del camino*) □ **f. door**, porta antincendio □ **f.-drake**, meteora; (*mitol.*) drago che erutta fuoco □ **f. drill**, esercitazione antincendio □ **f.-eater**, giocoliere che mangia il fuoco, mangiafuoco; (*fig.*) attaccabrighe □ **f. engine**, macchina dei pompieri; autopompa □ **f. escape**, scala antincendio; (*specialm. USA*) scala di sicurezza □ **f.-extinguisher**, estintore □ (*poet.*) **f.-eyed**, dagli occhi di fuoco □ **f.-fighter**, pompiere; chi spegne incendi □ **f.-fighting**, antincendio: **a f.-fighting squad**, una squadra antincendio □ (*zool.*) **f.-flair** (*Trygon pastinaca*), pastinaca □ (*zool.*) **f.-fly** (*Lampyris noctiluca*), lucciola □ **f.-guard**, parafuoco (*schermo metallico*); guardia del servizio antincendi (*nelle foreste, in guerra, ecc.*) □ **f. hose**, manichetta; manica per acqua □ **f. hydrant**, idrante □ **f. instructions**, istruzioni in caso d'incendio □ **f. insurance**, assicurazione contro l'incendio □ **f. irons**, ferri per il caminetto (*molle, paletta, attizzatoio, ecc.*) □ **f.-light**, luce del focolare (*o d'un fuoco da campo*) □ **f.-lighter**, combustibile che serve ad appiccare (*o avviare*) il fuoco □ (*fig.*) **a f. of remarks**, una pioggia (*o un diluvio*) di osservazioni □ **f. office**, ufficio di società d'assicurazione contro gli incendi □ **f.-pan**, braciere □ (*USA*) **f.-plug**, idrante, presa d'acqua antincendio □ (*ass.*) **f. policy**, polizza antincendio □ **f. pump**, pompa d'incendio □ (*leg.*) **f. raising**, incendio doloso □ **f. regulations**, regolamenti antincendio □ (*tecn.*) **f.-retardant**, ignifugo □ (*ass.*) **f. risk**, rischio d'incendio □ **f. screen**, parafuoco (*schermo metallico*) □ **f. station**, deposito di autopompe; caserma dei vigili del fuoco □ (*mil.*) **f.-step**, banchina del fuoco □ **f.-stone**, pietra refrattaria □ **f.-teazer**, fochista □ **f. tongs**, molle per il camino □ **f.-trap**, edificio che non offre salvezza in caso d'incendio; trappola per i topi (*fig.*) □ **f. walking**, il camminar sulle braci ardenti (*come fanno i fachiri, ecc.*); (*stor.*) prova del fuoco □ **f. wall**, muro tagliafuoco; parete tagliafiamma □ **f.-watcher**, vigile del servizio antincendi (*nelle foreste, in guerra, ecc.*) □ (*spesso scherz.*) **f.-water**, acquavite; liquore molto forte □ **f.-worship**, adorazione del fuoco (*come divinità*) □ (*fig.*) **to be between two fires**, essere (*o* trovarsi) fra due fuochi □ **to catch f.**, prendere fuoco; (*fig.*) pigliar fuoco, infiammarsi, stizzirsi □ **to go through f. and water (for sb.)**, correre gravi rischi, buttarsi nel fuoco (*per q.*) □ **to hang f.**, (*mil.*) cessare il fuoco; (*fig.*) tardare ad agire, indugiare, tirarla in lungo □ **to lay** (*o* **to set) a f.**, preparare il fuoco □ **to light a f.**, accendere il fuoco □ **to make a f.**, accendere un fuoco □ **to miss** (*o* **to hang**) **f.**, far cilecca; fare fiasco □ **on f.**, in fiamme: **The skyscraper was on f.**, il grattacielo era in fiamme (*o* andava a fuoco) □ (*fig.*) **to play with f.**, scherzare col fuoco □ (*fig.*) **to pour oil on the f.**, soffiare sul fuoco; fomentare discordie, ecc. □ (*avendo l'aria di deprecarle*) □ **a running f.**, una scarica (*d'arma da fuoco*); un fuoco di fila (*anche di domande, critiche e sim.*) □ (*fig.*) **to set sb. on f.**, infiammare q. □ **to set st. on f.** (*o* **to set f. to st.**), dar fuoco a, incendiare q.c. □ (*fig.*) **to set the Thames** (*o* **the world**) **on f.**, fare q.c. di eccezionale (*o* di straordinario); fare colpo □ (*med.*) **St. Anthony's f.**, erisipela □ **St. Elmo's f.**, fuoco di S. Elmo □ **to stir the f.**, attizzare il fuoco □ **to strike f. from st.**, far sprizzare scintille da q.c.; accendere il fuoco battendo su q.c. □ **to take f.**, prendere fuoco; (*fig.*) pigliar fuoco, infiammarsi, stizzirsi □ **to be under f.**, essere sotto il

fire fuoco (*del nemico*) □ **F.!, al fuoco! al fuoco!** □ (*prov.*) **There's no smoke without f.**, non c'è fumo senza arrosto.

to fire ['faiə*], **A** *v. t.* **1** sparare; scaricare (*un'arma*); far esplodere: **I fired (off) my gun**, scaricai il fucile; sparai un colpo; **We fired at** (*o* **on, upon**) **the enemy**, sparammo contro (*o* sul) nemico **2** dar fuoco a; appiccare il fuoco a; incendiare: **to f. a building**, appiccare il fuoco a un edificio **3** (*fig.*) infiammare; eccitare; stimolare: **to f. the imagination**, infiammare la fantasia **4** alimentare, rifornire (*di combustibile*): **to f. a boiler**, alimentare una caldaia **5** cuocere (*al forno*); seccare: **to f. bricks**, cuocere mattoni; **to f. tea**, seccare il tè **6** (*fam., anche* **to f. out**) licenziare: **the right to hire and f.**, il diritto d'assumere e di licenziare **7** (*fam.*) lanciare, scagliare; buttare là; chiedere a bruciapelo: **to f. a rock**, scagliare un sasso; **to f. a remark**, buttar là un'osservazione; **to f. questions**, fare domande a bruciapelo **8** brillare (*mine*) **9** (*ind. ceramica*) cuocere **10** (*vet.*) cauterizzare. **B** *v. i.* **1** far fuoco; sparare: **He ordered the squad to f.**, ordinò al plotone di sparare **2** accendersi; prendere fuoco; (*fig.*) infiammarsi, eccitarsi **3** lasciar partire un colpo: **The gun fired**, il fucile lasciò partire un colpo **4** (*di una pianta*) seccarsi **5** (*mecc.: del motore*) accendersi. ● **to f. away**, continuare a far fuoco (*o* a sparare); (*fam.*) cominciare, attaccare (*a fare q.c.*); specialm. *a far domande, a parlare*): **F. Away!**, fuori il rospo!; sputa l'osso! (*fig., fam.*) □ **to f. a broadside**, (*naut.*) sparare una bordata; (*fig.*) lanciare un attacco □ (*mil.*) **to f. a salute**, sparare una salva in segno di saluto □ (*naut.*) **to f. a torpedo**, lanciare un siluro □ **to f. up**, accendere (*una stufa, una fornace, ecc.*) (*fig.*) pigliar fuoco, infiammarsi, stizzirsi.

firearm ['faiəra:m], *n.* arma da fuoco. ● (*leg.*) **firearms offence**, reato di detenzione di armi da fuoco.

fireback ['faiəbæk], *n.* (*zool., Lophura*) tipo di fagiano (*dell'Asia del sud*).

fireball ['faiəbɔ:l], *n.* **1** (*mil., stor.*) palla infuocata **2** (*astron.*) bolide; meteorite **3** fulmine globulare **4** (*fis. nucl.*) fireball; sfera di fuoco **5** (*fig., fam.*) fulmine; persona energica.

firebase ['faiəbeis], *n.* (*mil.*) base d'artiglieria (pesante).

firebomb ['faiəbɔm], *n.* (*mil.*) bomba incendiaria.

to firebomb ['faiəbɔm], *v. t.* (*mil.*) attaccare con bombe incendiarie.

fired ['faiəd], *a.* (*nei composti*) (alimentato) a: **oil-f. central heating**, riscaldamento a nafta (*o* a gasolio).

fireless ['faiəlis], *a.* **1** senza fuoco; spento **2** senza riscaldamento: **a f. room**, una stanza senza riscaldamento.

firelock ['faiəlɔk], *n.* (*mil.*) **1** meccanismo di sparo con acciarino **2** fucile antiquato; cacafuoco (*scherz.*).

fireman ['faiəmən], *n.* (*pl.* **firemen**) **1** pompiere; vigile del fuoco **2** fochista (*di locomotiva, fornace, ecc.*).

fireplace ['faiəpleis], *n.* focolare; camino; caminetto.

firepower ['faiə,pauə*], *n.* (*mil.*) potenza di fuoco.

fireproof ['faiə-pru:f], *a.* **1** a prova di fuoco; incombustibile; antincendio: **a f. curtain**, un sipario incombustibile; **a f. wall**, una parete antincendio **2** refrattario.

to fireproof ['faiə-pru:f], *v. t.* rendere incombustibile.

firer ['faiərə*], *n.* chi fa fuoco, incendia, spara, ecc. (*V.* **to fire**). ● **a six-f.**, un fucile semiautomatico a sei colpi.

fireship ['faiəʃip], *n.* (*naut., stor.*) brulotto.

fireside ['faiə-said], *n.* **1** cantuccio del focolare **2** (*fig.*) vita domestica; casa; focolare. ● **a f. armchair**, una poltrona vicina al caminetto □ **f. comforts**, le comodità della propria casa □ **a f. scene**, una scena d'intimità familiare □ **to sit by the f.**, essere seduto vicino al caminetto (*o* al camino).

firewood ['faiəwud], *n.* legna da ardere.

fireworks ['faiəwə:ks], *n. pl.* **1** fuochi artificiali (*o* d'artificio); spettacolo pirotecnico **2** (*fig.*) scoppio; manifestazione (*col verbo al sing.*): **a f. of rage**, uno scoppio d'ira.

firing ['faiəriŋ], *n.* **1** cottura (*di ceramiche e sim.*) **2** alimentazione; il rifornire di combustibile (*una fornace, ecc.*) **3** (*mil.*) il far fuoco; lo sparare; sparatoria; spari; tiro **4** accensione **5** materiale da ardere; combustibile **6** brillamento, esplosione (*d'una mina, ecc.*) **7** (*elettron.*) accensione; innesco; attivazione **8** (*autom., mecc.*) accensione: **f. order**, ordine d'accensione (*dei cilindri*) **9** (*fam.*) licenziamento. ● (*mil.*) **f.-charge**, innesco □ (*mil.*) **f.-ground**, campo di tiro; poligono □ (*nelle armi*) **f. hammer**, cane □ **f. line**, (*mil.*) linea del fuoco; (*fig.*) prima linea: **to be in the** (*USA*: **on the**) **f. line**, essere in prima linea □ (*nelle armi*) **f. lock**, congegno di sparo □ (*naut.*) **the f. of a torpedo**, il lancio d'un siluro □ (*mil.*) **f. party**, squadra che spara salve di saluto; plotone d'esecuzione □ (*nelle armi*) **f.-pin**, percussore □ (*mil.*) **f. squad**, plotone d'esecuzione □ (*mil.*) **f. step**, banchina del fuoco □ **f. table**, tavola di tiro.

firkin ['fə:kin], *n.* **1** barilotto **2** «firkin» (*misura di capacità pari a 9 galloni, 41 litri circa*).

firm (1) [fə:m], *a.* **1** fermo; saldo; sicuro; solido; sodo; incrollabile; risoluto; severo: **in a f. voice**, con voce ferma; **as f. as a rock**, saldo come una roccia; **f. flesh**, carne soda; **a f. job**, un posto sicuro; un lavoro fisso; **a f. belief**, una fede incrollabile; **a f. look**, uno sguardo risoluto **2** (*polit., econ.*) stabile: **a f. government**, un governo stabile; (*comm.*) **a f. offer**, un'offerta stabile; **f. prices**, prezzi stabili (*non soggetti a variazioni*). ● (*fin.*) **a f. currency**, una moneta stabile; una valuta forte □ (*fin.*) **a f. market**, un mercato sostenuto □ (*fin.*) **a f. pound sterling**, una sterlina forte □ (*fig.*) **to be on f. ground**, andare sul sicuro □ (*fig.*) **to keep a f. hand on sb.**, tenere q. sotto stretto controllo □ (*fig.*) **to stand f.**, essere fermo nelle proprie convinzioni □ (*fin.*) **to stay f.**, rimanere stabile.

to firm [fə:m], **A** *v. t.* **1** fermare; consolidare **2** (*agric.*) calcare; rassodare (*il terreno dopo avervi messo piante*). **B** *v. i.* **1** consolidarsi; rassodarsi. ● (*anche econ.*) **to f. up**, consolidarsi; stabilizzarsi.

firm (2) [fə:m], *n.* ditta; azienda; casa commerciale. ● **f. name**, ragione sociale □ **building contracting f.**, impresa edile □ **law f.**, studio legale □ **publishing f.**, casa editrice.

firmament ['fə:məmənt], *n.* firmamento; cielo.

firmamental [,fə:mə'mentl], *a.* del firmamento; celeste.

firman [fə:'ma:n], *n.* (*stor. turca*) firmano.

firmness ['fə:mnis], *n.* fermezza; saldezza; solidità; stabilità.

firn [fə:n], *n.* (*geogr.*) neve granulosa dei ghiacciai.

first (1) [fə:st], *a.* primo; prossimo; principale; primario; più importante: **the f. of January**, il primo di gennaio; **Henry the F.**, Enrico Primo; **the f. two** (**three, etc.**), i primi due (tre, ecc.); **to come in f.**, arrivare primo (*in una corsa*); **the f. scientists in Europe**, gli scienziati più importanti in Europa; **the f. officer of a ship**, il primo ufficiale di bordo. ● (*med.*) **f. aid**, pronto soccorso □ **f. aid-station**, posto di pronto soccorso □ (*sport*) **f. base**, prima base (*nel baseball*); (*fig. USA*) fase iniziale, primo stadio □ **f.-born**, il primo nato (*di figlioli*); primogenito □ (*geol.*) **f. bottom**, fondovalle fluviale □ **f. class**, (*ferr., ecc.*) prima classe; prima qualità; (*nelle università inglesi*) massimo (*dei voti*) □ **f.-class**, di prima classe; di prima qualità; eccellente: **a f.-class cabin on a steamer**, una cabina di prima classe in un piroscafo □ **a f.-class hotel**, un albergo di prima categoria; un albergo eccellente □ **f. coat**, prima mano (*di vernice*) □ (*anche leg., med.*) **f.-degree**, di primo grado □ (*anat.*) **f. finger**, indice □ **f. floor**, primo piano; (*USA*) pianterreno, piano terreno □ **f. fruits**, primizie; (*fig.*) primi frutti del proprio lavoro □ (*autom.*) **f. gear**, prima (marcia) □ (*anche fig.*) **f.-generation**, della (*o* di) prima generazione □ (*naut.*) **f. mate** (*o* **f. officer**), primo ufficiale di bordo □ **f. name**, nome di battesimo: **to be on f. name terms with sb.**, chiamare per nome q.; dare del tu a q. □ (*teatr.*) **f. night**, prima □ **f-nighter**, assiduo (spettatore) di prime teatrali (*o* cinematografiche) □ (*leg.*) **f. offender**, colpevole, per la prima volta (*non recidivo*) □ **f.-order**, di prim'ordine; di prima classe □ **f.-rate**, di prima qualità; di prim'ordine; di primaria importanza □ (*cinem. USA*) **f. run**, prima visione: **a f.-run theater**, un cinema di prima visione □ (*autom.*) **f. speed**, prima (velocità) □ **f.-string**, (*sport*) titolare; (*fig.*) importante; di prim'ordine □ (*mil.*) **f. strike**, attacco di sorpresa □ (*mil., fis. nucl.*) **f.-strike weapon**, arma per attacco di sorpresa □ **f. things f.**, le cose più importanti (si fanno) per prime □ **f. water**, (*di pietra preziosa*) acqua purissima; (*fig.*) la più bell'acqua: **He is a scoundrel of the f. water**, è un briccone della più bell'acqua □ **at f. hand**, di prima mano; direttamente: **f.-hand knowledge**, una conoscenza diretta (*o* di prima mano) □ **at f. sight** (*o* **view, blush**), a prima vista □ (*fam.*) **to feel f.-class**, stare ottimamente (*o* da papa); sentirsi benissimo □ **head f.**, con la testa avanti; a capofitto □ **in the f. place**, in primo luogo □ (*fam.*) **not to have the f. idea**, non avere la più pallida idea □ (*fam.*) **I shall do it f. thing**, lo farò per prima cosa.

first (2) [fə:st], *n.* **1** (il) primo; (la) prima: **You are the f. to complain**, sei il primo a protestare **2** principio; inizio: **at f.**, in principio; dapprima; **sulle prime 3** (*pl.*) merce di prima qualità **4** (*negli esami per gli «honours» presso le università inglesi*) massimo (*dei voti*); studente che ottiene il massimo dei voti **5** (*autom.*) prima (marcia, velocità) **6** primo premio. ● (*fin.*) **f. of exchange**, prima di cambio **2** (*fin.*) **f. to last**, dall'inizio alla fine; da cima a fondo □ **from the f.**, fin dal principio.

first (3) [fə:st], *avv.* **1** prima; anzitutto; per prima cosa: **f. of all**, prima di tutto; **I must speak with him f.**, (per prima cosa), devo parlare con lui **2** (per la prima volta): **When did you meet him f.?**, quando lo incontrasti la prima volta? **3** piuttosto: **When they asked him to betray his friend, he answered he would die f.**, quando gli chiesero di tradire l'amico, rispose che piuttosto sarebbe morto. ● **f. and foremost**, soprattutto □ **f. and last**, tutto considerato; tutto sommato □ (*rag.*) **f. in, f. out**, FIFO (*procedimento per fare l'inventario*) □ **f. or last**, prima o poi; presto o tardi □ (*prov.*) **F. come, f. served**, chi primo arriva è servito per primo (*Cfr.* Chi prima arriva macina; Chi tardi arriva male alloggia).

firstling ['fə:stliŋ], *n.* **1** (*di solito al pl.*) primizia **2** (*d'animali*) primo nato **3** (*fig.*) primo frutto; primo risultato.
firstly ['fə:stli], *avv.* in primo luogo (*usato nelle enumerazioni*).
firth [fə:θ], *n.* stretto braccio di mare, estuario (*specialm. in Scozia*); fiordo.
fisc [fisk], *n.* (*stor.*, *raro*) fisco; erario pubblico.
fiscal ['fiskəl], **A** *a.* fiscale; del fisco. **B** *n.* **1** (*in Europa*) avvocato fiscale **2** (*leg.*, *scozz.*) pubblico ministero. ● (*leg.*) **the f. cases**, il contenzioso tributario □ **f. charges**, oneri fiscali □ (*econ.*, *fin.*) **f. drag**, fiscal drag; drenaggio fiscale (*dovuto al gioco delle aliquote progressive e dell'inflazione*) □ **f. reform**, riforma tributaria □ **f. year**, anno (*o* esercizio) finanziario.
fiscality [fi'skæliti], *n.* fiscalismo; fiscalità.
fish (1) [fiʃ], *n.* **1** (*pl.* **fish, fishes**) pesce: **Fish**(**es**) **swim**, i pesci nuotano; **f., flesh and fowl**, pesce, carne e pollame **2** (*fam.*) individuo, tipo; merlo, pollo (*fig.*): **He is a queer f.**, è un tipo strano; **The poor f. was taken in easily**, quel povero merlo s'è lasciato imbrogliare con grande facilità **3** (*pop. USA*) dollaro **4** (*pl.*, *astron.*, *astrologia*) **the Fishes**, i Pesci (*costellazione e XII segno dello Zodiaco*). ● **f.-and-chip shop**, piccolo ristorante popolare, che vende pesce e patatine fritte □ **f. bone**, lisca; spina (*di pesce*) □ **f. breeding**, piscicoltura □ **f. carver**, coltello grande da pesce □ **f. culture**, piscicoltura □ **f.-eye**, (*tecn.*) occhio di pesce; (*fam.*) occhiata malevola □ (*fotogr.*) **f.-eye lense**, lente grandangolare □ **f. globe**, vaso per i pesci rossi □ **f. glue**, colla di pesce □ **f.-finger**, bastoncino di pesce □ **f. flour** (*o* **f. meal**), farina di pesce □ **f.-hook**, amo □ **f. kettle**, pesciaiola, pesciera (*per lessare il pesce*) □ **f. knife**, coltello da pesce □ **f. ladder**, scala di monta (*per salmoni, ecc.*) □ **f.-pond**, stagno (*o* vasca) dei pesci; peschiera; (*scherz.*) il mare □ **f. pot**, nassa □ (*cucina*) **f.-slice**, paletta per il pesce □ (*zool.*) **f.-sound**, vescica natatoria □ (*USA*) **f. stick**, *V.* **f. finger** □ (*naut.*) **f. tackle**, pescatore (*grosso gancio*) □ (*anche metall.*) **f.-tail**, coda di pesce □ **f.--tail**, a coda di pesce: (*tecn.*) **f.-tail burner**, becco a coda di pesce □ **as dull as a f.**, stupido come una gallina □ **as mute as a f.**, muto come un pesce □ **to drink like a f.**, bere come una spugna □ **drunk as a f.**, ubriaco fradicio □ (*fig.*) **to feed the fishes**, andare in pasto ai pesci; affogare □ **to feel like a f. out of water**, sentirsi come un pesce fuor d'acqua □ (*fig.*) **to have other f. to fry**, avere cose più importanti da fare; avere altro per il capo □ **to be neither f. nor fowl** (**nor good red herring**), non essere né carne né pesce □ (*fig.*) **a pretty kettle of f.**, una bella confusione; un bel pasticcio.
to fish (1) [fiʃ], *v. t. e i.* **1** pescare; (*fig.*) cercare; indagare; venire a sapere; scoprire: **to f. in the Atlantic**, pescare nell'Atlantico; **to f. for salmon** (**cod, etc.**), pescare il salmone (il merluzzo, ecc.); **to f. a river**, pescare in un fiume **2** cercare (*d'ottenere*); sollecitare: **to f. for compliments**, sollecitare (*o* andare in cerca di) complimenti; **to f. for information**, cercare informazioni. ● **to f. for a living**, guadagnarsi da vivere con la pesca □ **to f. for secrets**, indagare; cercare segreti (*fig.*) □ **to f. in troubled waters**, pescare nel torbido □ **to f. out**, tirar fuori, cavare; pescare in (*un lago, fiume, ecc.*) sino a vuotarlo di tutti i pesci: **He fished a cigarette out of his pocket**, (si) cavò una sigaretta di tasca □ **to f. out information**, pescare informazioni □ **to f. out a secret**, scoprire un segreto □ **to f. up an old tyre out of the river**, tirar fuori un vecchio copertone dal fiume □ **to go fishing**, andare a pesca.
fish (2) [fiʃ], *n.* (*naut.*) lapazza. ● (*mecc.*) **f.-bolt**, bullone per giunto a ganasce; chiavarda □ **f. joint**, giunto a ganasce □ (*mecc.*) **f.-plate**, copriginto.
to fish (2) [fiʃ], *v. t.* **1** (*naut.*) lapazzare **2** (*naut.*) traversare (*l'ancora*) **3** (*mecc.*) rinforzare (*o* unire) con un giunto a ganasce.
fishball ['fiʃbɔ:l], *n.* (*cucina*) crocchetta (*o* polpetta) di pesce.
fishcake ['fiʃkeik], *V.* **fishball**.
fisher ['fiʃə*], *n.* **1** pescatore **2** (*naut.*, *raro*) peschereccio **3** animale che si ciba di pesce **4** (*zool. USA, Martes pennanti*) martora di Pennant; pekan; peschereccio. ● (*nel Vangelo*) **f. of men**, pescatore d'uomini.
fisherman ['fiʃəmən], *n.* (*pl.* **fishermen**) **1** pescatore (*di mestiere*) **2** peschereccio; barca con la lenza **3** (*naut.*, *raro*) peschereccio. ● (*relig.*) **f.'s ring**, anello piscatorio.
fishery ['fiʃəri], *n.* **1** pesca; industria della pesca **2** zona di pesca: **in-shore fisheries**, zone di pesca presso la costa; **deep-sea fisheries**, zone di pesca in alto mare **3** diritto di pesca **4** peschiera; vivaio. ● (*naut.*) **f. protection ship**, nave guardapesca.
to fishify ['fiʃifai], *v. t.* (*arc.*) trasformare in pesce **2** immettere pesci in (*un lago, ecc.*).
fish-in ['fiʃin], *n.* pesca fatta per protesta (*contro il divieto di pescare*).
fishiness ['fiʃinis], *n.* **1** pescosità **2** ottusità; stupidità **3** (*fam.*) ambiguità; sospettabilità (*V.* **fishy**).
fishing ['fiʃiŋ], *n.* **1** pesca: **deep-sea f.**, pesca oceanica **2** pescaggio (*di arnesi caduti in un pozzo di perforazione*). ● **f. boat**, zona di pesca □ **f. line**, lenza □ **f. net**, rete da pesca □ **f. rod**, canna da pesca □ **f. smack**, *V.* **f. boat** □ **f. tackle**, arnesi da pesca □ **f. tool**, utensile per recuperi; pescatore (*V.* **fishing**, *def.* 2).
fishlet ['fiʃlit], *n.* pesciolino.
fishline ['fiʃlain], *n.* (*USA*) lenza.
fishmonger ['fiʃˌmʌŋɡə*], *n.* pescivendolo; pesciaiolo.
fishnet ['fiʃnet], **A** *n.* (*USA*) rete da pesca. **B** *a.* (*di stoffa*) a rete.
fishpaste ['fiʃpeist], *n.* (*cucina*) pasta di pesce.
fishwife ['fiʃwaif], *n.* (*pl.* **fishwives**) pescivendola; pesciaiola.
fishy ['fiʃi], *a.* **1** pescoso **2** di pesce: **a f. odour**, un odore di pesce **3** da pesce; come quello d'un pesce; ottuso; stupido; vitreo: **a f. stare**, uno sguardo fisso, da pesce; **a f. eye**, un occhio vitreo **4** (*fam.*) ambiguo; sospetto; dubitabile; inverosimile; incredibile: **a f. story**, una storia inverosimile.
fissile ['fisail], *a.* (*geol.*, *fis. nucl.*) fissile; facile a fendersi.
fission ['fiʃən], *n.* **1** (*biol.*) divisione; scissione **2** (*fis. nucl.*, *anche* **nuclear f.**) fissione. ● **f. bomb**, bomba atomica □ (*geol.*) **f. track dating**, sistema di datazione basato sul conteggio delle tracce di fissione.
fissionable ['fiʃnəbl], (*fis. nucl.*) **A** *a.* fissile; fissionabile. **B** *n.* materiale fissile.
fissiparous [fi'sipərəs], *a.* (*biol.*) fissiparo.
fissiped ['fisiped], *a.* (*zool.*) fissipede.
fissure ['fiʃə*], *n.* fessura; fenditura; crepa; screpolatura.
to fissure ['fiʃə*], **A** *v. t.* fendere; spaccare. **B** *v. i.* fendersi.
fist [fist], *n.* **1** pugno: **He shook his f. at me**, agitò il pugno contro di me **2** (*fam.*) mano: **Give me your f.!**, qua la mano! **3** (*fam.*) scrittura; (*calli*)grafia: **I know his f.**, conosco la sua scrittura. ● **f.-law**, la legge del più forte □ **close-fisted**, avaro; tirchio.
to fist [fist], *v. t.* **1** colpire col pugno **2** afferrare; stringere.
fisted ['fistid], *a.* (*nei composti*) dai pugni; dalle mani: **ham-f.**, dalle mani di ricotta (*fam.*); maldestro.
fistful ['fistfəl], *n.* manciata; pugno.
fistic(al) ['fistik(əl)], *a.* (*fam.*, *scherz.*) pugilistico.
fisticuffs ['fistikʌfs], *n. pl.* **1** pugilato **2** scazzottatura.
fistula ['fistjulə*], *n.* (*pl.* **fistulas, fistulae**) **1** (*med.*) fistola **2** (*vet.*) guidalesco.
fistular ['fistjulə*], **fistulous** ['fistjuləs], *a.* fistoloso.
fit (1) [fit], **A** *a.* **1** adatto; atto; appropriato; conveniente; giusto; decoroso; idoneo; opportuno: **He is not fit for that job**, non è idoneo a quel lavoro; **It is not fit that you should still be dependent on your parents**, non è giusto (*o* decoroso) che tu sia ancora a carico dei tuoi genitori; **a fit title for your book**, un titolo appropriato per il tuo libro **2** forte; sano; in forma; in condizione di; in grado di: **Are you feeling fit?**, stai bene?; **to keep fit**, tenersi in forma; **as fit as a fiddle**, sano come un pesce; **to be fit for work** (*o* **travel, etc.**), essere in condizione di poter lavorare (in grado di viaggiare, ecc.) **3** pronto: **fit for action**, pronto a entrare in azione; **fit for service**, pronto a entrare in servizio **4** degno: **He would be a fit husband for my daughter**, sarebbe un degno marito per mia figlia. **B** *avv.* (*fam.*) fino a; tanto da: **He ate fit to burst**, mangiò tanto da scoppiare; **to work fit to drop**, lavorare tanto da cascare per la fatica. ● **fit for nothing**, buono a nulla □ **a dinner fit for a king**, un pranzo da re □ (*di persona*) **to look fit**, avere un bell'aspetto (*o* una bella cera) □ (*biol.*) **the survival of the fittest**, la sopravvivenza del più forte; la selezione naturale □ **I worked till I was fit to drop**, lavorai tanto da non poterne più □ (*a un bambino e sim.*) **Wash your face! You're not fit to be seen**, vatti a lavare! Non ti si può guardare in faccia! (*o come ti sei ridotto!, dovresti nasconderti!, ecc.*).
fit (2) [fit], *n.* **1** adattamento **2** (*mecc.*) accoppiamento; aggiustaggio **3** linea, taglio, misura (*d'un abito*); indumento, oggetto (*che va bene, che calza*): **This shirt is a good fit**, questa camicia (è un capo di vestiario che) sta a pennello; **a slightly tight fit**, una misura un po' stretta; un taglio un po' stretto. ● **fit--out**, corredo; capi di vestiario □ (*teatr.*) **fit-up**, scenario mobile; compagnia ambulante.
to fit [fit], *v. t. e i.* **1** andare; andar bene; essere della misura giusta; essere idoneo (*o* atto, adatto): **The key doesn't fit this lock**, la chiave non va con questa serratura; **This dress fits me beautifully**, quest'abito è esattamente della mia misura **2** preparare; rendere idoneo (a); mettere in grado (di): **to fit oneself for one's new task**, prepararsi ai nuovi compiti (*o* alle nuove mansioni); **Only hard training can fit the men for battle**, solo il duro addestramento può rendere gli uomini idonei al combattimento **3** (*mecc.*) aggiustare **4** (*sartoria*) mettere (*un abito*) in prova; provare **5** (*fam.*) vestire su misura **6** trovar posto; entrarci; starci: **Five people fit in this car**, in questa macchina ci stanno cinque persone **7** accogliere; contenere: **This room fits a hundred**, questa sala può accogliere cento persone **8** quadrare: **His story doesn't fit** (**the facts**), la sua storia non quadra

(coi fatti) **9** mettere a posto **10** (spesso **to fit in**), sentirsi nel proprio ambiente; adattarsi; (di persona) ingranare (fig., fam.) **11** (spesso **to fit out**) equipaggiare; attrezzare; sistemare. ● (fam.) **to fit the bill**, andar bene; fare al caso □ **to fit a coat on**, provare una giacca □ (mecc.) **to fit a coupling to a pipe**, imboccare un giunto su un tubo □ **to fit sb. in**, (riuscire a) infilare q. (in una lista, una coda, ecc.): **The doctor can fit you in at ten**, il dottore può vederLa alle dieci □ **to fit st. in**, inserire, mettere a posto; (mecc., falegnameria) incassare, alloggiare (un pezzo) □ **to fit in with**, accordarsi con; quadrare con: **My plans don't fit in with yours**, i miei progetti non s'accordano con i tuoi □ **to fit one's job perfectly**, essere perfettamente adatto al lavoro che si fa □ **to fit a lid on**, adattare (o mettere a posto) un coperchio □ (mecc.) **to fit a new part on an engine**, montare un nuovo pezzo su un motore □ **to fit out** (o **up**) **a ship**, equipaggiare una nave □ **to fit a ship with a crew**, fornire d'equipaggio una nave □ (mecc.) **to fit up a mechanical device**, montare un dispositivo meccanico □ (fam.) **to fit sb. up for the night**, dare da dormire a q.; sistemare q. (alla meglio) per la notte □ (fam.) **His face doesn't fit**, non è adatto al posto (che occupa); ci stona.
fit (3) [fit], n. **1** (med.) accesso; attacco; insulto: **a fit of fever**, un accesso di febbre; **a fit of coughing**, un attacco di tosse **2** (med.) convulsione; parossismo: **to drop down in a fit**, cadere a terra in preda alle convulsioni **3** scatto; scoppio; convulso (pop.); impulso; momento; slancio: **a fit of anger**, uno scatto d'ira; **a fit of laughter**, un convulso di riso; **a fit of generosity**, uno slancio di generosità; **a fit of the blues**, un momento di malinconia **4** capriccio; voglia, grillo (fig.); umore: **if the fit takes me**, se mi salta il ticchio **5** (pl., med.) convulsioni. ● **by fits and starts**, a sbalzi; a scatti; in modo irregolare □ (fam.) **to give sb. a fit** (o **the fits**), sorprendere q.; sbalordire q.; far venire un colpo a q. (fam.) □ (fam.) **to have a fit**, andare in collera; avere la luna (di traverso) □ **to keep sb. in fits (of laughter)**, far ridere q. a crepapelle □ (fam.) **to throw a fit**, uscire dai gangheri □ **when the fit is on him**, quand'è di buon umore; quando è in vena □ (fam.) **He'll have a fit when he sees her**, gli prende un colpo quando la vede!
fit (4) [fit], n. (arc.) parte d'una ballata o poesia; canto (d'un poema).
fitch [fitʃ], **fitchew** ['fitʃuː], n. **1** (zool., Mustela putorius) puzzola **2** (pennello di) pelo di puzzola.
fitful ['fitful], a. **1** capriccioso; incostante **2** incostante, irregolare; intermittente; saltuario: **f. sleep**, sonno intermittente; **a f. worker**, un lavoratore incostante, saltuario (che lavora a sbalzi). ● **f. night**, notte (passata) senza dormire o quasi.
fitfulness ['fitfulnis], n. incostanza; irregolarità; intermittenza.
fitment ['fitmənt], n. **1** articolo d'arredamento; mobile **2** attrezzatura; equipaggiamento **3** (pl.) V. **fitting**, def. 4.
fitness ['fitnis], n. **1** appropriatezza (raro); convenienza; idoneità; onestà **2** buona salute; forma: **exercises to keep one's f.**, esercizi per restare in forma. ● **the f. of things**, ciò che è giusto.
fitted ['fitid], a. **1** attrezzato; equipaggiato; che ha in dotazione (q.c.) **2** (d'abito) fatto su misura; aderente; attillato **3** atto; idoneo. ● **f. carpet**, moquette.
fitter ['fitə*], n. **1** sarto addetto al taglio (o alla prova) degli abiti; tagliatore; maestro sarto **2** (mecc.) aggiustatore meccanico; montatore. ● **an engine-f.**, un montatore di macchine □ **a gas-f.**, un operaio specializzato (dell'azienda) del gas.
fitting (1) ['fitiŋ], n. **1** adattamento, prova (di abiti) **2** (mecc.) aggiustaggio; montaggio **3** (mecc.) accessorio: **pipe fittings**, accessori per tubazioni **4** (pl.) apparecchiature, attrezzature, impianti; articoli d'arredamento: **fittings and fixtures**, apparecchiature e impianti; **office fittings**, mobili per ufficio **5** misura; taglia. ● (naut.) **f.-out**, allestimento; armamento □ **f. room**, sala di prova (di sarto); camerino di prova (di negozio di confezioni) □ (mecc.) **f.-shop**, officina (o reparto) di montaggio e aggiustaggio.
fitting (2) ['fitiŋ], a. appropriato; adatto; conveniente; giusto.
fit-up ['fit-ʌp], n. (teatr.) scenario mobile. ● **f. company**, compagnia di prosa ambulante; carro di Tespi.
five [faiv], **A** a. cinque. **B** n. **1** cinque (anche carta da gioco) **2** (sport) squadra di pallacanestro **3** (fam.) banconota da cinque sterline (o da cinque dollari). ● (USA) **f.-and-ten**, negozio che vende articoli vari di poco prezzo □ **f.-day week**, settimana corta (di cinque giorni lavorativi) □ **f.-finger**, (zool.) (Echinaster, Asteria, ecc.), stella di mare; (bot.) (Potentilla reptans) pentafillo; (Primula elatior) primavera maggiore; (Lotus corniculatus) ginestrino □ (mus.) **f.-finger exercise**, esercizio con cinque dita □ (mat.) **f.-figure**, di cinque cifre □ (sport) **f.-man defence**, difesa a zona (a pallacanestro) □ **f. o'clock shadow**, ombra pomeridiana della barba (fatta al mattino) □ **f. o'clock tea**, tè delle cinque; merenda □ (polit.) **f.-party government**, pentapartito (in Italia) □ (fin.) **f.-per cents**, azioni da cinque per cento □ **a f.-pound note**, un biglietto da cinque sterline □

(sport) **the 5000-metre run**, i «cinquemila» □ (fam. USA) **f.-spot**, biglietto da cinque dollari □ (econ.) **f.-year plan**, piano quinquennale □ (fig., scherz.) **a bunch of fives**, una mano.
fivefold ['faivfould], **A** a. **1** quintuplo **2** quintuplice. **B** avv. cinque volte.
fivepence ['faifpəns], n. cinque penny (il valore).
fivepenny ['faifpəni], a. che costa cinque penny.
fiver ['faivə*], n. (fam.) **1** banconota da cinque sterline **2** (USA) banconota da cinque dollari.
fives [faivz], n. (sport) gioco della palla a muro; pallamuro.
fivescore ['faiv'skɔː*], a. e n. cento.
fivesome ['faivsem], n. quintetto.
to fix [fiks], **A** v. t. **1** fissare; fermare; render fisso (o stabile); guardar fisso; imprimere; determinare; stabilire; solidificare: **to fix a shelf in the kitchen**, fissare uno scaffale in cucina; **to fix one's eyes on st.**, fissare gli occhi su q.c.; **to fix names (figures, etc.) in one's mind**, imprimersi nomi (cifre, ecc.) nella mente; **to fix colours (a photographic negative)**, fissare colori (una negativa fotografica); **to fix a date (prices, etc.)**, fissare una data (prezzi, ecc.) **2** (anche **to fix up**) accomodare; riparare: **to fix a broken machine**, riparare una macchina guasta **3** (fam. USA, anche **to fix up**) sistemare; mettere in ordine; preparare: **to fix one's hair**, mettersi in ordine i capelli; **to fix packed lunches for the children**, preparare colazioni al sacco per i bambini; **to fix a fire**, preparare (o tenere acceso) un fuoco **4** (fam.) mettere a posto, sistemare, saldare i conti con (q.) **5** (fam.) influire sul risultato di (un'elezione, una gara, ecc.) con la corruzione; comprare la vittoria in (una partita di calcio, ecc.); truccare (un incontro di pugilato) **6** (fam.) sterilizzare (un animale). **B** v. i. **1** fissarsi; diventare solido **2** (fam. USA) prepararsi a; avere l'intenzione di: **I'm fixing to go hunting**, ho intenzione d'andare a caccia. ● **to fix one's affection on sb.**, riporre il proprio affetto in q. □ (naut.) **to fix the position**, orientarsi; fare il punto □ **to fix sb.'s attention (eyes)**, attirare e mantenere (su di sé) l'attenzione (o lo sguardo) di q. ● (mil.) **to fix bayonets**, inastare la baionetta: **Fix bayonets!**, baionetta in canna! □ **to fix the blame** (o **the responsibility**) **on sb.**, attribuire la responsabilità a q.; dimostrare la colpevolezza di q. □ **to fix one's face**, rifarsi il trucco □ **to fix on** (o **upon**) **st.**, fermare la propria scelta su q.c.; scegliere q.c. □ **to fix a quota for st.**, contingentare q.c. □ **to fix up**, accomodare, aggiustare, riparare: **I must fix up the old generator**, devo riparare il vecchio gruppo elettrogeno □ **to fix sb. up with a job**, sistemare q.; trovare un lavoro a q. □ **to fix up sb. (with a room) for the night**, sistemare q. per la notte; dare da dormire a q.
fix [fiks], n. **1** (aeron., naut.) posizione; punto calcolato, rilevato (determinato mediante rilevamenti); (naut.) punto nave **2** (fam.) situazione difficile (o imbarazzante); imbroglio; pasticcio: **to be in a (bad) fix**, essere in un brutto pasticcio **3** (pop.) iniezione di droga; buco (pop.). ● **to get oneself into a fix**, mettersi nei guai □ (d'aereo, nave, ecc.) **radio fix**, posizione determinata mediante la radio □ (sport) **The match was a fix**, l'incontro era truccato.
fixation [fik'seiʃən], n. **1** fissazione; fissaggio; consolidamento; solidificazione: (biol.) **nitrogen f.**, fissazione dell'azoto **2** (psic.) fissazione; mania **3** (psic.) arresto dello sviluppo.
fixative ['fiksətiv], **A** a. fissativo; che serve a fissare (colori, ecc.). **B** n. **1** (chim., biol.) fissativo **2** (cosmesi) fissatore.
fixed [fikst], a. **1** fisso; fermo; stabile; (comm.) **f. expenses**, spese fisse; (fotogr.) **f.-focus lens**, obiettivo a fuoco fisso; **a f. idea**, un'idea fissa; **f. income**, reddito fisso; (chim.) **f. oils**, olii stabili; **a f. purpose**, un fermo proposito; **a f. star**, una stella fissa; (comm.) **to sell goods at f. prices**, vendere (merce) a prezzi fissi **2** (fam.) truccato; alterato. ● **f. allowance of st.**, razione di q.c. □ (edil.) **f. arch**, arco incastrato □ (rag.) **f. assets**, attività fisse; immobilizzi □ (fin.) **f. parity**, parità fissa □ (d'un poliziotto) **f. point**, posto di servizio □ (leg.) **f. property**, beni immobili □ (elab.) **f. storage**, memoria fissa □ **to look at sb. with a f. gaze**, guardar fisso q.
fixedness ['fiksidnis], n. fissità; immobilità; stabilità.
fixer ['fiksə*], n. **1** persona (o cosa) che fissa, aggiusta, ecc. (V. **to fix**) **2** (chim., fotogr.) fissatore **3** (fam.) corruttore; intrallazzatore.
fixing ['fiksiŋ], n. **1** fissazione; fissaggio: **the f. of prices**, la fissazione dei prezzi **2** (mecc., chim., fotogr.) fissaggio **3** (fin.) fixing, fissazione (alla Borsa Valori). ● (chim.) **f. agent**, fissatore □ (ind. tessile) **f. bath**, bagno fissatore □ (mecc.) **f. screw**, vite di collegamento.
fixings ['fiksiŋz], n. pl. (fam. USA) **1** accessori; equipaggiamento **2** ornamenti, guarnizioni (d'un piatto, un abito, ecc.).
fixity ['fiksiti], V. **fixedness**.
fixture ['fikstʃə*], n. **1** cosa fissa sul posto; apparecchiatura; attrezzatura **2** (pl.) impianti; installazioni: **bathroom fixtures**, impianti per stanze da bagno **3** (pl., leg.) pertinenze **4** (sport) av-

venimento (*gara, incontro, ecc.*) del calendario sportivo: **football fixtures**, partite di calcio fissate nel calendario **5** (*fam.*) persona che ha messo radici in un posto **6** impianto (*del gas, ecc.*) **7** (*mecc.*) attrezzo di fissaggio.

fizgig ['fizgig], **A** *n.* **1** ragazza leggera (*o* volubile); farfallina (*fig.*) **2** petardo; castagnola. **B** *a.* leggero; volubile; capriccioso.

fizz [fiz], *n.* **1** sibilo **2** effervescenza; gorgoglio **3** (*fam.*) bevanda frizzante; spumante.

to fizz [fiz], *v. i.* **1** sibilare **2** spumeggiare (*del vino*).

to fizzle ['fizl], *v. i.* **1** sibilare **2** (*di bevanda*) frizzare. ● (*fam.*) **to f. out**, finire in nulla; fallire; non riuscire.

fizzle ['fizl], *n.* **1** sibilo **2** effervescenza **3** (*fam.*) fallimento; fiasco.

fizzy ['fizi], *a.* frizzante; effervescente. ● **f. lemonade**, gassosa.

fjord [fjɔːd], *n.* (*geogr.*) fiordo.

to flabbergast ['flæbəgɑːst], *v. t.* (*fam.*) far restare a bocca aperta; sbalordire.

flabbiness ['flæbinis], *n.* **1** flaccidezza; flaccidità; mollezza **2** fiacchezza (*di carattere, ecc.*).

flabby ['flæbi], *a.* **1** flaccido; floscio; cascante: **f. flesh**, carne floscia **2** fiacco; molle; debole: **a f. mind**, un animo fiacco.

flabellate [flə'belit], **flabelliform** [flə'belif(:)m], *a.* (*bot., zool.*) flabellato; flabelliforme.

flaccid ['flæksid], *a.* **1** flaccido; floscio **2** fiacco; debole.

flaccidity [flæk'siditi], *n.* **1** flaccidità; flaccidezza **2** fiacchezza.

flack [flæk], *n.* **1** (*pop. USA*) agente pubblicitario **2** V. **flak**.

flackery ['flækəri], *n.* (*pop. USA*) attività promozionale; pubblicità.

flacon [flaˈkõ] (*franc.*) *n.* flacone.

flag (1) [flæg], *n.* **1** bandiera, bandierina (*da segnalazioni, ecc.*) stendardo; pavese; vessillo: **battle f.**, bandiera di combattimento; **black f.**, bandiera nera; vessillo della pirateria; bandiera issata sulle prigioni dopo un'esecuzione capitale; **to dip the f.**, abbassare la bandiera in segno di saluto; fare il saluto con la bandiera; **to fly the Greek f.**, battere bandiera greca; **hand f.**, bandierina per segnalazioni; **to hoist the (o one's) f.**, issare la bandiera (*anche* assumendo il comando d'una nave); **to lower the f.**, ammainare la bandiera; **quarantine f.**, bandiera di contumacia (*o* di quarantena); **to strike the (o one's) f.**, ammainare la bandiera (*in segno di resa o abbandonando il comando d'una nave*); **white f.**, bandiera bianca (*in segno di resa o per parlamentare*); **yellow f.**, bandiera gialla (*di quarantena*) **2** (*sci*) bandierina **3** (*calcio*) bandierina **4** coda (*di cervo, di cane setter o Terranova, ecc.*) **5** testata (*di giornale*) **6** (*pl., arc.*) penne dell'ala **7** (*elab.*) indicatore **8** (*elettron.*) linguetta. ● (*sport*) **f. boat**, battello attorno al quale si deve virare nelle corse motonautiche □ (*naut.*) **f. bridge**, plancia ammiraglio □ **f. captain**, capitano di nave ammiraglia □ (*aeron., naut.*) **f. carrier**, compagnia di bandiera □ **f. day**, giorno in cui si vendono bandierine per le strade a scopo di beneficenza □ (*USA*) **F. Day**, anniversario dell'adozione della bandiera nazionale (*14 giugno 1777*) □ **f. display**, imbandieramento □ **f. lieutenant**, aiutante di bandiera □ **f. maker**, bandieraio □ (*naut.*) **f. of convenience**, bandiera di comodo □ (*naut.*) **f. officer**, ammiraglio □ **f.-raising**, alzabandiera □ **f. station**, stazione ferroviaria con fermata facoltativa (*su segnalazione con bandierina*) □ (*mil.*) **f.-wagging**, segnalazioni con bandierine □ **f.-waving**, l'agitar bandiere, sbandierata, sbandieramento; (*fig.*) sciovinismo, patriottismo di tipo emotivo □ (*fig.*) **to keep the f. flying**, tenere alta la bandiera □ (*fam.*) **to show the f.**, farsi vedere □ **to show the white f.**, alzare bandiera bianca; (*fig.*) arrendersi.

to flag (1) [flæg], *v. t.* **1** imbandierare; pavesare **2** fare segnalazioni con bandierine **3** (*spesso* **to f. down**) chiamare, fermare (*un taxi e sim.*). ● **to f. down a train**, fermare un treno facendo segnalazioni.

flag (2) [flæg], *n.* **1** (*anche* **flagstone**) pietra da lastrico (*o* per lastricare) **2** (*pl.*) lastrico; lastricato. ● **f. floor**, (pavimento) lastricato.

to flag (2) [flæg], *v. t.* lastricare.

flag (3) [flæg], *n.* (*bot.*) **1** (*Iris pseudacorus*) acoro falso (*e altre piante del genere Iris*) **2** foglia di queste piante.

flag (4) [flæg], *n.* (*anche* **f. feather**) penna dell'ala (*di un uccello*).

to flag (3) [flæg], *v. i.* **1** pendere; ciondolare; penzolare **2** (*fig.*) avvizzire; affievolirsi; languire; venir meno: **Most plants f. in hot weather**, per lo più le piante avvizziscono al caldo; **His interest flagged**, il suo interesse s'affievolì (*o* venne meno).

flagellant ['flædʒilənt], *a. e n.* (*relig.*) flagellante.

to flagellate ['flædʒileit], *v. t.* (*relig.*) flagellare.

flagellate ['flædʒəlit], **A** *n.* (*zool.*) flagellato. **B** *a.* V. **flagellated**.

flagellated ['flædʒəleitid], *a.* (*scient.*) **1** flagellato **2** flagelliforme.

flagellation [,flædʒə'leiʃən], *n.* flagellazione.

flagellator ['flædʒəleitə*], *n.* flagellatore.

flagelliform [flə'dʒelifɔːm], *a.* (*scient.*) flagelliforme.

flagellum [flə'dʒeləm], *n.* (*pl.* **flagella, flagellums**) (*bot., zool.*) flagello.

flageolet [flædʒə'let], *n.* (*mus.*) clarinetto; zufolo.

flagged [flægd], *a.* (*edil.*) lastricato.

flagging (1) ['flægiŋ], *a.* **1** fiacco; debole; cadente **2** (*fig.*) in diminuzione; in calo.

flagging (2) ['flægiŋ], *n.* lastrico; lastricato; pietre da lastrico (*o* per lastricare).

flaggy ['flægi], *a.* pieno di piante di iris.

flagitious [flə'dʒiʃəs], *a.* infame; malvagio; odioso; scellerato.

flagitiousness [flə'dʒiʃəsnis], *n.* infamia; malvagità; scelleratezza.

flagman ['flægmən], *n.* (*pl.* **flagmen**) **1** (*ferr.*) segnalatore (*ai passaggi a livello, ecc.*) **2** (*sport*) segnalatore (*nelle corse*); starter **3** (*topografia*) addetto alla stadia **4** (*naut., mil.*) ammiraglio.

flagon ['flægən], *n.* **1** caraffa; brocca (*per vino e sim.*); bricco (*di solito, con coperchio*) **2** bottiglione; fiasco.

flagpole ['flægpoul], *n.* pennone; asta della bandiera.

flagrance ['fleigrəns], **flagrancy** ['fleigrənsi], *n.* **1** flagranza; evidenza **2** atrocità; enormità.

flagrant ['fleigrənt], *a.* **1** flagrante; evidente; manifesto **2** famigerato; scandaloso; atroce: **a f. criminal**, un famigerato delinquente.

flagship [,flægʃip], **A** *n.* (*naut.*) nave ammiraglia. **B** *a. attr.* **1** (*naut.*) dell'ammiraglia **2** (*fig.*) principale; più importante; all'occhiello (*fig.*): **our f. industry**, la nostra industria più importante.

flagstaff ['flægstɑːf], *n.* asta della bandiera; pennone.

flagstone ['flægstoun], *n.* pietra da lastrico (*o* per lastricare).

flail [fleil], *n.* (*agric.*) correggiato.

to flail [fleil], *v. t.* **1** battere (*il grano, ecc.*) con il correggiato **2** flagellare; battere; frustare.

flair [flɛə*], *n.* **1** acume; fiuto; intuito: **to have a f. for business**, aver fiuto per gli affari **2** gusto; sensibilità **3** attitudine; disposizione; facilità (*d'apprendere q.c.*): **to have a f. for music**, avere attitudine alla musica **4** (*ferr.*) invito di controrotaia **5** (*fam.*) eleganza; stile: **to dress with f.**, vestire con eleganza. ● **to have a f. for hospitality**, essere molto ospitale.

flak [flæk] (*ted.*), *n.* **1** (*mil.*) (artiglieria) antiaerea **2** (*mil.*) fuoco contraereo **3** (*fam.*) biasimo; critica; diatriba. ● **f. jacket**, giubbotto antiproiettile (*in origine, per gli aviatori*).

flake (1) [fleik], *n.* **1** fiocco, falda (*di neve e sim.*): **flakes of snow**, fiocchi di neve **2** scaglia; lamina: **soap flakes**, scaglie di sapone; **flakes of paint**, scaglie di vernice **3** favilla **4** (*bot.*) garofano dai petali screziati **5** (*metall.*) flocculo; scaglia **6** (*plastica*) granulato **7** (*pop. USA*) tipo bizzarro; eccentrico; originale. ● **f. white**, biacca olandese □ **oats flakes**, fiocchi d'avena.

to flake [fleik], **A** *v. i.* **1** cadere a fiocchi (*o* a falde) **2** (*anche* **to f. off**) sfaldarsi; squamarsi **3** formare (*o* coprirsi di) scaglie. **B** *v. t.* **1** cospargere a fiocchi (*o* a falde) **2** sfaldare; squamare **3** coprire di scaglie. ● (*pop.*) **to f. out**, addormentarsi (*o* crollare) per la stanchezza; perdere i sensi, svenire; filare, tagliare la corda.

flake (2) [fleik], *n.* grata su cui seccare cibi (*pesce, ecc.*).

flaky ['fleiki], *a.* **1** a falde; a scaglie; scaglioso **2** (*geol.*: *di roccia*) lamellare; che si sfalda. ● **f. pastry**, pasta sfoglia.

flam [flæm], *n.* imbroglio; inganno; fandonia; frottola.

flambeau ['flæmbou] (*franc.*), *n.* (*pl.* **flambeaux, flambeaus**) fiaccola; torcia.

flamboyance [flæm'bɔiəns] (*franc.*), *n.* l'essere sgargiante (*o* sfavillante).

flamboyant [flæm'bɔiənt], *a.* **1** (*archit.*) fiammeggiante (*di tardo stile gotico*) **2** sgargiante; sfavillante **3** barocco; reboante; ornato; fiorito: **a f. speech**, un discorso reboante.

flame [fleim], *n.* **1** fiamma (*anche fig.*); vampa: **One third of London was in flames**, un terzo di Londra era in fiamme; **to burst into flames**, andare in fiamme; (*fig.*) **an old f. of mine**, una mia vecchia fiamma (d'amore) **2** (*fig.*) fiammata; vampata: **a f. of indignation (protest, etc.)**, una fiammata di sdegno (di protesta, ecc.) **3** (*fig.*) splendore, bagliore (*del tramonto, ecc.*). ● (*mecc.*) **f. arrester**, tagliafuoco □ (*mil.*) **f.-thrower** (*o* **f.-projector**), lanciafiamme □ (*tecn.*) **f.-trap**, tagliafiamma □ (*tecn.*) **f.-welding**, saldatura autogena □ **to commit st. to the flames**, dare q.c. alle fiamme.

to flame [fleim], **A** *v. i.* (*spesso* **to f. up**) fiammeggiare; ardere; avvampare; infiammarsi; accendersi: **Her eyes flamed with indignation**, gli occhi le fiammeggiavano di sdegno; **He flamed up with rage**, avvampò di rabbia; **Fields in June f. with poppies**, i campi di giugno s'accendono al (*o* del colore dei) papaveri. **B** *v. t.* esporre alla fiamma: **to sterilize st. by flaming**, sterilizzare q.c. esponendola alla fiamma **2** (*poet.*) infiammare;

flameless

eccitare 3 (*fig.*) accendere: **The setting sun flamed the horizon**, il sole al tramonto accendeva l'orizzonte. ● **to f. out**, divampare: **His wrath flamed out at once**, la sua ira divampò a un tratto □ (*delle guance e sim.*) **to f. red**, avvampare □ **to f. up**, aver le fiamme al viso; arrossire; avvampare.
flameless ['fleimlis], *a.* senza fiamme.
flamen ['fleimən], *n.* (*stor. romana*) flamine.
flaming ['fleimiŋ], *a.* 1 fiammeggiante; ardente; appassionato; focoso: **f. stars**, astri fiammeggianti; **a f. affection**, un ardente affetto 2 esagerato; eccessivo; entusiastico: **a f. description**, una descrizione entusiastica 3 di colore acceso; sgargiante; variegato 4 (*pop.*) dannato; maledetto: **He's a f. idiot**, è un dannato idiota 5 (*cucina*) alla fiamma.
flamingo [flə'miŋgou], *n.* (*pl.* **flamingos, flamingoes**) (*zool.*) fenicottero.
flammability [ˌflæmə'biliti], *n.* (*tecn.*) infiammabilità.
flammable ['flæməbl], *a.* (*tecn.*) infiammabile. ● **non-f.**, ininfiammabile.
flamy ['fleimi], *a.* simile a fiamma; fiammeggiante.
flan [flæn], *n.* 1 flan; timballo 2 dischetto metallico (*da monete*); tondello.
Flanders ['fla:ndəz], *n. pl.* (*col verbo al sing.*) (*geogr.*) (le) Fiandre.
flange [flændʒ], *n.* 1 (*mecc., ferr.*) flangia; bordo; costa; ala 2 (*mecc.*) ciglio; orlo esterno per fare flange 3 (*ferr.: di rotaia*) base; suola.
to flange [flændʒ], *v. t.* (*mecc.*) munire di costa (*o* bordo); flangiare. ● **flanged pipe**, tubo flangiato.
flangeway ['flændʒwei], *n.* (*ferr.*) gola (*di rotaia*).
flank [flæŋk], *n.* 1 fianco (*in ogni senso*); lato: **to attack the right f. of an army**, attaccare il fianco destro d'un esercito; **a f. attack**, un attacco di fianco (*o* laterale) 2 (*mecc.*) fianco 3 (*costr. stradali*) ciglio (*della strada*) 4 macelleria) noce; rosa.
to flank [flæŋk], **A** *v. t.* 1 affiancare; fiancheggiare; spalleggiare; aiutare: **a road flanked with trees**, una strada fiancheggiata da alberi 2 (*mil.*) proteggere il fianco di (*un'unità amica*); aggirare il fianco di (*un'unità nemica*). **B** *v. i.* – **to f. on** (*o* **upon**), fiancheggiare: **The road flanks on the river**, la strada fiancheggia il fiume.
flanker ['flæŋkə*], *n.* (*mil.*) 1 fortificazione ai fianchi (*d'un esercito*) 2 fiancheggiatore.
flannel ['flænl], **A** *n.* 1 flanella 2 straccio di flanella (*per pulire, ecc.*) 3 (*pl.*) pantaloni di flanella (*per es., per il cricket*) 4 (*arc. o USA*) mutande e maglie pesanti 5 pezzuola per lavarsi 6 (*pop.*) balle; fandonie; fesserie. **B** *a.* di flanella: **f. underwear**, biancheria intima di flanella.
to flannel ['flænl], **A** *v. t.* 1 avvolgere in (*o* vestire di) flanella 2 strofinare con uno straccio di flanella 3 (*pop.*) prendere sottogamba (*un problema, ecc.*). **B** *v. i.* (*pop.*) dire balle; imbrogliare; fregare (*pop.*).
flannelette [ˌflænl'et], *n.* flanella di cotone.
flap [flæp], *n.* 1 falda; lembo; ala; tesa (*di cappello*); risvolto, patta (*di tasca*); ribalta (*di tavolo, scrivania, ecc.*): **to stick the f. of an envelope**, incollare il lembo d'una busta 2 battito; lo sbattere; colpo (*d'ala e sim.*): **the f. of an awning**, lo sbattere d'una tenda; **the f. of the eagle's wings**, il battito delle ali dell'aquila 3 scacciamosche 4 (*mecc.*) cerniera (*di valvola, ecc.*): **f. valve**, valvola a cerniera 5 (*med.*) lembo di pelle o di carne (*per trapianti, ecc.*) 6 (*aeron.*) flap; ipersostentatore 7 (*fam.*) eccitazione; agitazione. ● (*fam.*) **to be in a f.**, essere agitato (*o* eccitato) □ (*fam.*) **to get in a f.**, agitarsi; eccitarsi.
to flap [flæp], *v. t. e i.* 1 agitare; battere; sbattere; starnazzare: **The gale flapped the sails**, il vento forte agitava le vele; **The birds were flapping against the windowpanes**, gli uccelli sbattevano contro i vetri della finestra; **The pigeon was flapping its wings**, il piccione batteva le ali 2 colpire (*con l'ala o con q.c. di largo e piatto*); scacciare: **to f. flies away** (*o* **off**), scacciare le mosche 3 dondolare; penzolare 4 (*fam.*) agitarsi. ● (*d'uccello*) **to f. off**, volare via lentamente.
flapdoodle ['flæpˌdu:dl], *n.* (*pop.*) sciocchezze; idiozie.
flapjack ['flæpdʒæk], *n.* 1 (*USA*) frittella 2 biscotto morbido 3 portacipria.
flappable ['flæpəbl], *a.* (*fam.*) eccitabile; che perde la testa facilmente.
flapper ['flæpə*], *n.* 1 falda; lembo che pende 2 (*mecc.*) pezzo di cerniera 3 scacciamosche 4 raganella; spaventapasseri 5 grossa pinna 6 coda di crostaceo 7 piccolo d'anatra, di pernice (*che starnazza per imparare a volare*) 8 (*fam.*) ragazza spigliata, vivace o spregiudicata (*specialm. degli Anni Venti*) 9 (*pop.*) mano.
to flare [flεə*], **A** *v. i.* 1 ardere; brillare; scintillare; sfolgorare: **The neon lights began to f.**, le luci al neon cominciarono a brillare 2 (*mil.*) far segnali con razzi 3 (*dei fianchi d'una nave, d'una sottana, ecc.*) allargarsi; essere svasato; scampanare: **The skirt flares over the knees**, la sottana s'allarga sopra le ginocchia 4 (*aeron.*) richiamare in atterraggio. **B** *v. t.* 1 far brillare, ardere, ecc. 2 (*mil.*) segnalare (q.c.) con razzi 3 svasare (*un abito, ecc.*). ● **to f. up** (*o* **out**), andare in fiamme, prender fuoco; (*fig.*) infiammarsi, adirarsi, eccitarsi; (*di tumulto e sim.*) scoppiare, divampare.
flare [flεə*], *n.* 1 bagliore; chiarore; lampo: **the f. of a flash cube**, il bagliore di un flash; **the sudden f. of a searchlight in the night**, l'improvviso lampo d'un riflettore nella notte 2 fiammata; vampa 3 (*mil.*) razzo; segnale luminoso; fuoco di segnalazione: **The airman dropped a f. over the town**, l'aviatore lanciò un razzo sulla città; **to burn flares**, accendere fuochi di segnalazione 4 svasatura; scampanatura: **the f. of a skirt**, la svasatura d'una sottana 5 scoppio, vampa (*d'ira, ecc.*) 6 squillo (*di tromba, ecc.*) 7 (*mecc.*) svasatura 8 (*naut.*) concavità (*della carena*) 9 (*gi., USA*) pantaloni scampanati. ● **f.-back**, ritorno di vampa (*di cannone*) □ (*aeron.*) **f.-out**, richiamata finale □ (*aeron.*) **f. path**, pista illuminata da segnali luminosi (*per un atterraggio di fortuna*) □ **f.-up**, fiammata, vampa; scoppio d'ira; lite, rissa.
flared [flεəd], *a.* (*moda*) scampanato; svasato: **a f. skirt**, una gonna scampanata.
flaring ['flεəriŋ], **A** *a.* 1 abbagliante; lucente; sfolgorante 2 sfarzoso; sgargiante; vistoso; di cattivo gusto: **f. jewels**, gioielli troppo vistosi 3 svasato: (*naut.*) **a f. bow**, una prua svasata. **B** *n.* (*anche metall.*) svasatura.
flash (1) [flæʃ], *n.* 1 bagliore; lampo; sprazzo; scintillio; fiammata; vampata: **a f. of lightning**, un lampo; un baleno; **in a f.**, in un lampo; in un attimo; **a f. of gaiety**, uno sprazzo d'allegria; **a f. of genius**, un lampo di genio 2 (*cinem., anche* **flashback**) scena retrospettiva 3 (*fotogr.*) flash; lampo di magnesio; lampeggiatore (*il dispositivo*) 4 (*giornalismo*) notizia-lampo, flash (*trasmessa per telegrafo o per radio*) 5 ostentazione; bella mostra; sfoggio; vistosità 6 preparato per colorare liquori 7 (*mil.*) mostrina 8 rapida; chiusa; cateratta 9 (*metall.*) bava; bavatura 10 (*pop.*) lo scoprirsi (*in pubblico*). ● (*elettr.*) **f. barrier**, protezione antifiamma □ (*mil.*) **f.-bomb**, bomba illuminante □ (*mil.*) **f. hider**, copritiamma (*di cannone*) □ **f. in the pan**, accensione della polvere nello scodellino d'un fucile antiquato senza che ne segua lo sparo; (*fig.*) fuoco di paglia; persona o progetto che fallisce dopo un brillante inizio □ **f.-light**, luce intermittente (*di faro o per segnalazioni*); (*fotogr.*) flash, lampo di magnesio; torcia elettrica, pila tascabile □ **f. point**, (*chim.*) punto d'infiammabilità (*del vapore d'un olio*); (*fig.*) punto critico (*di emozioni, ecc.*) □ (*mecc.*) **f.-welding**, saldatura a scintillio.
to flash [flæʃ], **A** *v. i.* 1 balenare; brillare; lampeggiare; dardeggiare; scintillare; sfolgorare; avvampare; (*di lampo*) guizzare (*luminoso*): **Lighthouses f. at night**, i fari lampeggiano di notte; **An excellent excuse flashed into my mind**, una scusa formidabile mi balenò in mente; **His eyes flashed with anger**, gli occhi gli lampeggiavano d'ira 2 passare in un lampo; saettare: **The racing car flashed past**, la macchina da corsa passò (accanto) in un lampo 3 (*pop.*) scoprire le pudenda; scoprirsi (*in pubblico*). **B** *v. t.* 1 far balenare; far lampeggiare; lanciare; proiettare, gettare, mandare (*luce e sim.*): **He flashed his sword**, fece balenare la spada; **to f. a smile (a glance) at sb.**, lanciare un sorriso (uno sguardo) a q.; **to f. a beam of light on st.**, proiettare (*o* gettare) un fascio di luce su q.c.; **to f. a signal**, mandare un segnale, con una lampada (*o sim.*) 2 trasmettere (*per telegrafo, radio, ecc.*) 3 (*ind. del vetro*) stendere (*il vetro*) in lastre; coprire (*il vetro*) d'uno strato vitreo d'altro colore 4 (*dell'acqua*) riempire, inondare (*un canale, ecc.*) 5 aprire le chiuse e inondare (*un canale, ecc.*) 6 (*fam.*) mettere in mostra; cavar fuori mettendo in bella vista: **He flashed a roll of money**, cavò fuori un rotolo di banconote mettendolo in bella vista. ● **to f. back**, fare un flash back; (*della mente*) riandare □ **to f. by**, (*d'automobile, ecc.*) saettare accanto; (*del tempo*) passare in un lampo □ **to f. in the pan**, far fiasco dopo un brillante inizio (*V.* **flash (1)**) □ (*autom.*) **to f. one's lights (at sb.)**, lampeggiare a q. □ **to f. one's money around**, sperperare il denaro; buttare via i soldi □ **f.-pipe**, tubo per accendere un lampione a gas □ **to f. up** (*o* **out**), avvampare di passione (*o* d'ira) □ **The prisoner's eyes flashed back defiance**, gli occhi del prigioniero lampeggiarono con aria di sfida.
flash (2) [flæʃ], *a.* 1 abbagliante; brillante; sgargiante; vistoso; appariscente 2 falso: **f. notes (money)**, biglietti falsi (*moneta falsa*) 3 della malavita; dei vagabondi. ● (*fam. USA*) **f. check**, assegno a vuoto □ **a f. flood**, una violenta e improvvisa inondazione che dura poco.
flashback ['flæʃbæk], *n.* 1 (*cinem., letter.*) scena retrospettiva; flashback 2 (*mecc.: di motore*) ritorno di fiamma 3 (*med.*) ritorno di un'allucinazione (*da droga*).
flashbulb ['flæʃbʌlb], *n.* (*fotogr.*) lampada per flash.
flashcube ['flæʃkju:b], *n.* (*fotogr.*) cubo per flash (*di plastica, a quattro facce*).

flasher ['flæʃə*], *n.* **1** faro (*o* boa) a luce intermittente **2** (*elettr., autom.*) lampeggiatore **3** (*fotogr.*) lampo di magnesio **4** (*pop.*) esibizionista.

flash-forward ['flæʃfɔːwəd], *n.* (*cinem., telev., letter.*) «flash-forward» (*scena proiettata, o descritta, in anticipo*).

flashgun ['flæʃgʌn], *n.* (*fotogr.*) flash, lampeggiatore (*il supporto*).

flashiness ['flæʃinis], *n.* vistosità; volgarità; scarso valore intrinseco.

flashing ['flæʃiŋ], **A** *n.* **1** (*anche autom.*) lampeggiamento **2** (*elettr.*) scintillio **3** improvviso aumento del livello dell'acqua in un canale **4** (*edil.*) scossalina; grembialina. **B** *a.* **1** lampeggiante; scintillante **2** (*autom.*) a intermittenza: **f. amber lights**, semaforo a intermittenza (*o* con lampeggio).

flashy ['flæʃi], *a.* **1** sgargiante; vistoso ma di poco prezzo; volgare: **a f. dress**, un abito vistoso, ma da pochi soldi; **f. manners**, maniere volgari **2** focoso; impetuoso: **a f. temper**, un temperamento focoso.

flask [flaːsk], *n.* **1** fiasco (*per vino, olio, ecc.*) **2** fiaschetta; borraccia; **thermos f.** ● (*chim.*) **Erlenmeyer f.**, beuta □ (*chim.*) **Florence f.**, matraccio □ (*un tempo*) **powder f.**, fiaschetta per la polvere da sparo □ **thermos f.**, thermos.

flasket ['flaːskit], *n.* **1** fiaschetto **2** cesta allungata (*specialm. per i panni*) **3** (*arc.*) cesto; paniere.

flat (1) [flæt], **A** *a.* **1** piano; piatto; liscio; uguale; uniforme: **f. land**, terreno piatto, terreno piano; **a f. roof**, un tetto piano; **a f. plate**, un piatto piano (*non fondo*) **2** (*di cibo e fig.*) insaporo; insipido: **The roast is too f.**, l'arrosto è insipido **3** (*fig.*) monotono; noioso: **My speech seemed f. to him**, il mio discorso gli sembrò noioso **4** (*fig.*) fisso: **to pay a f. rate for electric light**, pagare un importo fisso (*o* un prezzo forfettario) per la luce elettrica **5** netto; reciso; secco (*fig.*); puro e semplice; bell'e buono: **a f. denial**, un netto rifiuto; **That's f. nonsense**, questa è una sciocchezza pura e semplice; **a f. blasphemy**, una bestemmia bell'e buona **6** (*comm.*) inattivo; rigido: **The market is f.**, il mercato è inattivo (*o* in ristagno); **Prices are f.**, i prezzi sono rigidi **7** (*di cibo*) guasto; stantio; (*di bevanda*) non più effervescente; sgasato; liscio **8** confuso; incerto: **a f. sound**, un suono confuso, incerto **9** (*di persona*) abbattuto; depresso; ottuso; tardo di comprendonio (*fam.*) **10** (*autom.*) sgonfio; a terra: **a f. tire**, un pneumatico sgonfio; una gomma a terra **11** (*elettr.*) scarico; a secco: **f. battery**, batteria a secco **12** (*mus.*) abbassato di tono; bemolle: **D-f.**, re bemolle **13** (*fam., di solito* **f. broke**) senza il becco d'un quattrino; al verde; in bolletta **14** disteso: **He fell f.**, cadde disteso (*bocconi o supino*) **15** (*di vernice, colore*) opaco **16** (*di colore*) smorzato; uniforme **17** (*di un quadro, ecc.*) piatto; senza prospettiva. **B** *avv.* **1** apertamente; scopertamente; senza vie di mezzo **2** nettamente; recisamente; seccamente: **to refuse st. f.**, rifiutare recisamente q.c. **3** (*fam.*) esattamente; precisamente; esatto; preciso: **He ran the 100-yard dash in ten seconds f.**, fece le 100 iarde piane in dieci secondi esatti **4** (*mus.*) in tono più basso (*del normale*). ● (*archit.*) **f. arch**, arco ribassato (*o* scemo); piattabanda □ (*tipogr.*) **f.-bed press**, macchina piana □ (*edil., ind. min.*) **f.-bed truck**, carro piano; piattina □ **f.-boat**, barca a bordo piatto; chiatta □ (*naut.*) **f.-bottomed**, a fondo piatto □ (*fam.*) **f. broke**, *V.* **flat**, *def.* 13 □ (*rag.*) **f. cost**, costo di produzione □ (*zool.*) **f.-fish**, pesce dei pleuronettidi (*sogliola, passera, ecc.*) □ (*USA*) **f. food**, cibo «espresso» (*servito, anche a domicilio, da ristoranti e da tavole calde*) □ **f.-foot**, piede piatto; (*pop.*) poliziotto; piedipiatti (*pop.*) □ **f.-footed**, che ha i piedi piatti; (*fig.*) fermo, deciso □ (*gramm.*) **a f. infinitive**, un infinito privo del «to» □ **f.-iron**, ferro da stiro □ **a f. nose**, un naso schiacciato □ (*fam.*) **f. out**, (*agg.*) esausto, stremato; (*di velocità*) massima; (*avv.*) a tavoletta (*fam.*), a più non posso, a rotta di collo; (*mecc., autom.*) a tutta potenza, a pieno regime; a tutta birra (*pop.*): **The engine is now working f. out**, il motore ora funziona a pieno regime □ **f. race**, corsa piana (*non a ostacoli*) □ **f. shoes**, scarpe basse; scarpe col tacco basso □ **f. silver**, posate d'argento □ **f. spin**, (*aeron.*) vite piatta; (*fig.*) agitazione, eccitazione: **to go into a f. spin**, agitarsi, eccitarsi, entrare in subbuglio □ (*comm.*) **at a f. rate of**, per il prezzo forfettario di □ (*fig.*) **to fall f.**, non avere successo; andare a vuoto; fare cilecca □ **to go f.**, (*di bevanda*) perdere l'effervescenza □ (*fam.*) **And that's f.!**, e questo è certo!; su questo non ci sono dubbi! (*o* non ci piove!) □ **He knocked the man f.**, atterrò l'uomo (*con un colpo, un pugno*).

flat (2) [flæt], *n.* **1** piatto; parte piatta; palmo: **with the f. of the blade**, col piatto della lama; **the f. of the hand**, il palmo della mano **2** piano; pianura; terreno basso; pantano: **river flats**, terreni bassi presso un fiume; **a mud f.**, un terreno basso e fangoso; un pantano **3** (*naut.*) fondale basso; battigia **4** cesta; recipiente basso **5** (*naut., anche* **flatboat**) chiatta **6** (*ferr. USA, anche* **flatcar**) carro senza sponde; pianale **7** (*teatr.*) fondale **8** (*autom., anche* **f. tyre**) pneumatico sgonfio; gomma a terra **9** scarpa dal tacco basso **10** (*mus.*) bemolle: **sharps and flats**, diesis e bemolle **11** (*pop.*) persona ottusa; sciocco; stolto; stupido. ● **to join the flats**, (*teatr.*) montare un fondale; (*fig.*) connettere le parti di un tutto, darsi un'aria di coerenza □ **on the f.**, in piano; su terreno piano; in pianura.

to flat [flæt], **A** *v. t.* **1** (*mecc.*) spianare; appiattire **2** (*mus.*) abbassare di un semitono **3** ricoprire con uno strato uniforme (*di vernice*) **4** opacizzare (*una vernice*). **B** *v. i.* spianarsi; appiattirsi; schiacciarsi al suolo; acquattarsi.

flat (3) [flæt], *n.* **1** appartamento **2** (*raro*) piano (*di casa*). ● **a large block of flats**, un grande caseggiato.

flatcar ['flætkaː*], *n.* (*ferr. USA*) carro senza sponde; pianale.

flathead ['flæthed], *n.* **1** (*anche* **f. rivet**) chiodo (*o* ribattino) a testa cilindrica **2** (*fam.*) zuccone; semplicotto; sciocco.

flatlet ['flætlit], *n.* appartamentino; monolocale.

flatness ['flætnis], *n.* l'esser piano (*o* piatto); piattezza; monotonia; uniformità (*V.* **flat (1)**).

to flatten ['flætn], **A** *v. t.* **1** appiattire; spianare; schiacciare: **to f. st. with a hammer**, appiattire q.c. con un martello; **The car flattened the poor cat**, l'automobile schiacciò il povero gatto **2** abbattere; gettare a terra; deprimere **3** smorzare (*un colore*) **4** rendere opaco (*una vernice, un colore*) **5** (*metall.*) spianare. **B** *v. i.* **1** appiattirsi; spianarsi; schiacciarsi **2** abbattersi; deprimersi **3** (*di colore*) opacizzarsi **4** (*di sapore*) guastarsi; diventare insipido. ● (*naut.*) **to f. (in) the sails**, bordare le vele □ **to f. out**, appiattire, appiattirsi; (*aeron.*) riportare (*un aereo*) in linea di volo.

flattening ['flætniŋ], *n.* **1** appiattimento **2** (*metall.*) spianatura. ● (*aeron.*) **f.-out**, richiamata; ripresa.

to flatter ['flætə*], **A** *v. t.* **1** adulare; blandire; lusingare; lisciare (*fig.*): **He was greatly flattered by the review of his novel**, fu molto lusingato dalla recensione del suo romanzo **2** abbellire; (*di abito*) donare; fare più bello della realtà: **This portrait does not f. you**, questo ritratto non ti fa certo più bello di quel che sei **3** vantarsi; compiacersi: **to flatter oneself B** *v. rifl.* illudersi; lusingarsi: **Don't f. yourself that he will forgive you**, non illuderti ch'egli ti perdoni.

flatterer ['flætərə*], *n.* adulatore, adulatrice; lusingatore, lusingatrice.

flattering ['flætəriŋ], *a.* adulatorio; lusingatore; lusinghiero. ● **a f. portrait**, un ritratto venuto bene.

flattery ['flætəri], *n.* adulazione; lusinga; blandizie.

flatting ['flætiŋ], *n.* **1** appiattimento **2** smorzamento (*di colori*) **3** (*metall.*) spianatura **4** (*tecn.*) verniciatura opaca. ● **f. agent**, agente opacizzante (*per vernici*).

flattish ['flætiʃ], *a.* piuttosto piatto; pianeggiante.

flattop ['flættɔp], *n.* (*fam. USA*) **1** taglio (dei capelli) a spazzola **2** (*mil., naut.*) portaerei.

flatty ['flæti], *n.* (*pop.*) poliziotto; piedipiatti (*pop.*).

flatulence ['flætjuləns], **flatulency** ['flætjulənsi], *n.* **1** (*med.*) flatulenza; flatuosità **2** (*fig.*) l'esser tronfio; boria; vanagloria.

flatulent ['flætjulənt], *a.* **1** (*med.*) flatulento; flatuoso **2** (*fig.*) tronfio; borioso; pretenzioso; vanitoso.

flatware ['flætweə*], *n.* **1** posateria; posate **2** vasellame piatto.

flatways ['flætweiz], (*USA*) **flatwise** ['flætwaiz], *avv.* con la parte piatta; di piatto (*opposto di* **edgeways**).

flatworm ['flætwəːm], *n.* (*zool.*) platelminta.

to flaunt [flɔːnt], **A** *v. i.* **1** gloriarsi; pavoneggiarsi **2** ondeggiare; sventolare; garrire: **flags flaunting in the wind**, bandiere che garriscono al vento. **B** *v. t.* **1** fare mostra di; ostentare; sfoggiare: **to f. one's culture**, sfoggiare la propria cultura **2** (*fam.*) infischiarsi di (q.c.); fregarsene di (*pop.*).

flaunt [flɔːnt], *n.* pavoneggiamento; ostentazione; sfoggio.

flaunter ['flɔːntə*], *n.* ostentatore; esibizionista; mattatore (*fam.*).

flaunting ['flɔːntiŋ], *a.* pomposo; vanitoso.

flautist ['flɔːtist], *n.* (*mus.*) flautista.

flavescent [flei'vesənt], *a.* biondeggiante; flavo (*lett.*).

flavin ['fleivin], *n.* (*chim., biol.*) flavina.

flavor ['fleivə*], (*USA*) *n. e deriv. V.* **flavour**, *e deriv.*

flavorous ['fleivərəs], *a.* aromatico; fragrante; profumato.

flavour ['fleivə*], *n.* aroma; fragranza; gusto; sapore; profumo: **sweets with different flavours**, dolci di diverso sapore; **the f. of adventure**, il gusto (*o* il sapore) dell'avventura; **This village has the f. of France**, questo paese ha il profumo della Francia.

to flavour ['fleivə*], *v. t.* aromatizzare; insaporire; dare a (q.c.) il gusto di: **to f. soup with garlic**, insaporire la zuppa con l'aglio.

flavoured ['fleivəd], *a.* (*nei composti*) al gusto di: **a strawberry-f. ice cream**, un gelato al gusto di fragola.

flavouring ['fleivəriŋ], **A** *n.* aroma; condimento; essenza; estratto: **vanilla f.**, aroma di vaniglia. **B** *a.* aromatizzante. ● (*ind.*) **f. essence**, aromatizzante.

flavourless ['fleivəlis], *a.* senza aroma; insaporo; insipido.

flavoursome ['fleivəsəm], **flavoury** ['fleivəri], *a.* **1** aromatico; fragrante **2** gustoso; saporito.
flaw (1) [flɔ:], *n.* **1** crepa; fessura; incrinatura; screpolatura; spaccatura: **a f. in a crystal**, un'incrinatura in un cristallo **2** difetto; errore; imperfezione; magagna; pecca: **a f. in your reasoning**, un errore nel tuo ragionamento **3** (*leg.*) (errore che è) causa di nullità; vizio: **a f. in a will**, un vizio in un testamento.
to flaw [flɔ:], *v. t. e i.* **1** crepare; incrinare, incrinarsi; screpolare, screpolarsi **2** danneggiare; guastare **3** (*leg.*) invalidare.
flaw (2) [flɔ:], *n.* **1** folata di vento **2** scroscio di pioggia **3** (*geogr.*) limite di ghiaccio costiero.
flawless ['flɔ:lis], *a.* **1** senza crepe; integro **2** senza difetti; perfetto.
flawlessness ['flɔ:lisnis], *n.* integrità; perfezione; purezza.
flax [flæks], *n.* **1** (*bot.*, *Linum usitatissimum*) lino **2** lino (*fibra*) **3** tessuto di lino. ● (*bot.*) **f. dodder** (*Cuscuta epilinum*), strozzalino □ (*bot.*) **f. lily** (*Phormium tenax*), lino della Nuova Zelanda □ **f.-seed**, seme di lino.
flaxen ['flæksən], *a.* **1** di lino **2** biondo gialliccio; biondo chiaro; paglierino: **f. hair**, capelli biondo chiari.
flaxy ['flæksi], *a.* (*specialm. di tessuto*) simile al lino.
to flay [flei], *v. t.* **1** scorticare (*anche fig.*); scortecciare; scuoiare; pelare (*anche fig.*); depredare, spogliare: **to f. a pig**, scuoiare un maiale; **to f. a person**, scorticare una persona **2** criticare severamente; stroncare **3** rimproverare aspramente. ● (*fig.*) **f.-flint**, uno che pela la gente; avaro; strozzino.
flea [fli:], *n.* (*zool.*) pulce. ● (*pop.*) **f.-bag**, persona sporca; (*USA*) alberghetto sudicio, da due soldi; (*fig., d'animale*) sacco di pulci; (*raro*) sacco a pelo □ (*bot.*) **f.-bane** (*Erigeron*), margherita (*pop.*) □ (*zool.*) **f. beetle** (*Haltica, Phyllotaeta, ecc.*), altica *e altri coleotteri nocivi al luppolo, alla rapa, ecc.* □ **f.-bite**, morso di pulce; (*fig.*) lieve dolore; piccola contrarietà; spesa minima □ **f.-bitten**, morsicato (*o infestato*) dalle pulci; (*fig.: di cavallo*) maculato di puntini rossastri; (*fam.*) scadente □ (*fig.*) **a f. in sb.'s ear**, una pulce nell'orecchio; un improvero, un rabbuffo □ (*zool.*) **f.-louse** (*Euphyllura, ecc.*), falso pidocchio □ **f. market**, mercato delle pulci □ (*fam.*) **f. pit**, pulciaio □ (*bot.*) **f.-wort** (*Plantago psyllium*), pulicaria; psillio □ (*zool.*) **sand-f.** (*Tunga penetrans*), pulce penetrante □ (*zool.*) **water f.**, pulce d'acqua.
fleam [fli:m], *n.* (*vet.*) lancetta (*per cavar sangue*).
flechette [flei'ʃet] (*franc.*), *n.* (*mil.*) flechette.
fleck [flek], *n.* **1** chiazza; macchia; macchiolina; lentiggine: **flecks of snow**, chiazze di neve; **a white f. on a cat's face**, una macchiolina bianca sul muso di un gatto **2** particella; (*anche in fonderia*) fiocco; granello (*di polvere*).
to fleck [flek], *v. t.* **1** chiazzare; macchiettare; variegare: **The carpet was flecked with blood**, il tappeto era chiazzato di sangue **2** picchiettare; punteggiare.
fleckless ['fleklis], *a.* senza chiazze (*o* macchie); senza lentiggini.
flection ['flekʃən], **flectional** ['flekʃənl], *V.* **flexion**, **flexional**.
fled [fled], *pass. e p. p.* di **to flee**.
to fledge [fledʒ], *A v. t.* **1** allevare (*un uccello*) finché sia in grado di volare **2** coprire, provvedere (*una freccia, ecc.*) di penne. *B v. i.* (*d'un uccello*) metter le penne (*per volare*); impiumarsi.
fledged ['fledʒd], *a.* pennuto; in grado di volare.
fledgeless ['fledʒlis], *a.* implume; incapace di volare.
fledg(e)ling ['fledʒliŋ], *n.* **1** uccellino implume (*che ha appena lasciato il nido*) **2** (*fig.*) novellino; principiante; pivello **3** (*fig.*) poeta in erba.
to flee [fli:] (*pass. e p. p.* **fled**), *A v. i.* **1** fuggire; scappare: **He fled from** (*o* **before**) **the angry tiger**, fuggi davanti alla tigre infuriata **2** scomparire; svanire; passare: **The night had fled**, la notte era svanita. *B v. t.* **1** abbandonare; fuggire da: **After killing his foe, he fled the country**, dopo aver ucciso il suo nemico, abbandonò il paese (*o* riparò all'estero) **2** (*lett.*) fuggire, evitare; scansare.
fleece [fli:s], *n.* **1** vello **2** quantità di lana ricavata in una tosatura **3** (*per estens.*) pelame; folta chioma: **a f. of hair**, una folta chioma di capelli **4** (*fig.*) coltre: **a heavy f. of clouds**, una pesante coltre di nubi **5** (*fig.*) manto: **a f. of snow**, un manto di neve. ● **the Golden F.**, (*mitol.*) il Vello d'oro; il Toson d'oro (*onorificenza*).
to fleece [fli:s], *v. t.* tosare (*pecore; anche fig.*); derubare, pelare, spogliare: **to f. sb. of all his money**, spogliare q. di tutto il suo denaro. ● **a sky fleeced with clouds**, cielo a pecorelle.
fleeciness ['fli:sinis], *n.* l'essere villoso; villosità; lanosità.
fleecy ['fli:si], *a.* **1** velloso, villoso; lanoso **2** fioccoso; soffice: **f. snow**, neve leggera e soffice **3** (*di capello*) lanoso. ● **f. clouds**, cielo a pecorelle.
to fleer [fliə*], *v. i.* ghignare; sogghignare. ● **to f. at sb.**, schernire q.; beffarsi di q.; dileggiare q. (*lett.*).
fleer [fliə*], *n.* ghigno; sogghigno; scherno; dileggio (*lett.*).
fleet (1) [fli:t], *n.* (*naut., mil.*) flotta: **the British f.**, la flotta inglese **2** (*naut., aeron.*) flotta; flottiglia (*di pescherecci o aerea*) **3** parco (*di autobus, autocarri, taxi, ecc.*): **f. of cars**, parco macchine. ● (*mil., naut. USA*) **F. Admiral**, Grande Ammiraglio.
fleet (2) [fli:t], *n.* (*dial.*) **1** piccola insenatura **2** torrentello. ● **the F.**, (*un tempo*) fiumiciattolo, (*ora*) fogna coperta (*a Londra*); famosa prigione che sorgeva presso il fiumiciattolo □ **F. Street**, strada di Londra, in cui hanno sede molti giornali; (*fig.*) la stampa (*o* il giornalismo) inglese.
fleet (3) [fli:t], *a.* (*poet., lett.*) agile; rapido; svelto, veloce. ● **to be f. of foot** (*o* **f.-footed**), essere lesto di gambe; essere svelto.
fleet (4) [fli:t], *A a.* basso; poco profondo. *B avv.* in superficie; a poca profondità: **to plough** (**to sow**) **f.**, arare (seminare) in superficie.
to fleet [fli:t], *A v. i.* **1** muoversi, passare, trascorrere rapidamente **2** (*arc.*) scomparire; svanire **3** (*naut.*) spostarsi; cambiar posizione. *B v. t.* **1** far passare (*il tempo*) **2** (*naut.*) spostare.
fleeting ['fli:tiŋ], *a.* fugace; fuggitivo; passeggero; transeunte. ● (*mil.*) **f. target**, obiettivo mobile.
Fleming ['flemiŋ], *n.* fiammingo.
Flemish ['flemiʃ], *A a.* fiammingo. *B n.* (*lingua*) fiammingo.
to flemish ['flemiʃ], *v. i.* (*di cani da caccia*) fremere; agitare la coda.
to flench [flentʃ], **to flense** [flens], *v. t.* fare a pezzi, togliere il grasso (*di una balena*); scuoiare (*una foca*).
flesh [fleʃ], *n.* **1** carne (*di animale vivo; anche fig.*): **the sins of the f.**, i peccati della carne (*o* carnali) **2** parte carnosa; polpa (*di frutta, ecc.*) **3** il corpo umano; l'uomo; l'umanità: **That's more than f. can stand**, questo è più di quanto un uomo possa sopportare; **the way of all f.**, il destino di tutti gli uomini (*l'esser mortali, la morte*). ● **f. and blood**, la carne; la natura umana; l'umanità; il sangue del proprio sangue, i consanguinei □ **f. and fell**, tutto (il corpo); per intero □ (*med.*) **f-brush** (**f.-glove**), spazzola (guanto) per frizioni □ **f. colour**, color carne; (color) incarnato □ **f.-coloured**, carnicino □ (*zool.*) **f.-eater**, carnivoro (*sost.*) □ **a f.-eating animal**, un animale carnivoro □ (*zool.*) **f. fly** (*Sarcophaga*), mosca carnaria □ **f. pink**, (color) rosa carne □ **f. side**, lato della pelle attaccato alla carne □ **f. tights**, calzamaglia color carne □ **f. wound**, ferita superficiale □ **to demand one's pound of f.**, esigere il pagamento d'un debito fino all'ultimo centesimo (*Cfr.* Shakespeare, *The Merchant of Venice*) □ **to go the way of all f.**, morire □ **to be** (bene) **in carne** □ **in the f.**, in carne e ossa; di persona; al naturale □ **to lose f.**, dimagrire □ **to make sb.'s f. creep**, fare accapponare la pelle a q.; far venire la pelle d'oca a q. □ **to be one f.**, essere due anime in un corpo solo □ **one's own f. and blood**, carne della propria carne; sangue del proprio sangue □ (*med.*) **proud f.**, escrescenza granulosa (*sopra una ferita*) □ **to put on f.**, rimettersi in carne; ingrassare.
to flesh [fleʃ], *v. t.* **1** accanire, aizzare, incitare (*animali*) dando da assaggiare carne **2** (*fig., arc.*) aizzare (*uomini*) facendo pregustare i vantaggi della vittoria **3** (*fig.*) indurire; temprare **4** immergere (*la spada, ecc.*) nella carne; insanguinare (*la spada, ecc.*) per la prima volta **5** (*spesso* **to f. up**) alimentare; ingrassare **6** scarnare; scarnire; scarnificare (*pelli*). ● **to f. one's pen**, usare la penna per la prima volta; dare il primo saggio di sé come scrittore □ **to f. out** (*o* **up**), metter su carne; ingrassare □ **fleshing machine**, scarnatrice.
flesher ['fleʃə*], *n.* **1** scarnatore, scarnificatore **2** (*scozz.*) macellaio.
fleshiness ['fleʃinis], *n.* carnosità; grassezza; corpulenza.
fleshings ['fleʃiŋz], *n. pl.* **1** calzamaglia color carne (*usata da acrobati, ecc.*) **2** (*conceria*) carniccio.
fleshliness ['fleʃlinis], *n.* carnalità; sensualità; mondanità.
fleshly ['fleʃli], *a.* **1** carnale; sensuale; mondano **2** materiale; corporeo; mortale; terreno.
fleshpot ['fleʃpɔt], *n.* **1** (*raro*) marmitta **2** (*fig.*) posto dove si mangia bene; locale di lusso **3** locale lussuoso di dubbia moralità **4** — (*pl.*) **the fleshpots**, il lusso; la vita lussuosa.
fleshy ['fleʃi], *a.* **1** carnoso; grasso; bene in carne **2** (*di frutto e sim.*) polposo; carnoso.
fleur-de-lis ['flə:də'li:] (*franc.*), *n.* (*pl.* **fleurs-de-lis, fleurs-de-lis**) **1** (*bot., Iris pseudacorus*) acoro falso; giglio giallo **2** (*araldica*) fiordaliso; giglio.
fleur-de-lys ['flə:də'li(:)], *n.* (*pl.* **fleurs-de-lys, fleurs-de-lys**) *V.* **fleur-de-lis**.
fleuret [flu'əret] (*franc.*), *n.* (*archit.*) ornamento a forma di fiore.
fleuron [flə'rɔn], *n.* (*archit.*) fiorone; rosone.
fleury ['fluəri], *a.* (*araldica*) gigliato; ornato di gigli (*o* di fiordalisi).
flew [flu:], *pass.* di **to fly**.
flews [flu:z], *n. pl.* labbro superiore pendente (*di cane da caccia*).
to flex [fleks], *A v. i.* (*scient.*) flettere; contrarre (*un muscolo, ecc.*): **to f. one's muscles**, contrarre i muscoli; (*fig.*) far mostra di forza.
flex [fleks], *n.* **1** (*elettr.*) cordoncino; filo flessibile **2** (*mat.*) flesso **3** contrazione (*di muscoli*).

flexibility [ˌfleksəˈbiliti], *n.* **1** flessibilità; pieghevolezza **2** (*fig.*) arrendevolezza; docilità; compiacenza **3** (*fig.*) duttilità; versatilità.
flexible [ˈflexsəbl], *a.* **1** flessibile; pieghevole: (*ind.*) **a f. door**, una porta flessibile **2** (*fig.*) adattabile; arrendevole; docile; compiacente **3** (*fig.*) duttile; versatile; elastico.
flexile [ˈfleksil], *flexility* [flekˈsiliti], *V.* **flexible, flexibility**.
flexion [ˈflekʃən], *n.* flessione (*quasi in ogni senso*); piegamento ● (*fisiologia*) **f. reflex**, riflesso flessorio.
flexional [ˈflekʃənəl], *a.* **1** di (*o pertinente a*) flessione **2** (*gramm.*) flessivo: **a f. language**, una lingua flessiva.
flexionless [ˈflekʃənlis], *a.* senza flessione; non flesso.
flexor [ˈfleksə*], *n.* (*fisiologia*) flessore.
flextime [ˈflekstaim], *n.* (*ind.*) orario flessibile (*per i lavoratori*).
flexuose [ˈfleksjuous], *a.* flessuoso; sinuoso.
flexuosity [ˌfleksjuˈɔsiti], *n.* flessuosità.
flexuous [ˈfleksjuəs], *a.* flessuoso; sinuoso.
flexural [ˈflekʃərəl], *a.* (*tecn.*) flessionale.
flexure [ˈflekʃə*], *n.* **1** (*scient.*) flessione; piegamento; cedimento **2** (*mat.*) curvatura **3** (*geol.*) flessura; flessione, piegamento **4** (*mecc.*) inflessione.
flibbertigibbet [ˈflibətiˈdʒibit], *n.* **1** persona frivola e volubile **2** chiacchierone, chiacchierona; pettegolo, pettegola.
flick (1) [flik], *n.* **1** colpo secco; buffetto; colpo di frusta; frustata; schiocco **2** movimento improvviso; scarto **3** schizzo (*d'acqua, ecc.*); spruzzo. ● (*fam.*) **f. knife**, coltello a serramanico.
to flick [flik], *A v. t.* **1** colpire leggermente; dare un colpetto (*o un buffetto, una frustatina*) a **2** (*far*) schioccare (*la frusta, ecc.*) **3** gettare (*o lanciare*) di scatto. *B v. i.* muoversi a scatti. ● **to f. away** (*o* **off**), cacciar via (*per es., un insetto*) con un colpo della mano (*o con uno schiacciamosche*) □ **to f. the dust off**, batter via la polvere con colpi della mano (*o con un battipanni*).
flick (2) [flik], *n.* (*fam.*) **1** film **2** — (*pl.*) **the flicks**, il cinema.
to flicker [ˈflikə*], *v. i.* **1** (*di fiamma, luce; anche fig.*) guizzare; vibrare; tremolare: **A faint light flickered among the dark trees**, una luce fioca tremolava fra gli alberi scuri **2** agitarsi; fremere; vacillare; ondeggiare: **The shadows were flickering on the wall**, le ombre si agitavano sulla parete **3** (*di un uccello*) battere le ali **4** (*delle ciglia*) battere. ● **to f. into flame**, accendersi con un guizzo □ (*di luce, fiamma, ecc.*) **to f. out**, spegnersi con un guizzo.
flicker [ˈflikə*], *n.* **1** (*di fiamma, luce, ecc.*) guizzo; vibrazione; tremolio: **the f. of a candle**, il guizzo (*o il tremolio*) d'una candela **2** fremito; sensazione passeggera: **a f. of fear**, un fremito di paura **3** (*ottica*) sfarfallamento; sfarfallio. ● **a f. of hope**, un barlume di speranza.
flickering [ˈflikəriŋ], *A n.* vibrazione; tremolio. *B a.* **1** vacillante; tremolante **2** (*di fiamma, ecc.*) guizzante. ● **a f. hope**, un barlume di speranza.
flier [ˈflaiə*], *V.* **flyer**.
flies [flaiz], *n. pl.* **1** patta; pattina; finta **2** (*teatr.*) vano macchinisti (*sopra le quinte*); soppalco.
flight (1) [flait], *n.* **1** volo (*anche fig.*); arte del volo; migrazione (*d'uccelli*): **the autumn flights of swallows**, le migrazioni autunnali delle rondini; **to study blind f.**, studiare il volo cieco (*o strumentale*); (*miss.*) **f. in space**, volo nello spazio; **a f. of the imagination**, un volo della fantasia **2** stormo (*d'uccelli o aeroplani*); nembo, scarica (*di frecce, proiettili*); sciame (*d'insetti*) **3** (*fig.*) traiettoria; portata: **the f. of an arrow**, la traiettoria d'una freccia **4** (*anche* **f. of stairs**) rampa di scale; scala; scalinata. ● **f. bag**, borsa da aereo □ **f. deck**, (*naut.*) ponte di volo (*di portaerei*); (*aeron.*) cabina di pilotaggio □ (*aeron. mil.*) **f. engineer**, motorista di bordo □ (*zool.*) **f. feathers**, penne remiganti primarie □ (*aeron.*) **f. formation**, formazione di volo □ (*aeron. mil.*) **f. sergeant**, sergente pilota □ (*aeron. mil.*) **f. lieutenant**, tenente pilota □ **the f. of time**, il volare (*o il trascorrere veloce*) del tempo □ (*aeron.*) **f. recorder**, registratore di volo; scatola nera (*fam.*) □ **in f.**, in volo □ (*fig.*) **in the highest f.**, di prim'ordine; di primaria importanza □ (*aeron.*) **nonstop f.**, volo senza scalo □ **to take a f.**, fare un volo □ **to take** (*o* **to wing**) **one's f.**, prendere il volo.
to flight [flait], *A v. i.* (*d'uccelli*) migrare. *B v. t.* sparare a (*uccelli in volo*).
flight (2) [flait], *n.* **1** (*anche fig.*) fuga: **The f. of the dollar is over**, la fuga del dollaro è finita; **f. of capital abroad**, una fuga di capitali all'estero **2** (*fig.*) esodo; partenza in massa. ● **to put sb. to f.**, mettere in fuga q. □ **to take** (**to**) **f.**, darsi alla fuga.
flightiness [ˈflaitinis], *n.* **1** capricciosità; estrosità; incostanza; mutevolezza; volubilità **2** irresponsabilità; leggerezza.
flightless [ˈflaitlis], *a.* (*zool.*) inabile al volo; incapace di volare.
flightworthy [ˈflaitwəːði], *a.* (*aeron.*) **1** atto al volo **2** utilizzabile a bordo di un aereo.
flighty [ˈflaiti], *a.* **1** capriccioso; estroso; incostante, mutevole, volubile **2** irresponsabile; leggero; pazzerello.
flimflam [ˈflim-flæm], *n.* **1** ciance; chiacchiere; sciocchezze **2** imbroglio; inganno; trucco.
flimsiness [ˈflimzinis], *n.* **1** fragilità; debolezza; cedevolezza **2** frivolezza; inconsistenza; superficialità.
flimsy [ˈflimzi], *A a.* **1** fragile; debole; cedevole; inconsistente: **a f. structure**, una struttura fragile **2** frivolo; inconsistente; superficiale; che mostra la corda (*fig.*): **a f. explanation**, una spiegazione inconsistente (*o che mostra la corda*). *B n.* **1** foglio di carta velina **2** (*fam.*) velina; copia **3** (*fam.*) telegramma **4** (*fam.*) biglietto di banca **5** (*pl., fam.*) biancheria intima, da donna.
to flinch (1) [flintʃ], *V.* **to flench**.
to flinch (2) [flintʃ], *v. i.* ritirarsi; farsi indietro; cedere terreno; sottrarsi (a): **to f. from a heavy responsibility**, sottrarsi a una grave responsabilità. ● **without flinching**, senza batter ciglio.
flinders [ˈflindəz], *n. pl.* frammenti; frantumi; schegge.
to fling [fliŋ] (*pass. e p. p.* **flung**), *A v. t.* **1** lanciare; gettare; scagliare; buttare: **to f. up a coin**, lanciare in aria una moneta; **to f. a stone at sb.**, scagliare una pietra a q.; **to f. oneself into a sofa**, buttarsi (*o lasciarsi andare*) su un divano **2** (*di cavallo, lottatore, ecc.*) gettare a terra (*il cavaliere, l'avversario*) **3** emettere (*suoni, ecc.*); mandare (*profumo, ecc.*); dare, diffondere (*luce*). *B v. i.* **1** lanciarsi; gettarsi; precipitarsi: **He flung out of the room in a rage**, si precipitò fuori dalla stanza tutto arrabbiato **2** (*di cavallo, spesso* **to f. out**) scalciare; sgroppare **3** (*di persona, di solito* **to f. out**) dare in escandescenze; prorompere in invettive. ● **to f. one's clothes on**, vestirsi in fretta e furia □ **to f. one's door open**, spalancare una porta □ **to f. one's eyes on sb.**, gettare l'occhio (*o lo sguardo*) su q. □ **to f. into an enterprise**, gettarsi a capofitto in un'impresa □ **to f. sb. into prison**, gettare q. in carcere; sbattere dentro q. (*fam.*) □ **to f. st. into sb.'s teeth**, rinfacciare q.c. a q. □ **to f. oneself on sb.'s compassion**, affidarsi alla misericordia di q. □ **to f. out one's arms**, spalancare le braccia □ **to f. up one's hands in despair**, alzare le braccia al cielo in segno di disperazione □ **to f. up one's heels**, scalciare; andare a gambe levate □ **He flung away** (*o* **off**) **in a rage**, se ne andò infuriato.
fling [fliŋ], *n.* **1** lancio; getto; tiro: **a f. of the dice**, un lancio dei dadi **2** balzo; slancio; (*di cavallo*) impennata, scarto **3** (*fam.*) colpo di pazzia (*fig.*); periodo di pazza gioia (*anche*) relazione (*amorosa*) spensierata e breve. ● (**at**) **full f.**, *V.* **in full f.** □ **to have a f. at**, fare un tentativo di; lanciare un frizzo a; dare una frecciata (*o una stoccata*) a: **He had a f. at working**, fece un tentativo di lavorare; **He likes to have a f. at his friends now and then**, gli piace di quando in quando lanciare una frecciata agli amici □ **to have one's f.**, fare la bella vita; spassarsela; correre la cavallina □ **Highland f.**, danza scozzese, assai movimentata □ **in full f.**, a tutta velocità; a tutta birra (*fam.*); a pieno ritmo, a tutto vapore (*fig.*).
flint [flint], *n.* **1** (*miner.*) selce **2** pietra focaia: **f. and steel**, pietra focaia e acciarino **3** pietrina (*di accendisigari*) **4** (*fig.*) pietra; sasso: **a heart of f.**, un cuore di pietra **5** (*fam., anche* **skinflint**) avaro; tirchio; spilorcio **6** *V.* **f. glass**. ● **f. glass**, flint (*vetro per lenti e cristalli*) □ **f.-hearted**, dal cuore di pietra □ (*mil., stor.*) **f.-lock**, (otturatore di) fucile a pietra focaia □ **to set one's face like a f.**, fare il muso duro; mostrare grinta □ (*fig.*) **to skin a f.**, essere avido (*o esoso, avaro*) □ (*fig.*) **to wring water from a f.**, cavar sangue da una rapa; fare miracoli.
flintiness [ˈflintinis], *n.* durezza; crudeltà.
flinty [ˈflinti], *a.* **1** di selce; siliceo; pietroso **2** duro come la selce; crudele; spietato: **a f. heart**, un cuore crudele (*o di pietra*).
to flip [flip], *A v. t.* **1** dare un buffetto (*o un colpetto*) a: **to flip st. off**, cacciar via (*per es., un insetto*); togliere (*per es., polvere*) con un colpetto **2** lanciare (*una pallina, una moneta*) con un dito **3** agitare (*la frusta, un ventaglio*); far sobbalzare (*l'esca, pescando*) **4** gettare (*o lanciare*) bruscamente (*o casualmente*): **Walking by, he flipped me a book**, mentre passava, mi gettò un libro. *B v. i.* **1** schioccare le dita **2** dare un colpetto **3** muoversi a scatti **4** (*di un uccello, ecc.*) saltellare **5** (*pop.*) *V.* **to f. one's lid. 6** (*pop.*) eccitarsi; emozionarsi **7** (*fam.*) *V.* **to f. a coin**. ● **to f. a coin**, fare a testa o croce □ (*pop.*) **to f. one's lid**, ammattire; andar giù di testa; dare i numeri (*pop.*) □ **to f. out**, *V.* **to f. one's lid** □ **to f. through**, dare una scorsa a □ **to f. up**, (lanciare una moneta per) fare testa o croce □ **flipped eggs**, uova sbattute □ **F. the drawer shut!**, chiudi il cassetto! (*dandogli un colpo*).
flip (1) [flip], *n.* **1** buffetto; colpetto; frustatina; schiocco **2** (*fam.*) breve volo in aeroplano **3** movimento a scatti; saltello **4** (*sport*) capriola; salto mortale. ● **f. side**, (*fam.*) seconda faccia, retro, secondo lato (*di un disco*); (*fig.*) copia esatta (*fig.*); sosia; alter ego (*fig.*).
flip (2) [flip], *n.* bevanda calda, di birra, sidro, ecc., con spezie e talora latte e uova. ● **egg-f.**, zabaione.
flip (3) [flip], (*fam. USA*) *V.* **flippant**.
flip-flop [ˈflip,flɔp], *n.* **1** capriola all'indietro **2** (*anche* **flip-flap**)

petardo; castagnola **3** (*anche* **flip-flap**) giostra con carrozzelle (*o* automobiline) sospese **4** (*fam.*) voltagabbana **5** (*elettron.*) flip-flop; multivibratore bistabile.

flip-flops ['flipˌflɒps], *n. pl.* (*fam.*) ciabattine; infradito (*sandali a ciabatta*).

flippancy ['flipənsi], *n.* **1** frivolezza; leggerezza (*fig.*) **2** impertinenza; mancanza di rispetto; insolenza.

flippant ['flipənt], *a.* **1** frivolo; leggero **2** impertinente; irrispettoso; insolente: **a f. answer**, una risposta impertinente.

flipper ['flipə*], *n.* **1** (*zool.*) natatoia, pinna (*di mammiferi acquatici*); ala atta al nuoto (*dei pinguini*); zampa atta al nuoto (*di tartarughe*) **2** pinna (*di sommozzatore*) **3** (*pop.*) mano; zampa (*pop.*).

flipperty-flopperty ['flipərti-'flɒpərti], *a.* ciondolante; dondolante.

flipping ['flipiŋ], *a.* (*fam.*) maledetto; dannato. ● **f. rude**, tremendamente sgarbato.

to flirt [flə:t], **A** *v. i.* **1** amoreggiare; flirtare; civettare (*fig.*) **2** muoversi a scatti; procedere a balzi. **B** *v. t.* **1** spingere avanti (*o* lanciare) con un buffetto **2** agitare (*un ventaglio*); scuotere (*la coda*). ● **to f. with death**, scherzare con la morte □ **to f. with the idea of**, trastullarsi con l'idea di; vagheggiare.

flirt [flə:t], *n.* **1** civetta, fraschetta (*fig.*); persona (*specialm.* donna) che ha molte avventure amorose **2** bellimbusto; vagheggino **3** flirt; amoreggiamento **4** spinta; scatto; sobbalzo.

flirtation [flə:'teiʃən], *n.* **1** amoreggiamento; civetteria **2** amoretto; flirt **3** (*fig.*) cotta; passione: **a f. with sanskrit**, una passione per il sanscrito.

flirtatious [flə:'teiʃəs], *a.* civettuolo; galante; che ama civettare.

flirty ['flə:ti], *V.* **flirtatious**.

to flit [flit], *v. i.* **1** aleggiare; svolazzare; volteggiare: **Butterflies were flitting about**, le farfalle svolazzavano intorno **2** passare rapidamente: **Sparse clouds flitted through the sky**, rare nuvole passavano veloci nel cielo **3** (*scozz. o ingl. sett.*) sloggiare; sgombrare; traslocare, andarsene di soppiatto (*per non pagare i debiti, ecc.*).

flit [flit], *n.* **1** battito; movimento rapido e leggero **2** trasloco (fatto) alla chetichella.

flitch [flitʃ], *n.* **1** striscia di lardo (*di maiale*); lardello **2** pezzo di grasso di balena **3** fetta di pesce (*da affumicare*) **4** (*falegnameria*) foglio da impiallacciatura **5** (*edil.*) elemento di trave. ● (*edil.*) **f.-beam**, trave composta.

to flitch [flitʃ], *v. t.* **1** tagliare (*un pesce*) in fette **2** (*falegnameria*) tagliare (*la parte esterna di un tronco*) in assi.

to flitter ['flitə*], *v. i.* (*raro*) svolazzare; volteggiare.

flittermouse ['flitəmaus], *n.* (*pl.* **flittermice**) (*zool.*) pipistrello.

flivver ['flivə*], *n.* (*pop.*) **1** automobile di poco prezzo; macinino (*fig.*); vetturetta **2** insuccesso; fiasco.

float [flout], *n.* **1** (*naut., aeron., mecc.*) galleggiante (*dell'amo, d'idrovolante, d'una vaschetta, ecc.*); imbarcazione; natante; chiatta; zattera; sughero (*della lenza o di rete da pesca*); salvagente; vescica natatoria (*di pesce*) **2** massa galleggiante (*d'erbacce, di ghiacci, ecc.*) **3** carro basso, senza sponde; carro allegorico, di carro carnevalesco **4** candela da tenere accesa la notte; lampada da comodino **5** (*spesso al pl.*) luci della ribalta **6** (*edil.*) pialletto, frattazzo, taloccia (*per levigare cemento, intonaco, ecc.*) **7** (*edil.*) levigatrice; spianatrice **8** (*agric.*) erpice livellatore (a lame inclinate) **9** (*mecc.*) lima a taglio semplice **10** (*anche* **floatboard**) pala (*d'una ruota ad acqua*) **11** provvista di spiccioli (*di un bottegaio, ecc.*; *all'inizio della giornata*) **12** (*econ., fin.*) fluttuazione (*di una moneta*) **13** (*specialm. USA*) bevanda (*per es., Coca-Cola*) con una palla di gelato. ● (*ing.*) **f. chamber**, recipiente a galleggiante; vaschetta □ (*edil.*) **f. finish**, frattazzatura □ (*bot.*) **f. grass** (*Alopecurus geniculatus*), volpino angoloso □ **f.-stone**, pietra pomice □ **on the f., a galla**.

to float [flout], **A** *v. i.* **1** galleggiare; stare a galla; (*nel nuoto*) fare il morto **2** librarsi (in volo); fluttuare in aria; essere sospeso: **Several kites floated in the sky**, molti aquiloni si libravano nel cielo **3** (*di natante o legname*) fluitare; farsi trasportare dalla corrente **4** agitarsi; fluttuare: **Confused ideas floated through his mind**, idee confuse gli si agitavano nella mente **5** (*fin.*) fluttuare: **The yen was floating**, lo yen fluttuava **6** (*fin.: di tratta accettata*) essere in circolazione, in attesa della scadenza. **B** *v. t.* **1** far galleggiare; tenere (*o* rimettere) a galla: **We tried hard to f. the stranded ship**, facemmo ogni sforzo per rimettere a galla la nave arenata **2** far scendere con la corrente; flottare: **to f. timber**, flottare legname **3** coprire d'acqua; inondare **4** diffondere (*una notizia*) **5** (*fin.*) lanciare (*con emissione di titoli*): **to f. a loan**, lanciare un prestito **6** (*fin.*) lanciare; emettere: **to f. a new company**, lanciare (*o* costituire) una nuova società (*emettendo azioni, ecc.*); **to f. bonds**, emettere obbligazioni □ **to f. the exchange rate**, far fluttuare il tasso di cambio **8** (*edil.*) lisciare, spianare (*cemento, intonaco, ecc.*). ● **to f. away**, andarsene galleggiando (*o* con la corrente) □ **to f. down**, scendere galleggiando □ **to f. off**, andarsene con

la corrente (*o* con la marea, ecc.).

floatable ['floutəbl], *a.* **1** che può galleggiare (*o* stare a galla) **2** (*di fiume*) navigabile (*per chiatte o zattere*) **3** (*ind. min.: di minerale*) flottabile.

floatage ['floutidʒ], *n.* (*naut.*) **1** galleggiamento **2** (diritto d'impadronirsi d'un) relitto galleggiante di nave **3** (*collett.*) imbarcazioni; natanti **4** masse galleggianti (*di ghiacci, ecc.*) **5** opera morta.

floatation [flou'teiʃən], *n.* **1** galleggiamento **2** (*fin.*) costituzione, lancio (*di un'impresa o società commerciale*) **3** (*ind. min.*) flottazione. ● (*naut.*) **centre of f.**, centro di gravità (*d'un natante*).

floater ['floutə*], *n.* **1** persona (*o* cosa) che galleggia; galleggiante; ecc. (*V.* **to float**) **2** (*fin.*) promotore d'una società commerciale **3** (*fin.*) titolo al portatore (*spesso non quotato*) **4** (*fam.*) persona di passaggio; lavoratore temporaneo **5** (*fam.*) vagabondo **6** (*polit.*) *V.* **floating voter**, *sotto* **floating** **7** (*pop.*) gaffe; sproposito; topica.

floating ['floutiŋ], **A** *a.* **1** galleggiante; che sta a galla: **f. bridge**, ponte galleggiante (*di barche o chiatte*) **2** fluttuante; oscillante; incerto; variabile: **f. debt**, debito fluttuante; **f. population**, popolazione fluttuante (*anat.*) **f. rib**, costola fluttuante (*polit.*) **f. vote**, voto oscillante (*degli elettori incerti*) **3** (*med.*) mobile: **a f. kidney**, un rene mobile **4** (*elettron.: di un circuito*) isolato; appeso. **B** *n.* **1** galleggiamento **2** fluitazione (*di legname*) **3** (*fin.*) lancio (*di un'impresa*); emissione (*di un prestito*) ● (*naut.*) **f. anchor**, ancora galleggiante □ (*elettr.*) **f. battery**, batteria tampone □ (*fin.*) **f. capital**, capitale circolante □ (*ass., naut.*) **f. clause**, clausola nave sempre a galla □ (*naut.*) **f. crane**, gru galleggiante □ (*naut.*) **f. dock**, bacino (*di carenaggio*) galleggiante □ (*naut.*) **f. light**, boa luminosa □ (*fin.*) **f. rate**, tasso fluttuante (*o* a corso libero) □ (*fin.*) **f. rates**, tariffe dei trasporti marittimi □ (*polit. USA*) **f. voter**, persona che vota illegalmente più volte; elettore indipendente (*dai partiti*); elettore incerto, indeciso □ (*polit. USA*) **to win the f. vote**, ottenere i voti degli elettori indecisi.

floccose ['flɒkous], *a.* (*bot.*) fioccoso; lanuginoso.

floccule ['flɒkju:l], *n.* **1** ciuffo; fiocco **2** (*chim.*) flocculo.

flocculence ['flɒkjuləns], *n.* l'esser fioccoso (*o* lanuginoso).

flocculent ['flɒkjulənt], **flocculose** ['flɒkjulous], **flocculous** ['flɒkjuləs], *a.* fioccoso; lanuginoso; lanoso.

flock (1) [flɒk], *n.* **1** gregge (*di pecore, capre, e anche, fig., di fedeli*) **2** stormo (*d'uccelli*): **a f. of wild geese**, uno stormo d'oche selvatiche **3** (*di persone*) folla; massa; stuolo; turba **4** (*fig.*) gruppo di persone; bambini (*d'una famiglia*); scolaresca. ● **f.-master**, pastore □ **flocks and herds**, greggi e mandrie; pecore e bovini.

to flock [flɒk], *v. i.* adunarsi; affollarsi; congregarsi; riunirsi (*in gregge, in stormo, ecc.*); accalcarsi: **The pupils flocked round the headmaster**, gli alunni si accalcarono attorno al preside.

flock (2) [flɒk], *n.* **1** fiocco (*di lana, ecc.*); bioccolo; ciuffo (*di capelli*) **2** (*pl.*) cascami; frammenti di fibra (*da cimatura o garzatura*) **3** (*pl., chim.*) flocculi. ● **f. bed**, letto con materassi di cascame □ **f. paper**, carta da parati ruvida.

flocky ['flɒki], *a.* fioccoso; lanuginoso.

floe [flou], *n.* (*di solito* **ice floe**) banco di ghiaccio galleggiante.

to flog [flɒg], *v. t.* **1** frustare; fustigare; sferzare; staffilare **2** (*pop.*) battere; superare; vincere **3** (*pop.*) vendere; sbolognare (*pop.*). ● (*fig.*) **to f. a dead horse**, fare un lavoro inutile; sprecare i propri sforzi; battere e ribattere; ribadire il chiodo (*fig.*) □ **to f. laziness out of sb.**, togliere la pigrizia di dosso a q., a furia di frustate □ **to f. st. into a boy**, ficcare q.c. in testa a un ragazzo, a forza di frustate □ (*fam.*) **to f. st. to death**, battere sempre sullo stesso chiodo (*fig.*).

flogger ['flɒgə*], *n.* fustigatore, fustigatrice.

flogging ['flɒgiŋ], *n.* frustatura; fustigazione.

flong [flɒŋ], *n.* (*tipogr.*) flano.

flood [flʌd], *n.* **1** allagamento; alluvione; diluvio; inondazione; ondata (*fig.*) **2** piena: **The river is in f.**, il fiume è in piena **3** (*anche* **f. tide**) flusso (*della marea*); alta marea **4** (*poet.*) corso d'acqua; fiume; torrente; mare **5** (*fig.*) diluvio; profluvio; fiume; mare: **a f. of invitations**, un profluvio d'inviti; **She was in a f. of tears**, era in un mare di lacrime. ● **the F.**, il diluvio universale □ (*poet.*) **f. and field**, il mare e la terra □ **f. control**, difesa fluviale □ **f.-gate**, chiusa; saracinesca; paratoia (*fig.*) **to open the f.-gates of st.**, dare libero sfogo a q.c. □ **f. level**, livello di piena □ **f. tide**, marea crescente (*o* montante) (*naut.*) **The tide is at the f.**, la marea è alta (*fig.*) **at the f.**, al momento giusto □ **It was raining in floods**, pioveva a catinelle; diluviava.

to flood [flʌd], **A** *v. t.* **1** allagare; inondare, sommergere (*anche fig.*): **The river has flooded the fields**, il fiume ha allagato le campagne; **to be flooded with**, essere sommerso da (*inviti, sollecitazioni, ecc.*); (*mil.*) **to f. magazines**, allagare i depositi munizioni **2** (*d'acqua*) gonfiare: **The torrents were flooded by the spring**

thaw, *i torrenti erano gonfi a causa del disgelo primaverile* **3** irrigare **4** (*mecc.*) ingolfare (*il carburatore, il motore*) **5** *V.* **to floodlight**. **B** *v. i.* **1** (*di fiumi*) gonfiarsi; straripare **2** (*della marea*) crescere; salire; montare. ● **to f. in** (*o* **into**), (*dell'acqua*) irrompere (allagando); (*fig.*) affluire abbondantemente, fioccare (*fam.*): **Readers' letters were flooding in**, fioccavano le lettere dei lettori (*autom.: di carburatore*) **flooded**, ingolfato ☐ **flooded light**, luce diffusa ☐ **to be flooded with letters**, ricevere una valanga di lettere ☐ **We were flooded out two years ago**, due anni fa dovemmo sfollare per l'alluvione.
floodlight ['flʌdlait], *n.* **1** luce a largo fascio luminoso **2** (*anche* **f. projector**) proiettore; riflettore.
to floodlight ['flʌdlait] (*pass.* e *p. p.* **floodlit**), *v. t.* illuminare a giorno (*o* con i riflettori).
floodlighting ['flʌdlaitiŋ], *n.* illuminazione a giorno (*o* con i riflettori).
floodlit ['flʌdlit], *a.* illuminato a giorno.
floor [flɔː*], *n.* **1** pavimento (*anche di legno*); impiantito; mattonato; terra (*pop.*): **Don't sit on the f.**, non sederti sul pavimento (*pop.*: per terra) **2** piano (*d'edificio*): **ground f.**, pianterreno; **the first f.**, il primo piano; (*USA*) il pianterreno; **the second, (third etc.) f.**, il secondo (il terzo, ecc.) piano; (*USA*) il primo (il secondo, ecc.) piano **3** fondo; parte più bassa: **the f. of the ocean (of a cave)**, il fondo dell'oceano (d'una caverna) **4** base; fondamento: **the f. of a bridge (of a pier)**, la base d'un ponte (d'un molo) **5** (*alla Camera*) la parte più bassa, riservata ai deputati (*esclusi il banco del governo, le gallerie, ecc.*) **6** (*econ., fin.*) sala delle contrattazioni (*della Borsa Valori*) **7** (*fin.*) fondo (*del tunnel monetario*) **8** (*fin., comm.*) livello (*o prezzo*) minimo; quotazione minima **9** (*naut.*) pagliolo; platea; madiere. ● **f. beam**, (*edil.*) trave portante; (*costr. ponti*) trave di controvento ☐ **f. board**, tavola di pavimento; (*ind. min.*) tavolato; (*naut.*) madiere ☐ **f. cloth**, straccio per pulire il pavimento ☐ **f. covering**, rivestimento dei pavimenti ☐ **f. lamp**, lampada a stelo ☐ (*edil.*) **f.-layer**, pavimentista ☐ (*polit.*) **f. leader**, capogruppo parlamentare (*d'un partito*) ☐ **f. plan**, pianta (*di casa o appartamento*) ☐ **f.-polisher**, lucidatrice (elettrica) per pavimenti; spandicera ☐ (*comm.*) **f. price**, prezzo minimo ☐ **f. show**, spettacolo di varietà (*sulla pista di un night*) ☐ (*costr.*) **f. system**, impalcato ☐ (*USA*) **f.-through**, appartamento di un intero piano ☐ (*USA*) **f.-walker**, ispettore, sorvegliante (*in un grande negozio*) ☐ **to get (to have) the f.**, ottenere (avere) la parola (*alla Camera*) ☐ (*fig.*) **to hold the f.**, tenere il bandolo della conversazione; essere al centro dell'attenzione ☐ **to take the f.**, prendere la parola, partecipare a un dibattito (*alla Camera*); scendere in pista (*da ballo*); cominciare a ballare ☐ (*fam.*) **to wipe the f. with sb.**, annientare, schiacciare, travolgere q.
to floor [flɔː*], *v. t.* **1** pavimentare; ammattonare **2** gettare a terra; abbattere; atterrare: **to f. a man with a right uppercut**, atterrare uno con un montante destro **3** (*fig.*) battere; sconfiggere; superare; vincere **4** (*fig.*) confondere; imbarazzare, far tacere; ridurre al silenzio. ● (*autom.*) **to f. the accelerator**, schiacciare a fondo l'acceleratore; andare a tavoletta (*fam.*) ☐ (*agli esami*) **to f. the paper**, rispondere a tutte le domande di un questionario ☐ (*a scuola*) **to f. a pupil**, far sedere uno scolaro (*perché non sa la lezione*).
floorer ['flɔːrə*], *n.* **1** colpo che atterra l'avversario **2** (*fig., fam.*) domanda difficile; problema imbarazzante.
flooring ['flɔːriŋ], *n.* **1** pavimento; pavimentazione **2** materiale da pavimentazione. ● **f. specialist**, addetto al (*o* tecnico del) rivestimento; pavimentista.
floozy ['fluːzi], *n.* (*pop.*) **1** donna allegra **2** sgualdrina; puttana (*volg.*).
to flop [flɔp], **A** *v. i.* **1** dimenarsi; dibattersi; sbattere (qua e là): **The wounded duck flopped helplessly on the water**, l'anatra ferita si dibatteva disperatamente sull'acqua **2** cadere a terra con un tonfo; fare un tonfo; buttarsi (*a sedere, in ginocchio, ecc.*); lasciarsi cadere pesantemente; piombare: **He flopped wearily into a chair**, si lasciò cadere stancamente su una sedia **3** (*fam.*) fallire; far fiasco **4** (*pop.*) dormire. **B** *v. t.* buttar giù (*o* a terra); lasciar cadere.
flop [flɔp], **A** *n.* **1** il piombar giù; tonfo **2** (*fam.*) fiasco; fallimento; insuccesso **3** (*pop. USA*) posto per dormire; letto. **B** *avv.* con un tonfo: **to fall f. into a pond**, cadere con un tonfo in uno stagno. ● **f.-eared**, con le orecchie a penzoloni ☐ (*pop. USA*) **f.-house**, albergo (*o* pensione) d'infimo ordine.
floppy ['flɔpi], *a.* **1** allentato; lento; pesante; sgraziato **2** (*anche fig.*) floscio; molle: **a f. hat**, un cappello floscio ● (*elab.*) **f. disk**, dischetto.
flora ['flɔːrə], *n.* (*pl.* **floras, florae**) (*bot.*) flora.
floral ['flɔːrəl], *a.* floreale: **a new f. design**, un nuovo disegno floreale **2** (*bot.*) fiorale, florale. ● (*scherz.*) **f. tribute**, omaggio floreale ☐ **f. zone**, regione con una particolare flora.
Floréal ['flɔːriəl] (*franc.*), *n.* (*stor.*) Fiorile (ottavo mese del calendario rivoluzionario francese).
Florence ['flɔrəns], *n.* **1** Fiorenza **2** (*geogr.*) Firenze. ● (*chim.*) **F. flask**, matraccio.
Florentine ['flɔrəntain], *a.* e *n.* fiorentino. ● (*bot.*) **F. iris** (*Iris florentina*), giglio fiorentino.
florescence [flɔːˈresns], *n.* (*bot.*) florescenza; fioritura (*anche fig.*).
floret ['flɔːrit], *n.* (*bot.*) fioretto.
to floriate ['flɔːrieit], *v. t.* decorare con ornamenti floreali.
floricultural [ˌflɔːriˈkʌltʃərəl], *a.* della floricultura; floricolo.
floriculture ['flɔːriˌkʌltʃə*], *n.* floricultura, floricoltura.
floriculturist [ˌflɔːriˈkʌltʃərist], *n.* floricultore, floricoltore.
florid ['flɔrid], *a.* **1** florido; colorito; fresco; fiorente: **a f. complexion**, una carnagione florida **2** fiorito (*fig.*); floreale; elaborato: **a f. style**, uno stile fiorito **3** sgargiante; vistoso.
floridity [flɔˈriditi], **floridness** [ˈflɔridnis], *n.* **1** floridità; freschezza **2** l'esser fiorito (*fig.*); elaboratezza **3** vistosità.
floriferous [flɔːˈrifərəs], *a.* (*bot.*) florifero.
florilegium [ˌflɔːriˈlidʒiəm] (*lat.*), *n.* (*pl.* **florilegia**) florilegio.
florin ['flɔrin], *n.* fiorino; (*stor., anche*) moneta inglese da due scellini.
florist ['flɔːrist], *n.* fioraio, fioraia; fiorista.
floss [flɔs], *n.* **1** (*ind. tessile*) bava (*del bozzolo*); cascame di seta **2** lanugine (*di piante*) **3** (*metall.*) scoria fusa galleggiante **4** (*anche* **dental f.**) filo interdentale. ● **f.-silk**, filaticcio; bavella.
flossy ['flɔsi], *a.* **1** fatto di cascami di seta **2** lanuginoso.
flotage ['floutidʒ], **flotation** [flouˈteiʃən], *V.* **floatage, floatation**.
flotilla [flouˈtilə], *n.* (*naut.*) flottiglia: **a torpedo-boat f.**, una flottiglia di torpediniere.
flotsam ['flɔtsəm], *n.* **1** (*leg., naut.*) relitti (*o* rottami) galleggianti **2** (*fig.*) relitti umani; vagabondi. ● **f. and jetsam**, (*naut.*) relitti galleggianti (*o* portati a riva); (*fig.*) cianfrusaglie; (*fig.*) relitti umani, vagabondi.
to flounce (1) [flauns], *v. i.* (*di persona*) agitarsi; dibattersi; dimenarsi. ● **to f. out of a room**, precipitarsi fuori da una stanza ☐ **to f. up and down**, camminare nervosamente su e giù.
flounce (1) [flauns], *n.* balzo; scatto; gesto d'impazienza.
flounce (2) [flauns], *n.* balza; gala; piega (*d'abito da donna*); falpalà.
to flounce (2) [flauns], *v. t.* ornare di balze (*o* gale, pieghe).
to flounder ['flaundə*], *v. i.* **1** agitarsi; dibattersi; dimenarsi **2** confondersi; esitare e sbagliare; impappinarsi.
flounder (1) ['flaundə*], *n.* **1** il dibattersi; dimenamento **2** confusione; impappinamento.
flounder (2) ['flaundə*], *n.* (*pl.* **flounder, flounders**) (*zool., Pleuronectes flesus*) passera nera.
flour ['flauə*], *n.* farina; fior di farina; polvere finissima. ● **f. bin**, madia ☐ **f. box**, barattolo (*con coperchio bucherellato*) per spargere la farina ☐ **f. dressing**, abburattatura ☐ **f. mill**, mulino (da grano).
to flour ['flauə*], *v. t.* **1** infarinare **2** (*USA*) macinare (*il grano*).
to flourish ['flʌriʃ], **A** *v. i.* **1** fiorire (*fig.*); (*bot.*) attecchire; prosperare; essere fiorente (*o* florido); godere salute florida; star bene: **Dante flourished at the end of the Middle Ages**, Dante fiorì alla fine del Medioevo; **Palm trees do not f. in cold countries**, le palme non prosperano nei paesi freddi **2** (*delle braccia, ecc.*) agitarsi in segno di saluto **3** usare un linguaggio (*o* uno stile) fiorito; fare svolazzi (*scrivendo*); scrivere con troppe fioriture **4** (*mus.*) eseguire una fioritura; (*di trombe*) suonare una fanfara; squillare. **B** *v. t.* **1** agitare; brandire; scuotere; sventolare: **to f. a telegram with good news**, sventolare un telegramma che porta buone notizie **2** inflorare (*fig.*); adornare **3** mettere in mostra; ostentare.
flourish ['flʌriʃ], *n.* **1** l'agitare, il brandire, lo sventolare, ecc.; mulinello (*di spada, ecc.*): **He went away with a f. of his hat**, se ne andò sventolando il cappello **2** arabesco; ghirigoro; svolazzo; sigla: **There is his f. at the foot of the document**, c'è la sua sigla in calce al documento **3** (*di tromba*) fanfara; squillo **4** (*mus.*) fioritura **5** (*fig.*) espressione fiorita; metafora ornata; fiorettatura. ● (*raro*) **to be in full f.**, essere in pieno rigoglio.
flourishing ['flʌriʃiŋ], *a.* fiorente; prospero; rigoglioso.
floury ['flauəri], *a.* **1** farinoso **2** coperto di farina; infarinato.
to flout [flaut], **A** *v. t.* disprezzare; schernire; respingere; rifiutare con disprezzo: **to f. sb.'s suggestions**, respingere con disprezzo i suggerimenti di q. **B** *v. i.* essere sprezzante. ● **to f. at sb.**, deridere q.; schernire q.
flout [flaut], *n.* beffa; scherno; derisione; dileggio.
to flow [flou], **A** *v. i.* **1** fluire; scorrere; (*di sangue*) circolare; (*di stile, ecc.*) essere fluido, scorrevole; (*della marea*) innalzarsi, salire: **The lines in this painting f.**, le linee di questa pittura sono fluide **2** (*dell'acqua, delle lacrime, del sangue*) sgorgare **3** ricadere; scendere: **Her cape flowed from her shoulders**, la cappa le scendeva dalle spalle **4** emanare; derivare; provenire: **Wealth**

flow

does not f. only from the mining industry, la ricchezza non deriva soltanto dall'industria mineraria **5** abbondare: (*econ.*) **to f. with raw materials**, avere materie prime in abbondanza. **B** *v. t.* inondare. ● **to f. back**, rifluire □ **to f. in**, affluire: **Foreign capital is flowing in**, affluiscono capitali dall'estero □ **to f. out**, defluire; uscire □ **to f. over**, superare; straripare; traboccare ● **flowing tide**, marea che sale; (*fig.*) tendenza che si va affermando □ **The crowd flowed past**, la folla passava (*o* defluiva) come un fiume ● **Money flows like water here**, qui c'è un grande giro di denaro.

flow [flou], *n.* **1** flusso (*anche di marea*); moto (*d'un liquido*); corrente: **ebb and f.**, flusso e riflusso (*della marea*); **the main f. of traffic**, la corrente principale del traffico **2** portata; gettito; produzione, ricavo (*d'un liquido*): **a spring with a constant f. of water**, una sorgente d'acqua a portata costante **3** il fluire (*d'acque*; *o fig.*): **the f. of conversation**, il fluire della conversazione **4** (*fis.*, *elettr.*) flusso; corrente **5** (*elab.*) flusso **6** (*autom.*, *anche* **traffic f.**) circolazione. ● (*metall.*) **f. brazing**, brasatura a colata □ **f. chart**, (*ing.*) diagramma di flusso; (*elab.*) flussoschema, organigramma □ (*fin.*) **f. of funds**, flusso finanziario □ **a f. of soul**, un espandersi dell'anima □ **f. of spirits**, allegria; indole allegra □ **the f. of tourists**, il movimento turistico □ (*mecc.*) **f. soldering**, saldatura a onda.

flower ['flauə*], *n.* (*anche fig.*) fiore: **The irises were in f.**, gli ireos erano in fiore; **in the f. of one's age**, nel fiore degli anni. ● **f.-bed**, aiuola □ **f. box**, fioriera □ **f. children** (*o* **people**), figli dei fiori (*varietà di hippy*) □ (*bot.*) **f. cup**, calice □ **f.-dust**, polline □ **f. girl**, fioraia; (*USA*) ragazza che porta fiori a un matrimonio □ **f. grower**, floricultore □ **f.-growing**, (*sost.*) floricoltura; (*agg.*) floricolo □ (*bot.*) **f. head**, capolino □ (*fig.*) **the f. of the nation**, il fior fiore della nazione (*i giovani*) □ **f. piece**, quadro raffigurante fiori □ **f.-pot**, vaso da fiori □ **f. show**, esposizione di fiori; mostra dei fiori □ (*bot.*) **f. stalk**, peduncolo □ **flowers of speech**, fiori di lingua; fiori retorici □ (*farm.*) **flowers of sulfur**, zolfo sublimato □ **flowers of tan**, fiori (*del vino*, *ecc.*) □ (*chim.*) **flowers of zinc**, fiori di zinco; ossido di zinco □ **to burst into f.**, sbocciare; schiudersi □ **No flowers**, non fiori (*come invito a non mandarne ai funerali*).

to flower ['flauə*], **A** *v. i.* (*anche fig.*) fiorire: **His genius flowered early**, il suo genio fiorì precocemente. **B** *v. t.* **1** far fiorire (*una pianta*) **2** ornare di fiori (*o* disegni floreali); infiorare.

flowerage ['flauəridʒ], *n.* **1** fioritura **2** (*collett.*) fiori.

flowered ['flauəd], *a.* **1** fiorito; in fiore **2** a fiori; fiorato; a fiorami: **a f. material**, una stoffa a fiori **3** ornato di fiori.

flowerer ['flauərə*], *n.* (*nelle espress.*) **a late f.**, una pianta che fiorisce tardi; **an abundant f.**, una pianta che dà molti fiori.

floweret ['flauərit], *n.* (*bot.*) fioretto.

floweriness ['flauərinis], *n.* l'esser fiorito, o infiorato, ecc. (*V.* **flowery**).

flowering ['flauəriŋ], **A** *a.* fiorito; in fiore. **B** *n.* fioritura.

flowery ['flauəri], *a.* fiorito; in fiore; infiorato: **f. meadows**, prati in fiore; **f. language** (**style**, **etc.**), linguaggio (stile, ecc.) fiorito.

flowing ['flouiŋ], **A** *a.* **1** (*anche fig.*) fluente; fluido; scorrevole **2** (*naut.*: *di marea*) montante; crescente **3** (*di abito*) non aderente; che ha una linea morbida. **B** *n.* **1** corso, flusso (*di fiume*) **2** scolo (*d'acqua*). ● (*metall.*) **f. furnace**, forno di colata.

flowingness ['flouiŋnis], *n.* (*fig.*) fluidità; scorrevolezza.

flowmeter ['floumi:tə*], *n.* (*ing.*) flussometro.

flown (1) [floun], *p. p.* di **to fly**. ● **high-f.**, (*di discorso*, *stile*, *ecc.*) retorico; ampolloso.

flown (2) [floun], *a.* **1** (*arc.*) gonfio; tronfio **2** (*arte*) dai colori sfumati (*o* fusi): **f. porcelain**, porcellana a colori sfumati.

flu [flu:], *n.* (*fam.*) influenza. ● (*med.*) **flu-afflicted**, influenzato.

fluctuant ['flʌktʃuənt], *a.* fluttuante; oscillante: (*fin.*) **a f. exchange rate**, un corso dei cambi fluttuante.

to fluctuate ['flʌktʃueit], *v. i.* fluttuare (*soprattutto fig.*); ondeggiare; oscillare; vacillare.

fluctuating ['flʌktʃueitiŋ], *a.* fluttuante; oscillante: (*Borsa*) **f. values**, corsi oscillanti. ● (*banca*) **f. overdraft**, scoperto (*di conto*) assistito da fido; castelletto (*fam.*).

fluctuation [ˌflʌktʃuˈeiʃən], *n.* fluttuazione; oscillazione; variazione continua: **fluctuations of prices**, oscillazioni dei prezzi. ● (*fin.*) **f. bands of currencies**, margini di fluttuazione delle monete □ (*fin.*) **fluctuations of exchange**, oscillazioni di cambio.

flue (1) [flu:], *n.* **1** condotta (*del fumo*, *in una caldaia*, *ecc.*); tubo (*dell'aria calda e sim.*) **2** canna fumaria; gola del camino **3** (*mus.*) ancia (*di canna d'organo*): **f. pipes**, canne d'organo ad ancia.

flue (2) [flu:], *n.* lanugine; peluria.

flue (3) [flu:], *n.* varietà di rete da pesca (*a strascico*, *ecc.*).

to flue [flu:], **A** *v. t.* allargare, svasare, strombare (*un'apertura*). **B** *v. i.* allargarsi (*verso l'interno o verso l'esterno*); svasarsi.

fluency ['flu:ənsi], *n.* scorrevolezza; facilità di parola; facondia; il parlare (*una lingua*) correntemente.

fluent ['flu:ənt], *a.* **1** scorrevole; (*di lingua*) corrente; (*di parola*) facile, fluente: **f. verse**, versi sciolti **2** facondo; dalla parola facile. ● **to speak f. English**, parlare l'inglese correntemente.

fluently ['flu:əntli], *avv.* correntemente; scorrevolmente.

fluff [flʌf], *n.* **1** lanugine; peluria **2** batuffolo (*di piume*, *ecc.*): ciuffo (*di peli*, *ecc.*) **3** fazzola (*fig.*); gaffe; cantonata **4** (*gergo teatr.*, *della radio*, *ecc.*) papera **5** cosa (*libro*, *film*, *ecc.*) poco seria e poco importante. ● (*pop.*) **a bit of f.**, una ragazza; un bel pezzo di ragazza.

to fluff [flʌf], *v. t.* e *i.* **1** arruffare, arruffarsi; rendere (*o* diventare) lanuginoso **2** prendere un granchio (*o* una cantonata) **3** (*teatr.*, *ecc.*) impaperarsi; prendere una papera. ● **to f. out one's hair**, gonfiarsi (*o* rendere vaporosi) i capelli □ **to f. up a pillow**, sprimacciare un guanciale.

fluffiness ['flʌfinis], *n.* l'essere lanuginoso (*o* soffice).

fluffy ['flʌfi], *a.* **1** lanuginoso; soffice **2** coperto di peluria **3** soffice; leggero; vaporoso.

fluid ['flu:id], **A** *a.* **1** fluido **2** (*fig.*) mutevole; incostante; variabile: **f. opinions**, opinioni mutevoli **3** (*scient.*) fluidico. **B** *n.* fluido. ● (*mecc.*) **f. drive**, giunto idraulico; trasmissione idrodinamica □ **f. fuel**, combustibile fluido □ (*mecc.*) **f. gear**, cambio idraulico.

fluidics [flu:'idiks], *n. pl.* (*col verbo al sing.*) (*ing.*) fluidica.

to fluidify [flu:'idifai], *v. t.* e *i.* fluidificare, fluidificarsi.

fluidity [flu:'iditi], *n.* (*fis.*) fluidezza.

fluke (1) [flu:k], *n.* (*zool.*) **1** (*Pleuronectes flesus*) passera nera **2** (*Fasciola hepatica*) fasciola; distoma epatico **3** platelminta trematode (*verme*).

fluke (2) [flu:k], *n.* **1** (*naut.*, *anche* **f. of anchor**) patta; palma **2** punta (*di freccia*, *lancia o arpione*) **3** (*pl.*) coda della balena.

fluke (3) [flu:k], *n.* tiro fortunato (*al biliardo*, *ecc.*); colpo di fortuna; caso fortunato: **to win by a f.**, vincere per (*mero*) caso.

to fluke [flu:k], *v. i.* avere un colpo di fortuna. **B** *v. t.* colpire (*o* ottenere) per puro caso.

flukicide ['flu:kisaid], *n.* (*med.*, *vet.*) antiplatelmintico.

flukiness ['flu:kinis], *n.* l'esser fortuito; accidentalità.

fluky, flukey ['flu:ki], *a.* **1** fortuito; fortunato **2** incostante; variabile: **a f. breeze**, una brezza incostante.

flume [flu:m], *n.* **1** canale artificiale (*di solito inclinato*, *per usi industriali*); ponte-canale **2** burrone scavato da un torrente; gola.

to flume [flu:m], *v. t.* **1** trasportare (*tronchi*, *ecc.*) per mezzo d'un canale (*V.* **flume**) **2** (*ind. min.*) deviare il corso di (*un fiume*).

flummery ['flʌməri], *n.* **1** (*cucina*) farinata d'orzo **2** budino alla crema **3** (*fig.*) adulazioni; blandizie; chiacchiere; fandonie.

to flummox ['flʌməks], *v. t.* (*fam.*) confondere; mettere in imbarazzo; sconcertare.

to flump [flʌmp], **A** *v. i.* **1** muoversi pesantemente **2** cadere con un tonfo; piombare. **B** *v. t.* lasciar cadere (*o* buttar giù) con un tonfo.

flump [flʌmp], *n.* colpo sordo; tonfo.

flung [flʌŋ], *pass.* e *p. p.* di **to fling**.

to flunk [flʌŋk], **A** *v. t.* (*fam. USA*) **1** cadere in, essere bocciato (*o* riprovato) in (*un esame*): **He flunked the English examination**, cadde nella prova d'inglese; fu bocciato in inglese **2** bocciare, riprovare (*uno studente*). **B** *v. i.* **1** essere riprovato (*o* bocciato) **2** cedere; ritirarsi; tirarsi indietro (*fig.*). ● **to f. out**, essere bocciato; esser costretto a ritirarsi (*da una scuola o dall'università*).

flunk [flʌŋk], *n.* (*fam. USA*) **1** fiasco (*fig.*); bocciatura **2** (*voto d'*) insufficienza.

flunk(e)y ['flʌŋki], *n.* lacchè (*anche fig.*); servo in livrea; tirapiedi.

flunk(e)yism ['flʌŋkiizəm], *n.* servilismo.

fluor ['flu:ɔ:*], *n.* (*miner.*, *raro*) fluorite. ● **f.-spar**, fluorite.

to fluoresce [fluə'res], *v. i.* (*fis.*) essere (*o* diventare) fluorescente.

fluorescence [fluə'resns], *n.* (*fis.*) fluorescenza.

fluorescent [fluə'resnt], **A** *a.* **1** (*fis.*) fluorescente **2** (*fig.*) appariscente; brillante. **B** *n.* (*elettron.*) lampada fluorescente. ● **f. lamp**, lampada fluorescente □ **f. lighting**, illuminazione a fluorescenza.

to fluoridate ['fluərideit], *v. t.* (*tecn.*) sottoporre a fluorizzazione.

fluoridation [ˌfluəriˈdeiʃən], *n.* **1** (*tecn.*) fluorizzazione (*dell'acqua*, *ecc.*) **2** (*geol.*) fluorizzazione.

fluoride ['fluəraid], *n.* (*chim.*) fluoruro: **sodium f.**, fluoruro di sodio.

fluoridization [ˌfluəridai'zeiʃən], *n.* (*med.*) somministrazione di fluoro.

to fluoridize ['fluəridaiz], *v. t.* (*med.*) curare con fluoro (*o* con un fluoruro).

to fluorinate ['fluərineit], *v. t.* (*chim.*) fluorurare.

fluorination [ˌfluəri'neiʃən], *n.* (*chim.*) fluorurazione.

fluorine ['fluəri:n], *n.* (*chim.*) fluoro.

fluorite ['fluərait], *n.* (*miner.*) fluorite; fluorina.

fluoroscope ['fluərəskoup], *n.* (*scient.*) fluoroscopio; schermo

fluorescente da radioscopia.
flurry ['flʌri], *n.* **1** folata, raffica (*di vento*); scroscio (*di pioggia*); tempesta improvvisa (*di neve*) **2** agitazione; confusione; attività nervosa **3** convulsioni, ultimi sussulti (*d'una balena ferita a morte*).
to flurry ['flʌri], *v. t.* agitare; inquietare; sconvolgere; turbare.
to flush (1) [flʌʃ], **A** *v. i.* **1** (*di liquido*) diffondersi; scorrere; sgorgare; spargersi **2** pulirsi (*con un getto d'acqua*): **The toilet won't f.**, il gabinetto non si pulisce (*o* lo sciacquone non funziona) **3** arrossire: **Jenny flushed (up) when she saw him**, Gianna arrossì quando lo vide **4** accendersi; diventare infuocato **5** (*di pianta*) mettere nuovi germogli; gemmare. **B** *v. t.* **1** lavare abbondantemente; ripulire (*con un getto d'acqua*); spurgare; sciacquare; irrigare: **to f. a drain**, spurgare con un getto d'acqua un canale di scolo, una fogna; **to f. a meadow**, irrigare un prato; **to f. the pan**, sciacquare il vaso (*di un W.C.*, *tirando la catenella, ecc.*) **2** fare arrossire; far salire il sangue a: **The joke flushed her face with shame**, la barzelletta la fece arrossire di vergogna; **Indignation flushed his cheeks**, lo sdegno gli fece salire il sangue alle guance **3** (*del tramonto, ecc.*) arrossare, accendere (*le vette, ecc.*) **4** (*fig.*) animare; eccitare; infiammare; entusiasmare: **The soldiers were flushed with victory**, i soldati erano infiammati dalla vittoria **5** livellare; spianare: **The mason flushed the joint with mortar**, il muratore livellò la giuntura con la malta **6** far mettere germogli; far gemmare: **Rain flushed the plants**, la pioggia fece germogliare le piante. ● **to f. out**, pulire, disotturare (*un tubo, ecc.*) con un getto d'acqua □ **to f. the toilet**, fare scorrere l'acqua (nel water); tirare lo sciacquone □ **to f. sb. with joy**, riempire q. di gioia.
flush (1) [flʌʃ], *n.* **1** getto (*o* flusso) d'acqua **2** afflusso di sangue al volto; rossore **3** (*poet.*) bagliore: **the f. of dawn**, i bagliori (*o* le prime luci) dell'alba **4** accesso; scoppio; impeto; trasporto (*fig.*): **in a f. of rage**, in un impeto d'ira **5** l'erompere, lo scoppiare (*fig.*); rigoglio; vigore: **the spring f. of vegetation**, l'erompere della vegetazione a primavera; **in the f. of youth**, nel rigoglio della giovinezza **6** sciacquata; ripulitura (*di canale di scolo, ecc.*) con un getto d'acqua **7** (*med.*) caldana; bollore; vampa (*di febbre, ecc.*) **8** (*tipogr.*) giustificazione senza capoversi. ● **f. gate**, paratoia di spurgo □ **f.-tank**, (*di fogna, ecc.*) apparecchio di lavaggio; (*edil.*) cassetta di cacciata (*in un water*) □ **f.-valve**, valvola di sciacquone.
flush (2) [flʌʃ], **A** *a.* **1** a filo; a paro; pari; a livello: **The tombstones are f. with the floor**, le pietre tombali sono a livello col pavimento **2** pieno; ben provvisto; ben fornito: **to be f. with money**, essere pieno di quattrini **3** generoso; prodigo; splendido: **He is f. with his money**, è prodigo del suo denaro **4** (*di fiume*) in piena; sul punto di straripare: **The river is f. with its banks**, il fiume è stracolmo **5** (*tipogr.*) senza alinea; senza capoversi. **B** *avv.* **1** a filo; a paro; a livello; a fior d'acqua **2** direttamente; in pieno: **a blow f. in the face**, un colpo in pieno viso. ● (*tecn.*) **f.-mounted**, incassato □ **to cut st. f.**, tagliare q.c. a filo; rifilare q.c.
to flush (2) [flʌʃ], **A** *v. i.* (*nella caccia*: *di uccelli*) levarsi in volo. **B** *v. t.* **1** far alzare in volo: **to f. a grouse**, far alzare in volo un gallo cedrone **2** (*anche* **to f. out**) snidare (*nemici, banditi, ecc.*).
flush (3) [flʌʃ], *n.* (*nella caccia*) improvviso levarsi in volo (*di uccelli*).
flush (4) [flʌʃ], *n.* **1** (*poker*) colore **2** (*nella primiera*) flusso. ● **royal f.**, scala reale all'asso □ **straight f.**, scala reale.
flushing ['flʌʃiŋ], *n.* **1** flusso; caduta (*o* getto) d'acqua **2** rossore; vampata **3** lavaggio, ripulitura, spurgo (*di canali di scolo, ecc.*). ● **f. tank**, cassetta di cacciata (*in un gabinetto*).
flushometer [flʌ'ʃɒmitə*], *n.* (*ing., edil.*) sciacquone.
to fluster ['flʌstə*], **A** *v. t.* agitare; eccitare; innervosire; sconvolgere; turbare. **B** *v. i.* agitarsi; eccitarsi; turbarsi.
fluster ['flʌstə*], *n.* agitazione; eccitazione; turbamento. ● **to be in a f.**, essere eccitato (*o* sconvolto, turbato).
flute [flu:t], *n.* **1** (*mus.*) flauto **2** (*archit., mecc., metall.*) scanalatura **3** oggetto (*bicchiere, panino, ecc.*) di forma allungata.
to flute [flu:t], **A** *v. i.* suonare il flauto. **B** *v. t.* **1** suonare (*un pezzo*) sul flauto **2** scanalare, fare scanalature in (*una colonna, ecc.*).
fluted ['flu:tid], *a.* scanalato: **f. columns**, colonne scanalate.
fluting ['flu:tiŋ], *n.* (*archit.*) **1** scanalatura **2** (*collett.*) scanalature.
flutist ['flu:tist], *n.* (*mus. USA*) flautista; suonatore di flauto.
to flutter ['flʌtə*], **A** *v. i.* **1** battere le ali; starnazzare; svolazzare: **Butterflies were fluttering in the garden**, le farfalle svolazzavano nel giardino **2** ondeggiare; sbattere; sventolare; tremolare: **The flags were fluttering in the wind**, le bandiere sventolavano al vento **3** agitarsi; dimenarsi; andare su e giù senza posa; palpitare (*del cuore e fig.*); tremare (*per l'eccitazione e sim.*): **The «expectant father» fluttered around the corridors anxiously**, l'aspirante papà camminava su e giù per i corridoi nervosamente **4** (*di aeroplano*) vibrare **5** (*mecc.*: *di una valvola*) sfarfallare. **B** *v. t.* **1** battere (*le ali, le palpebre, ecc.*): **The fledgeling fluttered its wings helplessly**, l'uccellino batteva le ali disperatamente **2** sventolare (*una bandiera e sim.*); agitare (*un fazzoletto*) **3** agitare; scompigliare; sconvolgere; turbare. ● (*mecc.*: *di un motore*) **to f. into life**, mettersi in moto con difficoltà.
flutter ['flʌtə*], *n.* **1** battito; frullio (*d'ali e sim.*) **2** svolazzamento (*d'uccelli*); sventolio (*di bandiere*) **3** agitazione; confusione; eccitazione; tremito **4** (*aeron.*) sbattimento; vibrazione: **tail f.**, vibrazione di coda **5** (*pop.*) speculazione; scommessa: **to have (o to take) a f.**, fare una scommessa (*o* una speculazione) **6** (*med.*) flutter (*del cuore*) **7** (*mecc.*) sfarfallamento (*di una valvola*). ● **to be all in a f.**, essere in grande agitazione □ **to make a f.**, far colpo □ **to put sb. in a f.**, turbare q.; mettere q. in agitazione.
fluty ['flu:ti], *a.* flautato.
fluvial ['flu:vjəl], *a.* fluviale.
fluviatile ['flu:vjətil], *a.* fluviatile; fluviale.
flux [flʌks], *n.* **1** (*anche fig.*) flusso; il fluire; espulsione; evacuazione; versamento (*di liquidi, ecc., dal corpo*): **the f. and reflux of the tide**, il flusso e il riflusso della marea **2** continuo mutamento: **Fashion is in a state of f.**, la moda è in continuo mutamento **3** (*elettr., fis.*) flusso **4** (*fonderia, mecc.*) fondente; calcare fondente **5** (*tecn., anche* **soldering f.**) fondente per saldare; fondente **6** (*tecn.*) plastificante **7** (*anche* **asphalt f.**) flussante per asfalto.
to flux [flʌks], **A** *v. t.* trattare con fondente; flussare (*metalli*). **B** *v. i.* **1** (*metall.*) fondersi (*arc.*) fluire; scorrere.
fluxion ['flʌkʃən], *n.* **1** (*raro*) flusso; flussione **2** (*raro*) continuo mutamento **3** (*mat.*) flussione di differenziale **4** (*med.*) flussione.
fluxional ['flʌkʃənl], **fluxionary** ['flʌkʃənəri], *a.* (*mat., med.*) di flussione; relativo alle flussioni (*V.* **fluxion**).
fluxmeter ['flʌksmi:tə*], *n.* (*ing.*) flussometro.
fly (1) [flai], *n.* **1** mosca: **He wouldn't harm (o hurt) a fly**, non farebbe male a una mosca **2** (*bot.*) malattia delle piante (*dovuta a punture di mosche*) **3** (*pesca*) mosca artificiale. ● (*bot.*) **fly-bane**, (*Silene*) silene; (*Lychnis*) fior di cuculo; (*Amanita muscaria*) ovolaccio (*anche* **fly agaric**) □ **fly-blow**, uovo di mosca (*nella carne, ecc.*) □ **to fly-blow**, depositare uova nella (*carne*); (*fig.*) contaminare, corrompere, sciupare □ **fly-blown**, guasto, contaminato (*dalle mosche o anche fig.*); corrotto; sgangherato; trito □ **fly-book**, astuccio per le mosche artificiali □ (*zool.*) **fly-catcher** (*Muscicapa grisola*), acchiappamosche; pigliamosche □ **to fly-fish**, pescare con mosche artificiali □ **fly-flap**, scacciamosche □ (*fig.*) **a fly in amber**, una mosca bianca; una cosa rara □ (*fig.*) **a fly in the ointment**, un piccolo difetto che sciupa tutto □ **fly-net**, rete di protezione contro le mosche; paramosche □ (*fig.*) **fly on the wheel**, mosca cocchiera; individuo presuntuoso, tronfio □ **fly-paper**, carta moschicida □ **fly-swatter**, acchiappamosche □ (*bot.*) **fly-trap** (*Dionaea muscipula*), pigliamosche □ (*pugilato*) **fly-weight**, peso mosca □ **fly-whisk**, V. **fly-flap** □ (*fig.*) **to break a fly on the wheel**, sprecare le proprie energie per un nonnulla (*letteralm.*: mettere a morte una mosca sulla ruota del supplizio) □ (*pop.*) **There are no flies on him**, non c'è nulla da ridire su di lui; è un tipo in gamba.
to fly [flai] (*pass.* **flew**, *p. p.* **flown**), **A** *v. i.* **1** volare (*anche fig.*); andare in aeroplano; andare con moto rapidissimo; correre a precipizio; affrettarsi: **to fly to pieces**, volare (*o* andare) in pezzi; **My dog flew to meet me**, il mio cane mi corse incontro; **The shoplifter flew down the escalator**, il taccheggiatore corse a precipizio giù per la scala mobile **2** pilotare un aeroplano; fare il pilota **3** spiegare; librarsi; ondeggiare; sventolare: **Flags were flying on every mast**, le bandiere sventolavano da ogni albero **4** (*di denaro*) essere speso rapidamente; non durare; volare (*pop.*) **5** involarsi; dileguarsi; fuggire; scappare; sparire. **B** *v. t.* **1** far volare; lanciare (*un aquilone, ecc.*); pilotare (*un aeroplano*); trasportare (*in aeroplano*): **to fly one's car to the States**, trasportare in aereo la propria auto in USA **2** (*anche* **to fly over**, **to fly across**) sorvolare; trasvolare: **We flew over the North Pole**, sorvolammo il polo nord; **Charles Lindbergh was the first to fly across the Atlantic**, Charles Lindbergh fu il primo a trasvolare l'Atlantico **3** agitare; sventolare; battere (*una bandiera*): **The ship was flying the Italian flag**, la nave batteva bandiera italiana **4** sfuggire; evitare; sottrarsi a; fuggire da; abbandonare: **The rebels had to fly the country**, i ribelli dovettero fuggire dal paese. **C** *verbi composti* **1 to fly about**, volare qua e là, svolazzare; (*di notizie*) diffondersi, propagarsi. **2 to fly at sb.**, attaccare q.; avventarsi (*o* lanciarsi) su q. **3 to fly away**, volare via; involarsi, fuggire. **4 to fly back**, tornare a volo; fare un salto indietro; (*di molla*) scattare. **5 to fly down**, scendere volando. **6 to fly off**, volar via; fuggire; scappar via; andarsene in fretta; (*aeron.*) decollare. **7 to fly out**, lanciarsi fuori; fuggire;

fly (2)

esplodere (*in parole d'ira, ecc.*). **8 to fly up**, alzarsi in volo. **9 to fly upon**, V. **to fly at**. ● **to fly at higher game**, mirare più in alto □ **to fly high**, volare in alto; (*fig.*) mirare in alto, essere ambizioso □ **to fly in the face of sb.**, disobbedire apertamente a q.; sfidare q. □ **to fly into a rage** (*o* **into a passion**, **a temper**), montare in collera; infuriarsi □ **to fly a kite**, (*gergo comm.*) procurarsi denaro con cambiali di comodo; emettere assegni a vuoto; (*fig.*) tastare il polso alla pubblica opinione, lanciare un ballon d'essai □ (*di finestra, ecc.*) **to fly open**, spalancarsi □ **to fly over a fence**, saltare uno steccato □ **to fly to arms**, correre alle armi □ **to let fly** (**at sb.**), sparare (a q.); attaccare q. (*a sassate, ecc.; o anche a parole*) □ (*fig.*) **to make the feathers** (*o* **the dust**) **fly**, mettere confusione; seminare zizzania; far scoppiare una lite □ **to make money fly**, far volare i quattrini; spendere e spandere □ **to send sb. flying**, scacciare q.; mandare via q. □ **to send things flying**, scaraventare le cose in ogni direzione; buttare (tutto) all'aria □ (*fig.*) **The bird has** (*o* **is**) **flown**, (*il nostro uomo, ecc.*) s'è reso uccel di bosco □ **The French window flew open because of the storm**, la portafinestra si spalancò per la tempesta.

fly (2) [flai], *n.* **1** volo; distanza percorsa a volo: **on the fly**, in volo **2** patta; finta (*per es., dei pantaloni*): **to have one's fly undone**, avere la patta aperta **3** lembo per chiudere l'entrata d'una tenda (*da campo*) **4** lunghezza, lembo estremo (*d'una bandiera*) **5** (*mecc., anche* **flywheel**) volano **6** (*arc.*) carrozza (*o* vettura) da nolo **7** (*pl., teatr., anche* **fly loft**) soppalco; ballatoio (*occupato dal macchinario*). ● **fly-away**, (*d'abito*) svolazzante, largo, sciolto; (*di persona*) incostante, volubile □ **fly-by-night**, chi va in giro di notte; chi taglia la corda (*di notte*) senza pagare i debiti; (*comm.*) persona screditata; (*agg.*) incerto, infido; (*comm.*) screditato □ (*aeron.*) **fly-by-wire system**, telecomando a filo (elettrico) □ **fly-cruise**, crociera con viaggio in aereo fino al porto d'imbarco □ **fly-the-garter**, saltamontone; cavallina (*giochi di ragazzi*) □ (*rugby*) **fly half**, mediano d'apertura □ (*tipogr.*) **fly-leaf**, risguardo; risvolto □ (*costr. stradali*) **fly-over**, cavalcavia □ (*mil.*) **fly-past**, parata aerea □ **fly sheet**, foglio volante; volantino.

fly (3) [flai], *a.* (*pop.*) furbo; sveglio; che ha gli occhi aperti (*fig.*).

flyback ['flaibæk], *n.* **1** scatto (di ritorno) **2** (*di un cronometro*) ritorno a zero; azzeramento **3** (*elettron.*) intervallo di ritorno; tracciata.

flyby ['flaibai], *n.* (*miss.*) oggetto che gira attorno a (*o che sorvola*) un pianeta (*o* un satellite).

flyer ['flaiə*], *n.* **1** aviatore **2** persona (*o* animale, veicolo) che procede a forte velocità **3** (*d'uccello*) volatore (*di solito, nelle espress.*): **a strong** (**a poor**) **f.**, un buon (un cattivo) volatore **4** (*sport*) velocista **5** (*ferr.*) treno rapido; rapido **6** (*sport*) salto di volata **7** (*mecc.*) aletta **8** (*edil.*) gradino; scalino.

flying (1) ['flaiiŋ], *a.* **1** volante; (*d'animale*) atto al volo; (*fig.*) rapido, veloce: **f. fish**, pesce volante; pesce rondine; **f. squirrel**, scoiattolo volante; (*mil.*) **f. column**, colonna volante **2** spiegato; al vento: **with flags f.**, a bandiere spiegate **3** breve; frettoloso: **a f. trip** (**visit, etc.**), una breve gita (visita, ecc.) **4** (*aeron.*) d'aviazione; di volo: **f. field**, campo d'aviazione; **f. suit**, divisa (*o* tenuta) di volo. ● (*mil.*) **f. boat**, idrovolante a scafo centrale □ (*mil.*) **f. bomb**, bomba volante □ **f. bridge**, ponte provvisorio, (*naut.*) controplancia, ponte di comando □ (*archit.*) **f. buttress**, arco rampante; arco a sprone □ **f. colours**, bandiere spiegate; (*fig.*) grande successo, trionfo; (*a scuola*) pieni voti □ (*aeron.*) **f.-crane helicopter**, elicottero gru □ (*zool.*) **f. dog** (*Desmodus, ecc.*), vampiro □ (*zool.*) **f. fish**, pesce volante; esoceto □ (*aeron., mil.*) **f. fortress**, fortezza volante □ (*zool.*) **f. fox** (*Pteropus*), rossetta; pteropo □ (*elettron.*) **f. head**, testina flottante □ (*aeron.*) **f. instructor**, istruttore di volo □ (*naut.*) **f. jib**, controfiocco (*vela*) □ **f. jump**, salto con rincorsa; salto di volata □ **f. machine**, macchina volante; aeroplano □ (*mil.*) **f. man**, aviatore □ (*aeron.*) **f. personnel**, personale navigante □ (*mil.*) **f. saucer** (*o* **f. disk**), disco volante □ **f. squad**, squadra volante, (la) volante; (*per estens.*) squadra di pronto intervento (di pronto soccorso, ecc.) □ (*sport*) **f. start**, partenza lanciata; (*fig.*) inizio entusiastico: **He got off to a f. start**, parti in quarta (*fig., fam.*).

flying (2) ['flaiiŋ], *n.* volo; il volare: **blind f.**, volo strumentale (*o cieco*). ● **f. club**, aeroclub □ (*naut.*) **f. deck**, ponte di volo (*di nave portaerei*) □ (*aeron.*) **f. school**, scuola di pilotaggio.

flyman [flaimən], *n.* (*pl.* **flymen**) **1** vetturino (*di carrozza da nolo*) **2** (*teatr.*) macchinista.

flywheel ['flaiwi:l], *n.* (*autom., mecc.*) volano.

FM [,ef'em], *n.* (*acronimo di* **frequency modulation**) (*elettron.*) modulazione di frequenza: **an FM radio**, un radioricevitore a modulazione di frequenza.

foal [foul], *n.* (*zool.*) puledro (*di cavallo, asino o mulo*). ● (*di cavalla o asina*) **to be in** (*o* **with**) **f.**, essere pregna.

to foal [foul], *v. t.* e *i.* (*di cavalla, asina*) figliare.

foam [foum], *n.* **1** schiuma; spuma **2** bava **3** (*poet.*) mare **4** V. **f. rubber**. ● **f. extinguisher**, estintore a schiuma; schiumogeno □ **f. glass**, vetro multicellulare □ **f. rubber**, gomma spugnosa; gommapiuma.

to foam [foum], **A** *v. i.* spumare; spumeggiare; (*del sapone*) schiumare: **foaming beer**, birra che spuma; **The sea was foaming**, il mare spumeggiava. **B** *v. i.* far schiumare; far fare la schiuma a (q.c.). ● **to f. at the mouth**, avere la schiuma alla bocca □ **to f. with anger**, schiumare (*o* spumare) dalla rabbia; essere furibondo.

foaminess ['fouminis], *n.* spumosità.

foamy ['foumi], *a.* spumeggiante; spumante; spumoso; schiumoso.

fob [fɔb], *n.* **1** taschino per l'orologio (*nei pantaloni*) **2** catenella (*cui appendere l'orologio*). ● **fob watch**, orologio da tasca (*o* da appendere).

to fob (1) [fɔb], *v. t.* mettere nel taschino; intascare.

to fob (2) [fɔb], *v. t.* (*arc.*) gabbare; imbrogliare; ingannare. ● **to fob sb. off**, tenere a bada q.; tenere sulla corda q. □ **to fob st. off on sb.**, appioppare (*fam.* sbolognare) q.c. a q.

focal ['foukəl], *a.* (*fis.*) focale: **f. distance** (*o* **f. length**), distanza focale; **f. plane**, piano focale. ● (*fotogr.*) **f.-plane shutter**, otturatore a tendina; **f. point**, punto focale; (*fig.*) centro, punto focale.

focalization [,foukəlai'zeiʃən], *n.* (*fotogr.*) messa a fuoco; focalizzazione.

to focalize ['foukəlaiz], *v. t.* (*fotogr.*) mettere a fuoco; focalizzare.

fo'c'sle ['fouksl], V. **forecastle**.

focus ['foukəs], *n.* (*pl.* **focuses, foci**) **1** (*fis., geom.*) fuoco **f.**, fuoco reale; **virtual f.**, fuoco virtuale; **The lens is in f.**, la lente è a fuoco **2** (*geol.*) fuoco: **a shallow-f. earthquake**, un terremoto a fuoco poco profondo **3** (*fig.*) punto focale; focolaio; centro: (*med.*) **a f. of tuberculosis**, un focolaio di tubercolosi; **a f. of trouble**, un focolaio di discordia; **the f. of attention**, il centro dell'attenzione. ● (*fotogr.*) **f. control**, (dispositivo di) messa a fuoco □ **to bring (an object, a camera) into f.**, mettere a fuoco (un oggetto, una macchina fotografica) □ (*fis., fotogr.*) **out of f.**, sfuocato: **This picture is out of f.**, questa foto è sfuocata.

to focus ['foukəs], **A** *v. t.* **1** (*fis., elettron.*) mettere a fuoco; focalizzare; focheggiare: **to f. the lens of a polaroid**, mettere a fuoco l'obiettivo d'una polaroid **2** concentrare; far convergere: **to f. one's efforts on st.**, concentrare i propri sforzi su q.c.; **to f. public attention on the problem of political violence**, far convergere l'attenzione del pubblico sul problema della violenza politica. **B** *v. i.* **1** (*fis.: di raggi, ecc.*) incontrarsi in un fuoco; convergere **2** mettere a fuoco la vista: **A newborn baby cannot f.**, un bambino appena nato non riesce a mettere a fuoco la vista. ● **to f. one's mind on work**, concentrarsi sul lavoro □ **All eyes were focused on me**, avevo addosso gli occhi di tutti.

focusing ['foukəsiŋ], *n.* **1** (*fis.*) messa a fuoco; focalizzazione; focheggiatura **2** (*fig.*) messa a fuoco: **the f. of a problem**, la messa a fuoco di un problema. ● (*fotogr.*) **f. screen**, schermo di messa a fuoco.

fodder ['fɔdə*], *n.* **1** foraggio secco; biada **2** (*scherz.*) cibo. ● **f. trough**, mangiatoia.

to fodder ['fɔdə*], *v. t.* dare il foraggio a; foraggiare.

foe [fou], *n.* (*poet.*) nemico (*anche fig.*); antagonista; avversario: **Dirt is a foe to health**, la sporcizia è nemica della salute.

foeman ['foumən], *n.* (*pl.* **foemen**) (*arc.*) nemico (*in guerra*).

foetal ['fi:tl], V. **fetal**.

foetid ['fetid], **foetor** ['fitə*], V. **fetid, fetor**.

foetus ['fi:təs], *n.* (*pl.* **foetuses, foeti**) V. **fetus**.

fog (1) [fɔg], *n.* **1** nebbia (*anche fig.*); confusione; nebulosità; perplessità: **fog bank**, banco di nebbia; (*fam.*) **to be in a fog**, essere confuso, perplesso; non sapere come regolarsi **2** (*fotogr.*) velo, velatura (*sulla pellicola*). ● **fog-bound**, avvolto dalla nebbia; (*d'aereo, di nave*) fermo per la nebbia; (*di viaggiatore*) bloccato dalla nebbia □ (*ottica*) **fog-bow** (*o* **fog-dog**), arcobaleno bianco; alone luminoso entro la nebbia □ **fog-horn**, (*naut.*) sirena per la nebbia; (*fam.*) voce grossa, vocione □ (*autom.*) **fog lamp** (*o* **fog light**), (faro) antinebbia; fendinebbia □ (*ferr.*) **fog signal**, segnale d'allarme (da nebbia) □ **thick fog**, nebbia fitta; nebbione.

to fog (1) [fɔg], **A** *v. t.* **1** annebbiare; coprire di nebbia **2** offuscare; oscurare; appannare **3** (*fotogr.*) velare (*una pellicola*) **4** (*fig.*) confondere; sconcertare; rendere perplesso. **B** *v. i.* **1** annebbiarsi; coprirsi di nebbia **2** (*di vetro, ecc.*) appannarsi; offuscarsi **3** (*di foto*) velarsi. ● (*ferr.*) **to fog the line**, mettere petardi sui binari □ (*in caso di nebbia*) □ **to fog off**, marcire a causa dell'umidità.

fog (2) [fɔg], *n.* **1** (*agric.*) guaime; erba autunnale; fieno settembrino **2** erba, fieno, non falciati (*della stagione precedente*); erbaccia.

to fog (2) [fɔg], *v. t.* **1** (*agric.*) lasciare (*il terreno*) a guaime **2** far pascolare (*il bestiame*) su terreno a guaime; dare il guaime a.

fogbank ['fɔgbæŋk], *n.* banco di nebbia.

fogey ['fougi], *V.* **fogy**.
fogeydom ['fougidəm], *V.* **fogydom**.
fogger ['fɔgə*], *n.* **1** (*ferr.*) chi mette petardi sui binari, in caso di nebbia **2** (barattolo di) insetticida spray.
fogginess ['fɔginis], *n.* **1** nebbiosità **2** (*fig.*) incertezza; nebulosità **3** (*fig.*) offuscamento; perplessità.
foggy ['fɔgi], *a.* **1** nebbioso: **a f. day**, una giornata nebbiosa **2** (*fig.*) indistinto; nebuloso; vago: **a f. idea**, un'idea nebulosa, vaga **3** (*fig.*) annebbiato; confuso; perplesso **4** (*fotogr.*) velato. ● (*iron.*, *scherz.*, *USA*) **F. Bottom**, il Dipartimento di Stato □ **I haven't the foggiest idea**, non ne ho la più pallida idea.
fogle ['fougl], *n.* (*gergo della malavita*) fazzoletto di seta.
fogy ['fougi], *n.* (*di solito* **old f.**) persona all'antica; parruccone; matusa (*fam.*).
fogydom ['fougidɔm], *n.* passatismo; attaccamento al passato; acceso conservatorismo.
fogyish ['fougiiʃ], *a.* d'idee arretrate; antiquato.
fogyism ['fougiizəm], *V.* **fogydom**.
foible ['fɔibl], *n.* **1** debole; parte (*o* punto) debole; (*di spada*) parte compresa tra la metà della lama e la punta **2** fissazione; mania; pallino (*fig.*, *fam.*).
foie gras [ˌfwɑː'grɑː] (*franc.*), *n.* (*cucina*) (pasticcio di) fegato d'oca.
foil (1) [fɔil], *n.* **1** (*archit.*) foglia (*fra cuspidi, in una finestra gotica, ecc.*) **2** foglia, foglio, lamina (*di metallo*): **gold f.**, foglia d'oro; **tin f.**, lamina di stagno; stagnola **3** amalgama (*di mercurio e stagno* (*sul retro degli specchi*) **4** (*anche* **tin f.**) stagnola **5** (*anche* **tin f.**) carta metallizzata; carta stagnola (*nei pacchetti di sigarette, ecc.*) **6** (*fig.*) contrapposizione; contrasto; rilievo: **Laertes is** (*o* **serves as**) **a f. to Hamlet**, Laerte fa da contrasto a (*o* mette in rilievo la figura di) Amleto.
to foil (1) [fɔil], *v. t.* **1** rivestire con una foglia d'oro (*o* d'altro metallo) **2** (*raro*) far da contrasto a; mettere in rilievo **3** (*archit.*) decorare (*o* ornare) con foglie: **foiled arch**, arco ornato di foglie.
to foil (2) [fɔil], *v. t.* **1** (*nella caccia*) confondere, disperdere (*le tracce*); calpestare (*il terreno*) cancellando la pista **2** frustrare; respingere; confondere; sconfiggere; battere (*fig.*): **to f. an attempt**, frustrare un tentativo; **The bank robbers were foiled by the unexpected arrival of the police**, i rapinatori della banca furono respinti dall'inatteso arrivo della polizia; **The giant foiled the knight**, il gigante sconfisse il cavaliere.
foil (2) [fɔil], *n.* **1** (*nella caccia*) pista; traccia: **to run (upon) the f.**, tornare sulla traccia; riprendere la pista **2** (*arc.*) ripulsa.
foil (3) [fɔil], *n.* (*sport*) **1** fioretto **2** arte del fioretto; scherma.
foilsman ['fɔilzmən], *n.* (*pl.* **foilsmen**) fiorettista.
to foist [fɔist], *v. t.* **1** inserire di nascosto; introdurre con l'inganno (*per es., una clausola in un contratto*) **2** affibbiare; rifilare; sbolognare (*fam.*): **to f. (off) bad money on sb.**, sbolognare soldi falsi a q. ● **to f. a book on sb.**, attribuire un libro a q. □ **to f. one's company on sb.**, imporre la propria compagnia a q. □ **to f. oneself on sb.**, appiccicarsi (per forza) a q.
to fold (1) [fould], **A** *v. t.* **1** piegare; ripiegare: **to f. down the corner of a page**, piegare l'angolo d'una pagina **2** avviluppare; avvolgere: **The cliffs were folded in fog**, le scogliere erano avvolte nella nebbia **3** chiudere: **The bird folded its wings**, l'uccello chiuse le ali **4** serrare (*fra le braccia, ecc.*); stringere: **to f. a child in one's arms**, stringere un fanciullo fra le braccia **5** (*cucina, anche* **to f. in**) unire amalgamando. **B** *v. i.* **1** chiudersi; essere pieghevole (*anche* **to f. up**): **This table folds up**, questo tavolino è pieghevole **2** (*fam., comm.*) *V.* **to f. up**. ● **to f. one's arms**, incrociare le braccia □ **to f. back the sleeves of one's shirt**, rimboccarsi le maniche della camicia □ **to f. one's hands**, giungere le mani □ **to f. one's fingers**, intrecciare le dita □ **to f. up**, ripiegare, ripiegarsi; raggomitolarsi (*fam.*) crollare, stramazzare; (*comm.*) chiudere bottega, fallire □ **folding bed**, branda □ **a folding chair**, una sedia pieghevole □ **folding door**, porta a libro (*o* a fisarmonica) □ (*tipogr.*) **folding machine**, (macchina) piegafogli □ (*autom.*) **folding seat**, sedile reclinabile; strapuntino □ **with folded arms**, a braccia conserte.
fold (1) [fould], *n.* **1** (*anche geol.*) piega; piegatura **2** cavità; recesso (*fra i monti*) **3** battente (*di porta*) **4** spira (*di serpente, ecc.*) **5** (*anat.*) plica; piega.
fold (2) [fould], *n.* **1** ovile; addiaccio; stabbio **2** gregge (*anche fig.*) **3** fedeli ● (*anche fig.*) **to return to the f.**, tornare all'ovile.
to fold (2) [fould], *v. t.* **1** chiudere (*pecore*) nell'ovile **2** fare stabbiare (*pecore, ecc.*) **3** (*agric.*) stabbiare (*il terreno*).
foldaway ['fouldəwei], *a.* pieghevole; che si può piegare e riporre.
folder ['fouldə*], *n.* **1** piegatore, piegatrice **2** cartella (*di cartone, per tenervi fogli*); carpetta **3** dépliant; pieghevole **4** (*tipogr. anche* **folding machine**) (macchina) piegafogli **5** pince-nez.
folding ['fouldiŋ], **A** *n.* (*anche geol.*) piegamento. **B** *a.* pieghevole (*V.* **to fold (1)**).
foliaceous [ˌfouli'eiʃəs], *a.* (*bot.*) fogliaceo; simile a foglia.
foliage ['fouliidʒ], *n.* (*bot., archit.*) fogliame. ● (*bot.*) **f. leaf**,

foglia □ **f. plant**, pianta da fogliame □ (*arte*) **painted f.**, frappa.
foliaged ['fouliidʒd], *a.* (*nei composti*) dal fogliame: **dark-f.**, dal fogliame scuro.
foliar ['fouliə*], *a.* (*bot.*) fogliare; di (*o* simile a) foglia.
foliate ['fouliit], *a.* simile a foglia; che ha foglie; fronzuto.
to foliate ['foulieit], **A** *v. t.* **1** (*mecc.*) ridurre (*un metallo*) in lamine **2** (*archit.*) decorare con foglie **3** numerare i fogli di (*un libro*). **B** *v. i.* **1** metter le foglie **2** dividersi in lamine; sfaldarsi. ● (*miner.*) **foliated tellurium**, tellurio auropiombifero.
foliation [ˌfouli'eiʃən], *n.* **1** (*bot.*) fogliazione **2** (*geol.*) foliazione **3** (*mecc.*) riduzione in lamine mediante battitura (*d'un metallo*) **4** numerazione dei fogli (*d'un libro*).
folio ['fouliou], *n.* (*pl.* **folios**) **1** (*tipogr.*) foglio; pagina in-folio **2** (*anche* **f. volume**, **volume in folio**) volume in-folio **3** (*tipogr.*) numero di pagina **4** (*rag.*) pagina, foglio intero (*di registro contabile*).
foliole ['foulioul], *n.* (*bot.*) fogliolina (*parte di foglia composta*).
folk [fouk], **A** *n.* (*pl.* **folk, folks**) **1** (*arc.*) popolo; razza; tribù **2** gente: **country f.**, gente di campagna; **town f.**, gente di città **3** — (*pl.*) **one's folks**, i parenti; i familiari; (*specialm.*) i genitori. **B** *a.* **1** folcloristico; popolare **2** (*specialm. mus.*) folk. ● **f. dance**, danza folcloristica □ **f. etymology**, etimologia popolare □ **f. psychology**, demopsicologia □ (*mus.*) **f. rock**, folk rock □ (*mus.*) **f.-rocker**, cantante (*o* suonatore) di folk rock □ **f. singer**, cantante folk □ **f. song**, canto popolare; canzone folk □ **the old folks at home**, i «vecchi», i genitori; i nonni.
folkie ['fouki], *n.* (*pop.*) cantante folk.
folklore ['fouklɔː*], *n.* **1** folclore; demologia **2** folclore; usi e costumi popolari; tradizioni popolari.
folklorist ['fouklɔːrist], *n.* studioso di folclore; folclorista.
folknik ['fouknik], *n.* (*pop.*) appassionato (*o* patito) di musica folk.
folksy ['fouksi], *a.* **1** del popolo; popolaresco **2** (*fam.*) socievole; cordiale **3** (*spreg.*) rozzo; sgraziato.
follicle ['fɔlikl], *n.* **1** (*anat., bot.*) follicolo **2** (*zool.*) bozzolo.
follicular [fə'likjulə*], *a.* (*anat.*) follicolare.
folliculate(d) [fə'likjuleit(id)], *a.* **1** (*anat.*) follicolare **2** (*zool.*) racchiuso in un bozzolo; provvisto di bozzolo.
folliculin [fə'likjulin], *n.* (*biol., med.*) follicolina.
to follow ['fɔlou], **A** *v. t.* **1** seguire; seguitare; imitare; conformarsi a; interessarsi di: **I cannot f. the fashion**, non riesco a seguire la moda; **I don't f. politics**, non m'interesso di politica; **to f. the rules of a game**, conformarsi alle regole d'un gioco **2** seguire; (*della polizia, ecc.*) ricercare: **I think we are being followed**, credo che qualcuno ci segua **3** (*fig.*) seguire; capire: **I didn't quite f.**, non ho capito bene **4** esercitare, fare (*un mestiere e sim.*): **He follows the plumber's trade**, fa il mestiere dell'idraulico; **to f. the law**, fare l'avvocato **5** succedere a, subentrare a (*q., in un ufficio*): **He followed his father as manager of the firm**, successe a suo padre come direttore della ditta **6** conseguire (*lett.*); derivare da; procedere da: **Disease often follows malnutrition**, spesso le malattie derivano da una cattiva nutrizione; **Superstition often follows ignorance**, la superstizione è spesso conseguenza dell'ignoranza **7** eseguire (*istruzioni, ordini*) **8** (*sport*) fare il tifo per (*una squadra*). **B** *v. i.* **1** seguire; venire dopo: **I'll f. later**, verrò dopo; (*fig.*) **I don't quite f.**, non riesco a seguire (*il tuo ragionamento, ecc.*) **2** conseguire; derivare; essere la conseguenza di: **Because he is rich, it does not f. that he is dishonest**, anche se è ricco, non ne consegue che sia disonesto. ● **to f. sb.'s advice**, seguire i consigli di q. □ **to f. after**, seguire; mettersi al seguito di; accodarsi a □ (*naut.*) **to f. the coast**, costeggiare □ **to f. st. home**, portare q.c. alle conseguenze naturali; sfruttare q.c. a fondo □ **to f. the hounds**, andare a caccia (*con i cani*) □ (*fig.*) **to f. in sb.'s footsteps** (*o* **in the wake of sb.**), seguire (*o* calcare) le orme di q. □ (*naut.*) **to f. in the wake**, seguire nella scia □ **f.-my-leader** (*USA*: **f.-the-leader**), gioco in cui ogni bambino, a turno, ripete gli atti mimati dal capofila □ **to f. one's nose**, andare dritto (al naso); andare a lume di naso □ **to f. on**, continuare; proseguire; conseguire, essere la conseguenza di (q.c.) □ **to f. out** (**a plan, ecc.**), eseguire, portare a compimento (un piano, ecc.) □ (*fam.*) **to f. the plough**, fare il contadino □ (*fam.*) **to f. the sea**, fare il marinaio □ **to f. suit**, (giocando a carte) rispondere «a colore»; (*fig.*) comportarsi come q. altro, fare lo stesso □ **to f. through**, eseguire a puntino (*istruzioni, ecc.*); portare a compimento (*o* a termine); (*sport*) accompagnare (*un colpo*) □ **to f. sb. up**, inseguire q. □ **to f. st. up**, portare q.c. a compimento; esaminare a fondo q.c.; approfittare di, sfruttare: **to f. up an initial military success**, sfruttare un successo militare iniziale.
follower ['fɔlouə*], *n.* **1** seguace; discepolo; compagno; persona del seguito **2** servitore **3** innamorato, spasimante (*specialm. d'una domestica*) **4** (*mecc.*) anello premistoppa **5** (*d'arma da fuoco*) elevatore **6** (*sport*) sostenitore; tifoso.

following ['fɔlouiŋ], **A** *a.* seguente; successivo. **B** *n.* **1** seguito (*insieme di seguaci*): **a man with a large f.**, un uomo con un grande seguito **2** (*giornalismo*) pubblico; lettori **3** (*teatr.*) uditorio; spettatori **4** (*sport*) sostenitori, tifosi; tifoseria (*fam.*). ● **the f.**, i seguenti, le seguenti persone; i sottoscritti; quel che segue (*in una enumerazione*) □ (*naut.*) **f. sea**, mare di poppa □ **f. wind**, vento in poppa.
follow-on [,fɔlou'ɔn], *n.* (*fam.*) conseguenza.
follow-through [,fɔlou'θru:], *n.* **1** esecuzione; evasione (*di una pratica, ecc.*) **2** (*sport*) accompagnamento (*di un colpo, ecc.*).
follow-up ['fɔlou-ʌp], **A** *a.* **1** successivo; ulteriore **2** (*di lettera, telefonata, ecc.*) che fa seguito a una precedente azione (un precedente contatto, ecc.). **B** *n.* **1** seguito (*di un'azione, di un articolo, ecc.*) **2** lettera (telefonata, visita, ecc.) che fa seguito a una precedente **3** (*med.*) visita di controllo (*durante la convalescenza*) **4** (*naut.*) inseguimento (*della girobussola*).
folly ['fɔli], *n.* **1** follia; pazzia; condotta stravagante **2** cosa folle; impresa da matti **3** (*pl., teatr.*) follie (*rivista*).
to **foment** [fou'ment], *v. t.* **1** (*med.*) applicare un fomento (*o* un impacco) (a.) **2** (*fig.*) fomentare; eccitare; infiammare; istigare; provocare: **The injust tax fomented rebellion**, quell'imposta ingiusta provocò la rivolta.
fomentation [,foumen'teiʃən], *n.* **1** (*med.*) fomentazione; applicazione d'impacchi **2** (*med.*) fomento; fomenta; impacco caldo **3** fomentazione; istigazione; provocazione.
fomenter [fou'mentə*], *n.* fomentatore, fomentatrice; istigatore, istigatrice.
fond [fɔnd], *a.* **1** amorevole; amoroso; affezionato; tenero; troppo indulgente; che stravede (per q.) **2** (*di desideri, speranze, ecc.*) ardente; grande; cui si tiene molto; (*anche*) vivo, ma infondato: **a f. hope**, una viva speranza; **my fondest wish**, il mio più ardente desiderio **3** (*arc. o dial.*) credulo; ingenuo; stolto. ● **to be fond of**, essere molto affezionato a; amare; voler molto bene a; essere appassionato di (*o* per); (*fam.*) avere il vizio di: **He is f. of hunting**, è appassionato per la caccia; **He's too f. of biting his nails**, ha il vizio di mangiarsi le unghie.
fondant ['fɔndənt] (*franc.*), *n.* fondente.
to **fondle** ['fɔndl], *v. t.* accarezzare; vezzeggiare; coccolare.
fondness ['fɔndnis], *n.* **1** amorevolezza; affezione; passione; tenerezza **2** inclinazione; gusto **3** (*raro*) credulità; ingenuità; stoltezza **4** propensione; (un) debole: **My little brother has a f. for lollipops**, il mio fratellino ha un debole per i lecca lecca.
fondue [fɔn'du:] (*franc.*), **A** *a.* (*cucina*) fuso. **B** *n.* fonduta.
font (1) [fɔnt], *n.* **1** fonte battesimale **2** acquasantiera **3** (*poet.*) fonte (*anche fig.*); origine **4** serbatoio dell'olio (*in una lampada*).
font (2) [fɔnt], *n.* (*tipogr.*) serie di caratteri; fonte.
fontal ['fɔntəl], *a.* **1** battesimale **2** che viene dalla fonte (*fig.*); originario; originale; primario.
fontanel(le) [,fɔntə'nel], *n.* (*anat.*) fontanella.
food [fu:d], *n.* **1** alimento, nutrimento (*anche fig.*); cibo; vitto; viveri; provviste; (il) mangiare; mangime (*per animali*): **good f.**, vitto buono; buona cucina; **mental f.**, nutrimento per la mente **2** (*fig.*) argomento; materia; oggetto: **f. for thought** (*per meditation*), argomento (*o* soggetto) di meditazione □ **f. card**, tessera annonaria □ **f. chemistry**, chimica bromatologica (*o* degli alimenti) □ **f. colour**, colorante per alimenti; colorante consentito □ **f. controller**, funzionario addetto all'annona (*in tempo di guerra*) □ (*fig.*) **f. for powder**, carne da cannone □ (*agric.*) **f. grains**, cereali per alimentazione (umana) □ **f. industry**, industria alimentare □ (*ind.*) **f. machinery**, macchine per le industrie alimentari e conserviere □ **f. manufacturing**, V. **f. industry** □ (*med.*) **f. poisoning**, intossicazione alimentare □ **f. rationing**, razionamento dei generi alimentari □ **f. science**, tecnologia degli alimenti; scienza dell'alimentazione; dietetica □ (*USA*) **f. stamp**, buono viveri: **the f.-stamp program**, il programma d'assistenza con buoni viveri (*per i poveri*) □ (*fig.*) **to be f. for fishes**, essere cibo per i pesci (*essere annegato*) □ **to be f. for worms**, essere cibo per i vermi; essere morto □ **to be off one's f.**, soffrire d'inappetenza.
foodless ['fu:dlis], *a.* senza cibo. ● **to go f.**, rimanere digiuno.
foodstuffs ['fu:dstʌfs], *n. pl.* generi alimentari; derrate alimentari.
fool (1) [fu:l], **A** *n.* **1** sciocco; stolto; stupido; allocco **2** (*un tempo*) buffone; giullare. **B** *a.* (*fam. USA*) sciocco, scemo. ● **f.'s cap**, berretto da buffone (*o* da giullare); berretto conico (*imposto a uno scolaro zuccone*) □ **a f.'s errand**, un'impresa insensata; un giro inutile □ **to be a f. for one's pains**, darsi da fare per nulla; affannarsi senza alcun risultato □ (*miner.*) **f.'s gold**, pirite di ferro □ (*fam.*) **a f. to oneself**, un fesso; un minchione (*pop.*) □ **All Fools' Day**, il primo aprile □ **April f.**, persona a cui viene fatto un pesce d'aprile; gonzo □ **to live in a f.'s paradise**, vivere in un paradiso artificiale (*o* nel mondo della luna); chiudere gli occhi alla realtà □ **to make a f. of sb.**, imbrogliare q.; raggirare q.; prendere in giro q.; farsi gioco di q.
□ **to be no f.** (*o* **nobody's f.**), non essere mica fesso □ **to play the f.**, fare il buffone; fare lo stupido; comportarsi da sciocco; fare delle sciocchezze □ (*prov.*) **A f.'s bolt is soon shot**, gli sciocchi hanno poche frecce al loro arco (*fig.*) □ (*prov.*) **No f. like an old f.**, non v'è stupido peggiore d'un vecchio stupido (*detto soprattutto di vecchi innamorati*) □ (*prov.*) **Every man is a f. or a physician at thirty**, un uomo assennato fa da medico a se stesso.
to **fool** [fu:l], **A** *v. i.* **1** fare il buffone (*o* lo stupido); comportarsi da sciocco **2** scherzare; non fare sul serio. **B** *v. t.* imbrogliare; ingannare; raggirare; prendere in giro; fare fesso (*pop.*). ● **to f. about** (*USA:* **to f. around**), fare lo stupido; perdere tempo in sciocchezze □ **to f. about** (*o* **around**) **with**, scherzare con (*i sentimenti di q.*); fare lo stupido, amoreggiare con (*una ragazza*); armeggiare con (*attrezzi, macchine, ecc.*) □ **to f. away**, sciupare, sperperare (*tempo, denaro, ecc.*) □ **to f. sb. into doing st.**, persuadere con inganni q. a fare q.c. □ **to f. st. out of sb.**, ottenere q.c. da q., con la frode □ **to f. sb. out of st.**, frodare q. di q.c.
fool (2) [fu:l], *n.* frutta cotta, ricoperta di panna montata.
foolery ['fu:ləri], *n.* **1** stupidità; idiozia; insensatezza **2** stupidaggine; scempiaggine; fesseria (*pop.*).
foolhardiness ['fu:l,ha:dinis], *n.* avventatezza; temerità.
foolhardy ['fu:l,ha:di], *a.* avventato; temerario.
fooling ['fu:liŋ], *n.* buffonate; scempiaggini; sciocchezze.
foolish ['fu:liʃ], *a.* sciocco; stupido; stolto; insensato; assurdo; ridicolo: **a f. answer**, una risposta insensata. ● **He is a f. fellow**, è uno stupido □ **How f. of you!**, che sciocchezza da parte tua!
foolishness ['fu:liʃnis], *n.* sciocchezza; stupidità; stoltezza; scempiaggine; insensatezza; assurdità; ridicolaggine.
foolproof ['fu:l-pru:f], *a.* **1** (*di apparecchio e sim.*) di semplice funzionamento; sicurissimo **2** (*di metodo*) infallibile **3** (*di avvertimento, ecc.*) chiarissimo; semplicissimo.
foolscap ['fu:lzkæp], *n.* carta protocollo.
foot [fut], *n.* (*pl.* **feet**) **1** piede (*quasi in ogni senso*; *anche in poesia*; *misura di lunghezza pari a cm 30,48*); piè; zampa; base; parte più bassa; fondo; coda (*fig.*): **the f. of a hill**, il piede d'un colle; **at the f. of the page**, a piè di pagina; **The child slept at the f. of the bed**, il fanciullo dormiva da piedi (del letto); **an iambic f.**, un piede giambico; **This pupil is at the f. of the class**, questo scolaro è in coda alla classe; **a basketball player six foot four**, un giocatore di pallacanestro alto sei piedi e quattro pollici (m 1,90 circa); **a ten-f. pole**, una pertica di dieci piedi (3 metri circa) **2** passo: **He has a light f.**, ha il passo leggero; **He is swift of f.**, ha il passo veloce **3** (*archit.*) base; zoccolo **4** (*mil., stor.; pl. invar.*) fanteria: **a captain of f.**, un capitano di fanteria; **f. and horse**, fanteria e cavalleria **5** (*chim.: pl.* **foots**) residuo; sedimento **6** (*ferr.*) base, suola (*della rotaia*). ● (*vet.*) **f.-and-mouth** (*disease*), afta epizootica □ **f. bath**, pediluvio □ (*sport*) **f. bindings**, attacchi (per sci) □ (*mecc.*) **f. brake**, freno a pedale □ **f.-bridge**, passerella □ (*mecc.*) **f. drill**, trapano a pedale □ **f. gear**, calzature □ **f. guard**, predellino (*fra le rotaie*) □ **f.-hills**, colline pedemontane □ (*fam., scherz.*) **f.-in-mouth habit** (*o* **disease**), abitudine di fare delle gaffes □ **f.-mark**, impronta (d'un piede); orma □ **f.-muff**, scialle per i piedi □ **f.-pace**, passo (*normale, non di corsa*); piattaforma, predella □ **f.-page**, paggio; fattorino □ **f.-pan**, vaschetta per pediluvi □ **f.-passenger**, pedone □ **f.-path**, sentiero (*o* marciapiede, passaggio) pedonale □ (*ferr.*) **f.-plate**, piattaforma del macchinista e del fuochista □ (*mecc.*) **f.-pound**, piede libbra-forza □ **f.-race**, corsa; gara podistica □ **f. rot**, (*vet.*) malattia dei piedi del bestiame; zoppina lombarda (*delle piante*) marciume pedale □ **f. rule**, regolo lungo un piede (30,48 cm); metro da muratore, falegname, ecc. □ (*pop.*) **f.-slogger**, camminatore; fantaccino □ (*mil.*) **a f. soldier**, un soldato di fanteria; un fantaccino □ **f.-stone**, pietra delle fondamenta; prima pietra □ **f.-warmer**, scaldapiedi □ **f.-way**, V. **f.-path** □ **f.-wear**, calzature; calze, calzini □ **at f.**, in calce (*anche fig.*) □ **at one's feet**, ai propri piedi □ **at the f. of a hill** (**mountain**, ecc.), ai piedi di un colle (monte, ecc.) □ **to be carried with one's feet foremost**, essere portato con i piedi avanti (alla sepoltura) □ **to carry** (*o* **to sweep**) **sb. off his feet**, rovesciare q.; (*fig.*) entusiasmare q. □ (*fig.*) **to die on one's feet**, morire (*o* crollare) all'improvviso □ (*fig., fam.*) **to fall on one's feet**, cadere in piedi (come i gatti) □ (*fam.*) **to get cold feet**, prendersi paura □ (*fig.*) **to get a f. in the door**, farsi un'entrata □ (*fam.*) **to get a f. in st.**, inserirsi in, entrare a far parte di q.c. □ (*fam.*) **to get to one's feet**, alzarsi (in piedi) □ **to go at a f.'s pace**, andare al passo; camminare □ (*fam.*) **to have cold feet**, avere fifa (*o* paura) □ **to have one f. in the grave**, avere un piede nella tomba □ **to keep one's feet**, rimanere in piedi; non perdere l'equilibrio (*fig.*) □ **to keep a f. in both camps**, tenere il piede in due staffe □ (*fig.*) **to know** (*o* **to find**) **the length of sb.'s f.**, (imparare a) conoscere il debole di q.; sapere per che verso prendere q. □ **to measure sb.'s f. by one's own last**, giudicare gli altri sul proprio metro

(*o* prendendo se stessi a paragone) □ (*fam.*) **My f.!**, un corno!; un accidente! □ **on f.**, a piedi; in movimento; in azione; (*di progetto e sim.*) in preparazione, allo studio □ **on one's feet**, in piedi; in buona salute; agiato, finanziariamente indipendente □ (*fam.*) **to put one's best f. forward**, camminare (*o* correre) a tutta velocità; fare del proprio meglio; cercare di fare bella figura **to put one's f. down**, (*autom.*) schiacciare l'acceleratore; (*fig.*) puntare i piedi □ (*fig., fam.*) **to put one's f. in it** (*o* **in one's mouth**), fare una gaffe, dire uno sproposito, farla bella □ (*fam.*) **to put one's feet up**, stendere le gambe □ **to put a f. wrong**, mettere un piede in fallo □ **to rise to one's feet**, alzarsi in piedi □ **to set st. on f.**, dare l'avvio a q.c. □ **to set** (*o* **to put, to have**) **one's f. on the neck of sb.**, mettere (*o* tenere) i piedi sul collo di q.; opprimere q. □ **to tread under f.**, calpestare; opprimere □ **under f.**, per terra; tra i piedi, nel mezzo; sotto i piedi; in proprio potere □ (*fig.*) **to vote with one's feet**, esprimere il proprio dissenso andandosene (emigrando, fuggendo, non facendo q.c., ecc.) □ **It's very wet under f.**, il terreno (*o* il pavimento) è molto umido □ **No need to talk on our feet!**, ma perché parlare in piedi?; possiamo anche sederci (per parlare)!
to foot [fut], **A** *v. t.* **1** ballare; danzare: **to f. the floor**, ballare (sul pavimento) **2** rifare il piede a (*una calza*) **3** (*fam.*) pagare: **I footed the bill**, pagai il conto. **B** *v. i.* **1** ballare; danzare **2** andare a piedi; camminare. ● **to f. it**, ballare, camminare, andare a piedi; ballare, danzare □ **to f. up an account**, fare la somma (delle varie voci di un conto) □ **to f. up to**, ammontare a.
footage ['futidʒ], *n.* **1** lunghezza espressa in piedi **2** (*cinem.*) metraggio.
football ['futbɔ:l], *n.* (*sport*) **1** pallone (*da calcio*) **2** gioco del calcio (**association f.**; *fam.* **soccer**) **3** rugby; pallovale (**rugby f.**). **4** (*USA*) football americano **5** (*USA*) palla ovale **6** (*fam. USA*) patata bollente (*fig.*) **7** – (*fam. USA*) **the f.**, la borsa nera con i codici elettronici (*per il lancio dei missili intercontinentali a testata nucleare*). ● **f. club**, società calcistica □ **f. pitch**, campo di calcio □ **f. pools**, totocalcio.
footballer ['futbɔ:lə*], *n.* (*sport*) **1** giocatore di calcio; calciatore **2** giocatore di rugby; rugbista **3** (*USA*) giocatore di football (americano)
footboard [,futbɔ:d], *n.* **1** predellino (*d'automobile, ecc.*) **2** pedana.
footboy ['futbɔi], *n.* paggio; fattorino; valletto.
footed ['futid], *a.* (*nei composti*) che ha un certo numero di piedi: **four-f.**, quadrupede. ● **bare-f.**, a piedi nudi.
footer [futə*], *n.* **1** (*nei composti*) chi è alto un certo numero di piedi **2** (*pop. ingl., raro*) gioco del calcio. ● **He is a six-f.**, è un uomo alto sei piedi (più di un metro e 80).
footfall ['futfɔ:l], *n.* rumore di piedi; passo; pedata.
foothold ['futhould], *n.* **1** appiglio; punto d'appoggio (*per es., in una scalata*) **2** (*fig.*) posizione sicura; credito: **The rumour had gained a f.**, la voce aveva trovato credito. ● **to lose one's f.**, perdere l'equilibrio.
footie ['futi], *V.* **footsie**.
footing ['futiŋ], *n.* **1** punto d'appoggio, appiglio (*per il piede*): **The climber lost his f. and nearly fell from the wall**, lo scalatore perse l'appiglio (*o* mise un piede in fallo) e per poco non cadde dalla parete; **The ice wall provided no f.**, la parete ghiacciata non offriva punto dove i piedi potessero far presa **2** (*fig.*) base; posizione; appoggio: **to get a good f. in society**, farsi una buona posizione in società; **This firm must be put on a sound f.**, bisogna porre quest'azienda su basi solide **3** rapporto; relazione: **to be on a confidential f. with sb.**, essere in rapporti confidenziali con q. **4** (il fare il piede a una calza; materiale usato a tale scopo **5** (*anche* **f.-up**) l'addizionare; il totale che ne risulta **6** (*edil.*) plinto (*di fondazione*); fondamento (*d'una colonna, d'un muro*); allargamento di muro (*o* di pilastro). ● (*fig.*) **to gain a f.**, prender piede □ **to miss one's f.**, mettere il piede in fallo □ (*fig.*) **on an equal f.**, su un piano di parità □ (*arc.*) **to pay** (**for**) **one's f.**, pagare per essere ammesso in una società (*o* un circolo, ecc.) □ **The army** (**the country**) **is on a wartime f.**, l'esercito (il paese) è sul piede di guerra.
to footle ['fu:tl], *v. i.* (*fam.*) fare lo stupido; dire sciocchezze. ● **to f. about**, gingillarsi; perdere tempo □ **to f. st. away**, sprecare q.c. stupidamente.
footle [ˈfu:tl], *n.* (*fam.*) idiozia; stupidaggine; sciocchezza.
footless ['futlis], *a.* **1** senza piedi **2** (*fig.*) senz'appiglio; senza fondamento; infondato **3** inetto; buono a nulla.
footlights ['futlaits], *n. pl.* **1** luci della ribalta **2** (*fig.*) il teatro; le scene; il mestiere dell'attore.
footling ['fu:tliŋ], *a.* (*fam.*) **1** stupido; sciocco **2** insignificante.
footloose ['fu:tlu:s], *a.* **1** libero; indipendente: **to be f. and fancy free**, essere libero e senza legami (*specialm. di cuore*) **2** nomade.
footman ['futmən], *n.* (*pl.* **footmen**) **1** domestico in livrea; lacchè; valletto **2** (*arc.*) fante; fantaccino.
footnote ['futnout], *n.* nota a piè di pagina; nota in calce.

to footnote [futnout], *v. t.* corredare di note in calce; annotare.
footpad ['fu:tpæd], *n.* **1** grassatore; predone **2** (*miss.*) piede (*di veicolo o modulo lunare*).
footprint ['futprint], *n.* impronta di piede; orma; pedata.
footsie ['fu:tsi], *n.* (*pop.*) piedino: **to play f. under the table**, far piedino sotto la tavola. ● **to play f. with sb.**, flirtare di nascosto con q.
to foot(-)slog ['fu:tslɔg], *v. i.* (*fam.*) camminare (*o* marciare) faticosamente.
footsore ['futsɔ:*], *a.* che ha male ai piedi; coi piedi doloranti.
footstalk ['futstɔ:k], *n.* (*bot., zool.*) peduncolo; picciolo.
footstep ['futstep], *n.* **1** passo **2** impronta di piede; orma: **to follow in sb.'s footsteps**, seguire le orme di q.; imitare q. **3** (*spesso pl.*) rumore di passi: **to hear footsteps**, sentire rumore di passi **4** predellino (*di carrozza, ecc.*).
footstool ['futstu:l], *n.* sgabello (*per i piedi*); poggiapiedi.
footsure ['fut-ʃuə*], *a.* saldo sui piedi.
footwarmer ['fut,wɔ:mə*], *n.* scaldapiedi; scaldino.
footwell ['fu:twel], *n.* (*autom., mecc.*) alloggiamento del freno (*a pedale*).
footwork ['futwə:k], *n.* **1** movimento dei piedi (*nella danza, ecc.*) **2** (*pugilato*) lavoro (*o* gioco) di gambe.
to foozle ['fu:zl], *v. t.* (*fam.*) **1** abborracciare; pasticciare **2** (*golf*) sbagliare (*un colpo*).
foozle ['fu:zl], *n.* (*fam.*) **1** abborracciatura; pasticcio (*fig.*) **2** (*golf*) colpo sbagliato **3** persona maldestra; pasticcione.
fop [fɔp], *n.* bellimbusto; damerino; elegantone; zerbinotto.
foppery ['fɔpəri], *n.* affettazione; fatuità; frivolezza; posa; smanceria; vanità.
foppish ['fɔpiʃ], *a.* affettato; fatuo; frivolo; vanitoso.
foppishness ['fɔpiʃnis], *V.* **foppery**.
for (1) [fɔ:*, fə*], *prep.* (*compl. di tempo, direzione, scopo, prezzo, causa, ecc.*) **1** per: **to dress for dinner**, vestirsi (da sera) per il pranzo; **He went for the doctor**, andò per il medico; **I bought it for ten thousand pounds**, l'ho comprato per diecimila sterline; **the train (bus, etc.) for London**, il treno (l'autobus, ecc.) per Londra; **a machine for milking cows**, una macchina per mungere le mucche; **He was punished for stealing**, fu punito per aver rubato; **Are you for or against war?**, sei per la guerra o contro?; **to be mistaken for sb.**, essere scambiato per un altro; **He is just the man for us**, è proprio l'uomo che fa per noi; **I drove for hours**, guidai per ore; **My kingdom for a horse!**, il mio regno per un cavallo!; **to return blow for blow**, rendere colpo per colpo **2** a; adatto a: **He is fit for nothing**, non è buono a nulla; **Sea air is good for children**, l'aria marina fa bene ai bambini; **substituted for**, sostituito a; **He is the man for the job**, è l'uomo adatto a quel lavoro (*o* a quel posto); **It's bad for him to smoke**, gli fa male fumare **3** di: **a longing for praise**, un ardente desiderio di elogi; **anxious for peace**, ansioso di pace; **a cheque for ten pounds**, un assegno di dieci sterline; **eager for news**, desideroso di notizie; **a desire for fame**, un grande desiderio di fama **4** per; come; in qualità di; a mo' di; da: **This room serves for my study**, questa stanza mi serve da studio; **for my part**, per me; da parte mia; **This meat is not fit for food**, questa carne non è adatta come cibo; (*tel.*) **A for Andrew**, «a» come Ancona **5** in relazione; in rapporto a; come per: **She is clever for a child**, è brava come (*o* per essere una) bambina; **It's very cool for a summer day**, è molto fresco per (essere) una giornata d'estate **6** a dispetto di; nonostante; con: **He is still poor for all he has worked**, con tutto il lavoro che ha fatto è ancora povero; **for all that**, con tutto ciò; a dispetto di tutto ciò; **for all you say**, nonostante ciò che dici **7** (*nella* «duration form») da (*o idiom.*): **I have been waiting for an hour**, aspetto da un'ora; è un'ora che aspetto; **It hadn't rained for two weeks**, non pioveva da due settimane; erano due settimane che non pioveva **8** (*seguito da compl. ogg. e inf.; è idiom.:*) **It's necessary for you to leave at once**, è necessario che tu parta subito; **It's impossible for him to go now**, è impossibile ch'egli vada ora; gli è impossibile andare ora; **I stood aside for him to pass**, mi feci da parte perché potesse passare. ● (*Borsa*) **for the account**, a termine □ **for all**, sebbene; malgrado; benché: **For all he dislikes me, I like him**, sebbene non mi abbia in simpatia, a me è simpatico □ **for all I know**, per quel che so □ **for all the world**, esattamente; proprio: **It looked for all the world like a whale**, sembrava proprio una balena □ **for ever (and ever)**, per sempre; per l'eternità □ **for fear that**, per paura che: **He was walking quickly for fear that he should be late**, camminava in fretta per paura di far tardi □ **for God's sake**, per amor di Dio □ **for good (and all)**, per sempre; una volta per tutte: **I'll leave for good**, me ne andrò per sempre; **I want the matter settled for good**, voglio che la faccenda sia sistemata una volta per tutte □ **for life**, per tutta la vita; a vita □ **for the most part**, per la maggior parte □ **for oneself**, da solo; da sé; per conto proprio; **I can shift for myself**, posso arrangiarmi da solo □ **for the present**, per il momento, per ora

☐ **for sale**, in vendita ☐ **for that matter**, quanto a questo: **I can walk, for that matter**, posso anche andare a piedi, quanto a questo ☐ **for the time being**, per il momento; per ora: **Take this for the time being; later I'll give you more**, per ora prendi questo; poi te ne darò ancora ☐ **for want** (*o* **lack**) **of**, per mancanza di ☐ **as for me** (**him, her, etc.**), quanto a me (a lui, a lei, ecc.) ☐ **to ask for sb.**, chiedere di q. ☐ **to ask for st.**, chiedere q.c. ☐ **but for**, se non fosse (stato) per: **But for your help, I should have failed**, se non fosse stato per il tuo aiuto, avrei fatto fiasco ☐ **to care for**, amare; voler bene a; essere appassionato per ☐ **a change for the better** (**for the worse**), un cambiamento in meglio (in peggio) ☐ (*pop.*) **to go for sb.**, attaccare q.; dare addosso a q. ☐ **to go for a walk**, andare a fare una passeggiata ☐ **to be hard up for money**, essere a corto di denaro ☐ **to hope for fine weather**, sperare nel (*o* che faccia) bel tempo ☐ **to hunger for knowledge**, essere assetato di sapere ☐ (*fam.*) **to be in for trouble**, stare per passare dei guai ☐ **to know for a fact**, sapere per certo ☐ **to make for**, dirigersi verso ☐ **once** (**and**) **for all**, una volta per tutte ☐ **to be out for**, andare in cerca di: **You are out for trouble**, tu vai in cerca di guai ☐ **to pay for st.**, pagare q.c.: **How much did you pay for it?**, quanto l'hai pagato? ☐ **to send for sb.**, mandare a chiamare q. ☐ **to speak for oneself**, parlare per sé (*o* a titolo personale) ☐ **to be tried for one's life**, essere processato per un reato per cui è prevista la pena di morte ☐ **to win a name for oneself**, farsi un nome ☐ **to work for one's living**, lavorare per vivere ☐ (*fam.*) **Now you are in for it!**, l'hai fatta bella (*o* grossa)!; vedrai che cosa ti succede, ora! ☐ **Alas for him**, ahilui!; poveretto! ☐ **Do it for my sake**, fallo per me; fallo per amor mio ☐ (**Fie**) **for shame!**, vergogna! ☐ **He is not long for this world**, ha ancora poco da campare; morirà presto ☐ **He sits** (*o* **is the member**) **for Chester**, è deputato di Chester ai Comuni ☐ **Hold it for certain**, stanne certo! ☐ **I for one do not believe it**, io (per me) non ci credo ☐ **It is for you to make the** (*o* **a**) **move**, sta a te prendere l'iniziativa ☐ **It's good enough for me**, per me, va bene ☐ **It's time for school**, è ora d'andare a scuola ☐ **I wouldn't do it for the world**, non lo farei per tutto l'oro del mondo ☐ **Now for it!**, e ora, a noi (al lavoro, ecc.)! ☐ **Oh, for wings!**, se avessi le ali!; se potessi volare! ☐ **There is nothing for it but to surrender**, non c'è altro da fare che arrendersi ☐ **Things look bad for you**, le cose si mettono male per te ☐ **You can take my word for it**, puoi credermi sulla parola; puoi starne certo.

for (2) [fɔ:*, fə*], *cong.* perché; poiché; siccome: **He did not run away, for he was a brave man**, non fuggì, poiché era un uomo coraggioso.

forage ['fɔridʒ], *n.* foraggio. ● (*mil.*) **f. cap**, berretto a busta; bustina ☐ (*agric.*) **f.-harvester**, raccoglitrice di foraggi (*macchina*) ☐ (*di soldati, ecc.*) **on the f.**, in cerca di foraggi e vettovaglie.

to forage ['fɔridʒ], **A** *v. i.* **1** (*mil.*) cercare foraggi e vettovaglie **2** cercare; rovistare: **to f.** (**about**) **in the kitchen for st. to eat**, rovistare in cucina in cerca di q.c. da mangiare. **B** *v. t.* **1** (*mil.*) depredare; saccheggiare **2** provvedere di foraggio; foraggiare.

forager ['fɔridʒə*], *n.* (*mil., stor.*) foraggiere.

foramen [fə'reimən], *n.* (*pl.* **foramina, foramens**) (*specialm. anat., zool.*) forame; foro; orifizio.

forasmuch as [fərəz'mʌtʃ], *cong.* (*lett.*) giacché; poiché; considerato che; dato che (*fam.*).

foray ['fɔrei], *n.* **1** (*mil.*) incursione; scorreria **2** (*fig.*) attacco **3** (*fig.*) tentativo: **a f. into painting**, un tentativo di fare della pittura.

to foray ['fɔrei], **A** *v. i.* (*mil.*) fare un'incursione (*o* una scorreria). **B** *v. t.* (*arc.*) depredare; saccheggiare.

forbad [fə'bæd], **forbade** [fə'beid], *pass.* di **to forbid**.

forbear [ˈfɔ:bɛə*], *n.* (*di solito al pl.*) antenato; progenitore.

to forbear [fɔ:'bɛə*] (*pass.* **forbore**, *p. p.* **forborne**), *v. t.* e *i.* **1** astenersi (da); evitare (di); fare a meno (di); trattenersi (da): **to f. from asking questions**, evitare di porre domande; **to f. to strike a man**, trattenersi dal colpire un uomo **2** mantenersi calmo; restar padrone di sé **3** (*arc.*) pazientare; sopportare.

forbearance [fɔ:'bɛərəns], *n.* indulgenza; pazienza; sopportazione; tolleranza. ● **f. from doing** (*o* **to do**) **st.**, l'astenersi dal (*o* l'evitare di) fare q.c.

forbearing [fɔ:'bɛəriŋ], *a.* paziente; indulgente; tollerante.

to forbid [fə'bid] (*pass.* **forbade, forbad**, *p. p.* **forbidden**), *v. t.* **1** impedire; interdire; proibire; vietare: **He was forbidden wine**, gli è stato proibito il vino; **Civil servants are forbidden to engage in any form of business**, ai funzionari statali è fatto divieto d'intraprendere qualsiasi attività commerciale **2** vietare l'accesso a; bandire da: **The queen forbade him the court**, la regina lo bandì dalla corte. ● **God forbid!**, Dio non voglia!; Dio ne scampi e liberi!

forbiddance [fə'bidəns], *n.* divieto; proibizione.

forbidden [fə'bidn], **A** *p. p.* di **to forbid**. **B** *a.* proibito; vietato: (*relig.* e *fig.*) **f. fruit**, frutto proibito. ● **the f. city**, la città proibita ☐ (*leg.*) **f. degrees**, gradi di parentela fra i quali è proibito il matrimonio ☐ **f. ground**, luogo a cui è fatto divieto d'accesso; (*fig.*) argomento tabù.

forbidding [fə'bidiŋ], *a.* **1** arcigno; bieco; torvo: **a f. glance**, uno sguardo bieco **2** repellente; sgradevole; scostante: **a f. landscape**, un paesaggio sgradevole **3** di difficile accesso; inaccessibile; impervio **4** (*del tempo, ecc.*) minaccioso.

forbiddingness [fə'bidiŋnis], *n.* l'essere arcigno (*o* bieco); l'essere repellente, repulsione (*V.* **forbidding**).

forbore [fɔ:'bɔ:*], *pass.* di **to forbear**.

forborne [fɔ:'bɔ:n], *p. p.* di **to forbear**.

force (1) [fɔ:s], *n.* **1** forza; energia; potenza; vigore; validità; efficacia: (*fis.*) **the f. of gravity**, la forza di gravità; **great f. of character**, grande forza di carattere; **the f. of habit**, la forza dell'abitudine; **the f. of an explosion**, la potenza di un'esplosione; **This law is still in f.**, questa legge è ancora in vigore; **You described it with much f.**, descrivesti la cosa con grande efficacia **2** forza; significato; valore: **the f. of a word**, il valore d'una parola **3** gruppo; associazione; organizzazione (*d'una certa ampiezza*): **a small f. of doctors**, un gruppetto di dottori; una piccola unità medica; **a sales f.**, un'organizzazione per la vendita di prodotti **4** (*in senso lato*) convenienza; utilità: **I can't see the f. of doing what one dislikes**, non vedo l'utilità di fare quello che non mi piace **5** (*mil.*) reparto; (*pl.*) forze: **police forces**, forze di polizia **6** impeto; intensità; furia; violenza: **the f. of the wind**, l'intensità del vento; **the f. of the storm**, la violenza del temporale **7** – **the F.**, la forza pubblica **8** – (*mil.*) **the** (**Armed**) **Forces**, le Forze armate: **a Forces show**, uno spettacolo per le Forze armate. ● (*mecc.*) **f. feed**, lubrificazione forzata ☐ (*elettron.*) **f. feedback**, retroazione meccanica ☐ (*ing.*) **f. gauge**, dinamometro ☐ (*ing.*) **f. main**, tubazione di mandata ☐ (*mecc.*) **f. pump**, pompa premente ☐ (*mil.*) **air f.**, aeronautica militare ☐ **to bring** (*o* **to put**) **into f.**, far entrare in vigore, promulgare (*una legge*) ☐ **by f.**, a forza; per forza ☐ **by f. of**, a forza di; per mezzo di ☐ **by main f.**, a viva forza ☐ **in f.**, (*mil.*) in forze, in gran numero; (*leg.*) in vigore ☐ **to be in great f.**, essere in forze; essere forte (*o* vigoroso) ☐ (*d'una legge*) **to come into f.**, andare (*o* entrare) in vigore ☐ (*anche mil.*) **to join forces with sb.**, unire le proprie forze a quelle di q.; unirsi a q. ☐ (*mil.*) **land forces**, forze di terra; effettivi terrestri ☐ (*mil.*) **landing forces**, truppe da sbarco ☐ (*mil.*) **sea forces**, forze di mare; effettivi navali.

to force [fɔ:s], *v. t.* **1** forzare; costringere; obbligare; sforzare; conquistare; prendere con la forza: **He forced me to leave**, mi costrinse a partire; **to f. a lock** (**a door**), forzare una serratura (scassinare una porta); **to f. one's voice**, forzare la voce; **to f. the pace** (**the running**), forzare il passo (l'andatura); (*mecc.*) **to f. a bolt**, sforzare un dado; **to f. a pass** (**the enemy's stronghold, etc.**), forzare un valico (prendere con la forza un caposaldo nemico, ecc.); **to f. a pupil's mind**, sforzare la mente d'uno scolaro **2** usar violenza a, violentare (*una donna*) **3** strappare (*con la forza o fig.*): **I forced the knife from** (*o* **out of**) **his hands**, gli strappai il coltello dalle mani; **The story forced tears from her eyes**, il racconto le strappò le lacrime; **to f. the facts out of sb.**, strappare la verità a q. **4** – **to f. on** (*o* **upon**), imporre a; costringere (q.) ad accettare (q.c.): **He forced his attentions on the girl**, impose la sua corte alla ragazza; **He forced his presents on us**, costrinse tutti noi ad accettare i suoi doni **5** (*agric.*) affrettare la crescita di (*una pianta; con concime speciale, in serra, ecc.*); accelerare la maturazione di (*un frutto*); forzare **6** (*fig.*) accelerare la preparazione di (*uno studente*) **7** (*elab.*) forzare. ● **to f. an analogy** (*o* **a simile**), stiracchiare un'analogia; fare una similitudine tirata per i capelli; fare un paragone forzato ☐ **to f. back**, respingere; fare indietreggiare ☐ (*comm.*) **to f. the bidding**, far salire le offerte (*a un'asta*) ☐ **to f. a confession out of sb.**, strappare a q. una confessione ☐ **to f. down**, far discendere; far calare (*prezzi, ecc.*); costringere (*un aereo*) ad atterrare ☐ **to f. the game**, forzare il gioco ☐ (*leg.*) **to f. an entry**, entrare con la forza ☐ (*fig.*) **to f. sb.'s hand**, forzare la mano a q. ☐ **to f. in**, far entrare per forza; conficcare (*un palo, ecc.*) ☐ **to f. sb. into st.**, far fare q.c. a q., con la forza; costringere q. a fare q.c. ☐ **to f. a passage**, aprirsi un varco ☐ **to f. the** (*o* **one's**) **pace**, forzare l'andatura (*o* il passo); accelerare ☐ **to f. sb.'s pace**, fare fretta a q.; (*fig.*) sollecitare q. ☐ **to f. out**, scacciare; spingere fuori ☐ **to f. an answer out of sb.**, costringere q. a rispondere ☐ (*rugby*) **to f. an overlap**, imporre (*agli avversari*) una situazione di superiorità numerica ☐ **to f. a smile**, fare un sorriso forzato ☐ **to f. up**, far salire; fare aumentare (*prezzi, ecc.*) ☐ **to f. one's way through a crowd**, farsi largo fra una folla ☐ **to f. a word**, forzare il significato d'una parola.

force (2) [fɔ:s], *n.* (*ingl. sett.*) cascata (*d'acqua*).

forced [fɔ:st], *a.* **1** forzato; costretto; obbligato **2** forzato; artefatto; innaturale. ● **to be f. to do st.**, essere costretto (obbligato, ecc.) a fare q.c. ☐ (*mecc.*) **f. draft**, tiraggio forzato ☐ (*autom.*,

mecc.) **f.-feed lubrication**, lubrificazione forzata □ **f. labour**, lavoro forzato □ (*aeron.*) **f. landing**, atterraggio forzato □ (*fin.*) **a f. loan**, un prestito forzoso □ (*mil.*) **f. marches**, marce forzate □ (*leg.*) **f. sale**, vendita coatta □ (*econ.*) **f. saving**, risparmio forzato □ **a f. smile**, un sorriso forzato.
forcedly ['fɔ:sidli], *avv.* **1** forzatamente; con la coercizione; con la forza **2** con sforzo; a stento; a fatica.
to force-feed ['fɔ:sfi:d], (*pass.* e *p. p.* **force-fed**), *v. t.* **1** sottoporre (q.) ad alimentazione forzata **2** (*fig.*) imporre con la forza; propinare per forza (*una materia, un autore, ecc.*).
forceful ['fɔ:sful], *a.* forte; forte di carattere; vigoroso; energico.
forcefulness ['fɔ:sfulnis], *n.* forza; vigore; energia.
forceless ['fɔ:slis], *a.* senza forza; debole.
force majeure [fɔrs ma'ʒæ:r] (*franc.*), *n.* (*leg.*) forza maggiore.
forcemeat ['fɔ:s-mi:t], *n.* (carne da) ripieno; farcia.
forceps ['fɔ:seps], *n.* (*pl.* **forceps, forcepses, forcipes**) **1** (*med.*) forcipe **2** pinze (*da dentista*).
forcible ['fɔ:səbl], *a.* **1** fatto con la forza; forzato; forzoso: **f. repatriation**, rimpatrio forzato **2** forte; energico; efficace; vigoroso; convincente; vivido: **a f. act**, un'azione energica; un atto di forza; **a f. expression**, un'espressione efficace; **f. style**, stile vigoroso; **a f. orator**, un oratore convincente; **a f. description**, una vivida descrizione. ● (*leg.*) **f. detainer**, possesso illecito □ (*leg.*) **f. entry**, irruzione (*della polizia*).
forcibleness ['fɔ:səblnis], *n.* violenza; forza; efficacia; vigore.
forcing ['fɔ:siŋ], *n.* **1** forzatura **2** (*leg.*) effrazione; scasso **3** (*comm.*) spinta (*delle vendite*) **4** (*arti grafiche*) sviluppo forzato. ● (*agric.*) **f.-house**, serra.
ford [fɔ:d], *n.* guado.
to ford [fɔ:d], *v. t.* guadare; passare a guado.
fordable ['fɔdəbl], *a.* guadabile.
fore (1) [fɔ:*], **A** *avv.* (*naut.*) a prua; di prora; verso prua: **f. and aft**, da prua a poppa; per tutta (la lunghezza della) nave. **B** *a.* **1** anteriore; frontale; davanti: **the f. legs**, le zampe anteriori **2** (*naut.*) di prua; prodiero: **the f. part of a ship**, la parte prodiera d'una nave. **C** *n.* **1** (la) parte anteriore, frontale; (il) davanti **2** (*naut.*) prua; prora. **D** *inter.* (*nel golf*) attenzione davanti! ● (*naut.*) **f.-and-aft**, longitudinale; per chiglia □ (*naut.*) **f.-and-aft sail**, vela di taglio □ (*ind. min.*) **f. drif**, cunicolo avanzato □ (*fig.*) **to come to the f.**, mettersi in luce; farsi avanti; venire alla ribalta; diventare attuale.
fore (2) [fɔ:*], *prep.* (*poet.*) V. **before**.
fore (3) [fɔ:*], *pref.* (*per es., in*:) **f.-cited**, precitato; succitato.
forearm ['fɔ:ra:m], *n.* (*anat.*) avambraccio.
to forearm [fɔ:'ra:m], *v. t.* preparare alla difesa; premunire.
forebear ['fɔ:bɛə*], *n.* antenato; progenitore.
to forebode [fɔ:'boud], *v. t.* **1** (*raro*) predire; pronosticare **2** presagire; essere presagio di: **The sultriness of the air forebodes a storm**, l'afa che è nell'aria è presagio di tempesta **3** presentire; avere un presentimento di: **to f. a misfortune**, avere un presentimento di sventura.
foreboding [fɔ:'boudiŋ], *n.* **1** presagio (di male); (cattivo) presentimento **2** (*raro*) predizione; pronostico.
forebodingly [fɔ:'boudiŋli], *avv.* in modo da far presagire (*un disastro, ecc.*); a mo' di presagio di sventura.
forebridge ['fɔ:ˌbridʒ], *n.* (*naut.*) plancia; ponte di comando.
forecabin ['fɔ:ˌkæbin], *n.* (*naut.*) cabina di prua.
to forecast ['fɔ:-ka:st] (*pass.* e *p. p.* **forecast, forecasted**), *v. t.* prevedere; predire; pronosticare.
forecast ['fɔ:-ka:st], *n.* previsione; predizione; pronostico: **weather f.**, previsioni del tempo; bollettino meteorologico.
forecastle ['fouksl], *n.* (*naut.*) castello di prua. ● **f. deck**, ponte del castello; ponte di prua.
to foreclose [fɔ:'klouz], *v. t.* **1** precludere; escludere **2** (*leg.*) privare (q.) del diritto di cancellare un'ipoteca (*attribuendo la proprietà del bene ipotecato al creditore ipotecario*) **3** prendere una decisione su (*un argomento*) prima di discuterlo; concludere in anticipo.
foreclosure [fɔ:'klouʒə*], *n.* (*leg.*) privazione del diritto di cancellare un'ipoteca (*con il conseguente passaggio della proprietà del bene ipotecato al creditore ipotecario*).
forecourt ['fɔ:-kɔ:t], *n.* **1** corte esterna; cortile anteriore **2** (*tennis*) zona di battuta. ● (*ferr.*) **station f.**, piazzale della stazione.
foredeck ['fɔ:dek], *n.* (*naut.*) ponte di prua; ponte del castello.
to foredoom [fɔ:'du:m], *v. t.* condannare (in anticipo), predestinare: **Their attack was foredoomed to defeat**, il loro attacco era condannato alla sconfitta.
forefather ['fɔ:ˌfa:ðə*], *n.* antenato; avo; progenitore.
forefinger ['fɔ:ˌfiŋgə*], *n.* (*anat.*) (dito) indice.
forefoot ['fɔ:-fut], *n.* (*pl.* **forefeet**) **1** piede (*o* zampa) anteriore (*di quadrupede*) **2** (*naut.*) piè di ruota (*di prora*).
forefront ['fɔ:-frʌnt], *n.* **1** parte anteriore; (il) davanti **2** (*mil.*) prima linea **3** (*fig.*) avanguardia: **to be in the f. of civilization**, essere all'avanguardia della civiltà.

to foregather [fɔ:'gæðə*], V. **to forgather**.
foregift ['fɔ:-gift], *n.* (*leg.*) buonuscita.
to forego [fɔ:'gou] (*pass.* **forewent**, *p. p.* **foregone**), *v. t.* e *i.* **1** venire prima; precedere **2** V. **to forgo**.
foregoer [fɔ:'gouə*], *n.* predecessore; precursore, precorritrice.
foregoing [fɔ:'gouiŋ], *a.* precedente; anteriore; summenzionato; suddetto. ● **the f.**, ciò che precede.
foregone [fɔ:'gɔ:n], **A** *p. p.* di **to forego**. **B** *a.* **1** precedente; anteriore **2** previsto; preconcetto; inevitabile; scontato: **f. conclusion**, esito previsto; risultato scontato. ● **f. decision**, decisione preconcetta; partito preso.
foreground ['fɔ:graund], *n.* **1** (*arti figurative*) primo piano **2** (*fig.*) posizione preminente (*o* di primo piano). ● **He is always in the f.**, è sempre molto in vista.
forehand ['fɔ:hænd], **A** *a.* (*nel tennis*) (di) diritto: **a f. stroke**, un colpo diritto. **B** *n.* **1** (*tennis, ecc.*) diritto **2** parte anteriore del cavallo (*dal garrese alla testa*).
forehanded [fɔ:'hændid], *a.* (*USA*) **1** (*sport*) (di) diritto **2** previdente; provvido; parsimonioso.
forehead ['fɔrid], *n.* (*anat.* e *fig.*) fronte.
foreign ['fɔrin], *a.* **1** straniero; forestiero; estero; esotico: **f. affairs**, affari esteri **2** estraneo; alieno: **Unkindness is f. to his character**, la scortesia è estranea al suo carattere. ● (*econ.*) **f. aid**, aiuti ai paesi esteri □ (*comm.*) **f. bill**, cambiale per l'estero □ (*med.*) **f. body**, corpo estraneo □ (*fin.*) **f. currency**, divisa (*o* valuta) estera □ (*econ.*) **f. demand**, domanda estera □ **f. exchange**, cambio sull'estero; V. **f. currency** □ **f.-exchange broker**, cambiavalute □ (*mil.*) **f. legion**, legione straniera □ **f. letter-paper**, carta da lettere per l'estero □ **the F. Office**, il Ministero degli Esteri (*in G.B.*) □ **F. Secretary**, Ministro degli Esteri (*in G.B.*).
foreigner ['fɔrinə*], *n.* **1** straniero, straniera; forestiero, forestiera **2** (*naut.*) nave straniera **3** animale (*o* oggetto) importato dall'estero.
to forejudge [fɔ:'dʒʌdʒ], *v. t.* giudicare anzitempo.
to foreknow [fɔ:'nou] (*pass.* **foreknew**, *p. p.* **foreknown**), *v. t.* conoscere in anticipo; prevedere.
foreknowledge [fɔ:'nɔlidʒ], *n.* preconoscenza; prescienza.
forel ['fɔrəl], *n.* finta pergamena (*per ricoprire registri*).
foreland ['fɔ:lənd], *n.* **1** (*geogr.*) avanterra **2** (*geol.*) avampaese **3** (*edil.*) terreno antistante una costruzione **4** zona costiera.
foreleg ['fɔ:leg], *n.* zampa anteriore (*di quadrupede*).
forelimb ['fɔ:lim], *n.* (*zool.*) arto anteriore.
forelock (1) ['fɔ:lɔk], *n.* ciocca di capelli sulla fronte; ciuffo. ● **to take an occasion by the f.**, acciuffare (*o* prendere al volo) un'occasione □ **to take time by the f.**, cogliere il momento opportuno; prendere la fortuna per il ciuffo.
forelock (2) ['fɔ:lɔk], *n.* (*mecc.*) coppiglia.
to forelock ['fɔ:lɔk], *v. t.* (*mecc.*) assicurare, fermare (*un bullone, ecc.*) con una coppiglia.
foreman ['fɔ:mən], *n.* (*pl.* **foremen**) **1** caposquadra; capomastro; capo (*di operai*) **2** (*leg.*) capo della giuria; primo giurato **3** (*tipogr.*) proto. ● (*ind.*) **chief (shop) f.**, capo officina.
foremast ['fɔ:ma:st], *n.* (*naut.*) albero di trinchetto. ● (*naut.*) **f. man** (*o* **f. seaman, f. hand**), marinaio semplice.
forementioned [fɔ:'menʃənd], *a.* summenzionato; suddetto.
foremost ['fɔ:moust], **A** *a.* **1** primo: **to be f.**, essere il primo (fra tutti) **2** principale; preminente; più eminente; migliore: **Christopher Wren was the f. architect of his age**, Christopher Wren fu il miglior architetto del suo tempo. **B** *avv.* **1** in prima fila; in testa **2** (*di solito*) **first and f.**, anzitutto; per prima cosa. ● **with one's head f.**, a capofitto; a precipizio.
forename ['fɔ:neim], *n.* prenome; nome di battesimo.
forenoon ['fɔ:nu:n], *n.* mattina; mattinata.
forensic [fə'rensik], *a.* forense. ● **f. medicine**, medicina legale (*o* forense).
to foreordain [fɔ:rɔ:'dein], *v. t.* preordinare; predestinare.
foreordination [ˌfɔ:rɔ:di'neiʃən], *n.* preordinazione; predestinazione.
forepart ['fɔ:-pa:t], *n.* parte anteriore; avantreno (*di un automezzo, ecc.*).
forepaw ['fɔ:-pɔ:], *n.* zampa anteriore (*di quadrupede*).
forepeak ['fɔ:-pi:k], *n.* (*naut.*) gavone di prua; gavone prodiero. ● **f. bulkhead**, paratia di collisione; parte stagna prodiera.
foreplay ['fɔ:plei], *n.* preliminari (*al rapporto sessuale*).
forequarter ['fɔ:kwɔ:tə*], *n.* quarto anteriore (*di bestia macellata*).
to forereach [fɔ:'ri:tʃ], **A** *v. t.* sorpassare; superare; sopravanzare. **B** *v. i.* avvicinarsi; guadagnar terreno.
to forerun [fɔ:'rʌn] (*pass.* **foreran**, *p. p.* **forerun**), *v. t.* precorrere; essere un precursore di; adombrare; prefigurare.
forerun ['fɔ:ˌrʌn], *n.* (*chim.*: *nella distillazione*) testa; prodotto di testa.
forerunner ['fɔ:ˌrʌnə*], *n.* **1** precursore; antesignano **2** batti-

foresail

strada; araldo 3 presagio; indizio; sintomo.
foresail ['fɔːseil], *n.* (*naut.*) 1 vela di trinchetto 2 trinchettina; vela di straglio 3 randa di trinchetto.
to **foresee** [fɔːˈsiː] (*pass.* **foresaw**, *p. p.* **foreseen**), *v. t.* prevedere; presentire; antivedere.
foreseeable [fɔːˈsiːəbl], *a.* 1 prevedibile 2 prossimo; immediato; vicinissimo.
foreseeing [fɔːˈsiːiŋ], *a.* preveggente; profetico.
foreseer [fɔːˈsiːə*], *n.* veggente; profeta, profetessa; sibilla (*lett.*).
to **foreshadow** [fɔːˈʃædou], *v. t.* adombrare; prefigurare; presagire.
foreshaft ['fɔːʃɑːft], *n.* (*ind. min.*) avampozzo.
foreshore ['fɔː-ˈʃɔː*], *n.* 1 (*geol.*) zona intercotidale 2 (*per estens.*) spiaggia; lido.
to **foreshorten** [fɔːˈʃɔːtən], *v. t.* (*arte*) disegnare di scorcio; rappresentare di scorcio (*o* in prospettiva).
foreshortening [fɔːˈʃɔːtəniŋ], *n.* (*arte*) scorcio.
to **foreshow** [fɔːˈʃou] (*pass.* **foreshowed**, *p. p.* **foreshown**), *v. t.* preannunziare; predire; prefigurare.
foresight ['fɔːsait], *n.* 1 previdenza; preveggenza; prescienza 2 prudenza 3 lettura altimetrica 4 (*mil.*) mirino anteriore.
foresighted [fɔːˈsaitid], *a.* previdente; prudente.
foreskin ['fɔː-skin], *n.* (*anat.*) prepuzio.
forest ['fɔrist], *n.* 1 foresta; bosco; selva (*anche fig.*): **a f. of factory chimneys**, una selva di ciminiere 2 riserva di caccia (*specialm. d'un sovrano*). ● **f. animals**, animali delle foreste □ **f. conservation**, conservazione delle foreste □ **f. laws**, leggi forestali □ (*USA*) **f. ranger**, guardia forestale □ **f.-tree**, albero d'alto fusto.
to **forest** ['fɔrist], *v. t.* afforestare; imboschire.
to **forestall** [fɔːˈstɔːl], *v. t.* 1 prevenire; precedere: **to f. an opponent**, prevenire un avversario 2 (*econ.*) accaparrare, fare incetta di (*merci, un raccolto, ecc.*).
forestaller [fɔːˈstɔːlə*], *n.* 1 bagarino (*econ.*) accaparratore.
forestalling [fɔːˈstɔːliŋ], *n.* 1 bagarinaggio 2 (*econ.*) accaparramento; incetta.
forestay ['fɔːstei], *n.* (*naut.*) straglio (*o* strallo) di trinchetto.
forester ['fɔristə*], *n.* 1 guardia forestale; guardaboschi 2 abitante (*o* animale) dei boschi 3 silvicoltore, selvicoltore.
forestry ['fɔristri], *n.* silvicoltura, selvicoltura.
to **foretaste** [fɔːˈteist], *v. t.* 1 pregustare; assaggiare 2 sperimentare in anticipo; fare un'esperienza preliminare di (*q.c.*).
foretaste ['fɔːteist], *n.* 1 pregustazione; assaggio 2 anticipo, assaggio (*fig.*); esperienza preliminare: **That is only a f. of what will come**, questo non è che un anticipo di quel che verrà; questo è niente a paragone di quel che verrà poi.
to **foretell** [fɔːˈtel] (*pass.* e *p. p.* **foretold**), *v. t.* predire; pronosticare.
forethought ['fɔː-θɔːt], A *n.* 1 previdenza; preveggenza 2 avvertenza: **I had the f. to take my umbrella**, ebbi l'avvertenza di prendere l'ombrello 3 premeditazione. B *a.* premeditato; deliberato.
foretime ['fɔː-taim], *n.* (il) passato; (i) tempi andati.
foretoken ['fɔː-toukən], *n.* presagio; pronostico; premonizione; annuncio premonitore.
to **foretoken** [fɔː(ː)ˈtoukən], *v. t.* presagire; preannunciare.
foretold ['fɔːtould], *pass.* e *p. p.* di **to foretell**.
foretop ['fɔː-tɔp], *n.* (*naut.*) coffa di trinchetto. ● **fore-topgallant mast**, alberetto di velaccino □ **fore-topgallant sail**, velaccino □ **fore-topmast**, albero di parrocchetto □ **fore-topsail**, vela di parrocchetto.
forever [fəˈrevə*], *avv.* sempre; per sempre; in ogni occasione.
forevermore [ˌfərevəˈmɔː*], *avv.* (*lett.*) per sempre; in eterno.
to **forewarn** [fɔːˈwɔːn], *v. t.* preavvisare; preavvertire. ● (*prov.*) **Forewarned is forearmed**, uomo avvisato è mezzo salvato.
forewent [fɔːˈwent], *pass.* di **to forego**.
forewoman ['fɔːˌwumən], *n.* (*pl.* **forewomen**) 1 prima operaia; prima lavorante; maestra (*di lavoro*) 2 (*leg.*) capo di una giuria femminile; prima giurata.
foreword ['fɔːwəːd], *n.* prefazione; introduzione; proemio.
foreyard [fɔːˈjɑːd], *n.* (*naut.*) pennone di trinchetto.
forfeit ['fɔːfit], A *n.* 1 ammenda; multa; penalità; penale 2 (*leg.*) confisca; cosa confiscata 3 (*fig.*) fio; pena: **His life was the f.**, pagò il fio con la sua vita 4 (*nei giochi*) pegno; posta 5 (*pl.*) giochi di società con pegni: **to play forfeits**, giocare a giochi (*di società*) con pegni. B *a.* confiscato; perduto.
to **forfeit** ['fɔːfit], *v. t.* 1 perdere; essere privato di (*q.c., per confisca, colpa propria, ecc.*); giocarsi (*fam.*): **to f. one's life**, giocarsi la vita; **to f. health** (*happiness, etc.*), giocarsi la salute (la felicità, ecc.); **to f. one's honour**, perdere l'onore; essere disonorato 2 (*leg.*) perdere (*un diritto*) per inadempimento (*o* per violazione di una norma, confisca, ecc.): **to f. sb.'s esteem**, perdere la stima di q.
forfeitable ['fɔːfitəbl], *a.* confiscabile; che può essere perduto.
forfeiture ['fɔːfitʃə*], *n.* (*leg.*) 1 confisca 2 penalità; penale

3 bene confiscato 4 (*ind. min.*) revoca della concessione. ● **the f. of a right**, la decadenza da (*o* la perdita di) un diritto.
to **forfend** [fɔːˈfend], *v. t.* 1 (*arc.*) impedire; prevenire; stornare 2 (*USA*) conservare; proteggere. ● **God f.!**, Dio ne scampi e liberi!
to **forgather** [fɔːˈgæðə*], *v. i.* 1 adunarsi; riunirsi 2 (*raro*) incontrarsi (*per caso*) 3 associarsi; essere in rapporti d'amicizia (*con q.*).
forgave [fəˈgeiv], *pass.* di **to forgive**.
forge [fɔːdʒ], *n.* 1 fucina; forgia 2 fornace 3 ferriera. ● **f. bellows**, mantice □ **f. hammer**, maglio per fucinare.
to **forge (1)** [fɔːdʒ], A *v. t.* 1 fucinare, forgiare (*metalli, ecc.*) 2 (*fig.*) forgiare; creare; plasmare 3 (*fig.*) contraffare; falsare; falsificare; inventare (*una storia*): **to f. a signature**, contraffare una firma; **to f. a banknote** (**a cheque**, **etc.**), falsificare una banconota (un assegno, ecc.). B *v. i.* 1 lavorare in una fucina; fare il fabbro ferraio 2 fare un falso.
to **forge (2)** [fɔːdʒ], *v. i.* 1 andare avanti per gradi, con difficoltà; tirare avanti 2 (*di cavallo, podista*) portarsi in testa (*in una corsa*) 3 (*naut.*) procedere a tutta velocità. ● **to f. ahead**, avanzare con decisione (*o* con sicurezza, *fig.*); fare progressi □ (*sport*) **to f. into the lead**, prendere il comando.
forgeability [fɔːdʒəˈbiliti], *n.* (*metall.*) fucinabilità.
forgeable ['fɔːdʒəbl], *a.* (*metall.*) fucinabile.
forged [fɔːdʒd], *a.* 1 (*di metallo*) fucinato 2 contraffatto; falso: **a f. passport**, un passaporto falso.
forgeman ['fɔːdʒmən], *n.* (*pl.* **forgemen**) fabbro ferraio.
forger ['fɔːdʒə*], *n.* 1 (*metall.*) fucinatore; forgiatore 2 (*leg.*) contraffattore; falsario 3 bugiardo; chi racconta fandonie.
forgery ['fɔːdʒəri], *n.* (*leg.*) contraffazione; falsificazione 2 documento falso; firma falsa; falso: **This signature is a f.**, questa firma è un falso. ● (*leg.*) **f. of seals**, falsificazione di sigilli □ (*leg.*) **crime of f.**, reato di falso.
to **forget** [fəˈget] (*pass.* **forgot**, *p. p.* **forgotten**), A *v. t.* e *i.* 1 dimenticare, dimenticarsi; obliare (*lett.*); scordare, scordarsi; non ricordare; trascurare (*di fare q.c.*): **Don't f. about it**, non te ne scordare; **I f. his name**, non ricordo il suo nome 2 non tenere in nessun conto; trascurare: **Some politicians f. the wishes of the voters**, certi uomini politici non tengono in nessun conto i desideri degli elettori. **to forget oneself** B *v. rifl.* 1 comportarsi indecorosamente 2 pensare solo agli altri; essere altruista (*o* disinteressato). ● (*bot.*) **f.-me-not** (*Myosotis scorpioides*), nontiscordardimé; miosotide □ **to forgive and f.**, metterci una pietra sopra (*fig.*) □ **Let's f. it**, lasciamo perdere; non parliamone più; □ **I'm sorry I've dropped your lighter» «F. it»**, «mi spiace d'aver fatto cadere il tuo accendino» «non pensarci!» □ **not forgetting**, senza trascurare; compreso.
forgetful [fəˈgetful], *a.* 1 di poca memoria; immemore; smemorato 2 dimentico; noncurante: **He is f. of his duties**, è dimentico dei suoi doveri 3 (*poet.*) che dà l'oblio: **f. sleep**, il sonno che dà l'oblio.
forgetfulness [fəˈgetfulnis], *n.* dimenticanza; negligenza; noncuranza; smemoratezza; oblio (*lett.*).
forgettable [fəˈgetəbl], *a.* che si può dimenticare.
forgetter [fəˈgetə*], *n.* persona di poca memoria; smemorato.
forging ['fɔːdʒiŋ], *n.* 1 fucinatura, forgiatura (*di metalli, ecc.*) 2 (pezzo) fucinato, forgiato. ● (*metall.*) **f. machine**, fucinatrice; forgiatrice □ (*metall.*) **f. press**, pressa per fucinatura (*o* per stampaggio a caldo).
forgivable [fəˈgivəbl], *a.* perdonabile.
to **forgive** [fəˈgiv] (*pass.* **forgave**, *p. p.* **forgiven**), *v. t.* e *i.* 1 perdonare; perdonare a: **F. me!**, perdonami! (*o* perdono!); **to f. sb. st.**, perdonare q.c. a q.; **to f. sb. for doing st.**, perdonare a q. d'aver fatto q.c. 2 rimettere, condonare (*una colpa*, *una pena*): **to f. a debt**, condonare un debito; (*relig.*) **F. our sins**, rimetti i nostri peccati.
forgiven [fəˈgivn], *p. p.* di **to forgive**.
forgiveness [fəˈgivnis], *n.* 1 perdono: **to ask sb.'s f.**, chieder perdono a q. 2 remissione; condono: (*relig.*) **the f. of sins**, la remissione dei peccati 3 tendenza al perdono; clemenza; indulgenza.
forgiving [fəˈgiviŋ], *a.* clemente; indulgente.
forgivingness [fəˈgiviŋnis], *n.* clemenza; indulgenza.
to **forgo** [fɔːˈgou] (*pass.* **forwent**, *p. p.* **forgone**), *v. t.* astenersi da; rinunziare a; fare a meno di: **to f. a profit**, rinunziare a un profitto; **to f. one's coffee**, fare a meno del caffè.
forgone [fɔːˈgɔn], *p. p.* di **to forgo**.
forgot [fəˈgɔt], *pass.* di **to forget**.
forgotten [fəˈgɔtn], *p. p.* di **to forget**. ● **never-to-be-f.**, indimenticabile; memorabile.
fork [fɔːk], *n.* 1 forchetta 2 (*agric.*, *anche* **pitchfork**) forca; forcone; bidente (*per scavare*); tridente (*per fieno, ecc.*): **a stable f.**, un forcone da stalla 3 ramo biforcuto; forcella (*d'albero*) 4 biforcazione; bivio: **a f. in the road**, una biforcazione della strada 5 (*anat.*) inforcatura 6 (*mecc.*) forcella (*di bicicletta, ecc.*) 7 (*mus.*, *anche* **tuning f.**) diapason. ● **f.-lift truck**, V. f.

truck □ **a f. supper**, una cena fredda (*o* in piedi) □ (*mecc.*) **f. truck**, carrello elevatore a forcale □ (*mecc.*) **f.-wrench**, chiave a forcella.

to fork [fɔːk], **A** *v. t.* **1** (*agric.*) smuovere (*o* spostare, trasportare) con la forca; inforcare: **to f. hay**, inforcare il fieno **2** biforcare; far dividere in due. **B** *v. i.* **1** biforcarsi: **The river forks here**, il fiume si biforca in questo punto **2** (*di persona*) girare, voltare, deviare (*a destra, ecc.*) **3** (*del lampo*) biforcarsi. ● **to f. down hay**, tirar giù il fieno con il forcone □ **to fork in**, interrare (*concime, ecc.*) col bidente □ (*fam.*) **to f. out** (*o* **over, up**), sborsare (*denaro*); pagare, consegnare (*merce*).

forked [fɔːkt], *a.* **1** che si biforca; forcuto; biforcuto: **a f. road**, una strada che si biforca **2** biforcato: **f. lightning**, fulmine biforcato **3** (*mecc.*) a forcella: **a f. lever**, una leva a forcella. ● **three-f.**, a tre rebbi; a tre punte.

forkful [ˈfɔːkful], *n.* **1** forchettata: **a f. of spaghetti**, una forchettata di spaghetti **2** (*agric.*) forcata.

forklift [ˈfɔːkˌlift], *n.* (*mecc.*) elevatore a forca.

forky [ˈfɔːki], *a.* (*poet.*) forcuto; biforcuto.

forlorn [fəˈlɔːn], *a.* **1** abbandonato; derelitto; perduto **2** disperato; misero; sconsolato **3** disperato; vano. ● **f. hope**, vana speranza; (*fig.*) impresa disperata; (*mil.*) pattuglia inviata in missione pericolosa □ (*poet.*) **to be f. of st.**, essere privo (*o* venire privato) di q.c.

form [fɔːm], *n.* **1** forma (*quasi in ogni senso*); aspetto; apparenza; foggia; figura (*anche umana*); forme (*del corpo*); sagoma; formalità; convenzione; formula; cerimonia; maniera; stile; modo di fare; (*gramm.*) forma, voce: **I'll do it just for f.'s sake**, lo farò tanto per la forma (per cerimonia, per salvare le apparenze); **Her tight dress revealed her f.**, l'abito attillato rivelava le sue forme; **a democratic f. of government**, una forma di governo democratica; **That is common f.**, non è che una formalità; **a f. of prayer**, una forma di preghiera; **His f. in serving at tennis is good**, il suo stile nell'effettuare il servizio (a tennis) è buono; **the f. of a wedding announcement**, la formula di una partecipazione di nozze **2** modulo; scheda: **an application f.**, un modulo di domanda (*d'impiego*); **an income tax f.**, un modulo per la denuncia dei redditi; **a telegraph f.**, un modulo telegrafico **3** (*anche* **f. letter**) circolare; lettera circolare **4** condizioni fisiche e mentali; vena (*fig.*); forma: **He is in good f. today**, oggi è in buone condizioni fisiche (*o* in vena, in forma); **My horse is out of f.**, il mio cavallo non è in forma; (*d'atleta, ecc.*) **to lose f.**, andar giù di forma **5** banco (*lungo e senza spalliera*); panca (*un tempo usati nelle scuole*) **6** classe (*specialm. di «public school»*); scolaresca: **I'm going to take my f. downstairs**, accompagnerò la mia classe al piano terreno **7** (*USA: tipogr., cfr. ingl.* **forme**) forma (*di stampa*) **8** cavo; tana (*di lepre e sim.*) **9** (*pop.*) fedina (penale) sporca: **to have got f.**, avere la fedina sporca **10** (*ing.*) cassaforma. ● (*mecc.*) **f. grinding**, profilatura alla mola □ **f. of address**, modo di rivolgersi (a una persona) □ **a f. of speech**, un modo di dire □ **to appear in** (*o* **under**) **the f. of an animal**, apparire in forma d'animale □ **as a matter of f.**, proforma □ **bad** (*o* **poor**) **f.**, cattive maniere; maleducazione: **It is bad f. to chew gum at table**, è da maleducato masticare gomma a tavola □ **face and f.**, il viso e le forme (*le membra*) □ **for f.'s sake**, per salvare la forma □ **good f.**, buone maniere; buona educazione; ciò che si conviene; ciò che s'addice □ **in due f.**, nella debita forma; come si conviene; secondo la consuetudine □ **to take the f. of**, assumere l'aspetto di; apparire in veste di □ **That is bad f.**, non sta bene; non è buona creanza!

to form [fɔːm], **A** *v. t.* **1** formare; foggiare; costituire; costruire; formulare; fare: **to f. a new government**, formare un nuovo governo; **to f. an idea about st.**, formarsi (*o farsi*) un'idea (*o* su) q.c.; **a school formed after the English model**, una scuola costituita su modello inglese; (*fin.*) **to f. a company**, costituire una società; **to f. sentences**, formare (*o* costruire) frasi; **to f. a committee**, formare una commissione; **to f. a plan**, fare (*o* formulare) un piano **2** (*specialm. mil.*) ordinare; mettere in riga: **to f. soldiers into line**, mettere in riga (*o* allineare) soldati **3** (*tecn.*) lavorare; formare. **B** *v. i.* **1** formarsi; farsi; costituirsi: **Ice forms when water freezes**, il ghiaccio si forma quando l'acqua gela **2** prendere forma: **A new plan formed in my mind**, un nuovo progetto prese forma nella mia mente **3** (*specialm. mil.*) disporsi; ordinarsi; mettersi: **The platoon formed into line**, il plotone si mise in riga (*o* si allineò). ● **to f. bad habits**, prendere cattive abitudini □ (*fig.*) **to f. a chain**, fare la catena □ (*mil.*) **to f. fours**, disporsi per quattro □ (*mil.*) **to f. into columns**, incolonnarsi □ **to f. st. into**, dare a q.c. la forma di: **She formed the dough into little balls and then flattened them out**, con la pasta fece tante palline e poi le schiacciò □ (*cartello*) **F. queue this side**, mettersi in coda da questo lato (*a una fermata d'autobus, in G.B.*) □ **to f. up**, mettere (*o* mettersi) in ordine (o in riga).

formability [ˌfɔːməˈbiliti], *n.* (*tecn.*) lavorabilità; foggiabilità.

formable [ˈfɔːməbl], *a.* (*tecn.*) lavorabile; foggiabile.

formal [ˈfɔːməl], *a.* **1** formale; esplicito; chiaro e solenne; regolare: (*filos.*) **f. cause**, causa formale **2** convenzionale; cerimonioso; di (*o* da) cerimonia; per cerimonia; di convenienza; formale; tradizionale; ufficiale: **a f. wedding**, un matrimonio tradizionale; **a f. manner**, maniere cerimoniose; **f. dress**, abito da cerimonia; **a f. call**, una visita di convenienza; **a f. bow**, un inchino formale **3** regolare; geometrico; simmetrico **4** non essenziale; non sostanziale: **a f. requirement**, un requisito non sostanziale **5** (*di persona*) formalista. ● (*leg.*) **f. contract**, contratto formale □ **f. denial**, smentita ufficiale □ **a f. garden**, un giardino classico (*o* all'italiana) □ **the f. handshake**, la stretta di mano di prammatica □ (*leg.*) **f. notice**, intimazione □ **The dance will be f.**, il ballo sarà di gala (*ci vorrà l'abito da sera, ecc.*).

formaldehyde [fɔːˈmældihaid] *n.* (*chim.*) formaldeide.

formalin [ˈfɔːməlin], *n.* (*chim.*) formalina.

formalism [ˈfɔːməlizm], *n.* formalismo.

formalist [ˈfɔːməlist], **A** *n.* formalista. **B** *a.* formalistico.

formalistic [ˌfɔːməˈlistik], *a.* formalistico.

formality [fɔːˈmæliti], *n.* **1** formalità; modalità: **legal formalities**, formalità legali; **a mere f.**, una pura formalità **2** cerimoniosità; etichetta.

formalization [ˌfɔːməlaiˈzeiʃən], *n.* **1** (*filos.*) formalizzazione **2** il rendere formale (*o* formalistico).

to formalize [ˈfɔːməlaiz], **A** *v. t.* **1** (*filos.*) formalizzare **2** rendere formale (*o* formalistico) **3** formare; foggiare; dare forma a. **B** *v. i.* essere cerimonioso; essere un formalista.

format [ˈfɔːmæt], *n.* formato (*d'un libro e sim.*).

to format [ˈfɔːmæt], *v. t.* (*elab.*) formattare.

formate [ˈfɔːmeit], *n.* (*chim.*) formiato (*sale di acido formico*).

formation [fɔːˈmeiʃən], *n.* formazione (*anche geol., mil.*); composizione; costituzione; struttura; (*mil.*) ordine; (*mil.*) **f. bombing**, bombardamento in formazione; **the f. of a partnership**, la costituzione di una società (di persone); **in flying f.**, in formazione di volo; **rock formations**, formazioni rocciose.

formative [ˈfɔːmətiv], **A** *a.* (*anche gramm.*) formativo: **f. teaching**, insegnamento formativo. **B** *n.* (*gramm.*) **1** elemento formativo; affisso **2** parola composta (*con un affisso*). ● (*di un bambino*) **f. age**, età della formazione.

formbook [ˈfɔːmbuk], *n.* (*fig., fam.*) rigore di logica: **According to the f., you should win the race**, a rigor di logica, dovresti vincere la corsa.

forme [fɔːm], *n.* (*tipogr., cfr. USA* **form**) forma (*di stampa*).

former (1) [ˈfɔːmə*], *n.* **1** operaio formatore **2** stampo.

former (2) [ˈfɔːmə*], **A** *a.* precedente; passato; antico; andato: **in f. times**, nei tempi andati, passati; **on a f. occasion**, in un'occasione precedente. **B** *a. e pron.* primo (*di due*); (*correlativo di* **latter**) questo; l'uno: **Of the two pictures, I prefer the f.**, dei due quadri preferisco il primo; **the f..., the latter...**, quello; l'uno... l'altro. ● **She is once again her f. self**, è tornata quella di prima; è di nuovo se stessa.

former (3) [ˈfɔːmə*], *a.* (*ingl., nei composti*) studente di (*un certo anno*): **a fifth-f.**, uno studente di quint'anno.

formerly [ˈfɔːməli], *avv.* tempo addietro; un tempo; in passato; precedentemente; già.

formic [ˈfɔːmik], *a.* (*chim.*) formico: **f. acid**, acido formico.

Formica [fəˈmaikə], *n.* (*marchio: ind.*) formica: **a F.-topped desk**, uno scrittoio dal piano di formica.

formication [ˌfɔːmiˈkeiʃən], *n.* formicolio; informicolamento.

formidability [ˌfɔːmidəˈbiliti], *n.* **1** l'essere formidabile; spaventosità **2** arduità; durezza (*V.* **formidable**).

formidable [ˈfɔːmidəbl], *a.* **1** formidabile; che incute terrore; spaventoso; che si fa rispettare; di tutto rispetto: **a f. competitor**, un concorrente formidabile **2** arduo; duro: **a f. job**, un lavoro formidabile; eccezionale.

formidableness [ˈfɔːmidəblnis], *V.* **formidability**.

forming [ˈfɔːmiŋ], *n.* **1** (*anche elettr.*) formazione **2** (*metall., ecc.*) formatura **3** (*mecc.*) piegatura. ● (*mecc.*) **f. press**, pressa per piegatura □ (*mecc.*) **f. tool**, utensile profilatore (*o* sagomato).

formless [ˈfɔːmlis], *a.* informe; amorfo.

formlessness [ˈfɔːmlisnis], *n.* l'essere informe.

formula [ˈfɔːmjulə], *n.* (*pl.* **formulas, formulae**) **1** formula (*anche chim., mat.*); (*relig.*) formula rituale **2** convenzione; formalità **3** ricetta (*medica*) **4** (*USA*) omogeneizzato (*per bimbi*) **5** (*sport*) formula: **a f.-one car**, una macchina di formula uno. ● (*fig.*) **a f. for trouble**, un modo sicuro di cacciarsi nei guai.

formularization [ˌfɔːmjulərai'zeiʃən], *V.* **formulation**.

to formularize [ˈfɔːmjuləraiz], *V.* **to formulate**.

formulary [ˈfɔːmjuləri], **A** *n.* **1** (*chim.*) formulario **2** (*relig.*) prontuario di formule rituali, preghiere, ecc. **3** (*farm.*) ricettario; farmacopea. **B** *a.* di formula; messo in formula; espresso in formule.

to formulate [ˈfɔːmjuleit], *v. t.* **1** esprimere (*o* ridurre) in formule **2** formulare; esprimere esattamente, sistematicamente: **to f. a**

formulation

theory, formulare una teoria; **to f. one's ideas**, esprimere esattamente le proprie idee **3** concepire; divisare; ideare.
formulation [,fɔ:mju'leiʃən], *n.* **1** espressione (*o* riduzione) in formule **2** formulazione; espressione esatta.
formwork ['fɔ:mwə:k], *n.* (*edil.*) cassaforma.
formyl ['fɔ:mil], *n.* (*chim.*) formile.
to fornicate ['fɔ:nikeit], *v. i.* fornicare.
fornication [,fɔ:ni'keiʃən], *n.* fornicazione.
fornicator ['fɔ:nikeitə*], *n.* fornicatore.
fornicatory ['fɔ:nikətəri], *a.* fornicatorio.
fornicatrix [,fɔ:ni'keitriks], *n. (pl.* **fornicatrices**) fornicatrice.
fornix ['fɔ:niks], *n. (pl.* **fornices**) (*anat., bot.*) fornice.
forrader ['fɔ:rədə*], *avv.* (*fam.*) più avanti; oltre.
to forsake [fə'seik] (*pass.* **forsook**, *p. p.* **forsaken**), *v. t.* abbandonare; lasciare (*solo, senza aiuto e sim.*); rinunziare a: **to f. one's family**, abbandonare la famiglia; **to f. bad habits**, rinunziare alle cattive abitudini; **to f. an idea**, abbandonare un'idea; **to f. teaching to set up in business**, abbandonare l'insegnamento per darsi al commercio.
forsaken [fə'seikən], **A** *p. p.* di **to forsake**. **B** *a.* abbandonato; desolato; derelitto.
forsook [fə'suk], *pass.* di **to forsake**.
forsooth [fə'su:θ], *avv.* (*arc., iron.*) in verità; invero; affé!
forspent [fə'spent], *a. (poet.)* esausto; stremato.
to forswear [fɔ:'swɛə*] (*pass.* **forswore**, *p. p.* **forsworn**), **A** *v. t.* **1** giurare di non (*fare q.c.*): **He had forsworn to eat meat again**, aveva giurato di non mangiare mai più carne **2** rinnegare; rinunziare a (*con giuramento o in forma solenne*): **Catholic priests f. marriage**, i preti cattolici rinunziano al matrimonio **3** negare; smentire. **B** *v. i.* spergiurare; giurare il falso.
to forswear oneself C *v. rifl.* spergiurare; giurare il falso.
forswore [fɔ:'swɔ:*], *pass.* di **to forswear**.
forsworn [fɔ:'swɔ:n], **A** *p. p.* di **to forswear**. **B** *a.* spergiuro.
forsythia [fɔ:'saiθiə], *n.* (*bot.*, *Forsythia*) forsythia; forsizia (*fam.*).
fort [fɔ:t], *n.* (*mil.*) forte; fortezza; fortino. ● (*fig.*) **to hold the f.**, difendersi; resistere; (*fam.*) prendere le redini (*della casa, ecc.*).
fortalice ['fɔ:təlis], *n.* **1** (*poet.*) fortezza **2** (*mil.*) fortilizio.
forte (1) [fɔ:t], *n.* **1** forte; punto forte: **Mathematics is not my f.**, la matematica non è il mio forte **2** (*nella scherma*) forte della lama (*dall'impugnatura al mezzo*).
forte (2) ['fɔ:ti] (*ital.*), *a.* e *avv.* (*mus.*) forte.
forth [fɔ:θ], **A** *avv.* **1** avanti; innanzi: **back and f.**, avanti e indietro; **from this time f.**, d'ora in avanti; d'ora innanzi **2** fuori; in vista: **The trees put f. new leaves in spring**, gli alberi mettono (fuori) nuove foglie a primavera. **B** *prep.* (*arc.*) fuori di; fuori da. ● **and so f.**, e così via; eccetera □ **to bring f.**, portar fuori; mettere in vista (*o* in evidenza) □ **to issue f.**, uscire; emanare □ **to sail f.**, far vela; salpare □ **to set f.**, mettersi in viaggio □ **so far f.**, fino a quel punto □ **so far f. as**, fino al punto di.
forthcoming [fɔ:θ'kʌmiŋ], *a.* **1** che sta per apparire (*o* per uscire); prossimo; venturo; vicino; futuro; in corso di stampa: **the f. issue**, il numero in corso di stampa **2** disponibile; pronto **3** (*fam.*) cordiale; affabile; alla mano; servizievole. ● **f. events**, celebrazioni (*o* spettacoli, gare, ecc.) in programma per la stagione □ **No answer was f.**, non venne risposta alcuna.
forthright [fɔ:θ'rait], **A** *a.* **1** franco; esplicito; schietto; sincero: **a f. answer**, una franca risposta **2** (*arc.*) diritto; inflessibile; retto; onesto. **B** *avv.* **1** direttamente **2** immediatamente; subito.
forthwith [fɔ:θ'wiθ], *avv.* immediatamente; subito.
fortieth ['fɔ:tiiθ], *a.* e *n.* quarantesimo.
fortifiable ['fɔ:tifaiəbl], *a.* fortificabile.
fortification [,fɔ:tifi'keiʃən], *n.* **1** fortificazione; rafforzamento **2** alcolizzazione (*del vino*) **3** (*pl., mil.*) fortificazioni; difese **4** arricchimento (*del pane, ecc.*). ● **I need a little f.**, ho bisogno di qualcosa che mi tiri su.
fortifier ['fɔ:tifaiə*], *n.* **1** fortificatore **2** corroborante.
to fortify ['fɔ:tifai], **A** *v. t.* **1** fortificare; rafforzare; corroborare; irrobustire: **to f. one's spirit**, fortificare lo spirito; **to f. a statement**, corroborare un'asserzione **2** alcolizzare; rendere alcolico; irrobustire (*un vino*) **3** integrare, arricchire (*pane, ecc.*, *con vitamine o altro*). **B** *v. i.* fortificarsi; costruire fortificazioni. ● **to fortify oneself C** *v. rifl.* fortificarsi; corroborarsi. ● (*mil.*) **a fortified place**, un luogo fortificato; una piazzaforte □ **fortified wine**, vino alcolizzato (*come lo sherry*).
fortifying ['fɔ:tifaiiŋ], *a.* fortificante; corroborante.
fortissimo [fɔ:'tisimou] (*ital.*), *a.*, *avv.* e *n.* (*pl.* **fortissimos**, **fortissimi**) (*mus.*) fortissimo.
fortitude ['fɔ:titju:d], *n.* forza d'animo; coraggio morale; fermezza.
fortnight ['fɔ:tnait], *n.* due settimane; quindici giorni; (una) quindicina: **a f.'s stay abroad**, quindici giorni di permanenza all'este-

ro. ● **a f. ago**, due settimane fa □ **a f. today** (*o* **today f.**), oggi a quindici □ **I would rather keep him a week than a f.**, meglio averlo come ospite una settimana che due (*perché mangia molto*).
fortnightly ['fɔ:t,naitli], **A** *a.* quindicinale; bimensile: **a f. review**, una rivista quindicinale; **f. sailings to Calcutta**, partenze bimensili (*di una nave*) per Calcutta. **B** *n.* quindicinale (*pubblicazione*). **C** *avv.* ogni due settimane; ogni quindici giorni.
fortress ['fɔ:tris], *n.* fortezza; città fortificata; piazzaforte.
to fortress ['fɔ:tris], *v. t.* (*mil.*) fortificare.
fortuitism [fə'tjuitizəm], *n.* (*filos.*) casualismo.
fortuitist [fə'tjuitist], *n.* (*filos.*) seguace del casualismo.
fortuitous [fə'tju(:)itəs], *a.* fortuito; accidentale; casuale.
fortuitousness [fə'tju:itəsnis], **fortuity** [fə'tju(:)iti], *n.* **1** accidentalità; casualità **2** avvenimento fortuito.
fortunate ['fɔ:tʃnit], *a.* **1** fortunato; felice **2** favorevole; fausto; di buon auspicio; propizio: **a f. omen**, un auspicio favorevole.
fortune ['fɔ:tʃən], *n.* fortuna (*quasi in ogni senso*); sorte; caso; ventura; patrimonio: **good (bad) f.**, la buona (la cattiva) fortuna; **F. smiled on me**, mi arrise la fortuna; **to try one's f.**, tentare la sorte (*o* la fortuna); **to tell sb. his** (*o* **her**) **f.**, predire la fortuna a q.; **to have one's f. told**, farsi predire la sorte; **to make one's f.**, far fortuna; **to make a f.**, accumulare una fortuna. ● **f.-hunter**, uno che va a caccia di quattrini; (*in particolare*) cacciatore di dote □ **the fortunes of war**, le (alterne) vicende della guerra □ **f.-teller**, indovino, indovina □ **f.-telling**, divinazione; predizione □ **a man of f.**, un uomo che ha beni di fortuna; un uomo ricco □ **to marry a f.**, sposare una donna molto ricca (*o* uomo molto ricco) □ **to seek one's f.**, cercare (di fare) fortuna □ **soldier of f.**, soldato di ventura □ (*fam.*) **to spend a small f. on books**, spendere una (piccola) fortuna in libri □ **to try the f. of war**, affidarsi alla sorte delle armi □ (*prov.*) **F. favours the brave**, la fortuna aiuta gli audaci.
to fortune ['fɔ:tʃən], *v. i.* (*poet.*) accadere; capitare; succedere: **It fortuned that...**, accadde che... ● **to f. upon sb.**, imbattersi in **2** fortunato that.
fortuneless ['fɔ:tʃənlis], *a.* **1** senza fortuna; sfortunato **2** sprovvisto di beni di fortuna; povero.
forty ['fɔ:ti], *a.* e *n.* quaranta. ● **the forties**, gli anni dal 40 ai 50 (*nella vita di q.*); gli anni dal '40 al '50 (*in un secolo*); gli anni Quaranta (*specialm. del Novecento*) □ **the Forties**, zona del mare del Nord fra la Scozia e la Norvegia (*della profondità di circa 40 braccia*) □ (*fam.*) **f.-five**, pistola del calibro di 0,45 pollici; (*mus.*) (disco a) 45 giri □ (*stor. USA*) **f.-niner**, cercatore d'oro (*andato in California nel 1849*) □ (*fam.*) **f. winks**, sonnellino; pisolino □ **to be over f.**, aver passato la quarantina □ **a man of over f.**, un uomo d'oltre quarant'anni (*o* che ha passato la quarantina) □ (*geogr., naut.*) **the roaring forties**, tratto d'oceano tempestoso fra i 30 e i 50 gradi di latitudine Sud.
forum ['fɔ:rəm], *n.* **1** (*pl.* **forums**, **fora**) (*stor., fig.*) foro; tribunale: **the f. of public opinion**, il tribunale dell'opinione pubblica **2** (*fig.*) tribuna (*fig.*): **to hold a f. on politics**, fare una tribuna politica.
foruncular [fjuə'rʌŋkjulə*], **furunculous** [fjuə'rʌŋkjuləs], *a.* (*med.*) foruncoloso.
forward (1) ['fɔ:wəd], **A** *a.* **1** in avanti; primo: **a f. spring (march)**, un bagno (una marcia) in avanti; **the f. coaches of the train**, le prime carrozze del treno **2** avanzato; in anticipo; precoce; primaticcio; progredito; progressista; d'avanguardia: **f. views**, idee avanzate; **a f. summer**, un'estate in anticipo; **a f. child**, un bambino precoce; **f. fruits**, frutti precoci, primaticci; **a f. party**, un partito progressista; **a f. movement**, un passo nel senso del progresso; **a f. school of painting**, una scuola pittorica d'avanguardia **3** pronto; premuroso; sollecito: **He was f. in helping**, fu pronto a dare aiuto **4** impertinente; impudente; insolente; sfacciato **5** (*naut.*) prodiero; di prua: **f. deck**, ponte prodiero **6** (*comm.*) futuro; a termine: **f. prices**, prezzi futuri; (*Borsa*) prezzi per futura consegna; **f. delivery**, consegna a termine; **a f. contract**, un contratto a termine. **B** *n.* **1** (*sport*) avanti; attaccante; punta **2** (*pallacanestro*) ala. ● (*elettron.*) **f. current**, corrente diretta □ (*tecn.*) **f.-feed of material**, avanzamento del pezzo da lavorare □ **f.-looking**, lungimirante, previdente; avanzato; progressista □ (*sport*) **f. pass**, passaggio in avanti □ (*mecc.*) **f. speed**, marcia avanti.
forward (2) ['fɔ:wəd], *avv.* **1** avanti; innanzi; in avanti: **from this time f.**, d'ora in avanti; d'ora in poi; **to go f.**, andare avanti; progredire; **to be f. with one's work**, essere avanti nel proprio lavoro; **backward(s) and f.**, avanti e indietro; su e giù; **to come f.**, farsi avanti; (*fig.*) offrirsi per dare aiuto, prestarsi **2** (*naut.*) a proravia; di prua: **f. of the beam**, a proravia del traverso. ● (*leg.*) **to bring f. evidence** (*o* **proofs**), produrre prove □ **to bring f. new ideas (proposals)**, avanzare idee (proposte) nuove (*comm.*) **carriage f.**, porto assegnato □ (*comm.*) **to date f.**, postdatare; apporre (*a un documento*) una data postici-

pata □ **to look f.**, guardare innanzi a sé; pensare al futuro □ **to look f. to**, attendere con ansia; pregustare; non vedere l'ora di: **I am looking f. to meeting you**, non vedo l'ora d'incontrarti □ **to put the clock f.**, mettere avanti l'orologio □ **to put** (*o* **to set**) **f.**, addurre, mettere avanti (*un motivo, un pretesto, ecc.*) □ **to put** (*o* **to set**) **oneself f.**, farsi avanti; mettersi in vista (*o* in mostra).

to forward ['fɔ:wəd], *v. t.* **1** promuovere; aiutare; favorire; assecondare; appoggiare: **to f. a political cause**, aiutare (*o* appoggiare) una causa politica **2** inoltrare; rispedire; far proseguire: **to f. letters to a new address**, inoltrare lettere a un nuovo indirizzo; (*sulla busta d'una lettera*) **please f.**, con preghiera d'inoltrare **3** (*comm.*) spedire; inviare (*specialm. per via di terra*): **to f. goods to a customer**, spedire merce a un cliente.

forwarder ['fɔ:wədə*], *n.* **1** speditore; mittente (*di merce*) **2** (*comm.*) spedizioniere **3** promotore; fautore.

forwarding ['fɔ:wədiŋ], *n.* (*comm.*) spedizione; invio (*di merce*). ● **f. address**, indirizzo del destinatario (*della merce*) □ (*comm.*) **f. agent**, spedizioniere (per via di terra) □ **f. charges**, spese di spedizione □ (*ferr.*) **f. station**, stazione di partenza (*della merce*).

forwardness ['fɔ:wədnis], *n.* **1** l'essere avanti (*o* avanzato, progredito); precocità **2** prontezza; premura; sollecitudine **3** impertinenza; impudenza; insolenza; sfacciataggine.

forwards [fɔ:wədz], *V.* **forward** (2).

forwent [fɔ:'went], *pass.* di **to forgo**.

Fosbury flop ['fɔzbəri 'flɔp], *n.* (*sport*) Fosbury flop (*tipo di salto in alto*).

fossa ['fɔsə], *n.* (*pl.* **fossae**) (*anat.*) fossa.

fosse [fɔs], *n.* **1** fossa; fossato (*specialm. di fortezza*) **2** (*anat.*) fossa: **temporal f.**, fossa temporale.

to fossick ['fɔsik], *v. i.* (*pop.*) cercare qua e là; rovistare.

fossil ['fɔsl], **A** *n.* **1** (*geol.*) fossile: **to hunt for fossils**, andare in cerca di fossili **2** (*fig.*) fossile; persona antiquata. **B** *a.* **1** (*geol.*) fossile **2** (*fig.*) fossilizzato; fossile. ● (*paleontologia*) **f. man**, uomo fossile.

fossilation [,fɔsi'leiʃən], *n.* (*geol.*) fossilizzazione.

fossiliferous [,fɔsi'lifərəs], *a.* (*geol.*) fossilifero: **f. soil**, terreno fossilifero.

fossilization [,fɔsilai'zeiʃən], *n.* (*anche fig.*) fossilizzazione.

to fossilize ['fɔsilaiz], *v. t. e i.* (*anche fig.*) fossilizzare, fossilizzarsi.

fossorial [fɔ'sɔ:riəl], **A** *a.* (*zool.*) scavatore, scavatrice; atti a scavare: **f. claws**, artigli atti a scavare. **B** *n.* (*zool.*) animale scavatore.

to foster ['fɔstə*], *v. t.* **1** allevare; nutrire (*anche fig.*): **She fostered hopes of becoming an actress**, nutriva speranze di diventare un'attrice **2** favorire; incoraggiare; promuovere; incrementare: **Hunger fosters disease**, la fame favorisce l'insorgere di malattie.

foster ['fɔstə*], *a.* (*nei composti*) adottivo; d'adozione. ● **f. brother**, fratello di latte □ **f. child**, bambino adottato (*o* dato a balia) □ **f. father**, padre adottivo □ **f. home**, famiglia d'adozione □ **f. mother**, madre adottiva; balia; nutrice □ **f. parents**, genitori adottivi □ **f. sister**, sorella di latte.

fosterage ['fɔstəridʒ], *n.* **1** allevamento (*di bambini*); baliatico **2** l'essere figlio adottivo **3** il favorire; il promuovere.

fosterer ['fɔstərə*], *n.* **1** genitore adottivo **2** promotore, fautore.

fosterling ['fɔstəliŋ], *n.* **1** bambino adottivo **2** favorito; protetto.

fostress ['fɔstris], *n.* balia; nutrice.

fought [fɔ:t], *pass.* e *p. p.* di **to fight**.

foul (1) [faul], *a.* **1** brutto, cattivo (*di tempo, ecc.*); fetido; immondo; impuro; sozzo; sporco; sudicio; viziato (*d'aria*); ripugnante; schifoso (*pop.*): **a f. smell**, un cattivo odore; **a f. cellar**, una cantina fetida; immonda; **f. linen**, biancheria sporca; **f. air**, aria viziata; **a f. meal**, un pasto schifoso; **f. water**, acqua impura (*o* torbida) **2** corrotto; disonesto; infame; malvagio; perfido; scorretto; sleale; (*sport*) falloso: **a f. crime**, un infame delitto; **a f. deed**, un'azione malvagia; **a f. motive**, un perfido motivo; **f. play**, (*sport*) gioco falloso (*o* scorretto); (*fig.*) disonestà, slealtà, scorrettezza; (*leg.*) atto di violenza; omicidio; assassinio **3** grossolano; ingiurioso; osceno; sconcio: **f. language** (*o* **f. talk**), linguaggio osceno **4** impigliato; incagliato; otturato: **a f. anchor**, un'ancora impigliata; **The rope is f.**, la corda s'è impigliata; **a f. pipe**, una tubatura otturata; **a f. gun-barrel**, la canna d'un fucile otturata **5** (*di vento*) contrario; sfavorevole **6** (*tipogr.*: *di una bozza*) sporca; piena di correzioni **7** (*nei giochi di carte*) non valido: **The hand is f.**, la mano non è valida **8** (*dial.*) brutto (*di persona*). ● (*naut.*) **f. berth**, cattivo ormeggio □ (*sport*) **a f. blow**, un colpo proibito □ (*naut.*) **f. bottom** (*of* **a ship**), carena sporca (*o* incrostata) (*d'una nave*) □ **f. copy**, brutta copia; malacopia □ (*relig.*) **the f. fiend**, il demonio, il Maligno □ **f.-mouthed** (*o* **f.-tongued**), sboccato; scurrile; triviale □ (*pallacanestro*) **f. shot**, tiro libero (*di punizione*) □ **a f.-tasting medicine**, una medicina disgustosa (*o* stomachevole) □ **by fair means or f.**, con mezzi leciti o illeciti; di riffa o di raffa.

foul (2) [faul], *n.* **1** azione scorretta; atto sleale **2** (*sport*) fallo; infrazione **3** (*naut.*) collisione **4** urto (*fra cavallerizzi*). ● (*pallacanestro*) **f. line**, linea di tiro libero □ (*fam.*) **f.-up**, confusione, pasticcio (*fig.*); incasinamento, casino (*pop.*); (*mecc.*) guasto, panne □ **through fair and f.**, nella buona e nella cattiva sorte; nel bene e nel male.

foul (3) [faul], *avv.* disonestamente; slealmente; scorrettamente. ● **to fall** (*o* **to go, to run**) **f. of**, (*di nave*) entrare in collisione con; (*di persona*) urtarsi, litigare con (q.) □ **to fall f. of the law**, incorrere nei rigori della legge □ **to hit f.**, (*nel pugilato*) colpire basso (*o* sotto la cintura); (*fig.*) usar frode; ingannare □ **to play sb. f.**, ingannare q.; trattare q. in modo sleale.

to foul [faul], **A** *v. t.* **1** (*anche fig.*) imbrattare; insozzare; insudiciare; sporcare; macchiare; contaminare; infettare; inquinare: **to f. the waters of a river**, contaminare (*o* inquinare) le acque di un fiume; **to f. one's good name**, sporcarsi la reputazione; insozzare il proprio buon nome **2** ostruire; intasare: **to f. a gun**, ostruire un'arma da fuoco **3** (*specialm. naut.*) impigliare; incagliare; imbarazzare (*un cavo, una cima*) **4** (*naut.*) investire, urtare: **One of the boats fouled the other**, una delle barche investì l'altra **5** (*naut.*) incrostare (*la carena d'una nave*) **6** bloccare; incagliare; ostacolare (*una strada, il traffico, ecc.*) **7** (*sport*) commettere un fallo ai danni di (*un avversario*). **B** *v. i.* **1** imbrattarsi; insozzarsi; insudiciarsi; sporcarsi **2** (*di tubazioni e sim.*) intasarsi; ostruirsi **3** impigliarsi; incagliarsi; imbrogliarsi: **The anchor fouled**, l'ancora s'impigliò **4** (*naut.*) urtarsi; entrare in collisione **5** ingannare; imbrogliare; essere sleale. ● **to f. the air**, inquinare l'aria □ (*fig.*) **to f. one's own nest**, darsi la zappa sui piedi; denigrare sé (*o* la propria famiglia) □ **to f. up**, contaminare, infettare, inquinare; ostruire, intasare; pasticciare, rovinare; far confusione; incasinarsi (*pop.*) □ (*sport*) **to be fouled**, subire un fallo.

foulard [fu'la:d] (*franc.*), *n.* (*fazzoletto di*) seta; foulard.

foully ['faulli], *avv.* crudelmente; disonestamente; perfidamente; slealmente; vilmente: **He was f. attacked**, fu vilmente attaccato.

foulness ['faulnis], *n.* **1** immondezza; sozzura; sporcizia; sudiciume **2** oscenità; sconcezza **3** disonestà; malvagità; perfidia; slealtà; scelleratezza.

foumart ['fu:ma:t], *n.* (*zool.*, *Mustela putorius*) puzzola.

found [faund], *pass.* e *p. p.* di **to find**.

to found (1) [faund], **A** *v. t.* fondare; basare; creare; costituire; istituire; metter su; iniziare la costruzione di (*un edificio*): **to f. a city** (**a colony, an institution, a dynasty, etc.**), fondare una città (una colonia, un'istituzione, una dinastia, ecc.); **to f. a new theory on facts**, basare una nuova teoria sui fatti. **B** *v. i.* (*raro*) fondarsi; basarsi: **to f. a family**, fondare una dinastia; essere il capostipite d'una famiglia illustre □ **ill-founded**, infondato □ **well-founded**, (ben) fondato; sicuro.

to found (2) [faund], *v. t.* (*metall.*) fondere; gettare; colare (*un metallo*).

foundation [faun'deiʃən], *n.* **1** fondazione; fondamento; base; costituzione; creazione; istituzione; lascito; borsa di studio: **the foundations of a house**, le fondamenta d'una casa; **the Carnegie F.**, la fondazione Carnegie; **the foundations of civilization**, le basi della civiltà; **The rumour is without** (**has no**) **f.**, la voce è senza fondamento (è infondata); **His marriage was the f. of his career**, il matrimonio fu la base della sua carriera **2** (*costr.*) sottofondo: **a road f.**, il sottofondo d'una strada **3** (*anche* **f. garment**) busto, guaina (*da donna*) **4** rinforzo (*di vestito*); fodera **5** (*cosmesi*, *anche* **f. cream**) (crema) base. ● (*fin.*) **f. member**, socio promotore □ (*stor.*) **f. scholar**, borsista □ **f. school**, scuola sovvenzionata, provvista di lascito □ **f. stone**, (*edil.*) prima pietra, pietra angolare; (*fig.*) pilastro □ **to be on the f.**, essere sovvenzionato (*o* studiare, ecc.) con i fondi d'un lascito □ **to lay the foundations**, gettare le fondamenta; (*fig.*) porre le basi (di q.c.).

founder (1) ['faundə*], *n.* fondatore; creatore (*di un'istituzione*); promotore (*di società per azioni*); capostipite: **f.'s day**, giorno commemorativo del fondatore □ **founders' shares**, azioni devolute ai promotori (*d'una società anonima*).

founder (2) ['faundə*], *n.* (*metall.*) fonditore.

to founder ['faundə*], **A** *v. i.* **1** (*di nave*) affondare; andare a picco; colare a picco (*anche fig.*): **Our plan foundered for lack of money**, il nostro progetto andò a picco per mancanza di fondi **2** (*di cavallo*) cadere a terra (*per eccesso di fatica*); azzopparsi **3** (*d'un edificio*) crollare; (*d'un argine*) franare **4** impantanarsi; piantarsi nel fango **5** (*vet.*: *di cavallo*) contrarre la podoflemmatite. **B** *v. t.* **1** affondare; colare (*o* mandare) a picco (*una nave*) **2** azzoppare, stremare (*un cavallo*).

founder (3) ['faundə*], *n.* (*vet.*, *di cavallo*) podoflemmatite.

founding (1) ['faundiŋ], **A** *n.* fondazione; il fondare. **B** *a.* fondatore; che fonda. ● (*stor. e fig.*) **f. fathers**, fondatori.

founding (2) ['faundiŋ], *n.* (*metall.*) fusione; fonditura (*raro*).

foundling ['faundliŋ], *n.* trovatello, trovatella. ● **f. hospital**, ospizio dei trovatelli; brefotrofio.
foundress ['faundris], *n.* fondatrice.
foundry ['faundri], *n.* (*metall.*) **1** fonderia: **type f.**, fonderia di caratteri tipografici **2** fusione; fonditura (*raro*). ● (*tipogr.*) **f. type**, carattere di fonderia.
fount (1) [faunt], *n.* **1** (*poet., fig.*) fonte; sorgente: **a f. of wisdom**, una fonte di saggezza **2** (*gergo comm.*) serbatoio (*di lampada a olio o di stilografica*).
fount (2) [faunt], *n.* (*tipogr.*) serie di caratteri dello stesso corpo e tipo; fonte.
fountain ['fauntin], *n.* **1** fontana; fonte (*anche fig.*); origine; sorgente: **drinking f.**, fontana (pubblica) d'acqua potabile; **the f. of honour**, la fonte dell'onore **2** getto d'acqua; zampillo **3** serbatoio (*di lampada, penna, ecc.*). ● **f.-head**, sorgente (*di fiume, ecc.*); (*fig.*) fonte, origine □ **f. pen**, penna stilografica.
four [fɔ:*], *a.* e *n.* **1** quattro: **the f. of clubs**, il quattro di fiori; **to the f. winds**, ai quattro venti; **f. o'clock**, le quattro (*dell'orologio*) **2** – (*sport, naut.*) **a f.**, un quattro; un armo a quattro rematori **3** – (*autom.*) **a f.**, una «quattro cilindri» **4** (*pl., fin.*) azioni (*o* titoli) al quattro per cento (*d'interesse*). ● (*mecc.*) **f.-bar linkage**, quadrilatero articolato □ (*tipogr.*) **f.-colour printing** (*o* **process**), quadricromia □ (*geom.*) **f.-cornered**, quadrangolare □ (*fig.*) **the f. corners of a document**, l'ampiezza, la portata, il significato d'un documento □ **the f. corners of the earth**, i punti più remoti della terra □ (*di raccolto*) **f.-course**, a rotazione quadriennale □ (*USA: di motore*) **f.-cycle**, a quattro tempi □ (*fis., mat.*) **f.-dimensional**, quadrimensionale □ (*aeron.*) **a f.-engined plane**, un quadrimotore □ (*aeron.*) **a f.-engined jet**, un quadrigetto; un quadrireattore □ **f. figures**, le cifre fra 1 000 e 9 999: **His income is in the f.-figures bracket**, il suo reddito è fra le 1 000 e le 10 000 sterline (*o* fra i 1 000 e i 10 000 dollari) □ (*fam.*) **to f.-flush**, (*al poker*) fingere d'avere tris, quando si hanno solo quattro carte dello stesso seme; (*fig.*) bluffare □ (*fam.*) **f.-flusher**, bluffatore; imbroglione, impostore □ **f.-footed**, quadrupede □ **f.-handed**, quadrumane; (*di gioco*) che si gioca in quattro; (*di musica*) a quattro mani □ **f.-horse(d)**, tirato da quattro cavalli □ (*USA*) **the f. hundred**, la buona società (*di un dato luogo*) □ (*sport*) **the 400-metre hurdles**, i quattrocento a ostacoli □ (*sport*) **the 400-metre relay**, i quattrocento a staffetta □ (*sport*) **the 400-metre run**, i quattrocento (*piani*) □ **a f.-in-hand**, un tiro a quattro □ **a f.-leaf clover**, un quadrifoglio □ (*fig.*) **a f.-letter word**, una parolaccia; una parola sconcia □ (*naut.*) **f.-masted (barque)**, (nave) a quattro alberi □ (*bot.*) **f. o'clock** (*Mirabilis jalapa*), bella di notte □ (*poker*) **f. of a kind**, poker (*il punto*) □ (*di canto*) **f.-part**, a quattro voci □ (*polit.*) **f.-party government**, quadripartito (*in Italia, ecc.*) □ (*naut.*) **f.-point bearing**, rilevamento al traverso □ **f.-poster (bed)**, letto a (quattro) colonne □ (*autom.*) **f.-seater (car)**, automobile a quattro posti □ **f.-square**, quadrato; (*fig.*) solido, fermo, tenace □ (*di motore*) **f.-stroke**, a quattro tempi □ (*mecc.*) **f.-stroke cycle**, ciclo a quattro tempi □ **f.-way**, (*di interruttore, semaforo, ecc.*) a quattro vie; (*di dibattito, ecc.*) a quattro □ **f.-wheel**, a quattro ruote □ (*autom.*) **f.-wheel drive**, trazione sulle quattro ruote □ **f.-wheeler**, carrozza a quattro ruote □ **a carriage and f.**, (una carrozza con) tiro a quattro □ (*mus.*) **for f. hands**, per quattro mani □ (*a carte*) **to make up a f.**, fare il quarto □ **on all fours**, a quattro zampe; carponi □ (*fig.*) **to be on all fours**, quadrare: **What you say is not all fours with the truth**, quello che dici non quadra con la verità (dei fatti) □ (*mil.*) **Form fours!**, per quattro!
foureyes ['fɔ:raiz], *n.* (*fam., scherz.*) quattrocchi; tipo occhialuto.
fourfold ['fɔ:-fould], **A** *a.* **1** quadruplice; a quattro doppi **2** quadruplo. **B** *avv.* quattro volte (tante, tanti, ecc.).
fourpence ['fɔ:pəns], *n.* (somma o valore di) quattro penny.
fourpenny ['fɔ:pəni], *a.* che costa quattro penny: **a f. stamp**, un francobollo da quattro penny.
fourscore ['fɔ:'skɔ:*], *a.* e *n.* (*arc.*) ottanta.
foursome ['fɔ:səm], *n.* **1** (*golf*) partita giocata da due coppie: **a mixed f.**, una partita giocata da due coppie miste (*un uomo e una donna ciascuna*) **2** (*fam.*) comitiva (*o* gruppo) di quattro persone; quartetto.
fourteen [fɔ:'ti:n], *a.* e *n.* quattordici.
fourteenth [fɔ:'ti:nθ], *a.* e *n.* quattordicesimo; decimoquarto.
fourth [fɔ:θ], **A** *a.* e *n.* quarto: **a f.**, un quarto; una quarta parte. **B** *n.* **1** (*mus.*) quarta **2** (*autom.*) quarta. ● (*fis., mat.*) **f. dimension**, quarta dimensione □ **the f. estate**, (*stor.*) il quarto stato; (*fig.*) il quarto potere; la stampa □ **the f. finger**, (il dito) mignolo □ (*USA*) **the F. of July**, il quattro luglio (*data, 1776, e festa della Dichiarazione d'Indipendenza*) □ **the f. part**, la quarta parte; il quarto □ (*autom.*) **f. speed**, quarta velocità; quarta.
fourthly ['fɔ:θli], *avv.* in quarto luogo (*nelle enumerazioni*).
fowl [faul], *n.* (*pl.* **fowl, fowls**) **1** (*raro o poet.*) uccello, volatile (*in genere*) **2** pollo; carne di pollo; pollame: **to keep fowls**, allevare polli **3** (*anche* **waterfowl**) uccello acquatico. ● **f. house**, pollaio (*la costruzione*) □ (*vet.*) **f. pest**, malattia dei polli (*vet.*) **f. pox**, vaiolo aviario □ **f. run**, pollaio (*il recinto*) □ **barndoor** (*o* **game**) **f.**, gallo domestico; gallina domestica.
to fowl [faul], *v. i.* andare a caccia di uccelli; uccellare.
fowler ['faulə*], *n.* cacciatore (*d'uccelli*); uccellatore.
fowling ['fauliŋ], *n.* uccellagione. ● **f. piece**, fucile da caccia (*per uccelli o animali piccoli*).
fox [fɔks], *n.* (*pl.* **fox, foxes**) **1** volpe (*anche fig.*); pelliccia di volpe; volpone, furbacchione: **Lew is a sly old fox**, Gigi è una vecchia volpe **2** (*naut.*) treccia di cavi incatramata. ● **fox brush**, coda di volpe □ **fox cub** (*o* **fox kid**), volpacchiotto □ **fox earth**, tana di volpe □ **fox hunt** (*o* **fox-hunting**), caccia alla volpe □ **to fox-hunt**, cacciare la volpe □ (*mecc.*) **fox lathe**, tornio per filettare □ **fox terrier**, fox-terrier (*cane da tana, usato un tempo nella caccia alla volpe*) □ **fox-trot**, fox-trot (*danza*) □ **to fox-trot**, ballare il fox-trot □ (*mecc.*) **fox wedge**, contro-chiavetta □ **bitch-fox**, volpe femmina □ **dog-fox**, volpe maschio □ (*pop. USA*) **He's crazy like a fox**, è un volpone; è un furbo di tre cotte; è un drittone (*pop.*).
to fox [fɔks], **A** *v. i.* **1** usare astuzie volpine; volpeggiare **2** (*di birra*) inacidire **3** (*di pagine di un libro*) scolorire, formando macchie giallastre **4** (*fam.*) fare finta; darla a bere (*fig.*). **B** *v. t.* **1** inacidire (birra, ecc.) **2** scolorare (pagine, stampe, ecc.) con macchie giallastre **3** (*fam.*) ingannare; truffare; imbrogliare **4** (*fam.*) fregare (*pop.*); mettere nel sacco (*fig.*): **That question foxed me completely**, quella domanda mi ha proprio fregato.
foxglove ['fɔksglʌv], *n.* (*bot., floricoltura*) digitale.
foxhole ['fɔkshoul], *n.* (*mil.*) buca; appostamento a buca.
foxhound ['fɔkshaund], *n.* cane da volpe; foxhound.
foxhunter ['fɔks,hʌntə*], *n.* cacciatore di volpi.
foxiness ['fɔksinis], *n.* astuzia volpina; scaltrezza.
foxtail ['fɔksteil], *n.* **1** coda di volpe **2** (*bot., Alopecurus pratensis*) coda di volpe **3** (*bot., Lycopodium clavatum*) licopodio.
foxy ['fɔksi], *a.* **1** astuto; scaltro; volpino, da volpe: **a f. face**, una faccia da volpe **2** color della volpe; fulvo **3** (*di vecchio libro*) scolorito; stinto **4** (*di vino*) acido.
foyer ['fɔiei] (*franc.*), *n.* **1** (*teatr.*) ridotto **2** atrio; sala d'attesa.
fracas ['fræka:], *n.* (*pl.* **fracases, fracas**) alterco; lite; rissa.
fraction ['frækʃən], *n.* **1** (*mat.*) frazione: **vulgar f.**, frazione ordinaria **2** frammento; pezzo; pezzetto: **not a f.**, neanche un pezzetto **3** (*un*) po'; (un) pochino: **Come a f. closer**, avvicinati un po'!
fractional ['frækʃənl], *a.* **1** (*mat.*) frazionario **2** (*chim.*) frazionato: **f. distillation**, distillazione frazionata **3** (*fam.*) piccolo; esiguo. ● (*econ.*) **f. currency**, moneta divisionale.
fractionary ['frækʃənəri], *a.* **1** (*mat.*) frazionario **2** frammentario.
to fractionate ['frækʃəneit], *v. t.* **1** frazionare **2** (*chim.*) sottoporre a distillazione frazionata. ● (*chim.*) **fractionating column**, colonna di frazionamento.
fractionation [,frækʃə'neiʃən], *n.* (*chim., fis. nucl.*) frazionamento.
to fractionize ['frækʃənaiz], *v. t.* (*mat.*) frazionare; dividere in parti.
fractious ['frækʃəs], *a.* **1** indisciplinato; ribelle **2** irritabile; litigioso; permaloso; stizzoso: **a f. child**, un bambino stizzoso.
fractiousness ['frækʃəsnis], *n.* **1** indisciplina; indocilità **2** litigiosità; permalosità; stizzosità.
fracture ['fræktʃə*], *n.* (*med., geol., miner.*) frattura: **compound f.**, frattura composta **2** (*geol.*) **rock f.**, litoclasi □ (*med.*) **to set** (*o* **to reduce**) **a f.**, ridurre una frattura.
to fracture ['fræktʃə*], *v. t.* e *i.* fratturare, fratturarsi; rompere, rompersi; spezzare, spezzarsi: **to f. one's hand**, fratturarsi una mano.
fraenum ['fri:n], *n.* (*pl.* **fraenums, fraena**) (*anat.*) frenulo.
fragile ['frædʒail], *a.* **1** fragile; delicato: **f. skin**, pelle delicata **2** debole; giù di corda (*fam.*) **3** tenue; debole.
fragility [frə'dʒiliti], *n.* fragilità; delicatezza.
to fragment [fræg'ment], *v. t.* **1** scheggiare **2** suddividere.
fragment ['frægmənt], *n.* frammento; coccio; pezzo; pezzetto; scheggia: **fragments of ancient poetry**, frammenti di poesia antica.
fragmentariness ['frægməntərinis], *n.* frammentarietà.
fragmentary ['frægməntəri], *a.* frammentario. ● **f. pieces**, frammenti.
fragmentation [,frægmen'teiʃən], *n.* frammentazione. ● (*mil.*) **f. bomb**, bomba dirompente.
fragrance ['freigrəns], *n.* fragranza; profumo.
fragrant ['freigrənt], *a.* **1** fragrante; profumato; odoroso (*fig.*) delizioso; gradito; piacevole.
frail (1) [freil], *a.* fragile; debole (*di salute o moralmente*); gracile; delicato: **Human nature is f.**, la natura umana è fragile. ● **f.**

f. chance, una vaga possibilità.
frail (2) [freil], *n.* cestello (per frutta); cesto di giunchi.
frailty [ˈfreilti], *n.* fragilità; debolezza; gracilità; delicatezza.
fraise (1) [freiz], *n.* (*mil.*) palizzata inclinata.
fraise (2) [freiz], *n.* (*mecc.*) fresa.
framboesia [fræmˈbiːzjə], *n.* (*med.*) framboesia; vaiolo indiano.
to frame [freim], **A** *v. t.* **1** formare; costituire; comporre; concepire; ideare; redigere; formulare; elaborare; enunciare; costruire: **to f. a new method**, concepire (*o* escogitare) un nuovo metodo; **to f. a scheme**, ideare un piano; **to f. a new doctrine**, enunciare una nuova dottrina; **to f. an answer**, redigere una risposta; **to f. words**, formulare parole; **to f. a new constitution**, elaborare una nuova costituzione; **a building framed to resist earthquakes**, un edificio costruito con criteri antisismici **2** incorniciare; mettere in cornice; inquadrare: **to f. a painting**, incorniciare un dipinto **3** (*fam.*) calunniare **4** (*pop.*) incastrare (*fig., pop.*); tramare contro (q.), per dimostrarne la colpevolezza; montare un'accusa contro (un.) **5** (*cinem., telev.*) mettere in quadro; inquadrare. **B** *v. i.* (*di piani, ecc.*) andare; promettere; svilupparsi: **Our new venture is framing well**, la nostra nuova impresa va bene (*o* promette bene). ● **to f. a story**, inventare una storia □ (*fam.*) **to f. up**, montare (*un'accusa*); preparare (*una trappola, un tranello*); truccare (*un'elezione*); comprare il risultato di (*un incontro sportivo*).
frame [freim], *n.* **1** intelaiatura; incastellatura; castello; impalcatura; armatura; carcassa (*per es., di macchina elettrica*); (*edil.*) ossatura, struttura, telaio: **the f. of an airship**, l'intelaiatura d'un dirigibile; **the f. of a window**, il telaio d'una finestra; **A skyscraper has a steel f.**, i grattacieli hanno l'armatura d'acciaio **2** costituzione fisica; ossatura; statura; struttura; taglia; corpo: **an athlete with a powerful f.**, un atleta dalla possente struttura fisica **3** cornice: **a picture f.**, la cornice d'un quadro **4** composizione; forma; struttura: **the f. of society**, la struttura della società **5** stato d'animo; disposizione di spirito; umore: **to be in a happy f. (of mind)**, essere di buon umore **6** fusto (*di ombrello*) **7** montatura (*di occhiali*) **8** (*cinem.*) fotogramma; inquadratura **9** (*naut.*) ordinata; costa **10** (*telev.*) quadro (*dell'immagine*); **f. synchronization**, sincronizzazione del quadro **11** cassetta col coperchio di vetro (*per piante*) **12** (*elab.*) cornicetta **13** (*ind. min.*) asse inclinata per lavaggio di minerali. ● (*telev.*) **f. aerial**, antenna a gabbia □ **f. house**, casa con strutture in legno □ **f.-maker**, corniciaio □ (*econ.*) **the f. of distribution**, la struttura distributiva □ **f. of reference**, sistema di riferimento; (*fig.*) angolazione, punto di vista □ **f. saw**, sega a telaio □ (*fam.*) **f.-up**, complotto; tranello; trappola; macchinazione; montatura (*fig.*); incastrata (*fig., pop.*) □ (*edil.*) **door-f.**, telaio di porta; infisso.
framer [ˈfreimə*], *n.* **1** artefice; creatore; costruttore; formulatore; enunciatore **2** (*anche* **picture-f.**) fabbricante di cornici; corniciaio **3** (*elettron.*) inquadratore.
framework [ˈfreimwəːk], *n.* **1** intelaiatura; centina; ossatura; traliccio; struttura: **the f. of a house**, la struttura d'una casa; **an old railway bridge with a wooden f.**, un vecchio ponte ferroviario con il traliccio di legno **2** composizione; struttura: **the f. of our society**, la struttura della nostra società **3** (*d'un albero*) rami principali **4** (*fig.*) contesto; cornice; quadro: **the economic f.**, il contesto economico; **the political f.**, il quadro politico.
framing [ˈfreimiŋ], *n.* **1** composizione; costruzione; formulazione; enunciazione; ideazione; struttura **2** incorniciatura; inquadramento (*cinem., telev.*) inquadratura **4** (*elettron.*) sistema in quadro **5** (*edil.*) carpenteria. ● **f. camera**, cinepresa ad aggiustamento automatico (*delle immagini*) □ (*mecc.*) **f. square**, squadra da falegname.
franc [fræŋk], *n.* franco (*moneta francese, belga o svizzera*).
France [fra:ns], *n.* (*geogr.*) Francia.
Frances [ˈfra:nsis], *n.* Francesca.
to franchise [ˈfræntʃaiz], *v. t.* **1** (*arc.*) dare il diritto di voto a (q.) **2** (*comm., specialm. USA*) dare una concessione (*o* una licenza) a (*un'azienda*).
franchise [ˈfræntʃaiz], *n.* **1** (*polit.*) diritto di voto **2** franchigia; privilegio; immunità; concessione (governativa, comunale, ecc.); appalto (*di lavori o servizi pubblici*) **3** (*comm.*) franchising; licenza (*di produrre o vendere q.c. per un'altra azienda*) **4** (*comm.*) concessione; zona in concessione **5** (*leg.*) privilegio, diritto di esclusiva **6** (*ass.*) franchigia.
Francis [ˈfra:nsis], *n.* Francesco.
Franciscan [frænˈsiskən], **A** *a.* francescano. **B** *n.* (frate) francescano.
francium [ˈfrænsiəm], *n.* (*chim.*) francio.
Franco- [ˈfræŋkou], *pref.* (*nei composti*) franco-: **the F.-Prussian war**, la guerra franco-prussiana (*del 1870-71*).
Francoism [ˈfræŋkouizəm], *n.* (*stor., polit.*) franchismo.
Francoist [ˈfræŋkouist], *n.* (*stor., polit.*) franchista.
francolin [ˈfræŋkoulin], *n.* (*zool., Francolinus*) francolino.

Francophile [ˈfræŋkoufail], *a. e n.* francofilo.
Francophobe [ˈfræŋkoufoub], *a. e n.* francofobo.
Francophone [ˈfræŋkoufoun], *n.* francofono.
Francophonic [ˌfræŋkouˈfounik], *a.* francofono.
franc-tireur [ˌfra:ŋtiːˈrəː*] (*franc.*), *n.* franco tiratore; cecchino.
frangibility [ˌfrændʒiˈbiliti], *n.* l'essere frangibile; fragilità.
frangible [ˈfrændʒibl], *a.* frangibile; fragile. ● (*mil.*) **f. grenade**, bottiglia incendiaria.
frangipane [ˈfrændʒipein], *n.* **1** (*cucina*) frangipane **2** V. **frangipani**, *def.* 2.
frangipani [ˌfrændʒiˈpa(ː)ni], *n.* (*pl.* **frangipani, frangipanis**) **1** (*bot., Plumiera rubra*) frangipani; gelsomino rosso **2** profumo di gelsomino rosso.
franglais [fra:ŋˈglei], *n.* «franglais»; francese pieno d'anglicismi.
frank (1) [fræŋk], *a.* **1** franco; aperto (*fig.*); sincero; schietto: **a f. answer**, una risposta schietta; **f. rebellion**, aperta rivolta **2** esplicito; completo; pieno: **a f. avowal**, un pieno riconoscimento (di q.c.).
to frank [fræŋk], *v. t.* **1** spedire (*una lettera*) in franchigia **2** affrancare **3** esentare, esimere (*da un pagamento, ecc.*).
frank (2) [fræŋk], *n.* **1** lettera spedita in franchigia **2** (*stor.*) firma che affrancava una lettera **3** franchigia postale **4** bollo di franchigia.
Frank [fræŋk], *n.* (*anche stor.*) Franco (*nome proprio di persona e di popolo*): **the Franks**, i Franchi.
Frankfort [ˈfræŋkfət], *n.* (*geogr.*) Francoforte.
frankfurt [ˈfræŋkfəːt], **frankfurter** [ˈfræŋkfəːtə*], *n.* (*USA*) «frankfurter»; salsicciotto di tipo tedesco.
frankincense [ˈfræŋkinˌsens], *n.* incenso.
franking [ˈfræŋkiŋ], *n.* **1** affrancatura **2** esenzione. ● **f. machine**, (macchina) affrancatrice.
Frankish [ˈfræŋkiʃ], **A** *a.* (*stor.*) franco; dei Franchi. **B** *n.* lingua dei Franchi.
franklin [ˈfræŋklin], *n.* (*stor.*) libero proprietario terriero d'origine plebea (*nei secoli XIV e XV*).
frankness [ˈfræŋknis], *n.* franchezza; sincerità; schiettezza.
frantic [ˈfræntik], *a.* **1** frenetico; furibondo; furioso **2** (*fam.*) frenetico; affannoso; convulso. ● **f. with joy**, ebbro di gioia □ **to drive sb. f.**, fare impazzire q.
frantically [ˈfræntikəli], *avv.* freneticamente; follemente.
to frap [fræp], *v. t.* (*naut.*) imbrigliare; legare strettamente.
frappé [fræˈpei] (*franc.*), **A** *a.* (*di vino*) ghiacciato: **wine f.**, vino ghiacciato. **B** *n.* **1** liquore da dessert, con ghiaccio tritato **2** (*anche* **frappe**) frappé; frullato.
frat [fræt], *n.* (*USA; abbr. fam.*) V. **fraternity**, *def.* 4.
frater [ˈfreitə*], *n.* (*stor.*) refettorio (*di monastero*).
fraternal [frəˈtəːnl], *a.* **1** fraterno **2** di una confraternita. ● **f. order** (*o* **f. society**), confraternita (*o* società) segreta; (*leg. USA*) società di mutuo soccorso.
fraternity [frəˈtəːniti], *n.* **1** fraternità; fratellanza **2** confraternita; associazione; congregazione; comunità; società: **a f. of monks**, una congregazione di frati **3** classe; categoria; ordine: **the writing f.**, la classe degli scrittori; **the medical f.**, l'ordine dei medici **4** (*USA*) associazione studentesca (*nei «colleges»*) con un nome composto di lettere dell'alfabeto greco.
fraternization [ˌfrætənaiˈzeiʃən], *n.* fraternizzazione.
to fraternize [ˈfrætənaiz], *v. i.* fraternizzare; fare amicizia (con q.).
fratricidal [ˌfreitriˈsaidl], *a.* fratricida: **a f. war**, una guerra fratricida.
fratricide [ˈfreitrisaid], *n.* **1** fratricidio **2** fratricida.
fraud [frɔːd], *n.* **1** (*anche leg.*) frode; dolo **2** impostura; inganno; imbroglio; truffa: **This cure-all is a f.**, questa panacea è una truffa **3** (*fam.*) impostore; imbroglione; truffatore. ● **the F. Squad**, la Squadra contro le Frodi Industriali (*alimentari, ecc.*; in G.B.; cfr. ital. N.A.S., Nucleo Antisofisticazioni).
fraudulence [ˈfrɔːdjuləns], **fraudulency** [ˈfrɔːdjulənsi], *n.* fraudolenza; dolo.
fraudulent [ˈfrɔːdjulənt], *a.* fraudolento; doloso; disonesto.
fraught [frɔːt], *a.* **1** carico; denso; gravido; pieno (*fig.*): **The situation is f. with danger**, la situazione è gravida di pericoli; **an expedition f. with risks**, una spedizione piena di rischi; **f. with meaning**, denso di significato **2** (*fam.*) preoccupato; seccato; scocciato (*fam.*). **B** *n.* (*naut., scozz.*) carico (*di nave*).
fraxinella [ˌfræksiˈnelə], *n.* (*bot., Dictamnus albus*) frassinella.
fray [frei], *n.* **1** baruffa; lite; rissa **2** lotta; mischia; zuffa: **eager for the f.**, ansioso di gettarsi nella mischia; **to rush into the f.**, gettarsi nella mischia.
to fray [frei], **A** *v. t.* consumare (*per sfregamento*); logorare; sfilacciare: **to f. the edges of a coat sleeve**, logorare l'orlo della manica d'una giacca; **frayed cuffs**, polsini logori, sfilacciati; (*fig.*) **to f. sb.'s nerves**, logorare i nervi di q. **B** *v. i.* consumarsi; logorarsi; sfilacciarsi. ● (*di cervi*) **to f. heads**, sfregarsi le corna (*per toglierne la peluria*).

to frazzle ['fræzl], *(fam.)* **A** *v. t.* consumare; logorare; stancare. **B** *v. i.* consumarsi; logorarsi; stancarsi.

frazzle ['fræzl], *n. (fam.)* **1** consunzione; logorio **2** spossatezza; stanchezza **3** sfilacciatura **4** cencio; straccio. ● **worn to a f.**, ridotto un cencio.

freak [fri:k], **A** *n.* **1** capriccio; grillo; ghiribizzo; fantasia; ticchio: **out of mere f.**, per puro capriccio **2** bizzarria; stramberia: **the freaks of the latest fashion**, le bizzarrie dell'ultima moda **3** *(anche* **f. of nature)** mostro; scherzo *(o* aborto*)* di natura **4** *(nei circhi)* fenomeno (da baraccone) **5** *(pop.)* fissato; fricchettone *(pop.)* **6** *(pop.; anche* **pill f.)** drogato **7** *(pop.)* fan; tifoso; patito: **a film f.**, un fan del cinema; **an espresso coffee f.**, un patito del caffè espresso. **B** *a.* strano; singolare; strampalato: **a f. storm**, uno strano temporale; **f. weather**, tempo strampalato. ● *(pop.)* **f.-out**, esperienza bizzarra *(specialm. provocata da allucinogeni)*; azione, comportamento da drogato; drogato, individuo sotto l'effetto della droga.

to freak [fri:k], **A** *v. t.* **1** striare; screziare **2** *(pop., anche* **to f. out)** mettere in agitazione; eccitare **3** *(pop., anche* **to f. out)** far sentire (q.) come sotto l'effetto della droga. **B** *v. i.* *(pop., anche* **to f. out)* **1** agitarsi; eccitarsi; diventare frenetico **2** essere *(o* sentirsi come*)* sotto l'effetto della droga **3** uscire *(da un movimento, ecc.)*; fare una secessione.

freaked [fri:kt], *a.* screziato; striato; variegato.

freakish ['fri:kiʃ], *a.* capriccioso; bizzarro; ghiribizzoso; strambo.

freakishness ['fri:kiʃnis], *n.* capricciosità; bizzarria; stramberia.

freaky ['fri:ki], V. **freakish**.

freckle ['frekl], *n.* lentiggine; efelide.

to freckle ['frekl], **A** *v. t.* coprire di lentiggini. **B** *v. i.* coprirsi di lentiggini.

freckled ['frekld], **freckly** ['frekli], *a.* lentigginoso.

free (1) [fri:], *a.* **1** libero; aperto *(fig.)*; *(anche comm.)* franco; gratuito; esente; privo; scevro; sciolto; sgombro; spontaneo *(polit.)*: **the f. world**, il mondo libero; **admission f.**, ingresso gratuito; **a f. translation**, una traduzione libera; **The road is f.**, la strada è sgombra; **f. from pain**, esente da dolore; **f. from** *(o* **of) difficulty**, privo *(o* scevro*)* di difficoltà; **f. port**, porto franco; **f. on board**, franco a bordo; **f. on rail**, franco stazione ferroviaria; **f. of debt**, privo di debiti; **a f. offer**, un'offerta spontanea; **One end of the cable was left f.**, un'estremità del cavo fu lasciata sciolta; **f. of duty** *(o* **duty f.)**, esente da dazio; **duty--f. articles**, merci esenti da dazio; **f. imports**, importazioni libere *(o* esenti da dazio*)*; **a f. gait**, un'andatura sciolta; **I did it of my own f. will**, l'ho fatto di mia spontanea volontà **2** aggraziato; agile; disinvolto; spigliato; felice *(fig.)*: **f. gestures and movements**, gesti e movimenti spigliati; **a f. style of writing**, un felice modo di scrivere; **f. lines in drawing**, linee aggraziate *(o* agili*)* nel disegno; **a f. step**, un passo disinvolto **3** confidenziale; familiare; libero; franco; impudente; sfacciato: **f. manners**, maniere confidenziali; familiarità *(anche eccessiva)*; **to be too f. in one's speech**, essere troppo franco nel parlare; **a f. behaviour**, un contegno impudente **4** abbondante; generoso; largo; liberale; munifico; prodigo: **a f. flow of capital**, un abbondante afflusso di capitali; **to be f. with one's advice**, essere prodigo di consigli; **to be f. with one's praise**, essere largo di lodi **5** disposto; pronto: **I am f. to confess**, sono pronto a confessare **6** consentito; lecito; permesso: **It is f. for him to do so**, gli è consentito di farlo **7** *(naut.: di vento)* favorevole **8** *(mecc.)* libero; in folle **9** *(chim., fis.)* libero: **f. carbon**, carbonio libero **11** *(sport)* libero: **f. skating**, pattinaggio libero **12** *(naut.: d'imbarcazione)* (che naviga) col vento in poppa. ● *(fig.)* **f. agent**, padrone di sé; uomo libero, indipendente □ **f. and easy**, disinvolto, spigliato; alla buona, senza cerimonie □ *(psic.)* **f. association**, libera associazione *(d'idee, ecc.)* □ **f.-board**, *(costr. idraulica)* franco del coronamento *(naut.)* bordo libero □ **f.-born**, nato libero; che gode di pieni diritti politici per nascita □ **the F. Churches**, le Chiese non conformiste *(d'Inghilterra)* □ **f. diving**, immersione senza scafandro □ **f. economy**, economia di mercato □ **f. enterprise**, libera iniziativa □ **f. fall**, caduta libera: **a f.--fall drop**, un lancio a caduta libera *(dall'aereo)* □ **a f. fight**, una mischia generale; una competizione aperta a tutti □ **f.-floating**, fluttuante; libero; incerto □ **f.-for-all**, *(agg.)* libero, aperto a tutti; senza regole *(o* restrizioni*)*; *(sost.)* dibattito aperto; liberalizzazione sregolata; rissa; baldoria □ **f.-form**, spontaneo; aggraziato □ **to give f. rein to one's imagination**, sbrigliare la propria fantasia □ **a f.-hand drawing**, un disegno a mano libera □ **f.-handed**, generoso; munifico; prodigo; che ha le mani bucate *(pop.)* □ *(polo)* **f. hit**, tiro libero *(o* di punizione*)* □ **f. house**, birreria che vende varie marche di birra □ *(sport)* **f. kick**, (calcio di) punizione; *(rugby)* tiro libero □ **f. labour**, lavoro di uomini liberi *(non di schiavi)*; operai non iscritti a sindacati □ **f. lance** *(anche* **freelancer)**, soldato di ventura, mercenario; uomo politico *(o* scrittore, giornalista*)* indipendente □ **f.-lance photographer**, fotografo libero professionista □ *(moda)* **f.-lance model**, indossatrice volante □ *(teatr.)* **f. list**, (lista delle) entrate di favore □ **f.-liver**, gaudente □ **f. living**, vita libera, da gaudente □ **f. love**, libero amore □ **f. luggage**, bagaglio in franchigia □ **f. pass**, libero accesso; lasciapassare; *(ferr.)* biglietto di libera circolazione □ **f.-range chicken**, pollo ruspante □ *(mil.)* **f. rocket**, razzo non guidato □ **f. speech**, libertà di parola □ *(USA)* **f.-speecher**, studente che protesta; agitatore □ **a f.-spoken**, franco, esplicito; sincero □ **a f.-stone (peach)**, una pesca spiccace □ *(nuoto)* **f.--style relay**, staffetta stile libero □ *(sport)* **f.-style wrestling**, lotta libera □ **f.-thinker**, libero pensatore □ **f.-thinking** *(o* **f.-thought)**, libertà di pensiero □ *(pallacanestro)* **f. throw**, tiro libero □ *(econ.)* **f. trade**, libero scambio; liberismo, liberoscambismo □ *(econ.)* **f.-trader**, liberista; liberoscambista □ *(mecc.)* **f. wheel**, ruota libera *(di bicicletta)* □ **to f.-wheel**, andare a ruota libera *(senza pedalare, in bicicletta); (autom.)* andare in folle; *(fig.)* essere incurante, sconsiderato □ **f. will**, spontanea volontà; *(filos.)* libero arbitrio □ **f.-will**, voluntario; spontaneo: **a f.--will offer**, un'offerta volontaria □ *(dogana)* **f. zone**, zona franca □ *(comm.)* **f. carriage**, franco di porto □ *(comm.)* **duty-f.**, in franchigia doganale □ *(fam.)* **for f.**, gratis; a scrocco; a sbafo; a gratis *(scorretto)* □ **to get f.**, liberarsi; sciogliersi *(da corde o vincoli)* □ **to give sb. a f. hand in st.**, dare campo libero *(o* carta bianca*)* a q. in q.c. □ **to have** *(o* **to get) a f. hand in st.**, avere mano libera in q.c. □ **to have one's hands f.**, avere le mani libere *(anche fig.)*; o vuote; essere libero da lavori o impegni; starsene a mani vuote □ **to make** *(o* **to set) f.**, mettere in libertà; liberare □ **to make f. with other people's things**, prendersi libertà con *(o* usare come proprie*)* le cose degli altri □ **to make sb. f. of one's house**, mettere la propria casa a disposizione di q. □ **to spend money with a f. hand**, spendere con larghezza *(o* a piene mani*)* □ **He was made f. of the city**, fu fatto cittadino onorario della città.

free (2) [fri:], *avv.* gratis; gratuitamente; per niente: **to get in f.**, entrare gratis; **to give st. away f.**, dar via q.c. per niente.

to free [fri:], *v. t.* **1** liberare; affrancare; emancipare *(schiavi)* **2** esentare; esonerare; sciogliere *(da corde, vincoli, ecc.)*; sbarazzare; sgombrare; svincolare: **to f. sb. from a duty**, esonerare q. da un dovere **3** *(econ., polit.)* liberalizzare **4** *(autom., mecc.)* sbloccare: **to f. a jammed starter**, sbloccare un motorino d'avviamento.

to free-associate ['fri:ə'souʃieit], *v. i.* **1** *(psic.)* associare idee liberamente **2** *(per estens.)* parlare a ruota libera.

freebee ['fri:bi:], V. **freebie**.

freebie ['fri:bi:], *n. (pop., specialm. USA)* cosa gratuita; biglietto gratis; pasto a scrocco, a sbafo *(pop.)*.

to freeboot ['fri:bu:t], *v. i.* fare il filibustiere *(o* il pirata*)*.

freebooter ['fri:ˌbu:tə*], *n.* filibustiere; pirata; predone.

freed [fri:d], *pass.* e *p. p.* di **to free**.

freedman ['fri:dmən], *n. (pl.* **freedmen***) (stor. romana)* liberto.

freedom ['fri:dəm], *n.* **1** libertà; indipendenza; franchezza; schiettezza; familiarità *(anche eccessiva)*; facilità; disinvoltura; scioltezza, spigliatezza *(di movimenti, d'azione)*: **f. of speech** *(of the press, from want)*, libertà di parola *(di stampa, dal bisogno)*; **f. of the seas**, libertà dei mari; **the four freedoms**, le quattro libertà *(di parola, di religione, dal timore, dal bisogno)*; **to take freedoms with sb.**, prendersi delle libertà con q.; **to speak with f.**, parlare con franchezza, liberamente **2** l'essere esente da *(q.c.)*: **f. from defects (from disease)**, l'essere esente da difetti *(da malattie)* **3** *(stor.)* franchigia; privilegio *(di città, corporazione, ecc.)* **4** *(leg.)* esenzione; esonero; dispensa: **f. from taxation**, esenzione fiscale. ● **f. fighter**, combattente per la libertà □ **f. of the city** *(o* **of the town)**, cittadinanza onoraria □ **to give sb. the f. of one's office**, mettere il proprio ufficio a disposizione di q.

to free-drop [ˌfri:'drɔp], *v. t. (aeron.)* lanciare *(materiale)* a caduta libera.

freedwoman ['fri:dwumən], *n. (pl.* **freedwomen***) (stor. romana)* liberta.

freehold ['fri:hould], *(leg.)* **A** *n.* **1** (terreno tenuto in) proprietà assoluta **2** *(stor.)* allodio **3** *(stor.)* beni allodiali. **B** *a.* (di un bene) in proprietà assoluta. ● **to buy st. f.**, acquistare q.c. senza vincoli di tempo *(o* d'altro genere*)*.

freeholder ['fri:ˌhouldə*], *n. (leg.)* chi possiede *(terreni, ecc.)* in proprietà assoluta.

to freeload ['fri:ˌloud], *v. i. (fam. USA)* scroccare; fare lo scroccone.

freeloader ['fri:ˌloudə], *n. (fam. USA)* parassita; scroccone.

freely ['fri:li], *avv.* **1** liberamente; apertamente; francamente; spontaneamente; volentieri **2** liberamente; generosamente; prodigamente **3** gratuitamente; gratis **4** alla buona; senza cerimonie.

freeman *(def. 1* ['fri:mæn], *def. 2* ['fri:mən]), *n. (pl.* **freemen**

1 (*stor.*) uomo libero (*non schiavo o servo*); cittadino **2** cittadino onorario: **a f. of the City of Oxford**, un cittadino onorario di Oxford.

freemartin ['fri:ˌmɑ:tin], *n.* (*vet.*) vitella sterile.

freemason ['fri:ˌmeisn], *n.* massone; frammassone.

freemasonry ['fri:ˌmeisnri], *n.* (*anche fig.*) massoneria; frammassoneria.

freepost ['fri:poust], *n.* (*in G. B.*) spese postali a carico del destinatario.

freesia ['fri:zjə], *n.* (*bot.*, *Freesia*) fresia.

freestone ['fri:-stoun], *n.* **1** (*edil.*) pietra da taglio **2** (*bot.*) nocciolo staccabile **3** (*bot.*) frutto spiccace.

freestyle ['fri:-stail], *n.* (*sport*) **1** gara (*specialm. di nuoto*) a stile scelto individualmente dai competitori **2** gara acrobatica (*di sci, pattinaggio, skateboard, ecc.*) **3** (*nuoto*) stile libero; gara a stile libero.

freeway ['fri:wei], *n.* (*autom. USA*) autostrada senza pedaggio.

to freeze [fri:z] (*pass.* **froze**, *p. p.* **frozen**), A *v. t.* **1** congelare; gelare; agghiacciare; rassodare, solidificare (*col freddo*): **to f. meat**, congelare carne; **to make sb.'s blood f.**, far gelare il sangue (nelle vene) a q.; **Intense cold freezes the soil**, il freddo intenso rassoda il terreno **2** (*econ.*) congelare, bloccare, fissare (*prezzi, salari, ecc.*): (*fin.*) **to f. credit**, congelare i crediti **3** (*med.*) anestetizzare **4** (*fig.*) agghiacciare, raggelare (*con uno sguardo, ecc.*). B *v. i.* **1** gelare, gelarsi; agghiacciare; solidificarsi, rassodarsi (*per il gelo*); coprirsi di ghiaccio: **It froze last night**, la notte scorsa ha gelato; **The roads were frozen**, le strade erano coperte di ghiaccio **2** sentirsi gelare; morire al freddo (*fig.*): **I am freezing**, mi sento gelare **3** (*fam.*) fare molto freddo; essere un freddo boia (*fam.*) **4** attaccarsi, rimanere attaccato (*per il gelo*): **The car tyres froze to the ground**, i pneumatici dell'automobile s'attaccarono al terreno per il gelo **5** irrigidirsi; rimanere immobile: **The boy froze at the sight of the tiger**, alla vista della tigre il ragazzo s'irrigidì. ● **to f. sb.'s blood**, (far) gelare il sangue a q.: **That sight froze my blood**, quella vista mi gelò il sangue □ (*pop.*) **to f. on to**, tenersi stretto a; afferrare strettamente □ (*fam.*) **to f. out**, escludere, tagliar fuori; (*anche comm.*) eliminare, boicottare □ **to f. over**, gelare; ghiacciare; coprirsi di ghiaccio: **The pond froze over in January**, lo stagno gelò in gennaio □ **to f. to death**, morire assiderato □ **to f. up**, irrigidirsi, rimanere paralizzato (*per il terrore, ecc.*); V. **to f. over**.

freeze [fri:z], *n.* **1** congelamento **2** gelo; gelata **3** (*econ.*) blocco, congelamento (*di prezzi, salari, ecc.*): **f. on hiring**, blocco delle assunzioni. ● (*ind.*) **f. drying**, liofilizzazione (*di alimenti*) □ **f.-out**, varietà di poker in cui i giocatori lasciano il posto una volta perduta la posta; (*anche comm.*) eliminazione, boicottaggio.

to freeze-dry ['fri:z-drai], *v. t.* (*chim.*) liofilizzare.

freezer ['fri:zə*], *n.* **1** (*ind.*) impianto refrigerante; cella frigorifera **2** (*di frigorifero*) congelatore; freezer.

freezing ['fri:ziŋ], A *a.* **1** gelato; molto freddo **2** (*di maniere*) gelido; glaciale. B *n.* **1** congelamento **2** (*econ.*) congelamento; blocco (*di salari, ecc.*) **3** (*fam.*) V. **f. point**. ● **f. mixture**, miscela frigorifera □ **f. point**, punto di congelamento (*o di solidificazione*); zero (*termico*): **ten degrees below f. point**, dieci gradi sotto zero.

freight [freit], *n.* (*comm.*) **1** trasporto di merci **2** nolo marittimo; noleggio (*di nave*) **3** porto; spese di trasporto: **f. forward**, porto assegnato **4** carico (*di nave* e *fig.*); merce trasportata. ● **f. charges**, spese di nolo □ (*USA*) **a f. car** (**train**), un carro (un treno) merci □ (*naut.*) **f. conference**, conferenza della navigazione □ (*naut.*) **f. contract**, contratto di noleggio □ (*autom.*) **F. flow**, (*cartello*) autocarri (in manovra) □ (*naut.*) **f. note**, polizza di noleggio □ **f. steamer**, nave da carico □ **dead f.**, nolo vuoto per pieno.

to freight [freit], *v. t.* (*anche fig.*) caricare **2** noleggiare (*una nave*) **3** (*USA*) spedire, trasportare (*merci, con qualsiasi mezzo*).

freightage ['freitidʒ], *n.* (*comm.*) **1** nolo, noleggio (*di mezzo di trasporto, specialm. di nave*); spese di trasporto commerciale (*specialm. marittimo*) **2** carico (*specialm. di nave*).

freighter ['freitə*], *n.* (*comm.*) **1** noleggiatore marittimo **2** spedizioniere **3** (*USA*) consegnatario (*di merce per trasporto via terra*) **4** nave da carico; cargo; mercantile; aeroplano per trasporto merci.

freightliner ['freit-lainə*], *n.* (*ferr.*) treno merci per contenitori (*o container*).

French [frentʃ], A *a.* francese. B *n.* **1** (la lingua) francese **2** – (*collett.*) **the F.**, i francesi; il popolo francese. ● **F. beans**, fagiolini (verdi) □ **F. bread**, pane di lusso (*o di filone*); pane francese □ **F. chalk**, gesso (*o pietra*) da sarto □ **F. cuff**, polsino doppio □ (*USA*) **F. door**, V. **F. window** □ (*edil.*) **F. drain**, vespaio □ **F. dressing**, olio e aceto (*come condimento*) □ **F. fries**, patatine fritte □ (*mus.*) **F. horn**, corno da caccia □ **a F. lesson**, una lezione di francese □ (*fam.*) **F. letter**, preservativo □ **F. loaf**, filone (di pane) francese □ **the F. master**, l'insegnante di francese □ **F. polish**, vernice a spirito a base di gommalacca (*per mobili*) □ **F. polisher**, verniciatore con la gommalacca □ **F. roll**, panino francese □ (*edil.*) **F. roof**, tetto a mansarda □ **F. toast**, fetta di pane passata in una miscela di uovo e latte e fritta □ **F. twist**, banana (*rotolo di capelli*) □ **F. window**, portafinestra □ **to take F. leave**, andarsene alla chetichella (*o* all'inglese); tagliare la corda (*pop.*).

Frenchification [ˌfrentʃifiˈkeiʃən], *n.* infrancesamento.

to Frenchify ['frentʃifai], A *v. t.* infrancesare; francesizzare. B *v. i.* infrancesarsi; francesizzarsi.

Frenchman ['frentʃmən], *n.* (*pl.* **Frenchmen**) **1** francese **2** (*naut.*) nave francese. ● (*arc.*) **a good F.**, uno che sa bene il francese.

Frenchness ['frentʃnis], *n.* l'esser francese.

Frenchwoman ['frentʃˌwumən], *n.* (*pl.* **Frenchwomen**) (una) francese.

Frenchy ['frentʃi], A *a.* caratteristico dei (*o* simile ai) francesi; che francesseggia; infranciosato (*scherz.*). B *n.* (*spreg.*) francese (*uomo o donna*).

frenetic(al) [frəˈnetik(əl)], *a.* frenetico; forsennato; convulso.

frenum ['fri:nəm], *n.* (*pl.* **frenums, frena**) (*anat.*) frenulo.

frenzied ['frenzid], *a.* frenetico; forsennato; furioso; delirante.

frenzy ['frenzi], *n.* frenesia; smania; impeto; trasporto; pazzia; parossismo; accesso: **in a f. of delight**, in un trasporto di gioia; **in a f. of hatred**, nel parossismo dell'odio. ● **to work oneself up into a f.**, dare in smanie; smaniare.

to frenzy ['frenzi], *v. t.* rendere frenetico (*o* furibondo, furioso).

frequence ['fri:kwəns], V. **frequency**.

frequency ['fri:kwənsi], *n.* (*anche fis., mat., radio, telev.*) frequenza: **high** (**medium, low**) **f.**, alta (media, bassa) frequenza; **f. modulation**, modulazione di frequenza; **the f. of intercity rail services**, la frequenza dei servizi ferroviari che collegano due città. ● **f. meter**, frequenzimetro.

frequent ['fri:kwənt], *a.* **1** frequente: **f. rains**, piogge frequenti; (*med.*) **f. pulse**, polso frequente **2** abituale; costante; regolare: **a f. caller**, un visitatore abituale.

to frequent [friˈkwent], *v. t.* frequentare; praticare con frequenza.

frequentation [ˌfri:kwənˈteiʃən], *n.* il frequentare.

frequentative [friˈkwentətiv], *a.* (*gramm.*) frequentativo: **a f. verb**, un verbo frequentativo.

frequenter [friˈkwentə*], *n.* frequentatore, frequentatrice.

frequently ['fri:kwəntli], *avv.* frequentemente; di frequente.

fresco ['freskou], *n.* (*pl.* **frescoes, frescos**) affresco. ● (*arte*) **f.-painter**, affreschista □ **to paint in f.**, dipingere a fresco; affrescare.

fresh [freʃ], A *a.* **1** fresco; recente; nuovo; vigoroso; in forza; vivace, gagliardo (*di vento*); fatto di fresco: **f. vegetables**, verdura fresca; **the f. air of the night**, l'aria fresca della sera; **f. bread**, pane fresco; **f. from the oven**, fresco di forno; **a f. horse**, un cavallo fresco (*o* di ricambio); **a f. wind**, un vento gagliardo; **to feel still f.**, sentirsi ancora fresco (*o* vigoroso, in forza); **a f. spring day**, una fresca giornata di primavera; **f. coffee**, caffè fatto di fresco; **a f. wound**, una ferita recente; **f. information**, informazioni recenti; **to begin a f. chapter**, cominciare un capitolo nuovo; **a f. supply**, una nuova provvista; un nuovo rifornimento **2** arrivato di fresco; inesperto; novizio: **a new car f. from the factory**, un'automobile nuova, appena arrivata dalla fabbrica; **a young man, f. out of college**, un giovane che ha appena terminato gli studi; **a f. recruit**, una recluta inesperta **3** (*fam.*) sfacciato; impudente; impertinente **4** (*fam. USA*) alticcio; brillo **5** (*di colore*) brillante; vivace. B *n.* **1** (il) fresco; freschezza: **in the f. of the morning**, nel fresco del mattino; nella freschezza (*di mente, ecc.*) che si ha al mattino **2** piena (*di fiume*). C *avv.* di fresco; di recente; di nuovo; appena: **f.-caught**, preso di fresco; **f.-coined**, coniato di recente; **a f.-run salmon**, un salmone che ha appena risalito il fiume. ● **f.-air**, all'aria aperta, all'aperto □ **f. breeze**, vento teso □ **f. from the wash**, (fresco) di bucato □ (*naut.*) **f. gale**, burrasca moderata □ **f. off the press**, fresco di stampa □ (*fam.*, *specialm. USA*) **to be f. out of**, avere appena esaurito (*un articolo*, *un prodotto*) □ **f. water**, acqua dolce (*non salata*) □ (*fam.*) **to be** (*o* **to get**) **f. with sb.**, prendersi delle libertà con q.; civettare con q. □ (*fig.*: *di persona*) **to be as f. as paint**, essere fresco come una rosa □ (*fig.*) **to break f. ground**, trattare un argomento nuovo; fare q.c. di originale □ **in the f. air**, all'aria aperta; al fresco □ **to make a f. start**, cominciare daccapo (*o* di nuovo) □ **to throw f. light on a subject**, gettare nuova luce su un argomento □ (*fam.*) **It's a bit f. today**, oggi fa fresco.

to freshen ['freʃn], A *v. t.* **1** (*anche* **to f. up**) rinfrescare **2** rinforzare **3** (*fig.*) ravvivare **4** dissalare (*acqua marina, ecc.*). B *v. i.* **1** rinfrescare: **The air is freshening**, l'aria rinfresca **2** rinforzare: **The wind freshens**, il vento rinforza. ● (*di persona*) **to f. up**, darsi una rinfrescata; ripassare (*un programma di studio, ecc.*).

freshener [ˈfreʃnə*], *n.* **1** bibita rinfrescante **2** tonico (*per la pelle, ecc.*).
freshen-up [ˈfreʃnˌʌp], *n.* (*fam.*) rinfrescata; (*fig.*) ripassata, ripasso.
fresher [ˈfreʃə*], *n.* (*fam.*) matricola.
freshet [ˈfreʃit], *n.* **1** torrentello; corso d'acqua **2** piena primaverile (*di un fiume*).
freshly [ˈfreʃli], *avv.* **1** (*seguito da p.p.*) di fresco; di recente; appena: **f. baked bread**, pane cotto di fresco; **f. gathered flowers**, fiori appena colti **2** con aspetto fresco, vigoroso; con grande freschezza; con forze fresche **3** (*raro*) daccapo; di nuovo **4** (*fam.*) in modo sfacciato (*o* impudente); con impertinenza.
freshman [ˈfreʃmən], *n.* (*pl.* **freshmen**) **1** studente (universitario) del primo anno; matricola **2** novizio; novellino; principiante.
freshness [ˈfreʃnis], *n.* **1** freschezza **2** vivacità **3** vigore; forze fresche.
freshwater [ˈfreʃˌwɔ:tə*], *a.* **1** d'acqua dolce: **f. fish**, pesci d'acqua dolce; **f. fishing**, pesca d'acqua dolce; (*fig.*) **a f. sailor**, un marinaio d'acqua dolce **2** (*fig. USA*) provinciale; oscuro; poco rinomato: **a f. college**, un college poco rinomato.
fret (1) [fret], *n.* **1** (*anche archit.*, *anche* Greek f.) greca **2** (*araldica*) cancello.
to fret (1) [fret], *v. t.* **1** adornare di greche **2** intagliare, lavorare d'incavo (*per es.*, *un soffitto*); traforare. ● **f. saw**, sega da traforo.
to fret (2) [fret], **A** *v. t.* **1** consumare; corrodere; logorare; intaccare: **Rust frets iron**, la ruggine corrode il ferro **2** agitare; affliggere; crucciare; irritare; punzecchiare; seccare (*fig.*): **Everything frets him**, tutto lo irrita **3** increspare (*l'acqua*). **B** *v. i.* **1** consumarsi; corrodersi; logorarsi **2** agitarsi; affliggersi; crucciarsi; irritarsi; turbarsi: **You shouldn't f. about everything**, non devi crucciarti per ogni cosa **3** (*d'acqua*) incresparsi. ● **to f. and fume**, essere molto irritato e impaziente; mangiarsi (*o* rodersi) il fegato □ **to f. away** (*o* **out**) **one's life** (**one's health**), logorarsi la vita (la salute) a forza di crucci □ **to f. oneself to death**, crucciarsi a morte (*o* oltre misura).
fret (2) [fret], *n.* **1** corrosione; usura **2** agitazione; afflizione; cruccio; irritazione; stizza. ● **f. and fume**, irritazione e impazienza □ **to be in a f.**, essere irritato □ **to get in a f.**, agitarsi; affliggersi; crucciarsi.
fret (3) [fret], *n.* (*mus.*) sbarretta trasversale (*su strumento a corda*).
fretful [ˈfretful], *a.* irritabile; nervoso; scontroso; stizzoso.
fretfulness [ˈfretfulnis], *n.* irritabilità; scontrosità; stizza.
fretted [ˈfretid], *a.* **1** (*archit.*, *ecc.*) adorno di greche (*V.* **fret (1)**) **2** (*mus.*) munito di stanghette trasversali (*V.* **fret (3)**).
fretting [ˈfretiŋ], *n.* **1** corrosione; usura; sfregamento **2** irritazione; cruccio.
fretty [ˈfreti], *a.* irritabile; stizzoso.
fretwork [ˈfretwə:k], *n.* **1** greca; lavoro d'ornato (*V.* **fret (1)**) **2** lavoro d'intaglio (*o* di traforo) (*in legno*) **3** (*fig.*) arabesco; ricamo (*fig.*).
Freudian [ˈfrɔidjən], (*psic.*) **A** *a.* freudiano. **B** *n.* seguace di Freud. ● **F. slip**, lapsus freudiano.
Freudianism [ˈfrɔidjənizəm], *n.* (*psic.*) freudismo.
Frey [frei], **Freya** [ˈfreiə], *n.* (*mitol.*) Freia.
friability [ˌfraiəˈbiliti], *n.* friabilità.
friable [ˈfraiəbl], *a.* friabile.
friableness [ˈfraiəblnis], *n.* friabilità.
friar [ˈfraiə*], *n.* frate. ● (*farm.*) **f.'s balsam**, tintura di benzoino □ **Austin Friars**, agostiniani □ **Black Friars**, domenicani □ **Grey Friars**, francescani □ **White Friars**, carmelitani.
friary [ˈfraiəri], *n.* frateria; convento (*o* comunità) di frati.
fribble [fribl], *n.* **1** persona frivola; perditempo **2** frivolezza.
to fribble [fribl], *v. i.* frivoleggiare; essere frivolo; gingillarsi.
fricandeau [ˈfrikəndou], *n.* (*pl.* **fricandeaus, fricandeaux**) (*cucina*) fricandò.
fricassee [ˌfrikəˈsi:], *n.* (*cucina*) fricassea; spezzatino.
to fricassee [ˌfrikəˈsi:], *v. t.* cucinare (*o* fare) in fricassea. ● **fricasseed chicken**, fricassea di pollo.
fricative [ˈfrikətiv], (*fon.*) **A** *a.* fricativo. **B** *n.* (consonante) fricativa.
friction [ˈfrikʃən], *n.* **1** (*mecc.*) attrito; frizione: **angle of f.**, angolo d'attrito; (*autom.*) **f. clutch**, innesto a frizione; **f. disk**, disco della frizione **2** attrito; dissenso; disaccordo: **There's going to be f. between the two directors**, ci sarà attrito fra i due amministratori **3** frizione; massaggio. ● (*mecc.*) **f.-brake**, freno ad attrito □ (*mecc.*) **f. coupling**, innesto a frizione □ (*mecc.*) **f. gear**, trasmissione a frizione □ (*USA*) **f. tape**, nastro isolante gommato.
frictional [ˈfrikʃənl], *a.* **1** (*fis.*) frizionale; (*mecc.*) di attrito **2** (*econ.*) frizionale: **f. unemployment**, disoccupazione frizionale. ● (*mecc.*) **f. damper**, smorzatore per attrito □ **f. electricity**, triboelettricità □ (*ferr.*, *mecc.*) **f. grip**, aderenza.
frictionless [ˈfrikʃənlis], *a.* (*mecc.*) privo d'attrito.
Friday [ˈfraidi], *n.* venerdì: **Good F.**, il Venerdì Santo. ● **on a F.** (*USA*: **Fridays**), di venerdì.
fridge [fridʒ], *n.* (*fam.*) frigorifero; frigo (*fam.*).
fried [fraid], **A** *pass.* e *p. p.* di **to fry**. **B** *a.* **1** fritto: **f. fish**, pesce fritto **2** (*pop. USA*) brillo; sbronzo.
friend [frend], *n.* **1** amico, amica: **He's no f. of virtue**, non è amico della virtù **2** – (*relig.*) **F.**, quacchero, quacchera: **the Society of Friends**, i quaccheri. ● **to be friends with**, essere amico (*o* amici) di: **John is friends with Peter**, Giovanni è amico di Pietro □ (*fig.*) **to have a f. at court**, avere un protettore altolocato □ **to keep friends with sb.**, rimanere amici (con q.) □ **to make friends again**, rifare amicizia; rappacificarsi □ **to make friends easily**, fare amicizia facilmente □ **to make friends with sb.**, fare amicizia con q. □ (*polit.*) **my honourable f.**, il mio onorevole collega (*appellativo con cui si designa un altro deputato alla Camera dei Comuni*) □ **my learned f.**, il mio dotto collega (*appellativo usato fra avvocati in tribunale*) □ (*prov.*) **A f. in need is a f. indeed**, al bisogno si conosce l'amico.
to friend [frend], *v. t.* (*poet.*) aiutare; favorire; proteggere.
friendless [ˈfrendlis], *a.* senza amici; privo d'amici; solo.
friendlessness [ˈfrendlisnis], *n.* mancanza d'amici; solitudine.
friendliness [ˈfrendlinis], *n.* amichevolezza; benevolenza.
friendly [ˈfrendli], **A** *a.* **1** amico; amichevole; di (*o* da) amico; benevolo; ben disposto; (*sport*) a **f. match** (**game**), un incontro (una partita) amichevole **2** propizio; favorevole **3** (*mil.*) alleato; non ostile: **Are those planes f.?**, sono dei nostri quegli aeroplani? **B** *n.* **1** (*sport*) (partita) amichevole **2** – (*collett.*) **the f.**, gli indigeni d'una tribù amica. **C** *avv.* (*raro*) amichevolmente; benevolmente: **They received us f.**, ci accolsero amichevolmente. ● (*leg.*) **a f. action**, un'azione amichevole □ (*leg.*) **f. composition**, transazione amichevole □ (*leg.*) **f. divorce**, divorzio consensuale; divorzio (ottenuto) in via amichevole □ **a f. society**, una società di mutuo soccorso □ **in a f. way**, amichevolmente.
friendship [ˈfrendʃip], *n.* amicizia (*in ogni senso*).
frier [ˈfraiə*], *V.* **fryer**.
frieze (1) [fri:z], *n.* (*anche archit.*) fregio; fascia ornamentale.
frieze (2) [fri:z], *n.* (*ind. tessile*) **1** bigello **2** panno (*o* tappeto, ecc.) di bigello.
frig [frig], *n.* (*fam.*) frigorifero; frigo (*fam.*).
to frig [frig], *v. t.* e *i.* (*volg.*) fottere, scopare (*volg.*). ● (*fam.*) **to f. around**, gingillarsi; perdere tempo; scocciare, seccare (*fam.*); rompere (*pop.*).
frigate [ˈfrigit], *n.* **1** (*stor. naut.*) fregata **2** (*zool.*, Fregata; *anche* **f. bird**) fregata.
frigging [ˈfrigiŋ], (*volg.*) **A** *a.* maledetto: **You f. idiot!**, maledetto idiota! **B** *n.* scopata, scopate (*volg.*).
fright [frait], *n.* **1** paura; spavento; terrore **2** (*fam.*) persona (*o* cosa) spaventosa, assurda, ridicola; spauracchio: **His clothes were a f.**, i suoi abiti erano una cosa spaventosa. ● (*fam.*) **to get the f. of one's life**, morire dallo spavento □ **to give sb. a f.**, spaventare q. □ **to take f. at st.**, spaventarsi di q.c.
to fright [frait], *v. t.* (*poet.*) spaventare; atterrire.
to frighten [fraitn], *v. t.* spaventare; atterrire; impaurire; intimorire; terrorizzare: **They frightened him into confessing**, lo intimorirono al punto di farlo confessare. ● **to f. sb. away**, spaventare q. tanto da farlo fuggire □ **to f. sb. into doing st.**, far fare q.c. a q., intimidendolo □ **to f. sb. out of st.**, far desistere q. da q.c., intimorendolo □ **to f. sb. out of his senses**, fare perdere i sensi a q. per lo spavento □ **to f. sb. to death**, far morire q. di paura.
frightened [ˈfraitnd], *a.* spaventato; atterrito; intimorito; impaurito. ● **to be f. at st.**, spaventarsi per q.c. □ **to be f. of sb. (st.)**, aver paura di q. (q.c.).
frightful [ˈfraitful], *a.* spaventoso; spaventevole; orribile; terribile; tremendo; (*fam.*) brutto; pessimo: **f. weather**, tempo orribile; **f. hunger**, fame terribile; **a f. bore**, un tremendo seccatore.
frightfulness [ˈfraitfulnis], *n.* l'essere spaventoso (*o* orribile); orrore (*V.* **frightful**).
frigid [ˈfridʒid], *a.* **1** frigido; molto freddo; glaciale: **a f. climate**, un clima molto freddo; **the f. zones**, le zone glaciali; **a f. reception**, un'accoglienza glaciale; **f. poetry**, poesia frigida **2** (*med.*, *psic.*) frigido.
frigidity [friˈdʒiditi], **frigidness** [ˈfridʒidnis], *n.* **1** frigidità; freddezza **2** (*med.*, *psic.*) frigidità.
frill [fril], *n.* **1** collare, collarino (*di peli o penne*, *in un animale*) **2** gala increspata; trina; striscia di trina **3** (*pl.*) fronzoli; ornamenti eccessivi; ninnoli **4** arricciamento, grumo, ecc. (*V.* **to frill**). ● (*fig.*) **to put on frills**, darsi delle arie □ **There are no frills about him**, è un tipo semplice, naturale; non si dà arie.
to frill [fril], **A** *v. t.* **1** arricciare; increspare **2** ornare di gale (*o* trine). **B** *v. i.* arricciarsi; raggrumarsi ai margini (*specialm. della gelatina sulle lastre fotografiche*).

frilled [frɪld], *a.* ornato di gale (*o* trine); increspato.
frillery ['frɪləri], *n.* **1** gale; trine **2** fronzoli; ninnoli.
frillies ['frɪliz], *n. pl.* (*fam.*) sottabito, sottoveste (*o* altro indumento intimo) con trine.
frilling ['frɪlɪŋ], *n.* **1** gale increspate **2** tela per trine **3** (*fotogr.*) distacco (*della gelatina*).
Frimaire ['frimɛə*] (*franc.*), *n.* (*stor.*) Frimaio (*terzo mese del calendario rivoluzionario francese*).
fringe [frɪndʒ], *n.* **1** frangia, frangetta (*di capelli*): **to wear a f.** (*o* **to wear one's hair in a f.**), portare la frangetta **2** orlo; margine; confine: **on the f. of the wood**, al margine del bosco; **the fringes of civilization**, i confini della civiltà **3** (*ind. tessile*) frangia ornamentale; penero **4** (*fig.*) aspetto marginale **5** (*anche* **f. group**) frangia: **the extreme-left f.**, la frangia dell'ultrasinistra **6** (*fis.*) frangia **7** (*fotogr.*) iridescenza. ● **f. benefit**, indennità accessoria; agevolazione aggiuntiva □ **f. body**, ente quasi autonomo (*dal Governo*); ente parastatale; (*spreg.*) ente inutile (*in. G.B.*).
to fringe [frɪndʒ], **A** *v. t.* **1** ornare di frange; frangiare **2** orlare; contornare: **The lake is fringed with luxuriant vegetation**, il lago è contornato da una vegetazione lussureggiante. **B** *v. i.* (*spesso* **to f. out**) estendersi come una frangia.
fringeless ['frɪndʒlɪs], *a.* senza frange.
fringing ['frɪndʒɪŋ], *n.* **1** frangiatura **2** sfrangiamento. ● (*geogr.*) **f. reef**, scogliera marginale.
frinlish ['frɪŋlɪʃ], *n.* inglese pieno di francesismi.
fringy ['frɪndʒi], *a.* **1** simile a frangia **2** ornato di frange; frangiato.
frippery ['frɪpəri], *n.* **1** cianfrusaglie; fronzoli; roba da rigattiere **2** affettazione; falsa eleganza; ostentazione.
frisbee ['frɪzbi:], **frisby** ['frɪzbi], *n.* frisbee (*disco di plastica da lanciare per gioco*).
Frisco ['frɪskou], *n.* (*abbr. fam. USA*) San Francisco (*California*).
Frisian ['frɪzɪən], **A** *a. e n.* frisone; (abitante, lingua) della Frisia. **B** *n.* mucca (da latte) della Frisia.
to frisk [frɪsk], **A** *v. i.* saltellare; sgambettare; far capriole; ruzzare. **B** *v. t.* **1** agitare; scuotere: **The puppy frisked its tail**, il cucciolo agitava la coda **2** (*fam.*) tastare (q.) in cerca di armi; perquisire **3** (*pop. USA*) borseggiare.
frisk [frɪsk], *n.* **1** salto; sgambetto; capriola **2** colpo (*di coda*) **3** (*fam.*) perquisizione **4** (*pop. USA*) borseggio. ● **to have a f. on the grass**, fare le capriole (*o* giocare) sull'erba.
frisket ['frɪskɪt], *n.* (*tipogr.*) maschera.
friskiness ['frɪskɪnɪs], *n.* allegrezza; irrequietezza; vivacità.
frisky ['frɪski], *a.* **1** saltellante; sgambettante **2** irrequieto, svelto; vivace; vispo; giocherellone; pazzerello; sbarazzino.
frisson [fri:'sɔ̃] (*franc.*), *n.* brivido; fremito.
frit [frɪt], *n.* **1** (*ind. del vetro*) vetro poroso **2** (*ind. ceramica*) fritta.
to frit [frɪt], *v. t.* (*ind. del vetro, metall.*) vetrificare.
frit fly [frɪt-flaɪ], *n.* (*zool.*, *Oscinella frit*) oscinide; mosca frit.
frith [frɪθ], *V.* **firth**.
fritillary [frɪ'tɪləri], *n.* **1** (*bot.*, *Fritillaria*) fritillaria **2** (*bot.*, *Fritillaria meleagris*) dama a scacchiera **3** (*zool.*, *Argynnis*) arginnide.
fritt, to fritt [frɪt], *V.* **frit, to frit**.
fritter ['frɪtə*], *n.* frittella (*anche di frutta*); frittella ripiena.
to fritter ['frɪtə*], *v. t.* (*raro*) sminuzzare; spezzettare. ● **to f. away**, sciupare; sprecare; scialacquare: **to f. away one's time**, sciupare il proprio tempo □ **to f. away one's strength**, sprecare le forze □ **to f. away one's money**, scialacquare il proprio denaro.
fritting ['frɪtɪŋ], *n.* (*metall.*) vetrificazione.
Fritz [frɪts], *n.* (*stor.*, *spreg.*) tedesco; soldato tedesco.
to frivol ['frɪvəl], *v. i.* (*fam.*) frivoleggiare; essere frivolo. ● **to f. away one's money**, scialacquare il proprio denaro □ **to f. away one's time**, sprecare il proprio tempo.
frivolity [frɪ'vɔlɪti], *n.* **1** frivolezza; futilità; leggerezza **2** atto (*o* discorso, divertimento) frivolo.
frivolous ['frɪvələs], *a.* frivolo; futile; leggero.
frivolousness ['frɪvələsnɪs], *V.* **frivolity**.
to friz, to frizz (1) [frɪz], *v. t. e i.* **1** (*di capelli*) arricciare, arricciarsi **2** (*di pelo di stoffa*) aggrovigliare, aggrovigliarsi. ● **frizzed hair**, capelli crespi (*o* ricci).
friz(z) [frɪz], *n.* ricciolo; ciocca di riccioli.
to frizz (2) [frɪz], *v. i.* sfriggere; sfrigolare.
to frizzle (1) ['frɪzl], *v. t. e i.* (*dei capelli*) arricciare, arricciarsi.
frizzle ['frɪzl], *n.* capelli ricci (*o* crespi).
to frizzle (2) ['frɪzl], **A** *v. t.* friggere; abbrustolire; cuocere sulla griglia, sulla graticola. **B** *v. i.* friggere; sfrigolare: **A smell of frizzling bacon came from the kitchen**, dalla cucina veniva l'odore della pancetta che sfrigolava (sul fuoco).
frizzly ['frɪzli], **frizzy** ['frɪzi], *a.* (*di capello*) riccio; crespo.
fro [frou], *avv.* (*solo nella locuz.*) **to and fro**, avanti e indietro; su e giù: **to make trips to and fro between Rome and Florence**, viaggiare avanti e indietro fra Roma e Firenze.

frock [frɔk], *n.* **1** abito, vestito (*da donna o da bambino*); veste; vestitino **2** tonaca (*di frate*) **3** camiciotto, blusa (*da marinaio o da operaio*) **4** (*anche* **f. coat**) finanziera; giacca lunga a doppio petto; tunica; giubba militare **5** (*fig.*) abito talare; ufficio di sacerdote.
to frock [frɔk], *v. t.* **1** vestire; ricoprire (*V.* **frock**) **2** rivestire dell'abito talare; ordinare sacerdote.
frog [frɔg], *n.* **1** rana; ranocchio **2** (*zool.*) fettone, forchetta (*di piede di cavallo*) **3** (*mil.*) alamaro, passamano (*di giubba militare e sim.*) **4** (*mil.*) cinghia, dragona (*cui appendere la spada*) **5** (*ferr.*) cuore (*d'incrocio di binari*) **6** (*elettr.*) incrocio aereo **7** – (*pop. spreg.*, *anche* **frogeater**) F., «mangiarane»; francese. **8** (*zool.*) **f.-fish**, (*Lophius piscatorius*) rana pescatrice; (*Thalassophryne*) rospo marino; (*Batrachoides*) batracoide □ (*fam.*) **a f. in one's throat**, raucedine □ **f.('s)-march**, trasporto d'un prigioniero, da parte di quattro persone che lo tengono per le braccia e per le gambe; con la faccia verso terra; □ **f.-spawn**, uova di rana; (*bot.*, *Batrachospermum*) alga d'acqua dolce.
frogged [frɔgd], *a.* guarnito d'alamari (*o* di passamani).
froggy ['frɔgi], **A** *a.* **1** simile a rana **2** pieno di rane. **B** *n.* (*pop. spreg.*) «mangiarane»; francese.
frogman ['frɔgmən], *n.* (*pl.* **frogmen**) uomo rana; sommozzatore.
frogmarch ['frɔgmɑ:tʃ], *n.* trasporto d'un prigioniero, con la faccia verso terra, da parte di quattro persone che lo tengono per le braccia e per le gambe.
to frogmarch ['frɔgmɑ:tʃ], *v. t.* **1** spingere (q.) che ha le braccia dietro la schiena **2** trascinare (q.) a faccia in giù.
frolic ['frɔlɪk], **A** *a.* (*arc.*) allegro; giocoso; scherzoso. **B** *n.* **1** allegria; gaiezza **2** birichinata; monelleria; scherzo **3** divertimento; svago; spasso. ● **to have a f.**, divertirsi (*o* giocare) un poco.
to frolic ['frɔlɪk], *v. i.* saltellare; sgambettare; ruzzare; far birichinate; spassarsela.
frolicsome ['frɔlɪksəm], *a.* allegro; birichino; giocoso; pazzerello; scherzoso; sbarazzino; vispo: **f. children**, fanciulli birichini, vispi.
frolicsomeness ['frɔlɪksəmnɪs], *n.* allegria; gaiezza; giocosità.
from [frɔm, frəm], *prep.* **1** (*allontanamento, derivazione, decorrenza, origine, provenienza, separazione, causa, ecc.*) da; di; per, a causa di; a decorrere da, a partire da: **a fall f. a horse**, una caduta da cavallo; **to start f. London**, partire da Londra; **to be far f. home**, essere lontano da casa; **to go away f. home**, andarsene da casa; **I thought she was different f. the other girls**, pensavo fosse diversa dalle altre ragazze; **to tell** (*o* **to know**) **one thing f. another**, distinguere una cosa da un'altra; **Where are you f.?**, di dove (*o* di che nazione, di che città) sei?; **f. his point of view**, dal suo punto di vista; **f. next Monday**, da lunedì prossimo; **to be absent f. school**, essere assente da scuola; **gifts f. Providence**, doni della Provvidenza; **to die f. fatigue and sorrow**, morire dalle fatiche e dai dispiaceri; **to suffer f. hunger** (**the cold, etc.**), soffrire per la fame (il freddo, ecc.); **to suffer f. flu**, essere malato d'influenza; **to speak f. experience**, parlare per esperienza; **He trembled f. fear**, tremava dalla (*o* per la) paura; **I am far f. thinking that...**, sono lungi dal pensare che...; **to prevent sb. f. doing st.**, impedire a q. di fare q.c. **2** (*separazione*) a: **to take st. f. sb.**, portare via (*o* prendere) q.c. a q.; **to conceal** (*o* **to hide**) **the truth f. sb.**, nascondere la verità a q.; **to keep a secret f. others**, nascondere un segreto agli altri; **to require st. f. sb.**, richiedere q.c. a q. **3** da parte di: **You will hear f. my solicitor**, avrete notizie da parte del mio avvocato; vi scriverà il mio avvocato **4** (*mezzo o materia*) con: **Flour is made f. wheat**, la farina si fa col grano; **Chemicals are made f. oil**, col petrolio si fanno prodotti chimici **5** a giudicare da; a: **f. what I saw**, a giudicare da quello che vidi; **f. what he tells me**, a quanto mi dice (*o* asserisce). ● **f. above**, dal di sopra; di sopra □ **f. bad to worse**, di male in peggio □ **f. behind**, da dietro □ **f. beneath** (*o* **f. under**), dal disotto; da sotto □ **f. day to day**, di giorno in giorno; da un giorno all'altro □ **f. hand to hand**, di mano in mano □ **f. long ago**, da un tempo remoto □ **f. mouth to mouth**, di bocca in bocca □ **f. no fault of my own**, non per colpa mia □ **f. over**, dal disopra; da sopra □ **f. strength**, da una posizione di forza: **We must negotiate f. (a position of) strength**, dobbiamo negoziare da una posizione di forza □ **f. time to time**, di quando in quando; di tanto in tanto □ **apart f.**, a parte; senza considerare: **apart f. the moral aspect of the problem**, a parte l'aspetto morale del problema □ (*leg.*) **to appeal f. a lower court**, appellarsi a un tribunale superiore □ **to have known sb. from a child**, conoscere q. sin da quando era ragazzo □ **to judge f. appearances**, giudicare dalle apparenze □ **to paint f. life**, dipingere dal vero □ (*mus.*) **to play f. memory**, suonare a memoria □ **to read a book f. title to colophon**, leggere un libro da cima a fondo.
frond [frɔnd], *n.* (*bot.*) **1** fronda di felce (*o* di palma) **2**

frondage

tallo foglioso.
frondage ['frɔndidʒ], *n.* fronde; fogliame.
Fronde [frɔ̃nd] (*franc.*), *n.* **1** (*stor.*) Fronda **2** (*fig.*) fronda; malcontento; spirito di ribellione; partito d'opposizione.
Frondeur ['frɔ̃ndœ:] (*franc.*), *n.* **1** (*stor.*) frondista; membro della Fronda **2** (*fig.*) frondista; malcontento; dissidente.
frondose ['frɔndous], *a.* frondoso.
front [frʌnt], **A** *n.* **1** (*poet.*) fronte; faccia; aspetto **2** fronte (*in ogni senso*); facciata; (il) davanti; parte anteriore; avanguardia (*fig.*); (*mil.*) prima linea: **the f. of my house**, la facciata della mia casa; **Fresh troops were sent to the f.**, truppe fresche furono mandate al fronte; (*fig.*) **the home f.**, il fronte interno; (*polit.*) **the popular f.** (*o* **the People's F.**), il fronte popolare; (*mil.*) **a f. of 100 miles**, un fronte lungo 100 miglia; (*meteorologia*) **a cold f.**, un fronte freddo; **to sit in the f. of a coach**, essere seduto nella parte anteriore di un torpedone **3** (*anche* **seafront**) lungomare; lungolago: **a hotel on the f.**, un albergo sul mare (*o in prima linea*) **4** petto, pettino (*di camicia*); sparato **5** ciuffo di capelli (*specialm. falsi*) sulla fronte; frontino **6** tesa anteriore (*di cappellino*) **7** (*fig.*) impudenza; sfacciataggine; faccia tosta: **He had the f. to ignore me**, ebbe la sfacciataggine di fingere di non vedermi **8** (*fig.*) atteggiamento; comportamento; faccia (*fig.*); aspetto esteriore: **to maintain a brave f.**, tenere un atteggiamento coraggioso **9** (*fam.*) facciata (*fig.*); paravento; copertura: **a speak-easy under the f. of a club**, uno spaccio clandestino d'alcolici sotto la copertura di un circolo **10** (*teatr.*) sala **11** (*pl.*) testa (*di distillato*). **B** *a. attr.* **1** anteriore; frontale; davanti; sul davanti; primo: **a f. seat at the theatre**, un posto di prima fila a teatro; **the f. page of a newspaper**, la prima pagina d'un giornale; **the f. door**, la porta principale (*sulla strada*); **the f. garden**, il giardino davanti alla casa; **a f. room**, una stanza sul davanti della casa **2** (*fon.*) anteriore; frontale **3** (*fig.*) di facciata; di copertura; di paravento: **a f. agency** (**organisation**, **etc.**), un ente (un'organizzazione, ecc.) di copertura; **a f. man**, un uomo di paglia. **C** *avv.* davanti: **We were attacked fore and rear**, fummo attaccati davanti e alle spalle. ● (*polit.*) **f. bencher**, membro del governo; capo dell'opposizione (*ai Comuni*) □ (*ferr.*) **f.-carriage**, carrozza di testa □ (*autom.*) **f. drive**, *V.* **f.-wheel drive** □ (*mecc.*) **f.-end loader**, pala caricatrice frontale □ **f.-liner**, chi è in prima linea; (*fig.*) oltranzista □ **the f. of a shop**, la vetrina d'un negozio □ **f.-page news**, notizie di prima pagina, sensazionali □ **f.** di prim'ordine; di primo piano; assai importante: **a f.-rank actor**, un attore di primo piano □ **f. room**, salotto □ **f. row**, prima fila □ **f.-runner**, (*sport*) chi conduce, chi è in testa; (*fig.*) favorito □ (*autom.*) **f.-wheel drive**, trasmissione (*o* trazione) anteriore □ **at the f.**, davanti, in prima posizione; (*di libro*, ecc.) all'inizio, in testa; (*d'abito*) (sul) davanti □ **to come to the f.**, farsi avanti; (*fig.*) mettersi in vista; diventare importante (*o* rinomato) □ (*fig.*) **head and f.**, la parte principale (di q.c.) □ **in f.**, davanti; nelle prime file, nei primi posti □ **in f. of**, di fronte a, dirimpetto a; davanti a, prima di: **The house is in f. of you**, la casa è di fronte a te □ (*fam.*) **out f.**, in platea; fra il pubblico □ **to put a bold f. on a situation**, affrontare risolutamente una situazione □ **to show** (*o* **to present**) **a bold f.**, far (*o* tener) fronte coraggiosamente (*al nemico*, ecc.) □ **up f.**, (*mil.*) in prima linea; (*sport*) all'attacco; (*fam. USA*) sincero, aperto, onesto □ (*mil.*) **Eyes f.!**, fissi!

to front [frʌnt], *v. t.* **1** essere prospiciente a; dare su; essere di fronte (*o* di faccia, dirimpetto) a; fronteggiare: **His house fronts mine**, la sua casa è dirimpetto alla mia; **The church fronts the square**, la chiesa fronteggia la piazza **2** affrontare; far fronte a; tener testa a **3** (*edil.*) provvedere (*un edificio*) della facciata; fare la facciata a (*una casa*). ● **to f. on**, guardar su; dare su □ **a house fronted with brick**, una casa dalla facciata di mattoni a vista □ (*mil.*) **F. right!**, fronte a destra!

frontage ['frʌntidʒ], *n.* **1** lato di terreno prospiciente la strada (*o* il mare): **a building plot with a f. of 200 yards**, un'area fabbricabile con un lato di circa 180 metri prospiciente la strada **2** esposizione, orientamento (*di una casa*, ecc.) **3** (lunghezza della) facciata (*d'una casa*) **4** terreno fra la facciata e la strada.

frontal (1) ['frʌntl], *a.* (*anat., mil.*, ecc.) frontale; di fronte: **f. bone**, osso frontale; **a f. attack**, un attacco frontale. ● (*meteorologia*) **f. system**, sistema frontale.

frontal (2) ['frʌntl], *n.* **1** frontale (*parte dell'armatura, bardatura*, ecc.) **2** (*relig.*) paliotto **3** (*archit.*) facciata **4** (*anat.*) (osso) frontale.

frontier ['frʌntjə*], **A** *n.* **1** frontiera; confine (*anche fig.*): **the frontiers of science**, i confini della scienza **2** (*stor. USA*) (la) frontiera verso l'Ovest. **B** *a. attr.* di frontiera; di confine: **a f. incident**, un incidente di frontiera; **a f. station**, un posto di confine. ● **f. area**, zona frontaliera.

frontiersman ['frʌntjəzmən], *n.* (*pl.* **frontiersmen**) **1** abitante di una zona di confine **2** (*stor. USA*) pioniere.

frontispiece ['frʌntispi:s], *n.* **1** (*tipogr.*) illustrazione nell'antiporta (*pagina precedente il frontespizio*) **2** (*archit.*) frontespizio; facciata principale **3** (*teatr.*) proscenio.
frontless ['frʌntlis], *a.* **1** senza facciata **2** (*raro*) sfrontato; sfacciato.
frontlet ['frʌntlit], *n.* **1** frontale; benda portata sulla fronte **2** (*zool.*) fronte (*di un animale*) **3** (*relig.*) filatterio, filacterio (*degli ebrei*).
fronton ['frʌntən], *n.* (*archit.*) frontone.
frontward ['frʌntwəd], *a. e avv.* **frontwards** *avv.* (diretto) verso il davanti (*o* la parte anteriore, la prima linea, ecc.).
frore [frɔ:*], *a.* (*poet.*) gelato; gelido; ghiacciato; freddissimo.
frost [frɔst], *n.* **1** gelo; gelata; freddo (*sotto zero*); ghiaccio: **hard** (*o* **sharp**) **f.**, freddo intenso, rigido; **The fields are covered with f.**, i campi sono coperti di gelo; **We had five degrees of f. last night**, la notte scorsa abbiamo avuto cinque sotto zero; **There is still f. on the ground**, c'è ancora ghiaccio per terra **2** (*anche* **hoarfrost**, **white f.**) brina; brinata **3** (*fig.*) gelo; freddezza **4** (*pop.*) fallimento; fiasco (*fig.*): **The party was a f.**, il trattenimento fu un fiasco. ● (*med.*) **f.-bite**, congelamento □ (*geogr.*) **f. climate**, clima frigido □ **f.-work**, ghiaccioli; arabeschi fatti dal ghiaccio (*su vetri, alberi*, ecc.) □ **black f.**, freddo intenso (*senza brina o ghiaccioli*) □ **Jack F.**, il Gelo (*personificato*).
to frost [frɔst], *v. t.* **1** coprire di gelo (*o* di ghiaccio, di brina): **frosted windscreens**, parabrezza coperti di ghiaccio **2** danneggiare (*o* distruggere) col gelo: **frosted plants**, piante distrutte dal gelo **3** glassare (*un dolce*): **to f. a cake**, glassare una torta **4** smerigliare (*vetro o metallo*): **frosted glass**, vetro smerigliato **5** congelare (*alimenti*) **6** munire (*ferri da cavallo*) di chiodi da ghiaccio. ● **to f. over** (*o* **up**), coprirsi di ghiaccio; ghiacciare; gelare.
to frostbite ['frɔst,bait] (*pass.* **frostbit**, *p. p.* **frostbitten**), *v. t.* **1** (*med.*) congelare **2** danneggiare (*o* bruciare) (*piante*) col gelo.
frostbite ['frɔst,bait], *n.* (*med.*) congelamento.
frostbitten ['frɔst,bitn], **A** *p. p.* di **to frostbite**. **B** *a.* **1** (*med.*) congelato **2** danneggiato dal gelo **3** (*fig.*) glaciale; freddo; impassibile.
frostbound ['frɔstbaund], *a.* **1** raggelato; bloccato dal gelo, dal ghiaccio **2** (*fig.*) gelido, glaciale: **f. relations**, relazioni gelide.
frostiness ['frɔstinis], *n.* **1** gelo; freddo gelido **2** (*fig.*) freddezza; gelo.
frosting ['frɔstiŋ], *n.* **1** glassa (*per dolci*); glassatura **2** smerigliatura decorativa (*del vetro*, ecc.).
frostproof ['frɔstpru:f], *a.* resistente al gelo.
frosty ['frɔsti], *a.* **1** gelido; assai freddo; di gelo; glaciale: **a f. night**, una notte gelida; **a f. nature**, un temperamento gelido; **a f. reception**, un'accoglienza gelida, glaciale **2** ghiacciato; gelato; coperto di brina **3** (*di capelli*) bianco. ● **It is f.**, è brinato; ha fatto brinata.
froth [frɔθ], *n.* **1** schiuma; spuma: **the f. on a glass of champagne**, la spuma in un bicchiere di champagne **2** (*med., zool.*) bava (*alla bocca*) **3** (*fig.*) frivolezze; ciance; inezie; insulsaggini. ● (*scherz.*) **f.-blower**, bevitore di birra.
to froth [frɔθ], **A** *v. i.* **1** spumeggiare; spumare: **Beer froths when it is poured out**, la birra spuma quando la si versa **2** far la bava; sbavare; (*anche fig.*) aver la bava alla bocca. **B** *v. t.* **1** far spumare; far spumeggiare **2** coprire di schiuma (*o* di spuma). ● (*anche fig.*) **to f. at the mouth**, aver la schiuma (*o* la bava) alla bocca □ **to f. up the soap mixture**, far fare la schiuma al sapone in polvere.
frother ['frɔθə*], *n.* (*chim.*) schiumogeno.
frothiness ['frɔθinis], *n.* **1** schiumosità; spumosità **2** (*fig.*) frivolezza; inconsistenza; leggerezza.
frothy ['frɔθi], *a.* **1** schiumoso; spumoso; spumante; spumeggiante: **f. beer**, birra spumeggiante **2** (*fig.*) frivolo; inconsistente; leggero.
froufrou ['fru:-fru:], *n.* **1** fru fru, fruscio (*d'abiti, gonne*) **2** (*moda*) trine **3** (*fam.*) eleganza affettata.
froward ['frouəd], *a.* **1** indocile; caparbio; ostinato; testardo **2** (*arc.*) ostile; sfavorevole.
frown [fraun], *n.* **1** aggrottamento delle ciglia; cipiglio; aspetto corrucciato; viso arcigno **2** (*fig.*) disapprovazione; disgusto.
to frown [fraun], *v. i.* aggrottare le ciglia; accigliarsi; corrugare la fronte; aggrondarsi: **Why are you frowning?**, perché sei accigliato? ● **to f. at sb.**, guardar male q.; guardare q. in cagnesco □ **to f. disapproval** (**disgust**, etc.), esprimere la propria disapprovazione (il proprio disgusto, ecc.) aggrottando le ciglia □ **to f. sb. down**, far tacere q., guardandolo di traverso □ (*di monte*, ecc.) **to f. down on**, incombere minaccioso su □ **to f. on** (*o* **upon**) **st.**, disapprovare q.c.; condannare q.c.: **He frowns on smoking**, disapprova il fumo (*o* che si fumi).
frowning ['frauniŋ], *a.* **1** accigliato; aggrondato; corrucciato **2** incombente; minaccioso: **f. cliffs**, dirupi minacciosi.
frowsiness ['frauznis], *V.* **frowziness**.

frowst [fraust], *n.* caldo malsano; aria viziata; tanfo (*in una stanza*).
to frowst [fraust], *v. i.* (*fam.*) starsene al tanfo (*in una stanza*).
frowsty ['frausti], *a.* (*fam.*) caldo, viziato (*detto dell'aria in una stanza chiusa*); che sa di chiuso; pieno di tanfo.
frowsy ['frauzi], *V.* frowzy.
frowziness ['frauzinis], *n.* **1** sciatteria; sporcizia; sudiciume; trasandatezza **2** puzzo di chiuso; cattivo odore; lezzo; tanfo.
frowzy ['frauzi], *a.* **1** sciatto; sporco; sudicio; trasandato **2** che sa di chiuso; pieno di tanfo; maleodorante.
froze [frouz], *pass.* di **to freeze**.
frozen ['frouzn], **A** *p. p.* di **to freeze**. **B** *a.* **1** gelato; ghiacciato **2** gelido; freddissimo **3** (*anche fin.: di crediti, ecc.*) congelato: **f. meat**, carne congelata; **f. funds**, fondi congelati **4** bruciato dal gelo **5** (*fig.*) gelido; glaciale: **a f. look**, uno sguardo gelido. ● (*ind.*) **f. foods**, surgelati □ (*med.*) **f. sleep**, ibernazione (*per interventi chirurgici*) □ (*fig.*) **f. stiff**, gelato dal freddo (*fig., fam.*); agghiacciato dal terrore.
Fructidor [fr^kti'dɔ:*] (*franc.*), *n.* (*stor.*) Fruttidoro (*dodicesimo mese del calendario rivoluzionario francese*).
fructiferous [frʌk'tifərəs], *a.* (*bot.*) fruttifero.
fructification [,frʌktifi'keiʃən], *n.* **1** (*bot.*) fruttificazione **2** (*bot.*) frutti; organi riproduttori (*specialm. di felci e muschi*) **3** (*fig.*) il dare frutto; frutto (*fig.*).
to fructify ['frʌktifai], **A** *v. i.* (*bot.*) fruttificare; fruttare; dare frutti (*anche fig.*). **B** *v. t.* (*bot.*) rendere fruttifero; fecondare.
fructose ['frʌktous], *n.* (*chim.*) fruttosio, fruttoso.
fructuous ['frʌktjuəs], *a.* (*anche fig.*) fruttuoso.
frugal ['fru:gəl], *a.* frugale; parco; parsimonioso; sobrio: **a f. working family**, una parsimoniosa famiglia operaia; **a f. meal**, un pasto frugale. ● **to be f. of one's money**, spendere con parsimonia.
frugality [fru:'gæliti], *n.* frugalità; parsimonia; sobrietà.
frugivorous [fru'dʒivərəs], *a.* (*zool.*) fruttivoro; frugivoro.
fruit [fru:t], *n.* **1** (*bot.*) frutto (*anche fig.*); profitto; risultato: **the fruits of the earth**, i frutti della terra; **the fruits of one's labours** (*o* **work**), i frutti del proprio lavoro **2** frutta: **Fresh f. is more expensive in England than in Italy**, la frutta fresca è più cara in Inghilterra che in Italia **3** (*pop., specialm. USA*) omosessuale; finocchio (*volg.*). ● **f. bowl**, fruttiera □ **f.-cake**, torta di frutta □ **f. cocktail**, *V.* **f. salad** □ **f. farmer**, *V.* **f.-grower** □ **f. farming**, *V.* **f.-growing** □ **f. grove**, frutteto □ **f.-grower**, frutticoltore □ **f.-growing**, (*sost.*) frutticoltura; (*agg.*) frutticolo □ **f. juice**, succo di frutta □ **f. knife**, coltello da frutta □ **f. machine**, macchina mangiasoldi (*apparecchio a gettoni*) □ (*fig.*) **f. of the womb**, frutto del grembo (*pittura*) **f.-piece**, natura morta □ **f. salad**, macedonia di frutta □ **f. shop**, negozio di frutta; frutteria (*raro*) □ **f. stall**, banchetto della frutta (*o* di fruttivendolo) □ **f. squeezer**, spremifrutta □ **f. sugar**, fruttosio; levulosio □ **f. tree**, albero da frutto.
to fruit [fru:t], **A** *v. i.* fruttificare; fruttare; dare frutti (*anche fig.*). **B** *v. t.* far fruttare.
fruiter ['fru:tə*], *n.* **1** coltivatore di frutta; frutticoltore **2** nave per il trasporto di frutta **3** albero che dà frutti: **This tree is a sure f.**, quest'albero dà sempre molti frutti.
fruiterer ['fru:tərə*], *n.* fruttivendolo; fruttaiolo.
fruitful ['fru:tful], *a.* fruttifero; fruttuoso (*anche fig.*); fecondo; fertile; remunerativo; redditizio: **a f. tree**, un albero fruttifero; **a f. plan**, un piano fruttuoso (*o* vantaggioso); **f. fields**, campi fertili; **a f. occupation**, un'occupazione redditizia.
fruitfulness ['fru:tfulnis], *n.* fruttuosità; fecondità; fertilità.
fruitiness ['fru:tinis], *n.* il contenere (*o* sapere di) frutta; gustosità; saporosità; aroma; profumo; morbidezza; pastosità (*V.* **fruity**).
fruition [fru:'iʃən], *n.* **1** fruizione; godimento; soddisfazione **2** adempimento; realizzazione; risultato: **Success was the f. of his years of hard work**, il successo fu per lui il risultato di anni di duro lavoro **3** (*bot.*) fruttificazione.
fruitless ['fru:tlis], *a.* che non dà frutto; infruttifero; infruttuoso; sterile; inutile; vano: **a f. plant**, una pianta infruttifera; **f. peace talks**, inutili (*o* sterili) negoziati di pace.
fruitlessness ['fru:tlisnis], *n.* infruttuosità; sterilità; inutilità.
fruity ['fru:ti], *a.* **1** che contiene frutta; che ha il sapore (*o* l'odore) della frutta **2** gustoso; sapido; saporoso; aromatico; profumato: **a f. wine**, un vino sapido (*dolce, che sa di uva*) **3** (*fam.*) salace, spinto: **a f. story**, un racconto spinto **4** morbido; pastoso; sonoro: **a f. voice**, una voce morbida, pastosa **5** (*spreg.*) melato; sciropposo **6** (*pop.*) matto; tocco; suonato (*pop.*) **7** (*pop., specialm. USA*) omosessuale.
frumentaceous ['fru:mən'teiʃəs], *a.* frumentaceo.
frumenty ['fru:mənti], *n.* frumento bollito nel latte e zuccherato.
frump [frʌmp], *n.* donna mal vestita, trasandata; sciattona.
frumpish ['frʌmpiʃ], **frumpy** ['frʌmpi], *a.* sciatto, trasandato.
to frustrate [frʌs'treit], *v. t.* **1** frustrare; deludere; rendere vano: **He frustrated our plans**, frustrò i nostri piani **2** battere; sconfiggere; vincere: **He frustrated his opponents**, sconfisse i suoi avversari.
frustrated [frʌs'treitid], *a.* **1** frustrato; deluso **2** reso vano; vanificato; inutile.
frustrating [frʌs'treitiŋ], *a.* frustrante; deludente.
frustration [frʌs'treiʃən], *n.* **1** frustrazione; delusione; insuccesso; scacco **2** (*leg.*) impossibilità di esecuzione (*di un contratto*).
frustule ['frʌstjul], *n.* (*zool.*) frustolo.
frustum ['frʌstəm], *n.* (*pl.* **frustums, frusta**) (*geom.*) segmento solido (*di cono, piramide, ecc.*).
frutescent [fru'tesənt], *a.* (*bot.*) **1** frutescente **2** arbustivo; cespuglioso.
frutex ['fru:teks], *n.* (*bot.*) frutice; arbusto.
fruticose ['fru(:)tikous], *a.* (*bot.*) fruticoso.
fry (1) [frai], *n.* (*senza pl.*) **1** avannotti; pesciolini **2** piccoli (*di animali multipari*); (*fig., scherz.*) bambini, figlioli. ● **small f.**, bambini; (*spreg.*) persone di nessun conto, nullità.
to fry [frai], **A** *v. t.* friggere. **B** *v. i.* **1** friggere **2** (*fam.*) arrostire (*al sole*). ● **frying pan**, padella: (*fig.*) **to fall out of the frying pan into the fire**, cadere dalla padella nella brace.
fry (2) [frai], *n.* **1** frittura; fritto **2** (*pl.*) interiora fritte. ● (*USA*) **fry pan**, padella □ (*fam.*) **fry-up**, frittata mista; friggione (*pop.*).
fryer ['fraiə*], *n.* **1** friggitore; chi frigge (*specialm. pesce*) **2** padella (*per friggere*) **3** (*cucina*) pollo novello.
frying ['fraiiŋ], *n.* frittura (*l'atto*). ● **f. time**, tempo di frittura.
fubsy ['fʌbzi], *a.* (*fam.*) paffuto e grasso; grassottello.
fuchsia ['fju:ʃə], *n.* **1** (*bot., Fuchsia*) fucsia **2** (*color*) fucsia.
fuchsin(e) ['fu:ksi:n], *n.* (*chim.*) fucsina; colorante Magenta.
to fuck [fʌk], *A v. t.* (*volg.*) fottere (*anche fig.*), chiavare (*volg.*). **B** *v. i.* (*volg.*) fottere, chiavare (*volg.*). ● **to f. around**, fare fesserie □ **to f. off**, (andare a) farsi fottere (*volg.*); andare via; smetterla di rompere (*volg.*) □ **to f. over**, fottere (*volg.*); fregare (*pop.*) □ **to f. up**, incasinare (*pop.*); fare cazzate (*volg.*).
fuck (1) [fʌk], *n.* (*volg.*) fottuta, chiavata (*volg.*). ● **f.-up**, cazzata, coglionata (*volg.*); casino (*fig., pop.*), pasticcio, pastrocchio (*volg.*); cazzone, coglione (*volg.*); pasticcione.
fuck (2) [fʌk], *inter.* (*volg.*) cazzo! (*volg.*); maledizione!
fucked-up ['fʌktʌp], *a.* (*volg.*) fottuto (*volg.*); suonato (*pop.*).
fucker ['fʌkə*], *n.* (*volg.*) **1** fottitore, chiavatore (*volg.*) **2** fesso; idiota; stronzo (*fig., volg.*).
fucking ['fʌkiŋ], *a.* (*volg.*) **1** che fotte, chiava, ecc. (*volg.*) **2** fottuto (*pop.*); dannato; maledetto: **He's a f. bastard**, è un fottuto bastardo; **a f. nuisance**, una maledetta scocciatura. ● **f. hell!**, cazzo! (*volg.*); maledizione!
fucus ['fju:kəs], *n.* (*pl.* **fuci, fucuses**) (*bot., Fucus*) fuco.
to fuddle ['fʌdl], **A** *v. t.* ubriacare; istupidire, stordire (*con l'alcol*). **B** *v. i.* ubriacarsi. ● **to f. oneself with whisky**, ubriacarsi di whisky.
fuddle ['fʌdl], *n.* ubriacatura; sbornia; stordimento (*prodotto dall'alcol*). ● **to be on the f.**, esser brillo; (*anche*) essere imbranato □ **to get in a f.**, confondersi.
fuddy-duddy ['fʌdi'dʌdi], *n.* (*fam.*) **1** persona antiquata; matusa **2** pedante; pignolo **3** individuo pomposo; pallone gonfiato (*fig.*).
fudge [fʌdʒ], **A** *n.* **1** bastoncino dolce e soffice (*in G. B.*) **2** caramella fondente **3** (*tipogr.*) notizie dell'ultima ora; notizia lampo. **B** *inter.* (*arc.*) frottole!; sciocchezze!
to fudge [fʌdʒ], **A** *v. t.* **1** abborracciare; rabberciare; rattoppare; raffazzonare **2** falsificare **3** evitare (*un argomento*); sottrarsi a (q.c.). **B** *v. i.* **1** ingannare; truffare **2** essere evasivo; scantonare, svicolare (*fig.*).
fuel ['fjuəl], *n.* **1** combustibile; carburante: **f. capacity**, dotazione di combustibile **2** (*fig.*) alimento; esca: **to add f. to the fire**, aggiungere esca al fuoco. ● (*elettr.*) **f. cell**, pila a combustibile □ **f. distance**, autonomia (*di aeroplano, ecc.*) □ **f. oil**, olio combustibile; nafta □ (*fis. nucl.*) **f. rod**, barra di combustibile □ (*autom., mecc.*) **f. system**, alimentazione □ **f. tank**, serbatoio del combustibile (*autom., fin.*) **f. tax**, imposta sui carburanti; soprattassa di bollo per le auto con motori diesel.
to fuel ['fjuəl], **A** *v. t.* **1** alimentare (*il fuoco*) **2** rifornire di combustibile (*o* di carburante): **to f. a ship**, rifornire di carburante una nave. **B** *v. i.* rifornirsi di carburante; far rifornimento. ● **fuelling station**, stazione di rifornimento (*per navi*).
fug [fʌg], *n.* **1** aria viziata, odore di chiuso (*in una stanza*) **2** polvere, laniccio (*che si accumula negli angoli*).
to fug [fʌg], *v. i.* starsene al tanfo (*in una stanza chiusa*).
fugacious [fju:'geiʃəs], *a.* fugace; fuggevole; effimero; transitorio.
fuggy ['fʌgi], *a.* che sa di chiuso; stantio; viziato.
fugitive ['fju:dʒitiv], **A** *a.* **1** fuggitivo; fuggiasco; fuggito; evaso: **a f. slave**, uno schiavo fuggitivo; **a f. prisoner**, un prigioniero evaso **2** fugace; fuggevole; effimero; d'interesse passeggero: **f. essays**, saggi letterari d'interesse passeggero, non duraturi. **B** *n.* fuggiasco; evaso; profugo; disertore: **political fugitives**, profu-

fugle

ghi politici; esuli. ● (*leg.*) **a f. from justice**, uno che si sottrae alla giustizia; un contumace.

to **fugle** ['fju:gl], *v. i.* (*mil., arc.*) fare da capofilato.
fugleman ['fju:glmən], *n.* (*pl.* **fuglemen**) **1** (*mil.*) capofila; guida **2** (*fig.*) capopartito; esponente; fautore; portavoce.
fugue [fju:g], *n.* (*mus.*) fuga: **double f.**, doppia fuga.
to **fugue** [fju:g], *v. i.* (*mus.*) comporre (*o* eseguire) una fuga.
fuguist ['fju:gist], *n.* (*mus.*) compositore (*o* esecutore) di fughe.
fulcrum ['fʌlkrəm], *n.* (*pl.* **fulcrums, fulcra**) (*fis., mecc.*) fulcro (*anche fig.*); punto d'appoggio. ● (*mecc.*) **f. pin**, fulcro della leva.
to **fulfil**, (*USA*) to **fulfill** [ful'fil], **A** *v. t.* **1** adempiere; compiere; eseguire: **to f. one's task**, adempiere al proprio compito; **to f. an order**, eseguire un ordine **2** appagare; esaudire; soddisfare a; rispondere a: **to f. a desire**, appagare un desiderio; **to f. a prayer**, esaudire una preghiera; **to f. a condition**, soddisfare a una condizione; **to f. a purpose**, rispondere a uno scopo **3** completare; effettuare; portare a termine: **to f. a period**, completare un periodo. **to fulfil oneself B** *v. rifl.* realizzare i propri sogni; sfruttare le proprie capacità; realizzarsi. ● **to f. sb.'s expectations**, rispondere pienamente alle aspettative di q. □ **to f. a promise**, mantenere una promessa □ (*di profezia, ecc.*) **to be fulfilled**, adempiersi; avverarsi.
fulfilment [ful'filmənt], *n.* **1** adempimento; compimento; esecuzione **2** appagamento; esaudimento (*raro*) soddisfazione **3** completamento **4** avveramento; realizzazione. ● **to come to f.**, adempiersi; realizzarsi.
fulgent ['fʌldʒənt], *a.* (*poet.*) fulgente; fulgido; splendente.
fulgurating ['fʌlgjuəreitiŋ], *a.* (*med.*) folgorante; lancinante: **a f. pain**, un dolore lancinante.
fulguration [,fʌlgjuə'reiʃən], *n.* lampeggiamento.
fulgurite ['fʌlgjuərait], *n.* (*geol.*) fulgurite.
fuliginous [fju:'lidʒinəs], *a.* **1** fuligginoso **2** caliginoso; scuro.
full [ful], **A** *a.* **1** pieno (*in ogni senso*); ripieno; colmo; completo; carnoso; grassotto; sazio; satollo; **f. load**, pieno carico; carico completo; **a f. face**, un viso grassotto; **f. cheeks**, gote carnose; **f. marks**, pieni voti; **It was f. summer**, era piena estate; **I can't eat any more; I'm f. (up)**, non posso mangiare altro; sono pieno (*o* sazio); **a f. intero**; completo: **f. pay**, paga intera (*senza detrazioni*); **a f. hour**, un'ora intera; **a f. meal**, un pasto completo **3** ampio; abbondante; largo; copioso; esauriente: **a f. skirt**, una gonna ampia; **a f. supply**, un'abbondante provvista; **a f. breakfast**, una colazione abbondante; **f. hips**, fianchi larghi; **The author is very f. on this subject**, l'autore è del tutto esauriente su questo argomento **4** (*di vino*) corposo; pieno **5** (*fam.*) competente; esperto **6** (*di colore*) ricco **7** (*di vela*) gonfia **8** (*di socio*) a pieno titolo. **B** *n.* pieno; colmo; misura completa; pienezza; punto culminante. **C** *avv.* **1** completamente; interamente; pienamente; del tutto (*nei composti, per es.:*) **a f.-blown flower**, un fiore completamente aperto, dischiuso; **f.-grown**, cresciuto; fatto adulto, pienamente sviluppato; maturo: **a f.-grown boy**, un ragazzo pienamente sviluppato **2** in pieno; esattamente; proprio: **f. in the face**, in pieno viso. ● **f. age**, età maggiore □ **f.-aged**, maggiorenne □ (*sport*) **f.-back**, terzino (*nel gioco del calcio*) □ arriere (*nel rugby*) □ **f. blood**, razza pura □ **f.-blooded**, di razza pura; sanguigno, vigoroso; appassionato, esuberante: **a f.-blooded style**, uno stile vigoroso; **f.-blooded capitalism**, capitalismo allo stato puro □ **f.-blown**, (*di fiore*) del tutto sbocciato; (*fig.*) completo, pieno □ **f.-bodied** (*di vino*) che ha corpo, corposo, pieno; (*d'uomo*) corpulento, robusto □ (*naut.*) **a f.-bottomed ship**, una nave panciuta □ **a f.-bottomed wig**, una parrucca con i capelli lunghi sulla nuca □ **f. brother**, fratello germano □ (*di libro*) **f.-bound**, rilegato in tutta pelle □ **f. cousin**, cugino carnale □ (*ass.*) **f. coverage**, copertura totale □ **f. daylight**, giorno fatto; pieno giorno □ **f. dress**, abito da sera (*o da cerimonia*) □ (*teatr.*) **f.-dress rehearsal**, prova generale □ (*econ.*) **f. employment**, pieno impiego; piena occupazione □ **f. English breakfast**, colazione completa, all'inglese □ (*tipogr.*) **f. face**, neretto □ (*fotogr.*) **f.-face**, di fronte □ **f.-faced**, paffuto □ (*poet.*) **f. fain**, ben volentieri □ **f.-fledged**, (*d'uccello*) che ha messo tutte le penne, capace di volare; (*fig.*) completo, esperto: **a f.-fledged pilot**, un pilota esperto □ (*poker*) **a f. house** (*o* **a f. hand**), un full □ (*cinem.*) **a f.-length film**, un lungometraggio □ **a f.-length mirror**, uno specchio per tutta la persona □ **a f.-length novel**, un romanzo in edizione integrale □ **a f.-length portrait**, un ritratto in grandezza naturale □ (*poet.*) **f. many**, moltissimi □ **f. moon**, luna piena; plenilunio □ **f.-mouthed**, (*di bestiame*) che ha messo tutti i denti; (*di cane*) che abbaia forte; (*di stile, oratoria, ecc.*) risonante, vigoroso □ **f. name**, nome e cognome □ **to be f. of years and honours**, essere pieno d'anni e di gloria □ (*mus.*) **f. orchestra**, grande orchestra; orchestra al completo □ **f.-orchestra music**, musica a piena orchestra □ **f. out**, a tutta velocità; a tutta birra □ **a f.-page illustration**, un'illustrazione fuori testo □ (*comm.*) **f. payment**, pagamento a saldo; saldo □ (*nella punteggiatura*) **f. point**, punto; punto fermo □ (*naut.*) **f.-power trials**, prove a tutta forza □ (*USA*) **f. professor**, (professore) ordinario (*d'università*) □ (*naut.*) **f. rigger** (*o* **f.-rigged ship**), nave a vela completamente attrezzata; nave a tre alberi con vele quadre e bompresso □ **f. sail**, a gonfie vele (*anche fig.*); a tutta velocità □ **f.-scale**, (*di modello*) in scala al naturale; (*fig.*) completo; esauriente; (*di conflitto*) vero e proprio; (*mil.: di attacco*) in grande scala: **f.-scale war**, guerra calda □ (*comm.*) **f. settlement**, pagamento a saldo □ (*mus.*) **f. score**, spartito completo (*per tutta l'orchestra*) □ **f. six miles**, sei miglia esatte; ben sei miglia □ **f.-size drawing**, un disegno a grandezza naturale □ **f. speed**, velocità massima □ (*naut.*) **F. speed ahead!**, avanti tutta! □ **f. stop**, (*nella punteggiatura*) punto, punto fermo; (*fig.*) arresto: **to come to a f. stop**, arrestarsi, fermarsi (del tutto); bloccarsi □ **f. swing**, piena attività □ **f.-swing** attivissimo, piena d'attività □ **a f.-throated cry**, un urlo a piena gola □ **f. time**, tempo pieno; (*sport*) tempo scaduto; (*calcio*) 90° minuto: **a f.-time job**, un lavoro a tempo pieno □ **f.-timer**, studente (*o* lavoratore) a tempo pieno □ **f. to the brim**, pieno fino all'orlo □ **f. to overflowing**, pieno fino a traboccare; pieno zeppo □ (*mecc.*) **f.-track vehicle**, veicolo cingolato □ (*fam.*) **f. up**, sazio, satollo; pieno (*fam.*); (*di locale, veicolo, ecc.*) pieno, al completo □ **f. well**, benissimo: **I know it f. well**, lo so benissimo □ **at f. gallop**, di gran galoppo □ **at f. length**, lungo disteso; esaurientemente, per disteso, per filo e per segno □ **at f. speed**, a tutta velocità □ **at f. tilt**, nello stato di pienezza (*o di completezza*); in tempo d'abbondanza □ **to fill (st.) f.**, colmare; riempire: **Fill your glass f.**, riempi il tuo bicchiere □ **to give f. details**, dare ampi ragguagli; fornire ogni particolare □ **half f.**, pieno a metà; mezzo vuoto □ **to have a f. heart**, avere il cuore gonfio □ **in f.**, completamente; pienamente; per esteso; per intero: **to cite a passage in f.**, citare un brano per intero □ **in f. career**, di gran carriera □ (*comm.*) **in f. settlement**, a saldo completo □ **to look at sb. f.-face**, guardare q. bene in faccia □ **to the f.**, appieno (*lett.*); pienamente, completamente, al massimo □ **to turn st. to f. account**, trarre il massimo profitto da q.c. □ **He is f. of himself**, è pieno di sé □ **He is f. of his subject**, è tutto compreso dell'importanza della sua materia (*o* dell'oggetto dei suoi studi) □ (*teatr.*) **There was a f. house**, il teatro era al completo □ **I cannot tell you the f. of it**, non ti posso raccontare tutta la storia □ **The moon is at the f.**, la luna è piena □ **The moon is past the f.**, la luna è calante (*o non è più piena*) □ **The season is past the f.**, la stagione non è più nel pieno (*o sta declinando*) □ **There is a f. moon**, c'è la luna piena; c'è il plenilunio □ **This ladder is f. high**, questa scala a pioli è alta quanto basta.

to **full (1)** [ful], **A** *v. t.* raccogliere in ampie pieghe; drappeggiare, pieghettare (*un abito*). **B** *v. i.* (*USA*) (*della luna*) diventare piena.
to **full (2)** [ful], *v. t.* (*ind. tessile*) follare; gualcare (*raro*).
fulla ['fulə], *locuz. agg.* (*pop. per* **full of**) pieno di.
fuller (1) ['fulə*], *n.* (*ind. tessile*) follatore. ● **f.'s earth**, argilla smettica; terra da follone.
fuller (2) ['fulə*], *n.* (*metall.*) ricalcatore, rifollatore (*per fucinatura*).
fuller (3) ['fulə*], **A** *a. compar.* di **full**. **B** *a.* (*moda*) grosso; robusto: **dresses** (*o* **suits**) **for the f. figure**, vestiti da donna (*o* da uomo) per taglia robusta.
fulling ['fuliŋ], *n.* (*ind. tessile*) follatura. ● **f. agent**, follante □ **f. mill**, follone; gualchiera (*arch.*).
fullish ['fuliʃ], *a.* piuttosto pieno; pienotto.
fullness ['fulnis], *n.* **1** pienezza; completezza **2** rotondità; carnosità **3** sazietà: **to have a feeling of f. after a big meal**, provare un senso di sazietà dopo un pasto abbondante **4** ampiezza; abbondanza; copia **5** (*di suono*) ampiezza; volume **6** (*di colore*) ricchezza; vivezza. ● (*Bibbia*) **the f. of the heart**, la piena del cuore (*o degli affetti*) □ **the f. of the world**, tutto ciò che il mondo contiene □ **in the f. of time**, a tempo debito; a suo tempo.
fully [fuli], *avv.* **1** pienamente; completamente; interamente; del tutto: **I'm f. satisfied with his offer**, sono del tutto soddisfatto della sua offerta **2** esattamente; precisamente **3** abbondantemente; non meno di: **There were f. five hundred people in the square**, non c'erano meno di cinquecento persone nella piazza. ● (*moda*) **f. fashioned**, ben aderente □ **f. grown**, (*specialm. bot., zool.*) adulto; (*fig.*) maturo □ (*fin.*) **f. paid capital**, capitale interamente versato □ (*fin.*) **f. paid stock**, azioni interamente liberate.
fulmar ['fulmə*], *n.* (*zool.*, *Fulmarus glacialis*) procellaria artica; fulmaro.
fulminant ['fʌlminənt], *a.* (*anche med.*) fulminante: **f. apoplexy**, apoplessia fulminante.
to **fulminate** ['fʌlmineit], **A** *v. i.* **1** (*soprattutto fig.*) fulminare; scagliar fulmini; inveire: **to f. against the corruption of petty politicians**, scagliar fulmini contro la corruzione dei politicanti

2 esplodere; detonare **3** (*med.: di malattia*) essere fulminante. **B** *v. t.* **1** fulminare, scagliare (*denunce, invettive, ecc.*) **2** far esplodere; far detonare. ● **fulminating oil**, olio fulminante; nitroglicerina.
fulminate ['fʌlmineit], *n.* (*chim.*) fulminato: **f. of mercury**, fulminato di mercurio.
fulmination [ˌfʌlmi'neiʃən], *n.* **1** denuncia (*o* invettiva) violenta **2** forte esplosione.
fulminatory ['fʌlminətəri], *a.* fulminatorio; di denuncia; d'invettiva: **f. words**, violente parole di denuncia.
to **fulmine** ['fʌlmin], *v. i. e t.* (*raro, poet.*) fulminare; tuonare.
fulminic [fʌl'minik], *a.* (*chim.*) fulminico: **f. acid**, acido fulminico.
fulminous ['fʌlminəs], *a.* fulmineo; che ha la qualità della folgore.
fulness ['fulnis], *V.* **fullness**.
fulsome ['fulsəm], *a.* disgustoso; nauseante; smaccato; stomachevole; stucchevole: **f. flattery**, adulazione stomachevole.
fulsomeness ['fulsəmnis], *n.* l'esser disgustoso; stucchevolezza.
fulvescent [fʌl'vesənt], *a.* tendente al fulvo.
fulvous ['fʌlvəs], *a.* fulvo.
fumade [fju:'meid], *n.* sardina affumicata.
fumarole ['fju:məroul], *n.* (*geol.*) fumarola; soffione.
to **fumble** ['fʌmbl], **A** *v. i.* **1** armeggiare; annaspare; frugare; cercare a tentoni: **to f. in one's pocket for a coin**, frugarsi nelle tasche per trovare una moneta; **to f. at a lighter**, armeggiare intorno a un accendino **2** brancolare; andare a tentoni: **to f. in the dark**, brancolare nel buio; **to f. along a dark corridor**, andare a tentoni lungo un corridoio buio. **B** *v. t.* maneggiare (q.c.) in modo maldestro. ● (*sport*) **to f. the ball**, lasciarsi sfuggire la palla □ **to f. the door open**, riuscire ad aprire la porta dopo molti armeggiamenti □ **to f. for words**, cercare le parole □ **to f. with a key ring**, gingillarsi con un portachiavi.
fumble ['fʌmbl], *n.* **1** armeggiamento; armeggio; annaspamento **2** tentativo maldestro **3** (*sport*) perdita della palla.
fumbler ['fʌmblə*], *n.* armeggione; annaspone; pasticcione.
fumbling ['fʌmbliŋ], *a.* annaspante; goffo; maldestro.
to **fume** [fju:m], **A** *v. i.* **1** fumare; esalare vapore **2** (*di vapori*) esalare **3** (*fig.*) adirarsi; essere furioso; andare in collera; smaniare: **He fumes over the delay**, è furioso per il ritardo. **B** *v. t.* **1** affumicare; annerire; patinare; tingere (*di fumo*): **fumed oak**, quercia patinata **2** profumare (*d'incenso*).
fume [fju:m], *n.* fumo (*anche fig.*); esalazione; vapore; collera; stizza: **the fumes of a volcano**, le esalazioni d'un vulcano; **He is in a f.**, gli son montati i fumi; è furibondo.
fumigant ['fju:migənt], *n.* (*chim.*) fumigante.
to **fumigate** ['fju:migeit], *v. t.* **1** disinfettare (*con fumigazioni*); suffumicare: **to f. a room**, suffumicare una stanza **2** (*raro*) profumare.
fumigation [ˌfju:mi'geiʃən], *n.* fumigazione; suffumigio.
fumigator ['fju:migeitə*], *n.* **1** chi suffumica; disinfestatore **2** (*med.*) fumigatore (*apparecchio*).
fumitory ['fju:mitəri], *n.* (*bot., Fumaria officinalis*) fumaria.
fumy ['fju:mi], *a.* fumoso; pieno d'esalazioni (*o* di vapori).
fun [fʌn], **A** *n.* **1** allegria; divertimento; gaiezza; scherzo; spasso: **Roller skating is great fun**, il pattinaggio a rotelle è un gran divertimento; **We play cards for fun, not for money**, giochiamo a carte per spasso, non per denaro; **I said it for** (*o* **in**) **fun**, l'ho detto per scherzo (*o* per burla, per celia) **2** (*fam.*) tipo divertente, spassoso; spasso. **B** *a.* (*fam. USA*) **1** divertente; spassoso **2** bizzarro. ● (*USA*) **Fun City**, New York □ **fun fair**, parco divertimenti; luna park (*moda*) **fun fur**, pelliccia sintetica (*o* di pelli miste, di poco valore) □ **for fun**, per divertimento; per gioco; come passatempo: **to do st. for the fun of it** (*o* **of the thing**), fare q.c. così, tanto per farlo □ **to have fun**, divertirsi; spassarsela: **What fun we had at the party!**, come ci siamo divertiti alla festa! □ **like fun**, (*informalm.*) vigorosamente; rapidamente; molto; (*pop.*) per niente □ **to make fun of** (*o* **to poke fun at**), beffarsi, prendersi gioco di; mettere in ridicolo; prendere in giro □ **He's a man full of fun**, gli piace divertirsi, scherzare; è un tipo divertente; è uno spasso □ **I don't see the fun of it**, non vedo che cosa ci sia di buffo (*o* da ridere).
to **fun** [fʌn], *v. i.* (*fam. USA*) divertirsi; celiare; scherzare.
funabout ['fʌnə'baut], *n.* (*autom.*) fuoristrada.
funambulism [fju:'næmbjulizəm], *n.* funambolismo.
funambulist [fju:'næmbjulist], *n.* funambolo.
function ['fʌnkʃən], *n.* **1** funzione (*anche med., mat.*); compito; mansione; ufficio; cerimonia (*anche non relig.*); ricevimento; riunione ufficiale: **the functions of the chairman**, le funzioni del presidente. ● (*elab.*) **f. code**, codice di funzione.
to **function** ['fʌnkʃən], *v. i.* funzionare; fungere (da); operare; agire: **The radio was not functioning**, la radio non funzionava.
functional ['fʌnkʃənl], *a.* **1** (*anche med., mat., elab.*) funzionale: **f. diagram**, diagramma funzionale; **f. structure**, struttura funzionale **2** (*raro*) formale; ufficiale.
functionalism [ˈfʌnkʃənəlizəm], *n.* (*anche archit., psic.*) funzionalismo.
functionalist ['fʌnkʃənəlist], **A** *n.* fautore (*o* seguace) del funzionalismo; (*archit.*) funzionalista. **B** *a. V.* **functionalistic**.
functionalistic [ˌfʌnkʃənə'listik], *a.* funzionale; del funzionalismo; (*archit.*) funzionalista.
functionality [ˌfʌnkʃə'næliti], *n.* (*anche chim.*) funzionalità.
functionary ['fʌnkʃnəri], *n.* (*di solito spreg.*) funzionario; (piccolo) burocrate.
to **functionate** ['fʌnkʃəneit], *v. i.* funzionare; operare; agire.
functioning ['fʌnkʃəniŋ], *n.* funzionamento.
fund [fʌnd], *n.* **1** (*anche fin.*) fondo; (*fig.*) provvista, riserva; denaro; assegnamento; stanziamento; cassa: **a relief f.**, fondo per l'assistenza; **public funds**, fondi pubblici; **sinking f.**, fondo d'ammortamento; **a f. of tenderness**, una riserva di tenerezza; **sickness f.**, cassa malattia **2** — (*pl., fin.*) **the funds**, i titoli di Stato (*o* del debito pubblico) **3** (*pl., rag.*) disponibilità; capitali. ● (*fin.*) **f.-holder**, possessore di titoli di Stato □ **f. of knowledge**, bagaglio culturale □ **to be in funds**, star bene a quattrini; avere denaro □ **to be out of funds**, essere privo di fondi; essere al verde.
to **fund** [fʌnd], *v. t.* (*fin.*) **1** consolidare (*un debito*) **2** investire (*denaro*) in titoli di Stato **3** sovvenzionare; finanziare **4** (*raro*) mettere in un fondo; accumulare, fare provvista di.
fundament ['fʌndəmənt], *n.* fondo della schiena; deretano.
fundamental [ˌfʌndə'mentl], **A** *a.* fondamentale; basilare; essenziale. **B** *n.* **1** (*di solito al pl.*) fondamento; elemento; base: **the fundamentals of education**, le basi dell'istruzione **2** (*mus.*) nota fondamentale; tonica **3** (*fis.*) fondamentale; prima armonica.
fundamentalism [ˌfʌndə'mentəlizəm], *n.* (*relig.*) fondamentalismo.
fundamentalist [ˌfʌndə'mentəlist], *n.* (*relig.*) fondamentalista.
fundamentality [ˌfʌndəmen'tæliti], *n.* l'esser fondamentale (*o* basilare).
funded ['fʌndid], *a.* (*fin.*) consolidato: **f. bond**, obbligazione consolidata. ● **f. debt**, (*fin.*) debito consolidato; (*Borsa*) mercato a lunga.
funding ['fʌndiŋ], *n.* (*fin.*) **1** consolidamento **2** finanziamento.
funeral ['fju:nərəl], **A** *a.* funebre; funerario; dei morti: **a f. urn**, un'urna funeraria; **f. service**, ufficio dei morti. **B** *n.* **1** funerale; esequie: **to attend a f.**, andare a un funerale **2** corteo funebre. ● **f. director**, impresario di pompe funebri □ (*USA*) **f. parlor** (*o* **f. home**), agenzia di pompe funebri □ (*fam.*) **That's your f.**, sono affari tuoi; fatti tuoi!; arrangiati!
funerary ['fju:nərəri], *a.* funebre; funerario.
funereal [fju:(:)'niəriəl], *a.* funereo; lugubre; tetro; da funerale.
fungible ['fʌndʒibl], *a.* (*leg., econ.*) fungibile: **f. goods**, beni fungibili.
fungicide ['fʌndʒisaid], *n.* (*agric.*) fungicida; anticrittogamico.
fungiform ['fʌndʒifɔ(:)m], *a.* fungiforme; che ha forma di fungo.
fungivorous [fʌn'dʒivərəs], *a.* (*zool.*) fungivoro.
fungoid ['fʌŋgɔid], *a.* fungoso; a forma di fungo: (*med.*) **f. growths**, escrescenze fungose; fungosità.
fungous ['fʌŋgəs], *a.* **1** fungoso **2** (*fig.*) che cresce come un fungo.
fungus ['fʌŋgəs], *n.* (*pl.* **fungi, funguses**) **1** (*bot., Fungus*) fungo **2** (*med.*) fungosità; fungo **3** (*fig., spreg.*) crescita a fungo; ammasso amorfo **4** (*scherz.*) barba.
funicle ['fju:nikl], *n.* (*anat., bot.*) funicolo.
funicular [fju:(:)'nikjulə*], **A** *a.* funicolare. **B** *n.* (*anche* **f. railway**) funicolare; funivia.
funiculus [fju:(:)'nikjuləs], *n.* (*pl.* **funiculi**) (*anat., bot.*) funicolo.
funk (1) [fʌŋk], **A** *n.* (*fam.*) **1** paura; tremarella, fifa (*fam.*); depressione, abbattimento: **to be in a blue f.**, avere una fifa da morire; essere molto depresso **2** vigliacco; fifone (*pop.*) **3** (*mus., specialm. USA*) musica con ritmo forte (*miscela di jazz, country e soul*). **B** *a.* (*arte*) «funk»: **f. art**, arte funk; **f. artist**, artista funk. ● (*mil.*) **f. hole**, ricovero sotterraneo, rifugio; (*fig., fam.*) posto per scansafatiche.
funk (2) [fʌŋk], *n.* (*USA*) cattivo odore; puzzo.
to **funk** [fʌŋk], **A** *v. i.* (*fam.*) aver paura; tirarsi indietro; avere fifa. **B** *v. t.* **1** aver paura di; temere (*cercare di*) sottrarsi a (*un dovere*); evitare i rischi di (*un'impresa*) **3** far paura a; impaurire; spaventare.
funky (1) [fʌŋki], *a.* impaurito; spaventato.
funky (2) ['fʌŋki], *a.* **1** (*specialm. USA*) maleodorante; puzzolente **2** (*mus.*) pulsante; con ritmo forte (*V.* **funk (1)**) **3** (*pop. USA*) originale; non convenzionale **4** (*pop. USA*) naturale; autentico; campagnolo **5** (*pop. USA*) bello; eccellente; straordinario.
funnel ['fʌnl], *n.* **1** imbuto **2** fumaiolo; ciminiera (*di nave, ecc.*) **3** tubo d'aerazione **4** canna, gola (*del camino*). ● (*meteorolo-*

gia) **f. cloud**, nube a proboscide.
to funnel ['fʌnl], *A v. t.* **1** versare con l'imbuto **2** mettere (*le mani*) a mo' d'imbuto **3** (*fig.*) incanalare (*il traffico, ecc.*) **4** trasmettere (*notizie, ecc.*). *B v. i.* **1** formare un imbuto **2** (*fig.*) incanalarsi **3** essere trasmesso. ● (*della folla*) **to f. out**, uscire a poco a poco.
funnelled ['fʌnld], *a.* **1** provvisto di fumaiolo (*o* di ciminiera) **2** a forma d'imbuto.
funnily ['fʌnili], *avv.* in modo buffo (*o* divertente). ● **f. enough**, strano a dirsi; per uno strano caso.
funniment ['fʌnimənt], *n.* divertimento; scherzo; spasso.
funniness ['fʌninis], *n.* **1** l'essere divertente (*o* buffo); comicità **2** stranezza; bizzarria.
funny (1) ['fʌni], *A a.* **1** divertente; comico; buffo: **a f. joke**, una barzelletta divertente **2** faceto; scherzoso; divertente: **a f. chap**, un tipo scherzoso, divertente **3** bizzarro; strano: **a f. sort of man**, un tipo bizzarro **4** singolare; strano; inspiegabile: **a f. noise**, uno strano rumore **5** (*fam.*) falso; poco chiaro; subdolo; poco pulito (*fig.*) **6** (*fam.*) guasto, che non va: **There's something f. about the TV set**, c'è qualcosa che non va nel televisore **7** (*fam.*) furbo: **Don't get f. with me!**, non fare il furbo con me! **8** (*fam.*) indisposto; giù di corda (*fam.*); strano: **I feel a bit f. this morning**, stamattina mi sento strano (*o* un po' giù di corda) **9** (*fam.*) (un) po' matto; giù di testa (*fam.*): **to go f.**, andare giù di testa; dare nel matto. *B n.* (*pl., fam. USA, anche* **f. papers**) **1** fumetti (*di giornale*) **2** pagine dei fumetti. ● (*anat.*) **f. bone**, olecrano □ (*fam.*) **f. business**, faccenda poco chiara; affare poco pulito; buffonata; scempiaggine □ (*scherz.*) **f. farm**, manicomio □ (*fam.*) **f. ha-ha**, divertente; u-moristico; che fa ridere □ (*USA*) **f. man**, (attore) comico □ (*econ.*) **f. money**, moneta inflazionata □ (*fam.*) **f. peculiar**, divertente; bizzarro; originale; interessante □ **It's a f. thing, but...**, (è) strano, ma... □ **Are you being f.?**, fai per scherzo, è vero? □ **I don't think that's at all f.**, c'è poco da ridere! □ **Don't try anything f.!**, non facciamo scherzi!; niente scherzi!; niente trucchi!; non cercare di farmela!; non fare il furbo!
funny (2) ['fʌni], *n.* (*naut.*) piccola barca a remi (*per una persona sola*).
fur [fə:*], *n.* **1** pelo (*d'animale*); pelame; pelliccia: (*nella caccia*) **fur and feather**, selvaggina di pelo e di penna; **She was wearing an expensive mink fur**, portava una costosa pelliccia di visone **2** incrostazione (*in una pentola, ecc.*) **3** deposito, gromma, tartaro (*di vino*) **4** patina (*sulla lingua*) **5** (*pl., comm.*) abbigliamento in pelliccia; pellicce. ● **fur breeder**, allevatore d'animali da pelliccia □ **a fur coat**, una pelliccia □ **fur-dresser**, pellicciaio, pellicciaia □ **fur farmer**, allevatore di animali da pelliccia □ **fur-farming**, allevamento d'animali da pelliccia □ **fur-lined**, foderato di pelliccia □ **to hunt fur**, andare a caccia di lepri □ (*fig.*) **to make the fur fly**, fare il diavolo a quattro; buttare tutto all'aria; fare un quarantotto (*fig.*).
to fur [fə:*], *A v. t.* **1** foderare (*o* guarnire) di pelliccia: **a furred jacket**, una giacca foderata di pelliccia **2** coprire d'incrostazioni (*o* di patina); incrostare, ingrommare: **a furred tongue**, una lingua coperta di patina; una lingua sporca **3** (*edil.*) rivestire (*un muro, un pavimento*) inserendo legnetti e strisce. *B v. i.* coprirsi d'incrostazioni; (*di lingua*) coprirsi di patina.
furan ['fjuəræn], *n.* (*chim.*) **1** furano **2** furfurolo. ● **f. resin**, resina furanica.
furbelow ['fə:bilou], *n.* **1** falpalà; balza; striscia increspata **2** (*pl., fig.*) ornamenti vistosi; fronzoli; orpelli.
to furbelow ['fə:bilou], *v. t.* adornare di falpalà (*o* di balze).
to furbish ['fə:biʃ], *v. t.* forbire; lucidare (*anche mobili*); lustrare ● **to f. up**, rispolverare; rinfrescare; dare una rinfrescata a: **to f. up an old flat**, dare una rinfrescata a un appartamento vecchio □ **to f. up one's German**, rispolverare il proprio tedesco.
furbishing ['fə:biʃiŋ], *n.* forbitura (*raro*); lucidatura.
furcate ['fə:keit], *a.* forcuto; biforcuto.
to furcate ['fə:keit], *v. i.* biforcarsi.
furcation [fə:'keiʃən], *n.* biforcazione; bivio.
furfur ['fə:fə*], *n.* (*pl.* **furfures**) forfora.
furfuraceous [fə:fə'reiʃəs], *a.* forforoso; pieno di forfora.
furfural ['fə:fjurəl], *n.* (*chim.*) furfurale; aldeide furanica.
furious ['fjuəriəs], *a.* furioso; furibondo; infuriato: **to be f. with sb.**, essere furioso contro q. ● **at a f. pace**, di gran corsa; a rotta di collo □ **a fast and f. mirth**, un'allegria sfrenata □ **to get f.**, infuriarsi □ **to make sb. f.**, far infuriare q.; mandare in bestia q.
to furl [fə:l], *A v. t.* **1** ammainare; serrare: **to f. the sails**, ammainare le vele; **to f. a flag**, ammainare una bandiera **2** chiudere; arrotolare: **to f. an umbrella (a fan)**, chiudere un ombrello (un ventaglio). *B v. i.* chiudersi; ripiegarsi. ● (*di nubi*) **to f. away**, dissiparsi □ **to f. one's hopes**, rinunciare alle (*o* rinfoderare le) proprie speranze.
furlong ['fə:lɔŋ], *n.* «furlong» (*misura di lunghezza, pari a 1/8 di miglio, o a m 201,17*).

furlough ['fə:lou], *n.* **1** congedo, permesso (*di funzionario, specialm. se all'estero*): **to go home on f.**, andare in congedo in patria **2** (*mil.: di ufficiale, soldato*) licenza **3** (*naut.*) franchigia.
to furlough ['fə:lou], *A v. t.* **1** concedere un congedo (*o* un permesso) a (*un funzionario*) **2** (*mil.*) dare una licenza a; mandare in licenza. *B v. i.* andare in congedo (*o* in licenza).
furmety ['fə:məti], **furmety** ['fə(:)miti], *V.* **frumenty**.
furnace ['fə:nis], *n.* **1** (*ind.*) forno; fornace (*anche fig.*) **2** camera di combustione, focolare (*di una caldaia*) **3** caldaia (*d'impianto di termosifone*). ● **f. lining**, rivestimento (*refrattario*) di forno □ **annealing f.**, forno di ricottura □ **arc f.**, forno ad arco □ **blast f.**, altoforno □ **case-hardening f.**, forno di cementazione □ **hardening f.**, forno di tempra □ **muffle f.**, forno a muffola □ **open-earth f.**, forno a suola; forno Siemens □ **reverberatory f.**, forno a riverbero □ (*fig.*) **to be tried in the f.**, essere sottoposto a una severa prova.
to furnace ['fə:nis], *v. t.* riscaldare in una fornace (*o* in un forno).
to furnish ['fə:niʃ], *v. t.* **1** fornire; guarnire; munire; provvedere: **to f. statistical data**, fornire dati statistici; **to f. an army with food and ammunition**, provvedere un esercito di viveri e munizioni **2** ammobiliare; arredare: **to f. a house**, ammobiliare una casa. ● **furnished flat**, appartamento ammobiliato.
furnisher ['fə:niʃə*], *n.* fornitore, fornitrice.
furnishing ['fə:niʃiŋ], *n.* arredamento.
furnishings ['fə:niʃiŋz], *n. pl.* **1** mobilia; mobili e infissi (*d'una casa o stanza*); arredamento **2** articoli di vestiario per uomo.
furniture ['fə:nitʃə*], *n.* (*solo sing.*) **1** mobilia; mobili: **They haven't much f.**, non hanno molti mobili **2** attrezzatura; attrezzi; arredi **3** contenuto: **the f. of pockets**, il contenuto delle proprie tasche (*il denaro*); **the f. of one's shelves**, il contenuto dei propri scaffali (*i libri*) **4** (*naut.*) attrezzatura **5** (*tipogr.*) marginatura **6** (*arc.*) finimenti (*di cavallo*). ● **f. dealer**, commerciante di mobili; mobiliere □ **f. factory**, mobilificio □ **f. manufacturer**, fabbricante di mobili; mobiliere □ **the f. of sb.'s mind**, il bagaglio culturale di q. □ **f. removers**, agenzia di traslochi □ **f. restorer**, restauratore di mobili □ **a piece of f.**, un mobile.
furor ['fjuərɔ:*], **furore** [fjuə'rɔ:ri], *n.* furore; entusiasmo; successo: **to make** (*o* **to create**) **a f.**, far furore; avere un gran successo.
furred [fə:d], *a.* **1** fornito (*o* foderato, guarnito) di pelliccia **2** (*di animale*) coperto di pelo **3** (*di persona*) impellicciato **4** (*della lingua*) impastata; sporca **5** (*edil.: di soffitto, ecc.*) rivestito.
furrier ['fʌriə*], *n.* **1** pellicciaio **2** commerciante in pellicce **3** conciatore (*di pellicce*).
furriery ['fʌriəri], *n.* pellicceria; arte del pellicciaio.
furring ['fə:riŋ], *n.* **1** guarnizione di pelliccia **2** incrostazione **3** patina (*sulla lingua*) **4** (*edil.*) rivestimento. ● (*edil.*) **f. brick**, mattone rigato (*o* scanalato) □ **f. tile**, piastrella da rivestimento.
furrow ['fʌrou], *n.* **1** solco (*dell'aratro, di carri sulla strada, ecc.*) **2** grinza; ruga profonda **3** (*naut.*) solco della nave; scia **4** (*archit., falegnameria*) scanalatura **5** (*poet.*) campo arato. ● (*agric.*) **f. press**, pressasolco □ (*agric.*) **f.-slice**, porca.
to furrow ['fʌrou], *A v. t.* **1** solcare (*anche, di nave, il mare*); arare: **a face furrowed by hardships**, un viso solcato dalle privazioni **2** (*archit., falegnameria*) scanalare **3** segnare di rughe. *B v. i.* formare rughe; corrugarsi.
furry ['fə:ri], *a.* **1** di pelliccia; fatto di pelliccia **2** coperto (*o* guarnito, foderato) di pelliccia **3** (*di tessuto*) simile a pelliccia **4** (*della lingua*) impastata; sporca **5** (*di tubo*) incrostato **6** (*pop. USA*) orripilante; orribile; terribile; tremendo.
further ['fə:ðə*], *A a.* **1** più lontano (*di due*); altro: **on the f. side of the mountain**, sull'altro versante del monte **2** ulteriore; nuovo; aggiuntivo; supplementare: **f. instructions**, ulteriori istruzioni; **till f. notice**, fino a nuovo avviso. *B avv.* **1** più lontano; ulteriormente; oltre; più in là: **We cannot go any f.**, non possiamo andare oltre; **It's not f. than a mile from here**, non c'è più di un miglio da qui **2** (*anche* **furthermore**) inoltre; in aggiunta; per di più: **Let me f. remark that...**, inoltre, permettetemi d'osservare che... ● **f. education**, istruzione supplementare; insegnamento agli adulti □ **f. to**, facendo seguito a (*una lettera, ecc.*); a seguito di (*un accordo, ecc.*) □ **to enquire f.**, fare ulteriori indagini □ (*fam.*) **I'll see him** (**her, etc.**) **f. (first)**, fossi matto; mai e poi mai: «**He wants you to lend him your car**» «**I'll see him f. first**», «vuole che tu gli presti l'auto» «fossi matto!» («neanche per sogno!»; «col cavolo!» (*volg.*)) □ (*fam.*) **to wish sb. f.**, non vedere l'ora che se ne vada (la smetta, si tolga di mezzo, ecc.) □ (*prov.*) **You may go f. and fare worse**, meglio un uovo oggi che una gallina domani; chi si contenta gode.
to further ['fə:ðə*], *v. t.* agevolare; appoggiare; favorire; incoraggiare; promuovere: **to f. sb.'s plans**, favorire i piani di q.; **to f. an enterprise**, promuovere un'impresa.
furtherance ['fə:ðərəns], *n.* appoggio; aiuto; incoraggiamento;

favorire; il promuovere; avanzamento.
furthermore ['fə:ðə'mɔ:*], avv. inoltre; in aggiunta; per di più.
furthermost ['fə:ðəmoust], a. (il) più distante; (il) più lontano; estremo; remoto.
furthest ['fə:ðist], **A** a. (il) più lontano; estremo; remoto. **B** avv. (il) più lontano; alla maggior distanza (*nello spazio o nel tempo*).
furtive ['fə:tiv], a. furtivo; clandestino; occulto; segreto; rubato: **a f. look**, uno sguardo furtivo; **f. objects**, oggetti rubati; (*leg.*) merce furtiva.
furtiveness ['fə:tivnis], n. furtività; clandestinità; segretezza.
furuncle ['fjuərʌŋkl], n. (*med.*) foruncolo.
fury ['fjuəri], n. furia; furore; ira violenta; persona (*specialm. donna*) furibonda: **the f. of the wind** (**of the waves, of the battle, etc.**), la furia del vento (delle onde, della battaglia, ecc.). ● (*mitol.*) **the Furies**, le Furie □ **to fly into a f.**, andare su tutte le furie □ **to be in a f.**, essere infuriato □ (*fam.*) **like f.**, come una furia; violentemente □ **to rain like f.**, piovere a dirotto □ **to work like f.**, lavorare con accanimento (*o* da matti).
furze [fə:z], n. (*bot., Ulex europaeus*) ginestrone.
furzy ['fə:zi], a. coperto di ginestroni.
fuscous ['fʌskəs], a. (*scient.*) fosco; di colore scuro.
fuse (1) [fju:z], n. **1** (*anche fig.*) miccia: **to light the f.**, accendere la miccia **2** (*mil.*) detonatore; spoletta: **time f.**, spoletta a tempo; **percussion f.**, spoletta a percussione. ● **to have a short f.**, avere la miccia corta; (*fig.*) essere irritabile (*o* suscettibile).
fuse (2) [fju:z], n. **1** (*elettr.*) fusibile; valvola: **A f. has blown**, è saltata una valvola **2** (*fam.*) cortocircuito; interruzione della corrente. ● (*autom., elettr.*) **f. box**, scatola delle valvole; portafusibili □ **f.-carrier**, portafusibili □ (*elettron.*) **f. diode**, diodo fusibile □ **f.-holder**, portafusibili □ **box-f.**, valvola.
to fuse (1) [fju:z], v. t. munire di miccia (*o* di spoletta).
to fuse (2) [fju:z], v. t. e i. **1** (*anche fig.*) fondere, fondersi; unire, unirsi **2** (*di ossa*) riattaccarsi, saldarsi **3** (*elettr.: di valvola*) saltare. ● **to f. the lights**, far saltare le valvole □ **All the lights have fused**, sono saltate le valvole; è venuta a mancare la luce.
fused [fju:zd], a. (*elettr.*) munito di valvole; sotto fusibile (*fam.*).
fusee [fju:'zi:], n. **1** (*d'orologio antico*) piramide **2** fiammifero controverso.
fuselage [fju:zila:ʒ], n. (*aeron.*) fusoliera.
fusel oil ['fju:zl'ɔil], n. (*chim.*) **1** olio di flemma; fusololo (*miscela di alcoli butilici e isoamilici*) **2** alcol amilico.
fusibility [,fju:zə'biliti], n. fusibilità.
fusible ['fju:zəbl], a. fusibile: **a f. metal**, un metallo fusibile.
fusiform ['fju:zifɔ:m], a. fusiforme.
fusil ['fju:zil], **fusile** ['fju:'zi:l], n. (*stor., mil.*) schioppo; fucile.
fusileer, fusilier [,fju:zi'liə*], n. (*stor., mil.*) fuciliere.
fusillade [,fju:zi'leid], n. (*mil.*) scarica (*d'armi da fuoco*); fuoco di fila (*anche fig.*): **a f. of questions**, un fuoco di fila di domande.
to fusillade [,fju:zi'leid], v. t. **1** attaccare con fuoco di fucileria **2** abbattere con scariche (*d'arma da fuoco*).
fusion ['fju:ʒən], n. **1** fusione (*anche fig.*); coalizione; unione: **the f. of two races**, la fusione di due razze; **the f. of the socialists and the social democrats**, la fusione (*o* l'unificazione) dei socialisti e dei socialdemocratici **2** (*metall.*) fusione **3** (*fis. nucl.*) fusione **4** (*polit.*) coalizione: **He was elected on a f. ticket**, fu eletto come candidato di una coalizione. ● (*mil.*) **f. bomb**, bomba nucleare □ (*fis. nucl.*) **f. reactor**, reattore a fusione □ (*metall.*) **f. welding**, saldatura per fusione.
fusionism ['fju:ʒənizəm], n. (*polit.*) fusionismo.
fusionist ['fju:ʒənist], n. (*polit.*) fusionista.
fuss [fʌs], n. **1** chiasso; confusione; rumore; scalpore; trambusto; tramestio; (*fam.*) difficoltà; storie: **to make a great f. about nothing**, fare un gran chiasso per nulla; fare d'una pulce un elefante **2** affaccendarsi; briga; cerimonie; attenzioni; smancerie: **to make a f. of sb.**, darsi molta briga per q., usare mille attenzioni a q. **3** (*fam., anche* **fusspot, f.-budget**) persona che se la prende (*o* che fa storie). ● **to kick up a f.**, fare un sacco di storie; fare un gran casino (*pop.*).
to fuss [fʌs], **A** v. i. agitarsi; darsi briga; inquietarsi; affannarsi; preoccuparsi; (*fam.*) prendersela, fare un sacco di storie. **B** v. t. (*fam.*) mettere in agitazione; fare inquietare; innervosire; seccare; scocciare (*fam.*). ● **to f. about st.**, preoccuparsi di (*o* prendersela troppo per) q.c. □ **to f. about** (**up and down**), muoversi qua e là (su e giù) nervosamente □ **to f. over a guest**, darsi molto da fare per un ospite □ **She should not fuss over her husband so much**, non dovrebbe prendersela tanto a cuore per il marito □ (*USA*) **to f. up**, agghindare, azzimare; agghindarsi, farsi bello.
fussiness ['fʌsinis], n. **1** il darsi briga; l'agitarsi **2** meticolosità; puntiglio; esigenza; pignoleria (*fam.*) **3** irritabilità; nervosismo.
fussy ['fʌsi], a. **1** che s'agita; che se la prende; che fa un sacco di storie **2** meticoloso; puntiglioso; esigente; pignolo (*fam.*): **a f. old lady**, una vecchia signora puntigliosa; **to be f. about one's food**, essere molto esigente quanto al cibo **3** irritabile; nervoso **4** rumoroso; pieno di trambusto **5** (*di lavoro*) brigoso; meticoloso **6** (*d'abito, ecc.*) pieno di fronzoli; elaborato; vistoso. ● (*fam.*) **not f.**, indifferente; che non ci fa caso □ **Are you f. about what time we eat?**, ci tieni a mangiare a un'ora precisa?; vuoi che si mangi a una data ora o ti è indifferente?
fustanella [,fʌstə'nelə], n. (*moda*) fustanella.
fustian ['fʌstiən], **A** n. (*ind. tessile*) fustagno **2** (*fig.*) discorso ampolloso; scritto pretenzioso, ma vuoto. **B** a. attr. **1** di fustagno **2** ampolloso; pomposo; pretenzioso **3** di scarso valore; meschino, misero.
fustic ['fʌstik], n. (*bot., Chlorophora tinctoria*) legno di Cuba; fustetto vecchio.
to fustigate ['fʌstigeit], v. t. fustigare (*anche fig.*); criticare.
fustigation [,fʌsti'geiʃən], n. fustigazione.
fustiness ['fʌstinis], n. **1** odore di chiuso (*o* di muffa); tanfo **2** (*fig.*) l'essere antiquato; arretratezza.
fusty ['fʌsti], a. **1** ammuffito; che puzza di chiuso; stantio **2** (*fig.*) antiquato; arretrato; sorpassato.
futhark ['fju:θa:k], **futhorc** ['fju:θɔ:k], n. alfabeto runico.
futile ['fju:tail], a. futile; frivolo; leggero; inutile; vano.
futility [fju(:)'tiliti], n. futilità; frivolezza; vanità, inutilità.
futtock ['fʌtək], n. (*naut.*) scalmo. ● **f. shroud**, riggia.
future ['fju:tʃə*], **A** a. futuro; che verrà; venturo. **B** n. **1** futuro (*anche gramm.*); avvenire: **He has a great f. in politics**, egli ha un brillante avvenire nella vita politica **2** (*pl., fin.*) operazioni a termine; contratti per consegne a termine. ● (*comm.*) **f. delivery**, futura consegna □ (*fin.*) **futures market**, mercato a termine □ (*gramm.*) **f. perfect**, futuro anteriore □ **f. prospects**, prospettive per l'avvenire □ **for the f.**, in futuro □ **for f. use**, da usare in futuro □ **in f.** (*o* **for the f.**), in futuro; per l'avvenire; d'ora innanzi.
futureless ['fju:tʃəlis], a. senza futuro; senz'avvenire.
futurism ['fju:tʃərizəm], n. (*arte, letter.*) futurismo.
futurist ['fju:tʃərist], n. **1** (*arte, letter.*) futurista **2** futurologo.
futuristic [,fju:tʃə'ristik], a. (*arte, letter.*) futuristico.
futurity [fju(:)'tjuəriti], n. futuro; avvenire; vita futura. ● (*sport*) **f. race**, corsa (ippica) per la quale i (cavalli) concorrenti vengono selezionati molto in anticipo □ **f. stakes**, denaro in premio per detta corsa.
futurological [,fju:tʃərə'lɔdʒikəl], a. futurologico.
futurologist [,fju:tʃə'rɔlədʒist], n. futurologo.
futurology [,fju:tʃə'rɔlədʒi], n. futurologia.
fuze, to fuze [fju:z], V. **fuse, to fuse**.
fuzz [fʌz], n. **1** lanugine; peluria; polverio: **peach fuzz**, la peluria su una pesca; (*fig.*) la peluria sulle guance (*di un ragazzo*) **2** capelli arricciati, crespi **3** (*pop.*) poliziotto; piedipiatti (*pop.*); polizia; (la) madama (*gergo dei ladri*). ● (*bot.*) **f.-ball** (*Lycoperdon, Bovista*), vescia maggiore.
fuzziness ['fʌzinis], n. **1** sfilacciatura **2** arricciatura; increspatura **3** l'essere indistinto, sfuocato (*V.* **fuzzy**).
fuzzy ['fʌzi], a. **1** (*di capello*) arricciato; riccio; crespo **2** sfilacciato **3** coperto di lanugine (*o* di peluria) **4** (*d'immagine, fotografia*) confuso; indistinto; sfuocato **5** (*fig.*) confuso; illogico; incoerente. ● **f.-headed**, dai capelli crespi; (*fig.*) dalle idee confuse □ **f.-minded**, dalle idee confuse.
fy, fye [fai], V. **fie**.
fylfot ['filfɔt], n. croce uncinata; svastica.

g, G

G, g [dʒi:], *n.* (*pl.* **G's, g's; Gs, gs**) **1** G, g (settima lettera dell'alfabeto ingl.) **2** (*mus.*) sol (nota e scala corrispondente): **G clef**, chiave di sol **3** (*abbr. fam. di* **gravity**) (forza di) gravità; effetto gravitazionale **4** (*USA: abbr. pop. di* **grand**) mille dollari: **50 G**, 50 mila dollari. ● (*tel.*) **g for George**, g come Genova □ **G-string**, (*mus.*) corda del sol; perizoma (*di spogliarellista*) puntino □ (*aeron.*) **g suit**, tuta antigravitazionale.
gab [gæb], *n.* (*fam.*) chiacchiera; parlantina; facilità di parola: **to have the gift of the gab**, avere molta (*o* una gran) chiacchiera; avere lo scilinguagnolo sciolto. ● (*fam.*) **Cut the gab!**, chiudi il becco! □ **to have a good gab**, fare una bella chiacchierata.
to gab [gæb], *v. i.* (*fam.*) chiacchierare; ciarlare; cianciare; cicalare.
gabardine [ˌgæbəˈdiːn], *V.* **gaberdine**.
to gabble [ˈgæbl], *v. t. e i.* borbottare; barbugliare; ciancicare; ciangottare; farfugliare: **Don't g.; speak more slowly**, non farfugliare; parla più lentamente; **The old vicar gabbled through his prayer**, il vecchio curato borbottò in fretta la preghiera.
gabble [ˈgæbl], *n.* ciance; ciarle; borbottio; barbugliamento; farfugliamento; discorso a vanvera.
gabbler [ˈgæblə*], *n.* chiacchierone; ciancione; ciarlone; farfuglione.
gabbro [ˈgæbroʊ], *n.* (*pl.* **gabbros**) (*geol.*) gabbro; granitone.
gabby [ˈgæbi], *a.* (*fam.*) chiacchierone; ciarliero; loquace.
gabelle [gəˈbel], *n.* gabella.
gaberdine [ˌgæbəˈdiːn], *n.* **1** (*ind. tessile*) gabardine; gabardina **2** (impermeabile *o* soprabito di) gabardine.
gabion [ˈgeɪbjən], *n.* (*costr., mil.*) gabbione.
gabionade [ˈgeɪbjəneɪd], *n.* (*costr., mil.*) gabbionata.
gable [ˈgeɪbl], *n.* (*archit.*) **1** frontone; timpano **2** (*anche* **g. end**) fastigio **3** (*anche* **g. wall**) muro sormontato da un timpano. ● **g. roof**, tetto a due falde su timpano.
gabled [ˈgeɪbld], *a.* (*archit.*) **1** munito di frontoni (*o* timpani) **2** a due spioventi: **a g. roof**, un tetto a due spioventi.
gablet [ˈgeɪblɪt], *n.* (*archit.*) piccolo frontone (*o* timpano).
Gabriel [ˈgeɪbrɪəl], *n.* Gabriele.
gaby [ˈgeɪbɪ], *n.* (*fam.*) sempliciotto; semplicione.
gad, Gad [gæd], *inter.* (*anche* **by gad, begad**; *forma attenuata di* **God**) perbacco!; perdiana!; perdinci!
to gad [gæd], *v. i.* (*di solito* **to gad about, abroad, out**) **1** bighellonare; girandolare; gironzolare **2** vagabondare; vagare, viaggiare (*per diletto*).
gadabout [ˈgædəbaʊt], *n.* (*fam.*) girandolone; vagabondo.
gad(d)i [ˈgædi], *n.* (*pl.* **gaddis**) **1** (*stor.*) trono di sovrano indiano **2** (*fig.*) dignità di sovrano; regalità.
gadfly [ˈgædflaɪ], **A** *n.* **1** (*zool., Tabanus*) tafano **2** (*zool., Oestrus*) estro **3** (*fig.*) zanzara (*fig.*); seccatore **4** (*fig.*) pungolo; stimolo. **B** *a. attr.* di pungolo; di disturbo: **That tiny party has only a g. influence on government**, quel minuscolo partito non ha che la funzione di pungolo del governo.
gadget [ˈgædʒɪt], *n.* (*fam.*) aggeggio; congegno; dispositivo.
gadgetry [ˈgædʒɪtri], *n. collett.* aggeggi; congegni; dispositivi.
Gadhelic [gæˈdelɪk], *a. e n.* gaelico (*anche la lingua*).
gadoid [ˈgeɪdɔɪd], *a. e n.* (*zool.*) (pesce) della famiglia dei gadidi.
gadoids [ˈgeɪdɔɪdz], *n. pl.* (*zool., Gadidae*) gadidi.
gadolinite [ˈgædəlɪnaɪt], *n.* (*miner.*) gadolinite.
gadolinium [ˌgædəˈlɪnɪəm], *n.* (*chim.*) gadolinio.
gadroon [gəˈdruːn], *n.* (*di solito al pl.*) **1** (*archit.*) ovolo **2** (*nella argenteria, ecc.*) orlatura del vasellame.
Gael [geɪl], *n.* Celta gaelico (*specialm. nelle* «Highlands» *scozzesi*).
Gaelic [ˈgeɪlɪk], *a. e n.* gaelico (*anche la lingua*).
gaff (1) [gæf], *n.* **1** arpione; fiocina; raffio; rampone; uncino **2** (*naut.*) picco (*di randa*). ● **g. sail**, vela di randa □ **g.-topsail**, controranda.
to gaff [gæf], *v. t.* arpionare, fiocinare, uncinare (*un pesce*).
gaff (2) [gæf], *n.* (*pop., anche* **penny g.**) teatro (*specialm. di varietà*) (*o* sala da ballo) d'infimo ordine. ● (*pop.*) **to blow the g.**, svelare una trama; spifferare tutto; cantare (*fig., pop.*) □ (*fam., USA*) **to stand the g.**, sopportare lo sforzo; subire un affronto; essere criticato (*o* deriso) □ (*USA: di un materiale*) **to take a great deal of g.**, resistere a una forte usura.
gaffe [gæf], *n.* gaffe; cantonata (*fam.*); topica.
gaffer [ˈgæfə*], *n.* **1** compare; vecchio campagnolo **2** caposquadra (*di operai*); capo lavorante **3** (*pop.*) padrone; capo; locandiere; oste **4** (*pop. USA*) babbo; padre.
gag [gæg], *n.* **1** (*anche fig.*) bavaglio **2** (*med.*) apribocca (*usato, per es., dai dentisti*) **3** (*in Parlamento*) chiusura di dibattito (*per impedire l'ostruzionismo*) **4** (*teatr.*) gag; battuta improvvisata **5** (*fam.*) facezia; frizzo; motto scherzoso; trovata comica **6** (*pop.*) inganno; raggiro. ● **gag-bit**, morso robusto (*per domare cavalli*); mordacchia □ (*pop.*) **gag law**, legge limitativa della libertà di parola e di stampa □ **gag-man**, scrittore di battute comiche (*per il teatro*) □ **gag-reins**, redini per mordacchia.
to gag [gæg], **A** *v. t.* **1** imbavagliare; mettere il bavaglio a (q.: *anche fig.*) **2** mettere il morso (*o* la mordacchia) a (un cavallo da domare) **3** (*in Parlamento*) porre limiti al diritto di discussione di (un'assemblea, deputati *e sim.*) **4** (*mecc.*) ostruire (una valvola, *ecc.*) **5** (*pop.*) ingannare; raggirare; fregare (*pop.*). **B** *v. i.* **1** avere conati di vomito; soffocare **2** (*di attore*) improvvisare battute; dire facezie **3** (*pop.*) usare inganni.
gaga [ˈgæɡɑː], *a.* (*pop.*) stolido; stupido; rimbambito; tocco. ● **to go g.**, rimbambirsi.
gage (1) [geɪdʒ], *n.* **1** pegno (*leg.*); arra; caparra; garanzia (*leg.*) **2** guanto (*fig.*); sfida: **to throw down the g. (to sb.)**, gettare il guanto (a q.); lanciare una sfida.
to gage (1) [geɪdʒ], *v. t.* dare in pegno (*o* in garanzia); impegnare.
gage (2) [geɪdʒ], (*USA*) *V.* **gauge**.
to gage (2) [geɪdʒ], (*USA*) *V.* **to gauge**.
gage (3) [geɪdʒ], *n.* (*contraz. di* **greengage**) susina regina Claudia.
gaggle [ˈgæɡl], *n.* **1** branco d'oche **2** (*spreg.*) gruppo, branco (*di ragazzi, ecc.*).
to gaggle [ˈgæɡl], *v. i.* (*d'oche*) schiamazzare.
gaiety [ˈgeɪəti], *n.* **1** gaiezza; allegria; giocondità; vivacità: **Some birds have an extraordinary g. of plumage**, alcuni uccelli hanno una straordinaria vivacità (di colori) nel piumaggio **2** (*pl.*) feste; divertimenti **3** (*pl.*) burle; scherzi: **freshman gaieties**, burle goliardiche.
gaily [ˈgeɪli], *avv.* gaiamente; allegramente; giocondamente.
gain [geɪn], *n.* **1** guadagno; lucro; profitto; vantaggio; vincita: **the ill-gotten gains of a wartime profiteer**, i guadagni illeciti d'un «pescecane» **2** acquisizione; aggiunta; aumento; miglioramento: **a g. in weight**, un aumento di peso; (*fin., rag.*) **a g. of three per cent over last year**, un aumento del tre per cento rispetto allo scorso anno; **a g. in health**, un miglioramento della salute **3** (*elettron.*) guadagno. ● (*fin.*) **capital gains**, proventi di capitale.
to gain [geɪn], **A** *v. t.* **1** guadagnare; acquistare; conseguire; ottenere; raggiungere; riportare; vincere: **to g. one's living**, guadagnarsi da vivere; **to g. experience**, acquistare esperienza; **to g. an advantage**, conseguire un vantaggio; **to g. strength after an illness**, riacquistare le forze dopo una malattia; **to g. the top of a mountain**, guadagnare la cima d'un monte; **to g. time**, guadagnar tempo; **to g. ground**, guadagnar terreno (*fig.*) fare progressi; **to g. a victory**, ottenere (*o* riportare) una vittoria; **to g. a battle**, vincere una battaglia; **to g. one's end**, raggiungere il proprio scopo **2** aumentare, crescere di (peso): **I have gained almost one stone this winter**, sono cresciuto di circa sei chili questo inverno **3** (*d'orologio*) andare avanti; avanzare di: **My watch gains five minutes a day**, il mio orologio va avanti di cinque minuti al giorno. **B** *v. i.* **1** guadagnarci; profittare: **You haven't anything to g. by it**, non hai niente da guadagnarci **2** progredire; aumentare; crescere: **I am gaining in weight**, sto crescendo di peso; sto ingrassando. ● **to g. admittance to**, ottenere l'accesso a □ **to g. the ear of sb.**, guadagnarsi la benevola attenzione di q. □ **to g. land from the sea**, riscattare terreni dal mare (*prosciugarli*) □ **to g. on** (*o* **upon**), guadagnar terreno su; distanziare □ **to g. sb. over**, guadagnarsi q.; trarre q. al

galloway

proprio partito (*o* dalla propria parte) □ **to g. strength**, acquistare forza; rafforzarsi □ **to g. the upper hand** (*over sb.*), avere la meglio, spuntarla (*su q.*) □ **The sea is gaining on the land**, il mare corrode la costa.
gainable ['geinəbl], *a.* guadagnabile; acquistabile; ottenibile.
gainer ['geinə*], *n.* 1 chi guadagna; vincitore; vincente 2 (*sport, anche* **full g.**) salto mortale all'indietro (*tuffo*).
gainful ['geinful], *a.* lucrativo; profittevole; remunerativo; vantaggioso: **g. occupations**, occupazioni remunerative. ● (*econ.*) **g. employment**, lavoro retribuito.
gainings ['geininz], *n. pl.* guadagni; profitti; utili; vincite.
to gainsay [gein'sei] (*pass.* e *p. p.* **gainsaid**), *v. t.* 1 negare: **That he is a competent teacher cannot be gainsaid**, non si può negare che egli sia un bravo insegnante 2 contraddire; contrastare: **He refused to be gainsaid**, non voleva essere contraddetto. ● **There is no gainsaying his competence**, la sua competenza è innegabile.
gainsayer [gein'seiə*], *n.* contraddittore; oppositore.
gainst, **'gainst** [geinst], *prep.* (*contraz. di* **against**) (*poet.*) contro.
gait [geit], *n.* andatura; passo (*fig.*); portamento: **a heavy g.**, un'andatura pesante.
gaiter ['geitə*], *n.* 1 ghetta; uosa: **cloth gaiters**, ghette di stoffa 2 (*USA*) stivaletto (*con elastici laterali*).
gal [gæl], *n.* (*fam.*) ragazza.
gala ['gɑ:lə], **A** *n.* gala; festa; lusso, sfoggio (*d'abiti, ecc.*). **B** *a. attr.* di gala: **dress**, abito di gala; **a g. night**, una serata di gala.
galactic [gə'læktik], *a.* (*astron.*) galattico.
galactometer [,gælæk'tɔmitə*], *n.* galattometro (*strumento*).
galactophorous [,gælæk'tɔfərəs], *a.* (*anat.*) galattoforo: **g. duct**, dotto galattoforo.
galactose [gə'læktous], *n.* (*chim.*) galattosio.
galalith ['gæləliθ], *n.* (*ind.*) galalite.
galantine ['gælənti:n], *n.* (*cucina*) galantina.
galanty show [gə'lænti'ʃou], *n.* (spettacolo delle) ombre cinesi.
galatea [,gælə'tiə], *n.* stoffa di cotone a righe bianche e blu.
galaxy ['gæləksi], *n.* 1 (*astron.*) galassia 2 – (*astron.*) **the G.**, la Galassia; la Via Lattea 3 (*fig.*) costellazione: **a g. of film stars**, una costellazione di stelle del cinema.
galbanum ['gælbənəm], *n.* galbano (*resina*).
gale (1) [geil], *n.* 1 vento forte, violento 2 (*naut.*) burrasca; fortunale; tempesta: **g. warning**, avviso di burrasca 3 (*poet.*) brezza; vento 4 scoppio: **a g. of laughter**, uno scoppio di risa 5 (*fam.*) eccitazione; allegria.
gale (2) [geil], *n.* (*bot.*, *Myrica gale*; *anche* **sweet g.**) mirica.
gale (3) [geil], *n.* affitto; pigione: **hanging g.**, affitto arretrato.
galea ['geiljə], *n.* (*pl.* **galeae**) (*bot.*, *zool.*) galea.
galeate(d) ['gælieit(id)], *a.* (*bot.*, *zool.*) 1 galeato 2 galeiforme.
galeeny [gə'li:ni], *n.* (*zool.*, *Numida meleagris*) (gallina) faraona.
Galen ['geilin], *n.* 1 (*stor.*) Galeno 2 (*scherz.*) medico.
galena [gə'li:nə], *n.* (*miner.*) galena.
galenic [gə'lenik], *a.* galenico; di Galeno.
galenical [gə'lenikəl], *a.* e *n.* (*farm.*) (medicamento) galenico.
Galicia [gə'liʃə], *n.* (*geogr.*) Galizia.
Galician [gə'liʃən], **A** *a.* gallego; galiziano. **B** *n.* 1 abitante della Galizia; galiziano 2 gallego (*la lingua*).
Galilean (1) [,gæli'li:ən], *a.* galileiano; di Galileo (*lo scienziato*).
Galilean (2) [,gæli'li:ən], *a.* della Galilea. ● (*relig.*) **the G.**, il Galileo (*Cristo*).
galilee ['gælili:], *n.* (*archit.*) portico esterno (*di chiesa*).
Galilee ['gælili:], *n.* (*geogr.*) Galilea.
galingale ['gælingeil], *n.* (*bot.*) 1 (*Kaempferia galanga*) galanga 2 (*Alpinia officinarum*) galanga minore (*Cyperus longus*) giunco odoroso.
galiot ['gæliət], *V.* **galliot**.
galipot ['gælipɔt], *n.* trementina grezza; resina di pino.
gall (1) [gɔ:l], *n.* 1 bile; fiele; (*fig.*) amarezza; rancore: (*Bibbia*) **g. and wormwood**, fiele e assenzio; afflizioni e amarezze 2 (*fam. USA*) impudenza; sfacciataggine. ● (*anat.*) **g. bladder**, cistifellea □ (*med.*) **g.-stone**, calcolo biliare.
gall (2) [gɔ:l], *n.* 1 (*vet.*) galla, piccolo tumore (*del cavallo*) 2 arrossamento, escoriazione, scorticatura, vescica (*della pelle*) 3 (*fig.*) irritazione; ira; molestia; seccatura 4 punto rimasto nudo, scoperto (*per sfregamento*) 5 (*fig.*) falla; punto debole 6 radura (*in un bosco ceduo*).
to gall [gɔ:l], *v. t.* 1 irritare (*la pelle*) per sfregamento; scorticare 2 (*fig.*) irritare; infastidire; molestare; seccare: **to g. sb. with one's sarcasm**, infastidire q. con sarcasmi.
gall (3) [gɔ:l], *n.* (*bot.*, *anche* **gallnut**) galla; cecidio. ● (*zool.*) **g.-fly** (*Cynips*), cinipe □ **oak g.**, galla di quercia.
gallant (1) [gælənt], *a.* 1 coraggioso, prode; valoroso: **a g. knight**, un prode cavaliere; **a g. soldier**, un valoroso soldato 2 bello; elegante; grazioso; sfarzoso: **a g. show**, uno spettacolo sfarzoso; **a g. ship**, una bella nave 3 galante; amoroso, cavalleresco, cortese (*con le donne*): **g. adventures**, avventure galanti.
gallant (2) [gə'lænt], *n.* 1 (*arc.*) gentiluomo; cavaliere 2 cicis-

beo; damerino; corteggiatore; innamorato 3 uomo di mondo.
to gallant [gə'lænt], **A** *v. t.* 1 corteggiare (*una donna*) 2 fare da cavaliere a, accompagnare (*una donna*). **B** *v. i.* fare il galante.
gallantry ['gæləntri], *n.* 1 coraggio; prodezza; valore 2 galanteria.
galleass ['gæliæs], *n.* (*stor., naut.*) galeazza.
galleon ['gæliən], *n.* (*stor., naut.*) galeone.
gallery ['gæləri], *n.* 1 (*archit., arte, nelle miniere, ecc.*) galleria (*in ogni senso*); ballatoio; tribuna; veranda: **art g.**, una galleria d'arte, una pinacoteca; (*polit.*) **the press g.**, la tribuna per la stampa; **the Simplon g.**, il traforo del Sempione 2 (*teatr.*) loggione 3 (*fig.*) pubblico del loggione; spettatori (*coll.*) 4 sala (*o* salone, palazzo) d'esposizione; galleria. ● (*naut.*) **g. deck**, sottoponte di volo (*di portaerei*) □ (*fig.*) **g. hit** (*o* **g. shot**, **g. stroke**), cosa che fa colpo; (*a teatro*) pezzo di bravura, pezzo forte □ (*fig.*) **to play to the g.**, recitare per il loggione; cercare di far colpo sul grosso pubblico □ **shooting-g.**, poligono, tiro a segno (coperto) □ (*polit.*) **strangers' g.**, tribuna del pubblico (*ai Comuni*).
to gallery ['gæləri], *v. t.* provvedere di galleria (*o* veranda, ecc.).
galleryite ['gæləriait], *n.* (*teatr.*) loggionista.
to gallet ['gælit], *V.* **to garret**.
galley ['gæli], *n.* 1 (*stor., naut.*) galea; galera 2 (*naut.*) cambusa; cucina di bordo 3 (*naut.*) lancia 4 (*tipogr.*) vantaggio 5 (*tipogr.*) bozza in colonna. ● **g. proofs**, bozze in colonna (*o* non impaginate) □ **g. slave**, rematore di galea, galeotto; (*fig.*) chi fa un lavoro pesante.
galliambic [,gæli'æmbik], (*poesia*) **A** *n.* galliambo. **B** *a.* di galliambo.
galliard ['gæliɑ:d], *n.* (*stor.*) gagliarda (*danza concitata*).
gallic ['gælik], *a.* (*chim.*) gallico: **g. acid**, acido gallico.
Gallic ['gælik], *a.* 1 (*stor.*) gallico (*degli antichi Galli*) 2 francese (*di solito scherz.*): **G. charm**, fascino francese.
Gallican ['gælikən], *a.* gallicano: **G. Church**, Chiesa gallicana.
Gallicanism ['gælikənizəm], *n.* (*relig.*) gallicanismo.
Gallicanist ['gælikənist], *n.* (*relig.*) fautore (*o* seguace) del gallicanismo.
gallicism ['gælisizəm], *n.* gallicismo; francesismo.
to gallicize ['gælisaiz], **A** *v. i.* gallicizzare; adoperare francesismi; imitare costumi (*o* usi, ecc.) francesi. **B** *v. t.* francesizzare; gallicizzare (*raro*).
galligaskins [,gæli'gæskinz], *n. pl.* (*scherz.*) brache; calzoni.
gallimaufry [,gæli'mɔ:fri], *n.* miscuglio; guazzabuglio.
gallinacean [,gæli'neiʃən], *n.* (*zool.*) gallinaceo; galliforme.
gallinaceous [,gæli'neiʃəs], *a.* (*zool.*) dei gallinacei; gallinaceo.
galling ['gɔ:liŋ], *a.* 1 irritante; molesto; seccante 2 cocente; bruciante; amaro: **g. reproaches**, rimproveri brucianti.
galliot ['gæliət], *n.* (*stor., naut.*) galeotta.
gallipot ['gælipɔt], *n.* vaso di terracotta; vaso galenico (*nelle farmacie antiche*).
gallium ['gæliəm], *n.* (*chim.*) gallio.
to gallivant [,gæli'vænt], *v. i.* (*fam.*) 1 bighellonare; andare a zonzo; vagare 2 fare il galante; essere il gallo della Checca; amoreggiare.
Gallomania [,gælou'meinjə], *n.* gallomania; gallofilia eccessiva.
Gallomaniac [,gælou'meinjæk], *n.* gallomane; francofilo all'eccesso.
gallon ['gælən], *n.* 1 gallone (*misura di capacità per liquidi; quello inglese o* **imperial g.**, è pari a l 4,54; quello americano – *anche* **wine g.** – è pari a l 3,78) 2 misura per cereali (1/8 di bushel).
galloon [gə'lu:n], *n.* gallone (*sorta di guarnizione*); nastro.
gallop ['gæləp], *n.* 1 galoppo; (*fig., fam.*) andatura veloce; procedimento rapido: **at a g.**, al galoppo; di galoppo; **at full g.**, al gran galoppo 2 galoppata: **Let's go for a g.**, andiamo a fare una galoppata! ● **hand-g.**, piccolo galoppo.
to gallop ['gæləp], **A** *v. i.* galoppare; andare al galoppo; procedere (*leggere, parlare, ecc.*) in fretta: **The pupils galloped home**, gli alunni andarono a casa di gran corsa. **B** *v. t.* far galoppare (*un cavallo*). ● **to g. off**, partire al galoppo.
galloper ['gæləpə*], *n.* 1 galoppatore; cavallo che galoppa 2 (*mil.*) aiutante di campo 3 (*mil.*) affusto (*o* cannone) per batteria a cavallo.
Gallophile ['gæloufail], *n.* gallofilo; francofilo.
Gallophobe ['gæloufoub], *n.* gallofobo; francofobo.
Gallophobia [,gælou'foubjə], *n.* gallofobia; francofobia.
galloping ['gæləpiŋ], *a.* galoppante; che galoppa. ● (*econ.*) **g. inflation**, inflazione galoppante □ (*med.*) **g. phthisis**, tisi galoppante.
Gallovidian [,gælou'vidiən], *a.* e *n.* (abitante) del Galloway (*regione della Scozia*).
galloway ['gæləwei], *n.* (*zool.*) piccolo cavallo (*o* bovino di piccola taglia) originario del Galloway.

gallows ['gæləuz], *n. pl.* (*di solito col verbo al sing.*) **1** forca; patibolo: **to send sb. to the g.**, mandare q. alla forca **2** supporto (*a forma di forca, per cucina, ginnastica, ecc.*); forcella. ● (*fam.*) **g. bird**, avanzo di forca; uomo da capestro □ **g. humor**, umorismo macabro □ **a g. look**, un'aria sinistra; una faccia patibolare □ **g. ripe**, da forca; da capestro □ **g. tree**, forca; patibolo □ **to have the g. in one's face**, avere una faccia patibolare.

Gallup poll ['gæləp'pou̯l], *n.* (*stat.*) sondaggio Gallup (*per previsioni*); indagine demoscopica.

galluses ['gæləsəz], *n. pl.* (*fam. USA*) bretelle.

galoot [gə'luːt], *n.* (*pop.*) persona rozza; zoticone.

galop ['gæləp], *n.* galoppo (*ballo assai concitato*).

to galop ['gæləp], *v. i.* ballare al galoppo (*V.* galop).

galore [gə'lɔː*], **A** *avv.* in abbondanza; a bizzeffe; a gogo; a iosa; a profusione; in quantità: **a party with whisky g.**, un ricevimento con whisky a profusione. **B** *n.* (*raro*) abbondanza.

galosh [gə'lɒʃ], *n.* caloscia, galoscia; soprascarpa.

galoshed [gə'lɒʃt], *a.* munito di calosce.

to galumph [gə'lʌmf], *v. i.* saltare dalla gioia; esultare.

galvanic [gæl'vænik], *a.* **1** (*elettr.*) galvanico: **g. battery (pile)**, batteria (pila) galvanica **2** (*fig.*) galvanizzante; elettrizzante; eccitante.

galvanically [gæl'vænikəli], *avv.* galvanicamente.

galvanism ['gælvənizəm], *n.* (*elettr.*) galvanismo.

galvanization [,gælvənai'zeiʃən], *n.* **1** (*elettr., med.*) galvanizzazione **2** (*metall.*) galvanizzazione; (*specialm.*) zincatura.

to galvanize ['gælvənaiz], *v. t.* **1** galvanizzare (*anche fig.*); elettrizzare; eccitare; stimolare: **to g. sb. into action**, stimolare q. all'azione **2** (*metall.*) galvanizzare; (*specialm.*) zincare: **galvanized iron**, ferro zincato.

galvanography [,gælvə'nɔgrəfi], *n.* (*tipogr.*) galvanotipia.

galvanometer [,gælvə'nɔmitə*], *n.* (*ind.*) galvanometro.

galvanometric(al) [,gælvənou'metrik(əl)], *a.* galvanometrico.

galvanoplastic [,gælvənou'plæstik], *a.* galvanoplastico.

galvanoplastics [,gælvənou'plæstiks], *n. pl.* (*col verbo al sing.*) (*ind.*) galvanoplastica.

galvanoplasty ['gælvənou'plæsti], *n.* (*ind.*) galvanoplastica.

galvanoscope ['gælvənouskoup], *n.* (*ind., med.*) galvanoscopio.

Galwegian [gæl'wiːdʒjən], *a.* e *n.* (*abitante*) del Galloway (*regione della Scozia*).

gam [gæm], *n.* **1** branco di balene **2** (*naut.*) scambio di visite (*fra ufficiali di baleniere*).

to gam [gæm], *v. i.* **1** (*di balene*) riunirsi in branchi **2** (*naut.*) scambiarsi visite (*V.* gam).

gamba ['gæmbə], *n.* (*mus., anche* **g. stop**) gamba.

gambade [gæm'beid], *n.* **1** balzo, salto (*di cavallo*) **2** movimento bizzarro; sgambetto; capriola.

gambado [gæm'beidou], *n.* (*pl.* **gambadoes, gambados**) *V.* gambade.

gambit ['gæmbit], *n.* **1** (*nel gioco degli scacchi*) gambetto **2** (*fig.*) mossa iniziale; prima mossa.

to gamble ['gæmbl], **A** *v. i.* **1** giocare d'azzardo **2** azzardare; rischiare; speculare: **He made a fortune by gambling on the Stock Exchange**, accumulò grossi capitali speculando (*o* giocando) in Borsa **3** fare assegnamento, contare (su q.c.). **B** *v. t.* **1** — **to g. away**, perdere (*o* sperperare) al gioco: **Don't g. away your wealth**, non sperperare al gioco il tuo patrimonio **2** scommettere. ● **to g. with**, scherzare con; mettere a repentaglio: **Don't g. with love**, non scherzare con l'amore!; **Don't g. with your life**, non mettere a repentaglio la vita!

gamble ['gæmbl], *n.* **1** gioco d'azzardo **2** azzardo; pericolo; rischio: **It's a g. whether he succeeds or fails**, c'è il rischio che faccia fiasco. ● **to be on the g.**, giocare d'azzardo; essere dedito al gioco.

gambler ['gæmblə*], *n.* **1** giocatore d'azzardo; biscazziere **2** speculatore (*di Borsa*).

gamblesome ['gæmblsəm], *a.* amante del gioco d'azzardo (*o* della speculazione).

gambling ['gæmbliŋ], *n.* **1** gioco d'azzardo **2** speculazione (*in Borsa*). ● (*spreg.*) **g. den**, *V.* **g. house** □ **g. house**, casa da gioco; bisca.

gamboge [gæm'buːʒ], *n.* (*ind.*) gommagutta (*dalla Cambogia*).

to gambol ['gæmbəl], *v. i.* saltellare; sgambettare; far capriole.

gambol ['gæmbəl], *n.* capriola; salto; sgambetto.

gambrel ['gæmbrəl], *n.* **1** garretto (*di cavallo, ecc.*) **2** (*anche* **g. stick**) gancio (*da macelleria*).

gambrel roof ['gæmbrəl'ruːf], *n.* (*edil.*) tetto a mansarda.

game (1) [geim], *n.* **1** gioco (*per lo più rispondente a regole precise; cfr.* **play**); partita; beffa; scherzo; piano, operazione rischiosa: **Tennis and chess are games**, il tennis e gli scacchi sono giochi; **a g. of cards**, una partita a carte; **He won the g.**, vinse il gioco (*o* la partita, la posta); **That halfback plays a good g.**, quel mediano fa un bel gioco (*o* gioca bene); **the Olympic Games**, i Giochi Olimpici; **g. of skill**, gioco di destrezza; **the g. of politics**, il gioco della politica; **to make g. of sb.**, prendersi gioco di q.; burlarsi di q.; **We saw through his g.**, capimmo qual era il suo gioco (*o* il suo piano) **2** (*fig.*) gioco; giochetto; inganno; insidia; tranello; trucco: **I'm fed up with your games!**, sono stufo dei tuoi giochetti!; **I'm afraid he'll try one of his usual games**, temo che cercherà di fare uno dei suoi soliti trucchi **3** spasso: **What a g.!**, che spasso! **4** (*tennis*) gioco; game **5** (*sport*) partita: **In volleyball, a match is two games out of three**, nella pallavolo, per vincere un incontro occorre aggiudicarsi due partite su tre **6** (*sport*) punteggio (*per vincere*): **At half-time the g. was three to one**, alla fine del primo tempo il punteggio era di tre a uno; **The g. is twenty**, il punteggio per vincere è di venti **7** (*pl.*) giochi; attività agonistiche; gare **8** (*pl.*) articoli sportivi: **Toys and games are sold in this shop**, in questo negozio si vendono giocattoli e articoli sportivi **9** cacciagione; selvaggina: **big g.**, selvaggina grossa; **to eat g.**, mangiare cacciagione; **fair (forbidden) g.**, selvaggina di cui è lecita (proibita) la caccia. ● **g. acts** (*o* **g. laws**), leggi venatorie (*o* sulla caccia) □ (*tennis*) **games all**, pari (a) cinque; pari (*tennis*) **g. and** (*o* **g. and set**), partita (vinta); vittoria □ (*tennis*) **g. and g.**, pari (e patta) □ **g.-bag**, carniere □ (*tennis*) **g. ball**, palla decisiva □ **g. birds**, selvaggina da penna □ **g.-cock**, gallo da combattimento □ **g. licence**, licenza di caccia □ **games master**, professore di ginnastica □ **a g. of swans**, un branco di cigni domestici □ **g. plan**, (*sport*) tattica; (*fig.*) tattica, strategia (*in genere*) □ **g. point**, punto vincente □ **g. preserve**, riserva di caccia □ **g. shooting**, caccia agli uccelli selvatici (*gallo cedrone, pernice, pernice bianca e sim.; cfr.* **wildfowling**) □ (*mat.*) **g. theory**, teoria dei giochi □ **g. warden**, guardacaccia □ **big-g. shooting**, caccia grossa □ (*fig.*) **fair g.**, persona che merita d'essere attaccata; chi presta il fianco agli attacchi □ **to fly at higher g.**, mirare più in alto; avere ambizioni più grandi □ **to give the g. away**, scoprire il proprio gioco (*o* i propri piani) □ **to have the g. in one's hands**, avere la vittoria in pugno □ (*fam.*) **to have a g. with sb.**, cercare di prendersi gioco di q. □ (*sport*) **to be on (off) one's g.**, essere in forma (giù di forma) □ (*fig.*) **to play a double g.**, fare il doppio gioco □ **to play a good (a poor) g.**, essere un buon (un cattivo) giocatore □ (*fig.*) **to play sb.'s g.**, fare il gioco di q.; favorire i piani di q. (*senza volerlo*) □ (*fig.*) **to play the g.**, stare alle regole del gioco; essere corretto □ **to play a winning (a losing) g.**, esser certo di vincere (di perdere) il gioco (*o* la posta); avere buone (cattive) carte in mano □ **The g. is up**, la partita è persa; il piano è fallito; non c'è più niente da fare □ (*fig.*) **Two can play at that g.!**, è una partita che si gioca in due; posso farlo anch'io!; posso fare altrettanto! □ (*fig.*) **What's your little g.?**, a che gioco giochiamo (*fig., fam.*)?

game (2) [geim], *a.* **1** della caccia; venatorio **2** ardimentoso; coraggioso; animoso: **a g. little fellow**, un omino coraggioso **3** pronto; disposto: **I am g. for anything**, sono pronto a tutto. ● **to die g.**, morire da valoroso (*o* con le armi in pugno) □ **Who's g. for a walk?**, chi ha voglia di fare una passeggiata?

game (3) [geim], *a.* (*d'arto*) leso; rattrappito; zoppo: **a g. leg**, una gamba zoppa.

to game [geim], **A** *v. i.* giocare d'azzardo. **B** *v. t.* — **to g. away**, perdere (*o* sperperare) al gioco.

gamekeeper ['geim,kiːpə*], *n.* guardacaccia.

gameness ['geimnis], *n.* ardimento; coraggio.

gamesmanship ['geimzmənʃip], *n.* abilità di giocatore; il saper giocare bene.

gamesome ['geimsəm], *a.* allegro; gaio; giocoso; scherzoso.

gamesomeness ['geimsəmnis], *n.* allegria; gaiezza; giocosità.

gamester ['geimstə*], *n.* giocatore (*d'azzardo*); biscazziere.

gamete ['gæmiːt], *n.* (*biol.*) gamete.

gametic [gæ'metik], *a.* (*biol.*) gametico.

gametogenesis [,gæmitou'dʒenisis], *n.* (*biol.*) gametogenesi.

gamey ['geimi], *V.* **gamy**.

gamic ['gæmik], *a.* (*biol.*) gamico. ● **g. reproduction**, gamia.

gamin ['gæmin], (*franc.*), *n.* monello; ragazzo di strada.

gaming ['geimiŋ], *n.* il giocare, gioco (*d'azzardo*). ● **g.-house**, casa da gioco; bisca □ **g. table**, tavolo da gioco.

gamma ['gæmə], *n.* gamma (*terza lettera dell'alfabeto greco*). ● (*chim.*) **g. acid**, acido gamma □ (*med.*) **g. globulin**, gammaglobulina □ (*fis. nucl.*) **g. rays**, raggi gamma □ (*med.*) **g. surgery**, chirurgia con raggi gamma.

gammadion [gə'meidiən], *n.* (*pl.* **gammadia**) croce gammata (*o* uncinata).

gammer ['gæmə*], *n.* (*fam.*) comare; vecchia; nonnetta (*fam.*).

gammon (1) ['gæmən], *n.* **1** (*cucina*) prosciutto affumicato (*o* salato) **2** quarto di maiale.

to gammon (1) ['gæmən], *v. t.* affumicare, salare (*il prosciutto*).

gammon (2) ['gæmən], *n.* vittoria che conta per due partite vinte (*al gioco della tavola reale o trictrac*).

to gammon (2) ['gæmən], *v. t.* vincere (*l'avversario*) con un «gammon» (*V.* **gammon (2)**).

gammon (3) ['gæmən], *n.* (*fam.*) **1** fandonie; frottole; sciocchezze **2** imbroglio; inganno; raggiro; fregatura (*pop.*).
to gammon (3) ['gæmən], *v. t.* (*fam.*) **A** *v. i.* dir fandonie; raccontar frottole. **B** *v. t.* imbrogliare; ingannare; raggirare; fregare (*pop.*).
gammon (4) ['gæmən], *n.* (*naut.*) trinca (*del bompresso*).
to gammon (4) ['gæmən], *v. t.* (*naut.*) trincare (*il bompresso*).
gammy [ˈgæmi], *a.* (*fam.: d'arto*) leso; rattrappito; zoppo.
gamogenesis [ˌgæməˈdʒenisis], *n.* (*biol.*) gamogenesi.
gamopetalous [ˌgæməˈpetələs], *a.* (*bot.*) gamopetalo.
gamosepalous [ˌgæməˈsepələs], *a.* (*bot.*) gamosepalo.
gamp [gæmp], *n.* (*fam.*) ombrello; ombrellaccio.
gamut [ˈgæmət], *n.* (*anche mus.*) gamma; (*fig.*) scala, serie, varietà: **the whole g. of crime**, tutta la gamma dei delitti.
gamy [ˈgeimi], *a.* **1** ricco di selvaggina **2** che ha il gusto (*o* l'odore) della cacciagione frollata **3** (*raro*) ardimentoso, coraggioso; audace.
gander [ˈgændə*], *n.* **1** (*zool.*) papero **2** (*fig.*) sempliciotto; stolto. ● (*fam.*) **to take a g. at st.**, dare un'occhiata (*o* una scorsa) a q.c.
gang (1) [gæŋ], *n.* **1** squadra; gruppo: **a g. of workmen**, una squadra di operai; **a g. of prisoners**, un gruppo di prigionieri **2** gang, ganga; banda; combriccola; masnada: **a g. of thieves**, una banda di ladri **3** (*mecc.*) batteria; gruppo di arnesi, serie di macchine (*che funzionano in collegamento*). ● (*pop.*) **g. bang**, violenza carnale, da parte di una gang giovanile, ai danni di una ragazza sola; stupro di gruppo □ (*elettr.*) **g. capacitor**, condensatori variabili accoppiati □ (*agric.*) **a g. plough**, un aratro polivomere.
gang (2) [gæŋ], *V.* **gangue**.
to gang (1) [gæŋ], **A** *v. i.* formare una banda; riunirsi in una combriccola: **to g. with sb.**, far combriccola con q. **B** *v. t.* **1** mettere in serie, accoppiare, collegare (*strumenti o macchine*) **2** (*fam.*) attaccare in gruppo. ● **to g. up (against)**, far comunella, far lega, allearsi, coalizzarsi (contro).
to gang (2) [gæŋ], *v. i.* (*scozz.*) andare; camminare.
gangboard [ˈgæŋbɔ:d], *V.* **gangplank**.
to gange [gæŋ], *v. t.* avvolgere, proteggere (*l'amo o la lenza da pesca*) con un filo metallico.
ganger [ˈgæŋə*], *n.* caposquadra (*d'operai*).
Ganges [ˈgændʒi:z], *n.* (*geogr.*) Gange.
Gangetic [gænˈdʒetik], *a.* del fiume Gange.
gangland [ˈgæŋlænd], *n.* (*fam.*) (il) mondo della malavita.
gangliform [ˈgæŋglifɔ:m], *a.* (*anat.*) gangliforme.
gangling [ˈgæŋgliŋ], *a.* allampanato; barcollante; malfermo.
ganglion [ˈgæŋgliən], *n.* (*pl.* **ganglia, ganglions**) (*anat.*) ganglio (*anche fig.*): **the nervous ganglia**, i gangli nervosi.
ganglionic [ˌgæŋgliˈɔnik], *a.* (*anat.*) gangliare.
gangplank [ˈgæŋplæŋk], *n.* (*naut.*) passerella; plancia.
gangrene [ˈgæŋgri:n], *n.* (*med.*) cancrena (*anche fig.*).
to gangrene [ˈgæŋgri:n], *v. t.* (*med.*) **A** *v. i.* andare in cancrena; incancrenire. **B** *v. t.* far incancrenire; mandare in cancrena.
gangrenous [ˈgæŋgrinəs], *a.* (*med.*) cancrenoso.
gangster [ˈgæŋstə*], *n.* bandito; malvivente; gangster.
gangsterism [ˈgæŋstərizəm], *n.* banditismo; gangsterismo.
gangue [gæŋ], *n.* (*miner.*) ganga.
gangway [ˈgæŋwei], **A** *n.* **1** passaggio; corridoio (*per es. nella platea d'un teatro*); corsia **2** (*naut.*) pontile; barcarizzo **3** (*nella Camera dei Comuni*) corridoio trasversale (*fra i banchi del governo*) **4** (*ferr.*) passaggio intercomunicante (*fra carrozze*) **5** (*ceron.*) passerella. **B** *inter.* (*fate*) largo!
gannet [ˈgænit], *n.* (*pl.* **gannets, gannet**) (*zool.*) **1** (*Sula*) sula **2** (*Mycteria americana*) jabiru americano.
ganoid [ˈgænɔid], *a. e n.* (*zool.*) (*pesce*) dei ganoidi.
gantlet [ˈgæntlit], (*USA*) *V.* **gauntlet**.
gantry [ˈgæntri], *n.* **1** cavalletto (*per barili, ecc.*) **2** (*ferr., mecc.*) torre di servizio; incastellatura a cavalletto **3** (*miss.*) incastellatura (di lancio). ● (*mecc.*) **g. crane**, gru a portale □ **missile g.**, incastellatura di lancio per missile.
Ganymede [ˈgænimi:d], *n.* **1** (*mitol., astron.*) Ganimede **2** (*scherz.*) coppiere; cameriere.
gaol [dʒeil], *n.* carcere; prigione; galera: **to be sent to g.**, essere mandato in prigione. ● (*fam.*) **g.-bird**, avanzo di galera; criminale □ **g.-break**, evasione □ (*med.*) **g. fever**, febbre tifoide.
to gaol [dʒeil], *v. t.* incarcerare; mettere in prigione.
gaoler [ˈdʒeilə*], *n.* carceriere.
gap [gæp], *n.* **1** soluzione di continuità; apertura; buco; interstizio; vuoto: (*autom.*) **to reset the gap of the points**, registrare l'apertura delle puntine; **a gap in the fence**, un buco (*o* un varco) nello steccato **2** burrone; gola; passo (*fra monti*); valico; bocchetta **3** lacuna: distanza; divario; gap: **a gap in one's knowledge (in a story, etc.)**, una lacuna nella propria cultura (in un racconto, ecc.); **There is a wide gap between incomes in farming and in the manufacturing industries**, c'è un grande divario tra il reddito degli agricoltori e quello degli industriali; **the generation gap**, il gap generazionale **4** (*mil.*) breccia; varco: **a gap in the front ranks of our army**, una breccia (*o* un vuoto) nelle prime file del nostro esercito **5** (*elettr., elab.*) intervallo **6** (*elettr., anche* **air gap**) traferro **7** (*econ.*) deficit; disavanzo; saldo passivo **8** (*stat.*) saldo: **the population gap**, il saldo demografico. ● **gap-toothed**, che ha i denti radi □ **to fill (*o* to stop, to bridge) a gap**, colmare una lacuna □ **stop-gap**, rimedio (*o* sostituto) temporaneo; tappabuchi.
to gape [geip], *v. i.* **1** (*di baratro, ferita, ostrica, ecc.*) aprirsi; spaccarsi; spalancarsi: **a gaping wound**, una ferita aperta **2** spalancare la bocca; restare a bocca aperta (*per lo stupore e sim.*): **Don't stand gaping: do something useful!**, non star lì a bocca aperta: renditi utile! **3** (*arc.*) sbadigliare. ● **to g. at sb. (st.)**, guardare q. (q.c.) a bocca aperta □ (*scherz.*) **g.-seed**, il restare a bocca aperta; cosa che suscita meraviglia.
gape [geip], *n.* **1** lo stare a bocca aperta **2** (*anat.*) apertura boccale **3** sguardo fisso a bocca aperta **4** (*pl., vet.*) singamosi (*malattia dei polli, che restano a bocca aperta*) **5** (*pl., fig., scherz.*) attacco di sbadigli **6** apertura, spaccatura.
gar [ga:*], *n.* (*zool., Belone vulgaris*) aguglia (*pesce*).
garage [ˈgæra:ʒ], *n.* (*autom.*) **1** garage; autorimessa **2** officina: **My car has been taken to the g.**, la mia auto è in officina **3** stazione di rifornimento.
to garage [ˈgæra:ʒ], *v. t.* mettere nell'autorimessa (*o* in garage).
garb [ga:b], *n.* abbigliamento; abito; costume; foggia del vestire; aspetto esteriore: **a man in formal g.**, un uomo in abito da cerimonia.
to garb [ga:b], *v. t.* abbigliare; vestire: **to g. oneself as a cowboy**, vestirsi da cowboy.
garbage [ˈga:bidʒ], *n.* (*specialm. USA*) **1** frattaglie; interiora (*d'animale*) **2** pattume; immondizie; rifiuti; spazzatura **3** (*fig.*) ciarpame; robaccia: **literary g.**, ciarpame, scritti senza alcun valore. ● (*USA*) **g. can**, bidone dell'immondizia; pattumiera □ (*USA*) **g. collector**, spazzino; netturbino □ (*USA*) **g. truck**, autoimmondizie; camion della nettezza urbana.
to garble [ˈga:bl], *v. t.* **1** (*raro*) cernere; scegliere; vagliare **2** alterare, falsificare, mutilare (*una storia, ecc., omettendo parti o svisando fatti*) **3** arruffare, confondere (*un racconto, una citazione, ecc.*) **4** (*tecn.*) mascherare (*un messaggio*).
garbologist [ga:ˈbɔlədʒist], *n.* (*USA*) netturbino.
garçonnière [garsɔ:ˈnyɛr] (*franc.*), *n.* garçonnière.
garden [ˈga:dn], **A** *n.* **1** giardino **2** (*anche* **kitchen-g., market-g., vegetable g.**) orto. **B** *a. attr.* di (*o* da) giardino: **a g. wall**, un muro di giardino; **g. plants**, piante da giardino. ● **g. centre**, vivaio; «tutto per il giardino» □ **g. city**, città giardino □ **g. contractor**, costruttore di giardini □ (*bot.*) **g. cress** (*Lepidium sativum*), crescione d'orto; crescione inglese □ **g. frame**, serra □ **g. glass**, campana di vetro per proteggere piante □ **g. party**, garden party; trattenimento all'aperto □ **g. plot**, aiuola □ **g. seat**, panchina, sedile di pietra; posto a sedere sull'imperiale d'una diligenza □ (*USA*) **the G. State**, il New Jersey □ **g.-stuff**, legumi; erbe; ortaggi; frutta □ (*zool.*) **g.-white** (*Pieris brassicae*), cavolaia □ **botanical gardens**, giardino (*o* orto) botanico □ (*fam.*) **common or g.** (*o* **g. variety**), comune; dozzinale; ordinario □ (*pop.*) **to lead sb. up the g. path**, fuorviare q.; ingannare q.; menare q. per il naso (*pop.*) □ **roof g.**, giardino pensile □ **zoological gardens**, giardino zoologico.
to garden [ˈga:dn], **A** *v. t.* tenere (*un terreno*) a giardino. **B** *v. i.* lavorare nel (*o* in un) giardino; fare del giardinaggio.
gardener [ˈga:dnə*], *n.* **1** giardiniere, giardiniera **2** chi pratica il giardinaggio.
gardenia [ga:ˈdi:njə], *n.* (*bot., Gardenia*) gardenia.
gardening [ˈga:dniŋ], *n.* giardinaggio. ● **g. gloves**, guanti da giardiniere.
garefowl [ˈgɛəfaul], *n.* (*pl.* **garefowl, garefowls**) (*zool., Pinguinus impennis*) alca impenne.
garfish [ˈga:fiʃ], *n.* (*pl.* **garfish, garfishes**) (*zool.*) **1** (*Belone vulgaris*) aguglia **2** (*USA, Lepidosteus*) lepisosteo (*in genere*).
gargantuan [ga:ˈgæntjuən], *a.* gargantuesco; enorme; gigantesco.
garget [ˈga:git], *n.* (*vet.*) mastite cronica (*specialm. dei bovini*).
to gargle [ˈga:gl], **A** *v. t.* gargarizzare (*la gola*). **B** *v. i.* fare gargarismi.
gargle [ga:gl], *n.* **1** gargarismo **2** collutorio.
gargling [ˈga:gliŋ], *n.* gargarismo.
gargoyle [ˈga:gɔil], *n.* (*archit.*) gargolla; gargouille (*franc.*); doccione.
garish [ˈgɛəriʃ], *a.* abbagliante; appariscente; sfarzoso; sgargiante; vistoso; ornamenti vistosi.
garishness [ˈgɛəriʃnis], *n.* appariscenza; sfarzo; vistosità.
garland [ˈga:lənd], *n.* **1** ghirlanda; serto (*poet.*) **2** (*letter.*) antologia; florilegio **3** (*naut.*) ghirlanda della testa d'albero.
to garland [ˈga:lənd], *v. t.* inghirlandare; formar ghirlanda a (q.c.).

garlic ['ga:lik], *n.* (*bot.*, *Allium sativum*) aglio: **a salad with a touch of g.**, un'insalata con una punta d'aglio. ● **g. oil**, essenza d'aglio □ **clove of g.**, spicchio d'aglio.

garlicky ['ga:liki], *a.* agliaceo; che sa d'aglio.

garment ['ga:mənt], *n.* **1** capo di vestiario; indumento **2** (*pl.*) abiti; indumenti; vestiti; abbigliamento: **child and baby garments**, abbigliamento per bambini e neonati **3** (*fig.*) copertura; rivestimento.

to garment ['ga:mənt], *v. t.* (*poet.*) abbigliare; vestire; rivestire.

garner ['ga:nə*], *n.* **1** (*agr.*) silo; magazzino da grano; granaio (*anche fig.*) **2** recipiente per pesare grano.

to garner ['ga:nə*], *v. t.* **1** mettere nel granaio **2** (*fig.*) mettere insieme; raccogliere, riunire **3** (*fig.*) acquistare; guadagnare.

garnet ['ga:nit], *n.* (*miner.*) granato (*minerale e gemma*). ● **g. paper**, carta vetrata.

to garnish ['ga:niʃ], *v. t.* **1** guarnire; adornare; addobbare **2** guarnire, ornare (*una pietanza*): **to g. a steak with leaves of lettuce**, guarnire una bistecca con foglie di lattuga; **to g. a sole with parsley**, guarnire di prezzemolo una sogliola **3** (*leg.*) citare, precettare (*come testimone, ecc.*) **4** (*leg.*) pignorare, sequestrare (*presso un terzo*) **5** (*fam.*) estorcere denaro a (q.).

garnish ['ga:niʃ], *n.* **1** guarnizione; ornamento **2** guarnizione, contorno (*a una pietanza*).

garnishee [,ga:ni'ʃi:], *n.* (*leg.*) **1** chi detiene beni (*o* denaro) del convenuto, ma non può disporne (*in attesa della sentenza*) **2** terzo pignorato.

garnisher ['ga:niʃə*], *n.* **1** guarnitore **2** (*leg.*) sequestrante; sequestratore.

garnishing ['ga:niʃiŋ], *n.* guarnizione; ornamento; contorno.

garnishment ['ga:niʃmənt], *n.* **1** guarnizione; decorazione; ornamento **2** (*leg.*) citazione come teste **3** (*leg.*) pignoramento (*o* sequestro) presso terzi.

garniture ['ga:nitʃə*], *n.* **1** guarnizione; decorazione; ornamento **2** abito; costume.

garotte [gə'rɔt], *V.* **garrotte**.

garret ['gærət], *n.* **1** (*edil.*) soffitta; sottotetto; solaio **2** (*pop.*) testa; cervello: **to be wrong in the g.**, non avere il cervello a posto. ● (*pop.*) **to have one's g. unfurnished**, essere scervellato (*o* senza testa).

to garret ['gærət], *v. t.* (*edil.*) mettere schegge di sasso negli interstizi di (*un muro rozzamente costruito*); rabboccare, rimpellare.

garreteer [,gærə'tiə*], *n.* chi abita in una soffitta; (*specialm.*) scrittore povero, bohémien.

garrison ['gærisn], *n.* (*mil.*) **1** guarnigione; distaccamento; presidio **2** piazza fortificata; fortezza. ● **g. town**, città sede di presidio.

to garrison ['gærisn], *v. t.* (*mil.*) **1** fornire di guarnigione; presidiare **2** mandare (*soldati*) in servizio di guarnigione. ● (*mil.*) **to be garrisoned at**, essere di guarnigione a.

garron ['gærən], *n.* cavalluccio; ronzino.

garrot ['gærət], *n.* (*zool.*, *Bucephala clangula*) quattrocchi.

garrotte [gə'rɔt], *n.* **1** garrotta; (*strumento per*) il supplizio della strangolazione **2** (*per estens.*) strangolamento **3** laccio per strangolare.

to garrotte [gə'rɔt], *v. t.* **1** garrottare; strangolare con la garrotta **2** (*per estens.*) strangolare.

garrotter [gə'rɔtə*], *n.* strangolatore, strangolatrice.

garrulity [gæ'ru:liti], *n.* garrulità (*lett.*); loquacità; petulanza.

garrulous ['gærələs], *a.* garrulo (*lett.*); ciarliero; loquace; petulante.

garrulousness ['gærələsnis], *V.* **garrulity**.

garter ['ga:tə*], *n.* giarrettiera; legaccio (*pop.*). ● **g. belt**, reggicalze □ **G. King of Arms**, Gran Maestro dell'Ordine della Giarrettiera □ (*cucito*) **g. stitch**, punto legaccio □ **the Order of the G.**, l'Ordine della Giarrettiera (*massima onorificenza inglese*).

to garter ['ga:tə*], *v. t.* **1** reggere (*una calza*) con una giarrettiera **2** mettere una giarrettiera a (*una gamba*).

garth [ga:θ], *n.* **1** (*archit.*) chiostro **2** (*dial.*) cortile; recinto.

gas [gæs], *n.* (*pl.* **gases, gasses**) **1** (*fis.*) gas: **My flat is heated by gas**, il mio appartamento ha il riscaldamento a gas **2** (*fam.*, *USA*, *abbr. di* **gasoline**) benzina: **gas station**, distributore di benzina **3** (*fig.*, *fam.*) ciarle; ciance: **Stop your gas!**, smettila di parlare a vuoto! **4** (*mil.*) gas (*asfissiante o lacrimogeno*) **5** (*autom.*) metano; gas **6** (*pop.*) bel divertimento (*anche iron.*); pacchia (*pop.*). ● **gas-bag**, (*aeron.*) pallonetto (*di dirigibile*); (*fam.*, *spreg.*) otre di chiacchiere, ciarlone, ciancione □ (*chim.*) **gas black**, nero di gas; nerofumo □ (*mil.*) **gas bomb**, bomba a gas □ **gas bottle**, bombola per (*o* di) gas □ **gas-bracket**, braccio per lampada a gas (*infisso al muro*) □ **gas burner**, bruciatore di gas; becco a gas □ **gas chamber**, camera a gas □ (*tecn.*) **gas chromatograph**, gascromatografo □ (*chim.*) **gas chromatography**, gascromatografia □ **gas coal**, carbone da gas (*o* di storta) □ **gas coke**, coke da gas □ **gas cooker**, cucina a gas □ **gas cylinder**, *V.* **gas bottle** □ (*fis.*) **gas dynamics**, gasdinamica □ **gas engine** (*o* **gas motor**), motore a gas □ **gas fire**, stufa a gas □ **gas fitter**, gassista, gasista □ **gas fittings**, apparecchi per riscaldamento a gas □ **gas fixture**, impianto per il gas □ (*fam.*, *USA*) **gas-guzzler**, auto che «beve» molto □ **gas heater**, riscaldatore a gas □ **gas helmet**, casco munito di respiratore (*per minatori, ecc.*) □ (*ing.*) **gas holder**, gasometro (*industriale: per il gas di città*) □ **gas lamp**, lampada a gas □ **gas light**, luce (*o* lampada) a gas □ **gas-lighter**, accendino a gas; accendigas □ **gas main**, conduttura del gas □ **gas-man**, gassista, gasista; letturista del gas □ **gas mask**, maschera antigas □ **gas meter**, contatore del gas □ (*ind.*) **gas oil**, gasolio □ (*mecc.*) **gas-operated**, a gas: (*autom.*) **gas-operated dampers**, ammortizzatori a gas □ **gas oven**, forno a gas; camera a gas □ (*autom.*) **gas pedal**, pedale dell'acceleratore □ **gas pipe**, conduttura del gas □ (*ind.*) **gas pipeline**, gasdotto □ **gas producer**, gassogeno □ **gas range**, cucina a gas □ **gas ring**, fornello a gas □ **gas stove**, cucina (*o* stufa) a gas □ **gas tank**, serbatoio del gas; (*autom. USA*) serbatoio della benzina □ **gas-tar**, catrame di gas □ (*mecc.*) **gas turbine**, turbina a gas □ **gas warfare**, guerra in cui viene fatto uso di gas velenosi □ (*metall.*) **gas-welding**, saldatura a gas □ **gas well**, pozzo di gas □ **gas-works**, officina del gas □ **coal gas**, gas del carbon fossile; gas illuminante □ **laughing gas**, gas esilarante □ **natural gas**, gas metano □ **poison gas**, gas tossico □ **to step on the gas**, (*autom. e fig.*) premere l'acceleratore (*pop.*: dare gas); (*per estens.*) accelerare; (*fig.*) fare in fretta, darci dentro □ **tear gas**, gas lacrimogeno □ **to turn on (off) the gas**, accendere (spegnere) il gas.

to gas [gæs], **A** *v. t.* **1** fornire di gas **2** (*chim.*) sottoporre all'azione del gas **3** (*mil.*) attaccare con gas tossici; gassare **4** (*di solito al passivo*) avvelenare col gas: **to be gassed in a mine**, essere avvelenati dal gas in una miniera **5** (*ind. tessile*) bruciare (*sulla fiamma del gas*). **B** *v. i.* **1** emettere gas **2** (*fam.*) chiacchierare; parlare a vanvera.

Gascon ['gæskən], *n.* guascone (*anche fig.*); millantatore; fanfarone.

gasconade ['gæskəneid], *n.* guasconata; millanteria; fanfaronata.

to gasconade ['gæskəneid], *v. i.* dire guasconate; millantarsi.

Gascony ['gæskəni], *n.* (*geogr.*) Guascogna.

gaseity [gæ'si:ti], *n.* l'esser gassoso; (*fis.*) stato gassoso.

gaselier [,gæsə'liə*], *n.* (*un tempo*) lampadario con lampade a gas.

gaseous ['geizjəs], *a.* gassoso: **a g. mixture**, un miscuglio gassoso; (*astron.*) **g. nebulae**, nebulose gassose.

gash [gæʃ], *n.* ferita; sfregio; squarcio; taglio.

to gash [gæʃ], *v. t.* sfregiare; squarciare; tagliare.

gasholder ['gæs,houldə*], *n.* (*ing.*) gasometro (*industriale*).

gasification [,gæsifi'keiʃən], *n.* (*ind. chim.*) gassificazione, gasificazione.

gasiform ['gæsifɔ:m], *a.* gassoso; aeriforme.

to gasify ['gæsifai], *v. t.* (*ind. chim.*) gassificare, gasificare.

gasket ['gæskit], *n.* **1** (*mecc.*) guarnizione (*di tenuta*) **2** (*naut.*) matafione; gerlo.

gaslight ['gæslait], *n.* lume a gas; illuminazione a gas.

gasogene ['gæsədʒi:n], *n.* **1** gas d'aria; gas povero **2** (*autom.*) apparecchio che produce gas povero (*bruciando solidi, specialm. carbonella*).

gasolene ['gæsəli:n], *V.* **gasoline**.

gasolier [,gæsə'liə*], *V.* **gaselier**.

gasoline ['gæsəli:n], *n.* gasolina; benzina (*in USA, anche quella per le automobili; cfr. ingl.* **petrol**). ● **g. engine**, motore a benzina; **g. pump**, distributore di benzina.

gasometer [gæ'sɔmitə*], *n.* **1** gasometro (*da laboratorio*) **2** (*ing.*) gasometro (*industriale*).

to gasp [ga:sp], *v. i.* **1** boccheggiare; ansare; ansimare; prender fiato a fatica **2** restare senza fiato; restare a bocca aperta: **He gasped with surprise**, restò a bocca aperta per lo stupore **3** parlare a fatica, boccheggiando, poche parole. ● **to g. for breath**, fare sforzi per respirare □ **to g. life away** (*o* **out**), esalare l'ultimo respiro □ **to g. out a few words**, dire a fatica, boccheggiando, poche parole.

gasp [ga:sp], *n.* anelito; respiro affannoso; rantolo; sforzo per respirare. ● **to be at one's** (*o* **at the**) **last g.**, essere boccheggiante (*o* moribondo).

gasper ['ga:spə*], *n.* **1** chi boccheggia **2** (*pop.*) sigaretta che mozza il fiato; zampirone (*pop.*).

gasping ['ga:spiŋ], *a.* boccheggiante; ansimante; trafelato.

gaspingly ['ga:spiŋli], *avv.* affannosamente; boccheggiando.

gassiness ['gæsinis], *n.* **1** l'esser gassoso **2** (*fam.*) verbosità.

gassy ['gæsi], *a.* **1** gassoso; pieno di gas **2** gassato; effervescente **3** (*fam.*) verboso; pomposo **4** (*ind. min.*) grisutoso.

gasteropodous [,gæstə'rɔpədəs], *a.* (*zool.*) dei gasteropodi.

gasteropods ['gæstərəpɔdz], *n. pl.* (*zool.*, *Gasteropoda*) gasteropodi.

gastralgia [gæs'trældʒə], *n.* (*med.*) gastralgia.

gastric ['gæstrik], *a.* gastrico: *(fisiologia)* **g. juice**, succo gastrico; *(med.)* **g. ulcer**, ulcera gastrica.
gastritis [gæs'traitis], *n. (pl.* **gastritides**) *(med.)* gastrite.
gastroenteric [,gæstrouen'terik], *a. (med.)* gastroenterico.
gastroenteritis ['gæstrou,entə'raitis], *n. (med.)* gastroenterite.
gastrology [gæs'trɔlədʒi], *n.* gastrologia.
gastronome ['gæstrounoum], **gastronomer** [gæs'trɔnəmə*], *n.* gastronomo.
gastronomic(al) [,gæstrə'nɔmik(əl)], *a.* gastronomico.
gastronomist [gæs'trɔnəmist], *n.* gastronomo.
gastronomy [gæs'trɔnəmi], *n.* gastronomia.
gastropods ['gæstroupɔdz], *n. pl. (zool.*, *Gasteropoda)* gasteropodi.
gastrotomy [gæs'trɔtəmi], *n. (med.)* gastrotomia.
gat [gæt], *n. (abbr. pop. di* **Gatling gun**) pistola.
gate (1) [geit], *n.* **1** porta *(di città)*; portone *(d'accesso a un cortile)*; cancello **2** saracinesca *(di una chiusa, ecc.: per regolare l'acqua)* **3** gola, passo, valico *(fra i monti)* **4** *(sport)* numero di entrate a pagamento *(a una partita di calcio, ecc.)* **5** *(sport, anche* **g. money)** incasso totale **6** *(ferr.)* barriera; cancello di passaggio a livello **7** *(sci)* porta **8** *(elettron.)* porta logica. **9** *(fotogr., ecc.)* finestra; portapellicola **10** *V.* **gateway**. ● *(nelle università di Oxford e Cambridge)* **g.-bill**, elenco dei ritorni *(d'uno studente)* al college dopo l'ora di chiusura; multa inflitta per tale infrazione ☐ **g.-keeper**, portinaio *(d'una villa con parco)*; *(ferr.)* custode di passaggio a livello ☐ **g.-legged** *(o* **g.-leg)** **table**, tavolo a ribalta *(con le gambe spostabili lateralmente)* ☐ **g.-meeting**, riunione *(per lo più sportiva)* con ingresso a pagamento ☐ **the g. of horn**, la porta dei sogni veritieri ☐ **the g. of ivory**, la porta dei sogni fallaci ☐ **g.-post**, colonna *(o pilastro)* di cancello ☐ *(sport)* **g. receipts**, incasso ai cancelli; incasso lordo ☐ *(mecc.)* **g. valve**, valvola a saracinesca ☐ *(fig.)* **between you and me and the g.-post**, detto in confidenza; a quatt'occhi ☐ *(pop.)* **to give sb. the g.**, mettere q. alla porta; licenziare q.
to gate [geit], *v. t.* **1** *(nelle università di Oxford e Cambridge)* imporre a *(studenti)* di restare nel college tutto il giorno o dopo una certa ora; togliere la libera uscita a *(uno studente)* **2** *(elettron.)* controllare; commutare; selezionare.
gate (2) [geit], *n. (scozz.)* via *(usato come suffisso dopo un nome)*.
to gatecrash ['geitkræʃ], *v. t. e i. (fam.)* partecipare *(a una festa)* senza averne l'invito; intrufolarsi *(fam.)*.
gatecrasher ['geit,kræʃə*], *n. (fam.)* ospite non invitato; intruso *(a un ballo, ecc.)*.
gatefold ['geitfould], *n.* inserto pieghevole.
gatehouse ['geithaus], *n.* **1** casetta del portinaio *(all'entrata del parco d'una villa)* **2** edificio sovrastante una porta di città *(un tempo usato spesso come prigione)* **3** *(stor.)* corpo di guardia **4** *(costr. idrauliche)* centrale *(che comanda il funzionamento delle saracinesche di una chiusa)*.
gateway ['geitwei], *n.* **1** entrata; ingresso **2** *(fig.)* porta; strada; via: **the g. to success (to fame, etc.)**, la strada del successo (la via della gloria, ecc.).
to gather ['gæðə*], **A** *v. t.* **1** ammassare; cogliere; raccogliere; radunare; mettere insieme; fare il raccolto di; chiamare a raccolta: **to g. flowers (fruit, etc.)**, cogliere fiori (frutta, ecc.); **to g. shells from the seashore**, raccogliere conchiglie sulla spiaggia; **to g. one's things**, radunare le proprie cose; **The race start had gathered a little crowd**, la partenza della corsa aveva fatto radunare una piccola folla; **to g. wheat**, fare il raccolto del grano; **to g. one's energies**, chiamare a raccolta *(o* fare appello a) tutte le proprie energie **2** acquistare; assumere; prendere: **The car gathered speed**, l'automobile acquistò velocità; **to g. strength (volume)**, acquistare forza (prendere corpo, crescere di volume); **to g. information**, assumere informazioni **3** dedurre; desumere; capire; comprendere; concludere; arguire: **From what he said, I gathered that his claim had been rejected**, dalle sue parole arguii che la sua domanda era stata respinta **4** corrugare; increspare; pieghettare; raggrinzire: **to g. the brows**, corrugare la fronte; inarcare le sopracciglia; **to g. a skirt at the waist**, increspare una sottana alla vita. **B** *v. i.* **4** accumularsi; assembrarsi; raccogliersi; radunarsi; addensarsi: **A crowd quickly gathered on the scene of the accident**, una folla tosto si assembrò sul luogo dell'incidente; **The swallows are gathering to fly away**, le rondini si radunano per volar via **2** aumentare; crescere; gonfiarsi: **The tale gathered like a snowball**, la storia si gonfiò come una palla di neve **3** *(med.)* formare postema *(raro)*; suppurare. ● *(di malato)* **to g. colour (strength)**, riacquistare il colorito (le forze) ☐ **to g. grapes**, vendemmiare ☐ **to g. oneself together**, chiamare a raccolta le proprie energie; raccogliersi (per uno sforzo) ☐ **to g. taxes**, riscuotere imposte ☐ **to g. up**, raccogliere; mettere insieme; riunire; chiamare a raccolta: **to g. up the pieces of a broken dish**, raccogliere i pezzi d'un piatto rotto; **to g. up one's thoughts**, raccogliere i propri pensieri; raccogliersi ☐ **to g. up into a ball**, appallottolarsi ☐ *(naut.)* **to g. way**, prendere l'abbrivo ☐ **to be gathered to one's fathers**, andare a raggiungere i propri antenati; morire.
gatherer ['gæðərə*], *n.* raccoglitore, raccoglitrice.
gathering ['gæðəriŋ], *n.* **1** adunata; adunanza; assembramento; raduno **2** raccolta *(di denaro, specialm. per beneficenza)*; colletta **3** *(med.)* ascesso; postema *(raro)*; suppurazione. ● **g. of statistical data**, raccolta di dati statistici.
gathers ['gæðəz], *n. pl.* increspature; crespe; pieghe.
gating ['geitiŋ], *n.* **1** *(ing.)* condotto di colata **2** *(elettron.)* sblocco del segnale.
gauche [gouʃ] *(franc.)*, *a.* goffo; privo di tatto; rozzo; sgraziato.
gaucherie ['gouʃəri(:)] *(franc.)*, *n.* goffaggine; mancanza di tatto; rozzezza; sgarberia.
gauchist ['gouʃist], **gauchiste** [gou'ʃi:st] *(franc.)*, *n. (polit.)* gauchista; sinistrorso *(fam.)*.
gaucho ['gautʃou], *n. (pl.* **gauchos**) gaucho.
gaud [gɔ:d], *n.* fronzolo; ninnolo; ornamento vistoso.
gaudiness ['gɔ:dinis], *n.* fasto; sfarzo; sfoggio; vistosità; volgarità.
gaudy (1) ['gɔ:di], *a.* fastoso; sfarzoso; vistoso; volgare; di cattivo gusto: **g. ornaments**, ornamenti vistosi; **g. furniture**, mobilia di cattivo gusto.
gaudy (2) ['gɔ:di], *n.* grande festa annuale *(specialm. per gli ex-alunni d'un college)*. ● **g.-day**, giorno di grandi celebrazioni.
gauffer ['gɔfə*], *V.* **goffer**.
gaufre ['gɔfə*], *V.* **gofer**.
gauge [geidʒ], *n.* **1** *(mecc.)* calibro fisso *(o* di forma*)* **2** apparecchio *(o* strumento) per misurare; indicatore di livello; *(autom.)* spia *(a indice o lancetta)*; manometro; pertica graduata per misurare; *(autom.)* **petrol g.** *(USA:* **gas g.)**, indicatore di livello della benzina; *(autom.)* **the temperature g.**, la spia (della temperatura) dell'acqua; **pressure g.**, manometro indicatore della pressione; **rain g.**, indicatore del livello della pioggia; pluviometro; **water g.**, indicatore di livello dell'acqua; idrometro **3** *(mil.)* calibro: **the g. of a rifle**, il calibro d'una carabina **4** *(mecc.)* diametro; spessore **5** *(anche fig.)* misura base; criterio di misurazione; norma; stima: **to take the g. of st.**, fare la stima di q.c.; calcolare q.c. **6** *(ferr.)* larghezza dei binari; scartamento: **standard g.**, scartamento normale; **broad (wide) g.**, scartamento superiore al normale; **a narrow-g. railway**, una ferrovia a scartamento ridotto **7** *(autom.)* carreggiata **8** *(ing.)* maschera di controllo **9** *(elettr.)* gauge **10** *(naut.)* posizione rispetto al vento e a un'altra nave: **to have the weather g. of a ship**, avere il vantaggio del vento su una nave; essere sopravvento a una nave **11** *(naut.)* pescaggio massimo. ● *(mecc.)* **g. pressure**, pressione relativa ☐ *(mecc.)* **bore g.**, calibro d'alesaggio ☐ **go g.**, calibro passa ☐ **go no-go g.**, calibro passa e non passa ☐ *(fig.)* **to have the weather g. of sb.**, avere il sopravvento su q.; essere in posizione vantaggiosa nei confronti di q. ☐ **ring-g.**, calibro ad anello ☐ **thickness g.**, spessimetro ☐ *(naut.)* **tide g.**, mareografo ☐ **wire-g.**, calibro per la misurazione del diametro di un filo metallico.
to gauge [geidʒ], *v. t.* **1** misurare *(con uno strumento di precisione)*: **to g. the diameter of a bolt**, misurare il diametro d'un bullone **2** *(fig.)* calcolare, stimare, valutare: **to g. a cask**, calcolare la capacità d'una botte; **to g. sb.'s strength**, valutare la forza di q. **3** *(mecc.)* calibrare; ridurre alle dimensioni (grossezza, ecc.) normali *(o* volute); tarare *(uno strumento)* **4** *(edil.)* uniformare *(pietre)*; mescolare *(intonaco)*. ● *(edil.)* **gauging plaster**, intonaco di calce e gesso ☐ *(naut.)* **gauging-rod**, asta di sonda; stazza.
gaugeable ['geidʒəbl], *a.* misurabile; *(fig.)* stimabile, valutabile.
gauger ['geidʒə*], *n.* **1** stazzatore *(specialm.* agente del dazio che misura il contenuto di botti di liquore e sim.*)* **2** agente del dazio *(in genere)*.
Gaul [gɔ:l], *n. (stor.)* **1** Gallia **2** Gallo: **the Gauls**, i Galli **3** *(scherz.)* francese.
Gaulish ['gɔ:liʃ], *(stor.)* **A** *a.* **1** gallico **2** *(scherz.)* francese. **B** *n.* lingua dei Galli; gallico.
gaunt [gɔ:nt], *a.* **1** macilento; magro; scarno; sparuto: **g. wolves**, lupi macilenti **2** arido; desolato; spoglio; nudo: **a g. heath**, una brughiera desolata.
gauntlet (1) ['gɔ:ntlit], *n.* **1** *(stor.)* guanto d'armatura; manopola; *(fig.)* guanto di sfida, sfida: **to fling** *(o* **to throw) down the g.**, gettare il guanto; lanciare una sfida; **to pick** *(o* **to take) up the g.**, raccogliere il guanto; accettare una sfida **2** guanto lungo *(per guidare l'automobile, per la scherma, ecc.)*.
gauntlet (2) ['gɔ:ntlit], *n. (stor.)* pena delle verghe *(o* delle bacchette*)*. ● **to run the g.**, passare per le bacchette *(antica punizione, usata ancora come gioco da ragazzi di strada)*; *(fig.)* passare sotto le forche caudine; passare sotto il fuoco del nemico; esporsi al pericolo.
gauntleted ['gɔ:ntlitid], *a.* munito di guanti *(V.* **gauntlet (1))**.
gauntness ['gɔ:ntnis], *n.* **1** l'esser macilento; estrema magrezza

gauntree

gauntree, gauntry ['gɔːntri], *V.* **gantry**.
gauss [gaus], *n.* (*fis.*) gauss (*unità elettromagnetica*).
gauze [gɔːz], *n.* **1** garza; velo **2** foschia **3** (*fotogr., cinem.*) velatino **4** (*anche* **wire g.**) reticella metallica **5** rete (*o* reticella) di plastica. ● (*autom.*) **g. strainer**, filtro a reticella (*della pompa dell'olio, ecc.*).
gauziness ['gɔːzinis], *n.* l'esser diafano; trasparenza.
gauzy [gɔːzi], *a.* simile a garza (*o* a velo); diafano; trasparente.
gave [geiv], *pass.* di **to give**.
gavel ['gævəl], *n.* martelletto (*di presidente d'assemblea, di banditore d'asta pubblica, o di giudice in USA*).
gavelkind ['gævəlkaind], *n.* (*leg.*) (forma di) proprietà terriera (*ancora in uso nel Kent*) di cui sono eredi in parti uguali tutti i figli.
gavial ['geivjəl], *n.* (*zool., Gavialis gangeticus*) gaviale del Gange.
gavotte [gəˈvɔt], *n.* gavotta (*danza e musica*).
gawk [gɔːk], *n.* individuo balordo, tonto, goffo; allocco (*fig.*).
to gawk [gɔːk], *v. i.* (*fam.*) stare lì allocchito. ● **to g. at sb.** (*st.*), guardare q. (q.c.) con aria sciocca.
gawkiness ['gɔːkinis], *n.* balordaggine; goffaggine.
gawky ['gɔːki], *a.* balordo; tonto; goffo.
to gawp [gɔːp], *V.* **to gape**.
gay [gei], *A a.* **1** gaio; allegro; festevole; giocondo; spensierato; vivace: **gay laughter**, gaie risate; **a gay song**, una canzone allegra; **gay colours**, colori vivaci **2** dissoluto; gaudente; licenzioso; immorale: **a gay man**, un gaudente; **a gay dog**, un (individuo) dissoluto **3** (*pop.*) omosessuale; gay. *B n.* (*pop.*) omosessuale; gay; finocchio (*pop.*). ● (*USA*) **Gay Liberation**, movimento per la liberazione degli omosessuali □ **to lead a gay life**, darsi alla bella vita.
gayety ['geiiti], **gayly** ['geili], *V.* **gaiety, gaily**.
to gaze [geiz], *v. i.* guardare fisso, con insistenza. ● **to g. at** (*o* **on, upon**) **sb.** (*st.*), fissare q. (q.c.): **I gazed at my daughter wonderingly**, fissai mia figlia stupito.
gaze [geiz], *n.* (*solo al sing.*) sguardo fisso.
gazebo [gəˈziːbou], *n.* (*pl.* **gazebos, gazeboes**) (*archit.*) belvedere; torretta (*in cima a una casa*); chiosco (*da giardino*).
gazelle [gəˈzel], *n.* (*pl.* **gazelles, gazelle**) (*zool., Gazella*) gazzella.
gazer ['geizə*], *n.* chi se ne sta incantato (*o* trasognato) a rimirare.
gazette [gəˈzet], *n.* gazzetta; gazzetta ufficiale (*che pubblica anche il bollettino dei fallimenti*); giornale (*usato specialm. nei nomi di giornali*): **the London G.**, la gazzetta ufficiale inglese; **the Belfast G.**, la gazzetta ufficiale dell'Irlanda del Nord.
to gazette [gəˈzet], *v. t.* (*soprattutto al passivo*) pubblicare sulla gazzetta ufficiale: **His appointment has not yet been gazetted**, la sua nomina non è stata ancora pubblicata sulla gazzetta ufficiale. ● (*mil.*) **to be gazetted to a regiment**, essere assegnato a un reggimento.
gazetteer [ˌgæziˈtiə*], *n.* dizionario geografico.
gazogene ['gæzədʒiːn], *V.* **gasogene**.
to gazump [gəˈzʌmp], (*pop.*) *A v. i.* vendere una casa al maggior offerente, rimangiandosi la parola (*data a un primo acquirente*). *B v. t.* defraudare, imbrogliare, deludere (*l'aspirante compratore di un immobile*).
geanticline [ˌdʒiːˈæntiklain], *n.* (*geol.*) geoanticlinale.
gear [giə*], *n.* **1** (*mecc.*) congegno; dispositivo; meccanismo; ingranaggio, ruota dentata; (*di bicicletta*) moltiplica, rapporto; (*di automobile*) marcia, cambio; (*di cannone*) cambio di mira: **steering g.**, dispositivo di sterzo; **differential g.**, (ingranaggio) differenziale; **spiral g.**, ingranaggio elicoidale; **Most motor-cars have five gears: first, second, third, fourth and reverse**, la maggior parte delle automobili ha cinque marce: prima, seconda, terza, quarta e retromarcia; **g. in neutral**, cambio in folle; **change g.**, cambio di velocità **2** (*fam.*) abiti; corredo **3** arnesi; attrezzi; equipaggiamento: **hunting g.**, equipaggiamento per la caccia **4** arredi; masserizie; roba (*per la casa*) **5** bardatura (*di cavallo da tiro*) **6** (*naut.*) manovre, attrezzatura (*d'una nave*) **7** (*pop.*) classe; stile; eleganza; (il) saperci fare (*pop.*). ● **g.-box**, (*autom.*) scatola (del) cambio di velocità; (*mecc., anche* **g.-case**) scatola degli ingranaggi □ (*di bicicletta*) **g.-case**, copricatena □ (*autom., mecc.*) **g. change**, cambio di velocità □ (*mecc.*) **g. cutter**, dentatrice; fresa a modulo □ (*mecc.*) **g. drive**, trasmissione a ingranaggi □ (*autom.*) **g. lever**, leva del cambio □ (*autom.*) **g. ratio**, rapporto di riduzione (*delle marce*) □ (*mecc.*) **g. shaft**, (*mecc.*) albero portaingranaggi; (*autom.*) albero del cambio di velocità □ (*autom. USA*) **g. shift**, dispositivo di selezione delle marce; cambio di velocità □ (*mecc.*) **g. teeth**, dentatura □ (*mecc.*) **g. wheel**, ruota dentata □ (*autom.*) **bottom g.**, prima velocità; prima □ (*autom.*) **to change to high g.**, mettere la quarta (*o comunque la marcia più alta*) □ (*naut.*) **depth g.**, regolatore di profondità (*di siluro*) □ (*autom.*) **direct g.**, presa diretta □ (*naut.*) **diving g.**, scafandro (di palombaro) □ (*autom.*) **to go into g.**, ingranare; entrare (*fam.*): **This car won't go into top (gear)**, questa macchina ha la quarta (*o* la quinta) che non ingrana (*che non entra*) □ **head-g.**, copricapo □ (*autom.*) **high g.**, quarta (*o* quinta) velocità; presa diretta; (*fam.*) grande velocità □ **to be in g.**, (*autom.*) avere la marcia ingranata; (*fig.*) essere in ordine, funzionare □ (*aeron.*) **landing g.**, carrello d'atterraggio □ (*autom.*) **low g.**, prima (*o* seconda) velocità; (*fam.*) velocità assai ridotta: «**Trucks use low g.**», (*cartello stradale*) «autocarri in seconda (*o* a passo d'uomo)» □ **to be out of g.**, (*autom.*) essere in folle; (*fig.*) non essere in ordine, non funzionare □ (*autom.*) **to put into g.**, ingranare la marcia □ (*autom.*) **reverse g.**, retromarcia: **to change into reverse g.**, mettere la retromarcia □ (*mecc.*) **ring bevel g.**, corona (dentata) conica □ (*mecc., autom.*) **to shift gears**, cambiare (velocità) □ (*autom.*) **to slip out of g.**, disinnestarsi □ (*naut.*) **steering g.**, meccanismo di governo; agghiaccio (*del timone*) □ (*autom.*) **synchromesh g.**, cambio sincronizzato □ (*autom.*) **top g.**, marcia più alta; presa diretta.
to gear [giə*], *A v. t.* **1** (*mecc.*) provvedere (*una macchina, ecc.*) d'ingranaggi; mettere il cambio di velocità a (*una bicicletta, ecc.*) **2** (*mecc.*) innestare (*un congegno*); ingranare (*una marcia*) **3** (*spesso* **to g. up**) bardare (*una bestia da tiro*) **4** (*fig.*) adeguare; adattare; modificare: **to g. production to demand**, modificare la produzione secondo le esigenze della domanda. *B v. i.* **1** (*mecc.: di congegno, ecc.*) ingranare; ingranare bene **2** (*fig.*) adattarsi; adeguarsi. ● **to g. down**, (*mecc.*) demoltiplicare con ingranaggi; (*fig.*) ridurre, decelerare (*l'attività, la produzione, ecc.*); rallentare □ **to g. up**, (*mecc.*) provvedere d'ingranaggi, moltiplicare con ingranaggi; (*fig.*) aumentare, accelerare (*l'attività, la produzione, ecc.*).
geared ['giəd], *a.* (*mecc.*) ingranato; innestato. ● (*di persona*) **g. up**, agitato; eccitato; teso (*fig.*) □ (*fig.*) **to be g. up for**, essere in grado (*o* essere pronto) a far fronte a (*un bisogno, un'emergenza, un pericolo*).
gearing ['giəriŋ], *n.* **(**mecc.*) rotismo; sistema d'ingranaggi. ● **g.-down**, (*mecc.*) demoltiplicazione con ingranaggi; (*fig.*) riduzione, rallentamento (*dell'attività, della produzione, ecc.*) □ **g.-up**, (*mecc.*) moltiplicazione con ingranaggi; (*fig.*) aumento, accelerazione (*dell'attività, della produzione*); preparazione, il mettersi in grado di far fronte a (*un bisogno, un pericolo, ecc.*).
gearless ['giəlis], *a.* (*mecc.*) senza ingranaggi. ● (*autom.*) **g. traction**, trazione diretta.
gearshift ['giəʃift], *n.* (*mecc., autom. USA*) cambio di velocità. ● (*autom.*) **steering-column g.**, (leva del) cambio sul volante.
gecko ['gekou], *n.* (*pl.* **geckos, geckoes**) (*zool.*) geco.
gee (1) [dʒiː], **gee-gee** ['dʒiːdʒiː], *n.* (*fam.*) cavallino, cavalluccio (*parola del linguaggio infantile*).
gee (2) ['dʒiː], **gee-ho** ['dʒiːou], **gee-up** ['dʒiːʌp], *inter.* (*per incitare cavalli*) arrì!; ih!; hop!
gee (3) [dʒiː], *inter.* (*pop. USA, abbr. di Jesus*) (*anche* **gee whiz**) **1** gesummaria!; gesummio! **2** certamente!; sicuro!; eccome!; perbacco!; perdiana!
gee (4), ge [dʒiː], *n.* gi; lettera g.
geese [giːs], *pl.* di **goose**.
geezer ['giːzə*], *n.* (*pop.*) tipo strano, bislacco, eccentrico.
Gehenna [giˈhenə], *n.* (*Bibbia*) Geenna; inferno (*fig.*); luogo di tormenti.
Geiger counter ['gaigəˈkauntə*], *n.* (*fis. nucl.*) contatore Geiger.
geisha ['geiʃə], *n.* (*pl.* **geisha, geishas**) geisha (*danzatrice giapponese*).
gel [dʒel], *n.* (*chim., fis.*) gel; coagulato gelatinoso. ● **gel paint**, pittura gelificata □ (*chim., fis.*) **gel point**, punto di gel.
to gel [dʒel], *v. i.* **1** gelificare; gelificarsi **2** (*fig.*) assumere una forma precisa; prendere forma.
gelatin(e) [ˌdʒeləˈtiː(ː)n], *n.* gelatina (animale): (*mil.*) **blasting g.**, gelatina esplosiva; **vegetable g.**, gelatina vegetale. ● (*mil.*) **g. dynamite**, gelignite □ (*fotogr.*) **g. paper**, carta rivestita d'uno strato di gelatina □ **g. solution**, soluzione gelatinosa.
gelatinization [ˌdʒilætinaiˈzeiʃən], *n.* (*chim., fis.*) gelatinizzazione.
to gelatinize [dʒiˈlætinaiz], *A v. t.* **1** gelatinizzare **2** (*fotogr.*) coprire con uno strato di gelatina. *B v. i.* gelatinizzarsi.
gelatinoid [dʒiˈlætinɔid], *a. e n.* (*sostanza*) simile alla gelatina.
gelatinous [dʒiˈlætinəs], *a.* gelatinoso.
gelation [dʒiˈleiʃən], *n.* (*fis., chim.*) **1** gelificazione **2** congelamento.
to geld [geld], *v. t.* **1** (*zootecnia*) castrare **2** (*fig.*) castrare; rendere meno vitale.
gelder ['geldə*], *n.* castratore.
gelding ['geldiŋ], *n.* (*zootecnia*) **1** castrone; cavallo castrato **2** castratura; castrazione.
gelid ['dʒelid], *a.* gelido; gelato; freddissimo.
gelidity [dʒeˈliditi], *n.* gelidezza; (*raro*) l'essere gelido.

gelignite ['dʒelignait], n. (mil.) gelignite; gelatina esplosiva.
gelling ['dʒeliŋ], n. (chim., fis.) gelificazione.
gem [dʒem], n. gemma (anche fig.); pietra preziosa; gioiello: **This picture is the gem of the collection**, questo quadro è la gemma della collezione.
to gem [dʒem], v. t. ingemmare; ornare con gemme.
geminate ['dʒeminit], **A** a. (scient.) geminato; appaiato. **B** n. (linguistica) geminata; consonante (o vocale) geminata.
to geminate ['dʒemineit], **A** v. t. geminare; appaiare; render doppio; raddoppiare; duplicare. **B** v. i. diventare geminato.
gemination [,dʒemi'neiʃən], n. **1** (anche linguistica) geminazione; geminatura **2** raddoppiamento; duplicazione.
Gemini ['dʒemini], **A** n. pl. (col verbo al sing.) **1** (astron., astrologia) Gemelli (costellazione e III segno dello Zodiaco) **2** (astrologia) (un) gemelli; individuo nato sotto il segno dei Gemelli. **B** a. (astrologia) dei Gemelli.
Geminian [dʒe'miniən], (astrologia) **A** n. persona nata sotto il segno dei Gemelli. **B** a. dei Gemelli.
gemma ['dʒemə], n. (pl. **gemmae**) (bot.) gemma.
gemmaceous [dʒe'meiʃəs], a. gemmario; delle gemme preziose.
gemmate ['dʒemit], a. **1** (biol.) gemmato; che si riproduce per gemmazione **2** (bot., zool.) che ha gemme.
to gemmate ['dʒemeit], v. i. (biol.) gemmare; riprodursi per gemmazione.
gemmation [dʒe'meiʃən], n. (biol.) gemmazione.
gemmative ['dʒemətiv], a. (biol.) pertinente alla gemmazione.
gemmiferous [dʒe'mifərəs], a. (biol., bot.) gemmifero.
gemmiparous [dʒe'mipərəs], a. (biol.) gemmiparo.
gemmologist [dʒe'mɔlədʒist], n. (scient.) gemmologo.
gemmology [dʒe'mɔlədʒi], n. (scient.) gemmologia.
gemmule ['dʒemjul], n. (biol.) gemmula.
gemmy ['dʒemi], a. **1** ingemmato **2** simile a gemma.
gemology [dʒe'mɔlədʒi], V. **gemmology**.
gemsbok ['gemzbɔk], n. (pl. **gemsbok, gemsboks**) (zool., Oryx gazella) antilope camoscio.
gen [dʒen], n. (abbr. pop. di **general information**) informazioni.
to gen [dʒen], (pop., di solito **to gen up**) **A** v. t. informare; istruire; dare istruzioni a (q.). **B** v. i. informarsi; assumere informazioni; mettersi al corrente.
gendarme ['ʒã:ndɑ:m] (franc.), n. **1** gendarme; poliziotto **2** (alpinismo) torrione.
gendarmerie [ʒɑ̃:n'dɑ:(:)məri] (franc.), n. gendarmeria.
gender ['dʒendə*], n. **1** (gramm.) genere: **neuter g.**, genere neutro **2** (fam., scherz.) sesso. ● (psic.) **g. identity**, identità sessuale.
to gender ['dʒendə*], **A** v. t. (poet.) generare. **B** v. i. (raro) accoppiarsi.
genderless ['dʒendəlis], a. (gramm.) di genere comune.
gene [dʒi:n], n. (biol.) gene. ● **g. frequency**, frequenza genica.
genealogical [,dʒi:njə'lɔdʒikəl], a. genealogico: **g. tree**, albero genealogico.
genealogist [,dʒi:ni'ælədʒist], n. genealogista.
to genealogize [,dʒi:ni'ælədʒaiz], **A** v. t. fare la genealogia di (q.). **B** v. i. fare ricerche genealogiche.
genealogy [,dʒi:ni'ælədʒi], n. genealogia.
genera ['dʒenərə], pl. di **genus**.
generable ['dʒenərəbl], a. generabile.
general (1) ['dʒenərəl], a. **1** generale; comune; pubblico; collettivo; universale: **a g. strike**, uno sciopero generale; **a phrase that is in g. use**, una locuzione d'uso comune; **to work for the g. welfare**, lavorare per il bene pubblico, per il benessere collettivo; **a g. notion**, un concetto universale **2** generico; indeterminato; vago: **He spoke in g. terms**, parlò in termini generici; **a g. resemblance**, una vaga somiglianza. ● **g. acceptance**, accettazione incondizionata (d'una cambiale) □ (med.) **g. anaesthesia**, anestesia totale □ (ass., naut.) **g. average**, avaria generale (o totale) □ (naut.) **g. bill of lading**, polizza di carico collettiva □ **g. business**, varie ed eventuali (in un ordine del giorno) □ **g. cargo**, carico misto (o a collettame) □ (relig.) **G. Council**, Concilio ecumenico □ **g. dealer**, commerciante (o negoziante) in generi vari □ **a g. degree**, una laurea in più discipline □ (USA) **g. delivery**, fermo posta □ **g. education**, istruzione di carattere generale (non specializzata) □ **g. election**, elezioni generali (o politiche) □ (comm.) **g. endorsement**, girata in bianco □ **g. headquarters**, quartier generale □ **a g. hospital**, un policlinico □ **g. knowledge**, cultura enciclopedica □ (fin.) **g. management**, direzione generale □ **g. manager**, direttore generale □ (fin.) **g. partner**, socio accomandatario □ (fin.) **g. partnership**, società in nome collettivo □ **G. Post Office**, posta centrale; direzione generale delle Poste □ (fin.) **g. practice**, medicina generica □ (med.) **g. practitioner**, medico generico □ **the g. public**, il grande pubblico □ **g.-purpose**, pluriuso □ **a g. reader**, un lettore di letteratura varia; chi legge ogni sorta di libri □ **g. servant**, domestico (o domestica) tuttofare □ (mil.) **g. staff**, stato maggiore □ **a g. store**, un negozio di generi vari □ **as a g. rule**, in genere; di regola; generalmente □ **in g.**, in genere; generalmente; di solito □ **in a g. way**, ordinariamente; di solito □ **inspector-g.**, ispettore generale □ **people in g.**, la maggior parte della gente; i più □ **Postmaster G.**, Ministro delle Poste.
general (2) ['dʒenərəl], n. **1** generale: **lieutenant g.**, tenente generale; **brigadier g.**, generale di brigata; **the g. of the Dominicans**, il generale dei domenicani **2** – (fig.) **the g.**, il generale (contrario di: il particolare) **3** – (arc.) **the g.**, la generalità; il volgo; il popolo **4** (pl., raro) generalità; principi (o nozioni) generali **5** (fam.) domestico (o domestica) tuttofare.
generalissimo [,dʒenərə'lisimou], n. (pl. **generalissimos**) (mil.) generalissimo.
generality [,dʒenə'ræliti], n. **1** generalità; idea generale; maggioranza; maggior parte; moltitudine: **the g. of students**, la maggior parte degli studenti **2** (pl.) generalità; concetti generici. ● **to speak in generalities**, stare (o restare, tenersi) sulle generali.
generalization [,dʒenərəlai'zeiʃən], n. generalizzazione.
to generalize ['dʒenərəlaiz], **A** v. t. generalizzare; rendere generale; esprimere in termini generali **2** generalizzare, rendere generale l'applicazione d'una legge. **B** v. i. **1** generalizzare; parlare in generale **2** stare sulle generali; fare discorsi generici.
generally ['dʒenərəli], avv. **1** generalmente; in genere, in generale; comunemente; di solito: **What time do you g. get up?**, a che ora ti alzi di solito? **2** generalmente; universalmente: **He was g. blamed**, fu generalmente biasimato **3** genericamente; in modo generico.
generalship ['dʒenərəlʃip], n. **1** generalato; grado di generale **2** abilità militare; strategia; tattica **3** diplomazia; tatto.
to generate ['dʒenəreit], v. t. **1** generare; procreare **2** generare; cagionare; causare; produrre: **to g. a misunderstanding**, generare un equivoco **3** (chim., elettr., linguistica) generare: **to g. sentences**, generare frasi. ● (elettr.) **generating plant** (o **generating station**), centrale elettrica □ (elettr.) **generating set**, gruppo elettrogeno.
generation [,dʒenə'reiʃən], n. generazione; produzione; sviluppo: **equivocal** (o **spontaneous**) **g.**, generazione spontanea; **We have known them for three generations**, li conosciamo da tre generazioni; **the g. of steam**, la produzione di vapore; **the g. of gas**, lo sviluppo di gas. ● **the g. gap**, il gap generazionale.
generational [,dʒenə'reiʃənəl], a. generazionale.
generative ['dʒenərətiv], a. **1** generativo; generatore; che produce (q.c.) **2** (linguistica) generativo: **g.-transformational grammar**, grammatica generativo-trasformazionale.
generativist ['dʒenərətivist], n. (linguistica) generativista.
generator ['dʒenəreitə*], n. **1** generatore **2** (chim.) generatore **3** (elettr.) generatore; generatrice (raro); (a corrente continua) dinamo **4** (autom.) dinamo **5** (mat.) generatore. ● (mecc.) **steam g.**, generatore di vapore.
generatrix ['dʒenəreitriks], n. (pl. **generatrices**) (geom.) generatrice.
generic [dʒi'nerik], a. (anche biol.) generico.
generically [dʒi'nerikəli], avv. genericamente.
generosity [,dʒenə'rɔsiti], n. **1** generosità; liberalità; magnanimità; munificenza **2** atto generoso, nobile.
generous ['dʒenərəs], a. **1** generoso; liberale; magnanimo; munifico: **a g. nature**, un carattere generoso **2** abbondante; ricco: **a g. portion of food**, un'abbondante porzione di cibo; **a g. harvest**, un raccolto abbondante **3** (di vino) generoso; forte **4** (di terreno) fertile.
genesis ['dʒenisis], n. (pl. **geneses**) genesi; origine. ● (relig.) **the (Book of) G.**, la Genesi.
genet ['dʒenit], n. **1** (zool., Genetta) genetta **2** pelliccia di genetta.
genetic [dʒi'netik], a. genetico: (biol.) **g. code**, codice genetico; **g. engineering**, ingegneria genetica. ● **g. map**, mappa cromosomica.
genetically [dʒi'netikəli], avv. geneticamente.
geneticist [dʒi'netisist], n. genetista.
genetics [dʒi'netiks], n. pl. (col verbo al sing.) genetica.
genette [dʒə'net], V. **genet**.
geneva [dʒi'ni:və], n. gin; gineprella (acquavite con ginepro).
Geneva [dʒi'ni:və], n. (geogr.) Ginevra: **Lake of G.**, lago di Ginevra. ● **G. cross**, Croce rossa internazionale □ **G. gown**, tunica nera (dei predicatori calvinisti).
Genevan [dʒi'ni:vən], a. e n. ginevrino.
Genevese [,dʒeni'vi:z], a. n. (invar. al pl.) V. **Genevan**.
Genevieve [,ʒenvi'eiv], n. Genoveffa.
genial (1) ['dʒi:njəl], a. **1** cordiale; affabile; gioviale; piacevole; socievole: **a g. old sailor**, un vecchio gioviale marinaio; **a g. face**, un viso cordiale; **a g. character**, un carattere socievole **2** benefico; benigno; clemente; mite: **g. sunshine**, i benigni raggi del sole; **a g. climate**, un clima mite **3** geniale; di genio: **a g. intuition**, un'intuizione geniale.

genial (2) [dʒiˈnaiəl], *a.* (*anat.*) del mento.
geniality [ˌdʒiːniˈæliti], *n.* **1** cordialità; giocondità; giovialità; piacevolezza; socievolezza **2** benignità; clemenza; mitezza.
genic [ˈdʒenik], *a.* (*biol.*) genico; del gene.
geniculate [dʒiˈnikjulit], **geniculated** [dʒiˈnikjuleitid], *a.* (*scient.*) genicolato.
genie [ˈdʒiːni], *n.* (*pl.* **genies, genii**) (*mitol.*) genio; genietto; spiritello.
genii [ˈdʒiːniai], *pl.* di **genius** e di **genie**.
genista [dʒiˈnistə], *n.* (*bot., Genista*) ginestra.
genital [ˈdʒenitl], *a.* (*anat.*) genitale: **g. organs**, organi genitali.
genitalia [ˌdʒeniˈteiljə], **genitals** [ˈdʒenitlz], *n. pl.* (*anat.*) genitali.
genitival [ˌdʒeniˈtaivəl], *a.* (*gramm.*) (del) genitivo.
genitive [ˈdʒenitiv], *a.* e *n.* (*gramm.*) genitivo: **the g. case**, il caso genitivo; **g. absolute**, genitivo assoluto.
genius [ˈdʒiːnjəs], *n.* **1** (*pl.* **geniuses**) genio (*in ogni senso*); ingegno sommo; demone; spirito: **a man of g.**, un uomo di genio; **Beethoven was a musical g.**, Beethoven è stato un genio della musica; **She has been my good (evil) g.**, è stata il mio buon (cattivo) genio **2** (*mitol.: pl.* **genii**) genio; genietto; spirito; demone **3** carattere fondamentale; gusto; inclinazione; indole; propensione; talento; temperamento: **the g. of Elizabethan literature**, il carattere fondamentale della letteratura elisabettiana. ● **g. loci**, nume tutelare; (*fig.*) atmosfera (*o* spirito) di un luogo □ **to have a g. for**, essere tagliato per: **He has a g. for commerce**, è tagliato per il commercio.
genned-up [ˌdʒend ˈʌp], *a.* (*pop.*) bene informato; informatissimo; al corrente: **to be g. about** (*o* **on**) **st.**, essere al corrente di q.c.
Genoa [ˈdʒenouə], *n.* (*geogr.*) Genova. ● **G. cake**, torta ricoperta di mandorle □ (*naut.*) **G. jib**, genoa.
genocide [ˈdʒenousaid], *n.* genocidio.
Genoese [ˌdʒenouˈiːz], *a.* e *n.* (*invar. al pl.*) genovese.
genotype [ˈdʒenoutaip], *n.* (*biol.*) genotipo.
genre [ʒɑ̃ːŋr] (*franc.*), *n.* **1** genere; genere letterario; maniera; stile **2** (*anche* **g.-painting**) pittura di genere.
gent [dʒent], *n.* (*pop., abbr. di* **gentleman**) gentiluomo; signore. ● (*fam.*) «**gents**», (gabinetto per) «signori» (*in un albergo e sim.*).
genteel [dʒenˈtiːl], *a.* (*arc.*) distinto; elegante; garbato **2** (*iron.*) che ostenta modi raffinati; manieroso; snob **3** di nobili natali; nobile.
genteelism [dʒenˈtiːlizəm], *n.* eufemismo manierato e un po' ridicolo.
gentian [ˈdʒenʃiən], *n.* (*bot.*) **1** (*Gentiana*) genziana **2** (*anche* **g.-root**) radice di genziana. ● (*farm.*) **g.-bitter**, amaro ricavato dalle radici della genziana.
gentile [ˈdʒentail], *a.* e *n.* **1** gentile (*lett.*); (individuo) non cristiano; non cristiano; pagano **2** (*gramm.*) (nome) di nazionalità.
gentiledom [ˈdʒentaildəm], *n.* l'insieme dei non israeliti (*o* dei non cristiani); paganità; gentilità (*lett., raro*).
gentilitial [ˌdʒentiˈliʃəl], *a.* gentilizio: **g. name**, nome gentilizio.
gentility [dʒenˈtiliti], *n.* **1** nascita elevata; nobiltà d'origini; distinzione **2** (*di solito, iron.*) gentilezza; raffinatezza; modi raffinati: **shabby g.**, raffinatezza pretenziosa (*di chi è povero*) **3** affettazione.
gentle (1) [ˈdʒentl], *a.* **1** cortese; gentile; garbato: **g. manners**, modi garbati **2** delicato; grazioso; fine; lieve; mite; moderato; tenero: **a g. touch**, un tocco delicato; **a g. wind**, un lieve vento; **un venticello; a g. slope**, un lieve pendio; **a g. rebuke**, un mite rimbrotto; **g. eyes**, occhi teneri **3** (*arc.*) nato da famiglia elevata; eletto; nobile; gentilizio: **a person of g. blood**, una persona di sangue nobile; **a g. knight**, un nobile cavaliere. ● **g. breeze**, brezza tesa □ **the g. craft**, la pesca con la lenza □ **the g. sex**, il gentil sesso.
gentle (2) [ˈdʒentl], *n.* baco, verme, larva (*usati come esca*).
to gentle [ˈdʒentl], *v. t.* domare; trattare con dolce fermezza (*un cavallo*).
gentlefolk(s) [ˈdʒentlfouk(s)], *n.* gente di qualità; nobili.
gentlehood [ˈdʒentlhud], *n.* nobiltà; l'esser di nascita elevata.
gentleman [ˈdʒentlmən], *n.* (*pl.* **gentlemen**) **1** gentiluomo; signore: **He is a true g.**, è un vero gentiluomo; **Who's the g. down there?**, chi è quel signore laggiù? **2** (*un tempo*) uomo che vive di rendita **3** (*stor., anche* **g. in waiting**) gentiluomo di corte, del seguito (*d'un sovrano*) **4** (*stor.*) uomo libero, che aveva il diritto di portare le armi (*non nobile*). ● **a g.'s** (*o* **gentlemen's**) **agreement**, un accordo leale (*sulla parola*); un accordo tra gentiluomini □ **g.-at-arms**, gentiluomo della guardia del corpo del re (*o* della regina) □ (*stor.*) **g. commoner**, studente di Oxford (*o* di Cambridge) che godeva di speciali privilegi □ **g. farmer**, gentiluomo di campagna □ (*USA*) **the g. from...**, l'illustre collega, deputato per il collegio di... (*formula usata alla Camera dei Rappresentanti*) □ **a g.'s g.**, un valletto □ **g. of fortune**, avventuriero □ **g. usher**, usciere di un personaggio illustre □ **Ladies and Gentlemen!**, Signore e Signori! □ **my g.**, il «no-

stro» uomo; l'uomo di cui stavo parlando □ (*scherz.*) **the old g.**, il diavolo.
gentlemanlike [ˈdʒentlmənlaik], *a.* da gentiluomo; signorile; distinto; raffinato.
gentlemanliness [ˈdʒentlmənlinis], *n.* signorilità; distinzione; raffinatezza.
gentlemanly [ˈdʒentlmənli], *V.* **gentlemanlike**.
gentleness [ˈdʒentlnis], *n.* **1** dolcezza (*di modi, ecc.*); cortesia; gentilezza; garbo **2** delicatezza; lievità; mitezza; tenerezza.
gentlewoman [ˈdʒentlˌwumən], *n.* (*pl.* **gentlewomen**) **1** gentildonna **2** signora (*ora più comune* **lady**) **3** (*stor.*) gentildonna del seguito (*della regina, ecc.*).
gently [ˈdʒentli], *avv.* **1** dolcemente; delicatamente; lievemente; teneramente: **Treat the boy g.**, tratta benevolmente il ragazzo!; **Put it down g.**, posalo con delicatezza; **He rebuked me g.**, mi rimproverò ma con delicatezza; **The hill sloped g.**, il colle digradava lievemente **2** adagio; a bassa voce. ● **g. born**, di nobile lignaggio □ **g. bred**, allevato da gentiluomo.
gentry [ˈdʒentri], *n.* **1** nobiltà minore; piccola nobiltà **2** persone di buona famiglia **3** (*iron., spreg.*) gente; individui: **these g.**, questa gente. ● **the landed g.**, la nobiltà terriera □ **the newspaper g.**, i giornalisti.
genual [ˈdʒenjuəl], *a.* (*anat.*) del ginocchio.
to genuflect [ˈdʒenjuːflekt], *v. i.* genuflettersi; inginocchiarsi.
genuflection, genuflexion [ˌdʒenjuːˈflekʃən], *n.* (*relig.*) genuflessione.
genuine [ˈdʒenjuin], *a.* genuino; naturale; autentico; schietto; sincero: **a g. vintage wine**, un vino genuino, di buona annata; **a g. signature**, una firma autentica.
genuineness [ˈdʒenjuinnis], *n.* genuinità; autenticità; schiettezza.
genus [ˈdʒiːnəs], *n.* (*pl.* **genera**) genere (*specialm. in biol., filos. e mat.*): **the g. Homo**, il genere umano.
geoanticline [ˌdʒiːouˈæntiklain], *V.* **geanticline**.
geocentric(al) [ˌdʒiːouˈsentrik(əl)], *a.* (*astron.*) geocentrico.
geochemical [ˌdʒiːouˈkemikəl], *a.* (*geol.*) geochimico.
geochemistry [ˌdʒiːouˈkemistri], *n.* (*geol.*) geochimica.
geode [ˈdʒiːoud], *n.* (*geol.*) geode.
geodesic [ˌdʒiːouˈdesik], **A** *a.* (*tecn., scient.*) geodetico. **B** *n.* (*mat.*) (curva) geodetica. ● (*mat.*) **g. line**, linea geodetica □ (*arch.*) **g. dome**, cupola geodetica.
geodesist [dʒiːˈɔdisist], *n.* (*scient.*) geodeta.
geodesy [dʒiːˈɔdisi], *n.* (*geofisica*) geodesia.
geodetic(al) [ˌdʒiːouˈdetik(əl)], *a.* (*scient.*) geodetico.
Geoffrey [ˈdʒefri], *n.* Goffredo.
geognosy [dʒiːˈɔgnəsi], *n.* (*geol.*) geognosia.
geogony [dʒiːˈɔgəni], *n.* (*scient.*) geogonia.
geographer [dʒiːˈɔgrəfə*], *n.* geografo.
geographic(al) [ˌdʒiːəˈgræfik(əl)], *a.* geografico.
geography [dʒiːˈɔgrəfi], *n.* **1** geografia: **physical g.**, geografia fisica **2** struttura geografica; configurazione **3** trattato di geografia.
geoid [ˈdʒiːɔid], *n.* (*scient.*) geoide.
geologic(al) [ˌdʒiːəˈlɔdʒik(əl)], *a.* geologico.
geologist [dʒiːˈɔlədʒist], *n.* geologo.
to geologize [dʒiːˈɔlədʒaiz], **A** *v. i.* studiare geologia (*o* la geologia d'un luogo). **B** *v. t.* (*raro*) studiare (*un luogo*) dal punto di vista geologico.
geology [dʒiːˈɔlədʒi], *n.* geologia.
geomagnetic [ˌdʒiːoumægˈnetik], *a.* (*geofisica*) geomagnetico.
geomagnetism [ˌdʒiːouˈmægnəˌtizəm], *n.* (*geofisica*) geomagnetismo.
geomancer [ˈdʒiːouˌmænsə*], *n.* geomante.
geomancy [ˈdʒiːouˌmænsi], *n.* geomanzia.
geometer [dʒiːˈɔmitə*], *n.* **1** geometra (*raro*); esperto di geometria **2** (*zool.*) geometride (*farfalla notturna*).
geometric(al) [ˌdʒiːəˈmetrik(əl)], *a.* geometrico: **g. designs**, disegni geometrici; **g. progression**, progressione geometrica.
geometrician [ˌdʒiːoumeˈtriʃən], *V.* **geometer**.
to geometrize [dʒiːˈɔmətraiz], **A** *v. i.* **1** studiare geometria **2** fare calcoli geometrici. **B** *v. t.* dare forma geometrica a.
geometry [dʒiːˈɔmitri], *n.* **1** geometria: **plane g.**, geometria piana **2** (*autom., mecc.*) assetto: **front wheel g.**, assetto delle ruote anteriori.
geophagist [dʒiːˈɔfədʒist], *n.* (*med.*) geofago.
geophagous [dʒiːˈɔfəgəs], *a.* (*zool.*) geofago.
geophagy [dʒiːˈɔfədʒi], *n.* (*med.*) geofagia.
geophysical [ˌdʒiːouˈfizikəl], *a.* geofisico.
geophysicist [ˌdʒiːouˈfizisist], *n.* studioso di geofisica; geofisico.
geophysics [ˌdʒiːouˈfiziks], *n. pl.* (*col verbo al sing.*) geofisica.
geopolitical [ˌdʒiːoupəˈlitikəl], *a.* geopolitico.
geopolitics [ˌdʒiːouˈpɔlitiks], *n. pl.* (*col verbo al sing.*) geopolitica.
geoprobe [ˈdʒiːouproub], *n.* (*miss.*) geosonda.

George [dʒɔ:dʒ], *n.* **1** Giorgio **2** gioiello con l'immagine di San Giorgio (*parte dell'insegna dell'ordine della Giarrettiera*) **3** (*gergo aeron.*) pilota automatico. ● **G. Medal**, medaglia di San Giorgio (*decorazione al valore*) □ **Brown G.**, recipiente di terracotta scura □ **by G.!**, perbacco! □ **St. G.**, San Giorgio (*patrono dell'Inghilterra*) □ **St. G.'s cross**, la croce di San Giorgio □ **St. G.'s day**, il 23 aprile.
georgette [dʒɔ:'dʒet], *n.* (*ind. tessile*) georgette.
Georgian (1) ['dʒɔ:dʒjən], *a.* (*stor.*) georgiano (*dell'epoca dei re d'Inghilterra Giorgio I, II, III, IV o dei re Giorgio V e VI*).
Georgian (2) ['dʒɔ:dʒjən], *a. e n.* (*geogr.*) georgiano; (abitante) della Georgia.
georgic ['dʒɔ:dʒik], **A** *a.* georgico. **B** *n.* (poesia) georgica. ● **the first** (**second**, *etc.*) **G.**, il primo (secondo, ecc.) libro delle Georgiche.
geosphere ['dʒi:ousfiə*], *n.* (*geol.*) geosfera.
geostationary [,dʒi:ou'steiʃnəri], *a.* (*miss.*) geostazionario: **g. orbit**, orbita geostazionaria.
geosynchronous [,dʒi:ou'siŋkrənəs], *a.* (*miss.*) geosincrono.
geosynclinal [,dʒi:ou'siŋklinəl], *a.* (*geol.*) geosinclinale; geosinclinalico.
geosyncline [,dʒi:ou'sinklain], *n.* (*geol.*) geosinclinale.
geothermal [,dʒi:ou'θə:məl], *a.* (*geol., ind.*) geotermico: **g. power**, energia geotermica.
geotropic [,dʒi:ou'trɔpik], *a.* (*bot.*) geotropico.
geotropism [dʒi'ɔtrəpizəm], *n.* (*bot.*) geotropismo.
Gerald ['dʒerəld], *n.* Geraldo.
Geraldine ['dʒerəldi:n], *n.* Geraldina.
geranium [dʒi'reinjəm], *n.* (*bot., Geranium*) geranio.
Gerard ['dʒera:d], *n.* Gerardo.
gerbil ['dʒə:bil], *n.* (*zool., Gerbillus gerbillus*) gerbillo.
gerfalcon [dʒə:'fɔ:lkən], *n.* (*zool., Hierofalco*) girifalco.
geriatric [,dʒeri'ætrik], *a.* (*med.*) geriatrico: **g. department**, reparto geriatrico.
geriatrician [,dʒeriə'triʃən], *V.* **geriatrist**.
geriatrics [,dʒeri'ætriks], *n. pl.* (*col verbo al sing.*) (*med.*) geriatria.
geriatrist [dʒeri'ətrist], *n.* (*med.*) geriatra.
germ [dʒə:m], *n.* germe (*in ogni senso*); germoglio; embrione: **free from germs**, privo di germi; **the g. of an idea**, il germe di un'idea; **The plant is still in g.**, la pianta è ancora in germe. ● (*med.*) **g.-carrier**, portatore di germi □ (*biol.*) **g.-cell**, cellula germinale □ (*mil.*) **g. warfare**, guerra batteriologica.
to germ [dʒə:m], *v. i.* germinare; germogliare (*fig.*).
german ['dʒə:mən], *a.* germano: **brother-g.**, fratello germano; **sister-g.**, sorella germana.
German ['dʒə:mən], *a. e n.* tedesco (*anche la lingua*). ● (*med.*) **G. measles**, rosolia □ **G. silver**, argentone; alpacca □ **G. shepherd** (**dog**), alsaziano; pastore tedesco (*cane*) □ **G. text**, caratteri gotici □ **High G.**, alto tedesco □ **Low G.**, basso tedesco.
germander [dʒə:'mændə*], *n.* (*bot., Teucrium*) teucrio. ● (*bot.*) **wall g.** (*Teucrium chamaedrys*), erba querciola.
germane [dʒə:'mein], **A** *a.* appropriato; concernente; pertinente; rilevante. **B** *n.* (*chim.*) germano.
Germanic [dʒə:'mænik], *a. e n.* germanico: **the G. Empire**, l'impero germanico; **West G.**, il germanico occidentale.
Germanism ['dʒə:mənizəm], *n.* germanismo; germanesimo.
Germanist ['dʒə:mənist], *n.* germanista.
Germanistics [,dʒə:mə'nistiks], *n. pl.* (*col verbo al sing.*) germanistica.
Germanity [dʒə(:)'mæniti], *n.* l'esser tedesco; qualità di germanico.
germanium [dʒə(:)'meinjəm], *n.* (*chim.*) germanio.
Germanization [,dʒə:mənai'zeiʃən], *n.* germanizzazione.
to germanize [,dʒə:mənaiz], **A** *v. t.* **1** germanizzare **2** tradurre in tedesco. **B** *v. i.* germanizzarsi.
Germanophile [dʒə(:)'mænoufail], *a. e n.* germanofilo.
Germanophilist [dʒə(:)mə'nɔfilist], *n.* germanofilo.
Germanophobe [dʒə(:)'mænoufoub], *a. e n.* germanofobo.
Germanophobia [dʒə(:),mænou'foubjə], *n.* germanofobia.
Germany ['dʒə:məni], *n.* (*geogr.*) Germania.
germen ['dʒə:mən], *n.* **1** germe (*soltanto fig.*) **2** (*bot.*) ovario.
germfree ['dʒə:mfri:], *a.* (*biol., med.*) senza germi.
germicidal [,dʒə:mi'saidl], *a.* germicida.
germicide ['dʒə:misaid], *a. e n.* (*chim., med.*) (sostanza) germicida.
germinal ['dʒə:minl], *a.* **1** (*biol.*) germinale **2** (*fig.*) embrionale.
Germinal ['dʒə:minl] (*franc.*), *n.* (*stor.*) Germile, Germinale (settimo mese del calendario rivoluzionario francese).
germinant ['dʒə:minənt], *a.* che germoglia; che germina.
to germinate ['dʒə:mineit], **A** *v. i.* **1** germinare; germogliare **2** (*fig.*) nascere; svilupparsi. **B** *v. t.* **1** far germinare **2** (*fig.*) far germogliare; produrre.
germination [,dʒə:mi'neiʃən], *n.* **1** germoglia-mento **2** (*fig.*) sviluppo; evoluzione.
germinative ['dʒə:minitiv], *a.* germinativo.
gerontocracy [,dʒerɔn'tɔkrəsi], *n.* (*polit.*) gerontocrazia.
gerontologist [,dʒerɔn'tɔlədʒist], *n.* gerontologo.
gerontology [,dʒerɔn'tɔlədʒi], *n.* gerontologia.
gerovital [,dʒerou'vaitəl], *n.* (*marchio: farm.*) gerovital.
to gerrymander ['dʒerimændə*], *v. t.* **1** dividere (*un territorio*) in collegi (*o* distretti elettorali) in modo da avvantaggiare un partito **2** manipolare (*un collegio elettorale, ecc.*).
gerrymander ['dʒerimændə*], *n.* **1** manipolazione di collegi elettorali **2** (*per estens.*) broglio.
gerrymanderer ['dʒerimændərə*], *n.* manipolatore di collegi elettorali.
Gertrude ['gə:tru:d], *n.* Geltrude.
gerund ['dʒerənd], *n.* (*gramm.*) gerundio. ● (*scherz.*) **g.-grinder**, «macina-gerundi»; professore di latino; insegnante pedante.
gerundial [dʒi'rʌndjəl], *a.* (*gramm.*) del (*o* usato come) gerundio.
gerundival [,dʒerən'daivl], *a.* (*gramm.*) gerundivo.
gerundive [dʒi'rʌndiv], *n.* (*gramm.*) gerundivo.
gesso ['dʒesou], *n.* (*pl.* **gessoes**) (*arte*) **1** gesso per calchi (*o* da stucchi) **2** calco in gesso.
gestapo [ge'sta:pou] (*ted.*), *n.* (*pl.* **gestapos**) (*stor.*) gestapo.
gestation [dʒes'teiʃən], *n.* gestazione (*anche fig.*); gravidanza.
gestatorial [,dʒestə'tɔ:riəl], *a.* gestatorio: **g. chair**, sedia gestatoria.
to gesticulate [dʒes'tikjuleit], **A** *v. i.* gesticolare; parlare a gesti. **B** *v. t.* dire gesticolando; esprimere a gesti.
gesticulation [dʒes,tikju'leiʃən], *n.* **1** gesticolazione; gesticolamento **2** gesto.
gesticulator [dʒes'tikjuleitə*], *n.* gesticolatore.
gesticulatory [dʒes'tikjulətəri], *a.* **1** di (*o* simile a) gesto **2** che gesticola.
gestural ['dʒestʃərəl], *a.* gestuale: **g. communication**, comunicazione gestuale; **g. art**, arte gestuale.
gesture ['dʒestʃə*], *n.* **1** gesto; atto: **a g. of despair**, un gesto di disperazione; **a g. of sympathy**, un gesto di simpatia; **a g. of friendship**, un atto d'amicizia **2** il gestire; la mimica. ● **g. language**, il linguaggio dei gesti.
to gesture ['dʒestʃə*], *v. i.* gestire; gesticolare.
to get [get] (*pass.* **got**, *p. p.* **got**, e – *arc.* e *USA* – **gotten**), **A** *v. t.* **1** ottenere; procurarsi; acquistare; comprare; prendere; andare a prendere; pigliare; guadagnare; ricevere; buscare; buscarsi; colpire: **to get a job**, ottenere un impiego; **Where did you get the money?**, dove ti sei procurato il denaro?; **I must get a new umbrella**, devo acquistare un ombrello nuovo; **Go and get the tickets**, va' a comprare i biglietti; **I'll get my suitcase**, andrò a prendere la mia valigia; **I didn't get much for my old car**, non ho preso molto della macchina vecchia; **I got a punch in the face**, mi presi un pugno in faccia; **The children got the measles**, i bambini presero il morbillo; **Can you get Monte Carlo on your TV set?**, riesci a prendere Montecarlo col tuo televisore?; **I've got a bad cold**, mi sono buscato un brutto raffreddore; **Did you get my letter?**, ricevesti la mia lettera?; **He got a good scolding**, si prese una bella sgridata; **I got the lion at the first shot**, presi (*o* colpii) il leone al primo sparo; **You've got little by it**, ci hai guadagnato ben poco **2** (*fam.*) afferrare; capire; comprendere; sentire; udire: **I don't get your meaning**, non afferro il significato delle tue parole; **Do you get me?**, mi capisci? **3** far pervenire; inviare; mandare; portare: **Get this manuscript to the printer**, porta (*o* fa' pervenire) questo manoscritto al tipografo; **I got her to the station and put her on the train**, la portai in stazione e la misi sul treno; **We must get him home**, bisogna portarlo a casa **4** (*USA*) preparare: **Will you get breakfast for us?**, vuoi prepararci la colazione? **5** (*fam.*) consumare (*un pasto*) mangiare: **Get your dinner at once!**, mangia subito il tuo pranzo! **6** convincere; indurre; persuadere; fare: **I got him to leave**, lo convinsi ad andarsene; **I'll get my father to do it**, lo farò fare a mio padre; **I must get my watch repaired**, devo far riparare il mio orologio **7** (*seguito da una prep. di luogo*) fare (*più inf. di verbo di moto*): **Get that dog out of my room!**, fai uscire quel cane dalla mia stanza!; **We can't get the table into the house**, non riusciamo a far entrare la tavola in casa **8** (*fam.*) prevalere; avere il sopravvento (*o* la meglio) su (*q.*); vincerla su (*q.*): **I am afraid drinking will get him**, temo che il vizio del bere avrà il sopravvento su di lui **9** (*fam.*) confondere; rendere perplesso; superare le capacità di (*q.*): **I am sorry, but this problem gets me**, me ne dispiace, ma questo problema è superiore alle mie forze **10** (*fam.*) colpire; commuovere; eccitare; emozionare; dare ai nervi a (*q.*): **A ride on the roller coaster gets me**, un giro sulle montagne russe mi eccita; **It really gets (to) me whenever he starts complaining**, mi dà proprio ai nervi tutte le volte che comincia a lamentarsi **11** (*fam.*) cogliere in fallo; prendere in castagna (*fam.*): **I've got you there!**, ti ho preso! **12** (*fam.*) notare; osservare: **Did you get the look on his face?**, hai notato

get

che aspetto aveva (*o* che faccia ha fatto?) **13** (*pop.*) ammazzare; far fuori (*pop.*) **14** (*arc.*) generare; procreare **15** (*idiom.*, *in alcune locuz.*; *per es.*:) **to get the children ready for school**, preparare i bambini per mandarli a scuola; **to get one's hands dirty**, sporcarsi le mani; **to get one's head broken**, rompersi la testa. **B** *v. i.* **1** andare; arrivare; giungere; pervenire: **Where has my hat got to?**, dov'è andato (a finire) il mio cappello?; **We got to London at 8.30 a.m.**, arrivammo a Londra alle 8 e 30; **I got to school just in time**, giunsi a scuola appena in tempo **2** diventare; divenire; farsi: **It's getting dark**, si sta facendo buio; **He is getting richer and richer**, sta diventando sempre più ricco; **It's getting late**, si fa tardi **3** riuscire a; fare in modo di: **when you get to know her**, quando riuscirai a conoscerla bene; **if I get to see him**, se riesco a vederlo; se mi riesce di incontrarlo; (*USA*) **At last I've gotten to see the Pope!**, sono finalmente riuscito a vedere il Papa! **4** (*USA*) avere il modo (o l'occasione) di (*fare q.c.*) **5** (*idiom.*, in numerose espressioni indicanti cambiamento o trasformazione, *per es.*:) **to get angry**, adirarsi; **to get cold**, raffreddarsi; **to get drunk**, ubriacarsi; **to get ill** (*o* **sick**), ammalarsi; **to get married**, sposarsi; **to get old**, invecchiare; **to be getting** (*USA*: **getting to be**) **an old man**, stare invecchiando; **to get ready**, prepararsi; **to get rich**, arricchire; **to get tired**, stancarsi; **to get well again**, ristabilirsi; **to get wet**, bagnarsi **6** essere; rimanere; venire (*nella coniugazione passiva*): **Our team got beaten yesterday**, la nostra squadra fu (*o* venne) battuta ieri; **The hare got caught in the net**, la lepre rimase impigliata nella rete **7** (*fam.*) cominciare; iniziare; mettersi a: **Whenever we meet, we get talking about our school days**, ogni volta che c'incontriamo ci mettiamo a parlare di quando eravamo studenti **8** − (*fam.*) **to have got**, avere; possedere; tenere: **Mary has got red hair**, Maria ha i capelli rossi; **He has got a lot of money**, ha (*o* possiede) molto denaro; **What have you got in your hand?**, che cosa hai (*o* tieni) in mano? **9** − (*fam.*) **to have got to**, avere da; dovere; aver bisogno di: **The doctor says I've got to eat less**, il medico dice che devo mangiare meno; **I have got to pass this exam**, bisogna che io superi questo esame. **C** *verbi composti* **1 to get about**, andare in giro, muoversi; spostarsi; viaggiare; fare vita di società; diffondersi, circolare, divulgarsi: **I feel much better now and I'll be soon getting about again**, ora sto molto meglio e presto andrò di nuovo in giro; **I wonder how this idea has got about**, mi chiedo come questa idea si sia potuta diffondere. **2 to get above oneself**, montarsi la testa; inorgoglirsi eccessivamente. **3 to get abroad**, (*di notizie*, ecc.) diffondersi; divulgarsi: **A rumour has got abroad that...**, corre voce che... **4 to get across**, attraversare; passare dall'altra parte; (*fam.*) diventare comprensibile: **to get across the frontier**, attraversare la frontiera □ **to get sb. across**, (riuscire a) far attraversare: **It's too dangerous to try and get the cavalry across the swamps**, è troppo pericoloso cercare di far attraversare le paludi alla cavalleria □ (*fam.*) **to get st. across**, far capire; far apprezzare: **It won't be easy to get this point across to the shareholders**, non sarà facile far capire agli azionisti l'importanza di questo punto. **5 to get ahead**, far progressi; avere successo □ **to get ahead of sb.**, superare q.; sorpassare q. **6 to get along**, andare via, andarsene; farcela, tirare avanti; far progressi; passarsela; andare d'accordo, ingranare (*fig.*, *fam.*): **The firm gets along quite well without him**, la ditta tira avanti benissimo anche senza di lui; **Are you getting along with your English studies?**, fai progressi nei tuoi studi inglesi?; **How are you getting along?**, come te la passi?; come va (la vita)?; **We get along quite well with each other**, andiamo perfettamente d'accordo □ (*fam.*) **Get along with you!**, vattene!; andatevene!; (*anche*) va là!; ma va'!; non ci credo! **7 to get around**, V. **to get about** *o* **to get round**. **8 to get at**, arrivare a prendere; raggiungere; arrivare a, scoprire (*la verità*, ecc.); (*fam.*) corrompere, comprare; (*pop.*) attaccare, colpire; imbrogliare; punzecchiare; intendere, mirare a: **One needs a special spanner to get at the plugs of a Citroën**, ci vuole una chiave speciale per arrivare alle candele di una Citroën; **He's been got at**, s'è lasciato corrompere □ **Who are you getting at?**, chi vuoi colpire (*o* imbrogliare)?; con chi ce l'hai? □ **What are you getting at?**, a che miri?; cosa vuoi insinuare?; a che riesce il tuo gioco? **9 to get away**, andarsene, andare via; fuggire, scappare; sganciarsi (*fig.*, *fam.*): **Let's get away for a holiday**, andiamocene in vacanza!; **The net broke and the fish got away**, la rete si ruppe e i pesci scapparono □ **to get (sb., st.) away**, mandar via; rimuovere, staccare; liberarsi di: **That player is very good at getting the ball away**, quel giocatore è bravissimo a liberarsi della palla □ **to get away with it**, cavarsela; farla franca □ **You can't get away** (*o* **there's no getting away**) **from the fact that he is a big liar**, non puoi negare che egli sia (*o* è innegabile che è) un gran bugiardo. **10 to get back**, tornare indietro, ritornare; ristabilirsi; (*polit.*) tornare al governo (*o* al potere) □ **to get (sb., st.) back**, riottenere, farsi restituire: **I cannot get my money back**, non riesco a farmi restituire il mio denaro □ (*pop.*) **to get back at sb.** (*o* **to get back one's own on sb.**), vendicarsi di q.; rendere la pariglia a q. **11 to get behind**, rimanere indietro (*nel lavoro*, ecc.). **12 to get by**, passare, farcela, tirare avanti; passare inosservato, sfuggire (all'attenzione); essere passabile, sufficiente. **13 to get down**, scendere, discendere (*da un aereo*, *dalla bicicletta*, *dalla moto*, *o da un mezzo pubblico*); smontare (*da cavallo*); (*di bambino*) alzarsi (*da tavola*): **The bus was so crowded that I couldn't get down at the stop**, l'autobus era così affollato che non riuscii a scendere alla fermata; **Please, may I get down?**, posso alzarmi?; (*anche*) permesso! □ **to get (sb., st.) down**, fare scendere, mettere giù, tirare giù; (*naut.*) calare; mandare giù; buttare giù; inghiottire (*una medicina*, ecc.); annotare, scrivere, prendere giù (*fam.*); dare ai nervi a (q.); deprimere, innervosire, tirare giù (*di morale*, ecc.): **Please get the child down**, per favore metti giù il bambino □ **Will you get my case down?**, mi tiri giù la valigia?; **I'll get down everything he says**, prenderò nota di (*fam.*: prenderò giù) tutto quello che dirà; **This incessant rain is getting me down**, questa pioggia incessante mi deprime (*fam.*: mi butta giù) □ (*fam. USA*) **to get down on sb.**, prendersela con q.; prendere q. in antipatia □ (*fam. USA*) **to have got down on sb.**, avercela (su) con q. □ **to get down to**, occuparsi di, cominciare a, mettersi a (*fare q.c.*); occuparsi di, dedicarsi a: **Let's get down to work!**, mettiamoci (di buona lena) al lavoro!; **Stop fooling around: let's get down to business**, smettila di fare scempiaggini e occupiamoci del lavoro (*anche*: e cominciamo a fare sul serio)! □ **to get down to the facts**, venire ai fatti □ **to get down to brass tacks**, venire al sodo (*fig.*). **14 to get in**, entrare; arrivare; (*autom.*) montare (in macchina), salire (*su un autoveicolo*); entrare, essere ammesso (*dopo una prova*); essere presente, partecipare (*fin dall'inizio*, ecc.); (*anche polit.*) essere eletto: **Let's get in**, entriamo!; **What time does the bus get in?**, a che ora arriva l'autobus?; **He got in by a slim margin**, fu eletto (*al Parlamento*, ecc.) di stretta misura □ **to get (sb., st.) in**, far entrare, portar dentro (q., q.c.); chiamare (*un medico*, ecc.); consegnare (*un compito*, *un elaborato*); fare ammettere (*un candidato*); raccogliere: **Farmers are getting in the hay**, i contadini stanno raccogliendo il fieno □ (*interloquendo*) **May I get in a word?**, posso dire una parola? **15 to get into**, entrare, penetrare in; (*autom.*) montare in (*macchina*), salire in (*o* su: *un autoveicolo*); infilare, mettersi (*un vestito*); mettersi, impegolarsi (*nei guai e sim.*); arrivare (*in una certa posizione*); piazzarsi: **Get into the car!**, sali in macchina!; monta!; **He got into the back seat**, sali di dietro; **We got into Johnny's car**, salimmo sull'auto di Gianni; **I can't get into my brother's jeans**, non riesco a infilarmi i blue-jeans di mio fratello (*non mi entrano*); **Don't get into trouble!**, non metterti nei guai!; **My son got into the first five places**, mio figlio arrivò (*o* si piazzò) fra i primi cinque (*in un concorso e sim.*) □ **to get (sb., st.) into**, far entrare, mettere dentro; (*autom.*) far salire; mettere (*nei guai e sim.*): **Get the car into the garage!**, metti l'automobile dentro il (*o in*) garage!; **Get him into the car!**, fallo salire in macchina!; **to get a girl** (*o* **a woman**) **into trouble**, mettere nei guai una ragazza (*o* una donna) (*fam.*); mettere una ragazza (*o* una donna) incinta; inguaiare una ragazza (*o* una donna) (*pop.*) □ **to get into debt**, coprirsi di debiti; indebitarsi □ **to get into a habit**, prendere un'abitudine □ (*fig.*) **to get (it) into one's head**, mettersi in testa; convincersi: **He got (it) into his head that everybody hated him**, si mise in testa che tutti l'odiassero □ **to get into a rage** (*o* **a temper**), montare in collera; adirarsi; arrabbiarsi □ **to get into undesirable company**, mettersi con gente (*o* in una compagnia) poco raccomandabile □ **to get into the way of doing st.**, imparare col tempo a fare q.c. □ **to get into the way of things**, abituarsi al lavoro (alla situazione, ecc.) □ (*fam.*) **What's got into you this morning?**, che cosa ti prende (*o* che cosa hai, dove hai la testa, ecc.) stamattina? **16 to get off**, andare via, andarsene; partire; scendere, smontare (*da cavallo*, *dalla bicicletta*, *dalla moto*, *dal treno*, *dall'autobus*, ecc.); smontare (*dal lavoro*), staccare (*fam.*); cavarsela, farla franca, passarla liscia; (*fam.*) eccitarsi, emozionarsi, entusiasmarsi; andare su di giri (*fam.*): **I must be getting off at once**, devo andarmene subito; **We have to get off at 7.30**, dobbiamo partire alle 7 e 30; **I'm getting off at Leeds**, scendo a Leeds; **He got off cheaply**, se la cavò a buon mercato; **What time do you get off?**, a che ora stacchi? □ **to get (sb., st.) off**, mandare, far andare; spedire (*corrispondenza*); cavare, togliere; scendere, smontare da (*cavallo*, *bicicletta*, *moto*, *o un mezzo pubblico*); far addormentare (*un bimbo*); far assolvere, salvare; smontare da (*il lavoro*), smettere di (*lavorare*): **Get the children off to Sunday school!**, manda i bambini alla dottrina!; **I can't get the lid off**, non riesco a togliere il coperchio; **Get off the grass!**, togliti dall'erba!; **My lawyers will get me off**, i miei avvocati mi salveranno □ (*fig.*) **to get off to a good start**, cominciare bene; partire col piede giusto (*fig.*) □ **to get off to sleep**, prendere sonno; addormentarsi □ **to get off with sb.**, mettersi a flirtare con q.; «attaccare» con q. (*pop.*) □ (*fig.*, *fam.*)

to tell sb. where he gets off (*o* where he can get off, where to get off), mettere a posto q. (*fig., fam.*); dare una lezione a q. (*fig.*). **17 to get on**, montare, salire (*a cavallo, in bicicletta, in moto, o su un mezzo pubblico*); (*del tempo*) passare; andare (*bene, male, ecc.*); tirare avanti; passarsela; far progressi, avere successo; andare d'accordo: **The train stopped and the passengers got on**, il treno si fermò e i viaggiatori salirono; **How are you getting on?**, come te la passi?, come va (la vita)?; **He will get on in life**, avrà successo nella vita; **He's a difficult man to get on with**, è un uomo col quale è difficile andare d'accordo □ **to get sb. on**, far progredire q., tirarlo su (*pop.*) □ **to get st. on**, indossare q.c.; mettersi q.c.: **Get your overcoat on**, mettiti il soprabito □ **to get on st.**, montare (*o* salire) su q.c.: **We got on the plane at Pisa**, salimmo in aereo a Pisa □ **to get sb. (st.) on the brain**, farsi un'idea fissa di q. (di q.c.); non riuscire a togliersi q. (q.c.) dalla testa □ **to get on one's feet** (*o* **legs**), alzarsi a parlare in pubblico □ **to get it on**, entusiasmarsi; (*fam.*) eccitarsi, andare su di giri □ **to get on sb.'s nerves**, dare ai nervi a q.; infastidire q. □ (*fam.*) **to get on the stick**, darsi da fare; darci sotto □ **to get on to**, *V.* **to get onto** □ **to be getting on (in years)**, andare avanti con gli anni; invecchiare: **She must be getting on for eighty**, deve avere quasi ottant'anni □ **It's getting on for noon**, è quasi mezzogiorno. **18 to get onto**, montare in, salire su (*o* in: *bicicletta, moto, o mezzo pubblico*); montare a (*cavallo*); montare in sella a (*bicicletta, moto*); essere eletto *o* nominato; entrare a far parte di; cominciare a trattare, affrontare, arrivare a (*un argomento*); affrontare, intraprendere (*un lavoro*) (*fam.*) rivolgersi a, mettersi in contatto con; (*fam.*) scoprire, arrivare a (*fam.*): **We got onto the plane at Pisa**, salimmo in aereo (*o:* prendemmo l'aereo) a Pisa; **He got onto his bike and sped off**, montò in bicicletta e partì di volata; **Jack has got onto the County Council**, Gianni è entrato a far parte del (*fam.:* è entrato in) Consiglio di Contea; **How did we get onto that subject?**, come siamo arrivati a questo argomento?; come siamo entrati in discorso (*fam.*)?; **We must get onto the boss**, dobbiamo rivolgerci a (*fam.:* arrivare) al capo; **Let's get onto the gas people at once!**, mettiamoci subito in contatto con quelli del gas!; **The Narcotics Bureau soon got onto their racket**, l'Ufficio Antidroga ben presto scoprì il loro racket; **How did the police get onto him?**, come ha fatto la polizia ad arrivare a lui? **19 to get out**, andare fuori; uscire (*anche fig.*); andare via, andarsene; scendere, smontare (*da un veicolo, da un automezzo e sim.*); evadere, scappare; essere conosciuto, essere scoperto, trapelare; andare fuori, fare vita di società, andare fra la gente; (*comm.*) ritirarsi (*da un'attività*), chiudere (*fam.*): **I couldn't get out because the door was locked**, non potevo uscire perché la porta era chiusa a chiave; **He won't get out alive**, non ne uscirà vivo; **Get out of here!**, vattene! □ **All the passengers had to get out**, tutti i passeggeri dovettero scendere; **Get out (of my car)!**, smonta (dalla mia macchina)!; **Ten prisoners got out yesterday**, ieri sono evasi dieci carcerati; **The news of the meeting got out at once**, la notizia della riunione trapelò subito □ **to get (st.) out**, cavare, ottenere, ricavare; pubblicare, far uscire (*un libro, ecc.*); (*ind.*) produrre, mettere fuori (*fam.*); liberarsi di, perdere (*un'abitudine e sim.*); emettere, dire, pronunciare (*a stento*); prendere in prestito (*un libro dalla biblioteca*): **The police couldn't get a word out of him**, la polizia non riuscì a cavargli una parola (di bocca); **I don't see what you get out of it**, non vedo che cosa tu ne ricavi (*o* che cosa ci guadagni); **They will get out a new dictionary**, pubblicheranno un nuovo dizionario; **They've got out a new model at last**, finalmente hanno messo fuori un modello nuovo; **She got out a few words of thanks**, disse poche parole di ringraziamento □ **to get out from under**, evitare (un pericolo) □ **to get sb. out**, fare uscire q.; tirar fuori q.: **I cannot get him out of this muddle**, non posso tirarlo fuori da questo pasticcio □ **to get oneself out of a mess (out of trouble, etc.)**, togliersi dai pasticci (dai guai, ecc.) □ **to get out (of st.)**, salvarsi da, sfuggire a (*q.c. di spiacevole*); esimersi da, evitare di, sottrarsi a; liberarsi da: **I can't get out of going to the funeral**, non posso esimermi dall'andare al funerale; **I'm trying to get out of this unpleasant task (of helping my friends, etc.)**, cerco di sottrarmi a questo ingrato compito (cerco di evitare d'aiutare gli amici, ecc.) □ **to get out of debt**, liberarsi dai debiti; sdebitarsi □ **to get out of hand**, sottrarsi al controllo, ribellarsi; prendere la mano (a q.; *fam.*) □ **to get out of sight**, scomparire (alla vista) □ **to get out of the way**, levarsi di mezzo; togliersi dai piedi (*fam.*) □ **Get out!**, ma va'!; non ci credo!; questa è grossa (*o* bella)! **20 to get over**, passare al di là (*o* oltre); (*fam.*) diventare comprensibile, essere chiaro: **Will the government plan get over the unions?**, il progetto governativo sarà capito dai sindacati? □ **to get over (st.)**, scavalcare, passare sopra (*un ostacolo*); superare (*una difficoltà*), vincere (*un handicap*); superare, riaversi da (*una malattia, un tracollo finanziario, ecc.*); mandare giù, passare sopra a (*fig.*); coprire (*una distanza,*

un percorso): **The children got over the fence**, i bambini scavalcarono lo steccato; **I trust we'll get over this difficulty**, confido che supereremo questa difficoltà; **He hasn't got over the shock yet**, non ha ancora superato lo shock; **You must get over your shyness**, devi vincere la tua timidezza; **His wife cannot get over his having got drunk again**, sua moglie non riesce a mandar giù (*o* a passare sopra al fatto) che si sia ubriacato di nuovo □ (*fam.*) **to get over sb.**, dimenticare, scordare q.: **I shall never be able to get over her**, non potrò scordarla mai!; non ci passerò mai sopra (*alla sua perdita, ecc.*) □ **to get (st.) over**, farla finita con (q.c.); liberarsi, sbarazzarsi, togliersi il pensiero di (*q.c. di spiacevole o faticoso*); (*fam.*) far capire, far apprezzare: **I'd like to get my operation over** (*o* **with**), vorrei togliermi il pensiero dell'operazione (che devo subire); **Let's get it over with!**, facciamola finita (e non pensiamoci più)!; **It's difficult to get new ideas over to him**, è difficile fargli capire idee nuove □ **to get sb. over st.**, far superare (*o* attraversare) q.c. a q.: **At last we got him over the Mexican border**, riuscimmo a fargli attraversare (*o* passare) il confine col Messico. **21** (*fam.*) **to get round**, viaggiare, spostarsi (*fam.*), muoversi (*fam.*): **He gets round quite a lot**, viaggia parecchio; si sposta di continuo □ **to get round (st., sb.)**, aggirare, circuire, eludere, raggirare; convincere con blandizie (*o* lusinghe), prendere (*fam.*); portare (*o* tirare) dalla propria (parte). **Don't try to get round the law**, non cercare di eludere la legge; **His wife knows how to get round him**, sua moglie sa come prenderlo □ **to get round to doing st.**, riuscire a (*o* trovare il tempo di) fare q.c. **22 to get through**, arrivare, giungere; superare un esame; (*polit.*) essere approvato, passare; farcela; sopravvivere; (*tel.*) mettersi in contatto, avere la comunicazione; far capire, far entrare nella testa: **Our coach couldn't get through because of the avalanche**, il nostro torpedone non riuscì a passare a causa della valanga; **If you don't study harder, you won't get through**, se non studi di più, non supererai l'esame; **The bill got through by a margin of ten votes**, il disegno di legge passò (*o* fu approvato) con un margine di dieci voti; **I can't get through to London**, non riesco ad avere la comunicazione con (*fam.:* ad avere, a parlare con) Londra; **I couldn't get (it) through to her that she must rest after the operation**, non riuscivo a farle entrare in testa che doveva stare a riposo dopo l'operazione □ **to get through with one's work**, finire il proprio lavoro □ **to get through (st.)**, attraversare, consumare; finire; sperperare; superare; (*polit.*) fare approvare: **The man got through the police cordon**, l'uomo attraversò il cordone di poliziotti; **That fellow gets through five bottles of wine every evening**, quell'individuo consuma (*o* beve) cinque bottiglie di vino tutte le sere; **We got through the food (the money, etc.)**, finimmo i viveri (i soldi, ecc.); **Charles got through one thousand pounds**, Carlo sperperò mille sterline; **Did you get through the exam?**, superasti l'esame?; **The Government is trying to get the new law through**, il governo sta cercando di far approvare la nuova legge □ **to get sb. through an examination**, far superare un esame a q. □ **to get through one's time**, impiegare (*o* passare) il tempo □ **to get through to sb.**, riuscire a comunicare con q.; (*di un messaggio*) arrivare, pervenire a q. □ **to get through with st.**, riuscire a fare (*o* a sopportare) q.c. **23 to get to st.**, cominciare q.c.; mettersi a fare q.c.: **We must get to work**, dobbiamo metterci al lavoro (*o* a lavorare); **Let's get to business**, mettiamoci al lavoro; veniamo al sodo □ **to get to grips with st.**, affrontare seriamente q.c. **24 to get together**, adunarsi; associarsi; radunarsi; raccogliersi; riunirsi □ **to get (things, persons) together**, adunare, radunare, raccogliere, riunire (cose, persone): **The barons got an army together**, i feudatari adunarono un esercito □ **to get together with sb.**, andare d'accordo con q. **25 to get under**, andar sotto, infilarsi sotto; domare (*un incendio, una rivolta, ecc.*) □ (*naut.:* di nave) to get under way, salpare □ (*naut.*) **to get a ship under way**, far salpare una nave. **26 to get up**, alzarsi, alzarsi in piedi; alzarsi (*da letto: la mattina, dopo una malattia, ecc.*); arrampicarsi; montare, salire; (*del vento*) alzarsi, rinforzare; (*di un incendio*) divampare; (*del mare*) ingrossarsi; (*fam.*) avvicinarsi, accostarsi: **He got up from the chair**, si alzò dalla sedia; **I get up late on Sundays**, la domenica mi alzo tardi; **The boy got up on the roof**, il ragazzo si arrampicò (*o* salì) sul tetto; **Get up behind me!**, sali (*o* monta) dietro! (*a cavallo, in moto, ecc.*); **At sunset the wind began to get up**, al tramonto cominciò ad alzarsi il vento □ **to get (sb.) up**, fare alzare, tirar giù dal letto (*fam.*); fare alzare (*un malato guarito*); abbigliare, agghindare, vestire; mascherare, travestire, truccare: **Get him up, or he'll be late again!**, tiralo giù dal letto, se no farà tardi di nuovo; **We got up the boys as Vikings**, vestimmo i ragazzi da Vichinghi; **The girl got herself up for the party**, la ragazza s'agghindò (*fam.:* si fece bella) per la festa; **She was got up as a film star (as Cleopatra, etc.)**, era truccata da stella del cinema (mascherata da Cleopatra, ecc.) □ **to get oneself up in**, mettere, indossare (*un abito bello, ecc.*): **She got**

herself up in a new dress, si mise un bell'abito nuovo □ **to get (st.) up**, sollevare, tirare su, alzare; mettere su; (*naut.*) levare; organizzare, preparare; lavare e stirare; aumentare, prendere (*velocità*, *ecc.*); (*fam.*) studiare, preparare, provare, sentire, trovare in sé: **Get up your case!**, tira su la valigia! □ **Get up the anchor**, levate l'ancora!; **Let's get up a party (a petition, a play, etc.)!**, organizziamo un party (una petizione, una rappresentazione, ecc.)!; **I want my underwear (to be) got up well**, voglio che la mia biancheria intima sia lavata e stirata bene (*fam.*: sia in ordine); **The car was getting up speed down the steep slope**, nella rapida discesa l'automobile stava prendendo velocità; **You should get up your notes**, devi studiare i tuoi appunti; **Have you got to get up Latin for the exam?**, dovete preparare (*fam.*: portare) il latino per l'esame?; **He cannot get up a bit of affection for her**, non riesce a trovare in sé (*o* a provare) un po' d'affetto per lei □ **to get up steam**, (*ferr.*: *di locomotiva*) aumentare il vapore; mettere sotto pressione (*una locomotiva*); (*fig.*) raccogliere le proprie forze; arrabbiarsi, montare in collera; riscaldarsi (*fam.*); (*fig.*: *di un progetto, lavoro, ecc.*) fare progressi □ **to get up to**, arrivare (*o* giungere) a; raggiungere; mettersi a (*fare q.c.*), darsi (*o* dedicarsi) a (*q.c.*): **What page have we got up to?**, fino a che pagina (*o* fin dove) siamo arrivati?; **We soon got up to the others**, raggiungemmo ben presto gli altri □ (*fam.*: *a un cavallo*) **Get up!**, op!; forza!; corri! □ **She was beautifully got up**, s'era fatta proprio bella; s'era messa tutta in ghingheri; pareva una fata. ● **to get accustomed to st.**, abituarsi a q.c. □ (*naut.*) **to get afloat**, disincagliare, disincagliarsi □ **to get ahead**, fare carriera, andare lontano (*fig.*) □ **to get ahead of sb.**, sorpassare q.; superare q. □ **to get all over the place**, spargagliarsi dappertutto □ **to get one's back up**, adirarsi; andare in bestia; intestardirsi; ostinarsi; puntare i piedi (*fig.*) □ **to get sb.'s back up**, fare adirare q.; mandare in bestia q. □ **to get the best of it**, avere la meglio; spuntarla □ **to get better**, migliorare (*di qualità, di salute, ecc.*) □ **to get the better of sb.**, avere la meglio, prevalere, spuntarla su q. □ **to get st. by heart**, imparare q.c. a memoria □ **to get coal from a mine**, estrarre carbone da una miniera □ **to get done with**, farla finita: **Let's do our work now and get done with it**, facciamo il lavoro subito e non se ne parli più □ **to get even with sb.**, esser pari con q.; vendicarsi di q. □ **to get to be friends**, fare (*o* stringere) amicizia □ **to get a glimpse (o a sight) of**, dare un'occhiata a; (riuscire a) vedere □ (*anche fig.*) **to get going**, mettersi in moto; muoversi □ **to get one's hand in st.**, diventare esperto in q.c.; fare la mano a q.c. □ **to get the upper hand of sb.**, avere la meglio, prevalere, spuntarla su q. □ **to get hold of**, afferrare (*o* stringere) saldamente; (*fam.*) procurarsi, scovare, trovare: **It's difficult to get hold of an eel**, è difficile afferrare un'anguilla; **Where did you get hold of this curious picture?**, dove hai scovato questo strano quadro? □ **to get home**, arrivare a casa; (*fig.*) colpire nel segno: **That remark got home**, quell'osservazione colpì nel segno □ **to get home to sb.**, toccare q. nel vivo □ **to get (in, st.) home**, portare (*q.c.*) a casa □ **to get in touch with sb.**, entrare in relazione con q.; mettersi in contatto con q. □ **to get it**, essere rimproverato (*o* punito); prenderle □ **to get knowledge of st.**, aver sentore di q.c. □ **to get to like sb.**, prendere q. in simpatia □ **to get loose**, allentarsi □ **to get lost**, perdersi, smarrire la strada; (*fam.*) andarsene, togliersi dai piedi □ (*pop.*) **to get a move on**, muoversi, cominciare (a fare q.c.); mettersi in moto, darsi da fare □ (*fig.*) **to get nowhere**, non ottenere alcun risultato; non concludere niente □ **to get rid of**, liberarsi di; sbarazzarsi di □ **to get st. right**, capire q. bene □ **to get st. right**, capire q.c. esattamente (*o* giusto); intendere q.c. nel senso giusto (*fam.*) **Let me get this right: will you join us or not?**, fammi capire: vieni con noi o no? □ **to get sick**, ammalarsi □ (*fig.*) **to get somewhere**, ottenere qualche risultato; concludere qualcosa □ **to get the start of sb.**, prevenire q. (anticipandone le mosse) □ (*fam.*) **to get there**, farcela; arrivarci; riuscire □ **to get used to**, abituarsi a: **I can't get used to their odd ways**, non riesco ad abituarmi al loro strano modo di fare □ **to get one's own way**, ottenere quel che si vuole; riuscire a fare a modo proprio □ **to get wind of st.**, avere sentore di q.c. □ **to get the wind of sb.**, essere sopravvento (*fig.*: in posizione di vantaggio) rispetto a q. □ (*fam.*) **to get the wind up**, aver paura; aver fifa (*fam.*) □ (*USA*) **to get wise to st.**, accorgersi di q.c. □ **to get a woman with child**, mettere incinta una donna □ **to get the worst of it**, avere la peggio; soccombere □ **to get (st.) wrong**, capire male q. (q.c.); fraintendere q. (*q.c.*): **Don't get me wrong!**, non fraintendermi! □ **Get on or get out**, o lavori o te ne vai!
get [get], *n.* **1** (*di animali*) piccolo; cucciolo **2** (*di animali*) procreazione **3** (*tennis*) rinvio difficilissimo.
get-at-able [get'ætəbl], *a.* (*fam.*) accessibile; raggiungibile.
getaway ['getəwei], *n.* **1** partenza (*in una gara, corsa, ecc.*) **2** fuga: **to make one's g.**, darsi alla fuga **3** (*mecc.*) avviamento. ●

the g. car, l'auto della (*o* per la) fuga.
get-off ['getɔːf], *n.* (*aeron.*) decollo.
get-out ['getaut], *n.* (*fam.*) **1** fuga; evasione **2** scappatoia; espediente.
get-rich-quick [,getritʃ'kwik], *a.* (*fam.*) che promette facili guadagni: **g. schemes**, sistemi per arricchirsi facilmente.
gettable ['getəbl], *a.* ottenibile; acquistabile; acquisibile.
getter ['getə*], *n.* (*fam.*) chi ottiene, ecc. (*V.* **to get**). ● **g.-up**, organizzatore (*di una festa*); compilatore (*d'un libro*) □ (*pop. USA*) **go-g.**, arrivista.
get-together ['getə,geðə*], *n.* (*fam.*) riunione familiare; festa; il ritrovarsi insieme; rimpatriata (*fam.*).
get-tough ['gettʌf], *a.* (*fam.*) deciso; fermo; risoluto.
get-up ['getʌp], *n.* (*fam.*) **1** abbigliamento; modo di vestire; tenuta **2** aspetto, composizione, veste (*d'un libro, ecc.*) **3** (*USA*) anche **get-up-and-get**, **get-up-and-go**, energia; decisione; iniziativa; spinta (*fig.*).
gewgaw ['gjuːgɔː], *n.* fronzolo; gingillo; ninnolo.
gey [gei] *avv.* (*scozz.*) assai; molto; considerevolmente.
geyser (*def. 1* ['gaizə*], *def. 2* ['giːzə*]), *n.* **1** (*geol.*) geyser; sorgente con getto d'acqua bollente **2** scaldabagno (*elettrico o a gas*).
gharry ['gæri], *n.* (*anglo-ind.*) carrozza indiana (*di solito da nolo*).
ghastliness ['gɑːstlinis], *n.* **1** orrore; squallore **2** pallore di morte; pallidezza spettrale.
ghastly ['gɑːstli], **A** *a.* **1** orribile; orrendo; spaventoso; squallido: **to lead a g. life**, fare una vita squallida **2** pallido come la morte; spettrale: **a g. smile**, un sorriso spettrale **3** (*fam.*) pessimo; disgustoso: **a g. meal**, un pasto pessimo **4** (*fam.*) sgradevole: **a g. job**, un lavoro sgradevole. **B** *avv.* spaventosamente; in modo spettrale: **g. pale**, spaventosamente pallido.
gha(u)t [gɔːt], *n.* (*anglo-ind.*) **1** passo; valico **2** catena montuosa **3** scala che conduce a un approdo fluviale.
ghee [giː], *n.* (*anglo-ind.*) burro liquefatto, ottenuto da latte di bufala.
Ghent [gent], *n.* (*geogr.*) Gand.
gherkin ['gəːkin], *n.* cetriolo verde; cetriolino.
ghetto ['getou], *n.* (*pl.* **ghettos, ghettoes**) (*stor., urbanistica*) ghetto.
to ghetto ['getou], *V.* **to ghettoize**.
ghettoization [,getouai'zeiʃən], *n.* ghettizzazione.
to ghettoize ['getouaiz], *v. t.* ghettizzare.
Ghibelline ['gibilain], *n.* e *a.* (*stor.*) ghibellino.
Ghibellinism ['gibilainizəm], *n.* (*stor.*) ghibellinismo.
ghost [goust], *n.* **1** fantasma; spettro: **to raise a g.**, evocare un fantasma (*o* uno spettro); **to lay a g.**, fare scomparire un fantasma **2** (*arc.*) spirito; anima: **to give up the g.**, esalare lo spirito; render l'anima **3** (*ottica, telev.*) falsa immagine; filatura **4** (*tel.*) circuito supercombinato **5** (*anche* **ghostwriter**) scrittore fantasma; negro (*fig., scherz.*). ● (*elettron.*) **g. image**, immagine spuria □ (*ferr.*) **g. station**, stazione in disuso □ **g. story**, storia di spettri □ **g. town**, città abbandonata □ **g. train**, galleria degli orrori (*alle fiere, ecc.*) □ **g. word**, parola entrata nella lingua in seguito a errori di lettura, di stampa, ecc. □ **the Holy G.**, lo Spirito Santo □ **not to have the g. of a chance**, non avere la benché minima probabilità (*di vittoria, di successo*) □ (*gergo teatr.*) **The g. walks**, si pagano gli stipendi; oggi è San Paganino (*pop.*).
to ghost [goust], **to ghostwrite** ['goustrait], *v. t.* e *i.* scrivere per conto d'altri: **He ghosted the story of the life of a famous star**, scrisse (a pagamento) la storia della vita di una famosa stella (*che mise il suo nome in copertina*).
ghostlike ['goustlaik], *a.* spettrale.
ghostliness ['goustlinis], *n.* **1** l'esser spettrale **2** spiritualità; religiosità.
ghostly ['goustli], *a.* **1** spettrale: **a g. light**, una luce spettrale; **to look g.**, avere un aspetto spettrale **2** (*arc.*) spirituale; religioso: **g. father (director)**, padre (direttore) spirituale; **g. weapons**, armi spirituali. ● **g. comfort**, il conforto della religione □ (*relig.*) **our g. enemy**, il demonio.
ghoul [guːl], *n.* **1** (*mitol. orientale*) demonio che divora i cadaveri **2** (*fig.*) predatore di tombe; individuo crudele e rapace.
ghoulish ['guːliʃ], *a.* demoniaco; orrendo; mostruoso.
ghyll [gil], *n.* **1** burrone; gola **2** torrente incassato fra dirupi.
giant ['dʒaiənt], **A** *n.* (*anche fig.*) gigante. **B** *a. attr.* gigante; di (*o* da) gigante; gigantesco: **a g. cactus**, un cactus gigante; **g. strength**, forza gigantesca. ● (*fin.*) **g. corporation**, una società di grandi dimensioni □ **g. dipper**, montagne russe (*di luna park*) □ (*sport, fig.*) **a g.-killer**, una squadra castigamatti □ (*sci*) **g. slalom**, slalom gigante □ (*sci*) **g.-slalom racer**, gigantista.
giantess ['dʒaiəntis], *n.* gigantessa (*lett.*).
giantism ['dʒaiəntizəm], *n.* (*med.* e *fig.*) gigantismo.
giantlike ['dʒaiəntlaik], *a.* gigantesco.
giaour ['dʒauə*], *n.* giaurro; infedele (*termine usato dai*

musulmani).
gib (1) [gib], *n.* **1** (*mecc.*) zeppa; cuneo; bietta **2** (*mecc.*) piastra di guida (*della slitta*) **3** (*ind. min.*) puntello provvisorio.
gib (2) [gib], *n.* gatto; gatto maschio (*di solito*, castrato).
to gibber ['dʒibə*], *v. i.* barbugliare; borbottare; cianciare; farfugliare; parlare in modo incomprensibile.
gibber ['dʒibə*], *n.* barbugliamento; borbottio; parole confuse (*o* inintelligibili).
gibberish ['gibəriʃ], *n.* barbugliamento; borbottio; ciance; parole inintelligibili; gergo incomprensibile.
gibbet ['dʒibit], *n.* (*stor.*) **1** forca; patibolo **2** morte per impiccagione.
to gibbet ['dʒibit], *v. t.* **1** condannare all'impiccagione; impiccare **2** esporre sulla forca **3** (*fig.*) mettere alla berlina (*o* alla gogna).
gibbon ['gibən], *n.* (*zool.*, *Hylobates*) gibbone.
gibbose ['gibous], *a.* gibboso; gobbo.
gibbosity [gi'bɔsiti], *n.* gibbosità; gobba.
gibbous ['gibəs], *a.* **1** gibboso; gobbo **2** (*astron.*) biconvesso; **g. moon**, luna gibbosa.
to gibe [dʒaib], *v. i. e t.* beffare, beffarsi; deridere; irridere; schernire: **Stop gibing at me!**, smettila di beffarti di me!
gibe [dʒaib], *n.* beffa; derisione; irrisione; scherno; frecciata (*fig.*).
giber ['dʒaibə*], *n.* beffatore, beffatrice; schernitore, schernitrice.
gibingly ['dʒaibiŋli], *avv.* derisoriamente; con scherno.
giblets ['dʒiblits], *n. pl.* frattaglie; rigaglie; interiora.
Gibraltar [dʒi'brɔ:ltə*], *n.* (*geogr.*) Gibilterra.
gibus ['dʒaibəs], *n.* gibus (*cappello a cilindro pieghevole*).
giddiness ['gidinis], *n.* **1** capogiro; stordimento; vertigini **2** vorticosità **3** frivolezza; incostanza; leggerezza; spensieratezza.
giddy ['gidi], *a.* **1** che ha il capogiro (*o* le vertigini); stordito: **to be g. with success**, essere stordito dal successo **2** vertiginoso; che dà il capogiro (*o* le vertigini): **a g. height**, un'altezza vertiginosa; **a g. success**, un successo che dà le vertigini **3** vorticoso: **a g. motion**, un moto vorticoso **4** frivolo; sventato; sbadato; scervellato; spensierato: **a g. young girl**, una ragazzina scervellata. □ **g.-go-round**, giostra □ **g. head**, persona scervellata □ **to feel g.**, avere il capogiro (*o* le vertigini) □ **to play the g. goat**, fare lo stupido □ **You make me feel g.**, mi dai il capogiro; mi fai girare la testa □ **She is a g. young thing**, è una stordita.
to giddy ['gidi], **A** *v. t.* dare il capogiro, far venire le vertigini, far girare la testa a. **B** *v. i.* avere il capogiro (*o* le vertigini).
gift [gift], *n.* **1** dono; regalo; presente (*lett.*); strenna: **Christmas gifts**, doni natalizi; strenne di Natale **2** (*leg.*) donazione **3** (*fig.*) dono; dote; inclinazione; disposizione; talento: **to have a g. for poetry**, avere il dono della poesia; **to have a g. for languages**, avere disposizione per le lingue **4** (*arc.*) facoltà di dare: **The position is in his g.**, è in sua facoltà concedere il posto. ● **g.-book**, libro (da) strenna □ **g. coupon**, *V.* **g. stamp** □ **g. shop**, negozio d'articoli da regalo □ **g. stamp**, buono premio; bollino □ **g. tax**, imposta sulle donazioni □ **g. voucher**, *V.* **g. stamp** □ **to have the g. of the gab**, avere il dono della chiacchiera; avere lo scilinguagnolo sciolto □ **I wouldn't have it as a g.**, (non lo prendo) neanche se me lo regalano! □ (*prov.*) **Never look a g.-horse in the mouth**, a caval donato non si guarda in bocca.
to gift [gift], *v. t.* **1** donare; regalare **2** fare un dono a (*q.*).
gifted ['giftid], *a.* **1** dotato d'ingegno; di (*o* che ha) talento: **a g. musician**, un musicista di talento **2** (*di giovane*) intelligente (*più della media*).
giftware ['gift͵wɛə*], *n.* (*collett.*) articoli da regalo.
to giftwrap ['giftræp], *v. t.* confezionare (*un articolo*) come regalo; incartare (*un oggetto*) in confezione regalo.
gig (1) [gig], *n.* **1** barroccino; calesse **2** (*naut.*) lancia; iole; barca a remi. ● **gig-lamps**, fanali da calesse; (*fig., fam.*) occhiali.
gig (2) [gig], *n.* arpione (*da pesca*); fiocina; rampone.
to gig (1) [gig], *v. t. e i.* pescare con l'arpione (*o* con la fiocina); fiocinare.
gig (3) [gig], *n.* (*pop.*) **1** lavoro; lavoretto **2** (*mus.*) (*periodo d'*) ingaggio.
to gig (2) [gig], *v. t.* (*ind. tessile*) garzare.
gigantesque [͵dʒaigæn'tesk], *a.* gigantesco.
gigantic [dʒai'gæntik], *a.* gigantesco; enorme.
gigantically [dʒai'gæntikəli], *avv.* in modo gigantesco, enormemente.
gigantism ['dʒaigæntizəm], *n.* (*med., bot.*) gigantismo.
gigantomachy [͵dʒaigæn'tɔməki], *n.* gigantomachia.
gigging ['gigiŋ], *n.* (*ind. tessile*) garzatura.
to giggle ['gigl], *v. i.* ridere sciccamente; ridacchiare.
giggle ['gigl], *n.* riso sciocco; risolino; risatina. ● (*fam.*) **to have the giggles**, avere la ridarella □ (*fam.*) **to be unable to check one's giggles**, non trattenere la ridarella.
giglet ['giglit], **giglot** ['giglət], *n.* ragazza fatua, sciocchina.
gigman ['gigmæn], *n.* (*pl.* **gigmen**) **1** padrone di calesse **2** (*fig.*) borghese.
gigmanity [gig'mæniti], *n.* borghesia; classe media (*rispettabile*,

priva di fantasia; *parola coniata dal Carlyle*).
gig-mill ['gigmil], *n.* (*ind. tessile*) **1** garzatrice; macchina per garzare (*la stoffa*) **2** stabilimento per la garzatura.
gigolo ['ʒigəlou], *n.* (*pl.* **gigolos**) **1** gigolo; mantenuto **2** ballerino a pagamento **3** accompagnatore (*di donne*) professionista.
gigot ['dʒigət], *n.* gigotto; cosciotto d'agnello o capretto. ● (*sartoria*) **g. sleeve**, manica a gigot (*con un grande rigonfio sopra il gomito*).
gigue [ʒi:g], *n.* (*mus.*) giga.
gila ['hi:lə], *n.* (*anche* **Gila monster**) (*USA*, *zool.*, *Heloderma suspectum*) eloderma (*grossa lucertola velenosa dell'Arizona*).
Gilbert ['gilbət], *n.* Gilberto.
Gilbertian [gil'bə:tjən], *a.* comico; umoristico (*da W. S. Gilbert, autore di operette*): **a G. situation**, una situazione comica.
to gild [gild] (*pass. e p. p.* **gilded**, *o* **gilt**), *v. t.* dorare; indorare (*anche fig.*): **to g. the pill**, indorare la pillola. ● (*fig.*) **to g. the lily**, caricare di orpelli una cosa (*già*) bella di per sé; strafare (*o* esagerare) in abbellimenti.
gild [gild], *V.* **guild**.
gilded [gildid], *a.* dorato; indorato. ● **the G. Chamber**, la Camera dei Lord □ **g. spurs**, speroni d'oro (*simbolo della cavalleria*) □ **g. youth**, gioventù dorata.
gilder ['gildə*], *n.* doratore, doratrice; indoratore, indoratrice.
gilding ['gildiŋ], *n.* doratura; indoratura; indoramento (*anche fig.*).
gill (1) [gil], *n.* (*di solito al pl.*) **1** (*zool.*) branchia **2** (*zool.*) bargiglio; bargiglione **3** (*pl.*, *scherz.*) pappagorgia **4** (*bot.*) lamella (*di fungo*) **5** (*mecc.*) aletta. ● (*zool.*) **g. cover**, opercolo branchiale □ **g. net**, tramaglio; rete per pigliare i pesci per le branchie □ (*fam.*) **to go green** (**white**) **about the gills**, diventare verde (*o* sbiancare) per la paura (*un malessere, ecc.*) □ (*fig.*: *di persona*) **rosy about the gills**, dall'aspetto sano; rubicondo.
to gill [gil], *v. t.* **1** pulire (*il pesce*) **2** togliere le lamelle a (*funghi*) **3** (*anche* **to gill-net**) pescare col tramaglio.
gill (2) [gil], *n.* **1** burrone; gola **2** torrentello.
gill (3) [dʒil], *n.* **1** «gill» (*misura di capacità*, *pari a 0,142 litri*) **2** recipiente che contiene un «gill».
gill (4), Gill [dʒil], *n.* (*abbr. di* **Gillian**) ragazza; donna; fidanzata.
Gillian [ˈdʒiliən], *n.* Giuliana.
gillie [ˈgili], *n.* **1** (*stor.*) seguace (*o* servo) d'un capo scozzese **2** ragazzo che accompagna e aiuta un cacciatore (*o* un pescatore).
gilliflower [ˈdʒili͵flauə*], *V.* **gillyflower**.
gilly [ˈgʒili], *V.* **gillie**.
gillyflower [ˈdʒili͵flauə*], *n.* (*bot.*) **1** (*Dianthus caryophyllus*) garofano **2** (*Cheiranthus cheiri*) violacciocca gialla **3** (*Matthiola incana*) violacciocca.
gilt (1) [gilt], **A** *pass. e p. p.* di **to gild**. **B** *a.* dorato; indorato: **a book with a g. top**, un libro con il margine superiore dorato. **C** *n.* doratura; indoratura; (*fig.*) attrattiva, fascino. ● (*bot.*) **g.-cup**, ranuncolo; botton d'oro □ **a g.-edged book**, un libro a taglio dorato (*fin.*) **g.-edged securities** (**stock**), titoli (*azioni*) di prim'ordine, sicurissimi □ **cloth g.**, legatura in tela con lettere dorate □ (*fig.*) **to take the g. off the gingerbread**, cavare il più bello (*di q.c.*); togliere il meglio.
gilt (2) [gilt], *n.* (*zool.*) scrofa giovane.
gilts [gilts], *n. pl.* (*fam.*, *fin.*) titoli di prim'ordine (*o* sicurissimi).
gimbal [ˈdʒimbəl], *n.* (*ing.*) cardano; giunto cardanico. ● **g.-ring**, anello a sospensione cardanica.
gimbals [ˈdʒimbəlz], *n. pl.* (*col verbo al sing.*) **1** (*ing.*) sospensione cardanica **2** (*naut.*) bilancieri (*di bussola*).
gimcrack [ˈdʒimkræk], **A** *n.* fronzolo; gingillo; ninnolo. **B** *a.* **1** appariscente; dozzinale; vistoso **2** scassato, sgangherato: **g. planes**, aerei scassati.
gimcrackery [ˈdʒim͵krækəri], *n.* ciarpame; paccottiglia; cianfrusaglie.
gimcracky [ˈdʒim'kræki], *a.* appariscente; dozzinale; vistoso.
gimlet [ˈgimlit], **A** *n.* (*falegnameria*) succhiello. **B** *a. attr.* (*fig.*) acuto; penetrante. ● **g.-eyed**, dalla vista acuta.
to gimlet [ˈgimlit], *v. t.* (*falegnameria*) succhiellare.
gimmick [ˈgimik], *n.* (*fam.*) **1** espediente; idea (*o* trovata) ingegnosa **2** trucco; inganno **3** arnese; aggeggio. ● **advertising g.**, espediente (*o* trucco) pubblicitario; trovata pubblicitaria.
gimmicky [ˈgimiki], *a.* (*fam.*) di (*o* da) espediente. ● **g. idea**, trovata.
gimp (1) [gimp], *n.* **1** cordoncino; passamano; spighetta (*di seta o cotone ritorti*) **2** (*sport*) lenza di seta (*rinforzata con filo metallico*).
gimp (2) [gimp], *n.* (*USA*) zoppo.
to gimp [gimp], *v. i.* (*USA*) zoppicare; andare zoppo.
gin (1) [dʒin], *n.* gin. ● (*pop.*) **gin-mill**, bar □ **gin-palace**, spaccio d'alcolici, arredato in modo vistoso □ **gin-shop**, spaccio di gin □ **gin-sling**, bevanda fredda di gin aromatizzato e addolci-

to □ (*pop.*) **gin-trap**, bocca; becco (*fam., fig.*) □ **pink gin**, gin aromatizzato con sostanze amare.
gin (2) [dʒin], *n.* **1** (*ind. tessile, di solito* **cotton gin**) ginnatrice, sgranatrice (*di cotone*) **2** rete, trappola (*per selvaggina o pesce*) **3** argano; paranco; capra. ● (*naut.*) **gin block**, bozzello di discarica; puleggia di carico □ (*mecc.*) **gin tackle**, paranco della capra.
to gin [dʒin], *v. t.* **1** (*ind. tessile*) ginnare, sgranare (*cotone*) **2** prendere in trappola; intrappolare; irretire.
ginger ['dʒindʒə*], **A** *n.* **1** (*bot., Zingiber officinale*) zenzero **2** (*fam.*) animazione; brio; vivacità **3** (*fam.*) energia; spinta (*fig.*) **4** color zenzero; color fulvo; rossiccio. **B** *a. attr.* rossiccio; fulvo: **g. hair**, capelli rossicci. ● **g. ale** (*o* **g. beer, g. pop**), bevanda gassosa alla zenzero □ **g. brandy**, cordiale; liquore adatto a rinvigorire □ (*polit.*) **g. group**, gruppo di punta (*in un partito*) □ **g. nut**, biscotto duro allo zenzero □ **g. oil**, essenza di zenzero □ **g-root**, radice di zenzero □ **g. wine**, bevanda di zucchero fermentato, acqua e zenzero.
to ginger ['dʒindʒə*], *v. t.* **1** aromatizzare con zenzero **2** (*di solito* **to g. up**) animare; scuotere; ravvivare; rinvigorire; tirare su (*fam.*): **to g. up a performance**, ravvivare uno spettacolo; **Give me a whisky to g. me up**, dammi un whisky per tirarmi su.
gingerale [dʒindʒə'reil], *V.* **ginger ale**, *sotto* **ginger**.
gingerbread ['dʒindʒəbred], **A** *n.* **1** pan di zenzero; pampepato **2** (*fig.*) ornamento appariscente, vistoso. **B** *a.* appariscente; pretenzioso; vistoso: **g. Gothic**, stile gotico pretenzioso.
gingerly ['dʒindʒəli], **A** *a.* cauto; circospetto; guardingo. **B** *avv.* cautamente; con circospezione; pian piano.
gingersnap ['dʒindʒəsnæp], (*USA*) *V.* **ginger nut**, *sotto* **ginger**.
gingery ['dʒindʒəri], *a.* simile allo zenzero; aromatizzato con zenzero **2** rossiccio; fulvo (*di capelli*) **3** (*fam.*) brioso; vivace.
gingham ['giŋəm], *n.* **1** percalle; gingan **2** (*fam.*) ombrello.
gingiva [dʒin'dʒaivə], *n.* (*pl.* **gingivae**) (*anat.*) gengiva.
gingival [dʒin'dʒaivəl], *a.* (*anat.*) gengivale **2** (*fon.*) alveolare.
gingivitis [,dʒindʒi'vaitis], *n.* (*med.*) gengivite.
ginglymus ['dʒingliməs], *n.* (*pl.* **ginglymi**) (*anat.*) ginglimo (*pop.*). ● **g-web**, tessuto per sottopance.
gink [giŋk], *n.* (*pop. USA*) individuo; tipo; tipo strano.
Ginnery ['dʒinəri], *n.* (*ind. tessile*) ginnatoio.
ginning ['dʒinin], *n.* (*ind. tessile*) ginnatura (*del cotone*).
ginseng ['dʒinsəŋ], *n.* (*bot., Panax ginseng*) ginseng (*anche la radice*).
gippo ['dʒipou], *n.* (*gergo mil.*) zuppa; stufato; sugo.
gippy ['dʒipi], *n.* (*gergo mil.*) soldato egiziano.
gipsy ['dʒipsi], **A** *n.* **1** zingaro, zingara **2** zingaresco; lingua degli zingari **3** (*fig.*) vagabondo **4** (*scherz.*) donna di carnagione scura. **B** *a. attr.* zingaro; di (*o da zingaro*): gitano: **g. girl**, una (*ragazza*) zingara; **a g. caravan**, una carovana di zingari. ● **g. bonnet**, cappello a larghe falde □ **g. table**, tavolino rotondo (*ind. min.*) **g. winch**, argano a mano.
gipsydom ['dʒipsidəm], *n.* (il) mondo, (la) cerchia degli zingari.
to gipsyfy ['dʒipsifai], *v. t.* rendere simile a uno zingaro.
gipsyhood ['dʒipsihud], *n.* natura zingaresca.
gipsyish ['dʒipsiiʃ], *a.* zingaresco.
gipsyism ['dʒipsiizm], *n.* natura (*o* qualità) di zingaro.
giraffe [dʒi'ra:f], *n.* (*zool., Giraffa camelopardalis*) giraffa.
girandole ['dʒirəndoul], *n.* **1** girandola **2** candeliere a bracci **3** orecchino a pendaglio con pietre incastonate.
girasol(e) ['dʒirəsoul], *n.* (*miner.*) girasole (*varietà d'opale*).
to gird (1) [gə:d] (*pass.* e *p. p.* **girded** *o* **girt**), *v. t.* (*poet., retor.*) **1** cingere; cingere d'assedio; circondare; assicurare (*un abito*) con la cintura: **to g. on one's sword**, cingere la spada; **to g. a town with an army**, circondare una città con un esercito □ **to g. oneself for st.**, accingersi (*o* prepararsi) a fare q.c. □ **to g. a rope round st.**, passare una corda intorno a q.c. □ **to g. up**, rimboccarsi (*abiti e sim.*) (*fig.*) **to g. up one's loins**, accingersi con grande energia a un'impresa; rimboccarsi le maniche (*fig.*) □ **to g. sb. with power** (**strength**), dare a q. potenza (forza).
to gird (2) [gə:d], *v. i.* — **to g. at**, beffarsi di; schernire.
girder ['gə:də*], *n.* **1** (*costr.*) trave; trave maestra: **a framework of steel girders**, un'intelaiatura di travi d'acciaio **2** (*mecc.*) chiave; sbarra **3** (*naut.*) struttura longitudinale; corrente. ● **g.-tongs**, tenaglia di sospensione.
girdle (1) ['gə:dl], *n.* **1** (*anche anat. o fig.*) cintura; cintola; cinto: **shoulder g.**, cintura scapolare **2** busto, guaina **3** orlo di pietra preziosa tagliata **4** incisione circolare (*intorno al tronco d'un albero*) **5** (*archit.*) listello.
to girdle ['gə:dl], *v. t.* **1** cingere; circondare **2** fare un'incisione circolare intorno a (*un albero*) **3** girare intorno a; ruotare attorno a: **A new artificial satellite will g. Venus**, un nuovo satellite artificiale ruoterà attorno a Venere.
girdle (2) ['gə:dl], *n.* (*scozz.*) lastra di ferro su cui cuocere focacce.

girl [gə:l], *n.* **1** ragazza; fanciulla; giovinetta; signorina: **an office g.**, una ragazza d'ufficio **2** figlia; figliola; bambina: **Her first child was a g.**, il primo figlio che le nacque fu una bambina **3** (*fam., anche* **best g.**) amorosa; fidanzata; ragazza (*fam.*) **4** domestica; donna; ragazza (*fam.*): **to employ a g. to do the housework**, assumere una ragazza per le faccende domestiche **5** donna nubile; zitella; ragazza (*pop.*). ● (*in una famiglia*) **the girls**, le figliole □ **g. friend**, amica; amorosa, innamorata, amichetta □ **g. Friday**, segretaria efficientissima (*o* tuttofare) □ **G. Guides**, (*USA* **G. Scouts**), giovani esploratrici; Guide □ **bus g.**, bigliettaia d'autobus □ **call g.**, ragazza squillo □ **flower g.**, fioraia □ **old g.**, (*voc. affettuoso*) ragazza mia; ex-compagna di scuola; (*spreg.*) vecchia zitella □ **shop g.**, commessa (*di negozio*).
girlhood ['gə:lhud], *n.* (*di ragazza*) adolescenza; giovinezza.
girlie ['gə:li], *n.* (*fam.*) ragazzina. ● **a g. magazine**, una rivista con donnine nude (*o* scollacciate).
girlish ['gə:liʃ], *a.* (*di ragazza*) fanciullesco; femminile; di (*o da*) ragazza: **g. clothes**, abiti da ragazza.
girlishness ['gə:liʃnis], *n.* carattere (*o modi*) di fanciulla.
Giro ['dʒairou], *n.* (*fam. per* **National Girobank**) «Girobanca» (*in G.B.*). ● **G. slip**, modulo d'accredito in giroconto.
giro ['dʒairou], *n.* (*pl.* **giros**) (*fin.*) giroconto (*bancario o postale*); postagiro.
Girobank ['dʒairoubæŋk], *V.* **Giro**.
Girondist [dʒi'rɔndist], *n.* e *a.* (*stor.*) girondino.
to girt [gə:t], **A** *v. t.* **1** cingere; munire di cintura **2** misurare il contorno (*o* la circonferenza) di (q.c.). **B** *v. i.* essere di (*o* misurare in) circonferenza.
girt (1) [gə:t], *n.* **1** circonferenza; contorno; giro **2** (*edil.*) arcareccio **3** (*edil.*) trave d'irrigidimento **4** (*ind. min.*) longherone **5** (*ing.*) tirante di base.
girt (2) [gə:t], *pass.* e *p. p.* di **to gird** (1).
girth [gə:θ], *n.* **1** (*di cavallo, ecc.*) cinghia; sottopancia **2** perimetro; contorno; circonferenza: **an oak ten feet in g.**, una quercia di circa tre metri di circonferenza **3** (*fam.*) corpulenza; pancia (*pop.*). ● **g-web**, tessuto per sottopance.
to girth [gə:θ], **A** *v. t.* **1** cingere; circondare **2** mettere il sottopancia a (*un cavallo*) **3** assicurare (*la sella*) con la cinghia. **B** *v. i.* essere di (*o* misurare in) circonferenza.
gist [dʒist], *n.* essenza; sostanza; succo (*fig.*); nocciolo (*fig.*): **That's the g. of the question**, ecco il nocciolo del problema.
gittern ['gitə:n], *n.* (*mus.*) sorta di cetra (*o* liuto) medievale.
to give [giv] (*pass.* **gave**, *p. p.* **given**), **A** *v. t.* **1** dare; donare; consegnare; fruttare, rendere; concedere; accordare; elargire; emettere; assegnare; attribuire: **They gave him a medal**, gli diedero una medaglia; **I gave it** (*to*) **him**, glielo diedi; **He was given a souvenir** (*o* **A souvenir was given to him**), gli fu dato un ricordino; **Cows g. milk**, le mucche danno il latte; (*fin.*) **This investment gives good returns**, questo investimento frutta (*o* rende) bene (*o* dà buoni frutti); (*tel.*) **G. me the Fire Brigade**, mi dia i pompieri!; **to g. one's confidence**, concedere (*o* dare) la propria fiducia; **to g. one's word**, dare la propria parola; **to g. the all-clear**, dare il segnale di via libera; **to g. a cry**, dare (in) un grido; **to g. no sign of life**, non dare segno di vita; **This lamp gives a bad light**, questa lampada dà una cattiva luce; **This gives him a right to complain**, questo gli dà il diritto di lamentarsi; **to g. a message**, consegnare un messaggio; **Let's g. ourselves half an hour's break**, concediamoci mezzora d'intervallo; **I'll g. you this point**, ti concederò questo punto (*della tua argomentazione*); **They gave a concert**, diedero un concerto; **to g. a sigh**, emettere un sospiro **2** pagare: **How much** (*o* **what price**) **did you g. for that hat?**, quanto hai pagato quel cappello? **3** porgere; offrire; portare; trasmettere: **Give my regards to your mother**, porgi (*o* porta) i miei saluti a tua madre; **to g. sb. one's arm**, offrire il braccio a q.; **to g. sb. one's cheek**, porgere la guancia a q. (*da baciare*) **4** (*di solito* **to g. in marriage**) dare in moglie (*o* in sposa): **Her father gave Mary in marriage**, Maria fu data in sposa dal padre **5** fare: **to g. a favour to sb.**, fare un favore a q.; **to g. honour to sb.**, fare onore a q.; **to g. sb.'s name**, fare il nome di q.; menzionare q.; **to g. sb. a permanent**, fare la permanente a q. **6** rappresentare; rendere (*artisticamente*): **Shakespeare has given us human nature very well**, Shakespeare ha rappresentato assai bene la natura umana **7** dedicare: **He gave his life to this enterprise**, ha dedicato la vita a questa impresa **8** (*mat.*) dare come risultato; fare: **Ten plus five gives fifteen**, dieci più cinque fa quindici **9** segnare: **My watch doesn't g. the right time**, il mio orologio non segna l'ora giusta; **The thermometer gives 50° in the shade**, il termometro segna cinquanta gradi all'ombra **10** (*med., fam.*) attaccare, trasmettere (*una malattia*): **The little girl has given me measles**, la bambina mi ha attaccato il morbillo **11** presentare (*al pubblico*) **12** proporre un brindisi a q.: **Gentlemen, I g. you the chairman**, signori, propongo di brindare al presidente. **B** *v. i.* **1** dare (*o* fare) doni (*o* elargizioni): **It's better to g. than to receive**, è meglio dare che ricevere **2** cedere; piegarsi; essere ce-

devole; essere elastico: **The door gave when he pushed it**, la porta cedette quando egli la spinse; **The floor gave under their weight**, il pavimento cedette sotto il loro peso **3** (*del tempo*) mitigarsi **4** (*del terreno*) disgelarsi; sgelarsi **5** (*fam.*) partecipare; aderire; essere attivo **6** (*fam.*) dare informazioni; parlare. **to give oneself C** *v. rifl.* **1** darsi, dedicarsi (a q.c.) **2** (*di donna*) darsi; concedersi. **D** *verbi composti* **1 to g. (sb.) away**, tradire, smascherare; accompagnare (*o* portare) all'altare: **His American drawl gave him away**, il suo accento nasale americano lo tradì; **Jane was given away by her uncle**, Giovanna fu portata all'altare dallo zio □ **to g. oneself away**, tradirsi; farsi scoprire □ **to g. (st.) away**, dare via (*fam.*), distribuire, dare, donare, regalare; rivelare, svelare, tradire, scoprire; buttare via (*fam.*), sciupare, sprecare, perdere; (*sport: lotta, pugilato, ecc.*) rendere (*un chilo, ecc.: all'avversario*): **The headmaster gave away the prizes**, il preside distribuì i premi; **He gave away all his money to those in need**, diede tutto il suo denaro ai bisognosi; **Don't g. away my secret**, non tradire il mio segreto!; **Don't g. the game away**, non scoprire il tuo gioco (*o* le carte)!; **He gave away his last chance (of success)**, ha sprecato l'ultima possibilità (di successo) **2 to g. back**, arretrare, ritirarsi; (*mil.*) cedere (terreno) □ **to g. (sb., st.) back**, ridare, restituire, rendere, ritornare; rimandare (*un suono*), riflettere (*un'immagine*): **G. me back my money!**, ridammi i miei soldi!; **A long period of rest will g. her back her health**, un lungo periodo di riposo le ridarà la salute; **The cliff gives back the sound of the waves**, la scogliera rimanda il rumore dei flutti. **3 to g. forth**, annunciare, rendere noto (*o* pubblico); *V*. **to g. off**. **4 to g. in**, arrendersi, cedere, darsi per vinto; cedere, essere arrendevole: **Never g. in!**, non darti mai per vinto!; **I g. in!**, mi arrendo!; **Don't g. in to despair!**, non cedere alla disperazione!; **I gave in to his requests**, cedetti alle sue richieste □ **Don't g. in to his opinion**, non lasciarti convincere da lui! □ **to g. (st.) in**, consegnare, presentare; annunciare, dichiarare: **You must g. in your immigration cards**, dovete presentare i moduli (*o* i cartellini) per l'immigrazione. **5 to g. off**, emettere, mandar fuori (*fam.*); emanare; mandare (*fam.*): **Sulphur gives off a bad smell**, lo zolfo emana un cattivo odore; **The chimney gives off smoke**, la ciminiera emette fumo; **Flowers g. off scent**, i fiori mandano profumo. **6 to g. on** (*o* onto), dare, affacciarsi, guardare su; dare, aprirsi su, dare accesso a: **This window gives onto the back garden**, questa finestra dà sul giardino posteriore; **This door gives on to the library**, questa porta dà accesso alla biblioteca. **7 to g. out**, cedere, essere esausto, crollare (*fam.*); (*fam.*) guastarsi, andare in panne; (*fam.*) esaurirsi, finire, venire meno; (*di candela, luce, ecc.*) spegnersi: **My horse gave out**, il (mio) cavallo cedette; mi venne meno il cavallo; **The engine has given out**, s'è guastato il motore; **My strength gave out**, mi vennero meno le forze; **Our food supplies gave out**, le provviste finirono □ **to g. (sb., st.) out**, distribuire; emettere, mandare (*fam.*); annunciare, proclamare; rendere noto; fare passare per, spacciare; (*sport*) dichiarare fuori gioco: **The teacher gave out the examination papers**, l'insegnante distribuì i test per l'esame; **The trasmitter gave out an intermittent signal**, il trasmettitore emetteva un segnale intermittente; **The date of the Queen's visit will be given out soon**, la data della visita della Regina sarà resa nota fra breve; **He gave himself out to be a doctor**, si spacciò per medico □ (*USA*) **to g. out with**, esprimersi, sfogarsi con; uscirsene in (*fam.*); (*mus.: di una banda*) attaccare con (*un ballo, ecc.*). **8 to g. over**, smettere, cessare; smettere, rinunciare: **Do g. over!**, smettila!; piantala (*fam.*)!; **I hope the rain will g. over**, spero che la pioggia cessi; **G. over shouting!**, smettila d'urlare! **I've given over trying to convince him**, ho rinunciato a cercare di convincerlo □ **to g. (sb., st.) over**, consegnare, affidare, dare; adibire, assegnare, destinare; dedicare; consegnare, mettere nelle mani di; (*arc., med.*) *V*. **to g. (sb.) up**: **We'll g. over the key to our next--door neighbours**, consegneremo (*o* daremo) la chiave ai vicini di casa; **He gave the boy over to the old lady**, affidò il ragazzo alla vecchia signora; **The area has been given over to a public park**, la zona è stata adibita a parco pubblico; **She gave her life over to charities**, dedicò la vita a opere di carità; **The whole night was given over to dancing**, tutta la notte fu dedicata alle danze; **They gave the burglar over to the police**, consegnarono lo scassinatore alla polizia □ **to g. oneself over**, darsi; dedicarsi; darsi, abbandonarsi: **He gave himself over to his work**, si dedicò (completamente) al suo lavoro; **I gave myself over to laughter**, mi abbandonai al riso □ **to be given over to**, essere dedito, indulgere a: **He's given over to gambling**, è dedito al gioco d'azzardo. **9 to g. up**, arrendersi, cedere, darsi per vinto; smettere (*di lavorare, ecc.*), riposarsi, rinunciare (*a indovinare, ecc.*): **At last he gave up**, alla fine si arrese; **The doctor told me to g. up for a while**, il dottore mi disse di smettere di lavorare per un po' (*o* di prendermi un po' di riposo); **The riddle is too difficult: I g. up!**, l'indovinello è troppo difficile: rinuncio (*o* mi arrendo!); **I had to g. up halfway**, dovetti rinunciare a metà percorso □ **to g. (sb.) up**, abbandonare, lasciare, piantare (*fam.*); consegnare, mettere nelle mani di; considerare, dare per; (*med.*) rinunciare a curare, dare per spacciato; rinunciare a incontrare (*o a vedere*); (*fam.*) prenderla persa con (q.): **Don't g. up your friends!**, non abbandonare gli amici!; **His girl friend has given him up**, la sua ragazza lo ha piantato (*o* lasciato); **He was given up for dead (for lost)**, fu dato per morto (per disperso); **My grandfather was given up by the doctors**, mio nonno fu dato per spacciato dai medici; **We gave up the fugitive to the police**, consegnammo l'evaso alla polizia; **It's too late: I'm afraid we must g. him up**, è troppo tardi; temo proprio che non riusciremo a vederlo (*cioè, che non verrà più*) □ **to g. oneself up**, abbandonarsi, darsi; dedicarsi, darsi; (*leg.*) costituirsi: **She gave herself up to despair**, si abbandonò alla disperazione; **He gave himself up to writing a new novel**, si dedicò alla stesura di un nuovo romanzo □ **to g. (st.) up**, abbandonare, cedere, lasciare, rinunciare a (q.c.); cessare, smettere di, rinunciare a (fare q.c.); rinunciare a indovinare (*una soluzione, un enigma, ecc.*); (*USA*) rendere noto, rivelare; (*USA*) dedicare, impiegare: **The fort had to be given up to the enemy**, il forte dovette essere abbandonato al nemico; **G. up your seat to that old woman**, cedi il posto a quella vecchia!; **I've given up the idea**, ho rinunciato all'idea; **He gave up his position**, lasciò l'impiego (*o* il posto); **You should g. up drinking like a fish**, devi smetterla di bere come una spugna; **The doctor said I must g. up smoking**, il medico disse che dovevo rinunciare al fumo; **We don't g. up the names of our contributors**, non rendiamo noti i nomi dei collaboratori; **He gives up his spare time to reading**, dedica il tempo libero alla lettura □ (*fam.*) **to g. up on sb.**, prenderla persa con q.: **I g. up on you**: **you'll never learn how to behave**, con te (me) la prendo persa: non imparerai mai a comportarti civilmente. ● **to g. oneself airs**, darsi delle arie □ **to g. and take**, fare concessioni reciproche; raggiungere un accordo, fare un compromesso □ **to g. as good as one gets**, rendere pan per focaccia □ **to g. a back**, chinarsi per giocare a saltamontone □ **to give battle**, dar battaglia (*fam.*) □ **to g. sb. best**, riconoscere la superiorità di q. □ **to g. birth to**, dare alla luce, mettere al mondo (*anche fig.*); dare origine a, essere la patria di: **The Queen gave birth to a son**, la regina diede alla luce un figlio maschio; **New Orleans gave birth to the blues**, New Orleans fu la patria dei blues □ **to g. the case** (*o* **to g. it**) **for sb.**, pronunciarsi in favore di q. □ **to g. chase**, dare la caccia □ **to g. a child st. to cry for**, punire un bambino che piange senza ragione □ **to g. sb. a cold glance**, guardare q. con freddezza □ **to g. currency to a rumour**, divulgare una voce; spargere una diceria □ **to g. sb. his due**, dare a q. quel che gli è dovuto; riconoscere i meriti di q. □ **to g. ear**, ascoltare; prestare orecchio □ **to g. ground**, cedere terreno; ritirarsi; ripiegare □ **to g. sb. a hand**, dare una mano a q. □ **to g. one's honour**, impegnare il proprio onore □ **to g. (st.) into sb.'s custody**, affidare q. (q.c.) a q. □ (*fam.*) **to g. it to sb.** (*spesso:* **to g. it to sb. hot** *o* **straight**), dare una (bella) lavata di capo a q.; fare una (grossa) paternale a q. □ **to g. one's name**, dare il (proprio) nome; declinare le generalità □ (*sport*) **to g. sb. offside**, dichiarare q. in fuorigioco □ **g. or take**, più *o* meno; all'incirca: **It will take two hours, g. or take a few minutes**, ci vorranno due ore, minuto più minuto meno □ **to g. sb. a pain in his back**, far venire a q. il mal di schiena □ **to g. sb. a piece of one's mind**, dire a q. il fatto suo □ **to g. place to sb.**, fare posto per q.; dare la precedenza a q.; essere sostituito da q. □ (*tel.*) **to g. sb. a ring**, dare un colpo di telefono a q. □ **to g. rise to**, dare origine a; cagionare; causare □ (*fam.*) **to g. sb. the sack**, licenziare q.; mandar via q. □ **to g. a song**, cantare una canzone: **G. us a song**, cantaci una canzone! □ **to g. a shrug of the shoulders**, stringersi nelle spalle □ **to g. the time of day**, dire l'ora (*o* che ora è) □ **to g. to the world**, pubblicare; dare alle stampe □ (*di cani*) **to g. tongue**, abbaiare; latrare □ **to g. oneself trouble**, darsi pena; darsi da fare; prendersela □ **to g. sb. to understand st.**, informare q. di q.c.; far capire q.c. a q. □ **to g. vent to**, sfogare; dare sfogo a □ **to g. way**, cedere, rompersi, spezzarsi; cedere terreno, ritirarsi, ripiegare; abbandonarsi, lasciarsi andare a (*un sentimento*); cedere il passo a (*q.c. di diverso*); (*autom.*) dare la precedenza: **Don't g. way to tears**, non cedere al pianto; **The tottering bridge gave way**, il ponte traballante si spezzò; **Our army gave way**, il nostro esercito ripiegò □ **to g. way to a ship**, lasciar libera la rotta a una nave □ (*autom.*) **to g. way to traffic from the right**, dare la precedenza al traffico della destra □ (*fam.*) **to g. sb. what for**, darle a q.; picchiare q.; sgridare q. □ (*pop.*) **What gives?**, che (cosa) succede?; che cavolo succede (*pop.*)? □ **G. me the good old times!**, oh, poter tornare ai bei tempi passati! □ **Given health, everything can be done**, se c'è la salute, si può far tutto □ **I would g. the world (my ears) for her**, darei tutto (la luce degli occhi) per lei.

give [giv], *n*. **1** cedimento (*di stoffa, cuoio, ecc.*). **2** lentezza (*di una fune, uno spago, ecc.*) **3** cedevolezza; elasticità: **The g. of**

giveaway

this material is excellent, questo materiale ha un'ottima elasticità. ● **g.-and-take**, concessioni reciproche; compromesso; arrendevolezza; scambio d'idee.

giveaway ['givəwei], *n.* **1** (*fam.*) il tradirsi; rivelazione involontaria **2** (*comm.*) (articolo in) omaggio **3** (*USA*) trasmissione a premi (*alla radio o alla TV*). ● (*comm.*) **g. price**, prezzo di liquidazione; prezzo stracciato (*fam.*) □ (*radio, telev.*) **g. show**, trasmissione a premi.

given ['givn], **A** *p. p.* di **to give. B** *a.* **1** dato; prestabilito; fissato: **at a g. time**, a una data ora **2** dato che; ammesso che; supposto che: **G. good weather, the ship will arrive tomorrow**, ammesso che il tempo sia buono, la nave arriverà domani **3** dedito: **He is g. to drink**, è dedito al bere **4** (*leg.*) reso esecutivo. ● (*USA*) **g. name**, nome di battesimo □ (**if**) **g. the chance**, se me ne (te ne, gliene, ecc.) fosse data l'occasione □ **g. that**, dato che □ **in a g. time**, in un dato tempo □ (*leg.*) **G. under my hand and seal**, ecc., dato, firmato e sigillato, ecc.

giver ['givə*], *n.* **1** datore, datrice; donatore, donatrice; chi dà, chi dona **2** (*fin.*) venditore, venditrice. ● (*comm.*, *Borsa*) **The market is all givers**, il mercato è pesante.

gizzard ['gizəd], *n.* **1** ventriglio; magone (*degli uccelli*) **2** (*fam., scherz.*) stomaco (*d'uomo*). ● **to fret one's g.**, rodersi il fegato; agitarsi; preoccuparsi □ **That sticks in my g.**, questa non la mando giù; questa mi sta sullo stomaco.

glabrous ['gleibrəs], *a.* glabro.

glacé [glæsei] (*franc.*), *a.* glacé; (*di cuoio, ecc.*) liscio, lucido; (*di dolce*) glassato; (*di frutta*) candito: **g. kid gloves**, guanti glacés; «**marrons glacés**», marroni canditi; marrons glacés.

glacial ['gleisjəl], *a.* (*geol., chim., fig.*) glaciale: **the g. era**, l'era glaciale; **a g. reception**, un'accoglienza glaciale. ● (*geol.*) **g. boulder**, masso glaciale.

glacialism ['gleiʃəlizəm], *n.* (*geol.*) glacialismo.

glaciated ['gleisjeitid], *a.* **1** (*geol.*) affetto da glaciazione; corroso dal ghiaccio **2** (*geogr.*) coperto di ghiaccio (*o di ghiacciai*).

glaciation [ˌglæsi'eiʃən], *n.* (*geol.*) **1** glaciazione **2** glacialismo.

glacier ['glæsjə*], *n.* (*geol.*) ghiacciaio. ● **g. front**, fronte del ghiacciaio.

glaciology [ˌgleiʃi'ɔlədʒi], *n.* (*geol.*) glaciologia.

glacis ['glæsis], *n.* (*pl.* **glacis, glacises**) **1** pendio dolce **2** (*mil.*) spalto (*di fortificazione*).

glad (1) [glæd], *a.* contento; lieto; felice: **I am g. of it**, ne sono lieto; **I am g. to see you**, sono contento di vederti. ● (*fam.*) **the g. hand**, accoglienza calorosa; benvenuto □ **g. news**, buone notizie □ (*fam.*) **g. rags**, abiti da festa; vestito della festa □ (*pop.*) **to give sb. the g. eye**, fare l'occhio di triglia a q. □ **to give sb. the g. hand**, accogliere calorosamente q. □ (*iron.*) **I would be g. to know**, mi piacerebbe proprio saperlo □ «**Will you help me?**» «**Yes, I'll be g. to.**», «mi aiuti?» «sì, volentieri».

to glad [glæd], *v. t.* (*arc. o pop. USA*) allietare; rallegrare.

glad (2) [glæd], *n.* (*pop., bot. Gladiolus*) gladiolo.

to gladden ['glædn], *v. t.* allietare; rallegrare; dilettare.

glade [gleid], *n.* **1** radura **2** (*USA, anche* **everglade**) palude; terreno paludoso.

gladiator ['glædieitə*], *n.* **1** (*stor.*) gladiatore **2** (*fig.*) polemista.

gladiatorial [ˌglædiə'tɔ:riəl], *a.* (*stor.*) gladiatorio; da gladiatore.

gladiolus [ˌglædi'oulʌs], *n.* (*pl.* **gladiolus, gladioli, gladioluses**) (*bot.*, *Gladiolus*) gladiolo.

gladly ['glædli], *avv.* con piacere; di buon grado; volentieri.

gladness ['glædnis], *n.* contentezza; gioia; letizia.

gladsome ['glædsəm], *a.* (*lett.*) contento; lieto; felice.

Gladstone ['glædstən], *n.* (*anche* **G. bag**) valigia a soffietto.

glair [glɛə*], *n.* **1** albume; bianco d'uovo; chiara (*pop.*) **2** colla (*per albuminare carta, stoffa, ecc.*) **3** liquido vischioso.

to glair [glɛə*], *v. t.* ricoprire (*o spalmare*) d'albume; albuminare.

glaireous ['glɛəriəs], **glairy** ['glɛəri], *a.* **1** albuminoso; coperto d'albume **2** vischioso; viscido.

glaive [gleiv], *n.* (*poet.*) **1** alabarda **2** spada; spadone.

glamorization [ˌglæmərai'zeiʃən], *n.* esaltazione; magnificazione.

to glamorize ['glæməraiz], *v. t.* **1** rendere affascinante **2** mettere in risalto il lato affascinante di (q.c.); magnificare.

glamorous ['glæmərəs], *a.* affascinante; attraente; incantevole.

glamour ['glæmə*], *n.* fascino; incanto; incantesimo; malia: **a scene full of g.**, una scena piena d'incanto; **the g. of the South Seas**, la malia dei Mari del Sud. ● (*fam.*) **g. girl**, ragazza affascinante; «bellezza» □ **to cast a g. over sb.**, fare un incantesimo a q.; stregare q.

to glamour ['glæmə*], *v. t.* affascinare; incantare; ammaliare.

to glance [gla:ns], **A** *v. i.* **1** – **to g. at**, gettare uno sguardo (*o* dare un'occhiata) a (q., q.c.): **to g. at a magazine**, dare un'occhiata a una rivista illustrata **2** balenare; brillare: **The knight's armour glance in the sun**, l'armatura del cavaliere balenava al sole **3** – **to g. off** (*o* **aside**), essere deviato, rimbalzare; scivolare: **The spear glanced off his shield**, la lancia fu deviata dallo scudo. **B** *v. t.* far deviare; far rimbalzare. ● (*fig.*) **to g. at st.**, fare un rapido accenno (*o* accennare, alludere) a q.c. □ **to g. down**, abbassare lo sguardo □ (*fam.*) **to g. one's eye at** (*o* **over**) **st.**, dare un'occhiata (*o* una scorsa) a q.c. □ **to g. st. over** (*o* **through**), dare una scorsa a q.c.; scorrere q.c. □ **to g. up**, alzare gli occhi.

glance (1) [gla:ns], *n.* **1** occhiata; sguardo; colpo d'occhio; occhiatina: **to take a g. at a pamphlet**, dare un'occhiata a un volantino; **to see st. at a g.**, capire q.c. a colpo d'occhio; **a shifting g.**, uno sguardo sfuggente; **loving glances**, occhiatine amorose; sguardi dolci **2** balenio; lampo (*fig.*); bagliore: **the g. of swords**, il balenio delle spade **3** rimbalzo; colpo deviato (*per es.*, *di spada*) **4** (*fig.*) cenno; accenno. ● **at a g.**, al primo sguardo; a colpo d'occhio; subito.

glance (2) [gla:ns], *n.* (*miner.*) minerale luccicante. ● **g. coal**, antracite □ **lead g.**, galena □ **silver g.**, argentite.

glancing ['gla:nsiŋ], *a.* **1** casuale; incidentale **2** naturale; spontaneo **3** (*di un colpo*) che viene deviato.

glancingly ['gla:nsiŋli], *avv.* fugacemente; di sfuggita.

gland (1) [glænd], *n.* (*biol.*) ghiandola, glandola: **ductless glands**, ghiandole endocrine; **sweat glands**, ghiandole sudorifere.

gland (2) [glænd], *n.* (*mecc.*) premistoppa; pressatreccia.

glandered ['glændəd], **glanderous** ['glændərəs], *a.* (*vet.*) affetto da morva (*o* da farcino).

glanders ['glændəz], *n. pl.* (*col verbo al sing.*) (*vet.*) morva; farcino (*del cavallo*).

glandular ['glændjulə*], *a.* (*biol.*) ghiandolare; delle ghiandole.

glandule ['glændju:l], *n.* (*anat.*) ghiandoletta; piccola ghiandola.

glandulose ['glændjulous], **glandulous** ['glændjuləs], *a.* (*biol.*) ghiandolare.

glans [glænz], *n.* (*pl.* **glandes**) (*anat.*) glande.

to glare [glɛə*], **A** *v. i.* **1** sfolgorare; risplendere di luce abbagliante; abbagliare: **The unbroken expanse of the ice field glared in the midday sunlight**, l'ininterrotta distesa della banchisa sfolgorava sotto il sole di mezzogiorno **2** (*fig.*: *di persona*) mettersi in mostra; dare nell'occhio **3** – **to g. at** (*o* **upon**), guardar fisso (*o con ira*); guardare di traverso (*o con occhio torvo*): **He glared at me like a bull at a red rag**, mi guardava con occhio torvo, come un toro guarda uno straccio rosso. **B** *v. t.* esprimere (*odio, sfida e sim.*) con lo sguardo: **to g. hatred at each other**, lanciarsi occhiate cariche d'odio.

glare [glɛə*], *n.* **1** bagliore; barbaglio; luce abbagliante; splendore accecante; abbagliamento: **the yellowish g. of a naked bulb**, il bagliore giallastro d'una lampadina senza paralume; **the g. of publicity**, lo sfavillio della pubblicità luminosa **2** sguardo feroce (*o* irato, penetrante) **3** eleganza smaccata; vistosità; esibizione sfacciata. ● **g. ice**, ghiaccio liscio (*autom.*) **non-g.**, anabbagliante: **non-g. mirror**, specchietto (retrovisivo) anabbagliante.

glaring ['glɛəriŋ], *a.* **1** abbagliante; accecante; sfolgorante: **g. neon signs**, sfolgoranti insegne al neon **2** (*di colore, ecc.*) troppo vivo; sgargiante; vistoso **3** (*dell'occhio, di sguardo, ecc.*) fiero; irato; torvo **4** evidente; manifesto; madornale: **a g. mistake**, un errore madornale.

glaringness ['glɛəriŋnis], *n.* l'essere abbagliante, accecante, ecc. (*V.* **glaring**); splendore vivissimo.

glary ['glɛəri], *V.* **glaring**.

glass [gla:s], **A** *n.* **1** vetro (*anche di finestra, finestrino, orologio, quadro, ecc.*); cristallo: **G. breaks easily**, il vetro si rompe facilmente **2** oggetto di vetro **3** (*anche* **drinking g.**) bicchiere: **I drank a g. of wine**, bevvi un bicchiere di vino **4** (*anche* **looking g.**) specchio **5** (*fam.*) barometro; cannocchiale; microscopio: **The g. is falling**, il barometro scende **6** (*anche* **hourglass**) clessidra **7** (*collett.*) oggetti di vetro; vetrame; vetri; cristalli: **a noise of broken g.**, un rumore di vetri rotti; **a house well supplied with g. and china**, una casa ben provvista di cristalli e porcellane **8** (*pl.*, *anche* **eyeglasses**) occhiali; lenti **9** (*pl.*) binocolo **10** lente: **magnifying g.**, lente d'ingrandimento. **B** *a. attr.* **1** di vetro: **g. bottles**, bottiglie di vetro **2** a vetri, con occhio di vetro **2** (*edil.*) a vetri; a vetrate: **a g. porch**, una loggia a vetri. ● **g.-blower**, vetraio; soffiatore (*di vetro*) □ **g.-blowing**, soffiatura del vetro □ **g. case**, vetrinetta □ **g. cloth**, tessuto di vetro filato □ **g.-cutter**, tagliatore di lastre di vetro; diamante (*o* rotella) tagliavetro □ **g. door**, porta a vetri □ **g. dust**, polvere di vetro □ **g. fibre**, fibra di vetro □ **g. house**, serra; (*fig.*) casa di vetro □ (*chim.*) **g. of antimony**, vetro d'antimonio □ **g.-painting**, pittura vetraria; vetrocromia □ **g. paper**, carta vetrata; (*anche*) carta di fibra di vetro □ **g. shade**, campana di vetro; globo di vetro □ (*miner.*) **g. soap**, pirolusite □ **g. wool**, lana di vetro □ **field g.** (*o* **opera g.**), binocolo □ **to be fond of one's g.**, essere amante del bere □ (*pugilato*) **to have a g. jaw**, avere la mascella di vetro □ **to have had a g. too much**, aver bevuto un bicchiere di troppo □ **plate g.**, cristallo □ (*prov.*) **People who live**

in g. **houses shouldn't throw stones**, chi è senza peccato scagli la prima pietra; (*anche*) è pericoloso criticare gli altri quando si è criticabili.
to glass [gla:s], *v. t.* **1** munire (*o* provvedere) di vetri; proteggere con vetro **2** (*raro*) rendere vitreo (*l'occhio*) **3** (*raro*) conservare in un vaso di vetro **4** specchiare; riflettere: **trees glassing themselves in the lake**, alberi che si specchiano nel lago. ● **to g. in**, chiudere (*o* coprire) con vetri.
glassful ['gla:sful], *n.* (contenuto di un) bicchiere; bicchierata.
glasshouse ['gla:s-haus], *n.* **1** serra (di vetro) **2** vetreria **3** (*pop.*) carcere militare.
glassiness ['gla:sinis], *n.* l'esser vitreo; vetrosità; trasparenza.
glassmaker ['gla:s,meikə*], *n.* vetraio.
glassmaking ['gla:s,meikiŋ], *n.* (*ind., arte*) arte vetraria.
glassman ['gla:smən], *n.* (*pl.* **glassmen**) vetraio; commerciante di vetri; operaio che lavora il vetro.
glassteel ['gla:s-sti:l], *a.* (*edil.*) di vetro e d'acciaio: **g. sky-scrapers**, grattacieli di vetro e d'acciaio.
glassware ['gla:s-wɛə*], *a.* (*collett.*) **1** articoli di vetro; vetrerie **2** cristalleria (*da tavola*); cristalli.
glasswork ['gla:s-wə:k], *n.* **1** lavoro di vetraio; messa in opera di vetri; fabbricazione del vetro **2** *V.* **glassware**.
glassworks ['gla:s-wə:ks], *n. pl.* (*col verbo al sing.*) vetreria.
glasswort ['gla:s-wə:t], *n.* (*bot.*) **1** (*Salicornia europaea*) salicornia **2** (*Salsola kali*) erba cali; riscolo.
glassy ['gla:si], *a.* simile a vetro; vetroso: vitreo: **g. porcelain**, porcellana vetrosa; **a g. stare**, uno sguardo vitreo (*o* inespressivo) **2** calmo; limpido; liscio; trasparente: **a g. sea**, un mare liscio (come l'olio). ● **g. stillness**, quiete immota.
Glaswegian [glæs'wi:dʒjən], *a.* e *n.* (abitante di) Glasgow.
glaucoma [glɔ:'koumə], *n.* (*med.*) glaucoma.
glaucomatous [glɔ:'koumətəs], *a.* (*med.*) affetto da glaucoma.
glaucous ['glɔ:kəs], *a.* **1** glauco; verdazzurro **2** (*bot.*) pruinoso.
to glaze [gleiz], **A** *v. t.* **1** (*anche* **to g. in**) fornire di vetri; invetriare; racchiudere con vetri: **to g. a window**, fornire di vetri una finestra; **a glazed-in verandah**, una veranda munita di vetrate **2** smaltare a vetrina, invetriare (*ceramiche*) **3** lustrare (*stoffa*); lucidare (*cuoio*) **4** candire (*frutta*); glassare (*dolci*) **5** appannare, rendere vitreo (*l'occhio, lo sguardo*). **B** *v. i.* (*dell'occhio*) appannarsi; diventare vitreo. ● (*edil.*) **glazed brick**, mattone greificato □ **a glazed door**, una porta a vetri □ **glazed frost**, *V.* **glaze**, *def.* 5.
glaze [gleiz], *n.* **1** smalto; vernice vetrosa **2** (*ceramica*) vetrina **3** mano di vernice trasparente **4** gelatina (*sulla carne*) **5** (*meteorologia*) ghiaccio vetroso; gelicidio; vetrone (*fam.*) **6** glassa (*di dolce*) **7** sguardo vitreo.
glazer ['gleizə*], *n.* **1** verniciatore a smalto; smaltatore **2** lucidatore (*di cuoio*).
glazier ['gleizjə*], *n.* vetraio (*installatore*). ● **g.'s point**, puntina da vetraio □ (*scherz., arc.*) **Is your father a g.?**, sei bello, ma non trasparente (*detto a chi impedisce la vista*).
glaziery ['gleizjəri], *V.* **glasswork**, *def.* 1.
glazing ['gleiziŋ], *n.* **1** lavoro di vetraio **2** lastra di vetro; vetrata **3** (*edil.*) messa in opera dei vetri **4** verniciatura a smalto; smaltatura **5** (*ceramica*) vetrinatura; invetriatura **6** (*fotogr.*) lucidatura; smaltatura **7** (*pittura*) velatura. ● (*edil.*) **double g.**, doppi vetri.
glazy ['gleizi], *a.* vetroso; vitreo.
gleam [gli:m], *n.* barlume, sprazzo (*anche fig.*); bagliore; raggio incerto; sprazzo di luce; luccicore riflesso: **the g. of the firelight**, il bagliore del fuoco acceso; **There isn't a g. of hope**, non c'è un barlume di speranza; **a g. of understanding**, un barlume di ragione.
to gleam [gli:m], *v. i.* **1** brillare di luce debole (*o* incerta); baluginare **2** luccicare; splendere; brillare: **My shoes gleamed after being shined**, le mie scarpe brillavano dopo essere state lucidate.
gleamy ['gli:mi], *a.* che dà barlumi; che balugina; che luccica debolmente.
to glean [gli:n], *v. t.* e *i.* spigolare (*anche fig.*); raccogliere qua e là; racimolare: **to g. corn**, spigolare il grano; **to g. news**, spigolare notizie. ● **to g. a field**, spigolare in un campo.
gleaner ['gli:nə*], *n.* spigolatore, spigolatrice.
gleaning ['gli:niŋ], *n.* (*anche fig.*) spigolatura.
gleanings ['gli:niŋz], *n. pl.* **1** (*agric.*) spigolature; grano spigolato **2** (*fig.*) spigolature; notizie racimolate.
glebe [gli:b], *n.* **1** (*poet.*) gleba; terreno; terra **2** (*anche* **g. land**) terreno (*o* podere) che fa parte d'un beneficio ecclesiastico.
glee [gli:], *n.* **1** allegrezza; allegria; gaiezza; gioia **2** (*mus.*) canone a più voci (*di solito maschili*); canzone a ripresa. ● (*mus.*) **g. club**, società corale.
gleeful ['gli:ful], *a.* allegro; gaio; giulivo.
gleeman ['gli:mən], *n.* (*pl.* **gleemen**) (*stor.*) menestrello.
gleesome ['gli:səm], *a.* allegro; gaio; giulivo.
gleet [gli:t], *n.* (*med.*) **1** gonorrea cronica; scolo (*pop.*)

(*raro*) pus.
gleety ['gli:ti], *a.* (*med.*) purulento; viscoso.
glen [glen] *a.* (*scozz.*), valle stretta e lunga.
glengarry [glen'gæri], *n.* (*anche* **G. bonnet**) berretto scozzese.
glenoid ['gli:nɔid], *a.* (*anat.*) glenoideo: **g. cavity**, cavità glenoidea; glene.
glib [glib], **A** *a.* **1** (*di persona*) facondo; loquace; volubile; dalla lingua sciolta: **a g. speaker**, una persona dalla lingua sciolta **2** (*di discorso, ecc.*) facile; scorrevole; sciolto: **a g. tongue**, una lingua (*troppo*) sciolta **3** (*di superficie, ecc.*) liscio; levigato **4** (*raro: di movimento*) libero. **B** *a.* (*raro*) volubilmente. ● **a g. excuse**, una scusa pronta (*o* facile) □ (*spreg.*) **g. politicians**, politicanti parolai.
glibness ['glibnis], *n.* **1** facondia; loquacità; volubilità; scioltezza di lingua **2** facilità; scorrevolezza; sciolezza.
to glide [glaid], **A** *v. i.* **1** scivolare; sdrucciolare; passare silenziosamente (*o* inosservato): **The thief glided out of the shop**, il ladro scivolò fuori del negozio **2** fluire; scorrere placido: **The river glides between two rows of trees**, il fiume scorre placido fra due file di alberi; **Time glides away**, il tempo fluisce (*o* scorre via) **3** (*aeron.*) librarsi; planare: **The aeroplane glided down to a safe landing place**, l'aeroplano planò fino a trovare un punto in cui atterrare con sicurezza **4** (*mus.*) eseguire un glissando **5** (*sport*) fare il volo a vela. **B** *v. t.* **1** far scivolare; far scorrere; imprimere un moto uguale e silenzioso a: **A light breeze glided the ship on her course**, una lieve brezza spingeva la nave lungo la sua rotta **2** (*aeron.*) far planare. ● far scomparire (*o* sfumare) a poco a poco in q.c.: **The fish glided into the water of the lake**, il pesce scomparve a poco a poco confondendosi con l'acqua del lago.
glide [glaid], *n.* **1** scivolata; scivolamento **2** il fluire (*del tempo, ecc.*) **3** (*aeron.*) volo librato (*o* planato) **4** (*mus.*) legamento **5** passo strisciato **6** (*fon.*) suono vocalico intermedio.
glider ['glaidə*], *n.* (*aeron.*) aliante.
gliding ['glaidiŋ], **A** *a.* che scivola; scivolante. **B** *n.* **1** (*sport*) volo a vela **2** (*aeron.*) planata **3** (*mus.*) glissando. ● (*biol.*) **g. bacteria**, batteri striscianti □ (*fin.*) **g. parities**, parità scivolanti.
glidingly ['glaidiŋli], *avv.* scivolando; scorrevolmente.
glim [glim], *n.* (*pop.*) **1** luce; lampada; lanterna; candela **2** occhio.
to glimmer ['glimə*], *v. i.* baluginare; luccicare debolmente.
glimmer ['glimə*], *n.* barlume (*anche fig.*); luce debole (*o* intermittente); luccichio (*dell'acqua*): **a g. of hope**, un barlume di speranza.
glimmering ['glimərin], **A** *a.* baluginante; luccicante. **B** *n. V.* **glimmer**.
glimpse [glimps], *n.* **1** occhiata di sfuggita; rapido sguardo **2** breve apparizione; lieve traccia **3** bagliore; lampo; luccichio **4** barlume (*fig.*); idea vaga. ● **to get** (*o* **to catch**) **a g. of sb.** (*st.*), intravedere, vedere di sfuggita q. (q.c.).
to glimpse [glimps], **A** *v. t.* vedere di sfuggita; intravedere. **B** *v. i.* (*poet.*) apparire in forma incerta; far capolino; albeggiare. ● **to g. at st.**, guardare q.c. di sfuggita.
to glint [glint], **A** *v. i.* baluginare; brillare di luce debole; luccicare; scintillare: **Her eyes glinted with emotion**, le luccicarono gli occhi dall'emozione. **B** *v. t.* far brillare; riflettere (*una luce*).
glint [glint], *n.* **1** bagliore; barlume; riflesso **2** (*fig.*) sprazzo; scintilla **3** (*elettron.*) barbaglio.
glissade [gli'sa:d] (*franc.*), *n.* **1** scivolata (*volontaria: di un alpinista*); discesa fatta scivolando sulla neve **2** (*danza*) passo strisciato; strisciare.
to glissade [gli'sa:d] (*franc.*), *v. i.* **1** scivolare; discendere scivolando **2** (*danza*) fare una glissade.
glissando [gli'sændou], **A** *n.* (*pl.* **glissandi, glissandos**) (*mus.*) glissando. **B** *a.* e *avv.* (*eseguito*) con un glissando.
to glisten ['glisn], *v. i.* brillare; luccicare; sfavillare; scintillare: **eyes glistening with happiness**, occhi scintillanti di felicità.
glisten ['glisn], *n.* brillio; luccichio; scintillio.
glister ['glistə*], (*arc.*) *V.* **to glisten** e **to glitter**.
to glitter ['glitə*], *v. i.* brillare; luccicare; scintillare; sfolgorare: **Millions of stars were glittering in the cold winter night**, milioni di stelle brillavano nella fredda notte invernale; **glittering jewels**, gioielli sfolgoranti □ (*prov.*) **All that glitters is not gold**, non è tutt'oro quel che riluce.
glitter ['glitə*], *n.* **1** brillio; luccichio; scintillio; sfolgorio **2** splendore; lustro; sfarzo.
glittering ['glitəriŋ], *a.* brillante; splendente; scintillante. ● **g. promises**, promesse seducenti.
gloaming ['gloumiŋ], *n.* crepuscolo; imbrunire.
to gloat [glout], *v. i.* — **to g. on** (*o* **over**), covare con gli occhi; esultare, gongolare; provare un piacere maligno per (q.c.): **He gloats over the misfortunes of his enemy**, gongola per le sventure del suo nemico.

gloatingly ['gloutiŋli], *avv.* **1** avidamente **2** con gioia maligna; gongolando.
global ['gloubl], *a.* **1** globale: **g. radiation**, radiazione globale **2** a forma di globo; sferico **3** mondiale; universale: **g. warfare**, guerra mondiale **4** globale; complessivo: **the g. output of a factory**, la produzione complessiva di una fabbrica; **a g. allocation of £ 100,000**, uno stanziamento globale di 100 000 sterline.
globate(d) ['gloubeit(id)], *a.* globulare; a forma di globo.
globe [gloub], *n.* **1** globo; sfera; mappamondo; orbe: **terrestrial g.**, globo terrestre **2** (*anche* **lamp g.**) globo di lampada; paralume **3** vaso da pesci **4** (*anat.*) globo (oculare). ● (*zool.*) **g.-fish** (*Tetrodon*; *Ephippion*; *ecc.*), pesce palla □ (*bot.*) **g.-flower** (*Trollius europaeus*), luparia □ **g. lightning**, fulmine a palla □ **g.-trotter**, giramondo □ (*mecc.*) **g. valve**, valvola a sfera.
to globe [gloub], **A** *v. t.* (*di solito al passivo*) dare forma di globo a (q.c.); conglobare. **B** *v. i.* assumere forma di globo; conglobarsi.
globoid ['glouboid], **A** *a.* sferico; simile a un globo. **B** *n.* **1** oggetto a forma di globo **2** (*bot.*) globoide.
globose ['glouboas], *a.* globoso (*raro*); a forma di globo; sferico.
globosity [glou'bositi], *n.* globosità; l'esser globoso; sfericità.
globular ['globjulə*], *a.* **1** globoso (*raro*); sferico **2** (*biol.*, *astron.*, *ecc.*) globulare.
globularity [,globju'læriti], *n.* **1** sfericità **2** l'esser globulare.
globule ['globju:l], *n.* **1** (*biol.*, *astron.*) globulo **2** corpuscolo; gocciolina.
globulin ['globjulin], *n.* (*biol.*) globulina.
glockenspiel ['glokənspi:l] (*ted.*), *n.* (*mus.*) glockenspiel; campanelli.
glomerate ['glomərit], *a.* (*bot.*, *anat.*) agglomerato.
glomerule ['glomәru:l], *n.* (*bot.*, *anat.*) glomerulo.
gloom [glu:m], *n.* **1** oscurità; buio; tenebre **2** (*fig.*) malinconia; tristezza; tetraggine **3** (*meteorologia*) gloom. ● (*fig.*) **to cast** (*o* **to throw**) **a g. over**, rattristare; gettare nella tristezza.
to gloom [glu:m], **A** *v. i.* **1** essere malinconico (*o* triste, tetro) **2** (*del cielo*, *ecc.*) oscurarsi; rabbuiarsi; essere scuro in volto **2** (*del cielo*, *ecc.*) oscurarsi; rabbuiarsi; essere cupo (*o* fosco). **B** *v. t.* **1** immalinconire; rattristare **2** oscurare; rabbuiare.
gloominess ['glu:minis], *n.* **1** oscurità; buio; tenebre **2** malinconia; tristezza; tetraggine.
gloomy ['glu:mi], *a.* **1** oscuro; buio; cupo; fosco: **g. weather**, tempo fosco; foschia **2** malinconico; triste; tetro; lugubre; deprimente: **a g. landscape**, un paesaggio tetro; **a g. young man**, un giovane malinconico; **a g. prediction**, una previsione deprimente **3** depresso; pessimista; sfiduciato.
Gloria ['glɔ:riə], *n.* (*relig.*) gloria.
glorification [,glɔ:rifi'keiʃən], *n.* **1** glorificazione; esaltazione **2** (*fam.*) celebrazione; festa; festeggiamenti.
glorifier ['glɔ:rifaiə*], *n.* glorificatore, glorificatrice.
to glorify ['glɔ:rifai], *v. t.* **1** glorificare; celebrare; esaltare **2** abbellire; ingrandire; migliorare. ● **a glorified cottage**, una casa di campagna che ci si sforza di far sembrare una villa signorile.
gloriole ['glɔ:rioul], *n.* aureola; alone.
glorious ['glɔ:riəs], *a.* **1** glorioso; illustre; preclaro: **a g. victory**, una gloriosa vittoria; **the g. reign of Alfred the Great**, il glorioso regno di Alfredo il Grande **2** magnifico; splendido; (*anche iron.*) bello: **a g. day**, una magnifica giornata; **What a g. party!**, che splendida festa!; **a g. muddle**, un bel pasticcio (*fig.*) **3** (*fam.*) beato nell'ubriachezza; che ha la sbornia allegra.
glory ['glɔ:ri], **A** *n.* **1** gloria; onore; fama; (*motivo di*) vanto: **gloria del Cielo**; beatitudine del paradiso: **the glories of ancient Greece**, le glorie della Grecia antica; **to live with the saints in g.**, essere con i Santi nella gloria del Cielo; «**G. to God in the highest**», «gloria a Dio nell'alto dei Cieli» **2** magnificenza; splendore: **the dying glories of evening**, gli ultimi splendori del giorno che muore **3** giubilo; grande contentezza; settimo cielo (*fig.*); prosperità; colmo del successo: **The actress was in her g.**, l'attrice era al settimo cielo **4** aureola; alone (*di santi*, *ecc.*) **5** (*ottica*) gloria. **B** *inter.* (*fam.*, *anche* **g. be!**) buon Dio!; perbacco! □ **g. hole** (*fam.*) ripostiglio; cassetto in disordine; (*ind. vetro*) forno di riscaldo; (*ind. min.*) coltivazione a imbuti; (*naut.*) cambusa □ (*fam.*) **to go to g.**, andare al Creatore □ (*USA*) **Old G.**, la bandiera nazionale americana □ (*fam.*) **to send sb. to g.**, mandare q. al Creatore; ammazzare q.
to glory ['glɔ:ri], *v. i.* — **to g. in**, gloriarsi di; vantarsi di: **He glories in his country's victory**, si gloria della vittoria del suo paese.
gloss (1) [glos], *n.* **1** lucentezza; lucidità; lustro: **the g. of satin**, la lucentezza del raso **2** apparenza, parvenza; patina; vernice (*fig.*): **a g. of respectability**, una vernice di rispettabilità **3** (*ottica*) brillantezza.
to gloss (1) [glos], *v. t.* **1** lucidare; lustrare **2** (*spesso* **to g. over**) coprire; dissimulare; mascherare: **to g. over one's failure**, dissimulare il proprio insuccesso; **to g. over one's errors**, mascherare i propri errori.

gloss (2) [glos], *n.* **1** glossa; chiosa; annotazione **2** glossario **3** commento; parafrasi; interpretazione (*anche errata*) delle parole altrui.
to gloss (2) [glos], *v. t. e i.* **1** glossare; chiosare; annotare; commentare **2** (*spesso* **to g. over**) fraintendere; interpretare erroneamente.
glossal ['glosl], *a.* (*anat.*) linguale; glossico.
glossarial [glo'sɛəriəl], *a.* pertinente (*o* simile) a glossario; esplicativo.
glossarist ['glosərist], *n.* glossatore, glossatrice.
glossary ['glosəri], *n.* glossario.
glossator [glo'seitə*], *n.* glossatore (*specialm.*, giurista medievale).
glossiness ['glosinis], *n.* lucentezza; lucidità; levigatezza.
glossitis [glo'saitis], *n.* (*med.*) glossite.
glossographer [glo'sogrəfə*], *n.* glossografo; glossatore.
glossography [glo'sogrəfi], *n.* glossografia.
glossology [glo'solədʒi], *n.* (*arc.*) glottologia.
glossy ['glosi], **A** *a.* **1** lucente; lucido; liscio **2** poco plausibile; specioso **3** (*ottica*) brillante. **B** *n.* **1** (*fotogr.*) foto (su carta) lucida **2** (*tipogr.*, *anche* **g. magazine**) rivista su carta patinata.
glottal ['glotl], *a.* **1** (*anat.*) della glottide **2** (*fon.*) glottale; linguale: **g. stop**, occlusiva glottale.
glottic ['glotik], *a.* **1** (*anat.*) della glottide **2** (*arc. fon.*) glottal, *def.* 2.
glottis ['glotis], *n.* (*pl.* **glottises, glottides**) (*anat.*) glottide.
glottology [glo'tolədʒi], *n.* (*arc.*) glottologia.
Gloucester ['glostə*], *n.* varietà di formaggio duro (*dal nome della città*).
glove [glʌv], *n.* **1** guanto **2** (*anche* **boxing-g.**) guanto da pugilato; guantone. ● **g. box**, guantiera, scatola per guanti; (*ing.*) cella a guanti □ (*autom.*) **g. compartment**, vano portaoggetti □ **g.-fight**, incontro di pugilato □ **g. maker**, guantaio □ **g. manufacturer**, guantaio (*fabbricante*) □ **g. merchant**, guantaio (*venditore*) □ **g. puppet**, burattino; pupo □ **g. stretcher**, allargaguanti □ **to fit like a g.**, stare a pennello; calzare come un guanto □ **to be in hand in g. with sb.**, essere in combutta con q. □ **to handle sb.** (*o* **st.**) **with kid gloves**, trattare q. (*o q.c.*) con i guanti □ (*fam.*) **to put on the gloves**, mettere i guantoni; prepararsi a un incontro di pugilato □ **to take up the g.**, raccogliere il guanto; accettare la sfida □ **to throw down the g.**, gettare il guanto; lanciare la sfida □ **The gloves were off**, i due (contendenti, ecc.) erano sul punto di azzuffarsi (*o* di darsi battaglia).
to glove [glʌv], *v. t.* inguantare; mettere i guanti a.
glover ['glʌvə*], *n.* guantaio, guantaia.
to glow [glou], *v. i.* **1** ardere; bruciare senza fiamma; essere incandescente: **Let's heat the metal until it glows**, riscaldiamo il metallo fino a renderlo incandescente! **2** (*fig.*) ardere; infiammarsi; brillare: **to be glowing with rage**, ardere di rabbia; **He glowed with pride**, s'infiammò d'orgoglio; **The harbour lights glowed**, le luci del porto brillavano **3** accendersi, fiammeggiare (*fig.*); rosseggiare: **In autumn the leaves of most trees glow red and yellow**, in autunno le foglie di quasi tutti gli alberi s'accendono di tinte rosse e gialle.
glow [glou], *n.* **1** bagliore; luminescenza; incandescenza: **the g. of lighted neon signs**, il bagliore delle insegne al neon accese; (*mecc.*) **g. plug**, candela a incandescenza **2** (*anche fig.*) ardore; calore; fuoco: **in a g. of enthusiasm**, nell'ardore dell'entusiasmo; **to feel a pleasant g. all over**, sentire un piacevole calore in tutto il corpo. ● (*elettron.*) **g. discharge**, scarica a bagliore □ (*raro*) **g.-fly**, lucciola □ **g. lamp**, lampada a luminescenza □ (*zool.*) **g.-worm** (*Lampyris noctiluca*), lampiride nottiluca, lucciola □ **the g. of health**, il colore della salute □ **to be in a g.** (*o* **all of a g.**), essere (tutto) accaldato (*o* accalorato).
to glower ['glauə*], *v. i.* (*di solito* **to g. at**) guardare in cagnesco.
glower ['glauə*], *n.* sguardo torvo (*o* in cagnesco).
glowering ['glauəriŋ], *a.* bieco; torvo: **a g. look**, uno sguardo bieco (*o* in cagnesco).
gloweringly ['glauəriŋli], *avv.* in cagnesco; torvamente.
glowing ['glouiŋ], *a.* **1** ardente; brillante **2** (*fig.*) acceso; animato; caloroso; fervido: **He gave us a g. account of the accident**, ci fece un resoconto assai animato dell'incidente **3** eccellente; ottimo: **g. health**, salute ottima. ● (*geol.*) **g. cloud**, nube ardente □ **to be glowing with health**, avere una splendida cera; scoppiare di salute.
gloxinia [glok'sinjə], *n.* (*bot.*, *Gloxinia*) gloxinia.
to gloze [glouz], *v. t. e i.* **1** (*di solito* **to g. over**) coprire (*fig.*); mascherare; sminuire **2** adulare; lusingare.
glucide ['glu:said], *n.* (*chim.*) glucide.
glucinium [glu(:)'sainjəm], **glucinum** [glu(:)'sainəm], *n.* (*chim.*) glucinio; berillio.
glucose ['glu:kous], *n.* (*chim.*) glucosio, glucoso; glicosio; glico-

so.
glucosic [glu:'kousik], *a.* (*chim.*) glucosico.
glucoside ['glu:kəsaid], *n.* (*chim.*) glucoside; glicoside.
glue [glu:], *n.* colla: **fish g.**, colla di pesce; **vegetable g.**, colla vegetale. ● **g. pot**, pentolino della colla.
to glue [glu:], *v. t.* incollare (*anche fig.*); attaccare con la colla; appiccicare: **with one's eye glued to the T.V. screen**, con l'occhio incollato allo schermo del televisore; **The little boy always stayed glued to his mother**, il ragazzino stava sempre appiccicato (*o* incollato) alla mamma. ● **to g. oneself to one's paper**, tenere gli occhi incollati sul giornale.
gluer ['glu:ə*], *n.* incollatore, incollatrice.
gluey ['glu:i], *a.* 1 colloso; glutinoso 2 viscoso; appiccicoso.
glum [glʌm], *a.* accigliato; cupo; depresso; triste; tetro.
glume ['glu:m], *n.* (*bot.*) gluma.
glumiferous [glu:'mifərəs], *a.* (*bot.*) glumifero.
glumness ['glʌmnis], *n.* cupezza; tristezza; tetraggine.
gluon ['glu:ɔn], *n.* (*fis.*) gluone.
to glut [glʌt], *v. t.* 1 saziare (*anche fig.*); satollare; rimpinzare: **to g. one's appetite**, saziare l'appetito; **to g. one's desire**, saziare il desiderio; **to g. oneself with sweets**, rimpinzarsi di dolci 2 ingombrare; riempire all'eccesso; saturare: (*econ.*) **to g. the market**, saturare il mercato.
glut [glʌt], *n.* 1 sazietà; eccesso (*di cibo, ecc.*); scorpacciata 2 quantità eccessiva; saturazione: (*econ.*) **a g. of butter in the markets of the E.E.C. countries**, una quantità eccessiva di burro nei mercati dei paesi della C.E.E.
glutamate ['glu:təmit], *n.* (*biol., chim.*) glutammato.
glutamic ['glʌtæmik], *a.* (*biol., chim.*) glutammico.
gluten ['glu:tən], *n.* glutine. ● **g. bread**, pane glutinato.
gluteus [glu:'ti:əs], *n.* (*pl.* **glutei**) (*anat.*) gluteo.
to glutinize ['glu:tinaiz], *v. t.* rendere glutinoso.
glutinosity [,glu:ti'nɔsiti], *n.* glutinosità.
glutinous ['glu:tinəs], *a.* glutinoso.
glutton ['glʌtn], *n.* 1 (*zool., Gulo gulo*) ghiottone; volverina 2 (*zool., Macronectes giganteus*; *anche* **g. bird**) ossifraga 3 ghiottone; goloso. ● **a g. of books**, un divoratore di libri; un lettore insaziabile □ (*fam.*) **a g. for punishment**, uno che fa più del suo dovere; uno stakanovista □ **a g. for work**, uno che non si stanca mai di lavorare.
gluttonous ['glʌtnəs], *a.* ghiotto; goloso; ingordo.
gluttony ['glʌtni], *n.* ghiottoneria; golosità; ingordigia ● (*prov.*) **G. kills more than the sword**, ne ammazza più la gola che la spada.
glyc(a)emia [glai'si:miə], *n.* (*med.*) glicemia.
glyc(a)emic [glai'si:mik], *a.* (*med.*) glicemico.
glycerate ['glisəreit], *n.* (*chim.*) 1 glicerato 2 glicerolato.
glyceric [gli'serik], *a.* (*chim.*) glicerico: **g. acids**, acidi gliceridi.
glyceride ['glisəraid], *n.* (*chim.*) gliceride.
glycerin(e) [,glisə'ri(:)n], *n.* (*chim.*) glicerina; glicerolo.
glycerol ['glisərɔl], *n.* (*chim.*) glicerolo; glicerina.
glyceryl ['glisəril], *n.* (*chim.*) glicerile.
glycogen ['glikoudʒən], *n.* (*chim.*) glicogeno.
glycol ['glaikɔl], *n.* (*chim.*) glicol, glicole.
glycol(l)ic [glai'kɔlik], *a.* (*chim.*) glicolico.
glyconic [glai'kɔnik], *a. e n.* (*poesia*) gliconio; gliconeo.
glycoside ['glaikousaid], *n.* (*biol., chim.*) glicoside.
glycosuria [,glaikou'sju:riə], *n.* (*med.*) glicosuria.
glycosuric [,glaikou'sju:rik], *a.* (*med.*) glicosurico.
glyph [glif], *n.* 1 (*archit.*) glifo 2 (*archeol.*) geroglifico 3 (*fam., autom.*) segnale di sole immagini (*senza parole*).
glyptic ['gliptik], *a.* glittico.
glyptics ['gliptiks], *n. pl.* (*col verbo al sing.*) glittica.
glyptodont ['gliptədɔnt], *n.* (*paleontologia*) gliptodonte.
glyptography [glip'tɔgrəfi], *n.* glittografia.
G-man ['dʒi:mæn], *n.* (*pl.* **G-men**) (*fam. USA*) agente investigativo federale (*del Federal Bureau of Investigation*: **G** sta per **Government**).
gnarl [na:l], *n.* nodo (*di legno d'albero*); nocchio.
gnarled [na:ld], **gnarly** ['na:li], *a.* 1 (*d'albero*) nodoso; nocchioso; nocchieruto: **a g. old beech**, un vecchio faggio nodoso 2 (*fig.: di persona*) dall'aspetto ruvido, rozzo; dal viso grinzoso. ● **g. hands**, mani nodose.
to gnash [næʃ], *v. t. e i.* arrotare, digrignare (i denti).
gnat [næt], *n.* (*zool.*) 1 moscerino 2 (*Culex pipiens*) zanzara 3 (*USA, Simulium*) simulio. ● (*fig.*) **to strain at a g.**, fare il difficile per cose da nulla; essere incontentabile.
gnathic ['næθik], *a.* (*anat.*) gnatico; mascellare; della mascella.
to gnaw [nɔ:] (*p. p.* **gnawed, gnawn**), *v. t. e i.* 1 (*spesso* **to g. at**) mordere, rodere; corrodere; erodere; rosicchiare; rosicare: **The mouse was gnawing (at) the cheese**, il topo rosicchiava il cacio; **A 20% rate of inflation is now gnawing at our savings**, un tasso d'inflazione del 20% erode ora i nostri risparmi 2 rodere (*fig.*) attanagliare, tormentare; torturare: **Hunger gnawed my bowels**, la fame mi rodeva le budella. ● **to g. one's fingernails**, mangiarsi le unghie □ **to g. st. in two**, spezzare q.c. in due rodendola.
gnawer ['nɔ:ə*], *n.* roditore.
gnawing (1) ['nɔ:iŋ], *n.* 1 rodimento; rosicchiamento 2 (*spesso al pl.*) morso (*fig.*); rimorso: **the gnawings of conscience**, i rimorsi della coscienza; **the gnawings of hunger**, il morso della fame.
gnawing (2) ['nɔ:iŋ], *a.* 1 che rode; rosicante 2 doloroso; tormentoso: che attanaglia: **g. anxiety**, dolorosa ansia; **g. grief**, tormentoso dolore; **g. hunger**, fame che attanaglia.
gnawn [nɔ:n], *p. p.* di **to gnaw**.
gneiss [nais], *n.* (*geol.*) gneiss; beola.
gnocchi ['nɔki] (*ital.*), *n.* (*anche sing.*) (*cucina*) gnocchi.
gnome (1) [noum], *n.* 1 (*mitol.*) gnomo; nano 2 (*fin.*) gnomo; banchiere; finanziere: **the Zurich gnomes**, gli gnomi di Zurigo.
gnome (2) ['noumi:], *n.* gnome (*lett.*); aforisma; massima; sentenza.
gnomic ['noumik], *a.* 1 gnomico (*lett.*); sentenzioso: **g. poetry**, poesia gnomica 2 (*astron.*) gnomonico.
gnomish ['noumiʃ], *a.* di (*o simile a*) gnomo.
gnomon ['noumɔn], *n.* (*ing., geom.*) gnomone.
gnomonic [nou'mɔnik], *a.* di gnomone; gnomonico.
gnomonics [nou'mɔniks], *n. pl.* (*col verbo al sing.*) gnomonica.
gnosis ['nousis], *n.* (*pl.* **gnoses**) (*filos., relig.*) gnosi; gnosticismo.
gnostic ['nɔstik], *a. e n.* (*filos., relig.*) gnostico.
gnosticism ['nɔstisizəm], *n.* (*relig.*) gnosticismo.
gnu [nu:], *n.* (*pl.* **gnu, gnus**) (*zool., Connochaetes gnu*) gnu.
to go [gou] (*pass.* **went**, *p. p.* **gone**), **A** *v. i.* **1** andare (*in quasi tutti i sensi*): **Shall we go by ship or by aeroplane?**, andremo in nave o in aeroplano?; **He has gone to Australia**, è andato in Australia; **All the money went to him**, tutti i soldi andarono a lui; **This size does not go**, questa taglia non va (bene); **Some savages go naked**, alcuni selvaggi vanno nudi; **On which shelf does this book go?**, in quale scaffale va questo libro?; **This road goes to Rome**, questa strada va a Roma; **The roots go deep**, le radici vanno al fondo; **This gadget goes by electricity**, questo aggeggio va a elettricità; **Things went better**, le cose andarono meglio; **How did the election go?**, come sono andate le elezioni?; **Traveller's cheques go everywhere**, gli assegni turistici vanno dappertutto; **All his money goes on stamps for his collection**, tutto il suo denaro se ne va in francobolli per la sua collezione; (*mil.*) **Who goes there?**, chi va là? **2** andarsene (*anche fig.*); partire; passare; cedere; morire: **It is getting late**; **I must be going**, si fa tardi; devo andarmene; **Be gone!**, vattene!; **Go when the light turns green**, passa quando viene il verde!; **The pain has gone**, il dolore se n'è andato; **Summer is going**, l'estate se ne sta andando; **This shirt is going**, questa camicia se ne sta andando; **When does the bus go?**, quando parte l'autobus?; **I thought the branch would go any moment**, credevo che il ramo se ne andasse (*o* cedesse) da un momento all'altro; **They thought he would go any minute**, credevano che se ne andasse (*o* morisse) da un minuto all'altro **3** stare a; tendere a: **That goes to prove that he is wrong**, ciò sta (*o* tende) a provare che ha torto **4** comportarsi: **This is an excellent rule to go by**, questa è un'ottima regola secondo cui comportarsi **5** (*di campana, orologio, ecc.*) suonare: **The school bell has just gone**, è appena suonata la campanella della scuola **6** arrivare a; giungere al punto di: **I won't go so far as to say that he is dishonest, but...**, non arriverò a dire che sia disonesto, ma... **7** (*seguito da un agg.*) diventare: **He's gone blind**, è diventato cieco; **He went green with envy**, egli divenne (*o si fece*) di tutti i colori per l'invidia **8** (*seguito da un part. pres.*) andare a: **to go shooting (fishing, skiing)**, andare a caccia (a pesca, a sciare) **9** fare; muovere: **Go like this with your right hand**, fai così con la mano destra!; muovila così! **10** fare; suonare: **The refrain goes like this**, il ritornello fa così **11** (*comm.*) andare; vendersi: **These articles will go in a whiff**, questi articoli andranno (*o si venderanno*) in un baleno **12** essere in vendita; costare: **to go cheap**, costare poco **13** (*pop.*) andare di corpo **14** (*solo nella forma progressiva, al pass.*) dover andare: **They were going to Greece, but they changed their minds**, dovevano andare in Grecia, ma cambiarono idea **15 to be going** (*seguito da inf. con* **to**), stare per; essere sul punto di; accingersi a; intendere (*fare q.c.*); volere (*anche, idiom.*, equivale al futuro ital.): **She is going to be operated on**, sta per essere operata; **When are you going to leave?**, quando intendi partire?; **I'm going to buy you a present**, ti voglio fare un regalo; **I am going to be sick!**, mi verrà la nausea; **Is it going to snow?**, (pensi che) nevicherà?; **It is going to rain**, sta per piovere; **I am going to meet him tonight**, lo incontrerò stasera. **B** *v. t.* **1** scommettere: **I'll go ten dollars**, scommetto dieci dollari **2** (*nei giochi di carte*) dichiarare: **to go two spades**, dichiarare due picche. **C** *verbi composti* **1 to go about**, andare in giro (*o qua e là*); muoversi, spo-

starsi, viaggiare; (*di notizia, voce, ecc.*) essere in giro, circolare, correre; (*naut.*) virare di bordo, cambiare le mure: **He is going about with a gang of youngsters**, va in giro con una banda di giovinastri □ **to go about** (**st.**), occuparsi di, fare; affrontare, intraprendere (*un lavoro, ecc.*); (*fam.*) mettere mano a, cominciare; occuparsi di, badare a: **I'll go about it at once**, me ne occuperò subito; **to go about one's work**, fare il proprio lavoro; **How do you go about building a model aircraft?**, come si affronta la costruzione di un aeromodello?; **Go about your business!**, occupati dei fatti tuoi! **2 to go across**, attraversare, traversare. **3 to go after**, cercare di ottenere, stare dietro a (*fam.*); corteggiare, andare dietro a (*una ragazza; fam.*) □ **to go after a job**, dare la caccia a un lavoro. **4 to go against**, andare contro, essere contrario a; andare male nel, volgere a sfavore di: **That goes against my strongest beliefs**, questo va contro i miei principi più sacri; **The sales campaign is going against them**, la campagna di vendita volge a loro sfavore □ (*fig.*) **to go against sb.'s grain**, ferire, urtare q. □ (*anche fig.*) **to go against the tide**, andare controcorrente. **5 to go ahead**, andare avanti; tirare diritto, non avere esitazioni; (*sport e fig.*) passare in testa; progredire, fare progressi: **Go ahead with your job!**, vai avanti col lavoro!; **Work is going ahead**, il lavoro progredisce; **Miniaturization has gone ahead**, la miniaturizzazione ha fatto rapidi progressi □ **Go ahead!**, avanti!; forza! **6 to go along**, andare avanti, procedere; fare progressi, progredire: **You'll find this subject easier as you go along**, andando avanti, troverai la materia più facile □ **to go along with**, andare con, accompagnare (q.); concordare, essere d'accordo con (q.); seguire (*un consiglio, un suggerimento*) □ (*fam.*) **Go along with you!**, vattene!, togliti dai piedi!; (*anche*) ma va!; fammi il piacere!; non ci credo. **7** (*naut.*) **to go alongside**, accostare; attraccare. **8 to go around**, andare in giro; muoversi, spostarsi, viaggiare; (*di malattia e sim.*) diffondersi, essere in giro; **V. to go round**: **He's going around with a gang of hooligans**, va in giro con una banda di teppisti; **There's a lot of flu going around**, c'è molta influenza in giro. **9** (*naut.*) **to go ashore**, scendere a terra; sbarcare. **10 to go astray**, perdere la strada, smarrirsi; (*fig.*) lasciare la retta via, tralignare. **11 to go at**, attaccare, scagliarsi contro (q.); impegnarsi in (q.c.), mettercisi di buzzo buono (o di lena): **They went at each other with their fists**, si scagliarono l'uno contro l'altro a pugni chiusi □ (*fig.*) **to go at it hammer and tongs**, prendere q.c. di petto; fare sul serio; mettercela tutta. **12 to go away**, andar via; andarsene; partire □ (*fam.*) **Go away!**, va là; non fare lo stupido; niente sciocchezze! **13 to go back**, tornare; (*fig.*) fare marcia indietro, (*autom.*) fare retromarcia □ **to go back on** (*o* **upon**) **one's word**, non mantenere (*o* rimangiarsi) la parola □ **to go back on sb.**, tradire q.; abbandonare q. □ **to go back to**, risalire a: **This church goes back to the eleventh century**, questa chiesa risale all'undicesimo secolo. **14 to go before sb.** (**st.**), precedere, venire prima di q. (q.c.). **15 to go behind a decision**, tornare su (*o* riesaminare) una decisione □ **to go behind sb.'s words**, cercare i motivi reconditi (*o* i sottintesi) nelle parole di q. **16 to go between**, mettersi in mezzo; fare da intermediario. **17 to go beyond**, andare oltre; eccedere; oltrepassare: **You've gone beyond your orders**, sei andato oltre gli ordini (che avevi ricevuto). **18 to go by**, passare, passare vicino a; (*di tempo*) scorrere, trascorrere: **I watched the traffic go by**, guardavo passare il traffico □ **to go by appearances**, giudicare dalle apparenze □ **to go by the board**, essere buttato a mare; essere scartato □ **to go by the name of**, andare sotto il nome di; chiamarsi. **19 to go down**, andar giù; abbassarsi, calare di livello (*anche fig.*); degradarsi; (*di nave*) affondare; (*del sole, della luna*) tramontare; (*del vento, del mare*) calmarsi; (*di prezzi, ecc.*) calare; (*di stati, città*) piegarsi, crollare, soccombere; (*a Oxford e Cambridge*) lasciare l'università (*per vacanze o dopo la laurea*); (*di persona*) ammalarsi, andare a terra, crollare: **The flood is going down**, il livello dell'acqua si sta abbassando (*o* la piena sta calando); **Your nearside front tyre is going down**, la tua gomma anteriore sinistra si sta abbassando; **Sugar has gone down**, lo zucchero è calato (di prezzo); **The town centre has gone down**, il centro cittadino s'è degradato □ **to go down in history**, passare alla storia: **He will go down in history as a hero**, passerà alla storia come un eroe; (*USA*) **to go down the line for st.**, battersi a spada tratta per q.c. □ **to go down on all fours**, mettersi carponi □ (*di un libro*) **to go down to**, arrivare fino a: **This history book goes down to World War I**, questo libro di storia arriva fino alla prima guerra mondiale □ (*letter. e teatr.*) **to go down well**, essere accolto con favore: **My collected poems went down very well with the public**, la mia raccolta di poesie fu accolta molto bene dai lettori. **20 to go for**, andare a prendere (q. *o* q.c.); (*fam.*) attaccare, scagliarsi contro (q.); mirare a, puntare su (q.c.); (*fam.*) riferirsi a, valere per: **My remarks go for your friend as well**, le mie osservazioni valgono anche per il tuo amico □ (*di persona*) **to go for nothing** (**little, etc.**), essere tenuto in nessuno (poco, ecc.) conto; non contare niente (contare poco, ecc.) □ **to go for a walk** (**a ride, a swim**), andare a fare una passeggiata (una cavalcata, una nuotata). **21 to go forth**, andare fuori, uscire; essere pubblicato (*o* emanato): **The order went forth that he should be banished**, fu emanato l'ordine ch'egli fosse messo al bando. **22 to go forward**, avanzare; (*di cosa*) progredire, procedere. **23 to go in**, entrare; (*del sole, della luna*) nascondersi; (*in una gara*) scendere in campo □ **to go in for**, darsi, dedicarsi a, interessarsi di; sostenere, iscriversi a (*un esame, una gara*): **She went in for the high life**, ella si diede alla vita di società; **I don't go in for literature**, non m'interesso di letteratura. **24 to go into**, entrare in; occuparsi di; andare al fondo di (q.c.); approfondire; (*mat.*) entrare, stare: **to go into business**, entrare in affari; **to go into the evidence**, approfondire l'esame delle prove (*o* delle testimonianze); **Five goes into ten twice**, il cinque sta due volte nel dieci □ **to go into hysterics**, avere una crisi isterica □ **to go into mourning**, vestirsi a lutto; prendere il lutto □ **to go into Parliament**, entrare in Parlamento; essere eletto deputato □ **to go into a profession**, avviarsi a una professione □ (*rugby: della palla*) **to go into touch**, andare in touche (*o* in uscita laterale). **25 to go off**, scappare, andarsene, partire; passare, esplodere, scoppiare (*anche fig.*); spegnersi; (*teatr.*) lasciare la scena, fare un'uscita; perdere coscienza; addormentarsi, assopirsi; (*comm.: di merce*) scadere in qualità, peggiorare; andare, vendersi: **My headache went off**, mi è passato il mal di testa; **Suddenly the bomb went off**, improvvisamente la bomba scoppiò; **He went off into a fit of laughter**, scoppiò in una risata; **All the lights went off**, tutte le luci si spensero; **The goods sold at this shop have gone off**, la qualità della merce venduta in questo negozio è peggiorata; **Our products go off in a whiff**, i nostri prodotti si vendono in un baleno □ **to go off the deep end**, scoppiare dalla rabbia □ **to go off one's head**, (*fam.*) perdere la testa; farne di cotte e di crude □ **to go off the hooks**, tirare le cuoia; morire □ (*di treno*) **to go off the rails**, deragliare □ **to go off duty**, smontare di servizio, staccare (*fam.*) □ **to go off well** (**badly**), andare a finire bene (male) □ **to go off wine**, smettere di bere (il) vino. **26 to go on**, andare avanti, proseguire; continuare, perseverare; (*del tempo*) passare; accadere, succedere; (*teatr.*) entrare in scena, fare un'entrata; (*di capi di vestiario*) andare, entrare; (*della luce, del gas, ecc.*) accendersi, essere acceso; comportarsi, agire: **Go on, I'm listening**, continua, ti ascolto; **What's going on here?**, che cosa succede qui?; **These shoes are too small; they won't go on**, queste scarpe sono troppo piccole; non mi entrano; **I cannot put up with the way he goes on**, non riesco a sopportare il suo modo di comportarsi □ **to go on all fours**, andare carponi □ (*fam.*) **to go on at sb.**, rimproverare q., mangiare la faccia a q. (*fam.*) □ **to go on duty**, montare in servizio; attaccare (*fam.*) □ **to go on the parish**, essere a carico della parrocchia (*o* della carità pubblica) □ **to go on the stage**, calcare le scene; fare l'attore □ **to go on the streets**, battere il marciapiede; fare la prostituta □ **to go on with one's experiments**, continuare i propri esperimenti □ **Go on** (**with you**)!, ma va!; fammi il piacere!; non ci credo □ **to be going on for**, andare per, avvicinarsi a (*una certa età*): **I am going on for sixty**, vado per i sessant'anni. **27 to go out**, (*di persone*) uscire, fare vita di società; (*di governo*) dimettersi; (*di fuoco, luce*) spegnersi; (*di lavoratori*) andare a lavorare (*al servizio di privati*); (*di lavoratori*) emigrare; (*dell'anno*) finire; (*del cuore*) andare, rivolgersi con simpatia; (*di operai*) scioperare: **He went out to Canada**, è emigrato in Canada; **The candle went out**, la candela si spense; **The poor girl was so unhappy that my heart went out to her**, la povera ragazza era così infelice che sentii un'improvvisa ondata di simpatia per lei □ **to go out** (**of fashion**), passar di moda □ (*fam.*) **to go out of one's head over sb.**, perdere la testa per q. □ **to go out of one's mind**, uscir di senno □ (*polit.*) **to go out of office**, perdere il potere □ (*fig.*) **to go out of one's way**, farsi in quattro, darsi da fare (*per fare q.c.*) □ **to go out on strike**, entrare (*o* mettersi) in sciopero. **28 to go over**, andare, trasferirsi, emigrare; passare dall'altra parte; passare a (*cambiar partito, religione*): **He went over to the enemy**, egli passò al nemico □ **to go over** (**st.**), esaminare, ispezionare (q.c.); ripassare, ripetere (*una lezione*); (*teatr.*) provare (*una scena, ecc.*) □ (*fig.*) **to go over the ground**, esaminare tutte le circostanze □ **to go over with sb.**, fare una (certa) impressione a q., essere accolto da q.: **The candidate went over well with the committee**, il candidato fece una buona impressione alla commissione. **29 to go round**, fare una deviazione; (*di una ruota, ecc.*) girare; (*di una diceria*) diffondersi; fare il giro (*distribuendo q.c.*); bastare, essere sufficiente: **There aren't enough cakes to go round**, non ci sono paste a sufficienza per distribuirne a tutti □ **to go round** (**st.**), circondare; andare in giro per (*una città*); girare per, visitare (*un luogo*) □ **to go round to see sb.**, andare a trovare q.; fare una visitina a q. **30 to go**

through, attraversare (*un luogo*); trapassare, penetrare in (*un corpo, ecc.*); andare al fondo di (q.c.), esaminare (*o discutere*) attentamente; compiere, portare a termine (*una cerimonia, un esercizio*); sopportare, vedere la fine di (q.c.); (*di un provvedimento*) essere approvato (*o perfezionato*); (*di un libro*) venire pubblicato e venduto (*in un certo numero di copie*): **to go through a trial**, affrontare una prova; subire un processo; **You don't realize what we had to go through during the war**, non potete rendervi conto di quel che dovemmo sopportare durante la guerra; **My promotion has finally gone through**, la mia promozione è stata finalmente approvata (è ormai cosa fatta); **My book went through ten thousand copies**, del mio libro sono state tirate (e vendute) diecimila copie ▫ **to go through one's accounts**, spulciare i conti ▫ **to go through one's correspondence**, fare lo spoglio della corrispondenza ▫ (*fig.*) **to go through fire and water**, non fermarsi davanti a nessun ostacolo ▫ **to go through thick and thin**, affrontare ogni rischio ▫ **to go through with**, completare; andare sino in fondo in (q.c.). **31 to go to**, contribuire a; formare: **After decimalization, 100 pennies go to one pound**, dopo la decimalizzazione, la sterlina è formata da 100 penny ▫ (*fig.*) **to go to one's account** (*o* **to one's own place**), andare all'altro mondo; morire ▫ **to go to the bad**, prendere una cattiva strada ▫ (*fig.*) **to go to the bar**, darsi alla professione forense; diventare avvocato ▫ (*naut.*) **to go to the bottom**, andare a fondo; colare a picco ▫ (*fig.*) **to go to Canossa**, andare a Canossa; umiliarsi ▫ (*polit.*) **to go to the country**, indire le elezioni generali; fare appello al Paese ▫ (*fig.*) **to go to the dogs**, andare in rovina (*o* a rotoli, in malora) ▫ **to go to sb.'s head**, andare alla testa ▫ **to go to sb.'s heart**, addolorare q.; ferire q. (*fig.*): **Success went to his head**, il successo gli andò alla testa ▫ **to go to sb.'s heart**, addolorare q.; ferire q. (*fig.*): **His angry words went to my heart**, le sue parole d'ira m'addolorarono ▫ **to go to pieces**, andare in pezzi; (*fig.*) scoraggiarsi, darsi per vinto, crollare ▫ **to go to pot**, andare a rotoli (*o* in malora) ▫ **to go to sea**, farsi marinaio; imbarcarsi (come marinaio) ▫ **to go to seed**, (*di frutti*) germogliare, germinare, fare il seme; (*fig.*: *di persone*) andare in malora o a rotoli, in rovina ▫ (*fig.*) **to go to the wall**, essere messo con le spalle al muro; avere la peggio ▫ (*fig.*) **to go to war**, entrare in guerra; fare ricorso alle armi ▫ (*fig.*) **to go to a better world**, passare a miglior vita; morire. **32 to go together**, andare (*o* star) bene insieme; armonizzare, intonarsi: **Brown and yellow go together (well)**, il giallo e il marrone vanno bene insieme. **33 to go under**, (*naut.*) affondare, andare a fondo (*o* a picco); fallire, far fiasco; soccombere: **A company that loses money risks going under**, un'azienda che perde denaro rischia di fallire ▫ **to go under the name of**, andare sotto il nome di; chiamarsi. **34 to go up**, salire; (*di prezzi*) andar su, aumentare; saltare in aria (*per un'esplosione*); essere costruito; (*anche*) essere distrutto; (*a Oxford e Cambridge*) iscriversi e andare all'università: **New houses are going up everywhere**, si costruiscono dappertutto case nuove; **The factory went up in flames**, la fabbrica fu distrutta dalle fiamme ▫ (*fig.*) **to go up in smoke**, andare in fumo ▫ (*fig.*) **to go up the ladder**, far carriera ▫ (*mil.*) **to go up the line**, andare in linea; andare al fronte ▫ **to go up in the world**, farsi strada (*fig.*). **35 to go with**, andare con; essere d'accordo con; armonizzare, intonarsi con; (*comm.*) essere venduto in blocco con: **This tie goes with your suit**, questa cravatta s'intona col tuo abito; **The garden goes with the cottage**, il giardino va (*o* si vende in blocco) con la villetta ▫ (*fig.*) **to go with the tide** (*o* **the times**), andare con la corrente; adattarsi ai tempi ▫ (*fig.*) **to go with the wind**, andare all'aria, andare a monte; svanire. **36 to go without st.**, astenersi da, fare senza q.c.; non ottenere q.c. ▫ **to go without saying**, essere ovvio, essere inteso (*che q.c. accadrà, ecc.*): essere pacifico (*o* scontato): **It goes without saying that I will help you**, è inteso che vi aiuterò; **My approval of the plan goes without saying**, la mia approvazione del progetto è scontata. ● (*USA*: *di cibo*) **to go**, da portare via; da asporto ▫ **to go all out**, mettercela tutta: **We went all out for a draw**, ce la mettemmo tutta per ottenere il pareggio ▫ (*pop.*) **to go and do it**, farla grossa; fare uno sbaglio madornale ▫ **to go armed**, andare (in giro) armato ▫ **to go bad**, andare a male; guastarsi: **The eggs went bad**, le uova andarono a male ▫ **to go badly**, andare male; fare male (*in affari, agli esami, ecc.*) ▫ (*leg.*) **to go bail for sb.**, farsi garante per q. (*per ottenergli la libertà provvisoria*) ▫ **to go (one) better**, superare, far meglio (per un punto); (*comm.*: *a un'asta, ecc.*) offrire un prezzo più alto ▫ (*di un paese*) **to go dry**, adottare il proibizionismo ▫ **to go electronic**, (*ind.*) passare all'elettronica; (*mecc.*) adottare soluzioni elettroniche ▫ **to go far**, andare lontano (*anche fig.*); fare strada, fare carriera ▫ **to go free**, restare impunito; cavarsela (*fam.*) ▫ **to go from bad to worse**, andare di male in peggio ▫ **to go from good to better**, andare di bene in meglio ▫ **to go halves**, fare a mezzo; dividere le spese; fare alla romana (*fam.*) ▫ **to go hot and cold**, avvampare per la febbre; arrossire per la vergogna; sudar freddo, impressionarsi ▫ **to go hungry**, patire la fame ▫ **to go in rags**, vestirsi di cenci; andare tutto stracciato ▫ (*pop.*) **to go it**, fare sul serio, darci sotto; far baldoria ▫ **to go it alone**, fare da sé (*o* da solo) ▫ **to go a long way**, andare lontano; (*fig.*) valere molto: **One thousand pounds go a long way**, con mille sterline si può far molto ▫ **to go mad**, ammattire ▫ **to go native**, seguire i costumi degli indigeni, adattarsi al loro sistema di vita ▫ (*pop.*) **to go phut**, andare a rotoli (*o* in malora) ▫ **to go shares**, dividere in parti uguali; fare alla romana (*fam.*) ▫ **to go shopping**, fare le compere; fare lo shopping ▫ (*mil.*) **to go sick**, darsi malato; marcar visita ▫ **to go slow**, andare piano; rallentare il lavoro, fare uno sciopero bianco ▫ (*del latte, ecc.*) **to go sour**, inacidire ▫ **to go too far**, andare troppo lontano; (*fig.*) esagerare: **That's going too far**, qui si esagera; questo è (un po') troppo! ▫ **to go unnoticed**, passare inosservato ▫ **to go unpunished**, restare impunito; cavarsela (*fam.*) ▫ **to go the way of all flesh**, fare la fine di tutti; morire ▫ (*fig.*) **to go west**, morire; tirare le cuoia ▫ **to go white with anger**, sbiancare in volto per l'ira ▫ (*fam.*) **to go (the) whole hog**, andare sino in fondo ▫ **to go wrong**, sbagliare strada; (*fig.*) andare storto; (*mecc.*) guastarsi: **Something went wrong with my plans**, qualcosa è andato storto nei miei progetti; **The washing machine has gone wrong**, s'è guastata la lavatrice ▫ **to be going strong**, essere forte, vigoroso; essere in gamba, andare forte (*fam.*) ▫ **as far as it goes**, fino a questo punto, fin qui; fino a un certo punto: **It is all very well, as (***o* **so) far as it goes**, fin qui sta bene ▫ **as far as that goes**, quanto a questo ▫ **as people go**, vista la qualità media della gente: **He's not a bad teacher as teachers go nowadays**, non è un cattivo insegnante, visto il livello medio degl'insegnanti d'oggi ▫ **as things go**, stando così le cose; visto l'andazzo generale ▫ **as times go**, coi tempi che corrono ▫ (*fam.*) **to get going**, cominciare; mettersi in moto, partire ▫ **to have nothing to go upon**, non aver niente su cui basarsi ▫ (*fig.*) **to let oneself go**, lasciarsi andare ▫ **not to go far**, non andare lontano; (*fig.*) valere poco: **One pound doesn't go far**, con una sterlina si fa poco (o non si va lontano) ▫ **Go easy!**, fa' piano!; prendila con calma! ▫ **Go easy with the butter, or there will be none left**, vacci piano col burro, se no rimaniamo senza ▫ **It's going hard with him**, gli va male; se la passa male; gli affari gli van male ▫ **Go it!**, forza!, dacci sotto! ▫ (*sport*) **One, two, three... go!**, uno, due, tre.... via! ▫ **Ready, steady, go!**, pronti, attenti, via! ▫ **Here goes!**, (*detto iniziando un'impresa difficile*) forza, ci siamo!; o la va o la spacca! ▫ **Anything goes**, va bene tutto; fai (pure) come vuoi ▫ **That goes for all of us**, sta (*o* va) bene per noi tutti ▫ **Going! going! gone!**, (*comm.*: *nelle vendite all'asta*) uno, due... aggiudicato! ▫ **Let go!**, lascia andare!; molla! ▫ **Let it go!**, lascia andare! (*anche fig.*); lascia perdere! ▫ **The boy is going fourteen**, il ragazzo va per (o sta per compiere) i quattordici anni ▫ (*a un cane, tirando un sasso, ecc.*) **Go fetch!**, porta!; da' qui! ▫ **Latin must go**, il latino (lo studio del latino) dev'essere abolito! ▫ **I will go so far as to say...**, mi spingerò sino a dire...; dirò addirittura... ▫ **The story goes that...**, si dice (*o* si mormora, corre voce) che... ▫ (*polit.*) **Manchester goes Labour**, Manchester vota per i laburisti ▫ **My voice has gone**, ho perso la voce ▫ (*fam.*) **You've gone and done it!**, l'hai fatta grossa! ▫ (*volg.*) **He may go hang!**, può andare a farsi friggere (*o* a farsi impiccare)!

go [goṷ], *n.* (*pl.* **goes**) 1 l'andare; moto; movimento: **come-and-go**, andare e venire; andirivieni; trambusto 2 (*fam.*) animazione; attività; brio; energia; entusiasmo; spirito; vigore: **to be full of go**, essere pieno di brio (*o* d'energia, di vigore); **to be on the go**, essere in piena attività; lavorare a pieno ritmo 3 (*fam.*) situazione; stato di cose: **What a go!**, che situazione!; **It's a rum go**, è una situazione strana, imbarazzante 4 (*fam.*) prova; tentativo: **Let's have a go at it**, facciamo un tentativo!; proviamo! 5 (*fam.*) moda; voga 6 (*fam.*) porzione (*di cibo*); quantità, razione (*di liquido, di bevanda*) 7 (*fam.*) imbroglio; pasticcio 8 (*fam.*) colpo; volta: **You can arrange your whole trip at one go**, potete organizzarvi il viaggio tutto in una (sola) volta. ● (*mecc.*) **go gauge**, calibro passa ▫ **go-it-alone**, il fare da sé; (*econ.*) politica autarchica ▫ **at the first go-off**, in partenza; all'inizio ▫ **to give sb. the go-by**, ignorare q.; fingere di non conoscere q. (*di non vedere*) q. ▫ (*fam.*) **No go**, impossibile; non c'è niente da fare; è inutile ▫ (*mecc.*) **no-go gauge**, calibro non passa ▫ **It's all go in the office now**, ora l'ufficio è in piena attività ▫ (*fam.*) **It's my go**, tocca a me; è il mio turno ▫ **It was a near go**, ce la siamo cavata per un pelo (o per un soffio) ▫ (*fam.*) **Is it a go?**, allora siamo d'accordo?; l'affare è fatto? ▫ (*aeron.*) **All systems go!**, pronti al decollo!

goad [goṷd], *n.* pungolo; (*fig.*) incitamento, stimolo.

to goad [goṷd], *v. t.* pungolare; (*fig.*) incitare, stimolare, spronare: **to g. sb. into doing st.**, spronare (*o* stimolare) q. a fare q.c. ● **to g. sb. on**, incitare q. ▫ **to g. sb. to** (*o* **into**) **a fury**, far adi-

go-ahead

rare q.; mandare q. su tutte le furie.
go-ahead ['gouǝhed], **A** *a.* (*fam.*) intraprendente; audace; attivo; energico; sbrigativo (*rif. a persona*). **B** *n.* (il) via; (il) permesso di agire; approvazione; benestare.
go-aheadism ['gouǝhedizǝm], *n.* (*fam.*) intraprendenza; audacia; energia; spirito d'iniziativa.
goal [goul], *n.* **1** meta (*anche fig.*); traguardo; scopo; fine: **one's g. in life**, lo scopo della (propria) vita **2** (*gioco del calcio e sim.*) porta; rete: **to score** (*o* **to make, to get, to kick**) **a g.**, segnare (*o* fare) una rete; **to win by two goals to nil**, vincere per due reti a zero **3** (*nelle corse*) traguardo **4** colonna (*nei circhi romani*). ● (*calcio*) **g. area**, area di porta; zona Cesarini (*fam.*) ▢ (*netball*) **g. attack**, attaccante a canestro ▢ (*lacrosse*) **g. crease**, area di porta ▢ (*rugby*) **g. from a mark**, porta ottenuta su calcio da «mark» ▢ (*sport*) **g. kick**, calcio di rinvio; rimessa da fondocampo ▢ **g. line**, (*sport*) linea di fondo (*o* di fondocampo); (*rugby*) linea di meta ▢ (*sport*) **g. post**, palo della porta ▢ (*calcio*) **g. scorer**, cannoniere; goleador ▢ (*sport*) **g. shooter**, chi effettua un tiro in porta ▢ (*fam.*) **g. snatcher**, V. **g. scorer**.
goaler ['goulǝ*], *n.* (*sport*) portiere (*nell'hockey su ghiaccio*).
goalie ['gouli], *n.* (*fam.*) portiere (*nel gioco del calcio e sim.*).
goalkeeper ['goul‚ki(:)pǝ*], *n.* portiere (*nel gioco del calcio e sim.*).
goalmouth ['goulmauθ], *n.* (*sport*) area di porta. ● **in the g.**, sotto porta.
go-as-you-please ['gouǝzju(:)‚pli:z], **A** *a.* (*fam.*) **1** libero; indisciplinato; sfrenato: **g. liberty**, sfrenata libertà **2** tollerante; alla mano (*fam.*); che tira a campare. **B** *n.* (*ferr.*) abbonamento settimanale (*o* mensile, *o* stagionale: *della metropolitana di Londra*). ● **Things are very g. here**, qui le cose vanno a rilento; qui si tira a campare.
goat [gout], *n.* **1** capra **2** – (*astron., astrologia*) **the G.**, il Capricorno (*costellazione e X segno dello Zodiaco*) **3** (*fig.*) persona dissoluta, licenziosa **4** (*pop.*) capro espiatorio ● (*bot.*) **g.'s beard**, (*Spiraea ulmaria*) regina dei prati; (*Tragopogon pratensis*) barba di becco ▢ (*mitol.*) **g.-god**, dio Pan ▢ **g.'s wool**, lana caprina; cosa inesistente, assurda ▢ (*fam.*) **to get sb.'s g.**, far perdere la pazienza a q.; far uscire dai gangheri q. ▢ **he-g.** (*o* **billy g.**), caprone; caprone; becco ▢ **nanny g.**, capra (*femmina*) ▢ **to play the (giddy) g.**, fare lo scemo (*o* lo stupido).
goatee [gou'ti:], *n.* (*anche* **g. beard**) barba caprina; barbetta a punta; pizzo.
goatherd ['gouthǝ:d], *n.* capraio, capraia.
goatish ['goutiʃ], *a.* **1** caprino; caprigno **2** (*fig.*) dissoluto; lascivo.
goatishness ['goutiʃnis], *n.* **1** l'esser caprino **2** (*fig.*) lascivia.
goatling ['goutliŋ], *n.* capra di età fra uno e due anni; capretta.
goatskin ['goutskin], *n.* **1** pelle di capra **2** capretto; marocchino **3** indumento (*o* otre, ecc.) di pelle di capra.
goatsucker ['gout‚sʌkǝ*], *n.* (*zool., Caprimulgus europaeus*) caprimulgo; succiacapre.
goaty ['gouti], *a.* caprino; caprigno.
gob (1) [gɔb], *n.* (*volg.*) **1** pezzo di roba viscida; sputo **2** bocca.
to gob [gɔb], *v. i.* (*volg.*) sputare.
gob (2) [gɔb], *n.* (*pop. USA*) marinaio.
gobbet ['gɔbit], *n.* **1** pezzo (*specialm. di carne*); boccone **2** (*gergo studentesco*) brano (*o* passo da commentare (*o* da tradurre).
to gobble (1) ['gɔbl], *v. t. e i.* ingoiare; ingollare; ingurgitare; trangugiare; mangiare in fretta e avidamente. ● (*cucito*) **g.-stitch**, punto dato in fretta e troppo lungo.
to gobble (2) ['gɔbl], *v. i.* **1** (*del tacchino*) gloglottare; fare glu glu **2** (*fig.*) emettere suoni strozzati (*per ira, ecc.*).
gobble (1) ['gɔbl], *n.* gloglottio (*del tacchino*); glo glo; glu glu.
gobble (2) ['gɔbl], *n.* (*golf*) colpo rapido che manda la palla in buca.
gobbledegook, gobbledygook ['gɔbldiguk], *n.* (*fam.*) gergo ufficiale; linguaggio pomposo.
gobbler (1) ['gɔblǝ*], *n.* ghiottone; mangione; trangugiatore.
gobbler (2) ['gɔblǝ*], *n.* tacchino (*il maschio*).
gobelin ['goubǝlin], **A** *a.* (*di arazzi, tappeti*) gobelin (*fabbricati a Parigi, nella fabbrica Gobelin o a imitazione di questi*). **B** *n.* arazzo gobelin.
go-between ['goubi‚twi:n], *n.* intermediario; (*spreg.*) mezzano.
goblet ['gɔblit], *n.* calice; coppa.
goblin ['gɔblin], *n.* (*mitol.*) spiritello maligno.
gobo ['goubou], *n.* (*pl.* **gobos, goboes**) (*cinem., telev.*) **1** schermo paraluce **2** pannello antisonoro.
goby ['goubi], *n.* (*pl.* **gobies, goby**) (*zool., Gobius*) ghiozzo.
go-cart ['gou-ka:t], *n.* **1** girello; girellino (*per bambini*) **2** passeggino **3** carretto a mano; carrettino **4** V. **go-kart.**
god [gɔd], *n.* **1** dio (*anche fig.*); iddio; divinità pagana; idolo: **the god of wine**, il dio del vino; Bacco; **Wealth is their only g.**, la ricchezza è il loro solo dio; **He was a god to his mother**, per

sua madre egli era un dio **2** – (*relig.*) **God**, Dio; Iddio: **the Lord God**, il Signore Iddio; **Almighty God**, Dio Onnipossente; **God the Father**, Dio Padre; **to pray to God**, pregare Iddio; **God willing**, se Dio lo vuole; a Dio piacendo; **God (only) knows!**, Dio (solo) lo sa; lo sa Iddio! ● (*teatr.*) **the gods**, il loggione: **a seat in the gods**, un posto in loggione ▢ **God's acre**, il camposanto; il cimitero ▢ **God's book**, la Bibbia ▢ **God-fearing**, timorato di Dio; devoto; pio ▢ **god-forsaken** (*di persona*) malvagio, cattivo; (*di luogo*) abbandonato da Dio, desolato ▢ **God's truth**, l'assoluta verità ▢ **by God!**, per Dio!; perdio! ▢ **a feast for the gods**, un banchetto degno degli dei ▢ **for God's sake**, per amor di Dio ▢ **a (little) tin god**, un (piccolo) burocrate che si dà arie da dio; un piccolo padreterno ▢ **a sight for the gods**, uno spettacolo divino ▢ **thank God!**, grazie a Dio! ▢ **to be with God**, essere in paradiso ▢ (*fam.*) **ye gods (and little fishes)!**, buon Dio!
godchild ['gɔdtʃaild], *n.* (*pl.* **godchildren**) figlioccio, figlioccia.
goddam(n) [‚gɔd'dæm], **goddamned** [‚gɔd'dæmd], *a.* (*volg.*) dannato; maledetto: **He's a g. bore**, è un maledetto scocciatore.
goddaughter ['gɔd‚dɔ:tǝ*], *n.* figlioccia.
goddess ['gɔdis], *n.* (*anche fig.*) dea: **the g. of love**, la dea dell'amore; Venere; **the g. of hell**, la dea dell'Ade; Proserpina.
go-devil ['gou‚devl], *n.* **1** (*agric.*) rastrello **2** (*agric.*) coltivatore a slitta **3** slitta per tronchi **4** (*ferr.*) carrello di servizio **5** (*mecc., ind. min.*) go-devil.
godfather ['gɔd‚fa:ðǝ*], *n.* padrino.
Godfrey ['gɔdfri], *n.* Goffredo.
godhead ['gɔdhed], *n.* divinità; natura divina; Dio.
godless ['gɔdlis], *a.* **1** senza Dio; ateo **2** empio; malvagio.
godlessness ['gɔdlisnis], *n.* **1** ateismo **2** empietà; malvagità.
godlike ['gɔdlaik], *a.* **1** divino: **g. beauty**, divina bellezza **2** simile a un dio; deiforme.
godliness ['gɔdlinis], *n.* devozione; pietà; religiosità.
godling ['gɔdliŋ], *n.* divinità minore; piccolo iddio.
godly ['gɔdli], *a.* devoto; pio; religioso.
godmother ['gɔd‚mʌðǝ*], *n.* madrina.
godown ['goudaun], *n.* (*anglo-ind.*), deposito; magazzino.
godparent ['gɔd‚pɛǝrǝnt], *n.* padrino; madrina.
godsend ['gɔdsend], *n.* (*contraz. di* **God's send**) dono del Cielo; fortuna impensata; (*fig.*) manna; mano di Dio; (una) provvidenza.
godship ['gɔdʃip], *n.* divinità; natura divina.
godson ['gɔdsʌn], *n.* figlioccio.
godspeed ['gɔd'spi:d], *n.* (*arc.*) (*contraz. di* **God speed you!**) buona fortuna; successo; buon viaggio: **to wish sb. g.**, augurare buon viaggio a q.
godward ['gɔdwǝd], **A** *a.* rivolto a Dio. **B** *avv.* verso Dio.
godwards ['gɔdwǝdz], *avv.* verso Dio.
godwit ['gɔdwit], *n.* (*zool., Limosa*) pittima; beccaccia d'acqua.
goer ['gouǝ*], *n.* **1** persona che va; camminatore: **comers and goers**, persone che vanno e persone che vengono; **a good g.**, un buon camminatore **2** (*nei composti*) frequentatore: **a theatre-g.**, un frequentatore di teatri **3** (*fam.*) tipo intraprendente.
gofer ['goufǝ*], *n.* **1** focaccina di farinata; cialda **2** (*pop. USA*) fattorino; messo.
to goffer ['gɔfǝ*], *v. t.* arricciare; cannettare; increspare; pieghettare; stirare a cannoncini.
goffer ['gɔfǝ*], *n.* **1** ferro per arricciare (*o* pieghettare) **2** crespa; cannoncino; pieghettatura.
go-getter ['gou‚getǝ*], *n.* (*fam.*) tipo intraprendente; persona che si dà da fare; rabattino (*fam.*).
to goggle ['gɔgl], *v. t. e i.* **1** roteare, strabuzzare, stralunare (gli occhi) **2** guardare stralunato **3** (*degli occhi*) protrudere; essere sporgenti.
goggle (1) ['gɔgl], *n.* **1** il roteare, lo strabuzzare, lo stralunare gli occhi **2** protuberanza degli occhi **3** (*pl.*) occhialoni; occhiali di protezione (*da motociclista*) **4** (*pop.*) occhiali con le lenti tonde **5** – (*pop., spreg.*) **the g.**, la televisione. ● (*pop., spreg.*) **the g.-box**, il televisore; la televisione.
goggle (2) ['gɔgl], *a.* **1** (*d'occhio*) protuberante; sporgente (*dello sguardo*) stralunato. ● **g.-eyed**, dagli occhi sporgenti.
go-go ['gougou], **A** *a.* (*specialm. USA*) **1** di (*o* da) discoteca (*o* night); che frequenta tali locali **2** (*fig.*) attivo; energico; intraprendente: **g. spirit**, spirito d'iniziativa **3** (*fig.*) alla moda; elegante; chic. **B** *n.* (*pl.* **go-gos**) **1** ballo in discoteca; danze al night **2** vita notturna.
Goidel ['gɔidil], *n.* Celta gaelico.
Goidelic [gɔi'dælik], *a. e n.* gaelico (*anche la lingua*).
going ['gouiŋ], **A** *n.* **1** andata; partenza: **His g. was unexpected**, la sua partenza non era prevista **2** dipartita; morte **3** andatura; moto; movimento; velocità: **For a car, ninety miles an hour is good g.**, per un'automobile novanta miglia all'ora è una bella velocità **4** l'andare; condizione, stato (*del terreno, d'una strada ecc.*); percorso: **Across the mountains we found the g. better**, di là

dai monti ci accorgemmo che il percorso era più agevole. **B** *a.* **1** efficiente; che funziona **2** (*comm.*) bene avviato; in attivo; fiorente, sano (*fig.*): **a g. firm**, un'azienda bene avviata (*o* in attivo) **3** (*comm.*) corrente: **the g. price** (**value**), il prezzo (il valore) corrente **4** di moda; in voga: **the g. thing**, la cosa di gran moda **5** esistente; al mondo; che ci sia: **He's the biggest liar g.**, è il più gran bugiardo che ci sia (al mondo) **6** disponibile; a disposizione (*comm.*) in vendita, sul mercato: **This is the best TV set g.**, questo è il miglior televisore sul mercato; **Is there any beer g.?**, c'è della birra (a disposizione)?; si può avere della birra? ● **goings and comings**, andirivieni; viavai □ **g.-down**, discesa, calata; abbassamento (*di acque*); diminuzione (*di prezzi, ecc.*) □ **g.-in**, entrata; l'entrare □ **goings-on**, avvenimenti; comportamento; condotta (*specialm. se riprovevole*) □ **g.-out**, uscita; l'uscire □ (*fam.*) **g.-over**, esame accurato, ispezione; sgridata, lavata di capo; botte, pestaggio □ (*fam.*) **Is there any food g.?**, c'è niente da mangiare?
goiter (*USA*), **goitre** ['gɔɪtə*], *n.* (*med.*) gozzo.
goitred ['gɔɪtəd], *a.* (*med.*) gozzuto.
goitrous ['gɔɪtrəs], *a.* (*med.*) **1** simile a gozzo; di gozzo **2** affetto da gozzo; gozzuto **3** (*di regione*) in cui il gozzo è malattia endemica.
go-kart ['gou-ka:t], *n.* (*sport*) go-kart (*automobilina da corsa*).
Golconda [gɔl'kɔndə], *n.* **1** Golconda (*città indiana, ora Hyderabad*) **2** (*fig.*) miniera d'oro; fonte di grande ricchezza.
gold [gould], **A** *n.* **1** oro (*anche fig.*); denaro; ricchezza; colore dell'oro: **g. amalgam**, amalgama d'oro e mercurio; **a heart of g.**, un cuor d'oro; **This boy is as good as g.**, questo è un ragazzo d'oro (*o* un ragazzo buono come il pane); **the age of g.**, l'età dell'oro; **the g. of a ripe harvest**, l'oro delle messi mature **2** (*nel tiro con l'arco*) centro del bersaglio (*di solito, dorato*). **B** *a. attr.* **1** d'oro; aureo: **a g. coin**, una moneta d'oro; **a g. watch**, un orologio d'oro **2** dorato; color oro **3** (*econ., fin.*) aureo: **g. currency**, valuta aurea. ● **g.-beater**, battiloro □ **g.-beating**, battitura dell'oro □ (*fin.*) **g. bonds**, obbligazioni pagabili in oro □ **g. brick**, lingotto di metallo dorato; (*fig.*) cosa priva di valore, pataccà; frode, inganno; (*fam. USA*) scansafatiche, lavativo □ (*metall.*) **g. bronze**, similoro □ **g. bullion**, oro in barre o verghe □ (*geogr.*) **G. Coast**, la Costa d'Oro □ **g.-digger**, cercatore d'oro; (*pop.*) donna che spilla denaro ai corteggiatori □ **g. dust**, polvere d'oro □ (*fin.*) **g.-exchange standard**, *V.* **g. standard** □ **g. fever**, febbre dell'oro □ **g.-field**, giacimento aurifero □ **g.-filled**, *V.* **g.-plated** □ **g. foil** (*o* **g. leaf**), foglia d'oro □ **g. mine**, (*anche fig.*) miniera d'oro □ **g. nugget**, pepita d'oro □ **g. plate**, (*metall.*) doratura elettrolitica; vasellame d'oro □ **g.-plated**, dorato □ **g.-plating**, doratura elettrolitica □ (*fin.*) **the g. pool**, il pool dell'oro □ (*fin.*) **g. reserve**, riserva aurea □ **g. rush**, corsa all'oro; febbre dell'oro □ (*fin.*) **g. standard**, parità aurea; valuta aurea; sistema (monometallico) aureo □ (*fin.*) **to go off g.**, abbandonare la parità aurea □ (*prov.*) **All that glitters is not g.**, non è tutt'oro quel che riluce.
golden ['gouldən], *a.* d'oro; dorato; aureo (*anche fig.*); eccellente; felice; fiorente; prezioso: **g. hair**, capelli d'oro; **the g. age**, l'età dell'oro; **g. wedding**, nozze d'oro; **the g. mean**, l'aurea mediocrità; il giusto mezzo; **a g. remedy**, un rimedio eccellente; **a g. opportunity**, un'occasione d'oro; **a g. saying**, un aureo detto; **the G. Horn**, il Corno d'Oro (*nel Bosforo*). ● **g. balls**, «palle d'oro» (*insegna d'un monte di pegni*) □ (*zool.*) **g.-eye** (*Bucephala clangula*), quattrocchi □ (*fam., fin.*) **g. handshake**, buonuscita □ (*fig.*) **the g. key**, il denaro che «unge le ruote»; la chiave che apre ogni porta □ (*zool.*) **g. knop** (*Coccinella*), coccinella □ **g.-mouthed**, facondo □ (*fam., mus.*) **g. oldie**, vecchio disco di grande successo □ (*bot.*) **g. rod** (*Solidago virga-aurea*), verga d'oro □ (*fig.*) **g. rule**, regola aurea □ (*mat.*) **g. section**, sezione aurea □ **g. syrup**, melassa □ (*bot.*) **g. willow**, salice dorato.
goldfinch ['gouldfɪntʃ], *n.* (*zool.*) **1** (*Carduelis carduelis*) cardellino **2** (*Carduelis tristis*) lucherino **3** (*USA, Spinus tristis*) varietà di lucherino.
goldfish ['gouldfɪʃ], *n.* (*pl.* **goldfish, goldfishes**) **1** (*zool., Carassius auratus*) ciprino (*o* carassio) dorato **2** (*fam.*) pesce rosso, pesce dorato (*in genere*).
goldilocks ['gouldɪlɔks], *n.* **1** persona dai capelli biondi; (*ragazza dalle*) trecce d'oro **2** (*bot., Ranunculus auricomus*) ranuncolo **3** (*bot., Trollius europaeus*) luparia.
to gold-plate ['gould'pleɪt], *v. t.* placcare in oro; dorare (*elettroliticamente*).
goldsmith ['gouldsmɪθ], *n.* orefice; orafo. ● (*zool.*) **g. beetle** (*Cetonia aurata*), moscon d'oro; cetonia dorata □ **g.'s work**, oreficeria.
golf [gɔlf], *n.* (*sport*) golf. ● **g. club**, bastone (*o* mazza) da golf; circolo di golf (*o* **g. links**), campo di golf.
to golf [gɔlf], *v. i.* giocare a golf.
golfer ['gɔlfə*], *n.* giocatore (*o* giocatrice) di golf.
golfing ['gɔlfɪŋ], **A** *n.* il giocare a golf. **B** *a.* golfistico; di golf: **g. events**, gare di golf; **the g. year**, l'annata golfistica. ● **g. shoes**, scarpe da golf.
goliard ['gouljəd], *n.* (*stor.*) goliardo.
goliardic [gou'lja:dɪk], *a.* (*stor.*) goliardico.
Goliath [gə'laɪəθ], *n.* Golia (*anche fig.*); gigante. ● (*mecc.*) **G. crane**, gru gigante.
golliwog ['gɔlɪwɔg], *n.* **1** bambolotto negro; fantoccio grottesco; spauracchio. **2** (*fig.*) tipo grottesco.
golly ['gɔlɪ], *inter.* (*anche* **by g.!**) perbacco!; perdinci!
golosh [gə'lɔʃ], *n.* caloscia, galoscia; soprascarpa di gomma.
golpe [gɔlp] *n.* (*mil., polit.*) golpe.
goluptious [gə'lʌpʃəs], *a.* (*scherz.*) dolce; saporito; delizioso.
Gomorrah, Gomorrha [gə'mɔrə], *n.* (*Bibbia* e *fig.*) Gomorra.
gonad ['gɔnæd], *n.* (*biol.*) gonade.
gondola ['gɔndələ], *n.* **1** gondola **2** telecabina **3** (*aeron.*) gondola; navicella (*di dirigibile*) **4** (*ferr., anche* **g. car**) carro merci munito di sponde; cassettone (*gergo*) **5** (*edil.*) ponte di corda, piattaforma sospesa (*per imbianchini, ecc.*).
gondolier [,gɔndə'lɪə*], *n.* gondoliere.
gone [gɔn], **A** *p. p.* di **to go**. **B** *a.* **1** andato; finito; spacciato; passato; perduto: **a g. man**, un uomo finito **2** debole; sfinito; stanco. ● **a g. case**, un caso disperato □ (*fam.*) **to be g. on sb.**, essere innamorato (*o* cotto) di q. □ **dead and g.**, morto e sepolto □ **to be far g.**, essere gravemente ammalato, essere più di là che di qua; essere andato giù di testa; essere suonato (*pop.*); essere ormai compromesso (*o* coinvolto), non potersi tirare indietro □ **past and g.**, irrimediabilmente passato; morto e sepolto □ **to be six months g. with child**, essere (incinta) di sei mesi □ **He's far g.!**, è andato; è spacciato.
goner ['gɔnə*], *n.* (*fam.*) **1** uomo finito, spacciato **2** caso disperato.
gonfalon ['gɔnfələn], *n.* (*stor.*) gonfalone.
gonfalonier [,gɔnfələ'nɪə*], *n.* gonfaloniere.
gong [gɔŋ], *n.* **1** gong **2** campana piatta **3** suoneria (*d'orologio*) **4** (*pop.*) medaglia.
to gong [gɔŋ], **A** *v. i.* suonare il gong. **B** *v. t.* (*della polizia stradale*) intimare a (*un automobilista*) di fermarsi (*suonando un gong, ecc.*).
Gongorism ['gɔŋɡərɪzəm], *n.* (*letter.*) gongorismo.
goniometer [,gouni'ɔmɪtə*], *n.* **1** (*topografia*) goniometro **2** (*elettr.*) radiogoniometro.
goniometric(al) [,gouniou'metrɪk(əl)], *a.* goniometrico.
goniometry [,gouni'ɔmətrɪ], *n.* goniometria.
gonna ['gɔnə], *voce verb.* (*pop. per*) **1** going to **2** are you going to, ecc. (*V.* **to be going to**, *sotto* **to go**).
gonorrh(o)ea [,gɔnə'rɪə], *n.* (*med.*) gonorrea; blenorragia.
gonorrh(o)eal [,gɔnə'rɪəl], *a.* (*med.*) gonorroico; blenorragico.
goo [gu:], *n.* (*pl.* **goos**) (*pop.*) **1** sostanza appiccicosa **2** (*fig.*) sdolcinatura; sentimentalismo.
good (1) [gud], (*compar.* **better**, *superl. relat.* **best**), *a.* **1** buono (*in ogni senso*); adatto; atto; bello; bravo; dabbene; favorevole; genuino; onesto; propizio; utile; vantaggioso; valido; in vigore: **g. health**, buona salute; **a g. fire**, un buon (*o* bel) fuoco; **g. eggs**, uova buone (*non andate a male*); **g. money**, denaro buono, genuino; **g. eyesight**, vista buona; **A jeep is g. for driving on rough roads**, la jeep è adatta (*o* va bene) per guidare su strade cattive; **These apples are g. eating** (*o* **to eat**), queste mele sono buone da mangiare; **to be of a g. family**, essere di buona famiglia; **a g. clerk**, un buon (*o* bravo) impiegato; **g. deeds**, opere buone; **to have a g. drink**, fare una bella bevuta; **to get a g. scolding**, ricevere una buona lavata di capo; **This law is still g.**, questa legge è ancora valida; **my g. man** (*o* **sir**)!, buon uomo!; **It is g. to be here!**, è bello essere qui!; **a g. swimmer**, un buon nuotatore; **g. manners**, belle maniere; buona educazione; **g. breeding**, buona educazione **2** felice; piacevole: **Life is g. here**, la vita è piacevole qui **3** attraente; bello: **That girl has a g. figure**, quella ragazza ha una bella figura **4** considerevole; notevole; ragguardevole: **a g. crowd**, una folla considerevole; **to go a g. way**, fare un bel pezzo di strada **5** (*arc., Bibbia*) conveniente; opportuno: **to think g. to do st.**, giudicare opportuno fare q.c. ● (*relig.*) **the g.**, i buoni; gli eletti □ **to be g. at Latin**, essere bravo in latino □ (*fam.*) **the G. Book**, la Bibbia □ **g. cheer**, buonumore; allegria, festa; (*anche*) buona cucina, buona tavola □ **a g. deal of**, una buona (*o* grande) quantità di □ (*comm.*) **g. debts**, crediti sicuri □ (*fam.*) **g. egg**, *V.* **g. fellow** □ **g. faith**, buona fede □ **a g. fellow**, una persona cordiale (*o* gioviale, socievole) □ **g. fellowship**, cordialità; gioviàlità; socievolezza □ **a g.-for-nothing**, un buono a nulla; un inconcludente □ (*di persona*) **to be g. for st.**, essere capace (*fam., dial.*: buono) di fare q.c.: essere disposto a sborsare (*una data somma*) □ (*comm.*) **g. for 20 pounds**, del valore di 20 sterline □ (*di cibo*) **to be g. for sb.**, far bene a q. (*o* for sb.'s health), fare bene a q.: **Wine is not g. for you**, il vino non ti fa bene □ (*relig.*) **G. Friday**, Venerdì Santo □ **g.-hearted**, che ha buon cuore; di buon cuore □ **g. heartedness**, bontà di cuore □

good (2)

g. God! (*o* g. heavens!, g. gracious!), buon Dio!; Dio buono! □ **a g. hour**, un'ora buona: **We played for a g. hour**, giocammo per un'ora buona □ **g. humour**, buonumore; bonomia, amabilità, benignità □ **g.-humoured**, di buon cuore; bonario, amabile, benigno □ **g. leg**, una gamba ben fatta □ **g. life**, vita morigerata, virtuosa; vita comoda, piena di agi, agiata □ (*ass.*) **a g. life**, una persona sana, che dà garanzia di vivere a lungo □ **a g. long time**, un bel po' di tempo; molto tempo □ (*fam.*) **g.-looker**, persona di bell'aspetto; bell'uomo, bella donna □ **g.-looking**, bello, di bell'aspetto; (*anche*) buono, onesto all'aspetto □ **g. looks**, bellezza (*d'una persona*) □ **g. luck**, fortuna; buona sorte □ (*comm.*) **a g. man**, un uomo solvibile, reputato solido □ (*spreg.*) **the g. man**, il buon uomo; il pover'uomo; il poveretto □ **a g. many**, molti; moltissimi □ **g. nature**, benevolenza; benignità; disinteresse □ **g.-natured**, benevolo; benigno; disinteressato □ **g.-neighbourhood** (*o* **g.-neighbourliness**, **g. neighbouring**), cordialità; amichevolezza; amabilità □ (*nelle fiabe*) **the g. people**, le fate □ **g. sense**, buon senso □ **g. temper**, amabilità; pazienza □ **g.-tempered**, amabile; paziente □ **a g. thing**, una cosa buona; un affare vantaggioso □ **g. things**, cose buone; cibi raffinati □ **g. turn**, cortesia; favore; piacere: **He has done me several g. turns**, mi ha fatto molti favori □ **to be g. to sb.**, essere gentile con q. □ **the g. town** (*per es.*: **of Chester**), la nobile città (*per es.*: di Chester) □ **as g. as**, praticamente; come se; quasi: **He is as g. as dead**, è come (se fosse) morto; **Our work is as g. as done**, il nostro lavoro è quasi finito; **She as g. as refused**, praticamente ha rifiutato □ **as g. as a play**, divertentissimo □ **to be as g. as one's promise** (*o* **one's word**), essere di parola; mantenere le promesse □ **to do sb. a g. turn** (*o* **a g. office**), fare un favore (*o* rendere un servizio) a q. □ **to have a g. mind to do st.**, avere una gran voglia di fare q.c. □ **to have a g. night**, dormire bene □ **to have a g. time**, divertirsi; spassarsela □ **to be in g. spirits**, essere di buon umore; stare di buon animo □ **to lead** (*o* **to live**) **a g. life**, fare (*o* condurre) una vita buona, onesta □ **to make g.**, far bene, aver successo, riuscire; compensare, risarcire; adempiere, mantenere; convalidare, provare: **I shall make g. the loss**, risarcirò i danni; **He made g. his promise**, mantenne la promessa; **They succeeded in making g. their charges**, riuscirono a provare le loro accuse; **to make g. an expense**, pagare (*o* risarcire) una spesa □ **to make g. a position**, rafforzare una posizione □ **to be so g. as to do st.**, essere tanto gentile di fare q.c.: **Be so g.** (*o* **g. enough**) **as to take me home**, abbia la bontà di accompagnarmi a casa □ **to say a g. word (for sb.)**, dire (*o* mettere) una buona parola (per q.) □ **too g. to be true**, troppo bello per essere vero □ (*anche iron.*) **My g. friend!**, mio buon amico!; amico mio!; bello mio! □ (*scherz.*) **my g. lady**, mia moglie □ **G. luck to you!**, buona fortuna!; tanti auguri! □ **How g. of you!**, molto gentile da parte tua! □ **It seemed g. to do it** (*o* **so**) (*o* **cosi**) □ (*pop.*) **That's a g. 'un!**, questa sì ch'è bella! □ **The meat has kept g.**, la carne s'è conservata (*o* è ancora buona) □ **Things are in g. train**, le cose (*o* gli affari) vanno bene □ **His word is as g. as his bond**, è un uomo di parola □ **All in g. time**, abbi pazienza, dai tempo al tempo!; a suo tempo!; al momento giusto!

good (2) [gud], *n.* **1** bene; beneficio; profitto; utilità; vantaggio; (del) buono: **to separate g. from evil**, separare il bene dal male; **He does a lot of g. for his country**, fa molto a vantaggio del suo paese; **There's in him**, c'è del buono in lui **2** (*pl.*) beni mobili; merce, merci: **The goods were shipped yesterday**, la merce fu spedita ieri **3** (*econ.*) bene: **a fungible g.**, un bene fungibile **4** (*pl.*, *econ.*) beni; prodotti: **capital goods**, beni capitali; beni strumentali **5** (*pl.*, *rag.*) conto merci **6** (*pl.*, *pop.*) refurtiva; malloppo (*pop.*). ● (*leg.*) **goods and chattels**, beni mobili, personali □ (*comm.*) **goods in bond**, merce schiava di dazio □ **goods in stock**, merce in magazzino □ (*ferr.*) **goods station**, scalo merci □ (*ferr.*) **goods train**, treno merci □ **goods vehicle traffic**, trasporto merci su strada □ (*ferr.*) **goods wagon**, carro merci □ (*ferr.*) **goods yard**, scalo merci □ (*fam.*) **by goods train**, a piccola velocità □ **to come to g.**, dare un buon risultato; andare a finir bene: **He will come to no g.**, egli andrà a finir male □ (*econ.*) **consumer goods**, beni di consumo □ **to deliver the goods**, consegnare le merce; (*fig. USA*) fare quel che si deve, mantenere la parola □ **to do g.**, fare del bene, compiere opere buone (*o* buone azioni) □ **to do sb. g.**, fare bene (*alla salute*, ecc.): **This medicine will do you g.**, questa medicina ti farà bene □ **to do g. for sb.**, beneficiare q.; fare del bene a q. □ **for g. (and all)**, una buona volta; una volta per tutte; definitivamente □ **I'm afraid of losing my job for g.**, temo di perdere il lavoro per sempre □ (*fam.*) **to be in g. with sb.**, essere nelle grazie di (*o* in buoni rapporti con) q. □ (*scherz.*) **a piece of goods**, un individuo; un uomo □ **a power for g.**, un influsso benefico □ **to the g.**, a fin di bene; in vantaggio, in attivo: **When I stopped playing, I was 500 dollars to the g.**, quando smisi di giocare, ero in attivo di 500 dollari □ **What g. will it do?**, a che servirà?; a che pro? □ **So much to the g.!**, tanto di guadagnato! □ (*spesso iron.*) **Much g. may it do you!**, buon pro ti faccia! □ **It is some g.**, serve a q.c. □ **It is no g.**, non serve a nulla; è inutile □ **Is your new dentist any g.?**, vale qualcosa (*o* è bravo) il tuo nuovo dentista? □ **What is the g. of it** (*o* **what g. is it)?**, a che serve?; a che pro? □ **He is up to no g.**, sta combinando qualche guaio.

good (3) [gud], *inter.* **1** bene!; bravo!; ben fatto! **2** d'accordo!

good-bye ['gud'bai], **A** *inter.* (*contraz. di* God be with you!) addio! **B** *n.* addio: **I must say g.**, devo dirti addio; devo proprio andarmene. ● **g. for the present**, arrivederci!

goodiness ['gudinis], *n.* santocchieria.

goodish ['gudiʃ], *a.* **1** abbastanza buono; discreto; passabile **2** abbastanza grande; considerevole; ragguardevole; discreto: **at a g. distance**, a una discreta distanza.

goodliness ['gudlinis], *n.* **1** avvenenza; bell'aspetto **2** bontà.

goodly ['gudli], *a.* **1** avvenente; di bell'aspetto **2** buono **3** considerevole; bello: **a g. heritage**, una bella eredità.

goodness ['gudnis], *n.* **1** bontà; benevolenza; benignità; cortesia; gentilezza; onestà: **g. of heart**, bontà di cuore; **Have the g. to help me**, abbi la bontà (*o* fammi la gentilezza) d'aiutarmi **2** (il) buono, (il) meglio; essenza; sostanza: **Don't cook food so long that all the g. is boiled out**, non cuocere i cibi così a lungo da farne uscire tutto il buono a forza di bollire! ● **G. knows**, lo sa Iddio □ **G. me!** (*o* **G. gracious!**), buon Dio! (*o* Dio buono)! □ **for g.' sake!**, per amor di Dio! □ **I wish to g...**, vorrei proprio... □ **Thank g.!**, sia lodato il Cielo!

goodwill ['gud'wil], *n.* **1** benevolenza; amicizia; cordialità; gentilezza; simpatia **2** buona volontà; zelo **3** (*comm.*) avviamento (*di un'azienda*, *negozio*, ecc.). ● (*comm.*) **g. money**, buonuscita (*a un negoziante*, ecc.) □ (*polit.*) **g. tour**, viaggio per il miglioramento dei rapporti internazionali.

goody (1) ['gudi], *n.* (*arc.*) comare (*spesso usato davanti al cognome*).

goody (2) ['gudi], *n.* caramella; chicca (*fam.*).

goody-goody ['gudi,gudi], **A** *a.* (*fam.*) ipocrita; che fa il santerello (*o* la santarella). **B** *n.* santocchio, santocchia; santarello, santarella; santerello, santerella. ● **to talk g.**, parlare da santerello.

gooey ['gu:i], *V.* gooy.

goof [gu:f], *n.* (*pop.*) **1** babbeo; sciocco; stolto; credulone **2** cantonata; granchio; gaffe.

to goof [gu:f], *v. i.* (*pop.*) prendere una cantonata (*o* un granchio). ● **to g. around**, bighellonare; oziare; gingillarsi □ **to g. up**, abborracciare; pasticciare.

goofiness [gu:finis], *n.* (*pop.*) dabbenaggine; stupidità; stoltezza.

goofy ['gu:fi], *a.* (*pop.*) sciocco, stupido; stolto.

gook [gu:k], *n.* (*spreg.*) asiatico; orientale; muso giallo (*spreg.*).

goon [gu:n], *n.* **1** (*pop.*) individuo goffo, stupido **2** (*pop. USA*) sicario prezzolato; (*specialm.*) crumiro, agente provocatore.

goosander [gu:'sændə*], *n.* (*zool.*, *Mergus merganser*) smergo maggiore.

goose [gu:s], *n.* **1** (*zool.*: *pl.* **geese**) oca (*anche fig.*); babbeo; persona stupida **2** (*pl.* **gooses**) ferro da stiro per sarto. ● (*stor.*) **g.-club**, associazione per assicurare l'oca natalizia ai poveri, mediante piccoli versamenti rateali □ (*USA*) **g. egg**, zero (*sport e scolastico*); (*fam.*) bernoccolo □ (*fig.*) **g.-flesh** (*o* **g. pimples**), pelle d'oca □ (*bot.*) **g.-foot** (*Chenopodium urbicum*), piè d'oca □ (*bot.*) **g.-grass**, (*Potentilla anserina*) piè di gallo; (*Galium aparine*) attaccamani; (*Bromus mollis*) spigolina □ **g.-quill**, penna d'oca (*specialm. per scrivere*) □ (*mil.*) **g.-step**, passo dell'oca □ (*fam.*) **to cook sb.'s g.**, rompere le uova nel paniere a q. □ **to kill the g. that lays the golden eggs**, uccidere la gallina dalle uova d'oro; sacrificare la fonte certa di un guadagno futuro □ (*fig.*) **to be unable to say boo to a g.**, essere timidissimo □ (*prov.*) **All his geese are swans**, egli tende a esagerare le buone qualità delle cose e delle persone; vede il mondo con gli occhiali rosa.

to goose [gu:s], *v. t.* (*fam. USA*) dare una pacca nel sedere a (q.).

gooseberry ['guzbəri], *n.* (*bot.*) **1** (*Ribes grossularia*) uva spina: **g. bush**, arbusto d'uva spina **2** *V.* currant. ● **to play g. to sb.**, reggere il moccolo a q. □ (*scherz.*, *di un bambino*) **I found him** (*o* **her**) **under a g. bush**, l'ho trovato (*o* è nato) sotto un cavolo.

goosegog ['gu:sgɔg], *n.* (*fam.*) uva spina.

gooseherd ['gu:shə:d], *n.* guardiano d'oche.

gooseneck ['gu:snek], *n.* **1** (*mecc.*) collo d'oca **2** (*naut.*) perno di rotazione del boma. ● (*zool.*) **g. barnacle** (*Lepas*), lepade.

goosey ['gu:si], **A** *n.* oca (*fig.*); babbeo; persona stupida. **B** *a.* sciocco; stupido.

gooy ['gu:i], *a.* (*pop.*) **1** appiccicoso; attaccaticcio **2** (*fig.*) sdolcinato; melenso.

gopher (1) ['goufə*], *V.* goffer.

gopher (2) ['goufə*], *n.* (*zool.*) **1** (*Gopherus polyphemus*) tartaruga gopher **2** (*Citellus*) citello.

goral ['gɔ:rəl], *n.* (*pl.* **gorals**, **goral**) (*zool.*, *Naemorhedus*

goral; antilope indiana.
Gordian knot ['gɔ:djən'nɔt], *n.* (*anche fig.*) nodo gordiano. ● **to cut the Gordian knot**, tagliare il nodo gordiano.
gore (1) [gɔ:*], *n.* (*lett., poet.*) sangue coagulato (*di ferita*).
gore (2) [gɔ:*], *n.* **1** gherone (*d'abito, di camicia*); spicchio (*d'ombrello, di paracadute*) **2** pezzo di terreno triangolare.
to gore (1) [gɔ:*], *v. t.* **1** inserire un gherone (*o gheroni*) in **2** tagliare a triangolo. ● (*moda*) **gored skirt**, gonna a teli.
to gore (2) [gɔ:*], *v. t.* incornare; trafiggere, ferir di corna: **The bull fighter was gored to death in the middle of the ring**, il torero fu ucciso dalla cornata d'un toro in mezzo all'arena.
gorge (1) [gɔ:dʒ], *n.* **1** gola (*anche fra monti*); strozza; burrone; forra **2** (*mil.*) entrata o retroentrata; entrata posteriore (*di fortificazione*) **3** (*nella pesca*) amo improvvisato (*con un osso o sim.*) **4** massa; blocco: **an ice g.**, un blocco di ghiaccio **5** (*naut.*) ostruzione da detrito. ● **to cast the g. at**, respingere con disgusto □ **to make sb.'s g. rise**, far venire il voltastomaco a q.; dare la nausea a q. □ **My g. rises at the thought of it**, mi si rivolta lo stomaco solo a pensarci.
to gorge [gɔ:dʒ], *v. t. e i.* ingozzare, ingozzarsi; rimpinzare, rimpinzarsi.
gorge (2) [gɔ:dʒ], *n.* **1** avidità; ghiottoneria **2** mangiata; scorpacciata.
gorgeous ['gɔ:dʒəs], *a.* **1** sfarzoso; sgargiante; magnifico; fastoso; ricco; sontuoso: **a g. costume**, un costume sfarzoso; **the g. tail of a peacock**, la coda sgargiante d'un pavone; **a g. meal**, un pranzo sontuoso **2** (*fam.*) magnifico; eccellente. ● **to have a g. time**, divertirsi un mondo; spassarsela da matti.
gorgeousness ['gɔ:dʒəsnis], *n.* sfarzo; magnificenza; fasto; ricchezza; sontuosità.
gorgerin ['gɔ:dʒərin], *n.* (*archit.*) collarino.
gorget (1) ['gɔ:dʒit], *n.* **1** (*stor.*) gorgiera (*anche dell'armatura*); goletta **2** collare; collana **3** (*zool.*) collarino (*di un uccello*).
gorget (2) ['gɔ:dʒit], *n.* (*med.*) sonda scanalata (*per litotomia*).
Gorgon ['gɔ:gən], *n.* **1** (*mitol.*) Gorgone **2** – (*fig.*) **g.**, gorgone; mostro; donna orribile a vedersi.
gorgonia [gɔ(:)'gounjə], *n.* (*pl.* **gorgoniae, gorgonias**) (*zool., Gorgonia*) gorgonia.
Gorgonian [gɔ(:)'gounjən], *a.* (*mitol.*) gorgoneo; di Gorgone.
Gorgonzola [,gɔ:gən'zoulə] (*ital.*), *n.* (*anche* **G. cheese**) (*formaggio*) gorgonzola.
gorilla [gə'rilə], *n.* **1** (*zool., Gorilla gorilla*) gorilla **2** (*fig.*) delinquente; gorilla (*fig.*).
goriness ['gɔ:rinis], *n.* l'essere imbrattato di sangue.
gormand ['gɔ:mənd], *V.* **gourmand**.
to gormandize ['gɔ:məndaiz], *v. i.* rimpinzarsi; ingozzarsi; mangiare avidamente.
gormandizer ['gɔ:məndaizə*], *n.* ghiottone, ghiottona.
gormless ['gɔ:mlis], *a.* (*fam.*) scervellato; sciocco; tonto.
gorse [gɔ:s], *n.* (*bot., Ulex europaeus*) ginestrone; ginestra spinosa.
gory ['gɔ:ri], *a.* **1** insanguinato; imbrattato di sangue **2** sanguinoso; cruento: **a g. fight**, un combattimento sanguinoso **3** (*di film e sim.*) violento; pieno di violenza.
gosh [gɔʃ], *inter.* (*fam., anche* **by g.**!) perbacco!; perdinci!
goshawk ['gɔshɔ:k], *n.* (*zool., Accipiter gentilis*) astore.
gosling ['gɔzliŋ], *n.* (*zool.*) papero, papera.
go-slow ['gou'slou], *n.* rallentamento del lavoro (*in una fabbrica, ecc.*); sciopero bianco.
gospel ['gɔspəl], *n.* vangelo (*anche fig.*); complesso di principi; dottrina; verità assoluta: **the G. according to St Luke**, il Vangelo secondo San Luca; **to preach the G.**, predicare il Vangelo; **the g. of «laissez faire»**, il vangelo del liberismo. ● **G.-book**, libro dei Vangeli letti alla Comunione □ **G. oath**, giuramento (fatto) sul Vangelo □ **G.-shop**, cappella metodista □ **G. side**, lato settentrionale dell'altare (*dal quale si legge il Vangelo*) □ **g. truth**, verità sacrosanta □ **to take st. as g.**, prender q.c. per (verità di) vangelo.
gospeller ['gɔspələ*], *n.* **1** lettore dei Vangeli (*nelle Chiese protestanti*) **2** evangelizzatore. ● **a hot g.**, un puritano zelante.
gossamer ['gɔsəmə*], *n.* **A** *n.* **1** (*filo di*) sottile ragnatela; filo della Madonna (*pop.*) **2** garza (*o* stoffa) sottilissima **3** (*fig.*) cosa sottilissima; velo. **B** *a. attr.* sottilissimo; trasparente: **a g. veil**, un velo trasparente.
gossamery ['gɔsəməri], *a.* sottilissimo; trasparente.
gossip ['gɔsip], *n.* **1** chiacchiera, chiacchiere; ciarle; pettegolezzo; diceria: **I hate g.**, detesto il pettegolezzo **2** chiacchierone, chiacchierona; pettegolo, pettegola: **She's the worst g. in the village**, è la donna più pettegola (*o* la malalingua) del villaggio **3** chiacchierata; conversazione amichevole; quattro chiacchiere (*fam.*): **to have a good g. with a friend**, farsi una bella chiacchierata con un amico. ● (*nei giornali*) **g. column**, colonna degli avvenimenti mondani □ **g.-writer**, scrittore mondano, a volte maldicente.

to gossip ['gɔsip], *v. i.* chiacchierare; ciarlare; pettegolare; fare della maldicenza. ● **to g. about sb.**, sparlare di q.; spettegolare su q.
gossiper ['gɔsipə*], *n.* chiacchierone, chiacchierona; pettegolo, pettegola.
gossipmonger ['gɔsipmʌŋgə*], *n.* pettegolo, pettegola; malalingua.
gossipry ['gɔsipri], *n.* (*raro*) **1** chiacchiere; pettegolezzi **2** (*collett.*) pettegoli, pettegole; persone maldicenti.
gossipy ['gɔsipi], *a.* chiacchierone; pettegolo; maldicente.
gossoon [gɔ'su:n], *n.* (*irl.*) ragazzo; garzone; giovane domestico.
got [gɔt], *pass. e p. p.* di **to get**. ● **got-up**, artificiale; falso; ingannevole; tutto apparenza.
Goth [gɔθ], *n.* **1** (*stor.*) Goto **2** (*fig.*) barbaro; vandalo (*fig.*).
Gotham (*def. 1* ['goutəm]; *def. 2* ['gɔθəm]), *n.* **1** tipica città di sciocchi (*dal nome d'un paese presso Nottingham*) **2** (*fam. USA*) la città di New York. ● **a wise man of G.**, uno sciocco; uno stupido.
Gothamite (*def. 1* ['goutəmait]; *def. 2* ['gɔθəmait]), *n.* **1** semplicione; stolto **2** (*fam. USA*) abitante di New York.
Gothic ['gɔθik], **A** *a.* **1** gotico (*in ogni senso*) (*archit.*) **a G. arch**, un arco gotico; (*tipogr.*) **G. type**, caratteri gotici **2** (*fig.*) barbarico; rozzo; vandalico (*fig.*). **B** *n.* **1** (*linguaggio*) gotico **2** (*stile*) gotico; arte gotica **3** (*tipogr.*) gotico; caratteri gotici: **This line is in G.**, questa riga è in caratteri gotici.
gothically ['gɔθikəli], *avv.* alla maniera gotica; in stile gotico.
gothicism ['gɔθisizəm], *n.* **1** (*arte, archit.*) goticismo **2** (*spreg.*) goticume **3** (*fig.*) rozzezza.
to gothicize ['gɔθisaiz], *v. t.* rendere gotico; goticizzare.
go-to-meeting [,goutə'mi:tiŋ], *a.* (*fam.:* di cappello, vestito, ecc.) buono; della domenica; della festa.
gotta ['gɔtə], *voce verb.* (*pop. per*) **1** got to **2** have (*o* has) got to (*V.* **to have got to**, *sotto* **to get**).
gotten ['gɔtn], (*arc. o USA*) *p. p.* di **to get**.
gouache [gu'a:ʃ] (*franc.*), *n.* (*pitt.*) guazzo; pittura a guazzo.
gouge [gaudʒ], *n.* **1** (*falegnameria*) sgorbia; scalpello concavo **2** (*fam.*) scanalatura, incavo (*fatti con la sgorbia*) **3** (*fam.*) frode; imbroglio.
to gouge [gaudʒ], *v. t.* **1** scanalare, scavare, perforare (*con la sgorbia o altro*): **to g. a channel**, scavare un canale **2** (*fam.*) defraudare; imbrogliare; ingannare **3** ficcare un dito in un occhio a (*un avversario*). ● **to g. out**, cavare (*un occhio con un dito*).
goulash ['gu:læʃ] (*ungherese*), *n.* **1** (*cucina*) gulash **2** (*fig.*) benessere. ● (*polit., stor.*) **g. communism**, comunismo «al gulash».
gourd [guəd], *n.* **1** (*bot.*) pianta, frutto delle cucurbitacee (*zucca, cetriolo, cocomero, ecc.*) **2** zucca vuota (*recipiente*).
gourmand ['guəmənd] (*franc.*), **A** *a.* ghiotto; goloso; ingordo. **B** *n.* **1** ghiottone; goloso **2** buongustaio.
to gourmandise ['guəməndaiz], *V.* **to gormandize**.
gourmandism ['guəməndizəm], *n.* ghiottoneria; golosità.
gourmet ['guəmei] (*franc.*), *n.* buongustaio; intenditore di vini.
gout [gaut], *n.* **1** (*med.*) gotta; podagra **2** (*agric.*) malattia del grano (*causata da un insetto detto* **g.-fly**) **3** goccia (*specialm. di sangue*); macchia; schizzo.
goutiness ['gautinis], *n.* l'essere gottoso (*o* affetto da gotta).
gouty ['gauti], *a.* (*med.*) gottoso; affetto da gotta; podagroso.
to govern ['gʌvən], **A** *v. t. e i.* **1** governare; condurre; dirigere; guidare; amministrare; reggere: **A constitutional monarch reigns but does not g.**, un sovrano costituzionale regna ma non governa; **Man is governed by instinct rather than reason**, l'uomo si lascia guidare dall'istinto più che dalla ragione **2** tenere a freno; controllare: **You must g. your temper**, devi tenere a freno il tuo carattere **3** (*gramm.*) reggere: **Which case does this verb g.?**, che caso regge questo verbo? **4** (*mecc.*) regolare, registrare (*un motore, ecc.*). **to govern oneself B** *v. rifl.* governarsi; condursi; regolarsi.
governability [,gʌvənə'biliti], *n.* **1** governabilità **2** controllabilità.
governable ['gʌvənəbl], *a.* **1** governabile **2** docile; controllabile.
governance ['gʌvənəns], *n.* governo; direzione; dominio; potere.
governess ['gʌvənis], *n.* governante; istitutrice.
governing ['gʌvəniŋ], *a.* governante; dirigente; dominante. ● **g. body**, consiglio d'amministrazione (*d'ospedale, scuola, ecc.*).
government ['gʌvnmənt], *n.* **1** governo; amministrazione; ministero: **a strong g.**, un governo forte; **absolute g.**, governo assolutistico; **democratic g.**, governo democratico **2** comando; direzione; guida **3** (*gramm.*) reggenza. ● **g. bank**, banca di Stato □ **g. bill**, disegno di legge governativo □ **G. house**, palazzo del governo □ (*fin.*) **G. securities**, titoli di Stato □ (*fin.*) **g. spending**, la spesa pubblica.
governmental [,gʌvən'mentl], *a.* governativo; del governo.
governor ['gʌvənə*], *n.* **1** governatore (*in ogni senso*); amministratore: **the G. of California**, il Governatore della California; **the g. of the Bank of England**, il governatore della Banca d'In-

governorate

ghilterra **2** (*fam.*) padrone; principale; capo; padre **3** (*mecc.*) regolatore: **speed-g.**, regolatore di giri (*d'un motore*) **4** (*nella pesca*) mosca usata come esca. ● **g.-general**, governatore generale ☐ **g.-generalship**, governatorato generale ☐ **board of governors**, consiglio d'amministrazione (*d'ospedale, scuola, ecc.*).

governorate ['gʌvənərit], *n.* governatorato (*il territorio*).

governorship ['gʌvənəʃip], *n.* governatorato (*la carica*).

gowan ['gauən], *n.* (*scozz.*) (*bot., Bellis perennis*) margheritina.

gowk [gauk], *n.* (*dial.*) **1** (*zool., Cuculus canorus*) cuculo **2** sciocco; stupido; sempliciotto; merlo (*fig., fam.*).

gown [gaun], *n.* **1** (*arc. o USA*) abito, vestito lungo (*specialm. da donna*): **evening g.**, abito da sera; **dinner g.**, abito da pranzo; **tea g.**, abito da pomeriggio **2** toga (*di giudice, avvocato, ecc.*); toga, cappa (*di professore*) **3** (*stor.*) tunica romana **4** tonaca (*di ecclesiastico*) **5** (*anche* **night-g.**) camicia da notte **6** (*anche* **dressing-g.**) veste da camera. ● (*a Oxford e Cambridge*) **town and g.**, i cittadini e i membri dell'Università.

to **gown** [gaun], *v. t.* (*usato soprattutto al p.p.*, **gowned**, togato) rivestire di toga.

gownsman ['gaunzmən], *n.* (*pl.* **gownsmen**) **1** persona che veste la toga **2** membro dell'università di Oxford o di Cambridge.

goy [gɔi], *n.* (*iron. o spreg.*) gentile; cristiano; non ebreo (*detto da un ebreo*).

to **grab** [græb], **A** *v. t.* **1** afferrare; agguantare; arraffare: **The beggar grabbed the loaf of bread**, il mendicante agguantò la pagnotta; **Don't g.!**, non arraffare! **2** acchiappare; catturare; arrestare **3** (*mecc.*) bloccare **4** (*pop.*) fare impressione a (q.). **B** *v. i.* (*mecc.*) bloccarsi. ● **to g. at st.**, fare l'atto d'afferrare q.c. ☐ (*fig.*) **to g. one's audience**, conquistare l'uditorio ☐ (*econ.*) **to g. the world markets**, accaparrarsi i mercati mondiali.

grab [græb], *n.* **1** atto (*o* tentativo) d'afferrare; presa violenta; stretta improvvisa: **to make a g. at st.**, fare l'atto d'afferrare q.c. **2** l'arraffare; rapacità **3** (*mecc., anche* **g.-bucket**) benna mordente **4** (*gioco a carte*) rubamazzo. ● (*USA*) **g. bag**, pesca miracolosa (*al luna park*) ☐ (*mecc.*) **g. dredger**, draga a benna mordente ☐ (*pop.*) **to have** (*o* **get**) **the g. on sb.**, avere (riuscire ad avere) un forte vantaggio su q.

grabber ['græbə*], *n.* arraffone, arraffona; persona avida, rapace. ● **money-g.**, chi pensa solo a far quattrini.

grabbing ['græbiŋ], *n.* l'afferrare; stretta improvvisa. ● (*mecc.*) **g. crane**, gru a benna.

to **grabble** ['græbl], *v. i.* **1** cercare a tastoni (*o* a tentoni): **to g. for st.**, cercar q.c. a tentoni **2** procedere a tentoni **3** andare carponi.

grace [greis], *n.* **1** grazia; garbo; leggiadria; buona grazia; benevolenza; cortesia; favore; clemenza; concessione straordinaria; perdono: **She walks with the g. of youth**, ella si muove con la grazia della giovinezza; **to have the g. to do** (*to say, etc.*) **st.**, avere la buona grazia di fare (di dire, ecc.) q.c. **2** (*relig.*) benedicite; breve preghiera di ringraziamento; grazie: **to say** (**a**) **g. before a meal**, rendere grazie al Signore prima di un pasto **3** (*mus., anche* **g.-note**) fioritura; abbellimento **4** (*comm.*) grazia; (concessione d'una) dilazione: **days of g.**, giorni di grazia; **to give a day's** (**a year's, etc.**) **g.**, concedere una dilazione d'un giorno (d'un anno, ecc.) **5** —(*mitol.*) **the Graces**, le Grazie **6** (*nelle università*) concessione di sostenere l'esame di laurea; dispensa dai regolamenti. ● **g.-cup**, bicchiere della staffa; (bicchiere del) brindisi alla fine di un banchetto ☐ (*ass.*) **g. period**, mora, moratoria ☐ (*leg.*) **act of g.**, atto di clemenza ☐ **airs and graces**, arie e modi affettati; vezzi ☐ **by the g. of God**, per grazia di Dio ☐ (*relig.*) **to fall from g.**, perdere la grazia divina; cadere nel peccato; peccare ☐ **His G.** (**Your G., etc.**), Sua Grazia (Vostra Grazia, ecc.) (*titolo per duchi, duchesse et arcivescovi*) ☐ **to be in sb.'s bad graces**, essere malvisto da q. ☐ **to be in sb.'s good graces**, essere nelle grazie di q. ☐ **in the year of g. 1917**, nell'anno di grazia 1917 ☐ **the saving g. of humour**, il dono prezioso dell'umorismo ☐ (*relig.*) **state of g.**, stato di grazia ☐ **with** (**a**) **bad g.**, di mala grazia; sgarbatamente; malvolentieri ☐ **with** (**a**) **good g.**, di buona grazia; con garbo; amabilmente; di buon grado; volentieri.

to **grace** [greis], *v. t.* **1** abbellire; ornare; ingentilire **2** onorare: **to g. sb. with a title**, onorare q. conferendogli un titolo **3** (*mus.*) abbellire; ornare. ● **The banquet was graced by the presence of the mayor**, il sindaco si è degnato di partecipare al banchetto.

Grace [greis], *n.* Grazia.

graceful ['greisful], *a.* aggraziato; elegante; bello; leggiadro: **a g. dancer**, una danzatrice aggraziata; **a g. little poem**, una bella poesiola.

gracefulness ['greisfulnis], *n.* grazia; eleganza; garbo; leggiadria.

graceless ['greislis], *a.* **1** sgraziato; brutto: **a g. country girl**, una contadinotta sgraziata **2** sgarbato; indecoroso: **a g. remark**, un'osservazione sgarbata.

gracelessness ['greislisnis], *n.* **1** sgraziataggine; mancanza di grazia **2** sgarbatezza; indecorosità.

gracile ['græsil], *a.* **1** gracile; esile **2** sottile; magro.

gracility [græ'siliti], *n.* **1** gracilità; esilità **2** sottigliezza.

gracious ['greiʃəs], *a.* **1** grazioso; benevolo; benigno; condiscendente; indulgente: **our g. Queen**, la nostra graziosa Regina **2** (*di Dio*) dispensatore di grazie; clemente; misericordioso **3** (*fam.*) agiato; comodo; di lusso: **g. life**, vita agiata **4** (*arc.*) grazioso; leggiadro. ● **Good g.!** (*o* **My g.!**), Dio mio!; perbacco! ☐ **G. me!** (*o* **G. goodness!**), Dio mio!; perdinci!

graciousness ['greiʃəsnis], *n.* **1** grazia; benevolenza; benignità; condiscendenza; indulgenza **2** clemenza; misericordia.

grackle ['grækl], *n.* (*zool., Gracula*) gracola.

grad [græd], *n.* (*fam. USA, contraz. di* **graduate**) laureato.

to **gradate** [grə'deit], **A** *v. t.* **1** graduare **2** impastare gradatamente, sfumare (*colori*). **B** *v. i.* (*di colori*) sfumare; attenuarsi.

gradation [grə'deiʃən], *n.* **1** graduazione; gradazione; divisione in gradi; passaggio per via di gradi **2** (*di un colore*) sfumatura **3** (*linguistica*) apofonia.

gradational [grə'deiʃənl], *a.* graduale; di gradazione.

grade [greid], *n.* **1** grado; divisione; gradino, passo (*fig.*): **There are various grades of intelligence**, ci sono diversi gradi d'intelligenza; **an officer with the g. of lieutenant**, un ufficiale col grado di tenente **2** categoria; classe; qualità; varietà: **First-g. bananas are in great demand**, c'è una forte richiesta di banane di prima qualità; **high-g. coal**, carbone di alta qualità **3** (*soprattutto USA*; *cfr. ingl.* **gradient**) pendenza; dislivello; discesa; salita: **a 12% g. in a road**, una pendenza del 12% in una strada; **a heavy g.**, una forte salita **4** (*USA*) classe (*di scuola*); anno di corso (*cfr. ingl.* **class, form**) **5** (*USA*) voto (*scolastico*; *cfr. ingl.* **mark**): **In American schools, an A g. is the equivalent of the Italian «dieci»**, nelle scuole americane, un voto «A» è l'equivalente del «dieci» italiano **6** (*zootecnia*) animale con un progenitore di razza pura **7** (*linguistica*) grado dell'apofonia (*per es., uno qualsiasi della serie «sing-sang-sung»*) **8** (*autom.*) numero di ottano **9** (*pl. USA*) scuola elementare **10** (*geom.*) grado (*di circonferenza*) **11** (*costr.*) sede stradale; sede ferroviaria **12** (*ind. min.*) tenore (*del minerale*). ● (*ferr. USA*) **g. crossing**, passaggio a livello ☐ (*USA*) **g. school**, scuola elementare ☐ (*USA*) **a g. teacher**, un maestro elementare ☐ (*USA*) **to make the g.**, arrivare in vetta (*alla salita o fig.*); farcela; raggiungere la meta ☐ **on the down g.**, in discesa; (*fig.*) in declino, in ribasso ☐ **on the up g.**, in ascesa (*anche fig.*), in salita; (*fig.*) in via di miglioramento, in progresso, in rialzo: **The Italian economy is on the up g.**, l'economia italiana è in via di miglioramento ☐ (*comm.*) **up to g.**, di buona qualità media.

to **grade** [greid], *v. t.* **1** classificare; selezionare; cernere (*lett.*): **to g. foodstuffs**, classificare le diverse qualità di generi alimentari **2** impastare gradatamente, sfumare (*colori*) **3** livellare, spianare (*un terreno*); graduare (*la pendenza d'una strada*); preparare la sede di (*una strada, ecc.*) **4** (*zootecnia*) incrociare (*un animale*) con un altro di razza pura **5** (*USA*) classificare, valutare (*a scuola*). ● **to g. up cattle**, selezionare con incroci il bestiame.

gradely ['greidli], **A** *a.* (*dial.*) **1** eccellente; perfetto **2** bello; avvenente **3** esatto; vero e proprio. **B** *avv.* esattamente.

grader ['greidə*], *n.* **1** classificatore; cernitore; selezionatore **2** (*agric., mecc.*) livellatrice trainata; terrazzatrice **3** (*USA*) scolaro: **a fifth-g.**, uno scolaro di quinta classe (*elementare*).

gradient ['greidjənt], *n.* **1** pendenza, dislivello (*d'una strada, ferrovia, ecc.*): **a steep g.**, una forte pendenza; **a g. of 1 in 4**, una pendenza del 25 per cento **2** declivio; discesa; salita **3** (*meteorologia*) gradiente: **barometric g.**, gradiente barometrico **4** (*elettr.*) gradiente: **g. of potential**, gradiente di potenziale **5** (*geol., mat.*) gradiente **6** (*naut.*) gradiente; pendenza.

gradin ['greidin], **gradine** [grə'di:n], *n.* **1** gradino d'anfiteatro; fila di posti a sedere **2** mensola dietro l'altare (*per candelabri, ecc.*).

grading ['greidiŋ], *n.* classificazione; cernita; selezione.

gradual (1) ['grædjuəl], *a.* graduale: **the g. improvement in the standard of living**, il graduale miglioramento del tenore di vita.

gradual (2) ['grædjuəl], *n.* (*relig.*) graduale.

gradualness ['grædjuəlnis], *n.* gradualità.

graduand ['grædjuænd], *n.* laureando, laureanda.

to **graduate** ['grædjueit], **A** *v. t.* **1** laureare; conferire la laurea a: **The school of medicine graduated 500 students last year**, la facoltà di medicina conferì la laurea a 500 studenti l'anno scorso **2** (*USA*) diplomare; rilasciare un diploma a **3** (*USA*) promuovere (*da una classe a un'altra*) **4** graduare; dividere (*o* distinguere) in gradi; segnare i gradi su (*un oggetto*): **a graduated glass**, un bicchiere graduato; **to g. taxes**, graduare le imposte. **B** *v. i.* **1** laurearsi; conseguire la laurea: **He graduated at Cambridge** (**from Harvard**), si laureò a Cambridge (a Harvard) **2** (*USA*) diplomarsi **3** cambiare (*o* trasformarsi) per gradi. ● **to g. away**, scomparire a poco a poco.

graduate (1) ['grædjuit], n. **1** laureato, laureata: **Oxford graduates**, laureati dell'Università di Oxford **2** (USA) diplomato, diplomata: **a high-school g.**, un diplomato di scuola secondaria superiore **3** cilindro graduato (di chimico o farmacista).
graduate (2) ['grædjuit], a. **1** laureato **2** (USA) diplomato: **a g. nurse**, un'infermiera diplomata **3** che concede un titolo di specializzazione successivo alla laurea (un «M.A.», «M.S.», o «Ph.D.»): **g. school**, facoltà universitaria che concede tale titolo; **g. student**, studente che frequenta tale facoltà. ● **g. course**, lezioni per laureati; corso di perfezionamento.
graduated ['grædjueitid], a. graduato; distinto (o diviso) in gradi. ● (comm.) **g. prices**, prezzi differenziali □ (fin.) **g. tax**, imposta progressiva.
graduation [,grædju'eiʃən], n. **1** (conseguimento della) laurea: **What will you do after g.?**, che cosa farai dopo la laurea? **2** (USA) (conseguimento del) diploma (di scuola secondaria) **3** (USA) cerimonia del conferimento delle lauree: **g. gowns**, toghe indossate dagli studenti al conferimento delle lauree **4** graduazione; classificazione **5** grado; segno di divisione: **the graduations on a ruler**, i segni (centimetri, pollici, ecc.) su un regolo.
gradus ['greidəs], n. prontuario di prosodia (specialm. classica).
Graecism ['gri:sizəm], n. **1** grecismo **2** ellenismo; imitazione dello spirito (o dello stile, ecc.) della Grecia antica.
to Graecize ['gri:saiz], **A** v. t. **1** grecizzare **2** tradurre in greco. **B** v. i. grecizzare; comportarsi alla greca; imitare i Greci.
Graeco-Roman ['gri:kou'roumən], a. greco-romano: (sport) **Graeco-Roman wrestling**, lotta greco-romana.
graffiti [gra:'fi:tou], n. (pl. **graffiti**) **1** (archeol.) graffito **2** (pl.) disegni murali; frasi (o parole) scritte su muri.
graft [gra:ft], n. **1** (agric.) innesto **2** (agric.) albero innestato; pianta innestata **3** (med.) innesto; trapianto **4** corruzione (specialm. polit.); peculato; prevaricazione; concussione **5** (fam.) bustarella **6** (pop.) lavoro.
to graft [gra:ft], **A** v. t. **1** (agric., med.) innestare, trapiantare (anche fig.): **to g. skin**, trapiantare la pelle **2** (agric.) produrre (fiori, frutti) per innesto **3** procurarsi (denaro, ecc.) con la corruzione (o con mezzi illeciti). **B** v. i. **1** (agric.) fare innesti **2** prevaricare; rendersi colpevole di peculato **3** (fam.) prendere bustarelle.
grafter ['gra:ftə*], n. **1** innestatore, innestatrice **2** concussionario; prevaricatore; funzionario corrotto **3** (fam.) imbroglione; truffatore; bidonatore (pop.).
grafting ['gra:ftiŋ], n. (agric., med.) innesto (anche fig.). ● **g. iron** (o **tool**), innestatoio.
grail (1) [greil], n. (relig.) graduale.
grail (2) [greil], n. lima usata dai fabbricanti di pettini.
Grail [greil], n. (nelle leggende medievali) Graal (coppa che contenne il sangue di Gesù Crocifisso): **the holy G.**, il santo Graal.
grain [grein], n. **1** grano; granaglie; cereali: **a ship with a cargo of g.**, una nave con un carico di granaglie; **g. exports**, esportazioni di cereali **2** grano; granello; chicco: **a g. of sand**, un granello di sabbia; **a g. of gunpowder**, un grano di polvere da sparo; **He didn't have a g. of sense**, non aveva un grano di buon senso; **grains of wheat**, chicchi di grano **3** grano (la più piccola unità di peso ingl., pari a 0,0648 grammi) **4** grana (di metalli, marmi, ecc.); filo, vena, venatura (del legno); acqua (di pietre preziose): **metals of coarse (fine) g.**, metalli a grana grossa (fine) **5** (pl.) residui di semi di malto (nella fabbricazione della birra) **6** (fig.) carattere; temperamento; tempra **7** (fig.) granello; briciolo; pizzico **8** (raro) (color) carminio **9** (poet.) colore; tinta **10** (geol.) granulo. ● (chim.) **g. alcohol**, alcol etilico □ (agric.) **g. drill**, seminatrice per cereali □ **g. elevator**, silos per cereali □ **g. farmer**, cerealicoltore □ **g. farming**, (sost.) cerealicoltura; (agg.) cerealicolo □ **g.-leather**, cuoio fiore (conciato e voltato dalla parte del pelo, che è stato tolto) □ (del cuoio) **g.-side**, fiore (parte del pelo che è stato tolto) □ (bot.) **grains of Paradise** (o **Guinea grains**), grani del paradiso □ (fig.) **against the g.**, (a one's) g., di malavoglia; contro la propria inclinazione □ **large-g.** (**small-g.**) **powder**, polvere da sparo a grana grossa (fine) □ (fig.) **with a g. of salt**, cum grano salis.
to grain [grein], **A** v. t. **1** granire; ridurre in grani **2** granire; marmorizzare; marezzare; macchiare a finto legno **3** togliere il pelo a (pelli conciate). **B** v. i. **1** (bot.) formare grani; granire **2** ridursi in grani.
grained [greind], a. **1** granulato; a struttura granulare **2** granito; marmorizzato; marezzato. ● (di metallo, sabbia, ecc.) **coarse-g.** (**fine-g.**), a grana grossa (fine) □ **cross-g.**, (di legno) nodoso; (di persona) bisbetica, irritabile.
grainer ['greinə*], n. **1** granitore; marezzatore **2** conciatore (di cuoio).
grainless ['greinlis], a. **1** senza cereali **2** (tecn.) privo di grana.
grains [greinz], n. pl. (col verbo al sing.) arpione; fiocina (a due rebbi).

grainy ['greini], a. **1** (di legno, ecc.) che ha una grana (o una vena) ben definita **2** ricco di cereali **3** granuloso.
gralloch ['grælək], n. interiora (di cervo e sim.).
to gralloch ['grælək], v. t. sventrare (un cervo e sim.).
gram (1) [græm], n. grammo. ● (chim.) **g.-atomic weight**, grammoatomo □ (chim.) **g. molecule**, grammomolecola.
gram (2) [græm], n. (bot., Cicer arietinum) cece.
graminaceous [,græmi'neiʃəs], **gramineous** [grə'miniəs], a. (bot.) graminaceo: **g. plants**, piante graminacee.
graminicolous [,græmi'nikələs], a. (zool.) graminicolo.
graminivorous [,græmi'nivərəs], a. frugivoro; erbivoro.
grammalogue ['græməlɔg], n. stenogramma; segno stenografico.
grammar ['græmə*], n. grammatica: **a g. lesson**, una lezione di grammatica; **a g. of English**, una grammatica inglese; **His g. was poor**, la sua grammatica lasciava molto a desiderare. ● **g. book**, grammatica (il libro) □ **g.-school**, (in G.B.) scuola secondaria a indirizzo umanistico; (in USA) scuola elementare □ **That is bad g.!**, questa espressione è scorretta.
grammarian [grə'mɛəriən], n. grammatico; filologo.
grammatical [grə'mætikəl], a. **1** grammaticale **2** corretto dal punto di vista grammaticale.
grammaticality [grə,mæti'kæliti], n. correttezza grammaticale; grammaticalità.
to grammaticize [grə'mætisaiz], v. t. rendere grammaticale.
gramme [græm], V. **gram** (1).
Gram-negative [,græm'negətiv], a. (biol.) gram-negativo.
gramophone ['græməfoun], n. (raro) grammofono (V. **record player**, sotto **record**).
Gram-positive [,græm'pɔzətiv], a. (biol.) gram-positivo.
grampus ['græmpəs], n. **1** (zool., Grampus griseus) grampo grigio **2** (zool., Orcinus orca) orca **3** (zool., Mastigoproctus giganteus) telifonide (grosso scorpione americano) **4** (fig., fam.) persona dal respiro rumoroso. ● (fig.) **to blow** (o **to wheeze**) **like a g.**, soffiare come un mantice.
granary ['grænəri], n. granaio (anche fig.); regione ricca di grano.
grand (1) [grænd], a. **1** grande; grandioso; elevato; imponente; magnifico; splendido; stupendo; superbo: **a g. spectacle**, uno spettacolo grandioso; **a g. palace**, un palazzo imponente; **to do the g.**, fare il grande; darsi un sacco di arie; **a poem written in the g. style**, un poema scritto in stile elevato; **to live in g. style**, vivere in grande stile **2** grande; grave; importante; principale: (leg.) **a g. inquest**, una grande inchiesta; **the g. staircase of a building**, la scala principale d'un edificio; le scalone d'onore; **g. entrance**, ingresso principale; (stor.) **the g. army**, la grande armata **3** complessivo; totale; al completo: **a g. orchestra**, un'orchestra al completo **4** (fam.) eccellente; magnifico; ottimo: **g. weather**, tempo magnifico; **The ground was in g. condition**, il terreno era in condizioni eccellenti; **a g. idea**, un'ottima idea **5** altezzoso; borioso; pomposo **6** ambizioso; grandioso: **He has a g. plan**, ha un progetto ambizioso. ● **g.-aunt**, prozia □ (geogr.) **the G. Canyon**, il Gran Canyon □ **g. committee**, commissione permanente della Camera dei Comuni □ **g.-ducal**, granducale □ **g. duchess**, granduchessa □ **g. duchy**, granducato □ **g. duke**, granduca □ **a g. imposture**, una grossa impostura □ (leg.) **g. jury**, giuria speciale (che decide se qualcuno debba essere rinviato a giudizio) □ **G. Master**, Gran Maestro (d'un ordine cavalleresco o della massoneria) □ **a g. mistake**, un errore madornale □ (sport) **G. National**, corsa ippica ad ostacoli (a Liverpool) □ **g.-nephew**, pronipote (maschio, di zii) □ **g.-niece**, pronipote (femmina, di zii) □ (polit. USA) **the G. Old Party**, il Partito Repubblicano □ (mus.) **g. opera**, opera lirica □ **g. piano**, pianoforte a coda □ **g. slam**, (a bridge) grande slam; (fig., sport) cappotto □ (sport) **g. stand**, tribuna coperta □ (sport) **g.-stand finish**, serrata finale □ (rag.) **g. total**, totale complessivo (su un conto) □ (stor.) **g. tour**, viaggio (turistico) in Europa (fatto dai nobili inglesi nell'Ottocento) □ (autom.) **a g. touring car**, una granturismo □ **g.-uncle**, prozio □ (stor.) **G. Vizier**, Gran Visir □ **to have a g. air** (o **g. manners**), darsi delle arie; avere maniere grandiose, imponenti □ (fam.) **to have a g. time**, divertirsi un mondo; spassarsela davvero.
grand (2) [grænd], n. **1** pianoforte a coda **2** (pop. USA: invar. al pl.) (biglietto da) mille dollari: **fifty g.**, cinquantamila dollari. ● (mus.) **upright g.**, grande piano verticale.
grandad ['grændæd], V. **granddad**.
grandam ['grændæm], n. **1** nonna **2** vecchia; nonnetta (fam.).
grandchild ['græntʃaild], n. (pl. **grandchildren**) nipote (di nonni).
granddad ['grændæd], n. (fam.) nonno; nonnino.
granddaughter ['græn,dɔ:tə*], n. nipote (femmina, di nonni).
grandee [græn'di:], n. **1** grande di Spagna **2** (fig.) personaggio importante.

grandeur ['grændʒə*], n. 1 grandiosità; bellezza; magnificenza; splendore: **the g. of the Rocky Mountains**, la grandiosità delle Montagne Rocciose 2 grandezza morale; elevatezza di sentimenti; nobiltà d'animo 3 elevatezza di posizione sociale; grande potere; importanza 4 fasto; lusso.
grandfather [grænd,fɑ:ðə*], n. 1 nonno 2 antenato; avo. ● **g. clock**, pendola a colonna □ **great-g.**, bisnonno; bisavolo.
grandfatherly ['grænd,fɑ:ðəli], a. 1 di (o da) nonno 2 (fig.) benevolo; indulgente.
grandiloquence [græn'dɪləkwəns], n. magniloquenza; grandiloquenza; ampollosità.
grandiloquent [græn'dɪləkwənt], a. magniloquente; ampolloso.
grandiose ['grændɪous], a. 1 grandioso 2 fastoso; pomposo.
grandiosity [,grændɪ'ɔsɪtɪ], n. 1 grandiosità 2 fasto; pompa.
grandma ['grænmɑ:], n. (fam.) nonna; nonnina.
grand mal [,gran'mæl] (franc.), n. (med.) grande male.
grandmam(m)a ['grænmə,mɑ:], n. (fam.) nonna; nonnina.
grandmother [græn,mʌðə*], n. 1 nonna 2 antenata; ava. ● **great-g.**, bisnonna; bisavola □ (fig.) **to teach one's g. to suck eggs**, voler insegnare a chi ne sa più di noi (cfr. prov. ital. «i paperi menano a bere le oche»).
to grandmother [græn,mʌðə*], v. t. coccolare; vezzeggiare. ● **to g. the cups**, inumidire i piattini (perché le tazze non cadano).
grandmotherly ['græn,mʌðəli], a. 1 di (o da) nonna 2 (fig.) benevolo; indulgente 3 (fig.) meticoloso; noioso; pignolo.
grandpa ['grænpɑ:], n. (fam.) nonno; nonnino.
grandpapa ['grænpə,pɑ:], n. (fam.) nonno; nonnino.
grandparent ['græn,pɛərənt], n. nonno, nonna.
Grand Prix ['gran'pri:] (franc.), n. (pl. **Grand Prix, Grands Prix, Grand Prixes**) (sport) Gran Premio (automobilistico).
grandsire ['grænsaɪə*], n. 1 (raro) nonno 2 (arc.) vecchio; nonnetto (fam.) 3 (arc.) antenato.
grandson ['grænsʌn], n. nipote (maschio, di nonni).
grange [greɪndʒ], n. 1 casa colonica; fattoria; cascina 2 casa padronale; casa di campagna 3 (stor.) grangia 4 (arc.) granaio.
grangerization [,greɪndʒərai'zeɪʃən], n. illustrazione di un libro mediante stampe, vignette, ecc. ritagliate da un altro volume.
to grangerize ['greɪndʒəraɪz], v. i. illustrare (un libro) applicando stampe, vignette, ecc. ritagliate da un altro volume.
graniferous [græ'nɪfərəs], a. granifero.
graniform ['grænɪfɔ:m], a. graniforme.
granite ['grænɪt], n. (geol.) granito. ● **g.-ware**, ceramiche screziate; ferramenta smaltate □ (fig.) **to bite on g.**, tirar pugni al muro.
granitic [græ'nɪtɪk], a. 1 (geol.) granitico 2 (fig.) granitico; incrollabile; duro; saldo.
granitiform [græ'nɪtɪfɔ:m], a. granitiforme.
granitoid ['grænɪtɔɪd], a. (geol.) simile al granito.
granivorous [græ'nɪvərəs], a. (zool.) granivoro.
grannie ['grænɪ], V. **granny**.
grannom ['grænəm], n. 1 mosca (anche artificiale) usata per la pesca 2 (zool., Limnophilus; Phryganea, ecc.) tricottero.
granny ['grænɪ], A n. (fam.) 1 nonna; nonnina 2 vecchia 3 (anche **g.'s knot**) nodo incrociato (che si scioglie facilmente). B a. attr. (d'abito, ecc.) della nonna: **g. dress**, abito della nonna. ● **g. glasses**, occhialetti; lorgnette.
granolithic [,grænou'lɪθɪk], a. (edil.) di granito e cemento.
granpa ['grænpɑ:], n. (fam.) nonno; nonnino.
to grant [grɑ:nt], v. t. 1 accordare; concedere; assegnare; ammettere; riconoscere: **to g. sb. permission to do st.**, accordare a q. il permesso di fare q.c.; **to g. a pardon**, concedere la grazia, il perdono; **to g. a patent**, concedere un brevetto; **I g. that you're right**, concedo (o ammetto, riconosco) che hai ragione; **We are willing to g. you a 10% discount**, siamo disposti a concedervi uno sconto del 10%; **I g. you**, te lo concedo; lo ammetto 2 accogliere; esaudire; fare: **to g. a request**, accogliere una richiesta; **to g. a wish**, esaudire un desiderio; **to g. a favour**, fare un favore 3 (leg.) cedere, trasmettere, trasferire, attribuire (beni, proprietà, diritti): **to g. land to new settlers**, cedere terreni ai nuovi coloni. ● (comm.) **to g. a discount**, concedere uno sconto □ **to take st. for granted**, tenere q.c. per certo; ritenere q.c. ovvio; dare q.c. per scontato.
grant [grɑ:nt], n. 1 concessione; assegnazione; dono: **The settlers received grants of land from the government**, i coloni ricevettero concessioni di terre dal governo 2 accoglimento; esaudimento: **the g. of a request**, l'accoglimento d'una richiesta 3 (leg.) cessione, trasferimento, attribuzione (di beni, ecc.) 4 (fin.) sovvenzione: **grants amounting to 20% of the total investment**, sovvenzioni pari al 20% dell'investimento complessivo 5 (USA) **g.-in-aid**, sovvenzione; sussidio; contributo statale (a enti pubblici) □ (ind.) **the g. of a patent**, il rilascio di un brevetto.
grantable ['grɑ:ntəbl], a. 1 concedibile; ammissibile 2 esaudibile; che può essere accolto.
grantee [grɑ:n'ti:], n. 1 (leg.) concessionario; assegnatario; beneficiario 2 (USA) borsista.
granter ['grɑ:ntə*], V. **grantor**.
grantor [grɑ:n'tɔ:*], n. (leg.) 1 concedente; cedente 2 V. **guarantor**.
granular ['grænjulə*], a. granulare; granuloso.
granularity [,grænju'læriti], n. granularità; granulosità.
to granulate ['grænjuleit], A v. t. 1 granulare; ridurre in granuli 2 (ind.) granulare; cristallizzare: **granulated sugar**, zucchero cristallizzato. B v. i. 1 ridursi in granelli 2 (med.: di ferita, ecc.) fare il tessuto di granulazione; granularsi; cicatrizzarsi.
granulated ['grænjuleitid], a. granulato; granulare.
granulation [,grænju'leɪʃən], n. 1 (anche astron., med.) granulazione 2 (med.) tessuto di granulazione 3 (bot.) granulomatosi (degli agrumi).
granule ['grænju:l], n. granulo (anche geol.); granello.
granulite ['grænjulaɪt], n. (geol.) granulite.
granulomatosis ['grænju,loumə'tousis], n. (med.) granulomatosi.
granulose ['grænjulous], **granulous** ['grænjuləs], a. granuloso.
grape [greɪp], n. 1 acino; chicco d'uva 2 (anche **grapevine**) vite 3 (pl.) uva: **a bunch of grapes**, un grappolo d'uva 4 (vet.) tubercolosi (del cavallo o del bue). ● **g. brandy**, brandy di uva □ **g.-gatherer**, vendemmiatore, vendemmiatrice □ **g.-gathering**, vendemmia □ **g.-grower**, viticoltore □ **g.-growing**, viticoltura □ **g. harvest**, vendemmia □ **g. house**, serra per viti □ **g. juice**, succo di uva □ **g.-scissors**, cesoie da viti; forbici per l'uva □ (mil., arc.) **g.-shot**, mitraglia □ **g.-stone**, vinacciolo □ **g. sugar**, zucchero d'uva; glucosio, destrosio □ **g.-vine**, vite; (fig., anche **g.-vine telegraph**) notizia incontrollata; diceria □ **the juice of the g.**, il succo dell'uva; il vino □ (prov.) **The grapes are sour** (o **Sour grapes!**), l'uva (quando non la si può raggiungere) è acerba (con riferimento alla favola della volpe e dell'uva).
grapefruit ['greɪpfru:t], n. 1 (bot., Citrus paradisi; anche **g. tree**) pompelmo 2 pompelmo (il frutto).
grapery ['greɪpəri], n. 1 vigneto; vigna 2 serra per viti.
graph [græf], n. 1 (mat., stat.) grafico; diagramma; tracciato 2 (mat.) grafo 3 (linguistica) grafia. ● **g. paper**, carta millimetrata.
to graph [græf], v. t. rappresentare con un grafico (o graficamente).
grapheme ['græfi:m], n. (linguistica) grafema.
graphic ['græfɪk], a. 1 grafico: **the g. arts**, le arti grafiche; la grafica 2 pittoresco; vivido, icastico: **a g. style**, uno stile icastico. ● **g. designer**, grafico □ **g. indicator**, registratore (strumento).
graphically ['græfɪkəli], avv. 1 graficamente 2 pittorescamente; vividamente; icasticamente 3 per mezzo di grafici.
graphite ['græfaɪt], n. (miner.) grafite; piombaggine ● **g. grease**, grasso grafitato □ (fis. nucl.) **g.-moderated reactor**, reattore moderato a grafite.
graphitic [græ'fɪtɪk], a. grafitico.
graphologic(al) [,græfə'lɔdʒɪk(əl)], a. grafologico.
graphologist [græ'fɔlədʒɪst], n. grafologo.
graphology [græ'fɔlədʒɪ], n. grafologia.
grapnel ['græpnəl], n. 1 (mecc.) raffio 2 (naut.) grappino; ancorotto; rampino.
to grapple ['græpl], A v. t. 1 abbrancare; afferrare; agganciare: **The stranger grappled me with both arms**, lo sconosciuto mi afferrò con entrambe le braccia 2 (naut.) rampinare; grappinare. B v. i. venire alle prese (o alle strette), lottare corpo a corpo: **Grappling with bagsnatchers can be very dangerous**, lottare con gli scippatori può essere assai pericoloso. ● **to g. with**, lottare con; (fig.) cimentarsi, essere alle prese con: **to g. with an enemy**, lottare con un nemico; **to g. with a problem**, essere alle prese con un problema.
grapple ['græpl], n. 1 (naut.) grappa; grappino; raffio; rampino 2 lotta corpo a corpo 3 presa; stretta. ● **g. hook**, rampino.
grappling ['græplɪŋ], n. 1 presa, stretta 2 (naut.) arrembaggio. ● (naut.) **g. iron**, grappino; rampino.
grapy ['greɪpi], a. a grappoli; di uva; simile a uva.
to grasp [grɑ:sp], v. t. afferrare; agguantare; impugnare; stringere; tenere stretto; prendere; capire: **to g. a rope** (sb.'s hand), afferrare una corda (la mano di q.); **to g. an argument**, afferrare un argomento; **to g. sb.'s meaning**, comprendere quello che q. vuol dire. ● **to g. at**, afferrarsi a; cercare d'afferrare (o d'arraffare); (fig.) afferrare; cogliere al volo (fig.) **to g. at straws**, attaccarsi a un nonnulla □ (fig.) **to g. the nettle**, prendere il toro per le corna □ (prov.) **G. all, lose all**, chi troppo vuole, nulla stringe.
grasp [grɑ:sp], n. 1 presa; stretta 2 padronanza; conoscenza profonda; controllo; portata di mano; (fig.) mani, pugno: **He has an excellent position within his g.**, ha un ottimo impiego a

portata di mano; **We were in the g. of a tyrant**, eravamo nelle mani di (*o* in pugno a) un tiranno **3** comprensione; capacità di capire: **Abstract painting is beyond my g.**, la pittura astratta supera la mia capacità di comprensione **4** stretta di mano: **a powerful g.**, una forte stretta di mano. ● **to take a g. on oneself**, controllarsi; darsi una controllata (*fam.*).
graspable ['gra:spəbl], *a.* afferrabile; che si può capire.
grasping ['gra:spiŋ], *a.* **1** avido; cupido **2** tenace.
graspingness ['gra:spiŋnis], *n.* **1** avidità; cupidigia **2** tenacia.
grass [gra:s], *n.* **1** (*collett.*) erba **2** (*pl.* **grasses**) graminacea (*grano*, *canna*, *ecc.*) **3** (*pop.*, *anche* **sparrow-g.**) asparago **4** pascolo: **to send the cattle to g.**, mandare il bestiame al pascolo **5** (*pop.*) poliziotto **6** (*pop.*) delatore; spia **7** (*pop.*) erba (*gergo dei drogati*); marijuana **8** (*del radar*) fruscio; segnali parassiti. ● (*agric.*) **g. crops**, colture erbacee □ **g.-cutter**, chi fa erba per i cavalli; falciatrice per l'erba □ **g. hut**, capanna di paglia □ **g. roots**, (*ind. min.*) terreno superficiale; (*fig.*) zona (*o* popolazione) rurale; (*fig.*) base, fondamento, fondo (*di un problema*, *ecc.*); (*agg.*) rurale; comune, ordinario □ (*sport*) **g. skiing**, sci sull'erba □ **g. snake**, biscia dal collare □ **g. widow**, moglie separata (permanentemente o temporaneamente) dal marito □ **g. widower**, marito separato (permanentemente o temporaneamente) dalla moglie □ (*fig.*) **to be at g.**, essere a spasso, in vacanza □ (*fig.*) **to go to g.**, andare a terra, essere atterrato; andare in malora, morire □ (*fig.*) **to hear the g. grow**, sentir crescere l'erba; avere l'udito finissimo □ (*fig.*) **not to let the g. grow under one's feet**, non perdere tempo in sciocchezze; non lasciarsi sfuggire le occasioni □ **to send sb. to g.**, mandare q. a terra (*o* al tappeto); atterrare q. □ **Keep off the g.!**, è vietato calpestare l'erba!
to grass [gra:s], **A** *v. t.* **1** ricoprire d'erba **2** pascolare (*bestiame*) **3** stendere (*tessuti*) sull'erba perché sbianchino al sole **4** (*fam.*) atterrare (*un avversario*) **5** abbattere (*un uccello*) con una fucilata **6** tirare a riva (*un pesce*) **7** (*ind. min.*) portare alla superficie. **B** *v. i.* (*pop.*) fare la spia; essere un delatore.
grasshopper ['gra:s,hɔpə*], *n.* **1** (*zool.*) cavalletta **2** (*mil.*) cicogna; piccolo aeroplano da ricognizione. ● (*fam.*) **to be knee--high to a g.**, essere alto come un soldo di cacio.
grassiness ['gra:sinis], *n.* l'essere erboso.
grassland ['gra:s-lænd], *n.* terreno coltivato a erba; prateria. ● (*agr.*) **g. farming**, praticoltura.
grassplot ['gra:s'plɔt], *n.* praticello; campo erboso; tappeto erboso.
grassy ['gra:si], *a.* **1** erboso; ricco d'erba **2** simile all'erba; erbaceo **3** verde erba; del colore dell'erba.
grate [greit], *n.* **1** grata; inferriata; griglia **2** gratella; graticola (*di focolare*, *ecc.*) **3** focolare; fornace.
to grate (1) [greit], *v. t.* munire di grata (*o* d'inferriata).
to grate (2) [greit], *v. t.* e *i.* **1** grattugiare; grattare: **to g. cheese**, grattugiare il formaggio **2** grattare; sfregare; strofinare **3** digrignare; far stridere (*i denti*, *ecc.*) **4** cigolare; stridere: **These gears g.**, questi ingranaggi stridono **5** (*mecc.: del cambio*) grattare **6** – **to g. on**, irritare; seccare; urtare: **His haughty manners g. on everyone**, il suo modo di fare altezzoso urta tutti **7** – **to g. on**, (*ai voce*) lacerare i timpani; straziare le orecchie (a q.): **The voice of that girl grates on me**, la voce di quella ragazza mi strazia le orecchie. ● (*autom.*) **to g. a car into gear**, grattare inserendo la marcia □ **grated bread-crumbs**, pangrattato □ **a grating voice (laugh)**, una voce (una risata) stridula.
grateful ['greitful], *a.* **1** grato; riconoscente: **a g. heart**, un cuore grato: **I am g. to you for your kindness**, ti sono grato per la tua gentilezza **2** (*lett.*) gradevole; piacevole: **a g. warmth**, un piacevole calore.
gratefully ['greitfuli], *avv.* con gratitudine; con riconoscenza.
gratefulness ['greitfulnis], *n.* gratitudine; riconoscenza.
grater ['greitə*], *n.* **1** chi grattugia, strofina, ecc. **2** grattugia.
graticule ['grætikjul], *n.* **1** reticolo (*di strumenti ottici*) **2** rete, reticolo (*di carte geografiche*) **3** (*disegno*) graticola.
gratification [,grætifi'keiʃən], *n.* **1** appagamento; compiacimento; piacere; soddisfacimento; il soddisfare **2** (*psic.*) gratificazione **3** (*arc.*) gratifica; ricompensa.
to gratify ['grætifai], *v. t.* **1** appagare; accontentare; compiacere; indulgere a; soddisfare: **to g. one's passions**, indulgere alle proprie passioni **2** (*psic.*) gratificare **3** (*arc.*) gratificare; dare un compenso (*o* un premio) (a q.). ● **to g. a wish**, esaudire un desiderio.
gratifying ['grætifaiiŋ], *a.* gratificante; gradito; piacevole; soddisfacente.
gratin [gra'tɛ̃] (*franc.*), *n.* (*cucina*) gratin. ● **au g.**, al gratin; gratinato.
grating (1) [greitiŋ], *a.* stridente; stridulo; aspro; irritante: **a g. voice**, una voce stridula, aspra. ● **g. sound**, stridore.
grating (2) [greitiŋ], *n.* **1** grata; inferriata; griglia **2** griglia (*di fornace*, *ecc.*) **3** reticolo (*di strumenti ottici*) **4** (*elettr.*) reticolo.
gratis ['greitis], **A** *avv.* gratuitamente; gratis. **B** *a.* gratuito; libero.
gratitude ['grætitju:d], *n.* gratitudine; riconoscenza.
gratuitous [grə'tju:itəs], *a.* gratuito; (*fig.*) ingiustificato: **g. information**, informazioni gratuite; **a g. insult**, un'offesa gratuita. ● (*leg.*) **g. contract**, contratto a titolo gratuito.
gratuitousness [grə'tju:itəsnis], *n.* gratuità; l'esser gratuito.
gratuity [grə'tju:iti], *n.* **1** gratifica; mancia **2** (*econ.*, *ingl.*) (indennità di) buonuscita; liquidazione (*per lo più*, *corrisposta ai dipendenti pubblici*; *non è*, *come in Italia*, *una forma differita di stipendio o salario*) **3** (*mil.*) indennità di congedo. ● **No gratuities**, non si accettano mance.
gratulatory ['grætjulətəri], *a.* gratulatorio; congratulatorio.
grave (1) [greiv], *n.* **1** tomba (*anche fig.*); fossa; sepolcro; sepoltura **2** (*fig.*) fine; morte: **She was brought to an early g.**, ella trovò una morte prematura. **B** *a. attr.* tombale: (*archeol.*) **g. goods**, reperti tombali. ● **g. clothes**, lenzuolo funebre; sudario □ **g.-digger**, becchino; beccamorto (*pop.*) □ **g. robber**, predatore di tombe; sciacallo (*fig.*) □ **to be as silent as a g.**, essere muto come una tomba □ (*fig.*) **to dig one's g.**, scavarsi la fossa □ (*fig.*) **to have one foot in the g.**, avere un piede nella fossa □ **to make sb. turn in his g.**, far rivoltare (*o* far tremare le ossa di) q. nella tomba □ **Someone is walking over my g.**, mi è passata vicino la morte (*si dice quando si ha un brivido improvviso e inspiegabile*).
to grave [greiv] (*pass.* **graved**, *p. p.* **graven**, **graved**), *v. t.* **1** (*arc.*) incidere; scolpire; (*fig.*) fissare: **to g. st. in one's mind**, fissarsi (*o* scolpirsi) q.c. nella mente.
grave (2) [greiv], **A** *a.* **1** grave; austero; dignitoso; serio; solenne; importante: **a g. person**, una persona grave (*o* seria, solenne); **a g. illness**, una grave malattia; **a g. responsibility**, una grave responsabilità **2** (*gramm.*, *fon.*) grave: **a g. accent**, un accento grave **3** cupo; tetro: **g. colours**, tinte cupe. **B** *n.* **1** (il) grave; (le) cose gravi **2** (*fon.*) accento grave.
gravel ['grævəl], *n.* **1** ghiaia; sabbia grossa; (*costr.*) ghiaietto **2** (*med.*) renella; calcoli (microcristallini) **3** (*ind. min.*) sabbia aurifera. ● **g. ballast**, massicciata di ghiaia □ **g.-blind**, cieco come una talpa □ **g.-pit**, cava di ghiaia □ **g.-voiced**, dalla voce stridula □ (*costr.*) **pebble g.**, ghiaia.
to gravel ['grævəl], *v. t.* **1** inghiaiare; coprire di ghiaia: **to g. a road**, inghiaiare una strada **2** (*fig.*) confondere; imbarazzare.
graveless ['greivlis], *a.* senza tomba; insepolto.
gravelly ['grævəli], *a.* **1** ghiaiato; ghiaioso **2** (*med.*) calcoloso **3** (*di voce*, *suono*) stridulo.
graven ['greivən], *p. p.* di **to grave**. ● **g. image**, idolo.
graveness ['greivnis], *n.* gravità; austerità; serietà; importanza.
graver ['greivə*], *n.* **1** bulino **2** incisore; scultore.
gravestone ['greivstoun], *n.* pietra tombale; lapide funeraria.
graveward ['greivwəd], *avv.* e *a.* (diretto) alla tomba; verso la morte.
graveyard ['greiv-ja:d], *n.* cimitero; camposanto. ● (*ind.*) **g. shift**, secondo turno di notte.
gravid ['grævid], *a.* gravido.
gravidity [græ'viditi], *n.* gravidanza.
gravimeter [grə'vimitə*], *n.* (*fis.*) gravimetro.
gravimetric(al) [,grævi'metrik(əl)], *a.* (*fis.*) gravimetrico.
gravimetry [grə'vimitri], *n.* (*fis.*) gravimetria.
graving ['greiviŋ], *n.* **1** incisione; scultura **2** (*naut.*) raddobbo; carenaggio: **g. dock**, bacino di carenaggio (*in muratura*).
to gravitate ['græviteit], **A** *v. i.* gravitare (*anche fig.*); propendere; tendere; essere attratto. **B** *v. t.* (*ind. min.*) manipolare (*la sabbia diamantifera*) così da far cadere in basso i diamanti.
gravitation [,grævi'teiʃən], *n.* **1** (*fis.*) gravitazione **2** attrazione.
gravitational [,grævi'teiʃənəl], *a.* (*fis.*) gravitazionale: **g. field**, campo gravitazionale.
gravitative ['græviteitiv], *V.* **gravitational**.
gravity ['græviti], *n.* gravità (*in ogni senso*); (*fig.*) austerità, serietà, solennità, importanza: (*fis.*) **centre of g.**, centro di gravità; **the g. of the economic situation**, la gravità della situazione economica. ● (*di persona*) **to lose one's g.**, perdere il contegno □ (*scient.*) **specific g.**, peso specifico.
gravure [grə'vjuə*], *n.* (*contraz.* di **photogravure**) fotoincisione. ● (*arti grafiche*) **g. printing**, rotocalco (*il processo*).
gravy ['greivi], *n.* **1** sugo (*di carne*) **2** salsa; intingolo (*a base di sugo di carne*) **3** (*fig.*, *fam.*) soldi facili; guadagni illeciti **4** (*fig.*, *fam.*) cuccagna; pacchia (*pop.*). ● **g. beef**, carne di manzo da sugo □ **g. boat**, salsiera □ (*fam.*) **g. train**, sinecura; mangiatoia (*fig.*).
gray [grei], e *deriv.* *V.* **grey**, e *deriv.*
grayling ['greiliŋ], *n.* (*zool.*, *Thymallus thymallus*) temolo.
to graze (1) [greiz], *v. i.* e *t.* **1** pascolare; brucare erba; far pascolare: **The cows were grazing in the fields**, le vacche pascolavano nei campi; **to g. cattle**, far pascolare il bestiame **2** mettere (*un terreno*) a pascolo. ● **to g. a meadow**, mettere bestiame al pascolo su un prato.

to graze (2) [greiz], *v. t. e i.* **1** abradere; escoriare; graffiare; scalfire: **I just grazed my bumpers**, graffiai appena i paraurti **2** rasentare, rasentarsi; sfiorare, sfiorarsi: **The falling tree grazed my car**, nella caduta l'albero sfiorò la mia macchina. ● **to g. one's knee**, scorticarsi (*o* sbucciarsi) un ginocchio □ (*aeron.*) **grazing flight**, volo radente □ (*mil.*) **grazing fire**, V. **graze**, *def.* 3.
graze [greiz], *n.* **1** abrasione; escoriazione; graffio (*fam.*) **2** tocco (*o* colpo) di striscio **3** (*mil.*) tiro radente.
grazier ['greizjə*], *n.* allevatore di bestiame.
graziery ['greizjəri], *n.* allevamento di bestiame.
grazing ['greiziŋ], *n.* pascolo; pastura. ● **g.-land**, terreno da pascolo.
grease [gri:s], *n.* **1** grasso; unto; olio denso; grasso lubrificante **2** grasso animale; sugna **3** brillantina **4** (*ind. tessile*) lana sucida. ● (*ferr.*) **g.-box**, scatola di lubrificazione □ (*mecc.*) **g.-cup**, ingrassatore (*a tazza*) □ (*mecc.*) **g. gun**, pistola per ingrassaggio; ingrassatore a pressione □ (*pop.*) **g. monkey**, meccanico □ (*teatr.*) **g.-paint**, cerone □ (*mecc.*) **g. seal**, guarnizione a tenuta di grasso □ (*autom.*) **axle g.**, lubrificante per ponti (*scherz.*) **elbow g.**, olio di gomito □ (*di selvaggina*) **in g.** (*o* **in pride of g.**, **in prime of g.**), ben grasso □ **wool in the g.**, lana sucida.
to grease [gri:s], *v. t.* **1** lubrificare; ingrassare; ungere: **to g. the wheels of a cart**, ungere le ruote d'un carro **2** (*fam.*) adulare; insaponare (*pop.*) ● (*fig.*) **to g. sb.'s hand** (*o* **palm**), ungere q.; corrompere q. □ (*fig.*) **to g. the wheels**, ungere le ruote; corrompere □ (*fam.*) **like greased lightning**, in un baleno.
greaseball ['gri:sbɔ:l], *n.* (*spreg. USA*) **1** messicano **2** sudamericano.
greaseproof ['gri:spru:f], *a.* oleato: **g. paper**, carta oleata (*o* paraffinata).
greaser ['gri:zə*], *n.* **1** lubrificatore; ingrassatore **2** (*pop. USA, spreg.*) messicano; sudamericano **3** (*gerg. naut.*) macchinista **4** (*fam. USA*) giovanotto elegante degli anni Cinquanta, che aveva i capelli imbrillantinati **5** (*fam.: in G.B.*) capellone che fa parte di una banda di motociclisti.
greasiness ['gri:sinis], *n.* untuosità (*anche fig.*); oleosità; grassume; untume **2** grassezza (*della lana*).
greasing ['gri:siŋ], *n.* (*mecc.*) ingrassaggio.
greasy ['gri:si], *a.* **1** grasso; oleoso; untuoso (*anche fig.*); sudicio: **g. food**, cibo grasso; **g. hands**, mani unte; **g. manners**, maniere untuose **2** scivoloso; viscido: **a g. road**, una strada viscida **3** imbrillantinato; unto: **g. hair**, capelli unti. ● **g. pole**, albero della cuccagna □ **g. spoon**, ristorante piccolo, antigienico e a buon mercato □ (*ind. tessile*) **g. wool**, lana sucida.
great [greit], *A a.* **1** grande; grosso; grave; importante; nobile e generoso; forte; intenso: **a g. painter**, un grande pittore; **a g. (big) tree**, un grande albero; **a g. loss**, una grave perdita; **a g. friend of mine**, un mio grande amico; **a g. occasion**, un'occasione importante **2** (*di lettera dell'alfabeto*) maiuscola: **a g. «a»**, un' «a» maiuscola **3** (*fam.*) divertente; eccellente; magnifico; meraviglioso: **That's g.!**, è una cosa magnifica!; **Wouldn't it be g. if I could go abroad?**, non sarebbe meraviglioso se io potessi andare all'estero? **4** eminente; famoso; insigne: **g. Victorians**, uomini famosi dell'età vittoriana **5** (*fam.*) abile; bravo; bravissimo (*a fare q.c.*) **6** (*fam.*) favorito; prediletto: **a g. joke of his**, una delle sue barzellette preferite **7** (*lett.: di donna*) incinta. **B** *n.* (*pl., gergo studentesco*) esami finali per la laurea. ● **the g.**, i grandi; gli uomini grandi (*per grandezza d'animo o di mente*) □ **g. and small**, grandi e piccoli; (uomini) importanti e di poco conto □ (*zool.*) **g. ape**, scimmia antropomorfa □ **the G. Assize** (*o* **the G. Day**, **the G. Inquest**), il Giudizio Universale □ (*fam.*) **to be g. at st.**, essere assai bravo a fare q.c.; **He is g. at tennis**, è assai bravo a giocare a tennis □ **g.-aunt**, prozia □ (*astron.*) **the G. Bear**, l'Orsa Maggiore □ **the g. beyond**, l'aldilà □ **a g. big man**, un omone □ **a g. big plane**, un aeroplano grandissimo, enorme □ (*geogr.*) **G. Britain**, la Gran Bretagna □ **g. circle**, (*geodesia*) gran circolo; (*mat.*) cerchio massimo □ (*naut.*) **g.-circle**, ortodromico: **g.-circle track**, rotta ortodromica □ (*zool.*) **G. Dane**, (cane) danese □ **a g. deal (of)**, molto; un bel po' (di): **He has a g. deal of money**, ha molto denaro; **He is a g. deal better**, sta molto meglio □ **a g. eater**, uno che mangia molto; un mangione □ (*gergo studentesco*) **g. go**, esame finale per la laurea □ **G. God!**, Dio buono! □ **g.-grandchild**, pronipote (*di nonni*) □ **g.-granddaughter**, pronipote (*femmina, di nonni*) □ **g.-grandfather**, bisnonno □ **g.-grandmother**, bisnonna □ **g.-grandparent**, bisnonno bisnonna □ **g.-grandson**, pronipote (*maschio, di nonni*) □ **g.-g.-grandfather**, trisavolo □ **g.g.-grandmother**, trisavola □ **g. gross**, dodici grosse (*cioè 12 volte 144 unità*) □ **g.-hearted**, che ha un gran cuore; magnanimo; nobile e generoso □ **g. house**, casa principale, più grande delle altre (*in un paese*) □ (*geogr.*) **the G. Lakes**, i Grandi Laghi (*in USA*) □ **a g. many**, moltissimi □ **g.-nephew**, pronipote (*maschio, di zii*) □ **g.-niece**, pronipote (*femmina, di zii*) □ (*fam.*) **to be g. on st.**, essere appassionato di q.c.; essere assai versato in q.c. □ (*mus.*) **g. organ**, grand'organo □ (*tipogr.*) **g. primer**, corpo 18 □ **G. Seal**, sigillo ufficiale (*di uno Stato*) □ **the g. staircase**, la scala principale □ **g. thoughts**, pensieri nobili, elevati □ **g. toe**, alluce; dito grosso del piede □ **g.-uncle**, prozio □ **the G. War**, la Grande Guerra (*1914-18*) □ **a g. while**, molto (o un bel po' di) tempo □ (*lett.*) **g. with child**, incinta □ **the g. world**, il gran mondo; la società elegante; l'aristocrazia □ (*astron.*) **g. year**, grande anno (*circa 25.800 anni*) □ (*stor.*) **Alexander the G.**, Alessandro Magno □ **Greater Britain**, la Gran Bretagna e i Domini □ (*bot.*) **greater celandine** (*Chelidonium majus*), celidonia; erba da porri □ **Greater London**, Londra e i sobborghi □ (*mat.*) **greatest common divisor**, massimo comun divisore □ **to live to a g. age**, vivere fino a tarda età.
greatcoat ['greit'kout], *n.* **1** (*raro*) soprabito pesante **2** (*mil.*) cappotto.
greatcoated ['greit'koutid], *a.* incappottato.
greatly ['greitli], *avv.* **1** grandemente; assai; moltissimo; di gran lunga: **He was g. esteemed**, era assai stimato; **I should g. prefer...**, preferirei di gran lunga... **2** generosamente; nobilmente.
greatness ['greitnis], *n.* grandezza (*in molti sensi*; V. **great**).
greaves (1) [gri:vz], *n. pl.* (*stor.*) gambiere (*d'armatura*); schinieri.
greaves (2) [gri:vz], *n. pl.* (*cucina*) ciccioli, siccioli.
grebe [gri:b], *n.* (*zool., Podiceps*) svasso; tuffetto.
Grecian ['gri:ʃən], **A** *a.* greco: **G. architecture**, architettura greca; **G. nose (profile)**, naso (profilo) greco; **a G. urn**, un'urna greca. **B** *n.* **1** greco, greca **2** grecista. ● (*fig.*) **G. gift**, dono che cela un'insidia □ (*stor.*) **G. horse**, cavallo di Troia □ **G. knot**, pettinatura alla greca; coda di cavallo □ **G. slippers**, babbucce.
Grecism ['gri:sizəm], *n.* **1** grecismo **2** ellenismo.
to Grecize ['gri:saiz], V. **to Graecize**.
Greece [gri:s], *n.* (*geogr.*) Grecia.
greed [gri:d], **greediness** ['gri:dinis], *n.* **1** avidità; bramosia; cupidigia **2** ghiottoneria; golosità; ingordigia.
greedy ['gri:di], *a.* **1** avido; bramoso; cupido: **to be g. for gold (fame, etc.)**, essere avido d'oro (bramoso di fama, ecc.); **to be g. of office (for power, etc.)**, essere affamato di cariche (avido di potere, ecc.) **2** ghiotto; goloso; ingordo: **a g. boy**, un ragazzo ingordo. ● (*di una pianta*) **to be g. for water**, avere sete.
Greek [gri:k], **A** *a.* greco: **the G. Church**, la Chiesa Greca (Ortodossa). **B** *n.* **1** greco **2** greco (*la lingua*) **3** (*fig.*) uomo astuto; imbroglione. ● **at the G. Calends**, alle calende greche; mai □ (*archit.*) **G. cross**, croce greca □ (*relig.*) **the G. Fathers**, i Padri della Chiesa che scrissero in greco □ (*archit.*) **G. fret** (*o* **G. key**), greca □ (*fig.*) **G. gift**, dono che cela un'insidia □ (*fam.*) **It's all G. to me!**, per me è greco (*o* arabo, turco); non ci capisco un'acca!
green [gri:n], **A** *a.* **1** verde; acerbo; immaturo; non secco: **a g. blouse**, una camicetta verde; **g. peaches**, pesche ancora verdi (*o* acerbe); **g. wood**, legna verde **2** (*fig.*) verde; giovane; fresco; nuovo; vigoroso; vivido: **in my g. years**, nei miei verd'anni; **a g. old age**, una verde vecchiaia; una vecchiaia vigorosa; **Recollections of his youth were still g. in his mind**, i ricordi della giovinezza erano ancora freschi (*o* vividi) nella sua mente; **g. mortar**, malta fresca; **a g. wound**, una ferita fresca **3** (*fig.*) inesperto; ingenuo; di primo pelo; novellino; imbranato (*pop.*); non specializzato: **a g. hand**, un lavorante inesperto; **g. labour**, manodopera non specializzata **4** (*di stagione, ecc.*) mite; senza neve: **a g. December**, un dicembre mite; **a g. Christmas**, un Natale senza neve **5** (*fam.*) verde (*d'invidia, ecc.*); pallido (*di carnagione*); geloso **6** (*di carne, cemento, ecc.*) fresco. **B** *n.* **1** (color) verde; (il) verde; verzura: **a girl dressed in g.**, una ragazza vestita di verde **2** prato; spiazzo erboso; verde pubblico; campo (*da gioco*): **a village g.**, lo spiazzo erboso al centro d'un villaggio; **bowling g.**, campo per il gioco delle bocce; **golf g.**, campo da golf; **g.-man**, custode d'un campo da golf **3** (*pl.*) ortaggi, erbe, verdura; foglie, fronde, ramoscelli: **Christmas greens**, fronde e ramoscelli (*d'abete e d'agrifoglio*) per decorazioni natalizie. ● (*fam. USA*) **g. back**, V. **greenback** □ **g. belt**, (*urbanistica*) zona verde; verde (attrezzato); (*meteorologia*) zona priva di gelate □ **the G. Berets**, i Caschi Verdi (*forze speciali dell'esercito USA e ingl.*) □ **g.-blue**, verdazzurro □ **g. card**, (*ass., autom.*) carta verde; (*USA*) permesso d'entrata in USA (*per operai agricoli messicani, ecc.*) □ **g. cheese**, formaggio fresco; (*anche*) formaggio alle erbe □ **g. crop**, erba, foraggio verde (*per gli animali*) □ (*zool.*) **g. drake** (*Ephemera vulgata*), effimera □ **g. earth**, terra verde; (*della terra*) di Verona □ **g.-eyed**, dagli occhi verdi; (*fig.*) geloso, invidioso □ (*fam.*) **the g.-eyed monster**, la gelosia; l'invidia □ **g. fat**, grasso di tartaruga marina □ (*fam.*) **g. fingers**, abilità nel giardinaggio; il pollice verde

(*fig.*): **to have g. fingers**, avere il pollice verde □ (*zool.*) **g. fly** (*Myzus persicae*), afide verde (*del pesco*) □ **g. food**, ortaggi; erbe; verdura □ **g. light**, (*autom.*) (luce) verde; (*fig., fam.*) via libera, autorizzazione, permesso di dare inizio a un progetto □ (*zool.*) **g. linnet** (*Chloris chloris*), verdone □ **g. lumber**, legname non stagionato □ (*agric.*) **g. manure**, sovescio □ (*zool., dial.*) **g. peak** (*Picus viridis*), picchio verde □ (*agric.*) **g. revolution**, rivoluzione verde □ (*teatr.*) **g.-room**, camerino □ (*med.*) **g. sickness**, clorosi □ **g. stuff**, fogliame, vegetazione; ortaggi, erbe, verdura □ **g. table**, tavolo (o tappeto) verde; tavolo da gioco □ (*USA*) **g. thumb**, *V.* **g. fingers** □ **g. with envy** (**with jealousy**), verde d'invidia (di gelosia) □ **bottle-g.**, verde bottiglia □ (*fig., di persona*) **to be g.**, avere ancora il latte alla bocca □ (*fig.*) **to be in the g.** (*o* **in the g. tree**), essere vegeto e robusto; essere fresco e vigoroso □ **to keep sb.'s memory g.**, tener vivo il ricordo di q. □ **s. sea g.**, verdemare □ (*fam.*) **Do you see any g. in my eye?**, ti sembro proprio tanto ingenuo? □ **I'm not so g.**, non sono (mica) nato ieri.
to green [griːn], A *v. t.* **1** rendere verde; inverdire **2** (*pop.*) imbrogliare; ingannare. B *v. i.* diventar verde; verdeggiare.
greenback ['griːnbæk], *n.* (*USA, arc.*) biglietto di banca; banconota.
greener ['griːnə*], *n.* (*fam.*) **1** operaio inesperto **2** straniero immigrato da poco, in cerca di lavoro.
greenery ['griːnəri], *n.* **1** fogliame; fronde; verzura **2** serra.
greenfinch ['griːnfɪntʃ], *n.* (*zool., Chloris chloris*) verdone.
greengage ['griːngeɪdʒ], *n.* (*bot.*) susina regina Claudia.
greengrocer ['griːnˌgrousə*], *n.* erbivendolo; fruttivendolo.
greengrocery ['griːnˌgrousəri], *n.* **1** negozio d'erbivendolo (*o* di fruttivendolo); frutteria (*raro*) **2** erbe; ortaggi; verdura e frutta.
greenhorn ['griːnhɔːn], *n.* **1** semplicione; babbeo; imbranato (*pop.*) **2** novellino; principiante; pivello (*fam.*) **3** persona immigrata di fresco.
greenhouse ['griːnhaus], *n.* **1** serra **2** (*aeron.*) calotta trasparente. ● (*meteorologia*) **g. effect**, effetto serra.
greening ['griːnɪŋ], *n.* (*bot.*) mela dalla buccia verde.
greenish ['griːnɪʃ], *a.* verdastro; verdognolo.
Greenland ['griːnlənd], *n.* (*geogr.*) Groenlandia.
Greenlander ['griːnləndə*], *n.* groenlandese.
greenlet ['griːnlɪt], *n.* (*zool., Vireo*) vireo.
greenly ['griːnli], *avv.* **1** in verde; con tinte (*o* sfumature) di verde **2** immaturamente; con poca esperienza; alla meglio.
greenness ['griːnnɪs], *n.* **1** l'essere verde; verde: **the g. of the grass**, il verde dell'erba **2** (*fig.*) giovinezza; freschezza; vigore **3** (*fig.*) inesperienza; immaturità **4** (*fig.*) semplicioneria; credulità.
greensand ['griːnsænd], *n.* (*geol.*) sabbia verde.
greenshank ['griːnʃæŋk], *n.* (*zool., Tringa nebularia*) pantana.
greensick ['griːnsɪk], *a.* (*med.*) malato di clorosi; clorotico.
greensickness ['griːnˌsɪknɪs], *n.* (*med.*) clorosi (*anemia*).
greenstick ['griːnstɪk], *n.* – (*med.*) **g. fracture**, frattura a legno verde.
greenstone ['griːnstoun], *n.* **1** (*geol.*) pietra verde (*roccia basaltica alterata di colore verde scuro*) **2** (*miner.*) giada di anfibolo; nefrite.
greensward ['griːnswɔːd], *n.* (*lett.*) tappeto verde (*in giardini, ecc.*).
greenweed ['griːnwiːd], *n.* (*bot., Genista tinctoria*) ginestrella.
Greenwich ['grɪnɪdʒ], *n.* (*geogr.*) Greenwich (*presso Londra*): **G.** (**mean**) **time**, ora (*o* tempo medio) di Greenwich.
greenwood ['griːnwud], *n.* (*poet.*) foresta frondosa; bosco fronzuto.
greeny ['griːni], *a.* (*specialm. nei composti*) verde: **g.-yellow**, verde giallo.
greenyard ['griːnjɑːd], *n.* **1** cortile erboso **2** chiuso, recinto (*per bestiame*).
to greet (1) [griːt], *v. t.* **1** salutare (*q., incontrandolo*); accogliere; dare il benvenuto a; ossequiare; riverire: **I greeted him by touching my hat**, lo salutai toccandomi il cappello; **Cheers greeted the close of the speech**, applausi salutarono la chiusa del discorso; **The aroma of coffee greeted us**, ci accolse l'aroma del caffè **2** (*di vista, spettacolo, ecc.*) offrirsi, presentarsi a (q.). ● (*fam.*) **to g. sb.'s eyes**, rallegrare la vista.
to greet (2) [griːt], *v. i.* (*scozz.*) piangere.
greeting ['griːtɪŋ], *n.* **1** saluto; accoglienza; benvenuto **2** (*pl.*) saluti; auguri **3** (*USA*) vocativo d'apertura (*di una lettera*); *cfr. ingl.* **salutation**. ● **g. card**, cartolina con i saluti; cartolina d'auguri.
greffier ['grefɪə*], *n.* ufficiale di stato civile; archivista.
gregale [greɪ'gɑːlɪ], *n.* (*maltese*) (*meteorologia*) grecale.
gregarious [grɪ'gɛəriəs], *a.* **1** (*zool.*) gregario: **Sheep are g. animals**, le pecore sono animali gregari **2** (*bot.*) gregario; che cresce in grappoli **3** (*di persona*) amante della compagnia; socievole.

gregariousness [grɪ'gɛəriəsnɪs], *n.* **1** (*biol.*) gregarismo **2** socievolezza.
grege [greɪʒ], *a.* e *n.* (colore) grigio beige.
Gregorian [grɪ'gɔːrɪən], *a.* gregoriano: **G. chant**, canto gregoriano; **G. calendar**, calendario gregoriano; **G. tones**, canti gregoriani.
Gregory ['grɛgəri], *n.* Gregorio.
Gregory's powder ['grɛgərɪˌpaudə*], *n.* (*fam.*) polvere di rabarbaro (*come lassativo*).
gremial ['griːmɪəl], *n.* (*relig.*) grembiale.
gremlin ['grɛmlɪn], *n.* (*fam.*) folletto; spiritello maligno.
grenade [grɪ'neɪd], *n.* (*mil.*) **1** bomba a mano (*o* da fucile) **2** granata (*a gas, dirompente, ecc.*). ● **g. launcher**, lanciabombe □ **hand g.**, bomba a mano □ **tear-gas g.**, bomba lacrimogena.
grenadier [ˌgrɛnə'dɪə*], *n.* **1** (*mil.*) granatiere **2** (*zool.; Ploceus oryx, Pyromelana*) pesce dei macruridi.
grenadine (1) [ˌgrɛnə'diːn], *n.* granatina (*bibita*).
grenadine (2) [ˌgrɛnə'diːn], *n.* (*ind. tessile*) granadina.
grenadine (3) [ˌgrɛnə'diːn], *n.* (*cucina*) filetto di vitello (*o* di pollo) con lardo e gelatina.
gressorial [grɛ'sɔːrɪəl], *a.* (*zool.*) atto alla locomozione.
grew [gruː], *pass.* di **to grow**.
grey [greɪ], A *a.* **1** grigio; bigio; cenerognolo; (*fig.*) triste, tetro, malinconico: **The future looks g.**, il futuro si presenta grigio **2** (*fig.*) monotono; incolore; scialbo **3** (*fig.*) antico; vecchio; esperto; maturo. B *n.* **1** (color) grigio: **a woman dressed in g.**, una donna vestita di grigio **2** cavallo bigio. ● **the Greys**, il secondo reggimento dei dragoni; (*stor. USA*) i confederati, i sudisti □ **g. area**, zona grigia (*in G.B.: che ha disoccupati, ma non tanti da ricevere speciali sussidi governativi*); (*fig.*) zona grigia □ (*stor.*) **g.-coat**, fantaccino del Cumberland; (*USA*) soldato confederato □ (*USA*) **g.-collar**, di tecnico, di aggiustatore, di operaio qualificato □ (*zool.*) **g.-cock**, starna di montagna (*maschio*) □ (*zool.*) **g. crow** (*o* **grayback**) (*Corvus cornix*), cornacchia grigia □ (*zool.*) **g.-drake**, effimera (*la femmina adulta*) □ **g. eminence**, eminenza grigia □ **the G. Friars**, i frati francescani □ (*zool.*) **g. goose**, (*Anser anser*) oca selvatica; (*Branta canadensis*) oca canadese □ **g.-haired**, dai capelli grigi; brizzolato □ **g.-headed**, dal capo grigio; vecchio; esperto (*in q.c.*) □ (*zool.*) **g.-hen**, femmina di fagiano di monte □ (*anat. e fig.*) **g. matter**, materia grigia (*del cervello*) □ (*econ.*) **g. market**, mercato «grigio» (*quasi «nero»*) □ **the G. Monks**, i frati cistercensi □ **a g. sister**, una terziaria francescana □ **to go g.**, diventare grigio; ingrigire □ (*prov.*) **The g. mare is the better horse**, (in quella casa) chi porta i pantaloni è la moglie.
to grey [greɪ], A *v. t.* rendere grigio. B *v. i.* diventare grigio.
greybeard ['greɪbɪəd], *n.* **1** uomo dalla barba grigia; vecchio **2** grosso recipiente di terra per liquori **3** (*bot., Clematis vitalba*) vitalba.
greyhound ['greɪhaund], *n.* levriero. ● (*sport*) **g. race**, corsa di cani □ **g.-racing**, corse dei cani □ **g. track**, cinodromo □ (*stor., naut.*) **ocean g.**, «levriero dei mari»; nave a vapore velocissima.
greyish ['greɪɪʃ], *a.* grigiastro.
greylag ['greɪlæg], *n.* (*zool., Anser anser*) oca selvatica.
greyness ['greɪnɪs], *n.* (color) grigio; tinta grigia; grigiore (*anche fig.*).
greystone ['greɪstoun], *n.* (*miner.*) roccia vulcanica grigia.
grid [grɪd], *n.* **1** grata; inferriata **2** (*elettr., elab., elettron.*) griglia **3** reticolo, rete (*di cartina topografica, ecc.*) **4** rete (*di linee elettriche, ferrovie, ecc.*) **5** (*cucina*) graticola, gratella; griglia **6** (*autom.*) portapacchi **7** (*sport, autom.*) griglia di partenza. ● (*elettron.*) **g. drive**, eccitazione di griglia □ **g. suppressor**, resistore di smorzamento di griglia □ **g. voltage**, tensione di griglia □ (*autom.*) **road g.**, rete stradale.
griddle ['grɪdl], *a.* **1** piastra metallica (*su cui cuocere focacce, ecc.*) **2** (*ind. min.*) crivello, vaglio (*col fondo di fil di ferro*) **3** (*cucina*) graticola; gratella; griglia. ● **g.-cake**, focaccia; piadina.
to griddle ['grɪdl], *v. t.* cuocere sulla piastra (*o* alla griglia).
to gride [graɪd], *v. t.* (*lett.*) grattare, raschiare, tagliare (q.c.) con grande stridore. ● **to gride one's way**, aprirsi la strada (*o* farsi largo) con grande stridore.
gride [graɪd], *n.* (*lett.*) rumore di raspatura; stridore.
gridiron ['grɪdˌaɪən], *n.* **1** graticola; gratella **2** (*teatr.*) impalcatura delle macchine per il cambiamento delle scene **3** (*USA*) campo di gioco del calcio (americano) **4** (*ferr.*) rete **5** (*naut.*) impalcatura di bacino di carenaggio.
grief [griːf], *n.* **1** afflizione; cordoglio; dolore; angoscia; pena; forte rammarico: **her deep g. at her son's death**, il suo profondo dolore alla morte del figlio; **to die of g.**, morire di dolore. ● **to bring sb. to g.**, far passare dei guai a q.; mandare in malora q. □ **to come to g.**, andare in malora (*o* a rotoli); farsi male, ferirsi; fare fiasco, fallire. ● **g.-stricken**, addolorato; afflitto.
grievance ['griːvəns], *n.* **1** danno; offesa; torto **2** doglianza (*lett.*); rimostranza, lagnanza; reclamo: **These are the grievances**

grieve

of the students, queste sono le lagnanze degli studenti 3 rancore; risentimento; ruggine (*fig.*): **to nurse a g. against sb.**, nutrire rancore verso q.; avercela con q. ● **g. committee**, commissione interna (*per la discussione delle lagnanze del personale*).
to grieve [gri:v], **A** *v. t.* accorare; addolorare; affliggere; crucciare; rattristare. **B** *v. i.* accorarsi; addolorarsi; affliggersi; crucciarsi; rattristarsi: **We all grieved at (*o* for, over) the death of our friend**, tutti ci rattristammo per la morte del nostro amico.
grieve [gri:v], *n.* (*scozz.*) agente di campagna; fattore.
grievous ['gri:vəs], *a.* **1** angoscioso; doloroso; penoso; triste: **a g. accident**, un penoso incidente **2** di dolore: **a g. cry**, un grido di dolore **3** grave; atroce; terribile: **a g. wound**, una ferita grave.
● (*leg.*) **g. bodily harm**, grave danno fisico.
griff [grif], *V.* **griffin (1)**.
griffe [grif], *n.* (*dial.* USA) mulatto; sanguemisto.
griffin (1) ['grifin], *n.* (*anglo-ind.*) **1** europeo arrivato di fresco (*in India*) **2** novizio; sbarbatello; pivello (*fam.*).
griffin (2) ['grifin], **griffon** ['grifən], *n.* (*mitol.*) grifone; grifo.
● (*zool.*) **griffon(-vulture)** (*Gyps fulvus*), grifone.
grig [grig], *n.* **1** (*zool.*) piccola anguilla **2** (*fam.*) grillo; cavalletta. ● **as merry (lively) as a g.**, allegro (vispo) come un passerotto.
grill (1) [gril], *n.* **1** (*cucina*) griglia; grill; graticola; gratella **2** (*cucina*) carne alla griglia; grigliata: **mixed g.**, grigliata mista; misto alla griglia **3** (*anche* **motorway g.**) autogrill **4** (*anche* **g. room**) rosticceria. ● (*ferr.* USA) **g. car**, carrozza ristoro □ (*autom.*) **g.-type meals**, pasti di (*o* da) autogrill □ **to cook (to put) st. under the g.**, cuocere (fare) q.c. alla griglia.
to grill [gril], **A** *v. t.* **1** cuocere (*o* fare) ai ferri; arrostire sulla graticola **2** (*fig.*) arrostire (*detto del caldo*); tormentare; torturare: **The sun of the tropics grilled us**, il sole dei tropici ci arrostiva **3** (*fam.*) torchiare; sottoporre (q.) a un severo interrogatorio. **B** *v. i.* **1** cuocersi sulla griglia **2** (*fig.*) esporsi al calore; lasciarsi arrostire.
grill (2) [gril], *V.* **grille**.
grillade [gri'la:d] (*franc.*), *n.* (*cucina*) grigliata.
grillage ['grilidʒ], *n.* (*costr.*) intelaiatura di fondazione.
grille [gril], *n.* **1** grata; inferriata; griglia **2** sportello (*di banca, ufficio postale, ecc.*) **3** (*autom.*) griglia (*del radiatore*); mascherina **4** (*radio*) griglia.
grilled [grild], *a.* **1** munito di grata; provvisto d'inferriata **2** (*cucina*) ai ferri; sulla graticola; alla griglia.
griller ['grilə*], *n.* **1** chi cuoce ai ferri (*o* sulla graticola) **2** (*fig.*) chi tormenta; torturatore.
grillwork ['grilwə(:)k], *n.* (*edil.*) struttura a graticcio.
grilse [grils], *n.* salmone giovane (*che torna al fiume dal mare per la prima volta*).
grim [grim], *a.* **1** arcigno; severo; torvo; truce: **a g. look**, uno sguardo severo; **a g. smile**, un truce sogghigno **2** deciso; feroce; risoluto; spietato: **g. courage**, risoluto coraggio; **a g. battle**, una battaglia feroce **3** orribile; macabro; sinistro: **a g. joke**, uno scherzo macabro; **g. humour**, umorismo sinistro **4** odioso; repellente: **a g. task**, un compito odioso **5** (*fam.*) sgradevole.
● (*fig.*) **the G. Reaper**, la morte □ **to hold on like g. death**, stare attaccato con le unghie e con i denti.
grimace [gri'meis], *USA* ['griməs], *n.* **1** boccaccia; smorfia **2** smorfie; affettazione.
to grimace [gri'meis], *USA* ['griməs], *v. i.* fare smorfie (*o* boccacce); storcere la bocca.
grimacer [gri'meisə*], *USA* ['griməsə*] *n.* chi fa smorfie (*o* boccacce).
grimalkin [gri'mælkin], *n.* **1** vecchia gatta; gattaccia **2** (*fig.*) vecchia dispettosa, cattiva; megera; strega.
grime [graim], *n.* sporcizia; sudiciume; sporco: **the g. on your hands**, lo sporco che hai sulle mani; **the g. of an industrial town**, il sudiciume d'una città industriale.
to grime [graim], *v. t.* sporcare; insudiciare; imbrattare.
griminess ['graiminis], *n.* sporcizia; sudiciume.
grimness ['grimnis], *n.* **1** aria arcigna; severità; aspetto torvo **2** decisione; risolutezza; fermezza **3** aspetto sinistro (*o* macabro).
grimy ['graimi], *a.* sporco; sudicio; fuligginoso; imbrattato: **g. hands**, mani sporche; **g. buildings**, edifici fuligginosi.
to grin [grin], **A** *v. i.* ghignare; sogghignare; sorridere (*mostrando i denti*); fare una smorfia (*specialm. di dolore*): **He grinned at me**, ghignò verso di me; mi fece un ghigno; **The boy grinned from ear to ear**, il ragazzo aprì la bocca in un sorriso che gli andava da un orecchio all'altro. **B** *v. t.* esprimere (*o* manifestare) con un ghigno (*o* con un largo sorriso): **He grinned his delight**, manifestò la sua gioia con un largo sorriso. ● **to g. and bear it**, fare buon viso a cattivo gioco □ **to g. like a Cheshire cat**, sorridere scioccamente (come un gatto del Cheshire; *Cfr.* «*Alice in Wonderland*», *di L. Carroll*) □ **to g. on the other side of one's face**, dispiacersi per aver fatto in passato una cattiva azione, che allora sembrava divertente.

grin [grin], *n.* ghigno; sogghigno; largo sorriso; smorfia.
to grind [graind] (*pass.* e *p. p.* **ground**), **A** *v. t.* **1** macinare; frantumare; sgretolare; stritolare: **to g. cereals**, macinare cereali; **to g. a bone (a stone, etc.)**, stritolare un osso (una pietra, ecc.) **2** fare, produrre (*macinando*): **to g. flour**, fare la farina **3** (*fig., spesso* **to g. down**) opprimere; vessare: **The peasants were ground down by heavy taxation**, i contadini erano oppressi da gravose imposte **4** affilare; arrotare: **to g. a knife**, arrotare un coltello **5** levigare; molare: **to g. diamonds**, levigare le facce dei diamanti; **to g. a lens**, molare una lente **6** (*mecc.*) molare; rettificare; smerigliare: **to g. a flat surface**, rettificare una superficie piana; **to g. the valves of an engine**, smerigliare le valvole d'un motore **7** arrotare, digrignare (*i denti*); fregare, sfregare; stropicciare **8** azionare; girare la manovella di: **to g. a coffee mill**, girare la manovella di un macinino da caffè; **to g. a hand-organ**, azionare (*o* suonare) un organetto **9** (*fig., fam.*) insegnare (*o* istruire) con grande impegno: **to g. grammar into a boy's head**, sudare sette camicie per insegnare la grammatica a un ragazzo; **to g. a boy in grammar**, istruire un ragazzo in grammatica con grande impegno. **B** *v. i.* **1** far girare le macine **2** frantumarsi; sgretolarsi **3** affilarsi **4** (*fig., fam., spesso* **to g. away**) lavorare sodo; sgobbare **5** macinarsi: **Some wheats g. better than others**, certe varietà di grano si macinano meglio di altre **6** (*mecc.*) (*del cambio*) grattare. ● **to g. down**, triturare; (*fig.*) opprimere, vessare □ (*fig.*) **to g. the faces of the poor**, sfruttare i poveri; sfruttare i lavoratori □ **to g. into powder**, ridurre in polvere □ **to g. out**, suonare (*sull'organetto*); comporre a stento (*versi, racconti, ecc.*) □ **to g. out an oath**, lasciarsi sfuggire un'imprecazione digrignando i denti □ **to g. small (*o* to pieces)**, frantumare; fare a pezzi (*di un veicolo*) **to g. to a halt**, fermarsi con grande stridore □ (*fig.*) **to have an axe to g.**, avere un interesse personale, egoistico □ **a grinding pain**, un dolore sordo □ **a grinding sound**, un suono stridulo □ **grinding tyranny**, tirannia opprimente.
grind [graind], *n.* **1** il macinare; il frantumare; lo stritolare; l'affilare, l'arrotare, ecc. (*V.* **to grind**) **2** (*fam.*) faticata; sgobbata **3** (*fam.* USA) sgobbone **4** camminata faticosa **5** (*sport*) corsa a ostacoli (*di cavalli*).
grinder ['graində*], *n.* **1** macinatore; molitore; affilatore **2** (*anche* **knife-g.**) arrotino **3** (*anche* **organ-g.**) suonatore d'organetto **4** (*anat.*) (dente) molare **5** macina (*di mulino*) **6** (*anche* **coffee-g.**) macinino da caffè **7** (*mecc.*) affilatrice; molatrice; rettificatrice; smerigliatrice **8** (*pop. USA*) panino imbottito, tramezzino (*grande*) **9** (*pl., fam.*) (denti) molari.
grindery ['graindəri], *n.* **1** bottega d'arrotino **2** arnesi da calzolaio.
grinding ['graindiŋ], *n.* **1** macinazione; macinatura; molitura **2** affilatura; arrotatura **3** digrignamento (*dei denti*) **4** (*fig.*) oppressione **5** affilatura **6** (*anche elettron.*) levigatione; rettifica **7** (*mecc.*) molatura; rettifica; smerigliatura. ● **g. mill**, tornio per gemme; (*mecc.*) mulino macinatore □ (*mecc.*) **g. wheel**, mola.
grindstone ['graindstoun], *n.* **1** (*mecc.*) mola **2** (*arc.*) macina (*di mulino*). ● (*fig.*) **to hold (*o* to keep) one's nose to the g.**, lavorare sodo; sgobbare.
gringo ['griŋgou] (*spagn.*), *n.* (*pl.* **gringos**) (*spreg.*) forestiero; gringo (*specialm., nell'America Latina, un nordamericano o inglese*).
grip (1) [grip], *n.* **1** presa; stretta: **His hand lost its g.**, la sua mano lasciò la presa; **to let go one's g.**, abbandonare la presa **2** impugnatura; manico **3** (*fig.*) controllo; dominio; padronanza; comprensione: **to lose one's g. on the rank and file**, perdere il controllo della base (*del partito, ecc.*); **to have a good g. of a problem**, avere una buona comprensione d'un problema **4** (*USA, anche* **gripsack**) borsa da viaggio; valigetta **5** (*med.*) dolore improvviso, intenso; fitta; spasmo; colica **6** (*lotta*) presa **7** (*autom.*) presa (*di pneumatico*); tenuta di strada **8** (*mecc.*) chiusura; (dispositivo d')arresto. ● **g.-brake**, freno a mano □ (*mil.*) **g. safety**, sicura d'impugnatura (*di rivoltella*) □ **to come to grips with**, venire alle prese con; affrontare: **The two wrestlers came to grips**, i due lottatori vennero alle prese; **Let's come to grips with the problem**, affrontiamo il problema! □ **to get into sb.'s g.**, cadere in balia di q. □ **to get to grips with**, affrontare (*fig.*) □ (*fig.*) **to keep a firm g. on sb.**, tenere in pugno q. □ **to take a g. on st.**, afferrare q.c. □ **Keep a g. on yourself**, controllati; sii padrone di te.
to grip [grip], *v. t.* e *i.* **1** afferrare; stringere; impugnare; far presa: **This brake doesn't g. properly**, questo freno non fa presa come dovrebbe; **The anchor gripped**, l'ancora fece presa (sul fondo) **2** (*mecc.*) chiudere; stringere; serrare **3** (*fig.*) avvincere; tenere avvinto; colpire, impressionare: **The enthusiasm of the orator gripped the audience**, l'entusiasmo dell'oratore avvinse l'uditorio. ● **a gripping story**, un racconto avvincente.
grip (2) [grip], *n.* (*dial.*) **1** fosso; piccolo fossato **2** grondaia.

grip (3) [grip], *V.* **grippe.**
to gripe [graip], **A** *v. t.* **1** afferrare; stringere; impugnare **2** affliggere; opprimere **3** dare il mal di ventre, provocare coliche a (q.) **4** (*naut.*) assicurare con le rizze, rizzare (*l'ancora*). **B** *v. i.* **1** (*med.*) avere coliche (*o il mal di ventre*) **2** (*naut.*) orzare sopravvento **3** (*fam.*) brontolare; lagnarsi.
gripe [graip], *n.* **1** l'afferrare; lo stringere; stretta; presa **2** afflizione; oppressione **3** (*pl., fam.*) mal di ventre; colica **4** impugnatura (*d'arnese o d'arma*) **5** (*pl., naut.*) rizze; rizzatura **6** (*fam.*) brontolio; lagnanza. ● **to be in the g. of sb.**, essere alla mercé di q.
griping [ˈgraipiŋ], *a.* **1** che arraffa; avido; rapace **2** (*di dolore*) lancinante; acuto **3** che provoca coliche.
grippe [grip], *n.* (*med.*) grippe; influenza.
gripper [ˈgripə*], *n.* **1** chi afferra, stringe, ecc. (*V.* **to grip**) **2** artiglio; grinfia (*pop.*) **3** (*tipogr.*) pinza.
gripsack [ˈgripsæk], *n.* (*USA*) borsa da viaggio; valigetta.
griseous [ˈgriziəs], *a.* (*bot., zool.*) grigio perla; azzurro grigio.
griskin [ˈgriskin], *n.* (*cucina*) braciola di maiale.
grisly [ˈgrizli], *a.* **1** orribile; orrendo; spaventoso **2** macabro; sinistro.
grist (1) [grist], *n.* (*arc.*) **1** cereale (*grano, granturco, ecc.*) da macinare **2** malto frantumato (*per la fabbricazione della birra*). ● (*fig.*) **to bring g. to the** (*o* **to one's**) **mill**, tirare l'acqua al proprio mulino □ **All is g. that comes to his mill**, per lui tutto è buono (*o tutto fa brodo*).
grist (2) [grist], *n.* spessore (*di un filo, di una corda*).
gristle [ˈgrisl], *n.* (*anat.*) cartilagine. ● (*fig.*) **to be in the g.**, avere ancora il latte alla bocca; essere immaturo.
gristly [ˈgrisli], *a.* (*anat.*) cartilaginoso.
gristmill [ˈgristmil], *n.* mulino per cereali.
grit [grit], *n.* **1** (*edil.*) sabbia grossolana; tritume di pietra **2** (*geol., anche* **gritstone**) arenaria **3** grana (*della pietra*) **4** (*fig.*) coraggio; fermezza; saldezza; fegato (*fig.*): **The miners showed they had g.**, i minatori dimostrarono d'aver fegato **5** (*mecc.*) graniglia (*di mola*); polvere di smeriglio. ● **a bit of g.**, un sassolino □ (*ing.*) **g. blasting**, granigliatura □ **millstone g.**, pietra da macina.
to grit [grit], **A** *v. t.* **1** arrotare, digrignare (*i denti*) **2** coprire di tritume di pietra. **B** *v. i.* stridere; raschiare. ● (*fig.*) **to g. one's teeth**, stringere i denti (*fig.*).
gritrock [ˈgritrɔk], *V.* **gritstone.**
grits [grits], *n. pl.* **1** farina d'avena macinata grossa **2** fiocchi d'avena.
gritstone [ˈgritstoun], *n.* (*geol.*) arenaria.
grittiness [ˈgritinis], *n.* l'essere arenoso (*o ghiaioso, sabbioso*).
gritty [ˈgriti], *a.* arenoso; ghiaioso; renoso; sabbioso.
to grizzle [ˈgrizl], *v. i.* (*fam.*) **1** frignare; piagnucolare **2** brontolare, borbottare.
grizzled [ˈgrizld], *a.* **1** (*di capello*) grigio **2** (*di persona*) dai capelli grigi; brizzolato.
grizzly [ˈgrizli], **A** *a.* **1** grigio; grigiastro **2** brizzolato. **B** *n.* (*zool., Ursus horribilis*; anche **g. bear**) orso grigio (*del Nord America*); grizzly. ● (*pesca*) **g. king** (*o* **g. queen**), mosca artificiale.
to groan [groun], **A** *v. i.* gemere; lamentarsi; mandar gemiti; scricchiolare: **The wind is groaning among the trees**, il vento geme tra gli alberi; **to g. in slavery**, gemere sotto il peso della schiavitù; **The plank groaned under my weight**, l'asse scricchiolò sotto il mio peso. **B** *v. t.* (*spesso* **to g. out**) esprimere (*o dire, raccontare*) con voce lamentosa usa breve preghiera. ● **to g. down**, zittire q. (*con mormorii di disapprovazione*) □ **to g. for st.**, desiderare q.c. ardentemente; bramare q.c. □ **to g. inwardly**, soffrire dentro; essere intimamente afflitto □ (*fig.*) **a groaning board**, una mensa stracarica di vivande.
groan [groun], *n.* **1** gemito; lamento; profondo sospiro **2** mormorio (*di disapprovazione, fastidio, ecc.*) **3** cigolio; scricchiolio. ● **to give a g.**, (*di persona*) emettere un gemito, un lamento; (*di cosa*) cigolare, scricchiolare.
groaningly [ˈgrouniŋli], *avv.* con grandi gemiti; lamentosamente.
groat [grout], *n.* (*stor.*) moneta d'argento, del valore di quattro penny (*in uso dal 1351 al 1662*).
groats [grouts], *n. pl.* cereali (*specialm. avena o grano*) essiccati e frantumati; tritello d'avena.
grobian [ˈgroubjən], *n.* villanzone; zoticone.
grocer [ˈgrousə*], *n.* droghiere. ● **g.'s shop**, drogheria.
grocery [ˈgrousəri], *n.* **1** drogheria **2** (*pl.*) generi di drogheria; coloniali **3** occupazione del droghiere.
grog [grɔg], *n.* grog; specie di ponce. ● **g.-blossom**, gonfiore, rossore; naso da beone □ **g.-shop**, bettola.
grogginess [ˈgrɔginis], *n.* **1** ebbrezza; ubriachezza **2** l'esser barcollante, debole, ecc. (*V.* **groggy**).
groggy [ˈgrɔgi], *a.* **1** ebbro; brillo; ubriaco **2** barcollante, debole; intontito; malsicuro: **Flu has left me rather g.**, l'influenza mi ha lasciato piuttosto debole **3** (*di tavolo, sedia*) traballante, vacillante **4** (*sport*) groggy; suonato (*fam.*): **a g. boxer**, un pugile suonato. ● **to feel g.**, non reggersi in piedi (*o sulle gambe*); essere groggy.
grogram [ˈgrɔgrəm], *n.* (*ind. tessile*) grossagrana (*tessuto*).
groin (1) [grɔin], *n.* **1** (*anat.*) inguine **2** (*archit.*) lunetta, unghia **3** (*archit.*) nervatura, ogiva; costolone.
to groin [grɔin], *v. t.* (*archit.*) munire di lunette (*o di costoloni, ogive, ecc.*). ● **a groined roof**, un tetto a costoloni □ **a groined vault**, una volta a ogive.
groin (2) [grɔin], *V.* **groyne.**
grommet [ˈgrʌmit], *V.* **grummet.**
gromwell [ˈgrɔmwəl], *n.* (*bot., Lithospermum officinale*) migliarino.
groom [gru:m], *n.* **1** stalliere; mozzo di stalla; palafreniere **2** (*abbr. di* **bridegroom**) sposo **3** (*stor.*) gentiluomo di corte **4** (*arc.*) uomo; servo.
to groom [gru:m], *v. t.* **1** governare, strigliare (*cavalli*); fare la toilette a (*cani, gatti, ecc.*) **2** azzimare; lisciare; forbire: **a well-groomed young man**, un giovanotto tutto azzimato **3** avviare, istruire, preparare (*a una carriera, ecc.*): **He was groomed for political office**, fu avviato alla carriera politica.
grooming [ˈgru(:)miŋ], *n.* **1** governatura, strigliatura (*di cavalli*); toelettatura (*di cani, gatti, ecc.*) **2** azzimatura; forbitura **3** avvio; preparazione (*a una carriera, ecc.*).
groomsman [ˈgru:mzmən], *n.* (*pl.* **groomsmen**) testimone dello sposo; paggio.
groove [gru:v], *n.* **1** scanalatura; incavo; incastro; solco (*per es., di grammofono*): **Sliding doors move in grooves**, le porte scorrevoli scorrono su scanalature **2** (*nelle miniere*) galleria; pozzo **3** (*fig.*) abitudine inveterata; consuetudine; tran tran; routine **4** (*fam.*) cosa assai gradevole; esperienza eccitante **5** (*geol.*) stria; solco **6** (*mil.*) riga (*di canna d'arma da fuoco*). ● (*fig.*) **to get into a g.**, diventare schiavo delle abitudini □ (*fam.*) **in the g.**, (*di cosa*) alla moda; (*di persona*) in splendida forma □ (*falegnameria*) **tongue-and-g. joint**, incastro a maschio e femmina.
to groove [gru:v], **A** *v. t.* **1** scanalare; incavare **2** (*fam.*) incidere (*su disco*) **3** (*fam.*) godere; apprezzare **4** (*fam.*) eccitare; mandare (*q.*) su di giri. **B** *v. i.* (*fam.*) **1** godersela; andare su di giri **2** andare d'accordo; essere in armonia.
groover [ˈgru:və*], *n.* (*fam.*) tipo alla moda; tipo in gamba (*fam.*).
grooviness [ˈgru:vinis], *n.* l'esser scanalato, provvisto di solchi.
grooving [ˈgru:viŋ], *n.* scanalatura. ● (*mecc.*) **g. saw**, sega per scanalare.
groovy [ˈgru:vi], *a.* **1** scanalato; provvisto di solchi **2** (*fig.*) abitudinario **3** (*fam.*) all'ultima moda; magnifico; splendido.
to grope [group], **A** *v. i.* brancolare; andar tentoni; andare a tastoni. **B** *v. t.* **1** cercare a tastoni **2** (*pop.*) palpare, brancicare, tastare (*una donna*). ● **to g. for** (*o* **after**) **st.**, cercare q.c. a tentoni (*o* a tastoni) □ **to g. for truth**, cercare di scoprire la verità □ **to g. one's way**, cercare la strada a tastoni.
grope [group], *n.* **1** brancolamento **2** (*pop.*) palpata; tastata; brancicamento.
groper [ˈgroupə*], *V.* **grouper.**
gropingly [ˈgroupiŋli], *avv.* a tentoni; a tastoni; brancoloni (*raro*).
grosbeak [ˈgrousbi:k], *n.* (*zool., Coccothraustes coccothraustes*) frosone.
grosgrain [ˈgrougrein], *V.* **grogram.**
gross (1) [grous], *n.* (*invar. al pl.*) grossa (*dodici dozzine*). ● **great g.**, dodici grosse.
gross (2) [grous], **A** *a.* **1** grossolano; grezzo; rozzo; volgare: **What a g. mistake!**, che errore grossolano!; **g. food**, cibi grossolani; **g. language** (**manners, etc.**), linguaggio volgare (maniere rozze) **2** grosso; grave: **a g. insult** (**injustice**), un grave insulto (una grossa ingiustizia); (*leg.*) **g. negligence**, negligenza grave **3** grasso; pingue: **a g. man**, un uomo grasso; un grassone **4** (*di vegetazione*) lussureggiante; fittissimo **5** (*dei sensi*) ottuso; poco fine **6** (*comm.*) complessivo; lordo; totale: **the g. amount**, l'ammontare complessivo; **g. income**, reddito lordo; **g. weight**, peso lordo; (*naut.*) **g. tonnage**, stazza lorda. **B** *n.* blocco; (il) complesso; (l') insieme: **in** (**the**) **g.**, nel complesso; in blocco, nell'insieme; (*comm.*) all'ingrosso. ● (*ass., naut.*) **g. average**, avaria generale □ (*fig.*) **g. earnings**, entrate lorde □ (*econ.*) **g. national product**, prodotto nazionale lordo □ (*ass.*) **g. premium**, premio di tariffario □ (*rag.*) **g. profit**(**s**), utile lordo □ **g. ton**, tonnellata (*pari a kg 1 016*).
to gross [grous], *v. t.* (*comm.*) avere un introito (*o un ricavo*) lordo di (*una certa somma*).
grossness [ˈgrousnis], *n.* **1** grossolanità; indecenza; rozzezza; volgarità **2** gravità; enormità; grossezza.

grot [grɔt], V. **grotto**.
grotesque [grou'tesk], **A** a. grottesco; assurdo; bizzarro; fantastico: **a g. costume**, un costume grottesco; **g. manners**, maniere bizzarre. **B** n. **1** (arte) grottesco **2** (arte) grottesca **3** (fam.) tipo grottesco.
grotesqueness [grou'tesknis], n. (l'esser) grottesco; bizzarria.
grotto ['grɔtou], n. (pl. **grottoes, grottos**) **1** grotta naturale (specialm. di arenaria) **2** grotta artificiale (ornata di conchiglie) **3** (relig.) nicchia.
grotty ['grɔti], a. (pop.) brutto; orrido; orrendo.
grouch [grautʃ], n. (fam.) **1** brontolone, brontolona **2** brontolio; borbottio **3** malumore; musoneria.
to grouch [grautʃ], v. i. (fam.) brontolare; lagnarsi; essere di cattivo umore.
ground (1) [graund], **A** pass. e p. p. di **to grind**. **B** a. **1** macinato; frantumato; in polvere: **g. rice**, riso in polvere **2** affilato; arrotato **3** (mecc.) rettificato; molato; smerigliato: **g. glass**, vetro smerigliato.
ground (2) [graund], **A** n. **1** terreno; terra; suolo; campo (di gioco, ecc.): **to till the g.**, coltivare la terra; **to sit on** (**to fall to**) **the g.**, sedere per (cadere a) terra; **a football g.**, un campo di calcio; **a hunting-g.**, un terreno di caccia; **hospital grounds**, il terreno (giardini, parchi, ecc.) intorno a un ospedale **2** terreno; posizione; territorio: (anche fig.) **to gain g.**, guadagnar terreno; **These ideas are gaining g.**, queste idee guadagnano terreno; (anche fig.) **to lose** (o **to give**) **g.**, perdere terreno **3** (naut.) fondo, fondale (del mare e sim.); (di nave) **to touch g.**, toccare il fondo; **good (bad) holding g.**, fondo buon (cattivo tenitore (dell'ancora) **4** fondamento; causa; motivo; ragione: **There is no g. for fear**, non c'è motivo d'aver paura; **grounds of suspicion**, cause di sospetto; (leg.) **grounds for divorce**, motivi per concedere (o ottenere) il divorzio **5** campo; fondo; sfondo: **a design of red flowers on a blue g.**, un disegno di fiori rossi su campo azzurro **6** terreno, campo (fig.); argomento; punto: **common g.**, terreno comune; punto su cui ci si trova d'accordo; **Let us go over the g. again**, torniamo sull'argomento! **7** (elettr.) terra; massa **8** (pl.) fondi; feccia; deposito; sedimento: **coffee grounds**, fondi di caffè **9** (di vernice) mano di fondo **10** (arte) imprimitura **11** (geol.) roccia; matrice rocciosa. **B** a. attr. **1** (mil.) terrestre; di terra: **g. forces**, forze di terra **2** (elettr.) di massa, di terra; a terra, a massa. ● **g.-air**, (mil.) aeroterrestre; (miss.) terra-aria □ (bot.) **g. angling**, pesca di fondo (con la lenza) □ (bot.) **g.-ash**, giovane frassino; bastoncino di frassino □ **g. bait**, esca per la pesca di fondo □ (mus.) **g. bass**, basso ostinato □ (costr.) **g. beam**, dormiente □ (elettr.) **g. cable**, conduttore di terra □ (USA) **g. cloth**, V. **g. sheet** □ **g.-colour**, imprimitura; colore di fondo □ (aeron.) **g. controller**, controllore di volo; controllore al suolo □ (aeron.) **g. crew** (o **g. staff**), personale per i servizi a terra □ **g. cover**, tappeto vegetale; sottobosco □ (aeron.) **g. effect**, effetto suolo □ **g.-effect machine**, veicolo a cuscino d'aria; veicolo a effetto suolo □ **g.-fish**, pesce che vive sul fondo □ **g. floor**, pianterreno: **to get in on the g. floor**, essere in un'impresa fin dall'inizio; (anche) cominciare dalla gavetta □ **g. fog**, nebbia bassa □ **g. frost**, gelata □ **g. game**, selvaggina minuta (esclusi i volatili) □ (zool.) **g.-gudgeon** (Cobitis barbatula), pesce barometro □ (zool.) **g. hog** (Marmota monax), marmotta americana □ (bot.) **g. ivy** (Nepeta hederacea), edera terrestre □ (leg.) **g. landlord**, concedente; colui che attribuisce un diritto simile all'enfiteusi □ (naut.) **g. log**, solcometro di fondo □ (sport) **g.-man**, V. **groundsman** □ (naut.) **g. mine**, mina da fondo □ (mus.) **g. note**, nota dominante □ (bot.) **g.-nut**, (Apios tuberosa) pera di terra; (Arachis hypogaea) arachide □ (bot.) **g.-pine**, (Ajuga chamaepitys) camepizio; (Lycopodium clavatum) musco clavato □ **g. plan**, pianta del piano terreno (d'un edificio); (fig.) modello base □ (leg.) **g. rent**, canone di locazione (di solito, 99 anni) di un'area edificabile (per costruirvi) □ **g. sheet**, telo impermeabile (per campeggiatori) □ (aeron.) **g. speed**, velocità rispetto al suolo □ (zool.) **g. squirrel** (Sciuridae), sciuride (specialm. marmotta) (fis.) **g. state**, stato fondamentale □ (mil., aeron.) **g. strafing**, attacco a volo radente □ **g. swell**, (naut.) onda su fondali bassi; (fig.) movimento popolare □ (mil.) **g.-to-air missile**, missile terra-aria □ (mil.) **g.-to-g. missile**, missile terra-terra □ (geol.) **g. water**, acqua freatica; falda freatica □ (radio) **g. wave**, onda di superficie □ **g. wire**, (elettr.) filo di messa a terra; (edil.) filo di guida □ (mil.) **g. zero**, punto zero □ (fig.) **above g.**, ancora al mondo; vivo □ (fig.) **below g.**, sottoterra; morto e sepolto □ **to break g.**, (agr.) dissodare terreno vergine; (costr.) iniziare i lavori di scavo; (fig.) preparare il terreno □ (fig.) **to break fresh** (o **new**) **g.**, essere un pioniere; fare q.c. di nuovo □ **to cover much g.**, fare molta strada, percorrere una lunga distanza; (fig.) trattare molti argomenti □ (fig.) **to cut the g. from under sb.'s feet**, far mancare il terreno sotto i piedi a q. □ (fig., fam.) **down to the g.**, alla perfezione; a pennello: **That suits me down to the g.!**, questo mi va a pennello! □ (fig.) **to fall to the g.**, andare in fumo; andare a monte; fallire □ **fishing-grounds**, zone di pesca □ **forbidden g.**, terreno proibito; (fig.) argomento da evitarsi □ (anche fig.) **to gain g.**, guadagnare terreno □ (fig.) **to hold** (o **to stand, to keep**) **one's g.**, restare sulle proprie posizioni; mantenere il proprio punto di vista; non deflettere; non cedere □ **on the grounds of**, a causa di; per motivi di □ (fig.) **to be on safe g.**, andare sul sicuro; trattare un argomento che si conosce bene □ (fig.) **to shift one's g.**, mutare la propria posizione; cambiar idea; mutare avviso □ (naut.) **to strike g.**, arenarsi □ (naut.) **to take the g. easily**, (di barca) essere facile da tirare in secco □ (fig.) **to touch g.**, venire al sodo.
to ground [graund], **A** v. t. **1** (naut.) fare arenare; incagliare **2** (aeron.) tenere a terra; costringere a restare a terra; proibire di volare a (q.): **The airplane was grounded by the fog**, l'aeroplano fu costretto dalla nebbia a restare a terra **3** basare; fondare; motivare: **G. your claims on fact**, motiva i tuoi reclami con elementi concreti **4** porre a terra; mettere a terra; posare per terra; mettere giù **5** dare le basi a (q.); istruire nei primi elementi: **I want to g. them in modern physics**, voglio istruirli nei primi elementi della fisica moderna **6** preparare il fondo di (un ricamo, un disegno, ecc.) **7** (arte) stendere un'imprimitura su (q.c.) **8** (elettr. USA) mettere a terra (o a massa) **9** (aeron.) ritirare il brevetto a (un pilota). **B** v. i. **1** (di nave) arenarsi; incagliarsi **2** cadere a terra. ● (mil.) **G. arms!**, pied'arm! □ **ill-grounded**, mal fondato; infondato □ **well-grounded**, (di un motivo, ecc.) fondato; (di persona) ben preparato, ferrato.
groundage ['graundidʒ], n. (naut.) diritto di porto (o portuale).
grounded ['graundid], a. **1** (aeron.) tenuto a terra **2** (elettr.) collegato a massa; messo a terra.
groundedly ['graundidli], avv. fondatamente; a ragione.
grounding ['graundiŋ], n. **1** fondamenti; basi: **to have a good g. in mathematics**, avere buone basi in matematica **2** (naut.) arenamento, incagliamento (di nave) **3** prima mano (di vernice) **4** fondo, sfondo (di quadro, ecc.) **5** (elettr.) messa a terra; collegamento a massa.
groundless ['graundlis], a. infondato; ingiustificato; immotivato: **a g. charge**, un'accusa infondata; **g. fears**, timori ingiustificati.
groundlessness ['graundlisnis], n. infondatezza; mancanza di fondamento; inconsistenza.
groundling ['graundliŋ], n. **1** (zool.) pesce che vive sul fondo **2** (bot.) pianta del sottobosco; rampicante **3** (stor.) spettatore di platea (nei teatri elisabettiani) **4** (fig.) spettatore (o lettore) di gusti grossolani e plebei.
groundmass ['graundmæs], n. (geol.) matrice.
groundsel ['graunsəl], n. (bot., Senecio vulgaris) erba calderina; cineraria; senecio, senecione.
groundsman ['graundzmən], n. (pl. **groundsmen**) (sport) addetto al campo.
groundwork ['graund-wəːk], n. basi; fondamenti.
groundy ['graundi], a. (di caffè, ecc.) denso; feccioso; sedimentoso.
group [gruːp], n. **1** gruppo; crocchio: **a g. of people** (**of trees, of buildings, etc.**), un gruppo di persone (d'alberi, d'edifici, ecc.); **the Latin g. of languages**, il gruppo delle lingue neolatine **2** (chim.) radicale **3** (fin.) gruppo finanziario; trust. ● (aeron.) **g. captain**, comandante di gruppo □ (pop.) **g. grope**, ammucchiata □ (med.) **g. orgy**, ammucchiata □ (med.) **g. practice**, poliambulatorio □ **g. sex**, amore di gruppo □ (mat.) **g. theory**, teoria dei gruppi □ (psic.) **g. therapy**, terapia di gruppo.
to group [gruːp], **A** v. t. aggruppare; raggruppare; radunare: **G. the pupils together!**, raduna gli scolari! **B** v. i. e **to group oneself C** v. rifl. aggrupparsi; raggrupparsi; radunarsi: **The prisoners grouped (themselves) round the officer**, i prigionieri si raggrupparono intorno all'ufficiale.
groupage ['gruːpidʒ], n. raggruppamento.
grouper ['gruːpə*], n. **1** (zool., Epinephelus: pl. **groupers, grouper**) cernia **2** (USA) chi pratica l'amore di gruppo.
groupie ['gruːpi], n. **1** (iron., spreg.) ragazza che frequenta ambienti artistici (specialm. di musica pop) **2** (ingl.) V. **group captain**, sotto **group**.
grouping ['gruːpiŋ], n. raggruppamento (anche polit.); movimento.
groupuscule ['gruːpəˌskjuːl], n. (polit., ecc.) gruppuscolo. ● **member of a g.**, membro di un gruppuscolo; gruppettaro (romanesco).
grouse (1) [graus], n. (pl. **grouse, grouses**) (zool.) **1** uccello dei tetraonidi **2** (Tetrao urogallus) gallo cedrone; urogallo. ● **black g.** (Lyrurus tetrix), fagiano di monte □ **red g.** (Lagopus scoticus), pernice rossa di Scozia.
grouse (2) [graus], n. (fam.) brontolio; brontolamento.
to grouse [graus], v. i. (fam.) brontolare.
grout [graut], n. (costr.) **1** malta liquida **2** pietrisco

to grout (1) [graut], *v. t.* (*costr.*) riempire di malta; intonacare.
to grout (2) [graut], *v. t. e i.* smuovere (la terra) col grifo; grufolare.
grouting ['grautiŋ], *n.* (*costr.*) **1** riempimento con malta **2** iniezioni di cemento **3** colata di cemento; cementazione.
grove [grouv], *n.* (*lett.*) boschetto; gruppo d'alberi.
groved [grouvd], *a.* (*lett.*) cosparso di boschetti.
to grovel ['grɒvl], *v. i.* **1** giacere prono (*o* bocconi); strisciare per terra **2** (*fig.*) strisciare; abbassarsi; umiliarsi: **to g. in the dust**, strisciare nella polvere. ● (*fig.*) **to g. in scandals**, grufolarsi negli scandali.
groveller ['grɒvələ*], *n.* persona strisciante, abietta, vile.
grovelling ['grɒvəliŋ], *a.* strisciante; abietto; vile.
grovy ['grouvi], *V.* **groved.**
to grow [grou] (*pass.* **grew**, *p. p.* **grown**), **A** *v. i.* **1** crescere; aumentare; ingrandire; diventare grande; sviluppparsi; allignare; venir su: **Rice grows not only in China but also in Italy**, il riso non cresce solo in Cina ma anche in Italia; **My troubles are growing**, i miei guai aumentano; **Palms don't g. in Norway**, le palme non allignano in Norvegia; **to let one's hair g.**, farsi crescere i capelli **2** diventare (*specialm. per gradi, a poco a poco*); divenire; farsi: **He grew pale**, si fece pallido; impallidì; **My cold has grown into bronchitis**, il mio raffreddore s'è trasformato in bronchite; **to g. rich**, diventar ricco; arricchire. **B** *v. t.* **1** far crescere; coltivare; produrre: **to g. tulips**, coltivare tulipani; **to g. wheat**, coltivare (*o* produrre) grano; **to g. a beard**, farsi crescere (*o* tenere) la barba **2** (*al passivo; spesso* **to g. up, to g. over**) ricoprire: **The region is grown up** (*o* **over**) **with luxuriant vegetation**, la regione è ricoperta d'una vegetazione lussureggiante. ● **to g. away from one's family**, estraniarsi (*o* staccarsi) dalla famiglia □ **to g. cold**, diventar freddo; raffreddarsi □ **to g. downwards**, calare; diminuire □ **to g. green again**, rinverdire □ (*di un'unghia*) **to g. in**, incarnarsi □ **to g. into**, diventare (*crescendo*); crescere fino a poter indossare (*un abito*); abituarsi, fare l'abitudine a (*un lavoro e sim.*) □ **to g. into one** (*o* **together**); concrescere; coagularsi, rapprendersi □ **to g. less**, calare; diminuire; scemare □ **to g. old**, diventar vecchio, invecchiare □ **to g. on sb.**, crescere nella stima di q.; piacere sempre più a q.: **This picture grows on me**, questo quadro mi piace sempre più □ (*di un sentimento*) **to g. out of**, nascere, derivare da □ **to g. out of fashion**, passare di moda □ **to g. out of a habit**, perdere un'abitudine, con l'età: **He's grown out of childish games**, ormai è troppo grande per questi giochi infantili □ **to g. out of last year's clothes**, non star più nei vestiti dell'anno scorso □ **to g. poor**, diventar povero □ **to g. red**, arrossire □ (*di una pianta*) **to g. roots**, mettere radici; attecchire □ **to g. tired** (*o* **weary**), stancarsi □ **to g. up**, crescere, ingrandire; farsi grande, diventare adulto (*o* uomo); (*di piante*) spuntare, attecchire; (*d'abitudini, usanze, ecc.*) prender piede, diffondersi □ **G. up!**, sii uomo!; non fare il bambino! □ (*bot.*) **to g. wild**, crescere spontaneamente; rinselvatichire □ **to g. young again**, ringiovanire.
growable ['grouəbl], *a.* coltivabile; che si può far crescere.
grower ['grouə*], *n.* **1** coltivatore: **a fruit-g.**, un coltivatore di frutta; un frutticoltore; **a cotton-g.**, un coltivatore di cotone **2** pianta che cresce (*piano, presto, bene, ecc.*): **That tree is a fast g.**, quell'albero cresce in fretta. ● (*agric.*) **g.'s year**, anno agricolo (*in G.B., da novembre a novembre*) □ **livestock growers in the USA**, gli allevatori di bestiame degli USA □ **vine-g.**, viticoltore.
growing ['grouiŋ], **A** *a.* crescente; sempre maggiore; in aumento. **B** *n.* **1** crescita; aumento **2** coltivazione; produzione. ● **g. pains**, dolori agli arti (*attribuiti alla crescita dei bambini*); (*fig.*) difficoltà iniziali □ (*agric.*) **g. season**, stagione di crescita.
growingly ['grouiŋli], *avv.* in modo (*o* con ritmo) crescente.
to growl [graul], **A** *v. i.* **1** ringhiare: **The watchdog growled at the stranger**, il cane da guardia ringhiò contro il forestiero **2** brontolare; borbottare rabbiosamente; grugnire; rumoreggiare. **B** *v. t.* (*anche* **to g. out**) esprimere brontolando; brontolare; grugnire: **He growled** (**out**) **a threat**, brontolò una minaccia.
growl [graul], *n.* **1** ringhio **2** brontolio; borbottio rabbioso; grugnito **3** (*geol.*) scricchiolio.
growler ['graulə*], *n.* **1** chi ringhia; chi brontola; brontolone **2** carrozza a quattro ruote **3** (*pop.*) secchio per la birra (*un tempo*); barilotto di birra (*1/8 di barile*) **4** (*fam.*) carrozza da nolo (*o* di piazza) **5** (*naut.*) frammento di ghiaccio galleggiante **6** (*elettr.*) dispositivo rivelatore di cortocircuiti.
growlery ['grauləri], *n.* **1** (il) ringhiare; brontolio **2** luogo ritirato (*dove ci si può sfogare, brontolando a piacere*); salotto privato.
growlingly ['grauliŋli], *avv.* ringhiando; brontolando.
grown [groun], **A** *p. p.* di **grow. B** *a.* adulto; maturo: **a g. man**, un uomo maturo. ● **g.-up**, adulto, grande (*fam.*) □ **a g.-up son**, un figlio adulto.
growth [grouθ], *n.* **1** crescita; accrescimento; aumento; sviluppo; espansione: **My dog has not yet reached full g.**, il mio cane non ha ancora raggiunto il pieno sviluppo; **a fast g.**, un rapido sviluppo; (*stat.*) **the g. of urban population**, lo sviluppo demografico nelle città **2** coltivazione; produzione: **There is a strong demand for goods of foreign g.**, c'è una forte domanda di merci di produzione straniera **3** vegetazione: **a thick g. of bushes**, una fitta vegetazione di cespugli **4** (*med.*) escrescenza. ● (*econ.*) **g. area**, area di sviluppo □ (*biol.*) **g. hormone**, ormone della crescita □ (*econ.*) **g. rate**, tasso di sviluppo □ (*fin.*) **g. stocks**, titoli di sviluppo (*o* di un'azienda in espansione) □ (*econ.*) **g. target**, traguardo di sviluppo.
groyne [grɔin], *n.* frangiflutti; (*di fiume*) pennello.
to grub [grʌb], **A** *v. i.* **1** scavare; vangare; zappare **2** lavorar sodo; sgobbare **3** cercare qua e là; rovistare; grufolare: **The pigs are grubbing about under the oaks**, i maiali grufolano sotto le querce **4** (*pop.*) mangiare. **B** *v. t.* **1** (*spesso* **to g. up**) estirpare; sradicare; estrarre: **We kept alive by eating the bulbs and roots we grubbed up**, ci tenemmo in vita mangiando i tuberi e le radici che estraevamo **2** liberare, ripulire (*un terreno*) di erbacce **3** (**to g. up**) scoprire (q.c.) rovistando (*in libri, ecc.*) **4** (*pop.*) cibare; dar da mangiare a. ● **g.-axe** (**g.-hoe**), accetta (zappa) per estirpare ceppi.
grub [grʌb], *n.* **1** (*zool.*) larva di insetto; bruco; verme **2** chi fa un lavoro ingrato; sgobbone **3** (*pop.*) cibo; roba da mangiare; razione. ● (*fam. USA*) **g.-stake**, denaro e attrezzi, forniti a un cercatore d'oro (*e sim.*); (*fig.*) aiuto (*denaro, ecc.*) che permette a una persona priva di mezzi d'intraprendere un lavoro □ **to g.-stake**, fornire a (*un minatore*) denaro e attrezzi in cambio di parte dei profitti.
grubber ['grʌbə*], *n.* **1** chi scava; chi estirpa, ecc. (*V.* **to grub**) **2** (*agric.*) estirpatore; estirpatoio; sarchiello **3** grande lavoratore; sgobbone.
grubbiness ['grʌbinis], *n.* **1** l'esser infestato da larve; l'essere verminoso **2** sporcizia; sudiciume.
grubbing ['grʌbiŋ], *n.* estirpamento (*di ceppi*).
grubby ['grʌbi], *a.* **1** infestato da larve; verminoso **2** sporco; sudicio.
Grub Street ['grʌb,stri:t], **A** *n.* ambiente di scrittori da strapazzo (*dal nome di un'antica via di Londra dove essi abitavano*). **B** (*anche* **Grubstreet, grubstreet**) *a.* di (*o* pertinente a) scrittori da strapazzo.
to grudge [grʌdʒ], *v. t.* **1** invidiare; aver invidia di: **He grudges Charles his riches**, invidia a Carlo le sue ricchezze **2** dare di malavoglia; lesinare: **The miser grudged his dog the cheapest food**, l'avaro lesinava al suo cane il cibo meno costoso; **I do not g. him the praise he deserves**, non gli lesino le lodi che merita.
grudge [grʌdʒ], *n.* **1** animosità; rancore; risentimento; malanimo; ruggine (*fig.*): **I bear him no g.** (*o* **I hold no g. against him**), non gli porto rancore; non ce l'ho con lui **2** causa (*o* motivo) di rancore (*o* di risentimento): **I owe that man a g.**, ho motivo di risentimento verso quell'uomo. ● **to pay off an old g.**, saldare un vecchio conto (*fig.*).
grudging ['grʌdʒiŋ], *a.* **1** invidioso **2** avaro; riluttante a dare (q.c.) **3** forzato; a denti stretti: **a g. recognition of sb.'s merits**, un riconoscimento forzato dei meriti di q.
grudgingly ['grʌdʒiŋli], *avv.* di malavoglia; a malincuore.
gruel [gruəl], *n.* farina d'avena (*o* d'orzo, ecc.) cotta nell'acqua (*o* nel latte); pappa. ● (*fig.*) **to give sb. his g.**, punire q.; sconfiggere q. □ (*fig.*) **to have** (*o* **to get**) **one's g.**, essere punito (*o* sconfitto); avere quel che ci si merita.
gruelling ['gruəliŋ], **A** *a.* duro; faticoso; snervante: **a g. race**, una corsa faticosa; **g. labour**, lavoro snervante. **B** *n.* **1** fatica; faticata **2** maltrattamento.
gruesome ['gru:səm], *a.* orrendo; orribile; raccapricciante.
gruesomeness ['gru:səmnis], *n.* orrore; raccapriccio.
gruff [grʌf], *a.* **1** arcigno; aspro; burbero; rude; scortese; sgarbato **2** (*di voce, suono, ecc.*) aspro; rauco; roco.
gruffish ['grʌfiʃ], *a.* piuttosto arcigno, aspro, ecc. (*V.* **gruff**).
gruffness ['grʌfnis], *n.* **1** asprezza; rudezza; sgarbataggine; scortesia **2** (*della voce*) raucedine.
gruffy ['grʌfi], *V.* **gruff.**
to grumble ['grʌmbl], **A** *v. i.* brontolare; borbottare; lagnarsi; lamentarsi: **Don't g. about** (*o* **at, over**) **everything!**, non lagnarti d'ogni cosa! **B** *v. t.* (*anche* **to g. out**) dire brontolando; borbottare; brontolare: **He grumbled** (**out**) **an answer**, borbottò una risposta.
grumble ['grʌmbl], *n.* brontolio; borbottio; lagnanza; lamentela: **the g. of distant thunder**, il lontano brontolio del tuono.
grumbler ['grʌmblə*], *n.* brontolone, brontolona; borbottone, borbottona.
grumblingly ['grʌmbliŋli], *avv.* brontolando, lagnandosi; malvolentieri; di malavoglia.
grume [gru:m], *n.* (*specialm. med.*) grumo.
grummet ['grʌmit], *n.* **1** (*naut.*) canestrello; anello di cavo **2** (*mecc.*) occhiello metallico; rondella; rosetta **3** (*mecc.*) anello di

grumose

tenuta (*di gomma*); guarnizione di stoppa.
grumose ['grumous], **grumous** ['gru:məs], *a.* (*bot.*) grumoso.
grumpiness ['grʌmpinis], *n.* irritabilità; scontrosità.
grumpish ['grʌmpiʃ], **grumpy** ['grʌmpi], *a.* burbero; irritabile; scontroso.
Grundyism ['grʌndiizəm], *n.* gretto convenzionalismo; ristrettezza di vedute; ipocrisia puritana (*da Mrs Grundy, personaggio di un dramma di Tom Morton*).
grungy ['grʌndʒi], *a.* (*fam.*) scalcagnato; sgangherato; (*d'edificio*) cadente, in sfacelo: **g. shoes**, scarpe scalcagnate.
to grunt [grʌnt], **A** *v. i.* grugnire; (*fig.*) borbottare, brontolare. **B** *v. t.* (*spesso* **to g. out**) esprimere grugnendo; borbottare: **He grunted his disapproval**, espresse la sua disapprovazione con un grugnito.
grunt [grʌnt], *n.* **1** grugnito; (*fig.*) borbottio, brontolio **2** (*zool.*) *V.* **grunter**, *def.* 3.
grunter ['grʌntə*], *n.* **1** animale che grugnisce; (*specialm.*) maiale **2** (*fig.*) brontolone; borbottone **3** (*zool.*) grugnitore (*pesce della famiglia dei Pomadasidae*).
gruntingly ['grʌntiŋli], *avv.* grugnendo; brontolando; malvolentieri; di malavoglia.
Gruyère ['gru:jɛə*] (*franc.*), *n.* gruviera (*formaggio svizzero*).
gryphon ['grifən], *n.* (*mitol.*) grifone.
guacharo ['gwa(:)tʃərou], *n.* (*pl.* **guacharos**) (*zool.*, *Steatornis caripensis*) guaciaro.
guaiac ['gwaiæk], *n.* **1** guaiaco; legno santo **2** resina di guaiaco.
guaiacol ['gwaiəkoul], *n.* (*farm.*) guaiacolo.
guaiacum ['gwaiəkəm], *V.* **guaiac**.
guan [gwa:n], *n.* (*zool.*) uccello dei cracidi.
guana ['gwa:nə], *n.* (*zool.*, *Iguana*) iguana.
guanaco [gwɑ'na:kou], *n.* (*pl.* **guanacos, guanaco**) (*zool.*, *Lama guanicoe*) guanaco.
guano ['gwɑ:nou], *n.* (*pl.* **guanos**) guano; concime artificiale (*in genere*).
guarantee [,gærən'ti:], *n.* **1** garanzia; (*leg.*) avallo, mallevadoria, malleveria; cauzione, caparra **2** garante; (*leg.*) avallante, mallevadore, mallevadrice **3** (*comm.*) avallato (*di una cambiale*) **4** (*fig.*) assicurazione; promessa: **The dark clouds were a g. of rain**, le scure nubi erano una promessa di pioggia. ● (*econ.*) **a g. against rising prices**, una garanzia contro il rischio economico □ (*fin.*) **g. fund**, fondo di garanzia □ **to go g. for sb.**, rendersi garante per q.
to guarantee [,gærən'ti:], *v. t.* **1** garantire; (*leg.*) avallare, fare da mallevadore a (q.), farsi mallevadore di (q.c.): **Our cars are guaranteed for two years**, le nostre automobili sono garantite per due anni; **I cannot g. your debts**, non posso farmi mallevadore (del pagamento) dei tuoi debiti **2** assicurare; promettere. ● **to g. sb. against** (*o* **from**) **a risk**, assicurare q. contro un rischio □ **to g. a bill** (**an endorsement**), avallare una cambiale (una girata) □ (*leg.*) **to g. sb. in the possession of st.**, assicurare a q. il possesso di q.c.
guarantor [,gærən'tɔ:*], *n.* (*leg.*) garante; mallevadore; mallevadrice; avallante: **the g. of a bill of exchange**, l'avallante d'una cambiale.
guaranty ['gærənti], *n.* (*leg.*) **1** avallo; malleveria; garanzia **2** avallante; mallevadore, mallevadrice.
to guaranty ['gærənti], *v. t.* (*raro, leg.*) garantire; avallare.
guard [gɑ:d], *n.* **1** guardia; custodia; vigilanza: **g. of honour**, guardia d'onore **2** guardia; custode; guardiano; sorvegliante: **the guards of a prison**, le guardie carcerarie; **i guardiani d'una prigione**; **the g. of a factory**, il sorvegliante d'una fabbrica **3** (*ferr.*) capotreno; conduttore **4** (*ing.*) riparo, protezione; (*edil.*) parapetto **5** (*della sciabola*) guardia **6** (*anche* **fireguard**) parafuoco **7** (*sport*) guardia: **to be off g.**, non essere in guardia; **to catch sb. off g.**, cogliere q. giù di guardia (*fig.*: alla sprovvista); **to drop** (*o* **to lower**) **one's g.**, abbassare la guardia; **to keep one's g. up**, tenere la guardia alta; **On g.!**, in guardia! **8** (*pallacanestro*) difensore. ● (*elettron.*) **g. band**, banda di protezione; spazio libero fra due canali (*naut.*) **g. boat**, battello di ronda □ (*tipogr.*) **g. book**, libro non legato; album □ **g.-chain**, catena di sicurezza (*d'orologio*, *ecc.*) □ **g.-rail** (*edil.*) corrimano (*autom.*) guardrail, guardavia; (*ferr.*) controrotaia; (*naut.*) battagliola, paragambe □ **g. ring**, (*elettr.*) anello di guardia; fermanello □ (*naut.*) **g. ship**, (*nave*) guardaporto; motovedetta □ (*ferr.*) **g.'s van**, vagone del conduttore; bagagliaio □ (*mil.*) **advance g.**, avanguardia; gran guardia; piccola guardia □ (*mil.*) **to come off g.**, smontare la guardia □ (*fig.*) **to be caught off one's g.**, essere preso alla sprovvista □ **fire-g.**, parafuoco □ (*mil.*) **the Horse Guards**, la Guardie a cavallo □ **the Imperial Guards**, la Guardia Imperiale □ (*mil.*) **to keep g.**, fare la guardia □ (*mil.*) **Life Guards**, Guardie del corpo □ (*mil.*) **to mount g.**, montare la guardia □ (*mil.*) **to be on g.**, essere di guardia □ **to be on one's g. against sb.**, stare in guardia contro q. □ (*mil.*) **to relieve g.**, dare il cambio alla guardia □ (*mil.*) **to stand g.**,

essere di guardia □ (*mil.*) **trigger g.**, ponticello (*d'arma da fuoco*) □ (*mil.*) **under armed g.**, sotto scorta armata □ (*anche fig.*) **His g. was up** (**down**), aveva la guardia alzata (abbassata).
to guard [gɑ:d], **A** *v. t.* **1** guardare; custodire; difendere; proteggere; salvaguardare; sorvegliare; fare la guardia a (q. *o* q.c.): **The infantry had to g. the bridge**, la fanteria doveva guardare il ponte; **to g. a secret**, custodire un segreto; **to g. one's reputation**, difendere la propria reputazione; **to g. a camp** (**prisoners, etc.**), fare la guardia a un campo (a prigionieri, ecc.); **to g. one's life**, proteggere la propria vita; **to g. a door**, sorvegliare una porta **2** tenere a freno, sotto il proprio dominio (*i pensieri, ecc.*); misurare (*le parole*) **3** (*mecc.*) mettere una protezione (*o* un riparo) a (*una macchina*) **4** (*sport*) marcare; parare. **B** *v. i.* guardarsi; stare in guardia; premunirsi; difendersi: **to g. against mistakes**, guardarsi dal commettere sbagli; **to g. against accidents**, premunirsi dagli incidenti. ● **to g. one's tongue**, tenere a freno la lingua.
guarded ['gɑ:did], *a.* **1** guardingo; cauto; circospetto; misurato (*fig.*); prudente: **a g. answer**, una risposta guardinga; **a g. speech**, un discorso cauto **2** guardato a vista; scortato: **a g. prisoner**, un prigioniero scortato **3** difeso; protetto.
guardedness ['gɑ:didnis], *n.* cautela; circospezione; prudenza.
guardhouse ['gɑ:dhaus], *n.* (*mil.*) **1** corpo di guardia **2** sala di disciplina.
guardian ['gɑ:djən], **A** *n.* **1** custode; difensore; protettore **2** (*leg.*) tutore, tutrice **3** (*relig.*) (padre) guardiano; superiore (*di frati francescani*). **B** *a. attr.* custode; tutelare: (*relig.*) **g. angel**, angelo custode (*anche fig.*). ● (*in G.B.*) **Guardians of the poor**, membri del comitato di un'opera pia.
guardianship ['gɑ:djənʃip], *n.* **1** difesa; protezione: **to be under the g. of the laws**, essere sotto la protezione della legge **2** (*leg.*) tutela; autorità tutoria; curatela.
guardless ['gɑ:dlis], *a.* indifeso; senza protezione.
guardroom ['gɑ:d-rum], *V.* **guardhouse**.
guardsman ['gɑ:dzmən], *n.* (*pl.* **guardsmen**) **1** guardia **2** (*in G.B.*) soldato (*o* ufficiale) delle Guardie reali **3** (*USA*) soldato (*o* ufficiale) della guardia nazionale.
Guatemalan [,gwæti'mɑ:lən], *a. e n.* guatemalteco.
guava ['gwɑ:və], *n.* (*pl.* **guavas, guava**) (*bot.*, *Psidium guaiava*) pero delle Indie; psidio; guaiava.
gubernatorial [,gju(:)bənə'tɔ:rjəl], *a.* governatoriale; di governatore; di governatorato: **a g. election**, l'elezione d'un governatore.
gudgeon (1) ['gʌdʒən], *n.* **1** (*zool.*, *Gobio gobio*) gobione **2** (*zool.*, *Gobius*) ghiozzo **3** (*fig.*) credulone; gonzo; semplicione **4** (*fig.*) allettamento; esca; tranello.
gudgeon (2) ['gʌdʒən], *n.* **1** (*edil.*) chiavarda **2** (*mecc.*) perno **3** (*di motore*) spinotto **4** (*naut.*) femminella. ● (*mecc.*) **g.-pin**, perno dello stantuffo; spinotto □ (*naut., aeron.*) **rudder g.**, femminella del timone.
guelder(-)rose ['geldə'rouz], *n.* (*bot.*, *Viburnum opulus*) palla di neve.
Guelf, Guelph [gwelf], *n.* (*stor.*) guelfo.
Guelfic, Guelphic ['gwelfik], *a.* (*stor.*) guelfo.
guerdon ['gə:dən], *n.* (*poet.*) guiderdone; ricompensa.
to guerdon ['gə:dən], *v. t.* (*poet.*) ricompensare.
guerilla [gə'rilə], *V.* **guerrilla**.
Guernsey ['gə:nzi], *n.* **1** (*geogr.*) Guernsey (*isola della Manica*) **2** (*anche* **G. coat, G. shirt**) maglione di lana **3** (*zootecnia*) mucca di Guernsey.
guerrilla [gə'rilə], **A** *n.* **1** (*generalm.* **g. warfare**) guerriglia; guerra partigiana **2** guerrigliero; partigiano. **B** *a. attr.* di, da guerrigliero; di, da partigiano.
to guess [ges], *v. t. e i.* **1** congetturare; calcolare (*a un dipresso*); tirare a indovinare; dire: **Can you g. the weight of this trunk?**, sai calcolare il peso di questo baule?; **I should g. his age as forty** (*o* **him to be forty**), direi che abbia quarant'anni; **I guessed (at) his age and missed by only two years**, tirai a indovinare la sua età e sbagliai soltanto di due anni **2** indovinare; azzeccare; risolvere: **to g. the meaning of a new word**, indovinare il senso di una parola nuova; **to g. a riddle**, risolvere un indovinello **3** (*fam. USA*) credere; ritenere; supporre: **I g. you can make it**, credo che tu possa farcela. ● **to g. wrong**, non indovinare; sbagliare (*facendo una congettura*) □ (*fam.*) **to get sb. guessing**, mettere una pulce nell'orecchio a q. □ **to keep sb. guessing**, tenere q. sulla corda □ **I've guessed right**, ho indovinato.
guess [ges], *n.* **1** congettura; supposizione **2** cosa indovinata; soluzione di un indovinello **3** ipotesi: **a bad g.**, un'ipotesi errata. ● **g.-work**, congettura; supposizione; opinione basata su congetture □ **by g.** (*o* **at a g.**), a occhio e croce; a lume di naso □ **by g. and by God**, tirando a indovinare, con l'aiuto di Dio □ **to make a good g.**, azzeccare giusto; cogliere nel segno □ **It's anybody's g.**, Dio solo lo sa □ **Your g. is as good as mine**, ne so quanto te.
guessable ['gesəbl], *a.* indovinabile.

guesser ['gesə*], *n.* chi indovina.
guesstimate ['gestimit], *n.* (*fam.*, *contraz. di* **guess** *e* **estimate**) *V.* **guess-work**, *sotto* **guess**.
to guesstimate ['gestimeit], *v. i.* (*fam.*, *contraz. di* **guess** *e* **to estimate**) calcolare mediante congetture.
guest [gest], *n.* **1** ospite; convitato; invitato: **g. chamber**, camera degli ospiti; **a wedding g.**, un invitato a nozze **2** cliente, ospite (*d'albergo*); pensionante **3** (*bot.*, *zool.*) inquilino. ● (*radio*, *telev.*) **g. artist** (*o* **star**), ospite □ **g. house**, albergo; pensione familiare; foresteria □ **g.-night**, serata in onore degli ospiti □ **g. room**, camera degli ospiti □ (*cinem.*, *telev.*, *mus.*) **g.--starring**, (*nei titoli*) con la partecipazione straordinaria di (*segue il nome*) □ **g. worker**, operaio straniero **o paying g.**, pensionante; dozzinante □ (*radio*, *telev.*) **special g.**, ospite d'onore ● (*fam.*) **Be my g.!**, fai pure!; prego! serviti! (*di q.c. richiesto*).
guest-rope [gest-roup], *n.* (*naut.*) cavo da tonneggio; alzana.
guestship ['gestʃip], *n.* l'essere ospite (*o* invitato).
guff [gʌf], *n.* (*USA*) balle; bubbole; fandonie; frottole.
guffaw [gʌ'fɔ:], *n.* risata sguaiata; sghignazzata.
to guffaw [gʌ'fɔ:], *v. i.* ridere sguaiatamente; sghignazzare.
to guggle [gʌgl], *v. i.* gorgogliare.
guggle ['gʌgl], *n.* gorgoglio.
guichet [,gi:'ʃei] (*franc.*), *n.* grata; inferriata; sportello di biglietteria.
guidable ['gaidəbl], *a.* guidabile; governabile; docile.
guidance ['gaidəns], *n.* **1** guida; condotta; direzione; governo **2** norma; principio; regola: **for your g.**, per tua norma **3** assistenza; consulenza; orientamento: (*econ.*) **the g. section of the Agricultural Fund**, la sezione orientamento del Fondo Agricolo **4** (*aeron.*) guida: **g. system**, sistema di guida aerea. ● (*elab.*) **g. tape**, nastro guida.
guide [gaid], *n.* **1** guida (*in molti sensi*); cicerone; guida alpina; manuale, trattato; norma; principio; regola: **He works as a g. for tourists**, fa la guida (il cicerone) per i turisti; **a g. to the National Gallery**, una guida (*libro*) della Galleria Nazionale; **a g. to English grammar**, guida allo studio della grammatica inglese; (*mecc.*) **inverted g.**, guida invertita **2** (*anche* **girl-g.**) guida; giovane esploratrice **3** cartello (palo, ecc.) indicatore **4** (*pl.*, *mil.*) esploratori **5** (*pl.*, *mecc.*) guide. ● (*stor.*) **the Guides**, reggimento delle Guide (*alla frontiera indiana*) □ (*mecc.*) **g. bearing**, guida □ **g.-board**, cartello segnaletico (*stradale*) □ **g.-book**, guida (*turistica*) (*libro*) □ **g.-post**, indicatore stradale □ (*comm.*) **g. price**, prezzo d'orientamento □ **g.-rail**, (*ferr.*) terza rotaia di sicurezza; controrotaia; (*edil.*) rotaia di guida □ **g. rope**, fune di sicurezza; (*aeron.*) cavo pilota (*tipogr.*) **g. word**, esponente; testatina □ (*mil.*) **right** (**left**) **g.**, guida a destra (a sinistra) □ (*radio*) **wave-g.**, guida d'onda.
to guide [gaid], *v. t.* guidare; condurre; dirigere; governare; regolare: **The blind man was guided by a dog**, il cieco era guidato da un cane; **The Prime Minister guides the country**, il Primo Ministro dirige la nazione. ● **to be guided by reason**, farsi guidare dalla ragione □ (*mil.*) **guided missile**, missile telecomandato (*o* teleguidato) □ **a guided tour**, una visita guidata □ **guiding principle**, principio informatore □ (*arte*) **guiding stick**, appoggiamano.
guideless ['gaidlis], *a.* senza guida.
guideline ['gaidlain], *n.* **1** fune di sicurezza **2** (*tipogr.*) segno di correzione **3** (*fig.*) linea direttrice (*o* di condotta); orientamento: **the guidelines of a programme**, gli orientamenti di un programma.
guideway ['gaidwei], *n.* (*mecc.*) guida di scorrimento; scanalatura.
guidon ['gaidən], *n.* guidone; piccolo stendardo.
guild [gild], *n.* **1** (*stor.*) corporazione (d'arti e mestieri); gilda **2** associazione (*di mutua assistenza*, *ecc.*); consociazione; società. ● (*stor.*) **g.-hall**, palazzo delle corporazioni; (*ora*) palazzo municipale □ **Guild-hall**, palazzo municipale della City di Londra.
guilder ['gildə*], *n.* fiorino (specialm. olandese).
guildsman ['gildzmən], *n.* (*pl.* **guildsmen**) (*stor.*) membro d'una corporazione.
guile [gail], *n.* **1** astuzia; furberia; scaltrezza: **the proverbial g. of the fox**, l'astuzia proverbiale della volpe **2** artificio; inganno; stratagemma; trucco (*fam.*).
guileful ['gailfʊl], *a.* astuto; furbo; scaltro.
guilefulness ['gailfʊlnis], *n.* astuzia; furberia; scaltrezza.
guileless ['gaillis], *a.* ingenuo; franco; schietto; semplice.
guilelessness ['gaillisnis], *n.* ingenuità; schiettezza; semplicità.
guillemot ['gilimɔt], *n.* (*zool.*, *Uria*) uria.
guillotine [,gilə'ti:n] (*franc.*), *n.* **1** (*stor.*) ghigliottina **2** (*mecc.*, *anche* **g. shears**) cesoia a ghigliottina **3** (*ind. della carta*) tagliacarte a ghigliottina **4** (*legatoria*) taglierina **5** (*arti grafiche*) trancia **6** (*med.*) tonsillotomo **7** (*polit.*) passaggio alle votazioni (*su un disegno di legge*) entro un preciso limite di tempo.
to guillotine [,gilə'ti:n] (*franc.*), *v. t.* **1** ghigliottinare **2** (*fig.*) ta-

gliare (*spese*, *ecc.*); eliminare (*sprechi*) **3** (*polit.*) mettere ai voti (*un disegno di legge*; *V.* **guillotine**, *def.* 7).
guilt [gilt], *n.* (*anche leg.*) colpa; colpevolezza: **There is no evidence of his g.**, non vi sono prove della sua colpevolezza. ● **to show g.**, dare segni di colpa □ **The g. lies with the politicians**, la colpa è degli uomini politici.
guiltiness ['giltinis], *n.* colpevolezza.
guiltless ['giltlis], *a.* **1** senza colpa; innocente **2** digiuno (*fig.*); ignaro; che non conosce: **to be g. of Greek**, essere digiuno di greco; **a boy g. of soap**, un ragazzo che non conosce l'uso del sapone.
guiltlessness ['giltlisnis], *n.* innocenza.
guilty ['gilti], *a.* colpevole; reo: (*leg.*) **to plead g.**, dichiararsi colpevole. ● **a g. conscience**, la coscienza sporca □ **a g. look**, un'aria colpevole □ (*leg.*) **not g.**, innocente □ **a verdict of not g.**, un verdetto di non colpevolezza.
guinea ['gini], *n.* ghinea (*moneta di conto pari a 21 scellini*, *non più in corso*, *ma usata per onorari*, *ecc.*).
Guinea ['gini], *n.* (*geogr.*) Guinea. ● (*zool.*) **g. fowl** (*o* **g. hen**) (*Numida meleagris*), faraona □ **g. pig** (*zool.*, *Cavia cobaya*), cavia, porcellino d'India; (*fig.*) cavia: **Will you be my g. pig?**, vuoi farmi da cavia?
Guinevere ['gwiniviə*], *n.* Ginevra (*nome proprio*).
Guinness ['ginis], *n.* «Guinness» (*marca di birra forte*).
guipure [gi:(')pjuə*] (*franc.*), *n.* guipure; merletto di refe.
guise [gaiz], *n.* **1** guisa; foggia; sembianza: **in the g. of a peasant**, in foggia di (*o* vestito da) contadino **2** apparenza; parvenza; finzione; maschera (*fig.*): **under** (*o* **in**) **the g. of goodness**, sotto la maschera della bontà. ● **in a different** (**new**, etc.) **g.**, in guisa diversa (in un modo nuovo, ecc.).
guitar [gi'ta:*], *n.* (*mus.*) chitarra: **electric g.**, chitarra elettrica.
to guitar [gi'ta:*], *v. i.* suonare la chitarra.
guitarist [gi'ta:rist], *n.* chitarrista.
gulch [gʌltʃ], *n.* (*USA*) gola; burrone; forra.
gulden ['gʊldən], *n.* (*pl.* **guldens**, **gulden**) fiorino olandese.
gules [gju:lz], *n. e. attr.* (*araldica*) (color) rosso.
gulf [gʌlf], *n.* **1** golfo: **the G. of Naples**, il Golfo di Napoli; **the G. Stream**, la corrente del Golfo **2** (*anche fig.*) abisso **3** gorgo; vortice.
to gulf [gʌlf], *v. t.* inghiottire; ingoiare.
gull (1) [gʌl], *n.* (*zool.*, *Larus*) gabbiano.
gull (2) [gʌl], *n.* gonzo; semplicione; minchione (*pop.*).
to gull [gʌl], *v. t.* gabbare; imbrogliare; ingannare; fare (q.) fesso. ● **to g. sb. into doing st.**, far fare q.c. a q. con l'inganno □ **to g. sb. out of st.**, portare via q.c. a q. con l'inganno; fregare q.c. a q. (*pop.*).
gullery ['gʌləri], *n.* inganno; imbroglio.
gullet ['gʌlit], *n.* **1** (*anat.*) gola; esofago **2** canale; condotto; fosso di scolo **3** (*geogr.*) gola; burrone **4** (*zool.*) citofaringe.
gullibility [,gʌli'biliti], *n.* credulità; dabbenaggine; minchioneria (*pop.*).
gullible ['gʌləbl], *a.* credulo; credulone; ingenuo; fesso (*fam.*). ● **a g. fellow**, un fesso (*fam.*); un minchione (*pop.*).
gully (1) [gʌli], *n.* **1** burrone; gola (*fra pareti ripide*); canalone **2** canale; fosso di scolo. ● **g.-drain**, fosso di scolo; cunetta □ **g.-hole**, buca di scarico (*dell'acqua piovana*); tombino.
to gully ['gʌli], *v. t.* **1** scavare canali in (*un terreno*) **2** (*dell'acqua*) scavare (*terreno*) per erosione.
gully (2) ['gʌli], *n.* coltellaccio.
to gulp [gʌlp], **A** *v. t.* ingerire; inghiottire; ingozzare; tracannare; tranguigiare; bere con avidità: **to g. (down) a glass of water**, tracannare un bicchier d'acqua. **B** *v. i.* **1** trattenere il fiato **2** restare senza fiato: **to g. with surprise**, restare senza fiato per la sorpresa. ● **to g. down one's sobs**, soffocare i singhiozzi □ **to g. down** (*o* **back**) **one's tears**, inghiottire le lacrime.
gulp [gʌlp], *n.* **1** boccata; boccone; sorso; fiato: **to swallow st. at one g.**, inghiottire q.c. in un boccone; **to drink st. at one g.**, bere q.c. in un sorso (*o* d'un fiato) **2** (*anche fig.*) l'inghiottire; inghiottimento. ● **to speak in gulps**, parlare a singulti.
gulpingly ['gʌlpiŋli], *avv.* inghiottendo; trattenendo il fiato.
gum (1) [gʌm], *n.* (*generalm. al pl.*, *anat.*) gengiva.
gum (2) [gʌm], *n.* **1** gomma; colla (*per manifesti*, *ecc.*) **2** secrezione (*dell'occhio*, *ecc.*); cispa **3** (*anche* **gumdrop**) caramella gommosa **4** (*anche* **gumtree**) albero della gomma; eucalipto **5** (*pl. anche* **gumboots**) stivali di gomma **6** gomma da masticare. ● **gum arabic**, gomma arabica □ **gum dragon**, (gomma) adragante □ (*ind.*) **gum elastic**, gomma elastica (*caucciù*) □ **gum resin**, gommoresina □ **gum senegal**, gomma arabica del Senegal □ **chewing gum**, gomma da masticare (*o* americana) □ (*fig.*, *anche* **g. shears**) ..., essere nei guai; trovarsi nei pasticci.
to gum [gʌm], **A** *v. t.* gommare; ingommare; incollare: **to gum down the flap of an envelope**, ingommare l'orlo d'una busta. **B** *v. i.* **1** secernere gomma **2** diventare gommoso. ● (*fam.*) **to gum up**, rovinare; incasinare (*pop.*).

gum (3) [gʌm], *n.* (pop., *deformazione di* **God**, Dio, *usato per es. in:*) **by gum!**, perdio!; **my gum!**, perbacco!
gumbo ['gʌmbou], *n.* (*pl.* **gumbos**) (*USA*) **1** (*bot.*, *Hibiscus esculentus*) gombo; abelmosco **2** zuppa densa (*fatta con baccelli di gombo*).
gumboil ['gʌmbɔil], *n.* (*med.*) ascesso alle gengive.
gumdrop ['gʌmdrɔp], *n.* caramella gommosa.
gumma ['gʌmə], *n.* (*pl.* **gummas, gummata**) (*med.*) gomma (*tumore sifilitico*).
gummatous ['gʌmətəs], *a.* (*med.*) gommoso; affetto da gomma (*V.* **gumma**).
gummed [gʌmd], *a.* gommato: **g. paper**, carta gommata.
gummiferous [gʌ'mifərəs], *a.* (*bot.*, *ind.*) gommifero.
gumminess ['gʌminis], *n.* gommosità.
gummy ['gʌmi], *a.* **1** gommoso; appiccicaticcio; viscido **2** (*delle caviglie, ecc.*) gonfio; grosso.
gumption ['gʌmpʃən], *n.* (*fam.*) **1** accortezza; buon senso; senso pratico **2** spirito d'iniziativa; intraprendenza.
gumshoe ['gʌmʃu:], *n.* **1** caloscia (*o* soprascarpa) di gomma **2** scarpa da tennis **3** (*pop. USA*; *anche* **gumshoer**) agente investigativo; detective; segugio (*fig.*).
gun [gʌn], *n.* **1** (*mil.*) arma da fuoco; bocca da fuoco; pezzo (*d'artiglieria*); cannone; fucile; schioppo; carabina; moschetto: (*naut.*) **field** (*o* **landing**) **g.**, cannone di sbarco **2** revolver; pistola; rivoltella **3** (*anche* **spray gun**) pistola a spruzzo (*per verniciatura, disinfestazione, ecc.*) **4** cacciatore (*che fa parte d'una comitiva*) **5** (*fam. USA*) sicario; killer. ● **guns and butter**, «burro e cannoni»; uguale peso alle spese militari e a quelle civili □ **gun barrel**, canna (*d'arma da fuoco*) □ (*mil.*) **gun breech**, culatta □ (*mil.*) **gun carriage**, affusto a ruote □ **gun-case**, custodia per fucile da caccia □ **gun-cotton**, cotone fulminante; fulmicotone □ (*naut.*) **gun's crew**, i serventi al pezzo □ **gun dog**, cane da caccia □ (*mil.*) **gun drill**, esercitazione ai pezzi □ (*USA*) **gun-fight**, scontro a fuoco, duello alla pistola □ **gun-fire**, fuoco; colpi d'arma da fuoco; cannoneggiamento □ (*fam.*) **gun-fodder**, carne da cannone □ **gun-harpoon**, fiocina scagliata da un cannoncino □ **gun-house**, piazz(u)ola, riparo □ **gun-lock**, meccanismo di scatto a percussione; percussore □ (*mil.*) **gun launcher**, cannone lanciamissili □ **gun-metal**, bronzo duro (*un tempo usato per far cannoni*); colore di questo metallo (grigio azzurro molto scuro) □ (*mil.*) **gun mount**, affusto □ **gun-pit**, trincea per bocca da fuoco □ **gun room**, (*naut.*) quadrato dei subalterni; (*in una casa*) sala delle armi da fuoco □ **gun-runner**, contrabbandiere d'armi □ **gun-running**, contrabbando d'armi □ (*di cane, ecc.*) **gun-shy**, che ha paura degli spari □ **gun-stock**, calcio (*del fucile*) □ (*mil.*) **gun turret**, torretta □ **air gun**, fucile ad aria compressa □ (*del vento*) **to blow great guns**, soffiare fortissimo □ (*fig.*) **big gun**, pezzo grosso; persona importante; alto papavero □ (*fig.*) **to bring up one's big guns**, sparare tutte le proprie cartucce □ (*fam.*) **to give it the gun**, andare forte □ (*fam.*) **to go great guns**, andare forte; avere un gran successo □ (*fig.*) **to jump the gun**, (*sport*) fare una falsa partenza; (*fig.*) essere precipitoso □ **machine gun**, mitragliatrice □ **sporting gun** (*o* **shotgun**), fucile da caccia □ (*fam.*) **son of a gun**, farabutto; mascalzone □ **to spike sb.'s guns**, inchiodare i cannoni a q.; (*fig.*) frustrare i piani di q. □ (*fig.*) **to stand** (*o* **to stick**) **to one's guns**, mantenere la propria posizione; tener duro; star saldo.
to gun [gʌn], A *v. i.* **1** andare a caccia (*con il fucile*) **2** (*fam. USA*) (*autom.*) andare forte; andare a tutto gas: **The robbers gunned round the bend**, i rapinatori presero la curva a tutto gas. B *v. t.* **1** provvedere (*di armi da fuoco*) (*V.* **gun**) **2** sparare su (q.) **3** (*mecc.*) dare gas a (*un'automobile, un motoscafo, ecc.*). ● **to gun down**, abbattere (*o* uccidere) a colpi d'arma da fuoco □ **to be gunning for**, dare la caccia a (*un ladro, ecc.*); (*fig.*) dare addosso a (*un avversario, un concorrente, ecc.*) □ **to be gunning for a job**, farsi in quattro per ottenere un posto; dare la caccia a un impiego.
gunboat ['gʌnbout], *n.* (*mil.*, *naut.*) cannoniera. ● (*polit.*) **g. diplomacy**, diplomazia delle cannoniere (*o* del pugno di ferro).
gunge [gʌndʒ], *n.* (*pop.*) sostanza appiccicosa; roba sporca; porcheria (*pop.*).
gung(-)ho [ˌgʌŋ'hou], *a.* (*fam.*) entusiasta; favorevolissimo; tutto per (*fam.*): **to be g. for Government intervention**, essere favorevolissimo agli interventi governativi.
gunk [gʌŋk], *n.* (*pop. USA*) *V.* **gunge**.
gunlayer ['gʌnleiə*], *n.* (*mil.*, *naut.*) puntatore.
gunlaying ['gʌnleiiŋ], *n.* (*mil.*, *naut.*) puntamento.
gunless ['gʌnlis], *a.* senz'armi da fuoco; disarmato (*V.* **gun**).
gunmaker ['gʌnmeikə*], *n.* fabbricante d'armi (*o* di cannoni).
gunman ['gʌnmən], *n.* (*pl.* **gunmen**) **1** bandito; gangster; killer **2** pistolero.
gunnage ['gʌnidʒ], *n.* (*mil.*, *naut.*) dotazione di cannoni.
gunned [gʌnd], *a.* munito (*o* armato) di cannoni. ● **a heavily-g. ship**, una nave con un forte armamento di cannoni.

gunnel (1) ['gʌnl], *n.* (*zool.*, *Pholis gunnellus*) gunnello; farfalla di mare.
gunnel (2) ['gʌnl], *V.* **gunwale**.
gunner ['gʌnə*], *n.* **1** (*mil.*) artigliere **2** (*naut.*) capo cannoniere **3** (*aeron.*) mitragliere (di bordo) **4** cacciatore. ● (*naut.*) **g.'s mate**, secondo capo cannoniere □ (*fig.*, *stor.*) **to kiss** (*o* **to marry**) **the g.'s daughter**, essere legato al cannone e frustato □ (*mil.*) **machine-g.**, mitragliere.
gunnery ['gʌnəri], *n.* (*mil.*) **1** artiglieria **2** balistica **3** fuoco d'artiglieria. ● **g.-lieutenant**, tenente d'artiglieria □ (*naut.*) **g. officer**, ufficiale (addetto) alle armi.
gunning ['gʌniŋ], *n.* **1** lo sparare; uso delle armi da fuoco **2** caccia (*con il fucile*): **to go g.**, andare a caccia.
gunny ['gʌni], *n.* **1** tela di juta (*da sacchi*) **2** (*anche* **g. sack**, **g. bag**) sacco (di tela) di juta.
gunplay ['gʌnplei], *n.* scambio di spari (*per es.*, *fra polizia e banditi*).
gunpoint ['gʌnpɔint], *n.* mira. ● **at g.**, sotto tiro; sotto la minaccia di un'arma da fuoco.
gunpowder ['gʌnˌpaudə*], *n.* **1** polvere da sparo; polvere pirica **2** tè granuloso, di color verde. ● (*stor.*) **the G. Plot**, la Congiura delle Polveri (5 novembre 1605).
gunship ['gʌnʃip], *n.* (*mil.*) grosso elicottero, con armamento pesante.
gunshot ['gʌnˌʃɔt], *n.* **1** colpo d'arma da fuoco; sparo **2** portata (d'arma da fuoco): **to be within g.**, essere a portata di fucile; essere a tiro. ● **a g. wound**, una ferita d'arma da fuoco □ **to be out of g.**, essere fuori tiro.
gunsight ['gʌnsait], *n.* (*mil.*) congegno di mira.
gunslinger ['gʌnˌsliŋə*], (*fam.*) *V.* **gunman**.
gunsmith ['gʌn-smiθ], *n.* armaiolo.
gunwale ['gʌnl], *n.* (*naut.*) **1** parapetto superiore; capo di banda, frisata **2** (*d'imbarcazione*) falchetta.
gup [gʌp], *n.* (*anglo-ind.*), pettegolezzo; chiacchiera; fesseria.
guppy ['gʌpi], *n.* (*zool.*, *Lebistes reticulatus*) pesciolino delle Barbados.
gurgitation [ˌgə:dʒi'teiʃən], *n.* ribollimento; rigurgito; gorgoglio.
to gurgle ['gə:gl], A *v. i.* **1** gorgogliare **2** (*di bambini, ecc.*) borbottare; farfugliare. B *v. t.* borbottare; farfugliare.
gurgle ['gə:gl], *n.* **1** gorgoglio **2** borbottio; farfugliamento.
gurnard ['gə:nəd], *n.* (*pl.* **gurnard, gurnards**) (*zool.*, *Trigla*) (pesce) cappone.
gurnet ['gə:nit], *n.* (*pl.* **gurnet, gurnets**) *V.* **gurnard**.
gurrah ['gʌra(:)], *n.* vaso di terracotta (*in India*).
guru ['guru:], *n.* **1** guru; guida, consigliere spirituale (*fra gli Indù*) **2** guru; abito a casacca **3** (*fig.*) autorità; esperto.
to gush [gʌʃ], A *v. i.* **1** sgorgare; scaturire; zampillare: **water gushing from a hole in a tank**, acqua che zampilla da un foro in una cisterna **2** (*fig.*) effondersi smodatamente; entusiasmarsi troppo: **Some women g. at the mere idea of having babies**, ci sono donne che vanno in brodo di giuggiole al solo pensiero di avere un bambino. B *v. t.* far sgorgare; emettere in gran copia.
gush [gʌʃ], *n.* **1** fiotto; getto; zampillo **2** (*fig.*) effusione; scoppio; accesso; impeto: **a g. of anger**, uno scoppio d'ira **3** sentimentalismo.
gusher ['gʌʃə*], *n.* **1** persona espansiva, che s'entusiasma troppo **2** pozzo di petrolio a eruzione spontanea.
gushing ['gʌʃiŋ], *a.* **1** sgorgante; zampillante **2** (*fig.*) espansivo; esuberante; entusiasta.
gushingly ['gʌʃiŋli], *avv.* in modo espansivo (*o* entusiastico).
gushy ['gʌʃi], *a.* espansivo; esuberante; che s'entusiasma facilmente.
gusset ['gʌsit], *n.* **1** gherone; pezzo di stoffa triangolare **2** (*edil.*) fazzoletto d'unione (*d'intelaiatura metallica*) **3** (*ferr.*) raccordo a gomito **4** (*ind. min.*) apertura a cuneo. ● **g.-plate**, piastra nodale di rinforzo.
gust (1) [gʌst], *n.* **1** raffica (*di vento*) **2** scroscio di pioggia **3** effusione di fumo; scoppio d'incendio; fiammata improvvisa **4** (*fig.*) accesso; scoppio; impeto: **gusts of rage**, accessi di furore.
gust (2) [gʌst], *n.* (*poet.*) **1** gusto; senso del gusto **2** aroma; sapore.
gustation [gʌs'teiʃən], *n.* **1** (*fisiologia*) gusto **2** degustazione.
gustative ['gʌstətiv], **gustatory** ['gʌstətəri], *a.* gustativo.
gusto ['gʌstou], *n.* (*spagn.*), *n.* (*pl.* **gustoes**) **1** (*arc.*) gusto; sapore **2** ardore; fervore; entusiasmo **3** gusto; godimento; piacere.
gusty ['gʌsti], *a.* **1** burrascoso; ventoso; tempestoso; che soffia a raffiche **2** pieno di fervore (*o* di slancio); entusiasta.
gut [gʌt], A *n.* **1** (*pl.*, *fam.*) budella; intestino **2** (*pl.*, *fig.*) sostanza, succo; coraggio, decisione, risolutezza; fegato (*fig.*): **Let's get down to the guts of the matter**, veniamo al succo della faccenda!; **He alone has the guts to speak up to the boss**, lui solo ha il fegato di tener testa al gran capo **3** (*anche* **catgut**) budello; minugia; catgut **4** crine di Firenze (*per la pesca*) **5** (*naut.*) gola,

stretto 6 (*pl.*, *fig.*) frattaglie (*fig.*); ingranaggi, parti meccaniche: **the guts of a car**, gli ingranaggi di un'automobile 7 budello (*fig.*); strettoia. B *a. attr.* (*pop.*) emotivo; istintivo; profondamente sentito; che viene dal di dentro. ● **gut feeling**, sentimento istintivo □ **gut-scraper**, strimpellatore di violino □ (*anat.*) **blind guts**, intestino cieco □ (*pop.*) **to hate sb.'s guts**, non poter soffrire q.; avere q. sullo stomaco (*fam.*).
to gut [gʌt], *v. t.* 1 sbudellare; sventrare; pulire (*per cuocere*): **to gut a fowl**, sventrare un pollo; **to gut a fish**, pulire un pesce 2 distruggere; sventrare: **a house gutted by fire**, una casa distrutta dal fuoco 3 estrarre il succo (*o* l'essenza) di (*un libro*).
gutfighter ['gʌtfaitə*], *n.* (*USA*) forte oppositore; avversario temibilissimo.
gutless ['gʌtlis], *a.* (*fam.*) pauroso; vigliacco; senza fegato (*fig.*).
gutsy ['gʌtsi], *a.* (*fam.*) coraggioso.
gutta (1) ['gʌtə], *n.* (*pl.* **guttae, guttas**) (*archit.*, *farm.*) goccia.
gutta (2) ['gʌtə], V. **gutta-percha**.
gutta-percha ['gʌtə'pə:tʃə], *n.* guttaperca.
guttate(d) ['gʌteit(id)], *a.* (*biol.*) maculato (*con macchie simili a gocce*).
gutter ['gʌtə*], *n.* 1 (*edil.*) grondaia; doccia 2 cunetta; fossetto di scolo; zanella 3 (*fig.*) fogna, fango, marciapiede (*fig.*): **language (manners) of the g.**, linguaggio (maniere) da marciapiede (*o* da trivio) 4 canale di scolo; rigagnolo 5 (*metall.*) gola di bavatura 6 (*ind. min.*) canaletto di drenaggio 7 (*tipogr.*) margine interno. ● **g.-child** (*o* **guttersnipe**), birichino; monello; scugnizzo □ **g.-man**, venditore ambulante di cianfrusaglie □ **g. press**, stampa prezzolata, d'infimo ordine (*fig.*) **to rise from the g.**, venire dal nulla; essere di bassi natali.
to gutter ['gʌtə*], A *v. i.* (*d'una candela*) colare; sgocciolare. B *v. t.* 1 (*edil.*) provvedere di grondaie (*o* di docce) 2 provvedere di cunette.
to guttle ['gʌtl], *v. i.* e *t.* mangiare avidamente; ingozzarsi, trangugiare.
guttler ['gʌtlə*], *n.* mangione, mangiona; crapulone, crapulona.
guttural ['gʌtərəl], A *a.* (*anat.*, *fon.*) gutturale: **g. consonants**, consonanti gutturali. B *n.* (*fon.*) suono gutturale.
gutturalism ['gʌtərəlizm], *n.* gutturalismo.
gutturalization [,gʌtərəlai'zeiʃən], *n.* gutturalizzazione.
to gutturalize ['gʌtərəlaiz], *v. t.* 1 (*fon.*) rendere gutturale 2 pronunciare con suono gutturale.
gutty ['gʌti], *n.* (*gergo del gioco del golf*) palla di guttaperca.
guy (1) [gai], *n.* (*anche* **guy rope**) 1 cavo (*o* catena, tirante) di ritegno 2 (*naut.*) bozza; cavo di ritenuta.
to guy (1) [gai], *v. t.* assicurare (*o* fissare) con un cavo, ecc. (*V.* **guy** (1)).
guy (2) [gai], *n.* 1 fantoccio, pupazzo (*specialm. di Guy Fawkes, cospiratore nella Congiura delle Polveri del 5 novembre 1605; i ragazzi lo bruciano nelle strade il 5 novembre d'ogni anno*) 2 spauracchio; spaventapasseri 3 tipo buffo; persona vestita in modo strano 4 (*fam. USA*) uomo; individuo; tipo: **He's a regular guy**, è un tipo in gamba; è un bravo ragazzo. ● (*pop.*) «**guys**», «uomini», «signori» (*sull'uscio di una toilette*).
to guy (2) [gai], *v. t.* 1 mostrare in effigie; caricaturare 2 canzonare; mettere in ridicolo; prendere in giro.
Guy [gai], *n.* Guido.
guyot ['giːou], *n.* (*geogr.*) guyot.
to guzzle ['gʌzl], A *v. i.* darsi ai bagordi; gozzovigliare. B *v. t.* 1 ingozzare; trangugiare 2 tracannare; trincare. ● **to g. away one's money**, sperperare denaro in gozzoviglie.
guzzler ['gʌzlə*], *n.* 1 beone, beona; crapulone, crapulona 2 scialacquatore, scialacquatrice; sperperatore, sperperatrice.
Gwendolen, Gwendolyn ['gwendəlin], *n.* Guendalina.
gwyniad ['gwiniæd], *n.* (*zool.*, *Coregonus pennantii*) coregono; pesce simile al salmone.
to gybe [dʒaib], A *v. i.* (*naut.*) 1 (*di vela di taglio o d'asta di fiocco*) girare 2 (*di nave o equipaggio*) mutar rotta, facendo girare la vela di taglio. B *v. t.* 1 far girare (*la vela di taglio*) 2 far virare (*una nave*).
gybe [dʒaib], *n.* (*naut.*) il girare (*della vela di taglio*).
gyle [gail], *n.* (*ind.*) 1 quantità di birra fabbricata in una volta 2 mosto della birra 3 botte (*o* barile) per la fermentazione.
gym [dʒim], *n.* (*fam.*) 1 (*abbr. di* **gymnasium**) palestra 2 (*abbr. di* **gymnastics**) ginnastica. ● **gym shoes**, scarpe da ginnastica □ **gym slip**, tuta da ginnastica □ **gym slips**, calzoncini (*o* mutandine) da ginnastica.
gymkhana [dʒim'kaːnə], *n.* (*sport*) gimkana, gincana.
gymnasial [dʒim'neizjəl], *a.* 1 ginnastico; ginnico 2 ginnasiale, liceale (*in Europa*).
gymnasiast [dʒim'neizjəst], *n.* studente ginnasiale (*o* liceale) (*in Europa*).
gymnasium [dʒim'neizjəm], *n.* (*pl.* **gymnasiums, gymnasia**) 1 palestra 2 ginnasio, liceo classico (*in Europa*) 3 (*stor. greca*) ginnasio.
gymnast ['dʒimnæst], *n.* ginnasta.
gymnastic(al) [dʒim'næstik(əl)], *a.* ginnastico; ginnico.
gymnastics [dʒim'næstiks], *n. pl.* 1 esercizi ginnici; ginnastica 2 (*col verbo al sing.*, *anche fig.*) ginnastica: **intellectual g.**, ginnastica mentale.
gymnosperm ['dʒimnouspə:m], *n.* (*bot.*, *Gymnospermae*) gimnosperma.
gymnospermous [,dʒimnou'spə:məs], *a.* (*bot.*) delle gimnosperme.
Gymnotus [dʒim'noutəs], *n.* (*zool.*, *Gymnotus*) gimnoto.
gynaeceum [,dʒaini'siəm], *n.* (*pl.* **gynaeceums, gynaecea**) (*stor.*, *bot.*) gineceo.
gynaecocracy [,dʒaini'kɔkrəsi], *n.* ginecocrazia; matriarcato.
gyn(a)ecologic(al) [,gainikə'lɔdʒik(əl)], *a.* (*med.*) ginecologico.
gyn(a)ecologist [,gaini'kɔlədʒist], *n.* (*med.*) ginecologo.
gyn(a)ecology [,gaini'kɔlədʒi], *n.* (*med.*) ginecologia.
gynandrous [dʒai'nændrəs], *a.* (*bot.*) ginandro.
gynandry [dʒai'nændri], *n.* (*fisiologia*) ginandria.
gynoecium [dʒai'niːsiəm], *n.* (*pl.* **gynoecia**) (*bot.*) gineceo.
gyp (1) [dʒip], *n.* 1 domestico di college (*a Cambridge e Durham*) 2 (*fam.*) imbroglio; truffa 3 (*fam.*) imbroglione, truffatore.
gyp (2) [dʒip], *n.* – (*pop.*) **to give sb. gyp**, sgridare (*o* punire) severamente q.; far soffrire q.; far vedere le stelle a q.
to gyp [dʒip], *v. t.* (*fam.*) imbrogliare; truffare.
gypper ['dʒipə*], *n.* (*fam.*) imbroglione; truffatore.
gyppy tummy ['dʒipi'tʌmi], *n.* (*pop.*) mal di pancia; infezione intestinale (*a carattere epidemico*).
gypseous ['dʒipsiəs], *a.* (*miner.*) gessoso.
gypsiferous [dʒip'sifərəs], *a.* (*miner.*) gessifero.
gypsous ['dʒipsəs], V. **gypseous**.
gypsum ['dʒipsəm], *n.* (*miner.*) gesso (*gesso idrato*); pietra di gesso. ● **g. quarry**, cava di gesso; gessaia.
to gypsum ['dʒipsəm], *v. t.* correggere (*un terreno*) con gesso.
gypsy ['dʒipsi], V. **gipsy**. ● (*USA*) **g. cab**, taxi che prende i clienti soltanto alla sua stazione (*non per strada*).
gyrate [dʒaiərit], *a.* (*bot.*) circinato.
to gyrate [dʒai'reit], *v. i.* girare; roteare; turbinare.
gyration [dʒaiə'reiʃən], *n.* girazione; rotazione.
gyratory [dʒaiərətəri], *a.* rotativo: (*mecc.*) **g. breaker** (*o* **g. crusher**), frantoio rotativo.
gyre [dʒaiə*], *n.* 1 (*poet.*) giro; cerchio 2 V. **gyration**.
to gyre [dʒaiə*], (*poet.*, *raro*) V. **to gyrate**.
gyrfalcon ['dʒə:fɔ:lkn], V. **gerfalcon**.
gyro ['dʒairou], *n.* (*pl.* **gyros**) (*fam.*) 1 (*aeron.*) autogiro 2 (*ing.*) giroscopio 3 (*fis.*, *naut.*) bussola giroscopica; girobussola. ● **g. wheel**, rotore del giroscopio.
gyrocompass ['dʒaiərou,kʌmpəs], *n.* (*fis.*, *naut.*) girobussola; bussola giroscopica.
gyrocopter ['dʒaiərou,kɔptə*], *n.* (*aeron.*) aereo (con elica convenzionale ma) dotato d'ala rotante.
gyrograph ['dʒaiərougraː(ː)f], *n.* (*mecc.*) contagiri registratore.
gyropendulum [,dʒaiərou'pendjuləm], *n.* (*mecc.*) pendolo giroscopico.
gyropilot ['dʒaiərou,pailət], *n.* (*aeron.*) giropilota; pilota automatico.
gyroplane ['dʒaiərouplein], *n.* (*aeron.*) autogiro.
gyroscope ['dʒaiərəskoup], *n.* (*ing.*) giroscopio.
gyroscopic [,dʒaiərəs'kɔpik], *a.* giroscopico.
gyrose ['dʒaiərous], *a.* (*bot.*) ondulato; pieghettato.
gyrostabilizer [,dʒaiərou'steibilaizə*], *n.* (*aeron.*, *naut.*) girostato; girostabilizzatore.
gyrostat ['dʒaiəroustæt], V. **gyrostabilizer**.
gyrostatic [,dʒaiərou'stætik], *a.* girostatico.
to gyve [dʒaiv], *v. t.* (*poet.*) incatenare; mettere in ceppi.
gyves [dʒaivz], *n. pl.* (*poet.*, *arc.*) ceppi; ferri; catene.

h, H

H, h [eitʃ], *n.* (*pl.* **H's, h's; Hs, hs**) H, h (ottava lettera dell'alfabeto ingl.): **to drop one's h's** (**aitches**), non pronunciare l'acca (*caratteristica della pronuncia «cockney» di Londra*). ● (*mil.*) **H-bomb**, bomba H, bomba all'idrogeno □ (*tel.*) **h for Harry** (*USA*: **h for How**), h come hotel □ (*mil.*) **H-hour**, ora X □ (*edil.*) **H-iron** (*o* **H-beam**), (trave di) ferro in forma di acca (*o* a doppio T).
ha [ha:], *inter.* (*di sorpresa, gioia, meraviglia, trionfo, ecc.*) ah!
ha, to ha [ha:], *V.* **hum (1)**, **to hum**.
haaf [ha:]f], *n.* (*geogr.*) zona di pesca in acque profonde (*al largo delle Shetland e delle Orkney*).
habeas corpus ['heibjəs'kɔ:pəs], *n.* (*leg.*) habeas corpus; mandato di comparizione (*dell'arrestato*) di fronte al magistrato (*che decide della legalità dell'arresto*).
haberdasher ['hæbədæʃə*], *n.* **1** merciaio, merciaia **2** (*USA*) chi vende articoli di moda maschile; confezionista.
haberdashery ['hæbədæʃəri], *n.* **1** merceria **2** mercerie **3** (*USA*) negozio d'abbigliamento; articoli di moda maschile (*cappelli, camicie, cravatte, guanti, ecc.*).
habergeon ['hæbədʒən], *n.* (*stor.*) usbergo.
habiliment [həˈbilimənt], *n.* **1** (*raro*) abbigliamento; vestiario **2** (*pl.*) abiti, vestiti (*specialm. per una certa occasione o ufficio*).
habit ['hæbit], *n.* **1** abitudine; consuetudine; costumanza; usanza; vezzo: **Smoking is a bad h.**, il fumo è una brutta abitudine; **He does it out of h.**, lo fa per abitudine; **Have you noticed his h. of tugging at his ear in perplexity?**, hai notato il suo vezzo di tirarsi l'orecchio nei momenti di perplessità? **2** (*raro*) costituzione (*fisica e mentale*); carattere; temperamento: **a man of healthy h.**, un uomo di sana costituzione; **a cheerful h. of mind**, un temperamento allegro **3** (*zool., bot.*) habitus; abito **4** abito, vestito (*specialm. di monaco*): **a monk's h.**, un abito da monaco; una tonaca. ● (*anche med.*) **h.-forming**, che dà assuefazione □ **to be in the h. of doing st.**, avere l'abitudine di; essere abituato a □ (*miner.*) **crystal h.**, abito (*o* habitus) cristallino □ **to fall into bad habits**, prendere brutte abitudini □ **to fall** (*o* **to get**) **into the h. of doing st.**, prendere l'abitudine di (*o* abituarsi a, assuefarsi a) fare q.c. □ **to form good habits**, prendere buone abitudini □ (*prov.*) **H. is second nature**, l'abitudine è una seconda natura.
to habit ['hæbit], *v. t.* abbigliare; vestire (*di solito, al passivo*): **habited in the garments of a monk**, vestito da frate **2** (*arc.*) abitare.
habitability [ˌhæbitə'biliti], *n.* abitabilità.
habitable ['hæbitəbl], *a.* abitabile.
habitableness ['hæbitəblnis], *n.* abitabilità.
habitant (*def. 1* ['hæbitənt], *def. 2* ['hæbitɔ̃:ŋ]), *n.* **1** abitante **2** canadese d'origine francese.
habitat ['hæbitæt], *n.* **1** (*zool., bot.*) habitat **2** (*fig.*) domicilio; dimora **3** (*tecn.*) campana sottomarina; laboratorio subacqueo.
habitation [ˌhæbi'teiʃən], *n.* abitazione: **These slum-dwellings should not be considered fit for human h.**, questi tuguri non dovrebbero essere adibiti ad uso di abitazione per l'uomo **2** (*lett.*) abitazione; dimora.
habitual [hə'bitjuəl], *a.* **1** abituale; consueto; ordinario; solito: **to sit down on one's h. armchair**, sedersi sulla solita poltrona; (*leg.*) **h. criminal**, delinquente abituale **2** dedito (a); impenitente: **a h. coffee drinker**, uno dedito al caffè; un gran bevitore di caffè; **a h. drunkard** (**smoker**), un bevitore (un fumatore) impenitente.
habitualness [hə'bitjuilnis], *n.* l'esser abituale; abitualità.
to habituate [hə'bitjueit], *A* **v. t.** abituare; assuefare (*anche med.*); avvezzare: **to h. a boy to discipline**, abituare un ragazzo alla disciplina. **to habituate oneself** *B* **v. rifl.** abituarsi; assuefarsi: **to h. oneself to the noise of traffic**, abituarsi al rumore del traffico.
habituation [həˌbitju'eiʃən], *n.* l'abituare; assuefazione; abitudine.
habitude ['hæbitju:d], *n.* **1** abitudine; consuetudine; costumanza; usanza **2** costituzione (*fisica o mentale*); carattere; temperamento.
habitué [hə'bitjuei] (*franc.*), *n.* frequentatore abituale, cliente assiduo (*di un locale, ecc.*).
hachure [hæ'ʃjuə], *V.* **hatching.**
hacienda ['hæsi,endə] (*spagn.*), *n.* **1** ranch; grande fattoria **2** casa principale di un ranch.
hack (1) [hæk], *n.* **1** arnese da taglio (*o* per scavo); zappa; marra; ascia; piccone da minatore, ecc. **2** taglio, spaccatura; tacca, intaccatura **3** (*fam.*) tosse secca, insistente.
to hack (1) [hæk], *A* **v. t. 1** tagliare (*in modo irregolare*); tagliuzzare; mutilare; fare a pezzi: **He hacked the box to pieces**, fece a pezzi la cassetta (*con q.c. di tagliente*); (*anche fig.*) **to h. sb. to pieces**, fare a pezzi q. **2** fare tacche su (q.c.); intaccare; incidere **3** (*fig.*) spaccare in due; dimezzare (*una somma di denaro, ecc.*) **4** (*sport*) dare un calcio nello stinco a (*un avversario*). *B* **v. i.** tossicchiare; tossire a colpi secchi, frequenti. ● **h.-saw**, seghetto (*a mano, per metalli*) □ **to h. at**, tirar colpi con arnese da taglio a □ **to h. one's way through the jungle**, aprirsi un varco nella giungla □ **a hacking cough**, una tosse secca, insistente.
hack (2) [hæk], *A* **n.** **1** cavallo da nolo **2** cavallo da tiro (*o* da sella) **3** ronzinante; ronzino **4** (*fig.*) travet; povero impiegato; scribacchino **5** (*USA*) carrozza da nolo **6** (*fam. USA*) taxi **7** (*USA*) tosse secca **8** (*spreg.*) mercenario; (*specialm.*) scrittore mercenario. *B* **a. attr.** **1** mercenario; prezzolato **2** banale; mediocre; comune; trito. ● **h. work**, lavoro mercenario, monotono, senza soddisfazione □ **h. writer**, scrittore prezzolato; imbrattacarte; «negro».
to hack (2) [hæk], *A* **v. t.** **1** dare a nolo (*un cavallo, ecc.*) **2** assoldare, servirsi di (q.) come impiegatuccio (*o* scribacchino) **3** cavalcare (*un cavallo*) al passo, lentamente **4** rendere comune, trito (q.c., *a forza d'usarla*). *B* **v. i.** **1** usare cavalli da nolo (*specialm. per diporto*) **2** andare a cavallo al passo, lentamente **3** scribacchiare; scrivere cose banali, mediocri **4** (*fam. USA*) andare in taxi; fare il tassista.
hack (3) [hæk], *n.* **1** (*falconeria*) tavoletta su cui sta la carne per il falcone **2** rastrelliera (*per fieno, per seccare formaggio, pesce, ecc.*) **3** struttura per essiccare mattoni.
hackamore ['hækəmɔ:], *n.* (*USA*) cavezza.
hackberry ['hækbəri], *n.* **1** (*bot., Celtis occidentalis*) bagolaro; olmo bianco; arcidiavolo (*pop.*) **2** legno (*o* frutto) del bagolaro.
hacking cough ['hækiŋˈkɔf], *n.* tosse secca.
hackle ['hækl], *n.* **1** (*ind. tessile*) pettine (*per canapa o lino*); scotola **2** penna del collo (*di gallo, piccione, ecc.*) **3** (*pesca, anche* **h. fly**) mosca artificiale, munita di penne. ● (*fam.*) **with one's hackles up**, con le penne arruffate; arrabbiatissimo; incavolato (*pop.*).
to hackle (1) ['hækl], *v. t.* **1** (*ind. tessile*) pettinare (*canapa, lino*) **2** (*pesca*) munire (*una mosca artificiale*) di penne.
to hackle (2) ['hækl], *v. t.* tagliare; spaccare; fare a pezzi.
hackler ['hæklə*], *n.* (*ind. tessile*) pettinatore; scotolatore.
hackling ['hækliŋ], *n.* (*ind. tessile*) pettinatura, scapecchiatura; scotolatura (*della canapa, del lino, ecc.*).
hackly ['hækli], *a.* tagliuzzato; seghettato; dentellato.
hackmatack ['hækmə,tæk], *n.* (*bot., Larix laricina*) larice americano.
hackney ['hækni], *n.* **1** cavallo da nolo; cavallo da tiro o da sella **2** (*fig.*) persona pagata per fare un lavoro ingrato, faticoso. ● **h. carriage** (*o* **h. coach**), carrozza da nolo.
to hackney ['hækni], *v. t.* **1** dare a nolo (*cavalli, ecc.*) **2** rendere comune, trito (*per eccesso d'uso*).
hackneyed ['hæknid], *a.* comune; trito; vieto: **«Raven hair» is a h. phrase**, «capelli corvini» è un'espressione trita.
had [hæd, həd, əd], *pass.* e *p. p.* di **have**. ● (*fam.*) **to be had**, farsi imbrogliare; farsi fregare (*pop.*); farsi corrompere; farsi comprare (*pop.*) (*V.* **to have**, *def. 10 e 14*).
haddock ['hædək], *n.* (*pl.* **haddock, haddocks**) (*zool., Gadus aeglefinus*) eglefino.
Hades ['heidi:z], *n.* (*mitol.*) Ade; Averno; Inferi.

hadn't ['hædnt], *contraz.* di **had not**.
Hadrian ['heidriən], *n.* (*stor.*) Adriano.
hadron ['heidrɔn], *n.* (*fis. nucl.*) adrone.
hadst [hædst], (*arc.*) 2ª *pers. sing. del pass. indic.* di **to have**.
haecceity [hek'si:iti], *n.* (*filos.*) individualità; ecceità.
haemal ['hi:məl], *a.* (*anat.*) emale.
haematic [hi'mætik], **A** *a.* **1** (*anat.*) ematico; del sangue **2** (*farm.*) antianemico. **B** *n.* (*farm.*) farmaco antianemico.
haematin ['hi:mətin], *n.* (*chim., biol.*) ematina.
haematite ['hemətait], *n.* (*miner.*) ematite.
haematoma [,hi:mə'toumə], *n.* (*pl.* **haematomas, haematoma**) (*med.*) ematoma.
haematopoiesis [,hemətoupoi'i:sis], *n.* (*pl.* **haematopoieses**) (*med.*) ematopoiesi.
haematopoietic [,hemətoupoi'etik], *a.* (*med.*) ematopoietico.
haematuria [,hi:mə'tjuəriə], *n.* (*med.*) ematuria.
haemodialysis [,hi:moudai'ælisis], *n.* (*pl.* **haemodialyses**) (*med.*) emodialisi.
haemoglobin [,hi:mou'gloubin], *n.* (*chim., biol.*) emoglobina.
haemolysis [hi:'mɔlisis], *n.* (*pl.* **haemolyses**) (*med.*) emolisi.
haemophile ['hi:moufail], *n.* (*med.*) emofiliaco.
haemophilia [,hi:mou'filiə], *n.* (*med.*) emofilia.
haemophiliac [,hi:mou'filiæk], *n.* (*med.*) emofiliaco.
haemophilic [,hi:mou'filik], *a.* (*med.*) emofiliaco.
haemoptysis [,hi:mɔp'taisis], *n.* (*pl.* **haemoptyses**) (*med.*) emottisi.
haemorrhage ['hemərid3], *n.* (*med.*) emorragia.
haemorrhagic [,hemə'rædʒik], *a.* (*med.*) emorragico.
haemorrhoids ['hemərɔidz], *n. pl.* (*med.*) emorroidi.
haemostasis [hi:'mɔstəsis], *n.* (*pl.* **haemostases**) (*med.*) emostasi.
haemostat ['hi:moustæt], *n.* (*farm.*) emostatico.
haemostatic [,hi:mou'stætik], *a.* e *n.* (*farm.*) emostatico.
hafnium ['hæfniəm], *n.* (*chim.*) afnio.
to haft [ha:ft], *v. t.* **1** mettere il manico a (*un coltello, ecc.*) **2** fornire d'elsa (*una spada, ecc.*).
haft [ha:ft], *n.* **1** manico (*d'ascia, coltello, ecc.*) **2** impugnatura (*di pugnale, ecc.*); elsa (*di spada*).
hag (1) [hæg], *n.* **1** strega **2** vecchia brutta e maligna; vecchiaccia **3** (*zool.*, *anche* **hagfish**) missinoide (*pesce dell'ordine dei Myxinoidea*). ● **hag-ridden**, ossessionato, tormentato (da incubi, ecc.).
hag (2) [hæg], *n.* **1** terreno molle in una brughiera **2** terreno solido in una palude **3** (*dial.*) acquitrino; palude.
haggard ['hægəd], **A** *a.* **1** allampanato; smunto; sparuto; dall'aria smarrita; dall'aspetto stanco **2** (*di falco*) preso da adulto; non addomesticato; selvaggio. **B** *n.* (*falconeria*) falco preso da adulto, non addomesticato. ● **a h. look**, un aspetto stanco; un'aria smarrita.
haggardness ['hægədnis], *n.* l'esser smunto; sparutezza; aspetto stanco; aria smarrita.
haggis ['hægis], *n.* piatto scozzese, a base di frattaglie di pecora o vitello, bollite dentro lo stomaco dell'animale.
haggish ['hægiʃ], *a.* di (*o* da, simile a) strega; vecchio e brutto.
to haggle [hægl], *v. i.* **1** disputare; discutere; cavillare **2** (*specialm.*) contrattare; tirare sul prezzo; mercanteggiare.
haggle ['hægl], *n.* **1** disputa; litigio **2** (*specialm.*) il tirare sul prezzo; mercanteggiamento; contrattazione.
haggler ['hæglə*], *n.* chi mercanteggia; chi tira sul prezzo.
haggling ['hægliŋ], *n.* mercanteggiamento; contrattazione; il tirare sul prezzo.
hagiarchy [,hægi'a:ki], **hagiocracy** [,hægi'ɔkrəsi], *n.* **1** governo di santi (*o* di sacerdoti) **2** gerarchia di santi.
Hagiographa [,hægi'ɔgrəfə], *n. pl.* (*Bibbia*) (gli) Agiografi.
hagiographer [,hægi'ɔgrəfə*], *n.* agiografo.
hagiographic [,hægiə'græfik], *a.* agiografico.
hagiography [,hægi'ɔgrəfi], *n.* agiografia.
hagiolatry [,hægi'ɔlətri], *n.* culto dei santi.
hagiologist [,hægi'ɔlədʒist], *n.* agiologo.
hagiology [,hægi'ɔlədʒi], *n.* **1** agiologia **2** martirologio.
Hague (the) [heig], *n.* (*geogr.*) l'Aja.
hah [ha:], *V.* **ha**.
ha-ha (1) ['ha(:)'ha:], *inter.* (*indicante ilarità*) ah ah!
ha-ha (2), haha ['ha,ha(:)], *n.* steccato (muro, ecc.) costruito entro un fossato di cinta (*di parco o giardino*).
haiku ['hai,ku], *n.* haiku (*forma di poesia giapponese*).
hail (1) [heil], *n.* (*meteorologia*) grandine (*anche fig.*): **a h. of stones (of blows)**, una grandine di sassi (di colpi, di percosse); **a h. of bullets**, una grandine di pallottole. ● (*ass.*) **h. insurance**, assicurazione contro la grandine.
to hail (1) [heil], **A** *v. i.* (*di solito, impers.*) **1** grandinare: **It is hailing**, grandina; sta grandinando **2** (*fig.*) grandinare; cadere violentemente e in abbondanza (*spesso* **to h. down**). **B** *v. t.* (*fig.*) lanciare; scagliare; rovesciare (*insulti, ecc.*) dare una scarica di

(*colpi, ecc.*): **to h. curses upon sb.**, scagliare maledizioni contro q.; **to h. blows on sb.**, dare un fracco di botte (*o* pugni, ecc.) a q.
hail (2) [heil], *inter.* (*specialm. lett., poet.*) salve!; salute!; ave!: **H. Mary**, Ave Maria. ● **to be h.-fellow** (*o* **h.-fellow-well-met**) **with everybody**, essere amico (*o* fare l'amico) di tutti.
to hail (2) [heil], *v. t.* e *i.* **1** salutare; chiamare (*a gran voce*): **He hailed me and shook my hand**, mi salutò e mi diede la mano; **We hailed a taxi**, chiamammo un taxi **2** acclamare; proclamare a gran voce: **They hailed him their leader**, lo acclamarono loro capo. ● (*di nave e, fam., di persona*) **to h. from**, venire da (*porto d'origine o luogo di nascita o di residenza*) **3** (*naut.*) **to h. a passing ship**, dare la voce a una nave □ **hailing distance**, portata di voce.
hail (3) [heil], *n.* saluto; grido di saluto; acclamazione. ● **to be within h.**, essere a portata di voce.
hail-fellow-well-met ['heil,felou'wel'met], *a.* cameratesco; (troppo) cordiale. ● **a h. chap**, un cordialone.
hailstone ['heil-stoun], *n.* chicco di grandine.
hailstorm ['heil-stɔ:m], *n.* grandinata; tempesta di grandine.
hair [hɛə*], *n.* **1** (*sing. collett.*) capelli; chioma; capigliatura; crine (*poet.*): **to have one's h. cut**, farsi (tagliare) i capelli; **That girl has red h.**, quella ragazza ha i capelli rossi **2** capello, pelo (*anche fig.*): **There's a h. on your sleeve**, hai un capello sulla manica; **He escaped death by a h.**, si salvò dalla morte per un pelo **3** pelame; pelo (*di animale, di pianta*): **rabbit h.**, pelo di coniglio; **My dog has a good coat of h.**, il mio cane ha un bel pelo **4** (*ind. tessile*, *anche* **haircloth, curled h.**) crine. ● **h.-breadth (o h.'s breadth)**, *V.* **hairbreadth** □ (*comm.*) **h.-care**, per i capelli; tricologico: **h.-care products**, prodotti tricologici □ **h.-clipper**, tosatrice; macchinetta □ **h.-curlers**, bigodini □ **h.-curling**, *V.* **h.-raising** □ **h.-cut**, taglio dei capelli: **to have (*o* to get) a h.-cut**, farsi (tagliare) i capelli □ (*fam.*) **h.-do**, acconciatura, pettinatura (*di donna*) □ **h.-dryer**, asciugacapelli, föhn □ **h.-dye**, tintura per capelli □ (*fig.*) **a (*o* the) h. of the dog (that bit you)**, un bicchierino dello stesso liquore (della sera prima, *o* della sbornia) □ **h.-oil**, unguento per capelli; brillantina □ **h.-powder**, cipria per capelli (*nel XVIII secolo*) □ (*fam.*) **h.-raising**, che fa rizzare i capelli; orrendo; spaventoso □ **h. remover**, depilatore □ **h. restorer**, rigeneratore per capelli □ **h. shirt**, camicia di crine; cilicio □ **h. slide**, fermacapelli (*d'osso o di tartaruga*) □ (*tipogr.*) **h. space**, spazio piccolissimo; mezzo punto (*nella spaziatura*) □ **h.-splitter**, uno che spacca il capello; cavillatore, pignolo □ **h.-splitting**, (*sost.*) meticolosità, pedanteria, pignoleria; (*agg.*) meticoloso, pedante, pignolo □ **h.-spray**, spray (*o* fissatore, lacca) per capelli □ **h.-stroke**, filetto (*nella scrittura*); (*tipogr.*) terminazione □ **h. style**, acconciatura; pettinatura □ **h. stylist**, stilista in capelli; barbiere; parrucchiera; (*cinem., televi.: nei titoli*) acconciature di (*segue il nome*) □ **h.-tinting**, tintura dei capelli □ (*tecn.*) **h. trigger**, grilletto (*d'arma da fuoco*) assai sensibile □ **h.-trigger**, (*d'arma*) dal grilletto molto sensibile; (*fig.*) assai delicato, assai sensibile, istantaneo □ **h.-wave**, messa in piega ● **against the h.**, contro pelo; contro voglia, contro la propria inclinazione □ (*ind. tessile*) **camel's h.**, pelo di cammello □ **coat h.**, pelo, pelliccia, mantello (*d'animale*) □ **to comb one's h.**, pettinarsi (*di donna*) **to do one's h.**, pettinarsi, acconciarsi i capelli; tirarsi su i capelli, pettinarsi all'insù □ **to dress sb.'s h.**, pettinare q. (*specialm. una donna*) □ (*fam.*) **to get sb. by the short hairs**, tenere q. in pugno; avere q. alla propria mercé □ (*fam.*) **to get in sb.'s h.**, stare sui piedi (*o* dare fastidio) a q. □ **to let one's hair down**, (*di donna*) sciogliersi i capelli; (*fig.*) rilassarsi, lasciarsi andare; parlare a ruota libera; fare il proprio comodo □ **to lose one's h.**, perdere i capelli; diventare calvo □ (*fam.*) **to keep one's h. on**, mantenere la calma; non adirarsi □ (*fam.*) **to make sb.'s h. curl**, scandalizzare, scioccare q. □ **to make sb.'s h. stand on end**, far rizzare i capelli a q. (*per lo spavento*) □ **not to turn a h.**, non batter ciglio; restare impassibile □ (*di donna*) **to put up (*o* to turn up) one's h.**, pettinarsi all'insù; tirarsi su i capelli □ **to set one's h.**, farsi la messa in piega □ **to split hairs**, spaccare un capello in quattro; cercare il pelo nell'uovo; andare per il sottile □ **to tear one's h.**, strapparsi i capelli □ **to a h.**, a capello, esattamente; perfettamente; appuntino: **You've described him to a h.**, l'hai descritto a capello □ **My h. stood on end**, mi si rizzarono i capelli (*per lo spavento, l'orrore, ecc.*).
hairbreadth ['hɛəzbredθ], **A** *n.* pelo, capello (*fig.*): **to escape death by a h.**, sfuggire alla morte per un pelo. **B** *a. attr.* per un pelo (*fig.*): miracoloso: **a h. escape**, un salvataggio miracoloso. ● **to have a h. escape**, salvarsi per un pelo (*o* per il rotto della cuffia).
hairbrush ['hɛə-brʌʃ], *n.* spazzola per capelli.
hairclip ['hɛə-klip], *n.* molletta (*per capelli*).
haircloth ['hɛə-klɔθ], *n.* (*ind. tessile*) tessuto di crine; crine.
hairdresser ['hɛə,dresə*], *n.* acconciatore; parrucchiere (*specialm. per signora*); parrucchiera. ● **ladies' h.**, parrucchiere per

signora □ **men's h.**, parrucchiere da uomo.
hairdressing ['hɛəˌdresiŋ], *n.* **1** lavoro di parrucchiere **2** acconciatura **3** lozione per capelli. ● (*USA*) **h. salon**, bottega di barbiere; salone di parrucchiere.
haired [hɛəd], *a.* (*nei composti*) dai capelli: **a white-h. old man**, un vecchio dai capelli bianchi; **a red-h. girl**, una ragazza dai capelli rossi; **long-h.**, dai capelli lunghi.
hairiness ['hɛərinis], *n.* pelosità; aspetto irsuto; villosità.
hairless ['hɛəlis], *a.* **1** senza capelli; calvo **2** senza peli; glabro: **a h. face**, una faccia glabra.
hairline ['hɛəlain], **A** *n.* **1** attaccatura dei capelli **2** corda (*o* lenza) di crine **3** filetto (*nella scrittura*) **4** (*tipogr.*) linea sottile. **B** *a. attr.* **1** finissimo; sottile **2** (*fig.*) esatto; preciso. ● **h. victory**, vittoria di stretta misura.
hairnet ['hɛənet], *n.* reticella (*o* retina) per capelli.
hairpiece ['hɛəpiːs], *n.* parrucchino.
hairpin ['hɛəpin], *n.* forcina; forcella (*per capelli*). ● **h. bend** (*o* **curve**), curva a zigzag; tornante.
hairspring ['hɛəspriŋ], *n.* molla del bilanciere (*nell'orologio*).
hairtician [hɛə'tiʃn], *n.* (*USA*) stilista in capelli; barbiere; parrucchiera.
hairy ['hɛəri], *a.* **1** irsuto; peloso; villoso: **a h. ape**, una scimmia irsuta; **h. legs**, gambe pelose **2** ruvido: **a h. coat**, una giacca di stoffa ruvida **3** *di* (*o* simile a) pelo **4** (*pop.*) emozionante; pericoloso. ● (*pop.*) **h.-heeled**, maleducato.
Haiti ['heiti], *n.* (*geogr.*) Haiti.
Haitian ['heiʃən], *a. e n.* (abitante) di Haiti; haitiano.
hake (1) [heik], *n.* (*pl.* **hake, hakes**) (*zool.*, *Merluccius merluccius*) nasello.
hake (2) [heik], *n.* rastrelliera (*per essiccare mattoni, ecc.*).
Hal [hæl], *n. dim.* di **Henry** *o* di **Harold**.
halation [həˈleiʃən], *n.* (*elettron.*, *fotogr.*) alone.
halberd ['hælbəd], *n.* (*stor.*) alabarda.
halberdier [ˌhælbə(ː)'diə*], *n.* (*stor.*) alabardiere.
halbert ['hælbə(ː)t], *V.* **halberd**.
halcyon ['hælsiən], **A** *n.* (*mitol.*, *poet.*) alcione. **B** *a. attr.* alcionico; alcionio: **h. days**, giorni alcionii (*calmi, sereni*); periodo di bonaccia.
hale [heil], *a.* robusto; vigoroso; arzillo; vegeto: **He's over eighty, but he is still h.**, ha più di ottant'anni, ma è ancora arzillo.
to hale [heil], *v. t.* (*arc.*) tirare; trascinare a forza.
half [haːf], **A** *n.* (*pl.* **halves**) **1** metà; mezzo: (**The**) **h. of eight is four**, la metà di otto è quattro; **Two halves make a whole**, due mezzi fanno un intero; **He wants h. the money** (**h. of the profits, etc.**), vuole la metà del denaro (dei profitti, ecc.); **Your h. is bigger than mine**, la tua metà è più grossa della mia; **h. of the people I met**, la metà della gente che incontrai; **H. of it is rotten**, una metà (di q.c.) è marcia **2** (*calcio, rugby, ecc., anche* **halfback**) mediano **3** (*fam., anche* **h.-pint**) mezza pinta: **A h. of bitter, please!**, mezza pinta di birra amara, per favore! **4** (*anche* **halfpenny**) mezzo penny: **Can you give me a penny for two halfs?**, puoi darmi un penny per due mezzi? **5** (*un tempo*) semestre (*mezzo anno scolastico*) **6** (*sport*) tempo: **first** (**second**) **h.**, primo (secondo) tempo **7** (*sport*) metà campo **8** (*ferr., fam.*) biglietto a metà prezzo (*per bambini et cani*). **B** *a.* **1** mezzo; semi-; (la) metà di: **a h. length**, una mezza lunghezza; **a h. share**, una mezza parte; una metà; **h. dollar**, mezzo dollaro; **h. a pound**, mezza libbra; **a h. crown**, mezza corona (*due scellini e mezzo*); **h. an hour** (**a mile, a day, etc.**), mezz'ora (mezzo miglio, mezza giornata, ecc.); **a h.-hour** (**h.-mile, h.-day, etc.**), mezz'ora (mezzo miglio, mezza giornata, ecc.); **He wastes h. his time**, sciupa metà del suo tempo; **h. lustre**, semilucido **2** incompleto; imperfetto; (fatto) a metà; mezzo: **a h. smile**, un mezzo sorriso **3** (*dicendo le ore*) e mezzo: **h. eight** (**nine, etc.**), le otto (nove, ecc.) e mezzo. **C** *avv.* **1** a metà; mezzo: **The chicken was only h. cooked**, il pollo era cotto soltanto a metà; **h. dead**, mezzo (*o* quasi) morto; stanco morto; **h. educated**, istruito a metà; che ha poca istruzione; (*fam.*) **I was h. convinced**, ero mezz'e convinto; **h. past two** (**three, etc.**), le due e mezzo (le tre e mezzo, ecc.) **2** (*fam.*) fino a un certo punto; quasi: **I h. wish you were here**, vorrei quasi che tu fossi qui **3** (*fam.*) affatto; per niente: **I don't h. approve of it**, non approvo affatto; **not h. bad**, niente affatto male (*fam.*); piuttosto buono; ottimo. ● **h.-and-h.**, (*agg.*) mezz'e mezzo; (*sost.*) miscela di birra chiara e scura □ **h.-and-h. policy**, politica delle mezze misure (*o* del compromesso) □ **h. as much**, una volta e mezza: **He drank h. as much as I**, bevve una volta e mezzo quello che bevvi io □ **h. as much again**, una volta e mezza la quantità di prima: **He drank h. as much again**, bevve una volta e mezzo quanto aveva già bevuto □ (*pop. USA*) **h.-assed**, di scarsa importanza; inefficiente; meschino □ (*sport*) **h.-back**, mediano □ **h.-baked**, cotto a metà; (*fig.*) incompleto; immaturo; inesperto; semplicistico; sciocco: **a h.-baked scheme**, un piano incompleto; **a h.-baked youth**, un giovane inesperto e sciocco; **h.-baked ideas**, idee scioc-
che □ (*biliardo*) **h.-ball**, mezza palla □ **h.-binding**, rilegatura in mezza pelle □ **h.-blood**, parentela (*o* parente) per parte di un solo genitore; meticcio, meticcia; (*di cavallo*) mezzosangue □ **h.-blooded**, parente per parte di un solo genitore; (d'uomo) di razza mista; (d'animale) ibrido, bastardo □ (*sport*) **h.-blue**, sostituto, rimpiazzo □ **h.-boot**, stivaletto; stivale al polpaccio □ (*di libro*) **h.-bound**, rilegato in mezza pelle **2** (*di cavallo*) **h.-bred**, di sangue misto; ibrido, bastardo; maleducato, rozzo; poco istruito □ **h.-breed**, uomo di sangue misto; (*specialm.*) meticcio, meticcia; animale ibrido, pianta ibrida; bastardo □ **h.-brother**, fratellastro □ **h.-caste**, (persona) di sangue misto; meticcio, meticcia; (*specialm.*) eurasiatico, eurasiatica □ (*mil.*) **h. cock**, mezzo cane, posizione di sicura (*del grilletto d'arma da fuoco*): **to go off at h. cock**, sparare a mezzo cane; (*fig.*) scattare anzitempo, agire troppo in fretta □ **h.-cocked**, (*d'arma da fuoco*) a mezzo cane, in posizione di sicura; (*fig.*) prematuro, impreparato; sciocco, stupido □ (*stor.*) **h. crown**, mezza corona (*la moneta*; *per il valore, di solito* **h. a crown**) □ **h. dollar**, (*USA*) mezzo dollaro; (*fam.*) mezza corona □ **h. dozen**, mezza dozzina □ (*ferr., ecc.*) **h.-fare ticket**, biglietto a tariffa ridotta □ **h.-finished**, finito a metà □ (*ind.*) **h.-finished product**, (prodotto) semilavorato □ (*bot.*) **h.-hardy**, che resiste al freddo □ **h.-hearted**, apatico, indifferente, tiepido (*fig.*); esitante, incerto □ **a h.-hearted try**, un timido tentativo □ **h.-heartedness**, apatia, indifferenza; esitazione, incertezza □ (*naut.*) **h.-hitch**, mezzo collo (*nodo*) □ **h.-holiday**, mezza festa □ **h.-hour**, mezzora □ **h.-hourly**, (*agg.*) di mezzora; che avviene (passa, ecc.) ogni mezzora; (*avv.*) ogni mezzora □ **h.-length**, (*di quadro*) a mezzo busto; (*sost.*) mezza figura, mezzobusto □ (*di bandiera*) **h.-mast high** (*o* **at h.-mast**), a mezz'asta □ **h. measures**, mezze misure; compromessi □ **h. moon**, mezza luna; oggetto a mezzaluna □ **h.-moon**, (fatto) a mezzaluna □ **h. mourning**, mezzo lutto □ (*lotta greco-romana*) **h.-nelson**, mezza elson □ (*ind., mil.*) **h. pay**, mezza paga □ **h.-pint**, mezza pinta; (*fam., fig.*) tappo, mezza cartuccia □ (*mat.*) **h. plane**, semipiano □ **h.(-)price**, a metà prezzo □ (*fam.*) **h.-seas-over**, brillo; mezzo ubriaco □ **h.-sister**, sorellastra □ **h.-slip**, sottoveste a vita □ **h. soles**, mezze suole □ **to h.-sole shoes**, mettere le mezze suole alle scarpe □ (*stor.*) **h.-sovereign**, mezza sovrana (*moneta d'oro ingl.*) □ (*mus. USA*) **h.-step**, semitono □ (*archit.*) **h.-timbered**, in legno e muratura (*come una casa elisabettiana*) □ **h.-time**, orario ridotto (*di lavoro*); (*sport*) intervallo (*fra due tempi di una partita*), «metà partita»; intertempo □ **h.-timer**, chi lavora a mezza giornata; studente lavoratore □ (*tipogr.*) **h.-title**, occhiello, occhietto □ (*arti grafiche*) **h.-tone**, (*agg.*) a mezzatinta; (*sost.*) autotipia, incisione a mezzatinta: **h.-tone block**, cliché (*lastra di rame o zinco*) a mezzatinta □ **h.-tone contact screen**, retino □ (*mil.*) **h.-track**, semicingolato (*sost.*) □ (*mil.*) **h.-tracked**, semicingolato (*agg.*) □ **h.-truth**, mezza verità □ **h.-wit**, stupido, idiota, imbecille; (*psic.*) frenastenico □ **h.-witted**, stupido, scemo; (*psic.*) frenastenico □ **h.-yearly**, semestrale; semestralmente □ **one's better h.**, la propria metà (*scherz.*); la moglie □ **by h.**, a metà; (*fam.*) di gran lunga □ **to cry halves**, reclamare la metà (di q.c.) □ **to do things by halves**, fare le cose a metà □ (*geogr.*) **east h.-south**, a cinque gradi e 5/8 sud-est □ (*fig.*) **to get a h.-nelson on sb.**, mettere q. con le spalle al muro; avere q. in propria balìa □ **to go halves**, fare metà e metà; stare a mezzo (*pop.*); (*nel pagare*) fare alla romana □ **to go halves with sb. in st.**, fare a metà d'una cosa con q. (*prendere, pagare, ecc., una metà per ciascuno*) □ **more than h.**, una buona metà □ (*negli orari*) **on the h. hour**, ogni mezzora; ai trenta (*all'1.30, 2.30, ecc.*) □ (*fam.*) **He's not h. a bad fellow**, è un buon ragazzo (*o* un buon uomo), dopotutto □ **It isn't h. windy**, altro che se tira vento! □ «**Did you like the film?**» «**Not h.**», «t'è piaciuto il film?» «eccome!» (*o* «altro che!») □ **He is too clever by h.**, è fin troppo bravo (*o* furbo) □ (*fam.*) **This rope is not h. long enough**, questa corda non si avvicina neanche alla lunghezza giusta □ (*prov.*) **A good beginning is h. the battle**, chi ben comincia è a metà dell'opera.
halfpenny ['heipni], *n.* **1** (*pl.* **halfpennies**) mezzo penny (*la moneta metallica*) **2** (*pl.* **halfpence**) mezzo penny (*il valore*): **twopence**, due penny e mezzo; **three halfpence**, un penny e mezzo (*letteralm.*: tre mezzi penny). ● (*fig.*) **a few halfpence**, pochi spiccioli; (*fam.*) **to get more kicks than halfpence**, essere trattato a calci (*e* non a zuccherini) □ (*fig.*) **not to have two halfpennies to rub together**, non avere neanche un soldo.
halfpennyworth ['heipniˈwəːθ], *n.* valore di un mezzo penny; mezzo penny.
halfway [ˌhaːfˈwei], **A** *avv.* **1** a metà (*o* a mezza) strada: **I crossed his car h.**, incrociai la sua auto a mezza strada **2** (*fig.*) a metà; a mezzo: **One cannot go h. in a criminal career**, non ci si può fermare a metà (*o* fare le cose a metà) nella carriera del crimine **3** quasi; pressoché. **B** *a.* **1** posto a mezza strada; di mezzo; mediano: **the h. point**, il punto di mezzo **2** (*fig.*) mezzo; di compromesso: **h. measures**, mezze misure; provvedimenti di

compromesso. ● **h. down the road**, a metà strada □ **h. down the stairs**, a metà scala (*scendendo*) □ **h. downhill**, a metà discesa □ **h. house**, albergo (*o* ristorante) posto a mezza strada; istituzione per reinserire ex detenuti, ecc. nella società □ **h. through the winter**, a metà inverno □ **h. up the stairs**, a metà scala (*salendo*) □ **h. uphill**, a metà salita □ **to meet sb. h.**, incontrare q. a mezza strada; (*fig.*) venire incontro a q., venire a un compromesso con q. □ **to meet trouble h.**, fasciarsi la testa prima che sia rotta (*fig.*); preoccuparsi anzitempo.
halibut [ˈhælibət], *n*. (*pl*. **halibut, halibuts**) (*zool., Hippoglossus hippoglossus*) ippoglosso; halibut.
halide [ˈhælaid], *n*. (*chim.*) alogenuro.
halitosis [ˌhæliˈtousis], *n*. (*pl*. **halitoses**) (*med.*) alitosi.
hall [hɔːl], *n*. **1** sala; salone: **a banqueting h.**, una sala per banchetti; **a h. for holding meetings**, una sala per riunioni; **a dance h.**, una sala da ballo; **the h. of a castle**, il salone d'un castello **2** palazzo; maniero; grande villa, casa di campagna (*di un nobile*): **the town** (*o* **city**) **h.**, il municipio; **the County H.**, il palazzo della Contea (*del County Council*); **the h. of Justice**, il palazzo di Giustizia; **Saddlers' H.**, palazzo già della corporazione (*o gilda*) dei sellai di Londra **3** atrio; vestibolo: **the h. of a hotel**, l'atrio di un albergo **4** (*nelle università inglesi, anche* **h. of residence**) casa dello studente; studentato: **Do you live in h.?**, stai nella casa dello studente? **5** (*USA*) corridoio. ● (*specialm. USA*) **H. of Fame**, palazzo che racchiude memorie di persone famose; (*fig.*) gruppo di persone famose □ (*USA*) **h. tree**, attaccapanni a stelo □ **servants' h.**, refettorio del personale di servizio.
halleluiah, hallelujah [ˌhæliˈluːjə], *n*. *e inter.* alleluia.
halliard [ˈhæljəd], *V.* **halyard**.
hallmark [ˈhɔːlmɑːk], *n*. **1** marchio di garanzia (*o* d'origine) **2** (*fig.*) ciò che distingue (q.c.); caratteristica.
to hallmark [ˈhɔːlmɑːk], *v. t.* **1** marchiare; marcare **2** (*fig.*) contrassegnare; distinguere; caratterizzare.
hallo [həˈlou], *inter.* e *n*. (*pl.* **hallos**) **1** ciao **2** ehi; ohé; olà **3** (*al telefono*) pronto **4** (*di sorpresa*) ohibò. ● (*fam.*) **h.-girl**, telefonista □ **to say h. to sb.**, dire ciao a q.; salutare q.
to hallo [həˈlou], *v. i.* dire, gridare «ehi» (*o* «ohé», «olà»); lanciare un richiamo, un saluto.
halloa [həˈlou], *V.* **hallo**.
halloo [həˈluː], *inter.* e *n*. (*pl.* **halloos**) **1** hallalì; grido di caccia (*lanciato ai cani*) **2** ehi; ohé; olà.
to halloo [həˈluː], **A** *v. i.* **1** gridare «hallalì»; incitare a gran voce **2** dire, gridare «ehi» (*o* «ohé», «olà»); lanciare un richiamo, un saluto. **B** *v. t.* aizzare, incitare (*specialm. cani da caccia*).
to hallow (1) [ˈhælou], *v. t.* **1** santificare; consacrare **2** venerare; santificare: **Hallowed be Thy name**, sia santificato il nome Tuo.
to hallow (2) [ˈhælou], *V.* **to hallo**.
hallow [ˈhælou], *V.* **hallo**.
Halloween, Hallowe'en [ˈhælouˈiːn], *n*. (*relig.*) vigilia di Ognissanti.
Hallowmas [ˈhæloumæs], *n*. (*raro*) Ognissanti.
hallucinant [həˈluːsinənt], *n*. (*farm.*) sostanza allucinante.
to hallucinate [həˈluːsineit], **A** *v. t.* allucinare; dare allucinazioni a (q.). **B** *v. i.* avere allucinazioni.
hallucination [həˌluːsiˈneiʃən], *n*. (*anche psic.*) allucinazione.
hallucinatory [həˈluːsinətəri], *a.* allucinatorio.
hallucinogen [həˈluːsinədʒən], *n*. (*farm.*) allucinogeno.
hallucinogenic [həˌluːsinouˈdʒenik], *a.* (*farm.*) allucinogeno.
hallucinosis [həˌluːsiˈnousis], *n*. (*pl.* **hallucinoses**) (*psic.*) allucinosi.
hallux [ˈhælʌks], *n*. (*pl.* **halluces**) (*anat.*) alluce.
hallway [ˈhɔːlwei], *n*. (*USA*) atrio; vestibolo; corridoio.
halm [hɑːm], *V.* **haulm**.
halo [ˈheilou], *n*. (*pl.* **halos, haloes**) **1** (*astron., fis.*) alone **2** (*relig., pitt.*) aureola (*anche fig.*).
to halo [ˈheilou], *v. t.* circondare d'un alone (*o* di un'aureola); aureolare (*lett.*).
halogen [ˈhælɔudʒən], *n*. (*chim.*) alogeno.
haloid [ˈhælɔid], (*chim.*) **A** *a.* aloide; saliforme. **B** *n.* alogenuro.
halt (1) [hɔːlt], **A** *n.* **1** (*mil.*) alt; ordine di fermarsi **2** arresto; fermata; sosta **3** fermata (*d'autobus*) **4** (*ferr.*) piccola stazione isolata (*lontana dal paese*). **B** *inter.* alt! ● **to call a h.**, (*mil.*) dare l'alt; (*fig.*) fare una sosta, fare una pausa □ **to come to a h.**, arrestarsi; fermarsi.
to halt (1) [hɔːlt], **A** *v. i.* **1** (*mil.*) fare alt **2** arrestarsi; fermarsi. **B** *v. t.* (*specialm. mil.*) arrestare; fermare; dare l'alt: **The captain halted the soldiers**, il capitano diede l'alt ai soldati. ● **Halt!**, alt! stop! (*ai semafori pedonali*).
halt (2) [hɔːlt], (*raro*) **A** *a.* zoppo; storpio. **B** *n.* zoppaggine (*raro*); andatura zoppicante. ● **the h.**, gli zoppi; gli storpi.
to halt (2) [hɔːlt], *v. i.* **1** zoppicare (*anche fig.: di versi, ecc.*); camminare zoppicando **2** (*fig.*) esitare; essere incerto; essere in dubbio. ● **to h. in one's speech**, esitare cercando le parole, parla-

re esitando.
halter [ˈhɔːltə*], *n*. **1** cavezza **2** capestro; (*fig.*) morte per impiccagione **3** (*anche* **h. top**) prendisole.
to halter [ˈhɔːltə*], *v. t.* **1** (*spesso* **to h. up**) mettere la cavezza a (*un cavallo*); legare (*un animale*) con la cavezza **2** mettere il capestro al collo di (q.); impiccare **3** (*fig.*) imbrigliare, tenere a freno (q.).
halterneck [ˈhɔːltənek], *a.* (*moda: d'abito da donna*) con ampia scollatura posteriore.
halting [ˈhɔːltiŋ], *a.* **1** zoppicante **2** (*fig.*) esitante **3** (*fig.*) debole.
to halve [hɑːv], *v. t.* **1** dimezzare; smezzare; ridurre di metà: **The new road will h. the time needed for the journey**, la nuova strada ridurrà di metà la durata del viaggio **2** dividere equamente (*o* in parti uguali); spartire; fare a metà di: **The boy halved the apple with his sister**, il ragazzo fece a metà della mela con la sorella **3** (*falegnameria*) **to h. together**, congiungere (*due travi*) a mezzo legno. ● (*golf*) **to halve a hole with sb.**, raggiungere una buca con lo stesso numero di colpi di q. □ (*golf*) **to h. a match**, pareggiare una partita.
halves [hɑːvz], *pl. di* **half**.
halyard [ˈhæljəd], *n*. (*naut.*) drizza; sagola.
ham (1) [hæm], *n*. **1** coscia (*del maiale*) **2** prosciutto: **a slice of ham**, una fetta di prosciutto; **a ham sandwich**, un sandwich al prosciutto; un panino imbottito di prosciutto **3** (*pl., specialm. di animali*) coscia e natica **4** (*fam., teatr.*) attore che vuol strafare; guitto; gigione **5** (*fam.*) radioamatore. ● (*USA*) **ham and eggs**, uova e prosciutto □ **ham factory**, prosciuttificio □ (*pop.*) **ham-fisted**, maldestro, impacciato (*nell'usare le mani*) □ **boiled ham**, prosciutto cotto □ **Parma ham**, prosciutto crudo.
to ham [hæm], *v. t.* e *i.* (*fam., teatr.; anche* **to ham it up**) recitare da gigione; gigioneggiare.
ham (2) [hæm], *n*. (*stor.*) paese; città (*soprattutto, come desinenza, nei toponimi*).
Ham [hæm], *n*. (*Bibbia*) Cam.
hamadryad [ˌhæməˈdraiəd], *n*. **1** (*mitol.*) amadriade **2** (*zool., Papio hamadryas*) amadriade **3** (*zool., Naja hannah*) vipera dagli occhiali.
Hamburg [ˈhæmbəːg], *n*. (*geogr.*) Amburgo. ● **H. steak**, hamburger.
hamburger [ˈhæmbəːgə*], *n*. hamburger (*polpetta di carne di manzo con cipolle; panino così imbottito*).
hame [ˈheim], *n*. (*spesso al pl.*) anello del collare (*cui sono attaccate le tirelle dei cavalli da tiro*).
Hamite [ˈhæmait], *n*. camita.
Hamitic [hæˈmitik], **A** *a.* camitico. **B** *n.* camitico; lingua camitica.
hamlet [ˈhæmlit], *n*. **1** piccolo villaggio **2** casale; borgata.
Hamlet [ˈhæmlit], *n*. (*letter.*) Amleto.
hammer [ˈhæmə*], *n*. **1** martello; maglio; mazza; mazzuolo (*anche di banditore d'asta pubblica*): **claw h.**, martello da carpentiere; **ball-peen h.**, martello con penna tonda; **steam h.**, maglio a vapore **2** martelletto (*specialm. di pianoforte*) **3** (*d'arma da fuoco*) cane **4** (*sport*) martello **5** (*anat.*) martelletto. ● (*polit.*) **h. and sickle**, falce e martello **6** (*trav., beam*, trave che sporge dal muro □ **h.-blow**, martellata; (*anche fig.*) mazzata □ **h.-cloth**, gualdrappa che ricopre il sedile del cocchiere □ (*mecc.*) **h. drill**, martello perforatore □ (*metall.*) **h. forging**, fucinatura al maglio □ **h.-head**, testa del martello; (*zool., Sphyrna*) pesce martello; (*fam.*) testa di legno; testone (*pop.*) □ (*sport*) **h.-lock**, colpo di lotta in cui il braccio dell'avversario viene piegato dietro la sua schiena □ **h.-smith**, fabbro ferraio □ (*sport*) **h. throw**, lancio del martello □ (*sport*) **h.-thrower**, lanciatore di martello; martellista □ (*sport*) **h. throwing**, il lancio del martello □ (*med.*) **h.-toe**, dito del piede a martello (*deformità*) □ (*fig.*) **to be** (*o* **to go**) **at it h. and tongs**, mettercela tutta; darci dentro; fare q.c. con foga □ (*comm.*) **to come under the h.**, essere venduto all'asta □ (*fig.*) **knight of the h.**, fabbro □ **wooden h.**, mazzuolo.
to hammer [ˈhæmə*], *v. t.* e *i.* **1** battere (*o* picchiare, piantare) con il martello; **to h. rivets into a piece of wood**, piantare rivetti in un pezzo di legno; **to h. in a nail**, piantare un chiodo con il martello **2** martellare (*anche fig.*); battere: **to h. at the door**, martellare all'uscio; **guns hammering away at our positions**, cannoni che martellano le nostre posizioni **3** (*fig.*) colpire; urtare **4** (*arte*) martellinare **5** (*fig.*) battere, superare **6** (*Borsa Valori*) espellere (*un agente di cambio*) per insolvenza o indegnità professionale. ● **to h. (away) at st.**, lavorare a q.c. di buona lena (*o* con grande impegno); parlare con grande entusiasmo (*o* insistenza) di q.c. □ **to h. down the lid of a coffin**, inchiodare il coperchio di una bara □ **to h. into sb.'s head**, far entrare un argomento in testa a q. □ (*fig.*) **to h. it out**, spuntarla □ **to h. out**, spianare con il martello; (*fig.*) escogitare, elaborare (con fatica): **to h. out an idea**, escogitare un'idea □ **to h. out a policy**, elaborare una linea politica.

hammered ['hæməd], *a.* (*di ferro*) martellato; battuto.
hammering ['hæməriŋ], *n.* **1** martellamento (*anche fig.*); martellatura; martellio **2** lavorazione al maglio **3** (*fig.*) batosta.
hammerless ['hæməlis], *a.* (*d'arma da fuoco*) a cane interno.
hammerman ['hæməmən], *n.* (*pl.* **hammermen**) fabbro ferraio.
hammock ['hæmək], *n.* amaca; (*naut.*) branda: **to lash up a h.**, rollare una branda. ● **h. chair**, sedia pieghevole (*di legno e tela*).
hammy ['hæmi], *a.* **1** simile al prosciutto **2** (*teatr.*) gigionesco.
to **hamper** ['hæmpə*], *v. t.* impedire; inceppare; intralciare; ingombrare; ostacolare: **to be hampered by a heavy load**, essere impedito da un grave peso; **He has been hampered by poverty**, è stato ostacolato dalla povertà.
hamper (1) ['hæmpə*], *n.* (*naut.*) attrezzatura; sartiame.
hamper (2) ['hæmpə*], *n.* **1** canestro; cesta; cesto; paniere: **a picnic h.**, un paniere da picnic **2** (*USA*) cesto della biancheria.
to **hamshackle** ['hæmʃækl], *v. t.* impastoiare (*un cavallo, ecc.*).
hamster ['hæmstə*], *n.* (*zool.*, *Cricetus cricetus*) criceto; hamster.
hamstring ['hæm-striŋ], *n.* (*anat.*) **1** tendine del ginocchio (*nell'uomo*) **2** tendine del garretto (*nei quadrupedi*). ● (*anat.*) **h. muscles**, muscoli posteriori della coscia.
to **hamstring** ['hæm-striŋ], *v. t.* **1** azzoppare, rendere storpio (*tagliando il tendine del ginocchio o del garretto*); sgarrettare **2** (*fig.*) frustrare; vanificare.
hand [hænd], *n.* **1** mano (*anche fig.*); aiuto, collaborazione; possesso; potere; controllo; tocco, segno caratteristico; grafia, scrittura; (*leg.*) firma; parte d'una partita (*a carte, ecc.*): **We are in the hands of God**, siamo nelle mani di Dio; **to ask for a lady's h.**, chiedere la mano d'una donna; **to give one's h. to sb.**, concedere la propria mano a q.; **to lend** (*o* **to give**) **a h. to sb.**, dare una mano a q.; **The house has changed hands**, la casa ha cambiato mano (*o* proprietario); **to be in enemy hands**, essere in mano al nemico; **with a light h.**, con mano leggera; **the h. of a master**, la mano di un maestro; **I write a clear h.**, ho una bella grafia; **a legible h.**, una scrittura leggibile; **The firm is in his hands now**, l'azienda è ora nelle sue mani; **His h. has been at work here**, ci si vede la sua mano; (*anche fig.*) **My hands are tied**, ho le mani legate; (*leg.*) **given under the h. of Mr X**, **notary public**, fatto per mano del sig. X, notaio; **to set one's h. to a document**, apporre la propria firma a un documento; **to take a h. at bridge**, fare una mano di bridge; **Let me have a h. now**, fammi fare una partita ora (*anche a biliardo, ecc.*) **2** operaio: **a machine h.**, un operaio dell'industria **3** (*naut.*) membro dell'equipaggio; marinaio: **All hands on deck!**, tutti (i marinai) in coperta! **4** (*pl.*) operai; maestranze **5** (*pl.*, *naut.*) ciurma; equipaggio **6** lancetta (*di orologio*); indice (*di meridiana*): **The hour h. is smaller than the minute h.**, la lancetta delle ore è più piccola di quella dei minuti **7** giocatore (*alle carte*) **8** palmo, spanna (*per misurare l'altezza dei cavalli*; *pari a cm 10 circa*) **9** (*fam.*) battimani; applauso **10** grappolo, casco (*di banane*) **11** mazzo (*di foglie di tabacco*) **12** (*pl.*, *sport*) fallo di mano (*nel gioco del calcio*). ● **h.-barrow**, carretto a mano, carriola; barella □ (*autom.*) **h.-brake**, freno a mano; freno di stazionamento □ (*mecc.*) **h. canter**, andatura lenta (*specialm. di cavallo*) □ (*mecc.*) **h. drill**, trapano a mano □ **h. gallop**, piccolo galoppo □ (*mil.*) **h. grenade**, bomba a mano □ (*USA*) **h.-gun**, pistola, rivoltella □ (*ing.*) **h.-hole**, portello (*di macchinario*) □ **h. in h.**, tenendosi per mano: **The two lovers were walking h. in h.**, i due innamorati camminavano tenendosi per mano □ **to be h. in** (*o* **h. and**) **glove with sb.**, avere grande intimità con q.; essere culo e camicia (con q.) (*pop.*) □ (*di pullover, ecc.*) **h.-knit** (*o* **h.-knitted**), fatto a mano □ **h. lens**, lente d'ingrandimento □ **h. loom**, telaio a mano □ **h. luggage**, bagaglio a mano □ (*fam.*) **h.-me-down** (*agg.*) già confezionato, bell'e fatto; smesso, di seconda mano; (*sost.*) abito confezionato; indumento smesso (*o* di seconda mano) □ **h.-mill**, macinino □ **hands off!**, giù le mani! □ **a hands-off policy**, una politica di non intervento □ (*fam.*) **hands-on**, manuale; pratico: **hands-on activities**, attività manuali □ **to be a bad h. at st.**, non essere affatto bravo a fare q.c. □ **h. organ**, organetto; organino □ (*fig.*) **h. over fist**, in fretta, a rotta di collo; (*di soldi*) a palate: **to make money h. over fist**, guadagnare soldi a palate □ **h. over h.**, portando alternativamente una mano sopra l'altra (*come nell'arrampicarsi su una fune*); (*fig.*) con progressione rapida e continua □ **h.-painted**, dipinto a mano □ **h.-picked**, raccolto a mano; (*fig.*) scelto con grande cura □ **h.-set**, (*tipogr.*) composto a mano; (*tel.*) microtelefono □ **h.-sewn**, cucito a mano □ **a h.-to-h. fight**, un combattimento corpo a corpo □ **a h.-to-mouth existence**, vita alla giornata □ (*USA*) **h. truck**, carrello a mano □ (*mil.*) **h. weapon**, arma da fianco □ **at h.**, a portata di mano; vicino, imminente: **The Joneses live close at h.**, i Jones abitano proprio qui vicino; **The end of the term is at h.**, la fine del trimestre è vicina (*o* imminente) □ **at the hands of**, per mano di; a opera di: **King Lear suffered greatly at the hands of his daughters**, re Lear ebbe molto a patire a opera delle figlie □ **at first** (**at second**) **h.**, di prima (di seconda) mano: **to hear st. (at) second h.**, apprendere q.c. di seconda mano □ **at sb.'s right h.**, alla destra di q. □ (*anche fig.*) **to bind sb. h. and foot**, legare q. mani e piedi □ **to bring up a baby by h.**, allevare artificialmente un bambino □ **by h.**, a mano: **This scarf is knitted by h.**, questa sciarpa è fatta a mano; **The letter was sent by h.**, la lettera fu inviata a mano □ (*fig.*) **clean hands**, «mani pulite»; innocenza, onestà □ (*comm.*) **to come to h.**, pervenire: **Your letter has come to h.**, ci è pervenuta la vostra lettera □ (*fig.*) **to eat out of sb.'s h.**, essere pronto a prendere ordini da q.; essere l'umilissimo servo (*o* il cagnolino) di q. □ **to fall** (*o* **to come**) **into sb.'s hands**, cadere in mano a q. □ **to force sb.'s h.**, forzare la mano a q. □ **for one's own h.**, per proprio conto, a proprio vantaggio; per sé: **to play for one's own h.**, fare il proprio interesse □ **to get st. off one's hands**, liberarsi (*o* sbarazzarsi, disfarsi) di q.c. □ **to get one's h. in (a job)**, fare la mano a (un lavoro); impratichirsi di (un lavoro) □ **to get out of h.**, sfuggire di mano (*fig.*); sottrarsi all'autorità (di q.), diventare indisciplinato; prendere la mano (a q.) (*fig.*) □ **to get the upper h. of sb.**, prevalere (*o* spuntarla) su q. □ **to give one's h. on a bargain**, dare la mano (*in segno di promessa*) per concludere un affare □ (*anche fig.*) **to go h. in h. with sb.**, andare al passo (*o* di pari passo) con q. □ **to be a good h. at st.**, aver mano a q.c.; essere bravo in q.c.: **He is a good h. at wrestling**, è bravo nella lotta; è un bravo lottatore □ (*fig.*) **to have one's hands full**, essere occupatissimo □ **to have the situation in h.**, essere padrone della situazione □ (*fig.*) **in h.**, in serbo, di riserva; per le mani, in fase di esecuzione, in corso; sotto controllo; a disposizione: **You'd better keep some money in h.**, faresti bene a tenere in serbo un po' di denaro; **The work is still in h.**, il lavoro è ancora in corso; **The commander kept the whole situation well in hand**, il comandante teneva perfettamente sotto controllo la situazione nel suo complesso □ **to keep** (*o* **to get**) **one's h. in**, non perdere la mano; stare in esercizio □ **to lay hands on st.**, metter le mani sopra una cosa; impossessarsi di q.c.; imbattersi in q.c. □ **to lay hands on sb.**, metter le mani addosso a q.; (*relig.*) imporre le mani su q. □ **to lend a h.**, dare una mano; aiutare □ **to lift** (*o* **to raise**) **one's hands to** (*o* **against**) **sb.**, alzare le mani su q. □ **to live from h. to mouth**, vivere alla giornata □ (*fig.*) **not to lift a h.** (**to help sb.**), non alzare (*o* non muovere) un dito (per aiutare q.) □ **not to do a h.'s turn**, non fare un bel niente; non lavorare affatto; non muovere un dito □ (*fig.*) **off one's hands**, *V.* **out of one's hands** □ **to be an old h. at a job**, essere pratico di un lavoro □ **on all hands**, da tutte le parti □ **on either h.**, da tutte le parti □ **on h.**, a disposizione, disponibile: **We have all sorts of new items on h.**, abbiamo ogni sorta di articoli nuovi in bottega, in magazzino, ecc.) a vostra disposizione □ (*fig.*) **on one's hands**, a proprio carico, sulle braccia: **I have two families on my hands**, ho il peso di due famiglie sulle braccia □ (*correlativi*) **on the one h...**, **on the other h...**, da un lato (*o* per un verso)..., dall'altro (*o* per l'altro) □ **on the other h.**, d'altra parte; d'altro canto; però □ **out of h.**, (*avv.*) subito, senza riflettere; (*agg.*) che sfugge al controllo □ (*fig.*) **out of one's hands**, non più nelle proprie mani; non più a carico; non più di propria competenza: **The matter is out of my hands**, la faccenda non è più nelle mie mani □ **a picture by the same h.**, un quadro della stessa mano (*o* dello stesso pittore) □ **to play a good h.**, giocar bene (*a carte*) □ (*fig.*) **to play into sb.'s hands**, fare il gioco di q. □ **to put** (*o* **to set**) **one's h. to st.**, mettere (*o* porre) mano a q.c. □ **ready to h.**, a portata di mano; disponibile □ **to rule with a heavy** (*o* **an iron**) **h.**, governare con il pugno di ferro □ **to shake sb.'s h.** (*o* **to shake hands with sb.**), stringere (*o* dare) la mano a q. □ **to show one's h.**, mostrare la mano; (*giocando*) mettere le carte in tavola; (*fig.*) scoprire il proprio gioco □ **to take sb. in** (*o* **into**) **h.**, prendersi cura di q.; controllare, tenere a freno, fare rigare diritto q. □ **to take st. in h.**, occuparsi di, prendere in mano q.c. (*fig.*) □ **to throw in one's h.**, (*giocando*) gettare via le carte (*mettendole nel mazzo degli scarti*); (*fig.*) gettare la spugna, arrendersi □ **to try one's h. at st.**, provare a fare q.c.; provarcisi □ **to turn one's h. to st.**, intraprendere q.c.; dedicarsi a q.c. □ (*fig.*) **to wash one's hands of st.**, lavarsi le mani di q.c. □ **to win hands down**, (*di pugile*) vincere a mani basse; (*fig.*) vincere con grande facilità (*o* in souplesse) □ **to win a lady's h.**, ottenere la mano d'una donna □ **with a bold** (*o* **high**) **h.**, con arroganza; da prepotente □ **with a heavy h.**, con mano pesante; in modo sgraziato; con il pugno di ferro, spietatamente □ **Hands up!**, mani in alto!; (*anche*) su le mani, chi è d'accordo alzi la mano.
to **hand** [hænd], *v. t.* **1** dare; porgere; consegnare; passare; rimettere: **Please h. me the salt**, per favore, passami il sale; **The papers were handed to me by the clerk**, i documenti mi furono consegnati dall'impiegato **2** aiutare; guidare, sorreggere (*con la mano*): **I handed the old lady out of the coach**, aiutai la vecchia signora a scendere dal torpedone **3** (*naut.*) serrare, ammaina-

re (*le vele*). ● **to h. back**, restituire □ **to h. down**, lasciare in eredità (*o in retaggio*); trasmettere, tramandare (*ai posteri*); dare, annunciare (*un verdetto, ecc.*) □ **to h. in**, dare, consegnare; presentare, rassegnare: **The lost briefcase was handed in at the police station**, la borsa smarrita fu consegnata al commissariato di polizia □ **to h. in one's notice**, licenziarsi □ **The cashier has handed in his resignation**, il cassiere ha dato le dimissioni □ **(to have) to h. it to sb.**, (dover) riconoscere a q. il merito (*di essere. di fare, ecc.*) □ (*rugby*) **to h. off**, respingere (*l'avversario*) con le mani □ **to h. on st. to sb.**, dare (*o porgere, passare*) q.c. a q. □ **to h. out**, dar via; distribuire □ **to h. over to sb.**, dare (*o fare*) le consegne a q. □ **to h. st. over to sb.**, consegnare (*o cedere, passare*) q.c. a q. □ **We'll h. over the matter to our solicitor**, passeremo la pratica al nostro avvocato □ **to h. over sb. to justice**, consegnare q. alla giustizia; (*leg.*) deferire q. in giudizio □ **to h. round**, passare q.c. di mano in mano; fare circolare q.c.; distribuire (*cibo, ecc.*).
handbag ['hændbæg], *n.* **1** sacco a mano; borsa da viaggio; valigetta **2** borsa da signora, borsetta. ● **h. snatcher**, scippatore.
handball ['hændbɔ:l], *n.* (*sport*) **1** pallamano; palla a muro **2** (*anche* **field h.**) pallamano; palla a mano.
handbill ['hændbil], *n.* volantino; foglietto pubblicitario, pieghevole.
handbook ['hændbuk], *n.* manuale; prontuario; guida.
handbreadth ['hændbredθ], *n.* palmo (*misura di quattro «pollici», pari a 10 cm circa*); spanna.
handcar ['hændka:], *n.* (*ferr. USA*) carrello di servizio.
handcart ['hændka:t], *n.* carretto a mano; carrettino.
handclap ['hændklæp], *n.* applauso; battimano. ● **slow h.**, il battere lentamente le mani (*in segno di disapprovazione o d'impazienza*).
handclasp ['hændkla:sp], *n.* (*USA*) stretta di mano.
to handcuff ['hændkʌf], *v. t.* ammanettare; mettere le manette a (q.).
handcuffs ['hændkʌfs], *n. pl.* manette.
handed ['hændid], *a.* (*nei composti*) dalla mano...; che ha la mano...: **heavy-h.**, che ha la mano pesante; fatto con mano pesante; **light-h.**, che ha la mano leggera; fatto con mano leggera; **left-handed**, mancino; **open-h.**, generoso; che ha le mani bucate. ● (*carte*) **three-h. bridge**, bridge in tre.
handful ['hændful], *n.* **1** manciata; manata: **a h. of beans**, una manciata di fagioli **2** manipolo; pugno (*d'uomini*); gruppetto: **a h. of people**, un gruppetto di persone **3** (*fam.*) persona indisciplinata, irrequieta; birichino; diavoletto.
hand-glass ['hændgla:s], *n.* **1** lente d'ingrandimento (*con manico*) **2** specchio con manico; specchietto.
handgrip ['hændgrip], *n.* **1** stretta di mano **2** stretta; presa **3** manopola (*di manubrio di bicicletta*) **4** (*di mazza da golf*) impugnatura. ● **to come to handgrips**, impegnarsi in un combattimento corpo a corpo.
handguard ['hændga:d], *n.* (*mil.*) **1** guardamano (*di spada*) **2** copricanna (*di fucile*).
handhold ['hændhould], *n.* **1** appiglio (*per la mano*) **2** stretta; presa.
handicap ['hændikæp], *n.* **1** (*sport*) vantaggio, abbuono (*di spazio o di tempo, di peso*); handicap **2** (*sport*) corsa a compensazione; corsa handicap; handicap **3** (*fig.*) intralcio; ostacolo; svantaggio: **Poverty may be a serious h. to a young man**, la povertà può essere un grave svantaggio per un giovane. ● (*sport*) **h. race**, corsa in handicap.
to handicap ['hændikæp], *v. t.* **1** (*sport*) assegnare a (*un concorrente*) un handicap (*V.* **handicap**) **2** (*fig*) handicappare; mettere in condizione d'inferiorità (*o di svantaggio*).
handicapped ['hændikæpt], *a.* **1** (*sport*) che ha un handicap **2** (*fig.*) handicappato; svantaggiato **3** (*med.*) handicappato, minorato.
handicapper ['hændi,kæpə*], *n.* (*sport*) periziatore; handicapper.
handicraft ['hændikra:ft], *n.* **1** lavoro d'artigiano; arte manuale; mestiere; artigianato **2** abilità manuale; capacità d'artigiano; maestria **3** (*pl.*) prodotti fatti a mano; oggetti di piccolo artigianato **4** (*pl.*) piccolo artigianato.
handicraftsman ['hændi,kra:ftsmən], *n.* (*pl.* **handicraftsmen**) artigiano.
handie-talkie ['hændi,tɔ:ki], *n.* (*radio*) ricetrasmettitore portatile.
handily ['hændili], *avv.* **1** comodamente **2** (*USA*) facilmente: **to win h.**, vincere facilmente.
handiness ['hændinis], *n.* **1** maneggevolezza; manovrabilità **2** l'esser a portata di mano; comodità **3** abilità; destrezza.
handiwork ['hændiwə:k], *n.* **1** lavoro manuale **2** fattura; opera: **This is my h.**, questa è opera mia.
handkerchief ['hæŋkətʃif], *n.* (*pl.* **handkerchiefs,**

handkerchieves) **1** fazzoletto: **pocket-h.**, fazzoletto da naso (*che si porta in tasca*) **2** (*anche* **neckerchief**) fazzoletto da collo.
handle ['hændl], *n.* **1** manico; maniglia; manopola; ansa (*d'anfora, vaso, ecc.*): **to carry a bucket by the h.**, portare un secchio per il manico; **the h. of the door**, la maniglia della porta **2** impugnatura (*della spada, ecc.*) **3** (*mecc.*) braccio (*della benna*) **4** (*naut.*) impugnatura del remo; girone **5** (*fig.*) appiglio, occasione; pretesto: **to give a h. to suspicion**, dare appiglio (*o adito*) al sospetto **6** (*fam.*) titolo (*per lo più nobiliare*): **He has a h. to his name**, fregia il suo nome di un titolo nobiliare (*Sir, Lord, ecc.*) **7** (*pop. USA*) nome. ● **h.-bars**, (*mecc.*) manubrio (*di bicicletta, motocicletta, ecc.*); (*anche* **handlebar moustache**) baffi a manubrio □ (*scherz.*) **the h. of the face**, il naso □ (*fam.*) **to fly off the h.**, andare su tutte le furie □ (*autom., un tempo*) **starting h.**, manovella d'avviamento.
to handle ['hændl], *A v. t.* **1** maneggiare; manipolare; toccare (*con le mani*): **to h. a tool**, maneggiare un arnese; **You shouldn't h. the goods with dirty hands**, non dovresti toccare la merce con le mani sporche **2** trattare; occuparsi di; (*fig.*) risolvere, svolgere: **A teacher should know how to h. young people**, un insegnante deve sapere come trattare i giovani; **This office handles requests**, questo ufficio s'occupa delle richieste; **We don't h. this sort of articles**, non trattiamo questo genere di articoli; **to h. a problem**, risolvere un problema. *B v. i.* essere (*più o meno*) maneggevole: **This car handles well**, quest'automobile è assai maneggevole. **4** (*sport*) **to h. the ball**, toccare la palla con le mani **5** (*naut.*) **to h. a ship**, manovrare una nave □ **to h. sb. kindly**, trattare q. gentilmente □ **to h. sb. roughly**, trattar male q.; maltrattare q. □ (*su una cassa, ecc.*) **H. with care!**, attenzione – fragile!
handler ['hændlə*], *n.* **1** chi maneggia (q.c.); manipolatore **2** (*specialm.*) addestratore (*di cani di difesa, ecc.*).
handline ['hændlain], *n.* (*pesca*) lenza a mano (*senza la canna*).
handling ['hændliŋ], *n.* **1** maneggio; manipolazione; modo d'impiegare (q.c.) **2** risoluzione; svolgimento (*d'un problema, ecc.*) **3** modo di trattare; trattamento **4** (*naut.*) manovra: **mistake in h.**, errore di manovra **5** (*sport*) mano (*il fallo*) **6** (*comm.*) trasporto interno. **h. costs**, spese di trasporto interno. ● **firm h.**, fermezza □ **weak h.**, debolezza (*nel trattare con q.*).
handmade ['hænd'meid], *a.* fatto a mano; lavorato a mano.
handmaid ['hændmeid], **handmaiden** ['hænd,meidn], *n.* (*arc., salvo al fig.*) serva; ancella.
hand-out ['hændaut], *n.* **1** elemosina, carità (*fatta a un mendicante*) **2** (*fam.*) comunicato stampa **3** (*fam.*) foglietto pubblicitario, pieghevole; volantino **4** (*econ.*) sovvenzione (*statale*); contributo (*a fondo perduto*).
handover ['hænd,ouvə*], *n.* consegna; passaggio (*delle consegne*): **the h. of a ransom**, la consegna (*o il pagamento*) di un riscatto.
to handpick [,hænd'pik], *v. t.* **1** cogliere (*o raccogliere*) a mano **2** (*fig.*) scegliere attentamente; selezionare con cura.
hand-press ['hændpres], *n.* (*tipogr.*) **1** (*stor.*) torchio a mano **2** tirabozze.
handpunch ['hændpʌntʃ], *n.* **1** (*mecc.*) punzonatrice a mano; fustella **2** (*elab.*) perforatore manuale.
handrail ['hændreil], *n.* corrimano; ringhiera.
handsaw ['hændsɔ:], *n.* (*mecc.*) sega a mano.
handsel ['hænsəl], *n.* **1** strenna, dono augurale (*per Capodanno o l'inizio di q.c.*) **2** (*comm.*) caparra **3** (*fig.*) anticipazione.
to handsel ['hænsəl], *v. t.* **1** dare una strenna, fare un dono a (q.) (*V.* **handsel**) **2** inaugurare; essere il primo a usare (q.c.).
handshake ['hændʃeik], *n.* stretta di mano.
handsome ['hænsəm], *a.* **1** bello; di belle forme; di bell'aspetto; avvenente: **a h. man**, un bell'uomo **2** (*fig.*) considerevole; notevole; bello; generoso: **a h. present**, un regalo considerevole (*o ricco*); **a h. sum**, una bella somma; una somma considerevole; **a h. fortune**, un bel (*o un gran*) patrimonio; **a h. price**, un prezzo alto; un bel prezzo; **a h. treatment**, un trattamento generoso; un buon trattamento **3** gentile; cortese **4** (*USA*) abile; bravo. ● **a h. woman**, una donna bella, di una bellezza non solo fisica □ (*pop.*) **to come down h.**, essere largo di mano; essere generoso □ (*prov.*) **H. is that h. does**, quella che conta è la bontà, non la bellezza.
handsomeness ['hænsəmnis], *n.* bellezza; beltà (*lett.*); avvenenza (*V.* **handsome**).
handspike ['hændspaik], *n.* **1** (*naut.*) leva; palanchino **2** (*mil.*) maniglia (*di cannone, ecc.*).
handspring ['hændspriŋ], *n.* salto mortale (*fatto appoggiando a terra le mani*).
handstand ['hænd-stænd], *n.* (*ginnastica*) verticale sulle mani; antenna.
handwork ['hænd-wə:k], *n.* lavoro fatto a mano.
handwriting ['hænd,raitiŋ], *n.* scrittura; grafia; calligrafia. ● **h. expert**, perito calligrafo.
handwritten ['hænd,ritn], *a.* scritto a mano.

handy ['hændi], *a.* **1** abile (*di mano*); destro: **A h. man can turn his hand to anything**, un uomo abile di mano sa fare di tutto **2** a portata di mano; sottomano; vicino: **Keep your screwdriver h.**, tieni il cacciavite a portata di mano! **3** comodo; utile: **a h. device**, un dispositivo comodo; un sistema utile **4** maneggevole; maneggiabile; manovrabile: **It's a h. little car**, è una macchinina assai manovrabile. ● **h.-dandy**, sbricchi (*gioco infantile*) □ **to come in h.**, rivelarsi (*o* essere, diventare) utile: **Don't get rid of this old knife: it may come in h.**, non gettar via questo vecchio coltello, può rivelarsi utile.

handyman ['hændimæn], *n.* (*pl.* **handymen**) **1** uomo che sa fare di tutto; uomo tuttofare **2** (*ind.*) operaio assai abile.

to hang [hæŋ] (*pass.* e *p. p.* **hung**, ma **hanged** nel senso di impiccare e maledire), **A** *v. t.* **1** appendere; sospendere; attaccare; stendere (*ad asciugare*): **H. up your raincoat**, appendi il tuo impermeabile!; **I'll h. the washing out in the terrace**, stenderò la biancheria nella terrazza; **to h. wallpaper**, attaccare carta da parati; **Let's h. the curtains**, attacchiamo le tendine! **2** decorare di; ornare con: **The hall was hung with flags**, la sala era ornata (*o* pavesata) di bandiere **3** collocare, mettere, porre, montare (*su cardini e sim.*): **A door is hung on hinges so that it can swing**, le porte si montano su cardini affinché possano girare **4** appendere (*carne, ecc.*) a essiccare; appendere (*selvaggina*) a frollare: **hung beef**, carne di manzo essiccata **5** impiccare: **The murderer was hanged**, l'assassino fu impiccato **6** (*arte*) esporre (*quadri e sim.*) **7** affibbiare, appioppare (*un soprannome, ecc.*) **8** (*fam.*) maledire; mandare al diavolo. **B** *v. i.* **1** pendere; penzolare; essere appeso (*o* attaccato); star sospeso (*di abiti, capelli*) cadere, scendere: **Her hair hung to her shoulders**, i capelli le scendevano sulle spalle; **The greyhound's tongue was hanging out**, il levriero aveva la lingua di fuori (*o* penzoloni); **The boy was hanging on a rope**, il ragazzo era attaccato a una corda **2** essere collocato, girare (*su cardini e sim.*) **3** (*di decisione, ecc.: specialm.* **to h. in the balance**) essere in sospeso; pendere (*fig.*); essere incerto **4** (*fig.*) indugiare, trattenersi; permanere, persistere; rimanere sospeso: **The smell of soup hung in the room**, l'odore della zuppa persisteva nella stanza; **The hawk hung in the air**, il falco restava sospeso (*o* immobile) nell'aria **5** (*di quadro*) essere esposto **6** (*d'ardito*) cadere (*bene, male, ecc.*) **7** morire impiccato; finire sulla forca. **to hang oneself C** *v. rifl.* impiccarsi. **D** *verbi composti* **1** **to h. about**, rimanere, trattenersi (*in un posto*); bighellonare, ciondolare, gingillarsi; aspettare, attendere □ **to h. about sb.**, ronzare intorno a q. □ **to h. about discos**, bazzicare le discoteche □ **H. about!**, stai qui!; non allontanarti! **2 to h. around**, *V.* **to h. about**. **3 to h. back**, restare indietro; esitare, tirarsi indietro: **We were hanging back in fear**, esitavamo per il timore. **4 to h. behind**, restare (*o* rimanere) indietro. **5 to h. down**, cadere, ricadere, scendere; pendere da, essere appeso a: **long hair hanging down over one's neck**, capelli lunghi che scendono fino a coprire il collo; **decorations hanging down from a Christmas tree**, decorazioni che pendono da un albero di Natale. **6 to h. off**, *V.* **to h. back**. **7 to h. on**, aggrapparsi (*o* reggersi) saldamente, tenersi stretto; aspettare, attendere; continuare, prolungarsi, protrarsi, trascinarsi; perseverare, persistere; tenere duro; (*tel.*) restare in linea; dipendere da: **She hung on my arm**, mi si appoggiava al braccio □ **H. on!**, tieni stretto!; (*anche*) stai qui!; (*anche*) resti in linea!; **Our chances of prosperity h. on the price of the crop**, le nostre possibilità di benessere dipendono dal prezzo del raccolto □ **to h. on sb.'s lips** (*o* words), pendere dalle labbra di q. □ (*fam.*) **to be hung on st.**, fare una fissazione per q.c. □ **Time hangs on his hands**, per lui il tempo non passa mai. **8 to h. onto**, attaccarsi, aggrapparsi, stare attaccato a (*fig.*); tenersi stretto, non mollare: **The old lady has only her faith to h. onto**, la vecchia signora ha solo la fede cui aggrapparsi; **The little girl hung onto her lollipop**, la bimba si teneva stretto il leccalecca. **9 to h. out**, sporgersi; (*fam.*) abitare, risiedere, vivere; bighellonare, ciondolare: **Don't h. out of the window!**, non sporgerti dal finestrino! □ **to h. out** (*st.*) **out**, mettere fuori, esporre (*bandiere, insegne, ecc.*); attaccare (*ornamenti e sim.*); stendere (*il bucato*) ad asciugare □ **to h. out at** (*o* **in**), frequentare; bazzicare, battere (*fam.*): **to h. out at bars**, bazzicare i bar; **He hangs out at the White Hart**, il White Hart è il suo ritrovo abituale □ (*pop.*) **to let it all h. out**, rilassarsi, fare il proprio comodo; fare quel che si vuole. **10 to h. over**, restare in sospeso, essere incompiuto; durare, continuare, sopravvivere: **Our plans h. over**, i nostri progetti restano in sospeso; **This old custom still hangs over**, questa vecchia consuetudine sopravvive ancora □ **to h. over** (**sb., st.**), stare vicino a; essere sospeso sopra, incombere su, pesare su (*fig.*): **I like hanging over a fire on a cold day**, mi piace stare vicino al fuoco quando fa freddo; **The danger of atomic war still hangs over us all**, il pericolo della guerra atomica incombe ancora su tutti noi □ **to h. over sb.'s head**, essere una spada di Damocle per q. □ (*fam.*) **to be hung over**, avere i postumi di una sbornia (*o* della droga, *e sim.*). **11 to h. round**, *V.* **to h. about**. **12 to h. together**, rimanere uniti, stringersi insieme; restare attaccati, aderire; (*fig.*) essere ben congegnato, avere coerenza, avere logica, filare: **Your plan doesn't h. together**, il tuo progetto è privo di coerenza; **The story hangs together well**, il racconto è ben congegnato (*o* fila). **13 to h. up**, appendere, attaccare; rallentare, ritardare; rinviare, sospendere; (*autom.*) fermarsi per la notte; (*tel.*) attaccare, riagganciare; (*australiano*) attaccare, legare (*il cavallo*): **H. up your raincoat!**, appendi l'impermeabile!; **Our scheme has been hung up**, il nostro progetto è stato rinviato □ (*tel.*) **to h. up on sb.**, sbattere giù il telefono a q. □ (*pop.*) **to be hung up on** (*o* **about**) **st.**, fare una fissazione per q.c.; farsi una croce di q.c. **14 to h. upon**, *V.* **to h. on**. ● **to h. by a hair** (*o* **by a single thread**), essere sospeso a un filo (*fig.*); essere in grande incertezza (*o* pericolo): **His life hangs by a hair**, la sua vita è sospesa a un filo □ **to h. fire**, (*d'arma da fuoco*) sparare in ritardo, far cilecca; (*fig.*) rinviare, procrastinare □ **to h. one's head**, abbassare la testa, stare a capo chino (*per la vergogna*) □ (*del tempo*) **to h. heavy**, passare lentamente (*di stoffa, ecc.*) □ **to h. in folds**, ricadere in pieghe □ (*fam.*) **to h. in there**, restare al proprio posto; resistere; tener duro □ (*fam.*) **to h. one on**, ubriacarsi □ (*d'un quadro*) **hung on the line**, attaccato bene, all'altezza giusta □ (*fam.*) **to let things go h.**, lasciare che le cose vadano per il loro verso □ **H. it** (**all**)**!**, accidenti!; maledizione!; al diavolo! □ **I'll be hanged if I know!**, possa essere impiccato se lo so!

hang [hæŋ], *n.* **1** modo d'esser drappeggiato, di cadere (*di stoffe, vestiti e sim.*); «drop»: **the h. of a dress**, il modo nel quale cade (*o* il «drop») d'un vestito da donna **2** (*fam.*) significato; senso; uso **3** (*fam.*) abilità; destrezza: **to have the h. of it**, capirci; saperci fare. ● (*fam.*) **to get the h. of st.**, imparare a fare q.c.; farsi un'idea di q.c. □ **I can't get the h. of it**, non ci capisco niente; non ci riesco proprio □ (*fam.*) **I don't care a h. about it**, non me ne importa un fico (secco).

hangar ['hæŋə*], *n.* (*aeron.*) aviorimessa; hangar.

hangdog ['hæŋdɔg], **A** *a.* abbattuto; vergognoso; da colpevole; furtivo. **B** *n.* individuo spregevole e (*specialm.*) furtivo. ● **a h. look**, un'aria abbattuta e vergognosa, da cane bastonato.

hanger (1) ['hæŋə*], *n.* **1** (*nei composti*) chi appende; chi attacca: **paper-h.**, tappezziere (*che attacca carta da parati*) **2** oggetto a cui appendere q.c.; gancio, uncino, catena (*del focolare*): **bell-h.**, cordone di campanello; **dress-h.**, attaccapanni; ometto, gruccia **3** (*stor.*) daga; spadino **4** anello (*di catena, ecc.*) con attaccato q.c. **5** segno di scrittura doppiamente ricurvo **6** (*mecc.*) asta di sospensione **7** (*elettr., tel.*) pendino. ● **h.-on**, seguace; (*specialm.*) leccapiedi, tirapiedi (*fig.*); parassita.

hanger (2) ['hæŋə*], *n.* bosco sul ripido pendio d'un monte.

hangfire ['hæŋfaiə*], *n.* (*ing., mil.*) ritardo d'accensione.

hang-glider ['hæŋ-'glaidə*], *n.* (*sport*) deltaplano.

hang-gliding ['hæŋ-'glaidiŋ], *n.* (*sport*) volo con il deltaplano.

hanging (1) ['hæŋiŋ], *n.* **1** appendere; l'attaccare **2** impiccagione **3** (*pl.*) tendaggi; tende; arazzi; carta da parati. ● **a h. committee**, una commissione che decide la collocazione dei quadri in una mostra □ **a h. matter**, un crimine da forca; un delitto da punire con l'impiccagione □ **the h. tree**, l'albero degli impiccati.

hanging (2) ['hæŋiŋ], *a.* **1** sospeso; pendente; pensile: **a h. bridge**, un ponte sospeso; **a h. garden**, un giardino pensile **2** sporgente: **h. cliffs**, scogliere sporgenti **3** (*leg.: di reato*) passibile di morte per impiccagione. ● **h. cupboard**, pensile (*mobile*) □ (*geogr.*) **h. glacier**, ghiacciaio sospeso; vedretta □ (*edil.*) **h. gutter**, grondaia □ **a h. judge**, (*fig.*) un giudice assai duro; (*un tempo*) un giudice che condanna molta gente all'impiccagione □ **h. lamp**, lampada sospesa al soffitto □ (*geogr.*) **h. valley**, valle sospesa □ (*geol.*) **h. wall**, muro di faglia.

hangman ['hæŋmən], *n.* (*pl.* **hangmen**) boia; carnefice.

hangnail ['hæŋneil], *n.* (*med.*) pipita.

hangout ['hæŋaut], *n.* (*fam.*) (luogo di) ritrovo abituale: **a teen-agers h.**, un ritrovo di adolescenti.

hangover ['hæŋˌouvə*], *n.* (*fam.*) **1** mal di testa dopo una bevuta; postumi di una sbornia **2** (*med.*) postumi (*della droga*) **3** (*fig.*) conseguenze spiacevoli; strascico **4** (*telev.*) persistenza; trascinamento.

hangup ['hæŋʌp], *n.* **1** (*elab.*) sospensione **2** (*pop.*) problema (*sentimentale, psicologico, ecc.*); difficoltà; fastidio; fissazione.

hangwire ['hæŋwaiə*], *n.* (*mil.*) funicella a strappo (*di paracadute, ecc.*).

hank [hæŋk], *n.* **1** matassa **2** (*ind. tessile*) matassa di lana (*di 560 iarde, pari a circa 512 metri*) **3** (*ind. tessile*) matassa di cotone (*di 840 iarde, pari a circa 768 metri*) **4** (*naut.*) canestrello (*di ferro o di legno*); moschettone.

to hanker ['hæŋkə*], *v. i.* — **to h. after** (*o* **for**), agognare; bramare; desiderare ardentemente: **to h. after fame**, bramare la celebrità.

hankering ['hæŋkəriŋ], *n.* brama; bramosia; desiderio ardente.

hankie, hanky ['hæŋki], *n.* (*fam.*) fazzoletto.
hanky-panky ['hæŋki,pæŋki], *n.* (*fam.*) **1** gioco di prestigio; prestidigitazione **2** imbroglio; trucco; scherzo **3** rapporto sessuale illecito.
Hannibal ['hænibəl], *n.* (*stor.*) Annibale.
Hanover ['hænəvə*], *n.* (*geogr.*) Hannover (*provincia e città tedesche*). ● (*stor.*) **the House of H.**, la casa di Hannover (*da Giorgio I alla regina Vittoria*).
Hanoverian [,hænou'viəriən], **A** *a.* **1** di Hannover **2** (*stor.*) della casa di Hannover; annoveriano. **B** *n.* (*stor.*) **1** membro della casa di Hannover **2** seguace della casa di Hannover.
Hansard ['hænsəd], *n.* raccolta ufficiale degli atti parlamentari inglesi (*dal nome del primo compilatore e tipografo*).
Hanse [hæns], *n.* (*stor.*) Ansa; Lega anseatica.
Hanseatic [,hænsi'ætik], **A** *a.* (*stor.*) anseatico: **the H. league**, la lega anseatica. **B** *n.* (*stor.*) città anseatica.
hansel, to hansel ['hænsəl], *V.* **handsel, to handsel**.
hansom ['hænsəm], *n.* (*anche* **h. cab**) carrozzella a due ruote, con la serpa del cocchiere a tergo.
Hanukkah ['ha:nəkə], *n.* (*relig.*) Hanukkah (*festa ebraica di otto giorni*).
hap [hæp], *n.* (*arc.*) **1** caso; sorte; ventura: **by good h.**, per buona sorte **2** (*pl.*) avvenimenti fortuiti; accidenti.
to hap [hæp], *v. i.* (*arc.*) accadere per caso; capitare.
ha'penny ['heipni], *V.* **halfpenny**.
haphazard ['hæp'hæzəd], **A** *n.* accidente; caso: **at** (*o* **by**) **h.**, per caso. **B** *a.* **1** accidentale; casuale; fortuito **2** fatto a casaccio (*o* alla carlona). **C** *avv. V.* **haphazardly**.
haphazardly ['hæp'hæzədli], *avv.* **1** accidentalmente; casualmente **2** a casaccio; alla carlona.
hapless ['hæplis], *a.* (*lett.*) sfortunato; sventurato; infelice.
haply ['hæpli], *avv.* (*lett.*) **1** accidentalmente; per caso **2** forse.
ha'p'orth ['heipəθ], *n.* **1** (*contraz. fam.*) *V.* **halfpennyworth 2** (*fig.*) briciolo: **a h. of love**, un briciolo d'amore.
to happen ['hæpən], *v. i.* **1** accadere; avvenire; capitare; succedere; darsi il caso: **What happened?**, che cosa accadde?; **If anything should h. to me...**, se mi dovesse succedere qualcosa...; **It so happened that I had** (*o* **I happened to have**) **no friends in that town**, si dava il caso che non avessi amici in quella città **2** avere la buona sorte (*o* la fortuna) di: **He happens to be the manager's son**, ha la fortuna d'essere il figlio del direttore. ● (*fam.*) **to h. by** (*o* **past, along**), passare per (*un posto*) per caso □ **to h. on** (*o* **upon**) **sb.**, incontrare (*o* trovare) q. per caso □ **if you h. to be in Rome next week**, se capiti a Roma la settimana prossima □ **H. what may**, accada quel che può; sia quel che sia □ **A man happened to pass there**, un uomo passava di là per caso □ **As it happens, I've left the book at home**, si dà il caso che abbia lasciato il libro a casa.
happening ['hæpəniŋ], *n.* **1** (*di solito al pl.*) avvenimento; evento **2** happening (*rappresentazione collettiva improvvisata*).
happenstance ['hæpən,stæns], *n.* (*USA*) **1** caso; fortuna **2** evento casuale.
happily ['hæpili], *avv.* **1** felicemente: **h. married**, felicemente sposato **2** lietamente: **to smile h.**, sorridere lietamente **3** per fortuna; fortunatamente.
happiness ['hæpinis], *n.* felicità; contentezza; gioia; lietezza.
happy ['hæpi], *a.* **1** felice; contento; lieto; fortunato: **a h. marriage**, un matrimonio felice, fortunato; **I shall be h. to see you again**, sarò lieto di rivederti; **a h. idea**, un'idea felice; **a h. suggestion**, un felice suggerimento **2** (*fam.*) brillo; alticcio; su di giri (*pop.*) **3** (*nei composti*) amante di; pronto a: **publicity-h.**, amante della pubblicità; **trigger-h.**, pronto a sparare; (*fig.*) che tende a reagire affrettatamente, senza riflettere. ● (*fig.*) **h. dispatch**, harakiri; karakiri □ **h. event**, felice evento (*la nascita di un bimbo*) □ **h.-go-lucky**, che prende il mondo come viene; spensierato □ (*fam.*) **h. hour**, periodo in cui le bevande (*al bar, ecc.*) costano meno (*e gli stuzzichini sono offerti gratis*) □ **h. medium**, aurea mediocrità □ **A h. New Year!**, buon anno! □ **to be as h. as a king** (*o* **as the day is long**), essere felice come una Pasqua.
Hapsburg ['hæpsbə:g], *n.* (*stor.*) Asburgo.
harakiri ['hærə'kiri] (*giapponese*), *n.* harakiri; karakiri.
harangue [hə'ræŋ], *n.* arringa; tirata; sproloquio.
to harangue [hə'ræŋ], **A** *v. t.* arringare. **B** *v. i.* fare un'arringa.
haranguer [hə'ræŋə*], *n.* arringatore, arringatrice.
to harass ['hærəs], *v. t.* **1** molestare; tormentare; turbare; infastidire; vessare: **The pioneers were harassed by the Apaches**, i pionieri erano molestati dagli Apache; **He is harassed by poverty**, è tormentato dalla miseria **2** (*mil.*) impegnare (*il nemico*) con ripetuti attacchi.
harassing ['hærəsiŋ], *a.* molesto; fastidioso. ● (*mil.*) **h. fire**, fuoco di disturbo.
harassment ['hærəsmənt], *n.* molestia; tormento; fastidio; vessazione.

harbinger ['ha:bindʒə*], *n.* **1** annunziatore; araldo; messaggero **2** (*un tempo*) precursore (*d'un sovrano*) **3** (*mil.*) foriero d'alloggiamento. ● **black clouds, harbinger of the storm**, nubi nere, foriere di tempesta.
to harbinger ['ha:bindʒə*], *v. t.* annunziare; preannunciare; esser foriero di.
harbour, (*USA*) **harbor** ['ha:bə*], *n.* **1** (*naut.*) porto: **a natural h.**, un porto naturale; **an artificial h.**, un porto artificiale **2** (*fig.*) porto; asilo; rifugio. ● **h. dues**, diritti portuali □ **h. engineering**, ingegneria portuale □ **h. master**, capitano di porto □ **h.-office**, capitaneria di porto □ **h. utility craft**, naviglio di uso locale □ **outer h.**, avamporto □ **river h.**, porto fluviale.
to harbour, (*USA*) **to harbor** ['ha:bə*], **A** *v. t.* **1** albergare; alloggiare; ospitare **2** dar ricetto a; proteggere: **to h. a criminal**, dar ricetto a un criminale **3** covare, nutrire (*fig.*): **to h. a grudge**, nutrire rancore. **B** *v. i.* (*naut.*) entrare in porto; gettare l'ancora in porto.
harbourage, (*USA*) **harborage** ['ha:bəridʒ], *n.* **1** (*naut.*) ancoraggio; porto; rada **2** (*fig.*) porto; asilo; rifugio.
hard [ha:d], *a.* **1** duro; solido; sodo: **as h. as steel**, duro come l'acciaio; **to sit on a h. bench**, essere seduto su una panca dura; **h. soil**, terreno duro (*o* solido) **2** arduo; difficile; ostico; duro (*lett.*): **h. questions**, domande difficili; **a h. decision**, una decisione difficile; **h. words**, parole difficili; **a h. task**, un compito arduo; un duro compito; **a h. case**, un caso difficile (*da trattare*) **3** duro; gravoso; faticoso: **a h. job**, un lavoro faticoso; **days of h. work**, giorni di duro lavoro **4** forte; energico; violento: **a h. push**, una forte spinta; un violento spintone **5** forte; grande; accanito, ostinato, tenace: **a h. drinker**, un forte bevitore; **a h. worker**, un gran lavoratore; **a h. smoker**, un fumatore accanito **6** duro; difficile; pieno di guai: **h. life**, vita dura; **h. times**, tempi difficili **7** duro; rigido; severo: **He's a h. man**, è un uomo duro; **a h. father**, un padre severo **8** duro; aspro; brusco; sgarbato: **h. words**, parole dure (*o* aspre); **h. manners**, modi bruschi (*o* sgarbati) **9** duro; inclemente; rigido: **a very h. winter**, un inverno assai duro (*o* molto rigido) **10** duro; crudele; insensibile: **a man with a h. heart**, un uomo dal cuore duro **11** duro; rigido; sgraziato; **h. features**, lineamenti duri **12** duro; aspro; sgradevole; brutto: **a h. voice**, una voce dura (*o* aspra); **a h. story**, una storia sgradevole; una brutta storia **13** fermo; deciso; secco: **a h. decision**, una ferma decisione; **a h. denial**, un secco diniego **14** forte; resistente; robusto: **a h. breed of man**, un uomo di razza forte **15** concreto; effettivo; reale: (*leg.*) **h. evidence**, prove concrete **16** (*agric., chim., fon.*) duro: **h. wheat**, grano duro; **h. water**, acqua dura; **The letter «g» is h. in «go»**, la lettera «g» è dura in «go» **17** (*ind. tessile*) liscio; rasato **18** (*fin.*) alto; sostenuto: **h. prices**, prezzi sostenuti **19** (*fin.*) forte; pregiato; solido; sostenuto: **h. currency**, moneta forte; valuta pregiata; **h. pound**, sterlina sostenuta **20** (*di colore*) forte; vivace **21** (*di un nodo, ecc.*) stretto **22** (*di droga*) pesante **23** (*chim.*) persistente; non biodegradabile: **h. detergent**, detergente non biodegradabile **24** (*elettron.*) a vuoto spinto. **B** *avv.* **1** energicamente; forte, violentemente: **It was raining h.**, pioveva forte (*o* a dirotto); **He was pushing h.**, spingeva energicamente; **I hit him h.**, lo colpii violentemente (*o* duro) **2** accanitamente; molto; sodo; troppo: **to fight h.**, battersi accanitamente; **to study h.**, studiare molto; **to work h.**, lavorare sodo; **to drink h.**, bere troppo **3** attentamente; intensamente: **to listen h. to sb.**, ascoltare attentamente q.; **to look h. at st.**, guardare intensamente q.c.; **to think h.**, pensare intensamente; meditare bene **4** fissamente; fisso: **to look** (*o* **to gaze, to stare**) **h. at sb.**, guardare fisso q. **5** duramente; gravemente; seriamente: **I was h. hit by the slump**, fui duramente colpito dalla recessione **6** con difficoltà; a fatica: **to breath h.**, respirare a fatica **7** vicino (*nel tempo*) **8** da presso; da vicino: **to follow h. after** (*o* **behind**) **sb.**, seguire q. da presso (*o* da vicino). **C** *n.* **1** (*naut.*) approdo dal fondo solido **2** strada rialzata (*dal fondo solido*); sentiero solido (*attraverso una palude*) **3** (*pop.*) lavori forzati **4** (*di solito*, *n.*) (*volg.*) erezione (*del pene*). ● **h. alcohol**, alcol forte □ **h.-and-fast**, assoluto, categorico, ferreo, rigido: **h.-and-fast rules**, regole ferree □ (*naut.*) **H. aport!**, tutto a sinistra! □ **to be h. at it**, darci sotto; lavorare sodo □ **h.-back** (*anche* **hardcover**) libro con copertina rigida □ **h.-baked**, troppo cotto, duro (*per eccesso di cottura*); (*fig., fam.*) duro, insensibile □ (*ing., naut.*) **h. beach**, testa di spiaggia □ **h.-bitten**, (*d'animale*) che non lascia la presa (*mordendo*); (*fig.*) caparbio, ostinato, agguerrito, temprato; duro, indurito, insensibile □ **h.-boiled**, (*d'uovo*) sodo; (*fig.*) duro, indurito, incallito (*fam.*) concreto, pratico □ **h.-bought**, acquistato (*fig.*): conseguito, ottenuto) a caro prezzo □ (*di libro*) **h.-bound**, con copertina rigida □ **h. by**, proprio vicino; vicinissimo (a) □ (*fin.*) **h. cash**, denaro liquido (o in contanti); liquido (*fam.*); contanti: **to demand h. cash**, voler essere pagato in contanti □ **h. coal**, antracite □ **h. core**, massicciata (*di strada*); (*fig.*) nucleo intransigente (*di un gruppo*); disoccupato cronico □ **h.-core**, intran-

sigente: **h.-core opposition**, opposizione intransigente □ **a h.-core film**, un film pornografico (*con scene di sesso non simulato*) □ (*econ.*) **h.-core unemployment**, disoccupazione cronica □ (*tennis*) **h. court**, campo in terra battuta (*o* di cemento, ecc.) □ (*sport*) **h.-court**, (giocato) su campo in terra battuta □ **to be h. done by**, essere trattato male, in modo ingiusto □ **h. drink**, bevanda forte; superalcolico □ **h. drinking**, eccesso nel bere; alcolismo □ **h. drug**, droga pesante □ **h.-earned**, guadagnato con grande fatica (*o* col sudore della fronte) □ **the h. facts**, i fatti incontrovertibili; la realtà nuda e cruda (*fam.*) □ **h.-favoured** (*o* **-featured**), dai lineamenti duri; tagliato con l'accetta (*fig.*) □ **h. feelings**, inimicizia; rancore: **No h. feelings!**, senza rancore!; amici come prima!; non me ne vorrai, spero! □ **h.-fisted**, avaro, spilorcio, tirchio □ **h. freeze**, gelo duro □ **h. frost**, gelo nero □ (*econ.*) **h. goods**, beni durevoli □ **h.-handed**, dalle mani incallite (*o* callose); (*fig.*) duro, severo, rigido □ (*fig.*) **to have a h. head**, avere la testa dura; essere cocciuto □ **h.-headed**, pratico, realista; accorto, avveduto; (*USA*) caparbio, ostinato, testardo □ **h.-hearted**, dal cuore duro; insensibile; crudele, spietato □ **h.-heartedness**, insensibilità; crudeltà, spietatezza □ **h.-hit**, picchiato duramente; (*fig.*) molto colpito □ **h.-hitting**, che picchia sodo; (*fig.*) energico, vigoroso □ (*metall.*) **h. iron**, ferro magnetizzabile □ (*leg.*) **h. labour**, lavoro forzato (*di corda, ecc.*) **h.-laid**, strettamente intrecciato □ (*miss.*) **h. landing**, allunaggio duro □ (*metall.*) **h. lead**, piombo duro (*o* all'antimonio) □ (*anche polit.*) **h. line**, linea dura □: **to take a h. line**, seguire la linea dura □ **h.-line**, duro, inflessibile, rigido □ **h.-liner**, chi segue la linea dura; (un) duro (*fam.*) □ (*fam.*) **h. lines**, *V.* **h. luck** □ **h. liquor**, *V.* **h. drink** □ **h. luck**, sfortuna, malasorte; disdetta, scalogna (*fam.*): **H. luck!**, che disdetta!; peccato! □ (*fam.*) **a h.-luck story**, una storia pietosa; un racconto lacrimevole (*o* strappalacrime, *fam.*) □ **h.-mouthed**, (*di cavallo*) ribelle al morso; (*fig.*) indisciplinato, ribelle; testardo, ostinato □ (*fam.*) **h.-nosed**, *V.* **h.-bitten**, **h.-headed** □ (*fam.*) **a h. nut to crack**, un osso duro (*fig.*); un problema difficile; un tipo intrattabile □ **h. of hearing**, duro d'orecchi □ **h. on**, (*avv.*) *V.* **h. upon**; (*sost.*) *V.* **h.**, *n.*, *def.* 4 □ **to be h. on**, (*di persona*) essere duro (*o* scortese, sgarbato, severo) con (q.); (*di persona*) logorare in fretta, maltrattare (*abiti, scarpe, ecc.*); (*di cosa*) essere dannoso, fare male a: **Don't be too h. on your son**, non essere troppo duro (*o* severo) con tuo figlio!; **Reading by candlelight is h. on the eye**, leggere con la candela fa male agli occhi □ **h. on sb.'s heels**, essere alle calcagna di q. □ (*anat.*) **h. palate**, palato duro □ **h.-pressed**, oberato, sovraccarico; in difficoltà, in imbarazzo □ **to be h.-pressed for money**, essere in difficoltà finanziarie □ **to be h. put (to it) to do st.**, trovarsi in imbarazzo (*o* in difficoltà) a fare q.c. □ (*ind.*) **h. rubber**, ebanite □ (*comm.*) **h.-sell**, metodi di vendita con cui s'impone un prodotto al cliente □ **h.-set**, fermo, fisso, ben saldo; (*fig.*: *di lineamenti*) duro, rigido; (*di persona*) caparbio, ostinato; in imbarazzo, in difficoltà □ **h.-shell**, *V.* **hard-shell** (*autom.*) **h. shoulder**, corsia d'emergenza (*d'autostrada*) □ (*mil., miss.*) **h. site**, rampa di lancio protetta □ (*di carta*) **h.-sized**, parzialmente impermeabilizzata □ **h. sleep**, sonno duro (*o* profondo) □ (*metall.*) **h. solder**, lega per brasatura (*o* per saldatura) forte □ (*naut.*) **H. starboard!**, tutto a dritta! □ **h. tack**, galletta □ **to be h. to please**, essere difficile da contentare; essere esigente (*o* di difficile contentatura) □ (*autom.*) **h. top**, hard top; tettuccio rigido; tettuccio amovibile □ **to be h. up**, essere a corto di quattrini; essere al verde □ **to be h. up for**, essere a corto di, essere giù a (*fam.*): **I'm h. up for ideas**, sono a corto d'idee; **I'm h. up for shoes**, sono giù a scarpe □ **h. upon** (*o* **on**), subito dopo, alle spalle; poco dopo, di lì a poco □ **h. wear**, uso intenso (*d'abiti e sim.*) □ (*d'abito e sim.*) **h.-wearing**, che dura molto; resistente □ (*anche mil.*) **h.-won**, contrastato; ottenuto a caro prezzo □ **h.-working**, laborioso, operoso; studioso, che s'impegna; (*fig.*) **to be as h. as nails**, essere forte, muscoloso; essere duro di cuore, insensibile □ (*fig.*) **to come h.**, essere dura: **It comes h. to be a beggar when you have been a tycoon**, è dura fare il mendicante dopo essere stato un riccone □ (*di un'abitudine e sim.*) **to die h.**, essere duro a morire □ **to do st. the h. way**, fare da sé, ma con fatica; imparare a fare q.c. con la pratica □ **to drive a h. bargain**, fare un buon affare a scapito della controparte; essere spietato negli affari □ **to find it h. to do st.**, fare q.c. con grande difficoltà □ **to freeze h.**, diventare solido per il gelo; gelare □ **to get h.**, indurirsi; solidificarsi □ **to give sb. a h. life** (*o* **time**), rendere la vita difficile a q.; fare soffrire q. □ **to give sb. a h. look**, guardare q. con occhi indagatori; squadrare q. □ **to go h. with sb.**, essere dura (*o* un duro colpo) per q.: **It will go h. with you!**, sarà un duro colpo per te! □ **to have h. luck**, essere sfortunato □ **to have a h. time**, passarsela male; essere nei guai; soffrire le pene dell'inferno □ **to learn the h. way**, imparare con la pratica □ (*fam.*) **to play h. to get**, farsi desiderare; fare il prezioso (*fam.*) □ **to take (it) h.**, prenderla male □ (*fig.*) **to take a lot of h. knocks**, ricevere molti duri colpi; passarne di cotte e di crude (*o* di tutti i colori) □ **to take a h. look at st.**, guardare q.c. con occhio critico □ **to try h.**, fare ogni sforzo □ **to try one's hardest**, mettercela tutta.

hardbake ['haːdbeik], *n.* croccante; dolce di zucchero e mandorle.

hardboard ['haːdbɔːd], *n.* (*ind.*) **1** pannello di truciolato **2** cartone di fibra compressa.

to harden ['haːdn], *A v. t.* **1** indurire; rassodare **2** (*fig.*) indurire; incallire; rendere insensibile: **Sorrow has hardened his heart**, il dolore gli ha incallito il cuore **3** (*fig.*) indurire; irrobustire; rafforzare: **to h. the body**, indurire il corpo; **to h. one's hold on st.**, rafforzare la presa su q.c. **4** (*metall.*) temprare. **B** *v. i.* **1** indurirsi; rassodarsi **2** (*fig.*) indurirsi; incallirsi; diventare insensibile **3** (*fig.*) irrobustirsi; temprarsi: **My mind hardened to difficulties**, il mio animo si temprò alle difficoltà **4** (*fig.*) consolidarsi; rafforzarsi; farsi più forte **5** (*econ.*) irrigidirsi: **Prices are hardening**, i prezzi si stanno irrigidendo **6** (*fin.*) rafforzarsi: **Finance shares will h. at the close**, i titoli finanziari si rafforzeranno in chiusura. ● (*chim.*) **to h. water**, rendere l'acqua più dura.

hardenability [ˌhaːdnəˈbiliti], *n.* (*metall.*) temprabilità.

hardenable ['haːdnəbl], *a.* (*metall.*) temprabile.

hardened ['haːdnd], *a.* **1** indurito (*anche fig.*); incallito; inveterato: **a h. criminal**, un criminale incallito (*o* recidivo) **2** (*fig.*) temprato; assuefatto, rotto (*fig.*): **to be h. to misfortune**, essere assuefatto alla sventura **3** (*metall.*) temprato: **h. steel**, acciaio temprato. ● (*mil.*) **a h. shelter**, un rifugio sotterraneo (*o* corazzato, *o* in bunker) □ (*mil., miss.*) **h. site**, *V.* **hard site**, *sotto* **hard**.

hardener ['haːdnə*], *n.* **1** (*metall.*) indurente; lega (*o* elemento) indurente **2** (*chim.*) agente indurente.

hardening ['haːdniŋ], *n.* **1** indurimento **2** (*metall.*) tempra.

hard hat ['haːd hæt], **A** *n.* **1** elmetto da edile **2** − (*USA*) **hard-hat**, operaio edile (*specialm. se reazionario*) **B** *a.* − **hard-hat 1** di operaio edile **2** (*fam. USA*) di acceso conservatore; reazionario.

hardhattism ['haːdhætizəm], *n.* (*polit. USA*) acceso conservatorismo; l'essere reazionario.

hardhead ['haːdhed], *n.* persona accorta, avveduta; tipo concreto, pratico.

hardie ['haːdi], *V.* **hardy** (2).

hardihood ['haːdihud], *n.* **1** ardimento; audacia; coraggio; intrepidezza **2** spavalderia; sfacciataggine **3** vigore; resistenza (fisica).

hardily ['haːdili], *avv.* audacemente; intrepidamente.

hardiness ['haːdinis], *n.* **1** resistenza; robustezza; vigore **2** ardimento; audacia; coraggio; intrepidezza **3** spavalderia; baldanza.

hardly ['haːdli], *avv.* **1** appena; a mala pena; a stento; sì e no: **I h. know her**, la conosco appena; **I can h. walk**, riesco a mala pena a camminare; **He h. knew me**, mi conosceva sì e no **2** quasi... non: **I have h. any money**, sono quasi senza soldi; **I could h. breathe**, non riuscivo quasi a respirare **3** difficilmente: **He will h. turn up tonight**, è difficile che si faccia vivo stasera **4** non; per niente; per nulla; (niente) affatto: **That's h. to be wondered at**, non c'è (proprio) da stupirsi; **This is h. the time to go out**, questa non è certo l'ora di uscire **5** con grande difficoltà; con molti sforzi; a fatica; a stento: **a h. won match**, un incontro vinto a fatica **6** duramente; severamente: **to treat sb. h.**, trattare q. duramente **7** ingiustamente; male; in modo indegno. □ **h. anyone**, quasi nessuno □ **h. anything**, (quasi) niente: **You've h. eaten anything**, non hai mangiato quasi niente; **You've eaten h. anything**, non hai mangiato nulla □ **They agree on h. anything**, non sono (mai) d'accordo su nulla □ **h. ever**, quasi mai □ (*pop.*) **Not h.!**, niente da fare!; per niente! □ **You'll h. believe it**, stenterai a crederci □ **He's taken it so h.**, l'ha presa così male! □ **Things may go h. with you**, le cose si possono mettere male per voi.

hardness ['haːdnis], *n.* **1** durezza (*anche fig.*); compattezza; solidità, l'essere solido **2** (*fig.*) fermezza; saldezza **3** (*fig.*) asprezza; rigidezza; severità **4** difficoltà **5** (*chim.*) durezza (*dell'acqua*). ● **h. test**, (*chim.*) saggio di durezza; (*ing.*) prova di durezza □ **the h. of life**, le difficili condizioni di vita.

hards [haːdz], *n. pl.* (*ind. tessile*) lisca.

hard-shell ['haːdʃel], *a.* **1** (*zool.*) dalla conchiglia dura; dal guscio duro **2** (*fam. USA*) inflessibile; rigido; intransigente: **a h. conservative**, un conservatore intransigente. ● (*USA*) **H. Baptists**, Battisti inflessibili (*setta religiosa*).

hardship ['haːdʃip], *n.* **1** fatica; pena; privazione; sofferenza; stento: **a life of h.**, una vita di stenti; **War was a cause of h.**, la guerra causò privazioni.

to hard-solder [ˌhaːdˈsoldə*], *v. t.* (*metall.*) saldare a forte; brasare.

hard stuff ['ha:d stʌf], *n.* (*pop. USA*) **1** droghe pesanti **2** alcol forte.
hardtack ['ha:d͵tæk], *n.* pan biscotto; galletta.
hardtop ['ha:dtɔp], *n.* (*autom.*) **1** (*anche* **h. convertible**) automobile con il tettuccio amovibile **2** (*specialm. USA*) coupé.
hardware ['ha:d-wεə*], *n.* **1** ferramenta; articoli di ferro **2** (*mil.*) armamenti pesanti **3** (*elab.*) hardware; componenti di macchina; componenti fisiche.
hardwareman ['ha:d-wεə͵mæn], *n.* (*pl.* **hardwaremen**) negoziante di ferramenta.
hardwood ['ha:d-wud], *n.* legno duro (*quercia, mogano, noce, ecc.*): **h. floors**, pavimenti di legno duro. ● **h. forest**, foresta di latifoglie.
hardy (1) ['ha:di], *a.* **1** ardito; audace; coraggioso; intrepido **2** baldo; spavaldo **3** resistente; forte; robusto **4** (*bot.*) resistente; rustico. ● (*di pianta*) **h. annual**, che cresce all'aperto (*o allo stato selvatico*) □ (*di pianta*) **half-h.**, che ha bisogno di riparo soltanto in inverno.
hardy (2) ['ha:di], *n.* (*tecn.*) tagliolo da incudine.
hare [hεə*], *n.* (*pl.* **hares, hare**) **1** (*zool., Lepus*) lepre **2** (*fam.*) progetto assurdo; castello in aria. ● **h. and hounds**, caccia alla lepre (*gioco di ragazzi*) □ **h.-brain**, individuo strambo, tipo stravagante □ **h.-brained**, balzano, strambo, scervellato; sventato, stordito, svampito (*dial.*) □ **h.'s foot**, (*bot., Trifolium arvense*), trifoglio dei campi; zampino di lepre □ **as mad as a (March) h.**, matto da legare □ **to run with the h. and hunt with the hounds**, tenere il piede in due staffe; fare il doppio gioco □ (*fig.*) **to start a h.**, fare una questione di lana caprina □ (*prov.*) **First catch your h. (then cook him)**, non vendere la pelle dell'orso prima di averlo ucciso; non dire quattro se non l'hai nel sacco.
to hare [hεə*], *v. i.* (*fam.*) correre a più non posso.
harebell ['hεəbel], *n.* (*bot., Campanula rotundifolia*) campanula.
harelip ['hεə'lip], *n.* (*med.*) labbro leporino.
harem ['hεərem], *n.* harem.
haricot ['hærikou] (*franc.*), *n.* **1** stufato di montone (*o* d'agnello) con verdura **2** (*anche* **h. bean**) fagiolo bianco.
to hark [ha:k], **A** *v. i.* ascoltare: **H.!**, ascolta!; ascoltate! **B** *v. t.* **1** (*lett.*) ascoltare, dar ascolto a (q.) **2** richiamare (*cani da caccia*). ● **to h. back**, (*di cani*) ritrovare la traccia (*della selvaggina*); (*fig.*) ritornare su (*o* riprendere) (*un argomento*); riandare a (*una cosa passata*) □ **H. forward!**, avanti! (*ordine dato a un cane*) □ **H. at him!**, ma sentilo!; senti un po' quel che dice!
harl(e) [ha:l], *n.* (*ind. tessile*) filaccia (*specialm. di canapa o lino*).
harlequin [ha:likwin] (*franc.*), *n.* **1** arlecchino; (*fig.*) buffone, pagliaccio **2** (*alano*) arlecchino (*cane*). ● (*zool.*) **h. duck** (*Histrionicus histrionicus*), moretta arlecchino.
harlequinade [͵ha:likwi'neid] (*franc.*), *n.* arlecchinata.
harlot ['ha:lət], *n.* meretrice; prostituta.
harlotry ['ha:lətri], *n.* meretricio; prostituzione.
harm [ha:m], *n.* **1** danno; offesa; pregiudizio: **The heavy rain has done little h.**, la pioggia abbondante ha causato pochi danni **2** male: **He did me no h.**, non mi fece alcun male; **There's no h. in it**, non c'è niente di male in ciò. ● **to come to no h.**, non subire danni □ **to mean no h.**, non aver l'intenzione d'offendere □ **to be out of h.'s way**, essere al sicuro □ **No h. done!**, niente di male! □ (*prov.*) **There's no h. in trying**, tentar non nuoce.
to harm [ha:m], *v. t.* danneggiare; recar danno a; nuocere, far male a: **The treatment won't h. you**, la cura non ti farà male (*non sentirai dolore*). ● **He wouldn't h. a fly**, è incapace di far male a una mosca.
harmful ['ha:mful], *a.* dannoso; nocivo.
harmfulness ['ha:mfulnis], *n.* dannosità; nocività.
harmless ['ha:mlis], *a.* innocuo; inoffensivo: **Most spiders are h.**, la maggior parte dei ragni è innocua. ● **a h. question (remark, etc.)**, una domanda (un'osservazione, ecc.) innocente.
harmlessness ['ha:mlisnis], *n.* innocuità.
harmomium [ha:'mounjəm], *n.* (*mus.*) armonio; armonium.
harmonic [ha:'mɔnik], **A** *a.* (*mus., mat., ecc.*) armonico: **h. tones**, suoni armonici; **h. quantities**, quantità armoniche; **h. series**, serie armonica. **B** *n.* **1** (*acustica, fis., mat.*) armonica **2** (*mus.*) suono armonico. ● (*mat.*) **h. curve**, sinusoide.
harmonica [ha:'mɔnikə], *n.* (*mus.*) **1** armonica **2** armonica a bocca.
harmonically [ha:'mɔnikəli], *avv.* **1** (*mus., mat.*) armonicamente **2** (*lett.*) armoniosamente.
harmonics [ha:'mɔniks], *n. pl.* (*col verbo al sing.*) (*mus.*) armonica (*arte musicale; scienza degli intervalli dei suoni*)
harmonious [ha:'mounjəs], *a.* **1** armonioso; melodioso **2** armonico; armonioso; ben proporzionato **3** che vive in buon'armonia; affiatato: **h. neighbours**, vicini che vivono in buon'armonia.
harmonist ['ha:mənist], *n.* (*mus.*) **1** armonista **2** *V.* **harmonizer**.

harmonization [͵ha:mənai'zeiʃən], *n.* (*mus. e fig.*) armonizzazione.
to harmonize ['ha:mənaiz], **A** *v. t.* (*anche mus.*) armonizzare. **B** *v. i.* **1** essere in armonia; accordarsi: **a dress and bag that h. well**, un abito e una borsa che armonizzano bene **2** (*mus.*) suonare in modo armonioso.
harmonizer ['ha:mənaizə*], *n.* armonizzatore, armonizzatrice.
harmony ['ha:məni], *n.* (*mus.*) armonia; (*fig.*) accordo, buon'armonia: **That musician is a master of h.**, quel musicista è un maestro dell'armonia; **There isn't much h. between us**, non c'è buon'armonia fra noi. ● **to be in h.**, essere in armonia (con q., con q.c.) □ **to be out of h.**, non essere in armonia; essere in disaccordo.
harness ['ha:nis], *n.* **1** finimenti; bardatura **2** (*stor.*) armatura (*del cavaliere o del cavallo*) **3** briglie (*per un bimbo piccolo*) **4** (*aeron.*) imbracatura (*di paracadute*) **5** (*miss.*) cintura di sicurezza **6** (*ind. tessile*) arcate; licci; tiranti. ● **h.-maker**, sellaio □ (*fig.*) **to die in h.**, morire sulla breccia □ (*fig.*) **to run in double h.**, essere sposati □ (*fig.*) **to work in double h.**, lavorare in collaborazione (*o* in tandem).
to harness ['ha:nis], *v. t.* **1** bardare, attaccare, mettere i finimenti a (*un cavallo*) **2** imbrigliare; sfruttare: **to h. a river**, imbrigliare un fiume; **to h. a waterfall**, sfruttare una cascata (*per ottenere energia elettrica*). ● **to h. the atom**, utilizzare l'energia nucleare.
Harold ['hærəld], *n.* Aroldo.
harp [ha:p], *n.* (*mus.*) **1** arpa: **Aeolian h.**, arpa eolia **2** (*fam.*) armonica a bocca **3** (*anche* **Jew's-h.**) scacciapensieri.
to harp [ha:p], *v. i.* suonare l'arpa; arpeggiare. ● **to h. on** (*o* **away at**), battere su (*un argomento*): **He's always harping on his experiences as a sailor**, non fa che parlare delle sue esperienze come marinaio □ (*fig.*) **to h. up the same string**, battere sempre sullo stesso tasto.
harper ['ha:(:)pə*], **harpist** ['ha:(:)pist], *n.* arpista; suonatore d'arpa.
harpoon [ha:'pu:n], *n.* arpione; fiocina; rampone. ● (*pesca*) **h. gun**, lanciarpione (*cannoncino*) □ (*naut.*) **h. log**, solcometro a elica rimorchiata.
to harpoon [ha:'pu:n], *v. t.* arpionare; fiocinare; colpire con la fiocina (*o* col rampone).
harpooner [ha:'pu:nə*], *n.* (*pesca*) fiocinatore; ramponiere.
harpsichord [ha:'psikɔ:d], *n.* (*mus.*) arpicordo.
harpy ['ha:pi], *n.* (*mitol.*) arpia (*anche fig.*). ● (*zool.*) **h. eagle** (*Harpya harpya*), arpia.
harquebus ['ha:kwibəs], *n.* (*stor.*) archibugio.
harquebusier [͵ha:(:)kwibə'si:ə*], *n.* (*stor.*) archibugiere.
harridan ['hæridən], *n.* vecchia bisbetica, maligna; vecchiaccia.
harrier (1) ['hæriə*], *n.* devastatore; saccheggiatore.
harrier (2) ['hæriə*], *n.* **1** cane per la caccia alla lepre **2** (*zool., Circus*) albanella **3** (*sport*) podista (*di corsa campestre*). ● (*collett.*) **harriers**, cacciatori con muta di levrieri.
Harriet ['hæriət], *n.* Enrichetta.
Harrovian [hə'rouvjən], *a. e n.* **1** (studente) di Harrow (*famosa «public school»*) **2** (abitante) di Harrow (*presso Londra*).
harrow ['hærou], *n.* (*agric.*) erpice: **disk h.**, erpice a dischi.
to harrow ['hærou], *v. t.* **1** erpicare **2** (*fig.*) straziare; tormentare.
harrowing ['hærouiŋ], *a.* straziante, tormentoso; atroce. ● (*relig.*) **the h. of Hell**, la discesa all'inferno.
Harry ['hæri], *n. dim.* di **Henry**. ● (*fam.*) **Old H.**, il diavolo.
to harry ['hæri], *v. t.* **1** devastare; saccheggiare; spogliare (*dei beni, ecc.*) **2** disturbare; infastidire; tormentare **3** (*mil.*) attaccare di continuo; impegnare a fondo. ● **to h. sb. for money**, importunare q. con richieste di denaro.
harsh [ha:ʃ], *a.* aspro; ruvido; insensibile; duro; severo; (*di suono*) aspro, sgradevole; (*d'odore*) pungente, acre: **a h. cloth**, un tessuto ruvido; **h. words**, parole aspre; **a h. voice**, una voce aspra; **a h. punishment**, una dura punizione; **a h. face**, una faccia dura, sgradevole; **a h. taste**, un sapore aspro, acre; **h. smoke**, acre fumo. ● **a h. climate**, un clima rigido □ **a h. light**, una luce violenta.
harshness ['ha:ʃnis], *n.* **1** durezza, asprezza, ruvidezza; insensibilità; severità **2** (*del tempo*) rigore.
harslet ['ha:slit], *V.* **haslet**.
hart [ha:t], *n.* (*pl.* **harts, hart**) (*zool.*) cervo maschio (*specialm. sopra i cinque anni d'età*): **a h. of ten**, un cervo di dieci anni (*con dieci palchi di corna*). ● (*bot.*) **hart's-tongue** (*Phyllitis scolopendrium*), fillitide; lingua cervina.
hartebeest ['ha:tibi:st], *n.* (*pl.* **hartebeests, hartebeest**) (*zool., Alcelaphus caama*) antilope sudafricana.
hartshorn ['ha:tshɔ:n], *n.* **1** (*zool.*) corno di cervo **2** (*arc., chim., anche* **spirit of h.**) ammoniaca liquida. ● (*chim.*) **salt of h.**, sali d'ammoniaca (*da odorare*).
harum-scarum ['hεərəm'skεərəm], **A** *a.* avventato; stordito; sventato. **B** *n.* persona (*o* azione) avventata, sconsiderata.

haruspex

C *avv.* in modo avventato, sconsiderato.
haruspex [həˈræspeks], *n.* (*pl.* **haruspices**) aruspice; indovino.
harvest [ˈhaːvist], *n.* raccolto; messe; mietitura; raccolta; (*fig.*) frutto; **the corn** (**hay, etc.**) **h.**, il raccolto del granturco (del fieno, ecc.); **the h. season**, la stagione del raccolto; **to reap the h. of one's efforts**, cogliere il frutto delle proprie fatiche. ● (*zool.*) **h. bug**, (*Tetranychus*) tetranico; (*Thrombidium*) trombidide □ **h. festival**, festa religiosa di ringraziamento per il raccolto □ **h. home**, fine del raccolto; festa del raccolto; canto della fine della mietitura □ **the h. moon**, il plenilunio più vicino all'equinozio d'autunno □ (*zool.*) **h. mouse** (*Micromys minutus*), topolino delle risaie □ **h. thanksgiving**, *V.* **h. festival**.
to harvest [ˈhaːvist], **A** *v. t.* fare il raccolto di; raccogliere, mietere (*anche fig.*); **to h. wheat** (**grapes, honey, etc.**), fare il raccolto del grano (la vendemmia, la raccolta del miele, ecc.). **B** *v. i.* fare il raccolto.
harvester [ˈhaːvistə*], *n.* **1** mietitore, mietitrice **2** chi coglie (*frutta, ecc.*) **3** (*mecc.*) mietitrice **4** (*zool.*, *Tetranychus*) tetranico; (*Thrombidium*) trombidide. ● (*mecc.*) **h.-thresher**, mietitrebbia.
harvesting [ˈhaːvistiŋ], *n.* (*agric.*) raccolta delle messi.
has [hæz, həz, əz], *3ª pers. sing. del pres. indic.* di **to have**.
has-been [ˈhæz,biːn], *n.* (*fam.*) **1** persona superata; uomo finito (*di donna*) bellezza sfiorita **2** cosa sorpassata (*o* tramontata).
to hash [hæʃ], *v. t.* **1** (*anche* **to h. up**) triturare, tritare **2** (*fig.*) pasticciare; fare un bel pasticcio (*o* un guazzabuglio) di (*q.c.*) **3** (*cucina*) rielaborare, ripresentare (*una pietanza*). ● (*fam.*) **to h. out**, appianare, sistemare (*una questione, ecc.*); risolvere (*una faccenda*) □ **to h. up**, pasticciare; incasinare (*pop.*).
hash (1) [hæʃ], *n.* **1** piatto di carne (*generalm., avanzata da un pasto precedente*) e verdura tritate; polpettone **2** (*fig., fam.*) argomento trito; roba fritta e rifritta (*pop.*) **3** (*fig.*) guazzabuglio, pasticcio **4** (*elettr.*) friggio, erba **5** (*elab.*) dati senza senso. ● (*pop.*) **h.-up**, rifacimento □ **to make a h. of st.**, fare un bel pasticcio di q.c.; pasticciare q.c. □ (*pop.*) **to settle sb.'s h.**, sistemare q. a dovere; conciare q. per le feste.
hash (2) [hæʃ], *n.* (*pop.*) hascisc; ascisc; marijuana.
hasheesh [hæˈʃiː(ː)ʃ], **hashish** [ˈhæʃiʃ], *n.* hascisc; ascisc.
hashhead [ˈhæʃhed], *n.* (*pop.*) chi prende l'hascisc; chi prende la marijuana.
haslet [ˈheizlit], *n.* frattaglie (*specialm. di maiale*).
hasn't [ˈhæznt], *contraz.* di **has not**.
hasp [haːsp], *n.* **1** cerniera di chiusura; fermaglio (*di metallo*) **2** matassa (*di filo o filato*).
to hasp [haːsp], *v. t.* assicurare (*o* fermare) con una cerniera.
hassle [ˈhæsl], *n.* (*fam.*) **1** disputa; controversia **2** alterco; battibecco **3** cosa difficile; problema (*fig.*).
hassock [ˈhæsək], *n.* **1** cuscino (*specialm. se usato come inginocchiatoio*) **2** (*arredamento*) pouf **3** ciuffo d'erba; zolla erbosa **4** (*nel Kent*) pietra arenaria.
hast [hæst], (*arc.*) *2ª pers. sing. del pres. indic.* di **to have**.
hastate [ˈhæsteit], *a.* (*bot.*) astato; lanceolato.
haste [heist], *n.* fretta; premura; urgenza; fretta eccessiva; precipitazione: **My friend left in great h.**, il mio amico partì in gran fretta (*o* in fretta e furia). ● **in hot h.**, in fretta e furia □ **to make h.**, affrettarsi; far presto; sbrigarsi □ (*prov.*) **H. makes waste**, la gatta frettolosa fece i gattini ciechi □ (*prov.*) **More h., less speed**, chi ha fretta vada adagio; (*letteralm.*) più è la fretta minore è la velocità.
to haste [heist], *v. i.* (*raro*) affrettarsi; far presto; sbrigarsi.
to hasten [ˈheisn], **A** *v. t.* **1** affrettare; accelerare **2** sollecitare, fare fretta a (*q.*). **B** *v. i.* affrettarsi; far presto; sbrigarsi; spicciarsi (*fam.*). ● **to h. away**, andar via in fretta; filar via (*fam.*) □ **to h. home**, andare a casa in gran fretta.
hastiness [ˈheistinis], *n.* **1** fretta; furia; precipitazione **2** avventatezza; sconsideratezza **3** impazienza; irritabilità.
hasty [ˈheisti], *a.* **1** frettoloso; affrettato; rapido: **a h. departure**, una partenza affrettata **2** avventato; sconsiderato: **a h. decision**, una decisione avventata **3** impaziente; irritabile: **h. temper**, carattere impaziente. ● **h. pudding**, budino di farina di grano (*cotta nell'acqua o nel latte*) (*USA*) polenta (*che si mangia con latte e zucchero*).
hat [hæt], *n.* cappello (*da uomo o da donna, di solito con tesa o ala*): **Take off your hat!**, togliti il cappello! ● **hat-block**, forma per cappelli □ **hat-brush**, spazzola per cappelli □ **hat in hand**, col cappello in mano; (*fig.*) servilmente □ **hat-maker**, cappellaio □ **Hats off!**, giù il cappello! □ **hat-peg**, portacappelli □ **hat-shop**, cappelleria □ (*cricket, baseball*) **hat trick**, segnatura di tre punti successivi da parte del medesimo giocatore □ **as black as my hat**, nero come il carbone □ (*fam.*) **a bad hat**, un tipaccio □ **cardinal's hat** (*o* **red hat**), cappello cardinalizio □ (*fig.*) ufficio di cardinale □ (*naut.*) **cocked h.**, feluca □ **felt hat**, cappello di feltro □ (*fig.*) **to hang up one's hat**, andare in pensione □ **my hat!**, un corno! □ (*fam.*) **old hat**, ciò ch'è trito o sorpassato □ **opera hat**, gibus; cappello a cilindro chiudibile □ (*fam.*) **to pull st. out of one's hat**, fare q.c. come per magia □ **to send** (*o* **to pass**) **round the hat**, fare una colletta (*o* una raccolta) □ **straw hat**, cappello di paglia □ (*fig.*) **to take one's hat off to sb.**, far tanto di cappello a q. □ (*pop.*) **to talk through one's hat**, ragionare coi piedi; dire delle fesserie (*pop.*) □ **to throw** (*o* **to toss**) **one's hat into the ring**, entrare in lizza □ (*fam.*) **Keep it under your hat!**, acqua in bocca! □ **I'll eat my hat if...**, mi mangio il cappello (*o* mi faccio frate) se...
to hat [hæt], *v. t.* mettere il cappello a (q.); coprire con il cappello.
hatable [ˈheitəbl], *a.* odiabile; odioso; detestabile.
hatband [ˈhætbænd], *n.* nastro del cappello.
hatbox [ˈhætbɔks], *n.* cappelliera.
hatch (1) [hætʃ], *n.* **1** portello; mezza porta (*la parte inferiore d'un uscio ecc., apribile*) **2** (*naut.*) portello di boccaporto; (*anche* **hatchway**) boccaporto **3** porta di chiusa (*che regola il passaggio dell'acqua*) **4** (*autom.*) portellone posteriore **5** (*aeron.*) portello **6** sportello (*in parte del pubblico*) **7** botola **8** (*miss.*) boccaporto; portello. ● **under hatches**, (*naut.*) sotto coperta; (*fig.*) fuori servizio; fuori vista, nascosto; spacciato, morto.
to hatch (1) [hætʃ], **A** *v. t.* **1** far nascere; covare: **to h. chickens**, far nascere pulcini; **to h. eggs**, covare uova **2** (*fig.*) covare; ordire; tramare: **to h. a plot**, tramare una congiura. **B** *v. i.* **1** (*di pulcini*) uscire dall'uovo **2** (*di uova*) schiudersi **3** (*di gallina, ecc.*) covare.
hatch (2) [hætʃ], *n.* nascita (*di pulcini e fig.*); covata. ● (*scherz.*) **hatches, catches, matches, and dispatches**, (rubrica di giornale che porta le nascite, i fidanzamenti, i matrimoni e i decessi) □ (*fam.*) **down the h.!**, cincin!
to hatch (2) [hætʃ], *v. t.* (*arte, disegno*) tratteggiare; ombreggiare (*archit.*) **hatched moulding**, modanatura tratteggiata.
hatch (3) [hætʃ], *n.* (*arte, disegno*) tratteggio; ombreggiatura.
hatchback [ˈhætʃbæk], **A** *a.* (*autom.*) con portellone posteriore. **B** *n.* auto con portellone posteriore.
hatchery [ˈhætʃəri], *n.* (*zootecnia*) **1** incubatoio industriale **2** vivaio (*di pesci*): **a trout h.**, un vivaio di trote.
hatchet [ˈhætʃit], *n.* **1** accetta; ascia **2** ascia di guerra. ● **h. face**, faccia affilata; lineamenti taglienti □ (*USA*) **h. job**, attacco malevolo, aspra critica □ (*USA*) **h. man**, sicario, killer; diffamatore, critico prezzolato □ **to bury the h.**, sotterrare l'ascia di guerra; fare la pace □ **to dig up** (*o* **to take up**) **the h.**, dissotterrare l'ascia di guerra; iniziare (*o* riprendere) le ostilità □ (*fig.*) **to throw the h.**, spararle grosse; esagerare.
hatching [ˈhætʃiŋ], *n.* (*arte, disegno*) tratteggio; ombreggiatura.
hatchment [ˈhætʃmənt], *n.* (*araldica*) scudo, stemma (*specialm. di defunto, appeso di traverso alla porta di casa o in chiesa*).
hatchway [ˈhætʃwei], *n.* (*naut.*) boccaporto.
hate [heit], *n.* odio; avversione. ● **He's my pet h.**, lo vedo come il fumo negli occhi.
to hate [heit], *v. t.* **1** odiare; avere in odio; detestare: **He hates work**, detesta il lavoro **2** (*fam.*) non piacere, dispiacere (*impers.*): **I h. having to get up early**, non mi piace dovermi alzare presto. ● (*fam.*) **to h. sb.'s guts**, detestare profondamente q.; odiare a morte q. (*fam.*).
hateable [ˈheitəbl], *V.* **hatable**.
hateful [ˈheitful], *a.* **1** odioso; detestabile: **a h. crime**, un odioso delitto **2** (*raro*) carico d'odio: **h. glances**, sguardi carichi d'odio.
hatefulness [ˈheitfulnis], *n.* odiosità.
hatful [ˈhætful], *n.* **1** cappellata; quanto sta in un cappello **2** (*fig.*) mucchio; sacco (*di cose*).
hath [hæθ], (*arc.*) *3ª pers. sing. del pres. indic.* di **to have**.
hatless [ˈhætlis], *a.* senza cappello.
hatpin [ˈhætpin], *n.* spillone per cappellino.
hatrack [ˈhæt-ræk], *n.* rastrelliera per cappelli.
hatred [ˈheitrid], *n.* odio; astio; avversione; ostilità.
hat stand [ˈhæt-stænd], *n.* attaccapanni a stelo.
hatter [ˈhætə*], *n.* cappellaio. ● **to be as mad as a h.**, essere matto da legare (*cfr.* Lewis Carroll, «Alice in Wonderland»).
hat tree [ˈhæt ˈtriː], (*USA*) *V.* **hat stand**.
hauberk [ˈhɔːbəːk], *n.* (*stor.*) usbergo; cotta di maglia.
haughtiness [ˈhɔːtinis], *n.* altezzosità; alterigia; arroganza; boria; orgoglio; superbia.
haughty [ˈhɔːti], *a.* altezzoso; altero; arrogante; borioso; orgoglioso; superbo: **h. contempt**, altezzoso disprezzo.
to haul [hɔːl], *v. t.* e *i.* **1** tirare; (*naut.*) alare; rimorchiare; trainare; trascinare: **to h. at** (**upon**) **a rope**, tirare una cima; **These tractors can h. enormous tree-trunks**, questi trattori possono trascinare tronchi enormi; **to h. a hawser**, alare un cavo; (*naut.*) **to h. ashore**, tirare a secco **2** trasportare (*su carro, autocarro e sim.*); convogliare; fare trasporti di: **to h. coal to the steelworks**, trasportare carbone all'acciaieria; **John hauls timber for a living**, Giovanni fa trasporti di legname per guadagnarsi la vita **3** (*naut.*) virare; accostare; orzare; far mutare rotta

have

(*una nave*) **4** (*del vento*) girare; mutare direzione **5** (*fig.*) cambiare idea; mutar corso d'azione: **He hauled around to my way of thinking**, abbandonò il suo modo di pensare per adottare il mio. ● (*naut.*) **to h. around**, (*del vento*) girare; bracciare (i pennoni) □ (*naut.*) **to h. down one's flag** (*o* **colours**), ammainare la bandiera; (*fig.*) arrendersi □ (*naut.*) **to h. in**, tesare, alare a bordo; recuperare (*cavi*) □ **to h. in the nets**, ritirare le reti □ (*naut.*) **to h. off**, orzare □ (*fam. USA*) **to h. off and hit sb.**, picchiare q. all'improvviso □ (*naut.*) **to h. offshore**, prendere il largo □ (*naut., mil.*) **to h. out of line**, uscire dalla formazione □ (*fig.*) **to h. sb. over the coals**, dare una lavata di capo a q.; strapazzare q. □ (*naut.*) **to h. upon the wind**, orzare; stringere il vento.

haul [hɔːl], *n.* **1** il tirare; il trascinare; forte strappo **2** distanza percorsa (*da un carico*); tirata (*fam.*); quantità di merce trasportata: **It's a long h. from London to Leeds**, è una bella tirata da Londra a Leeds **3** retata (*di pesce*) **4** (*fig.*) acquisto, guadagno, profitto **5** (*fig.*) bottino: **The burglars have made a good h. in the bank**, i ladri hanno fatto un grosso bottino nella banca. ● **over** (*o* **in**) **the long h.**, a lungo andare.

haulage [ˈhɔːlɪdʒ], *n.* **1** (*comm.*) trasporto; convogliamento: **coal h.**, trasporto del carbone **2** (*comm.*) costo (*o* prezzo) del trasporto **3** (*naut.*) alaggio **4** (*ind. min.*) carreggio. ● **h. contractor**, trasportatore; vettore □ **h. firm**, impresa autotrasporti □ **road h.**, trasporto (*di merci*) su strada.

haulaway [ˈhɔːləweɪ], *n.* (*autom.*) cicogna, coccodrillo, bisarca (*autotreno per il trasporto di automobili*).

hauler [ˈhɔːlə*], **haulier** [ˈhɔːljə*], *n.* **1** chi fa trasporti (*specialm. nelle miniere*); autotrasportatore **2** carrettiere **3** (*naut.*) rimorchiatore.

haulm [hɔːm], *n.* **1** (*bot.*) gambo; stelo (*di cereali, fagioli, ecc.*) **2** (*specialm.*) stoppia; paglia (*per ricoprire tetti, ecc.*).

haunch [hɔːntʃ], *n.* **1** (*anat.*) anca **2** (*macelleria*) coscia; quarto **3** (*archit.*) fianco (*di arco*). ● (*fam., anat.*) **h. bone**, osso iliaco.

to haunt [hɔːnt], *v. t.* **1** bazzicare; frequentare; praticare in (*un luogo*) **2** infastidire (*o* seccare) (q.) con visite importune **3** (*di fantasmi, spettri*) infestare: **When I was a boy, lots of places were said to be haunted**, quando ero piccolo, si diceva di molti luoghi che fossero infestati dai fantasmi (*o* che «ci si sentiva») **4** (*fig.*) ossessionare; perseguitare; tormentare: **Wartime memories haunted me**, i ricordi della guerra mi ossessionavano.

haunt [hɔːnt], *n.* **1** luogo di ritrovo; rifugio (*d'animali*); covo (*di criminali*): **to go back to the haunts of one's childhood**, tornare ai luoghi della propria infanzia; **That house is a h. of thieves**, quella casa è un covo di ladri **2** (*pop.*) fantasma; spettro.

haunted [ˈhɔːntɪd], *a.* **1** infestato (dagli spettri): **a h. house**, una casa infestata dagli spettri (*o* dove «ci si sente») **2** (*fig.*) ossessionato; perseguitato; tormentato.

haunter [ˈhɔːntə*], *n.* frequentatore assiduo.

haunting [ˈhɔːntɪŋ], *a.* ossessionante; incantevole; che perseguita: **a h. tune**, un motivo musicale ossessionante.

hautboy [ˈoʊbɔɪ], *n.* (*arc., mus.*) oboe.

hautboyist [ˈoʊbɔɪˌɪst], *n.* (*arc., mus.*) oboista.

haute couture [ˈoʊt kuːˈtʊə*] (*franc.*), *n.* alta moda.

hauteur [oʊˈtɜː*] *n.* (*lett.*) altezzosità; alterigia; superbia.

Havana [həˈvænə], *n.* **1** (*geogr.*) Avana **2** (*sigaro*) avana.

to have [hæv, həv, əv] (*pass. e p. p.* **had**), **A** *v. t.* **1** (*ausiliare, nella voce attiva*) avere; essere: «**Have you seen it?**» «**Yes, I have** (**No, I haven't**)», «l'hai visto?» «sì, l'ho visto (no, non l'ho visto)»; **He has been** (**gone, etc.**) **there**, è stato (andato, ecc.) là; **He had come back**, era ritornato; **Had you come earlier...**, se tu fossi venuto prima... **2** avere; possedere; ottenere; ricevere: **The school has a large playing ground**, la scuola ha un grande terreno da gioco; **He has a moustache**, ha i baffi; **He has no moustache**, non ha i baffi; **I've got a bald cold**, ho un brutto raffreddore; **Do you ever h. colds?**, ce l'hai mai il raffreddore?; **I had a toothache**, avevo il mal di denti; **We had fine weather all the time**, avemmo sempre tempo buono; **She is about to h.** (*o* **she's having**) **a baby**, sta per avere un bambino; **He hasn't** (*fam.*: **hasn't got**; *USA*: **doesn't h.**) **much time**, non ha molto tempo; **How much money h. you got?** (*USA*: **do you h.?**)?, quanto denaro (*fam.*: quanti soldi) hai?; **I had my work to do**, avevo il mio lavoro da fare; **I had your wire last night**, ebbi (o ricevetti) il tuo telegramma ieri sera; **We h.** (*o* **are having**) **people here tonight**, abbiamo gente (*o* ospiti) stasera; **I've always wanted to h. a sports car**, ho sempre desiderato (avere) un'auto sportiva; **There was nothing to be had**, non era possibile ottenere alcunché; non si poteva avere nulla **3** prendere: **May I h. this one?**, posso prendere questo?; **H. some more biscuits!**, prendi degli altri biscotti!; **H. a drink!**, prendi una bibita!; bevi qualcosa!; **H. no food**, non prender cibo **4** fare: **to h. a walk** (**a ride, a swim, a bath, a dance, a dream, a game, etc.**), fare una passeggiata (una cavalcata, una nuotata, un bagno, un ballo, un sogno, una partita, ecc.); **They're having a meeting**, stanno facendo una riunione; **to h. a song**, fare una cantatina; **to h. a drink**, fare una bevuta; **to h. a change**, fare un cambiamento; **to h. breakfast**, far colazione **5** (*seguito da un p.p.*) fare: **I must h. my hair cut**, devo farmi tagliare i capelli; **I'll h. you examined by a doctor**, ti farò visitare da un medico; **I had my watch repaired**, feci riparare l'orologio; **H. this done at once**, fallo fare subito **6** (*seguito da un inf. o da un p. pr.*) fare: **I'll h. the plumber do it**, lo farò fare all'idraulico; **He had us all laughing at his story**, con la sua storiella ci fece ridere tutti **7** (*anche* **to h. got**) avere da; dovere; toccare (*impers.*): **I h. to go to the dentist's**, devo andare dal dentista; **I h. to do my homework**, devo (*o* ho da) fare il compito (di casa); **You haven't** (*fam.*: **haven't got**; *USA*: **don't h.**) **to go to school today**, **h. you?**, non devi (mica) andare a scuola oggi, vero?; **I may h. to stay here**, può darsi che debba (*o* che mi tocchi) restar qui **8** permettere; tollerare: **I won't h. bad behaviour**, non permetto che ci si comporti male; **I can't h. him shouting like that**, non posso tollerare che urli così **9** avere alla propria mercé; tenere in pugno (*fig.*); avere la meglio su (q.): **I had my opponent now**, ormai, tenevo in pugno il mio avversario **10** (*fam., al passivo*) imbrogliare; ingannare; farla a (q.): **He has been had!**, s'è fatto fregare; **I have been had!**, me l'hanno fatta! **11** (*seguito da* **di**) dire; scrivere; asserire; sostenere: **as Seneca has it**, come dice Seneca; **The newspapers h. it that the firm will go bankrupt**, i giornali scrivono che la ditta è sull'orlo del fallimento; **He will h. it that your scheme is utopistic**, asserisce che il tuo piano è utopistico; **I h. it for certain**, lo so per certo **12** conoscere; sapere; parlare: **He has little Latin and no Greek**, conosce poco il latino e ancora meno il greco; **He has no English**, non sa (*o* non parla) l'inglese; **I h. it from a reliable source**, lo so (*o* l'ho) da fonte attendibile **13** mangiare; bere; fumare: **I've only had a hamburger for lunch**, ho mangiato soltanto un hamburger a colazione; **Let's h. a cigar**, fumiamoci un sigaro **14** (*pop.*) corrompere; comprare (*fam.*); **I'm afraid he has been had**, temo (che) si sia fatto comprare **15** (*idiom*.; *p. es., in*:) **Let me h. a look!**, fammi dare un'occhiata!; **to h. a read**, leggere un poco; **to h. a wash**, darsi una lavata; **Let me h. a try!**, fammi provare!; **Can I h. my Frisbee back, please?**, mi ridai il mio Frisbee, per piacere?; **Will you h. me stay or go?**, vuoi che resti o che me ne vada?; **What would you h. me do?**, cosa vorresti che facessi?; **I offered it to him, but he wouldn't h. it**, glielo offrii, ma lo rifiutò; **H. your homework done in an hour!**, che il tuo compito (a casa) sia finito entro un'ora!; **I'll h. your tyre mended in a minute**, ci metto un minuto a ripararti la gomma; **She had her bag snatched last night**, fu scippata ieri sera; **I had my leg broken**, mi ruppi una gamba; **Do you often h. dreams?**, sogni spesso? **B** *verbi composti* **1 to h. about one**, avere addosso (*o* con sé): **I haven't** (**got**) **any money about me**, non ho soldi con me. **2 to h. st. against sb.**, avere q.c. contro q. **3 to h. at**, attaccare, dare addosso a (q.); impegnarsi a fondo in (q.c.); darci sotto, darci dentro (*pop.*) □ (*arc.*) **H. at you!**, toccato! (*in un duello*). **4** (*pop.*) **to h. it away with sb.**, farsela con q.; andare a letto con q. **5 to h. back**, avere indietro, riavere (q.c.); fare ritornare, richiamare (q.). **6 to h. down**, calare, tirare giù (q.c.); fare venire (*dalla città*), invitare (q.): **I'll h. your ball down from the roof in no time**, ti tiro giù il pallone dal tetto in un attimo; **Let's h. them down for the weekend!**, invitiamoli per il fine settimana! **7 to h. in**, far entrare, invitare (*o* chiamare, avere (*in casa*: operai e sim.); avere in casa, essere provvisto di (q.c.): **We are having them in for tea**, li abbiamo invitati (*o* vengono) a prendere il tè; **We are having the carpet fitters in tomorrow**, domani abbiamo in casa i tappezzieri; **H. you got enough coffee in?**, hai abbastanza caffè (in casa)? □ (*fam.*) **to h. it in for sb.**, avercela con q. □ **to h. it in one** (**to do st.**), essere in grado (*o* capace) (di fare q.c.): **I always knew you had it in you** (**to succeed**), lo sapevo (*o* l'ho sempre saputo) che ne eri capace (che ce l'avresti fatta). **8 to h. off**, fare tagliare; fare togliere (q.c.); imitare, fare il verso a (q.); (*anche* **to h. got off**) sapere a memoria: **I'll h. this branch off**, farò tagliare questo ramo □ **You must h. the poem off for tomorrow**, dovete sapere a memoria la poesia per domani □ (*pop.*) **to h. it off with sb.**, farsela con q.; andare a letto con q. **9 to h. on**, avere indosso, indossare, portare (*abiti, ecc.*); avere addosso (*o* con sé); avere in programma; (*fam.*) prendere in giro (q.): **She had a new dress on**, indossava un vestito nuovo □ **She had nothing on**, non aveva niente indosso; era nuda □ **I h. no** (*o* **I don't h. any**) **money on me**, non ho soldi con me □ **Have you** (**got**) **anything on** (**for**) **tonight?**, hai qualcosa in programma (per) stasera?; (*fam.*) **to h. st. on sb.**, avere prove (*fam.*: qualcosa in mano) contro q. □ (*fam.*) **to h. nothing on sb.**, non essere da più di q.; non avere superiore a q.; non avere prove (*fam.*: niente in mano) contro q. □ (*fam.*) **Have you got the time** (**on you**)?, (per caso) sai che ora è? **10 to h. out**, farsi cavare, farsi togliere; finire, portare a ter-

have 424

mine; decidere, risolvere, mettere in chiaro (*fig.*): **to h. a molar (one's appendix**, etc.) **out**, farsi cavare un molare (togliere l'appendice, ecc.) ☐ **Let him h. his sleep out!**, lascia che finisca di dormire! ☐ **Let's h. the whole thing out!**, mettiamo in chiaro la faccenda!; parliamone fuori dai denti! ☐ **to h. it out with sb.**, avere una spiegazione con q.; mettere le cose in chiaro con q.; vedersela con q. **11 to h. sb. over**, far venire, invitare q. ☐ **to h. (it) over sb.**, essere da più di q.; essere (*o* sentirsi) superiore a q.: **He has it over me that he's got a girlfriend and I haven't**, si sente superiore a me (*o* si dà arie di superiorità) perché lui ha la ragazza e io no ☐ (*detto da donna gelosa, ecc.*) **What's Jill got over me?**, (che) cosa ha Giuliana più di me? (*o* in più, *o* che io non ho?). **12 to h. sb. round**, far venire, invitare q. **13 to h. up**, alzare, tirare su (q.c.); convocare, far venire, mandare a chiamare (q.); far venire, invitare (*in città*); citare in giudizio, portare in tribunale; denunciare: **The roadhog was had up for speeding**, il pirata della strada fu denunciato per eccesso di velocità ☐ **to h. one's temper up**, adirarsi; arrabbiarsi. ● (*leg.*) **to h. and to hold**, avere (*o* possedere) a pieno titolo (*di proprietà*) ☐ **to h. bad colds**, soffrire molto di raffreddore ☐ **to h. charge of sb.**, avere la responsabilità, essere responsabile di q. ☐ **to h. charge of st.**, avere in custodia q.c.; custodire q.c. ☐ **to h. to do with**, avere (*a*) che fare (*o* a che vedere) con (q., q.c.): **I don't want to h. anything to do with him**, non voglio aver nulla a che fare con lui ☐ **to h. done with**, cessare, smettere (*di fare q.c.*); averla fatta finita con, non volerne più sapere di (q.): **I've done with him!**, ho rotto i ponti con lui! ☐ **to h. done with it**, finirla, farla finita; non pensarci più: **H. done with it!**, falla finita! ☐ **to h. a few words with sb.**, scambiare qualche parola con q. ☐ (*pop.*) **to h. a down on sb.**, avercela con q. ☐ **to h. a fight with sb.**, battersi con q. ☐ **to h. fun**, divertirsi; spassarsela ☐ **to h. a good time**, divertirsi, spassarsela: **A good time was had by all**, ci divertimmo tutti moltissimo ☐ (*fam.*) **to h. had it**, essere finito (*o* rovinato, spacciato); essere esausto (*o* stremato); averci lasciato la pelle; aver perso l'ultima occasione (*fam.*: l'autobus); essere ormai fuori gioco (*fig.*); (*d'artista, cantante, ecc.*) aver fatto il proprio tempo, essere sorpassato ☐ **to h. lessons**, prendere (*o* ricevere) lezioni ☐ **to h. one's (own) way**, fare a modo proprio; averla vinta ☐ **to h. a quarrel with sb.**, avere (a) che dire con q. ☐ **to h. sex with sb.**, fare l'amore (*o* andare a letto) con q. ☐ **to h. a woman**, avere (*lett.*: possedere; *pop.*: farsi) una donna ☐ **to h. let h.**, fare avere (*una risposta, ecc.*); dare: **Let me h. your lighter**, dammi il tuo accendino ☐ (*fam.*) **to let sb. h. it**, dire a q. il fatto suo; non mandargliela a dire ☐ (*fam.*) **I h. it!** (*o* **I've got it**), ci sono!; ho capito!; (*anche*) lo so!, so rispondere! ☐ (*fam.*) **to h. it from the horse's mouth**, saperlo (*o* averlo saputo) dall'interessato ☐ **You have me** (*o* **you've got me wrong!**), mi hai preso in castagna!; un punto a tuo favore!; (*anche*) non lo so (proprio)!; mi arrendo! (*fig.*) ☐ **I'm not having any**, non ne prendo, non ne voglio (*fam.*) non ci sto più, non mi presto, non ne voglio più sapere! ☐ **I (you, etc.) had better**, farei (faresti, ecc.) meglio, sarebbe meglio che io (tu, ecc.: più *inf.* senza *to*): **You'd better go home at once**, faresti meglio ad andare subito a casa ☐ **I thought I'd better tell her**, pensavo fosse meglio dirglielo ☐ **I (you, etc.) had rather**, preferirei (preferiresti, ecc.); preferisco (preferisci, ecc.): **I'd rather play than study**, preferirei giocare piuttosto che studiare ☐ **Rumour has it that....**, corre voce che... ☐ **He had (got) failure coming to him**, andava incontro a un fallimento sicuro; c'era da aspettarselo (*o* era da dire) che sarebbe fallito ☐ (*di un prodotto*) **It's to be had at the grocer's**, lo si trova (*o* ce l'hanno) dal droghiere ☐ **There was none to be had**, non c'era proprio modo di trovarne; non se ne trovava (*o* non ce n'era) più.

have [hæv], *n.* (*fam.*) **1** imbroglio; inganno; fregatura (*pop.*) **2** (*solo al pl.*) abbienti; benestanti; ricchi; nazioni ricche: **the haves and have-nots**, i ricchi e i poveri; le nazioni ricche e quelle povere.

haven ['heivn], *n.* **1** (*naut.*) porto; porto di rifugio; ancoraggio; rada **2** (*fig., spesso* **h. of rest**) asilo; rifugio.

haven't ['hævnt], *contraz.* **have not**.

haversack ['hævəsæk], *n.* bisaccia; sacco (*per viveri, ecc.*).

havings ['hævɪŋz], *n. pl.* proprietà; possedimenti; averi: **all his havings**, tutti i suoi averi.

havoc ['hævək], *n.* devastazione; distruzione; rovina; strage. ● (*stor. e fig.*) **to cry h.**, dare il segnale del saccheggio; dare il via alla devastazione ☐ **to make h. of**, far strage di; distruggere; rovinare ☐ **to play h. among**, distruggere; devastare ☐ **to play h. with**, guastare; rovinare.

haw (1) [hɔ:], *n.* **1** (*bot., Crataegus oxyacantha*) biancospino **2** bacca del biancospino **3** (*arc.*) recinto.

haw (2) [hɔ:], *n.* (*zool.*) membrana nittitante (*del cavallo, del cane, ecc.*).

to haw [hɔ:], *v. i.* parlare esitando; fare ehm; titubare.

haw (3) [hɔ:], **A** *n.* esitazione (*nel parlare*). **B** *inter.* ehm!

Hawaii [haˈwaiˈi], *n.* (*geogr.*) Hawaii.

Hawaiian [haˈwaiːən], *a. e n.* hawaiano; (abitante) delle Hawaii. ● (*geogr.*) **the H. Islands**, le isole Hawaii.

hawbuck ['hɔːbək], *n.* contadino; villano; zotico.

hawfinch ['hɔːfɪntʃ], *n.* (*zool., Coccothraustes coccothraustes*) frusone.

haw-haw ['hɔː-'hɔː], **A** *inter.* ah! ah! **B** *n.* risata fragorosa; risata volgare.

hawk (1) [hɔːk], *n.* **1** (*zool., Falco*) falco; (*Accipiter*) sparviero **2** (*fig.*) avvoltoio; persona rapace **3** (*fig., polit.*) falco. ● (*zool.*) **h.'s-bill** (*Eretmochelys imbricata*), tartaruga embricata ☐ **h.-eyed**, dagli occhi di falco ☐ (*zool.*) **h. moth** (*Sphinx*), sfinge ☐ **h.-nosed**, dal naso aquilino ☐ (*fig., fam.*) **to know a h. from a handsaw**, avere sufficiente discernimento; essere dotato di senso comune; non prendere fischi per fiaschi (*fam.*).

to hawk (1) [hɔːk], **A** *v. i.* **1** cacciare col falco **2** (*polit.*) essere un falco. **B** *v. t.* cacciare; assalire (*la preda*) dall'alto. ● **to h. at**, assalire dall'alto.

to hawk (2) [hɔːk], **A** *v. t.* **1** vendere (*merce*) per la strada (*o* di casa in casa) **2** (*fig.*) diffondere, divulgare, spargere (*notizie e sim.*). **B** *v. i.* fare il venditore ambulante.

hawk (2) [hɔːk], *n.* (*edil.*) nettatoia; sparviero; vassoio.

to hawk (3) [hɔːk], **A** *v. i.* raschiarsi la gola. **B** *v. t.* espettorare. ● **to h. up phlegm**, espettorare; scatarrare.

hawk (3) [hɔːk], *n.* raschio (*alla gola*).

hawker (1) ['hɔːkə*], *n.* falconiere.

hawker (2) ['hɔːkə*], *n.* venditore ambulante.

hawking ['hɔːkɪŋ], *n.* caccia col falco; falconeria.

hawkish ['hɔːkɪʃ], **hawklike** ['hɔːk-'laɪk], *a.* **1** da falco; simile a falco **2** (*polit.*) di (*o* da) falco.

hawkishness ['hɔːkɪʃnɪs], *n.* (*polit.*) l'essere un falco (V. **hawk (1)**).

hawse [hɔːz], *n.* (*naut.*) **1** (*anche* **hawsepipe**) cubia; tubo di cubia **2** (*anche* **hawsehole**) occhio di cubia **3** parte del mascone dove si è alloggiata la cubia **4** distanza della prua dall'ancora. ● **h. flaps**, portelli di cubia.

hawser ['hɔːzə*], *n.* (*naut.*) gomenetta; gherlino.

hawthorn ['hɔːθɔːn], *n.* (*bot., Crataegus oxyacantha*) biancospino.

hay (1) [heɪ], *n.* fieno. ● **hay-barn**, fienile ☐ (*med.*) **hay fever**, febbre da fieno ☐ **hay-fork**, forca da fieno (*o* fienaia); forcone ☐ **hay harvest**, fienagione ☐ **hay-loader**, caricafieno (*macchina*) ☐ (*fam.*) **to hit the hay**, andare a letto ☐ (*fig.*) **to look for a needle in a bundle of hay**, cercare un ago in un mucchio di fieno ☐ **to make hay**, far fieno; falciare e rivoltare il fieno al sole ☐ (*fig.*) **to make hay of st.**, mettere q.c. sottosopra, in disordine ☐ (*fig.*) **to make hay while the sun shines**, battere il ferro finché è caldo.

to hay [heɪ], **A** *v. t.* (*raro*) **1** mettere (*un terreno*) a fieno **2** far fieno di (*erbe e sim.*). **B** *v. i.* far fieno.

hay (2) [heɪ], *n.* antica danza campestre (*assai movimentata*).

haybox ['heɪbɒks], *n.* cassa imbottita di fieno (*per tener calde le vivande*).

haycock ['heɪkɒk], *n.* mucchio di fieno (*nel campo*).

hayloft ['heɪlɒft], *n.* fienile.

haymaker ['heɪˌmeɪkə*], *n.* **1** chi fa fieno; falciatore (*o* falciatrice) di fieno **2** (*agric.*) fienatrice; schiacciafieno, voltafieno (*macchina*) **3** (*fam., sport*) forte pugno (*dato con moto semicircolare del braccio*); swing.

haymaking ['heɪˌmeɪkɪŋ], *n.* fienagione.

hayrack ['heɪræk], *n.* **1** rastrelliera per il fieno **2** carro da fieno.

hayrick ['heɪrɪk], *n.* cumulo di fieno; mucchio di fieno.

hayride ['heɪraɪd], *n.* scampagnata su un carro da fieno.

hayseed ['heɪsiːd], *n.* **1** semente del fieno **2** (*pop. USA*) contadino; villano.

haystack ['heɪstæk], V. **hayrick**.

hayward ['heɪwəd], *n.* (*stor.*) guardia campestre (*che sorveglia i recinti pubblici*).

haywire ['heɪwaɪə*], **A** *n.* fil di ferro per legare balle di fieno. **B** *a.* (*fam.*) **1** confuso; disordinato **2** improvvisato; fatto alla carlona; messo su alla meglio **3** sgangherato: **a h. train**, un treno sgangherato **4** (*di persona*) matto; pazzo; giù di testa (*fam.*). ● **to go h.**, ammattire; impazzire; scombussolarsi (*di uno strumento, ecc.*) guastarsi, impazzire.

hazard ['hæzəd], *n.* **1** gioco d'azzardo coi dadi **2** azzardo; rischio; pericolo; repentaglio: **a life full of hazards**, una vita piena di rischi; **to put to h.**, mettere a rischio (*o* a repentaglio) **3** caso; sorte; ventura **4** (*golf*) ostacolo naturale (*in un campo*). ● **at all hazards**, a qualunque costo ☐ (*biliardo*) **losing h.**, il mandare in buca la propria palla ☐ (*biliardo*) **winning h.**, (colpo che manda la palla dell'avversario) buca.

to hazard ['hæzəd], *v. t.* **1** rischiare; mettere a rischio (*o* a repentaglio): **Acrobats often h. their lives**, gli acrobati rischiano spesso la vita **2** arrischiare; azzardare: **to h. a remark**, arrischiare un'osservazione.

hazardous ['hæzədəs], *a*. **1** azzardato; arrischiato; rischioso; pericoloso: **a h. move**, una mossa rischiosa **2** casuale; fortuito.

hazardousness ['hæzədəsnis], *n*. **1** l'essere rischioso; pericolosità **2** casualità.

haze [heiz], *n*. **1** foschia; bruma; caligine; nebbia leggera **2** (*fig*.) confusione mentale **3** (*fotogr*.) velo.

to haze (1) [heiz], **A** *v. t.* annebbiare. **B** *v. i.* (*spesso* **to h. over**) annebbiarsi; offuscarsi.

to haze (2) [heiz], *v. t.* **1** (*naut*.) tormentare condannando a lavori pesanti **2** stuzzicare; tormentare **3** (*USA*) fare la «matricola» a (*studenti novellini*).

hazel [heizl], *n*. **1** (*bot*., *Corylus avellana*) nocciolo; avellano **2** (*anche* **hazelnut**) nocciola; avellana **3** verga d'avellano **4** color nocciola. ● **h.-eyed**, dagli occhi color nocciola.

hazelly ['heizəli], *a*. **1** (*di bosco*) pieno d'avellani **2** color nocciola.

haziness ['heizinis], *n*. **1** nebbiosità; foschia **2** (*fig*.) nebulosità; incertezza.

hazy ['heizi], *a*. **1** fosco; caliginoso; nebbioso: **h. weather**, tempo fosco **2** (*fig*.) confuso; indistinto; incerto; vago: **a h. view**, una vista confusa; **a h. idea**, un'idea vaga.

H-bomb ['eitʃbɔm], *n*. (*mil*.) bomba H.

to H-bomb ['eitʃbɔm], *v. t.* bombardare con bombe H.

he (1) [hi:; i:, hi, i], **A** *pron. pers.* 3ª *pers. sing. m*. **1** egli (*spesso sottinteso in ital*.): **«Where is your father?» «He is at home»**, «dov'è tuo padre?» «è a casa» **2** (*lett*.) colui: **He who steals shall be punished**, colui che (*o* chi) ruba sarà punito. **B** *n*. (*con nomi d'animali*) maschio: **Our dog is a he**, il nostro cane è un maschio. **C** *a. attr.* maschio (*spesso idiom*.): **a he-goat**, un capro (*o* caprone, becco). ● **a he-man**, un uomo forte, virile; un fusto (*fam*.).

he (2) [hi(:)], *inter*. (*di allegria*, *derisione*) ih!

he (3) [hi:], *n*. (*fam*.) chiapparello (*gioco infantile*).

head [hed], **A** *n*. **1** testa, capo (*anche fig*.); cima; capezzale; testata (*del letto*); estremità; promontorio; fonte; origine: **He struck me on the h.**, mi colpì sulla testa; **Your brother is taller than you by a h.**, tuo fratello ti supera di tutta la testa; **He's a hot h.**, è una testa calda; **Use your h.!**, usa la testa (*o* il cervello)!; **the h. of a nail**, la testa d'un chiodo; **five dollars a h.**, cinque dollari a testa; **to be at the h. of an army (of a business)**, essere alla testa d'un esercito (di un'azienda); **to lower one's h.**, abbassare il capo; **the h. of a family**, il capo d'una famiglia; un capofamiglia; **to sit at the h. of the table**, sedere a capotavola; **three hundred h. of cattle**, trecento capi di bestiame; **at the h. of the page**, in capo (*o* in cima) alla pagina; **Our candidate is at the h. of the poll**, il nostro candidato è in testa nelle votazioni; (*autom., mecc*.) **the cylinder h.**, la testa del cilindro; (*naut*.) **the h. of a mast**, la cima di un albero di nave; **at the h. of a staircase**, in cima alle scale; **the h. of a hammer**, la testa d'un martello; **the h. of a pier**, l'estremità d'un molo; (*geogr*.) **Beachy H.**, Capo Beachy **2** (*geogr*.) inizio (*d'un lago*); punto d'immissione (*di un fiume*): **at the h. of the lake**, all'inizio del lago **3** bacino (*per es*., idroelettrico); canale d'afflusso (*a un mulino*): **a good h. of water**, un bacino pieno d'acqua **4** (*fis*.) pressione (*per es*., *del vapore dell'acqua contenuta in un recipiente*): **available h.**, salto di pressione utilizzabile **5** (*bot*.) capolino; cespo; palla: **a clover h.**, un capolino di trifoglio; **a h. of lettuce**, un cespo di lattuga; **a cabbage with a good h.**, un cavolo con una bella palla **6** cappello di panna; colletto di schiuma (*di birra*, *ecc*.): **a glass of milk with a good h.**, un bicchiere di latte con un bel cappello di panna **7** capocchia: **the h. of a pin**, la capocchia d'uno spillo **8** fondo: **the h. of a barrel (of a cask)**, il fondo d'un barile (d'una botte); **the heads of a drum**, i fondi (*o* le pelli) d'un tamburo **9** punta; lama; taglio: **the h. of an arrow**, la punta d'una freccia; **the h. of an axe**, la lama di un'accetta; il taglio di un'ascia **10** capo; capitolo; paragrafo; punto; voce; intestazione, titolo (*V*. **heading**) **11** punta, testa (*d'un foruncolo*, *ecc*.) **12** (*fig*.) crisi; punto di massima tensione: **Things may soon come to a h.**, le cose possono giungere presto a una crisi **13** direttore, preside (*di scuola*) **14** (*fam*.) mal di testa (*specialm. conseguente a una sbornia*) **15** (*ind. min*.) galleria **16** (*mecc*.: *di motore*) testata **17** (*elettron., anche* **magnetic h.**) testina (*di registratore*, *ecc*.) **18** (*naut*.) prora, prua: **The ship was h. to the wind**, la nave aveva la prua controvento (*o* era alla cappa) **19** (*mecc*.) fungo (*di valvola*, *rotaia*, *ecc*.) **20** (*edil*.) traversa (*di porta o di finestra*) **21** (*mil*.) testata (*di missile*); ogiva **22** (*pop*.; *specialm. in combinazione*) drogato: **acid-h.**, chi si droga con LSD **23** (*pop. USA*) tifoso, fanatico; appassionato **24** (*fam*.) gabinetto. **B** *a. attr.* **1** capo; principale; primo: **the h. waiter**, il capo cameriere; **our h. office**, il nostro ufficio (*o* la nostra sede) principale **2** da testa; per la testa: **h. scarf**, un foulard; un fazzoletto da testa **3** di testa; situato in testa **4** (*naut*.) di prua; contrario: **h. wind**, vento di prua; **h. tide**, corrente contraria. ● **h. and shoulders**, di tutta la testa e delle spalle; (*fig*.) di gran lunga: **Tom is h. and shoulders above any other boy in the class**, Maso è di gran lunga superiore a qualsiasi altro ragazzo della classe □ **h.-and-shoulder photograph**, fotografia formato tessera □ (*autom*.) **h. clearance**, altezza libera □ **h. clerk**, capufficio, capo ufficio □ **h.-cloth**, copricapo □ (*fam*.) **h.-count**, censimento; sondaggio □ (*fam*.) **h.-counter**, chi fa un censimento, ecc. □ **h.-dress**, acconciatura, pettinatura; ornamento (*per il capo*) □ **h. first** (*o* **h. foremost**), a testa avanti, a capo in giù, a capofitto; (*fig*.) a precipizio, avventatamente □ (*sport*) **h. guard**, casco □ **h.-hunters**, cacciatori di teste □ **h.-money**, taglia (*su un bandito*); *V*. **h. tax** □ (*fam*.) **h. of flower** (*per* **h. of cauliflower**), palla di cavolo □ **a h. of hair**, una (bella) testa di capelli □ (*fam*.) **one's h. off**, completamente; eccessivamente; come un matto (*fam*.): **The baby yelled its h. off**, il bambino urlava come un matto □ **h.-on**, a testa avanti; frontalmente □ **h.-on collision**, una collisione (*o* un cozzo) frontale □ **h. over heels**, capovolto, sulla testa, a gambe all'aria; (*fig*.) fino in fondo, completamente: **to be h. over heels in debt**, essere indebitato fin sopra i capelli; **to be h. over heels in love**, essere innamorato cotto □ **h. porter**, portiere capo, primo portiere (*d'albergo*) □ (*sport*) **h. start**, vantaggio (*anche fig*.) □ (*naut*.) **h. sea**, mare di prua □ **h. tax**, tassa procapite; testatico □ **h.-to-h.**, (*sost*.) scontro ai ferri corti; (*agg*.) testa a testa; (*fig*.) ai ferri corti: **a h.-to-h. battle**, uno scontro ai ferri corti □ **h. to wind**, controvento □ (*mus*.) **h. voice**, registro di testa □ (*idraulica*) **h. water**, acqua a monte □ (*tipogr*.) **h.-word**, lemma, esponente □ **h.-work**, lavoro mentale; (*fam*.) lavoro di testa; (*calcio*) gioco di testa □ **to be at the h. of the class**, essere il primo della classe □ (*fig*.) **to beat sb.'s h. off**, battere (*o* sorpassare, vincere) q. completamente □ (*fam*.) **to bite sb.'s h. off**, mangiarsi vivo q. □ **to bury one's h. in the sand**, fare come lo struzzo □ (*zool*.) **a deer of the first h.**, un cervo che ha appena messo le corna □ (*naut*.) **(down) by the h.**, appruato □ **to drag sb. by the h. and ears**, trascinare q. a viva forza □ (*di un cavallo*) **to eat one's h. off**, mangiar molto e lavorare poco □ **to fall h. first** (*o* **h. foremost**), cadere a testa avanti (*o* a capo in giù, a capofitto) □ **from h. to foot**, da capo a piedi; da cima a fondo □ **to give a horse** (*fig*.: **a man**) **his h.**, allentare le redini a un cavallo (*fig*.: la briglia a un uomo) □ **to go to sb.'s h.**, dare alla testa a q.: **The whisky (success) has gone to his h.**, il whisky (il successo) gli ha dato alla testa □ **to have a big h.**, avere la testa grossa; (*fig*.) essere presuntuoso □ (*fig*.) **to have a (good) h. on one's shoulders**, avere la testa sulle spalle □ **to have a good h. for business**, avere il bernoccolo degli affari □ **to have a poor h. for figures**, essere poco abile nei calcoli □ (*fig*.) **to have a swollen h.**, essersi montato la testa □ **to keep one's h.**, tener la testa a posto; non perdere la testa □ (*fig*.) **to keep one's h. above water**, tenersi a galla; (*fig*.) farcela, (*specialm*.) non fare debiti □ (*fam*.) **to knock a plan on the h.**, mandare all'aria un progetto □ **to lose one's h.**, perdere la testa; non fare progressi; avanzare □ **to make h. against sb.**, tener testa a q.; far fronte a q. □ (*pop*.) **to be off** (*o* **out of**) **one's h.**, essere fuori di sé; esser giù di testa (*o* pazzo) □ (*fam*.) **off the top of one's h.**, a braccio, improvvisando □ **an old h. on young shoulders**, una persona saggia benché giovane □ **out of one's own h.**, di testa propria □ (*fig*.) **over sb.'s h.**, all'insaputa, senza il consenso di q., scavalcando q.: **He went over my h. to complain to the boss**, mi scavalcò andando a reclamare dal principale □ **to be promoted over the heads of other persons**, ricevere una promozione scavalcando altre persone □ **to put an idea into sb.'s h.**, mettere un'idea in testa a q. □ **to put an idea out of one's h.**, togliersi un'idea dalla testa □ **to put st. out of sb.'s h.**, far passare di mente q.c. a q. □ **to shake one's h.**, scuotere il capo (in segno di diniego, di disapprovazione, o di meraviglia) □ **to take an idea into one's h.**, mettersi in testa un'idea □ **to talk sb.'s h. off**, far venire il mal di capo a q. a furia di parlare; fargli una testa come un pallone □ **to talk over** (*o* **above**) **sb.'s h.**, parlare troppo difficile (perché q. possa capire) □ **to turn sb.'s h.**, far girare la testa a q. (*anche fig*.); dare alla testa a q.: **Success hadn't turned his h.**, il successo non gli aveva dato alla testa □ **to be unable to make h. or tail of it**, non saperci trovare né capo né coda; non capirci un'acca □ (*fam. USA*) **Heads up!**, attenzione! □ **to be weak in the h.**, avere poco sale in zucca; avere scarso comprendonio (*fam*.) □ (*ippica*) **to win (a race) by a h.**, vincere (una corsa) per una testa □ (*sport*) **to win by a short h.**, vincere di stretta misura □ (*pop*.) **I could do it standing on my h.**, lo saprei farlo a occhi chiusi □ **«Heads or tails?» «Heads — I win!»**, «testa o croce?» «testa — ho vinto io!» □ **Heads I win, tails you lose**, comunque vadano le cose, io ci guadagno e tu ci rimetti (*letteralm*.: «testa» vinco io, «croce» perdi tu) □ **On your h. be it!**, la colpa ricada sul tuo capo! □ **Let's put our heads together**, parliamone insieme!; consultiamoci! □ (*prov*.) **Two heads are better than one**, due teste valgono più di una.

head

to head [hed], **A** *v. t.* **1** capeggiare; capitanare; guidare; mettersi (*o* essere) a capo di; essere in testa a: **to h. a revolt**, capeggiare una rivolta; **to h. an army**, capitanare un esercito; **to h. an expedition**, essere a capo di una spedizione; **to h. a parade**, essere in testa a una sfilata **2** fornire di testa; fare la capocchia a (*uno spillo*) **3** intestare; intitolare **4** (*sport*) colpire (*la palla*) di testa **5** (*anche* **to h. down**) cimare, potare (*alberi, piante*) **6** aggirare la sorgente di (*un fiume*) **7** condurre; dirigere: **I headed the horse towards home**, diressi il cavallo verso casa **8** tener testa, far fronte a (q.) **9** (*raro*) decapitare. **B** *v. i.* **1** dirigersi; (*naut.*) fare rotta per: **The explorer headed eastward**, l'esploratore si diresse a oriente; **to h. for one's destination**, dirigersi alla propria meta **2** (*di piante, anche* **to h. up**) formare la cima (*o* il capolino); accestire **3** (*di fiume*) aver capo; nascere **4** (*di un foruncolo, ecc.*) maturare. ● (*sport*) **to h. the ball into goal**, fare gol di testa □ **to h. one's class**, essere il primo della classe □ **to h. home**, andare verso casa □ **h. off**, arrestare, intercettare; deviare, stornare, prevenire: **to h. off a herd of cattle**, arrestare una mandria di bovini; **to h. off an accident** (**a misunderstanding**, etc.), prevenire un'incidente (un'incomprensione, ecc.) □ **to h. up**, essere a capo di (*una spedizione, ecc.*); dirigere (*un'azienda, ecc.*) □ (*fig.*) **He's heading for trouble**, va in cerca di guai.

headache ['hedeik], *n.* **1** mal di testa; mal di capo; (*med.*) cefalea: **to have a bad h.**, aver un gran mal di testa **2** (*fam.*) grattacapo; seccatura; impresa (*fig.*).

headachy ['hedeiki], *a.* che ha il mal di testa.

headband ['hedbænd], *n.* **1** benda (*intorno al capo*); fermacapelli **2** (*legatoria*) capitello.

headboard ['hedbɔːd], *n.* testata del letto.

headcheese ['hedtʃiːz], *n.* (*cucina USA*) soppressata; coppa di testa.

headed ['hedid], *a.* **1** (*nei composti*) dalla testa...: **hot-h.**, dalla testa calda; esaltato **2** intitolato; intestato **3** (*mecc.*) con testa. ● **light-h.**, fatuo; sventato □ **two-h.**, che ha due teste; bicipite □ (*bot.*) **white-h. cabbage**, cavolo cappuccio.

header ['hedə*], *n.* **1** caduta a capofitto (*o* di testa) **2** tuffo di testa **3** (*edil.*) testata (*ing.*) collettore (*di tubi o tubazioni*) **5** (*edil.*) mattone messo di taglio (*o* di punta); «testa» **6** (*sport*) colpo di testa (*nel gioco del calcio*) **7** (*elettr.*) piastra (*per terminali*); basetta **8** (*mecc.*) ricalcatrice **9** intestazione (*di un messaggio*) **10** (*ind. min.*) sperone di roccia. ● (*edil.*) **h. bond**, assestamento di punta □ (*edil.*) **h. course**, ricorso di mattoni di punta.

headfast ['hedfaːst], *n.* (*naut.*) cavo di prua; cavo d'ormeggio.

headgear ['hedgiə*], *n.* **1** copricapo **2** acconciatura del capo **3** testiera (*di un cavallo*) **4** (*sport*) casco.

head-hunter ['hedˌhʌntə*], *n.* **1** cacciatore di teste **2** (*fig. USA*) cacciatore di talenti **3** (*fig. USA*) chi cerca personale direttivo per un'azienda **4** (*fam.*) chi ama mostrarsi (in pubblico) con personaggi influenti.

headiness ['hedinis], *n.* **1** impetuosità; avventatezza; precipitazione **2** (*del vino*) l'essere inebriante **3** l'essere eccitante, stimolante.

heading ['hediŋ], *n.* **1** intestazione; titolo; (*tipogr.*) titolo corrente, testata di pagina **2** rubrica; sezione **3** (*ind. min.*) galleria **4** (*aeron., naut.*) direzione; prua; prora **5** (*calcio*) gioco di testa.

headlamp ['hedlæmp], *n.* (*autom.*) faro (anteriore) proiettore. ● **h. wiper**, tergifaro.

headland ['hedlənd], *n.* **1** (*geogr.*) capo; promontorio **2** (*agric.*) striscia di terreno non arata (*in un campo*).

headless ['hedlis], *a.* **1** (*anche mecc.*) senza testa: **h. bolt**, bullone senza testa **2** senza capo; senza guida **3** (*fam.*) scervellato; senza testa; sventato.

headlight ['hedlait], *n.* **1** (*autom.*) faro; proiettore **2** (*naut.*) luce di posizione anteriore.

headline ['hedlain], *n.* **1** (*in un giornale, ecc.*) titolo; testata **2** (*tipogr.*) titolo **3** (*pl., radio, telev.*) sommario **4** (*naut.*) V. **headrope**. ● (*fam.*) **to make** (*o* **to hit**) **the headlines**, fare notizia; (*di persona*) avere gli onori della cronaca, diventare famoso.

headlong ['hedlɒŋ], **A** *avv.* **1** a testa avanti; a capofitto **2** (*fig.*) precipitosamente; impetuosamente. **B** *a.* **1** precipite (*lett.*); a capofitto: **a h. fall**, una caduta a capofitto **2** (*fig.*) precipitoso; impetuoso; avventato: **a h. move**, una mossa avventata. ● **a h. dive**, un tuffo di testa.

headman ['hedmæn], *n.* (*pl.* **headmen**) **1** capo; capotribù **2** caposquadra di operai **3** (*ind. min.*) agganciatore, vagonaio.

headmaster ['hedˈmɑːstə*], *n.* (*scuola*) direttore, preside (*di scuola*).

headmastership ['hedˈmɑːstəʃip], *n.* direzione, presidenza (*di una scuola*).

headmistress ['hedˈmistris], *n.* direttrice, preside (*di scuola*).

headmost ['hedmoust], *a.* che è in testa; più avanzato; primo.

headphone ['hedfoun], *n.* (*acustica*) **1** auricolare **2** (*pl.*) cuffia; auricolare.

headpiece ['hedpiːs], *n.* **1** copricapo **2** (*stor., mil.*) elmo; elmetto **3** (*fig.*) testa; cervello; intelligenza; mente **4** cuffia; auricolare **5** (*tipogr.*) capopagina; frontone; testata.

headquarters ['hedˈkwɔːtəz], *n. pl.* (*spesso col verbo al sing.*) **1** (*mil.*) quartier generale **2** (*la*) centrale (*della polizia*) **3** (*comm., fin.*) sede centrale **4** (*fig.*) sede; luogo di raduno; ritrovo. ● **h. staff**, (gli ufficiali del)lo stato maggiore.

headrest ['hed-rest], *n.* **1** poggiacapo **2** (*autom.*) appoggiatesta; poggiatesta.

headroom ['hed-rum], *n.* **1** (*costr., edil.*) altezza libera (di passaggio) **2** (*ind. min.*) altezza (*di cantiere sotterraneo*); (*anche*) franco verticale.

headrope ['hedroup], *n.* **1** (*naut.*) gratile; ralinga **2** (*ind. min.*) fune di trazione (*o* d'estrazione).

headset ['hedset], *n.* (*acustica*) cuffia; auricolare.

headship ['hedʃip], *n.* comando; autorità suprema; guida.

headshrinker ['hedˌʃriŋkə*], *n.* **1** (*scherz.*) psichiatra **2** cacciatore di teste (*che essicca e riduce di dimensioni le teste recise*).

headsill ['hedsil], *n.* (*edil.*) architrave (*di porta o finestra*).

headsman ['hedzmən], *n.* (*pl.* **headsmen**) boia; carnefice.

headspring ['hedspriŋ], *n.* **1** fonte (*anche fig.*); sorgente; origine **2** (*ginnastica*) capriola in appoggio sul capo.

headstall ['hedstɔːl], *n.* testiera (*del cavallo*).

headstand ['hedˌstænd], *n.* (*ginnastica*) verticale.

headstock ['hedstɒk], *n.* (*mecc.*) testa, tappo fisso (*di tornio, ecc.*).

headstone ['hedstoun], *n.* **1** pietra tombale; lapide **2** (*edil.*) pietra angolare **3** (*archit.*) chiave di volta.

headstrong ['hedstrɒŋ], *a.* caparbio; ostinato; testardo.

headstrongness ['hedstrɒŋnis], *n.* caparbietà; ostinatezza; testardaggine.

headteacher ['hedˈtiːtʃə*], *n.* preside (*di scuola*).

headwaters ['hedˌwɔːtəz*], *n. pl.* sorgenti: **the h. of the Nile**, le sorgenti del Nilo.

headway ['hedwei], *n.* **1** movimento in avanti; marcia avanti; (*fig.*) progresso **2** (*naut.*) abbrivio in avanti **3** (*costr.*) altezza libera (*per es.: d'un arco, di una galleria*). ● (*fig.*) **to make h.**, far progressi.

headwind ['hedwind], *n.* vento contrario.

headword ['hedwəːd], *n.* (*tipogr.*) esponente; lemma.

headwork ['hedwəːk], *n.* **1** lavoro mentale; lavoro di testa **2** (*sport*) gioco di testa.

headworks ['hedwəːks], *n. pl.* (*ing.*) opere a monte.

heady ['hedi], *a.* **1** impetuoso; avventato; precipitoso **2** (*di bevanda alcolica*) che dà alla testa; inebriante (*anche fig.*) **3** caparbio; testardo **4** (*fig.*) esaltante; entusiasmante **5** esaltato; inebriato: **h. with success**, inebriato dal successo.

to heal [hiːl], **A** *v. t.* **1** guarire; sanare; risanare: **to h. the sick**, guarire gli ammalati; **to h. a wound**, sanare una ferita; **to h. a grief**, sanare un dolore **2** (*fig.*) aggiustare; comporre; rimediare: **to h. a quarrel**, comporre una lite. **B** *v. i.* **1** guarire; rimettersi in salute **2** (*di ferita*) cicatrizzarsi; rimarginarsi: **The wound healed in a few days**, la ferita si rimarginò in pochi giorni. ● **h.-all**, rimedio universale; panacea; (*bot., Prunella vulgaris*) brunella.

healer ['hiːlə*], *n.* **1** guaritore; risanatore **2** (*fig.*) rimedio.

healing ['hiːliŋ], **A** *a.* che sta guarendo **2** curativo; medicamentoso; salutare: **h. ointments**, unguenti medicamentosi. **B** *n.* guarigione.

health [helθ], *n.* **1** salute; sanità: **good** (**poor**) **h.**, buona (cattiva) salute **2** brindisi **3** (*fig.*) prosperità. ● **h. certificate**, certificato medico □ **h. food**, cibo macrobiotico □ **h. inspection**, controllo sanitario □ **h. insurance**, assicurazione contro le malattie □ (*ass.*) **private h. insurance**, assicurazione volontaria contro le malattie □ **h. officer**, ufficiale sanitario □ **h. resort**, luogo di cura; stazione climatica □ **h. spa**, stazione termale (*per cure dimagranti, ecc.*) □ **bill of h.**, patente sanitaria □ **to drink** (**to**) **the h. of sb.**, bere alla salute di q.; fare un brindisi a q. □ **Ministry of H.**, Ministero della Sanità.

healthful ['helθful], *a.* **1** salubre; salutare; igienico **2** (*raro*) sano.

healthfulness ['helθfulnis], *n.* **1** salubrità **2** (*raro*) sanità.

healthiness ['helθinis], *n.* **1** sanità; (buona) salute **2** salubrità.

healthy ['helθi], *a.* **1** sano; che gode buona salute: **h. children**, bambini sani **2** salubre; salutare; igienico: **a h. climate**, un clima salubre **3** (*fam.*) forte; vigoroso: **a h. appetite**, un forte appetito **4** (*fig.*) prospero; fiorente; sano **2**: **a h. economy**, un'economia prospera (*o* sana).

heap [hiːp], *n.* **1** mucchio; cumulo; ammasso; catasta; monte (*fig., fam.*): **a h. of rubbish**, un mucchio d'immondizia; (*fam.*) **a h. of money**, un mucchio di soldi. ● (*fam.*) **heaps of time**, un sacco di tempo; molto tempo □ (*fam.*) **heaps of times**, un mucchio di volte; spessissimo □ (*fam.*) **to feel heaps better**, stare molto meglio □ (*fam.*) **to be knocked** (*o* **struck**) **all of a h.**, rimanere prostrato (*o* stordito).

to heap [hiːp], *v. t.* **1** ammucchiare; accatastare; ammonticchiare;

to h. (up) sacks, ammucchiare sacchi **2** accumulare; ammassare: **to h. up riches**, accumulare ricchezze **3** dare in gran quantità; profondere; riversare: **I heaped gifts upon her**, profusi doni su di lei **4** caricare; colmare: **to h. sb. with favours**, colmare q. di favori. ● **to h. insults on sb.**, coprire q. d'insulti □ **to h. stacks of wood**, accatastare la legna □ **a heaped** (*USA*: **heaping**) **spoonful**, un cucchiaio colmo.

to hear [hiə*] (*pass.* e *p. p.* **heard**), A *v. t.* e *i.* **1** udire; sentire (*fam.*); sentirci; intendere: **I can h. nothing**, non sento nulla; **My mother doesn't h.** (*o* **cannot h.**) **very well**, mia madre non ci sente bene; **We heard him call for help**, l'udimmo chiedere aiuto **2** ascoltare; dare ascolto; esaudire: **H. this piece of news**, ascolta questa notizia!; **I cannot h. you now**, non posso darti ascolto ora; **He heard my entreaties**, diede ascolto alle (*o* esaudì le) mie suppliche **3** sentire; apprendere; imparare; ricevere (*una notizia*): **Have you heard the latest?**, hai sentito l'ultima? **4** (*leg.*) ascoltare (*testimonianze*); esaminare (*prove*); giudicare (*una causa*); escutere (*testi*): **The case will be heard next week**, la causa sarà giudicata la prossima settimana; **The committee will h. tens of witnesses**, la commissione escuterà decine di testimoni. B *verbi composti* **1 to h. about**, venire a sapere; apprendere; sentir parlare di; avere notizia, sapere, sentire di: **Did you h. about the reception?**, hai saputo (*o* sentito) del ricevimento?; **Have you heard about Jack being arrested?**, hai sentito che hanno arrestato Gianni?; **I've been hearing a lot about that teacher**, ho sentito parlare molto di quell'insegnante. **2 to h. from sb.**, ricevere (*o* avere) notizie da q.: **I haven't heard from him for a month**, è un mese che non ho sue notizie □ **You will h. from my solicitor**, Le scriverà il mio avvocato □ **You'll h. from me later!**, mi sentirai!; faremo i conti! (*minaccia*). **3 to h. of**, sentir parlare di; sentir dire che; avere notizia, sentire, sapere di: **I never heard of him**, non ne ho mai sentito parlare; non lo conosco neanche di nome; **I've never heard of a girl hitting her mother**, non ho mai sentito dire che una ragazza abbia picchiato la madre; **I've heard quite a lot of him recently**, di recente ho sentito parlare moltissimo di lui; **He was never heard of again**, non se ne seppe più nulla. **4 to h. sb. out**, ascoltare q. fino in fondo (*o* fino all'ultimo). ● **to h. a sermon**, ascoltare una predica □ (*fam.*) **to h. tell of st.**, sentir dire (*o* sentire parlare) di q.c. □ (*comm.*) **hoping to h. from you as soon as possible**, nell'attesa di una Vostra gradita, sollecita risposta □ **to make oneself heard**, farsi sentire □ **I can't h.!**, non ci sento!; (*tel.*) non si sente (nulla)! □ **He will not h. of it**, non vuol sentirne parlare; non vuol saperne □ **I won't h. of such a thing**, neanche a parlarne! □ **My father wouldn't h. of it**, mio padre non volle saperne □ **You will h. about it (later)!**, ne riparleremo poi!; se ne riparlerà!; faremo i conti! (*minaccia*). □ **H.! h.!**, udite! udite!; bene!; bravo! (*anche iron.*); questa è bella!

hearable ['hiərəbl], *a.* udibile.

heard [hə:d], *pass.* e *p. p.* di **to hear**.

hearer ['hiərə*], *n.* uditore, uditrice; ascoltatore, ascoltatrice.

hearing ['hiəriŋ], *n.* **1** udito: **His h. is not very good**, ha l'udito poco buono **2** udienza; ascolto; indagine conoscitiva: **to give sb. a h.**, dare udienza a q. **3** (*leg.*) udienza. ● (*med.*) **h. aid**, apparecchio acustico (per sordità); protesi acustica □ **to gain** (*o* **to get**) **a h.**, riuscire a farsi ascoltare □ **to be hard of h.**, esser duro d'orecchi □ **to give sb. a fair h.**, ascoltare q. imparzialmente; dar modo di spiegarsi (*o* discolparsi, ecc.) □ **out of h.**, troppo lontano per essere udito □ **within h.**, a portata d'orecchio □ **It was said in my h.**, l'ho sentito con le mie orecchie □ **Don't speak in his h.!**, non parlare quando lui può sentire!

to hearken ['ha:kən], *v. i.* — (*lett.*) **to h. to**, dare ascolto a, ascoltare attentamente (q.).

hearsay ['hiəsei], *n.* sentito dire; diceria; pettegolezzo; voce: **to know st. by h.**, saper q.c. per sentito dire. ● (*leg.*) **h. evidence**, testimonianza fondata su dicerie.

hearse [hə:s], *n.* **1** carro funebre **2** (*arc.*) bara.

heart [ha:t], *n.* **1** cuore (*anche fig.*); affetto; anima; animo; coraggio; centro; mezzo; grumolo: **h. disease**, malattia del cuore; mal di cuore; **a man with a good h.**, un uomo dal cuore buono; **He has no h.**, non ha cuore; **I know in my h. that...**, il cuore mi dice che...; **the h. of the tree**, il cuore del legno; **the h. of a rope**, l'anima d'una corda; **the h. of a cabbage**, il grumolo d'un cavolo; **the queen of hearts**, la regina di cuori (*nelle carte*); **in the h. of the jungle (of the city)**, nel cuore della giungla (della città) **2** (*fig.*) cuore; essenza; nocciolo (*di un problema, ecc.*): **the h. of the matter**, il nocciolo della faccenda **3** (*di terreno*) fertilità; produttività: **This land is out of h.**, questa terra ha perduto la sua fertilità **4** (*naut.*) anima (*di un albero*) **5** (*naut.*) bigotta a mandorla **6** (*alle carte*) (carta di) cuori: **I've only one h. (left) in my hand**, ho soltanto un cuori in mano. ● **h. and soul**, anima e corpo, con tutta l'anima □ (*fig.*) **h.('s)-blood**, sangue vitale; vita □ **h.-break**, gran dolore; crepacuore □ **h.-breaking**, straziante; assai doloroso □ (*fam.*) **a h.-breaking task**, un compito fastidioso, sgradito □ **h.-broken**, col cuore infranto; afflitto, affranto, straziato □ **h.-burning**, astio; rancore □ (*med.*) **h. complaint**, difetto (*o* vizio) cardiaco □ (*med.*) **h. disease**, malattia di cuore; cardiopatia □ **h.'s ease**, tranquillità d'animo; (*bot.*, *Viola tricolor*) viola del pensiero □ (*med.*) **h. failure**, colpo apoplettico; infarto □ **h.-free**, che ha il cuore libero □ (*fig.*) **hearts of oak**, uomini coraggiosi □ (*fisiologia*) **h. rate**, frequenza cardiaca □ **h.-rending**, straziante □ **h.-shaped**, cuoriforme □ (*fig.*) **h.-strings**, le corde del cuore; i sentimenti più profondi □ **h.-throb**, battito cardiaco; (*fig.*) passione, amore; (*fam.*) fiamma, innamorato, innamorata □ **a h.-to-h. talk**, un discorso fatto col cuore in mano; un discorso franco, schietto □ **h.-warming**, caloroso; che fa bene al cuore; generoso: **a h.-warming offer**, un'offerta generosa □ **h.-whole**, che ha il cuore libero, non innamorato; sincero, schietto; intrepido, coraggioso □ **after one's (own) h.**, secondo i propri desideri; (*di persona*) di proprio gusto, che va a genio □ **at h.**, in cuor proprio; fondamentalmente, in fondo □ **to break sb.'s h.**, spezzare il cuore a q. □ **to cry one's h. out**, sciogliersi (*o* struggersi) in lacrime □ **to die of a broken h.**, morire di crepacuore □ **to eat one's h. out**, consumarsi dal dolore; rodersi il fegato □ **from the bottom of one's h.** (*o* **from the h.**), di cuore; sinceramente □ **to get** (*o* **to learn**) **st. by h.**, imparare q.c. a memoria □ **to get to the h. of the matter**, andare al fondo d'una faccenda □ **to give one's h. to sb.**, donare il proprio cuore, dare il proprio affetto a q. □ (*fam.*) **to have a h.**, avere sentimenti; non essere senza cuore: **Have a h.!**, sii buono!; (*iron.*) ma via! (*o* fammi il piacere!, ecc.) □ **to have the h. to do st.**, avere il coraggio di fare q.c. □ **to have st. at h.**, avere q.c. a cuore □ **to have one's h. in st.**, avere interesse per q.c.; avere a cuore q.c. □ **to have one's h. in one's boots**, sentirsi venir meno il cuore; essere scoraggiato □ (*fam.*) **to have one's h. in one's mouth**, avere il cuore in gola; avere la tremarella □ **to have one's h. in the right place**, essere pieno di cuore; avere nobili sentimenti □ **to have one's h. in one's work**, avere a cuore il proprio lavoro □ **in one's h. of hearts**, nell'intimo del cuore □ **to keep a good h.**, farsi cuore; tenere duro □ **to lay st. to h.**, chiudersi q.c. in cuore; fare gran conto di q.c. (*un avvenimento, un consiglio*) □ **to lose h.**, scoraggiarsi; avvilirsi; perdersi d'animo □ **to lose one's h. to sb.**, innamorarsi perdutamente di q. □ **to be out of h.**, essere scoraggiato □ (*anat.*) **right (left) h.**, settore destro (sinistro) del cuore □ **searchings of h.**, angosce; timori □ **to set one's h. on st.**, desiderare ardentemente q.c. □ **a small h.**, (*alle carte*) una carta bassa, di cuori (*un due, un tre, ecc.*) □ (*med.*) **smoker's h.**, tachicardia (*in chi fuma troppo*) □ **to take** (*o* **to pluck up**) **h.**, prendere cuore; farsi coraggio □ **to take st. to h.**, prender q.c. a cuore; fare gran conto di q.c. □ **to one's h.'s content**, a proprio piacimento; con grande soddisfazione □ **a union of hearts**, un'unione basata sull'affetto; un matrimonio d'amore □ **to wear one's h. upon one's sleeve**, parlare col cuore in mano; avere il cuore sulle labbra □ **to win the h. of sb.**, conquistare il cuore (*o* l'affetto) di q. □ **with all one's h.**, di tutto (*o* vero) cuore □ **with a heavy h.**, a malincuore, malvolentieri □ **with a light h.**, a cuor leggero, serenamente □ (*vocat.*) **dear** (*o* **sweet**) **h.**, anima mia!; tesoro! □ **It does my h. good**, mi fa bene al cuore; mi allieta molto □ **Can you have the h.** (*o* **can you find it in your h.**) **to do it?**, ti basta (*o* ti regge) il cuore di farlo? □ **My h. sank at the sight**, mi sentii mancare il cuore a quella vista □ (*prov.*) **Kind hearts are more than coronets**, gentilezza d'animo vale più che nobiltà di nascita.

to heart [ha:t], *v. t.* (*raro*) rincuorare; incoraggiare.

heartache ['ha:t,eik], *n.* accoramento; angoscia; patema.

heartbeat ['ha:t,bi:t], *n.* battito cardiaco; pulsazione; batticuore.

heartburn ['ha:t,bə:n], *n.* (*med.*) bruciore di stomaco; pirosi.

hearted ['ha:tid], *a.* (nei composti, per es.:) **cold-h.**, freddo, insensibile; **half-h.**, esitante; tiepido; **hard-h.**, che ha il cuore duro, di sasso; insensibile; **light-h.**, felice, spensierato.

to hearten ['ha:tn], A *v. t.* (spesso **to h. up**) rincuorare; incoraggiare: **I heartened up the poor widow**, rincuorai la povera vedova. B *v. i.* rincuorarsi; riprendere coraggio; farsi animo.

heartening ['ha:tniŋ], *a.* incoraggiante; rincuorante.

heartfelt ['ha:t,felt], *a.* profondo (*fig.*); sincero; vivo: **h. sympathy**, profonda (*o* viva) simpatia.

hearth [ha:θ], *n.* **1** focolare; (*fig.*) focolare domestico, casa **2** (*metall.*) letto di fusione; suola **3** (*naut.*) cucina di bordo. ● (*metall.*) **h. furnace**, forno Martin □ **h. rug**, tappeto davanti al focolare.

hearthstone ['ha:θ,stoun], *n.* **1** piastra del focolare **2** pietra per imbiancare focolari; pomice **3** (*fig.*) focolare domestico; casa.

heartily ['ha:tili], *avv.* **1** cordialmente; di cuore: **I thank you h.**, ti ringrazio di cuore **2** con grande entusiasmo; vigorosamente: **I threw myself into my work h.**, mi misi al lavoro con grande entusiasmo **3** di buon appetito: **I ate h.**, mangiai di buon appetito **4** completamente, totalmente; assai, molto: **to be h. glad**, essere assai lieto. ● **I am h. sick of it**, sono arcistufo di

heartiness

(tutto) ciò.
heartiness ['ha:tinis], *n*. **1** cordialità; sincerità; calore (*fig.*) **2** giovialità; cordialità; allegria **3** entusiasmo; passione **4** vigoria; robustezza; vigore.
heartland ['ha:t,lænd], *n*. cuore, zona centrale (*di un paese, di un continente, ecc.*).
heartless ['ha:tlis], *a*. **1** senza cuore; crudele; insensibile **2** (*arc.*) scoraggiato; privo d'entusiasmo.
heartlessness ['ha:tlisnis], *n*. **1** mancanza di cuore; crudeltà; insensibilità **2** (*arc.*) scoraggiamento.
heartsick ['ha:t-sik], *a*. afflitto; affranto.
heartsore ['ha:t-sɔ:*], *a*. accorato; addolorato.
heartwood ['ha:t,wud], *n*. (*bot.*) durame; cuore del legno.
hearty ['ha:ti], **A** *a*. **1** cordiale; caloroso (*fig.*); sincero; vivo: **a h. welcome**, calorose accoglienze; **h. sympathy**, viva simpatia **2** profondo (*fig.*); forte: **a h. dislike**, una forte antipatia **3** sano; vigoroso; vegeto: **The old man is still hale and h.**, quel vecchio è ancora arzillo e vegeto **4** abbondante; buono: **a h. meal**, un pasto abbondante; **a h. appetite**, un buon appetito **5** (*fam.*) esuberante; festoso; vivace **6** (*di terreno*) fertile **7** (*fam.*) sportivo. **B** *n*. (*nelle università inglesi*) studente che esercita lo sport; atleta. ● **to be a h. eater**, mangiare di buon appetito; essere una buona forchetta (*fig.*) □ **a h. laugh**, una risata di cuore; una bella risata □ (*arc.*) **My hearties!**, miei prodi!
heat [hi:t], *n*. **1** calore (*anche fig.*); caldo; ardore, fervore, foga, impeto: **The plants are suffering from the h.**, le piante soffrono per il (gran) caldo; **to plead with great h.**, perorare con gran calore; **in the h. of discussion**, nella foga della discussione; **in the h. of the battle**, nel fervore della battaglia; nel mezzo della mischia **2** sapore piccante: **the h. of red pepper**, il sapore piccante del peperoncino rosso **3** (*sport*) eliminatoria; batteria **4** (*metall.*) infornata; colata **5** (*zool.*) calore; estro: **a bitch in h.**, una cagna in calore; **to go in** (*o* **into, on**) **h.**, andare in calore **6** (*pop.*) imposizione; coercizione; pressione. ● (*aeron.*) **h. barrier**, barriera del calore □ (*fis.*) **h. conductivity**, conduttività termica □ **h. convector**, termoconvettore □ (*med.*) **h.-cure** (*o* **h.-treatment**), termoterapia □ (*fis.*) **h. engine**, macchina termica □ (*ing.*) **h. exchanger**, scambiatore di calore □ (*med.*) **h. exhaustion**, collasso da calore □ (*elettr.*) **h. lamp**, lampada a raggi infrarossi □ **h. lightning**, lampi estivi (*per la calura*); fulmine muto □ **h.-proof**, a prova di calore; antitermico; atermico □ (*med.*) **h. rash**, infiammazione cutanea; calore (*fam.*) □ **h.-resistant**, resistente al calore; termoresistente □ (*miss.*) **h. shield**, scudo termico □ (*elettron.*) **h. sink**, dissipatore □ **h.-spot**, lentiggine □ (*med.*) **h.-stroke**, colpo di calore □ **h. wave**, ondata di caldo □ (*sport*) **a dead h.**, una gara alla pari; una prova nulla □ (*fis.*) **latent h.**, calore latente □ (*med.*) **prickly h.**, malattia della pelle propria dei climi caldi □ (*fis.*) **specific h.**, calore specifico □ (*metall.*) **white h.**, calore bianco (*fig.*) acuta eccitazione □ (*fig., fam.*) **The h.'s on!**, la situazione si fa tesa; comincia a far caldo (*fig.*).
to heat [hi:t], **A** *v. t*. scaldare; riscaldare; infiammare (*fig.*): **to h. (up) a room**, scaldare una stanza; **to h. up the broth**, riscaldare il brodo. **B** *v. i*. **1** scaldarsi; riscaldarsi **2** (*fig.*) accalorarsi; infiammarsi.
heated ['hi:tid], *a*. **1** riscaldato **2** (*fig.*) accalorato; acceso; animato: **a h. debate**, un animato dibattito **3** (*fig.*) adirato; arrabbiato. ● **to get h. with whisky**, eccitarsi col whisky.
heatedly ['hi:tidli], *avv*. calorosamente; appassionatamente.
heater ['hi:tə*], *n*. **1** apparecchio di riscaldamento; calorifero; riscaldatore **2** (*autom.*) impianto di riscaldamento **3** (*pop. USA*) pistola. ● **bath h.**, scaldabagno □ **electric h.**, stufa elettrica □ **food h.**, scaldavivande □ **gas h.**, apparecchio di riscaldamento a gas.
heath [hi:θ], *n*. **1** brughiera; landa **2** (*bot.*, *Erica*) erica **3** (*bot.*, *Tamarix gallica*) cipressina; scopa marina **4** (*bot.*, *Aristida dichotoma* **5** (*bot.*) *Empetrum nigrum*. ● (*bot.*) **h. bell**, (*Erica tetralyx*) macchiaiola; *Erica cinerea*; *Cassiope mertensiana* **6** (*bot.*) **h.-berry**, bacca di mirtillo (*o di altra pianta di brughiera*) □ (*zool.*) **h. cock** (*Lyrurus tetrix*), maschio del fagiano di monte.
heathen ['hi:ðən], **A** *n*. **1** pagano, pagana; infedele **2** barbaro; selvaggio (*anche fig.*): **These boys behave like young heathens**, questi ragazzi si comportano da piccoli selvaggi. **B** *a*. **1** pagano **2** barbaro **3** **h. land**, un paese barbaro.
heathendom ['hi:ðəndəm], *n*. **1** paganesimo **2** paganità; mondo pagano.
heathenish ['hi:ðəniʃ], *a*. **1** pagano; paganeggiante **2** barbaro.
heathenism ['hi:ðənizəm], *n*. **1** paganesimo **2** barbarie.
to heathenize ['hi:ðənaiz], **A** *v. t*. **1** render pagano; paganizzare **2** imbarbarire. **B** *v. i*. **1** diventar pagano **2** imbarbarirsi.
heathenry ['hi:ðənri], *n*. **1** *V*. **heathenism 2** *V*. **heathendom**.
heather ['heðə*], *n*. (*bot.*) **1** (*Erica*) erica **2** (*Calluna vulgaris*) crecchia; brentolo **3** *Hudsonia tomentosa* **4** *Empetrum nigrum*. ● (*bot.*) **h. bell**, (*Erica tetralix*) macchiaiola; *Erica cinerea* **5** **h.** **mixture**, tessuto di colori misti (*somigliante al colore dell'erica*) □ (*scozz.*) **to take to the h.**, darsi alla macchia; diventare un bandito.
heathery ['heðəri], *a*. **1** coperto d'erica **2** simile all'erica.
heathy ['hi:θi], *a*. che ha il carattere della landa (*o della brughiera*).
heating ['hi:tiŋ], *n*. riscaldamento: **central h.**, riscaldamento centrale. ● **h. apparatus**, impianto di riscaldamento; calorifero; termosifone □ **h. appliances**, apparecchi per riscaldamento (*domestico*) □ **h. contractor** (*o* **h. engineer**, **h. installer**), installatore d'impianti di riscaldamento; fumista □ **h. fuel**, nafta (*o* gasolio) da riscaldamento.
to heave [hi:v] (*pass. e p. p.* **heaved, hove**), **A** *v. t*. **1** sollevare; alzare (*lentamente, con sforzo*); (*naut.*) alare, tirare, levare: **to h. trunks**, sollevare tronchi d'albero; **to h. the anchor**, levare l'ancora **2** emettere; gettare: **to h. a groan**, gettare un lamento; **to h. a sigh**, emettere un sospiro **3** (*naut., fam.*) gettare; lanciare: **to h. st. overboard**, gettare q.c. a mare **4** (*geol.*) spostare (*uno strato*) per scorrimento. **B** *v. i*. **1** sollevarsi, alzarsi (*con moto ritmico*); (*del mare*) gonfiarsi **2** anelare; palpitare: **a heaving bosom**, un petto anelante **3** (*naut.*) virare **4** recere (*raro*); avere conati di vomito. ● **to h. at st.**, cercare (*o* sforzarsi) di sollevare q.c. □ (*naut.*) **to h. down a ship**, abbattere (*o* inclinare) una nave □ (*naut.*) **to h. in sight**, apparire all'orizzonte □ **to h. on**, tirare (*un cavo*); alare (*una cima*) □ (*naut.*) **to h. out**, mollare (*una vela, ecc.*) □ (*di nave*) **to h. to**, mettersi in panna (*o* alla cappa) □ **to h. up**, vomitare; (*naut.*) levare l'ancora, salpare □ (*gergo naut.*) **H. ho!** (*o* **H. away!**), issa! □ (*lett.*) **heaving billows**, cavalloni sempre più grossi □ **His chest heaved with sobs**, il suo petto era scosso dai singhiozzi.
heave [hi:v], *n*. **1** sforzo, strappo (*per sollevare o lanciare q.c.*); sollevamento **2** il sollevarsi; il gonfiarsi; spinta: **the h. of the sea**, il gonfiarsi del mare (*che preme sulla nave*); la spinta del mare **3** lancio; tiro **4** conato di vomito **5** (*geol.*) rigetto orizzontale **6** (*pl., vet.*) bolsaggine (*del cavallo*). ● **h.-ho**, issa (*grido d'incitamento*). (*fam., anche* **the old h.-ho**) licenziamento.
heaven ['hevn], *n*. cielo; paradiso: **to be in h.**, essere in cielo (*o* in paradiso); **the seventh h.** (*o* **the h. of heavens**), il settimo cielo; **the heavens**, i cieli; **H. knows I need your help**, lo sa il Cielo se ho bisogno del tuo aiuto! ● **h.-born**, d'origine divina; celeste; divino □ **h.-sent**, provvidenziale □ **H. forbid!**, il Cielo non voglia! □ **by H.!**, in nome del Cielo! □ **for H.'s sake!**, per amor del Cielo! □ **Good Heavens!**, santo Cielo! □ (*fig.*) **to move h. and earth**, muovere mari e monti; fare l'impossibile (*o* di tutto).
heavenliness ['hevnlinis], *n*. l'essere celeste (*o* celestiale).
heavenly ['hevnli], *a*. **1** del Cielo; celeste; celestiale; divino: **h. bodies**, corpi celesti; **h. music**, musica celeste; **h. goodness**, bontà celestiale; **h. beauty**, bellezza divina **2** (*fam.*) eccellente; delizioso; squisito: **What h. figs!**, che fichi eccellenti! ● **the H. City**, la Città Celeste □ **h.-minded**, devoto; pio; santo □ (*astron.*) **the H. Twins**, i Gemelli.
heavenward ['hevnwəd], **A** *a*. rivolto al cielo. **B** *avv*. *V*. **heavenwards**.
heavenwards ['hevnwədz], *avv*. verso il cielo.
heaver ['hi:və*], *n*. **1** sollevatore **2** scaricatore (*di porto*).
heavily ['hevili], *avv*. **1** pesantemente; gravemente; faticosamente **2** assai; molto: **a h. loaded truck**, un autocarro molto carico (*o* stracarico) **3** gravemente; duramente; fortemente: **h. damaged**, gravemente danneggiato; **to be h. taxed**, essere fortemente gravato dal fisco **4** densamente: **a h. populated country**, un paese densamente popolato.
heaviness ['hevinis], *n*. **1** pesantezza; gravezza **2** (*fig.*) monotonia; malinconia; tristezza (*V*. **heavy**).
heaving ['hi:viŋ], *n*. **1** l'alzare; sollevamento **2** (*naut.*) sollevamento.
heavy ['hevi], **A** *a*. **1** pesante (*anche fig.*); grave; gravoso; noioso; opprimente; indigesto; greve per il sonno; assonnato: **h. artillery**, artiglieria pesante (*fis. nucl.*) **h. hydrogen**, idrogeno pesante; (*econ.*) **h. industries**, le industrie pesanti; **a h. fall**, una grave (*o* brutta) caduta; **h. responsibility**, una grave responsabilità; **h. news**, notizie gravi, sgradevoli; **a h. task**, un compito gravoso; **h. food**, cibo pesante; **a h. style**, uno stile pesante; **a h. meal**, un pasto pesante; **h. eyelids**, palpebre grevi per il sonno, assonnate **2** grande; grosso; forte; violento; abbondante: **a h. crop**, un grande raccolto; un raccolto abbondante; **a h. blow**, un forte colpo; **h. rain**, forte pioggia; pioggia violenta; **a h. sea**, mare grosso; **a h. storm**, una violenta tempesta; **a h. grade**, una forte salita; **h. expenses**, forti spese; **h. sorrow**, grave (*o* forte) dolore **3** grande; forte; accanito: **a h. drinker**, un forte bevitore; **a h. eater**, un gran mangiatore; **a h. smoker**, un fumatore accanito **4** malinconico; triste; rattristato: **a h. fate**, un triste fato; **with a h. heart**, col cuore rattristato **5** (*di strada, ecc.*) fangoso; di difficile transito **6** (*del cielo*) coperto; nuvoloso; tetro **7** (*di persona*) lento; tardo (*nel parlare, pensare, ecc.*) **8**

goffo; pesante; sgraziato; grossolano; massiccio; tozzo **9** (*pop.*) importante; serio; pesante **10** (*pop., specialm. USA*) pesante; (*special*m.) spinto; di violenza: **a h. scene**, una scena di violenza **11** (*mil.*) pesante; di grosso calibro **12** (*teatr.*) pomposo; solenne; (*di ruolo*) da cattivo **13** (*econ.*) pesante: **The market is h.**, il mercato è pesante **14** (*fin.*) grave; rilevante: **h. losses**, perdite rilevanti. **B** *n.* **1** (*pop.*) pezzo grosso (*fig.*); alto papavero (*fig.*) **2** (*teatr.*) ruolo da cattivo **3** (*teatr.*) chi fa il cattivo **4** (*mil.*) pezzo d'artiglieria pesante **5** (*mil., naut.*) grossa nave da guerra; corazzata; portaerei. ● (*mil.*) **h.-armed**, munito d'armamento pesante □ (*aeron.*) **h. bomber**, bombardiere pesante □ (*comm.*) **a h. buyer**, un grosso acquirente □ **a h. cake**, una torta che non ha lievitato □ (*naut.*) **h. calibre**, grosso calibro: **h. calibre principale** □ **a h. cold**, un forte raffreddore □ **h. cream**, panna grassa □ (*naut.*) **h. cruiser**, incrociatore pesante □ **h.-duty**, pesante; per servizio pesante; robusto □ **h. ground**, terreno pesante; (*ind. min.*) terreno instabile □ (*mil.*) **h. guns**, cannoni di grosso calibro; artiglieria pesante □ **h.-handed**, goffo, maldestro; oppressivo, tirannico □ **h.-hearted**, malinconico; triste; depresso □ **h. in** (*o* **on**) **hand**, (*di cavallo*) duro di morso; (*fig.: di persona*) tardo di mente □ **h.-laden**, che porta un grave carico; (*fig.*) dolente, triste □ (*fig.*) **h. metal**, un osso duro da rodere; un avversario temibile □ (*chim.*) **h. oil**, olio pesante □ **to be h. on sb.**, opprimere q. □ (*mecc.*) **to be h. on**, consumare molto (*carburante, olio, ecc.*) □ **h. petting**, petting spinto □ **h.-pulling**, che tira forte (*o* con grande forza) □ **h.-set**, atticciato; robusto; tracagnotto □ **a h. shower** un forte acquazzone; un rovescio □ **a h. sleeper** una persona dal sonno pesante □ (*chim.*) **h. spar**, barite □ (*fam.*) **h. swell**, chi si dà arie (*o* importanza); damerino □ (*chim.*) **h. water**, acqua pesante □ (*fis. nucl.*) **h.-water reactor**, reattore ad acqua pesante □ **h. weight**, (*sport*) peso massimo (*nel pugilato*); (*fig.*) persona pesante; (*fam.*) pezzo grosso □ (*aeron.*) **heavier-than-air**, più pesante dell'aria (*rif. ad aeroplano, aliante, elicottero e sim.*) □ **to become h.**, appesantirsi; ingrassare □ **to lie h. on**, pesare su (*fig.*), essere di peso a: **Treason lies h. on his conscience**, il tradimento gli pesa sulla coscienza □ (*fig.*) **to make h. water of st.**, fare q.c. più difficile di quello che è □ **to play the h. father with sb.**, dare una bella lavata di capo (*o* strigliata) a q. □ (*teatr.*) **to play the part of the h. father**, fare la parte del padre nobile □ (*naut.*) **stern-h.**, appoppato □ **This novel is h. reading**, questo romanzo è pesante (*o* noioso) □ **The job was h. going**, il lavoro procedeva a rilento (*o* a stento) □ **Time hangs h.**, il tempo passa lentamente; le ore si succedono monotone.

hebdomad ['hɛbdəmæd], *n.* (*lett.*) ebdomada; settimana.
hebdomadal [hɛb'dɒmədl], *a.* (*lett.*) ebdomadario (*lett.*); settimanale.
Hebe ['hi:bi(:)], *n.* **1** (*mitol.*) Ebe **2** (*scherz.*) cameriera (*di bar*).
to **hebetate** ['hɛbiteit], *v. t. e i.* inebetire; rendere (*o* diventare) ebete.
hebetude ['hɛbitju:d], *n.* ebetismo; stupidità.
Hebraic [hi(:)'breiik], *a.* ebraico, israelitico.
Hebraism ['hi:breiizəm], *n.* ebraismo.
Hebraist ['hi:breiist], *n.* ebraista.
Hebraistic(al) [,hi:brei'istik(əl)], *a.* ebraico, israelitico.
to **Hebraize** ['hi:breiaiz], **A** *v. t.* ebraizzare; rendere ebreo. **B** *v. i.* **1** diventare ebreo **2** usare ebraismi.
Hebrew ['hi:bru:], **A** *a.* ebreo; ebraico; israelitico. **B** *n.* **1** ebreo, ebrea; israelita **2** ebraico (*la lingua*). ● (*fam.*) **It is H. to me**, per me è arabo (*o* è incomprensibile).
Hebrides (the) ['hɛbridi:z], *n. pl.* (*geogr.*) le Ebridi (*isole*).
Hecate ['hɛkəti(:)], *n.* (*mitol.*) Ecate.
hecatomb ['hɛkətoum], *n.* (*anche fig.*) ecatombe.
heck (1) [hɛk], *n.* grata per ostruire il passaggio dei pesci (*in un fiume*).
heck (2) [hɛk], **A** *n.* (*pop. per* **hell**) inferno; diavolo **B** *inter.* diamine!; diavolo!
to **heckle** ['hɛkl], *v. t.* **1** (*ind. tessile*) pettinare, scapecchiare, scotolare (*lino, canapa, ecc.*) **2** (*fig.*) interrompere continuamente, rivolgere domande imbarazzanti a (*un oratore*) **3** (*fig.*) infastidire; importunare.
heckler ['hɛklə*], *n.* **1** (*ind. tessile*) pettinatore; scotolatore **2** (*fig.*) interlocutore importuno.
heckling ['hɛkliŋ], *n.* (*ind. tessile*) pettinatura; scotolatura.
hectare ['hɛktɑ:*], *n.* ettaro.
hectic ['hɛktik], **A** *a.* **1** (*med.*) etico; tisico; di consunzione: **h. fever**, febbre etica; febbre di consunzione **2** (*di tisico*) febbrile; acceso: **h. cheeks**, guance accese, infuocate **3** (*fam.*) agitato; febbrile; frenetico; sfrenato; tumultuoso: **a h. activity**, un'attività febbrile. **B** *n.* (*med.*) **1** febbre etica **2** (*raro*) tisico.
hectogram(me) ['hɛktougræm], *n.* ettogrammo; etto (*fam.*).
hectograph ['hɛktougrɑ:f], *n.* poligrafo; ciclostile.
to **hectograph** ['hɛktougrɑ:f], *v. t.* poligrafare; ciclostilare.

hectolitre ['hɛktou,li:tə*], *n.* ettolitro.
hectometre ['hɛktou,mi:tə*], *n.* ettometro.
hector ['hɛktə*], *n.* gradasso; rodomonte; bravaccio; spaccone.
to **hector** ['hɛktə*], **A** *v. t.* infastidire; insolentire; minacciare; intimidire. **B** *v. i.* fare il gradasso (*o* lo spaccone).
Hector ['hɛktə*], *n.* (*mitol.*) Ettore.
Hecuba ['hɛkjubə], *n.* (*mitol.*) Ecuba.
he'd [hi:d], *contraz.* di **1 he had 2 he would**.
heddles ['hɛdlz], *n. pl.* (*ind. tessile*) licci; maglie. ● **heddle eyes**, cappi di liccio.
hedge [hɛdʒ], *n.* **1** siepe; (*fig.*) barriera, protezione: **quickset h.**, siepe viva; **dead h.**, siepe morta **2** (*fin.*) riparo; protezione; il coprirsi, copertura (*da un rischio eccessivo*): **h. funds**, fondi di copertura (*o* di protezione) **3** risposta evasiva. ● **h.-priest**, prete di campagna; prete ignorante □ **h. school**, (*un tempo*) scuola all'aperto; (*ora*) scuola scadente □ (*zool.*) **h. sparrow** (*Prunella modularis*), passera scopaiola □ (*fig.*) **It doesn't grow on every h.**, non si trova dappertutto; è cosa rara.
to **hedge** [hɛdʒ], **A** *v. t.* **1** circondare con una siepe: **to h. a garden**, circondare un giardino con una siepe **2** (*fig., di solito* **to h. in**) circondare; custodire, proteggere; impacciare, vincolare; **to h. in the enemy army**, circondare l'esercito nemico; **to h. sb. in** (*o* **round**) **with hard and fast rules**, vincolare q. con regole rigide **3** (*fin.*) coprirsi (*o* mettersi al riparo) da (*rischi*). **B** *v. i.* **1** fare siepi **2** cimare (*o* tagliare) siepi **3** (*fin.*) coprirsi dai rischi (*per es.*, nelle scommesse); mettersi al riparo; proteggersi: **to h. against loss due to price fluctuations**, proteggersi dalle perdite derivanti da oscillazioni dei prezzi **4** evadere una domanda; essere evasivo; esitare; nicchiare. ● **to h. a bet**, scommettere pro e contro □ (*fig.*) **to h. one's bets**, tenere il piede in due staffe □ (*fin.*) **to h. creeping inflation**, mettersi al riparo dall'inflazione strisciante.
hedgehog ['hɛdʒhɒg], *n.* **1** (*zool., Erinaceus europaeus*) riccio **2** (*zool., USA*) (*Erethizon*) porcospino; (*Hystrix*) istrice **3** (*mil.*) posizione fortificata; cavallo di Frisia; ostacolo antisbarco **4** (*naut.*) istrice; porcospino **5** (*fig.*) istrice (*fig.*); individuo di carattere difficile, scorbutico.
hedgehoggy ['hɛdʒhɒgi], *a.* di carattere difficile; scorbutico.
to **hedgehop** ['hɛdʒhɒp], *v. i.* **1** (*aeron.*) volare (a volo) radente **2** (*fig.*) divagare; saltare di palo in frasca.
hedgehopping ['hɛdʒhɒpiŋ], *n.* (*aeron.*) volo radente.
hedger ['hɛdʒə*], *n.* **1** chi pianta (*o* taglia) siepi **2** (*fin.*) chi si copre da rischi eccessivi (*nelle scommesse, ecc.*).
hedgerow ['hɛdʒrou], *n.* siepe d'arbusti (*o* di cespugli).
hedging ['hɛdʒiŋ], *n.* **1** siepe di cinta **2** (*fin.*) copertura **3** (*Borsa*) riporto staccato.
hedonic [hi'dɒnik], *a.* edonistico.
hedonism ['hi:dənizəm], *n.* edonismo.
hedonist ['hi:dənist], *n.* edonista.
hedonistic [,hi:də'nistik], *a.* edonistico.
heebie-jeebies ['hi:bi'dʒi:biz], *n. pl.* (*fam.*) **1** ansia; nervosismo; paura **2** avversione; fastidio; insofferenza.
to **heed** [hi:d], **A** *v. t.* badare a; dar retta a; tener conto di: **You must h. your teacher's advice**, devi dare retta ai consigli del tuo insegnante; **to h. a warning**, tener conto di un avvertimento. **B** *v. i.* fare (*o* prestare) attenzione.
heed [hi:d], *n.* attenzione; cura; precauzione: **Take h. of what I say**, fa' attenzione a quello che dico! **to give** (*o* **to pay**) **h. to sb.**, dare ascolto (*o* dare retta) a q. □ **to take h. of st.**, prestare attenzione a q.c.
heedful ['hi:dful], *a.* attento; accorto; cauto; vigilante.
heedfulness ['hi:dfulnis], *n.* attenzione; cautela; vigilanza.
heedless ['hi:dlis], *a.* disattento; incurante; sbadato; trascurato.
heedlessness ['hi:dlisnis], *n.* disattenzione; incuria; noncuranza; sbadataggine; trascuratezza.
hee-haw ['hi:'hɔ:], *n.* **1** raglio **2** (*fig.*) risata rumorosa, sguaiata.
to **hee-haw** ['hi:'hɔ:], *v. i.* **1** ragliare **2** (*fig.*) ridere rumorosamente, sguaiatamente.
heel (1) [hi:l], *n.* **1** (*anat.*) calcagno (*anche di calza o calzino*); tallone **2** tacco (*di scarpa o d'arnese*); fondo: **spiked** (*o* **stiletto**) **heels**, tacchi a spillo **3** (*mil.*) poggiaguancia (*di fucile*) **4** (*fam.*) individuo spregevole; mascalzone **5** (*zool.*) garretto (*di cavallo*) **6** (*fam.*) piede: **to be hung by one's heels**, essere appeso per i piedi **7** (*fam.*) cantuccio (*di pane*) **8** (*naut.*) calcagnolo **9** (*naut.*) piede d'albero; rabazza. ● **h.-and-toe walking race**, tipo di gara di marcia □ **h. factory**, tacchificio □ (*fig.*) **Achilles' h.**, il tallone di Achille □ **heels over head** (*o* **head over heels**), sottosopra, a testa in giù; a capofitto; avventatamente, in gran fretta □ **h.-piece**, tacco (*di scarpa*) □ (*edil.*) **h. post**, stipite (*di porta*) □ **to be at** (*o* **on**) **sb.'s heels**, essere alle calcagna di q. □ **to bring sb. to h.**, ridurre q. all'obbedienza □ **to be carried with the heels foremost**, essere portato via a piedi avanti (*morto*) □ **to come to h.**, (*d'un cane*) stare alle calcagna (*del padrone*); (*fig.*) essere obbediente, sottostare □ **to cool one's heels**,

heel (1) stare in piedi; essere lasciato ad aspettare □ **to be down at h.**, (*di scarpa*) essere scalcagnata; (*fig.*) essere scalcagnato, sciatto, malvestito, trasandato □ **to have the heels of sb.**, sorpassare q. nella corsa □ **to kick up one's heels**, (*di cavallo*) scalciare; (*fig.*) fare salti per la gioia □ (*fig.*) **to lay sb. by the heels**, imprigionare q.; incarcerare q. □ **to be out at heel(s)**, avere i buchi nelle calze (*o* nei calzini); (*fig.*) essere sciatto, male in arnese, trasandato □ **to take to one's heels** (*o* **to show a clean pair of heels**), alzare (*o* battere) i tacchi; mostrare le calcagna; darsela a gambe □ **to turn on one's heel(s)**, girare sui tacchi; voltare le spalle □ **to be under the h. of sb.**, essere sotto il dominio di q.
to heel (1) [hi:l], *A v. t.* **1** fare (*o* mettere, rifare) i tacchi: **I'll have my shoes heeled**, farò rifare i tacchi alle scarpe **2** stare alle calcagna di; inseguire da presso **3** (*sport*) colpire di tacco (*il pallone*) **4** (*rugby*) tallonare **5** (*pop. USA*) fornire (*q. d'armi, denaro, ecc.*): **to be heeled**, essere armato di pistola; **well-heeled**, ben fornito di quattrini. *B v. i.* **1** (*di cane*) stare alle calcagna del padrone **2** ballare di tacco.
to heel (2) [hi:l], *A v. t.* (*naut.*) far sbandare, far ingavonare (*una nave*). *B v. i.* (*di nave, spesso* **to h. over**) sbandare; ingavonarsi.
heel (2) [hi:l], *n.* (*naut.*) **1** (*anche* **heeling**) sbandamento, ingavonamento **2** inclinazione (*di nave sbandata*).
heelball ['hi:l,bɔ:l], *n.* cera per lucidare le scarpe (*usata dai calzolai*).
heeler ['hi:lə*], *n.* ciabattino; calzolaio.
heeling ['hi:liŋ], *V.* **heel (2)**, *def.* **1**.
heelless ['hi:llis], *a.* **1** senza tallone **2** senza tacco.
heeltap ['hi:l,tæp], *n.* **1** (*di scarpa*) soprattacco **2** vino (*o* altro) lasciato in fondo al bicchiere; fondo; residuo.
heft [heft], *n.* (*fam.*) peso; (*fig.*) importanza, autorità.
to heft [heft], *A v. t.* (*fam.*) **1** alzare; sollevare **2** soppesare; cercare di calcolare il peso di (*un oggetto, sollevandolo*). *B v. i.* pesare.
hefty ['hefti], *a.* (*fam.*) **1** pesante **2** forte; gagliardo, vigoroso **3** (*di cosa*) ingombrante.
Hegelian [hei'gi:ljən], *a. e n.* (*filos.*) hegeliano.
Hegelianism [hei'gi:ljənizəm], *n.* (*filos.*) hegelismo, hegelianismo.
hegemonic [,hi(:)dʒi'mɔnik], *a.* egemonico.
hegemony [hi(:)'gemǝni], *n.* egemonia.
Hegira ['hedʒirǝ], *n.* (*stor.*) egira.
heifer ['hefə*], *n.* giovenca.
heigh [hei], *inter.* (*d'incoraggiamento o domanda*) eh!
heigh-ho ['hei'hou], *inter.* (*di delusione, noia, stanchezza*) ahimè!; ohimè; uffa!
height [hait], *n.* **1** altezza; (*aeron.*) quota; altezza sul livello del mare; altitudine; statura: **The h. of the tallest skyscraper in the world is 430 metres**, l'altezza del grattacielo più alto del mondo è di 430 metri; **What is your h.?**, qual è la tua statura?; quanto sei alto? **2** altura; cima; vetta **3** (*fig.*) apice; colmo; culmine; sommo: **the h. of perfection**, l'apice della perfezione; **the h. of passion**, il colmo della passione. ● **h.-sickness**, mal di montagna □ **in the h. of summer**, in piena estate □ **He is six feet one in h.**, è alto sei piedi e un pollice (*m 1,85 circa*) □ **The eruption was at its h.**, l'eruzione era al colmo.
to heighten ['haitn], *A v. t.* **1** elevare; innalzare **2** (*fig.*) accrescere; aumentare; ingrandire; intensificare **3** lumeggiare; mettere in rilievo. *B v. i.* **1** innalzarsi; elevarsi **2** crescere; aumentare.
heinous ['heinǝs], *a.* atroce; efferato; nefando; odioso: **a h. crime**, un crimine efferato.
heinousness ['heinǝsnis], *n.* atrocità; efferatezza; nefandezza; odiosità.
heir [ɛə*], *n.* (*leg.*) erede (*maschio*): **h. apparent**, erede legittimo, diretto; **sole h.**, unico erede; erede universale; **to appoint an h.**, nominare un erede. ● **h.-at-law**, erede legittimo; erede □ **h. presumptive**, presunto erede □ **to fall h. to one's father's bad temper**, aver ereditato il caratteraccio del padre.
heirdom ['ɛǝdǝm], *n.* **1** condizione d'erede **2** eredità.
heiress ['ɛǝris], *n.* **1** (*leg.*) erede (*donna*) **2** ereditiera: **to marry an h.**, sposare un'ereditiera.
heirless ['ɛǝlis], *a.* senza eredi.
heirloom ['ɛǝlu:m], *n.* **1** (*leg.*) bene mobile spettante all'erede legittimo **2** cimelio di famiglia **3** (*fig.*) retaggio.
heirship ['ɛǝʃip], *n.* condizione d'erede; diritto all'eredità.
Hejira ['hedʒirǝ], *n.* (*stor.*) egira.
held [held], *pass. e p. p.* di **to hold**.
Helen ['helin], **Helena** ['helinǝ], *n.* Elena. ● (*geogr.*) **St Helena**, [,senti'li:na], Sant'Elena (*isola*).
heliacal [hi(:)'laiǝkǝl], *a.* (*astron.*) eliaco; eliatico.
helianthus [,hi:li'ænθǝs], *n.* (*bot.*, *Helianthus*) elianto.
heliborne ['helibɔ:n], *a.* (*aeron., mil.*) **1** mediante elicotteri: **h. mobility**, mobilità mediante elicotteri **2** eliportato; elitrasportato.
helibus ['helibʌs], *n.* elibus.

helical ['helikǝl], *a.* (*mat., mecc.*) elicoidale; a spirale: **h. gear**, ingranaggio elicoidale; **h. pump**, pompa elicoidale. ● (*mecc.*) **h. spring**, molla a elica.
helicity [he'lisiti], *n.* (*mecc.*) elicità.
helicoid ['helikɔid], *n.* (*geom.*) elicoide.
helicoid(al) [,heli'kɔid(ǝl)], *a.* (*geom.*) elicoidale.
Helicon ['helikǝn], *n.* (*geogr., mitol.*) Elicona.
Heliconian [,heli'kouniǝn], *a.* (*lett.*) eliconio; dell'Elicona.
helicopter ['helikɔptǝ*], *n.* (*aeron.*) elicottero.
to helilift ['helilift], *v. t.* (*aeron., mil.*) trasportare (*truppe, ecc.*) con elicotteri.
helio ['hi:liou], *abbr. fam.* (*pl.* **helios**) di **1** **heliogram** **2** **heliograph**.
heliocentric [,hi:liou'sentrik], *a.* (*astron.*) eliocentrico.
heliocentrism [,hi:liou'sentrizǝm], *n.* (*astron.*) eliocentrismo.
heliochrome ['hi:liou,kroum], *n.* eliocromia (*l'immagine*).
heliochromy ['hi:liou,kroumi], *n.* eliocromia (*il processo*).
heliogram ['hi:liou,græm], *n.* eliogramma.
heliograph ['hi:liou,gra:f], *n.* eliografo.
to heliograph ['hi:liou,gra:f], *v. t.* trasmettere (*messaggi*) con l'eliografo.
heliographer [,hi:li'ɔgrǝfǝ*], *n.* (*tipogr.*) eliografista.
heliographic [,hi:liou'græfik], *a.* (*tipogr.*) eliografico.
heliography [,hi:li'ɔgrǝfi], *n.* (*tipogr.*) eliografia.
heliogravure [,hi:liougrǝ'vjuǝ*], *n.* (*fotogr.*) eliotipia; fototipia.
heliometer [,hi:li'ɔmitǝ*], *n.* (*astron.*) eliometro.
heliophilous [,hi:li'ɔfilǝs], *a.* (*bot.*) eliofilo.
heliophobe ['hi:lioufoub], *n.* (*med., psic.*) eliofobo; fotofobo.
heliophobia [,hi:liou'foubjǝ], *n.* (*med., psic.*) eliofobia; fotofobia.
heliophobous [,hi:li'ɔfǝbǝs], *a.* (*bot., med.*) eliofobo.
helioscope ['hi:liǝ,skoup], *n.* (*astron.*) elioscopio.
heliotherapic ['hi:liouθǝ'ræpik], *a.* (*med.*) elioterapico.
heliotherapy ['hi:liou'θerǝpi], *n.* (*med.*) elioterapia.
heliotrope ['heljǝ,troup], *n.* **1** (*bot., Heliotropium*) eliotropio **2** (*bot., Valeriana officinalis*) valeriana **3** (*miner.*) eliotropio; eliotropia **4** (*color.*) eliotropio; rosso violetto.
heliotropic [,hi:liou'trɔpik], *a.* (*bot.*) eliotropico.
heliotropism [,hi:li'ɔtrǝpizǝm], *n.* (*bot.*) eliotropismo.
heliotype ['hi:liou,taip], *n.* eliotipia (*l'immagine*).
heliotypy ['hiliou,taipi], *n.* (*fotogr.*) eliotipia (*il processo*).
helipad ['heli,pæd], *n.* (*aeron.*) eliporto di fortuna; spazio per atterraggio d'elicotteri.
heliport ['heli,pɔ:t], *n.* (*aeron.*) eliporto.
helispot ['heli,spɔt], *n.* (*aeron.*) punto d'atterraggio (*provvisorio*) per elicotteri.
helistop ['heli,stɔp], *V.* **heliport**.
helium ['hi:ljǝm], *n.* (*chim.*) elio.
helix ['hi:liks], *n.* (*pl.* **helices, helixes**) **1** (*geom., mecc.*) elica; spirale; voluta **2** (*anat.*) elice **3** (*archit.*) voluta **4** (*zool., Helix*) elice **5** (*elettr.*) solenoide.
hell [hel], *A n.* **1** (*relig.*) inferno: **to go to h.**, andare all'inferno **2** (*mitol.*) averno; inferi **3** (*fig.*) inferno: **This school is h.**, questa scuola è un inferno **4** (*fam.*) pandemonio; putiferio: **to raise h.**, fare un putiferio (*o* il diavolo a quattro) **5** (*anche* **gambling h.**) bisca. *B inter.* (*fam.*) accidenti!; maledizione; diavolo!: **Oh, h.!**, accidenti!; **Bloody h.!**, maledizione! ● (*fam.*) **h.-bent**, caparbio, ostinato, testardo; incosciente, temerario □ (*tipogr.*) **h.-box**, cassetta per i caratteri di scarto □ **h.-cat**, donna bisbetica, furia; strega □ **h.-fire**, fiamme dell'inferno, fuoco infernale; (*fig.*) pene dell'inferno □ (*fam.*) **h. for leather**, a più non posso, a tutto spiano, a spron battuto, a tutta birra, a tutta canna (*fam.*) □ **h.-hound**, (*mitol.*) cerbero; (*fig.*) anima dannata (*fig.*), malvagio, scellerato □ (*fam.*) **a h. of**, infernale, orribile, pessimo; proprio, davvero; del diavolo; molto, moltissimo; in gamba, bravo: **a h. of a noise**, un rumore infernale; **a h. of a lot of people**, proprio un sacco di gente; **a h. of a lot of work**, un lavoro del diavolo; un sacco di lavoro; **a h. of a guy**, un tipo in gamba □ (*fam.*) **to be h. on sb.** (*st.*), essere un inferno (*o* un tormento, una rovina) per q. (q.c.) □ (*pop.*) **h. to pay**, un sacco di guai; un casino (*pop.*): **There'll be h. to pay when your wife finds out**, succederà un casino (*o* la pagherai cara) quando tua moglie lo verrà a sapere □ (*bot.*) **h.-weed**, (*Cuscuta*) cuscuta; (*Convolvulus sepium*) vilucchione □ (*fam.*) **as h.**, molto, del diavolo (*fam.*): **It's as cold as h.**, fa un freddo del diavolo □ (*fam.*) **to catch h.**, prendersi una bella sgridata □ (*fam.*) **come h. or high water**, costi quel che costi; a qualunque costo; avvenga quel che può □ (*fam.*) **for the h. of it**, così; per gioco; tanto per farlo (*o* per fare qualcosa) □ **to give sb. h.**, dare un sacco di guai a q.; far passare un brutto quarto d'ora a q. □ **to laugh like h.**, ridere a crepapelle □ **like h.**, (*fam.*) moltissimo, a più non posso, a rotta di collo; (*pop.*) neanche per sogno; un corno (*pop.*); col cavolo (*volg.*): **to work like h.**, lavorare a più non posso; **to run like h.**, correre a rotta di collo; **Like h. he helped me!**, col cavolo

che mi ha aiutato! □ (*fam.*) **to play h. with**, fare il diavolo a quattro con (q.); arrecare gravi danni a (q.c.); rovinare, sciupare (q.c.) □ **to ride h. for leather**, andare a briglia sciolta (*o* a spron battuto) □ **to suffer h. on earth**, soffrire (*o* patire) le pene dell'inferno □ (*fam. USA*) **to h. and gone**, lontanissimo; a casa del diavolo □ (**You can**) **go to h.!**, va' all'inferno (*o* al diavolo) □ **By h. I will!**, eccome se lo faccio (*o* ci vado, ecc.)! □ **The h. he did!**, neanche per sogno!; col cavolo che l'ha fatto (che c'è andato, ecc.) (*volg.*) □ **To h. with your doubts!**, al diavolo i tuoi dubbi □ **What the h. do you want?**, che diavolo vuoi? □ (*prov.*) **The road to h. is paved with good intentions**, la via dell'inferno è lastricata di buone intenzioni.

he'll [hi:l], *contraz.* di **1 he will 2 he shall.**
Hellas ['heləs], *n.* (*stor., geogr.*) Ellade.
hellebore ['helibɔ:*], *n.* (*bot., Helleborus*) elleboro.
Hellene ['heli:n], *n.* (*stor., geogr.*) elleno.
Hellenic [he'li:nik], *a.* (*stor., geogr.*) ellenico.
Hellenism ['helinizəm], *n.* ellenismo.
Hellenist ['helinist], *n.* ellenista (*lett.*); grecista.
Hellenistic [ˌheli'nistik], *a.* ellenistico.
to Hellenize [ˌhelinaiz], *v. t. e i.* ellenizzare; grecizzare.
heller ['helə*], *V.* **hellion.**
hellion ['heljən], *n.* (*fam.*) casinista (*pop.*); chiassone.
hellish ['heliʃ], *a.* **1** infernale; diabolico **2** (*fam.*) disgustoso; orribile; spiacevolissimo.
hellishness ['heliʃnis], *n.* l'essere infernale; diabolicità.
hello ['heˈlou], *inter. e n.* (*pl.* **hellos**) *V.* **hallo.**
to hello ['heˈlou], *V.* **to hallo.**
helluva ['heləvə], *a.* (*abbr. fam.*) *V.* **hell of a**, *sotto* **hell.**
helm (1) [helm], *n.* (*naut.*) timone; barra; ruota del timone: **to answer the h.**, ubbidire al timone; **to take the h.**, prendere il timone (*anche fig.*). ● (*fig.*) **at the h.**, al timone (*dello Stato*, *ecc.*).
to helm [helm], *v. t.* (*di solito fig.*) governare; dirigere; guidare; (*naut.*) fare rotta per.
helm (2) [helm], *n.* **1** (*arc., poet.*) elmo **2** (*anche* **h. cloud**) nuvola che copre la cima d'una montagna. ● (*archit.*) **h. roof**, tetto piramidale.
helmed [helmd], *a.* (*lett.*) munito d'elmo.
helmet ['helmit], *n.* **1** elmo; elmetto (*antico, da trincea, di pompiere*, *ecc.*): **steel h.**, elmetto d'acciaio **2** casco (*per es., di pilota*): **sun h.**, casco coloniale **3** (*sport*) maschera (*per la scherma*) **4** (*bot.*) galea.
helmeted ['helmitid], *a.* munito d'elmo (*o* d'elmetto, di casco).
helminth ['helminθ], *n.* (*zool.*) elminto.
helminthiasis [ˌhelmin'θaiəsis], *n.* (*pl.* **helminthiases**) (*med.*) elmintiasi.
helminthic [hel'minθik], *a.* (*zool., med.*) elmintico.
helminthologic(al) [helˌminθə'lɔdʒikəl], *a.* (*med.*) elmintologico.
helminthologist [ˌhelmin'θɔlədʒist], *n.* elmintologo.
helminthology [ˌhelmin'θɔlədʒi], *n.* elmintologia.
helmsman ['helmzmən], *n.* (*pl.* **helmsmen**) (*naut.*) timoniere.
helot ['helət], *n.* **1** (*stor.*) ilota **2** (*fig.*) schiavo; oppresso.
helotism ['helətizəm], *n.* **1** (*stor.*) ilotismo **2** (*fig.*) schiavitù.
to helotize ['helətaiz], *v. t.* **1** (*stor.*) fare un ilota di (q.) **2** (*fig.*) asservire; render schiavo.
helotry ['helətri], *n.* **1** (*collett., stor.*) (gli) iloti **2** (*stor.*) ilotismo **3** (*fig.*) schiavitù.
to help [help], **A** *v. t.* **1** aiutare; assistere; soccorrere: **Will you h. me to do** (*USA:* **do**) **this problem?**, mi aiuti a fare questo problema?; **I helped him with his homework**, lo aiutai a fare il compito (di casa); **Can I h. you to some more cheese (wine, etc.)?**, posso darti dell'altro formaggio (versarti ancora vino, ecc.)?; **Please h. yourself!**, prego, si serva (da solo)! **3** (*preceduto da* **can, could**) evitare; impedire; fare a meno di: **I cannot h. loving her**, non posso fare a meno d'amarla; **I couldn't h. laughing**, non potei evitare (*o* fare a meno) di ridere; **I cannot h. crying**, non posso fare a meno di piangere; **I couldn't h. him being so rude**, non riuscii a impedirgli d'essere così sgarbato **4** favorire; promuovere: **Ignorance helps wars**, l'ignoranza favorisce le guerre **5** alleviare; porre rimedio a: **This medicine will h. your cough**, questa medicina ti allevierà la tosse; **I cannot h. my long nose**, ho il naso lungo, ma non ci posso fare nulla (*o* non c'è rimedio). **B** *v. i.* **1** giovare; essere di giovamento; servire; essere utile: **That doesn't h. at all**, ciò non giova affatto; ciò non è di giovamento alcuno; **Every little (bit) helps**, tutto serve (*o* può servire) **2** servire; servire a tavola. **to help oneself C** *v. rifl.* **1** servirsi (*a tavola*), servirsi da solo; prendere: **H. yourself to the wine**, prendi (*o* versati) il vino!; se vuoi del vino, serviti pure! **2** frenarsi; trattenersi; contenersi: **I'm sorry, I couldn't h. myself**, mi dispiace, non sono riuscito a trattenermi. ● **to h. sb. down (up)**, aiutare q. a scendere (a salire) □ **to h. sb. in (out)**, aiutare

q. a entrare (a uscire) □ **to h. sb. off with st.**, aiutare q. a togliersi q.c. (*il cappotto, le scarpe, ecc.*) □ **to h. sb. on with st.**, aiutare q. a mettere q.c. (*il cappotto, le scarpe, ecc.*) □ **to h. sb. out of a difficulty**, aiutare q. a trarsi d'impaccio □ **to h. sb. out with money**, dare un aiuto finanziario a q. □ **to h. sb. to a decision (an answer, etc)**, aiutare q. a prendere una decisione (a dare una risposta, ecc.) □ **more than one can h.**, più dello stretto necessario; più del minimo indispensabile: **Don't be longer than you can h.**, non star via (*o* trattenerti) più del necessario □ **Sorry, I can't h. it**, mi dispiace, ma non posso farci nulla (*in un negozio, a un cliente*) **Can I h. you?**, desidera? □ **H. me over the stile**, aiutami a scavalcare la staccionata □ **How can I h. it?**, che cosa posso farci?; come posso evitarlo? □ **I can't h. that**, non posso farci nulla; non so che farci □ **It can't be helped**, non c'è rimedio; non c'è nulla da fare □ (*fam.*) **So h. me!**, lo giuro!; prometto!; davvero!; ma sì che... □ **So h. me God!**, così Dio mi assista (*formula di giuramento*): **So help me God, I have not seen him**, giuro che non l'ho visto □ (*prov.*) **God helps those who help themselves**, aiutati che il ciel t'aiuta.

help [help], *n.* **1** aiuto; assistenza; soccorso: **I need your h.**, ho bisogno del tuo aiuto; **You were a great h. to me**, mi sei stato di grande aiuto **2** rimedio; via d'uscita; scampo: **There's no h. for it**, non c'è rimedio; non c'è niente da fare; non c'è scampo **3** persona di servizio; domestico, domestica; servo, serva; operaio giornaliero; (*collett.*) (i) domestici; (il) personale di servizio **4** dipendente; (*specialm.*) contadino, impiegato; (*collett.*) (gli) impiegati; (il) personale. ● **h.-wanted column**, offerte di lavoro (*in un giornale*) □ **by h. of**, con l'aiuto di □ **to cry for h.**, invocare soccorso; gridare aiuto □ **lady h.**, dama di compagnia □ **mother's h.**, governante; bambinaia.
helper ['helpə*], *n.* aiutante; assistente; aiuto (*fam.*).
helpful ['helpful], *a.* **1** giovevole; vantaggioso; utile **2** servizievole; che si presta. ● **You're very h.**, mi sei di grande aiuto.
helpfulness ['helpfulnis], *n.* l'esser giovevole; giovamento; vantaggio; utilità.
helping ['helpiŋ], **A** *n.* **1** l'aiutare; aiuto; assistenza **2** porzione (*di cibo*). **B** *a. attr.* che aiuta; che è d'aiuto; utile. ● **to give sb. a h. hand**, dare una mano a q. (*fig.*).
helpless ['helplis], *a.* **1** senz'aiuto; indifeso; debole; inerme: **a h. child**, un fanciullo inerme; **a h. old man**, un debole vecchio **2** incapace; incompetente; inetto **3** confuso; disorientato.
helplessness ['helplisnis], *n.* **1** l'essere indifeso; debolezza; impotenza **2** incapacità; incompetenza; inettitudine.
helpmate ['helpmeit], **helpmeet** ['helpmi:t], *n.* compagno, compagna (*specialm. riferito a coniugi*); consorte: **my h.**, la compagna della mia vita.
helter-skelter ['heltə'skeltə*], **A** *avv.* in fretta e furia; alla rinfusa; con grande scompiglio. **B** *a.* affrettato e confuso; disordinato; scompigliato. **C** *n.* **1** confusione; scompiglio **2** scivolo gigante (*a forma di torre: al luna park*).
helve [helv], *n.* **1** manico (*di un arnese, specialm. di un'ascia*) **2** impugnatura (*di un'arma*). ● (*metall.*) **h. hammer**, maglio a leva (*o a testa d'asino*).
Helvetia [hel'vi:ʃjə], *n.* (*geogr., stor.*) Elvezia.
Helvetian [hel'vi:ʃjən], *a. e n.* (*lett.*) elvetico; svizzero.
Helvetic [hel'vetik], *a.* (*lett.*) elvetico; svizzero.
hem (1) [hem], *n.* orlo (*specialm. d'indumento*); orlatura; margine; bordo, bordura: **the hem of a skirt**, l'orlo di una sottana; **to take the h. up**, alzare l'orlo. ● **hem-line**, orlo (*specialm. di gonna*): **to raise the hem-line**, alzare l'orlo □ **hem-stitch**, punto a giorno □ **to hem-stitch**, orlare a giorno.
to hem (1) [hem], *v. t.* orlare; fare l'orlo a; bordare: **to hem a doily**, fare l'orlo a un centrino. ● **to hem in** (*o* **around, round**), cingere; circondare; attorniare; racchiudere: **We were hemmed in by tanks**, eravamo circondati dai carri armati.
hem (2) [hm], **A** *inter.* (*di richiamo, dubbio, esitazione, ecc.*) ehm! **B** *n.* «ehm».
to hem (2) [hem], *v. i.* **1** fare «ehm»; schiarirsi la voce; tossicchiare **2** (*anche* **to hem and haw**) esitare nel parlare; titubare.
hemal ['hi:məl], **hematic** [hi'mætik], *ecc.* (*USA*) *V.* **haemal, haematic**, *ecc.*
hematopoiesis [ˌhemətoupɔi'i:sis], (*USA*) *V.* **haematopoiesis.**
hemeralopia [ˌhemərə'loupjə], *n.* (*med.,USA*) emeralopia.
hemicycle ['hemiˌsaikl], *n.* emiciclo.
hemidemisemiquaver ['hemiˌdemi'semiˌkweivə*], *n.* (*mus.*) semibiscroma.
hemihedral [ˌhemi'hi:drəl], *a.* (*miner.*) emiedrico.
hemiplegia [ˌhemi'pli:dʒjə], *n.* (*med.*) emiplegia.
hemiplegiac [ˌhemi'pli:dʒiæk], *a. e n.* (*med.*) emiplegico.
hemiplegic [ˌhemi'pli:dʒik], *V.* **hemiplegiac.**
hemiplegy [ˌhemi'pli:dʒi], *V.* **hemiplegia.**
hemisphere ['hemisfiə*], *n.* **1** (*anat., geogr.*) emisfero: **the Northern H.**, l'emisfero boreale; **the Southern H.**, l'emisfero australe **2** (*geom.*) semisfera. ● (*fis.*) **Magdeburg hemispheres**, gli

emisferi di Magdeburgo.
hemispheric(al) [ˌhemiˈsferik(əl)], *a.* (*geom.*) emisferico.
hemistich [ˈhemistik], *n.* (*poesia*) emistichio.
hemlock [ˈhemlɔk], *n.* (*bot.*) **1** (*Conium maculatum*) cicuta (*la pianta e il veleno*) **2** (*Abies canadensis*; anche **h. spruce**) abete canadese; tsuga.
hemmer [ˈhemə*], *n.* (*anche mecc.*) orlatore; orlatrice.
hemoglobin [ˌhiːmouˈgloubin], (*USA*) V. **haemoglobin**.
hemorrhage [ˈheməridʒ], (*USA*) V. **haemorrhage**.
hemp [hemp], *n.* **1** (*bot.*, *Cannabis sativa*) canapa (*anche ind. tessile*) **2** hasciss; ascisc **3** (*scherz.*) corda per impiccare; forca (*fig.*). ● (*naut.*) **h. rope**, canapo.
hempen [ˈhempən], *a.* di canapa; simile a canapa; canapino. ● (*naut.*) **h. cord**, sagola.
hen [hen], *n.* **1** gallina; chioccia **2** (*nei composti*) femmina (*di volatili e d'altri animali, per es.:*) **pea-hen**, femmina del pavone; **hen-crab**, granchio femmina **3** (*fam.*) tipo meticoloso; pignolo **4** (*pop.*) donna. ● (*bot.*) **hen-and-chickens** (*Sempervivum tectorum*) semprevivo; (*Nepeta hederacea*) edera terrestre ☐ **hen-coop**, stia; gabbia per polli; (*USA*) (*zool.*) **hen harrier** (*Circus cyaneus*), albanella reale ☐ **hen-hearted**, pusillanime; vile ☐ **h.-house**, pollaio ☐ (*fam.*, *scherz.*) **hen party**, riunione di sole donne ☐ **hen-roost**, posatoio; pollaio ☐ **hen-sparrow**, passera ☐ **broody hen**, chioccia **4** ☐ **guinea hen**, (gallina) faraona ☐ **to be like a hen with one chicken**, affannarsi (*o* darsi un'aria indaffarata) senza motivo.
henbane [ˈhenbein], *n.* (*bot.*, *Hyoscyamus niger*) giusquiamo.
hence [hens], A *avv.* **1** da adesso; da ora; di qui a: **a week h.**, di qui a una settimana; fra una settimana **2** indi; quindi; perciò; per cui: **h. it appears that...**, è quindi evidente che... **3** (*raro*) di qui; di qua. B *inter.* (*arc.*) via (di qui)!; va'! ● **h. with him**, portatelo via! ☐ (*fig.*) **departed h.**, passato a miglior vita ☐ **to go h.**, andarsene (*fig.*); andare al Creatore; morire.
henceforth [ˈhensˈfɔːθ], **henceforward** [ˈhensˈfɔːwəd], *avv.* d'ora innanzi; d'ora in poi; per il futuro.
henchman [ˈhentʃmən], *n.* (*pl.* **henchmen**) **1** accolito; partigiano; seguace **2** (*stor.*) paggio; scudiero **3** (*spreg.*) scagnozzo; tirapiedi.
hencote [ˈhenˌcout], *n.* pollaio.
hendecagon [henˈdekəgən], *n.* (*geom.*) endecagono.
hendecasyllabic [ˈhendekəsiˈlæbik], *a.* (*poesia*) endecasillabo: **h. verse**, verso endecasillabo.
hendecasyllable [ˈhendekəˌsiləbl], *n.* (*poesia*) endecasillabo.
hendiadys [henˈdaiədis], *n.* (*gramm.*) endiadi.
Henley [ˈhenli], *n.* **1** Henley **2** (*sport*) regata di Henley.
henna [ˈhenə], *n.* **1** (*bot.*, *Lawsonia inermis*) henna; henné; alcanna **2** (*tintoria*, ecc.) henné.
henny [ˈheni], A *a.* da (*o* simile a) gallina. B *n.* gallo che ha l'aspetto d'una gallina.
to henpeck [ˈhenˌpek], *v. t.* bistrattare (*il marito*).
henpecked [ˈhenpekt], *a.* (*di un marito*) bistrattato dalla moglie.
Henrietta [ˌhenriˈetə], *n.* Enrichetta.
Henry [ˈhenri], *n.* Enrico.
hep [hep], V. **hip (4)**. ● **hep cat**, individuo vivace; tipo moderno; appassionato di jazz caldo; jazzista.
hepatalgia [ˌhepəˈtælgʒə], *n.* (*med.*) epatalgia.
hepatic [hiˈpætik], A *a.* (*anat.*, *med.*) epatico. B *n.* (*farm.*) farmaco epatico.
hepatica [hiˈpætikə], *n.* (*bot.*) **1** (*Hepatica triloba*) erba trinità **2** (*Marchantia polymorpha*) marcanzia.
hepatite [ˈhepətait], *n.* (*miner.*) epatite.
hepatitis [ˌhepəˈtaitis], *n.* (*med.*) epatite: **viral h.**, epatite virale.
hepatobiliary [ˌhepətouˈbiljəri], *a.* (*anat.*) epatobiliare.
hepatopathy [ˌhepəˈtɔpəθi], *n.* (*med.*) epatopatia.
hepatotoxicity [ˌhepətoutɔkˈsisiti], *n.* (*med.*) epatotossicità.
hepatotoxin [ˌhepətouˈtɔksin], *n.* (*med.*) epatotossina.
heptachord [ˈheptəkɔːd], *n.* (*mus.*) eptacordo.
heptad [ˈheptæd], *n.* **1** gruppo (*o* serie) di sette (*giorni*, ecc.) **2** (*scient.*, *tecn.*) settetto.
heptagon [ˈheptəgən], *n.* (*geom.*) ettagono.
heptagonal [hepˈtægənəl], *a.* (*geom.*) ettagonale; eptagonale.
heptahedral [ˌheptəˈhedrəl], *a.* (*geom.*) eptaedrico.
heptahedron [ˌheptəˈhedrən], *n.* (*geom.*) ettaedro, eptaedro.
heptameter [hepˈtæmitə*], *n.* (*poesia*) ettametro.
heptane [ˈheptein], *n.* (*chim.*) eptano.
heptarchic(al) [hepˈtaːkik(əl)], *a.* (*stor.*) di eptarchia.
heptarchy [ˈheptaːki], *n.* (*stor.*) eptarchia.
heptasyllabic [ˌheptəsiˈlæbik], *a.* (*poesia*) eptasillabo, settenario.
heptasyllable [ˌheptəsiˈlæbl], *n.* (*poesia*) settenario.
Heptateuch [ˈheptətjuːk], *n.* (*relig.*) Eptateuco.
heptathlon [hepˈtæθlən], *n.* (*sport*) eptathlon.
her [həː*, hə*], A *pron. pers. 3ª pers. sing. f.* **1** (*compl.*) lei; la; a lei; le: **I saw her**, vidi la; la vidi; **Tell her to come**, dille di venire **2** (*pred.*) lei: **That's her!**, è lei; eccola!; **Was that her?**, era

lei? **3** (*quando è unito alla forma in* -ing, *è idiom.*) **I can't prevent her spending her own money**, non posso impedire ch'ella spenda denaro che è suo. B *a.* (*pred.* *di* *a possessore femm.*) **1** suo, sua; suoi, sue; di lei: **Mary and her baby**, Maria e il suo bambino; **It's her bag, not mine!**, è la borsa di lei, non la mia! **2** (*colloquiale*; *unito alla forma in* -ing, *è idiom.*) **I don't mind her driving so fast**, non me ne importa che guidi così veloce. ● **She took her bag with her**, prese con sé la borsetta ☐ **She looked about her**, si guardò intorno ☐ **It was very kind of her**, è stato molto gentile da parte sua.
Hera [ˈhiːrə], *n.* (*mitol.*) Era.
Heracles [ˈherəkliːz], *n.* (*mitol.*) Eracle.
Heraclitus [ˌherəˈklaitəs], *n.* (*stor.*, *filos.*) Eraclito.
herald [ˈherəld], *n.* **1** (*stor.*) araldo; messaggero (*anche fig.*) **2** conservatore di stemmari **3** (*fig.*) precorritore; foriero. ● **the Heralds' College**, la Consulta Araldica (*in G.B.*).
to herald [ˈherəld], *v. t.* **1** annunciare; proclamare **2** (*fig.*) essere foriero di; preannunciare: **to h. a storm**, essere foriero di tempesta.
heraldic [heˈrældik], *a.* araldico.
heraldist [ˈherəldist], *n.* araldista.
heraldry [ˈherəldri], *n.* **1** araldica **2** (*collett.*) stemmi nobiliari **3** (*stor.*) ufficio d'araldo.
herb [həːb], *n.* erba (*specialm. medicinale, per la profumeria*, ecc.); erbetta (*per usi gastronomici*); erba aromatica. ● (*bot.*) **h. bennet** (*Geum urbanum*), ambretta selvatica; garofanaia; cariofillata ☐ **h. beer**, bevanda fatta con erbe ☐ (*fam.*) **h. doctor**, chi cura con le erbe ☐ **h. tea** (*o* **h. water**), infuso medicamentoso d'erbe; tisana ☐ **pot-herbs**, erbe commestibili; erbaggi ☐ **sweet herbs**, erbe aromatiche.
herbaceous [həːˈbeiʃəs], *a.* (*bot.*) erbaceo. ● (*nei giardini*) **h. border**, orlo d'aiuola piantato a erbe e fiori perenni.
herbage [ˈhəːbidʒ], *n.* **1** (*collett.*) erba; erbe; vegetazione erbacea **2** (*leg.*) diritto di pascolo; erbatico.
herbal [ˈheːbəl], A *a.* erbaceo; delle erbe. B *n.* erbario. ● **h. practitioner**, chi cura con le erbe; erborista.
herbalist [ˈhəːbəlist], *n.* **1** erborista **2** chi cura con le erbe.
herbarium [həːˈbɛəriəm], *n.* (*pl.* **herbaria**) erbario.
Herbert [ˈhəːbət], *n.* Erberto.
herbicidal [ˌhəːbiˈsaidl], *a.* (*agric.*, *chim.*) diserbante.
herbicide [ˈhəːbisaid], *n.* (*agric.*, *chim.*, *mil.*) erbicida; diserbante.
herbicolous [həːˈbikələs], *a.* (*zool.*) erbicolo.
herbiferous [həːˈbifərəs], *a.* erboso; ricco d'erbe.
herbivore [ˈhəːbivɔ*], *n.* (*zool.*) erbivoro.
herbivorous [həːˈbivərəs], *a.* (*zool.*) erbivoro.
herborist [ˈhəːbərist], *n.* erborista.
herborization [ˌhəːbəraiˈzeiʃən], *n.* l'erborare; raccolta di erbe.
to herborize [ˈhəːbəraiz], *v. i.* erborare.
herby [ˈhəːbi], *a.* erboso; ricco d'erbe **2** erbaceo; simile a erba.
herculean [ˌhəːkjuˈliːən], *a.* **1** erculeo; fortissimo **2** faticosissimo; difficilissimo: **a h. task**, un compito difficilissimo.
Herculean [ˌhəːkjuˈliːən], *a.* (*mitol.*) erculeo; di Ercole.
Hercules [ˈhəːkjuliːz], *n.* (*mitol.*, *astron.*) Ercole. ● (*fig.*) **a H.**, un ercole; un uomo di forza erculea ☐ (*geogr.*) **the Pillars of H.**, le Colonne d'Ercole.
Hercynian [həːˈsiniən], *a.* (*geol.*) ercinico; erciniano.
herd (1) [həːd], *n.* **1** armento; mandria; branco; gregge; (*fig.*, *spreg.*) plebe, plebaglia, volgo: **a h. of cattle**, una mandria di buoi; **a h. of elephants**, un branco di elefanti; **the common** (*o* **vulgar**) **h.**, il gregge (*fig.*); il volgo; la plebaglia ● **h.-book**, libro che registra l'albero genealogico del bestiame ☐ **the h. instinct**, (*zool.*) l'istinto gregale; (*fig.*, *psic.*) l'istinto del gregge (*fig.*); il gregarismo.
to herd [həːd], A *v. i.* **1** (*di animali*) imbrancarsi; mettersi in branco **2** far gregge (*anche fig.*); aggregarsi; raggrupparsi. B *v. t.* **1** imbrancare, spingere in branco (*animali*) **2** raggruppare, radunare (*persone*).
herd (2) [həːd], *n.* (*arc.*, *o in combinazione*) mandriano; guardiano (*di bestie*). ● **cowherd**, mandriano ☐ **goatherd**, guardiano di capre.
herdsman [ˈhəːdzmən], *n.* (*pl.* **herdsmen**) mandriano; pastore.
here [hiə*], A *avv.* qui; qua; a questo punto: **I like to stay h.**, mi piace stare qui; **Come h.!**, vieni qui (*o* qua); **H. it's spring now**, qua è primavera ora; **He doesn't belong h.**, non è di qui; non è nativo di questo luogo; (*anche*) questo non è il suo ambiente; è un estraneo qui; **H. he jumped to his feet**, a questo punto egli balzò in piedi. B *inter.* **1** su; suvvia; coraggio: **H., that's enough!**, su, ora basta!; **H., don't cry!**, coraggio, non piangere! **2** (*rispondendo a un appello*) presente! ● **h. and now**, al momento; (*di decisione*, ecc.) su due piedi ☐ **h. and there**, qua e là ☐ **h. below**, quaggiù; in questo mondo; qui sotto; qui appresso ☐ **h., there, and everywhere**, dappertutto ☐ **down h.**, quaggiù ☐ **from h.**, di qui; di qua ☐ **near h.**, qui vicino ☐ (*fam.*) **neither h. nor there**, (cosa) che non sta né in cielo né in

terra □ **up h.**, quassù □ **Look h.!**, bada qui!; senti!; ascolta! □ **H. you are!**, eccoti!; eccoti servito! □ **H.'s to you!**, alla vostra salute! □ **H. I am**, eccomi! □ (*fam.*) **H. goes!**, pronti!; cominciamo!; ecco qua! □ (*prov.*) **H. today and gone tomorrow**, oggi in figura, domani in sepoltura.
hereabout(s) ['hiərə,baut(s)], *avv.* qui vicino; qui intorno.
hereafter [hiər'a:ftə*], **A** *avv.* **1** in avvenire; in futuro **2** nell'aldilà; nell'altro mondo. **B** *n.* – **the h. 1** il futuro; l'avvenire **2** l'aldilà; l'altro mondo.
hereat [hiər'æt], *avv.* (*arc.*) **1** a questo; a ciò; al che **2** per questo; a causa di ciò.
hereby ['hiə'bai], *avv.* **1** (*leg.*) per questo mezzo; con il presente (atto, ecc.); con la presente (lettera, ecc.) **2** (*lett.*) in tal modo; così.
hereditability [hi,reditə'biliti], *n.* ereditabilità.
hereditable [hi'reditəbl], *a.* ereditabile.
hereditament [,heri'ditəmənt], *n.* (*leg.*) asse ereditario.
hereditarian [hi,redi'tɛəriən], *n.* (*scient.*) assertore dell'ereditarietà.
hereditarianism [hi,redi'tɛəriənizəm], *n.* (*scient.*) (il) sostenere il principio dell'ereditarietà.
hereditariness [hi'reditərinis], *n.* ereditarietà.
hereditary [hi'reditəri], *a.* **a h. disease**, una malattia ereditaria **2** tramandato di generazione in generazione; tradizionale; secolare: **h. customs**, abitudini secolari; **our h. allies**, i nostri alleati tradizionali **3** (*leg.*) per diritto ereditario: **a h. ruler**, un sovrano per diritto ereditario; (*polit.*) **h. peers**, pari (*d'Inghilterra*) per diritto ereditario (*in G.B.*).
heredity [hi'rediti], *n.* (*scient.*) **1** ereditarietà **2** eredità; caratteri ereditari; patrimonio ereditario **3** genetica.
herein ['hiər'in], *avv.* (*bur.*) qui; in questo (libro, punto, ecc.): **h. enclosed**, qui accluso.
hereinafter ['hiərin'a:ftə*], *avv.* (*bur.*) in seguito; sotto; più avanti.
hereinbefore ['hiərinbi'fɔ:], *avv.* (*bur.*) in precedenza; sopra.
hereof [hiər'ɔv], *avv.* (*bur.*) di questo; di ciò; del presente atto (*o* scritto).
hereon [hiər'ɔn], *avv.* (*bur.*) in conseguenza di ciò.
here's [hiəz], *contraz.* di **here is**.
heresiarch [he'ri:ziɑ:k], *n.* eresiarca.
heresy ['herəsi], *n.* (*anche fig.*) eresia: **to fall into h.**, cadere nell'eresia. ● **h.-hunter**, inquisitore.
heretic ['herətik], *n.* eretico.
heretical [hi'retikəl], *a.* eretico.
hereto [hiə'tu:], *avv.* **1** (*lett.*) finora; fin qui **2** (*bur.*) a questo; qui: **h. enclosed**, qui accluso.
heretofore ['hiətu'fɔ:*], *avv.* **1** (*arc.*) prima d'ora; un tempo **2** finora; fin qui.
hereunder [hiər'ʌndə*], *avv.* **1** (*bur.*) più avanti; sotto **2** (*leg.*) in virtù del presente atto (*o* scritto, ecc.).
hereupon ['hiərə'pɔn], *avv.* **1** al che; in conseguenza di ciò; subito dopo **2** su ciò; su questo argomento.
herewith ['hiə'wið], *avv.* (*bur.*) **1** per questo mezzo; insieme con questo; qui: **h. enclosed**, qui accluso **2** qui accluso; in allegato.
heritability [,heritə'biliti], *n.* (*leg.*) ereditabilità.
heritable ['heritəbl], *a.* (*leg.*) **1** ereditabile **2** capace d'ereditare.
heritage ['heritidʒ], *n.* **1** (*leg.*) eredità immobiliare; asse ereditario **2** (*fig.*) retaggio; eredità **3** (*Bibbia*) (il) popolo eletto; gli Israeliti.
herl [hə:l], *V.* **harl**(e).
herma ['hə:mə], *n.* (*pl.* **hermae, hermai**) erma.
hermaphrodite [hə:'mæfrədait], *n. e a.* (*bot., zool.*) ermafrodito.
hermaphroditic(al) [hə(:),mæfrə'ditik(əl)], *a.* (*bot., zool.*) ermafrodito.
hermaphroditism [hə(:)'mæfrədaitizəm], *n.* (*bot., zool.*) ermafroditismo; ermafrodismo.
hermeneut ['hə:minju:t], *n.* (*letter., teologia*) ermeneuta.
hermeneutic(al) [,hə(:)mi'nju:tik(əl)], *a.* (*letter., teologia*) ermeneutico.
hermeneutics [,hə(:)mi'nju:tiks], *n. pl.* (*col verbo al sing.*) (*letter., teologia*) ermeneutica.
Hermes ['hə:mi:z], *n.* (*mitol.*) Ermes; Ermete.
hermetic(al) [hə:'metik(əl)], *a.* ermetico: **h. seal**, tenuta ermetica; **h. poetry**, poesia ermetica. ● **h. art**, alchimia.
hermetism ['hə:mitizəm], *n.* (*filos., arte, letter.*) ermetismo.
hermit ['hə:mit], *n.* eremita (*anche fig.*); anacoreta, romito. ● (*zool.*) **h. crab** (*Pagurus*), paguro; bernardo l'eremita.
hermitage ['hə:mitidʒ], *n.* eremitaggio; eremo; romitaggio.
hern [hə:n], *n.* (*poet. o dial.*) airone.
hernia ['hə:niə], *n.* (*pl.* **hernias, herniae**) (*med.*) ernia.
hernial ['hə:njəl], *a.* erniario; **herniary** ['hə:njəri], *a.* erniario: **dell'ernia**.
herniotomy [,hə(:)ni'ɔtəmi], *n.* (*med.*) erniotomia.
hero ['hiərou], *n.* (*pl.* **heroes**) eroe; protagonista. ● **h. worship**,

culto degli eroi; (*fig.*) ammirazione eccessiva, venerazione □ (*retor.*) **homes for heroes**, alloggi per i reduci.
Hero ['hiərou], *n.* (*mitol.*) Ero.
Herod ['herəd], *n.* (*stor.*) Erode.
Herodias [he'roudiæs], *n.* (*stor.*) Erodiade.
Herodotus [he'rɔdətəs], *n.* (*stor. letter.*) Erodoto.
heroic [hi'rouik], *a.* **1** eroico: **h. deeds**, atti eroici; **the h. age**, l'età eroica (*di Grecia e Roma antiche*); **h. poem**, poema eroico; (*med.*) **h. remedies**, rimedi eroici **2** (*arte*) più grande del normale: **a h. statue** (*o* **a statue of h. size**), una statua di dimensioni più grandi del normale **3** (*fig.*) grandioso; imponente **4** (*fig.*) eccezionale; straordinario **5** (*fig.: di stile, ecc.*) ampolloso; retorico; melodrammatico. ● **heroics**, (*poesia*) verso eroico; (*fig.*) linguaggio retorico, reboante; atteggiamenti melodrammatici □ (*poesia*) **h. couplet**, distico eroico (*di pentametri giambici a rima baciata*).
heroical [hi'rouikəl], *V.* **heroic**.
heroicness [hi'rouiknis], *n.* eroicità.
heroicomic(al) [hi,roui'kɔmik(əl)], *a.* eroicomico.
to heroify [hi'rouifai], *v. t.* eroicizzare; fare un eroe di (q.).
heroin ['herouin], *n.* (*chim.*) eroina.
heroine ['herouin], *n.* (*letter., teatr., ecc.*) eroina; protagonista.
heroism ['herouizəm], *n.* eroismo; atto eroico.
to heroize [hi'rouaiz], *v. t.* eroicizzare. **B** *v. i.* far l'eroe.
heron ['herən], *n.* (*pl.* **herons, heron**) (*zool., Ardea*) airone.
heronry ['herənri], *n.* luogo dove gli aironi nidificano; colonia di aironi.
to hero-worship ['hiərou'wə:ʃip], *v. t.* venerare come un eroe.
herpes ['hə:pi:z], *n.* (*med.*) erpete. ● **h. zoster**, fuoco di Sant'Antonio.
herpetic [hə:'petik], *a.* (*med.*) erpetico.
herpetologist [,hə:pi'tɔlədʒist], *n.* erpetologo.
herpetology [,hə:pi'tɔlədʒi], *n.* (*zool.*) erpetologia.
herring ['heriŋ], *n.* (*pl.* **herrings, herring**) (*zool., Clupea harengus*) aringa. ● **h.-bone**, (*sost.*) spina di pesce; tessuto spinato; (*agg.*) a spina di pesce, spinato: **h.-bone pattern**, disegno (*di stoffa, ecc.*) a spina di pesce □ **h.-bone stitch**, punto spina; punto strega □ (*zool.*) **h. gull** (*Larus argentatus*), gabbiano reale □ (*scherz.*) **the h. pond**, l'Atlantico Settentrionale □ **kippered h.**, aringa affumicata □ **to be packed as close as herrings**, essere pigiati come sardine □ **red h.**, aringa affumicata; (*fig.*) falsa pista, traccia falsa.
hers [hə:z], *pron. poss.* (*rif. a possessore femm.*) (il) suo (la) sua; (i) suoi, (le) sue; di lei: **Is this book his or hers?**, questo libro è di lui o di lei?; **Have you seen Mary? I found a pen of hers**, hai visto Maria? Ho trovato una sua penna.
herself [hə:'self], **A** *pron. rifl. 3ª pers. f. sing.* se stessa; si: **She hurt h.**, si fece male; **Your daughter can be pleased with h.**, tua figlia può essere soddisfatta di se stessa. **B** *pron. enfat.* (ella) stessa; lei stessa; in persona; proprio; per l'appunto: **She h. went there**, ci andò lei stessa (in persona); **She said it h.**, lo disse lei stessa; **I talked to the headmistress h.**, parlai per l'appunto (*o* proprio) con la preside. **C** *n.* se stessa; lei stessa: **After the long illness, she was h. again**, dopo la lunga malattia, era di nuovo lei (*o* quella di prima). ● **(all) by h.**, da sé; (da) sola: **She did it all by h.**, lo fece da sé; **She was quite by h.**, era proprio sola.
hertz [hə:ts], *n.* (*invar. al pl.*) (*fis.*) hertz; ciclo al secondo.
hertzian ['hə:tsiən], *a.* (*fis.*) hertziano: **h. waves**, onde hertziane.
he's [hi:z], *contraz.* di **1 he is 2 he has**.
Hesiod ['hi:siɔd], *n.* (*stor. letter.*) Esiodo.
hesitance ['hezitəns], **hesitancy** ['hezitənsi], *n.* **1** esitazione; indecisione; irresolutezza; titubanza **2** riluttanza; ritrosia **3** lieve balbuzie.
hesitant ['hezitənt], *a.* **1** esitante; indeciso; irresoluto; titubante **2** riluttante; restio **3** lievemente balbuziente.
to hesitate ['heziteit], *v. i.* **1** esitare; essere indeciso; titubare **2** essere riluttante (*o* restio) **3** incespicare nel parlare; balbettare **4** interrompersi (*parlando*); fare una pausa.
hesitatingly ['heziteitiŋli], *avv.* con esitazione; irresolutamente.
hesitation [,hezi'teiʃən], *n.* **1** esitazione; indecisione; irresolutezza; titubanza **2** riluttanza **3** lieve balbuzie.
hesitative [hə'ziteitiv], *a.* d'esitazione; esitante; incerto.
Hesperia [hes'piəriə], *n.* (*geogr.*) Esperia.
Hesperian [hes'piəriən], *a.* (*poet.*) esperio (*poet., raro*); occidentale.
Hesperides [hes'peridi:z], *n. pl.* (*mitol.*) Esperidi.
Hesperus ['hespərəs], *n.* (*astron.*) Espero (*il pianeta Venere*).
Hesse ['hesi], *n.* (*geogr.*) Assia.
hessian ['hesiən], *n.* (*ind. tessile*) tela grezza di canapa o iuta; tela di sacco.
Hessian ['hesiən], *a. e n.* assiano; (abitante, soldato) dell'Assia. ● **H. boots**, stivali al ginocchio; stivaloni □ (*zool.*) **H. fly** (*Phytophaga destructor*), cecidomia del grano; mosca tedesca (*fam.*).
Hester ['hestə*], *n.* Ester.
hetaera [hi'tiərə], *n.* (*pl.* **hetaerae, hetaeras**) etera.

hetaerism [hiˈtiərizəm], *n*. concubinato.
hetaira [hiˈtaiərə], **hetairism** [hiˈtaiərizəm], *V*. **hetaera, hetaerism**.
hetero [ˈhetərou], *a*. e *n*. (*abbr. di* **heterosexual**) (*pop.*) eterosessuale.
heterochromatic [ˌhetəroukrouˈmætik], *n*. **1** (*fis.*) eterocromatico **2** (*biol.*) eterocromo.
heteroclite [ˈhetərouklait], **A** *a.* (*specialm. gramm.*) eteroclito. **B** *n.* nome eteroclito.
heterodox [ˈhetərədɔks], *a*. eterodosso.
heterodoxy [ˈhetərədɔksi], *n*. eterodossia.
heterodyne [ˈhetərədain], *n*. (*elettron.*) eterodina.
heterogamous [ˌhetəˈrɔgəməs], *a*. (*biol.*) eterogamo.
heterogamy [ˌhetəˈrɔgəmi], *n*. (*biol.*) eterogamia.
heterogeneity [ˌhetəroudʒiˈniːti], *n*. eterogeneità.
heterogeneous [ˌhetərouˈdʒiːnjəs], *a*. eterogeneo.
heterogeneousness [ˌhetərouˈdʒi(ː)njəsnis], *n*. eterogeneità.
heterogenesis [ˌhetərouˈdʒenisis], *n*. (*biol.*) eterogenesi.
heterogenetic [ˌhetəroudʒəˈnetik], **heterogenic** [ˌhetərouˈdʒi(ː)nik], *a*. (*biol.*) caratterizzato da eterogenesi.
heteromorphic [ˌhetərouˈmɔːfik], *a*. (*biol.*) eteromorfo.
heteromorphism [ˌhetərouˈmɔːfizəm], *n*. (*biol.*) eteromorfismo.
heteronomous [ˌhetəˈrɔnəməs], *a*. (*scient.*) eteronomo.
heteronomy [ˌhetəˈrɔnəmi], *n*. (*scient.*) eteronomia.
heterophyllous [ˌhetərouˈfiləs], *a*. (*bot.*) eterofillo.
heterophylly [ˈhetərouˌfili], *n*. (*bot.*) eterofillia.
heterosex [ˈhetərouseks], *n*. (*abbr. fam. di* **heterosexuality**) eterosessualità.
heterosexual [ˌhetərouˈseksjuəl], *a*. e *n*. (*biol.*) eterosessuale. ● **h. orgies**, balletti rosa (*pop.*).
heterosexuality [ˌhetərouˌseksjuˈæliti], *n*. (*biol.*) eterosessualità.
heterotaxia [ˌhetərouˈtæksjə], **heterotaxy** [ˈhetərouˌtæksi], *n*. (*biol.*) eterotassia.
heterotrophic [ˌhetərouˈtrɔfik], *a*. (*biol.*) eterotrofico.
heterotrophy [ˌhetəˈrɔtrəfi], *n*. (*biol.*) eterotrofia.
heterozygote [ˌhetərouˈzaigout], *n*. (*biol.*) eterozigote.
heterozygous [ˌhetərouˈzaigəs], *a*. (*biol.*) eterozigotico.
hetrodyning [ˈhetərədainiŋ], *n*. (*radio*) eterodinaggio.
het-up [ˈhetʌp], *a*. (*pop.*) **1** arrabbiato; adirato; in collera **2** eccitato; nervoso; teso.
heuristic [hjuəˈristik], *a*. (*filos., mat.*) euristico.
heuristics [hjuəˈristiks], *n. pl.* (*col verbo al sing.*) euristica.
to hew [hjuː] (*pass.* **hewed**, *p. p.* **hewed, hewn**), **A** *v. t.* tagliare; spaccare; fendere (*con l'ascia, la spada, ecc.*): **to hew wood**, spaccare legna; **to hew the prisoners to pieces**, tagliare (*o fare*) a pezzi i prigionieri. **B** *v. i.* dare colpi d'ascia; tirare fendenti. ● **to hew down a tree**, abbattere un albero (con l'ascia) □ **to hew out**, sbozzare, sgrossare (*una statua, ecc.*) □ **to hew out coal**, estrarre il carbone □ **to hew out an important job for oneself**, «ritagliarsi» un posto importante; farsi una bella nicchia (*fig.*); farsi il cadreghino (*pop.*) □ **to hew a path through the undergrowth**, aprirsi un sentiero nel sottobosco (*tagliando arbusti, ecc.*) □ (*USA*) **to hew to**, conformare; **to hew to the line**, stare alle regole; rigar dritto □ **hewn timber**, legname squadrato rozzamente.
hewer [hjuːəˌ], *n*. **1** spaccalegna; tagliallegna **2** minatore che taglia il carbone dal filone. ● (*Bibbia*) **hewers of wood and drawers of water**, taglialegna e portatori d'acqua; gente che fatica.
hewn [hjuːn], *p. p.* di **to hew**.
hex [heks], *n*. (*USA*) malocchio.
to hex [heks], *v. t.* (*USA*) gettare il malocchio su (q. *o* q.c.).
hexachord [ˈheksəkɔːd], *n*. (*mus.*) esacordo.
hexagon [ˈheksəgən], *n*. (*geom.*) esagono.
hexagonal [hekˈsægənl], *a*. (*geom.*) esagonale.
hexagram [ˈheksəgræm], *n*. (*geom.*) esagramma; stella di David.
hexahedral [ˌheksəˈhedrəl], *a*. (*geom.*) esaedrico.
hexahedron [ˌheksəˈhedrən], *n*. (*geom.*) esaedro.
hexameter [hekˈsæmitə*], *n*. (*poesia*) esametro: **dactylic h.**, esametro dattilico.
hexametric [ˌheksəˈmetrik], *a*. (*poesia*) **1** di esametro **2** scritto in esametri.
hexametrist [hekˈsæmətrist], *n*. scrittore d'esametri.
hexane [ˈheksein], *n*. (*chim.*) esano.
hexapod [ˈheksəpɔd], (*zool.*) **A** *a*. degli insetti. **B** *n*. **1** insetto **2** (*pl.*) esapodi; insetti.
hexapody [hekˈsæpədi], *n*. (*poesia*) esapodia; esametro.
hexastich [ˈheksəstik], *n*. (*poesia*) esastico.
hexastichic [ˌheksəˈstikik], *a*. (*poesia*) esastico.
hexastichon [hekˈsæstikən], *n*. (*pl.* **hexasticha**) (*poesia*) esastico.
hexastyle [ˈheksəˈstail], (*archit.*) **A** *a*. esastilo: **h. portico**, portico esastilo. **B** *n*. portico esastilo.
hexasyllabic [ˌheksəsiˈlæbik], *a*. (*poesia*) esasillabico; senario.
hex nut [ˈheks ˌnʌt], *n*. (*mecc.*) dado esagonale.

hey [hei], *inter.* (*di richiamo, sorpresa, interrogazione*) ehi!; olà! ● **hey for Jack!**, evviva Gianni! □ (*fam.*) **hey presto**, all'improvviso; tutto a un tratto; (*di prestigiatore*) op là!; voilà! (*franc.*)
hey-day (1) [ˈheiˌdei], *inter.* (*di gioia, sorpresa, ecc.: arc.*) oh!; ih!
heyday (2) [ˈheiˌdei], *n*. pieno rigoglio; fiore, primavera (*fig.*); apice; apogeo: **in the h. of youth**, nel fiore degli anni; **the Elizabethan period in its h.**, l'età elisabettiana nel suo pieno rigoglio.
hi [hai], *inter.* **1** (*di richiamo*) ehi! **2** (*fam., specialm. USA*) ciao!; salve!
hiatus [haiˈeitəs], *n*. (*pl.* **hiatuses, hiatus**) **1** (*anat., geol., ecc.*) iato **2** (*fig.*) lacuna; vuoto.
hibachi [hiˈbaːtʃi] (*giapponese*), *n*. (*pl.* **hibachis**) barbecue.
hibernant [ˈhaibəːnənt], *a*. (*zool.*) ibernante.
to hibernate [ˈhaibəːneit], *v. i.* **1** (*zool.*) ibernare; svernare; passare l'inverno in letargo; essere ibernante: **Some bears h.**, alcuni orsi sono ibernanti **2** (*fig.*) oziare; poltrire.
hibernation [ˌhaibəːˈneiʃən], *n*. (*zool.*) ibernazione.
Hibernian [haiˈbəːnjən], *a*. e *n*. (*poet.*) irlandese.
Hibernicism [haiˈbəːnisizəm], *n*. espressione (*o* costumanza, ecc.) irlandese.
hibiscus [hiˈbiskəs], *n*. (*bot., Hibiscus*) ibisco.
hiccough, to hiccough [ˈhikʌp], *V*. **hiccup, to hiccup**.
hiccup [ˈhikʌp], *n*. singhiozzo, singulto (*nervoso; non di pianto*). ● **to have hiccups**, avere il singhiozzo.
to hiccup [ˈhikʌp], **A** *v. i.* singhiozzare; avere il singhiozzo; avere il singulto (*V.* **hiccup**). **B** *v. t.* – **to h. out**, dire singhiozzando (*V.* **hiccup**).
hick [hik], *n*. e *a*. (*fam., spreg.*) contadino; campagnolo; provinciale; zoticone.
hickey [ˈhiki], *n*. (*fam. USA*) (segno di) succhiotto.
hickory [ˈhikəri], **A** *n*. **1** (*bot., Carya*) hickory; noce americano **2** (*anche* **h. switch**) bastone di noce americano. **B** *a. attr.* di noce americano.
hid [hid], *pass.* e *p. p.* di **to hide**.
hidalgo [hiˈdælgou] (*spagn.*), *n*. (*pl.* **hidalgos**) idalgo.
hidden [ˈhidn], **A** *p. p.* di **to hide**. **B** *a*. ignoto; misterioso; riposto; segreto: **a h. meaning**, un significato riposto, (*rag.*) **h. assets**, attività occulte □ (*leg.*) **h. defect**, vizio occulto □ **h. persuaders**, persuasori occulti.
to hide (1) [haid] (*pass.* **hid**, *p. p.* **hidden, hid**), **A** *v. t.* nascondere; celare: **to h. st. from sb.**, nascondere q.c. a q.; **The treasure had been hidden by the pirates**, il tesoro era stato nascosto dai pirati; **He hid his head in shame**, nascose il viso per la vergogna. **B** *v. i.* nascondersi; celarsi; **to hide oneself C** *v. rifl.* nascondersi; celarsi. ● **to h. one's light under a bushel**, mettere la fiaccola sotto il moggio; tenere nascosta una virtù (*o* una virtù) che può essere d'esempio agli altri □ **to h. out**, darsi alla macchia □ **Where's that document hiding?**, dove s'è andato a cacciare quel documento?
hide (1) [haid], *n*. **1** nascondiglio (*da cui osservare animali selvatici*) **2** (*caccia*) posta (*o* posizione) nascosta. ● **h.-and-seek** (*USA*: **h.-and-go-seek**), nascondino; rimpiattino.
hide (2) [haid], *n*. **1** pelle (*d'animale, conciata o no*); pellame; cuoio: **to tan hides**, conciare pelli **2** (*fam., scherz.*) pelle (*dell'uomo*): **to save one's h.**, salvare la pelle; cavarsela senza danno. ● (*fam.*) **h. nor** (*o* **or**) **hair**, nessuna traccia; neanche l'ombra □ (*fam.*) **to have a thick h.**, avere la pelle dura □ (*fam.*) **to tan sb.'s h.**, picchiare (*o* bastonare) q. (*fam.*).
to hide (2) [haid], *v. t.* **1** spellare; scorticare; scuoiare **2** (*fam.*) picchiare; bastonare; menare (*fam.*).
hide (3) [haid], *n*. (*stor.*) «hide» (*antica misura agraria, pari a 80-120 acri*).
hideaway [ˈhaidəwei], *n*. nascondiglio; rifugio. ● **h. bed**, letto a scomparsa; letto ribaltabile.
hidebound [ˈhaidbaund], *a*. **1** (*d'animale*) pelle e ossa; ossuto **2** (*fig.*) di mente ristretta; gretto.
hideous [ˈhidiəs], *a*. odioso; orrendo; orribile; ripugnante; repulsivo; rivoltante: **h. features**, fattezze ripugnanti; **a h. murder**, un orribile assassinio; **a h. noise**, un rumore orrendo.
hideousness [ˈhidiəsnis], *n*. bruttezza estrema; odiosità; orrore.
hideout [ˈhaidaut], *n*. nascondiglio; covo (*di banditi, ecc.*).
hiding (1) [ˈhaidiŋ], *n*. **1** occultamento; il nascondere; l'esser nascosto **2** (*anche* **h. place**) nascondiglio. ● **to be in h.**, essere (*o* tenersi) nascosto □ **to go into h.**, nascondersi; darsi alla macchia.
hiding (2) [ˈhaidiŋ], *n*. (*fam.*) bastonatura; legnate; botte; menata (*fam.*): **to give sb. a good h.**, dare a q. una bella menata.
to hie [hai], *v. i.* (*poet., scherz.*) affrettarsi; spicciarsi: **Hie thee, affrettati!; spicciati!**
hiemal [ˈhaiiməl], *a*. (*poet.*) iemale (*lett.*); invernale.
hierarch [ˈhaiəˌrɑːk], *n*. gerarca; alto prelato.
hierarchic(al) [ˌhaiəˈrɑːkik(əl)], *a*. gerarchico.

hierarchism [ˈhaiəˌrɑːkizəm], *n.* principi gerarchici.
to hierarchize [ˈhaiərəˌkaiz], *v. t.* gerarchizzare.
hierarchy [ˈhaiəˌrɑːki], *n.* gerarchia.
hieratic(al) [ˌhaiəˈrætik(əl)], *a.* ieratico; sacerdotale.
hierocracy [ˌhaiəˈrɔkrəsi], *n.* gerocrazia; governo dei sacerdoti.
hieroglyph [ˈhaiərəˌglif], *n.* (*anche fig.*) geroglifico.
hieroglyphic [ˌhaiərəˈglifik], **A** *a.* **1** geroglifico **2** (*fig.*) illeggibile. **B** *n. pl.* (*col verbo al sing.*) geroglifici.
hieroglyphical [ˌhaiərəˈglifikəl], *a.* **1** geroglifico **2** (*fig.*) indecifrabile; illeggibile.
hierogram [ˈhaiərouˌgræm], **hierograph** [ˈhaiərouˌgrɑːf], *n.* simbolo sacro.
hierolatry [ˌhaiəˈrɔlətri], *n.* culto dei Santi.
hierology [ˌhaiəˈrɔlədʒi], *n.* **1** ierologia **2** agiografia.
Hieronymus [ˌhaiəˈrɔniməs], *n.* Gerolamo.
hierophant [ˈhaiərəfænt], *n.* (*stor.*) gerofante.
hierophantic [ˌhaiərouˈfæntik], *a.* (*stor.*) gerofantico.
hi-fi [ˈhaiˈfai], *a.* e *n.* (*pl.* **hi-fis**) (*fam.*, *radio*, *mus.*) (ad) alta fedeltà; hi-fi. ● hi-fi (**set**), apparecchio ad alta fedeltà.
to hi-fi [ˈhaiˈfai], *v. i.* (*fam.*) ascoltare registrazioni ad alta fedeltà.
to higgle [ˈhigl], *v. i.* mercanteggiare; tirare sul prezzo.
higgledy-piggledy [ˈhigldiˈpigldi], *avv.* e *a.* (messo) a catafascio; alla rinfusa.
high [hai], **A** *a.* **1** alto; elevato; (*fig.*) grande, eminente, nobile, sublime: **The house is thirty feet h.**, la casa è alta trenta piedi (*nove metri circa*); (*fis.*, *radio*) **h. frequency**, alta frequenza; (*geogr.*) **h. latitudes**, alte latitudini; (*elettr.*) **h. tension**, alta tensione; **a h. dive**, un tuffo alto; **a h. priest**, un alto prelato; **at a h. speed**, a una velocità elevata; **a h. wall**, un muro alto; un'alta parete; **a h. mind**, un animo nobile; **h. art**, arte sublime; **h. caste**, una delle classi alte (*per es.*, *in India*); **to speak in a h. voice**, parlare ad alta voce; **a h. tone** (*o* **key**), un tono alto **2** caro; costoso: **This year wheat is h.**, quest'anno il frumento è caro (*o* il prezzo del frumento è alto) **3** avanzato; inoltrato; pieno: **h. autumn**, autunno inoltrato; **It was h. summer**, era piena estate **4** (*di carne*, *selvaggina*) andato a male; passato; frollo: **This meat is h.**, questa carne è passata **5** (*fam.*) alticcio; brillo **6** (*fam.*) su di giri **7** (*di un luogo*, *di un locale*, *e sim.*) ben frequentato; che ha una buona clientela. **B** *n.* **1** altura; posizione elevata; livello alto **2** (*nei giochi di carte*) carta alta **3** (*meteorologia*) area d'alta pressione; anticiclone **4** (*comm.*) prezzo massimo; livello massimo; quotazione più alta; punta; culmine **5** (*autom.*, *mecc.*) (la) marcia più alta: **to move into h.**, mettere la quarta (*o* la quinta) **6** (*fam.*) stato d'eccitazione. **C** *avv.* **1** in alto (*anche fig.*); in posizione elevata; in un grado alto: **to fly h.**, volare in alto; **to aim h.**, mirare alto (in alto, *anche fig.*) **2** forte: **to play h.**, giocare forte (*a carte*) **3** lussuosamente; nel lusso: **to live h.**, vivere nel lusso. ● (*fam.*) **the High**, *V.* **High Street** (*specialm. a Oxford*) □ **h. altar**, altar maggiore □ **h. and dry**, (*di nave*) in secca; (*fig.: di persona*) nei guai, in difficoltà; abbandonato, derelitto, senz'aiuto □ **h. and low**, (*sost.*) gente di ogni condizione, ricchi e poveri; (*avv.*) dappertutto □ **h.-and-mighty**, arrogante; prepotente □ (*ginnastica*) **h. bar**, sbarra □ (*autom.*) **h. beam**, luce abbagliante □ (*autom.*) **h.-beam headlights**, (fari) abbaglianti; luci di profondità □ **h.-blower**, cavallo che soffia forte dalle narici □ **h.-born**, d'alto lignaggio; di nobili natali □ **h. chair**, seggiolone (*per bambini*) □ **H. Church**, «Chiesa Alta» (*la frazione più conservatrice della Chiesa anglicana*) □ **H.-Churchman**, membro della «Chiesa Alta» □ **h.-class**, di prim'ordine, di prima qualità; d'alta classe □ **h.-coloured**, dai colori vivaci; dal colore acceso; (*di persona*) colorito, florido □ (*mil.*) **h. command**, comando supremo □ **a h. complexion (colour)**, una carnagione colorita (un colorito acceso) □ (*arte*, *pitt.*) **h. contrast**, contrasto forte □ **H. Court**, Alta Corte di giustizia □ **h. day**, giorno festivo; vacanza □ (*mil.*) **h. explosives**, alti esplosivi □ **h. farming**, agricoltura intensiva □ **h. feeding**, cibi costosi; alto costo della vita (*radio*, *mus.*) **h. fidelity**, alta fedeltà □ **h.-fidelity**, ad alta fedeltà □ (*fig.*) **h.-flier**, chi mira in alto; ambizioso □ (*aeron.*) **h. flying**, volo ad alta quota □ **h. fog**, nebbia di montagna □ (*elettron.*, *radio*) **h.-frequency**, ad alta frequenza □ (*linguistica*) **H. German**, alto tedesco □ **h.-grade**, di qualità superiore; (*di dinamite*, *ecc.*) ad alta forza □ **h.-handed**, prepotente, tirannico □ **h. hat**, cappello a cilindro □ **h.-hat**, (*fam. USA*) persona altezzosa, snob; (*agg.*) altezzoso, snobistico □ (*fam. USA*) **to h.-hat**, trattare dall'alto al basso; offendere, umiliare □ (*sport*) **h. jump**, salto in alto □ (*sport*) **h. jumping**, i salti in alto □ **h.-keyed**, (*mus.*) acuto; (*fig.*) eccitabile, nervoso □ **h. life**, il gran mondo; l'alta società □ **h. light**, punto culminante; momento di maggior interesse □ **h. living**, tenore di vita lussuoso □ (*relig.*) **H. Mass**, messa alta □ **h.-minded**, magnanimo; di nobili sentimenti □ **h.-mindedness**, magnanimità; nobiltà d'animo □ **h. noon**, mezzogiorno in punto; (*fig.*) apice, culmine, vertice □ (*ind.*, *chim.*) **h.-octane**, ad alto numero di ottano □ **to be h. on st.**, andare pazzo per q.c. □ **h.-pitched**, (*di suono*) acuto; (*di tetto*) aguzzo □ **h.-powered**, potente; (*fam.*) attivo, dinamico □ **h.-pressure**, (*tecn.*, *scient.*) ad alta pressione; (*fig.*) stressante □ **h.-priced**, costoso, caro □ **h.-principled**, di elevati principi □ (*fig.*) **h. profile**, atteggiamento esplicito; chiara presa di posizione □ (*arte*) **h. relief**, altorilievo □ (*edil.*) **h.-rise**, (edificio) molto alto, altissimo □ **a h. road**, una strada maestra □ **a h. school**, una scuola secondaria; un istituto superiore; (*USA*) un liceo □ (*sport*) **a h.-scoring game**, un gioco con molte segnature □ (*naut.*) **the h. seas**, l'alto mare; il mare aperto; le acque extraterritoriali □ **h. season**, alta stagione □ **h. speed**, alta velocità; (*mecc.*, *autom.*) quarta (*o* quinta) velocità; presa diretta □ **h.-speed**, ad alta velocità; ad azione rapida: (*elettron.*) **h.-speed oscilloscope**, oscilloscopio ad alta velocità; **h.-speed relay**, relè ad azione rapida □ **H. Speed Train** (*abbr.* **HST**) **power car**, motrice di treno rapido (*in G.B.: velocità fino a 201 Km.*) □ **a h. spirit**, uno spirito coraggioso, intraprendente □ **h.-spirited**, animoso, coraggioso; intraprendente; allegro, brioso, vivace; (*di cavallo*) focoso □ **h. spirits**, euforia; buonumore □ **h. stakes**, posta forte (*nei giochi e fig.*) □ **h.-stepper**, cavallo che alza molto le gambe al passo (*o* trottando) □ **H. Street**, il Corso (*la via principale d'una città*) □ **h.-strung**, ipersensibile; eccitabile; nervoso □ **h. table** (*fam.* **the h.**), la tavola dei professori (*nei refettori dei collegi*) □ **h. tea**, tè servito con pietanze a base di carne □ (*fam.*) **h.-tech**, *V.* **h.-technology** (*di mobile*, *ecc.*) di tipo industriale □ (*ind.*) **h.-technology**, ad alto contenuto tecnologico □ **h.-temperature material**, materiale resistente ad alte temperature □ (*elettr.*) **h.-tension line**, linea ad alta tensione □ **h. tide**, alta marea; (*fig.*) apice, culmine □ **h. time**, (l')ora (*di fare q.c.*): **It's h. time we left**, è ora che ce ne andiamo! □ (*fig.*) **h.-toned**, elevato; nobile □ (*leg.*) **h. treason**, alto tradimento □ (*fam.*) **h.-ups**, persone altolocate; alti papaveri (*fam.*) □ (*elettr.*) **h. voltage**, alta tensione □ **h. water**, acqua alta; alta marea □ **h.-water mark**, livello di piena; limite dell'alta marea; (*fig.*) punto più alto, limite massimo □ **a h. wind**, un forte vento □ **h. words**, parole grosse; accenti d'ira □ **to have a h.** (**old**) **time** (*o* **to have h. jinks**), divertirsi un mondo; spassarsela □ **to fly h.**, volare in alto; (*fig.*) mirare in alto, essere ambizioso □ **from on h.**, dall'alto; dal cielo □ (*comm.*) **to go h.**, andare su; salire: **Prices have gone h. lately**, i prezzi sono andati su di recente □ **to hold one's head h.**, andare a testa alta □ **to be in h. favour**, essere in gran favore □ **to be in h. spirits**, essere euforico; essere di buon umore □ (*pop. USA*) **to live h. on the hog**, vivere nel lusso □ (*relig.*) **the Most H.**, l'Altissimo; Dio □ **on h.**, in alto; in cielo □ (*fig.*) **to be on the h. ropes**, essere su di giri (*fig.*); essere di buonumore; (*anche*) essere adirato (*o* sdegnato) □ **to pay h.**, pagare un prezzo alto (*o* a caro prezzo) □ (*fig.*) **to ride the h. horse** (*o* **to be on one's h. horse**), essere arrogante; fare il saccente □ (*di sentimenti e sim.*) **to run h.**, essere al massimo (*o* alle stelle) □ **to search h. and low**, cercare per mare e per monti □ **with a h. hand**, con grande arroganza e prepotenza □ (*pop.*) **How is that for h.?**, non è una cosa straordinaria? □ **The sea runs h.**, il mare è grosso, burrascoso.

highball [ˈhaibɔːl], *n.* (*fam. USA*) **1** bevanda alcolica allungata con seltz (*servita in un bicchiere alto*) **2** (*ferr.*) segnale di via libera **3** (*ferr.*) direttissimo.

highboy [ˈhaibɔi], *n.* (*USA*) cassettone alto.

highbred [ˈhaibred], *a.* **1** di famiglia nobile; di buona razza **2** bene educato; raffinato; fine.

highbrow [ˈhaiˌbrau], **A** *n.* **1** intellettuale **2** (*spreg.*) intellettualoide. **B** *a. V.* **highbrowed**.

highbrowed [ˈhaiˌbraud], *a.* **1** di (*o* da) intellettuale; cerebrale **2** (*spreg.*) di (*o* da) intellettualoide.

higher [ˈhaiə*], *a.* (*compar. di* **high**) superiore, più elevato: **h. education**, istruzione superiore; (*zool.*) **the h. apes**, le scimmie superiori. ● (*fam.*) **the h.-ups**, i superiori; i più ricchi.

highest [ˈhaiist], *a.* (*superl. di* **high**) massimo; (il) più elevato; (il) più alto. ● (*comm.*) **the h. bidder**, il miglior offerente: **The picture was sold to the h. bidder**, il quadro fu venduto al miglior offerente.

highfalutin [ˈhaifəˈluːtin], (*fam.*) **highfaluting** [ˈhaifəˈluːtiŋ], **A** *n.* discorso ampolloso; parole pompose. **B** *a.* ampolloso; pomposo; pretenzioso.

high(-)flown [ˈhaiˈfloun], *a.* **1** ampolloso; pomposo; reboante; pretenzioso **2** stravagante; eccentrico.

highflying [ˈhaiˌflaiiŋ], *a.* (*fig.*) ambizioso; che mira in alto.

highland [ˈhailənd], **A** *n.* (*geogr.*) altopiano; regione montuosa. **B** *a. attr.* dell'altopiano. ● (*geogr.*) **H. Britain**, le regioni montuose della Gran Bretagna.

highlander [ˈhailəndə*], *n.* montanaro (*specialm. scozzese*).

Highlander [ˈhailəndə*], *n.* (*geogr.*) abitante delle «Highlands».

highlands [ˈhailəndz], *n. pl.* montagne; paese montagnoso; regione montuosa. ● (*geogr.*) **the H.**, la parte settentrionale della Scozia.

to highlight ['hailait], *v. t.* **1** lumeggiare (*anche fig.*); dar rilievo a; far risaltare; mettere in evidenza **2** fare le mèches.
highlight ['hailait], *n.* **1** (*fotogr., arte*) zona di massima luce; parte lumeggiata **2** (*fig., spesso al pl.*) parte migliore; cosa (*o* avvenimento, personaggio) in vista; punto saliente; notizia di rilievo **3** (*fig.*) punto culminante; momento di maggior interesse **4** (*di solito al pl.*) mèche (*franc.*).
highlighter ['hai,laitə*], *n.* cosmetico atto ad evidenziare le fattezze del volto.
highly ['haili], *avv.* altamente; estremamente; in sommo grado; assai, molto; bene: **h. interesting**, assai interessante; **a h. paid manager**, un dirigente ben retribuito. ● **h.-descended**, di nobili origini; d'alto lignaggio □ **h.-strung**, *V.* **high-strung**, *sotto* **high** □ **to commend sb. h.**, fare grandi elogi a q. □ **to speak h. of sb.**, parlare favorevolmente di q.; dire molto bene di q. □ **to think h. of sb.**, avere molta stima di q.; tenere q. in grande considerazione □ **to think h. of oneself**, sentire altamente di sé; essere presuntuoso.
highness ['hainis], *n.* altezza (*fig.*); elevatezza; nobiltà: **His Royal H.**, Sua Altezza Reale; (*a un principe, ecc.*) **Your H.**, Altezza!; **the h. of his ideals**, la nobiltà dei suoi ideali. ● **the h. of taxation**, la gravosità delle imposte □ **to fall from sheer h. of ambition**, andare in rovina a causa di ambizioni troppo elevate.
highroad ['hairoud], *n.* (*anche fig.*) strada maestra: **the h. to success**, la strada maestra per il successo.
hight [hait], *a.* (*arc., poet. o scherz.*) chiamato; a nome: **a maiden h. Elaine**, una fanciulla di nome Elena.
highway ['haiwei], *n.* (*specialm. USA*) **1** strada pubblica; strada maestra (*anche fig.*); via: **the h. to success**, la strada maestra del successo **2** strada di grande comunicazione; strada principale. ● (*autom.*) **the H. Code**, il codice della strada □ **h. police**, polizia della strada □ **h. robbery**, rapina a mano armata □ (*naut.*) **ocean highways**, le principali rotte oceaniche.
highwayman ['haiweimən], *n.* (*pl.* **highwaymen**) bandito (*di* strada); rapinatore; grassatore.
hijack ['haidʒæk], *n.* atto di pirateria (aerea); dirottamento.
to hijack ['hai,dʒæk], *v. t.* **1** dirottare (*un aereo, ecc.*) **2** (*fam. USA*) rubare con la forza (*merce contrabbandata*) **3** depredare, derubare, rapinare (*contrabbandieri e sim.*).
hijacker ['hai,dʒækə*], *n.* **1** dirottatore; pirata (*d'aerei*) **2** (*fam. USA*) chi depreda, deruba, rapina (*contrabbandieri e sim.*).
hijacking ['hai,dʒækiŋ], *n.* dirottamento (*d'aerei, ecc.*); pirateria aerea.
Hijra ['hidʒrə], *V.* **Hegira**.
hike [haik], *n.* (*fam.*) **1** escursione, gita a piedi (*in campagna, nei boschi, ecc.*) **2** (*USA*) aumento: **a h. in production**, un aumento della produzione. ● (*econ., fam.*) **wage h.**, aumento salariale.
to hike [haik], (*fam.*) **A** *v. i.* andare in gita; fare un'escursione a piedi. **B** *v. t.* **1** (*fam.*) alzare; issare; sollevare; tirare su; spingere **2** (*USA*) aumentare, alzare (*affitti, salari, ecc.*).
hiker ['haikə*], *n.* chi va in gita (*a piedi*); escursionista.
hiking ['haikiŋ], *n.* escursionismo.
hilarious [hi'lɛəriəs], *a.* **1** ilare; giulivo; allegro **2** divertente; che fa ridere; spassoso.
hilariousness [hi'lɛəriəsnis], **hilarity** [hi'læriti], *n.* ilarità; giulività; allegria.
Hilary ['hiləri], *n.* **1** Ilario **2** Ilaria. ● **H. term**, secondo trimestre (*ha inizio il 13 gennaio; nell'anno accademico o giudiziario*).
hill [hil], *n.* **1** collina; colle; altura; poggio **2** cumulo; mucchio, montagnola: **mole-h.**, cumulo di terra sopra la tana d'una talpa; **dung-h.**, mucchio di letame **3** salita **4** — (*fig. USA*) **the H.**, il congresso (*da* **Capitol H.**). ● (*autom.*) **h. climb**, gara (*o* corsa) in salita □ **ant h.**, formicaio □ **down h.**, in discesa □ (*fig.*) **to be over the h.**, avere superato una difficoltà (*o* una crisi); (*anche*) essere in decadenza (*o* in declino) □ **up h.**, in salita □ (*poet., fig.*) **up h. and down dale**, per monti e per valli.
to hill [hil], *v. t.* ridurre a una montagnola; disporre in cumuli; ammonticchiare. ● (*agric.*) **to h. up**, rincalzare (*piante; nel terriccio*).
hillbilly ['hilbili], (*fam. o spreg.*) **A** *n.* montanaro rozzo (*del sudest degli Stati Uniti*). **B** *a. attr.* **1** di (*o* da) montanaro **2** campagnolo; campestre: **h. music**, musica campestre.
hillcrest ['hil,krest], *n.* cresta di una collina.
hilliness ['hilinis], *n.* montuosità.
hillock ['hilək], *n.* **1** collinetta; monticello; poggio **2** montagnola; cumulo di terra.
hillside ['hil'said], *n.* pendio (*o* fianco) di collina.
hilltop ['hil'tɔp], *n.* cima (*o* vetta) di colle.
hilly ['hili], *a.* collinoso; collinare: **a h. district**, una zona collinare.
hilt [hilt], *n.* elsa; impugnatura (*di spada, ecc.*). ● **(up) to the h.**, fino all'elsa; (*fig.*) fino in fondo, completamente.
to hilt [hilt], *v. t.* fornire d'elsa; mettere l'impugnatura a (q.c.).
hilum ['hailəm], *n.* (*pl.* **hila**) (*anat., bot.*) ilo.

him [him, im], *pron. pers. 3ª pers. sing. m.* **1** (*compl.*) lui; lo; gli: **I met him yesterday**, lo incontrai ieri; **I saw him, not her**, vidi lui, non lei; **Tell him!**, diglielo! **2** (*pred.*) lui: **That's him!**, è lui!; eccolo!; **Was that him?**, era lui? **3** (*colloquiale; unito alla forma in* **-ing**, *è idiom.*). **I object to him marrying that girl**, non mi garba che sposi quella ragazza; **They don't mind him leaving home**, a loro non importa che se ne vada da casa. ● **He took his son with him**, prese con sé il figlio □ **He looked about him**, si guardò intorno □ **It was very kind of him**, è stato molto gentile da parte sua.
Himalaya [,himə'leiə], *n.* (*geogr.*) Himalaya: **H. Mountains**, le montagne dell'Himalaya.
Himalayan [,himə'leiən], *a. e n.* imalaiano.
Himalayas (the) [,himə'leiəz], *n. pl.* (*geogr.*) le montagne dell'Himalaya.
himself [him'self], **A** *pron. rifl. 3ª pers. m. sing.* se stesso; si: **He hurt h.**, si fece male; **He can be pleased with h.**, può esser soddisfatto di sé (stesso). **B** *pron. enfat.* (egli) stesso; lui stesso; in persona; proprio; per l'appunto: **He did it h.**, l'ha fatto egli stesso; **I met the headmaster h.**, incontrai il preside in persona. **C** *n.* se stesso; lui; sé: **After the long illness, he is h. again**, dopo la lunga malattia, è di nuovo lui (*o* quello di prima). ● **(all) by h.**, da sé; (da) solo: **He did it all by h.**, lo fece da sé; **He was quite by h.**, era proprio da solo.
hind (1) [haind], *n.* (*zool.*) cerva (*specialm. di tre anni o più*).
hind (2) [haind], *a.* posteriore: **the h. legs of an animal**, le zampe posteriori d'un animale. ● **h.-quarters**, quarti posteriori (*d'un animale*); (*fam.*) deretano.
hind (3) [haind], *n.* (*raro*) **1** garzone di campagna; bracciante agricolo **2** contadino; fattore.
hindbrain ['haindbrein], *n.* (*anat.*) rombencefalo.
to hinder ['hində*], *v. t.* impedire; inceppare; intralciare; ostacolare; impacciare: **Don't h. me**, non ostacolarmi!; **You are hindering him from working**, gli impedisci di lavorare; **Don't h. his work**, non intralciare il suo lavoro!
hinder ['haində*], *a.* (*arc.*) posteriore; di dietro.
Hindi ['hindi:], *a. e n.* (*pl.* **Hindis**) (lingua, dialetto) hindi.
hindmost ['haindmoust], *a.* (*arc.; superl. di* **hind**) (il) più indietro; (l')ultimo.
Hindoo ['hindu:], *a. e n.* (*pl.* **Hindoos**) *V.* **Hindu**.
Hindooism ['hindu(:)izəm], *V.* **Hinduism**.
Hindoostanee [,hindu(:)'sta:ni], *V.* **Hindustani**.
hindrance ['hindrəns], *n.* ostacolo; impedimento; intralcio; impaccio: **a h. to commerce (industry, navigation, etc.)**, un intralcio al commercio (all'industria, alla navigazione, ecc.).
hindsight ['haindsait], *n.* **1** (*mil.*) mirino posteriore (*di fucile, ecc.*) **2** giudizio a posteriori; (*scherz.*) scienza (*o* senno) del poi. ● (*prov.*) **H. is easier than foresight**, del senno di poi sono piene le fosse.
Hindu ['hin'du:], (*geogr., relig.*) **A** *n.* indù. **B** *a.* **1** indù **2** (*per estens.*) indiano.
Hinduism ['hindu(:)izəm], *n.* (*relig.*) induismo.
to Hinduize ['hindu(:)aiz], *v. t.* rendere indù (*di religione, costumi, ecc.*).
Hindustan [,hindu'sta:n], *n.* (*geogr.*) Hindustan; Indostan.
Hindustani [,hindu'sta:ni], *a. e n.* (*pl.* **Hindustanis**) indostano; (abitante, lingua) dell'Indostan.
hinge [hindʒ], *n.* **1** cardine; perno (*anche fig.*); ganghero: **the hinges of a door**, i cardini d'una porta **2** (*mecc.*) cerniera **3** (*filatelia*) linguella **4** (*zool.*) cardine **5** (*anat.; anche* **h. joint**) ginglimo; articolazione a cardine. ● (*mecc.*) **h.-pin**, perno di cerniera □ (*fig.*) **to be off the hinges**, (*di una porta*) essere fuori dai gangheri; (*fig.:di persona*) essere in cattiva salute.
to hinge [hindʒ], **A** *v. t.* **1** munire di cardini; incardinare **2** incernierare; provvedere di cerniera. **B** *v. i.* **1** (*di porta, ecc.*) girare sui cardini **2** (*fig.*) imperniarsi; dipendere: **Everything hinges on** (*o* **upon**) **what he decides**, tutto dipende dalla sua decisione.
hinged ['hindʒd], *a.* **1** provvisto di cardini (*o di gangheri*) **2** (*archit., mecc.*) incernierato: **h. arch**, arco incernierato. ● (*mecc., falegnameria*) **h. joint**, giunto a cerniera.
Hinglish ['hiŋliʃ], *n.* misto di hindù e d'inglese (*lingua franca in India*).
hinny ['hini], *n.* (*zool.*) bardotto.
to hinny ['hini], *v. i.* (*raro*) nitrire.
hint [hint], *n.* **1** accenno; cenno; indizio; allusione; insinuazione; suggerimento (non esplicito): **to give sb. a broad h.**, far chiaramente capire q.c. a q. (con un'allusione lampante) **2** pizzico; traccia; ombra **3** (*pl.*) consigli; suggerimenti. ● **to take a h.**, capire al volo (*un'allusione, un suggerimento, ecc.*).
to hint [hint], *v. t. e i.* accennare (a); alludere (a); insinuare; suggerire: **He hinted that he might be late**, accennò alla possibilità di arrivare in ritardo (*o* di far tardi). ● **to h. at st.**, accennare, fare allusione a q.c.; insinuare (*o* suggerire) q.c.

hinterland ['hintəlænd] (ted.), n. **1** (geol., polit., econ.) hinterland; entroterra **2** territorio incolto, selvaggio; regione inesplorata (fig.).
hip (1) [hip], n. **1** (anat.) anca **2** (per estens.) fianco: **to stand with one's hands on one's hips**, stare con le mani sui fianchi **3** (archit.) padiglione: **hip roof**, tetto a padiglione. ● **hip-bath**, semicupio □ (anat.) **hip-bone**, osso iliaco □ **hip boots**, stivali da pescatore □ **hip flask**, fiaschetta tascabile □ **hip joint**, (anat.) articolazione coxofemorale (o dell'anca); (edil.) giunto di colmo □ (moda, USA) **hip-huggers**, pantaloni stretti e bassi di vita □ **hip pocket**, tasca posteriore (dei calzoni) □ (fig.) **to have sb. on the hip**, tenere q. alla propria mercé □ **to sway one's hips**, ancheggiare.
hip (2) [hip], n. (bot.) frutto della rosa canina.
hip (3) [hip], n. (arc., abbr. di **hypochondria**) umor nero; malinconia.
to hip [hip], v. t. immalinconire; rattristare.
hip (4) [hip], a. (pop.) **1** aggiornato; alla moda; moderno **2** (raro) appassionato di jazz.
hip, hip, hurrah! ['hip hip hə,ra(:)], inter. evviva!
hipdom ['hipdəm], V. **hippiedom**.
hipped (1) [hipt], a. (nei composti, per es.:) (anat.) **broad-h.**, dal bacino ampio; dai fianchi larghi.
hipped (2) [hipt], a. (fam.) malinconico; triste; depresso.
hippie ['hipi], **A** n. hippy. **B** a. attr. di (o da) hippy; hippy.
hippiedom ['hipidəm], n. collett. gli hippy; il mondo degli hippy.
hippieism ['hipiizəm], n. (adesione al) movimento hippy.
hippi(e)ness ['hipinis], n. l'essere hippy.
hippo ['hipou], n. (pl. **hippos**) (abbr. fam. di **hippopotamus**) ippopotamo.
hippocampus [,hipou'kæmpəs], n. (pl. **hippocampi**) **1** (mitol.) animale mezzo cavallo e mezzo pesce **2** (anat.) ippocampo.
hippocras ['hipoukræs], n. (stor.) ippocrasso (vino drogato).
Hippocrates [hi'pɔkrəti:z], n. (stor.) Ippocrate.
Hippocratic [,hipou'krætik], a. ippocratico: **H. oath**, giuramento ippocratico.
Hippocrene [,hipou'kri:ni(:)], n. (mitol.) Ippocrene.
hippodrome ['hipədroum], n. **1** ippodromo **2** arena; circo **3** (raro) teatro di varietà.
hippogriff, hippogryph ['hipougrif], n. (mitol.) ippogrifo.
Hippolyta [hi'pɔlitə], n. (mitol.) Ippolita.
hippopotamus [,hipə'pɔtəməs], n. (pl. **hippopotamuses**, **hippopotami**) (zool., Hippopotamus amphibius) ippopotamo.
hippy ['hipi], **A** n. hippy. **B** a. attr. di (o da) hippy; hippy.
hippyism ['hipiizəm], V. **hippieism**.
hipster ['hipstə*], n. **1** (raro) appassionato di jazz **2** intellettuale anticonformista (degli anni Trenta) **3** hippy **4** (pl., moda) pantaloni stretti e bassi di vita.
hipsterism ['hipstərizəm], n. **1** (l')essere un «hipster» (q. V.) **2** (l')essere hippy (q. V.).
hirable ['haiərəbl], a. che si può noleggiare; da nolo.
hircine ['hə:sain], a. ircino (lett.); caprino.
hirco-cervus [,hə:kou'sə:vəs], n. (mitol.) ircocervo.
hire ['haiə*], n. **1** nolo; noleggio; affitto (d'un locale, per breve tempo): **to let out horses on h.**, dare cavalli a nolo; **cars for h.**, automobili a nolo (o da noleggio); **the h. of a theatre**, l'affitto d'un teatro **2** mercede; salario; (fig.) ricompensa: **to work for h.**, lavorare per un salario. ● **h. contractor**, noleggiatore (leg.) **h.-purchase (agreement)**, noleggio di beni con diritto di riscatto da parte di colui che li usa □ (comm.) **h.-purchase (system)**, pagamento rateale; vendita a rate □ **for h.**, (di cose) da nolo; (di taxi) libero; (di operaio) disponibile. Si può assumere.
to hire ['haiə*], v. t. **1** (anche leg.) noleggiare; prendere a nolo; dare a nolo; prendere in affitto: **to h. a horse (a car, etc.)**, noleggiare un cavallo (un'automobile, ecc.); **to h. a hall for one evening**, prendere in affitto una sala per una sera **2** (anche leg.) assumere; dare lavoro a: **to h. a servant**, assumere un domestico. ● **to h. out**, noleggiare; dare a nolo; affittare □ **hired assassin**, sicario □ **hired hand** (o **man**), bracciante agricolo (stagionale) □ (leg.) **hired person**, prestatore d'opera □ **hired ruffians**, sicari prezzolati □ **hired soldiers**, mercenari.
hireling ['haiəliŋ], n. e a. (individuo) mercenario, prezzolato, venale: **a h. politician**, un uomo politico venale.
hirsute ['hə:sju:t], a. irsuto (specialm. biol.); ispido; peloso; villoso.
hirsuteness ['hə:sju:tnis], n. ispidezza; pelosità; villosità.
his [hiz, iz], a. e pron. poss. (rif. a possessore masch.) **1** (il) suo, (la) sua; (i) suoi, (le) sue; di lui: **We saw him and his wife**, vedemmo lui e sua moglie; **Is this suitcase his or hers?**, questa valigia è di lui o di lei?; **Are you a relative of his (of John's)?**, sei un suo parente (un parente di Giovanni)? **2** (quando è unito alla forma in -ing, è idiom.): **They insisted on his signing the contract at once**, insistettero perché firmasse subito il contratto; **I don't mind his going away**, non m'importa che se ne vada. ● **his-'n-hers**, unisex: **his-'n-hers flowered pyjamas**, pigiama unisex a fiori.
Hispanic [his'pænik], **A** a. ispanico (poet.); spagnolo. **B** n. (USA) cittadino d'origine messicana (o portoricana, ecc.); oriundo messicano (o di madrelingua spagnola).
Hispanicism [his'pænisizəm], n. ispanismo; spagnolismo.
Hispanist ['hispənist], n. ispanista.
hispid ['hispid], a. ispido; irto; setoloso.
hispidity [his'piditi], n. l'essere ispido; ispidezza.
to hiss [his], **A** v. i. fischiare; sibilare. **B** v. t. (anche: **to h. off**, **to h. down**) fischiare (a teatro): **to h. an actor**, fischiare un attore; **He was hissed off the stage**, lo costrinsero a lasciare il palcoscenico a forza di fischi. ● **to h. (at) a new musical**, fischiare un musical alla prima (rappresentazione).
hiss [his], n. **1** fischio; sibilo: **to give a h.**, fare un fischio; **the h. of a snake**, il sibilo d'un serpente **2** (radio) sibilo; soffio.
hissing ['hisiŋ], n. **1** (il) fischiare **2** sibilo; sibili.
hist [s:t], inter. (arc.; per imporre il silenzio, richiamare l'attenzione, ecc.) sst!; zitto!, zitti!
histamine ['histəmi:n], n. (biol., med.) istamina, istammina.
histogenesis [,histə'dʒenisis], n. (biol.) istogenesi.
histogram ['histəgræm], n. (stat.) istogramma.
histological [,histə'lɔdʒikəl], a. (scient.) istologico.
histologist [his'tɔlədʒist], n. (scient.) istologo.
histology [his'tɔlədʒi], n. (scient.) istologia.
histopathology [,histoupə'θɔlədʒi], n. (med.) istopatologia; istologia patologica.
historian [his'tɔ:riən], n. storico; storiografo.
historiated [his'tɔ:rieitid], a. (arte) istoriato.
historic [his'tɔrik], a. storico (anche gramm.); famoso nella storia: **a h. place (fact, etc.)**, un luogo (un fatto, ecc.) storico; **in h. times**, in tempi storici; (gramm.) **h. tenses**, tempi storici (in latino e greco); (gramm.) **h. present**, presente storico.
historical [his'tɔrikəl], a. storico; relativo alla storia; reale: **h. characters**, personaggi storici; **a h. novel** (film, etc.), un romanzo (un film, ecc.) storico; **h. studies**, studi storici; **h. evidence**, prove storiche; (filos.) **h. materialism**, materialismo storico.
historicism [his'tɔrisizəm], n. (filos.) storicismo.
historicity [,histə'risiti], n. storicità.
historiographer [,histɔ:ri'ɔgrəfə*], n. storiografo.
historiographic(al) [his,tɔ:riə'græfik(əl)], a. storiografico.
historiography [his,tɔ:ri'ɔgrəfi], n. storiografia.
history ['histəri], n. **1** storia: **the h. of England**, la storia d'Inghilterra; **a h. lesson**, una lezione di storia **2** (letter., teatr.) dramma storico **3** (med., anche **case h.**) anamnesi ● (fig., fam.) **ancient (o past) h.**, (una) storia passata □ **natural h.**, storia naturale □ **to become h.**, passare alla storia □ **to make h.**, fare storia; passare alla storia □ **one's life h.**, la storia di una vita.
histrion ['histriən], n. istrione.
histrionic [,histri'ɔnik], **A** a. **1** istrionico; di (o da) commediante **2** affettato; melodrammatico; teatrale. **B** n. pl. **1** (col verbo al sing.) arte drammatica **2** teatralità; istrionismo.
histrionicism [,histri'ɔnisizəm], **histrionism** ['histriənizəm], n. (anche psic.) istrionismo; teatralità.
to hit [hit] (pass. e p. p. **hit**), v. t. e i. **1** battere; colpire; percuotere; picchiare; urtare contro: **to hit a nail**, battere un chiodo; **to hit one's opponent on the nose**, colpire l'avversario al naso; **to be hit by a terrific punch**, essere colpito da un terribile pugno; **to h. the target**, colpire il bersaglio; **The car hit the tree**, l'automobile urtò contro l'albero; **He fired and hit the bear**, sparò e colpì l'orso **2** assestare, dare (un colpo): **He hit him a heavy blow on the head**, gli assestò un forte colpo sulla testa **3** (fig.) ferire, urtare (nei sentimenti); colpire; danneggiare: **He was hard hit by his failure**, fu gravemente ferito (nell'orgoglio) dal suo insuccesso; **The Irish were hard hit by the potato famine**, gli irlandesi furono duramente colpiti dalla carestia di patate **4** colpire, cogliere; azzeccare; indovinare: **to hit the mark**, colpire nel segno (anche fig.); cogliere il bersaglio; (fig.) cogliere nel giusto; **I hit the right road**, azzeccai la strada giusta; **He hit the solution of the riddle**, indovinò la soluzione dell'indovinello **5** (fam.) raggiungere, toccare (i cento all'ora, ecc.) **6** arrivare a, in: **to hit town**, arrivare in città **7** (autom., mecc.) mettere in moto, avviare (il motore) **8** (sport) fare; segnare: **to hit two goals**, segnare due gol; (pallacanestro) **to hit the basket**, andare a canestro. ● **to hit at sb.**, cercare di colpire q. □ **to hit back**, replicare ai colpi; (pugilato) colpire di rimessa; contrattaccare; (sport) battere di rimando, ribattere □ (pallavolo) **to hit the ball out of bounds**, mandare la palla fuori della metà campo avversaria □ **to hit below the belt**, (pugilato) assestare un colpo proibito (sotto la cintura), (fig., fam.) colpire slealmente □ **to hit the bottle**, darsi al bere □ (fam.) **to hit sb. (up) for a loan**, chiedere un prestito a q. □ (fam.) **to hit sb. for six**, cogliere q. di sorpresa; sbalordire q.; mettere a terra, stracciare q. □ (fam.)

to hit gold, trovare l'oro □ (pop.) to hit the hay (o the sack), andare a letto □ to hit one's head against (on) a post, battere la testa contro un palo □ to hit the headlines, fare notizia; apparire in prima pagina □ to hit it, azzeccarci, indovinare: He had to guess the answer and hit it first time, doveva indovinare la risposta e ci azzeccò subito □ to hit it off well with sb., andare molto d'accordo con q. □ to hit a man when he's down, colpire l'avversario quando è a terra; (fig.) uccidere un uomo morto □ (fig.) to hit the nail on the head, cogliere nel segno; azzeccare; indovinare; imbroccare giusto □ to hit off, imitare, rifare il verso a, parodiare, scimmiottare (q.); descrivere alla perfezione (q.c.) □ to hit on (o upon), imbattersi in; trovare per caso; escogitare: See if you can hit on something better, prova se riesci a escogitare qualcosa di meglio!; At last I hit on a brilliant idea, alla fine mi venne un'idea brillante □ to hit out against sb. (st.), attaccare violentemente, sparare a zero contro q. (q.c.) □ to hit out at sb., sferrare un colpo a q. □ (fam.) to hit the road, partire; (USA) andare via, andarsene: Hit the road!, vattene! □ (fig.) to hit the roof (USA: the ceiling), essere arrabbiatissimo □ (sport) to hit up, segnare; (pop.) farne di tutti i colori □ (anche fig.) to hit sb. where it hurts (most), colpire q. nel punto debole.

hit [hit], A n. 1 colpo; botta; percossa; urto: a hit on the head, una botta in testa; (sport) a clever hit, un colpo ben assestato; un bel colpo 2 colpo messo a segno: two hits out of three, due colpi messi a segno su tre 3 (anche lucky hit) colpo di fortuna; cosa azzeccata; (grande) successo: The musical was a hit, la commedia musicale fu un grande successo; to make a hit, avere successo; far colpo 4 bottata (lett.), frecciata (fig.) 5 (pop.) assassinio (su commissione) 6 (pop.) iniezione di droga; buco (pop.). B a. attr. (fam.) di successo: a hit record, un disco di successo. ● hit-and-run attack, attacco di sorpresa con sganciamento immediato □ hit-and-run driver, pirata della strada □ (pop.) hit man, assassino (su commissione); killer □ hit-off, abile imitazione, parodia □ hit-or-miss, casuale □ hit parade, rassegna di successi musicali.

to hitch [hitʃ], A v. i. 1 muoversi a sbalzi (o a strattoni); sobbalzare; incespicare 2 impigliarsi; restare attaccato; agganciarsi: Her apron hitched on a hook, il grembiule le si impigliò in un gancio 3 V. to hitchhike. B v. t. 1 muovere, spostare (q.c.) a strattoni; strappare via 2 (anche to h. up) attaccare; annodare; legare; agganciare: to h. a horse to a wagon, attaccare un cavallo a un carro. ● to h. st. into a story, introdurre a forza q.c. in un racconto □ to h. up, attaccare i cavalli; (pop.) sposarsi, impiccarsi (fig., pop.); tirar su (fig.) to h. up one's trousers, tirarsi su i pantaloni □ (pop.) to be (o to get) hitched, sposarsi; impiccarsi (fig., pop.).

hitch [hitʃ], n. 1 sbalzo; sobbalzo; strappo; strattone 2 andatura zoppicante 3 (naut.) nodo; collo: clove h., nodo parlato; half h., mezzo collo 4 (agric.) attacco (per es., dell'aratro) 5 (fig.) difficoltà; impedimento; intoppo; ostacolo: My plan went off without a h., il mio piano filò senza intoppi (o andò liscio). ● to give one's trousers a h., tirarsi su i pantaloni.

to hitchhike ['hitʃhaik], v. i. fare l'autostop; viaggiare con l'autostop.

hitchhiker ['hitʃˌhaikə*], n. chi fa l'autostop; autostoppista.

hitchhiking ['hitʃˌhaikiŋ], n. autostop.

hither ['hiðə*], A avv. (lett.) (di moto) (di) qui; (di) qua: Come h., vieni qua! B a. (arc.) da questa parte; dalla parte di qua; più vicino: the h. horse, il cavallo più vicino (a noi). ● h. and thither, qua e là; da tutte le parti □ (fam.) a come-h. look, uno sguardo invitante; un'occhiata di adescamento.

hitherto ['hiðə'tuː], avv. fin qui; finora.

hitherward ['hiðəwəd], avv. (arc.) verso questo posto; da questa parte; verso questa direzione.

Hitlerian [hit'liːriən], a. (stor.) hitleriano.

Hitlerism ['hitlərizm], n. (stor.) hitlerismo.

Hitlerite ['hitləˌrait], a. e n. (stor.) hitleriano.

Hittite ['hitait], n. e a. (stor.) ittita (anche la lingua).

hive [haiv], n. 1 alveare; arnia 2 sciame (d'api e fig.); folla 3 (fig.) alveare. ● h.-bee, ape domestica.

to hive [haiv], A v. t. 1 porre (api) in un alveare 2 ammassare (miele e fig.). B v. i. 1 entrare (o vivere) in un alveare 2 (fig.) vivere come in un alveare; vivere in comunità. ● (fam.) to h. off, vivere appartato; andarsene; tagliare la corda, sparire; separarsi, staccarsi.

hiver ['haivə*], n. apicoltore; apicoltrice.

hives [haivz], n. pl. (med.) orticaria.

ho [hou], inter. (di sorpresa, ammirazione, trionfo, ecc.) oh!; ohè!; olà!

hoar [hɔː*], A a. bianco (per es., di brina); (fig.) canuto: The ground was h., il terreno era bianco di brina. B n. (lett.) 1 bianchezza, biancore (per es., di brina) 2 canizie 3 brinata; galaverna. ● h. crystal, cristallo di brina.

hoard [hɔːd], n. 1 ammasso; mucchio (anche di denaro); cumulo (anche di fatti) 2 gruzzolo; tesoro 3 (fig.) miniera di fatti, di notizie 4 (fig.) scorta; provvista.

to hoard [hɔːd], v. t. e i. 1 (anche to h. up) ammassare; ammucchiare; accumulare; accaparrare; fare incetta di: to h. riches, ammassare ricchezze; to h. food, accaparrare generi alimentari 2 (econ.) tesaurizzare; tesoreggiare.

hoarder ['hɔːdə*], n. 1 accaparratore; incettatore: food-hoarders, accaparratori di generi alimentari 2 (econ.) tesaurizzatore.

hoarding (1) ['hɔːdiŋ], n. 1 accumulazione; accaparramento; incetta 2 (econ.) tesaurizzazione; tesoreggiamento.

hoarding (2) ['hɔːdiŋ], n. 1 staccionata; steccato; palizzata 2 riquadro (o tabellone) per affissioni.

hoarfrost ['hɔːˈfrɔst], n. brina; brinata; galaverna.

hoarhound ['hɔːhaund], V. horehound.

hoariness ['hɔːrinis], n. 1 bianchezza, biancore (per es., di brina) 2 canizie 3 vetustà; venerabilità.

hoarse [hɔːs], a. rauco; fioco: a h. voice, una voce rauca.

to hoarsen ['hɔːsn], v. t. e i. arrochire; affiochire; rendere (o diventare) rauco.

hoarseness ['hɔːsnis], n. raucedine.

hoarsening ['hɔːsniŋ], n. arrochimento.

hoarstone ['hɔːstoun], n. antica pietra di confine.

hoary ['hɔːri], a. 1 (bot.) canescente; pruinoso 2 bianco; canuto; incanutito: h. hair, capelli canuti; a h. old man, un vecchio canuto 3 (fig.) antico; vetusto; venerabile: h. ruins, antiche rovine. ● h.-headed, dal capo canuto.

hoax [houks], n. 1 beffa; burla; canzonatura; scherzo di cattivo genere; tiro mancino 2 imbroglio; inganno; mistificazione.

to hoax [houks], v. t. 1 beffare; burlare; canzonare; farsi beffe di; fare un tiro a (q.) 2 imbrogliare; ingannare.

hoaxer ['houksə*], n. beffatore; canzonatore; burlone.

hob [hɔb], n. 1 mensola lungo la parete interna d'un focolare (su cui tenere calde pentole e padelle) 2 piolo, birillo (usato come bersaglio nel gioco dei cerchietti) 3 pattino di slitta 4 (mecc.) fresa-vite; creatore.

to hobble ['hɔbl], A v. i. 1 andar zoppo; zoppicare; camminare goffamente 2 (fig.) esitare (anche nel parlare); incespicare; titubare. B v. t. 1 impastoiare (un cavallo) 2 (fig.) impedire; inceppare; ostacolare. ● to h. along, procedere zoppicando; trascinarsi a stento.

hobble ['hɔbl], n. 1 zoppicamento; andatura zoppicante 2 (fig.) imbarazzo; intralcio; impaccio 3 pastoia (per legare una bestia). ● h. skirt, gonna troppo stretta sotto le ginocchia.

hobbledehoy ['hɔbldi'hɔi], n. (raro) adolescente goffo; giovanotto impacciato; ragazzo nell'età ingrata.

hobbledehoyhood ['hɔbldi'hɔihud], n., hobbledehoyism ['hɔbldi'hɔiizəm], n. (raro) l'essere goffo (o impacciato); l'essere nell'età ingrata; goffaggine.

hobbledehoyish ['hɔbldi'hɔiiʃ], a. (raro) goffo; impacciato.

hobby (1) ['hɔbi], n. 1 hobby; occupazione prediletta (fuori del proprio lavoro); passatempo o svago preferito; piccola mania; passione; pallino (fam.): Growing roses is her h., la sua occupazione prediletta è la coltivazione delle rose; Fishing is his h., la pesca è la sua passione 2 (arc.) cavallino; cavalluccio 3 (stor.) velocipede (di tipo antiquato). ● to ride one's h., indulgere ai propri passatempi (o svaghi); trattare il proprio argomento preferito (cfr. ital. «cavallo di battaglia»).

hobby (2) ['hɔbi], n. (zool., Falco subbuteo) falco lodolaio; falco barletta.

hobbyhorse ['hɔbiˌhɔːs], n. 1 cavalluccio di legno (giocattolo, o di una giostra) 2 cavalluccio di vimini (legato alla vita di un danzatore di «morris-dance») 3 (fig.) cavallo di battaglia (fig.); argomento preferito; mania; pallino (fam.).

hobbyist ['hɔbiist], n. hobbista.

hobgoblin ['hɔbˌgɔblin], n. 1 (mitol.) spiritello maligno 2 babau; uomo nero; spauracchio.

hobnail ['hɔbneil], n. chiodo a capocchia grossa; chiodo da scarponi; bulletta (per suole).

hobnailed ['hɔbneild], a. munito di chiodi; chiodato: h. boots, scarponi chiodati. ● (med.) h. liver, fegato a bullette di scarpa.

to hobnob ['hɔbnɔb], v. i. 1 bere insieme (con q.) 2 essere in confidenza (o in grande amicizia) (con q.) 3 chiacchierare, conversare amichevolmente (con q.).

hobo ['houbou], n. (pl. hobos, hoboes) (pop. USA) 1 operaio disoccupato (che vaga in cerca di lavoro) 2 vagabondo.

Hobson's choice ['hɔbsnz̩ˌtʃɔis], n. scelta forzata; nessuna scelta; «prendere o lasciare».

hock (1) [hɔk], n. 1 garretto (di cavallo) 2 (macelleria) zampa.

hock (2) [hɔk], n. 1 vino di Hochheim (sul Meno, in Germania) 2 vino bianco del Reno (in genere).

hock (3) [hɔk], n. (pop.) pegno. ● in h., impegnato, pignorato; (di persona) indebitato; in galera; al fresco (fam.).

to hock [hɔk], v. t. (pop.) impegnare; pignorare.

hockey ['hɔki], *n.* (*sport*) hockey (*su prato*). ● **h. player**, giocatore di hockey; hockeista □ **ice h.**, hockey su ghiaccio.
to hocus ['houkəs], *v. t.* **1** imbrogliare; ingannare **2** drogare; stordire (*con droghe*) **3** adulterare; fatturare.
hocus-pocus ['houkəs'poukəs], *n.* **1** abracadabra; formula usata nei giochi di prestigio **2** gioco di prestigio **3** gherminella; imbroglio; raggiro.
hod [hɔd], *n.* **1** (*edil.*) sparviero, vassoio (*da muratore*) **2** secchio per il carbone. ● **hod carrier**, manovale.
hodgepodge ['hɔdʒpɔdʒ], *V.* **hotchpotch.**
hodiernal [,houdi'ə(:)nl], *a.* (*lett.*) odierno.
hodman ['hɔdmən], *n.* (*pl.* **hodmen**) **1** manovale (*che aiuta un muratore*) **2** (*fig.*) imbrattacarte; scribacchino; scrittoruccio.
hodograph ['hɔdəɡræf], *n.* (*fis., mecc.*) odografo.
hodometer [hɔ'dɔmitə*], *n.* (*autom., USA*) odometro; contachilometri.
hodoscope ['hɔdəskoup], *n.* (*fis. nucl.*) odoscopio.
hoe [hou], *n.* zappa; marra. ● (*mecc.*) **hoe shovel**, escavatore a cucchiaia rovescia; retroescavatore.
to hoe [hou], *v. t. e i.* zappare. ● **to hoe up weeds**, sarchiare (*o estirpare*) le erbacce.
hoecake ['houkeik], *n.* (*USA*) focaccia di granturco.
hoeing ['houiŋ], *n.* zappatura. ● (*agric.*) **h.-machine**, sarchiatrice (*macchina*).
hoer ['houə*], *n.* zappatore; zappatrice.
hog [hɔɡ], *n.* **1** porco, maiale (*anche fig.*); individuo avido o sporco **2** (*dial.*) pecora di un anno non ancora tosata. ● **hog's back**, (*geogr.*) dorsale; schiena inarcata (*o* d'asino); (*autom.*) strada a schiena d'asino □ **hog-backed**, dalla schiena inarcata; a schiena d'asino □ (*zool.*) **hog-fish**, *Lachnolaimus maximus*; *Orthopristis chrysopterus*; (*Scorpaena scrofa*) scorpena rossa □ (*fig.*) **hog in armour**, persona goffa, impacciata □ **hog mane**, criniera di cavallo tagliata corta □ **hog's pudding**, pasticcio d'interiora di maiale □ **hog-wash**, broda per maiali; (*fam.*) sbrodolatura, insulsaggini, fesserie; (*pop.*) liquore pessimo □ **to go the whole hog**, andare a fondo (di q.c.); fare q.c. fino in fondo; bere fino alla feccia □ (*autom.*) **road hog**, pirata della strada.
to hog [hɔɡ], **A** *v. t.* **1** inarcare (*la schiena*) come un maiale **2** tagliare corta (*la criniera d'un cavallo*) **3** (*pop.*) impossessarsi di; arraffare **4** (*pop., di solito* **to hog down**) divorare; trangugiare; papparsi. **B** *v. i.* **1** inarcarsi **2** (*fam.*) guidare (*un automezzo, ecc.*) in modo sconsiderato; comportarsi da pirata della strada. ● (*pop.*) **to hog it**, vivere in un porcile (*fig.*) □ (*autom.*) **to hog the road**, stare nel mezzo.
hogback ['hɔɡbæk], *V.* **hog's back**, *sotto* **hog.**
hogget ['hɔɡit], *n.* pecora di un anno non ancora tosata.
hoggin, hogging ['hɔɡiŋ], *n.* miscela di ghiaia e argilla.
hoggish ['hɔɡiʃ], *a.* porcino; maialesco; avido; ingordo; sporco.
hoggishness ['hɔɡiʃnis], *n.* l'esser maialesco; avidità; ingordigia; sporcizia.
hoglike ['hɔɡlaik], *a.* simile a un maiale; maialesco; da porci; porcino.
hogling ['hɔɡliŋ], *n.* porcello.
hogmanay ['hɔɡmənei], *n.* (*scozz.*) **1** ultimo giorno dell'anno; notte di San Silvestro **2** dono richiesto (*o* fatto) l'ultimo giorno dell'anno.
hogshead ['hɔɡzhed], *n.* **1** botte (*per birra, ecc.*) **2** misura per liquidi (*pari a 52,5 o 54 galloni in Inghilterra: litri 238 o 245 circa; pari a 63 galloni in America: litri 285,5 circa*) **3** barilotto.
hogskin ['hɔɡskin], **A** *n.* (pelle di) cinghiale. **B** *a. attr.* di cinghiale. ● **h. gloves**, guanti di cinghiale.
to hog-tie ['hɔɡtai], *v. t.* (*USA*) **1** legare le quattro zampe di (*un animale*) **2** (*fig.*) impedire; intralciare; ostacolare.
to hoick [hɔik], **A** *v. t.* **1** (*aeron.*) cabrare, far cabrare (*un aeroplano*) **2** (*fam.*) strappare; strattonare. **B** *v. i.* **1** (*aeron.*) cabrare **2** (*fam.*) dare uno strattone.
hoick(s) [hɔik(s)], *inter.* (*per incitare cani*) dai!; via!
to hoik [hɔik], *V.* **to hoick.**
hoi polloi ['hɔi 'pɔlɔi] (*greco*), *n. pl.* (*lett.*) la plebe; il volgo.
to hoist [hɔist], *v. t.* innalzare; inalberare; sollevare; (*naut.*) issare, alare, ghindare (*un pennone, una vela*). ● **to h. a flag** (**a sail**), issare una bandiera (una vela); **to h. cases aboard**, issare a bordo delle casse; **to h. up a boat**, issare una scialuppa.
hoist (1) [hɔist], *n.* **1** sollevamento **2** argano di sollevamento; paranco **3** (*fam.*) spinta (*verso l'alto*): **to give sb. a h.**, dare una spinta a q. (*per aiutarlo a salire*); issare q. (*per es., su un autobus*) **4** (*naut.*) ghinda **5** (*naut.*) ghindata (*di pennone o di vela*). ● (*naut. mil.*) **ammunition h.**, elevatore di munizioni.
hoist (2) [hɔist], *p. p.* (*del verbo arc.* **to hoise**) *nella frase:*) **h. with his own petard**, fatto saltare in aria dal suo stesso ordigno; (*fig.*) caduto nella propria trappola.
hoistman ['hɔistmən], *n.* (*pl.* **hoistmen**) arganista.
hoity-toity ['hɔiti'tɔiti], **A** *a.* **1** altezzoso; borioso **2** avventato; sconsiderato; volubile. **B** *inter.* (*di disapprovazione o di sorpresa*) ohibò!
hokey-pokey ['houki'pouki], *n.* **1** *V.* **hocus-pocus 2** (*pop.*) gelato (*da pochi soldi*); gelatino (*di quelli venduti dagli ambulanti*).
hokum ['houkəm], *n.* (*fam., specialm. USA*) **1** dramma (racconto, film, ecc.) di grande effetto ma di scarso valore; polpettone sentimentale o comico **2** ciarlatanata; sciocchezza; fesseria (*fam.*).
to hold [hould] (*pass.* **held**, *p. p.* **held**, *arc.* **holden**), **A** *v. t.* **1** tenere (*in molti sensi*); trattenere; avere; detenere; possedere; mantenere; occupare; contenere; tenere per; riguardare, ritenere, considerare; fare: **This tape holds the papers together**, questo nastro tiene insieme i documenti; **This can holds petrol**, questa tanica contiene benzina; **to h. a meeting**, tenere una riunione; **to h. shares in a business**, avere azioni d'una società commerciale; (*sport*) **to h. a record**, detenere un primato; **to h. land**, possedere terreni; **to h. in suspense**, tenere q. in sospeso (*o* sulla corda); **to h. extreme views**, avere opinioni estremistiche; **I do not h. myself responsible**, non mi ritengo responsabile; **I h. him to be an honest man**, lo considero un uomo onesto; **to h. a fort against the enemy**, tenere (*o* mantenere) un forte contro il nemico; **This flat cannot h. all my furniture**, questo appartamento non può contenere tutti i miei mobili; **to h. a conversation (a debate, etc.)**, fare una conversazione (una discussione, ecc.); **to h. classes**, tenere (*o* fare) lezione **2** (*anche* **to h. up**) tener su; sostenere: **This pillar holds the platform**, questo pilastro sostiene la piattaforma **3** tenere avvinto; tener desta l'attenzione di: **The speaker held the audience**, l'oratore teneva avvinto l'uditorio **4** (*della polizia*) fermare; trattenere; tenere in carcere: **They held them for three days**, li tennero in carcere tre giorni **5** tenere (*o* avere) in serbo; riservare: **Life holds many surprises**, la vita riserva molte sorprese **6** obbligare; vincolare: **to h. sb. to his word**, obbligare q. a mantenere la parola **7** occupare, ricoprire (*una carica, ecc.*) **8** giudicare; (*specialm. leg.*); stimare; opinare: **He was held not guilty**, fu giudicato innocente; **I h. that your ideas are old-fashioned**, sono dell'opinione che le tue idee siano antiquate **9** puntare, spianare (*un'arma contro q.*) **10** (*mus.*) prolungare, filare, sostenere (*una nota*) **11** (*elab.*) conservare; trattenere **12** (*elettron.*) mantenere; ritenere. **B** *verbi composti* **1 to h. (oneself) aloof**, tenersi in disparte; (*fig.*) essere altezzoso: **He held (himself) aloof from the others**, si teneva in disparte. **2 to h. back**, tirarsi indietro; esitare; titubare; non voler parlare: **When I asked for a volunteer, they all held back**, quando cercai un volontario, tutti si tirarono indietro; **Tell me everything; don't h. back!**, dimmi tutto; non tirarti indietro! □ **to h. sb. back**, trattenere, tenere a bada (*o* a freno) q.; essere indietro q.; essere di ostacolo a q. □ **to h. (st.) back**, tenere indietro, trattenere, contenere (q.c.); trattenere, frenare, reprimere (*sentimenti, emozioni*); trattenere, non dare; rifiutarsi di dare (*o* di dire q.c.); negare: **We must h. back the invaders**, dobbiamo contenere gli invasori; **Part of his pay was held back**, gli fu trattenuta parte della paga; **to h. back all information**, rifiutarsi di dare qualsiasi informazione; **Don't h. anything back!**, non nascondere niente! □ **to h. back from**, astenersi da. **3 to h. by**, attenersi a, rispettare; tener fede a, mantenere; essere d'accordo con, approvare: **to h. by a decision**, attenersi (*o* rispettare) una decisione; **to h. by one's principles**, tener fede ai propri principi; **to h. by revolutionary ideas**, approvare idee rivoluzionarie. **4 to h. down**, tenere giù (*o* basso); tenere a freno, frenare; (*fin.*) contenere (*prezzi*); (*econ.*) deprimere (*consumi*); conservare, mantenere (*un impiego, un lavoro, ecc.*): **H. your head down!**, tieni giù la testa!; **He's trying to h. the boy down**, egli cerca di tenere a freno il ragazzo. **5 to h. forth**, parlare in pubblico; dissertare, fare uno sproloquio; dare, offrire, presentare: **He held forth to the strikers**, parlò agli (*o* arringò gli) scioperanti; **I don't h. forth much hope that the situation will improve**, non posso offrire molte speranze che la situazione migliori. **6 to h. in**, controllarsi, frenarsi, trattenersi; trattenere, controllare, tenere a freno: **You should h. in your anger**, devi tenere a freno l'ira. **7 to h. off**, tenersi a distanza (*o* in disparte); stare alla larga; (*di pioggia, neve, ecc.*) non cadere più: **The old man holds off from people**, il vecchio vive in disparte, lontano dalla gente; **The snow stopped, and it held off till morning**, smise di nevicare, e non cadde più neve fino al mattino □ **to h. sb. off**, tenere q. lontano (*o* a distanza); essere scostante con q.: **His haughty manner holds me off**, trovo scostante la sua alterigia □ **to h. (st.) off**, respingere, rintuzzare; rimandare, rinviare, posporre (*una riunione, una decisione, ecc.*): **We held off all enemy attacks**, respingemmo tutti gli attacchi del nemico □ **to h. off from**, astenersi da, fare a meno di (q.c.); trattenersi (*dal fare q.c.*); evitare, scansare: **They h. off from those who try to help them**, scansano proprio quelli che cercano di aiutarli. **8 to h. on**, aspettare, fermarsi; stare attaccato; (*di radici, ecc.*) attecchire; tener duro, resistere; (*tel.*) restare in linea; (*di pioggia, neve, ecc.*) continuare

hold (1)

(*a cadere*): **H. on!**, aspetta!; fermi!; (*tel.*) resti in linea!; **H. on while I ask for the information you need**, aspetta che chieda le informazioni che ti servono!; **The survivors could only h. on for a few days**, i superstiti poterono resistere solo per pochi giorni; **The rain held on for days on end**, continuò a piovere per giorni e giorni □ **to h. (st.) on**, tenere fermo (*o* a posto); bloccare: **This nut holds the bolt on**, questo dado tiene fermo il bullone □ **to h. on one's course**, (*aeron.*, *naut.*) mantenere (*o* seguire) la (propria) rotta; (*fig.*) seguire la propria strada □ **to h. on one's way**, continuare ad andare avanti (*o* per la propria strada). **9 to h. onto** (*o* **on to**), tenersi (stretto) a, reggersi a; tenersi stretto, conservare, non mollare; (*fig.*) stare attaccato a: **He was holding on (tight) to the strap**, si teneva stretto alla cinghia; **The little girl held onto her mother's hand**, la bimba non mollava la mano della mamma; **You should h. on to the little you have**, devi tenerti stretto (*o* conservare) quel poco che hai; **They h. onto their little scheme**, stanno attaccati al loro progettino □ **to h. on to oneself** (*o* **to one's temper**), frenarsi; trattenersi; restare calmo. **10 to h. out**, durare; tenere duro, resistere; fare resistenza, stare saldo; (*fam.*) tenerla (stretta): **Let's hope this fine spell will h. out**, speriamo che questo periodo di bel tempo duri!; **We must h. out till help arrives**, dobbiamo resistere in attesa di aiuto; **The workers were holding out for a five-day week**, i lavoratori tenevano duro per ottenere la settimana corta; **H. on a minute, I can't h. out much longer**, fermati un momento; non la tengo più □ **to h. (st.) out**, allungare, tendere, stendere; dare; offrire: **She held out her hand**, mi tese la mano; **The little boy held out his arms to his mother**, il bimbo tese le braccia verso la mamma; **I don't h. out much hope of peace**, non posso offrire grandi speranze di pace □ **to h. out on** (*q.*), celare, nascondere (*q.c.*) a (*q.*); tenere (*q.*) all'oscuro; rifiutarsi di dare (*o* di dire); fare resistenza, opporsi a (*q.*), trattenere (*q.c.*): **Why didn't he tell his wife instead of holding out on her?**, perché non l'ha detto alla moglie invece di tenerla all'oscuro (di tutto)?; **He sent in his claim for money last year but the insurance company is still holding out on him**, ha presentato la domanda di risarcimento l'anno scorso ma la compagnia d'assicurazioni gli fa ancora resistenza; **The bank is threatening to h. out on the interests of his account**, la banca minaccia di trattenere gli interessi del suo conto □ **to h. out oneself as a doctor**, farsi passare (*o* spacciarsi) per medico □ **to h. out under torture**, resistere alle torture □ (*naut.*) **to h. it out**, tenersi alla cappa (*o* di traverso). **11 to h. over**, continuare, durare, persistere; (*leg.*) essere prorogato (*in una carica, in un ufficio, ecc.*): **Hatred still held over between them**, durava ancora l'odio fra di loro □ **to h. (st.) over**, rimandare, rinviare, posporre; (*cinem., teatr.*) tenere in programma, programmare ancora; accantonare, tenere in serbo; mantenere, conservare, portare con sé; mantenere in servizio, prorogare; (*mus.*) filare, sostenere (*una nota*): **The meeting was held over until the next week**, la riunione fu rinviata alla settimana successiva; **«The Mousetrap» is still held over after 27 years**, *La trappola per topi* è ancora programmata (*o* tiene ancora il cartellone) dopo 27 anni; **strange ideas held over from one's boyhood**, strane idee portate con sé dall'infanzia; **H. over the rest of the food supplies!**, conserva (*o* tieni in serbo) quello che resta delle provviste! □ **to h. st. over sb.**, servirsi di (*o* usare) q.c. per minacciare q.: **He knows I have a police record and is holding it over me**, sa che ho la fedina sporca e se ne serve per minacciarmi. **12 to h. to**, *V.* **to h. by**; credere, prestare fede a; (*naut.*) tenere, seguire (*una rotta, ecc.*). **13 to h. together**, restare uniti, stringersi insieme (*fig.*); tenere uniti; tenere insieme, far restare unito: **We must h. together**, dobbiamo restare uniti; **The clip holds the sheets together**, il fermaglio tiene insieme i fogli; **to h. together a marriage**, tenere unito (*o* in piedi) un matrimonio □ **to h. oneself together**, non lasciarsi andare (*fig.*); restare padrone di sé; tenere la testa a posto □ **This story doesn't h. together**, questa storia non sta in piedi. **14 to h. up**, continuare, durare; fermarsi; tener duro, resistere, stare saldo; reggere, essere (ancora) valido, stare in piedi (*fig.*); (*di un cavallo, ecc.*) tenersi in piedi, non cadere; (*fig.*) tenere; (*del tempo*) mantenersi bello: **Will the fine weather h. up?**, durerà il bel tempo?; **The snow forced us to h. up**, la neve ci costrinse a fermarci; **She held up for the children's sake**, ella teneva duro per amore dei bambini; **This charge doesn't h. up**, quest'accusa non sta in piedi (*o* non regge); **That novel still holds up well**, quel romanzo regge ancora bene; **Light industry holds up well in the general slump**, l'industria leggera tiene (bene) nella depressione generale; **It's a fine day, if it only holds up**, la giornata è bella, purché il tempo si mantenga (*o* regga) □ **to h. (sb., st.) up**, alzare, tenere (*un braccio, ecc.*) alzato; sollevare; tenere su, sostenere, sorreggere, reggere; (*far*) ritardare, trattenere, fermare, arrestare; impedire, ostacolare, essere d'ostacolo a (*q.*); assaltare, rapinare (*a mano armata*); esporre, mettere; presentare, proporre: **H. up your hands!**, alzate le mani!; **Concrete injections are needed to h. up the ancient church**, per tenere su l'antica chiesa ci vogliono iniezioni di cemento; **Traffic was held up by strikes**, il traffico fu ritardato dagli scioperi; **The train was held up by a herd of cattle that had strayed**, il treno fu fermato da una mandria di buoi scappati dal recinto; **The bank was held up by five robbers**, la banca fu rapinata da cinque banditi; **I don't want to h. you up in your career**, non voglio ostacolare la tua carriera; **to h. sb. up to ridicule**, esporre q. alla derisione; mettere q. in ridicolo; **to h. st. (sb.) up as an example**, proporre q.c. come esempio (portare q. a esempio) □ **to h. up on**, trattenere, bloccare, mettere il fermo su (*fondi e sim.*); rimandare, rinviare, posporre (*progetti e sim.*): **The bankruptcy court held up on his liquid assets**, la sezione fallimentare del tribunale mise il fermo sulle sue attività liquide □ **to h. st. up to view**, mettere q.c. in bella vista; tenere q.c. in evidenza □ (*fam.*) **H. them up!**, mani in alto! **15 to h. with**, essere d'accordo con, approvare: **I don't h. with his strange views**, non sono d'accordo con (*o* non approvo) le sue strane opinioni. ● **to h. sb. at bay**, tenere a bada q. □ **to h. sb.'s attention**, tener desta (*o* viva) l'attenzione di q. □ **to h. one's breath**, tenere il respiro; stare col fiato sospeso □ **to h. a captaincy in the army**, avere il grado di capitano nell'esercito □ **to h. class**, fare lezione □ **to h. court**, ricevere gli ammiratori □ **to h. sb. dear**, tener caro q. □ (*fig., ecc.*) **to h. good** (*o* **true**), essere valido □ **to h. one's ground** (*o* **one's own**), tener duro, resistere; non cedere; restare della propria opinione: **He held his ground without flinching**, tenne duro senza batter ciglio □ **to h. one's hand**, indugiare; trattenersi (*dal punire q., ecc.*) □ **to h. sb.'s hand**, tenere q. per mano □ **to h. hands with sb.**, tenersi per mano: **The little girl was holding hands with her mother**, la bambina e la mamma si tenevano per mano □ **to h. one's head high**, andare a testa alta; (*fig.*) essere orgoglioso □ **to h. one's head up**, tenere alta la testa; (*fig.*) farsi animo □ **to h. st. in one's head**, tenere a mente q.c. □ **to h. sb. in suspense**, tenere q. in ansia, sulla corda (*fig.*) □ **to h. it good to do st.**, ritenere opportuno fare q.c.: **I held it good to intervene in the dispute**, ritenni opportuno intervenire nella disputa □ (*anche fig.*) **to h. one's nose**, tapparsi (*o* turarsi) il naso □ **to h. the office of chairman**, ricoprire la carica di presidente □ (*polit.*) **to h. office**, essere in carica; restare al potere: **The conservatives held office for six years**, i conservatori restarono al potere per sei anni □ **to h. one's own**, tenere (duro); reggere □ (*polit.*) **to h. a parliament**, convocare il parlamento □ **to h. one's peace** (*o* **one's tongue**), tenere la lingua a posto; tacere □ **to h. one's reputation cheap**, far poco conto del proprio buon nome □ (*autom.: di un veicolo*) **to h. the road**, tenere (bene) la strada; avere una buona tenuta □ **to h. one's sides with laughter**, tenersi la pancia dalle risa □ **to h. still**, stare fermo (*o* quieto); tener fermo, trattenere: **H. still while I shave you**, sta' fermo mentre ti rado!; **I took her hand and held her still**, le presi la mano e la tenni ferma □ **to h. a threat over sb.'s head**, tenere q. sotto una minaccia □ (*leg.*) **to h. sb. to bail**, vincolare q. con il versamento d'una cauzione □ **to h. sb. to his promise**, far mantenere la promessa (*o* la parola) a q. □ **to h. the view (that)**, essere del parere, d'avviso (che) □ (*fam., fig.*) **to be left holding the baby** (*USA*: **the bag**), rimanere incastrato (*fig.*); ricevere la patata bollente (*fig.*) □ (*fig.*) **not to h. water**, non tenere; non essere valido; fare acqua da tutte le parti □ (*fam.*) **H. on!** (*o* **H. hard**)!, fermati!; aspetta! □ (*tel.*) **H. the line!**, resti in linea! □ (*fam.*) **H. everything!**, fermo tutto! □ **There's no holding that boy**, è impossibile tenere a freno quel ragazzo.

hold (1) [hould], *n.* **1 presa** (*anche nella lotta*); stretta **2** appiglio; appoggio; sostegno: **foot-h.**, appiglio per il piede (*per es., in una scalata*) **3** (*fig.*) autorità; dominio; influsso; potere: **Oliver Cromwell had a great h. over the Puritans**, Oliver Cromwell esercitava una grande autorità sui Puritani **4** luogo di custodia; prigione; guardina **5** (*mil., arc. per* **stronghold**) piazzaforte; fortezza **6** (*mus.*) corona. ● (*mecc.*) **h.-down**, *V.* **holdfast**, *def.* **2** □ **to catch** (*o* **to get**, **to keep**, **to lay**) **h. of**, afferrare; dar di piglio a: **Catch h. of this rope!**, afferra questa corda! □ **to get h. of st.**, procurarsi q.c. □ **to have h. of st.**, tener stretto q.c. □ **to lose h. of st.**, lasciarsi sfuggire di mano q.c. □ **to take h. of st.**, attaccarsi, appigliarsi a q.c.

hold (2) [hould], *n.* (*naut., aeron.*) stiva. ● (*naut.*) **h.-beam**, baglio di stiva.

holdall ['houldɔ:l], *n.* grande valigia; sacca da viaggio.

holdback ['houldbæk], *n.* **1** intoppo; impedimento; ostacolo **2** (*anche* **h. pay**) trattenuta (*sul salario e sim.*).

holden ['houldən], *p. p. arc.* di **to hold**.

holder ['houldə*], *n.* **1** possessore; detentore **2** oggetto che sostiene (*o* con cui si tiene) q.c.; (*specialm.*) presa, presina (*da cucina: per tenere piatti che scottano*) **3** contenitore **4** portalampada **5** (*sport*) detentore (*di un titolo*) **6** (*università*) borsista **7** (*leg., fin.*) detentore; portatore; tenitore; intestatario; titolare: **the h. of a bill of exchange**, il portatore d'una cambiale;

home

the h. of an account, il titolare di un conto. ● (leg.) h. in due course, possessore in buona fede di un titolo di credito □ (banca) h. of a current account, correntista □ h. of a diploma, diplomato □ an office-h., chi tiene un ufficio; chi ricopre una carica □ cigarette-h., bocchino □ paper-h., portacarte □ pen--h., portapenne.

holdfast ['houldfa:st], n. 1 presa; stretta 2 (mecc.) dispositivo di fissaggio; gancio; morsetto; rampone; uncino.

holding ['houldiŋ], n. 1 (agric.) tenuta; podere; appezzamento di terreno 2 (di solito al pl.) proprietà; beni 3 (pl., fin.) pacchetto azionario; azioni, titoli 4 (sport) trattenuta, trattenute; tenuta (fallo). ● (comm., leg.) h. company, holding finanziaria; società controllante □ (naut.) h. ground, fondo di ancoraggio □ (aeron.) h. pattern, volo circolare d'attesa (prima di poter atterrare) □ (aeron.) h. point, punto di attesa □ (autom.) road h., tenuta di strada.

holdover ['houldouvə*], n. 1 avanzo; resto 2 (specialm. USA) funzionario prorogato; chi resta in carica (da un governo all'altro, ecc.) 3 (USA: a scuola) ripetente.

holdup ['houldʌp], n. 1 rapina (a mano armata) 2 arresto, blocco, ingorgo (del traffico, ecc.) 3 (autom.) guasto meccanico; panne 4 (ind.) arresto; interruzione 5 (chim.) holdup; ritenzione.

hole [houl], n. 1 buco (anche fig.); foro; pertugio; apertura: holes in one's socks, buchi nei calzini; a h. in the roof, un foro nel tetto 2 buca; fossa; cavità; pozza (di fiume); tonfano: a road full of holes, una strada piena di buche; a h. in a tooth, una cavità in un dente; swimming h., specchio d'acqua (formato da un fiume, ecc.) in cui nuotare 3 tana; cunicolo; buco: the h. of a badger, la tana di un tasso 4 (golf) buca; punto ottenuto facendo una buca: to win the first h., fare la prima buca 5 (naut.) falla; squarcio 6 cella (d'isolamento) 7 (fig., fam.) buco (fig.); catapecchia; stamberga 8 (fam.) difetto; imperfezione 9 (fam.) imbroglio; pasticcio; guaio: to be in a h., essere in un guaio; to put sb. in a h., mettere q. in imbarazzo, nei pasticci. ● (fam.) h.-and-corner, segreto; nascosto; sottobanco □ (poker) h. card, carta coperta (nella varietà del gioco detta «stud poker»; V. stud (2)) □ (ind. min.) h. director, guidafioretto □ arm-h., ascella; imboccatura di una manica □ (fig.) in the h., in debito; al verde □ like a rat in a h., preso in trappola (come un topo); senza via di scampo □ to make a h. in st., consumare gran parte di q.c., fare un bel vuoto in q.c.; fare un grosso buco in (un patrimonio) □ (fig.) to pick holes in st., trovar da ridire su q.c.; criticare q.c. □ (fig.) a square peg in a round h., una persona non adatta al posto che occupa; un pesce fuor d'acqua (fig.).

to hole [houl], A v. t. 1 bucare; forare; perforare 2 (naut.) squarciare il fianco di (una nave) 3 praticare (un foro, ecc.); fare: They holed a tunnel through the mountain, fecero una galleria attraverso la montagna 4 (golf, anche to h. out) mettere (o mandare) in buca: to h. out a ball, mettere in buca una palla. B v. i. (ind. min.) fare perforazioni. ● (golf) to h. out in one, fare buca in uno (o al primo colpo) □ to h. up, (d'animali) cadere in letargo, svernare; (fig.) nascondersi, rintanarsi.

holeproof ['houlpru:f], a. 1 (di calza, ecc.) che non si buca 2 (fig.: di prova, ecc.) senza falle; ferreo.

holey ['houli], a. bucato; forato; pieno di buchi.

holiday ['hɔlədei], A n. 1 festa; giorno festivo; vacanza: a month's h., un mese di vacanza 2 (pl.) vacanze; ferie; villeggiatura: the Christmas (Easter, summer) holidays, le vacanze di Natale (di Pasqua, estive); holidays with pay, ferie pagate; vacanze retribuite. B a. attr. festivo; di festa; della festa; di vacanza: h. clothes, abiti festivi; vestiti della festa. ● h. behaviour, comportamento allegro, spensierato □ (naut.) h. cruiser, nave da crociera □ h.-maker, villeggiante; gitante; vacanziere □ h. resort, luogo di villeggiatura □ h. task, compito per le vacanze □ bank holidays, feste civili; giorni festivi osservati dalle banche □ to be on (a) h., essere in vacanza □ to go on h., andare in vacanza □ to make h., fare vacanza □ to take a h., prendersi una vacanza.

to holiday ['hɔlədei], v. i. passare le vacanze; essere in villeggiatura; villeggiare.

holier-than-thou ['houliə*-ðæn-ðau], a. condiscendente, affettatamente superiore (moralmente).

holiness ['houlinis], n. santità. ● His H., Sua Santità; il Papa.

holla ['hɔlə], V. hollo.

holland ['hɔlənd], n. 1 (ind. tessile) tela d'Olanda; olanda 2 (pl.) gin fabbricato in Olanda. ● brown h., lino greggio.

Holland ['hɔlənd], n. (geogr.) Olanda.

Hollander ['hɔləndə*], n. 1 olandese 2 (naut.) nave olandese 3 — (ind. della carta) olandese; pila olandese.

to holler ['hɔlə*], v. i. (fam.) gridare; urlare; vociare. ● to h. at sb., chiamare q. a gran voce.

holler ['hɔlə*], n. (fam.) grido; urlo: to let out a h., lanciare un urlo; emettere un grido.

hollo ['holou], A inter. (di richiamo, stupore, ecc.) olà!; ohilà!; chi è là? B n. (pl. hollos) grido; urlo.

to hollo, to holloa ['holou], A v. i. gridare; vociare. B v. t. 1 chiamare (q.) con grida 2 incitare (cani da caccia).

hollow ['holou], A a. 1 cavo; incavato; scavato; vuoto; concavo: a h. trunk, un tronco cavo; a h. nut, una noce vuota; h. cheeks, guance incavate 2 (di suono) sordo: a h. voice, una voce cupa; a h. groan, un sordo lamento 3 (fig.) falso; bugiardo; vano; senza valore: h. words, parole false; h. promises, promesse bugiarde; h. pleasures, piaceri vani; a h. victory, una vittoria che non vale niente; una vittoria di Pirro; a h. excuse, una misera scusa 4 (fam.) affamato. B n. 1 cavità; conca; cavo: in the h. of one's hand, nel cavo della mano 2 depressione (del terreno). ● h.-cheeked, dalle guance incavate □ a h. dish, un piatto fondo; una fondina (dial.) □ (ind. min.) h. drill, fioretto forato □ h.-eyed, dagli occhi infossati □ h.-hearted, falso; insincero □ (mecc.) h. mill, fresa cava □ h. race, una corsa senza interesse, scialba □ (edil.) h. tile, mattone forato □ (edil.) h. wall, muro a cassa vuota □ (comm.) h.-ware, vasellame; pentole; tegami, casseruole □ (anche) barili, barilotti e cilindri metallici □ (fam.) to beat sb. h., battere q. completamente; superare q. di gran lunga.

to hollow ['holou], v. t. (anche to h. out) scavare; incavare; rendere cavo (o concavo): The rocks of the Grand Canyon have been hollowed out by the Colorado river during a million and a half years, le rocce del Gran Cayon sono state scavate dal fiume Colorado nel corso di un milione e mezzo d'anni. ● to h. a canoe out of a tree trunk, costruire una canoa da un tronco d'albero.

Holloway ['holəwei], n. (un tempo) prigione di Holloway (per donne e debitori).

hollowness ['holounis], n. 1 cavità; l'esser cavo, vuoto 2 (fig.) vanità 3 (fig.) falsità; insincerità.

holly ['hɔli], n. (bot., Ilex aquifolium) agrifoglio.

hollyhock ['hɔlihɔk], n. (bot., Althaea rosea) malvarosa; malvone.

holm (1), holme [houm], n. 1 isoletta (in un fiume o lago) 2 golena; terreno golenale.

holm (2) [houm], n. (bot., Quercus ilex; anche h.-oak) leccio.

holmium ['houlmiəm], n. (chim.) olmio.

holocaust ['hɔləkɔ:st], n. (anche fig.) olocausto.

Holocene ['hɔləsi:n], (geol.) A n. Olocene. B a. attr. olocenico.

Holofernes [,hɔlə'fə:ni:z], n. Oloferne.

hologram ['hɔləgræm], n. (fis.) ologramma.

holograph ['hɔləgra:f], a. e n. (anche leg.) (documento, testamento, ecc.) olografo.

holographic [,hɔlə'græfik], a. 1 (leg.) olografo: h. will, testamento olografo 2 (elab.) olografico.

holography [hɔ'lɔgrəfi], n. (fis.) olografia.

holohedral [,holou'hi:drəl], a. (miner.) oloedrico.

holophrastic [,holou'fræstik], a. (linguistica) olofrastico.

holothurian [,holou'θjuəriən], n. (zool., Holothuria) oloturia.

holp [hɔlp], pass. arc. di to help.

holpen ['houlpən], p. p. arc. di to help.

holster ['houlstə*], n. (mil.: di pistola) fondina; fonda (raro).

holt (1) [hoult], n. (poet.) 1 bosco; boschetto 2 colle boscoso.

holt (2) [hoult], n. covo, tana (specialm. di lontra).

holy ['houli], a. santo; sacro; consacrato; benedetto; pio; religioso; venerando: the H. Ghost (o Spirit), lo Spirito Santo. ● (stor.) the H. Alliance, la Santa Alleanza □ h. day, festa religiosa □ the H. Father, il Santo Padre (il papa) □ H. Joe, (fam.) prete; bacchettone, bigotto; (gergo mil.) cappellano militare □ the h. of holies, il sancta sanctorum (anche fig.) □ (stor.) the H. Office, il Sant'Uffizio □ the H. See, la Santa Sede □ (pop.) h. terror, bambino terribile; seccatore, scocciatore □ h. war, guerra santa; crociata □ (relig.) h. water, acqua santa □ the H. Week, la settimana santa □ h. Willie, bigotto; santocchio; ipocrita □ (relig.) h. year, anno santo □ to live a h. life, vivere santamente □ to take h. orders, ricevere gli ordini sacri; farsi prete.

holy day ['houli 'dei], n. festa religiosa.

holystone ['houlistoun], n. mattone inglese; pietra da coperta.

homage ['hɔmidʒ], n. 1 omaggio; venerazione; tributo: to do (o to pay) h. to sb., rendere omaggio a q. 2 (stor.) omaggio; atto di vassallaggio.

homburg ['hɔmbə:g], n. cappello di feltro (con incavo nel cocuzzolo e tesa rialzata ai lati).

home [houm], A n. 1 casa (natale o dove si abita); dimora; focolare domestico; famiglia; vita familiare: He left h. and joined the army, se ne andò di casa per arruolarsi; the joys of h., le gioie della vita familiare 2 patria (anche fig.); terra natia: I left my post abroad and went h., lasciai il mio posto all'estero e tornai in patria; I look upon Milan as my h., considero Milano la mia patria; Paris is the h. of women's fashions, Parigi è la patria della moda femminile 3 ambiente naturale; habitat: The Arctic is the h. of the white bear, l'Artide è l'habitat dell'or-

home 442

so bianco 4 asilo; ricovero; casa: **a h. for the old**, un ricovero per i vecchi; **an orphans' h.**, una casa per orfani; un orfanotrofio 5 (*sport*) meta, traguardo; (*nel baseball*) casa base. B *a. attr.* 1 casalingo; domestico; familiare: **h. computer**, calcolatore (*o* elaboratore) domestico; **h. cooking**, cucina casalinga; **h. life**, vita familiare 2 interno; nazionale; nostrano; indigeno; domestico: **h. trade**, commercio interno; **h. products**, prodotti nazionali; **h. affairs**, affari interni; (*mil.*) **h. front**, fronte interno; **h. market**, mercato interno (*o* nazionale) 3 che va a segno; che raggiunge lo scopo; efficace: **a h. question**, una domanda che va a segno 4 (*sport*) in casa; di casa: **a h. match**, una partita in casa; **the h. team**, la squadra di casa (*o* che gioca in casa). C *avv.* 1 a casa (*moto a luogo*): **He went h.**, andò a casa; **Is he h. from work?**, è tornato (a casa) dal lavoro? 2 al proprio paese; in patria 3 (*fam. USA*) in casa; a casa (*stato in luogo*): **I've been h. since midday**, sono in casa da mezzogiorno 4 nel segno; a fondo; a posto; nel segno; voluto; nel vivo: **to hit** (*o* **to strike**) **h.**, colpire (*o* cogliere) nel segno; **to drive a nail h.**, piantare a fondo un chiodo 5 (*fig.*) alla comprensione (di q.): **to bring st. h. to sb.**, fare comprendere (*o* capire) q.c. a q. ● (*baseball*) **h. base**, casa base □ **h.-born**, nativo; indigeno □ **h.-bred**, allevato in casa; locale, indigeno; nostrano; non raffinato, rozzo □ **h. brew**, birra fatta in casa □ (*di birra, ecc.*) **h.-brewed**, fatto in casa □ **h.-coming**, ritorno (a casa, in patria); (*USA*) raduno (*di ex-studenti*) □ (*geogr.*) **the H. Counties**, le contee intorno a Londra □ (*fin.*) **h. currency**, moneta (*o* valuta) nazionale □ (*comm.*) **h. delivery**, consegna a domicilio □ **h. economics**, economia domestica (*materia di studio*) □ **h. entertainment items**, elettrodomestici per lo svago (*radio, TV, apparecchi stereo, ecc.*) □ **h.-felt**, profondamente sentito □ **h.-grown**, nazionale, nostrano, interno □ (*mil.*) **the H. Guard**, la Guardia Nazionale; la Riserva Territoriale □ **h. help**, domestica, domestico; colf (*abbr. di*: collaboratrice, collaboratrice familiare) □ (*sport*) **h. international match**, partita fra due nazioni del Regno Unito □ **h.-keeping**, d'abitudini casalinghe □ **h.-made**, di fattura casalinga; per uso domestico: **h.-made bread**, pane casalingo (*econ.*) **h.-made goods**, merci di produzione nazionale □ **H. Office**, Ministero dell'Interno □ (*naut.*) **h. port**, porto d'origine □ (*econ.*) **h.-produced goods**, prodotti nazionali □ (*polit.*) **h. rule**, autogoverno, autonomia (*specialm. dell'Irlanda*) □ (*baseball*) **h. run**, corsa alla casa base □ **H. Secretary**, Ministro dell'Interno (*in Inghilterra*) □ (*ferr.*) **h. signal**, segnale di blocco □ **h. stretch**, (*sport*) dirittura d'arrivo; (*fig.*) fase finale □ **h. thrust**, stoccata a fondo, colpo messo a segno; (*fig.*) frecciata, allusione maligna □ **h. town**, città natia □ **a h. truth**, una verità lampante □ **at h.**, a casa, in casa; in patria; (*sport*) in casa: **I left my purse at h.**, ho lasciato a casa il borsellino; **not to be at h. to anybody**, non essere in casa per nessuno; **at h. and abroad**, in patria e all'estero □ **an at-h.**, un ricevimento (dato in casa) □ **to be** (**to feel, to make oneself**) **at h.**, essere (sentirsi, mettersi) a proprio agio; essere (sentirsi, fare) come a casa propria: **Make yourself at h.**, fate come a casa vostra! □ **to bring h. to sb. the importance of st.**, convincere q. dell'importanza di q.c. □ **to drive an argument h.**, toccare q. nel vivo con un argomento; fare apprezzare a q. l'importanza (*o* il valore) di un argomento □ **one's last** (*o* **the long**) **h.**, l'ultima dimora; la tomba □ (*ippica*) **the line for h.**, la dirittura d'arrivo □ **the old h.**, la casa natale; la casa dei propri genitori □ **to see sb. h.**, accompagnare q. a casa □ **The truth came h. to him**, egli comprese finalmente la verità; la verità lo toccò nel vivo □ (*fam.*) **It's nothing to write h. about**, è cosa di nessun conto; non c'è da vantarsene.
to home [houm], A *v. i.* 1 (*specialm. di piccioni viaggiatori*) tornare a casa (*o* alla base) (*di partenza*) 2 abitare; stare di casa 3 (*mil., aeron., miss., spesso* **to h. in on**) puntare, dirigersi: **The ground-to-air missile homed in on the bomber**, il missile terra-aria puntò sul bombardiere 4 (*naut.*) dirigere su un punto 5 (*elettr.*) tornare nella posizione di partenza. B *v. t.* 1 mandare a casa; rinviare alla base (*per es., un piccione*) 2 provvedere (q.) di casa; dare una casa a (q.) 3 (*mil., aeron., miss.*) guidare, dirigere (*un missile su un bersaglio, ecc.*).
homebound ['houmbaund], *a.* diretto a casa; che va (*o* ritorna) a casa (*o* in patria).
homecraft ['houmkra:ft], *n.* artigianato domestico.
homeland ['houmlænd], *n.* terra natia; patria (*anche d'adozione*).
homeless ['houmlis], A *a.* senza dimora; senza casa; senza tetto. B *n.* (*collett.*) **— the h.**, i senzatetto.
homelike ['houmlaik], *a.* familiare; amichevole; semplice; alla buona accogliente; comodo.
homeliness ['houmlinis], *n.* 1 inclinazione alla vita familiare 2 semplicità 3 (*specialm. USA*) bruttezza.
homely ['houmli], *a.* 1 semplice; senza pretese; alla buona; alla mano: **a h. dinner**, un pranzo semplice, alla buona; **a h. welcome**, un'accoglienza senza pretese, alla buona 2 (*specialm. USA*)

bruttino; brutto: **a h. girl**, una ragazza bruttina 3 casalingo; domestico; familiare; di famiglia: **a h. atmosphere**, un'aria di famiglia.
homeopathy [,houmi'ɔpəθi], e *deriv.* V. **homoeopathy**, e *deriv.*
homer (1) ['houmə*], *n.* 1 piccione viaggiatore 2 (*aeron.*) stazione radiogoniometrica di guida 3 (*mil., miss.*) (missile) autocercante.
homer (2) ['houmə*], *n.* (*fam., baseball*) corsa alla casa base.
Homer ['houmə*], *n.* (*stor. letter.*) Omero.
Homeric [hou'merik], *a.* omerico. ● **H. laughter**, risata omerica.
homesick ['houm-sik], *a.* nostalgico, che soffre di nostalgia (*per la propria casa o patria*).
homesickness ['houm,siknis], *n.* nostalgia (*per la propria casa o patria*).
homespun ['houm-spʌn], A *a.* 1 (*di stoffa*) tessuto in casa; fatto con telaio a mano 2 (*fig.*) casalingo; semplice; senza pretese: **h. virtues**, semplici virtù. B *n.* stoffa tessuta in casa; stoffa fatta con telaio a mano.
homestead ['houm-sted], *n.* 1 casa colonica; fattoria; masseria; casa e podere 2 (*stor. USA*) appezzamento di terreno demaniale (*di 160 acri; assegnato a un colono perché lo coltivi*).
homesteader ['houm,stedə*], *n.* 1 agricoltore; colono; proprietario di fattoria 2 (*USA*) assegnatario di un appezzamento di terreno demaniale (V. **homestead**).
home-stretch ['houm'stretʃ], *n.* (*sport*) dirittura d'arrivo; (*fig.*) fase finale.
homeward ['houmwəd], A *avv.* (*USA*) verso casa; verso la patria: **to turn h.**, dirigersi verso casa, verso la patria; iniziare il viaggio di ritorno. B *a.* di ritorno: **on a h. course**, sulla via del ritorno. ● **h. bound**, in viaggio di ritorno; (*naut.*) diretto al porto di origine.
homewards ['houmwədz], V. **homeward**.
homewear ['houmwɛə*], *n.* (articoli d')abbigliamento da casa.
homework ['houmwə:k], *n.* compito (*o* compiti) a casa.
homey ['houmi], *a.* (*fam.*) 1 casalingo; domestico; familiare; intimo 2 accogliente; comodo; piacevole.
homicidal [,hɔmi'saidl], *a.* 1 omicida: **h. tendencies**, tendenze omicide 2 che ha tendenze omicide. ● **a h. lunatic**, un pazzo criminale.
homicide ['hɔmisaid], *n.* 1 omicida 2 omicidio.
homiletic [,hɔmi'letik], *a.* di (*o* simile a) un'omelia; omiletico.
homiletics [,hɔmi'letiks], *n. pl.* (*col verbo al sing.*) omiletica.
homilist ['hɔmilist], *n.* 1 omileta; scrittore d'omelie 2 omelista; predicatore.
homily ['hɔmili], *n.* omelia; predica (*anche fig.*); sermone.
homing (1) ['houmiŋ], *a.* 1 diretto a casa; che torna in patria 2 (*aeron. mil.*) che ritorna alla base. ● **h. pigeon**, piccione (*o* colombo) viaggiatore.
homing (2) ['houmiŋ], *n.* 1 (*zool.*) ritorno (abituale) in un posto (noto) 2 (*aeron.*) ritorno alla base. ● **h. device**, (elettron.) radiobussola; (*ing.*) dispositivo di radioguida (*per missili telecomandati*); (*aeron.*) dispositivo di guida □ (*elettr.*) **h. relay**, relè con ritorno.
hominid ['hɔminid], *n.* (*zool.*) ominide.
hominoid ['hɔminɔid], (*zool.*) A *n.* ominoideo. B *a.* degli ominoidei.
hominy ['hɔmini], *n.* granoturco spezzettato (*o* macinato); farina grossa di granturco; polenta (*cotta con acqua o latte*). ● (*USA*) **h. grits**, fiocchi di granturco.
homo ['houmou], *n.* (*pl.* **homos**) (*abbr. di* **homosexual**) (*pop.*) omosessuale; invertito.
homocentric [,hɔmou'sentrik], *a.* (*fis.*) omocentrico.
homochromatic [,houmoukrou'mætik], *a.* (*fis.*) omocromatico.
homochromy [hɔ'mɔkroumi], *n.* (*zool.*) omocromia.
homoeopath ['houmioupæθ], *n.* (*med.*) omeopatista; medico omeopatico.
homoeopathic [,houmiou'pæθik], *a.* (*med. e fig.*) omeopatico.
homoeopathist [,houmi'ɔpəθist], *V.* **homoeopath**.
homoeopathy [,houmi'ɔpəθi], *n.* (*med.*) omeopatia.
homogamous [hɔ'mɔgəməs], *a.* (*biol.*) omogamo.
homogamy [hɔ'mɔgəmi], *n.* (*biol.*) omogamia.
homogenate [hou'mɔdʒəneit], *n.* (*biol.*) omogenato; omogeneizzato.
homogeneity [,hɔmoudʒe'ni:ti], *n.* omogeneità.
homogeneous [,hɔmou'dʒi:njəs], *a.* (*anche mat., chim.*) omogeneo: **h. function**, funzione omogenea.
homogeneousness [,hɔmou'dʒi:njəsnis], *n.* omogeneità.
homogenesis [,hɔmə'dʒenisis], *n.* (*biol.*) omogenesi.
homogenization [hou,mɔdʒənai'zeiʃən], *n.* omogenizzazione.
to homogenize [hou'mɔdʒənaiz], *v. t.* omogeneizzare, omogenizzare.
homogenized [hou'mɔdʒənaizd], *a.* omogeneizzato: **h. milk**, latte omogeneizzato. ● (*ind.*) **h. foods**, omogeneizzati.
homograph ['hɔmougra:f], *n.* (*linguistica*) omografo.

homographic [ˌhɔmou'græfik], *a.* (*linguistica*) omografo.
homoiothermic [houˌmɔiə'θəːmik], *a.* (*biol.*) omeotermo.
to **homologate** [hou'mɔləgeit], *v. t.* (*leg., sport*) omologare.
homologation [houˌmɔlə'geiʃən], *n.* (*leg., sport*) omologazione.
homological [ˌhɔmə'lɔdʒikəl], *a.* (*lett., scient.*) omologico.
to **homologize** [hou'mɔlədʒaiz], (*lett., scient.*) **A** *v. t.* rendere (*o* dimostrare) omologo; omologare. **B** *v. i.* essere omologo.
homologous [hɔ'mɔləgəs], *a.* (*lett., scient.*) omologo.
homologue ['hɔmɔlɔg], *n.* (*lett., scient.*) (oggetto, organo, ecc.) omologo.
homology [hɔ'mɔlədʒi], *n.* (*lett., scient.*) omologia.
homomorphic [ˌhɔmou'mɔːfik], *a.* (*biol.*) omomorfo.
homomorphism [ˌhɔmou'mɔːfizəm], *n.* (*biol.*) omomorfismo.
homomorphous [ˌhɔmou'mɔːfəs], *a.* (*biol.*) omomorfo.
homonym ['hɔmənim], *n.* omonimo (*anche linguistica*).
homonymic [ˌhɔmə'nimik], **homonymous** [hɔ'mɔniməs], *a.* omonimo (*anche linguistica*).
homonymy [hɔ'mɔnimi], *n.* omonimia.
homophone ['hɔməfoun], *n.* (*linguistica*) omofono.
homophonic [ˌhɔmou'fɔnik], **homophonous** [hə'mɔfənəs], *a.* (*linguistica, mus.*) omofono; omofonico.
homophony [hɔ'mɔfəni], *n.* (*linguistica, mus.*) omofonia.
homopolar [ˌhɔmou'poulə*], *a.* (*elettr.*) omopolare.
homosex ['houmouseks], *n.* (*abbr. fam. di* **homosexuality**) omosessualità.
homosexual ['houmou'seksjuəl], *a. e n.* omosessuale. ● **h. orgies**, balletti verdi (*pop.*).
homosexuality ['houmouseksjuˈæliti], *n.* omosessualità.
homozygote [ˌhoumou'zaigout], *n.* (*biol.*) omozigote.
homozygous [ˌhoumou'zaigəs], *a.* (*biol.*) omozigote; omozigotico.
homuncule [hou'mʌŋkju(ː)l], *n.* omuncolo; nanerottolo.
homunculus [hou'mʌŋkjuləs], *n.* (*pl.* **homunculi**) **1** omuncolo; nanerottolo **2** (*alchimia*) homunculus; omuncolo.
homy ['houmi], *V.* **homey.**
hone [houn], *n.* **1** cote; pietra per affilare (*specialm. rasoi*) **2** (*mecc.*) lapidello.
to **hone** [houn], *v. t.* **1** affilare sulla cote **2** (*mecc.*) levigare; lisciare; lapidare.
honest ['ɔnist], **A** *a.* **1** onesto; dabbene; leale; integro; probo; sincero; schietto: **an h. man**, un uomo onesto; un galantuomo; **h. profits**, onesti guadagni; **h. weight**, peso onesto, giusto; **an h. piece of work**, un lavoro onesto; **an h. face**, una faccia onesta; **to give an h. opinion**, dare uno schietto parere **2** genuino; puro; semplice: **h. food**, cibo semplice; **h. wool**, lana pura **3** (*arc.: di donna*) onesta; casta; virtuosa. **B** *inter.* (*fam.*) davvero!; sul serio!; parola! ● (*fam.*) **h.-to-goodness** (*o* **h.-to-God**), genuino □ **to be quite h. about it**, per essere sincero; per dire la verità □ **to make an h. living**; **to turn** (*o* **to earn**) **an h. penny**, guadagnarsi la vita onestamente □ (*pop.*) **h. injun!**, parola d'onore! □ (*pop.*) **h. injun?**, sulla tua parola? □ (*mil. USA*) **H. John**, «Honest John» (*missile tattico terra-terra*).
honestly ['ɔnistli], **A** *avv.* **1** onestamente; lealmente; sinceramente **2** davvero; sul serio: **H., I'll do it**, lo farò, davvero. **B** *inter.* ma insomma!; ma via!
honesty ['ɔnisti], *n.* **1** onestà; lealtà; integrità; probità; sincerità; schiettezza **2** (*arc.: di donna*) onestà; castità **3** (*bot.*, *Lunaria annua*) lunaria; medaglia; erba luna. ● (*prov.*) **H. is the best policy**, l'onestà è la miglior linea di condotta.
honey ['hʌni], **A** *n.* **1** miele; (*fig.*) dolcezza: **h.-sweet**, dolce come il miele **2** (*fam.*) caro, cara; tesoro **3** (*fam. USA*) (*fig.*); cosa eccellente (*o* favolosa). **B** *a. attr.* **1** (*zool.*) del miele; melario **2** che sa di miele; dolce **3** addolcito con miele; melato. ● **h. bag**, borsa melaria (*dell'ape*) □ (*zool.*) **h.-bee** (*Apis mellifera*), ape domestica; pecchia □ (*pop.*) **h. bucket**, secchio per la raccolta d'escrementi □ (*zool.*) **h. buzzard** (*Pernis apivorus*), pecchiaiolo □ **h.-dew**, (*zool.*) melata; (*anche*) tabacco aromatizzato (con melassa) □ (*poet.*) ambrosia □ **h.-mouthed**, mellifluo □ (*zool.*) **h. sac**, *V.* **h. bag** □ (*agric.*) **h.-separator**, smielatrice.
honeycomb (1) ['hʌnikoum], **A** *n.* **1** favo; nido d'api **2** struttura a nido d'ape. **B** *a.* (*tecn.*) a nido d'ape. ● (*elettr.*) **h. coil**, bobina a nido d'ape □ (*autom., mecc.*) **h. radiator**, radiatore a nido d'ape.
to **honeycomb** ['hʌnikoum], *v. t.* **1** crivellare; perforare: **The subsoil of London is honeycombed with the tunnels of the Tube**, il sottosuolo di Londra è crivellato dalle gallerie della metropolitana **2** (*fig.*) permeare; pervadere **3** (*fig.*) sovvertire; minare: **honeycombed with intrigue**, minato di intrighi.
honeycomb(ing) (2) ['hʌniˌkoum(iŋ)], *n.* **1** fessurazione alveolare (*del legname*) **2** (*mecc.*) butteratura, corrosione, falla (*di metalli, specie nelle caldaie*).
honeyed ['hʌnid], *a.* melato; dolce; (*fig.*) mellifluo, sdolcinato: **h. words**, parole mellifue.
honeymoon ['hʌnimuːn], *n.* luna di miele.
to **honeymoon** ['hʌnimuːn], *v. i.* andare in luna di miele; passare la luna di miele: **They will h. in Venice**, passeranno la luna di miele a Venezia.
honeymooner ['hʌnimuːnə*], *n.* chi è in luna di miele.
honeysuckle ['hʌniˌsʌkl], *n.* (*bot.*, *Lonicera caprifolium*) caprifoglio.
hong [hɔŋ], *n.* fabbrica; casa commerciale; magazzino (*in Cina o in Giappone*).
honied ['hʌnid], *V.* **honeyed.**
honing ['houniŋ], *n.* **1** affilatura (sulla cote) **2** (*mecc.*) levigatura; lisciatura; lapidatura. ● **h. machine**, levigatrice □ **h. tool**, utensile levigatore (*o* per lapidare).
honk [hɔŋk], *n.* **1** richiamo (*o* grido) dell'oca **2** colpo di clacson; suono della tromba di un'automobile.
to **honk** [hɔŋk], *v. i.* **1** (*dell'oca*) lanciare il suo grido **2** suonare il clacson **3** (*del clacson*) suonare. ● (*autom.*) **to h. one's horn**, suonare il clacson.
honkie, honky ['hɔŋki], *n.* (*spreg. USA*) uomo (*o* donna) di pelle bianca; bianca, bianca (*detto da gente di colore*).
honky-tonk ['hɔŋki tɔŋk], **A 1** (*pop. USA*) bettola; taverna **2** (*mus., stor.*) honky-tonky. **B** *a.* **1** (*USA*) scadente; squallido **2** (*mus.*) di honky-tonk.
honor ['ɔnə*], e *deriv.* (*USA*) *V.* **honour**, e *deriv.*
honorarium [ˌɔnə'rɛəriəm], *n.* (*pl.* **honoraria, honorariums**) onorario; compenso; emolumento.
honorary ['ɔnərəri], *a.* **1** onorario; onorifico: **an h. vice-president**, un vice-presidente onorario; **an h. office**, una carica onorifica **2** d'onore: **h. debts**, debiti d'onore. ● **an h. degree**, una laurea ad honorem (*o* honoris causa).
honorific [ˌɔnə'rifik], **A** *a.* **1** onorifico: **an h. title**, un titolo onorifico **2** (*gramm.*) di cortesia. **B** *n.* **1** titolo onorifico **2** (*gramm.*) forma di cortesia.
honour ['ɔnə*], *n.* **1** onore; onoranza; dignità; ossequio; rispetto; stima; virtù: **to be an h. to one's country**, fare onore al proprio paese; **to win h. in battle**, farsi onore sul campo di battaglia; **military h.**, onor militare (*o* della bandiera); **military honours**, onori (*o* onoranze) militari; **to do** (*o* **to give, to pay**) **h. to sb.**, fare onore (*o* atto d'omaggio, d'ossequio) a q.; **funeral** (*last*) **honours**, onoranze funebri (estremi onori) **2** onorificenza: **the honours list**, la lista delle onorificenze (*concesse dal sovrano*) **3** (*pl., nelle università*) distinzione; lode: **to pass an exam with honours**, superare un esame con la lode **4** (*pl.; nei giochi di carte, specialm. nel bridge*) onori; le carte dal dieci all'asso (*degli atout*); gli assi (*d'altro seme*) **5** (*pl.*) *V.* **honours degree 6** (*pl., USA*) corsi che conducono a una laurea con lode. ● **to be h.-bound**, essere moralmente obbligato □ (*fam.*) **h. bright!**, parola d'onore! □ **honours degree**, laurea con lode □ **an honours student**, uno studente che si prepara per un «honours degree» □ (*mil.*) **the honours of war**, l'onore delle armi □ (*comm.*) **acceptance of a bill for the h. of the drawer**, accettazione d'una cambiale (protestata) per salvare l'onore del traente □ **an affair of h.**, una questione d'onore; un duello □ **to be bound in h. to do st.**, essere tenuto a fare q.c. (per lealtà, per non venir meno al proprio onore) □ **to do sb. h.**, fare onore a q.; tornare a onore di q. □ **to do the honours** (**of the house**), fare gli onori di casa □ **to do the honours of the table**, fare l'anfitrione; fare onore agli ospiti (*a tavola*) □ **maid of h.**, damigella d'onore □ **on my h.**, sul mio onore; parola d'onore! □ **to be on one's h. to do st.**, avere dato la propria parola d'onore di fare q.c. □ **peace with h.**, pace onorevole □ **to put sb. on his h.**, contare sulla parola (*o* sul senso d'onore) di q. □ **upon my h.!**, parola d'onore! □ **It is on my h. to help him**, è mio impegno d'onore aiutarlo □ (*vocat., a un giudice*) **Your H.**, Vostro Onore □ **H. to whom h. is due**, onore al merito!
to **honour** ['ɔnə*], *v. t.* **1** onorare; far onore a; fare omaggio a; venerare: **Everybody honours him**, tutti l'onorano **2** conferire un'onorificenza a (q.) **3** (*comm.*) onorare; far onore a; accettare; pagare: **to h. a bill** (**a cheque, a draft, etc.**), onorare una cambiale (un assegno, una tratta, ecc.); **to h. one's signature**, fare onore alla propria firma. ● (*leg., comm.*) **to h. a contract**, rispettare un contratto.
honourable ['ɔnərəbl], *a.* onorevole; d'onore; onorabile; onorato; onesto: **an h. man**, un uomo d'onore, onesto; **Tom's intentions are h.**, le intenzioni di Maso sono oneste; **an h. peace**, una pace onorevole. ● **an h. burial**, un funerale solenne □ (*mil.*) **h. dismissal**, congedo (illimitato) □ (*nella Camera dei Comuni*) **my H. friend**, il mio onorevole collega (*parlando d'un altro deputato*) □ **Most H.**, «Onorevolissimo» (*titolo dato a marchesi, a insigniti dell'* «*Order of Bath*» *e a membri del* «*Privy Council*») □ **Right H.**, «Molto Onorevole» (*titolo dato a nobili di grado inferiore a quello di marchese*)
hooch [huːtʃ], *n.* (*pop. USA*) liquore (*specialm. fatto illegalmente*).
hood (1) [hud], *n.* **1** cappuccio (*di persona o di falco*) **2** (*nelle*

hood (2)

università) cappuccio della toga (*di colore diverso per le varie lauree*) **3** (*autom. USA; cfr. ingl.* **bonnet**) cofano **4** (*autom.*) cappotta, capota, capote (*d'automobile aperta*) **5** soffietto (*di carrozzina per bambini*) **6** (*di cucina, ecc.*) cappa **7** (*di carro*) telone **8** (*fotogr.*) paraluce.
hood (2) [hud], *n.* (*pop. USA*) V. **hoodlum**.
to hood [hud], *v. t.* **1** incappucciare; coprire con il cappuccio **2** (*fig.*) nascondere **3** (*autom.*) mettere la cappotta a. ● **to h. one's eyes**, socchiudere gli occhi.
hooded ['hudid], *a.* **1** incappucciato: **a h. monk**, un monaco incappucciato **2** a forma di cappuccio **3** (*zool.*) crestato **4** (*d'occhio*) socchiuso. ● (*zool.*) **h. crow** (*Corvus cornix*), cornacchia grigia.
hoodie ['hudi], *n.* (*zool., Corvus cornix*) cornacchia grigia.
hoodlum ['hudləm], *n.* (*fam.*) **1** uligano; teppista **2** gangster; bandito; malvivente.
hoodoo ['hu:du:], *n.* (*pl.* **hoodoos**) (*fam., specialm. USA*) **1** sfortuna; disdetta; scalogna, iella (*pop.*) **2** iettatore; menagramo.
to hoodoo ['hu:du:], *v. t.* (*fam., specialm. USA*) **1** portare sfortuna a (q.) **2** gettare il malocchio su (q.).
to hoodwink ['hudwiŋk], *v. t.* **1** mettere il paraocchi a (*un cavallo*) **2** (*fig.*) imbrogliare; raggirare.
hoody ['hudi], V. **hoodie**.
hooey ['hu:i], *n. e inter.* (*fam.*) balle; sciocchezze; fesserie (*pop.*).
hoof [hu:f], *n.* (*pl.* **hoofs, hooves**) **1** zoccolo; unghia (*di cavallo, ecc.*) **2** (*pop., scherz.*) piede (*d'uomo*); zampa (*pop.*): **cloven h.**, piede fesso (*o* caprino). ● **h.-pad**, tampone per gli zoccoli (*del cavallo*) □ **h.-pick**, bastoncello per togliere sassi dagli zoccoli (*dei cavalli*) □ **h.-print**, impronta di zoccolo □ (*di bestiame*) **on the h.**, vivo; non macellato.
to hoof [hu:f], **A** *v. t.* **1** colpire con lo zoccolo; calpestare con gli zoccoli **2** (*pop.*) prendere a calci. **B** *v. i.* **1** (*fam., anche* **to h. it**) andare a piedi; camminare **2** (*pop.*) ballare. ● (*pop.*) **to h. sb. out**, buttar fuori q. a calci.
hoofed [hu:ft], *a.* (*zool.*) che ha zoccoli; ungulato.
hoo-ha ['hu:ha:], *n.* (*fam.*) **1** blablà; chiacchiericcio **2** chiasso; baccano.
hook [huk], *n.* **1** gancio; uncino; gancetto; uncinello: **a clothes-h.**, un gancio per appendere panni; un attaccapanni; **a h. for pots**, un gancio per attaccare la pentola (*sul focolare*); **a h. and eye**, un gancio con occhiello, un uncinello con maglietta (*nella chiusura d'un vestito*) **2** (*anche* **fish-h.**) amo; graffio; rampino **3** (*fig.*) trappola; tranello **4** (*pugilato*) «hook»; gancio; croché; uncino **5** (*geogr.*) ansa, gomito (*di fiume, ecc.*); lingua di terra arcuata **6** (*naut.*) ghirlanda **7** (*naut.*) ancorotto **8** (*mus.*) uncino (*della nota*) **9** (*agric.*) falcetto; pennato; roncola **10** uncinetto; crochet (*lavoro femminile*) **11** (*golf*) tiro e uncino **12** (*rugby*) calcio all'indietro **13** (*tel.*) forcella **14** (*elettron.*) innesco. ● (*zool.*: *d'uccello*) **h.-beaked** (*o* **h.-billed**), dal becco adunco □ (*fig.*) **h., line, and sinker**, completamente; del tutto; tutto: **to swallow a story h., line and sinker**, mandare giù una storiella da cima a fondo; bersela tutta (*fig.*) □ **h.-nosed**, dal naso a becco (*o* aquilino) □ (*mecc.*) **h.-spanner**, chiave a gancio □ (*zool.*) **h.-worm** (*Ancylostoma*), anchilostoma □ (*USA*) **h. wrench**, V. **h.-spanner** □ **a bill-h.**, una roncola □ (*naut.*) **boat h.**, gancio d'accosto; gaffa □ **by h. or crook**, di riffa o di raffa; con le buone o con le cattive □ **a crochet** (*o* **a knitting**) **h.**, un uncinetto (*per lavori a rete*) □ (*pop.*) **to drop off the hooks**, tirar le cuoia; morire □ (*fig.*) **to get off the h.**, togliersi dai guai □ (*fig.*) **to be on the h.**, essere inguaiato □ (*pop.*) **on one's own h.**, per conto proprio; da solo □ **a reaping h.**, un falcetto □ (*naut.*) **snap h.**, gancio a molla □ (*alpinismo*) **spring h.**, moschettone □ (*pop.*) **to take** (*o* **to sling**) **one's h.**, squagliarsi; svignarsela; tagliare la corda.
to hook [huk], **A** *v. t.* **1** agganciare; uncinare: **to h. a dress**, agganciare un vestito (*da donna*) **2** prendere (*un pesce*) all'amo **3** curvare (*o* piegare) a uncino **4** (*fig.*) accalappiare: **to h. a rich husband**, accalappiare un marito ricco **5** (*fig., fam.*) gabbare; imbrogliare; fregare (*fam.*) **6** (*calcio*) uncinare (*il pallone*) **7** (*rugby*) tallonare **8** (*pugilato*) colpire con un gancio **9** (*pop.*) adescare **10** (*pop.*) rubare. **B** *v. i.* **1** agganciarsi: **This blouse hooks at the back**, questa camicetta s'aggancia di dietro **2** curvarsi a mo' d'uncino **3** (*calcio*) uncinare il pallone **4** (*pugilato*) sferrare (*o* assestare) un gancio. ● (*pop.*) **to h. it**, tagliare la corda; darsela a gambe; svignarsela □ (*di persone*) **to h. on**, prendersi sotto braccio (*o* a braccetto) □ **to h. on to**, (*di cosa*) essere agganciato a; (*di persona*) stare alle costole di □ **to h. st. over**, attaccare q.c. a: **H. it over that nail**, attaccalo a quel chiodo □ **to h. up**, agganciare; attaccare; (*radio, tel., telev.*) allacciare, collegare: **H. up my dress**, agganciami il vestito!
hookah ['hukə], *n.* narghilè; pipa turca.
hooked [hukt], *a.* **1** a uncino; ricurvo; a becco: **a h. nose**, un naso a becco **2** provvisto di ganci (*o* d'uncini) **3** fatto all'uncinetto: **a h. rug**, un tappeto fatto all'uncinetto **4** (*pop.*) sposato **5** (*pop.*) fanatico; che ha un pallino: **She's h. on skating**, ha il pallino del pattinaggio **6** (*pop.*) drogato; tossicodipendente. ● **h. cross**, croce uncinata.
hooker (1) ['hukə*], *n.* **1** chi aggancia, uncina, ecc. (*V.* **to hook**) **2** (*rugby*) pilone (*giocatore*) **3** (*ind.*) agganciatore; addetto all'agganciamento **4** (*pop.*) ladro, borsaiolo **5** (*pop.*) adescatrice; prostituta.
hooker (2) ['hukə*], *n.* (*naut.*) **1** peschereccio olandese a due alberi **2** peschereccio inglese a un albero.
hook-up ['hukʌp], *n.* (*radio, telev.*) collegamento; gruppo (degli allacciamenti e circuiti; schema di montaggio **2** (*autom.*) rimando (ai) freni **3** (*fig.*) aggancio; connessione. ● (*elettr.*) **h. wire**, (cavo) flessibile.
hooky, hookey ['huki], *n.* (*pop. USA*) assenza ingiustificata (*da scuola*). ● (*pop. USA*) **to play h.**, marinare la scuola.
hooligan ['hu:ligən], *n.* uligano; teppista; vandalo.
hooliganism ['hu:ligənizəm], *n.* teppismo; vandalismo.
hoop (1) [hu:p], *n.* **1** cerchio; cerchione; anello metallico: **a barrel h.**, un cerchio di barile; **a wheel h.**, un cerchione di ruota; **to roll along a h.**, far rotolare un cerchio (*giocando*); **to trundle a h.**, giocare col cerchio **2** (*lavori femminili*) cerchio (*del telaio*) **3** (*a croquet*) archetto **4** (*moda*) guardinfante; crinolina **5** (*stor., anche* **h. skirt**) gonna a crinolina **6** (*stor., anche* **h. petticoat**) crinolina (*la sottoveste*). ● (*mecc.*) **h. iron**, nastro di ferro; reggetta, moietta □ **to go through the h.** (*o* **hoops**), sostenere un cerchio (*nei circhi equestri*); (*fig.*) sostenere una prova difficile □ **to be put through the h.** (*o* **hoops**), passarsela male.
to hoop (1) [hu:p], *v. t.* **1** cerchiare (*una botte*) **2** (*fig.*) circondare (*con un cerchio o come in cerchio*); accerchiare.
to hoop (2) [hu:p], *v. i.* emettere un suono secco (*come nella pertosse*). ● (*med.*) **hooping cough**, pertosse; tosse convulsa (*o* asinina).
hoop (2) [hu:p], *n.* **1** suono secco (*emesso nella pertosse*) **2** grido; urlo.
hoopla [hu:'pla:], *n.* **1** gioco del lancio degli anelli (*su oggetti che si vincono se vengono centrati*); pesca (*nelle fiere, ecc.*) **2** (*fam.*) andirivieni; confusione; trambusto.
hoopoe ['hu:pu:], *n.* (*zool., Upupa epops*) upupa.
hoopoo ['hu:pu:], *n.* (*pl.* **hoopoos**) V. **hoopoe**.
hooray [hu'rei], V. **hurrah**.
hoosh [hu:ʃ], *n.* (*pop.*) carne in umido; stufato (*nei viaggi artici*).
to hoot [hu:t], *v. i. e i.* **1** (*della civetta*) chiurlare; stridere; squittire **2** (*autom.*) suonare la tromba (*o* il clacson) **3** (*di locomotiva*) fischiare **4** (*di persona*) gridare (contro q.); subissare d'urla; fischiare: **to h. at a speaker**, subissare d'urla un oratore; **to h. an actor**, fischiare un attore **5** (*fam.*) farsi delle (belle) risate; ridere sguaiatamente. ● **to h. sb. down**, subissare q. di urla; zittire q. (urlando) □ **to h. a speaker off** (*o* **away**), far scappare un oratore subissandolo di urla.
hoot (1) [hu:t], *n.* **1** grido (*specialm. della civetta*); strido; urlo: **hoots of rage** (**scorn, etc.**), urli di rabbia (di dileggio, ecc.) **2** (*autom.*) suono di tromba; colpo di clacson **3** (*di locomotiva*, sirena, ecc.) fischio. ● (*pop.*) **h. owl**, civetta; gufo □ (*pop.*) **I don't care a h.**, non me ne importa un fico □ (*pop.*) **It isn't worth two hoots**, non vale un fico (secco).
hoot (2) [hu:t], V. **hoots**.
hooter ['hu:tə*], *n.* **1** (*autom.*) tromba; clacson **2** sirena (*di fabbrica, ecc.*) **3** (*pop.*) naso.
hoots [hu:ts], *inter.* (*scozz. e ingl. sett.; di disapprovazione, impazienza*) uff!; auff!; puah!
hoove [hu:v], *n.* (*vet.*) meteorismo; timpanite.
Hoover ['hu:və*], *n.* (*marchio*) aspirapolvere; lucidatrice.
to hoover ['hu:və*], *v. t.* **1** pulire (*un tappeto, ecc.*) con l'aspirapolvere (*V.* **Hoover**) **2** (*pop.*) prendere su; raccogliere.
hooves [hu:vz], *pl.* di **hoof**.
hop (1) [hɔp], *n.* (*bot.*) **1** (*Humulus lupulus*) luppolo **2** (*pl.*) infiorescenze di luppolo **3** (*pop.*) droga; narcotico. ● **hop-bind** (*o* **hop-bine**), stelo rampicante del luppolo □ **hop garden**, campo di luppoli; luppoliera □ (*agric.*) **hop growing**, coltivazione del luppolo □ **hop-picker**, raccoglitore (*o* raccoglitrice) di luppolo □ **hop-pole**, pertica che sorregge il luppolo.
to hop (1) [hɔp], **A** *v. i.* **1** raccogliere luppoli **2** coltivare il luppolo. **B** *v. t.* **1** aromatizzare (*birra, ecc.*) con luppolo **2** (*di solito* **to hop up**) eccitare, stimolare; drogare (*un atleta, un cavallo*); (*autom.*) truccare (*il motore*).
to hop (2) [hɔp], *v. i. e t.* **1** saltare; saltellare; zoppicare: **A blackbird came hopping about**, un merlo s'avvicinò saltellando (qua e là); **to hop a ditch**, saltare un fosso **2** (*fam.*) fare quattro salti; ballare **3** (*fam.*) fare un salto (*o* un viaggetto): **to hop across the Swiss border**, fare un salto di là dal confine con la Svizzera **4** (*fam. USA*) saltare, salire (*in auto, ecc.*). ● (*pop.*) **to hop it**, andarsene: **Hop it!**, vattene!; fila! □ (*gergo aeron.*) **hop off**, decollare □ (*pop.*) **to hop the twig** (*o* **the stick**), andarse-

ne improvvisamente; morire □ **hop-o'-my-thumb**, nano; pigmeo.
hop (2) [hɔp], *n.* **1** salto (*su una gamba*); saltello; salterello **2** (*fam.*) quattro salti; ballo **3** (*fam.*) salto; volo (*in aereo*) balzo: **a weekend hop to Paris**, un salto a Parigi per il fine settimana; **to fly from London to Hong Kong in three hops**, volare da Londra a Hong Kong in tre balzi. ● **hop, step, and jump**, (*sport*) salto triplo; (*fam.*) breve distanza □ (*fam.*) **to catch sb. on the hop**, prendere q. alla sprovvista □ (*fam.*) **to be on the hop**, essere indaffarato; darsi da fare □ **to keep sb. on the hop**, dare un bel daffare a q.
hope [houp], *n.* speranza; speme (*poet.*): **I have good h. (strong hopes) of being accepted (that I shall be accepted)**, ho buone (forti) speranze d'essere accettato (che sarò accettato). ● **h. chest**, (*stor.*) cassa da (*o* del) corredo; (*fig. USA*) corredo da sposa □ **to hope against h.**, sperare anche quando non c'è più motivo di speranza □ **to live in hopes of better days**, vivere nella speranza di giorni migliori □ **past** (*o* **beyond**) **all h.**, oltre ogni speranza □ **to raise sb.'s hopes**, suscitare le speranze di q. □ (*prov.*) **While there is life there's h.**, finché c'è vita c'è speranza.
to hope [houp], *v. i. e t.* sperare; confidare; aver fiducia: **We h. to meet them again in Italy**, speriamo di rivederli in Italia; **Let's h. for the best**, speriamo bene; speriamo che le cose vadano per il meglio. ● **to h. against hope**, sperare nell'impossibile □ **to h. for the best**, sperare in Dio (*fig.*) □ **I h. not**, spero di no □ **I h. so**, spero di sì.
hopeful ['houpful], *a.* **1** pieno di speranza; speranzoso; fiducioso: **I am h. of victory**, sono pieno di speranza nella vittoria **2** che dà speranza; promettente; che promette bene: **Our prospects don't seem very h.**, le nostre prospettive non appaiono molto promettenti; **a h. pupil**, uno scolaro che promette bene. ● **a young h.**, un (*o* una) giovane di belle speranze.
hopefully ['houpfəli], *avv.* **1** con (buona) speranza; fiduciosamente **2** (*impropriamente, specialm. USA*) se tutto va bene: **H. we'll get there on time**, se tutto va bene, arriveremo in orario.
hopefulness ['houpfulnis], *n.* buona speranza; aspettazione; fiducia.
hopeless ['houplis], *a.* **1** senza speranza; disperato; irreparabile: **h. sorrow**, dolore disperato; **a h. situation**, una situazione disperata **2** incurabile; inguaribile: **a h. illness**, una malattia incurabile **3** impossibile; pessimo, (*anche*) inadeguato: **a h. task**, un compito impossibile; **a h. actor**, un pessimo attore.
hopelessness ['houplisnis], *n.* **1** disperazione; irreparabilità **2** incurabilità.
hoplite ['hɔplait], *n.* (*stor. greca*) oplita.
hopper (1) ['hɔpə*], *n.* (*agric.*) raccoglitore di luppolo.
hopper (2) ['hɔpə*], *n.* **1** persona (*o* animale, insetto) che saltella; pulce; cavalletta; canguro (*V.* **hop (2)**) **2** (*mecc.*) tramoggia **3** serbatoio; cassetta di cacciata (*dell'acqua; in un bagno*) **4** (*naut.*) chiatta (*per scaricare fango*) **5** (*elab., anche* **card h.**) raccoglitore di schede. ● (*ferr.*) **h. car**, carro a tramoggia □ **h.-light** (*o* **h.-casement, h.-window**), finestra a tramoggia; vasistas.
hopping ['hɔpiŋ], *a.* indaffarato; che si dà da fare. ● (*fam.*) **h. mad**, arrabbiatissimo; furibondo.
to hopple ['hɔpl], *v. t.* impastoiare (*un cavallo, ecc.*).
hopple ['hɔpl], *n.* pastoia.
hopscotch ['hɔpskɔtʃ], *n.* gioco della campana (*o* della settimana). ● **to play h.**, giocare alla campana.
Horace ['hɔrəs], *n.* Orazio.
horary ['hɔrəri], *a.* orario; che si verifica ogni ora; di un'ora.
Horatian [hɔ'reiʃən], *a.* oraziano; di Orazio (*il poeta romano*).
horde [hɔ:d], *n.* orda (*anche fig.*); torma; accozzaglia: **hordes of barbarians**, orde di barbari; **a h. of beggars**, un'orda di pezzenti.
horehound ['hɔ:haund], *n.* (*bot., Marrubium vulgare*) marrubio.
horizon [hə'raizn], *n.* (*astron.*) orizzonte (*anche fig.*): **on the h.**, all'orizzonte; **The sun was high above the h.**, il sole era alto sull'orizzonte. ● (*aeron.*) **h. lights**, luci di riferimento al suolo □ **apparent** (*o* **sensible, visible**) **h.**, orizzonte visibile (*o* sensibile) □ **celestial** (*o* **rational, true**) **h.**, orizzonte celeste.
horizontal [ˌhɔri'zɔntl], **A** *a.* orizzontale; piano; disteso: **a h. line**, una linea orizzontale. **B** *n.* linea (*o* piano, ecc.) orizzontale. ● (*fis.*) **h. circle**, cerchio azimutale □ (*econ.*) **h. combination**, concentrazione orizzontale □ (*mecc.*) **h. lathe**, tornio orizzontale (*o* parallelo) □ (*aeron.*) **h. rudder**, timone di profondità (*di quota*) □ **out of the h.**, in posizione non orizzontale; in posizione obliqua.
horizontality [ˌhɔrizɔn'tæliti], *n.* l'essere orizzontale; orizzontalità (*raro*).
hormonal [hɔ:'mounl], *a.* (*biol.*) ormonale.
hormone ['hɔ:moun], *n.* (*biol.*) ormone.
hormonic [hɔ:'mɔnik], *a.* (*biol.*) ormonico.
horn [hɔ:n], **A** *n.* **1** corno (*in ogni senso*); antenna (*d'insetto*): **the horns of a snail**, le corna d'una lumaca; **a huntman's h.**, un corno da caccia (*mus.*) **a French h.**, un corno francese; (*mus.*) **an English h.**, un corno inglese; **the h. of plenty**, il Corno dell'Abbondanza; la cornucopia; **a walking stick with a knob of h.**, un bastone da passeggio col pomo di corno **2** (*autom.*) tromba; clacson: **a motor-h.**, una tromba d'automobile **3** (*mus.*) tromba (*del fonografo*) **4** (*naut.*) urtante (*di mina*) **5** (*pop. USA*) cornetta; telefono: **to get on the h. to sb.**, chiamare q. al telefono **6** (*pl., fig.*) corna (*pop.*). **B** *a. attr.* di corno: **a h. handle**, un manico di corno. ● (*geogr.*) **the H., Capo Horn** □ (*ferr.*) **h.-bar**, asse (*di carro o carrozza*) □ (*geogr.*) **the H. of Africa**, il Corno d'Africa □ (*ferr.*) **h.-plate**, piastra di guardia; parasale □ (*mus.*) **h. player**, suonatore di corno; cornista □ **h.-rimmed glasses**, occhiali con montatura di corno □ **h.-shavings**, trucioli di corno (*usati come concime*) □ **to blow a h.**, suonare il corno □ (*fig.*) **to draw** (*o* **to pull**) **in one's horns**, tirarsi indietro; diminuire le spese □ **a fog-h.**, una sirena per la nebbia □ **hunting-h.**, corno da caccia □ **to make horns at sb.**, mostrare (*o* fare) le corna a q. □ **to be on the horns of a dilemma**, avere davanti a sé i corni di un dilemma; dover fare una scelta difficile □ **a powder h.**, un corno per la polvere da sparo □ **a shoe-h.**, un corno per calzare le scarpe; un calzatoio; un calzante □ (*autom.*) **to sound one's h.**, suonare il clacson; strombettare □ (*arc., raro*) **to wear the horns**, avere (*o* portare) le corna (*pop.*).
to horn [hɔ:n], *v. t.* **1** incornare; colpire (*o* ferire) con le corna; dare cornate a **2** spingere (*un'altra bestia*) a cornate **3** (*fig., arc.*) cornificare; fare le corna a (q.). ● (*pop. USA*) **to h. in**, entrare senz'essere invitato; intromettersi; ficcare il naso.
hornbeam ['hɔ:nbi:m], *n.* (*bot., Carpinus betulus*) carpino bianco; carpine.
hornbill ['hɔ:nbil], *n.* (*zool., Buceros*) bucero.
hornblende ['hɔ:nblend], *n.* (*miner.*) orneblenda.
hornbook ['hɔ:nbuk], *n.* **1** (*un tempo*) abbecedario, tavola pitagorica (*su pergamena, protetta da una foglia d'osso trasparente*) **2** primo libro (*d'una materia*).
horned ['hɔ:nd], *a.* (*zool.*) cornuto; provvisto di corna. ● **h. horse**, gnu □ **h. owl**, assiolo; chiù (*region.*) □ **h. toad** (*Phrynosoma*), frinosoma; lucertola cornuta □ **h. viper** (*Cerastes cornutus*), ceraste □ **four-h. sheep**, pecore con quattro corna □ **long-h. cattle**, bovini dalle corna lunghe □ **a one-h. animal**, un animale con un solo corno.
horner ['hɔ:nə*], *n.* **1** fabbricante d'articoli di corno (*cucchiai, pettini, ecc.*) **2** (*mus.*) suonatore di corno; cornista.
hornet ['hɔ:nit], *n.* (*zool., Vespa crabro*) calabrone. ● (*fig.*) **to stir up a hornet's nest**, suscitare un vespaio.
horniness ['hɔ:ninis], *n.* l'esser di corno; callosità; durezza.
hornless ['hɔ:nlis], *a.* senza corna; (*d'insetto*) senza antenne.
hornpipe ['hɔ:npaip], *n.* **1** cornamusa (*o* piva) di corno **2** musica allegra, danza vivace (*specialm. di marinaio*).
hornrims ['hɔ:nrimz], *n. pl.* (*fam.*) occhiali con la montatura di corno.
hornstone ['hɔ:nstoun], *n.* (*miner.*) selce.
horny [hɔ:ni], *a.* **1** corneo; di corno **2** che ha corna; cornuto **3** (*fig.*) calloso; incallito; indurito: **h. hands**, mani incallite **4** (*pop.*) eccitato (*sessualmente*). ● (*zool.*) **h. coral** (*Gorgonacea*), gorgonia.
hologe ['hɔrələdʒ], *n.* (*raro*) **1** orologio **2** meridiana.
horologer [hɔ'rɔlədʒə*], **horologist** [hɔ'rɔlədʒist], *n.* (*raro*) orologiaio.
horology [hɔ'rɔlədʒi], *n.* orologeria; scienza della misura del tempo.
horoscope ['hɔrəskoup], *n.* oroscopo. ● **to cast a h.**, trarre l'oroscopo.
horoscopic(al) [ˌhɔrə'skɔpik(əl)], *a.* dell'oroscopo.
horoscopy [hɔ'rɔskəpi], *n.* oroscopia.
horrendous [hɔ'rendəs], *a.* orrendo; orribile; spaventoso.
horrent ['hɔrənt], *a.* (*poet.*) irto.
horrible ['hɔrəbl], *a.* orribile; orrendo; spaventoso; tremendo; (*fam.*) pessimo, spiacevole: **h. noise**, frastuono orribile; **h. weather**, tempo orribile; **a h. bore**, un tremendo seccatore.
horribleness ['hɔrəblnis], *n.* orribilità, spaventosità (*raro*).
horrid ['hɔrid], *a.* **1** orrido; orribile; orrendo **2** (*fam.*) cattivo; sgradevole; antipatico: (*fam.*) **Don't be h.!**, non fare l'antipatico! ● (*fam.*) **He's been h. to you**, s'è comportato malissimo con te.
horridness ['hɔridnis], *n.* orridezza, orridità, orribilità (*raro*).
horrific [hɔ'rifik], *a.* orribile; orrendo; orripilante; raccapricciante: **a h. scene**, una scena raccapricciante.
horrification [ˌhɔrifi'keiʃən], *n.* l'inorridire; il fare inorridire; orripilazione (*scherz.*).
to horrify ['hɔrifai], *v. t.* **1** far inorridire; fare raccapricciare; atterrire **2** (*fam.*) impressionare; turbare; sconvolgere: **I was horrified by** (*o* **at**) **the news**, la notizia mi sconvolse.
horripilation [hɔˌripi'leiʃən], *n.* (*fisiologia*) orripilazione; pelle d'oca (*fig.*).
horror ['hɔrə*], *n.* **1** orrore; ribrezzo; raccapriccio: **I have a h. of such things**, cose simili le ho in orrore; **the horrors of civil war**,

hors

gli orrori della guerra civile **2** (*fam.*) orrore; cosa orribile: **That dress of hers is a h.**, quel suo vestito è un orrore **3** (*fam.*) tipo fastidioso, molesto, sgradevole: **That boy is a little h.**, quel ragazzo è un vero Pierino (*o* una peste). ● (*pop.*) **the horrors**, delirium tremens; forte depressione □ **h. comics**, fumetti dell'orrore □ **a h. film**, un film dell'orrore □ **h.-struck** (*o* **h.-stricken**), inorridito □ **chamber of horrors**, camera degli orrori □ **to have a h. of spiders**, provare ribrezzo per i ragni.
hors [ɔ:] (*franc.*), *avv. e prep.* fuori: **h. concours**, fuori concorso; **h. de combat**, fuori combattimento. ● **h. d'oeuvre**, antipasto.
horse [hɔ:s], **A** *n.* (*pl.* **horses, horse**) **1** (*zool., Equus caballus*) cavallo (*anche l'attrezzo da ginnastica*; *fam.*: *il pezzo degli scacchi, cfr.* **knight**): **to mount** (**to ride, to be on**) **a h.**, montare un (andare a, essere a) cavallo; **draught h.**, cavallo da tiro; **race-h.**, cavallo da corsa; **saddle h.**, cavallo da sella **2** cavalletto; sostegno; trespolo: **a clothes-h.**, un cavalletto per panni; uno stenditoio **3** (*geol.*) scaglia tettonica **4** (*geol.*) *V.* **horseback**, *n., def.* **2 5** (*mil., collett.*) cavalleria: **h. and foot**, cavalleria e fanteria; **light h.**, cavalleria leggera; cavalleggeri (*collett.*) **6** (*fam. USA*) bigino; traduttore **7** (*pop.*) eroina (*droga*) **8** (*fam.*) *V.* **horsepower**. **B** *a. attr.* **1** equino; cavallino; (*vet.*) **h.-pox**, vaiolo equino **2** di cavallo: (*med.*) **h. serum**, siero di cavallo **3** (*sport*) ippico: **h. show**, concorso ippico. ● (*fam.*) **h.-and-buggy**, del tempo delle carrozze; (*fig.*) antiquato □ (*mil.*) **h. artillery**, artiglieria ippotrainata □ **h.-block**, montatoio (*per montare a cavallo*) □ (*ferr.*) **h.-box** (*o* **h.-car**), vagone (*o* carro) per trasportare cavalli □ **h.-breaker**, domatore di cavalli; scozzone □ (*bot.*) **h. chestnut** (*Aesculus hippocastanum*), ippocastano; castagno (*o* castagna) d'India □ **h.-cloth**, gualdrappa; groppiera □ (*fam.*) **h. doctor**, veterinario □ (*zool.*) **h.-fly** (*Tabanus*) tafano; (*Hippobosca equina*) mosca cavallina □ (*mil.*) **H. Guards**, Guardie a cavallo □ **h.-hair**, crine di cavallo □ **h. laugh**, risata fragorosa, sguaiata; riso sgangherato □ (*zool.*) **h. mackerel**, (*Thunnus thunnus*) tonno; (*Trachurus trachurus*) scombro bastardo □ **h. marines**, personaggi inesistenti, pesci fuor d'acqua: **Tell that to the h. marines**, vallo a raccontare a qualcun altro (*pop.*: a tua nonna) □ **h.-mastership**, arte del cavallerizzo □ **h. meat**, carne di cavallo □ (*pop. USA*) **h. opera**, film (*o* commedia) western □ **h. pistol**, pistola da sella □ **h.-pond**, pozza per abbeverarvi cavalli □ **h.-power**, *V.* **horsepower** □ (*sport*) **h. race**, corsa di cavalli; corsa ippica □ **h. racing**, ippica; le corse dei cavalli □ (*bot.*) **h.-radish** (*Cochlearia armoracia*), barbaforte □ (*sport*) **h. riding**, equitazione □ (*fam.*) **h. sense**, senso comune; buonsenso □ **h.-tail**, coda di cavallo; (*bot., Equisetum*) coda di cavallo, equiseto □ **h. trade**, scambio di cavalli; commercio di cavalli; (*fig.*) diplomazia astuta; trattativa con reciproche concessioni □ **h. trader**, commerciante di cavalli, cavallaio; (*fig.*) chi conduce trattative astute □ **h. trading**, *V.* **h. trade** □ (*autom.*) **h. trailer**, rimorchio per il trasporto di cavalli □ **h. trainer**, addestratore di cavalli □ (*sport*) **h. trial**, gara equestre □ (*anche fig.*) **to back the wrong h.**, puntare sul cavallo perdente □ (*fam.*) **to come off one's high h.**, venire giù dal pero (*fig., pop.*); perdere la boria □ **a dark h.**, un cavallo vincente su cui nessuno contava; (*fig.*) una persona intorno alle cui possibilità di successo o altro si sa poco o nulla □ **to eat like a h.**, mangiare come un lupo □ (*fig.*) **to flog a dead h.**, fare cosa del tutto inutile; perdere tempo □ **to get on one's high h.**, *V.* **to mount the high h.** □ (*fig.*) **to grin through a h.-collar**, fare dell'umorismo da quattro soldi □ (*fig.*) **to hold one's horses**, frenare la propria impazienza □ **to mount** (*o* **to ride**) **one's high h.**, darsi grandi arie □ (*fig.*) **to put the cart before the h.**, mettere il carro davanti ai buoi □ **to work like a h.**, lavorare come un mulo □ (*fig.*) **a willing h.**, uno che tira la carretta (*fig.*) □ (*mil.*) **To h.!**, a cavallo! □ (*fig.*) **It's a h. of another** (*o* **of a different**) **colour**, è un'altra cosa; è tutt'altra faccenda; è un altro paio di maniche □ (*prov.*) **You can lead a h. to water but you can't make him drink**, non si può far bere l'asino per forza (*prov. lombardo*) □ (*prov.*) **Don't look a gift h. in the mouth**, a caval donato non si guarda in bocca.
to horse [hɔ:s], **A** *v. t.* **1** provvedere (q.) di cavallo **2** attaccare i cavalli a (*una carrozza*) **3** portare (q.) a cavalluccio. **B** *v. i.* andare (*o* montare) a cavallo; cavalcare. ● (*fam.*) **to h. around**, giocare rumorosamente.
horseback [`hɔ:sbæk], **A** *n.* **1** dorso del cavallo; groppa **2** (*geol.*) ammasso sterile (*di rocce*). **B** *avv.* a cavallo. ● (*sport*) **h. riding**, equitazione □ **on h.**, a (dorso di) cavallo □ **to get on h.**, montare a cavallo □ (*fig., fam.*) **a man on h.**, un «uomo forte»; un condottiero; un dittatore.
horseflesh [`hɔ:sfleʃ], *n.* **1** carne di cavallo **2** (*collett.*) cavalli. ● **to be a good judge of h.**, intendersene molto di cavalli.
horsehair [`hɔ:sheə*], **A** *n.* crine (di cavallo). **B** *a. attr.* di crine: **a h. mattress**, un materasso di crine.
horseman [`hɔ:smən], *n.* (*pl.* **horsemen**) **1** cavaliere; cavallerizzo **2** (*mil.*) soldato di cavalleria, cavalleggero; cavallero.

horsemanship [`hɔ:smənʃip], *n.* **1** equitazione **2** maneggio.
horseplay [`hɔ:s-plei], *n.* giochi rumorosi; scherzi rozzi.
horsepower [`hɔ:s,pauə*], *n.* (*fis.*) cavallo-vapore; cavallo (*abbr.* h.p.): **a 30-h. p. engine**, un motore da trenta cavalli (*o* h.p.).
horseshit [`hɔ:s,ʃit], *n. e inter.* (*volg.*) sciocchezze; fesserie (*pop.*); fregnacce, cazzate (*volg.*).
horseshoe [`hɔ:s,ʃu:], *n.* **1** ferro di cavallo **2** (*pl.*) gioco che consiste nel lanciare un ferro di cavallo verso un piolo. ● (*zool.*) **h. crab** (*Limulida*), limulo; granchio reale □ **a h. table**, una tavola a ferro di cavallo.
horseshoer [`hɔ:,ʃuə*], *n.* maniscalco.
horsewhip [`hɔ:s-wip], *n.* frusta, frustino; sferza; staffile.
to horsewhip [`hɔ:s,-wip], *v. t.* frustare; sferzare; staffilare.
horsewoman [`hɔ:s,wumən], *n.* (*pl.* **horsewomen**) amazzone; cavallerizza.
horsiness [`hɔ:sinis], *n.* **1** aspetto cavallino **2** competenza in fatto di cavalli; passione per i cavalli.
horsy [`hɔ:si], *a.* **1** di (*o* da) cavallo; cavallino **2** che ama i cavalli; che s'intende di cavalli.
hortative [`hɔ:tətiv], **hortatory** [`hɔ:tətəri], *a.* esortativo.
horticultural [,hɔ:ti`kʌltərəl], *a.* orticolo: **a h. show**, una mostra orticola. ● **h. builder**, costruttore di giardini, serre, ecc.
horticulture [`hɔ:tikʌltʃə*], *n.* orticoltura.
horticulturist [,hɔ:ti`kʌltʃərist], *n.* orticoltore.
hosanna [hou`zænə], *n. e inter.* osanna.
hose [houz], *n.* **1** (*comm.*; *pl. collett.*) calzetteria; calze; calzette: **half-h.**, calzini **2** (*anche* **hosepipe**) tubo flessibile; tubo di gomma; manica, manichetta; (*mecc.*) manicotto: **a h. for watering the garden**, un tubo di gomma per annaffiare il giardino; **air-h.**, manica d'aria; **a fire-h.**, una manica antincendio; (*autom.*) **radiator h.**, manicotto per radiatore **3** (*stor.*) calzamaglia; calzoni alla zuava. ● (*mecc.*) **h. clamp**, cravatta fermatubi □ (*mecc.*) **h. fittings**, raccordi; raccorderia □ **h. rack**, avvolgitubo □ (*scozz.*) **h.-tops**, calze prive di piede □ **canvas h.**, manichetta di tela (di gomma).
to hose [houz], *v. t.* **1** (*spesso* **to h. down**) bagnare (*o* annaffiare) con un tubo flessibile (*di gomma o altro*) **2** spegnere (*un incendio, ecc.*) con getti d'acqua. ● **to h. down one's car**, lavare l'automobile.
hosier [`houʒə*], *n.* **1** calzettaio **2** negoziante di maglieria intima (*da uomo*).
hosiery [`houʒəri], *n.* **1** (*collett.*) calze e calzini; calzetteria **2** maglieria; indumenti di tessuto a maglia.
hospice [`hɔspis], *n.* ospizio.
hospitable [`hɔspitəbl], *a.* ospitale: **a h. man**, un uomo ospitale.
hospital [`hɔspitl], *n.* **1** ospedale: (*di malato*) **to be in h.** (*USA*: **in the h.**), essere all'ospedale **2** ospizio; ricovero (*di vecchiaia*). ● (*un tempo*) **h. fever**, tifo □ **h. nurse**, infermiere, infermiera □ (*naut.*) **h. ship**, nave ospedale □ **h. ward**, corsia (d'ospedale) □ (*stor.*) **Christ's H.**, «Christ's Hospital» (*scuola di Londra*) □ (*degli studenti di medicina*) **to walk the hospitals**, fare pratica ospedaliera.
hospitaler [`hɔspitlə*], *V.* **hospitaller**.
hospitality [,hɔspi`tæliti], *n.* ospitalità.
hospitalization [,hɔspitəlai`zeiʃən], *n.* **1** ospedalizzazione; ricovero in ospedale **2** (*fam. USA*) assicurazione ospedaliera.
to hospitalize [`hɔspitəlaiz], *v. t.* ricoverare in ospedale; ospedalizzare.
hospitaller [`hɔspitlə*], *n.* **1** frate ospedaliero **2** cappellano d'ospedale. ● (*stor.*) **Knights Hospitallers**, Cavalieri Ospedalieri.
host (1) [houst], *n.* **1** ospite (*anche biol.*) **2** oste; albergatore; locandiere **3** (*telev.*) presentatore. ● (*sport*) **the h. country**, la nazione ospitante (*dei Giochi Olimpici*) □ (*fig.*) **to reckon without one's h.**, fare i conti senza l'oste.
host (2) [houst], *n.* **1** (*lett.*) oste; esercito **2** folla; moltitudine; schiera: **hosts of guests**, schiere di ospiti. ● **the hosts of heaven**, (*relig.*) le celesti schiere; gli angeli; (*poet.*) il sole, la luna, le stelle □ (*Bibbia*) **Lord** (**God**) **of Hosts**, Signore (Dio) degli Eserciti.
Host [houst], *n.* (*relig.*) ostia (consacrata).
hostage [`hɔstidʒ], *n.* ostaggio: **to hold sb. h.**, tenere q. in ostaggio. ● **a h. to fortune**, persona cara il cui benessere è nelle mani della sorte.
hostageship [`hɔstidʒip], *n.* condizione di ostaggio.
hostel [`hɔstəl], *n.* **1** ostello; albergo; casa (*pensione*) dello studente (*o* per lavoratori): **a youth h.**, un ostello della gioventù **2** (*specialm. relig.*) pensionato.
hosteller [`hɔstələ*], *n.* **1** gestore di un ostello **2** (*relig.*) direttore (*o* direttrice) di pensionato **3** ospite di un ostello.
hostelry [`hɔstəlri], *n.* (*arc. o scherz.*) ostello; locanda; osteria.
hostess [`houstis], *n.* **1** ospite (*donna*); padrona di casa **2** albergatrice; locandiera; ostessa **3** assistente turistica **4** (*aeron., anche* **air h.**) hostess; assistente di volo **5** direttrice di sala (*in un ristorante*) **6** entraineuse (*in un locale notturno*)

hostile ['hɔstail], *a.* ostile; nemico; avverso; contrario: **a h. mob**, una folla ostile; **h. glances**, occhiate ostili; **h. territory**, territorio nemico.

hostility [hɔs'tiliti], *n.* **1** ostilità; inimicizia; avversione: **a show of h.**, una dimostrazione d'ostilità **2** (*pl., mil.*) azioni di guerra; ostilità: **to suspend hostilities**, sospendere le ostilità.

hostler ['ɔslə*], *n.* stalliere; mozzo di stalla.

hot [hɔt], *a.* **1** caldo; molto caldo; (*anche fig.*) bruciante, rovente, infuocato: **It's too hot near the fireplace**, fa troppo caldo vicino al caminetto; **I like my coffee hot**, il caffè mi piace caldo; **a hot iron**, un ferro rovente; **hot fever**, febbre bruciante; **hot blush**, rossore infuocato; **hot words**, parole roventi **2** che brucia in gola; piccante **3** (*fig.*) ardente; caloroso; fervido; focoso; irruento, veemente; violento: **a hot temper**, un temperamento ardente, focoso; **a hot struggle**, una lotta violenta **4** ancora caldo; fresco; recente; (*fam.*) nuovo di zecca: **hot scent**, traccia fresca (*di selvaggina, ecc.*); **hot news**, notizie fresche, recenti; (*fam.*) **hot banknotes**, banconote nuove di zecca **5** (*fam.: di libro, film, ecc.*) scandaloso; sensazionale **6** (*fam.*) esperto: **My friend is hot on vintage cars**, il mio amico è un esperto d'automobili d'epoca **7** (*pop.: di merce rubata*) che scotta; di dubbia provenienza; difficile a vendersi: **hot jewellery**, gioielli che scottano **8** (*fig.*) insicuro; pericoloso; che scotta: **This place is too hot for him**, questo posto è troppo pericoloso per lui **9** (*fis. nucl.*) caldo; altamente radioattivo **10** (*elettr.*) attivo; sotto tensione. ● **to be** (*o* **to feel**) **h.**, aver caldo □ (*pop., fig.*) **hot air**, parole vuote, boriose; aria fritta □ (*mecc.*) **hot-air**, ad aria calda □ **hot and bothered**, molto in ansia; preoccupatissimo □ **hot and strong**, veemente, violento; con violenza, di gran lena □ **hot blast**, corrente d'aria calda (*immessa in un altoforno*) □ (*metall.*) **hot-blast stove**, preriscaldatore d'aria □ **hot-blooded**, che ha il sangue caldo; ardente, appassionato, focoso □ **hot-bloodedness**, focosità □ **hot-brained** (*o* **hot-headed**), focoso; impetuoso; irruento □ **hot cross bun**, pasticcino con sopra una croce (*si mangia il Venerdì Santo*) □ (*fam. USA*) **hot dog**, panino imbottito di salsiccia calda e senape □ (*fam. USA*) **Hot dog!**, benissimo!; evviva! □ (*sport*) **hot favourite**, un concorrente favorito dal pronostico □ **hot flush** (*USA*: **hot flash**), vampata di calore (*al viso*); caldana (*gergo mil.*) **to be hot from the front**, essere appena giunto (*caldo caldo*) dal fronte □ (*del pane*) **hot from the oven**, appena sfornato □ (*sport*) **a hot hit**, una palla «difficile» (*per l'avversario: da rimandare, fermare, ecc.*) □ (*mus.*) **hot jazz**, jazz caldo □ **hot line**, (*aeron. mil., tel., polit.*) linea diretta, linea calda; (*radio, telev.*) programma con telefonate del pubblico al presentatore □ (*econ., fin.*) **hot money**, moneta «calda»; capitali vaganti □ **to be hot on sb.'s heels** (*o* **track**), essere alle calcagna di q. □ **to be hot on the scent**, essere sulla pista buona □ (*moda*) **hot pants**, pantaloncini (*caldi*): «hot pants» □ **hot pepper**, peperoncino (*rosso*) □ **hot plate**, piastra riscaldante; fornello (*elettrico, a gas, o portatile*) □ (*cucina*) **hot-pot**, stufato di castrato (*o di manzo*); carne in umido con patate □ (*fig., fam.*) **hot potato**, patata bollente; cosa che scotta □ (*ind.*) **hot press**, calandra a cilindri riscaldati; pressa a riscaldamento interno □ (*metall.*) **hot-press forge**, pressa per fucinatura a caldo □ (*ing.*) **hot-pressing**, stampaggio a caldo □ **a hot pursuit**, un inseguimento ravvicinato, da presso □ (*auton., pop. USA*) **hot rod**, vecchia auto con motore truccato □ (*pop.*) **hot seat**, posto (*carica, ufficio, ecc.*) di grande responsabilità; posto «scomodo»; (*USA*) sedia elettrica □ (*del ferro*) **hot-short**, fragile quando è caldo □ **hot spot**, (*chim., fis.*) punto caldo; (*nei boschi*) zona calda (*o* soggetta a incendi); (*arti grafiche*) macchia di luce; (*fig.*) situazione difficile (*mil., polit.*) punto «caldo» □ **hot spring**, sorgente termale □ (*ing.*) **hot stamp**, stampaggio a caldo; fucinatura a caldo □ (*pop.*) **hot stuff**, persona di carattere focoso, ardente; tipo in gamba; cosa eccezionale, cannonata (*pop.*) □ **hot-tempered**, collerico; irascibile; che si accende facilmente □ (*polit.*) **hot war**, guerra calda; conflitto armato □ **hot water**, acqua calda; (*fig.*) guai, pasticci: **hot-water bottle** (*USA*: **bag**), bottiglia dell' (*o* per l') acqua calda; **the hot-water tap**, il rubinetto dell'acqua calda □ **hot well**, sorgente termale □ (*metall.*) **hot working**, lavorazione a caldo □ **to blow hot and cold**, cambiar parere di continuo; essere una banderuola al vento □ **to get hot**, farsi caldo; scaldarsi, riscaldarsi; (*fig.*) infervorarsi: **They get hot over soccer matches**, s'infervorano per le partite di calcio □ (*fig.*) **to get into hot water**, mettersi nei guai, nei pasticci □ **to go hot all over**, avere vampate di caldo □ **to drop sb. like a hot potato**, piantare q.; mollare q. definitivamente □ (*fig., pop.*) **to have hot pants**, essere eccitato sessualmente; non stare nelle mutande (*pop.*) □ **in hot haste**, in fretta e furia □ **in the hottest part of the battle**, nel fervore della battaglia, nel mezzo della mischia □ **to make a place too hot for sb.**, far scottare il terreno sotto i piedi a q. □ **to make it too hot for sb.**, rendere la vita impossibile a q. □ (*fam.*) **Give it to him hot**, dagli una bella strigliata (*o* lavata di testa)!

You're getting hot, ci sei quasi; ci stai arrivando (*a indovinare, ecc.*); (*nei giochi, cercando q.c.*) fuochino... fuoco... fuoco (*o* ti bruci)!

to hot [hɔt], **A** *v. t.* (*di solito* **to hot up**) **1** riscaldare; scaldare: **to hot up st. for lunch**, riscaldare q.c. per la colazione **2** (*fig.*) rinfocolare (*malcontento, tumulti, ecc.*). **B** *v. i.* **1** (*di pietanza, ecc.*) scaldarsi **2** (*fig.*) rinfocolarsi; aggravarsi; riscaldarsi, farsi caldo: **Labour troubles are hotting up in the factories**, le agitazioni sindacali s'aggravano nelle fabbriche; **The situation was hotting up**, la situazione si faceva (*sempre*) più calda.

hotbed ['hɔtbed], *n.* **1** (*agric.*) letto caldo; concimaia **2** (*metall.*) piano di raffreddamento **3** (*fig.*) covo; focolaio: **a h. of depravation**, un covo di depravazione; **a h. of disease**, un focolaio di malattie.

hotchpotch ['hɔtʃpɔtʃ], **hotchpot** ['hɔtʃpɔt], *n.* **1** (*cucina*) stufato di castrato (*o* di manzo); carne in umido con legumi **2** (*fig.*) guazzabuglio; miscuglio **3** (*leg.*) collazione.

to hot-draw ['hɔt-drɔ:], *v. t.* (*metall.*) trafilare a caldo.

hotel [hou'tel], *n.* albergo. ● **h. business**, attività alberghiera □ **h.-keeper**, albergatore, albergatrice □ **h. thief**, topo d'albergo.

hotelier [hou'teliə*], *n.* albergatore, albergatrice.

hotfoot ['hɔt'fut], *avv.* (*fam.*) in fretta e furia; a precipizio; di gran corsa.

to hotfoot ['hɔt,fut], *v. i.* — *nella locuz. fam.* **to h. it**, affrettarsi; andare di carriera (*o* di corsa).

hothead ['hɔthed], *n.* testa calda (*fig.*).

hothouse ['hɔthaus], *n.* serra. ● **h. flowers**, fiori di serra □ **h. plant**, (*agric.*) pianta di serra; (*fig.*) creatura delicata.

hotly ['hɔtli], *avv.* **1** caldamente; calorosamente; con calore **2** violentemente; impetuosamente **3** (*anche fig.*) rabbiosamente: **to pursue sb. h.**, inseguire rabbiosamente q.

hotness ['hɔtnis], *n.* calore; (*fig.*) ardore, foga, veemenza (*V.* **hot**).

hotspur ['hɔtspə(:)*], *n.* testa calda (*fig.*); persona focosa, impetuosa (*dal nome d'un personaggio dell'* «*Enrico IV*» *di Shakespeare*).

Hottentot ['hɔtntɔt], *n.* (*pl.* **Hottentot, Hottentots**) ottentotto (*anche la lingua e fig.*).

hough [hɔk], *n.* garretto (*di quadrupede*).

to hough [hɔk], *v. t.* tagliare i garretti a (*un animale*); azzoppare.

hound [haund], *n.* **1** cane da caccia (*specialm. alla volpe*); cane da penna; bracco; segugio; levriere: **a pack of hounds**, una muta di cani **2** (*fig.*) cane; individuo spregevole. ● (*bot.*) **h.'s-tongue** (*Cynoglossum officinale*), cinoglossa; erba vellutina □ **to follow the hounds** (*o* **to ride to hounds**), cacciare a cavallo, con una muta di cani □ (*in G.B.*) **Master of (Fox) Hounds**, capocaccia (*nella caccia alla volpe*).

to hound [haund], *v. t.* **1** cacciare con i cani **2** (*fig.*) inseguire; braccare; perseguitare: **Creditors h. him wherever he goes**, i creditori lo perseguitano dovunque vada. ● **to h. down**, acciuffare; prendere; catturare □ **to h. on**, aizzare; (*fig.*) incitare, spronare □ **to h. out**, cacciar via; scacciare.

hour ['auə*], *n.* **1** ora (*anche fig.*); momento: **to hire a car by the h.**, noleggiare un'automobile a ore; **office hours**, ore d'ufficio; **in an evil h.**, in mala ora; in un brutto momento **2** (*pl.*) ore; orario: **Office hours are 8 a.m. to 2 p.m.**, l'orario d'ufficio è dalle 8 alle 14 **3** (*fig.*) giorno; momento: **He's the man of the h.**, è l'uomo del giorno; **one's h. of glory**, il proprio momento di gloria. ● **h. after h.**, per ore e ore □ **h. by h.**, d'ora in ora □ (*astron.*) **h. circle**, circolo orario □ **h.-glass**, clessidra □ **h. hand**, lancetta delle ore □ (*ing.*) **h.-meter**, contaore □ **after hours**, dopo l'orario (*di lavoro, d'ufficio, o di chiusura*) □ **at an early h.**, di buon'ora; presto □ (*fig.*) **at the eleventh h.**, all'ultima ora; all'ultimo momento □ **every h. on the h.**, allo'ora esatta, ogni 60 minuti (*alle 6, alle 7, alle 8, ecc.*); ai minuti 00 di ogni ora □ **a forty-h.** (**working**) **week**, una settimana (*lavorativa*) di quaranta ore □ **half an h.**, mezz'ora □ **in a good h.**, in un momento buono □ **to keep early** (*o* **good**) **hours**, rincasare, andare a letto o svegliarsi; o cominciare, finire, il lavoro presto □ **to keep late** (*o* **bad**) **hours**, rincasare, andare a letto, tardi; far le ore piccole, ecc. (*V. sopra*) □ **to keep regular hours**, fare ogni cosa all'ora giusta; avere le proprie ore □ **one's h.**, la propria ora; l'ora della morte □ **the question of the h.**, il problema del momento; la questione d'attualità □ **the small hours**, le ore piccole □ **visiting hours**, ore di visita (*in un ospedale*); orario d'apertura (*in un museo*) □ **working hours**, orario di lavoro; (*econ.*) ore di lavoro; ore lavorative □ **The h. is 3.47**, sono le 3 e 47 (*esatte, di notte*) □ (*fig.*) **His hours are numbered**, ha le ore contate.

houri ['huəri], *n.* (*pl.* **houri's**) urì; (*fig.*) donna affascinante.

hourly ['auəli], **A** *a.* **1** orario; di ogni ora; ogni ora: (*econ.*) **h. output**, la produzione oraria; **an h. bus service**, un servizio di autobus ogni ora **2** a ore; orario: **h. wages**, salario orario **3** (*fig.*) frequente; continuo. **B** *avv.* **1** ogni ora; d'ora in ora;

house

da un momento all'altro: **I'm expecting news h.**, attendo notizie da un momento all'altro **2** frequentemente; continuamente. ● **h. rate**, paga oraria □ (*di lavoro*) **h.-rated**, retribuito a ore.

house [haus], **A** *n*. **1** casa; abitazione; edificio; dimora; domicilio; casato; famiglia; dinastia; casa commerciale; ditta: **It will take a long time before my new h. looks like a real home**, ci vorrà molto tempo prima che la casa nuova acquisti l'aspetto di una vera casa; **a h. for rent**, una casa d'affitto; **council h.**, casa popolare (*costruita dalle autorità municipali*); **tenement h.**, casa divisa in appartamenti; casamento, casa di tipo popolare; **houses for workmen**, case operaie; **at one's h.**, a casa propria; **a fraternity h.**, la casa di una confraternita; **corner h.**, edificio d'angolo (*spesso sede d'un ristorante*); **an old trading h.**, una vecchia casa commerciale; (*stor.*) **the H. of Tudor**, la Casa di Tudor; **an ancient h.**, un antico casato **2** (*fig.*) (la gente di) casa: **The whole h. was astir**, tutta la gente di casa era sveglia e in piedi **3** (*polit.*) Camera: **the H. of Commons**, la Camera dei Comuni; **the H. of Lords**, la Camera dei Lord; (*USA*) **the H. of Representatives**, la Camera dei Rappresentanti (*dei deputati*); **to enter the H.**, andare (*o* essere eletto) alla Camera **4** teatro; pubblico, spettatori (*a teatro*): **a full h.**, un teatro pieno; un pienone (*fam.*); **a thin h.**, pochi spettatori; **to bring down the h.**, far crollare il teatro per gli applausi; entusiasmare il pubblico **5** rappresentazione (*o* spettacolo) teatrale **6** (*anche* **h. of God**) casa di Dio; chiesa **7** albergo; pensione; locanda, ristorante, trattoria (*anche* **eating-h.**); osteria (*anche* **public h.**); «casa»; locale: **Liquors are on the h.**, i liquori sono offerti dalla casa **8** capannone; recinto: **a carriage h.**, un capannone per i carri; **the monkey h. in a zoo**, il recinto delle scimmie in uno zoo; **hen-h.**, recinto per le galline; pollaio **9** convitto; convittori **10** (*anche* **workhouse**) casa di pena; carcere **11** – (*fin.*) **the H.**, la Borsa Valori. **B** *a. attr.* **1** della casa; casalingo **2** per la casa; da casa: **a h. jacket**, una giacca da casa **3** (*d'animale*) domestico: **a h. cat**, un gatto domestico. **C** *inter.* (*a bingo*) tombola! ● (*nell'università di Oxford*) **the H.**, la «Christ Church» □ **h. agent**, agente immobiliare; mediatore di case □ **one's h. and home** (*espress. enfatica per* **home**), i propri penati (*leg.*) **h. arrest**, arresti domiciliari □ **h.-craft**, economia domestica □ (*nei circoli*) **h. dinner**, pranzo riservato ai soci □ **h.-dog**, cane da guardia □ (*naut.*) **h. flag**, bandiera della casa (*cioè, di una società*) □ **h.-flannel**, stracci per pulire i pavimenti □ (*fam.*) **h.-hunting**, ricerca di una casa: **to go h.-hunting**, cercare casa □ **a h. of cards**, un castello di carte da gioco (*fig.*) un castello in aria (*un tempo*) **h. of ill fame** (*o* **repute**), casa di malaffare □ **the Houses of Parliament**, le Camere, il Parlamento (*a Londra*) □ (*USA*) **h. on wheels**, roulotte □ **h. painter**, imbianchino □ **h. party**, riunione di ospiti in una casa di campagna □ **h. physician**, medico interno (*in un ospedale*) □ **h.-place**, stanza di soggiorno (*in una fattoria*) □ **h.-proud**, amante della casa; che ci tiene ad avere una bella casa □ **h. tax**, imposta sui fabbricati □ **h.-to-h.**, di casa in casa; (*comm.*) a domicilio: **h.-to-h. selling** (*service*), vendita (servizio) a domicilio □ **h.-top**, tetto □ **h.-trained**, (*d'animale domestico*) abituato a vivere in casa; pulito; (*fig.*) addomesticato (*fig.*); reso socievole □ (*naut.*) **chart h.**, sala nautica; casotto di navigazione (*fig.*) **to eat sb. out of h. and home**, mangiare a q. la casa e la camicia □ **to get on like a h. on fire**, fare amicizia in quattro e quatt'otto □ **to keep h.**, tenere casa; badare alla (*o* occuparsi della) casa □ (*lett.*) **to keep the h.**, starsene in casa □ **to keep a good h.**, trattarsi bene; avere ogni ben di Dio □ **to keep open h.**, avere casa aperta; ricevere spesso □ **like a h. on fire**, energico, rapido; veloce: **to go like a h. on fire**, andare a gonfie vele (*fig.*) □ (*polit.*) **to make a h.**, assicurarsi il numero legale; raggiungere un quorum □ **to move h.**, traslocare □ **picture h.**, cinema □ **to proclaim st. from the h.-tops**, sbandierare q.c.; proclamare q.c. ai quattro venti □ (**as**) **safe as houses**, sicuro come una fortezza (*fig.*) □ **to set one's h. in order**, sistemare i propri affari; metter le cose a posto □ (*polit.*) **This H. moves that....**, quest'assemblea propone che....

to house [hauz], **A** *v. t.* **1** dare una casa a; albergare; alloggiare; ospitare: **We'll h. him for the weekend**, lo ospiteremo per il week-end **2** collocare; riporre; sistemare: **to h. old things in the cellar**, riporre le cose vecchie in cantina **3** (*mecc., ecc.*) alloggiare; collocare; incassare **4** (*falegnameria*) incastrare **5** (*naut.*) stivare. **B** *v. i.* **1** trovar ricovero; rifugiarsi **2** abitare; risiedere. ● (*naut.*) **to h. a mast**, calare un albero.

houseboat ['hausbout], *n.* casa galleggiante.

housebound ['hausbaund], *a.* chiuso in casa; costretto a stare a casa.

houseboy ['hausbɔi], *n.* cameriere.

housebreaker ['haus‚breikə*], *n.* **1** scassinatore; ladro **2** demolitore di case vecchie (*cfr. USA* **housewrecker**).

housebreaking ['haus‚breikiŋ], *n.* **1** (*leg.*) violazione di domicilio; furto con scasso **2** demolizione di case vecchie.

housebroken ['haus‚broukən], *a.* (*USA*) **1** (*d'animale domestico*) abituato a vivere in casa; pulito **2** (*fig.*) addomesticato (*fig.*); reso socievole.

housebuilding ['haus‚bildiŋ], *n.* costruzione di case; edilizia: **council h.**, edilizia popolare; **public h.**, edilizia sovvenzionata.

housecleaning ['haus‚kli:niŋ], *n.* **1** pulizie domestiche **2** (*fig.*) «pulizia».

housecoat ['haus-kout], *n.* vestaglia.

housecraft ['haus-kra:ft], *n.* economia domestica (*materia di studio*).

housefather ['haus‚fɑ:ðə*], *n.* **1** pater familias; padre **2** (*specialm.*) direttore (*di casa dello studente, ostello, ecc.*).

housefly ['haus‚flai], *n.* mosca comune (*o* domestica).

houseful ['hausful], *n.* **1** numero massimo di persone che una casa può accogliere **2** casa piena (*di gente*). ● **a h. of children**, una nidiata di bambini.

household ['haushould], *n.* casa; famiglia (*anche nel senso, quasi arc., di servitù*); familiari e domestici: **the Royal H.**, la Casa Reale. ● **h. affairs**, affari domestici □ **h. appliances**, elettrodomestici (*cucine, lavatrici, ecc.*) □ **h. gods**, penati (*anche fig.*) □ **h. goods**, (articoli) casalinghi (*econ.*) **h. saving**, risparmio familiare □ **h. supplies**, V. **h. goods** □ **H. Troops**, truppe al servizio del re □ **h. word**, parola familiare, d'uso comune.

householder ['haus‚houldə*], *n.* **1** padrone di casa; chi vive in una casa propria **2** locatario di casa **3** capofamiglia.

housekeeper ['haus‚ki:pə*], *n.* **1** donna di casa; massaia **2** governante (*che sovrintende alla casa*) **3** (*d'albergo*) guardarobiera.

housekeeping ['haus‚ki:piŋ], *a.* andamento; gestione, governo, della casa; economia domestica. ● **h. money**, denaro per le spese di casa.

houseless ['hauslis], *a.* senza casa; senza tetto.

house lights ['hauslaits], *n. pl.* (*teatr.*) luci di sala.

housemaid ['haus-meid], *n.* domestica; donna di servizio; cameriera; colf (*abbr. di:* collaboratrice familiare). ● **h.'s knee**, ginocchio della lavandaia (*infiammazione del ginocchio*).

houseman ['hausmən], *n.* (*pl.* **housemen**) (*med.*) (medico) interno.

housemaster ['haus‚mɑ:stə*], *n.* direttore di convitto.

housemistress ['haus‚mistris], *n.* direttrice di convitto.

housemother ['haus‚mʌðə*], *n.* **1** mater familias; madre **2** (*specialm.*) direttrice (*di casa dello studente, ostello, ecc.*).

housephone ['haus-foun], *n.* (*tel.*) telefono interno.

houseroom ['haus‚rum], *n.* alloggio; posto (*o* spazio) in casa. ● **I wouldn't give that old bed h. for anything**, non mi metterei in casa quel vecchio letto nemmeno se me lo regalassero.

to house-sit ['haus-'sit], *v. i.* (*pass.* e *p.p.* **house-sat**) (*USA*) badare alla casa (*in assenza dei padroni*).

housewarming ['haus‚wɔ:miŋ], *n.* festa d'inaugurazione di una nuova residenza (*offerta dal padrone di casa*).

housewife, *def.* **1** ['haus-waif], *def.* **2** ['hʌzif], *n.* (*pl.* **housewives**) **1** casalinga; donna di casa; massaia: **She's a good h.**, è una brava massaia **2** astuccio da lavoro (*con aghi, filo, forbici, ecc.*).

housewifely ['haus‚waifli], *a.* di (*o* da) massaia; casalingo; domestico.

housewifery ['haus‚wifəri], *n.* governo della casa; amministrazione domestica.

housework ['haus-wə:k], *n.* faccende domestiche; lavori domestici.

housewrecker ['haus‚rekə*], *n.* (*USA*) demolitore di case vecchie.

housing (1) ['hauziŋ], *n.* **1** l'accogliere (*o* l'essere accolto) in casa **2** edilizia: **council h.**, edilizia popolare (*in G.B.*) **3** alloggio; casa; sistemazione in alloggi: **the h. problem**, il problema della casa **4** ricovero; rifugio; riparo **5** (*mecc.*) alloggiamento; custodia; sede; incastellatura **6** (*autom.*) scatola (*dello sterzo*) **7** (*naut.*) parte sottocoperta **8** (*falegnameria*) incastro. ● **h. association**, cooperativa edilizia □ (*econ.*) **the h. boom**, il boom edilizio □ (*archit.*) **h. estate**, complesso urbano □ **h. improvement grants**, contributi (*statali*) per la ristrutturazione di case (*in G.B.*) □ (*econ.*) **the h. shortage** (*o* **squeeze**), la crisi degli alloggi.

housing (2) ['hauziŋ], *n.* **1** gualdrappa **2** (*pl.*) finimenti.

hove [houv], *pass.* e *p. p.* di **heave**.

hovel ['hɔvəl], *n.* **1** bicocca; casupola; tugurio **2** capannone; tettoia.

to hover ['hɔvə*], *v. i.* **1** librarsi; librarsi a volo; volteggiare (*anche* **to h. about, over**) **2** – **to h. about**, aggirarsi; gironzolare (*intorno*); attardarsi; indugiare **3** (*fig.*) essere sospeso: **to h. between life and death**, esser sospeso fra la vita e la morte **4** (*aeron.* e *zool.: di elicottero, falco, ecc.*) volare a punto fisso.

hover ['hɔvə*], *n.* **1** il librarsi **2** il gironzolare **3** (*aeron.* e *zool.*) (*anche fig.*) **2** il gironzolare **3** (*aeron.* e *zool.*) volo a punto fisso; volo stazionario.

hoverbarge ['hɔvə‚bɑ:dʒ], *n.* (*naut.*) barcone a cuscino d'aria.

hovercraft [ˈhɔvəˌkraːft], *n.* (*naut.*) hovercraft; veicolo a cuscino d'aria; aeronave.
hoverferry [ˈhɔvəˌferi], *n.* (*naut.*) traghetto a cuscino d'aria.
hovering [ˈhɔvəriŋ], **A.** *a.* **1** che si libra (*sulle ali, ecc.*) **2** (*fig.*) che è sospeso (*fra due cose, ecc.*). **B** *n.*, *V.* **hover**.
hoverport [ˈhɔvəˌpɔːt], *n.* (*naut.*) porto di hovercraft.
hovertrain [ˈhɔvəˌtrein], *n.* (*ferr.*) treno a cuscino d'aria.
how [hau], **A** *avv.* come; in qual modo; in che modo; quanto: **How shall I do it?**, come devo farlo?; **Tell him how to do it**, digli in che modo si fa; **How did you get there?**, come hai fatto ad arrivarci?; **How is it that you don't know?**, com'è che non lo sai?; **How long is it?**, quant'è lungo?; **How long ago?**, quanto tempo fa?; **How lovely!**, com'è bello!; **How far it is!**, com'è lontano! **B** *cong.* **1** come; in qualsiasi modo: **He can behave how he likes**, può comportarsi come vuole **2** (*lett.*) che. **C** *n.* (il) come; maniera; modo: **Tell me the how and why**, ditemi il come e il perché (*fam.*: il perché e il percome). ● (*pop. USA*) **and how!**, altroché; eccome □ (*fam.*) **a how-d'ye-do**, una situazione imbarazzante; un pasticcio; un guaio □ **How about going out at once?**, che ne diresti d'uscire subito? □ **I'm thirsty, how about you?**, io ho sete, e tu? □ **How about a glass of beer?**, che ne dici di un bicchiere di birra? □ (*fam.*) **How come?**, come mai?; come si spiega? □ **How do you do?** (formula di saluto o presentazione), piacere! □ **How are you?**, come stai?; come sta (Lei)?; (*anche*) salve!, ciao! □ **How are you feeling?**, come va la salute?; come stai (di salute)? □ **How do you like it?**, ti piace?; (*anche*) che cosa ne dici? □ (*fam.*) **How do you mean?**, che cosa vuoi dire? □ (*fam.*) **How ever...?**, come mai...?; come...?: **How ever did you manage to come?**, come (mai) sei riuscito a venire? □ **How far is it to London?**, quanto c'è di qui a Londra? □ (*fam.*) **How the goodness** (*o* **How the devil**, **How on earth**)...?, come mai...?; come diavolo...? □ **How is that for queer?** (**for rich?**, *etc.*), strano, no? (ricco, no?, *ecc.*) □ **how much**, quanto: **How much sugar have you got?**, quanto zucchero hai? □ **How now?**, che vuoi dire?; che cosa significa ciò?; e allora? □ **How often do you shave?**, quante volte ti fai la barba? □ **How so?**, come può essere?; come mai?; spiegati meglio! □ **How's that?**, come mai?; come te lo spieghi?; (*anche*) come?; vuoi ripetere? □ (*in un brindisi*) **Here's how!**, alla salute!
howbeit [ˈhauˈbiːit], **A** *avv.* (*arc.*) comunque sia; ad ogni modo. **B** *cong.* ciononostante; ciononditneno; tuttavia.
howdah [ˈhaudə], *n.* palanchino (*sul dorso d'un elefante*).
howdy [ˈhaudi], *inter.* (*fam. USA*) salve!; come va?
however [hauˈevə*], **A** *avv.* **1** comunque; in qualunque modo; per quanto: **h. that may be**, comunque stiano le cose; **h. hard you may try**, per quanto tu possa sforzarti; **h. rich you may be**, per quanto ricco tu sia **2** (*fam., interr.*) come: **H. did you make such a mess?**, come hai fatto a combinare questo pasticcio? **B** *cong.* **1** come; in qualsiasi modo: **He can behave h. he likes**, può comportarsi come vuole **2** comunque; nondimeno; però; pure; tuttavia: **I don't know; h., we shall see**, non lo so; comunque, si vedrà; **On second thought, h., I accepted his offer**, ripensandoci, tuttavia, accettai la sua offerta.
howitzer [ˈhauitsə*], *n.* (*mil.*) obice.
to howl [haul], **A** *v. i.* **1** ululare; urlare lamentosamente; lamentarsi; gemere; mugolare; mugghiare: **The wolves were howling**, i lupi ululavano; **The storm howled through the sails**, la tempesta mugghiava fra le vele; **He howled with pain**, si lamentava (*o* gemeva) per il dolore **2** urlare; gridare; schiamazzare. **B** *v. t.* (q.c.) urlando; gridare; strillare: **to h. the latest news**, strillare le ultimissime. ● **to h. defiance**, lanciare una sfida a gran voce □ **to h. down a speaker**, far tacere un oratore a forza di urla □ (*fam.*) **to h. with laughter**, ridere a tutto spiano; sbellicarsi dalle risa.
howl [haul], *n.* **1** ululato; ululo; urlo lamentoso; lamento; gemito; mugolio: **the howls of a dog**, gli ululati d'un cane **2** grido; urlo; schiamazzo: **a h. of pain**, un urlo di dolore; **howls of derision**, grida di derisione **3** (*fam.*) spasso; ridicolaggine: **She's a h. in that dress**, è uno spasso con quel vestito.
howler [ˈhaulə*], *n.* **1** urlatore, urlatrice **2** (*zool., Alouatta*) aluatta; scimmia urlatrice **3** (*fam.*) errore madornale; strafalcione; sfondone; sproposito **4** (*fam.*) bugia grossa come una casa **5** (*tel., elettron.*) avvisatore. ● (*pop.*) **to come a h.**, passare dei guai.
howlet [ˈhaulit], *n.* (*dial.*) gufo.
howling [ˈhauliŋ], *a.* **1** urlante; ululatore, ululatrice: **h. monkey**, scimmia urlatrice **2** (*Bibbia*) terribile; tremendo; spaventoso: **h. wilderness**, deserto (*o* solitudine) terribile **3** (*fam.*) enorme; grande; strepitoso: **a h. success**, un successo strepitoso.
howsoever [ˌhausouˈevə*], *avv.* (*lett.*) comunque; in qualunque modo.
hoy (1) [hɔi], *n.* (*naut.*) **1** (*un tempo*) maona; specie di «sloop» **2** barcone; chiatta.

hoy (2) [hɔi], *inter.* ohi!; ehilà!; olà!
hoyden [ˈhɔidn], *n.* ragazza chiassosa, sguaiata; «maschiaccio».
hoydenish [ˈhɔidniʃ], *a.* chiassoso; sguaiato.
hub [hʌb], *n.* **1** (*mecc.*) mozzo (*di ruota, elica, ecc.*): **free-wheel hub**, mozzo a ruota libera **2** (*mecc.*) rocchetto (*di serratura di sicurezza*) **3** bocchettone (*di tubazioni*) **4** (*fig.*) fulcro; perno; centro: **the hub of the solar system**, il fulcro del sistema solare; **the hub of a railway network**, il centro di una rete ferroviaria. ● (*autom.*) **hub-cap**, coprimozzo; coppa per ruota.
hubble-bubble [ˈhʌblˌbʌbl], *n.* **1** narghilè; pipa turca **2** gorgoglio **3** chiasso; baccano; vocio.
hubbub [ˈhʌbʌb], *n.* **1** chiasso; baccano; frastuono; schiamazzo; strepito **2** baraonda; confusione; parapiglia; rimescolamento.
hubby [ˈhʌbi], *n.* (*fam.*) marito; maritino.
hubcap [ˈhʌbkæp], *n. V.* **hub-cap**, *sotto* **hub**.
Hubert [ˈhjuːbə(ː)t], *n.* Uberto.
hubris [ˈhjuːbris] (*greco*), *n.* alterigia; superbia; tracotanza.
huckaback [ˈhʌkəbæk], *n.* tela operata (*per asciugamani, ecc.*).
huckle [ˈhʌkl], *n.* (*anat., raro*) anca; fianco. ● **h.-backed**, gobbo □ **h.-bone**, osso dell'anca.
huckleberry [ˈhʌklberi], *n.* (*bot.*) **1** (*Vaccinium myrtillus*) mirtillo **2** (*USA, Gaylussacia baccata*) mirtillo americano.
huckster [ˈhʌkstə*], *n.* **1** venditore ambulante; rivendugliolo **2** (*fam.*) propagandista (*di merci, ecc.*) **3** (*fig.*) individuo venale **4** (*USA; radio, telev.*) pubblicitario.
to huckster [ˈhʌkstə*], *v. t.* e *i.* **1** commerciare (*o* vendere) al minuto **2** mercanteggiare; tirare sul prezzo (*di q.c.*).
hucksterer [ˈhʌkstərə*], *V.* **huckster**.
hucksteress [ˈhʌkstəris], *n.* venditrice ambulante.
huckstery [ˈkʌkstəri], *n.* commercio ambulante, al minuto.
to huddle [ˈhʌdl], **A** *v. i.* **1** accalcarsi; affollarsi; stringersi insieme: **Animals h. together for warmth**, le bestie si stringono insieme per star calde **2** (*sport e fam.*) tenere una consultazione (*V.* **huddle**, *def. 3*). **B** *v. t.* **1** ammonticchiare; ammucchiare **2** calcare; pigiare; stipare: **I huddled the children into the car**, pigiai i ragazzi dentro l'automobile. ● **to h. on one's clothes**, infagottarsi negli abiti □ **to h. over** (*o* **through**), affrettarsi; precipitarsi □ **to h. together**, stringersi l'uno all'altro (*o* insieme) □ **to h. st. together**, raffazzonare q.c. □ **to h. up**, raggomitolarsi; rannicchiarsi □ **to h. up a job**, impasticciare (*o* abborracciare) un lavoro.
huddle [ˈhʌdl], *n.* **1** mucchio; calca; folla **2** confusione; trambusto **3** (*sport e fam.*) consultazione (*dei giocatori riuniti, dei giudici di una competizione, ecc.*) **4** (*fam. USA*) riunione. ● (*fam.*) **to go into a h.**, riunirsi per consultazione (*per es., di giocatori*).
hue [hjuː], *n.* **1** colore; tinta; sfumatura; tonalità (*di colore*) **2** (*di persona*) colorito **3** (*fig.*) colore; apparenza.
hue and cry [ˈhjuːənˈkrai], *n.* **1** (*stor.*) clamore, grida, frastuono di chi insegue un criminale, ecc.; «dalli, dalli!» **2** (*stor.*) proclama per la cattura d'un criminale **3** (*fig.*) caccia spietata **4** (*fig.*) accesa protesta; violenta opposizione. ● (*fig.*) **to raise a hue and cry against sb.**, sollevare l'indignazione popolare contro q.; fare una campagna (*politica*) contro q.
hued [hjuːd], *a.* (*poet., nei composti*) di colore...; dalla tonalità...: **dark-h.**, di colore scuro; **rosy-h.**, di colore roseo; **light-h.**, dalla tonalità chiara.
to huff [hʌf], **A** *v. t.* **1** fare il prepotente con; intimidire; offendere; maltrattare **2** (*nel gioco della dama*) buffare, soffiare (*un pezzo*). **B** *v. i.* offendersi; risentirsi; aversene a male. ● **to h. sb. into doing st.**, costringere con la prepotenza q. a fare q.c.
huff [hʌf], *n.* **1** risentimento; ira; sdegno; stizza **2** (*nel gioco della dama*) il buffare (*o* il soffiare) un pezzo. ● **to get** (*o* **to go**) **into a h.** (*o* **to take h.**), offendersi; adirarsi; stizzirsi □ **to be in a h.**, essere stizzito (*o* imbronciato).
huffiness [ˈhʌfinis], *n.* irascibilità; permalosità.
huffish [ˈhʌfiʃ], *a.* irascibile; permaloso.
huffishness [ˈhʌfiʃnis], *V.* **huffiness**.
huffy [ˈhʌfi], *a.* **1** irascibile; permaloso **2** adirato; offeso; stizzito.
to hug [hʌg], *v. t.* **1** abbracciare; stringere fra le braccia **2** (*di un orso e sim.*) abbrancare: **The bear hugged the hunter**, l'orso abbrancò il cacciatore **3** (*fig.*) essere attaccato a; rimanere fedele a: **to hug one's prejudices**, essere attaccato ai propri pregiudizi **4** tenersi molto vicino a; rasentare; costeggiare: **to hug the shore**, navigare molto vicini alla costa; tenersi sottocosta; **The path hugs the lake**, il sentiero costeggia il lago **5** stringere; serrare: **The car hugged the curve**, l'automobile strinse la curva (*o* prese la curva stretta); (*naut.*) **to hug the wind**, stringere il vento. ● **to hug oneself on** (*o* **over, for**) st., compiacersi di q.c.; congratularsi (*con se stesso*) di q.c.
hug [hʌg], *n.* **1** abbraccio; amplesso **2** stretta. ● **to give sb. a hug**, abbracciare q.
huge [hjuːdʒ], *a.* enorme; grandissimo; immenso; smisurato;

hugeness

vasto: **a h. animal**, un animale enorme; **a man of h. strength**, un uomo di forza smisurata; **a h. success**, un successo enorme.
hugeness ['hju:dʒnis], *n.* enormità; immensità; smisuratezza.
hugger-mugger ['hʌgə,mʌgə*], **A** *a.* **1** confusione; disordine; pasticcio **2** segretezza. **B** *a.* **1** confuso; disordinato; impasticciato **2** segreto. **C** *avv.* **1** confusamente; negligentemente **2** segretamente; in segreto; di nascosto.
Hugh [hju:], *n.* Ugo.
Huguenot ['hju:gənɔt], *n. (stor.)* ugonotto.
huh [hə], *inter. (d'incredulità, sorpresa, ecc.)* uh!; uhm!
hula ['hu(:)lə], **hula-hula** ['hu(:)lə'hu(:)lə], *n.* «hula-hula» (*danza hawaiana*). ● **hula skirt**, gonna di erba (*portata dalle danzatrici della «hula-hula»*).
Hula Hoop ['hu(:)lə 'hu:p], *n. (marchio)* hula-hoop.
hulk [hʌlk], *n.* **1** *(naut.)* carcassa; scafo (*smantellato*); pontone **2** *(di solito al pl.)* galera (*ricavata da una nave in disarmo*): **to be condemned to the hulks**, esser condannato alla galera **3** *(fig.)* uomo grosso e goffo; omaccione.
hulking ['hʌlkiŋ], *a.* **1** *(di persona)* grosso e goffo; corpulento e impacciato **2** *(di oggetto)* ingombrante; enorme.
hull (1) [hʌl], *n.* **1** *(bot.)* buccia; guscio; baccello; mallo (*di noci*) **2** *(bot.)* loppa; pula (*di cereale*) **3** *(fig.)* copertura; coperchio.
to hull (1) [hʌl], *v. t.* sgusciare; togliere il baccello (o il mallo) a: **to h. peas**, sguciare piselli. ● *(agric.)* **hulling machine**, sgusciatrice.
hull (2) [hʌl], *n.* **1** *(naut.)* scafo; carena **2** *(mil.: di carro armato)* scafo **3** *(mil.)* fusoliera (*di missile e sim.*). ● *(comm., naut.)* **h. insurance**, assicurazione sullo scafo.
to hull (2) [hʌl], *v. t. (naut.)* colpire (*una nave*) in pieno (*con una cannonata o sim.*).
hullabaloo [,hʌləbə'lu:], *n. (pl.* **hullabaloos**) clamore; chiasso; baccano; schiamazzo.
to hullo, to hulloa ['hʌ'lou], *V.* **to hallo**.
hully(-)gully ['hʌli'gʌli], *n. (mus.)* hully-gully (*ballo*).
to hum [hʌm], **A** *v. i.* **1** ronzare: **Myriads of insects were humming**, miriadi d'insetti ronzavano **2** cantarellare; canticchiare (*a bocca chiusa*): **Ann is always humming to herself**, Anna canticchia sempre tra sé **3** *(di solito* **to hum and haw**) fare «ehm»; esitare nel parlare; titubare; nicchiare **4** *(fam.)* essere indaffarato; darsi da fare **5** *(pop.)* puzzare. **B** *v. t.* borbottare; emettere (*un suono*) a bocca chiusa **2** cantarellare; canticchiare (*una canzone*). ● **to hum a child to sleep**, far addormentare un bambino canticchiandogli una canzoncina ▫ *(fam.)* **to hum with activity**, fervere di attività ▫ **to make things hum**, far procedere le cose alla svelta; dare impulso a q.c. ▫ **The room hummed with voices**, nella stanza c'era un confuso brusio di voci.
hum (1) [hʌm], *n.* **1** ronzio; borbottio; rumore sordo e continuo: **the hum of insects**, il ronzio degli insetti; **the subdued hum of machinery**, il rumore sommesso dei macchinari **2** *(pl., di solito* **hums and ha's**) grida di sorpresa; borbottii d'approvazione **3** *(pop.)* cattivo odore; puzzo. ● *(telev.)* **hum bar**, barra orizzontale *(difetto)*.
hum (2) [hʌm], *inter. (d'esitazione, dissenso, ecc.)* ehm!; uhm!
hum (3) [hʌm], *n. (abbr. di* **humbug**) imbroglio; inganno.
human ['hju:mən], **A** *a.* umano: **a h. nature**, la natura umana; **the h. race**, la razza umana; **a h. creature** (*o* **being**), una creatura umana; **He is more than h.**, è più che umano (*o* benevolo, comprensivo). **B** *n.* creatura umana. ● *(ind., psic.)* **h. relations**, relazioni umane ▫ *(prov.)* **To err is h.**, **to forgive, divine**, errare è umano, perdonare divino.
humane [hju(:)'mein], *a.* **1** benigno; comprensivo; cortese; compassionevole; mite; umano: **a h. boss**, un padrone comprensivo **2** umanitario: **h. spirits**, spirito umanitario **3** umanistico: **h. learning**, cultura umanistica; **h. studies**, studi umanistici. ● **h. killer**, strumento per uccidere (*buoi, ecc.*) senza dolore.
humaneness [hju(:)'meinnis], *n.* benignità; cortesia; comprensione; mitezza; umanità.
humanism ['hju:mənizəm], *n.* **1** *(letter.)* umanesimo; umanismo (*raro*) **2** *(filos.)* umanitarismo **3** studi umanistici **4** studio della natura umana **5** *V.* **humaness**.
humanist ['hju:mənist], *n.* **1** umanista; studioso dei classici **2** *(filos.)* umanitario **3** studioso della natura umana **4** filantropo.
humanistic [,hju:mə'nistik], *a.* **1** *(letter.)* umanistico **2** umanitario.
humanitarian [hju(:),mæni'tɛəriən], **A** *n.* persona umanitaria; filantropo. **B** *a.* umanitario; filantropico.
humanitarianism [hju(:),mæni'tɛərianizəm], *n.* umanitarismo; filantropia.
humanity [hju(:)'mæniti], *n.* **1** umanità: **a crime against h.**, un delitto contro l'umanità; **an act of h.**, un atto di umanità **2** *(pl.)* studio dei classici; studi umanistici **3** *(nelle università scozz.)* studio del latino; latino: **professor of H.**, professore di latino.
humanization [,hju:mənai'zeiʃən], *n.* umanizzazione; incivilimento.
to humanize ['hju:mənaiz], **A** *v. t.* umanizzare; rendere umano; incivilire. **B** *v. i.* umanizzarsi; farsi umano; incivilirsi. ● **humanized milk**, latte umanizzato.
humankind ['hju:mən'kaind], *n. (lett.)* genere umano; umanità.
Humbert ['hʌmbə(:)t], *n.* Umberto.
humble ['hʌmbl], *a.* umile; modesto; dimesso: **in a h. attitude**, in umile atteggiamento; **h. birth**, umili natali. ● *(fig.)* **to eat h. pie**, umiliarsi; andare a Canossa ▫ **my h. self**, la mia modesta persona ▫ (*un tempo, in fine di lettera*) **Your h. servant**, Vostro servo umilissimo.
to humble ['hʌmbl], **A** *v. t.* umiliare; mortificare; avvilire. **to humble oneself B** *v. rifl.* umiliarsi.
humblebee ['hʌmblbi:], *n. (zool., Bombus)* bombo.
humbleness ['hʌmblnis], *n.* umiltà.
humbling ['hʌmbliŋ], *a.* umiliante.
humbly ['hʌmbli], *avv.* umilmente; con umiltà. ● **h. born**, di umili natali.
humbug ['hʌmbʌg], **A** *n.* **1** imbroglio; inganno; raggiro; impostura; truffa **2** imbroglione; impostore; truffatore; gabbamondo; ciarlatano **3** fandonia; frottola **4** caramella alla menta. **B** *inter.* fandonie!; sciocchezze!
to humbug ['hʌmbʌg], **A** *v. t.* imbrogliare; ingannare; raggirare; truffare; corbellare (*pop.*). **B** *v. i.* essere un imbroglione; fare l'impostore. ● **to h. sb. into doing st.**, far fare q.c. a q. con l'inganno ▫ **to h. sb. out of his rights**, frodare q. di ciò che gli è dovuto (*o dei suoi diritti*).
humbuggery ['hʌm,bʌgəri], *n.* imbroglio; inganno; impostura.
humdinger ['hʌm,diŋə*], *n. (fam. USA)* **1** tipo in gamba; drago *(fig.)* **2** cosa eccellente; cannonata *(fam.)*.
humdrum ['hʌmdrʌm], **A** *a.* monotono; noioso; banale; trito: **a h. life**, una vita monotona; **a h. job**, un lavoro noioso. **B** *n.* **1** individuo noioso **2** cosa banale; banalità; monotonia.
humdrumness ['hʌm,drʌmnis], *n.* monotonia; banalità; (il) solito tran tran.
humectant [hju(:)'mektənt], *n. (chim.)* umettante.
humeral ['hju(:)mərəl], *a. (anat.)* omerale.
humerus ['hju:mərəs], *n. (pl.* **humeri**) *(anat.)* omero.
humid ['hju:mid], *a.* umido.
humidification [hju(:),midifi'keiʃən], *n.* umidificazione.
humidifier [hju(:)'midifaiə*], *n.* umidificatore.
to humidify [hju(:)'midifai], *v. t.* umidificare.
humidity [hju(:)'miditi], *n.* umidità: **relative h.**, umidità relativa.
humidor ['hju(:)midɔ:*], *n.* scatola per sigari, portasigari (*che li mantiene umidi*).
to humiliate [hju(:)'milieit], *v. t.* umiliare; mortificare; avvilire.
humiliating [hju(:)'milieitiŋ], *a.* umiliante.
humiliation [hju(:),mili'eiʃən], *n.* umiliazione.
humility [hju(:)'militi], *n.* umiltà.
humming (1) ['hʌmiŋ], *n.* ronzio; mormorio.
humming (2) ['hʌmiŋ], *a.* **1** che ronza; ronzante **2** *(fam.)* attivo; energico; indaffarato **3** *(fam.)* forte; violento: **a h. knock on the head**, un forte colpo sulla testa. ● *(zool.)* **h.-bird** (*Phaethronis, Campylopterius, ecc.*), colibrì ▫ **h. top**, trottola armonica.
hummock ['hʌmək], *n.* **1** collina; collinetta; greppo (*lett.*); poggio **2** cresta, gibbosità (*in un banco di ghiaccio*) **3** duna.
humor, to humor ['hju:mə*], *(USA) V.* **humour**, **to humour**.
humoral ['hju:mərəl], *a. (biol.)* umorale; degli umori del corpo.
humoralism ['hju:mərəlizəm], *n. (med. antica)* umorismo.
humoralist ['hju:mərəlist], *n. (med. antica)* umorista.
humoralistic [,hju:mərə'listik], *a. (med. antica)* umoristico.
humorist ['hju:mərist], *n.* **1** umorista; scrittore umoristico **2** *(per estens.)* persona faceta, spiritosa.
humoristic [,hju:mə'ristik], *a.* umoristico; faceto; spiritoso.
humorous ['hju:mərəs], *a.* **1** umoristico; faceto; buffo e divertente: **a h. passage**, un brano umoristico; **h. question**, una domanda faceta **2** che ha humour; che ha senso dell'umorismo.
humorousness ['hju:mərəsnis], *n.* **1** comicità; l'essere umoristico, faceto **2** l'avere humour; l'avere il senso dell'umorismo.
humour ['hju:mə*], *n.* umore (*in ogni senso*); disposizione; stato d'animo; umorismo, comicità; vena (*specialm. comica*); fantasia briosa, brio; capriccio, ghiribizzo: **This poem is full of h.**, questa poesia è piena d'umorismo; **to have no sense of h.**, non avere il senso dell'umorismo; **to be in a good (bad) h.**, essere di buono (cattivo) umore; **when the h. takes him**, quando ne ha voglia; quando gli viene il capriccio. ● *(med. antica)* **cardinal humours**, umori fondamentali ▫ **to be out of h.**, essere di cattivo umore ▫ *(anat.)* **vitreous h.**, umor vitreo (*dell'occhio*).
to humour ['hju:mə*], *v. t.* **1** adattarsi agli umori di (q.); compiacere a (q.); soddisfare; assecondare; darla vinta a (q.): **They had to h. the lunatic**, dovettero assecondare il pazzo **2** trattare (q.) con grande tatto.
humoured ['hju:məd], *a. (nei composti, per es. in:)* **good-h.**, di

buon umore; di carattere buono; bonario.
humourless ['hju:məlis], *a.* privo d'umorismo; senza brio.
humoursome ['hju:məsəm], *a.* capriccioso; ghiribizzoso (*raro*); impertinente; petulante.
humoursomeness ['hju:məsəmnis], *n.* capricciosità; petulanza.
hump [hʌmp], *n.* **1** gobba; gibbosità; protuberanza **2** collina; collinetta; montagnola **3** (*pop.*) malinconia; malumore: **That gives me the h.**, ciò mi mette di malumore. ● (*fig.*) **to be over the h.**, avere superato lo scoglio.
to hump [hʌmp], A *v. t.* **1** curvare; inarcare (*la schiena, ecc.*) **2** (*fam.*) portare a cavalluccio (*o* sulle spalle) **3** (*pop.*) immalinconire; rattristare **4** (*volg.*) sbattere (*una ragazza, ecc.; volg.*). B *v. i.* curvarsi; inarcarsi.
humpback ['hʌmpbæk], *n.* **1** gobba; gibbosità: **to have a h.**, avere la gobba; essere gobbo **2** gobbo, gobba.
humpbacked ['hʌmpbækt], *a.* gobbo; gibboso. ● (*costr.*) **h. bridge**, ponte a schiena d'asino.
humped [hʌmpt], *a.* **1** gobbo; gibboso **2** (*pop.*) immalinconito; rattristato; depresso.
humph [hʌmf], *inter.* (*di dubbio, insoddisfazione, incredulità, ecc.*) puh!; uff!
humpty-dumpty ['hʌmpti'dʌmpti], *n.* **1** (*fam.*) individuo piccolo e tozzo; tappo, tappetto (*fam.*) **2** – **H.D.**, l'Uovo (*protagonista di una canzoncina popolare*).
humpy (1) ['hʌmpi], *a.* **1** gobbo; gibboso **2** simile a una gobba.
humpy (2) ['hʌmpi], *n.* (*australiano*) capanna.
humus ['hju:məs], *n.* (*agric.*) humus.
Hun [hʌn], *n.* **1** (*stor.*) Unno **2** (*fig.*) barbaro; vandalo **3** (*spreg.*) tedesco; crucco (*spreg.*) **4** (*spreg.*) soldato (*o* paracadutista) inglese (*in Irlanda del Nord*).
to hunch [hʌntʃ], *v. t.* curvare; arcuare; inarcare: **Don't h. your back like that**, non curvare la schiena a questo modo!
hunch [hʌntʃ], *n.* **1** gobba; gibbosità **2** pezzo; tozzo: **a h. of bread**, un tozzo di pane **3** (*fam.*) presagio; presentimento; sensazione; sospetto: **I have a h. that they are pulling my leg**, ho la sensazione che si stiano prendendo gioco di me. ● (*fam.*) **to play one's h.**, agire in base a una (vaga) sensazione; cercare di prenderci (*fig., fam.*).
hunchback ['hʌntʃbæk], *n.* **1** gobba; gibbosità **2** gobbo, gobba.
hunchbacked ['hʌntʃbækt], *a.* gobbo; gibboso.
hunchy ['hʌntʃi], *a.* **1** gobbo; gibboso **2** simile a una gobba.
hundred ['hʌndrəd], *n. e a.* (*pl.* **hundreds, hundred**) cento; centinaio: **a** (*o* **one**) **h. men**, cento uomini; **a h. and twelve**, centododici; **a few h. soldiers**, alcune centinaia di soldati; **hundreds of men**, centinaia di uomini; **a h. per cent efficient**, efficiente al cento per cento. ● **the h.-and-first**, il centunesimo; il centesimo primo □ (*fig.*) **a h. and one proposals**, mille proposte □ **a h. pounds**, cento sterline □ (*cucina*) **hundreds and thousands**, peperini; confetti minutissimi (*per decorare dolci*) □ (*sport*) **the 100-metre dash**, i cento (metri) piani □ **great** (*o* **long**) **h.**, sei ventine; centoventi □ (*fam.*) **to have a h. and one things to do**, avere mille cose da fare □ **in hundreds**, a centinaia □ (*scherz.*) **not a h. miles from here**, a due passi; qui vicino □ **two** (**three, four, etc.**) **h.**, duecento (trecento, quattrocento, ecc.).
hundredfold ['hʌndrədfould], A *n. e a.* centuplo. B *avv.* cento volte (tanto). ● **I repaid him a h.**, l'ho ripagato a cento doppi.
hundredth ['hʌndrədθ], *a. e n.* centesimo; centesima (parte).
hundredweight ['hʌndrədweit], *n.* (*pl.* **hundredweight, hundredweights**) «hundredweight» (*abbr.* **cwt.**; *misura di peso, pari a 112 libbre* – 50,80 kg – *in Inghilterra*; a 110 libbre – 45,36 kg – *in USA*). ● **long h.**, «hundredweight» inglese (50,80 kg) □ **short h.**, «hundredweight» americano (45,36 kg).
hung [hʌŋ], *pass. e p. p.* di **hang**. ● (*leg.*) **h. jury**, giuria che, a causa del dissenso di uno o più membri, non riesce a raggiungere un verdetto □ (*fam.*) **to be h. on st.**, avere una fissazione per q.c.; avere il pallino di q.c. □ (*fam.*) **to be h. over**, essere ancora sotto l'effetto dell'alcol; smaltire la sbornia □ (*polit.*) **h. Parliament**, parlamento in cui nessun partito ha la maggioranza assoluta (*in G.B.*) □ (*fam.*) **h.-up**, ansioso, in difficoltà, pieno di problemi; infatuato, (tutto) preso (*fig.*); ossessionato: **to be h.-up on sb.**, essere infatuato di q.
Hungarian [hʌŋ'gɛəriən], *a. e n.* ungherese (*anche la lingua*).
Hungary ['hʌŋgəri], *n.* (*geogr.*) Ungheria.
hunger ['hʌŋgə*], *n.* fame; appetito; (*fig.*) brama, ardente desiderio: **to suffer** (**to feel**) **h.**, soffrire (la sentire il morso della) fame; **to die of h.**, morire di fame; **to satisfy one's h.**, saziare la fame; **a h. for knowledge**, un ardente desiderio di sapere. ● **h. march**, marcia della fame □ **h.-marcher**, dimostrante che partecipa alla marcia della fame □ **h. strike**, sciopero della fame □ **h.-striker**, chi fa lo sciopero della fame □ (*prov.*) **H. is the best sauce**, il miglior condimento è l'appetito.

to hunger ['hʌŋgə*], A *v. i.* **1** aver fame; esser affamato; patire la fame **2** (*fig.*) agognare; bramare; avere un grande desiderio di: **to h. for friends** (**kindness, etc.**), avere un grande desiderio di amicizia (di gentilezza, ecc.). B *v. t.* affamare. ● **to h. sb. into st.**, costringere q. a fare q.c. per fame (*o* affamandolo).
hungriness ['hʌŋgrinis], *n.* fame.
hungry ['hʌŋgri], *a.* **1** affamato; famelico: **h. wolves**, lupi famelici; **The tramp stood in front of the shop window with a h. look**, il vagabondo stava davanti alla vetrina con un'aria affamata **2** (*fig.*) bramoso; desideroso: **Mary was h. for love**, Maria era desiderosa (*o* aveva bisogno) d'amore **3** che fa venir fame; che stimola l'appetito: **This is a h. job**, questo è un lavoro che fa venir fame; **h. air**, un'aria che stimola l'appetito **4** (*di terreno*) povero; sterile. ● (*stor.*) **the H. Forties**, gli anni della fame (*in Inghilterra, dal 1840 al 1849*) □ **to be** (*o* **to feel**) **h.**, aver fame □ **to be h. as a hunter**, avere una fame da lupo □ **to go h.**, fare (*o* patire) la fame.
hunk [hʌŋk], *n.* (*fam.*) **1** pezzo; tozzo: **a h. of meat**, un pezzo di carne; **a h. of bread**, un tozzo di pane **2** (*USA*) pezzo d'uomo; fusto (*fam.*).
hunkers ['hʌŋkəz], *n. pl.* (*fam.*) natiche; sedere. ● **on one's h.**, accosciato; accovacciato.
hunks [hʌŋks], *n. pl.* (*di solito col verbo al sing.*) persona gretta, spilorcia; avaro; taccagno.
hunky ['hʌŋki], *n.* (*pop. USA, spreg.*) immigrato d'origine ungherese (*o* da un paese dell'Europa centrale).
hunky-dory ['hʌŋki,dɔ(:)ri], *a.* (*fam. USA*) eccellente; ottimo.
Hunnish ['hʌnɪʃ], *a.* **1** (*stor.*) unnico; degli Unni **2** (*spreg.*) barbaro.
to hunt [hʌnt], *v. t. e i.* **1** cacciare; andare a caccia (di); dar la caccia a; inseguire; perseguitare; scacciare: **to h. the fox** (**the deer, etc.**), cacciare la volpe (il cervo, ecc.); **I don't like hunting**, non mi piace andare a caccia; **to h. big game**, andare a caccia di selvaggina grossa; fare la caccia grossa; **to h. sb. from** (*o* **out of**) **the country**, cacciare q. dal paese; bandire q. **2** battere, esplorare, perlustrare (*un luogo*). ● **to h. the county**, cacciare (la volpe) per tutta la contea □ **to h. down**, inseguire da presso; perseguitare; mettere alle strette; catturare □ **to h. down an outlaw**, inseguire da presso un fuorilegge □ **to h. for**, cercare; andare in cerca di: **to h. for a hidden treasure**, cercare un tesoro nascosto □ **to h.** (**for**) **gold**, andare in cerca d'oro; fare il cercatore d'oro □ **to h. one's horse**, andare a caccia col cavallo; usare il cavallo per la caccia □ **to h. the hounds**, guidare una muta di cani nella caccia alla volpe □ **to h. out**, trovare; scovare: **to h. out one's love letters**, scovare le proprie lettere d'amore □ **to h. up**, cercare (accanitamente); scovare, trovare: **to h. up old papers**, cercare vecchie carte; **to h. up a quotation**, cercare la fonte d'una citazione □ **to go hunting**, andare a caccia (*di cervi, volpi, lepri e sim.; di solito, con i cani*).
hunt [hʌnt], *n.* **1** caccia; inseguimento; partita di caccia; comitiva di cacciatori: **to have a good h.**, far buona caccia **2** (*specialm.*) caccia alla volpe **3** (*fig.*) ricerca; perlustrazione: **the h. for a house**, la ricerca di un alloggio **4** terreno di caccia. ● **h. kennel**, allevamento di cani da caccia □ **a member of the h.**, un cacciatore (*nella caccia alla volpe*). ● (*fig.*) **to be on the h. for st.**, essere a caccia (*o* alla ricerca) di q.c.
hunter ['hʌntə*], *n.* (*anche fig.*) cacciatore: **a fortune h.**, un cacciatore di dote **2** cavallo da caccia **3** cane da caccia **4** orologio a doppia cassa. ● (*naut.*) **h.-killer ship**, nave per la ricerca e la caccia di sommergibili □ **h.'s moon**, prima luna piena dopo la mietitura □ **half-h.**, orologio a doppia cassa, ma con un dischetto di vetro al centro (*per vedere l'ora*).
Hunter ['hʌntə*], *n.* (*astron.*) Orione.
hunting ['hʌntiŋ], A *n.* caccia; (*specialm.*) caccia alla volpe (**fox-h.**): **I am very fond of h.**, sono appassionato della caccia. B *a. attr.* di (*o* da) caccia; per la caccia: **a h. box**, un capanno da caccia; **h. ground**, terreno di caccia (*anche fig.*); **h. horn**, corno da caccia; **a h. knife**, un coltello da caccia. ● **h. crop**, frustino □ **h.-man**, un appassionato della caccia alla volpe; un cacciatore di volpi □ **h. pink**, (colore) rosso «caccia alla volpe» □ **happy h. ground**, ottimi terreni di caccia, il paradiso (*per gli Indiani d'America*); (*fig.*) miniera d'oro (*fig.*).
huntress ['hʌntris], *n.* cacciatrice.
huntsman ['hʌntsmən], *n.* (*pl.* **huntsmen**) **1** cacciatore **2** capocaccia (*specialm. nella caccia alla volpe*).
huntsmanship ['hʌntsmənʃip], *n.* arte della caccia; arte venatoria.
hunt's-up ['hʌnts,ʌp], *n.* segnale d'inizio della caccia.
hurdle ['hə:dl], *n.* **1** graticcio; graticciato; barriera portatile; steccato amovibile **2** (*sport*) ostacolo (*anche fig.*); difficoltà: **to jump a h.**, saltare un ostacolo **3** (*pl., sport; anche* **h.-race**) corsa a ostacoli **4** (*stor.*) carretta (*o* treggia) su cui i condannati erano portati al patibolo.
to hurdle ['hə:dl], A *v. t.* **1** – **to h. off**, recingere con un gratic-

cio **2** (*sport*) saltare (*un ostacolo*) **3** (*fig.*) saltare; superare: **to h. a difficulty**, superare una difficoltà. **B** *v. i.* (*sport*) fare una corsa a ostacoli.
hurdler ['hə:dlə*], *n.* (*sport*) ostacolista.
hurdling ['hə:dliŋ], *n.* (*sport*) **1** (*atletica*) le corse a ostacoli **2** (*ippica*) le corse a ostacoli semplici (*o* a siepi).
hurdy-gurdy ['hə:di,gə:di], *n.* organetto di Barberia; organino.
to hurl [hə:l], **A** *v. t.* **1** lanciare; scagliare; vibrare: **to h. an assegai at a lion**, scagliare una zagaglia a (*o* contro) un leone; **to h. threats (insults, reproaches, ecc.) at sb.**, lanciare minacce (insulti, rimbrotti, ecc.) a q. **2** (*scozz*.) trasportare (*su un veicolo*). **to hurl oneself B** *v. rifl.* lanciarsi; scagliarsi; precipitarsi: **They hurled themselves at** (*o* **upon**) **the invaders**, si lanciarono sugli invasori.
hurl [hə:l], *n.* **1** lancio (*violento*) **2** (*scozz*.) corsa, trasporto (*in un veicolo*).
hurley ['hə:li], **hurling** ['hə(:)liŋ], *n.* (*sport*) hockey irlandese.
hurly ['hə:li], *n.* confusione; baccano; chiasso; trambusto.
hurly-burly ['hə:li'bə:li], **A** *a.* chiassoso; scompigliato; tumultuoso; scomposto. **B** *n. V.* **hurly**.
hurrah [hu'ra:], **hurray** [hu'rei], **A** *inter.* urrà!, hurrà!; evviva!; viva!: **H. for peace!**, viva la pace! **B** *n.* urrà; evviva.
to hurrah [hu'ra:], **to hurray** [hu'rei], **A** *v. i.* gridare evviva; applaudire. **B** *v. t.* applaudire; salutare (q.) con grida d'evviva.
hurricane ['hʌrikən], *n.* uragano (*anche fig.*); ciclone. ● (*zool.*) **h. bird** (*Fregata*), fregata **2** (*naut.*) **h. deck**, ponte di manovra (*di nave da guerra*); ponte di passeggiata (*di nave passeggeri*) □ **h. lamp**, lanterna controvento □ **h. watch**, vigilanza per gli uragani.
hurried ['hʌrid], *a.* affrettato; frettoloso; precipitoso: **a h. visit**, una visita frettolosa; **a h. piece of work**, un lavoro affrettato.
hurriedness ['hʌridnis], *n.* fretta; precipitazione.
hurry ['hʌri], *n.* fretta; furia; premura; sollecitudine; precipitosità; urgenza: **There's no h. to go to school**, non c'è fretta d'andare a scuola; **to do st. in a h.**, far q.c. in fretta e furia. ● (*fam.*) **h.-scurry**, in fretta e furia; frettoloso; precipitoso; fretta, precipitazione □ (*fam.*) **to h.-scurry**, andare in fretta e furia; precipitarsi □ **to be in a h.**, aver fretta; essere impaziente: **Why are you in such a h.?**, perché hai tanta fretta?; **He is in a h. to leave**, è impaziente di partire □ **to be in no h.**, non aver fretta; (*fam.*) non avere desiderio (*o* voglia): **di fare q.c.**) □ **I won't forget in a h.**, non lo dimenticherò tanto presto □ **What's your h.?**, perché hai tanta fretta? □ (*fam.*) **You won't beat that in a h.**, non farai meglio tanto facilmente.
to hurry ['hʌri], **A** *v. i.* affrettarsi; sbrigarsi; far presto; spicciarsi; affannarsi: **Don't h.!**, non affannarti! **B** *v. t.* **1** fare (q.c.) in fretta; affrettare; sbrigare; accelerare; precipitare; far fretta a; sollecitare; incalzare: **Don't h. the work!**, non affrettare il lavoro!; **He doesn't like to be hurried**, non ama essere sollecitato **2** mandare (*o* spedire) in tutta fretta: **More troops were hurried to the front**, altre truppe furono mandate al fronte in tutta fretta. ● **to h. along**, andare (*o* camminare) in fretta; affrettarsi □ **to h. sb. (st.) along**, far affrettare q. (affrettare q.c.) □ **to h. away**, andarsene precipitosamente □ **to h. home**, andare subito a casa; affrettarsi a rincasare □ **to h. sb. into doing st.**, sollecitare q. a fare q.c. □ **to h. off**, andarsene in (gran) fretta □ **to h. st. up**, affrettare, accelerare q.c. □ **H. up!**, sbrigati!; spicciati!
hurst [hə:st], *n.* (*arc.*) **1** collina; collinetta **2** banco di sabbia **3** cima boscosa; bosco in vetta a un monte.
to hurt [hə:t] (*pass.* e *p. p.* **hurt**), **A** *v. t.* far male a; ferire (*anche fig.*); addolorare; danneggiare; ledere; offendere; nuocere a: **I hurt my leg when I stumbled on a stump**, mi feci male a una gamba quando inciampai in un ceppo; **He was hurt by your words**, restò offeso dalle tue parole; **It hurts the eyes to read when the light is too dim**, nuoce alla vista leggere quando c'è poca luce. **B** *v. i.* (*fam.*) far male; dolere: **My leg hurts**, mi fa male la gamba. **to hurt oneself C** *v. rifl.* farsi male; ferirsi. ● **to h. sb.'s feelings**, ferire i sentimenti di q. □ **He wouldn't h. a fly**, è incapace di far male a una mosca □ **It won't h. to take some precautions**, non c'è niente di male se prendiamo qualche precauzione.
hurt [hə:t], **A** *n.* male; ferita (*anche fig.*); danno; colpo (*fig.*): **It was a severe h. to our prestige**, fu una grave ferita (*o* un grave colpo) per il nostro prestigio. **B** *a.* **1** ferito **2** danneggiato; leso **3** (*fig.*) offeso; risentito **4** addolorato; dolente: **a h. look**, uno sguardo addolorato. ● **to get h.**, farsi male; ferirsi.
hurtful ['hə:tful], *a.* che fa male; dannoso; nocivo; pernicioso: ● **a h. remark**, un'osservazione che ferisce (*o* che urta).
hurtfulness ['hə:tfulnis], *n.* dannosità; nocività; perniciosità.
to hurtle ['hə:tl], **A** *v. i.* **1** fracassarsi; schiantarsi: **The aeroplane hurtled to the ground**, l'aeroplano si schiantò al suolo **2** fare uno schianto; rimbombare; strepitare: **The noise of the battle hurtled in the air**, il rumore della battaglia rimbombava nell'a-

ria **3** muoversi rumorosamente; precipitarsi con fracasso. **B** *v. t.* **1** lanciare (*con violenza*); scagliare **2** (*arc.*) cozzare; urtare. ● **to h. against st.**, sbattere violentemente contro q.c. □ **to h. together**, urtarsi con violenza.
hurtle ['hə:tl], *n.* (*poet.*) **1** cozzo; scontro; urto **2** fracasso; schianto.
hurtless ['hə:tlis], *a.* innocuo; inoffensivo.
husband ['hʌzbənd], *n.* **1** marito **2** (*arc.*) amministratore; economo: **a good h.**, un buon economo **3** (*naut., anche* **ship's h.**) capitano d'armamento; raccomandatario. ● (*fam., raro*) **h.'s tea**, tè lungo e freddo.
to husband ['hʌzbənd], *v. t.* **1** far economia di; risparmiare; economizzare; fare saggio uso di: **We must h. our energies**, dobbiamo risparmiare le nostre energie **2** (*poet., scherz.*) maritare, dar marito a (*una donna*) **3** (*raro*) sposare (*una donna*) **4** (*arc.*) coltivare (*la terra, piante, ecc.*).
husbandhood ['hʌzbəndhud], *n.* condizione di marito.
husbandless ['hʌzbəndlis], *a.* senza marito.
husbandman ['hʌzbəndmən], *n.* (*pl.* **husbandmen**) (*poet.*) agricoltore; colono; contadino.
husbandry ['hʌzbəndri], *n.* **1** agricoltura; lavoro dei campi **2** amministrazione; governo (*della casa, ecc.*): **good h.**, amministrazione oculata **3** frugalità; economia; parsimonia. ● **animal h.**, zootecnia.
husbandship ['hʌzbəndʃip], *n.* condizione di marito.
to hush [hʌʃ], **A** *v. t.* **1** far tacere **2** calmare; assopire; placare. **B** *v. i.* tacere; far silenzio; star zitto: **H. (up)!**, taci! ● **to h. to sleep**, cullare; ninnare □ **to h. up**, mettere a tacere; nascondere; soffocare (*fig.*): **to h. up a scandal**, soffocare uno scandalo.
hush [hʌʃ], **A** *n.* silenzio; calma; quiete: **in the h. of the night**, nel silenzio della notte. **B** *inter.* zitto!; zitti!; silenzio! ● (*fam.*) **h.-h.**, segretissimo □ **h. money**, prezzo del silenzio; denaro pagato a qualcuno perché taccia; denaro ottenuto con un ricatto.
hushaby ['hʌʃəbai], *inter.* ninna nanna!; fa' la nanna!
husk [hʌsk], *n.* **1** (*agric.*) buccia, guscio, pellicola (*specialm. di cereali*); cartoccio (*del granturco*); pula, lolla, loppa **2** (*fig.*) roba senza valore **3** (*vet.*) tosse. ● **olive husks**, sansa di olive.
to husk [hʌsk], *v. t.* (*agric.*) sbucciare; mondare; scartocciare (*granturco*); spannocchiare; pilare (*cereali*).
huskiness ['hʌskinis], *n.* **1** asprezza (*di voce, ecc.*); raucedine **2** (*fam.*) forza; robustezza; vigore fisico.
husky ['hʌski], **A** *a.* **1** pieno di bucce (*o* di gusci); simile a pellicola (*o* a pula) **2** rauco; secco; roco; fioco: **a h. cough**, una tosse secca; **a h. voice**, una voce rauca **3** (*fam.*) forte; robusto; grosso: **He's a h. fellow**, è un tipo ben piantato. **B** *n.* persona forte, robusta; fusto; marcantonio (*fam.*).
Husky ['hʌski], *n.* **1** eschimese, esquimese (*anche la lingua*) **2** (*di solito h.*) cane eschimese (*o* esquimese, da slitta).
huss [hʌs], (*zool.*) *V.* **dogfish**.
hussar [hu'za:*], *n.* (*mil., stor.*) ussero, ussaro.
hussif ['husif], *n.* astuccio da lavoro (*con aghi, fili, ecc.*).
Hussites ['hʌsaits], *n. pl.* (*stor., relig.*) Ussiti.
hussy ['hʌsi], *n.* **1** donna leggera; donnaccia; sgualdrina **2** ragazza impertinente, sfacciata.
hustings ['hʌstiŋz], *n. pl.* (*di solito col verbo al sing.*) **1** campagna elettorale **2** tribuna (*degli oratori politici*) **3** (*stor.*) assemblea; tribunale **4** (*stor.*) piattaforma dalla quale venivano nominati i candidati al parlamento (*prima del 1872*).
to hustle ['hʌsl], **A** *v. t.* spingere; urtare; dare spintoni a; far fretta a; incalzare; sollecitare: **The kidnappers hustled their hostage into the car**, i rapitori spinsero il loro ostaggio dentro l'automobile; **They hustled me into a rash move**, incalzandomi mi fecero fare una mossa avventata. **B** *v. i.* **1** affrettarsi; sbrigarsi; spicciarsi: **H.!**, spicciati!; presto! **2** (*fam.*) essere attivo, energico; darsi da fare **3** (*pop. USA*) battere (il marciapiede).
hustle ['hʌsl], *n.* (*soltanto al sing.*) **1** spinta, spinte, spintoni; urti **2** (*fam.*) attività febbrile, incessante; trambusto: **the h. and bustle of life in a camp of pioneers**, il trambusto della vita in un campo di pionieri.
hustler ['hʌslə*], *n.* **1** chi spinge **2** (*specialm.*) persona energica, attiva **3** (*pop. USA*) prostituta; passeggiatrice; battona (*pop.*) **4** (*USA*) giocatore (*d'azzardo*) di professione.
hut [hʌt], *n.* **1** capanna; casupola; tugurio **2** (*mil.*) baracca **3** (*sport*) rifugio (*alpino*).
to hut [hʌt], **A** *v. t.* sistemare (*o* alloggiare) in capanne (*o* baracche). **B** *v. i.* vivere in capanne; abitare in baracche.
hutch [hʌtʃ], *n.* **1** gabbia (*specialm. per conigli*); conigliera, stia **2** capanna; casupola; tugurio **3** cassa, cesta (*per conservare grano, ecc.*) **4** (*ind. min.*) carrello per montacarichi **5** (*ind. min.*) scomparto di raccolta (*del crivello*) **6** madia **7** (*USA*) credenza (*da cucina*).
hutment ['hʌtmənt], *n.* (*mil.*) baraccamento.
huzza, to huzza [hʌ'za:], *V.* **hurrah, to hurrah**.

huzzy ['hʌzi], V. **hussy**.
hyacinth ['haiəsinθ], n. (bot., Hyacinthus orientalis) giacinto.
hyacinthine [,haiə'sinθain], a. color del giacinto; giacintino.
Hyades ['haiədi:z], n. pl. (mitol., astron.) Iadi.
hyaena [hai'i:nə], n. (zool., Hyaena) iena.
hyalin ['haiəlin], n. (biol.) sostanza ialina.
hyaline ['haiəlain], A a. 1 (biol., geol.) ialino 2 diafano; trasparente. B n. 1 (biol.) sostanza ialina 2 (poet.) mare calmo 3 (poet.) cielo sereno.
hyalite ['haiəlait], n. (miner.) ialite.
hyaloid ['haiəloid], A a. (anat.) ialoideo; ialoide: **h. membrane**, membrana ialoidea. B n. (anat.) membrana ialoidea.
hybrid ['haibrid], A n. (biol., linguistica, ecc.) ibrido; animale ibrido; composto ibrido; cosa ibrida. B a. ibrido: **The hinny is a h. animal**, il bardotto è un (animale) ibrido. ● (aeron.) **h. propulsion**, propulsione ibrida □ (biol.) **h. sterility**, sterilità degli ibridi.
hybridism ['haibridizəm], n. (biol. e fig.) ibridismo.
hybridity [hai'briditi], n. (biol. e fig.) ibridismo.
hybridization [,haibridai'zeiʃən], n. (biol.) ibridazione.
to **hybridize** ['haibridaiz], A v. t. (biol.) ibridare; incrociare (animali, piante). B v. i. 1 ottenere ibridi; fare incroci 2 produrre ibridi.
hydatid ['haidətid], n. (med.) idatide.
Hydra ['haidrə], n. (astron.) Idra femmina.
hydra ['haidrə], n. (mitol.; zool., Hydra) idra (anche fig.).
hydrangea [hai'dreindʒə], n. (bot., Hydrangea hortensia) ortensia.
hydrant ['haidrənt], n. (anche **fire h.**) idrante; bocca d'acqua.
hydrargyrum [hai'dra:dʒirəm], n. (chim.) idrargirio (arc.); mercurio.
hydrate ['haidreit], n. (chim.) idrato.
to **hydrate** ['haidreit], v. t. e i. (chim.) idratare; idratarsi.
hydrated [hai'dreitid], a. (chim.) idrato; idratato.
hydration [hai'dreiʃən], n. (chim.) idratazione.
hydraulic [hai'drɔ:lik], a. idraulico: **h. engineering**, ingegneria idraulica; **a h. lift**, un montacarichi idraulico; **a h. press**, una pressa idraulica. ● (autom.) **h. brakes**, freni idraulici □ (costr.) **h. cement**, cemento idraulico □ (mecc.) **h. drill**, perforatrice idraulica □ (mecc.) **h. drive**, comando idraulico; trasmissione idraulica □ (mecc.) **h. jack**, martinetto idraulico □ (costr.) **h. lime**, calce idraulica.
hydraulics [hai'drɔ:liks], n. pl. (col verbo al sing.) (fis.) idraulica.
hydric ['haidrik], a. 1 (chim.) idrogenato; che contiene idrogeno 2 (bot.) igrofilo.
hydrid ['haidrid], **hydride** ['haidraid], n. (chim.) idruro.
hydro ['haidrou], n. (pl. **hydros**) (fam.) stabilimento termale.
hydrobiologist ['haidroubai'ɔlədʒist], n. (scient.) idrobiologo.
hydrobiology ['haidroubai'ɔlədʒi], n. (scient.) idrobiologia.
hydrocarbon ['haidrou:'ka:bən], n. (chim.) idrocarburo.
hydrocephalic ['haidrousə'fælik], **hydrocephalous** ['haidrou'sefələs], a. (med.) idrocefalico.
hydrocephalus ['haidrou'sefələs], **hydrocephaly** [,haidrou-'sefəli], n. (med.) idrocefalo; idrocefalia.
hydrochloric [,haidrə'klɔrik], a. (chim.) cloridrico: **h. acid**, acido cloridrico; acido muriatico.
hydrochloride ['haidrə'klɔraid], n. (chim.) cloridrato; idroclorato.
hydrocracking ['haidrou,krækiŋ], n. (chim., ind. petrolifera) idrocracking.
hydrocyanic ['haidrəsai'ænik], a. (chim.) cianidrico: **h. acid**, acido cianidrico (o prussico).
hydrodynamic(al) ['haidroudai'næmik(əl)], a. (fis.) idrodinamico.
hydrodynamics ['haidroudai'næmiks], n. pl. (col verbo al sing.) (fis.) idrodinamica classica.
hydroelectric ['haidroui'lektrik], a. idroelettrico: **h. plant** (o **h.-power station**), centrale idroelettrica.
hydroelectricity ['haidrou,ilek'trisiti], n. energia idroelettrica.
hydrofoil ['haidrəfoil], n. (naut.) 1 aletta idrodinamica; ala portante 2 piano idrodinamico 3 (anche **h. boat**) aliscafo.
hydrogen ['haidrədʒən], n. (chim.) idrogeno: **heavy h.**, idrogeno pesante. ● **h. bomb**, bomba all'idrogeno □ (chim.) **h. ion**, idrogenione □ **h. dioxide** (o **h. peroxide**), perossido di idrogeno; acqua ossigenata.
to **hydrogenate** [hai'drɔdʒəneit], v. t. (chim.) idrogenare.
hydrogenation [hai,drɔdʒə'neiʃən], n. (chim.) idrogenazione.
to **hydrogenize** [hai'drɔdʒənaiz], v. t. (chim.) idrogenare.
hydrogenous [hai'drɔdʒənəs], a. (chim.) idrogenico; di (o contenente) idrogeno.
hydrographer [hai'drɔgrəfə*], n. idrografo.
hydrographic(al) [,haidrou'græfik(əl)], a. idrografico.
hydrography [hai'drɔgrəfi], n. (geogr.) idrografia.
hydrokinetic ['haidrou'ki'netik], a. (fis.) idrocinetico.

hydrokinetics ['haidrouki'netiks], n. pl. (col verbo al sing.) (fis.) idrocinetica; idrodinamica.
hydrologic ['haidrou'lɔdʒik], a. idrologico.
hydrologist [hai'drɔlədʒist], n. idrologo.
hydrology [hai'drɔlədʒi], n. idrologia.
hydrolysis [hai'drɔlisis], n. (chim.) idrolisi.
hydrolytic ['haidrou'litik], a. (chim.) idrolitico.
hydromancy ['haidrou,mænsi], n. idromanzia.
hydromechanics ['haidroumi'kæniks], n. pl. (col verbo al sing.) (fis.) idromeccanica.
hydromel ['haidroumel], n. (arc.) idromele.
hydrometer [hai'drɔmitə*], n. (fis.) idrometro; densimetro.
hydrometric ['haidrou'metrik], a. (fis.) idrometrico.
hydrometry [hai'drɔmitri], n. (fis.) idrometria.
hydronaut ['haidrənɔ:t], n. idronauta.
hydronautics [,haidrə'nɔ:tiks], n. pl. (col verbo al sing.) idronautica.
hydropathic [,haidrə'pæθik], A a. (med.) idropatico; idroterapico; termale: **a h. establishment**, uno stabilimento idroterapico. B n. stabilimento idroterapico.
hydropathist [hai'drɔpəθist], n. (med.) fautore dell'idroterapia.
hydropathy [hai'drɔpəθi], n. (med.) idroterapia; cure termali.
hydrophile [hai'drɔfail], a. (chim.) idrofilo.
hydrophilous [hai'drɔfiləs], a. (bot.) idrofilo.
hydrophobia [,haidrə'foubjə], n. 1 (med.) idrofobia 2 (psic.) idrofobia; paura morbosa dell'acqua.
hydrophobic [,haidrə'foubik], a. 1 (med.) idrofobo; idrofobico 2 (chim.) idrofobo 3 (psic.) che ha una paura morbosa dell'acqua.
hydrophone ['haidrou,foun], n. (fis., naut.) idrofono. ● **h. contact**, contatto idrofonico, scoperta idrofonica (di sommergibili).
hydrophyte ['haidrou,fait], n. (bot.) idrofita; pianta acquatica.
hydropic [hai'drɔpik], a. (med.) idropico.
hydroplane ['haidrouplein], n. 1 (aeron.) idrovolante (più comune **seaplane**) 2 (naut.) idroplano; aliscafo 3 (naut.) timone di profondità (di sottomarino).
to **hydroplane** ['haidrouplein], v. i. (autom.) subire l'effetto idroplano.
hydroplaning ['haidrou'pleiniŋ], n. (autom.) effetto idroplano (slittamento dovuto a un sottile strato d'acqua sotto le gomme).
hydropneumatic ['haidrounju'mætik], a. (mecc.) idropneumatico.
hydroponic [,haidrou'pɔnik], a. (agric.) idroponico.
hydroponics [,haidrou'pɔniks], n. pl. (col verbo al sing.) (agric.) idroponica; coltura idroponica.
hydropsy ['haidrɔpsi], n. (arc., med.) idropisia.
hydroquinone ['haidroukwi'noun], n. (chim., fotogr., med.) idrochinone.
hydroscope ['haidrə,skoup], n. (ottica, naut.) idroscopio.
hydroskimmer ['haidrou,skimə*], n. (naut.) veicolo a cuscino d'aria (per impiego sull'acqua).
hydrosphere ['haidrou,sfiə*], n. (geogr.) idrosfera.
hydrostat ['haidroustæt], n. segnalatore (o regolatore) di livello.
hydrostatic(al) [,haidrou'stætik(əl)], a. (tecn., scient.) idrostatico.
hydrostatics [,haidrou'stætiks], n. pl. (col verbo al sing.) (fis.) idrostatica.
hydrotherapeutic ['haidrouθerə'pju:tik], a. (med.) idroterapico.
hydrotherapy [,haidrou'θerəpi], n. (med.) idroterapia.
hydrothermal [,haidrou'θə:məl], a. (geol.) idrotermale.
hydrothorax [,haidrou'θɔ:ræks], n. pl. **hydrothoraxes**, **hydrothoraces** (med.) idrotorace.
hydrotropism [hai'drɔtrəpizəm], n. (bot.) idrotropismo.
hydrous ['haidrəs], a. (chim., miner.) idrato; idratato.
hydroxide [hai'drɔksaid], n. (chim.) idrossido.
hydrozoans [,haidrə'zouənz], n. pl. (zool., Hydrozoa) idrozoi.
hyena [ha i 'i:nə], n. 1 (zool., Hyaena) iena: **striped h.** (Hyaena hyaena), iena striata 2 (fig.) iena; sciacallo.
hyetograph ['haiitougra(:)f], n. (meteorologia) 1 pluviometro automatico 2 ietografo; diagramma delle precipitazioni medie in un anno.
hyetography [,haii'tɔgrəfi], n. (meteorologia) ietografia; studio della distribuzione delle precipitazioni.
hyetometer [,haii'tɔmitə*], n. (meteorologia) pluviometro.
Hygeia [hai'dʒi(:)ə], n. (mitol.) Igea; (dea della salute).
hygeian [hai'dʒi:ən], a. d'Igea; della salute; salutare.
hygiene ['haidʒi:n], n. igiene.
hygienic(al) [hai'dʒi:nik(əl)], a. igienico.
hygienics [hai'dʒi:niks], n. pl. (col verbo al sing.) igiene.
hygienist [hai'dʒi:nist], n. igienista.
hygienization [,haidʒi:nai'zeiʃən], n. igienizzazione.
to **hygienize** ['haidʒi:naiz], v. t. igienizzare; rendere igienico.
hygrograph ['haigrəgræf], n. (meteorologia) igrografo.

hygrometer [haiˈgrɒmitə*], n. (meteorologia) igrometro.
hygrometric [ˌhaigrouˈmetrik], a. (meteorologia) igrometrico.
hygrometry [haiˈgrɒmitri], n. (meteorologia) igrometria.
hygroscope [ˈhaigrəskoup], n. (fis.) igroscopio.
hygroscopic [ˌhaigrouˈskɒpik], a. (chim., bot.) igroscopico.
hylic [ˈhailik], a. della materia; materiale.
hylozoic [ˌhailouˈzouik], a. (filos.) ilozoistico.
hylozoism [ˌhailouˈzouizəm], n. (filos.) ilozoismo.
hymen [ˈhaimən], n. (anat.) imene.
Hymen [ˈhaimən], n. (mitol.) Imene.
hymenal [ˈhaimənl], a. (anat.) imeneale.
hymeneal [ˌhaimeˈni(ː)əl], a. delle nozze; nuziale; imeneo.
hymenopter [ˈhaimənɒptə*], n. (zool.) imenottero.
hymenopteral [ˌhaiməˈnɒptərəl], a. (zool.) degli imenotteri.
hymenopterans [ˌhaiməˈnɒptərənz], n. pl. (zool., Hymenoptera) imenotteri.
hymenopteron [ˌhaiməˈnɒptərɒn], n. (pl. **hymenoptera, hymenopterons**) (zool.) imenottero.
hymenopterous [ˌhaiməˈnɒptərəs], a. (zool.) degli imenotteri.
hymn [him], n. inno; inno religioso; canto sacro; carme. ● **h. book**, libro d'inni religiosi; innario.
to hymn [him], **A** v. t. inneggiare a, celebrare con lodi (Dio, ecc.). **B** v. i. inneggiare; cantare inni.
hymnal [ˈhimnəl], **A** a. d'inno. **B** n. libro d'inni religiosi; innario.
hymnic [ˈhimnik], a. d'inno; innografico.
hymnist [ˈhimnist], **hymnodist** [ˈhimnədist], n. innografo; compositore d'inni sacri.
hymnody [ˈhimnədi], n. **1** innodia **2** innografia.
hymnographer [himˈnɒgrəfə*], n. innografo.
hymnography [himˈnɒgrəfi], n. innografia.
hymnologic [ˌhimnəˈlɒdʒik], a. innologico.
hymnologist [himˈnɒlədʒist], n. innologo.
hymnology [himˈnɒlədʒi], n. innologia.
hyoid [ˈhaiɔid], **A** a. (anat.) ioide: **h. bone**, osso ioide. **B** n. (osso) ioide.
hyoscine [ˈhaiousain], n. (chim.) ioscina; scopolamina.
hyoscyamine [ˌhaiouˈsaiəmain], n. (chim.) iosciamina.
hyp [ˈhip], n. (arc., già fam.; di solito **the hips**) ipocondria; malinconia.
hypaethral [haiˈpiːθrəl], a. (archit. classica) ipetro (senza tetto o con apertura sul tetto).
hypallage [haiˈpælədʒi(ː)], n. (retor.) ipallage.
hype [haip], n. (fam.) **1** imbroglio, inganno **2** pubblicità stravagante **3** buco (pop.) **4** drogato.
to hype [haip], v. t. (fam.) **1** imbrogliare, ingannare **2** (spesso **to h. up**) pubblicizzare in modo stravagante **3** (comm.) «spingere», promuovere la vendita di (un prodotto) **4** (spesso **to h. up**) bucarsi. ● **hyped up**, drogato; eccitato, teso.
hyperacid [ˌhaipəˈræsid], a. (med.) iperacido.
hyperacidity [ˌhaipərəˈsiditi], n. (med.) iperacidità.
hyperaemia [ˌhaipəˈriːmjə], n. (med.) iperemia.
hyperaesthesia [ˌhaipərəsˈθiːzjə], n. (med.) iperestesia.
hyperaggressive [ˈhaipərəˈgresiv], a. (psic.) iperaggressivo.
hyperalimentation [ˈhaipəˌrælimenˈteiʃən], n. (med.) iperalimentazione.
hyperbaton [haiˈpəːbətɒn], n. (pl. **hyperbatons, hyperbata**) (linguistica) iperbato.
hyperbola [haiˈpəːbələ], n. (pl. **hyperbolas, hyperbolae**) (geom.) iperbole.
hyperbole [haiˈpəːbəli], n. (retor.) iperbole.
hyperbolic [ˌhaipəːˈbɒlik], a. **1** (geom., ecc.) iperbolico **2** (retor.) V. **hyperbolical**.
hyperbolical [ˌhaipəːˈbɒlikəl], a. (retor.) iperbolico.
hyperbolism [haiˈpəːbəlizəm], n. uso d'iperboli; l'iperboleggiare.
hyperbolist [haiˈpəːbəlist], n. iperboleggiatore (lett.); chi fa uso d'iperboli.
to hyperbolize [haiˈpəːbəlaiz], **A** v. t. esprimere con iperboli. **B** v. i. iperboleggiare; esagerare.
hyperborean [ˌhaipəbɔːˈriːən], **A** a. iperboreo (lett.); dell'estremo settentrione. **B** n. **1** (mitol.) uno degli Iperborei **2** abitante dell'estremo settentrione.
hypercatalectic [ˈhaipəˌkætəˈlektik], a. (poesia) ipercatalettico.
hyperchlorhydria [ˌhaipəklɔːˈhaidriə], n. (med.) ipercloridria.
hypercritic(al) [ˌhaipəˈkritik(əl)], a. ipercritico.
hypercriticism [ˌhaipəˈkritisizəm], n. ipercriticismo.
to hypercriticize [ˌhaipəˈkritisaiz], v. t. criticare eccessivamente.
hyperdulia [ˌhaipəduˈlaiə], n. (relig.) iperdulia.
hyperemic [ˌhaipəˈriːmik], a. (med.) iperemico.
hyperestesia [ˌhaipərəsˈθiːzjə], n. iperestesia.
hyperexcitability [ˈhaipərikˌsaitəˈbiliti], n. ipereccitabilità.
hyperexcitable [ˌhaipərikˈsaitəbl], a. ipereccitabile.
hyperinflation [ˌhaipərinˈfleiʃən], n. (econ.) iperinflazione; inflazione incontrollabile.

Hyperion [haiˈpiəriən], n. (mitol.) Iperione.
hypermarket [ˈhaipəˌmaːkit], n. (comm.) ipermercato.
hypermetric(al) [ˌhaipəˈmetrik(əl)], a. (poesia) ipermetro.
hypermetropia [ˌhaipəmiˈtroupiə], n. (med.) ipermetropia.
hypermetropic [ˌhaipəmiˈtrɒpik], a. (med.) ipermetrope.
hyperphysical [ˌhaipəˈfizikəl], a. soprannaturale.
hyperplasia [ˌhaipəˈpleiʒiə], n. (med.) iperplasia.
hypersensitive [ˌhaipəˈsensitiv], a. ipersensibile.
hypersensitivity [ˈhaipəˌsensiˈtiviti], n. ipersensibilità.
hypersonic [ˌhaipəˈsɒnik], a. (fis.) ipersonico. ● (aeron.) **h. flight**, volo ipersonico □ **h. speed**, velocità ipersonica.
hyperspace [ˈhaipəˌspeis], n. (mat.) iperspazio.
hypertension [ˌhaipəˈtenʃən], n. (med.) ipertensione.
hypertensive [ˌhaipəˈtensiv], (med.) **A** a. ipertensivo. **B** a. e n. iperteso.
hyperthyroidism [ˌhaipəˈθairɔidizəm], n. (med.) ipertiroidismo.
hypertrichosis [ˌhaipətriˈkousis], n. (pl. **hypertrichoses**) (med.) ipertricosi.
hypertrophic [ˌhaipəˈtrɒfik], **hypertrophied** [haiˈpəːtrəfid], a. (med.) ipertrofico.
hypertrophy [haiˈpəːtrəfi], n. (med.) ipertrofia.
hypervelocity [ˌhaipəviˈlɒsiti], n. (fis. nucl., miss., mil.) velocità elevatissima; ipervelocità.
hypethral [haiˈpiːθrəl], V. **hypaethral**.
hypha [ˈhaifə], n. (pl. **hyphae**) (bot.) ifa.
hyphen [ˈhaifən], n. **1** tratto d'unione; trattino (nelle parole composte) **2** lineetta (per andare a capo).
to hyphen [ˈhaifən], **to hyphenate** [ˈhaifəneit], v. t. **1** unire, dividere (una parola) con una lineetta, con un trattino **2** scrivere, stampare (una parola) con una lineetta, con un trattino. ● **hyphenated Americans**, americani naturalizzati (per es., **German-Americans**) □ **hyphenated words**, parole composte, che si scrivono con un trattino.
hyphenation [ˌhaifəˈneiʃən], n. unione (di due parole) mediante un trattino.
hypnagogic, hypnogogic [ˌhipnəˈgɒdʒik], a. (psic.) ipnagogico.
hypnology [hipˈnɒlədʒi], n. (scient.) ipnologia.
hypnosis [hipˈnousis], n. (pl. **hypnoses**) (psic.) ipnosi.
hypnotic [hipˈnɒtik], **A** a. ipnotico: **in a h. state**, in stato ipnotico. **B** n. **1** (farm.) ipnotico **2** persona ipnotizzata; soggetto facilmente ipnotizzabile.
hypnotism [ˈhipnətizəm], n. (psic.) ipnotismo.
hypnotist [ˈhipnətist], n. **1** (med.) ipnotista **2** ipnotizzatore, ipnotizzatrice.
hypnotization [ˌhipnətaiˈzeiʃən], n. (psic.) ipnotizzazione.
to hypnotize [ˈhipnətaiz], v. t. (anche fig.) ipnotizzare.
hypo (1) [ˈhaipou], n. (pl. **hypos**) (abbr. di **sodium hyposulfite**) (comm., fotogr.) iposolfito (o tiosolfato) di sodio.
hypo (2) [ˈhaipou], n. (pl. **hypos**) (abbr. di **hypodermic**) (fam., med.) iniezione (o siringa) ipodermica.
hypo (3) [ˈhaipou], n. (pl. **hypos**) (fam., psic.) **1** ipocondriaco **2** ipocondria.
hypoblast [ˈhaipoubla(ː)st], n. (biol.) ipoblasto.
hypocaust [ˈhaipəkɔːst], n. (archeol.) ipocausto.
hypochlorite [ˌhaipouˈklɔːrait], n. (chim.) ipoclorito.
hypochondria [ˌhaipouˈkɒndriə], n. (psic.) ipocondria.
hypochondriac [ˌhaipouˈkɒndriæk], a. e n. (psic.) ipocondriaco.
hypochondriacal [ˌhaipoukɒnˈdraiəkəl], a. (psic.) ipocondriaco.
hypochondriasis [ˌhaipoukɒnˈdraiəsis], n. (pl. **hypochondriases**) (psic.) ipocondria.
hypochondrium [ˌhaipouˈkɒndriəm], n. (pl. **hypochondria**) (anat.) ipocondrio.
hypocrisy [hiˈpɒkrəsi], n. ipocrisia.
hypocrite [ˈhipəkrit], n. ipocrita.
hypocritical [ˌhipəˈkritikəl], a. ipocrita; falso.
hypocycloid [ˌhaipouˈsaiklɔid], n. (mat.) ipocicloide.
hypoderma [ˌhaipəˈdəːmə], n. (pl. **hypodermas, hypodermata**) (bot., zool.) ipoderma.
hypodermic [ˌhaipəˈdəːmik], **A** a. (med., anat.) ipodermico: **h. injection**, un'iniezione ipodermica; **h. syringe**, siringa ipodermica. **B** n. iniezione (o siringa) ipodermica.
hypodermis [ˌhaipəˈdəːmis], n. (bot., zool.) ipoderma.
hypodermoclysis [ˌhaipoudəˈmɒklisis], n. (pl. **hypodermoclyses**) (med.) ipodermoclisi.
hypogastric [ˌhaipouˈgæstrik], a. (anat.) ipogastrico.
hypogastrium [ˌhaipouˈgæstriəm], n. (pl. **hypogastria**) (anat.) ipogastrio.
hypogeal [ˌhaipəˈdʒiːəl], **hypogean** [ˌhaipəˈdʒiːən], **hypogeous** [ˌhaipəˈdʒiːəs], a. (scient.) ipogeo; sotterraneo: **h. fauna**, fauna ipogea.
hypogeum [ˌhaipəˈdʒiːəm], n. (pl. **hypogea**) (archeol.) ipogeo.
hypoglossal [ˌhaipəˈglɒsl], **A** a. (anat.) ipoglosso: **h. nerve**, nervo ipoglosso. **B** n. (nervo) ipoglosso.

hypoglycemia [ˌhaipəglaiˈsiːmiə], *n.* (*med.*) ipoglicemia.
hypophosphate [ˌhaipouˈfɔsfeit], *n.* (*chim.*) ipofosfato.
hypophyseal, hypophysial [ˌhaipouˈfiziəl], *a.* (*anat.*) ipofisario.
hypophysis [haiˈpɔfisis], *n.* (*pl.* **hypophyses**) (*anat.*) ipofisi.
hypoplasia [ˌhaipouˈpleiʒiə], *n.* (*med.*) ipoplasia.
hypostasis [haiˈpɔstəsis], *n.* (*pl.* **hypostases**) (*med., filos., relig.*) ipostasi.
hypostatic(al) [ˌhaipəˈstætik(əl)], *a.* (*med., filos., relig.*) ipostatico.
hypostatization [haiˌpɔstətaiˈzeiʃən], *n.* (*filos., relig.*) ipostatizzazione.
to hypostatize [haiˈpɔstətaiz], *v. t.* (*filos., relig.*) ipostatizzare.
hypostyle [ˈhaipouˌstail], *n.* (*archit.*) ipostilo.
hyposulfite [ˌhaipouˈsʌlfait], (*USA*) *V.* **hyposulphite**.
hyposulphite [ˌhaipouˈsʌlfait], *n.* **1** (*chim.*) iposolfito; idrosolfito **2** (*comm., fotogr.*) iposolfito (*o* tiosolfato) di sodio.
hypotactic [ˌhaipouˈtæktik], *a.* (*linguistica*) ipotattico.
hypotaxis [ˌhaipouˈtæksis], *n.* (*linguistica*) ipotassi.
hypotension [ˌhaipouˈtenʃən], *n.* (*med.*) ipotensione.
hypotensive [ˌhaipouˈtensiv], (*med.*) **A** *a.* ipotensivo. **B** *a.* e *n.* ipoteso.
hypotenuse [haiˈpɔtinjuːz], *n.* (*geom.*) ipotenusa.
hypothalamus [ˌhaipəˈθæləməs], *n.* (*pl.* **hypothalami**) (*anat.*) ipotalamo.
hypothec [haiˈpɔθik], *n.* (*diritto romano e civile*) ipoteca (*Cfr.* **mortgage**).
hypothecary [haiˈpɔθikəri], *a.* (*leg.*) ipotecario.
to hypothecate [haiˈpɔθikeit], *v. t.* (*leg.*) ipotecare.
hypothecation [haiˌpɔθiˈkeiʃən], *n.* (*leg.*) iscrizione d'ipoteca.
hypothermia [ˌhaipəˈθəːmiə], *n.* (*med.*) ipotermia.
hypothesis [haiˈpɔθisis], *n.* (*pl.* **hypotheses**) ipotesi.

to hypothesize [haiˈpɔθəsaiz], *v. i.* e *t.* fare ipotesi; ipotizzare.
hypothetic(al) [ˌhaipouˈθetik(əl)], *a.* ipotetico. ● **a h. mind**, una mente abituata a ragionare per ipotesi.
hypotyposis [ˌhaipoutaiˈpousis], *n.* (*pl.* **hypotyposes**) (*retor.*) ipotiposi.
hypsography [hipˈsɔgrəfi], *n.* (*geogr.*) ipsografia; scienza delle rilevazioni topografiche.
hypsometer [hipˈsɔmitə*], *n.* (*geogr.*) ipsometro; misuratore di livello.
hypsometric [ˌhipsəˈmetrik], *a.* (*geogr.*) ipsometrico.
hypsometry [hipˈsɔmitri], *n.* (*geogr.*) ipsometria.
hyrax [ˈhaiəræks], *n.* (*pl.* **hyraxes, hyraces**) (*zool., Hyrax*) irace.
hyson [ˈhaisn], *n.* tè verde della Cina.
hy-spy [ˈhai-spai], *n.* (*fam.*) nascondino; rimpiattino.
hyssop [ˈhisəp], *n.* (*bot.*) **1** (*Hyssopus officinalis*) issopo **2** (*Bibbia, Capparis spinosa*) cappero.
hysterectomy [ˌhistəˈrektəmi], *n.* (*med.*) isterectomia.
hysteresis [ˌhistəˈriːsis], *n.* (*pl.* **hystereses**) (*elettron., fis.*) isteresi.
hysteria [hisˈtiəriə], *n.* (*psic.*) isterismo; isteria.
hysteric [hisˈterik], **A** *a.* (*psic.*) isterico. **B** *n.* persona isterica.
hysterical [hisˈterikəl], *a.* **1** (*psic.*) isterico: **h. laughter**, risata isterica **2** (*fam.*) buffissimo; divertentissimo.
hysterics [hisˈteriks], *n. pl.* (*talora col verbo al sing.*) accesso d'isterismo; attacco isterico: (*fam.*) **to go** (*o* **to fall**) **into h.**, avere un attacco d'isterismo; avere una crisi di nervi.
hysterogenic [ˌhistərouˈdʒiːnik], *a.* (*med.*) isterogeno.
hysteroscope [ˈhistərouskoup], *n.* (*med.*) isteroscopio.
hysterotomy [ˌhistəˈrɔtəmi], *n.* (*med.*) isterotomia; incisione della parete dell'utero.

i, I

I (1), i [ai], *n.* (*pl.* **I's, i's; Is, is**) I, i (*nona lettera dell'alfabeto ingl.*). ● (*tel.*) **i for Isaac** (*USA:* **I for Item**), i come Imola □ (*edil.*) **I-bar** (*o* **I-beam**), trave a doppia T.

I (2) [ai], **A** *pron. pers. 1ª pers. sing.* **1** (*sogg.*) io: **you and I**, io e te; **I am writing**, (io) sto scrivendo; (*lett.*) **It was I** (*fam.:* **It was me**) **who did it**, sono stato io (*a farlo*)! **2** (*fam., improprio: compl. ogg.*) me: **between you and I**, fra te e me. **B** *n.* (*filos.*) io: **the I**, l'io. ● **Here I am**, eccomi □ **He reads more books than I** (do), legge più libri di me.

iamb ['aiæmb], *n.* (*poesia*) giambo; metro giambico.

iambic [ai'æmbik], (*poesia*) **A** *a.* giambico: **i. verse**, verso giambico. **B** *n.* **1** giambo; metro giambico **2** verso giambico.

iambus [ai'æmbəs], *n.* (*pl.* **iambuses, iambi**) (*poesia*) giambo.

iatrogenic [ˌaiətrou'dʒenik], *a.* (*med.*) iatrogeno.

iatrogenicity [ˌaiætroudʒə'nisiti], *n.* (*med.*) iatrogenicità.

Iberian [ai'biəriən], *a.* e *n.* iberico.

ibex ['aibeks], *n.* (*pl.* **ibex, ibexes**) (*zool., Capra ibex*) stambecco; ibice.

ibidem [i'baidem] (*lat.*), *avv.* (*abbr.* **ibid.**) ibidem; nello stesso luogo (*nelle citazioni*).

ibis ['aibis], *n.* (*pl.* **ibis, ibises**) (*zool., Threskiornis*) ibis.

Icarian [ai'kɛəriən], *a.* icario (*lett.*); icariano (*raro*); d'Icaro.

Icarus ['aikərəs], *n.* (*mitol.*) Icaro.

ice [ais], **A** *n.* **1** (*anche fig.*) ghiaccio: **My hands were like ice**, avevo le mani di ghiaccio **2** (*anche* **ice cream**) gelato **3** (*anche* **water ice**) succo di frutta gelato (*come dessert*) **4** (*cucina*) glassa. **B** *a. attr.* **1** di ghiaccio: **ice cubes**, cubetti di ghiaccio **2** per ghiaccio: **ice bag**, borsa per ghiaccio **3** da ghiaccio: (*sport*) **ice skate**, pattino da ghiaccio **4** (*geogr.*) glaciale: **ice sheet**, calotta glaciale. ● (*geol.*) **ice age**, era glaciale □ (*sport*) **ice axe**, piccozza (*da ghiaccio*) □ (*geogr.*) **the ice barrier**, la barriera dei ghiacci □ **ice-boat** (*sport*) slitta a vela; (*naut.*) rompighiaccio □ **ice-box**, ghiacciaia (*il mobile*); (*USA*) frigorifero □ **ice cap**, cappa di ghiaccio □ **ice-cold**, ghiacciato, gelato, ghiaccio, freddissimo; (*fig.*) gelido, glaciale: **an ice-cold pepsi**, una pepsicola ghiacciata; **ice-cold hands**, mani ghiacce □ **ice cream**, gelato: **a strawberry ice cream**, un gelato alla (*o* di) fragola □ **ice-cream cake**, torta gelato □ **ice-cream cone**, cono (gelato) □ **ice-cream freezer**, gelatiera □ **ice-cream man** (*o* **vendor**), gelataio ■ **ice-cream shop**, gelateria □ **ice-cream soda**, gelato con soda e sciroppo □ (*sport*) **ice dancing**, danza su ghiaccio (*con i pattini*) □ **ice-fall**, cascata di ghiaccio □ (*geogr.*) **ice field**, campo di ghiaccio; (*anche*) banchisa □ (*naut.*) **ice floe**, blocco di ghiaccio galleggiante □ (*geogr.*) **ice foot**, «ice-foot»; piattaforma di ghiaccio □ **ice-free**, libero (*o* sgombro) da ghiaccio (*o* dai ghiacci) □ (*sport*) **ice hockey**, hockey su ghiaccio □ **ice house**, ghiacciaia (*costruzione sotterranea*) □ **ice lolly**, ghiacciolo (*da succhiare*) □ **ice needle**, ago di ghiaccio □ **ice-out**, disgelo (*di un fiume e sim.*) □ **ice pack**, (*geogr.*) pack, banco di ghiaccio; (*med.*) impacco di ghiaccio; borsa per ghiaccio □ **ice pick**, rompighiaccio (*arnese a punta*) □ (*ind.*) fabbrica del ghiaccio; (*bot., Mesembryanthemum cristallinum*), erba cristallina; erba diacciola □ (*fis.*) **ice point**, punto fisso del ghiaccio □ **ice-rink**, pista di ghiaccio; pattinatoio □ **ice-run**, (*geogr.*) disgelo; deflusso glaciale (*sport*) pista per toboga □ **ice show**, rivista su ghiaccio (*pattinaggio artistico*) □ (*sport*) **ice-skater**, pattinatore (su ghiaccio) □ (*sport*) **ice-skating**, pattinaggio su ghiaccio □ (*geogr.*) **ice stream**, corrente di ghiaccio □ (*geogr.*) **ice tongue**, lingua glaciale □ **ice tongs**, mollette per il ghiaccio □ **ice-up**, disgelo □ **ice-wall**, parete di ghiaccio □ **ice water**, acqua ghiacciata (*da bere*) □ (*sport*) **ice-yachting**, «ice-yachting» □ (*fig.*) **to break the ice**, rompere il ghiaccio □ (*fig.*) **to cut no ice with sb.**, non fare presa su q.; lasciare q. indifferente (*fam.*) **That cuts no ice!**, non serve a nulla!; non bagna! (*pop.*) □ **on ice**, in ghiaccio; sul ghiaccio; (*fig., fam.*) da parte, in serbo; al sicuro; (*pop.*) al fresco; in gattabuia: **Keep the drinks on ice!**, tieni in ghiaccio le bibite!; «**Holiday on Ice**», «Vacanze sul Ghiaccio»; **My plan was put on ice**, il mio progetto fu messo da parte (*o* fu congelato) □ (*fig.*) **to be (skating) on thin ice**, trovarsi in una situazione rischiosa; camminare sul filo del rasoio.

to ice [ais], **A** *v. t.* **1** ghiacciare; congelare **2** coprire di ghiaccio; mettere in ghiaccio: **to ice a bottle of wine**, mettere in ghiaccio una bottiglia di vino **3** (*cucina*) glassare: **to ice a cake**, glassare una torta **4** (*pop. USA*) uccidere; far fuori (*pop.*) **5** (*spesso* **to ice out**) escludere, ignorare (q.). **B** *v. i.* **1** (*spesso* **to ice up, to ice over**) ghiacciare; gelare: **The lake was iced over**, il lago era ghiacciato **2** ghiacciarsi; ricoprirsi di ghiaccio. ● **to be icing**, (*di bevanda*) essere in ghiaccio (*o* in frigo); (*fig.*) essere in preparazione □ **to be iced in**, essere bloccato dal ghiaccio.

iceberg ['aisbə:g], *n.* **1** iceberg **2** (*fig.*) pezzo di ghiaccio; persona fredda, impassibile. ● (*fig.*) **the tip of the i.**, la punta dell'iceberg.

iceblink ['aisbliŋk], *n.* **1** riflesso (*o* riverbero) del ghiaccio (*all'orizzonte*) **2** parete di ghiaccio sulla costa.

icebound ['aisbaund], *a.* **1** bloccato (*o* imprigionato) dal ghiaccio **2** (*di porto e sim.*) bloccato (*o* ostruito) dal ghiaccio.

icebreaker ['aisˌbreikə*], *n.* (*naut.*) (nave) rompighiaccio.

iced [aist], *a.* **1** ghiacciato; coperto dal ghiaccio **2** ghiacciato; gelato; freddo: **Will you have hot or i. coffee?**, vuoi un caffè caldo o un caffè freddo? **3** (*cucina: di dolce e sim.*) glassato.

Iceland ['aislənd], *n.* (*geogr.*) Islanda. ● (*bot.*) **I. lichen** (*o* **I. moss**), (*Cetraria islandica*), lichene d'Islanda □ (*miner.*) **I. spar**, spato d'Islanda.

Icelander ['aisləndə*], *n.* islandese.

Icelandic [ais'lændik], **A** *a.* islandese. **B** *n.* (lingua) islandese.

iceman ['aismæn], *n.* (*pl.* **icemen**) **1** «uomo del ghiaccio»; chi fa (*o* vende, consegna) il ghiaccio **2** (*sport*) chi fa dell'alpinismo su ghiaccio.

to ice-skate ['ais-skeit], *v. i.* (*sport*) pattinare (sul ghiaccio).

ichneumon [ik'nju:mən], *n.* (*zool., Herpestes ichneumon*) mangusta icneumone. ● (*zool.*) **i. fly** (*Ichneumon*), icneumonide (*imenottero*).

ichnographer [ik'nɔgrəfə*], *n.* icnografo.

ichnograph(al) [ˌiknə'græfik(əl)], *a.* icnografico.

ichnography [ik'nɔgrəfi], *n.* (*grafica*) icnografia.

ichor ['aikɔ:*], *n.* (*mitol., med.*) icore.

ichorous ['aikərəs], *a.* (*mitol., med.*) icoroso.

ichthyic ['ikθiik], *a.* ittico.

ichthyologic(al) [ˌikθiə'lɔdʒik(əl)], *a.* ittiologico.

ichthyologist [ˌikθi'ɔlədʒist], *n.* ittiologo.

ichthyology [ˌikθi'ɔlədʒi], *n.* ittiologia.

ichthyophagist [ˌikθi'ɔfədʒist], *n.* ittiofago.

ichthyophagous [ˌikθi'ɔfəgəs], *a.* ittiofago.

ichthyosaur ['ikθiəsɔ:(ˌ)], *n.*, **ichthyosaurus** [ˌikθiə'sɔ:rəs], *n.* (*paleontologia*) ittiosauro.

ichthyosis [ˌikθi'ousis], *n.* (*pl.* **ichthyoses**) (*med.*) ittiosi.

ichthyotic [ˌikθi'ɔtik], *a.* (*med.*) ittiotico.

icicle ['aisikl], *n.* ghiacciolo.

icicled ['aisikld], *a.* coperto di ghiaccioli.

icily ['aisili], *avv.* gelidamente; con grande freddezza.

iciness ['aisinis], *n.* **1** gelidità (*raro*); freddo glaciale **2** (*fig.*) gelidezza; freddezza.

icing ['aisiŋ], *n.* **1** (*cucina*) glassa **2** formazione di ghiaccio; gelata **3** incrostazione di ghiaccio (*per es., sulle ali d'un aeroplano*). ● **i. sugar**, zucchero a velo.

ickle ['ikl], *a.* (*nel linguaggio infantile*) piccino; piccolo; piccino picciò.

icky ['iki], *a.* (*fam. USA*) **1** ammalazzato; indisposto; giù di corda (*pop.*) **2** sgradevole.

icon ['aikɔn], *n.* icona; icone (*lett.*).

iconic [ai'kɔnik], *a.* **1** iconico **2** (*fig.*) convenzionale, stereotipato.

to iconize ['aikənaiz], *v. t.* fare di (q.) un idolo; idolatrare.

iconoclasm [ai'kɔnəklæzm], *n.* (*anche fig.*) iconoclastia.

iconoclast [ai'kɒnəklæst], *n.* (*anche fig.*) iconoclasta.
iconoclastic [ai,kɒnə'klæstik], *a.* iconoclastico.
iconographer [,aikə'nɒgrəfə*], *n.* iconografo.
iconographic(al) [ai,kɒnə'græfik(əl)], *a.* iconografico.
iconography [,aikə'nɒgrəfi], *n.* iconografia.
iconolater [,aikə'nɒlətə*], *n.* iconolatra.
iconolatry [,aikə'nɒlətri], *n.* iconolatria.
iconology [,aikə'nɒlədʒi], *n.* iconologia.
iconometer [,aikə'nɒmitə*], *n.* (*fotogr., ottica*) iconometro.
iconometric(al) [ai,kɒnə'metrik(əl)], *a.* (*fotogr.*) iconometrico.
iconometry [,aikə'nɒmitri], *n.* (*fotogr.*) iconometria.
iconoscope [ai'kɒnəskoup], *n.* (*telev.*) iconoscopio.
iconostasis [,aikə'nɒstəsis], *n.* (*pl.* **iconostases**) (*archit., relig.*) iconostasi.
icosahedral ['aikəsə'hedrəl], *a.* (*geom.*) icosaedrico.
icosahedron ['aikəsə'hedrən], *n.* (*geom.*) icosaedro.
icteric(al) [ik'terik(əl)], *a.* (*med.*) itterico.
icterus ['iktərəs], *n.* (*med.*) itterizia; ittero.
ictus ['iktəs], *n.* 1 (*poesia, mus.*) ictus 2 (*med.*) ictus; attacco.
icy ['aisi], *a.* 1 ghiacciato; gelato; gelido; freddissimo: **My hands are icy**, ho le mani gelate 2 (*fig.*) gelido; freddo: **an icy reception**, un'accoglienza gelida. ● (*autom.*) **in icy weather**, col ghiaccio; quando c'è il ghiaccio (*sulle strade*).
id [id], *n.* (*psic.*) id.
I'd [aid], *contraz.* di: 1 **I had** 2 **I would**.
idea [ai'diə], *n.* 1 idea; pensiero; opinione; proposito: **I have no i. (as to) what you mean**, non ho idea di quel che tu voglia dire; **to form an i. of st.**, farsi un'idea di q.c.; **What a good i.!**, che bell'idea!; **What an i.!**, che bell'idea! (*iron.*); **to force one's ideas on sb.**, imporre le proprie opinioni a q. 2 concetto; nozione: **the i. of freedom**, il concetto di libertà. ● (*USA, spesso iron.*) **the big i.**, idea luminosa; bellissima trovata □ **to get an i. of st.**, farsi un'idea di q.c. □ **to get the i. that...**, farsi l'idea che... □ **to get ideas into one's head**, mettersi idee (*o* fantasie) in testa □ **to have an i.**, avere idea: **I have an i. that they will agree to our proposal**, ho idea che accoglieranno la nostra proposta □ **a man of ideas**, un uomo pieno d'idee (*o* di trovate, di risorse); un uomo ingegnoso □ **one's i.**, la propria idea; il modo ideale per q.: **Watching T.V. is not my i. of spending an evening well**, guardare la tivù non è per me il modo ideale di passare bene una serata; non concepisco che si passi una serata a guardare la tivù □ **to put ideas in sb.'s head**, mettere (delle) idee in testa a q. □ **The very i. of it!**, neanche per idea!; nemmeno per sogno! □ **the young i.**, la mente del fanciullo.
idea'd, ideaed [ai'diəd], *a.* (*raro*) pieno di idee.
ideal [ai'diəl], *a.* e *n.* ideale: **an i. house**, una casa ideale; **to realize one's ideals**, conseguire (*o* raggiungere) il proprio ideale. ● **i. characters**, personaggi immaginari (*fis.*) **i. gas**, gas perfetto (*o* ideale) □ (*mat.*) **i. line**, retta impropria (*o* all'infinito).
idealess [ai'diəlis], *a.* privo d'idee; senza idee.
idealism [ai'diəlizəm], *n.* (*anche arte, filos.*) idealismo.
idealist [ai'diəlist], *n.* idealista.
idealistic [ai,diə'listik], *a.* idealistico.
ideality [,aidi'æliti], *n.* 1 idealità 2 facoltà d'ideare.
idealization [ai,diəlai'zeiʃən], *n.* idealizzazione.
to idealize [ai'diəlaiz], **A** *v. t.* idealizzare. **B** *v. i.* essere un idealista.
to ideate [ai'di:eit], *v. t.* e *i.* ideare; figurarsi; immaginare; concepire.
ideation [,aidi'eiʃən], *n.* ideazione (*anche psic.*); immaginazione.
ideational [,aidi'eiʃənl], *a.* (*psic.*) ideatorio.
idée fixe [ide'fiks] (*franc.*), *n.* (*pl.* **idées fixes**) idea fissa.
idem [aidem] (*lat.*), *pron.* e *a.* idem; lo stesso (*autore, ecc.*); la stessa (*cosa*).
identic [ai'dentik], *a.* (*diplomazia*) identico: **i. note**, nota identica.
identical [ai'dentikəl], *a.* 1 identico (*anche mat.*): **The twins are i.**, i gemelli sono identici; **This lighter is i. with** (*meno bene:* **to**) **mine**, quest'accendino è identico al mio 2 medesimo; stesso; proprio: **This is the i. spot where the accident happened**, questo è proprio il punto in cui accadde l'incidente. ● (*biol.*) **i. twins**, gemelli monozigotici.
identifiable [ai,denti'faiəbl], *a.* identificabile.
identification [ai,dentifi'keiʃən], *n.* identificazione. ● **i. bracelet**, braccialetto con piastrina di riconoscimento (*leg.*) **i. certificate**, atto notorio □ (*mil.*) **i. disc** (*o* **tag**), piastrina di riconoscimento □ **i. mark**, contrassegno □ (*leg.*) **i. parade**, confronto all'americana; ricognizione.
identifier [ai'dentifaiə*], *n.* 1 identificatore, identificatrice 2 (*elab.*) identificatore.
to identify [ai'dentifai], *v. t.* 1 identificare; giudicare identico; riconoscere: **to i. a criminal**, identificare un criminale; **to i. one's lost luggage**, riconoscere il proprio bagaglio ch'era stato smarrito; **Never i. dreams with reality**, non identificare i sogni con la realtà! 2 (*biol.*) classificare. ● **to i. with**, identificarsi con (*un personaggio e sim.*) □ **to i. oneself with**, identificarsi con (*anche psic.*); dare appoggio incondizionato a: **The minister refused to i. himself with such a policy**, il ministro non volle dare il suo appoggio incondizionato a tale politica.
identikit [ai'dentikit], *n.* identikit.
identity [ai'dentiti], *n.* (*anche mat.*) identità. ● **i. card**, carta d'identità □ (*psic.*) **i. crisis**, crisi d'identità □ (*mil.*) **i. disc**, piastrina di riconoscimento.
ideogram ['idiougræm], **ideograph** ['idiougra(:)f], *n.* ideogramma.
ideographic(al) [,idiou'græfik(əl)], *a.* ideografico.
ideography [,idi'ɒgræfi], *n.* ideografia.
ideologic(al) [,aidiə'lɒdʒik(əl)], *a.* ideologico.
ideologism [,aidiə'lɒdʒizəm], *n.* (*filos., polit.*) ideologismo.
ideologist [,aidi'ɒlədʒist], *n.* ideologo.
ideology [,aidi'ɒlədʒi], *n.* ideologia.
ides [aidz], *n. pl.* (*col verbo al sing.*) (*stor. romana*) idi: **Beware the i. of March**, guardati dalle idi di marzo!
id est [id'est], *locuz. lat.* cioè (*quasi sempre abbreviato in* **i. e.**).
idiocy ['idiəsi], *n.* 1 (*med.*) idiozia; idiotismo 2 idiozia; azione (*o* osservazione) da idiota.
idiolect ['idiəulekt], *n.* (*linguistica*) idioletto.
idiom ['idiəm], *n.* 1 idioma; linguaggio: **the Spanish i.**, l'idioma spagnolo; **the i. of John Donne**, il linguaggio di John Donne 2 idiotismo; espressione idiomatica; locuzione particolare; modo di dire 3 (*linguistica*) idioma.
idiomatic(al) [,idiə'mætik(əl)], *a.* 1 idiomatico; fraseologico: **i. expressions**, espressioni idiomatiche 2 ricco d'idiotismi: **an i. language**, un linguaggio ricco d'idiotismi.
idiopathic(al) [,idiou'pæθik(əl)], *a.* (*med.*) idiopatico.
idiopathy [,idi'ɒpəθi], *n.* (*med.*) idiopatia.
idioplasm ['idiouplæzəm], *n.* (*biol.*) idioplasma.
idiosyncrasy [,idiə'siŋkrəsi], *n.* (*anche med.*) idiosincrasia.
idiosyncratic [,idiəusiŋ'krætik], *a.* 1 (*med.*) di (*o* da) idiosincrasia 2 eccentrico; stravagante 3 caratteristico; tipico.
idiot ['idiət], *n.* 1 (*psic.*) idiota 2 idiota; (*fam.*) imbecille, stupido. ● (*telev.*) **i. board**, «gobbo» □ (*pop.*) **i. box** (*o* **i.'s lantern**), il televisore □ **i.-stitch**, punto a catenella (*nel cucito*).
idiotic [,idi'ɒtik], *a.* idiota; stupido; stolto.
idiotism ['idiətizəm], *n.* 1 (*psic.*) idiotismo; idiozia 2 idiozia; azione (*o* osservazione) da idiota.
idle ['aidl], **A** *a.* ozioso; pigro; inattivo; indolente; infingardo; disoccupato; neghittoso; (*fig.*) futile, inutile, vano: **an i. boy**, un ragazzo pigro; **an i. question**, una domanda oziosa, inutile; **an i. wish**, un desiderio vano; **i. workmen**, operai disoccupati; **i. machines**, macchine inattive. **B** *n.* (*mecc.*) minimo: **to run at i.**, girare al minimo. ● (*fin.*) **i. capitals**, capitali inattivi □ (*autom.*) **i. speed cut-off**, taglio del carburante in fase di rilascio □ (*fin.*) **i. money**, risparmio amorfo □ **i. rumours**, voci infondate □ (*autom., mecc.*) **i. speed**, minimo: **The ignition warning light stays on above i. speed**, la spia dell'accensione sta accesa al di sopra del minimo □ (*mecc.*) **i. stroke**, corsa a vuoto □ (*mecc.*) **i. wheel**, *V.* **idler wheel**, *sotto* **idler** □ (*autom., mecc.*) **at i. speed**, al minimo; (*anche*) in fase di rilascio □ (*fin.*) **to lie i.**, essere infruttifero.
to idle ['aidl], **A** *v. i.* 1 oziare; essere ozioso; impigrire, impigrirsi 2 (*d'un motore*) girare al minimo 3 (*d'una macchina*) girare a vuoto. **B** *v. t.* (*USA*) rendere inattivo: **to i. thousands of workers**, rendere inattivi operai a migliaia 2 – **to i. away**, sciupare (*o* sprecare) nell'ozio: **Don't i. away the years of your youth**, non sprecare la gioventù nell'ozio 3 (*autom., mecc.*) far girare al minimo (*o* tenere) al minimo (*un motore*).
idleness ['aidlnis], *n.* 1 ozio; pigrizia; inattività; indolenza; infingardaggine; neghittosità: **to live in i.**, vivere nell'ozio 2 (*fig.*) oziosità; futilità; inutilità; vanità.
idler ['aidlə*], *n.* 1 ozioso; pigro; fannullone; pigrone (*fam.*) 2 (*mecc.*) ingranaggio (*o* puleggia) folle. ● (*autom.*) **i. arm**, leva di rinvio □ (*mecc.*) **i. gear**, ruota folle (*o* intermedia) □ (*mecc.*) **i. pulley**, puleggia folle □ **i. wheel**, ruota di rinvio.
idling ['aidliŋ], *n.* 1 l'oziare; ozio 2 (*mecc.*) funzionamento a vuoto (*o* al minimo, in folle). ● (*mecc.*) **i. jet**, getto del minimo.
idly ['aidli], *avv.* 1 oziosamente; pigramente 2 (*fig.*) inutilmente.
idol ['aidl], *n.* (*anche fig.*) idolo: **That little girl is the i. of her mother**, quella bambina è l'idolo di sua madre. ● (*filos. di Bacone*) **idols of the tribe** (**cave**, etc.), idola tribus (specus, ecc.).
idolater [ai'dɒlətə*], *n.* (*anche fig.*) idolatra (*uomo*).
idolatress [ai'dɒlətris], *n.* (*anche fig.*) idolatra (*donna*).
idolatric(al) [ai'dɒlətrik(əl)], *a.* idolatrico.
to idolatrize [ai'dɒlətraiz], *v. t.* e *i.* idolatrare; idoleggiare.
idolatrous [ai'dɒlətrəs], *a.* 1 (*relig.*) idolatra 2 (*anche fig.*) idolatrico.
idolatry [ai'dɒlətri], *n.* (*anche fig.*) idolatria. ● **to honour sb. on this side of i.**, onorare q. senza perciò idolatrarlo.
idolization [,aidəlai'zeiʃən], *n.* l'idoleggiare; l'idolatrare.

idolize

to **idolize** ['aɪdəlaɪz], *v. t.* e *i.* idoleggiare; idolatrare.
idyl(l) ['aɪdɪl], *n.* idillio; poesia semplice; poemetto pastorale.
idyllic [aɪ'dɪlɪk], *a.* idilliaco; idilliaco.
idyllist ['aɪdɪlɪst], *n.* (*letter.*) scrittore d'idilli.
to **idyllize** ['aɪdɪlaɪz], *v. t.* rendere idilliaco; rappresentare in modo idilliaco.
if [ɪf], **A** *cong.* **1** se; nel caso che; posto che; quando: **If he comes** (*o* **should come**), **let me know**, se viene (*o* dovesse venire), avvisami; **I wouldn't go, if I were you**, se fossi in te, non andrei; **If I feel any doubt, I enquire**, se (*o* quando) ho qualche dubbio, chiedo informazioni **2** (*al posto di* **whether**: *dubitativo*) se: **I wonder if he is at home**, vorrei proprio sapere se è (*o* mi chiedo se sia) a casa **3** se; ammesso che: **If I am wrong, you are wrong too**, se ho torto io, (allora) hai torto anche tu **4** anche se; quand'anche: **If they are naughty, at least they're healthy**, anche se sono cattivelli, almeno sono sani; **I'll do it, if I die in the attempt!**, lo farò, quand'anche dovessi morire nel tentativo! **5** se; che: **I don't care if she's poor**, non me ne importa se è (*o* che sia) povera; **I'm sorry if he's angry**, mi dispiace che sia arrabbiato. ● *N. se;* condizione; dubbio; ipotesi; supposizione: **There are too many «ifs»**, ci sono troppi «se»; **If «ifs» and «ans» were pots and pans (there were no need of tinkers)**, con i «se» e i «casomai» non si risolve nulla. ● **if anything**, se mai; semmai: **If anything, it's more difficult now**, semmai, ora è più difficile □ **if not**, se no; altrimenti; in caso contrario □ **if so**, se è così; se le cose stanno così □ **if that**, se pure; al massimo: **He has done half his homework, if that**, avrà fatto al massimo la metà del compito a casa □ **if you like**, se vuoi; se vogliamo, se si vuole: **It's a defeat, if you like, more than a victory**, è una sconfitta, se vogliamo, più che una vittoria □ **as if**, come se; quasi: **He walks as if he were drunk**, cammina come se fosse ubriaco; **As if you didn't know!**, come se tu non lo sapessi! □ **it isn't as if**, non (è) che: **It isn't as if she weren't honest**, non che non sia onesta □ **If only he could come!**, se (soltanto) potesse venire! □ **He looks as if he were tired**, ha l'aria d'essere stanco □ **If he didn't do it!**, lo fece, eccome!
igloo ['ɪgluː], *n. (pl.* **igloos**) iglù, igloo (*capanna eschimese, di ghiaccio*). ● **i.-dweller**, abitatore d'iglù.
Ignatius [ɪg'neɪʃəs], *n.* Ignazio.
igneous ['ɪgnɪəs], *a.* igneo; (*geol.*) eruttivo: **i. rocks**, rocce ignee.
igniferous [ɪg'nɪfərəs], *a.* ignifero (*lett.*).
ignis fatuus [,ɪgnɪs'fætjuəs] (*lat.*), *n. (pl.* **ignes fatui**) (*anche fig.*) fuoco fatuo.
ignitable [ɪg'naɪtəbl], *a.* accendibile; incendiabile; infiammabile.
to **ignite** [ɪg'naɪt], **A** *v. t.* **1** accendere; incendiare; infiammare (*anche fig.*): **His speech ignited the crowd**, il suo discorso infiammò la folla **2** (*chim.*) calcinare; incenerire. **B** *v. i.* accendersi; prendere fuoco. ● (*mil.*) **igniting fuse**, miccia d'accensione.
igniter [ɪg'naɪtə*], *n. (ing.)* accenditore.
ignitible [ɪg'naɪtəbl], *V.* **ignitable.**
ignition [ɪg'nɪʃən], *n.* **1** (*anche chim., mecc.*) accensione; meccanismo d'accensione **2** (*chim.*) ignizione **3** (*miss.*) accensione: **5, 4, 3, 2, 1: i.!**, 5, 4, 3, 2, 1: accensione! ● (*autom., elettr.*) **i. coil**, bobina d'accensione □ (*autom.*) **i. key**, chiave dell'accensione □ (*autom.*) **i. plug**, candela □ (*autom., elettr.*) **the i. system**, l'accensione (*l'impianto*) □ (*autom., elettr.*) **i. vane switch**, captatore magnetico □ **The i. is on**, l'accensione è inserita.
ignoble [ɪg'nəʊbl], *a.* ignobile; turpe; vile.
ignobleness [ɪg'nəʊblnɪs], *n.* ignobiltà.
ignominious [,ɪgnə'mɪnɪəs], *a.* ignominioso; infamante; vergognoso.
ignominy ['ɪgnə,mɪnɪ], *n.* ignominia; infamia; disonore.
ignoramus [,ɪgnə'reɪməs], *n.* ignorantone.
ignorance ['ɪgnərəns], *n.* ignoranza: **from** (*o* **out of, through**) **i.**, per ignoranza. ● **to be in i. of st.**, essere all'oscuro di q.c.
ignorant ['ɪgnərənt], *a.* **1** ignorante; rozzo: **an i. boy**, un ragazzo ignorante; **i. behaviour**, modo rozzo di comportarsi **2** ignaro: **He was quite i. of the fact**, era del tutto ignaro del fatto. ● **to be i. of Greek**, ignorare il greco.
to **ignore** [ɪg'nɔː*], *v. t.* **1** fingere (*o* far finta) di non conoscere (*o* di non vedere); non tener conto di; passare sotto silenzio; trascurare; ignorare: **That girl ignores me**, quella ragazza mi ignora; **I ignored his insults**, feci finta di non udire i suoi insulti; **to i. evidence**, non tener conto delle prove **2** (*leg.*) lasciar cadere (*un'incriminazione*) per mancanza di prove.
iguana [ɪ'gwɑːnə], *n. (zool., Iguana)* iguana.
iguanodon [ɪ'gwɑːnədɒn], *n. (paleontologia)* iguanodonte.
ikebana [,iːkeˈbɑːnə] (*giapponese*), *n.* ikebana.
ileal ['ɪlɪəl], *a. (anat.)* ileale.
ileitis [,ɪlɪ'aɪtɪs], *n. (med.)* ileite.
ileum ['ɪlɪəm], *n. (pl.* **ilea**) *(anat.)* ileo.
ilex ['aɪleks], *n. (bot.)* **1** (*Quercus ilex*) leccio; elce **2** (*Ilex*) agrifoglio. ● **i. wood**, lecceto; elceto.
iliac ['ɪlɪæk], *a. (anat.)* iliaco: **i. artery**, arteria iliaca.

Iliad ['ɪlɪəd], *n.* Iliade. ● (*fig.*) **an I. of woes**, un'odissea di traversie.
Ilium ['ɪlɪəm], *n. (pl.* **ilia**) *(anat.)* ilio.
Ilium ['aɪlɪəm], *n. (geogr. antica)* Ilio.
ilk [ɪlk], **A** *a. (specialm. scozz.)* ogni; ognuno. **B** *n. (scozz.)* famiglia, stirpe; (*spreg. o scherz.*) razza, classe, categoria. ● **of that ilk**, (*spreg.*) di quella classe; (*scozz.*) dello stesso nome (*d'un possedimento o d'un luogo di nascita*): **Mac Donald of that ilk**, un Mac Donald di (quelli del luogo o del possedimento, chiamato) Mac Donald.
I'll [aɪl], *contraz.* di: **1 I will 2 I shall**.
ill (1) [ɪl], **A** *a.* **1** (*di solito pred.*) ammalato; malato; infermo; tormentato; infelice: **My father is ill**, mio padre è malato; **He was ill with jealousy**, era tormentato dalla gelosia **2** (*sempre attr.*) cattivo; dannoso; malefico; nocivo; malo (*lett.*); sfavorevole: **ill health**, cattiva salute; **ill blood**, cattivo sangue, rancore; **ill will**, cattiva volontà; malanimo; malevolenza; **ill temper** (*o* **ill nature**), cattivo carattere; **ill humour**, cattivo umore, malumore; **ill fame** (**repute**), cattiva fama (reputazione); **ill breeding**, cattiva educazione, maleducazione; **to get ill news**, ricevere cattive notizie; **ill luck**, sorte avversa; malasorte **3** cattivo; errato; sbagliato; imperfetto: **ill management**, cattiva amministrazione (*degli affari, ecc.*); **ill success**, riuscita imperfetta **4** in cattive condizioni (di salute); messo male. **B** *n.* **1** male; cattiva azione; danno: **to do ill**, fare del male; commettere cattive azioni **2** male; malanno; malattia **3** (*pl.*) mali; disgrazie; sventure. ● **ill-being**, malessere □ **ill-doer**, malfattore □ **ill-doing**, malfatto, malefatta □ **ill feeling**, malumore, rancore, ostilità □ **ill manners**, cattive maniere, maleducazione □ **ill treatment** (*o* **ill usage**), maltrattamento □ **ill will**, cattiva volontà; malevolenza; malanimo □ **ill-wisher**, chi augura del male □ **to do sb. an ill turn**, fare un brutto tiro a q.; rendere un cattivo servizio a q. □ **to fall** (*o* **to be taken**) **ill**, cadere ammalato; ammalarsi □ **to have ill luck**, essere sfortunato □ **a house of ill fame**, una casa di malaffare □ (*prov.*) **It's an ill wind that blows nobody any good**, non tutto il male vien per nuocere □ (*prov.*) **Ill weeds grow apace**, l'erba cattiva cresce in fretta.
ill (2) [ɪl], *avv.* **1** male; malamente; in malo modo; in mala parte; sfavorevolmente: **to fare ill**, passarsela male; **to speak ill of sb.**, dire male di q.; sparlare di q.; **to treat sb. ill**, trattar male q.; **to take st. ill**, prendere q.c. in mala parte; aversene a male; offendersi; **It will go ill with him**, le cose andranno male per lui; se la passerà male; non avrà fortuna **2** a malapena; malamente; poco; scarsamente: non: **to be ill provided with st.**, essere scarsamente provvisto di q.c.; **He can ill afford to refuse**, non può permettersi di rifiutare. ● **ill-advised**, malconsigliato (*lett.*); imprudente, malaccorto, sconsiderato □ **ill-affected**, maldisposto □ **ill-assorted**, mal assortito □ **to be ill at ease**, (sentirsi) a disagio, imbarazzato □ (*poet.*) **ill-beseeming**, sconveniente; disdicevole □ **ill-boding**, infausto, funesto □ **ill-bred**, maleducato; rozzo; sgarbato □ **ill-conditioned**, malevolo, maligno; in cattive condizioni di salute; malandato □ **ill-considered**, sconsiderato; avventato □ **ill-deserved**, immeritato □ **ill-disposed**, malevolo; maligno; maldisposto □ **ill-famed**, malfamato □ **ill-fated**, malavventurato (*lett.*), infelice, sfortunato; che porta sfortuna; infausto □ **ill-favoured**, brutto, sgraziato; sgradito, sgradevole □ **ill-fed**, malnutrito; denutrito □ **ill-fitted**, non adatto; inadatto □ **ill-geared**, (*mecc.*) mal collegato; (*fig.*) mal coordinato, scoordinato □ **ill-gotten**, male acquistato; disonesto: **ill-gotten gains**, guadagni disonesti □ **ill-humoured**, di cattivo umore; bisbetico, stizzoso □ **ill-informed**, male informato □ **ill-judged**, sconsigliato, sconsiderato; malaccorto □ **ill-mannered**, maleducato; rozzo; sgarbato □ **ill-natured**, di carattere cattivo; bisbetico, stizzoso □ **ill-omened**, malaugurato; nefasto □ (*ind.*) **an ill-qualified worker**, un lavoratore che non ha una buona qualifica □ **ill-starred**, nato sotto una cattiva stella; sfortunato □ **ill-suited**, non adatto; inadatto □ **ill-tempered**, bisbetico; irritabile; stizzoso □ **ill-timed**, intempestivo; inopportuno □ **to ill-treat** (*o* **to ill-use**) **sb.**, maltrattare q. □ **ill-treated** (*o* **ill-used**), trattato male; maltrattato.
illation [ɪ'leɪʃən], *n.* illazione.
illative [ɪ'leɪtɪv], *a.* illativo.
illegal [ɪ'liːgəl], *a.* illegale; illecito: **i. strike**, sciopero illegale; **i. trade**, commercio illecito.
illegality [,ɪliː(ː)'gælɪtɪ], *n.* illegalità.
illegibility [ɪ,ledʒɪ'bɪlɪtɪ], *n.* illeggibilità.
illegible [ɪ'ledʒəbl], *a.* illeggibile; indecifrabile.
illegitimacy [,ɪlɪ'dʒɪtɪməsɪ], *n.* illegittimità.
illegitimate [,ɪlɪ'dʒɪtɪmɪt], **A** *a.* **1** illegittimo; illecito; arbitrario **2** abnorme; irregolare. **B** *n.* (figlio) illegittimo.
to **illegitimate** [,ɪlɪ'dʒɪtɪmeɪt], *v. t.* dichiarare illegittimo.
illegitimation [ɪ,lɪdʒɪtɪ'meɪʃən], *n.* dichiarazione d'illegittimità.
illiberal [ɪ'lɪbərəl], *a.* illiberale; ingeneroso; gretto; meschino.
illiberality [ɪ,lɪbə'rælɪtɪ], *n.* illiberalità; grettezza; meschinità.

illicit [i'lisit], *a.* illecito; illegale. ● (*leg.*) **i. consideration**, causa illecita.
illimitability [i‚limitə'biliti], *V.* **illimitableness**.
illimitable [i'limitəbl], *a.* illimitato; sconfinato; enorme: **i. space**, spazio illimitato; **i. wealth**, enorme ricchezza.
illimitableness [i'limitəblnis], *n.* l'esser illimitato (*o* sconfinato).
illiteracy [i'litərəsi], *n.* **1** analfabetismo **2** ignoranza; mancanza d'istruzione **3** errore di lingua (*nel parlare o nello scrivere*).
illiterate [i'litərit], **A** *a.* **1** analfabeta; illetterato; che non sa né leggere né scrivere **2** incolto; ignorante: **i. savages**, selvaggi ignoranti **3** da persona incolta; scorretto: **i. writings**, scritti scorretti. **B** *n.* **1** analfabeta **2** persona incolta; individuo ignorante. ● **He is musically i.**, non se ne intende affatto di musica.
illiterateness [i'litəritnis], *V.* **illiteracy**, *def. 1 e 2*.
illness [i'lnis], *n.* malattia; indisposizione; infermità; malanno.
illogical [i'lɔdʒikəl], *a.* illogico; assurdo.
illogicality [i‚lɔdʒi'kæliti], **illogicalness** [i'lɔdʒikəlnis], *n.* illogicità; assurdità.
to **illume** [i'lju:m], *v. t.* (*poet., anche fig.*) illuminare.
illuminable [i'lju:minəbl], *a.* illuminabile.
illuminant [i'lju:minənt], **A** *a.* illuminante. **B** *n.* **1** materiale illuminante **2** (*raro*) sorgente luminosa.
to **illuminate** [i'lju:mineit], *v. t.* **1** illuminare (*anche fig.*); rischiarare; delucidare; chiarire: **The house was beautifully illuminated for the party**, la casa era splendidamente illuminata per la festa; **a church illuminated by candles**, una chiesa illuminata da ceri; **to i. a mysterious case**, chiarire un caso misterioso **2** illuminare a festa **3** miniare: **to i. a manuscript**, miniare un manoscritto.
illuminating [i'lju:mineitiŋ], *a.* illuminante: **i. gas**, gas illuminante.
illumination [i‚lju:mi'neiʃən], *n.* **1** illuminazione **2** (*fig.*) delucidazione; chiarimento **3** (*pl.*) luminarie **4** miniatura (*di libri e sim.*).
illuminative [i'lju:minətiv], *a.* illuminativo (*raro*); che illumina.
illuminator [i'lju:mineitə*], *n.* **1** illuminatore **2** (*fig.*) delucidatore; chi chiarisce **3** miniatore; miniaturista.
to **illumine** [i'lju:min], *v. t.* (*lett.; anche fig.*) illuminare.
illusion [i'lu:ʒən], *n.* **1** illusione: **optical i.**, illusione ottica **2** illusione; inganno; chimera **3** (*ind. tessile*) tulle finissimo **4** (*psic.*) illusione. ● **to cherish the i. that...**, cullarsi nell'illusione che... □ **to have no illusions about st.**, non farsi (delle) illusioni su q.c. ● **to be under an i.**, farsi (delle) illusioni; sbagliarsi.
illusionism [i'lu:ʒənizəm], *n.* illusionismo.
illusionist [i'lu:ʒənist], *n.* illusionista.
illusive [i'lu:siv], *a.* illusorio; ingannevole.
illusiveness [i'lu:sivnis], **illusoriness** [i'lu:(:)sərinis], *n.* illusorietà; ingannevolezza (*raro*).
illusory [i'lu:səri], *V.* **illusive**.
to **illustrate** ['iləstreit], *v. t.* **1** illustrare; chiarire; delucidare; spiegare **2** illustrare; fornire d'illustrazioni: **to i. children's books**, illustrare libri per i bambini.
illustrated ['iləstreitid], **A** *a.* illustrato: **an i. magazine**, una rivista illustrata. **B** *n.* **1** quotidiano illustrato **2** rivista illustrata.
illustration [‚iləs'treiʃən], *n.* **1** illustrazione; chiarimento; delucidazione; spiegazione **2** illustrazione; figura: **a book with many illustrations**, un libro con molte illustrazioni **3** dimostrazione; esempio (pratico): **by way of i.**, a mo' d'esempio.
illustrative ['iləstreitiv], *a.* illustrativo.
illustrator ['iləstreitə*], *n.* **1** illustratore (*di libri, ecc.*) **2** chi chiarisce; chi spiega; delucidatore.
illustrious [i'lʌstriəs], *a.* illustre; celebre; famoso; insigne.
illustriousness [i'lʌstriəsnis], *n.* celebrità; fama; rinomanza.
illuvial [i'lu:vjəl], *a.* (*geol.*) illuviale.
illuviation [i‚lu:vi'eiʃən], *n.* (*geol.*) illuviazione.
Illyria [i'liriə], *n.* (*geogr. antica*) Illiria.
Illyrian [i'liriən], (*stor.*) **A** *a.* illirico. **B** *n.* **1** abitante dell'Illiria **2** illirico (*la lingua*). ● **the Illyrians**, gli illiri.
I'm [aim], *contraz.* di **I am**.
image ['imidʒ], *n.* **1** immagine (*anche fis., fotogr., mat., psic.*); effigie; figura; ritratto (*anche fig.*): **the i. of Jesus**, l'immagine di Gesù; **Man was made the i. of God**, l'uomo fu creato a immagine di Dio; **You are the very i. of your father**, sei proprio il ritratto di tuo padre; **to speak in poetical images**, esprimersi con immagini poetiche **2** (*fig.*) immagine; esempio tipico; incarnazione; simbolo; specchio (*fig.*): **He is the i. of laziness**, è l'incarnazione della pigrizia; **This novel is the i. of life**, questo romanzo è lo specchio della vita **3** (*retor.*) figura retorica. ● (*elettron.*) **i. tube**, tubo convertitore d'immagine □ **i. worship**, iconolatria.
to **image** ['imidʒ], *v. t.* **1** effigiare; raffigurare; rappresentare; ritrarre **2** riflettere; rispecchiare **3** rappresentare; simboleggiare **4** immaginare, immaginarsi. ● **to i. st. to oneself**, immaginarsi q.c.

imageable ['imidʒəbl], *a.* effigiabile; rappresentabile.
imagery ['imidʒəri], *n.* immagini; linguaggio immaginoso; figure retoriche; figure; raffigurazioni: **Shakespeare's poetry is rich in i.**, la poesia di Shakespeare è ricca d'immagini.
imaginable [i'mædʒinəbl], *a.* immaginabile.
imaginal [i'mædʒinəl], *a.* (*zool.*) immaginale; d'insetto perfetto.
imaginary [i'mædʒinəri], **A** *a.* (*anche mat.*) immaginario; complesso: **i. number**, numero complesso. **B** *n.* (*mat.*) numero immaginario.
imagination [i‚mædʒi'neiʃən], *n.* **1** (*filos., psic., letter.*) immaginazione **2** immaginativa; fantasia **3** parto della fantasia; frutto dell'immaginazione **4** ingegnosità; genialità.
imaginative [i'mædʒinətiv], *a.* **1** immaginativo; immaginoso; fantasioso: **i. writers**, scrittori immaginosi **2** ingegnoso; geniale: **an i. interpretation**, un'interpretazione geniale **3** irreale; fittizio; falso.
imaginativeness [i'mædʒinətivnis], *n.* immaginativa; fantasia.
to **imagine** [i'mædʒin], **A** *v. t.* immaginare, immaginarsi; figurarsi; supporre: **I cannot i. what he is doing**, non riesco a immaginare che cosa stia facendo; **I imagined her as a plump brunette**, me la immaginavo una brunetta grassottella. **B** *v. i.* fantasticare. ● **to i. things**, immaginare cose inesistenti □ **Just i. (it)!**, immagina un po'; te l'immagini? □ **Can you i. me doing the housework?**, mi ci vedi a fare le faccende di casa?
imagism ['imidʒizəm], *n.* (*letter.*) imagismo (*V.* **imagist**).
imagist ['imidʒist], *n.* (*letter.*) imagista; poeta del gruppo degli imagisti (*movimento letterario del primo Novecento*).
imago [i'meigou], *n.* (*pl.* **imagoes, imagines**) **1** (*zool.*) immagine; insetto perfetto **2** (*psic.*) imago.
imam [i'ma:m], *n.* (*relig.*) imano; iman; imam.
imamate ['ima(:)meit], *n.* (*relig.*) imanato.
imaum [i'ma:m], *n.* imano.
imbalance [im'bæləns], *n.* **1** squilibrio (mentale) **2** (*econ.*) squilibrio; sbilancio **3** (*fig.*) squilibrio; sperequazione.
imbalanced [im'bælənst], *a.* (*anche fig.*) sbilanciato.
imbecile ['imbisail], *a. e n.* **1** imbecille; deficiente; ebete; scemo; stupido **2** (*psic.*) (persona) debole mentalmente; imbecille.
imbecility [‚imbi'siliti], *n.* **1** imbecillità; imbecillaggine; ebetismo; scemenza; stupidità **2** (*psic.*) debolezza mentale; imbecillità.
to **imbed** [im'bed], *V.* **to embed**.
to **imbibe** [im'baib], *v. t.* **1** imbevere; aspirare; assorbire **2** (*fig.*) imbeversi di; assimilare: **to i. new theories**, imbeversi di teorie nuove **3** (*fam.*) bere: **to i. wine**, bere vino.
imbibition [‚imbi'biʃən], *n.* **1** (*chim.*) imbibizione; assorbimento **2** (*fig.*) assimilazione (d'idee, ecc.).
to **imbricate** ['imbrikeit], **A** *v. t.* mettere (*embrici, tegole, ecc.*) l'uno sull'altro; embricare; (*fig.*) sovrapporre. **B** *v. i.* embricarsi.
imbricate ['imbrikit], **imbricated** ['imbrikeitid], *a.* **1** (*bot., zool., geol.*) embricato **2** embricato, imbricato; sovrapposto (*a mo' di tegole*).
imbrication [‚imbri'keiʃən], *n.* (*anche geol.*) embricatura; imbricazione.
imbroglio [im'brouliou] (*ital.*), *n.* (*pl.* **imbroglios**) imbroglio; situazione (*politica, teatrale, ecc.*) confusa; pasticcio.
to **imbrue** [im'bru:], *v. t.* (*raro*) **1** bagnare; inzuppare **2** macchiare; tingere: **to i. one's hand in blood**, macchiarsi le mani di sangue.
to **imbrute** [im'bru:t], **A** *v. t.* abbrutire. **B** *v. i.* abbrutirsi.
to **imbue** [im'bju:], *v. t.* **1** imbevere; impregnare; permeare; saturare: **He is imbued with the sense of honour**, è permeato di senso dell'onore **2** macchiare; tingere **3** (*fig.*) infondere; instillare: **to i. the minds of the young with moral principles**, instillare principi morali nell'animo dei giovani.
imitability [‚imitə'biliti], *n.* l'essere imitabile.
imitable ['imitəbl], *a.* imitabile.
to **imitate** ['imiteit], *v. t.* imitare; contraffare; copiare.
imitation [‚imi'teiʃən], **A** *n.* **1** imitazione; contraffazione **2** (*biol.*) mimetismo. **B** *a. attr.* contraffatto; artificiale; falso; finto: **i. leather**, finto cuoio; finta pelle; similpelle.
imitative ['imitətiv], *a.* **1** imitativo; che sa imitare (*o* contraffare): **i. arts**, arti imitative (*o* figurative) **2** contraffatto; artificiale; falso; finto **3** onomatopeico: **an i. word**, una parola onomatopeica **4** (*biol.*) mimetico.
imitativeness ['imitətivnis], *n.* **1** facoltà imitativa; spirito d'imitazione **2** l'essere imitativo **3** artificialità; falsità.
imitator ['imiteitə*], *n.* imitatore, imitatrice.
immaculacy [i'mækjuləsi], *V.* **immaculateness**.
immaculate [i'mækjulit], *a.* **1** immacolato; incontaminato; puro: **an i. shirt**, una camicia immacolata **2** perfettamente corretto; senza errori **3** (*zool.*) di colore uniforme. ● (*relig.*) **the I. Conception**, l'Immacolata Concezione.
immaculateness [i'mækjulitnis], *n.* immacolatezza; purezza.

immanence ['iməns], **immanency** ['imənənsi], n. (filos.) immanenza.
immanent ['imənənt], a. (filos.) immanente.
immanentism ['imənəntizəm], n. (filos.) immanentismo.
immanentist ['imənəntist], n. (filos.) immanentista.
immanentistic [,imənən'tistik], a. (filos.) immanentistico.
immaterial [,imə'tiəriəl], a. 1 immateriale; incorporeo; spirituale 2 indifferente; irrilevante; senza importanza: **Whether he comes or not, it's i. to me**, venga o non venga, mi è indifferente.
immaterialism [,imə'tiəriəlizəm], n. (filos.) immaterialismo.
immaterialist [,imə'tiəriəlist], n. (filos.) immaterialista.
immateriality ['imə,tiəri'æliti], n. 1 immaterialità; spiritualità 2 indifferenza; irrilevanza.
to immaterialize [,imə'tiəriəlaiz], v. t. rendere immateriale.
immature [,imə'tjuə*], a. (anche fig.) immaturo: **an i. boy**, un ragazzo immaturo.
immaturity [,imə'tjuəriti], n. immaturità.
immeasurability [i,meʒərə'biliti], n. incommensurabilità; immensurabilità (raro).
immeasurable [i'meʒərəbl], a. incommensurabile; immensurabile (raro).
immeasurableness [i'meʒərəblnis], V. **immeasurability**.
immediacy [i'mi:djəsi], n. 1 immediatezza 2 prossimità; vicinanza.
immediate [i'mi:djət], a. 1 immediato; diretto; senza intervallo: **an i. response**, una risposta immediata; **i. cause**, causa immediata; **i. inference**, deduzione immediata; **the i. heir to the throne**, l'erede diretto al trono 2 prossimo; stretto; vicino: **one's i. family**, i parenti stretti (o prossimi). ● (fin.) **i. annuity**, rendita immediata □ **i. information**, informazione di prima mano □ **one's i. neighbour**, il vicino di casa.
immediately [i'mi:djətli], **A** avv. immediatamente; direttamente; subito; all'istante; senza indugio. **B** cong. (fam.) (non) appena; subito dopo che: **I. his intentions are known, he may go**, appena si conosceranno le sue intenzioni, potrà andarsene.
immediateness [i'mi:djətnis], V. **immediacy**.
immedicable [i'medikəbl], a. incurabile; senza rimedio.
immemorial [,imi'mɔ:riəl], a. immemorabile; antichissimo: **i. traditions**, tradizioni antichissime. ● **from (o since) time i.**, da tempo immemorabile.
immense [i'mens], a. 1 immenso; smisurato; enorme 2 (pop.) eccellente; ottimo; splendido.
immenseness [i'mensnis], **immensity** [i'mensiti], n. immensità; smisuratezza: **the i. of the sky**, l'immensità del cielo.
immensurable [i'menʃurəbl], a. immensurabile (raro); smisurato.
to immerge [i'mə:dʒ], v. t. (raro) immergere.
to immerse [i'mə:s], v. t. 1 immergere (anche fig.); affondare; tuffare: **to i. one's hands in the water**, immergere le mani nell'acqua; **I was immersed in my thoughts**, ero immerso (o assorto) nei miei pensieri 2 (relig.) battezzare per immersione. **to immerse oneself B** v. rifl. (anche fig.) immergersi: **to i. oneself in work**, immergersi nel lavoro.
immersion [i'mə:ʃən], n. 1 (anche astron.) immersione 2 (fig.) l'essere immerso (in meditazioni, ecc.); astrazione 3 (relig.) battesimo per immersione. ● (tecn.) **i. heater**, riscaldatore a immersione.
immigrant ['imigrənt], a. e n. immigrante.
to immigrate ['imigreit], **A** v. i. immigrare. **B** v. t. far immigrare.
immigration [,imi'greiʃən], n. immigrazione. ● **i. quota**, quota d'immigrazione.
imminence ['iminəns], n. 1 imminenza 2 pericolo incombente.
imminent ['iminənt], a. imminente; prossimo; sovrastante: **I'm afraid war is i.**, temo che la guerra sia imminente.
immiscibility [i,misi'biliti], n. qualità d'essere non mescolabile; immiscibilità (raro).
immiscible [i'misibl], a. non mescolabile; immiscibile.
immitigable [i'mitigəbl], a. immitigabile (raro); implacabile; che non si può lenire.
immixture [i'mikstʃə*], a. 1 mescolanza 2 l'esser coinvolto.
immobile [i'moubail], a. immobile.
immobilism [i'moubilizəm], n. (polit., econ.) immobilismo.
immobility [,imou'biliti], n. immobilità.
immobilization [i,moubilai'zeiʃən], n. 1 (anche med.) immobilizzazione 2 (fin., rag.) immobilizzazione; immobilizzo.
to immobilize [i'moubilaiz], v. t. 1 immobilizzare (anche med.); tener fermo 2 (econ.) ritirare (moneta metallica) dalla circolazione 3 (fin., rag.) immobilizzare (capitali circolanti, ecc.).
immoderate [i'mɔdərit], a. immoderato; smodato; eccessivo: **i. spending**, spese eccessive.
immoderation [i,mɔdə'reiʃən], n. smoderatezza; eccessività.
immodest [i'mɔdist], a. 1 immodesto; impudico; impudente; sfacciato; spudorato 2 (d'abito, ecc.) indecente; indecoroso.

immodesty [i'mɔdisti], n. 1 immodestia; impudicizia; impudenza; sfacciataggine; spudoratezza 2 indecenza; indecorosità.
to immolate [i'mouleit], **A** v. t. immolare (anche fig.); sacrificare. **to immolate oneself B** v. rifl. immolarsi; sacrificarsi.
immolation [,imou'leiʃən], n. immolazione; sacrificio.
immolator [i'mouleitə*], n. immolatore (raro); chi immola.
immoral [i'mɔrəl], a. immorale; dissoluto; licenzioso. ● (leg.) **i. behaviour**, malcostume.
immorality [,imə'ræliti], n. immoralità; dissolutezza; licenziosità.
immortal [i'mɔ:tl], **A** a. immortale; eterno; perenne; perpetuo: **the i. gods**, gli dei immortali; **an i. poem**, un poema immortale. **B** n. (essere) immortale. ● **the Immortals**, (mitol.) gli Immortali; gli Accademici di Francia.
immortality [,imɔ:'tæliti], n. 1 immortalità; eternità 2 (fig.) immortalità; fama imperitura.
immortalization [i,mɔ:təlai'zeiʃən], n. l'immortalare.
to immortalize [i'mɔ:təlaiz], v. t. immortalare; rendere immortale.
immortally [i'mɔ:təli], avv. 1 eternamente; perpetuamente 2 (fam.) infinitamente; moltissimo.
immortelle [,imɔ:'tel], n. (bot.) pianta perenne; semprevivo.
immovability [i,mu:və'biliti], n. 1 immobilità; fissità 2 irremovibilità 3 impassibilità.
immovable [i'mu:vəbl], a. 1 immobile; fermo; fisso 2 irremovibile: **an i. purpose**, un proposito irremovibile 3 (leg.) immobile; immobiliare: **i. property**, beni immobili 4 imperturbabile; impassibile. ● (leg.) **immovables**, beni immobili.
immovableness [i'mu:vəblnis], V. **immovability**.
immune [i'mju:n], **A** a. immune (anche med.); esente. **B** n. persona immune. ● (biol.) **i. body**, anticorpo □ (med.) **i. serum**, siero immune; immunsiero.
immunity [i'mju:niti], n. immunità; esenzione: **diplomatic i.**, immunità diplomatica; **i. from taxes**, esenzione da imposte.
immunization [,imju(:)nai'zeiʃən], n. (med. e fig.) immunizzazione.
to immunize ['imju(:)naiz], v. t. (med. e fig.) immunizzare; rendere immune.
immunodeficiency [,imju(:)noudi'fiʃənsi], n. (med.) immunodeficienza.
immunologic(al) [i,mjunou'lɔdʒik(əl)], a. (med.) immunologico.
immunologist [,imju'nɔlədʒist], n. (med.) immunologo.
immunology [,imju'nɔlədʒi], n. (med.) immunologia.
immunoreactive [i,mju:nouri'æktiv], a. (med.) immunoreattivo.
immunotherapeutic [i'mju:nouˌθerə'pju:tik], a. (med.) immunoterapeutico.
immunotherapy [,imju(:)nou'θerəpi], n. (med.) immunoterapia.
to immure [i'mjuə*], **A** v. t. 1 imprigionare 2 rinchiudere (fra quattro mura); murare 3 (un tempo) immurare. **to immure oneself B** v. rifl. 1 rinchiudersi; fare vita ritirata; isolarsi 2 immergersi, sprofondarsi (fig.): **He immured himself in his books**, s'immerse nella lettura (o nello studio) dei suoi libri.
immurement [i'mjuəmənt], n. 1 imprigionamento 2 il murare 3 il rinchiudersi; isolamento 4 (stor.) immurazione (supplizio).
immutability [i,mju:tə'biliti], n. immutabilità; invariabilità.
immutable [i'mju:təbl], a. immutabile; invariabile.
Imogen ['imoudʒən], n. Imogene.
imp [imp], n. 1 diavoletto; folletto 2 (fig.) diavoletto; monello.
impact ['impækt], n. 1 collisione; cozzo; urto 2 forza d'urto; pressione; (fig.) forte influsso, incidenza: **the i. of the French Revolution on English political thought**, il forte influsso della Rivoluzione francese sul pensiero politico inglese 3 (mil. e fig.) impatto: **the i. angle of a missile**, l'angolo d'impatto d'un missile; **the i. of revolutionary ideas**, l'impatto delle idee rivoluzionarie; **on i.**, all'impatto. ● (mil.) **i. bomb**, bomba a percussione □ (mecc.) **i. breaker**, trituratore a urto □ (aeron.) **i. pressure**, pressione dinamica □ **i. strength**, forza d'impatto □ (astron.) **i.-supporter**, impattista.
to impact [im'pækt], v. t. 1 configgere; incastrare; incuneare; comprimere 2 (fig.) scontrarsi con; urtare contro 3 (USA) avere un impatto (o un effetto) su (q.c.).
impacted [im'pæktid], a. 1 (med.: di frammento osseo) fatto collimare 2 (med.: di un calcolo) occludente; che occlude 3 (med.: di un dente) incluso 4 (USA) che è sotto l'impatto di: **a racially i. district**, un distretto che è sotto l'impatto della pressione razziale.
impaction [im'pækʃən], n. 1 incuneamento; compressione 2 (med.) collimazione (di due ossa) 3 (med.) occlusione; ristagno: **fecal i.**, ristagno delle feci 4 (med.: di un dente) inclusione.
to impair [im'pɛə*], v. t. danneggiare; deteriorare; diminuire; guastare; intaccare; menomare; peggiorare; pregiudicare; ridurre: **to i. one's health**, danneggiare la propria salute. ● **to become impaired**, guastarsi; deperire; indebolirsi.
impairment [im'pɛəmənt], n. danneggiamento; deterioramento;

diminuzione; menomazione; peggioramento; riduzione.
impala [im'pa:lə], *n.* (*pl.* **impalas, impala**) (*zool., Aepyceros melampus*) impala.
to impale [im'peil], *v. t.* **1** (*un tempo*) impalare **2** infilzare; trafiggere **3** (*fig.*) far restare impalato; inchiodare **4** (*araldica*) bipartire (*uno stemma*).
impalement [im'peilmənt], *n.* **1** (*stor.*) impalamento; impalatura (*supplizio*) **2** infilzamento; trafittura **3** (*araldica*) bipartizione.
impalpability [im‚pælpə'biliti], *n.* **1** impalpabilità **2** (*fig.*) impercettibilità.
impalpable [im'pælpəbl], *a.* **1** impalpabile **2** (*fig.*) inafferrabile; impercettibile: **i. variations**, variazioni impercettibili.
to impanel [im'pænl], *V.* **to empanel**.
to imparadise [im'pærədaiz], *v. t.* **1** imparadisare (*poet.*); mandare al settimo cielo **2** fare (*di un luogo*) un paradiso.
imparisyllabic ['im‚pærisi'læbik], *a.* e *n.* (*gramm., poesia*) imparisillabo.
imparity [im'pæriti], *n.* (*raro*) imparità (*raro*); disparità; disuguaglianza.
to impark [im'pa:k], *v. t.* **1** mettere (*bestie*) nel recinto **2** recingere (*terreni*) per farne parchi.
to impart [im'pa:t], *v. t.* **1** impartire; assegnare; distribuire **2** comunicare; rivelare; svelare: **to i. news to sb.**, comunicare notizie a q.; **to i. a secret**, rivelare un segreto **3** (*fis.*) trasmettere (*un moto, ecc.*).
impartation [‚impa:'teiʃən], *n.* **1** l'impartire **2** comunicazione.
impartial [im'pa:ʃəl], *a.* imparziale; giusto; equo; equanime.
impartiality ['im‚pa:ʃi'æliti], *n.* imparzialità; equità; equanimità.
impartible (1) [im'pa:tibl], *a.* (*leg., di un patrimonio, ecc.*) indivisibile.
impartible (2) [im'pa:tibl], *a.* (*raro*) impartibile; comunicabile.
impartment [im'pa:tmənt], *V.* **impartation**.
impassability ['im‚pa:sə'biliti], *n.* impraticabilità; intransitabilità.
impassable [im'pa:səbl], *a.* impraticabile; intransitabile; invalicabile.
impasse [æm'pa:s] (*franc.*), *n.* **1** vicolo cieco, impasse (*anche fig.*); situazione senza via d'uscita (*o* di scampo); punto morto **2** (*bridge*) impasse **3** (*econ.*) fase di stanchezza; ristagno.
impassibility [im‚pæsi'biliti], *n.* (*raro*) impassibilità; imperturbabilità; insensibilità.
impassible [im'pæsibl], *a.* (*raro*) impassibile; imperturbabile; insensibile.
impassibleness [im'pæsiblnis], *V.* **impassibility**.
to impassion [im'pæʃən], *v. t.* appassionare; commuovere fortemente; infiammare (*fig.*).
impassioned [im'pæʃənd], *a.* appassionato; commosso; caloroso; infiammato (*fig.*): **an i. speech**, un discorso appassionato.
impassive [im'pæsiv], *a.* impassibile; imperturbabile; insensibile.
impassiveness [im'pæsivnis], **impassivity** [‚impæ'siviti], *n.* impassibilità; imperturbabilità; insensibilità.
to impaste [im'peist], *v. t.* **1** impastare **2** (*pitt.*) coprire (*la tela*) con uno spesso strato di colore.
impasto [im'pæstou] (*ital.*), *n.* (*pl.* **impastos**) (*pitt.*) impasto.
impatience [im'peiʃəns], *n.* impazienza; insofferenza; intolleranza.
impatient [im'peiʃənt], *a.* impaziente; insofferente; intollerante. ● **to be i. of st.**, non sopportare q.c. □ **to become** (*o* **to get, to grow**) **i.**, spazientirsi; perdere la pazienza.
impavid [im'pævid], *a.* (*raro*) impavido.
to impawn [im'pɔ:n], *v. t.* impegnare; mettere in pegno (*fig.*) dare come assicurazione o caparra.
to impeach [im'pi:tʃ], *v. t.* **1** (*leg.*) accusare; denunciare; incriminare; mettere in stato d'accusa: **to i. sb. of** (*o* **with**) **a crime**, accusare q. d'un delitto; **If the House of Representatives decides to i. any government official, the Senate sits as a jury**, se la Camera dei Rappresentanti decide d'incriminare un membro del governo, il Senato si costituisce in giuria **2** mettere in dubbio; sollevare dubbi su; trovar da ridire su: **to i. sb.'s honour** (**loyalty**), sollevare dubbi sull'onorabilità (sulla fedeltà) di q.; **I don't i. your motives**, non metto in dubbio l'onestà dei tuoi motivi **3** (*leg.*) impugnare; infirmare: **to i. a contract**, infirmare un contratto. ● (*leg.*) **to i. a witness**, censurare la deposizione di un teste.
impeachable [im'pi:tʃəbl], *a.* accusabile; denunciabile; incriminabile.
impeachment [im'pi:tʃmənt], *n.* **1** (*leg.*) accusa; denuncia; incriminazione; messa in stato d'accusa: **The President of the U.S. can be removed by i.**, il Presidente degli U.S.A. può essere destituito mediante incriminazione **2** biasimo; censura.
impeccability [im‚pekə'biliti], *n.* impeccabilità; irreprensibilità; inappuntabilità.
impeccable [im'pekəbl], *a.* impeccabile; inappuntabile; irreprensibile.

impeccant [im'pekənt], *a.* infallibile; che non pecca; incensurabile.
impecuniosity [‚impi‚kjuni'ɔsiti], *n.* mancanza di denaro; povertà.
impecunious [‚impi'kju:njəs], *a.* privo di denaro; povero.
impedance [im'pi:dəns], *n.* (*elettr.*) impedenza. ● **i. coil**, reattore (*bobina*).
to impede [im'pi:d], *v. t.* impedire; inceppare; intralciare; ostacolare.
impediment [im'pedimənt], *n.* **1** impedimento (*anche leg.*); ostacolo **2** (*anche* **speech i.**) impedimento nel parlare; balbuzie **3** (*pl.*) *V.* **impedimenta**.
impedimenta [im‚pedi'mentə] (*lat.*), *n. pl.* (*mil., lett.*) impedimenti; carriaggi; salmerie.
impedimental [im‚pedi'mentəl], *a.* che è d'impedimento; impediente (*lett.*).
to impel [im'pel], *v. t.* impellere (*lett.*); costringere; forzare; incitare; spingere.
impellent [im'pelənt], **A** *a.* impellente. **B** *n.* **1** causa (*o* motivo) impellente **2** impulso; stimolo.
impeller [im'pelə*], *n.* (*mecc.*) ventola; girante; rotore.
to impend [im'pend], *v. i.* incombere; essere imminente; sovrastare; minacciare: **an impending danger**, un pericolo imminente.
impendence [im'pendəns], **impendency** [im'pendənsi], *n.* l'essere imminente; il sovrastare; imminenza.
impendent [im'pendənt], *a.* imminente; incombente; sovrastante.
impending [im'pendiŋ], *V.* **impendent**.
impenetrability [im‚penitrə'biliti], *n.* **1** impenetrabilità; (*fig.*) incomprensibilità **2** ottusità; stupidità.
impenetrable [im'penitrəbl], *a.* **1** impenetrabile; (*fig.*) incomprensibile: **an i. plot**, un intreccio incomprensibile **2** ottuso; stupido **3** refrattario: **i. to all requests**, refrattario a ogni richiesta.
impenetrableness [im'penitrəblnis], *V.* **impenetrability**.
to impenetrate [im'penitreit], *v. t.* compenetrare; permeare.
impenitence [im'penitəns], **impenitency** [im'penitənsi], *n.* impenitenza (*raro*); l'essere impenitente.
impenitent [im'penitənt], *a.* impenitente.
imperatival [im‚perə'taivl], *a.* (*gramm.*) d'imperativo; che ha valore d'imperativo.
imperative [im'perətiv], **A** *a.* **1** imperativo (*anche gramm.*); imperioso: (*gramm.*) **i. mood**, modo imperativo; **an i. manner**, un modo di fare imperioso **2** essenziale; necessario; indispensabile: **It is i. that I should go at once**, è necessario che io vada subito. **B** *n.* **1** (*gramm.*) (*modo*) imperativo **2** (*filos.*) imperativo: **categorical i.**, imperativo categorico **3** comando **4** comandamento; obbligo: **social imperatives**, obblighi sociali **5** bisogno; necessità: **an economic i.**, una necessità economica. ● **i. ways**, maniere autoritarie.
imperativeness [im'perətivnis], *n.* **1** imperiosità **2** necessità.
imperator [‚impə'ra:tɔ:*] (*lat.*), *n.* (*stor. romana*) imperatore.
imperatorial [im‚perə'tɔ:riəl], *a.* (*stor. romana*) imperatorio.
imperceptibility ['impə‚septə'biliti], *n.* impercettibilità.
imperceptible [‚impə'septəbl], *a.* impercettibile.
impercipient [‚impə'sipiənt], *a.* che non percepisce; ottuso (*fig.*).
imperfect [im'pə:fikt], **A** *a.* imperfetto (*anche gramm.*); incompleto; difettoso; manchevole: (*gramm.*) **i. tense**, tempo imperfetto; (*econ.*) **i. competition**, concorrenza imperfetta. **B** *n.* (*gramm.*) (*tempo*) imperfetto.
imperfection [‚impə'fekʃən], *n.* imperfezione; incompletezza; difetto; manchevolezza.
imperforate [im'pə:fərit], *a.* (*specialm. anat.*) non perforato; imperforato.
imperial [im'piəriəl], **A** *a.* **1** imperiale; augusto; maestoso; magnifico; sovrano; dell'Impero Britannico: **His I. Majesty**, Sua Maestà Imperiale; **i. trade**, commercio fra i paesi dell'Impero britannico. **B** *n.* **1** imperiale (*di carrozza, autobus, ecc.*) **2** pizzo, pizzetto (*secondo la moda dell'Imperatore Napoleone III*) **3** imperiale (*moneta d'oro della Russia zarista*). ● **i. gallon**, gallone imperiale (*o* britannico) □ (*econ.*) **i. preference**, trattamento tariffario di favore (*fra i paesi del Commonwealth*).
imperialism [im'piəriəlizəm], *n.* **1** politica imperialistica (*per es., dell'Impero britannico*) **2** (*spreg.*) imperialismo.
imperialist [im'piəriəlist], *n.* imperialista.
imperialistic [im‚piəriə'listik], *a.* imperialistico; imperialista.
to imperialize [im'piərəlaiz], *v. t.* investire d'autorità imperiale.
to imperil [im'peril], *v. t.* mettere in pericolo; arrischiare.
imperious [im'piəriəs], *a.* **1** imperioso; autoritario; arrogante: **an i. tone of voice**, un tono imperioso **2** impellente; necessario; urgente.
imperiousness [im'piəriəsnis], *n.* **1** imperiosità; arroganza **2** necessità; urgenza.
imperishability [im‚periʃə'biliti], *n.* l'essere imperituro; indistruttibilità.

imperishable [im'periʃəbl], *a.* imperituro; indistruttibile.
imperishableness [im'periʃəblnis], *V.* **imperishability**.
imperium [im'piəriəm] (*lat.*), *n.* (*pl.* **imperiums, imperia**) imperio (*arc.*); impero; autorità piena; potere assoluto.
impermanence [im'pə:mənəns], **impermanency** [im'pə:mənənsi], *n.* instabilità; precarietà; temporaneità; transitorietà.
impermanent [im'pə:mənənt], *a.* instabile; precario; temporaneo; transitorio.
impermeability [im,pə:mjə'biliti], *n.* impermeabilità.
impermeable [im'pə:mjəbl], *a.* impermeabile.
impermissible [,impə'misibl], *a.* non permissibile; intollerabile.
impersonal [im'pə:sənəl], *a.* (*anche gramm.*) impersonale: **i. verbs**, verbi impersonali; **an i. remark**, un'osservazione impersonale. ● (*banca*) **i. account**, conto numerato (*non intestato*).
impersonality [im,pə:sə'næliti], *n.* impersonalità.
to impersonalize [im'pə:sənəlaiz], *v. t.* spersonalizzare.
to impersonate [im'pə:səneit], *v. t.* **1** (*raro*) impersonare; personificare **2** interpretare (*un personaggio*) **3** spacciarsi per (q.) **4** imitare (q.).
impersonation [im,pə:sə'neiʃən], *n.* **1** (*raro*) personificazione **2** interpretazione (*d'una parte, a teatro*) **3** lo spacciarsi per un altro **4** imitazione (*d'un personaggio*).
impersonator [im'pə:səneitə*], *n.* **1** (*raro*) chi impersona; chi personifica **2** (*teatr.*) interprete **3** chi si spaccia per un altro **4** imitatore; attore che fa l'imitazione di personaggi noti.
impertinence [im'pə:tinəns], **impertinency** [im'pə:tinənsi], *n.* **1** impertinenza; insolenza; sconvenienza **2** non pertinenza; irrilevanza.
impertinent [im'pə:tinənt], *a.* **1** impertinente; insolente; sconveniente: **an i. question**, una domanda impertinente **2** non pertinente; irrilevante.
imperturbability ['impə(:)tə:bə'biliti], *n.* imperturbabilità.
imperturbable [,impə(:)'tə:bəbl], *a.* imperturbabile.
imperturbableness [,impə(:)'tə:bəblnis], *n.* imperturbabilità.
impervious [im'pə:vjəs], *a.* impervio; inaccessibile **2** impenetrabile: **the i. Amazonas**, l'impenetrabile Amazzonia **3** (*fig.*) sordo (*fig.*); che non dà ascolto; che non dà importanza: **a man who is i. to arguments**, un uomo sordo a ogni ragione; **a man i. to criticism**, un uomo che non dà importanza alle critiche. ● **i. to bullets**, a prova di proiettile □ **i. to water**, impermeabile.
imperviousness [im'pə:vjəsnis], *n.* l'essere impervio; impenetrabilità (*V.* **impervious**).
impetiginous [,impi'tidʒinəs], *a.* (*med.*) impetiginoso.
impetigo [,impi'taigou], *n.* (*pl.* **impetigos**) (*med.*) impetigine.
to impetrate ['impitreit], *v. t.* impetrare; chiedere (*o* ottenere) impetrando.
impetration [,impi'treiʃən], *n.* impetrazione (*lett.*); supplica.
impetratory [,impi'treitəri], *a.* impetratorio (*raro*).
impetuosity [im,petju'ɔsiti], *n.* **1** impetuosità; impulsività **2** azione impetuosa; osservazione precipitosa.
impetuous [im'petjuəs], *a.* impetuoso; precipitoso; impulsivo: **i. winds**, venti impetuosi; **an i. decision**, una decisione precipitosa.
impetuousness [im'petjuəsnis], *V.* **impetuosity**.
impetus ['impitəs], *n.* **1** impeto; impulso; incentivo: **Our foreign trade has received a great i.**, il nostro commercio estero ha ricevuto un grande impulso **3** (*fis.*) spinta. ● **under one's own i.**, per forza d'inerzia.
impiety [im'paiəti], *n.* **1** empietà; irreligiosità **2** irriverenza.
to impinge [im'pindʒ], *v. i.* **1** — **to i. on** (*o* **upon, against**), urtare (*o* sbattere) contro; percuotere **2** — **to i. on** (*o* **upon**), influire su; interferire con (*l'autorità di q.*); invadere, violare (*il campo di competenza altrui, ecc.*).
impingement [im'pindʒmənt], *n.* **1** urto **2** interferenza; violazione **3** (*ing.*) separazione a urto.
impious ['impiəs], *a.* **1** empio; sacrilego **2** irriverente.
impish ['impiʃ], *a.* da diavoletto; birichino; malizioso; sbarazzino.
impishness ['impiʃnis], *n.* l'essere birichino (*o* malizioso, sbarazzino); birichineria; malizia.
impiteous [im'pitiəs], *a.* (*poet.*) spietato.
implacability [im,plækə'biliti], *n.* implacabilità.
implacable [im'plækəbl], *a.* implacabile.
implacental [,implə'sentəl], *a.* (*zool.*) privo di placenta.
to implant [im'pla:nt], *v. t.* **1** piantare; fissare **2** (*fig.*) inculcare; imprimere; instillare **3** (*med.*) impiantare.
implant ['im,pla:nt], *n.* (*med.*) impianto; innesto.
implantation [,impla:n'teiʃən], *n.* **1** il piantare; fissamento; fissaggio **2** (*fig.*) inculcazione (*raro*); instillazione **3** (*med.*) impianto.
implantological [im,pla:ntə'lɔdʒikəl], *a.* implantologico.
implantologist [,impla:n'tɔlədʒist], *n.* (*med.*) implantologo.
implantology [,impla:n'tɔlədʒi], *n.* (*med.*) implantologia.
implausibility [im,plɔ:zi'biliti], *n.* mancanza di plausibilità.
implausible [im'plɔ:zibl], *a.* non plausibile.

implement ['implimənt], *n.* **1** attrezzo; arnese; strumento; utensile: **farm implements**, attrezzi agricoli **2** mezzo; strumento **3** mobile; **implements**, mobilio; masserizie **4** articolo di vestiario; capo d'abbigliamento.
to implement ['impliment], *v. t.* **1** adempiere; compiere; attuare; effettuare: **to i. an engagement**, adempiere un impegno **2** (*leg., comm.*) perfezionare: **to i. a contract**, perfezionare un contratto.
implementation [,implimen'teiʃən], *n.* **1** adempimento; compimento; attuazione; effettuazione **2** (*leg., comm.*) perfezionamento (*d'un contratto*). ● **the i. of a treaty**, l'applicazione (*o* l'esecuzione) di un trattato.
impletion [im'pli:ʃən], *n.* (*arc.*) **1** riempimento; completamento **2** pienezza; completezza.
to implicate ['implikeit], *v. t.* **1** implicare; compromettere; coinvolgere: **His confession implicated several accomplices**, la sua confessione coinvolse diversi complici **2** implicare; racchiudere; sottintendere.
implicate ['implikit], *n.* cosa implicata, racchiusa (*in un'altra*).
implication [,impli'keiʃən], *n.* **1** implicazione; coinvolgimento: **Too much unemployment has always political implications**, un'eccessiva disoccupazione ha sempre implicazioni politiche **2** cosa implicata, racchiusa (*in un'altra*); illazione: **I don't get the implications of his remarks**, non riesco a dedurre nulla dalle sue osservazioni **3** conseguenza: **political implications**, conseguenze politiche. ● **by i.**, implicitamente □ **with the i. that**, sottintendendo che.
implicative [im'plikətiv], **implicatory** [im'plikətəri], *a.* implicatorio (*raro*); implicante; che implica.
implicit [im'plisit], *a.* **1** implicito (*anche mat.*); compreso (in q.c.); tacito; sottinteso: **an i. promise**, una promessa implicita; **i. consent**, tacito consenso **2** assoluto; completo; incondizionato: **i. obedience**, obbedienza assoluta.
implicitness [im'plisitnis], *n.* **1** l'essere implicito **2** assolutezza; completezza.
implied [im'plaid], *a.* (*anche leg.*) implicito, tacito: **i. condition**, condizione implicita; **i. warranty**, garanzia tacita.
to implore [im'plɔ:*], *v. t.* implorare; impetrare; supplicare: **to i. sb. for forgiveness**, implorare il perdono di q.
imploring [im'plɔ:riŋ], *a.* implorante; supplichevole.
imploringness [im'plɔ:riŋnis], *n.* l'essere supplichevole.
implosion [im'plouʒən], *n.* (*chim.*) implosione. ● (*mil.*) **i. weapon**, arma a implosione.
impluvium [im'plu:vjəm] (*lat.*), *n.* (*pl.* **impluvia**) (*stor., archit.*) impluvio.
to imply [im'plai], *v. t.* **1** implicare; avere in sé; racchiudere: **Drama implies conflict**, il dramma implica conflitto **2** accennare a (q.c.); denotare; insinuare; significare; suggerire: **I hope you don't want to i. that I am unfair**, spero che tu non voglia insinuare che io sono ingiusto; **His attitude implied boredom**, il suo atteggiamento denotava noia. ● **Silence implies consent**, chi tace acconsente (*prov.*).
impolicy [im'pɔlisi], *n.* **1** l'essere impolitico **2** imprudenza; inopportunità.
impolite [,impə'lait], *a.* scortese; sgarbato; maleducato; villano.
impoliteness [,impə'laitnis], *n.* scortesia; sgarbatezza; villania.
impolitic [im'pɔlitik], *a.* **1** impolitico **2** imprudente; inopportuno.
imponderability [im'pɔndərə'biliti], *n.* imponderabilità.
imponderable [im'pɔndərəbl], **A** *a.* imponderabile. **B** *n.* (*di solito al pl.*) (causa, elemento, motivo) imponderabile.
to import [im'pɔ:t], **A** *v. t.* **1** (*econ.* e *fig.*) importare; introdurre (*merci, una nuova moda, ecc.*): **We i. cotton from Egypt**, importiamo cotone dall'Egitto **2** implicare; comportare **3** significare; voler dire: **What does this piece of news i.?**, che cosa significa questa notizia? **4** (*arc.*) concernere, riguardare, interessare a; importare a (*impers.*): **This question imports us nearly**, questo problema ci concerne da vicino; **It imports us to be at peace with our neighbours**, ci importa (*o* c'interessa) vivere in pace con i nostri vicini. **B** *v. i.* avere importanza.
import ['impɔ:t], *n.* **1** importanza; senso; significato; valore; rilievo; portata: **a matter of great i.**, un affare di grande importanza; **What is the i. of his remarks?**, qual è il senso delle sue osservazioni?; **a law of great i.**, un provvedimento legislativo di grande rilievo (*o* portata) **2** (*econ.*) importazione; merce (*o* prodotto) d'importazione. ● **i. agent**, importatore su commissione □ **i. credits**, crediti all'importazione □ **i. duty**, dazio d'importazione □ (*fin., comm. estero*) **i.-export movements**, interscambio □ **i. licence**, licenza d'importazione □ **i. quota**, contingente d'importazione.
importable [im'pɔ:təbl], *a.* importabile.
importance [im'pɔ:təns], *n.* **1** importanza; gravità: **Some raw materials are of great i. to industry**, certe materie prime hanno grande importanza per l'industria **2** (*anche* **self-i.**) pompa; sussiego.

important [im'pɔ:tənt], *a.* **1** importante; grave; rilevante **2** (*anche* **self-i.**) che si dà arie d'importanza; pomposo.
importation [,impɔ:'teiʃən], *n.* (*econ.*) importazione; prodotto (*o* merce) d'importazione.
importer [im'pɔ:tə*], *n.* (*econ.*) **1** importatore, importatrice **2** ditta importatrice **3** paese importatore.
importing [im'pɔ:tiŋ], *a.* (*econ.*) che importa; importatore, importatrice: **i. countries**, i paesi importatori.
importunate [im'pɔ:tjunit], *a.* **1** importuno; insistente; molesto: **an i. child**, un bambino importuno **2** pressante; urgente: **an i. affair**, un affare urgente. ● **an i. person**, un seccatore.
to importune [im'pɔ:tju:n], *v. t.* importunare; molestare; seccare.
importunity [im'pɔ:tjuniti], *n.* importunità; insistenza; molestia.
to impose [im'pouz], **A** *v. t.* **1** imporre (*in ogni senso*): **The king imposed new taxes on the people**, il re impose al popolo nuovi balzelli; (*relig.*) **to i. one's hands on sb.'s head**, imporre le mani sul capo di q. **2** (*tipogr.*) mettere in ordine (*pagine di caratteri composti*) **3** (*tipogr.*) mettere in macchina (*un giornale*) **4** spacciare; imporre ingannando: **He imposed his story on his family**, spacciò la sua storia per vera alla famiglia **5** (*leg.*) irrogare (*una pena, ecc.*). **B** *v. i.* **1** (*anche* **to i. on, upon**) disturbare, imporre la propria presenza a (q.) **2** - **to i. on** (*o* **upon**), approfittare di: **You have imposed on his goodness**, hai approfittato della sua bontà **3** imbrogliare; ingannare: **With her hypocritical manner, she imposed on everyone**, col suo modo di fare l'ipocrita ingannò tutti. **to impose oneself C** *v. rifl.* imporsi.
imposing [im'pouziŋ], *a.* imponente; grandioso; solenne.
imposingness [im'pouziŋnis], *n.* importanza; grandiosità; solennità.
imposition [,impə'ziʃən], *n.* **1** (*anche fin.*) imposizione; tassazione; imposta; tributo: **the i. of new burdens on the people**, l'imposizione di nuovi gravami sul popolo; (*relig.*) **the i. of hands**, l'imposizione delle mani **2** disturbo; seccatura **3** prepotenza; soprusо; soperchieria **4** impostura; imbroglio; inganno **5** (*a scuola*) pensum (*arc.*); compito assegnato per castigo **6** (*tipogr.*) messa in macchina **7** (*tipogr.*) menabò **8** (*leg.*) irrogazione.
impossibility [im,pɔsə'biliti], *n.* **1** impossibilità **2** cosa impossibile.
impossible [im'pɔsəbl], *a.* **1** impossibile: **It was i. for me to come yesterday**, mi fu impossibile venire ieri **2** assurdo; inverosimile; stravagante: **What an i. story!**, che storia inverosimile! **3** (*fam.*) impossibile; insopportabile; intrattabile: **You're i.!**, sei impossibile! **4** (*fam.*) impossibile; non accettabile; assurdo: **an i. hat**, un cappellino assurdo.
impost (1) ['impoust], *n.* **1** (*fin., stor.*) imposta; balzello; (*specialm.*) dazio d'importazione **2** (*ippica*) handicap.
impost (2) ['impoust], *n.* (*archit.*) imposta.
impostor [im'pɔstə*], *n.* impostore; frodatore; ingannatore.
impostrous [im'pɔstrəs], *a.* fraudolento; ingannevole.
imposture [im'pɔstʃə*], *n.* impostura; frode; inganno.
impot ['impɔt], *n.* (*abbr. di* **imposition**) (*fam.: a scuola*) penso (*arc.*); compito assegnato per castigo.
impotence ['impətəns], **impotency** ['impətənsi], *n.* impotenza (*anche med.*); debolezza; incapacità.
impotent ['impətənt], *a.* impotente (*anche med.*); debole; incapace. ● **to be i. to help sb.**, non essere in grado d'aiutare q.
to impound [im'paund], *v. t.* **1** (*leg.*) confiscare; sequestrare **2** chiudere, rinchiudere (*specialm. animali*) **3** raccogliere (*acqua*) **4** rimuovere (*automobili in divieto di sosta*). ● **impounding reservoir**, V. **impound**.
impound [im'paund], *n.* **1** bacino idrico; serbatoio di ritenuta **2** rimozione (*di automobili parcheggiate in divieto di sosta*).
to impoverish [im'pɔvəriʃ], *v. t.* impoverire; immiserire; depauperare.
impoverishment [im'pɔvəriʃmənt], *n.* impoverimento; immiserimento; depauperamento: (*agric.*) **the i. of the soil**, l'impoverimento del terreno.
impracticability [im,præktikə'biliti], *n.* **1** impraticabilità; inattuabilità; impossibilità: **the i. of this plan**, l'inattuabilità di questo piano **2** mancanza di senso pratico.
impracticable [im'præktikəbl], *a.* **1** impraticabile; inattuabile; impossibile: **an i. road**, una strada impraticabile **2** privo di senso pratico: **an i. man**, un uomo che non ha senso pratico **3** (*arc.*) impraticabile; intrattabile.
impracticableness [im'præktikəblnis], *V.* **impracticability**.
impractical [im'præktikl], *a.* (*specialm. USA*) **1** non pratico **2** privo di senso pratico: **a totally i. man**, un uomo del tutto privo di senso pratico **3** impraticabile; inattuabile.
impracticality [im,prækti'kæliti], *n.* **1** scarsa praticità **2** mancanza di senso pratico **3** impraticabilità; inattuabilità.
to imprecate ['imprikeit], **A** *v. t.* **1** imprecare (*lett.*); invocare; augurare: **to i. misfortune upon sb.**, imprecare disgrazie a q. **2** (*raro*) imprecare contro (q.); maledire. **B** *v. i.* imprecare; bestemmiare.
imprecation [,impri'keiʃən], *n.* imprecazione; maledizione.
imprecatory ['imprikeitəri], *a.* imprecatorio (*raro*); imprecativo.
imprecise [,impri'sais], *a.* impreciso.
imprecision [,impri'siʒən], *n.* imprecisione.
impregnability [im,pregnə'biliti], *n.* imprendibilità; inespugnabilità.
impregnable (1) [im'pregnəbl], *a.* **1** imprendibile; inespugnabile: **an i. trench**, una trincea inespugnabile **2** (*fig.*) incrollabile; fermo; saldo: **an i. belief**, una fede incrollabile.
impregnable (2) [im'pregnəbl], *a.* (*biol.*) impregnabile.
impregnate [im'pregnit], *a.* (*biol. e fig.*) pregno, gravido; (*fig.*) impregnato, saturo.
to impregnate ['impregneit], *v. t.* **1** (*biol.*) impregnare; ingravidare; fecondare **2** (*anche fig.*) impregnare; imbevere; saturare **3** (*fig.*) instillare; infondere. ● **to i. sb. with moral principles**, instillare a q. principi morali.
impregnation [,impreg'neiʃən], *n.* (*biol.*) impregnazione (*anche fig.*); ingravidamento; fecondazione.
impresario [,impre'sa:riou], *n.* (*pl.* **impresarios**) (*teatr.*) impresario.
imprescriptibility ['impri,skripti'biliti], *n.* (*leg.*) imprescrittibilità.
imprescriptible [,impri'skriptibl], *a.* (*leg.*) imprescrittibile.
to impress (1) [im'pres], *v. t.* **1** imprimere (*anche fig.*); fissare; stampare; lasciare un'impronta su (q.c.): **to i. one's seal on a document**, imprimere il proprio sigillo su un documento; **His ideas on social reform are impressed on my mind**, le sue idee di riforma sociale mi sono impresse nella mente **2** impressionare; fare impressione (*per lo più in senso buono*) a (q.); colpire favorevolmente; far colpo su (q.); entusiasmare: **This novel hasn't impressed me at all**, questo romanzo non mi ha entusiasmato affatto; **I was impressed by his words**, fui impressionato dalle sue parole. ● **to i. sb. favourably (unfavourably)**, fare una buona (una cattiva) impressione a q.
impress ['impres], *n.* **1** impronta (*anche fig.*); segno caratteristico; marchio: **Sufferings have left their i. on the poor woman**, le sofferenze hanno lasciato la loro impronta sulla poveretta **2** impressione.
to impress (2) [im'pres], *v. t.* **1** (*stor., mil.*) arruolare per forza (*nell'esercito e, specialm., nella marina*) **2** (*leg.*) confiscare (*denaro, proprietà, ecc.*); requisire (*merci, per uso pubblico*).
impressibility [im,presi'biliti], *n.* impressionabilità; emotività.
impressible [im'presəbl], *a.* impressionabile; emotivo.
impression [im'preʃən], *n.* **1** impressione (*in ogni senso*); impronta: **the i. of a seal on a letter**, l'impressione d'un sigillo su una lettera; **the i. of a foot on sand**, l'impronta d'un piede sulla sabbia; **I was under the i. that he was at home**, avevo l'impressione ch'egli fosse a casa **2** (*tipogr.*) stampa; tiratura: **a second i. of ten thousand copies**, una seconda tiratura di diecimila copie **3** effetto; risultato: **Our attempt at cleaning made no i. on the dirt**, il nostro tentativo di togliere via il sudiciume non dette nessun risultato **4** (*geol., med., metall.*) impronta **5** imitazione; parodia. ● **His acting makes little i. on me**, la sua recitazione non mi entusiasma molto.
impressionability [im,preʃnə'biliti], *n.* impressionabilità; l'essere influenzabile; emotività.
impressionable [im'preʃnəbl], *a.* impressionabile; influenzabile; emotivo.
impressionism [im'preʃnizəm], *n.* (*arte*) impressionismo.
impressionist [im'preʃnist], *n.* **1** (*arte*) impressionista **2** (*spettacolo*) imitatore.
impressionistic [im,preʃə'nistik], *a.* (*arte*) impressionistico; impressionista.
impressive [im'presiv], *a.* impressionante; emozionante; di grande effetto; solenne: **an i. scene**, una scena di grande effetto.
impressiveness [im'presivnis], *n.* l'esser emozionante (*o* di grande effetto); imponenza; solennità.
impressment [im'presmənt], *n.* (*stor., mil.*) **1** arruolamento forzato **2** (*leg.*) confisca; requisizione.
imprest ['imprest], *n.* (*fin.*) anticipazione (*di denaro*); prestito (*specialm., dello Stato a un privato, per lavori di pubblica utilità*).
imprimatur [,impri'meitə*] (*lat.*), *n.* **1** (*relig.*) imprimatur; licenza di dare alle stampe **2** (*fig.*) approvazione; sanzione.
to imprint [im'print], *v. t.* **1** imprimere (*anche fig.*); stampare (*fig.*): **He imprinted the paper with his seal**, impresse il suo sigillo sul documento; **The mother imprinted a kiss on her child's forehead**, la madre stampò un bacio in fronte al figlio; **scenes imprinted on one's memory**, scene impresse nella memoria **2** applicare; apporre: **to i. a postmark on a letter**, applicare un francobollo a una lettera **3** (*tipogr.*) stampare. ● **to i. a letter with a postmark**, timbrare una lettera.
imprint ['imprint], *n.* **1** impronta (*anche fig.*); impressione; trac-

imprinted

cia; segno: **the i. of a foot**, l'impronta d'un piede; **the i. of vice on sb.'s face**, l'impronta del vizio sulla faccia di q. **2** (*anche* **publisher's i.**) sigla editoriale; colophon (*raro*).
imprinted [im'printid], *a.* **1** impresso; stampato (*fig.*) **2** applicato; apposto **3** (*tipogr.*) stampato. ● **i. form**, modulo a stampa.
imprinter [im'printə*], *n.* (*grafica*) stampante.
imprinting [im'printiŋ], *n.* (*etologia*) imprinting.
to imprison [im'prizn], *v. t.* **1** imprigionare (*anche fig.*); racchiudere **2** (*fig.*) confinare; relegare; limitare; restringere.
imprisonment [im'priznmənt], *n.* **1** imprigionamento; incarcerazione **2** prigionia; reclusione. ● **life i.**, carcere a vita; ergastolo.
improbability [im,prɔbə'biliti], *n.* improbabilità; inverosimiglianza.
improbable [im'prɔbəbl], *a.* improbabile; inverosimile: **an i. tale**, un racconto inverosimile. ● **i. jewels**, gioielli di dubbia autenticità.
improbity [im'proubiti], *n.* improbità; disonestà; malvagità.
impromptu [im'prɔmptju:], **A** *a.* estemporaneo; improvvisato: **an i. speech**, un discorso improvvisato. **B** *avv.* estemporaneamente; improvvisando; all'impronta: **to speak i.**, parlare improvvisando. **C** *n.* **1** discorso (*o* spettacolo, ecc.) estemporaneo; improvvisazione **2** (*mus.*) improvviso; impromptu.
improper [im'prɔpə*], *a.* improprio; inadatto; erroneo; sbagliato: **an i. treatment (of a disease)**, una cura sbagliata d'una malattia; (*mat.*) **i. fractions**, frazioni improprie **2** indecente; sconveniente; scostumato: **It is i. to chew gum at table**, è sconveniente masticare gomma a tavola; **an i. suggestion**, una proposta sconveniente **3** anormale; irregolare.
to impropriate [im'prouprieit], *v. t.* (*leg.*) appropriarsi di (*benefici ecclesiastici*); secolarizzare (*beni della Chiesa*).
impropriation [im,proupri'eiʃən], *n.* (*leg.*) cessione (*di beni ecclesiastici*) in proprietà a laici; secolarizzazione.
impropriety [,imprə'praiəti], *n.* **1** improprietà; erroneità; scorrettezza **2** indecenza; sconvenienza; scostumatezza.
improvability [im,pru:və'biliti], *n.* l'essere migliorabile (*o* perfezionabile).
improvable [im'pru:vəbl], *a.* **1** migliorabile; perfezionabile **2** (*di terreno*) adatto alla coltivazione.
improvableness [im'pru:(ə)vəblnis], *V.* **improvability**.
to improve [im'pru:v], **A** *v. t.* **1** migliorare; perfezionare; correggere: **to i. a method**, perfezionare un metodo; **greatly improved knowledge of English**, conoscenza dell'inglese assai migliorata **2** fare migliore a, valorizzare (*un terreno*, ecc.); ingrandire e abbellire (*una casa*) **3** avvantaggiarsi di; profittare di; far buon uso di: **to i. the occasion** (*o* **opportunity**), approfittare dell'occasione. **B** *v. i.* **1** migliorare; stare meglio: **The patient is improving steadily**, il malato sta migliorando di continuo; **My health is improving**, sto meglio di salute **2** (*econ., fin.*) aumentare; essere in rialzo: **Demand is improving**, la domanda è in aumento; **Alco shares improved yesterday**, le azioni Alco ieri erano in rialzo. ● **to i. st. away**, correggere q.c., facendo meglio □ **to i. on st.**, migliorare q.c.; far meglio una cosa (già fatta); **Your translation can hardly be improved on**, è difficile migliorare la traduzione che hai fatto.
improvement [im'pru:vmənt], *n.* **1** miglioramento; perfezionamento; progresso: **an i. in the living standard of the people**, un miglioramento del livello di vita del popolo **2** miglioria, valorizzazione (*d'un terreno*); ingrandimento e abbellimento (*d'una casa*) **3** buon uso (*di un'occasione*, ecc.); profitto (*tratto da q.c.*) **4 i. area**, zona di risanamento (urbano) □ **This composition is an i. on** (*o* **over**) **your last**, questo componimento è migliore dell'ultimo che hai scritto.
improver [im'pru:və*], *n.* **1** chi migliora, perfeziona, corregge, ecc. (*V.* **to improve**) **2** apprendista; chi si perfeziona in un mestiere.
improvidence [im'prɔvidəns], *n.* improvidenza; sconsideratezza.
improvident [im'prɔvidənt], *a.* improvidente; improvvido (*lett.*); sconsiderato.
improvisation [,imprəvai'zeiʃən], *n.* improvvisazione.
improvisator [im'prɔvizeitə*], *n.* improvvisatore.
improvisatorial [im,prɔvizə'tɔ:rjəl], **improvisatory** [,imprə'vaizətəri], *a.* pertinente a improvvisazione; estemporaneo.
to improvise [im'prəvaiz], *v. t. e i.* improvvisare: **Actors sometimes i.**, gli attori a volte improvvisano; **to i. a bed (a meal, etc.)**, improvvisare un letto (un pasto, ecc.).
imprudence [im'pru:dəns], *n.* imprudenza.
imprudent [im'pru:dənt], *a.* imprudente; incauto.
impudence ['impjudəns], **impudency** ['impjudənsi], *n.* impudenza; insolenza; sfacciataggine.
impudent ['impjudənt], *a.* impudente; insolente; sfacciato.
impudicity [,impju'disiti], *n.* impudicizia.
to impugn [im'pju:n], *v. t.* **1** contestare; mettere in dubbio; criticare; attaccare (*fig.*) **2** (*leg.*) impugnare (*una sentenza*, ecc.).

impugnable [im'pju:nəbl], *a.* **1** contestabile **2** (*leg.*) impugnabile.
impugnation [,impju'neiʃən], **impugnment** [im'pju:nmənt], *n.* (*leg.*) impugnazione; impugnativa.
impuissance [im'pju(:)isəns], *n.* impotenza; debolezza.
impuissant [im'pju:isənt], *a.* impotente; debole.
impulse ['impʌls], *n.* impulso (*anche fis. e psic.*); impeto; spinta; (*fig.*) eccitamento, stimolo: **an electrical i.**, un impulso elettrico; **the sexual i.**, lo stimolo sessuale; **to be guided by i. more than by reason**, lasciarsi guidare dall'impulso più che dalla ragione; **We must give a new i. to scientific research**, dobbiamo dare nuovo impulso alla ricerca scientifica. ● (*econ.*) **i. buyer**, chi acquista per impulso □ (*econ.*) **i. buying**, acquisti fatti per impulso (*non programmati*) □ (*naut., mil.*) **i. charge**, carica di lancio □ (*elettron.*) **i. generator**, generatore d'impulsi; impulsatore □ (*telev.*) **i. separator**, separatore.
impulsion [im'pʌlʃən], *n.* **1** impulsione (*raro*); il dare impulso **2** impulso; impeto **3** (*mecc.*) impulsione; propulsione **4** (*fig.*) eccitamento, stimolo **5** (*anche psic.*) compulsione.
impulsive [im'pʌlsiv], *a.* **1** impulsivo **2** (*mecc.*) propulsore.
impulsiveness [im'pʌlsivnis], *n.* impulsività.
impunity [im'pju:niti], *n.* impunità. ● **with i.**, impunemente.
impure [im'pjuə*], *a.* impuro; immondo; impudico; disonesto: **i. water**, acqua impura; **i. thoughts**, pensieri impuri; **i. motives**, motivi disonesti.
impurity [im'pjuəriti], *n.* **1** impurezza; impurità **2** impudicizia.
imputability [im,pju:tə'biliti], *n.* (*leg., rag.*) imputabilità.
imputable [im'pju:təbl], *a.* imputabile; ascrivibile; attribuibile.
imputation [,impju(:)'teiʃən], *n.* **1** (*anche leg.*) imputazione; accusa; addebito **2** (*rag.*) imputazione; attribuzione.
imputative [im'pju:tətiv], *a.* che tende a imputare (*o* ad accusare).
to impute [im'pju:t], *v. t.* (*anche leg.*) imputare; ascrivere; attribuire; addebitare (*fig.*): **to i. a crime to sb.**, imputare q. d'un delitto; **to i. st. as a fault**, imputare q.c. a colpa.
in (1) [in], *prep.* **1** (*compl. di stato in luogo, posizione, condizione, ecc.*) in; a; in mezzo a; di: **in London**, a Londra; **in Italy**, in Italia; **in a crowd**, in mezzo a una folla; **We saw a man in the distance**, vedemmo un uomo in lontananza; **to bask in the sun**, crogiolarsi al sole; **in (the) hospital**, in ospedale; **in uniform**, in uniforme; **in the dark**, al buio; **to be in the army**, essere nell'esercito (*o* sotto le armi); **to be in evening dress**, essere in abito da sera; **to express oneself in mathematical terms**, esprimersi in termini matematici; **to write in ink**, scrivere a penna (*o* con l'inchiostro); **to be in a good humour**, esser di buon umore; **to be dressed in rags (in black, in mourning)**, essere vestito di stracci (in nero, a lutto); **He's in business (politics, etc.)**, è in affari (in politica, ecc.) **2** (*compl. di tempo*) in; entro; durante; in capo a; fra; di: **in April**, in aprile; **in (the year) 1979**, nel 1979; **in all my life**, in tutta la mia vita; **in three months**, in (*o* entro) tre mesi; **in an hour's time**, in un'ora; in capo a un'ora; **in the morning (afternoon, evening)**, di mattina (pomeriggio, sera); **in the day**, di giorno; **in the night**, di notte; **in time**, in tempo; in tempo utile **3** (*compl. di moto entro luogo; invece di* **into**) in; dentro: **Put it in your pocket**, mettilo in tasca; **Come in the house**, vieni dentro (*o* entra in) casa **4** (*compl. di modo, condizione, ecc.*) in; a; con; su; per: **in public**, in pubblico; **in rows**, in file; **in groups**, a gruppi; **in danger**, in pericolo; **in tears**, in lacrime; **in earnest**, sul serio; **in fun**, per scherzo **5** (*compl. di limitazione, misura, ecc.*) in; di; su: **to be weak in algebra**, essere debole in algebra; **to be wanting in courage**, essere privo di coraggio; **four in number**, quattro di numero; **four feet in width**, quattro piedi (*m 1,20 circa*) di larghezza; **one in a hundred**, uno su cento **6** (*compl. di causa*) per; a causa di: **I cried in pain**, gridai per il dolore **7** (*compl. di materia*) di: **The coat was in green velvet**, la giacca era di velluto verde **8** (*seguito da gerundio*) in (*o idiom.*): **In writing the letter you've made several mistakes**, nello scrivere (*o* scrivendo) la lettera, hai fatto parecchi errori; **In crossing the river, I fell into the water**, attraversando (*o* nell'attraversare) il fiume, caddi in acqua **9** in fatto di; quanto a: **This is the latest thing in language labs**, questa è l'ultima novità in fatto di laboratori linguistici **10** (*cinem., teatr., telev.: di un attore*) nella parte di. ● **in all**, nell'insieme; nel complesso □ **to be in brown boots**, avere (*o* portare) gli scarponi gialli □ **to be in cash**, essere ben provvisto di (*o* stare bene a) quattrini □ **to be in demand**, (*econ.*) essere richiesto; (*fig.*) essere ricercato □ **in fact**, in realtà; effettivamente □ **in fashion**, alla moda; in voga □ (*aeron.*) **in-flight**, effettuato in volo: **in-flight film**, film proiettato durante il volo □ (*leg.*) **in kind**, in natura □ **in my opinion**, secondo me □ **to be in politics**, occuparsi di politica □ **in-print**, titolo (*di libro*) in corso di stampa □ **in print**, in corso di stampa; (*anche*) in circolazione □ **in season**, di stagione □ **in so far as**, inquantoché; fino al punto che □ **in that**, in ciò; (*cong.*) in quanto che, poiché,

dacché □ **in the rain**, sotto la pioggia □ (*comm.*) **in-transit goods**, merci di transito □ **in truth**, in verità; invero □ **in vain**, invano; inutilmente □ **as far as in me lies**, per quanto sta in me □ **to be blind in one eye**, esser cieco da un occhio □ **to cut st. in half**, tagliare q.c. a metà □ **to engage in trade**, occuparsi di affari (*o* di commercio) □ (*fig.*) **not to be in it**, non essere un concorrente pericoloso; non essere in predicato per la vittoria □ **to paint in oils**, dipingere a olio □ **to sit in a luxury car**, essere a bordo di un'automobile di lusso □ **a woman in black**, una donna vestita di nero □ **It is good in itself**, è cosa buona per se stessa (*o* di per sé) □ (*fam.*) **I did not think he had it in him**, non lo credevo capace di tanto.

in (2) [in], *avv.* **1** dentro; entro (*raro*); in casa (in ufficio, ecc.): **He is in**, è in (*o* a) casa; **Is anybody in?**, c'è nessuno (in casa, in ufficio, ecc.)? **2** (*di fuoco e sim.*) acceso: **Keep the fire in**, mantieni acceso il fuoco **3** (*di treno, nave, ecc.*) arrivato: **Is your plane in yet?**, è arrivato il tuo aereo?; **Summer is in**, è arrivata l'estate; **When will strawberries be in?**, quando arriveranno le (*o* sarà la stagione delle) fragole? **4** (*di partito politico*) al potere; in carica; al governo: **The Labour Party was in**, il partito laburista era al potere **5** di moda; in voga **6** (*preceduto da un verbo, ne modifica il significato*; *per es.*:) **to go in**, andare dentro; entrare; **to come in**, venir dentro; entrare; arrivare; diventare «in»; venire di moda; **to be in**, essere arrivato; pervenire; essere «in»; essere alla moda; (*polit.*) essere al potere; (*sport*) avere la battuta, essere alla battuta; **All applications must be in by Friday**, tutte le domande devono pervenire entro venerdì; **to send sb. in**, far entrare q.; **to give in**, cedere; **to put a notice in**, mettere un avviso (*su un giornale*); **to hem in**, circondare; **to cut in**, incidere; **to write in**, inserire (*scrivendo*). ● **in and out**, dentro e fuori; su e giù; a fasi alterne □ (*fam.*) **to be in for**, andare incontro a, doversi aspettare: **Italy is in for a big recession**, l'Italia va incontro a una grave recessione; **You're in for trouble!**, ti capiterà un guaio!; **We're in for a storm**, arriva la tempesta! □ **to be in for an exam**, essersi iscritto a un esame; prepararsi a sostenere un esame □ **to be in for it**, essere in ballo (*fig.*); essere implicato (*o* impegnato) in q.c.; (*pop.*) aspettarsi una punizione, aspettarsela □ **to be in for a prize**, concorrere a un premio □ (*sport*) **to be in for a race**, essere iscritto a una corsa □ **to be in for an unpleasant** (*o* **a bad**) **time**, vedersela brutta; dover aspettarsi delle seccature □ **to be in on**, essere al corrente di (q.c.); fare parte di, partecipare a (q.c.) □ **to be (well) in with sb.**, esser in stretta amicizia (*o* in buoni rapporti) con q. □ (*comm.*) **all in**, tutto compreso □ (*fam.*) **to be (well) in with sb.**, essere sfinito, stremato □ **to fall in with**, accordarsi (*o* trovarsi d'accordo) con □ (*fam.*) **to have it in for sb.**, avercela con q.; non potere soffrire q. □ **to keep in with sb.**, rimanere in stretta amicizia (*o* in buoni rapporti) con q. □ (*polit.*) **to put sb. in**, mandare q. al potere (*in parlamento, ecc.*) □ (*fam.*) **to be (well) in with sb.**, essere nelle grazie (*o* nella manica) di q. □ **In with it!**, coraggio!; forza!; vediamo un po'! □ **In with you!**, su, entra! □ (*fam.*) **Are you in on it?**, ci sei dentro anche tu?; fai parte della comitiva?; (*anche*) sei al corrente?

in (3) [in], *a.* **1** interno; che è (*o* risiede) dentro: **the in door**, la porta interna; **an in-patient**, un paziente interno **2** in arrivo: **the in boat**, il battello in arrivo **3** (*polit.*) al potere; in carica: **the in group**, il gruppo politico che è al potere **4** (*sport*) che batte; che è alla battuta: **the in team**, la squadra che è alla battuta **5** (*fam.*) in attivo di: **He is in one thousand dollars**, è in attivo di (*o* ci ha guadagnato) mille dollari **6** (*fam.*) per pochi; per iniziati: **an in joke**, una barzelletta non alla portata di tutti **7** (*fam.: del fuoco*) acceso **8** (*pop.*) «in»; alla moda; in voga: **the in seaside resort**, la spiaggia alla moda. ● (*pop.*) **in-ness**, l'essere «in» (alla moda, ecc.) □ (*comm.*) **the in-tray**, la vaschetta della corrispondenza in arrivo.

in (4) [in], *n.* **1** (*di solito al pl.*) − **the ins**, quelli che sono al potere (*o* in carica); (*sport*) quelli che hanno la battuta **2** (*fam.*) appoggio; raccomandazione; spinta (*fig., fam.*) **3** (*cartello*) «entrata». ● **ins and outs**, (*autom.*) tortuosità, curve a esse; (*fig.*) giravolte, retroscena (*fig.*); alterne fortune (*o* vicende); particolari, dettagli: **I know all the ins and outs of this affair**, conosco tutti i retroscena di questa faccenda.

inability [,inəˈbiliti], *n.* inabilità; incapacità; inettitudine. ● (*leg.*) **i. to meet one's obligations**, incapacità di far fronte ai propri impegni □ **i. to work**, inabilità al lavoro.

inaccessibility [ˈinækˌsesəˈbiliti], *n.* inaccessibilità.
inaccessible [,inækˈsesəbl], *a.* **1** inaccessibile; irraggiungibile **2** (*di persona*) inavvicinabile; inaccessibile.
inaccuracy [inˈækjurəsi], *n.* imprecisione; inesattezza.
inaccurate [inˈækjurit], *a.* impreciso; inesatto.
inaction [inˈækʃən], *n.* inazione; inattività; inerzia.
to inactivate [inˈæktiveit], *v. t.* (*scient., mil., ecc.*) inattivare.
inactive [inˈæktiv], *a.* **1** inattivo; inoperoso: **an i. machine**, una macchina inoperosa **2** (*chim.*) inattivo; inerte. ● (*leg.*) **an i. contract**, un contratto che non è in vigore □ (*Borsa*) **i. stocks**, titoli inattivi (*o* a scarso flottante).
inactivity [,inækˈtiviti], *n.* inattività; inoperosità; inerzia.
inadaptability [ˈinəˌdæptəˈbiliti], *n.* inadattabilità.
inadaptable [,inəˈdæptəbl], *a.* inadattabile.
inadequacy [inˈædikwəsi], *n.* **1** inadeguatezza; insufficienza; manchevolezza: **i. of electric power**, insufficienza d'energia elettrica **2** incapacità; inidoneità.
inadequate [inˈædikwit], *a.* **1** inadeguato; insufficiente; manchevole: (*psic.*) **i. personality**, personalità inadeguata **2** incapace; inadatto; inidoneo. ● **to be (to feel) i. to the occasion**, non essere (non sentirsi) all'altezza della situazione.
inadmissibility [ˈinədˌmisəˈbiliti], *n.* inammissibilità; (*leg.*) improponibilità.
inadmissible [,inədˈmisəbl], *a.* inammissibile; (*leg.*) improponibile.
inadvertence [,inədˈvə:təns], **inadvertency** [,inədˈvə:tənsi], *n.* inavvertenza; disattenzione; sbadataggine; svista.
inadvertent [,inədˈvə:tənt], *a.* **1** disattento; distratto; sbadato **2** involontario; non intenzionale.
inadvertently [,inədˈvə:təntli], *avv.* inavvertitamente; involontariamente; sbadatamente.
inadvisable [,inədˈvaizəbl], *a.* sconsigliabile.
inalienability [in,eiljənəˈbiliti], *n.* (*leg.*) inalienabilità.
inalienable [inˈeiljənəbl], *a.* (*leg.*) inalienabile: **i. rights**, diritti inalienabili.
inalterability [inˌɔ:ltərəˈbiliti], *n.* inalterabilità; immutabilità.
inalterable [inˈɔ:ltərəbl], *a.* inalterabile; immutabile.
inane [iˈnein], **A** *a.* inane (*lett.*); vacuo; vuoto (*anche fig.*); insensato: **an i. person**, una persona vacua; **an i. remark**, un'osservazione insensata. **B** *n.* (il) vuoto, (il) vacuo.
inanimate [inˈænimit], *a.* inanimato; esanime; senza vita (*anche fig.*): **i. things**, cose inanimate; **i. acting**, recitazione senza vita.
inanimation [in,æniˈmeiʃən], *n.* mancanza di vita.
inanition [,inəˈniʃən], *n.* **1** (*med.*) inanizione **2** (*fig.*) esaurimento mentale; inerzia morale; letargo (*fig.*).
inanity [iˈnæniti], *n.* inanità (*lett.*); vacuità; insensatezza.
inappeasable [,inəˈpi:zəbl], *a.* implacabile; inappagabile.
inappellability [ˈinəˌpeləˈbiliti], *n.* (*leg.*) inappellabilità.
inappellable [,inəˈpeləbl], *a.* (*leg.*) inappellabile.
inappetence [inˈæpətəns], **inappetency** [inˈæpətənsi], *n.* (*med.*) inappetenza.
inappetent [inˈæpətənt], *a.* inappetente.
inapplicability [in,æplikəˈbiliti], *n.* inapplicabilità.
inapplicable [inˈæplikəbl], *a.* inapplicabile: **The rule is i. to this case**, la regola è inapplicabile a questo caso.
inapposite [inˈæpəzit], *a.* improprio; non appropriato; fuori luogo.
inappreciable [,inəˈpri:ʃəbl], *a.* impercettibile; trascurabile: **an i. contribution**, un contributo trascurabile.
inappreciation [,inəˌpri:ʃiˈeiʃən], *n.* mancanza d'apprezzamento; incapacità d'apprezzare.
inappreciative [,inəˈpri:ʃiətiv], *a.* che non apprezza.
inapprehensible [,inæpriˈhensəbl], *a.* inapprensibile; incomprensibile.
inapprehensive [,inæpriˈhensiv], *a.* **1** che non riesce a capire; tardo (di comprendonio) **2** senza apprensione; impavido.
inapproachable [,inəˈproutʃəbl], *a.* inaccessibile; inaccostabile.
inappropriate [,inəˈproupriit], *a.* improprio; inadatto; fuori luogo.
inappropriateness [,inəˈproupriitnis], *n.* improprietà.
inapt [inˈæpt], *a.* **1** inadatto; disadatto; improprio; fuori luogo: **an i. comparison**, un confronto fuori luogo **2** incapace; inetto; maldestro: **an i. person**, una persona maldestra.
inaptitude [inˈæptitju:d], **inaptness** [inˈæptnis], *n.* **1** l'essere disadatto; improprietà **2** inettitudine; incapacità: **i. for a job**, inettitudine a (*o* incapacità di fare) un lavoro.
inarticulate [,ina:ˈtikjulit], *a.* **1** inarticolato (*anche zool.*); disarticolato; indistinto: **i. sounds**, suoni inarticolati **2** inespresso; tacito: **i. passion**, passione inespressa **3** (*di persona*) che s'esprime con difficoltà; che balbetta **4** (*di persona*) incapace d'esprimersi; muto.
inarticulateness [,ina:ˈtikjulitnis], *n.* **1** l'essere inarticolato, indistinto, ecc. (*V.* **inarticulate**) **2** difficoltà d'espressione **3** incapacità d'esprimersi.
inartificial [in,a:tiˈfiʃəl], *a.* **1** non artificiale; naturale **2** senz'arte; non artistico **3** semplice; spontaneo; naturale.
inartistic [,ina:ˈtistik], *a.* **1** non artistico **2** privo di senso artistico; senza gusto artistico.
inasmuch [inəzˈmʌtʃ], *avv.* in quanto. ● **i. as** (*cong.*), in quanto (che); poiché; dacché; giacché.
inattention [,inəˈtenʃən], *n.* **1** disattenzione; negligenza; trascuratezza **2** noncuranza; mancanza di cortesia, di riguardo.
inattentive [,inəˈtentiv], *a.* disattento; negligente; trascurato.

inattentiveness [,inə'tentivnis], V. **inattention.**
inaudibility [in,ɔ:də'biliti], n. impercettibilità (di suono, ecc.).
inaudible [in'ɔ:dəbl], a. impercettibile (di suono, ecc.).
inaugural [i'nɔ:gjurəl], A a. inaugurale. B n. discorso inaugurale (specialm. del presidente degli USA).
to **inaugurate** [i'nɔ:gjureit], v. t. 1 insediare (q.) in carica (con pubblica cerimonia): (USA) **to i. a president**, insediare in carica un presidente 2 inaugurare; aprire al pubblico: **The mayor inaugurated the new theatre**, il sindaco inaugurò il nuovo teatro 3 (fig.) avviare; cominciare; inaugurare; segnare l'inizio di: **to i. a new system of elections**, inaugurare un nuovo sistema elettorale; **to i. a new era**, segnare l'inizio di una nuova era.
inauguration [i,nɔ:gju'reiʃən], n. 1 insediamento in carica: **the i. of the President of the USA**, l'insediamento in carica del presidente degli Stati Uniti 2 inaugurazione. • (USA) **I. Day**, il giorno dell'insediamento in carica del nuovo Presidente (il 20 gennaio).
inaugurator [in'ɔ:gjureitə*], n. inauguratore.
inauguratory [in'ɔ:gjurətəri], a. inaugurale; inaugurativo (raro).
inauspicious [,inɔ:s'piʃəs], a. inauspicato (lett.); infausto; malaugurato.
inauspiciousness [,inɔ:'spiʃəsnis], n. cattivi auspici; cattivo presagio; malaugurio.
in-between [,inbi'twi:n], A a. di mezzo; intermedio: **an i. position**, una posizione intermedia. B n. 1 posizione intermedia 2 intermediario.
inboard ['in'bɔ:d], (naut.) A avv. all'interno, verso il centro (della nave). B a. entrobordo: **i. motor**, motore entrobordo; entrobordo. C n. motore entrobordo. • **i. motorboat**, (motoscafo) entrobordo.
inbond ['inbɔnd], a. attr. (edil.: di mattone) di punta.
inborn ['in'bɔ:n], a. innato; congenito; connaturato: **an i. talent for music**, una disposizione innata per la musica.
inbound ['inbaund], a. diretto in patria; nel viaggio di ritorno: **an i. ship**, una nave diretta in patria.
to **inbreathe** [in'bri:ð], v. t. 1 inspirare 2 (fig.) assorbire.
inbred ['in'bred], a. 1 innato; congenito; connaturato 2 (d'animale) ottenuto mediante accoppiamento tra soggetti consanguinei.
to **inbreed** ['in'bri:d] (pass. e p. p. **inbred**), A v. t. 1 accoppiare (animali) tra soggetti consanguinei 2 fare sposare (persone) fra consanguinei. B v. i. unirsi tra consanguinei.
inbreeding ['in'bri:diŋ], n. 1 (d'animali) inincrocio; accoppiamento tra soggetti consanguinei 2 sistema dei matrimoni (o delle unioni) tra consanguinei 3 (fig.) limitatezza di vedute; provincialismo: **intellectual i.**, provincialismo intellettuale.
Inc. [iŋk], abbr. di **incorporated** (fin. USA) S.p.A.; (società) per azioni: **General Motors, Inc.**, la General Motors, S.p.A. • (fig.) **Murder, Inc.**, la Società (Anonima) del Crimine (Organizzato).
Inca ['iŋkə], (stor.) A n. (pl. **Incas, Inca**) Inca. B a. inca; incaico.
Incaic [iŋ'keiik], a. incaico.
incalculability [in,kælkjulə'biliti], n. 1 incalcolabilità 2 imprevedibilità 3 cosa incalcolabile (o imprevedibile).
incalculable [in'kælkjuləbl], a. 1 incalcolabile: **an i. distance**, una distanza incalcolabile 2 imprevedibile: **a boss with an i. temper**, un padrone dal carattere imprevedibile.
to **incandesce** [,inkæn'des], A v. i. divenire incandescente. B v. t. rendere incandescente.
incandescence [,inkæn'desns], **incandescency** [,inkæn'desənsi], n. incandescenza.
incandescent [,inkæn'desənt], a. incandescente. • (elettr.) **i. lamp**, lampada a incandescenza.
incantation [,inkæn'teiʃən], n. incanto; incantesimo; magia.
incapability [in,keipə'biliti], n. incapacità; inettitudine.
incapable [in'keipəbl], A a. (anche leg.) incapace; inetto: **i. of change**, incapace di cambiare; **to be i. of doing st.**, essere incapace di fare q.c.; **an i. organizer**, un organizzatore inetto. B n. (leg.) incapace.
incapably [in'keipəbli], avv. senza abilità; da incapace.
incapacitant [inkə'pæsitənt], n. (chim., mil.) agente (o farmaco) inabilitante (o invalidante).
to **incapacitate** [,inkə'pæsiteit], v. t. (anche leg.) inabilitare; rendere inabile (o incapace): **His age incapacitated him for active service**, l'età lo rendeva inabile al servizio attivo.
incapacitating [,inkə'pæsiteitiŋ], a. (chim., mil.) inabilitante; invalidante.
incapacitation [inkə,pæsi'teiʃən], n. (anche leg.) inabilitazione; il rendere (o l'essere reso) inabile.
incapacity [,inkə'pæsiti], n. incapacità (anche giuridica); inabilità: **i. to work** (o **for work, from working**), inabilità al lavoro.
to **incarcerate** [in'ka:səreit], v. t. 1 incarcerare; carcerare; imprigionare 2 (fig.) confinare; relegare; rinchiudere.
incarceration [in,ka:sə'reiʃən], n. 1 incarcerazione; carcerazione 2 (med.) incarceramento (di un'ernia).
incarcerator [in'ka:səreitə*], n. incarceratore; imprigionatore.
incarnadine [in'ka:nədain], a. (poet.) 1 incarnato; rosa carne 2 cremisi; vermiglio.
to **incarnadine** [in'ka:nədain], v. t. (poet.) 1 rendere color rosa carne (o incarnato) 2 invermigliare (lett.); tingere di rosso.
incarnate [in'ka:nit], a. 1 incarnato; fatto persona; personificato; impersonato: **He is an i. devil**, è un diavolo incarnato; **She is goodness i.**, è la bontà personificata 2 incarnato; rosa carne. • (relig.) **the Word I.**, il Verbo Incarnato.
to **incarnate** ['inka:neit], v. t. incarnare; personificare; impersonare: **to i. an idea**, incarnare un concetto; **He incarnates the courage of the whole race**, egli impersona il coraggio di tutta la sua razza.
incarnation [,inka:'neiʃən], n. incarnazione; personificazione: **He is the i. of courage**, è l'incarnazione del coraggio. • (relig.) **the I.**, l'Incarnazione.
incautious [in'kɔ:ʃəs], a. incauto; imprudente; sconsiderato.
incautiousness [in'kɔ:ʃəsnis], n. mancanza di cautela; imprudenza; sconsideratezza.
incendiarism [in'sendjərizəm], n. 1 mania incendiaria 2 (fig.) sobillazione; sovversivismo.
incendiary [in'sendjəri], A a. (anche fig.) incendiario: **an i. bomb**, una bomba incendiaria; **an i. speech**, un discorso incendiario; **an i. beauty**, una bellezza incendiaria. B n. 1 incendiario 2 (fig.) agitatore; sovversivo 3 (mil.) bomba incendiaria.
incendive [in'sendiv], a. (chim., fis.) incendiario.
incensation [,insen'seiʃən], n. incensamento; incensatura.
incense ['insens], n. 1 incenso 2 fumo (o odore) d'incenso; (fig.) fragranza, odore piacevole 3 (fig.) adulazione; lode. • **i.-burner**, incensiere; turibolo.
to **incense** (1) ['insens], v. t. 1 (anche fig.) incensare 2 profumare (con incenso o sim.).
to **incense** (2) [in'sens], v. t. irritare; esasperare; rendere furibondo; infiammare d'ira: **to be incensed by sb. (at sb.'s remarks)**, essere esasperato da q. (irritarsi per le osservazioni di q.); **to be incensed against sb.**, essere furibondo contro q.
incensement [in'sensmənt], n. irritazione; esasperazione; furore.
incensory [in'sensəri], n. incensiere; turibolo.
incentive [in'sentiv], A a. incoraggiante; stimolante. B n. incentivo; incitamento; stimolo: **an i. to invest more money**, un incentivo a investire altro denaro; **financial (promotional, tax) incentives**, incentivi finanziari (promozionali, fiscali). • **i. pay**, retribuzione a incentivo.
inception [in'sepʃən], n. inizio; principio.
inceptive [in'septiv], a. 1 iniziale; introduttivo 2 (gramm.) incoativo: **an i. verb**, un verbo incoativo.
incertitude [in'sə:titju:d], n. 1 incertezza; dubbiosità 2 mancanza di sicurezza; insicurezza.
incessancy [in'sesənsi], n. l'essere incessante; continuità.
incessant [in'sesnt], a. incessante; continuo: **i. rain**, pioggia incessante; **i. chatter**, chiacchiericcio incessante.
incessantness [in'sesəntnis], V. **incessancy.**
incest ['insest], n. incesto.
incestuous [in'sestjuəs], a. 1 incestuoso 2 (fig.: di un rapporto) troppo intimo; troppo stretto.
inch (1) [intʃ], n. 1 pollice (misura lineare ingl. pari a cm 2,54): **a square i.**, un pollice quadrato; **How many inches of rain fell last year?**, quanti pollici di pioggia caddero l'anno scorso?; **He is five feet ten inches**, è alto cinque piedi e dieci pollici (pari a m 1,78 circa) 2 (pl.) altezza; statura: **a man of your inches**, un uomo della tua statura. • **i. by i.**, a poco a poco; per gradi □ (fig.) **an i. of cold steel**, un colpo di spada; una pugnalata □ **by inches**, a poco a poco, lentamente, gradatamente; di poco, per un pelo, di un soffio (fig.): **He is dying by inches**, sta morendo a poco a poco □ **every i.**, da capo a piedi; da cima a fondo; completamente: **He is every i. a politician**, è un uomo politico da capo a piedi □ **to flog sb. within an i. of his life**, fustigare q. fino a provocarne quasi la morte □ (anche fig.) **not to budge** (o **not to yield**) **an i.**, non cedere d'un millimetro □ **within an i. of**, a un pelo da: **I came within an i. of being hit by the snowball**, per un pelo non fui colpito dalla palla di neve □ **Give him an i. and he'll take an ell** (o **a mile, a yard**), dagli un dito e si prenderà tutto il braccio.
to **inch** [intʃ], v. t. e i. muovere, muoversi, gradatamente (o lentamente). • **to i. forward**, spingere (o spingersi) avanti a poco a poco □ **to i. one's way through the jungle**, farsi strada a poco a poco attraverso la giungla.
inch (2) [intʃ], n. (scozz., irl.) isola; isoletta.
incher ['intʃə*], n. (nei composti, per es.:) **a six-incher**, un oggetto della lunghezza (o del diametro, ecc.) di sei pollici (V. **inch** (1)).
inchoate ['inkoueit], a. incipiente; iniziale; rudimentale.
to **inchoate** ['inkoueit], v. t. (raro) cominciare; iniziare.

inchoation [ˌinkouˈeiʃən], *n.* inizio; principio.
inchoative [ˈinkoueitiv], **A** *a.* **1** (*raro*) incipiente; iniziale **2** (*gramm.*) incoativo. **B** *n.* (*gramm.*) verbo incoativo.
inchworm [ˈintʃˌwəːm], *n.* (*zool.*, *Geometridae*) geometride; bruco misuratore.
incidence [ˈinsidəns], *n.* (*anche scient.*) incidenza: **the i. of a disease (of a tax, etc.)**, l'incidenza di una malattia (di un'imposta, ecc.); (*fis.*) **angle of i.**, angolo d'incidenza.
incident (1) [ˈinsidənt], *n.* **1** incidente; avvenimento; caso; episodio: **a border i.**, un incidente di frontiera **2** (*letter.*) avvenimento; episodio **3** (*leg.*) diritto accessorio; privilegio.
incident (2) [ˈinsidənt], *a.* **1** inerente; insito; connesso: **the duties i. to leadership**, i doveri inerenti alla posizione di capo; **the social problems i. to a fast-developing industrial society**, i problemi sociali inerenti a una società industriale in rapido sviluppo **2** che può accadere come conseguenza; conseguente (a): **the general rush i. to the explosion of a bomb**, il fuggifuggi generale conseguente all'esplosione di una bomba **3** (*leg.*) accessorio **4** (*fis.*) incidente: **i. rays**, raggi incidenti.
incidental [ˌinsiˈdentl], **A** *a.* **1** inerente; insito; (inevitabilmente) connesso: **the dangers i. to big-game hunting**, i pericoli inevitabilmente connessi con la caccia grossa **2** incidentale; accessorio; secondario: **i. expenses**, spese accessorie; **a play with i. music**, un dramma con accompagnamento musicale **3** incidentale; occasionale; casuale; fortuito: **an i. fellow traveller**, un occasionale compagno di viaggio. **B** *n. pl.* spese accessorie. ● (*cinem. teatr.*) **i. music**, musica di fondo.
incidentally [ˌinsiˈdentli], *avv.* incidentalmente; per caso; per inciso.
to incinerate [inˈsinəreit], *v. t.* incenerire; ridurre in cenere.
incineration [inˌsinəˈreiʃən], *n.* **1** incenerimento **2** (*USA*) cremazione.
incinerator [inˈsinəreitə*], *n.* inceneritore.
incipience [inˈsipiəns], **incipiency** [inˈsipiənsi], *n.* (*anche med.*) condizione (*o* stato) iniziale; inizio; principio.
incipient [inˈsipiənt], *a.* (*anche med.*) incipiente; iniziale: **i. social unrest**, incipienti disordini sociali.
to incise [inˈsaiz], *v. t.* incidere (*anche med.*); tagliare; intagliare.
incision [inˈsiʒən], *n.* incisione (*anche med.*); taglio; intaglio.
incisive [inˈsaisiv], *a.* incisivo (*anche fig.*); acuto; penetrante; tagliente; sarcastico; caustico: **an i. style**, uno stile incisivo; **an i. mind**, una mente acuta; **i. remarks**, osservazioni taglienti.
incisiveness [inˈsaisivnis], *n.* incisività (*anche fig.*); acutezza.
incisor [inˈsaizə*], *n.* (*anat.*) (dente) incisivo.
incitation [ˌinsaiˈteiʃən], *n.* incitazione; incitamento.
to incite [inˈsait], *v. t.* **1** incitare; stimolare; spronare (*fig.*) **2** eccitare; suscitare: **Injustice and inequality i. hatred and revolt**, l'ingiustizia e la disuguaglianza suscitano l'odio e la ribellione.
incitement [inˈsaitmənt], *n.* **1** incitamento; eccitazione; stimolazione **2** stimolo; incentivo **3** (*leg.*) incitazione; istigazione.
in-city [inˈsiti], *a.* dentro la città; della città. ● **i. passengers**, viaggiatori della rete urbana.
incivility [ˌinsiˈviliti], *n.* inciviltà; rozzezza; scortesia; villania.
incivism [ˈinsivizəm], *n.* (*polit.*) mancanza di civismo.
in-clearing [ˈinˈkliəriŋ], *n.* (*fin.*) insieme degli assegni, ecc., spiccati su una banca e da questa presentati alla stanza di compensazione.
inclemency [inˈklemənsi], *n.* inclemenza.
inclement [inˈklemənt], *a.* inclemente.
inclinable [inˈklainəbl], *a.* **1** incline; proclive (*lett.*); propenso **2** inclinabile.
inclination [ˌinkliˈneiʃən], *n.* **1** inclinazione (*in ogni senso*); pendenza; disposizione; propensione; simpatia; tendenza: **an i. to melancholy**, una tendenza alla malinconia **2** flessione; piegamento: **an i. of the body**, una flessione del corpo (*un inchino*); **an i. of the head**, un piegamento della testa (*un cenno del capo*) **3** china; pendio **4** (*astron.*, *geom.*) inclinazione. ● **to have no i. to be a teacher**, non essere portato all'insegnamento □ **to show no i. to do st.**, non mostrarsi incline (*o* disposto) a fare q.c.
to incline [inˈklain], **A** *v. t.* **1** inclinare; chinare; piegare: **to i. the head**, chinare il capo **2** (*fig.*) disporre; indurre: **His words i. me to believe he is a liar**, le sue parole m'inducono a crederlo un bugiardo. **B** *v. i.* **1** inclinarsi **2** (*fig.*) inclinare, propendere, tendere: **I i. (I am inclined) to think that...**, inclino (*o* propendo) a credere che...; **to i. to stoutness**, tendere alla pinguedine. ● **to i. one's ear**, prestare orecchio □ (*mecc.*) **inclined plane**, piano inclinato □ **to be favourably inclined to sb.**, essere bendisposto verso q. □ **to feel inclined for st. (to do st.)**, sentirsi propenso a q.c. (a fare q.c.).
incline [inˈklain], *n.* **1** pendenza; pendio; inclinazione: **an i. of ten per cent**, una pendenza del dieci per cento **2** (*tecn.*) rampa; scivolo. ● (*ind. min.*) **i. shaft**, pozzo inclinato.
inclinometer [ˌinkliˈnɒmitə*], *n.* (*tecn.*) inclinometro.
to inclose [inˈklouz], *V.* **to enclose**.

inclosure [inˈklouʒə*], *V.* **enclosure**.
to include [inˈkluːd], *v. t.* includere; annoverare; comprendere; contenere; racchiudere: **His name has been included in the list**, il suo nome è stato incluso nella lista; **I i. him among my best friends**, lo annovero tra i miei amici migliori; **The price includes V.A.T.**, nel prezzo è compresa l'I.V.A.
including [inˈkluːdiŋ], **A** *a.* che include; comprendente; comprensivo di. **B** *prep.* compreso, incluso: **Ten were killed, i. the officer**, dieci furono uccisi, compreso l'ufficiale.
inclusion [inˈkluːʒən], *n.* **1** (*anche geol.*) inclusione **2** oggetto racchiuso (*in un altro*). ● (*chim.*) **i. complex**, composto d'inclusione.
inclusive [inˈkluːsiv], *a.* **1** incluso; compreso: **from March 10th to April the 2nd i.**, dal 10 marzo al 2 aprile compreso; **a total of six persons, i. of the driver**, un numero complessivo di sei persone, compreso l'autista **2** inclusivo; comprensivo: **The price is i. of freight**, il prezzo è comprensivo (*o* inclusivo) del nolo marittimo **3** complessivo; totale: **the i. sum**, il totale; **i. charge**, spesa complessiva. ● **i. of everything**, tutto compreso □ (*comm.*) **i. price**, (prezzo) tutto compreso □ (*in un albergo*) **i. terms**, tutto compreso.
inclusiveness [inˈkluːsivnis], *n.* **1** l'essere incluso, compreso, ecc. **2** l'essere comprensivo, ecc. (*V.* **inclusive**).
incoercible [ˌinkouˈəːsibl], *a.* incoercibile; incomprimibile.
incog [inˈkɒg], (*abbr. fam.*) *V.* **incognito**.
incognito [inˈkɒgnitou], **A** *a.* e *n.* (*pl.* **incognitos**) incognito; (persona) che va in incognito, sotto mentite spoglie: **a film star i.**, una stella del cinema in incognito. **B** *avv.* in incognito: **The king travelled i.**, il re viaggiava in incognito.
incognizable [inˈkɒgnizəbl], *a.* inconoscibile.
incognizance [inˈkɒgnizəns], *n.* inconsapevolezza.
incognizant [inˈkɒgnizənt], *a.* inconsapevole; inconscio (di q.c.).
incoherence [ˌinkouˈhiərəns], **incoherency** [ˌinkouˈhiərənsi], *n.* incoerenza (*anche med.*).
incoherent [ˌinkouˈhiərənt], *a.* incoerente (*anche scient.*). ● **to be quite i. from sorrow**, non connettere affatto per il dolore.
incohesive [ˌinkouˈhiːsiv], *a.* incoerente; che manca di coesione.
incombustibility [ˈinkəmˌbʌstəˈbiliti], *n.* incombustibilità.
incombustible [ˌinkəmˈbʌstəbl], *a.* incombustibile.
incombustibleness [ˌinkəmˈbʌstəblnis], *n.* incombustibilità.
income [ˈinkəm], *n.* **1** (*econ.*, *fin.*) entrata; entrate; reddito; rendita: **earned i.**, reddito da lavoro; **unearned i.**, reddito di capitale; rendita; **net i.**, entrate nette; **i. tax**, imposta sul reddito **2** (*fin.*, *rag.*) profitto; utile; ricavo: **i. for the year**, utile d'esercizio. ● (*rag.*) **i. account** (*o* **i. statement**), conto profitti e perdite □ (*fin.*) **i. bracket** (*o* **i. group**), gruppo di reddito; categoria di contribuenti □ **i. distribution**, distribuzione del reddito □ (*econ.*) **incomes policy**, politica dei redditi □ (*fin.*) **i. surtax**, (imposta) complementare sul reddito □ **i.-tax return**, dichiarazione dei redditi □ **to live above one's i.**, spendere più di quel che si guadagna; fare il passo più lungo della gamba (*fig.*) □ **to live on unearned i.**, vivere di rendita □ **to live within one's i.**, vivere senza spendere più delle proprie entrate □ (*econ.*) **low-i. families**, famiglie a basso reddito.
incomer [ˈinˌkʌmə*], *n.* **1** chi entra; chi subentra **2** sopravvenuto; successore **3** immigrante **4** intruso.
incoming (1) [ˈinˌkʌmiŋ], *a.* **1** entrante; subentrante: **the i. tenant**, l'affittuario subentrante **2** sopravveniente; in entrata: **i. traffic**, traffico in entrata **3** in arrivo; nuovo: **i. letters**, corrispondenza in arrivo **4** (*elettr.*) entrante; in entrata **5** (*naut.*) montante: **the i. tide**, la marea montante. ● (*rag.*) **i. profits**, profitti in via di maturazione.
incoming (2) [ˈinˌkʌmiŋ], *n.* **1** entrata; arrivo **2** (*di solito al pl.*) entrate; ricavi.
incommensurability [ˈinkəˌmenʃərəˈbiliti], *n.* incommensurabilità.
incommensurable [ˌinkəˈmenʃərəbl], *a.* incommensurabile.
incommensurate [ˌinkəˈmenʃərit], *a.* **1** inadeguato; insufficiente; sproporzionato: **His means are i. to his many needs**, i suoi mezzi sono inadeguati ai suoi molti bisogni **2** incommensurabile.
incommensurateness [ˌinkəˈmenʃəritnis], *n.* **1** inadeguatezza; insufficienza **2** incommensurabilità.
to incommode [ˌinkəˈmoud], *v. t.* incomodare; scomodare; disturbare; recare disturbo a (q.).
incommodious [ˌinkəˈmoudjəs], *a.* scomodo; disagevole.
incommodiousness [ˌinkəˈmoudjənis], *n.* incomodità (*raro*); scomodità.
incommunicability [ˈinkəˌmjuːnikəˈbiliti], *n.* incomunicabilità.
incommunicable [ˌinkəˈmjuːnikəbl], *a.* incomunicabile.
incommunicableness [ˌinkəˈmjuːnikəblnis], *n.* incomunicabilità.
incommunicado [ˈinkəˌmjuː(ˈ)niːkaˈdou], **A** *a.* senza possibilità (*o* permesso) di comunicare; segregato. **B** *avv.* in segrega-

incommunicative

zione: **The prisoners were held i.**, i prigionieri furono tenuti in segregazione.
incommunicative [ˌinkəˈmjuːnikitiv], *a.* reticente; riservato.
incommunicativeness [ˌinkəˈmjuːnikitivnis], *n.* reticenza; riservatezza.
incommutable [ˌinkəˈmjuːtəbl], *a.* incommutabile; immutabile.
incompact [ˌinkəmˈpækt], *a.* 1 non compatto 2 (*fig.*) discorde; diviso.
in-company [ˈinˈkʌmpəni], *a.* (*fin.*) che avviene all'interno di una società; interno.
incomparability [inˌkɔmpərəˈbiliti], *n.* incomparabilità; l'essere incomparabile (*o* ineguagliabile).
incomparable [inˈkɔmpərəbl], *a.* incomparabile; ineguagliabile.
incomparableness [inˈkɔmpərəblnis], *V.* **incomparability**.
incompatibility [ˈinkəmˌpætəˈbiliti], *n.* incompatibilità: **i. of temper**, incompatibilità di carattere.
incompatible [ˌinkəmˈpætibl], **A** *a.* 1 incompatibile; che non può accordarsi; inconciliabile 2 (*chim., med., mat.*) incompatibile. **B** *n. pl.* 1 persone (*o* cose) incombatibili (*fra di loro*) 2 (*farm.*) medicinale incompatibile.
incompetence [inˈkɔmpitəns], **incompetency** [inˈkɔmpitənsi], *n.* 1 incompetenza; incapacità 2 (*leg.*) incompetenza 3 (*leg.*) incapacità 4 (*leg.*) inammissibilità 5 (*med.*) insufficienza: **aortic i.**, insufficienza aortica.
incompetent [inˈkɔmpitənt], **A** *a.* 1 incompetente; incapace 2 (*leg.*) incompetente 3 (*leg.*) incapace 4 (*leg.: di testimone o prova*) inammissibile 5 (*med.*) insufficiente. **B** *n.* 1 incompetente 2 (*leg.*) incapace.
incomplete [ˌinkəmˈpliːt], *a.* incompleto; incompiuto.
incompleteness [ˌinkəmˈpliːtnis], *n.* incompletezza.
incomprehensibility [inˌkɔmprihensəˈbiliti], *n.* incomprensibilità.
incomprehensible [inˌkɔmpriˈhensəbl], *a.* incomprensibile.
incomprehensibleness [inˌkɔmpriˈhensəblnis], *n.* incomprensibilità.
incomprehension [inˌkɔmpriˈhenʃn], *n.* incomprensione.
incompressibility [ˈinkəmˌpresəˈbiliti], *n.* incompressibilità; incomprimibilità.
incompressible [ˌinkəmˈpresəbl], *a.* incompressibile; incomprimibile (*anche mecc.*).
incomputability [ˈinkəmˌpjuː(ː)təˈbiliti], *n.* l'essere incomputabile.
incomputable [ˌinkəmˈpjuːtəbl], *a.* incomputabile.
inconceivability [ˈinkənˌsiːvəˈbiliti], *n.* inconcepibilità.
inconceivable [ˌinkənˈsiːvəbl], *a.* 1 inconcepibile 2 (*fam., fig.*) inconcepibile; incredibile; straordinario.
inconclusive [ˌinkənˈkluːsiv], *a.* 1 inconcludente; sconclusionato 2 (*anche leg.*) non conclusivo; inutile; che non prova nulla: **i. evidence**, prove non conclusive (*o* che non provano nulla); **an i. action**, un'azione inutile.
inconclusiveness [ˌinkənˈkluːsivnis], *n.* 1 inconcludenza 2 il non essere conclusivo; inutilità.
incondensable [ˌinkənˈdensəbl], *a.* che non si può condensare.
incondite [inˈkɔndit], *a.* incondito (*lett.*); disordinato; rozzo; sciatto.
inconformity [ˌinkənˈfɔːmiti], *n.* difformità; disuguaglianza.
incongruity [ˌinkɔŋˈgruːiti], *n.* incongruenza; assurdità.
incongruous [inˈkɔŋgruəs], *a.* incongruo; incongruente; assurdo.
incongruousness [inˈkɔŋgruəsnis], *n.* incongruenza; assurdità.
inconsecutive [ˌinkənˈsekjutiv], *a.* non consecutivo; inconseguente.
inconsecutiveness [ˌinkənˈsekjutivnis], *n.* mancanza di consecutività; inconseguenza.
inconsequence [inˈkɔnsikwəns], *n.* 1 inconseguenza 2 incoerenza; illogicità; incongruenza.
inconsequent [inˈkɔnsikwənt], *a.* 1 inconseguente; sconclusionato 2 incoerente; illogico; incongruente: **an i. conclusion**, una conclusione illogica; **an i. person**, una persona incoerente 3 irrilevante; senza importanza; insignificante.
inconsequential [inˌkɔnsiˈkwənʃəl], *a.* 1 inconseguente; illogico; incoerente; incongruente 2 irrilevante; senza importanza; insignificante.
inconsequentiality [inˌkɔnsiˌkwenʃiˈæliti], *n.* 1 inconseguenza; incoerenza; incongruenza 2 irrilevanza.
inconsiderable [ˌinkənˈsidərəbl], *a.* inconsiderabile; irrilevante; trascurabile; senza importanza.
inconsiderate [ˌinkənˈsidərit], *a.* 1 inconsiderato; sconsiderato; avventato: **an i. boy**, un ragazzo avventato 2 irriverente; mancante di riguardo; privo di rispetto: **i. actions**, atti irriverenti.
inconsiderateness [ˌinkənˈsidəritnis], **inconsideration** [ˈinkənˌsidəˈreiʃən], *n.* 1 inconsideratezza; sconsideratezza; avventatezza 2 irriverenza; mancanza di riguardo.
inconsistence [ˌinkənˈsistəns], **inconsistency** [ˌinkənˈsistən-si], *n.* 1 discordanza; incompatibilità 2 incoerenza; incongruenza 3 controsenso; assurdità; notizia senza fondamento. ● **newspaper reports that are full of inconsistencies**, resoconti giornalistici che non stanno in piedi.
inconsistent [ˌinkənˈsistənt], *a.* 1 contraddittorio: **an i. narrative**, una narrazione contraddittoria 2 incoerente; incongruente; incostante: **i. behaviour**, comportamento incoerente 3 contrario (a); incompatibile (con): **Your conduct is i. with what you preach**, la tua condotta è incompatibile con quel che predichi.
inconsolable [ˌinkənˈsoulabl], *a.* inconsolabile.
inconsonance [inˈkɔnsənəns], *n.* disaccordo; discordanza; disarmonia.
inconsonant [inˈkɔnsənənt], *a.* discordante; discorde; contrario.
inconspicuous [ˌinkənˈspikjuəs], *a.* che non dà nell'occhio; non appariscente: **an i. way of dressing**, un modo di vestire che non dà nell'occhio. ● **to make oneself i.**, non mettersi in evidenza; farsi piccolo (*fig.*).
inconspicuousness [ˌinkənˈspikjuəsnis], *n.* il non dare nell'occhio; mancanza d'appariscenza.
inconstancy [inˈkɔnstənsi], *n.* incostanza; instabilità; mutevolezza; variabilità; volubilità.
inconstant [inˈkɔnstənt], *a.* incostante, instabile; mutevole, variabile; volubile.
inconsumable [ˌinkənˈsjuːməbl], *a.* 1 inconsumabile 2 (*econ.: di bene, ecc.*) non di consumo; strumentale.
incontestability [ˈinkənˌtestəˈbiliti], *n.* (*anche leg.*) incontestabilità; inconfutabilità.
incontestable [ˌinkənˈtestəbl], *a.* incontestabile; inconfutabile (*leg.*) **i. evidence**, prove inconfutabili.
incontinence [inˈkɔntinəns], *n.* incontinenza (*anche med.*); intemperanza.
incontinent [inˈkɔntinənt], *a.* incontinente (*anche med.*); intemperante; smodato. ● **i. of information**, privo di riservatezza □ **i. of secrets**, che non sa serbare (*o* tenere) un segreto.
incontrollable [ˌinkənˈtroulabl], *a.* incontrollabile.
incontrovertibility [inˌkɔntrəvəˈtəˈbiliti], *n.* incontrovertibilità.
incontrovertible [ˈinkɔntrəˈvəːtəbl], *a.* incontrovertibile.
inconvenience [ˌinkənˈviːnjəns], **inconveniency** [ˌinkənˈviːnjənsi], *n.* 1 disturbo; disagio; fastidio; molestia; incomodo: **to put sb. to i.**, dare (*o* arrecare) disturbo a q.; **to cause great i. to sb.**, essere di grave incomodo a q. 2 inconveniente; seccatura; svantaggio: **the inconveniences of commuting**, gli inconvenienti d'essere un pendolare.
to inconvenience [ˌinkənˈviːnjəns], *v. t.* disturbare; importunare; infastidire; incomodare; recar disturbo a; seccare.
inconvenient [ˌinkənˈviːnjənt], *a.* 1 che reca disturbo; fastidioso; molesto; importuno; incomodo; scomodo; seccante: **If it's not i. to you, I'll call on you tonight**, se non Le torna incomodo, verrò da Lei stasera; **an i. time**, un'ora scomoda 2 (*arc.*) inconveniente (*raro*); non conveniente; sconveniente.
inconvertibility [ˈinkənˌvəːtəˈbiliti], *n.* (*econ.*) inconvertibilità.
inconvertible [ˌinkənˈvəːtəbl], *a.* (*econ.*) inconvertibile. ● **i. circulation**, corso forzoso □ **i. currency**, valuta non convertibile.
inconvincible [ˌinkənˈvinsəbl], *a.* inconvincibile.
incoordinate [ˌinkouˈɔːdənit], *a.* (*med.*) incoordinato; atassico.
incoordination [ˌinkouˌɔːdiˈneiʃən], *n.* 1 mancanza di coordinazione (*med.*) incoordinazione (motoria); atassia.
incorporate [inˈkɔːpərit], *a.* 1 incorporato; compenetrato; unito 2 (*d'istituto, associazione, ecc.*) eretto in ente giuridico, morale o pubblico 3 (*comm.: di ditta, ecc.*) associato; collegato 4 (*di persona*) unito, come membro, in corporazione di società 5 (*raro*) incorporeo.
to incorporate [inˈkɔːpəreit], **A** *v. t.* 1 incorporare; compenetrare; unire: **Louisiana was incorporated into the United States in 1803**, la Louisiana fu incorporata agli Stati Uniti nel 1803 2 erigere in ente giuridico, morale o pubblico 3 (*fin., leg.*) costituire (*una società*); associare, collegare, fondere (*ditte e sim.*) 4 associare (*o* iscrivere) come membro 5 rendere corporeo. **B** *v. i.* 1 incorporarsi; compenetrarsi; unirsi 2 (*fin., leg.*) associarsi; collegarsi; fondersi: **The two concerns will i. as soon as their turnovers get bigger**, le due aziende si fonderanno non appena il loro giro d'affari sarà maggiore.
incorporated [inˈkɔːpəreitid], *a.* 1 incorporato; annesso 2 eretto in ente giuridico, morale o pubblico 3 (*fin., leg., spec*ialm. *USA: di una società*) per azioni. ● (*stor., polit.*) **i. town**, città dotata di statuto; città libera.
incorporation [inˌkɔːpəˈreiʃən], *n.* 1 incorporazione; incorporamento 2 erezione in ente giuridico, morale o pubblico 3 (*fin., leg.*) costituzione, associazione, fusione (*di ditte, società, ecc.*).
incorporator [inˈkɔːpəreitə*], *n.* 1 incorporatore 2 chi erige (*un istituto*) in ente giuridico, morale o pubblico 3 (*fin., leg.*) chi costituisce una società; socio fondatore.

incorporeal [,inkɔː'pɔːriəl], *a.* **1** incorporeo; immateriale **2** (*leg.*) immateriale; impersonale.
incorporeity [in,kɔːpəˈriːiti], *n.* incorporeità.
incorrect [,inkəˈrekt], *a.* **1** incorretto (*lett.*); scorretto; impreciso; inadatto; inesatto; sbagliato **2** scorretto; sconveniente.
incorrectness [,inkəˈrektnis], *n.* **1** scorrettezza; inesattezza; erroneità **2** incorrettezza; sconvenienza.
incorrigibility [in,kɔridʒəˈbiliti], *n.* incorreggibilità.
incorrigible [inˈkɔridʒəbl], *a.* incorreggibile: **an i. liar**, un bugiardo incorreggibile.
incorrupt [,inkəˈrʌpt], *a.* incorrotto.
incorruptibility [ˈinkə,rʌptəˈbiliti], *n.* incorruttibilità.
incorruptible [,inkəˈrʌptəbl], *a.* incorruttibile.
incorruption [,inkəˈrʌpʃən], *n.* incorruttibilità; onestà.
in-country [ˈinˈkʌntri], *a.* (*polit.*) che avviene all'interno di un paese; nazionale; domestico. ● **i. war**, guerra civile.
incrassate [inˈkræsit], *a.* (*bot., zool.*) grosso; gonfio; rigonfio.
increasable [inˈkriːsəbl], *a.* aumentabile.
to increase [inˈkriːs], *v. t. e i.* aumentare; accrescere; crescere; elevare; ingrandire; estendersi; moltiplicarsi: **to i. prices**, aumentare i prezzi; **The boss increased my salary**, il principale mi aumentò lo stipendio; **Raw materials are increasing in price**, le materie prime aumentano di prezzo; **to i. one's power**, accrescere il proprio potere.
increase [ˈinkriːs], *n.* **1** aumento; accrescimento; crescita; crescenza; incremento; ingrandimento: **an i. in population**, un aumento della popolazione; un incremento demografico; **an i. in prices**, un aumento dei prezzi; (*fin.*) **an i. of capital**, un aumento del capitale **2** (*arc.*) prodotti; raccolto. ● (*econ.*) **the i. and decrease of economic activity**, le fluttuazioni della congiuntura □ (*ass.*) **i. of (the) risk**, aggravamento del rischio □ **i. (of wages) according to age**, scatto (di salario) per anzianità □ **to be on the i.**, essere in aumento.
increaser [inˈkriːsə*], *n.* **1** chi aumenta; aumentatore **2** (*mecc.*) aumentatore (*per collegare tubi, ecc.*).
increasing [inˈkriːsiŋ], *a.* in aumento; crescente: (*econ.*) **i. costs**, costi crescenti.
increasingly [inˈkriːsiŋli], *avv.* in modo crescente; sempre più.
incredibility [in,krediˈbiliti], *n.* incredibilità.
incredible [inˈkredəbl], *a.* **1** incredibile **2** (*fam.*) incredibilmente; enorme; straordinario.
incredulity [,inkriˈdjuːliti], *n.* incredulità.
incredulous [inˈkredjuləs], *a.* incredulo.
increment [ˈinkrimənt], *n.* incremento (*anche mat.*); accrescimento; aumento: **You'll get a monthly i. of 200 dollars**, avrai un aumento mensile di 200 dollari. ● **unearned i.**, (*econ.*) plusvalore; (*comm.*) aumento del valore di beni immobili (*dovuto all'andamento del mercato*).
incremental [,inkriˈmentl], *a.* **1** incrementivo (*raro*); di (*o* in) aumento **2** (*mat.*) incrementale.
to incriminate [inˈkrimineit], *v. t.* (*leg.*) incriminare.
incrimination [in,krimiˈneiʃən], *n.* (*leg.*) incriminazione.
incriminatory [inˈkriminətəri], *a.* incriminante; incriminatorio.
to incrust [inˈkrʌst], *V.* **to encrust**.
incrustation [,inkrʌsˈteiʃən], *n.* **1** incrostazione (*anche fig.*); incrostatura **2** rivestimento di marmo (*e sim., in un edificio*).
to incubate [ˈinkjubeit], **A** *v. t.* **1** (*zootecnia*) covare **2** incubare **3** (*ind.*) tenere in incubatrice **4** (*fig.*) progettare; tramare. **B** *v. i.* **1** covare **2** essere messo in incubatrice **3** (*fig.*) svilupparsi; essere in incubazione.
incubation [,inkjuˈbeiʃən], *n.* (*anche med.*) incubazione.
incubative [ˈinkjubeitiv], *a.* d'incubazione.
incubator [ˈinkjubeitə*], *n.* **1** incubatrice **2** stufa termostatica.
incubatory [ˈinkjubeitəri], *a.* d'incubazione. ● (*med.*) **i. carrier**, portatore di malattie in fase di incubazione.
incubus [ˈinkjubəs], *n.* (*pl.* **incubi, incubuses**) (*anche fig.*) incubo.
to inculcate [ˈinkʌlkeit], *v. t.* inculcare; imprimere; instillare.
inculcation [,inkʌlˈkeiʃən], *n.* l'inculcare; l'instillare.
inculcator [ˈinkʌlkeitə*], *n.* inculcatore (*raro*); chi inculca.
inculpable [inˈkʌlpəbl], *a.* senza colpa; incolpevole; innocente.
to inculpate [inˈkʌlpeit], *v. t.* incolpare; incriminare.
inculpation [,inkʌlˈpeiʃən], *n.* incolpamento (*raro*); imputazione di colpa; incriminazione.
inculpatory [inˈkʌlpətəri], *a.* che incolpa; accusatorio; incriminatorio; d'accusa: **i. witness**, testimone d'accusa.
incult [inˈkʌlt], *a.* (*raro*) incolto (*in ogni senso*); negletto; rozzo.
incumbency [inˈkʌmbənsi], *n.* **1** (*relig.*) beneficio ecclesiastico; prebenda **2** incombenza; obbligo **3** (*USA*) l'essere in carica; permanenza in carica.
incumbent (1) [inˈkʌmbənt], *n.* **1** titolare d'un beneficio ecclesiastico; prebendario **2** (*USA*) titolare d'una carica (*o* d'un ufficio).
incumbent (2) [inˈkʌmbənt], *a.* **1** incombente; sovrastante; imminente (*poet.*) **2** (*USA*) in carica: **the i. President**, il Presidente in carica. ● **to be i. on sb.**, incombere (*o* spettare) a q.: **It is i. on his son to assist him financially**, spetta al figlio aiutarlo finanziariamente.
to incumber [inˈkʌmbə*], *V.* **to encumber**.
incumbrance [inˈkʌmbrəns], *V.* **encumbrance**.
incunabulum [,inkju(ː)ˈnæbjuləm] (*lat.*), *n.* (*pl.* **incunabula**) **1** incunabolo **2** (*pl.*) fasi iniziali (di q.c.); inizi; principio.
to incur [inˈkəː*], *v. t.* **1** incorrere in; esporsi a; attirarsi: **to i. punishment**, incorrere in una punizione; **to i. danger**, esporsi al pericolo; **to i. sb.'s blame**, attirarsi il biasimo di q. **2** contrarre; fare; sostenere: **to i. large debts**, contrarre grossi debiti; **to i. heavy expenses**, sostenere grandi spese.
incurability [in,kjuərəˈbiliti], *n.* (*med.*) incurabilità.
incurable [inˈkjuərəbl], **A** *a.* **1** incurabile; inguaribile; insanabile **2** incorreggibile; irrimediabile: **an i. habit**, un'abitudine incorreggibile. **B** *n.* (*med.*) malato incurabile; malato cronico.
incurableness [inˈkjuərəblnis], *n.* (*med.*) incurabilità.
incuriosity [,inkjuəriˈɔsiti], *n.* mancanza di curiosità; indifferenza; apatia.
incurious [inˈkjuəriəs], *a.* non curioso; privo di curiosità; apatico.
incursion [inˈkəːʃən], *n.* incursione; irruzione; scorreria.
incursive [inˈkəːsiv], *a.* d'incursione; incursore.
to incurvate [ˈinkəːveit], *v. t. e i.* incurvare, incurvarsi.
incurvation [,inkəːˈveiʃən], *n.* incurvamento; incurvatura.
to incurve [ˈinkəːv], *v. t. e i.* incurvare, incurvarsi.
incurved [ˈinkəːvd], *a.* incurvato; ricurvo.
incus [ˈiŋkəs] (*lat.*), *n.* (*pl.* **incudes**) (*anat.*) incudine.
incuse [inˈkjuːz], **A** *a.* (*del disegno d'una moneta*) impresso; incuso (*raro*). **B** *n.* figura impressa; incuso (*raro*).
to incuse [inˈkjuːz], *v. t.* **1** imprimere (*una figura*) su una moneta **2** fregiare (*una moneta*) con una figura.
indebted [inˈdetid], *a.* indebitato (*anche fig.*); obbligato, grato: **I am greatly i. to my teacher for his advice**, sono molto grato al mio insegnante per i suoi consigli. ● (*comm. e fig.*) **to be i. to sb.**, essere debitore verso q.
indebtedness [inˈdetidnis], *n.* **1** debito (*anche fig.*); obbligo; obbligazione; gratitudine **2** (*fin.*) indebitamento; situazione debitoria: **short-term i.**, indebitamento a breve **3** (*rag.*) passività.
indecency [inˈdiːsənsi], *n.* indecenza; immodestia; oscenità; sconvenienza.
indecent [inˈdiːsənt], *a.* indecente; immodesto; osceno; sconveniente: **i. behaviour**, comportamento indecente; **i. books**, libri osceni; **i. haste**, fretta sconveniente. ● (*leg.*) **i. assault**, tentata violenza carnale □ (*leg.*) **i. exposure**, (atto di) esibizionismo sessuale □ (*fam.*) **i. wages**, salario troppo basso.
indeciduous [,indiˈsidjuəs], *a.* (*bot.*) non deciduo; non caduco; perenne.
indecipherability [,indi,saifərəˈbiliti], *n.* indecifrabilità.
indecipherable [,indiˈsaifərəbl], *a.* indecifrabile.
indecision [,indiˈsiʒən], *n.* indecisione; esitazione; irresolutezza.
indecisive [,indiˈsaisiv], *a.* **1** non decisivo: **an i. war**, una guerra non decisiva **2** indeciso; irresoluto; titubante.
indecisiveness [,indiˈsaisivnis], *n.* indecisione; esitazione; irresolutezza; titubanza.
indeclinable [,indiˈklainəbl], *a.* (*gramm.*) indeclinabile.
indecomposable [ˈin,diːkəmˈpouzəbl], *a.* indecomponibile.
indecorous [inˈdekərəs], *a.* indecoroso; disdicevole; sconveniente.
indecorousness [inˈdekərəsnis], **indecorum** [,indiˈkɔ(ː)rəm], *n.* indecorosità; indecenza; sconvenienza; condotta (*o* azione) indecorosa.
indeed [inˈdiːd], **A** *avv.* **1** davvero; in verità; invero; certamente; certo; proprio: **You are i. very helpful**, sei davvero di grande aiuto; **There are i. exceptions**, in verità, ci sono delle eccezioni; «**Are you coming as well?**» «**Yes, i.!**», «vieni anche tu?» «sì, certo» (certamente) **2** veramente, a dire il vero. **B** *inter.* ma davvero!; ma va là!; guarda un po'!: «**He came in first**» «**Oh, i.!**», «è arrivato primo!» «ma davvero?».
indefatigability [ˈindi,fætigəˈbiliti], *n.* infaticabilità.
indefatigable [,indiˈfætigəbl], *a.* infaticabile; indefesso; instancabile.
indefeasibility [ˈindi,fiːzəˈbiliti], *n.* (*leg.*) inalienabilità; imprescrittibilità; inoppugnabilità.
indefeasible [,indiˈfiːzəbl], *a.* (*leg.*) inalienabile; imprescrittibile; inoppugnabile: **i. claims**, richieste inoppugnabili; **i. rights**, diritti inalienabili.
indefectible [,indiˈfektəbl], *a.* **1** indefettibile **2** senza difetti; perfetto; impeccabile.
indefensibility [ˈindi,fensəˈbiliti], *n.* **1** l'essere indifendibile **2** (*fig.*) insostenibilità.
indefensible [,indiˈfensəbl], *a.* **1** indifendibile **2** (*fig.*) insostenibile.

indefinable [ˌindiˈfainəbl], *a.* indefinibile.
indefinite [inˈdefinit], *a.* (*anche gramm.*) indefinito, indeterminato; impreciso; vago: **i. articles** (**pronouns**), articoli (pronomi) indefiniti; **an i. boundary**, un confine impreciso; **an i. reply**, una risposta vaga. ● (*mil.*) **i. leave**, congedo illimitato.
indefinitely [inˈdefənitli], *avv.* **1** indefinitamente; a tempo indeterminato **2** in modo impreciso; vagamente.
indefiniteness [inˈdefinitnis], **indefinitude** [ˌindiˈfinitju(:)d], *n.* indefinitezza; indeterminatezza; imprecisione.
indehiscence [ˌindiˈhisəns], *n.* (*bot.*) indeiscenza.
indehiscent [ˌindiˈhisənt], *a.* (*bot.*) indeiscente.
indelibility [inˌdeliˈbiliti], *n.* indelebilità; l'essere indelebile (*o* incancellabile).
indelible [inˈdelibl], *a.* indelebile; incancellabile: **i. ink**, inchiostro indelebile; **i. dishonour**, un'onta incancellabile.
indelicacy [inˈdelikəsi], *n.* indelicatezza; grossolanità; sconvenienza.
indelicate [inˈdelikit], *a.* indelicato; grossolano; sconveniente.
indemnification [inˌdemnifiˈkeiʃən], *n.* indennità; risarcimento; indennizzo.
to indemnify [inˈdemnifai], **A** *v. t.* **1** indennizzare; risarcire **2** assicurare, garantire (*contro perdite, danni, ecc.*): **to i. oneself from** (*o* **against**) **damage**, assicurarsi contro i danni. **to indemnify oneself B** *v. rifl.* garantirsi, tutelarsi (*contro perdite, rischi, ecc.*).
indemnity [inˈdemniti], *n.* **1** indennità; indennizzo; risarcimento **2** assicurazione, garanzia (*contro perdite, danni, ecc.*) **3** condono; remissione; esonero (*da penali, responsabilità, ecc.*).
indemonstrability [ˌindiˌmɔnstrəˈbiliti], *n.* indimostrabilità.
indemonstrable [inˈdemənstrəbl], *a.* indimostrabile.
to indent (1) [inˈdent], **A** *v. t.* **1** dentellare; intaccare; intagliare; fare incastri in (q.c.) **2** frastagliare: **Erosion has indented the coastline**, la costa è stata frastagliata dall'erosione **3** dividere in due (*un documento in duplice copia*) tracciando una linea dentellata **4** compilare, redigere (*un documento*) in duplice copia **5** (*tipogr.*) far rientrare (*l'inizio di una riga*) dal margine della pagina **6** (*comm.*) ordinare (*merci, specialm. dall'estero*) **7** (*stor.*) vincolare (*un apprendista*) con contratto. **B** *v. i.* **1** essere dentellato (*o* intaccato) **2** essere frastagliato **3** compilare documenti in duplice copia **4** (*comm.*) ordinare: **to i. on a firm for goods**, ordinare merci a una ditta **5** (*tipogr.*) fare un capoverso. ● **to i. upon st.**, attingere (*o* fare ricorso) a q.c.: (*fin.*) **to i. upon reserves**, attingere alle riserve.
indent (1) [ˈindent], *n.* **1** dentellatura; tacca; intaccatura **2** (*stor.*) contratto di assunzione d'un apprendista **3** (*tipogr.*) rientranza; capoverso **4** (*comm.*) ordinazione di merci (*specialm. dall'estero*) **5** (*leg.*) requisizione ufficiale (*di merci, ecc.*).
to indent (2) [inˈdent], *v. t.* **1** fare un incavo (*o* un solco) in (q.c.); ammaccare **2** imprimere, stampare (*un segno, ecc. su q.c.*).
indent (2) [ˈindent], *n.* incavo; solco; ammaccatura (*nella carrozzeria di un'automobile, ecc.*).
indentation [ˌindenˈteiʃən], *n.* **1** dentellatura; intaccatura; tacca **2** frastagliatura; linea a zigzag; profonda insenatura **3** (*tipogr.*) rientranza; capoverso.
indention [inˈdenʃən], *n.* **1** (*tipogr.*) rientranza; capoverso **2** intaccatura; tacca.
indenture [inˈdentʃə*], *n.* **1** (*leg.*) contratto bilaterale; accordo **2** accordo scritto; documento (*originariamente*) in duplice copia **3** certificato (*inventario, lista, ecc.*) ufficiale **4** dentellatura; intaccatura; tacca **5** (*spesso pl., stor.*) contratto d'apprendistato. ● **to take up one's indentures**, finire l'apprendistato.
to indenture [inˈdentʃə*], *v. t.* vincolare con contratto (*specialm. un apprendista*); collocare come apprendista.
independence [ˌindiˈpendəns], *n.* indipendenza; condizione di chi è indipendente. ● (*USA*) **I. Day**, festa dell'indipendenza (*4 luglio*).
independency [ˌindiˈpendənsi], *n.* **1** stato (*o* nazione, territorio) indipendente **2** (*relig.*) congregazionalismo.
independent [ˌindiˈpendənt], **A** *a.* **1** indipendente; libero; imparziale: **an i. woman**, una donna indipendente; **an i. researcher**, un ricercatore libero; **an i. observer**, un osservatore imparziale **2** in grado di (*o* sufficiente per) vivere senza lavorare. **B** *n.* **1** (*specialm. polit.*) indipendente **2** (*relig.*) congregazionalista. ● (*gramm.*) **i. clause**, proposizione indipendente □ **i. of**, senza considerare; senza tener conto di □ **to be i. of**, essere indipendente da; non dipendere da; non essere a carico di: **If you accept my offer, you'll be i. of everyone**, se accetti la mia offerta, non dipenderai più da nessuno; **He's i. of his parents**, non è più a carico dei genitori □ (*leg.*) **i. proofs**, prove bastevoli, sufficienti di per sé □ (*mat., stat., econ.*) **i. variable**, variabile indipendente □ **a man of i. means**, un uomo che vive del suo.
indescribability [ˈindisˌkraibəˈbiliti], *n.* l'essere indescrivibile.
indescribable [ˌindisˈkraibəbl], *a.* indescrivibile.
indestructibility [ˈindisˌtrʌktəˈbiliti], *n.* indistruttibilità.

indestructible [ˌindisˈtrʌktəbl], *a.* indistruttibile.
indeterminable [ˌindiˈtəːminəbl], *a.* **1** indeterminabile **2** che non può essere deciso. ● **i. question**, domanda senza risposta.
indeterminableness [ˌindiˈtəːminəblnis], *n.* indeterminabilità.
indeterminate [ˌindiˈtəːminit], *a.* **1** (*anche filos., scient.*) indeterminato; astratto; incerto; vago: **an i. result**, un risultato incerto **2** (*fon.*) indistinto: **i. vowel**, vocale indistinta. ● (*leg.*) **i. sentence of imprisonment**, sentenza di condanna al carcere per un numero variabile d'anni (*dipendente dalla condotta del carcerato*).
indeterminateness [ˌindiˈtəːminitnis], *n.* indeterminatezza; incertezza; astrattezza; imprecisione.
indetermination [ˌindiˌtəːmiˈneiʃən], *n.* **1** indeterminazione; irresolutezza **2** *V.* **indeterminateness**.
indeterminism [ˌindiˈtəːminizəm], *n.* (*filos.*) indeterminismo.
indeterminist [ˌindiˈtəːminist], *n.* (*filos.*) seguace dell'indeterminismo.
indeterministic [ˌindiˌtəːmiˈnistik], *a.* (*filos.*) indeterministico.
index [ˈindeks], *n.* (*pl.* **indexes, indices**) **1** (*anat., anche* **i. finger**) dito indice **2** (*anche elab., stat., ecc.*) indice (*anche fig.*); ago, lancetta; indizio, segno: **Performance is an i. of ability**, il saper eseguire è indice di capacità; (*econ., fin.*) **cost-of-living i.**, indice del costo della vita; (*econ.*) **i. of productivity**, indice della produttività **3** indice alfabetico, analitico (*di un libro*) **4** catalogo; schedario: **a library i.**, lo schedario d'una biblioteca; **a card i.**, uno schedario **5** (*mat.*) indice; esponente. ● (*relig.*) **the I.**, l'Indice (*dei libri proibiti*) □ (*naut.*) **i. arm**, alidada □ **i. card**, scheda □ (*econ., fin.*) **i.-linked**, indicizzato □ (*econ., fin.*) **i.-linking**, indicizzazione □ (*tipogr.*) **i. mark**, manina □ (*stat.*) **i. number**, numero indice.
to index [ˈindeks], *v. t.* **1** fornire (*un libro*) di indice analitico **2** mettere (*una parola, ecc.*) nell'indice **3** (*relig.*) mettere (*un libro*) all'Indice **4** (*econ., fin.*) indicizzare: **to i. incomes** (**interests, etc.**), indicizzare i redditi (gli interessi, ecc.) **5** (*elab.*) indicizzare **6** (*elab.*) indirizzare mediante registro.
indexation [ˌindekˈseiʃən], *n.* (*econ., fin.*) indicizzazione.
indexing [ˈindeksiŋ], *V.* **indexation**.
India [ˈindjə], *n.* (*geogr.*) India. ● (*USA*) **I. ink**, *V.* **Indian ink**, sotto **Indian** □ (*stor.*) **I. Office**, Dicastero per le relazioni con l'India □ **I. paper**, carta India; carta Bibbia □ **i. rubber**, caucciù, gomma (*anche per cancellare*).
Indian [ˈindjən], *a. e n.* indiano (*anche la lingua*). ● (*stor.*) **I. civilian**, funzionario dell'amministrazione civile dell'India □ **I. club**, clava (*per ginnastica*) □ **I. corn**, granoturco □ **I. file**, fila indiana □ (*pop. USA*) **I. hay**, marijuana □ **I. hemp**, canapa indiana □ **I. ink**, inchiostro di china □ **I. meal**, farina di granoturco □ (*bot.*) **I. millet** (*Sorghum vulgare*), saggina; sorgo □ **I. summer**, estate indiana (*equivalente all'estate di S. Martino*) □ **I. weed**, tabacco □ **I. wrestling**, braccio di ferro □ **Red I.**, indiano d'America; pellerossa.
Indianness [ˈindjənis], *n.* (*USA*) l'essere indiano.
to indicate [ˈindikeit], **A** *v. t.* **1** indicare; additare; mostrare (a dito) **2** mostrare; manifestare; chiarire: **Let's i. that we don't want him**, chiariamogli che non lo vogliamo **3** denotare; rivelare; essere indizio (q.c.) **4** suggerire; richiedere: **Some illnesses i. severe treatment**, talune malattie richiedono una cura energica. **B** *v. i.* (*autom.*) indicare (*una certa direzione*); fare segno (*di svolta*): **Be careful! The lorry driver is indicating right**, sta attento! il camionista fa segno di svoltare a destra (*o* indica la svolta a destra). ● **to be indicated**, essere necessario (*o* consigliabile, opportuno) □ (*mecc.*) **indicated horsepower**, potenza indicata in cavalli (*d'un motore*).
indication [ˌindiˈkeiʃən], *n.* indicazione (*anche med.*); cenno; segno; indizio: **The natives gave no i. that they understood us**, gli indigeni non davano segno d'averci capiti.
indicative [inˈdikətiv], *a. e n.* (*anche gramm.*) indicativo: **i. mood**, modo indicativo. ● **to be i. of**, essere indice (*o* segno) di: **The frontier incident may be i. of the tension existing between the two countries**, l'incidente di frontiera può essere indice della tensione esistente fra i due paesi.
indicator [ˈindikeitə*], *n.* **1** indicatore (*persona o strumento*); indicatore stradale: **speed i.**, indicatore della velocità; tachimetro; (*naut.*) **i. flare**, fuoco indicatore (*di siluro*) **2** (*econ., stat.*) indice; parametro: **i. of prosperity**, parametro di prosperità **3** (*autom.*) freccia (direzionale); lampeggiatore **4** indice; indizio: **Paleness may be an i. of illness**, il pallore può essere indice di malattia. ● (*autom.*) **i. light**, lampeggiatore, luce di direzione □ (*naut.*) **i. net**, sbarramento d'allarme □ (*autom.*) **i. switch**, levetta del cambio di direzione.
indicatory [inˈdikətəri], *a.* indicativo; indicatore. ● **to be i. of**, essere indicativo di; essere indice (*o* segno) di.
indices [ˈindisiːz], *pl.* di **index**.
to indict [inˈdait], *v. t.* (*leg. e fig.*) accusare; mettere in stato d'accusa; incriminare: **to i. sb. for arson**, accusare q. d'incendio doloso.
indictable [inˈdaitəbl], *a.* (*leg.*) **1** accusabile; incriminabile **2**

perseguibile; passibile di pena: **an i. offence**, un'infrazione passibile di pena.
indictee [ˌindai'ti:], *n.* (*leg.*) accusato; imputato.
indicter [in'daitə*], *V.* **indictor.**
indiction [in'dikʃən], *n.* **1** (*stor.*) indizione **2** proclamazione.
indictment [in'daitmənt], *n.* (*leg.*) **1** accusa (*anche fig.*); accusa scritta **2** messa in stato d'accusa; incriminazione. ● **bill of i.**, atto d'accusa; imputazione.
indictor [in'daitə*], *n.* (*leg.*) accusatore; chi incrimina.
Indies ['indiz], *n. pl.* (*geogr.*) Indie: **the East I.**, le Indie Orientali; **the West I.**, le Indie Occidentali.
indifference [in'difrəns], **indifferency** [in'difrənsi], *n.* indifferenza; apatia; insensibilità. ● **a matter of i.**, una cosa senza importanza.
indifferent [in'difrənt], **A** *a.* **1** indifferente; senza importanza; apatico; insensibile; neutrale; imparziale: **It is quite i. to me whether she marries him or not**, che ella lo sposi o no, mi è del tutto indifferente; **He was completely i. to my entreaties**, era del tutto insensibile alle mie suppliche **2** mediocre; scadente: **His French is i.**, il suo francese è mediocre; **It seems rather an i. play**, sembra un dramma piuttosto scadente **3** (*biol.*) indifferente; indifferenziato **4** (*chim., fis.*) neutro. **B** *n.* persona indifferente, che non s'interessa (*di politica, di religione, ecc.*); neutrale. ● **very i.**, assai scadente; pessimo ☐ **I'm an i. driver**, come guidatore, non sono né buono né cattivo.
indifferentism [in'difrəntizəm], *n.* indifferentismo; mancanza d'interesse (*per la politica, la religione, ecc.*).
indifferentist [in'difrəntist], *n.* persona che si disinteressa di religione o di politica; agnostico; neutrale.
indigence ['indidʒəns], *n.* indigenza; povertà estrema.
indigene ['indidʒi:n], *n.* **1** indigeno; nativo **2** (*zool.*) animale indigeno **3** (*bot.*) pianta indigena.
indigenous [in'didʒinəs], *a.* **1** indigeno (*anche scient.*); nativo **2** innato; insito **3** degli indigeni.
indigent ['indidʒənt], *a.* indigente; poverissimo.
indigested [ˌindi'dʒestid], *a.* (*arc.*) **1** indigesto **2** (*fig.*) confuso, disordinato; amorfo; non ben meditato.
indigestibility [ˌindiˌdʒestə'biliti], *n.* **1** indigeribilità **2** (*fig.*) incomprensibilità (*V.* **indigestible**).
indigestible [ˌindi'dʒestəbl], *a.* **1** indigeribile, indigesto (*anche fig.*) **2** (*fig.*) insopportabile; difficile da mandare giù (*fig.*) **3** (*fig.*) incomprensibile.
indigestion [ˌindi'dʒestʃən], *n.* **1** (*anche fig.*) indigestione **2** (*med.*) cattiva digestione; dispepsia: **He suffers from i.**, soffre di cattiva digestione.
indigestive [ˌindi'dʒestiv], *a.* **1** (*med.*) che soffre di cattiva digestione; dispeptico **2** che provoca indigestione; indigesto.
indign [in'dain], *a.* (*poet.*) indegno.
indignant [in'dignənt], *a.* indignato; sdegnato: **He was very i. at the attempt to bribe him**, fu assai sdegnato per il tentativo di corromperlo.
indignantly [in'dignəntli], *avv.* con grande indignazione; sdegnosamente.
indignation [ˌindig'neiʃən], *n.* indignazione; sdegno. ● (*polit.*) **i. meeting**, comizio di protesta.
indignity [in'digniti], *n.* **1** trattamento indegno; affronto; offesa; oltraggio; umiliazione **2** (*arc.*) *V.* **indignation**.
indigo ['indigou], *n.* (*pl.* **indigos, indigoes**) **1** (*chim.*) indaco naturale **2** color indaco. ● **i. blue**, indaco (*il colore*) ☐ (*zool.*) **i.-bird** (*Passerina cyanea*), ministro; beccogrosso azzurro ☐ (*boi.*) **i. plant** (*Indigofera*), indigofera.
indigotic [ˌindi'gɔtik], *a.* d'indaco; color indaco.
indirect [ˌindi'rekt], *a.* indiretto (*anche gramm.*); obliquo; traverso: **an i. reply**, una risposta indiretta; **an i. reference**, un riferimento indiretto (*un'allusione*); **i. speech**, discorso indiretto; **i. roads**, vie traverse. ● (*rag.*) **i. costs**, costi indiretti (*o* fissi) ☐ **i. dealings**, trattative sottobanco ☐ (*fin.*) **i. exchange**, cambio indiretto ☐ (*comm.*) **i. expenses**, spese generali ☐ (*sport*) **i. free kick**, calcio a due; calcio di seconda ☐ **i. incentive**, incentivo indiretto ☐ **i. lighting**, luce diffusa ☐ (*gramm. ingl.*) **i. object**, complemento indiretto ☐ (*gramm. ingl.*) **i. passive**, «falso» passivo ☐ (*fin.*) **i. tax** (**taxation**), imposta (imposizione) indiretta.
indirection [ˌindi'rekʃən], *n.* **1** vie indirette (*o* traverse) (*fig.*); raggiri **2** disonestà; inganno. ● **by i.**, per mezzo di raggiri.
indirectness [ˌindi'rektnis], *n.* l'essere indiretto; obliquità.
indiscernible [ˌindi'sə:nəbl], *a.* indiscernibile; impercettibile.
indisceptibility [ˌindiˌsə:ptə'biliti], *n.* impossibilità di dissolversi, d'essere dissolto (*cfr. il verbo ital. arc.* scerpere).
indisceptible [ˌindi'sə:ptəbl], *a.* indivisibile; indissolvibile.
indisciplinable [in'disiplinəbl], *a.* indisciplinabile.
indiscipline [in'disiplin], *n.* indisciplina.
indiscreet [ˌindis'kri:t], *a.* **1** indiscreto; indelicato **2** imprudente; irriflessivo; avventato; sconsiderato.
indiscrete [ˌindis'kri:t], *a.* compatto; non separato.

indiscretion [ˌindis'kreʃən], *n.* **1** indiscrezione; indelicatezza; mancanza di tatto: **a calculated i.**, un'indiscrezione voluta **2** imprudenza; avventatezza; sconsideratezza.
indiscriminate [ˌindis'kriminit], *a.* **1** indiscriminato; confuso; caotico: **i. praise**, elogi indiscriminati **2** che non discrimina; che non distingue; che sceglie a caso; che non va (*o* non guarda) per il sottile: **an i. reader**, un lettore che non guarda per il sottile; **to be i. in choosing one's partners**, non andare per il sottile nella scelta dei propri soci (*o* dei propri compagni).
indiscriminateness [ˌindis'kriminitnis], *n.* **1** scarsa discriminazione; mancanza di discernimento **2** eterogeneità; confusione; caoticità.
indiscriminating [ˌindis'krimineitiŋ], *a.* **1** privo di discernimento; che non discrimina; che non distingue **2** confusionario; caotico.
indiscrimination ['indisˌkrimi'neiʃən], *V.* **indiscriminateness**.
indiscriminative [ˌindis'kriminativ], *V.* **indiscriminating**.
indispensability ['indisˌpensə'biliti], *n.* indispensabilità (*raro*); l'essere indispensabile.
indispensable [ˌindis'pensəbl], *a.* indispensabile; necessario.
indispensableness [ˌindis'pensəblnis], *V.* **indispensability**.
to indispose [ˌindis'pouz], *v. t.* **1** indisporre; indispettire; rendere contrario; distogliere **2** rendere incapace (*o* inabile); inabilitare.
indisposed [ˌindis'pouzd], *a.* **1** indisposto; lievemente malato **2** maldisposto; avverso; contrario; alieno; indisponibile: **He's i. to collaborate in a concrete manner**, è indisponibile per una collaborazione concreta. ● **i. to help**, indisponibile (*in assoluto*).
indisposition [ˌindispə'ziʃən], *n.* **1** indisposizione; lieve malattia **2** cattiva disposizione d'animo; avversione; indisponibilità: **a certain i. to face unpleasant facts**, una certa indisponibilità ad affrontare fatti spiacevoli.
indisputability ['indispjuːtə'biliti], *n.* incontestabilità; indiscutibilità.
indisputable [ˌindis'pjuːtəbl], *a.* indisputabile; incontestabile; indiscutibile.
indisputableness [ˌindis'pjuː(ː)təblnis], *V.* **indisputability**.
indisputed [ˌindis'pjuːtid], *a.* indiscusso; indisputato (*lett.*).
indissolubility ['indiˌsɔlju'biliti], *n.* indissolubilità.
indissoluble [ˌindi'sɔljubl], *a.* **1** indissolubile: **an i. bond**, un legame indissolubile **2** (*chim.*) insolubile.
indistinct [ˌindis'tiŋkt], *a.* indistinto; confuso; vago: **i. words**, parole indistinte; **an i. murmur**, un confuso mormorio; **i. recollections**, ricordi vaghi.
indistinctive [ˌindis'tiŋktiv], *a.* **1** che non si distingue **2** incapace di distinguere.
indistinctness [ˌindis'tiŋktnis], *n.* l'essere indistinto; confusione; mancanza di chiarezza.
indistinguishable [ˌindis'tiŋgwiʃəbl], *a.* indistinguibile; impercettibile.
indistributable [ˌindis'tribjutəbl], *a.* non distribuibile.
to indite [in'dait], *v. t.* (*arc. o scherz.*) comporre; redigere; scrivere: **to i. a few limericks**, comporre alcuni limerick; **to i. a letter**, redigere una lettera.
indium ['indiəm], *n.* (*chim.*) indio.
indivertible [ˌindi'və:tibl], *a.* che non si può deviare.
individual [ˌindi'vidjuəl], **A** *a.* individuale; caratteristico; personale; singolo: **an i. way of addressing people**, un modo caratteristico di rivolgersi alla gente; **an i. style**, uno stile personale; **to give i. attention to sb.**, concedere un'attenzione particolare a q.; **the powers of the i. States**, i poteri dei singoli stati (*in USA*). **B** *n.* individuo: **the rights of the i.**, i diritti dell'individuo. ● (*nuoto*) **i. medley**, individuale «quattro stili» ☐ (*leg.*) **i. person**, persona fisica ☐ (*ass.*) **i. policy**, polizza individuale ☐ (*sport*) **i. sports**, sport individuali.
individualism [ˌindi'vidjuəlizəm], *n.* individualismo (*per estens.*) egocentrismo: **the deep-rooted i. of the Italian people**, il radicato individualismo degli italiani.
individualist [ˌindi'vidjuəlist], *n.* individualista.
individualistic [ˌindiˌvidjuə'listik], *a.* individualistico.
individuality [ˌindiˌvidjuˈæliti], *n.* **1** individualità **2** personalità (*specialm. se forte e spiccata*) **3** (*pl.*) gusti personali.
individualization [ˌindiˌvidjuəlai'zeiʃən], *n.* **1** individualizzazione; personalizzazione **2** individuazione.
to individualize [ˌindi'vidjuəlaiz], *v. t.* **1** individualizzare; adattare ai bisogni dell'individuo; personalizzare: **This is an individualized model**, questo è un modello personalizzato **2** individuare; far riconoscere (*come individuale, caratteristico*); caratterizzare **3** considerare individualmente; specificare.
individually [ˌindi'vidjuəli], *avv.* individualmente; personalmente; singolarmente; uno alla volta. ● **i. different**, diversi come individui.
to individuate [ˌindi'vidjueit], *v. t.* individuare.
individuation [ˌindiˌvidjuˈeiʃən], *n.* individuazione.
indivisibility ['indiˌvizi'biliti], *n.* indivisibilità.

indivisible [ˌindiˈvizəbl], **A** *a.* indivisibile. **B** *n.* particella indivisibile.
Indo-Aryan [ˈindou-ˈɛəriən], *a.* e *n.* indo-ariano.
Indo(-)China [ˈindouˈtʃainə], *n.* (*geogr.*) Indocina.
Indo(-)Chinese [ˈindou-tʃaiˈni:z], *a.* e *n.* (*invar. al pl.*) indocinese.
indocile [inˈdousail], *a.* indocile.
indocility [ˌindouˈsiliti], *n.* indocilità.
to indoctrinate [inˈdɔktrineit], *v. t.* addottrinare; istruire; indottrinare.
indoctrination [inˌdɔktriˈneiʃən], *n.* addottrinamento; istruzione; indottrinamento.
Indo-European [ˈindouˌjuərəˈpi:ən], *a.* e *n.* indoeuropeo.
Indo-Germanic [ˈindoudʒəːˈmænik], *a.* e *n.* indogermanico.
Indo-Iranian [ˈindouiˈreinjən], *a.* e *n.* indoiranico; ario.
indolence [ˈindələns], *n.* indolenza; neghittosità.
indolent [ˈindələnt], *a.* **1** indolente; neghittoso **2** che non duole; indolente: (*med.*) **i. tumour**, tumore indolente **3** (*med.*) torpido.
indomitable [inˈdɔmitəbl], *a.* indomabile (*anche fig.*); indomito: **i. courage**, coraggio indomito; **i. will**, volontà indomabile.
Indonesian [ˌindouˈni:zjən], *a.* e *n.* indonesiano.
indoor [ˈinˌdɔ:*], **A** *a.* **1** interno (*in un edificio*); al coperto; (fatto) al chiuso: **i. sports**, sport praticati al chiuso (*o* al coperto) **2** (*di persona*) casalingo; che fa vita ritirata **3** (*sport*) indoor. **B** *n.* (*sport*) incontro indoor. ● **i. green**, campo di bocce coperto □ **an i. dress**, un vestito da portare in casa □ **i. plants**, piante da appartamento □ (*stor.*) **i. relief**, assistenza ai ricoverati.
indoors [ˌinˈdɔ:z], *avv.* in casa; al coperto; all'interno (*d'un edificio*); dentro: **to stay i.**, restare in casa; **to go i.**, andare dentro (*o* in casa).
indorsation [ˌindɔ:ˈseiʃən], *V.* **endorsement**.
to indorse [inˈdɔ:s], *V.* **to endorse**.
indorsee [ˌindɔ:ˈsi:], *V.* **endorsee**.
indorsement [inˈdɔ:smənt], *V.* **endorsement**.
indraught, (*USA*) **indraft** [ˈindra:ft], *n.* **1** attrazione verso l'interno **2** corrente (*d'aria, acqua, ecc.*) dall'esterno verso l'interno.
indrawn [ˌinˈdrɔ:n], *a.* **1** (*di respiro e sim.*) inspirato **2** (*fig.*) introspettivo; introverso.
indri [ˈindri], *n.* (*pl.* **indris**) (*zool.*, *Indri brevicaudatus*) indri dalla coda corta.
indubitable [inˈdju:bitəbl], *a.* indubitabile; indubbio.
to induce [inˈdju:s], *v. t.* **1** indurre; cagionare; produrre; incitare; persuadere; spingere: **Nothing shall i. me to do that**, niente m'indurrà a fare ciò; **His euphoria had been induced by stimulants**, la sua euforia era stata prodotta da stimolanti **2** (*leg.*) istigare **3** (*elettr.*) indurre **4** (*med.*) indurre; provocare la nascita di (*un bimbo*), il parto di (*una donna*). ● (*elettr.*) **induced current**, corrente indotta □ (*mecc.*) **induced draft**, tiraggio indotto.
inducement [inˈdju:smənt], *n.* **1** allettamento; incitamento; incentivo; lusinga; persuasione; stimolo **2** (*leg.*) istigazione **3** (*leg.*) parte introduttiva (*di atto legale*). ● (*econ., fin.*) **i. to invest**, incentivo all'investimento.
to induct [inˈdʌkt], *v. t.* **1** insediare; installare; investire: **to i. sb. to a benefice**, investire q. di un beneficio ecclesiastico **2** introdurre; iniziare: **to i. sb. into a profession**, iniziare q. a una professione **3** (*mil. USA*) reclutare.
inductance [inˈdʌktəns], *n.* (*elettr.*) induttanza.
inductee [ˌindʌkˈti:], *n.* (*mil. USA*) recluta.
inductile [inˈdʌktail], *a.* (*metall.*) non duttile.
induction [inˈdʌkʃən], *n.* **1** insediamento; installamento; investitura (*d'un beneficio ecclesiastico*) **2** introduzione (*di q.*); iniziazione **3** (*anche elettr., mat.*) induzione: **mathematical i.**, induzione matematica **4** (*mil. USA*) reclutamento **5** addestramento; tirocinio: **i. course**, corso d'addestramento **6** (*med.*) induzione (*d'un parto: con stimolanti*); parto indotto. ● (*elettr.*) **i. coil**, rocchetto di Ruhmkorff; bobina d'induzione □ (*elettr.*) **i. motor**, motore a induzione.
inductive [inˈdʌktiv], *a.* (*anche elettr.*) induttivo.
inductiveness [inˈdʌktivnis], **inductivity** [ˌindʌkˈtiviti], *n.* (*anche elettr.*) induttività.
inductor [inˈdʌktə*], *n.* (*anche elettr.*) induttore.
to indue [inˈdju:], *V.* **to endue**.
to indulge [inˈdʌldʒ], **A** *v. t.* **1** appagare; compiacere; lasciar libero corso a; soddisfare: **to i. one's desires**, appagare i propri desideri **2** assecondare; mostrarsi indulgente verso (q.); compiacere; viziare: **to i. the whims of an old lady**, assecondare i capricci di una vecchia signora; **Don't i. your children**, non viziare i tuoi figlioli! **3** (*relig.*) concedere un'indulgenza a (q.) **4** (*arc.*) concedere, accordare (*un favore, una grazia, ecc.*). **B** *v. i.* **1** (*anche v. rifl.*, **to indulge oneself**) indulgere (a); abbandonarsi (a); lasciarsi andare (a); concedersi il lusso (di): **He seldom indulges in a holiday**, raramente si concede il lusso d'una vacanza **2** (*fam.*) essere dedito al bere; indulgere ai liquori.
indulgence [inˈdʌldʒəns], *n.* **1** (*anche relig.*) indulgenza; condiscendenza; perdono; remissione **2** (*anche* **self-i.**) appagamento; compiacimento; soddisfazione dei propri desideri; l'indulgere (a q.c.): **Excessive i. in smoking can be very dangerous**, l'eccessivo indulgere al vizio del fumo può essere assai pericoloso **3** cosa cui s'indulge; piacere; debolezza; vizio: **He used to live in riches and i.**, viveva tra le ricchezze e i piaceri; **Smoking is his only i.**, il fumo è il solo vizio che egli abbia **4** concessione; privilegio accordato **5** (*comm.*) dilazione. ● (*stor. ingl.*) **Declaration of I.**, dichiarazione della concessione di libertà religiosa (*specialm. quelle di Carlo II e di Giacomo II*).
indulgenced [inˈdʌldʒənst], *a.* (*relig.*: *di preghiera, ecc.*) che fa ottenere un'indulgenza.
indulgent [inˈdʌldʒənt], *a.* indulgente; condiscendente; troppo benevolo: **an i. mother**, una madre indulgente.
indult [inˈdʌlt], *n.* (*relig.*) indulto.
to indurate [ˈindjuəreit], **A** *v. t.* indurire (*anche fig.*); rendere duro (*o* insensibile, ostinato). **B** *v. i.* indurirsi; incallirsi; ostinarsi.
induration [ˌindjuəˈreiʃən], *n.* indurimento; incallimento; ostinazione.
indurative [inˈdjuərətiv], *a.* che indurisce; che fa incallire; che rende ostinato.
Indus [ˈindəs], *n.* (*geogr.*) Indo.
indusium [inˈdju:ziəm] (*lat.*), *n.* (*pl.* **indusia**) **1** (*bot.*) indusio **2** (*zool.*) involucro (*delle larve degli insetti*) **3** (*anat.*) membrana di rivestimento.
industrial [inˈdʌstriəl], **A** *a.* **1** industriale: (*stor.*) **the i. revolution**, la rivoluzione industriale; **an i. school**, una scuola industriale; **Italy is the world's eighth biggest i. power**, l'Italia è l'ottava potenza industriale del mondo **2** industrializzato. **B** *n.* **1** lavoratore dell'industria **2** (*pl., fin.*) azioni (*o* titoli) d'imprese industriali. ● **i. accident**, infortunio sul lavoro □ **i. action**, agitazione (*o* azione) sindacale □ **i. alcohol**, alcol per uso industriale □ (*econ.*) **i. area**, regione (*o* zona) industriale □ (*econ.*) **i. combination**, concentrazione d'imprese □ (*agric.*) **i. crop**, coltura industriale □ **i. design**, «industrial design» □ **an i. disease**, una malattia professionale □ (*econ.*) **i. disputes**, conflitti del lavoro; vertenze sindacali □ (*ind.*) **i. emissions**, scarichi industriali □ **i. estate**, zona industriale □ (*econ.*) **i. goods**, beni strumentali □ **i. injury**, infortunio sul lavoro □ **i. medicine**, medicina del lavoro □ (*USA*) **i. park**, V. **i. estate** □ **i. relations**, relazioni industriali □ (*polit.*) **i. relations act**, legislazione antisciopero □ **i. reorganization**, riconversione industriale □ **i. safety**, sicurezza sul lavoro □ **i. site**, zona industriale (*d'una città*).
industrialism [inˈdʌstriəlizəm], *n.* industrialismo.
industrialist [inˈdʌstriəlist], *n.* industriale.
industrialization [inˌdʌstriəlaiˈzeiʃən], *n.* industrializzazione.
to industrialize [inˈdʌstriəlaiz], *v. t.* e *i.* industrializzare, industrializzarsi.
industrious [inˈdʌstriəs], *a.* industrioso; industre (*lett.*); assiduo; attivo; laborioso; operoso.
industry [ˈindəstri], *n.* **1** industria; manifattura: **the paper i.**, l'industria della carta; **the iron i.**, l'industria siderurgica; **the wool i.**, l'industria laniera **2** laboriosità; operosità; industriosità. ● **i.-wide bargaining**, contrattazione a livello d'interi settori dell'industria.
to indwell [ˈindwel] (*pass.* e *p. p.* **indwelt**), *v. t.* e *i.* abitare, dimorare (*di solito, fig.*); essere insito; risiedere.
to inearth [inˈə:θ], *v. t.* (*poet.*) interrare; seppellire.
inebriant [iˈni:briənt], **A** *a.* inebriante. **B** *n.* liquore inebriante.
to inebriate [iˈni:brieit], *v. t.* inebriare; ubriacare.
inebriate [iˈni:briit], **A** *a.* ubriaco; ebbro. **B** *n.* ubriacone; alcolizzato.
inebriation [iˌni:briˈeiʃən], *n.* **1** inebriamento **2** ebbrezza; ubriachezza.
inebriety [ˌini(:)ˈbraiəti], *n.* ubriachezza; ubriachezza abituale.
inedibility [iˌnediˈbiliti], *n.* non commestibilità.
inedible [iˈnedibl], *a.* immangiabile; non commestibile.
inedited [inˈeditid], *a.* **1** inedito **2** (*di un libro, ecc.*) pubblicato senza commenti o aggiunte; in edizione integrale.
ineffability [inˌefəˈbiliti], *n.* ineffabilità.
ineffable [inˈefəbl], *a.* ineffabile: **i. joy**, gioia ineffabile.
ineffaceability [ˌiniˌfeisəˈbiliti], *n.* l'essere indelebile.
ineffaceable [ˌiniˈfeisəbl], *a.* indelebile; incancellabile.
ineffective [ˌiniˈfektiv], *a.* **1** inefficace; inutile; vano: **an i. effort**, uno sforzo vano **2** inefficiente; poco efficiente; incapace; scarso aiuto: **He is i. in an emergency**, egli è di scarso aiuto in un caso d'emergenza.
ineffectiveness [ˌiniˈfektivnis], *n.* **1** inefficacia; inutilità **2** inefficienza; scarsa efficienza; incapacità.
ineffectual [ˌiniˈfektjuəl], *a.* **1** inefficace; inutile; vano **2** impo-

tente; incapace.
ineffectualness [ˌiniˈfektjuəlnis], *n.* **1** inefficacia; inutilità; vanità **2** impotenza; incapacità.
inefficacious [ˌinefiˈkeiʃəs], *a.* inefficace; inutile; vano: **an i. remedy**, un rimedio inefficace.
inefficacy [inˈefikəsi], *n.* inefficacia; inutilità; vanità.
inefficiency [ˌiniˈfiʃənsi], *n.* inefficienza; incapacità.
inefficient [ˌiniˈfiʃənt], *a.* inefficiente; poco efficiente; incapace.
inelastic [ˌiniˈlæstik], *a.* anelastico (*mecc.* e *fig.*); non elastico; senza elasticità; (*fig.*) inflessibile, rigido: (*econ.*) **Public expenditure is very i.**, la spesa pubblica è assai anelastica.
inelasticity [ˌinilæsˈtisiti], *n.* anelasticità, mancanza d'elasticità; (*fig.*) inflessibilità, rigidità: (*econ.*) **the i. of demand** (**of supply**), la rigidità della domanda (dell'offerta).
inelegance [inˈeligəns], **inelegancy** [inˈeligənsi], *n.* ineleganza.
inelegant [inˈeligənt], *a.* inelegante.
ineligibility [inˌelidʒəˈbiliti], *n.* **1** ineleggibilità **2** il non poter essere scelto **3** inabilità (*al servizio militare*).
ineligible [inˈelidʒəbl], *a.* **1** ineleggibile **2** che non può essere scelto **3** inabile (*al servizio militare*) **4** inadatto; inopportuno. ● **i. for promotion**, non promuovibile □ **i. to vote**, che non ha diritto di voto.
ineluctability [ˌiniˌlʌktəˈbiliti], *n.* ineluttabilità.
ineluctable [ˌiniˈlʌktəbl], *a.* ineluttabile: **i. fate**, il fato ineluttabile.
inept [iˈnept], *a.* **1** inetto; incapace; inabile: **an i. professional**, un professionista inetto **2** fatuo; sciocco; stolto **3** inopportuno; sconveniente.
ineptitude [iˈneptitjuːd], **ineptness** [iˈneptnis], *n.* **1** inettitudine; incapacità **2** fatuità; stoltezza **3** inopportunità.
inequable [iˈniː(ː)kwəbl], *a.* non uniforme; mutevole.
inequality [ˌini(ː)ˈkwɔliti], *n.* **1** ineguaglianza; disuguaglianza (*anche mat.*); sperequazione; differenza; irregolarità: **social i.**, disuguaglianza sociale; **inequalities of income**, sperequazioni di reddito; **inequalities of the ground**, irregolarità del terreno **2** (*astron.*) deviazione.
inequitable [inˈekwitəbl], *a.* iniquo; non equo; ingiusto.
inequity [inˈekwiti], *n.* iniquità; ingiustizia.
ineradicable [ˌiniˈrædikəbl], *a.* inestirpabile.
inerrability [inˌerəˈbiliti], *n.* infallibilità.
inerrable [inˈerəbl], *a.* infallibile.
inerrancy [inˈerənsi], *n.* infallibilità.
inerrant [inˈerənt], *a.* che non erra; infallibile.
inert [iˈnəːt], *a.* inerte (*anche chim.*, *fis.*); indolente; inoperoso; lento: **i. matter**, materia inerte; **an i. gas**, un gas inerte.
inertia [iˈnəːʃjə], *n.* (*pl.* **inertias**, **inertiae**) inerzia (*anche chim.*, *fis.*); indolenza: **force of i.**, forza d'inerzia. ● (*mecc.*) **i. governor**, regolatore a inerzia.
inertial [iˈnəːʃəl], *a.* (*scient.*, *tecn.*) inerziale.
inertness [iˈnəːtnis], *n.* inerzia (*anche chim.*, *fis.*); indolenza; apatia.
inescapable [ˌinisˈkeipəbl], *a.* inevitabile; cui non si può sfuggire.
inessential [ˌiniˈsenʃəl], **A** *a.* non essenziale. **B** *n.* cosa secondaria.
inestimable [inˈestiməbl], *a.* inestimabile.
inevitability [inˌeviˈtəbiliti], *n.* inevitabilità; ineluttabilità.
inevitable [inˈevitəbl], *a.* **1** inevitabile; ineluttabile **2** (*fam.*) solito; immancabile: **an i. outcome**, un risultato immancabile.
inevitableness [inˈevitəblnis], *V.* **inevitability**.
inexact [ˌinigˈzækt], *a.* inesatto; scorretto.
inexactitude [ˌinigˈzæktitjuːd], **inexactness** [ˌinigˈzæktnis], *n.* inesattezza; imprecisione; errore.
inexcusability [ˌiniksˌkjuː(ː)zəˈbiliti], *n.* l'essere inescusabile.
inexcusable [ˌiniksˈkjuːzəbl], *a.* inescusabile (*lett.*); imperdonabile.
inexecutable [inˈeksikjutəbl], *a.* ineseguibile.
inexhaustibility [ˈinigˌzɔːstəˈbiliti], *n.* **1** inesauribilità **2** instancabilità.
inexhaustible [ˌinigˈzɔːstəbl], *a.* **1** inesauribile **2** instancabile.
inexistent [ˌinigˈzistənt], *a.* **1** inesistente **2** (*arc.*, *filos.*) immanente.
inexorability [inˌeksərəˈbiliti], *n.* inesorabilità.
inexorable [inˈeksərəbl], *a.* inesorabile.
inexpediency [ˌiniksˈpiːdjənsi], *n.* **1** inopportunità; inutilità **2** scomodità.
inexpedient [ˌiniksˈpiːdjənt], *a.* **1** inopportuno; sconsigliabile; inutile **2** scomodo.
inexpensive [ˌiniksˈpensiv], *a.* poco costoso; di prezzo basso; a buon mercato; economico.
inexpensiveness [ˌiniksˈpensivnis], *n.* basso costo; economicità.
inexperience [ˌiniksˈpiəriəns], *n.* inesperienza; imperizia.
inexperienced [ˌiniksˈpiəriənst], *a.* inesperto; senza esperienza.

inexpert [ˌineksˈpəːt], *a.* inesperto; inabile; maldestro.
inexpiable [inˈekspiəbl], *a.* **1** inespiabile **2** (*arc.*) implacabile.
inexplainable [ˌiniksˈpleinəbl], *a.* inspiegabile.
inexplicability [inˌeksplikəˈbiliti], *n.* inesplicabilità.
inexplicable [inˈeksplikəbl], *a.* inesplicabile; inspiegabile.
inexplicit [ˌiniksˈplisit], *a.* non esplicito; oscuro; vago.
inexplicitness [ˌiniksˈplisitnis], *n.* incertezza; oscurità.
inexplosive [ˌiniksˈplouziv], *a.* non esplosivo; che non esplode.
inexpressible [ˌiniksˈpresəbl], *a.* inesprimibile; indicibile. ● (*scherz.*, *arc.*) **the inexpressibles**, gli «innominabili» (*i calzoni*).
inexpressive [ˌiniksˈpresiv], *a.* **1** inespressivo; non espressivo; privo d'espressione **2** senza senso; senza significato.
inexpressiveness [ˌiniksˈpresivnis], *n.* l'essere inespressivo.
inexpugnable [ˌiniksˈpʌgnəbl], *a.* inespugnabile; invincibile.
inextensible [ˌiniksˈtensəbl], *a.* inestensibile; non estensibile.
inextinguishable [ˌiniksˈtiŋgwiʃəbl], *a.* (*anche fig.*) inestinguibile: **i. hatred**, odio inestinguibile.
inextirpable [ˌiniksˈtəːpəbl], *a.* inestirpabile.
in extremis [ˌinikˈstriːmis] (*lat.*), *avv.* in extremis: **to save st. in extremis**, salvare q.c. in extremis; **to save oneself in extremis**, salvarsi in extremis (*fig.*, *fam.*: in zona Cesarini).
inextricable [inˈekstrikəbl], *a.* **1** inestricabile: **i. difficulties**, difficoltà inestricabili **2** da cui non ci si può districare.
infallibilism [inˈfæləbəlizəm], *n.* (*relig.*) dogma dell'infallibilità del papa.
infallibilist [inˈfæləbəlist], *n.* (*relig.*) infallibilista.
infallibility [inˌfæləˈbiliti], *n.* infallibilità.
infallible [inˈfæləbl], *a.* infallibile: **an i. remedy**, un rimedio infallibile.
infallibly [inˈfæləbli], *avv.* **1** infallibilmente **2** (*fam.*) immancabilmente; senza fallo (*lett.*); infallantemente (*raro*).
to infamize [ˈinfəmaiz], *v. t.* infamare.
infamous [ˈinfəməs], *a.* **1** infame; scellerato; ignominioso; vituperevole (*lett.*); turpe: **an i. crime**, un infame delitto; **i. conduct**, condotta vituperevole; **an i. vice**, un turpe vizio **2** (*stor.*: *di delitto*) infamante **3** (*leg.*: *di crimine*) gravissimo (*anche di persona*) colpevole di un delitto gravissimo **4** (*leg.*: *di persona*) colpevole di un delitto gravissimo. ● (*stor.*) **i. crime against nature**, delitto contro natura; sodomia.
infamy [ˈinfəmi], *n.* **1** infamia; scelleratezza; grave biasimo; vituperio; ignominia **2** (*leg.*) perdita dei diritti civili (*conseguente a condanna per grave delitto*).
infancy [ˈinfənsi], *n.* **1** infanzia (*anche fig.*); prima puerizia: **the i. of a people**, l'infanzia d'un popolo **2** (*leg.*) minorità; età minore **3** (*geol.*) stadio giovanile.
infant [ˈinfənt], **A** *n.* infante; bambino, bambina **2** (*leg.*) minorenne; minore. **B** *a. attr.* **1** infantile; da (*o* per) bambini: **i. mortality**, mortalità infantile; **i. food**, cibo per bambini **2** (*fig.*) nascente; nuovo: **i. industries**, industrie nascenti. ● **i. king**, re bambino □ **i. prodigy**, bambino prodigio □ **i. school**, asilo infantile.
infanta [inˈfæntə], *n.* (*stor.*) infanta.
infante [inˈfænti], *n.* (*stor.*) infante (*principe reale di Spagna, non primogenito*).
infanticidal [inˌfæntiˈsaidl], *a.* infanticida.
infanticide [inˈfæntisaid], *n.* **1** infanticidio **2** infanticida.
infantile [ˈinfəntail], **infantine** [ˈinfəntain], *a.* **1** infantile; puerile: **i. games**, giochi infantili; (*med.*) **i. paralysis**, paralisi infantile **2** (*med.*) affetto da infantilismo.
infantilism [inˈfæntilizəm], *n.* (*med.*) infantilismo.
infantry [ˈinfəntri], *n.* (*mil.*) fanteria.
infantryman [ˈinfəntrimən], *n.* (*pl.* **infantrymen**) soldato di fanteria; fante; fantaccino.
infarct [inˈfɑːkt], **infarction** [inˈfɑːkʃən], *n.* (*med.*) infarto.
to infatuate [inˈfætjueit], *v. t.* infatuare; esaltare; accendere di eccessivo ardore. ● **to become infatuated with a girl**, infatuarsi di una ragazza.
infatuated [inˈfætjueitid], *a.* infatuato; invaghito.
infatuation [inˌfætjuˈeiʃən], *n.* infatuazione; folle passione.
infeasible [inˈfiːzəbl], *a.* infattibile (*raro*); ineffettuabile.
to infect [inˈfekt], *v. t.* **1** infettare (*anche fig.*); appestare; contagiare; corrompere: **This virus does not i. man**, questo virus non contagia l'uomo **2** (*fig.*) attaccare, comunicare, trasmettere a: **My friends infected me with their mirth**, gli amici mi attaccarono la loro allegria **3** (*fon.*) alterare.
infected [inˈfektid], *a.* infetto: **an i. wound**, una ferita infetta. ● **to become i.**, infettarsi.
infection [inˈfekʃən], *n.* **1** infezione; contagio (*anche fig.*); contaminazione **2** influsso (*dovuto all'esempio*); trasmissione (*d'idee, ecc.*) **3** (*fon.*) alterazione.
infectious [inˈfekʃəs], *a.* **1** infettivo; contagioso (*anche fig.*): **an i. disease**, una malattia infettiva; **an i. laugh**, una risata contagiosa **2** (*arc.*) infetto. ● (*med.*) **i. hepatitis**, epatite virale.
infectiousness [inˈfekʃəsnis], *n.* l'esser infettivo; contagiosità.

infective [in'fektiv], *a.* (*med.*) infettivo; contagioso.
infectiveness ['in'fektivnis], **infectivity** [ˌinfek'tiviti], *n.* (*med.*) l'esser infettivo; contagiosità.
infector [in'fektə*], *n.* infettatore; contaminatore.
infecund [in'fi:kənd], *a.* infecondo.
infecundity [ˌinfi'kʌnditi], *n.* infecondità.
infelicific [inˌfi(:)li'sifik], *a.* che produce (*o* è causa di) infelicità.
infelicitous [ˌinfi'lisitəs], *a.* infelice; sfortunato; disadatto; stonato (*fig.*); fuori luogo: **an i. remark**, un'osservazione infelice (*o* fuori luogo).
infelicity [ˌinfi'lisiti], *n.* infelicità; inopportunità.
to **infer** [in'fə:*], *v. t.* **1** inferire; dedurre; desumere; arguire; concludere: **I don't know what we can i. from that**, non so che cosa se ne possa dedurre; **I looked at him and inferred that he was the boss**, lo guardai e arguii che era lui il padrone **2** (*improprio*) implicare; suggerire.
inferable [in'fə:rəbl], *a.* deducibile; desumibile; arguibile.
inference ['infərəns], *n.* inferenza (*raro*); illazione; deduzione; conclusione. ● **by i.**, per illazione.
inferential [ˌinfə'renʃəl], *a.* deduttivo: **i. reasoning**, ragionamento deduttivo.
inferior [in'fiəriə*], **A** *a.* **1** inferiore; sottoposto; sottostante: **i. officers**, ufficiali inferiori; **an i. court of law**, un tribunale (di grado) inferiore **2** mediocre; scadente: **goods of i. quality**, merce di qualità scadente **3** (*tipogr.*) stampato un po' sotto la riga. **B** *n.* inferiore; subalterno; subordinato: **You must be kind to your inferiors**, devi essere gentile con gli inferiori. ● (*econ.*) **i. goods**, merci povere.
inferiority [inˌfiəri'oriti], *n.* inferiorità: (*psic.*) **i. complex**, complesso d'inferiorità.
infernal [in'fə:nl], *a.* infernale; diabolico: **an i. machine**, una macchina (*o* un ordigno) infernale; **i. wickedness**, cattiveria diabolica.
infernality [ˌinfə(:)'næliti], *n.* l'essere infernale; infernalità (*raro*).
inferno [in'fə:nou] (*ital.*), *n.* (*pl.* **infernos**) inferno (*anche fig.*): **the i. of war**, l'inferno della guerra.
infertile [in'fə:tail], *a.* sterile; infecondo; improduttivo.
infertility [ˌinfə(:)'tiliti], *n.* sterilità; infecondità.
to **infest** [in'fest], *v. t.* infestare; invadere (*fig.*): **a house infested with rats**, una casa infestata dai topi.
infestation [ˌinfes'teiʃən], *n.* infestamento; infestazione.
infeudation [ˌinfju(:)'deiʃən], *n.* **1** (*stor.*) infeudamento; infeudazione **2** (*relig.*) concessione di decime a laici (*anche*, **i. of tithes**).
infibulation [inˌfibju'leiʃən], *n.* infibulazione.
infidel ['infidəl], **A** *n.* **1** ateo; miscredente **2** (*stor.*) infedele: **The crusaders fought against the infidels**, i crociati combattevano contro gli infedeli. **B** *a.* **1** ateo; miscredente; incredulo **2** sacrilego; da miscredente; da infedele.
infidelity [ˌinfi'deliti], *n.* **1** incredulità; miscredenza **2** infedeltà (*specialm. coniugale*).
infield ['infi:ld], *n.* **1** (*agric.*) terreno attorno (*o* vicino) alla casa colonica; terreno coltivabile **2** (*cricket*) parte del campo di gioco vicina alla porta; giocatori che vi stanno **3** (*baseball*) diamante.
infielder ['infi:ldə*], *n.* (*sport*) «infielder»; interno (*V.* **infield**, *def. 2 e 3*).
infighting ['in,faitiŋ], *n.* **1** (*pugilato*) (lotta a) corpo a corpo **2** (*fig.*) lotte interne (*o* intestine): **fratricidal i.**, lotte fratricide.
to **infiltrate** ['infiltreit], **A** *v. t.* **1** fare entrare (*un liquido*) in; permeare **2** (*mil. e fig.*) infiltrarsi in: **to i. the enemy defenses**, infiltrarsi nelle linee difensive nemiche **3** (*mil. e fig.*) fare infiltrare (*agenti, spie, ecc.*). **B** *v. i.* infiltrarsi; insinuarsi (*anche fig.*); (*d'idee, ecc.*) entrare (*o* insinuarsi) nella mente.
infiltration [ˌinfil'treiʃən], *n.* infiltrazione; infiltramento.
infiltrator ['infiltreitə*], *n.* chi s'infiltra; (*polit.*) infiltrato.
infinite ['infinit], **A** *a.* **1** infinito; illimitato; innumerevole; grandissimo: **i. space**; lo spazio infinito **2** (*gramm., mat.*) infinito. **B** *n.* **1** — **the i.**, l'infinito (*lo spazio*) **2** (*gramm.*) (modo) infinito. ● (*relig.*) **the I.**, Dio.
infinitesimal [ˌinfini'tesiməl], **A** *a.* infinitesimo; (*mat.*) infinitesimale: **i. calculus**, calcolo infinitesimale. **B** *n.* infinitesimo.
infinitival [inˌfini'taivəl], *a.* (*gramm.*) infinitivale.
infinitive [in'finitiv], **A** *n.* (*gramm.*) (modo) infinito. **B** *a.* infinitivo.
infinitude [in'finitju:d], *n.* infinità; quantità (*o* estensione) infinita.
infinity [in'finiti], *n.* **1** infinità; quantità (*o* estensione) infinita **2** (*mat., fis.*) infinito: (*fotogr.*) **i. focusing**, messa a fuoco all'infinito. ● **to i.**, senza fine; all'infinito.
infirm [in'fə:m], *a.* **1** malfermo; debole; fiacco; irresoluto **2** poco sicuro; non valido: **an i. title to property**, un titolo di proprietà non valido. ● **i. of purpose**, debole; irresoluto.
infirmary [in'fə:məri], *n.* **1** infermeria **2** ospedale.

infirmatory [in'fə:mətəri], *a.* che infirma, che confuta (*una teoria, ecc.*).
infirmity [in'fə:miti], *n.* **1** debolezza (*anche d'animo*); fiacchezza; irresolutezza **2** infermità (*fisica o mentale*). ● **i. of purpose**, irresolutezza.
to **infix** [in'fiks], *v. t.* **1** infiggere (*anche nella memoria*); ficcare; imprimere (*nella mente*) **2** (*gramm.*) inserire (*un infisso*).
infix ['infiks], *n.* (*gramm.*) infisso.
to **inflame** [in'fleim], **A** *v. t.* infiammare (*anche fig.*); accendere; eccitare: **The tribune's oration inflamed the people**, l'orazione del tribuno infiammò il popolo. **B** *v. i.* infiammarsi, accendersi (*anche fig.*).
inflammability [inˌflæmə'biliti], *n.* l'esser infiammabile (*anche fig.*); infiammabilità; eccitabilità.
inflammable [in'flæməbl], *a.* infiammabile (*anche fig.*); eccitabile.
inflammation [ˌinflə'meiʃən], *n.* **1** l'infiammare; l'essere infiammato **2** (*med.*) infiammazione; flogosi: **i. of the lungs**, infiammazione dei polmoni.
inflammatory [in'flæmətəri], *a.* **1** (*med.*) infiammatorio; flogistico **2** (*fig.*) incendiario; sedizioso: **i. speeches**, discorsi incendiari.
inflammeableness [in'flæməblnis], *V.* **inflammability**.
inflatable [in'fleitəbl], **A** *a.* gonfiabile; (*di canotto, ecc.*) pneumatico. **B** *n.* struttura gonfiabile.
to **inflate** [in'fleit], *v. t. e i.* **1** gonfiare, gonfiarsi (*anche fig.*); enfiare; dilatare: **to i. the tyres of a car**, gonfiare le gomme di un'automobile **2** (*fig.*) inorgoglire; animare; imbaldanzire **3** (*comm.*) alzare artificiosamente, gonfiare (*i prezzi*) **4** (*econ.*) inflazionare; far ricorso all'inflazione: **to i. a currency**, inflazionare una moneta.
inflated [in'fleitid], *a.* **1** gonfiato; gonfio; (*fig.*) tronfio, turgido: **i. style**, stile tronfio; **to be i. with self-conceit**, esser gonfio di presunzione; essere tronfio **2** (*comm.: di un prezzo*) esagerato **3** (*econ.*) inflazionato: **i. currency**, moneta inflazionata.
inflater [in'fleitə*], *V.* **inflator**.
inflation [in'fleiʃən], *n.* **1** gonfiamento; gonfiatura; enfiagione **2** (*di stile, ecc.*) turgidità; turgidezza; turgore (*lett.*) **3** (*econ.*) inflazione: **i. rate**, tasso d'inflazione **4** (*mecc.*) gonfiaggio: **i. pressure**, pressione di gonfiaggio (*dei pneumatici*). ● (*econ.*) **i. policy**, politica inflazionistica.
inflationary [in'fleiʃənəri], *a.* (*econ.*) inflazionistico: **i. pressure**, pressione inflazionistica; **i. spiral**, spirale inflazionistica; **i. strains**, spinte inflazionistiche.
inflationism [in'fleiʃənizm], *n.* (*econ.*) inflazionismo.
inflationist [in'fleiʃənist], *n.* (*econ.*) inflazionista.
inflator [in'fleitə*], *n.* **1** chi gonfia; gonfiatore **2** pompa (a mano).
to **inflect** [in'flekt], **A** *v. t.* **1** flettere; curvare; piegare **2** modulare (*la voce*) **3** (*gramm.*) flettere; declinare. **B** *v. i.* (*gramm.*) flettersi; declinarsi.
inflected [in'flektid], *a.* **1** flesso **2** (*bot.*) inflesso **3** (*gramm.*) flessivo.
inflection [in'flekʃən], (*specialm. USA*) *V.* **inflexion**.
inflectional [in'flekʃnl], (*specialm. USA*) *V.* **inflexional**.
inflective [in'flektiv], *a.* (*gramm.*) flessivo; della flessione.
inflexibility [inˌfleksə'biliti], *n.* **1** inflessibilità; irremovibilità; rigidezza **2** (*fig.*) immutabilità; immutabilità.
inflexible [in'fleksəbl], *a.* **1** inflessibile; irremovibile; rigido: **i. purpose**, propositi irremovibili **2** inderogabile; immutabile: **an i. rule**, una regola inderogabile.
inflexion [in'flekʃən], *n.* **1** inflessione (*anche fis.*); l'inflettere; l'inflettersi; curva, piega; cadenza, modulazione (*della voce*) **2** (*gramm.*) flessione **3** (*gramm.*) forma flessiva; desinenza; suffisso.
inflexional [in'flekʃənl], *a.* (*gramm.*) flessionale; flessivo: **i. languages**, lingue flessive; **i. forms**, forme flessionali.
to **inflict** [in'flikt], *v. t.* **1** infliggere; imporre: **to i. a punishment on sb.**, infliggere una punizione a q.; **to i. a disagreable task on sb.**, imporre a q. un compito sgradevole **2** (*leg.*) comminare, irrogare (*una pena, ecc.*) **3** (*fam.*) appiccicare, appioppare (*un bambino da badare e sim.*). ● **to i. a blow on sb.**, assestare un colpo a q.
infliction [in'flikʃən], *n.* **1** inflizione; l'infliggere **2** pena; punizione; castigo **3** fastidio; seccatura: **What an i.!**, che fastidio! **4** (*leg.*) comminazione, irrogazione (*di una pena, ecc.*).
inflorescence [ˌinflɔ:'resəns], *n.* **1** (*bot.*) infiorescenza **2** fioritura (*anche fig.*); rigoglio.
inflow ['inflou], *n.* afflusso; l'affluire (*d'acqua e sim.*).
inflowing ['inflouiŋ], **A** *n.* afflusso (*d'acqua e sim.*). **B** *a.* che affluisce.
influence ['influəns], *n.* **1** influenza, influsso (*anche astron.*); ascendente; autorità; credito: **the i. of the sun on all forms of life on earth**, l'influenza del sole su tutte le forme di vita sulla terra;

to exercise one's i. over (*o* **with**) **sb.**, far valere la propria autorità su q.; **to have a bad i. on sb.**, esercitare un influsso malefico su q. **2** persona influente, autorevole; cosa che esercita un influsso: **Italy has been the major civilising i. on western Europe**, l'Italia ha esercitato l'influsso civilizzatore più importante sull'Europa occidentale **3** (*anche med.*) effetto: **He's under the i. of the drug**, è sotto l'effetto della droga **4** (*elettr.*) induzione. ● **an i. for good**, un effetto benefico.

to influence ['influəns], *v. t.* **1** influenzare; influire su; esercitare un influsso su: **Consumers are always influenced by advertising**, i consumatori sono sempre influenzati dalla pubblicità; **Electoral considerations may i. the government's policy**, considerazioni elettorali possono influire sulla politica del governo **2** determinare (*una scelta, ecc.*) **3** (*fam.*) aggiungere alcol a, correggere (*una bevanda*).

influent ['influənt], **A** *a.* che fluisce in; affluente. **B** *n.* (*geogr.*, *anche* **i. stream**) immissario; affluente.

influential [ˌinfluˈenʃəl], *a.* **1** influente; autorevole; potente: **i. courtiers**, cortigiani influenti **2** che influisce (su q.c.); importante.

influenza [ˌinfluˈenzə], *n.* (*med.*) influenza.

influx ['inflʌks], *n.* **1** afflusso; affluenza; concorso (*di gente*); flusso: **an i. of capital**, un afflusso di capitali **2** confluenza (*d'un fiume*); foce.

info ['infou], *n.* (*pl.* **infos**) (*abbr. fam. di* **information**) informazione; informazioni.

to infold [inˈfould], *V.* **to enfold**.

to inform [inˈfɔːm], **A** *v. t.* **1** informare (*in ogni senso*); dar forma a; formare; dare notizie a; avvertire; ragguagliare: **He will i. you (as to) where Mr Smith lives**, t'informerà circa il luogo dove abita Mr Smith; **to i. the minds of young people with noble principles**, informare l'animo dei giovani a nobili principi **2** permeare; pervadere. **B** *v. i.* dare informazioni (*specialm.* sporgere denunzia **2** − **to i. against**, accusare; denunciare; incolpare: **to i. against a thief**, denunciare un ladro (*alla polizia*). ● **to i. to the police**, fare l'informatore della polizia.

informal [inˈfɔːml], *a.* **1** irregolare; contrario alle buone regole (*o* alle debite forme) **2** non ufficiale; informale; senza cerimonie; senza formalità; alla buona: **an i. visit**, una visita senza formalità; **i. talks**, conversazioni non ufficiali; **an i. talk**, un discorso alla buona **3** (*arte*) informale.

informality [ˌinfɔːˈmæliti], *n.* **1** irregolarità **2** mancanza di formalità; tono familiare.

informally [inˈfɔːməli], *avv.* senza formalità; senza cerimonie.

informant [inˈfɔːmənt], *n.* informatore, informatrice.

informatics [ˌinfəˈmætiks], *n. pl.* (*col verbo al sing.*) (*scient.*) informatica.

information [ˌinfəˈmeiʃən], *n.* (*sing., con valore collett.*) **1** informazione, informazioni; notizia, notizie; ragguagli: **The enclosed catalogue will give you all the i. you may need on our products**, il catalogo accluso vi darà tutte le informazioni che vi possono servire sui nostri prodotti; **That's an interesting piece of i.**, questa è un'informazione interessante **2** conoscenza; sapere; scienza: **a great desire for i.**, un grande desiderio di sapere **3** (*leg.*) accusa; denunzia **4** delazione; spiata; soffiata. ● **i. bureau** (*o* **i. office**), ufficio informazioni ☐ **i. science**, scienza dell'informazione ☐ (*elab.*) **i. system**, sistema informativo ☐ (*mat.*) **i. theory**, teoria dell'informazione.

informational [ˌinfəˈmeiʃənəl], *a.* informativo.

informative [inˈfɔːmətiv], **informatory** [inˈfɔːmətəri], *a.* **1** informativo **2** istruttivo.

informed [inˈfɔːmd], *a.* **1** informato; al corrente: **well-i.**, ben informato; istruito; colto; **ill-i.**, male informato **2** colto; educato; istruito: **i. taste**, gusto educato. ● **i. opinion**, l'opinione della gente istruita.

informer [inˈfɔːmə*], *n.* informatore (*specialm. della polizia*), informatrice; delatore, delatrice; confidente; spia.

infra(-)costal [ˌinfrəˈkɔstl], *a.* (*anat.*) situato sotto le costole.

infraction [inˈfrækʃən], *n.* infrazione, violazione (*d'una legge, d'un patto*); contravvenzione (*a una legge*); trasgressione.

infra dig ['infrəˈdig], (*abbr. fam.*) *V.* **infra dignitatem**.

infra dignitatem ['infrəˌdigniˈtɑː(ː)tem] (*lat.*), *a. pred.* poco dignitoso; indecoroso; disdicevole; sconveniente.

infrangibility [inˌfrændʒiˈbiliti], *n.* infrangibilità.

infrangible [inˈfrændʒibl], *a.* infrangibile.

infrared ['infrəˈred], **A** *a.* (*fis.*) infrarosso: **i. rays**, raggi infrarossi. **B** *n.* infrarosso. ● (*elettr.*) **i. lamp**, lampada a radiazione infrarossa.

infrasonic [ˌinfrəˈsɔnik], *a.* (*fis.*) infrasonico; d'infrasuono.

infrasound ['infrəˈsaund], *n.* (*fis.*) infrasuono.

infrastructural [ˌinfrəˈstrʌktʃərəl], *a.* infrastrutturale.

infrastructure ['infrəˌstrʌktʃə*], *n.* (*costr., econ., mil., ecc.*) infrastruttura. ● (*econ.*) **i. costs**, costi infrastrutturali.

infrequence [inˈfriːkwəns], **infrequency** [inˈfriːkwənsi], *n.* infrequenza; rarità.

infrequent [inˈfriːkwənt], *a.* infrequente; raro.

to infringe [inˈfrindʒ], *v. t.* infrangere; violare; contravvenire a; trasgredire: **to i. a law (an oath, etc.)**, infrangere una legge (un giuramento, ecc.); **to i. a rule**, contravvenire a una regola. ● **to i. upon**, violare; calpestare (*fig.*): **to i. upon sb.'s rights**, calpestare i diritti di q.

infringement [inˈfrindʒmənt], *n.* infrazione; contravvenzione; trasgressione; violazione: **i. of the law**, violazione della legge; (*leg.*) **i. of patent**, violazione di brevetto.

infringer [inˈfrindʒə*], *n.* (*leg.*) contravventore; trasgressore; colui che viola il diritto altrui (*specialm. su un brevetto*).

infructescence [ˌinfrʌkˈtesəns], *n.* (*bot.*) infruttescenza.

infructuous [inˈfrʌktjuəs], *a.* infruttuoso (*anche fig.*); sterile.

infula ['infjulə] (*lat.*), *n.* (*pl.* **infulae**) (*stor., relig.*) infula.

infundibular [ˌinfʌnˈdibjulə*], *a.* (*anat., biol.*) infundibulare.

infundibulum [ˌinfʌnˈdibjuləm] (*lat.*), *n.* (*pl.* **infundibula**) (*anat., biol.*) infundibulo, infundibolo.

to infuriate [inˈfjuərieit], *v. t.* infuriare (*raro*); rendere furibondo.

infuriated [inˈfjuərieitid], *a.* infuriato; furente; furibondo.

infuriating [inˈfjuərieitin], *a.* che rende furibondo; esasperante.

to infuse [inˈfjuːz], **A** *v. t.* **1** fare un'infusione di; mettere in infusione; versare (*un liquido in o sopra q.c.*): **to i. tea (tea-leaves)**, fare un'infusione di tè (di foglie di tè); **Tea is infused in hot water**, il tè viene infuso nell'acqua calda **2** (*fig.*) infondere; instillare; suscitare: **to i. a feeling of security into sb.**, infondere in q. un senso di sicurezza. **B** *v. i.* essere (*o* stare) in infusione.

infuser [inˈfjuːzə*], *n.* **1** infonditore; chi infonde **2** recipiente per infusione.

infusibility [inˌfjuːzəˈbiliti], *n.* infusibilità.

infusible [inˈfjuːzəbl], *a.* infusibile; che non può essere fuso.

infusion [inˈfjuːʒən], *n.* **1** infondere (*fig.*) instillare, il suscitare; introduzione: **the i. of life into inanimate things**, l'infondere vita in cose inanimate **2** infusione; infuso.

infusorial [ˌinfjuˈzɔːriəl], *a.* (*zool., geol.*) degli infusori. ● **i. earth**, (terra di) tripoli; farina fossile.

infusorian [ˌinfjuˈzɔːriən], *n.* (*zool.*) infusore.

infusorians [ˌinfjuˈzɔːriənz], *n. pl.* (*zool., Infusoria*) infusori.

in(-)gate [ˈinˌgeit], *n.* (*metall.*) attacco di colata.

to ingather [ˈinˌgæðə*], **A** *v. t.* (*agric.*) raccogliere. **B** *v. i.* fare il raccolto.

ingathering [ˈinˌgæðəriŋ], *n.* **1** (*agric.*) raccolto; messe **2** (*lett.*) raccolta; adunanza.

to ingeminate [inˈdʒemineit], *v. t.* (*raro*) ripetere; reiterare. ● **to i. peace**, insistere sulla necessità di fare (*o* di mantenere) la pace.

to ingenerate [inˈdʒenəreit], *v. t.* (*arc.*) ingenerare; produrre.

ingenious [inˈdʒiːnjəs], *a.* ingegnoso: **an i. invention**, un'invenzione ingegnosa; **an i. gadget**, un aggeggio ingegnoso.

ingenue [ˌɛ̃ːnʒeiˈnjuː] (*franc.*), *n.* **1** ragazza ingenua **2** (*teatr.*) ingenua.

ingenuity [ˌindʒiˈnjuːiti], *n.* ingegnosità; abilità; bravura.

ingenuous [inˈdʒenjuəs], *a.* ingenuo; senza malizia; aperto (*fig.*); franco; sincero; schietto: **You're too i. in trusting him**, sei troppo ingenuo a fidarti di lui; **an i. explanation**, una spiegazione franca.

ingenuousness [inˈdʒenjuəsnis], *n.* ingenuità; franchezza; sincerità; schiettezza.

to ingest [inˈdʒest], *v. t.* ingerire; mandar giù (*cibo, medicine, ecc.*).

ingestion [inˈdʒestʃən], *n.* ingestione.

ingestive [inˈdʒestiv], *a.* che serve a ingerire.

ingle [ˈiŋgl], *n.* (*arc.*) **1** fuoco che arde nel camino **2** focolare. ● **i.-nook**, (sedile del) cantuccio del focolare.

inglorious [inˈglɔːriəs], *a.* **1** inglorioso; ignobile; ignominioso: **an i. defeat**, una sconfitta ingloriosa **2** poco noto; oscuro: **to live an i. life**, condurre una vita oscura.

ingluvies [inˈgluːviːz], *n.* (*zool.*) ingluvie; gozzo.

in-goal [ˈinˌgoul], *n.* (*rugby, anche* **i. area**) area di meta.

ingoing [ˈinˌgouiŋ], **A** *n.* **1** entrata **2** buonuscita (*somma pagata per subentrare*) **3** (*comm.*) (indennità d') avviamento. **B** *a.* che entra; entrante; in entrata; subentrante: **i. tenant**, inquilino subentrante. ● (*naut.*) **i. tide**, marea montante.

ingot [ˈiŋgot], *n.* lingotto; verga (*d'oro, ecc.*); pane (*di ghisa, piombo, ecc.*). ● (*metall.*) **i. iron**, ferro fuso; acciaio omogeneo ☐ **i. mould**, lingottiera.

to ingraft [inˈgrɑːft], *V.* **to engraft**.

to ingrain [ˈinˈgrein], *V.* **to engrain**.

ingrain [ˈinˈgrein], *a.* **1** (*di tessuto*) tinto in filo, prima della lavorazione **2** (*fig.*) inveterato; radicato **3** (*fig.*) incallito; inveterato.

ingrained [inˈgreind], *a.* **1** inveterato; radicato: **i. principles**, principi ben radicati **2** incallito; inveterato: **an i. liar**, un mentitore inveterato.

to ingratiate [inˈgreiʃieit], **A** *v. t.* ingraziare, ingraziarsi; accattivarsi. **to ingratiate oneself with sb. B** *v. rifl.* ingraziarsi q.

ingratiating

ingratiating [in'greiʃi,eitiŋ], *a*. suadente; insinuante.
ingratitude [in'grætitju:d], *n*. ingratitudine.
ingravescence [,ingrə'vesəns], *n*. (*med*.) aggravamento; peggioramento.
ingravescent [,ingrə'vesənt], *a*. (*med*.) che va aggravandosi.
ingredient [in'gri:djənt], *n*. **1** ingrediente: **the ingredients for a pudding**, gli ingredienti di un budino **2** elemento; componente: **the ingredients of a brilliant business career**, gli elementi che concorrono a costruire una brillante carriera nel mondo degli affari.
ingress ['ingres], *n*. **1** ingresso; entrata **2** diritto, permesso d'entrata **3** (*astron*.) ingresso, immersione (*di un astro*).
in-group ['in,gru:p], *n*. (*sociologia*) gruppo ristretto; gruppo a sé; (*spreg*.) cricca.
ingrowing [in'grouiŋ], *a*. **1** che cresce verso l'interno **2** (*di pelo*) arricciato **3** (*d'unghia*) che tende a incarnirsi.
ingrown ['ingroun], *a*. **1** cresciuto verso l'interno **2** (*d'unghia o pelo*) incarnato **3** (*fig*.) congenito; innato **4** inculcato; radicato **5** introverso; ristretto; chiuso.
ingrowth ['ingrouθ], *n*. **1** crescita interna **2** parte cresciuta dentro.
inguinal ['ingwinl], *a*. (*anat*.) inguinale: (*med*.) **i. hernia**, ernia inguinale.
to ingurgitate [in'gə:dʒiteit], *v. t*. **1** ingurgitare; ingollare **2** (*fig*.) inghiottire; ingoiare.
ingurgitation [in,gə:dʒi'teiʃən], *n*. l'ingurgitare.
to inhabit [in'hæbit], *v. t*. **1** abitare; abitare in; occupare (*una regione, ecc*.) **2** (*fig*.) essere situato in; appartenere a.
inhabitability [in,hæbitə'biliti], *n*. abitabilità.
inhabitable [in'hæbitəbl], *a*. abitabile: **i. areas**, zone abitabili.
inhabitancy [in'hæbitənsi], *n*. abitazione; domicilio; residenza.
inhabitant [in'hæbitənt], *n*. **1** abitante **2** (*zool*.) animale stanziale.
inhabitation [in,hæbi'teiʃən], *n*. l'abitare; l'esser abitato.
inhabited [in'hæbitid], *a*. abitato.
inhalant [in'heilənt], **A** *a*. **1** che inspira **2** (*med*.) per inalazioni. **B** *n*. (*med*.) farmaco per inalazioni.
inhalation [,inhə'leiʃən], *n*. **1** (*fisiologia*) inalazione; inspirazione **2** (*med*.) inalazione **3** farmaco per inalazioni.
inhalator ['inhə,leitə*], *n*. (*med*.) respiratore.
to inhale [in'heil], *v. t. e i*. **1** (*med*.) inalare **2** inspirare, aspirare (*aria, fumo, ecc*.). ● **to i. when smoking**, aspirare il fumo (*della sigaretta*).
inhaler [in'heilə*], *n*. **1** chi aspira; chi inala **2** (*med*.) inalatore.
inharmonic [,inhɑ:(:)'monik], *a*. inarmonico (*lett*.); disarmonico.
inharmonious [,inhɑ:'mounjəs], *a*. non armonioso; che non è in armonia (con q.c.); discorde.
to inhere [in'hiə*], *v. i*. inerire (*raro*); essere inerente (a); essere proprio (di).
inherence [in'hiərəns], *n*. inerenza (*raro*); l'esser inerente.
inherent [in'hiərənt], *a*. **1** inerente: **These difficulties are i. in the economic situation of the country**, queste difficoltà sono inerenti alla situazione economica del paese **2** innato; insito: **an i. sense of justice**, un innato senso della giustizia. ● (*leg*.) **i. vice**, vizio intrinseco.
to inherit [in'herit], *v. t. e i*. **1** ereditare: **A grandson will i. the whole estate**, un nipote eredita l'intero patrimonio **2** (*fig*.) avere (ereditato): **Rose inherits her grandmother's fair hair**, Rosa ha (ereditato) i capelli biondi della nonna.
inheritability [in,heritə'biliti], *n*. ereditabilità (*raro*); ereditarietà.
inheritable [in'heritəbl], *a*. ereditabile (*raro*); ereditario.
inheritance [in'heritəns], *n*. eredità; (*fig*.) retaggio, patrimonio: **to receive st. by i.**, ricevere q.c. in eredità; **the i. of ill-feeling from the civil war**, il retaggio di rancore lasciato dalla guerra civile. ● (*leg*.) **i. tax**, imposta di successione.
inheritor [in'heritə*], *n*. erede (*uomo*).
inheritress [in'heritris], **inheritrix** [in'heritriks], *n*. erede (*donna*).
inhesion [in'hi:ʒən], *n*. inerenza; l'essere inerente.
to inhibit [in'hibit], *v. t*. **1** inibire (*anche psic*.); proibire; vietare; tenere a freno; trattenere: **to i. bad impulses**, tenere a freno gli impulsi cattivi **2** (*relig*.) interdire, sospendere: **to i. a priest from performing church functions**, sospendere un sacerdote a divinis.
inhibited [in'hibitid], *a*. (*anche psic*.) inibito: **an i. person**, una persona inibita; un inibito.
inhibition [,inhi'biʃən], *n*. **1** inibizione (*anche psic*.); proibizione; divieto; riserbo **2** (*relig*.) sospensione a divinis. ● **to free sb. from i.**, disinibire q.
inhibitor [in'hibitə*], *n*. (*chim*.) inibitore.
inhibitory [in'hibitəri], *a*. (*psic*.) inibitorio; inibitore.
inhospitable [in'hospitəbl], *a*. inospitale; inospite (*lett*.).
inhospitableness [in'hospitəblnis], **inhospitality** [,in,hospi'tæliti], *n*. inospitalità.
inhuman [in'hju:mən], *a*. **1** inumano; disumano; crudele; brutale **2** disumano; che non ha nulla di umano **3** (*raro*) inumano; non umano.
inhumane [inhju:'mein], *a*. inumano; disumano; crudele.
inhumanity [,inhju(:)'mæniti], *n*. inumanità; disumanità.
inhumation [,inhju(:)'meiʃən], *n*. inumazione; seppellimento.
to inhume [in'hju:m], *v. t*. inumare; seppellire; sotterrare.
inimical [i'nimikəl], *a*. ostile; nemico; avverso; contrario: **acts i. to peace**, azioni contrarie alla pace.
inimitability [i,nimitə'biliti], *n*. inimitabilità (*raro*); l'essere inimitabile.
inimitable [i'nimitəbl], *a*. inimitabile; impareggiabile.
inimitableness [i'nimitəblnis], *V*. **inimitability**.
iniquitous [i'nikwitəs], *a*. iniquo; ingiusto; malvagio.
iniquity [i'nikwiti], *n*. iniquità; ingiustizia; malvagità.
initial [i'niʃəl], **A** *a*. iniziale; primo: **the i. chapter of a book**, il capitolo iniziale d'un libro; **the i. stage**, lo stadio iniziale; **i. expenses**, le prime spese. **B** *n*. (*generalm. al pl*.) (lettera) iniziale. ● (*fin*.) **i. capital**, capitale iniziale (o d'avviamento).
to initial [i'niʃəl], *v. t*. apporre le (proprie) iniziali a; siglare: **to i. an alteration**, siglare una correzione.
initialism [i'niʃəlizəm], *n*. acronimo composto dalle lettere iniziali; sigla.
to initialize [i'niʃəlaiz], *v. t*. (*elab*.) inizializzare.
to initiate [i'niʃieit], *v. t*. **1** iniziare (*in ogni senso*); avviare; introdurre: **to i. one's work**, iniziare il lavoro; **to i. an advertising campaign**, iniziare una campagna pubblicitaria; **to i. sb. in the mysteries of a new religion**, iniziare q. ai misteri d'una nuova religione; **to i. sb. into a secret society**, introdurre q. in una società segreta.
initiate [i'niʃiit], **A** *a*. iniziato; cominciato. **B** *n*. iniziato, iniziata.
initiation [i,niʃi'eiʃən], *n*. **1** (*anche relig*.) iniziazione: **i. rites**, riti d'iniziazione **2** inizio; principio; avvio **3** l'essere un iniziato.
initiative [i'niʃiətiv], **A** *a*. iniziale; introduttivo. **B** *n*. **1** iniziativa; intraprendenza: **to take the i.**, prendere l'iniziativa; (*specialm. mil., sport*) **to have the i.**, avere l'iniziativa; **He has no i.**, è senza iniziativa; non è affatto intraprendente **2** (*polit*.) iniziativa legislativa; potere d'iniziativa. ● **on one's own i.**, di propria iniziativa; (*bur., leg*.) d'ufficio.
initiator [i'niʃieitə*], *n*. iniziatore; chi inizia (*V*. **to initiate**).
initiatory [i'niʃiətəri], *a*. **1** iniziatorio (*lett*.); preliminare **2** d'iniziazione: **i. ceremonies**, cerimonie d'iniziazione.
initiatrix [i'niʃiətriks], *n*. (*pl*. **initiatrices**) iniziatrice.
to inject [in'dʒekt], *v. t*. **1** iniettare (*in ogni senso*): **to i. a drug (a poison)**, iniettare una medicina (un veleno) **2** (*fig*.) immettere; introdurre: **to i. a comical element into a situation**, introdurre un elemento di comicità in una situazione.
injectable [in'dʒektəbl], **A** *a*. (*med*.) iniettabile (*per via endovenosa*). **B** *n*. (*med*.) sostanza iniettabile.
injection [in'dʒekʃən], *n*. **1** (*med., mecc., elettron*.) iniezione: **to give an i. of penicillin**, fare un'iniezione di penicillina; **i. engine**, motore a iniezione **2** (*miss*.) inserimento (o messa, o iniezione) in orbita **3** (*econ*.) iniezione: **an i. of capital in an economic sector**, un'iniezione di capitali in un settore dell'economia **4** (*fig*.) immissione; introduzione.
injector [in'dʒektə*], *n*. (*anche mecc., elettron*.) iniettore.
in-joke [in'dʒouk], *n*. (*fam*.) battuta comprensibile solo a un gruppo ristretto; barzelletta non alla portata di tutti.
injudicious [,indʒu(:)'diʃəs], *a*. imprudente; sconsiderato; sventato.
injudiciousness [,indʒu(:)'diʃəsnis], *n*. mancanza di giudizio; imprudenza; sconsideratezza; sventatezza.
Injun ['indʒən], *n*. (*pop*. o *spreg*. USA per **Indian**) indiano (d'America); pellerossa. ● **honest I.!**, parola d'onore!
to injunct [in'dʒʌŋkt], *v. t*. (*fam*.) ingiungere; comandare; imporre.
injunction [in'dʒʌŋkʃən], *n*. (*anche leg*.) ingiunzione; intimazione; comando; ordine; imposizione.
to injure ['indʒə*], *v. t*. danneggiare; nuocere a; far male a; ferire; guastare; ledere; menomare; pregiudicare; offendere: **The blow injured my leg**, il colpo mi ferì (*o* mi lese) la gamba; **to i. one's health**, guastarsi la salute; **to i. sb.'s reputation**, ledere la reputazione di q.; **Your words injured his pride**, le tue parole offesero (*o* ferirono) il suo orgoglio.
injured ['indʒəd], *a*. danneggiato; ferito; leso; menomato; offeso: **an i. limb**, un arto ferito, menomato; **He was fatally i.**, era ferito mortalmente; (*leg*.) **the i. party**, la parte lesa. ● **in an i. voice**, con voce lamentevole, di chi si riputa offeso; in tono offeso.
injurious [in'dʒuəriəs], *a*. **1** dannoso; lesivo; nocivo: **i. to one's health**, nocivo alla salute **2** ingiurioso; offensivo; oltraggioso: **i. words**, parole ingiuriose.
injuriousness [in'dʒuəriəsnis], *n*. **1** dannosità; nocività **2** l'essere offensivo (*o* oltraggioso).
injury ['indʒəri], *n*. **1** danno; lesione; nocumento (*lett*.); ferita; ingiustizia; male; offesa; torto: **to add insult to i.**, aggiungere l'in-

giuria al danno; **to suffer injuries to the head**, riportare ferite al capo; **an i. to sb.'s good name**, un'offesa alla reputazione di q. **2** (*leg.*) atto illecito **3** incidente; infortunio (*sul lavoro*) **4** (*arc.*) ingiuria. ● **i. benefit**, assegno d'invalidità (*o* di malattia).

injustice [in'dʒʌstis], *n*. **1** ingiustizia; torto: **to do sb. an i.**, far torto a q. (*anche, giudicandolo male*) **2** (*leg.*) diniego di giustizia.

ink [iŋk], *n*. inchiostro (*d'ogni sorta*; *anche quello della seppia*): **to write a letter in ink**, scrivere una lettera con l'inchiostro. ● (*zool.*) **ink-bag**, tasca del nero (*d'una seppia, ecc.*) □ **ink-bottle**, calamaio □ **ink eraser**, gomma da inchiostro (*specialm. di macchina da scrivere*) □ (*arti grafiche*) **ink knife**, spatola □ **ink-pad**, tampone (*o* cuscinetto) per timbri □ **ink-pot**, calamaio □ **i. roller**, nastro inchiostratore □ **ink-well**, calamaio (*infisso nel foro di un banco di scuola*) □ **Indian ink** (*o* **China ink**), inchiostro di china □ **invisible ink**, inchiostro simpatico □ **printer's ink**, inchiostro da stampa.

to ink [iŋk], *v. t*. **1** inchiostrare; coprire (*o* macchiare) d'inchiostro: **to ink one's hands**, inchiostrarsi le mani **2** segnare (*o* colorare) con l'inchiostro **3** (*tipogr.*) inchiostrare **4** (*fam.*) firmare (*un contratto, ecc.*). ● **to ink in a drawing**, ripassare a penna un disegno □ **to ink out**, cancellare a penna.

inked [iŋkt], *a*. inchiostrato. ● **i. ribbon**, nastro dattilografico.

inker [ˈiŋkə*], *n*. (*tipogr.*) rullo inchiostratore.

inkiness [ˈiŋkinis], *n*. **1** l'esser coperto d'inchiostro **2** nerezza (*raro*); nero d'inchiostro.

inkling [ˈiŋkliŋ], *n*. **1** accenno; suggerimento **2** vaga idea; sentore; sospetto: **to get an i. of what is happening**, aver sentore di quel che sta accadendo. ● **to give sb. an i. of st.**, dare a q. un'idea di q.c.

inkstand [ˈiŋkstænd], *n*. calamaio (*da scrittoio*).

inky [ˈiŋki], *a*. **1** sporco (*o* coperto) d'inchiostro; inchiostrato: **i. fingers**, dita inchiostrate **2** nero come l'inchiostro **3** scritto con l'inchiostro; a inchiostro. ● **i. darkness**, oscurità assoluta.

inlaid [inleid], A *pass*. e *p. p*. di **to inlay**. B *a*. **1** inserito (*in una decorazione*); impresso **2** intarsiato. ● (*arte*) **i. work**, intarsio.

inland [ˈinlənd], A *n*. interno del paese; retroterra; entroterra. B *a*. **1** situato nel retroterra; dell'entroterra; racchiuso fra terre emerse; (dell')interno: **an i. district**, una regione dell'entroterra; **i. waters**, acque interne **2** (*di commercio, ecc.*) interno: **i. trade**, commercio interno; **i. duty**, dazio interno; **i. navigation**, navigazione interna (*fluviale o per idrovie*). C *avv*. all'interno; verso l'interno; nell'entroterra: **to go i.**, andare verso l'interno (*d'un paese*); **to live i.**, abitare nell'interno. ● (*fin.*) **i. bill**, cambiale pagabile all'interno □ **i. revenue**, imposte e dazi interni; fisco □ **i.-revenue stamp**, bollo fiscale □ **i. waterways**, canali navigabili; idrovie interne.

inlander [ˈinləndə*], *n*. abitante dell'interno (*d'un paese*).

in-law [ˈinlɔː], *n*. (*fam., di solito al pl.*) parente acquisito; affine.

to inlay [inˈlei] (*pass*. e *p. p*. **inlaid**), *v. t*. **1** inserire (*pezzetti di legno, oro, ecc.*) in una superficie, per decorazione **2** (*arte*) intarsiare; lavorare a intarsio: **to i. a panel of wood with ivory**, intarsiare d'avorio un pannello di legno.

inlay [ˈinlei], *n*. **1** (*arte*) intarsio; lavoro a intarsio **2** (*med.*) otturazione (*di un dente*).

inlayer [ˈinleiə*], *n*. intarsiatore, intarsiatrice.

inlaying [ˈinleiiŋ], *n*. intarsiatura.

inlet [ˈinlet], *n*. **1** (*geogr.*) braccio di mare; piccola baia; insenatura **2** (*geogr.*) immissario **3** (*mecc.*) ammissione; immissione; entrata **4** (*autom., mecc.*) aspirazione: **i. valve**, valvola d'aspirazione **5** pezzo inserito. ● (*d'un motore*) **i. stroke**, fase di aspirazione □ (*mecc.*) **air i.**, presa d'aria (*in un carburatore*).

in-line [inˈlain], *a. attr*. **1** allineato **2** (*mecc.*) in linea: **i. engine**, motore in linea **3** (*elab.*) interno: **i. coding**, codice interno.

inlying [ˈinˌlaiiŋ], *a*. che è (*o* che giace) all'interno.

inmate [ˈinmeit], *n*. **1** inquilino, inquilina; coinquilino, coinquilina **2** paziente (*d'ospedale*); ricoverato (*in un ospizio*) **3** carcerato; recluso **4** abitante. ● **the inmates of the house**, gli abitanti (*o* gli inquilini) della casa.

inmost [ˈinmoust], *a*. intimo; (il) più interno; (il) più recondito; (il) più riposto; (il) più segreto: **one's i. feelings**, gl'intimi sentimenti; i sentimenti più intimi; **one's i. thoughts**, i pensieri più segreti. ● **in one's i. heart**, nell'intimo del cuore.

inn [in], *n*. locanda; alberghetto: **to put up at an inn**, fermarsi in una locanda (*per prendervi alloggio*). ● **Inns of Chancery**, edifici londinesi, già occupati da studenti di giurisprudenza; associazioni che ora occupano tali edifici □ (*leg.*) **Inns of Court**, (edifici, a Londra, appartenenti a) quattro associazioni professionali inglesi che abilitano all'esercizio della professione forense (di «barrister»).

innards [ˈinədz], *n. pl*. (*fam.*) **1** interno; parte interna **2** budella; visceri **3** stomaco.

innate [iˈneit], *a*. innato; congenito; insito; naturale (*filos.*) **i. ideas**, idee innate; **i. ability**, abilità naturale.

innateness [iˈneitnis], *n*. l'essere innato (*o* congenito); l'essere insito (*o* naturale).

innatism [iˈneitizəm], *n*. (*filos.*) innatismo.

innavigable [iˈnævigəbl], *a*. innavigabile; non navigabile.

inner [ˈinə*], A *a*. **1** interno; intimo; riposto; segreto: **an i. room**, una stanza interna; **I. Mongolia**, la Mongolia Interna; **i. emotions**, emozioni intime, riposte; (*naut.*) **i. harbour**, parte interna del porto; porto interno **2** ristretto: (*polit.*) **i. cabinet**, consiglio (dei ministri) ristretto; **i. circle**, cerchia ristretta; entourage. B *n*. **1** (l')interno **2** (colpo che va a segno nel) primo cerchio del bersaglio (*quello più vicino al centro*). ● (*USA*) **i. city**, centro della città (*abitato da poveri, decaduto, ecc.*) □ (*anat.*) **i. ear**, orecchio interno □ **the i. man**, l'anima, lo spirito; (*scherz.*) la gola, lo stomaco □ (*rag.*) **i. reserve**, riserva occulta □ (*autom.*) **i. tube**, camera d'aria.

innermost [ˈinəmoust], *a*. intimo; (il) più interno; (il) più recondito.

innerspring mattress [ˈinəˌspriŋ ˈmætris], *n*. materasso a molle.

to innervate [ˈinəːveit], *v. t*. **1** (*anat.*) innervare **2** (*fig.*) stimolare; rinvigorire.

innervation [ˌinəːˈveiʃən], *n*. (*anat.*) innervazione.

inning [ˈiniŋ], *n*. (*baseball*) inning.

innings [ˈiniŋz], *n*. (*pl. invar., o* — *fam*. — **inningses**) **1** (*cricket*) periodo in cui una squadra è alla battuta; turno (*del battitore*) **2** (*fig.*) periodo di permanenza (*d'un partito politico*) al potere; durata in carica; momento di predominio; turno. ● (*fam.*) **to have a good i.**, aver fortuna □ **to have a long i.**, avere vita lunga □ **It's my i. now**, ora tocca a me; è la mia volta; adesso ho io il coltello per il manico.

innkeeper [ˈinˌkiːpə*], *n*. locandiere, locandiera; albergatore.

innocence [ˈinəsns], *n*. **1** innocenza (*in ogni senso*); innocuità **2** semplicità; ingenuità.

innocent [ˈinəsnt], A *a*. **1** innocente (*in ogni senso*); innocuo: **The poor man was i. of that theft**, il pover'uomo era innocente di quel furto; **an i. child**, un bambino innocente; **i. games**, giochi innocenti **2** semplice; ingenuo; sciocco: **I am not so i. as to believe it**, non sono così ingenuo da crederlo **3** (*med.*) benigno: **an i. tumor**, un tumore benigno **4** (*fam.*) mancante, privo (di); senza: **a face i. of make-up**, un viso senza trucco. B *n*. **1** (*persona*) innocente; bambino: **the slaughter of the innocents**, la strage degli innocenti **2** persona ingenua; sciocco.

innocuity [ˌinɔˈkjuːiti], *n*. innocuità.

innocuous [iˈnɔkjuəs], *a*. innocuo; inoffensivo: **an i. snake**, una serpe innocua; **i. drugs**, droghe innocue.

innocuousness [iˈnɔkjuəsnis], *n*. innocuità.

innominate [iˈnɔminit], *a*. innominato; anonimo. ● (*anat.*) **i. bone**, osso innominato; osso iliaco.

to innovate [ˈinouveit], A *v. t*. inventare; introdurre (*una novità*). B *v. i*. (*spesso* **to i. in, on** *o* **upon**) innovare; fare innovazioni (in q.c.); introdurre novità.

innovation [ˌinouˈveiʃən], *n*. innovazione; novità.

innovator [ˈinouveitə*], *n*. innovatore.

innovatory [ˈinouveitəri], *a*. che innova; innovatore.

innoxious [iˈnɔkʃəs], *a*. innocuo; inoffensivo.

innoxiousness [iˈnɔkʃəsnis], *n*. innocuità.

innuendo [ˌinjuː(ˈ)endou], *n*. (*pl*. **innuendos, innuendoes**) **1** accenno; allusione: **to make innuendos about st.**, fare allusioni a q.c. **2** insinuazione; malignità.

to innuendo [ˌinjuː(ˈ)endou], *v. i*. alludere; fare insinuazioni.

innumerability [iˌnjuːmərəˈbiliti], *n*. innumerabilità (*lett., raro*); l'essere innumerevole.

innumerable [iˈnjuːmərəbl], *a*. innumerabile (*lett.*); innumerevole.

innutrition [ˌinjuː(ˈ)triʃən], *n*. mancanza di nutrizione.

innutritious [ˌinjuː(ˈ)triʃəs], *a*. non nutriente.

inobservance [ˌinəbˈzəːvəns], *n*. **1** inosservanza **2** mancanza d'attenzione; disattenzione.

inobservant [ˌinəbˈzəːvənt], *a*. **1** inosservante **2** disattento.

inoccupation [inˌɔkjuˈpeiʃən], *n*. disoccupazione.

inoculable [iˈnɔkjuləbl], *a*. inoculabile.

to inoculate [iˈnɔkjuleit], *v. t*. **1** inoculare (*med. e fig.*); iniettare; instillare: **to i. sb. with smallpox vaccine**, inoculare il vaccino del vaiolo a q.; **to i. bad principles**, inoculare (instillare) cattivi principi **2** (*med.*) immunizzare (*con inoculazione di vaccino, siero, ecc.*); vaccinare: **to i. children against polio**, vaccinare i bambini contro la poliomelite; **to i. sb. with the rabies virus**, immunizzare q. inoculandogli il virus antirabbico.

inoculation [iˌnɔkjuˈleiʃən], *n*. (*med.*) **1** inoculazione **2** immunizzazione; vaccinazione.

inoculative [iˈnɔkjulətiv], *a*. (*med.*) d'inoculazione; da inoculare.

inoculator [iˈnɔkjuleitə*], *n*. (*med.*) inoculatore (*raro*); chi inocula.

inodorous [inˈoudərəs], *a*. inodoro, inodore.

inoffensive [ˌinəˈfensiv], *a.* inoffensivo; innocuo.
inoffensiveness [ˌinəˈfensivnis], *n.* innocuità.
inofficious [ˌinəˈfiʃəs], *a.* (*leg.*) inofficioso.
inoperable [inˈɔpərəbl], *a.* **1** (*med.*) inoperabile; che non si può operare **2** (*di un progetto, ecc.*) inattuabile.
inoperative [inˈɔpərətiv], *a.* (*di legge, ecc.*) non operante; non in vigore.
inopportune [inˈɔpətjuːn], *a.* inopportuno; intempestivo.
inopportuneness [inˈɔpətjuːnnis], *n.* inopportunità; intempestività.
inordinate [iˈnɔːdinit], *a.* **1** immoderato; smoderato; eccessivo; sfrenato; sregolato: **i. requests**, richieste eccessive; **an i. desire for wealth**, una sfrenata brama di ricchezza **2** disordinato; irregolare.
inorganic [ˌinɔːˈɡænik], *a.* **1** inorganico (*chim.* e *fig.*); non organico: **i. chemistry**, chimica inorganica **2** non organizzato; disorganico.
inorganization [inˌɔ(ː)ɡənaiˈzeiʃən], *n.* disorganizzazione.
inornate [iˈnɔːnit], *a.* disadorno; dimesso; modesto.
to inosculate [iˈnɔskjuleit], **A** *v. i.* **1** (*specialm. anat.: d'arterie, ecc.*) anastomizzarsi **2** (*fig.*) congiungersi; unirsi **B** *v. t.* **1** (*med.*) anastomizzare **2** (*fig.*) congiungere; unire.
inosculation [iˌnɔskjuˈleiʃən], *n.* **1** (*anat., med.*) anastomosi **2** (*fig.*) congiungimento; unione.
inoxidable [inˈɔksidəbl], **inoxidizable** [inˌɔksiˈdaizəbl], *a.* (*chim.*) inossidabile.
in-patient [ˈinˌpeiʃənt], *n.* (*med.*) degente; paziente interno.
in-payment [ˈinˌpeimənt], *n.* (*banca*) versamento.
in-plant [inˈplaːnt], *a. attr.* nell'ambito di uno stabilimento; in fabbrica; aziendale: **i. courses**, corsi aziendali.
to inpour [ˈinpɔ(ː)*], **A** *v. t.* versare dentro; fare affluire. **B** *v. i.* versarsi dentro; affluire.
inpouring [ˈinˌpɔ(ː)riŋ], **A** *a.* che affluisce. **B** *n.* versamento; afflusso.
input [ˈinput], *n.* **1** introduzione; immissione **2** (*elettr.*) alimentazione: **i. circuit**, circuito di alimentazione **3** (*elettron.*) input; entrata; ingresso: **i. signal**, segnale d'ingresso **4** (*elab.*) immissione; ingresso: **i. data**, dati d'immissione **5** (*econ.*) fattore produttivo.
to input [ˈinput] (*pass.* e *p. p.* **input**), **A** *v. t.* immettere, inserire (*dati, ecc.: in un elaboratore*). **B** *v. i.* (*di dati, ecc.*) essere inserito.
inquest [ˈinkwest], *n.* (*leg.*) inchiesta: **coroner's i.**, inchiesta giudiziaria svolta dal «coroner» (*nei casi di morte violenta o innaturale*) **2 grand i.**, giuria di un processo istruttorio (*da 12 a 23 giurati*) □ (*fig.*) **the grand i. of the nation**, la Camera dei Comuni □ (*fig.*) **the great** (*o* **last**) **i.**, il Giudizio Universale.
inquietude [inˈkwaiətjuːd], *n.* inquietudine; turbamento.
to inquire [inˈkwaiə*], **A** *v. i.* informarsi; indagare; fare indagini; investigare; fare ricerche. **B** *v. t.* domandare; chiedere; informarsi di: **to i. sb.'s name and address**, chiedere la generalità di q.; **I inquired what he wanted**, (gli) chiesi che cosa volesse; **to i. the way**, informarsi della via (da prendere). ● **to i. about** (*o* **after**) **st.**, informarsi di (*o* su) q.c. □ **to i. after** (*o* **for**) **sb.**, informarsi della salute di q.; chiedere notizie di q.: **I'll i. after our sick friend**, m'informerò della salute del nostro amico malato □ **to i. for st.**, chiedere q.c. (*per comprare, procurarsi, ecc.*); cercare q.c.: **Let's i. for the dictionary at this bookshop**, cerchiamo il dizionario in questa libreria! □ **to i. into**, esaminare; indagare; far indagini su □ **to i. st. of sb.**, chiedere q.c. a q. □ (*cartello*) **I. within**, per informazioni, favorite entrare.
inquirer [inˈkwaiərə*], *n.* **1** chi chiede informazioni; chi s'informa **2** indagatore.
inquiring [inˈkwaiəriŋ], *a.* indagatore; scrutatore: **an i. look**, uno sguardo indagatore. ● **an i. mind**, una mente avida di sapere.
inquiry [inˈkwaiəri], *n.* **1** richiesta d'informazioni; indagine: **to make inquiries**, fare indagini; assumere informazioni; **to learn st. by i.**, apprendere q.c. attraverso indagini (*o* ricerche) fatte **2** (*leg.*) inchiesta: **to hold an i. into st.**, fare un'inchiesta su q.c. **3** domanda; interrogazione **4** (*elab.*) interrogazione; richiesta. ● **i. agent**, investigatore privato □ **i. office**, ufficio informazioni □ **board of i.**, commissione d'inchiesta □ **on i.**, fatte le dovute ricerche.
inquisition [ˌinkwiˈziʃən], *n.* **1** (*spesso spreg.*) indagine; investigazione; inquisizione **2** (*anche stor.*) inchiesta. ● (*stor.*) **the I.**, l'Inquisizione.
inquisitional [ˌinkwiˈziʃənl], *a.* inquisitorio.
inquisitive [inˈkwizitiv], *a.* **1** che indaga; curioso; avido di sapere **2** curioso; indiscreto; che ficca il naso nelle faccende altrui (*fam.*).
inquisitiveness [inˈkwizitivnis], *n.* **1** curiosità; avidità di sapere **2** indiscrezione; curiosità eccessiva.
inquisitor [inˈkwizitə*], *n.* **1** (*anche leg.*) (magistrato) inquirente; indagatore **2** (*stor.*) inquisitore: **Grand I.**, Grande Inquisitore.

inquisitorial [inˌkwiziˈtɔːriəl], *a.* **1** (*anche stor.*) inquisitorio; dell'Inquisizione; (*fig.*) da inquisitore **2** curioso; indiscreto; che ama indagare (*fam.*: ficcanaso) **3** (*leg.*) inquisitorio.
inroad [ˈinroud], *n.* **1** incursione; irruzione; scorreria **2** (*fin.*) prelievo. ● (*fig.*) **to make inroads on**, danneggiare; intaccare gravemente: **Hospital expenses made inroads on my savings**, le spese ospedaliere intaccarono gravemente i miei risparmi □ **Extra work makes inroads on my time**, il lavoro straordinario mi porta via molto tempo.
inrun [ˈinrʌn], *n.* (*sci*) **1** rincorsa (*prima del salto*) **2** trampolino (*per lo slancio*).
inrush [ˈinrʌʃ], *n.* **1** il precipitarsi; irruzione **2** afflusso.
to insalivate [inˈsæliveit], *v. t.* insalivare (*il cibo, masticando*).
insalivation [inˌsæliˈveiʃən], *n.* insalivazione.
insalubrious [ˌinsəˈluːbriəs], *a.* insalubre; malsano.
insalubrity [ˌinsəˈluːbriti], *n.* insalubrità.
insane [inˈsein], *a.* **1** alienato; demente; folle; matto; pazzo: **an i. person**, un alienato; un demente **2** per alienati: **an i. asylum**, un ricovero per alienati; un manicomio **3** insano (*lett.*); dissennato; irragionevole; insensato: **an i. action**, un atto insano.
insanitary [inˈsænitəri], *a.* malsano; insalubre; antigienico.
insanity [inˈsæniti], *n.* **1** alienazione mentale; infermità mentale; demenza; follia; pazzia **2** insania (*lett.*); dissennatezza; irragionevolezza; insensatezza.
insatiability [inˌseiʃəˈbiliti], *n.* insaziabilità.
insatiable [inˈseiʃəbl], *a.* (*anche fig.*) insaziabile.
insatiate [inˈseiʃiit], *a.* (*lett.*) insaziato (*lett.*); insaziabile.
inscribable [inˈskraibəbl], *a.* **1** che può essere iscritto **2** (*geom.*) inscrivibile; iscrivibile.
to inscribe [inˈskraib], *v. t.* **1** iscrivere (*in ogni senso*); incidere; scolpire (*anche, fig., nella mente*): **to i. a name on a tombstone**, iscrivere (*o* incidere) un nome su una pietra sepolcrale **2** (*geom.*) inscrivere **3** scrivere: **to i. one's name in a register**, scrivere il proprio nome su un registro **4** firmare, fare una dedica (*su un libro e sim.*): **to i. a book to** (*o* **for**) **sb.**, firmare un libro a q.
inscribed [inˈskraibd], *a.* **1** iscritto **2** (*geom.*) inscritto. ● **an i. book**, un libro con dedica □ (*fin.*) **i. stock**, azioni nominative; titoli nominativi.
inscription [inˈskripʃən], *n.* **1** iscrizione (*in ogni senso*) **2** (*geom.*) inscrizione **3** dedica (*d'un libro, ecc.*) **4** leggenda (*di una moneta, ecc.*) **5** (*leg., comm.*) trascrizione; iscrizione nei registri immobiliari.
inscriptional [inˈskripʃənl], **inscriptive** [inˈskriptiv], *a.* di (*o* simile a*) iscrizione.
inscrutability [inˌskruːtəˈbiliti], *n.* inscrutabilità (*raro*); imperscrutabilità.
inscrutable [inˈskruːtəbl], *a.* inscrutabile (*lett.*); imperscrutabile.
inscrutableness [inˈskruːtəblnis], *V.* **inscrutability**.
insect [ˈinsekt], *n.* insetto (*in ogni senso: zool., pop.* e *fig.*); persona spregevole. ● (*agric.*) **i. killer**, insetticida □ **i. powder**, polvere insetticida.
insectarium [ˌinsekˈtɛəriəm], *n.* (*pl.* **insectaria**) (*scient.*) insettario.
insecticidal [inˌsektiˈsaidl], *a.* insetticida; antiparassitario.
insecticide [inˈsektisaid], *n.* insetticida; antiparassitario.
insectivores [inˈsektivɔːz], *n. pl.* (*zool., Insectivora*) insettivori.
insectivorous [ˌinsekˈtivərəs], *a.* (*zool.*) insettivoro: (*bot.*) **i. plant**, pianta insettivora.
insectology [ˌinsekˈtɔlədʒi], *n.* (*scient.*) insettologia (*raro*); entomologia.
insecure [ˌinsiˈkjuə*], *a.* insicuro; malsicuro; malfermo; instabile; infido; rischioso: **i. ice**, ghiaccio malfermo, instabile; **i. seas**, mari infidi.
insecurity [ˌinsiˈkjuəriti], *n.* insicurezza; mancanza di sicurezza; incertezza; instabilità; l'esser infido, rischioso: **financial i.**, insicurezza economica.
to inseminate [inˈsemineit], *v. t.* **1** seminare (*anche fig.*); gettare il seme di (q.c.); instillare **2** (*biol., med.*) inseminare; fecondare (*anche fig.*).
insemination [inˌsemiˈneiʃən], *n.* **1** seminagione **2** (*biol., med.*) inseminazione; fecondazione.
inseminator [inˈsemineitə*], *n.* (*biol., med.*) fecondatore; donatore di seme.
insensate [inˈsenseit], *a.* **1** insensato; dissennato; stolto; stupido: **i. fury**, furia dissennata; **i. wickedness**, cattiveria stupida **2** insensibile; incapace di sentire; inanimato: **i. stone**, pietra inanimata.
insensibility [inˌsensəˈbiliti], *n.* **1** insensibilità; indifferenza; impassibilità **2** incoscienza; deliquio; svenimento. ● **to be in a state of i.**, essere in deliquio; essere svenuto.
insensible [inˈsensəbl], *a.* **1** insensibile (*in ogni senso*): indifferente; impassibile: **to be i. to cold**, esser insensibile al freddo **2** impercettibile: **an i. difference**, una differenza impercettibile **3**

privo di sensi; inanimato; svenuto: **I fell down i.**, caddi privo di sensi **4** inconsapevole; inconscio; ignaro: **The explorer was i. of his danger**, l'esploratore era inconsapevole del pericolo che correva.

insensitive [in'sensitiv], *a.* insensibile; incapace di sentire; insensitivo (*raro*): **to be i. to beauty**, esser insensibile alla bellezza. ● **an i. answer**, una risposta indifferente □ **an i. remark**, un'osservazione priva di tatto.

insensitiveness [in'sensitivnis], *n.* insensibilità; insensitività (*raro*).

insentient [in'senʃənt], *a.* privo di sensi; inanimato; senza vita.

inseparability [in,sepərə'biliti], *n.* inseparabilità.

inseparable [in'sepərəbl], **A** *a.* inseparabile: **i. friends**, amici inseparabili. **B** *n. pl.* cose inseparabili; persone inseparabili.

to insert [in'sə:t], *v. t.* inserire; introdurre; intercalare: **to i. a key in the lock**, inserire una chiave nella serratura; **to i. a coin in a slot machine**, introdurre una moneta in un distributore automatico; **to i. an ad in a paper**, inserire un annuncio in un giornale.

insert ['insə:t], *n.* **1** inserto; foglio, fascicolo (*inserito in un giornale*); supplemento **2** (*cinem.*) inserto **3** (*mecc.*) elemento riportato **4** (*metall.*) inserto; tassello.

insertion [in'sə:ʃən], *n.* **1** inserzione; l'inserire; avviso pubblicitario **2** aggiunta; applicazione **3** (*anat.*) punto (*o* modo) d'inserzione (*d'un muscolo*) **4** (*bot.*) innesto **5** (*mecc.*) riporto **6** (*sartoria*) entre-deux; trameggio (*di pizzo o di ricamo*) **7** (*miss.*) inserimento in orbita. ● **lace i.**, trameggio di pizzo; entre-deux.

in-service ['in'sə:vis], *a.* (che avviene) in servizio: **i. training**, addestramento durante il servizio; formazione «in servizio».

inset ['in-set], *n.* **1** riquadro (*per es.*, *un ingrandimento parziale inserito in una mappa*) **2** foglio (*o* fascicolo) supplementare (*inserito in un giornale*, *in un libro*); supplemento **3** aggiunta; trameggio; entre-deux: **a lace i.**, un entre-deux di pizzo (*in un abito*) **4** risvolto di panciotto. ● **i. photo**, foto inserita nel testo.

to inset ['in'set] (*pass. e p. p.* **inset, insetted**), *v. t.* **1** inserire; introdurre; aggiungere **2** (*sartoria*) inserire un trameggio in (*un abito, ecc.*) **3** (*tipogr.*) accavallare.

inshore [in'ʃɔ:*], **A** *avv.* presso (*o* verso) la riva. **B** *a.* **1** vicino alla spiaggia; costiero: **i. fishing**, pesca costiera; (*naut.*) **i. route**, rotta costiera **2** diretto a riva: **an i. current**, una corrente diretta a riva. ● (*naut.*) **i. minesweeper**, dragamine portuale □ **i. of**, più vicino alla riva di: **Their boat was i. of ours**, la loro barca era più vicina alla riva della nostra.

inside (1) ['in'said], **A** *n.* **1** parte interna; (l')interno; (il) didentro: **the i. of a trunk**, l'interno di un baule; **the i. of a curve**, la parte interna d'una curva **2** (*fam.*; *anche pl.*) (l')intestino; (il) ventre; (la) pancia (*pop.*): **to have a pain in one's i.**, avere mal di pancia **3** (*pop.*) informazioni confidenziali (*o* riservate) **4** (*sport*) interno; mezzala. **B** *a. attr.* **1** interno; interiore; situato all'interno: **the i. walls of a house**, le pareti interne d'una casa **2** intimo; riservato; segreto: **i. clothing**, biancheria intima; **i. knowledge**, conoscenza intima; **i. information**, informazioni riservate; **the i. story**, la storia segreta (*di un avvenimento*). ● **i. and out**, **V. i. out** □ ... **i. caliper**, compasso per interni □ (*sport*) **i. forward**, interno; mezzala □ (*calcio*) **i. left** (*right*), mezzala sinistra (destra) □ **an i. job**, un attentato (*o* sabotaggio, ecc.) a opera di chi ha accesso a un luogo; un furto (*o* una rapina, ecc.) compiuto con l'aiuto di un basista (*o* di un infiltrato) □ **the i. of a week**, i giorni centrali d'una settimana □ **i. out**, alla rovescia, rovesciato, rivoltato; sottosopra; a fondo: **You've put your socks on i. out**, ti sei messo i calzini alla rovescia; **I turned my flat i. out but couldn't find the earrings**, misi sottosopra l'appartamento ma non riuscii a trovare gli orecchini; **He knows his business i. out**, conosce a fondo (*o* a menadito) il suo lavoro □ **i. track**, (*sport*) corsia interna; (*fig.*) posizione di vantaggio □ **turned i. out**, rovesciato; rivoltato.

inside (2) ['in'said], **A** *avv.* **1** dentro; entro (*raro*): **Go i.**, va' dentro!; **Is the dog i.?**, è dentro (*o* è in casa) il cane? **2** (*pop.*) dentro; in prigione. **B** *prep.* dentro; all'interno di: **Strangers are not allowed i. the building yard**, gli estranei non sono ammessi dentro il cantiere. ● (*USA*) **i. of**, dentro (*prep.*) □ (*fam.*) **i. of**, entro (*o* in meno di): **I'll do it i. of a week**, lo farò in meno d'una settimana.

insider ['in'saidə*], *n.* **1** chi sta dentro (*un luogo, un gruppo*); membro d'una società, di una cerchia ristretta **2** chi è addentro alle segrete cose; iniziato; adepto **3** persona in possesso d'informazioni riservate.

insidious [in'sidiəs], *a.* insidioso: **an i. disease**, un male insidioso.

insidiousness [in'sidiəsnis], *n.* l'essere insidioso.

insight ['insait], *n.* acume; discernimento; intuito; perspicacia: **a politician of i.**, un uomo politico dotato di buon intuito. ● (*psic.*) **i. therapy**, terapia della presa di coscienza □ **to gain an i. into sb.'s mind**, intuire ciò che q. ha in animo.

insignia [in'signiə], *n. (pl.* **insignia, insignias**) **1** insegna (*cavalleresca, reale, onorifica*) **2** decorazione **3** (*mil.*) mostrina.

insignificance [,insig'nifikəns], **insignificancy** [,insig'nifikənsi], *n.* esiguità; futilità; banalità; scarsa importanza.

insignificant [,insig'nifikənt], *a.* **1** insignificante; senza significato **2** esiguo; futile; inconcludente; di nessun conto; insignificante; banale: **an i. dispute**, una lite futile.

insincere [,insin'siə*], *a.* insincero; falso; finto.

insincerity [,insin'seriti], *n.* insincerità; falsità; finzione.

to insinuate [in'sinjueit], **A** *v. t.* insinuare (*specialm. fig.*); introdurre; far credere; dare a intendere: **John insinuated fears into my mind**, Giovanni insinuò dei timori nel mio animo; **I don't want to i. that he is a liar**, non voglio insinuare che sia un bugiardo. **to insinuate oneself B** *v. rifl.* insinuarsi: **to i. oneself into sb.'s favour**, insinuarsi nelle grazie di q.

insinuating [in'sinjueitiŋ], *a.* insinuante; lusinghevole; subdolo.

insinuation [in,sinju'eiʃən], *n.* **1** insinuazione; l'insinuare, l'insinuarsi **2** insinuazione; accusa maligna; parole subdole.

insinuative [in'sinjuətiv], *a.* insinuativo (*raro*); insinuante.

insinuator [in'sinjueitə*], *n.* insinuatore.

insipid [in'sipid], *a.* insipido (*anche fig.*); scipito; insulso; sciocco: **i. boiled fish**, pesce lesso insipido; **i. talks**, discorsi insulsi; **a pretty but i. girl**, una ragazza carina ma sciocca.

insipidity [,insi'piditi], **insipidness** [in'sipdnis], *n.* insipidezza (*anche fig.*); insipidità; scipitaggine; insulsaggine; stoltezza.

insipience [in'sipiəns], *n.* insipienza; stoltezza.

insipient [in'sipiənt], *a.* insipiente; stolto.

to insist [in'sist], *v. i. e t.* insistere; perseverare (*nel volere, nel dire q.c.*); sostenere: **I must i. on this point**, devo insistere su questo punto; **to i. on the exactness of one's report**, sostenere l'esattezza della propria relazione; **I i. (on it) that you shall come** (USA: **that you come**), insisto perché tu venga; **Let me i. on your being present**, permetti che insista perché tu sia presente; **to i. on the rights of the minorities**, sostenere i diritti delle minoranze.

insistence [in'sistəns], **insistency** [in'sistənsi], *n.* insistenza; ostinazione; perseveranza.

insistent [in'sistənt], *a.* insistente; ostinato; persistente: **i. demands**, domande insistenti; **i. rain**, pioggia insistente.

in situ [,in 'sitju:] (*lat.*), *avv.* in situ; in loco.

insobriety [,insou'braiəti], *n.* intemperanza (*specialm. nel bere*); ubriachezza.

insociability [in,souʃə'biliti], *n.* insocievolezza.

insociable [in'souʃəbl], *a.* insocievole.

in so far, (*USA*) **insofar** [in'sou'fɑ:*], *avv.* pertanto; così facendo. ● **i. that** (*o* **i. as**), per quanto; in quanto; nella misura in cui: **i. as I know**, per quanto so io; **You will succeed i. that you stick together**, avrete successo nella misura in cui starete uniti.

to insolate [in'souleit], *v. t.* esporre al sole.

insolation [,insou'leiʃən], *n.* (*anche med.*) insolazione.

insole ['insoul], *n.* **1** soletta **2** trameggia (*di scarpa*)

insolence ['insələns], *n.* insolenza; arroganza; impertinenza.

insolent ['insələnt], *a.* insolente; arrogante; impertinente.

insolubility [in,sɔlju'biliti], *n.* (*anche fig.*) insolubilità.

insoluble [in'sɔljubl], *a.* **1** insolubile; non solubile: (*chim.*) **i. substances**, sostanze insolubili; **an i. problem**, un problema insolubile.

insolubleness [in'sɔljublnis], *V.* **insolubility**.

insolvable [in'sɔlvəbl], *a.* (*USA*) insolubile; indissolubile; che non offre soluzione: **an i. problem**, un problema insolubile.

insolvency [in'sɔlvənsi], *n.* (*leg., comm.*) insolvenza.

insolvent [in'sɔlvənt], **A** *a.* (*leg., comm.*) **1** insolvente: **an i. debtor**, un debitore insolvente **2** (in) passivo; che non permette di pagare i debiti: **an i. inheritance**, un'eredità passiva. **B** *n.* (*leg., comm.*) debitore insolvente. ● **i. laws**, leggi sui debitori insolventi.

insomnia [in'sɔmniə], *n.* (*med.*) insonnia.

insomniac [in'sɔmniæk], *a. e n.* (*med.*) sofferente d'insonnia.

insomuch [,insou'mʌtʃ], *avv.* a tal punto; talmente; tanto. ● **i. as**, inquantoché □ **i. that**, a tal punto che; tanto che: **He walked very fast, i. that he was there in ten minutes**, camminò in gran fretta, tanto che arrivò in dieci minuti.

insouciance [in'su:sjəns] (*franc.*), *n.* calma; indifferenza; noncuranza.

insouciant [in'su:sjənt] (*franc.*), *a.* calmo; indifferente; noncurante.

to inspan [in'spæn], *v. t.* (*nel Sud-Africa*) aggiogare (*buoi*); attaccare (*cavalli*).

to inspect [in'spekt], *v. t.* **1** ispezionare; esaminare; visitare; verificare: **The supervisor will i. our course tomorrow**, il sovrintendente ispezionerà il nostro corso domani **2** (*mecc.*) collaudare; controllare **3** (*mil.*) passare in rassegna. ● (*leg., rag.*) **to i. the books**, esaminare i libri contabili □ **to i. the luggage**, ispezionare il bagaglio.

inspection [in'spekʃən], *n.* **1** ispezione; esame; visita; verifica

inspector

2 (*mil.*) rassegna (*di truppe*) **3** (*mecc.*) collaudo; controllo. ● **i. tour**, giro d'ispezioni.
inspector [in'spektə*], *n*. **1** ispettore: **a police i.**, un ispettore di polizia **2** (*mecc.*) collaudatore; controllore. ● **i. general**, ispettore generale; (*mil. USA*) generale ispettore □ (*pop. USA*) **i. of pavements**, disoccupato.
inspectoral [in'spektərəl], **inspectorial** [,inspek'tɔ(:)riəl], *a*. d'ispettore; ispettivo.
inspectorate [in'spektərit], *n*. ispettorato (*in ogni senso*).
inspectorship [in'spektəʃip], *n*. ispettorato (*ufficio, durata in carica*).
inspectress [in'spektris], *n*. ispettrice.
inspirable [in'spaiərəbl], *a*. **1** (*d'aria*) aspirabile; respirabile **2** ispirabile (*lett.*); che può essere ispirato.
inspiration [,inspə'reiʃən], *n*. **1** inspirazione; aspirazione; respiro **2** (*anche relig.*) ispirazione: **In his novels, Walter Scott draws his i. from history**, nei suoi romanzi, Walter Scott trae ispirazione dalla storia **3** influsso; stimolo; ispiratore, ispiratrice: **His wife was a constant i. to him**, sua moglie fu sempre la sua ispiratrice. ● **the i. of a rumour**, la fonte di una diceria.
inspirational [,inspə'reiʃənəl], *a*. **1** che ispira; ispiratore **2** (*anche relig.*) dell'ispirazione **3** ispirato: **an i. orator**, un oratore ispirato.
inspirator ['inspəreitə*], *n*. **1** ispiratore **2** (*raro, ing.*) respiratore.
inspiratory [in'spaiərətəri], *a*. che ispira; inspiratore. ● (*anat.*) **i. muscle**, (muscolo) inspiratore.
to inspire [in'spaiə*], *v*. *t*. **1** inspirare; aspirare; respirare: **to i. and expire air**, inspirare ed espirare l'aria **2** ispirare; infondere; incutere; riempire (di): **God inspired the Scriptures**, Dio ispirò le Sacre Scritture; **Kindness inspires love**, la gentilezza ispira amore; **to i. sb. with hope** (*o* **to i. hope into sb.**), infondere speranza a q.; **That threat inspired us with fear**, quella minaccia ci riempì di spavento **3** indurre; stimolare. ● **an inspired idea**, un'idea luminosa □ **an inspired poet**, un poeta ispirato □ **in an inspired moment**, in un momento d'ispirazione.
inspirer [in'spaiərə*], *n*. ispiratore, ispiratrice.
inspiring [in'spaiəriŋ], *a*. che ispira; ispiratore: **i. music**, musica che ispira.
to inspirit [in'spirit], *v*. *t*. animare; far animo a; incoraggiare: **to i. sb. to an action** (**to do st.**), incoraggiare q. a un'azione (a fare q.c.).
inspiriting [in'spiritiŋ], *a*. che anima; incoraggiante.
to inspissate [in'spiseit], **A** *v*. *t*. ispessire, inspessire; condensare. **B** *v*. *i*. ispessirsi; condensarsi.
inspissation [inspi'seiʃən], *n*. ispessimento; condensazione.
instability [,instə'biliti], *n*. instabilità (*anche fig.*); incostanza: **economic i.**, instabilità economica.
instable [in'steibl], *a*. (*raro*) instabile (*più comune* **unstable**).
to install [in'stɔ:l], **A** *v*. *t*. installare; istallare; insediare (*q. in una carica*); collocare; mettere: **to i. a fire alarm**, installare un allarme antincendio. **to install oneself B** *v*. *rifl*. insediarsi; stabilirsi; sistemarsi: **We installed ourselves in our new home**, c'insediammo nella nostra nuova casa; **He installed himself in front of the fireplace**, si sistemò davanti al caminetto.
installation [,instə'leiʃən], *n*. **1** l'installare; l'insediare; l'essere insediato; insediamento (*di q. in carica*) **2** (*ing.*) installazione; impianto: **a heating i.**, un impianto di riscaldamento **3** (*pl.*) installazioni militari.
installed [in'stɔ:ld], *a*. installato: (*elettr.*) **i. capacity**, potenza installata.
instal(l)ment [in'stɔ:lmənt], *n*. **1** (*comm.*) rata: **to buy a car and pay for it by instalments**, comperare un'automobile e pagarla a rate **2** puntata; dispensa: **The story was published in instalments**, il racconto fu pubblicato a puntate **3** parte; quota; lotto: **the first i. of a lot of goods**, il primo lotto di una partita di merce. ● **i. buying**, acquisti a rate □ (*fin. USA*) **the i. plan**, (il sistema di) vendita a rate, a pagamenti rateali (*Cfr. ingl.* **hire purchase**) □ **i. selling**, vendita rateale.
instance ['instəns], *n*. **1** esempio; caso: **for i.**, per esempio; **in this i.**, in questo caso; **in your i.**, nel caso tuo; **Give me a definite i.**, fammi un caso concreto **2** (*anche fig.*) istanza; petizione; richiesta: **His case was reviewed at his i.**, il suo caso fu ripreso in considerazione su sua richiesta (*o* istanza) **3** (*leg.*) istanza; grado: **court of first i.**, tribunale di prima istanza; **a case of second i.**, una causa di secondo grado. ● **in the first i.**, dapprima; in un primo momento; in un primo tempo; (*leg.*) in prima istanza.
to instance ['instəns], *v*. *t*. citare (*un fatto, ecc.*) a esempio; esemplificare. ● **The game was exciting, as is instanced by the score**, la partita fu emozionante, come dimostra il punteggio.
instancy ['instənsi], *n*. urgenza; insistenza.
instant (1) ['instənt], *a*. **1** immediato; istantaneo; urgente: **i. relief**, sollievo immediato; **an i. need**, un urgente bisogno **2** corrente; presente: **in reply to your letter of the 6th instant** (*abbr.* **inst.**), in risposta alla vostra lettera del 6 corrente **3** imminente; prossimo: **i. danger**, pericolo imminente **4** (*di cibo*) espresso; pronto; istantaneo: **i. coffee**, caffè istantaneo.
instant (2) ['instənt], *n*. istante; attimo; momento: **I shall do it in an i.**, lo farò in un attimo (*o* in un istante). ● **the i.** (**that**), appena: **I told you the i. I knew**, te lo dissi appena lo seppi □ **on the i.**, immediatamente; subito □ **Come here this i.!**, vieni subito!
instantaneous [,instən'teinjəs], *a*. istantaneo; immediato: **an i. response**, una reazione immediata. ● (*ing.*) **i. fuse**, miccia detonante □ **an i. photo**, un'istantanea.
instantaneousness [,instən'teinjəsnis], *n*. istantaneità.
instanter [in'stæntə*], *avv*. (*leg.*) immediatamente; subito.
instantly ['instəntli], **A** *avv*. immediatamente; subito. **B** *cong*. (non) appena: **I went i. I knew of his arrival**, andai (non) appena seppi del suo arrivo.
instauration [,instɔ:'reiʃən], *n*. (*raro*) restauro; riparazione.
instaurator ['instɔ:reitə*], *n*. (*raro*) restauratore.
instead [in'sted], *avv*. **1** al posto (di); invece; in vece: **Since Charles was busy, Tom came i.**, poiché Carlo era occupato, venne Masino in vece (sua) **2** invece; piuttosto: **I'll go for a swim, i.**, invece, andrò a fare una nuotata. ● **i. of**, invece di; in vece di; al posto, in luogo di: **I'll have beer i. of wine**, berrò birra invece del vino; **You should be studying i. of playing**, dovresti studiare, invece di giocare.
instep [in-step], *n*. **1** collo del piede (*o* del calzino) **2** collo (*di scarpa*) **3** (*zool.*) cannone; stinco.
to instigate ['instigeit], *v*. *t*. **1** istigare; incitare; stimolare: **to i. workers to go out on strike**, istigare operai a mettersi in sciopero **2** fomentare: **to i. a rebellion**, fomentare una rivolta.
instigation [,insti'geiʃən], *n*. istigazione; istigamento; incitamento. ● (*leg.*) **i. to commit a crime**, istigazione a delinquere.
instigator ['instigeitə*], *n*. **1** istigatore, incitatore **2** fomentatore.
to instil(l) [in'stil], *v*. *t*. **1** instillare, istillare; infondere; inculcare: **to i. good principles into sb.'s mind**, instillare sani principi nell'animo di q. **2** instillare; immettere (*un liquido*) a stille (*o* a gocce).
instillation [,insti'leiʃən], **instilment** [in'stilmənt], *n*. **1** l'instillare; l'infondere **2** instillazione; immissione (*di un liquido*) a stille.
instinct (1) ['instiŋkt], *n*. **1** istinto; attitudine; propensione naturale: **Dogs know how to swim by i.**, i cani sanno nuotare per istinto **2** istinto; impulso: **to act on i.**, agire per istinto; **an i. for doing bad things**, l'istinto del male **3** (*spesso pl.*) istinto; sesto senso: **to trust one's instincts**, fidarsi del proprio istinto.
instinct (2) [in'stiŋkt], *a*. imbevuto; penetrato; pieno; pervaso.
instinctive [in'stiŋktiv], *a*. **1** istintivo: **an i. love for animals**, un amore istintivo per gli animali **2** fatto per istinto; impulsivo.
instinctual [in'stiŋktjuəl], *a*. (*psic.*) istintuale.
institute ['institju:t], *n*. istituto; (*anche leg.*) istituzione: **a scientific i.**, un istituto scientifico; **institutes in law**, istituzioni di diritto. ● **the Institutes of Justinian**, il Codice di Giustiniano.
to institute ['institju:t], *v*. *t*. **1** istituire; fondare; avviare; dare principio a: **to i. a rule**, istituire una regola; **to i. an inquiry**, istituire un'inchiesta **2** nominare; insediare; installare: **to i. sb. into office**, nominare q. a un ufficio; insediare q. in una carica **3** (*leg.*) intentare: **to i. (legal) proceedings against sb.**, intentare causa a q. ● **to i. sb. to** (*o* **into**) **a benefice**, conferire a q. un beneficio (ecclesiastico).
institution [,insti'tju:ʃən], *n*. **1** istituzione; l'istituire; norma; ordinamento; (*fam.*) cosa nota a tutti, personaggio familiare: **the i. of customs and laws**, l'istituzione di consuetudini e di leggi; **That man has become quite an i.**, quell'uomo è diventato una vera e propria istituzione **2** istituto (*pubblico, assistenziale, ecc.*); associazione; organizzazione: **Homes for orphan children are institutions**, gli orfanotrofi sono istituti assistenziali **3** (*relig.*) nomina; insediamento.
institutional [,insti'tju:ʃənl], *a*. istituzionale; (che ha la natura) di un'istituzione. ● (*fin.*) **i. investors**, investitori istituzionali □ **i. religion**, religione organizzata; Chiesa con istituti di beneficenza e d'istruzione.
to institutionalize [,insti'tju:ʃənlaiz], *v*. *t*. istituzionalizzare.
institutive ['institju:tiv], *a*. **1** istitutivo **2** (*leg.*) istituito dalla legge (*o* dalla consuetudine).
institutor ['institju:tə*], *n*. **1** istitutore; fondatore **2** (*relig.*) vescovo (*o un suo delegato*) che insedia un ecclesiastico in un beneficio.
to instruct [in'strʌkt], *v*. *t*. **1** istruire; ammaestrare; insegnare a (q.): **to i. a class in Latin**, insegnare il latino a una scolaresca **2** dare istruzioni (*o* ordini, informazioni, ecc.) a (q.); incaricare; ordinare a (q.): **At the end of a trial, the judge instructs the jury**, alla fine di un processo, il giudice dà istruzioni alla giuria; **The captain instructed the sentry to shoot**, il capitano diede ordine alla sentinella di sparare; **Have you been instructed when**

to leave?, hai ricevuto istruzioni sulla data della partenza?
instruction [in'strʌkʃən], *n.* **1** istruzione; ammaestramento; insegnamento **2** (*pl.*) istruzioni; avvertimenti; informazioni: **instructions for use**, istruzioni per l'uso **3** (*pl.*) istruzioni; ordini; disposizioni: **to give sb. strict instructions to do st.**, dare a q. severe istruzioni di fare q.c. ● (*ind.*) **i. card**, foglio d'istruzioni □ **to be still under i.**, essere ancora in addestramento.
instructional [in'strʌkʃənl], *a.* istruttivo; educativo: **an i. film**, un film istruttivo; **i. television**, televisione educativa (*o* scolastica).
instructive [in'strʌktiv], *a.* **1** istruttivo; educativo: **an i. book**, un libro istruttivo **2** informativo; che serve a dare istruzioni.
instructiveness [in'strʌktivnis], *n.* **1** l'essere istruttivo **2** l'essere informativo.
instructor [in'strʌktə*], *n.* **1** istruttore; educatore **2** (*USA*) esercitatore: **a physics i.**, un esercitatore di fisica **3** libro istruttivo (*che dà informazioni su un particolare argomento*). ● (*autom.*) **driving i.**, istruttore di (scuola) guida □ (*aeron.*) **flying i.**, istruttore di volo; pilota istruttore.
instructress [in'strʌktris], *n.* istruttrice; educatrice.
instrument ['instrumənt], *n.* **1** strumento; apparecchio; arnese; congegno: **scientific instruments**, strumenti scientifici; (*mus.*) **stringed (wind) instruments**, strumenti a corda (a fiato) **2** (*fig.*) strumento; mezzo: **to be the i. of sb.'s revenge**, essere lo strumento della vendetta di q. **3** (*leg.*) documento formale; atto notarile (*o* pubblico); strumento: **to sign an i.**, firmare un atto notarile. ● (*ind., autom.*) **i. board**, (*elettr.*) quadro portastrumenti (*autom.*) cruscotto, plancia portastrumenti □ (*aeron.*) **i. flying**, volo strumentale; volo cieco □ (*leg., fin.*) **i. of credit**, titolo di credito □ **to be the i. of sb.'s death**, essere la causa (*o* essere responsabile) della morte di q. □ (*fig.*) **the i. of fate**, la mano del destino □ (*leg.*) **i. of transfer**, atto di cessione □ (*autom.*) **i. panel**, plancia portastrumenti □ (*autom., ecc.*) **i. system**, strumentazione.
to instrument ['instrumənt], *v. t.* (*mus.*) strumentare; orchestrare.
instrumental [,instru'mentl], *a.* **1** che serve (*a compiere un'azione*); che giova (*a ottenere q.c.*); utile; di valido aiuto: **to be i. in the signing of a truce**, essere di valido aiuto per la firma di una tregua **2** strumentale; fatto con (*o* che deriva dall'uso di) uno strumento: **i. music**, musica strumentale; **i. errors**, errori strumentali (*derivanti da calcoli basati sull'uso di strumenti*) **3** (*econ.*) strumentale: **i. goods**, beni strumentali. ● (*gramm.*) **i. case**, caso strumentale.
instrumentalism [,instru'mentəlizəm], *n.* (*filos.*) strumentalismo.
instrumentalist [,instru'mentəlist], *n.* (*mus.*) strumentista.
instrumentality [,instrumen'tæliti], *n.* mezzo; aiuto; intercessione; opera (*soprattutto, nell'espressione*): **by** (*o* **through**) **the i. of sb.**, per mezzo di q.; a opera di q.
instrumentation [,instrumen'teiʃən], *n.* **1** (*mus.*) strumentazione; strumentatura **2** uso di strumenti; lavoro fatto con strumenti (scientifici *o* chirurgici) **3** (*collett.*) strumentazione **4** *V.* **instrumentality**.
insubordinate [,insə'bɔːdnit], *a.* insubordinato; indisciplinato.
insubordination ['insə,bɔːdi'neiʃən], *n.* insubordinazione; indisciplina.
insubstantial [,in-səb'stænʃəl], *a.* **1** incorporeo; irreale; immaginario **2** inconsistente; privo di solidità; debole.
insubstantiality [,in-səb,stænʃi'æliti], *n.* **1** incorporeità; irrealtà **2** inconsistenza; mancanza di solidità; debolezza.
insufferable [in'sʌfərəbl], *a.* insopportabile; insoffribile; intollerabile: **i. pain**, dolore intollerabile; **an i. child**, un bambino insopportabile.
insufficiency [,insə'fiʃənsi], *n.* **1** insufficienza; inadeguatezza; scarsità **2** (*pl.*) manchevolezza; difetti **3** (*med.*) insufficienza: **kidney i.**, insufficienza renale.
insufficient [,insə'fiʃənt], *a.* insufficiente; inadeguato; scarso.
to insufflate ['insəfleit], *v. t.* **1** insufflare (*lett.*); soffiare dentro; far penetrare dentro (*aria, gas*) soffiando **2** (*med.*) insufflare (*vapori, ecc.; specialm. nei polmoni*); fare insufflazioni.
insufflation [,insə'fleiʃən], *n.* (*med.*) insufflazione.
insufflator ['insəfleitə*], *n.* (*med.*) insufflatore.
insular ['insjulə*], *a.* **1** insulare; isolano: **an i. climate**, un clima insulare **2** (*fig., spreg.*) gretto; di corte vedute; di mente ristretta.
insularism ['insjulərizəm], *V.* **insularity**.
insularity [,insju'læriti], *n.* **1** insularità; posizione insulare: **the i. of the English**, l'insularità degli inglesi **2** (*fig., spreg.*) grettezza; cortezza di vedute; ristrettezza di mente.
to insulate ['insjuleit], *v. t.* **1** isolare (*in ogni senso*); separare: **to i. an electric wire**, isolare un filo elettrico **b i. an oven**, isolare (*rivestire di materiale isolante*) un forno **2** (*fig.*) segregare.
insulated ['insjuleitid], *a.* isolato: (*elettr.*) **i. conductor**, conduttore isolato.

insulating ['insjuleitiŋ], *a.* isolante: **i. tape**, nastro isolante. ● (*edil.*) **i. board**, pannello isolante.
insulation [,insju'leiʃən], *n.* **1** isolamento (*in ogni senso*): **heat i.**, isolamento termico **2** materiale isolante **3** (*fig.*) segregazione. ● **i. contractor**, installatore di materiale isolante.
insulator ['insjuleitə*], *n.* **1** (*elettr.*) isolatore **2** (*fis., tecn.*) isolante. ● (*mecc.*) **i. cap**, cappellotto isolante.
insulin ['insjulin], *n.* (*med., farm.*) insulina. ● **i. shock**, shock insulinico.
insult ['insʌlt], *n.* insulto (*anche med.*); affronto; ingiuria; offesa; oltraggio.
to insult [in'sʌlt], *v. t.* insultare; ingiuriare; insolentire; oltraggiare.
insulting [in'sʌltiŋ], *a.* insultante; ingiurioso; insolente; oltraggioso.
insuperability [in,sjuːpərə'biliti], *n.* insuperabilità.
insuperable [in'sjuːpərəbl], *a.* insuperabile; insormontabile; invalicabile: **i. difficulties**, difficoltà insormontabili; **i. mountains**, montagne invalicabili.
insupportable [,in-sə'pɔːtəbl], *a.* insopportabile; intollerabile.
insuppressible [,in-sə'presəbl], *a.* insopprimibile.
insurable [in'ʃuərəbl], *a.* (*comm.*) assicurabile: **i. value**, valore assicurabile.
insurance [in'ʃuərəns], *n.* **1** (*comm.*) assicurazione: **car** (*o* **motor**) **i.**, assicurazione dell'automobile; **third-party i.**, assicurazione per la responsabilità civile (*abbr.:* R.C.); **I've taken out two insurances: a life i. and a fire i.**, ho fatto due assicurazioni: una sulla vita, l'altra contro l'incendio **2** assicurazione; **He works in i.**, lavora nelle assicurazioni **3** capitale assicurato **4** premio (d'assicurazione) **5** sicurezza: **This padlock is for additional i.**, questo lucchetto è per maggiore sicurezza. ● **i. adjuster**, liquidatore (*o* perito) d'assicurazioni □ **i. agency**, agenzia d'assicurazioni □ **i. agent**, agente d'assicurazioni □ **i. company**, società d'assicurazioni □ **i. cover**, copertura assicurativa □ **i. policy**, polizza d'assicurazione □ **i. premium**, premio d'assicurazione □ **i. rates**, tariffe d'assicurazione □ **i. stamp**, marca assicurativa; marchetta (*della mutua*) □ **accident i.**, assicurazione contro gli infortuni □ **disability i.**, assicurazione contro l'invalidità □ **marine i.**, assicurazione marittima; coassicurazione.
insurant [in'ʃuərənt], *n.* (*comm.*) assicurato.
to insure [in'ʃuə*], *v. t.* **1** (*comm.*) assicurare: **to i. oneself** (*o* **one's life**) **for 10,000 pounds**, assicurarsi sulla vita per la somma di diecimila sterline; **to i. oneself against a risk**, assicurarsi contro un rischio; **This company doesn't i. ships**, questa società non assicura le navi **2** (*specialm. USA*) assicurare; garantire; mettere al sicuro; assicurarsi di: **Care insures one against error**, l'attenzione ci mette al sicuro dagli errori; **Please, i. the accuracy of your reports**, per favore, assicurati dell'esattezza dei tuoi rapporti; **Your degree will i. you a job**, la tua laurea ti assicurerà un lavoro. ● **to i. one's life**, assicurarsi sulla vita.
insured [in'ʃuəd], *a. e n.* (*comm.*) assicurato, assicurata: **Are you i. against theft?**, sei assicurato contro il furto? ● **i. capital**, capitale assicurato.
insurer [in'ʃuərə*], *n.* (*comm.*) assicuratore, assicuratrice.
insurgency [in'səːdʒənsi], *n.* insurrezione; sollevazione; sommossa.
insurgent [in'səːdʒənt], **A** *a.* **1** che insorge; insorto; ribelle; rivoltoso: **i. troops**, truppe in rivolta **2** (*del mare*) che si frange con impeto (*contro la costa, ecc.*). **B** *n.* insorto; ribelle.
insurmountability [,insə(ː),mauntə'biliti], *n.* insormontabilità.
insurmountable [,insə(ː)'mauntəbl], *a.* insormontabile.
insurrection [,insə'rekʃən], *n.* insurrezione; sollevazione; sommossa.
insurrectional [,insə'rekʃənl], **insurrectionary** [,insə'rekʃnəri], *a.* insurrezionale.
insurrectionist [,insə'rekʃnist], *n.* insorto; ribelle.
insusceptibility ['in-sə,septə'biliti], *n.* **1** mancanza di suscettibilità **2** insensibilità.
insusceptible [,in-sə'septəbl], *a.* **1** non suscettibile **2** insensibile; refrattario: **i. to disease**, refrattario alle malattie. ● **i. of pity**, spietato.
intact [in'tækt], *a.* intatto; integro; intero.
intactness [in'tæktnis], *n.* l'essere intatto; integrità.
intagliated [in'tæljeitid], *a.* (*arte*) intagliato.
intaglio [in'taːliou], *n.* (*pl.* **intaglios**) (*arte*) intaglio; oggetto intagliato; gemma intagliata.
to intaglio [in'taːliou], *v. t.* (*arte*) intagliare.
intake ['in-teik], *n.* **1** (*ind., mecc.*) presa (*d'acqua, d'aria*): **air i.**, presa d'aria (*d'un motore, in una miniera, ecc.*) **2** quantità di cibo assunto; quantità di liquido assorbito; capacità di assorbimento; aspirazione (*di pompa*): **The sewer i. is too small**, la capacità d'assorbimento della fogna è troppo piccola **3** restringimento (*d'un tubo, d'una calza*) **4** (*mecc.*) aspirazione **5** (*ind. min.*) galleria di ventilazione **6** terreno bonificato (*già parte d'una brughiera*) **7** (*econ., ind.*) assunzione; (capacità

intangibility

d'assorbimento (*di manodopera*) **8** (*mil.*) gruppo (*o* scaglione) di reclute **9** numero di studenti ammessi (*a una facoltà, ecc.*). ● (*mecc.*) **i. manifold**, collettore d'aspirazione □ (*mecc.*) **i. stroke**, corsa d'aspirazione □ **i. well**, pozzo (*petrolifero*) di sondaggio.

intangibility [in,tændʒə'biliti], *n.* **1** intangibilità; impalpabilità; incorporeità **2** (*fig.*) inafferrabilità; incomprensibilità.

intangible [in'tændʒəbl], *a.* **1** intangibile; impalpabile; incorporeo **2** (*fig.*) inafferrabile; incomprensibile: **i. concepts**, concetti inafferrabili. ● (*fin., rag.*) **i. assets**, attività immateriali (*o* invisibili).

intarsia [in'ta:siə], *n.* (*arte, grafica*) intarsio.

integer ['intidʒə*], *n.* **1** (*mat.*) numero intero: **4, 6, 15 are integers**, 4, 6, 15 sono numeri interi **2** cosa completa in sé; (un) tutto unico.

integrable ['intigrəbl], *a.* (*anche mat.*) integrabile.

integral ['intigrəl], **A** *a.* **1** integrante; integrale; necessario: **Technology is by now an i. part of western civilization**, la tecnologia è ormai una parte integrante della civiltà occidentale **2** integro; intero; completo **3** (*mat.*) integrale: **i. calculus**, calcolo integrale. **B** *n.* (*mat.*) integrale.

integrality [,inti'græliti], *n.* l'essere integrale; integrità; completezza.

integrant ['intigrənt], **A** *a.* integrante; integrale; necessario: **an i. part**, una parte integrante. **B** *n.* parte integrante.

to integrate ['intigreit], **A** *v. t.* **1** integrare (*anche mat.*); completare **2** mettere insieme; unificare **3** (*anche mil.*) incorporare **4** desegregare; abolire la segregazione razziale (*o* religiosa) in (*una scuola, ecc.*). **to integrate oneself B** *v. rifl.* integrarsi.

integrate ['intigrit], *a.* **1** composto di parti integranti **2** integro; intero; completo.

integrated [,inti'greitid], *a.* integrato (*in ogni senso*): (*elettron.*) **an i. circuit**, un circuito integrato. ● **an i. school**, una scuola senza segregazione razziale □ **a badly-i. student**, uno studente che non si è integrato □ **a well-integrated person**, una persona integrata (*nel sistema, ecc.*).

integration [,inti'greiʃən], *n.* **1** (*anche mat.*) integrazione **2** unificazione **3** (*anche mil.*) incorporazione **4** integrazione razziale (*o* religiosa).

integrationism [,inti'greiʃənizm], *n.* integrazionismo.

integrationist [,inti'greiʃənist], **A** *n.* integrazionista. **B** *a.* integrazionistico.

integrative ['intigrətiv], *a.* integrativo.

integrator ['intigreitə*], *n.* integratore.

integrity [in'tegriti], *n.* integrità; completezza; interezza; lealtà; onestà; probità: **the territorial i. of a country**, l'integrità territoriale di una nazione. ● **a man of i.**, un uomo integro.

integument [in'tegjumənt], *n.* (*anat., bot.*) tegumento.

integumentary [in,tegju'mentəri], *a.* (*scient.*) tegumentario.

intellect ['intilekt], *n.* intelletto; intelligenza; mente; intendimento: **He is a poet of i.**, è un poeta di grande intelletto; **He is one of the outstanding intellects of our age**, è una delle più belle menti della nostra età.

intellection [,inti'lekʃən], *n.* **1** (*filos.*) intellezione **2** azione dell'intelletto; conoscenza **3** idea; pensiero.

intellective [,inti'lektiv], *a.* intellettivo.

intellectual [,inti'lektjuəl], **A** *a.* **1** intellettuale: **the i. faculties**, le facoltà intellettuali **2** intelligente: **an i. forehead**, una fronte intelligente. **B** *n.* **1** intellettuale **2** (*spreg.*) intellettualoide.

intellectualism [,inti'lektjuəlizəm], *n.* (*anche filos.*) intellettualismo.

intellectualist [,inti'lektjuəlist], (*anche filos.*) **A** *n.* intellettualista. **B** *a.* intellettualistico.

intellectuality ['inti,lektjuˌæliti], *n.* intellettualità.

intellectualization ['inti,lektjuəlai'zeiʃən], *n.* l'intellettualizzare.

to intellectualize [,inti'lektjuəlaiz], *v. t.* **1** intellettualizzare; rendere intellettuale **2** teorizzare intorno a (*un problema*) senza affrontarlo materialmente. **B** *v. i.* pensare; ragionare.

intelligence [in'telidʒəns], *n.* **1** intelligenza; capacità intellettuale; comprendimento (*lett.*); comprendonio (*fam.*); perspicacia; sagacia: **to show great (very little) i.**, dimostrare grande (scarsissima) intelligenza; **i. test**, test d'intelligenza **2** (*collett.*) informazioni; notizie: **to maintain i. with the enemy**, fornire informazioni al nemico **3** (*mil., anche* **i. service**) servizio informazioni; servizio segreto: **He is in i.**, lavora nel servizio segreto. ● (*polit., mil.*) **the I. Department** (*o* **I. Bureau**), il Servizio Segreto □ (*psic.*) **i. quotient** (*abbr.* **I. Q.**), quoziente d'intelligenza.

intelligencer [in'telidʒənsə*], *n.* informatore; (*specialm.*) agente segreto, spia.

intelligent [in'telidʒənt], *a.* intelligente; perspicace; sagace.

intelligential [,inti'teli'dʒenʃəl], *a.* **1** dell'intelligenza; intellettuale **2** d'informazione: **i. channels**, vie (*o* mezzi, canali) d'informazione.

intelligentsia, intelligentzia [in,teli'dʒentsiə], *n.* (*collett., di solito con l'art. def.*); intellighenzia; (la) classe colta; (gli) intellettuali (*d'una nazione, una città, ecc.*).

intelligibility [in,telidʒə'biliti], *n.* intelligibilità; chiarezza.

intelligible [in'telidʒəbl], *a.* intelligibile (*anche filos.*); comprensibile; chiaro: **i. words**, parole intelligibili.

intelsat ['intəlsæt], *n.* (*acronimo di* **international telecommunications satellite**) satellite per telecomunicazioni (*del Consorzio Internazionale*).

intemerate [in'temərit], *a.* intemerato; puro.

intemperance [in'tempərəns], *n.* **1** intemperanza; smoderatezza; sregolatezza; violenza **2** intemperanza nel bere; alcolismo.

intemperate [in'tempərit], *a.* **1** intemperante; immoderato; sfrenato; smodato; sregolato: **i. language**, linguaggio intemperante **2** intemperante nel bere; alcolizzato **3** (*del tempo*) inclemente.

to intend [in'tend], *v. t.* **1** intendere, aver intenzione di (*fare q.c.*); designare; proporsi; volere; voler dire: **I intended to write you**, intendevo scriverti; **We intended no harm**, non intendevamo fare del male (*o* offendere); **I i. that it shall be done today**, intendo (*o* voglio) che sia fatto oggi; **What does he i. by these words?**, che cosa intende dire con queste parole?; **We i. them to work harder**, intendiamo che lavorino di più **2** designare; destinare; dirigere; rivolgere; riservare: **Their son is intended for the bar**, il loro figliolo è destinato alla carriera forense; **His remark was intended for me**, la sua osservazione era rivolta a me **3** (*leg.*) presumere. ● **It was intended as a compliment**, voleva essere un complimento □ **Is this daub intended for me** (*o* **to be me**)?, questo scarabocchio vuol forse rappresentare me? □ **The present was intended for me, but she took it for herself**, il regalo era per me, ma se l'è preso lei.

intendancy [in'tendənsi], *n.* intendenza; sovrintendenza.

intendant [in'tendənt], *n.* intendente; sovrintendente.

intended [in'tendid], **A** *a.* intenzionale; deliberato; premeditato: **Was this i.?**, è stata una cosa intenzionale? **2** designato; futuro: **his i. wife**, la sua futura sposa **3** inteso, tendente, volto a (*conseguire uno scopo*). **B** *n.* (*fam., scherz.*) fidanzato, fidanzata.

intendment [in'tendmənt], *n.* **1** (*leg.*) presunzione legale; spirito della legge **2** (*arc.*) intendimento; intenzione.

intense [in'tens], *a.* **1** intenso; fortissimo; veemente; vivissimo: **i. cold**, freddo intenso; **i. light**, luce intensa **2** (*di sentimento, ecc.*) fervente; profondo; vivo: **i. thought**, fervente pensiero **3** (*di persona*) che sente fortemente; emotivo; sensibile; ipersensibile: **an i. man**, un uomo di forti sentimenti; **an i. young girl**, una fanciulla emotiva.

intenseness [in'tensnis], *n.* **1** intensità; forza; veemenza **2** fervore; profondità **3** emotività; sensibilità; ipersensibilità.

intensification [in,tensifi'keiʃən], *n.* **1** intensificazione **2** (*fotogr.*) rinforzo (*V.* **to intensify**).

intensifier [in'tensifaiə*], *n.* **1** (*grafica*) intensificatore **2** (*ind. petrolio*) additivo **3** (*linguistica*) elemento intensivo.

to intensify [in'tensifai], **A** *v. t.* **1** intensificare; rendere più intenso **2** (*fotogr.*) rinforzare (*l'opacità d'una pellicola*). **B** *v. i.* farsi (più) intenso; intensificarsi.

intension [in'tenʃən], *n.* **1** intensità; forza; veemenza **2** decisione; determinazione; sforzo; tensione (*della mente, della volontà*).

intensity [in'tensiti], *n.* **1** intensità (*anche fis., fotogr., ecc.*); forza; veemenza **2** fervore, profondità (*di sentimenti*) **3** aspetto concentrato; aria di concentrazione; serietà (*del volto, ecc.*).

intensive [in'tensiv], **A** *a.* **1** intensivo; concentrato: **i. agriculture**, agricoltura intensiva; **an i. bombardment**, un bombardamento concentrato; «**Oneself**» **is often used as an i. word**, «oneself» è spesso usato come parola intensiva **2** intenso: **i. study**, studio intenso. **B** *n.* (*linguistica*) elemento intensivo. ● (*med.*) **i. care unit**, centro di rianimazione.

intent (1) [in'tent], *n.* (*specialm. leg.*) intento; intendimento; fine; intenzione; proposito (*deliberato*); scopo: **The gunman assaulted me with the i. to kill**, il pistolero mi assalì con il deliberato proposito d'uccidere; **with good (malicious) i.**, con buone (cattive) intenzioni; **hostile i.**, intenzioni ostili. ● **to all intents and purposes**, a tutti gli effetti; sotto tutti i rapporti; sotto ogni aspetto.

intent (2) [in'tent], *a.* **1** intento; assorto; dedito: **an i. look**, uno sguardo intento; **I was i. on my studies**, ero tutto intento ai miei studi **2** deciso; risoluto: **i. on doing one's best**, risoluto a fare del proprio meglio; **He was i. on going away**, era deciso ad andarsene.

intention [in'tenʃən], *n.* intenzione; proposito; proponimento; intento; fine; desiderio: **What is your i.?**, qual è la tua intenzione?; **If I've offended you, it was quite without i.**, se ti ho offeso, non ne avevo proprio l'intenzione **2** (*filos.*) idea; concetto: **first intentions**, idee prime **3** (*pl.*) intenzioni: **What are your intentions?**, che intenzioni hai?; la sposi o non la sposi? (*raro o scherz.*) **I have honourable intentions**, le mie intenzioni

interest

sono oneste. ● (*med.*) **first** (**second**) **i.**, prima (seconda) intenzione (*d'una ferita che cicatrizza*) ☐ (*comm., fin.*) **letter of i.**, lettera d'intenti (*di un governo: per ottenere finanziamenti internazionali*) ☐ (*relig.*) **particular i.**, intenzione particolare (*per cui si celebra una messa*) ☐ **without i.**, senza intenzione; involontariamente.
intentional [in'tenʃnl], *a.* intenzionale; deliberato; premeditato. ● (*fam.*) **It wasn't i.**, non l'ho fatto (*o* detto, ecc.) apposta.
intentioned [in'tenʃnd], *a.* intenzionato (*nei composti*): **ill-i.**, malintenzionato; **well-i.**, benintenzionato.
intentness [in'tentnis], *n.* grande attenzione; dedizione; impegno.
to inter [in'tə:*], *v. t.* sotterrare; seppellire; inumare.
interact ['intərækt], *n.* (*teatr.*) intermezzo; interludio.
to interact [,intər'ækt], *v. i.* agire reciprocamente; interagire.
interaction [,intər'ækʃən], *n.* azione reciproca; interazione.
interactive [,intər'æktiv], *a.* interagente; interattivo: **an i. relationship**, un rapporto interattivo.
inter alia [,intər'eiliə] (*lat.*), *avv.* tra le altre cose; fra l'altro.
interbank ['intəbæŋk], *a.* (*fin.*) interbancario: **i. deposits**, depositi interbancari.
interbedded [,intə'bedid], *a.* (*geol.*) interstratificato.
to interblend [,intə(:)'blend] (*pass.* e *p. p.* **interblent**), **A** *v. t.* mescolare insieme; miscelare. **B** *v. i.* mescolarsi.
interblock ['intəblɔk], *n.* (*elab.*) blocco interferenze.
to interbreed [,intə(:)'bri:d] (*pass.* e *p. p.* **interbred**), **A** *v. t.* ibridare, incrociare (*animali e piante*). **B** *v. i.* **1** allevare ibridi; fare incroci **2** (*di animali, piante*) incrociarsi; generare ibridi **3** unirsi fra consanguinei (*o* all'interno di una popolazione chiusa).
interbreeding [,intə(:)'bri:diŋ], *n.* ibridazione.
intercalary [in'tə:kələri], *a.* **1** intercalare: **i. day**, giorno intercalare **2** (*d'anno*) bisestile **3** intercalato; interpolato; frapposto.
to intercalate [in'tə:kəleit], *v. t.* intercalare; interporre; frapporre; interpolare; inserire.
intercalation [,in.tə:kə'leiʃən], *n.* intercalazione; interpolazione.
to intercede [,intə(:)'si:d], *v. i.* intercedere; farsi mediatore (per q.): **to i. with sb. for** (*o* **on behalf of**) **a friend**, intercedere presso q. per (*o* in favore di) un amico.
intercellular [,intə'seljulə*], *a.* (*biol.*) intercellulare.
to intercept [,intə(:)'sept], *v. t.* **1** (*anche geom.*) intercettare: **to i. a message** (**the light, etc.**), intercettare un messaggio (la luce, ecc.); **Our ships intercepted the enemy's convoy**, le nostre navi intercettarono il convoglio nemico **2** arrestare; fermare; impedire: **The police intercepted the escape of the thief**, la polizia impedì la fuga del ladro.
intercepter [,intə'septə*], *V.* **interceptor.**
interception [,intə(:)'sepʃən], *n.* **1** (*anche sport*) intercettamento; intercettazione **2** (*geom.*) intercezione.
interceptive [,intə(:)'septiv], *a.* che intercetta; intercettatore.
interceptor [,intə'septə*], *n.* **1** chi intercetta; intercettatore **2** (*aeron.*) caccia intercettatore; intercettore.
intercession [,intə'seʃən], *n.* intercessione.
intercessor [,intə'sesə*], *n.* intercessore.
intercessorial [,intəsə'sɔ:riəl], **intercessory** [,intə'sesəri], *a.* che intercede; intercedente.
to interchange [,intə(:)'tʃeindʒ], **A** *v. t.* **1** scambiare, scambiarsi: **to i. presents** (**opinions, etc.**), scambiarsi doni (opinioni, ecc.) **2** alternare; avvicendare: **They i. study with play**, essi alternano lo studio con lo svago. **B** *v. i.* **1** scambiarsi **2** alternarsi; avvicendarsi **3** fare uno scambio.
interchange ['intə(:)tʃeindʒ], *n.* **1** scambio; interscambio: **an i. of ideas**, un interscambio d'idee **2** alternazione; avvicendamento **3** (*autom.*) interscambio; svincolo (*d'autostrada*); intersezione. ● (*econ., fin.*) **the i. of currency between nations**, lo scambio di valuta fra nazioni ☐ **i. station**, stazione di collegamento (*fra treno e torpedone, ecc.*).
interchangeability ['intə(:)tʃeindʒə'biliti], *n.* (*specialm. mecc.*) intercambiabilità (*di pezzi di macchine*).
interchangeable [,intə(:)'tʃeindʒəbl], *a.* **1** (*specialm. mecc.*) intercambiabile **2** (*econ.*) che può essere oggetto di scambio.
inter(-)city [,intə'siti], *a.* interurbano: **i. bus**, autobus interurbano. ● (*ferr.*) **I. 125**, veloce servizio diesel da Londra a Bristol e al Galles (*con rapidi HST: V.* **High Speed Train**, *sotto* **high**).
interclass ['intə,kla:s], *a.* (*polit., ecc.*) interclassista: interclassistico. ● **i. movement**, interclassismo.
inter(-)club ['intəklʌb], *a.* (*sport*) fra varie società: **an i. tournament**, un torneo fra società diverse.
intercollegiate [,intə(:)kə'li:dʒiit], *a.* che si svolge fra college; interuniversitario; universitario; (*sport*) **i. games**, giochi universitari.
intercolonial ['intə(:)kə'lounjəl], *a.* (che avviene) fra colonie.
intercolumn [,intə'kɔləm], *n.* (*archit.*) intercolunnio.
intercolumnar [,intəkə'lʌmnə*], *a.* (*archit.*) fra due colonne.
intercolumniation ['intəkə,lʌmni'eiʃən], *n.* (*archit.*) intercolunnio.
intercom ['intəkɔm], *n.* (*fam.*) citofono; interfono.
to intercommunicate [,intə(:)kə'mju:nikeit], *v. i.* **1** (*di stanze, ecc.*) essere intercomunicanti **2** comunicare, avere rapporti (con q.).
intercommunication ['intə(:)kə,mju:ni'keiʃən], *n.* **1** (*di stanza, ecc.*) l'esser comunicante (*con un'altra*); comunicazione diretta **2** (*scient., tecn.*) intercomunicazione.
intercommunion [,intə(:)kə'mju:njən], *n.* **1** intima unione; rapporti stretti **2** (*relig.*) comunione ecumenica.
intercommunity [,intə(:)kə'mju:niti] **A** *n.* **1** l'essere comune; appartenenza contemporanea **2** comunanza; comunione (*lett.*). **B** *a.* fra due (*o* più) comunità.
intercompany [,intə'kʌmpəni], *a.* (*econ.*) interaziendale.
to interconnect ['intə(:)kə'nekt], **A** *v. t.* collegare; connettere. **B** *v. i.* collegarsi.
interconnection [,intəkə'nekʃən], *n.* (*elettr.*) interconnessione.
intercontinental ['intə(:),kɔnti'nentl], *a.* intercontinentale: **i. war**, guerra intercontinentale; **i. missile**, missile intercontinentale.
intercostal [,intə(:)'kɔstl], *a.* (*anat.*) intercostale.
inter(-)county [,intə'kaunti], *a.* fra varie contee: (*sport*) **an i. match**, una partita (*o* un incontro) fra contee.
intercourse ['intəkɔ:s], *n.* **1** rapporti; contatti: **social i.**, rapporti sociali; **commercial** (*o* **trade**) **i.**, rapporti commerciali **2** (*relig.*) comunione (*con Dio*) **3** (*spesso* **sexual i.**) rapporti sessuali.
to intercross [,intə(:)'krɔs], *v. t.* e *i.* incrociare, incrociarsi.
intercross ['intəkrɔs], *n.* **1** ibridazione; incrocio **2** ibrido.
intercurrence [,intə(:)'kʌrəns], *n.* (*med.*) l'intercorrere (*di un'altra malattia*).
intercurrent [,intə(:)'kʌrənt], *a.* (*med.*) intercorrente: **an i. disease**, una malattia intercorrente.
interdenominational ['intədi,nɔmi'neiʃənl], *a.* (*relig.*) interconfessionale.
interdental ['intə(:)'dentl], *a.* (*anat., fon.*) interdentale.
interdepartmental ['intə(:),dipa:t'mentl], *a.* **1** interministeriale: **i. order**, decreto interministeriale **2** interdipartimentale (*all'università*).
to interdepend [,intə(:)di'pend], *v. i.* essere interdipendente; dipendere l'uno dall'altro.
interdependence [,intə(:)di'pendəns], **interdependency** [,intə(:)di'pendənsi], *n.* interdipendenza.
interdependent [,intə(:)di'pendənt], *a.* interdipendente.
to interdict [,intə(:)'dikt], *v. t.* **1** interdire; proibire; vietare: **I i. you from speaking**, ti proibisco di parlare; (*relig.*) **to i. a parish** (**a parson**), interdire una parrocchia (un parroco) **2** (*mil.*) interdire.
interdict ['intə(:)dikt], *n.* **1** interdizione (*anche leg.*); proibizione; divieto **2** (*leg., relig.*) interdetto.
interdiction [,intə(:)'dikʃən], *n.* interdizione; proibizione; divieto. ● (*mil.*) **i. fire**, fuoco d'interdizione.
interdictory [,intə'diktəri], *a.* interdittorio; che interdice. ● (*leg.*) **i. decree**, decreto interdittorio (*o* d'interdizione).
interdigital [,intə'didʒitl], *a.* (*anat.*) interdigitale.
interdisciplinary [,intə'disiplinəri], *a.* interdisciplinare.
interest ['intrist], *n.* **1** (*anche fin.*) interesse (*in ogni senso*); interesse soggettivo (*leg.*); frutto (*del denaro*); utile; curiosità; sollecitudine; zelo; importanza; profitto; tornaconto; vantaggio: **I. accrues from the first of January**, gli interessi decorrono dal primo gennaio; **He takes no i. in the game**, non prende interesse al gioco; **in the i. of truth**, nell'interesse della verità; **to look after one's own interests**, badare ai propri interessi; **a question of great scientific i.**, una questione di grande importanza scientifica **2** autorità; influenza; appoggio: **John obtained a government position through i. with a minister**, Giovanni ottenne un impiego governativo con l'appoggio di un ministro **3** (*fin.*) cointeressenza; partecipazione agli utili **4** (*pl.*) interessi: **farming interests**, interessi agricoli. ● (*fin.*) **i.-bearing**, fruttifero ☐ (*fin.*) **i. rate**, tasso d'interesse ☐ **the business interests**, gli interessi commerciali, le aziende commerciali, i commercianti (*collett.*) ☐ (*fin., mat.*) **compound i.**, interesse composto ☐ **to have an i. in a business**, essere cointeressato in un'azienda ☐ **the landed interests**, gli interessi agrari, gli agrari, i proprietari terrieri (*collett.*) ☐ (*fin.: di un titolo*) **non-i.-bearing**, infruttifero ☐ (*fin., mat.*) **simple i.**, interesse semplice ☐ **the steel interests**, l'industria (*o* gli industriali) dell'acciaio ☐ **to take a great i. in politics**, interessarsi molto di politica ☐ (*fig.*) **with i.**, con gli interessi: **He returned the insults with i.**, gli restituì gli insulti con gli interessi ☐ **I have no i. in politics**, non m'interesso di politica.
to interest ['intrist], **A** *v. t.* interessare; fare partecipe (q.) d'un interesse; destare interesse in (q.): **That doesn't i. me**, questo non mi interessa; **Can I i. you in joining our club?**, posso interessarti in favore dell'adesione al nostro circolo?; **I want to i. him in the plan**, voglio interessarlo al progetto. **to interest oneself**

interested

in st. **B** *v. rifl.* interessarsi di (*o* a) q.c.
interested ['intristid], *a.* **1** interessato; egoistico; avido: **an i. offer**, un'offerta interessante; **i. motives**, motivi egoistici **2** (*fin.*) interessato; cointeressato. ● **to be i. in**, essere interessato a (*un'offerta, ecc.*); interessarsi di: **He is i. in sport**, s'interessa di sport □ (*leg.*) **the i. parties**, le parti interessate; gli interessati; le parti in causa.
interesting ['intristiŋ], *a.* interessante: **an i. film**, un film interessante; **an i. woman**, una donna interessante. ● (*fam., di donna*) **in an i. condition**, in stato interessante; incinta.
interface ['intəfeis], *n.* **1** (*scient., tecn.*) interfaccia **2** punto (*o* superficie) d'intersezione (*o* d'incontro); punto (*o* superficie) di collegamento: **the i. between man and the computer**, il punto d'incontro fra l'uomo e il computer **3** (mezzo di) collegamento.
to interface [intə'feis], *v. t. e i.* **1** (*scient., tecn.*) interfacciare, interfacciarsi **2** fare da punto (*o* superficie) d'incontro (*o* da collegamento) **3** essere in accordo (con q. *o* q.c.); lavorare in accordo (*o* in armonia): **Man and machine must i.**, l'uomo e la macchina devono lavorare in armonia.
interfacial [,intə'feiʃəl], *a.* (*scient., tecn.*) interfacciale.
to interfere [,intə'fiə*], *v. i.* **1** interferire; ingerirsi; inframmettersi; immischiarsi; impicciarsi; intromettersi; interrompere (*chi parla*): **Don't i.!**, non intrometterti!; non interrompere!; **Don't i. in other people's affairs**, non ingerirti nelle faccende altrui!; **You mustn't let pleasure i. with business**, non devi permettere che gli svaghi interferiscano con il tuo lavoro **2** interloquire; interporsi; partecipare: **I didn't i. in the debate**, non interloquii nella (*o* non partecipai alla*) discussione **3** (*sport*) effettuare un intervento (*anche illecito*) **4** (*elettr., fis.*) interferire. ● **to i. with**, impedire; ostacolare; (*eufemistico*) infastidire, dar fastidio a (*una ragazza, ecc.*): **The harvest was interfered with by the rain**, il raccolto fu ostacolato dalla pioggia.
interference [,intə'fiərəns], *n.* **1** interferenza; ingerenza; conflitto di competenze; inframmettenza; intromissione; interruzione (*di un discorso altrui*): **political interferences**, interferenze politiche **2** impedimento; ostacolo **3** (*sport*) intervento (*anche illecito*) **4** (*elettr., fis.*) interferenza.
interferential [,intəfə'renʃəl], *a.* (*elettr., fis.*) interferenziale.
interfering [,intə'fiəriŋ], *a.* inframmettente; che s'ingerisce.
interferometer [,intəfiə'rɔmitə*], *n.* (*fis.*) interferometro.
interferon [,intə'fiərɔn], *n.* (*med.*) interferon(e).
interflow ['intəflou], *n.* (*scient.*) interflusso.
interfluent [in'tə(:)fluənt], *a.* confluente: **The two rivers are i.**, i due fiumi confluiscono (l'uno nell'altro).
to interfuse [,intə(:)'fju:z], **A** *v. t.* **1** fondere; mescolare; mischiare **2** infondere; far passare (*una cosa dentro un'altra*). **B** *v. i.* fondersi; mescolarsi; mischiarsi.
interfusion [,intə(:)'fju:ʒən], *n.* fusione (*di forze, ecc.*); mescolanza (*di popoli, ecc.*).
intergalactic [,intəgə'læktik], *a.* (*astron.*) intergalattico.
interglacial [,intə(:)'gleiʃəl], (*geol.*) **A** *a.* interglaciale. **B** *n.* periodo interglaciale.
intergovernmental ['intə,gʌvən'mentl], *a.* (*polit.*) intergovernativo.
intergradation [,intəgrə'deiʃən], *n.* passaggio graduale.
to intergrade [,intə'greid], *v. i.* trasformarsi (*o* passare) per gradi.
intergrade ['intəgreid], *n.* fase intermedia; grado intermedio.
interim ['intərim] (*lat.*), **A** *avv.* (*raro*) frattanto; nel frattempo. **B** *n.* interim; intervallo. **C** *a.* provvisorio; temporaneo: (*fin.*) **i. dividend**, dividendo provvisorio (*in acconto*); (*leg.*) **i. receiver**, curatore fallimentare provvisorio (*in G.B.*); **i. report**, rapporto provvisorio. ● **in the i.**, nel frattempo.
interindividual ['intə,indi'vidjuəl], *a.* interpersonale: **i. relations**, rapporti interpersonali.
interior [in'tiəriə*], **A** *a.* **1** interiore; interno; dell'interno; dell'entroterra: (*geom.*) **i. angle**, angolo interno; **an i. town**, una città dell'entroterra **2** interno; domestico; nazionale **3** interiore; intimo. **B** *n.* **1** interno; parte (*o* regione) interna; entroterra: **the i. of a country**, l'entroterra d'un paese **2** (*cinem., teatr.*) interno. ● **i. decoration**, arredamento (*di case, ecc.*) □ **i. decorator**, (architetto) arredatore □ (*USA*) **Department of the I.**, Dicastero dell'Interno □ **Minister of the I.**, Ministro dell'Interno.
interiority [in,tiəri'ɔriti], *n.* interiorità.
interiorization [in,tiəriərai'zeiʃən], *n.* interiorizzazione: **i. of social values**, interiorizzazione di valori sociali.
to interiorize [in'tiəriəraiz], *v. t.* interiorizzare.
interjacent [,intə'dʒeisənt], *a.* infragiacente (*raro*); intermedio.
to interject [,intə(:)'dʒekt], *v. t.* intercalare; interloquire; esclamare; dire improvvisamente. ● **to i. a question (a remark)**, fare improvvisamente una domanda (un'osservazione); *interrompendo chi parla*).
interjection [,intə(:)'dʒekʃən], *n.* **1** intromissione **2** (*gramm.*) interiezione; esclamazione.
interjectional [,intə(:)'dʒekʃənl], **interjectionary** [,intə'dʒekʃənəri], *a.* (*gramm.*) interiettivo.
to interknit [,intə(:)'nit], *v. t.* allacciare; intrecciare.
to interlace [,intə(:)'leis], **A** *v. t.* **1** allacciare; avviluppare; intrecciare: **to i. one's fingers**, intrecciare le dita **2** mischiare; incrociare: **prose interlaced with verse**, prosa con versi frammisti **3** (*elab.*) interallacciare. **B** *v. i.* allacciarsi; avvilupparsi; intrecciarsi. ● (*archit.*) **i. arches**, archi incrociati □ **interlacing boughs**, rami che s'intrecciano.
interlacement [,intə(:)'leismənt], *n.* allacciamento; intreccio (*di fibre tessili, ecc.*); incrocio; viluppo.
to interlard [,intə(:)'lɑ:d], *v. t.* lardellare, infarcire, infiorare (*fig.*): **The professor interlarded his lecture with Latin words**, il professore lardellò di parole latine la sua conferenza.
interleaf ['intəli:f], *n.* (*pl.* **interleaves**) interfoglio (*anche elab.*); interfolio.
to interleave [,intə(:)'li:v], *v. t.* **1** interfogliare, interfoliare; inserire qua e là: **an album interleaved with sheets of tissue paper**, un album con interposti fogli di carta velina **2** (*fig.*) infiorare.
to interline [,intə(:)'lain], *v. t.* **1** interlineare; scrivere (*o* stampare) fra le righe di: **a textbook interlined with translations in pencil**, un libro di testo con la traduzione scritta a matita fra le righe **2** fare da controfodera a **3** mettere una controfodera a (*un abito*).
interlinear [,intə(:)'liniə*], *a.* interlineare; scritto (*o* stampato) fra le righe: **i. translation**, traduzione interlineare.
interlineation [,intə(:),lini'eiʃən], *n.* **1** interlineazione (*raro*); interlineatura **2** interlinea; parole inserite (*fra le righe di un testo*).
interlining [,intə(:)'lainiŋ], *n.* **1** controfodera **2** stoffa per controfodere.
to interlink [,intə(:)'liŋk], *v. t.* allacciare; concatenare; collegare.
to interlock [,intə(:)'lɔk], **A** *v. t.* **1** collegare; connettere; concatenare **2** (*ferr.*) rendere interdipendenti (*segnali, ecc.*) **3** (*elettr.*) interbloccare. **B** *v. i.* **1** essere collegato (*o* connesso, concatenato) **2** (*ferr.*) essere interdipendenti. ● **interlocking** (*o* **interlocked**) **signals**, segnali interdipendenti (*elettr.*) **interlocked switch**, interruttore interbloccato.
interlock ['intəlɔk], *n.* **1** stoffa a trama fitta **2** (*mecc.*) dispositivo di blocco **3** (*cinem.*) (dispositivo di) sincronizzazione.
interlocution [,intə(:)lou'kju:ʃən], *n.* colloquio; dialogo.
interlocutor [,intə(:)'lɔkjutə*], *n.* interlocutore.
interlocutory [,intə(:)'lɔkjutəri], *a.* (*anche leg.*) interlocutorio: **an i. judgement**, una sentenza interlocutoria. ● (*leg.*) **i. question**, pregiudiziale.
interlocutress [,intə(:)'lɔkjutris], **interlocutrix** [,intə(:)'lɔkjutriks], *n.* (*pl.* **interlocutrices**) interlocutrice.
to interlope [,intə(:)'loup], *v. i.* inframmettersi; ingerirsi, interferire, intrufolarsi (*specialm. per trarne profitto per sé*).
interloper ['intə(:)loupə*], *n.* **1** persona che s'intrufola; intruso **2** (*stor.*) mercante dedito a traffici illeciti; contrabbandiere.
interlude [,intə(:)'lu:d], *n.* **1** (*mus.*) interludio **2** (*anche mus., teatr.*) intermezzo (*in ogni senso*); intervallo; (*fig.*) parentesi: **an i. of comparative quiet**, una parentesi di relativa tranquillità **3** (*elab.*) routine d'intermezzo.
intermarriage [,intə(:)'mæridʒ], *n.* **1** matrimonio fra membri di famiglie (*o* caste, razze, tribù) diverse **2** matrimonio fra consanguinei.
to intermarry ['intə(:)'mæri], *v. i.* **1** (*di famiglie, tribù, ecc.*) imparentarsi (*per mezzo di matrimoni*) **2** sposarsi fra consanguinei.
to intermeddle [,intə(:)'medl], *v. i.* inframmettersi; immischiarsi; ingerirsi; intromettersi nelle faccende altrui.
intermediary [,intə(:)'mi:djəri], **A** *a.* **1** che si mette fra due persone; che fa da mediatore **2** intermedio; intermediario. **B** *n.* **1** intermediario; mediatore **2** mezzo; espediente; tramite.
intermediate [,intə(:)'mi:djət], **A** *a.* intermedio; medio; di passaggio: **at an i. stage**, in uno stadio intermedio. **B** *n.* **1** cosa intermedia **2** intermediario; mediatore **3** (*USA*) automobile di media cilindrata **4** (*chim.*) (composto) intermedio. ● (*ind.*) **i. cadres**, quadri intermedi □ (*nelle università ingl.*) **the i. examination**, l'esame fra quello d'immatricolazione e quello di laurea; l'esame catenaccio (*fam.*) □ (*mecc.*) **i. gear**, ingranaggio di rinvio □ (*naut.*) **i. port**, scalo intermedio □ **i. school**, scuola media □ (*elab.*) **i. storage**, memoria intermedia.
to intermediate [,intə(:)'mi:dieit], *v. i.* fare da intermediario (*o* da mediatore); interporsi; intromettersi.
intermediation [,intə(:)mi:di'eiʃən], *n.* intermediazione (*raro*); azione da intermediario; mediazione.
intermediator [,intə(:)'mi:dieitə*], *n.* intermediario; mediatore.
intermedium [,intə(:)'mi:djəm] (*lat.*), *n.* (*pl.* **intermedia, intermediums**) **1** mezzo; strumento; tramite **2** (*mus.*) intermezzo **3** (*anat.*) osso intermedio.
interment [in'tə:mənt], *n.* inumazione; seppellimento; sepoltura.
intermezzo [,intə(:)'metsou] (*ital.*), *n.* (*pl.* **intermezzi**,

intermezzos) (*mus.*, *teatr.*) intermezzo; interludio.
intermigration [ˌɪntəmaiˈgreiʃən], *n.* migrazione scambievole.
interminable [inˈtə:minəbl], *a.* interminabile.
interminableness [inˈtə:minəblnis], *n.* l'essere interminabile.
to **intermingle** [ˌɪntə(:)ˈmiŋgl], **A** *v. t.* mescolare; mischiare; fondere. **B** *v. i.* mescolarsi; mischiarsi; fondersi.
intermission [ˌɪntə(:)ˈmiʃən], *n.* intermissione (*lett.*); interruzione; pausa; intervallo: **without i.**, senza intermissione; **We have a short break for tea, and a longer i. for lunch**, abbiamo una breve pausa per il tè, e un intervallo più lungo per la seconda colazione.
to **intermit** [ˌɪntə(:)ˈmit], **A** *v. t.* **1** interrompere; sospendere **2** rendere intermittente. **B** *v. i.* **1** interrompersi; cessare **2** essere intermittente.
intermittence [ˌɪntəˈmitəns], **intermittency** [ˌɪntəˈmitənsi], *n.* intermittenza.
intermittent [ˌɪntəˈmitənt], *a.* intermittente: (*med.*) **i. fever**, febbre intermittente; (*elettr.*) **i. current**, corrente intermittente. ● (*econ.*) **i. strike**, sciopero a singhiozzo.
to **intermix** [ˌɪntə(:)ˈmiks], **A** *v. t.* mescolare; mischiare. **B** *v. i.* mescolarsi; mischiarsi.
intermixture [ˌɪntə(:)ˈmikstʃə*], *n.* mescolanza; miscela; miscuglio.
intermodulation [ˈɪntəˌmɔdjuˈleiʃən], *n.* (*elettron.*) intermodulazione.
to **intern A** [inˈtə:n], *v. t.* (*polit.*) internare; confinare; mandare al confino. **B** [ˈinˌtə:n], *v. i.* (*med.*, *specialm. USA*) fare l'internato; lavorare come interno.
intern [ˈinˌtə:n], *n.* (*USA*) **1** medico interno; interno **2** studente di medicina che fa pratica (*in un ospedale*).
internal [inˈtə:nl], **A** *a.* interno; interiore; intimo; intrinseco: (*med.*) **i. injuries**, lesioni interne; (*anat.*) **i. ear**, orecchio interno; (*econ.*) **i. demand**, domanda interna; (*filol.*) **i. evidence**, prova interna; (*filol.*) **i. evidence**, prova interna. **B** *n. pl.* caratteri intrinseci. ● (*mecc.*) **i.-combustion engine**, motore a combustione interna; motore a scoppio ☐ **i. power struggle**, lotta intestina per il potere ☐ **i. wars**, guerre civili.
internality [ˌɪntə(:)ˈnæliti], *n.* l'essere interno; interiorità.
internalization [inˌtə:nəlaiˈzeiʃən], *n.* interiorizzazione.
to **internalize** [inˈtə:nəlaiz], *v. t.* interiorizzare: **to i. cultural values**, interiorizzare valori culturali.
international [ˌɪntə(:)ˈnæʃənl], **A** *a.* internazionale: **an i. court**, un tribunale internazionale; **i. law**, diritto internazionale; **i. trade**, commercio internazionale. **B** *n.* **1** (*sport*) atleta che partecipa a gare internazionali; «nazionale» **2** (*sport*) competizione (*o gara, incontro*) internazionale **3** (*polit.*) membro di un'Internazionale. ● (*polit.*) **i. arbitration**, arbitrato internazionale ☐ (*fin.*) **i. liquidity**, liquidità internazionale ☐ (*fin.*) **i. money order**, vaglia internazionale ☐ (*polit.*) **the First (Second, Third) I.**, la Prima (Seconda, Terza) Internazionale.
internationale [ˌɪntənæʃəˈnɑ:l] (*franc.*), *n.* (l')internazionale (*l'inno del comunismo internazionale*).
internationalism [ˌɪntə(:)ˈnæʃnəlizəm], *n.* internazionalismo.
internationalist [ˌɪntə(:)ˈnæʃnəlist], *n.* internazionalista.
internationality [ˈɪntə(:)ˌnæʃəˈnæliti], *n.* internazionalità.
internationalization [ˈɪntə(:)ˌnæʃnəlaiˈzeiʃən], *n.* (*polit.*, *econ.*) internazionalizzazione.
to **internationalize** [ˌɪntə(:)ˈnæʃnəlaiz], *v. t.* (*polit.*, *econ.*) internazionalizzare; rendere internazionale.
interne [ˈinˌtə:n], *V.* **intern**.
internecine [ˌɪntə(:)ˈni:sain], *a.* **1** micidiale; mortale: **an i. war**, una guerra micidiale **2** distruttivo per ambo le parti; senza vinti né vincitori **3** intestino: **i. conflict**, conflitto intestino.
internee [ˌɪntə:ˈni:], *n.* (*polit.*) internato, internata.
internist [inˈtə:nist], *n.* (*med.*) internista.
internment [inˈtə:nmənt], *n.* (*polit.*) internamento: **an i. camp**, un campo d'internamento.
internode [ˈɪntənoud], *n.* (*biol.*) internodio, internodo.
internship [ˈɪntə:nʃip], *n.* (*med.*, *USA*) internato (*V.* **intern**).
internuncial [ˌɪntəˈnʌnʃəl], *a.* (*anat.*: *di un nervo*) di correlazione.
internuncio [ˌɪntəˈnʌnʃiou], *n.* (*pl.* **internuncios**) **1** (*relig.*) internunzio **2** intermediario; mediatore.
interoffice [ˌɪntəˈɔfis], *a.* fra due o più uffici (*di un'azienda, ecc.*); interno: **i. memo**, promemoria interno. ● (*tel.*) **i. trunk**, rete regionale.
to **interpage** [ˌɪntəˈpeidʒ], *v. t.* interfogliare, interfoliare.
interparliamentary [ˌɪntəˌpɑ:ləˈmentəri], *a.* (*polit.*) interparlamentare.
interpellant [ˌɪntəˈpelənt], *n.* (*polit.*) interpellante.
to **interpellate** [inˈtə:peleit], *v. t.* (*polit.*) interpellare, fare un'interpellanza a (*un ministro*).
interpellation [inˌtə:peˈleiʃən], *n.* (*polit.*) interpellanza.
interpellator [inˈtə:pəleitə*], *n.* (*polit.*) interpellante.

to **interpenetrate** [ˌɪntə(:)ˈpenitreit], **A** *v. t.* compenetrare; permeare, pervadere. **B** *v. i.* compenetrarsi; penetrare l'uno nell'altro.
interpenetration [ˈɪntə(:)ˌpeniˈtreiʃən], *n.* compenetrazione.
interpenetrative [ˌɪntə(:)ˈpenitreitiv], *a.* che compenetra.
interpersonal [ˌɪntəˈpə:sənəl], *a.* interpersonale: **i. relations**, rapporti interpersonali.
interphone [ˈɪntəfoun], *V.* **intercom**.
interplanetary [ˌɪntə(:)ˈplænitəri], *a.* (*astron.*) interplanetario: (*miss.*) **i. probe**, sonda interplanetaria.
interplay [ˈɪntə(:)ˈplei], *n.* azione reciproca; interazione; influsso reciproco: **the i. of political and of economic problems**, l'influsso reciproco dei problemi politici e di quelli economici.
Interpol [ˈɪntəpɔl], *n.* Interpol.
to **interpolate** [inˈtə:pouleit], *v. t.* (*anche mat.*) interpolare; intercalare; inserire. ● (*gramm.*) **an interpolated clause**, un inciso.
interpolation [inˌtə:pouˈleiʃən], *n.* (*anche mat.*) interpolazione.
interpolator [inˈtə:(:)pouleitə*], *n.* interpolatore.
interposal [ˌɪntə(:)ˈpouzl], *n.* interposizione; frapposizione.
to **interpose** [ˌɪntə(:)ˈpouz], **A** *v. t.* **1** frapporre; interporre; mettere in mezzo; inserire: **to i. a barrier between two countries**, frapporre una barriera fra due nazioni **2** interrompere, dire, esclamare (*interrompendo chi parla*): **«You are a fool!», interposed Mr Clark**, «sei uno stupido!», interruppe Mr Clark. **B** *v. i.* **1** interporsi; frapporsi; intervenire: **to i. in a dispute**, intervenire in una disputa **2** interrompere; fare interruzioni. ● **to i. an objection**, sollevare un'obiezione ☐ **to i. a remark**, fare improvvisamente un'osservazione ☐ **to i. one's veto**, porre il proprio veto.
interposition [inˌtə:pəˈziʃən], *n.* **1** interposizione; frapposizione **2** intervento; intercessione; mediazione.
to **interpret** [inˈtə:prit], **A** *v. t.* **1** interpretare (*in ogni senso*); chiarire; spiegare; intendere: **to i. an inscription (a dream, etc.)**, interpretare un'iscrizione (un sogno, ecc.); **to i. the role of Othello**, interpretare la parte di Otello; **They interpreted my embarrassment as an admission of fault**, interpretarono il mio imbarazzo come un'ammissione di colpa. **B** *v. i.* fare da interprete; tradurre.
interpretable [inˈtə:pritəbl], *a.* interpretabile.
interpretation [inˌtə:priˈteiʃən], *n.* interpretazione; spiegazione.
interpretative [inˈtə:pritətiv], *a.* interpretativo.
interpreter [inˈtə:pritə*], *n.* **1** (*anche mus.*) interprete **2** (*elab.*) macchina interprete **3** (*elab.*) programma interprete.
interpretership [inˈtə:pritəʃip], *n.* interpretariato.
interpretive [inˈtə:pritiv], *V.* **interpretative**.
interpretress [inˈtə:pritris], *n.* interprete (*donna*).
interprovincial [ˌɪntəprəˈvinʃəl], *a.* interprovinciale.
interpunction [ˌɪntəˈpʌŋkʃən], *n.* interpunzione; punteggiatura.
to **interpunctuate** [ˌɪntəˈpʌŋktjueit], *v. t.* interpungere.
interracial [ˌɪntəˈreiʃəl], *a.* interrazziale.
interregnum [ˌɪntəˈregnəm], *n.* (*pl.* **interregna, interregnums**) **1** interregno **2** (*fig.*) intervallo.
to **interrelate** [ˌɪntəriˈleit], *v. i.* essere collegato (*o* in correlazione).
interrelated [ˌɪntəriˈleitid], *a.* collegato; in correlazione (con q.c.).
interrelation [ˈɪntə(:)riˈleiʃən], **interrelationship** [ˈɪntəriˈleiʃənʃip], *n.* interrelazione; rapporto reciproco; interdipendenza.
interrex [ˈɪntəreks], *n.* (*pl.* **interreges**) interrex; reggente.
interrobang [inˈtə:bæŋ], *n.* (*tipogr.*) segno che unisce un punto esclamativo e uno interrogativo.
to **interrogate** [inˈterəgeit], *v. t.* interrogare: **The judge interrogated the witness**, il giudice interrogò il testimone.
interrogation [inˌterəˈgeiʃən], *n.* **1** interrogazione **2** (*leg.*, *ecc.*) interrogatorio. ● **note (**o** mark, point) of i.**, punto interrogativo.
interrogative [ˌɪntəˈrɔgətiv], **A** *a.* (*anche gramm.*) interrogativo; interrogatorio: **an i. sentence**, una frase interrogativa; **with an i. voice inflection**, con un'inflessione di voce interrogativa; **an i. pronoun**, un pronome interrogativo. **B** *n.* (*gramm.*) pronome interrogativo; particella interrogativa. ● **to put a statement into the i.**, trasformare una frase da affermativa in interrogativa.
interrogator [inˈterougeitə*], *n.* interrogatore (*anche elettron.*); chi interroga; interrogante.
interrogatory [ˌɪntəˈrɔgətəri], **A** *a.* interrogatorio; interrogativo: **in an i. tone**, in tono interrogativo. **B** *n.* (*specialm. leg.*) interrogatorio.
to **interrupt** [ˌɪntəˈrʌpt], *v. t.* **1** interrompere; sospendere; troncare: **to i. a speaker (a conversation, etc.)**, interrompere un oratore (una conversazione, ecc.) **2** ostacolare; impedire: **to i. the view**, impedire la vista.
interrupt [ˌɪntəˈrʌpt], *n.* **1** interruzione (*anche elab.*): **i. signal**, segnale d'interruzione **2** distacco; frattura; separazione.
interruptedly [ˌɪntəˈrʌptidli], *avv.* interrottamente; con interruzioni.
interrupter [ˌɪntəˈrʌptə*], *n.* **1** chi interrompe; interruttore **2**

interruption

(*elettr.*) interruttore. ● (*elettr.*) **i. vibrator**, vibratore.
interruption [,intəˈrʌpʃən], *n.* interruzione; sospensione.
interruptory [,intəˈrʌptəri], *a.* che interrompe.
to **intersect** [,intə(:)ˈsekt], **A** *v. t.* intersecare; tagliare. **B** *v. i.* intersecarsi.
intersection [,intə(:)ˈsekʃən], *n.* **1** (*geom.*) intersecazione; intersezione **2** intersezione; incrocio: **i. stradale**, incrocio stradale.
intersectional [,intəˈsekʃənl], *a.* d'intersezione.
interspace [ˈintə(:)speis], *n.* **1** intervallo (*di spazio o di tempo*) **2** (*edil.*) intercapedine **3** (*naut.: di sottomarino*) intercapedine.
to **intersperse** [,intə(:)ˈspə:s], *v. t.* **1** cospargere; spargere qua e là; disseminare; sparpagliare **2** frammischiare; frammezzare.
interspersion [,intə(:)ˈspə:ʃən], *n.* cospargimento (*raro*); disseminazione; sparpagliamento.
interstate [ˈintə(:)steit], **A** *a.* (*USA*) interstatale: **i. commerce**, commercio interstatale (*fra Stati dell'Unione*). **B** *n.* (*USA*) autostrada interstatale.
interstellar [ˈintə(:)ˈstelə*], *a.* (*astron.*) interstellare.
interstice [inˈtə:stis], *n.* (*di solito al pl.*) interstizio.
interstitial [,intəˈstiʃəl], *a.* (*specialm. anat.*) interstiziale.
intertexture [,intəˈtekstʃə*], *n.* intessitura.
intertribal [,intə(:)ˈtraibəl], *a.* comune (*o relativo a*) tribù diverse; fra tribù diverse: **i. marriages**, matrimoni fra tribù diverse.
intertropical [,intəˈtrɔpikl], *a.* (*geogr.*) intertropicale.
to **intertwine** [,intə(:)ˈtwain], **A** *v. t.* attorcere (*lett.*); attorcigliare; intrecciare. **B** *v. i.* intrecciarsi; attorcigliarsi; avvolgersi; avvilupparsi.
intertwinement [,intə(:)ˈtwainmənt], *n.* intreccio; viluppo.
to **intertwist** [,intə(:)ˈtwist], *v. t.* intrecciare; attorcigliare.
interurban [,intərˈə:bən], *a.* interurbano: **i. traffic**, traffico interurbano. ● (*autom.*) **i. roads**, strade di collegamento fra due città.
interval [ˈintəvəl], *n.* (*anche mus.*) intervallo (*in ogni senso*): **at five-minute intervals**, a intervalli di cinque minuti; **the i. between two acts of a play**, l'intervallo fra due atti di un dramma; **at short intervals**, a brevi intervalli; a tratti. ● (*ing.*) **i. timer**, temporizzatore.
intervallic [,intəˈvælik], *a.* (*mus.*) d'intervallo.
to **intervene** [,intə(:)ˈvi:n], *v. i.* **1** (*anche leg.*) intervenire; avvenire, accadere (*nel frattempo*); intromettersi; frapporsi: **If nothing intervenes, I'll be there on Monday**, se non interviene (*o non accade*) nulla, sarò là lunedì; **to i. in a dispute**, intervenire in una disputa; **to i. between two persons who are quarrelling**, frapporsi fra due litiganti **2** intercorrere; trascorrere: **the short periods of peace that intervened**, i brevi periodi di pace che intercorsero **3** esser situato; trovarsi: **The Mediterranean intervenes between Europe and Africa**, il Mediterraneo si trova fra l'Europa e l'Africa **4** (*polit.*) intervenire.
intervener [,intəˈvi:nə*], *n.* **1** chi interviene; chi s'interpone **2** (*leg.*) interveniente.
intervenient [,intəˈvi:niənt], *a.* **1** interveniente; frapposto; intercorrente; intermedio **2** (*leg.*) interveniente.
intervening [,intəˈvi:niŋ], *a.* **1** che s'interpone; che intercorre **2** (*leg.*) interveniente.
intervention [,intə(:)ˈvenʃən], *n.* **1** intervento; interposizione; intromissione; mediazione: **an i. in a dispute**, un intervento in una disputa **2** (*polit.*) intervento. ● (*econ.*) **i. prices**, prezzi d'intervento □ (*polit.*) **armed i.**, intervento armato.
interventionist [,intəˈvenʃənist], **A** *n.* (*polit.*) interventista. **B** *a.* (*polit.*) interventistico.
intervertebral [,intəˈvə:tibrəl], *a.* (*anat.*) intervertebrale.
interview [ˈintəvju:], *n.* intervista; abboccamento; colloquio; conversazione; udienza: **an i. with a Minister**, un'intervista con un ministro; **an i. between an employer and a job applicant**, un colloquio fra un datore di lavoro e un aspirante a un impiego.
to **interview** [ˈintəvju:], *v. t.* intervistare; abboccarsi con (q.); avere un colloquio con (q.): **to i. job applicants**, intervistare i candidati a un posto di lavoro.
interviewer [ˈintəvjuə*], *n.* intervistatore; intervistatrice.
intervocalic [,intəvouˈkælik], *a.* (*fon.*) intervocalico.
to **intervolve** [,intəˈvɔlv], *v. t.* avvolgere, arrotolare (*oggetti*) l'uno dentro l'altro.
inter(-)war [,intəˈwɔ:*], *a. attr.* fra (le) due guerre: **in the i. years**, negli anni fra le due guerre.
to **interweave** [,intə(:)ˈwi:v] (*pass.* **interwove**, *p. p.* **interwoven**), **A** *v. t.* **1** intessere; intrecciare **2** (*fig.*) collegare strettamente; mescolare; fondere. **B** *v. i.* **1** intrecciarsi **2** (*fig.*) mescolarsi; fondersi.
to **interwind** [,intə(:)ˈwaind] (*pass. e p. p.* **interwound**), **A** *v. t.* avvolgere insieme; avviluppare. **B** *v. i.* avvolgersi insieme; avvilupparsi.
interwove [,intəˈwouv], *pass.* di **to interweave**.
interwoven [,intəˈwouvən], **A** *p. p.* di **to interweave**. **B** *a.* intessuto; intrecciato. ● (*fin.*) **i. holdings** (*o* **i. participations**), partecipazioni incrociate.
intestacy [inˈtestəsi], *n.* (*leg.*) il morire intestato; mancanza di testamento.
intestate [inˈtestit], **A** *a.* (*leg.*) intestato; senza aver fatto testamento. **B** *n.* persona che muore intestata; intestato.
intestinal [inˈtestinl], *a.* intestinale: **i. troubles**, disturbi intestinali. ● **i. fortitude**, coraggio; fegato (*fig.*); resistenza, tenacia.
intestine (1) [inˈtestin], *n.* (*anat.; di solito al pl.*) intestino, intestini. ● **large i.**, intestino crasso □ **small i.**, intestino tenue.
intestine (2) [inˈtestin], *a.* intestino (*lett.*); interno; civile; domestico: **i. wars**, guerre intestine (*o* civili).
in thing [ˈinˈθiŋ], *n.* (*fam.*) cosa alla moda; oggetto di gran moda (*o* in voga).
to **inthrall** [inˈθrɔ:l], *V.* **to enthral**(l).
to **inthrone** [inˈθroun], *V.* **to enthrone**.
intimacy [ˈintiməsi], *n.* **1** intimità; dimestichezza; familiarità **2** atto affettuoso (*bacio, carezza*) **3** (*eufemistico*) rapporti intimi; relazione amorosa. ● **to be on terms of i. with sb.**, essere in intimità con q.; essere intimo di q.
intimate [ˈintimit], **A** *a.* **1** intimo, (il) più segreto; intrinseco: **i. underwear**, biancheria intima; **one's i. feelings**, i propri sentimenti intimi; **an i. friend**, un amico intimo; **i. relations**, rapporti intimi; **one's i. thoughts**, i pensieri più segreti; **an i. diary**, un diario segreto **2** profondo: **an i. knowledge of astronomy**, una profonda conoscenza dell'astronomia. **B** *n.* (amico) intimo. ● **to be on i. terms with sb.**, essere intimo di q.; essere in intimità con q.
to **intimate** [ˈintimeit], *v. t.* **1** annunciare; dichiarare; manifestare (*formalmente, solennemente*): **to i. one's reluctance to accept an offer** (*that one is reluctant to accept an offer*), manifestare la propria riluttanza ad accettare un'offerta (dichiarare che si è riluttanti ad accettare un'offerta) **2** accennare a; insinuare; sottintendere; suggerire: **You seem to say one thing and i. another**, sembra che tu dica una cosa e ne sottintenda un'altra **3** (*leg.*) intimare; notificare.
intimation [,intiˈmeiʃən], *n.* **1** annuncio; dichiarazione **2** accenno; cenno; indizio; suggerimento **3** (*leg.*) intimazione; notificazione.
to **intimidate** [inˈtimideit], *v. t.* intimidire; intimorire; incutere timore a (q.); minacciare: **to i. a witness**, minacciare un testimone. ● **to i. sb. into doing st.**, costringere q. a fare q.c., intimorendolo.
intimidation [in,timiˈdeiʃən], *n.* intimidazione; intimorimento.
intimidator [inˈtimideitə*], *n.* chi intimorisce; chi intimidisce.
intimidatory [inˈtimideitəri], *a.* intimidatorio.
intimity [inˈtimiti], *n.* (*raro*) intimità.
to **intitule** [inˈtitjul], *v. t.* intitolare (*una legge parlamentare, ecc.*).
into [ˈintu, ˈintə], *prep.* **1** (*moto entro luogo, direzione, mutamento, trasformazione*) dentro; entro; in: **Come i. my room!**, vieni in camera mia!; **Put it into the drawer**, mettilo nel cassetto; **Look i. the box**, guarda nella scatola!; **All that King Midas touched turned i. gold**, tutto ciò che il re Mida toccava si mutava in oro; **to change from a caterpillar i. a butterfly**, trasformarsi da bruco in farfalla; **to get i. trouble**, mettersi nei guai **2** (*mat.*) in: **Five i. ten goes twice** (*o* **Five i. ten is two**), il cinque nel dieci ci sta due volte. ● (*fam.*) **to be i.**, interessarsi di, dilettarsi a (*fare q.c.*); essere in debito con (q.): **He is i. making wine**, si diletta a fare il vino (in casa); **He's into us for a few hundred pounds**, ci deve qualche centinaio di sterline □ **far i. the night**, fino a tarda notte □ **to flog sb i. submission**, sottomettere q. a suon di frustate □ **to go i. a career**, intraprendere una carriera □ **to inquire i. st.**, fare indagini su q.c. □ **to look i. a matter**, esaminare una faccenda □ **to translate st. from French i. English**, tradurre q.c. dal francese in inglese.
in(-)toed [ˈintoud], *a.* (*anat.*) che ha le dita dei piedi introflesse.
intolerability [in,tolərəˈbiliti], *n.* intollerabilità.
intolerable [inˈtɔlərəbl], *a.* intollerabile; insopportabile: **i. arrogance**, arroganza intollerabile; **i. cold**, freddo insopportabile.
intolerableness [inˈtɔlərəblnis], *V.* **intolerability**.
intolerance [inˈtɔlərəns], *n.* (*anche med.*) intolleranza.
intolerant [inˈtɔlərənt], *a.* intollerante: **to be i. of other people's opinions**, essere intollerante delle opinioni altrui.
to **intomb** [inˈtu:m], *V.* **to entomb**.
to **intonate** [ˈintouneit], *V.* **to intone**.
intonation [,intouˈneiʃən], *n.* (*mus., fon., ecc.*) intonazione; inflessione; modulazione (*della voce*): **He speaks Italian with a foreign i.**, parla l'italiano con inflessione straniera.
to **intone** [inˈtoun], *v. t. e i.* **1** (*anche mus.*) intonare (*un canto, un discorso, ecc.*) **2** (*relig.*) cantare (*un salmo, una preghiera, ecc.*).
in toto [in ˈtoutou] (*lat*), *avv.* in toto; totalmente.
intoxicant [inˈtɔksikənt], **A** *a.* **1** inebriante; alcolico **2** (*med.*) intossicante. **B** *n.* **1** bevanda alcolica **2** (*med.*) sostanza in-

tossicante.

to intoxicate [in'tɔksikeit], *v. t.* **1** inebriare (*anche fig.*); ubriacare; eccitare: **to become intoxicated by wine**, ubriacarsi di vino; **to be intoxicated by success**, essere inebriato dal (*o* ebbro di) successo **2** (*med.*) intossicare.

intoxicating [in'tɔksikeitiŋ], *a.* inebriante; che ubriaca; eccitante.

intoxication [in,tɔksi'keiʃən], *n.* **1** ebbrezza; ubriachezza; inebriamento; eccitazione **2** (*med.*) intossicazione.

intoximeter ['intɔk'simitə*], *n.* strumento per misurare il grado d'intossicazione da alcol (*degli automobilisti*).

intracellular [,intrə'seljulə*], *a.* (*biol.*) intracellulare.

intra(-)community [,intrəkə'mju:niti], *a.* (*econ.*, *comm.*) intracomunitario.

intractability [in,træktə'biliti], *n.* intrattabilità.

intractable [in'træktəbl], *a.* **1** intrattabile; scontroso; difficile **2** (*ind.*) intrattabile; difficile da lavorare.

intractableness [in'træktəblnis], *n.* intrattabilità.

intradermal [,intrə'də:məl], **intradermic** [,intrə'də:mik], *a.* intradermico.

intrados [in'treidɔs], *n.* (*pl.* **intrados, intradoses**) (*archit.*) intradosso.

intragalactic [,intəgə'læktik], *a.* (*astron.*) infragalattico.

intragovernmental [,intrə,gʌvən'mentl], *a.* (*polit.*) nell'ambito del governo; interministeriale.

intramural [in'trə'mjuərəl], *a.* **1** che è (*o* che si svolge) entro le mura (*d'una città*, *d'un college*): **i. athletics**, gare d'atletica nell'ambito d'un college **2** (*anat.*, *med.*) intramurale.

intramuscular [,intrəmʌskjulə*], *a.* (*med.*) intramuscolare: **an i. injection**, un'iniezione intramuscolare.

intransigence [in'trænsidʒəns], **intransigency** [in'trænsidʒənsi], *n.* intransigenza.

intransigent [in'trænsidʒənt], *a.* e *n.* intransigente.

intransitive [in'trænsitiv], *a.* e *n.* (*gramm.*) intransitivo.

intrant ['intrənt], *n.* (*raro*) **1** chi entra a far parte di un'associazione, di un college **2** chi assume una carica **3** (*relig.*) chi prende gli ordini sacri; chi si fa sacerdote.

intraregional [,intrə'ri:dʒənl], *a.* interregionale.

intrastate [intrə'steit], *a.* (*specialm.* *USA*) all'interno di uno Stato (*dell'Unione*).

intrauterine ['intrə'ju:tərain], *a.* intrauterino: **i. device** (*abbr.* **IUD**), contraccettivo intrauterino; **i. loop**, spirale intrauterina.

intravenous [,intrə'vi:nəs], **A** *a.* (*med.*) endovenoso; intravenoso. **B** *n.* iniezione (*o* trasfusione) endovenosa; endovenosa.

to intrench [in'trentʃ], *V.* **to entrench.**

intrepid [in'trepid], *a.* intrepido; impavido.

intrepidity [,intri'piditi], *n.* intrepidità (*raro*); intrepidezza.

intricacy ['intrikəsi], *n.* **1** l'essere intricato; complessità; complicazione; difficoltà: **the intricacies of Latin grammar**, le difficoltà della grammatica latina **2** intrico; groviglio **3** cosa difficile, imbrogliata; imbroglio; raggiro.

intricate ['intrikit], *a.* intricato; complesso; complicato; imbrogliato; involuto: **an i. question**, una questione intricata (*o* complicata); **an i. path**, un sentiero difficile; **an i. organization**, un'organizzazione complessa; **i. directions**, istruzioni complicate.

intrigant ['intrigənt], *n.* (*arc.*) intrigante (*uomo*).

intrigante [,intri'ga:nt], *n.* (*arc.*) intrigante (*donna*).

intriguant ['intrigənt], *V.* **intrigant.**

to intrigue [in'tri:g], **A** *v. i.* **1** intrigare; fare intrighi; brigare **2** (*spesso* **to i. with**) avere una tresca; avere una relazione amorosa. **B** *v. t.* **1** procurarsi (*o* ottenere) con intrighi **2** (*fam.*) incuriosire; interessare; stuzzicare la curiosità di: **The puzzle intrigued me**, l'enigma stuzzicò la mia curiosità **3** confondere; disorientare.

intrigue [in'tri:g], *n.* **1** intrigo; macchinazione; raggiro **2** relazione amorosa; tresca **3** (*letter.*, *teatr.*) intrigo; intreccio.

intriguing [in'tri:giŋ], *a.* **1** intrigante **2** (*fam.*) affascinante; interessante; che suscita curiosità: **an i. piece of news**, una notizia interessante.

intrinsic(al) [in'trinsik(əl)], *a.* intrinseco; essenziale; reale: (*econ.*, *fin.*) **the i. value of a coin**, il valore intrinseco d'una moneta.

intro ['introu], *n.* (*pl.* **intros**) (*abbr. fam. di* **introduction**) **1** presentazione **2** (*mus.*) introduzione.

to introduce [,intrə'dju:s], **A** *v. t.* **1** introdurre (*in ogni senso*); immettere; inserire: **to i. a wire into a tube**, introdurre un filo metallico in un tubo; **to i. a new fashion**, introdurre una nuova moda; **Tea was introduced into Europe from Asia**, il tè fu introdotto in Europa dall'Asia; **The war introduced many new words**, la guerra introdusse molti vocaboli nuovi **2** presentare; far conoscere: **to i. two people**, presentare due persone (*l'una all'altra*); **Please i. me to your friend**, per favore, presentami al tuo amico **3** (*polit.*) presentare; proporre: (*USA*) **to i. a bill into Congress**, presentare un progetto di legge al Congresso **4** cominciare; iniziare: **He introduced his speech with a joke**, co-

minciò il discorso con una battuta di spirito. **to introduce oneself B** *v. rifl.* presentarsi; farsi conoscere.

introducer [,intrə'dju:sə*], *n.* introduttore, introduttrice.

introduction [,intrə'dʌkʃən], *n.* **1** introduzione (*in ogni senso*); immissione; prefazione; esordio: **a few words of i.**, poche parole d'introduzione; **i. of steam**, immissione di vapore **2** presentazione: **letter of i.**, lettera di presentazione **3** (*polit.*) presentazione, proposta (*di un disegno di legge*) **4** (libro di) testo elementare (*o* propedeutico).

introductive [,intrə'dʌktiv], **introductory** [,intrə'dʌktəri], *a.* introduttivo; preliminare: **an i. course in linguistics**, un corso introduttivo di linguistica; **i. remarks**, osservazioni preliminari.

introit ['introit], *n.* (*relig.*) introito.

intromission [,introu'miʃən], *n.* **1** introduzione **2** intromissione; ingerenza **3** (*med.*) inserimento.

to intromit [,introu'mit], *v. t.* **1** introdurre; mettere dentro; inserire **2** ammettere; far entrare.

introrse [in'trɔ:s], *a.* (*biol.*) introrso.

to introspect [,introu'spekt], *v. i.* (*psic.*) essere introspettivo; analizzare i propri sentimenti; esaminarsi.

introspection [,introu'spekʃən], *n.* (*psic.*) introspezione; analisi dei propri sentimenti.

introspectionist [,introu'spekʃənist], *n.* chi esercita l'introspezione; chi analizza se stesso (*o* i propri sentimenti).

introspective [,introu'spektiv], *a.* introspettivo.

introspectiveness [,introu'spektivnis], *n.* l'esser introspettivo.

introversion [,introu'və:ʃən], *n.* (*specialm. psic.*) introversione.

introversive [,introu'və:siv], *a.* (*specialm. psic.*) introversivo.

to introvert [,introu'və:t], *v. t.* **1** (*psic.*) introvertere; introvertire **2** (*zool.*) introvertere; ritrarre.

introvert ['introuvə:t], *a.* e *n.* (*psic.*) introverso.

introverted [,introu'və:tid], *a.* (*psic.*) introverso; introvertito.

introvertive [,introu'və:(ə)tiv], *a.* (*specialm. psic.*) introvertivo.

to intrude [in'tru:d], **A** *v. t.* **1** intrudere (*lett.*); cacciare dentro; intromettere **2** imporre: **I don't want to i. my views upon you**, non voglio importi le mie opinioni. **B** *v. i.* e **to intrude oneself C** *v. rifl.* intrudersi (*lett.*); immischiarsi; frapporsi; intromettersi: **to i. into a company**, intrudersi in una comitiva. ● **to i. upon sb.**, imporre la propria presenza a q. (*come ospite indesiderato*) □ **to i. upon sb.'s privacy**, intromettersi nella vita privata di q. □ **to i. upon sb.'s time**, portar via (*o* far perdere) tempo a q.

intruder [in'tru:də*], *n.* intruso, intrusa; persona importuna.

intrusion [in'tru:ʒən], *n.* **1** intrusione (*anche geol.*); inframmettenza; intromissione; ingerenza: **I deeply resented his i. upon my privacy**, la sua intromissione nei miei affari privati m'infastidì assai; **I won't bear any intrusions on my own affairs**, non tollererò ingerenze nei fatti miei **2** (*relig.*) nomina di un pastore della Chiesa di Scozia, senza il consenso della congregazione dei fedeli **3** (*leg.*) violazione dei diritti di proprietà altrui (*per entrata abusiva o appropriazione*).

intrusive [in'tru:siv], *a.* **1** importuno; inframmettente; invadente **2** (*geol.*) intrusivo: **i. rocks**, rocce intrusive **3** (*fon.*) epentetico.

intrusiveness [in'tru:sivnis], *n.* inframmettenza; invadenza.

to intrust [in'trʌst], *V.* **to entrust.**

to intubate ['intjubeit], *v. t.* (*med.*) intubare (*la laringe*, *ecc.*).

intubation [,intju'beiʃən], *n.* (*med.*) intubazione.

to intuit [in'tju(:)it], *v. t.* e *i.* intuire; avere intuito.

intuition [,intju(:)'iʃən], *n.* **1** (*filos.*) intuizione **2** intuizione; intuito **3** intuizione; cosa intuita. ● **to have great powers of i.**, avere un grande intuito □ **woman's i.**, intuito femminile.

intuitional [,intju(:)'iʃənl], *a.* intuitivo: **i. power**, facoltà intuitiva.

intuitionalism [,intju(:)'iʃənəlizəm], *n.* (*filos.*) intuizionismo.

intuitionalist [,intju(:)'iʃənəlist], *n.* (*filos.*) intuizionista.

intuitionism [,intju(:)'iʃənizəm], *n.* (*filos.*) intuitivismo.

intuitionist [,intju(:)'iʃənist], *n.* (*filos.*) intuitivista.

intuitive [in'tju(:)itiv], *a.* **1** dotato d'intuito; intuitivo: **Some believe that poets are more i. than ordinary people**, taluni credono che i poeti abbiano maggior intuito delle persone comuni **2** intuitivo: **an i. truth**, una verità intuitiva.

intuitiveness [in'tju(:)itivnis], *n.* l'essere intuitivo; intuito.

intuitivism [in'tju(:)itivizəm], *n.* (*filos.*) intuitivismo.

intuitivist [in'tju(:)itivist], *n.* (*filos.*) intuitivista.

to intumesce [,intju(:)'mes], *v. i.* intumidire; tumefarsi.

intumescence [,intju(:)'mesns], *n.* (*anche med.*) intumescenza; tumefazione.

intumescent [,intju(:)'mesnt], *a.* intumescente; tumido.

intussusception [,intəsə'sepʃən], *n.* **1** (*arc.*) assimilazione (*del cibo*, *ecc.*); (*fig.*) assorbimento (*d'idee*, *ecc.*) **2** (*med.*) intussuscezione.

inunction [in'ʌŋkʃən], *n.* **1** (*med.*) unzione **2** frizione con un unguento **3** (*farm.*) unguento; pomata.

to inundate ['inʌndeit], *v. t.* inondare (*anche fig.*); allagare; som-

inundation

mergere: **to i. sb. with letters**, inondare q. di lettere.
inundation [,ɪnʌn'deɪʃən], *n.* inondazione (*anche fig.*); inondamento (*raro*).
inurbane [,ɪnɜː(ː)'beɪn], *a.* inurbano; incivile; scortese.
inurbanity [,ɪnɜː(ː)'bænɪtɪ], *n.* inurbanità; inciviltà; scortesia.
to inure [i'njuə*], **A** *v. t.* abituare; assuefare; avvezzare: **to be inured to hard work**, essere assuefatto al lavoro duro. **B** *v. i.* (*specialm. leg.*) avere effetto; entrare in vigore; cominciare: **Compensation benefits i. from the first day of disability**, i benefici d'indennizzo cominciano dal primo giorno d'invalidità.
inurement [i'njuəmənt], *n.* abitudine; assuefazione.
to inurn [in'ɜːn], *v. t.* mettere (*ceneri*) nell'urna funeraria.
inutile [in'juːtɪl], *a.* (*raro*) inutile.
inutility [,ɪnjuː(ː)'tɪlɪtɪ], *n.* inutilità.
to invade [in'veid], *v. t.* **1** invadere (*anche fig.*); occupare; pervadere: **Crowds of holidaymakers invade the seaside resorts**, folle di turisti invasero le spiagge; **Othello's mind was invaded by jealousy**, la mente di Otello era pervasa dalla gelosia **2** calpestare, infrangere (*fig.*); usurpare; violare: **to i. sb.'s rights**, calpestare i diritti di q. ● **to i. sb.'s privacy**, insinuarsi in casa di q.; intrudersi (*lett.*), fare l'intruso.
invader [in'veidə*], *n.* **1** invasore **2** chi calpesta (*diritti altrui*); violatore.
invading [in'veidɪŋ], *a.* invasore: **the i. army**, l'esercito invasore.
to invaginate [in'vædʒɪneɪt], **A** *v. t.* **1** inguainare; invaginare **2** rivoltare (*una guaina tubolare*) in dentro. **B** *v. i.* (*med.*) invaginarsi.
invagination [in,vædʒɪ'neɪʃən], *n.* (*anche med.*) invaginazione.
invalid (1) [ˈɪnvəliːd], **A** *a.* **1** invalido; inabile; infermo; debole; malato: **a home for i. workmen**, un ricovero per lavoratori invalidi **2** di (*o* per) invalidi: **an i. home**, un ospizio degli invalidi; **an i. carriage**, una carrozzella per invalidi; **an i. chair**, una poltrona per invalidi. **B** *n.* invalido, invalida.
to invalid [,ɪnvə'liːd], **A** *v. t.* **1** rendere invalido (*o* infermo); inabilitare **2** (*mil.*) dichiarare inabile; congedare per invalidità; riformare: **My father was invalided home (out of the army)**, mio padre fu congedato (dall'esercito) per invalidità. **B** *v. i.* diventare invalido.
invalid (2) [in'vælid], *a.* (*anche leg.*) invalido (*non comune*); non valido; nullo: **an i. will**, un testamento nullo ● **to declare i.**, dichiarare nullo; annullare: **to declare a marriage i.**, annullare un matrimonio.
to invalidate [in'vælɪdeɪt], *v. t.* (*anche leg.*) invalidare; rendere nullo: **to i. a will**, invalidare un testamento.
invalidation [in,vælɪ'deɪʃən], *n.* (*anche leg.*) invalidazione.
invalidism [ˈɪnvəli(ː)dɪzəm], *n.* **1** (*med.*) invalidità cronica **2** (*stat.*) percentuale d'invalidi.
invalidity [,ɪnvə'lɪdɪtɪ], *n.* (*leg. e med.*) invalidità; mancanza di validità; nullità. ● (*econ.*) **i. pension**, pensione di invalidità (*in G.B., consegue al* **sickness benefit**, *q.V.*).
invaluable [in'væljuəbl], *a.* inapprezzabile; inestimabile; prezioso.
invar [in'vɑː*], *n.* (*marchio: ind.*) invar (*lega d'acciaio e nickel*).
invariability [in,vɛərɪə'bɪlɪtɪ], *n.* invariabilità.
invariable [in'vɛərɪəbl], *a.* (*anche mat.*) invariabile; costante; fisso.
invariableness [in'vɛərɪəblnɪs], *n.* invariabilità.
invariably [in'vɛərɪəblɪ], *avv.* invariabilmente; immancabilmente.
invariance [in'vɛərɪəns], *n.* (*fis., mat.*) invarianza.
invariant [in'vɛərɪənt], *a.* (*mat.*) invariante.
invasion [in'veiʒən], *n.* **1** invasione (*anche fig.*); irruzione **2** intromissione; intrusione; usurpazione; violazione: **I don't like these invasions of my privacy**, non mi piacciono queste intrusioni nei fatti miei **3** (*med.*) invasione (*d'una malattia*); contagio dilagante.
invasive [in'veisiv], *a.* **1** di (*o* simile a) un'invasione **2** che s'intromette; invadente **3** dilagante; in espansione.
invective [in'vektiv], **A** *a.* che inveisce. **B** *n.* **1** invettiva **2** (*pl.*) male parole; ingiurie: **a volley of invectives**, una scarica di male parole.
to inveigh [in'vei], *v. i.* inveire: **He inveighed against the traitor**, inveì contro il traditore.
to inveigle [in'viːgl], *v. t.* adescare; allettare; sedurre; tentare: **to i. sb. into doing st. wrong**, allettare q. a fare q.c. di male.
inveiglement [in'viːglmənt], *n.* allettamento; lusinga; seduzione.
to invent [in'vent], *v. t.* inventare: **Morse invented the telegraph**, Morse inventò il telegrafo; **Don't i. an excuse**, non inventare una scusa!
invention [in'venʃən], *n.* **1** invenzione (*in ogni senso*); storia inventata, falsa; frottola: **the i. of the steam engine**, l'invenzione della macchina a vapore; **Some tabloids are full of inventions**, taluni giornali sono pieni di storie inventate (*o* di frottole) **2** inventiva; facoltà inventiva; immaginativa. ● (*prov.*) **Necessity is the mother of i.**, il bisogno aguzza l'ingegno.

inventive [in'ventiv], *a.* inventivo: **an i. genius**, un genio inventivo.
inventiveness [in'ventivnɪs], *n.* capacità d'invenzione; inventiva.
inventor [in'ventə*], *n.* inventore.
inventory [ˈɪnvəntrɪ], *n.* **1** (*leg., rag.*) inventario **2** (*comm.*) giacenze; scorte; merci in magazzino; beni inventariati. ● **i. adjustment**, adeguamento delle scorte ▢ **i. control**, controllo di magazzino ▢ **i. management**, gestione dei materiali (*o* delle scorte) ▢ **i. turnover**, ricambio del magazzino.
to inventory [ˈɪnvəntrɪ], *v. t.* (*leg., rag.*) inventariare; fare l'inventario di (*beni, ecc.*). ● (*rag.*) **to i. at**, avere un valore d'inventario pari a.
inventress [in'ventrɪs], *n.* inventrice.
inveracity [,ɪnvə'ræsɪtɪ], *n.* mancanza di veracità; falsità.
inverse [ˈɪnvɜːs], *a. e n.* inverso; contrario; opposto: **Love is the i. of hate**, l'amore è il contrario dell'odio; (*mat.*) **in i. ratio (proportion)**, in ragione (proporzione) inversa. ● (*mecc.*) **i. cam**, camma inversa.
to inverse [in'vɜːs], *v. t.* invertire; rovesciare.
inversion [in'vɜːʃən], *n.* **1** (*anche gramm., mat., mus., ecc.*) inversione; capovolgimento; rovesciamento **2** (*fon.*) retroflessione **3** (*psic.*) inversione (sessuale).
inversive [in'vɜːsiv], *a.* che serve a invertire.
to invert [in'vɜːt], *v. t.* (*anche gramm., mus., ecc.*) invertire; capovolgere; rovesciare: **to i. an hourglass**, capovolgere una clessidra.
invert (1) [ˈɪnvɜːt], *a.* (*chim.*) invertito: **i. sugar**, zucchero invertito.
invert (2) [ˈɪnvɜːt], *n.* **1** (*ing. civile*) arco rovescio **2** (*psic.*) invertito.
invertase [in'vɜːteɪs], *n.* (*chim.*) invertasi.
invertebrate [in'vɜːtɪbrɪt], *a. e n.* **1** (*zool.*) invertebrato **2** (*fig.*) (individuo) senza spina dorsale; smidollato.
inverted [in'vɜːtɪd], *a.* invertito; capovolto; rovesciato. ● (*ing. civile*) **i. arch**, arco rovescio ▢ **i. commas**, virgolette (*di citazione*).
inverter [in'vɜːtə*], *n.* **1** chi inverte **2** (*elettr.*) invertitore.
invertible [in'vɜːtɪbl], *a.* invertibile.
to invest [in'vest], **A** *v. t.* **1** (*anche fin.*) investire; collocare, impiegare (*denaro, in maniera fruttifera*): **to i. one's money in Treasury bonds**, investire il proprio denaro in buoni del Tesoro; **The President of the USA is invested with a wide range of enormous powers**, il Presidente degli USA è investito di una vasta gamma d'enormi poteri **2** (*mil.*) investire; assalire; assediare: **The enemy invested the town**, i nemici investirono la città **3** (*raro, salvo al fig.*) vestire; rivestire; adornare: **His actions were invested with mystery**, le sue azioni erano rivestite di un'aura misteriosa. **B** *v. i.* **1** (*fin.*) investire denaro; fare investimenti: **to i. in stocks and shares**, investire denaro in titoli e azioni **2** (*fam.*) spendere denaro: **to i. in trifles**, spendere denaro in sciocchezze. ● **to i. one's hopes in st.**, riporre le proprie speranze in q.c.
investigable [in'vestɪgəbl], *a.* investigabile.
to investigate [in'vestɪgeit], *v. t. e i.* investigare; indagare; fare indagini su: **to i. the causes of an air crash**, investigare le cause d'un incidente aereo; **to i. a crime**, fare indagini su un delitto.
investigating [in'vestɪgeitɪŋ], *a.* (*leg.*) inquirente. ● **i. magistrate**, giudice istruttore.
investigation [in,vestɪ'geiʃən], *n.* investigazione; indagine; ricerca: **the i. of a crime**, le indagini su un delitto.
investigative [in'vestɪgeitiv], *a.* **1** investigativo **2** che ama investigare; curioso.
investigator [in'vestɪgeitə*], *n.* **1** investigatore; indagatore **2** investigatore privato **3** agente investigativo **4** (*ass.*) liquidatore; perito.
investigatory [in'vestɪgeitərɪ], *a.* investigativo.
investing [in'vestɪŋ], *a.* (*fin.*) che investe; investitore, investitrice: **the i. company**, la società investitrice.
investiture [in'vestɪtʃə*], *n.* (*anche stor.*) investitura; l'investire.
investment [in'vestmənt], *n.* **1** (*fin.*) investimento; collocazione, impiego (*di denaro*): **a profitable i.**, un investimento proficuo; **an i. of 1,000 pounds in a loan**, l'investimento di mille sterline in un prestito **2** (*mil.*) investimento; assedio: **the i. of a town**, l'assedio a una città **3** (*biol.*) rivestimento; tegumento **4** *V.* **investiture**. ● **i. adviser**, esperto (*o* consulente) finanziario ▢ **i. bank**, «investment bank» (*finanziaria che colloca nuove azioni*) ▢ **i. fund** (*o* **i. trust**), fondo comune d'investimento ▢ (*econ.*) **i. goods**, beni d'investimento ▢ **i. policy**, politica degli investimenti.
investor [in'vestə*], *n.* (*fin.*) investitore, investitrice.
inveteracy [in'vetərəsɪ], *n.* **1** l'esser inveterato; cronicità (*d'una malattia*) **2** ostinazione; pervicacia **3** odio (*o* pregiudizio) inveterato.
inveterate [in'vetərɪt], *a.* **1** inveterato; radicato: **an i. habit**, un'abitudine radicata **2** ostinato; pervicace; impenitente: **an i. liar**, un bugiardo impenitente **3** (*med.*) cronico: **an i. disease**, una malattia cronica.

invidious [in'vidiəs], *a.* **1** odioso; spiacevole; antipatico; irritante; ingiusto; offensivo: **to make i. comparisons**, fare paragoni odiosi; **an i. task**, un compito antipatico **2** (*arc.*) invidioso.

invidiousness [in'vidiəsnis], *n.* odiosità; ingiustizia.

to invigilate [in'vidʒileit], *v. i.* fare assistenza (*agli esami*); fare la vigilanza (*o* la sorveglianza) durante gli esami scritti.

invigilation [in,vidʒi'leiʃən], *n.* assistenza (*o* vigilanza) agli esami (*generalm. scritti*).

invigilator [in'vidʒileitə*], *n.* insegnante incaricato della vigilanza agli esami; assistente.

to invigorate [in'vigəreit], *v. t.* invigorire; rinvigorire; corroborare; fortificare; rinforzare; tonificare.

invigorating [in'vigəreitiŋ], *a.* corroborante; che invigorisce; che fortifica; tonificante; energetico: **an i. climate**, un clima corroborante.

invigoration [in,vigə'reiʃən], *n.* invigorimento; rinvigorimento.

invigorative [in'vigərətiv], *a.* corroborante; tonificante.

invigorator [in'vigəreitə*], *n.* **1** chi fortifica; chi rinvigorisce **2** cosa che rinvigorisce; corroborante.

invincibility [in,vinsi'biliti], *n.* invincibilità.

invincible [in'vinsəbl], *a.* **1** invincibile: **an i. team**, una squadra invincibile **2** irriducibile: **the i. ignorance of some boys**, l'irriducibile ignoranza di certi ragazzi.

inviolability [in,vaiələ'biliti], *n.* inviolabilità.

inviolable [in'vaiələbl], *a.* (*anche fig.*) inviolabile: **an i. oath**, un giuramento inviolabile; **the i. heavens**, i cieli inviolabili.

inviolacy [in'vaiələsi], *n.* l'essere inviolato; integrità; purezza.

inviolate [in'vaiəlit], *a.* inviolato; integro; intatto; puro. • **to keep a promise i.**, mantenere una promessa □ **to keep a rule i.**, non violare una regola; osservare una regola.

inviolateness [in'vaiəlitnis], *V.* **inviolacy**.

invisibility [in,vizə'biliti], *n.* invisibilità.

invisible [in'vizəbl], **A** *a.* invisibile; impercettibile. **B** *n.* – **the I.**, l'Invisibile; Dio. • (*econ.*) **i. exports**, esportazioni invisibili □ **i. ink**, inchiostro invisibile (*o* simpatico) □ (*fin.*, *rag.*) **i. items**, partite invisibili (*della bilancia dei pagamenti*).

invisibleness [in'vizəblnis], *V.* **invisibility**.

invitation [,invi'teiʃən], *n.* invito; richiamo; allettamento; stimolo: **letter of i.**, lettera d'invito; **an i. to dinner**, un invito a pranzo; **Dry laws were an i. to bootlegging**, le leggi proibizioniste erano uno stimolo al contrabbando di liquori. • **i. card**, biglietto d'invito □ **to do st. at sb.'s i.**, fare q.c. dietro (*o* su) invito di q.

invitatory [in'vaitətəri], *a.* che serve da invito; invitatorio (*raro*). • **I. n. i. prayer**, un invitatorio.

to invite [in'vait], *v. t.* **1** invitare (*anche fig.*); allettare; attrarre; stimolare: **to i. sb. to dinner (to a party)**, invitare q. a pranzo (a un ricevimento); **The sunshine invited us to go out for a walk**, il sole ci invitava a uscire per una passeggiata **2** sollecitare; provocare; richiedere: **The speaker invited questions**, l'oratore sollecitò domande; **Talk invites scandal**, le chiacchiere provocano gli scandali. • **to i. sb. in**, invitare q. a entrare (*in casa propria, ecc.*) □ **to i. sb.'s opinions**, invitare q. a dire le sue opinioni □ **to i. sb. over for a drink**, invitare q. per una sbicchierata.

invite [in'vait], *n.* (*fam.*) invito.

inviting [in'vaitiŋ], *a.* invitante; allettante; attraente; seducente.

invitingness [in'vaitiŋnis], *n.* attrattiva; fascino; seduzione.

invocation [,invou'keiʃən], *n.* invocazione; implorazione; supplica.

invocatory [in'vɔkətəri], *a.* invocatorio; invocativo.

invoice [in'vɔis], *n.* (*comm.*) **1** fattura: **pro-forma i.**, fattura proforma; **i. price**, prezzo di fattura (*anche* **i. form**) modulo di fattura **3** (*USA*) bolletta di spedizione. • **i. book**, copiafatture □ **i. clerk**, fatturista.

to invoice [in'vɔis], *v. t.* (*comm.*) **1** fatturare; mettere in fattura **2** intestare una fattura a (q.) **3** (*USA*) spedire (*merce*).

invoicing [in'vɔisiŋ], *n.* (*comm.*) fatturazione. • **i. machine**, fatturatrice (*macchina*).

to invoke [in'vouk], *v. t.* **1** invocare (*in ogni senso*); implorare; impetrare; fare appello a; chiedere: **to i. the gods**, invocare gli dei; **to i. the powers of the law**, invocare la legge; **to i. disciplinary sanctions**, chiedere sanzioni disciplinari; **to i. sb.'s forgiveness**, impetrare il perdono di q. **2** evocare: **to i. the devil**, evocare il demonio.

involucre [invə'lu:kə*], *n.* (*anat.*, *bot.*) involucro.

involuntariness [in'vɔləntərinis], *n.* mancanza d'intenzionalità.

involuntary [in'vɔləntəri], *a.* involontario. • (*econ.*) **i. saving**, risparmio forzato.

involute ['invəlu:t], **A** *a.* **1** (*biol.*) involuto: **i. leaves**, foglie involute; **i. shells**, conchiglie involute **2** (*fig.*) involuto; complicato; intricato. **B** *n.* **1** (*geom.*) sviluppante **2** (*mecc.*) evolvente. • (*mecc.*) **i. gear tooth**, dente (*con profilo*) a evolvente.

involuted ['invəlu:tid], *a.* **1** (*fisiologia*) involuto: **i. uterus**, utero involuto (*dopo il parto*) **2** (*fig.*) involuto; complicato; intricato: **an i. speech**, un discorso involuto; **an i. man**, un uomo complicato.

involution [,invə'lu:ʃən], *n.* **1** (*fisiologia*, *biol.*, *ecc.*) involuzione **2** (*fig.*) involuzione; l'essere complicato (*o* intricato); complicatezza (*raro*) **3** (*mat.*) elevazione a potenza.

involutional [,invə'lu:ʃənl], *a.* (*psic.*) involutivo: **i. psychosis**, psicosi involutiva.

to involve [in'vɔlv], **A** *v. t.* **1** coinvolgere; implicare: **to be involved in a bankruptcy**, essere coinvolto in un fallimento **2** complicare; rendere intricato: **to i. a question**, complicare una questione **3** comportare, richiedere (*come conseguenza*): **Expansion in business involves an enormous expenditure**, l'allargamento del giro d'affari richiede spese enormi **4** comprendere; contare: **The procession involved thousands of people**, il corteo contava migliaia di persone **5** (*mat.*) elevare a potenza **6** (*arc.*) involgere; avvolgere; involtare; ravvolgere: **The serpent involved its body**, il serpente si avvolse (*o* si arrotolò). • **to involve oneself B** *v. rifl.* compromettersi; (*anche polit.*) impegnarsi: **He didn't want to i. himself with that girl**, non voleva impegnarsi con quella ragazza. • **to be involved in great difficulties**, essere alle prese con gravi difficoltà □ **to be involved in working out a solution to a problem**, essere immerso nella soluzione d'un problema.

involved [in'vɔlvd], *a.* **1** involuto (*fig.*); complicato; intricato; oscuro: **an i. style**, uno stile involuto **2** coinvolto; implicato: **to be i. in a robbery**, essere coinvolto in una rapina **3** (*polit.*, *ecc.*) impegnato **4** in questione: **the measure i.**, il provvedimento in questione. • **to become** (*o* **to get**) **i.**, essere (*o* venire) coinvolto; immischiarsi, impicciarsi; (*polit.*) impegnarsi □ **to be deeply i. with a girl**, essersi compromesso con una ragazza.

involvement [in'vɔlvmənt], *n.* **1** coinvolgimento; implicazione **2** complicatezza (*raro*); affare intricato; faccenda complicata **3** (*comm.*) imbarazzo pecuniario; dissesto **4** (*polit.*, *ecc.*) impegno.

invulnerability [in,vʌlnərə'biliti], *n.* invulnerabilità.

invulnerable [in'vʌlnərəbl], *a.* **1** invulnerabile **2** inattaccabile: **an i. position**, una posizione inattaccabile **3** (*fig.*) inoppugnabile: **i. theories**, teorie inoppugnabili.

inward (1) ['inwəd], **A** *a.* **1** interno; interiore; intimo; spirituale: **the i. organs of the body**, gli organi interni del corpo; **i. peace**, pace interiore, dello spirito; **one's i. thoughts**, gl'intimi pensieri **2** interno; (*diretto*) verso l'interno **3** (*naut.*) di ritorno. **B** *n. pl.* – (*fam.*) **the inwards** (*pronuncia* [in(u)ədz]), gli intestini, le viscere. • (*geogr.*) **I. Asia**, l'Asia interiore □ (*naut.*) **i. bound**, in viaggio di ritorno: **i.-bound vessel**, nave in viaggio di ritorno □ (*comm.*) **i. freight**, nolo d'entrata.

inwardly ['inwədli], *avv.* **1** all'interno; dentro **2** nell'intimo; dentro di sé; interiormente; intimamente: **to rejoice i.**, rallegrarsi nell'intimo; **to be i. resentful**, nutrire risentimento dentro di sé **3** fra sé (e sé); a bassa voce.

inwardness ['inwədnis], *n.* **1** essenza; intima natura: **the real i. of a poet**, la vera intima natura di un poeta **2** interiorità; intimità; spiritualità.

inward(s) (2) ['inwəd(z)], *avv.* **1** all'interno; dentro; verso l'interno **2** nell'intimo (*dell'anima, del cuore*); interiormente; intimamente.

to inweave ['in'wi:v] (*pass.* **inwove**, *p. p.* **inwoven**), *v. t.* (*anche fig.*) intessere; intrecciare.

inwrought [in'rɔ:t], *a.* **1** (*di tessuto e fig.*) adorno di ricami; figurato; ricamato; trapunto: **star-i.**, trapunto di stelle **2** (*di figura, disegno, ecc.*) intessuto; inserito **3** (*fig.*) amalgamato; collegato; commisto (*lett.*); strettamente connesso.

inyala [in'ja:lə], *n.* (*pl.* **inyala**, **inyalas**) (*zool.*, *Tragelaphus angasi*) nyala.

iodate ['aiədeit], *n.* (*chim.*) iodato.

iodic [ai'ɔdik], *a.* (*chim.*) iodico: **i. acid**, acido iodico **2** (*med.*) (*causato*) da iodio: **i. poisoning**, avvelenamento da iodio.

iodide ['aiədaid], *n.* (*chim.*) ioduro.

iodine ['aiədi:n], **iodin** ['aiədin], *n.* (*chim.*) **1** iodio **2** (*fam.*, *anche* **tincture of i.**) tintura di iodio.

iodism ['aiədizəm], *n.* (*med.*) iodismo.

to iodize ['aiədaiz], *v. t.* **1** (*chim.*) trattare con iodio **2** (*med.*, *fotogr.*) iodare; curare con tintura di iodio; trattare con ioduro.

iodized ['aiədaizd], *a.* (*chim.*) iodato.

iodoform [ai'ɔdəfɔ:m], *n.* (*med.*) iodoformio.

iolite ['aiəlait], *n.* (*miner.*) iolite.

ion ['aiən], *n.* (*fis.*) ione. • (*fis.*, *nucl.*) **ion accelerator**, acceleratore di ioni □ **ion chamber**, camera di ionizzazione □ (*elettron.*) **ion trap**, trappola ionica.

Ionian [ai'ounjən], **A** *a.* (*geogr.*) ionio; ionico: **I. Sea**, Mar Ionio; **I. Islands**, isole ioniche. **B** *n.* (*stor.*) abitante della Ionia.

Ionic [ai'ɔnik], **A** *a.* (*stor.*, *arch.*) ionico: **I. dialect**, dialetto ionico; **I. order**, ordine ionico. **B** *n.* (*poesia*) ionico.

ionic [ai'ɔnik], *a.* (*fis.*) ionico: **i. charge**, carica ionica.

ionium [ai'ouniəm], *n.* (*chim.*) ionio.

ionization [ˌaiənaiˈzeiʃn], *n.* (*fis.*) ionizzazione.
to ionize [ˈaiənaiz], **A** *v. t.* (*fis.*) ionizzare. **B** *v. i.* mutarsi in ioni.
ionosonde [aiˈɔnəsɔnd], *n.* (*astron.*) ionosonda.
ionosphere [aiˈɔnəsfiə*], *n.* (*scient.*) ionosfera.
iota [aiˈoutə], *n.* **1** iota (*nona lettera dell'alfabeto greco*) **2** (*fig.*) ette, briciolo: **There's not an i. of truth in what he says**, non c'è un briciolo di verità in ciò che dice.
iotacism [aiˈoutəsizəm], *n.* (*fon.*) iotacismo.
IOU [ˈaiouˈjuː], *n.* (*abbr. di* **I owe you**) (*comm.*) riconoscimento scritto di un debito.
ipecacuanha [ˌipikækjuˈænə], *n.* (*bot.*, *Cephaelis ipecacuanha*; *med.*) ipecacuana.
Iphigenia [iˌfidʒiˈnaiə], *n.* (*mitol.*) Ifigenia.
ipso facto [ˌipsouˈfæktou] (*lat.*), *avv.* ipso facto; di per sé.
iracund [ˈairʌkʌnd], *a.* (*arc.*) iracondo.
Iraki [iˈrɑːki], *a.* e *n.* (*pl.* **Irakis**) *V.* **Iraqi**.
Iranian [iˈreinjən], **A** *a.* iraniano; persiano. **B** *n.* **1** iraniano, iranico; persiano **2** iranico (*la lingua*).
Iraqi [iˈrɑːki], *a.* e *n.* (*pl.* **Iraqis**) iracheno.
irascibility [iˌræsiˈbiliti], *n.* irascibilità; irritabilità.
irascible [iˈræsibl], *a.* irascibile; irritabile.
irate [aiˈreit], *a.* irato; adirato.
ire [ˈaiə*], *n.* (*poet.*) ira; corruccio; collera.
ireful [ˈaiəful], *a.* (*poet.*) irato; adirato; corrucciato.
Ireland [ˈaiələnd], *n.* (*geogr.*) Irlanda.
irenic(al) [aiˈriːnik(əl)], *a.* (*lett.*) pacifico; favorevole alla pace.
irenics [aiˈriːniks], *n. pl.* (*col verbo al sing.*) (*relig.*) irenismo.
iridaceous [ˌairiˈdeiʃəs], *a.* (*bot.*) delle iridacee.
iridescence [ˌiriˈdesns], *n.* iridescenza.
iridescent [ˌiriˈdesnt], *a.* iridescente; cangiante.
iridium [aiˈridiəm], *n.* (*chim.*) iridio.
iridosmine [ˌairiˈdɔsmiːn], *n.* (*miner.*) iridosmina; osmiridio.
iris [ˈaiəris], *n.* (*pl.* **irises, irides**) **1** (*meteorologia*) iride; arcobaleno **2** (*anat.*) iride (*dell'occhio*) **3** (*bot.*, *Iris*) iris; ireos; giaggiolo; iride (*non comune*). ● (*fotogr.*) **i. diaphragm**, diaframma a iride.
Iris [ˈaiəris], *n.* (*mitol.*) Iride.
Irish [ˈaiəriʃ], **A** *a.* irlandese: (*polit.*) **the I. question**, la questione irlandese. **B** *n.* **1** (*lingua*) irlandese **2** – (*pl. collett.*) **the I.**, gli irlandesi. ● **I. coffee**, caffè con panna, corretto con whisky □ (*stor.*) **the I. Free State**, lo Stato Libero d'Irlanda □ (*geogr.*) **the I. Sea**, il Mar d'Irlanda □ (*cucina*) **I. stew**, stufato (*di castrato, ecc.*) con cipolle e patate □ (*fam.*) **to get one's I. up**, farsi saltare la mosca al naso; perdere le staffe.
Irishism [ˈaiəriʃizəm], *n.* locuzione (*o* costume, ecc.) irlandese.
to Irishize [ˈaiəriʃaiz], *v. t.* rendere irlandese.
Irishman [ˈaiəriʃmən], *n.* (*pl.* **Irishmen**) irlandese (*uomo*).
Irishwoman [ˈaiəriʃˌwumən], *n.* (*pl.* **Irishwomen**) irlandese (*donna*).
iritis [aiˈraitis], *n.* (*med.*) irite.
to irk [əːk], *v. t.* affliggere; tediare; infastidire; seccare; turbare: **It irks me to do it again**, mi secca rifarlo.
irksome [ˈəːksəm], *a.* tedioso; fastidioso; increscioso; seccante.
irksomeness [ˈəːksəmnis], *n.* fastidio; tedio; seccatura.
iron [ˈaiən], **A** *n.* **1** (*anche fig.*) ferro: **I. is heavier than aluminium**, il ferro è più pesante dell'alluminio; **gates made of wrought i.**, cancelli di ferro battuto; **as hard as i.**, duro come il ferro; **a man of i.**, un uomo di ferro (*o* inflessibile) **2** strumento di ferro; ferro da stiro: **Don't leave the i. on the table**, non lasciare il ferro (da stiro) sul tavolo! **3** (*pl.*) ferri; catene; ceppi: **to be put in irons**, esser messo ai ferri, in catene **4** (*sport*) mazza (da golf) con la punta di ferro **5** (*med.*) ricostituente a base di ferro **6** staffa (*per cavalcare*) **7** (*pl.*, *med.*) stecche di metallo (*per un arto fratturato*) **8** (*pop. USA*) pistola; rivoltella. **B** *a. attr.* **1** di ferro (*anche fig.*); ferreo; forte; duro; tenace; spietato: **an i. ring**, un anello di ferro; **i. gates**, cancelli di ferro; **an i. crown**, una corona ferrea; **an i. will**, una volontà ferrea; **an i. constitution**, una salute di ferro **2** color ferro; ferrigno **3** (*di suono*) metallico. ● **the I. Age**, l'età del ferro □ **i.-and-steel industry**, industria siderurgica □ (*bot.*) **i.-bark**, tipo di eucalipto australiano che fornisce legname da costruzione □ **i.-bound**, cerchiato di ferro; (*di costa*) chiusa da scogli; (*fig.*) inflessibile, rigoroso, severo □ (*fig.*) **the i. curtain**, la cortina di ferro □ (*fig.*) **the i. fist** (*o* **i. hand**) **in the velvet glove**, pugno di ferro in guanto di velluto □ (*fig.*) **i. foundry**, fonderia □ **i. grey**, (*color*) grigio ferro □ (*fig.*, *fam.*) **i. horse**, cavallo d'acciaio; bicicletta; locomotiva a vapore □ (*med.*) **i. lung**, polmone d'acciaio □ (*pop. USA*) **i. man**, tipo instancabile; automa, robot; dollaro (*specialm. d'argento*) □ **i. metallurgy**, siderurgia □ **i. mould**, macchia di ruggine □ **i. ore**, minerale di ferro; (*geol.*) giacimento di ferro □ (*mil.*) **i. rations**, razioni d'emergenza; viveri di riserva □ (*costr.*) **i. rod**, ferro tondo □ **i.-stone**, (*miner.*) minerale di ferro (*anche* **i.-stone china**) porcellana dura, terraglia □ **i. wire**, fil di ferro □ (*ind.*) **i. worker**, (operaio) si-

derurgico □ **i. working**, siderurgia □ **cast-i.**, ghisa (*di seconda fusione*) □ **a curling i.**, un ferro per arricciare i capelli □ **ductile i.**, ferro dolce □ **fire-irons**, alari □ **grappling irons**, grappini □ **to have too many irons in the fire**, avere troppa carne al fuoco (*fig.*) □ **a man (a woman) of i.**, un uomo (una donna) che ha il pugno di ferro □ **pig i.**, ghisa (*di prima fusione*) □ **to rule with a rod of i.** (*o* **with an i. hand**), governare con mano (*o* con pugno) di ferro □ **scrap i.**, rottami di ferro □ (*prov.*) **to strike while the i. is hot**, battere il ferro finché è caldo.
to iron [ˈaiən], **A** *v. t.* stirare: **I haven't ironed your shirts yet**, non ho ancora stirato le tue camicie **2** munire di ferro; rivestire di ferro; ferrare **3** mettere (q.) ai ferri. **B** *v. i.* (*di panni*) stirarsi (*bene, male, ecc.*). ● **to i. out**, togliere, eliminare col ferro (*da stiro: pieghe, ecc.*); (*fig.*) eliminare, appianare: **to i. out difficulties**, appianare (*o* eliminare) le difficoltà.
ironclad [ˈaiənklæd], **A** *a.* **1** rivestito di ferro; corazzato **2** (*fig.*) inflessibile; rigido **3** (*fig.*) sicuro, inoppugnabile. **B** *n.* (*naut.*, *mil.*) nave corazzata; corazzata.
ironhanded [ˈaiənˈhændid], *a.* inflessibile; rigoroso; severo.
ironhearted [ˈaiənˈhɑːtid], *a.* crudele; spietato.
ironic(al) [aiˈrɔnik(əl)], *a.* ironico; che fa dell'ironia: **an i. question**, una domanda ironica; **an i. teacher**, un insegnante che fa dell'ironia.
ironing [ˈaiəniŋ], *n.* **1** stiratura **2** panni stirati (*o* da stirare). ● **i. board**, asse da stiro □ **i. room**, stireria (*la stanza*) □ **i. shop**, stireria (*il locale*).
ironist [ˈaiərənist], *n.* ironista (*lett.*).
ironmaster [ˈaiənˌmɑːstə*], *n.* padrone di ferriera.
ironmonger [ˈaiənˌmʌŋgə*], *n.* commerciante di ferramenta.
ironmongery [ˈaiənˌmʌŋgəri], *n.* (negozio di) ferramenta; ferrareccia.
ironside [ˈaiən-said], *n.* **1** uomo coraggioso, risoluto **2** (*pl.*, *col verbo al sing.*; *naut.*) corazzata. ● (*stor.*) **the Ironsides**, i cavalleggeri di Oliver Cromwell.
ironsmith [ˈaiənsmiθ], *n.* fabbro ferraio.
ironware [ˈaiənwɛə*], *n.* ferramenta.
ironwork [ˈaiənwəːk], *n.* **1** lavoro in ferro; ferro battuto **2** ferrame; oggetti in ferro.
ironworker [ˈaiənˌwəːkə*], *n.* (operaio) siderurgico.
ironworks [ˈaiənwəːks], *n. pl.* (*anche col verbo al sing.*) ferriera.
irony (1) [ˈaiərəni], *n.* ironia: **an i. of life**, un'ironia della vita; (*filos.*) **Socratic i.**, ironia socratica.
irony (2) [ˈaiəni], *a.* di ferro; simile a ferro; ferreo; ferrigno.
irradiance [iˈreidjəns], *n.* (*fis.*) irradiazione; irraggiamento.
irradiant [iˈreidjənt], *a.* raggiante; splendente.
to irradiate [iˈreidieit], *v. t.* **1** (*anche fis.*, *med.*) irradiare; irraggiare; sottoporre a radiazioni **2** irradiare; esser raggiante di: **to i. happiness**, esser raggiante di felicità **3** (*fig.*) illuminare; chiarire, far luce su (*un argomento, ecc.*).
irradiation [iˌreidiˈeiʃn], *n.* **1** (*anche fis.*, *med.*) irradiazione; irradiamento **2** (*fig.*) l'essere illuminato; apertura mentale; perspicacia.
irradiative [iˈreidjətiv], *a.* (*fis.*, *med.*) irradiante.
irrational [iˈræʃənl], **A** *a.* irrazionale (*anche mat.*); irragionevole: **an i. number**, un numero irrazionale; **i. suspicions**, sospetti irragionevoli. **B** *n.* (*mat.*) numero irrazionale.
irrationalism [iˈræʃənəlizəm], *n.* (*filos*) irrazionalismo.
irrationalist [iˈræʃənəlist], **A** *n.* (*filos.*) irrazionalista. **B** *a.* irrazionalistico.
irrationality [iˌræʃəˈnæliti], *n.* irrazionalità; irragionevolezza.
to irrationalize [iˈræʃənəlaiz], *v. t.* rendere irrazionale.
irrealizable [iˈriːəlaizəbl], *a.* irrealizzabile; inattuabile.
irreclaimable [ˌiriˈkleiməbl], *a.* **1** irrimediabile; irrecuperabile; incorreggibile **2** (*di terreno, ecc.*) non bonificabile; non prosciugabile.
irrecognizable [iˈrekəgnaizəbl], *a.* irriconoscibile.
irreconcilability [iˌrekənsailəˈbiliti], *n.* irreconciliabilità; inconciliabilità; incompatibilità.
irreconcilable [iˈrekənsailəbl], **A** *a.* irreconciliabile; inconciliabile; incompatibile: **i. foes**, nemici irreconciliabili (*o* implacabili); **i. ideas**, idee inconciliabili. **B** *n.* (*polit.*) intransigente.
irreconcilableness [iˈrekənˌsailəblnis], *V.* **irreconcilability**.
irrecoverable [ˌiriˈkʌvərəbl], *a.* **1** irrecuperabile; irreparabile; irrimediabile: **i. damages**, danni irreparabili **2** (*di credito*) inesigibile.
irrecusable [ˌiriˈkjuːzəbl], *a.* irricusabile.
irredeemable [ˌiriˈdiːməbl], **A** *a.* **1** (*anche fin.*) irredimibile: (*di cartamoneta*) non convertibile: **i. debenture**, obbligazione irredimibile **2** incorreggibile: **an i. sinner**, un peccatore incorreggibile **3** irreparabile; irrimediabile: **an i. loss**, una perdita irreparabile. **B** *n.* (*fin.*) obbligazione irredimibile.
irredentism [ˌiriˈdentizəm], *n.* (*stor.*, *polit.*) irredentismo.
irredentist [ˌiriˈdentist], **A** *n.* (*stor.*, *polit.*) irredentista. **B** *a.* irredentistico.

irreducibility [ɪˌrɪˌdjuː(ː)səˈbɪlɪtɪ], *n.* irriducibilità.
irreducible [ˌɪrɪˈdjuːsəbl], *a.* (anche mat.) irriducibile.
irrefragability [ɪˌrefrəgəˈbɪlɪtɪ], *n.* irrefragabilità.
irrefragable [ɪˈrefrəgəbl], *a.* irrefragabile; inoppugnabile.
irrefrangible [ˌɪrɪˈfrændʒəbl], *a.* 1 infrangibile; inviolabile 2 (*fis.*) non rifrangibile.
irrefutability [ɪˌrefjutəˈbɪlɪtɪ], *n.* irrefutabilità.
irrefutable [ɪˈrefjutəbl], *a.* irrefutabile.
irregular [ɪˈregjulə*], **A** *a.* 1 irregolare (anche gramm.); disuguale; inuguale; anormale: **an i. verb**, un verbo irregolare; (*leg.*) **i. procedure**, procedura irregolare; **an i. surface**, una superficie irregolare, inuguale; **i. troops**, milizie irregolari 2 disordinato; sregolato; sconveniente: **i. conduct**, condotta sregolata. **B** *n.* 1 cosa irregolare 2 persona sregolata 3 (*pl.*) milizie irregolari. ● **to be i. in one's attendance at school**, frequentare la scuola in modo irregolare, saltuario □ **an i. worker**, un lavoratore saltuario.
irregularity [ɪˌregjuˈlærɪtɪ], *n.* 1 irregolarità; ineguaglianza; anormalità: **the irregularities in one's business accounts**, le irregolarità dei propri libri contabili 2 disordine; sregolatezza; sconvenienza: **irregularities in conduct**, sconvenienze di comportamento; condotta sregolata.
irrelative [ɪˈrelətɪv], *a.* 1 non collegato; non connesso; senza relazione 2 non relativo; assoluto.
irrelevance [ɪˈrelɪvəns], **irrelevancy** [ɪˈrelɪvənsɪ], *n.* 1 irrilevanza; mancanza d'appropriatezza; non pertinenza 2 domanda (osservazione, ecc.) non pertinente 3 mancanza d'attualità; inattualità.
irrelevant [ɪˈrelɪvənt], *a.* 1 irrilevante; non appropriato; non pertinente: **i. questions**, domande non pertinenti 2 non attuale; inattuale.
irreligion [ˌɪrɪˈlɪdʒən], *n.* irreligione; irreligiosità.
irreligionist [ˌɪrɪˈlɪdʒənɪst], *n.* persona irreligiosa.
irreligious [ˌɪrɪˈlɪdʒəs], *a.* 1 irreligioso 2 antireligioso.
irremediable [ˌɪrɪˈmiːdjəbl], *a.* irrimediabile; irreparabile.
irremissible [ˌɪrɪˈmɪsɪbl], *a.* 1 irremissibile; imperdonabile: **i. sin**, peccato irremissibile 2 obbligatorio; inderogabile.
irremovability [ˈɪrɪˌmuːvəˈbɪlɪtɪ], *n.* 1 irremovibilità 2 inamovibilità.
irremovable [ˌɪrɪˈmuːvəbl], *a.* 1 irremovibile; che non si può rimuovere 2 inamovibile.
irrepairable [ˌɪrɪˈpɛərəbl], *a.* non riparabile; che non si può aggiustare.
irreparability [ɪˌrepərəˈbɪlɪtɪ], *n.* irreparabilità.
irreparable [ɪˈrepərəbl], *a.* irreparabile; irrimediabile.
irreparableness [ɪˈrepərəblnɪs], *n.* irreparabilità.
irrepealable [ˌɪrɪˈpiːləbl], *a.* (*leg., polit.*) irrevocabile.
irreplaceable [ˌɪrɪˈpleɪsəbl], *a.* insostituibile.
irrepressibility [ˈɪrɪˌpresəˈbɪlɪtɪ], *n.* irrefrenabilità.
irrepressible [ˌɪrɪˈpresəbl], **A** *a.* 1 irrefrenabile; irreprimibile: **i. laugh**, riso irrefrenabile; **the i. individualism of the Italians**, l'irreprimibile individualismo degli italiani 2 (*rif. a persona*) esuberante. **B** *n.* (*fam.*) persona che non si può tenere a freno. ● **an i. talker**, uno che non la smette mai di parlare.
irreproachability [ˈɪrɪˌprəʊtʃəˈbɪlɪtɪ], *n.* irreprensibilità.
irreproachable [ˌɪrɪˈprəʊtʃəbl], *a.* irreprensibile; irriprovevole.
irresistibility [ˈɪrɪˌzɪstəˈbɪlɪtɪ], *n.* irresistibilità.
irresistible [ˌɪrɪˈzɪstəbl], *a.* irresistibile; (*fig.*) affascinante.
irresoluble [ɪˈrezəljubl], *a.* irresolubile; insolubile.
irresolute [ɪˈrezəluːt], *a.* irresoluto; esitante; incerto; indeciso.
irresoluteness [ɪˈrezəluːtnɪs], **irresolution** [ɪˌrezəˈluːʃən], *n.* irresolutezza; irresoluzione; esitazione; incertezza; indecisione.
irresolvable [ˌɪrɪˈzɔlvəbl], *a.* 1 irresolubile; insolubile 2 indissolubile; non separabile.
irrespective [ˌɪrɪsˈpektɪv], *a.* (*raro*) irrispettoso; noncurante. ● **i. of**, astraendo da; prescindendo da; senza curarsi di; a prescindere da; senza riguardo a: **He threw himself into the flames, i. of the consequences**, si precipitò tra le fiamme, senza curarsi delle conseguenze; **The posts were filled i. of the age of the applicants**, i posti furono assegnati senza riguardo all'età degli aspiranti.
irrespectively [ˌɪrɪsˈpektɪvlɪ], *avv.* indipendentemente (da); senza riguardo (a); senza badare (a).
irrespirable [ɪˈrespɪrəbl], *a.* irrespirabile.
irresponsibility [ˈɪrɪsˌpɔnsəˈbɪlɪtɪ], *n.* irresponsabilità.
irresponsible [ˌɪrɪsˈpɔnsəbl], *a.* irresponsabile; non responsabile.
irresponsive [ˌɪrɪsˈpɔnsɪv], *a.* 1 che non risponde; che non reagisce; refrattario (*fig.*) 2 indifferente; insensibile.
irresponsiveness [ˌɪrɪsˈpɔnsɪvnɪs], *n.* 1 il non reagire; l'essere refrattario (*fig.*) 2 indifferenza; insensibilità.
irretention [ˌɪrɪˈtenʃən], *n.* (*anche med.*) incapacità di ritenere (*specialm. l'urina*); mancanza di ritenzione.
irretentive [ˌɪrɪˈtentɪv], *a.* che non ritiene (*V.* **irretention**).
irretentiveness [ˌɪrɪˈtentɪvnɪs], *n.* incapacità di ritenere.
irretrievability [ˈɪrɪˌtriːvəˈbɪlɪtɪ], *n.* 1 irrecuperabilità 2 irreparabilità.
irretrievable [ˌɪrɪˈtriːvəbl], *a.* 1 irrecuperabile 2 irreparabile: **an i. loss**, una perdita irreparabile.
irreverence [ɪˈrevərəns], *n.* irriverenza; empietà; insolenza.
irreverent [ɪˈrevərənt], *a.* irriverente; empio; insolente.
irreverential [ɪˌrevəˈrenʃəl], *a.* irriverente.
irreversibility [ˈɪrɪˌvɜːsəˈbɪlɪtɪ], *n.* 1 l'essere non abolibile; irrevocabilità 2 (*scient., tecn.*) irreversibilità.
irreversible [ˌɪrɪˈvɜːsəbl], *a.* 1 non abolibile; non abrogabile; irrevocabile 2 (*scient., tecn.*) irreversibile.
irrevocability [ɪˌrevəkəˈbɪlɪtɪ], *n.* irrevocabilità.
irrevocable [ɪˈrevəkəbl], *a.* irrevocabile; immutabile: **an i. engagement**, un impegno irrevocabile. ● (*fin.*) **i. credit**, credito irrevocabile.
irrigable [ˈɪrɪgəbl], *a.* irrigabile; irriguo.
to irrigate [ˈɪrɪgeɪt], *v. t.* 1 (*agric., med.*) irrigare: **to i. the arid plains of Apulia**, irrigare le aride pianure della Puglia; **to i. a wound**, irrigare una ferita 2 (*fig.*) bagnare; inumidire.
irrigation [ˌɪrɪˈgeɪʃən], **A** *n.* (*agric., med.*) irrigazione; irrigamento. **B** *a. attr.* d'irrigazione: **i. canal**, canale d'irrigazione 2 (*agric.*) irriguo.
irrigative [ˈɪrɪgeɪtɪv], *a.* irrigatorio.
irrigator [ˈɪrɪgeɪtə*], *n.* (*agric., med.*) irrigatore.
irriguous [ɪˈrɪgjuəs], *a.* irriguo.
irritability [ˌɪrɪtəˈbɪlɪtɪ], *n.* irritabilità; irascibilità.
irritable [ˈɪrɪtəbl], *a.* irritabile; irascibile.
irritancy (1) [ˈɪrɪtənsɪ], *n.* irritazione; irritamento; fastidio.
irritancy (2) [ˈɪrɪtənsɪ], *n.* (*leg.*) invalidazione.
irritant (1) [ˈɪrɪtənt], **A** *a.* irritante; fastidioso. **B** *n.* (*med.*) sostanza irritante.
irritant (2) [ˈɪrɪtənt], *a.* (*leg.*) che rende irrito; invalidante: **i. clause**, clausola invalidante.
to irritate (1) [ˈɪrɪteɪt], *v. t.* irritare; eccitare; stuzzicare: **The thick smoke irritated my throat**, il fumo denso m'irritò la gola.
to irritate (2) [ˈɪrɪteɪt], *v. t.* (*leg.*) irritare (*raro*); rendere irrito; invalidare.
irritating [ˈɪrɪteɪtɪŋ], *a.* irritante.
irritation [ˌɪrɪˈteɪʃən], *n.* 1 irritazione; eccitazione 2 cosa che irrita; fonte d'irritazione.
irritative [ˈɪrɪteɪtɪv], *a.* 1 (*med.*) irritativo 2 irritante.
to irrupt [ɪˈrʌpt], *v. i.* irrompere; fare irruzione.
irruption [ɪˈrʌpʃən], *n.* irruzione; incursione; scorreria.
is [ɪz], 3ª *pers. sing. del pres. indic.* di **to be**.
Isaac [ˈaɪzək], *n.* Isacco.
Isabel [ˈɪzəbel], **Isabella** [ˌɪzəˈbelə], **A** *n.* Isabella. **B** *– i. n. e a.* (*color*) isabella; giallo lionato.
isabelline [ˌɪzəˈbelaɪn], *a.* isabellino; color isabella; giallo lionato.
isagoge [ˈaɪsəˌgəʊdʒɪ], *n.* isagoge (*lett.*); introduzione.
isagogic [ˌaɪsəˈgɔdʒɪk], *a.* isagogico (*lett.*); introduttivo.
isagogics [ˌaɪsəˈgɔdʒɪks], *n. pl.* (*col verbo al sing.*) scritti isagogici.
Isaiah [aɪˈzaɪə], *n.* (*Bibbia*) Isaia.
isatin [ˈaɪsətɪn], **isatine** [ˈaɪsətiːn], *n.* (*chim.*) isatina.
Iscariot [ɪsˈkærɪət], *n.* (Giuda) Iscariota; (*fig.*) traditore.
ischiadic [ˌɪskɪˈædɪk], **ischiatic** [ˌɪskɪˈætɪk], *a.* (*anat.*) ischiatico.
ischium [ˈɪskɪəm], *n.* (*pl.* **ischia**) (*anat.*) ischio.
Iseult [iːˈzuːlt], *n.* Isotta.
Ishmael [ˈɪʃmeɪəl], *n.* (*Bibbia*) Ismaele; (*fig.*) reietto, paria.
Ishmaelite [ˈɪʃmɪəlaɪt], *n.* ismaelita.
Isidor(e) [ˈɪzɪdɔː*], *n.* Isidoro.
isinglass [ˈaɪzɪŋglɑːs], *n.* 1 gelatina (o colla) di pesce; ittiocolla 2 (*miner.*) mica trasparente.
Isis [ˈaɪsɪs], *n.* (*mitol.*) Iside.
Islam [ˈɪzlɑːm], *n.* Islam; islamismo; (il) mondo islamico.
Islamic [ɪzˈlæmɪk], *a.* islamico.
Islamism [ˈɪzləmɪzəm], *n.* islamismo.
Islamite [ˈɪzləmaɪt], *n.* islamita.
Islamitic [ˌɪzləˈmɪtɪk], *a.* islamitico.
island [ˈaɪlənd], *n.* 1 (*geogr., naut., anat.; anche fig.*) isola: **a floating i. of ice**, un'isola di ghiaccio galleggiante; (*anat.*) **islands of Langerhans**, isole di Langerhans (*nel pancreas*) 2 (*naut.*) ponte di comando (*di portaerei*); isola 3 (*anche* **traffic i.**, USA **safety i.**) salvagente (stradale). ● (*mil., stor.*) **i.-hopping**, avanzata (*specialm. nel Pacifico*) fatta occupando isole a una a una □ (*geogr., polit.*) **i. state**, nazione insulare.
to island [ˈaɪlənd], *v. t.* 1 trasformare in un'isola 2 (*fig.*) cospargere; punteggiare: **a prairie islanded with wooded tracts**, una prateria cosparsa di tratti di terreno boschivo 3 (*fig.*) isolare.
islander [ˈaɪləndə*], *n.* isolano, isolana.
isle [aɪl], *n.* (*poet. o nei toponimi*) isola; piccola isola: **the I. of Man**, l'isola di Man; **the Scilly Isles**, le Isole Scilly.
islet [ˈaɪlɪt], *n.* isoletta; isolotto.

ism ['izəm], *n.* (*di solito, spreg.*) «ismo»; dottrina; sistema; teoria.
Ismaili [iz'meili], *n.* (*pl.* **Ismailis**) (*relig.*) ismailita.
Ismailian [iz'meiliən], *V.* **Ismaili.**
isn't ['iznt], *contraz.* di **is not.**
isobar ['aisouba:*], *n.* **1** (*meteorologia*) (linea) isobara **2** (*fis. nucl.*) isobaro.
isobaric [,aisou'bærik], *a.* **1** (*meteorologia*) isobarico: **an i. chart**, una carta isobarica **2** isobaro: **i. lines**, linee isobare; **i. expansion**, espansione isobara **3** (*fis. nucl.*) isobaro; isobarico: **i. isotope**, isotopo isobarico.
isobath ['aisoubæθ], *n.* (*geogr.*) isobata.
isocheim ['aisoukaim], *n.* (*meteorologia*) (linea) isochimena.
isocheimal [,aisou'kaimə], **isocheimenal** [,aisou'kaimənəl], (*meteorologia*) **A** *a.* isochimeno: **i. lines**, linee isochimene. **B** *n.* (linea) isochimena.
isochromatic [,aisoukrou'mætik], *a.* (*fis., fotogr.*) isocromatico.
isochronism [ai'sɔkrənizəm], *n.* (*fis., mecc.*) isocronismo.
isochronous [ai'sɔkrənəs], *a.* (*fis.*) isocrono.
isoclinal [,aisou'klainl], **A** *a.* (*geol.*) isoclino: **i. lines**, linee isocline. **B** *n.* (linea) isoclina.
isoclinic [,aisou'klainik], *a.* (*geol.*) isoclino.
isocracy [ai'sɔkrəsi], *n.* (*polit.*) isocrazia; democrazia diretta.
Isocrates [ai'sɔkrəti:z], *n.* (*stor.*) Isocrate.
isocratic [,aisou'krætik], *a.* (*polit.*) isocratico.
isodynamic [,aisoudai'næmik], *a.* (*fis., geogr.*) isodinamico.
isogamete [,aisougə'mi:t], *n.* (*biol.*) isogamete.
isogamy [ai'sɔgəmi], *n.* (*biol.*) isogamia.
isogeotherm [,aisou'dʒi:ouθə:m], *n.* (*geol.*) isogeoterma.
isogonal [ai'sɔgənl], **isogonic** [,aisou'gɔnik], **A** *a.* **1** (*geom.*) isogonale **2** (*geogr.*) isogono: **i. lines on a map**, linee isogone su una carta. **B** *n.* (*geogr.*) (linea) isogona.
isolable ['aisələbl], *a.* isolabile.
to isolate ['aisəleit], *v. t.* (*chim., fis., med., ecc.*) isolare; separare; staccare dal resto: **Hundreds of farms have been isolated by the flood**, centinaia di fattorie sono rimaste isolate per l'alluvione; **to i. a patient**, isolare un malato; **to i. a virus**, isolare un virus. ● (*elettr.*) **isolating switch**, sezionatore.
isolated ['aisəleitid], *a.* isolato (*in ogni senso*). ● **on one i. occasion**, in una sola occasione.
isolation [,aisə'leifən], *n.* isolamento; completa solitudine. ● (*med.*) **an i. ward in a hospital**, un reparto d'isolamento in un ospedale.
isolationism [,aisə'leifənizəm], *n.* (*polit.*) isolazionismo.
isolationist [,aisə'leifənist], **A** *n.* (*polit.*) isolazionista. **B** *a.* isolazionista; isolazionistico.
isolator ['aisouleitə*], *n.* **1** chi isola **2** (*fis.*) isolante **3** (*elettr., elettron.*) isolatore **4** (*mecc.*) antivibrante.
isomer ['aisoumə*], *n.* (*chim.*) isomero.
isomeric [,aisou'merik], *a.* (*chim.*) isomerico; isomero: **i. compound**, composto isomero.
isomerism [ai'sɔmərizəm], *n.* (*chim.*) isomeria.
isomerization [ai,sɔmərai'zeifən], *n.* (*chim.*) isomerizzazione.
isometric(al) [,aisou'metrik(əl)], *a.* (*geogr.*) isometrico: **i. projection**, proiezione isometrica.
isomorphic [,aisou'mɔ:fik], *a.* (*biol., chim., miner.*) isomorfico.
isomorphism [,aisou'mɔ:fizəm], *n.* (*miner., mat., ecc.*) isomorfismo.
isomorphous [,aisou'mɔ:fəs], *a.* (*miner.*) isomorfo.
isopods ['aisoupɔdz], *n. pl.* (*zool., Isopoda*) isopodi.
isoprene ['aisoupri:n], *n.* (*chim.*) isoprene.
isosceles [ai'sɔsili:z], *a.* (*geom.*) isoscele: **i. triangle**, triangolo isoscele.
isoseismal [,aisou'saizməl], **A** *a.* (*geol.*) isosismico: **i. lines**, linee isosismiche. **B** *n.* (linea) isosismica.
isoseismic [,aisou'saizmik], *a.* (*geol.*) isosismico.
isostasy, isostacy [ai'sɔstəsi], *n.* (*geol.*) isostasia, isostasi.
isotactic [,aisou'tæktik], *a.* (*chim.*) isotattico.
isotheral [,aisou'θiərəl], **A** *a.* (*geogr.*) isotero: **i. lines**, linee isotere. **B** *n.* isotera.
isothere ['aisouθiə*], *n.* (*geogr.*) isotera.
isotherm ['aisouθə:m], *n.* (*meteorologia*) (linea) isoterma.
isothermal [,aisou'θə:məl], **A** *a.* **1** (*meteorologia*) isotermo: **i. lines**, linee isoterme **2** (*fis.*) isotermico. **B** *n.* (*meteorologia*) isoterma.
isotope ['aisoutoup], *n.* (*chim., fis.*) isotopo: **radioactive isotopes**, isotopi radioattivi.
isotopic [,aisou'tɔpik], *a.* (*chim., fis.*) isotopico.
isotopy [ai'sɔtəpi], *n.* (*chim., fis.*) isotopia; isotopismo.
isotropic [,aisou'trɔpik], *a.* (*biol., fis.*) isotropo.
isotropism [ai'sɔtrəpizəm], *n.* (*fis.*) isotropia.
isotropy [ai'sɔtrəpi], *n.* (*fis.*) isotropia.
Israel ['izreiəl], *n.* (*stor., geogr.*) Israele (*il popolo e lo Stato*).
Israeli [iz'reili], *a.* e *n.* (*pl.* **Israelis, Israeli**) (abitante) d'Israele; israeliano.
Israelite ['izriəlait], *n.* e *a.* israelita.
Israelitic [,izriə'litik], **Israelitish** [,izriə'laitiʃ], *a.* israelitico.
issuable ['isju(:)əbl], *a.* **1** rilasciabile; emissibile (*anche fin.*) **2** pubblicabile **3** promulgabile **4** (*leg.*) che può essere oggetto di contesa legale.
issuance ['isju(:)əns], *n.* **1** rilascio; emissione **2** pubblicazione **3** promulgazione **4** fuoriuscita.
issue ['isju:], *n.* **1** uscita; fuoriuscita; sbocco; perdita: **the point of i. of the visitors**, il punto d'uscita dei visitatori; **the i. of water from a cracked radiator**, la fuoriuscita (*o* la perdita) d'acqua da un radiatore incrinato **2** emissione (*anche fin.*); distribuzione; consegna; rilascio: **the i. of new stamps**, l'emissione di nuovi francobolli; **the i. of overcoats to soldiers**, la distribuzione di cappotti ai soldati; **an i. of bonds**, un'emissione di titoli; **an i. of shares**, un'emissione azionaria **3** pubblicazione; stampa; tiratura **4** edizione; numero (*di un giornale*): **the latest issues of a newspaper**, gli ultimi numeri d'un giornale; **the April i. of a magazine**, il numero d'aprile d'una rivista illustrata **5** (*anche leg.*) questione; problema: **to raise a new i.**, sollevare una nuova questione; **to debate an i.**, discutere un problema; **to argue political issues**, discutere questioni politiche; **i. of fact**, questione di fatto; **i. of law**, questione di diritto **6** controversia; discussione: **to be at i. with sb.**, essere in lite con q.; **This is the matter (the point) at i.**, questa è la cosa (questo è il punto) in discussione; **to join i. with sb. on st.**, entrare in discussione con q. su q.c. **7** esito; conclusione; fine; risultato; riuscita; termine: **to bring a matter to a successful i.**, portare a buon fine un affare; **the final i.**, il risultato finale **8** (*leg.*) discendenza; figliolanza; prole; figli: **without male i.**, senza figli maschi; **to die without i.**, morire senza discendenza **9** (*med.*) incisione (*per far spurgare un ascesso, ecc.*) **10** (*geogr.*) foce (*di fiume*). ● (*fin.*) **i. expressed in dollars**, emissione in dollari □ **bank of i.**, banca d'emissione □ **to dodge the real i.**, eludere il problema di fondo □ **to force the i.**, spingere a una conclusione □ **in the i.**, in fin dei conti; in conclusione; alla fine □ **to take i. with**, essere in disaccordo con.
to issue ['isju:], **A** *v. i.* **1** uscire; venir fuori; scaturire; sgorgare: **A lot of blood issued from the cut on the boxer's cheekbone**, dal taglio sullo zigomo del pugile sgorgava molto sangue **2** derivare; discendere; originare; aver origine; provenire: **His failure issued from lack of preparation**, il suo fallimento derivò da mancanza di preparazione; **to i. from an ancient family**, discendere da una famiglia antica **3** — **to i. in**, finire in; aver come conseguenza (*o* risultato) **4** (*di giornale, ecc.*) uscire pubblicato (*o* messo in circolazione). **B** *v. t.* **1** (*anche fin.*) emettere; rilasciare; distribuire; consegnare; dare: **to i. bank notes (stamps, etc.)**, emettere banconote (francobolli, ecc.); **to i. tickets**, rilasciare biglietti; **to i. food and clothing to the soldiers**, distribuire viveri e vestiario ai soldati; **to i. strict orders**, dare (*o* impartire, emettere) ordini severi **2** pubblicare; mettere in circolazione: **to i. a newspaper**, pubblicare un giornale **3** (*leg.*) emanare: **to i. a decree**, emanare un decreto. ● **to i. a bill of exchange**, emettere una cambiale; spiccare una tratta □ **to i. a cheque**, emettere (*fam.*: staccare) un assegno □ (*mil.*) **to i. a soldier with ammunition**, provvedere un soldato di munizioni.
issued ['isju:d], *a.* (*fin.*) emesso: **i. capital**, capitale emesso.
issueless ['isju:lis], *a.* **1** inutile; vano **2** (*leg.*) senza prole; senza discendenti.
issuer ['isju:ə*], *n.* (*fin.*) emittente (*di titoli, di lettera di credito, ecc.*).
issuing ['isju:iŋ], *n.* uscita; emissione; ecc. (*V.* **to issue**). ● (*fin.*) **i. bank**, banca d'emissione □ (*fin.*) **i. house**, società promotrice (*finanziaria che si occupa del lancio di società per azioni*).
isthmian ['isθmiən], **A** *a.* istmico: **i. games**, giochi istmici. **B** *n.* abitante di un istmo.
isthmus ['isməs], *n.* (*pl.* **isthmuses, isthmi**) istmo: (*geogr.*) **the i. of Panama**, l'istmo di Panama; (*anat.*) **the i. of the thyroid**, l'istmo della tiroide.
istle ['istli], *n.* istle, ixtle (*fibra ricavata da un'agave messicana*).
Istrian ['istriən], *a.* e *n.* (abitante) dell'Istria; istriano.
it (1) [it], **A** *pron.* neutro 3ª *pers. sing.* (*sogg. e compl.*) **1** esso, essa; lo, la; ciò (*più spesso è idiom. e non ha equivalente in italiano*): **I don't want it**, non lo voglio (*un oggetto, un animale qualsiasi*); **I don't want to do it**, non voglio fare ciò; **Who is it?**, chi è?; chi bussa?; **It's me**, sono io; **It's John**, è Giovanni; «**Who's scratching the door?**» «**It's the dog**», «chi è che gratta all'uscio?» «è il cane»; **I like that picture; it is beautiful, indeed**, mi piace quel quadro; è davvero bellissimo; **It's all right**, va benissimo; sta bene così; non fa nulla; **I've had enough of it**, ne ho avuto abbastanza **2** (*sogg. di verbo impers., anche passivo*): **It never rains but it pours**, piove (sempre) sul bagnato; **It is winter**, è inverno; **It is getting cold**, si sta facendo freddo; **It is Easter Sunday**, è la domenica di Pasqua; **It's five o'clock**; **let's have a cup of tea**, sono le cinque; prendiamo una tazza

di tè!; **It is forty miles to London**, ci sono quaranta miglia di qui a Londra; **I would go if it weren't for the expense**, andrei, se non fosse per la spesa; **It is said that the meeting has been called off**, si dice che la riunione sia stata disdetta **3** (*prolettico: introduce una frase*) **It's clear that he wants to go**, è chiaro che vuole andarsene; **It's incredible that he should refuse**, è incredibile che rifiuti; **It is absurd talking** (*o* **to talk**) **like that**, è ridicolo parlare così; **It is seldom that he fails**, è raro che sbagli; **It's to him you must apply**, è a lui che devi rivolgerti; **I take it that you will start at once**, credo (*o* suppongo) che partirai subito; **It was Jack that began it**, fu Gianni a cominciare; **It was a watch that I lost**, quello che ho perso era un orologio; **What is it you want?**, che cosa (*o* che diamine) volete?; **It was I who said that**, sono stato io a dirlo **4** (*in locuzioni idiom. particolari, per es.:*) **to foot it**, camminare; andare a piedi; **to catch it**, prenderle, buscarle; prendersi una sgridata; **to lord it**, farla da padrone; comportarsi da gran signore; **to lord it over sb.**, spadroneggiare su q.; darsi arie da padrone con q.; **to make it**, riuscire (in q.c.); farcela; **to have done it**, averla fatta bella (*o* grossa); **to face it out**, affrontare q.c. con coraggio; accettare le conseguenze di q.c.; **to keep at it**, non mollare q.c.; continuare a fare q.c.; **to run for it**, correre (*per prendere il treno, per salvarsi, ecc.*). **B** *n.* **1** (*fam.*) non plus ultra; persona (*o* cosa) insuperabile; cannonata, schianto (*fam.*): **For barefaced lying you really are it**, quanto a dire le menzogne più spudorate, sei veramente insuperabile **2** (*fam., raro*) un certo non so che; attrazione fisica; sex appeal; fascino: **She has it**, quella donna è piena di fascino **3** (*nei giochi infantili*) chi «sta sotto». ● **Go it!**, dacci sotto!; forza! □ **That's it!**, basta (così); (*anche*) proprio così; così va bene □ (*pop., raro*) **with it**, (*agg.*) alla moda, chic, à la page; pronto, sveglio, dritto (*fig.*) □ **So it appears!**, sembra (proprio) di sì □ **How's it going?**, come va?; come va la vita (*o* il lavoro, ecc.)?

it (2) [it], *n.* (*abbr. di* **Italian vermouth**) (*fam.*) vermut italiano: **gin and it**, gin e vermut italiano.

itacism ['i:tǝsizm], *n.* (*fon.*) itacismo.

Italian [i'tæljǝn], **A** *a.* italiano. **B** *n.* italiano (*anche la lingua*). ● **I. cloth**, stoffa di satin, per fodere □ **I. handwriting**, caratteri latini (*opposto a* «gotici») □ **I. iron**, ferro cilindrico, per pieghettare merletti □ (*cucina*) **I. sandwich**, tramezzino (*grande: con carne, cacio, ecc.*) □ **I. warehouse** (**I. warehouseman**), negozio (negoziante) di alimentari importati dall'Italia (*olio d'oliva, frutta, ecc.*).

Italianate [i'tæljǝnit], *a.* italianizzato: **An Englishman i. is a devil incarnate**, un inglese italianizzato è un diavolo incarnato (*prov. dell'età elisabettiana*).

Italianism [i'tæljǝnizm], *n.* **1** italianismo **2** italianità.

Italianization [i,tæljǝnai'zeiʃǝn], *n.* italianizzazione.

to Italianize [i'tæljǝnaiz], **A** *v. t.* italianizzare; rendere italiano. **B** *v. i.* italianeggiare.

italic [i'tælik], **A** *a.* (*tipogr.*) **A** *a.* corsivo; italico: **i. type**, carattere corsivo. **B** *n. pl.* corsivo: **in italics**, in corsivo.

Italic [i'tælik], *a.* **1** (*stor.*) italico: **i. peoples**, popolazioni italiche **2** (*linguistica*) italico: **i. languages**, lingue italiche.

to italicize [i'tælisaiz], **A** *v. t.* (*tipogr.*) stampare in corsivo **2** sottolineare. **B** *v. i.* usare il corsivo.

Italiot [i'tæljɔt], **Italiote** [i'tæljout], *n. e a.* (*stor.*) italiota.

Italy ['itǝli], *n.* (*geogr.*) Italia.

itch [itʃ], *n.* **1** prurito (*anche fig.*); pizzicore: **to have** (**to suffer from**) **the i.** (*o* **an i.**), avere (soffrire) il prurito **2** (*fig.*) desiderio smodato; smania; voglia: **to have an i. for glory** (**to travel, etc.**), avere un desiderio smodato di gloria (di viaggiare, ecc.) **3** (*med.*) rogna; scabbia: (*zool.*) **i. mite**, acaro della scabbia. ● (*fig.*) **the seventh year's i.**, il prurito del settimo anno (*di matrimonio*).

to itch [itʃ], **A** *v. i.* **1** prudere; pizzicare: **My feet i. badly**, mi prudono i piedi in modo fastidioso; ho un forte prurito ai piedi **2** avere il prurito **3** (*fig.*) avere una gran voglia; avere un desiderio sfrenato; non veder l'ora: **The whole family was itching to go on holiday**, tutta la famiglia non vedeva l'ora d'andare in vacanza. **B** *v. t.* dare il prurito a; far prudere: **A woollen vest often itches one's chest**, la maglietta di lana spesso dà il prurito al petto. ● **to i. with impatience**, fremere d'impazienza □ (*fig.*) **to have an itching palm**, essere avido di denaro.

itchiness ['itʃinis], *n.* **1** prurito; pizzicore (*fig.*) nervosismo.

itchy ['itʃi], *a.* **1** che prude; che pizzica **2** che ha il prurito **3** simile al prurito. ● (*fig.*) **to have i. feet**, avere l'istinto del nomade □ **to be i. for st.**, avere una voglia matta di q.c.

it'd ['itǝd], *contraz.* di: **1 it would 2 it had**.

item (1) ['aitǝm], *n.* **1** (*anche comm.*) articolo; particolare; voce (*d'elenco, bilancio commerciale, fattura, ecc.*): **the items of a catalogue**, le voci di un catalogo **2** (*teatr.*) numero (*d'un programma*): **the last i. on the programme**, l'ultimo numero del programma **3** notizia; informazione **4** (*elab.*) elemento; articolo. ● (*rag.*) **the items of a balance sheet**, le poste di un bilancio □ (*fin.*) **i. of expenditure**, capo (*o* capitolo) di spesa.

item (2) ['aitǝm], *avv.* item; parimenti; altresì; anche.

to itemize ['aitǝmaiz], *v. t.* particolareggiare; specificare; scrivere (q.c.) dando particolari: **an itemized account**, un conto particolareggiato; **to i. all expenses**, specificare tutte le spese.

iterance ['itǝrǝns], **iterancy** ['itǝrǝnsi], *n.* iterazione; ripetizione.

iterant ['itǝrǝnt], *a.* iterativo; che si ripete.

to iterate ['itǝreit], *v. t.* iterare; reiterare; ripetere.

iteration [,itǝ'reiʃǝn], *n.* iterazione; ripetizione.

iterative ['itǝrǝtiv], *a.* **1** iterativo **2** (*gramm.*) iterativo; frequentativo.

ithyphallic [,iθi'fælik], **A** *a.* itifallico; (*fig.*) lascivo, licenzioso. **B** *n.* **1** itifallo (*inno bacchico*) **2** (*fig.*) poema licenzioso.

itineracy [i'tinǝrǝsi], **itinerancy** [i'tinǝrǝnsi], *n.* **1** l'essere ambulante, girovago **2** le condizioni (*o* il viaggiare) di luogo in luogo (*specialm. come magistrato o predicatore*).

itinerant [i'tinǝrǝnt], **A** *a.* **1** ambulante; girovago: **i. musicians**, suonatori ambulanti (*di magistrato, predicatore, che si sposta* (*o* viaggia) di luogo in luogo; itinerante. **B** *n.* **1** girovago **2** itinerante. ● (*teatr.*) **i. company** (*o* **i. theatrical troupe**), compagnia di giro.

itinerary [ai'tinǝrǝri], **A** *n.* **1** itinerario **2** piano di viaggio **3** diario di viaggio. **B** *a.* itinerario (*raro*); di strade; di viaggi.

to itinerate [i'tinǝreit], *v. i.* spostarsi (*o* viaggiare) di luogo in luogo (*specialm. di giudice o predicatore*).

itineration [i,tinǝ'reiʃǝn], *n.* **1** lo spostarsi (*o* il viaggiare) di luogo in luogo **2** trasferta (*V.* **to itinerate**).

it'll ['itl], *contraz.* di: **1 it will 2 it shall**.

its [its], *a. poss. neutro* **1** suo, sua; suoi, sue: **Nature and its mysteries**, la natura e i suoi misteri **2** (*idiom.*) **The horse broke its leg**, il cavallo si ruppe una gamba.

it's [its], *contraz.* di: **1 it is 2 it has**.

itself [it'self], *pron. neutro 3ª pers. sing.* **1** (*rifl.*) esso stesso, essa stessa; se stesso, se stessa; si: **The dog was scratching i.**, il cane si grattava **2** (*enfatico*) stesso, stessa: **The frame i. is a work of art**, la cornice stessa è un'opera d'arte. ● (**all**) **by i.**, da solo, da sola; da sé; isolato; senz'aiuto: **An automatic machine is one that works by i.**, una macchina automatica è una macchina che funziona da sola; **The tower stands by i.**, la torre è isolata □ **in i.**, in sé; in se é per sé □ **of i.**, da sola, da sola; indipendentemente: **The light went out of i.**, la luce si spense da sola □ **She is kindness i.**, ella è la gentilezza fatta persona □ **The cat is not i. today**, il gatto non sta bene ogni.

itsy-bitsy [,itsi'bitsi], *a.* (*fam.*) **1** piccolissimo; piccino; piccino picciò **2** frammentario; spezzettato; sbriciolato (*fig.*).

itty-bitty [,iti'biti], *V.* **itsy-bitsy**.

IUD [,ai ju: 'di:], *n.* (*abbr. fam. di* **intrauterine device**) contraccettivo intrauterino; (la) spirale (*fam.*).

Ivanhoe ['aivǝnhou], *n.* (*letter.*) Ivanhoe.

I've [aiv], *contraz.* di **I have**.

ivied ['aivid], *a.* coperto d'edera.

ivory ['aivǝri], **A** *n.* **1** avorio **2** (*color.*) avorio **3** (*pl., pop.*) dadi; palle di biliardo, bilie **4** (*pl., pop.*) tasti del pianoforte **5** (*pl., pop.*) denti. **B** *a. attr.* d'avorio; eburneo; bianco come l'avorio: **i. piano keys**, tastiera (di pianoforte) d'avorio; **an i. forehead**, una fronte eburnea. ● **i. black**, nero d'avorio □ (*bot.*) **i. nut**, avorio vegetale; corozzo; noce d'America □ (*fig.*) **i. tower**, torre d'avorio □ (*fig.*) **i.-towered**, chiuso in una torre d'avorio; appartato □ (*fig.*) **black i.**, avorio nero (*gli schiavi africani*) □ (*scherz.*) **to tickle the ivories**, strimpellare il pianoforte.

ivy ['aivi], *n.* (*bot., Hedera helix*) edera. ● (*bot.*) **i. geranium** (*Pelargonium peltatum*), geranio edera □ (*USA*) **the I. League**, gruppo di otto università di grande prestigio.

Ivy ['aivi], *n.* Edera (*nome di donna*).

ixia ['iksiǝ], *n.* (*bot., Ixia*) ixia.

Ixion [ik'saiǝn], *n.* (*mitol. greca*) Issione. ● **I.'s wheel**, la ruota d'Issione.

izard ['izǝd], *n.* (*pl.* **izard, izards**) (*zool.*) antilope dei Pirenei (*affine al camoscio*).

j, J

J, j [dʒei], *n*. (*pl*. **J's, j's; Js, js**) **1** J, j (*decima lettera dell'alfabeto ingl.*) **2** oggetto a forma di j. ● (*tel.*) **j for Jack** (*USA*: **j for Juliett**), j come jolly.

to jab [dʒæb], *v. t.* **1** conficcare; cacciare; infiggere; punzecchiare: **He jabbed the spear into the lion's neck**, conficcò la lancia nel collo del leone **2** vibrar colpi a; pugnalare; stilettare **3** (*pugilato*) colpire con diretti corti.

jab [dʒæb], *n*. **1** puntata; stilettata, stoccata **2** (*pugilato*) diretto corto; jab **3** (*fam.*) iniezione.

to jabber [ˈdʒæbə*], **A** *v. i.* **1** borbottare; farfugliare **2** chiacchierare; ciarlare; cicalare. **B** *v. t.* pronunciare (*parole*) in fretta, in modo indistinto; balbettare; borbottare.

jabber [ˈdʒæbə*], *n*. **1** parole dette in fretta, confuse, indistinte **2** chiacchierio, chiacchiericcio, cicaleccio; borbottamento ciarlio (*raro*).

jabberer [ˈdʒæbərə*], *n*. chiacchierone, ciarlone; chi parla a vanvera.

jaborandi [ˌdʒæbəˈrændi], *n*. (*pl*. **jaborandis**) (*bot.*, *Pilocarpus jaborandi*) iaborandi, jaborandi.

jabot [ˈʒæbou] (*franc.*), *n*. (*moda*) jabot.

jacinth [ˈdʒæsinθ], *n*. (*miner.*) giacinto (*varietà rossa di zircone*).

jack (1) [dʒæk], *n*. **1** – J., individuo comune; il primo che capita; uomo; ragazzo; operaio: **J. is as good as his master**, l'operaio non vale meno del padrone **2** (*arc.*, *anche* **J. Tar**) marinaio **3** (*anche* **lumberjack**) boscaiolo; taglialegna **4** (*mecc.*) cricco; martinetto: **car j.**, cricco per automobile **5** (*gioco delle bocce*) boccino; pallino **6** (*carte*) fante **7** girarrosto **8** maschio (*di falco, asino, ecc.*) **9** (*zool.*, *Corvus monedula*) taccola **10** (*zool.*, *anche* **jackfish**) luccio **11** (*elettr.*) jack; connettore a spina **12** (*ind. tessile*) banco a fusi **13** (*tel.*) jack; spina a conduttori coassiali **14** (*pop.*) poliziotto. ● **j.-a-dandy**, elegantone; damerino □ **j.-boot**, *V*. **jackboot** □ **J. Frost**, il Gelo (*personificato*) □ (*mecc.*) **j.-hammer**, martello pneumatico (*o* perforatore) □ **j.-in-the-box**, pupazzo a molla; scatola a sorpresa □ **J.-in-the-green**, ragazzo (*o* uomo) posto in una gabbia coperta di foglie e fronde (*nella festa del primo maggio*) □ **j. in office**, funzionario che si dà delle arie □ (*naut.*) **j. ladder**, *V*. **Jacob's ladder**, *sotto* **Jacob** □ **J. Ketch**, il boia □ **j.-knife**, coltello a serramanico; (*sport*) tuffo in avanti carpiato □ **j. of all trades**, factotum; uomo tuttofare □ **j.-o'-lantern**, fuoco fatuo (*anche fig.*); lanterna fatta con una zucca □ (*bot.*) **j. pine**, *Pinus banksiana* □ **j. plane**, pialla per lavori di sgrossatura; sbozzino □ (*zool.*) **j. rabbit** (*Lepus americanus*), lepre del Nord America □ (*zool.*) **j.-snipe**, (*Limnocryptes minimus*) frullino, (*Erolia melanotus*) piovanello macchiato □ **j.-towel**, bandinella; asciugamano girevole su rullo □ (*bot.*) **j. tree**, albero del pane □ (*edil.*) **j. truss**, capriata secondaria □ (*fam. USA*) **j-up**, aumento □ **before you can say J. Robinson**, in un batter d'occhio; in men che non si dica □ **boot-j.**, cavastivali □ **carriage j.**, martinetto per sollevare carrozze □ **every man j.**, ognuno; tutti quanti □ **hydraulic j.**, martinetto idraulico □ (*mecc.*) **railway j.**, jack.

to jack [dʒæk], *v. t.* **1** sollevare col cricco (*o* col martinetto): **It isn't an easy task to j. up a lorry**, non è cosa facile alzare un camion con il cricco **2** (*fam.*) alzare; crescere; aumentare: **to j. up one's fees**, alzare le parcelle **3** (*fam.*) alzare; tirare su: **to j. up one's trousers**, tirarsi su i pantaloni. ● (*fam.*) **to j. off**, smettere, piantarla □ **to j. up an attempt**, abbandonare un tentativo □ (*fig.*) **to j. up prices**, alzare i prezzi.

jack (2) [dʒæk], *n*. (*naut.*) bandiera di bompresso; bandiera (*di nave*): **yellow j.**, bandiera gialla (*di nave in quarantena*); **the French j.**, la bandiera francese. ● **j. staff**, asta della bandiera di bompresso □ **the Union J.**, la bandiera britannica, del Regno Unito.

jack (3) [dʒæk], *n*. (*bot.*, *Artocarpus integrifolia*) artocarpo, albero del pane.

Jack [dʒæk], *n*. (*dim. di* **John**) Giovannino; Gianni.

jackal [ˈdʒækɔːl], *n*. **1** (*zool.*, *Canis aureus*) sciacallo **2** (*fig.*) individuo servile; scagnozzo; tirapiedi.

to jackal [ˈdʒækɔːl], *v. i.* – **to j. for**, servire; fare da tirapiedi a.

jackanapes [ˈdʒækəneips], *n*. **1** persona impertinente, impudente, sfacciata; (*di bambino*) sfacciatello **2** damerino; zerbinotto.

jackass [ˈdʒækæs], *n*. **1** (*zool.*, *Equus asinus*) asino; ciuco; somaro **2** (*fig.*) somaro; imbecille; stupido. ● (*zool.*) **laughing j.** (*Dacelo gigas*), alcione gigante.

jackboot [ˈdʒækbuːt], *n*. **1** stivale da marinaio **2** (*fig.*) intimidazione; forti pressioni; prepotenza **3** (*fig.*) prepotente; duro (*sost.*). ● **j. tactics**, tattica intimidatrice.

jackdaw [ˈdʒækdɔː], *n*. (*zool.*, *Corvus monedula*) taccola.

jackeroo [ˌdʒækəˈruː], *n*. (*pl*. **jackeroos**) (*australiano*) giovane garzone (*bovaro o pastore*).

jacket [ˈdʒækit], *n*. **1** giacca (*da uomo o da donna*); giacchetta; giubba **2** (*mecc.*) camicia; guaina; protezione: **water j.**, camicia d'acqua (*intorno a un cilindro di motore*) **3** (*di un libro*) sopraccoperta; copertina; foderina **4** (*mil.*) cerchione di rinforzo della culatta (*di un cannone*); manicotto di raffreddamento (*d'arma da fuoco*) **5** (*specialm. USA*) copertina (*di un disco grammofonico*) **6** buccia: **potatoes boiled in their jackets**, patate lessate con la buccia. ● (*med.*) **j. crown**, corona artificiale (*di un dente*) □ (*fig.*) **blue j.**, marinaio □ **dinner j.**, smoking □ (*fig.*) **to dust sb.'s j.**, spolverare le spalle (*o* il groppone) a q.; bastonare q. □ (*naut.*) **life j.**, giubbotto (*di salvataggio*).

to jacket [ˈdʒækit], *v. t.* **1** mettere una giacca a (q.) **2** coprire (q.c.) con un rivestimento (*V*. **jacket**) **3** (*tecn.*) incamiciare; inguainare **4** (*fam.*) picchiare; percuotere; bastonare.

jacking [ˈdʒækiŋ], *n*. sollevamento col cricco (*o* col martinetto). ● (*specialm. aeron.*) **j.-up**, criccaggio.

jackpot [ˈdʒækpɔt], *n*. **1** (*poker*) piatto con apertura ai jack (*ai fanti*) **2** (*fig.*) piatto ricco **3** (*fig.*) successo strabiliante **4** (*specialm. telev.*) monte premi **5** (*pl.*) poker con apertura fissa ai due jack, ecc.; *ogni giocatore mette su una fiche; è giocato soprattutto in USA e in Canada*. ● (*fam.*) **to hit the j.**, avere un colpo di fortuna; fare centro; avere successo, farcela, sfondare.

jackscrew [ˈdʒækskruː], *n*. (*mecc.*) **1** vite di martinello **2** martinello a vite.

jackstay [ˈdʒækstei], *n*. (*naut.*) controstraglio.

jackstraw [ˈdʒækstrɔː], *n*. **1** spaventapasseri **2** (*fig.*, *arc.*) nullità; pezzente **3** bastoncino da sciangai **4** (*pl.*) sciangai (*gioco*).

Jacky [ˈdʒæki], *n*. dim. di **Jack**.

Jacob [ˈdʒeikəb], *n*. Giacobbe. ● (*naut.*) **J.'s ladder**, scala a tarozzi; biscaglina □ **J.'s staff**, asta ferrata (*usata dai geometri, per misurazioni*); (*stor.*, *naut.*) quadrante (*di Giacobbe*).

Jacobean [ˌdʒækəˈbiːən], (*stor.*) **A** *a.* **1** del regno di Giacomo I d'Inghilterra (1603-1625) **2** (*archit.*) giacobiano. **B** *n*. personaggio del periodo di Giacomo I d'Inghilterra.

jacobin [ˈdʒækəbin], *n*. (*zool.*) **1** piccione cappuccino **2** (*bot.*, *Florisuga mellivora*) giacobina.

Jacobin [ˈdʒækəbin], **A** *n*. (*stor.*, *polit.*, *relig.*) giacobino (*rivoluzionario francese*; *frate domenicano*). **B** *a*. (*stor.*) giacobino.

Jacobinic(al) [ˌdʒækəˈbinik(əl)], *a*. (*stor.*) giacobino.

Jacobinism [ˈdʒækəbinizəm], *n*. (*stor.*, *polit.*) giacobinismo.

to Jacobinize [ˈdʒækəbinaiz], *v. t.* (*polit.*) rendere giacobino; radicalizzare.

Jacobite [ˈdʒækəbait], (*stor.*) **A** *n*. giacobita; partigiano di Giacomo II d'Inghilterra e dei suoi discendenti. **B** *a*. dei giacobiti: **a. J. plot**, una congiura dei giacobiti.

Jacobitical [ˌdʒækəˈbitikəl], *a*. (*stor.*) di giacobita; dei giacobiti (*V*. **Jacobite**).

Jacobitism [ˈdʒækəbaitizəm], *n*. (*stor.*) giacobitismo; legalitarismo dei giacobiti (*V*. **Jacobite**).

jacobus [dʒəˈkoubəs], *n*. (*stor.*) «jacobus» (*moneta d'oro coniata durante il regno di Giacomo I d'Inghilterra, del valore di 20-24 scellini*)

jaconet [ˈdʒækənit], *n*. (*ind. tessile*) giaconetta.

jacquard [ˈdʒækɑːd], *n*. (*ind. tessile*) tessuto operato.

Jacqueline [ˈdʒækliːn], *n*. Giacomina.

jactitation [ˌdʒæktiˈteiʃən], *n*. **1** (*leg.*) falsa dichiarazione: **j. of**

marriage, falsa dichiarazione di aver contratto matrimonio **2** (*med.*) barcollamento; agitazione (motoria).
jade (1) [dʒeid], **A** *n.* (*miner.*) giada. **B** *a.* color verde giada (*anche* **j. green**).
jade (2) [dʒeid], *n.* **1** ronzino; rozza **2** (*spreg. o scherz.*) donna; donnetta **3** (*spreg.*) donnaccia; puttanella. ● **the lying j.**, la maldicenza (*personificata*).
to jade [dʒeid], *v. t.* affaticare; logorare, sfinire; spossare; stremare.
jaded [dʒeidid], *a.* **1** affaticato; logoro, sfinito; spossato; stremato **2** sazio; stanco; saturo: **He was j. by pleasures**, era saturo di piaceri. ● **j. appetites**, voglie soddisfatte.
jadeite [ˈdʒeidait], *n.* (*miner.*) giadeite.
jaffa [ˈdʒæfə], *n.* arancia israeliana (*grossa e ovale*).
jag (1) [dʒæg], *n.* **1** sporgenza appuntita; punta, dente (*di roccia, ecc.*): **a jag of rock**, un dente di roccia **2** spaccatura; strappo (*nella stoffa, ecc.*).
to jag [dʒæg], *v. t.* **1** frastagliare; dentellare; seghettare **2** lacerare; strappare.
jag (2) [dʒæg], *n.* **1** (*pop.*) sbornia; sbronza **2** (*fam., dial.*) piccolo carico (*di legna, fieno, ecc.*) **3** (*pl., pop.*) bagordi.
jäger [ˈjeigə*], (*ted.*), *n.* (*stor., mil.*) cacciatore delle Alpi.
jagged [ˈdʒægid], *a.* frastagliato; dentellato; seghettato.
jaggedness [ˈdʒægidnis], *n.* **1** l'essere frastagliato (*o* dentellato) **2** asperità; scabrosità.
jagger [ˈdʒægə*], *n.* rotellina dentata.
jaggery [ˈdʒægəri], *n.* zucchero grezzo e scuro (*specialm. quello estratto dalla linfa di una palma indiana*).
jagging [ˈdʒægiŋ], *n.* frastagliamento; dentellatura; seghettatura. ● (*cucina*) **j. wheel**, tagliapasta; rotella tagliapasta.
jaggy [ˈdʒægi], *a.* frastagliato; dentellato; intaccato; seghettato.
jaguar [ˈdʒægjuə*], *n.* (*pl.* **jaguars**, **jaguar**) (*zool., Panthera onca*) giaguaro.
Jah [dʒa:], **Jahve(h)** [ˈja:vei], *n.* (*Bibbia*) Jahvè.
jail [dʒeil], *n.* prigione; carcere. ● (*fam.*) **j.-bird**, galeotto, carcerato; avanzo di galera □ **j.-break**, evasione □ **j. delivery**, liberazione di carcerati con la forza □ (*med.*) **j. fever**, febbre tifoidea.
to jail [dʒeil], *v. t.* incarcerare; imprigionare.
jailer, **jailor** [ˈdʒeilə*], *n.* carceriere; secondino.
Jakarta [dʒəˈka:tə], *n.* (*geogr.*) Giacarta; Djakarta.
jake [dʒeik], (*pop. USA*) **A** *a.* perfetto; soddisfacente; a posto. **B** *n.* **1** contadinaccio; zotico; villano **2** (*pl., col verbo al sing.*) cesso; latrina.
jalap [ˈdʒæləp], *n.* (*bot., Ipomoea purga*; *med.*) gialappa.
jalop(p)y [dʒəˈlɔpi], *n.* (*fam. USA*) vecchia automobile; aeroplano scassato; macinino; vecchia carcassa.
jalousie [ˈʒælu(:)zi:], (*franc.*), *n.* gelosia (*di finestra*); persiana.
to jam [dʒæm], **A** *v. t.* **1** comprimere; premere; pigiare; stringere; incuneare; pressare: **a cartridge jammed in the gun barrel**, una cartuccia incastrata nella canna della pistola; **to jam prisoners into a truck**, pigiare prigionieri in un camion **2** bloccare; ostacolare; ostruire (*un passaggio, ecc.*): **Traffic was completely jammed by the demonstrators**, il traffico fu del tutto bloccato dai dimostranti **3** (*mecc.*) bloccare; inceppare: **to jam the brakes**, bloccare i freni **4** (*radio*) disturbare con interferenze. **B** *v. i.* **1** (*mecc.*) bloccarsi; incagliarsi; incepparsi; incantarsi (*fam.*) **2** cozzare, urtarsi (*per mancanza di spazio*): **The blocks of ice jammed in the stormy sea**, i blocchi di ghiaccio cozzavano l'uno contro l'altro nel mare in tempesta **3** (*specialm. nel jazz*) improvvisare. ● **to jam on the brakes**, inchiodare la macchina; frenare di colpo.
jam (1) [dʒæm], *n.* **1** compressione; pigiamento (*raro*) **2** (*mecc.*) blocco; inceppamento; incaglio **3** (*fam.*) guaio; pasticcio. ● (*mecc.*) **jam-nut**, controdado □ **jam session**, riunione di musicisti (*specialm. di jazz*) per suonare improvvisando □ **ice jam**, ostruzione dovuta ai ghiacci □ **log jam**, ammasso di tronchi (*che ostruisce un fiume*) □ **traffic jam**, congestione del traffico; ingorgo stradale.
jam (2) [dʒæm], *n.* **1** marmellata **2** (*fam.*) cosa facilissima; gioco da ragazzi; scherzo. ● **jam and marmalade industry**, industria delle conserve di frutta (*o della marmellata*) □ **jam-jar** (*o* **jam-pot**), vasetto da marmellata.
Jamaica [dʒəˈmeikə], *n.* **1** (*geogr.*) Giamaica. **2** (*anche* **J. rum**) rum della Giamaica. ● **J. pepper**, pepe della Giamaica; pimento.
Jamaican [dʒəˈmeikən], *a. e n.* giamaicano.
jamb(e) [dʒæm], *n.* (*archit.*) **1** montante, stipite (*di porta o di finestra*) **2** strombo (*di finestra*) **3** (*pl.*) fianchi verticali (*o spalle*) del focolare.
jamboree [ˌdʒæmbəˈri:], *n.* **1** (*fam.*) celebrazione festosa; festa chiassosa; baldoria **2** raduno di giovani esploratori.
James [dʒeimz], *n.* Giacomo.
jammed [dʒæmd], *a.* **1** (*mecc.*) bloccato; inceppato: **to have a j. starter**, avere lo starter bloccato **2** (*radio*) disturbato da interferenze **3** (*fam.*) pieno zeppo: **The nightclub was j.**, il night-club era pieno zeppo.
jammer [ˈdʒæmə*], *n.* (*radio*) disturbatore.
jamming [ˈdʒæmiŋ], *n.* **1** (*mecc.*) blocco; inceppamento **2** (*radio*) disturbo intenzionale (*di una trasmissione*).
jammy [ˈdʒæmi], *a.* **1** appiccicoso; attaccaticcio **2** (*fam.*) eccezionale; formidabile; straordinario **3** (*pop.*) facile; facilissimo **4** (*pop.*) fortunato.
to jam-pack [ˈdʒæmpæk], *v. t.* ammassare; stipare; pigiare.
jams [dʒæmz], *n. pl.* **1** (*abbr. fam. di* **pyjamas**) pigiama **2** (*moda*) mutandoni variopinti (*da bagno*).
Jane [dʒein], *n.* Giovanna.
Janet [ˈdʒænit], *n.* (*dim. di* **Jane**) Gianna; Giannina.
to jangle [ˈdʒæŋgl], **A** *v. i.* **1** dare un suono stridulo, aspro; stridere: **The bell jangled**, la campana diede un suono stridulo (*o* stonato) **2** altercare; bisticciare; litigare. **B** *v. t.* **1** far suonare (*una campana*) in modo stonato **2** pronunciare con voce chioccia, stridula. ● **to j. a bell**, scampanellare □ **to j. sb.'s nerves**, dare ai nervi a q.
jangle [ˈdʒæŋgl], *n.* **1** suono stonato, aspro, stridulo **2** altercò; litigio; baruffa.
jangling [ˈdʒæŋgliŋ], *a.* chioccio; stridente; stonato.
janissary, **janizary** [ˈdʒænizəri], *n.* (*stor.*) giannizzero.
janitor [ˈdʒænitə*], *n.* **1** portinaio; portiere; custode **2** bidello (*di scuola*).
janitress [ˈdʒænitris], *n.* **1** portinaia; portiera **2** bidella (*di scuola*).
Jansenism [ˈdʒænsṇizəm], *n.* (*relig.*) giansenismo.
Jansenist [ˈdʒænsṇist], *n.* (*relig.*) giansenista.
Jansenistic [ˌdʒænsṇˈistik], *a.* (*relig.*) giansenistico.
January [ˈdʒænjuəri], **A** *n.* gennaio. **B** *a. attr.* di gennaio.
Janus [ˈdʒeinəs], *n.* (*mitol.*) Giano.
Jap [dʒæp], *n. e a.* (*abbr. di* **Japanese**, *spesso spreg.*) giapponese; (*muso*) giallo.
japan [dʒəˈpæn], *n.* **1** lacca giapponese, lacca nera **2** (*collett.*; *anche* **j. ware**) oggetti laccati.
Japan [dʒəˈpæn], *n.* (*geogr.*) Giappone.
to japan [dʒəˈpæn], *v. t.* verniciare con lacca nera.
Japanese [ˌdʒæpəˈni:z], *a. e n.* (*invar. al pl.*) giapponese (*anche la lingua*). ● (*bot.*) **J. persimmon** (*Diospyros kaki*), cachi.
Japanesque [ˌdʒæpəˈnesk], *a.* alla giapponese; secondo la moda giapponese.
to jape [dʒeip], *v. i.* (*lett.*) scherzare.
jape [dʒeip], *n.* (*lett.*) scherzo.
Japheth [ˈdʒeifiθ], *n.* (*Bibbia*) Iafet.
Japhetic [dʒeiˈfetik], *a.* di Iafet; iafetico, giafetico.
Japlish [ˈdʒæpliʃ], *n.* misto di giapponese e d'inglese (*lingua franca in Giappone*).
japonica [dʒəˈpɔnikə], *n.* (*bot.*) **1** (*Camellia japonica*) camelia **2** (*Chaenomeles japonica*) cotogno del Giappone.
to jar [dʒa:*], **A** *v. i.* **1** dissonare; stonare; stridere: **The brakes jarred as the car suddenly stopped**, i freni stridettero quando l'automobile si fermò di botto **2** (*di oggetto colpito*) risuonare (*o* vibrare) con stridore **3** altercare; bisticciare; litigare **4** essere discorde; (*fig.*) fare a pugni, cozzare: **Their political ideas jar**, le loro idee politiche fanno a pugni. **B** *v. t.* **1** far risuonare (*o* vibrare) per un urto improvviso **2** (*fig.*) urtare; scuotere: **His haughty tone of voice jars on me**, il suo tono di voce altezzoso mi urta; **I was quite jarred by the sad news of his untimely death**, fui profondamente scosso dalla triste notizia della sua morte prematura. ● **to jar against**, stonare con; essere in stridente contrasto con: **Your tie jars with the shirt you're wearing**, la tua cravatta stona con la camicia che porti □ **to jar on sb.'s nerves**, dare ai nervi a q.
jar (1) [dʒa:*], *n.* **1** suono discordante; vibrazione aspra; scossa; stridore: **Glass and chinaware should be protected against jars**, bisogna proteggere dalle scosse il vetro e la porcellana; **the jar of the brakes**, lo stridore dei freni **2** (*fig.*) dissonanza; colpo **3** (*fig.*) colpo; urto; shock: **The bad news gave him a jar**, la brutta notizia fu per lui un duro colpo; **The fall gave my spine a jar**, nella caduta ho ricevuto un colpo alla spina dorsale **4** alterco; baruffa; lite; litigio; contrasto.
jar (2) [dʒa:*], *n.* **1** barattolo; vasetto; vaso: **a jar of honey**, un vasetto di miele **2** (*anche* **jarful**) quanto contiene un barattolo, un vasetto di miele **3** (*elettr.*) vaschetta (*d'una batteria*).
jar (3) [dʒa:*], *n.* – (*fam.*) **on the jar**, socchiuso: **The door is on the jar**, la porta è socchiusa (*V.* **ajar (1)**).
jardinière [ˌdʒa:di:ˈnjɛə*] (*franc.*), *n.* **1** (*cucina*) giardiniera **2** portavasi; fioriera.
jargon (1) [ˈdʒa:gən], *n.* **1** (*spesso spreg.*) gergo; linguaggio convenzionale (*o* incomprensibile): **the critics' j.**, il gergo dei critici **2** balbettio; ciangottio; cinguettio (*d'uccello*) **3** (*linguistica*) gergo; dialetto.
jargon (2) [ˈdʒa:gən], *n.* (*miner.*) zirconite.
jargoneer [ˌdʒa:gəˈniə*], *n.* (*linguistica*) gergante.

jargonelle [ˌdʒaːgəˈnel], *n.* (*agric.*) (pera) coscia.
jargonist [ˈdʒaːgənist], *V.* **jargoneer.**
jargonistic [ˌdʒaːgəˈnistik], *a.* (*linguistica*) gergale.
to jargonize [ˈdʒaːgənaiz], **A** *v. i.* parlare (*o* scrivere) in gergo. **B** *v. t.* esprimere (q.c.) in gergo.
jargoon [dʒa(ː)ˈguː(ː)n], *V.* **jargon** (2).
jarl [jaːl], *n.* jarl (*antico capo o nobile, danese o scandinavo*).
jarring [ˈdʒaːriŋ], *a.* **1** discordante; stonato: (*anche fig.*) **a j. note**, una nota stonata **2** stridente; stridulo **3** che scuote (*fig.*); impressionante; doloroso.
jarvey [ˈdʒaːvi], *n.* (*stor.*) vetturino; cocchiere di piazza.
Jarvis [ˈdʒaːvis], *n.* Gervasio.
jasmin(e) [ˈdʒæsmin], *n.* (*bot., Jasminum*) gelsomino.
Jasmine [ˈdʒæsmin], *n.* Gelsomina.
Jason [ˈdʒeisn], *n.* (*mitol.*) Giasone.
jasper [ˈdʒæspə*], *n.* (*miner.*) diaspro.
Jasper [ˈdʒæspə*], *n.* Gaspare.
jaundice [ˈdʒɔːndis], *n.* **1** (*med.*) ittero; itterizia **2** (*fig.*) stato di furore (*dovuto a gelosia, invidia, sospetto, ecc.*) **3** avversione; antipatia; astio.
to jaundice [ˈdʒɔːndis], *v. t.* **1** (*med.*) provocare l'itterizia in (q.) **2** (*fig.*) invelenire; rendere astioso (*o* geloso, invidioso).
jaundiced [ˈdʒɔːndist], *a.* **1** (*med.*) affetto da itterizia; itterico **2** (*fig.*) geloso; invidioso; sospettoso; invelenito. ● **a j. view**, un'opinione distorta da gelosia (*o* da invidia, ecc.).
to jaunt [dʒɔːnt], *v. i.* andare in gita; fare una gita. ● **jaunting-car**, calessino (*comune in Irlanda*).
jaunt [dʒɔːnt], *n.* gita; escursione; viaggio di piacere.
jauntiness [ˈdʒɔːntinis], *n.* **1** eleganza (*anche eccessiva*) **2** disinvoltura; spigliatezza **3** allegria; brio; gaiezza; vivacità.
jaunty [ˈdʒɔːnti], *a.* **1** elegante; alla moda; di classe **2** disinvolto; spigliato **3** allegro; brioso; gaio; vivace; sbarazzino: **a j. little hat**, un cappellino sbarazzino.
Java [ˈdʒaːvə], *n.* (*geogr.*) Giava. ● **J. Sea**, Mare di Giava.
Javan [ˈdʒaːvən], *a. e n.* giavanese.
Javanese [ˌdʒaːvəˈniːz], *a. e n.* (*invar. al pl.*) giavanese (*anche la lingua*).
javelin [ˈdʒævlin], *n.* (*stor., sport*) giavellotto. ● (*sport*) **j. throw**, lancio del giavellotto □ **j. thrower**, lanciatore di giavellotto; giavellottista.
jaw [dʒɔː], *n.* **1** (*anat.*) mascella; mandibola; ganascia: **the upper jaw and the lower jaw**, la mascella superiore e quella inferiore; **a punch on the jaw**, un pugno alla mascella **2** (*pl.*) fauci; bocca **3** (*mecc.*) ganascia (*per es., d'incudine*); ceppo (*di freno*); griffa **4** (*pl.*) porte (*di un canale marittimo, ecc.*) **5** (*geogr.*) gola (*fra monti*) **6** (*fam.*) predica, lavata di capo, tirata d'orecchi (*fig.*); rimprovero **7** (*fam.*) chiacchierata; chiacchiere; ciance **8** (*fam.*) parole offensive. ● (*anat.*) **jaw-bone**, osso mascellare □ **jaw-breaker**, (*mecc.*) frantoio a mascelle; (*fam.*) parola difficile a pronunciarsi; (*USA*) caramella dura □ **jaw crusher**, *V.* **jaw-breaker** □ (*fam.*) **jaw-jaw**, lungo discorso; lunga chiacchierata (*o* discussione) □ (*fig.*) **in the jaws of death**, in pericolo di vita; in grave pericolo; nelle fauci della morte □ (*fam.*) **Hold your jaw!**, tieni la lingua a posto; sta' zitto!
to jaw [dʒɔː], **A** *v. t.* (*fam.*) fare una predica a, dare una lavata di capo a (*fig.*); rimproverare. **B** *v. i.* **1** chiacchierare **2** sermoneggiare (*raro*); far prediche (*fig.*). ● (*pop.*) **to jaw-jaw**, parlare (*o* discutere) a lungo.
jay (1) [dʒei], *n.* **1** (*zool., Garrulus glandarius*) ghiandaia **2** (*fig., fam.*) chiacchierone; chi parla a vanvera; sempliciotto. ● (*fam. USA*) **jay-walker**, pedone disattento, che non bada al traffico.
jay (2) [dʒei], *n.* lettera j.
to jay(-)walk [ˈdʒeiwɔːk], *v. i.* (*fam.*) attraversare la strada senza badare al traffico.
jazz [dʒæz], **A** *n.* **1** (*mus., anche* **j. music**) jazz; musica jazz **2** ballo jazz **3** (*fig., fam.*) vivacità; sfrenatezza **4** (*pop.*) balle; frottole; fesserie. **B** *a. attr.* (*mus.*) jazzistico; jazz. ● **a j. band**, un'orchestra jazz □ **j. singer**, cantante di jazz □ (*pop.*) **and all that j.**, e così via.
to jazz [dʒæz], **A** *v. i.* (*mus.*) **1** suonare (*o* ballare) il jazz **2** (*fig., fam.*) comportarsi con grande vivacità (*o* sfrenatezza). **B** *v. t.* suonare (*musica*) a tempo di jazz. ● (*fam.*) **to j. up**, rendere vivace, eccitante (*un ambiente, una festa e sim.*).
jazzily [ˈdʒæzili], *avv.* (*pop.*) **1** (*mus.*) a tempo di jazz **2** (*fig.*) con animazione, con brio; vivacemente.
jazzman [ˈdʒæzmæn], *n.* (*pl.* **jazzmen**) suonatore di jazz; jazzista.
jazzy [ˈdʒæzi], *a.* **1** (*mus.*) jazzistico **2** vivace; chiassoso: **j. patterns**, disegni (*di stoffa*) a colori vivaci, chiassosi.
jealous [ˈdʒeləs], *a.* geloso; invidioso; sospettoso; malevolo: **a j. wife**, una moglie gelosa; **to be j. of a rival's success**, essere geloso del successo d'un rivale; **to be j. of one's rights**, essere geloso dei propri diritti. ● **j. rage**, furia (*o* ira) dovuta a gelosia □ **to keep a j. eye on sb.'s movements**, tenere sospettosamente d'occhio le mosse di q.
jealousy [ˈdʒeləsi], *n.* gelosia; invidia; sospetto; rivalità.
jean [dʒiːn], *n.* **1** (*ind. tessile*) tela ruvida **2** (*pl.*) jeans; calzoni di tela ruvida.
Jean [dʒiːn], *n.* Giovanna.
jeep [dʒiːp], *n.* (*origin. USA*) jeep; camionetta scoperta.
to jeer [dʒiə*], *v. t. e i.* beffarsi (di); deridere; dileggiare; schernire; canzonare (*fam.*): **The hooligans always jeered at the old beggar**, i teppisti schernivano sempre il vecchio mendicante.
jeer (1) [dʒiə*], *n.* beffa; derisione; dileggio; scherno; canzonatura (*fam.*).
jeer (2) [dʒiə*], *n.* (*naut., di solito al pl.*) drizza di pennone.
jeering [ˈdʒiəriŋ], *a.* beffardo; derisorio; canzonatorio.
Jeff [dʒef], *n. dim.* di **Jeffrey**.
Jeffrey [ˈdʒefri], *n.* Goffredo.
Jehoshaphat [dʒiˈhɔʃəfæt], *n.* (*Bibbia*) Giosafat.
Jehovah [dʒiˈhouvə], *n.* (*relig.*) Geova; Iehova. ● **J.'s Witness**, Testimone di Geova.
jehu [ˈdʒiːhjuː], *n.* (*scherz.*) cocchiere, vetturino (*specialm. se guida in fretta*).
jejune [dʒiˈdʒuːn], *a.* **1** arido; sterile; gramo; meschino; vacuo: **a j. land**, un terreno sterile; **a j. story**, un racconto arido (*o* privo d'interesse) **2** inesperto; bambinesco; puerile **3** (*di dieta, cibo, ecc.*) insufficiente; scarso.
jejuneness [dʒiˈdʒuːnnis], *n.* **1** aridità; sterilità; meschinità; vacuità **2** inesperienza; puerilità **3** (*di cibo, dieta*) scarsità.
jejunum [dʒiˈdʒuːnəm], *n.* (*anat.*) (intestino) digiuno.
Jekyll and Hyde [ˈdʒekiləndˈhaid], *n.* individuo dalla doppia personalità; persona che ha una doppia vita (*dal romanzo di R.L. Stevenson*).
to jell [dʒel], **A** *v. i.* **1** gelatinizzarsi; rassodarsi **2** (*fig., fam.*) prendere forma; concretizzarsi. **B** *v. t.* (*fam.*) concretare; dare forma a (*idee e sim.*).
jellied [ˈdʒelid], *a.* **1** gelatinoso **2** (*di cibo*) in gelatina.
jello [ˈdʒelou], *n.* (*USA*) *V.* **jelly**, *def.* 1.
jelly [ˈdʒeli], *n.* **1** gelatina (*di carne o di frutta*) **2** sostanza gelatinosa. ● (*USA*) **j. beans**, gelatine; caramelle (gelatinose) alla frutta □ **j. bomb**, bomba molotov (*con benzina solidificata*) □ **j.-broth**, brodo ristretto □ (*zool., Hydrozoa, Scyphozoa*) **j.-fish**, medusa.
to jelly [ˈdʒeli], **A** *v. t.* **1** trasformare in gelatina; rendere gelatinoso **2** mettere gelatina su (*un cibo*). **B** *v. i.* gelatinizzarsi; diventare gelatinoso.
jemimas [dʒiˈmaiməz], *n. pl.* (*arc., fam.*) **1** stivaletti con elastico ai lati **2** soprascarpe di stoffa.
jemmy [ˈdʒemi], *n.* **1** palanchino; piede di porco **2** (*pop.*) testa di pecora (*cotta al forno*).
to jemmy [ˈdʒemi], *v. t.* (*spesso* **to j. open**) forzare con un palanchino; scassinare.
je ne sais quoi [jə nə sei ˈkwaː] (*franc.*), *n.* (un) non so che.
jennet [ˈdʒenit], *n.* ginnetto; cavallino spagnolo.
jenneting [ˈdʒenitiŋ], *n.* mela primaticcia; mela di San Giovanni.
jenny [ˈdʒeni], *n.* **1** (*anche* **spinning j.**) filatoio meccanico **2** gru mobile **3** (*ferr.*) gru per locomotiva **4** (*zool., anche* **j. ass**) asina **5** (*zool.*) femmina (*di vari animali*). ● **j. wren**, (*zool.*) femmina dello scricciolo; (*fam.*) scricciolo (*nelle poesiole infantili*).
Jenny [ˈdʒini, ˈdʒeni], *n.* (*dim. di* **Jane**) Giannina.
to jeopardize [ˈdʒepədaiz], *v. t.* arrischiare; azzardare; mettere in pericolo (*o* a repentaglio): **to j. one's life**, arrischiare la vita.
jeopardy [ˈdʒepədi], *n.* **1** azzardo; pericolo; rischio; repentaglio **2** (*leg.*) pericolo di condanna per reato (*dopo l'incriminazione*).
jerboa [dʒəːˈbouə], *n.* (*zool., Jaculus jaculus*) topo delle piramidi; gerboa.
jeremiad [ˌdʒeriˈmaiəd], *n.* geremiade; lamentazione.
Jeremiah [ˌdʒeriˈmaiə], *n.* (*Bibbia*) Geremia.
Jeremy [ˈdʒerimi], *n.* Geremia.
Jericho [ˈdʒerikou], *n.* (*Bibbia, geogr.*) Gerico. ● (*pop.*) **Go to J.!**, vattene!; va' a farti benedire!
jerk (1) [dʒəːk], *n.* **1** scossa; strattone; strappo; scatto; sobbalzo **2** contrazione (*d'un muscolo*); spasmo; tic nervoso **3** (*mecc.*) velocità d'accelerazione **4** (*pop. USA*) stolto; stupido; tonto. ● (*fam.*) **physical jerks**, esercizi fisici; ginnastica □ (*pop.*) **Put a j. in it!**, muoviti!; spicciati!
to jerk (1) [dʒəːk], **A** *v. t.* dare una scossa (*o* uno strattone) a; spingere; tirare; lanciare: **to j. a cart out of the mud**, tirare un carro fuori dal fango. **B** *v. i.* muoversi a strappi; procedere a scosse (*o* a sobbalzi). ● **to j. oneself free**, liberarsi con uno strattone □ **to j. out one's words**, parlare a scatti □ (*di un veicolo*) **to j. to a stop**, fermarsi con un sobbalzo.
to jerk (2) [dʒəːk], *v. t.* conservare (*carne, specialm. di bue*) tagliandola a fette ed essiccandola al sole.
jerk (2) [dʒəːk], *n.* carne (*specialm. di bue*) essiccata al sole.
jerkin [ˈdʒəːkin], *n.* **1** (*stor.*) farsetto **2** (*moda*) giacchetta

senza maniche.
jerkiness ['dʒəːkinis], *n.* **1** il muoversi a strappi, con scosse; andatura a balzelloni **2** spasmodicità.
jerky ['dʒəːki], **A** *a.* **1** a scatti; a scosse; a sobbalzi; spasmodico; convulso **2** (*pop. USA*) stupido; tonto. **B** *n.* V. **jerk** (2).
Jeroboam [ˌdʒerəˈbouəm], *n.* **1** (*Bibbia*) Geroboamo **2** – j., bottiglione; fiasca.
Jerome [dʒəˈroum], *n.* Gerolamo; Geronimo.
jerry ['dʒeri], *n.* **1** (*pop.*, *raro*) vaso da notte **2** (*anche* **j.-shop**) birreria d'infimo ordine. ● **j. can**, tanica.
Jerry ['dʒeri], *n.* **1** *dim.* di **Gerard 2** (*pop.*) (soldato) tedesco.
jerry-builder ['dʒeriˌbildə*], *n.* costruttore di case per speculazione; imprenditore edile disonesto.
jerry-building ['dʒeriˌbildiŋ], *n.* costruzione (*di case, ecc.*) con materiale scadente; speculazione edilizia.
jerry-built ['dʒeribilt], *a.* (*di edificio*) costruito con materiale scadente.
jerrymander, to jerrymander ['dʒeriˌmændə*], V. **gerrymander, to gerrymander**.
jersey ['dʒəːzi], *n.* **1** (*ind. tessile*) jersey **2** maglia attillata di lana; maglietta **3** giacchetta; pullover **4** (*USA*) canottiera.
Jersey ['dʒəːzi], *n.* **1** (*geogr.*) Jersey (*una delle Isole Normanne*) **2** (*anche* **J. cow**) mucca di razza Jersey.
Jerusalem [dʒəˈruːsələm], *n.* (*geogr.*) Gerusalemme. ● (*bot.*) **J. artichoke** (*Helianthus tuberosus*), topinambùr □ (*fam.*) **J. pony**, asino.
jess [dʒes], *n.* (*falconeria*) geto.
to jess [dʒes], *v. t.* attaccare un geto alla zampa di (*un falco*).
jessamine ['dʒesəmin], *n.* (*bot.*, *Jasminum*) gelsomino.
jest [dʒest], *n.* **1** burla; celia; canzonatura; motteggio; scherzo: **in j.**, per scherzo **2** facezia; frizzo; motto **3** oggetto di derisione; zimbello: **He is a standing j.**, è sempre lo zimbello di tutti. ● **j.-book**, raccolta di facezie □ (*prov.*) **Many a true word is spoken in j.**, spesso burlando si dice il vero.
to jest [dʒest], **A** *v. i.* burlare; celiare; motteggiare; scherzare. **B** *v. t.* motteggiare; prendersi gioco di (q.); prendere in giro.
jester ['dʒestə*], *n.* **1** burlone; celiatore (*raro*); motteggiatore **2** (*un tempo*) buffone (*di corte*); giullare.
jesting ['dʒestiŋ], *a.* faceto; che ama scherzare; scherzoso; burlone: **a j. chap**, un (tipo) burlone; **a j. answer**, una risposta scherzosa.
Jesuit ['dʒezjuit], *n.* (*relig.*) (*anche fig.*) gesuita.
Jesuitic(al) [ˌdʒezjuˈitik(əl)], *a.* (*relig.*) (*anche fig.*) gesuitico.
Jesuitism ['dʒezjuitizəm], *n.* (*relig.*) gesuitismo; (*fig.*, *spreg.*) finzione, doppiezza.
to Jesuitize ['dʒezjuitaiz], **A** *v. t.* rendere gesuitico. **B** *v. i.* fare il gesuita (*fig.*).
Jesuitry ['dʒezjuitri], *n.* (*relig.*) gesuitismo; (*spreg.*) gesuiteria.
Jesus ['dʒiːzəs], *n.* (*relig.*) Gesù.
jet (1) [dʒet], *n.* **1** getto (*di gas, vapore, ecc.*); zampillo (*d'acqua, ecc.*): **jets of blood**, zampilli di sangue **2** (*autom.*) getto, spruzzatore, ugello (*di carburatore*) **3** becco; beccuccio; tubo di scarico (*per es., di grondaia*): **a gas jet**, un beccuccio del gas **4** (*fam.*, *anche* **jet plane**) aviogetto; reattore (*fam.*). ● (*aeron.*) **jet engine**, motore a getto; propulsore a reazione diretta □ (*aeron. mil.*) **jet fighter**, caccia a reazione □ **jet fuel**, combustibile per aviogetti □ **jet lag**, stato di malessere (*di un viaggiatore in aereo*) dovuto al rapido spostamento attraverso vari fusi orari □ (*aeron. miss.*) **jet nozzle**, ugello di scarico; effusore □ **j. pilot**, pilota d'aviogetto □ **jet pipe**, tubo di scarico; sfiatatoio (*di cetacei*) □ (*aeron.*) **jet-propelled plane**, aeroplano con motore a getto □ (*aeron.*) **jet propulsion**, propulsione a reazione diretta (*o a getto*) □ **jet set**, jet set; **jet-set**, del jet set □ **jet-setter**, uno del jet set □ **jet society**, jet society □ **jet stream**, (*aeron.*) getto; (*meteorologia*) corrente a getto.
to jet [dʒet], **A** *v. t.* emettere a getti (*o a zampilli*); scaricare (*mecc.*) eiettare. **B** *v. i.* **1** uscire a getti; scaturire; sgorgare; zampillare (*aeron.*) viaggiare in aviogetto.
jet (2) [dʒet], **A** *n.* **1** (*miner.*) giavazzo; giaietto; ambra nera **2** color nero lucente. **B** *a.* **1** di giavazzo **2** nero come giavazzo. ● **jet-black**, nero come l'ebano.
jetboat ['dʒetbout], *n.* (*naut.*) imbarcazione (con motore) a reazione.
jetborne ['dʒetbɔːn], *a.* (*aeron.*) trasportato (*o* che viaggia) in aviogetto.
to jet-hop ['dʒethɔp], *v. i.* (*fam.*) viaggiare in aviogetto; volare in jet.
jetliner ['dʒetlainə*], *n.* (*aeron.*) aereo di linea a reazione.
jetsam ['dʒetsəm], *n.* **1** (*naut.*) merci gettate fuori bordo (*per alleggerire il carico di una nave in pericolo*) **2** (*fig.*) relitto umano; persona senza arte né parte; spostato (*fam.*).
jettison ['dʒetisn], *n.* **1** (*naut.*, *leg.*) getto del carico (*o di parte di esso*) a mare (*per alleggerire la nave in pericolo*) **2** (*naut.*) getto; carico gettato in mare **3** (*aeron.*) scarico in volo.

to jettison ['dʒetisn], *v. t.* **1** (*naut.*) gettare a mare (*il carico o parte di esso*) **2** (*aeron.*) sganciare in volo, alleggerirsi di (q.c.) **3** (*fig.*) gettar via; disfarsi (*o* liberarsi) di (q.c.).
jetton ['dʒetən], *n.* gettone (*con impressa una sigla*).
jetty (1) ['dʒeti], *n.* gettata; banchina; molo; pontile.
jetty (2) ['dʒeti], *a.* nero come giavazzo; nero come l'ebano.
jeu d'esprit [ˌʒəː desˈpriː] (*franc.*), *n.* (*lett.*) spiritosaggine.
jeunesse dorée [ʒəˈnes dɔˈrei] (*franc.*), *n.* gioventù ricca e alla moda.
Jew [dʒuː], *n.* ebreo (*anche fig.*); ebreo; israelita; (*spreg.*) avaro, rabbino (*fig.*). ● **Jew-baiter**, persecutore d'ebrei □ **Jew-baiting**, persecuzione degli ebrei □ (*bot.*) **Jew's ear** (*Auricularia auricula-Judae*), orecchio di Giuda □ (*fam.*, *raro*) **Go and tell that to the Jews**, vallo a raccontare a tua nonna!
jewel ['dʒuːəl], *n.* **1** gioiello (*anche fig.*); gemma; gioia: **Our maid is a j.**, la nostra domestica è un gioiello **2** (*mecc.*) pietra dura, rubino (*d'orologio*): **a 17-j. wristwatch**, un orologio da polso con 17 rubini **3** (*ferr.*) bronzina. ● **j.-case**, astuccio dei gioielli; portagioie □ **the j. house**, le sale dei gioielli della Corona inglese (*nella Torre di Londra*).
to jewel ['dʒuːəl], *v. t.* **1** ingioiellare; ingemmare; adornare di pietre preziose: **a jewelled ring**, un anello adorno di pietre preziose **2** (*mecc.*) provvedere di rubini: **a jewelled watch**, un orologio con rubini.
jeweller ['dʒuːələ*], *n.* gioielliere; orefice. ● **j.'s shop**, gioielleria.
jewel(le)ry ['dʒuːəlri], *n.* **1** (*collett.*) gioielli; pietre preziose; gemme; gioie **2** gioielleria (*arte*). ● (*comm.*) **costume j.**, bigiotteria.
Jewess ['dʒuːis], *n.* ebrea.
Jewish ['dʒuːiʃ], **A** *a.* ebreo; giudaico; giudeo. **B** *n.* (*pop.*) V. **Yiddish**.
Jewry ['dʒuəri], *n.* **1** (*collett.*) gli ebrei: **American J.**, gli ebrei d'America **2** (*il*) ghetto.
jew's harp [ˈdʒuːzˈhaːp], *n.* (*mus.*) scacciapensieri.
Jezebel ['dʒezəbl], *n.* **1** (*Bibbia*) Jezabel **2** (*fig.*) donna lasciva; donna dissoluta.
jib (1) [dʒib], *n.* **1** (*naut.*) fiocco: **jib boom**, asta del fiocco **2** (*mecc.*) braccio (*di gru, d'argano*). ● (*mecc.*) **jib crane**, gru a bandiera (*o a braccio*) □ (*fig.*, *fam.*) **the cut of sb.'s jib**, l'aspetto esteriore di q.; il modo di vestire di q. □ (*naut.*) **flying jib**, controfiocco.
to jib [dʒib], *v. i.* recalcitrare (*anche fig.*); fermarsi; rifiutare d'andare avanti. ● **to jib at st.**, mostrare ripugnanza per q.c.
jib (2) [dʒib], **jibber** ['dʒibə*], *n.* cavallo recalcitrante, che s'impenna.
jib door ['dʒib dɔː*], *n.* porta dissimulata; uscio a muro.
jibe [dʒaib], V. **gibe**.
to jibe (1) [dʒaib], V. **to gibe**.
to jibe (2) [dʒaib], V. **to gybe**.
to jibe (3) [dʒaib], *v. i.* (*fam.*) andare d'accordo; essere d'accordo.
jiff [dʒif], **jiffy** ['dʒifi], *n.* (*fam.*) attimo; istante; momento; minuto: **in a j.**, in un momento; in un batter d'occhio.
jig [dʒig], *n.* **1** (*mus.*) giga; (*musica per*) danza vivace: **to dance a jig**, ballare una giga **2** (*mecc.*) maschera (*di montaggio*); attrezzatura di guida dell'utensile **3** (*ind. min.*) crivello oscillante. ● (*mecc.*) **jig borer**, tracciatrice; alesatrice a coordinate.
to jig [dʒig], **A** *v. i.* **1** ballare una giga **2** ballare (*fig.*); saltellare; salterellare: **The little girl jigged up and down for joy**, la bambina ballava (*o* saltellava) per la gioia. **B** *v. t.* **1** ballare (*una giga*) **2** far ballare (*fig.*); far saltare: **to jig one's keys in one's hand**, far saltare le chiavi tenendole in mano **3** (*mecc.*) lavorare con maschere (*o* con attrezzature munite di guide) **4** (*ind. min.*) crivellare, vagliare (*un minerale*).
jigger (1) ['dʒigə*], *n.* **1** chi balla la giga; chi saltella **2** (*naut.*) paranco a coda **3** (*naut.*) vela di mezzana; piccola vela **4** (*naut.*) iole a vela **5** (*pop.*) appoggio per la stecca (*di biliardo*) **6** (*ind. min.*) crivellatore **7** (*ind. min.*) canale a scosse; canale trasportatore oscillante **8** (*fam.*) aggeggio **9** (*fam.*) misurino (*da un'oncia e mezzo*) **10** (*naut.*, *anche* **jiggermast**) albero di mezzana; piccolo albero a poppa.
jigger (2) ['dʒigə*], *n.* (*zool.*, *Tunga penetrans*) pulce penetrante.
to jigger ['dʒigə*], *v. t.* (*usato solo al passivo*) dannare, maledire: **I'll be jiggered if...**, ch'io sia dannato se...
jiggery-pokery ['dʒigəriˈpoukəri], *n.* (*fam.*) imbroglio; inganno; raggiro.
to jiggle ['dʒigl], **A** *v. t.* dondolare; cullare; scuotere lievemente. **B** *v. i.* dondolare; scuotersi.
jigsaw ['dʒigsɔː], *n.* seghetto alternativo; sega per lavori di traforo. ● **j. puzzle**, gioco delle composizioni, delle costruzioni (*pezzi irregolari con cui ricomporre una figura, un disegno*).
Jildi five ['dʒildifaiv], *n.* (*tombola*) cinquina.
jill, Jill [dʒil], V. **gill** (4), **Gill**.
jilt [dʒilt], *n.* donna capricciosa e leggera; civetta, fraschetta (*fig.*).
to jilt [dʒilt], *v. t.* civettare con (q.) e poi abbandonarlo; abbandonare, piantare (*un innamorato*).

Jim

Jim [dʒim], **Jimmy** ['dʒimi], *n. (dim. di* **James**) Giacomino.
Jim Crow ['dʒimkrou], *n.* **1** (*spreg. USA*) negro **2** (*fam. USA*) discriminazione razziale (*contro i negri*); segregazionismo **3** — (*ferr.*) **jim crow**, martinetto piegarotaie; cagna. ● **Jim Crow car**, carrozza ferroviaria (*o* tranviaria, ecc.) per soli negri □ **Jim Crow school**, scuola per soli bianchi.
jim-dandy ['dʒim:'dændi], (*USA*) **A** *n.* cosa eccezionale, fantastica. **B** *a.* eccezionale, fantastico.
jiminy ['dʒimini], *inter. (di sorpresa, anche* **by jiminy!**, **jiminy Christmas!**) perbacco!; ma va!
jimjams ['dʒimdʒæmz], *n. pl.* (*pop.*) **1** ballo di san Vito; delirium tremens **2** agitazione; nervosismo.
jimmy ['dʒimi], *n.* (*USA*) *V.* **jemmy (1)**.
Jimmy ['dʒimi], *n.* (*dim. di* **James**) Giacomino.
to jimmy ['dʒimi], *v. t.* (*USA*) *V.* **to jemmy**.
jimp [dʒimp], *a.* (*scozz.*) **1** esile; grazioso **2** scarso.
jimsonweed ['dʒimsənwi:d], *n.* (*bot. USA, Datura stramonium*) stramonio.
jingle ['dʒiŋgl], *n.* **1** tintinnio; tinnino; tinnito (*lett.*); scampanellio; squillo **2** cantilena, filastrocca; poesiola, canzonetta **3** (*radio, telev.*) filastrocca musicale **4** (*in Irlanda e Australia*) calesse coperto. ● **j. bell**, sonaglio tondo; bubbolo.
to jingle ['dʒiŋgl], **A** *v. i.* **1** tintinnare; tintinnire, tinnire (*lett.*); scampanellare **2** (*di versi*) avere un ritmo monotono, uniforme. **B** *v. t.* far tintinnare: **He jingled the coins in his pocket**, fece tintinnare le monetine che aveva in tasca.
jingo ['dʒiŋgou], **A** *n.* (*pl.* **jingoes**) nazionalista fanatico; sciovinista. **B** *a.* sciovinistico. ● (*pop.*) **by j.!**, perbacco!; perdinci!
jingoism ['dʒiŋgouizəm], *n.* nazionalismo esasperato; sciovinismo.
jingoist ['dʒiŋgouist], *n.* nazionalista fanatico; sciovinista.
jingoistic [ˌdʒiŋgou'istik], *a.* sciovinistico; sciovinista.
to jink [dʒiŋk], **A** *v. i.* **1** andare (*o* muoversi) a zigzag; scansarsi; far civetta **2** (*gergo aeron.*) volare a zigzag (*per sottrarsi al fuoco antiaereo*). **B** *v. t.* sottrarsi a; scansare, schivare (*un inseguitore*).
jink [dʒiŋk], *n.* balzo; scatto; andatura a zigzag. ● (*fam., fig.*) **high jinks**, allegria sfrenata; baldoria.
jinn [dʒin], **jinni** ['dʒini], *n.* (*pl.* **jinn**) (*mitol.*) genio; genietto; ginn.
jinx [dʒiŋks], *n.* (*pop.*) **1** persona (*o* cosa) che porta sfortuna (*o* iella); iettatore; menagramo **2** iettatura; malocchio: **to put a j. on sb.**, gettare il malocchio su q. ● **to be a j.**, portare iella.
to jinx [dʒiŋks], *v. t.* (*pop.*) **1** iettare (*dial.*); portare iella (*o* scalogna) a (q.) **2** gettare il malocchio su (q.).
jinxy ['dʒiŋksi], *a.* (*pop.*) iellato, iettato, scalognato (*fam.*).
jitney ['dʒitni], *n.* (*pop. USA*) **1** moneta da cinque centesimi (*di* dollaro) **2** autobus a bassa tariffa; piccolo autobus; maxitaxi.
jitter ['dʒitə*], *n.* **1** (*elettron.*) tremolio (*difetto*) **2** (*pl., pop.*) nervosismo; paura. ● (*pop.*) **to have the jitters**, essere innervosito; aver fifa (*pop.*).
to jitter ['dʒitə*], *v. i.* (*pop., origin. USA*) essere nervoso (*o* innervosito); aver paura.
jitterbug ['dʒitəbʌg], *n.* (*pop., origin. USA*) **1** ballo sfrenato, a ritmo di jazz **2** ballerino sfrenato di jazz; fanatico del jazz **3** (*arc.*) tipo nervosissimo.
jittery ['dʒitəri], *a.* (*pop., origin. USA*) nervoso; innervosito; impaurito; che ha una fifa blu (*pop.*).
jiujitsu [dʒju:'dʒitsu:], *V.* **jujitsu**.
jive [dʒaiv], *n.* (*pop.*) **1** varietà di jazz **2** (*USA, anche* **j. talk**) gergo dei negri (*specialm. dei jazzisti*) **3** sciocchezze; balle (*pop.*).
to jive [dʒaiv], *v. i.* (*pop.*) **1** ballare a ritmo di jazz **2** suonare musica jazz **3** (*USA*) parlare il gergo dei jazzisti.
Joan [dʒoun], **Joanna** [dʒou'ænə], *n.* Giovanna.
job (1) [dʒɔb], *n.* **1** lavoro; compito; mansione: **to make a good job of it**, fare un buon lavoro; lavorare bene **2** affare (*anche poco pulito*); intrallazzo: (*iron.*) **a pretty job!**, bell'affare! **3** (*fam.*) lavoro; impiego; mestiere; posto: **She has a job as a typist**, ha un posto di dattilografa; ha trovato un impiego come dattilografa **4** (*fam.*) compito difficile; impresa: **It's a job to give one's children a good education**, è un'impresa dare una buona istruzione ai propri figli **5** (*pop.*) colpo (*di criminali*); rapina: **a bank job**, una rapina a una banca **6** (*elab.*) job; lavoro. ● **job action**, azione sindacale che esclude lo sciopero generale □ **job evaluation** (*o* **rating**), valutazione del lavoro (*o* delle mansioni) □ (*comm.*) **a job lot**, una partita di merce disparata, comprata a buon mercato □ (*econ.*) **the job market**, il mercato del lavoro □ (*fam.*) **a job of work**, un bel lavoro □ **job offers**, offerte di lavoro □ **job opportunities**, possibilità d'impiego □ **job order**, ordine (*o* buono) di lavorazione □ (*econ.*) **job production**, produzione su commessa □ **job rotation**, rotazione delle mansioni □ **job work**, lavoro fatto a cottimo □ (*volg.*) **to do the job on a girl**, farsi una ragazza (*volg.*) □ **to do a bad job**, lavorar male □ (*fig.*) **to do sb.'s job**, fare la festa a q.; mandare in rovina q. □ **to give up sb. (st.) as a bad job**, lasciar perdere q. (q.c.) □ **just the job**, proprio quel che ci vuole (*o* ci voleva) □ **odd jobs**, lavori saltuari; lavoretti □ **an odd-job man**, un uomo che fa lavori disparati, saltuari □ **to be on the job**, essere al lavoro (*o* in attività); essere impegnato nel proprio lavoro □ (*fam.*) **to be out of a job**, essere disoccupato □ **to be paid (to work) by the job**, essere pagato (lavorare) a cottimo □ (*pop.*) **to pull a job**, fare una rapina □ **It's a bad job**, è fatica sprecata □ **It's a bad job for you**, è un affare serio per te □ **It's a good job that...**, è una buona cosa che...; meno male che... □ **He's off, and a good job too**, meno male che se n'è andato!
to job (1) [dʒɔb], **A** *v. i.* **1** fare lavori disparati (*o* saltuari); lavorare a cottimo **2** (*comm.*) comprare all'ingrosso; fare il grossista; trafficare **3** (*fin.*) speculare in Borsa **4** (*di uomo di Stato, funzionario e sim.*) essere corrotto; prevaricare. **B** *v. t.* **1** (*comm.*) comprare all'ingrosso; trafficare in (*certe merci*) **2** (*Borsa*) speculare in (*certi titoli*) **3** appaltare; dare in appalto (*lavori*) **4** approfittare illecitamente di; trattare (*affari pubblici*) in modo disonesto, a fin di lucro **5** noleggiare; dare (*o* prendere) a nolo (*cavalli, carrozza*). ● **to job sb. into a well-paid post**, procurare un posto ben rimunerato a q., con mezzi illeciti □ (*comm.*) **to job off**, svendere □ **to job sb. out of st.**, togliere q.c. a q., con raggiri; fregare q.c. a q. (*fam.*).
to job (2) [dʒɔb], *V.* **to jab**.
job (2) [dʒɔb], *V.* **jab**.
Job [dʒoub], *n.* (*Bibbia*) Giobbe. ● **Job's comforter**, chi tenta malamente di consolare; pessimo consolatore.
jobation [dʒou'beiʃən], *n.* (*fam.*) lavata di capo (*fig.*); ramanzina.
jobber ['dʒɔbə*], *n.* **1** (*comm.*) grossista; rivenditore **2** (*comm.*) affarista; trafficante **3** (*fin.*) speculatore in Borsa (*professionista*); «jobber» (*non esiste in Italia*) **4** (*econ.*) lavoratore a cottimo; cottimista **5** noleggiatore; chi dà a nolo cavalli (*o* carrozze) **6** prevaricatore; profittatore.
jobbernowl ['dʒɔbənoul], *n.* (*fam.*) tonto.
jobbery ['dʒɔbəri], *n.* affarismo; prevaricazione; disonestà (*d'uomo politico o di pubblico funzionario*).
jobbing ['dʒɔbiŋ], *n.* **1** lavorazione a cottimo, su commessa **2** affarismo; speculazione **3** noleggio (*di cavalli e carrozze*). ● **j. contract**, cottimo □ (*tipogr.*) **j. printing**, stampa commerciale.
to job-hop ['dʒɔbhɔp], *v. i.* cambiar lavoro (*o* posto) di continuo.
job-hopper ['dʒɔb.hɔpə*], *n.* chi muta lavoro (*o* cambia posto) di continuo.
jobless ['dʒɔblis], **A** *a.* disoccupato. **B** *n.* (*collett.*) — **the j.**, i senzalavoro; i disoccupati. ● (*ass.*) **j. insurance**, assicurazione contro la disoccupazione □ (*stat.*) **j. rate**, tasso di disoccupazione.
jobmaster ['dʒɔbˌma:stə*], *n.* (*arc.*) noleggiatore di cavalli (*o* di carrozze).
Jock [dʒɔk], *n.* **1** (*gergo mil.*) soldato scozzese (*specialm. delle Highlands*) **2** scozzese tipico **3** (*vezzegg.*) Giovannino.
jock [dʒɔk], *n.* **1** (*anche sport*) sospensorio **2** (*fig., pop. USA*) atleta.
jockey ['dʒɔki], *n.* **1** (*sport*) fantino **2** (*fam. USA*) autista; conducente; manovratore: **elevator j.**, ascensorista; **truck j.**, camionista. ● **j. cap**, berretto da fantino □ **J. Club**, associazione per le corse ippiche □ (*radio*) **disc j.**, disc-jockey; selezionatore e presentatore d'un programma di dischi fonografici.
to jockey ['dʒɔki], *v. t. e i.* **1** (*sport*) montare (*un cavallo*) in una corsa **2** imbrogliare; ingannare; gabbare; truffare **3** (*fam.*) destreggiarsi **4** (*fam. USA*) guidare; manovrare; spostare; parcheggiare (*automobili, ecc.*). ● **to j. for position**, destreggiarsi (*o* manovrare abilmente) per raggiungere una posizione vantaggiosa; (*sport*) farsi luce □ **to j. sb. into doing st.**, convincere q. a fare q.c., con arti subdole □ **to j. sb. out of st.**, spogliare q. di q.c., con l'inganno; defraudare q. di q.c.
jocko ['dʒɔkou], *n.* (*pl.* **jockos**) (*zool., Pan troglodytes*) scimpanzé.
jockstrap ['dʒɔkstræp], *n.* (*anche sport*) sospensorio.
jocose [dʒə'kous], *a.* giocoso; gioviale; faceto; scherzoso.
jocoseness [dʒə'kousnis], **jocosity** [dʒou'kɔsiti], *n.* **1** giocosità; gaiezza; scherzosità **2** facezia; piacevolezza.
jocular ['dʒɔkjulə*], *a.* giocoso; buffo; gioviale; scherzoso.
jocularity [ˌdʒɔkju'læriti], *n.* **1** giocosità; giovialità; scherzosità **2** facezia; piacevolezza.
jocund ['dʒɔkənd], *a.* giocondo; gaio; gioviale; allegro; lieto.
jocundity [dʒou'kʌnditi], *n.* **1** giocondità; gaiezza; giovialità; allegria; lietezza **2** discorso gioviale, allegro; piacevolezza.
jodhpurs ['dʒɔdpəz], *n. pl.* calzoni alla cavallerizza.
Joe [dʒou], *n.* (*dim. di* **Joseph**) Beppe, Beppino, Pino. ● (*fam.*) **Joe Miller**, barzelletta risaputa; gioco di parole stantio (*dal*

nome d'un attore comico) □ (*arc.*) **not for Joe!**, nient'affatto!; neanche per sogno!
joey (1) [dʒoui], *n.* (*zool.*) **1** piccolo canguro; cangurino **2** piccolo (*di vari animali*).
joey (2) ['dʒoui], *n.* (*pop.*) moneta da tre (*o* da quattro) penny.
to jog [dʒɔg], **A** *v. t.* **1** spingere (*o* urtare, scuotere) lievemente; far sobbalzare; sballottare; sballottolare (*raro*): **The waggons jogged the pioneers up and down**, i carri facevano sobbalzare i pionieri **2** dar di gomito a (q.) **3** (*fig.*) ravvivare, stimolare (*la memoria*). **B** *v. i.* **1** avanzare a scatti; procedere a sbalzi; procedere lentamente **2** trotterellare **3** (*fam.*) andarsene: **We must be jogging now**, dobbiamo andarcene, ora **4** (*mecc.*) avanzare con moto intermittente **5** (*sport*) fare il jogging. ● **to jog along** (*o* **on**), camminare lentamente, procedere a fatica; (*fig.*) tirare avanti, seguire il solito tran tran □ **to jog the reins**, dare una tiratina di redini.
jog [dʒɔg], *n.* **1** lieve scossa; piccola spinta; leggero urto **2** colpetto di gomito; lieve gomitata **3** andatura lenta, a scatti, a balzi **4** (*mecc.*) movimento a intermittenza **5** *V.* **jogtrot**.
jogging ['dʒɔgiŋ], *n.* **1** jogging; il fare corsette (*o* trotterellare, ecc.) per tenersi in esercizio (per stare in salute, ecc.) **2** (*elettr.*) comando a impulsi.
to joggle (1) ['dʒɔgl], **A** *v. t.* **1** spingere (*o* urtare, scuotere) lievemente; far sobbalzare; sballottare **2** spostare a scatti. **B** *v. i.* **1** sobbalzare; essere sballottato **2** avanzare a scatti, a sobbalzi.
joggle (1) ['dʒɔgl], *n.* **1** lieve scossa; piccola spinta; leggero urto.
joggle (2) ['dʒɔgl], *n.* **1** (*edil., falegnameria*) caletta; immorsatura; gorgia **2** (*edil.*) chiavarda **3** (*ind. min.*) incastellatura.
to joggle (2) ['dʒɔgl], *v. t.* (*edil., falegnameria*) calettare; immorsare; sfalsare (*un mattone*). ● (*edil.*) **j. post**, monaco.
jogtrot ['dʒɔg'trɔt], *n.* **1** piccolo trotto; trotterello **2** (*fig.*) routine; tran tran; ritmo di lavoro monotono.
John [dʒɔn], *n.* Giovanni. ● **J. Bull**, l'inglese tipico; il popolo inglese □ **J. Chinaman**, il cinese tipico □ **J. Doe**, il signor Rossi (*persona fittizia, nei trattati giuridici*) □ **J. Hancock**, firma (*dal nome del primo firmatario della Dichiarazione d'Indipendenza*) □ (*geogr.*) **from J.-o'-Groats to Land's End**, dalla Scozia settentrionale alla punta della Cornovaglia; in tutta la Gran Bretagna.
john [dʒɔn], *n.* (*pop. USA*) **1** puttaniere (*volg.*) **2** gabinetto; ritirata; cesso (*pop.*).
Johnian ['dʒɔunjən], *a. e n.* (membro) del «St. John's College» (*università di Cambridge*).
Johnnie ['dʒɔni], *n.* (*dim. di* **John**) Giovannino; Gianni.
johnny ['dʒɔni], *n.* (*fam.*) **1** individuo; tipo; tizio **2** bellimbusto; damerino; zerbinotto **3** gabinetto; ritirata. ● (*USA*) **j. cake**, focaccia di granturco □ **J.-come-lately**, ritardatario □ **J. Raw**, principiante; novellino; recluta.
Johnny ['dʒɔni], *V.* **Johnnie**.
Johnsonese [,dʒɔnsə'ni:z], *n.* stile letterario di Samuel Johnson; stile erudito e pomposo.
Johnsonian [dʒɔn'sounjən], *a.* (*letter.*) johnsoniano (*V.* **Johnsonese**).
to join [dʒɔin], **A** *v. t.* **1** congiungere, unire; collegare; connettere; riunire: **to j. one thing to another**, collegare una cosa con un'altra; **to j. two things (together)**, congiungere due cose; **to j. forces**, unire le forze; **A wooden bridge joins the two halves of the village**, un ponte di legno collega le due metà del paese; **to j. a man and a woman in marriage**, unire un uomo e una donna in matrimonio **2** entrare a far parte di; iscriversi a; associarsi in: **to j. a club**, iscriversi a un circolo; **to j. the army**, arruolarsi nell'esercito; **to j. the parliamentary majority that supports the government**, entrare a far parte della maggioranza che appoggia il governo **3** unirsi a; raggiungere: **I'll j. you later**, ti raggiungerò più tardi; **to j. one's regiment**, raggiungere il proprio reggimento; **Will you j. me for dinner?**, vuoi venire a pranzo con me? **4** confluire in; gettarsi in: **The path joins the highway**, il sentiero confluisce nella strada maestra; **The Cam joins the Ouse**, il fiume Cam si getta nell'Ouse **5** unirsi a; associarsi a: **My parents j. me in thanking you**, i miei genitori si associano a me nel ringraziarti **6** (*di un luogo*) essere adiacente (*o* contiguo) a (*un altro*) **7** (*naut.*) imbarcarsi su (*una nave da guerra*). **B** *v. i.* **1** congiungersi; unirsi; riunirsi; confluire: **The two streams j. (each other) there**, i due corsi d'acqua confluiscono in quel punto **2** associarsi; consociarsi **3** – **to j. in**, prender parte a; partecipare a: **to j. in a conversation**, prender parte a una conversazione; **to j. in a game**, partecipare a un gioco. ● **to j. battle**, cominciare a combattere □ **to j. a church**, diventare membro di una chiesa; aderire a una chiesa □ **to j. forces with sb.**, unire le proprie forze a quelle di q.; associarsi (*o* collaborare) con q. □ **to j. hands**, giungere le mani; darsi la mano; (*fig.*) associarsi in un'impresa, collaborare □ (*fam.*) **to j. up**, arruolarsi (*nell'esercito*) □ (*edil.*) **a pair of joined houses**, una casa bifamiliare (*con un muro divisorio in comune*).

join [dʒɔin], *n.* giuntura; punto di giunzione.
joinder ['dʒɔində*], *n.* (*leg.*) unione, riunione (*di cause*).
joiner ['dʒɔinə*], *n.* **1** chi (*o* cosa che) collega, congiunge, riunisce (*V.* **to join**) **2** falegname **3** (*tecn.*) giuntatore.
joinery ['dʒɔinəri], *n.* **1** falegnameria; arte del falegname **2** lavori di falegnameria **3** parti (*d'una casa*, ecc.) in legno.
joining ['dʒɔiniŋ], *n.* **1** congiunzione; unione; collegamento (*V.* **to join**) **2** giuntura; punto di giunzione.
joint (1) [dʒɔint], *n.* **1** (*mecc., falegnameria, anat.*) giuntura; giunzione; connessione; giunto; articolazione **2** snodatura; snodo: **the joints in the wooden skeleton of a frame house**, le giunture dell'ossatura di legno di una casa; **hydraulic j.**, giunto idraulico; **universal j.**, giunto cardanico (*o* universale); **the finger joints**, le articolazioni delle dita; (*mecc.*) **knuckle j.**, giunto a snodo **2** pezzo di bestia macellata (*con l'osso*); taglio di carne (*costata, costoletta, cosciotto, spalla*, ecc.) arrosto: **a nice j. of beef**, un bel pezzo (*o* una bella porzione) di carne di manzo; **a mutton j.**, un pezzo (*o* una porzione) di montone arrosto **3** (*bot.*) nodo (*di ramo*, ecc.) **4** (*geol.*) giunto; diaclasi **5** (*legatoria*) morso; spigolo **6** (*pop. USA*) bettola; osteria; casa da gioco **7** (*pop.*) sigaretta alla marijuana; spinello (*pop.*). ● **out of j.**, (*d'osso*) slogato, spostato; (*fig.*) scontento, insoddisfatto, (*d'occasione*) sfavorevole, (*di cosa*) non coordinata, non rapportata, fuori misura □ **to put sb.'s wrist out of j.**, slogare il polso a q.
joint (2) [dʒɔint], *a.* unito; congiunto; comune; collegiale; collettivo; riunito: **our j. efforts**, i nostri sforzi congiunti; **a j. declaration**, una dichiarazione comune (*sottoscritta da tutti*); **a j. property** (*o* **estate**), una proprietà comune; (*leg.*) **j. responsibility**, responsabilità collegiale, collettiva; **j. action**, azione comune, collettiva. ● (*banca*) **j. account**, conto cointestato, a firme congiunte; (*di un'azienda*) conto sociale □ (*leg.*) **j. author**, coautore □ (*leg.*) **j. cause**, concausa □ **j. director** (*o* **j. manager**), condirettore □ (*leg.*) **j. owner**, comproprietario □ (*leg.*) **j. ownership**, comproprietà; proprietà indivisa □ (*polit.*) **j. resolution**, provvedimento legislativo approvato dai due rami d'un parlamento □ **j. signatures**, firme abbinate (*o* congiunte) □ (*fin.*) **j. stock**, capitale sociale; capitale azionario □ (*fin.*) **j.-stock company**, società per azioni; società anonima □ (*leg.*) **j. undertaking** (*o* **venture**), associazione in partecipazione.
to joint [dʒɔint], *v. t.* **1** (*mecc., falegnameria*, ecc.) congiungere; commettere; connettere; collegare: **to j. boards**, commettere tavole di legno **2** (*edil.*) commettere (*mattoni*, ecc.) **3** tagliare, fare a pezzi (*carne di bestia macellata*, ecc.) **4** (*mecc.*) rendere snodato; provvedere di snodo **5** raccordare (*tubazioni*).
jointed ['dʒɔintid], *a.* **1** articolato; snodato: **a j. doll**, una bambola snodata **2** connesso; giuntato.
jointer ['dʒɔintə*], *n.* **1** chi collega; chi connette; (*tecn.*) giuntatore **2** (*falegnameria*) pialla grande **3** (*agric.*) avanvomere; coltello (*di aratro*) **4** (*costr.*) ferro per giunti di muratura in mattoni **5** (*mecc.*) lima per denti di sega.
jointly ['dʒɔintli], *avv.* **1** congiuntamente; in comune **2** (*leg., fin.; spesso* **j. and severally**) solidalmente; in solido.
jointress ['dʒɔintris], *n.* (*leg.*) vedova dotata di appannaggio.
jointure ['dʒɔintʃə*], *n.* (*leg.*) appannaggio vedovile.
to jointure ['dʒɔintʃə*], *v. t.* (*leg.*) assegnare un appannaggio vedovile a (*una donna*).
joist [dʒɔist], *n.* (*edil.*) travetto; travicello.
joisted ['dʒɔistid], *a.* (*di soffitto*, ecc.) provvisto di travicelli.
joke [dʒouk], *n.* **1** scherzo; burla; celia; facezia; arguzia; barzelletta: **to play a j. on sb.**, fare uno scherzo a q.; **in j.**, per scherzo; per burla; **no j.**, senza scherzi; sul serio; **to crack a j. about sb.**, dire una barzelletta sul conto di q. **2** oggetto di ludibrio; cosa ridicola: **the j. of the village**, lo zimbello del paese. ● **the best of the j.**, la cosa più divertente □ **to make a j. about st.**, prendere q.c. in scherzo □ **a practical j.**, un tiro birbone (*o* mancino); uno scherzo da prete (*pop.*) □ **to take a j.**, stare allo scherzo □ **It's no j.**, c'è poco da scherzare; è una cosa seria.
to joke [dʒouk], **A** *v. i.* scherzare; celiare; far per scherzo: **Come on, I was only joking**, suvvia, stavo solo scherzando! **B** *v. t.* burlare; burlarsi di; motteggiare; canzonare.
joker ['dʒoukə*], *n.* **1** burlone; buffone; tipo ameno **2** (*nei giochi di carte*) matta; jolly **3** (*pop.*) individuo; tipo; tizio **4** (*leg., polit. USA*) clausola trabocchetto; cavillo; rampino legale (*fam.*).
joking ['dʒoukiŋ], *a.* faceto; scherzoso.
jokingly ['dʒoukiŋli], *avv.* per scherzo; scherzosamente.
joky ['dʒouki], *a.* incline allo scherzo; faceto.
jollification [,dʒɔlifi'keiʃən], *n.* (*fam.*) allegria; festa; baldoria.
to jollify ['dʒɔlifai], **A** *v. i.* far festa; far baldoria; stare allegro. **B** *v. t.* rendere allegro, tenere allegro (q.).
jolliness ['dʒɔlinis], **jollity** ['dʒɔliti], *n.* allegria; festa; baldoria.
jolly (1) ['dʒɔli], **A** *a.* **1** allegro; gaio; giocondo; festoso; divertente **2** (*fam.*) alticcio; brillo; su di giri **3** (*fam.*) bello

jolly

(*anche iron.*); piacevole: **a j. song**, una bella canzone; **He must be a j. fool to do it**, dev'essere un bello stupido per fare ciò. **B** *avv.* (*fam.*) molto; completamente; del tutto; proprio; veramente: **j. good**, proprio buono; **j. well**, veramente bene; (*fam.*) altroché, certo, eccome, sicuro: **I j. well told the boss!**, sicuro che gliel'ho cantata al padrone! **C** *inter.* benissimo!; eccellente, magnifico, splendido! **D** *n.* (*pop.*) soldato di fanteria da sbarco (*inglese*). ● **the j. god**, Bacco □ **a j. good fellow**, un giovialone, un cordialone □ **to have a j. time**, divertirsi un mondo; spassarsela.
to **jolly** ['dʒɔli], *v. t.* (*fam.*) **1** adulare; blandire; lisciare (*fig.*); prendere (*q.*) con le buone **2** convincere con le buone; persuadere con blandizie.
jolly (2) ['dʒɔli], *V.* **jolly boat**.
jolly boat ['dʒɔlibout], *n.* (*naut.*) iole; lancia.
Jolly Roger [,dʒɔli:'roudʒə*], *n.* (*stor.*) (la) bandiera dei pirati.
to **jolt** [dʒoult], **A** *v. i.* (*di veicolo; spesso* **to j. along**) procedere a scosse (*o* a sobbalzi). **B** *v. t.* **1** sballottare, scuotere **2** (*fig.*) colpire (*fig.*); scuotere; sconvolgere; turbare.
jolt [dʒoult], *n.* **1** scossa; sobbalzo **2** (*fig.*) colpo (*fig.*); shock: **The news gave us all a j.**, la notizia fu un grosso colpo per noi tutti.
jolterhead ['dʒoultəhed], *n.* zuccone, testone (*fig.*).
jolty ['dʒoulti], *a.* che procede a scosse (*o* a sobbalzi); traballante.
Jonah ['dʒounə], *n.* **1** (*Bibbia*) Giona **2** (*fig.*) iettatore; menagramo.
Jonathan ['dʒɔnəθən], *n.* **1** (*Bibbia*) Gionata **2** (*anche* **Brother J.**) tipico americano; il popolo americano **3** (*USA*) varietà di mela rossa.
jongleur [ʒɔ:ŋ'glɔ:*] (*franc.*), *n.* (*stor.*) menestrello; giullare.
jonquil ['dʒɔŋkwil], *n.* (*bot.*, *Narcissus jonquilla*) giunchiglia.
jordan ['dʒɔ:dn], *n.* (*dial.*, *pop.*) vaso da notte.
Jordan [dʒɔ:dn], *n.* (*geogr.*) **1** Giordano **2** Giordania.
Jordanian [dʒɔ:'deinjən], *a. e n.* giordano.
jorum ['dʒɔ:rəm], *n.* grande coppa (*o* tazza).
joseph ['dʒouzif], *n.* (*stor.*) mantello da amazzone, con cappuccio.
Joseph ['dʒouzif], *n.* **1** Giuseppe **2** (*fig.*) uomo casto; casto Giuseppe.
Josephine ['dʒouzifi:n], *n.* Giuseppina.
to **josh** [dʒɔʃ], *v. t. e i.* (*fam. USA*) motteggiare; scherzare bonariamente; prendere in giro amichevolmente.
josh [dʒɔʃ], *n.* (*fam. USA*) motteggio; scherzo bonario; amichevole presa in giro.
Joshua ['dʒɔʃuə], *n.* (*Bibbia*) Giosuè.
joskin ['dʒɔskin], *n.* (*pop.*) villano; zoticone.
joss [dʒɔs], *n.* idolo cinese. ● **j.-house**, tempio cinese □ **j. stick**, bastoncino d'incenso.
josser ['dʒɔsə*], *n.* (*pop.*) **1** semplicione; stolto **2** individuo; tipo; tizio.
to **jostle** ['dʒɔsl], **A** *v. i.* **1** spingersi; urtarsi; affollarsi; pigiarsi: **In the crowd we jostled one another**, nella calca ci urtavamo l'un l'altro **2** (*pop. USA*) fare il borsaiolo; borseggiare. **B** *v. t.* **1** spingere; urtare; dar gomitate a; pigiare; sballottare: **The boat was jostled by the waves**, la barca era sballottata dalle onde. ● **to j. sb. from st.**, allontanare a spinte q. da q.c □ **to j. with sb. for st.**, lottare con q. per prendere q.c.
jostle ['dʒɔsl], *n.* spinta; spintone; urto.
jostler ['dʒɔslə*], *n.* **1** chi spinge **2** (*pop. USA*) borsaiolo; borseggiatore.
jostling ['dʒɔsliŋ], *n.* **1** calca; folla; pigia pigia **2** lo spingere; spintoni **3** (*pop. USA*) borseggio.
jot [dʒɔt], *n.* iota; acca; ette (*fig.*); nulla; particella minima: **I do not care a jot for him**, non me ne importa un'acca di lui.
to **jot** [dʒɔt], *v. t.* (*di solito* **to jot down**) annotare in fretta; buttar giù appunti (*o* note frettolose); scribacchiare.
jotter ['dʒɔtə*], *n.* block-notes; taccuino.
jotting ['dʒɔtiŋ], *n.* (*generalm. al pl.*) breve appunto; annotazione frettolosa.
joule [dʒu:l], *n.* (*fis.*) joule (*unità di misura dell'energia o del lavoro*).
to **jounce** [dʒauns], **A** *v. t.* scuotere; far sobbalzare; sballottare. **B** *v. i.* scuotere; sobbalzare.
journal ['dʒə:nl], *n.* **1** giornale; diario (*di viaggio, ecc.*) **2** (*rag.*) giornale; libro giornale: **j. entry**, registrazione a giornale **3** giornale; quotidiano; rivista **4** (*naut.*) giornale di bordo **5** (*mecc.*) collo d'asse; perno di banco **6** (*ferr.*) fusello. ● (*mecc.*) **j. box**, boccola (*a olio*); supporto □ (*polit.*) **the Journals**, (registrazione quotidiana degli) atti parlamentari.
journalese [,dʒə:nə'li:z], *n.* gergo giornalistico.
journalism ['dʒə:nəlizm], *n.* giornalismo.
journalist ['dʒə:nəlist], *n.* giornalista.
journalistic [,dʒə:nə'listik], *a.* giornalistico.
to **journalize** ['dʒə:nəlaiz], **A** *v. i.* **1** tenere un diario **2** (*rag.*) fare registrazioni (*nel giornale*). **B** *v. t.* **1** annotare (*in un diario*) **2** (*rag.*) registrare a giornale.
journey ['dʒə:ni], *n.* viaggio (*specialm. per via di terra*); tragitto: **to make** (*o* **to take, to go on**) **a j.**, fare un viaggio; **the j. out**, il viaggio d'andata. ● **j. by plane**, viaggio aereo □ **to set out on a j.**, mettersi in viaggio.
to **journey** ['dʒə:ni], *v. i.* viaggiare; fare un viaggio.
journeyman ['dʒə:niːmən], *n.* (*pl.* **journeymen**) **1** (*un tempo*) operaio (pagato) a giornata; giornaliero **2** operaio qualificato.
journeywork ['dʒə:niwə:k], *n.* **1** lavoro d'operaio (*o* manuale) **2** (*fig.*) lavoro monotono, noioso.
joust [dʒaust], *n.* (*stor.*) giostra; torneo.
to **joust** [dʒaust], *v. i.* (*stor.*) giostrare; correre la giostra.
Jove [dʒouv], *n.* (*mitol.*) Giove. ● **by J.!**, per Giove!
jovial ['dʒouvjəl], *a.* gioviale; allegro; giocondo.
joviality [,dʒouvi'æliti], *n.* **1** giovialità; allegria; giocondità; buonumore **2** (*pl.*) atti (*o* parole) gioviali.
Jovian ['dʒouvjən], *a.* **1** (*mitol.*) di Giove; simile a Giove; maestoso **2** (*astron.*) gioviano; del pianeta Giove.
jowl [dʒaul], *n.* **1** mascella; mandibola (*specialm. l'inferiore*) **2** guancia; gota (*lett.*) **3** giogaia (*di bue, ecc.*) **4** bargiglio (*di pollo, ecc.*) **5** testa (*di pesce*). ● **cheek by j.**, guancia a guancia; vicinissimo.
joy [dʒɔi], *n.* **1** gioia; allegrezza; contentezza; letizia; gaudio (*lett.*): **the joys of country life**, le gioie della vita in campagna; **to dance for joy**, ballare dalla gioia **2** (*fam.*) fortuna; riuscita: **I tried hard to get in touch with the boss, but I didn't have any joy**, ho fatto ogni sforzo per mettermi in contatto con il capo, ma senza fortuna. ● **joy-bells**, campane a festa □ (*pop.*) **joy ride**, gita di piacere in automobile; giro in macchina (*specialm. se il veicolo è d'altri e usato all'insaputa del proprietario*) □ (*pop.*) **joy stick**, cloche; barra di comando (*di un aeroplano*).
to **joy** [dʒɔi], **A** *v. i.* (*poet.*) gioire; allietarsi; rallegrarsi: **I joy in my son's happiness**, gioisco della felicità di mio figlio. **B** *v. t.* allietare; rallegrare.
Joycean [dʒɔi'siən], *a.* (*letter.*) joyciano.
joyful ['dʒɔiful], *a.* gioioso; allegro; felice; lieto.
joyfulness ['dʒɔifulnis], *n.* gioia; allegrezza; felicità; letizia.
joyless ['dʒɔilis], *a.* senza gioia; mesto; triste.
joylessness ['dʒɔilisnis], *n.* mestizia; tristezza.
joyous ['dʒɔiəs], *a.* gioioso; allegro; felice; lieto.
joyousness ['dʒɔiəsnis], *n.* gioia; allegrezza; felicità; letizia.
JP [,dʒei'pi:], *n.* (*abbr. fam. di* **justice of the peace**) (*leg.*) giudice di pace (*cfr. ital.* pretore).
jubilance ['dʒu:biləns], *n.* giubilo; esultanza.
jubilant ['dʒu:bilənt], *a.* giubilante; esultante.
to **jubilate** ['dʒu:bileit], *v. i.* giubilare; esultare.
Jubilate [,dʒu:bi'la:ti] (*lat.*), *n.* **1** (*relig.*) «Jubilate» (*centesimo salmo della Bibbia, cantato nel servizio religioso anglicano*) **2** (*fig.*) grida di giubilo.
jubilation [,dʒu:bi'leiʃən], *n.* **1** giubilo; esultanza **2** celebrazione solenne (*per es., di una vittoria*).
jubilee ['dʒu:bili:], *n.* **1** (*stor., relig.*) giubileo; cinquantenario; nozze d'oro: **j. year**, anno del giubileo **2** (*fig.*) grande festa; giubilo; celebrazione solenne. ● **diamond j.**, sessantesimo anniversario □ (*stor.*) **the Diamond J.**, il sessantesimo anniversario dell'ascesa al trono della regina Vittoria (1897) □ **silver j.**, venticinquesimo anniversario; nozze d'argento.
Judaea [dʒu:'di:ə], *n.* (*stor., geogr.*) Giudea.
Judaean [dʒu:'di:ən], *a. e n.* (*stor.*) giudeo.
Judaic [dʒu:'deiik], *a.* giudaico; ebreo.
Judaism ['dʒu:deiizm], *n.* giudaismo; ebraismo.
Judaist ['dʒu:deiist], *n.* seguace del giudaismo.
to **Judaize** ['dʒu:deiaiz], **A** *v. i.* giudaizzare. **B** *v. t.* ebraizzare.
judas ['dʒu:dəs], *n.* (*anche* **j-hole**) spia, spioncino (*in una porta*).
Judas ['dʒu:dəs], *n.* Giuda; (*fig.*) traditore. ● (*di barba, di pelo*) **J.-coloured**, rosso □ **J. kiss**, bacio di Giuda □ (*bot.*) **J. tree** (*Cercis siliquastrum*), albero di Giuda.
to **judder** ['dʒʌdə*], *v. i.* **1** tremare violentemente **2** (*di un motore*) vibrare forte.
Jude [dʒu:d], *n.* Giuda.
Judea [dʒu:'di:ə], *V.* **Judaea**.
Judean [dʒu:'di:ən], *V.* **Judaean**.
judge [dʒʌdʒ], *n.* **1** (*leg.*) giudice; magistrato **2** (*sport*) giudice; arbitro: **the judges at an athletic meeting**, i giudici di una riunione d'atletica **3** giudice; intenditore; esperto: **He is a good j. of wines**, in fatto di vini è buon giudice; **He's no j. of that**, non è un intenditore; non è un'autorità in materia. ● (*relig.*) **Judges**, il libro dei Giudici (*nel Vecchio Testamento*) □ (*mil.*) **j. advocate**, pubblico ministero di tribunale militare □ (*leg.*) **j.-made law**, giurisprudenza (*diritto creato dai giudici stessi, basato sul «precedente» giudiziario*).
to **judge** [dʒʌdʒ], *v. t. e i.* **1** giudicare; esprimere giudizi (su); farsi un'opinione (di); reputare; stimare; ritenere: (*leg.*) **to j. a person (a case)**, giudicare una persona (una causa legale); **to j. from**

appearances, giudicare dalle apparenze; **They j. it better** (*o* **that it is better**) **to start at once**, reputano che sia meglio partire subito **2** appianare (*una vertenza*); fare da arbitro in (*una controversia*).
judgement [ˈdʒʌdʒmənt], *V.* **judgment**.
judgeship [ˈdʒʌdʒʃip], *n.* (*leg.*) carica (*o* ufficio) di giudice.
judgment [ˈdʒʌdʒmənt], *n.* **1** giudizio (*quasi in ogni senso*); sentenza; discernimento, senno, criterio; avviso, parere: **in my j.**, a mio giudizio; a mio avviso; (*leg.*) **to pass j. on sb.**, pronunziare un giudizio (*o* una sentenza) su q.; **a man of good j.**, un uomo di giudizio (*o* assennato); **to show excellent j.**, mostrare molto giudizio (*o* discernimento); **an error of j.**, un errore di giudizio **2** castigo di Dio; punizione divina; giusta punizione: **It's a j. on him for having always been too strict**, è la giusta punizione per essere stato sempre troppo severo. ● (*leg.*) **j. creditor**, creditore giudiziario □ (*leg.*) **j. debtor**, debitore giudiziario □ (*relig.*) **the Day of J.**, il giorno del Giudizio □ (*relig.*) **the Last J.**, il Giudizio universale □ **to sit in j.**, (*leg.*) giudicare; (*fig.*) impancarsi a giudice.
judicable [ˈdʒuːdikəbl], *a.* (*leg.*) giudicabile.
judicature [ˈdʒuːdikətʃə*], *n.* (*leg.*) **1** magistratura; ordinamento giudiziario; amministrazione della giustizia **2** (*collett.*) giudici; magistratura **3** corte di giustizia; tribunale **4** carica (*o* ufficio) di giudice. ● **the Supreme Court of J.**, la Suprema Corte di Giustizia (*in G.B.*; è composta dalla Corte d'Appello e dall'Alta Corte).
judicial [dʒu(ː)ˈdiʃəl], *a.* **1** (*leg.*) giudiziale; giudiziario: **j. acts**, atti giudiziali; **j. power**, potere giudiziario **2** legale: **j. separation**, separazione legale; **to take j. proceedings against sb.**, adire le vie legali contro q. **3** equo; imparziale. ● **a j. assembly**, una corte di giustizia □ **the j. bench**, il banco dei giudici □ **j. blindness**, cecità mentale (*come castigo di Dio*) □ **j. controversy**, vertenza giudiziaria □ **j. murder**, assassinio legale; condanna a morte di un innocente □ **j. proceedings**, azione legale □ **j. sale**, vendita giudiciale (*o* giudiziaria).
judiciary [dʒu(ː)ˈdiʃəri], **A** *n.* (*leg.*) **1** ordinamento giudiziario **2** potere giudiziario **3** (*collett.*) giudici; magistratura. **B** *a.* giudiziario; giudiziale.
judicious [dʒu(ː)ˈdiʃəs], *a.* giudizioso; assennato; prudente.
judiciousness [dʒu(ː)ˈdiʃəsnis], *n.* giudizio; assennatezza; prudenza; senno; riflessività (*raro*).
Judith [ˈdʒuːdiθ], *n.* (*Bibbia*) Giuditta.
judo [ˈdʒuːdou], *n.* (*sport*) lotta giapponese; judo.
judoist [ˈdʒuːdouist], *n.* (*sport*) judoista.
judoka [dʒuˈdouˌkaː], *n.* (*sport: invar. al pl.*) judoka.
judy [ˈdʒuːdi], *n.* (*pop.*) ragazza.
Judy [ˈdʒuːdi], *n. dim.* di **Judith**.
jug [dʒʌg], *n.* **1** brocca; caraffa; bricco **2** giara; orcio **3** (*pop., anche* **stone-jug**) prigione; galera; gattabuia (*pop.*).
to jug (1) [dʒʌg], *v. t.* **1** mettere in una brocca (*o* in una caraffa, ecc.) **2** cuocere (*lepre, coniglio*) in salmì: **jugged hare**, lepre in salmì **3** (*pop.*) imprigionare; mettere in gattabuia (*pop.*).
to jug (2) [dʒʌg], *v. i.* (*dell'usignolo*) gorgheggiare.
jug (2) [dʒʌg], *n.* gorgheggio (*dell'usignolo*).
jugful [ˈdʒʌgfəl], *n.* (quanto sta in una) brocca (*o* caraffa, ecc.).
Juggernaut [ˈdʒʌgənɔːt], *n.* **1** Jagannath (*divinità indù*) **2** (*fig.*) mostruosa e malefica potenza: **the j. of war**, la mostruosa e malefica potenza della guerra **3** (*fam., autom.*) bisonte della strada; grosso camion; bestione (*fam.*).
juggins [ˈdʒʌginz], *n.* (*pop.*) sempliciotto; stupido; sciocco.
to juggle [ˈdʒʌgl], **A** *v. i.* **1** giocare ai bussolotti; fare giochi di destrezza (*o* di prestigio): **to j. with balls (knives, etc.)**, fare giochi di destrezza con palle (coltelli, ecc.) **2** prendersi gioco di; imbrogliare; ingannare: **to j. with sb.**, prendersi gioco di q.; ingannare q. **B** *v. t.* **1** fare giochi di prestigio (*o* di destrezza) con (*palle, coltelli, ecc.*) **2** imbrogliare; manipolare: **The cashier juggled the figures to conceal the cash shortage**, il cassiere manipolò le cifre per nascondere l'ammanco di cassa **3** destreggiarsi (*a fatica*) fra: **He juggles three jobs**, si destreggia fra tre lavori. ● **to j. st. into st. else**, trasformare q.c. in qualcos'altro (con gioco di prestigio) □ **to j. sb. out of st.**, privare q. di q.c., con l'inganno; frodare q.c. a q. □ **to j. with data**, manipolare i dati □ **to j. with the facts**, travisare i fatti □ **to j. with figures**, alterare le cifre □ **to j. with words**, giocare con le parole; equivocare.
juggle [ˈdʒʌgl], *n.* **1** gioco di bussolotti (*o* di destrezza, di prestigio) **2** imbroglio; inganno; manipolazione; raggiro; truffa.
juggler [ˈdʒʌglə*], *n.* **1** giocoliere; prestigiatore **2** imbroglione; impostore; truffatore.
jugglery [ˈdʒʌgləri], *n.* **1** giochi di prestigio (*o* di destrezza); destrezza di mano **2** gherminelle; inganni; imbrogli; raggiri.
Jugoslav [ˈjuːgouˈslaːv], *n. e a.* jugoslavo, iugoslavo.
Jugoslavia [ˈjuːgouˈslaːvjə], *n.* (*geogr.*) Jugoslavia, Iugoslavia.
Jugoslavian [ˈjuːgouˈslaːvjən], *a. e n.* jugoslavo, iugoslavo.
jugular [ˈdʒʌgjulə*], **A** *a.* (*anat.*) giugulare, iugulare: **the j. veins**, le vene giugulari **2** (*fig.*) da assassino; omicida. **B** *n.*

(*anat.*) (vena) giugulare **2** (*fig.*) punto più vulnerabile (*di un avversario*). ● **to go for the j.**, attaccare il punto più debole.
to jugulate [ˈdʒuːgjuleit], *v. t.* **1** scannare; strozzare **2** (*fig., med.*) stroncare (*una malattia*).
to juice [dʒuːs], *v. t.* estrarre il succo di (q.c.). ● (*fam. USA*) **to j. up**, ravvivare; elettrizzare (*fig.*).
juice [dʒuːs], *n.* **1** succo; sugo; (*fig.*) essenza, spirito: **the j. of an orange**, il succo di un'arancia; **gastric j.**, succo gastrico **2** (*fam.*) fonte energetica; benzina; nafta; forza motrice; elettricità **3** (*pop. USA*) liquore (forte) **4** (*pop. USA*) situazione favorevole; posizione di vantaggio; influenza **5** (*pop. USA*) prestito (*o* tasso d'interesse) da strozzino. ● (*pop. USA*) **j. man**, strozzino; usuraio □ (*fig.*) **to stew in one's own j.**, cuocere nel proprio brodo.
juiced [dʒuːst], *a.* (*pop. USA*) ubriaco; sbronzo (*pop.*).
juicehead [ˈdʒuːshed], *a.* (*pop. USA*) ubriacone; alcolizzato.
juiceless [ˈdʒuːslis], *a.* senza succo; senza sugo.
juicer [ˈdʒuːsə*], *n.* (*USA*) **1** spremiagrumi **2** (*pop.*) beone; ubriacone.
juiciness [ˈdʒuːsinis], *n.* succosità; succulenza.
juicy [ˈdʒuːsi], *a.* **1** succoso; sugoso; (*fig.*) interessante, piccante, pepato, vivace: **a j. story**, una storia piccante **2** (*fig.*) redditizio; remunerativo; vantaggioso **3** (*di tempo*) umido.
jujitsu [dʒuːˈdʒitsuː], *n.* (*sport*) lotta giapponese; jujitsu.
jujube [ˈdʒuːdʒuːb], *n.* **1** (*bot., Zizyphus jujuba-sativa*) giuggiolo; giuggiola **2** giuggiola; pasticca gelatinosa.
jukebox [ˈdʒuːkbɔks], *n.* juke-box (*macchina a gettoni per suonare dischi*).
juke-joint [ˈdʒuːkˌdʒɔint], *n.* (*fam. USA*) locale con juke-box.
julep [ˈdʒuːlep], *n.* **1** giulebbe **2** (*USA, anche* **mint j.**) whisky (*o* brandy) con zucchero e menta.
Julia [ˈdʒuːljə], *n.* Giulia.
Julian [ˈdʒuːljən], **A** *n.* Giuliano. **B** *a.* giuliano (*di Giulio Cesare*): **J. calender**, calendario giuliano. ● (*geogr.*) **J. Alps**, Alpi Giulie.
Juliana [ˌdʒuːliˈaːnə], *n.* Giuliana.
Juliet [ˈdʒuːljət], *n.* Giulietta.
Julius [ˈdʒuːljəs], *n.* Giulio.
July [dʒu(ː)ˈlai], **A** *n.* luglio. **B** *a. attr.* di luglio.
jumbal [ˈdʒʌmbl], *n.* pasticcino (*fatto ad anello*); ciambellina.
to jumble [ˈdʒʌmbl], **A** *v. t.* confondere; mischiare; ammucchiare; gettare alla rinfusa: **Our things were jumbled (up, together) in the trunk**, le nostre cose furono gettate alla rinfusa nel baule. **B** *v. i.* confondersi; mescolarsi; ammucchiarsi.
jumble (1) [ˈdʒʌmbl], *n.* confusione; mescolanza; miscuglio; mucchio; guazzabuglio. ● **j. sale**, vendita di oggetti spaiati, di poco prezzo; vendita di beneficenza □ **j. shop**, bazar.
jumble (2) [ˈdʒʌmbl], *V.* **jumbal**.
jumbly [ˈdʒʌmbli], *a.* ammucchiato; mischiato; alla rinfusa.
jumbo [ˈdʒʌmbou], **A** *n.* (*pl.* **jumbos**) **1** persona (*o* animale, cosa*) di dimensioni enormi; (*fig.*) colosso, gigante, pachiderma (*dal nome di un famoso elefante*) **2** (*aeron., anche* **j. jet**) jumbo. **B** *a. attr.* (*anche* **j.-sized**) enorme; maxi- (*pref., fam.*). ● (*comm.*) **j. olives**, olive giganti.
to jump [dʒʌmp], **A** *v. i.* **1** saltare; balzare; sobbalzare; sussultare; trasalire: **to j. over a hedge**, saltare una siepe; **to j. to one's feet**, balzare in piedi; **to j. for joy**, saltare dalla gioia; **I jumped with fright at the explosion of the bomb**, sobbalzai per la paura all'esplosione della bomba; **The noise made me j.**, il rumore mi fece trasalire **2** (*fig.: di prezzi*) fare un balzo; aumentare improvvisamente **3** (*a dama*) mangiare una pedina; mangiare **4** (*sport*) saltare un ostacolo **5** (*aeron.*) saltare; lanciarsi (col paracadute). **B** *v. t.* **1** saltare; scavalcare; superare d'un balzo: **to j. a hurdle**, saltare un ostacolo; **to j. a chapter in a book**, saltare un capitolo di un libro **2** far saltare: **I jumped my horse over the ditch**, feci saltare il mio cavallo oltre il fossato **3** far sobbalzare; far sussultare; far trasalire **4** (*ind. min.*) perforare (*una roccia*) con una sonda a percussione a mano **5** saltare su; saltare a bordo di (*una barca*) **6** (*fam.*) imbrogliare, ingannare: **to be jumped into doing st.**, essere indotto, con l'inganno, a fare q.c. **7** (*pop.*) abbandonare; fuggire da; scappare da: **The thief jumped town**, il ladro abbandonò la città **8** (*autom.*) mettere in moto (*una macchina*) con due cavetti portatili (*collegando due batterie*) **9** (*dama*) mangiare (*una pedina*). ● **to j. at an offer**, affrettarsi ad accettare un'offerta □ **to j. at an opportunity**, cogliere al balzo un'occasione □ **to j. one's bail**, non comparire in giudizio lasciando in mano alla giustizia il denaro della cauzione □ (*fam.*) **to j. a claim**, impossessarsi di un terreno o di diritti minerari, scavalcando q. □ **to j. down**, saltare giù □ **to j. down sb.'s throat**, rispondere a q. bruscamente; tagliar corto con q. □ (*autom.*) **to j. the (green) light**, «bruciare» il verde (*a un semaforo*); (*sport*) **to j. the gun**, scattare prima del segnale (*di partenza*) □ **to j. on sb.**, saltare addosso a q.; balzare su q.; sgridare q. □ **to j. out of one's skin**,

jump

rimanere di stucco (*o* sbalordito) □ (*fam.*) **to j. the queue**, non fare la coda; passare avanti agli altri (*anche fig.*) □ (*di treno, tram*) **to j. the rails** (*o* **the track**), deragliare □ **to j. ship**, (*d'immigrante*) sbarcare clandestinamente; (*di marinaio*) abbandonare la nave (*in un porto*) □ **to j. to conclusions**, affrettarsi a concludere; giungere a una conclusione affrettata □ **to j. to one's feet**, scattare in piedi □ **to j. a train**, prendere al volo un treno; viaggiare (*di nascosto*) su un treno merci □ **to j. up**, balzare in piedi, saltar su; (*di prezzi*) aumentare di colpo.

jump [dʒʌmp], *n.* **1** salto (*anche sport*); balzo; sobbalzo; aumento improvviso: **the high j.**, il salto in alto; **the long** (*o* **broad**) **j.**, il salto in lungo; **a j. in prices**, un aumento improvviso dei prezzi **2** ostacolo da saltare **3** (*danza*) sbalzo (*della temperatura e sim.*) **4** (*a dama*) il mangiare una pedina **5** (*aeron.*) lancio (*col paracadute*) **6** (*pl., pop.*) nervosismo acuto; ballo di San Vito (*fig.*). ● **j.-off**, (*sport*) partenza; (*ippica*) spareggio; (*fig.*) inizio □ **j. rope**, corda per saltare □ (*autom.*) **j. seat**, strapuntino □ (*pallacanestro*) **j. shot**, tiro in sospensione □ **j. suit**, tuta.

jumper (1) [ˈdʒʌmpəʳ], *n.* **1** chi salta; saltatore; insetto saltatore (*per es.*, **la pulce**) **2** sorta di slitta **3** (*elettr., tel.*) ponte; ponticello **4** (*ind. min.*) sonda a percussione a mano **5** (*atletica, sci*) saltatore **6** (*fam.*) controllore. ● **j. cables**, cavi con morsetti (*per collegare batterie, ecc.*).

jumper (2) [ˈdʒʌmpəʳ], *n.* **1** blusotto (*da marinaio, operaio, ecc.*) **2** maglietta, pullover (*da donna*) **3** (*USA*) scamiciato (*abito o tunica*) **4** (*pl.*) pagliaccetto, tutina (*per bimbi*).

jumpiness [ˈdʒʌmpinis], *n.* eccitabilità; nervosità; nervosismo.

jumping [ˈdʒʌmpiŋ], **A** *a.* (*specialm. d'animali*) che salta; saltatore: **j. hare**, lepre saltatrice. **B** *n.* (*sport*) **1** (*atletica*) i salti **2** (*ippica*) le corse a ostacoli. ● (*zool.*) **j.-deer** (*Odocoileus hemionus*), cervo mulo; coda nera □ (*zool.*) **j. mouse** (*Zapodidae*), zapo □ **j.-off place**, punto di partenza □ **j. rope**, corda per saltare.

jumpy [ˈdʒʌmpi], *a.* eccitabile; nervoso.

junction [ˈdʒʌŋkʃən], *n.* **1** congiungimento; congiunzione; ricongiungimento: **The British and the Prussian armies operated a j. at Waterloo**, i due eserciti inglese e prussiano operarono un ricongiungimento a Waterloo **2** (*mecc., falegnameria*) giuntura; giunzione **3** (*elettr.*) connessione; giunzione: **j. box**, scatola di giunzione **4** (*elettron.*) giunzione **5** (*costr. stradali*) raccordo, nodo stradale; incrocio; intersezione, svincolo (*di autostrada*) **6** (*ferr.*) nodo ferroviario; stazione (*di raccordo*); raccordo: **Clapham J.**, la stazione di Clapham. ● (*elettr.*) **j. pole**, palo di diramazione.

juncture [ˈdʒʌŋktʃəʳ], *n.* **1** (*anche mecc., falegnameria*) congiuntura; connessione; giunzione **2** (*mecc., ecc.*) giuntura; punto di giunzione; giunto **3** congiuntura; frangente; momento: **at this j.**, in questa congiuntura, in questo frangente.

June [dʒuːn], **A** *n.* giugno. **B** *a. attr.* di giugno.

jungle [ˈdʒʌŋgl], *n.* **1** giungla **2** fitto bosco (*in genere*); vegetazione lussureggiante **3** (*fig.*) giungla; groviglio, labirinto: **a j. of regulations**, una giungla di regolamenti; **the concrete j.**, la giungla d'asfalto (*nelle metropoli*). ● **j. fever**, febbre tropicale □ **j. fowl**, pollo selvatico □ (*USA*) **j. gym**, castello (*di tubi metallici: per giochi infantili*) □ **the law of the j.**, la legge della giungla.

jungled [ˈdʒʌŋgld], *a.* coperto di giungle.

jungly [ˈdʒʌŋgli], *a.* (*anche fig.*) di (*o* simile a) una giungla.

junior [ˈdʒuːnjəʳ], **A** *a.* junior; iuniore; inferiore di grado; (*fra padre e figlio, dello stesso nome*) il giovane; (*di fratelli*) minore, cadetto: **John Smith, J.**, John Smith, junior (*o* il giovane). **B** *n.* **1** persona più giovane (*di un'altra*): **He is my j.**, è più giovane di me **2** (*anche mil.*) subalterno **3** (*in G.B.*) studente (*universitario*) del primo (*o* secondo) anno; matricola; «fagiolo» **4** (*in USA*) studente (*universitario*) del terz'anno. ● **the juniors**, i più giovani; i meno importanti □ **j. clerk**, impiegato subalterno □ (*USA*) **j. high school**, scuola media inferiore □ (*mil.*) **j. officers**, ufficiali subalterni □ (*comm.*) **j. partner**, socio di data più recente; socio di minore importanza.

juniority [ˌdʒuːniˈɔriti], *n.* l'esser più giovane; l'essere inferiore di grado (*V.* **junior**).

juniper [ˈdʒuːnipəʳ], *n.* (*bot.*) (*Juniperus communis*) ginepro: **oil of j.**, essenza di ginepro.

junk (1) [dʒʌŋk], *n.* (*naut.*) giunca.

junk (2) [dʒʌŋk], *n.* **1** cianfrusaglie; ciarpame; paccottiglia; robaccia **2** pezzo, tozzo (*di q.c.*) **3** (*gergo naut.*) carne sotto sale; (*anche*) cavo vecchio **4** (*fam.*) fesserie, stupidaggini **5** (*pop.*) droga; eroina. ● **j. art**, arte fatta con materiali di scarto □ **j. artist**, artista della «junk art» (*q.v.*) □ **j. dealer**, robivecchi, rigattiere □ (*USA*) **j. mail**, stampe pubblicitarie □ **j. shop**, negozio di rigattiere □ **j.-yard**, deposito di robivecchi.

to junk [dʒʌŋk], *v. t.* (*fam.*) **1** fare a pezzi; ridurre in stoppa **2** buttare, gettar via (*roba inutile*).

junket [ˈdʒʌŋkit], *n.* **1** giuncata; ricotta **2** festa; gita; merenda all'aperto; scampagnata **3** (*fam. USA*) viaggio (*o* viaggetto) a spese del governo.

to junket [ˈdʒʌŋkit], *v. i.* **1** fare una festa (*o* una merenda) all'aperto; andare in gita; far festa; divertirsi **2** (*fam. USA*) fare un viaggio a spese del governo.

junketing [ˈdʒʌŋkitiŋ], *n.* **1** feste; divertimenti **2** (*specialm. USA*) festeggiamenti per una persona importante.

junkie [ˈdʒʌŋki], *n.* (*pop.*) tossicomane; eroinomane.

Juno [ˈdʒuːnou], *n.* **1** (*mitol., astron.*) Giunone **2** (*fig.*: *pl.* **Junones**)) donna di bellezza maestosa (*o* giunonica); matrona (*fig.*).

Junoesque [ˌdʒuːnouˈesk], **Junonian** [dʒuːˈnounjən], *a.* giunonico.

junta [ˈdʒʌntə], *USA* [ˈhuːntə], *n.* (*polit.*) **1** giunta militare **2** *V.* **junto**.

junto [ˈdʒʌntou], *n.* (*pl.* **juntos**) (*polit.*) **1** fazione politica (*specialm., se tiene in suo potere un partito*) **2** (*spreg.*) cricca; combriccola.

Jupiter [ˈdʒuːpitəʳ], *n.* (*mitol., astron.*) Giove: **J. Pluvius**, Giove Pluvio.

jural [ˈdʒuərəl], *a.* legale; giuridico.

Jurassic [dʒuˈræsik], *a.* e *n.* (*geol.*) Giurassico.

jurat [ˈdʒuəræt], *n.* **1** funzionario (*in talune città inglesi*) **2** magistrato (*in certe città francesi e nelle Isole Normanne*).

juridic(al) [dʒuəˈridik(əl)], *a.* giuridico; legale. ● **j. days**, giorni di udienza □ (*leg.*) **j. person**, persona giuridica.

jurisconsult [ˈdʒuərisˌkɒnsʌlt], *n.* giureconsulto.

jurisdiction [ˌdʒuərisˈdikʃən], *n.* **1** (*leg.*) giurisdizione; potestà di giudicare **2** (*fig.*) autorità; competenza; sfera d'autorità; poteri.

jurisdictional [ˌdʒuərisˈdikʃənəl], *a.* giurisdizionale.

jurisprudence [ˌdʒuərisˈpruːdəns], *n.* giurisprudenza.

jurisprudent [ˌdʒuərisˈpruːdənt], **A** *n.* giureconsulto; giurista. **B** *a.* dotto in giurisprudenza; esperto in diritto.

jurisprudential [ˌdʒuərispruˈdenʃəl], *a.* giurisprudenziale.

jurist [ˈdʒuərist], *n.* **1** giurista **2** (*USA*) avvocato **3** (*USA*) magistrato.

juristic(al) [dʒuəˈristik(əl)], *a.* giuridico; legale.

juror [ˈdʒuərəʳ], *n.* (*leg.*) giurato; membro di giuria.

jury [ˈdʒuəri], *n.* (*leg.*) giuria; giurì; giurati (*collett.*); comitato che assegna premi in gare: **If the j. finds the accused guilty, the judge pronounces sentence**, se la giuria dichiara colpevole l'imputato, il giudice emette la sentenza. ● **j. box**, banco dei giurati □ **coroner's j.**, giuria del «coroner» (*che indaga nei casi di morte violenta o innaturale*) □ **foreman of the j.**, presidente della giuria □ **grand j.**, giuria di un processo istruttorio (*da 12 a 23 persone*) □ **to serve** (*o* **to sit**) **on a j.**, fare parte d'una giuria □ **trial** (*o* **common, petty**) **j.**, giuria (*normale, di 12 persone*).

juryman [ˈdʒuərimən], *n.* (*pl.* **jurymen**) (*leg.*) giurato.

jury-mast [ˈdʒuərimɑːst], *n.* (*naut.*) albero di fortuna.

jury-rigged [ˈdʒuəriˌrigd], *a.* (*naut.*) con attrezzatura di fortuna.

jury-rudder [ˈdʒuəriˌrʌdəʳ], *n.* (*naut.*) timone di fortuna.

jurywoman [ˈdʒuəriˌwumən], *n.* (*pl.* **jurywomen**) (*leg.*) giurata.

jus relictae [dʒʌs rəˈliktiː], (*lat.*), *n.* (*leg.*) legittima; quota indisponibile (*in Scozia*).

just (1) [dʒʌst], *a.* giusto; equo; equanime; imparziale; retto; esatto; preciso; adeguato; giustificato; meritato: **a j. man**, un uomo giusto, retto; **to be j. to sb.**, essere giusto con q.; **a j. sentence**, una sentenza giusta; **a j. reward**, la giusta (*o* meritata) ricompensa; **j. resentment (fear)**, giusto risentimento (timore); **a j. suspicion**, un sospetto giustificato (*o* fondato). ● (*leg.*) **j. title**, titolo legittimo.

just (2) [dʒʌst], *avv.* **1** esattamente; precisamente; proprio; appunto; per l'appunto; giusto (*fam.*): **It's j. four o'clock**, sono le quattro precise; **J. what I was looking for!**, proprio quel che cercavo!; **J. so!**, proprio così; per l'appunto **2** appena; a mala pena; solamente; soltanto: **I have j. enough money**, ho appena denaro a sufficienza; **Take j. one!**, prendine soltanto (*o* almeno) uno!; **I've j. seen him**, l'ho visto soltanto (*non abbiamo parlato, ecc.*) **3** appena; or ora; poco fa: **I've j. seen him**, l'ho visto or ora; **She has j. gone away**, è appena partita; se n'è andata or ora **4** (*anche* **only j.**) per poco; a mala pena; per un soffio; per un pelo: **He (only) just caught the bus**, ha preso l'autobus per un pelo (*o* a mala pena); **I j. missed the pheasant**, ho mancato il fagiano per un pelo **5** (*idiom., per es.*:) **J. a moment, please**, un momento, prego; **J. shut the door, will you?**, vuoi chiudere la porta, per favore? ● **j. about**, quasi: **We're j. about ready**, siamo quasi pronti □ **j. about enough**, quasi abbastanza; quanto basta o quasi □ **j. about here**, qui intorno; da qualche parte; qui in giro □ **j. as**, (*così*) come; proprio quando; nel momento in cui: **Do j. as you like**, fa' come vuoi; **j. as I was going to answer**, proprio quando stavo per rispondere □ **j. in case**, nel caso che; caso mai: **j. in case it should rain**, caso mai dovesse piovere □ **j. a moment!**, un momento!; un attimo! □ **j. my luck!**, la (mia) solita sfortuna! □ **j. now**, ora, proprio

adesso, in questo momento; poco fa, or ora, un minuto fa: **He's out j. now**, ora non c'è; **I met him j. now**, l'ho incontrato poco fa; **He was here j. now**, era qui un minuto fa □ (*fam.*) **j. the same**, lo stesso; ciononondimeno: **I'll go j. the same**, andrò lo stesso; ciononondimeno andrò □ **j. then**, proprio allora; in quel momento □ **j. the thing!**, proprio quello che ci vuole (*o che ci voleva*)!; proprio così! □ **That's j. it**, appunto!; si tratta appunto di questo! □ (*fam.*) **It's j. beautiful**, è veramente bello, ecco! □ (*fam.*) **I should j. think so!**, vorrei vedere (*che non fosse così*)!; sarebbe bella!
just (3), to just [dʒʌst], *V.* **joust, to joust**.
justice ['dʒʌstis], *n.* **1** giustizia (*in ogni senso, anche leg.*): **to administer j.**, amministrare la giustizia; **to be treated with j.**, essere trattato con giustizia; **in j.**, secondo (la) giustizia **2** (*leg.*) giudice (*specialm., in G.B., della Corte Suprema*): **J. Smith**, il giudice Smith; **J. of the Peace**, giudice di pace, giudice conciliatore (*celebra anche i matrimoni*) **3** giustezza; esattezza: **the j. of his remarks**, la giustezza delle sue osservazioni. ● **to bring a criminal to j.**, assicurare un delinquente alla giustizia □ **a court of j.**, una corte di giustizia; un tribunale □ **to do j.**, operare con giustizia; essere giusto □ **to do j. to sb.**, rendere giustizia a q. □ **to do j. to st.**, far onore a q.c.; **We did j. to the excellent food of the house**, facemmo onore al cibo eccellente della casa □ **to do oneself j.**, fare bella figura; farsi onore □ **To do him j., I must admit he's always punctual**, a esser giusti, devo ammettere che è sempre puntuale □ **in j.**, a esser giusti; per giustizia □ **with j.**, con giustizia; a buon diritto, a ragione.
justiceship ['dʒʌstisʃip], *n.* (*leg.*) ufficio (*o durata in carica*) di giudice.
justiciable [dʒʌs'tiʃiəbl], *a.* (*leg.*) passibile di giudizio; processabile.
justiciar [dʒʌs'tiʃia*], *n.* (*stor.*) altissimo magistrato, giudice supremo (*sotto i re normanni e i primi Plantageneti*).
justifiability [,dʒʌstifaiə'biliti], *n.* **1** l'esser giustificabile **2** (*leg.*) legittimità (*di difesa*).
justifiable ['dʒʌstifaiəbl], *a.* giustificabile; lecito; permesso; scusabile. ● (*leg.*) **j. homicide**, omicidio per legittima difesa (*o in genere commesso in presenza di una causa di giustificazione*).
justification [,dʒʌstifi'keiʃən], *n.* **1** giustificazione; scusa; discolpa **2** (*tipogr.*) giustificazione; messa a giustezza **3** (*leg.*) adduzione (*di un mezzo*) a difesa.

justificative ['dʒʌstifikeitiv], *a.* giustificativo.
justificatory ['dʒʌstifi,keitəri], *a.* giustificatorio; giustificativo.
justifier ['dʒʌstifaiə*], *n.* giustificatore, giustificatrice.
to justify ['dʒʌstifai], **A** *v. t.* **1** giustificare (*in ogni senso*); difendere; scusare; scagionare; discolpare **2** (*leg.*) addurre (*un mezzo*) a difesa **3** comprovare; sostenere: **to j. a statement**, comprovare una dichiarazione **4** (*tipogr.*) giustificare: **to j. a line**, giustificare una riga (di composizione) **5** (*elab.*) allineare. **to justify oneself B** *v. rifl.* giustificarsi. ● **to be (to feel) justified in doing st.**, avere buone ragioni (sentirsi in diritto) di fare q.c. □ (*prov.*) **The end justifies the means**, il fine giustifica i mezzi.
Justin ['dʒʌstin], *n.* Giustino.
Justine [dʒʌs'ti:n], *n.* Giustina.
Justinian [dʒʌs'tiniən], *n.* (*stor.*) Giustiniano.
to justle ['dʒʌsl], *V.* **to jostle**.
justness ['dʒʌstnis], *n.* **1** equanimità; imparzialità; rettitudine **2** giustezza; esattezza; precisione **3** adeguatezza.
jut [dʒʌt], *n.* (*anche mecc., costr.*) sporgenza; aggetto.
to jut [dʒʌt], *v. i.* **1** sporgere; protendersi **2** (*costr., spesso* **to jut out, to jut forth**) aggettare.
jute [dʒu:t], *n.* (*ind. tessile*) iuta. ● **j. board**, pannello di iuta □ **j. bag** (*o* **j. sack**), sacco di iuta.
Jutes [dʒu:ts], *n. pl.* (*stor.*) Juti.
Jutish ['dʒu:tiʃ], *a.* (*stor.*) degli Juti.
Juvenal ['dʒu:vinl], *n.* (*stor.*) Giovenale.
juvenescence [,dʒu:vi'nesns], *n.* adolescenza.
juvenescent [,dʒu:vi'nesənt], *a.* adolescente.
juvenile ['dʒu:vinail], **A** *a.* **1** giovane; immaturo **2** giovanile: **j. works**, opere giovanili **3** per la gioventù; per ragazzi: **j. books**, libri per ragazzi **4** (*leg.*) minorile: **j. court**, tribunale minorile (*o dei minorenni*). **B** *n.* **1** giovane; fanciullo **2** (*teatr.*) attor giovane **3** (*pl.*) libri per ragazzi. ● (*leg.*) **j. delinquency**, delinquenza minorile □ (*leg.*) **j. delinquent**, delinquente minorenne.
juvenilia [,dʒu(:)vi'niliə] (*lat.*), *n. pl.* juvenilia; opere giovanili.
juvenility [,dʒu:vi'niliti], *n.* **1** giovinezza; gioventù **2** aspetto giovanile **3** azione (*o modo di fare*) da ragazzi; fanciullaggine.
juvey, juvie ['dʒu:vi], *n.* (*pop. USA*) **1** delinquente minorenne **2** casa di correzione; riformatorio.
to juxtapose ['dʒʌkstəpouz], *v. t.* giustapporre; mettere fianco a fianco; porre accanto.
juxtaposition [,dʒʌkstəpə'ziʃən], *n.* giustapposizione.

k, K

K, k [kei], *n.* (*pl.* **K's, k's; Ks, ks**) **1** K, k (*undicesima lettera dell'alfabeto ingl.*) **2** oggetto a forma di kappa. ● (*tel.*) **k for King**, k come Kursaal ▫ (*geogr.*) **K2**, K2 (*monte dell'Himalaya*).
kabala [kəˈbɑːlə], **kabbala(h)** [kəˈbɑːlə], *n.* cabala.
kabob [kəˈbɔb], V. **kebab**.
kabyle [kəˈbail], **A** *n.* (*pl.* **kabyles, kabyle**) (*geogr.*) **1** cabila (*berbero d'Algeria, di Tunisi*) **2** lingua cabila. **B** *a.* cabila.
kadi [ˈkɑːdi], *n.* cadì.
Kaf(f)ir [ˈkæfə*], *n.* (*pl.* **Kaf(f)ir, Kaf(f)irs**) **1** (*geogr.*) Cafro **2** dialetto cafro **3** (*spreg.*) africano; negro; persona di colore **4** (*spreg.*) infedele; non mussulmano. ● (*fin.*) **Kafirs**, azioni minerarie del Sud-Africa.
Kafkaesque [ˌkɑːfkɑːˈesk], *a.* (*letter.*) kafkiano.
kail [keil], V. **kale**.
kailyard [ˈkeiljɑːd], *n.* (*scozz.*) orto. ● (*letter.*) **the K. School**, scrittori che trattavano argomenti di vita scozzese, facendo largo uso del dialetto.
kaki [ˈkɑː(ː)ki], *n.* (*pl.* **kakis**) (*bot.*, *Diospyros kaki*) cachi; kaki.
kale [keil], *n.* (*bot.*) **1** (*Brassica napus*) ravizzone **2** (*Brassica oleracea acephala*) cavolo verde **3** (*scozz.*) zuppa di cavoli.
kaleidoscope [kəˈlaidəskoup], *n.* (*anche fig.*) caleidoscopio.
kaleidoscopic(al) [kəˌlaidəˈskɔpik(əl)], *a.* (*anche fig.*) caleidoscopico.
kalender [ˈkæləndə*], V. **calendar**.
kalends [ˈkæləndz], *n. pl.* (*stor.*) calende.
kaleyard [ˈkeiljɑːd], V. **kailyard**.
kali [ˈkæli], *n.* (*bot.*, *Salsola kali*) erba cali; riscolo.
Kalmuck [ˈkælmʌk], *n.* e *n.* calmucco (*anche la lingua*).
kamikaze [ˌkɑːmiˈkɑːze] (*giapponese*), *n.* kamikaze.
kanaka [ˈkænəkə], *n.* **1** «kanaka» (*indigeno delle isole dei Mari del Sud*) **2** hawaiano.
kangaroo [ˌkæŋɡəˈruː], *n.* (*pl.* **kangaroos**) **1** (*zool.*, *Setonyx, Dendrolagus, ecc.*) canguro **2** (*fam.*) australiano. ● (*fin.*) **Kangaroos**, azioni minerarie australiane ▫ (*fam.*) **k. court**, tribunale illegale; tribunale fittizio (*o per burla*) ▫ (*zool.*) **k. rat**, (*Bettongia*) bettongia; (*Potorous*) ratto canguro; (*USA*, *Dipodomys*) dipodomio; ratto canguro.
Kantian [ˈkæntiən], *a.* e *n.* (*filos.*) kantiano.
Kantianism [ˈkæntiənizəm], **Kantism** [ˈkæntizəm], *n.* (*filos.*) kantismo; filosofia kantiana.
kaolin(e) [ˈkeiəlin], *n.* (*miner.*) caolino.
kaolinite [ˈkeiəlinait], *n.* (*miner.*) caolinite.
to kaolinize [ˈkeiəlinaiz], *v. t.* (*miner.*) caolinizzare.
kaon [ˈkeiən], *n.* (*fis.*) kaone.
kapok [ˈkeipɔk], *n.* (*ind. tessile*) kapok; cotone di Giava.
kappa [ˈkæpə], *n.* cappa (*decima lettera dell'alfabeto greco*).
kaput [kɑː(ː)ˈpu(ː)t] (*ted.*), *a.* (*pop.*) finito; rovinato; spacciato.
karabiner [ˈkærəbiːnə*], *n.* (*alpinismo*) moschettone.
karat [ˈkærət], V. **carat**.
karate [kəˈrɑːti], *n.* (*sport*) karatè: **k. chop**, colpo (*di taglio*).
to karate [kəˈrɑːti], *v. t.* colpire (*o atterrare*) con una mossa di karatè.
karateka [kəˈrɑːtiːkɑː] (*giapponese*), *n.* (*sport*) karateka, karateca; chi pratica il karatè.
Karen [ˈkɑːrən], *n. dim.* di **Katharina**.
karma [ˈkɑːmə], *n.* (*relig.*) karma.
kar(r)oo [kəˈruː], *n.* (*pl.* **kar(r)oos**) (*geogr.*) karroo; altipiano argilloso (*nel Sud-Africa*).
kart [kɑːt], *n.* (*sport*) kart; go-kart.
karting [ˈkɑːtiŋ], *n.* (*sport*) kartismo.
kasher [ˈkɑːʃə*], V. **kosher**.
Kashmir [kæʃˈmiə*], *n.* (*geogr.*) Kashmir.
Kashmiri [kæʃˈmiəri], *n.* (*pl.* **Kashmiris, Kashmiri**) **1** abitante del Kashmir **2** lingua del Kashmir.
katabolism [kəˈtæbəlizəm], *n.* (*biol.*) catabolismo.
Kate [keit], *n. dim.* di **Katharina**.
Katharina [ˌkæθəˈriːnə], **Katharine** [ˈkæθərin], **Katherine** [ˈkæθərin], *n.* Caterina.
kathode [ˈkæθoud], *n.* (*elettr.*) catodo.
Katie [ˈkeiti], *n. dim.* di **Katherine**.
kation [ˈkætiən], V. **cation**.
katydid [ˈkeitidid], *n.* (*zool., Cyrtophyllum concavum*) grossa cavalletta verde.
katyusha [kɑːˈtjuːʃə] (*russo*), *n.* (*mil.*) katiuscia (*lanciarazzi*).
kauri [ˈkɑːuri], *n.* (*pl.* **kauris**) (*bot.*, *Agathis australis*) abete kauri.
kay [kei], *n.* cappa; lettera k.
Kay [kei], *n. dim.* di **Katharina**.
kayak [ˈkɑːiæk], *n.* kayak, caiacco (*canoa eschimese*).
to kayak [ˈkɑːiæk], *v. i.* andare in kayak.
kayaker [ˈkɑːiækə*], *n.* (*sport*) kayakista.
K.C. [ˌkeiˈsiː], *abbr. fam.* di **King's Counsel** (*q. V.*).
kebab [kəˈbæb], **kebob** [kəˈbɔb], *n.* (*cucina*) spiedino di carne e verdure.
to keck [kek], *v. i.* **1** avere conati di vomito **2** provare gran disgusto. ● **to k. at** (**food**), rifiutare (*cibo*) con grande ripugnanza.
kedge [kedʒ], *n.* (*naut., anche* **k.-anchor**) ancorotto, ancora di tonneggio. ● **k. rope**, cavo da tonneggio; tonneggio.
kedgeree [ˈkedʒəriː], *n.* (*cucina*) riso con pesce (*con l'aggiunta, spesso, di panna e uova*).
kedging [ˈkedʒiŋ], *n.* (*naut.*) tonneggio.
to keek [kiːk], *v. i.* (*scozz.*) sbirciare; spiare.
keek [kiːk], *n.* (*scozz.*) sbirciata.
keel (1) [kiːl], *n.* **1** (*naut.*) chiglia **2** (*poet.*) nave **3** (*zool.*) carena dello sterno; carena. ● **k.-block**, taccata ▫ **bilge k.**, aletta di rollio ▫ **false k.**, falsachiglia; sottochiglia ▫ **inner k.**, paramezzale ▫ **to lay down a k.**, mettere in cantiere una nuova nave ▫ **on an even k.**, (*di nave*) che ha uguale pescaggio a poppa e a prua; (*fig.*) con calma, in equilibrio.
to keel [kiːl], *v. t.* capovolgere (*un'imbarcazione*). **B** *v. i.* (*di nave*) capovolgersi. ● **to k. over**, (*di nave*) capovolgersi, rovesciarsi; (*fig., fam.*) crollare di colpo.
keel (2) [kiːl], *n.* (*naut.*) chiatta; barcone (*a fondo piatto*).
keelboat [ˈkiːlbout], *n.* V. **keel** (2).
to keelhaul [ˈkiːlhɔːl], *v. t.* **1** (*naut., stor.*) punire con un giro di chiglia **2** (*fig., fam.*) dare una lavata di capo (*o una strigliata*) a (*q.*).
keelson [ˈkelsn], *n.* (*naut.*) paramezzale.
keen (1) [kiːn], *a.* **1** acuto (*anche fig.*); acuminato; aguzzo; affilato; tagliente; penetrante; perspicace; pungente: **a k. blade**, una lama affilata; **k. intelligence**, ingegno acuto; **a k. wind**, un vento tagliente; **a k. sorrow**, un acuto dolore; **k. sight**, vista acuta; **k. sarcasm**, sarcasmo pungente **2** appassionato; desideroso; entusiasta: **He's very k. to succeed**, è molto desideroso di riuscire; **I'm k. on water skiing**, sono appassionato dello sci nautico **3** intenso; vivo; **k. desire**, intenso desiderio **4** astuto; scaltro **5** (*comm.:* di prezzo) basso; conveniente. ● **a k. appetite**, un buon appetito ▫ (*comm.*) **a k. competition**, una forte concorrenza ▫ **k.-eyed**, dalla vista acuta ▫ (*fam.*) **to be k. on**, essere appassionato di; avere una gran voglia di: **I'm very k. on tennis**, sono un appassionato del tennis; **He's very k. on marrying that girl**, ha una gran voglia di sposare quella ragazza ▫ **k.-set for**, avido di; bramoso di ▫ **k.-witted**, acuto; sagace; scaltro ▫ (*fam.*) **as k. as mustard**, entusiasta.
keen (2) [kiːn], *n.* (*irl.*) lamento funebre.
to keen [kiːn], (*irl.*) **A** *v. i.* fare un lamento funebre. **B** *v. t.* piangere (*un morto*) levando un lamento funebre.
keenness [ˈkiːnnis], *n.* **1** l'essere acuto (*o penetrante, ecc.*) **2** acutezza **3** acume; perspicacia **4** brama; desiderio **5** intensità; vivezza. ● **k. of sight**, acutezza visiva.
to keep [kiːp], (*pass. e p. p.* **kept**), **A** *v. t.* **1** tenere; avere; ritenere; trattenere; tenere in serbo; serbare; conservare; mantenere; osservare; (*mil. e fig.*) difendere: **to k. one's hands in one's pockets**,

tenere le mani in tasca; **to k. a hotel**, tenere (*o* avere) un albergo; **You may k. this book**, puoi tenere (*o* serbare) per te questo libro; **K. the change!**, tenga il resto!; **K. this seat for me**, tienimi il posto; **to k. a diary**, tenere un diario; **to k. the books**, tenere i libri contabili; **I won't k. you long**, non ti tratterrò a lungo; **to k. a rule**, osservare una regola; **to k. a town against the enemy**, difendere una città contro il nemico; **to k. servants (boarders)**, tenere domestici (pensionanti); **K. the engine running**, tieni in moto il motore; **to k. sb. in prison**, tenere q. in prigione; (*comm.*) **We won't k. this line**, non terremo questi articoli; **The rain kept us indoors**, la pioggia ci tenne (*o* ci fece restare) in casa **2** mantenere; sostentare; provvedere a: **He has a family to k.**, ha una famiglia da mantenere (*o* da sostentare); **My daughter keeps herself in clothes**, mia figlia provvede ai suoi vestiti **3** tenere fede a; attenersi a; osservare; rispettare; stare a: **to k. the law**, osservare (*o* rispettare) la legge **4** osservare; rispettare; celebrare: **to k. the Sabbath**, osservare le feste comandate; **to k. Christmas (one's birthday)**, celebrare il Natale (il proprio compleanno) **5** impedire; trattenere: **The snow kept us from going out**, la neve ci impedì d'uscire; **Don't k. me from my work**, non impedirmi di lavorare! **6** celare; nascondere: **My son keeps nothing from me**, mio figlio non mi nasconde nulla. ● **B** *v. i.* **1** tenersi; mantenersi; serbarsi; stare; restare: **Meat doesn't k. in hot weather**, la carne non si mantiene col caldo; **How are you keeping?**, come stai (di salute)?; **K. quiet, please**, state buoni (*o* zitti), per favore; **K. together!**, restate insieme!; **K. cool!**, resta calmo!; mantieni il sangue freddo! **2** continuare; durare; perseverare: **It kept raining all the time**, continuò a piovere per tutto il tempo; **I kept (on) talking**, continuai a parlare; (*fam.*) **Will school k. all day?**, dureranno tutto il giorno le lezioni? **3** tenere (*o* seguire) una strada: **K. straight on for two miles**, segui la strada (*o* va' dritto) per due miglia! **4** – **to k. from**, trattenersi da; astenersi da; fare a meno di: **I couldn't k. from laughing**, non potei trattenermi dal ridere; **I couldn't k. from telling him**, non potei fare a meno di dirglielo **5** (*fam.*, *specialm.* all'Università di Cambridge) abitare; risiedere: **Where do you k.?**, dove risiedi? ● **C** *verbi composti* **1 to k. at sb.**, dare (*o* stare) addosso a q.; non dar pace a q.: **They kept at him for payment**, gli stettero addosso per farsi pagare □ **to k. at st.**, perseverare in q.c. □ **K. at it!**, dacci sotto!; tieni duro!; non mollare! **2 to k. away**, star lontano: **K. away from the road!**, sta' lontano dalla strada! □ (*naut.*) **to k. away from the wind**, poggiare □ **to k. sb. away**, tener lontano q., impedirgli di andare: **Flu kept him away from school**, l'influenza gli ha impedito d'andare a scuola. **3 to k. back**, tenere (*o* tenersi) indietro: **K. back!**, tenetevi indietro! □ **to k. sb. back**, tenere indietro q.; trattenere q.; impedirgli (*di fare q.c.*): **The National Guard kept the rioters back**, la Guardia Nazionale tenne indietro i rivoltosi; **I kept him back from killing the toad**, gli impedii d'uccidere il rospo □ **to k. st. back**, trattenere, tenere a freno (*le lacrime*, *ecc.*); trattenere, serbare, tenere in serbo: **I'll k. back part of my salary**, terrò per me parte dello stipendio; **Don't sell it; k. it back**, non venderlo; tienlo da parte! □ **to k. st. back from sb.**, nascondere q.c. a q. **4 to k. down**, restar giù; restare nascosto; rimanere seduto □ **to k. (st.) down**, trattenere, tenere a freno; limitare; reprimere: **I couldn't k. down my indignation**, non riuscii a trattenere lo sdegno □ **I must k. down expenses**, devo limitare le spese □ **to k. down food**, ritenere il cibo (*non vomitarlo*) □ **to k. prices down**, tenere bassi i prezzi. **5 to k. st. from sb.**, nascondere q.c. a q. **6 to k. in** (*o* indoors), restare in casa □ **to k. in with sb.**, rimanere in buoni rapporti con q. □ **to k. sb. in**, trattenere q.: **The boy was kept in after school**, il ragazzo fu trattenuto a scuola dopo le lezioni. **7 to k. off**, stare lontano; girare al largo: **Danger, k. off**, pericolo, stare lontano □ **to k. (sb.) off**, allontanare; tener lontano: **Smoke keeps off mosquitos**, il fumo tiene lontano le zanzare □ **K. off the grass**, (si prega di) non calpestare l'erba. **8 to k. on**, continuare; perseverare; andare avanti: **I'm tired of this work but I k. on**, sono stanco di questo lavoro, ma persevero □ **to k. on at sb.**, continuare a infastidire (*o* rimproverare) q. □ **to k. on doing st.**, continuare a fare q.c.: **Don't k. on doing foolish things**, non continuare a fare stupidaggini! □ **to k. sb. on**, continuare a tenere q.: **Though our servant is old, we k. her on**, sebbene la nostra domestica sia vecchia, la teniamo ancora con noi □ **to k. one's hat on**, tenere il cappello in testa; non scoprirsi. **9 to k. out**, restare fuori; tenersi fuori, non immischiarsi: **K. out of the fight!**, resta fuori dalla mischia!; **Danger, k. out**, pericolo, non entrare □ **to k. (sb., st.) out**, tener fuori; non lasciar entrare (*o* passare): **I put on a furcoat to k. out the cold**, mi misi la pelliccia per non far passare il freddo □ **to k. out of the way**, tenersi (*o* girare) al largo. **10 to k. to**, attenersi a, mantenere, osservare (*regole*, *promesse*, *ecc.*); seguire (*una norma*, *una dieta*, *ecc.*); restare, tenersi, rimanere: **She must k. to her bed for a week**, deve restare a letto una settimana; **K. it to yourself**, tienlo per te!; **to k. to one's subject**, tenersi all'argomento; non

divagare. **11 to k. under**, tenere a freno; dominare; domare, tenere sotto controllo (*un incendio*): **The Romans succeeded in keeping most European peoples under**, i Romani riuscirono a dominare la maggior parte dei popoli europei. **12 to k. up**, continuare; restare alzato; durare; mantenersi intatto: **Do you think fine weather will k. up?**, credi che il bel tempo continui?; **Their spirits kept up**, il loro coraggio si mantiene intatto; **to k. sb. up**, tenere su q.; tenere in piedi (*o* sveglio) q.: **The baby is teething and keeps us up all night**, il bambino mette i dentini e ci tiene svegli tutta la notte □ **to k. (st.) up**, tenere su, tenere alto; conservare, serbare; osservare, rispettare; continuare, protrarre: **K. your head up**, tieni alta la testa!; **K. up your courage**, conservate il vostro coraggio!; non perdetevi d'animo!; **Old customs are still kept up here**, si rispettano ancora le vecchie usanze qui; **The attack was kept up all day**, l'attacco si protrasse per tutto il giorno □ **to k. up appearances**, salvare le apparenze □ **to k. up one's English (French, Latin, etc.)**, tenersi in esercizio in inglese (francese, latino, ecc.); (*comm.*) **to k. up the price of goods**, mantenere alto il prezzo della merce □ **to k. up with**, andare di pari passo con; non rimanere indietro a: **to k. up with the times**, andare di pari passo con i tempi; essere all'altezza dei tempi; non essere arretrato; **He wanted an expensive new car to k. up with the Joneses**, egli voleva una costosa auto nuova per non rimanere indietro ai vicini di casa. ● (*rag.*) **to k. an account alive**, tenere acceso un conto □ (*rag.*) **to k. accounts**, tenere la contabilità □ **to k. one's balance**, mantenersi in equilibrio; restar calmo, sereno □ (*fig.*) **to k. the ball rolling**, far andare avanti le cose; tener viva l'attività; mandare avanti la baracca; tirare avanti □ (*rag.*) **to k. the books up to date**, tenere aggiornati i conti □ **to k. one's business going**, mandare avanti la propria azienda □ **to k. early (*o* good) hours**, andare a letto (*o* alzarsi) presto □ **to k. one's feet**, restare in piedi; non cedere □ **to k. the fire burning**, alimentare il fuoco □ **to k. st. for oneself**, tenere q.c. per sé: **He kept the gifts for himself**, tenne per sé i regali □ (*sport*) **to k. goal**, giocare in porta □ (*fig.*) **to k. one's hand in st.**, tenersi in esercizio in q.c. □ **to k. one's hat on**, tenere in testa, non togliersi il cappello □ **to k. one's head**, non perdere la testa; restar calmo □ **to k. hold of sb. (st.)**, tenere stretto q. (q.c.) □ **to k. house for sb.**, avere il governo della casa di q.; fare da governante a q. □ **to k. house on a few dollars a week**, mandare avanti la casa con pochi dollari la settimana □ **to k. st. in mind**, tenersi a mente q.; ricordarsi q.c. □ **to k. in touch with sb.**, tenersi in contatto con q. □ (*fam.*) **to k. it up**, mantenere il ritmo; perseverare; farcela □ **to k. late (*o* bad) hours**, andare a letto (*o* smettere di lavorare, ecc.) a tarda ora □ (*naut.*) **to k. the luff**, tenersi al vento □ (*naut.*) **to k. an offing**, tenersi al largo □ **to k. open house**, essere ospitale □ **to k. one's own counsel**, nascondere i propri propositi; celare i propri pensieri □ (*econ.*) **to k. prices steady**, stabilizzare i prezzi □ (*naut.*) **to k. the sea**, tenere il mare □ **to k. a secret**, tenere un segreto □ (*fam.*) **to k. one's shirt on**, tenere la testa a posto; restare calmo □ **to k. silence**, mantenere il silenzio; stare zitto □ **to k. one's temper**, non perdere la pazienza; mantenere la calma □ **to k. (oneself) to oneself**, stare sulle proprie; tenersi in disparte, non essere socievole: **John keeps to himself**, Giovanni sta sulle sue □ (*naut.*) **to k. to windward**, mantenersi all'orza □ **to k. track of**, tener dietro a; seguire: **It isn't easy to k. track of all the new scientific discoveries**, non è facile tener dietro a tutte le nuove scoperte scientifiche □ **to k. sb. waiting**, far aspettare q. □ (*autom.*) «**K. clear**», «lasciare libero (il passaggio)» (*cartello: cfr. ital.* «*passo carraio*») □ (*autom.*) **K. left!**, tenere la sinistra □ **K. out!**, vietato l'ingresso (*cartello*) □ (*piuttosto antiquato*) **God keep you!**, Dio ti guardi! □ **This clock keeps good time**, questo orologio va bene (*o* è esatto).

keep [ki:p], *n.* **1** (*stor.*) maschio, mastio; (*per estens.*) castello, fortezza **2** mantenimento; sostentamento; vitto e alloggio **3** (*fam.*) prigione **4** (*mecc.*) cappello. ● **to earn one's k.**, guadagnarsi il mantenimento (*o* il pane che si mangia) □ (*pop.*) **for keeps**, per sempre; proprio: **It's yours for keeps**, è tuo; puoi tenerlo (per sempre) □ (*pop.*) **to give sb. st. for keeps**, far dono di q.c. a q. □ **to play for keeps**, fare sul serio, con l'intenzione di ottenere il meglio ad ogni costo □ **I think this marriage will be for keeps**, credo che questo matrimonio sia destinato a durare.

keeper ['ki:pə*], *n.* **1** custode; guardiano; guardia; sorvegliante **2** (*anche* **gamekeeper**) guardacaccia, guardiacaccia **3** oggetto che ne tiene fermo un altro; (*specialm.*) fermanello **4** chiavistello; saliscendi **5** (*elettr.*) ancora; armatura di protezione **6** frutto (*o* vegetale) che si conserva bene **7** (*fam., sport; anche* **goalkeeper**) portiere. ● **park-k.**, custode di parco.

keeping ['ki:piŋ], *n.* **1** custodia; cura; guardia: **The jewels are in good k.**, i gioielli sono sotto buona guardia (*o* in buone mani, al sicuro) **2** allevamento: **the k. of bees**, l'allevamento delle api **3** mantenimento; conservazione **4** armonia; accordo: **Your actions are not in k. with your ideals**, le tue azioni non sono

keepsake

in armonia con le tue idee. ● **k. apples**, mele da conservare, adatte alla conservazione □ (*USA*) **k. room**, (stanza di) soggiorno □ **in safe k.**, al sicuro; ben custodito □ **to be out of k. with**, essere in disaccordo con.
keepsake ['ki:pseik], **A** *n.* ricordo (*oggetto*); pegno d'amicizia, d'affetto. **B** *a. attr.* sentimentale; affettato; sdolcinato.
keg [keg], *n.* barilotto, fusto di legno (*di solito, contiene meno di dieci galloni*).
kelp [kelp], *n.* **1** (*bot.*) fuco **2** ceneri di alghe.
kelpie, kelpy ['kelpi], *n.* (*mitol. scozz.*) spirito maligno delle acque (*appare in forma di cavallo*).
kelson ['kelsn], *V.* **keelson**.
kelt [kelt], *n.* (*zool.*) salmone (*o* trota) che ha deposto le uova.
Kelt [kelt], **Keltic** ['keltik], *V.* **Celt, Celtic**.
kelter ['keltə*], *n.* condizione; ordine. ● **out of k.**, in disordine; che non funziona a dovere.
Kelvin ['kelvin], *n.* (*elettr. e termodinamica*) kelvin. ● **k. absolute temperature scale**, scala di temperatura assoluta Kelvin.
kemp [kemp], *n.* (*ind. tessile*) fibra ruvida (*della lana*).
kempy ['kempi], *a.* (*ind. tessile*) ispido; ruvido.
ken [ken], *n.* (*lett.*) comprensione; conoscenza: **outside** (*o* **beyond**) **one's k.**, al di là della propria comprensione.
to ken [ken] (*pass.* e *p. p.* **kenned** *o* **kent**), *v. t.* e *i.* (*scozz.*) **1** conoscere; sapere **2** riconoscere.
kennel (1) ['kenl], *n.* **1** canile; casotto con cuccia **2** (*fig.*) tugurio **3** muta di cani **4** (*USA*) canile (pubblico); casa del cane (e del gatto).
to kennel ['kenl], **A** *v. i.* **1** stare in un canile **2** rifugiarsi (*o* andare) nel canile; andare a cuccia. **B** *v. t.* **1** tenere in un canile **2** mettere nel canile; mandare a cuccia.
kennel (2) ['kenl], *n.* fossetta di scolo; rigagnolo; cunetta.
kennels ['kenlz], *n.* (*invar. al pl.*) canile (pubblico); casa del cane (e del gatto): **to leave one's dog in a k.**, mettere il proprio cane nel canile (*per le ferie, ecc.*).
kenning ['keniŋ], *n.* (*poet.*) metafora, perifrasi (*tipica della poesia anglosassone; per es.*: **sea-steed**, destriero del mare, *per* **ship**, nave).
kent [kent], *pass.* e *p. p.* di **to ken**.
Kentish ['kentiʃ], **A** *a.* (*geogr.*) del Kent. **B** *n.* (*stor.*) dialetto del Kent. ● **K. fire**, scroscio d'applausi; rumori di dissenso □ (*miner.*) **K. rag**, calcare duro del Kent.
kentledge ['kentlidʒ], *n.* (*naut.*) zavorra di pani di ghisa.
Kentucky [ken'tʌki], *n.* (*geogr.*) Kentucky (*uno dei 50 Stati degli USA*). ● (*USA*) **K. Derby**, corsa ippica annuale a Louisville (*Kentucky*); (*comm.*) «**K. Fried Chicken**» (*marchio*), (negozio di una) catena di rosticcerie di pollame (*in G.B. e USA*).
Kenya ['ki:njə], *n.* (*geogr.*) Kenya; Kenia.
Kenyan ['ki:njən], *a.* e *n.* keniano; keniota.
kepi ['keipi], *n.* (*pl.* **kepis**) (*stor.*) chepi; kepi; cheppi.
Keplerian [kep'li:riən], *a.* (*astron.*) kepleriano.
kept [kept], *pass.* e *p. p.* di **to keep**. ● **a k. woman**, una mantenuta.
keramic [kə'ræmik], **keramics** [kə'ræmiks], *V.* **ceramic, ceramics**.
keratin ['kerətin], *n.* (*chim., biol.*) cheratina.
keratinous [ke'rætinəs], *a.* (*biol., anat.*) cheratinoso.
keratose ['kerətous], **A** *a.* (*biol.*) corneo. **B** *n.* sostanza cheratinosa (*nelle spugne*).
kerb [kə:b], *n.* orlo (*o* cordone) del marciapiede; cordolo. ● **k.-stone**, pietra del cordolo □ (*gergo della Borsa Valori*) **k.-stone broker**, agente di cambio non iscritto alla Borsa □ (*autom.*) **k.-weight**, peso della vettura in ordine di marcia.
kerchief ['kə:tʃif], *n.* (*pl.* **kerchief, kerchieves**) **1** fazzoletto da testa **2** (*poet.*) fazzoletto.
kerchiefed ['kə:tʃift], *a.* col fazzoletto in testa.
kerf [kə:f], *n.* **1** taglio, intaccatura, tacca (*specialm. d'ascia o di sega*) **2** (*ind. min.*) intaglio; sottoscavo.
kerfuffle [kə'fʌfəl], *n.* (*fam.*) **1** chiasso; confusione; scalpore **2** agitazione; panico; fifa (*fam.*).
kermes ['kə:miz], *n.* (*invar. al pl.*) **1** (*zool.*) femmina pregna di *Coccus ilicis* **2** (*tintoria*) chermes, kermes.
kermess, kermis ['kə:mis], *n.* kermesse (*festa o fiera, nei Paesi Bassi*).
kern(e) [kə:n], *n.* **1** (*stor.*) fante irlandese (*con armatura leggera*) **2** contadino irlandese **3** (*fig.*) zoticone.
kernel ['kə:nl], *n.* **1** nocciolo (*anche fig.*); mandorla (*d'albicocca, pesca, ecc.*); gheriglio (*di noce*) essenza, nucleo, sostanza: **the k. of the question**, il nocciolo della questione **2** (*bot.*) cariosside; chicco, seme (*del grano, granturco, ecc.*) **3** (*bot.*) nocella **4** (*fis. nucl.*) nucleo.
kerosene, kerosine ['kerəsi:n], *n.* (*chim.*) kerosene, cherosene: **a k. stove**, una stufa a cherosene.
kersey ['kə:zi], *n.* (*ind. tessile*) tessuto di lana a coste.
kestrel ['kestrəl], *n.* (*zool., Falco tinnunculus*) gheppio.

ketch [ketʃ], *n.* (*naut.*) «ketch».
ketchup ['ketʃəp], *n.* (*cucina*) «ketchup»; salsa piccante (*a base di pomodoro, aceto, spezie*).
ketone ['ki:toun], *n.* (*chim.*) chetone.
kettle ['ketl], *n.* **1** bollitore; pentola; pentolino; bricco (*da tè*); cuccuma: **electric k.**, bollitore elettrico **2** caldaietta **3** (*geol., anche* **k. hole**) marmitta. ● (*mus.*) **k.-drum**, timpano □ (*mus.*) **k.-drummer**, timpanista □ **k.-holder**, presina □ (*fig.*) **a pretty** (*o* **fine**) **k. of fish**, un bel pasticcio □ (*fam.*) **It's a different k. of fish**, è un altro paio di maniche.
kevel ['kevl], *n.* (*naut.*) **1** gancio di murata; cazzascotte; tesascotte **2** bittarella; tacchetto a cuore.
key (1) [ki:], **A** *n.* **1** chiave (*in ogni senso, anche mus.* e *fig.*): **Keys made here**, si fanno chiavi (*cioè, si copiano*; *cartello*); **the key of a clock**, la chiave d'un orologio; **the key to a problem**, la chiave d'un problema; **the key to success**, la chiave del successo; **the key of C major**, la chiave di do maggiore; **to write in a cheerful key**, scrivere in chiave allegra **2** (*mus., tel., ecc.*) tasto: **the keys of a piano**, i tasti d'un pianoforte; **the keys of a typewriter**, i tasti d'una macchina da scrivere **3** (*mus.*) tono; tonalità: **to speak in a high (low) key**, parlare in tono di voce alto (basso); **in a minor key**, in tono smorzato; **all in the same key**, in tono monotono; (*fig.*) nello stesso stile **4** (*mecc.*) chiavetta; perno da incastro **5** (*archit.*) chiave (*dell'arco, della volta*) **6** appendice (*a un testo*); opuscolo con spiegazioni e soluzioni (*d'orologio*) chiavetta **7** interruttore a leva **9** (*di elaboratore*) chiave **10** (*di mappa, ecc.*) leggenda **11** (*bot.*) samara; frutto indeiscente (*del frassino e dell'olmo*) **12** (*edil.*) rinzaffo; stuccatura. **B** *a. attr.* chiave; importante; principale: **a key industry**, un'industria chiave; **a key position**, una posizione chiave; un posto chiave; **key word**, parola chiave. ● (*geol.*) **key bed**, strato guida □ **key box**, buchetta della chiave (*in un albergo e sim.*) □ (*mus.*) **key bugle**, cornetto a pistone □ **key-chain**, portachiavi a catenella □ **key cutting**, (il) fare le chiavi □ **key money**, buonuscita (*per un appartamento*) □ (*elab.*) **key punch**, perforatrice (*di schede*) □ **key ring**, anello per le chiavi; portachiavi □ (*fig.*) **the golden** (*o* **silver**) **key**, la chiave che apre tutte le porte; il denaro □ **to have** (*o* **to get**) **the key of the street**, rimanere chiuso fuori di casa; essere lasciato a ciel sereno □ (*fig., relig.*) **the power of the keys**, il potere ecclesiastico; l'autorità pontificia.
to key [ki:], *v. t.* **1** (*mecc., spesso* **to key in, to key on**) inchiavettare; fermare (*o* assicurare) con chiavetta **2** (*archit.*) mettere la chiave di volta a (*un arco*) **3** provvedere (*un testo*) di appendice (*o* di un opuscolo) con spiegazioni **4** (*mus.*) accordare (*un pianoforte, ecc.*) **5** (*fig.*) adattare; rendere intonato (*a q.c.*); armonizzare **6** (*sport*) marcare. ● (*sport*) **to key on sb.**, marcare stretto q. □ **to key up**, (*mus.*) alzare il tono di (*uno strumento*); (*fig.*) eccitare, innervosire, stimolare □ **to key up an endeavour**, aumentare uno sforzo □ **to be keyed up**, essere eccitato, teso.
key (2) [ki:], *n.* (*geogr.*) **1** isolotto (*specialm. in Florida*) **2** banco corallino.
keyboard ['ki:bɔ:d], *n.* (*anche mus.*) tastiera. ● **k. operator**, tastierista □ (*mus.*) **pedal k.**, pedaliera (*d'un organo*).
to keyboard ['ki:bɔ:d], **A** *v. i.* **1** fare il tastierista **2** battere su una tastiera. **B** *v. t.* **1** fare funzionare (*un calcolatore*) **2** (*tipogr.*) comporre con la tastiera.
keyboarder ['ki:bɔ:də*], *n.* tastierista.
keyhole ['ki:houl], *n.* **1** buco della serratura **2** (*mecc.*) incavo per chiavetta. ● (*mecc.*) **k. saw**, gattuccio.
keyless ['ki:lis], *a.* (*d'orologio*) senza chiave.
keynote ['ki:nout], *n.* **1** (*mus.*) nota di chiave; tonica **2** (*fig.*) nota dominante; concetto fondamentale. ● **k. speech**, discorso chiave (*che dà il tono, l'impronta*).
to keynote ['ki:nout], *v. t.* mettere in evidenza (*o* in risalto); evidenziare.
to key-punch ['ki:pʌntʃ], *v. i.* (*elab.*) perforare (*una scheda meccanografica*).
keypunch ['ki:pʌntʃ], *n.* (*USA*) perforatrice di schede.
keystone ['ki:stoun], *n.* **1** (*archit.*) chiave di volta (*dell'arco*) **2** (*fig.*) chiave di volta; fulcro; perno.
keyway ['ki:wei], *n.* **1** fessura per la chiave **2** (*mecc.*) sede per chiavetta **3** (*ing.*) canale; scanalatura.
khaki ['ka:ki], **A** *a.* cachi; kaki. **B** *n.* (*pl.* **khakis**) **1** color cachi **2** tela cachi. ● (*mil.*) **khakis**, divise cachi □ (*polit.*) **k. election**, elezione di tempo di guerra □ **to get into k.**, indossare la divisa; arruolarsi.
khalif [ka'li:f], *n.* califfo.
khalifate ['ka:lifeit], *n.* califfato.
khan (1) [ka:n], *n.* (*stor., polit.*) khan; can; capo (*o principe*) orientale.
khan (2) [ka:n], *n.* caravanserraglio.
khanate ['ka:neit], *n.* (*stor., polit.*) canato (*V.* **khan (1)**).
khedive [ki'di:v], *n.* (*stor., polit.*) kedivè; viceré dell'Egitto.

killer

khedivial [ki'di:vjəl], *a.* di (*o* del) kedivè (*V.* **khedive**).
khi [ki(:)], *V.* **chi**.
to kibble ['kibl], *v. t.* macinare grosso.
kibble ['kibl], *n.* (*ind. min.*) secchia di ferro; gabbia d'estrazione.
kibbutz [ki'buts], *n.* (*pl.* **kibbutzim, kibbutzes**) kibbutz.
kibe [kaib], *n.* gelone ulcerato. ● (*fig.*) **to tread on sb.'s kibes**, pestare i piedi a q.; offendere q.
to kibitz ['kibits], *v. i.* (*fam. USA*) dare consigli non richiesti (*detto specialm. dello spettatore di un gioco di carte*).
kibitzer ['kibitsə*], *n.* (*fam. USA*) spettatore importuno (*a un gioco di carte*); chi dà consigli non richiesti; ficcanaso.
kibosh ['kaibɔʃ], *n.* (*fam.*) sciocchezze; stupidaggini; fandonie. ● **to put the k. on sb.** (*st.*), farla finita con q. (q.c.); mettere fine a (q.c.).
kick (1) [kik], *n.* **1** calcio; colpo di piede; pedata **2** (*mil.*: *d'arma da fuoco*) contraccolpo; rinculo **3** (*sport*) calcio; calciatore; giocatore (*di calcio*): **He's a good k.**, è un bravo calciatore; colpisce bene la palla di piede **4** (*fam.*) eccitazione; stimolo; gusto; piacere: **I get quite a k. out of him**, con lui mi eccito in modo straordinario; **He gets a big k. out of pop music**, prova un gran piacere ad ascoltare la musica pop; **a game with no k. in it**, un gioco che non dà gusto **5** (*fam.*) energia; forza; spirito: **He has no k. in him**, è rimasto privo d'ogni energia; è a terra; **a drink with no k. in it**, un drink senza forza **6** (*pl., pop.*) motivi di lagnanza. ● (*sport*) **k.-off**, calcio d'inizio; calcio di rimessa in gioco (*dal centrocampo*); (*fig.*) inizio, principio □ (*sport*) **k.-out**, invio (*o* uscita) in fallo laterale □ **k.-start**, avviamento a pedale; pedale d'avviamento (*di motocicletta*) □ **k.-starter**, pedale d'avviamento (*di motocicletta*) □ **k. wheel**, tornio a pedale (*da vasaio*) □ (*sport*) **back k.**, rovesciata □ (*fam.*) **for kicks**, per divertimento □ (*fig.*) **to get more kicks than halfpence**, ricevere più rimproveri che gentilezza; ricevere più calci che carezze □ (*fam.*) **to get the k.**, essere licenziato.
to kick [kik], A *v. i.* **1** calciare; recalcitrare; scalciare; tirar calci: **That mule kicks**, quel mulo tira calci **2** (*mil.: di fucile, cannone, ecc.*) rinculare **3** (*fam.*) recalcitrare (*fig.*); brontolare; protestare; resistere; ribellarsi: **If people are ruled with an iron hand, they will k. against authority**, la gente, se viene governata col pugno di ferro, si ribella all'autorità. B *v. t.* **1** dare calci a; prendere a calci (*o* a pedate): **to k. a dog**, prendere a calci un cane **2** colpire col piede; (*sport*) calciare, mandare con un calcio: **to k. a ball back to sb.**, rimandare una palla a q., con un calcio **3** (*sport*) segnare (*una rete*) con un calcio. C *verbi composti* **1** (*fam.*) **to k. about**, gironzolare, vagare; viaggiare (qua e là); (*di cose*) essere buttato là, trovarsi (*in un luogo*); (*fig.*) maltrattare, trattare (q.) a pesci in faccia □ (*sport*) **to k. the ball about**, fare (la) melina. **2 to k. against**, calciare contro; scalciare; (*fig.*) ribellarsi contro (q.c.); opporsi, essere contrario (*o* sfavorevole) a (q.c.) □ (*fig.*) **to k. against the pricks**, dare calci contro il muro (*fig.*). **3** (*fam.*) **to k. around**, *V.* **to k. about** □ **to k. sb. around**, comandare q. a bacchetta □ **to k. st. around**, guardare dentro a q.c.; esaminare a fondo q.c. **4 to k. at**, *V.* **to k. against**. **5** (*pop.*) **to k. in**, dare il proprio contributo (*finanziario*); contribuire con (*una somma*); fare un'offerta; morire, tirare le cuoia (*pop.*) □ (*rugby*) **to k. in to touch**, mandare la palla in uscita laterale (*o* in «touche»). **6 to k. off**, (*sport*) dare il calcio d'inizio (*o* di rimessa: *da centrocampo*); (*fam.*) attaccare; cominciare, iniziare (*una partita*, *ecc.*); morire, tirare le cuoia, crepare (*pop.*) □ **to k. off one's shoes**, togliersi le scarpe con un calcio. **7 to k. out**, buttare fuori a calci, cacciare a pedate; (*fam.*) buttar fuori, scacciare; (*fam.*) licenziare: **He was kicked out of the firm**, fu licenziato dalla ditta. **8** (*mecc.*) **to k. over**, (*di un motore a scoppio*) mettersi in moto, avviarsi; mettere in moto, avviare (*un motore*). **9 to k. up**, sollevare (*con i piedi*); arrotolare (*a calci*): **The feet of the marching soldiers kicked up a cloud of dust**, i piedi dei soldati in marcia sollevavano un nugolo di polvere; **to k. up a carpet**, arrotolare un tappeto a calci □ **to k. up a fuss** (*o* **a row, a shindy, a stink**), fare un putiferio, fare una chiassata; piantare una grana (*fam.*); fare un (gran) casino (*pop.*) □ (*fig., fam.*) **to k. up one's heels**, darsi alla pazza gioia. ● (*fam.*) **to k. the bucket**, morire; tirare le cuoia (*pop.*) □ **to k. sb. downstairs**, far ruzzolare q. giù per le scale a calci; (*fig.*) cacciare via q. a pedate □ (*fam.*) **to k. one's heels**, aspettare a lungo (*o* invano) □ (*fam.*) **to k. sb. upstairs**, promuovere q. a un posto più elevato ma di minore responsabilità; dare una sinecura a q.; giubilare q.
kick (2) [kik], *n.* fondo di bottiglia rientrante (*che ne riduce la capacità*).
kickback ['kikbæk], *n.* **1** (*mecc.*) contraccolpo **2** (*fam.*) abbuono (*o* sconto) sottobanco **3** (*pop.*) tangente.
kickdown ['kikdaun], *n.* (*autom., mecc.*) passaggio a una marcia inferiore; lo scalare una marcia.
kicker ['kikə*], *n.* **1** cavallo che tira calci **2** (*sport*) chi effettua (*o* ha effettuato) un tiro: **In all free kicks the ball must be touched by another player before the k. can play it again**, in tutti i tiri di punizione la palla dev'essere toccata da un altro giocatore prima che chi ha effettuato il tiro possa calciarla di nuovo **3** (*fam. USA*) svantaggio nascosto (*per es. in un contratto*).
kickshaw ['kikʃɔ:], *n.* **1** ghiottoneria; leccornia; manicaretto **2** gingillo; ninnolo.
kickstand ['kikstænd], *n.* cavalletto (*di motocicletta*).
kicky ['kiki], *a.* (*pop.*) **1** brioso; vivace; pieno di vita **2** vistoso.
kid (1) [kid], *n.* **1** capretto **2** pelle di capretto: **shoes of kid**, scarpe di capretto; **kid gloves**, guanti di pelle di capretto **3** (*fam.*) bambino; bimbo; piccino. ● (*fam.*) **my kid sister**, la mia sorellina □ **to handle** (*o* **to treat**) **sb. with kid gloves**, trattare q. coi guanti.
to kid (1) [kid], A *v. t.* partorire (*un capretto*). B *v. i.* (*di capra*) figliare.
kid (2) [kid], *n.* (*fam.*) **1** imbroglio; inganno **2** beffa.
to kid (2) [kid] (*fam.*) A *v. t.* **1** gabbare; imbrogliare; ingannare **2** beffare; prendere in giro. B *v. i.* scherzare; fare per scherzo. ● (*fam.*) **No kidding?**, sul serio?; davvero?
kid (3) [kid], *n.* (*naut., mil.*) gamella; gavetta.
kidder ['kidə*], *n.* chi scherza; chi fa per gioco; burlone.
kiddie ['kidi], *V.* **kiddy**.
kiddle ['kidl], *n.* pescaia.
kiddy ['kidi], *n.* (*fam.*) bambino; bimbo; piccino.
kidglove ['kidglʌv], *a.* **1** troppo delicato; troppo raffinato **2** diplomatico; garbato; che ha tatto: **k. methods**, modi di fare ispirati a delicatezza, a gran tatto.
to kidnap ['kidnæp], *v. t.* rapire (*a scopo di estorsione*).
kidnapper ['kid,næpə*], *n.* rapitore (*specialm. di bambini*).
kidnapping ['kid,næpiŋ], *n.* rapimento; ratto (*specialm. di bambini*).
kidney ['kidni], *n.* **1** (*anat.*) rene **2** (*cucina*) rognone **3** (*fig.*) temperamento; tempra; sorta: **a man of that k.**, un uomo di quella sorta. ● (*bot.*) **k. bean**, (*Phaseolus vulgaris*) fagiolo comune; (*Phaseolus multiflorus*) fagiolo di Spagna □ **k. desk**, fagiolino (*mobile*) □ (*med.*) **k. machine**, rene artificiale □ **k.-shaped**, a forma di rene; reniforme; fatto a fagiolo □ (*med.*) **k. stone**, calcolo renale.
kidskin ['kidskin], A *n.* pelle di capretto. B *a. attr.* di (pelle di) capretto.
kier [kiə*], *n.* (*ind. tessile*) autoclave; vasca.
kieselguhr ['ki:zlguə*], *n.* (*miner.*) tripoli; farina fossile.
kike [kaik], *n.* (*spreg. USA*) ebreo; ebrea.
kilderkin ['kildəkin], *n.* barilotto (*della capacità di 16-18 galloni*).
Kilimanjaro [ˌkiliməndʒɑ:rou], *n.* (*geogr.*) Kilimangiaro.
to kill [kil], A *v. t.* **1** uccidere; ammazzare; far morire (*anche fig.*): **Frost kills plants**, il gelo uccide (*o* fa morire) le piante; **He was killed in war**, fu ucciso in guerra; (*fam.*) **to k. sb. with laughter**, far morire q. dal ridere **2** distruggere; rovinare; sopprimere: **to k. sb.'s hopes**, distruggere le speranze di q.; **The editor killed the story**, il direttore (*del giornale, della rivista*) soppresse il racconto **3** respingere; bocciare: **to k. a bill in Parliament**, respingere una proposta di legge in Parlamento; **to k. a proposal**, bocciare una proposta **4** (*di colori*) neutralizzare; guastare l'effetto di (*un altro colore*) **5** confondere; imbarazzare; sopraffare: **to k. sb. with kindness**, sopraffare q. a forza di cortesie **6** (*sport: nel gioco del calcio*) fermare (*la palla*) al volo **7** (*sport*) schiacciare (*la palla, con la racchetta*) **8** (*mecc.*) fermare, spegnere (*un motore*) **9** (*metall.*) calmare (*l'acciaio*) **10** (*tipogr.*) scomporre **11** (*tecn.*) neutralizzare. B *v. i.* **1** uccidere; ammazzare: **Thou shalt not kill**, non ammazzare! **2** essere ucciso; morire: **These plants k. easily**, queste piante muoiono facilmente; **Pigs do not k. well at that age**, non è opportuno uccidere i maiali a quell'età (*perché non danno molta carne*); **3** (*nella pesca*) **k.-devil**, esca artificiale che frulla □ **to k. off**, eliminare; uccidere; sbarazzarsi di; sterminare: **The Black Death of 1348 killed off one quarter of the English population**, la Peste Nera del 1348 sterminò un quarto della popolazione inglese □ **to k. oneself with laughter**, crepare dal ridere □ **k.-time**, passatempo □ **to k. time**, ammazzare il tempo □ (*fig.*) **to k. two birds with one stone**, prendere due piccioni con una fava □ **to k. sb. with kindness**, essere troppo gentile con q.; mettere q. in imbarazzo □ (*fam.*) **to be got up** (*o* **dressed**) **to k.**, essere vestito in modo da far colpo □ (*metall.*) **killed steel**, acciaio calmato.
kill oneself C *v. rifl.* uccidersi; suicidarsi.
kill [kil], *n.* **1** uccisione (*specialm. nella caccia*) **2** animali uccisi; caccia; cacciagione; prede. ● **to be in at the k.**, essere presente all'uccisione della preda (*per es., nella caccia alla volpe*); (*fig.*) essere presenti alla fine, all'ultimo atto.
killer ['kilə*], *n.* **1** uccisore; assassino; killer **2** strumento (*ascia, scure, ecc.*) per uccidere animali **3** macellatore **4** bestia da macello **5** (*pop.*) cannonata; schianto (*fig.*). B *a. attr.* mortale; letale; assassino: **k. diseases**, malattie mortali; **a k. smog**, uno smog assassino. ● (*mil., miss.*) **k. satellite**, satellite caccia-

killick

satelliti □ (*zool.*) k. whale (*Orcinus orca*), orca.
killick ['kilik], *n.* (*naut.*) ancorotto.
killing ['kiliŋ], **A** *a.* **1** mortale; fatale **2** faticoso; pesante **3** (*fam.*) affascinante; irresistibile. **B** *n.* uccisione; assassinio; strage. ● (*fam.*) **a k. look**, uno sguardo assassino □ (*fam.*) **to make a k.**, avere un colpo di fortuna; far quattrini all'improvviso □ **mercy k.**, eutanasia.
killjoy ['kildʒɔi], *n.* guastafeste.
killock ['kilək], *n.* (*naut.*) ancorotto.
kiln [kiln], *n.* **1** forno; fornace: **brick-k.**, forno da mattoni **2** essiccatoio; camera d'essiccazione: **hop-k.**, essiccatoio da luppoli. ● **to k.-dry**, essiccare al forno (*o* nell'essiccatoio).
kilner jar ['kilnədʒa:*], *n.* (*marchio*) vasetto a chiusura ermetica (*per marmellata, ecc.*).
kilo ['ki:lou], *n.* (*abbr.*; *pl.* **kilos**) **1** chilo; chilogrammo **2** chilometro.
kilocycle ['kilou,saikl], *n.* (*fis.*) chilociclo, kilociclo.
kilogram(me) ['kiləgræm], *n.* chilogrammo.
kilogrammetre ['kilougræm'mi:tə*], *n.* (*fis.*) chilogrammetro.
kilohertz ['kilouhə:ts], *n.* (*fis.*) chilohertz, kilohertz.
kilolitre ['kilou,li:tə*], *n.* (*fis.*) chilolitro, kilolitro.
kilometre ['kilə,mi:tə*], *n.* chilometro.
kilometric(al) [,kilou'metrik(əl)], *a.* chilometrico.
kilowatt ['kilowɔt], *n.* (*elettr.*) chilowatt, kilowatt.
kilowatt-hour ['kilowɔt,auə*], *n.* (*elettr.*) chilowattora, kilowattora.
kilt [kilt], *n.* kilt; gonnellino scozzese.
to kilt [kilt], *v. t.* **1** (*scozz.*) alzare, tirare su (*la gonna*) **2** pieghettare (*una gonna*). ● **kilted regiments**, reggimenti scozzesi col kilt.
kilter ['kiltə*], *n.* (*fam. specialm. USA*) buona condizione; ordine. ● **out of k.**, in disordine; che non funziona a dovere.
kiltie ['kilti], *n.* **1** chi porta il kilt **2** (*mil.*) soldato scozzese.
kimono [ki'mounou] (*giapponese*), *n.* (*pl.* **kimonos**) chimono.
kin [kin], **A** *n.* **1** ceppo; famiglia; stirpe: **That girl comes of good kin**, quella ragazza discende da un buon ceppo **2** (*collett.*) parentela; parenti; congiunti: **They are near of kin**, sono parenti stretti **3** (*fig.*) simili: **flatterers and their kin**, gli adulatori e simili (*fam.*: e soci). **B** *a. pred.* parente; imparentato: **We are kin**, siamo parenti; **He is kin to her**, è imparentato con lei. ● **next of kin**, i parenti più stretti □ **He's no kin to me**, (io e lui) non siamo parenti.
kinchin ['kintʃin], *n.* (*gergo della malavita*) bambino. ● **k. lay**, furto a danno di bambini mandati a far compere.
kind (1) [kaind], *n.* **1** genere; sorta; specie; qualità; razza; tipo; varietà: **human k.**, il genere umano; **the rabbit k.**, la razza dei conigli; **pears of various kinds**, pere di diverse qualità; **people of this k.** (*fam.* **these k. of people**), gente di questa sorta; **something of the k.**, qualcosa del genere (*o* di simile); **Of what k. is it?**, di che genere (*o* specie) è?; **He is a k. of doctor**, è una specie di dottore; **What k. of animal is this?**, che specie d'animale è questo? **2** carattere; qualità; natura: **They differ in k.**, sono cose di natura diversa **3** (*arc.*) natura: **the law of k.**, la legge della natura. ● (*fam., specialm. USA*) **k. of**, quasi; in un certo qual modo: **I k. of expected it**, quasi me l'aspettavo □ **in a k. of way**, in un certo qual modo □ **of a k.**, della stessa specie, uguale; una specie di, mediocre: **two of a k.**, due cose (*o* persone) uguali; (*carte*) **three of a k.**, tris; (*carte*) **four of a k.**, poker (*il punto*) □ **to pay in k.**, pagare in natura □ **payment in k.**, pagamento in natura □ **to repay in k.**, ripagare della stessa moneta; rendere pan per focaccia □ **something of the k.**, qualcosa del genere □ **Nothing of the k.!**, niente di simile!; niente affatto!
kind (2) [kaind], *a.* gentile; benevolo; compiacente; buono; cordiale: **It's very k. of you**, è molto gentile da parte vostra; **Be k. to your friends**, sii gentile con i tuoi amici; **a k. word**, una buona parola; **k. regards**, cordiali saluti **2** (*del tempo*) clemente; mite **3** (*dial.*) tenero: **k. looks**, teneri sguardi **4** (*arc.*) affettuoso; affezionato. ● **k.-hearted**, di buon cuore; comprensivo; generoso; indulgente; tenero □ **Be k. to animals**, tratta bene gli animali! □ **Will you be k. enough** (*o* **so k. as**) **to switch off the TV?**, abbia (*o* abbiate) la gentilezza di spegnere il televisore.
kindergarten ['kində,ga:tn] (*ted.*), *n.* giardino d'infanzia; asilo infantile.
to kindle ['kindl], *v. t.* appiccare il fuoco a; dar fuoco a; accendere; attizzare, infiammare; (*fig.*) destare, suscitare, far vampare: **The match kindled the shavings**, il fiammifero appiccò il fuoco ai trucioli; **to k. a fire**, accendere un fuoco; **to k. sb.'s imagination**, accendere la fantasia di q.; **to k. sb.'s anger**, attizzare l'ira di q.; **to k. the interest of one's readers**, destare (*o* suscitare) l'interesse dei propri lettori. **B** *v. i.* (*anche fig.*) prendere fuoco; accendersi; infiammarsi; avvampare; (*fig.*) splendere, divampare: **Her eyes kindled with joy**, gli occhi di lei splendevano per la gioia; **Their fratricidal hatred kindled again**, il loro odio fratricida divampò di nuovo. ● **His eyes were kindled with desire**, aveva gli occhi accesi di desiderio.

kindless ['kaindlis], *a.* **1** (*poet.*) privo di gentilezza; sgarbato; scortese **2** (*arc.*) snaturato.
kindliness ['kaindlinis], *n.* gentilezza; benevolenza; amabilità; amorevolezza; affabilità; bontà.
kindling ['kindliŋ], *n.* **1** accensione **2** materiale combustibile; sterpi, legna minuta (*per accendere il fuoco*).
kindly (1) ['kaindli], *avv.* **1** gentilmente; benevolmente; cordialmente **2** per favore: **Will you k. shut the door?**, vuoi chiudere la porta, per favore? **3** sentitamente; calorosamente: **I thank you k.**, ti ringrazio sentitamente **4** prontamente; spontaneamente. ● **to take k. to sb.**, prendere q. in simpatia □ **to take k. to st.**, accettare q.c. come un fatto naturale; vedere q.c. di buon occhio.
kindly (2) ['kaindli], *a.* **1** gentile; benevolo; amabile, amorevole; affabile; buono: **a man with a k. heart**, un uomo di buon cuore **2** dolce; mite: **a k. climate**, un clima mite **3** (*arc.*) indigeno; nato nel paese.
kindness ['kaindnis], *n.* gentilezza; cortesia; benevolenza; bontà; cordialità; favore; piacere: **He said so out of k.**, lo disse per gentilezza, per bontà; **You did me a great k. in helping my son**, mi hai fatto un grande favore ad aiutare mio figlio.
kindred ['kindrid], **A** *n.* **1** (*collett.*) congiunti; affini; parenti **2** affinità; (*leg.*) parentela: **He claims k. with me**, sostiene che c'è parentela fra me e lui. **B** *a.* **1** congiunto; consanguineo; imparentato: **k. peoples**, popoli consanguinei; **k. races**, razze imparentate **2** (*fig.*) affine; analogo; simile: **k. languages**, lingue affini; **k. phenomena**, fenomeni analoghi; **k. spirits**, spiriti affini. ● **k. souls**, anime gemelle.
kine [kain], *n.* (*pl. arc. di* **cow**) **1** vacche, mucche **2** bovini.
kinema ['kinimə], **kinematograph** [,kaini'mætəgra:f], e *deriv.* V. **cinema**, **cinematograph**, e *deriv.*
kinematic(al) [,kaini'mætik(əl)], *a.* (*fis.*) cinematico.
kinematics [,kaini'mætiks], *n. pl.* (*col verbo al sing.*) (*fis.*) cinematica.
kinescope ['kainiskoup], *n.* (*telev.*) cinescopio.
kinesiatrics [kai,ni:si'ætriks], *n. pl.* (*col verbo al sing.*) cinesiterapia.
kinesics [kai'ni:siks], *n. pl.* (*col verbo al sing.*) cinesica.
kinesitherapy [kai,ni:si'θerəpi], *n.* cinesiterapia.
kinetic [kai'netik], *a.* **1** (*fis.*) cinetico: **k. energy**, energia cinetica **2** (*arte*) cinetico **3** (*fig.*) attivo; dinamico; energico.
kinetics [kai'netiks], *n. pl.* (*col verbo al sing.*) (*fis.*) cinetica.
kinfolk ['kinfouk], *V.* **kinsfolk**.
king [kiŋ], *n.* **1** re (*in ogni senso*); monarca: **the K. of England**, il re d'Inghilterra; **a constitutional k.**, un re costituzionale; **He is the k. of painters**, è il re dei pittori; (*a carte*) **the k. of hearts**, il re di cuori **2** (*gioco della dama*) dama **3** (*pl.*, *relig.*) (il) libro dei Re (*nella Bibbia*). ● **K.'s Bench**, la Corte Suprema della «Common Law» (*in G.B.*) □ (*leg.*) **K.'s Counsel**, patrocinante per la Corona (*in G.B.*) □ (*zool.*) **k. crab**, limulo □ (*stor.*) **the K. Emperor**, il re d'Inghilterra e Imperatore d'India □ **K.'s English**, l'inglese puro (*con riferimento al linguaggio*) □ (*med.*) **K.'s evil**, la scrofolosi □ (*fig.*) **K. Log**, il re Travicello; un re debole □ **K.-of-arms**, re d'arme; primo araldo □ **the k. of beasts**, il re degli animali; il leone □ **the k. of birds**, l'aquila □ **K. of the countryside**, grande proprietario terriero □ (*relig.*) **the K. of Kings**, il Re dei re; Dio □ **the K. of Terrors**, la Morte □ (*leg.*) **the K.'s peace**, la quiete pubblica □ (*fam.*) **a k.'s ransom**, un pozzo di soldi □ **K.'s Roll**, quota di posti di lavoro riservata per legge ai reduci □ **k.-size**, (*comm.*) king-size; (*fam.*) più grande del normale: **a k.-size cigarette**, una sigaretta king-size □ (*fig.*) **K. Stork**, un re tiranno □ **the Three Kings**, i Re Magi □ **to turn K.'s evidence**, collaborare con la Giustizia (*detto di un coimputato pentito*).
to king [kiŋ], **A** *v. i.* **1** fare il re; governare **2** (*specialm.* **to k. it**) farla da padrone; fare il despota. **B** *v. t.* creare (q.) re.
kingbird ['kiŋbə:d], *n.* (*zool.*, *Tyrannus*) tiranno.
kingbolt ['kiŋboult], *n.* **1** (*mecc.*) perno di sterzaggio, perno del fuso a snodo (*delle ruote anteriori*) **2** (*ferr.*) perno ralla **3** (*edil.*) tirante centrale.
kingcraft ['kiŋ-kra:ft], *n.* arte del regnare.
kingcup ['kiŋ-kʌp], *n.* (*bot.*) **1** (*Ranunculus acer*) ranuncolo dei prati **2** (*Ranunculus bulbosus*) ranuncolo bulboso; ranuncolo selvatico **3** (*Ranunculus repens*) ranuncolo dei fossi **4** (*Caltha palustris*) calta palustre.
kingdom ['kiŋdəm], *n.* **1** regno; reame: (*polit.*) **the United K.**, il Regno Unito; (*Bibbia*) «**Thy K. come**», «venga il Tuo Regno» **2** (*fig.*) regno; mondo; impero: **the k. of poetry**, il regno della poesia; **the k. of learning**, il mondo della cultura; **The war between the Maffia families brought about the ruin of their gambling kingdoms**, la guerra tra le famiglie della Mafia determinò la rovina dei loro imperi delle bische **3** (*tassonomia*) regno: **the mineral kingdom**, il regno minerale. ● (*fam.*) **k. come**, l'altro mondo; l'aldilà; la fine del mondo □ **the k. of heaven**,

il regno dei cieli; il Paradiso ☐ (*fam.*) **gone to k. come**, andato all'altro mondo; morto ☐ **the keys of the K.**, le chiavi del Paradiso.
kingfisher ['kiŋ,fiʃə*], *n.* (*zool., Alcedo hispida*) martin pescatore.
kingless ['kiŋlis], *a.* senza re.
kinglet ['kiŋlit], *n.* 1 reuccio; piccolo re 2 (*zool., Regulus*) regolo.
kingliness ['kiŋlinis], *n.* 1 regalità 2 (*fig.*) maestosità; munificenza.
kingling ['kiŋliŋ], *n.* reuccio; piccolo re.
kingly ['kiŋli], *a.* 1 regale; reale; augusto 2 regale; regio: **k. power**, potere regale 3 (*fig.*) maestoso; munifico.
kingmaker ['kiŋ,meikə*], *n.* 1 (*stor.*) «colui che fa i re»; (il) creatore di re (*specialm. il Conte di Warwick, durante la guerra delle Due Rose*) 2 (*specialm. polit.*) chi influenza (*o* controlla) l'attribuzione d'incarichi di alta responsabilità.
kingpin ['kiŋ-pin], *n.* 1 (*mecc.*) perno di sterzaggio (*delle ruote anteriori*); perno del fuso a snodo 2 (*fig.*) fulcro; capo, leader 3 (*bowling*) birillo centrale. ● (*autom.*) **k. inclination**, angolo dei perni fusi.
kingpost ['kiŋ-poust], *n.* 1 (*edil.*) monaco; ometto 2 (*naut.*) colonna di bigo. ● (*edil.*) **k. truss**, capriata semplice.
kingship ['kiŋʃip], *n.* 1 regalità; dignità regale; potere sovrano 2 governo monarchico 3 (*come titolo*) maestà: **His K.**, Sua Maestà.
kinin ['kainin], (*USA*) V. **quinine**.
kink [kiŋk], *n.* 1 piegatura accidentale (*in una corda, un filo metallico, ecc.*); nodo; occhiello 2 (*fig.*) capriccio; ghiribizzo; grillo: **to have a k. in one's brain**, aver grilli per la testa.
to kink [kiŋk], A *v. i.* annodarsi; attorcigliarsi. B *v. t.* annodare; attorcigliare.
kinky ['kiŋki], *a.* 1 annodato; attorcigliato 2 (*di capello*) crespo; ricciuto 3 (*fam.*) eccentrico; bizzarro; stravagante 4 (*pop.*) deviante; pervertito; di (*o* da) pervertito. ● **k. boots**, stivali alti, di cuoio nero (*da donna*).
kinless ['kinlis], *a.* senza parenti; solo.
kinsfolk ['kinzfouk], *n. pl.* (*collett.*) parentado; parenti; congiunti.
kinship ['kinʃip], *n.* 1 parentela; consanguineità 2 (*fig.*) affinità; analogia; somiglianza. ● **the call of k.**, la voce del sangue.
kinsman ['kinzmən], *n.* (*pl.* **kinsmen**) parente; congiunto.
kinswoman ['kinz,wumən], *n.* (*pl.* **kinswomen**) parente; congiunta.
kiosk, kiosque [ki'ɔsk], *n.* 1 chiosco; edicola 2 palco della banda 3 cabina telefonica.
kip (1) [kip], *n.* pelle non conciata di vitello (*o* d'agnello, ecc.).
kip (2) [kip], *n.* (*pop.*) 1 pensione d'infimo ordine 2 posto per dormire; letto 3 dormitina; sonnellino; pisolino: **to have a kip**, fare una dormitina; schiacciare un pisolino.
to kip [kip], *v. i.* (*pop., spesso* **to kip down**) andare a letto; dormire.
kipper ['kipə*], *n.* 1 aringa affumicata 2 salmone affumicato 3 salmone maschio (*all'epoca della riproduzione*) 4 (*pop.*) tipo; tizio; individuo.
to kipper ['kipə*], *v. t.* salare e affumicare (*aringhe, salmoni, ecc.*). ● **kippered herring**, aringa affumicata.
Kirghiz ['kə:giz], *a. e n.* (*pl.* **Kirghiz, Kirghizes**) chirghiso (*anche la lingua*).
kirk [kə:k], *n.* (*scozz.*) chiesa. ● **the K.**, la Chiesa scozzese; la Chiesa presbiteriana.
kirkman [kə:kmən], *n.* (*pl.* **kirkmen**) (*scozz.*) membro (*pastore o fedele*) della Chiesa scozzese.
kirsch [kiəʃ] (*ted.*), *n.* kirsch; acquavite di (ciliegie) marasche.
kirtle ['kə:tl], *n.* (*stor.*) 1 abito lungo, veste (*da donna*) 2 tunica (*da uomo*).
kismat, kismet ['kismet], *n.* destino; fato (*dal turco*).
kiss [kis], *n.* 1 bacio 2 (*fig.*) leggero tocco; sfioramento 3 (*biliardo*) leggero tocco (*di palle in movimento*); rimpallo 4 (*USA*) meringa. ● **k. curl**, tirabaci ☐ **k. of death**, bacio mortale, che dà la morte; (*fig.*) fine, rovina ☐ **k. of life**, (*pop.*) rianimazione con respirazione bocca a bocca; (*fig.*) intervento provvidenziale, salvezza.
to kiss [kis], *v. t. e i.* 1 baciare 2 (*biliardo: di palle*) toccarsi leggermente; rimpallare. ● **to k. away sb.'s tears**, asciugare le lacrime a q. con i baci ☐ **to k. the Book**, baciare la Bibbia (*per giurare in tribunale*) ☐ (*fig.*) **to k. the dust**, sottomettersi; umiliarsi; mordere la polvere ☐ **to k. each other**, baciarsi ☐ (*pop. USA*) **to k. off**, lasciare, abbandonare (*una speranza, un progetto*); ignorare (*una persona, per es. un avversario*) ☐ **to k. sb. goodnight**, dare a q. il bacio della buonanotte ☐ (*fig.*) **to k. the ground**, prostrarsi; umiliarsi ☐ **to k. the hand** (*o* **hands**), baciare la mano (le mani); fare il baciamano ☐ (*polit.*) **to k. hands**, essere ricevuto a Corte come membro del governo ☐ **to k. one's hand to sb.**, mandare un bacio a q. sulla punta delle dita ☐ **k.-me-quick**, cappellino che lascia scoperto un ricciolo tirabaci ☐ (*fig.*) **to k. the rod**, accettare umilmente il castigo.
kissable ['kisəbl], *a.* che attira i baci.
kisser ['kisə*], *n.* 1 chi bacia 2 (*pop.*) bocca 3 (*pop.*) faccia.
kissing ['kisiŋ], *n.* il baciare; baci. ● **k. cousin** (*o* **kin**), parente stretto ☐ **k. of hands**, baciamano.
kissproof ['kispru:f], *a.* (*di rossetto*) indelebile.
kit (1) [kit], *n.* 1 equipaggiamento; corredo; attrezzatura; attrezzi; arnesi da lavoro: **a plumber's kit**, gli attrezzi d'un idraulico; **skiing kit**, equipaggiamento per sciare (*o* da sci) 2 scatola di montaggio: **a boat kit**, una scatola di montaggio per un battello 3 (*anche mil.*) tenuta; uniforme: **in battle kit**, in tenuta di guerra. ● **kit bag**, zaino; valigia rettangolare di pelle ☐ (*mil.*) **kit inspection**, rivista (*o* rassegna) dell'equipaggiamento ☐ **tool kit**, borsa utensili; cassetta attrezzi ☐ (*pop.*) **the whole kit and caboodle**, baracca e burattini.
to kit [kit], *v. t.* (*spesso* **to kit up**) equipaggiare; attrezzare.
kit (2) [kit], *n.* (*abbr. di* **kitten**) gattino, gattina.
kit (3) [kit], *n.* (*raro*) piccolo violino.
kitbag ['kitbæg], *n.* (*mil.*) zaino; sacco militare.
kitchen ['kitʃin], *n.* cucina. ● (*comm.*) **k. aids**, accessori per la cucina (*elettrodomestici, ecc.*) ☐ **k. garden**, orto ☐ **k.-maid**, sguattera ☐ **k.-range**, cucina economica; cucina a gas; fornelli ☐ **k. sink**, lavello; acquaio; (*agg.*) (*teatr.: di commedia*) che mostra gli aspetti deteriori della vita ☐ (*scherz.*) **the k.-sink contract**, il matrimonio ☐ **k. stuff**, roba da cucina, cibi; (*specialm.*) verdura ☐ **k. unit**, (mobiletto) componibile da cucina ☐ (*mil.*) **army field k.**, cucina da campo ☐ (*fam.*) **everything but the k. sink**, tutto; baracca e burattini.
kitchener ['kitʃinə*], *n.* 1 cucina economica (*o* a gas); fornelli 2 cuoco (*specialm. d'un convento*).
kitchenette [,kitʃi'net], *n.* (*edil.*) cucinino.
kitchenware ['kitʃin,weə*], *n.* utensili da cucina.
kite [kait], *n.* 1 (*zool., Milvus*) nibbio 2 (*fig., arc.*) individuo avido e rapace 3 aquilone; cervo volante 4 (*fam.*) aeroplano; aliante 5 (*gergo comm.*) cambiale di comodo (*o* di favore); assegno a vuoto 6 (*pl., naut.*) divergenti (*per dragaggio*). ● (*aeron.*) **k. balloon**, pallone drago ☐ (*fig.*) **Go fly a k.!**, va' a quel paese! ☐ **to fly a k.**, far volare un aquilone; (*fig.*) tastare il polso alla pubblica opinione; lanciare un ballon d'essai; (*gergo comm.*) procurarsi denaro con cambiali di comodo; emettere assegni a vuoto.
to kite [kait], A *v. i.* volare come un nibbio; librarsi; planare. B *v. t.* 1 far volare; far planare 2 (*gergo comm.*) emettere (*una cambiale di comodo*); spiccare (*un assegno a vuoto*).
kith [kiθ], *n.* (*arc.*) amici; conoscenti. ● **k. and kin**, amici e parenti.
kitsch [kitʃ] (*ted.*), *n.* 1 arte (*letteratura, ecc.*) da due soldi 2 kitsch; cattivo gusto; volgarità.
kitschy ['kitʃi], *a.* (*arte, ecc.*) kitsch; di cattivo gusto; volgare.
kitten ['kitn], *n.* gattino, gattina; micino, micina. ● (*fam.*) **to have kittens**, avere i nervi; essere nervoso.
to kitten ['kitn], A *v. t.* fare (*i gattini*). B *v. i.* (*di gatta*) figliare.
kittenish ['kitniʃ], *a.* da gattino; giocoso; scherzoso.
kittiwake ['kitiweik], *n.* (*zool., Rissa tridactyla*) gabbiano tridattilo.
kittle ['kitl], *a.* (*scozz.*) difficile; intrattabile; permaloso; suscettibile.
kitty (1) ['kiti], *n.* gattino; micino (*usato anche come nome di gatto*).
kitty (2) ['kiti], *n.* 1 posta; piatto (*nel poker e altri giochi di carte*) 2 fondo comune 3 (*nelle bocce*) boccino; pallino 4 (*fam.*) malloppo.
Kitty ['kiti], *n. (dim. di* **Katherine**) Caterina, Caterinetta, Rina.
kiwi ['ki:wi:], *n.* (*pl.* **kiwis**) 1 (*zool., Apteryx*) kiwi 2 (*gergo aeron.*) soldato (*o* ufficiale) dei servizi a terra 3 (*fam.*) neozelandese 4 (*bot., Actinidia chinensis*) actinidia, kiwi (*pianta e frutto*).
Klan [klæn], (*USA*) V. **Ku Klux Klan**.
klaxon ['klæksn], *n.* clacson; tromba (*d'automobile*).
kleenex ['kli:neks], *n.* (*pl.* **kleenex, kleenexes**) (*marchio*) kleenex; fazzoletto di carta.
klepht [kleft], *n.* 1 (*stor.*) partigiano greco (*nel sec. XV*) 2 brigante; bandito.
kleptomania [,kleptou'meinjə], *n.* (*psic.*) cleptomania.
kleptomaniac [,kleptou'meiniæk], *n.* (*psic.*) cleptomane.
Klondike ['klɔndaik], *n.* 1 (*geogr.*) Klondike (*regione del Canada*) 2 (*fig.*) miniera d'oro; fonte di grande ricchezza.
kloof [klu:f], *n.* stretta gola montana; burrone (*nel Sud-Africa*).
klutz [klʌtz], *n.* (*fam. USA*) persona maldestra e goffa.
klystron ['klaistrɔn], *n.* (*elettron.*) klystron.
knack [næk], *n.* 1 abilità; arte; destrezza: **That boy has the k. of solving complicated problems**, quel ragazzo ha l'abilità di risolvere problemi complicati 2 inclinazione; tendenza 3 espediente;

knacker

trucco. ● **to have a k. for st.**, essere tagliato per q.c. □ **once you get the k. of it**, una volta che ci hai fatto la mano.
knacker ['nækə*], *n*. **1** acquirente e macellatore di cavalli vecchi **2** chi compra case (*o* navi, ecc.) vecchie, per utilizzarne il materiale; demolitore.
knackered ['nækəd], *a.* (*pop.*) esausto; stanco morto; suonato (*pop.*).
knackery ['nækəri], *n.* mattatoio di cavalli.
knacky ['næki], *a.* abile; destro; ingegnoso.
knag [næg], *n.* nocchio; nodo (*del legno*).
knaggy ['nægi], *a.* nocchieruto; nodoso.
to knap [næp], *v. t.* **1** spaccare (*pietre*) col martello **2** battere; picchiare **3** (*pop.*) rubare; sgraffignare (*pop.*).
knap (1) [næp], *n.* (*Bibbia o dial.*) colpo; battito.
knap (2) [næp], *n.* (*dial.*) cima d'un colle; altura; vetta.
knapper ['næpə*], *n.* **1** spaccapietre **2** martello da spaccapietre.
knapsack ['næpsæk], *n.* zaino; sacco da montagna.
knapweed ['næpwi:d], *n.* (*bot., Centaurea nigra*) centaurea.
knar [na:*], *n.* nocchio; nodo (*del legno*).
knarry ['na:ri], *a.* nocchieruto; nodoso.
knave [neiv], *n.* **1** (*arc.*) briccone; canaglia; farabutto; furfante; mariolo **2** (*nei giochi di carte*) fante: **the k. of spades**, il fante di quadri.
knavery ['neivəri], *n.* (*arc.*) bricconeria; bricconata; furfanteria.
knavish ['neiviʃ], *a.* da briccone; disonesto; birbone; furfantesco.
knavishness ['neiviʃnis], *n.* bricconeria; furfanteria; disonestà.
to knead [ni:d], *v. t.* **1** impastare (*farina o argilla*) **2** fare (*oggetti di ceramica*) impastando argilla **3** (*fig.*) modellare **4** sottoporre (q.) a impastamento (*tipo di massaggio*). ● **to k. bread**, impastare il pane.
kneader ['ni:də*], *n.* **1** impastatore, impastatrice **2** impastatrice (*macchina*).
kneading ['ni:diŋ], *n.* **1** l'impastare; impastatura; impastamento **2** impastamento (*massaggio*). ● **k. machine**, impastatrice (*macchina*) □ **k. trough**, madia (*ind.*) gramolatrice.
knee [ni:], *n.* **1** ginocchio: (**Down**) **on your knees!**, in ginocchio!; **Your trousers bag at the knees**, i calzoni ti fanno le borse ai ginocchi **2** (*mecc., falegnameria*, ecc.) giunto a ginocchio; tubo a gomito; pezzo di legno a squadra; mensola (*di fresatrice*) **3** (*naut., anche* **k.-piece**) bracciolo. ● **k. bend**, flessione; piegamento □ (*anat.*) **k.-bone**, rotula □ **k.-breeches**, calzoni al ginocchio □ **k.-cap**, (*anat.*) rotula; ginocchiera; (*di cavallo*) ginocchiello □ **k.-deep** (*o* **k.-high**), (che arriva) fino al ginocchio: **We stood k.-deep in water**, l'acqua ci arrivava alle ginocchia □ **k.-high boots**, stivali al ginocchio □ (*fam., fig.*) **to be k.-high to a grasshopper**, essere alto come un soldo di cacio (*fig.*) □ **k.-hole**, posto per le gambe (*in uno scrittoio*) □ (*med.*) **k. jerk**, riflesso patellare; (*fig.*) (persona) che reagisce automaticamente; impulsivo; imprevedibile □ (*fig.*) **k.-jerk reaction**, reazione automatica (*o* impulsiva) □ **k.-joint**, giuntura del ginocchio; (*mecc.*) giunto a ginocchio □ **k.-pad**, ginocchiera □ (*anat.*) **k.-pan**, rotula □ **k.-room**, spazio per le gambe (*in auto, in aereo, ecc.*) □ (*USA*) **k.-slapper**, barzelletta umoristica, battuta di spirito □ (*mus.*) **k.-swell**, leva d'organo (*azionata col ginocchio*) □ (*fig.*) **to bend** (*o* **to bow**) **the k. to sb.**, piegare il ginocchio (*o* le ginocchia) a q. □ **to bring sb. to his knees**, mettere q. in ginocchio; sottomettere q. □ (*sport*) **to give a k. to a boxer**, sostenere un pugile sulle gambe (*negli intervalli*) □ **to go** (**down**) **on one's knees**, buttarsi in ginocchio; inginocchiarsi □ **He is k.-deep in debt**, è nei debiti fino al collo.
to knee [ni:], **A** *v. t.* **1** toccare col ginocchio **2** dare una ginocchiata (a q.) **3** (*falegnameria*) assicurare (*o* fissare) con pezzi di legno a squadra. **B** *v. i.* (*di pantaloni*) fare i ginocchielli (*o* le borse ai ginocchi).
to kneecap ['ni:kæp], *v. t.* gambizzare.
to kneel [ni:l] (*pass. e p. p.* **knelt**), *v. i.* (*anche* **to k. down**) inginocchiarsi; genuflettersi.
kneeler ['ni:lə*], *n.* **1** chi s'inginocchia **2** inginocchiatoio.
kneeling ['ni:liŋ], **A** *a.* **1** genuflesso; inginocchiato **2** per inginocchiarsi; da inginocchiatoio: **a k. cushion**, un cuscino da inginocchiatoio. **B** *n.* genuflessione.
knell [nel], *n.* **1** rintocco funebre (*anche fig.*); campana a morto **2** (*fig.*) presagio di morte, di rovina.
to knell [nel], **A** *v. i.* rintoccare; mandare rintocchi funebri; suonare a morto. **B** *v. t.* **1** chiamare (*o* annunciare) con rintocchi funebri; suonare a morto per (q.) **2** (*fig.*) far presagire; esser presagio di; annunciare: **to k. the downfall of an empire**, far presagire la caduta d'un impero.
knelt [nelt], *pass. e p. p.* di **to kneel**.
knew [nju:], *pass.* di **to know**.
Knickerbocker ['nikəbɔkə*], *n.* **1** discendente dei coloni olandesi, primi abitanti di New York **2** abitante di New York; new-yorkese (*da Diedrich K., autore immaginario della «Storia di New York» di W. Irving*).

knickerbockers ['nikəbɔkəz], *n. pl.* calzoni alla zuava; knickerbockers.
knickers ['nikəz], **A** *n. pl.* **1** (*abbr.*) *V.* **knickerbockers 2** (*fam.*) mutande lunghe (*da donna*). **B** *inter.* (*pop.*) accidenti!; mannaggia! ● (*fam., scherz.*) **to get one's k. in a twist**, arrabbiarsi; incavolarsi (*fam.*).
knickknack ['niknæk], *n.* gingillo; ninnolo; soprammobile.
knickknackery ['nik͵nækəri], *n.* ninnoli; soprammobili; cianfrusaglie; chincaglierie.
knife [naif], *n.* (*pl.* **knives**) **1** coltello (*anche dell'aratro*, ecc.): **a table k.**, un coltello da tavola; **a carving k.**, un coltello per trinciare la carne; un trinciante **2** (*med.*) bisturi. ● **k.-board**, asse per pulire coltelli □ **k.-box**, coltelliera □ **k. edge**, filo del coltello; (*mecc.*) coltello (*di leva di bilancia, orologio*, ecc.); cresta (*di monti*) □ **k.-file**, lima a coltello □ **k. grinder**, arrotino □ (*agric.*) **k. harrow**, erpice a coltelli □ (*elettr.*) **k. switch**, interruttore a coltello □ **before you can say k.**, in un baleno; in un batter d'occhio □ (*fig.*) **to get one's k. into sb.**, attaccare (*o* criticare) ferocemente q. □ (*fam.*) **to have a horror of the k.**, avere una gran paura di farsi operare (*o* dei ferri chirurgici) □ **to be on a k. edge**, (*di cosa*) essere in bilico; (*di persona*) essere in ansia □ **paper-k.**, tagliacarte □ **to play a good k. and fork**, essere una buona forchetta, un gran mangiatore □ **pocket-k.**, temperino; coltello □ (*fam.*) **under the k.**, sotto il bisturi; sotto i ferri □ **war to the k.**, guerra ad oltranza; guerra accanita.
to knife [naif], *v. t.* **1** accoltellare; dare una coltellata a (q.) **2** incidere con il coltello **3** (*fam.*) colpire (q.) a tradimento; pugnalare (q.) alle spalle.
kniferest ['naifrest], *n.* reggiposata.
knifesmith ['naifsmiθ], *n.* coltellinaio; chi fa coltelli.
knight [nait], *n.* **1** (*anche stor.*) cavaliere (*titolo onorifico*); campione (*d'una dama*) **2** (*negli scacchi*) cavallo **3** (*fig.*) campione; difensore. ● **a k. errant**, (*stor.*) un cavaliere errante; (*fig.*) un Don Chisciotte □ **k. errantry**, (*stor.*) cavalleria; (*fig.*) donchisciottismo □ (*stor.*) **k. of the post**, chi prestava false testimonianze □ **k. of the road**, (*stor.*) bandito, predone; (*fam.*) vagabondo; (*scherz.*) viaggiatore di commercio □ (*stor.*) **k. of the shire**, rappresentante della contea in parlamento □ (*stor.*) **k.-service**, servizio prestato come cavaliere, con ricompensa di un feudo □ **K. of the Round Table**, Cavaliere della Tavola Rotonda □ (*stor.*) **K. Templar**, templare.
to knight [nait], *v. t.* fare (q.) cavaliere.
knightage ['naitidʒ], *n.* (la) classe dei cavalieri; i cavalieri.
knighthood ['naithud], *n.* **1** cavalierato **2** (la) classe dei cavalieri; i cavalieri **3** (*stor.*) cavalleria; qualità cavalleresche.
knightlike ['naitlaik], *a.* cavalleresco; leale.
knightliness ['naitlinis], *n.* cavalleria; carattere cavalleresco.
knightly ['naitli], *a.* cavalleresco; leale.
to knit [nit] (*pass. e p. p.* **knitted, knit**), **A** *v. i.* **1** lavorare a maglia; fare la calza: **She was knitting**, faceva la calza **2** (*spesso* **to k. together**) attaccarsi; congiungersi; unirsi; saldarsi; combaciare: **Broken bones k. together**, le ossa rotte si saldano **3** aggrottarsi; corrugarsi; inarcarsi: **His brows k. in thought**, quando pensa, gli si aggrottano le ciglia. **B** *v. t.* **1** fare a maglia; lavorare ai ferri: **to k. stockings out of wool** (*o* **to k. wool into stockings**), fare (a maglia) calze di lana **2** (*spesso* **to k. together**) far attaccare; far combaciare; unire, tenere unito; saldare: **You need mortar to k. bricks and stones together**, ci vuole la malta per tenere uniti i mattoni e le pietre; **Doctors k. broken bones**, i dottori saldano le ossa rotte; **The two families are knit by common interests**, le due famiglie sono unite da vincoli d'interesse **3** aggrottare; corrugare; inarcare: **to k. one's brows**, aggrottare le ciglia. ● **to k. back**, tornare indietro (*lavorando a maglia*) □ **to k. up**, rammendare (*lavorando a maglia*); (*fig.*) concludere (*un argomento*); annodare, legare □ **a closely knit argument**, un'argomentazione serrata □ **a well-knit frame**, una corporatura robusta □ (*lavoro a maglia*) **knit one, purl one**, un diritto, un rovescio.
knitted ['nitid], *a.* (lavorato) a maglia: **a k. pullover**, un pullover a maglia. ● **k. garments**, maglie; maglieria □ **k. underwear**, maglieria intima.
knitter ['nitə*], *n.* **1** chi lavora a maglia; chi fa la calza; magliaia **2** (*ind. tessile*) telaio per maglieria **3** (*ind. tessile*) macchina per maglieria.
knitting ['nitiŋ], *n.* **1** lavoro (*o* lavorazione) a maglia; lavoro ai ferri **2** lavori a maglia; maglieria □ **k. machine**, macchina per maglieria □ **k. needle**, ferro da calza.
knitwear ['nitwɛə*], *n. collett.* **1** indumenti a maglia; maglieria **2** maglieria e calzetteria.
knives ['naivz], *pl.* di **knife**.
knob [nɔb], *n.* **1** protuberanza; bozza; nodo (*del legno*) **2** pomo (*di bastone*, ecc.); pomello; manopola (*d'apparecchio radio*, ecc.); bottone (*di strumento ottico*): **door-k.**, pomello della porta; maniglia **3** cubetto; pezzo (*tondeggiante*); zolla: **a k. of coal**, un

knotted

pezzo di carbone; **a k. of sugar**, una zolla di zucchero **4** (*pop., di solito* **nob**) testa. ● **a k. of butter**, una noce di burro □ (*pop.*) **with knobs on**, altroché!
knobbed [nɔbd], *a.* nodoso; pieno di protuberanze.
knobbiness ['nɔbinis], *n.* nodosità.
knobble ['nɔbl], *n.* piccola bozza o protuberanza (*V.* **knob**).
knobbly ['nɔbli], *a.* **1** nodoso; nocchieruto **2** pieno di protuberanze **2** simile a una bozza (*o* a un nodo).
knobby ['nɔbi], (*USA*) *V.* **knobbly**.
knobkerrie ['nɔbkeri], **knobstick** ['nɔbstik], *n.* bastone nodoso (*usato come arma*); clava.
to knock [nɔk], **A** *v. t. e i.* **1** battere; bussare; colpire; percuotere; picchiare; urtare; urtarsi, scontrarsi; **I knocked my knee on** (*o* **against**) **the knob**, battei il ginocchio contro il pomello; **Who's knocking at the door?**, chi bussa alla porta?; **I knocked my opponent on the chin**, colpii l'avversario al mento **2** (*fam.*) fare impressione a; impressionare; sbalordire, stupire; colpire; **What knocks me is his cheek**, quello che mi sbalordisce è la sua impudenza! **3** (*fam.*) criticare; buttare giù, stroncare (*fig.*) **4** fare, produrre (*con un colpo*): **He knocked a hole in the screen**, fece un buco (*per es.* con un pugno) nel paravento **5** (*autom., mecc.: del motore*) battere (in testa). **B** *verbi composti* **1 to k. about** (*o* **around**), andare in giro, far comunella; (*fam.*) bighellonare, oziare; girovagare, vagare, viaggiare; sbattere qua e là, sballottare; bistrattare, malmenare: **He has knocked about all the world over**, ha viaggiato in lungo e largo per il mondo; **The thief was badly knocked about by the crowd**, il ladro fu malmenato gravemente dalla folla. **2 to k. against**, battere; sbattere contro; imbattersi in: **to k. one's head against a brick wall**, battere la testa contro un muro di mattoni, (*fig.*) contro il muro; **I knocked against Tom in the street this morning**, questa mattina, per la strada, mi sono imbattuto in Maso. **3 to k. down**, abbattere (*o around*), andare in giro, far comunella; (*fam.*) bighellonare, gettare a terra; atterrare; demolire; (*fam.*) guadagnare (*come salario, ecc.*): **He knocked his enemy down**, atterrò il suo nemico; **The old woman was knocked down by a bus**, la vecchia fu gettata a terra da un autobus; **The clock tower was knocked down by the Germans**, la torre dell'orologio fu abbattuta dai tedeschi □ **to k. down machinery**, smontare macchine (*per trasportarle*) □ (*fam.*) **to k. down a price**, calare (*o* diminuire) un prezzo □ (*fam.*) **to k. sb. down 5 per cent**, strappare a q. una riduzione del 5 per cento (*su un prezzo*) □ (*comm.*) **to k. st. down to sb. at an auction**, assegnare a q. (*con un colpo di martello*) q.c. a un'asta pubblica. **4 to k. in**, piantare, assicurare, fissare (*battendo*); **I knocked in the nail**, piantai il chiodo; **K. the lid of the trunk in**, fissa il coperchio del baule! **5 to k. off**, cessare, finire; staccare, smontare (*dal lavoro*); (*pop.*) tirare le cuoia, crepare (*pop.*); morire: **The afternoon shift knocks off at 8 p.m.**, il turno del pomeriggio finisce alle 8 di sera □ **to k.** (**sb., st.**) **off**, togliere, far saltare via (*battendo colpi o colpetti*); rovesciare, far cadere; (*pop.*) grattare, sgraffignare (*fam.*); rubare; (*fam.*) cessare, smettere (*il lavoro*); (*mecc.*) staccare, disinnestare; (*pop.*) uccidere, spacciare, far fuori; (*volg.*) scopare, fottere; **to k. the dust off one's overcoat**, togliersi la polvere dal soprabito (*battendo con la mano o altro*); **I turned suddenly and knocked the vase off its stand**, mi girai all'improvviso e rovesciai il vaso dal suo supporto; **He likes to k. off records in department stores**, si diverte a sgraffignare dischi nei grandi magazzini □ **to k. off a few lines**, buttar giù poche righe (*di scritto*) □ (*fam.*) **to k. off business**, sbrigare affari □ (*fam.*) **to k. off a pound from a bill**, fare lo sconto di una sterlina su un conto □ (*fam.*) **to k. off work**, smettere di lavorare; piantare lì. **6 to k. on**, battere a, bussare a, colpire, picchiare: **K. on the window**, bussa alla finestra! □ **to k. sb. on the head**, tramortire (*o* uccidere) q. con un colpo sulla testa □ (*fam.*) **to k. on sb. for a speech** (**a song, etc.**), chiedere a q. di fare un discorso (di cantare una canzone, ecc.). **7 to k. out**, (*pugilato*) mettere fuori combattimento; (*sport*) eliminare; (*fig.*) mettere fuori uso, rendere inservibile; (*fig.*) sbalordire, stupire, sconcertare, fare una grande impressione a; buttar giù (*un racconto, ecc.*); sbrigare, spicciare (*un lavoro o sim.*); distruggere (*un ponte, ecc.*); interrompere (*le comunicazioni*); **I was knocked out by the news of the accident**, la notizia dell'incidente mi fece una profonda impressione □ **to k. out one's pipe**, vuotare la pipa, battendola contro qualcosa □ **to k. out a plan**, improvvisare un piano □ **to k. the dust out of sb.'s jacket**, togliere la polvere dalla giacca di q. con lievi colpetti □ **to k. an idea out of sb.'s head**, cavare un'idea di testa a q. (*con le busse e sim.*) □ **to k. oneself out**, stancarsi, sfiancarsi, spossarsi. **8 to k. together**, battere, sbattere; tremare; mettere insieme (alla svelta): **My knees were knocking together**, mi tremavano le ginocchia; **to make a hut by knocking some planks together**, fare una capanna mettendo insieme alcune assi. **9 to k. under**, arrendersi; darsi per vinto; sottomettersi. **10 to k. up**, far alzare con un colpo; svegliare, dare la sveglia a; stancare, rendere esausto; improvvisare, raffazzonare, mettere

insieme; (*sport: specialm. tennis*) palleggiare; (*cricket*) segnare: **K. his head up!**, dagli un colpo (*per es., sotto il mento*) in modo che tenga la testa alta (*o* che stia su con la testa); **K. me up at dawn, will you?**, svegliami all'alba, per favore; **I was knocked up after the long walk**, ero esausto dopo la lunga camminata; **to k. up a meal**, improvvisare un pasto; **I knocked up a makeshift table at the camp**, al campeggio costruii alla meglio una specie di tavola □ (*tipogr.*) **to k. up copy**, preparare manoscritti per la tipografia □ (*volg.*) **to k. up a girl**, mettere incinta una ragazza. ● **to k. the bottom out of an argument**, svuotare un argomento d'ogni valore □ **to k. sb. cold** (*o* **out**), mettere q. fuori combattimento; (*fig.*) sbalordire, sconcertare, rendere esterrefatto q. □ (*fam.*) **to k. flat**, gettare a terra (o atterrare) q. (*con un colpo*) □ **to k. head**, toccare il suolo con la fronte (*saluto cinese*) □ (*fig.*) **to k. sb.'s head off**, superare facilmente q. □ (*fam.*) **to k. sb. into middle of next week**, mandare q. a gambe levate □ **to k. a plan** (*o* **a scheme**) **on the head**, sventare (*o* mandare a monte) un piano.
knock [nɔk], *n.* **1** botta; busso; bussata; colpo; percossa; picchio; urto: **I heard two knocks at the door**, sentii due colpi alla porta **2** (*autom., mecc.*) battito (in testa); detonazione: **k. intensity**, intensità di detonazione **3** (*fam.*) attacco (*fig.*); critica. ● **k.-down**, (*pugilato*) atterramento; colpo che atterra; (*fig.*) colpo, grave colpo; (*comm.*) riduzione, ribasso, abbattimento (*di prezzi, ecc.*) □ **a k.-down defeat** (**proof, etc.**), una sconfitta (una prova, ecc.) schiacciante □ **a k.-down blow**, un colpo che manda a terra; un colpo tremendo; una mazzata **2** (*comm.*) **k.-down prices**, prezzi di liquidazione; prezzi minimi □ **a k.-down table**, un tavolo smontabile □ (*rugby*) **k. forward**, spinta in avanti □ (*med.*) **k.-knee**, ginocchio valgo □ **k.-kneed**, (*med.*) dal ginocchio valgo; che ha le gambe a ics (*pop.*); (*fig.*) goffo, sgraziato; buono a nulla, inetto; vile, vigliacco, fifone (*pop.*). ● **k.-off**, *V.* **knockoff** □ (*rugby*) **k.-on**, in-avanti □ **k.-out**, (*pugilato*) fuori combattimento; (*comm.*) rivendita di merce comperata all'asta a basso prezzo; (*pop.*) persona (*o* cosa) eccellente, straordinaria; cannonata; schianto, favola (*fig., pop.*). ● **a k.-out blow**, colpo (*o* un pugno) che mette fuori combattimento □ (*sport*) **a k.-out competition**, una gara (*o* un torneo, ecc.) a eliminazione diretta □ (*autom.*) **k. suppressor**, antidetonante □ (*sport*) **k.-up**, palleggio (*specialm. prima di una partita di tennis*) □ (*pop.*) **to take a k.**, subire un grave danno finanziario; ricevere un brutto colpo.
knockabout ['nɔkəbaut], *a.* **1** chiassoso; rumoroso; vivace: **a k. performance**, uno spettacolo chiassoso **2** da strapazzo; resistente: **a k. suit**, un vestito da strapazzo. ● **a k. comedian**, un guitto; un pagliaccio.
knocker ['nɔkə*], *n.* **1** chi batte, bussa, picchia, ecc. (*V.* **to knock**) **2** (*della porta*) batacchio; battente **3** (*mitol.*) folletto delle miniere **4** venditore a domicilio; propagandista **5** (*fam.*) criticone **6** (*pop.*) tetta. ● (*pop.*) **up to the k.**, alla perfezione □ (*fam.*) **to work on the k.**, lavorare per una ditta di vendite a domicilio.
knockoff ['nɔkɔf], *n.* **1** (*mecc.*) (meccanismo di) disinnesto **2** (*ind.*) stacco; ora di smontare (*dal lavoro*) **3** (*USA*) riproduzione (abusiva) di un modello.
knoll [noul], *n.* **1** (*geogr.*) collinetta; montagnola; poggio **2** (*geol.*) collina sottomarina.
knot (1) [nɔt], *n.* **1** nodo (*anche naut.*); nodo del legno; (*fig.*) legame; vincolo; difficoltà, intoppo: **to tie a k. in one's handkerchief**, farsi un nodo al fazzoletto; **to make a k.**, fare un nodo; **to undo a k.**, disfare un nodo; **the marriage k.** (*o* **the wedding k.**), il nodo coniugale; **Gordian k.**, nodo gordiano; **a vessel that does thirty knots**, una nave che fa trenta nodi (trenta miglia marine all'ora) **2** crocchio; capannello: **Onlookers were standing in knots**, i curiosi avevano formato capannelli **3** (*anat.*) nodulo **4** (*dei capelli*) crocchia **5** (*arte*) borchia ornamentale. ● (*bot.*) **k.-grass** (*Polygonum aviculare*), centinodia; correggiola □ **to cut the k.**, tagliare (*o* troncare) il nodo; (*fig.*) eliminare le difficoltà □ **figure-of-eight k.**, nodo di Savoia □ **porter's k.**, imbottitura per le spalle (*usata dai facchini*) □ (*naut.*) **reef k.**, nodo piano □ **slip-k.**, nodo scorsoio; cappio □ (*naut.*) **thumb k.**, nodo semplice □ (*fig.*) **to tie oneself (up) in knots**, confondersi; imbrogliarsi.
to knot [nɔt], **A** *v. t.* **1** annodare; fare il nodo a; legare; stringere insieme; **to k. two strings together**, annodare insieme due lacci; **to k. one's necktie**, annodarsi la cravatta; **to k. a bundle**, legare un fagotto **2** fare (*una frangia, un orlo*) annodando insieme capi di cordoncino (*o di filo, ecc.*). **B** *v. i.* annodarsi; aggrovigliarsi; formar nodi. ● **to k. one's brows**, aggrottare le ciglia □ **to k. one's tie**, farsi il nodo alla cravatta.
knot (2) [nɔt], *n.* (*zool., Calidris canutus*) piovanello maggiore.
knothole ['nɔthoul], *n.* buco di un nocchio (*o* di un nodo: *nel legno*).
knotted ['nɔtid], *a.* **1** nodoso; nocchieruto **2** annodato; pieno

knottiness

di nodi: **a k. string**, un cordoncino pieno di nodi.
knottiness ['nɔtinis], *n.* **1** nodosità **2** (*fig.*) difficoltà; complessità.
knotting ['nɔtiŋ], *n.* **1** annodamento; annodatura **2** decorazione (*o* frangia) di fili annodati.
knotty ['nɔti], *a.* **1** nodoso; nocchieruto; pieno di nodi **2** (*fig.*) imbrogliato; intricato; difficile: **a k. problem**, un problema difficile.
knout [naut], *n.* knut; staffile.
to knout [naut], *v. t.* staffilare.
to know [nou] (*pass.* **knew**, *p. p.* **known**), *v. t. e i.* **1** sapere; conoscere; riconoscere; intendersi di; fare la conoscenza di: **I wish I knew English well**, mi piacerebbe conoscere bene l'inglese; **Everybody knows that**, lo sanno tutti; **I k. he is** (*o* **I k. him to be**) **a good boy**, so che è un buon ragazzo; **He is known to be a good friend of the manager**, si sa che è un buon amico del direttore; **I knew him at once**, lo riconobbi subito; **I should like to k. Mr Stone**, mi piacerebbe fare la conoscenza di Mr Stone; **I'd k. that face anywhere**, riconoscerei quella faccia fra mille; **I have known better days**, ho conosciuto giorni migliori **2** discernere; distinguere: **It's not always easy to k. right from wrong**, non è sempre facile distinguere tra il bene e il male (*o* la ragione dal torto); **They are monozygotic twins and it's difficult to k. him from his brother**, sono gemelli monozigoti ed è difficile distinguerlo dal fratello. ● **to k. about** (*o* **of**), essere a conoscenza (*o* al corrente) di; essere informato di; sapere di: **I knew about it long ago**, ne ero a conoscenza da un pezzo; **I don't k. about that**, non ne so nulla; **I k. of a nice shop near here**, so di un bel negozio qui vicino □ **to k. sb. again**, riconoscere q. □ **to k. all the answers**, sapere tutto; essere saccente (*fam.*: un sapientone) □ **to k. better than**, avere tanto criterio (*o* buon senso) da: **You ought to k. better than to go out in such weather**, dovresti avere tanto buon senso da non uscire con questo tempo □ **You k. best**, sei tu il miglior giudice □ **to k. one's business**, conoscere il proprio mestiere □ **to k. st. by heart**, sapere q.c. a memoria □ **to k. sb. by name**, conoscere q. di nome □ **to k. sb. by sight**, conoscere q. di vista: **I k. her by sight but I don't k. who she is**, la conosco di vista ma non so chi sia □ **to k. how**, sapere; saper fare: **Do you k. how to open this door?**, sai aprire questa porta?; **He would repair the car if he knew how** (*o* **if he knew the way**), riparerebbe l'automobile se ne fosse capace (*o* se sapesse come si fa) □ **to k. one's own mind**, sapere quel che si vuole □ (*fam.*) **to k. one's onions** (*o* **k. what's what, to k. a thing or two, to k. the ropes**), sapere il fatto proprio; saperla lunga; avere buon senso; sapersi barcamenare □ **as far as I k.**, per quel che ne so io; che io sappia □ **to be known as**, esser noto come: **He is known as a competent teacher**, è noto come insegnante che sa il fatto suo □ **to do all one knows**, fare tutto il possibile; fare del proprio meglio □ **to get to k.**, fare la conoscenza di (*una persona*); venire a sapere (*una cosa*) □ **to make oneself known**, farsi conoscere; presentarsi □ **to make it known that...**, rendere noto che... □ **Not that I know of**, non che io sappia; no, a quanto me ne so io □ (*fam.*) **I don't k. him from Adam**, non lo conosco affatto; non l'ho mai visto né conosciuto □ **I k. better** (*than that*), so che le cose non stanno così; so che la verità è un'altra □ **There's no knowing when he will come back**, non c'è modo di sapere quando tornerà □ **Don't I k. it!**, a chi lo dici! □ **Goodness knows!**, vattelapesca!
know [nou], *n.* – (*nella locuz. fam.*) **to be in the k.**, essere al corrente; essere addentro alle segrete cose.
knowability [ˌnouə'biliti], *n.* **1** conoscibilità; riconoscibilità **2** l'essere apprendibile.
knowable ['nouəbl], *a.* **1** conoscibile; riconoscibile **2** apprendibile.
knowableness ['nouəblnis], *V.* **knowability**.
know-all ['nouɔ:l], *n.* (*fam.*) sapientone; saccente.
know-how ['nouhau], *n.* abilità tecnica; complesso di cognizioni tecniche.
knowing ['nouiŋ], *a.* **1** che sa; che sa fare; bene informato; accorto **2** che sa il fatto suo; intelligente; perspicace; sagace; furbo; sveglio (*fam.*): **a k. chap**, un tipo che sa il fatto suo; **a k. dog**, un cane intelligente; **a k. boy**, un ragazzo sveglio **3** di chi la sa lunga; d'intesa; furbesco: **a k. glance**, un'occhiata furbesca **4** deliberato; intenzionale; fatto apposta.
knowingly ['nouiŋli], *avv.* **1** a bella posta; di proposito; intenzionalmente; consapevolmente; scientemente: **to harm sb. k.**, fare del male a q. a bella posta **2** accortamente; astutamente. ● **to smile k.**, sorridere con l'aria di chi la sa lunga.
knowingness ['nouiŋnis], *n.* accortezza; intelligenza; perspicacia; sagacia; furbizia.
know-it-all ['nouit'ɔ:l], *n.* (*fam.*) cervellone (*fam.*); sapientone; saccente.
knowledge ['nɔlidʒ], *n.* **1** conoscenza; cognizione; pratica: **I wish I had a good k. of the English language**, mi piacerebbe avere una buona conoscenza della lingua inglese; **It has come to my k. that...**, è giunto a mia conoscenza che...; **He has some k. of TV sets**, ha una certa pratica di televisori **2** consapevolezza: **A baby has no k. of what he is doing**, i bambini piccoli non hanno coscienza di quello che fanno **3** sapere; sapienza; dottrina; scienza; scibile: **every branch of k.**, ogni branca del sapere **4** notizia: **K. of the victory reached London in no time**, la notizia della vittoria giunse a Londra in un baleno. ● **not to my k.**, non che io sappia □ **to the best of my k.**, per quel che ne so io; a quanto mi consta □ **without my k.**, a mia insaputa □ **without sb.'s k.**, all'insaputa di q.; senza la q. lo sappia □ **He had to my certain k. been bribed**, sapevo per certo che si era lasciato corrompere □ **I had no k. of it**, non ne sapevo nulla □ (*prov.*) **K. is power**, sapere è potere.
knowledgeable ['nɔlidʒəbl], *a.* (*fam.*) **1** bene informato; che sa il fatto suo **2** intelligente; accorto; perspicace; sagace.
known [noun], **A** *p. p. di* **to know**. **B** *a.* **1** noto; conosciuto: **He's a k. thief**, è noto come ladro; **the k. world**, il mondo conosciuto **2** riconosciuto: **a k. authority on the matter**, un'autorità riconosciuta in materia **3** provato; sperimentato; specchiato: **a man of k. honesty**, un uomo di specchiata onestà. ● **k. quantity**, (*mat.*) quantità saputa; (*fig.*) persona (*o* cosa) ben conosciuta e prevedibile.
know-nothing ['nouˌnʌθiŋ], *n.* **1** ignorante **2** agnostico.
know-what ['nouwɔt], *n.* chiarezza d'idee; chiara visione degli obiettivi.
knuckle ['nʌkl], *n.* **1** (*anat.*) nocca; articolazione interfalangea: **I've bruised my knuckles**, mi sono scorticato le nocche **2** (*zool.*) nocca; nodello **3** (*d'animale macellato*) zampetto; peduccio; piedino **4** (*mecc.*) articolazione; elemento di cerniera. ● (*mecc.*) **k. joint**, giunto a snodo □ (*mecc.*) **k. pin**, spinotto □ **brass knuckles**, pugno di ferro □ (*fam.*) **near the k.**, scollacciato; spinto: **a joke near the k.**, una barzelletta spinta □ **to rap sb. over the knuckles**, picchiare q. sulle nocche; (*fig.*) criticare aspramente q.
to knuckle ['nʌkl], **A** *v. t.* battere (*o* colpire, premere) con le nocche. **B** *v. i.* (*spesso* **to k. down**) appoggiare le nocche a terra (*giocando alle palline*). ● **to k. down to work**, mettersi al lavoro di buona lena □ **to k. under to sb.**, sottomettersi a q.
knucklebone ['nʌklboun], *n.* **1** (*anat.*) (osso della) nocca **2** garretto (*specialm. di pecora*) **3** (*pl.*) gioco degli astragali (*o* degli aliossi).
knuckleduster ['nʌklˌdʌstə*], *n.* pugno di ferro; tirapugni.
to knuckle-walk ['nʌklˌwɔ:k], *v. i.* camminare come un gorilla (*con le braccia in avanti e le mani quasi a terra*).
knur [nə:*], *n.* **1** nodo (*del legno*) **2** palla di legno.
knurl [nə:l], *n.* **1** pomo; pomello **2** nodo (*del legno*); nocchio **3** (*mecc.*) zigrinatura; godronatura.
to knurl [nə:l], *v. t.* (*mecc.*) zigrinare; godronare.
knurled [nə:ld], *a.* (*mecc.*) zigrinato; godronato.
knurly ['nə:li], *a.* (*di legno*) nocchieruto; nodoso.
knurr [nə:*], *V.* **knur**.
KO ['kei'ou], *n.* (*pl.* **KO's**) (*sigla fam. di* **knockout**) kappa-o (*fam.*); fuori combattimento.
to KO ['kei'ou], *v. t.* (*fam.*) mettere kappa-o (*fam.*); mettere fuori combattimento.
koala [kou'a:lə], *n.* (*zool., Phascolarctos cinereus*) koala; orso marsupiale (*anche* **k. bear**).
kobold ['kɔbould], *n.* (*mitol. germanica*) coboldo (*gnomo*).
kodak ['koudæk], *n.* **1** – (*marchio*) **k.**, macchina fotografica kodak; kodak **2** (*fam., per estens.*) macchina fotografica (*portatile*).
to kodak ['koudæk], **A** *v. t.* **1** fotografare **2** (*fig., arc.*) descrivere vividamente. **B** *v. i.* far fotografie.
Kodiak ['koudiæk], *n.* **1** (*geogr.*) Kodiak (*isola dell'Alaska*) **2** (*zool., Ursus arctos middendorffi; anche* **K. bear**) kodiak; orso dell'Alaska.
kohinoor, koh-i-noor ['kouinuə*], *n.* **1** koh-i-noor (*famoso diamante della Corona britannica*) **2** (*fig.*) cosa eccellente, straordinaria.
kohl [koul], *n.* kohl (*polvere d'antimonio usata in Oriente come cosmetico per gli occhi*).
kohlrabi ['koul'ra:bi], *n.* (*pl.* **kohlrabies**) (*bot., Brassica oleracea gongylodes*) cavolo rapa.
koine ['kɔini:], (*greco*), *n.* **1** (*linguistica*) koinè; coinè **2** lingua franca.
kola ['koulə], *n.* (*bot.*) cola. ● **k. nut**, noce di cola.
Konrad ['kɔnræd], *n.* Corrado.
koodoo ['ku:du:], *n.* (*pl.* **koodoos**) (*zool., Strepsiceros strepsiceros*) cudù maggiore.
kook [ku:k], *n.* **A** (*pop. USA*) eccentrico; stravagante; originale; pazzoide. **B** *a. attr.* da eccentrico; folle; pazzesco.
kookaburra ['kukəbʌrə], *n.* (*australiano*) (*zool., Dacelo gigas*) kookaburra; orologio dei coloni (*uccello*).

kookie ['ku:ki], *a.* (*pop. USA*) eccentrico; bizzarro; originale; stravagante.
kooky ['ku:ki], *V.* **kookie**.
kopeck, kopek ['koupek], *V.* **copeck**.
kopje ['kɔpi] (*afrikaans*), *n.* collinetta; poggio.
Koran [kɔ'ra:n], *n.* (*relig.*) Corano.
Koranic [kɔ'rænik], *a.* del Corano; coranico.
Korea [kə'riə], *n.* (*geogr.*) Corea.
Korean [kə'riən], *a.* e *n.* coreano.
kosher ['kouʃə*], **A** *a.* **1** (*di cibo*) kasher; puro secondo la legge ebraica **2** (*di cucina, ecc.*) che prepara (*o* serve) tale cibo **3** (*fig.*) adatto; conveniente; che sta bene; decente. **B** *n.* cibo preparato secondo la legge ebraica.
kotow ['kou'tau], **kowtow** ['kau'tau], *n.* il prostrarsi toccando il suolo con la fronte (*forma di saluto, d'omaggio, in Cina*); inchino cinese.
to kotow ['kou'tau], **to kowtow** ['kau'tau], *v. i.* toccare il suolo con la fronte (*salutando*). ● (*fig.*) **to k. to sb.**, mostrare (eccessiva) deferenza verso q.
kraal [kra:l], *n.* (*nel Sudafrica*) **1** kraal; villaggio di capanne, circondato da steccato **2** recinto per bestiame.
kraut [kraut], *n.* **1** (*cucina*) crauti (*pl.*) **2** (*pop., spreg.*) tedesco; crucco.
Kremlin ['kremlin], *n.* (*geogr., polit.*) Cremlino.
Kremlinologist [,kremli'nɔlədʒist], *n.* (*polit.*) cremlinologo.
Kremlinology [,kremli'nɔlədʒi], *n.* (*polit.*) cremlinologia.
kris [kri:s], *n.* kriss; pugnale malese.
Krishna ['kriʃnə], *n.* (*relig.*) Krishna.
Krishnaism ['kriʃnəizəm], *n.* (*relig.*) adorazione di Krishna.
kris kringle ['kris'kriŋgl], *n.* (*USA*) Babbo Natale.
krona ['krounə], *n.* (*pl.* **kronor**) corona (*moneta svedese*).
krone ['krounə], *n.* (*pl.* **kroner**) corona (*moneta danese e norvegese, un tempo anche austriaca o tedesca*).
Kronos ['krounɔs], *n.* (*mitol.*) Crono.
Kroo [kru:], *a.* e *n.* (*invar. al pl.*) *V.* **Kru**.
Kru [kru:], *a.* e *n.* (*pl.* **Kru, Krus**) (negro) della costa della Liberia.
krypton ['kriptɔn], *n.* (*chim.*) cripto, cripton.
kudos ['kju:dɔs], *n.* (*invar. al pl.*) (*fam.*) gloria; fama; prestigio; rinomanza.
kudu ['ku(:)du(:)], *V.* **koodoo**.
Kufic ['kju:fik], *V.* **Cufic**.
Ku Klux Klan [,ku:klʌks'klæn], *n.* (*USA*) (il) Ku Klux Klan.
kümmel ['kuməl] (*ted.*), *n.* kümmel.
kumquat ['kʌmkwɔt], *n.* (*bot., Fortunella*) kumquat (*pianta e frutto*).
kung fu [,kʌŋ'fu:] (*giapponese*), *n.* kung fu (*metodo di difesa personale*).
Kuomingtang [,kwoumin'tæn] (*cinese*), *n.* (*stor., polit.*) Kuomintang.
Kurd [kə:d], *n.* curdo; abitante del Kurdistan.
Kurdish ['kə:diʃ], **A** *a.* curdo. **B** *n.* curdo (*la lingua*).
Kurdistan [,kə:dis'ta:n], *n.* (*geogr.*) Kurdistan.
kvass [kva:s] (*russo*), *n.* kvass (*bevanda leggermente alcolica*).
kyanite ['kaiənait], *n.* (*miner.*) cianite.
kyloe ['kailou], *n.* piccolo bue (*di razza scozzese*).
kymogram ['kaiməgræm], *n.* (*med.*) chimogramma.
kymograph ['kaiməgra:f], *n.* (*med.*) chimografo.
kymography [kai'mɔgrəfi], *n.* (*med.*) chimografia.
kymric ['kimrik], *a.* e *n.* (*stor.*) cimrico.
kyphosis [kai'fousis], *n.* (*pl.* **kyphoses**) (*med.*) cifosi.
Kyrie eleison [,kiri-i i'leisən] (*greco*), *n.* (*relig.*) kyrie eleison.

l, L

L, l [el], *n.* (*pl.* **L's, l's; Ls, ls**) **1** L, l (*dodicesima lettera dell'alfabeto ingl.*) **2** oggetto a forma di L; (*specialm.*) ala d'un edificio: **an L-iron**, un ferro a forma di L. ● (*ind., metall.*) **L-beam**, angolare; profilato a L □ (*autom.*) **L-driver**, principiante (**L sta per learner**) □ (*tel.*) **l for Lucy** (*USA*: **l for Love**), l come Livorno □ (*autom.*) **L-plate**, targa da principiante.
la [la], *n.* (*mus.*) la (*nota*).
laager ['la:gə*], *n.* **1** (*in Africa*) accampamento delimitato da carri disposti in cerchio **2** (*mil.*) accampamento delimitato da automezzi corazzati.
to laager ['la:gə*], A *v. t.* **1** disporre (*veicoli*) in cerchio **2** far accampare. B *v. i.* accamparsi (*V.* **laager**).
lab [læb], *n.* (*abbr. fam. di* **laboratory**) laboratorio.
Lab [læb], (*fam.*) *V.* **Labour Party**, *sotto* **labour**.
labarum ['læbərəm] (*lat.*), *n.* (*pl.* **labarums, labara**) labaro.
labefaction [,læbi'fækʃən], *n.* (*raro*) deterioramento; infiacchimento.
label ['leibl], *n.* **1** cartellino; etichetta: **to tie a l. to a suitcase**, attaccare un cartellino a una valigia; **the l. on a bottle**, l'etichetta su una bottiglia **2** (*fig.*) etichetta; frase fatta; nome generico **3** (*archit.*) gocciolatoio; cornicione, modanatura sporgente (*su porta o finestra*) **4** (*araldica*) lambello **5** (*mus.*) marca (*o* casa produttrice) di dischi; casa discografica. ● (*grafica*) **l. paper**, carta monolucida.
to label ['leibl], *v. t.* **1** contrassegnare con un cartellino; mettere un'etichetta a; etichettare: **labelled boxes**, casse munite di cartellino **2** (*fig.*) etichettare; classificare; qualificare. ● (*chim.*) **labelled compound**, composto marcato.
labeller ['leibəlˌ*], *n.* etichettatore; etichettatrice.
labelling ['leibliŋ], *n.* etichettatura. ● **l. machine**, etichettatrice (*macchina*).
labial ['leibjəl], A *a.* (*fon., anat.*) labiale: **l. consonants**, consonanti labiali. B *n.* (*fon.*) (consonante) labiale.
labialism ['leibjəlizəm], *n.* (*fon.*) labialismo.
labialization [,leibjəlai'zeiʃən], *n.* (*fon.*) labializzazione.
to labialize ['leibjəlaiz], *v. t.* (*fon.*) labializzare.
labiate ['leibieit], (*bot.*) A *a.* labiato. B *n.* labiata.
labile ['leibail], *a.* **1** instabile; mutevole; incostante; (*anche*) adattabile **2** (*chim., fis., psic.*) labile.
labiodental ['leibiou'dentl], *a. e n.* (*fon.*) labiodentale.
labium ['leibjəm] (*lat.*), *n.* (*pl.* **labia**) (*anat., bot.*) labbro.
labor ['leibə*], *e deriv.* (*USA*) *V.* **labour**, *e deriv.*
laboratorial [,læbərə'tɔ:rjəl], *a.* di laboratorio.
laboratory [lə'bɔrətəri], *n.* laboratorio: **l. test**, prova di laboratorio.
laborious [lə'bɔ:riəs], *a.* laborioso; gravoso; faticoso; operoso: **a l. young man**, un giovane laborioso; **a l. job**, un lavoro gravoso; **a l. research**, una ricerca laboriosa.
laboriousness [lə'bɔ:riəsnis], *n.* **1** laboriosità; fatica; operosità **2** elaborazione faticosa (*di uno stile*).
labour ['leibə*], *n.* **1** lavoro; fatica; impresa: **manual l.**, lavoro manuale; **lost l.**, fatica sprecata; **the labours of Hercules**, le fatiche d'Ercole **2** (*collett.*) manodopera; lavoratori: **skilled l.**, manodopera specializzata **3** – (*polit.*) **L.**, il partito laburista; i laburisti **4** (*med.*) travaglio del parto; doglie: **a woman in l.**, una donna in travaglio. ● (*econ.*) **l. and capital**, il lavoro e il capitale □ **l. costs**, costo del lavoro, oneri salariali □ **L. Day**, festa del lavoro (*o* dei lavoratori) □ **l. dispute**, controversia (*o* vertenza) sindacale □ **l. engagement form**, modulo d'assunzione (*al lavoro*) □ **L. Exchanges**, uffici di collocamento □ (*econ.*) **l.-intensive**, ad alto impiego di manodopera □ **a L. leader**, un uomo politico laburista □ **a l. leader**, un dirigente sindacale □ un sindacalista □ (*econ.*) **l. market**, mercato del lavoro □ **a l. of love**, un lavoro gradito, fatto per diletto □ **the L. Party**, il partito laburista □ **the l. question**, la questione operaia □ **l. relations**, rapporti fra i lavoratori e i datori di lavoro □ **l.-saving**, che fa risparmiare lavoro e fatica □ **l. shortage**, scarsità di manodopera □ **l. strife**, conflittualità nelle aziende □ (*USA*) **l. union**, sindacato □ (*USA*) **l. unionism**, sindacalismo; movimento sindacale □ (*econ.*) **l. unrest**, vertenzialità; conflittualità □ (*leg.*) **hard l.**, lavori forzati □ **Ministry of L.**, Ministero del Lavoro.
to labour ['leibə*], A *v. i.* **1** lavorare; operare: **to l. for the restoration of peace**, operare per il ristabilimento della pace **2** affaticarsi; sforzarsi: **to l. to carry on a difficult assignment**, sforzarsi di portare avanti un compito difficile **3** avanzare faticosamente; procedere con difficoltà: **The old car laboured up the slope**, la vecchia automobile saliva con grande difficoltà lungo il pendio **4** (*med.*) avere le doglie **5** (*fig.*) battersi; lottare: **to l. for peace**, lottare per la pace **6** (*naut.*) beccheggiare; rollare. B *v. t.* **1** elaborare; discutere a fondo; insistere su: **to l. a complex theory**, discutere a fondo (*o* sviscerare) una teoria complessa; **I will not l. the point**, non insisterò su questo punto **2** (*poet.*) lavorare, coltivare (*la terra*). ● **to l. under a delusion**, essere vittima di un'illusione; ingannarsi □ **to l. under a false impression**, essere vittima di un errore; avere un'impressione errata □ **a labouring man**, un lavoratore; un operaio □ (*lett.*) **her labouring heart**, il suo cuore affaticato, travagliato.
laboured ['leibəd], *a.* **1** faticoso; gravoso; penoso; pesante **2** affaticato; difficile: **l. breathing**, respiro difficile **3** elaborato; affettato; studiato: **l. prose**, prosa elaborata.
labourer ['leibərə*], *n.* lavoratore; operaio; manovale: **agricultural l.**, lavoratore agricolo. ● **day-l.**, giornaliero; bracciante.
Labourism ['leibərizəm], *n.* (*polit.*) laburismo.
Labourite ['leibərait], *n.* (*polit.*) laburista.
Labrador ['læbrədɔ:*], *n.* **1** (*geogr.*) Labrador **2** (*anche* L. retriever) (cane del) Labrador.
laburnum [lə'bə:nəm], *n.* (*bot., Laburnum anagyroides*) laburno; maggiociondolo.
labyrinth ['læbərinθ], *n.* (*anche anat., mecc., fig.*) labirinto.
labyrinthine [,læbə'rinθain], *a.* labirintico; intricato; difficile.
lac (1) [læk], *n.* gommalacca; lacca.
lac (2) [læk], *n.* (*anglo-indiano*) centomila; centomila rupie.
laccolith ['lækəliθ], *n.* (*geol.*) laccolite.
lace [leis], *n.* **1** merletto, merletti; pizzo; trina, trine: **a l. collar**, un colletto di trine **2** laccio; stringa; (*anche* **shoelace**) laccio da scarpe **3** gallone; spighetta: **gold (silver) l.**, gallone d'oro (d'argento) **4** schizzo (*aggiunto a una bevanda*); aggiunta, correzione (*fam.*). ● **l. glass**, bicchiere (*o* vetro) con disegno merlettato □ **l.-maker**, merlettaia; **l.-making**, arte del merletto □ **l. pillow**, tombolo □ **l.-work**, merletti; pizzi.
to lace [leis], A *v. t.* **1** (*spesso* **to l. up**) allacciare; legare; stringere: **to l. (up) one's shoes**, allacciarsi le scarpe **2** ornare di trine (*o* merletti); merlettare; gallonare: **to l. a dress**, ornare di merletti un vestito **3** mettere il busto a (*una donna*) **4** (*di solito al passivo*) striare **5** aggiungere liquore a (*caffè, latte, birra, ecc.*); correggere (*una bevanda*) **6** (*fam., anche* **to l. into**) battere; bastonare; frustare; dare una strigliata a (q.) **7** (*elab.*) multiperforare. B *v. i.* **1** fare merletti (*o* trine) **2** (*d'abito*) allacciarsi: **This dress laces up at the back**, questo vestito s'allaccia dietro. ● **to l. a cord through st.**, far passare un cordoncino attraverso q.c.
Lacedaemonian [,læsidi'mouniən], *a. e n.* (*stor. greca*) lacedemone.
lacerable ['læsərəbl], *a.* lacerabile.
to lacerate ['læsəreit], *v. t.* **1** lacerare; strappare **2** (*fig.*) esulcerare; straziare. ● **to l. sb.'s feelings**, ferire q. nei sentimenti.
lacerate ['læsərit], *a.* **1** lacerato; lacero **2** (*fig.*) straziato.
laceration [,læsə'reiʃən], *n.* lacerazione; ferita.
lacerative ['læsərətiv], *a.* che lacera; che strappa.
lacertian [lə'sə:ʃən], **lacertine** [lə'sə:tain], *a.* (*zool.*) di lucertola; simile a lucertola.
laches ['leitʃiz], *n.* (*invar. al pl.*) (*leg.*) negligenza; morosità; ritardo.
Lachesis ['lækisis], *n.* (*mitol.*) Lachesi (*una delle Parche*).
lachrymal ['lækriməl], **1** *V.* **lacrimal 2** *V.* **lachrymose**.

lachrymation [ˌlækriˈmeiʃən], *n. V.* **lacrimation.**
lachrymator [ˈlækriməɾə*], *n. V.* **lacrimator.**
lachrymatory [ˈlækrimətəri], **A** *V.* **lacrimatory. B** *n.* (*archeol.*) vaso lacrimale; lacrimatoio, lacrimatorio.
lachrymose [ˈlækriməus], *a.* lacrimoso; dolente; triste.
lacing [ˈleisiŋ], *n.* **1** allacciamento; l'allacciare **2** laccio; stringa **3** gallone; spighetta **4** correzione (*d'una bevanda*) **5** (*fam.*) bastonatura; fustigazione; strigliata **6** (*edil.*) ricorso di listatura **7** (*elab.*) multiperforazione.
laciniate [ləˈsiniit], **laciniated** [ləˈsinieitid], *a.* (*bot., zool.*) laciniato; sfrangiato.
lack [læk], *n.* mancanza; difetto; scarsità: **for l. of money**, per mancanza di denaro; **There's no l. of teachers**, non c'è scarsità d'insegnanti. ● **l.-in-office**, aspirante a una carica pubblica □ **for l. of anything better**, in mancanza di meglio □ (*leg.*) **l. of evidence**, mancanza di prove.
to lack [læk], **A** *v. t.* difettare di; mancare di; scarseggiare di; essere privo di: **to l. experience**, essere privo di esperienza; **I l. the courage to do it**, mi manca il coraggio di farlo. **B** *v. i.* (*per lo più nelle forme col part. pres.*) far difetto; mancare; scarseggiare: **Ammunition was lacking for the defence of the town**, mancavano le munizioni per la difesa della città. ● (*polit.*) **to l. a majority in Parliament**, non avere la maggioranza in parlamento □ **to l. words with which to express one's deepest sympathy for an irretrievable loss**, non aver parole per esprimere le proprie condoglianze per una perdita irreparabile □ **to be lacking in**, essere privo di; fare difetto (*impers.*): **He is lacking in perseverance**, gli fa difetto la tenacia.
lackadaisical [ˌlækəˈdeizikəl], *a.* apatico; fiacco; svogliato.
lackadaisicalness [ˌlækəˈdeizikəlnis], *n.* apatia; svogliatezza.
lackey [ˈlæki], *n.* lacchè (*anche fig.*); valletto in livrea.
to lackey [ˈlæki], *v. t.* fare da lacchè a (q.); comportarsi servilmente con (q.).
lackland [ˈlæklənd], *a.* e *n.* (persona) che non ha terre. ● (*stor.*) **John L.**, Giovanni Senzaterra.
lackluster [ˈlækˌlʌstə*], (*USA*) *V.* **lacklustre.**
lacklustre [ˈlækˌlʌstə*], *a.* **1** (*specialm. dell'occhio*) smorto; spento **2** (*fig.*) debole; fiacco; poco brillante: **a l. performance**, un risultato poco brillante.
laconic [ləˈkɔnik], *a.* laconico; di poche parole; conciso.
laconicism [ləˈkɔnisizəm], **laconism** [ˈlækənizəm], *n.* **1** laconicità; concisione; laconismo **2** detto (*o* motto) conciso.
lacquer [ˈlækə*], *n.* **1** lacca: **Japanese l.**, lacca giapponese **2** vernice alla cellulosa **3** oggetto laccato **4** lacca (*per i capelli*) **5** lacca (*o* smalto) per le unghie.
to lacquer [ˈlækə*], *v. t.* **1** laccare **2** verniciare alla cellulosa.
lacquerware [ˈlækəwɛə*], *n.* (*collett.*) lacche; oggetti laccati.
lacquey, to lacquey [ˈlæki], *V.* **lackey, to lackey.**
lacrimal [ˈlækriməl], **1** (*anat.*) lacrimale: **the l. glands**, le ghiandole lacrimali **2** *V.* **lachrymose.**
lacrimation [ˌlækriˈmeiʃən], *n.* lacrimazione.
lacrimator [ˈlækriˌmeitə*], *n.* (*chim., mil.*) gas lacrimogeno.
lacrimatory [ˈlækrimətəri], *a.* lacrimatorio.
lacrosse [ləˈkrɔs], *n.* (*sport*) lacrosse (*gioco praticato in origine dagli indiani d'America*).
lactate [ˈlækteit], *n.* (*chim.*) lattato.
lactation [lækˈteiʃən], *n.* (*fisiologia*) **1** lattazione **2** allattamento.
lacteal [ˈlæktiəl], **A** *a.* **1** (*scient.*) latteo; lattiginoso **2** (*anat.*) chilifero. **B** *n. pl.* (*anat.*) vasi chiliferi (*dell'intestino*).
lactescence [lækˈtesəns], *n.* (*scient.*) lattescenza.
lactescent [lækˈtesənt], *a.* (*scient.*) lattescente.
lactic [ˈlæktik], *a.* (*chim.*) lattico: **l. acid**, acido lattico.
lactiferous [lækˈtifərəs], *a.* **1** (*zool.*) lattifero **2** (*bot.*) lattiginoso; che dà latice.
lactometer [lækˈtɔmitə*], *n.* (*scient.*) lattimetro; lattodensimetro.
lactoprotein [ˌlæktouˈproutiːn], *n.* (*chim.*) proteina del latte.
lactoscope [ˈlæktouskoup], *n.* (*scient.*) lattoscopio.
lactose [ˈlæktous], *n.* (*chim.*) lattosio.
lacuna [ləˈkjuːnə], *n.* (*pl.* **lacunae, lacunas**) lacuna; cavità.
lacunal [ləˈkjuːnl], *V.* **lacunar (2).**
lacunar (1) [ləˈkjuːnə*], *n.* (*archit.*) lacunare; soffitto a cassettoni.
lacunar (2) [ləˈkjuːnə*], **lacunary** [ləˈkjuːnəri], *n.* **1** di (*o* simile a) lacuna **2** lacunoso.
lacunose [ləˈkjuːnous], *a.* lacunoso.
lacustrian [ləˈkʌstriən], **A** *n.* palafitticolo. **B** *a.* lacustre.
lacustrine [ləˈkʌstrin], *a.* lacustre.
lacy [ˈleisi], *a.* di (*o* simile a) pizzo; merlettato.
lad [læd], *n.* giovinetto; giovanotto; ragazzo.
ladder [ˈlædə*], *n.* **1** scala (*non in muratura*): **rung l.**, scala a pioli; **rope l.**, scala a corda; (*naut.*) barcarizzo **2** (*ginnastica*) scala svedese **3** (*sport*) graduatoria **4** (*di calza*) sfilatura; smagliatura. ● (*ind.*) **l. dredge**, draga a tazze (*elettron.*) **l. network**, rete a scala □ **l. stitch**, punto a scala (*nel ricamo*) □ (*fig.*) **the l. to success**, il mezzo per conseguire il successo □ (*ferr.*) **l. track**, binario di smistamento □ **l. truck**, autoscala (*dei pompieri*) □ (*naut.*) **jacob's l.**, biscaglina □ (*fig.*) **to kick down the l.**, sdegnare le persone (*o* il lavoro) che hanno aiutato a fare carriera □ **to mend ladders in a stocking**, rimagliare una calza □ (*fig.*) **the social l.**, la scala sociale.
to ladder [ˈlædə*], **A** *v. t.* smagliare (*una calza*). **B** *v. i.* (*di calze*) smagliarsi.
ladderproof [ˈlædəpruːf], *a.* (*di calza*) indemagliabile.
laddie [ˈlædi], (*specialm. USA*) *V.* **lad.**
to lade [leid] (*p. p.* **laden**), *v. t.* **1** (*specialm. naut.*) caricare: **to l. a ship with a cargo of cereals**, caricare una nave di cereali **2** cavare con un mestolo, travasare (*acqua, ecc.*).
laden [ˈleidn], **A** *p. p.* di **to lade. B** *a.* **1** carico; caricato: **a ship l. with timber**, una nave carica di legname; **a tree l. with fruits**, un albero carico di frutti **2** (*fig.*) gravato; afflitto: **l. with a heavy pain**, afflitto da un grave dolore. ● (*autom.*) **l. weight**, peso della vettura a pieno carico.
to laden [ˈleidn], *V.* **to lade.**
la-di-da(h) [ˌlaːdiˈdaː], **A** *a.* e *n.* (*fam.*) (individuo) affettato, lezioso, manieroso, pretenzioso, ricercato. **B** *n.* (*fam.*) affettazione; leziosità; pretenziosità; ricercatezza.
Ladin [ləˈdi(ː)n], *a.* e *n.* (*geogr.*) ladino (*anche la lingua*).
lading [ˈleidiŋ], *n.* (*specialm. naut.*) caricamento: **l. port**, porto di caricamento. ● (*comm.*) **bill of l.**, polizza di carico.
ladle [ˈleidl], *n.* **1** mestolo; ramaiolo **2** (*metall.*) cucchiaione; secchia; siviera **3** pala (*di ruota idraulica*).
to ladle [ˈleidl], *v. t.* cavare (*o* versare) con un mestolo; travasare; scodellare. ● (*fig.*) **to l. out**, distribuire a piene mani, profondere; impartire (*troppe nozioni, ecc.*).
ladleful [ˈleidlful], *n.* mestolata; contenuto d'un mestolo.
lady [ˈleidi], *n.* **1** signora; dama; gentildonna; padrona: **There were four ladies**, c'erano quattro signore; **the l. of the castle**, la signora del castello; la castellana; **the l. of the house**, la padrona di casa; (*vocat.*) **Ladies and gentlemen!**, signore e signori! **2** lady (*titolo onorifico attribuito a nobildonne e a mogli di nobiluomini*): **L. Jane Grey**, Lady Jane Grey; **the L. Mayoress**, la moglie del sindaco di Londra (*detto* **Lord Mayor**) **3** (*arc. o fam.*) moglie: **your good l.**, Vostra moglie **4** (*usato come attr.*) donna; femmina: **l. doctor**, dottoressa; **l. president**, presidentessa; (*scherz., raro*) **l. dog**, cagna **5** (*pl.*, *col verbo al sing.*) toilette per signore. ● (*relig.*) **L. Altar**, altare della Madonna □ (*iron.*) **L. Bountiful**, donna esageratamente generosa □ **l.-chair**, seggiolino (*fatto unendo le mani di due persone*); guancialino □ (*relig.*) **L. Chapel**, cappella dedicata alla Madonna □ (*relig.*) **L. Day**, festa dell'Annunciazione □ (*sport*) **Ladies' Day**, la giornata dell'hockey femminile (*campionato mondiale*) □ (*bot.*) **l. fern** (*Athyrium filix-foemina*), felce femmina □ **l. friend**, amica; amante □ **Ladies' gallery**, galleria riservata alle signore (*nella Camera dei Comuni*) □ **l.-help**, governante □ **l.-in-waiting**, dama di compagnia □ **l.-killer**, conquistatore; rubacuori; dongiovanni □ **l.-love**, amorosa; innamorata □ **L. Luck**, la Fortuna (*personificata*) □ **l.'s maid**, cameriera personale □ **a ladies' man**, un damerino; un ganimede □ **ladies' room**, toilette per signore □ (*bot.*) **l.'s slipper** (*o* **l.-slipper**) (*Cypripedium calceolus*), pianella della Madonna □ (*bot.*) **l. smock** (*Cardamine pratensis*), cardamine; viola dei pesci, billeri (*region.*) □ (*polit. USA*) **the First L.**, la «First Lady» (*la moglie del presidente degli USA*) □ (*relig.*) **Our L.**, Nostra Signora; la Madonna □ **young l.**, signorina.
ladybird [ˈleidibəːd], *n.* (*zool.*, *Coccinella*) coccinella.
ladybug [ˈleidibʌg], *n.* (*USA*; *zool.*, *Coccinella*) coccinella.
ladyfied [ˈleidifaid], *a.* che fa la (o) di aria da (gran) signora.
to ladyfy [ˈleidifai], *v. t.* **1** fare (*di una donna*) una «signora» **2** dare della signora a (*una donna*); chiamare (q.) «signora».
ladyhood [ˈleidihud], *n.* l'essere una signora; condizione (*o* posizione) di gran dama.
ladylike [ˈleidilaik], *a.* **1** (*rif. a donna*) da signora; educato; distinto; raffinato; signorile **2** (*d'uomo*) effeminato **3** (*spreg.*) donnesco.
ladyship [ˈleidiʃip], *n.* **1** l'essere una signora; condizione (*o* posizione) di gran dama **2** (*appellativo usato con donne cui compete il titolo di* **Lady**) signoria; vossignoria; eccellenza: **Your L.**, Vossignoria; **Her L.**, Sua Eccellenza.
Laertes [leiˈəːtiːz], *n.* (*letter.*) Laerte.
Laetitia [liˈtiʃiə], *n.* Letizia.
laevogyrate [ˌliːvouˈdʒaiəreit], *a.* (*chim., fis.*) levogiro.
to lag (1) [læg], *v. i.* **1** (*spesso* **to lag behind**) attardarsi; restare indietro; trascinarsi: **The damaged cargo lagged behind the other ships**, il mercantile danneggiato restava indietro rispetto alle altre navi **2** (*elettron., mecc.*) ritardare **3** (*fig., anche econ.*) ristagnare: **Business is lagging**, l'attività commerciale ristagna. ● **to lag behind**, rimanere indietro (*anche fig.*).

lag (1)

lag (1) [læg], n. **1** (elettron., mecc., ecc.) ritardo: **with a time lag of one month**, con un mese di ritardo; **technological lag**, ritardo tecnologico **2** (econ.) sfasamento. ● (med.) **lag phase**, fase di latenza □ (mecc.) **l. screw**, vite da legno con testa quadra.
to lag [læg], v. t. coibentare (tecn.); rivestire (specialm. con materiale isolante); isolare: **to lag water pipes**, rivestire le tubazioni dell'acqua.
lag (2) [læg], n. (materiale) coibente; rivestimento isolante.
to lag (3) [læg], v. t. (pop.) condannare ai lavori forzati; deportare.
lag (3) [læg], n. (pop.) ergastolano; forzato.
lagan ['lægən], n. (leg.) merce gettata in mare (ma legata a una boa, che ne identifica il proprietario).
lager (beer) ['la:gə*], n. birra chiara (in origine tedesca).
laggard ['lægəd], **A** n. **1** ritardatario **2** indolente; infingardo. **B** a. lento; pigro; tardo.
lagger ['lægə*], V. **laggard**.
lagging (1) ['lægiŋ], a. lento; pigro; tardo.
lagging (2) ['lægiŋ], n. **1** (edil.) centinatura; (anche) puntello **2** coibentazione (tecn.); rivestimento isolante; isolamento.
lagoon, lagune [lə'gu:n], n. (geogr.) laguna.
lah-di-dah [,la:di'da:], V. **la-di-da(h)**.
laic ['leiik], **A** a. laicale. **B** n. laico.
laical ['leiikəl], a. laicale.
laicism ['leiisizəm], n. laicismo.
laicization [,leiisai'zeiʃən], n. laicizzazione.
to laicize ['leiisaiz], v. t. laicizzare.
laid [leid], pass. e p. p. di **to lay**. ● (pop.) **l.-back**, disteso (fig.); rilassato □ (ind. carta) **l. line**, vergatura □ (econ.) **l.-off**, sospeso temporaneamente dal lavoro; lasciato a casa (fam.) □ **l. paper**, carta vergata □ **l.-up**, (di nave) in disarmo, disarmata; (fam.) infermo, incapace di muoversi, costretto a letto □ (ind.) **l. wool**, lana sucida □ **l. work**, punto piatto (nel ricamo).
lain [lein], p. p. di **to lie** (2).
lair [lɛə*], n. **1** covo, tana (specialm. d'animale selvatico) **2** (fig.) covo; nascondiglio; rifugio **3** recinto per il bestiame (diretto al mercato).
to lair [lɛə*], v. i. rintanarsi; rifugiarsi nel covo.
laird [lɛəd], n. (scozz.) proprietario terriero; possidente.
lairdship ['lɛədʃip], n. (scozz.) condizione di possidente.
laissez-faire ['leisei'fɛə*] (franc.), **A** n. **1** (polit.) non interferenza **2** (econ.) liberismo. **B** a. **1** (polit.) di non interferenza **2** (econ.) liberistico: **a laissez-faire policy**, una politica liberistica.
laity ['leiiti], n. (collett.) **1** laicato; (i) laici **2** (i) profani.
lake (1) [leik], n. lago (anche fig.). ● **the L. Country** (o **the L. District**, **the Lakes**), la Regione dei laghi (Grassmere, Windermere, ecc. in G.B.) □ **l. dweller**, palafitticolo □ **l. dwelling**, abitazione lacustre; palafitta □ **l. peat**, torba lacustre □ (letter.) **the L. poets**, i (poeti) laghisti □ **the Great Lakes**, i Grandi Laghi (fra gli USA e il Canada).
lake (2) [leik], n. **1** (ind., chim.) lacca pigmento; lacca colorante **2** (pittura) lacca. ● **l. red**, rosso lacca.
lakefront ['leikfrʌnt], n. lungolago.
lakeland ['leik-lənd], n. regione lacustre. ● **L.**, (la) Regione dei laghi (in G.B.).
lakelet ['leiklit], n. laghetto.
lakh [la:k], V. **lac (2)**.
laky ['leiki], a. lacuale; lacustre.
lallation [lə'leiʃən], n. (med.) lallazione.
to lam [læm], v. t. e i. (pop.; di solito, **to lam into**) attaccare (anche a parole); battere; percuotere; picchiare.
lama (1) ['la:mə], n. (relig.) lama (monaco buddista).
lama (2) ['la:mə], V. **llama**.
lamaism ['la:məizm], n. (relig.) lamaismo.
lamaist ['la:məist], n. e a. (relig.) lamaista; (seguace) del lamaismo.
lamasery ['la:məsəri], n. (relig.) monastero di lama; lamasseria.
lamb [læm], n. **1** agnello (anche fig.): **roast l.**, agnello arrosto; **the L. (of God)**, l'agnello di Dio; Gesù **2** agnellino; pelliccia d'agnello **3** (vezzegg.) tesoro; tesoruccio. ● (bot.) **l.'s-tails**, gattini (o amenti) di nocciolo □ **l.'s wool**, lana d'agnello □ **to be like a l.**, essere docile (o mite, innocente) come un agnello □ **like a l. to the slaughter**, senza resistere (fig.) **a wolf in l.'s skin**, un lupo in veste d'agnello □ (prov.) **One may as well be hanged for a sheep as for a l.**, tanto vale essere impiccato per avere rubato una pecora (e non un agnello soltanto).
to lamb [læm], **A** v. i. (di pecora) figliare. **B** v. t. assistere (una pecora) durante il parto.
to lambaste [læm'beist], v. t. (pop.) **1** battere; picchiare; percuotere **2** dare una strigliata a; rimproverare, redarguire; stroncare (fig.).
lambda ['læmdə], n. lambda (undicesima lettera dell'alfabeto greco).
lambdacism ['læmdəsizəm], n. (med.) lambdacismo, labdacismo.

lambdoid ['læmdɔid], **lambdoidal** [læm'dɔidl], a. (anat., med.) lambdoideo: **l. suture**, sutura lambdoidea; lambdoide.
lambency ['læmbənsi], n. **1** il lambire; lo sfiorare **2** luminosità; luce radente; fosforescenza **3** spirito o umorismo brillante.
lambent ['læmbənt], a. **1** (di fiamma, luce) lambente; guizzante; che sfiora (q.c.) **2** (di cielo, occhi, ecc.) brillante; splendente **3** (di spirito, umorismo) vivace; brillante; scintillante.
Lambert ['læmbə(:)t], n. Lamberto.
lambkin ['læmkin], n. **1** agnellino **2** (fig.) bimbo; piccino.
lamblike ['læmlaik], a. da agnello; docile; mite; innocente.
lambrequin ['læmbəkin], n. **1** baldacchino (su tende o portiera); mantovana **2** (pl., araldica) lambrecchini.
lambskin ['læm-skin], n. **1** pelle d'agnello (anche cuoio o pergamena) **2** pelliccia d'agnello; agnellino **3** cartapecora.
lame [leim], a. **1** zoppo (anche fig.); difettoso; imperfetto, zoppicante, che non regge; inefficace: **a l. argument (excuse)**, un ragionamento (una scusa) che non regge; **a l. line**, un verso zoppicante **2** storpio; rigido e dolorante: **a l. back**, una schiena rigida e dolorante **3** (pop. USA) arretrato; non informato; rozzo. ● (collett.) **the l.**, gli zoppi □ (fig.) **a l. duck**, uno zoppo, uno storpio; una cosa inservibile, gravemente danneggiata (per es., una nave senza timone); (fin.) un insolvente; un'azienda pericolante; (polit. USA) un deputato o un senatore, un presidente) non rieletto (pop.: trombato) □ **a l. man**, uno zoppo □ (di cavallo, ecc.) **to go l.**, azzopparsi.
to lame [leim], v. t. **1** azzoppare **2** storpiare **3** (fig.) frustrare; rendere inefficace, debole.
lamé ['la:mei] (franc.), n. (moda) lamé.
lamella [lə'melə], n. (pl. **lamellae, lamellas**) (scient.) lamella.
lamellar [lə'melə*], **lamellate** [lə'melit], **lamellated** ['læməleitid], a. (scient.) lamellare; lamellato.
lamellibranchia [lə,meli'bræŋkjə], n. pl. (zool., Lamellibranchia) lamellibranchi.
lamelliform [lə'melifɔ:m], a. (scient.) lamelliforme.
lamellose [lə'melous], V. **lamellar**.
lamely ['leimli], avv. **1** zoppicando; zoppiconi **2** (fig.) debolmente; malamente.
lameness ['leimnis], n. **1** l'essere zoppo; zoppia; zoppaggine (raro) **2** (fig.) debolezza; difettosità; imperfezione.
to lament [lə'ment], v. t. e i. lamentare; piangere; compiangere; deplorare; dolersi di: **to l. (over) the loss of a beloved person** (o **to l. for a beloved person**), piangere la perdita (o dolersi della morte) d'una persona amata; **the late lamented Mr J. Brown**, il compianto Sig. J. Brown.
lament [lə'ment], n. lamento; pianto: **a funeral l.**, un lamento funebre.
lamentable ['læməntəbl], a. **1** lacrimevole; doloroso; da rimpiangere: **l. fate**, lacrimevole sorte; **the l. loss of a friend**, la dolorosa perdita di un amico **2** deplorevole; mediocre; cattivo; pessimo: **a l. show**, un pessimo spettacolo **3** (arc.) lamentevole; dolente.
lamentation [,læmen'teiʃən], n. lamentazione; lamento: (Bibbia) **the Lamentations (of Jeremiah)**, le Lamentazioni di Geremia.
lamented [lə'mentid], a. compianto; rimpianto: **our l. friend**, il nostro compianto amico.
lamia ['leimjə], n. (pl. **lamias, lamiae**) (mitol.) lamia.
lamina ['læminə], n. (pl. **laminae, laminas**) (scient.) lamina.
laminable ['læminəbl], a. laminabile.
laminar ['læminə*], **laminate (1)** ['læminit], a. (scient.) laminare; lamellare: **l. layer**, strato laminare.
to laminate ['læmineit], v. t. **1** (specialm. metall.) laminare **2** rivestire di lamine **3** ridurre in lamine (o lamelle).
laminate ['læmineit], n. (ind.) laminato (specialm. plastico o di legno).
laminated ['læmineitid], a. laminato. ● (ind.) **l. plastics**, laminati plastici □ **l. wood**, laminato di legno.
lamination [,læmi'neiʃən], n. **1** laminazione; laminatura **2** (geol.) laminazione **3** lamina; strato laminato.
lamish ['leimiʃ], a. leggermente zoppo; zoppicante.
Lammas ['læməs], n. (il) primo d'agosto (un tempo, festa del raccolto).
lammergeyer ['læməgaiə*], n. (zool., Gypaetus barbatus) gipeto.
lamming ['læmiŋ], n. (pop.) violento attacco (anche a parole); botte; percosse; sberle (pop.).
lamp [læmp], n. **1** lampada; lampadina; lanterna; lucerna; lampione; fanale; (fig.) lume, lampa (poet.): **an electric l.**, una lampadina elettrica; **a spirit l.**, una lampada a spirito; **a street-l.**, un lampione; un fanale; **a table l.**, una lampada da tavolo; **an oil l.**, un lume a petrolio; **a bicycle l.**, un fanale da bicicletta; (un tempo) **gas l.**, lampione a gas; **arc l.**, lampada ad arco; **safety l.**, lampada di sicurezza **2** (autom.) faro; proiettore **3** (pl., pop.) occhi. ● **l.-holder**, portalampada □ **l. oil**, olio per lampade □ **l.-post**, palo della luce; fanale, lampione (di strada)

(*ind. min.*) **l. room**, lampisteria □ **l.-shade**, paralume □ **l.-stand**, piede di lampada □ **between you and me and the l.-post**, a quattr'occhi; in gran segreto; detto fra (di) noi □ (*fig.*) **to pass** (**o to hand**) **on the l.**, portare innanzi e passare ad altri la fiaccola del sapere; fare la propria parte in favore del progresso (**o** di una causa) □ (*autom.*) **rear stop-l.**, fanalino rosso posteriore □ (*di stile*) **to smell of the l.**, essere pedantesco, libresco; sapere di lucerna.

to lamp [læmp], **A** *v. i.* (*poet.*) splendere; risplendere. **B** *v. t.* **1** (*poet.*) illuminare **2** (*pop. USA*) guardare **3** fornire di lampade (*o* di lampioni).

lampas (1) ['læmpəz], *n.* (*vet.*) lampasco.

lampas (2) ['læmpəs], *n.* (*ind. tessile*) lampasso.

lampblack ['læmpblæk], *n.* nerofumo (*di lampada*).

lamper eel ['læmpə‚ri:l], *n.* (*zool.*, *Petromyzon*) lampreda.

lampern ['læmpə:n], *n.* (*zool.*, *Lampetra fluviatilis*) lampreda di fiume.

lampers ['læmpəz], *n. pl.* (*col verbo al sing.*) *V.* **lampas (1)**.

lampion ['læmpiən], *n.* lampioncino (*di vetro colorato, per luminarie*).

lamplight ['læmp-lait], *n.* lume di lampada; luce artificiale.

lamplighter ['læmp‚laitə*], *n.* (*un tempo*) lampionaio.

lampman ['læmpmən], *n.* (*pl.* **lampmen**) (*ind. min.*) lampista.

lampoon [læm'pu:n], *n.* libello satirico; satira; pasquinata.

to lampoon [læm'pu:n], *v. t.* satireggiare; scrivere satire contro (q.).

lampooner [læm'pu:nə*], **lampoonist** [læm'pu:nist], *n.* scrittore di libelli satirici; libellista.

lamprey ['læmpri], *n.* (*zool.*, *Petromyzon*, *anche* **l. eel**) lampreda.

Lancastrian [læŋ'kæstriən], *a. e n.* (*geogr.*, *stor.*) lancastriano (*della contea o della Casa di Lancaster*).

lance [lɑ:ns], *n.* **1** (*mil.*, *stor.*) lancia **2** (*mil.*, *stor.*) lanciere: **twenty lances**, venti lancieri **3** arpione (*da pesca*) **4** (*med.*) lancetta **5** (*anche* **oxygen l.**) lancia termica. ● (*mil.*) **l. corporal**, (*gergo* **l.-jack**), appuntato; caporale onorario ● (*zool.*) **l.-fish** (*Ammodytes*), ammodite □ (*mil.*) **l. sergeant**, caporale che fa funzione di sergente □ (*fig.*) **to break a l. with sb.**, entrare in polemica con q.

to lance [lɑ:ns], *v. t.* **1** trafiggere con una lancia **2** (*med.*) incidere con la lancetta **3** (*poet.*) lanciare; scagliare.

lancelet ['lɑ:nslit], *n.* (*zool.*, *Branchiostoma*) anfiosso; lancetta.

Lancelot ['lɑ:nslət], *n.* (*letter.*) Lancillotto.

lanceolate ['lɑ:nsioulit], *a.* (*bot.*) lanceolato.

lancer ['lɑ:nsə*], *n.* **1** (*mil.*) lanciere **2** (*pl.*) lancieri (*specie di quadriglia*).

lancet ['lɑ:nsit], *n.* (*med.*) lancetta. ● (*archit.*) **l. arch**, arco gotico (*o* a sesto acuto) □ (*archit.*) **l. window**, finestra ogivale.

lanceted ['lɑ:nsitid], *a.* (*archit.*) che ha archi (*o* finestre) ogivali.

lancewood ['lɑ:nswud], *n.* legno per lance (*o* per canne da pesca).

lancinating ['lɑ:nsineitiŋ], *a.* (*med.*) lancinante: **a l. pain**, un dolore lancinante.

land [lænd], **A** *n.* **1** terra; terraferma; terreno; paese; patria; suolo; contrada; regione: **to travel by l.**, viaggiare per via di terra; **to travel over l. and sea**, viaggiare per terra e per mare; **rich l.**, terreno ricco, fertile; **to emigrate to a remote l.**, emigrare in un paese lontano; **one's native l.**, la terra natale; la patria; **the promised L.** (**o the L. of Promise**), la Terra Promessa; **good wheat l.**, suolo adatto alla coltivazione del grano; **Let's go back to the l.**, torniamo alla terra (**o** alla campagna)!; **to work the l.**, lavorare la terra; **the l. of dreams**, il paese dei sogni **2** fondo; podere; tenuta **3** (*pl.*) terreni; proprietà terriera **4** (*fig.*) vita dei campi **5** (*mecc.*) pieno della rigatura (*della canna d'un fucile*, *ecc.*) **6** (*di disco grammofonico*) intersolco **7** (*mecc.*) dorso (*d'arnese da taglio*). **B** *a. attr.* **1** terrestre; di terra: **l. animals**, animali terrestri **2** (*econ.*) agrario; fondiario; immobiliare; terriero **3** dei terreni: **l. prices**, i prezzi dei terreni. ● **l. agency**, lavoro di fattore; mansione di mediatore di terreni; agenzia immobiliare □ **l. agent**, agente agricolo, fattore; mediatore di terreni; agente immobiliare □ **l. bank**, banca di credito agricolo □ **l. breeze** (**l. wind**), brezza (vento) da terra □ (*geogr.*) **l. bridge**, istmo; braccio di terra □ **l. broker**, mediatore di terreni □ **l. carriage**, trasporto per via di terra □ **l. credit**, credito fondiario □ (*mil.*) **l. force(s)**, forza di terra; esercito □ **l.-grabber**, chi si appropria di terreni altrui (*specialm. in Irlanda*) □ **l.-hunger**, «fame» (*o* desiderio sfrenato) di terra □ **l. improvement**, migliora fondiaria □ **l.-jobber**, speculatore di beni immobili □ **l. laws**, leggi terriere □ **l.-locked**, chiuso (*o* circondato) da terre emerse; senza sbocco al mare □ (*naut.*) **l. mark**, meda; punto di riferimento □ **l. of the living**, vita terrena □ **l. office**, demanio; amministrazione demaniale □ (*fam. USA*) **l.-office business**, attività commerciale che va a gonfie vele □ **l. pollution**, inquinamento dell'ambiente □ **l. poor**, con molti terreni che però rendono poco □ **l. reclamation**, bonifica agraria □ **l. reform**, riforma agraria (*o* fondiaria) □ **l. register** (*o* **l. registry**), (ufficio del) catasto □ **l. route**, via di terra □ **l. steward**, fattore agricolo □ **l. survey**, rilevamento del terreno □ **l. surveying**, agrimensura □ **l. surveyor**, agrimensore □ **l.-swell**, rigonfiamento del terreno, duna (*presso la spiaggia*) □ (*fin.*) **l. tax**, imposta fondiaria □ (*costr.*) **l. tie**, sprone, appoggio (*per sostenere un muro*) □ (*mil.*) **l.-to-l.** terra-terra: **a l.-to-l. missile**, un missile terra-terra □ (*naut.*) **to come to** (*o* **to reach, to make**) **l.**, toccare terra, approdare □ **to go on the l.**, andare a lavorare la terra; fare il contadino □ (*fig.*) **how the l. lies**, come stanno le cose; qual è la situazione □ **low lands**, bassopiani □ **public l.**, terreno demaniale.

to land [lænd], **A** *v. t.* **1** (*naut.*, *aeron.*) sbarcare; scaricare: **to l. passengers and goods**, sbarcare passeggeri e scaricare merci **2** portare (*a destinazione*): **This train will l. you in Rome tonight**, questo treno ti porterà a Roma in serata **3** gettare; far finire: **The fight landed them both in jail**, la rissa li fece finire tutti e due in carcere **4** (*aeron.*) portare a terra; far atterrare (*un aeroplano*); far ammarare (*un idrovolante*) **5** tirare a riva: **I couldn't l. the fish I had hooked**, non riuscii a tirare a riva il pesce che avevo preso all'amo **6** (*fam.*) acchiappare; conquistare; prendere al laccio (*come marito, ecc.*); assicurarsi; riuscire a procurarsi: **She has landed a very rich man**, ha preso al laccio un riccone; **He landed a job**, riuscì ad assicurarsi un lavoro **7** (*fam.*) dare, assestare (*un colpo*); mollare (*una cazzotto*): **to l. a punch on sb.'s chin**, dare a q. un pugno sul mento **8** (*fam.*) lanciare; scagliare: **to l. a cricket ball in the next field**, lanciare una palla da cricket nel campo attiguo. **B** *v. i.* **1** (*naut.*) sbarcare; approdare; toccare terra: **We landed at Aden**, sbarcammo ad Aden **2** scendere (*da un veicolo*); arrivare (*a destinazione*) **3** (*aeron.*) atterrare; toccare terra **4** (*aeron.*: *d'idrovolante*) ammarare **5** (*miss.*: *di veicolo spaziale*) allunare **6** (*fig.*) cadere (*bene, male, ecc.*). ● **to l. on one's feet**, cadere in piedi □ **to l. up**, andare a finire; capitare: **I landed up in a fishermen's village**, capitai in un villaggio di pescatori □ **to be landed in an unknown territory**, trovarsi in un territorio sconosciuto □ **newly landed**, appena sbarcato.

landau ['lændɔ:], *n.* landau; landò.

landed ['lændid], *a.* terriero; agricolo; fondiario: **l. property** (*o* **estate**), proprietà fondiaria; beni fondiari; **a l. proprietor**, un proprietario terriero. ● **the l. interests**, gli interessi agrari.

lander ['lændə*], *n.* **1** (*ind. min.*) addetto al carico e allo scarico **2** (*aeron.*, *miss.*) veicolo per l'atterraggio (soffice).

landfall ['lændfɔ:l], *n.* **1** (*naut.*) (primo) approdo (*durante un viaggio*): **a good l.**, un approdo esattamente rispondente ai calcoli **2** (*naut.*) avvistamento della terra; terra in vista **3** (*geol.*) frana; smottamento.

landfill ['lændfil], *n.* (*costr.*) interramento.

landgirl ['lændgə:l], *n.* ragazza di fattoria; lavoratrice agricola.

landgrave ['lændgreiv], *n.* (*stor.*) langravio.

landgraviate [lænd'greivjət], *n.* (*stor.*) langraviato.

landgravine ['lændgrəvi:n], *n.* (*stor.*) moglie di langravio.

landholder ['lænd‚houldə*], *n.* **1** proprietario terriero; possidente **2** affittuario.

landing ['lændiŋ], *n.* **1** (*naut.*) sbarco; approdo **2** (*mil.*) sbarco **3** (*aeron.*) atterraggio (*d'aereoplano*); (*d'idrovolante*) ammaraggio: **l. field** (*o* **l. strip**), campo d'atterraggio **4** (*edil.*) pianerottolo; ripiano **5** (*salto con gli sci*) atterraggio: **l. hill**, posto d'atterraggio **6** (*miss.*, *anche* **moon l.**) allunaggio. ● (*naut.*) **l. craft**, mezzo da sbarco; motozattera □ (*aeron.*) **l. flap**, ipersostentatore □ (*mil.*) **l. force**, truppe da sbarco □ (*aeron.*) **l. gear**, carrello (di atterraggio) □ (*pesca*) **l. net**, bertovello; piccola rete a mano (*con manico*) □ **l. officer**, funzionario di dogana □ (*mil.*) **l. party**, compagnia da sbarco □ **l. place**, (*naut.*) approdo; banchina, calata, molo; (*aeron.*) scalo □ **l. stage**, pontile da sbarco; imbarcadero, sbarcatoio □ (*naut.*) **l. steps**, scalandrone; scala d'approdo □ (*aeron.*, *miss.*) **l. vehicle**, *V.* **lander**, *def. 2*.

landlady ['læn‚leidi], *n.* **1** padrona di casa; proprietaria (*d'appartamento, ecc., dato in affitto*) **2** padrona, proprietaria (*d'albergo, pensione, ecc.*); albergatrice; locandiera; affittacamere **3** proprietaria di terreni (*dati in affitto*).

landless ['lændlis], *a.* privo di terra; senza terra.

landlord ['lændlɔ:d], *n.* **1** padrone di casa; proprietario (*d'appartamento, ecc., dato in affitto*); locatore (*leg.*) **2** padrone, proprietario (*di albergo, pensione, ecc.*); albergatore; locandiere **3** proprietario di terreni (*dati in affitto*); possidente (*leg.*). ● (*agric.*, *leg.*) **code of l.-tenant relationships**, codice dei rapporti concedente-affittuario (*in G.B.*; *cfr. ital. patti agrari*).

landlordism ['lændlɔ:dizəm], *n.* (*econ.*) la grande proprietà terriera; il (sistema del) latifondo.

landlubber ['lænd‚lʌbə*], *n.* (*gergo naut.*, *spreg.*) chi non è avvezzo alla vita di mare; «marinaio d'acqua dolce»; «terraiolo».

landmark ['lændmɑ:k], *n.* **1** pietra confinaria; segno di confine

land mine

2 (*fig.*) pietra miliare: **a l. in the long history of civilization**, una pietra miliare nella lunga storia della civiltà 3 punto di riferimento; contrassegno; segnacolo (*lett.*): **The steeple was a well-known l.**, il campanile era un punto di riferimento conosciuto da tutti.

land mine ['lænd main], *n.* (*mil.*) mina terrestre (*antiuomo o anticarro*).

landocracy [læn'dɔkrəsi], *n.* (*collett.*) (i) latifondisti.

landocrat ['lændoukræt], *n.* (*scherz.*) latifondista.

landowner ['lændˌounə*], *n.* proprietario terriero; possidente.

land rail ['lænd-reil], *n.* (*zool.*, *Crex pratensis*) re di quaglie.

Land-rover ['lændˌrɔvə*], *n.* (*marchio*) Land-rover; fuoristrada (*automobile*).

landscape ['lændskeip], *n.* 1 (*anche arte*) paesaggio; panorama 2 (*geogr.*) morfologia del terreno. ● **l. architect** (*o* **l. gardener**), architetto di giardini (*che dà un aspetto di paesaggi naturali a giardini, parchi, ecc.*); costruttore di giardini (*all'inglese*) □ **l. engineer**, tecnico del paesaggio □ **l. painter**, paesista; pittore di paesaggi.

landscaping ['lændˌskeipiŋ], *n.* costruzione di giardini (*all'inglese*).

landscapist ['lændˌskeipist], *n.* (*arte*) paesista.

landslide ['lændslaid], *n.* 1 frana; smottamento 2 (*fig.*, *polit.*) valanga di voti; schiacciante vittoria elettorale: **a Labour l.**, una valanga di voti in favore del partito laburista.

landslip ['lændslip], *n.* piccola frana; smottamento.

landsman ['lændzmən], *n.* (*pl.* **landsmen**) 1 uomo della terraferma 2 marinaio inesperto; «marinaio d'acqua dolce».

landward ['lændwəd], *a.* e *avv.* (*situato, che guarda*) verso terra; verso l'interno (*d'un paese*) ● **l. wind**, vento di terra.

landwards ['lændwədz], *avv.* verso terra; verso l'interno (*d'un paese*).

lane [lein], *n.* 1 viottolo; viuzza; vicolo; stradetta; stradicciola: **the country lanes in England**, i viottoli della campagna inglese 2 (*aeron.*, *autom.*, *sport*) corsia: **a three-l. motorway**, un'autostrada a tre corsie; **landing l.**, corsia d'atterraggio 3 (*naut.*, *aeron.*) canale. ● **the L.**, (il teatro di) Drury Lane (*a Londra*) □ (*autom.*) **l. closures**, chiusure di corsie (*in autostrada*) □ (*fig.*) **the red l.**, la gola □ (*prov.*) **It is a long l. that has no turning**, niente dura in eterno; l'ora buona arriva per chi sa aspettare.

langlauf ['laŋlauf] (*ted.*), *n.* (*sport*) il fondo (*con gli sci*).

langläufer ['læŋlaufə*] (*ted.*), *n.* (*pl.* **langläufer, langläufers**) (*sport*) fondista (*con gli sci*).

lang syne, langsyne ['læŋ'sain], (*scozz.*) **A** *avv.* molto tempo fa; un tempo; una volta. **B** *n.* i tempi antichi; il bel tempo andato.

language ['læŋgwidʒ], *n.* 1 lingua; linguaggio; idioma; parlata: **foreign languages**, lingue straniere; **technical l.**, la lingua della tecnica; **the l. of poetry**, il linguaggio poetico; **dead languages**, le lingue morte 2 favella: **Animals do not possess l.**, gli animali non possiedono la favella. ● **l. laboratory**, laboratorio linguistico □ **bad l.**, linguaggio scorretto (*o* sboccato) □ **the finger l.**, il linguaggio delle dita (*usato dai sordomuti*) □ **strong l.**, linguaggio violento (*o* volgare) □ **to use bad l.**, usare un linguaggio volgare, da trivio.

languid ['læŋgwid], *a.* 1 languido; languente; debole; fiacco; smorto; snervato; spossato: **The corn market was l.**, il mercato del grano era debole (*o* languiva) 2 apatico; indifferente.

languidness ['læŋgwidnis], *n.* 1 languidezza; debolezza; fiacchezza; spossatezza 2 apatia; indifferenza.

to languish ['læŋgwiʃ], *v. i.* 1 languire; venir meno; infiacchirsi; struggersi: **He languished in poverty for many years**, langui nella miseria per molti anni; **to l. for sb. (st.)**, struggersi per q. (q.c.) 2 assumere un'aria languida.

languishing ['læŋgwiʃiŋ], *a.* 1 languente 2 languido; fiacco; sentimentale; svenevole: **l. eyes**, occhi languidi.

languor ['læŋgə*], *n.* 1 languore; languidezza; fiacchezza; tenerezza 2 apatia; disinteresse; indifferenza 3 calma; immobilità (*dell'aria, ecc.*).

languorous ['læŋgərəs], *a.* 1 languido; svenevole 2 che dà languore.

langur [lʌn'guə*], *n.* (*zool.*, *Pithecus entellus*) entello.

laniard ['lænjəd], *V.* **lanyard**.

laniary ['læniəri], *a.* e *n.* (*anat.*) (dente) canino.

laniferous [lei'nifərəs], **lanigerous** [lei'nidʒərəs], *a.* lanoso; lanuto.

lank [læŋk], *a.* 1 allampanato; macilento; scarno; smilzo; sparuto 2 (*d'erba*) alta e floscia 3 (*di capello*) liscio e floscio.

lankiness ['læŋkinis], *n.* 1 esilità; magrezza; l'essere smilzo 2 (*di capelli*) l'essere liscio (*o* floscio).

lanky ['læŋki], *a.* allampanato; smilzo; dinoccolato: **a l. boy**, un ragazzo allampanato; **l. legs**, gambe smilze.

lanner ['lænə*], **lanneret** ['lænrit], *n.* (*zool.*, *Falco biarmicus feldeggi*) lanario.

lanolin ['lænəlin], *n.* (*ind.*) lanolina.

lanose ['leinous], *a.* lanoso; lanuto.

lansquenet ['lɑːnskənet], *n.* (*stor.*) lanzichenecco.

lantern ['læntən], *n.* lanterna (*in ogni senso*); fanale; faro; lucernaio, lanternino: **dark l.**, lanterna cieca; **magic l.**, lanterna magica (*proiettore per diapositive*). ● (*zool.*) **l. fish**, pesce lanterna □ (*zool.*) **l. fly** (*Fulgora*), lanternaria; fulgora □ **l.-jawed**, macilento; scarno □ **l. jaws**, mascelle affilate; guance infossate □ **l. slide**, diapositiva.

lanthanide [ˌlænθə'naid], *n.* (*chim.*) lantanide.

lanthanon ['lænθənɔn], *V.* **lanthanide**.

lanthanum ['lænθənəm], *n.* (*chim.*) lantanio.

lanuginose [lə'njuːdʒinous], **lanuginous** [lə'njuːdʒinəs], *a.* lanuginoso.

lanugo [lə'njuːgou], *n.* (*pl.* **lanugos**) (*anat.*) lanugine.

lanyard ['lænjəd], *n.* (*naut.*) 1 spezzone di cima; sagola; sagoletta; corridore 2 cordone, cordoncino (*portato al collo dai marinai, che vi appendono un fischietto o un coltello*) 3 (*mil.*) cordellina.

Laocoon [lei'oukouən], *n.* (*mitol.*) Laocoonte.

lap (1) [læp], *n.* 1 grembo: **You shouldn't always sit on grandma's lap**, non devi stare sempre in grembo alla nonna 2 lembo; falda; risvolto: **the lap of a skirt**, il lembo d'una sottana 3 (*sport*) giro (*di pista*); tappa; frazione 4 (*mecc.*) disco smerigliatore 5 (*ind.*) mola (*da vetraio, da gioielliere*) 6 avvolgimento; giro (*di corda, ecc.*) 7 (*ind. tessile*) falda, tela (*d'ovatta, cotone, ecc.*) 8 (*edil., metall.*) sovrapposizione 9 abrasivo per lappatura. ● (*autom. USA*) **lap belt**, cintura (*di sicurezza*) addominale □ (*cinem., telev.*) **lap dissolve**, dissolvenza incrociata □ **lap dog**, cagnolino di lusso; (*fig.*) persona servile, leccapiedi (*fam.*) □ (*mecc.*) **lap joint** (*o* **half lap**), giunto a sovrapposizione □ (*ind. tessile*) **lap machine**, avvolgitore □ (*anat.*) **the lap of the ear**, il lobo dell'orecchio □ (*USA*) **lap robe**, coperta da viaggio □ (*mecc.*) **lap-welding**, saldatura a sovrapposizione □ **to be in Fortune's lap**, essere il beniamino della fortuna □ (*fig.*) **to be in the lap of the gods**, essere in grembo a Giove □ (*fig.*) **to be in the lap of luxury**, vivere nel lusso (*o* nelle mollezze).

to lap (1) [læp], **A** *v. t.* 1 avvolgere; avviluppare; piegare; ripiegare 2 tenere in grembo; coccolare 3 sovrapporre (*parzialmente*); fare sporgere: **The second board must lap (over) the first**, parte della seconda asse deve essere sovrapposta alla prima (*o* sporgere rispetto alla prima) 4 smerigliare, lapidare, molare (*gemme, vetri*) 5 (*sport*) doppiare; superare d'uno o più giri (*l'avversario in pista*). **B** *v. i.* 1 essere piegato; ripiegare: **Rough edges must lap under**, i margini grezzi devono rientrare 2 — **to lap over**, essere parzialmente sovrapposto a; coprire in parte; sporgere 3 estendersi (*nello spazio e nel tempo*) 4 (*falegnameria, mecc.*) fare giunti a sovrapposizione 5 (*sport*) fare un giro di pista. ● (*fig.*) **to be lapped in luxury**, vivere nel lusso (*o* nelle mollezze).

to lap (2) [læp], *v. t.* e *i.* 1 leccare; lappare; bere (*o* mangiare) avidamente; papparsi; ingollare: **The dog laps (up) the broth**, il cane lappa il brodo; **My kitten likes to lap milk**, al mio gattino piace leccare il latte; **to lap up (down) a plate of soup**, papparsi un piatto di zuppa 2 (*d'acqua*) lambire; sciabordare: **The waves were lapping at our feet**, le onde lambivano i nostri piedi; **The sea laps the base of the lighthouse**, il mare sciaborda contro la base del faro. ● **to lap up sb.'s praise**, bearsi degli elogi di q.

lap (2) [læp], *n.* 1 il lappare; leccata: **The cat drank all the milk in a few laps of the tongue**, il gatto bevve tutto il latte in poche leccate 2 broda, pappa (*per cani o gatti*) 3 (*d'acqua*) sciabordio: **the lap of the ocean at the foot of the cliffs**, lo sciabordio delle onde ai piedi delle scogliere.

laparoscope [læpərouskoup], *n.* (*med.*) laparoscopio.

laparoscopy [ˌlæpə'rɔskəpi], *n.* (*med.*) laparoscopia.

laparotomy [ˌlæpə'rɔtəmi], *n.* (*med.*) laparotomia.

lapel [lə'pel], *n.* risvolto, mostra (*di giacca, ecc.*).

lapelled [lə'peld], *a.* (di giacca, ecc.) con risvolti.

lapful ['læpful], *n.* grembiolata; quanto sta in grembo.

lapicide ['læpisaid], *n.* (*lett.*) tagliapietre; scalpellino.

lapidary ['læpidəri], **A** *a.* 1 lapidario (*anche fig.*); (*fig.*) nitido, preciso, incisivo: **l. style**, stile lapidario 2 relativo alle gemme. **B** *n.* 1 lapidario; tagliatore di gemme 2 lapidaria.

to lapidate ['læpideit], *v. t.* lapidare.

lapidation [ˌlæpi'deiʃən], *n.* lapidazione.

lapidification [ləˌpidifi'keiʃən], *n.* (*raro*) pietrificazione.

to lapidify [lə'pidifai], *v. t.* e *i.* (*raro*) pietrificare, pietrificarsi.

lapillus [lə'piləs] (*lat.*), *n.* (*pl.* **lapilli**) (*scient.*) lapillo.

lapis lazuli [ˌlæpis'læzjuli], *n.* (*pl.* **lapis lazulis**) (*miner.*) lapislazzuli.

Lapland ['læplænd], *n.* (*geogr.*) Lapponia.

Laplander ['læplændə*], *n.* lappone.

Lapp [læp], *a.* e *n.* lappone (*anche la lingua*).

lappet ['læpit], *n.* 1 falda; lembo; risvolto 2 (*zool.*) lobo dell'o-

recchio; barbiglio **3** pappagorgia **4** nastro (*di cappellino*) **5** (*ind. tessile*) telaio per stoffa a ricamo.
lapping ['læpiŋ], *n*. **1** (*tecn*.) lappatura; lapidazione **2** (*elettron*.) lappatura.
Lappish ['læpiʃ], **A** *a*. lappone. **B** *n*. lappone (*la lingua*).
Lapponian [lə'pounjən], *a*. e *n*. lappone.
lapse [læps], *n*. **1** errore; sbaglio; fallo; caduta (*fig*.); dimenticanza; perdita; errore involontario di penna, di lingua (*cfr*. lapsus calami, lapsus linguae): **a l. of memory**, un fallo della memoria, una dimenticanza; **a l. from one's dignity**, una perdita di dignità; **a l. into heresy**, il cadere nell'eresia **2** decadenza; decadimento; abbandono: **the l. of a custom**, l'abbandono di una costumanza **3** il trascorrere; decorrenza; decorso; intervallo; periodo: **the l. of time**, il trascorrere del tempo; **a considerable l. of time**, un lungo periodo di tempo **4** (*leg*.) decadenza; prescrizione: **the l. of a right**, la decadenza di un diritto **5** (*ass*.) cessazione di copertura **6** (*d'acqua*) il fluire; flusso. ● **l. of duty**, inosservanza dei propri doveri □ (*meteorologia*) **l. rate**, gradiente termico atmosferico.
to lapse [læps], *v. i*. **1** cadere; scivolare; passare (*anche leg*.): **to l. into oblivion**, cadere nell'oblio; **to l. into barbarism**, cadere nella barbarie; **The inheritance lapsed to a nephew**, l'eredità passò a un nipote **2** (*del tempo*) passare; trascorrere **3** (*leg*.) decadere; cadere in prescrizione: **Privileges and rights may l.**, i privilegi e i diritti possono cadere in prescrizione **4** □ **to l. back into poverty**, ricadere nella povertà □ **to l. into unconsciousness**, perdere coscienza; perdere i sensi.
lapsed [læpst], *a*. **1** caduto in disuso; obsoleto **2** (*leg*.) decaduto; caduto in prescrizione; prescritto **3** (*ass*.) scaduto **4** (*relig*.) non osservante.
lapstone ['læpstoun], *n*. pietra da ciabattino.
Laputan [lə'pju:tən], *a*. e *n*. (abitante) di Laputa (*isola immaginaria nei «Gulliver's Travels» di J. Swift*).
lapwing ['læpwiŋ], *n*. (*zool*., *Vanellus vanellus*) pavoncella.
lar [la:*], *n*. (*pl*. **lares** (*mitol*.) lare: **Lares and Penates**, i Lari e i Penati.
larboard ['la:bəd], **A** *n*. (*naut*., *raro*) babordo; fianco sinistro; sinistra. **B** *a*. di (*o a*) babordo. **C** *avv*. a babordo.
larcener ['la:snə*], **larcenist** ['la:snist], *n*. (*leg*.) colpevole di furto; ladro.
larcenous ['la:sinəs], *a*. (*leg*.) **1** che ha la natura del furto **2** colpevole di furto.
larceny ['la:sni], *n*. (*leg*.) furto; ladrocinio. ● **petty l.**, furtarello.
larch [la:tʃ], *n*. (*bot*., *Larix europaea*) larice (*albero e legno*).
lard [la:d], *n*. lardo; (*specialm*.) sugna, strutto.
to lard [la:d], *v. t*. lardellare; (*fig*.) infiorare, infarcire: **to l. a speech with Latin words**, lardellare un discorso di parole latine. ● **larding needle** (*o* **larding pin**), lardatoio.
lardaceous [la(:)'deiʃəs], *a*. (*med*.) adiposo; lardaceo.
larder ['la:də*], *n*. dispensa; stanza (*o* armadio) per le vivande.
lardon ['la:dən], **lardoon** [la:'du:n], *n*. pezzo di lardo; lardello.
lardy ['la:di], *a*. **1** lardellato **2** simile a lardo; lardoso.
lardy-dardy ['la:di'da:di], *a*. (*pop*.) affettato; lezioso; svenevole.
lares ['lɛəri:z], *pl*. di **lar**.
large [la:dʒ], *a*. **1** grande; ampio; grosso; esteso; spazioso; vasto; numeroso: **a l. office**, un ufficio spazioso; **a l. flat**, un appartamento grande; **a l. sum of money**, una grossa somma di denaro; **a l. manufacturer**, un grande industriale; **l. concerns**, grosse aziende; **l. understanding**, ampia comprensione; **on a l. scale**, su vasta scala; **a l. family**, una famiglia numerosa; **a l. expenditure**, grandi spese **2** largo; abbondante; generoso; munifico; liberale; di vedute larghe: **l. views**, vedute larghe; **a l. heart**, un cuore generoso; **l. munificence**, munificenza abbondante (*o* generosa) **3** (*naut*.: *del vento*) favorevole; largo. ● **l.-hearted**, magnanimo, generoso □ **l.-heartedness**, magnanimità; generosità □ (*anat*.) **l. intestine**, intestino crasso □ **l.-minded**, di larghe vedute; di mente aperta □ **l.-mindedness**, larghezza di vedute; apertura mentale □ (*di persona*) **l. of limb**, (grande e) grosso; **l.-scale**, (*di mappa*) in grande scala; (*fig*.) su vasta scala, in grande; (*econ*.) **l.-scale production**, produzione su grande scala □ (*USA*) **a l.-scale corporation**, una grande società per azioni □ **a l.-scale penetration into the market**, una massiccia penetrazione sul mercato □ (*fig*.) **as l. as life**, in persona □ **at l.**, in libertà (*specialm*. *di criminali*); diffusamente, curando tutti i particolari; in generale, nell'insieme; a casaccio, a caso: **to be at l.**, essere in libertà; **to talk (to write) at l.**, parlare (scrivere) diffusamente; **people at l.**, la gente in generale □ **by and l.**, in complesso; nell'insieme □ (*stor*.) **gentleman at l.**, gentiluomo di corte (*senza mansioni particolari*) □ **in l.**, su grande scala; ampiamente.
largely ['la:dʒli], *avv*. **1** ampiamente; in larga misura; in gran parte; prevalentemente **2** largamente; con larghezza; generosamente. ● **l. because**, soprattutto perché.
to largen ['la:dʒən], *v. t*. e *i*. (*poet*.) allargare, allargarsi.
largeness ['la:dʒnis], *n*. **1** ampiezza; larghezza; grossezza **2**
largess(e) ['la:dʒes], *n*. (*lett*.) **1** liberalità; generosità; munificenza **2** dono munifico; grosso regalo.
largish ['la:dʒiʃ], *a*. piuttosto grande (*o* grosso, ecc.) (*V*. **large**).
largo ['la:gou], (*mus*.) **A** *avv*. largo. **B** *n*. (*pl*. **largos**) largo.
lariat ['læriət], *n*. (*specialm*. *USA*) **1** corda; pastoia **2** laccio (*per prendere cavalli*).
lark (1) [la:k], *n*. (*zool*., *Alauda arvensis*) allodola. ● (*bot*.) **l.-heel**, *V*. **larkspur** □ (*fig*.) **to rise with the l.**, alzarsi di buon'ora; levarsi al canto del gallo □ (*prov*.) **If the sky falls, we shall catch larks**, non tutto il male viene per nuocere.
lark (2) [la:k], *n*. burla; spasso; gioco; scherzo; birichinata: **What a l.!**, che spasso!; **I did it only for a l.**, l'ho fatto solo per scherzo.
to lark [la:k], **A** *v. i*. divertirsi; scherzare; fare scherzi (*o* birichinate); spassarsela. **B** *v. t*. (*fam*.) prendere in giro; motteggiare; farsi beffe di. ● **to l. about** (*o* **around**), giocherellare; trastullarsi; divertirsi, fare baldoria.
larkspur ['la:k-spə:*], *n*. (*bot*., *Delphinium*) speronella. ● (*bot*.) **common l.** (*Delphinium consolida*), spron di cavaliere.
larky ['la:ki], *a*. **1** allegro; gaio **2** birichino; burlone; scherzoso.
larrikin ['lærikin], *n*. (*pop*., *raro*) giovinastro; teppista.
to larrup ['lærəp], *v. t*. (*fam*.) bastonare; percuotere; picchiare.
Larry ['læri], *n*. (*dim*. *di* **Lawrence**) Renzo.
larva ['la:və], *n*. (*pl*. **larvae**, **larvas**) **1** (*zool*.) larva **2** (*arc*.) larva; fantasma.
larval ['la:vəl], *a*. larvale.
larvate(d) ['la:veit(id)], *a*. (*anche med*.) larvato.
laryngeal [,lærin'dʒi(:)əl], **laryngic** [læ'rindʒik], *a*. **1** (*anat*.) laringeo **2** (*fon*.) laringale.
laryngitis [,lærin'dʒaitis], *n*. (*pl*. **laryngitides**) (*med*.) laringite.
laryngology [,lærin'gɔlədʒi], *n*. (*scient*.) **1** laringologia **2** laringoiatria.
laryngophone [lə'riŋgəfoun], *n*. (*scient*.) laringofono.
laryngoscope [lə'riŋgəskoup], *n*. (*med*.) laringoscopio.
laryngoscopy [,lærin'gɔskəpi], *n*. (*med*.) laringoscopia.
laryngotomy [,lærin'gɔtəmi], *n*. (*med*.) laringotomia.
larynx ['læriŋks], *n*. (*pl*. **larynges**, **larynxes**) (*anat*.) laringe.
lasagna [lə'zænjə] (*ital*.), *n*. (*cucina*) lasagne.
lascivious [lə'siviəs], *a*. lascivo; impudico; libidinoso.
lasciviousness [lə'siviəsnis], *n*. lascivia; impudicizia; libidine.
laser ['leizə*], *n*. (*fis*.) laser. ● (*ottica*) **l. beam**, fascio laser □ (*fis. nucl*.) **l. fusion**, fusione laser □ (*elab*.) **l. memory**, memoria laser □ (*med*.) **l. surgery**, chirurgia con il laser.
laserphoto ['leizə,foutou], *n*. (*scient*., *tecn*.) laserfoto.
to lash [læʃ], **A** *v. t*. **1** frustare; scudisciare; sferzare (*anche fig*.); urtare contro: **to l. a horse**, frustare un cavallo; **to l. vices**, sferzare (*o* censurare aspramente) i vizi; **The waves lashed the white cliffs**, le onde sferzavano le bianche scogliere **2** eccitare; incitare; far montare (su tutte le furie): **The rebuke lashed him into fury**, il rimprovero lo fece montare su tutte le furie **3** legare, assicurare (*con una fune*): **to l. st. down**, assicurare q.c. con una fune. **B** *v. i*. **1** agitarsi violentemente; sferzare l'aria: **The cat's tail was lashing about**, la coda del gatto sferzava l'aria **2** dare sferzate; menar frustate: **He kept lashing at everybody who came near**, continuava a menar frustate a quanti gli si avvicinavano. ● **to l. oneself into a fury**, montare su tutte le furie □ **to l. out**, menar colpi alla cieca; colpire, picchiare; (*fig*.) inveire, rimproverare aspramente; (*di cavallo*) sferrare calci; (*fam*.) elargire, profondere □ **to l. out at Stalinism**, criticare (*o* attaccare) aspramente lo stalinismo □ **to l. out into strong language**, usare parole grosse.
lash [læʃ], *n*. **1** frusta; sferza; scudiscio **2** frustata; scudisciata; sferzata (*anche fig*.): **The fugitive slave got ten lashes**, lo schiavo fuggito si ebbe dieci frustate **3** (*stor*.) fustigazione: **The rebels were sentenced to the l.**, i ribelli furono condannati alla fustigazione **4** (*fig*.) flagello; furia; sferza: **the l. of the waves against the rocks**, la furia delle onde contro gli scogli; **the l. of the rain**, la sferza della pioggia **5** (*dell'occhio, anche* **eyelash**) ciglio **6** (*fig*.) duro colpo; (*specialm*.) detto mordace, sarcasmo.
lasher ['læʃə*], *n*. **1** frustatore; flagellatore **2** (*costr*.) diga di sbarramento (*d'un fiume*); chiusa **3** rapida; pozza d'acqua (*sotto la diga*).
lashing ['læʃiŋ], *n*. **1** frustatura; fustigazione; busse; botte **2** (*fig*.) rimprovero; sgridata **3** legatura **4** corda; fune **5** (*naut*.) rizza **6** (*pl*., *fam*.) abbondanza; gran quantità; profusione; mucchio, palate (*fam*.): **lashings of sweets**, dolci a profusione; **lashings of money**, quattrini a palate. ● (*fig*.) **a tongue l.**, una sgridata; una sfuriata.
laspring ['læspriŋ], *n*. (*dial*.) salmone giovane.
lass [læs], **lassie** ['læsi], *n*. (*scozz*. *o poet*.) **1** ragazza; giovane donna **2** (*fam*.) innamorata; fidanzata.
lassitude ['læsitju:d], *n*. stanchezza; languore; apatia.
lasso ['læsou], *n*. (*pl*. **lassos**, **lassoes**) laccio (*per prendere*

lasso

cavalli e bovini); lasso; lazo.
to lasso ['læsou], *v. t.* prendere con il laccio (*o* lasso, lazo).
last (1) [la:st], **A** *a.* **1** ultimo, estremo; conclusivo; definitivo; finale: **the l. page in a book**, l'ultima pagina d'un libro; **the l. news we received**, le ultime notizie che ricevemmo; **the l. thing (o word) in raincoats**, l'ultima novità (*o* l'ultimo grido) in fatto d'impermeabili; **one's l. cent**, l'ultimo centesimo; **one's l. hope**, l'ultima speranza; **That's the l. thing I would do**, è l'ultima cosa che farei; **as I said in my last (letter)**, come dissi nella mia ultima (lettera) **2** scorso; trascorso; passato: **l. week**, la scorsa settimana; **l. Christmas**, lo scorso Natale; **l. year**, l'anno scorso; l'anno passato **3** estremo; massimo: **a matter of the l. importance**, una cosa della massima importanza **4** singolo: **every l. man**, ogni singolo individuo. **B** *n.* – **the l.**, l'ultimo: **the l. of the Tudor House**, l'ultimo (sovrano) della dinastia Tudor; **This is the l. of the cakes**, questa è l'ultima delle torte. ● (*leg.*) **l. born (child)**, ultimogenito □ **l. but not least**, ultimo ma non da meno (*degli altri; per es., in un elenco di nomi*): **L. but not least, Mr Zurlo**, da ultimo, ma non da meno, il Sig. Zurlo □ (*fig.*) **the L. Day**, il giorno del giudizio universale □ **l.-ditch**, (*di combattimento*) accanito; (*di sforzo*) disperato □ (*rag.*) **l. in, first out**, lifo; LIFO □ **l. night**, ieri sera; la notte scorsa □ (*fig.*) **the l. straw**, l'ultima goccia; la goccia che fa traboccare il vaso; il colmo □ (*leg.*) **l. will**, ultime volontà; testamento □ **the l. word**, l'ultima parola; l'ultima novità, l'ultimo grido (*in fatto di moda, ecc.*) □ **at (long) l.**, alla fine; infine; finalmente: **He succeeded at l.**, finalmente ci riuscì □ **to breathe one's l.**, esalare l'ultimo respiro □ **to hear the l. of st.**, sentir parlare di q.c. per l'ultima volta (*per es., nella frase*): **Shall I ever hear the l. of that old story?**, si smetterà di ricordarmi (*o* rimproverarmi, rinfacciarmi) quella vecchia storia? □ **to hold on to the l.**, tener duro sino alla fine (*o* fino all'ultimo, fino alla morte) □ **to look one's l.**, lanciare l'ultimo sguardo □ **to see the l. of sb.**, vedere q. per l'ultima volta; liberarsi di q. □ **to speak one's l.**, pronunciare l'ultima parola □ (*fam.*) **Mrs Stone's l.**, l'ultimo figlio (*o* l'ultimogenito) della signora Stone.
last (2) [la:st], *avv.* **1** per ultimo; ultimo: **Which speedboat came in l.?**, quale motoscafo è arrivato per ultimo? **2** l'ultima volta; ultimamente: **When did you see him l.?**, quando l'hai visto l'ultima volta? **3** da ultimo; in ultimo; alla fine. ● **l.-made**, fatto per ultimo □ **l.-mentioned**, nominato (*o* menzionato) da ultimo.
to last [la:st], *v. i.* durare; andare per le lunghe; perdurare; protrarsi; conservarsi; mantenersi: **These shoes will l. me for years**, queste scarpe mi dureranno degli anni; **How long will the lecture l.?**, quanto durerà la conferenza? ● **to l. out**, durare; sostenere; superare: **We have enough firewood to l. out a long winter**, abbiamo legna a sufficienza per superare un lungo inverno □ **We have enough ammunitions to l. us for a month's siege**, abbiamo munizioni a sufficienza per un mese d'assedio.
last (3) [la:st], *n.* (*raro*) (capacità di resistenza).
last (4) [la:st], *n.* forma da scarpe. ● (*fig.*) **to stick to one's l.**, badare al proprio lavoro; impicciarsi dei fatti propri.
last (5) [la:st], *n.* (*comm.*) lasta (*misura di capacità o di peso, variabile di luogo in luogo; in genere 2000 chilogrammi circa*).
lasting ['la:stiŋ], **A** *a.* durevole; duraturo; permanente: **a l. peace**, una pace duratura. **B** *n.* (*ind.*) tessuto di cotone resistente.
lastingness ['la:stiŋnis], *n.* durevolezza (*raro*); l'essere duraturo.
lastly ['la:stli], *avv.* da ultimo; in ultimo; alla fine; infine.
latch [lætʃ], *n.* **1** saliscendi; chiavistello: **The door is on the l.**, la porta è chiusa col chiavistello **2** serratura a scatto. ● (*mecc.*) **l. bolt**, chiavistello a scatto □ (*d'uscio*) **off the l.**, socchiuso.
to latch [lætʃ], **A** *v. t.* chiudere (*una porta*) col saliscendi (*o* col chiavistello). **B** *v. i.* (*di porta*) chiudersi col saliscendi (*o* col chiavistello). ● (*fam.*) **to l. on**, afferrare, capire □ (*fam.*) **to l. on to**, capire, intendere (q.c.); tenere stretto, aggrapparsi a (q. *o* q.c.).
latchkey ['lætʃki:], *n.* chiave di serratura a scatto; chiave di casa. ● **l. child**, bambino i cui genitori sono fuori, al lavoro, dalla mattina alla sera; bambino abbandonato a se stesso.
latchstring ['lætʃstriŋ], *n.* corda del saliscendi.
late (1) [leit], *a.* **1** (*pred.*) in ritardo; tardi: **It is too l. to go**, è troppo tardi per andare; **I was l. for school**, arrivai a scuola in ritardo; **The wheat harvest is l. this year**, il raccolto del grano è in ritardo quest'anno **2** (*attr.*) tardo; tardivo; avanzato; inoltrato; a ora tarda: **in l. spring**, nella tarda primavera; **in the l. Middle Ages**, nel tardo Medioevo; **l. hours**, ore tarde **3** (*attr.*) recente; ultimo: **the l. floods**, le recenti inondazioni; **of l. years**, negli ultimi anni; di recente **4** (*attr.*) defunto; compianto; povero (*fam.*): **the l. king**, il defunto re; **my l. wife**, la mia povera moglie **5** (*attr.*) già; ex-; passato; precedente: **the l. president**, l'ex-presidente; **my l. residence**, la mia precedente dimora. ● **a l.-comer**, un ritardatario □ **to keep l. hours**, stare alzato fino a tarda notte; fare le ore piccole □ **of l.**, recentemente; ultimamente □ **Sorry I am l.**, scusate il ritardo.
late (2) [leit], *avv.* **1** tardi; in ritardo; (fino) a tarda ora; fino a tardi: **I arrived l.**, arrivai tardi (*o* in ritardo); **Better l. than never**, meglio tardi che mai; **early (o soon) or l.**, presto o tardi; prima o poi; una volta o l'altra; **We sat (up) l.**, stemmo alzati fino a tarda ora; **I'm working l. tonight**, lavoro fino a tardi stasera **2** di recente; recentemente; ultimamente. ● **l.-blooming**, (*bot.*) che fiorisce tardi; (*fig.*) che si sviluppa tardi, tardivo □ (*fam.*) **l. in the day**, a un'ora avanzata del giorno; (*fig.*) tardi, troppo tardi: **His help arrived l. in the day**, il suo aiuto arrivò (troppo) tardi □ **l. in the season**, a stagione inoltrata □ **l. in September**, verso la fine di settembre □ **l. in summer**, nella tarda estate □ **as l. as**, fino a; non più tardi di: **The custom remained as l. as the Tudor times**, l'usanza durò fino al tempo dei Tudor; **I met her as l. as yesterday**, l'ho incontrata non più tardi di ieri.
lateen [lə'ti:n], *a.* (*naut.*) latino: **l. sail**, vela latina. ● (*di nave*) **l.-rigged**, a vela latina.
lately ['leitli], *avv.* di recente; ultimamente; negli ultimi tempi: **I haven't seen him l.**, non l'ho visto ultimamente.
latency ['leitənsi], *n.* (*anche elab., med., psic.*) latenza: **l. period**, periodo di latenza.
lateness ['leitnis], *n.* l'essere in ritardo; ritardo. ● **the l. of the hour**, l'ora tarda (*o* avanzata) □ **the l. of their arrival**, il fatto che arrivarono così tardi.
latent ['leitənt], *a.* (*anche med., psic.*) latente; nascosto; potenziale: (*fis.*) **l. heat**, calore latente; (*med.*) **l. germs**, germi latenti; **l. qualities**, qualità nascoste (*o* potenziali). ● (*leg.*) **l. faults**, vizi occulti □ (*med., psic.*) **l. period**, periodo di latenza.
later ['leitə*], **A** *a.* (*compar. di* **late**) posteriore; più tardo; più avanzato; più recente; successivo: **at a l. date**, in data posteriore; **l. events**, avvenimenti successivi. **B** *avv.* più tardi; poi; dopo: **I'll see you l.**, ci vediamo dopo (*o* più tardi); **ten years l.**, dieci anni dopo. ● **l. on**, più avanti; in seguito □ **not l. than**, non più tardi di; entro (*una certa ora o data*) □ **sooner or l.**, prima o poi; presto o tardi; una volta o l'altra.
lateral ['lætərəl], **A** *a.* laterale: (*bot.*) **l. buds**, germogli (*o* gemme) laterali; **the l. branch of a family**, il ramo laterale d'una famiglia. **B** *n.* **1** oggetto (*o* parte) laterale (*ramo, germoglio, ecc.*) **2** (*sport: nel gioco del calcio*) passaggio laterale **3** (*fon.*) consonante laterale **4** (*ind. min.*) traversa; (*anche*) discenderia laterale.
Lateran ['lætərən], **A** *n.* **1** – **the L.**, il Laterano **2** S. Giovanni in Laterano (*la chiesa*). **B** *a.* lateranense: **the L. Council**, il Concilio lateranense.
laterite ['lætərait], *n.* (*geol.*) laterite.
lateritic [,lætə'ritik], *a.* (*geol.*) lateritico.
latest ['leitist], **A** *a.* (*superl. di* **late**) ultimo; (il) più recente; recentissimo: **the l. news**, le ultime notizie; **the l. edition**, l'ultima edizione; l'edizione più recente. **B** *n.* **1** ultime notizie; ultimissime (*su un giornale*) **2** ultimo grido (*fig.*); ultima moda **3** ultima (barzelletta): **Have you heard the l.?**, la sai l'ultima? **C** *avv.* – **at (the) l.**, al più tardi: **I'll be back on Sunday at the l.**, sarò di ritorno domenica al più tardi. ● **Have you heard the l. about John?**, hai sentito l'ultima su Giovanni?
latex ['leiteks], *n.* (*pl.* **latexes, latices**) (*bot.*) latice, lattice. ● **l. cement**, adesivo a base di latice □ **l. rubber**, latice di gomma.
lath [la:θ], *n.* (*pl.* **laths, lath**) (*edil.*) **1** assicella; arella; listello **2** (*collett.*) canniccio **3** lamiera; rete metallica **4** (*di tapparella*) stecca. ● (*di persona*) **as thin as a l.**, secco come un chiodo; magro come una stecca.
to lath [la:θ], *v. t.* (*edil.*) coprire di assicelle; incannicciare.
lathe (1) [leið], *n.* (*mecc., falegnameria; anche* **turning l.**) tornio: **chuck l.**, tornio di testa; **engine l.**, tornio parallelo per filettare; **metal-turning l.**, tornio per metalli; **potter's l.**, tornio del vasaio; **turret l.**, tornio a revolver. ● **l. bed**, bancale del tornio □ **l.-bore**, alesare al tornio □ **l. carrier** (*o* **l. bearer, l. dog**), brida □ **l. centre**, punta da tornio.
to lathe [leið], *v. t.* (*mecc., falegnameria, ecc.*) tornire.
lathe (2) [leið], *n.* (*geogr.*) «lathe» (*distretto della contea di Kent*).
lather ['la:ðə*], *n.* **1** schiuma di sapone; saponata: **I make a l. on my face before I shave**, mi faccio la saponata sul viso prima di radermi **2** (*di cavallo*) schiuma **3** (*fig., fam.*) agitazione, eccitazione. ● **to work oneself into a l.**, essere coperto di sudore per il troppo lavoro; (*più spesso*) agitarsi.
to lather ['la:ðə*], **A** *v. t.* **1** insaponare (*specialm. la faccia*): **to l. one's face**, insaponarsi la faccia **2** coprire di schiuma: **The mules were profusely lathered**, i muli erano tutti coperti di schiuma **3** (*fam.*) battere; bastonare; picchiare. **B** *v. i.* **1** fare (la) schiuma; schiumare: **This soap does not l. well**, questo sapone fa poca schiuma **2** (*di un cavallo e sim.*) schiumare.
lathering ['la:ðəriŋ], *n.* **1** saponata **2** (*fam.*) bastonatura; percosse; botte (*fam.*).
lathery ['la:ðəri], *a.* **1** (*di sapone*) schiumoso; che fa schiuma

2 (*di cavallo*) coperto di schiuma.
lathing ['laːθiŋ], *n.* (*edil.*) **1** canniccio; incannicciata **2** incannicciatura.
lathwork ['laːθwəːk], *n.* (*edil.*) canniccio; incannicciata.
lathy ['laːθi], *a.* secco come un chiodo; magro come uno stecco.
latifundism [ˌlætəˈfʌndizm], *n.* (*econ.*) latifondismo.
latifundist [ˌlætəˈfʌndist], *n.* (*econ.*) latifondista.
latifundium [ˌleitiˈfʌndjəm] (*lat.*), *n.* (*pl.* **latifundia**) (*stor., econ.*) latifondo.
Latin ['lætin], **A** *a.* latino; (*per estens.*) neolatino, romanzo: **L. peoples**, popoli latini (*o* neolatini); **L. languages**, lingue neolatine (*o* romanze). **B** *n.* latino; lingua latina: **old L.**, latino arcaico; **classical L.**, latino classico; **late L.**, latino tardo; **low L.**, basso latino. ● **the Latins**, i latini □ **L. America**, America latina □ **L. American**, dell'America latina □ **the L. Church**, la Chiesa Romana (cattolica) □ **L. lover**, latin lover; amante latino □ **L. Quarter**, Quartiere Latino (*a Parigi*) □ **thieves' L.**, gergo della malavita.
Latinism ['lætinizəm], *n.* latinismo.
Latinist ['lætinist], *n.* latinista.
Latinity [ləˈtiniti], *n.* latinità; stile latino.
latinization [ˌlætinaiˈzeiʃən], *n.* latinizzazione.
to latinize ['lætinaiz], **A** *v. t.* latinizzare. **B** *v. i.* **1** latinizzarsi **2** latineggiare.
latinizer [ˈlætinaizə*], *n.* latinizzatore, latinizzatrice.
Latino [ˈlætinou], *n.* (*pl.* **Latinos**) (*fam. USA*) americano dell'America latina.
latish ['leitiʃ], **A** *a.* piuttosto tardi; un po' in ritardo. **B** *avv.* sul tardi; piuttosto tardi; un po' tardi.
latitude ['lætitjuːd], *n.* **1** (*geogr., astron.*) latitudine: **forty degrees of l. north of the equator**, quaranta gradi di latitudine nord (boreale); **high (low) latitudes**, latitudini alte (basse); **l. of a star**, latitudine di un astro **2** (*geogr.; di solito al pl.*) latitudine; regione: **cold latitudes**, regioni fredde **3** (*fig.*) larghezza di vedute; tolleranza; libertà di pensiero (*o* d'azione): **to allow people great l. in religion**, concedere alla gente una grande libertà in fatto di religione **4** (*arc.*) latitudine (*lett.*); estensione; larghezza: **a hat with a great l. of brim**, un cappello che ha una notevole larghezza di tesa.
latitudinal [ˌlætiˈtjuːdinl], *a.* (*geogr.*) latitudinale; della latitudine.
latitudinarian [ˌlætiˌtjuːdiˈnɛəriən], *a.* e *n.* **1** (*relig.*) latitudinario **2** (*per estens.*) (*persona*) liberale, tollerante.
latitudinarianism [ˌlætiˌtjuːdiˈnɛəriənizm], *n.* **1** (*relig.*) latitudinarismo **2** (*per estens.*) liberalità; tolleranza.
Latium ['leiʃjəm], *n.* (*geogr.*) Lazio.
latrine [ləˈtriːn], *n.* latrina (*specialm. di caserma, di campo militare, ecc.*).
latten ['lætn], *n.* (*metall.*) lamierino d'ottone. ● **white l.**, lamierino di ferro.
latter [ˈlætə*], **A** *a.* **1** più avanzato; posteriore; più recente **2** secondo; ultimo: **in the l. half of the century**, nella seconda metà del secolo; **in these l. days**, negli ultimi tempi **B** *pron.* – **the l.**, il secondo; l'ultimo nominato (*di due*); quest'ultimo: **Of these two boys the former is healthy but the l. is sickly**, di questi due ragazzi il primo è sano ma il secondo è malaticcio. ● (*arc.*) **l.-day**, recente; moderno □ (*relig.*) **L.-Day Saints**, i mormoni □ (*fig.*) **l. grass**, conseguenze; strascichi □ (*lett.*) **our l. end**, la morte.
latterly ['lætəli], *avv.* recentemente; ultimamente; oggigiorno.
lattermost ['lætəmoust], *a.* ultimo; estremo.
lattice ['lætis], *n.* **1** (*costr.*) graticcio; traliccio: **a l. frame** (**girder, pylon**), una struttura (una travatura, un pilone) a traliccio metallico; **a l. tower**, un pilone a traliccio (*di linea elettrica*) **2** (*anche* **latticework**) ingraticciatura; intelaiatura a traliccio; reticolato **3** (*miner., ottica*) reticolo **5 l. cell**, cella del reticolo **4** (*fis. nucl.*) reticolo **5** V. **l. window**. ● (*fis.*) **l. energy**, energia reticolare □ (*elettron.*) **l. filter**, filtro a traliccio ● **a l. window**, una finestra con traliccio; una finestra con vetriate all'antica (*formate da piccoli vetri uniti da piombi*).
to lattice ['lætis], *v. t.* **1** ingraticciare; intrecciare **2** munire di graticcio (*o* di traliccio).
latticed ['lætist], *a.* **1** a graticcio; a traliccio **2** munito di graticcio (*o* di traliccio).
latticing ['lætisiŋ], *n.* **1** l'ingraticciare; ingraticciatura **2** graticcio; traliccio; graticolato.
Latvia ['lætviə], *n.* (*geogr.*) Lettonia.
Latvian ['lætviən], *a.* e *n.* lettone (*anche la lingua*).
laud [lɔːd], *n.* (*lett.*) **1** laude, lauda (*lett.*); lode **2** (*pl., relig.*) laudi.
to laud [lɔːd], *v. t.* (*lett.*) laudare (*arc. o scherz.*); lodare (*specialm. Iddio*).
laudability [ˌlɔːdəˈbiliti], *n.* lodabilità (*raro*); l'essere lodabile.
laudable ['lɔːdəbl], *a.* lodabile (*arc. o poet.*); lodevole.

laudanum ['lɔdnəm], *n.* (*farm.*) laudano.
laudation [lɔːˈdeiʃən], *n.* lode; elogio.
laudative ['lɔːdətiv], *a.* laudativo.
laudator [lɔːˈdeitə*], *n.* lodatore, elogiatore.
laudatory ['lɔːdətəri], *a.* laudatorio.
to laugh [laːf], **A** *v. i.* ridere (*anche fig.*); (*di paesaggio, ecc.*) essere ridente: **There's nothing to l. at**, non c'è niente da ridere. **B** *v. t.* esprimere (*o* dire, pronunciare) ridendo: **to l. one's approval**, manifestare col riso la propria approvazione. ● **to l. at**, ridere di; ridere per; beffarsi di, deridere; ridersela di, infischiarsene di: **to l. at a funny story**, ridere di una storiella buffa; **to l. at sb. in trouble**, deridere q. che si trova in difficoltà; **to l. at danger**, ridersi del pericolo; non temere il pericolo □ **to l. away sb.'s apprehensions**, far scomparire le apprensioni di q., ridendone □ **to l. away time**, passare il tempo ridendo □ **to l. sb. down**, far tacere (*o* zittire) q. con le risate □ **to l. in sb.'s face**, ridere in faccia a q. □ (*fig.*) **to l. in** (*o* **up**) **one's sleeve**, ridere sotto i baffi; ridere fra sé e sé □ **to l. off one's self-consciousness**, superare la (propria) timidezza con una risata □ **to l. oneself helpless** (*o* **sick**), non poterne più dal ridere □ **to l. on the wrong** (*o* **on the other**) **side of one's mouth** (*o* **face**), passare dal riso al pianto □ **to l. over a letter**, ridere leggendo una lettera □ (*lett.*) **to l. sb. out of court**, impedire a forza di risate che q. possa farsi ascoltare □ **to l. sb. out of superstitions**, liberare q. dalle superstizioni ridendone □ **to l. to oneself**, fare una risatina fra sé (o sé) □ **to l. sb. to scorn**, deridere q.; additare q. all'altrui derisione □ (*prov.*) **He laughs best who laughs last**, ride bene chi ride ultimo.
laugh [laːf], *n.* **1** risata; riso; modo di ridere: **Let's have a good l.**, facciamoci una bella risata! **2** divertimento; spasso. ● (*fam.*) **l.-in**, situazione comica □ **l. line**, ruga all'angolo esterno dell'occhio; battuta umoristica, motto di spirito □ **to break** (*o* **to burst**) **into a l.**, scoppiare in una risata □ **to have** (*o* **to get**) **the l. on sb.**, ridere alle spalle di q. □ **to have the last l.**, ridere per ultimo (*fig.*) □ **to join in the l.**, ridere con gli altri; accettare un motteggio con spirito, con buona grazia □ **to raise a l.**, suscitare il riso; destare ilarità □ **Now I had the l. on my side**, ora toccava a me ridere; potevo ben ridere io, ora.
laughable ['laːfəbl], *a.* risibile; ridicolo; comico: **l. results**, risultati risibili; **a l. affair**, una cosa ridicola.
laugher ['laːfə*], *n.* chi ride; persona ridanciana.
laughing ['laːfiŋ], **A** *a.* **1** ridente; allegro; gioioso: **a l. face**, un viso ridente **2** da ridere; che fa ridere; risibile: **That's no l. matter!**, c'è poco da ridere! **B** *n.* riso; risata: **Too much l. here!**, troppe risate!; si ride troppo qui! ● (*med.*) **l. gas**, gas esilarante □ (*zool.*) **l. jackass**, V. **kookaburra** □ **l. stock**, oggetto di derisione; zimbello □ **to make a l. stock of oneself**, rendersi ridicolo; far ridere i polli (*fam.*).
laughter ['laːftə*], *n.* (*solo al sing.*) riso; risata: **a Homeric l.**, una risata omerica. ● **to burst into l.**, scoppiare in una risata; scoppiare a ridere □ **to burst with l.**, scoppiare dal ridere; ridere a crepapelle □ **to roar with l.**, ridere rumorosamente (*o* sguaiatamente*) □ **to split one's sides with l.**, sbellicarsi dalle risa.
launce [laːns], *n.* (*zool., Ammodytes*) ammodite.
to launch [lɔːntʃ], **A** *v. t.* **1** lanciare (*anche fig.*); scagliare; (*fig.*) avviare: **The catapult launched the plane into the air**, la catapulta lanciò in aria l'aeroplano; **to l. a rocket**, lanciare un razzo; **to l. a threat**, lanciare una minaccia; **to l. an author** (**a new product, etc.**), lanciare un autore (un nuovo prodotto ecc.); **to l. an arrow**, scagliare una freccia; (*miss., fig.*) **to l. an artificial satellite**, lanciare un satellite artificiale **2** (*naut.* e *fig.*) varare: **to l. a ship**, varare una nave; **to l. a new business concern**, varare una nuova impresa commerciale **3** sferrare; vibrare: **to l. an attack**, sferrare un attacco; **to l. a blow**, vibrare un colpo. **B** *v.i.* – **to l. out**, (*anche fig.*) lanciarsi; gettarsi; imbarcarsi; intraprendere: **to l. out on a voyage of discovery**, imbarcarsi per un viaggio d'esplorazione; (*comm.*) **He's launching out**, si sta lanciando **2** – **to l. into**, ingolfarsi (*fig.*); (*specialm.*) iniziare a scrivere (a parlare, ecc.): **to l. into a discussion**, ingolfarsi in una discussione. ● **to l.** (**forth**) **into expenses**, mettersi a far spese □ **to l. into strong language**, mettersi a usare parole grosse.
launch (1) [lɔːntʃ], *n.* **1** (*naut.*) varo: **the l. of a new liner**, il varo di un nuovo transatlantico **2** (*miss.*) lancio: **l. window**, periodo favorevole a un lancio; «finestra» di lancio. ● (*miss.*) **l. pad**, V. **launching pad** □ (*miss.*) **l. vehicle**, veicolo di lancio.
launch (2) [lɔːntʃ], *n.* (*naut.*) lancia; motolancia; scialuppa.
launcher ['lɔːntʃə*], *n.* **1** chi lancia; lanciatore **2** (*mil., anche* **grenade l.**) lanciabombe (*da applicare al fucile*) **3** (*mil., anche* **missile l.**) lanciamissili **4** (*mil., anche* **rocket l.**) lanciarazzi.
launching [ˈlɔːntʃiŋ], *n.* **1** (*naut.*) varo; (*fig.*) lancio, avvio: (*naut.*) **l. tube**, tubo di lancio **2** (*miss.*) lancio: **l. ramp**, rampa di lancio; **l. site**, poligono di lancio. ● **l. pad**, (*miss.*) rampa (*o* piattaforma) di lancio; (*fig.*) trampolino di lancio (*fig.*).
launder ['lɔːndə*], *n.* trogolo (*specialm. per lavare minerali*).

launder 522

to **launder** ['lɔ:ndə*], **A** v. t. **1** lavare (*panni, ecc.*); lavare e stirare **2** (*fig.*) rendere (*denaro sporco*) pulito; riciclare. **B** v. i. lavarsi; sopportare il bucato: **This underwear doesn't l. neatly**, questa biancheria intima non si lava bene. ● **freshly laundered**, di bucato.
launderer ['lɔ:ndərə*], n. (titolare di) lavanderia.
launderette [,lɔ:ndə'ret], n. (*marchio*) lavanderia a gettoni.
laundress ['lɔ:ndris], n. lavandaia.
laundromat ['lɔ:ndrəmæt], n. (*marchio, USA*) lavanderia a gettoni.
laundry ['lɔ:ndri], n. **1** lavanderia **2** biancheria da lavare; bucato **3** biancheria lavata (*in albergo, ecc.*). □ **l. bag**, sacchetto della biancheria da lavare □ **l. list**, lista della lavandaia (*o* della biancheria); (*fig. USA*) lista lunga e dettagliata □ **l. service**, servizio guardaroba (*in un albergo*).
laundryman ['lɔ:ndrimən], n. (*pl.* **laundrymen**) lavandaio; addetto a una lavanderia.
laundrywoman ['lɔ:ndri,wumən], (*pl.* **laundrywomen**) V. **laundress**.
laureate ['lɔ:riit], **A** a. coronato d'alloro. **B** n. (*anche* **poet l.**) poeta laureato; poeta cesareo (*in G.B., è il poeta ufficiale della nazione*).
laureateship ['lɔ:riitʃip], n. ufficio di poeta laureato (V. **laureate**, n.).
laurel ['lɔrəl], n. (*bot., Laurus nobilis*) lauro, alloro; (*pl., fig.*) gloria, fama, vittoria: **to win** (*o* **to gain**) **laurels**, riportare l'alloro; conseguire la fama. □ **to look to one's laurels**, tutelare la propria buona rinomanza (*perché minacciata dai rivali*) □ **to reap laurels**, mietere allori □ **to rest on one's laurels**, riposare (*o dormire*) sugli allori.
to **laurel** ['lɔrəl], v. t. coronare d'alloro.
laurelled ['lɔrəld], a. coronato d'alloro; onorato; venerato.
Laurence ['lɔrəns], n. Lorenzo.
Laurentian [lɔ:'renʃən], a. (*geol.*) laurenziano.
laurustine ['lɔrəstain], **laurustinus** [,lɔrəs'tainəs], n. (*bot., Viburnum tinus*) lentaggine; laurotino.
lav [læv], (*fam.*) V. **lavatory**.
lava ['la:və], **A** n. (*geol.*) lava. **B** a. attr. lavico: **a l. bed**, uno strato lavico; **l. flow**, colata lavica.
lavabo [lə'veibou], n. (*pl.* **lavabos, lavaboes**) **1** lavabo (*specialm. di sacrestia o monastero*) **2** lavacro rituale (*del celebrante*).
lavage ['lævidʒ], n. (*med.*) lavanda (*specialm. gastrica*).
lavation [lə'veiʃən], n. (*raro*) lavatura; lavacro.
lavatory ['lævətəri], n. **1** lavabo (*lo stanzino*) **2** gabinetto (*di toilette*); ritirata; cesso (*pop.*) **3** (*arc.*) bacinella; recipiente (*per lavarsi*).
to **lave** [leiv], **A** v. t. (*poet.*) lavare; bagnare. **B** v. i. (d'acque) fluire; scorrere.
lavement ['leivmənt], n. (*med.*) clistere; enteroclisma.
lavender ['lævində*], **A** n. **1** (*bot., Lavandula officinalis*) lavanda **2** (fiori di) lavanda **3** (colore) lavanda **4** V. **l. water**. **B** a. color lavanda. ● **l. oil**, essenza di lavanda □ **l. water**, acqua di lavanda □ **to lay up in l.**, riporre fra spighe di lavanda; (*fig.*) mettere da parte per il futuro, conservare gelosamente.
to **lavender** ['lævində*], v. t. **1** riporre (*biancheria*) fra spighe di lavanda **2** profumare con la lavanda.
laver (1) ['leivə*], n. (*bot.*) Porphyra (*alga rossa commestibile*). ● (*cucina*) **l. bread**, Porphyra fritta che si mangia a colazione.
laver (2) ['leivə*], n. **1** (*arc.*) lavabo; fonte (*specialm. negli antichi templi ebraici*) **2** (*fig.*) lavacro (*spirituale o battesimale*).
laverock ['lævrək], n. (*arc. o scozz.*) allodola.
lavish ['læviʃ], a. **1** prodigo; liberale; largo (*nel dare*); munifico: **to be l. in distributing gifts**, essere largo nel distribuire doni; **to be l. of one's advice**, essere prodigo di consigli **2** abbondante; copioso; eccessivo; stravagante: **l. praise**, copiosi elogi; **l. expenses**, spese stravaganti **3** fastoso; sontuoso.
to **lavish** ['læviʃ], v. t. prodigare; profondere: **They l. love on their relatives**, profondono affetto ai loro parenti. ● **to l. favours on sb.**, colmare q. di favori.
lavishment ['læviʃmənt], n. il prodigare; il profondere.
lavishness ['læviʃnis], n. **1** prodigalità; liberalità; munificenza **2** grande abbondanza; profusione.
law (1) [lɔ:], n. **1** (*leg.*) legge; diritto; giurisprudenza; giustizia; (*fig.*) regola: **All are equal before the law**, la legge è uguale per tutti; **to break the law**, violare la legge; **a law student**, uno studente di legge; **to study** (*o* **to read**) **law**, studiare legge (*o* giurisprudenza); **learned in the law**, dotto in giurisprudenza; **to maintain law and order**, far osservare la legge e mantenere l'ordine; **the laws of perspective**, le leggi della prospettiva; **Newton's laws**, le leggi di Newton; **the laws of painting**, le regole della pittura; **civil law**, diritto civile; **criminal law**, diritto penale; **commercial law**, diritto commerciale; **to resort to law**, fare ricorso alla giustizia **2** (*sport*) abbuono; compensazione; vantaggio **3** − (*relig.*) **the Law**, la legge mosaica. ● **law-abiding**, ubbidiente alle leggi; rispettoso della legge □ **law-abidingness**, ubbidienza alle leggi; rispetto della legge □ (*polit.: di provvedimento, partito, ecc.*) **law-and-order**, a favore dell'ordine; per il mantenimento dell'ordine pubblico □ **law book**, trattato di giurisprudenza □ **law-breaker**, chi infrange la legge; delinquente □ **law calf**, pelle di vitello (*usata per rilegare trattati di giurisprudenza*) □ **law costs**, spese giudiziarie □ **law court**, corte di giustizia; tribunale □ **law hand**, scrittura usata nei documenti legali □ **law Latin**, latino giuridico □ (*polit.*) **law-lords**, «lords» nominati a vita (*il titolo non è ereditario*) □ **law merchant**, diritto commerciale □ **law-monger**, azzeccagarbugli □ **the law of nations**, il diritto delle genti; il diritto internazionale □ **law of nature**, diritto naturale □ **the law of retaliation**, la legge del taglione □ (*econ.*) **the law of supply and demand**, la legge della domanda e dell'offerta □ **law office**, ufficio legale □ **law officer**, magistrato (*specialm., l'***Attorney General** *e il* **Solicitor General**); (*anche*) funzionario di polizia □ **the law of self-preservation**, l'istinto di conservazione □ **to be a law unto oneself**, non conoscer legge; fare a modo proprio □ **law term**, termine (*o* espressione) legale; (*anche*) durata d'un periodo di sessione, d'udienza □ **law writer**, giurista; scrittore di argomenti giuridici □ **to be at law**, essere in causa (legale) □ (*USA*) **attorney at law**, avvocato □ **to be bred to the law**, essere avviato alla professione legale □ **by law**, per legge; a norma di legge □ **bye-law** (*o* **bylaw**), regolamento locale; (*anche*) «leggina», regola interna (*di un'azienda, ecc.*) □ **to follow** (*o* **to go in for**) **the law**, studiare da avvocato □ **to give the law to sb.**, dettar legge a q.; imporre la propria volontà a q. □ (*fam.*) **to go to law against sb.**, ricorrere alla giustizia contro q.; intentare causa a q. □ **to keep within the law**, rimanere nella legge □ **to lay down the law**, stabilire la legge; (*fig.*) dettar legge □ **to practise the law**, fare pratica come avvocato □ **to take the law into one's hands**, farsi giustizia da sé □ (*prov.*) **Necessity knows no law**, necessità fa legge.
law (2) [lɔ:], *inter.* (*di sorpresa, stupore; pop.*) perbacco!; toh!
lawbreaker ['lɔ:,breikə*], n. violatore della legge.
lawbreaking ['lɔ:,breikiŋ], n. violazione della legge.
lawful ['lɔ:ful], a. **1** (*leg.*) legale; legittimo; lecito; permesso: **the l. sovereign**, il sovrano legittimo; **l. acts**, azioni lecite **2** rispettoso delle leggi; ligio alla legge: **a l. citizen**, un cittadino che rispetta la legge. ● **l. debts**, crediti (*o* diritti) riconosciuti dalla legge □ **to reach l. age**, raggiungere la maggior età; diventare maggiorenne.
lawfulness ['lɔ:fulnis], n. (*leg.*) legalità; legittimità; liceità.
lawgiver ['lɔ:,givə*], n. legislatore.
lawgiving ['lɔ:,giviŋ], **A** a. legiferante; legislativo. **B** n. il legiferare; legislazione.
lawk(s) [lɔ:k(s)], *inter.* (*di sorpresa, stupore; pop.*) perbacco!; toh!
lawless ['lɔ:lis], a. **1** senza legge; in preda all'anarchia: **a l. country**, un paese in preda all'anarchia **2** illegale; illecito; contrario alla legge: **l. acts**, azioni illegali **3** (*fig.*) disordinato; sfrenato; sregolato.
lawlessness ['lɔ:lisnis], n. **1** mancanza di leggi; anarchia **2** illegalità; illiceità **3** (*fig.*) disordine; sfrenatezza; sregolatezza.
lawmaker ['lɔ:,meikə*], n. legislatore.
lawn (1) [lɔ:n], n. prato; tappeto erboso. ● **l. mower**, (macchina) falciatrice per prati; tagliaerba; tosaerba □ **l. sprinkler**, annaffiatrice da giardino □ (*sport*) **l. tennis**, tennis su prato (*su campo erboso*); tennis (*in genere*; *cfr.* **court tennis**).
lawn (2) [lɔ:n], n. (*ind. tessile*) rensa; linone; batista, battista.
lawny (1) ['lɔ:ni], a. simile a un prato.
lawny (2) ['lɔ:ni], a. (*ind. tessile*) di (*o* simile a) rensa.
Lawrence ['lɔrəns], n. Lorenzo.
lawrencium [lɔ'rensiəm], n. (*chim.*) laurenzio.
laws [lɔ:z], V. **law (2)**.
lawsuit ['lɔ:sju:t], n. (*leg.*) **1** causa civile; lite **2** processo.
lawyer ['lɔ:jə*], n. (*leg.*) avvocato; legale; patrocinatore legale. ● (*fig.*) **a good l.**, uno che la sa lunga in fatto di legge.
lax [læks], a. **1** lasso (*poet.*); fiacco (*moralmente*); molle; rilassato; negligente; snervato; trascurato: **l. conduct**, condotta negligente; **l. morals**, morale rilassata **2** non teso; molle; lento; rilassato: **a lax rope**, una corda lenta **3** (*raro*) non compatto; allentato; poroso **4** (*med.: detto dell'intestino*) affetto da diarrea **5** (*fon.*) rilassato.
laxative ['læksətiv], a. e n. (*farm.*) lassativo.
laxity ['læksiti], **laxness** ['læksnis], n. lassismo; fiacchezza; mollezza; rilassamento; negligenza; trascuratezza; lentezza.
to **lay** [lei], (*pass.* e *p. p.* **laid**), **A** v. t. e i. **1** posare; porre; mettere; mettere a posto; collocare; distendere; stendere; spalmare: **He laid the keys on the desk**, posò le chiavi sullo scrittoio; **to lay bricks**, posare i mattoni l'uno sull'altro; **to lay the foundation of st.**, porre (*o* gettare) le fondamenta di q.c.; (*ferr.*) **to lay a railway track**, posare un binario; **to lay the cloth**, stendere (*o* mettere) la tovaglia; **to lay paint (plaster, etc.)**, stendere la

vernice (l'intonaco, ecc.); **Lay the pen on the table**, posa la penna sul tavolo!; **The scene is laid in France**, la scena è collocata (*o* l'azione è ambientata) in Francia **2** deporre, fare (*uova*); fare le uova: **Hens lay eggs**, le galline fanno le uova; **These hens are laying well now**, queste galline fanno molte uova ora **3** calmare; acquietare; smorzare; fugare; placare: **The rain has laid the dust**, la pioggia ha smorzato la polvere; **to lay sb.'s doubts**, fugare ogni dubbio dalla mente di q.; **to lay a ghost**, placare uno spettro (inquieto) **4** preparare; progettare; elaborare: **to lay a fire**, preparare (disporre la legna, il carbone per) il fuoco; **to lay one's plans carefully**, preparare (*o* fare) accuratamente i propri piani **5** mettere innanzi a; esporre; presentare; muovere (*accuse*): **The lawyer laid his case before the court**, l'avvocato presentò (*o* espose) il caso al tribunale **6** imporre; dare (*ordini, ecc.*): **The King laid heavy taxes on tea**, il re impose balzelli gravosi sul tè; **to lay strict injunctions on sb.**, dare severi ordini a q. **7** coprire; ricoprire; rivestire; foderare: **to lay a floor with wall-to-wall carpeting**, coprire un pavimento con la moquette; **to lay a wall with paper**, rivestire una parete di carta da parati **8** scommettere; fare (*una scommessa*); fare scommesse; puntare: **We laid a wager on who would come in first**, facemmo una scommessa su chi sarebbe arrivato primo; **I'll lay ten pounds that you will not succeed**, scommetto dieci sterline che non riuscirai; **to lay a hundred dollars on a dark horse**, puntare cento dollari su un cavallo poco noto (su un outsider) **9** appianare; spianare; lisciare: **I laid the nap of the cloth**, spianai il pelo della stoffa **10** attribuire; ascrivere; imputare: **The murder was laid to a certain Smith**, l'assassinio fu attribuito a un certo Smith **11** (*mil.*) puntare (*per es., i cannoni*); posare (*mine*); (*aeron.*) sganciare (*bombe*) **12** (*ind.*) commettere (*i fili d'una corda*) **13** (*volg.*) fare all'amore; scopare (*volg.*). **B** *verbi composti* **1** to **lay about**, menare gran colpi; battersi con furore; menar botte da orbi. **2 to lay aside**, mettere da parte, risparmiare, accantonare; mettere in disparte; abbandonare: **to lay aside a few pounds every week**, metter da parte qualche sterlina ogni settimana; **to lay aside inveterate prejudices**, abbandonare pregiudizi inveterati. **3** to **lay by**, mettere da parte; risparmiare. **4** to **lay down**, metter giù, deporre; mettere disteso, sdraiare; abbandonare, lasciare, rinunciare a; (*naut.*) impostare, mettere in cantiere: **to lay down (one's) arms**, deporre le armi; **to lay down one's powers (prerogatives, etc.)**, rinunciare ai propri poteri (alle proprie prerogative, ecc.); **to lay down new warships**, mettere in cantiere nuove navi da guerra □ **to lay oneself down**, coricarsi; distendersi □ **to lay down eggs in lime**, mettere le uova nella calce □ **to lay down one's life for sb.**, dare la vita per q. □ **to lay down a plan for the holidays**, fare un progetto per le vacanze □ **to lay down a railway**, iniziare la costruzione di una ferrovia □ **to lay down a rule (a principle)**, enunciare (*o* formulare) una regola (un principio) □ **to lay down wine**, fare provvista di vino; mettere vino in cantina. **5** to **lay in**, mettere in serbo; fare provvista di: **to lay in large supplies of tinned meat**, fare ampie provviste di carne in scatola. **6** (*fam.*) **to lay into sb.**, colpire (*o* picchiare) q. a più non posso; fare una sgridata a q. **7** to **lay off**, riposare, stare in riposo; (*naut.*) girare al largo; (*econ.*) licenziare, sospendere temporaneamente (*dal lavoro*); lasciare a casa (*operai; fam.*); cessare, sospendere, smettere (*il lavoro, ecc.*); (*fam.*) smetterla, piantarla: **I am so tired that I must lay off for a few days**, sono così stanco che dovrò riposare per qualche giorno; **Business was slack and many workers were laid off**, ci fu un ristagno dell'economia e parecchi operai furono licenziati; **The girl told him to lay off**, la ragazza gli disse di smetterla. **8** to **lay on**, installare; applicare: **to lay on electricity**, installare l'impianto elettrico □ **to lay on paint (plaster)**, applicare vernice (intonaco) □ **to lay it on**, dare colpi; menar botte □ (*fig.*) **to lay it on with a trowel** (*o* **to lay it on thick**), esagerare; fare elogi sperticati; adulare grossolanamente. **9** to **lay out**, preparare; disporre, mettere in ordine, sistemare; esporre, mettere in mostra; spendere; (*fam.*) gettare a terra, stendere; (*fam.*) spendere, sperperare: **to lay out a corpse**, preparare un morto per il funerale; comporre un morto; **to lay out one's tools**, preparare i propri arnesi; **to lay out a garden**, sistemare un giardino (*tracciandone il piano*) □ **to lay oneself out**, darsi un gran daffare; darsi premura; farsi in quattro: **She laid herself out to entertain her friends**, si fece in quattro per intrattenere le sue amiche. **10** (*USA*) **to lay over**, differire, rimandare, rinviare; (*naut.*) fare scalo; fare tappa. **11** (*naut.*) **to lay to**, essere alla cappa □ **to lay st. to sb.'s charge**, fare colpa a q. di st.; attribuire la responsabilità di q.c. a q. □ **to lay st. to heart**, prendere a cuore q.c. □ **to lay sb. to sleep (to rest)**, mettere q. a letto (a riposare); (*fig.*) seppellire q. **12 to lay sb.** (*st.*) **under**, mettere, porre q. (q.c.) sotto □ **to lay sb. under contribution**, costringere q. a dare il suo contributo □ **to lay sb. under the necessity of doing st.**, costringere q. a fare q.c. □ **to lay sb. under the obligation to do st.**, obbligare q. a fare q.c. **13** to **lay up**, riporre, fare provvista di; mettere da parte; accumulare; (*naut.*) disarmare, mettere in disarmo: **to lay up goods**, fare provvista di merci; **to lay up a ship**, mettere in disarmo una nave □ **to be laid up with a sprained ankle**, essere costretto a letto da una storta alla caviglia. ● (*naut.*) **to lay aboard**, abbordare □ (*fig.*) **to lay st. at sb.'s door**, dare la colpa di q.c. a q. □ **to lay bare**, denudare; mettere a nudo; (*fig.*) aprire: **to lay bare one's heart**, mettere a nudo il proprio cuore □ **to lay the blame for st. on sb.**, attribuire la colpa di q.c. a q. □ **to lay blows on sb.**, percuotere q.; picchiare q. □ **to lay sb.'s bones**, far riposare in pace le ossa di q.; seppellire q. □ **to lay sb. (fast) by the heels**, (*arc.*) mettere q. ai ceppi; (*fig.*) arrestare, incarcerare, prendere: **The police laid the thief by the heels**, la polizia arrestò il ladro □ **to lay claim to**, avanzare una pretesa su; pretendere a: **The prince laid claim to the English throne**, il principe pretendeva al trono d'Inghilterra □ (*leg.*) **to lay a claim to a right**, rivendicare un diritto □ **to lay a course**, (*naut.*) seguire una rotta; (*fig.*) seguire una linea di condotta □ (*leg., ass.*) **to lay damages at a certain sum**, fissare una certa somma come risarcimento dei danni □ (*di cavallo*) **to lay one's ears back**, abbassare le orecchie □ **to lay eyes on**, gettare l'occhio (*o* lo sguardo) su □ **to lay a finger on**, toccare (*con intenzioni ostili*): **Don't dare to lay a finger on him**, non azzardarti a toccarlo neanche con un dito! □ **to lay one's finger on st. wrong**, mettere il dito sulla piaga (*fig.*) □ **to lay sb. flat**, abbattere (*o* buttare a terra) q.; stendere q. (*fam.*) □ **to lay great (little) store upon**, dare grande (scarsa) importanza a □ **to lay hands on oneself**, uccidersi; suicidarsi □ **to lay hands on sb.**, mettere le mani addosso a q., percuotere q.; (*relig.*) imporre le mani sul capo di q. (*per consacrarlo, ordinarlo sacerdote*) □ **to lay hands on st.**, metter le mani su q.c.; impadronirsi di q.c. □ **to lay heads together**, discutere (*o* fare progetti) insieme; complottare □ **to lay hold of** (*o* **on**), acchiappare, agguantare, afferrare, prendere; (*fig.*) approfittare di, trarre vantaggio da □ **to lay one's hopes on sb.**, riporre le proprie speranze in q. □ **to lay the hounds on the scent**, mettere i cani sulle tracce (*della selvaggina*) □ (*agric.*) **to lay land fallow**, lasciare un terreno a maggese □ (*mil.*) **to lay the land waste**, devastare (*o* mettere a ferro e fuoco) il paese □ **to lay sb. low**, abbattere (*o* atterrare) q.; (*fig.: di malattia*) buttare giù q. □ **to lay oneself open to attack**, esporsi agli attacchi □ **to lay open**, scoprire, esporre; svelare; (*fig.*) allargare, spaccare: **to lay open a wound**, scoprire una ferita; **to lay open a plot**, svelare una congiura; **to lay one's cheek (arm, leg, etc.) open**, prodursi uno squarcio in una guancia (un braccio, una gamba, ecc.) □ **to lay siege to a castle**, mettere l'assedio a un castello; cingere un castello d'assedio □ **to lay a snare (a trap, an ambush)**, tendere un laccio (una trappola, un'imboscata) □ **to lay stress (o weight, emphasis) on st.**, dare un gran peso a q.c. □ **to lay the table**, apparecchiare (la tavola) □ **to lay waste**, distruggere, devastare □ **A beautiful landscape was laid out before us**, un paesaggio magnifico si stendeva davanti a noi □ (*in parlamento*) **The Foreign Secretary will lay papers**, il Ministro degli Esteri darà una risposta documentata.

lay (1) [lei], *n.* **1** (*anche* layout) disposizione; posizione; configurazione: **the lay of the land**, la configurazione del terreno; (*fig.*) la situazione **2** (*comm., naut.*) interessenza; partecipazione agli utili **3** (*ind.*) commettitura (*dei fili d'una corda*) **4** (*fam.*) ramo d'affari; lavoro; attività **5** (*fam.*) scommessa **6** (*volg.*) scopata, chiavata (*volg.*) **7** (*volg.*) amante; partner. ● **left-hand lay rope**, fune metallica a trefolo ellittico.

lay (2) [lei], *n.* (*poet.*) **1** ballata **2** melodia; canzone; lamento.

lay (3) [lei], *a. attr.* **1** laico; secolare: (*relig.*) **a lay brother**, un «fratello» laico; un converso (*di monastero*) **2** incompetente; profano. ● (*relig.*) **lay clerk**, frate (*di cattedrale*); chierico □ **lay reader**, (*relig.*) predicatore laico; (*fig.*) profano □ (*relig.*) **lay sister**, sorella laica; conversa.

lay (4) [lei], *pass.* di **to lie (2).**

layabout ['leiəbaut], *n.* (*fam.*) sfaccendato; perdigiorno; ozioso; pigro; pigrone (*fam.*).

lay-by ['leibai], *n.* **1** (*autom.*) piazzuola (*di sosta*) **2** (*ferr.*) binario di raddoppio (*o* di scambio) **3** (*naut.*) bacino di sosta.

laydays ['leideiz], *n. pl.* (*comm., naut.*) stallie.

lay-down ['leidaun], *n.* (*naut.*) impostazione, messa in cantiere (*di una nave*).

layer ['leiə*], *n.* **1** strato: **a l. of paint**, uno strato di vernice **2** (*agric.*) margotta; propaggine **3** chi scommette contro: **layers and backers**, quelli che scommettono contro e quelli che scommettono in favore (*di un cavallo, ecc.*) **4** (*mil.*) puntatore (*di cannone*) **5** (*ferr.*) chi posa rotaie; posatore di binari **6** (gallina) ovaiola. ● **l. cake**, torta a più strati □ **l. of carpets**, tappezziere □ **l. structure**, struttura a strati □ **cement-l.**, cementista □ **floor-l.**, pavimentatore; pavimentista □ **This hen is a good (a bad) l.**, questa gallina fa molte (poche) uova.

to layer ['leiə*], **A** *v. t.* (*agric.*) margottare; propagginare (*piante*)

layerage

B *v. i.* **1** riprodursi per propaggine **2** (*del grano*) allettarsi.
layerage ['lεəridʒ], *n.* **1** (*agric.*) margotta; propaginazione **2** V. **laying**.
layered ['leiəd], *a.* stratificato; a strati.
layering ['lεəriŋ], *n.* **1** (*agric.*) margotta; propaginazione **2** (*ecologia*) stratificazione.
layette [lei'et] (*franc.*), *n.* corredino (*per neonato*).
lay figure ['lei'figə*], *n.* **1** manichino **2** (*fig.*) fantoccio; burattino (*fig.*).
laying ['leiiŋ], *n.* **1** posa; posa in opera; installazione: **l. of cables**, posa in opera di cavi **2** (*mil.*) puntamento (*d'un cannone*) **3** (*ind.*) commettitura (*dei fili d'una corda*). ● **l. of eggs**, deposizione delle uova □ (*relig.*) **l. on of hands**, imposizione delle mani.
layman ['leimən], *n.* (*pl.* **laymen**) **1** laico; secolare **2** profano; «non addetto» (*ai lavori*): **When medicine is concerned, I am only a l.**, in fatto di medicina, non sono che un profano.
lay-off ['leiɔf], *n.* (*econ.*) **1** sospensione (*del lavoro*) **2** periodo di mancanza di lavoro; stagione morta **3** licenziamento; sospensione temporanea (*di operai*) dal lavoro **4** (*pl.*) procedure di ridimensionamento aziendale.
layout ['leiaut], *n.* **1** disposizione; posizione; configurazione: **the l. of the land**, la configurazione del paese (*o* del terreno) **2** pianta (*d'un giardino, d'una fabbrica, ecc.*); tracciato (*d'una strada, ecc.*): **the l. of a building**, la pianta d'un edificio **3** disegno; piano; schema (*di lavoro, ecc.*); progetto **4** (*tipogr.*) impaginazione; impaginatura; disposizione (*d'una pagina*) **5** (*ind.*) corredo (*d'attrezzi, ecc.*).
layover ['leiouvə*], *n.* (*specialm.* USA) sosta, tappa (*durante un viaggio*).
laystall ['leistɔ:l], *n.* immondezzaio; cumulo di rifiuti.
lay-up ['leiʌp], *n.* (*naut.*) messa in disarmo.
lazaret(te) [ˌlæzə'ret], *V.* **lazaretto**.
lazaretto [ˌlæzə'retou], *n.* (*pl.* **lazarettos**) **1** lazzaretto **2** (*naut.*) interponte; deposito di poppa.
Lazarus ['læzərəs], *n.* **1** Lazzaro **2** (*fig.*) mendicante; lebbroso.
laze [leiz], *n.* (*fam.*) ozio; pigrizia.
to laze [leiz], *v. i.* (*fam.*, *anche* **to l. about**) poltrire; oziare. ● **to l. away one's time**, passare il tempo nell'ozio (*o* a poltrire).
laziness ['leizinis], *n.* pigrizia; poltroneria; indolenza; infingardaggine.
lazuli ['læzjulai], *n.* (*pl.* **lazulis**) V. **lapis lazuli**.
lazy ['leizi], *a.* **1** pigro; poltrone; indolente; infingardo: **a l. boy**, un ragazzo indolente (*o* pigro) **2** lento: **l. motion**, moto lento; **a l. river**, un fiume lento **3** accidioso; che invita all'ozio. ● (*fam.*) **l.-bones**, pigrone; poltrone □ (*med.*) **l.-eye blindness** (*o* **l. eyes**), ambliopia □ (*USA*) **l. Susan**, vassoio girevole (*posto al centro della tavola*) □ (*mecc.*) **l. tongs**, molle estensibili.
L-driver ['el,draivə*], *n.* (*autom.*) chi fa scuola guida; principiante.
LEA [ˌel i: 'ei], *n.* (acronimo di **Local Education Authority**) Ente locale preposto alla pubblica istruzione (*in G.B.*).
lea (1) [li:], A *n.* (*poet.*) campo; prato; prateria. B *a. attr.* (*agric.*) a maggese.
lea (2) [li:], *n.* matassa, filzuolo (*misura di solito pari a 80 iarde per la lana, a 120 per la seta e il cotone, e a 300 per il lino*).
to leach [li:tʃ], A *v. t.* **1** colare, filtrare (*un liquido*) **2** (*chim.*) lisciviare: **Wood ashes are leached to extract lye**, la cenere di legna viene lisciviata per estrarne la soda caustica **3** (*chim.*) ricavare per lisciviazione **4** (*agric., geol.*) lisciviare; dissolvere. B *v. i.* **1** filtrare **2** sciogliersi (*o* dissolversi) ed essere asportato (*dal suolo, ecc.*) per lisciviazione: **Much of the mineral content of this soil has leached out**, gran parte del contenuto minerale di questo terreno s'è disciolto ed è stato asportato.
leach [li:tʃ], *n.* **1** (*chim.*) liscivia **2** lisciviatore (*l'apparecchio*).
leaching ['li:tʃiŋ], *n.* **1** (*chim.*) lisciviazione **2** (*agric., geol.*) lisciviazione; dissoluzione. ● (*edil.*) **l. cesspool**, fossa biologica a dispersione.
lead (1) [led], *n.* **1** (*chim.*) piombo: **l. acetate**, acetato di piombo; **l. arsenate**, arseniato di piombo **2** (*naut.*) piombo; piombino; scandaglio: **sounding l.**, piombo per scandaglio; **l. line**, sagola per scandaglio **3** (*anche* **blacklead**) grafite; piombaggine; mina (*di matita*) **4** (*tipogr.*) interlinea **5** (*pl.*) piombi (*listelli di vetrata antica*; *liste per ricoprire un tetto*). ● (*elettr.*) **l.-covered cable**, cavo sotto piombo □ (*chim., ecc.*) **l.-free**, V. **leadless** □ (*miner.*) **l. glance**, galena □ **l. grey**, (*color*) piombeo: **The sky turned a l. grey**, il cielo si fece piombeo □ **l. pencil**, matita (*di grafite*) □ (*med.*) **l.-poisoning**, avvelenamento da piombo; saturnismo □ (*pop.*) **l.-swinger**, scansafatiche □ (*pop.*) **l.-swinging**, oziosità, il tirar a campare □ **l. wool**, lana di piombo (*per condutture dell'acqua*) □ **l. work**, impiombatura; lavoro di vetraio; lavoro di fontaniere □ **l. works**, fonderia di piombo □ (*naut.*) **to cast** (*o* **to heave**) **the l.**, gettare lo scandaglio □ (*fig.*) **an ounce of l.**, una pallottola; un proiettile □ **red l.**, minio □ (*pop.*) **to swing the l.**, bighellonare; oziare; non lavorare.

to lead (1) [led], A *v. t.* **1** impiombare; coprire di piombo; mettere il piombo (*o* i piombi) a **2** (*tipogr.*) interlineare. B *v. i.* (*della canna d'arma da fuoco*) coprirsi di piombo.
to lead (2) [li:d] (*pass.* e *p. p.* **led**), A *v. t.* **1** condurre, guidare (*anche nella danza*); condurre a mano; dirigere; capeggiare; essere a capo di; essere in testa a; comandare; portare: **to l. the oxen**, condurre a mano i buoi; **to l. a blind man**, guidare un cieco; **to l. sb. away** (**out, etc.**), condurre via (fuori, ecc.) q.; **to l. an expedition**, comandare una spedizione; **to l. the race**, essere in testa alla corsa (*sport*: condurre); **This road will l. you to the country house**, questa strada ti condurrà (*o* ti porterà) alla villa; **to l. the Republicans**, essere a capo dei repubblicani; **This pipe leads the water into the reservoir**, questo tubo porta l'acqua al serbatoio **2** condurre; menare (*lett.*); fare; avere: **to l. a peaceful existence**, condurre una vita tranquilla; **to l. a double life**, fare (*o* avere) una doppia vita **3** far fare: **to l. sb. a dog's life**, far fare a q. una vita da cani **4** convincere; persuadere; indurre; portare (*fig.*): **His embarrassment led me to believe he was lying**, il suo imbarazzo mi indusse (*o* portò) a credere che mentisse **5** cominciare; aprire: **to l. the dance**, aprire le danze **6** far passare, immettere (*acqua in un canale*); passare (*una corda, attraverso q.c.*) **7** (*mus.*) dirigere: **to l. an orchestra (a band, a chorus)**, dirigere un'orchestra (una banda, un coro) **8** (*nei giochi di carte*) giocare (*o* calare) come prima carta; aprire il gioco con: **to l. the ace of hearts**, calare l'asso di cuori (*in* apertura di gioco) **9** (*mil., caccia*) anticipare, dare un anticipo a (*un'anatra, ecc.*) **10** assestare, tirare (*un colpo, un pugno*). B *v. i.* **1** essere in testa; stare in testa (*sport*) (*anche fig.*): **Which car is leading?**, quale macchina è in testa (*o* conduce)? **2** — **to l. to**, condurre a; portare a: **All roads l. to Rome**, tutte le strade portano a Roma; **One border incident led to the outbreak of war**, un solo incidente di frontiera portò allo scoppio della guerra **3** (*nel pugilato*) attaccare: **Never l. with your right**, non attaccare mai di destro! **4** (*nei giochi di carte*) avere la mano; essere il primo a giocare **5** (*elettr.*) essere in anticipo. C *verbi composti* **1** to **l. about**, condurre in giro; portare a spasso. **2** to **l. astray**, portare fuori strada; sviare; traviare: **The guide led us astray**, la guida ci portò fuori strada; **He was led astray by evil companions**, fu sviato da cattivi compagni. **3** to **l. away**, portare via; (*fig.*) distogliere, distrarre. **4** to **l. back**, ricondurre; riportare. **5** to **l. in**, far entrare; introdurre. **6** to **l. into**, far entrare, introdurre in (*un luogo*); (*fig.*) indurre (*relig.*): **L. us not into temptation**, non indurci in tentazione. **7** to **l. off**, cominciare; principiare; esordire: **He led off by describing the scene of the accident**, cominciò col descrivere il luogo dell'incidente. **8** to **l. on**, condurre; trascinare; (*fig.*) stimolare, incoraggiare; fuorviare; traviare. **9** to **l. out**, condurre fuori; far uscire; invitare (*a ballare*). **10** to **l. up**, far salire (q.); far progredire (q.); (*di scala, ecc.*) portare, dare accesso (*a un luogo*) □ (*fig.*) **to l. up to**, introdurre a; preparare la strada per; preludere a. ● **to l. sb. by the nose**, menare q. per il naso □ **to l. sb. captive**, far prigioniero q. □ **to l. a double life**, avere una doppia vita □ (*fig.*) **to l. sb. a fine** (*o* **a pretty**) **dance**, tener q. sulla corda; far sospirare q.c. a q. □ **to l. the fashion**, dettare la moda □ **to l. sb. into debt**, fare indebitare q. □ (*fam.*) **to l. sb. a hard life**, rendere la vita difficile a q.; tormentare q. □ (*fig.*) **to l. nowhere**, non portare ad alcun risultato □ **to l. a parade**, aprire una sfilata □ **to l. sb. to the altar**, condurre q. all'altare □ **to l. the way**, fare strada, marciare in testa; (*fig.*) prendere l'iniziativa □ (*econ.*) **to l. the world in the production of oil**, essere il primo paese del mondo per la produzione del petrolio □ **to be led away**, essere condotto via; (*fig.*) essere trascinato □ **led horse**, cavallo condotto a mano; cavallo di riserva □ (*prov.*) **One thing leads to another**, da cosa nasce cosa.

lead (2) [li:d], *n.* **1** direzione; comando; guida: **to take the l.**, prendere il comando **2** esempio: **We will follow your l.**, seguiremo il tuo esempio; **to l. verremo dietro 3** posizione di testa; primo posto; avanguardia (*fig.*): **to have the l. in a race**, essere in (posizione di) testa in una gara; **to gain** (*o* **to take**) **the l.**, andare in testa; **England has taken the l. in the production of silicones**, l'Inghilterra è all'avanguardia nella produzione dei siliconi; **to lose the l.**, perdere il primo posto (*in una corsa e sim.*) **4** vantaggio: **He has a good l. over the other competitors**, ha un buon vantaggio sugli altri concorrenti **5** suggerimento; indizio; pista; traccia: **to give sb. a l. in solving a problem**, dare a q. un suggerimento per la soluzione d'un problema **6** corda; cinghia; guinzaglio; laccio: **The dog was on the l.**, il cane era al guinzaglio **7** (*teatr.*) parte principale (*in un dramma*); primo attore; prima attrice **8** (*nei giochi di carte*) mano; diritto di giocare per primo: **Your l.!**, la mano è tua!; sta a te!; tocca a te! **9** canale artificiale (*specialm., che porta acqua a un mulino*) **10** canale sgombro (*fra i ghiacci*) **11** (*elettr.*) conduttore isolato; (*anche*) anticipo di fase **12** (*ind. min.*) filone (*di minerale*) **13** (*mecc.*) passo (*di vite*) **14** articolo principale (*o* di spalla) **15** (*sport*)

vantaggio; (*pugilato*) colpo d'inizio: **In volleyball play may continue until a two-point l. has been gained by one of the two teams**, nella pallavolo, il gioco può continuare finché una delle due squadre non abbia ottenuto un vantaggio di due punti **16** (*pl.*; *autom.*, *elettr.*) collegamenti; fili **17** (*mil.*, *caccia*) anticipo. ● **the l. horse**, il cavallo di testa (*in un tiro*) □ **l.-in**, introduzione; (*radio*, *telev.*) filo dell'antenna, discesa d'antenna □ (*mecc.*) **l.-nut**, madrevite □ (*specialm. sport*) **l.-off**, inizio; principio □ (*mecc.*) **l.-screw**, vite madre □ **to be in the l.**, essere all'avanguardia (*fig.*) □ (*nei giochi di carte*) **return l.**, rimessa (*di carta dello stesso seme*) □ **to take the l.**, andare in testa; (*fig.*) prendere l'iniziativa □ (*anche sport*) **to win a clear l. over sb.**, conquistare un netto vantaggio su q.
leadable ['li:dəbl], *a.* che si può dirigere; che si lascia guidare.
leaded ['ledid], *a.* **1** impiombato; piombato; coperto di piombo **2** (*tipogr.*) interlineato.
leaden ['ledn], *a.* **1** di piombo; plumbeo: **a l. box**, una cassetta di piombo; **a l. sky**, un cielo plumbeo **2** grave; greve; pesante: profondo: **l. limbs**, membra pesanti; **a l. heart**, un cuore greve; **a l. silence**, un silenzio pesante (*o* profondo) **3** depresso; triste; tetro. ● **a l. rule**, una regola (*o* una disciplina) opprimente □ **a l. sword**, una spada inservibile.
leader ['li:də*], *n.* **1** comandante; capo; duce (*lett.*); guida: **the l. of an army**, il capo di un esercito **2** chi dirige; direttore: **the l. of a band**, il direttore d'una banda **3** (*polit.*) capopartito; leader **4** (*leg.*) avvocato principale; primo avvocato: **the l. for the defence**, il primo avvocato della difesa; il primo difensore **5** cavallo di testa (*di un tiro*) **6** (*giornalismo*) articolo di fondo; editoriale; fondo (*fam.*) **7** (*bot.*) germoglio terminale **8** (*anat.*) tendine; nervo **9** (*tipogr.*) linea di puntini di guida **10** tubo adduttore (*di conduttura d'acqua*) **11** (*edil.*) pluviale **12** (*mus.*) primo esecutore (*primo violino*, *primo tenore*, ecc.) **13** (*mus. USA*) direttore d'orchestra **14** (*comm.*) articolo pregiato offerto a un prezzo conveniente (*per favorire le vendite*) **15** (*sport*) chi è in testa; chi conduce **16** (*cinem.*, *fotogr.*) linguetta iniziale **17** (*pesca*) basso (*o* finale) di lenza. ● (*sport*) **team-l.**, capitano (*d'una squadra*).
leaderette [,li:də'ret], *n.* (*giornalismo*) breve articolo di fondo.
leaderless ['li:dəlis], *a.* senza capo; privo di guida.
leadership ['li:dəʃip], *n.* **1** comando; direzione; guida **2** primo posto; primato; supremazia; leadership **3** capacità di comando; attitudine al comando.
leading (1) ['lediŋ], *n.* **1** articoli di piombo **2** (*edil.*) impiombatura **3** (*tipogr.*) interlinea addizionale.
leading (2) ['li:diŋ], **A** *a.* **1** comando; direzione; guida **2** (*radio*, *telev.*) calata; discesa (*di antenna*). **B** *a.* **1** che guida; che comanda; che dirige **2** (*anche sport*) che è in testa; che è all'avanguardia (*fig.*) **3** eminente; preminente; primo; primario; principale: **a l. scientist**, un eminente scienziato. ● **l. article**, (*giornalismo*) V. **leader**, def. 6; V. **lead**, def. 14; (*comm.*) V. **leader**, def. 14 □ (*teatr.*) **l. business**, parti principali (*riservate al primo attore*) □ (*leg.*) **l. case**, caso che fa testo; sentenza che serve da precedente □ (*elettr.*) **l. current**, corrente in anticipo □ (*aeron.*) **l. edge**, bordo d'attacco; bordo d'entrata (*dell'ala*) □ (*econ.*) **l. indicator**, indicatore di direzione; indice guida □ (*teatr.*) **l. lady**, prima donna; protagonista □ (*teatr.*) **l. man**, primo attore; protagonista □ (*naut.*) **l. mark**, meda; segnale □ (*mus.*) **l. motive**, motivo conduttore; tema melodico ricorrente □ (*mus.*) **l. note**, nota sensibile □ (*specialm. leg.*) **l. question**, domanda tendenziosa; domanda posta in modo da suggerire una certa risposta (*e perciò non consentita e non ammessa*) □ **l. rein**, briglia; cavezza □ **l. reins**, V. **l. strings** □ (*econ.*) **the l. sectors**, i settori di punta □ (*naut.*) **l. ship**, nave capofila □ **l. strings**, dande; guinzaglio per bambini piccoli □ **l. topics**, argomenti d'attualità □ (*fig.*: *di adulto*) **to be in l. strings**, venir fatto rigare dritto; essere sotto stretto controllo.
leadless ['ledlis], *a.* (*chim.*, *autom.*) senza piombo: **l. petrol**, benzina senza piombo.
leaf (1) [li:f], *n.* (*pl.* **leaves**) **1** (*bot.* e *fig.*) foglia; (*fam.*) petalo; (*collett.*) foglie: **green leaves**, foglie verdi; **a rose-l.**, un petalo di rosa; **a frame covered with gold l.**, una cornice coperta di foglia d'oro; una cornice dorata; **choice tobacco l.**, foglie scelte di tabacco **2** (*di libro*, *ecc.*) foglio; pagina: **A book with two hundred pages has a hundred leaves**, un libro di duecento pagine ha cento fogli **3** (*di tavola allungabile*) ribalta **4** (*di porta*, *d'imposta*) battente **5** (*di fucile*) alzo. ● (*bot.*) **l. blade**, lamina (*della foglia*) □ (*bot.*) **l. buds**, gemme fogliari □ (*bot.*) **l. cure**, bolla □ (*bot.*) **l. cushion**, cuscinetto fogliare □ (*bot.*) **l. green**, (*bot.*) clorofilla; (*color*) verde prato □ **l. mould**, terriccio formato da foglie in decomposizione; pacciame □ (*mecc.*) **l. spring**, molla a balestra (*o* a lamina) □ (*bot.*) **l. stalk**, picciolo □ (*di piante*) **to come into l.**, mettere le foglie □ **fall of the l.**, caduta delle foglie □ autunno (*fig.*) □ **to take a l. out of sb.'s book**, seguire l'esempio di q.; imitare q. □ **to turn over** (*o* **to flip through**) **the leaves of a book**, sfogliare un libro □ **to turn over a new l.**, voltar pagina; (*fig.*) cominciare una vita nuova; ricominciare da capo (*fig.*).
to leaf [li:f], **A** *v. i.* (*spesso* **to l. out**) mettere le foglie; fogliare; frondeggiare (*lett.*). **B** *v. t.* (*spesso* **to l. through**) sfogliare (*un libro*, *ecc.*).
leaf (2) [li:f], *n.* (*gergo mil.*) congedo; licenza; permesso.
leafage ['li:fidʒ], *n.* fogliame.
leafed [li:ft], *V.* **leaved**.
leafiness ['li:finis], *n.* **1** abbondanza di foglie; fogliame abbondante, fitto **2** l'esser simile a una foglia.
leafless ['li:f-lis], *a.* senza foglie; senza fronde; sfrondato.
leaflessness ['li:f-lisnis], *n.* mancanza di foglie.
leaflet ['li:f-lit], *n.* **1** (*bot.*) fogliolina **2** foglio volante; volantino; manifestino: **propaganda leaflets**, volantini pubblicitari.
to leaflet ['li:f-lit], *v. i.* distribuire volantini.
leafletting ['li:f-litiŋ], *n.* volantinaggio.
leafstalk ['li:fstɔ:k], *n.* (*bot.*) picciolo.
leafy ['li:fi], *a.* **1** ricco di foglie; frondoso; fronzuto **2** simile a una foglia.
league (1) [li:g], *n.* **1** lega (*anche sport*) alleanza; unione; società: **to be in l. with sb.**, essere (unito) in lega con q.; **the L. of Nations**, la Lega (*o* la Società) delle Nazioni **2** (*fam.*) categoria; classe; livello (*fig.*): **The two boys are in the same l.**, i due ragazzi sono dello stesso livello. ● (*sport*) **l. football matches**, partite (*di calcio*) di campionato □ (*spreg.*) **to be in l. with sb.**, essere in combutta con q.
to league [li:g], **A** *v. t.* unire in lega; alleare; confederare. **B** *v. i.* unirsi in lega; formare una lega; allearsi; associarsi.
league (2) [li:g], *n.* lega (*misura itineraria*, *ormai antiquata*; *pari a tre miglia o m 4 828 circa*; *misura marina*, *pari a m 5 560*).
leaguer ['li:gə*], *n.* membro d'una lega; leghista; alleato.
leak [li:k], *n.* **1** crepa; fenditura; fessura: **a l. in the petrol tank**, una crepa nel serbatoio della benzina **2** fuga; perdita (*di liquido*, *ecc.*): **a gas l.**, una fuga di gas; **to stop leaks**, eliminare le perdite **3** (*naut.*) falla; via d'acqua **4** (*elettr.*) dispersione **5** (*fig.*) fuga (*di notizie*). ● (*ing.*) **l. detector**, rivelatore di perdite □ **to spring a l.**, presentare una falla □ (*volg.*) **to take a l.**, scaricare acqua; orinare.
to leak [li:k], **A** *v. i.* **1** perdere; colare: **The gas bottle leaks**, la bombola del gas perde **2** (*naut.*) imbarcare acqua: **The boat was leaking badly**, la barca imbarcava acqua da tutte le parti **3** (*spesso* **to l. out**) spandersi; filtrare, trapelare (*anche fig.*): **The news of the scandal has leaked out**, la notizia dello scandalo è trapelata **4** (*volg.*) spandere acqua; orinare. **B** *v. t.* **1** far trapelare: **to l. secret information**, far trapelare informazioni segrete **2** lasciare uscire; perdere (*un liquido e sim.*). ● **to l. in**, infiltrarsi; penetrare: **The rain leaks in through the roof**, la pioggia penetra attraverso il tetto.
leakage ['li:kidʒ], *n.* **1** perdita (*di liquido*); fuga (*di gas*); (*elettr.*) dispersione **2** infiltramento; infiltrazione **3** (*fig.*) fuga, il trapelare (*di notizie*) **4** (*comm.*) colaggio; abbuono per colaggio.
leakiness ['li:kinis], *n.* **1** il perdere da crepe (*o* da fessure) **2** (*naut.*) l'imbarcare acqua **3** (*fig.*) mancanza di riserbo.
leaky ['li:ki], *a.* che perde; che non tiene: **a l. kettle**, un bricco che non tiene (*l'acqua*) **2** (*naut.*) che imbarca acqua **3** (*elettr.*) privo d'isolamento **4** (*fig.*) che non tiene un segreto; privo di riservatezza.
leal [li:l], *a.* (*lett.*, *scozz.*) leale; onesto.
lean (1) [li:n], **A** *a.* magro (*anche fig.*); scarno; smilzo; sparuto; scarso; povero: **a l. man**, un uomo magro, sparuto; **a l. profit**, un magro profitto; **l. years**, anni magri; **a l. diet**, una dieta povera. **B** *n.* magro; carne magra. ● (*autom.*) **l. mixture**, miscela povera.
to lean [li:n] (*pass.* e *p. p.* **leaned**, **leant**), **A** *v. i.* **1** inclinarsi; pendere; piegarsi: **The willow leans over the pond**, il salice pende sopra lo stagno **2** appoggiarsi: **He leaned on his staff**, si appoggiava al bastone; **L. on my arm**, appoggiati al mio braccio **3** contare (su); fare affidamento (su): **to l. on one's father's connections to be accepted in the foreign service**, contare sulle conoscenze del padre per entrare in diplomazia **4** propendere; essere propenso (*o* incline) a; tendere a: **to l. to** (*o* **toward**) **mercy**, essere propenso alla misericordia; **to l. towards mysticism**, tendere al misticismo. **B** *v. t.* **1** far inclinare; piegare: **The hurricane leaned the telephone poles over**, l'uragano piegò i pali del telefono **2** appoggiare; poggiare: **to l. a pole against the wall**, appoggiare un palo al muro; **to l. one's elbows on the writing desk**, poggiare i gomiti sulla scrivania. ● **to l. forward** (**back**), pendere in avanti (all'indietro) □ (*fig.*) **to l. on sb.**, fare pressioni su q.: **The government is leaning heavily on FIAT to produce cars that burn less fuel**, il governo esercita forti pressioni sulla FIAT perché produca automobili che consumino meno □ **to l. out of a window**, sporgersi da una finestra □ (*fig.*, *fam.*) **to l. over backwards**, fare l'impossibile; fare più di quanto uno si aspetta □ **to l. over a hedge**, sporgersi sopra una siepe.
lean (2) [li:n], *n.* inclinazione; pendenza: **a steeple with a slight l.**,

un campanile con una lieve inclinazione. ● **on the l.**, inclinato.

Leander [li(:)'ændə*], *n*. (*letter*.) Leandro.

leaning ['li:niŋ], **A** *n*. inclinazione (*anche fig.*); pendenza; propensione; tendenza: **to have a l. towards radicalism**, avere una tendenza al radicalismo. **B** *a*. inclinato; pendente. ● (*archit*.) **the L. Tower of Pisa**, la torre di Pisa.

leanness ['li:nnis], *n*. magrezza; sparutezza.

leant [lent], *pass. e p. p.* di **to lean**.

lean-to ['li:n'tu:], *a. e n*. (tetto, capanna, ecc.) a una falda.

to **leap** [li:p] *pass. e p. p.* **leapt, leaped**), **A** *v. i.* saltare; far salti; balzare; fare un balzo; lanciarsi: **Look before you l.**, guarda prima di saltare!; (*fig.*) pensaci, prima di agire; **to l. to one's feet**, balzare in piedi; **to l. on one's enemy**, lanciarsi sul nemico. **B** *v. t.* (*spesso* **to l. over**) **1** saltare; superare d'un balzo: **I couldn't l. (over) the wall**, non riuscii a saltare il muretto **2** far saltare: **to l. a horse over an obstacle**, far saltare un ostacolo a un cavallo **3** (*di animali*) montare, coprire, saltare (*una femmina*) □ **to l. at an offer**, accettare di buon grado un'offerta; fare i salti (*fig., fam.*) □ (*di un'idea, ecc.*) **to l. into sb.'s mind**, venire in mente a q. □ (*fig.*) **to l. out at sb.**, balzare agli occhi di q.

leap [li:p], *n*. **1** salto; balzo **2** sbalzo; aumento improvviso **3** (*fig.*) balzo; grande passo avanti; enorme progresso **4** salto dell'acqua (*in un fiume*) **5** monta (*d'animali*). ● **l. day**, il 29 di febbraio □ (*fig.*) **a l. in the dark**, un salto nel buio □ **l. year**, anno bisestile □ **l.-year day**, *V*. **l. day** □ (*fig., raro*) **l.-year proposal**, proposta di matrimonio fatta da una donna a un uomo (*ammissibile solo negli anni bisestili*) □ **by leaps and bounds**, a salti e sbalzi; (*fig.*) a passi da gigante.

leaper ['li:pə*], *n*. saltatore, saltatrice.

leapfrog ['li:pfrɔg], *n*. saltamontone; cavallina (*gioco infantile*).

to **leapfrog** ['li:pfrɔg], **A** *v. t.* ● **to l. over sb.**, saltare sopra q. giocando alla cavallina. **B** *v. i.* **1** giocare alla cavallina **2** (*fig.*) passare bruscamente: **to l. from consols to industrials**, passare dai titoli del consolidato agli investimenti industriali. ● (*fig.*) **to l. each other**, superarsi a vicenda (*o* a turno).

leapt [lept], *pass. e p. p.* di **to leap**.

to **learn** [lə:n] (*pass. e p. p.* **learned, learnt**), *v. t. e i.* **1** imparare; apprendere; avere notizia; venire a sapere; istruirsi; studiare: **I am learning English**, sto imparando l'inglese; **You should l. (how) to drive a lorry**, dovresti imparare a guidare il camion; **I learned of his marriage from a friend**, ho avuto notizia del suo matrimonio da un amico **2** (*dial.*) fare imparare; insegnare a; imparare a (*dial.*) **3** (*pop., scherz.*) dare una (bella) lezione a (q.). ● **to l. sth. by heart**, imparare q.c. a memoria □ **to l. patience**, imparare ad avere pazienza (*a* pazientare) □ **to l. a trade**, imparare un mestiere □ **I have yet to l. it**, questa mi riesce nuova.

learnable ['lə:nəbl], *a*. apprendibile; che si può imparare.

learned ['lə:nid], *a*. dotto; colto; erudito; istruito; sapiente: **a l. man**, un uomo colto; un dotto; un erudito; **a l. word**, una parola dotta. ● **a l. profession**, una professione liberale □ (*in parlamento*) **my l. friend**, il mio dotto (*o* onorevole) collega (*in G.B.*) □ **a l. work**, un'opera d'erudizione.

learner ['lə:nə*], *n*. **1** discente; studente; scolaro **2** apprendista **3** (*autom., ecc.*) principiante. ● (*autom.*) **l. driver**, principiante □ **a slow l.**, uno che è lento ad apprendere.

learning ['lə:niŋ], *n*. **1** cultura; erudizione; dottrina; sapienza; sapere **2** apprendimento. ● **l. theory**, teoria dell'apprendimento. ● (*elab.*) **l. machine**, macchina che impara □ (*stor.*) **the New L.**, l'Umanesimo.

learnt [lə:nt], *pass. e p. p.* di **to learn**.

leasable ['li:səbl], *a*. affittabile; che si può affittare.

lease (1) [li:s], *n*. **1** (*comm. e leg.*) contratto d'affitto; affitto; affittanza; locazione; noleggio: **to take a house on l.**, prendere una casa in affitto; **to put out land on l.**, dare terreni in affitto **2** durata della locazione **3** (*di solito*, **l. of life**) (*fig.*) aspettative; prospettive: **a new l. of life**, nuove prospettive di vita. ● (*fin., stor.*) **L.-Lend** (*o* **Lend-L.**), Affitti e Prestiti □ **to hold land by l.**, avere terreni in affitto.

to **lease** [li:s], **A** *v. t.* (*comm., spesso* **to l. out**) affittare; noleggiare; dare (*o* prendere) in affitto. **B** *v. i.* affittarsi; essere affittato (*a un certo prezzo*).

lease (2) [li:s], *n*. (*ind. tessile*) **1** incrocio; invergatura (*dei fili dell'ordito*) **2** liccio; maglia. ● **l.-bar**, bacchetta d'invergatura.

leasehold ['li:should], **A** *n*. **1** affittanza; conduzione; locazione **2** terreni (*o* edifici) affittati (*o* tenuti in affitto). **B** *a. attr.* affittato; in affitto; in locazione.

leaseholder ['li:s,houldə*], *n*. affittuario; locatario.

leash [li:ʃ], *n*. **1** guinzaglio; laccio **2** muta di cani. ● **to hold in l.**, tenere al guinzaglio; (*fig.*) tenere a freno □ **to strain at the l.**, tirare il guinzaglio; (*fig.*) mordere il freno.

to **leash** [li:ʃ], *v. t.* mettere il guinzaglio a; tenere al guinzaglio.

leasing ['li:siŋ], *n*. (*fin.*) leasing.

least [li:st], (*superl. di* **little**) **A** *a*. (il) più piccolo; minimo; (*mat*.) **the l. common multiple**, il minimo comune multiplo; **There isn't the l. doubt about his guilt**, non c'è il minimo dubbio sulla sua colpevolezza. **B** *n*. ● **the l.**, il più piccolo; il minimo; il numero più piccolo: **Which is (the) l.: 4, 7 or 10?**, qual è il numero più piccolo: 4, 7 o 10? **C** *avv*. (il) meno; meno di tutti: **the l. expensive**, il meno costoso (*più comune*: **the cheapest**, il più economico); **You studied the l. and got the highest mark**, hai studiato meno di tutti e hai avuto il voto più alto. ● **l. of all**, meno di tutti; (*anche*) tanto meno □ **at l.**, almeno, perlomeno; (*anche* **at the l.**) perlomeno, a dir poco □ **for the l. thing**, a (*o* per) un nonnulla: **These stockings ladder for the l. thing**, queste calze si smagliano per un nonnulla (*o* solo a guardarle) □ **not l. because...**, anche perché... □ **not in the l.**, per nulla; (niente) affatto: **I am not in the l. tired**, non sono affatto stanco □ **to say the l. (of it)**, a dir poco □ (*prov.*) **L. said, soonest mended**, meno si parla, meglio è; il silenzio è d'oro □ **I haven't the l. idea**, non ne ho la più pallida idea.

leastways ['li:stweiz], *avv*. (*fam.*) almeno; perlomeno.

leastwise ['li:stwaiz], (*USA*) *V*. **leastways**.

leat [li:t], *n*. canale (*specialm. per portare acqua a un mulino*); gora.

leather ['leðə*], **A** *n*. **1** cuoio; corame (*dial*.); pelle: **chamois l.**, pelle di camoscio; **imitation l.**, finta pelle **2** oggetto di cuoio; (*anche* **stirrup-l.**) striscia di cuoio, cinghia **3** pelle di daino (*per pulire*) **4** (*sport*) palla da cricket; pallone (*da gioco del calcio*) **5** (*pl.*) calzoni di pelle. **B** *a. attr.* di pelle; di cuoio; in pelle: **l. binding**, legatura in pelle. ● **l.-back**, dorso (*di libro*) in cuoio; schienale in pelle; (*zool., Dermochelys coriacea*) dermochelide coriacea □ **l. clothing**, abbigliamento in pelle □ **l. goods**, pelletteria □ **l.-goods dealer**, pellettiere □ **l.-head**, testa di legno; zuccone □ (*zool.*) **l.-jacket**, (*Balistes capriscus*) pesce balestra; (*Monacanthus*) larva della tipula □ (*pop. USA*) **l.-neck**, «Marine»; fante del Marine Corps (*corpo speciale delle forze armate americane*) □ **American l.**, tela cerata □ (*pop*.) **to lose l.**, perdere un pezzetto di pelle; scorticarsi □ **patent l.**, cuoio verniciato; vernice (*per farne scarpe, ecc.*) □ (*fig.*) **Nothing like l.**, le cose proprie servono meglio (*di quelle altrui*).

to **leather** ['leðə*], *v. t.* **1** rivestire di pelle **2** rilegare in pelle **3** (*fam.*) picchiare con la cinghia; dare cinghiate a (q.).

leatherette [,leðə'ret], *n*. (*marchio*) finta pelle; dermoide; similpelle.

leathering ['leðəriŋ], *n*. **1** rivestimento in pelle **2** rilegatura in pelle **3** (*fam.*) cinghiate; staffilate; botte.

leathern ['leðə:n], *a*. **1** di cuoio; di pelle **2** coriaceo.

leatheroid ['leðərɔid], *n*. fibra (*per valigie, borse, ecc.*).

leatherware ['leðəwɛə*], *n*. articoli di cuoio; pelletteria.

leathery ['leðəri], *a*. coriaceo; duro come il cuoio: **l. meat**, carne coriacea.

to **leave (1)** [li:v] (*pass. e p. p.* **left**), **A** *v. t.* **1** lasciare; abbandonare; lasciare in eredità; dimenticare; partire da; affidare: **We left him alone**, lo lasciammo solo; **We left Rome yesterday**, partimmo da Roma ieri; **I left my bag on the train**, ho dimenticato la borsa in treno; **I'll l. the matter in your hands**, affiderò a te la faccenda (la lascerò nelle tue mani); **The victim leaves a widow and three children**, la vittima lascia la moglie e tre bambini; **He left his wife for a younger woman**, lasciò (*o* abbandonò) la moglie per una donna più giovane; **to l. nothing but debts**, non lasciare che debiti; **to l. one's job**, abbandonare (*o* lasciare) il proprio lavoro; **to l. the track**, abbandonare la traccia, la pista; **We left him quite well an hour ago**, l'abbiamo lasciato un'ora fa e stava benissimo; **L. it to me!**, lascialo a me!; (*anche*) lascia fare a me! **2** (*mat.*) fare; restare: **Ten minus two leaves eight**, dieci meno due fa otto; togliendo due da dieci resta otto **3** (*pop.*) lasciare; permettere: **L. us go now**, lasciaci andare, ora! **B** *v. i.* **1** partire; andarsene: **They are leaving tomorrow**, partono domani **2** (*specialm. USA*) interrompersi; smettere. **C** *verbi composti* **1 to l. things about**, lasciare oggetti in giro, in disordine. **2 to l. behind**, dimenticare, lasciar dietro di sé (*anche fig.*): **I left behind my umbrella**, dimenticai l'ombrello. **3 to l. off**, abbandonare, metter via; cessare, smettere: **We l. off work at 2 p.m.**, smettiamo di lavorare alle 14; **L. off complaining**, smettila di lamentarti; **It's time for me to l. off my fur coat**, è tempo ch'io metta via (*o* che smetta di portare) la pelliccia; **Has the storm left off?**, è cessata la tempesta? □ **Where did we l. off last time?**, dove siamo rimasti (*a leggere, ecc.*) l'ultima volta? **4 to l. out**, omettere, tralasciare; lasciar fuori, trascurare; escludere: **to l. out a comma**, tralasciare una virgola; **to l. out a probability**, trascurare (*o* non tener conto di) una possibilità; **He is a shy boy and the others l. him out of their games**, è timido e gli altri ragazzi lo escludono dai loro giochi. **5 to l. over**, lasciare in sospeso; rimandare: **to l. a matter over**, rimandare una faccenda. ● **to l. sb. alone**, lasciar stare q.; lasciare in pace q. □ **to l. the army for the Church**, abbandonare la carriera militare per il sacerdozio □ **to l. sb. (st.) be**, lasciare stare q. (q.c.); non occuparsi di

q. (q.c.); lasciare in pace q. □ (leg.) **to l. by will**, legare per testamento □ **to l. one's card with sb.**, lasciare il proprio biglietto da visita a q. □ (fig.) **to l. the chair**, togliere la seduta; lasciare la presidenza □ **to l. st. to chance** (o **to accident**), affidare q.c. alla sorte; lasciar decidere q.c. al caso □ **to l. for a place**, dirigersi verso (o partire per) un luogo □ (fam.) **to l. go**, lasciar andare; abbandonare la presa □ **to l. hold of**, lasciar andare; abbandonare la presa; non trattenere più □ **to l. home**, andarsene da casa; scappare da casa □ **to l. sb. in charge of st.** (o **to l. st. in charge of sb.**), affidare (la custodia di) q.c. a q. □ **to l. sb. in the lurch**, lasciare q. nei guai (o nei pasticci); piantare in asso q. □ **to l. it at that**, non parlarne più; ritenere concluso q.c. □ (fig.) **to l. no stone unturned**, non lasciar nulla d'intentato; fare tutto il possibile □ (naut.) **to l. port**, uscire dal porto; salpare □ (ferr.) **to l. the rails** (o **the track**), deragliare □ (autom.) **to l. the road**, uscire di strada □ **to l. school**, finire gli studi, diplomarsi; (anche) non andare più a scuola, smettere di studiare, abbandonare gli studi □ **to l. sb. to himself** (o **to his own devices**), lasciare che q. faccia a modo suo; lasciare q. in balia di se stesso □ **to l. st. unsaid**, trascurare di dire q.c.; tacere q.c. □ **to l. well** (USA: **well enough**) **alone**, non pretendere troppo; contentarsi: **L. well alone!**, chi si contenta gode (prov.) □ **to l. word**, lasciar detto: **He has left word with my secretary that he'll call tomorrow**, ha lasciato detto alla mia segretaria che passerà domani □ (di lettera, ecc.) **to be left till called for**, fermo posta □ (fam.) **to be** (o **to get**) **nicely left**, essere abbandonato; essere piantato in asso; essere ingannato (o tradito) □ **to be well left**, ricevere una bella eredità; essere lasciato in buone condizioni finanziarie □ (fam.) **Let's l. it at that**, restiamo d'accordo così!; non parliamone più □ **This composition leaves much to be desidered**, questo tema lascia molto a desiderare □ **This leaves me cool** (o **cold**), ciò mi lascia indifferente □ **I was left broke**, rimasi al verde □ **I have only one pound left**, mi resta (o mi è rimasta) una sola sterlina.
leave [li:v], n. **1** permesso; licenza; autorizzazione: **to beg l.**, chiedere il permesso; **You have my l. to go out**, ti do il permesso d'uscire; **by your l.**, col vostro permesso **2** (anche **l. of absence**) permesso; licenza; congedo; aspettativa: **to ask for l.**, chiedere un permesso; **to be on l.**, essere in congedo (o in licenza, in permesso); **a two weeks' l.**, due settimane di congedo; **l. with pay**, permesso (o congedo) retribuito **3** congedo; commiato; partenza: **to take one's l. of sb.**, prendere congedo (o commiato) da q. **4** vacanza; ferie. ● **l.-breaker**, impiegato (o militare, ecc.) che non si ripresenta allo scadere del congedo □ **a l. on full** (**on half**) **salary** (o **wages**), un congedo con trattamento economico pieno (dimezzato) □ **l.-taking**, commiato; congedo □ **extended l.**, congedo prolungato; aspettativa □ **on l.**, in congedo; in vacanza; (mil.) in licenza □ (mil.) **short l.**, libera uscita □ **sick l.**, congedo per motivi di salute; (mil.) licenza di convalescenza □ **to take one's l. of sb.**, (anche) accomiatarsi (o congedarsi) da q. □ (fig.) **to take l. of one's senses**, perdere il ben dell'intelletto; impazzire □ **to take French l.**, andarsene alla chetichella (o all'inglese) □ (fam.) **without so much as «with your l.»** (o **«by your l.»**), senza nemmeno chiedere il permesso.
to leave (2) [li:v], V. **to leaf**.
leaved [li:vd], a. **1** (raro) frondoso; fronzuto **2** (nei composti, per es.:) **red-l.**, dalle foglie rosse; **narrow-l.**, dalle foglie strette. ● **four-l. clover**, quadrifoglio □ **a one-l. table**, una tavola allungabile con una sola ribalta.
leaven ['levn], n. lievito (anche fig.); fermento. ● (Bibbia) **the old l.**, le tracce dell'antico vizio (dell'uomo).
to leaven ['levn], v. t. **1** far lievitare; far fermentare **2** (fig.) permeare; impregnare; pervadere.
leaves [li:vz], pl. di **leaf**.
leavings ['li:viŋz], n. pl. avanzi; residui; rifiuti; rimasugli.
Lebanese [,lebə'ni:z], a. e n. (invar. al pl.) libanese.
Lebanon ['lebənən], n. (geogr.) Libano.
lech [letʃ], A n. (pop.) **1** lussuria; lascivia; concupiscenza **2** persona dissoluta. B a. attr. dissoluto; lussurioso.
to lech [letʃ], v. i. (pop.) essere dissoluto; essere lussurioso. ● **to l. after a girl**, concupire una ragazza.
lecher ['letʃə*], n. fornicatore; lussurioso; satiro (fig.).
lecherous ['letʃərəs], a. lascivo; lussurioso; impudico.
lechery ['letʃəri], n. lascivia; lussuria; impudicizia.
lecithin ['lesiθin], n. (chim., biol.) lecitina.
lectern ['lektə:n], n. leggio (per poggiarvi la Bibbia, ecc.).
lection ['lekʃən], n. **1** (filol.) lezione; variante d'un testo **2** (relig.) lettura delle Sacre Scritture (fatta in chiesa); lectio.
lectionary ['lekʃnəri], n. (relig.) lezionario; libro di passi delle Sacre Scritture.
lecture ['lektʃə*], n. **1** conferenza; lezione (universitaria): **He gave us a l. on contemporary poetry**, ci fece una conferenza sulla poesia contemporanea; **to go on a l. tour**, fare un giro di conferenze **2** predicozzo; ramanzina: **to give** (o **to read**) **sb.**

a good l., fare a q. una bella ramanzina. ● **l. hall**, sala per conferenze; aula universitaria □ **l. theatre**, auditorio, auditorium.
to lecture ['lektʃə*], A v. i. fare conferenze; tenere un corso di lezioni; parlare in pubblico; fare discorsi. B v. t. **1** fare una conferenza a; far lezione a (una classe, ecc.) **2** fare un predicozzo, una ramanzina, una paternale a (q.); rimproverare, sgridare.
lecturer ['lektʃərə*], n. **1** conferenziere; oratore **2** (nelle università USA) professore: **He's the best l. we have**, è il nostro miglior professore **3** (nelle università ingl.) «lecturer» (che è meno di professore) **4** (talora) professore incaricato (o a contratto) **5** (relig.) predicatore (della Chiesa Anglicana).
lectureship ['lektʃəʃip], n. **1** condizione (o grado, ufficio) di **lecturer** (q.V.) **2** incarico (o contratto) universitario **3** ciclo di conferenze (o di lezioni universitarie).
led [led], pass. e p. p. di **to lead**.
ledge [ledʒ], n. **1** sporgenza; aggetto; ripiano; (falegnameria) listello **2** (di finestra, anche **window l.**) bancale (di davanzale) **3** (di montagna) cornice; cengia: **a l. of rock on the side of a cliff**, una cornice di roccia sul fianco d'una parete (o d'una scogliera) **4** (naut.) scoglio; roccia sommersa **5** (ind. min.) strato, vena (del minerale) **6** (metall.) attacco di colata.
ledged ['ledʒd], V. **ledgy**.
ledger ['ledʒə*], n. **1** (rag.) libro mastro; mastro; partitario; registro **2** (edil.) traversa **3** lapide; pietra tombale (orizzontale) **4** (pesca) prolungina della lenza che, con un piombo, la fissa al fondo. ● **l. board**, cimasa □ **l. line**, (pesca) lenza fissa; (mus.) lineetta supplementare, taglio □ **l. paper**, carta da registri □ (pesca) **l. tackle**, lenza di fondo.
ledgy ['ledʒi], a. pieno di sporgenze, di rocce, di scogli (V. **ledge**).
lee [li:], A n. **1** protezione, riparo (dal vento): **under the lee of a house**, al riparo d'una casa **2** luogo protetto, riparato (specialm. dal vento) **3** (naut.) (lato) sottovento; poggia. B a. attr. (specialm. naut.) sottovento: **the lee side of a ship**, il lato sottovento d'una nave. ● **a lee shore**, una spiaggia sottovento (rispetto a una nave); (fig.) una grossa difficoltà; un serio pericolo □ **a lee tide**, una marea nella direzione del vento.
leech [li:tʃ], n. **1** (zool., Hirudo) sanguisuga (anche fig.); mignatta: **to stick like a l.**, stare attaccato come una mignatta **2** (fig.) flebotomo **3** (arc. o scherz.) medico.
leek [li:k], n. (bot., Allium porrum) porro. ● (fig.) **to eat the l.**, mandar giù un torto; sopportare un'offesa.
leer (1) [liə*], n. sbirciata; occhiata furtiva di traverso; sguardo maligno, malizioso o lascivo.
to leer [liə*], v. i. sbirciare; guardare con la coda dell'occhio; dare occhiate maligne, maliziose o lascive. ● **to l. at sb.**, sbirciare q.; guardare q. con malizia (o con bramosia).
leer (2) [liə*], n. (ind. vetro) forno di ricottura.
leeringly ['liəriŋli], avv. di sottecchi; sbirciando con malizia (o con bramosia, con lascivia).
leery ['liəri], a. (fam.) **1** che la sa lunga; astuto **2** diffidente. ● **to be l. of sb.**, diffidare di q.
lees [li:z], n. pl. feccia; sedimento; fondi. ● (fig.) **to drink a cup to the l.**, bere l'amaro calice fino alla feccia.
leeward ['li:wəd, (naut.) 'lu:əd], A a. avv. **1** sottovento **2** verso (o a) sottovento. B n. sottovento; lato sottovento (di nave). ● (geogr.) **the L. Islands**, le Isole Sottovento □ **on the l.**, sottovento □ **to steer to l.**, navigare sottovento.
leewardly ['li:wədli], a. (naut.: di nave) che scarroccia; che tende ad andare alla deriva.
leeway ['li:wei], n. **1** (naut., aeron.) scarroccio; deriva **2** (aeron.) angolo di deriva **3** (fig.) tolleranza; libertà d'azione (o di pensiero); (anche) margine di sicurezza **4** (fig.) ritardo; svantaggio: **to make up the l.**, recuperare il ritardo; colmare lo svantaggio. ● **to have much l. to make up**, essere molto indietro nel proprio lavoro; avere un grosso svantaggio da colmare □ (naut., aeron.) **to make l.**, scarrocciare.
left [left], [left], A a. **1** sinistro; mancino: **Show me your l. hand**, mostrami la mano sinistra; **the l. wing (flank) of an army**, l'ala sinistra (il fianco sinistro) d'un esercito **2** (polit.) a (o di) sinistra: **He's very l.**, è molto di sinistra. B n. **1** sinistra; lato sinistro: **He was sitting on my l.**, era seduto alla mia sinistra **2** (mano) sinistra **3** (pugilato) sinistro: **He got in one with his l.**, mise a segno un colpo di sinistro **4** (mil.) sinistra, fianco sinistro (d'un esercito) **5** (polit.) sinistra: **the extreme l.**, l'estrema sinistra. C avv. a sinistra (anche polit.); a manca (lett.): **to turn (to look) l.**, voltare (guardare) a sinistra; **The voters have moved l.**, l'elettorato s'è spostato a sinistra. ● (polit.) **L.-Centre**, (il) centrosinistra □ **L.-Centre government**, governo di centrosinistra □ (rugby) **l. centre**, primo centro □ (baseball) **l. fielder**, esterno sinistro □ (sport) **l. half**, mediano (o laterale) sinistro □ **l.-hand**, a mano sinistra, a manca; sinistro, di sinistro; (mecc.) sinistrorso, antiorario; (fig.) indiretto, illegittimo: **the l.-hand side of the canal**, il lato sinistro del canale; **a l.-hand child**, un figlio illegittimo □ (autom.) **l.-hand drive**, guida (o volante) a

left (2)

sinistra □ **l.-handed**, sinistro; (*elettr., mat.*) sinistrorso; (*di persona*) mancino; (*fig.*) goffo, impacciato; ambiguo, equivoco: **I am l.-handed**, sono mancino; **a l.-handed compliment**, un complimento ambiguo □ **a l.-handed blow**, un colpo di sinistro; (*pugilato*) un sinistro □ **l.-handed marriage**, matrimonio morganatico (*o* della mano sinistra) □ **l.-handedness**, l'esser mancino; (*fig.*) goffaggine; ambiguità □ **l.-hand man**, uomo che sta alla propria sinistra □ **l.-hander**, persona mancina, mancino; (*pugilato*) colpo di sinistro, sinistro □ **l.-hand rope**, corda intrecciata in senso antiorario □ (*autom., mecc.*) **l.-hand steering**, guida a sinistra □ **a l. turn**, (*o* **a l.-hand bend**), una svolta a sinistra □ **l. wing**, (*polit.*) ala sinistra; (*rugby*) ala sinistra □ **l.-wing**, (*polit.*) di sinistra, radicale; (*spreg.*) sinistroide; (*sport*) sinistro □ **l.-winger**, (*polit.*) uomo di sinistra; (*spreg.*) sinistroide; (*sport*) ala sinistra □ **to marry with the l. hand**, sposare con matrimonio morganatico □ (*pop.*) **to say st. over the l. (shoulder)**, avere in mente il contrario di quel che si dice; dire q.c. in senso ironico □ (*autom.*) **No l. turn!**, (*cartello*) divieto di svolta a sinistra.

left (2) [left], **A** *pass*. e *p. p.* di **to leave**. **A** *a*. lasciato; rimasto. ● **to be l.**, avanzare; rimanere □ (*ferr.*) **l.-luggage office**, deposito bagagli □ (*d'abito*) **l.-off**, smesso.

leftism [ˈleftizəm], *n.* (*fam., polit.*) l'essere di sinistra; sinistrismo.

leftist [ˈleftist], (*fam., polit.*) **A** *a.* di sinistra; (*spreg.*) sinistroide: **l. ideas**, idee politiche di sinistra; **B** *n.* uomo politico di sinistra; (*spreg.*) sinistroide.

leftovers [ˈleftouvəz], *n. pl.* avanzi; resti; rimasugli.

leftward [ˈleftwəd], *a.* a (*o* verso) sinistra: **a l. turn**, una curva a sinistra.

leftwards [ˈleftwədz], *avv.* a (*o* verso) sinistra.

lefty [ˈlefti], *n.* **1** (*specialm. USA*) mancino (*spesso usato come nomignolo*) **2** (*fam. ingl., spreg.*) sinistroide.

leg [leg], *n.* **1** gamba; (*d'animale*) zampa; (*di stivale*) gambale: **A man has two legs**; **quadrupeds have four**, l'uomo ha due gambe; i quadrupedi ne hanno quattro; **the leg of a stocking**, la gamba d'una calza; **the legs of a chair (of a table, etc.)**, le gambe d'una sedia (d'una tavola, ecc.); **a wooden leg**, una gamba di legno **2** (*d'animale macellato*) coscia; cosciotto: **the leg of a fowl**, la coscia d'un pollo **3** (*geom.*) lato (*di triangolo, esclusa la base*); ipotenusa **4** (*fam.*) tratta; tappa (*di un viaggio*) **5** (*sport*) frazione; ripresa; tempo **6** (*naut.*) tratta; tratto di rotta **7** (*elab.*) ramo **8** (*anche* **blackleg**) crumiro; imbroglione. ● (*sport*) **leg-guard**, gambiera; parastinchi □ (*moda*) **a leg-of-mutton sleeve**, una manica a gigot □ (*fam.*) **leg-pull**, presa in giro; canzonatura □ **leg-rest**, appoggio per le gambe (*per un malato*) □ **leg room**, spazio per le gambe □ (*nel cricket*) **leg-stump**, paletto di sinistra □ **to be all legs**, essere tutto gambe; essere alto e magro □ (*d'un bambino*) **to feel** (*o* **to find**) **one's legs**, muovere i primi passi; cominciare a camminare □ **to get (up) on one's (hind) legs**, (*d'animale*) alzarsi sulle zampe di dietro; (*fig.*) alzarsi a parlare, fare un intervento □ (*fig., fam.*) **to give leg-bail**, affidare la propria salvezza alle gambe; darsela a gambe; scomparire dalla circolazione □ **to give sb. a leg up**, aiutare q. ad arrampicarsi, a montare in sella; (*fig.*) aiutare q. a far carriera; dare una spinta a q. (*fig.*) □ (*fig.*) **to have the legs of sb.**, essere più veloce di q.; staccare q. □ (*fig.*) **to have no leg to stand on**, non avere un buon motivo □ **to keep one's legs**, rimanere in piedi; non cadere □ (*fig.*) **not to have a** (*o* **to have no**) **leg to stand on**, non avere un motivo (*o* una ragione, una scusa) che stia in piedi (*o* che tenga) □ (*di cosa, oggetto*) **to be on its last legs**, essere assai sgoccioli; essere consumato (*o* logoro) □ (*fig.*) **to be on one's legs** (*scherz*.: **on one's hind legs**), esser di nuovo in piedi, in gamba (*dopo una malattia*); alzarsi in piedi (*per fare un discorso*) □ (*fam.*) **to pull sb.'s leg**, prendere in giro q.; (*fam.*) imbrogliare q., fregare q. □ **to run sb. off his legs**, far correre q. qua e là; tenere q. occupatissimo □ **to set (o to get) sb. on his legs**, rimettere in piedi q. (*dopo una malattia*); aiutare q. a far carriera, a impiantarsi (*nel commercio, ecc.*) □ (*fam.*) **to shake a leg**, far quattro salti; fare un ballo alla buona □ (*pop.*) **Shake a leg!**, muoviti!; spicciati! □ **to stand on one leg**, stare ritto su un piede solo □ **to stand on one's own legs**, stare in piedi, reggersi da solo; (*fig.*) essere indipendente, reggersi con le proprie forze, fare coi propri mezzi □ **to stretch one's legs**, stendere (*o* allungare) le gambe; (*fig.*) sgranchirsi le gambe, fare quattro passi □ **to take to one's legs**, darsela a gambe □ **to walk sb. off his legs**, far venire il fiato corto a q. a forza di camminare □ **He is on his last legs**, è ridotto a mal partito; è al lumicino.

to leg [leg], *v. i.* (*fam.: di solito*, **to leg it**) andare a piedi; camminare; correre: **We had to leg it back**, dovemmo ritornare a piedi.

legacy [ˈlegəsi], *n.* **1** (*leg.*) legato di beni mobili; lascito **2** (*fig.*) strascico: **a l. of hatred**, uno strascico d'odio. ● **l. duty**, imposta di successione □ **l.-hunter**, cacciatore (*o* cacciatrice) d'eredità.

legal [ˈliːgəl], *a.* **1** legale; legittimo; giuridico: **l. acts**, atti legali; **to take l. steps**, adire le vie legali; **l. adviser**, consulente legale **2** perseguibile a termini di legge: **a l. offense**, un reato perseguibile a termini di legge **3** stabilito dalla legge. ● **l. action**, azione legale □ **l. age**, età legale; maggiore età □ **l. assets**, massa ereditaria □ **l. consideration**, causa lecita (*in un contratto*) □ **l. costs** (*o* **l. expenses**), spese legali □ **l. department**, (ufficio del) contenzioso □ (*fin.*) **l. interest**, interesse legale □ **l. medicine**, medicina legale □ (*fin.*) **l. person**, persona giuridica □ **l. proceedings** (*o* **steps**), vie legali □ **l. representation**, rappresentanza legale; patrocinio □ **l. rights**, diritti stabiliti dalla legge □ **l. separation**, separazione legale □ **l. status**, personalità giuridica □ (*econ., fin.*) **l. tender**, moneta a corso legale □ **l. transaction**, negozio giuridico.

legalism [ˈliːgəlizəm], *n.* stretta legalità; legalismo.

legalist [ˈliːgəlist], *n.* legalista.

legalistic [ˌliːgəˈlistik], *a.* legalistico.

legality [liˈ(ː)gæliti], *n.* legalità; legittimità.

legalization [ˌliːgəlaiˈzeiʃən], *n.* legalizzazione; legittimazione; autenticazione.

to legalize [ˈliːgəlaiz], *v. t.* legalizzare; legittimare; rendere legale; autenticare (*un documento*)

legate [ˈlegit], *n.* **1** (*stor. romana*) legato **2** emissario; inviato **3** (*relig.*) legato pontificio; nunzio apostolico.

legatee [ˌlegəˈtiː], *n.* (*leg.*) legatario, legataria.

legateship [ˈlegitʃip], *n.* (*relig.*) legazione; carica (*o* ufficio) di legato.

legatine [ˈlegətain], *a.* (*relig.*) di legato pontificio; legatizio.

legation [liˈgeiʃən], *n.* **1** legazione; ambasceria; ambasciata **2** (*polit.*) legazione: **the Italian l.**, la legazione italiana **3** (*relig.*) V. **legateship**.

legato [liˈgaːtou] (*ital.*), *a., avv.* e *n.* (*pl.* **legatos**) (*mus.*) legato.

legator [liˈgeitə*], *n.* (*leg.*) legante; chi lascia (q.c.) per legato.

legend [ˈledʒənd], *n.* **1** leggenda (*in tutti i sensi*); mito: **the l. of Robin Hood**, la leggenda di Robin Hood **2** legenda, leggenda; didascalia: **the l. of a medal (of a map, etc.)**, la leggenda d'una medaglia (d'una carta geografica, ecc.) **3** (*fig.*) figura leggendaria. ● **He was a l. in his own time**, già fin da vivo, era una leggenda.

legendary [ˈledʒəndəri], **A** *a.* leggendario; mitico: **l. events**, avvenimenti leggendari. **B** *n.* (*relig.*) leggendario.

legendry [ˈledʒəndri], *n.* (*collett.*) leggende; miti.

leger [ˈledʒə*], (*mus., anche* **l. line**) V. **ledger line**, sotto **ledger**.

legerdemain [ˌledʒədəˈmein], *n.* **1** destrezza di mano; gioco di prestigio; prestidigitazione **2** (*fig.*) imbroglio; inganno; gherminella; raggiro.

legged [legd], *a.* che ha gambe (*di solito, nei composti; per es*.: **long-l.**, dalle gambe lunghe; **two-l.**, bipede; **four-l.**, quadrupede.

legginess [ˈleginis], *n.* esagerata lunghezza delle gambe.

leggings [ˈleginz], *n. pl.* **1** gambali di cuoio **2** ghette lunghe (*per es., per bambini*).

leggo [ˈlegou], *voce verb.* (*pop. USA per* **let go!**) lascia (andare)!; molla!

leggy [ˈlegi], *a.* (*di bambino, puledro, ecc.*) dalle gambe lunghe ed esili.

leghorn [ˈlegho:n], *n.* **1** paglia per cappelli **2** cappello di paglia di Firenze **3** gallina di razza livornese.

Leghorn [ˈlegho:n], *n.* (*geogr.*) Livorno.

legibility [ˌledʒiˈbiliti], *n.* leggibilità.

legible [ˈledʒəbl], *a.* leggibile: **a l. handwriting**, una scrittura leggibile.

legion [ˈliːdʒən], *n.* **1** (*stor. romana*) legione **2** (*mil.*) legione; (*fig.*) moltitudine: **Their name is l.**, sono legioni. ● **L. of Honour**, Legion d'onore □ (*in USA*) **the American L.**, Associazione dei Combattenti e Reduci □ (*in G. B.*) **the British L.**, Associazione dei Combattenti e Reduci □ (*stor., mil.*) **the Foreign L.**, la Legione straniera.

legionary [ˈliːdʒənəri], **A** *a.* legionario. **B** *n.* **1** (*stor. romana*) legionario **2** (*mil.*) legionario **3** (*in G. B.*) reduce; combattente.

legioned [ˈliːdʒənd], *a.* (*poet.*) diviso in (*o* disposto per) legioni.

to legislate [ˈledʒisleit], **A** *v. i.* legiferare; promulgare leggi: **to l. against political corruption**, promulgare leggi contro la corruzione politica. **B** *v. t.* creare (*o* inculcare, instillare, ecc.) per legge: **to l. morality**, inculcare la moralità per legge. ● (*fam.*) **to l. against**, impedire; sconsigliare □ **to l. for**, prevedere; provvedere a.

legislation [ˌledʒisˈleiʃən], *n.* legislazione.

legislative [ˈledʒislətiv], *a.* legislativo.

legislator [ˈledʒisleitə*], *n.* legislatore.

legislature [ˈledʒisleitʃə*], *n.* corpo legislativo; assemblea legislativa; legislatura.

legist [ˈliːdʒist], *n.* giurista.

legit [liˈdʒit], (*pop.*) V. **legitimate**.

legitim ['ledʒitim], n. (leg.) legittima; quota indisponibile (in Scozia).
legitimacy [li'dʒitiməsi], n. (leg.) legittimità.
legitimate [li'dʒitimit], a. **1** legittimo; lecito; giusto; valido: **a l. child**, un figlio legittimo; **a l. sovereign**, un sovrano legittimo; **a l. motive**, un motivo valido **2** (teatr.) regolare: **the l. drama**, il dramma regolare (vero e proprio).
to legitimate [li'dʒitimeit], v. t. **1** (leg.) legittimare **2** legittimare; giustificare; scusare.
legitimation [li,dʒiti'meiʃən], n. legittimazione.
to legitimatize [li'dʒitimətaiz], v. t. legittimare; rendere legale.
legitimism [li'dʒitimizəm], n. (polit.) legittimismo.
legitimist [li'dʒitimist], n. (polit.) legittimista.
legitimistic [li,dʒiti'mistik], a. (polit.) legittimistico.
legitimization [li,dʒitimai'zeiʃən], n. legittimazione.
to legitimize [li'dʒitimaiz], v. t. legittimare; rendere legale: **to l. a child**, legittimare un bambino.
legless ['legʃis], a. senza gambe.
legume ['legju(:)m], n. **1** legume **2** (bot.) leguminosa. ● (agric.) **l. forage**, leguminosa da foraggio.
legumen [le'gju(:)mən], n. (pl. **legumina, legumens**) V. **legume**.
leguminous [le'gju:minəs], a. **1** a baccelli **2** (bot.) delle leguminose.
lei [lei], n. «lei» (ghirlanda di fiori hawaiana).
leister ['li:stə*], n. fiocina per salmoni (di solito, a tre denti).
to leister ['li:stə*], v. t. fiocinare (pesci) (V. **leister**).
leisure ['leʒə*], n. agio; comodi; riposo; tempo libero; svago; tranquillità ● **to have l. to do st.**, aver agio di fare q.c.; **to wait sb.'s l.**, aspettare i comodi di q. ● **l. time**, tempo libero □ **at l.**, libero (dal lavoro, ecc.); senza fretta □ **to do st. at one's l.**, fare q.c. con comodo (o tranquillamente, senza fretta).
leisured ['leʒəd], a. **1** (che ha molto tempo libero); non occupato; non preso dal lavoro **2** fatto con comodo (o senza fretta, tranquillamente); lento, tranquillo. ● (econ.) **the l. classes**, le classi agiate; i ricchi.
leisureliness ['leʒəlinis], n. comodità; tranquillità; mancanza di fretta; lentezza.
leisurely ['leʒəli], **A** a. comodo; fatto con comodo (o senza fretta, a proprio agio); tranquillo, lento: **a l. walk**, una passeggiata tranquilla. **B** avv. con comodo; senza fretta; tranquillamente; a proprio agio.
leitmotif, leitmotiv ['laitmou,ti:f] (ted.), n. (mus. e fig.) leitmotiv.
lemma ['lemə], n. (pl. **lemmas, lemmata**) **1** (mat., filol.) lemma **2** (bot.) lemma; glumetta inferiore.
lemming ['lemiŋ], n. (zool., Lemmus) lemming; lemmo.
lemon (1) ['lemən], **A** n. **1** (bot., Citrus limon) limone **2** color limone **3** (pop.) cosa inutile o difettosa; trabiccolo; (specialm.) macinino **4** (pop.) persona goffa o sgraziata; racchio, racchia. **B** a. attr. **1** color limone **2** al limone: **l. tea**, tè al limone **3** di limone. ● **l. cheese** (o **l. curd**), crema al limone (da spalmare sul pane) □ **l. drop**, caramella al limone □ (bot.) **l. grass** (Cymbopogon nardus), citronella □ (USA) **l.-lime**, gassosa □ **l. pudding**, budino aromatizzato con succo di limone □ (USA) **l. soda**, limonata (a base di acido citrico) □ **l. squash**, spremuta di limone □ **l.-squeezer**, spremilimoni □ (bot.) **l. tree**, limone (l'albero) □ (bot.) **l. verbena** (Lippia citriodora), cedrina; limoncina; erba luisa.
lemon (2) ['lemən], n. (zool.) – **l. sole** (Solea lascaris), sogliola dal lemon.
lemonade [,lemə'neid], n. **1** (anche **fizzy l.**) limonata (a base d'acido citrico) **2** (anche **fizzy l.**) gassosa **3** limonata; spremuta di limone.
lemony ['leməni], a. che ha il profumo (o il sapore) del limone.
lemur ['li:mə*], n. (zool., Lemur) lemure.
lemures ['lemjuri:z], n. pl. (mitol. romana) lemuri.
lemurids ['lemjəridz], n. pl. (zool., Lemuridae) lemuridi.
lemurine ['lemjurain], a. (zool.) di (o simile a) lemure.
lemuroid ['lemjurɔid], (zool.) **A** a. di (o simile a) lemure. **B** n. pl. lemuroidei.
to lend [lend] (pass. e p. p. **lent**), **A** v. t. prestare (anche fig.); imprestare; dare a prestito; dare; conferire: **I lent him ten pounds**, gli prestai dieci sterline; **A fire lends cheer to a room**, il fuoco dà allegria ad una stanza; **The latest findings l. credibility to his intuitions**, le ultime scoperte conferiscono credibilità alle sue intuizioni. ● **to lend oneself** **B** v. rifl. prestarsi: **Don't l. yourself to her manoeuvres**, non prestarti alle manovre di lei!; **Velvet lends itself to this use**, il velluto si presta a quest'uso. ● **to l. attraction to a plan** (an idea, ecc.), rendere attraente un progetto (un'idea, ecc.) □ **to l. ear** (o **an ear, one's ear**), prestare orecchio; dare ascolto □ **to l. sb. a (helping) hand**, dare una mano a q.; prestare man forte a q. □ (fin., stor.) **L.-Lease**, V. **Lease-Lend**, sotto **lease (1)**.

lendable ['lendəbl], a. prestabile; che si può prestare.
lender ['lendə*], n. **1** prestatore, prestatrice; chi presta **2** (fin.) mutuatario, mutuataria.
lending ['lendiŋ], n. prestito; l'imprestare. ● **l. library**, biblioteca circolante □ **l. rate**, (fin.) tasso attivo; (banca) tasso d'impiego □ (banca) **l. transactions**, operazioni attive.
length [leŋθ], n. **1** lunghezza (in ogni senso); (il) lungo: **the l. of a railway**, la lunghezza d'una ferrovia; **the l. of a vowel**, la lunghezza d'una vocale; **four feet in l. and three feet in breadth**, quattro piedi in (o per il) lungo e tre di largo; **The favourite won by a l.**, il favorito vinse per una lunghezza **2** distanza; portata: **at arm's l.**, alla distanza d'un braccio; a portata di mano; **The two ships were a cable's l. apart**, le due navi erano alla distanza d'un cavo **3** (di tempo) durata: **a tour of some l.**, un giro turistico d'una certa durata **4** tratto; pezzo; spezzone: **a l. of piping**, un tratto di tubatura; **a l. of cable**, un pezzo di cavo **5** (di stoffa) taglio: **a l. of material**, un taglio di stoffa. ● **l. of service**, anzianità di servizio □ (naut.) **l. overall**, lunghezza fuori tutto □ **at l.**, per esteso, esaurientemente; alla fine, finalmente: **to discuss at l. about st.**, discutere per esteso di q.c. □ **at full l.**, lungo disteso; (anche **at great l.**) per esteso, con tutti i particolari □ **to fall full l.**, cadere lungo disteso; stramazzare al suolo □ **a full-l. portrait**, un ritratto a figura intera, in piedi □ (fig.) **to go all lengths** (o **to any l.**), non fermarsi davanti ad alcun ostacolo; fare qualunque cosa: **He would go to any l. to help me**, farebbe qualunque cosa per aiutarmi □ **to be at the l. of saying that...**, arrivare al punto di dire che... □ (fig.) **to keep sb. at arm's l.**, tenere q. a debita distanza; trattare q. con distacco, con freddezza □ **a knee-l. skirt**, una gonna al ginocchio □ (fig.) **to measure one's l.**, cadere lungo disteso □ (radio) **wave-l.**, lunghezza d'onda.
to lengthen ['leŋθən], v. t. e i. allungare, allungarsi; prolungare, prolungarsi.
lengthiness ['leŋθinis], n. **1** lunghezza **2** lungaggine; prolissità.
lengthways ['leŋθweiz], V. **lengthwise**.
lengthwise ['leŋθwaiz], **A** avv. per il lungo; nel senso della lunghezza; longitudinalmente. **B** a. messo per il lungo; longitudinale.
lengthy ['leŋθi], a. **1** lungo: **a l. trip**, un lungo viaggio **2** troppo lungo; prolisso; tedioso: **a l. speech**, un discorso prolisso **3** (fam.) lungo, alto (di persona).
lenience ['li:njəns], **leniency** ['li:njənsi], n. clemenza; indulgenza; mitezza.
lenient ['li:njənt], a. **1** clemente; indulgente; mite: **a l. judge**, un giudice clemente; **a l. punishment**, una punizione mite **2** accomodante; di manica larga (fam.).
Leningrad ['leningra:d], n. (geogr.) Leningrado.
Leninism ['leninizəm], n. (polit.) leninismo.
Leninist ['leninist], **Leninite** ['leninait], n. e a. (polit.) leninista.
lenitive ['lenitiv], a. e n. (farm.) lenitivo; sedativo; calmante.
lenity ['leniti], n. clemenza; indulgenza; mitezza.
leno ['li:nou], n. (pl. **lenos**) (ind. tessile) cretonne; tessuto leggero di cotone.
lens [lenz], n. **1** (ottica) lente: **concave l.**, lente concava; **convex l.**, lente convessa **2** (ottica, fotogr.) obiettivo **l. barrel**, tubo porta-obiettivo **3** (anat.) cristallino. ● **l.-shutter**, otturatore (d'obiettivo) □ **l. tissue**, carta velina per pulire le lenti.
lensed [lenzd], a. munito di lente; fornito di lenti.
lent [lent], pass. e p. p. di **to lend**.
Lent [lent], n. **1** (relig.) quaresima **2** (pl.) gare di canottaggio durante il trimestre di quaresima (a Cambridge). ● (bot.) **L. lily** (Narcissus pseudo-narcissus), trombone; giunchiglia grande □ **L. term**, trimestre di quaresima; secondo trimestre (nelle università inglesi).
Lenten ['lentən], a. (relig.) quaresimale; di (o da) quaresima: **L. services**, (prediche, ecc.) quaresimali; **L. fare**, vitto quaresimale: **to eat L. fare**, mangiare di magro. ● (fig.) **a L. face**, un viso lungo come la quaresima.
lenticular [len'tikjulə*], a. **1** lenticolare **2** (anat.) del cristallino.
lentiginous [len'tidʒinəs], a. lentigginoso.
lentigo [len'taigou], n. (pl. **lentigines**) (med.) lentiggine.
lentil ['lentil], n. **1** (bot., Lens esculenta) lenticchia **2** (geol.) lente.
lentisk ['lentisk], n. (bot., Pistacia lentiscus) lentisco.
lentitude ['lentitju(:)d], n. (arc.) indolenza; pigrizia.
lento ['lentou] (ital.), a., avv. e n. (pl. **lentos**) (mus.) lento.
lentoid ['lentɔid], a. (scient.) lentiforme.
Leo ['li:ou], **A** n. **1** (astron., astrologia, stor.) Leone (costellazione, V segno dello Zodiaco e nome proprio): **Leo XIII**, Leone XIII (papa) **2** Leo (nome proprio) **3** (astrologia: pl. **Leos**) (un) leone; individuo nato sotto il segno del Leone. **B** a. (astrologia) del Leone.
Lèon ['li:ɔn], n. Leone (nome proprio).
Leonard ['lenəd], n. Leonardo.

Leonardesque [ˌleiəna(ː)'desk], *a.* leonardesco.
Leonian [li(ː)'ouniən], (*astrologia*) **A** *n.* persona nata sotto il segno del Leone. **B** *a.* del Leone.
Leonidas [liː'ɔnidæs], *n.* (*stor.*) Leonida.
leonine ['liːənain], *a.* leonino. ● **the L. City**, la città leonina (*parte di Roma*) ☐ **l. verse**, verso leonino.
leopard ['lepəd], *n.* **1** (*zool.*, *Felis pardus*) leopardo; pantera; pardo **2** (*araldica*) leopardo in maestà. ● (*zool.*) **American l.** (*Panthera onca*), leopardo americano; giaguaro ☐ **black l.**, leopardo nero ☐ **hunting l.**, ghepardo (*usato per la caccia*) ☐ (*modo prov.*) **Can the l. change his spots?**, il lupo perde il pelo ma non il vizio.
leopardess ['lepədis], *n.* leopardo femmina.
Leopold ['liəpould], *n.* Leopoldo.
leotard ['liːɔtɑːd], *n.* **1** pagliaccetto (*per acrobati, ecc.*) **2** (*pl.*, *USA*) calzamaglia.
leper ['lepə*], *n.* lebbroso, lebbrosa. ● **l. hospital**, lebbrosario.
lepidopter [ˌlepi'dɔptə*], *n.* (*zool.*) lepidottero.
lepidopteron [ˌlepi'dɔptərɔn], *n.* (*pl.* **lepidoptera**) (*zool.*) lepidottero.
lepidopterous [ˌlepi'dɔptərəs], *a.* (*zool.*) dei lepidotteri.
leporine ['lepərain], *a.* (*zool.*) leporino; di (*o* simile a) lepre.
leprechaun ['leprəkɔːn], *n.* (*mitol. irl.*) leprecano; folletto.
leprosarium [ˌleprə'sɛəriəm] (*lat.*), *n.* (*pl.* **leprosaria**, **leprosariums**) (*med.*) lebbrosario.
leprosy ['leprəsi], *n.* (*med.*) lebbra; (*fig.*) corruzione, contagio.
leprous ['leprəs], *a.* **1** (*med.*) lebbroso **2** simile a lebbra; scaglioso **3** (*biol.*) a squame; squamoso.
lepton ['leptɔn], *n.* (*fis. nucl.*) leptone.
Lesbian ['lezbiən], **A** *a.* **1** di Lesbo; lesbio (*lett.*) **2** – **l.**, lesbico. **B** *n.* – **l.**, lesbica.
lesbianism ['lezbiənizəm], *n.* lesbismo; amore lesbico.
Lesbos ['lezbɔs], *n.* (*geogr.*) Lesbo.
lese-majesty ['liːz'mædʒisti], *n.* (*leg.*) lesa maestà; alto tradimento.
lesion ['liːʒən], *n.* (*anche med.*) lesione.
to lesion ['liːʒən], *v. t.* (*anche med.*) lesionare.
less [les], (*compar. di* **little**) **A** *a.* meno; minore; più piccolo: **Four is l. than five**, quattro è meno di cinque; **L. noise, please!**, meno rumore, prego!; **l. size**, misura minore (*o* inferiore); **a l. number**, un numero minore; **Of two evils choose the l.**, fra due mali, scegli il minore! **B** *n.* meno; quantità (*o* misura) minore: **I cannot take l.**, non posso prendere (*o* accettare) di meno. **C** *avv.* meno; di meno: **You should work l.**, dovresti lavorare di meno; **You are l. diligent than your sister**, sei meno diligente di tua sorella. **D** *prep.* meno: **a month l. two days**, un mese meno due giorni. ● **l. and l.**, sempre meno ☐ **any the l.**, non meno; lo stesso ☐ **l. to**, diminuire; scemare; prendere (ricevere, guadagnare) meno (di) ☐ **to grow l.**, rimpicciolirsi; diminuire ☐ (*scherz.*) **in l. than no time**, in un batter d'occhio; in men che non si dica ☐ **more or l.**, più o meno; all'incirca ☐ **no l. (a person) than**, nientemeno che (*detto di una persona importante*) ☐ **no l. than**, non meno di ☐ **none the l.**, non di meno; ciononostante; tuttavia ☐ **still l.**, tanto meno; meno che mai ☐ **The l. you work, the l. you earn**, meno lavori, meno guadagni.
lessee [le'siː], *n.* **1** (*leg.*) affittuario; locatario; inquilino **2** (*fin.*) mutuante.
to lessen ['lesn], *v. t. e i.* diminuire; rimpicciolire, rimpicciolirsi; ridurre, ridursi; scemare; attenuare, attenuarsi; **to l. sb.'s merits**, diminuire (*o* sminuire) i meriti di q.
lessening ['lesniŋ], *n.* **1** diminuzione; riduzione **2** attenuazione. ● (*fig.*) **l. of strain**, distensione.
lesser ['lesə*], *a. attr.* (*compar. di* **little**) minore; più piccolo; inferiore; di minore importanza: (*astron.*) **the L. Bear**, l'Orsa Minore; **to choose the l. evil**, tra due mali, scegliere il minore. ● (*naut.*) **l. ebb**, corrente di marea minore ☐ **one of the l.-known writers**, uno degli scrittori meno noti.
lesson ['lesn], *n.* lezione (*quasi in ogni senso*): **a Latin l.**, una lezione di latino; **to give (to take) lessons in painting**, dare (prendere) lezioni di pittura; **His severe punishment shall be a l. to the others**, la sua severa punizione servirà di lezione a tutti gli altri. ● (*relig.*) **first (second) l.**, lettura del Vecchio (del Nuovo) Testamento.
to lesson ['lesn], *v. t.* dare una lezione a (q.); rimproverare, redarguire; sgridare.
lessor [le'sɔː*], *n.* (*leg.*) locatore, concedente; chi dà in affitto.
lest [lest], *cong.* **1** per tema che (*lett.*); per paura che; affinché non: **He hid in the wood l. we should catch him**, si nascose nel bosco per paura che lo prendessimo **2** (*dopo espressioni indicanti timore*) che: **I was afraid l. he should fall**, temevo che cadesse.
to let (1) [let] (*pass. e p. p.* **let**), **A** *v. t.* **1** lasciare; permettere; fare; farsi: **Don't let the children make such a noise**, non lasciare che i bambini facciano tanto chiasso!; **I wanted to go to the party, but mother wouldn't let me**, volevo andare alla festa, ma la mamma non me lo permise; **Let me see your homework**, fammi vedere il tuo compito a casa; **They let the prisoner escape**, si fecero (*ma anche*: lasciarono) scappare il prigioniero; **Let them play**, lasciali (*o* falli) giocare **2** (*idiom. e usato come equivalente dell'imper. esortativo ital.*; *per es.*) **Let us pray**, preghiamo!; **Let him try, provi pure!**; **Let every man do his duty**, ognuno faccia il suo dovere; **Let you and me go at once**, andiamo subito noi due; **Let me see...**, vediamo un po'...; (*mat.*) **Let x equal y**, sia x uguale a y **3** affittare; dare in affitto; concedere; locare; appigionare: **to let a house for a year**, appigionare una casa per un anno; **House to let**, casa da affittare; **to let lands**, dare terreni in affitto **4** noleggiare; dare a nolo: **to let out horses**, noleggiare cavalli **5** far uscire, emettere, scaricare (*aria, acqua, ecc.*) **6** (*geom.*) mandare (*una linea perpendicolare*) **7** dare in appalto (*un lavoro*); assegnare (*un contratto*). **B** *v. i.* essere affittato (*o* appigionato); affittarsi; appigionarsi: **This flat does not let easily**, questo appartamento non si affitta facilmente; **How much does this house let for?**, a quanto s'affitta (*o* qual è l'affitto di) questa casa? **C** *verbi composti* **1 to let by**, lasciare (*o far*) passare: **Please, let me by**, mi faccia passare, per favore. **2 to let sb. down**, abbandonare, piantare in asso q.; deludere q. venir meno alle aspettative di q. ☐ **to let st. down**, abbassare, calare q.c.; allungare q.c. (*una sottana, ecc.*); abbassare q.c. (*l'orlo di un vestito, ecc.*); diluire q.c. (*un colore, una vernice*); **I must let down the roll-up shutter**, devo abbassare la serranda ☐ **to let sb. down gently** (*o easy*), trattare q. con indulgenza; non deludere (*o non umiliare*) troppo q. ☐ **to let one's hair down**, lasciarsi cadere i capelli sulle spalle; (*fig.*, *fam.*) lasciarsi andare. **3 to let (sb., st.) in**, lasciare (*o far*) entrare; introdurre; lasciar passare (*aria, acqua, luce, ecc.*); incastrare, inserire; (*fig.*) aprire la strada a, causare, produrre; (*fig.*) coinvolgere, tirare dentro (*fam.*): **Let the dog in!**, fa' entrare il cane!; **This would let in all sorts of troubles**, ciò causerebbe ogni sorta di guai; **to let in an element of doubt**, introdurre un elemento di dubbio ☐ (*autom., mecc.*) **to let in the clutch**, innestare la frizione ☐ **to let oneself in**, entrare con la chiave; (*fig.*) farsi coinvolgere, farsi tirare dentro (*fam.*) ☐ **to let oneself in for trouble**, cacciarsi (*o* mettersi) nei guai ☐ **to let sb. in on st.**, mettere q. al corrente (*o* a parte) di q.c. **4 to let (sb., st.) into**, lasciare (*o far*) entrare; introdurre; inserire (q.c.); mettere al corrente (*o* a parte) di; fare partecipe di: **to let a piece of lace into a dress**, inserire un pezzo di trina in un vestito; **to let sb. into a secret**, fare partecipe q. di un segreto ☐ (*fam.*) **to let into sb.**, assalire, attaccare q. **5 to let off**, lasciare uscire, emettere (*vapore, ecc.*); far esplodere (*petardi, ecc.*); scaricare (*un'arma da fuoco*); fare scendere, scaricare (*q. da un veicolo*); lasciare andare, perdonare; esimere, dispensare (*q. da un dovere*); lasciare libero, mettere in libertà (*soldati, ecc.*): **They let off a charge of dynamite**, fecero esplodere una carica di dinamite; **You won't be let off so cheaply next time**, la volta prossima non te la caverai così a buon mercato ☐ **to let off a gun**, lasciar partire un colpo di fucile (*o di pistola*) ☐ (*fig.*) **to let sb. off the hook**, perdonare q.; lasciar scappare q. ☐ **to let off a joke**, uscire in una battuta di spirito ☐ **to let off steam**, (*ferr.*) emettere vapore; (*fig.*) sfogarsi, darsi da fare. **6** (*fam.*) **to let on**, rivelare, svelare, dire (q.c.); fare finta, fingere, simulare: **She knew where I was but she wouldn't let on**, lei sapeva dov'ero ma non volle dirlo. **7 to let out**, menare botte da orbi; attaccare (*a colpi o a parole*); (*USA*) finire, terminare: **They started letting out at him**, cominciarono a dargli botte da orbi; **What time does school let out?**, a che ora finiscono le lezioni? ☐ **to let sb. out**, fare (*o* lasciare) uscire q.; dimettere, liberare, rilasciare q.; (*fam.*) discolpare, scagionare q.: **Let the cat out!**, fa' uscire il gatto!; **He was let out of prison**, fu dimesso dal carcere ☐ **to let (st.) out**, fare uscire, scaricare (*acqua, ecc.*); allargare (*un vestito*); rivelare, svelare, lasciarsi sfuggire (*un segreto, ecc.*); lasciarsi sfuggire (*un grido*); affittare, dare in affitto, appigionare; noleggiare, dare a nolo ☐ (*fig., fam.*) **to let the cat out (of the bag)**, vuotare il sacco, cantare, spifferare tutto (*fig., fam.*) ☐ (*autom., mecc.*) **to let out the clutch**, disinnestare (*o* staccare) la frizione ☐ (*leg.*) **to let sb. out on bail**, accordare a q. la (*o* mettere q. in) libertà provvisoria su cauzione ☐ (*naut.*) **to let out a rope**, filare un cavo; mollare un cavo. **8 to let through**, far passare (attraverso); fare attraversare (q. *o* q.c.). **9 to let up**, allentarsi, diminuire; cessare, smettere; cessare (*o* smettere) di lavorare; (*fam.*) fermarsi, riposarsi: **When the operation was over, the tension let up**, quando l'operazione fu finita, la tensione si allentò; **The rain is letting up**, la pioggia sta cessando; **without letting up**, senza smettere mai; senza posa ☐ **to let sb. up**, fare salire q. ☐ (*fam.*) **to let up on sb.**, allentare le briglie a q.; trattare q. con minore severità; essere meno severo con q. ● **to let sb. alone**, lasciare in pace q., lasciar stare q.; non interferire, far finta di nulla: **Mummy is busy; let her alone**, mamma ha

da fare; lasciala in pace; **Let him do it alone**, non t'immischiare; lascialo fare da sé ☐ **to let be**, lasciar stare; lasciare in pace: **Let him be!**, lascialo in pace!; **Let it be!**, lasciamo stare! ☐ *(med.)* **to let blood**, cavare sangue ☐ **to let drive at sb.**, tirare *(o* assestare*)* un colpo a q.: **He drew his sword and let drive at me**, trasse la spada e mi tirò un colpo ☐ **to let drop**, lasciar cadere; lasciar andare; lasciar perdere: **Shall we let the matter drop?**, dobbiamo lasciar perdere *(o* vuoi che lasciamo perdere*)* la faccenda? ☐ **to let fall**, lasciar cadere *(anche fig.)*; fare: **to let fall a hint**, fare un'allusione ☐ **to let fly**, lanciare, scagliare; *(sport)* lasciare partire *(un colpo, un lancio)*: **He picked up a stone and let fly at me**, raccolse un sasso e me lo scagliò contro; **The old sailor let fly a torrent of abuse**, il vecchio marinaio lanciò un torrente d'ingiurie ☐ **to let sb. go**, lasciar andare q.; *(eufemistico)* licenziare q. ☐ **to let go (of)**, allentare; lasciare; lasciar andare, mollare: **Let go your hold**, lascia la presa!; **The pan was hot and she let it go (of it) at once**, il tegame scottava e lei lo lasciò andare subito ☐ **to let oneself go**, lasciarsi andare; abbandonarsi: **They let themselves go at the party**, alla festa si lasciarono andare ☐ *(naut.)* **to let go the anchor**, dar fondo all'ancora ☐ *(fam.)* **to let st. go hang**, lasciare andare q.c. alla malora ☐ *(naut.)* **to let go the moorings**, mollare gli ormeggi ☐ **to let sb. know**, far sapere a q.; informare q. ☐ **to let loose**, sciogliere, mettere in libertà ☐ **to let st. pass**, tralasciare q.c.; trascurare q.c. ☐ *(fam.)* **to let st. ride**, lasciar correre; lasciare che q.c. vada per il suo verso ☐ **to let slip**, sciogliere, lasciar libero *(un cane, ecc.)*; lasciarsi scappare *(un segreto)*; perdere *(un'occasione)* ☐ **let alone**, senza dire, a prescindere dal fatto che; lungi da: **Let alone that he is far from rich**, senza dire che è tutt'altro che ricco; **We couldn't even hold our ground, let alone advance**, lungi dall'avanzare, non potevamo neanche mantenere le nostre posizioni ☐ **to be badly let in over a business**, essere malamente imbrogliato in un affare ☐ *(cartello)* «To Let», «Affittasi» ☐ **Let me be!**, lasciami stare *(o* in pace*)*!; **Let me go!**, lasciami andare!; mollami! ☐ *(prov.)* **Let well** *(USA:* **well enough**) **alone**, non cercare di far meglio!; non strafare! *(cfr. ital.* il meglio è nemico del bene*)*.

let [let], n. **1** affitto; contratto d'affitto **2** noleggio; nolo **3** casa affittata *(o* da affittare*)*.

to let (2) [let] *(pass.* e *p. p.* **letted, let**), *v. t. (arc.)* impedire; ostacolare.

let (2) [let], n. **1** *(arc. o leg.)* impedimento; ostacolo: **without let or hindrance**, senza alcun impedimento **2** *(tennis)* colpo nullo.

letdown ['let'daʊn], *n. (fam.)* **1** allentamento; rilassamento **2** delusione; disappunto **3** diminuzione; calo **4** *(aeron.)* discesa.

lethal ['liːθəl], *a.* letale; mortale: **the l. bite of a snake**, il morso letale di un serpente. ● **l. chamber**, camera della morte *(col gas)*.

lethargic [le'θɑːdʒɪk], *a.* letargico **2** apatico; indolente.

lethargically [le'θɑːdʒɪkəli], *avv.* in modo letargico; pigramente.

to lethargize ['leθədʒaɪz], *v. t.* **1** rendere letargico **2** far cadere in letargo **3** *(fig.)* intorpidire.

lethargy ['leθədʒi], *n.* **1** letargo; letargia **2** apatia; indolenza.

Lethe ['liːθi(ː)], *n.* **1** *(mitol. classica)* Lete **2** *(fig.)* completo oblio.

Lethean [liː'θiːən], *a.* **1** leteo; di Lete **2** *(fig.)* che dà l'oblio.

Leto ['liː(ː)toʊ], *n. (mitol. greca)* Latona.

let-off ['let'ɒf], *n. (fam.)* **1** (il) cavarsela a buon mercato; (il) passarla liscia *(o* quasi*)* **2** *(mecc.)* scatto.

let-out ['let'aʊt], **A** *n.* **1** via d'uscita *(fig.)*; scappatoia **2** *(irl.)* banchetto; festino. **B** *a. attr.* di *(o* che serve da*)* scappatoia. ● *(leg.)* **l. clause**, clausola liberatoria.

let's [lets], *contraz.* di **let us**.

Lett [let], *n.* lettone *(anche la lingua)*.

letter ['letə*], *n.* **1** lettera; carattere *(di stampa)*; epistola; missiva: **capital letters**, lettere maiuscole; **small letters**, lettere minuscole; **a business l.**, una lettera d'affari; **black l.**, carattere gotico; **a l. of introduction**, una lettera di presentazione **2** lettera; senso letterale: **to carry out an order to the l.**, eseguire un ordine alla lettera **3** *(pl.)* lettere; belle lettere; letteratura: **a man of letters**, un uomo di lettere; **the profession of letters**, la professione delle lettere; **the commonwealth of letters**, la repubblica delle lettere. ● **l. balance**, bilancia per lettere; pesalettere ☐ **l. basket**, cestino per la corrispondenza ☐ *(comm.)* **l. book**, copialettere ☐ **l.-bound**, troppo attaccato alla lettera ☐ **l. box**, cassetta per le lettere; buca delle lettere ☐ **l. card**, biglietto postale ☐ **l. carrier**, portalettere; postino ☐ **l.-case**, portafoglio ☐ **l. of advise**, lettera d'avviso ☐ *(leg.)* **l. of attorney**, lettera di procura ☐ *(polit.)* **letters of credence**, credenziali ☐ *(banca.)* **l. of credit**, lettera di credito ☐ *(comm., fin.)* **l. of intention**, lettera d'intenti ☐ **l.-head**, intestazione *(di lettera)*; foglio di carta intestata ☐ **l.-lock**, serratura a combinazione ☐ **l. opener**, tagliacarte ☐ **l. paper**, carta da lettere ☐ **letters patent**, lettere patenti; *(leg.)* brevetto *(d'invenzione)* ☐ *(specialm. USA)* **l.-perfect**, perfetto in ogni dettaglio; *(teatr.)* che sa la parte alla perfezione ☐ *(leg.)* **letters rogatory**, rogatoria ☐ **l. scales**, *V.* **l. balance** ☐ **l. sheet**, biglietto postale ☐ *(tipogr.)* **l. spacing**, spaziatura fra le lettere ☐ **l. tray**, cestino per la corrispondenza ☐ **l.-weight**, fermacarte ☐ **l.-worship**, eccessivo attaccamento alla lettera ☐ **l. writer**, chi scrive una lettera; corrispondente ☐ **registered l.**, raccomandata ☐ **special-delivery l.**, espresso.

to letter ['letə*], *v. t.* **1** segnare *(o* classificare*)* con lettere **2** stampare il titolo su *(la copertina d'un libro)* **3** scrivere in stampatello: **He lettered his name on the blank page**, scrisse il suo nome in stampatello sulla pagina bianca **4** mettere una scritta su *(q.c.)*.

lettered ['letəd], *a.* **1** letterato; che sa leggere **2** colto; dotto; istruito **3** scritto *(in lettere)*: **The title on the cover was l. in gold**, il titolo sulla copertina era scritto a caratteri d'oro **4** marcato con lettere.

lettergram ['letəɡræm], *n.* telegramma lettera.

lettering ['letərɪŋ], *n.* **1** caratteri a mano **2** iscrizione; dicitura; titolo *(di un libro)* **3** segnatura *(che dà la collocazione d'un volume in una biblioteca)*. ● *(tipogr.)* **l.-guide**, normografo.

letterless ['letəlɪs], *a.* illetterato.

letterpress ['letə-pres], *n.* **1** materiale a stampa; testo *(di un libro; specialm. in quanto distinto dalle illustrazioni)* **2** *(tipogr.)* stampa tipografica; rilievografia **3** copialettere *(di tipo antiquato)*.

Lettic ['letɪk], **A** *a.* lettone. **B** *n.* lettone *(la lingua)*.

letting ['letɪŋ], *n.* **1** affitto; locazione **2** noleggio; nolo **3** *(pl.)* case *(o* appartamenti*)* da affittare. ● *(aeron.)* **l.-down**, discesa ☐ *(fin.)* **l. value**, valore locativo.

Lettish ['letɪʃ], **A** *a.* lettone. **B** *n.* lettone *(la lingua)*.

lettuce ['letɪs], *n. (bot., Lactuca sativa)* lattuga. ● **cabbage l.** *(Lactuca sativa capitata)*, lattuga cappuccia.

let-up ['let'ʌp], *n. (fam.)* cessazione; rallentamento; diminuzione; interruzione. ● **with no l.** *(o* **without any l.**), incessantemente; ininterrottamente; senza posa.

leuc(a)emia [ljuː(ː)'kiːmɪə], *n. (med.)* leucemia.

leucite ['ljuːsaɪt], *n. (miner.)* leucite.

leucocytosis [ˌljuːkəsaɪ'toʊsɪs], *n. (pl.* **leucocytoses**) *(med.)* leucocitosi.

leuk(a)emia [ljuː'kiːmɪə], *n. (med.)* leucemia.

leuk(a)emic [ljuː'kiːmɪk], *a. (med.)* leucemico.

leukocyte ['ljuːkəsaɪt], *n. (biol.)* leucocito, leucocita; globulo bianco.

leukoma [ljuː(ː)'koʊmə], *n. (med.)* leucoma.

leukorrh(o)ea [ˌljuːkə'riːə], *n. (med.)* leucorrea.

Levant [lɪ'vænt], *n. (geogr.)* (il) Levante; (il) Vicino Oriente.

to levant [lɪ'vænt], *v. i.* tagliar la corda *(fig.)*, svignarsela *(specialm., senza pagare i debiti)*.

levanter (1) [lɪ'væntə*], *n.* vento di levante; levante.

levanter (2) [lɪ'væntə*], *n.* chi taglia la corda, chi se la svigna *(senza pagare i debiti)*.

Levanter [lɪ'væntə*], *n. (geogr.)* levantino.

Levantine ['levəntaɪn], *a.* e *n. (geogr.)* levantino.

levator [lɪ'veɪtə*], *n. (pl.* **levatores, levators**) **1** *(anat.)* (muscolo) elevatore **2** *(med.)* elevatore *(strumento chirurgico)*; leva chirurgica.

levee (1) ['levɪ], *n.* **1** *(stor.)* udienza concessa dal sovrano all'ora di levarsi dal letto **2** *(in G.B.)* ricevimento a corte *(solo per uomini, nel pomeriggio)* **3** *(USA)* ricevimento elegante.

levee (2) ['levɪ], *n.* **1** *(geogr.)* argine *(di fiume)* **2** argine artificiale *(di contenimento)*.

level ['levl], **A** *n.* **1** *(anche fig.)* livello: **the l. of water** *(of oil, etc.)*, il livello dell'acqua *(dell'olio, ecc.)*; **to be on a l. with**, essere a livello di *(q.c.)*; **five hundred yards above sea l.**, cinquecento iarde sul livello del mare; **Few can rise to that man's moral l.**, pochi possono innalzarsi al livello morale di quell'uomo **2** livella: **a spirit l.**, una livella a bolla d'aria **3** piano; superficie piana; piano orizzontale **4** piana; spianata; terreno pianeggiante **5** altitudine: **Water boils more quickly at this l.**, l'acqua raggiunge il punto d'ebollizione più rapidamente a questa altitudine **6** *(elettr., elettron.)* livello **7** *(fis.; anche* **energy l.**) livello energetico **8** *(costr.)* canaletto di scolo. **B** *a.* **1** piano; orizzontale; piatto; spianato: **a l. surface**, una superficie piana; **l. reaches**, distese piatte **2** equo; equilibrato; imparziale: **a l. match**, una gara equilibrata **3** al posto giusto; a posto; assennato: **to have a l. head**, avere la testa a posto; **to keep a l. head**, tenere la testa a posto; restare calmo **4** raso: **a l. teaspoonful**, un cucchiaino raso **5** costante; uniforme: **l. temperature**, temperatura costante **6** calmo; fermo; pacato: **a l. look**, uno sguardo fermo; **in a l. tone of voice**, in tono pacato. **C** *avv.* a livello; allo stesso livello; alla pari: **to run l. with**, correre allo stesso livello di *(q.c.)*; essere alla pari di *(q.)* in una corsa. ● *(mil.)* **l. bombing**, bombardamento in quota ☐ *(autom., ferr.)* **l. crossing**, passaggio a livello ☐ **l. crossing with (without) barrier or gate**, passaggio a livello custodito (incustodito) ☐ *(ind. min.)* **l. drive**, galleria di livello ☐ *(aeron.)* **l. flight**, volo orizzontale ☐ **l.-headed**, che ha la testa a posto; equilibrato; dotato di buon

level

senso □ **l.-headedness**, quadratura mentale □ (*polit.*, *ecc.*) **l.--pegging**, equidistanza; neutralità □ (*ass.*) **l. premium**, premio costante □ (*fam.*) **to do one's l. best**, fare del proprio meglio □ **to find one's l.**, (*di liquido*) livellarsi; (*fig.*) raggiungere una posizione adeguata □ **to give sb. a l. glance**, guardare q. diritto negli occhi (*o* in faccia) □ (*fam.*) **on the l.**, equo, giusto, onesto; onestamente, su giuste basi □ (*autom.*) **L. crossing without gate** (*o* **without barrier**) **ahead**, passaggio a livello incustodito (*cartello*).

to **level** ['levl], **A** *v. t.* **1** livellare (*anche fig.*); spianare; uguagliare; rendere uguale: **to l. a road**, spianare una strada; **Love levels all classes**, l'amore rende tutti uguali **2** spianare; demolire; radere al suolo; abbattere, atterrare (*una persona*): **The earthquake levelled the whole town**, il terremoto rase al suolo l'intera città **3** spianare, puntare (*un fucile, una pistola*) **4** rivolgere, lanciare, scagliare (*un'accusa, ecc.*): **to l. severe criticisms at sb.**, rivolgere severe critiche a q. **5** appiattire (*prezzi, salari, ecc.*) **6** (*topografia*) livellare; fare la livellazione di (*un terreno*). **B** *v. i.* **1** (*spesso* **to l. down**, **out**, **up**) livellarsi; farsi pianeggiante **2** (*di una tinta, ecc.*) distribuirsi equamente **3** (*di prezzi, salari, ecc.; spesso* **to l. off**) appiattirsi. ● **to l. at sb.**, prendere di mira q. (*anche fig.*) □ **to l. away distinctions**, abolire le distinzioni □ **to l. a blow at sb.**, assestare (*o* vibrare) un colpo a q. □ **to l. st. in the dust**, spianare q.c.; radere al suolo q.c. □ **to l. off**, spianare, (*aeron.*) metters in orizzontale; (*fig.*) equilibrarsi, stabilizzarsi; equilibrare, stabilizzare **4** (*fig.*) **to l. out**, V. **to l. off** □ (*fam.*) **to l. with sb.**, essere franco con q.

leveller ['levələ*], *n.* livellatore, livellatrice; (*specialm.* chi vuole abolire le differenze sociali; egualitario. ● (*stor. ingl.*) **Levellers**, levellers; livellatori.

levelling ['levliŋ], *n.* **1** livellamento; appiattimento; spianamento **2** (*topografia*) livellazione **3** puntamento (*d'arma da fuoco*). ● (*fig.*) **l.-down** (*o* **l.-out**), appiattimento (*di prezzi, salari, ecc.*) □ **l. rod** (*o* **l. staff**), stadia □ (*mecc.*) **l. screw**, vite di livello; vite calante.

lever ['li:və*], *n.* (*fis., mecc.*) leva (*anche fig.*): **l. of first** (**second, third**) **order**, leva di primo (secondo, terzo) genere; (*autom.*) **gear--l.**, leva del cambio di velocità; **the levers of economic power**, le leve del potere economico. ● **l. arm**, braccio di leva □ **l. escapement**, scappamento a leve (*o* ad ancora) □ (*elettr.*) **l. switch**, interruttore a leva □ **l. watch**, orologio ad ancora.

to **lever** ['li:və*], **A** *v. t.* **1** spostare (*o* sollevare) con una leva **2** far leva con (q.c.); usare come leva. **B** *v. i.* **1** fare da leva **2** usare una leva; usare leve.

leverage ['li:vəridʒ], *n.* (*fis., mecc.*) **1** moltiplicazione mediante leva **2** leveraggio; sistema di leve **3** modo di far leva (*anche fig.*); autorità, influsso, influenza, potere: **You should use your l. with the trade union**, devi usare la tua influenza sul sindacato.

leveret ['levərit], *n.* leprotto (*specialm. sotto l'anno d'età*).

leviable ['leviəbl], *a.* **1** (*di tassa, ecc.*) imponibile **2** (*di bene*) soggetto a imposta; tassabile.

leviathan [li'vaiəθən], *n.* **1** (*Bibbia*) leviatano; mostro marino **2** (*fig.*) cosa enorme **3** persona straordinaria (*per abilità, ricchezza, ecc.*); mostro (*fig., fam.*). ● (*polit.*) **the L.** (*o* **the L. state**), il Leviathan; lo stato Leviatano.

to **levigate** ['levigeit], *v. t.* **1** levigare; lisciare **2** polverizzare.

levigation [,levi'geiʃən], *n.* **1** levigazione **2** polverizzazione.

levin ['levin], *n.* (*poet.*) lampo; baleno.

levirate ['li:virit], *n.* (*stor. ebraica*) levirato.

leviratic(al) [,li:vi'rætik(əl)], *a.* di (*o* da, concernente il) levirato.

Levis ['li:vaiz], *n. pl.* (*marchio: moda*) Levi; blu jeans.

to **levitate** ['leviteit], (*parapsicologia*) **A** *v. i.* levitare. **B** *v. t.* far levitare.

levitation [,levi'teiʃən], *n.* (*parapsicologia*) levitazione.

Levite ['li:vait], *n.* (*Bibbia*) levita.

Levitical [li'vitikəl], *a.* (*Bibbia*) levitico.

Leviticus [li'vitikəs], *n.* (*relig.*) (il) Levitico.

levity ['leviti], *n.* **1** leggerezza (*fig.*); frivolezza; incostanza; spensieratezza **2** (*raro*) leggerezza (*di peso*).

levulose ['levjulous], *n.* (*chim.*) levulosio, levuloso.

levy ['levi], *n.* **1** (*fin.*) imposizione, esazione (*di tasse*); prelievo; imposta, tassa (*come gettito*) **2** (*leg.*) pignoramento; esecuzione forzata **3** (*mil.*) leva; coscrizione; (*collett.*) soldati di leva, coscritti: **l. in mass**, coscrizione generale ● (*fin.*) **capital l.**, imposta sul capitale □ (*fin.*) **the l. system**, il regime dei prelievi fiscali.

to **levy** ['levi], *v. t.* **1** imporre, esigere, riscuotere (*tasse, tributi, ecc.*) **2** (*leg.*) agire esecutivamente su **3** (*mil.*) levare (*soldati; arc.*); coscrivere, arruolare (*truppe*) ● **to l. blackmail**, estorcere denaro col ricatto □ (*leg.*) **to l. on sb.'s property**, agire esecutivamente sui beni di q. (*per pagare i creditori*) □ (*fin.*) **to l. taxes on imports**, stabilire imposizioni all'importazione □ **to l. war upon** (*o* **against**) **sb.**, fare la guerra contro q.

lewd [lu:d], *a.* dissoluto; lascivo; libidinoso; impudico.

lewdness ['lu:dnis], *n.* dissolutezza; lascivia; libidine; impudicizia.

lewis ['lu:is], *n.* (*costr.*) ulivella (*per sollevare pietre*).

Lewis ['lu:is], *n.* Luigi.

lexeme ['leksi:m], *n.* (*linguistica*) lessema.

lexical ['leksikəl], *a.* lessicale.

lexicographer [,leksi'kɔgrəfə*], *n.* lessicografo.

lexicographic(al) [,leksikou'græfik(əl)], *a.* lessicografico.

lexicography [,leksi'kɔgrəfi], *n.* lessicografia.

lexicon ['leksikən], *n.* (*pl.* **lexica, lexicons**) lessico, vocabolario; dizionario.

lexis ['leksis], *n.* (*pl.* **lexes**) lessico; vocabolario; patrimonio lessicale.

ley [li:], *n.* terreno erboso (*tenuto a prato per un anno*).

Leyden ['laidn], *n.* (*geogr.*) Leida. ● (*fis.*) **L. jar**, bottiglia di Leida.

liability [,laiə'biliti], *n.* **1** responsabilità (*anche leg., ass.*); l'essere soggetto (a); disposizione, predisposizione; tendenza: (*comm.*) **the l. of the carrier**, la responsabilità del vettore; **l. for military service**, l'esser soggetto a obblighi militari; **l. to** (**catch**) **colds**, predisposizione al raffreddore **2** (*fin., rag.; di solito al pl.*) passivo; passività; debiti; impegni: **assets and liabilities**, attivo e passivo; attività e passività; **to meet one's liabilities**, far fronte ai propri impegni **3** (*fig.*) ostacolo; svantaggio; inconveniente; handicap. ● **l. insurance**, assicurazione contro i rischi di responsabilità civile □ **l. limit**, massimale.

liable ['laiəbl], *a.* **1** responsabile (di); obbligato (a); tenuto (a): **I am not l. for your debts**, non sono responsabile dei (*o* tenuto a pagare i) tuoi debiti **2** soggetto (a); esposto (a): **He is l. to heart attacks**, va soggetto ad attacchi di cuore **3** (*leg.*) passibile; punibile: **to be l. to a term in jail**, essere passibile d'una pena detentiva **4** possibile; probabile: **It's l. to explode any minute**, è possibile che esploda (*o* può scoppiare) da un momento all'altro. ● (*fin.*) **l. to audit**, sindacabile, verificabile □ (*leg.*) **l. to deferment**, prorogabile □ **Difficulties are l. to occur**, è possibile che sorgano difficoltà.

to **liaise** [li'eiz], *v. i.* **1** − **to l. with sb.**, mettersi in collegamento con q.; allacciare una relazione (*specialm. amorosa*) con q. **2** (*mil.*) fare l'ufficiale di collegamento.

liaison [li(:)'eizɔn], *n.* **1** relazione (*specialm. amorosa*); legame **2** (*comm., mil.*) collegamento: **l. office**, ufficio di collegamento; **l. officer**, ufficiale di collegamento **3** (*fon.*) liaison; legamento.

liana [li'a:nə], **liane** [li'a(:)n], *n.* (*bot.*) liana.

liar ['laiə*], *n.* bugiardo, bugiarda; mentitore, mentitrice.

lias ['laiəs], *n.* (*geol.*) lias.

liassic [lai'æsik], *a.* (*geol.*) liassico.

lib [lib], *n.* (*fam., anche* **lib movement**) movimento di liberazione: **women's lib**, movimento di liberazione della donna.

Lib [lib], *n.* (*fam.*) V. **Liberal Party**, *sotto* **liberal**. ● (*polit.*) **Lib--Lab**, (di) coalizione fra liberali e laburisti; liberal-socialista.

libation [lai'beiʃən], *n.* libagione; libazione (*raro*).

libber ['libə*], *n.* (*fam.; anche* **women's l.**) fautore della liberazione della donna; femminista.

libel ['laibəl], *n.* **1** libello (diffamatorio); calunnia; (*fig.*) offesa; oltraggio, torto: **The pamphlet is a l. upon my country**, l'opuscolo fa torto al mio paese; **The book is a l. on human nature**, quel libro è un'offesa alla natura umana **2** (*leg.*) diffamazione; reato di stampa: **action for l.**, causa per diffamazione.

to **libel** ['laibəl], *v. t.* **1** diffamare (*a mezzo di libello*) **2** (*fig., fam.*) far torto a **3** (*leg.*) intentare un giudizio per diffamazione contro (q.).

libellant ['laibələnt], *n.* (*leg.*) attore.

libellee [,laibə'li:], *n.* (*leg.*) convenuto.

libeller ['laibələ*], *n.* libellista; diffamatore; calunniatore.

libellous ['laibələs], *a.* **1** diffamatorio; calunnioso: **l. rumours**, voci calunniose **2** che diffama. ● **a l. fellow**, un diffamatore.

liberal ['libərəl], **A** *a.* **1** liberale; generoso; munifico; abbondante; copioso: **l. education**, educazione liberale; **a l. donor**, un munifico donatore **2** (*polit.*) liberale: **the L. Party**, il partito liberale **3** (*fig.*) di larghe vedute; di mente aperta; tollerante **4** (*polit.*) progressista. **B** *n.* (*polit.*) **1** liberale **2** progressista. ● (*leg.*) **a l. construction**, un'interpretazione libera (*o* lata) □ **l. arts**, materie umanistiche □ **a l. table**, una tavola ben fornita □ **to be l. with one's advice**, essere prodigo di consigli.

liberalism ['libərəlizəm], *n.* **1** (*polit.*) liberalismo **2** (*fig.*) larghezza di vedute; tolleranza **3** (*polit.*) progressismo.

liberalist ['libərəlist], *n.* (*polit.*) liberale.

liberalistic [,libərə'listik], *a.* (*polit.*) liberale; liberalistico.

liberality [,libə'ræliti], *n.* **1** liberalità; generosità; munificenza **2** larghezza di vedute **3** dono munifico.

liberalization [,libərəlai'zeiʃən], *n.* il rendere (*o* il divenire) liberale; liberalizzazione: **the l. of trade**, la liberalizzazione degli scambi commerciali.

to **liberalize** ['libərəlaiz], **A** *v. t.* rendere liberale; liberalizzare: **to l. foreign trade**, liberalizzare il commercio estero. **B** *v. i.*

(*raro*) liberalizzarsi.
to liberate ['libəreit], *v. t.* (*anche chim.*) liberare: **to l. prisoners**, liberare prigionieri.
liberated ['libəreitid], *a.* **1** libero **2** emancipato.
liberation [,libə'reiʃən], *n.* (*anche chim.*) liberazione.
liberator ['libəreitə*], *n.* liberatore.
Liberian [lai'biəriən], *a.* e *n.* liberiano.
libertarian [,libə'tɛəriən], **A** *n.* **1** (*relig.*) seguace della dottrina del libero arbitrio **2** (*polit.*) fautore delle piene libertà civili **3** – (*polit. USA*) L., seguace del «L. Party» (*piccolo partito di estrema destra*). **B** *a.* libertario.
liberticidal [li,bə:ti'saidl], *a.* liberticida.
liberticide [li'bə:tisaid], **A** *n.* **1** liberticida **2** liberticidio. **B** *a.* liberticida.
libertinage ['libətinidʒ], *n.* libertinaggio.
libertine ['libətain], **A** *n.* **1** libertino **2** (*stor.*) liberto **3** (*raro*) libero pensatore. **B** *a.* libertino; dissoluto; vizioso.
libertinism ['libətinizəm], *n.* **1** libertinaggio **2** (*stor.*) libertinismo.
liberty ['libəti], *n.* **1** libertà (*in ogni senso*): **l. of conscience**, libertà di coscienza; **civil l.**, libertà civile; **l. of the press**, libertà di stampa; **l. of speech**, libertà di parola; **to take the l. to do** (*o* **of doing**) **st.**, prendersi la libertà di fare q.c.; **to take liberties with sb.**, prendersi delle libertà con q. **2** libero accesso **3** (*pl.*) diritti, privilegi (*di una città, ecc.*). ● (*stor.*) **l. cap**, berretto frigio □ (*raro*) **l. man**, marinaio in libertà (*o* in permesso) □ (*econ.*) **l. of contract**, libertà contrattuale □ **to be at l.**, essere in libertà; essere libero (*anche dal lavoro*); essere autorizzato (*a fare q.c.*) □ **to set sb. at l.**, mettere q. in libertà; liberare q. □ **You are at l. to do what you like**, sei libero di fare quel che vuoi.
libidinous [li'bidinəs], *a.* libidinoso; lascivo; lussurioso.
libido [li'bi:dou], *n.* (*pl.* **libidos**) **1** libidine **2** (*psic.*) libido.
libra ['laibrə], *n.* (*pl.* **librae**) (*stor. romana*) libbra.
Libra ['li:brə], **A** *n.* (*astron., astrologia*) Bilancia, Libra (*costellazione e VII segno dello Zodiaco*) **2** (*astrologia*) (una) bilancia; individuo nato sotto il segno della Bilancia. **B** *a.* (*astrologia*) della Bilancia.
Libran ['laibrən], (*astrologia*) **A** *n.* persona nata sotto il segno della Bilancia. **B** *a.* della Bilancia.
librarian [lai'brɛəriən], *n.* bibliotecario, bibliotecaria.
librarianship [lai'brɛəriənʃip], *n.* **1** lavoro (*o* ufficio) di bibliotecario **2** biblioteconomia.
library ['laibrəri], *n.* **1** biblioteca: **a lending l.**, una biblioteca circolante; **a public l.**, una biblioteca pubblica **2** (*elab.*) libreria. ● **l. edition**, edizione quasi di lusso □ **l. science**, biblioteconomia □ **l. van**, autolibro; bibliobus □ **film l.**, cineteca □ **record l.**, discoteca □ **wine l.**, enoteca □ (*fig.*) **He's a walking l.**, è una biblioteca ambulante (*o* un pozzo di scienza).
to librate ['laibreit], *v. i.* **1** librarsi; tenersi sospeso (*o* in equilibrio) **2** oscillare; ondeggiare.
libration [lai'breiʃən], *n.* librazione (*anche fis.*); oscillazione; ondeggiamento: (*astron.*) **l. of the moon**, librazione della luna.
libratory ['laibrətəri], *a.* oscillatorio.
librettist [li'bretist], *n.* (*mus.*) librettista.
libretto [li'bretou], *n.* (*pl.* **librettos, libretti**) (*mus.*) libretto.
librium ['libriəm], *n.* (*marchio: farm.*) librium.
Libya ['libiə], *n.* (*geogr.*) Libia.
Libyan ['libiən], *a.* e *n.* libico; (abitante, lingua) della Libia.
lice [lais], *pl.* di **louse**.
licence ['laisəns], *n.* **1** licenza; permesso; autorizzazione (*anche leg.*); brevetto; patente: **marriage l.**, permesso di contrarre matrimonio; **driving l.**, patente di guida; **to do st. under l.**, fare q.c. con la necessaria autorizzazione **2** licenza; arbitrio: **poetic l.**, licenza poetica **3** licenza; licenziosità; sfrenatezza. ● (*autom.*) **l. plate** (*o* **l. tag**), targa d'immatricolazione **2** (*autom.*) **provisional l.**, patente provvisoria (*in G.B.; cfr. ital. «foglio rosa»*) □ **road l.**, bollo di circolazione.
to licence ['laisens], *V.* **to license**.
license ['laisens], (*USA*) *V.* **licence**.
to license ['laisens], *v. t.* dar licenza a (q.); permettere; autorizzare: **to l. a degree-holder to teach in a state school**, permettere a un laureato d'insegnare in una scuola statale; **a shop licensed to sell spirits**, un esercizio autorizzato alla vendita degli alcolici. ● **licensed premises**, spaccio d'alcolici □ **licensing hours**, orario di vendita degli alcolici (*in G.B.*).
licensee [,laisən'si], *n.* (*anche comm.*) concessionario di licenza; chi ha acquistato un brevetto (*o* una patente, un permesso); (*leg.*) licenziatario.
licenser ['laisənsə*], *n.* **1** chi concede licenze (*o* permessi, ecc.) **2** (*anche* **l. of the press, l. of plays**) censore (*di libri o di drammi*).
licensor ['laisənsə*], *n.* (*leg.*) chi concede un brevetto (*o* una licenza, ecc.).
licentiate [lai'senʃiit], *n.* **1** persona abilitata (*all'esercizio d'una professione, ecc.*); licenziato **2** (*certificato di*) abilitazione **3** (*relig.*) predicatore (*specialm. presbiteriano, non ancora «pastore»*).
licentious [lai'senʃəs], *a.* licenzioso; dissoluto; lascivo; scostumato.
licentiousness [lai'senʃəsnis], *n.* licenziosità; dissolutezza; lascivia; scostumatezza.
lich [litʃ], *n.* (*arc., scozz. o dial.*) cadavere. ● **l.-gate**, cancello (*o* porta) di cimitero □ **l.-house**, camera mortuaria □ **l.-owl**, civetta (*messaggera di morte*) □ **l.-wake**, veglia funebre.
lichen ['laikən], *n.* (*bot.*) lichene.
lichened ['laikənd], *a.* (*bot.*) coperto di licheni.
lichenology [,laikə'nɔlədʒi], *n.* (*bot.*) lichenologia.
lichenous ['laikinəs], *a.* (*bot.*) lichenoso.
licit ['lisit], *a.* (*raro*) lecito; legittimo; legale.
to lick [lik], **A** *v. t.* **1** leccare; lambire; sfiorare: **The little girl was licking her fingers**, la ragazzina si leccava le dita; **The flames are licking the ends of the log**, le fiamme lambiscono le estremità del ceppo **2** (*fam.*) bastonare; percuotere; picchiare **3** (*fam.*) battere; superare; sconfiggere **4** (*fam.*) confondere; sconcertare: **That licks me**, questo supera la mia capacità di comprensione. **B** *v. i.* (*fam.*) andare; affrettarsi; correre: **as hard as one can l.**, correndo a più non posso. ● (*del fuoco, ecc.*) **to l. about**, lambire □ **to l. sb.'s boots**, *V.* **to l. sb.'s shoes** □ **to l. clean**, pulire leccando: **The child licked his fingers clean**, il bambino si pulì le dita leccandosele □ (*fig.*) **to l. the dust**, mordere la polvere □ (*fam.*) **to l. into shape**, foggiare; modellare; plasmare; rifinire □ (*fig.*) **to l. one's lips**, leccarsi i baffi (*o* le dita) □ **to l. sb.'s shoes**, leccare q. (*fig.*); leccare i piedi a q. (*fig.*); adulare ignobilmente q. □ (*fig.*) **to l. one's wounds**, leccarsi le ferite □ **to l. up** (*o* **off**), togliere (*o* pulire) leccando □ **That licks creation!**, questa la supera tutte; questa è davvero una cosa straordinaria!
lick [lik], *n.* **1** leccata **2** piccola quantità; leggero strato: **a l. of paint**, un leggero strato di vernice **3** (*anche* **salt-l.**) terreno salato (*che gli animali selvatici vanno a leccare*) **4** (*fam.*) forte colpo **5** sprazzo di energia **6** (*fam.*) passo veloce: **at full l.** (*o* **at a great l.**), a tutta velocità; di gran corsa. ● (*fam.*) **a l. and a promise**, una lavatina (*o* una pulitina) superficiale □ (*fam.*) **l. in the face**, un manrovescio.
lickerish ['likəriʃ], *a.* **1** ghiotto; goloso **2** lascivo; lussurioso.
licking ['likiŋ], *n.* **1** leccatura; leccata **2** (*fam.*) bastonatura; botte; busse **3** (*fam.*) sconfitta; batosta (*fam.*).
lickspittle ['lik,spitl], *n.* leccapiedi; adulatore servile.
licorice ['likəris], (*USA*) *V.* **liquorice**.
licorous ['likərəs], *V.* **lickerish**.
lictor ['liktə*], *n.* (*stor. romana*) littore.
lictorian [lik'tɔ:riən], *a.* (*stor. romana*) littorio.
lid [lid], *n.* **1** coperchio **2** (*anche* **eyelid**) palpebra **3** (*bot.*) opercolo **4** (*fam.*) controllo; freno **5** (*pop.*) cappello **6** (*pop.*) casco. ● **to blow** (*o* **to lift, to take**) **the l. off st.**, rivelare (*o* svelare) q.c. □ (*fig.*) **with the lid off**, allo scoperto, apertamente; mettendo in mostra tutto il marcio, le magagne, ecc. □ (*fam.*) **That puts the lid on it!**, questo è il colmo!; ci mancava questa!; piove sul bagnato!
lidar ['laida:*], *n.* (*tecn.*) lidar, radar ottico (*laserlocalizzatore*).
lidded ['lidid], *a.* munito di coperchio. ● (*di persona*) **heavy-l.**, dalle palpebre pesanti.
lido [li:dou], *n.* (*pl.* **lidos**) **1** stabilimento balneare **2** piscina all'aperto.
lie (1) [lai], *n.* **1** bugia; menzogna; frottola; fandonia: **to tell lies**, dire bugie **2** falsità; menzogna **3** idea fallace; falsa credenza; impostura; menzogna: **to maintain a lie**, sostenere un'idea fallace. ● **lie detector**, macchina della verità □ **to act a lie**, ingannare con le azioni; agire slealmente □ **to give sb. the lie**, accusare q. di menzogna; smentire q.; sbugiardare q. (*fam.*) □ **to give the lie to a supposition**, smentire una supposizione □ **a white lie**, una bugia pietosa.
to lie (1) [lai] (*part. pres.* **lying**, *pass.* e *p. p.* **lied**), *v. i.* **1** mentire; dire bugie **2** (*di cose*) ingannare: **Mirages lie**, i miraggi ingannano. ● **to lie oneself into office**, conseguire un impiego (*o* un posto) a forza di menzogne □ **to lie oneself out of trouble**, trarsi d'impaccio (*o* cavarsi dai guai) con una bugia □ (*arc. o scherz.*) **to lie in one's throat** (*o* **in one's teeth**), mentire per la gola.
to lie (2) [lai] (*part. pres.* **lying**, *pass.* **lay**, *p. p.* **lain**), **A** *v. i.* **1** giacere; stare disteso; essere; stare; restare; rimanere; trovarsi; essere situato; stendersi: **His mortal remains lie in Westminster Abbey**, le sue spoglie mortali giacciono nell'abbazia di Westminster; **Don't lie on the ground; you'll catch a cold**, non stare disteso per terra; prenderai il raffreddore; **The newspaper lay open on her lap**, il giornale stava aperto sul suo grembo; **to lie asleep** (**sick**), essere a letto addormentato (malato); **to lie idle** (**in prison, etc.**), essere in ozio (in prigione, ecc.); **to lie in the dust**, giacere nella polvere; **The land lay barren**, la terra rimaneva incolta; **His motives lie hidden**, i suoi motivi restano nascosti; **The plain lay at our feet**, la pianura si stendeva ai nostri piedi;

lie (2)

The fault lies in the designing, l'errore è nella progettazione; I know where his real motive lies, so dove sta il suo vero motivo; Ireland lies to the west of England, l'Irlanda si trova (o è situata) a ovest dell'Inghilterra; The road lay across the prairie, la strada si stendeva attraverso la prateria **2** (*arc.*) alloggiare, trattenersi un poco, passare la notte (*presso q.*) **3** (*leg.*) essere fondato; essere ammissibile **4** (*di truppe*) essere accampato. **B** *verbi composti* **1 to lie about**, essere sparso qua e là; essere in disordine; (*di persona*) oziare, poltrire. **2 to lie back**, adagiarsi, sdraiarsi; riposare, ritirarsi (*dagli affari, ecc.*) **3 to lie by**, essere in serbo, rimanere inutilizzato; restare in disparte; vivere appartato; fermarsi, riposare. **4 to lie down**, sdraiarsi, stendersi un po' (*per riposare*) □ **to lie down under an insult**, subire un insulto senza reagire □ **to take a rudeness lying down**, non reagire a uno sgarbo. **5 to lie in**, rimanere a letto, poltrire (*raro*) essere (*o* mettersi) a letto (*in attesa di partorire*). **6 to lie off**, sospendere momentaneamente il lavoro; (*naut.*) stare (alla fonda) al largo. **7 to lie over**, essere rimandato, rinviato; (*di un debito*) non essere pagato (*dopo la scadenza*). **8** (*naut.*) **to lie to**, essere alla cappa. **9 to lie up**, rimanere a letto (*per malattia*); stare nascosto; (*naut.*) essere a; in porto (*per riparazioni, ecc.*). **10 to lie with**, stare a, spettare a; (*arc., raro*) giacersi con, congiungersi carnalmente con (*una donna, ecc.*): **It lies with you to do it**, sta a te (*o* è compito, diritto, affar tuo) fare ciò. ● (*naut.*) **to lie at anchor**, essere all'ancora (*o* alla fonda) □ **to lie at the mercy of sb.**, essere alla mercé di q. □ **to lie heavy on sb.'s conscience (stomach)**, pesare sulla coscienza di q. (restare sullo stomaco, appesantire lo stomaco di q.) □ **to lie in ambush**, stare in agguato □ (*di un morto*) **to lie in state**, essere esposto (solennemente) al pubblico □ (*di persona o animale*) **to lie low**, stare nascosto □ (*fig.*) **to lie on the bed one has made**, avere quel che ci si merita □ **to lie open to attack**, essere esposto agli attacchi □ (*fig.*) **to find out how the land lies**, scoprire come stanno le cose □ **Life still lies in front of you**, hai ancora tutta la vita davanti a te □ **I'll do as far as in me lies**, farò quanto sta in me; farò del mio meglio □ (*prov.*) **Let sleeping dogs lie**, non svegliare il can che dorme.

lie (2) [lai], *n.* **1** disposizione; posizione; situazione; configurazione: **the lie of the land**, la configurazione del terreno; (*fig.*) lo stato delle cose; la situazione (*degli affari, ecc.*) **2** (*d'animale*) covo; tana; rifugio.

lie-abed ['lai-əbəd], *n.* dormiglione; poltrone.

lie-down [,lai'daun], *n.* **1** dormitina; sonnellino; pisolino **2** *V.* **lie-in**, *def. 2*.

lief [li:f], **A** *a.* (*arc.*) caro; amato. **B** *avv.* (*raro*) volentieri. ● **I would** (*o* **I had**) **as l. go as stay**, per me tanto vale andare che rimanere.

liege [li:dʒ], **A** *a.* (*diritto feudale*) **1** che ha diritto alla fedeltà dei vassalli; feudale: **a l. lord**, un signore feudale (un feudatario) **2** ligio: **l. subjects**, vassalli ligi; **l. homage**, omaggio ligio **3** (*fig.*) ligio; fedele. **B** *n.* **1** signore (feudale); feudatario **2** uomo ligio; vassallo **3** (*fig.*) fido sostenitore.

liegeman ['li:dʒmæn], *n.* (*pl.* **liegemen**) **1** (*diritto feudale*) uomo ligio; vassallo **2** (*fig.*) seguace fedele; sostenitore fidato.

lie-in [,lai'in], *n.* **1** (*fam.*) lo starsene a letto più del solito (*per es., la domenica mattina*) **2** protesta fatta sdraiandosi per terra (*o* sui binari, ecc.).

lien [liən], *n.* (*leg.*) privilegio; prelazione legale; diritto di riservato dominio. ● **l. creditor**, creditore privilegiato.

lieu [lju:], *n.* luogo (*nella locuz.:*) **in l. of**, in luogo di; invece di.

lieutenancy [lef'tenənsi], *USA* [lu:'tenənsi], *n.* (*mil.*) luogotenenza; tenenza (*V.* **lieutenant**).

lieutenant, (*def. 1 e 3* [lef'tenənt], *def. 2* [le'tenənt]; *USA* [lu:'tenənt], *n.* **1** (*nell'esercito*) tenente **2** (*nella marina*) tenente di vascello **3** luogotenente; vice. ● **l. colonel**, tenente colonnello □ **l. commander**, capitano di corvetta □ **l. general**, tenente generale □ **l. governor**, vicegovernatore □ **l. governorship**, vicegovernatorato □ **l. junior grade**, sottotenente di vascello □ **L. of the Tower**, Luogotenente della Torre di Londra □ (*USA*) **first l.**, tenente □ **flag l.**, aiutante di bandiera □ (*USA*) **second l.**, sottotenente.

life [laif], *n.* (*pl.* **lives**) **1** vita (*quasi in ogni senso*); esistenza; (*di cose*) durata: **He lost his l. in a road accident**, perse la vita in un incidente stradale; **There is no l. on Mars**, non c'è vita su Marte; **the struggle for l.**, la lotta per l'esistenza; **this l.**, questa vita; **the vita terrena**; **the eternal l.**, la vita eterna; **to spend one's l. in idleness**, passare la vita nell'ozio; **She was the l. of her family**, ella era la vita (*o* l'anima) della famiglia; **military l.**, la vita militare; **country l.**, la vita di campagna; **city l.**, la vita di città; **high l.**, la vita elegante, dell'alta società; **low l.**, vita mediocre, misera; **You must put more l. in your acting**, devi mettere più vita nel tuo modo di recitare; **Most fashions have a very short l.**, per lo più le mode hanno vita brevissima; **the l. of a government**, la durata d'un governo; **the l. of an ocean liner**, la durata (o la vita) di un transatlantico **2** (*arte*) naturale; vero; vivo: **to draw sb. to the l.**, ritrarre q. al naturale; **to draw from (the) l.**, disegnare dal vero **3** (*baseball e cricket*) occasione; opportunità (*data al battitore*) **4** (*anche* **l. story**) vita; biografia (*di q.*) **5** (*anche* **l. imprisonment**) condanna a vita (o all'ergastolo): **The terrorist got l.**, il terrorista fu condannato all'ergastolo. ● **l. annuity**, (assegno) vitalizio □ **l. assurance**, *V.* **l. insurance** □ **l. blood**, (*poet.*) sangue, linfa vitale; (*fig.*) influsso vivificante; anima, vita (*fig.*) □ **l. breath**, influsso vivificante □ (*biol.*) **l. cycle**, ciclo vitale □ (*leg.*) **l. estate**, usufrutto a vita □ (*ass., stat.*) **l. expectancy**, vita presunta □ **l.-giving**, vivificante; che rianima; che rinvigorisce □ **l.-guard**, guardia del corpo; bagnino (*per i salvataggi*) □ **L. Guards**, Guardie del Corpo del Sovrano (*due reggimenti di cavalleria*) □ **L. Guardsman**, soldato della Guardia del Corpo □ **l. insurance**, assicurazione sulla vita □ (*leg.*) **l. interest**, usufrutto a vita; rendita vitalizia □ (*naut.*) **l. jacket**, giubbotto (di salvataggio) □ (*med.*) **l. machine**, respiratore artificiale □ **l.-office**, agenzia di assicurazioni sulla vita □ **a l.-or-death battle**, un combattimento all'ultimo sangue □ **a l.-or-death matter**, una questione di vita o di morte □ (*polit.*) **l. peer**, Pari (d'Inghilterra) nominato a vita □ (*ass.*) **l. policy**, polizza di assicurazione sulla vita □ **l. preserver**, bastone animato; tirapugni; (*USA, naut.*) salvagente □ **l. sciences**, scienze umane □ **l. scientist**, cultore di scienze umane □ (*leg.*) **a l. sentence**, una condanna a vita (o all'ergastolo) □ (*arte: di quadro, statua, ecc.*) **l.-size** (o **l.-sized**), a grandezza naturale; al naturale □ **l. span**, arco (o durata) della vita □ **l. spring**, fonte di vita □ **l. style**, modo di vivere (*gusti, abitudini, ecc.*) □ (*ass., stat.*) **l. tables**, tavole di mortalità □ (*leg.*) **l. tenancy**, usufrutto a vita □ (*leg.*) **l. tenant**, usufruttuario a vita □ (*ind.*) **l. tests**, prove di durata □ **l. work**, il lavoro di tutta una vita □ **as large as l.**, a grandezza naturale; (*fam., scherz.*) in persona: **a portrait as large as l.**, un ritratto al naturale; **Here he is, as large as l.**, eccolo in persona! □ **to bring to l.**, rianimare, far tornare in vita; animare, vivificare □ (*arte*) **a class in l.**, una classe di studenti che imparano a ritrarre dal vero □ **to come to l.**, nascere, venire alla luce, cominciare a vivere; rinvenire, riaversi, tornare in sé; (*fig.*) mostrare interesse, svegliarsi □ **to come back to l.**, tornare in sé; riaversi; rinvenire □ **for l.**, per tutta la vita; fino alla morte □ (*fam.*) **to get l.**, essere condannato a vita (o all'ergastolo) □ (*ass.*) **a good (a bad) l.**, uno che ha molte (che ha scarse) probabilità di vivere sino all'età media presunta □ (*fam.*) **to have the time of one's l.**, divertirsi un mondo; godersela come non mai □ **to imitate sb. to the l.**, imitare qualcuno a pennello □ **to lay down one's l. for**, dare la vita per □ **to lose (to save) one's l.**, perdere (salvare) la vita □ **to marry early in l.**, sposarsi giovane □ **nothing in l.**, nulla di nulla; assolutamente nulla □ **the other l.**, (o **future, everlasting l.**), l'altra vita (la vita futura, eterna) □ **a portrait to the l.**, un ritratto fedelissimo (o somigliantissimo) □ **to run for one's** (o **for dear, for very**) **l.**, cercare scampo nella fuga □ **to be safe in l. and limb**, essere sano e salvo □ **to take sb.'s l.**, togliere la vita a q. □ **to take one's own l.**, togliersi la vita □ (*fam.*) **to take one's l. in one's (own) hands**, mettere a repentaglio la vita □ **true to l.**, rispondente alla realtà; naturale; reale □ **upon my l.**, in fede mia; parola mia □ **with all the pleasure in l.**, col massimo piacere; con grande gioia □ **A cat has nine lives**, i gatti hanno nove vite □ **His l.-strings were out** (o **were broken**), aveva tirato le cuoia □ (*prov.*) **While there's l. there's hope**, finché c'è vita c'è speranza.

lifebelt ['laifbelt], *n.* (*naut.*) cintura di sicurezza.

lifeboat ['laifbout], *n.* (*naut.*) **1** battello di salvataggio **2** lancia di salvataggio.

lifebuoy ['laifbɔi], *n.* (*naut.*) boa di salvataggio.

lifeless ['laif-lis], *a.* **1** senza vita; esanime; inanimato **2** (*fig.*) senza vita; freddo; inerte.

lifelessness ['laif-lisnis], *n.* mancanza di vita (o di vivacità); l'essere inanimato; freddezza; inerzia.

lifelike ['laif-laik], *a.* **1** realistico; vivo; vivido: **a l. picture of early America**, una viva descrizione dell'America primitiva **2** (*di ritratto, ecc.*) fedele; somigliante; parlante **3**.

lifeline ['laif-lain], *n.* **1** (*naut.*) sagola di salvataggio **2** (*chiromanzia*) linea della vita **3** cavo di recupero (*di un sommozzatore*) **4** (*fig., econ.*) linea di comunicazione (o di rifornimento) d'importanza vitale **5** (*fig.*) ancora di salvezza.

lifelong ['laif-lɔŋ], *a.* che dura tutta la vita. ● **a l. defender of liberty**, uno che ha speso tutta la vita nella difesa della libertà.

lifer ['laifə*], *n.* **1** (*pop.*) condannato (o condanna) ai lavori forzati a vita; ergastolano; ergastolo **2** (*pop. USA*) ufficiale (o sottufficiale) di carriera; firmaiolo (*pop.*). ● (*fam.*) **a simple l.**, uno che fa vita semplice.

liferaft ['laif,ra:ft], *n.* (*naut.*) zattera di salvataggio.

lifesaver ['laif,seivə*], *n.* **1** bagnino (*per i salvataggi*) **2** (*naut.*) salvagente **3** (*fig.*) chi (o cosa che) salva la vita.

lifetime ['laiftaim], *n.* (durata della) vita. ● **a l. job**, un lavoro fisso, che dura tutta la vita □ **the chance of a l.**, un'occasione unica.
to lift [lift], **A** *v. t.* **1** alzare; sollevare; levare (*fig.*); elevare; portare in alto: **I cannot l. (up) this trunk**, non riesco a sollevare questo baule; **to l. one's feet**, alzare i piedi; **The church lifts its spire**, la chiesa leva in alto la sua guglia **2** cavare; scavare: **to l. potatoes**, cavar patate (*dal terreno*) **3** (*fig.*) plagiare; prendere di sana pianta **4** (*atletica*) sollevare (*un peso*) **5** abolire, sopprimere, togliere (*un divieto, ecc.*): **to l. the embargo** (**a siege, etc.**), togliere l'embargo (un assedio, ecc.) **6** (*leg.*) estinguere (*un'obbligazione, ecc.*) **7** aumentare (*i prezzi*) **8** (*aeron.*) trasportare **9** (*med.*) sottoporre a lifting **10** (*pop.*) rubare; grattare, sgraffignare (*pop.*). **B** *v. i.* **1** alzarsi; levarsi; sollevarsi: **The lid of the trapdoor won't l.**, il coperchio della botola non vuole sollevarsi; **The fog began to l.**, la nebbia cominciava ad alzarsi **2** ergersi; elevarsi; innalzarsi **3** (*del pavimento*) alzarsi; essere rigonfio. ● **to l. sb.'s face**, fare il lifting a q. □ **to l. one's hand**, alzare la mano (*per giurare*) □ (*fam.*) **to l. one's hand against sb.**, alzare le mani su q. □ **to l. off**, (*aeron.*) decollare; (*miss.*) partire □ **to l. the tents**, levare (*o* togliere) le tende □ **to l. up a cry**, levare un grido; gridare □ **to l. up one's eyes**, levar gli occhi; alzare lo sguardo □ **to l. (up) one's hand (heart) in prayer**, levare (*o* giungere) le mani (elevare il cuore a Dio) in preghiera □ **to l. up one's head**, alzare il capo; (*fig.*) riprendere coraggio, farsi animo □ (*fig.*) **to l. up one's horn**, alzare la cresta; mostrarsi ambizioso (*o* orgoglioso) □ **to l. up one's voice**, alzare la voce; gridare □ **not to l. a hand to help sb.**, non muovere un dito per aiutare q.
lift [lift], *n.* **1** sollevamento; spinta **2** ascensore; montacarichi; montavivande (*cfr.* USA **elevator**) **3** elevamento, altura (*del terreno*) **4** soprattacco (*in una scarpa*) **5** (*autom.*) passaggio; strappo (*pop.*): **to give sb. a l.**, dare un passaggio a q.; (*fig.*) dare una spinta a q., aiutare q. **6** (*aeron.*) portanza; forza ascensionale **7** (*aeron.*) ponte aereo **8** (*fig.*) appoggio; sostegno; sollievo **9** (*pattinaggio*) sollevamento **10** (*atletica*) sollevamento (*di un peso graduato*) **11** (*econ., fin.*) aumento, rialzo (*di costi, prezzi, ecc.*) **12** (*autom., amer.*) ponte (elevatore). ● **l.-boy**, fattorino addetto all'ascensore, ascensorista □ **l. bridge**, ponte sollevabile □ **l. engineer**, installatore di ascensori □ (*aeron.*) **l. fan**, ventola di sostentamento (*per decollo verticale*) □ **l. of the head**, modo di tenere la testa □ **l. pump**, pompa a spostamento diretto □ **l. shaft**, pozzo dell'ascensore □ (*mecc.*) **l. truck**, carrello elevatore.
liftback ['lift,bæk], *a.* (*autom.*) con portellone posteriore.
lifter ['liftə*], *n.* **1** chi alza; chi solleva; sollevatore **2** (*mecc.*) camma; eccentrico **3** (*atletica*) sollevatore di pesi; pesista. ● (*autom.*) **l. rod**, asta di punteria □ (*mecc.*) **valve l.**, alzavalvole.
lifting ['liftiŋ], *n.* **1** sollevamento **2** (*naut.*) spinta **3** abolizione, soppressione: **a temporary l. of quotas on imports**, l'abolizione temporanea delle quote d'importazione **4** (*med.*; *anche* **face l.**) lifting. ● (*mecc.*) **l. dog**, estrattore □ **l. jack**, binda; cricco; martinetto □ **l. power**, portata massima (*per es., d'una gru*).
liftman ['liftmən], *n.* (*pl.* **liftmen**) ascensorista.
lift(-)off ['lift,ɔf], *n.* **1** decollo (*di un aereo*) **2** partenza (*di un razzo*).
ligament ['ligəmənt], *n.* (*specialm. anat.*) legamento.
ligamental [,ligə'mentl], **ligamentary** [,ligə'mentəri], **ligamentous** [,ligə'mentəs], *a.* (*anat.*) legamentoso.
ligand ['ligənd], *n.* (*chim.*) legante.
to ligate ['laigeit], *v. t.* (*med.*) legare (*arterie, ecc.*).
ligation [lai'geiʃən], *n.* (*med.*) legatura.
ligature ['ligətʃuə*], *n.* **1** (*mus., tipogr.*) legatura **2** (*med.*) laccio; filo per legature **3** (*fig.*) legame.
light (1) [lait], *n.* **1** luce; lume; lampada; fanale; chiarore; splendore; (*fig.*) aspetto, punto di vista: **the l. of the sun (of the moon, of an electric bulb)**, la luce del sole (della luna, di una lampadina elettrica); **Switch on the l., will you?**, accendi la luce, per favore; **I saw a distant l.**, vidi un lume in lontananza; **There was a strange l. in the girl's eyes**, c'era una strana luce negli occhi della ragazza; **to put sb. in a bad l. before sb. else**, mettere q. in cattiva luce agli occhi di q. altro; **to bring new facts to l.**, portare alla luce fatti nuovi; **to see one's children in the best l.**, vedere i propri figli nella luce (*dell'aspetto*) migliore **2** (*fig.*) luce (*dell'aspetto*): **to strike a l.**, accendere un fiammifero; **Give me a l. for my pipe, please**, per favore, dammi del fuoco per la pipa **3** luminare: **He was one of the leading lights of the century**, egli fu uno dei luminari del secolo **4** (*poet.*) luce degli occhi; vista **5** (*pl., pop.*) (gli) occhi; (le) luci (*poet.*) **6** (*edil.*) luce; lastra di vetro; apertura; apertura in un muro (*per finestra, ecc.*) **7** (*pl.*) semaforo (*stradale*): **When you get to the (traffic) lights, turn right**, quando arrivi al semaforo, volta a destra! **8** (*pl., teatr.*) luci della ribalta. ● (*arte*) **l. and shade**, luce e ombra; zone in luce e zone in ombra □ **l. beam**, raggio di luce □ (*elettr.*) **l. bulb**, lampadina □ (*naut.*) **l. buoy**, boa luminosa □ (*naut.*) **l. list**, elenco dei fari e fanali □ (*ing.*) **l. meter**, fotometro portatile; esposimetro □ (*elettron.*) **l.-negative**, fotoresistente □ **the l. of sb.'s countenance**, il favore (*o* l'approvazione) di q. □ **to be the l. of one's life**, essere caro come la luce degli occhi □ **lights-out**, ora di spegnere le luci; (*mil.*) ordine di spegnere □ **l. range**, portata luminosa □ (*ottica*) **l. ray**, raggio di luce; raggio luminoso □ (*elettron.*) **l.-sensitive**, fotosensibile □ (*naut.*) **l. station**, stazione semaforica □ (*astron.*) **a l. year**, un anno luce □ **according to one's lights**, secondo i propri lumi; a proprio giudizio □ (*naut.*) **anchor l.**, fanale di fonda □ **to appear in the l. of a scoundrel**, fare la figura del mascalzone □ **to bring st. to l.**, portare q.c. alla luce; mettere q.c. in luce; rivelare q.c. □ **by the l. of the moon**, al chiaro di luna □ **by the l. of nature**, da solo; senza insegnamenti; da autodidatta □ **to come to l.**, venire in luce; manifestarsi □ **flashing l.**, luce intermittente □ (*autom.*) **fog-l.**, fanale (*o* faro) antinebbia □ (*Bibbia*) **to hide one's l. under a bushel**, mettere la fiaccola sotto il moggio □ (*arte*) **the high lights**, i chiari; la zona d'un quadro in piena luce □ **in the l. of**, alla luce di (*fatti nuovi, ecc.*) □ (*naut.*) **navigation l.**, fanale di via □ (*autom.*) **parking l.**, luce di posizione □ **search-l.**, proiettore □ **to see the l.**, vedere la luce, venire alla luce; aprire gli occhi su q.c., accorgersi di q.c.; diventare noto □ **to shed** (*o* **to throw**) **l. on st.**, gettare (*o* fare) luce su q.c. □ (*autom.*) **side-l.**, luce di posizione □ **to stand in one's own l.**, togliersi la luce, farsi ombra; (*fig.*) nuocere a se stesso □ **to stand in sb.'s l.**, togliere la luce (*o* fare ombra) a q.; (*fig.*) danneggiare, ostacolare q. □ (*autom., USA*) **tail-l.**, fanalino di coda.
light (2) [lait], *a.* **1** luminoso; pieno di luce; illuminato: **a l. day**, una giornata luminosa **2** chiaro; pallido: **l. eyes**, occhi chiari; **a l. complexion**, una carnagione pallida; **l. blue**, azzurro chiaro **3** (*di persona anche* **l.-skinned**) dalla pelle chiara; pallido.
to light (1) [lait] (*pass.* e *p. p.* **lighted, lit**), **A** *v. t.* **1** accendere; dar fuoco a: **to l. a lamp (a fire)**, accendere una lampada (un fuoco) **2** illuminare; rischiarare: **Lamps l. the streets**, le lampade (*o* i fanali) illuminano le strade; **The fire lit up the room**, il fuoco rischiarava la stanza; **A shining smile lit up her face**, un sorriso luminoso le rischiarò il viso **3** far luce a; illuminare la strada a: **He lit me downstairs**, mi fece lume mentre scendevo le scale. **B** *v. i.* (*spesso* **to l. up**) **1** accendersi; prendere fuoco: **The bonfire lit up at once**, il falò si accese subito **2** illuminarsi; rischiararsi: **Her face lit up at his words**, le si illuminò il viso alle sue parole. ● **to l. up**, illuminare; rischiarare; illuminarsi, diventare radioso; accendere le luci (*dell'auto, della strada, ecc.*); accendere (*per fumare*): **Have you lit up?**, hai acceso?
to light (2) [lait] (*pass.* e *p. p.* **lighted, lit**), **A** *v. i.* **1** (*raro*) scendere, smontare (*da cavallo, da un veicolo*; **V.** **to alight**) **2** atterrare; cadere: **to l. on one's feet**, cadere in piedi **3** (*di uccelli*) posarsi: **We waited for the ducks to l.**, aspettammo che le anitre si posassero **4** — **to l. on** (*o* **upon**), imbattersi in; trovare per caso. **B** *v. t.* (*naut.*) alare, tirare (*un cavo, un canapo*).
light (3) [lait], **A** *a.* **1** leggero (*in ogni senso*); lieve; agile; (*fig.*) incostante, frivolo, spensierato, allegro: **a l. box**, una scatola leggera; **l. clothing**, abiti leggeri; **a l. cruiser**, un incrociatore leggero; **l. weapons**, armi leggere; **a l. blow**, un lieve colpo; **a l. wind**, un lieve vento; un venticello; **l. wine**, vino leggero; **a l. rain**, una lieve pioggia; una pioggerella; **a l. sound**, un lieve suono; **with l. steps**, a passi leggeri; **a l. meal**, un pasto leggero; **l. sleep**, sonno leggero; **l. work**, lavoro leggero; **l. behaviour**, comportamento leggero (*o* frivolo, incostante); **l. comedy**, commedia leggera; **a l. punishment**, una lieve punizione; **with a l. expense**, con lieve spesa; **a l. heart**, un animo spensierato; un cuor contento; **I did it with a l. heart**, lo feci a cuor leggero; **a l. woman**, una donna frivola, leggera **2** troppo leggero; scarso (*di peso*): **to give l. weight**, dare il peso scarso; rubare nel peso; **a l. coin**, una moneta di peso scarso **3** friabile; soffice: **l. soil**, terreno friabile; **l. bread**, pane soffice **4** (*fon.: di sillaba*) non accentata. **B** *avv.* **1** con poco bagaglio: **to travel l.**, viaggiare con poco bagaglio **2** (*naut.*) con poco carico **3** leggermente; facilmente: **to sleep l.**, avere il (*o* dormire di un) sonno leggero; **You can do it l.**, lo puoi fare facilmente. ● (*mil.*) **l.-armed**, con armamento leggero □ (*naut.*) **l. displacement**, dislocamento a vuoto □ (*ferr.*) **a l. engine**, una locomotiva isolata (*senza vagoni*) □ **l.-fingered**, dalle dita agili, leggere; (*fig.*) svelto di mano, bravo a rubare □ **l.-footed**, agile; lesto; svelto □ **l.-footedness**, agilità, sveltezza □ **l.-handed**, dalla mano leggera; (*fig.*) che ha tatto □ **l.-handedness**, l'avere la mano leggera; (*fig.*) tatto □ **l.-headed**, stordito; sbadato; sventato □ **l.-headedness**, sbadataggine; sventatezza □ **l.-hearted**, gaio; allegro; spensierato □ (*sport*) **l. heavyweight**, peso mediomassimo □ (*mil.*) **l. horse**, cavalleria leggera □ **l. in the head**, che ha il capogiro; semplicistico, stolto, stupido □ (*econ.*) **l. industry**, industria leggera □ (*mil.*) **l. infantry**, fanteria con armamento leggero □ (*mil.*) **l. machine**

gun, mitragliatrice leggera; fucile mitragliatore □ (*metall.*) **l. metal**, metallo leggero; lega leggera □ (*sport*) **l. middleweight**, peso mediolegggero □ **l.-minded**, frivolo, leggero □ **l.-mindedness**, frivolezza, leggerezza □ **l. of foot** (*o* **l. on one's feet**), agile di gambe; svelto □ (*mus.*) **l. opera**, operetta □ **a l. railway**, una ferrovia secondaria (*per traffico leggero*) □ **l. reading**, letture amene □ **l. remarks**, osservazioni frivole □ **a l. sleeper**, uno che ha il sonno leggero □ **a l. tank**, un carro (armato) leggero □ (*polit.*) **a l. vote**, un numero scarso di votanti □ (*fis. nucl.*) **l. water**, acqua leggera □ (*fis. nucl.*) **l.-water reactor**, reattore ad acqua leggera □ (*sport*) **l. welterweight**, peso superleggero □ (*fam.*) **to get off l.**, cavarsela a buon mercato □ **to have l. fingers**, avere dita agili; (*fig.*) essere svelto di mano, bravo a rubare □ **to have a l. hand** (*o touch*) avere la mano leggera; essere abile, bravo (*nel far dolci, ecc.*); (*fig.*) essere pieno di tatto □ **to make l. of st.**, non dar peso a q.c.; prender q.c. alla leggera □ (*aeron.*) **lighter-than-air**, aerostatico.

lighted ['laitid], *a. attr.* **1** illuminato: **a l. room**, una stanza illuminata **2** acceso: **a l. cigarette**, una sigaretta accesa. ● (*naut.*) **lighted buoy**, boa fanale.

to lighten (1) ['laitn], *A v. t.* **1** illuminare (*anche fig.*); rischiarare: **A single chandelier lightened the great hall**, un solo lampadario rischiarava la grande sala **2** emettere un lampo; lampeggiare (*poet.*): **His eyes lightened out** (*o* **forth**) **scorn**, i suoi occhi lampeggiavano disprezzo. *B v. i.* **1** illuminarsi; rischiararsi (*anche fig.*) **2** lampeggiare; balenare: **It thundered and lightened**, tuonava e lampeggiava.

to lighten (2) ['laitn], *A v. t.* **1** alleggerire: **to l. a load**, alleggerire un carico (*naut.*) alleggiare; allibare (*una nave*) **3** (*fig.*) alleggerire; alleviare; mitigare: **to l. taxation**, alleggerire il carico fiscale; **to l. a punishment**, mitigare una punizione. *B v. i.* **1** alleggerirsi **2** (*fig.*) alleviarsi; mitigarsi.

lightening ['laitniŋ], *n.* **1** alleggerimento; alleviamento **2** (*naut.*) alleggio, aleggio; allibo.

lighter (1) ['laitə*], *n.* **1** chi accende; chi illumina **2** accenditore automatico **3** (*anche* **cigar-l.**, **cigarette-l.**) accendisigaro; accendino (*fam.*).

lighter (2) ['laitə*], *n.* (*naut.*) chiatta; maona; pontone.

to lighter ['laitə*], *v. t.* (*naut.*) scaricare (*una nave*) con chiatte.

lighterage ['laitəridʒ], *n.* (*comm., naut.*) **1** zatteraggio; trasporto su chiatte **2** spese di alleggio (*o* di allibo); costo di zatteraggio.

lighterman ['laitəmən], *n. pl.* **lightermen**] chiattaiolo.

lightfoot ['laitfut], *a.* (*poet.*) agile; veloce; pieveloce (*lett.*).

lighthouse ['laithaus], *n.* (*naut.*) faro: **floating l.**, faro galleggiante. ● **l. keeper**, guardiano del faro.

lighting ['laitiŋ], *n.* **1** illuminazione **2** accensione **3** (*arte*) luce. ● **l. equipment** (*o* **l. fittings**), lampade e lampadari □ **l.-up time**, l'ora di accendere le luci (*nelle strade*); l'ora di accendere i fari (*degli automezzi*).

lightish (1) ['laitiʃ], *a.* (*di colore, ecc.*) piuttosto chiaro.

lightish (2) ['laitiʃ], *a.* piuttosto leggero.

lightkeeper ['lait'ki:pə*], *n.* (*naut.*) **1** guardiano di faro **2** fanalista.

lightless ['laitlis], *a.* privo di luce; oscuro; buio.

lightly ['laitli], *avv.* **1** leggermente; lievemente; agilmente **2** poco: **to spend l.**, spendere poco **3** frivolmente; spensieratamente **4** alla leggera; con leggerezza: **to take st. l.**, prendere q.c. alla leggera. ● **to sleep l.**, avere il sonno leggero; dormire di un sonno leggero.

lightness (1) ['laitnis], *n.* **1** luminosità; splendore **2** pallore; biancore.

lightness (2) ['laitnis], *n.* **1** leggerezza; lievità **2** agilità **3** frivolezza; incostanza; spensieratezza.

lightning ['laitniŋ], *n.* **1** lampo; baleno **2** fulmine; saetta: **to be struck by l.**, essere colpito dal fulmine. ● **l. rod** (*o* **l. conductor**), parafulmine □ **l. strike**, sciopero senza preavviso; sciopero lampo □ **a l. visit**, una visita lampo □ **like l.**, in un lampo; in un baleno; in un battibaleno □ **to run away with l. speed**, fuggir via come un lampo □ **summer** (*o* **heat**) **l.**, lampi d'estate (*senza tuono*).

lightproof ['laitpru:f], *a.* (*tecn.*) a tenuta di luce.

lights [laits], *n. pl.* frattaglie (*specialm.* polmoni) d'animali macellati (*date in cibo a cani, gatti, ecc.*).

lightship ['lait-ʃip], *n.* (*naut.*) nave faro; faro galleggiante.

lightsome (1) ['laitsəm], *a.* **1** agile; grazioso; vivace **2** allegro; gaio; spensierato **3** frivolo; incostante; leggero.

lightsome (2) ['laitsəm], *a.* (*raro*) **1** luminoso **2** bene illuminato.

lightsomeness ['laitsəmnis], *n.* **1** agilità; grazia; vivacità **2** allegria; gaiezza; spensieratezza **3** frivolità; incostanza; leggerezza.

lightweight ['laitweit], *A a.* **1** (*d'abito, ecc.*) leggero **2** (*fig.*) leggero; poco serio; di scarsa importanza; insignificante **3** (*sport*) leggero. *B n.* **1** persona di peso inferiore al normale **2** (*fig.*) persona poco seria **3** (*sport*) peso leggero. ● (*sport*) **the l. championship**, il campionato dei (pesi) leggeri.

lightwood ['laitwud], *n.* **1** legno leggero, resinoso **2** legna che brucia bene; legna che dà fiamma viva.

lignaloes [lai'næləuz], *n.* **1** (*bot.*) legno di aloe **2** (*farm.*) aloe.

ligneous ['lignɪəs], *a.* (*bot.*) legnoso; legnoso.

ligniferous [lig'nifərəs], *a.* (*scient.*) che produce legno.

lignification [ˌlignifi'keiʃən], *n.* (*bot.*) lignificazione.

to lignify ['lignifai], *A v. t.* lignificare. *B v. i.* lignificarsi.

lignin ['lignin], *n.* (*chim., biol.*) lignina.

lignite ['lignait], *n.* (*geol.*) lignite.

lignum vitae ['lignəm'vaiti:], *n.* (*pl.* **lignum vitaes**) (*bot.*, *Guaiacum officinale*) guaiaco.

ligulate ['ligjuleit], *a.* (*bot.*) ligulato.

Ligurian [li'gjuəriən], *a. e n.* (*geogr.*) ligure; **the L. Sea**, il Mar Ligure.

likable ['laikəbl], *a.* attraente; piacente; simpatico.

likableness ['laikəblnis], *n.* l'essere attraente (*o* simpatico); simpatia.

to like [laik], *A v. t.* **1** piacere (*impers.*); gradire; desiderare; preferire; trovare attraente; aver simpatia per (q.): **Do you l. oysters?**, ti piacciono le ostriche?; **I l. to see them now and then**, mi piace vederli di quando in quando; **I l. swimming** (*USA:* **I l. to swim**) **in a pool**, mi piace nuotare in piscina; **I l. his visits**, gradisco le sue visite; le sue visite mi sono gradite; **I l. you to be within call**, desidero che tu resti a portata di voce; **How do you l. my new dress?**, ti piace il mio vestito nuovo?; **I l. him better than his brother**, mi è più simpatico lui di suo fratello; **I don't l. him at all**, mi è proprio antipatico **2** (*specialm. al condiz.*) volere; piacere (*impers.*): **I would l. a glass of wine**, vorrei un bicchiere di vino; **I should much l. to come**, mi piacerebbe molto (*o vorrei proprio*) venire; **I shouldn't l. him to meet you**, non vorrei (*o* mi dispiacerebbe) che ti incontrasse **3** (*in frasi neg.*) dispiacere (*impers.*); non volere: **I don't l. to disturb you, but I can't help it**, mi dispiace (*o* non vorrei) disturbarti, ma non posso evitarlo; **I didn't l. to interrupt him**, mi dispiaceva (*o* non volli) interromperlo. *B v. i.* **1** (*arc. o scherz., impers.*) piacere (*impers.*): **It likes me well**, mi piace molto **2** volere: **You may go whenever you l.**, puoi andartene quando vuoi (*o* quando ti pare e piace). ● **to l. better**, preferire (*tra due*) □ **to l. best**, preferire (*tra più di due*) □ **if you l.**, se vuoi; se si vuole: **I am shy, if you l., but not misanthropic**, sono timido, se vuoi, ma non un misantropo □ **I should l. time to consider it**, vorrei avere il tempo di rifletterre sulla cosa □ **I l. his cheek!**, che faccia tosta!; che sfacciato! □ **Well! I l. that!**, questa è bella!; questa è grossa! □ **I l. onions but they don't l. me**, le cipolle mi piacciono, ma mi fanno male (*pop.*) **L. it or lump it!**, prendere o lasciare!

like (1) [laik], *A a.* simile; somigliante; similare; uguale; pari; medesimo, stesso: **The two signatures are very l.**, le due firme sono molto simili; **The picture is not l.**, il quadro non è somigliante; (*mat.*) **l. quantities**, quantità uguali; (*mat.*) **l. signs**, segni uguali; **a cup of sugar and a l. amount of flour**, una tazzina di zucchero e la stessa quantità di farina; **in a l. manner** (*o* **wise**), in modo simile; nella stessa guisa. *B prep.* **1** come; nello stesso modo di; alla maniera di; da: **She sings l. a bird**, canta come un uccello; **They are behaving l. children**, si comportano da bambini **2** caratteristico, tipico di; proprio da; in carattere: **It was l. him to think of himself last**, è stato proprio da lui, pensare a sé per ultimo; **That's l. your impudence**, ciò è in carattere con la tua impudenza. *C n.* **1** (l')uguale; (il) pari; (il) simile: **When shall we see his l. again?**, quando rivedremo il suo pari (*o* un uomo come lui)?; **Mix with your likes**, frequenta i tuoi simili! **2** cosa simile (*o* uguale); cosa del genere: **We will never do the l. again**, non faremo mai più una cosa simile; **I've never heard** (*o* **seen**) **the l.!**, non s'è mai sentita (*o* vista) una cosa del genere! *D avv.* **1** (*dial.*) per così dire; per modo di dire: **His face is all swollen l.**, ha la faccia gonfia come un pallone, per così dire **2** (*dial.*) alquanto; piuttosto **3** (*fam.*) probabilmente; forse: **L. as not, he is already there**, forse è già arrivato là; **very l.** (*o* **l. enough**), probabilmente. *E cong.* **1** (*fam.*; *invece di* **as**) come: **It was just l. you said**, era proprio come dicevi tu; **I cannot do it l. you do**, non riesco a farlo come te **2** (*fam.*; *invece di* **as if**) come se: **They treated me l. I was a king**, mi trattarono come se fossi un re. ● **l. anything** (*o* **l. fun**, **l. blazes**, **l. crazy**, **l. mad**, **l. the devil**), a più non posso; in fretta e furia; a gambe levate; a crepapelle: **He ran away l. anything**, corse via a più non posso (*o* a gambe levate); **He works l. mad**, lavora come un (*o* da) matto □ **l.-minded**, che ha le stesse idee (*o* gli stessi gusti; che la pensa allo stesso modo □ (*fam.*) **the likes of me**, i pari miei; la gente della mia condizione □ (*fam.*) **the likes of you**, i pari tuoi; la gente della tua condizione □ (*fig.*) **l. a shot**, in un lampo; in un battibaleno □ **l. that**, così, in questo modo; fatto così; siffatto: **Don't speak to me l. that**, non parlarmi in questo modo!; **I admire people l. that**, uomini siffatti, io li ammiro □ **and the l.**, e simili; e così via; ecc.: **He studies biology, zoology and the l.**, studia biologia, zoologia, e simili □ **to drink l. a fish**, bere come una spugna □ **to feel l.**, aver voglia di; sentirsela: **I feel l. a drink**, ho voglia di qualcosa da bere; **I feel l. sleeping**, ho voglia di dormire; **I don't feel l. work** (*o* **working**) **today**, non me la sento di lavorare, oggi □ **to hate sb. l. poison**, vedere q. come il fumo negli occhi □ **to look l.**, sembrare: **It looks l. rain**, sembra che voglia piovere; **The rain looks l. lasting**, sembra che la pioggia voglia durare; **It looks l. snow** (*o* **snowing**), sembra che voglia nevicare; sembra tempo da neve; **It looks l. rabbits here**, sembra che ci siano conigli qui □ **more l.**, più esatto; più vicino: **The total sum was more l. 900 than 800**, il totale era più vicino a 900 che a 800 □ **nothing l.**, non... affatto, per nulla: **It is nothing l. as expensive as I thought**, non è per nulla caro come credevo □ **to smoke l. a chimney**, fumare come un turco □ **something l.**, qualcosa come; circa; quasi; a un dipresso: **It cost me something l. a million lire**, m'è costato circa un milione di lire □ **His new book is nothing l. as good as his first**, il suo nuovo libro è ben lontano dall'essere buono quanto il primo □ **This is something l. a day**, questo è un giorno memorabile □ **They are as l. as two peas**, si somigliano come due gocce d'acqua □ **What is your boyfriend l.?**, com'è (*o* che aspetto ha, che tipo è) il tuo ragazzo? □ **There is nothing l. a good sleep**, non c'è niente di meglio d'una buona dormita □ (*prov.*) **L. father, l. son** (*o* **l. master, l. man**), tale il padre, tale il figlio □ (*prov.*) **L. attracts l.**, chi s'assomiglia si piglia.

like (2) [laik], *n. nella locuz.*: **likes and dislikes**, simpatie e antipatie. ● (*comm.*) **the likes and dislikes of the public**, i gusti del pubblico.

likeable ['laikəbl], *V.* **likable**.

likelihood ['laiklihud], *n.* **1** probabilità; verosimiglianza: **in all l.**, con ogni probabilità **2** (*mat.*) verosimiglianza.

likely ['laikli], **A** *a.* **1** probabile: **It is l. to rain**, è probabile che piova; **It is not l. (that) he will come**, non è probabile (*o* è improbabile) ch'egli venga **2** verosimile; attendibile; credibile: **a l. account of the brawl**, un resoconto verosimile della rissa **3** adatto; che dà affidamento: **a l. place to find deer**, un posto dove è facile trovare cervi; **He seems a l. young fellow for the job**, sembra un giovanotto adatto a questo lavoro **4** promettente; che promette bene: **a l. lad**, un ragazzo promettente **5** che promette di riuscire; accettabile: **a l. plan**, un piano accettabile. **B** *avv.* (*di solito* **very l.**, **most l.**) probabilmente: **He will very l. go**, probabilmente, ci andrà. ● **to be l.**, essere probabile, potere, potersi dare (*impers.*): **Where are you l. to be this afternoon?**, dov'è probabile che tu sia (dove ti si può trovare) nel pomeriggio?; **You're not l. to win**, non è probabile (*o* è improbabile) che tu vinca; **He is l. to come**, può anche venire; può darsi che venga □ **as l. as not**, forse: **He will pass the exam as l. as not**, forse supererà l'esame e forse no □ **We tried at every l. shop**, abbiamo provato in tutte le botteghe che davano affidamento (*di avere quella certa merce, ecc.*).

to liken ['laikən], *v. t.* **1** comparare; paragonare **2** (*raro*) rendere simile.

likeness ['laiknis], *n.* **1** somiglianza; rassomiglianza **2** aspetto; sembianza; veste (*fig.*): **Jupiter appeared in the l. of a swan**, Giove apparve in sembianza di cigno **3** (*arc.*) ritratto; fotografia: **Would you like to have your l. taken?**, ti piacerebbe farti fare il ritratto?

likewise ['laik-waiz], *avv.* **1** similmente; nello stesso modo; altrettanto: **If I advance, you must do l.**, se io avanzo, voi dovete fare altrettanto **2** altrettanto: (*a una presentazione*) «**Glad to meet you**» «**L.**», «piacere» «altrettanto» **3** parimenti; così pure; inoltre.

liking ['laikiŋ], *n.* **1** simpatia; inclinazione; predilezione: **Mary has a great l. for him**, Maria ha molta simpatia per lui; **I have a great l. for cigars**, ho una spiccata predilezione per i sigari **2** gradimento; gusto: **Is it to your l.?**, è di tuo gusto?; ti va a genio? ● **to have no l. for flattery**, non gradire le adulazioni □ **to take a l. to**, prender gusto a (q.c.); prendere in simpatia (q.).

lilac ['lailək], **A** *n.* (*bot.*, *Syringa vulgaris*) serenella; lillà: **a bunch of l.** (*sing.*), un mazzo di lillà. **B** *n. e a.* (*color*) lillà: **a l. silk blouse**, una camicetta di seta lilla.

liliaceous [ˌliliˈeiʃəs], *a.* (*bot.*) gigliaceo.

Lilian, Lillian ['liliən], *n.* Liliana.

lilied ['lilid], *a.* **1** coperto (*o* adorno) di gigli **2** liliale (*lett.*).

li'l(l) [lil], (*dial. USA*) *V.* **little**.

Lilliput ['lilipʌt], *n.* (*letter.*) «Lilliput».

lilliputian [ˌliliˈpjuːʃjən], *a. e n.* (*anche fig.*) lilliputziano.

Lilly, Lily ['lili], *n.* (*dim. di* **Lilian**) Liliana.

Lilo ['lailou], *n.* (*pl.* **lilos**) (*marchio*) materassino (*da spiaggia; gonfiabile*).

to lilt [lilt], *v. t. e i.* **1** cantare melodiosamente; gorgheggiare **2** parlare con cadenza aggraziata (*o* in modo ritmico).

lilt [lilt], *n.* **1** cadenza; ritmo accentuato **2** canzone allegra, vivace **3** moto ritmico; molleggiamento.

lilting ['liltiŋ], *a.* cadenzato; ritmato; ritmico; vivace; allegro.

lily ['lili], *n.* (*bot.*, *Lilium*; *anche fig.*) giglio. ● (*araldica*) **the lilies**, i gigli d'oro (*di Francia*) □ **hands**, mani bianche come gigli □ **l. iron**, fiocina (*dalla punta a giglio*) per la pesca del pesce spada □ **l.-livered**, codardo; vile □ **l. maid**, fanciulla bianca come un giglio □ (*bot.*) **l. of the valley** (*Convallaria majalis*), mughetto; giglio delle convalli □ **l.-white**, bianco (*o* candido) come un giglio; (*fig.*) casto, immacolato, puro; (*fam. USA*) razzista, che discrimina i negri □ **Easter l.**, giglio bianco (*di S. Antonio*) □ **tiger l.**, giglio rosso (tigrato) □ **water l.**, ninfea.

lima bean ['laimə biːn], *n.* (*bot.*, *Phaseolus limensis*) fagiolo di Lima.

limb (1) [lim], *n.* **1** membro; (*anat.*) arto: **upper** (**lower**) **limbs**, membra (*o* arti superiori (inferiori) **2** (*fig.*) rappresentante; membro: **A policeman is a l. of the law**, il poliziotto è un rappresentante della legge **3** (*d'albero*) grosso ramo **4** (*della croce*) braccio **5** (*fam.*, *raro: originariamente* **l. of the devil**, **l. of Satan**) ragazzaccio; monello; diavoletto (*fig.*). ● **to escape with life and l.**, uscirne sano e salvo □ (*fam.*) **out on a l.**, in una posizione difficile; in pericolo; (*anche*) isolato (*specialm. dall'opinione pubblica*) □ **to tear sb. l. from l.**, squartare q. membro a membro; smembrare q.

to limb [lim], *v. t.* squartare (*anche fig.*); fare a pezzi.

limb (2) [lim], *n.* **1** (*astron.*) lembo; margine; bordo: **the lower l. of the moon**, il margine inferiore della luna **2** (*fis.*) lembo, orlo graduato (*di sestante*, *teodolite*, *ecc.*) **3** (*mecc.*) asta graduata **4** (*bot.*) lembo.

limbate ['limbeit], *a.* (*bot.*) limbato.

limbed [limbd], *a.* (*nei composti, per es.*:) **crooked-l.**, dalle membra storte; **strong-l.**, membruto; tarchiato.

limber (1) ['limbə*], *n.* (*mil.*) avantreno (*di cannone*).

to limber (1) ['limbə*], **A** *v. t.* (*mil.*, *spesso* **to l. up**) attaccare (*un cannone*) all'avantreno. **B** *v. i.* attaccare il cannone all'avantreno.

limber (2) ['limbə*], *a.* **1** agile; sciolto **2** flessibile; pieghevole **3** (*fig.*) sveglio; svelto; pronto; intelligente.

to limber (2) ['limbə*], **A** *v. t.* (*di solito* **to l. up**) rendere più agile. **B** *v. i.* acquistare agilità, sciolterzza.

limber (3) ['limbə*], *n.* (*naut.*) ombrinale. ● **l. board**, pagliolo; serretta □ **l. hole**, foro d'ombrinale (*o* di biscia).

limbo (1) ['limbou], *n.* (*pl.* **limbos**) **1** – (*relig.*) L., limbo **2** (*fig.*) limbo; condizione ambigua **3** (*fig.*) dimenticatoio; oblio **4** (*fig.*) carcere; prigione.

limbo (2) ['limbou], *n.* (*pl.* **limbos**) (*mus.*) limbo (*danza acrobatica delle Indie Occidentali*).

lime (1) [laim], *n.* **1** calce; calcina: **caustic** (*o* **burnt**) **l.**, calce viva; **slaked l.**, calce spenta **2** (*di solito* **birdlime**) pania; vischio. ● **l. burner**, fornaciaio che fa la calce □ **l.-cast**, intonaco di calce □ **l. glass**, vetro calcareo □ **l. pit**, buca della calce (*per calcinare pelli*) □ (*edil.*) **l. putty**, grassello □ **l.-twig**, ramoscello impaniato □ **l.-water**, acqua di calce □ **quick l.**, calce viva.

to lime [laim], *v. t.* **1** cementare **2** calcinare (*pelli*) **3** (*agric.*) calcinare; correggere (*terreni*) con calce **4** impaniare; spalmare di pania (*o* di vischio); prendere (*uccelli*) alla pania (*anche fig.*).

lime (2) [laim], *n.* (*bot.*, *Tilia europaea*; *spesso* **l. tree**) tiglio.

lime (3) [laim], *n.* **1** (*bot.*, *Citrus aurantifolia*) limetta; limetta acida (*il frutto*). ● **l. juice**, succo di limetta.

limeade ['laimeid], *n.* **1** spremuta di limetta **2** (*improprio*) cedrata.

limekiln ['laimkiln], *n.* forno da calce; calcara.

limelight ['laimlait], *n.* **1** (*stor.*) luce bianca (*prodotta dall'ossidazione di calce; usata un tempo nei teatri*) **2** (*teatr.*) riflettore lenticolare **3** (*teatr.*) ribalta (*anche fig.*) **4** (*pl.*, *teatr.*) luci della ribalta **5** (*fig.*) pubblicità; notorietà: **to be fond of the l.**, essere amante della pubblicità, della notorietà. ● (*fig.*) **to be in the l.**, essere alla ribalta (*fig.*).

limen ['laimən], *n.* (*pl.* **limens, limina**) (*psic.*) «limen»; soglia.

limerick ['limərik], *n.* «limerick» (*poesiola scherzosa, di cinque versi*).

limestone ['laimstoun], *n.* (*geol.*) calcare; pietra calcarea.

limewash ['laimwɔʃ], *n.* bianco di calce; latte di calce.

to limewash ['laimwɔʃ], *v. t.* (*edil.*) imbiancare (*pareti*).

limey ['laimi], *n.* (*pop. USA*) **1** marinaio inglese **2** inglese.

liming ['laimiŋ], *n.* **1** (*agric.*) calcinazione **2** depilazione (*di pelli*) con calce.

limit ['limit], *n.* **1** limite (*anche mat.*) confine; termine: **speed l.**, limite di velocità; **the lower l. of st.**, il limite inferiore di q.c.; **You don't know your own limits**, non conosci i tuoi limiti **2** numero massimo; quantità consentita: **We soon caught the l. for one day of salmon fishing**, in breve avevamo già preso il massimo di

limit

salmoni consentito in un giorno di pesca. ● (*sport*) **l. man**, concorrente che riceve il massimo vantaggio (*in una corsa a handicap*) ☐ **off limits**, (*mil.*) divieto d'entrata; (*fig.*) vietato: **That subject is off limits**, di quell'argomento non si parla ☐ **within limits**, entro un certo. limite; fino a un certo punto ☐ **without l.**, senza limiti; illimitatamente ☐ (*fam.*) **That's the l.!**, questo è il colmo! ☐ (*fam.*) **You're the l.!**, sei insopportabile!; sei il colmo!

to limit ['limit], **A** *v. t.* limitare; circoscrivere; ridurre; restringere: **We must l. the output of consumers' goods**, dobbiamo limitare la produzione dei beni di consumo; **to l. one's ambitions**, ridurre le proprie ambizioni. **to limit oneself B** *v. rifl.* limitarsi.

limitable ['limitəbl], *a.* limitabile.

limitary ['limitəri], *a.* **1** limitato; ristretto **2** limitativo; restrittivo.

limitation [ˌlimi'teiʃən], *n.* **1** limitazione; restrizione; limite **2** (*leg.*) periodo utile (*prima che un diritto cada in prescrizione*); termine di prescrizione **3** (*ass.*) limitazione (*o* limite) di copertura.

limitative ['limitiv], *a.* limitativo; restrittivo.

limited ['limitid], *a.* limitato; esiguo; scarso; ristretto: **My powers are l.**, i miei poteri sono limitati; **His funds are l.**, i suoi fondi sono esigui. ● (*fin.*) **l. company**, società di capitali a responsabilità limitata; società per azioni ☐ (*tipogr.*) **l. edition**, edizione numerata ☐ (*leg.*) **l. liability**, responsabilità limitata ☐ (*polit.*) **a l. monarchy**, una monarchia costituzionale ☐ (*fin.*) **l. partner**, socio accomandante ☐ (*fin.*) **l. partnership**, società in accomandita ☐ (*autom.*) **L. catering facilities**, posto di ristoro (*cartello autostradale in G.B.*).

limiter ['limitə*], *n.* **1** limitatore (*anche l'apparecchio*); limitatrice **2** (*elettron.*) limitatore d'ampiezza.

limiting ['limitiŋ], *a.* limitativo; restrittivo.

limitless ['limitlis], *a.* illimitato; sconfinato; immenso: **l. pride**, orgoglio sconfinato; **the l. sea**, l'immenso mare.

limitrophe ['limitrouf], *a.* limitrofo; finitimo.

to limn [lim], *v. t.* **1** (*raro*) descrivere **2** (*arc.*) disegnare; dipingere.

limnologist [lim'nɔlədʒist], *n.* (*scient.*) limnologo.

limnology [lim'nɔlədʒi], *n.* (*scient.*) limnologia.

limo ['limou], (*abbr. fam.*) *V.* **limousine**.

limonite ['laimənait], *n.* (*miner.*) limonite.

limousine ['limu(:)ziːn], *n.* (*autom.*) **1** limousine; berlina **2** automobile di rappresentanza. ● (*polit. USA*) **l. liberal**, progressista assai ricco (*e perciò poco credibile*).

to limp [limp], *v. i.* **1** zoppicare; camminare zoppo **2** (*d'aeroplano, nave, ecc.*) procedere con difficoltà. ● **to l. off**, allontanarsi zoppicando.

limp (1) [limp], *n.* zoppicamento; andatura zoppicante. ● **to have a bad l.**, zoppicare molto ☐ **to walk with a l.**, camminare zoppo.

limp (2) [limp], *a.* floscio; flaccido; (*fig.*) fiacco, cascante, debole: **a l. hat**, un cappello floscio; **a l. character**, un carattere debole. ● **to go l.**, accasciarsi; afflosciarsi (*fig.*).

to limpen ['limpən], *v. i.* zoppicare; camminare zoppo.

limpet ['limpit], *n.* **1** (*zool., Patella*) patella **2** (*fig.*) chi sta appiccicato ad altri (*o* attaccato all'impiego, ecc.). ● (*mil.*) **l. mine**, mina attaccata al fondo d'una nave; mignatta ☐ **to cling (o to hold on) like a l.**, stare attaccato come un'ostrica.

limpid ['limpid], *a.* limpido; chiaro; terso (*anche fig.*).

limpidity [lim'piditi], **limpidness** ['limpidnis], *n.* limpidità (*raro*); limpidezza (*anche fig.*).

limpingly ['limpiŋli], *avv.* zoppicando; zopponi (*fam.*).

limpness ['limpnis], *n.* l'essere floscio; (*fig.*) fiacchezza, debolezza.

limy ['laimi], *a.* **1** vischioso, viscoso; appiccicoso **2** calcareo: **l. soil**, terreno calcareo **3** coperto di vischio; impaniato.

linage ['lainidʒ], *n.* **1** numero di righe (*di testo a stampa*) **2** retribuzione a un tanto la riga; tariffa per riga.

linchpin ['lintʃpin], *n.* **1** (*mecc.*) acciarino (*della ruota*); chiodo del mozzo **2** (*fig.*) fulcro, pernio, perno (*fig.*).

linctus ['liŋktəs], *n.* (*farm.*) sciroppo per la tosse.

linden ['lindən], *n.* (*bot., Tilia europaea*) tiglio.

line (1) [lain], *n.* **1** linea (*in ogni senso*); tratto, segno (*grafico*); riga; fila; riga (*di parole*); (*mus.*) rigo; (*geom.*) **a straight l.**, una linea retta; **l. of demarcation**, linea di demarcazione; **a telephone l.**, una linea telefonica; (*tel.*) **Hold the l.!**, resti in linea!; **purity of l.**, purezza di linea; **Italian cars have beautiful lines**, le automobili italiane hanno una bella linea; **a l. of trees (of cars, etc.)**, una fila d'alberi (di auto, ecc.); **The soldiers were standing in (a) l.**, i soldati stavano in fila (*o* in riga); **People were standing in a l. outside the theatre**, la gente faceva la fila fuori del teatro; **The teacher drew the boys up in l.**, l'insegnante mise in riga i ragazzi; **the l. to London** (*o* **the up l.**), la linea ferroviaria per Londra; **to fall from a train on to the l.**, cadere dal treno sulla linea ferroviaria (*o* sui binari); **communication lines**, linee di comunicazione; (*mil.*) **the front l.**, la prima linea; **to descend from sb. in the female l.**, discendere da q. in linea femminile; **the first l. on page 87**, la prima riga a pagina 87; **to drop** (*o* **to send) a few lines**, scrivere poche righe; **a shipping l.**, una linea di navigazione **2** corda; fune; filo; lenza; (*naut.*) cima, sagola: **a clothes-l.**, una corda da stendere i panni; **a plumb l.**, un filo a piombo; **a fishing l.**, una lenza da pesca **3** ruga; solco: **His face was covered with deep lines**, aveva il viso solcato da profonde rughe **4** linea di confine; confine: **the lines of one's estate**, i confini dei propri possedimenti **5** – (*geogr.*) **the L.**, l'equatore: **to cross** (*o* **to pass) the L.**, attraversare l'equatore **6** linea di condotta (*o* d'azione); metodo: **He refuses to follow the l. of his party**, non vuole seguire la linea del suo partito; **I advise you to take a firm l. with the rebels**, ti consiglio di seguire un'energica linea di condotta verso i ribelli; **You're going on the wrong lines**, stai seguendo un metodo sbagliato (*o* una strada sbagliata) **7** successione (*di parenti*); genealogia; discendenza; razza; stirpe; famiglia; serie: **to descend from a noble l.**, essere di famiglia nobile; **to come of a good l.**, essere di buona razza; **Edward the Confessor was the last king of the l. of Alfred**, Edoardo il Confessore fu l'ultimo re della stirpe di Alfredo; **a l. of Democratic presidents**, una serie di presidenti democratici **8** verso; poesia: **We have fifty lines to learn by heart**, abbiamo cinquanta versi da imparare a memoria; **Marlowe's mighty l.**, la vigorosa poesia di Marlowe **9** (*mil.*) fila di tende; campo: **to inspect the lines**, fare un'ispezione al campo **10** (*sport*) traguardo: **He was the first to cross the l.**, fu il primo a tagliare il traguardo **11** genere (*o* ramo) d'affari; occupazione: **What is his l.?**, qual è il suo genere d'affari?; **His l. is leather goods**, il suo ramo d'affari sono gli articoli di cuoio; **That's completely out of my l.**, non è per nulla il mio genere d'affari; (*fig.*) non è cosa di cui io mi occupi (*o* m'intenda) **12** (*comm.*) classe di merci; linea di prodotti; gamma; serie; articoli: **a new l. of accessories**, una nuova gamma (*o* serie) d'accessori; **This is our best l. in shirts**, questi sono i nostri articoli migliori in fatto di camicie da uomo **13** «line» (*misura lineare, pari a 1/12 di «pollice» e cioè a mm 2,12*) **14** (*pl., teatr.*) battute, parte (*d'un attore*): **The young actress had forgotten her lines**, la giovane attrice aveva dimenticato la parte **15** (*pl., anche* **marriage lines**) certificato di matrimonio **16** (*pl., costr. navali*) piano di costruzione; disegno; progetto **17** (*pl., mecc.*) tubi; tubazioni (*della lubrificazione, ecc.*). ● (*naut.*) **l. abreast**, (*di navi*) in linea; fianco a fianco ☐ (*di navi*) **l. astern**, in fila; una dietro l'altra ☐ (*grafica*) **l. cut**, incisione a tratto ☐ **l. drawing**, disegno a tratto (*o* a tratteggio) ☐ (*arte*) **l. engraving**, incisione a tratto ☐ (*mil.*) **l.-firing**, fuoco di fila ☐ (*sport*) **l.-fishing**, pesca con la lenza ☐ (*mil.*) **l. of battle**, linea di battaglia (*naut., mil.*) **l.-of-battle ship**, nave da battaglia (*o* di linea) ☐ **l. of business**, genere d'affari, settore d'attività ☐ (*banca*) **l. of credit**, castelletto, plafond ☐ (*aeron.*) **l. of flight**, linea di volo ☐ (*chiromanzia*) **the l. of life** (**of fortune, etc.**), la linea della vita (della fortuna, ecc.) ☐ (*rugby*) **l.-out**, allineamento ☐ (*elab.*) **l. printer**, stampante di linea ☐ (*mecc.*) **l. shafting**, trasmissione ad albero ☐ **l. space**, interlinea ☐ (*di macchina da scrivere*) **l. spacer**, leva dell'interlinea ☐ (*elettr.*) **l. trap**, filtro di rete ☐ (*sport*) **l.-up**, formazione; schieramento (*di una squadra*) ☐ (*arte*) **l.-work**, disegno a tratto ☐ (*ferr.*) **a branch l.**, una linea secondaria ☐ (*fig.*) **to bring sb. into l.**, convincere (*o* costringere) q. ad accettare una posizione (un'idea, ecc.) ☐ **the Cunard L.**, la Compagnia di Navigazione Cunard ☐ (*naut.*) **depth-l.**, linea d'immersione ☐ (*fig.*) **to draw the l.**, segnare (*o* porre) un limite ☐ (*geol.*) **fault l.**, linea di faglia ☐ (*mil.*) **to form** (*o* **to wheel into) l.**, mettersi in linea, in riga ☐ **to go as straight as a l.**, andare in linea retta; andare sempre diritto ☐ (*mil.*) **to go up the l.**, andare in prima linea, al fronte ☐ **Hard lines!**, che sfortuna! ☐ **to hold the l.**, (*tel.*) restare in linea; (*mil.*) tenere la posizione; (*fig.*) restare invariato ☐ **in l.**, (*mecc.: di motore, ecc.*) in linea; in fila; in riga; allineato: (*autom.*) **four cylinders in l.**, quattro cilindri in linea ☐ (*fig.*) **to be in l. for st.**, essere in predicato per q.c.; essere candidato a q.c. ☐ (*fig.*) **in l. with**, in armonia, d'accordo con ☐ (*fig.*) **to lay** (*o* **to put) on the l.**, mettere a repentaglio, rischiare (*la carriera, ecc.*); fare un pagamento; parlare con estrema franchezza ☐ (*naut.*) **mooring l.**, cavo di ormeggio ☐ (*fig.*) **on the l.**, al limite; né di qua né di là; nell'incertezza ☐ (*fig.*) **on the same l.**, seguendo la stessa linea di condotta; nello stesso modo ☐ (*polit.*) **party l.**, linea del partito; (*tel. USA*) linea di duplex (*che serve due o più abbonati*) ☐ **pipe-l.**, conduttura; tubazione ☐ (*fig.*) **to read between the lines**, leggere fra le righe ☐ (*mil.*) **regiments of the l.**, reggimenti di linea (*fanteria*); (*USA*) reparti combattenti (*in genere*) ☐ (*pop.*) **to shoot a l.**, vantarsi ☐ **shore l.**, battigia ☐ (*mil.*) **a soldier of the l.**, un soldato di fanteria; un fante; un fantaccino ☐ (*ferr.*) **the Southern lines**, le ferrovie meridionali (*in G.B.*) ☐ (*sport*) **starting l.**, linea di partenza ☐ (*fig.*) **to take** (*o* **to keep to) one's own l.**, seguire una linea di condotta personale; andare per la propria strada; fare a modo proprio □ (*polit.*) **to take a strong l.**, seguire la linea dura □ (*fig.*) **to toe the l.**, rigare dritto; stare agli ordini; accettare la disciplina (*di partito, ecc.*) □ (*naut.*) **water l.**, bagnasciuga; linea di galleggiamento □ (*tel.*) **L. engaged** (*USA* **L. busy**), la linea è occupata! □ **Debating was right in his l.**, le discussioni erano proprio il suo cavallo di battaglia □ **Rugby is not my l.**, il rugby non fa per me.

to line (1) [lain], *A v. t.* **1** segnare con linee (*o* con righe); rigare: **to l. a sheet of paper**, rigare un foglio di carta **2** segnare, solcare (*di rughe*): **His face was lined with pain**, il suo viso era segnato (*o* solcato) dal dolore **3** (*spesso* **to l. up**) mettere in fila (*o* in riga); allineare: **The captain lined up his soldiers**, il capitano allineò i suoi soldati **4** fiancheggiare: **Great cypresses l. the road**, grandi cipressi fiancheggiano la strada **5** disporre (in fila) lungo (q.c.): **They lined the river bank with flowers**, disposero fiori lungo la riva del fiume **6** solcare di rughe; rendere rugoso **7** (*tipogr.*) allineare. *B v. i.* (*di solito* **to l. up**) allinearsi; mettersi in fila (*o* in riga): **The athletes lined up**, gli atleti si allinearono. ● **to l. out**, allineare, allinearsi; delineare, tracciare □ **to l. through**, cancellare con un tratto di penna (*o* con un frego): **L. this sentence through**, tira un frego su questa frase! □ **to l. up**, allineare, mettere in riga; (*tecn.*) posizionare; (*sport*) schierare; allinearsi; prendere posizione; schierarsi; (*USA*) fare la coda □ (*fig.*, *fam.*) **to l. up behind sb.**, schierarsi con q.; sostenere q.

line (2) [lain], *n.* (*ind. tessile*) filo di lino.

to line (2) [lain], *v. t.* **1** foderare: **to l. a dress**, foderare un abito; **to l. an overcoat with fur**, foderare di pelliccia un soprabito **2** rivestire: **to l. a wall with tiles**, rivestire una parete di mattonelle **3** (*costr. navali*) fasciare internamente (*una nave*). ● (*fig.*) **to l. one's belly**, riempirsi la pancia □ (*fig.*) **to l. one's pocket** (**purse**), riempirsi le tasche (la borsa) di soldi; fare soldi □ **Strong cloth lined the trunk**, il baule era foderato di tela forte.

to line (3) [lain], *v. t.* coprire, montare (*una cagna*).

lineage (1) ['linidʒ], *n.* **1** lignaggio; discendenza; stirpe; schiatta **2** (*genetica*) origine comune.

lineage (2) ['liniidʒ], *V.* **linage**.

lineal ['liniəl], *a.* **1** (discendente) in linea retta; diretto: **a l. descendant**, un discendente in linea retta; **a l. heir**, un erede diretto **2** *V.* **linear**.

lineally ['liniəli], *avv.* (*di discendenza*) in linea retta.

lineament ['liniəmənt], *n.* (*generalm. al pl.*) **1** lineamento; fattezza; tratto (*del viso*) **2** caratteristica; aspetto essenziale; elemento fondamentale **3** (*geol.*) allineamento.

linear ['liniə*], *a.* lineare: **l. measures**, misure lineari; (*mat.*) **l. equation**, equazione lineare. ● **a l. design**, un disegno al tratto □ (*elettr.*) **l. motor**, motore lineare.

linearity [,lini'æriti], *n.* (*fis.*, *mat.*, *ecc.*) linearità.

lineate ['liniit], *a.* rigato; a strisce; striato.

lineation [,lini'eiʃən], *n.* **1** rigatura **2** divisione in linee **3** sistema di linee **4** (*poesia*) divisione in versi.

lined (1) [laind], *a.* a linee; rigato: **l. paper**, carta rigata **2** grinzoso; rugoso; pieno di rughe.

lined (2) [laind], *a.* foderato: **l. with fur**, foderato di pelo. ● (*fig.*) **to have one's purse well-l.**, avere il portafogli pieno.

lineman ['lainmən], *n.* (*pl.* **linemen**) **1** guardafili (*di linea telefonica, ecc.*) **2** (*ferr.*) guardalinee **3** (*sport*) segnalinee; guardalinee.

linen ['linin], *n.* **1** (*anche* **l. cloth**) lino; tela di lino **2** biancheria; panni: **bed l.**, biancheria da letto; **table l.**, biancheria da tavola; **a change of l.**, un cambio di biancheria **3** indumento di lino **4** (*ind. carta*) carta di lino (*o* da stracci). ● **l. closet**, armadio della biancheria □ **l. draper**, negoziante di telerie (*o* di biancheria) □ **l. thread**, filo di lino □ (*fig.*) **to wash one's dirty l. at home** (**in public**), lavare i panni sporchi in casa (in pubblico).

liner (1) ['lainə*], *n.* **1** (*naut.*) nave di linea; transatlantico **2** (*aeron.*, *anche* **airliner**) aereo di linea **3** (*cosmesi*) **eye-liner**; matita (*o liquido*) per gli occhi. ● **an Atlantic l.**, un transatlantico □ (*comm.*) **l. freighting**, noleggio a collettame.

liner (2) ['lainə*], *n.* **1** chi fa (*o* chi attacca) fodere **2** fodera **3** (*mecc.*) canna; camicia (*per es.*, *di cilindro*) **4** (*mil.*) tubo dell'anima (*di cannone*) **5** (*ind.*) rivestitore **6** (*metall.*) (cilindro) contenitore; (*anche*) incamiciatura. ● **helmet l.**, calotta interna dell'elmo.

linertrain ['lainətrein], *n.* (*ferr.*) treno merci per contenitori (*o* container).

lineshooter ['lainˌʃuːtə*], *n.* (*pop.*) spaccone; vantatore (*raro*) vantone (*fam.*).

lineshooting ['lainˌʃuːtiŋ], *n.* (*pop.*) spaccomate; vanterie.

linesman ['lainzmən], *n.* (*pl.* **linesmen**) **1** guardafili (*di linea telefonica ecc.*) **2** (*ferr.*) guardalinee **3** (*mil.*) soldato di reggimento di linea **4** (*sport*) segnalinee; guardalinee.

line-up ['lainʌp], *n.* **1** allineamento; (*anche mil.*) schieramento: **the new l. of the centre-left parties**, il nuovo schieramento dei partiti di centrosinistra **2** (*sport*) formazione di gioco; schieramento **3** (*mecc.*, *autom.*) messa a punto. ● **the l. of suspects**, il confronto all'americana degli indiziati.

ling (1) [liŋ], *n.* (*zool.*) **1** (*Molva molva*) molva **2** (*USA*, *Lota lota*) bottatrice.

ling (2) [liŋ], *n.* (*bot.*, *Calluna vulgaris*) brentolo; brugo.

to linger ['liŋgə*], *A v. i.* **1** attardarsi; esitare; indugiare; fermarsi; soffermarsi: **He lingered before the fire**, si soffermò davanti al fuoco; **I lingered around for a while**, mi attardai ancora un poco **2** (*fig.*) essere lento a scomparire; resistere: **Old customs still l. in the country**, le vecchie costumanze resistono ancora in campagna **3** — **to l. on**, essere prossimo alla fine; tirare avanti a stento; trascinarsi. *B v. t.* passare (*il tempo*) lentamente. ● **to l. away one's time**, perdere tempo (in indugi) □ **to l. behind**, restare indietro □ **to l. homewards**, avviarsi pian piano verso casa □ **to l. over a subject**, dilungarsi su un argomento □ **to l. over one's work**, procedere a rilento nel proprio lavoro □ **to l. round a place**, gironzolare intorno a un luogo.

lingerer ['liŋgərə*], *n.* chi indugia; chi s'attarda; ritardatario.

lingerie ['læ:nʒəri:] (*franc.*), *n.* biancheria intima (*da donna*).

lingering ['liŋgəriŋ], *A a.* **1** lungo; prolungato: **a l. disease**, una lunga malattia **2** lento; tardo: **a l. twilight**, un lento crepuscolo **3** duraturo; persistente; tenace: **l. hopes**, speranze tenaci. *B n.* **1** indugio; ritardo **2** lentezza; lungaggine. ● **a l. look**, uno sguardo che s'attarda su q. (*o* q.c.) da cui non ci si vorrebbe staccare; un'occhiata nostalgica.

lingo ['liŋgou], *n.* (*pl.* **lingoes**, **lingos**) **1** (*fam.*) lingua straniera **2** gergo; linguaggio tecnico: **the l. of medical men**, il gergo dei medici.

lingua franca ['liŋgwə'fræŋkə], *n.* (*pl.* **lingua francas**, **linguae francae**) (*linguistica e fig.*) lingua franca.

lingual ['liŋgwəl], *A a.* (*anat.*, *scient.*) linguale. *B n.* (*fon.*) consonante linguale. ● **l. studies**, studi linguistici.

to lingualize ['liŋgwəlaiz], *v. t.* (*fon.*) pronunciare (*una consonante*) come linguale.

linguiform ['liŋgwifɔ:m], *a.* (*scient.*) linguiforme.

linguine [liŋ'gwi:nei] (*ital.*), *n.* (*collett.*, *cucina*) linguine.

linguist ['liŋgwist], *n.* **1** linguista; glottologo **2** poliglotta.

linguistic(al) [liŋ'gwistik(əl)], *a.* linguistico; glottologico.

linguistician [liŋgwi'stiʃən], *n.* (*USA*) linguista.

linguistics [liŋ'gwistiks], *n. pl.* (*col verbo al sing.*) linguistica.

lingulate ['liŋgjuleit], *a.* (*scient.*) linguiforme.

liniment ['linimənt], *n.* (*farm.*) linimento; unguento.

lining (1) ['lainiŋ], *n.* **1** rigatura **2** (*tipogr.*) allineamento.

lining (2) ['lainiŋ], *n.* **1** fodera; foderame: **the l. of a coat**, la fodera d'una giacca **2** rivestimento (*interno o isolante*); materiale di rivestimento **3** guarnizione (*di cappello*) **4** (*mecc.*) spessore (*di freno*); pastiglia (*fam.*); ferodo **5** (*naut.*) fasciame. ● (*mecc.*) **l. bar**, palanchino □ (*prov.*) **Every cloud has a silver l.**, non tutto il male vien per nuocere; ogni male ha la sua parte di bene.

link (1) [liŋk], *n.* **1** anello (*d'una catena*; *anche fig.*); maglia: **a weak l. in a scientific demonstration**, un anello (*o* un punto) debole in una dimostrazione scientifica; (*antropologia*) **the missing l.**, l'anello mancante (*nella catena della derivazione dell'uomo dalla scimmia*) **2** (*raro*) «link» (*misura lineare, pari a otto «pollici» e cioè a cm 20 circa*) **3** collegamento; legame; vincolo: **That was the last l. with my past**, quello era l'ultimo legame col mio passato **4** (*anche mecc.*) articolazione; connessione **5** (*mecc.*) giunto **6** (*chim.*) legame **7** (*elettr.*) elemento fusibile **8** rocchio (*di salsiccia*) **9** (*anche* **cuff-l.**, **sleeve-l.**), gemello da polsino. ● **l.-up**, presa di contatto; (*radio*, *telev.*) collegamento □ (*autom.*) **l.-up motorway**, bretella (autostradale).

to link [liŋk], *A v. t.* **1** collegare; connettere; congiungere; unire **2** giungere, congiungere (*le mani*). *B v. i.* collegarsi; congiungersi; legarsi: **Each clue links up with the next**, ogni indizio si collega col successivo. ● **to l. arms**, tenersi (*o* stare) sottobraccio □ **to l. one's arm in** (*o* **through**) **sb.'s arm**, prendere q. sottobraccio □ **to l. oneself on to a company**, unirsi a una compagnia.

link (2) [liŋk], *n.* (*arc.*) fiaccola; torcia.

linkage ['liŋkidʒ], *n.* **1** collegamento (*anche elab.*); connessione **2** (*mecc.*) collegamento articolato; sistema di trasmissione meccanico; cinematismo **3** (*genetica*) linkage; associazione.

linkboy ['liŋkbɔi], *n.* (*stor.*) portatore di fiaccola (*per illuminare il cammino*); tedoforo.

linkman ['liŋkmən], *n.* (*pl.* **linkmen**) **1** (*sport*) uomo di collegamento **2** (*radio*, *telev.*) coordinatore; moderatore **3** intermediario; mediatore.

links [liŋks], *n. pl.* **1** (*scozz.*) terreno erboso; dune erbose (*specialm. sulla costa*) **2** (*sing.*; *invar. al pl.*; *sport*) campo da golf.

linn (1) [lin], *n.* (*soprattutto scozz.*) **1** cascata d'acqua **2** botro.

linn (2) [lin], *n.* (*bot.*, *Tilia europaea*) tiglio.

Linn(a)ean [li'ni(:)ən], *a.* (*scient.*) linneano.

linnet ['linit], *n.* (*zool.*, *Carduelis cannabina*) fanello; montanello.

lino ['lainou], *n.* (*pl.* **linos**) *abbr.* di **1** linoleum **2** Linotype.
linocut ['lainoukʌt], *n.* (stampa ottenuta con una) incisione in linoleum.
linoleum [li'nouljəm], *n.* (*ind.*) linoleum.
Linotype ['lainoutaip], *n.* (*marchio: tipogr.*) linotype; macchina linotipica. ● **L. operator**, linotipista □ **L. printing**, linotipia.
to **linotype** ['lainoutaip], *v. t.* (*tipogr.*) comporre con una linotype.
linotyper ['lainou,taipə*], **linotypist** ['lainou,taipist], *n.* (*tipogr.*) linotipista.
linseed ['linsi:d], *n.* seme di lino. ● **l. cake**, panello di lino □ **l. oil**, olio di lino □ **l. poultice**, cataplasma (*o* impiastro) di semi di lino.
linsey-woolsey ['linzi'wulzi], *n.* **1** (*ind. tessile*) mezzalana **2** (*fig.*) guazzabuglio; miscuglio confuso.
lint [lint], *n.* **1** garza (*usata per medicazioni*); filaccia **2** lanugine; laniccio.
lintel ['lintl], *n.* (*archit.*) architrave; piattabanda.
liny ['laini], *a.* **1** simile a una linea; sottile **2** segnato da linee **3** rugoso **4** (*arte*) che fa un uso eccessivo del tratto.
lion ['laiən], *n.* **1** (*zool.*, *Felis leo*) leone; (*fig.*) persona coraggiosa **2** (*fig.*) persona celebre; celebrità (*la cui presenza è ricercata nelle riunioni mondane*) **3** – (*astron.*, *astrologia*) **the L.**, il Leone (*costellazione e* V *segno dello Zodiaco*). ● (*stor.*) **L.-heart**, Riccardo Cuor di Leone □ **l.-hearted**, che ha un cuore di leone; coraggioso; temerario □ **l.-hunter**, cacciatore di leoni; (*fig.*) anfitrione che conta sulla presenza di celebrità ai suoi ricevimenti □ (*fig.*) **a l. in the way** (*o* **in the path**), un ostacolo, un pericolo (*specialm. imaginario*) □ (*fig.*) **the l.'s share**, la parte del leone □ **l.'s skin**, pelle del leone; (*fig.*) (ostentazione di) finto coraggio □ (*polit.*) **the British L.**, il Leone Britannico (*emblema nazionale*) □ (*fig.*) **to be in the l.'s mouth**, essere in una posizione molto pericolosa.
Lionel ['laiənl], *n.* Lionello.
lioness ['laiənis], *n.* leonessa.
lionet ['laiənit], *n.* leoncino.
lionism ['laiənizəm], *n.* il trattare q. (*o* l'essere trattato) come una celebrità.
lionization [,laiənai'zeiʃən], *n.* **1** idoleggiamento (di q.) **2** visita alle bellezze naturali o artistiche (*di un luogo*).
to **lionize** ['laiənaiz], *v. t.* **1** trattare (q.) come una celebrità; idoleggiare; ricercare: **The playwright was lionized by all the highbrows**, il commediografo era idoleggiato da tutti gli intellettuali **2** visitare le bellezze naturali o artistiche di (*un luogo*) **3** mostrare le bellezze d'un luogo a (*un visitatore*). B *v. i.* visitare le bellezze d'un luogo.
lionlike ['laiənlaik], *a.* leonino.
lip [lip], *n.* **1** (*anat.*) labbro; (*fig.*) orlo, margine: **the lip of a cup**, l'orlo d'una tazza; **the lip of a volcano**, il bordo di un vulcano; **the lips of a wound**, i labbri d'una ferita **2** (*della punta a sgorbia*) tagliente **3** sporgenza; lama; (*tecn.*) **a narrow lip of rock on a mountain wall**, una stretta lama di roccia (*o* cengia) sulla parete di un monte **4** becco, beccuccio (*di recipiente*) **5** (*fam.*) impertinenza; impudenza; sfacciataggine. ● (*fon.*) **lip consonant**, consonante labiale □ **lip-deep**, falso; insincero; superficiale; a parole: **a lip-deep friendship**, un'amicizia a parole □ **lip-homage**, omaggio insincero, a parole □ **lip-reading**, il capire dal movimento delle labbra di chi parla □ **lip religion**, religiosità superficiale □ **lip server**, chi pratica il **lip service** (*q.v.*) □ **lip service**, devozione finta; rispetto puramente verbale; adesione meramente formale: **to pay lip service to the ideals of democracy**, dare un'adesione puramente formale agli ideali della democrazia □ (*fig.*) **to bite one's lips**, mordersi le labbra □ (*pop.*) **to button one's lips**, cucirsi la bocca (*fig.*) □ **to curl one's lips**, arricciare le labbra; storcere la bocca □ **to hang one's lips**, mostrarsi (*o* apparire) umiliato □ **to hang on sb.'s lips**, pendere dalle labbra di q. □ (*fam.*) **to keep a stiff upper lip**, tener duro; non scoraggiarsi □ **to lick one's lips**, leccarsi le labbra (*fig.*) leccarsi i baffi (*o* le dita) □ (*fig.*) **to refuse to open one's lips**, non voler aprir bocca; rifiutarsi di parlare □ **to smack one's lips**, schioccare le labbra; (*fig.*) leccarsi i baffi (*o* le dita).
to **lip** [lip], A *v. t.* **1** toccare con le labbra; baciare **2** (*d'acqua*) lambire; sfiorare **3** (*golf*) lanciare la palla fino all'orlo di (*una buca*) **4** (*della palla*) arrivare all'orlo di (*una buca*). B *v. i.* (*mus.*) imboccare uno strumento (a fiato).
liparite ['lipərait], *n.* (*miner.*) liparite.
lipase ['laipeis], *n.* (*chim.*) lipasi.
lipid ['lipid], *n.* (*chim., biol.*) lipide.
lipidic [li'pidik], *a.* (*chim., biol.*) lipidico.
lipoid ['lipoid], A *a.* (*chim., biol.*) lipoideo. B *n.* lipoide.
lipoma [li'pumə], *n.* (*pl.* **lipomas, lipomata**) (*med.*) lipoma.
lipped [lipt], *a.* **1** (*bot.*) labiato **2** (*nei composti, per es.*:) **thick-l.**, dalle labbra grosse; **tight-l.**, che tiene le labbra strette; che tiene la bocca chiusa, che non vuol parlare.
to **lip-read** ['lip-ri:d], (*pass.* e *p. p.* **lip-read**), *v. t.* e *i.* (*dei sordi*)

capire dal movimento delle labbra.
lipsalve ['lipsa:v], *n.* **1** pomata per le labbra **2** (*fig.*) adulazione.
lipstick ['lip-stik], *n.* rossetto (*per le labbra*).
to **liquate** ['laikweit], *v. t.* (*metall.*) sottoporre (*metalli*) alla liquazione.
liquation [li'kweiʃən], *n.* (*metall.*) liquazione.
liquefaction [,likwi'fækʃən], *n.* (*fis.*) liquefazione.
liquefactive [,likwi'fæktiv], *a.* che serve a liquefare.
liquefiable ['likwifaiəbl], *a.* liquefattibile; che si può liquefare.
liquefied ['likwifaid], *a.* liquefatto; liquido: **l. gas**, gas liquido (*o* liquefatto).
liquefier ['likwifaiə*], *n.* liquefattore; apparecchio per liquefazione (*di gas, ecc.*).
to **liquefy** ['likwifai], *v. t.* e *i.* (*fis.*) liquefare, liquefarsi.
liquescence [li'kwesəns], *n.* (*fis.*) liquescenza.
liquescent [li'kwesənt], *a.* (*fis.*) liquescente.
liqueur [li'kjuə*] (*franc.*), *n.* liquore dolce; liquore digestivo. ● **l. frame** (*o* **l. stand**), armadietto dei liquori □ **l. glass**, bicchierino da liquore.
liquid ['likwid], A *n.* **1** liquido: **Water is a l.**, l'acqua è un liquido **2** (*fon.*) consonante liquida. B *a.* **1** liquido (*anche fin.*); acquoso; diluito; fluido: **l. food**, cibo liquido; **This mortar is too l.**, questa malta è troppo liquida; (*fin.*) **l. assets**, attività liquide **2** chiaro; limpido; lucente; trasparente: **l. air**, aria limpida; **l. sky**, un cielo limpido; **l. eyes**, occhi lucenti **3** (*di suono*) chiaro; puro; melodioso; scorrevole: **in her l. Italian**, nel suo melodioso italiano; **l. verse**, versi scorrevoli **4** inconsistente; instabile; mutevole: **He has very l. convictions**, le sue convinzioni sono assai mutevoli. ● (*fis.*) **l. air**, aria liquida □ (*ing.*) **l. cooling**, raffreddamento a liquido □ (*chim.*) **l. filter**, filtro per liquido □ (*mil.*) **l. fire**, miscela infiammabile per lanciafiamme □ **l. measure**, misura per liquidi □ (*chim.*) **l. paraffin**, olio minerale □ (*elettron.*) **l. rheostat**, reostato liquido.
to **liquidate** ['likwideit], A *v. t.* **1** liquidare; liberarsi, sbarazzarsi di (q.); uccidere: **We must try to l. our opponents**, dobbiamo cercare di liquidare i nostri avversari **2** liquidare; estinguere (*un debito*) **3** (*fin.*) liquidare; mettere in liquidazione (*una società*) **4** (*ass.*) liquidare (*un danno*) **5** (*fin., rag.*) convertire in liquidità; rendere liquido. B *v. i.* (*fin.: di una società*) andare in liquidazione.
liquidation [,likwi'deiʃən], *n.* **1** liquidazione; eliminazione; uccisione **2** (*fin.*) liquidazione **3** (*fin., rag.*) conversione in liquidità.
liquidator ['likwideitə*], *n.* (*ass., fin.*) liquidatore.
liquidity [li'kwiditi], *n.* **1** (*anche fis.*) liquidità; scorrevolezza **2** limpidezza; trasparenza **3** (*fin., rag.*) liquidità: **l. rate**, tasso di liquidità.
to **liquidize** ['likwidaiz], *v. t.* **1** rendere liquido **2** (*cucina*) frullare (*frutta o verdura*).
liquidizer ['likwidaizə*], *n.* (*cucina*) frullatore.
liquidness ['likwidnis], V. **liquidity**.
liquor ['likə*], *n.* **1** liquido; sostanza liquida; succo: **meat l.**, succo di carne; brodo **2** liquore; bevanda alcolica **3** (*chim.*) soluzione; soluzione chiara: **l. ammoniae**, soluzione d'ammoniaca **4** (*ind.*) sugo verde (*di canna da zucchero*) **5** (*farm.*) liquore. ● **to be in l.** (*o* **to be the worse for l.**), essere ubriaco □ **spirituous l.**, bevanda alcolica.
to **liquor** ['likə*], A *v. t.* **1** ungere (*cuoio, scarpe*) con grasso, con olio **2** mettere in bagno (*il malto*) **3** (*pop., anche* **to l. up**) fare bere liquori a (q.). B *v. i.* (*pop., anche* **to l. up**) bere liquori; ubriacarsi.
liquorice ['likəris], *n.* (*bot., Glycyrrhiza glabra*) liquirizia.
liquorish ['likəriʃ], *a.* **1** amante dei liquori **2** V. **lickerish**.
lira ['liərə], *n.* (*pl.* **liras, lire**) lira (*moneta*).
Lisbon ['lizbən], *n.* (*geogr.*) Lisbona.
lisle [lail], *n.* filo di Scozia.
to **lisp** [lisp], A *v. i.* essere bleso; avere la lisca (*pop.*). B *v. t.* **1** pronunciare in modo bleso **2** (*specialm. di bambino, anche* **to l. out**) biascicare; balbettare; farfugliare: **He lisped out an excuse**, balbettò una scusa.
lisp [lisp], *n.* **1** pronunzia blesa; blesità; lisca (*pop.*) **2** mormorio (*d'acqua*); fruscio (*di fronde*). ● **to have** (*o* **to speak with**) **a l.**, essere bleso.
lisping ['lispiŋ], *a.* bleso; che ha la lisca (*pop.*).
lissom(e) ['lisəm], *a.* **1** flessibile; flessuoso; pieghevole **2** agile; aggraziato; snello; svelto.
lissom(e)ness ['lisəmnis], *n.* **1** flessibilità **2** agilità; snellezza.
list (1) [list], *n.* **1** lista; elenco; catalogo; distinta; listino; nota: **to take a l.**, fare un elenco; **His name stands first on the l.**, il suo nome è il primo della lista; (*comm.*) **packing l.**, distinta d'imballaggio; **l. of prices**, listino dei prezzi; (*mil.*) **navy l.**, lista navale **2** (*di tessuti*) cimosa; vivagno **3** (*archit.*) listello **4** confine; limite (*di un campo, ecc.*) **5** (*pl., stor.*) lizza; campo di combattimento, arena: **to enter the lists**, entrare in lizza; scendere in

campo **6** (*in un concorso e sim.*) graduatoria **7** (*Borsa*) bollettino; listino. ● (*aeron., naut.*) **l. of the crew**, ruolo dell'equipaggio □ (*comm.*) **l. price**, prezzo di listino □ (*mil.*) **the active l.**, il ruolo degli ufficiali in servizio attivo □ (*polit.*) **the civil l.**, la lista civile □ **free l.**, (*teatr.*) lista delle entrate di favore; (*comm.*) elenco delle merci non soggette a dazio d'importazione □ (*mil.*) **the retired l.**, il ruolo degli ufficiali in congedo.
to list (1) [list], *v. t.* **1** mettere in lista; includere in un elenco: **to l. the names of tax-evaders**, includere in un elenco i nomi degli evasori fiscali; **No such name is listed here**, questo nome non è nella lista **2** elencare; catalogare; fare una lista di: **to l. all one's books**, fare una lista di tutti i propri libri **3** (*comm.*) mettere in listino: **to l. the latest models**, mettere nel listino prezzi gli ultimi modelli **4** munire di vivagno l'orlo di **5** (*Borsa*) inserire (*titoli*) nel listino ufficiale. ● (*comm.: d'un prodotto*) **to l. at**, essere in catalogo al prezzo di; avere un prezzo di listino di.
list (2) [list], *n.* (*specialm. naut.*) sbandamento; inclinazione; sbandata: **to take a l. to starboard**, prendere una sbandata a dritta.
to list (2) [list], *v. i.* (*special. naut.*) sbandare; inclinarsi; pendere su un fianco: **The yacht listed to port**, il panfilo sbandava a sinistra.
listed ['listid], *a.* **1** messo in lista; elencato; catalogato **2** (*Borsa: di titolo*) iscritto a listino; quotato.
to listen ['lisn], *v. i.* ascoltare; dare ascolto; prestare orecchio: **I listened to the music (the conversation, etc.)**, ascoltai la musica (la conversazione, ecc.); **Don't l. to his promises**, non dare ascolto alle sue promesse! ● **to l. for**, aspettare di sentire □ **to l. in**, ascoltare la radio; origliare; intercettare una conversazione telefonica □ **to l. in to the news**, ascoltare il giornale radio □ **to l. out**, stare in ascolto; stare attento □ **to l. to temptation**, cedere alla tentazione □ (*mil.*) **listening post**, posto d'ascolto □ (*radar, radio*) **listening station**, stazione d'ascolto.
listen ['lisn], *n.* l'ascoltare; ascolto.
listenable ['lisənəbl], *a.* (*fam.*) che si può ascoltare; gradevole.
listener ['lisnə*], *n.* ascoltatore. ● **l.-in**, radioascoltatore; uno che origlia □ **a good l.**, uno che sa ascoltare pazientemente gli altri.
lister ['listə*], *n.* (*agric.*) aratro assolcatore.
listless ['listlis], *a.* **1** disattento; incurante; indifferente; sbadato **2** fiacco; indolente; svogliato.
listlessness ['listlisnis], *n.* **1** disattenzione; incuranza (*raro*); indifferenza; sbadataggine **2** fiacchezza; indolenza; svogliatezza.
lit [lit], **A** *pass. e p. p.* di **to light. B** *a. pred.* **1** illuminato: **The room was lit with candles**, la stanza era illuminata da candele **2** acceso: **The cigarette is lit**, la sigaretta è accesa. ● (*pop.*) **lit--up**, ubriaco fradicio; sbronzo.
litany ['litəni], *n.* (*relig.*) litania.
litchi [,lai'tʃi:], *n.* (*pl.* **litchis**) (*bot.*, *Litchi chinensis*) litchi (*albero e frutto*). ● **l. nut**, frutto del litchi seccato.
liter ['li:tə*], (*USA*) V. **litre**.
literacy ['litərəsi], *n.* il saper leggere e scrivere; alfabetismo (*raro*).
literal ['litərəl], **A** *a.* **1** espresso in lettere: (*USA*) **a l. grade**, un voto (*scolastico, d'esame, ecc.*) espresso in lettere (A, B, C, ecc.) **2** letterale; alla lettera: **a l. translation**, una traduzione letterale; **l. meaning**, senso letterale **3** che prende le cose alla lettera; prosaico; pratico; pedantesco: **a l. person**, una persona che prende le cose alla lettera; **a l. education**, un'educazione pedantesca **4** testuale; esatto; preciso; puro: **the l. truth**, la pura verità; **a l. description**, una descrizione precisa. **B** *n.* errore di stampa; refuso. ● (*fam.*) **a l. decimation**, una decimazione vera e propria □ **a l. mistake**, un errore di grafia (*o* di stampa) □ **l.-minded**, prosaico; privo di fantasia.
literalism ['litərəlizəm], *n.* **1** stretta aderenza alla lettera; interpretazione letterale **2** prosaicità; pedanteria **3** (*arte, letter.*) realismo.
literalist ['litərəlist], *n.* **1** chi si attiene alla lettera **2** persona prosaica; pedante.
literality [,litə'ræliti], *n.* **1** l'essere letterale **2** il prendere le cose alla lettera **3** prosaicità; pedanteria.
to literalize ['litərəlaiz], *v. t.* interpretare (q.c.) alla lettera.
literally ['litərəli], *avv.* letteralmente; alla lettera (*in ogni senso*).
literariness ['litərərinis], *n.* letterarietà; qualità letteraria.
literary ['litərəri], *a.* letterario; di (*o* delle) lettere: **a l. education**, un'educazione letteraria; **l. criticism**, critica letteraria; (*leg.*) **l. property**, proprietà letteraria; **a l. man**, un uomo di lettere; un letterato; (*anche*) una persona con interessi letterari. ● **l. agent**, agente letterario □ **l. essay**, elzeviro □ **l. page**, terza pagina (*di giornale*).
literate ['litərit], **A** *a.* **1** che sa leggere e scrivere; istruito **2** colto; dotto; erudito. **B** *n.* **1** chi sa leggere e scrivere **2** persona colta; dotto; letterato.
literati [,litə'ra:ti], *n. pl.* (*collett.*) letterati; (la) classe colta.

literature ['litəritʃə*], *n.* **1** letteratura: **American l.**, la letteratura americana **2** letteratura; complesso di pubblicazioni; materiale bibliografico; opuscoli a stampa: **medical l.**, letteratura medica; **mathematical l.**, pubblicazioni di matematica. ● **to be engaged in l.**, fare il letterato; essere uomo di lettere □ **light l.**, letteratura amena.
lithanthrax [li'θænθræks], *n.* (*miner., arc.*) litantrace.
litharge ['liθɑ:dʒ], *n.* (*chim.*) litargirio.
lithe [laið], *a.* flessibile; flessuoso; agile; snello.
litheness ['laiðnis], *n.* flessibilità; flessuosità; agilità; snellezza.
lithesome ['laiðsəm], *a.* flessibile; agile; snello.
lithia ['liθiə], *n.* (*chim.*) litina. ● **l. water**, acqua litiosa.
lithiasis [li'θaiəsis], *n.* (*pl.* **lithiases**) (*med.*) litiasi; calcolosi.
lithic (1) ['liθik], *a.* litico; di pietra: **l. artifacts**, manufatti litici.
lithic (2) ['liθik], *a.* (*chim.*) litico; litioso.
lithification [,liθifi'keiʃən], *n.* (*geol.*) litificazione.
lithium ['liθiəm], *n.* (*chim.*) litio.
lithograph ['liθəgra:f], *n.* litografia; riproduzione litografica.
to lithograph ['liθəgra:f], **A** *v. t.* litografare. **B** *v. i.* fare litografie.
lithographer [li'θɔgrəfə*], *n.* litografo.
lithographic(al) [,liθə'græfik(əl)], *a.* litografico: **l. plate**, lastra litografica.
lithography [li'θɔgrəfi], *n.* litografia; procedimento litografico.
lithoid ['liθɔid], **lithoidal** [li'θɔidl], *a.* (*scient.*) litoide.
lithological [,liθə'lɔdʒikəl], *a.* (*geol.*) litologico.
lithologist [li'θɔlədʒist], *n.* (*geol.*) litologo.
lithology [li'θɔlədʒi], *n.* (*geol.*) **1** litologia **2** studio delle rocce.
lithophyte ['liθoufait], *n.* (*bot.*) litofita.
lithoprint ['liθəprint], *n.* litografia; riproduzione litografica.
lithosphere ['liθousfiə*], *n.* (*geol.*) litosfera.
lithotomic(al) [,liθə'tɔmik(əl)], *a.* (*med.*) litotomico.
lithotomy [li'θɔtəmi], *n.* (*med.*) litotomia.
lithotrite ['liθoutrait], *n.* (*med.*) litotritore.
lithotrity [li'θɔtriti], *n.* (*med.*) litotripsia.
Lithuania [,liθju(:)'einjə], *n.* (*geogr.*) Lituania.
Lithuanian [,liθju(:)'einjən], *a. e n.* lituano (*anche la lingua*).
litigant ['litigənt], **A** *a.* (*leg.*) litigante; contendente. **B** *n.* parte in causa; attore.
to litigate ['litigeit], **A** *v. i.* (*leg.*) essere in lite (*o* in causa). **B** *v. t.* muovere causa, fare causa a (q.).
litigation [,liti'geiʃən], *n.* (*leg.*) causa; processo; vertenza.
litigator ['litigeitə*], *n.* litigante.
litigious [li'tidʒəs], *a.* (*leg.*) **1** litigioso; pronto a intentare liti (*o* cause) **2** che è in contestazione davanti a un tribunale.
litigiousness [li'tidʒəsnis], *n.* (*anche leg.*) litigiosità.
litmus ['litməs], *n.* (*chim.*) tornasole: **l. paper**, cartina al tornasole. ● **l. test**, prova con la cartina al tornasole; (*fig.*) prova decisiva (*o* del fuoco).
litotes ['laitouti:z], *n.* (*invar. al pl.*) (*retor.*) litote.
litre ['li:tə*], *n.* litro (*misura di capacità*).
litter (1) ['litə*], *n.* **1** lettiga; barella; portantina. ● **l.-bearer**, barelliere; (*mil.*) portaferiti.
litter (2) ['litə*], *n.* **1** lettiera; strame (*nella stalla*) **2** figliata (*di animali*): **a l. of kittens**, una figliata di gattini **3** rifiuti; cartaccia: **Earls Court Road was so full of l. as to be called «the dirtiest street in London»**, Earls Court Road era così piena di rifiuti da essere chiamata «la strada più sporca di Londra» **4** confusione; disordine; scompiglio. ● **l. bag**, sacco (*di plastica, ecc.*) per l'immondizia; cestino per i rifiuti □ **l. bin (l. basket)**, recipiente (cestino) per rifiuti □ **l. lout**, chi butta immondizia nelle strade □ **l. patrol**, pattuglia di vigilanza sulla pulizia nelle strade □ **Leave no l.**, divieto di gettare rifiuti (*cartello*).
to litter ['litə*], **A** *v. t.* **1** (*di solito* **to l. down**) fare la lettiera, un letto di strame a (*un cavallo, ecc.*); preparare la lettiera in (*una stalla*); spargere strame su (*un pavimento*) **2** (*spesso* **to l. up**) imbrattare, ingombrare; mettere in disordine: **to l. the streets with rubbish**, imbrattare le strade d'immondizia; **to l. one's bed with one's underwear**, ingombrare il letto con la biancheria intima; **to l. up one's bedroom**, mettere in disordine la camera da letto **3** spargere; sparpagliare: **He littered peanut hulls over the floor**, sparpagliò bucce di nocciolinesul pavimento. **B** *v. i.* **1** (*d'animali, specialm. di cagne e scrofe*) figliare **2** buttare immondizia (*nelle strade, ecc.*).
litterbug ['litəbʌg], *n.* (*USA*) chi butta immondizia nelle strade.
littery ['litəri], *a.* **1** imbrattato; sporco; ingombro (*di cartacce, di rifiuti*) **2** che serve da lettiera.
little (1) ['litl], *a.* **1** piccolo (*di statura, d'età, ecc.*); poco; piccino (*anche di mente*); corto; basso; breve; lieve; esiguo; scarso; gretto, meschino: **l. bread** (*money, ecc.*), poco pane (denaro, ecc.); **big and l., alike**, grandi (*o* potenti, ricchi) e piccoli; grossi e piccini; tutti quanti; **a l. man**, un uomo piccolo; un omino; un ometto; **a l. man with a l. mind**, un uomo piccino di mente; un uomo gretto, meschino; **l. help**, un piccolo (*o* poco) aiuto

little (2) 2 piccolo; poco importante; comune: **Why do you come to me with every l. difficulty?**, perché vieni da me per ogni piccola difficoltà (*o* per ogni piccolezza, inezia)?; **Don't worry about l. things**, non preoccuparti delle piccole cose; **the rights of the l. man**, i diritti dell'uomo comune 3 (*idiom.*, *equivalente dei dim. ital.*; *per es.*:) **a l. bear**, un orsacchiotto; **a l. lamb**, un agnellino; **a l. ring**, un anellino; **a l. bird**, un uccellino; **a l. boy**, un bambino; **a l. girl**, una bambina; **my l. girl**, la mia bambina (*mia figlia*) 4 – **a. l.**, un po' di: **Give me a l. butter**, dammi un po' di burro; **a l. care**, un po' d'attenzione. ● **the l.**, i piccoli; le persone comuni, di poca importanza □ (*astron.*) **the L. Bear**, l'Orsa Minore □ (*fam.*) **a l. bit**, un po' □ **l. brother**, fratello minore; fratellino □ (*stor.*) **l.-ease**, cella strettissima, di punizione □ (*polit.*) **l.-Englander**, fautore dell'idea di un'Inghilterra «piccola»; anti-imperialista; anticolonialista □ (*anat.*) **the l. finger**, il dito mignolo □ (*fam.*) **l.-go**, primo esame per il baccellierato (*a Cambridge*) □ (*bot.*) **l. leaf**, foglia nana; nanismo fogliare □ (*fam.*) **l. Mary**, il pancino □ **the l. ones**, i piccoli; i bambini □ **the l. people**, le fate; i folletti; gli gnomi □ (*a bridge*) **l. slam**, piccolo slam □ **l. sister**, sorella minore; sorellina □ (*arc. o scherz.*) **the l. woman**, la moglie □ **l. thing**, cosa da poco, inezia, bazzecola; (*di bambino*) carino: **She always worries about l. things**, lei se la prende sempre per delle inezie □ (*anat.*) **the l. toe**, il dito piccolo (*del piede*) □ **a l. way**, un piccolo tratto; per un po' (*di strada*): **Shall I go a l. way with you?**, vuoi che t'accompagni per un po'? □ **a l. while**, un po' di tempo; un poco: **Please stay a l. while with me**, per favore, resta un po' con me! □ **in l.**, in piccolo □ **poor l. efforts**, sforzi vani (*o commoventi*, patetici) □ **very l.**, piccolissimo; pochissimo: **There is very l. bread**, c'è pochissimo pane □ **Here are the l. Joneses!**, ecco i bambini dei Jones! □ (*a un bimbo*, *a una bimba*) **Well, my l. man (woman)!**, come va, ometto (donnina)! □ **So that's your l. game!**, ah, sì! questo è il giochetto che cerchi di fare (*o* il tuo piccolo piano segreto)! □ **I know all about his l. ways**, conosco bene i suoi mezzucci (*o* i suoi vizietti).

little (2) ['litl], *n.* 1 poco; po'; pochino: **He remembers very l. of what happened**, ricorda ben poco di quel che è successo; **We must keep what l. we have**, dobbiamo serbare quel po' che abbiamo; **The l. of the book that I have read is very good indeed**, quel po' del libro che ho letto è davvero ottimo 2 – **a l.**, un po'; un poco: **I want to taste a l. of everything**, voglio assaggiare un po' di tutto; **Stay a l. longer!**, resta ancora un poco!; **Give me a l.**, dammene un po'! ● **l. by l.**, a poco a poco, piano piano, per gradi: **L. by l. you'll begin to understand English**, a poco a poco comincerai a capire l'inglese □ **l. or nothing**, poco o nulla; quasi niente □ **after a l.**, dopo un po' (*di tempo*); di lì a poco □ **as l. as possible**, il meno possibile □ **too l.**, troppo poco □ **A l. makes them happy**, basta poco a farli felici □ **Every l. (bit) helps**, tutto serve; tutto fa brodo (*pop.*) □ (*prov.*) **A l. is better than none**, meglio poco che niente.

little (3) ['litl], *avv.* 1 (*di solito*, **very l.**) poco: **I sleep very l.**, dormo pochissimo 2 – **a l.**, un po'; alquanto; piuttosto: **I am a l. better today**, sto un po' meglio oggi; **These shoes are a l. too tight**, queste scarpe sono un po' troppo strette 3 non... affatto; niente... affatto; per niente; neanche lontanamente: **He l. knows that we are on his tracks**, non sa affatto che lo stiamo seguendo; **l. I thought that I should marry her**, non pensavo davvero di sposarla; **He l. dreams that we know everything about him**, non se lo sogna neanche che noi sappiamo tutto sul suo conto; **She l. cares**, non gliene importa nulla 4 di rado; poco: **I go there very l.**, ci vado pochissimo (*o* assai di rado). ● **a l.-known author**, un autore poco noto □ **to make l. of st.**, capire poco di q.c. □ **to make** (*o* to think) **l. of sb. (st.)**, tenere q. (q.c.) in poco conto; dar poca importanza a q. (q.c.) □ **to think l. of**, non pensarci su due volte; metterci poco a: **He thinks l. of killing a man**, non ci pensa su due volte a uccidere un uomo.

littleness ['litlnis], *n.* piccolezza; pochezza; scarsezza; grettezza.

littlish ['litliʃ], *a.* piuttosto piccolo; piuttosto poco; piuttosto scarso.

littoral ['litərəl], **A** *a.* litorale; litoraneo. **B** *n.* litorale. ● (*naut.*) **l. current**, corrente litorale □ (*geogr.*) **l. zone**, zona litoranea (*o* litorale).

liturgic(al) [li'tə:dʒik(əl)], *a.* (*relig.*) liturgico.

liturgist ['litə(:)dʒist], *n.* (*relig.*) liturgista.

liturgy ['litə(:)dʒi], *n.* (*relig.*) liturgia.

livability [,livə'biliti], *n.* 1 (*di casa, ecc.*) abitabilità; (*anche*) l'essere vivibile 2 (*zootecnia*) capacità di sopravvivenza 3 (*della vita, ecc.*) sopportabilità.

livable ['livəbl], *a.* 1 (*della vita*) degna d'esser vissuta; sopportabile 2 (*di casa, ecc.*) abitabile; vivibile 3 (*di persona*, **anche l. with**) con cui si può vivere; socievole 4 (*di dolore*) sopportabile. ● **l. with**, (*di persona*) con cui si può vivere; (*di comportamento e sim.*) accettabile, passabile.

livableness ['livəblnis], *n.* 1 sopportabilità 2 (*di casa, ecc.*) abitabilità; (*anche*) l'essere vivibile 3 socievolezza.

to live [liv], **A** *v. i.* 1 vivere (*quasi in ogni senso*); campare; aver vita; esistere; abitare; dimorare; alimentarsi, cibarsi, nutrirsi (di); sopravvivere: **They found him still living**, lo trovarono ancora in vita; **to l. to be a hundred**, vivere fino a cent'anni; **The doctors don't think that the patient will l.**, i dottori non credono che il malato sopravviverà; **to l. well**, vivere bene; vivere nell'abbondanza; (*anche*) fare una vita virtuosa; **to l. to oneself**, vivere per conto proprio; far vita a sé; fare vita ritirata; **They l. in Rome**, abitano a Roma; **to l. in a hotel (in the country)**, vivere, risiedere in albergo (vivere, abitare in campagna); **to l. on vegetables**, vivere di verdura; **to l. on one's wages**, vivere del proprio salario; **Bats l. on insects**, i pipistrelli si cibano d'insetti 2 (*fig.*) restare vivo; essere vivido: **The episode still lives in my memory**, l'episodio è ancora vivo nella mia memoria 3 (*di cose*) durare; mantenersi; resistere; salvarsi (*dalla distruzione*): **Fire lives long in smothered coals**, il fuoco si mantiene a lungo nelle braci coperte di cenere; **Most of our bombers managed to l. and fly safely home**, la maggior parte dei nostri bombardieri riuscì a salvarsi e a tornare indenne alla base. **B** *v. t.* 1 vivere, fare (*una vita*): **to l. a peaceful life**, vivere una vita tranquilla; **to l. a life of ease**, far vita comoda; **to l. a useful life**, condurre una vita utile (agli altri) 2 vivere (secondo i dettami di); ispirare la propria vita a; mettere in pratica: **to l. one's faith**, vivere la fede; mettere in pratica i principi della propria fede. **C** *verbi composti* 1 **to l. by**, vivere di; mantenersi con; campare di (*fam.*); vivere secondo (*una regola, un principio, ecc.*): **He lives by his wits**, vive d'espedienti; **l l. by my work**, campo del mio lavoro. 2 **to l. down**, far dimenticare (*o* farsi perdonare) col tempo; sfatare con i fatti: **to l. down one's youthful profligacy**, far dimenticare col tempo la scapestrataggine della gioventù; **to l. down a slander**, sfatare con i fatti una calunnia. 3 **to l. in**, essere a tutto servizio; (*di studente*) essere interno. 4 **to l. off**, vivere (*o* campare); mantenersi con; vivere alle spalle di: **He still lives off his parents**, vive ancora alle spalle dei genitori. 5 **to l. on**, (*di persona*) continuare a vivere, darsi pace; (*di cosa*) durare, persistere, sopravvivere; perpetuarsi, rivivere: **The father's intelligence lives on in his son**, l'intelligenza del padre rivive nel figlio □ **to l. on st.**, vivere (*o* campare) di q.c.; mantenersi con q.c.; cibarsi (*o* nutrirsi) di q.c. (*fig.*) □ **to l. on air**, campare d'aria; **to l. on fruit**, cibarsi di frutta □ **to l. on one's name** (*o* **on one's reputation**), vivere di rendita (*fig.*); vivere della fama acquistata (*o* della gloria passata) □ **to l. on one's relatives**, vivere alle spalle dei parenti. 6 **to l. out**, essere a mezzo servizio; (*di studente*) essere esterno; (*di malato, vecchio e sim.*) vivere sino a, passare, vedere la fine di: **I'm afraid the patient won't l. out the week**, temo che il malato non passerà la settimana. 7 **to l. through**, sopravvivere a; scampare a: **We have lived through two world wars**, siamo scampati a due guerre mondiali □ (*di malato grave*) **to l. through the night**, passare (*o* superare) la notte (*restando in vita*). 8 **to l. together**, vivere insieme; convivere, vivere more uxorio. 9 **to l. up to**, vivere secondo, tener fede a; non venir meno a, restare all'altezza di: **He lived up to his ideals**, tenne fede ai suoi ideali; **He didn't l. up to his early promise**, era un giovane promettente, ma poi si guastò □ (*fam.*) **to l. it up**, godersi la vita; condurre una vita dissipata 10 **to l. with**, vivere con, coabitare con; convivere con, vivere more uxorio con; sopportare, adattarsi a, fare il callo a (*fam.*): **She still lives with her parents**, vive ancora coi genitori; **I don't like headaches, but I can l. with them**, il mal di testa non mi piace, ma ci ho fatto il callo (*o* riesco a sopportarlo). ● **to l. above one's means**, fare una vita superiore ai propri mezzi □ **to l. a day at a time**, vivere giorno per giorno (*o* alla giornata) □ **to l. a double life**, avere una doppia vita □ **to l. for the day when...**, non vedere l'ora che (*accada q.c.*) □ **to l. from hand to mouth**, vivere alla giornata □ **to l. in a small way**, condurre una vita semplice; vivere senza pretese □ **to l. a lie**, vivere una vita falsa □ **to l. like a saint**, vivere santamente □ **L. and learn!**, c'è sempre qualcosa da imparare! □ **L. and let l.!**, vivi e lascia vivere!; tira a campare! (*fam.*) □ **This room doesn't seem to be lived in**, questa stanza sembra disabitata □ (*prov.*) **One cannot l. on bread alone**, non si vive di solo pane.

live [laiv], **A** *a. attr.* 1 vivo; vivente; vitale; energico; ardente; acceso: **a l. lobster**, un'aragosta viva; **a l. person**, una persona vivace (*o* piena di vita); **a l. colour**, un colore vivo, acceso; **to make the question a l. issue**, tener viva la questione; **a l. question**, una questione vitale (*o* di vitale interesse); **l. fire**, fuoco vivo; **l. coals**, carboni ardenti; **a l. cigarette**, una sigaretta accesa; **l. air**, aria viva (*fresca e pura*) 2 (*mil.*) carico; inesploso: **a l. shell**, un proiettile da cannone inesploso; **a l. cartridge**, una cartuccia carica 3 non utilizzato; ancora buono: **a l. match**, un fiammifero non utilizzato 4 (*elettr.*) sotto tensione 5 (*mecc.*: *di motore, asse, ruote, ecc.*) che sviluppa (*o* trasmette) potenza 6 (*radio, telev.*) in collegamento diretto; in (ripresa) diretta; dal vivo **7** (*sport: della palla*) in gioco **8** (*scherz.*, *anche* real l.) vivo e parlante; in carne e ossa; vero e proprio: **a real l. martian**, un marziano in carne e ossa; **a l. steam engine**, una macchina a vapore vera (*non un giocattolo*) **9** (*fis. nucl.*) attivo. **B** *avv.* (*radio*, *telev.*) dal vivo; in diretta. ● (*naut.*, *mil.*) **l. ammunition**, munizionamento da guerra (*autom.*, *mecc.*) **l. axle**, asse motore; motoassale; ponte (posteriore) rigido □ (*sport*) **l. bait**, esca viva □ **l.-born**, nato vivo □ (*mecc.*) **l. centre**, contropunta girevole (*di tornio*, *ecc.*) □ **l. load**, (*edil.*) carico accidentale, di traffico; carico utile (*d'un autobus*, *ecc.*) □ (*bot.*) **l. oak**, *Quercus virginiana* □ **l. steam**, vapore vivo □ (*mecc.*) **l. wheels**, ruote motrici ● **l. wire**, (*elettr.*) filo di tensione; (*fig.*) persona piena di vita.

liveable ['laivəbl], *V.* **livable**.

lived [livd], *a.* (*nei composti, per es.*:) **short-l.**, che ha vita breve; (*di cosa, esperienza, moda, ecc.*) che dura poco, caduco, passeggero.

live-in ['livin], *a.* **1** che abita (*o* risiede) nel posto di lavoro (*città*, *ecc.*); (*di domestico*) a tutto servizio **2** che impone l'obbligo di residenza **3** che vive (*o* convive) con q.: **John and his l. girl-friend**, Giovanni e la ragazza che vive con lui.

livelihood ['laivlihud], *n.* mezzi di sussistenza; sostentamento; vita: **to get one's l. from cod-fishing**, ricavare il proprio sostentamento dalla pesca del merluzzo; **to earn an easy l.**, guadagnarsi la vita facilmente.

liveliness ['laivlinis], *n.* vivacità; vivezza; brio; animazione.

livelong ['livlɔŋ], *a.* (*lett.*) lungo; intero; eterno (*fig.*): **the l. night**, la lunga notte. ● **all the l. day**, tutto il santo giorno.

lively ['laivli], *a.* **1** vivace; vivo; vivido; brioso; animato; energico; attivo: **a l. little girl**, una ragazzina vivace; **l. colours**, vividi colori; **a l. imagination**, una fantasia vivace; **a l. sense of gratitude**, una viva riconoscenza; **a l. discussion**, una discussione animata **2** realistico: **to give sb. a l. idea of st.**, dare a q. un'idea realistica di q.c. **3** forte: **a l. breeze**, un forte vento. ● **a l. ball**, una palla che rimbalza bene □ **a l. boat**, una barca svelta e leggera □ **a l. mind**, un ingegno vivo; un'intelligenza acuta □ (*fam.*) **to have a l. time**, avere un bel daffare; trovarsi in difficoltà □ (*fam.*) **to look l.**, muoversi (*fig.*); darsi da fare □ (*fam.*) **to make it l. for sb.**, rendere la vita difficile a q.; dare del filo da torcere a q.

to liven ['laivn], (*di solito* **to l. up**) **A** *v. t.* ravvivare; animare: **to l. up a party**, animare una festa. **B** *v. i.* ravvivarsi; animarsi.

live-out ['laivaut], *a.* che non risiede nel luogo in cui lavora; che dorme fuori: **a l. home help**, una domestica che dorme a casa sua; una domestica a mezzo servizio.

liver (1) ['livə*], *n.* **1** (*anat.*) fegato **2** (*cucina*) fegato **3** (*fam.*) mal di fegato **4** (*anche* **l.-colour**) color rosso bruno. ● **l.--coloured**, di color rosso bruno; rossastro □ (*med.*) **l. complaint**, epatopatia □ (*farm.*) **l. extract**, estratto epatico □ (*med.*) **l. failure**, insufficienza epatica □ **l. sausage**, salsiccia di fegato □ **hot l.**, irascibilità; passionalità ● **white** (*o* **lily**) **l.**, codardia, viltà.

liver (2) ['livə*], *n.* chi vive in un certo modo: **a plain l.**, chi vive alla buona; **an evil l.**, chi conduce una vita malvagia; **a loose l.**, chi conduce una vita dissoluta.

livered ['livəd], *a.* (*nei composti; per es.*) **white-l.** (*o* **lily-l.**), codardo; vile.

liveried ['livərid], *a.* in livrea: **a l. servant**, un domestico in livrea.

liverish ['livəriʃ], *a.* **1** (*fam.*) fegatoso; bilioso; astioso; rabbioso **2** (*med.*) fegatoso; epatico **3** rosso bruno.

Liverpudlian ['livə'pʌdliən], *a. e n.* (abitante) di Liverpool.

liverwort ['livə,wə:t], *n.* (*bot.*) **1** (*Marchantia polimorpha*) marcanzia **2** (*Anemone hepatica*) epatica; erba trinità; anemone fegatella.

liverwurst ['livə,wə(:)st], *n.* (*USA*) salsiccia di fegato.

livery (1) ['livəri], *n.* **1** livrea: **a waiter in l.**, un cameriere in livrea **2** (*fig.*, *poet.*) aspetto, aria; (*d'alberi*) fogliame; (*d'uccelli*) piumaggio: **to wear the l. of grief**, avere un'aria addolorata; vestire a lutto **3** costume (*di una corporazione cittadina*) **4** (*anche* **l. stable**) stallaggio, stallatico; scuderia di cavalli da nolo **5** (*leg.*) consegna di un bene (*nelle mani del nuovo padrone, ma solo in casi particolari*). ● (*stor.*) **l. company**, corporazione (*d'arti e mestieri*); associazione professionale (*di Londra*) □ (*stor.*) **l. fine**, tassa d'iscrizione a una corporazione □ **l. servant**, domestico in livrea □ **l. stable**, scuderia di cavalli da nolo (*di cavallo*) **at l.**, tenuto nello stallaggio □ (*di domestico*) **out of l.**, senza livrea; in abito borghese □ (*stor.*) **to take up one's l.**, entrare a far parte d'una corporazione.

livery (2) ['livəri], *a.* **1** che ha la consistenza (*o* il colore) del fegato; rosso bruno **2** fegatoso; bilioso; irritabile **3** (*di terreno*) tenace; duro.

liveryman ['livərimən], *n.* (*pl.* **liverymen**) **1** (*stor.*) membro d'una corporazione (*di Londra*) **2** stalliere; padrone di stallaggio.

lives [laivz], *pl.* di **life**.

livestock ['laivstɔk], *n.* **1** (*agric.*) bestiame; scorte vive **2** (*fam.*) bestie; bestioline; insetti. ● **l. breeder**, allevatore di bestiame □ (*econ.*) **l. products**, prodotti zootecnici.

livid ['livid], *a.* **1** livido; bluastro: **to have l. marks on one's back**, aver segni bluastri (*o* lividi) sulla schiena; **l. lips**, labbra livide **2** (*del cielo, ecc.*) livido; plumbeo **3** (*fam.*) livido di rabbia; furibondo. ● **a l. bruise**, un livido; una lividura.

lividity [li'viditi], *n.* lividezza; lividore.

living (1) ['liviŋ], *a.* vivo (*anche fig.*); vivente; contemporaneo: **l. tissue**, tessuto vivo; **l. languages**, lingue vive; **He is the l. likeness of his mother**, è il ritratto vivente di sua madre; **a l. reality**, una viva realtà; **the greatest l. painter**, il maggior pittore contemporaneo. ● (*collett.*) **the l.**, i vivi □ (*fam.*) **l. coals**, carboni accesi, ardenti □ (*fam.*) **l. daylights**, vita: **to knock the l. daylights out of sb.**, ammazzare (quasi) q. a furia di botte; **to scare the l. daylights out of sb.**, far morire q. di paura; spaventare q. a morte □ **l. death**, morte apparente; (*fig.*) vita miserrima □ **l. fossil**, (*zool.*, *bot.*) fossile vivente; (*fig.*, *fam.*) fossile □ (*arte*) **l. picture**, quadro vivente □ **l. rocks**, rocce vive □ **l. water**, acqua perenne ● **within l. memory**, a memoria d'uomo □ **No man l. could solve this riddle**, nessuno al mondo potrebbe risolvere questo enigma.

living (2) ['liviŋ], *n.* **1** (il) vivere; mezzi di sussistenza; sostentamento; vita; modo di vivere: **to make** (*o* **to earn**) **one's l. as a broker**, guadagnarsi da vivere (*o* la vita) facendo il mediatore; **plain l.**, il vivere modestamente; **standard of l.**, tenore di vita; **good l.**, il vivere nell'abbondanza; **right l.**, vita sana, virtuosa **2** (*relig.*) beneficio; prebenda. ● **l. conditions**, condizioni di vita □ **l. room**, (stanza di) soggiorno; tinello □ **l. space**, (*polit.*) spazio vitale; (*edil.*) spazio abitabile (*o* utile); (*edil.*) zona giorno □ (*econ.*) **l. standard**, tenore di vita □ (*edil.*) **l. unit**, alloggio unifamiliare □ **a l. wage**, un salario minimo; un salario sufficiente per vivere.

Livy ['livi], *n.* (*stor.*) Livio (*Tito Livio*).

to lixiviate [lik'sivieit], *v. t.* (*chim.*) lisciviare.

lixiviation [lik,sivi'eiʃn], *n.* (*chim.*) lisciviazione.

Liza ['laizə], *n. dim.* di **Elizabeth**.

lizard ['lizəd], *n.* (*zool.*, *Lacerta*) lucertola.

Lizzie ['lizi], *n. dim.* di **Elizabeth**.

'll [l], *contraz.* di **shall** *o* di **will** in **I'll**, **you'll**, **he'll**, *ecc.*

llama ['la:mə], *n.* (*pl.* **llamas**, **llama**) **1** (*zool.*, *Lama glama*) lama **2** (tessuto di) pelo di lama.

Lloyd's [lɔidz], *n.* (*comm.*, *naut.*) Compagnia del Lloyd (*di Londra*). ● **L. list**, bollettino del Lloyd □ **L. register**, registro di classificazione (*delle navi*) del Lloyd.

lo [lou], *inter.* (*arc.*) guarda!; ecco! ● (*fam.*) **lo and behold!**, quand'ecco che...

loach [loutʃ], *n.* (*zool.*) **1** (*Cobitis barbatula*) pesce barometro **2** (*Cobitis*) cobitide (*in genere*).

load [loud], *n.* **1** carico, peso; fardello; soma: **a l. of wood**, un carico di legna; **a lorry with a full l.**, un camion a pieno carico; **to hike a l. on one's shoulders**, caricarsi un peso sulle spalle; **to take a great l. off sb.'s mind**, togliere un grosso peso dall'animo a q. **2** (*elettr.*, *mecc.*) carico; tensione; **l. voltage**, tensione di carico; **l. factor**, fattore di carico **3** carica (*d'un fucile, ecc.*) **4** (*elab.*) caricamento; (*anche*) istruzione di caricamento **5** (*pl.*, *fam.*) (un) sacco; (un) mucchio. ● (*edil.*) **a l.--bearing wall**, un muro portante □ (*elettr.*) **l. cell**, cella di carico □ (*elettron.*) **l. circuit**, circuito di carico □ (*naut.*) **l. displacement**, dislocamento a pieno carico □ (*naut.*) **l. draft**, pescaggio a carico normale □ (*naut.*) **l. line**, linea di galleggiamento a pieno carico (normale); marca di bordo libero □ (*elettr.*) **l. loss**, perdita a carico □ (*aeron.*) **l.-master**, addetto al carico □ (*costr.*) **capacity l.**, portata □ (*pop.*) **Get a l. of this!**, guarda (*o* senti) un po' questo! □ (*fam.*) **to have loads of money**, avere un sacco di quattrini.

to load [loud], **A** *v. t.* **1** caricare (*anche fig.*); colmare; gravare, opprimere: **to l. a cart** (**a ship**, etc.), caricare un carro (una nave, ecc.); **to l. a steamboat with goods and passengers**, caricare un vaporetto di merci e passeggeri; **to l. cases aboard a ship**, caricare casse su una nave; **to l. sb. with gifts**, colmare q. di doni; **to l. a gun**, caricare un cannone (*o* una pistola); **a life loaded with grief**, una vita oppressa dal dolore **2** appesantire; zavorrare: **to l. st. with lead shot**, zavorrare q.c. con pallini di piombo **3** adulterare; alterare; sofisticare: **I am afraid they l. the wine**, temo che adulterino il vino **4** (*Borsa Valori*) fare incetta di (*azioni, titoli*) **5** (*elab.*) caricare **6** (*comm.: d'assicurazione sulla vita*) aggiungere un'addizionale (*al premio*). **B** *v. i.* **1** (*anche* **to l. up**) caricare; fare un carico; essere sotto carico: **Trucks were loading**, i camion erano sotto carico **2** caricare un'arma da fuoco **3** (*d'arma*) caricarsi: **This mortar loads at the muzzle**, questo mortaio si carica dalla bocca. ● **to l. the dice**, truccare i dadi; (*fig.*) commettere una scorrettezza a proprio vantaggio □ **to l. down**, appesantire; sovraccaricare; zavorrare □ **to l. one's pipe**, carica-

loaded

re la pipa □ (*comm.*) **to l. one's prices**, caricare i prezzi di addizionali □ **to l. one's questions (with insinuations)**, fare domande tendenziose.
loaded ['loudid], *a.* **1** (*d'automezzo, fucile, ecc.*) carico **2** appesantito; zavorrato **3** (*di dado*) truccato **4** (*fig.*) carico di significato; pregnante **5** (*fig., fam.*) caricato; pronto a esplodere, ad arrabbiarsi **6** (*miss.*) carico; innescato **7** (*pop.*) ricco sfondato. ● **a l. cane** (*o* **stick**), un bastone impiombato (*usato come arma*) □ **l. dice**, dadi falsati, truccati □ **l. question**, una domanda capziosa □ (*fam.*) **to get l. on whisky**, ubriacarsi di whisky □ **to be l. down with debts**, essere carico di debiti.
loader ['loudə*], *n.* **1** caricatore (*operaio o soldato*) **2** macchina per caricare (*pesi, merci*) **3** (*d'arma da fuoco*) caricatore. ● (*mil.*) **a breech-l.**, un'arma che si carica dalla culatta.
loading ['loudiŋ], *n.* **1** caricamento; carico; (*naut.*) caricazione: **a l. and shipping dock**, una banchina di carico e di spedizione **2** (*elettr.*) carico **3** (*chim., metall., fis. nucl.*) caricamento **4** (*comm.*) addizionale (*di premio d'assicurazione sulla vita*) **5** (*ind. tess., ind. carta*) carica. ● (*elettr.*) **l. coil**, bobina di induzione □ (*naut.*) **l. deck**, ponte d'imbarco □ (*ferr.*) **l. platform**, piano caricatore.
loadstar ['loudsta:], *V.* **lodestar**.
loadstone ['loudstoun], *V.* **lodestone**.
loaf (1) [louf], *n.* (*pl.* **loaves, loafs**) **1** pagnotta; pane: **a brown l.**, una pagnotta di pane scuro **2** cibo (*zucchero, carne, ecc.*) a forma di pane (*o* pagnotta) **3** (*bot.*) cespo, cesto (*di lattuga, di cavolo*) **4** (*pop.*) testa; zucca; cervello: **Use your (own) l.**, usa il cervello! ● **l. sugar**, zucchero a quadretti, a cubetti □ (*fig.*) **loaves and fishes**, (fede professata per) vantaggio personale; la pagnotta (*fig.*) □ **a meat l.**, un polpettone di carne □ (*prov.*) **Half a l. is better than no bread**, meglio poco che niente; meglio un uovo oggi che una gallina domani.
to loaf (1) [louf], *A* v. i. bighellonare; oziare; vagabondare; andare a zonzo; perdere tempo: **to l. at the office**, perdere tempo in ufficio. *B* v. t. (*anche* **to l. away**) consumare, sciupare, passare nell'ozio: **Don't l. away whole days**, non sciupare intere giornate nell'ozio. ● **to l. through life**, passare la vita nell'ozio.
loaf (2) [louf], *n.* lo stare in ozio; l'andare a zonzo. ● **to be on the l.**, essere in ozio □ **We are going to have a good l.**, adesso ce ne staremo finalmente un po' in ozio.
to loaf (2) [louf], *v. i.* (*di lattuga, di cavolo*) formare cespo; fare cesto.
loafer ['loufə*], *n.* **1** bighellone; fannullone; ozioso; perdigiorno **2** (*USA*) specie di mocassino.
loam [loum], *n.* **1** (*agric.*) loam; terra grassa **2** terra grassa, argilla (*da mattoni, da formatore*) **3** terriccio.
to loam [loum], *v. t.* **1** (*costr.*) rivestire di argilla **2** (*agric.*) concimare (con terra grassa).
loaming ['loumiŋ], *n.* **1** (*costr.*) rivestimento di argilla **2** (*agric.*) concimazione.
loamy ['loumi], *a.* ricco; con alta percentuale di loam: **a l. soil**, un terreno ricco.
loan [loun], *n.* **1** prestito: **to ask for the l. of st.**, chiedere q.c. in prestito; **to have st. on l.**, avere (*o* ricevere) q.c. in prestito **2** (*fin.*) prestito; mutuo; finanziamento: **government loans**, prestiti governativi; debito pubblico. ● **l. account**, (*fin.*) conto anticipazioni; (*banca*) scoperto di conto corrente □ (*fin.*) **l. capital**, capitale mutuato □ (*arte*) **l. collection**, raccolta d'oggetti d'arte prestati per una mostra □ (*fin., leg.*) **l. holder**, creditore ipotecario □ **l. office**, ufficio per prestiti a privati; ufficio per sottoscrizioni a un prestito governativo □ **l. on mortgage**, mutuo ipotecario □ **l. on one's salary**, cessione di parte dello stipendio □ (*fam.*) **l. shark**, strozzino □ **l. society**, società che concede prestiti □ (*fin.*) **l. stock**, capitale obbligazionario.
to loan [loun], *v. t.* **1** (*specialm. USA*) prestare; dare in prestito **2** (*fin.*) prestare; dare a mutuo; mutuare.
loan (2) [loun], *n.* (*scozz.*) **1** viottolo **2** (*agric.*) cortile per la mungitura.
loanable ['lounəbl], *a.* che può essere dato in prestito.
loanword ['lounwə:d], *n.* prestito (linguistico).
loath [louθ], *a. pred.* avverso; contrario; restio; riluttante; sfavorevole: **They were l. to depart**, erano restii ad andarsene. ● **l.-to-depart**, musica dell'addio, suonata a un commiato □ **nothing l.**, per nulla sfavorevole; pronto, ben disposto (*a fare q.c.*).
to loathe [louð], *v. t.* **1** aborrire; detestare; avere a nausea; provare disgusto per; sentire ripugnanza per: **I l. the taste of cucumbers**, detesto il sapore dei cetrioli **2** (*fam.*) non poter soffrire (*una persona*): **I l. that silly woman**, non posso soffrire quella donna sciocca.
loathing ['louðiŋ], *n.* aborrimento; disgusto; ripugnanza; ribrezzo.
loathingly ['louðiŋli], *avv.* con disgusto; con ripugnanza.
loathsome ['louðsəm], *a.* disgustoso; odioso; ripugnante; ributtante; schifoso: **a l. smell**, un odore disgustoso; **a l. disease**, una malattia ripugnante.
loathsomeness ['louðsəmnis], *n.* detestabilità; odiosità; schifosità.
to loave [louv], *V.* **loaf (2)**.
loaves [louvz], *pl.* di **loaf (1)**.
lob [lɔb], *n.* (*sport*) **1** (*tennis*) pallonetto, lob **2** (*golf*) palla dal basso in alto.
to lob [lɔb], *A* v. i. **1** (*spesso* **to lob along**) andare a fatica; muoversi a stento; trascinarsi **2** (*sport*) tirare alto; (*tennis*) fare pallonetti. *B* v. t. (*sport*) lanciare (*una palla*) in alto; respingere a pallonetto.
lobar ['louba(:)*], *a.* (*anat.*) lobare: (*med.*) **l. pneumonia**, polmonite lobare.
lobate ['loubeit], *a.* **1** (*bot., zool.*) lobato **2** a forma di lobo; lobare.
lobation [lou'beiʃən], *n.* (*bot., zool.*) formazione di lobi.
lobby ['lɔbi], *n.* **1** atrio; corridoio; vestibolo **2** (*polit.*) corridoio, sala per il pubblico (*alla Camera dei Comuni o al Senato americano*) **3** (*polit.*) lobby; gruppo di mestatori politici (*dediti a manovre di corridoio*); gruppo di pressione **4** (*di teatro*) ridotto. ● (*polit.*) **l.-fodder**, politicante nelle mani dei mestatori □ (*polit.*) **division l.**, corridoio per votazioni a divisione.
to lobby ['lɔbi], *A* v. t. (*specialm. USA*) **1** fare pressioni su (q.); influenzare **2** (*spesso* **to l. through**) far approvare (*una legge, ecc.*) con mene di corridoio. *B* v. i. **1** far manovre di corridoio; esercitare pressioni politiche; sollecitare voti (*in favore d'una legge*): **to l. on behalf of business interests**, esercitare pressioni per ottenere leggi favorevoli agli interessi dei grandi industriali e commercianti **2** fare (*o esercitare*) pressioni.
lobbying ['lɔbiiŋ], **lobbyism** ['lɔbiizəm], *n.* (*polit.*) manovre di corridoio; pressioni politiche (*in favore d'un gruppo o d'interessi particolari*).
lobbyist ['lɔbiist], *n.* (*polit., specialm. USA*) maneggione; intrigante (*V.* **lobbying**).
lobe [loub], *n.* **1** (*anat., bot.*) lobo: **the l. of the ear**, il lobo dell'orecchio; **the l. of the lung**, il lobo del polmone **2** (*elettr., mecc.*) lobo.
lobectomy [lou'bektəmi], *n.* (*med.*) lobectomia.
lobed [loubd], *a.* **1** (*specialm. bot.*) lobato **2** (*anat.*) lobare.
lobelia [lou'bi:ljə], *n.* (*bot., Lobelia*) lobelia.
to lobotomize [lou'bɔtəmaiz], *v. t.* (*med.*) lobotomizzare.
lobotomized [lou'bɔtəmaizd], *a.* **1** (*med.*) lobotomizzato **2** (*fig.*) lento; tardo; stupido.
lobotomy [lou'bɔtəmi], *n.* (*med., psic.*) lobotomia.
lobster ['lɔbstə*], *n.* (*pl.* **lobsters**; *anche* **lobster**, *def. 1 e 2*) **1** (*zool., Palinurus vulgaris; anche* **spiny l.**) aragosta **2** (*zool., Homarus vulgaris*) omaro; astice; gambero marino; lupicante **3** (*spreg., stor.*) soldato inglese. ● **l.-eyed**, che ha occhi sporgenti □ **l. pot**, nassa per aragoste □ **as red as a l.**, rosso come un gambero □ (*fam. USA*) **l. shift**, turno di notte.
lobular ['lɔbjulə*], *a.* lobulare; (a forma) di lobulo.
lobule ['lɔbju:l], *n.* (*anat., biol.*) lobulo.
lobworm ['lɔbwə:m], *n.* (*zool., Arenicola*) arenicola.
local ['loukəl], *A a.* **1** locale; di luogo; del luogo: (*med.*) **l. anaesthesia**, anestesia locale; (*gramm.*) **a l. adverb**, un avverbio di luogo; **l. customs**, usanze locali; **l. government**, amministrazione locale; **the l. doctor**, il dottore del luogo; **a l. train**, un treno locale **2** d'interesse locale: **l. news**, notizie d'interesse locale (*o di cronaca cittadina*) **3** campanilistico; limitato; ristretto: **l. outlook**, vedute ristrette. *B n.* **1** treno (*o autobus*) locale **2** notizia d'interesse locale (*o di cronaca cittadina*) **3** dottore (*o avvocato, ecc.*) del luogo **4** predicatore del luogo **5** (*fam.*) osteria; bettola; «pub» **6** (*spesso pl.*) persona del luogo: **one of the locals**, uno del luogo **7** (*pl.*) *V.* **l. examinations**. ● (*scritto sulla busta d'una lettera*) «**local**», «città» □ (*polit.*) **l. authority**, amministrazione periferica □ **l. authorities**, enti locali □ (*tel.*) **l. call**, chiamata (*o telefonata*) urbana □ (*elettr.*) **l. cell**, cella galvanica □ **l. colour**, colore locale □ **l. elections**, elezioni amministrative □ **l. examinations**, esami tenuti da una commissione universitaria itinerante □ **l. line**, linea (*d'autobus, ecc.*) locale □ **the l. movie theatre**, il cinema rionale (*o del paese*) □ **l. newspaper**, giornale di provincia □ **l. time**, ora locale.
locale [lou'ka:l], *n.* **1** luogo; località; posto (*noto, o d'interesse*) **2** ambiente; scena (*fig.*). ● **Rome is the l. of the play**, Roma è la scena del dramma; il dramma è ambientato a Roma.
localism ['loukəlizəm], *n.* **1** provincialismo; campanilismo **2** modo di dire (*o pronuncia, usanza*) locale; idiotismo (*di una regione*); regionalismo.
locality [lou'kæliti], *n.* località; luogo; posto; regione. ● **to have a good sense of l.** (*fam.:* **a good bump for l.**), avere una buona memoria locale; avere uno spiccato senso dell'orientamento.
localization [,loukəlai'zeiʃən], *n.* (*anche elabr.*) localizzazione.
to localize ['loukəlaiz], *v. t.* **1** localizzare; circoscrivere; limitare; restringere **2** dare a (q.c.) le caratteristiche di un luogo **3** sco-

prire, rintracciare le origini di (*una tradizione, ecc.*) **4** (*giornalismo*) dare un'ambientazione locale a (*una notizia*).
localizer ['loukəlaizə*], *n.* (*anche aeron.*) localizzatore; radiolocalizzatore (*di pista*).
to locate [lou'keit], **A** *v. t.* **1** individuare (*la posizione, il luogo di*); localizzare; riconoscere; scoprire; trovare: **They soon located the camp,** riuscirono presto ad individuare l'accampamento; **to l. a river on a blank map,** trovare un fiume su una cartina geografica muta **2** (*specialm. USA*) collocare; fissare; situare; stabilire: **Where shall we l. our new office?**, dove stabiliremo il nostro nuovo ufficio? **3** (*ind. min.*) picchettare (*una concessione*) **4** (*elab.*) posizionare. **B** *v. i.* (*USA*) stabilirsi (*in un luogo*). ● **to be located,** essere situato (*o* ubicato); trovarsi: **His offices are located on the fifth floor,** i suoi uffici si trovano al quinto piano.
location [lou'keiʃən], *n.* **1** posizione; posto; situazione; ubicazione **2** appezzamento di terreno: **a convenient l. for a new school,** un appezzamento di terreno adatto alla costruzione d'una scuola **3** individuazione, riconoscimento (*di un luogo*) **4** collocazione; sistemazione **5** (*cinem.*) set all'aperto; esterno **6** (*elab.*) posizione **7** (*in Sudafrica*) riserva (*di gente di colore*). ● (*cinem.*) **l. work,** esterni □ (*di film*) **filmed on l.,** girato in esterni.
locative ['lɔkətiv], *a. e n.* (*gramm.*) (*caso*) locativo.
locator [lou'keitə*], *n.* (*aeron., ing.*) localizzatore (*radar, ecc.*).
loch [lɔk], *n.* (*scozz.*) **1** lago **2** stretto braccio di mare.
lock (1) [lɔk], *n.* **1** riccciolo; riccio; ciocca (*di capelli*) **2** fiocco, bioccolo (*di lana, ecc.*).
lock (2) [lɔk], *n.* **1** serratura (*di porta, cassetto, ecc.*) **2** (*d'arma da fuoco*) otturatore **3** (*di fiume, canale, ecc.*) chiusa; cateratta; diga; (*di canale navigabile*) conca **4** (*mecc.*) blocco; bloccaggio; fermo **5** (*ind.*) camera stagna **6** (*autom.*) angolo di sterzata **7** (*nella lotta*) chiave; immobilizzazione **8** (*rugby*) mediano di terza linea. ● (*fin.*) **l.-away,** titolo da cassetto (*da tenere a lungo*) □ **l. chain,** catena per bloccare le ruote d'un veicolo □ **l. gate,** serranda di chiusa □ **l.-in,** protesta con asserragliamento nel posto di lavoro; (*elettron.*) agganciamento □ (*med., fam.*) **l.-jaw** (*o* **locked-jaw**), trisma □ **l.-keeper,** *V.* **locksman** □ **l. manufacturer,** fabbricante di serrature e lucchetti □ (*elettron.*) **l.-on,** *V.* **l.-in** □ **l.-out,** (*econ.*) serrata; (*elab.*) blocco □ **l. stitch,** punto a filo doppio □ (*fig.*) **l., stock, and barrel,** con tutto l'armamentario; armi e bagagli □ **l.-up,** ora di chiusura (*fam.*) guardina, gattabuia, prigione; (*fin.*) immobilizzazione, immobilizzo, investimento (*di denaro*) □ (*edil.*) **l.-up garage,** garage individuale □ (*fin.*) **l.-up investment,** investimento di cassetta □ **a l.-up shop,** un negozio che viene chiuso dal di fuori la sera (*il padrone abita altrove*) □ (*mecc.*) **l. washer,** rosetta di bloccaggio □ **double l.,** serratura a doppia mandata □ (*mecc.: di macchina*) **in the l. position,** in posizione di arresto □ **under l. and key,** sotto chiave; (*fig.*) al sicuro; (*anche*) in prigione, in gattabuia.
to lock [lɔk], **A** *v. t.* **1** chiudere (*una porta, un baule, ecc.*) a chiave; serrare; sprangare **2** chiudere (*anche fig.*); rinchiudere; racchiudere; circondare: **He was locked in his bedroom,** era chiuso (a chiave) nella sua camera; **The fields were locked by steep hills,** i campi erano circondati da colline scoscese **3** allacciare; collegare; congiungere **4** (*mecc.*) bloccare: (*aeron.*) **to l. the controls,** bloccare i comandi **5** abbracciare; abbrancare; serrare; stringere **6** provvedere (*un canale, ecc.*) di chiuse (*o* di conche) **7** (*elettron.*) agganciare; bloccare. **B** *v. i.* **1** avere la serratura; chiudersi (a chiave): **Does this casket l.?,** si chiude a chiave questo scrigno? **2** serrarsi; stringersi: **His arms locked round the giant's neck,** le sue braccia si serrarono intorno al collo del gigante **3** (*mecc.: per es., d'ingranaggi*) bloccarsi; incepparsi **4** allacciarsi; congiungersi **5** (*autom.*) avere un certo angolo di sterzata **6** (*mil.*) marciare a ridosso (*della prima fila*). ● **to l. away,** metter via e chiudere a chiave; mettere sotto chiave □ **to l. horns,** (*di animali*) dar di cozzo l'un l'altro, fare alle cornate; (*fig.*) scornarsi, scontrarsi □ **to l. sb. in,** chiudere q. a chiave (*o* dentro) □ (*miss.*) **to l. onto the target,** bloccare (*o* agganciare) il bersaglio □ **to l. sb. out,** chiudere q. fuori (*di casa, ecc.*) □ **to l. out workers,** attuare una serrata (contro operai) □ (*modo prov.*) **to l. the stable door after the horse has been stolen,** chiudere la stalla dopo che i buoi sono scappati □ **to l. up,** chiudere a chiave (*un oggetto, una casa, ecc.*); rinchiudere; imprigionare; (*fin.*) impegnare, investire, immobilizzare (*denaro*): **He was locked up in a lunatic asylum,** fu rinchiuso in manicomio; **Most of our money is locked up in stocks,** la maggior parte del nostro denaro è investito in titoli □ **to have one's senses locked in sleep,** essere immerso nel sonno; essere in braccio a Morfeo (*scherz.*).
lockage ['lɔkidʒ], *n.* **1** (*naut.*) passaggio d'una chiusa (*o* d'una conca) **2** sistema di chiuse (*o* di conche: *in un canale*) **3** (*comm.*) diritti di passaggio d'una chiusa (*o* d'una conca).
locker ['lɔkə*], *n.* **1** chi chiude a chiave, ecc. (*V.* **to lock**) **2** armadietto; cassone; stipetto. ● **l. room,** spogliatoio (*di palestra, ecc.*) □ (*naut.*) **chain l.,** pozzo delle catene □ (*scherz.*) **Davy Jones's l.,** il fondo del mare; (*fig.*) morte per annegamento □ (*fig.*) **not to have a shot in the l.,** non avere un soldo in tasca; essere al verde.
locket ['lɔkit], *n.* **1** medaglione (*che si porta appeso al collo*) **2** (*mil.: di fodero*) puntale.
lockfast ['lɔkfa:st], *a.* chiuso a chiave.
Lockian ['lɔkjən], *a.* (*filos.*) di Locke; della filosofia di Locke.
locking ['lɔkiŋ], *n.* **1** (*mecc.*) bloccaggio **2** (*elettron., ing., radar*) agganciamento. ● (*mecc.*) **l. fastener,** elemento di bloccaggio.
lockjaw ['lɔkdʒɔ:], *n.* (*med., fam.*) **1** trisma **2** tetano.
lockman ['lɔkmən], (*pl.* **lockmen**) *V.* **locksman**.
locknut ['lɔknʌt], *n.* (*mecc.*) **1** controdado **2** dado autobloccante.
locksman ['lɔksmən], *n.* (*pl.* **locksmen**) guardiano di chiusa.
locksmith ['lɔk-smiθ], *n.* magnano; chiavaio; chiavaiolo.
loco (1) ['loukou], *n.* (*pl.* **locos**) (*abbr. di* **locomotive**) locomotiva.
loco (2) ['loukou], **A** *n.* (*pl.* **locoes, locos**) **1** (*bot.*, *Astragalus*; *anche* **locoweed**) astragalo **2** (*vet., anche* **l. disease**) avvelenamento da astragalo. **B** *a.* (*pop., anche* **locoed**) matto; pazzo.
locomobile [,loukə'moubil], **A** *a.* semovente. **B** *n.* (veicolo) semovente.
to locomote [,loukə'mout], *v. i.* (*biol.*) esser dotato di locomozione.
locomotion [,loukə'mouʃən], *n.* locomozione.
locomotive ['loukə,moutiv], **A** *n.* **1** (*ferr.*) locomotiva, locomotore **2** (*biol.*) animale dotato di locomozione. **B** *a.* (*scient.*) **1** locomotivo; semovente **2** locomotore; locomotorio: **l. faculty,** facoltà locomotoria. ● (*ferr.*) **l. crane,** gru (ferroviaria) semovente □ **a l. engine,** una locomotiva □ (*ferr.*) **l. gradient,** pendenza massima superabile □ (*biol.*) **the l. organs,** l'apparato locomotore.
locomotor ['loukə,moutə*], **A** *a.* locomotore: (*zool.*) **l. system,** sistema locomotore; (*med.*) **l. ataxy,** atassia locomotrice. **B** *n.* cosa (*o* persona) dotata di locomozione.
locomotory [,loukə'moutəri], *a.* (*scient.*) locomotore; locomotorio.
locoweed ['loukou,wi(:)d], (*bot.*) *V.* **loco (2),** *def. 1.*
locular ['lɔkjulə*], *a.* (*bot., zool.*) alveolare.
loculus ['lɔkjuləs], *n.* (*pl.* **loculi**) (*bot., zool.*) alveolo.
locum tenens ['loukəm 'ti:nenz] (*lat.*), *n.* (*pl.* **locum tenentes**) facente funzione; sostituto; (*medico*) interino. ● **to act as locum tenens for sb.,** sostituire q.; rimpiazzare q.
locus ['loukəs], *n.* (*pl.* **loci, loca**) **1** località **2** (*geom.*) luogo **3** (*letter.*) passo **4** (*genetica*) locus. ● (*lett.*) **l. classicus,** citazione consueta.
locust ['loukəst], *n.* **1** (*zool., Locusta, Pachytylus*) locusta; cavalletta **2** (*fig.*) persona avida, vorace; devastatore **3** (*bot., Ceratonia siliqua; anche* **l. tree**) carrubo **4** (*bot., Robinia pseudo-acacia; anche* **l. tree**) robinia **5** (*bot., Gleditsia triacanthos; anche* **l. tree**) spino di Giuda. ● **l. bean,** carruba □ (*fig.*) **l. years,** anni di privazioni (*o* di stenti); anni magri.
locution [lou'kju:ʃən], *n.* **1** eloquio; dizione **2** locuzione; modo di dire **3** loquela; idioma: **a barbarous l.,** un idioma barbaro.
locutory ['lɔkjutəri], *n.* **1** parlatorio (*specialm. di monastero*) **2** grata (*o* inferriata) di parlatorio.
lode [loud], *n.* **1** (*geol.*) fessura mineralizzata **2** (*ind. min.*) filone a vene parallele **3** (*fig.*) filone **4** (*dial.*) corso d'acqua, canale (*in terreno paludoso*).
loden ['loudən] (*ted.*), *n.* (*ind. tessile*) loden.
lodestar ['loudsta:*], *n.* **1** (*astron.*) stella che segna il cammino; stella polare **2** (*fig.*) principio informatore; guida; modello.
lodestone ['loudstoun], *n.* **1** (*miner.*) magnetite; calamita naturale **2** calamita **3** (*fig.*) calamita; potente attrazione.
lodge [lɔdʒ], *n.* **1** casetta; casotto, annesso (*d'edificio maggiore*): **the caretaker's l.,** la casetta del custode (*d'una villa con parco*); **a hunting l.,** un casino di caccia **2** portineria (*di collegio, fabbrica, ecc.*) **3** loggia (*massonica*): **the grand l.,** la grande loggia **4** (*a Cambridge*) residenza del direttore d'un college **5** tana (*di castoro, lontra, ecc.*) **6** casetta (*o* tenda, ecc.) (*d'indiani del Nord America*) **7** (*USA*) capanna; capanno **8** (*USA*) villetta **9** (*USA*) reparto servizi (*di un campeggio*).
to lodge [lɔdʒ], **A** *v. t.* **1** alloggiare; albergare; sistemare: **The refugees were lodged in camps,** i profughi furono sistemati in campi **2** prendere (q.) a pensione, come pensionante: **to l. students,** prendere studenti a pensione **3** (*di casa*) dare alloggio a; ospitare **4** assestare (*un colpo*); piantare (*una freccia, una pallottola*): **to l. a blow on sb.'s head,** assestare un colpo in testa a q.; **to l. a bullet into the trunk of a tree,** piantare un proiettile nel tronco di un albero **5** (*comm.*) mettere; depositare: **to l. one's money in a bank,** depositare il proprio denaro in banca **6** (*leg.*) presentare: **to l. a complaint (an accusation),** presentare

lodgement

un reclamo (un'accusa) **7** (*del vento, della pioggia*) abbattere (*il raccolto*). **B** *v. i.* **1** alloggiare; abitare; risiedere **2** essere (*o* stare) a pensione **3** conficcarsi; piantarsi: **The bullet lodged in his arm**, la pallottola gli si piantò nel braccio. ● (*leg.*) **to l. an appeal**, interporre appello □ **to l. a petition**, presentare un'istanza (*o* una petizione) □ **to l. power in** (*o* **with**) **sb.** (*o* **in sb.'s hands**), conferire il potere a q. □ **The tide has lodged mud in the cavities**, la corrente ha riempito le cavità di fango.

lodgement ['lɔdʒmənt], *n.* **1** alloggio; alloggiamento **2** (*leg.*) presentazione: **the l. of a complaint**, la presentazione di un reclamo **3** accumulo; deposito: **a l. of dirt in a pipe**, un accumulo di rifiuti in una tubazione **4** (*comm.*) deposito; versamento (*in banca*) **5** (*mil.*) posizione sicura; fortificazione campale.

lodger ['lɔdʒə*], *n.* pensionante; pigionale (*raro*); pigionante; inquilino.

lodging ['lɔdʒiŋ], *n.* **1** alloggio; sistemazione; ospitalità: **to find l. for the night**, trovare alloggio per la notte **2** (*pl.*) appartamento, camera d'affitto (*ammobiliati*). ● **l. house**, casa con camere ammobiliate (*da affittare, di solito, alla settimana*) □ (*ferr.*) **l. turn**, turno di notte (*del personale viaggiante*) □ **board and l.**, vitto e alloggio □ **common l. house**, dormitorio pubblico.

lodgment ['lɔdʒmənt], *V.* **lodgement**.

loess ['louis], *n.* (*miner.*) loess (*terriccio marnoso molto fertile*).

lofar ['loufa:*], *n.* (*naut., mil.*) (*acronimo di* **low-frequency acquisition and ranging**) lofar (*dispositivo antisommergibile*).

lo-fi ['lou,fai], **A** *a.* (*di disco, registrazione, ecc.*) di cattiva qualità. **B** *n.* registrazione (*attrezzatura, ecc.*) di cattiva qualità.

loft [lɔft], *n.* **1** soffitta; solaio; sottotetto **2** (*agric.*) fienile **3** piccionaia **4** (*archit.*) balconata, galleria (*in chiese, ecc.*): **the choir l.**, la galleria del coro **5** (*ind.*) area di lavoro **6** (*USA*) magazzino **7** (*USA*) loft; magazzino o altro edificio abitativo trasformato in appartamento.

to loft [lɔft], *v. t.* **1** mettere in soffitta (*o* in solaio) **2** tenere (*piccioni*) in piccionaia **3** (*golf*) colpire (*la palla*) così da farle descrivere un'alta parabola **4** gettare **5** (*miss.*) lanciare (*razzi, satelliti, ecc.*).

lofter ['lɔftə*], *n.* «lofter» (*bastone da golf*); *V.* **to loft**.

loftiness ['lɔftinis], *n.* **1** altezza; elevatezza; (*fig.*) grandezza, nobiltà **2** (*fig.*) alterigia; superbia.

lofty ['lɔfti], *a.* **1** alto; elevato; (*fig.*) grande, nobile, sublime: **a l. cliff**, un'alta scogliera; **a l. brow**, una fronte alta (*o* nobile) **2** (*fig.*) altero; altezzoso; superbo: **a l. appearance**, un aspetto altero; **l. scorn**, disprezzo altezzoso.

log (1) [lɔg], **A** *n.* **1** tronco (*d'albero, grezzo o squadrato*); ceppo; ciocco **2** (*naut.*) solcometro; misuratore della velocità **3** (*naut., aeron.*; *anche* **logbook**) giornale di bordo **4** (*per estens.*) libretto, registro (*d'immatricolazione, ecc.*) **5** (*elab.*) giornale, registrazione. **B** *a. attr.* (*naut.*) **log cabin**, una capanna di tronchi d'albero. ● (*naut.*) **log line**, sagola del solcometro □ (*polit., specialm. USA*) **log-rolling**, aiuti (*o* elogi, incensamenti) reciproci, non disinteressati; scambio di favori □ **to fall like a log**, cadere pesantemente □ **to float** (*to lie*) **like a log**, galleggiare (star lì) come un pezzo di legno □ **King Log**, il re Travicello □ **to sleep like a log**, dormire come un ciocco □ (*prov.*) **Roll my log and I'll roll yours**, una mano lava l'altra; do ut des.

to log [lɔg], **A** *v. t.* **1** tagliare (*alberi*) in ceppi **2** (*anche naut., aeron.*) iscrivere, registrare (*fatti*) nel giornale di bordo **3** (*anche di nave*) coprire (*una distanza*); fare, filare (*un certo numero di nodi all'ora*) **4** tagliare gli alberi in (*un bosco, una zona, ecc.*). **B** *v. i.* **1** tagliare e trasportare tronchi **2** (*naut.*) navigare secondo le indicazioni del solcometro.

log (2) [lɔg], *n.* (*mat., abbr. di* **logarithm**) logaritmo.

loganberry ['lougənbəri], *n.* (*bot.*) *Rubus ursinus loganobaccus* (*sorta di rovo, e bacca*).

logan stone ['lɔgən,stoun], *n.* masso pencolante.

logaoedic [,lɔgə'i:dik], (*poesia*) **A** *a.* (*di verso*) logaedico. **B** *n.* logaedo.

logarithm ['lɔgəriθəm], *n.* (*mat.*) logaritmo.

logarithmic [,lɔgə'riθmik], *a.* (*mat.*) logaritmico.

logbook ['lɔgbuk], *V.* **log** (1), *def.* 3.

logger ['lɔgə*], *n.* boscaiolo; taglialegna.

loggerhead ['lɔgəhed], *n.* **1** testa di legno (*fig.*); stupido **2** specie di mestolo usato per sciogliere catrame, pece, ecc. **3** (*zool., Caretta caretta*) tartaruga caretta; (*Macrochelys temmincki*) tartaruga alligatore; (*Chelydra serpentina*) testuggine alligatore. ● **to be at loggerheads with sb.**, essere in disaccordo (*o* in lite, ai ferri corti) con q.

loggia ['lɔdʒiə], *n. (pl.* **loggias, loggie**) (*archit.*) **1** loggia **2** galleria; balconata.

logging ['lɔgiŋ], *n.* taglio e trasporto di tronchi d'albero. ● **a l. camp**, un accampamento di boscaioli.

logic [lɔdʒik], **A** *n.* **1** (*filos.*) logica (*anche fig.*): **the l. of facts**, la logica dei fatti **2** (*mat.*) operazioni logiche; logica: **computer l.**, le operazioni logiche di un elaboratore. **B** *a. attr.* logico: **a**

l. element, un elemento logico. ● (*elab.*) **l. card**, scheda.

logical ['lɔdʒikəl], *a.* **1** (*filos.*) logico: **a l. inference**, una deduzione logica **2** logico; razionale; ragionevole: **a l. outcome**, una conseguenza logica. ● **to have a l. mind**, saper ragionare; avere raziocinio.

logicality [,lɔdʒi'kæliti], *n.* logicità.

logically ['lɔdʒikəli], *avv.* **1** (*filos.*) logicamente **2** logicamente; a fil (*o* a rigor) di logica.

logician [lou'dʒiʃən], *n.* (*filos.*) logico.

logie ['lougi], *n.* (*teatr.*) gioiello falso.

logistic(al) [lou'dʒistik(əl)], *a.* (*anche mil.*) logistico.

logistics [lou'dʒistiks], *n. pl.* (*col verbo al sing.*) (*anche mil.*) logistica.

logjam ['lɔgdʒæm], *n.* **1** cumulo di tronchi affastellati (*che scendono lungo un fiume*) **2** (*fig., specialm. USA*) impasse; intoppo; ostacolo.

logo ['lougou], *n.* (*pl.* **logos**) (*abbr.*) *V.* **logotype**, *def.* 2.

logogram ['lɔgougræm], *n.* (*specialm. in stenografia*) logogramma.

logograph ['lɔgougra:f], *V.* **logogram**.

logographer [lə'gɔgrəfə*], *n.* logografo.

logography [lə'gɔgrəfi], *n.* logografia.

logogriph ['lɔgəgrif], *n.* logogrifo.

logomachy [lə'gɔməki], *n.* (*lett.*) logomachia.

logorrhea [,lɔgə'riə], *n.* (*psic.*) logorrea.

logorrheic [,lɔgə'ri:ik], *a.* (*psic.*) logorroico.

logos ['lɔgos], *n. (pl.* **logoi**) (*filos.*) logos.

logotype ['lɔgoutaip], *n.* **1** (*tipogr.*) logotipo **2** (*comm.*) logotipo; logo; marchio.

logwood ['lɔgwud], *n.* **1** (*bot., Haematoxylon campechianum*) campeggio **2** legno di campeggio.

loin [lɔin], *n.* **1** (*anat.*; *di solito, al pl.*) lombo **2** (*d'animale macellato*) lombata; lombo; lonza. ● **l.-cloth**, perizoma □ (*fig., lett.*) **fruit** (*o* **sprung from**) **one's loins**, frutto dei (*o* disceso dai) propri lombi □ (*fig.*) **to gird up one's loins**, rimboccarsi le maniche; prepararsi a un lavoro (*o* a un viaggio).

loir ['lɔiə*], *n.* (*zool., Glis glis*) ghiro.

to loiter ['lɔitə*], **A** *v. i.* **1** attardarsi; bighellonare; gironzolare; indugiare; oziare: **to l. on the way**, attardarsi per strada. **B** *v. t.* (*anche* **to l. away**) perdere, sciupare (*il tempo*) nell'ozio.

loiterer ['lɔitərə*], *n.* chi s'attarda; chi indugia; bighellone; fannullone.

loiteringly ['lɔitəriŋli], *avv.* pigramente; oziando.

to loll [lɔl], **A** *v. i.* **1** pendere; penzolare; pencolare; ciondolare; stare a penzoloni: **After the hunt the hounds lay down, with lolling tongues**, dopo la caccia i cani stavano accucciati, con la lingua penzoloni; **The old man's head lolled forward in his sleep**, la testa del vecchio addormentato pencolava **2** stare rilassato; sedere in modo scomposto; stare sdraiato. **B** *v. t.* far pendere, lasciar penzolare (*la lingua*); far pencolare, ciondolare (*la testa*).

Lollard ['lɔləd], *n.* (*stor.*) lollardo (*eretico seguace di John Wycliffe*).

lollingly ['lɔliŋli], *avv.* penzoloni.

lollipop ['lɔlipɔp], *n.* **1** (*dolce*) lecca lecca (*fam.*) **2** (*anche* **ice--lolly**) ghiacciolo (*da succhiare*) **3** (*autom.*) paletta (*per regolare il traffico*). ● (*fam.*) **l. man** (*o* **l. woman**), chi arresta il traffico per far passare scolari, ecc.

to lollop ['lɔləp], *v. i.* (*fam.*) **1** bighellonare; attardarsi **2** camminare a balzelloni; ballonzolare.

lolly ['lɔli], *n.* **1** (*fam.*) *V.* **lollipop 2** (*pop.*) quattrini; denaro; grana (*pop.*). ● (*naut.*) **l. ice**, particelle di ghiaccio galleggiante.

Lombard ['lɔmbəd], *a. e n.* **1** lombardo **2** (*stor.*) longobardo **3** (*fig., fin.*) finanziatore; banchiere. ● **L. street**, strada di Londra in cui hanno sede molte banche (*un tempo, dei banchieri italiani*); (*fig.*) il mercato finanziario; il mondo della finanza.

Lombardic [lɔm'ba:dik], *a.* **1** lombardo **2** (*stor.*) longobardo **3** (*arte*) lombardesco.

Lombardy ['lɔmbədi], *n.* (*geogr.*) Lombardia.

loment ['loumənt], *n.* (*bot.*) lomento.

lomentaceous [,loumən'teiʃəs], *a.* (*bot.*) lomentaceo.

London ['lʌndən], **A** *n.* (*geogr.*) Londra. **B** *a. attr.* londinese: **the L. theatres**, i teatri londinesi. ● **L. bridge**, «sotto il ponte» (*gioco infantile*) □ (*fig., un tempo*) **L. ivy**, nebbia (*o* fumo industriale) di Londra □ (*fam., un tempo*) **L. particular**, nebbia londinese □ (*bot.*) **L. pride**, (*Saxifraga umbrosa*) disperazione dei pittori; (*Dianthus barbatus*) garofano a mazzetti; garofano dei poeti; (*Lychnis chalcedonica*) croce di Malta □ **L. smoke**, color fumo di Londra □ (*fin.*) **the L. Stock Exchange**, la Borsa Valori di Londra.

Londoner ['lʌndənə*], *n.* Londinese.

Londonism ['lʌndənizəm], *n.* modo di dire tipico di Londra.

to Londonize ['lʌndənaiz], *v. t.* rendere londinese.

lone [loun], *a. attr.* (*poet., lett.*) **1** solo; solitario; abbandonato; isolato **2** (*raro, di donna*) nubile; vedova. ● **l. wolf**, lupo so-

litario; (*fig.*) tipo solitario; gufo (*fig.*); scapolo; divorziato □ **to play a l. hand**, giocare (a carte) da solo, contro due o più giocatori; (*fig.*) battersi da solo; fare q.c. senza l'appoggio di nessuno.
loneliness ['lounlinis], *n.* **1** solitudine; isolamento **2** desolazione; squallore: **the l. of mass civilization**, la desolazione della civiltà di massa □ malinconia; tristezza.
lonely ['lounli], *a.* **1** solitario; isolato; abbandonato; deserto; solingo (*lett.*); fuori mano: **a l. shepherd**, un pastore solitario; **a l. path**, un sentiero solitario; **a l. inn**, una locanda isolata; **a l. spot**, un posto fuori mano **2** (che si sente) solo; malinconico; triste: **to feel l.**, sentirsi solo. ● **l. hearts club**, club dei cuori solitari.
loner ['louna*], *n.* (*fam.*) tipo solitario.
lonesome ['lounsəm], *n.* **1** solitario; desolato **2** (che si sente) solo; malinconico; triste.
lonesomeness ['lounsəmnis], *n.* **1** solitudine; desolazione **2** malinconia; tristezza.
long (1) [lɔŋ], *a.* **1** lungo; esteso; prolungato: **a l. journey**, un lungo viaggio; **This room is twenty feet l.**, questa stanza è lunga venti piedi (*6 metri circa*); **a l. vowel**, una vocale lunga; **l. memory**, memoria lunga; **a l. speech**, un discorso lungo (*o* tedioso); (*radio*) **l. waves**, onde lunghe **2** di lunghezza; lineare: **l. measures**, misure di lunghezza (*o* lineari) **3** (*ind. tessile*) a fibre lunghe: **l. flax**, lino a fibre lunghe **4** (*fam.*) lungo; alto di statura **5** (*fin.*) a lunga scadenza: **a l. bill**, un effetto (*o* una cambiale) a lunga scadenza **6** (*Borsa*) che specula al rialzo. ● **to be l. about doing st.**, essere lento a fare q.c.; metterci molto tempo a fare q.c. □ **to be l. about it**, prendersela comoda □ **l. ago**, (*agg.*) del passato remoto; (*sost.*) (il) lontano passato: **l. ago battles**, battaglie del passato □ (*fig.*) **the l. arm of the law**, il lungo braccio della giustizia (*o* della legge) □ (*zool.*) **l.-bill**, uccello dal becco lungo (*per es.*, il beccaccino) □ (*fin.*) **l. bond**, obbligazione ventennale (*o* ultraventennale) □ **l. clothes**, vesti lunghe (*per neonato*) □ **a l. custom**, un'antica usanza □ **a l. date**, una data lontana □ (*fin.*) **l.-dated bill**, cambiale a lunga scadenza □ **l.-distance**, lontano; (*tel.*) interurbano; (*sport*) di fondo: (*tel.*) **l.-distance call**, chiamata interurbana; (*tel.*) **l.-distance line**, linea interurbana; (*sport*) **l.-distance race**, corsa di fondo □ **l.-distance runner**, fondista □ **l.-distance running**, le corse di fondo; il fondo (*in atletica*) □ **l.-distance ski-racing**, il fondo (*con gli sci*) □ (*meteorologia*) **l.-distance weather forecast**, previsione meteorologica a lunga scadenza □ **to be l. doing st.**, metterci molto tempo a fare q.c.: **He was l. finding it out**, ci ha messo molto tempo a scoprirlo □ **l. dozen**, tredici □ **l.-drawn** (*o* **l.-drawn-out**), tirato per le lunghe; protratto □ **l. drink**, long drink; bevanda alcolica leggera; bibita □ **l.-eared**, dalle orecchie lunghe, orecchiuto; (*fig.*) ignorante, stupido, stolto □ (*fig.*) **l. ears**, asineria; stupidità □ **a l. face**, il viso lungo; (*fig.*) il muso lungo: **He had a l. face**, aveva il muso lungo (*o* tanto di muso); **to put on a l. face**, fare il muso (lungo) □ **a l. family**, una famiglia numerosa □ **a l. figure**, una cifra con molti zeri □ **the l. finger**, il dito medio □ **l.-forgotten**, dimenticato da tempo □ (*pop. USA*) **l. green**, quattrini, soldi, grana, biglietoni □ **l.-haired**, dai capelli lunghi, capellone; (*fig.*) intellettuale, intellettualoide □ **l.-haired fellow**, capellone □ **l. haul**, lungo viaggio; lungo termine, lungo periodo □ **l.-headed**, (*scient.*) dolicocefalo; (*fig.*) che la sa lunga, accorto, avveduto □ (*fig.*) **l.-headedness**, accortezza; avvedutezza □ **l. hundredweight**, «hundredweight» inglese (*pari a kg 50,80*) □ (*fam.*) **l. johns**, mutandoni (*da uomo*) □ (*sport*) **l. jump**, salto in lungo □ **l. jumping**, i salti in lungo □ **l.-legged**, dalle gambe lunghe, gambuto □ **l.-lived**, di lunga vita, longevo; durevole, duraturo □ **l.-lost**, perduto da tempo □ (*poesia*) **l. metre**, strofe di quattro ottonari □ **l. odds**, scommessa fortemente ineguale (*per es.*, 10 a 1); (*ippica*) quota alta; (*fig.*) scarse probabilità, grave svantaggio □ (*stor. ingl.*) **L. Parliament**, Lungo Parlamento □ **l. pig**, carne umana (*per i cannibali*) □ **l.-player** (disco) microsolco; long playing □ (*mus.*) **l.-playing**, microsolco, long playing □ **l.-playing record**, *V.* **l.-player** □ **a l. price**, un prezzo alto □ (*tipogr.*) **l. primer**, (carattere) corpo dieci □ **l.-range**, a lungo termine; (*mil.*) a lunga gittata: **l.-range forecasts**, previsioni a lungo termine; (*mil.*) **l.-range guns**, cannoni a lunga gittata □ **l. robe**, toga (*d'avvocato*): **gentlemen of the l. robe**, avvocati □ (*giornalismo*) **a l. run**, una tiratura forte □ **l. shot**, (*mil.*) tiro lungo; (*ippica*) cavallo non favorito, brocco; scommessa azzardata; (*fig.*) impresa rischiosa; (*cinem.*, *telev.*) teleripresa, campo lungo □ **l.-sighted**, che ha la vista lunga; (*med.*) presbite; (*fig.*) accorto, lungimirante, previdente □ **l.-sightedness**, (*med.*) presbiopia; (*fig.*) lungimiranza, previdenza □ **l.-standing**, di vecchia data □ **l.-suffering**, (*sost.*) longanimità, indulgenza, sopportazione; (*agg.*) longanime, paziente (*al gioco*) **a l. suit**, molte carte dello stesso seme □ (*fig.*, *fam.*) **one's l. suit**, il (pezzo) forte, il (proprio) cavallo di battaglia □ **l.-term**, a lungo termine; a lunga scadenza: (*fin.*) **l.-term credit**, credito a lungo termine □ (*fin.*) **l.-term investor**, cassettista □ (*econ.*) **l.-term unemployed**, disoccupato cronico □ (*med.*) **l.-time patient**, lungodegente □ **l. ton**, tonnellata inglese (*pari a kg 1016 circa*) □ **l.-tongued**, linguacciuto; pettegolo □ **l. vacation**, vacanze estive □ **l. waist**, vita lunga, bassa (*in un vestito*) □ **l.-winded**, che ha il fiato lungo, resistente; prolisso, stiracchiato, verboso □ **l.-windedness**, l'avere il fiato lungo, resistenza; (*fig.*) prolissità, tediosità □ (*ind. tessile*) **l. wool**, lana a fibra lunga □ **by a l. way** (*fam.*: **by a l. chalk**), di gran lunga □ **a complaint of l. standing**, una lagnanza di vecchia data □ (*fig.*) **to have a l. arm**, avere le braccia lunghe; essere autorevole, potente □ (*fig.*) **to have a l. head**, saperla lunga □ **to have a l. sight**, avere la vista lunga (*anche fig.*) □ (*fig.*) **to have a l. tongue**, avere la lingua lunga □ **to have a l. wind**, avere il fiato lungo; essere prolisso □ **in the l. run**, a lungo andare; alla lunga □ **in the l. term**, a lungo termine; nel lungo periodo □ (*fam.*) **to make a l. nose**, fare marameo (*portando il pollice al naso*) □ **to take l. views**, essere accorto, previdente □ **That's a l. business**, le cose vanno per le lunghe □ **I haven't seen him for a l. time** (*o* **It is l. since I saw him**), non lo vedo da molto tempo.
long (2) [lɔŋ], *avv.* **1** molto; molto tempo: **Will you be l.?**, starai via molto?; **I haven't l. been back**, non è molto che sono tornato **2** a lungo; (per) molto tempo; lungamente: **l. after**, molto tempo dopo; **since l.**, da molto tempo; **l. before**, molto tempo prima; **I'm not going to wait much longer for him**, non l'aspetterò per molto tempo ancora. ● **l. ago**, molto tempo fa □ **all day l.**, tutto il santo giorno □ **all his life l.**, per tutta la (sua) vita □ **any** (*o* **no**) **longer**, (non) più; (non) oltre: **I can't stay any longer**, non posso trattenermi più (*o* oltre); **He's no longer in charge of the head office**, non è più a capo della sede centrale □ **as l. as**, finché; per tutto il tempo che □ **at (the) longest**, alla più lunga; al più tardi; al massimo: **It will take me two hours at (the) longest**, ci metterò due ore al massimo □ **not to be l. for this world**, avere pochi anni (*o* mesi, giorni, ecc.) di vita davanti a sé; essere di questo mondo per poco □ **so (as) l. as**, purché; a condizione che □ **So l.!**, ciao; arrivederci; a fra poco! □ **How l. will it take?**, quanto tempo ci vorrà?
long (3) [lɔŋ], *n.* **1** molto tempo: **Do you think the crossing of the Channel will take l.?**, credi che la traversata della Manica richiederà molto tempo? **2** (*fon.*, *poesia*) (vocale *o* sillaba) lunga: **the longs and the shorts**, le lunghe e le brevi **3** (*pl.*, *fam.*) vacanze lunghe, d'estate **4** (*Borsa*, *fin.*) speculatore al rialzo; rialzista. ● **before l.**, presto; fra breve; di qui (*o* di lì) a poco □ **to know the l. and short of it**, sapere per filo e per segno come stanno le cose.
to long [lɔŋ], *v. i.* anelare; bramare; desiderare ardentemente: **We are longing to go home** (*o* **for home**), desideriamo tanto di tornare a casa (*o* in patria).
longanimity [,lɔŋgə'nimiti], *n.* longanimità.
longanimous [lɔŋ'gænimus], *a.* longanime.
longboat ['lɔŋbout], *n.* **1** (*naut.*) barcaccia (*di veliero*) **2** *V.* **longship**.
longbow ['lɔŋbou], *n.* (*mil.*, *stor.*) arco lungo. ● (*fig.*, *fam.*) **to draw the l.**, sballarle (*o* spararle) grosse.
longcloth ['lɔŋklɔθ], *n.* (*ind. tessile*) mussolina fine.
longeron ['lɔndʒərən], *n.* (*aeron.*) longherone.
longevity [lɔn'dʒeviti], *n.* longevità. ● **l. in office**, lunga permanenza in carica □ **l. pay**, indennità d'anzianità.
longevous [lɔn'dʒiːvəs], *a.* longevo.
longhair ['lɔŋheə*], *n.* (*fam.*) **1** artista (*o* musicista, ecc.) zazzeruto; intellettualoide (*spreg.*) **2** (*spreg.*) capellone.
longhand ['lɔŋhænd], *n.* scrittura normale, a mano.
longhorn ['lɔŋhɔːn], *n.* **1** (*agric.*) bue (*o* vacca) dalle corna lunghe **2** bovino di razza Longhorn **3** (*pop. USA*) abitante del Texas; texano.
longing ['lɔŋiŋ], **A** *n.* brama; desiderio intenso; voglia. **B** *a.* bramoso; desideroso; di desiderio: **a l. look**, uno sguardo di desiderio. ● **to feel a l. for home**, sentire nostalgia.
longish ['lɔŋiʃ], *a.* piuttosto lungo; lunghetto.
longitude ['lɔndʒitjuːd], *n.* **1** (*geogr.*) longitudine **2** (*arc.*) lunghezza.
longitudinal [,lɔndʒi'tjuːdinl], *a.* (*scient.*, *tecn.*) longitudinale: (*geol.*) **l. fault**, faglia longitudinale; **l. section**, sezione longitudinale. ● (*elettr.*) **l. circuit**, circuito unipolare.
Longobard ['lɔŋgoubaːd], *n.* (*stor.*) longobardo.
Longobardic [,lɔŋgou'baːdik], *a.* (*stor.*) longobardo.
longship ['lɔŋʃip], *n.* (*stor.*) nave vichinga.
longshore ['lɔŋʃɔː*], *a. attr.* (*naut.*) sottocosta; litorale: **l. current**, corrente litorale.
longshoreman ['lɔŋʃɔːmən], *n.* (*pl.* **longshoremen**) scaricatore (*di porto*); portuale.
longways ['lɔŋweiz], **longwise** ['lɔŋwaiz], *avv.* per il lungo; nel senso della lunghezza.
loo (1) [luː], *n.* (*pl.* **loos**) gioco di carte, simile a «bestia».

to loo [lu:], *v. t.* far pagare da «bestia» a (q.) (*V.* loo).
loo (2) [lu:], *n.* (*pl.* **loos**) (*fam.*) gabinetto; cesso; latrina; ritirata; posticino (*fam.*).
looby ['lu:bi], *n.* zoticone; babbeo; tonto.
loofah ['lu:fa], *n.* (*bot.*, *Luffa*) luffa.
look (1) [luk], *n.* **1** occhiata; sguardo: **Can I have a l. at your paper?**, posso dare un'occhiata al tuo giornale?; **a kind l.**, uno sguardo gentile **2** aspetto; apparenza; aria; cera (*fig.*); sembianza; espressione: **Her costume has a foreign l.**, il suo costume ha un aspetto straniero; **to judge by looks**, giudicare dalle apparenze. ● (*radio*) **a l. at today's papers**, cosa scrivono i giornali, un'occhiata ai giornali (*rubrica*) ▫ **by the l. of it**, a quanto pare ▫ **good looks** (*fam.*: **looks**), bell'aspetto, bella presenza; bellezza: **She's lost all her looks**, ella ha perso ogni bellezza; **She has looks and youth**, è giovane e bella ▫ **to wear an ugly l. on one's face**, avere una brutta cera (*o* faccia) ▫ **I don't like the l. of it** (*o* **the looks of this**), non mi piace l'aria che tira (*fig.*)!
look (2) [luk], *inter.* (*anche* **l. here!**) ehi!; guarda!; senti (un po')!
to look [luk], **A** *v. i.* **1** guardare; mirare (*lett.*); dare un'occhiata a; considerare; esaminare; osservare; badare; far attenzione; (*di edificio, finestra*) dare su, essere esposto a: **I looked carefully but found nothing**, guardai attentamente ma non trovai nulla; **I took out my watch and looked at it**, cavai fuori l'orologio e lo guardai; **L. (up) at the stars!**, guarda le stelle!; **L. (down) on earth!**, guarda a terra!; **Will you l. at this sentence, please?**, vuoi dare un'occhiata a (*o* esaminare) questa frase, per favore?; **when one looks deeper**, se si esaminano le cose più a fondo; **The windows l. onto the garden**, le finestre danno sul giardino; **The room looks to the east**, la camera è esposta a oriente **2** apparire; parere; sembrare; aver l'aria di; essere (all'aspetto): **You l. pale**, sei pallido; **He looks dejected**, ha un'aria depressa; **He looks a fool**, sembra (*o* ha l'aspetto di) uno stupido; **He looks like an honest man**, ha l'aria d'essere un uomo onesto; **to l. grave**, avere un aspetto grave (*o* dignitoso, serio). **B** *v. t.* **1** guardare: **He couldn't l. us in the face**, non osava guardarci in faccia; **to l. death in the face**, guardare in faccia la morte **2** dimostrare, rivelare (*all'aspetto*); esprimere (*con lo sguardo*): **My mother doesn't l. her age** (*o* **her years**), mia madre non dimostra gli anni che ha; **to l. compassion**, dimostrare compassione; **He looked his despair**, il suo aspetto esprimeva (*o* rivelava) la sua disperazione; **to l. one's thanks (consent, etc.)**, esprimere con lo sguardo la propria gratitudine (il proprio consenso, ecc.). **C** *verbi composti* **1 to l. about**, guardare in giro; guardarsi intorno ▫ **to l. about one**, guardarsi intorno; studiare la situazione; prendere tempo (*per decidere*). **2 to l. after**, badare a, custodire, occuparsi di, prendersi cura di; seguire con lo sguardo: **L. after my business while I'm away**, bada ai miei affari mentre io sarò via; **Will you l. after this matter?**, vuoi occuparti tu della faccenda?; **We looked after the aeroplane**, seguimmo l'aeroplano con lo sguardo ▫ **to l. after oneself**, aver riguardo di sé; riguardarsi. **3 to l. ahead**, guardare avanti; (*fig.*) pensare al futuro. **4 to l. around for**, cercare. **5 to l. away from sb.** (st.), distogliere gli occhi (*o* lo sguardo) da q. (q.c.). **6 to l. back**, guardare, volgersi indietro; (*fig.*) riandare col pensiero a (q.c.), ricordare ▫ **never to l. back**, non fermarsi mai; progredire sempre. **7 to l. down**, guardare in basso, guardare giù; abbassare gli occhi; (*comm.: di merce*) calare di prezzo, andar giù ▫ **to l. sb. down**, piegare (*o* imporsi a) q. con lo sguardo ▫ **to l. down on** (*o* **upon**) **sb.**, guardare q. dall'alto in basso; disprezzare q.; trattare con alterigia q.: **Never l. down on poorer boys or girls!**, non trattare mai dall'alto in basso ragazzi o ragazze meno abbienti! ▫ (*fam.*) **to l. down one's nose at sb.**, guardare con disprezzo q. **8 to l. for**, cercare, sperare di trovare; aspettarsi, attendersi: **I've looked for it all over the house**, l'ho cercato per tutta la casa; **I am looking for a good position**, cerco un buon posto (un buon impiego) ▫ **to l. for trouble**, andare in cerca di guai. **9 to l. forward**, guardare avanti; (*fig.*) pensare al futuro ▫ **to l. forward to**, esser impaziente di; non veder l'ora di: **I am looking forward to meeting him**, non vedo l'ora d'incontrarlo. **10 to l. in**, guardare dentro, dare un'occhiata (*in un locale, ecc.*); guardare la televisione; fare una breve visita (*fam.*: una scappata, un salto) ▫ (*fam.*) **to l. in on sb.**, fare una visitina a, fare un salto da q. **11 to l. into st.**, guardare dentro q.c.; esaminare q.c.; analizzare q.c.; fare indagini su q.c.; informarsi di q.c.: **I'll l. into the train schedules**, mi informerò sugli orari dei treni; **to l. into a book**, esaminare un libro. **12 to l. on**, stare a vedere; essere spettatore ▫ **to l. on** (*o* **upon**) **sb.** (st.), considerare, giudicare, reputare, stimare q. (q.c.): **I l. on him as a sincere friend**, lo considero un amico sincero. **13 to l. out**, guardare fuori; guardarsi, stare in guardia: **L. out!**, guardati!; fa attenzione!; bada!; **She looked out of the window**, ella guardò dalla finestra ▫ **to l. out for sb.**, prendersi cura di q.; guardare dalla finestra se arriva q.: **I was looking out for Mr Brown**, cercavo (*tra la folla, ecc.*) il Sig. Brown ▫ **to l. out for a storm**, aspettarsi (*o* essere preparati a) una tempesta ▫ **to l. out upon** (*o* **over**), guardare su; dare su: **The tower looked out upon meadows and fields**, la torre guardava su prati e campi coltivati. **14 to l. over st.**, dare un'occhiata a (*un luogo, una città, ecc.*); esaminare q.c., passare in rassegna; (*più comune* **to overlook st.**) passare sopra a (*o* perdonare) q.c.: **I looked over my stock to see what was missing**, passai in rassegna le mie cose per vedere cosa mancava; **It's his first mistake; let's l. it over**, è il suo primo sbaglio; passiamoci sopra. **15 to l. round**, voltarsi a guardare; guardarsi intorno (*anche fig.*); studiare la situazione; prendere tempo (*prima di decidere*) ▫ **to l. round st.**, dare un'occhiata a, visitare q.c. ▫ **to l. round for sb.**, cercare q. con gli occhi (*o* con lo sguardo). **16 to l. through**, apparire; trasparire; trapelare: **His fear looked through his eyes**, la paura gli traspariva dagli occhi ▫ **to l. through st.**, guardare attraverso q.c.; esaminare attentamente, ispezionare più volte q.c.; sfogliare, scorrere, dare un'occhiata a (*un giornale, ecc.*); rivedere, revisionare: **to l. through field glasses**, guardare attraverso un binocolo; **to l. through one's accounts**, esaminare la propria contabilità ▫ **to l. through sb.**, far finta di non conoscere q.; ignorare q. **17 to l. to**, badare, stare attento a; considerare; contare su; provvedere a: **L. to your next move**, bada alla prossima mossa!; **The Romans looked to him as their leader**, i romani lo consideravano il loro capo; **We l. to him for assistance**, contiamo sul suo aiuto; **You should l. to the needs of your family**, devi provvedere alle necessità della tua famiglia. **18 to l. towards sb.**, guardare verso q.; (*fam.*) bere alla salute di q. **19 to l. up**, guardare in su; alzare gli occhi (*o* lo sguardo); migliorare, andar meglio: **Business is looking up with all these new orders**, la situazione commerciale sta migliorando con tutte le nuove ordinazioni ▫ (*fam.*) **to l. sb. up**, fare una visitina a q. ▫ **to l. sb. up and down** (*o* **through and through**), guardare q. da capo a piedi; squadrare q. ▫ **to l. st. up**, cercare: **to l. up a word in a dictionary**, cercare una parola in un dizionario ▫ **to l. up to sb.**, alzare gli occhi per guardare q.; avere ammirazione, devozione per q.; ammirare, rispettare q. **20 to l. upon**, *V.* **to l. on**. ● **to l. oneself again**, essere quello di prima; star bene di nuovo ▫ **to l. at sb. (st.)**, a giudicare q. (q.c.) dall'aspetto: **To l. at him you would not suspect he is a millionaire**, a giudicare dall'aspetto, non si direbbe che è un miliardario ▫ (*fig.*) **to l. black**, essere nero; essere di malumore ▫ (*fig.*) **to l. blue**, essere scuro in volto; essere triste, malinconico ▫ **to l. daggers at sb.**, fare gli occhiacci a q.; guardare in cagnesco q. ▫ **to l. ill**, avere una brutta cera ▫ **to l. like**, assomigliare, somigliare a (q.); sembrare, parere, aver l'aria di, aver l'aspetto di; essere probabile: **You l. like your mother**, somigli a tua madre; **He looks like growing very tall**, sembra voglia (*o* promette di) diventare molto alto ▫ **It looks like rain**, sembra voglia (*o* stia per) piovere; il tempo minaccia pioggia ▫ (*fig.*) **to l. small**, sembrare insignificante ▫ **to l. well**, avere un bell'aspetto (*o* una buona cera); (*di un abito, ecc.*) star bene, figurare ▫ **to l. fair** (**good, etc.**) ▫ **to l. at**, bello e bello (buono, ecc., all'aspetto) ▫ **to make sb. l. small**, fare apparire q. insignificante ▫ **way of looking at things**, modo di considerare le cose; modo di vedere ▫ **L. here!**, guarda!; senti!; senti un po'! ▫ **L. alive!**, muoviti! datti da fare!; sbrigati! ▫ **L. sharp!**, affrettati!; sbrigati!; spicciati! ▫ **It looks as if it is about to rain**, sembra che stia per piovere ▫ (*prov.*) **L. after the pence and the pounds will l. after themselves**, il risparmio comincia dal poco ▫ (*prov.*) **L. before you leap!**, sii cauto!; medita prima di agire!; non buttarti alla cieca!
looker ['lukə*], *n.* **1** chi guarda; chi sta a guardare; spettatore **2** (*fam. specialm. USA*; *anche* **good l.**) persona di bell'aspetto, avvenente; (*specialm.*) bella donna, bellezza. ● **l.-on**, spettatore, osservatore; astante.
look-in ['luk'in], *n.* (*fam.*) **1** occhiatina; scorsa **2** scappata; salto; visitina **3** (*anche sport*) probabilità di successo **4** opportunità; occasione. ● **We'll have a l.**, forse ce la faremo (a vincere); forse vinceremo.
looking ['lukiŋ], **A** *a.* (*nei composti, per es.*:) **good-l.**, di bell'aspetto; di bella presenza; avvenente; bello; **wretched-l.**, brutto; sgraziato. **B** *n.* (*nei composti, per es.*:) **l.-back**, il riandare al passato; sguardo retrospettivo; **l.-down**, alterigia; disprezzo; **l.-glass**, specchio; **l.-over**, riesame; riguardata; riveduta.
lookout ['luk'aut], *n.* **1** guardia; vigilanza **2** osservatorio **3** (*mil.*) posto d'osservazione (*o* di vedetta) **4** guardia; sentinella; vedetta **5** previsione; prospettiva: **It's a bad l. for him**, è una brutta prospettiva per lui **6** affare; faccenda: **That is his l.**, questo è affar suo (sono fatti suoi) **7** veduta; vista; panorama **8** (*naut.*) coffa; gabbia **9** (*naut., anche* **l. man**) marinaio di vedetta **10** (*edil.*) frontone. ● **to be on the l.**, stare in guardia, all'erta ▫ **to be on the l. for sb.**, fare la posta a q. ▫ **to keep a good l.**, fare buona guardia.
look-over ['lukouvə*], *n.* (*fam.*) riesame; riguardata; riveduta; occhiatina (*fig.*).

look-see ['luk'si:], *n.* (*pop. USA*) rapida occhiata; scorsa.
look-up ['luk˄p], *n.* (*elab.*) ricerca.
looloo ['lu:lu], *n.* (*pop. USA*) bambola (*fig.*); pupa; bella ragazza; (*anche*) cosa eccezionale, cannonata (*fig.*).
loom (1) [lu:m], *n.* (*ind. tessile*) telaio (*per tessitura*). ● **hand l.**, telaio a mano □ **power l.**, telaio meccanico.
to loom [lu:m], *v. i.* **1** apparire in lontananza; profilarsi (*anche fig.*) **2** (*fig.*) incombere; essere imminente: **The general elections are looming (up)**, sono imminenti le (elezioni) politiche **3** (*fig.*) apparire; sembrare: **He looms as a possible president**, sembra che possa essere eletto presidente. ● **to l. large**, profilarsi grave; incombere; essere minaccioso; essere in primo piano (*o* in vista) (*fig.*): **The dangers of the international situation l. large in our minds**, i pericoli della situazione internazionale si profilano gravi alla nostra mente □ **to l. up**, (pop.) (di stagliarsi) all'improvviso; essere imminente: **The peak loomed up before us**, la vetta si stagliò all'improvviso davanti a noi.
loom (2) [lu:m], *n.* primo apparire; apparizione lontana; il profilarsi (*di terra all'orizzonte*); lo stagliarsi (*d'una nave nella nebbia, ecc.*).
loom (3) [lu:m], (*zool.*) *V.* **loon** (1).
loon (1) [lu:n], *n.* (*zool., USA*) **1** (*Gavia*) gavia; strolaga: **common l.** (*Gavia immer*), strolaga maggiore **2** (*Columbus*) svasso; tuffetto.
loon (2) [lu:n], *n.* stolto; scemo.
loony ['lu:ni], *a.* e *n.* (*fam., abbr. di lunatic*) matto, pazzo; scemo, sciocco. ● (*fam.*) **l. bin**, manicomio.
loop [lu:p], *n.* **1** cappio; laccio; nodo scorsoio **2** curva; sinuosità **3** (*anche mil.*) passamano a cappio; alamaro **4** passante; maglietta; asola volante **5** occhiello (*di lettera scritta a mano; per es., nella «e»*) **6** anello di metallo (*cui attaccare un gancio o da usare come manico*); passanastro **7** (*aeron.*) gran volta; looping: **inside l.**, gran volta diritta; **outside l.**, gran volta inversa **8** (*giochi da fiera*) giro della morte; cerchio della morte **9** (*ferr., anche* **l.-line**) raccordo **10** (*tel.*) linea secondaria (*che si riallaccia alla principale*); doppino **11** (*cinem.: di pellicola*) riccio **12** (*elettr.*) circuito completo; circuito chiuso; anello **13** (*elab.*) ciclo; iterazione **14** (*med.*) spirale (intrauterina) **15** (*geogr.*) ansa (*d'un fiume*). ● (*elettr.*) **l. antenna**, antenna a telaio □ **l.-the-l.**, montagne russe (*con cerchio della morte*) □ **l. knot**, nodo scorsoio □ **l. stitch**, punto catenella; punto occhiello □ (*elab.*) **l. stop**, iterazione d'arresto □ (*elettr.*) **l. test**, prova a circuito chiuso □ (*ing.*) **l. tunnel**, galleria elicoidale □ (*aeron.*) **to loop the l.**, eseguire la gran volta; fare il cerchio della morte.
to loop [lu:p], *A v. t.* **1** far un cappio a (q.c.); allacciare: **to l. a string**, fare un cappio a una stringa **2** avvolgere: **L. the wire around that post**, avvolgi il filo (metallico) attorno a quel palo! **3** agganciare: **She looped back the curtains from the window**, agganciò le tende scostandole dalla finestra **4** munire (*un abito da donna*) di magliette (*o* di asole volanti) **5** (*elettr., di solito* **l. in**) collegare in circuito **6** (*aeron.*) far fare il looping a (*un aereo, ecc.*). *B v. i.* **1** fare un'ansa (*o una curva*) **2** avanzare a mo' d'un bruco misuratore (*V.* **looper**) **3** (*aeron.*) fare il looping; eseguire la gran volta. ● **to l. up**, legare con un cappio; allacciare □ (*ind. tessile*) **looped fabric**, tessuto bouclé □ (*aeron.*) **looping the loop**, esecuzione della gran volta (*o* del looping).
looper ['lu:pə*], *n.* **1** (*zool.*) geometride; bruco misuratore **2** (*mecc.*) spoletta (*di macchina da cucire*) per fare magliette (*o* asole volanti).
loophole ['lu:phoul], *n.* **1** feritoia; stretta apertura (*in un muro*) **2** (*fig.*) scappatoia; espediente; via d'uscita (*fig.*): **a l. in the law**, una scappatoia per eludere la legge.
to loophole ['lu:phoul], *v. t.* munire (*un muro, ecc.*) di feritoie.
loose (1) [lu:s], *a.* **1** sciolto; slegato, in libertà; (*anche chim.*) libero: **A panther had escaped from the zoo and was l. in the country**, una pantera era fuggita dalla zoo e si aggirava libera nelle campagne; **l. hair**, capelli sciolti **2** allentato; disgiunto; staccato; (*troppo*) largo; slegato; sconnesso; non fermato: **a l. screw**, una vite allentata; **a l. button**, un bottone staccato; **a l. collar**, un colletto (*troppo*) largo; **l. planks**, assi sconnesse; **a l. shutter**, un'imposta non fermata □ **l. sheets**, fogli sciolti; **l. sugar**, zucchero sciolto **4** approssimativo; inesatto; impreciso; scorretto; trasandato; vago; senza capo né coda: **a l. translation**, una traduzione approssimativa; **l. thinking**, modo di pensare senza capo né coda; (*cricket*) **l. bowling**, tiro impreciso; **a l. style**, uno stile trasandato; un modo di scrivere scorretto **5** dissoluto; licenzioso; immorale; sfrenato: **a l. woman**, una donna dissoluta; **l. conduct**, condotta immorale; **to lead a l. life**, fare una vita dissoluta (*o* licenziosa) **6** non compatto; smosso; rado: **l. soil**, terreno smosso; **cloth with a l. texture**, stoffa a trama rada **7** flaccido; floscio **8** non teso; lento: **l. reins**, briglie lente; **a l. knot**, un nodo lento **9** (*di membro*) rilassato; rilasciato **10** (*elettr., mecc., naut.*) lasco **11** (*fam. USA*) rilassato; (*anche*) sbronzo. ● **l. cash** (*o* **change**), denaro a portata di mano; spiccioli □ **l. cover**, rivestimento protettivo, fodera (*per poltrone, divani, ecc.*) □ **l. end**, capo libero (*di un cavo, d'una fune, ecc.*); (*fig.*) **l. ends**, faccende di minore importanza rimaste in sospeso □ **l.-fitting jackets**, giacche troppo larghe, abbondanti □ (*d'abito*) **l.-flowing**, non attillato; discinto □ **l. frame** (*o* **build**, **make**), corporatura non armoniosa: **of l. frame**, dinoccolato □ **l. handwriting**, scrittura disordinata □ **l.-jointed**, dinoccolato, agile, svelto □ **l.-leaf binder** (*o* **book**), raccoglitore (*per ufficio*) □ **a l.-leaf ledger**, un libro mastro a fogli staccati (*o* mobili) □ **l. limbs**, membra malfatte, non bene proporzionate □ (*gioco del calcio*) **l. play** (*o* **l. game**), gioco slegato, sconnesso □ (*mecc.*) **l. pulley**, puleggia folle □ (*rugby*) **l. scrum**, mischia aperta (*o* spontanea) □ **l. talk**, discorsi a vanvera □ **to be a l. thinker**, avere una mente disordinata; fare ragionamenti senza capo né coda □ **l.-tongued**, dalla lingua lunga; che parla troppo □ **a l. tooth**, un dente che tentenna □ (*fig.: di persona*) **to be at a l. end** (*o* **at l. ends**), essere senza arte né parte, non avere un lavoro fisso; non sapere che pesci pigliare □ **to break** (*o* **to get**) **l.**, sciogliersi; liberarsi (*da legami, sbarre, ecc.*); scappare; (*fig.*) sfogarsi □ **to come** (*o* **to get**) **l.**, allentarsi: **A screw has come l.**, s'è allentata una vite □ **to cut l.**, liberarsi, sciogliersi; affrancarsi; esplodere, scatenarsi (*fig.*) □ **to have l. bowels**, avere la sciolta (*fam.*); soffrire di diarrea □ (*fig.*) **to have a screw l.**, mancare d'una rotella, essere svitato (*fam.*) □ **to have a l. tongue**, aver la lingua lunga; parlare troppo; spifferare tutto □ (*mil.: di soldati*) **in l. order**, in ordine sparso □ **to let l.**, liberare, sciogliere; dar sfogo a, sfogare; lasciarsi andare: **He let l. his anger**, diede sfogo alla sua ira □ **to be on the l.**, essere libero, essere uccel di bosco; (*fam.*) fare baldoria, avere le redini sul collo (*fig.*) □ **to play fast and l.**, comportarsi disonestamente □ (*di vite, dado*) **to work l.**, allentarsi.
to loose [lu:s], *A v. t.* **1** allentare; slacciare; slegare; disfare; sciogliere; liberare: **to l. a rope**, allentare una fune; **to l. one's shoe laces**, slacciarsi le scarpe; **to l. a knot**, sciogliere un nodo; **They loosed the prisoner without a ransom**, liberarono il prigioniero senza riscatto **2** (*naut.*) mollare (*gli ormeggi*); spiegare (*le vele*) **3** liberare da un obbligo; svincolare **4** (*aeron. mil.*) sganciare (*bombe*) **5** lanciare; scagliare; scoccare: **He loosed the arrow into the air**, lanciò (in aria) la freccia **6** scaricare (*un'arma da fuoco*). *B v. i.* **1** (*mil., di solito* **to l. off**) fare fuoco; sparare **2** (*naut.*) mollare gli ormeggi. ● **to l. (off) at sb.**, sparare (*col fucile, ecc.*) a q. □ **to l. one's hold**, allentare la presa.
loose (2) [lu:s], *n.* **1** sfogo; libero sfogo: **to give (a) l. to one's feelings**, dare sfogo ai propri sentimenti; sfogarsi **2** (*gioco del calcio*) gioco slegato; gioco sconnesso.
loosebox ['lu:sbɔks], *n.* posta (*per un cavallo: nella stalla*).
to loosen ['lu:sn], *A v. t.* **1** allentare; slacciare; slegare; snodare; sciogliere; liberare: **We loosened the nut**, allentammo il bullone; **to l. sb.'s tongue**, far sciogliere la lingua a q. **2** allentare (*la disciplina, ecc.*) **3** liberare, sgombrare (*l'intestino*) **4** (*med.*) alleviare, ammorbidire (*la tosse secca*) **5** (*naut.*) allascare; lascare. *B v. i.* **1** allentarsi; slacciarsi; slegarsi; sciogliersi; liberarsi: **The bolt has loosened**, la chiavarda s'è allentata **2** (*fig.: della disciplina, ecc.*) allentarsi. ● **to l. up**, rilassarsi; (*med., sport*) sciogliere (i muscoli) □ **a medicine that loosens the bowels**, una medicina che fa andare di corpo.
looseness ['lu:snis], *n.* **1** sciolezza; mollezza; rilassatezza **2** allentamento; (*mecc.*) gioco: **the l. of a bolt**, il gioco d'una chiavarda **3** inesattezza; imprecisione; scorrettezza **4** dissolutezza; licenziosità; immoralità; sfrenatezza. ● (*med.*) **l. of the bowels**, sciolta (*fam.*); diarrea.
loosestrife ['lu:sˌstraif], *n.* (*bot., Lysimachia vulgaris*) lisimachia; mazza d'oro.
loosish ['lu:siʃ], *a.* piuttosto allentato, approssimativo, inesatto, ecc. (*V.* **loose** (1)).
loot [lu:t], *n.* **1** bottino; preda; spoglie (*di guerra*) **2** (*fam.*) bottino; malloppo **3** (*pop.*) quattrini; soldi; grana (*pop.*).
to loot [lu:t], *A v. t.* **1** saccheggiare; predare; depredare **2** portar via come bottino. *B v. i.* darsi al saccheggio.
looter ['lu:tə*], *n.* predatore; saccheggiatore; predone; sciacallo (*fig.*).
looting ['lu:tiŋ], *n.* saccheggio; sciacallaggio.
to lop (1) [lɔp], *v. t.* **1** potare, rimondare (*alberi*) **2** cimare, svettare (*alberi*) **3** (*di solito* **to lop off**) mozzare, tagliare (*la testa, un braccio, ecc.*) **4** (*spesso* **to lop off** *o* **away**) tagliar via, recidere, sfrondare (*anche fig.*). ● **to lop at**, assestar colpi (di taglio).
lop (1) [lɔp], *n.* potatura; rami potati. ● **lop and top** (*o* **lop and crop**), ramoscelli potati.
to lop (2) [lɔp], *A v. i.* **1** pender giù; ciondolare; penzolare **2** — **to lop about**, bighellonare; oziare. *B v. t.* far pendere, tener pen-

zoloni (*orecchie*, ecc.).

lop (2) [lɔp], *n.* **1** coniglio dalle orecchie pendenti **2** (*dial.*; *zool.*, *Culex*) pulce. ● **lop-eared**, dalle orecchie pendenti □ **lop-sided**, inclinato su un fianco, sbilenco; asimmetrico □ (*aeron.*) **lop-sided landing**, atterraggio su una ruota sola.

to lop (3) [lɔp], *v. i.* (*dell'acqua*) rompersi in piccole onde.

lop (3) [lɔp], *n.* (*naut.*) mare corto.

to lope [loup], *v. i.* correre con una lunga falcata; muoversi a lunghi balzi.

lope [loup], *n.* falcata; andatura a balzi.

lopping ['lɔpiŋ], *n.* **1** potatura; rimondatura **2** cimatura (*d'alberi*). ● (*anche fig.*) **l.-off**, sfrondatura, potatura □ **l. shears**, forbici per potare.

loppings ['lɔpiŋz], *n. pl.* potatura; rami potati.

loppy ['lɔpi], *a.* penzolante; cadente; pendente.

loquacious [lou'kweiʃəs], *a.* **1** loquace; ciarliero **2** (*d'uccello*) garrulo; chiacchierino.

loquaciousness [lou'kweiʃəsnis], **loquacity** [lou'kwæsiti], *n.* **1** loquacità **2** garrulità.

loquat ['loukwæt], *n.* **1** (*bot.*, *Eriobotrya japonica*) nespolo del Giappone **2** nespola del Giappone.

lor, lor' [lɔ:*], *n. inter.* (*pop.*) perdio!; perdinci!

loran ['lɔræn], *n.* (*aeron.*) (*acronimo* di **long-range navigation**) loran (*sistema di radionavigazione*).

lord [lɔ:d], *n.* **1** signore; padrone; capo; sovrano: **the l. of the manor**, il signore del castello; **the l. of creation**, il signore del creato; l'uomo; «**our sovereign l. the King**», «il re nostro sovrano» **2** lord (*titolo ingl.*); pari d'Inghilterra: **the Lords**, i Lord; la Camera dei Lord **3** — **L.**, Signore; Dio; Iddio: **Our L.**, Nostro Signore; Gesù Cristo; **the L. of hosts**, il Dio degli eserciti **4** (*arc. o scherz.*; *anche* **l. and master**) marito; padrone di casa **5** (*astrologia*) signore; pianeta dominante **6** (*fig.*) magnate: **the oil lords**, i magnati del petrolio. ● (*in G.B.*) **the L. Chancellor**, il Lord Cancelliere, il Presidente della Camera dei Lord □ (*in G.B.*) **L. Chief Justice**, il supremo magistrato □ **the L.'s day**, il giorno del Signore; la domenica □ **the L. Mayor of London**, il sindaco di Londra (*che ha il titolo di Lord*) □ (*relig.*) **the L.'s prayer**, il paternostro □ (*relig.*) **the L.'s supper**, l'eucaristia □ (*relig.*) **the L.'s table**, l'altare eucaristico □ (*bot.*) **lords-and-ladies** (*Arum maculatum*), gigaro □ (*polit.*) **the Lords Spiritual**, i vescovi (*o* arcivescovi) che siedono alla Camera dei Lord (*polit.*) **the Lords Temporal**, i Lord laici (*della Camera dei Lord*) □ **to act the l.**, darsi arie di gran signore □ **as drunk as a l.**, ubriaco fradicio □ (*polit.*) **the House of Lords**, la Camera dei Lord □ **in the year of Our L. 1980**, nell'anno del Signore (*o* nell'anno di grazia) 1980 □ **to live like a l.**, vivere da gran signore □ **my l.**, mio «lord»; mio signore; milord □ **to swear like a l.**, bestemmiare come un turco □ **to treat sb. like a l.**, trattare q. da gran signore □ **L.** (*o* **Good L.**)!, mio Dio!; buon Dio! □ **L. knows who** (**how**, ecc.), Dio sa chi (come, ecc.) □ **L. have mercy!**, Signore Iddio, pietà!

to lord [lɔ:d], **A** *v. i.* — **to l. it over**, farla da padrone; spadroneggiare; tiranneggiare. **B** *v. t.* **1** fare, nominare (q.) lord **2** (*fig.*) comandare (q.) a bacchetta.

lordless ['lɔ:dlis], *a.* senza padrone; senza signore.

lordliness ['lɔ:dlinis], *n.* **1** fasto; magnificenza; sfarzo **2** alterigia; arroganza; orgoglio; superbia.

lordling ['lɔ:dliŋ], *n.* **1** giovane lord **2** signorotto; tirannello.

lordly ['lɔ:dli], *a.* **1** fastoso; magnifico; sfarzoso **2** altero; altezzoso; arrogante; orgoglioso; superbo **3** di un lord; da lord.

lordosis [lɔ:'dousis], *n.* (*pl.* **lordoses**) (*med.*) lordosi.

lordship ['lɔ:dʃip], *n.* **1** signoria; dominio; potere; padronanza: **l. over a territory**, dominio su un territorio **2** dominio; proprietà; possedimento; feudo **3** condizione (*o* grado) di lord: **Your L.**, Vostra Signoria; Vostra Eccellenza (*parlando a un lord o a un alto magistrato*).

lore (1) [lɔ:*], *n.* **1** erudizione; dottrina; sapere; scienza **2** corpo di tradizioni (di miti, ecc.) di un popolo; folklore: **Irish l.**, folklore irlandese **3** notizie; nozioni: **fish l.**, notizie sulla vita dei pesci.

lore (2) [lɔ:*], *n.* (*zool.*) setto membranoso (*sotto l'occhio degli uccelli*, *dei rettili*).

lorgnette [lɔ:'njet], *n.* **1** occhialetto (*o* occhialino) col manico; lorgnette **2** binocolo da teatro (*col manico*).

lorica [lə'raikə], *n.* (*pl.* **loricae**) (*stor.*, *zool.*) lorica.

loricate ['lɔrikeit], *a.* (*zool.*) loricato.

lorikeet ['lɔri‚ki:t], *n.* (*zool.*, *Lorius domicella*) lorichetto.

loris ['lɔ:ris], *n.* (*zool.*) **1** (*Loris*) lori **2** (*Loris gracilis*) lori gracile.

lorn [lɔ:n], *a.* (*poet.*) **1** abbandonato, derelitto **2** deserto; solitario.

lorry ['lɔri], *n.* **1** carro (*senza sponde*): **coal l.**, carro per il trasporto del carbone **2** autocarro; camion (*cfr. USA* **truck**). ● **l. driver**, camionista □ **tipping l.**, autocarro con cassone

ribaltabile.

lory ['lɔ:ri], *n.* (*zool.*, *Trichoglossus*) lori.

losable ['lu:zəbl], *a.* che si può perdere.

to lose [lu:z] (*pass.* e *p. p.* **lost**), **A** *v. t.* **1** perdere; smarrire; sciupare; sprecare; rovinare; distruggere: **to l. one's keys**, perdere le chiavi; **He lost his right arm in the war**, perse il braccio destro in guerra; **to l. one's mother**, perdere la madre; **to l. one's life**, perdere la vita; **to l. one's time**, sprecare il tempo; **not to l. a word**, non perdere una parola **2** liberarsi di; sbarazzarsi di: **I've lost my cold**, mi sono liberato del raffreddore; m'è passato il raffreddore **3** far perdere; costare: **His negligence lost him his job**, la sua negligenza gli fece perdere l'impiego **4** (*sport*) staccare, distanziare (*gli avversari*, *in una corsa*) **5** (*d'orologi*) restare indietro di; ritardare: **The old clock loses three minutes a day**, il vecchio orologio resta indietro di tre minuti al giorno. **B** *v. i.* **1** (*anche sport*) perdere: **Wales lost to Scotland**, il Galles perse con la Scozia **2** perderci, rimetterci; scapitare: **The speech does not l. in the reading**, il discorso non scapita alla lettura. **to lose oneself C** *v. rifl.* perdersi, smarrirsi; confondersi; immergersi (*in un pensiero*, ecc.). ● (*fam.*) **to l. one's berth**, perdere l'impiego □ **to l. ground**, perdere (*o* cedere) terreno □ **to l. heavily**, (*fin.*) subire gravi perdite; (*mil.*) subire una grave sconfitta □ (*aeron.*) **to l. height**, perdere quota □ (*polit.*) **to l. a motion**, non riuscire a far approvare una mozione □ **to l. out**, (*anche sport*) perdere (*malamente*); rimetterci, (*anche comm.*) perderci, rimetterci: **Mind you don't l. out on the deal!**, bada di non rimetterci nell'affare! □ **to l. (one's) patience** (*o* **one's temper**), perdere la pazienza □ (*d'un dottore*) **to l. a patient**, perdere un cliente; non riuscire a salvare un malato □ **to l. one's place**, perdere il segno (*in un libro*, ecc.) □ **to l. one's reason** (*o* **senses**), perdere la ragione (*o* la bussola, la tramontana) □ **to l. one's reputation**, perdere la reputazione; screditarsi □ **to l. sight of sb.** (**st.**), perdere di vista (*o* d'occhio) q. (q.c.) □ **to l. track of**, perdere le tracce di □ **to l. one's way**, smarrirsi □ **a losing battle**, una battaglia persa in partenza □ **losing cards**, carte (da gioco) pessime; (*fig.*) sfortuna, svantaggio, scarse possibilità di riuscita □ **a losing game**, una partita senza possibilità di vittoria (*o* persa in partenza; *anche fig.*).

loser ['lu:zə*], *n.* perdente; perditore, perditrice (*raro*). ● **to be a l. by st.**, rimetterci (*o* scapitare) in q.c. □ **to be a born l.**, essere nato perdente □ **He's a good (a bad) l.**, sa perdere (non sa perdere) □ (*modo prov.*) **The l. must pay**, chi perde paga.

loss [lɔs], *n.* **1** perdita; sciupio; spreco; scapito; svantaggio: **l. of sight**, perdita della vista; **l. of time**, perdita di tempo; **the l. of a match**, la perdita d'una partita **2** (*fin.*) perdita; deficit; disavanzo **3** (*ass.*) perdita; danno: **to make good losses**, risarcire i danni **4** (*sport*) sconfitta **5** (*tecn.*) perdita; dispersione **6** (*pl.*, *mil.*) perdite. ● (*ass.*) **l. adjuster**, perito liquidatore □ (*elettr.*) **l. factor**, fattore di perdita □ **l. of appetite**, inappetenza □ **the l. of a battle**, l'aver perso una battaglia; la sconfitta □ **l. in temperature**, calo della temperatura □ (*comm.*) **l. in weight**, calo di peso □ (*comm.*) **l. leader**, articolo civetta □ (*comm.*) **at a l.**, in perdita □ **to be at a l.**, essere perplesso □ **to be at a l. for**, non riuscire a trovare: **I was at a l. for words**, non riuscivo a trovar le parole (*o* a esprimermi) □ **to be at a l. to know** (**to discover**) **st.**, non riuscire a sapere (a scoprire) q.c. □ (*comm.*) **to sell at a l.**, vendere in perdita.

lossless ['lɔslis], *a.* (*elettr.*) privo di perdite.

lossmaker ['lɔsmeikə*], *n.* (*econ.*) **1** attività (industria, ecc.) in perdita **2** azienda (impresa, ecc.) decotta.

lossmaking ['lɔsmeikiŋ], *a.* (*econ.*) in perdita; in passivo; decotto.

lossy ['lɔsi], *a.* (*elettr.*) con perdite; dissipativo: **l. line**, linea con perdite.

lost [lɔst], **A** *pass.* e *p. p.* di **to lose**. **B** *a.* **1** perduto; smarrito: **l. property**, oggetti smarriti **2** perso; smarrito: **The explorer was l.**, l'esploratore si era smarrito **3** perso; perduto; sprecato; mancato: **a l. cause**, una causa persa; **a l. opportunity**, un'occasione perduta **4** (*fig.*) perduto; confuso; disorientato: **The child is l. without his mother**, il bimbo si sente perduto senza la mamma. ● **to be lost**, perdersi; smarrirsi; andare smarrito; (*di persone*) morire, perire: **The letter seems to be lost**, sembra che la lettera sia andata smarrita □ **a lost art**, un'arte che s'è perduta (*o* è caduta in oblio) □ **to be lost in**, essere immerso in (*o* tutto preso da): **He was lost in thought**, era immerso in pensieri □ **a lost soul**, un'anima perduta (*o* dannata) □ **a l. woman**, una donna perduta □ **to get l.**, perdersi; smarrirsi; andare smarrito □ **to be lost on** (*o* **upon**) **sb.**, non sortire effetto su; essere sprecato con: **My warnings were completely lost on him**, i miei avvertimenti furono del tutto sprecati con lui □ **to be l. to**, essere perso per; essere insensibile a: **England was l. to the faith**, l'Inghilterra era persa per la fede (cattolica); **He is l. to remorse**, è insensibile al rimorso □ (*pop.*) **Get l.!**, fila!; scompari!; squagliati!, smamma! (*pop.*).

lot [lɔt], **A** *n.* **1** destino; fato; sorte; ventura: **Man's lot is to suffer and die**, la morte e la sofferenza sono il destino dell'uomo; **The lot fell on corporal Brown**, il caporale Brown fu designato dalla sorte **2** il tirare a sorte; sorteggio: **to choose a person by lot**, scegliere una persona tirando a sorte (*o* per sorteggio) **3** lotto, appezzamento (*di terreno*) **4** (*comm.*) lotto, assortimento, partita (*di merce*): **a lot of hats**, una partita di cappelli **5** parte, porzione (*avuta per sorteggio*): **to have no part nor lot in st.**, non ricevere parte alcuna di q.c.; non aver niente a che fare con q.c. **6** (*fam.*, *anche* **lots**) gran quantità; gran numero; mucchio, sacco (*fam.*); molto: **He has a lot of money**, ha un sacco di soldi; **Lots of people came**, venne una quantità di gente; **I want a lot more**, ne voglio molto (*o* molti) di più **7** (*fam.*) individuo; tipo; soggetto: **He's a bad lot**, è un brutto tipo; è un soggetto poco raccomandabile **8** (*fin.*) pacchetto (*di titoli*) **9** (*cinem.*) studio e annessi **10** (*autom.*; *anche* **parking lot**) (area di) parcheggio. **B** *avv.* — **a lot**, assai; molto: **She is a lot happier**, è molto più felice; **He works a lot at home**, lavora molto a casa. ● **(the** (*whole*) **lot**, tutto; tutto quanto, tutti quanti □ (*fam.*) **lots and lots**, una gran quantità; moltissimi; tanti e poi tanti □ (*di terreno*) **lot line**, confine di proprietà □ **to draw** (*o* **to cast**) **lots**, tirare a sorte □ **to throw** (*o* **to cast**) **in one's lot with sb.**, condividere la sorte di q.; (decidere di) correre la stessa ventura di q. □ **The lot falls to me** (*o* **it falls to my lot**), tocca a me (in sorte); è compito mio □ **That's the lot!**, questo è tutto; tutto qui; non c'è altro □ (*iron.*) **A** (*fat*) **lot she cares!**, non gliene importa niente; gliene frega assai! (*pop.*).
to lot [lɔt], **A** *v. t.* **1** dividere (*terreni*) in lotti; lottizzare **2** (*comm.*) dividere (*merce*) in partite **3** (*fin.*) dividere (*titoli*) in pacchetti **4** (*raro*) assegnare. **B** *v. i.* tirare a sorte. ● **to lot out**, (*edil.*) lottizzare; (*comm.*) dividere in partite.
loth [louθ], *V.* **loath**.
Lothario [lou'θa:riou], *n.* **1** Lotario **2** (*fig.*: *pl.* **Lotharios**) dongiovanni; libertino; seduttore (*da un personaggio di* «The Fair Penitent» *di N. Rowe*).
lotion [ˈlouʃən], *n.* (*med.*) lozione; unguento.
lottery [ˈlɔtəri], *n.* lotteria; (gioco del) lotto: (*fig.*) **Life is a l.**, la vita è un gioco del lotto. ● (*fin.*) **l. bond**, obbligazione a premio □ **l. ticket**, biglietto di lotteria □ **l. wheel**, ruota del lotto.
lotting [ˈlɔtiŋ], *n.* **1** (*edil.*) lottizzazione **2** (*comm.*, *anche* **l. out**) divisione (*di merce*) in partite.
lotto [ˈlɔtou], *n.* (*pl.* **lottos**) tombola (*il gioco*). ● **l. card**, cartella della tombola.
lotus [ˈloutəs], *n.* **1** (*bot.*, *Lotus*) loto **2** (*frutto del*) loto **3** (*archit.*) fregio a foglie di loto. ● **l.-eater**, (*mitol.*) lotofago; (*fig.*) chi sogna a occhi aperti; sognatore, sognatrice □ **l.-eating**, (*agg.*) lotofago; (*sost.*) lotofagia □ **l.-land**, nirvana; paradiso artificiale.
loud [laud], **A** *a.* **1** (*di suono, rumore, ecc.*) forte; alto: **in a l. voice**, a voce alta; **a l. noise**, un forte rumore; **a l. cry**, un forte grido; **The radio is too l.**, la radio è troppo alta **2** sonoro; rumoroso: **a l. laugh**, una risata sonora, rumorosa; **a l. bell**, una campana sonora **3** clamoroso; insistente: **l. denials**, insistenti dinieghi **4** (*di persona*) chiassoso; rumoroso **5** (*di colore, ecc.*) sgargiante; vistoso: **a l. pattern**, un disegno vistoso (*di vestito*) **6** grossolano; rozzo; volgare: **l. manners**, modi grossolani. **B** *avv.* a voce alta; forte: **Don't speak so l.**, non parlare così forte! ● **l.-hailer**, megafono □ **l.-speaker**, altoparlante.
to louden [ˈlaudn], **A** *v. t.* alzare (*la voce*). **B** *v. i.* **1** (*della voce*) alzarsi (*di suono*) diventare più alto; crescere di tono.
loudish [ˈlaudiʃ], *a.* piuttosto alto; alquanto forte.
loudmouth [ˈlaudmauθ], *n.* (*fam.*) **1** chiacchierone; blaterone **2** millantatore; spaccone; vantone (*fam.*).
loudmouthed [ˈlaudmauθt], *a.* (*fam.*) **1** che parla troppo; che blatera **2** che si vanta; da spaccone **3** che sbraita.
loudness [ˈlaudnis], *n.* **1** livello sonoro; sonorità; forza (*d'un suono*); altezza (*della voce*), rumorosità **2** (*acustica*) sensazione sonora **3** (*fig.*) chiassosità; vistosità.
lough [lɔk] (*irl.*), *n.* **1** lago **2** stretto braccio di mare.
louis [ˈlu:i], *n.* (*invar. al pl.*) (*stor.*, *anche* **l.-d'or**) luigi (*moneta francese*).
Louis [ˈlu:i], *n.* Luigi.
Louisa [lu(ː)ˈi:zə], **Louise** [lu(ː)ˈi:z], *n.* Luisa.
Louisiana [lu:ˌiziˈænə], *n.* (*geogr.*) Luisiana.
to lounge [laundʒ], *v. i.* **1** stare disteso (*o* sdraiato): **to l. on a deck-chair**, stare disteso su una sdraio **2** bighellonare; gironzolare **3** oziare; poltrire. ● **to l. away**, sciupare; sprecare; passare nell'ozio: **to l. away one's time**, sciupare (*o* sprecare) il tempo; **We lounged the summer away**, passammo l'estate nell'ozio.
lounge [laundʒ], *n.* **1** ozio; momento d'ozio; periodo di riposo: **to have a l.**, prendersi un po' di riposo **2** andatura lenta; passeggiata **3** atrio; vestibolo; sala di ritrovo **4** salotto (*di casa privata*) **5** (*anche* **chair**, **l. seat**) poltrona **6** (*anche* **l. sofa**) **7** (*specialm. USA*) **V. l. bar.** ● **l. bar**, sala interna, bar elegante (*in un albergo, pub o sim.*) □ (*ferr.*) **l. car**, carrozza salone □ (*pop.*) **l. lizard**, gigolo, ballerino stipendiato (*in un albergo, per le clienti*) □ **l. suit**, abito da passeggio (*da uomo*); abito completo (*spesso, con panciotto*) □ **cocktail l.**, bar elegante specializzato in cocktails.
lounger [ˈlaundʒə*], *n.* bighellone; fannullone; perdigiorno.
loungingly [ˈlaundʒiŋli], *avv.* bighellonando; oziosamente.
loupe [lu:p], *n.* (*gioielleria*) lente d'ingrandimento. ● (*di diamante*) **l. clean**, puro al cento per cento (*1º grado della scala di purezza*).
to lour [ˈlauə*], *v. i.* **1** accigliarsi; aggrottare le ciglia **2** (*del cielo*) oscurarsi, rabbuiarsi **3** (*del tempo, delle nubi, ecc.*) essere minaccioso, minacciare tempesta. ● **to l. at** (*o* **on**, **upon**) **sb.**, fare il cipiglio a q.; guardare in cagnesco (*o* di traverso) q.
lour [ˈlauə*], *n.* **1** aspetto accigliato; cipiglio **2** l'oscurarsi, il rabbuiarsi (*del cielo*); l'essere minaccioso (*del tempo, ecc.*).
louringly [ˈlauəriŋli], *avv.* con viso arcigno; minacciosamente.
loury [ˈlauəri], *a.* **1** accigliato; imbronciato **2** (*del tempo*) minaccioso.
louse [laus], *n.* **1** (*zool.*, *Pediculus*: *pl.* **lice**) pidocchio **2** (*pop.*: *pl.* **louses**) individuo spregevole; verme (*fig.*). ● **crab l.**, piattola.
to louse [laus], *v. t.* spidocchiare. ● (*fam.* USA) **to l. up**, pasticciare; abborracciare; incasinare (*pop.*).
lousiness [ˈlauzinis], *n.* **1** l'essere pidocchioso; sporcizia **2** (*fam.*) l'essere pessimo, disgustoso.
lousy [ˈlauzi], *a.* **1** pidocchioso; sporco **2** (*fam.*) disgustoso, ignobile; pessimo. ● (*pop.*) **l. with money**, pieno di quattrini.
lout [laut], *n.* villano; zoticone; tanghero.
loutish [ˈlautiʃ], *a.* grossolano; rozzo; sguaiato; villano; zotico.
loutishness [ˈlautiʃnis], *n.* grossolanità; rozzezza; sguaiataggine.
louvre, (*USA*) **louver** [ˈlu:və*], *n.* **1** (*archit. medievale*) torretta, lucernaio (*sul tetto d'un edificio*) **2** (*edil.*) persiana di ventilazione **3** (*anche* **l. board**) stecca di persiana **4** (*autom.*) feritoia di ventilazione (*sul cofano*).
lovability [ˌlʌvəˈbiliti], *n.* amabilità.
lovable [ˈlʌvəbl], *a.* amabile; che ispira amore; caro; simpatico.
lovableness [ˈlʌvəblnis], *n.* amabilità.
lovage [ˈlʌvidʒ], *n.* (*bot.*, *Levisticum officinale*) levistico; sedano di monte.
love [lʌv], *n.* **1** amore; affetto; affezione; persona amata: **l. of one's fellow creatures**, l'amore del prossimo; **l. of the sea**, amore per il mare; **for the l. of your mother**, per amor di tua madre **2** passione; interesse appassionato: **Poetry is my only l.**, la poesia è la mia unica passione **3** (*sport, specialm. tennis*) zero (punti): **l.-all**, zero pari; **l.-forty**, zero a quaranta; **a l. game**, una partita in cui il perdente ha fatto zero punti; cappotto (*fam.*). ● **L.**, Amore; Amorino; Cupido ○ **l. affair**, intrigo amoroso; relazione amorosa □ (*di figlio*) **l.-begotten**, illegittimo □ **l. child**, figlio dell'amore; figlio illegittimo □ **l.-crossed**, sfortunato in amore □ (*fig.*) **the l. doves**, le (due) colombelle □ (*relig.*) **l. feast**, agape □ **l.-in**, riunione di hippy (figli dei fiori, ecc.) □ **l. in a cottage**, due cuori e una capanna; matrimonio senza quattrini □ (*bot.*) **l.-in-idleness** (*Viola tricolor*), viola del pensiero □ (*bot.*) **l.-in-a-mist** (*Nigella damascena*), fanciullaccia □ **l. knot**, nodo (*o* nastro) d'amore □ **l. letter**, lettera d'amore □ **l.-lorn**, abbandonato; infelice in amore □ **l.-making**, corteggiamento; il fare l'amore (*o* all'amore) □ **l. match**, matrimonio d'amore □ **l. of (one's) country**, patriottismo; amor di patria □ **l. philtre** (*o* **l. potion**), filtro d'amore □ **l. song**, canzone d'amore □ **l. story**, storia d'amore □ **l.-struck**, innamorato cotto; che ha avuto il colpo di fulmine (*fig.*) □ **l. token**, pegno d'amore □ **to fall in l. with sb.**, innamorarsi di q. □ **for l.**, per amore; per diletto, non per lucro □ **to give** (*o* **to send**) **one's l. to sb.**, porgere (mandare) affettuosi saluti a q.: **Give my l. to your sister**, saluta (affettuosamente) tua sorella da parte mia □ **to be in l. with sb.**, essere innamorato di q. □ **labour of l.**, lavoro fatto con gioia; (*anche*) lavoro fatto per diletto □ **to make l. to sb.**, corteggiare q.; fare all'amore con q. □ (*vocat.*) **my l.!**, amor mio; tesoro; caro, cara □ **for l. nor money**, a nessun costo; in nessun modo □ **to play for l.**, giocare per passione, per amore del gioco (non per soldi) □ **This book is not to be had for l. or money**, questo libro non è in alcun modo d'averlo □ **There's no l. lost between them**, non si possono soffrire; si detestano; si odiano cordialmente □ **What loves of teacups!**, che amore di tazzine!
to love [lʌv], *v. t.* **1** amare; aver caro; voler bene a: **to l. one's children**, amare i figli; **I l. you**, ti voglio bene; **to l. virtue**, amare la virtù **2** piacere molto (*impers.*); desiderare; adorare; divertirsi a; provar diletto in: **I simply l. skiing**, adoro sciare; **He loves playing tennis**, gli piace molto giocare a tennis; (*fam.*) **I should l. to go to England next summer**, mi piacerebbe molto andare in Inghilterra l'estate prossima; **He simply loves to find mistakes**, si diverte molto a scoprire gli errori **3** fare all'amore con (q.). ● **Lord l. you!**, Dio ti benedica!; povero me!; che

loveable

cos'hai combinato! □ (prov.) **L. me, l. my dog**, chi ama me, ama il mio cane; devi accettare i miei amici anche se ti sono sgraditi.
loveable ['lʌvəbl], V. **lovable**.
lovebird ['lʌvbə:d], n. **1** (zool., Agapornis) inseparabile (pappagallino) **2** (zool., Loriculus) parrocchetto **3** (zool., Psittacula) psittacula **4** (fig.) innamorato, innamorata.
lovebug ['lʌvbʌg], n. (USA; zool., Plecia nearctica) moscerino rosso (che disturba gli automobilisti negli Stati del Sud).
Lovelace ['lʌvleis], n. dongiovanni; libertino; seduttore (da un personaggio di «Clarissa Harlowe», di S. Richardson).
loveless ['lʌvlis], a. **1** senz'amore; che non ama; che non è amato: **a l. marriage**, un'unione senz'amore.
lovelessness ['lʌvlisnis], n. l'esser senza amore; mancanza d'amore.
loveliness ['lʌvlinis], n. bellezza; grazia; incanto; leggiadria.
lovelock ['lʌvlɔk], n. tirabaci.
lovely ['lʌvli], A a. **1** bello; attraente; grazioso; incantevole; leggiadro; piacevole; soave; vezzoso: **a l. sight**, una vista incantevole; **a l. girl**, una bella ragazza; **l. eyes**, begli occhi **2** (fam.) delizioso; divertente: **a l. story**, una storiella divertente; **a l. party**, una festa divertente (o riuscita) **3** (USA) attraente; simpatico. B n. (fam.) bella (donna); bellezza. ● **to have a l. time**, divertirsi un mondo; spassarsela.
lover ['lʌvə*], n. **1** innamorato, innamorata; amoroso, amorosa **2** amante (specialm. uomo): **a l. and his mistress**, un amante e la sua donna; un uomo e la sua amante **3** amatore, amatrice; amante, appassionato (di q.c.): **He is a l. of painting**, è un appassionato di pittura **4** (pl.) innamorati **5** (pl.) amanti. ● **l.'s knot**, nodo (o nastro) d'amore.
loverless ['lʌvəlis], a. senza innamorato, senza innamorata; solo; senza amante.
loverlike ['lʌvəlaik], a. di (o da) amante.
lovesick ['lʌvsik], a. **1** malato d'amore; innamorato **2** (di poesia, ecc.) che canta le pene d'amore.
loveworthy ['lʌvwə:ði], a. degno di essere amato; degno d'affetto.
lovey ['lʌvi], n. (fam.) amore; tesoro.
loving ['lʌviŋ], a. amoroso, amorevole; affettuoso; affezionato; devoto; tenero: **l. glances**, occhiate amorose; **a l. act**, un atto affettuoso; **a l. friend**, un amico devoto. ● **l. cup**, coppa dell'amicizia (passata in giro, un tempo, nei banchetti); coppa (per gare sportive) □ (lett.) **l. kindness**, bontà; affettuosità; tenerezza □ **peace-l.**, amante della pace.
lovingness ['lʌviŋnis], n. affettuosità; devozione; tenerezza.
low (1) [lou], a. **1** basso; di bassa condizione; meschino; umile; abietto; vile; volgare; triviale: **a low fence**, uno steccato basso; **a low figure**, una cifra bassa; una piccola cifra; **a low forehead**, una fronte bassa; **l. pay**, retribuzione bassa; **The sun was low**, il sole era basso all'orizzonte; **low conduct**, comportamento abietto; **low conversation**, conversazione triviale; **low tastes**, gusti volgari; **a low fellow**, un uomo volgare; **a person of low birth**, una persona di umili natali; **low people**, gente bassa, volgare; **low humour**, umorismo volgare; **to speak in a low voice**, parlare a voce bassa; **low prices**, prezzi bassi; **low speed**, bassa velocità; (autom.) prima (velocità); (autom., mecc.) **a low gear**, una marcia bassa **2** profondo: **a low bow**, un profondo inchino; **a low neckline**, una scollatura profonda **3** debole; depresso; lieve; leggero; scarso: **She's low with flu**, è debole per l'influenza; **I am feeling low**, mi sento depresso; **a low fever**, una lieve febbre; una febbriciattola; **a low diet**, una dieta leggera; **a person of low intelligence**, una persona di scarsa intelligenza **4** cattivo; brutto; poco buono: **He is in a low state of mind**, è in un brutto stato d'animo; **I have a low opinion of his abilities**, ho un'opinione poco buona delle sue capacità **5** (med.) debole; fiacco: **low pulse**, polso debole **6** (mus.) basso; grave **7** (comm.) assai scarso; quasi esaurito: **Our stocks are low**, le nostre scorte sono quasi esaurite **8** (sport: di colpo) basso; sotto la cintura **9** abbastanza recente: **a manuscript of a low date**, un manoscritto di data abbastanza recente. ● (aeron., mil.) **low-altitude bombing**, bombardamento a bassa quota □ (autom.) **low beam**, luce anabbagliante □ (autom.) **low-beam headlights**, (fari) anabbaglianti; luci d'incrocio; mezze luci (relig.) **low celebration**, messa bassa □ **Low Church**, Chiesa Bassa (d'Inghilterra) □ **Low Churchman**, membro (o seguace) della Chiesa Bassa (comm.) **low-class goods**, merce di qualità inferiore □ **low comedy**, commedia popolare; farsa □ (fin.) **low-cost money**, denaro a buon mercato □ (geogr.) **the Low Countries**, i Paesi Bassi (fam.) **low-down**, abietto; disonesto; meschino; vile □ (pop.) **the low-down**, quel che c'è sotto; i fatti nascosti; le manovre dietro le quinte; le informazioni segrete □ (fin.) **low-duty articles**, articoli tassati moderatamente (in dogana, ecc.) □ **low dress**, un vestito molto scollato □ **low-fat milk**, latte a basso contenuto lipidico (o di grassi) □ (elettr., elettron., ecc.) **l.-frequency**, a bassa frequenza □ (elettr.) **low-frequency antenna**, antenna per bassa frequenza □ **low-grade**, a basso tenore; di

qualità inferiore: **low-grade coal**, carbone di qualità inferiore □ **low life**, vita dei bassifondi □ **Low German**, basso tedesco □ **low heels**, tacchi bassi □ **low-key**, (fotogr.) senza contrasto, scuro; (fig.) V. **low-keyed** □ **low-keyed**, attenuato, pacato, sommesso □ **Low Latin**, basso latino □ **low-level**, a basso livello; di grado (o tipo) inferiore; (aeron.) a bassa quota □ **Low Mass**, messa bassa □ **low pitch**, tono (di voce, ecc.) basso, profondo □ **low-minded**, d'animo basso; meschino; volgare □ (moda) **low neck**, vestito scollato (di vestito) **low-necked**, scollato □ **low-pitched**, (di voce, ecc.) dal tono basso, profondo; (di tetto) poco aguzzo, a padiglione □ **low poker**, poker alla rovescia (vince la mano chi ha il punto più basso; giocato in California) □ (tecn., scient.) **low-pressure**, a bassa pressione □ (fig.) **low profile**, (sost.) atteggiamento di moderazione, posizione cauta, il defilarsi □ (agg.) che si defila, cauto, moderato, prudente □ **low relief**, bassorilievo □ (turismo) (**the**) **low season**, (la) bassa stagione □ **low-spirited**, abbattuto; depresso □ (relig.) **Low Sunday**, domenica in Albis □ (tecn., scient.) **low-temperature**, a bassa temperatura □ **low-tension** (o **voltage**), a bassa tensione □ **low tide** (o **low water**), bassa marea; (fig.) stato di depressione (morale, economica, ecc.) □ (econ.) **low wages**, salari bassi □ **low-water mark**, segno (o limite) della bassa marea; (fig.) punto più basso, fondo (fig.) □ **lower atmosphere**, atmosfera inferiore □ **lower boy**, alunno del corso inferiore (in una «public school») □ (tipogr.) **lower case**, bassa cassa; carattere minuscolo □ (polit.) **lower class(es)**, classi meno abbienti; ceto operaio; classe proletaria □ (naut.) **lower deck**, sottocoperta; (fig.) equipaggio □ **Lower Egypt**, Basso Egitto □ (stor.) **the Lower Empire**, il Basso Impero □ (polit.) **the Lower House**, la Camera Bassa □ (anat.) **the lower jaw**, la mandibola □ (metall.) **lower punch**, semistampo inferiore □ **the lower regions**, gli inferi; l'Ade □ **lower tribes**, tribù barbare, non civilizzate □ **the lower world**, questo mondo, la terra; l'Ade, gli inferi □ **to get low**, calare, abbassarsi; (di un livello) scendere; (di prezzi, scorte) diminuire; (mus.) scendere a un tono basso □ **to be in low spirits**, essere abbattuto (o depresso); esser giù di morale □ (fig.) **to be in low water**, essere a corto di quattrini □ **The river is low**, l'acqua del fiume è bassa; il fiume è in secca.
low (2) [lou], avv. **1** basso; in basso (anche fig.): **to hit low**, colpire basso; **to fly low**, volare basso; **He was brought low by his love for gambling**, fu trascinato in basso dalla sua passione per il gioco d'azzardo **2** profondamente: **to bow low to sb.**, inchinarsi profondamente davanti a q. **3** a bassa voce; sottovoce; piano: **to speak low**, parlare a bassa voce **4** a buon mercato; a basso prezzo: **to buy st. low**, comprare q.c. a buon mercato. ● **low-born**, di umili natali □ **low-bred**, maleducato; rozzo; volgare □ (anche geogr.) **low-lying**, basso □ (edil.) **low-rise**, basso (e senz'ascensore) □ **to bow low**, fare un profondo inchino □ **to bring sb. low**, tenere q. soggetto; umiliare q. □ **to lay sb. low**, abbattere q.; sopraffare q.; uccidere q. □ **to lie low**, giacere, star disteso; essere prostrato, umiliato; (fam.) stare quieto, tranquillo; stare nascosto □ **to live low**, fare una vita misera; avere poco da mangiare □ **to play low**, giocare di poco (o per una piccola posta) □ **to play it low (down) upon sb.**, giocare un brutto tiro a q. □ **to run low**, scarseggiare: **Funds are running low**, i fondi scarseggiano □ (fig.) **The sands are running low**, il tempo è quasi trascorso; la vita volge al termine.
low (3) [lou], n. **1** (meteorologia) zona di bassa pressione; ciclone **2** (mecc., autom.) prima marcia; prima velocità **3** (fam.) punto basso; livello basso: **Business was at an all-time low**, l'attività economica era al livello più basso che mai **4** (comm.) prezzo minimo (o ultimo) **5** (Borsa) quotazione minima **6** (a carte) carta più bassa; punto più basso.
low (4) [lou], n. muggito; mugghio.
to low [lou], A v. i. muggire; mugghiare. B v. t. (anche **to low forth**) manifestare con un muggito.
lowball ['loubɔ:l], (USA) V. **low poker**, sotto **low** (1).
lowboy ['louboi], n. cassettoncino.
lowbrow ['lou-brau], A n. (fam.) persona di media (o scarsa) cultura; chi non è (o non si atteggia a) intellettuale; persona di gusti facili. B a. facile; popolare; poco esigente: **l. tastes**, gusti facili; **l. amusements**, divertimenti popolari.
lowbrowed ['lou-braud], a. **1** dalla fronte bassa **2** (di roccia) sporgente **3** (di edificio, stanza) dall'entrata bassa; cupo, tetro.
lower (1) ['louə*], (compar. di **low**) A a. inferiore; più basso. B avv. più basso; più in basso. (V. **low** (1) e **low** (2)). ● (anat.) **the l. leg**, la parte bassa della gamba.
to lower (1) ['louə*], A v. t. **1** abbassare; ammainare; calare; diminuire; ridurre: **to l. a wall**, abbassare un muro; **to l. the flag**, ammainare la bandiera; **to l. one's voice**, abbassare la voce; **to l. a load**, calare un carico; **to l. expenses**, diminuire le spese; (naut.) **to l. a lifeboat**, calare una lancia di salvataggio; **to l. prices (customs duties, etc.)**, ridurre i prezzi (i dazi doganali, ecc.) **2** debilitare; indebolire: **to l. sb.'s resistance**, indebolire

la resistenza di q. **3** avvilire; deprimere; umiliare: **to l. sb.'s pride**, umiliare l'orgoglio di q. **4** (*naut.*) ammainare. **B** *v. i.* **1** abbassarsi; calare; diminuire; ridursi: **Our debentures are lowering in value**, le nostre obbligazioni diminuiscono di valore; **His voice lowered to an imperceptible murmur**, la voce gli s'abbassò in un mormorio impercettibile **2** (*anche* **to l. oneself**) abbassarsi; umiliarsi **3** (*naut.*) ammainare una vela **4** (*naut.*) calare un'imbarcazione. ● (*fam.*) **to l. a sandwich**, buttar giù (*o* mangiare) un panino imbottito.
to lower (2) ['lauə*], *V.* **to lour**.
lower (2) ['lauə*], *V.* **lour**.
lowering ['louəriŋ], **A** *a.* **1** che abbassa **2** che cala; che diminuisce **3** (*med.*) debilitante: **a l. diet**, una dieta debilitante **4** avvilente; deprimente. **B** *n.* abbassamento; calo; diminuzione, riduzione: **l. of prices**, riduzione dei prezzi.
loweringly ['lauəriŋli], *V.* **louringly**.
lowermost ['louəmoust], *V.* **lowest**.
lowest ['louist], *a.* (*superl. di* **low**) infimo; (il) più basso (*V.* **low (1)**). ● (*mat.*) **l. common multiple**, minimo comune multiplo **2 l. terms**, minimi termini □ **at (the) l.**, a dir poco; a far poco; almeno.
lowland ['loulənd], **A** *n.* bassopiano; pianura. **B** *a. attr.* della pianura. ● (*geogr.*) **the Lowlands**, le pianure della Scozia.
lowlander ['louləndə*], *n.* **1** abitante della pianura; pianigiano **2** – (*in G.B.*) **L.**, abitante delle pianure della Scozia.
lowliness ['loulinis], *n.* modestia; umiltà.
lowly ['louli], **A** *a.* **1** modesto; umile; senza pretese **2** di bassi natali; di umili origini **3** (*fig.*) banale; dozzinale; insignificante. **B** *avv.* **1** modestamente; umilmente **2** miseramente; poco; male: **l. paid teachers**, insegnanti mal retribuiti.
lowness ['lounis], *n.* **1** bassezza; pochezza; bassezza d'animo; miseria; volgarità **2** profondità **3** debolezza (*d'un suono*) **4** avvilimento; depressione (*d'animo*) **5** modicità (*di un prezzo*).
loxodromic(al) [,loksou'drɔmik(əl)], *a.* (*mat., naut.*) lossodromico.
loyal ['lɔiəl], **A** *a.* fedele; fido; ligio; leale; devoto: **a l. wife**, una moglie fedele; **l. subjects to the King**, sudditi ligi al Sovrano; **a l. supporter**, un leale sostenitore. **B** *n.* fido seguace. ● **l. toast**, brindisi al sovrano.
loyalism ['lɔiəlizəm], *n.* (*polit.*) lealismo.
loyalist ['lɔiəlist], *n. e a. attr.* (*polit.*) lealista.
loyalty ['lɔiəlti], *n.* fedeltà; lealtà; devozione.
lozenge ['lɔzindʒ], *n.* **1** (*geom., archit., araldica*) losanga; rombo **2** pasticca; pastiglia, caramella: **cough lozenges**, pasticche per la tosse **3** (*archit.*) vetro a losanga, a rombo (*nelle vetrate all'antica*).
lozenged ['lɔzindʒd], *a.* **1** (*di disegno, ecc.*) a losanga; a rombi (*di colori diversi*) **2** (*di vetrata*) con vetri a losanga.
LP ['el-pi:], *n.* (*acronimo di* **long player**) ellepì; long play.
L-plate ['elpleit], *n.* (*autom., in G.B.*) targa da principiante.
LSD [,el es 'di:], *n.* (*acronimo di* **lysergic acid diethylamide**) LSD (*droga*).
'lt [lt], *contraz. di* **wilt** (*in* **thou'lt** *per* **thou wilt**).
lubber ['lʌbə*], *n.* **1** marinaio; zoticone; bestione; zuccone (*fig.*) **2** marinaio inesperto; marinaio d'acqua dolce **3** individuo goffo e pesante. ● (*naut.*) **l.'s line** (*o* **point**), linea di fede.
lubberlike ['lʌbəlaik], *a.* goffo; maldestro; villano; zotico; balordo.
lubberliness ['lʌbəlinis], *n.* goffaggine; balordaggine.
lubberly ['lʌbəli], **A** *a.* goffo; maldestro; villano; zotico; balordo. **B** *avv.* goffamente; balordamente; pesantemente (*fig.*).
lube [lu:b], *n.* (*abbr. di* **lubricating oil**) (*mecc., anche* **l. oil**) olio lubrificante.
lubricant ['lu:brikənt], *a. e n.* (*mecc.*) lubrificante.
to lubricate ['lu:brikeit], *v. t. e i.* **1** (*mecc.*) lubrificare; ingrassare (*fam.*) **2** (*fig.*) agevolare, facilitare, rendere scorrevole (*la conversazione, ecc.*) **3** (*fig., fam.*) ungere le ruote a (q.); comprare (q.). ● **lubricating grease**, (grasso) lubrificante □ **lubricating oil**, olio lubrificante.
lubrication [,lu:bri'keiʃən], *n.* (*mecc.*) **1** lubrificazione **2** ingrassaggio (*fam.*). ● (*autom., mecc.*) **the l. system**, la lubrificazione.
lubricative ['lu:brikətiv], *a.* lubrificativo; lubrificante.
lubricator ['lu:brikeitə*], *n.* **1** lubrificatore; chi lubrifica; ingrassatore (*fam.*) **2** (*mecc.*) oliatore; ingrassatore.
lubricious [lu:'briʃəs], *V.* **lubricous**.
lubricity [lu:'brisiti], *n.* **1** lubricità; viscosità **2** scurrilità; oscenità **3** lascivia; libidine; lussuria **4** (*mecc.*) proprietà lubrificante.
lubricous ['lu:brikəs], *a.* **1** lubrico; sdrucciolevole **2** scurrile; osceno **3** lascivo; libidinoso; lussurioso.
Lucan (1) ['lu:kən], *n.* (*stor. letter.*) Lucano.
Lucan (2) ['lu:kən], *a.* (*relig.*) di San Luca.
Lucas ['lu:kəs], *n.* Luca.

luce [lju:s], *n.* (*zool., Esox lucius*) luccio adulto.
lucency ['lu:sənsi], *n.* **1** lucentezza **2** trasparenza.
lucent ['lu:sənt], *a.* **1** lucente; rilucente **2** traslucido; trasparente.
lucern(e) [lu:'sə:n], *n.* (*bot., Medicago sativa*) erba medica.
Lucerne [lu:'sə:n], *n.* (*geogr.*) Lucerna.
Lucian ['lu:sjən], *n.* (*stor. letter.*) Luciano.
Lucianic [,lu:si'ænik], *a.* lucianesco.
lucid ['lu:sid], *a.* lucido (*specialm. fig.*); lustro; limpido; terso; chiaro: **a l. mind**, una mente lucida; **a l. style**, uno stile terso. ● **a l. gleam**, un luccichio □ **in a l. interval**, in un intervallo di lucidità (mentale).
lucidity [lu:'siditi], *n.* **1** lucidità; chiarezza **2** lucidità mentale.
Lucifer ['lu:sifə*], *n.* (*astron., relig.*) Lucifero.
lucifugal [lu:'sifjugəl], **lucifugous** [lu:'sifjugəs], *a.* lucifugo.
Lucius ['lu:sjəs], *n.* Lucio.
luck [lʌk], *n.* **1** fortuna; sorte; ventura; caso: **by good l.**, per buona sorte; per fortuna; **bad l.**, mala sorte; sfortuna; **Good l.!**, buona fortuna! **2** fortuna: buona sorte. ● **l. money** (**l.-penny**), moneta («penny») portafortuna □ **to bring good l.**, portar fortuna □ (*fam.*) **to be down on one's l.**, avere un periodo di sfortuna; essere scalognato (*fam.*) □ **for l.**, come portafortuna; per scaramanzia □ (**good**) **l. charm**, portafortuna □ **to have good** (**bad**) **l. in one's affairs**, avere (non avere) fortuna negli affari □ **to be in l.**, essere fortunato □ (*fam.*) **no such l.**, no, purtroppo □ **to be out of l.**, essere sfortunato □ **plain bad l.**, nient'altro che sfortuna □ (*fam.*) **to push one's l.**, forzare la sorte □ **to try one's l.**, tentare la sorte □ **worse l.**, (*locuz. avv.*) disgraziatamente; peggio ancora; purtroppo □ **as l. would have it**, come volle la sorte □ **Bad l. to you!**, accidenti a te! □ **She gave me this ring for l.**, mi diede questo anello (come) portafortuna □ **What l. I've met you!**, fortuna che ti ho incontrato!
luckiness ['lʌkinis], *n.* fortuna; buona fortuna; buona sorte.
luckless ['lʌklis], *a.* sfortunato; disgraziato; infausto; infelice; sventurato: **a l. period**, un periodo sfortunato; **a l. journey**, un viaggio sfortunato, infelice; **a l. boy**, un ragazzo sventurato.
lucklessness ['lʌklisnis], *n.* sfortuna; mala sorte; sventura.
to luck out [lʌk'aut], *v. i.* (*fam. USA*) farcela, riuscire (con un po' di fortuna).
lucky (1) ['lʌki], *a.* **1** fortunato; fausto; felice; propizio: **a l. fellow**, un uomo fortunato; **a l. day**, un fausto giorno; **a l. venture**, un'impresa fortunata; **a l. change**, un felice mutamento **2** che porta fortuna; portafortuna: **a l. coin**, una moneta che porta fortuna. ● **l. bag** (*o* **l. dip**, **l. tub**), pesca (*gioco che si fa alle fiere, nei luna park, ecc.*, gettando cerchietti o altro per «pescare» oggetti esposti in premio) □ **to be born l.**, essere nato con la camicia □ **a l. charm**, un ciondolo portafortuna □ **a l. guess**, un tentativo d'indovinare azzeccato: **That was a l. guess!**, l'ho (*o* l'hai, ecc.) azzeccata! □ **to have a l. escape**, cavarsela a buon mercato □ **L. you!**, fortunato te!; beato te! □ (*fam.*) **l. beggar** (*o* **l. bargee**)**!**, fortunato te!; beato te! □ **How l.!**, che fortuna! □ (*fam.*) **You l. dog!**, hai avuto una bella fortuna!; beato te! (*frase di congratulazione*).
lucky (2) ['lʌki], *a.* – (*nella locuz. pop.*) **to cut one's l.**, tagliar la corda; darsela a gambe; svignarsela.
lucrative ['lu:krətiv], *a.* lucroso; lucrativo; proficuo; rimunerativo; redditizio: **a l. investment**, un investimento rimunerativo; **a l. job**, un'occupazione redditizia; un lavoro proficuo.
lucrativeness ['lu:krətivnis], *n.* l'esser lucroso; proficuità.
lucre ['lu:kə*], *n.* lucro; guadagno. ● (*spreg., scherz.*) **filthy l.**, il vile denaro.
Lucrece [lu:'kri:s], **Lucretia** [lu:'kri:ʃə], *n.* Lucrezia.
Lucretius [lu:'kri:ʃəs], *n.* (*letter.*) Lucrezio.
to lucubrate ['lu:kju(:)breit], *v. i.* **1** fare (*o* scrivere) elucubrazioni **2** studiare di notte.
lucubration [,lu:kju(:)'breiʃən], *n.* elucubrazione.
lucubrator ['lu:(:)kjubreitə*], *n.* elucubratore.
luculent ['lu:kjulənt], *a.* **1** (*raro*) luculento (*arc.*); luminoso **2** (*fig.*) lucido; chiaro: **a l. explanation**, una chiara spiegazione.
Lucullan [lu:'kʌlən], **Lucullean** [lu:'kʌliən], **Lucullian** [lu:'kʌliən], *a.* luculliano.
Lucullus [lu:'kʌləs], *n.* (*stor. romana*) Lucullo.
Lucy ['lu:si], *n.* Lucia.
Luddism ['lʌdizəm], *V.* **Ludditism**.
Luddite ['lʌdait], *n.* luddista; seguace del luddismo (*V.* **Ludditism**).
Ludditism ['lʌdaitizəm], *n.* (*stor.*) luddismo.
ludic ['lu:dik], *a.* (*raro*) ludico: **l. activities**, attività ludiche.
ludicrous ['lu:dikrəs], *a.* risibile; ridicolo; comico; assurdo.
ludicrousness ['lu:dikrəsnis], *n.* ridicolezza; comicità; assurdità.
ludo ['lu:dou], *n.* gioco (*infantile*) con tabellone e gettoni.
lues ['lu:i:z] (*lat.*), *n.* (*invar. al pl.*) (*med.*) **1** lue **2** peste; pestilenza.
luetic [lu'etik], *a. e n.* (*med.*) luetico.

luff [lʌf], *n.* (*naut.*) **1** orzata **2** caduta prodiera (*d'una vela*).
to luff [lʌf], **A** *v. i.* (*naut.*) orzare; andare all'orza. **B** *v. t.* mettere (*una nave, il timone*) all'orza. ● **L. the helm!**, barra sottovento!
to lug [lʌg], *v. t.* **1** tirare; trascinare (a forza) strascinare: **to lug a heavy trunk**, trascinare un pesante baule; **to lug sb. along**, trascinare a forza q. **2** introdurre (*un argomento non pertinente*); tirare in ballo. ● **to lug at st.**, tirare forte (*o dare strattoni a*) q.c.
lug (1) [lʌg], *n.* strattone; strappata; tirata.
lug (2) [lʌg], *n.* **1** ansa; orecchietta; prominenza **2** manico (*di brocca*) **3** (*mecc.*) aggetto; aletta **4** (*mecc.*) pipa (*di telaio di bicicletta, ecc.*) **5** (*elettr.*) capocorda **6** paraorecchie (*di berretto*) **7** (*pop.*) orecchio **8** (*pop.*) stolto; zuccone. ● (*mecc.*) **lug bolt**, chiavarda a becco; bullone a staffa □ (*edil.*) **lug brick**, pignatta; nasello.
lug (3) [lʌg], *V.* **lugsail**.
lug (4) [lʌg], *V.* **lugworm**.
luggage [ˈlʌgidʒ], *n.* (*solo al sing.*) bagaglio. ● (*aeron.*) **l. allowance**, bagaglio in franchigia □ **l. carrier**, portabagagli □ **l. label**, etichetta da valigia □ **l. rack**, portabagagli □ (*ferr.*) **l. reticella per i bagagli** □ **l. ticket**, scontrino di bagaglio □ (*ferr.*) **l. van**, bagagliaio □ **left-l. service**, (servizio di) deposito bagagli (*in albergo, ecc.*).
lugger [ˈlʌgə*], *n.* (*naut.*) trabaccolo.
lughole [ˈlʌghoul], *n.* (*pop.*) orecchio.
lugsail [ˈlʌgseil, ˈlʌgsl], *n.* (*naut.*) vela al quarto (*o* al terzo).
lugubrious [luːˈgjuːbriəs], *a.* lugubre; cupo; tetro; triste.
lugubriousness [luːˈgjuːbriəsnis], *n.* l'esser lugubre; tristezza.
lugworm [ˈlʌgwəːm], *n.* (*zool., Arenicola*) arenicola.
Luke [luːk], *n.* **1** Luca **2** (*relig.*) il Vangelo di San Luca.
lukewarm [ˈluːk-wɔːm], **A** *a.* tiepido; (*fig.*) freddino, indifferente. **B** *n.* persona fredda (*o* indifferente).
lukewarmness [ˈluːk-wɔːmnis], *n.* tiepidezza; tiepidità (*raro*); (*fig.*) scarso entusiasmo, indifferenza.
to lull [lʌl], **A** *v. t.* **1** cullare; ninnare; cantare la ninnananna a (*un bambino*) **2** acquietare; calmare; lenire; mitigare; placare; sopire: **to l. sb.'s misgivings**, placare i timori di q.; **to l. a pain**, lenire un dolore. **B** *v. i.* acquietarsi; calmarsi; placarsi. ● **to l. sb. to sleep**, far addormentare q. ninnandolo □ **to be lulled**, (*anche*) calmarsi; placarsi: **The storm was lulled**, la tempesta si placò.
lull [lʌl], *n.* **1** momento di calma; bonaccia **2** (*fig.*) sosta; tregua **3** (*fig.*) rallentamento, ristagno, stasi (*dell'attività, degli affari, ecc.*).
lullaby [ˈlʌləbai], *n.* ninnananna.
to lullaby [ˈlʌləbai], *v. t.* cullare; ninnare; cantare la ninnananna a (*un bambino*).
lumbago [lʌmˈbeigou], *n.* (*pl.* **lumbagos**) (*med.*) lombaggine.
lumbar [ˈlʌmbə*], *a.* (*anat.*) lombare.
lumber [ˈlʌmbə*], *n.* **1** (*specialm. USA e canadese*) legname; legname da costruzione **2** (*ingl.*) mobili vecchi (*non più usati*); cianfrusaglie; roba vecchia; ciarpame. ● (*naut.*) **l. carrier**, nave addetta al trasporto del legname □ **l. mill**, segheria □ **l. room**, ripostiglio; stanza di sgombro □ **l. scaler**, misuratore di legname □ **l.-yard**, deposito di legname (*all'aperto*).
to lumber (1) [ˈlʌmbə*], **A** *v. t.* **1** ingombrare; riempire alla rinfusa **2** ammonticchiare; accatastare **3** (*specialm. USA e canadese*) abbattere (*alberi*); tagliare (*legname*). **B** *v. i.* (*specialm. USA e canadese*) abbattere alberi; tagliare legname.
to lumber (2) [ˈlʌmbə*], *v. i.* muoversi pesantemente, rumorosamente. ● **to l. along** (*o past, by*), passare con grande fracasso (*o frastuono*): **The big lorries lumbered along**, i grossi camion passarono con gran fracasso.
lumberer [ˈlʌmbərə*], *n.* tagliaboschi; tagliategna; boscaiolo.
lumbering (1) [ˈlʌmbəriŋ], *a.* **1** pesante; ingombrante; voluminoso **2** rumoroso; fragoroso **3** goffo; sgraziato. ● **A l. tank rolled on**, venne avanti un carro armato fragoroso.
lumbering (2) [ˈlʌmbəriŋ], *n.* **1** abbattimento di alberi; taglio del legname **2** commercio del legname.
lumberjack [ˈlʌmbədʒæk], *n.* (*pl.* **lumbermen**) V. **lumberman**, *def. 1*.
lumberman [ˈlʌmbəmən], *n.* (*pl.* **lumbermen**) **1** tagliaboschi; tagliategna; boscaiolo; legnaiolo **2** (*USA*) commerciante di legname.
lumbersome [ˈlʌmbəsəm], *V.* **lumbering** (1).
lumbrical [ˈlʌmbrikəl], *a. e n.* (*anat.*) (muscolo) lombricale.
lumen [ˈluːmən] (*lat.*), *n.* (*pl.* **lumina, lumens**) **1** (*ottica*) lumen (*unità di misura*) **2** (*tecn., scient.*) luce (*di un tubo, ecc.*).
luminance [ˈluːminəns], *n.* (*ottica*) luminanza; brillanza.
luminary [ˈluːminəri], *n.* **1** (*lett.*) astro; corpo luminoso **2** (*fig.*) luminare: **a l. in the field of science**, un luminare nel campo della scienza.
to luminesce [ˌluːmiˈnes], *v. i.* essere luminescente.
luminescence [ˌluːmiˈnesəns], *n.* (*fis.*) luminescenza.
luminescent [ˌluːmiˈnesənt], *a.* (*fis.*) luminescente.

luminiferous [ˌluːmiˈnifərəs], *a.* che dà luce; luminoso.
luminosity [ˌluːmiˈnɔsiti], *n.* (*anche ottica, astron.*) luminosità.
luminous [ˈluːminəs], *a.* luminoso; (*fig.*) chiaro, brillante, lampante: **l. bodies**, corpi luminosi; **a l. mind**, una mente chiara; **a l. orator**, un brillante oratore. ● **l. paint**, pittura luminescente.
luminousness [ˈluːminəsnis], *V.* **luminosity**.
lumme [ˈlʌmi], *inter.* (*fam.*) perdiana!; perdincil; perdio!
lummox [ˈlʌməks], *n.* (*pop. o dial.*) individuo rozzo; tipo sgraziato; zoticone; stupido.
lummy [ˈlʌmi], *V.* **lumme**.
lump (1) [lʌmp], *n.* **1** piccola massa; mucchietto; blocco; grumo; pezzo: **a l. of coal**, un pezzo di carbone **2** zolla; zolletta: **a l. of sugar**, una zolletta di zucchero **3** gonfiore; protuberanza; bernoccolo: **a l. on one's head**, un bernoccolo sulla testa **4** boccone (*di cibo*) **5** (*fam.*) babbeo; tonto; salame (*fig.*) **6** (*metall.*) massello **7** (*ind.*) — **the l.**, (lavoratori) edili stagionali. ● **l. coal**, carbone in pezzatura grossa **2** (*comm., naut.*) **l. freight**, nolo a corpo (*o* a massa) □ **a l. in the throat**, un groppo (*o* un nodo) alla gola; il magone (*fig.*) □ **l. sugar**, zucchero in zollette □ **a l. sum**, una somma pagata tutta in una volta; una somma forfettaria; un forfait □ **a l.-sum bonus**, un premio forfettario □ **a l.-sum payment**, un pagamento in soluzione unica □ **in the l.**, in blocco; in massa; nell'insieme; (*comm.*) all'ingrosso □ **on a l.-sum basis**, su una base forfettaria; a forfait □ **He is a l. of selfishness**, è di un egoismo integrale, feroce.
to lump (1) [lʌmp], **A** *v. t.* **1** ammassare; ammucchiare; mettere insieme, in un mucchio; accozzare **2** prendere all'ingrosso; trattare senza distinzione; fare tutto un mucchio di (*cose diverse*); fare un solo conto di (*spese, ecc.*). **B** *v. i.* **1** ammassarsi; ammucchiarsi **2** rapprendersi; rassodarsi. ● **to l. along**, procedere faticosamente; camminare pesantemente □ **to l. down**, buttarsi giù; sedersi di schianto □ **to l. the whole of one's money on a horse**, puntare tutto il proprio denaro su un solo cavallo □ (*fig.*) **to l. everything together**, fare d'ogni erba un fascio.
to lump (2) [lʌmp], *v. t.* (*fam.*) rassegnarsi di mala voglia a (q.c.): **Even if you don't like it, you'll have to l. it**, anche se non ti piace, ti ci dovrai rassegnare (*o* dovrai mandarla giù) (*cfr. ital.* «O mangiar questa minestra o saltar dalla finestra»).
lump (2) [lʌmp], *n.* (*zool., Cyclopterus lumpus; anche* **lumpfish**) ciclottero.
lumper [ˈlʌmpə*], *n.* **1** scaricatore di porto **2** appaltatore che pratica il subappalto **3** (*fig.*) chi fa d'ogni erba un fascio.
lumpiness [ˈlʌmpinis], *n.* l'esser pieno di protuberanze (*o* di grumi).
lumping [ˈlʌmpiŋ], *a.* (*fam.*) grosso; abbondante. ● **l. weight**, buon peso; peso abbondante.
lumpish [ˈlʌmpiʃ], *a.* **1** grande e grosso; corpulento **2** goffo; impacciato **3** balordo; tonto.
lumpishness [ˈlʌmpiʃnis], *n.* **1** corpulenza **2** goffaggine **3** balordaggine.
lumpy [ˈlʌmpi], *a.* **1** pieno di protuberanze; bitorzoluto; bozzoloso; grumoso **2** (*di superficie o di corso d'acqua*) increspato; a piccole onde **3** balordo; tonto.
lunacy [ˈluːnəsi], *n.* **1** demenza; follia; pazzia.
lunanaut [ˈluːnənɔːt], *n.* (*miss.*) astronauta sulla luna; lunauta.
lunar [ˈluːnə*], *a.* **1** (*astron., ecc.*) lunare: **a l. month**, un mese lunare; **l. distance**, distanza lunare; (*miss.*) **l. module**, modulo lunare; **a l. rainbow**, un arcobaleno lunare **2** (*fig.*) debole; fioco; pallido **3** lunato; falcato. ● **l. caustic**, nitrato d'argento fuso in bacchette; pietra infernale □ (*astron.*) **l. eclipse**, eclissi di luna □ (*miss.*) **l. flight**, volo lunare □ **l. orbit**, orbita lunare □ **l. politics**, problemi inattuali; questioni cervellotiche □ (*miss.*) **l. probe**, sonda lunare □ (*miss.*) **l. rover** (*o* **l. roving vehicle**), veicolo (*o* fuoristrada) lunare.
lunarian [luːˈnεəriən], *n.* **1** selenita; abitante della luna **2** astronomo dedito allo studio della luna; selenografo.
lunarnaut [ˈluːnənɔːt], *V.* **lunanaut**.
lunate [ˈluːneit], *a.* lunato; falcato; a forma di mezzaluna.
lunatic [ˈluːnətik], **A** *a.* **1** alienato; folle; pazzo; matto **2** folle; pazzesco. **B** *n.* alienato, alienata; pazzo, pazza. ● **l. asylum**, manicomio □ (*polit.*) **l. fringe**, frangia estremista (*d'un partito, ecc.*); gruppo di fanatici.
lunation [luːˈneiʃən], *n.* (*astron.*) lunazione.
lunch [lʌntʃ], *n.* **1** seconda colazione; pasto di mezzogiorno; pranzo (*fam., ma improprio*) **2** (*USA*) pasto leggero; spuntino. ● **l. bag**, cestino da viaggio □ **l. hour**, intervallo di mezzogiorno □ **l.-hour**, (*agg.*) (che avviene) durante l'intervallo di colazione □ **l. voucher**, buono mensa □ **packed l.**, colazione al sacco.
to lunch [lʌntʃ], **A** *v. i.* fare la seconda colazione; pranzare (*fam., ma improprio*). **B** *v. t.* portare (q.) a colazione. ● **to l. on st.**, mangiare q.c. per seconda colazione □ (*prov.*) **There's no such thing as a free l.**, niente nella vita è gratis.
luncheon [ˈlʌntʃən], *n.* **1** seconda colazione **2** colazione uf-

ficiale. ● **l. meat**, carne precotta (*di solito, di maiale*) che si taglia a fette.
lunchtime ['lʌntʃtaim], *n.* ora della seconda colazione; ora di pranzo (*fam.*).
lune [luːn], *n.* (*geom.*) lunula.
lunette [luːˈnet], *n.* **1** (*archit., mil.*) lunetta **2** vetro schiacciato (*d'orologio*) **3** (*pl.*) occhiali da subacqueo.
lung [lʌŋ], *n.* **1** (*anat.*) polmone **2** (*pl., fig.*) polmoni: **the lungs of a metropolis**, i polmoni di una metropoli (*cioè, i suoi parchi*). ● (*zool.*) **l.-fish**, dipnoo; pesce polmonato □ **l.-power**, (potenza della) voce □ **to cry at the top of one's lungs**, gridare con quanto fiato s'ha in corpo □ **to have good lungs**, avere buoni polmoni (*o* una voce potente) □ (*med.*) **iron l.**, polmone d'acciaio.
lunge (1) [lʌndʒ], *n.* **1** (*scherma*) affondo; allungo **2** (*pugilato*) affondo **3** balzo in avanti; balzo improvviso.
to lunge (1) [lʌndʒ], *A v. i.* **1** (*scherma*) fare un affondo (*o* un allungo) **2** (*pugilato*) affondare i colpi **3** balzare, fare un balzo (*in una direzione*); lanciarsi. **B** *v. t.* lanciare, scagliare (*un'arma, ecc.*). ● **to l. at sb.**, fare un allungo verso q.; colpire q. con un affondo □ **to l. out**, balzar fuori.
lunge (2) [lʌndʒ], *n.* **1** lunga corda per domare cavalli; «lunga» **2** pista circolare (*per cavalli da domare*).
to lunge (2) [lʌndʒ], *v. t.* **1** domare (*cavalli*) con la «lunga» **2** far correre (*cavalli*) con la «lunga».
lungless ['lʌŋlis], *a.* (*zool.*) senza polmoni.
lungwort ['lʌŋwəːt], *n.* (*bot., Pulmonaria officinalis*) polmonaria.
lunisolar [ˌluːniˈsoulə*], *a.* (*astron., ecc.*) lunisolare: **l. tides**, maree lunisolari.
lunula ['luːnjulə], *n.* (*pl.* **lunulae**) (*anat.*) lunula.
lunule ['luːnjuːl], *V.* **lunula**.
luny ['luːni], *V.* **loony**.
Lupercalia [ˌluːpəˈkeiljə], *n. pl.* feste lupercali; lupercali.
Lupercalian [ˌluːpəːˈkeiljən], *a.* lupercale; dei lupercali.
lupin(e) (1) ['luːpin], *n.* (*bot., Lupinus*) lupino.
lupine (2) ['luːpain], *a.* lupesco; lupino; lupigno (*raro*).
lupoid ['luːpɔid], **lupous** ['luːpəs], *a.* (*med.*) di (*o* simile a) lupus.
lupulin ['luːpjulin], *n.* (*bot.*) luppolino; luppolina.
lupus ['luːpəs], *n.* (*med.*) lupus.
lurch (1) [ləːtʃ], *n.* **1** scarto improvviso; sobbalzo; vacillamento **2** (*naut.*) rollata improvvisa; sbandata.
to lurch [ləːtʃ], *v. i.* **1** barcollare; traballare; vacillare **2** (*naut.*) sbandare. ● **to l. along**, procedere barcollando.
lurch (2) [ləːtʃ], *n.* — (*nella locuz. fam.*) **to leave sb. in the l.**, lasciar q. nei guai (*o* nelle peste); piantare in asso q.
lurcher ['ləːtʃə*], *n.* **1** imbroglione; ladruncolo; spia **2** cane da caccia dei bracconieri (*è un incrocio fra un cane pastore e un levriero*).
lure [ljuə*], *n.* **1** (*nella falconeria*) logoro (*richiamo per falcone*) **2** (*nella caccia*) richiamo (*per uccelli*) **3** esca (*per pesci*) **4** (*fig.*) allettamento; attrazione; blandizia; lusinga: **the l. of adventure**, il richiamo dell'avventura; **the lures of a beautiful actress**, le lusinghe di un'attrice bellissima **5** miraggio: **the l. of large profits**, il miraggio di grossi guadagni.
to lure [ljuə*], *v. t.* **1** richiamare (*un falcone*) con il logoro **2** adescare; allettare; attrarre; blandire; lusingare: **He was lured on by false hopes**, fu allettato da fallaci speranze. ● **to l. sb. away from st.**, allettare q. ad abbandonare q.c. □ **to l. sb. into st.**, convincere (con allettamenti, lusinghe) q. a fare q.c.
lurgy [ˈləːgi], *n.* (*fam., scherz.*) malattia.
lurid ['ljuərid], *a.* **1** fosco; livido (*fig.*); scuro: **a l. light**, una luce livida; **a l. sunset**, un tramonto livido **2** orrendo; spaventoso; sensazionale; scandaloso; terribile: **a l. crime**, un delitto sensazionale (*o* spaventoso); **a l. career**, una carriera scandalosa **3** (*di fuoco, ecc.*) giallastro; rosseggiante: **l. flames**, fiamme rosseggianti **4** (*raro*) livido; di un pallore mortale. ● (*fig.*) **to throw a l. light on st.**, gettare una luce sinistra su q.c.
luridness ['ljuəridnis], *n.* **1** aspetto fosco; lividezza (*fig.*) **2** l'essere spaventoso (*o* sensazionale); natura sinistra.
to lurk [ləːk], *v. i.* **1** appostarsi; celarsi; nascondersi; tenersi in disparte; stare in agguato: **There were some redskins lurking in the forest**, c'erano dei pellirosse in agguato nella foresta **2** (*fig.*) celarsi; permanere (*di nascosto*); essere latente; aleggiare (*fig.*): **Treason is lurking in the air**, nell'aria aleggia il tradimento **3** andarsene (*o* muoversi) con aria indifferente. ● **to be on the l.**, stare in agguato; stare a spiare □ **lurking-place**, nascondiglio.
luscious ['lʌʃəs], *a.* **1** dolcissimo; delizioso; gustoso; saporoso; succulento; voluttuoso; aromatico: **a l. smell**, un profumo delizioso; **a l. pear**, una pera succulenta; **l. music**, musica deliziosa, dolcissima; **l. curves**, curve voluttuose **2** (*di stile, linguaggio*) troppo melodioso; melato; troppo ornato; ridondante; stucchevole **3** lussuoso; sfarzoso **4** (*di donna*) bella; appetitosa (*fam.*).
lusciousness ['lʌʃəsnis], *n.* **1** saporosità; succulenza; voluttuosità **2** ridondanza; stucchevolezza **3** sfarzo; sontuosità.

lush (1) [lʌʃ], *a.* **1** lussureggiante; rigoglioso; ricco di vegetazione: **l. vegetation**, vegetazione lussureggiante; **l. fields**, campi ricchi di vegetazione **2** (*di un frutto*) succoso **3** (*fam.*) melato; ridondante; stucchevole: **l. writing**, modo di scrivere ridondante **4** (*fam.*) agiato; confortevole; comodo.
lush (2) [lʌʃ], *n.* (*pop. USA*) **1** liquore; bevanda alcolica **2** beone; ubriacone.
to lush [lʌʃ], **A** *v. t.* (*pop. USA*) bere (*liquori*). **B** *v. i.* bere smodatamente; essere un ubriacone.
lushness ['lʌʃnis], *n.* **1** rigogliosità; rigoglio **2** succulenza **3** ridondanza; stucchevolezza **4** agio; comodità.
lushy ['lʌʃi], *a.* (*pop. USA*) ubriaco; sbronzo.
lust [lʌst], *n.* **1** concupiscenza; libidine; lussuria; lascivia **2** avidità; brama; cupidigia; desiderio smodato; voglia: **l. for life**, voglia di godere la vita; **l. for glory**, avidità (*o* sete) di gloria; **a l. for wealth**, un desiderio smodato di ricchezza.
to lust [lʌst], *v. i.* — **to l. after** (*o* **for**), agognare; bramare; concupire; desiderare ardentemente (*o* carnalmente).
luster ['lʌstə*], e *deriv.* (*USA*) *V.* **lustre**, *e deriv.*
lustful ['lʌstful], *a.* **1** concupiscente; libidinoso; lussurioso; lascivo **2** avido; bramoso; cupido.
lustfulness ['lʌstfulnis], *n.* **1** concupiscenza; libidinosità; lussuria; lascivia **2** avidità; bramosia; cupidigia.
lustiness ['lʌstinis], *n.* **1** forza; gagliardia; robustezza; vigore **2** cordialità; calore (*fig.*).
lustral ['lʌstrəl], *a.* **1** lustrale: **l. water**, acqua lustrale **2** (*arc.*) lustrale (*lett.*): **a l. festival**, una festa lustrale.
to lustrate ['lʌstreit], *v. t.* (*anche relig.*) purificare con la lustrazione; lustrare (*lett.*).
lustration [lʌsˈtreiʃən], *n.* lustrazione.
lustre (1) ['lʌstə*], *n.* **1** lustro (*anche fig.*); lucentezza; splendore; gloria; distinzione; fama: **the l. of silk**, la lucentezza della seta; **to throw new l. on a dynasty**, dar nuovo lustro a una dinastia **2** pendaglio di vetro; goccia **3** lampadario a gocce.
to lustre ['lʌstə*], *v. t.* lustrare; rendere lucente; lucidare.
lustre (2) ['lʌstə*], *V.* **lustrum**.
lustreless ['lʌstəlis], *a.* senza lustro; opaco; appannato: **l. paint**, pittura opaca.
lustreware ['lʌstəwɛə*], *n.* (*ind.*) ceramica con riflessi vitrei.
lustrine ['lʌstri(ː)n], **lustring** ['lʌstriŋ], *n.* lustrino (*tessuto*).
lustrous ['lʌstrəs], *a.* (*lett.*) lustro; lucente; brillante; splendente: **l. silk**, seta lucente; **l. jewels**, gioielli splendenti.
lustrum ['lʌstrəm], *n.* (*pl.* **lustra, lustrums**) lustro; quinquennio.
lusty ['lʌsti], *a.* **1** forte; gagliardo; robusto; vigoroso; vivace: **a l. young man**, un giovanotto robusto; **l. appetite**, vivace appetito **2** cordiale; caloroso.
lutanist ['ljuːtənist], *n.* (*mus.*) liutista.
lute (1) [luːt], *n.* (*mus.*) liuto. ● **l. maker**, liutaio.
lute (2) [luːt], *n.* luto (*cemento per vasai*); stucco.
to lute [luːt], *v. t.* (*tecn.*) lutare.
lutein ['ljuːtiin], *n.* (*chim.*) luteina.
lutenist ['ljuːtənist], *V.* **lutanist**.
luteolin [ˈljuːtiəlin], *n.* (*chim.*) luteolina.
luteous ['ljuːtiəs], *a.* luteo (*lett.*); giallo-uovo.
lutestring ['luːtˌstriŋ], *n.* (*moda*) lustrino (*tessuto*).
lutetium [luˈtiːʃəm], *n.* (*chim.*) lutezio.
Luther ['luːθə*], *n.* (*stor.*) Lutero.
Lutheran ['luːθərən], *a.* e *n.* (*relig.*) luterano.
Lutheranism ['luːθərənizəm], *n.* (*relig.*) luteranesimo, luteranismo.
luthern ['lʌθə(ː)n], *n.* (*edil.*) finestra d'abbaino.
luting ['luːtiŋ], *n.* **1** (*tecn.*) lutatura **2** luto (*cemento per vasai*).
lutist ['luːtist], *n.* (*mus.*) **1** (*USA*) liutista **2** liutaio.
luv [lʌv], *n.* (*dial. o scherz.*) caro, cara; tesoro (*fig.*); bello mio, bella mia (*ma si usa anche, nei negozi, ecc., con estranei*).
lux [lʌks], *n.* (*pl.* **lux, luxes**) (*fis.*) lux.
to luxate ['lʌkseit], *v. t.* (*med.*) lussare; slogare (*fam.*).
luxation [lʌkˈseiʃən], *n.* (*med.*) lussazione; lussatura.
Luxemburg ['lʌksəmbəːg], *n.* (*geogr.*) Lussemburgo.
Luxemburger ['lʌksəmˌbəːgə*], *n.* lussemburghese.
Luxemburgian ['lʌksəmˌbəːgiən], *a.* lussemburghese.
luxuriance [lʌgˈzjuəriəns], **luxuriancy** [lʌgˈzjuəriənsi], *n.* **1** rigogliosità; rigoglio **2** (*fig.*) esuberanza; sovrabbondanza; abbondanza **3** eccessiva ornatezza.
luxuriant [lʌgˈzjuəriənt], *a.* **1** lussureggiante; rigoglioso: **l. vegetation**, vegetazione lussureggiante **2** eccessivo; esuberante; fecondo; sovrabbondante: **l. imagery**, immagini esuberanti **3** (*di stile, ecc.*) lussureggiante; sovraccarico; troppo ornato **4** fecondo; prolifico (*fig.*). ● **l. hair**, una folta chioma.
to luxuriate [lʌgˈzjuərieit], *v. i.* **1** (*di vegetazione*) lussureggiare; essere rigoglioso **2** (*fig.*) godere; abbandonarsi (a); deliziarsi (di); crogiolarsi (in): **to l. in a cigar**, godersi un sigaro; **to l. in the sun**, abbronzarsi al sole; **to l. in self-admiration**, crogio-

luxurious

larsi nell'ammirazione di se stesso **3** (*fig.*) far vita comoda; vivere nel lusso.
luxurious [lʌgˈzjuəriəs], *a.* **1** lussuoso; fastoso; sfarzoso; sontuoso: **a l. restaurant**, un ristorante di lusso **2** eccellente; magnifico; ottimo: **l. accommodation**, sistemazione (*in albergo, ecc.*) eccellente **3** amante del lusso; dedito al lusso. ● **to have l. tastes**, aver gusti lussuosi; essere abituato al lusso □ **to lead a l. life**, vivere nel lusso.
luxuriousness [lʌgˈzjuəriəsnis], *n.* l'essere lussuoso; lusso; sfarzo; sontuosità.
luxury [ˈlʌkʃəri], **A** *n.* **1** lusso (*anche fig.*); fasto; sfarzo; sontuosità: **to live in l.**, vivere nel lusso; **I can enjoy few luxuries**, posso concedermi pochi lussi **2** oggetto di lusso. **B** *a. attr.* di lusso; lussuoso: **l. articles**, articoli di lusso; **a l. shop**, un negozio di lusso.
lycanthrope [ˈlaikənθroup], *n.* (*med.*) licantropo; lupo mannaro (*pop.*).
lycanthropy [laiˈkænθrəpi], *n.* (*med.*) licantropia.
Lycaon [laiˈkeiɔn], *n.* (*mitol.*) Licaone.
lycée [ˈliːsei] (*franc.*), *n.* liceo (*di tipo francese, italiano, ecc.*).
Lyceum [laiˈsiəm], *n.* **1** (*stor., filos.*) Liceo **2** — **l.**, sala per conferenze **3** — (*USA*) **l.**, associazione culturale.
lych [litʃ], *V.* **lich**.
lychee [ˈlaitʃiː], *V.* **litchi**.
lychnis [ˈliknis], *n.* (*bot., Lychnis*) fior di cuculo.
Lycia [ˈlisiə], *n.* (*stor., geogr.*) Licia.
Lycian [ˈlisiən], *a.* e *n.* (*stor.*) licio.
Lycidas [ˈlisidæs], *n.* (*letter.*) Licida.
lycopod [ˈlaikəpɔd], **lycopodium** [ˌlaikəˈpoudijəm], *n.* (*bot., Lycopodium*) licopodio.
Lycurgus [laiˈkəːgəs], *n.* (*stor. greca*) Licurgo.
lyddite [ˈlidait], *n.* (*chim.*) liddite (*esplosivo*).
Lydia [ˈlidiə], *n.* Lidia (*nome proprio e di paese*).
Lydian [ˈlidiən], **A** *a.* (*stor. mus.*) lidio. **B** *n.* (*stor.*) lidio.
lye [lai], *n.* **1** lisciva; ranno **2** (*ind. chim.*) soluzione alcalina.
to lye [lai] (*pass. e p. p.* **lyed**), *v. t.* lisciviare.
lying (1) [ˈlaiiŋ], **A** *p. pres.* di **to lie** (1). **B** *a.* bugiardo; falso; menzognero. **C** *n.* il dir bugie, menzogne.
lying (2) [ˈlaiiŋ], *p. pres.* di **to lie** (2). ● **l.-in**, degenza in clinica (*di una partoriente*) □ **l.-in hospital**, maternità; clinica per partorienti □ (*comm.: di merce*) **l. in the customs**, indoganata □ (*naut.*) **l.-to**, in panna □ **low-l. land**, terreno basso, pianeggiante □ **soft l.**, posto comodo (*o* soffice) su cui sdraiarsi.
lying (3) [ˈlaiiŋ], *n.* lisciviazione.
lyke-wake [ˈlaikˌweik], *n.* veglia funebre.
lyme grass [ˈlaimgraːs], *n.* (*bot., Elymus arenarius*) miglio delle dune; loietto marino.
lymph [limf], *n.* **1** (*anat.*) linfa **2** (*poet.*) acqua; linfa (*arc.*). ● (*anat.*) **l. node**, linfonodo; ganglio linfatico □ (*anat.*) **l. vessel**, vaso linfatico.
lymphadenitis [limˌfædiˈnaitis], *n.* (*med.*) linfadenite.
lymphangitis [ˌlimfænˈdʒaitis], *n.* (*pl.* **lymphangitides**) (*med.*) linfangite.

lymphatic [limˈfætik], **A** *a.* **1** (*anat.*) linfatico: **l. glands**, ghiandole linfatiche; **l. vessels**, vasi linfatici **2** (*arc.*) fiacco: **l. temperament**, temperamento fiacco. **B** *n.* (*anat.*) vaso linfatico.
lymphatism [ˈlimfətizəm], *n.* (*med.*) linfatismo.
lymphocyte [ˈlimfousait], *n.* (*anat.*) linfocita, linfocito.
lymphogranuloma [ˌlimfouˌgrænjuˈloumə], *n.* (*pl.* **lymphogranulomas**, **lymphogranulomata**) (*med.*) linfogranuloma.
lymphoma [limˈfoumə], *n.* (*pl.* **lymphomas**, **lymphomata**) (*med.*) linfoma.
lyncean [linˈsiː)ən], *a.* linceo; dagli occhi di lince.
to lynch [lintʃ], *v. t.* linciare (*anche fig.*); (*specialm.*) impiccare.
lynch [lintʃ], *a. attr.* di Lynch: **l. law**, legge di Lynch; pratica del linciaggio.
lynching [ˈlintʃiŋ], *n.* (*anche fig.*) linciaggio.
lynx [liŋks], *n.* (*pl.* **lynx**, **lynxes**) (*zool., Lynx*) lince. ● **l.-eyed**, dagli occhi di lince.
Lyon [ˈlaiən], *n.* (*anche* **L. King of Arms**) primo araldo (*in Scozia*).
Lyons [ˈlaiənz], *n.* (*geogr.*) Lione.
lyophile [ˈlaiəfiːl], *V.* **lyophilic**.
lyophilic [ˌlaiəˈfilik], *a.* (*chim.*) liofilo.
lyophilization [laiˌɔfilaiˈzeiʃən], *n.* (*chim., ind.*) liofilizzazione.
to lyophilize [laiˈɔfilaiz], *v. t.* (*chim., ind.*) liofilizzare.
lyophilizer [laiˈɔfilaizə*], *n.* (*chim., ind.*) liofilizzatore.
lyophobe [ˈlaiəfoub], *V.* **lyophobic**.
lyophobic [ˌlaiəˈfoubik], *a.* (*chim.*) liofobo.
Lyra [ˈlaiərə], *n.* (*astron.*) Lira (*costellazione*).
lyrate [ˈlaiərit], *a.* a forma di lira.
lyre [ˈlaiə*], *n.* (*stor. mus.*) lira. ● (*zool.*) **l.-bird** (*Menura novae-hollandiae*), uccello lira.
lyric [ˈlirik], **A** *a.* lirico: **l. poetry**, la poesia lirica; la lirica; **a l. tenor**, un tenore lirico; **the l. stage**, il teatro lirico; l'opera. **B** *n.* **1** lirica; componimento lirico **2** (*pl.*) versi **3** (*pl.*) parole, testo (*di una canzone*).
lyrical [ˈlirikəl], *a.* **1** lirico: **a l. poet**, un poeta lirico **2** in preda a slancio lirico; che s'esprime con entusiasmo. ● **to become l.**, entusiasmarsi; scaldarsi (*fig.*): **She became l. in her account of the performance**, s'entusiasmò descrivendo la rappresentazione.
lyricism [ˈlirisizəm], *n.* **1** lirismo; liricità **2** slancio lirico; lirismo (*fig.*); tono entusiastico (*o* ispirato).
lyricist [ˈlirisist], *n.* **1** poeta lirico; (un) lirico **2** paroliere.
lyrism [ˈlirizəm], *n.* **1** il suonare la lira **2** *V.* **lyricism**.
lyrist (*def. 1* [ˈlaiərist], *def. 2* [ˈlirist]), *n.* **1** suonatore di lira **2** poeta lirico.
to lyse [lais], *v. i.* (*scient.*) lisarsi; subire lisi.
lysergic [liˈsəːdʒik], *a.* (*chim.*) lisergico: **l. acid**, acido lisergico.
lysin [ˈlaisin], *n.* (*biol., med.*) lisina.
lysine [ˈlaisiːn], *n.* (*biol., chim.*) lisina.
Lysippus [laiˈsipəs], *n.* (*stor.*) Lisippo.
lysis [ˈlaisis], *n.* (*pl.* **lyses**) (*biol., med.*) lisi.
lysol [ˈlaisɔl], *n.* (*ind., chim.*) lisolo (*disinfettante*).
lytic [ˈlitik], *a.* (*scient.*) litico: **l. reaction**, reazione litica.

m, M

M, m [em], *n.* (*pl.* **M's, m's; Ms, ms**) M, m (*tredicesima lettera dell'alfabeto ingl.*). ● (*tel.*) **m for Mary** (USA: **m for Mike**), m come Milano.
ma [ma:], *n.* (*abbr. fam.*) mamma.
M.A. ['em'ei], *n.* (*acronimo di* **Master of Arts**) 1 laurea di secondo grado in materie umanistiche (*approssimativamente equivalente alla laurea italiana; V.* **B.A.**): **He's got an M.A.**, ha una laurea di secondo grado 2 dottore in lettere: **John Mills, M.A.**, John Mills, dottore in lettere.
ma'am [mæm], *n.* (*fam.*) signora (*usato al vocat.*).
mac [mæk], *n.* (*abbr. fam. di* **mackintosh**) impermeabile.
Mac [mæk], *n.* (*pop. USA*) individuo; tipo; tizio; tu (*al vocat.*).
macabre [mə'ka:br], *a.* macabro; orrido. ● (*franc.*) **danse m.**, danza macabra.
macaco [mə'keikou], *n.* (*pl.* **macacos**) (*zool., Lemur*) lemure.
macadam [mə'kædəm], *n.* (*costr. stradali*) 1 macadam 2 strada in macadam.
macadamia [,mækə'deimiə], *n.* (*bot.*) Macadamia ternifolia. ● **m. nut**, noce di macadamia.
macadamization [mə,kædəmai'zeiʃən], *n.* macadamizzazione.
to macadamize [mə'kædəmaiz], *v. t.* macadamizzare.
macaque [mə'kæk], *n.* (*zool., Macaca*) macaco.
macaroni [,mækə'rouni], *n.* (*pl.* **macaronis, macaronies**) 1 (*cucina*) maccherone, maccheroni 2 (*stor.*) bellimbusto, damerino (*del '700*). ● **m. cheese**, maccheroni (*o pasta*) al forno; pasticcio di maccheroni.
macaronic [,mækə'rɔnik], **A** *a.* maccheronico; macaronico (*raro*): **m. verse**, versi maccheronici. **B** *n. pl.* versi maccheronici.
macaroon [,mækə'ru:n], *n.* amaretto.
macaw [mə'kɔ:], *n.* (*zool., Ara*) ara; macao.
maccabaw ['mækəbɔ(:)], V. **maccaboy**.
Maccabean [,mækə'biən], *a.* (*stor.*) maccabeo; dei Maccabei.
Maccabees ['mækəbi:z], *n. pl.* (*stor.*) Maccabei.
maccaboy ['mækəbɔi], *n.* macuba (*tabacco da fiuto*).
maccaroni [,mækə'rouni], V. **macaroni**.
maccaronic [,mækə'rɔnik], V. **macaronic**.
macchinetta [,maki'netə] (*ital.*), *n.* macchinetta (*fam.*); caffettiera; napoletana.
mace (1) [meis], *n.* 1 (*stor.*) mazza 2 bastone da poliziotto. ● **m.-bearer**, mazziere.
mace (2) [meis], *n.* (*bot.*) macis (*involucro della noce moscata*).
Mace [meis], *n.* (*marchio USA*) liquido lacrimogeno (*contro dimostranti, ecc.*).
to mace [meis], *v. t.* (*USA*) attaccare con il **Mace** (*q. V.*).
macédoine [,mæsə'dwa(:)n], *n.* 1 insalata mista 2 macedonia di frutta (*spesso in gelatina*) 3 (*fig.*) miscuglio; insalata (*fig.*).
Macedon ['mæsidən], *n.* (*stor.*) Macedonia.
Macedonian [,mæsi'dounjən], *a. e n.* (*stor., geogr.*) macedone.
to macerate ['mæsəreit], *v. t. e i.* macerare; macerarsi (*anche fig.*).
maceration [,mæsə'reiʃən], *n.* (*anche fig.*) macerazione.
macerator ['mæsəreitə*], *n.* 1 maceratore 2 (*ind. della carta*) macero.
Mach [ma:k], *n.* (*di solito* **M. number**) (*aeron.*) Mach; numero di Mach.
machete [mə'tʃeiti] (*spagn.*), *n.* machete.
Machiavellian [,mækiə'veliən], **A** *a.* machiavelliano; machiavellico (*anche spreg.*). **B** *n.* machiavellista.
Machiavellism [,mækiə'velizm], *n.* machiavellismo.
to machicolate [mæ'tʃikouleit], *v. t.* (*archit.*) munire (*un parapetto*) di piombatoi.
machicolation [mæ,tʃikou'leiʃən], *n.* (*archit.*) piombatoio; caditoia.
machinability [mə,ʃi:nə'biliti], *n.* (*ind., metall.*) lavorabilità all'utensile.
machinable [mə'ʃi:nəbl], *a.* (*ind., metall.*) lavorabile all'utensile.
to machinate ['mækineit], *v. t. e i.* macchinare; ordire; tramare.
machination [,mæki'neiʃən], *n.* macchinazione; trama; complotto.
machinator ['mækineitə*], *n.* orditore (*di complotti, ecc.*).
machine [mə'ʃi:n], *n.* 1 macchina (*che produce lavoro; cfr.* **engine**, *macchina che produce energia; anche fig.*); veicolo: **sewing m.**, macchina da cucire; **printing m.**, macchina tipografica; stampatrice; **The lever is a simple m.**, la leva è una macchina semplice; (*fig.*) **Routine has turned him into a m.**, la routine lo ha trasformato in una macchina 2 (*polit.*) apparato: **the Democratic m.**, l'apparato del Partito Democratico (*in USA*). ● **m. accounting**, contabilità meccanizzata □ (*mecc.*) **m. bolt**, bullone □ (*elab.*) **m. code**, codice macchina □ (*mecc.*) **m. drill**, perforatrice meccanica □ (*mil.*) **m. gun**, mitragliatrice □ (*mil.*) **to m.-gun**, mitragliare □ (*mil.*) **m.-gunner**, mitragliere □ (*elab.*) **m. language**, linguaggio (di) macchina □ **m.-made**, fatto a macchina □ (*polit.*) **m. man**, uomo dell'apparato □ **m. shop**, officina meccanica □ **m. tool**, macchina utensile.
to machine [mə'ʃi:n], *v. t.* 1 fare (*o* eseguire) a macchina 2 cucire a macchina 3 (*tipogr.*) mandare (*un giornale*) in macchina; stampare; tirare 4 (*ind., metall.*) lavorare alla macchina utensile.
machinery [mə'ʃi:nəri], *n.* 1 (*ind.*) macchinario; macchine 2 (*mecc.*) meccanismo; congegni; ingranaggi 3 (*fig.*) macchina: **the m. of government**, la macchina dello Stato 4 (*d'opera letteraria*) macchinosità. ● (*ind.*) **m.-seating**, installazione del macchinario.
machining [mə'ʃi:niŋ], *n.* 1 (*ind.*) lavorazione a macchina 2 (*tipogr.*) stampa a macchina; tiratura 3 (*ind., metall.*) lavorazione all'utensile.
machinist [mə'ʃi:nist], *n.* 1 (*ind.*) macchinista 2 (*ind.*) meccanico 3 chi lavora (*specialm.* chi cuce) a macchina.
machismo [mæ'tʃizmou] (*spagn.*), *n.* (*ostentata*) virilità.
Machmeter ['ma:(:)k,mitə*], *n.* (*aeron.*) machmetro; indicatore del numero di Mach.
macho ['mætʃou] (*spagn.*), **A** *a.* ostentatamente virile; macho. **B** *n.* (*pl.* **machos**) 1 macho 2 V. **machismo**.
mack [mæk], *n.* (*abbr. di* **mackintosh**) (*fam.*) impermeabile.
mackerel ['mækrəl], *n.* (*pl.* **mackerel, mackerels**) (*zool., Scomber scombrus*) sgombro; maccarello. ● **m. breeze** (*o* **m. gale**), forte vento (*favorevole alla pesca dello sgombro*) □ **m. sky**, cielo a pecorelle.
mackintosh ['mækintɔʃ], *n.* 1 impermeabile 2 tessuto impermeabile.
mackle ['mækl], *n.* (*tipogr.*) stampa annebbiata.
macle ['mækl], *n.* (*miner.*) 1 cristallo geminato 2 chiastolite 3 macchia scura.
maco ['mækou], *n.* (*pl.* **macos**) (*cotone*) makò.
macramé [mə'kra:mei], *n.* macramè.
macrobiotic [,mækroubai'ɔtik], **A** *a.* macrobiotico: **m. diets**, diete macrobiotiche. **B** *n.* sostenitore della macrobiotica.
macrobiotics [,mækroubai'ɔtiks], *n. pl.* (*col verbo al sing.*) macrobiotica.
macrocephalic [,mækrousə'fælik], **macrocephalous** [,mækrou'sefələs], *a.* (*antropologia, med.*) macrocefalo.
macrocephaly [,mækrou'səfəli], *n.* (*antropologia, med.*) macrocefalia.
macrocosm ['mækrəkɔzəm], *n.* macrocosmo.
macroeconomic [,mækrou,i:kə'nɔmik], *a.* (*econ.*) macroeconomico.
macroeconomics [,mækrou,i:kə'nɔmiks], *n. pl.* (*col verbo al sing.*) (*econ.*) macroeconomia.
macromolecule [,mækrou'mɔlikjuil], *n.* (*chim.*) macromolecola.
macron ['mækrɔn], *n.* (*fam.*) segno di (vocale) lunga.
macroorganism [,mækrou'ɔ:gənizm], *n.* (*scient.*) macrorganismo.
macroscopic [,mækrou'skɔpik], *a.* macroscopico.
macula ['mækjulə], *n.* (*pl.* **maculae, maculas**) (*scient.*) macula; macchia (*specialm. del sole, della pelle*).
macular ['mækjulə*], *a.* (*scient.*) maculare; caratterizzato

maculate

da macchie.
to maculate ['mækjuleit], *v. t.* (*lett.*) maculare; macchiare.
maculate ['mækjulit], *a.* (*lett.*) maculato; macchiato.
maculation [,mækju'leiʃən], *n.* (*scient.*) macchia; maculatura.
mad [mæd], *a.* **1** matto, pazzo (*anche fig.*); folle; forsennato; insano; insensato; mentecatto: **He's quite mad**, è proprio matto; **mad with pain** (**with fear**), pazzo di dolore (di paura) **2** (*fam.*) arrabbiato; adirato; infuriato; furibondo: **He was mad about** (*o* **at**) **missing the bus**, era infuriato per aver perso l'autobus; **He is mad at me**, è furioso contro di me **3** (*di cane*) arrabbiato; idrofobo **4** (*fig.*) entusiasta; appassionato. ● **to be mad about sb.**, andar pazzo per q. ☐ **to be mad about st.**, essere furibondo (*o* infuriato) per q.c.; andare pazzo per q.c. ☐ (**as**) **mad as a hatter** (*o* **as a March hare**), matto da legare ☐ (*fam.*) **mad-doctor**, medico dei pazzi ☐ (*gergo mil.*) **mad minute**, fuoco a volontà (*nelle esercitazioni*) ☐ **to drive** (*o* **to send**) **sb. mad**, fare ammattire (*o* impazzire) q. ☐ **to go mad**, ammattire; impazzire ☐ (*fam.*) **gone mad**, portato agli estremi; spinto all'esasperazione ☐ **to have a mad time**, divertirsi un mondo, in modo sfrenato ☐ **like mad**, come un matto, all'impazzata; furiosamente; violentemente: **He was running like mad**, correva come un matto ☐ **raving mad**, pazzo furioso.
to mad [mæd], (*raro*) *V.* **to madden**.
Madagascan [,mædə'gæskən], *n.* e *a.* (*geogr.*) malgascio.
madam ['mædəm], *n.* **1** (*pl.* **mesdames**) signora (*al vocat.*) **2** (*pl.* **madams**) madama; tenutaria (*di casa di tolleranza*) **3** (*pl.* **madams**) (*fig.*) madama; donna sussiegosa.
madame ['mædəm] (*franc.*), *n.* (*pl.* **mesdames**) signora (*seguito dal cognome*); usato per signore straniere e talora per nubili anziane; *cfr.* **Mrs**).
madapollam [,mædə'pɔləm], *n.* (*ind. tessile*) madapolam.
madcap ['mædkæp], **A** *n.* testa matta; testa calda; scervellato. **B** *a.* scervellato; avventato.
to madden ['mædn], **A** *v. t.* **1** far ammattire; far impazzire **2** far infuriare; rendere furibondo. **B** *v. i.* **1** ammattire; impazzire **2** infuriarsi; arrabbiarsi; adirarsi.
maddening ['mædniŋ], *a.* **1** da far impazzire (*anche fig.*): **a m. noise**, un rumore da far impazzire **2** (*fam.*) fastidioso; seccante.
madder ['mædə*], *n.* (*bot.*, *Rubia tinctorum*) robbia.
maddish ['mædiʃ], *a.* un po' matto; pazzerello.
made [meid], **A** *pass.* e *p. p.* di **to make**. **B** *a.* fatto; fabbricato; prodotto; costruito; confezionato; eseguito. ● **a m. dish**, una pietanza elaborata, confezionata ☐ **m. gravy**, sugo artificiale (*non di carne*) ☐ **m. in Japan**, fabbricato in Giappone ☐ (*fig.*) **a m. man**, un uomo arrivato (che ha una posizione sicura, solida) ☐ **m.-on-order**, fatto su ordinazione ☐ **m.-to-measure**, fatto su misura ☐ **m.-to-order**, fatto su ordinazione ☐ **a m. word**, una parola inventata (*o* coniata) ☐ (*pop.*) **to have it m.**, essere sicuro del successo ☐ **ready-m.**, confezionato; bell'e fatto ☐ **a self-m. man**, un uomo che s'è fatto da sé (*o* da solo) ☐ **stoutly m.**, di robusta costituzione ☐ **well m.**, ben fatto; ben costruito; proporzionato.
Madeira [mə'diərə], *n.* **1** (*geogr.*) Madera **2** – **m.**, madera (*vino*).
mademoiselle [,mædəm'zel] (*franc.*), *n.* (*pl.* **mademoiselles, mesdemoiselles**) signorina.
made-up ['meidʌp], *a.* inventato; falso; artificiale; truccato.
madhouse [mæd'haus], *n.* (*anche fig.*) manicomio.
madman ['mædmən], *n.* (*pl.* **madmen**) matto; pazzo; folle.
madness ['mædnis], *n.* **1** pazzia; demenza; follia (*anche fig.*) **2** rabbia; furia; furore **3** entusiasmo; furore (*fig.*).
Madonna [mə'dɔnə], *n.* (*relig., pitt.*) Madonna. ● (*bot.*) **M. lily** (*Lilium candidum*), giglio bianco.
madrepore [,mædri'pɔ:*], *n.* (*zool., Madrepora*) madrepora.
madreporic [,mædri'pɔrik], *a.* (*zool.*) madreporico.
madrigal ['mædrigəl], *n.* (*mus., letter.*) madrigale.
madrigalian [,mædri'geiliən], *a.* (*mus., letter.*) madrigalesco; di madrigale.
madrigalist ['mædrigəlist], *n.* (*mus., letter.*) madrigalista.
madwoman ['mæd,wumən], *n.* (*pl.* **madwomen**) matta; pazza; folle.
Maecenas [mi(:)'si:næs], *n.* **1** (*stor.*) Mecenate **2** – (*fig.*) **m.**, mecenate.
maelstrom ['meilstrəm], *n.* **1** – (*geogr.*) **M.**, Malström **2** (*naut.*) gorgo; vortice; turbine (*anche fig.*): **the m. of city life**, il vortice della vita di città; la turbinosa vita cittadina; **He was caught in the m. of war**, fu afferrato dal vortice della guerra.
maenad ['mi:næd], *n.* (*mitol.*) menade.
Mae West ['mei'west], *n.* (*gergo aeron.*) giubbotto salvagente.
to maffick ['mæfik], *v. i.* (*arc.*) esultare; far grande festa.
mafia, maffia ['ma:fiə], *n.* (*anche fig.*) mafia.
mafioso [,ma:fi:'ousou] (*ital.*), *n.* (*pl.* **mafiosos, mafiosi**) mafioso.
mag (1) [mæg], *n.* (*abbr.* di **magazine**) (*pop.*) rivista; giornale.
mag (2) [mæg], *n. abbr.* di **magneto**.
magazine [,mægə'zi:n], *n.* **1** rivista; periodico; rotocalco **2** magazzino militare; deposito d'armi, viveri, ecc. **3** (*d'arma da fuoco*) caricatore **4** (*naut., mil.*) santabarbara; deposito munizioni **5** (*di macchina fotografica*) cassetta di caricamento; caricatore. ● **m. advertising**, pubblicità (sulla) stampa **2** (*mil.*) **m. filler**, riempicaricatori ☐ (*mil.*) **m.-gun**, fucile mitragliatore ☐ (*naut.*) **to flood the m.**, allagare i depositi munizioni; bagnare le polveri ☐ **glossy m.**, rotocalco.
magazinish [,mægə'zi:niʃ], *a.* (*di prosa, stile, ecc.*) da rivista; da periodico.
Magdalen ['mægdəlin], **Magdalene** [,mægdə'li:ni], *n.* **1** (*Bibbia*) Maddalena **2** – (*fig.*) **m.**, maddalena; peccatrice pentita **3** ['mɔ:dlin] Magdalen(e) (*college e strada a Oxford e Cambridge*).
magenta [mə'dʒentə], *n.* magenta; color cremisi.
Maggie ['mægi], *n.* (*dim. di* **Margaret**) Rita; Ghita.
maggot ['mægət], *n.* **1** (*zool.*) verme; larva (di dittero); baco (*specialm. del formaggio*) **2** (*fig.*) capriccio; grillo; ubbia: **to have a m. in one's head**, aver grilli per il capo.
maggoty ['mægəti], *a.* **1** bacato; verminoso **2** (*fig.*) capriccioso.
Magi ['meidʒai], *n. pl.* (*relig.*) (i) Re Magi.
magic (1) ['mædʒik], *n.* **1** magia (*anche fig.*); arte magica; stregoneria: **black m.**, magia nera; **white** (*o* **natural**) **m.**, magia bianca (*o* naturale) **2** (*fig.*) incanto; fascino: **the m. of Shelley's poetry**, l'incanto della poesia di Shelley. ● (*fam.*) **like m.**, come per incanto; tutto a un tratto; in un baleno.
magic (2) ['mædʒik], **magical** ['mædʒikəl], *a.* (*anche fig.*) **1** magico: **magic arts** (**words**), arti (parole) magiche **2** (*fig.*) incantevole: **He writes with a magical simplicity**, scrive con una semplicità incantevole. ● (*fam.*) **m. eye**, occhio magico (*cellula fotoelettrica*) ☐ **m. lantern**, lanterna magica ☐ **m. mirror**, specchio magico ☐ **m. square**, quadrato magico.
magician [mə'dʒiʃən], *n.* mago; stregone.
magilp [mə'gilp], *V.* **megilp**.
magisterial [,mædʒis'tiəriəl], *a.* **1** (*leg.*) di (*o* da) magistrato: **m. rank**, qualifica (*o* grado) di un magistrato **2** magistrale; autorevole; autoritario; cattedratico: **a m. demonstration**, una dimostrazione magistrale; **a m. manner**, un modo di fare cattedratico.
magistracy ['mædʒistrəsi], *n.* (*leg.*) magistratura.
magistral [mə'dʒistrəl], *a.* **1** magistrale; di maestro; autorevole; autoritario; cattedratico **2** (*fam.*) galenico: **a m. prescription**, una prescrizione galenica. ● **the m. staff**, il corpo insegnante.
magistrate ['mædʒistrit], *n.* (*leg.*) **1** magistrato **2** giudice di primo grado (*in G.B.*; *cfr. ital.* pretore) **3** (*USA*) giudice di pace (*o* conciliatore). ● **magistrates' court**, corte di giustizia di primo grado (*in G.B.*; *cfr. ital.* pretura) ☐ **m.'s clerk**, cancelliere.
magistrateship ['mædʒistritʃip], *n.* (*leg.*) **1** carica (*o* grado) di magistrate (*q.V.*) **2** *V.* **magistrature**.
magistrature ['mædʒistrətjuə*], *n.* (*leg.*) magistratura.
magma ['mægmə], *n.* (*pl.* **magmata, magmas**) (*geol., chim.*) magma.
magmatic [mæg'mætik], *a.* (*geol., chim.*) magmatico.
magnanimity [,mægnə'nimiti], *n.* magnanimità.
magnanimous [mæg'næniməs], *a.* magnanimo.
magnate ['mægneit], *n.* magnate (*anche fin.*); maggiorente; notabile.
magnesia [mæg'ni:ʃə], *n.* (*ind., chim.*) magnesia. ● (*farm.*) **milk of m.**, latte (*o* magma) di magnesia.
magnesian [mæg'ni:ʃən], *a.* (*ind., chim.*) magnesiaco; di magnesia.
magnesite ['mægnisait], *n.* (*miner.*) magnesite.
magnesium [mæg'ni:zjəm], *n.* (*chim.*) magnesio. ● (*mil.*) **m. bomb**, bomba incendiaria al magnesio.
magnet ['mægnit], *n.* (*fis.*) magnete; calamita (*anche fig.*): **a horse-shoe m.**, una calamita a ferro di cavallo.
magnetic ['mæg'netik], *a.* **1** (*fis.*) magnetico: **m. needle**, ago magnetico; **m. equator**, equatore magnetico **2** (*fig.*) attraente; affascinante; magnetico: **a m. smile**, un sorriso affascinante; **m. look**, sguardo magnetico. ● (*naut.*) **m. bearing**, rilevamento magnetico ☐ (*naut.*) **m. compass**, bussola magnetica ☐ (*elettr., elettron.*) **m. core**, nucleo magnetico ☐ (*mil.*) **m. mine**, mina magnetica ☐ (*elettron.*) **m. recorder**, registratore magnetico; magnetofono ☐ (*naut.*) **m. track**, rotta magnetica ☐ (*geofisica*) **m. variation**, variazione magnetica.
magnetics [mæg'netiks], *n. pl.* (*col verbo al sing.*) (scienza del) magnetismo.
magnetism ['mægnitizəm], *n.* **1** (*fis., anche fig.*) magnetismo: **terrestrial m.**, magnetismo terrestre **2** (*fig.*) attrazione; fascino. ● **animal m.**, magnetismo animale.
magnetite ['mægnitait], *n.* (*miner.*) magnetite.
magnetization [,mægnitai'zeiʃən], *n.* (*fis.*) magnetizzazione.
to magnetize ['mægnitaiz], *v. t.* **1** (*fis., anche fig.*) magnetizzare **2** (*fig.*) attrarre; affascinare.

magneto [mæg'ni:tou], *n.* (*pl.* **magnetos**) (*elettr.*) magnete (d'accensione). ● **m.-points**, puntine platinate.
magnetoelectricity [mæg'ni:touˌilik'trisiti], *n.* (*fis.*) magnetoelettricità.
magnetograph [mæg'ni:tougra:f], *n.* (*fis.*) magnetografo.
magnetometer [ˌmægni'tɔmətə*], *n.* (*scient.*) magnetometro.
magnetosphere [mæg'ni:tousfiə*], *n.* (*scient.*) magnetosfera.
magnetostriction [mægˌni:tou'strikʃən], *n.* (*fis.*) magnetostrizione.
magnetron ['mægnitrɔn], *n.* (*elettron.*) magnetron.
magnificat [mæg'nifikæt], *n.* (*relig.*) magnificat.
magnification [ˌmægnifi'keiʃən], *n.* **1** (*fis.*) ingrandimento **2** esagerazione **3** (*lett.*) esaltazione; magnificazione.
magnificence [mæg'nifisns], *n.* magnificenza; sfarzo; splendore; sontuosità.
magnificent [mæg'nifisənt], *a.* magnifico; sfarzoso; splendido; sontuoso: **a m. mansion**, una magione magnifica; **m. generosity**, splendida generosità. ● (*stor.*) **Lorenzo the M.**, Lorenzo il Magnifico.
magnifier ['mægnifaiə*], *n.* **1** lente d'ingrandimento **2** chi esagera **3** chi esalta; magnificatore.
to magnify ['mægnifai], *v. t.* **1** (*fis.*) ingrandire (*anche fig.*) **2** (*fig.*) esagerare: **He magnified his sufferings**, esagerò le sue sofferenze **3** magnificare; esaltare. ● (*fis.*) **magnifying glass**, lente d'ingrandimento.
magniloquence [mæg'nilɔkwəns], *n.* magniloquenza; ampollosità.
magniloquent [mæg'nilɔkwənt], *a.* magniloquente; ampolloso.
magnitude ['mægnitju:d], *n.* **1** dimensione; grandezza (*anche astron., mat.*); ampiezza; vastità: **a star of the first m.**, una stella di prima grandezza; **the m. of a problem**, la vastità di un problema **2** (*scient.*) magnitudine (*stellare, o di un terremoto*) **3** (*fig.*) importanza: **a thing of the first m.**, una cosa di capitale importanza.
magnolia [mæg'nouljə], *n.* (*bot., Magnolia*) magnolia.
magnum ['mægnəm], *n.* bottiglione (*da circa due «quart», cioè 2,8 litri circa, per vino o liquori*).
magpie ['mægpai], *n.* **1** (*zool., Pica pica*) gazza **2** (*fig.*) persona ciarliera; chiacchierone; ciarlone; gazza (*pop.*) **3** (*fig.*) collezionista; arraffone.
magus ['meigəs], *n.* (*pl.* **magi**) **1** magio **2** – **M.**, uno dei Re Magi **3** mago; stregone; astrologo. ● (*stor.*) **Simon M.**, Simon Mago.
Magyar ['mægja:*], *a. e n.* magiaro (*anche la lingua*).
maharaja(h) [ˌma:hə'ra:dʒə], *n.* maharajah; maragià.
maharanee [ˌma:hə'ra:ni:], *V.* **maharani**.
maharani [ˌma:hə'ra:ni:], *n.* (*pl.* **maharanis**) maharani (*moglie di maragià*).
Mahdi ['ma:di(:)], *n.* (*relig.*) Mahdi.
Mahdism ['ma:dizəm], *n.* (*relig., polit.*) mahdismo, madismo.
mah(-)jong(g) ['ma:'dʒɔŋ], *n.* «mah-jong» (*gioco cinese con tessere*).
mahlstick ['mɔ:l-stik], *n.* (*pitt.*) appoggiamano; stecca.
mahogany [mə'hɔgəni], *n.* **1** (*bot., Swietenia mahagoni*) mogano (*l'albero, il legno*) **2** color mogano. ● (*fig.*) **to have one's knees under sb.'s m.**, essere a pranzo da q.; essere a tavola, come ospite, in casa di q.
Mahomet [mə'hɔmit], *n.* (*stor., relig.*) Maometto.
Mahometan [mə'hɔmitən], *a. e n.* (*relig.*) maomettano.
mahout [mə'haut], *n.* «mahout»; conduttore di elefanti.
maid [meid], *n.* **1** (*soprattutto lett.*) fanciulla; donzella; giovanetta; pulzella; vergine; zitella **2** domestica; cameriera; donna di servizio; fantesca. ● (*stor.*) **the M.**, la Pulzella (*d'Orleans*) □ **m. of honour**, damigella d'onore □ **m.-of-all-work**, donna tuttofare □ **house m.** (*o* **lady's-m.**), cameriera; domestica □ **old m.**, (vecchia) zitella.
maiden [meidn], **A** *n.* **1** (*soprattutto lett.*) fanciulla; donzella; pulzella; vergine; zitella **2** (*sport*) cavallo che non ha ancora vinto una corsa **3** (*stor.*) sorta di ghigliottina usata in Scozia. **B** *a. attr.* **1** nubile: **a m. aunt**, una zia nubile **2** di (*o da*) fanciulla; puro; verginale **3** primo (*di viaggio, ecc.*); non usato; non provato. ● (*leg.*) **m. assize**, sessione (d'assise) senza cause da discutere □ **a m. horse**, un cavallo che non ha mai vinto una corsa □ **m. name**, nome da nubile (*o da signorina*) □ **m. soldier**, soldato che non ha avuto il battesimo del fuoco □ **m. speech**, primo discorso (*specialm. di un deputato al parlamento*) □ **a ship's m. voyage**, il viaggio inaugurale di una nave.
maidenhair ['meidnˌhɛə*], *n.* (*bot., Adiantum capillus Veneris*) **● anche fern**) capelvenere; adianto.
maidenhead ['meidnhed], *n.* **1** verginità **2** (*anat.*) imene.
maidenhood ['meidnhud], *n.* fanciullezza; giovinezza (di ragazza); verginità.
maidenish ['meidniʃ], **maidenlike** ['meidnlaik], *V.* **maidenly**.
maidenly ['meidnli], *a.* di (*o da*) fanciulla; verginale; puro.

maidish ['meidiʃ], *V.* **maidenly**.
maidservant ['meidˌsə:vənt], *n.* cameriera; domestica; donna di servizio.
maieutic(al) [mei'ju:tik(əl)], *a.* (*filos.*) maieutico: **m. method**, metodo maieutico (*di Socrate*).
maieutics [mei'ju:tiks], *n. pl.* (*col verbo al sing.*) (*filos.*) maieutica.
mail (1) [meil], *n.* (*stor.*) maglia (*metallica, per armature*): **a coat of m.**, una cotta di maglia. ● **chain m.** (*o* **ring m.**), maglia ad anelli □ **plate m.**, armatura a piastre.
to mail (1) [meil], *v. t.* (*stor.*) rivestire di maglia metallica.
mail (2) [meil], *n.* **1** posta; corrispondenza; lettere; pacchi; corriere (*o servizio*) postale: **We had little m. yesterday**, abbiamo ricevuto poca corrispondenza ieri; **The morning m. is late**, la posta del mattino è in ritardo **2** (*anche* **m.-bag**) sacco postale. ● **m.-bag**, sacco (postale); (*USA*) borsa del portalettere □ (*ferr.*) **m.-car**, vagone postale □ **m. carrier**, portalettere □ **m.-coach**, (*un tempo*) corriera, diligenza, postale; (*ora*) vagone postale □ (*comm.*) **m. order**, ordinazione per corrispondenza □ **a m.-order firm**, una ditta che commercia col sistema delle ordinazioni per corrispondenza □ (*naut.*) **m. steamer**, (nave) postale □ (*ferr.*) **m. train**, (treno) postale □ **m. van**, furgone postale □ **by m.**, per posta □ **by air-m.**, per via aerea □ **incoming m.**, posta in arrivo □ **outgoing m.**, posta in partenza.
to mail (2) [meil], *v. t.* **1** mandare (*o* spedire, inoltrare) per posta **2** impostare; imbucare.
mailbox ['meilbɔks], *n.* (*USA*) **1** cassetta della posta **2** buca da lettere.
mailing ['meiliŋ], *n.* **1** impostazione **2** materiale postale. ● **m. list**, lista di spedizione; elenco d'indirizzi; indirizzario.
mailman ['meilmæn], *n.* (*pl.* **mailmen**) postino.
to maim [meim], *v. t.* mutilare; storpiare (*anche fig.*).
maiming ['meimiŋ], *n.* mutilazione; storpiamento.
main (1) [mein], **A** *n.* **1** conduttura principale (*d'acqua, gas*); linea principale, linea d'alimentazione (*d'elettricità*); collettore (*di fogne*) **2** forza (*nell'espress.*): **with might and m.**, con tutta la propria forza; mettendocela tutta; a più non posso (*fam.*) **3** (*poet.*) alto mare; oceano. **B** *a.* principale; primario; più importante; essenziale: **the m. street of a town**, la via principale d'una città; **the m. point**, il punto essenziale (*d'un argomento, d'una discussione*). ● **the m. body of an army**, il grosso d'un esercito □ (*naut.*) **m.-brace**, braccio di maestra □ **the m. chance**, la grande occasione □ (*gramm.*) **m. clause**, frase principale □ (*naut.*) **m. deck**, ponte principale; ponte di coperta □ (*pop. USA*) **the m. drag**, il luogo dello struscio; il corso □ (*ferr.*) **m. line**, linea principale □ (*USA*) **M. Street**, il Corso; (*fig.*) gli abitanti tipici (*d'una cittadina*) □ (*naut.*) **m. yard**, pennone di maestra □ **by m. force**, a viva forza □ **to have an eye to the m. chance**, non perdere di vista il proprio interesse □ **in the m.**, nel complesso; nell'insieme; per lo più □ (*geogr.*) **the Spanish M.**, il Mar dei Caraibi □ (*gergo naut.*) **to splice the m. brace**, servire una razione extra di rum (*all'equipaggio*); (*fig.*) bere sfrenatamente.
main (2) [mein], *n.* **1** numero chiamato da un giocatore di dadi (*prima del lancio*) **2** lancio, partita, posta (*nel gioco ai dadi*) **3** combattimento di galli.
mainland ['meinlənd], *n.* (*geogr.*) continente; terraferma.
mainliner ['meinˌlainə*], *n.* (*pop. USA*) tossicomane che s'inietta droga in vena.
mainmast ['meinma:st], *n.* (*naut.*) albero maestro (*o di maestra*).
mains [meinz], *a. attr.* collegato alla rete (d'alimentazione): **m. electricity**, energia (elettrica) di rete.
mainsail ['meinseil], *n.* (*naut.*) vela di maestra; randa.
mainspring ['mein-spriŋ], *n.* **1** (*mecc.*) molla principale; spirale (*d'un orologio*) **2** (*fig.*) molla; motivo principale; causa prima: **Profit is the m. of business**, il guadagno è la molla principale degli affari.
mainstay ['mein-stei], *n.* **1** (*naut.*) straglio di maestra **2** (*fig.*) appoggio (*o sostegno*) principale; puntello.
mainstream ['meinˌstri:m], *n.* (*anche fig.*) corrente principale. ● (*mus.*) **m. jazz**, jazz tradizionale.
to maintain [men'tein], *v. t.* mantenere; conservare; sostenere; affermare; asserire; dichiarare; avere (*o curare*) la manutenzione di (*una strada, ecc.*): **to m. friendly relations with sb.**, mantenere relazioni amichevoli con q.; **to m. the aged and indigent**, mantenere gli anziani bisognosi; **to m. one's reputation**, conservare il proprio buon nome; **to m. a war** (**a contest**), sostenere (*o* tenere in piedi) una guerra (una lite); **to m. a party** (**a cause**), sostenere un partito (una causa); **to m. a statement**, mantenere un'asserzione (*o* una dichiarazione); **to m. oneself on one's salary**, mantenersi con lo stipendio; vivere di stipendio; **I m. that racial hatred is a bad thing**, sostengo che l'odio razziale è cosa malvagia.
maintainable [men'teinəbl], *a.* **1** mantenibile; conservabile **2**

maintenance

sostenibile; che si può affermare.

maintenance ['meintinəns], *n.* **1** mantenimento; conservazione; sostentamento **2** manutenzione: **m. charges**, spese di manutenzione **3** mezzi di sostentamento; alimenti **4** (*leg.*) aiuto illecito (*a una parte in causa*) **5** (*leg.*) alimenti. ● (*leg.*) **m. order**, ingiunzione di corrispondere gli alimenti □ (*autom.*) **m. vehicle**, carro attrezzi.

maintop ['meintɒp], *n.* (*naut.*) coffa di maestra.

Mainz [maints], *n.* (*geogr.*) Magonza.

maison(n)ette [ˌmeizəˈnet], *n.* appartamentino; casetta.

maize [meiz], **A** *n.* **1** (*bot.*, *Zea mays*) granturco; mais; frumentone **2** (*color*) giallo. **B** *a.* color del granturco; giallo.

majestic(al) [məˈdʒestik(əl)], *a.* maestoso.

majesty [ˈmædʒisti], *n.* maestà (*in ogni senso*); imponenza; maestosità: **the m. of the law**, la maestà della legge; (*al vocat.*) **Your M.**, Vostra Maestà; **His** (*o* **Her**) **M.**, Sua Maestà.

majolica [məˈjɒlikə], *n.* maiolica; vasellame di maiolica.

major (1) [ˈmeidʒə*], *n.* (*mil.*) maggiore. ● **m. general**, maggior generale; generale di divisione.

major (2) [ˈmeidʒə*], **A** *a.* **1** maggiore; più grande; più importante; principale: **the m. part of one's life**, la maggior parte della propria vita **2** (*nelle scuole*) maggiore; più anziano: **Brown m.**, il maggiore (*o* il più anziano) dei fratelli Brown **3** (*leg.*) maggiorenne. **B** *n.* **1** (*leg.*) maggiorenne **2** (*USA*) materia in cui ci si specializza (*all'università*). ● (*mat.*) **m. axis**, asse maggiore □ **m.-domo**, maggiordomo □ **m. drum**, tamburo maggiore □ (*mus.*) **m. key**, tono maggiore □ **m. road**, arteria principale; strada maestra □ (*mus.*) **m. scale**, scala maggiore □ (*USA*) **m. subject**, materia di specializzazione □ (*nel bridge*) **m. suit**, seme di cuori (*o* di quadri).

to major [ˈmeidʒə*], *v. i.* (*USA*) specializzarsi in (*una disciplina*): **to m. in chemistry**, specializzarsi in chimica.

majorette [ˌmeidʒəˈret], *n.* (*specialm. USA*; *anche* **drum m.**) majorette.

majority [məˈdʒɒriti], **A** *n.* **1** maggioranza; (la) maggior parte: **He was elected by a m. of 55 out of a total of 610 votes cast**, fu eletto con una maggioranza di 55 voti su un totale di 610 voti espressi; **the m. of people**, la maggior parte delle persone; i più **2** (*leg.*) maggiore età: **to attain** (*o* **to reach**) **one's m.**, raggiungere la maggiore età; diventare maggiorenne **3** (*mil.*) grado di maggiore. **B** *a. attr.* di maggioranza: **a m. vote**, un voto di maggioranza. ● (*fig.*) **to join the great m.**, passare nel numero dei più; morire □ **silent m.**, maggioranza silenziosa □ (*leg.*) **a m. verdict**, un verdetto emesso a maggioranza (*dei giurati*).

majorship [ˈmeidʒəʃip], *n.* (*mil.*) grado (*o* ufficio) di maggiore.

majuscular [məˈdʒʌskjulə*], *a.* **1** di maiuscola **2** scritto a lettere maiuscole.

majuscule [ˈmædʒəskjuːl], **A** *a.* (*paleografia*) maiuscolo. **B** *n.* (lettera) maiuscola.

to make [meik] (*pass.* e *p. p.* **made**), **A** *v. t.* **1** fare; creare; costruire; comporre; confezionare; fabbricare; produrre; causare; costringere; nominare; rendere: **to m. tea** (**bread, wine, etc.**), fare il tè (il pane, il vino, ecc.); **God made man**, Dio creò l'uomo; **What time do you m. it?**, che ora fai?; **to m. roads** (**bridges, etc.**), costruire strade (ponti, ecc.); **to m. hats**, fabbricare cappelli; **What is it made of?**, di che cosa è fatto?; di che cosa è?; **What made this sudden change?**, che cosa ha prodotto questa improvvisa trasformazione?; **Two and two m. four**, due più due fa quattro; **to m. a noise**, far rumore; **M. him repeat it**, fagliele ripetere; **They made him president**, lo fecero presidente; **That makes five who want to join us**, e così fan cinque che vogliono unirsi a noi; **This photograph makes you** (**look**) **an old man**, questa fotografia ti fa (apparire) vecchio **2** calcolare; valutare; supporre; ritenere; credere: **I m. the distance about ten miles**, calcolo che la distanza sia di circa dieci miglia; **What insect do you m. it to be?**, che insetto credi che sia? **3** (*specialm. naut.*) arrivare a, raggiungere; toccare: **The disabled ship was just able to m. port**, la nave gravemente danneggiata riuscì appena a raggiungere il porto; **We made land at sunrise**, toccammo terra (*o* approdammo) all'alba **4** diventare; dimostrarsi; essere per (q.): **I think he will m. a good teacher**, credo che diventerà un buon insegnante; **She'll m. him a good wife**, sarà per lui una buona moglie **5** avere, sentire, farsi (*un dubbio, uno scrupolo, ecc.*): **I m. a scruple about it**, me ne faccio uno scrupolo **6** fare la fortuna di: **That lucky venture made him**, quell'impresa fortunata fece la sua fortuna **7** fare (*fig.*); completare; rendere perfetto: **It is the furniture that really makes a house**, è il mobilio che fa una casa **8** (*volg.*) farsi (*una donna*; *volg.*); avere rapporti sessuali con (q.). **B** *v. i.* **1** fare per; stare per; fare la mossa di: **He made to go** (**to reply**) **and then stopped**, fece per andarsene (per rispondere) e poi si fermò; **He made as if he were going to strike me**, fece come per colpirmi **2** dirigersi; muoversi; (*del traffico, ecc.*) andare: **They made towards the church**, si dissero (*o* si mossero) verso la chiesa; **Traffic moves towards the suburbs in the evening**, di sera il traffico va verso la periferia **3** (*della marea*) cominciare a crescere (*o* a calare). **to make oneself C** *v. rifl.* **1** farsi; rendersi: **to m. oneself loved** (**respected, feared, etc.**), farsi amare (rispettare, temere, ecc.); **to m. oneself understood**, farsi capire; **M. yourself useful**, renditi utile! **2** fare per sé; farsi: **to m. oneself a cup of tea**, farsi una tazza di tè **3** mettersi; considerarsi: **M. yourself at home!**, mettiti comodo!; fa come se fossi a casa tua! **D** *verbi composti* **1** (*arc.*) **to m. after**, inseguire (q. o q.c.). **2 to m. against sb.**, essere ostile (*o* sfavorevole) a q. **3 to m. away**, allontanarsi in fretta □ **to m. away with** (**sb., st.**), sbarazzarsi, liberarsi di (q., q.c.); buttar via, dissipare (q.c.); appropriarsi di, rubare (q.c.); spacciare, sopprimere (q.) □ **to m. away with oneself**, suicidarsi; uccidersi. **4 to m. back to**, prendere la via del ritorno per; ritornare a. **5 to m. for**, dirigersi verso; (*naut.*) far rotta per; lanciarsi, scagliarsi contro, attaccare; favorire, promuovere: **He made for the door and tried to escape**, si lanciò verso la porta e cercò di scappare; **The dog made for me**, il cane si scagliò contro di me; **The arms race makes for war**, la corsa agli armamenti favorisce la (*o* porta alla) guerra. **6 to m. into**, trasformare in; volgere in: **to m. st. into st. else**, trasformare q.c. in q.c. altro. **7 to m. of**, capire; dedurre da; pensare di; interpretare: **I can m. nothing of it**, non ci capisco nulla; non mi ci raccapezzo; **What am I to m. of your conduct?**, che cosa devo dedurre dal (*o* come devo interpretare il) tuo modo di fare? **8 to m. off**, fuggire; scappare; svignarsela □ **to m. off with st.**, portare via q.c.; rubare, sottrarre q.c. **9 to m. out**, passarsela, cavarsela, andare (**bene, male, ecc.**); pretendere (*d'essere*), spacciarsi, farsi passare per (*fam.*) fare all'amore, pomiciare (*pop.*) □ **to m.** (**sb., st.**) **out**, compilare (*una lista, ecc.*); compilare, mettere insieme; far capire, capire, comprendere, accorgersi di; decifrare; intravedere, scorgere; (*fam.*) far passare (q.) per, far apparire, far fare a (q.) la figura di (*uno sciocco, ecc.*): **I made him out to be a hypocrite**, lo feci apparire un ipocrita; **I can't m. out his handwriting**, non riesco a capire la sua scrittura; **I made out a figure in the fog**, scorsi una figura nella nebbia □ **to m. out a case for doing st.**, trovare un buon motivo per fare q.c. □ (*comm.*) **to m. out a cheque**, fare (*o* staccare) un assegno □ **to m. out with sb.**, andare d'accordo con q.; fare all'amore, intendersela con q. □ (*fam. USA*) **How are things making out?**, come si mettono le cose?; come va (la vita)? □ **How do you m. that out?**, e tu come lo spieghi (*o* che interpretazione ne dai)? **10 to m. over**, (*anche leg.*) passare, trasferire; adattare, rifare, rammodernare: **He has made over his business to his son**, ha passato l'azienda al figliolo; **I want to m. over this coat**, voglio rammodernare questa giacca □ **to m. over st. into st. else**, trasformare q.c. in q.c. altro □ (*fig.*) **She's been made over into a new woman**, è diventata un'altra. **11 to m. up**, fare la pace, rappacificarsi; imbellettarsi, truccarsi (*di lavoro, stoffa, ecc.*) venire (**bene, male, ecc.**): **You should m. up at once**, dovete fare la pace subito; **The girls have only five minutes in which to m. up**, le ragazze hanno solo cinque minuti per truccarsi; **This dress will m. up very well**, questo vestito verrà benissimo □ **to m.** (**sb., st.**) **up**, compilare, redigere; mettere insieme, raccogliere, riunire; comporre, costituire, formare; confezionare, fare; preparare; inventare; imbellettare, truccare; compensare; restituire, ridare, recuperare, riguadagnare; comporre, conciliare; (*tipogr.*) impaginare, mettere in colonna: **We made up a list**, compilammo un elenco; **to m. up a sum of money**, mettere insieme una somma di denaro; (*rag.*) **to m. up a balance sheet**, redigere un bilancio; **These things m. up a whole**, queste cose costituiscono un tutto unico (*o* un insieme); **The class is made up of ten boys and seven girls**, la classe è formata da dieci maschi e sette femmine; **Let's m. up a story!**, inventiamoci una storia!; **to m. up what one owes**, restituire ciò che si deve (a q.); **to m. oneself up**, truccarsi; **to m. up one's eyes**, truccarsi (*o* rifarsi) gli occhi; **to m. up the difference**, compensare la differenza; **to m. up lost time**, recuperare il tempo perduto; **to m. up a bottle of medicine**, preparare una medicina in flacone; **to m. up parcels**, confezionare pacchi; **to m. up one's own dresses**, farsi i vestiti da soli; **to m. up the beds**, fare i letti; **to m. up a bed in the kitchen**, preparare un letto in cucina; **to m. up a quarrel**, comporre una lite □ **to m. up cloth into a suit**, usare la stoffa per farne un abito; fare un abito con della stoffa □ (*USA*) **to m. up an exam**, ripetere un esame □ **to m. up one's mind**, decidersi □ **to m. up one's mind to st.**, rassegnarsi a q.c.; convincersi di q.c. □ (*farm.*) **to m. up a prescription**, preparare un medicamento galenico; spedire una ricetta □ **to m. up for**, recuperare, riguadagnare; compensare: **We must m. up for lost time**, dobbiamo recuperare il tempo perduto; **This beautiful spring makes up for the severe cold of last winter**, questa bella primavera compensa il freddo intenso dell'inverno scorso □ **to m. it up** (**with sb.**), riconciliarsi, fare la pace (con q.) □ **to m. up to**, adulare, lisciare, fare la corte a (q.); cercare d'entrare nelle grazie di (q.) □ **to m. it up to sb.**, ricompensare, rifarsi con (q.); farsi pari con, rendere la pariglia a (q.): **I'll m. it up to him for all the troubles he has given me**, gli renderò la pariglia per tutti i guai che mi ha fatto passare. **12** (*pop. USA*) **to m. with**, preparare, servire; adoperare, usare: **M. with the lunch and be quick!**, spicciati a preparare la colazione!; **M. with the feet!**, svelto, cammina!; usa i piedi!; muovi le zampe! (*pop.*) □ (*volg.*) **to m. it with sb.**, farsela con q.; fare all'amore con q. ● (*nei giochi di carte*) **to m. an ace**, farsi un asso; fare presa con un asso □ **to m. an ally of sb.**, farsi un alleato di q. □ **to m. as if**, far mostra di; fingere di: **Don't m. as if you had no time**, non fingere di non avere tempo □ (*sport*) **to m. a bag**, riempire il carniere (*di selvaggina*) □ **to m. the bed**, fare (*o* rifare) il letto □ **to m. believe**, fare finta, fingere: **The children were making believe that they were Indians**, i bambini fingevano d'essere (*o* giocavano agli) indiani □ **to m. the best of a bad job** (*o* **of a bad bargain**), fare buon viso a cattiva sorte; ritirarsi in buon ordine □ **to m. bold**, diventare audace; osare: **I m. bold to say that...**, oso (*o* mi permetto di) dire che... □ **to m. a book**, fare un libro; (*anche*) stabilire e coordinare una serie di scommesse (*su un avvenimento*) □ **to m. or break**, V. **to m. or mar** □ **a m. or break case**, un caso di o la va o la spacca □ **a m. or break plan**, un piano disperato; un progetto audacissimo □ **to m. the cards** (*o* **the pack**), fare le carte; mescolare e dare le carte □ **to m. certain**, assicurarsi; accertarsi: **M. certain that the door is locked**, assicurati che la porta sia chiusa a chiave! □ (*elettr.*) **to m. a circuit**, completare un circuito □ (*elettr.*) **to m. a contact**, stabilire (*o* chiudere) un contatto □ **to m. st. do** (*o* **to m. do with st.**), far bastare q.c.; arrangiarsi con q.c.: **I'll m. these colours do**, farò bastare questi colori □ **to m. do and mend**, tirare avanti con gli abiti (gli attrezzi, ecc.) vecchi □ (*fam.*) **to m. eyes at sb.**, fare l'occhio di triglia a q. □ **to m. a face**, fare una boccaccia; storcere la bocca □ **to m. faces at sb.**, fare le boccacce a q. □ (*naut.*) **to m. fast**, ormeggiarsi; dar volta a (*un cavo*) □ **to m. st. fast**, assicurare, legare q.c. □ **to m. fire**, accendere un (*o* il) fuoco □ **to m. a fool** (*o* **an ass, a beast**) **of oneself**, fare la figura (*o* la parte) dello stupido (d'un asino, d'una bestia) □ **to m. friends with sb.**, fare amicizia con q. □ **to m. fun** (*o* **game, sport**) **of sb.**, prendere in giro q. □ **to m. good**, aver successo, fare fortuna: **He started from scratch but made good in later life**, cominciò dalla gavetta ma poi fece fortuna □ **to m. good sb.'s loss**, risarcire q. di (*o* indennizzare q. per) una perdita subita □ **to m. good marks at school**, ottenere buoni voti a scuola □ **to m. good a promise**, tener fede a una promessa □ **to m. good a statement**, documentare (*o* provare) un'asserzione □ **to m. good time**, andare in fretta; (*autom., aeron., naut.*) viaggiare bene, in orario □ **to m. a habit of st.**, prendere l'abitudine di fare q.c. □ **to m. hay of st.**, mettere q.c. sottosopra □ **to m. headway**, far progressi □ (*fam.*) **to m. it**, farcela; riuscire; arrivare in tempo; avere successo, sfondare (*fig.*): **Unfortunately I can't m. it to Florence**, purtroppo non ce la faccio a venire a Firenze □ (*fam.*) **to m. it big**, avere un grande successo; sfondare davvero (*fig.*) □ (*pop.*) **to m. it** (*o* **things**) **hot for sb.**, rendere la vita difficile a q. □ (*leg.*) **to m. laws**, emanare leggi; legiferare □ (*pop. USA*) **to m. like st.** (*o* **sb.**), imitare q.c.; spacciarsi per q. □ **to m. love to sb.**, fare all'amore con q. □ **to m. or mar sb.** (**st.**), fare la fortuna di q. (q.c.) o mandarlo in rovina (*o* rovinare tutto) □ **to m. merry**, far festa; far baldoria; essere molto allegro □ **to m. money**, far quattrini □ **to m. the most** (*o* **the best**) **of st.**, trarre il maggior vantaggio possibile da q.c.; sfruttare al massimo q.c.: **He makes the most of the little he has**, sfrutta al massimo quel poco che possiede □ **to m. mouths at sb.**, fare le boccacce a q. □ **to m. much** (**little**) **of**, tenere in gran conto (in scarsa considerazione) □ **to m. a night of it**, vegliare sino a tarda notte □ **to m. no difference**, non fare differenza, essere indifferente □ **to m. peace**, far la pace □ **to m. a profit** (**a loss**), fare un guadagno (subire una perdita) □ **to m. st. profitable**, consentire un margine d'utile per q.c. □ **to m. ready**, preparare; approntare □ **to m. room** (**place, way**) **for sb.**, far posto (far largo) a q. □ (*naut.*) **to m. sail**, bordare, distendere la vela □ **to m. sense**, avere un senso; capire; cavare un significato: **These words don't m. sense**, queste parole non hanno senso; **Can you m. sense of this article?**, ci capisci qualcosa in questo articolo? □ **to m. sure**, assicurarsi, fare in modo (di fare, ottenere q.c.) □ (*a bridge*) **to m. a trick**, fare una presa □ **to m. war upon** (*o* **on**), far guerra a (*pop.*) □ **to m. it warm for sb.**, V. **to m. it hot for sb.** □ (*naut.*) **to m. way**, procedere □ **to m. one's way**, dirigersi, andare a: **to m. one's way home**, prendere la strada di casa; **to m. one's way to the house**, dirigersi verso la casa; **to m. one's way up the stairs**, salire le scale □ **to m. one's way in the world**, farsi strada nel mondo; fare carriera □ **He makes a few dollars a day**, guadagna pochi dollari al giorno □ **I m. a total of forty dollars**, mi viene (*o* i miei calcoli danno) un totale di quaranta dollari □ **I will m. it worth your while**, farò in modo che ne valga la pena (per te); ti ricompenserò adeguatamente □ **It makes no difference to me**, mi è indifferente; non me ne importa □ **This book makes pleasant reading**, questo libro è di piacevole lettura □ **This makes the tenth time you do it**, (e con) questa è la decima volta che lo fai □ **Will you m. a fourth at bridge?**, vuoi fare da quarto (per una partita) a bridge? □ **Will you m. one of the party?**, vuoi essere della comitiva? □ (*prov.*) **M. hay while the sun shines**, batti il ferro finché è caldo! □ (*prov.*) **One swallow does not m. a summer**, una rondine non fa primavera.

make [meik], *n*. **1** fabbricazione; produzione; fattura; forma; marca; tipo: **This article is our own m.**, questo articolo è di nostra fabbricazione (*o* produzione); **cars of all makes**, automobili di tutti i tipi (*o* di ogni marca) **2** costituzione; carattere; temperamento: **a man of this m.**, un uomo di siffatto temperamento **3** (*elettr.*) chiusura (*o* completamento) d'un circuito: **at m.**, nel punto in cui si chiude il circuito (*o* avviene il contatto). ● (*elettr.*) **m. contact**, contatto in chiusura □ **to be on the m.**, essere intento a far quattrini, a far carriera; andare al sodo, darsi da fare, cercare di farsi (*volg.*: *una donna*).

make-believe ['meikbi,li:v], **A** *n*. finzione; finta: **It's all m.**, è tutta una finzione. **B** *a. attr.* finto; simulato; irreale; dell'immaginazione. ● **a world of m.**, un mondo immaginario, irreale.

make-do ['meikdu:], *n*. (*pl*. **make-dos**) *V*. **makeshift**.

makefast ['meikfɑ:st], *n*. (*naut.*) ormeggio.

make-peace ['meikpi:s], *n*. (*raro*) paciere; pacificatore.

maker ['meikə*], *n*. **1** fattore; creatore; artefice **2** fabbricante (*specialm. nei compositi*): **shoemaker**, fabbricante di scarpe; calzolaio **3** (*comm.*) emittente (*di un paggherò*). ● **the M.**, il Creatore; Dio □ **m.-up**, impaccatore; (*teatr.*) truccatore; (*tipogr.*) impaginatore □ (*autom.*) **body-m.**, carrozziere □ (*fig.*) **to meet one's M.**, andare al Creatore; morire.

makeready ['meik,redi], *n*. **1** (*mecc.*) messa a punto **2** (*grafica*) taccheggio.

makeshift ['meikʃift], **A** *n*. espediente; ripiego; rimedio provvisorio. **B** *a. attr.* improvvisato; di fortuna; provvisorio; temporaneo: **a m. table**, un tavolo di fortuna.

make-up ['meikʌp], *n*. **1** composizione; costituzione; formazione: **the m. of a train**, la formazione d'un treno **2** belletto, cosmetici; maquillage, trucco; (*teatr.*) truccatura: **That girl uses too much m.**, quella ragazza usa troppo belletto (*o* si trucca troppo); **What a remarkable m.!**, che bella truccatura (*di attore*) **3** (*tipogr.*) impaginazione **4** (*fig.*) carattere; temperamento; costituzione: **a man of a nervous m.**, un uomo di costituzione nervosa (*o* di carattere nervoso) **5** (*fam., specialm. USA*) recupero (*o* ripetizione) di un esame. ● (*cinem., telev.*) **m. artist**, truccatore, truccatrice; (*nei titoli*) trucco (di) (*segue il nome*) □ (*cinem., teatr.*) **m. man**, truccatore.

makeweight ['meik-weit], *n*. **1** giunta; quantità aggiunta (*per fare il peso*): **This is by way of m.**, questo è per dare la giunta (*o* per fare il peso) **2** (*fig.*) riempitivo.

making ['meikiŋ], *n*. **1** fattura; composizione; creazione; fabbricazione; ecc. (*V.* **to make**) **2** (*con l'art. def.*) causa del successo (di q.): **That experience was the m. of him**, quell'esperienza fu la causa del suo successo (*o* fece la sua fortuna), lo portò al successo **3** (*pl.*) guadagni; profitti; ricavo **4** (*pl.*) qualità necessarie; stoffa (*fig.*): **He has the makings of a pianist**, c'è in lui la stoffa del (vero) pianista **5** (*pl., fam. USA*) carta e tabacco (*per farsi le sigarette*). ● (*leg.*) **the m. of laws**, l'emanazione di leggi; la legiferazione □ (*agric.*) **hay-m.**, fienagione □ **in the m.**, in formazione, in fieri; mentre si sta facendo (*o* costruendo); conseguibile, ottenibile.

Malacca cane [mə'lækə'kein], *n*. malacca; canna di Malacca; bastone da passeggio.

Malachi ['mæləkai], *n*. (*Bibbia*) Malachia.

malachite ['mæləkait], *n*. (*miner.*) malachite.

malacologist [,mælə'kɔlədʒist], *n*. (*scient.*) malacologo.

malacology [,mælə'kɔlədʒi], *n*. (*scient.*) malacologia.

maladjusted ['mælə'dʒʌstid], **A** *a*. **1** (*psic.*) incapace d'adattarsi (*specialm. all'ambiente sociale*); disadattato **2** (*mecc.*) regolato male. **B** *n*. (*psic.*) disadattato.

maladjustment ['mælə'dʒʌsmənt], *n*. **1** (*psic.*) incapacità d'adattarsi (*all'ambiente sociale*); disadattamento **2** (*mecc.*) regolazione difettosa.

to maladminister ['mæləd'ministə*], *v. t.* amministrare male.

maladministration ['mæləd,minis'treiʃən], *n*. cattiva amministrazione; (*specialm.*) malgoverno.

maladroit ['mælə'drɔit], *a*. malaccorto; maldestro.

maladroitness ['mælə'drɔitnis], *n*. malaccortezza; l'esser maldestro.

malady ['mælədi], *n*. (*spesso fig.*) malattia: **a fatal m.**, una malattia letale; un male che non perdona; **social maladies**, le malattie della società.

mala fide ['meilə'faidi] (*lat*), **A** *avv*. in mala fede. **B** *a*. **1** che è

Malaga

in mala'fede **2** fatto in mala fede.
Malaga ['mæləgə], *n.* **1** (*geogr.*) Malaga **2** — **m.**, vino di Malaga; malaga.
Malagasy [,mælə'gæsi], *a.* e *n.* (*pl.* **Malagasy, Malagasies**) malgascio; (abitante, lingua) del Madagascar.
malaise [mæ'leiz], *n.* (*generalm. al sing. con l'art. indef.*) **1** malessere (*fisico*); senso di malessere **2** (*fig.*) male; malessere: **the social m.**, il malessere sociale. ● (*econ.*) **the British m.**, i mali dell'economia britannica.
malamute ['mæləmju(:)t], *n.* (*zool.*) cane esquimese; «malamute».
malanders ['mælənd əz], *n. pl.* (*vet.*) malandre.
malaprop ['mæləprop], *V.* **malapropism**.
malapropian [,mælə'proupjən], *a.* che sbaglia le parole difficili; che prende papere (*fam.*).
malapropism ['mælə,propizəm], *n.* scambio di parole grossolano e ridicolo; papera (*fam.*); uso erroneo di parole difficili, di suono (*o* grafia) simile (*per es.*, **epitaph** *invece di* **epithet**, «epitaffio» per «epiteto»; *dal nome di Mrs Malaprop nella commedia* «The Rivals» *di Sheridan*).
malapropos [mæl'æprəpou], **A** *avv.* a sproposito; inopportunamente. **B** *n.* cosa fatta (*o* detta) a sproposito.
malar ['meilə*], **A** *a.* (*anat.*) malare; zigomatico; della guancia. **B** *n.* zigomo.
malaria [mə'lɛəriə], *n.* (*med.*) malaria.
malarial [mə'lɛəriəl], *a.* (*med.*) malarico: **a m. district**, una zona malarica. ● **m. patients**, i malarici.
malarian [mə'lɛəriən], **malarious** [mə'lɛəriəs], *V.* **malarial**.
Malay [mə'lei], *a.* e *n.* malese (*anche la lingua*).
Malaya [mə'leiə], *n.* (*geogr.*) Malesia.
Malayan [mə'leiən], *a.* e *n.* malese.
Malaysia [mə'leiziə], *n.* (*geogr.*) Malaysia.
Malaysian [mə'leiziən], **A** *a.* malaysiano. **B** *n.* **1** malaysiano **2** lingua malaysiana.
malcontent ['mælkən,tent], *a.* e *n.* malcontento; scontento.
maldistribution [mæl,distri'bju:ʃən], *n.* cattiva distribuzione: (*econ.*) **a m. of wealth**, una cattiva distribuzione della ricchezza.
male [meil], **A** *n.* maschio. **B** *a.* maschio; maschile; virile: (*bot.*) **m. gametes**, gameti maschili; (*bot.*) **m. fern** (*Dryopteris filix-mas*), felce maschio (*usata in medicina*); **a m. choir**, un coro maschile; (*mecc.*) **a m. screw**, una vite maschia; **in a m. voice**, con voce virile. ● **m. chauvinism**, maschilismo □ **m. chauvinist** (*fam.*, *spreg.*): **m. chauvinist pig**), maschilista □ **m. nurse**, infermiere □ (*poesia*) **m. rhyme**, rima fra parole tronche □ **an all--m. club**, un circolo per soli uomini □ **in the m. line**, in linea (genealogica) maschile.
malediction [,mæli'dikʃən], *n.* maledizione.
maledictory [,mæli'diktəri], *a.* maledicente.
malefaction [,mæli'fækʃən], *n.* misfatto; crimine.
malefactor ['mælifæktə*], *n.* malfattore; criminale.
malefic [mə'lefik], *a.* malefico; dannoso: **m. arts**, arti malefiche.
maleficence [mə'lifisəns], *n.* **1** l'esser malefico; cattiveria; malvagità **2** azione malefica; misfatto; delitto.
maleficent [mə'lefisnt], *a.* malefico; maligno. ● (*di una sostanza*) **m. to**, dannoso a.
malemute ['mæləmju(:)t], *V.* **malamute**.
malevolence [mə'levələns], *n.* malevolenza; cattiveria; malignità.
malevolent [mə'levələnt], *a.* malevolo; cattivo; maligno.
malfeasance [mæl'fi:zəns], *n.* (*leg.*) **1** condotta (*o* azione) disonesta, illecita **2** prevaricazione.
malfeasant [mæl'fi:zənt], (*leg.*) **A** *a.* disonesto. **B** *n.* **1** persona disonesta **2** prevaricatore, prevaricatrice.
malformation ['mælfɔ:'meiʃən], *n.* malformazione; deformità.
malformed [mæl'fɔ:md], *a.* malformato; deforme.
malfunction [mæl'fʌŋkʃən], *n.* cattivo funzionamento; malfunzionamento (*tecn.*).
malic ['mælik], *a.* (*chim.*) malico: **m. acid**, acido malico.
malice ['mælis], *n.* **1** malevolenza; malanimo; rancore; malignità: **I bear you no m.**, non ho malanimo verso di te **2** (*leg.*) intenzione criminosa; dolo. ● (*leg.*) **m. aforethought** (*o* **prepense**), premeditazione.
malicious [mə'liʃəs], *a.* **1** malevolo; malizioso; maligno: **a m. person**, un malevolo; **a m. remark**, un'osservazione maligna **2** (*leg.*) criminoso; doloso.
malign [mə'lain], *a.* dannoso; pernicioso; maligno; malefico: **a m. disease**, una malattia perniciosa.
to malign [mə'lain], *v. t.* malignare su; dir male di; calunniare; diffamare: **to m. a lady with gossip**, calunniare una signora facendo chiacchiere sul suo conto.
malignance [mə'lignəns], **malignancy** [mə'lignənsi], *n.* **1** malignità; malevolenza; malvagità **2** (*di malattia*) perniciosità; carattere maligno **3** (*med.*) tumore maligno.
malignant [mə'lignənt], *a.* maligno; malevolo; malvagio: **m. glances**,

sguardi malevoli.
malignity [mə'ligniti], *n.* malignità; malvagità.
to malinger [mə'liŋgə*], *v. i.* simulare una malattia; darsi malato; (*gergo mil.*) marcar visita.
malingerer [mə'liŋgərə*], *n.* chi si dà malato; (*gergo mil.*) chi marca visita; lavativo (*pop.*).
mall [mɔ:l], *n.* **1** viale; passeggiata pubblica **2** (*stor.*) maglio; pallamaglio; campo di gioco per pallamaglio **3** (*USA*) zona (*o* strada) pedonale e ricca di negozi **4** (*autom. USA*) aiuola spartitraffico. ● **the M.**, grande strada che separa il Green Park dal Parco di St. James (*a Londra*).
mallanders ['mæləndəz], *V.* **malanders**.
mallard ['mæləd], *n.* (*pl.* **mallard, mallards**) (*zool.*, *Anas platyrhynchos*) germano reale; anatra selvatica.
malleability [,mæliə'biliti], *n.* (*anche fig.*) malleabilità.
malleable ['mæliəbl], *a.* (*anche fig.*) malleabile.
malleableness ['mæliəblnis], *n.* (*anche fig.*) malleabilità.
mallemuck ['mælimʌk], *n.* (*zool.*, *Fulmarus glacialis*) procellaria artica.
malleolar [mə'li:oulə*], *a.* (*anat.*) malleolare.
malleolus [mə'li:oulǝs], *n.* (*pl.* **malleoli**) (*anat.*) malleolo.
mallet ['mælit], *n.* (*anche sport*) maglio; mazzuolo; mazza.
malleus ['mæliəs] (*lat.*), *n.* (*pl.* **mallei**) (*anat.*) martello.
mallow ['mælou], *n.* (*bot.*, *Malva sylvestris*) malva.
malm [ma:m], *n.* **1** (*geol.*) calcare biancastro e friabile **2** (*geol.*) marna gessosa **3** (mattone fatto con un) impasto d'argilla e gesso. ● (*edil.*) **m.-stone**, selce.
malmsey ['ma:mzi], *n.* malvasia.
malnutrition ['mælnju(:)'triʃən], *n.* malnutrizione; denutrizione.
malodorous [mæ'loudərəs], *a.* **1** maleodorante; puzzolente **2** (*fig.*) sconveniente; disdicevole.
malpractice ['mæl'præktis], *n.* **1** malcostume **2** prevaricazione **3** (*leg.*, *med.*) disonestà, negligenza (*nell'esercizio professionale*).
malt [mɔ:lt], *n.* malto: **extract of m.**, estratto di malto. ● **m.--house**, germinatoio (*o* distilleria) di malto □ **m. liquor**, liquore ottenuto dal malto □ (*fig.*, *arc.*) **m.-worm**, gran bevitore di birra.
to malt [mɔ:lt], **A** *v. t.* **1** trasformare (*orzo, ecc.*) in malto **2** trattare (*latte, ecc.*) col malto (*o* con estratto di malto). **B** *v. i.* (*d'orzo, ecc.*) mutarsi in malto.
Malta ['mɔ:ltə], *n.* (*geogr.*) Malta. ● **M. fever**, febbre maltese.
Maltese ['mɔ:l'ti:z], *a.* e *n.* (*invar. al pl.*) maltese (*anche la lingua*): **a M. cat**, un gatto maltese; **the M.**, i Maltesi. ● **M. cross**, croce di Malta □ (*zool.*) **M. dog**, maltese (*cane*).
maltha ['mælθə], *n.* **1** (tipo di) malta (*cfr.* **mortar**) **2** sostanza bituminosa; catrame minerale.
Malthusian [mæl'θju:zjən], *a.* e *n.* (*econ.*) maltusiano; di Malthus.
Malthusianism [mæl'θju:zjənizəm], *n.* (*econ.*) maltusianismo.
malting ['mɔ:ltiŋ], *n.* (*ind.*) maltaggio; preparazione del (*o* trasformazione in) malto. ● (*econ.*) **the m. industry**, l'industria del malto (*in G.B.*).
maltose ['mɔ:ltous], *n.* (*chim.*) maltosio.
to maltreat [mæl'tri:t], *v. t.* maltrattare; bistrattare; malmenare.
maltreatment [mæl'tri:tmənt], *n.* maltrattamento; bistrattamento.
maltster ['mɔ:ltstə*], *n.* fabbricante, venditore di malto.
malvaceous [mæl'veiʃəs], *a.* (*bot.*) malvaceo.
malversation [,mælvə:'seiʃən], *n.* (*leg.*) malversazione; peculato.
mama (1) [mə'ma:], *n.* (*quasi arc.*) mammà (*dial.*); mamma.
mama (2) ['ma:mə], *V.* **mamma (2)**.
mamba ['mæmbə], *n.* (*zool.*, *Dendraspis*) mamba; dendraspide.
mambo ['ma:mbou], *n.* (*pl.* **mambos**) (*mus.*) mambo.
mamelon ['mæmələn], *n.* **1** (*geogr.*) poggio tondeggiante; mammellone **2** (*biol.*) mammellone.
Mameluke ['mæmilu:k], *n.* **1** (*stor.*) mammalucco **2** — **m.**, schiavo (*nei paesi mussulmani*).
mamilla [mæ'milə], *n.* (*pl.* **mamillae**) (*anat.*) capezzolo.
mamillary ['mæmiləri], *a.* (*anat.*) mammillare, mammillare.
mamillated ['mæmileitid], *a.* **1** mammellonato **2** (*anat.*) fornito di capezzoli (*o* di mammelle).
mamilliform [mæ'milifɔ:m], *a.* (*scient.*) mammiforme.
mamma (1) [mə'ma:], *V.* **mama (1)**.
mamma (2) ['ma:mə], *n.* **1** (*USA*) mamma; mammina **2** (*pop.*) donna robusta.
mamma (3) ['mæmə], *n.* (*pl.* **mammae**) (*anat.*) **1** mammella **2** ghiandola mammaria.
mammal ['mæməl], *n.* (*zool.*) mammifero. ● (*fam.*) **m. baby**, piccolo di mammifero.
mammalian [mæ'meiljən], *a.* e *n.* (*zool.*) mammifero.
mammalogist [mə'mælədʒist], *n.* naturalista che studia i mammiferi.
mammalogy [mə'mælədʒi], *n.* studio dei mammiferi.

mammary ['mæməri], *a.* (*anat.*) mammario.
mammee [mæ'mi(:)], *n.* (*bot., Mammea americana*) albicocco di San Domingo.
mammiferous [mə'mifərəs], *a.* (*zool.*) mammifero.
mammilla [mæ'milə], e *deriv. V.* **mamilla**, e *deriv.*
mammogram ['mæməgræm], **mammograph** ['mæməgræf], *n.* (*med.*) mammografia (*lastra impressionata*).
mammographic [,mæmə'græfik], *a.* (*med.*) mammografico.
mammography [mæ'mɔgrəfi], *n.* (*med.*) mammografia (*il procedimento*).
mammon ['mæmən], *n.* **1** (*Bibbia*) mammona **2** – (*mitol.*) M., Mammone.
mammonish ['mæmənif], *a.* avido; cupido; votato al guadagno.
mammonism ['mæmənizəm], *n.* avidità di ricchezze; culto del denaro; mammonismo.
mammonist ['mæmənist], **mammonite** ['mæmənait], *n.* chi serve Mammone; persona avida, schiava del denaro.
mammoth ['mæməθ], **A** *n.* (*paleontologia*) mammut. **B** *a. attr.* enorme; gigantesco; mastodontico: **a m. enterprise**, un'impresa gigantesca.
mammy ['mæmi], *n.* **1** (*specialm. USA*) mammina **2** (*USA*) bambinaia negra.
man [mæn], *n.* (*pl.* **men**) **1** uomo: **God appeared as man**, Dio si fece uomo; **the rights of man**, i diritti dell'uomo; **a man of letters**, un uomo di lettere; un letterato **2** dipendente; lavorante; operaio; domestico; servitore: **masters and men**, padroni e operai **3** militare di truppa; soldato; marinaio: **officers and men**, ufficiali e soldati; **Every man must do his duty**, ogni soldato (*o* marinaio, ecc.) deve fare il suo dovere **4** marito: **to live as man and wife**, vivere come marito e moglie **5** (*negli scacchi*) pezzo **6** (*nel gioco della dama*) pedina **7** (*sport*) giocatore **8** (*al vocat.*) caro mio; caro Lei; ehi, tu: **Nonsense, man!**, sciocchezze caro mio!; **Hurry, up, man!**, ehi, tu, fa' presto (*o* sveglia)! ● (*inter.*) **Man!**, accidenti!; porca miseria! □ **a man about town**, un uomo di mondo □ **man and boy**, fin da ragazzo: **He has lived with us, man and boy, for twenty years**, sono vent'anni che vive con noi, fin da quando era ragazzo □ **men-at-arms**, uomini d'arme; soldati □ (*autom.*) **men at work** (*USA*: **men working**), lavori in corso (*cartello*) □ (*ind. min.*) **man cage**, gabbia per i minatori □ **man-child**, fanciullo; maschietto; ragazzino □ (*econ.*) **man-day**, giornata di manodopera; giornata lavorativa; giornata di lavoro d'un operaio □ **man-eater**, antropofago, cannibale; tigre (*o* pescecane, ecc.) che divora uomini □ **man Friday**, impiegato tuttofare; uomo di fiducia; factotum □ (*econ.*) **man-hour**, ora di manodopera; ora lavorativa; ora di lavoro d'un operaio □ **the man in** (*o* **on**) **the street**, l'uomo della strada; l'uomo qualunque □ **man-made**, fatto (*o* creato) dall'uomo; (*di fibra, tessuto*) sintetico, artificiale □ **one's man of business**, il proprio agente d'affari; il proprio procuratore (*fig.*) **man of straw**, uomo di paglia; prestanome □ (*naut.*) **man-of-war**, nave da guerra; (*zool., Fregata aquila*) fregata aquila □ **to be a man of one's word**, essere un uomo di parola □ **a man of the world**, un uomo di mondo □ (*naut.*) **man overboard!**, uomo in mare! □ (*sport USA*) **man-on-man**, uomo a uomo: **man-on-man defense**, difesa uomo a uomo □ **a man-sized meal**, un pasto abbondante □ **a man-to-man talk**, un discorso da uomo a uomo □ **any man**, chiunque: **Any man could do that**, chiunque sarebbe capace di farlo □ **as a** (*o* **one**) **man**, come un sol uomo; all'unanimità □ **between man and man**, da uomo a uomo □ (*inter.*) **good man!**, bravo! □ **the inner man**, l' «io» interiore, lo spirito; (*scherz.*) lo stomaco □ **little man**, ometto; omino, omettino (*anche, scherz., a un bambino*) □ **no man**, nessuno □ **Old man!**, vecchio mio! □ **the outer man**, l' «io» materiale, il corpo; (*scherz.*) l'aspetto fisico, esteriore □ **to be one's own man**, essere padrone di sé; poter fare quel che si vuole (*o* a modo proprio) □ **rag-and-bone man**, cenciaiolo; straccivendolo □ **to a man** (*o* **to the last man**), unanimemente; tutti quanti; nessuno escluso □ **What can a man do in such a case?**, che cosa si può fare in un caso simile?
to man [mæn], **A** *v. t.* **1** (*mil.*) fornire d'uomini; equipaggiare; armare: **to man a ship**, armare una nave **2** (*specialm. mil.*) prendere posto a: **Man the guns!**, prendete posto ai cannoni! **to man oneself B** *v. rifl.* farsi forza; farsi animo: **He manned himself for the ordeal**, si fece forza per la grave prova. ● (*mil.*) **to man a fort**, mettere una guarnigione in un forte □ **to man a post**, coprire (*o* occupare) un posto.
to manacle ['mænəkl], *v. t.* **1** ammanettare; mettere le manette (*a*). **2** (*fig.*) frenare; ostacolare; intralciare.
manacles ['mænəklz], *n. pl.* **1** (*anche fig.*) manette **2** (*fig.*) restrizione; freno; ostacolo; intoppo.
to manage ['mænidʒ], **A** *v. t.* **1** maneggiare; manovrare; condurre; guidare: **to m. an oar**, maneggiare un remo; **to m. a sailing boat**, manovrare una barca a vela **2** amministrare; avere la direzione di; dirigere; governare; reggere: **to m. a firm**, amministrare un'azienda; **to m. a household**, avere la direzione d'una casa; **to m. the State**, governare (*o* reggere) lo Stato **3** avere autorità su (q.); rendere docile; tener sottomesso (*o* a freno); menar per il naso (*fam.*): **to m. a naughty child**, tener a freno un bambino discolo; **to m. one's husband**, tener sottomesso il marito; **to m. a fool**, menar per il naso uno sciocco **4** (*preceduto da* **can, could, be able**) mettere a posto, sistemare; (*fam.*) mangiare: **Can you m. it?**, puoi sistemare la faccenda; puoi farcela?; **Can you m. another ice cream?**, ce la fai (*o* ci stai) a mangiare un altro gelato? **B** *v. i.* riuscire; farcela (*fam.*): **We managed to cross the river**, riuscimmo ad attraversare il fiume; **I've managed to make a mess of it**, sono riuscito a fare un grosso pasticcio; **I don't know how we'll m.**, non so come potremo farcela. ● **to m. with**, arrangiarsi con: **I'll try to m. with the little I have**, cercherò d'arrangiarmi con quel (*o* con il poco) che ho □ **to m. without st.**, fare a meno di q.c.; far senza q.c. □ **We managed fairly well**, ce la cavammo piuttosto bene □ **She didn't m. a smile**, ella non riuscì a sorridere.
manageability [,mænidʒə'biliti], *n.* **1** maneggevolezza; arrendevolezza; docilità; trattabilità **2** l'esser fattibile.
manageable ['mænidʒəbl], *a.* **1** maneggevole; arrendevole; docile; trattabile **2** che si può fare; fattibile.
manageableness ['mænidʒəblnis], *V.* **manageability**.
management ['mænidʒmənt], *n.* **1** amministrazione; conduzione; direzione (*di un'azienda*); controllo; gestione: **bad m.**, cattiva amministrazione; **new m.**, nuova gestione **2** (*collett.*) dirigenti **3** governo; cura (*specialm. di cavalli*) **4** (*spreg.*) maneggio; manovra; manipolazione; intrigo. ● **m. consultant**, consulente di organizzazione aziendale □ **m. control**, controllo manageriale □ **m. functions**, funzioni manageriali (*o* direttive); mansioni dirigenziali □ (*ind.*) **m. game**, gestione simulata □ **m. techniques** (*o* **tools**), tecniche di direzione aziendale □ **farm under personal m.**, podere a conduzione diretta.
manager ['mænidʒə*], *n.* **1** amministratore; direttore (*d'azienda*); dirigente; gestore; gerente; manager **2** (*teatr.*) impresario **3** (*cinem.*) regista: **assistant m.**, aiuto regista **4** (*leg.*) chi amministra; direttore **5** (*fig.*) massaio, massaia: **She's a very good m.**, è un'ottima massaia (*sa economizzare, ecc.*) **6** manager (*chi cura gli interessi di un attore, un atleta, ecc.*). ● **actor-m.**, capocomico □ **administration m.**, direttore amministrativo □ **assistant m.**, vice direttore □ **general m.**, direttore generale □ **joint m.**, condirettore □ **staff m.**, capo del personale □ **stage m.**, direttore di scena.
manageress [,mænidʒərɛs], *n.* amministratrice; direttrice (*d'azienda*); dirigente; gerente; gestrice (*specialm. d'albergo o ristorante*); gestora (*pop.*).
managerial [,mænə'dʒiəriəl], *a.* di direttore (*d'azienda*); della direzione (*d'affari*); direttivo; dirigenziale; gestionale; manageriale: **m. responsibility**, responsabilità di direttore, della direzione; **m. ability**, capacità direttiva; **m. innovations**, innovazioni gestionali; (*econ.*) **the m. revolution**, la rivoluzione manageriale.
managership ['mænidʒəʃip], *n.* direzione (*d'azienda*); autorità (*o* posizione, doveri) di direttore.
managing ['mænidʒiŋ], *a.* **1** che amministra; dirigente; direttivo; gerente: **m. committee**, comitato direttivo **2** autoritario. ● (*fin.*) **m. director**, amministratore (*o* consigliere) delegato □ **m. editor**, direttore editoriale (*o* amministrativo) (*di un giornale o una rivista*) □ (*fin.*) **m. partner**, socio gerente.
manakin ['mænəkin], *n.* **1** (*zool., Pipra*) pipra **2** *V.* **manikin**.
manatee [,mænə'ti:], *n.* (*zool., Trichechus manatus*) lamantino; manato.
Manchester goods ['mæntʃistə'gudz], *n. pl.* (*comm.*) cotonate.
manchineel [,mæntʃi'ni:l], *n.* (*bot., Hippomane mancinella*) mancinella.
Manchu [mæn'tʃu:], **A** *n.* (*pl.* **Manchu, Manchus**) manciù; mancese (*anche la lingua*); abitante della Manciuria **B** *a.* mancese; manciuriano.
Manchuria [mæn'tʃuəriə], *n. geogr.* Manciuria.
Manchurian [mæn'tʃuəriən], **A** *n.* manciù; mancese; abitante della Manciuria. **B** *a.* manciuriano; mancese.
manciple ['mænsipl], *n.* economo (*di collegio, convento e sim.*).
Mancunian [mæn'kju:njən], *a.* e *n.* (abitante) di Manchester.
mandamus [mæn'deiməs], *n.* (*leg.*) mandato; ordinanza (*del giudice a un pubblico ufficiale*).
mandant ['mændənt], *n.* (*leg.*) mandante.
mandarin (1) ['mændərin], *n.* **1** (*stor.*) mandarino (*funzionario cinese*) — M., lingua mandarina, il mandarino (*lingua cinese ufficiale*) **3** (*fig.*) funzionario pignolo, burocrate. ● (*zool.*) **m. duck** (*Aix galericulata*), anatra mandarina.
mandarin(e) (2) ['mændərin], *n.* (*bot., Citrus nobilis*; *anche* **m. orange**) mandarino.
mandatary ['mændətəri], *n.* **1** (*leg.*) mandatario **2** (*stor., polit.*) potenza mandataria.
mandate ['mændeit], *n.* **1** (*leg., stor., polit.*) mandato **2** terri-

mandate

torio sotto mandato **3** comando; ingiunzione; ordine.
to mandate ['mændeit], *v. t.* (*stor., polit.*) affidare (*una colonia, un territorio*) al mandato di (*un'altra nazione*); porre sotto mandato. ● **mandated territory**, territorio sotto mandato.
mandator [mæn'deitə*], *n.* (*leg.*) mandante.
mandatory ['mændətəri], **A** *a.* **1** di (*o* che ha la natura di) un mandato; obbligatorio; vincolante; (*leg.*) imperativo: **m. provision**, norma imperativa **2** (*stor., polit.*) mandatario. **B** *n.* (*leg., anche* **mandatary**) mandatario.
mandible ['mændibl], *n.* (*anat.*) mandibola.
mandibular [mæn'dibjulə*], *a.* (*anat.*) mandibolare.
mandibulate [mæn'dibjulit], *a.* (*anat.*) mandibolato; fornito di mandibola.
mandola [mæ'ndoulə], *n.* (*mus.*) mandola.
mandolin ['mændəlin], **mandoline** [,mændə'li:n], *n.* (*mus.*) mandolino. ● **bass m.**, mandolone.
mandragora [mæn'drægərə], **mandrake** ['mændreik], *n.* (*bot., Mandragora*) mandragora.
mandrel ['mændrəl], **mandril** ['mændril], *n.* **1** (*mecc.*) mandrino **2** (*metall.*) mandrino; spina **3** (*dial.*) piccone da minatore. ● (*mecc.*) **m. press**, pressa a calcatoio.
mandrill ['mændril], *n.* (*zool., Mandrillus sphinx*) mandrillo.
manducation [,mændju'keiʃən], *n.* masticazione; manducazione (*arc.*).
manducatory ['mændjukeitəri], *a.* masticatorio.
mane [mein], *n.* **1** criniera; (*del leone, anche*) giubba **2** (*fig.*) capigliatura folta; lunga chioma; zazzera.
maned [meind], *a.* (*nei composti, per es.*:) **long-m.**, dalla lunga criniera.
manège [mæ'neiʒ], *n.* **1** maneggio; scuola d'equitazione **2** equitazione.
Manes ['ma:neiz], *n. pl.* (*mitol. classica*) Mani.
maneuver [mə'nu:və*], *e deriv.* (*USA*) *V.* **manoeuvre**, *e deriv.*
manful ['mænful], *a.* virile; ardito; coraggioso; risoluto.
manfulness ['mænfulnis], *n.* virilità; ardimento; coraggio; risolutezza.
manganate ['mæŋgəneit], *n.* (*chim.*) manganato.
manganese [,mæŋgə'ni:z], *n.* (*chim.*) manganese. ● **m. steel**, acciaio al manganese; acciaio austenitico Hadfield.
manganic [mæŋ'gænik], *a.* (*chim.*) manganico.
manganite ['mæŋgənait], *n.* (*miner.*) manganite.
manganous ['mæŋgənəs], *a.* (*chim.*) manganoso.
mange [meindʒ], *n.* (*vet.*) rogna; scabbia.
mangel(-)wurzel ['mæŋgl'wə:zl] (*ted.*), *n.* (*bot.*) barbabietola da foraggio.
manger ['meindʒə*], *n.* **1** mangiatoia; greppia **2** (*relig.*) presepe; presepio. ● (*fig.*) **to be a dog in the m.**, essere come il cane nella mangiatoia (*da una favola di Esopo*); essere uno stupido egoista.
manginess ['meindʒinis], *n.* **1** (*vet.*) l'esser rognoso (*o* scabbioso) **2** sciatteria; sporcizia; sordidezza; trascuratezza.
mangle [mæŋgl], *n.* mangano (*per calcare e lisciare panni lavati*).
to mangle (1) ['mæŋgl], *v. t.* manganare; dare il mangano a (*panni*).
to mangle (2) ['mæŋgl], *v. t.* far scempio di (*anche fig.*); lacerare; maciullare; mutilare; straziare; (*fig.*) maltrattare, sciupare: **The bodies were mangled beyond recognition**, i corpi erano straziati da non potersi riconoscere; **The organist mangled the concerto**, l'organista fece scempio del concerto; **to m. a language**, maltrattare una lingua; **The text was mangled**, il testo era sciupato (*o* mutilo).
mangler (1) ['mæŋglə*], *n.* **1** manganatore **2** (macchina) manganatrice.
mangler (2) ['mæŋglə*], *n.* laceratore; mutilatore; chi fa scempio (di q.c.).
mangling (1) ['mæŋgliŋ], *n.* manganatura.
mangling (2) ['mæŋgliŋ], *n.* lacerazione; maciullamento; scempio.
mango ['mæŋgou], *n.* (*pl.* **mangoes, mangos**) (*bot., Mangifera indica*) mango. ● **m. chutney**, mango (acerbo) sott'aceto (*o* in salamoia).
mangold(-wurzel) ['mæŋgould(-'wə:zl)], *V.* **mangel(-)wurzel**.
mangonel ['mæŋgənəl], *n.* (*stor., mil.*) mangano.
mangosteen ['mæŋgousti:n], *n.* (*bot., Garcinia mangostana*) mangostano.
mangrove ['mæŋgrouv], *n.* (*bot., Rhizophora mangle*) mangrovia.
mangy ['meindʒi], *a.* **1** (*vet.*) rognoso; scabbioso: **a m. dog**, un cane rognoso **2** sciatto; sporco; sordido; squallido **3** insufficiente; scarso; striminzito.
to manhandle ['mæn,hændl], *v. t.* **1** azionare (*o* manovrare) a mano **2** (*fam.*) maltrattare; bistrattare.
Manhattan [mæn'hætən], *n.* **1** (*geogr.*) Manhattan (*isola su cui sorge parte di New York*) **2** — **m.**, cocktail di vermut e whisky, con un po' d'amaro.
manhole ['mænhoul], *n.* **1** botola (*o* tombino) stradale **2** passo d'uomo (*in una caldaia, un serbatoio, ecc.*) **3** (*naut.*) boccaportello. ● **m. cover**, chiusino, tombino (*stradale*); portello (*di caldaia, ecc.*).
manhood ['mænhud], *n.* **1** virilità; età virile: **to reach m.**, raggiungere l'età virile **2** coraggio; risolutezza **3** potenza virile; virilità **4** (*collett.*) (gli) uomini: **the m. of England**, (tutti) gli uomini d'Inghilterra.
mania ['meinjə], *n.* **1** follia; pazzia **2** (*fig.*) mania; smania; fissazione: **to have a m. for dancing**, avere la mania del ballo.
maniac ['meiniæk], *a. e n.* maniaco; folle.
maniacal [mə'naiəkəl], *a.* maniaco; maniacale: **m. fury**, furore maniaco.
manic ['mænik], *a.* (*psic.*) maniaco. ● **m.-depressive**, maniaco-depressivo.
Manich(a)ean [,mæni'ki:ən], *a. e n.* (*stor., relig.*) manicheo.
Manich(a)eism [,mæni'ki:izəm], *n.* (*stor., relig.*) manicheismo.
Manichee [,mæni'ki:], *n.* (*stor., relig.*) manicheo.
manicure ['mænikjuə*], *n.* manicure (*il trattamento*).
to manicure ['mænikjuə*], *v. t.* fare la manicure a (q.).
manicurist ['mænikjuərist], *n.* manicure (*la persona che cura le mani e le unghie*); manicurista (*raro*).
manifest (1) ['mænifest], *n.* **1** (*naut., aeron.*) manifesto (*di carico*); nota di carico (*ferr. USA*) treno merci rapido (*per bestiame, merce deperibile, ecc.*) **3** (*fig.*) manifestazione (*d'intenzioni, ecc.*).
manifest (2) ['mənifest], *a.* manifesto; evidente; ovvio; palese.
to manifest ['mænifest], **A** *v. t.* **1** manifestare; dichiarare; dimostrare; palesare; rivelare: **He didn't m. much desire to go abroad**, non manifestò un gran desiderio di andare all'estero **2** (*naut.*) registrare (q.c.) sul manifesto di carico. **to manifest oneself B** *v. rifl.* (*di spettro, ecc.*) manifestarsi; apparire.
manifestant [,mæni'festənt], *n.* (*polit.*) manifestante; dimostrante.
manifestation [,mænifes'teiʃən], *n.* (*anche polit.*) manifestazione; dimostrazione.
manifestative [,mæni'festətiv], *a.* dimostrativo.
manifesto [,mæni'festou], *n.* (*pl.* **manifestos, manifestoes**) manifesto (*politico, ideologico, ecc.*); proclama.
manifold ['mænifould], **A** *a.* molteplice; numeroso; multiforme; diverso; vario: **m. duties**, molteplici doveri; **m. wisdom**, saggezza multiforme; **m. vexations**, diverse vessazioni. **B** *n.* **1** (*mecc., ecc., anche* **m. pipe**) collettore: **exhaust m.**, collettore di scarico **2** copia poligrafica **3** carta per copie multiple. ● (*autom., mecc.*) **m. pressure**, pressione d'alimentazione □ **m.-writer**, poligrafo (*strumento*).
to manifold ['mænifould], *v. t.* **1** moltiplicare; rendere molteplice **2** (*specialm.*) poligrafare; fare molte copie di (*una lettera, ecc.*) col poligrafo.
manifoldness ['mænifouldnis], *n.* molteplicità; varietà.
manikin ['mænikin], *n.* **1** omino; ometto; omuncolo; nano **2** (*arte, ecc.*) manichino **3** (*med.*) manichino; modello anatomico (*del corpo umano*).
manilla [mə'nilə], *n.* braccialetto metallico.
Manil(l)a [mə'nilə], *n.* **1** (*geogr.*) Manila **2** (*anche* **M. hemp**) manila; canapa di Manila; abacà **3** (*anche* **M. cigar**) manila (*sigaro*) **4** (*anche* **M. paper**) carta grezza, da imballaggio; carta Manila.
manioc ['mæniɔk], *n.* **1** (*bot., Manihot utilissima*) manioca **2** tapioca.
maniple ['mænipl], *n.* (*stor., relig.*) manipolo.
to manipulate [mə'nipjuleit], *v. t.* **1** maneggiare; manipolare; azionare: **to m. the controls of an airplane**, azionare i comandi d'un aeroplano **2** manipolare; manovrare (*fig.*); abbindolare; raggirare: (*polit.*) **to m. one's constituents**, manovrare (*o* abbindolare) i propri elettori; **to m. figures (accounts)**, manipolare le cifre (i conti).
manipulation [mə,nipju'leiʃən], *n.* **1** manipolazione; il maneggiare; manovra (*fig.*); azionamento **2** manipolazione; abbindolamento; raggiro **3** (*fisioterapia*) manipolazione.
manipulative [mə'nipjulətiv], *a.* **1** di manipolazione, ecc. (*V.* **manipulation**) **2** che serve per manipolare; di manovra (*fig.*).
manipulator [mə'nipjuleitə*], *n.* **1** manipolatore (*specialm.* strumento) **2** abbindolatore.
manipulatory [mə'nipjulətəri], *V.* **manipulative**.
manito ['mænitou], *n.* (*pl.* **manitos**) *V.* **manitou**.
manitou, manitu [mæni'tu:], *n.* (*mitol.*) manitù; essere sovrannaturale (*degli Indiani d'America*).
mankind, (*def. 1* [mæn'kaind], *def. 2* ['mænkaind]), *n.* **1** il genere umano; l'umanità **2** il sesso maschile; gli uomini.
manlike ['mænlaik], *a.* **1** virile; maschile; da uomo **2** antropomorfo. ● **a m. woman**, una donna con caratteri mascolini; una

donna poco femminile.
manliness ['mænlinis], *n.* virilità; coraggio; forza; risolutezza.
manly ['mænli], *a.* **1** virile; coraggioso; forte; risoluto **2** maschile; di (*o da*) uomo: **m. sports**, sports da uomini. ● **a m. woman**, una donna d'animo virile.
manna ['mænə], *n.* (*Bibbia*) manna (*anche fig. e farm.*). ● (*bot.*) **m. ash** (*Fraxinus ornus*), orniello □ **m. croup**, farina grezza di grano □ (*chim.*) **m. sugar**, mannite.
manned [mænd], *a.* fornito d'uomini; con equipaggio (a bordo). ● (*miss.*) **a m. module**, un modulo con equipaggio umano.
mannequin ['mænikin], *n.* **1** indossatrice; modella **2** manichino.
manner ['mænə*], *n.* **1** maniera; maniere; modo di fare; educazione; bella maniera; maniere gentili; comportamento; condotta: **You've done it in a haphazard m.**, l'hai fatto in modo approssimativo; **after the m. of**, alla maniera di; **adverb m. of**, avverbio di modo; **I simply hate his manners**, detesto il suo modo di fare (non mi piacciono per niente le sue maniere); **bad manners**, cattiva educazione; maniere inurbane; **good manners**, buone maniere; maniere gentili; buona educazione; **a picture in the m. of Rubens**, un quadro alla maniera di Rubens **2** (*pl.*) consuetudini; usanze; costume: **the manners of the time**, le usanze del tempo; **a comedy of manners**, una commedia di costume **3** specie; sorta; genere: **What m. of woman is she?**, che sorta di donna è?; **all m. of things**, ogni sorta di cose; oggetti d'ogni specie **4** (*arte, lett.*) manierismo. ● **by all m. of means**, certamente; naturalmente □ **by no m. of means**, per nessuna ragione; in nessun modo □ **to carry oneself in the grand m.**, comportarsi da gentiluomo all'antica □ **in a m.**, in un certo modo; fino ad un certo punto □ **in m. of speaking**, per così dire; per modo di dire □ **no m. of right**, proprio nessun (*fam.*: nessunissimo) diritto □ **to the m. born**, nato per (*un certo compito, lavoro*): **a diplomat to the m. born**, un diplomatico nato □ **He has no manners**, non ha creanza; è un maleducato; è uno screanzato □ **The child really has manners**, quel fanciullo ha proprio creanza (*o* è proprio bene educato) □ **Where are your manners?**, che modi sono questi?
mannered ['mænəd], *a.* manieroso; manierato; affettato. ● **bad-m.** (*o* **ill-m.**), maleducato; **rough-m.**, aspro di modi; rozzo; rude □ **well-m.**, educato; bene educato.
mannerism ['mænərizəm], *n.* **1** (*arte, letter.*) manierismo **2** maniera peculiare (*di parlare, gestire*); affettazione; leziosaggine.
mannerist ['mænərist], *n.* (*arte, letter.*) manierista.
manneristic(al) [,mænə'ristik(əl)], *a.* di maniera; che pecca di manierismo; manieristico; affettato; ricercato.
mannerless ['mænəlis], *a.* maleducato; screanzato.
mannerliness ['mænəlinis], *n.* (*raro*) educazione; buona educazione; cortesia; gentilezza; urbanità.
mannerly ['mænəli], *a.* (*raro*) educato; cortese; gentile; urbano.
mannikin ['mænikin], *V.* **manikin**.
mannish ['mæniʃ], *a.* di (*di donna*) dall'aspetto maschile; che ha caratteri mascolini **2** di uomo; poco femminile: **a m. hairdo**, una pettinatura da uomo (*o* alla maschietta). ● **a m. girl**, una maschietta.
mannite ['mænait], **mannitol** ['mænitɔl], *n.* (*chim.*) mannite; mannitolo.
mannose ['mænous], *n.* (*chim.*) mannosio, mannoso.
manoeuvrability [mə,nu:vrə'biliti], *n.* manovrabilità; maneggevolezza.
manoeuvrable [mə'nu:vrəbl], *a.* manovrabile; maneggevole.
manoeuvre [mə'nu:və*], *n.* **1** manovra (*anche fig.*); evoluzione (*d'aeroplani*) **2** (*fig.*) maneggio; raggiro; stratagemma.
to manoeuvre [mə'nu:və*], *A v. t.* **1** manovrare: **to m. one's ship**, manovrare la propria nave **2** (*fig.*) abbindolare; raggirare: **to m. sb. out of st.**, raggirare q. così da togliergli q.c.; defraudare q. di q.c. *B v. i.* **1** far manovre; far manovra (*per es., con un'automobile*): **The NATO fleet is manoeuvring off the Italian coast**, la flotta della NATO sta facendo manovre al largo della costa italiana **2** (*fig.*) usare maneggi (*o* raggiri, stratagemmi). **to manoeuvre oneself** C *v. rifl.* destreggiarsi: **I manoeuvred myself out of the embarassing position**, mi destreggiai così da togliermi d'impaccio. ● **to m. one's car out of a traffic jam**, manovrare la propria automobile in modo da uscire da un ingorgo del traffico □ **to m. a friend into a good job**, riuscire con maneggi a procurare un buon posto a un amico □ **to m. one's way into sb.'s confidence**, carpire la fiducia di q. con maneggi (*o* raggiri) □ **to m. one's way to victory**, ottenere la vittoria con uno stratagemma.
manoeuvrer [mə'nu:vərə*], *n.* **1** stratega **2** (*fig.*) maneggione; intrigante.
manometer [mə'nɔmitə*], *n.* (*ing.*) manometro.
manometric [,mænə'metrik], *a.* manometrico.
manor ['mænə*], *n.* **1** (*stor.*) terreni con maniero; feudo **2** proprietà terriera; tenuta con villa annessa **3** (*pop.*) distretto di polizia. ● **m. house**, (*stor.*) maniero; (*ora*) casa padronale, villa □ **lord of the m.**, (*stor.*) signore del maniero, signore feudale; (*ora*) proprietario d'una tenuta.
manorial [mə'nɔ:riəl], *a.* di (*o relativo a*) maniero; feudale: (*leg.*) **m. rights**, diritti feudali.
manpower ['mæn,pauə*], *n.* **1** (*econ., stat.*) forza (*o* forze) di lavoro; manodopera **2** potenziale umano; uomini (*e non macchine*) **3** (*tecn.*) 1/10 di cavallo-vapore.
manqué [mɑŋ'kei] (*franc.*), *a.* mancato; fallito: **He's an artist m.**, è un artista mancato.
mansard ['mænsa:d], *n.* **1** (*anche* **m. roof**) tetto a mansarda **2** mansarda; stanza (*o* soffitta) sotto un tetto a mansarda.
manse [mæns], *n.* casa parrocchiale; presbiterio (*specialm. di pastore presbiteriano scozzese*).
manservant ['mæn,sə:vənt], *n.* (*pl.* **menservants**) domestico; servitore.
mansion ['mænʃən], *n.* **1** magione (*raro*); casa signorile; palazzo **2** (*pl., preceduto da nomi propri*) residenza; edificio suddiviso in appartamenti (*cfr.* **USA apartment house**). ● **m. house**, casa padronale; villa □ **the M. House**, la residenza ufficiale del sindaco di Londra.
manslaughter ['mæn,slɔ:tə*], *n.* (*leg.*) omicidio (*specialm.* colposo, preterintenzionale). ● (*leg.*) **voluntary m.**, omicidio premeditato.
manslayer ['mæn,sleiə*], *n.* (*leg.*) omicida.
mansuetude [mæn'switju:d], *n.* (*raro*) mansuetudine; docilità.
manta ['mæntə], *n.* (*zool., Manta birostris; anche* **m. ray**) manta; diavolo di mare; razza cornuta.
mantel ['mæntl], *V.* **1** mantelpiece **2** mantelshelf **3** manteltree.
mantelet ['mæntlit], *n.* **1** mantellina **2** (*stor., mil.*) mantelletto.
mantelpiece ['mæntl,pi:s], *n.* (*edil.*) **1** struttura portante (*o* base) di caminetto **2** *V.* **mantelshelf**.
mantelshelf ['mæntl,ʃelf], *n.* (*pl.* **mantelshelves**) (*edil.*) mensola di caminetto; caminiera.
manteltree ['mæntl,tri:], *n.* (*edil.*) trave (*di legno o in muratura*) di sostegno (*o* arco di sostegno) della struttura di un caminetto.
mantic ['mæntik], **A** *n.* mantica. **B** *a.* divinatorio; profetico.
mantilla [mæn'tilə*], *n.* mantiglia.
mantis ['mæntis], *n.* (*pl.* **mantises, mantes**) (*zool., Mantis*) mantide. ● **m. prawn** (*Squilla mantis*), canocchia; cicala di mare □ **praying m.** (*Mantis religiosa*), mantide religiosa.
mantissa [mæn'tisə], *n.* (*mat.*) mantissa.
mantle ['mæntl], *n.* **1** manto (*anche fig.*); mantello; mantella; cappa: **The fields are under a m. of snow**, i campi sono sotto un manto di neve **2** (*di lampada a gas*) reticella metallica **3** (*scient.*) mantello **4** *V.* **mantel**.
to mantle ['mæntl], **A** *v. t.* ammantare; (*fig.*) coprire, nascondere, velare. **B** *v. i.* **1** (*di liquidi*) coprirsi di schiuma; velarsi **2** coprirsi, soffondersi di rossore: **Her face mantled with emotion**, il viso le si soffuse di rossore per l'emozione **3** avvampare, accendersi, infiammarsi (*di rossore*): **Her cheeks mantled at the praise**, le guance le si accesero alla lode.
mantlet ['mæntlit], *n.* (*stor., mil.*) mantelletto.
mantrap ['mæn-træp], *n.* **1** trappola per uomini **2** (*fig.*) trappola (*fig.*); cosa pericolosa.
mantua ['mæntjuə], *n.* (*stor.*) veste femminile in uso nel '600 e nel '700. ● **m.-maker**, sarta.
Mantua ['mæntjuə], *n.* (*geogr.*) Mantova.
Mantuan ['mæntjuən], *a. e n.* mantovano.
manual ['mænjuəl], **A** *a.* **1** manuale: **m. labour**, lavoro manuale; **m. dexterity**, abilità manuale; manualità **2** (*autom., mecc.*) manuale; a mano. **B** *n.* **1** manuale; prontuario; trattato **2** (*mus.*) tastiera (*d'organo*) **3** (*mil., anche* **m. exercise**) maneggio delle armi **4** (*autom., mecc.*) cambio a mano **5** (*autom.*) automobile col cambio a mano. ● **m. alphabet**, alfabeto dei sordomuti (*fatto di segni con le mani*) □ **a m. worker**, uno che fa un lavoro manuale; un lavoratore del braccio.
manufactory [,mænju'fæktəri], *n.* manifattura; fabbrica; opificio.
manufacture [,mænju'fæktʃə*], *n.* **1** manifattura; fabbricazione: **of English m.**, di fabbricazione inglese **2** industria: **woollen m.**, l'industria della lana **3** (*pl.*) manufatti; prodotti manufatti **4** (*fig., spreg.*) produzione in serie (*d'opere letterarie, ecc.*).
to manufacture [,mænju'fæktʃə*], *v. t.* **1** fabbricare; produrre; confezionare; costruire: **to m. shoes**, fabbricare scarpe **2** lavorare (*metalli, lana, ecc.*) **3** (*fig., spreg.*) fare (*o* produrre) in serie, abborracciare (*opere letterarie, ecc.*) **4** (*fig.*) fabbricare, inventare (*storie, scuse, ecc.*).
manufacturer [,mænju'fæktʃərə*], *n.* fabbricante; produttore; industriale. ● (*comm.*) **m.'s certificate**, certificato di garanzia □ (*di un prodotto*) **under m.'s warranty**, in garanzia.
manufacturing [,mænju'fæktʃəriŋ], **A** *a.* manifatturiero; industriale: **a m. town**, una città industriale; **m. industry**, industria manifatturiera. **B** *n.* attività industriale; fabbricazione; produ-

manumission

zione. ● **m. cycle**, ciclo di lavorazione ☐ **m. overheads**, spese generali di produzione ☐ **m. process**, processo produttivo (o di fabbricazione).
manumission [ˌmænjuˈmiʃən], n. (stor.) manomissione; emancipazione.
to **manumit** [ˌmænjuˈmit], v. t. (stor.) manomettere, emancipare, affrancare (uno schiavo).
manure [məˈnjuə*], n. concime; letame. ● (agric.) **m.-spreader**, concimatrice; spandiletame ☐ **green m.**, sovescio.
to **manure** [məˈnjuə*], v. t. concimare.
manurial [məˈnjuəriəl], a. concimante.
manuring [məˈnjuəriŋ], n. concimazione.
manuscript [ˈmænjuskript], a. e n. manoscritto. ● (leg.) **m. will**, testamento olografo.
manward [ˈmænwəd], a. rivolto all'uomo; (che è) in rapporto con l'uomo.
Manx [mæŋks], **A** a. (geogr.) dell'isola di Man: **M. cat**, gatto di Man (senza coda). **B** n. lingua dell'isola di Man. ● (collett.) the **M.**, gli abitanti di Man.
Manxman [ˈmæŋksmən], n. (pl. **Manxmen**) abitante dell'isola di Man (nel Mare d'Irlanda).
many [ˈmeni], a. e pron. (pl. di **much**; compar. **more**, superl. **most**) molti; numerosi; parecchi: **M.** (o **m. people**) **died in the accident**, molti morirono nell'incidente; **m. times**, molte volte; **m. of us** (**you, them**), molti di noi (di voi, di loro). ● **the m.**, i più; la (stragrande) maggioranza; la massa ☐ **m.-coloured**, multicolore; variopinto ☐ (lett.) **m. a man**, più di un uomo ☐ **m.-sided**, che ha molti lati; poliedrico (fig.); multiforme, complesso: **a m.-sided man**, un uomo poliedrico; **a m.-sided problem**, un problema complesso ☐ **m.-sidedness**, poliedricità (fig.); multiformità, complessità ☐ (poet., retor.) **m. a time** (**and oft**), molte volte; spesso; più d'una volta: **M.'s the time I have seen him do it**, gliel'ho visto fare molte volte ☐ **as m.**, altrettanti: **He wrote five tales in as m. days**, scrisse cinque racconti in altrettanti (o in cinque) giorni ☐ **as m. again**, altrettanti: **I have four but I shall need as m. again**, ne ho quattro ma me ne occorreranno altrettanti ☐ **as** (o **so**) **m. as**, tanti quanti: **Take as m. as you like**, prendine (tanti) quanti ne vuoi ☐ **ever so m. times**, non so quante volte; moltissime volte ☐ **a good m.**, molti; parecchi ☐ **a great m.**, moltissimi ☐ **how m.?**, quanti? ☐ (fig.) **in so m. words**, esplicitamente; in modo chiaro ☐ **one too m.**, uno di troppo ☐ **I wish he'd go away; he's one too m.**, vorrei che se ne andasse; (la sua presenza) è di troppo ☐ (fam.) **He's had one too m.**, ne ha bevuto uno di troppo ☐ **too m.**, troppi ☐ **too m. people**, troppa gente ☐ (arc. o lett.) **M.'s the tale he has told us**, molte sono le storie che egli ci ha raccontate ☐ **He was one too m. for you**, è stato più abile (o più bravo) di te; te l'ha fatta (o l'ha fatta in barba).
manyplies [ˈmeniplaiz], n. centopelli; omaso.
Maoism [ˈmauˌizəm], n. (polit.) maoismo.
Maoist [ˈmauist], n. (polit.) maoista.
Maori [ˈmauri], a. e n. (pl. **Maori, Maoris**) maori (anche la lingua).
map [mæp], n. **1** carta geografica; carta topografica; mappa **2** carta astronomica; carta celeste **3** (elab.) mappa **4** (mat.) funzione. ● **map-maker**, cartografo ☐ **map-making**, cartografia ☐ **map-reader**, chi sa leggere una mappa ☐ **map scale**, scala cartografica ☐ (biol.) **genetic map**, mappa genetica ☐ (fam.) **off the map**, senz'importanza; (di un luogo) inaccessibile, lontanissimo ☐ (fam.) **on the map**, importante ☐ **outline map** (o **skeleton map**), carta muta ☐ (fig.) **the political map**, il quadro politico (della G.B., ecc.) ☐ **town map**, pianta d'una città ☐ (fam.) **to wipe off the map**, distruggere, cancellare dalla faccia della terra (una città).
to **map** [mæp], v. t. **1** fare una mappa di, rilevare (una regione, ecc.); rappresentare su una carta geografica **2** – **to map out**, progettare; tracciare (un piano di): **I have mapped out my working time**, mi sono tracciato un piano di lavoro; **to m. out one's conduct**, tracciarsi una linea di condotta **3** (elab.) correlare.
maple [ˈmeipl], n. (bot., Acer) acero. ● **m. leaf**, foglia d'acero (emblema del Canadà) ☐ (sport) **M. Leafs**, giocatori di una squadra di hockey su ghiaccio canadese ☐ **m. sugar**, zucchero d'acero ☐ **great m.**, sicomoro.
mapping [ˈmæpiŋ], n. **1** rilevamento; rilievo **2** cartografia **3** (elab.) correlazione. ● **m.-out**, progettazione; pianificazione.
maquis [maˈkiː] (franc.), n. (invar. al pl.) **1** (geogr., ecologia) macchia **2** (polit., stor.) maquis.
to **mar** [maː*], v. t. danneggiare; guastare; rovinare; sciupare; sfigurare; deturpare.
marabou [ˈmærəbuː], n. **1** (zool., Leptoptilos crumeniferus) marabù **2** (zool., Leptoptilos dubius) marabù indiano **3** (moda) marabù.
marabout [ˈmærəbuːt], n. **1** marabutto **2** tomba di marabutto.

marasca [məˈræskə], n. **1** (bot., Prunus cerasus marasca) marasco; amarasco **2** (anche **m. cherry**) (ciliegia) marasca.
maraschino [ˌmærəsˈkiːnou], n. (pl. **maraschinos**) **1** maraschino **2** (anche **m. cherry**) ciliegia sotto spirito (specialm. maraschino; usata su un dolce, ecc.).
marasmic [məˈræzmik], a. (med.) marasmico.
marasmus [məˈræzməs], n. (med.) marasma.
Marathon [ˈmærəθən], n. (geogr., stor.) Maratona.
marathon [ˈmærəθən], n. **1** (sport) maratona; (per estens.) gara lunga **2** maratona; gara di resistenza: **a dancing m.**, una maratona di ballo **3** (fig.) maratona; lavoro (discorso, ecc.) lungo e faticoso. ● **a m. speech**, un discorso chilometrico; un discorso fiume.
to **maraud** [məˈrɔːd], v. i. e t. predare; saccheggiare.
marauder [məˈrɔːdə*], n. predatore; saccheggiatore.
maravedi [ˌmærəˈveidi], n. (pl. **maravedis**) (stor.) maravedì; maravedino (moneta spagnola).
marble [ˈmaːbl], n. **1** marmo **2** bilia: **to play marbles**, giocare alle palline. ● **a m. breast**, un cuore duro come il marmo, crudele ☐ **a m. brow**, una fronte di marmo, bianchissima ☐ **m.-cutter**, marmista ☐ **m. paper**, carta marmorizzata ☐ **a m. quarry**, una cava di marmo ☐ **a m. statue**, una statua di marmo ☐ **the Elgin marbles**, i marmi di Elgin (del Partenone; ora al British Museum) ☐ (pop.) **to lose one's marbles**, andare giù di testa; ammattire.
to **marble** [ˈmaːbl], v. t. marmorizzare, marezzare (carta, ecc.).
marbled [ˈmaːbəld], a. marmorizzato; marezzato.
to **marbleize** [ˈmaːblaiz], v. t. marmorizzare.
marbling [ˈmaːbliŋ], n. marmorizzazione; marezzatura.
marbly [ˈmaːbli], a. marmoreo; di marmo; freddo (o duro) come il marmo.
marc [maːk], n. **1** fondi, scoria (di frutta spremuta); vinaccia (d'uva); sansa (di olive) **2** sorta di grappa.
marcasite [ˈmaːkəsait], n. (miner.) marcasite, marcassite.
marcel [maːˈsel], n. (anche **m. wave**) onda artificiale (dei capelli).
to **marcel** [maːˈsel], v. t. ondulare, ondularsi (i capelli, artificialmente).
Marcel [maːˈsel], **Marcellus** [maːˈseləs], n. Marcello.
marcescent [maːˈsesənt], a. (bot.) marcescente.
march (1) [maːtʃ], n. **1** (mil., mus.) marcia: **The fort was a day's m. away**, il forte si trovava a una giornata di marcia; **a forced m.**, una marcia forzata; **a dead m.**, una marcia funebre **2** (al sing. con l'art. def.) (fig.) corso; progresso; il passare: **the m. of events**, il corso degli avvenimenti; **the m. of time**, il passare del tempo; **the m. of intellect**, il progresso intellettuale. ● (mil.) **a m.-past**, una sfilata ☐ (mil.) **double m.**, passo di carica ☐ **the enemy's line of m.**, la linea (o la direzione) di marcia del nemico ☐ (anche fig.) **to be on the m.**, essere in marcia ☐ (fig.) **to steal a m. on sb.**, avvantaggiarsi di q. a sua insaputa; battere q. sul tempo.
to **march (1)** [maːtʃ], **A** v. i. **1** marciare; fare una marcia: **The soldiers marched twenty miles**, i soldati marciarono per venti miglia **2** camminare, incedere, avanzare (con passo più o meno militaresco) **3** progredire; far progressi. **B** v. t. far marciare (soldati). ● **to m. away a prisoner**, far marciare un prigioniero, ordinare alla scorta di portarlo via (per es., dopo averlo interrogato) ☐ **to m. into a town**, entrare in (o occupare militarmente) una città ☐ **to m. off**, mettersi in marcia; allontanarsi a passo di marcia; allontanarsi; marciare (scherz.) ☐ (mil.) **to m. past sb.**, sfilare davanti a q. ☐ (mil.) **marching orders**, (mil.) ordini per la partenza; (fam.) ruolino di marcia ☐ (fam.) **to give sb. his marching orders**, licenziare q. ☐ **in marching order**, in ordine di marcia ☐ (mil.) **Quick m.!**, avanti marsc'!
march (2) [maːtʃ], n. (generalm. al pl.) terra di confine; marca. ● **the Marches**, le «Marche»; le terre di confine (fra l'Inghilterra e la Scozia o fra l'Inghilterra e il Galles).
to **march (2)** [maːtʃ], v. i. – **to m. upon** (**with**), confinare con: **Lombardy marches with Switzerland on the north**, la Lombardia confina a nord con la Svizzera.
March [maːtʃ], **A** n. marzo **B** a. attr. di marzo; marzolino: **mad M. weather**, tempo pazzo di marzo; **M. snow**, neve marzolina. ● (sport) **M. brown**, mosca usata come esca ☐ (fam.) **mad as a M. hare**, pazzo da legare.
marcher (1) [ˈmaːtʃə*], n. marciatore.
marcher (2) [ˈmaːtʃə*], n. **1** abitante d'un paese di confine **2** governatore d'una marca.
marchioness [ˈmaːʃənis], n. marchesa.
marchland [ˈmaːtʃlænd], n. marca; territorio di confine.
marchpane [ˈmaːtʃpein], n. (arc.) marzapane.
to **marconi** [maːˈkouni], **A** v. t. radiotelegrafare **B** v. i. radiotelegrafare a (q.).
marconigram [maːˈkounigræm], n. marconigramma; radiogramma.
Marcus [ˈmaːkəs], n. Marco.

Mardi Gras ['ma(:)di‚gra(:)] (*franc.*), *n.* martedì grasso.
mare (1) [mɛə*], *n.* **1** cavalla; giumenta **2** asina. ● (*fig.*) **a m.'s-nest**, una scoperta deludente; una grossa delusione; una fandonia □ (*bot.*) **m.'s-tail** (*Hippuris vulgaris*), ippuride.
mare (2) ['ma:rei], *n.* (*pl.* **maria**) (*astron.*) mare.
Margaret ['ma:gərit], *n.* Margherita.
margarine [‚ma:dʒə'ri:n], *n.* (*chim., ind.*) margarina. ● **m. oil**, oleomargarina.
margay ['ma:gei], *n.* (*zool., Felis tigrina*) gatto tigre.
marge (1) [ma:dʒ], *n.* (*poet.*) margine; orlo.
marge (2) [ma:dʒ], *n.* (*fam.*; *abbr. di* **margarine**) margarina.
Margery ['ma:dʒəri], *n.* Margherita.
margin [ma:dʒin], *n.* **1** margine (*quasi in ogni senso*); orlo; ciglio; lembo: **the m. of a page**, il margine d'una pagina; **on the m. of the road**, sul margine della via **2** (*Borsa, fin.*) copertura (*o* deposito) a garanzia (*di titoli, ecc.*) **3** (*econ., fin.*) margine (*lordo*); differenza; scarto. ● **m.-release**, libera-margine □ **m. stop**, marginatore (*di macchina da scrivere*) □ **He was elected by a narrow m.**, fu eletto con un voto di stretta misura.
to margin ['ma:dʒin], *v. t.* **1** provvedere d'un margine; fare da margine a, delimitare **2** fare annotazioni sul margine di (*una pagina, ecc.*) **3** (*Borsa, fin.*) coprire (*titoli, azioni*) con un deposito a garanzia (*presso un agente di cambio*)
marginal ['ma:dʒənəl], **A** *a.* **1** marginale; di (*o* in) margine: (*econ.*) **m. utility**, utilità marginale; **m. notes**, annotazioni in margine; postille **2** (*di terreno*) che lascia scarso margine economico; che non mette conto coltivare **3** (*di seggio parlamentare*) ottenuto con una piccola maggioranza **4** (*di collegio elettorale*) incerto. **B** *n.* annotazione (*scritta*) in margine (*di pagina, ecc.*). ● **m. case**, caso limite □ (*econ.*) **m. product**, prodotto marginale □ **m. stop**, marginatore (*di macchina da scrivere*).
marginalia [‚ma:dʒi'neiljə] (*lat.*), *n. pl.* annotazioni in margine.
to marginalize [‚ma:dʒinəlaiz], *v. t.* emarginare.
to marginate ['ma:dʒineit], *v. t.* (*tipogr.*) marginare.
marginate ['ma:dʒineit], **marginated** ['ma:(:)dʒineitid], *a.* (*tipogr.*) marginato; che ha il margine.
margination [‚ma:dʒi'neiʃən], *n.* (*tipogr.*) marginatura.
Margo(t) ['ma:gou], *n.* (*dim. di* **Margaret**) Rita.
margravate ['ma:grəveit], *n.* (*stor.*) margraviato.
margrave ['ma:greiv], *n.* (*stor.*) margravio.
margraviate [ma:(:)'greivieit], *n.* (*stor.*) margraviato.
marguerite [‚ma:gə'ri:t], *n.* (*bot.*) **1** (*Chrysanthemum leucanthemum*) margherita **2** (*Bellis perennis*) margheritina; pratolina.
Marguerite [‚ma:gə'ri:t], *n.* Margherita.
Marian (1) ['mɛəriən], **A** *a.* **1** (*relig.*) mariano; di Maria Vergine **2** (*stor.*) di Maria la Cattolica **3** (*stor.*) di Maria Stuarda. **B** *n.* (*stor.*) sostenitore di Maria Stuarda.
Marian (2) ['mɛəriən], *n.* Marianna.
Mariana(s) Islands [‚mæri'ænə(s) 'ailəndz], *n. pl.* (*geogr.*) Isole Marianne.
mariculture ['mæri‚kʌltʃə*], *n.* maricoltura.
mariculturist ['mæri‚kʌltʃərist], *n.* maricoltore.
marigold ['mærigould], *n.* (*bot.*) **1** (*Tagetes*) tagete **2** — **pot m.** (*Caiendula officinalis*), calendula, calendula; fiorrancio.
marihuana, marijuana [‚mæri'wa:nə], *n.* marijuana.
marimba [mə'rimbə], *n.* (*mus.*) marimba (*strumento simile a uno xilofono*).
marina [mə'ri:nə], *n.* **1** (*naut.*) porticciolo (*per imbarcazioni da diporto*) **2** lido (*turistico*); centro di villeggiatura al mare.
marinade ['mærineid], *n.* (*cucina*) **1** marinata **2** vivanda marinata.
to marinade ['mærineid], **to marinate** ['mærineit], *v. t.* (*cucina*) marinare (*pesce, carne*).
marinara [‚mæri'na:rə] (*ital.*), *a.* (*cucina*) alla marinara.
marine [mə'ri:n], **A** *a.* **1** marino: **m. plants**, piante marine **2** marittimo; nautico; navale: **m. insurance**, assicurazione marittima; **m. stores**, magazzini navali; **m. engineering**, ingegneria navale. **B** *n.* **1** (*solo sing.*) marina: **merchant** (*o* **mercantile**) **m.**, marina mercantile; **the Ministry of M.**, il ministero della Marina **2** marina; fante di marina **3** (*pitt.*) marina. ● (*naut.*) **m. alidade**, grafometro □ (*mil.*) **m. corps** (*o* **marines**), fanteria di marina □ **a m. engine**, un motore navale; una macchina di nave □ **m. engineer**, ingegnere navale; (*naut.*) ufficiale di macchina □ (*naut.*) **m. railway**, scalo di alaggio □ (*fam.*) **Tell it to the marines!**, vai a raccontarla altrove!
mariner ['mærinə*], *n.* (*poet. o nel linguaggio ufficiale*) marinaio (*cfr.* **sailor**). ● (*naut.*) **master m.**, capitano d'un mercantile.
Marinism [mə'ri:nizəm], *n.* (*letter. ital.*) marinismo.
Marinist [mə'ri:nist], *n.* (*letter. ital.*) marinista.
Mariolatry [‚mɛəri'ɔlətri], *n.* (*relig.*) mariolatria.
marionette [‚mæriə'net], *n.* marionetta.
marish ['mæriʃ], (*poet.*) **A** *a.* palude. **B** *a. attr.* paludoso.
marital [mə'raitl], *a.* **1** maritale: **m. rights**, diritti maritali **2** coniugale; matrimoniale: **m. relations**, rapporti coniugali ● **m. bed**, letto matrimoniale.
maritime ['mæritaim], *a.* marittimo, navale: **m. law**, diritto marittimo. ● **a m. people**, un popolo marinaro.
marjoram ['ma:dʒərəm], *n.* (*bot.*) **1** — **wild m.** (*Origanum vulgare*), origano **2** — **sweet m.** (*Origanum majorana*), maggiorana.
Marjorie, Marjory ['ma:dʒəri], *V.* **Margery**.
to mark [ma:k], *v. t.* **1** segnare; contrassegnare (con un marchio, una marca); marcare; marchiare: (*nei giochi*) **to m. the points**, segnare i punti; **Three pupils were marked absent**, tre scolari furono segnati assenti; **to m. prices on goods**, segnare i prezzi sulla merce; **to m. linen**, marcare la biancheria **2** contraddistinguere; caratterizzare: **Great scientific discoveries marked the XIX century**, grandi scoperte scientifiche caratterizzarono il secolo XIX **3** esprimere; manifestare; rivelare: **to m. approval with a nod**, esprimere approvazione con un cenno del capo; **Their smile marked their happiness**, il loro sorriso rivelava la loro felicità **4** fare attenzione a; notare: **M. my words**, fa' attenzione a quel che dico; ascoltami bene **5** correggere (*compiti, temi, ecc.*) dando il voto; classificare **6** mettere il cartellino del prezzo a (*oggetti in vendita*) **7** (*sport*) marcare (*un avversario*). ● **to m. down**, annotare; segnare; registrare; (*comm.*) ribassare il prezzo di (*una merce*) □ **to m. off**, delimitare, demarcare; distinguere; separare; segnare; tracciare: **to m. off boundaries**, demarcare i confini; **to m. off distances on a map**, tracciare le distanze su una carta geografica □ **to m. out**, delimitare, tracciare; designare, destinare: **to m. out a tract of land for mining**, delimitare un tratto di terreno per l'estrazione di minerali; **He was marked out for promotion**, fu designato per una promozione □ **to m. a price**, (*Borsa, fin.*) quotare un corso; (*comm.*) quotare un prezzo □ (*mil.*) **to m. time**, segnare il passo (*anche fig.*); restar fermo, non fare progressi □ (*comm.*) **to m. up an article**, alzare il prezzo d'un articolo □ **No distinction marks his manner**, non c'è nessuna distinzione nel suo comportamento.
mark (1) [ma:k], *n.* **1** segno; indizio; marca; marchio; contrassegno (*del genere, ecc.*); impronta; orma; traccia; macchia; voglia (*fam.*); bersaglio: **punctuation marks**, segni di punteggiatura; **a m. of intelligence**, un segno (*o* un indizio) d'intelligenza; **trade-m.**, marchio di fabbrica; marca; **price-m.**, contrassegno (*o* etichetta) del prezzo; **marks of dirty hands**, impronte di mani sporche; **A good teacher leaves a m. on his students**, un buon insegnante lascia un'impronta sui suoi alunni; **a cat with a white m. on its breast**, un gatto con una macchia bianca sul petto; **a birth-m.**, una voglia (*sulla pelle*); **The shot was wide of the m.**, il colpo non colse nel segno (*o* fallì il bersaglio) **2** punto, voto (*scolastico*): **He got the highest marks in the whole school**, aveva i voti più alti di tutta la scuola; (*USA*) **a m. of A in history**, un voto di «ottimo» in storia **3** punto di riferimento: **The tower was a m. for fliers**, la torre serviva di punto di riferimento per gli aviatori **4** fama; distinzione; importanza; successo; vaglia; valore: **to make one's m.**, conseguire la fama; avere un gran successo; **a fellow of no m.**, un individuo privo di distinzione, d'importanza **5** (*solo sing.*) livello (*anche fig.*); livello medio; grado (*di perfezione*); norma: **high-water m.**, livello di piena; **This novel is below** (*o* **doesn't come up to**) **the m.**, questo romanzo è al disotto della media (*o* è men che mediocre) **6** (segno di) croce (*fatto da un analfabeta*) **7** (*sport*) linea di partenza **8** (*rif. a veicoli, seguito da un numero*) modello; tipo: **a m. II tank**, un carro armato modello II **9** (*elab.*) contrassegno, marcatura **10** (*naut.*) marca; segnale di riferimento **11** (*Borsa*) punto **12** (*stor.*) marca. ● **m. of interrogation**, punto interrogativo □ (*di cavallo*) **m. of mouth**, incavo dei denti (*da cui si deduce l'età*) □ (*fig.*) **to be beside** (*o* **wide of**) **the m.**, non cogliere nel segno: **Your guess is beside the m.**, la tua supposizione non ha colto nel segno □ **book-m.**, segnalibro □ (*naut.*) **draught-m.**, marca di pescaggio □ (*pop.*) **easy m.**, credulone; sempliciotto □ (*sport*) **to get off the m.**, partire (*dalla linea di partenza*) □ (*anche fig.*) **to give sb. full marks**, approvare q. a pieni voti (*o* incondizionatamente) □ **to hit the m.**, far centro; cogliere nel segno; raggiungere lo scopo □ (*fig.*) **to make one's m. on st.**, lasciare il segno su q.c. □ **to miss the m.**, fallire il colpo; non cogliere nel segno; fallire lo scopo □ (*di persona*) **not to feel quite up to the m.**, star poco bene; non sentirsi in forma (*fam.*) □ (*sport*) **On your marks!**, ai vostri posti!, in linea! (*per la partenza*) □ **question m.**, punto interrogativo □ (*God*) **save the m.!**, Dio ne scampi; Dio non voglia □ **That's beside the m.**, questo non c'entra.
mark (2) [ma:k], *n.* **1** marco (*moneta ted.*) **2** (*stor.*) moneta nominale scozzese.
Mark [ma:k], *n.* Marco.
markdown ['ma:k‚daun], *n.* **1** (*comm.*) riduzione di prezzo; ribasso **2** (*Borsa, fin.*) ribasso (*di quotazioni, ecc.*).
marked [ma:kt], *a.* **1** segnato; contrassegnato; marcato: **m. cards**, carte segnate (*o* truccate) **2** guardato a vista; sospetto: **a m. man**, una persona sospetta **3** considerevole; grande; note-

markedness

vole; marcato; forte; spiccato: **a m. change**, un notevole cambiamento; **a m. difference**, una considerevole differenza; **a man of m. ability**, un uomo di grande abilità; **a m. American accent**, un marcato accento americano. ● (*fin.*) **m. shares**, azioni stampigliate.
markedness ['ma:kidnis], *n*. l'essere considerevole, forte, spiccato.
marker ['ma:kə*], *n*. **1** chi segna (*i punti di un gioco, ecc.*); marcatore **2** segnapunti (*strumento*) **3** segnalibro **4** (*ferr., mil.*) segnale **5** lapide **6** pietra miliare **7** (*comm. USA*) pagherò cambiario **8** marcatore (*tipo di penna a feltro*) **9** (*pl., autom.*) segnaletica (*orizzontale*). ● **m. beacon**, radiofaro □ (*naut.*) **m. buoy**, boa del segnale.
market ['ma:kit], *n*. **1** mercato; (*comm.*) piazza; sbocco commerciale; operazioni di Borsa; Borsa: **to find new markets**, trovare nuovi mercati (*o* sbocchi commerciali); **the corn** (**coffee, cattle, etc.**) **m.**, il mercato del grano (del caffè, del bestiame, ecc.); **to play the m.**, speculare in Borsa **2** vendita; smercio: **His house is on the m.**, la sua casa è in vendita; **to have a good m. for one's products**, trovare facile smercio ai propri prodotti **3** (*comm.*) domanda; richiesta: **There's no m. for our products nowadays**, oggigiorno non c'è richiesta dei nostri prodotti. ● **m. day**, giorno di mercato □ **m. garden**, orto, frutteto (*i cui prodotti vengono messi in vendita*) □ **m. gardener**, ortofrutticoltore □ **m. gardening**, ortofrutticoltura □ (*Borsa*) **m. jobbery**, aggiotaggio □ (*econ.*) **m. list**, mercuriale; rassegna di mercato □ **m. news**, notiziario di Borse; Borse e Mercati (*titoli di rubriche giornalistiche*) □ **m.-place**, piazza del mercato □ **m. price**, prezzo di mercato; prezzo corrente □ (*econ.*) **m. research**, ricerca di mercato □ **m. town**, città dove si tiene il mercato (*specialm. del bestiame*) □ **m. value**, valore di mercato □ **an active** (*o* **a brisk**) **m.**, un mercato attivo (*o* vivace) □ **black m.**, mercato nero; borsa nera □ (*fig.*) **to bring one's eggs** (*o* **hogs**) **to a bad m.** (*o* **to the wrong m.**), far fiasco; bussare alla porta sbagliata □ **a dull** (*o* **a slack**) **m.**, un mercato fiacco □ (*di merce*) **to find a m.**, essere facilmente smerciabile □ (*econ.*) **free m.**, mercato libero □ (*econ.*) **a good labour m.**, un'ampia riserva (una grande offerta) di manodopera (*fig.*) **to make a m. of st.**, far commercio di q.c. □ (*econ.*) **open m.**, mercato libero □ (*comm.*) **to put an article on the m.**, lanciare un articolo sul mercato; mettere un articolo in vendita □ **The m. rose (fell)**, il volume degli affari aumentò (diminuì).
to market ['ma:kit], **A** *v. t.* **1** portare (*o* spedire) (*merce*) al mercato **2** mettere in vendita; smerciare; vendere; porre in commercio; commercializzare. **B** *v. i.* fare acquisti (*o* vendite). ● **to go marketing**, andare a far compere; fare la spesa.
marketability [,ma:kitə'biliti], *n*. commerciabilità; negoziabilità.
marketable ['ma:kitəbl], *a.* vendibile; commerciabile; smerciabile; negoziabile. ● (*fin.*) **m. securieties**, titoli trasferibili.
marketeer [,ma:ki'tiə*], *n*. (*econ.*) fautore di un certo tipo di mercato: **He's a free m.**, è per il mercato di libera concorrenza; è un liberoscambista.
marketer ['ma:kitə*], *n*. (*comm.*) chi vende (merce) sul mercato; venditore.
marketing ['ma:kitiŋ], *n*. (*comm.*) **1** commercializzazione; marketing; compravendita; smercio **2** marketing; tecnica delle ricerche di mercato; studio e analisi dei mercati. ● **m. research**, indagine di mercato; ricerca di marketing.
marketwise ['ma:kitwaiz], *avv.* (*Borsa, fin.*) dal punto di vista borsistico.
marking ['ma:kiŋ], *n*. **1** il segnare; il contrassegnare; marcatura **2** segno; contrassegno; marchio **3** (*autom.*) segnale: **road markings**, segnali orizzontali **4** (*autom., pl.*) segnaletica (*orizzontale*): **markings being repainted**, segnaletica in rifacimento (*cartello*) **5** (*zool.*) mantello; colore del pelo (*o* delle penne) (*d'un animale*) **6** (*Borsa*) quotazione. ● **m. ink**, inchiostro indelebile.
marksman ['ma:ksmən], *n*. (*pl.* **marksmen**) **1** (buon) tiratore; chi spara bene: **an accomplished m.**, un tiratore provetto **2** (*mil.*) tiratore scelto.
marksmanship ['ma:ksmənʃip], *n*. (*mil., caccia*) abilità nel tiro.
mark-up ['ma:kʌp], *n*. **1** (*comm.*) aumento di prezzo; rincaro **2** (*Borsa, fin.*) rialzo (*di quotazioni, ecc.*) **3** (*comm., econ.*) margine di profitto; utile.
marl [ma:l], *n*. (*geol.*) marna. ● **m.-pit**, marniera.
to marl [ma:l], *v. t.* (*agric.*) marnare (*un terreno*).
marline ['ma:lin], **marling** ['ma:liŋ], *n*. (*naut.*) merlino; lezzino (*funicella*). ● **m.-spike**, punteruolo per funi; caviglia per impiombare.
marlite ['ma:lait], *n*. (*geol.*) roccia marnosa.
marly ['ma:li], *a.* marnoso.
marmalade ['ma:məleid], *n*. marmellata d'arance (*o* di limoni).
marmolite ['ma:moulait], *n*. (*miner.*) marmolite.
marmoreal [ma:(:)'mɔ:riəl], *a.* (*poet.*) marmoreo.

marmoset ['ma:məzet], *n*. (*zool., Callithrix*) uistiti; callitricide.
marmot ['ma:mət], *n*. (*zool., Marmota*) marmotta.
Marne [ma:n], *n*. (*geogr.*) Marna.
marocain [,mærə'kein], *n*. crêpe (*o* crespo) del Marocco.
Maronite ['mærənait], *n*. (*relig.*) maronita.
maroon (1) [mə'ru:n], *n. e a.* (di) color marrone; marrone.
maroon (2) [mə'ru:n], *n*. castagnola; mortaretto; petardo.
maroon (3) [mə'ru:n], *n*. **1** (*nelle Indie Occidentali; un tempo*) schiavo negro fuggiasco; (*ora*) discendente di tali schiavi **2** individuo (*marinaio, ecc.*) abbandonato, per punizione, su un'isola deserta.
to maroon [mə'ru:n], **A** *v. t.* **1** abbandonare (q.), per punizione, su un'isola deserta (*o* su una costa disabitata) **2** (*fig.*) isolare (q.). **B** *v. i.* (*nel Sud degli Stati Uniti*) **1** campeggiare; fare campeggio **2** bighellonare; oziare.
marplot ['ma:plɔt], *n*. guastafeste; guastamestieri.
marquee [ma:'ki:], *n*. grande tenda; padiglione.
Marquesas Islands [ma:'keisæs 'ailəndz], *n. pl.* (*geogr.*) Isole Marchesi.
marquess ['ma:kwis], *n*. marchese.
marqueterie, marquetry ['ma:kitri], *n*. (lavoro d')intarsio.
marquis ['ma:kwis], *n*. marchese.
marquisate ['ma:kwizit], *n*. marchesato.
marquise [ma:'ki:z], *n*. **1** marchesa (*titolo non ingl.*) **2** (*gioielleria*) marquise; castone allungato (*d'anello*).
marriage ['mæridʒ], *n*. **1** matrimonio; (*anche fig.*) connubio, unione; nozze; sposalizio **2** (*nei giochi di carte*) dichiarazione di re e regina dello stesso seme. ● **m. articles**, contratto di matrimonio □ **m. bed**, letto matrimoniale; (*fig.*) rapporti coniugali □ **m. guidance centre**, consultorio prematrimoniale (*in G.B.*) □ **m. leave**, congedo per matrimonio □ **m. lines**, certificato di matrimonio □ **m. portion**, dote □ **m. service**, cerimonia nuziale □ (*leg.*) **m. settlement**, contratto di matrimonio □ **m. tie**, vincolo coniugale □ **to give in m.**, dare in matrimonio □ **to take in m.**, prendere per marito; prendere in moglie.
marriageable ['mæridʒəbl], *a.* **1** adatto al matrimonio; matrimoniabile (*scherz.*) **2** in età da marito; in età da prendere moglie.
married ['mærid], *a.* **1** sposato, sposata; ammogliato; maritata **2** matrimoniale; coniugale: **m. life**, vita matrimoniale. ● **a m. couple**, una coppia di sposi; due coniugi □ **to get m.**, sposarsi.
marrow (1) ['mærou], *n*. **1** (*anat.*) midollo: **the spinal m.**, il midollo spinale **2** (*fig.*) essenza; nòcciolo; succo **3** (*bot., Cucurbita pepo; anche* **vegetable m.**) zucca. ● **m. spoon**, cucchiaio per cavare il midollo dalle ossa □ **baby m.**, zucchino □ **to be frozen to the m.**, essere gelato sino al midollo.
marrow (2) ['mærou], *n*. (*dial.*) compagno; coniuge. ● **to be the m. of sb.**, essere l'immagine (*o* il ritratto) di q.
marrowbone ['mærouboun], *n*. **1** (*cucina*) ossobuco **2** (*pl., scherz.*) ginocchia: **to go on one's marrowbones**, cadere in ginocchio; inginocchiarsi.
marrowfat ['mæroufæt], *n*. (*anche* **m. pea**) pisello gigante primaticcio.
marrowless ['mæroulis], *a.* senza midollo.
marrowy ['mæroui], *a.* midolloso.
marrubium [mə'ru:biəm], *n*. (*bot., Marrubium vulgare*) marrubio.
to marry ['mæri], **A** *v. t.* **1** sposare; prendere per marito (*o* in moglie); dare in matrimonio; ammogliare; maritare; unire in matrimonio **2** (*fig.*) congiungere; unire strettamente. **B** *v. i.* sposarsi; accasarsi; ammogliarsi; maritarsi. ● **to m. again**, risposarsi □ **to m. into a good family**, accasarsi bene □ **to m. money**, fare un matrimonio d'interesse □ **to m. off**, sposare; accasare.
marry ['mæri], *inter.* (*dial.*) accidenti!, nespole!
Mars [ma:z], *n*. (*mitol., astron.*) Marte. ● (*miss.*) **M. landing**, ammartaggio.
Marsala [ma:'sa:lə], *n*. **1** (*geogr.*) Marsala **2** marsala (*vino*).
Marseillaise [,ma:sə'leiz], (*franc.*), *n*. (la) Marsigliese.
Marseilles [ma:'seilz], *n*. **1** (*geogr.*) Marsiglia **2** (*ind. tessile*) tessuto forte di cotone a righe; picchè. ● (*edil.*) **M. tile**, tegola marsigliese.
marsh [ma:ʃ], *n*. palude; acquitrino; terreno paludoso. ● **m. fever**, malaria □ **m. gas**, gas di palude □ **m.-mallow** (*bot., Althaea officinalis*), altea, bismalva, malvaccione (*di solito* **marshmallow**) dolce rotondo (*di pasta assai dolce*); (*fig.*) stucchevolezza □ **m.-mallowy**, zuccheroso; stucchevole (*bot.*) **m. marigold** (*Caltha palustris*), calta palustre □ (*zool.*) **m. treader** (*Hydrometra stagnorum*), idrometra.
marshal ['ma:ʃəl], *n*. **1** (*mil.*) maresciallo (*grado superiore a quello di generale*): **air-m.**, maresciallo dell'aria (*generale d'aviazione*) **2** cerimoniere **3** (*leg.*) ufficiale giudiziario **4** (*USA*) sceriffo; capo di un dipartimento di polizia; comandante dei vigili del fuoco. ● (*stor.*) **knight m.**, funzionario della casa reale investito di poteri giudiziari (*in G.B.*).

to marshal ['ma:ʃəl], *v. t.* **1** mettere in ordine; ordinare; schierare: **He marshalled his forces for the battle**, schierò le truppe in ordine di battaglia; **to m. facts**, ordinare i fatti **2** condurre (cerimoniosamente): **He was marshalled into the presence of the king**, fu condotto al cospetto del sovrano **3** (*araldica*) combinare, sistemare (*un'insegna gentilizia*) su uno stemma. ● (*ferr.*) **marshalling-yard**, scalo merci.
marshalsea ['ma:ʃəlsi:], *n.* (*stor.*) **1** tribunale (*o* prigione) del knight marshal (*V.* **marshal**) **2** — **M.**, prigione per debitori (*a Southwark, Londra*).
marshalship ['ma:ʃəlʃip], *n.* (*mil.*) maresciallato; grado (*o* ufficio) di maresciallo.
marshiness ['ma:ʃinis], *n.* l'essere paludoso.
marshy ['ma:ʃi], *a.* **1** paludoso; acquitrinoso **2** palustre.
marsupial [ma:'sju:pjəl], (*zool.*) **A** *a.* di (*o* simile a) marsupio. **B** *n.* **1** marsupiale **2** (*pl.*, *Marsupialia*) marsupiali.
marsupium [ma:'sju:pjəm], *n.* (*pl.* **marsupia**) (*zool.*) marsupio.
mart [ma:t], *n.* mercato; centro commerciale.
martagon ['ma:təɡən], *n.* (*bot., Lilium martagon; anche* **martagon lily**) (*giglio*) martagone.
martello [ma:'telou], *n.* (*pl.* **martellos**; *anche* **m. tower**) (*stor.*) torre a guardia d'una costa.
marten ['ma:tin], *n.* (*pl.* **marten, martens**) (*zool., Martes*) martora; mustelide (*in genere*).
Martha ['ma:θə], *n.* Marta.
martial ['ma:ʃəl], *a.* **1** marziale; bellicoso; guerresco: **m. music**, musica marziale; (*leg.*) **m. law**, legge marziale; **court m.**, corte marziale; **m. spirit**, spirito bellicoso **2** — (*mitol., astron.*) **M.**, di Marte. ● (*sport*) **m. arts**, arti marziali (*judo, ecc.*).
Martial ['ma:ʃəl], *n.* (*stor., letter.*) Marziale.
to martialize ['maiʃəlaiz], *v. t.* rendere marziale.
Martian ['ma:ʃjən], *a.* e *n.* marziano.
martin ['ma:tin], *n.* (*anche* **house m.**) (*zool., Delichon urbica*) balestruccio.
Martin ['ma:tin], *n.* Martino. ● **St. M.'s day**, il giorno di San Martino (*11 novembre*) □ **St. M.'s summer**, estate di San Martino.
martinet [,ma:ti'net], *n.* **1** uomo (*specialm. ufficiale*) molto severo, rigido, esigente **2** (*fig.*) caporale: **She's a m.**, (quella donna) è proprio un caporale!
martinettish [,ma:ti'netiʃ], *a.* severo; rigido; esigente.
martingale ['ma:tiŋɡeil], *n.* **1** martingala (*correggia del cavallo*) **2** (*nei giochi d'azzardo*) martingala; raddoppio della posta a ogni giocata.
martini [ma:'ti:ni] (*ital.*), *n.* (*pl.* **martinis**) martini (*tipo di cocktail*).
Martinmas ['ma:tinməs], *n.* festa di San Martino.
martlet ['ma:tlit], *n.* **1** (*zool., Delichon urbica*) balestruccio **2** (*araldica*) merlotto.
martyr ['ma:tə*], *n.* martire (*anche fig.*); vittima: **the early Christian martyrs**, i primi martiri cristiani; **He is a m. to gout**, è una vittima della gotta. ● **to make a m. of oneself**, sacrificarsi; fare la vittima; atteggiarsi a martire.
to martyr ['ma:tə*], *v. t.* martirizzare; condannare al martirio.
martyrdom ['ma:tədəm], *n.* (*anche fig.*) martirio.
to martyrize ['ma:təraiz], *v. t.* martirizzare; martoriare.
martyrological [,ma:tirə'lɔdʒikəl], *a.* **1** di martire **2** di martirologio.
martyrology [,ma:ti'rɔlədʒi], *n.* martirologio.
martyry ['ma:tiri], *n.* (*relig.*) cappella dedicata a un martire.
marvel ['ma:vəl], *n.* **1** meraviglia; cosa meravigliosa: **the marvels of science**, le meraviglie della scienza **2** (*fig.*) miracolo; prodigio: **to work marvels**, fare miracoli.
to marvel ['ma:vəl], **A** *v. i.* **1** meravigliarsi; stupirsi; essere sorpreso: **He marvelled at my patience**, si meravigliò della mia pazienza **2** chiedersi; domandarsi **B** *v. t.* (*di solito* **to m. that**) meravigliarsi, stupirsi (che): **I m. that he came out alive**, mi meraviglio che ne sia uscito vivo.
marvellous ['ma:viləs], *a.* **1** meraviglioso; mirabile; straordinario **2** (*fam.*) stupendo; fantastico.
Marxian ['ma:ksjən], *a.* e *n.* (*stor.*) marxiano.
Marxism ['ma:ksizəm], *n.* (*polit.*) marxismo. ● **M.-Leninism**, marxismo-leninismo.
Marxist ['ma:ksist], *a.* e *n.* (*polit.*) marxista. ● **M.-Leninist**, marxista-leninista.
Mary ['mɛəri], *n.* Maria. ● (*pop.*) **M. Jane**, marijuana.
marzipan [ma:zi'pæn], *n.* marzapane.
mascara [mæs'ka:rə], *n.* mascara (*cosmetico*).
mascot ['mæskət], *n.* mascotte; portafortuna.
masculine ['ma:skjulin], **A 1** maschile (*anche gramm.*); maschio; virile; mascolino **2** (*di donna*) poco femminile; che ha caratteri maschili. **B** *n.* (*gramm.*) genere (*o* nome) maschile. ● (*poesia*) **m. ending**, terminazione d'un verso in parola tronca □ **m. rhyme**, rima fra parole tronche.

masculinist ['ma:skjulinist], *n.* maschilista.
masculinity [,mæskju'liniti], *n.* mascolinità; virilità.
maser ['meizə*], *n.* (*fis., elettron.*) maser.
mash [mæʃ], *n.* **1** infuso di malto (*in acqua calda*) **2** mescolanza; miscela; miscuglio **3** beverone, pastone (*per animali*) **4** (*fam., cucina*) passato; purè: **sausage and m.**, salsiccia e purè. ● **m. tub**, recipiente in cui macerare il malto; bigoncia.
to mash [mæʃ], *v. t.* **1** macerare (*il malto*) nell'acqua calda **2** pestare, schiacciare, passare (*verdura, ecc.*). ● **mashed potatoes**, purè di patate.
masher ['mæʃə*], *n.* **1** chi macera (*o* pesta, schiaccia) **2** passaverdura **3** (*pop., arc.*) damerino; rubacuori. ● **potato-m.**, schiacciapatate.
mashie ['mæʃi], *n.* (*sport*) tipo di mazza da golf (*con la spatola in ferro*).
mask [ma:sk], *n.* **1** maschera (*in molti sensi, anche fig.*): **an actors's m.**, la maschera d'un attore; **a gas-m.**, una maschera antigas; **a m. for anaesthetics**, una maschera per anestesia; **a death-m.**, una maschera mortuaria; (*fig.*) **to throw off the m.**, gettar via (*o* levarsi) la maschera **2** *V.* **masker 3** *V.* **masque 4** (*mil.*) mascheramento **5** muso (*di volpe, cane, ecc.*) **6** mascherino (*di macchina fotografica*) **7** (*archit.*) mascherone **8** (*elab.*) maschera.
to mask [ma:sk], **A** *v. t.* mascherare (*anche fig.*); celare; dissimulare; mimetizzare; nascondere: **The ivy masks the wall**, l'edera maschera il muro; **to m. one's hatred**, mascherare il proprio odio; **masked guns**, cannoni mascherati (*o* mimetizzati). **B** *v. i.* mascherarsi; vestirsi in maschera. ● **to m. one's face**, mascherarsi □ **a masked ball**, un ballo in maschera.
masker ['ma:skə*], *n.* persona mascherata; maschera.
masking ['ma:skiŋ], *n.* (*anche scient., tecn.*) mascheramento; mascheratura.
masochism ['mæsəkizəm], *n.* (*psic.*) masochismo.
masochist ['mæsəkist], *n.* (*psic.*) masochista.
masochistic [,mæsə'kistik], *a.* (*psic.*) masochistico.
mason [meisn], *n.* **1** muratore; scalpellino **2** massone; frammassone; franco muratore. ● **master m.**, capomastro; maestro muratore □ **stone-m.**, scalpellino.
to mason [meisn], *v. t.* murare; costruire in muratura.
masonic [mə'sɔnik], *a.* massonico.
masonite ['meisənait], *n.* (*edil.*) masonite.
masonry ['meisənri], *n.* **1** arte muraria; lavoro da muratore **2** muratura: **brick m.**, muratura in mattoni **3** massoneria; frammassoneria. ● (*mecc.*) **m. drill**, trapano per calcestruzzo.
masque [ma:sk], *n.* (*letter.*) **1** «masque» (*rappresentazione allegorica soprattutto coreografica e musicale, recitata da patrizi a corte e nei loro castelli, nei secoli XVI e XVII*) **2** intermezzo drammatico (*di solito in versi, per tale rappresentazione*) **3** *V.* **masquerade**, def. 1.
masquer ['ma:skə*], *V.* **masker**.
masquerade [,mæskə'reid], *n.* **1** mascherata; ballo in maschera **2** (*fig.*) finzione; messa in scena; mascherata.
to masquerade [,mæskə'reid], *v. i.* (*anche fig.*) mascherarsi; travestirsi: **a man who masquerades as a woman**, un uomo che si traveste da donna.
mass (1) [mæs], *n.* massa; ammasso; grande quantità; moltitudine; folla: **a m. of mineral**, un ammasso di minerale; (*pitt.*) **a m. of light**, una massa di luce; **the masses**, la massa del popolo; le masse. ● **m.-circulation press**, stampa a grande tiratura □ (*costr.*) **m. concrete**, calcestruzzo □ **m. man**, uomo medio □ **m. media**, mezzi di diffusione (*o* di comunicazione) di massa; mass media □ **a m. meeting**, un raduno popolare □ (*fis. nucl.*) **m. number**, numero di massa □ **m. observation**, studio dei fenomeni di massa □ (*polit.*) **m. party**, partito di massa □ **m. round-up**, retata in grande stile (*della polizia, ecc.*) □ (*fis.*) **m. spectrograph**, spettrografo di massa □ **the (great) m. of**, la maggior parte di □ **in the m.**, nella massa; nel complesso.
to mass [mæs], **A** *v. t.* ammassare; raggruppare; radunare; concentrare (*truppe*). **B** *v. i.* ammassarsi; raggrupparsi; radunarsi: **The besiegers were massing under the main gate of the town**, gli assedianti si ammassavano sotto la porta maggiore della città.
mass (2), Mass [mæs], *n.* (*relig., mus.*) messa. ● **to attend** (*o* to go to) **M.**, andare a messa □ **to hear M.**, sentir messa; ascoltare la messa □ **high M.**, messa cantata □ **low M.**, messa piana.
massacre ['mæsəkə*], *n.* massacro (*anche fig.*); carneficina; macello; strage.
to massacre ['mæsəkə*], *v. t.* **1** massacrare; far strage di; trucidare **2** (*fig., fam.*) battere; sconfiggere; stracciare (*fig., fam.*).
massage ['mæsa:ʒ], *n.* massaggio.
to massage ['mæsa:ʒ], *v. t.* massaggiare.
massed [mæst], *a.* **1** ammassato **2** di massa: **a m. protest**, una protesta di massa. ● (*ciclismo*) **m.-start race**, corsa in linea.
masseter [mə'si:tə*], *n.* (*anat.*) massetere.

masseur [mæˈsə*] (*franc.*), *n.* massaggiatore.
masseuse [mæˈsəːz] (*franc.*), *n.* massaggiatrice.
massif [ˈmæsiːf], *n.* (*geol., geogr.*) massiccio.
massive [ˈmæsiv], *a.* **1** massiccio; solido; pesante: **m. gold**, oro massiccio; **a m. head**, una testa massiccia **2** (*fig.*) imponente; potente; forte: **a m. mind**, una forte intelligenza **3** (*farm.*) massivo. ● (*comm.*) **a m. discount**, uno sconto fortissimo (*o* favoloso).
massiveness [ˈmæsivnis], *n.* **1** compattezza; solidità; pesantezza **2** (*fig.*) imponenza; potenza; forza.
massless [ˈmæslis], *a.* (*fis.*) privo di massa; senza massa.
massotherapist [ˌmæsouˈθerəpist], *n.* (*med.*) massoterapista.
massotherapy [ˌmæsouˈθerəpi], *n.* (*med.*) massoterapia.
to mass-produce [ˈmæsprəˌdjuːs], *v. t.* produrre (*o* costruire) in serie; standardizzare.
mass-production [ˈmæsprəˌdʌkʃən], *n.* produzione in serie (*o* di massa); standardizzazione.
massy [ˈmæsi], *a.* compatto; solido; pesante.
mast (1) [maːst], *n.* **1** (*naut.*) albero **2** (*pl., naut.*) alberatura **3** (supporto di) antenna radio (*o* televisiva) **4** asta (*di bandiera*) **5** (*mecc.*) montante (*di gru, ecc.*) **6** (*ind. min.*) antenna di perforazione; «mast». ● (*naut.*) **m. step**, scassa d'albero □ (*naut.*) **fore m.**, albero di trinchetto □ (*naut.*) **jury m.**, albero di fortuna □ (*naut.*) **main m.**, albero di maestra □ (*naut.*) **mizzen m.**, albero di mezzana □ (*naut.*) **pole m.**, alberetto □ (*fig.*) **to sail before the m.**, navigare come semplice marinaio.
to mast [maːst], *v. t.* (*naut.*) alberare; munire (*una nave*) d'alberi.
mast (2) [maːst], *n. collett.* ghiande; faggiole; faggina.
mastectomy [mæˈstektəmi], *n.* (*med.*) mastectomia.
masted [ˈmaːstid], *a.* (*naut., nei composti, per es.:*) **a three-m. ship**, un veliero a tre alberi.
master [ˈmaːstə*], **A** *n.* **1** padrone; datore di lavoro; capo: **masters and men**, padroni e operai; **m. of the house**, capofamiglia **2** maestro (*quasi in ogni senso*); insegnante; professore: **a dancing-m.**, un maestro di ballo; **a m. builder** (*o* **mason**), un maestro muratore; un capomastro; **a m. carpenter**, un maestro falegname; un maestro d'ascia; **He is a m. of irony**, è un maestro nell'uso dell'ironia; **He is a m. at dissembling**, è maestro nel dissimulare; **the Old Masters**, gli antichi maestri (*pittori*) **3** (*naut.*) capitano (*di mercantile*): **the m. and the crew**, il capitano e l'equipaggio **4** (*leg.*) giudice **5** — (*relig.*) **the M.**, il Maestro; Gesù **6** — (*come appellativo, usato dai domestici*) M., signorino: **M. Teddy**, il signorino Teddy **7** capo di un college (*a Oxford e a Cambridge*). **B** *a. attr.* (*più*) grande: **the m. bathroom**, il bagno grande. ● (*naut.*) **m.-at-arms**, aiutante, capo aiutante (*sottufficiale con compiti di polizia a bordo d'una nave da guerra*); □ **m. card**, carta (*da gioco*) più alta; (*fig.*) asso nella manica; (*elab.*) scheda matrice □ (*mecc.*) **m. gauge**, calibro campione □ (*naut.*) **m. mariner**, capitano (*di mercantile*) □ **M. of Arts** (*abbr.* **M.A.**), dottore in lettere (*con laurea di 2° grado*); laurea (*di 2° grado*) in lettere □ (*comm.*) **m. catalogue**, catalogo generale □ **M. of Ceremonies**, Maestro del cerimoniale; (*telev.*) presentatore □ **M. of foxhounds**, capocaccia (*nella caccia alla volpe*) □ **m. hand**, mano maestra; maestria □ (*leg.*) **m. in chancery**, assistente di giudice □ **to be m. in one's own house**, essere padrone in casa propria □ **m. key**, chiave maestra; passe-partout; comunella □ **m. mechanic**, capo meccanico □ **a m. mind**, una mente superiore □ **to be m. of one's fate**, essere padrone del proprio destino □ (*stor.*) **M. of the revels**, funzionario di corte preposto agli spettacoli □ (*leg.*) **M. of the Rolls**, (*originariamente*) funzionario responsabile dell'archivio; (*ora*) giudice della Corte d'Appello □ **M. of Science** (*abbr.* **M.Sc.** *o* **M.S.**), dottore in scienze naturali (*con laurea di 2° grado*); laurea (*di 2° grado*) in scienze naturali □ **m.-stroke**, colpo magistrale (*o* da maestro) □ (*elettr.*) **m. switch**, interruttore principale □ (*mecc.*) **m. wheel**, ruota di comando □ **to make oneself m. of a language**, impadronirsi (*o* imparare bene) una lingua □ **to be one's own m.**, essere padrone di se stesso; non dipendere da nessuno □ **to be thoroughly m. of st.**, essere padrone di (*o* conoscere a fondo) q.c.
to master [ˈmaːstə*], *v. t.* dominare; controllare; essere padrone di; padroneggiare; tenere a freno; conoscere a fondo: **to m. one's temper**, dominare i propri impulsi; **to m. undisciplined schoolboys**, tenere a freno scolari indisciplinati; **to m. the English language**, conoscere a fondo la lingua inglese. ● **to m. one's stammer**, riuscire a non balbettare; vincere la balbuzie.
masterdom [ˈmaːstədəm], *n.* **1** dominio; comando; padronanza **2** maestria.
masterful [ˈmaːstəful], *a.* **1** autoritario; imperioso; prepotente **2** da maestro; magistrale: **a m. speech**, un discorso magistrale **3** ottimo; eccellente: **a m. conductor**, un ottimo direttore d'orchestra.
masterfulness [ˈmaːstəfulnis], *n.* **1** imperiosità; prepotenza **2** maestria; bravura.

masterhood [ˈmaːstəhud], *V.* **masterdom**.
masterless [ˈmaːstəlis], *a.* **1** senza (*o* privo di) padrone **2** incontrollato.
masterliness [ˈmaːstəlinis], *n.* maestria; eccellenza; perfezione.
masterly [ˈmaːstəli], *a.* da maestro; magistrale; eccellente; ottimo: **a m. job**, un lavoro eccellente.
mastermind [ˈmaːstəˌmaind], *n.* **1** grande intelletto; persona intelligentissima **2** ideatore; chi concepisce o dirige un piano.
to mastermind [ˈmaːstəmaind], *v. t.* ideare e dirigere (*un piano, ecc.*).
masterpiece [ˈmaːstəpiːs], *n.* capolavoro.
mastership [ˈmaːstəʃip], *n.* **1** magistero; condizione (*o* professione, ufficio) di maestro **2** dominio; potere **3** maestria.
masterwork [ˈmaːstəwəːk], *n.* capolavoro.
mastery [ˈmaːstəri], *n.* **1** dominio; controllo; padronanza; possesso: **to contend for the m. of**, disputarsi il possesso di **2** supremazia; sopravvento: **I was determined to struggle for complete m. with all my force**, ero deciso a lottare per l'assoluta supremazia con tutte le mie forze **3** maestria; bravura; abilità: **his m. of chess**, la sua abilità nel gioco degli scacchi **4** padronanza (*fig.*); conoscenza approfondita (*di una materia, di un argomento*).
masthead [ˈmaːstˌhed], *n.* **1** (*naut.*) testa d'albero **2** testata (*di giornale*). ● (*mil.*) **m. bombing**, bombardamento (*di navi*) a bassissima quota.
to masthead [ˈmaːstˌhed], *v. t.* (*naut.*) **1** mandare (*un marinaio, per punizione*) alla testa dell'albero **2** alzare (*una vela*) alla testa dell'albero.
mastic [ˈmæstik], *n.* **1** mastice; resina mastice **2** (*costr. stradali*) mastice d'asfalto **3** (*bot. Pistacia lentiscus;* anche **m. tree**) lentisco.
masticability [ˌmæstikəˈbiliti], *n.* masticabilità.
to masticate [ˈmæstikeit], *v. t.* **1** masticare **2** (*ind.*) masticare, plastificare (*la gomma*).
mastication [ˌmæstiˈkeiʃən], *n.* masticazione.
masticator [ˈmæstikeitə*], *n.* **1** masticatore; chi mastica **2** (*ind.*) masticatore; macchina masticatrice (*per la gomma*).
masticatory [ˈmæstikətəri], *a. e n.* masticatorio.
mastiff [ˈmæstif], *n.* (*zool.*) mastino.
mastitis [mæˈstaitis], *n.* (*pl.* **mastitides**) (*med.*) mastite.
mastodon [ˈmæstədɔn], *n.* (*paleontologia*) mastodonte.
mastodontic [ˌmæstəˈdɔntik], *a.* mastodontico.
mastoid [ˈmæstɔid], **A** *a.* (*anat.*) mastoideo. **B** *n.* **1** (*anche* **m. bone**) (*anat.*) mastoide **2** (*fam.*) mastoidite.
mastoiditis [ˌmæstɔiˈdaitis], *n.* (*pl.* **mastoiditides**) (*med.*) mastoidite.
to masturbate [ˈmæstəbeit], **A** *v. i.* masturbarsi. **B** *v. t.* masturbare.
masturbation [ˌmæstəˈbeiʃən], *n.* masturbazione.
mat (1) [mæt], *n.* **1** stuoia; stuoino; nettapiedi; zerbino **2** sottopiatto, sottocoppa; sottovaso **3** intreccio; viluppo; groviglio; nodo (*di capelli, di peli*): **a mat of hair**, un viluppo di capelli, di peli **4** (*edil.*) platea di fondazione; (*anche*) armatura a rete **5** (*naut.*) paglietto **6** (*sport*) tappeto. ● (*naut.*) **collision mat**, paglietto turafalle □ **door-mat**, stuoino; zerbino □ (*pop.*) **to be on the mat**, essere nei guai (*o* nei pasticci); essere rimproverato aspramente.
to mat (1) [mæt], **A** *v. t.* **1** coprire con stuoie; provvedere di stuoino **2** intrecciare; avviluppare; arruffare; ingarbugliare; infeltrire: **Filth matted his hair**, aveva i capelli arruffati e sudici. **B** *v. i.* intrecciarsi; avvilupparsi; ingarbugliarsi.
mat (2) [mæt], **A** *a.* opaco; appannato; sbiadito; smorto: **a m. surface**, una superficie opaca; **m. colours**, colori sbiaditi. **B** *n.* **1** superficie opaca; finitura opaca **2** (*grafica*) passe-partout **3** filetto d'oro «matto» (*in una cornice*).
to mat (2) [mæt], *v. t.* **1** rendere opaco; opacizzare; dare una finitura opaca a (*un metallo*) **2** rendere opaco (*un vetro*) **3** (*grafica*) provvedere (*una foto, ecc.*) di un passe-partout.
matador [ˈmætədɔː*] (*spagn.*), *n.* matador; mattatore.
match (1) [mætʃ], *n.* **1** fiammifero; cerino; zolfanello (*ormai raro*): **safety m.**, fiammifero di sicurezza; **to strike a m.**, accendere un fiammifero **2** accenditore, miccia (*per esplosivi*) **3** (*un tempo*) miccia (*per fucili*). ● **m.-book**, bustina di fiammiferi □ **m.-box**, scatola di fiammiferi □ **m.-stick**, fiammifero (*specialm. spento*).
match (2) [mætʃ], *n.* **1** (*sport*) gara, incontro, partita (*tra non più di due competitori o squadre*): **a wrestling m.**, un incontro di lotta; **a cricket m.**, una partita di cricket **2** eguale; pari; simile: **We shall never see his m.**, non vedremo mai l'eguale (*o* uno pari a lui) **3** matrimonio: **She has made a good m.**, ha fatto un buon matrimonio; **to make a m. of it**, contrarre matrimonio; sposarsi **4** partito (*matrimoniale*): **That young man is a good m.**, quel giovanotto è un buon partito **5** (*elab.*) corrispondenza. ● **to be a m. for sb.**, non essere da meno di q.; tenere testa a q. □ (*nei giochi, nelle gare*) **m. point**, ultimo punto che decide l'esito

di un incontro □ (*sport*) **m. winner**, uomo partita □ **to be more than a m. for sb.**, essere nettamente superiore a q. □ **to meet one's m.**, trovare pane per i propri denti (*fig.*) □ **Her purse and shoes were a good m.**, la sua borsa e le scarpe si intonavano bene.

to match [mætʃ], **A** *v. t.* **1** accoppiare; unire in matrimonio **2** opporre (a); misurare (con); far gareggiare: **I am ready to m. my strength against my enemy's**, sono pronto a misurare la mia forza con quella del mio nemico **3** essere pari (*o* uguale) a; stare alla pari di; pareggiare; eguagliare; tener testa a: **His looks m. his character**, il suo aspetto è pari al suo carattere; **No one can m. him in fencing**, nessuno può tenergli testa nella scherma **4** armonizzare; accompagnare: **I want to m. this cloth**, voglio accompagnare questa stoffa **5** confrontare; paragonare **6** collegare; unire. **B** *v. i.* **1** (*arc.*) accoppiarsi; sposarsi **2** appaiarsi; accompagnarsi; combaciare; corrispondere; intonarsi; andar bene insieme: **The curtains and the wallpaper m. well**, le tendine e la carta da parati s'accompagnano bene; **These gloves do not m. with your overcoat**, questi guanti non s'intonano col tuo soprabito. ● **to m.**, (di colore) bene intonato: **a hat trimmed with ribbons to m.**, un cappellino adorno di nastri bene intonati □ **to m. up to**, essere all'altezza di (*fig.*); essere adeguato a □ **a well-matched couple**, una coppia bene assortita.
matchboard ['mætʃbɔːd], *n.* (*falegnameria*) asse gemella; perlina.
matchet ['mætʃət], *n.* machete.
matching ['mætʃiŋ], **A** *n.* **1** l'accoppiare; unire, ecc. (*V.* **to match**) **2** l'eguagliare; il pareggiare, ecc. (*V.* **to match**) **3** (*elettr.*) adattamento **4** (*aeron.*) collimazione **5** (*metall.*) centratura (*degli stampi*). **B** *a.* intonato; bene assortito.
matchless ['mætʃlis], *a.* senza pari; ineguagliabile; impareggiabile.
matchlock ['mætʃlɒk], *n.* (*stor.*) fucile a miccia; archibugio.
matchmaker ['mætʃˌmeikə*], *n.* **1** chi combina (*o* cerca di combinare) matrimoni **2** (*sport*) organizzatore d'incontri (*o* di gare).
matchmaking ['mætʃˌmeikiŋ], *n.* **1** il combinare matrimoni **2** (*sport*) organizzazione d'incontri (*o* di gare).
matchwood ['mætʃwud], *n.* **1** legno per far fiammiferi **2** legna minuta (*da ardere*). ● (*fig.*) **smashed to m.**, fatto a pezzi; fracassato.
mate (1) [meit], *n.* **1** compagno; compagno di lavoro; camerata; (*al vocat.*) amico **2** coniuge; consorte; marito; moglie **3** (*d'animali appaiati, specialm. d'uccelli*) compagno, compagna **4** (*naut.*) comandante in seconda (*di mercantile*); secondo (*di bordo*) **5** (*specialm. naut.*) aiutante; assistente; aiuto: **the cook's m.**, l'aiutante del cuoco. ● (*naut.*) **m.'s receipt**, ricevuta provvisoria d'imbarco □ **class-m.**, compagno di classe □ **room-m.**, compagno di camera.
to mate (1) [meit], **A** *v. t.* accoppiare; appaiare; congiungere; unire (*anche in matrimonio*). **B** *v. i.* **1** accoppiarsi; appaiarsi; congiungersi; combaciare **2** sposarsi.
mate (2) [meit], *n.* scacco matto. ● **fool's m.**, scacco matto alla terza mossa del primo giocatore.
to mate (2) [meit], *v. t.* dare scacco matto a (q.).
mateless ['meitlis], *a.* senza compagno (*V.* **mate (1)**).
mater ['meitə*], *n.* **1** (*gergo studentesco*) madre; mamma **2** (*anat.*) madre: **dura (dura) m.**, pia (dura) madre.
material [məˈtiəriəl], **A** *a.* **1** materiale; corporeo; fisico; grossolano; rozzo: **m. wellbeing**, benessere materiale; **m. pleasures**, piaceri materiali **2** importante; essenziale: **The witness held back a m. piece of evidence**, il testimone tenne nascosta una prova importante; **This point seems m. to his arguments**, questo punto sembra essenziale alla sua argomentazione. **B** *n.* **1** materiale; materia; sostanza: **building m.**, materiale da costruzione; **raw materials**, materie prime; **m. for thought**, materia (*o* oggetto) di meditazione **2** (*anche* **dress m.**) stoffa; panno; tessuto **3** materiale; argomenti; notizie; appunti: **m. for a book**, materiale per un libro **4** (*fig.*) stoffa (*fig.*); qualità innata; attitudine. ● **m. nouns**, nomi di materia □ **the m. world**, il mondo fisico (*o* della materia) □ **from a m. point of view**, da un punto di vista concreto □ **writing materials**, l'occorrente per scrivere.
materialism [məˈtiəriəlizəm], *n.* (*filos.*) materialismo.
materialist [məˈtiəriəlist], *n.* (*filos.*) materialista.
materialistic [məˌtiəriəˈlistik], *a.* (*filos.*) materialistico.
materiality [məˌtiəriˈæliti], *n.* **1** materialità **2** materia; sostanza.
materialization [məˌtiəriəlaiˈzeiʃən], *n.* materializzazione.
to materialize [məˈtiəriəlaiz], **A** *v. t.* **1** materializzare; ridurre a condizione materiale; rendere corporeo; corporizzare **2** rendere materialistico. **B** *v. i.* **1** materializzarsi; diventare corporeo; attuarsi; avverarsi; realizzarsi: **Our hopes never materialized**, le nostre speranze non si realizzarono mai **2** diventare corporeo; corporizzarsi.
materiel [məˌtiəriˈel] (*franc.*), *n.* (*mil.*) materiale.

maternal [məˈtəːnl], *a.* materno: **m. care**, cure materne; **m. uncle**, zio materno. ● (*leg.*) **m. welfare**, tutela della maternità.
maternity [məˈtəːniti], *n.* maternità: **a m. hospital**, una (clinica per la) maternità. ● **m. dress (robe, skirt)**, abito (veste, gonna) per gestanti (*o* pre-maman) □ **m. leave**, congedo per maternità □ **m. ward**, reparto maternità □ **m. wear**, (abiti) pre-maman.
matey ['meiti], **A** *a.* (*fam.*) socievole. **B** *n.* (*fam.*) compagno; amico. ● **to be m. with sb.**, essere in familiarità con q.
math [mæθ], (*USA*) *V.* **maths**.
mathematic [ˌmæθiˈmætik], **mathematical** [ˌmæθiˈmætikəl], *a.* matematico; (*fig.*) esatto, preciso.
mathematician [ˌmæθiməˈtiʃən], *n.* matematico.
mathematics [ˌmæθiˈmætiks], *n. pl.* (*col verbo al sing.*) matematica: **pure m.**, matematica pura; **applied m.**, matematica applicata.
Mat(h)ilda [məˈtildə], *n.* Matilda.
maths [mæθs], *n.* (*abbr. di* **mathematics**) (*fam.*) matematica.
matinée ['mætinei] (*franc.*), *n.* (*teatr.*) matinée; (rappresentazione) diurna. ● **m. idol**, attore idoleggiato.
mating ['meitiŋ], *n.* accoppiamento. ● (*zool.*) **the m. season**, la stagione degli amori.
matins ['mætinz], *n. pl.* **1** (*relig.*) mattutino (*per gli anglicani, anche* **mattins**) **2** (*poet., anche* **matin**) canto (*degli uccelli*) all'alba.
matrass ['mætræs], *n.* (*chim.*) matraccio.
matriarch ['meitriɑːk], *n.* matriarca; mater familias (*spesso scherz.*).
matriarchal [ˌmeitriˈɑːkəl], *a.* matriarcale.
matriarchate [ˌmeitriˈɑːkeit], **matriarchy** ['meitriɑː(ː)ki], *n.* matriarcato.
matric [məˈtrik], *n.* (*fam.*) *abbr. di* **matriculation**.
matricidal [ˌmeitriˈsaidl], *a.* di (*o* da) matricida.
matricide ['meitrisaid], *n.* **1** matricidio **2** matricida.
to matriculate [məˈtrikjuleit], **A** *v. t.* immatricolare; iscrivere (q.) all'università. **B** *v. i.* immatricolarsi; iscriversi all'università.
matriculation [məˌtrikjuˈleiʃən], *n.* immatricolazione. ● **m. exam**, esame d'ammissione all'università.
matriculatory [məˈtrikjulətəri], *a.* d'immatricolazione.
matrimonial [ˌmætriˈmounjəl], *a.* matrimoniale; coniugale.
matrimony ['mætriməni], *n.* **1** matrimonio (*sacramento e stato coniugale*) **2** (*in un gioco di carte, detto appunto* **m.**) re e regina dello stesso seme.
matrix ['meitriks], *n.* (*pl.* **matrices**, **matrixes**) **1** (*anat., geol., tipogr., mat., elab.*) matrice **2** (*metall.*) matrice metallica; (*anche*) stampo.
matron ['meitrən], *n.* **1** signora matura (*di solito:* con figli); vedova; matrona **2** governante (*di collegio, ecc.*); direttrice **3** capo infermiera (*d'ospedale*) **4** guardiana (*di carcere femminile*).
matronage ['meitrənidʒ], *n.* **1** (*collett.*) gruppo di matrone (*o* di vedove, ecc.) **2** condizione (*o* lavoro) di **matron** (*q.V.*); direzione; direttorato.
matronal ['meitrənl], *a.* matronale.
matronhood ['meitrənhud], *n.* condizione (*o* lavoro) di **matron** (*q.V.*); direzione; direttorato.
matronly ['meitrənli], *a.* **1** matronale; dignitoso; imponente: **a m. expression**, un'aria matronale **2** da governante, da direttrice, ecc. (*V.* **matron**); direttivo: **m. tasks**, compiti direttivi.
matronship ['meitrənʃip], *V.* **matronhood**.
matt, matte (1) [mæt], *V.* **mat (2)**.
matte (2) [mæt], *n.* (*metall.*) metallina.
matted ['mætid], *a.* **1** coperto di stuoie **2** fatto a stuoia **3** arruffato; ingarbugliato.
matter ['mætə*], *n.* **1** materia; sostanza; argomento; oggetto; contenuto; motivo: **colouring m.**, materia colorante; (*fig.*) **paucity of m.**, poca sostanza; **the m. under question**, l'argomento in discussione; **m. for complaint**, materia (*o* motivo) di lagnanza; **There is no m. for regret**, non c'è motivo di rammaricarsi **2** affare; faccenda; questione; problema; cosa: **money matters**, affari finanziari; questioni di denaro; **This is a m. I do not understand**, questa è una faccenda che non capisco; **It's a m. of a few days**, è questione di pochi giorni; **That's a m. of habit**, è questione d'abitudine; **It is no laughing m.**, non è cosa da riderci sopra **3** importanza: **It is (o makes) no m.**, non ha importanza **4** (*med.*) sostanza purulenta; materia; pus **5** (*tipogr.*) composizione. ● **m.-of-course**, naturale, inevitabile □ **a m. of course**, una cosa naturale, inevitabile □ **m.-of-fact**, prosaico; pratico; concreto; realistico □ **m.-of-factness**, prosaicità; praticità; concretezza; realismo □ **a m. of opinion**, una cosa discutibile; una questione opinabile □ **a m. of priority**, una questione di priorità; (*anche*) un problema prioritario □ **a m. of three weeks**, tre settimane, più o meno □ **as a m. of course**, automaticamente; (*leg.*) d'ufficio □ **as a m. of fact**, in realtà; in verità □ **as if nothing were the m.**, come se niente fosse □ **foreign m.**,

corpo estraneo □ **for that m.** (*o* **for the m. of that**), in quanto a ciò □ (*fam.*) **a hanging m.**, un delitto passibile di pena di morte (*per impiccagione*) □ **to let the m. drop** (*o* **rest**), lasciar perdere □ **to make matters worse**, peggiorare la situazione □ **No m.!**, non importa!; non preoccuparti! □ **no m. how**, comunque □ **no m. what**, qualunque cosa: **Don't believe him, no m. what he says**, non credergli, qualunque cosa dica □ **no m. where**, dovunque □ **postal m.**, corrispondenza; lettere, pacchi, ecc. □ **printed m.**, stampati; stampe □ **a small m.**, una cosa senza importanza; una bazzecola, un'inezia □ **to take matters easy**, prender le cose alla leggera □ **What is the m.?**, che cosa c'è (che non va)?; di che si tratta? □ (*fam.*) **What's the m. with this?**, che cosa c'è che non va?; va bene, no?
to matter ['mætə*], *v. i.* **1** (*soprattutto nelle frasi interr., neg. e condiz.*) importare; avere importanza; interessare: **That doesn't m. at all**, non ha alcuna importanza; **What does it m.?**, che importa? **2** (*di ferita, ecc.*) suppurare.
mattery ['mætəri], *a.* purulento.
Matthew ['mæθju:], *n.* Matteo.
matting (1) ['mætiŋ], *n.* **1** materiale (*canapa, paglia, fibra, ecc.*) per stuoie **2** stuoie; stuoiame. ● **coconut m.**, fibra di cocco.
matting (2) ['mætiŋ], *n.* **1** finitura non lucida, opaca (*d'un metallo, ecc.*) **2** superficie opaca **3** (*grafica*) passe-partout.
mattins ['mætinz], *V.* **matins**.
mattock ['mætək], *n.* **1** (*agric.*) zappa lunga (*a forma di piccozza, a lama da un lato e a punta dall'altro*) **2** (*mecc.*) gravina; piccone. ● **cutter-m.**, zappa da taglio ● **pick-m.**, gravina.
mattoid ['mætɔid], *n.* mattoide.
mattrass ['mætræs], *V.* **matrass**.
mattress ['mætris], *n.* materasso. ● **m.-maker**, materassaio; **materassaia** ● **foam-rubber m.**, materasso di gommapiuma □ **spring m.**, materasso a molle.
to maturate ['mætjuəreit], *v. i.* e *t.* (*raro*) **1** maturare **2** (*med.*) (*far*) suppurare.
maturation [,mætjuə'reiʃən], *n.* **1** maturazione **2** (*med.*) suppurazione.
maturative [mə'tjuərətiv], *a.* (*med.*) suppurativo.
mature [mə'tjuə*], *a.* **1** (*anche fig.*) maturo: **m. wine**, vino maturo; **m. plans of action**, progetti maturi; **m. age**, età matura **2** (*comm.: di cambiale, ecc.*) in scadenza; scaduto ● **to behave in a m. way**, comportarsi da persona matura (*o da adulto*) □ **a man of m. years**, un uomo in età matura.
to mature [mə'tjuə*], **A** *v. t.* (*far*) maturare; portare a maturità (*fig.*) maturare (*un proposito, un piano, ecc.*); rendere maturo: **The sun matures the fruits of the earth**, il sole matura i frutti della terra. **B** *v. i.* **1** maturare; maturarsi; farsi maturo (*anche fig.*): **Wine and wisdom m. with age**, il vino e la saggezza maturano con gli anni **2** (*comm.*) scadere; giungere a scadenza: **When does this bill m.?**, quando scade questa cambiale?
matureness [mə'tjuənis], *V.* **maturity**.
maturity [mə'tjuəriti], *n.* **1** maturità: **m. of judgment**, maturità di giudizio; **the years of m.**, gli anni della maturità; l'età matura **2** (*comm.*) scadenza: **The bill was not paid at m.**, la cambiale non fu pagata alla scadenza.
matutinal [,mætju(:)'tainl], *a.* mattutino.
maud [mɔ:d], *n.* coperta grigia a strisce (*dei pastori scozzesi o da viaggio*).
Maud(e) [mɔ:d], *n. dim.* di **Magdalen** e di **Matilda**.
maudlin ['mɔ:dlin], *a.* **1** lacrimoso; sentimentale; svenevole; stucchevole **2** alticcio; brillo.
maul [mɔ:l], *n.* mazza; maglio.
to maul [mɔ:l], *v. t.* **1** battere **2** malmenare; maltrattare; bistrattare; ridurre a mal partito: **Stop mauling my pet kitten!**, smettila di malmenare il mio gattino prediletto!; **Our ship had been mauled by the storm**, la nostra nave era stata ridotta a mal partito dalla tempesta.
mauley ['mɔ:li], *n.* (*pop.*) pugno; mano.
maulstick ['mɔ:l-stik], *V.* **mahlstick**.
to maunder ['mɔ:ndə*], *v. i.* **1** muoversi senza scopo; girovagare; vagabondare **2** parlare a vanvera; farneticare.
maundy ['mɔ:ndi], *n.* **1** (*relig. cattolica*) cerimonia della lavatura dei piedi ai poveri **2** (*in G. B.*) elemosina in denaro (*detto* **m. money**) fatta dall'elemosiniere della casa reale il giovedì santo.
Maundy Thursday ['mɔ:ndi 'θə:zdi], *n.* (*relig.*) giovedì santo.
Maurice ['mɔris], *n.* Maurizio.
Mauritius [mə'riʃəs], *n.* (*geogr.*) Maurizio; Mauritius.
Mauser ['mauzə*], *n.* (*marchio*) mauser (*fucile o pistola*).
mausoleum [,mɔ:sə'liəm], (*lat.*), *n.* (*pl.* **mausoleums, mausolea**) mausoleo.
mauve [mouv], *n.* e *a.* (*color*) malva; lilla tendente al rosa.
maven ['meivən], *n.* (*fam. USA*) esperto; perito.
maverick ['mævərik], *n.* **1** (*USA*) vitello (*o torello*) senza marchio **2** (*fig., fam.*) indipendente; chi non appartiene a partiti (*o a fazioni*).
to maverick ['mævərik], *v. i.* (*USA*) vagare; vagabondare.
mavin ['meivin], *V.* **maven**.
mavis ['meivis], *n.* (*zool., Turdus musicus*) tordo sassello.
mavourneen [mə'vuəni:n], *n.* (*irl.*) (*al vocat.*) mio caro; mia cara; tesoro (*fig.*).
maw [mɔ:], *n.* **1** stomaco (*d'animale e, scherz., dell'uomo*) **2** (*degli uccelli*) gozzo **3** (*d'animali voraci e fig.*) fauci **4** (*di ruminante*) abomaso.
mawkish ['mɔ:kiʃ], *a.* **1** disgustoso; nauseabondo; nauseante **2** sdolcinato; sentimentale; stucchevole; svenevole: **m. love tales**, sdolcinate storie d'amore.
mawkishness ['mɔ:kiʃnis], *n.* **1** l'esser disgustoso (*o nauseabondo*) **2** sdolcinatezza; sentimentalità; svenevolezza.
mawseed ['mɔ:si:d], *n.* seme di papavero (*da cui si estrae l'oppio*).
mawworm ['mɔ:wə:m], *n.* **1** verme intestinale **2** (*fig.*) ipocrita (*dal nome di un personaggio del dramma «The Hypocrite» di Bickerstaffe*).
Max [mæks], *n. dim.* di **Maximilian**.
maxi ['mæksi], (*moda*) **A** *n.* (*pl.* **maxis**) indumento maxi. **B** *a.* maxi-.
maxicoat ['mæksikout], *n.* (*moda*) maxicappotto.
maxidress ['mæksidres], *n.* (*moda*) maxivestito.
maxilla [mæk'silə], *n.* (*pl.* **maxillae, maxillas**) (*anat.*) mascella; mandibola.
maxillary [mæk'siləri], *a.* e *n.* (*anat.*) mascellare.
maxillofacial [mæk,silou'feiʃəl], *a.* (*med.*) maxillofacciale: **m. surgery**, chirurgia maxillofacciale.
maxim ['mæksim], *n.* massima; precetto; sentenza.
Maxim ['mæksim], *n.* (*stor., anche* **M. gun**) mitragliatrice «Maxim».
maximal ['mæksiml], *a.* massimale.
maximalism ['mæksiməlizəm], *n.* (*polit.*) massimalismo.
maximalist ['mæksiməlist], *n.* (*polit.*) massimalista.
Maximilian [,mæksi'miljən], *n.* Massimiliano.
maximization [,mæksimai'zeiʃən], *n.* **1** aumento (*o ingrandimento*) spinto al massimo **2** (*mat., econ.*) massimizzazione.
to maximize ['mæksimaiz], *v. t.* **1** aumentare (*o ingrandire, portare*) (*q.c.*) al massimo **2** sfruttare (*o godere*) al massimo **3** portare (*una teoria*) alle estreme conseguenze **4** (*mat.*) massimizzare (*una funzione, ecc.*).
maximum ['mæksiməm], **A** *n.* (*pl.* **maxima, maximums**) **1** (il) massimo: **He got ninety marks out of a m. of one hundred**, ebbe novanta (voti) su (un massimo di) cento **2** (*mat.*) valore massimo (*d'una funzione, ecc.*). **B** *a. attr.* massimo: (*econ.*) **m. price**, prezzo massimo; (*mecc.*) **m. torque**, coppia massima (*di un motore*). ● (*autom.*) **m. carrying capacity**, portata utile □ (*ass.*) **m. rate**, massimale □ (*autom.*) **m. speed limit**, limite di velocità.
Maximus ['mæksiməs], *n.* Massimo.
maxiskirt ['mæksiskə:t], *n.* (*moda*) maxigonna.
maxitaxi ['mæksi,tæksi], *n.* (*pl.* **maxitaxis, maxitaxies**) grande taxi; minibus.
may (1) [mei], (*al condiz. pres.* e — *nel discorso indir.* — *al pass. dell'indic., fa* **might**) *voce verb. difett.* **1** posso, puoi, ecc.; può darsi che io, che tu, ecc.; è possibile che io, che tu, ecc.: **It may rain**, può piovere; **It may be true**, può essere vero; può darsi che sia vero; **He may come or he may not**, può darsi che venga, ma può anche non venire; **Tom may not be there**, può darsi che Maso non ci sia; **He said that he might go there, after all**, disse che poteva anche andarci, dopotutto; **That might be very difficult**, potrebbe essere molto difficile; **You may walk for miles without seeing anybody**, puoi camminare per miglia senza vedere nessuno **2** posso, puoi, ecc.; ho, hai il permesso di: **May I go out?**, posso uscire?; **Yes, you may**, sì, puoi; sì, va' pure; **I may leave now, can't I?**, posso andarmene ora, vero?; **You may be quite certain of that**, puoi starne certo **3** (*per esprimere augurio, speranza, gentile richiesta o rimprovero, ecc.*) posso, puoi, ecc.: **May you be happy!**, possa tu essere (*o* sii) felice!; **May he live long!**, possa egli vivere a lungo!; **You may (just) as well go there**, puoi (*o* potresti) anche andarci; **You might just shut the door**, potresti almeno chiudere la porta; **You might have told me**, avresti potuto dirmelo **4** (*idiom., per formare il congiuntivo; per es.*): **I hoped he might succeed**, speravo che riuscisse (*o* che ci sarebbe riuscito); **I was afraid he might hurt himself**, temevo che si facesse male; **Write to him at once that he may know in time**, scrivigli subito, affinché sia informato in tempo. ● **May the best man win**, vinca il migliore □ **Well may (might) you ask why!**, hai (avresti) ben ragione di chiedere il perché □ **We might have known that**, avremmo potuto aspettarcelo; avremmo dovuto saperlo □ **Who may you be?**, e tu, chi sei?; e tu, che cosa vuoi? □ **You may well say so**, puoi ben dirlo □ **Be that as it may**, sia come sia □ **Come what may**, accada quel che accada

(*lett.*); qualunque cosa accada.

may (2) [mei], *n.* (*poet.*) fanciulla; pulzella (*poet.*).

May [mei], *n.* **1** (*anche fig.*) maggio **2** (*fig.*) fiore degli anni; giovinezza **3** – (*bot.*) **m.**, (fiore di) biancospino **B** *a. attr.* di maggio. ● (*bot.*) **May-apple** (*Podophyllum peltatum*), podofillo □ **May day**, primo di maggio; calendimaggio □ **May Queen**, reginetta di calendimaggio □ **in the May of life**, nella primavera della vita.

Mayan ['meiən], (*stor.*) **A** *a.* dei Maya; maya. **B** *n.* **1** indiano Maya **2** lingua maya.

maybe ['meibi:], *avv.* forse; probabilmente; può darsi.

may beetle ['meibi:tl], **may bug** ['meibʌg], *n.* (*zool.*, *Melolontha melolontha*) maggiolino.

maybush ['meibuʃ], *n.* (*bot.*, *Crataegus oxyacantha*) biancospino.

Mayday ['meidei], *n.* segnale convenzionale radiotelegrafico di soccorso.

mayfly ['meiflai], *n.* (*zool.*, *Ephemera vulgata*) efemera; effimera.

mayhem ['meihem], *n.* **1** (*stor., leg.*) grave mutilazione (*inferta deliberatamente a q.*) **2** (*fam., fig.*) offesa immotivata (*o* gratuita) **3** (*fam., fig.*) confusione; disordine.

Maying ['meiiŋ], *n.* celebrazioni (feste, danze) del primo di maggio.

may lily ['meilili], *n.* (*bot., Convallaria maialis*) mughetto; giglio delle convalli.

mayn't [meint], *contraz.* di **may not**.

mayo ['meiou], *abbr.* di **mayonnaise**.

mayonnaise [,meiə'neiz], *n.* (*cucina*) maionese. ● **chicken** (**salmon, etc.**) **m.**, pollo (salmone, ecc.) con maionese.

mayor [mɛə*], *n.* sindaco. ● **the Lord M. of London**, il sindaco di Londra.

mayoral ['mɛərəl], *a.* di sindaco; sindacale.

mayoralty ['mɛərəlti], *n.* carica (*o* ufficio, durata in carica) di sindaco.

mayoress ['mɛəris], *n.* **1** moglie di sindaco **2** sindaca; sindachessa (*scherz.*).

maypole ['meipoul], *n.* «albero di maggio» (*palo adorno di fiori attorno al quale si danza il primo di maggio, durante il **Maying***).

mayst [meist], *voce verb.* (*arc.*) 2ª *pers. sing.* di **may**.

mazarine [,mæzə'ri:n], *n.* e *a.* (*color*) azzurro intenso.

maze [meiz], *n.* **1** labirinto; dedalo **2** (*fig.*) confusione; perplessità. ● **to be in a m.**, essere confuso (*o* perplesso).

mazed [meizd], *a.* (*raro*) confuso; perplesso.

mazer ['meizə*], *n.* (*stor.*) boccale (*un tempo di legno*); coppa.

maziness ['meizinis], *n.* **1** l'essere aggrovigliato (*o* intricato) **2** (*fig.*) confusione; perplessità.

mazurka [mə'zə:kə], *n.* mazurka.

mazy ['meizi], *a.* **1** aggrovigliato; intricato **2** (*fig.*) confuso; perplesso; sconcertato.

McCarthyism [mə'ka:θi,izəm], *n.* (*stor., polit.*) maccartismo.

McCarthyist [mə'ka:θi,ist], *n.* (*stor., polit.*) maccartista.

McCarthyite [mə'ka:θiait], *V.* **McCarthyist**.

me [mi:, mi], *pron. pers.* 1ª *pers. sing.* **1** (*compl.*) me; mi; a me: **He knows me well**, mi conosce bene; **Give me a book**, dammi un libro!; **Come with me**, vieni con me!; **It's all right by me**, per me va bene **2** (*compl., lett.*) me stesso; mi: **I laid me down**, mi coricai **3** (*pred.*) io: «**Who's that?**» «**It's me**», «Chi è?» «sono io»; **That's me on the right of the picture**, quello a destra (nella foto) sono io **4** (*colloquiale*; *unito alla forma in* -**ing**, *è idiom.*) **She doesn't like me getting up so late**, non le va (a genio) che mi alzi così tardi; **Do you mind me smoking in here?**, ti dispiace se fumo qua dentro? ● **dear me!**, povero me! □ **I looked about me**, mi guardai attorno □ **The old lady said it was very kind of me**, la vecchia signora disse che era assai gentile da parte mia.

mead (1) [mi:d], *n.* idromele.

mead (2) [mi:d], *n.* (*poet.*) prato.

meadow ['medou], *n.* **1** prato; campo tenuto a foraggio **2** (*anche* **meadowland**) prateria. ● (*zool. USA*) **m. chicken** (*Porzana carolina*), rallide dal becco corto □ **m. mushroom**, fungo prataiolo (*zool.*) **m. pipit** (*Anthus pratensis*), pispola □ (*bot.*) **m.-sweet** (*Spiraea ulmaria*), regina dei prati □ **water m.**, marcita.

meadowy ['medoui], *a.* pratense; prativo; erboso.

meager ['mi:gə*], **meagerness** ['mi:gənis], (*USA*) *V.* **meagre, meagreness**.

meagre ['mi:gə*], *a.* **1** magro; scarno; smunto: **m. looks**, un aspetto smunto **2** scarso; magro; insufficiente; povero; misero: **a m. meal**, un magro desinare; **m. cultural resources**, scarse risorse culturali; **a m. salary**, uno stipendio insufficiente.

meagreness ['mi:gənis], *n.* **1** magrezza **2** scarsità; insufficienza; povertà.

meal (1) [mi:l], *n.* farina (*grossa o integrale*): **corn m.**, farina di granturco. ● **whole m.**, farina integrale.

meal (2) [mi:l], *n.* **1** pasto **2** (*dial.*) quantità di latte data da una mucca in una mungitura. ● **meals in apartments**, pasti serviti in camera □ (*in G. B.*) **meals on wheels**, pasti assistenziali a domicilio (*per anziani, invalidi, ecc.*) □ **m. substitutes**, prodotti dietetici □ (*USA*) **m. ticket**, buono pasto; (*fam.*) principale sostegno; (*spreg.*) mangiatoia (*fig.*) □ **to make a m. of st.**, cibarsi di q.c.

mealies ['mi:liz] (*sudafricano*), *n. pl.* granturco.

mealiness ['mi:linis], *n.* farinosità.

mealtime ['mi:l-taim], *n.* ora del pasto (*o* dei pasti): **Phone me at m.**, telefonami all'ora dei pasti.

mealy ['mi:li], *a.* **1** farinoso **2** infarinato **3** (*di carnagione*) pallido **4** (*di cavallo*) pezzato.

mealy-mouthed ['mi:li'mauðd], *a.* che si esprime con mezzi termini; insincero; ipocrita.

to mean [mi:n] (*pass.* e *p. p.* **meant**), *v. t.* e *i.* **1** significare; voler dire: **What does this word m.?**, che cosa significa questa parola?; **What do you m. by that?**, che vuoi dire con ciò? **2** intendere; avere intenzione (di); avere in animo (di): **He means to go**, intende andarsene; **I don't m.**, non intendo che tu ci vada; **Do you m. Dora or Ann?**, intendi parlare di Dora o di Anna?; **I didn't m. you**, non intendevo (parlare) di te; **I'm sorry if I hurt you; I didn't m. to**, mi duole se t'ho offeso; non ne avevo l'intenzione **3** designare; destinare: **He was meant for a diplomat**, era destinato alla carriera diplomatica. ● **to m. business**, fare sul serio □ **to m. what one says**, dire (*o* fare) sul serio □ **to m. well**, avere buone intenzioni; essere ben intenzionato □ **to m. well by sb.**, avere intenzioni amichevoli (*o* essere ben intenzionato) verso q. □ **He means mischief**, sta tramando qualcosa di brutto; è male intenzionato □ **I m. you no harm**, non ho cattive intenzioni verso di te; non intendo farti del male □ **Do you m. this painting for me?**, è per me questo quadro?; è un dono per me? □ **Money means little to me**, il denaro conta poco per me □ **Health means everything**, la salute è tutto; quando c'è la salute...

mean (1) [mi:n], *a.* **1** meschino; gretto; piccino; dappoco; basso; umile; mediocre; insignificante; misero; povero; avaro; ignobile; squallido; vile: **a m. house in a m. quarter of the town**, una misera casa in un quartiere squallido della città; **people of the meaner sort**, gente della specie più umile (*o* più bassa); **a man of m. birth**, un uomo di bassi natali (*o* d'umili origini); **a m. present**, un dono meschino; **a m. appearance**, un aspetto squallido; **m. hospitality**, ospitalità gretta; **a m. proposal**, una proposta ignobile **2** (*fam.*) cattivo; irascibile; irritabile; maligno; scortese; sgarbato: **a m. remark**, un'osservazione maligna, scortese; **Don't be so m. to your little sister**, non essere così cattivo (*o* sgarbato) con la tua sorellina! **3** (*fam.*) umiliato; pieno di vergogna **4** (*fam. USA*) malato: **He was m. with a cold**, stava male per il raffreddore **5** (*pop.*) fantastico; bravo: **He's a mean marksman**, è un tiratore bravissimo. ● (*stor. USA*) **m. white**, nullatenente di razza bianca (*negli Stati del Sud*) □ **to feel m.**, sentirsi meschino; essere umiliato; vergognarsi; (*fam. USA*) essere indisposto, star poco bene □ **She's no m. actress**, come attrice se la cava bene.

mean (2) [mi:n], *a.* (*specialm. mat.*) medio; intermedio: **a m. quantity**, una quantità media; (*astron.*) **m. distance**, distanza media; **m. annual temperature**, temperatura media annuale; **m. sea level**, livello medio del mare. ● (*stat.*) **m. deviation**, scarto (*o* scostamento) medio (*mat.*) **m. line**, bisettrice □ **Greenwich M. Time**, tempo universale; ora di Greenwich.

mean (3) [mi:n], *n.* **1** mezzo; giusto mezzo; via di mezzo: **the golden** (*o* **happy**) **m.**, il giusto mezzo; l'aurea mediocrità **2** (*pl.*, *di solito col verbo al sing.*) mezzo; espediente; modo; modalità; maniera: **The end doesn't always justify the means**, il fine non sempre giustifica i mezzi; **means of conveyance**, mezzi di trasporto; **Ideas are expressed by means of words**, le idee si esprimono per mezzo delle parole **3** (*pl.*) mezzi (di sussistenza); averi; denari; proprietà; sostanze: **He has no means**, non ha mezzi (di sussistenza) **4** (*mat.*) media: **arithmetical m.**, media aritmetica; **geometric m.**, media geometrica; **m. proportional**, media proporzionale. ● (*relig.*) **the means of grace**, i sacramenti □ **means test**, verifica delle condizioni economiche (*di una persona: per concedere o no sussidi di povertà*); accertamento delle condizioni economiche (*della famiglia d'uno studente universitario, ecc.*) □ **by means of**, per mezzo di; mediante □ **by all means**, in ogni modo; a ogni costo; a tutti i costi: **Do it by all means**, fallo a tutti i costi □ **by fair means or foul**, per diritto o per traverso; di riffa o di raffa □ **by no means**, in nessun modo; non... affatto; per nulla: **This is by no means an easy task**, questo non è affatto un compito facile □ **by some means (or other)**, in qualche modo; in qualche maniera; in un modo o nell'altro □ (*geom.*) **golden m.**, sezione aurea □ **to have private means**, vivere di rendita □ **to live within one's means**, seguire un tenore di vita conforme alla propria condizione; non spendere più di quel che si guadagna □ **ways and means**, modi; maniere; metodi

meander

(*specialm. di far fronte a necessità finanziarie dello Stato*) □ (*fin.*) **ways and means committee** (*USA:* **Ways and Means**), commissione (legislativa) per il reperimento di fondi □ **He's a man of means**, è un benestante; è ricco.

meander [mi'ændə*], *n.* (*per lo più al pl.*) meandro; avvolgimento; giro tortuoso; serpeggiamento; greca (*disegno ornamentale*).

to meander [mi'ændə*], *v. i.* **1** (*di fiume*) far meandri; serpeggiare **2** (*di persona*) girovagare; vagabondare **3** (*fig.*) divagare.

meanderings [mi'ændəriŋz], *n. pl.* meandri; serpeggiamenti: **the m. of a river**, i meandri d'un fiume.

meandrous [mi'ændrəs], *a.* a meandri; serpeggiante; tortuoso.

meanie ['mi:ni], *n.* (*fam.*) **1** individuo meschino; persona gretta **2** avaro; spilorcio; taccagno.

meaning ['mi:niŋ], **A** *n.* **1** significato; senso: **the m. of a word**, il significato d'una parola **2** intenzione; proposito. **B** *a.* significativo; espressivo: **a m. look**, uno sguardo significativo □ **ill-m.**, male intenzionato □ **to look at sb. with m.**, guardare q. con intenzione (*o* in modo significativo) □ **well-m.**, bene intenzionato.

meaningful ['mi:niŋful], *a.* significativo; pieno di significato.

meaningless ['mi:niŋlis], *a.* insignificante; senza senso.

meanness ['mi:nnis], *n.* meschinità; grettezza; piccineria; bassezza; mediocrità; povertà; avarizia; squallore; viltà (*V.* **mean** (1)).

to means-test ['mi:nztest], *v. t.* verificare le condizioni economiche di (*un disoccupato, un invalido*: *per concedere o no sussidi di povertà*).

meant [ment], *pass. e p. p.* di **to mean**. ● (*di persona*) **to be m. to do st.**, essere tenuto a (*o* dovere) fare q.c.

meantime [mi:n'taim], **meanwhile** [mi:n'wail], *avv.* nel frattempo; in quel mentre; frattanto; intanto. ● **in the m.**, nel frattempo; in quel mentre; nel quel mezzo (*lett.*).

meany ['mi:ni], *V.* **meanie**.

measles ['mi:zlz], *n. pl.* (*col verbo al sing.*) **1** (*med.*) morbillo **2** (*vet.*) panicatura; cisticercosi. ● (*med.*) **German m.**, rosolia.

measly ['mi:zli], *a.* **1** affetto da morbillo **2** (*vet.*) panicato **3** (*fam.*) meschino; misero; miserabile.

measurability [ˌmeʒərə'biliti], *n.* misurabilità.

measurable ['meʒərəbl], *a.* misurabile. ● **to come within m. distance of st.**, giungere a poca distanza da q.c.

measure ['meʒə*], *n.* **1** misura (*quasi in ogni senso*); metro; giusta misura; limite: **a linear m.** (**a m. of length**), una misura lineare (una misura di lunghezza); **a liquid m.**, una misura per liquidi; **clothes made to m.**, abiti fatti su misura; **to set measures to one's ambition**, porre limiti alla propria ambizione; **He was grieved beyond m.**, era addolorato oltre misura (*o* oltre modo) **2** disegno di legge; misura; provvedimento; precauzione: **safety measures**, misure di sicurezza; **to take strong measures against sb.**, prendere severi provvedimenti contro q. **3** (*mat.*) divisore; **greatest common m.**, massimo comun divisore **4** (*geol.*) strato, giacimento (*di minerale*) **5** (*poesia*) metro; ritmo **6** (*mus.*) battuta; tempo **7** (*tipogr.*) giustezza **8** (*arc.*) danza: **to tread a m.**, intrecciare una danza. ● **folding m.**, metro snodato □ **for good m.**, per essere sicuro □ **to give full (short) m.**, dare la misura giusta (scarsa) □ **to some m.**, in certa misura; fino a un certo punto □ **to take legal measures**, adire le vie legali □ (*fig.*) **to take sb.'s measure**, giudicare le capacità (*o* il carattere) di q. □ **tape m.**, metro a nastro □ **to a great** (*o* **a large**) **m.**, in larga misura; abbondantemente □ **yard-m.**, misura (*in forma di stecca o nastro*) d'una iarda (*cfr. l'ital. metro*).

to measure ['meʒə*], *v. t. e i.* **1** misurare; dosare; (*fig.*) giudicare, stimare, valutare; (*poet.*) coprire, percorrere (*una distanza*): **to m. a piece of cloth**, misurare una pezza di stoffa; **A clock measures time**, gli orologi misurano il tempo; **Each side of the building measures ninety feet**, ogni lato dell'edificio misura novanta piedi (*30 metri circa*); **to m. one's strength with sb.**, misurare le proprie forze con q.; misurarsi con q. **2** prendere la misura a: **The dressmaker measured me**, la sarta mi prese le misure **3** moderare; adattare: **M. your speech by your listeners' reactions**, modera il tuo discorso secondo le reazioni dell'uditorio. ● (*fig.*) **to m. one's length**, cadere lungo disteso; misurare il pavimento (*scherz.*) □ **to m. off a yard of cloth**, tagliare una iarda di stoffa □ **to m. out**, misurare; distribuire; versare □ **to m. out a quantity of medicine**, dosare una medicina (*misurandola, pesandola*) □ (*fig.*) **to m. swords with sb.**, misurarsi (*o* cimentarsi) con q. □ **to m. up to sb.** (**st.**), essere all'altezza di q. (q.c.); non essere da meno di q. (q.c.) □ **to m. sb. with one's eye**, squadrare q. da capo a piedi □ **to m. st. with one's eye**, misurare q.c. a occhio □ (*fig.*) **to m. one's words**, misurare le parole □ **measuring cylinder**, provetta graduata (*da laboratorio*) □ **measuring cup**, misurino; tazza graduata □ **measuring spoon**, misurino (*a forma di cucchiaio*) □ (*zool.*) **measuring worm**, bruco misuratore; geometride.

measured ['meʒəd], *a.* **1** misurato; moderato; regolato; equilibrato: **m. words**, parole misurate **2** regolare; ritmico; cadenzato:

to: **the m. flash of the lighthouse**, il ritmico lampeggiare del faro; **m. steps**, passi cadenzati **3** calcolato; voluto: **with m. insolence**, con calcolata insolenza. ● **m. mile**, miglio esatto □ **in no m. terms**, in termini poco misurati (*o* eccessivi, intemperanti).

measureless ['meʒəlis], *a.* smisurato; sterminato; immenso.

measurement ['meʒəmənt], *n.* **1** misurazione; misura **2** (*generalm. al pl.*) misure; dimensioni; (*per estens.*) dati: **the measurements of a room** (**person, etc.**), le misure d'una stanza (d'una persona, ecc.) **3** (*naut.*) stazzatura. ● **the metric system of m.**, il sistema metrico decimale □ (*di una persona*) **waist m.**, circonferenza della vita.

measurer ['meʒərə*], *n.* misuratore (*anche strumento*).

meat [mi:t], *n.* **1** carne (*d'animale macellato, ucciso; esclusa la selvaggina e i pesci*): **I seldom eat m.**, mangio carne di rado **2** (*arc.*) cibo; nutrimento (*anche fig.*): **m. and drink**, cibo e bevande **3** (*arc.*) pasto; pranzo **4** (*con l'art. def.*) parte carnosa commestibile; succo (*anche fig.*): **the m. of a nut**, la parte commestibile d'una noce; **the m. of the story**, il succo d'un racconto. ● (*fig., fam.*) **m.-and-potatoes**, basilare; essenziale; fondamentale □ **m.-ball**, polpettina di carne □ **m. chopper** (*o* **grinder**), tritacarne □ (*relig.*) **m. day**, giorno di grasso □ **m. pie**, pasticcio di carne □ **m. safe**, moscaiola □ **m. tea**, spuntino a base di carne, con tè come bevanda □ **as full as an egg is of m.**, pieno zeppo □ **butcher's m.**, carne macellata □ **cold** (*o* **cooked, sliced**) **meats**, affettati; insaccati e prosciutto □ **green m.**, verdura □ (*pop.*) **Golf's my m.**, il golf è il mio sport prediletto (*o* il mio cavallo di battaglia) □ **This was m. and drink to him**, fu per lui un grande piacere (*o* una grande soddisfazione); ci andò a nozze □ **This book is full of m.**, questo libro è succoso, sostanzioso □ (*prov.*) **One man's m. is another man's poison**, quel che giova all'uno, nuoce all'altro.

meatiness ['mi:tinis], *n.* **1** carnosità **2** (*fig.*) sostanziosità.

meatless ['mi:tlis], *a.* **1** senza carne **2** (*relig.*) di magro: **a m. day**, un giorno di magro.

meatus [mi'eitəs], *n.* (*pl.* **meatus, meatuses**) (*anat.*) meato.

meaty ['mi:ti], *a.* **1** carnoso **2** (*fig.*) sostanzioso.

Mecca ['mekə], *n.* (*geogr., anche fig.*) Mecca.

Meccano [me'ka:nou], *n.* (*marchio*) meccano.

mechanic [mi'kænik], **A** *n.* **1** meccanico **2** (*arc.*) artigiano; lavoratore. **B** *a. V.* **mechanical**. ● **a dental m.**, un odontotecnico □ **a motor m.**, un motorista.

mechanical [mi'kænikəl], *a.* **1** meccanico: **m. energy**, energia meccanica; **m. movements**, movimenti meccanici; **m. engineering**, ingegneria meccanica **2** (*fig.*) meccanico; macchinale; automatico. ● **m. drawing**, disegno per mezzo di strumenti □ (*elettron.*) **m. filtre**, filtro meccanico □ (*metall.*) **m. plating**, placcatura meccanica □ **the m. powers**, le macchine semplici (*la leva, il cuneo, ecc.*) □ (*mecc.*) **m. shovel**, pala meccanica, pala caricatrice.

mechanicalism [mi'kænikəlizəm], *n.* (*filos.*) meccanicismo.

mechanicalness [mi'kænikəlnis], *n.* meccanicità.

mechanician [ˌmekə'niʃən], *n.* **1** meccanico **2** disegnatore industriale; progettista.

mechanics [mi'kæniks], *n. pl.* (*col verbo al sing.*) **1** meccanica **2** meccanismo (*anche fig.*) **3** (*fig.*) funzionamento: **the m. of the lathe**, il funzionamento del tornio.

mechanism ['mekənizəm], *n.* meccanismo (*anche fig.*); congegno: **the m. of government**, il meccanismo amministrativo statale; (*psic.*) **m. of defence**, meccanismo di difesa **2** (*filos.*) meccanicismo **3** (*arte*) tecnica; meccanica.

mechanist ['mekənist], *n.* (*filos.*) meccanicista.

mechanistic [ˌmekə'nistik], *a.* (*filos.*) meccanicistico.

mechanization [ˌmekənai'zeiʃən], *n.* meccanizzazione.

to mechanize ['mekənaiz], *v. t.* meccanizzare.

mechanized ['mekənaizd], *a.* meccanizzato. ● (*mil.*) **m. gun**, cannone semovente.

Mechlin ['meklin], *n.* (*anche* **M. lace**) merletto di Malines.

meconic [mi'kɔnik], *a.* (*chim.*) meconico: **m. acid**, acido meconico.

meconium [mi'kouniəm], *n.* **1** meconio; oppio **2** (*embriologia*) meconio.

medal ['medl], *n.* medaglia. ● **m. collection**, medagliere □ (*nel golf*) **m. play**, partita in cui si sommano tutti i colpi giocati per coprire l'intero percorso.

medalled ['medld], *a.* decorato di medaglia (*o* di medaglie).

medallic [mi'dælik], *a.* **1** di (*o* simile a) medaglia **2** rappresentato su medaglia.

medallion [mi'dæljən], *n.* **1** (*anche arte*) medaglione; tondo ornamentale **2** (*USA*) licenza di tassista (*a forma di medaglione*).

medallist ['medlist], *n.* **1** medaglista **2** persona decorata di medaglia. ● **gold-m.**, (persona decorata di) medaglia d'oro.

to meddle ['medl], *v. i.* **1** (*di solito* **to m. in**) ingerirsi; immischiarsi; intromettersi **2** – **to m. with**, mettere le mani in; toccare: **I don't want him to m. with my papers**, non voglio che metta le

meddler ['medlə*], *n.* intrigante; impiccione; ficcanaso.
meddlesome ['medlsəm], *a.* intrigante; inframmettente.
meddlesomeness ['medlsəmnis], *n.* inframmettenza; l'essere intrigante.
meddling ['medliŋ], **A** *a.* V. **meddlesome. B** *n.* intromissione; ingerenza; inframmettenza.
Medes [mi:dz], *n. pl.* (*stor.*) Medi. ● (*fig.*) **the laws of the M. and the Persians**, leggi inalterabili (*o* immutabili).
media ['mi:djə], *n.* **1** *pl.* di **medium 2** (*fam.*) mass media; mezzi di comunicazione di massa. ● **mass m.**, mass media.
mediaeval [,medi'i:vəl], *e deriv.* V. **medieval**, *e deriv.*
mediagenic [,mi:djə'dʒenik], *a.* che fa bella figura nei mass media (*telegenico, ecc.*).
medial ['mi:djəl], *a.* **1** medio, mediano (*anche fon.*); di mezzo; di mezza taglia; di misura media **2** (*anat.*) mediale.
median ['mi:djən], **A** *a.* mediano; di mezzo. **B** *n.* **1** (*mat., stat.*) mediana **2** (*anat.*) arteria (*o* vena) mediana **3** (*anat.*) nervo mediano. ● (*autom., USA*) **m. strip**, aiuola spartitraffico.
mediant ['mi:djənt], *n.* (*mus.*) mediante.
mediastinal [,mi:diæ'stainəl], *a.* (*anat.*) mediastinico.
mediastinum [,mi:diæ'stainəm], *n.* (*pl.* **mediastina**) (*anat.*) mediastino.
to mediate ['mi:dieit], **A** *v. i.* **1** essere in posizione intermedia **2** fare da mediatore (*o* da intermediario); interporsi: **to m. between two litigants**, fare da mediatore fra due litiganti (*di lite giudiziaria*). **B** *v. t.* **1** esser l'anello di congiunzione fra (*due cose, ecc.*) **2** ottenere o recare la propria mediazione: **to m. a settlement**, ottenere (*o* raggiungere) un accomodamento (un accordo) esercitando la mediazione **3** ritrasmettere (*una notizia*); inoltrare, far pervenire (*un oggetto, un dono*). ● **to m. an industrial dispute**, appianare una divergenza sindacale.
mediate ['mi:diit], *a.* **1** mediato; indiretto **2** intermedio; interposto; frapposto. ● (*leg.*) **m. testimony**, testimonianza per procura.
mediation [,mi:di'eiʃən], *n.* **1** mediazione; intervento amichevole; intercessione; buoni uffici **2** l'esser mediato (*o* indiretto).
mediatization [,mi:diətai'zeiʃən], *n.* (*stor.*) annessione (*di un principato tedesco al Sacro Romano Impero*).
to mediatize ['mi:diətaiz], *v. t.* (*stor.*) **1** annettere (*un principato, uno Stato*) **2** ridurre in vassallaggio (*un principe*).
mediator ['mi:dieitə*], *n.* mediatore; intercessore; paciere.
mediatorial [,mi:djə'tɔ:riəl], **mediatory** ['mi:diətəri], *a.* di mediatore; di mediazione; intercessorio.
mediatress ['mi:dieitris], V. **mediatrix**.
mediatrix ['mi:dietriks], *n.* (*pl.* **mediatrices, mediatrixes**) mediatrice.
medic (1) ['medik], *n.* (*fam.*) **1** medico **2** studente in medicina **3** (*USA*) soldato della Sanità.
medic (2) ['medik], *n.* (*bot., Medicago sativa*) erba medica.
medicable ['medikəbl], *a.* medicabile; curabile; guaribile.
Medicaid ['medikeid], *n.* (*USA*) servizio sanitario statale (*specialm. per i non abbienti*).
medical ['medikəl], **A** *a.* medico; di medicina: **the m. profession**, la professione medica; **a m. school**, un istituto (*o* una facoltà) di medicina; **a m. student**, uno studente di medicina. **B** *n.* (*fam.*) **1** visita medica **2** studente di medicina. ● (*mil.*) **m. corps**, corpo sanitario; la Sanità □ (*med.*) **m. history**, anamnesi □ **m. jurisprudence**, medicina legale □ (*fam.*) **m. man**, dottore; medico □ **m. officer**, medico militare; ufficiale medico □ **m. officer of health**, ufficiale sanitario □ **m. record**, cartella clinica □ **m. statistician**, statistico sanitario □ (*in un ospedale*) **m. ward**, reparto di medicina.
medicament [me'dikəmənt], *n.* medicamento; farmaco; medicina.
Medicare ['medikeə*], *n.* (*USA*) servizio sanitario statale (*specialm. per gli anziani*).
medicaster ['medikæstə*], *n.* medicastro; ciarlatano.
to medicate ['medikeit], *v. t.* **1** medicare; curare **2** impregnare (*garza, ecc.*) di sostanze medicamentose.
medication [,medi'keiʃən], *n.* **1** medicazione; medicatura (*raro*) **2** medicamento; medicina.
medicative ['medikətiv], *a.* medicamentoso; medicinale.
Medicean [,medi'tʃi:ən], *a.* (*stor.*) mediceo.
medicinal [me'disinl], *a.* medicinale; medicamentoso.
medicine ['medisin], *n.* **1** medicina (*scienza, professione ecc*): **Doctor of M.** (*abbr.* **M.D.**), dottore in medicina **2** medicina; farmaco; medicamento; medicinale. ● **m. ball**, pallone per ginnastica □ **m. cabinet** (*o* **m. chest, m. closet**), armadietto farmaceutico □ **m. man**, stregone □ (*fam.*) **to give sb. a dose of his own m.**, pagare q. della stessa moneta; restituirgli la dose □ (*fig.*) **to take one's m.**, mandar giù (*o* ingoiare) la pillola.
medico ['medikou], *n.* (*pl.* **medicos**) (*fam., scherz.*) **1** dottore; medico **2** studente in medicina.

medieval [,medi'i:vəl], *a.* medievale, medioevale.
medievalism [,medi'i:vəlizəm], *n.* medievalismo.
medievalist [,medi'i:vəlist], *n.* medievalista.
mediocre [,mi:di'oukə*], *a.* mediocre.
mediocrity [,mi:di'ɔkriti], *n.* mediocrità.
to meditate ['mediteit], *v. t. e i.* meditare; considerare; riflettere; progettare; tramare: **to m. revenge**, meditare la vendetta; **to m. on the vanity of glory**, riflettere sulla vanità della gloria.
meditation [,medi'teiʃən], *n.* meditazione; riflessione.
meditative ['meditətiv], *a.* meditativo; cogitabondo; pensieroso.
meditativeness ['meditətivnis], *n.* pensosità.
meditator ['mediteitə*], *n.* chi medita.
mediterranean [,meditə'reinjən], **A** *a.* **1** posto fra terre; interno; mediterraneo: **a m. land**, un territorio interno; **m. sea**, mare mediterraneo **2** − (*di popolo, clima, ecc.*) **M.**, mediterraneo. **B** *n.* − (*geogr.*) **the M.**, il Mediterraneo. ● **the M. Sea**, il Mediterraneo.
medium ['mi:djəm], **A** *n.* (*pl.* **mediums, media**) **1** mezzo; espediente; modo; strumento; veicolo (*fig.*); tramite: **the happy m.**, il giusto mezzo; l'aurea mediocrità; **a m. of communication**, un mezzo di comunicazione; **by** (*o* **through**) **the m. of**, per mezzo di, per il tramite di **2** mezzo pubblicitario; mezzo tecnico d'informazione: **media man**, esperto in mezzi pubblicitari; pubblicitario **3** (*mat.*) numero medio; quantità media **4** (*biol.*) ambiente; condizioni di vita **5** (*parapsicologia*) *pl.* **mediums**) medium **6** (*pitt.*) solvente (*acqua, olio, ecc.*). **B** *a.* medio; intermedio; mediano: (*radio*) **m. waves**, onde medie; **a man of m. height**, un uomo di media statura. ● (*mil.*) **m. artillery**, artiglieria di medio calibro □ (*tipogr.*) **m. boldface**, (carattere) neretto □ (*sport*) **m. bowler**, giocatore (di cricket) che lancia la palla a velocità media □ **m.-sized**, di misura media; medio □ **m.-term**, a medio termine; nel medio periodo; a media scadenza: **a m.-term loan**, un finanziamento a medio termine □ (*econ.*) **a m.-term plan**, un piano poliennale □ (*biol.*) **culture m.**, brodo di coltura.
mediumistic [,mi:djə'mistik], *a.* (*parapsicologia*) medianico.
mediumship ['mi:djəmʃip], *n.* (*parapsicologia*) medianità.
medlar ['medlə*], *n.* (*bot.*) **1** nespola **2** (*anche* **m. tree**, *Mespilus germanica*) nespolo.
medley ['medli], *n.* **1** mescolanza; miscuglio; guazzabuglio; accozzaglia: **a m. of races**, un'accozzaglia di razze diverse; **a m. of feelings**, un guazzabuglio di sentimenti **2** (*letter.*) miscellanea; zibaldone **3** (*mus.*) pot-pourri.
medulla [me'dʌlə] (*lat.*), *n.* (*pl.* **medullas, medullae**) (*anat., bot.*) midollo.
medullary [mə'dʌləri], *a.* (*anat.*) midollare.
medusa [mi'dju:zə], *n.* **1** − (*mitol. greca*) **M.**, Medusa **2** (*zool., pl.* **medusae, medusas**) medusa.
medusal [mi'dju:zəl], **medusan** [mi'dju:zən], *a.* (*zool.*) di medusa.
meed [mi:d], *n.* (*poet.*) ricompensa; guiderdone (*poet.*).
meek [mi:k], *a.* mite; mansueto; sottomesso; umile: **as m. as a lamb**, mite come un agnello. ● (*Bibbia*) **blessed are the m.**, beati i mansueti.
meekness ['mi:knis], *n.* mitezza; mansuetudine; umiltà.
meerschaum ['miəʃəm] (*ted.*), *n.* **1** (*miner.*) schiuma di mare; sepiolite **2** (*anche* **m. pipe**) pipa di schiuma (*di mare*).
to meet [mi:t] (*pass. e p. p.* **met**), **A** *v. t.* **1** incontrare; andare (*o* venire) incontro a; andare all'arrivo di; imbattersi in: **I met the bus**, andai all'arrivo dell'autobus; **My friend will m. me at the station**, il mio amico mi verrà incontro alla stazione; **I met him in the street**, m'imbattei in lui per la strada **2** conoscere; fare la conoscenza di; essere presentato a: **I met him in Rome**, lo conobbi a Roma; **I knew him by sight but I'd never met him before**, lo conoscevo di vista ma non gli ero mai stato presentato fino ad allora; **Pleased to m. you**, lieto di fare la Sua conoscenza; «piacere!» **3** affrontare; far fronte a; fronteggiare; rispondere a; controbattere: **to m. the enemy**, affrontare il nemico; **I met her angry words with a laugh**, risposi con una risata alle sue parole irate; **to m. objections (criticism)**, controbattere obiezioni (critiche) **4** venire incontro a (*fig.*); conformarsi a; soddisfare: **to m. sb.'s wishes**, venire incontro ai desideri di q.; **This article doesn't m. our requirements**, questo articolo non soddisfa le nostre esigenze (*o* non risponde ai requisiti voluti); **to m. a demand**, soddisfare una richiesta **5** (*fig.*) far fronte a; saldare (*fig.*): (*econ.*) **to m. the gap between home production and domestic demand**, saldare il gap fra la produzione e la domanda interne **6** (*comm.*) far onore a; onorare; pagare: **to m. a bill at maturity**, pagare (*o* onorare) una cambiale alla scadenza. **B** *v. i.* **1** incontrarsi; trovarsi; vedersi: **We met** (each other) **unexpectedly**, c'incontrammo per caso; **When shall we m. again?**, quando ci rivedremo? **2** (*anche* **to m. together**) adunarsi; riunirsi; raccogliersi: **The people met in the square**, la gente si adunò nella piazza **3** (*d'eserciti, ecc.*) affrontarsi (*in campo*); scontrar-

meet (1)

si. ● (*comm.*) **to m. competition**, sostenere la concorrenza □ **to m. the ear**, colpire l'orecchio □ **to m. an expense**, sostenere una spesa □ **to m. the eye**, saltare all'occhio □ **to m. sb.'s eye**, incontrare lo sguardo di q.; sostenere lo sguardo di q. □ (*fig.*) **to m. sb. halfway**, venire a un compromesso con q. □ (*fam.*) **to m. up**, incontrarsi; trovarsi □ **to m. with**, avere, passare; incontrarsi con, imbattersi in: **He met with an accident**, ebbe un incidente; **to m. with troubles**, passare dei guai; **I met with him in the train**, m'incontrai con lui (*o* c'incontrammo) in treno □ **to m. with appreciation**, essere apprezzato □ **to m. with sb.'s approval**, incontrare l'approvazione di q.: **Our proposal met with their approval**, la nostra proposta incontrò la loro approvazione □ (*fig.*) **to make both ends m.**, sbarcare il lunario □ (*USA*) **M. Mr Jones!**, Le presento Mr Jones □ **Will this decision m. the case?**, questa decisione sarà adeguata al caso?

meet (1) [mi:t], *n.* 1 raduno di partecipanti (*per la caccia alla volpe*) 2 (*USA*) riunione (*sportiva*); meeting: **a track m.**, una riunione in pista; **an athletic m.**, un meeting d'atletica.

meet (2) [mi:t], *a.* (*arc.*) conveniente; opportuno; appropriato.

meeting [ˈmiːtɪŋ], *n.* 1 incontro; riunione (*anche sportiva*); meeting 2 (*leg.*) assemblea; adunanza; seduta 3 (*polit.*) comizio 4 congiunzione; confluenza; incontro: **the m. of two rivers**, la confluenza di due fiumi. ● (*relig.*) **m. house**, casa di riunione, luogo di culto (*specialm. dei quaccheri*) □ **m. place**, luogo d'incontro (*o di raduno*); ritrovo □ (*geom.*) **m. point**, punto d'intersezione □ **to address the m.**, rivolgere la parola (*o parlare*) all'assemblea □ **to call a m.**, convocare un'adunanza □ **a sports m.**, una riunione sportiva □ (*fin.*) **stockholders' m.**, assemblea degli azionisti.

Meg [meg], *n. dim.* di Margaret.

megabar [ˈmegɑːˌbaː*], *n.* (*fis.*) megabar.

megabuck [ˈmegəbʌk], *n.* (*pop. USA*) (un) milione di dollari.

megacephalic [ˌmegəsəˈfælɪk], **megacephalous** [ˌməgəˈsefələs], *a.* (*scient.*) megacefalo.

megacephaly [ˌmegəˈsefəlɪ], *n.* (*scient.*) megacefalia.

megacycle [ˈmegəˌsaɪkl], *n.* (*fis.*) megaciclo.

megadeath [ˈmegədeθ], *n.* (un) milione di morti (*rif. a un'ipotetica guerra atomica*).

megahertz [ˈmegəhɜːts], *n.* (*fis.*) megahertz.

megajet [ˈmegədʒet], *n.* (*aeron.*) superjet.

megalith [ˈmegəlɪθ], *n.* (*archeol.*) megalite.

megalithic [ˌmegəˈlɪθɪk], *a.* (*archeol.*) megalitico.

megalomania [ˌmegəlouˈmeɪnjə], *n.* (*psic.*) megalomania.

megalomaniac [ˌmegəlouˈmeɪniæk], *a. e n.* (*psic.*) megalomane.

megalosaur [ˈmegəlɔːsɔː*], **megalosaurus** [ˌmegəlɔːˈsɔː(ː)rəs], *n.* (*zool., Megalosaurus*) megalosauro.

megamillionaire [ˌmegəˌmɪljəˈnɛə*], *n.* megamilionario.

meganewton [ˌmegəˈnjuːtn], *n.* (*fis.*) meganewton.

megaphone [ˈmegəfoun], *n.* megafono.

to megaphone [ˈmegəfoun], *v. t.* 1 rivolgersi col megafono a (q.) 2 annunziare (q.c.) col megafono 3 (*fig.*) dare ampia pubblicità a (q.c.).

megapod [ˈmegəpɔd], **megapode** [ˈmegəpoud], *n.* (*zool.*) megapode.

megass(e) [meˈgæs], *n.* (*ind.*) bagassa.

megatanker [ˈmegəˌtæŋkə*], *n.* (*naut.*) superpetroliera.

megatherium [ˌmegəˈθɪərɪəm], *n.* (*zool., Megatherium*) megaterio.

megaton [ˈmegətʌn], *n.* (*fis. nucl., mil.*) megaton.

megaversity [ˌmegəˈvəːsɪti], *n.* università enorme; megauniversità.

megavolt [ˈmegəvoult], *n.* (*elettr.*) megavolt.

megawatt [ˈmegəwɔt], *n.* (*elettr.*) megawatt.

Megger [ˈmegə*], *n.* (*marchio: elettr.*) megaohmmetro; Megger.

megilp [məˈgɪlp], *n.* (*arte*) solvente liquido per colori a olio.

megohm [ˈmegoum], *n.* (*elettr.*) megahom.

megohmmeter [ˈmegoumɪtə*], *n.* (*elettr.*) megahommetro.

megrim [ˈmiːgrɪm], *n.* 1 emicrania 2 capriccio; ghiribizzo; mania 3 (*pl.*) malinconia; malumore; tristezza 4 (*pl., vet.*) capostorno, capogatto (*dei cavalli o dei buoi*).

meiosis [maɪˈousɪs], *n.* (*pl.* **meioses**) 1 (*gramm.*) litote 2 (*biol.*) meiosi.

Mekka [ˈmekə], *V.* **Mecca**.

melancholia [ˌmelənˈkouljə], *n.* (*pl.* **melancholias**, **melancholiae**) (*psic.*) malinconia.

melancholic [ˌmelənˈkɔlɪk], *a.* 1 (*psic.*) affetto da malinconia 2 malinconico; mesto; triste.

melancholy [ˈmelənkəlɪ], *A n.* malinconia; mestizia; tristezza. *B a.* malinconico; mesto; triste.

Melanesian [ˌmeləˈniːzjən], *a. e n.* melanesiano.

melanin [ˈmelənɪn], *n.* (*chim., biol.*) melanina.

melanism [ˈmelənɪzəm], *n.* (*zool.*) melanismo.

melanosis [ˌmeləˈnousɪs], *n.* (*pl.* **melanoses**) (*med.*) melanosi.

melanotic [ˌmeləˈnɔtɪk], *a.* (*med.*) melanotico.

to meld (1) [meld], **A** *v. t.* fondere; mescolare; unire. **B** *v. i.* fondersi; mescolarsi; unirsi.

to meld (2) [meld], **A** *v. t.* (*nei giochi di carte*) scoprire; dichiarare. **B** *v. i.* (*nei giochi di carte*) scoprire le carte; fare una dichiarazione.

melee, **mêlée** [ˈmeleɪ], *n.* 1 mischia 2 (*fig.*) confusione.

melena [mɪˈliːnə], *n.* (*med.*) melena.

melic [ˈmelɪk], *a.* melico: **m. poetry**, poesia melica; melica.

melilot [ˈmelɪlət], *n.* (*bot., Melilotus officinalis*) meliloto; soffiola.

melinite [ˈmelɪnaɪt], *n.* melinite (*esplosivo*).

to meliorate [ˈmiːlɪəreɪt], *v. t. e i.* migliorare.

melioration [ˌmiːlɪəˈreɪʃən], *n.* miglioramento.

meliorism [ˈmiːlɪərɪzəm], *n.* (*filos.*) migliorismo.

meliorist [ˈmiːlɪərɪst], *n.* (*filos.*) migliorista.

melliferous [meˈlɪfərəs], *a.* mellifero.

mellifluence [meˈlɪfluəns], *n.* mellifluità.

mellifluent [meˈlɪfluənt], **mellifluous** [meˈlɪfluəs], *a.* mellifluo; melato.

to mellow [ˈmelou], **A** *v. t.* 1 addolcire; ammorbidire; maturare; ingentilire; rendere tenero 2 maturare, invecchiare (*il vino, ecc.*). **B** *v. i.* 1 addolcirsi; ammorbidirsi; maturarsi; ingentilirsi: **to m. with age**, addolcirsi con l'età 2 (*del vino, ecc.*) maturare; invecchiare.

mellow [ˈmelou], *a.* 1 (*di frutto*) dolce; polposo; succoso; maturo 2 (*di vino*) generoso; maturo; saporoso 3 (*di terreno*) fertile; ricco 4 (*di colore, luce, suono, voce*) caldo; pieno; suasivo 5 (*di persona, del carattere*) maturato dall'esperienza; comprensivo; dolce; mite 6 (*fam.*) cordiale; gioviale 7 (*pop.*) brillo; alticcio.

mellowness [ˈmelounɪs], *n.* 1 dolcezza (*anche di carattere*); maturità; succosità 2 (*del vino*) generosità 3 (*di terreno*) fertilità 4 (*di colore, suono*) pienezza; calore 5 (*fam.*) cordialità; giovialità (*V.* **mellow**).

melodeon, **melodion** [mɪˈloudɪən], **melodium** [mɪˈloudɪəm], *n.* (*mus.*) melodion; armonium.

melodic [mɪˈlɔdɪk], *a.* melodico.

melodious [mɪˈloudjəs], *a.* melodioso.

melodiousness [mɪˈloudjəsnɪs], *n.* melodiosità.

melodist [ˈmelədɪst], *n.* (*mus.*) melodista; compositore di melodie.

to melodize [ˈmelədaɪz], **A** *v. t.* rendere melodioso. **B** *v. i.* comporre melodie.

melodrama [ˈmeləˌdrɑːmə], *n.* (*anche fig.*) melodramma.

melodramatic [ˌmeloudrəˈmætɪk], *a.* melodrammatico.

melodramatist [ˌmelouˈdræmətɪst], *n.* autore di melodrammi.

to melodramatize [ˌmelouˈdrɑːmətaɪz], *v. t.* rendere melodrammatico.

melody [ˈmelədɪ], *n.* 1 melodia (*in ogni senso*) 2 canto; aria.

melon [ˈmelən], *n.* (*bot.*) 1 (*Cucumis melo*) melone; popone 2 (*Citrullus vulgaris*; *anche* **watermelon**) melone d'acqua; cocomero; anguria. ● (*fig., pop.*) **m.-cutting**, spartizione dei profitti.

to melt [melt] (*pass.* **melted**, *p. p.* **melted**, *e talvolta come agg.* **molten**, **A** *v. t.* 1 fondere (*anche metall.*); liquefare; sciogliere; struggere: **to m. a metal**, fondere un metallo; **to m. wax**, struggere la cera 2 (*fig.*) far struggere; intenerire; commuovere: **Her grief melted my heart**, il suo dolore mi commosse. **B** *v. i.* 1 fondere; fondersi; liquefarsi; sciogliersi; struggersi (*anche, fam., dal caldo*): **Butter melts when heated**, il burro si liquefà quando lo si scalda; **snow melting in the sun**, neve che si scioglie al sole 2 (*fig.*) struggersi; intenerirsi: **She melted at my kindly words**, ella s'intenerì udendo le mie espressioni di simpatia. ● **to m. away**, sciogliersi (*completamente*); disperdersi; diradarsi; scomparire (*a poco a poco*): **The crowd melted away**, la folla si disperse; **The mist melted away**, la foschia si diradò; **All my money melted away**, tutto il mio denaro scomparve a poco a poco □ **to m. down gold articles**, fondere oggetti d'oro □ **to m. into**, fondersi (*o confondersi*) con: **The sea melted into the sky at the horizon**, il mare si fondeva col cielo all'orizzonte □ (*di nubi*) **to m. into rain**, sciogliersi in pioggia □ **to m. into tears**, sciogliersi in lacrime.

melt [melt], *n.* 1 fusione; colata 2 metallo (*o vetro, ecc.*) fuso 3 quantità (*di metallo, vetro, ecc.*) fusa in una volta. ● **to be on the m.**, essere in fusione.

melter [ˈmeltə*], *n.* 1 fonditore 2 (*metall.*) camera (*o vasca*) di fusione.

melting [ˈmeltɪŋ], **A** *n.* fusione: **m. point**, punto di fusione. **B** *a.* 1 che fonde; in fusione 2 (*fig.*) struggente; sentimentale; tenero. ● **m. pot**, crogiolo (*anche fig.*) □ (*fig.*) **to go into the m. pot**, essere messo sottosopra; essere sconvolto □ (*fig.*) **di un progetto, ecc.*) **in the m. pot**, in sospeso; in fieri □ (*fig.*) **to be in the m. mood**, avere una gran voglia di piangere.

melton [ˈmeltən], *n.* tessuto liscio di lana inglese (*per soprabiti*).

member [ˈmembə*], *n.* 1 membro (*in ogni senso*); parte (*del corpo, d'un tutto*); associato, socio; iscritto (*di società, partito, ecc.*): **the members of a union** (*o* **union members**), gli iscritti

un sindacato **2** (*mecc.*) parte; elemento **3** (*mat.*) elemento **4** (*costr.*) elemento. ● (*fig.*) **a m. of Christ**, un cristiano □ (*polit.*) **M. of Congress**, membro del Congresso; deputato o senatore (*in USA*) □ (*polit.*) **M. of Parliament** (*abbr.* **M.P.**), membro del Parlamento; deputato (*ai Comuni*) □ **the members of the family**, i membri della famiglia; i familiari □ (*autom.*) **m. services**, (servizi d')assistenza per i soci (*dell'A.A.*, *in G. B.*) □ (*mecc.*) **cross m.**, traversa □ (*fam.*, *un tempo*) **the unruly m.**, la lingua.
membered ['membəd], *a.* (*nei composti, per es.:*) **large-m.**, membruto.
membership ['membəʃip], *n.* **1** condizione di membro (*o di socio*); appartenenza (*a una società, a un partito, ecc.*) **2** (*collett.*) membri; soci **3** numero di soci (*o d'iscritti*). ● **m. card**, tessera (*d'iscrizione*).
membranaceous [ˌmembrəˈneiʃəs], *a.* membranaceo.
membrane ['membrein], *n.* **1** (*anat.*) membrana **2** pergamena; cartapecora.
membraneous [memˈbreinjəs], **membranous** [memˈbreinəs], *a.* membranoso.
memento [miˈmentou], *n.* (*pl.* **mementoes, mementos**) **1** memento (*anche relig.*); avvertimento; promemoria **2** (*oggetto tenuto per*) ricordo.
memo ['memou], *n.* (*pl.* **memos**) (*abbr. fam. di* **memorandum**) promemoria; appunto; nota.
memoir ['memwaː*], *n.* **1** nota biografica; monografia; saggio **2** (*pl.*) memorie; ricordanze (*poet.*).
memorabilia [ˌmemərəˈbiliə], *n. pl.* detti (*o cose*) memorabili; reliquie.
memorability [ˌmemərəˈbiliti], *n.* memorabilità (*raro*).
memorable ['memərəbl], *a.* memorabile.
memorandum [ˌmeməˈrændəm], *n.* (*pl.* **memoranda, memorandums**) **1** memorandum; promemoria; appunto; nota **2** (*comm.*) comunicazione (*generalm. non firmata*); comunicazione di servizio. ● **m.-book**, memorandum; agenda; taccuino □ (*fin.*) **m. of association**, atto costitutivo d'una società di capitali □ (*teatr.*) **m. sheet**, borderò.
to memorandum [ˌmeməˈrændəm], *v. t.* **1** fare un memorandum di (q.c.) **2** inviare una comunicazione (di servizio) a (q.).
memorial [miˈmɔːriəl], **A** *a. attr.* commemorativo; in memoria: **a m. stamp**, (un) francobollo commemorativo; **a m. service**, una funzione religiosa in memoria di q. **B** *n.* **1** (*di solito al pl.*) memoriale; cronaca; testimonianza **2** commemorazione; festa celebrativa; monumento commemorativo: **a war m.**, un monumento ai caduti in guerra **3** memorandum; memorandum; nota; petizione **4** (*leg.*) estratto. ● (*USA*) **M. Day**, giorno commemorativo dei Caduti in guerra (*nella maggior parte degli Stati, il 30 maggio*) □ (*USA*) **m. park**, cimitero.
memorialist [miˈmɔːriəlist], *n.* **1** memorialista; scrittore di memorie **2** chi fa una petizione; postulante.
to memorialize [miˈmɔːriəlaiz], *v. t.* **1** commemorare **2** presentare un memoriale (*o* una petizione) a (q.).
memorization [ˌmeməraiˈzeiʃən], *n.* memorizzazione.
to memorize ['meməraiz], *v. t.* **1** memorizzare; imparare a memoria **2** affidare alla memoria.
memory ['meməri], *n.* **1** memoria (*quasi in ogni senso*); rimembranza (*lett.*); ricordo: **a man of notorious m.**, uno che ha lasciato cattiva memoria di sé; **to have happy memories of m.**, serbare un buon ricordo di q.c. **2** (*elab.*) memoria: **m. cell**, cella di memoria; **m. print-out**, stampa della memoria. ● **m. book**, memorandum; agenda; taccuino □ **beyond the m. of man**, da tempo immemorabile □ **to commit st. to m.**, mandare q.c. a memoria □ **a convenient** (*o* **an accomodating**) **m.**, una memoria elastica (che ricorda soltanto ciò che fa comodo) □ **to have a m. for faces**, essere fisionomista □ **in m. of**, in memoria di □ (*di un defunto, specialm. d'alto lignaggio*) **of blessed** (**happy**) **m.**, di buona (felice) memoria □ **speaking from m.**, citando a memoria □ **to the best of my m.**, per quanto ne ricordo io □ **within living m.**, a memoria d'uomo.
memsahib ['memˌsaːhib], *n.* (*in India e Pakistan, un tempo*) signora (*usato dai domestici d'una famiglia europea*).
men [men], *pl.* di **man**. ● (*USA*) **men's room**, gabinetto per uomini □ **men's wear shop**, negozio d'abbigliamento per uomo.
menace ['menəs], *n.* **1** minaccia **2** (*fam.*) pericolo pubblico; peste: **That boy's a m.**, quel ragazzo è una peste.
to menace ['menəs], *v. t.* minacciare.
menacing ['menəsiŋ], *a.* minaccioso.
ménage [meiˈnaːʒ] (*franc.*), *n.* ménage.
menagerie [miˈnædʒəri], *n.* serraglio (*di bestie feroci*).
Menander [miˈnændə*], *n.* (*stor., letter.*) Menandro.
to mend [mend], **A** *v. t.* **1** accomodare; aggiustare; riparare; rammendare; rattoppare; riattare: **to m. a broken toy**, aggiustare un giocattolo rotto; **to have one's car mended**, far riparare l'automobile; **to m. a dress**, rammendare un vestito; **to m. a**

road, riattare una strada **2** emendare; correggere: **M. your manners**, correggi i tuoi modi!; sii più educato! **B** *v. i.* **1** emendarsi; correggersi **2** migliorare (*specialm. di salute*): **The patient is mending quickly**, l'ammalato sta migliorando rapidamente. ● (*polit.*) **to m. one's fences**, correre ai ripari; rafforzare la propria posizione □ **to m. the fire**, ravvivare il fuoco □ **to m. or end st.**, migliorare o porre termine a q.c.: **You must m. your business or end it**, devi migliorare la (*o* l'andamento della) tua azienda o chiudere bottega □ **to m. one's pace**, affrettarsi; affrettare il passo □ **to m. one's ways**, ravvedersi; cambiar vita □ (*prov.*) **It's never too late to m.**, non è mai troppo tardi per emendarsi □ (*prov.*) **Least said, soonest mended**, meno si parla meglio è; il silenzio è d'oro.
mend [mend], *n.* aggiustatura; rammendatura; rammendo. ● **to be on the m.**, (*di malato*) essere in via di guarigione; (*di affari e sim.*) essere in ripresa: **Our economy is on the m.**, c'è una ripresa dell'economia.
mendable ['mendəbl], *a.* **1** aggiustabile; rammendabile; riparabile **2** emendabile; correggibile.
mendacious [menˈdeiʃəs], *a.* mendace; menzognero.
mendacity [menˈdæsiti], *n.* **1** mendacia; mendacità **2** menzogna; falsità.
mendelevium [ˌmendəˈliːviəm], *n.* (*chim.*) mendelevio.
Mendelian [menˈdiːljən], *a. e n.* (*scient.*) mendeliano.
Mendelism ['mendəlizəm], *n.* (*scient.*) mendelismo.
mender ['mendə*], *n.* riparatore; rammendatore. ● **road-m.**, operaio addetto alle riparazioni stradali; stradino.
mendicancy ['mendikənsi], *V.* **mendicity.**
mendicant ['mendikənt], **A** *a.* mendicante; questuante: **m. friars**, frati mendicanti. **B** *n.* **1** mendicante; accattone **2** frate questuante. ● **to have a m. air**, aver l'aspetto di un mendicante.
mendicity [menˈdisiti], *n.* **1** mendicità; accattonaggio **2** questua.
mending ['mendiŋ], *n.* **1** aggiustatura; riparazione; rammendo **2** roba da rammendare.
menfolk ['menfouk], *n.* (*fam.*) uomini (*specialm. d'una stessa famiglia*).
menhir ['menhiə*], *n.* (*archeol.*) menhir.
menial ['miːnjəl], **A** *a.* da servo; servile; umile; (*spreg.*) domestico: **Scrubbing the floor is a m. task**, sfregare il pavimento (*o* la pulizia dei pavimenti) è un lavoro umile. **B** *n.* (*spreg.*) servo; domestico. ● **the m. staff**, la servitù; i domestici.
meningeal [miˈnindʒiəl], *a.* (*anat., med.*) meningeo.
meningitis [ˌmeninˈdʒaitis], *n.* (*pl.* **meningitides**) (*med.*) meningite.
meningoencephalitic [miˈniŋgouenˌsefəˈlitik], *a.* (*med.*) meningoencefalitico.
meninx ['miːniŋks], *n.* (*pl.* **meninges**) (*anat.*) meninge.
meniscus [miˈniskəs], *n.* (*pl.* **menisci, meniscuses**) (*fis., mat., anat.*) menisco. ● (*ottica*) **m. lens**, menisco.
Mennonite ['menənait], *n.* (*relig.*) Mennonita.
menology [miˈnɔlədʒi], *n.* (*relig.*) menologio.
menopause ['menoupɔːz], *n.* (*fisiologia*) menopausa.
Menorah [miˈnɔːrə], *n.* (*relig.*) menorah; candelabro a sette bracci.
menorrhagia [ˌmenouˈreidʒiə], *n.* (*med.*) menorragia.
menorrhoea [ˌmenouˈriːə], *n.* (*med.*) menorrea.
menses ['mensiːz] (*lat.*), *n. pl.* (*fisiologia*) mestruazioni.
Menshevik ['menʃəvik], *n.* (*stor.*) menscevico.
Menshevism ['menʃəvizəm], *n.* (*stor.*) menscevismo.
Menshevist ['menʃəvist], *a. e n.* (*stor.*) menscevico.
menstrual ['menstruəl], *a.* **1** (*fisiologia*) mestruale **2** (*astron.*) mensile. ● **m. periods**, mestruazioni.
to menstruate ['menstrueit], *v. i.* (*fisiologia*) mestruare.
menstruation [ˌmenstruˈeiʃən], *n.* (*fisiologia*) mestruazione.
menstruous ['menstruəs], *a.* (*fisiologia*) mestruato; mestruale.
mensurability [ˌmenʃurəˈbiliti], *n.* misurabilità.
mensurable ['menʃurəbl], *a.* **1** misurabile **2** (*mus.*) che ha un ritmo fisso.
mensural ['menʃurəl], *a.* **1** di (*o* pertinente a) misura **2** (*mus.*) *V.* **mensurable.**
mensuration [ˌmensjuəˈreiʃən], *n.* misurazione.
mental (1) ['mentl], **A** *a.* **1** mentale: **m. powers**, facoltà mentali; (*leg.*) **m. cruelty**, crudeltà mentale **2** (*dial.*) matto; pazzo. **B** *n.* (*dial.*) alienato, alienata. ● (*psic.*) **m. age**, età mentale □ (*leg.*) **m. capacity** (*o* **m. competence**), capacità d'intendere e volere □ **m. defective**, minorato psichico □ **m. deficiency**, minorazione psichica □ **m. home** (*o* **m. hospital**, **m. institution**), casa di cura per malattie mentali; manicomio □ (*leg.*) **m. incapacity** (*o* **m. incompetence**), incapacità d'intendere e volere □ **a m. patient**, un malato di mente □ **m. reservation**, riserva mentale □ **m. specialist**, uno specialista di malattie mentali □ **m. test**, prova delle facoltà mentali (*o* dell'intelligenza).
mental (2) ['mentl], *a.* (*anat.*) mentale; mentoniero; del mento.

mentality [men'tæliti], *n.* **1** mentalità: **the m. of a people**, la mentalità di un popolo **2** capacità mentali; grado d'acume della mente: **a man of low m.**, un uomo di scarse capacità mentali.
mentation [men'teiʃən], *n.* **1** funzione (*o* attività) mentale **2** condizione (*o* stato) della mente.
menthol ['menθɔl], *n.* (*chim.*) mentolo.
menticide ['mentisaid], *n.* (*USA*) lavaggio del cervello.
mention ['menʃən], *n.* menzione; accenno; cenno; citazione: **honourable m.**, menzione onorevole.
to mention ['menʃən], *v. t.* menzionare; far menzione di; accennare a; citare. ● **above-mentioned**, predetto; suddetto; sopraccitato □ **not to m.** (*o* **without mentioning**), per non parlare di; tralasciando: **There were writers, painters, musicians, not to m. our greatest living sculptor**, c'erano scrittori, pittori, musicisti, per non parlare del nostro maggiore scultore vivente □ **Don't m. it!**, non c'è di che; prego.
mentionable ['menʃənəbl], *a.* menzionabile.
mentor ['mentɔ:*], *n.* mentore.
menu ['menju:], *n.* menu; lista (delle vivande).
meow [mi'au], *V.* miaow.
Mephistophelean, Mephistophelian [ˌmefistə'fi:ljən], *a.* mefistofelico.
Mephistopheles [ˌmefis'tɔfili:z], *n.* Mefistofele.
mephitic [me'fitik], *a.* mefitico.
mephitis [me'faitis], *n.* (*scient.*) mefite; miasma.
mercantile ['mə:kəntail], *a.* mercantile; commerciale: **m. marine**, marina mercantile. ● (*leg.*) **m. agency**, agenzia d'informazioni commerciali □ (*leg.*) **m. agent**, titolare di un'agenzia d'informazioni commerciali □ (*econ.*) **m. system**, mercantilismo □ (*econ.*) **m. theory**, teoria mercantilistica.
mercantilism ['mə:kəntilizəm], *n.* (*econ.*) mercantilismo.
mercantilist ['mə:kəntilist], (*econ.*) **A** *n.* mercantilista; fautore del mercantilismo. **B** *a.* mercantilista.
mercantilistic [ˌmə:kənti'listik], *a.* (*econ.*) mercantilistico; mercantilista.
mercenariness ['mə:sinərinis], *n.* l'essere mercenario; venalità.
mercenary ['mə:sinəri], **A** *a.* mercenario; prezzolato; venale: **to act from m. motives**, agire per motivi venali. **B** *n.* mercenario.
mercer ['mə:sə*], *n.* merciaio; commerciante di tessuti.
mercerization [ˌmə:səraiˈzeiʃən], *n.* (*ind. tessile*) mercerizzazione.
to mercerize ['mə:səraiz], *v. t.* (*ind. tessile*) mercerizzare: **mercerized cotton**, cotone mercerizzato.
merchandise ['mə:tʃəndaiz], *n.* mercanzia; merce; derrate. ● (*ferr.*) **m. train**, treno merci.
to merchandise ['mə:tʃəndaiz], (*comm.*) **A** *v. i.* commerciare; esercitare un commercio. **B** *v. t.* **1** commerciare in (*un articolo, ecc.*); trattare **2** promuovere le vendite di (*un articolo, ecc.*) **3** commercializzare; reclamizzare.
merchandising ['mə:tʃəndaiziŋ], *n.* (*comm.*) attività promozionali (*di vendita*).
merchant ['mə:tʃənt], **A** *n.* **1** mercante; commerciante (*specialm. all'ingrosso*) **2** (*USA*) bottegaio; negoziante. **B** *a. attr.* mercantile; commerciale: **m. marine**, marina mercantile; **a m. ship**, una nave mercantile; un mercantile; **the m. class**, il ceto commerciale. ● (*spreg.*) **merchants of death**, mercanti di morte (*fabbricanti o venditori d'armi*) □ **m. prince**, ricco mercante; grosso commerciante □ **m. service**, marina (*o* flotta) mercantile □ (*cricket*) **lob-m.**, chi lancia la palla con eccessiva lentezza □ (*pop.*) **speed-m.**, automobilista amante della velocità.
merchantable ['mə:tʃəntəbl], *a.* commerciabile; vendibile.
merchantman ['mə:tʃəntmən], *n.* (*pl.* **merchantmen**) (*naut.*) mercantile; nave mercantile.
merciful ['mə:sifʊl], *a.* misericordioso; pietoso; clemente. ● **m. heavens!**, misericordia!
mercifulness ['mə:sifʊlnis], *n.* misericordia; pietà; clemenza.
merciless ['mə:silis], *a.* spietato; crudele; inesorabile.
mercilessness ['mə:silisnis], *n.* spietatezza; crudeltà.
mercurial [mə:'kjuəriəl], **A** *a.* **1** (*farm., med.*) mercuriale; (a base) di mercurio: **m. preparations**, galenici a base di mercurio **2** (*fig.*) incostante; mutevole; volubile: **an extremely m. artist**, un artista assai incostante **3** (*fig.*) vivace; attivo; pronto; brillante: **a m. temperament**, un carattere vivace **4** – (*astron., mitol.*) M., di Mercurio. **B** *n.* (*farm.*) medicamento mercuriale. ● (*med.*) **m. poisoning**, avvelenamento da mercurio; mercurialismo; idrargirismo.
mercurialism [mə:'kjuəriəlizəm], *n.* (*med.*) avvelenamento da mercurio; mercurialismo; idrargirismo.
to mercurialize [mə:'kjuəriəlaiz], *v. t.* **1** rendere mutevole (*o* vivace). **2** (*farm.*) trattare con mercurio.
mercuric [mə:'kjuərik], *a.* (*chim.*) mercurico; idrargirico. ● (*chim.*) **m. chloride**, bicloruro di mercurio; sublimato corrosivo.
mercurous ['mə:kjurəs], *a.* (*chim.*) mercuroso; idrargiroso.
mercury ['mə:kjuri], *n.* **1** (*chim.*) mercurio **2** (*fig., arc.*) vivacità; spirito: **He has no m. in him**, non ha alcuna vivacità **3** (*bot., Mercurialis perennis*) mercorella bastarda. ● (*chim.*) **m. chloride**, bicloruro di mercurio; sublimato corrosivo □ **The m. is rising**, il barometro sale, volge al bello; (*fig.*) la situazione migliora.
Mercury ['mə:kjuri], *n.* **1** (*mitol., astron.*) Mercurio **2** (*fig., scherz.*) messaggero.
Mercutio [mə:'kju:ʃiou], *n.* (*letter.*) Mercuzio.
mercy ['mə:si], *n.* **1** misericordia; pietà; compassione; clemenza; mercé; grazia (*anche leg.*): **We were at the m. of the conqueror**, eravamo alla mercé del conquistatore; **to have m. on** (*o* **to show m. to**) **sb.**, aver pietà di q.; usare misericordia a q.; **to beg for m.**, chiedere misericordia, chiedere la grazia; implorare pietà; **to throw oneself on sb.'s m.**, affidarsi alla clemenza di q. **2** dono del cielo; grazia; fortuna: **It was a m. he was still alive**, fu un dono del cielo se poté salvare la vita. ● **M.!** (*o* **M. on us!**), misericordia! □ **m. killing**, eutanasia □ (*stor., relig.*) **m. seat**, coperchio d'oro dell'arca sacra degli ebrei □ **m. slaying**, uccisione indolore (*d'animali*) (*iron.*) **to be left to the tender mercies of sb.**, trovarsi all'altrui mercé; subire i maltrattamenti di q.
mere (1) [miə*], *n.* lago (*specialm. nei toponimi*); laghetto; stagno.
mere (2) [miə*], *a.* mero; solo; puro e semplice; non... che; niente altro che: **He's a m. boy**, è solo un ragazzo; non è che un ragazzo. ● (*leg.*) **m. right**, (diritto di) nuda proprietà □ **a m. trifle**, un'inezia; una nonnulla.
merely ['miəli], *avv.* solamente; soltanto; appena: **This film is not exciting, m. violent**, questo film non è emozionante, ma soltanto violento.
meretricious [ˌmeri'triʃəs], *a.* **1** meretricio (*raro*): **m. love**, amore meretricio **2** appariscente; vistoso; artefatto; falso: **m. jewellery**, gioielli appariscenti, falsi; **a m. play**, un dramma artefatto.
meretriciousness [ˌmeri'triʃəsnis], *n.* l'essere appariscente (*o* artefatto); vistosità.
merganser [mə:'gænsə*], *n.* (*pl.* **mergansers, merganser**) (*zool., Mergus*) smergo.
to merge [mə:dʒ], **A** *v. t.* **1** mescolare **2** (*fin.*) fondere; concentrare; incorporare: **The two firms were merged into a big concern**, le due ditte vennero fuse in una grande azienda **3** (*leg.*) confondere (*interessi, redditi, ecc.*) **4** (*elab.*) fondere. **B** *v. i.* **1** mescolarsi **2** (*fin.*) fondersi; concentrarsi; incorporarsi: **The two banks merged to form a bigger institution**, le due banche si fusero formando un istituto di maggiori dimensioni **3** (*leg.*) (*di interessi, ecc.*) confondersi. ● **to m. into**, fondersi con; essere assorbito da; sfumare in.
mergence ['mə:dʒəns], *n.* (*raro*) fusione; incorporazione.
merger ['mə:dʒə*], *n.* **1** (*fin.*) fusione; concentrazione; incorporazione **2** (*fin.*) assorbimento (*di un'azienda e sim.*) **3** (*leg.*) confusione (*d'interessi, redditi, ecc.*).
merging ['mə:dʒiŋ], *n.* **1** mescolamento **2** (*anche fin.*) fusione; il fondersi **3** (*elab.*) fusione.
meridian [mə'ridiən], **A** *n.* **1** (*geogr., astron.*) meridiano **2** (*fig.*) apice; apogeo; culmine. **B** *a.* **1** meridiano; di mezzogiorno **2** (*fig.*) eccelso; supremo; che è all'apogeo. ● **m. of Greenwich**, meridiano fondamentale (*di Greenwich*) □ (*naut.*) **m. sailing**, navigazione per meridiano.
meridional [mə'ridiənl], **A** *a.* **1** meridionale; dell'Europa meridionale **2** di meridiano. **B** *n.* meridionale; (*specialm.*) nativo del sud della Francia. ● **m. distance**, distanza in longitudine.
meringue [mə'ræŋ], *n.* (*cucina*) meringa.
merino [mə'ri:nou], *n.* (*pl.* **merinos**) **1** (*zool., anche* **m. sheep**) merino **2** (*ind. tessile*) merino.
merit ['merit], *n.* **1** merito; pregio; valore: **a man of m.**, uomo di merito (*o* di valore) **2** (*pl., specialm. leg.*) merito: **the merits of a case**, il merito di una causa **3** (*pl., tipogr.*) elenco dei collaboratori. ● (*econ.*) **m. pay**, salario a incentivo **1** (*USA*) **m. system**, criterio meritocratico, sistema di promozioni in base al solo merito (*Cfr.* **spoils system**, *sotto* **spoil**) □ **to judge a proposal on its merits**, giudicare una proposta valutandone il pro e il contro □ **to make a m. of st.**, farsi un merito di q.c.
to merit ['merit], *v. t.* meritare, meritarsi: **to m. a reward**, meritare una ricompensa; **to m. a punishment**, meritarsi una punizione.
meritocracy [ˌmeri'tɔkrəsi], *n.* meritocrazia.
meritocrat ['meritəˌkræt], *n.* persona di grande ingegno e capacità.
meritocratic [ˌmeritə'krætik], *a.* che fa parte della meritocrazia; meritocratico.
meritorious [ˌmeri'tɔ:riəs], *a.* meritorio; meritevole.
meritoriousness [ˌmeri'tɔ:riəsnis], *n.* l'essere meritorio.
merlin ['mə:lin], *n.* (*zool., Falco aesalon*) smeriglio.
Merlin ['mə:lin], *n.* Merlino (*mago*).
merlon ['mə:lən], *n.* (*archit.*) merlone; merlo.
mermaid ['mə:meid], *n.* (*mitol.*) sirena.

merman ['mə:mæn], *n.* (*pl.* **mermen**) (*mitol.*) tritone.
Merovingian [,merou'vindʒiən], *a. e n.* (*stor.*) merovingio.
merriment ['merimənt], *n.* allegria; gaiezza; festa; baldoria.
merriness ['merinis], *n.* (*raro*) allegria; allegrezza; gaiezza.
merry ['meri], *a.* **1** allegro; gaio; giocondo; lieto; festoso: **a m. laugh**, un'allegra risata **2** (*arc.*) bello; ameno: **m. England**, l'ameno paese d'Inghilterra **3** (*fam.*) brillo; alticcio. ● **m.-andrew**, buffone; pagliaccio □ **m.-go-round**, giostra; carosello; (*fig.*) attività frenetica □ **m.-making**, festa; baldoria; divertimento □ **A m. Christmas!**, buon Natale!; felice Natale! □ **to make m.**, far festa; far baldoria.
merrythought ['meriθɔ:t], *n.* sterno di pollo; forcella (*pop.*).
mesa ['meisə] (*spagn.*), *n.* (*geogr. USA*) mesa; montagna a sommità piatta.
mescalin(e) ['meskəli:n], *n.* (*chim.*) mescalina.
mesdames ['mei,dæm], *n.* **1** (*franc., pl. di* **madame**) signore **2** (*pl. di* **Mrs**) signore (*specialm. al vocat.; anche, comm., nel caso di un'azienda o ditta di donne*).
mesenteric [,mesen'terik], *a.* (*anat.*) mesenterico.
mesenteritis [,mesen,sentə'raitis], *n.* (*med.*) mesenterite.
mesentery ['mesəntəri], *n.* (*anat.*) mesenterio.
mesh [meʃ], *n.* **1** maglia (*nodo, vano fra nodo e nodo, di rete*): **the meshes of a net** (**of a sieve, etc.**), le maglie di una rete (di un setaccio, ecc.); **a sixty-m. screen**, un vaglio a sessanta maglie per pollice lineare **2** filo: **The meshes are nearly invisible**, i fili si vedono appena **3** (*pl., fig.*) rete; trappola: **a m. of narrow streets** (**canals, etc.**), una rete (un intreccio) di viuzze (di canali, ecc.); **I was caught in my own meshes**, fui preso nella mia stessa trappola (*o* nelle mie reti) **4** (*anat., pl.*) reticolato; reticolo **5** (*mecc.*) presa; ingranamento. ● (*archit.*) **m. ceiling**, soffitto a rete □ **a m. handbag**, una borsa di rete □ (*mecc.: di ruota dentata*) **in m.**, inserito; ingranato □ (*mecc.*) **out of m.**, disinserito; in folle.
to mesh [meʃ], **A** *v. t.* **1** prendere nella rete; (*fig.*) irretire, intrappolare **2** (*mecc.*) ingranare; innestare. **B** *v. i.* **1** (*mecc.*) ingranare; entrare **2** (*fig.*) andare d'accordo. ● (*mecc.*) **meshing gear**, ingranaggio accoppiato.
meshy ['meʃi], *a.* a rete; a maglia.
mesial ['mi:zjəl], *a.* (*anat.*) medio; mediano.
mesmeric [mez'merik], *a.* (*psic.*) mesmerico **2** (*fig.*) magnetico; affascinante.
mesmerism ['mezmərizəm], *n.* **1** (*psic.*) mesmerismo; biomagnetismo **2** (*per estens.*) ipnotismo **3** (*fig.*) fascino; incanto.
mesmerist ['mezmərist], *n.* **1** chi pratica il mesmerismo **2** (*per estens.*) ipnotizzatore.
mesmerization [,mezmərai'zeiʃən], *n.* mesmerizzazione.
to mesmerize ['mezməraiz], *v. t.* **1** mesmerizzare **2** (*fig.*) affascinare; incantare.
mesne [mi:n], *a.* (*leg.*) intermedio. ● (*stor.*) **m. lord**, vassallo; valvassore.
mesocarp ['mesouka:p], *n.* (*bot.*) mesocarpo.
mesogaster ['mesougæstə*], **mesogastrium** [,mesou'gæstriəm], *n.* (*pl.* **mesogastria**) (*anat.*) mesogastrio.
Mesolithic [,mesou'liθik], *n. e a.* (*preistoria*) mesolitico.
meson ['mi:zɔn], *n.* (*fis. nucl.*) mesone.
mesophyll ['mesoufil], *n.* (*bot.*) mesofillo.
mesotron ['mesətrɔn], *n.* (*fis. nucl.*) mesotrone (*antico nome del mesone*).
Mesozoic [,mesou'zouik], *a. e n.* (*geol.*) mesozoico.
mess [mes], *n.* **1** (*con l'art. indef.*) confusione; disordine; sudiciume: **The whole room is in a m.**, tutta la stanza è in disordine (*o* sottosopra, all'aria) **2** (*con l'art. indef.*) imbroglio; impiccio; guaio; pasticcio: **He got** (**himself**) **into a m.**, si mise nei guai (*o* nei pasticci) **3** mensa (*specialm. mil.*) tavola; pasto comune; rancio; (*per estens.*) commensali, compagni di mensa: **It's time to go to m.**, è ora d'andare alla mensa; è l'ora del pasto; **Captain Raft is at m. now**, il capitano Raft è alla mensa ufficiali (*o* è a tavola) ora. ● **m. hall**, mensa; refettorio □ (*mil.*) **m. jacket**, giacca (*o* giubba) che si porta alla mensa □ (*Bibbia, fig.*) **a m. of pottage**, un piatto di lenticchie □ (*mil.*) **m.-tin**, gavetta □ **to get into a m.**, insudiciarsi; sporcarsi □ **to make a m. of a job**, rovinare il lavoro intrapreso; sciupare (*pop.: incasinare*) tutto □ **to make a m. of st.**, impasticciare q.c.; abborracciare q.c. □ **officers' m.**, (*mil.*) mensa ufficiali (*naut.*) quadrato ufficiali □ **You've made a m. of it**, hai combinato un pasticcio; hai rovinato tutto.
to mess [mes], **A** *v. t.* (*di solito* **to m. up**) **1** mettere in disordine; sporcare; insudiciare **2** impasticciare; guastare; mettere sottosopra; mandare a monte: **His absence will m. up our plan**, la sua assenza manderà a monte il nostro piano. **B** *v. i.* **1** (*spesso* **to m. together**) far mensa comune **2** – (*fam.*) **to m. with**, intromettersi in (q.c.); infastidire, disturbare (q.). ● **to m. about** (*o* **around**), oziare; darsi dattorno senza combinare nulla; baloccarsi; gingillarsi □ **to m. sb. about**, bistrattare; menare per il naso q. □ (*mil.*) **messing allowance**, indennità di mensa.

message ['mesidʒ], *n.* **1** messaggio (*anche elab.*); comunicazione; segnalazione; (*fig.*) profezia **2** messaggio pubblicitario; slogan; stacco pubblicitario (*televisivo, ecc.*) **3** ambasciata; commissione: **to go on a m.**, andar a fare un'ambasciata (*o* una commissione). ● (*fam.*) **to get the m.**, capire; afferrare al volo (*fig.*).
to message ['mesidʒ], *v. t.* comunicare; segnalare; trasmettere.
messenger ['mesindʒə*], *n.* **1** messaggero; messo; commesso **2** (*anche* **m. boy**) fattorino.
Messiah [mi'saiə], *n.* **1** (*relig.*) Messia **2** (*fig.*) messia, liberatore.
messiahship [mi'saiəʃip], *n.* messianicità.
Messianic [,mesi'ænik], *a.* (*relig.*) messianico.
Messianism [mi'sainizəm], *n.* (*relig.*) messianismo.
Messidor ['mesidɔ:*] (*franc.*), *n.* (*stor.*) Messidoro (*decimo mese del calendario rivoluzionario francese*).
Messieurs ['mesəz], *pl.* di **Monsieur**.
messiness ['mesinis], *n.* confusione; disordine; sporcizia.
messmate ['mesmeit], *n.* **1** commensale; compagno di mensa **2** (*per estens.*) commilitone.
Messrs ['mesəz], *n. pl.* (*pl. di* **Mr**; *specialm. comm.*) **1** (*nella ragione sociale*) signori, ditta (*seguito da più cognomi*) **2** (*al vocat., nella corrispondenza*) egregi signori; spettabile ditta.
messuage ['meswidʒ], *n.* (*leg.*) casa padronale con annessi e terreno circostante.
mess-up ['mesʌp], *n.* (*fam.*) pasticcio; imbroglio; casino (*pop.*).
messy ['mesi], *a.* disordinato; in disordine; sudicio; sporco: **a m. floor**, un pavimento sporco. ● **a m. job**, un lavoro che fa sporcar le mani.
mestizo [mes'ti:zou], *n.* (*pl.* **mestizos, mestizoes**) meticcio (*dell'America Latina*).
met (1) [met], *pass. e p. p.* di **to meet**.
met (2) [met], *a.* (*abbr. di* **meteorological**) meteorologico: **met report**, bollettino meteorologico.
metabolic [,metə'bɔlik], *a.* (*biol.*) metabolico.
metabolism [me'tæbəlizəm], *n.* (*biol.*) metabolismo.
to metabolize [me'tæbəlaiz], *v. t. e i.* (*biol.*) metabolizzare, metabolizzarsi.
metacarpus [,metə'ka:pəs], *n.* (*pl.* **metacarpi**) (*anat.*) metacarpo.
metage ['mi:tidʒ], *n.* **1** pesatura d'un carico (*di grano, carbone, ecc., alla pesa pubblica*) **2** somma pagata per la pesatura.
metagenesis [,metə'dʒɔnəsis], *n.* (*pl.* **metageneses**) (*biol.*) metagenesi.
metagenetic [,metədʒə'netik], *a.* (*biol.*) metagenetico.
metal ['metl], *n.* **1** metallo **2** (*anche* **road m.**) breccia; brecciame; pietrisco **3** (*ind.*) vetro fuso (*o* incandescente) **4** (*mil.*) mezzi corazzati; carri armati; autoblinde **5** (*in G. B., pl., ferr.*) binari; rotaie; strada ferrata: **to leave** (*o* **to jump**) **the metals**, uscire dai binari; deragliare **6** (*tipogr.*) piombo: **alterations made in the m.**, correzioni fatte sul piombo. ● (*elettron.*) **m. detector**, rivelatore di metalli □ **bell m.**, bronzo per campane □ **sheet m.**, lamiera.
to metal ['metl], *v. t.* **1** dare un rivestimento metallico a **2** massicciare, macadamizzare (*una strada*). ● **a metalled road**, una strada massicciata.
metalanguage ['metə,læŋgwidʒ], *n.* (*linguistica*) metalinguaggio.
metallic [mi'tælik], *a.* metallico: (*chim.*) **m. bond**, legame metallico; (*econ.*) **m. currency**, valuta (*o* moneta) metallica; **a m. sound**, un suono metallico.
metalliferous [,metə'lifərəs], *a.* (*miner.*) metallifero.
metalline ['metəlain], *a.* metallino.
metallization [,metəlai'zeiʃən], *n.* **1** metallizzazione **2** vulcanizzazione (*della gomma*).
to metallize ['metəlaiz], *v. t.* **1** (*ing.*) metallizzare **2** vulcanizzare (*la gomma*).
metallography [,metə'lɔgrəfi], *n.* (*scient.*) metallografia.
metalloid ['metəlɔid], *n. e a.* (*chim.*) metalloide.
metallurgic(al) [,metə'lə:dʒik(əl)], *a.* metallurgico.
metallurgist [me'tælədʒist], *n.* esperto in metallurgia.
metallurgy [me'tælədʒi], *n.* metallurgia. ● **iron m.**, siderurgia.
metalware ['metlwεə*], *n.* collett. articoli in metallo.
metalworker ['metl,wɔ:kə*], *n.* (*operaio*) metallurgico.
metalworking ['metl,wɔ:kiŋ], *n.* lavorazione dei metalli; metallurgia.
metamer ['metəmə*], *n.* (*chim.*) metamero.
metamere ['metəmiə*], *n.* (*zool.*) metamero.
metameric [,metə'merik], *a.* (*chim., zool.*) metamerico.
metamerism [me'tæmərizəm], *n.* (*chim., zool.*) metameria; metamerismo.
metamorphic [,metə'mɔ:fik], *a.* (*biol., geol.*) metamorfico.
metamorphism [,metə'mɔ:fizəm], *n.* (*biol., geol.*) metamorfismo.
to metamorphose [,metə'mɔ:fouz], **A** *v. t.* metamorfosare; trasformare: **Circe metamorphosed men into swine**, Circe trasformava gli uomini in maiali. **B** *v. i.* metamorfosarsi; trasformarsi.

metamorphosis [ˌmetə'mɔːfəsis], *n.* (*pl.* **metamorphoses**) (*biol.*) metamorfosi (*anche fig.*); trasformazione.
metaphor ['metəfə*], *n.* (*retor.*) metafora. ● **a mixed m.**, una combinazione di metafore incongrue.
metaphoric(al) [ˌmetə'fɔrik(əl)], *a.* (*retor.*) metaforico.
metaphosphate [ˌmetə'fɔsfeit], *n.* (*chim.*) metafosfato.
metaphrase ['metəfreiz], *n.* traduzione letterale.
to metaphrase ['metəfreiz], *v. t.* **1** tradurre alla lettera **2** parafrasare.
metaphysical [ˌmetə'fizikəl], *a.* **1** (*filos., letter.*) metafisico **2** (*fig., pop.*) astratto; astruso; sottile **3** incorporeo; soprannaturale; trascendentale.
metaphysician [ˌmetəfi'ziʃən], *n.* (*filos.*) metafisico.
metaphysics [ˌmetə'fiziks], *n. pl.* (*col verbo al sing.*) **1** (*filos.*) metafisica **2** (*fig., pop.*) astruseria; sottigliezza.
metaplasm ['metəplæzəm], *n.* (*biol.*) metaplasma.
metapsychic(al) [ˌmetə'saikik(əl)], *a.* metapsichico.
metapsychics [ˌmetə'saikiks], *n. pl.* (*col verbo al sing.*) metapsichica.
metastasis [me'tæstəsis], *n.* (*pl.* **metastases**) (*fis., med.*) metastasi.
to metastasize [me'tæstəsaiz], *v. i.* (*med.*) metastatizzare.
metastatic [ˌmetə'stætik], *a.* (*med.*) metastatico: **m. abscess**, ascesso metastatico.
metatarsal [ˌmetə'taːsl], *a.* (*anat.*) metatarsale; metatarsico.
metatarsus [ˌmetə'taːsəs], *n.* (*pl.* **metatarsi**) (*anat.*) metatarso.
metathesis [me'tæθəsis], *n.* (*pl.* **metatheses**) (*gramm., chim.*) metatesi.
métayage ['meitəjaːʒ] (*franc.*), *n.* mezzadria.
métayer [mi'teiə*] (*franc.*), *n.* mezzadro.
to mete [miːt], *v. t.* (*lett.*) misurare. ● (*lett.*) **to m. out**, assegnare; distribuire; ripartire: **to m. out rewards**, distribuire ricompense.
mete [miːt], *n.* confine; limite. ● (*leg.*) **metes and bounds**, confini e limiti (*d'una proprietà*).
metempsychosis [ˌmetempsi'kousis], *n.* (*pl.* **metempsychoses**) metempsicosi.
meteor ['miːtjə*], *n.* (*astron.*) meteora (*anche fig.*); bolide; stella cadente. ● **m. shower**, pioggia meteorica.
meteoric [ˌmiːti'ɔrik], *a.* **1** (*astron.*) meteorico **2** (*fig.*) brillante; rapidissimo; (*anche*) breve: **a m. career**, una carriera rapidissima **3** (*raro*) meteorologico. ● **m. water**, acqua meteorica.
meteorism ['miːtiərizəm], *n.* (*med.*) meteorismo; timpanismo.
meteorite ['miːtjərait], *n.* (*scient.*) meteorite; aerolito.
meteorograph ['miːtjərəgraːf], *n.* (*scient.*) meteorografo.
meteoroid ['miːtjərɔid], *n.* (*astron.*) meteoroide.
meteorologic(al) [ˌmiːtjərə'lɔdʒik(əl)], *a.* meteorologico; meteo (*fam.*): **m. balloon**, pallone meteorologico; **m. satellite**, satellite meteorologico.
meteorologist [ˌmiːtjə'rɔlədʒist], *n.* meteorologo.
meteorology [ˌmiːtjə'rɔlədʒi], *n.* meteorologia.
meteosat ['miːtiəsæt], *n.* (*acronimo di* **meteorological satellite**) satellite meteorologico; «meteosat».
meter (1) ['miːtə*], *n.* **1** strumento misuratore **2** contatore: **a gas m.**, un contatore del gas; **a water m.**, un contatore dell'acqua; **a slot m.**, un contatore a gettoni (*o* a monete) **3** (macchina) affrancatrice. ● **m. cancellation**, annullamento dell'affrancatura (*postale*) □ **m. inspector**, letturista (*del gas, ecc.*) □ **m. maid**, donna poliziotto addetta ai parchimetri □ (*fotogr.*) **exposure m.**, esposimetro □ **parking m.**, parchimetro.
to meter ['miːtə*], *v. t.* **1** misurare **2** affrancare (*lettere, ecc.*) con un'affrancatrice.
meter (2) ['miːtə*], (*USA*) *V.* **metre**.
meth [meθ], *n.* (*gergo USA*) metamfetamina (*droga stimolante*).
methane ['meθein], *n.* (*chim.*) metano. ● **m. pipeline**, metanodotto.
methanol ['meθənɔl], *n.* (*chim.*) metanolo.
methedrine ['meθədriːn], *n.* (*farm.*) metedrina.
methinks [mi'θiŋks] (*pass.* **methought**), *voce verb. impers.* (*arc.*) mi sembra; mi pare; penso (che)...
method ['meθəd], *n.* **1** metodo; maniera; modo; sistema **2** ordine; regolarità; sistematicità. ● **a man of m.**, un uomo metodico (*o* ordinato) **3** (*cronotecnica*) **methods engineer**, analista tempi e metodi □ (*cronotecnica*) **methods engineering**, analisi tempi e metodi.
methodic(al) [mi'θɔdik(əl)], *a.* metodico; ordinato; sistematico.
Methodism ['meθədizəm], *n.* (*relig.*) metodismo.
Methodist ['meθədist], *n. e a.* (*relig.*) metodista.
Methodistic(al) [ˌmeθə'distik(əl)], *a.* (*relig.*) metodistico.
to methodize ['meθədaiz], *v. t.* metodizzare; rendere metodico.
methodological [ˌmeθədə'lɔdʒikəl], *a.* metodologico.
methodology [ˌmeθə'dɔlədʒi], *n.* metodologia.
methought [mi'θɔːt], *pass.* di **methinks**.
meths [meθs], *n. pl.* (*abbr. di* **methylated spirits**) alcol denaturato.
Methuselah [mi'θjuːzələ], *n.* **1** (*Bibbia*) Matusalemme **2** (*fig.*) matusalemme; uomo vecchissimo.
methyl ['miːθail], *n.* (*chim.*) metile. ● **m. alcohol**, alcol metilico; metanolo.
to methylate ['meθileit], *v. t.* metilare; denaturare (*alcol*) con l'aggiunta di alcol metilico. ● **methylated spirit(s)**, alcol denaturato.
methylene ['meθiliːn], *n.* (*chim.*) metilene.
methylic [mi'θilik], *a.* (*chim.*) metilico.
meticulosity [miˌtikju'lɔsiti], *n.* meticolosità.
meticulous [mi'tikjuləs], *a.* meticoloso.
metonymic(al) [ˌmetə'nimik(əl)], *a.* (*retor.*) metonimico.
metonymy [mi'tɔnimi], *n.* (*retor.*) metonimia.
metope ['metoup], *n.* (*archit.*) metopa, metope.
metre (1) ['miːtə*], *n.* metro (*100 cm*).
metre (2) ['miːtə*], *n.* (*poesia*) metro; ritmo.
metric ['metrik], *a.* metrico: **the m. system**, il sistema metrico decimale. ● (*comm.*) **m. pack**, confezione (*o* pacchetto) col peso indicato in grammi o chilogrammi □ **m. ton**, tonnellata (metrica) (*di 1000 kg*) □ **to go m.**, adottare il sistema metrico decimale.
metrical ['metrikəl], *a.* **1** metrico; della metrica: **m. accent**, accento metrico; **m. poetry**, poesia metrica **2** metrico; della misurazione: **Science is m. by nature**, la scienza non può fare a meno della misurazione.
metricate ['metrikeit], *A v. t.* convertire al sistema metrico decimale; decimalizzare. **B** *v. i.* usare il sistema metrico.
metrication [ˌmetri'keiʃən], *n.* conversione al sistema metrico decimale; decimalizzazione. ● (*in G.B.*) **M. Board**, Commissione per l'adozione del sistema metrico decimale.
metrician [mi'triʃən], *n.* chi scrive in versi; versificatore.
to metricize ['metrisaiz], *v. t.* convertire al sistema metrico decimale; decimalizzare.
metrics ['metriks], *n. pl.* (*col verbo al sing.*) metrica; prosodia.
metrification [ˌmetrifikeiʃən], *V.* **metrication**.
to metrify ['metrifai], *V.* **to metricate**.
metrist ['metrist], *n.* chi scrive in versi; versificatore.
metrological [ˌmetrə'lɔdʒikəl], *a.* (*fis.*) metrologico.
metrology [me'trɔlədʒi], *n.* **1** (*fis.*) metrologia **2** sistema (di pesi e misure).
metronome ['metrənoum], *n.* (*mus.*) metronomo.
metropolis [mi'trɔpəlis], *n.* metropoli. ● (*per gli inglesi*) **the M.**, Londra.
metropolitan [ˌmetrə'pɔlitən], *A a.* metropolitano: **the m. police**, la polizia metropolitana. **B** *n.* **1** (*relig.*) metropolita **2** abitante di una metropoli.
metropolitanate [ˌmetrə'pɔlitəneit], *n.* (*relig.*) sede (*o* ufficio) di metropolita.
mettle ['metl], *n.* ardore; coraggio; animo; tempra; fegato (*fig.*): **a boy of m.**, un ragazzo di fegato. ● **to be on one's m.**, essere impegnato a fondo □ **to put sb. on his m.**, mettere alla prova il coraggio di q. □ **to show one's m.**, mostrare la propria fibra; far vedere di che cosa si è capaci □ **to try one's m. against st.**, cimentare il proprio coraggio contro q.c.
mettlesome ['metlsəm], *a.* focoso; animoso; coraggioso; ardente (*fig.*): **a m. horse**, un cavallo focoso.
mew (1) [mjuː], *n.* (*zool.*) **1** (*Larus canus*; *anche* **sea mew**) gavina **2** gabbiano (*in genere*).
mew (2) [mjuː], *n.* gabbia per falchi (*specialm. durante la muda*); muda.
to mew (1) [mjuː], *v. t.* **1** mettere (*un falco*) in gabbia (*o* nella muda) **2** (*fig., spesso* **to mew up**) rinchiudere; imprigionare; segregare.
to mew (2) [mjuː], *A v. t.* (*di falco*) mutare (*le penne*). **B** *v. i.* fare la muda; mutare le penne.
mew (3) [mjuː], *n.* (*specialm. USA*) **A** *n.* il miagolare; miao **B** *inter.* miao!
to mew (3) [mjuː], *v. i.* (*specialm. USA*) miagolare; fare miao.
mewing [mjuːiŋ], *n.* (*specialm. USA*) miagolio; miagolata.
to mewl [mjuːl], *v. i.* **1** lamentarsi; miagolare (*fig.*) **2** piagnucolare; frignare.
mews [mjuːz], *n.* (*in origine pl.*; *ora sing., invar. al pl.*) **1** scuderie, stalle (*intorno a un cortile*) **2** (*specialm. a Londra*) casa (*o* quartiere: *spesso elegante*), ricavati da antiche scuderie **3** stradina (*o* viuzza, vicoletto) con dette case.
Mexican ['meksikən], *a. e n.* messicano.
Mexico ['meksikou], *n.* (*geogr.*) **1** Messico **2** (*anche* **M. City**) Città del Messico.
mezzanine ['mezəniːn], *n.* **1** (*archit., anche* **m. floor**) mezzanino; ammezzato **2** (*teatr. USA*) prima balconata.
mezzo-rilievo ['medzouri'lievou] (*ital.*), *n.* (*pl.* **mezzo-rilievos, mezzo-rilievi**) (*arte*) mezzorilievo.
mezzo-soprano ['medzousə'praːnou] (*ital.*), *n.* (*pl.* **mezzo-sopranos**) (*mus.*) mezzosoprano. ● **m. clef**, chiave di mezzo-soprano.

mezzotint ['medzoutint], *n.* (*arte*) mezzatinta; acquaforte.
to mezzotint ['medzoutint], *v. t.* (*arte*) incidere a mezzatinta.
MI5 [,əm ai 'faiv], *n.* (*acronimo di* **Military Intelligence 5**) servizio di sicurezza interna (*o* di controspionaggio; *in G.B.*).
MI6 [,əm ai 'siks], *n.* (*acronimo di* **Military Intelligence 6**) servizio di sicurezza internazionale (*o* di spionaggio; *in G.B.*).
mi [mi:], *n.* (*pl.* **mis**) (*mus.*) mi (*nota*).
miaow [mi:'au], **A** *n.* il miagolare; miao. **B** *inter.* miao!
to miaow [mi:'au], *v. i.* miagolare; fare miao.
miasma [mi'æzmə], *n.* (*pl.* **miasmata, miasmas**) miasma.
miasmal [mi'æzml], **miasmatic** [,maiəz'mætik], *a.* miasmatico.
to miaul [mi:'aul], *v. i.* miagolare; fare miao.
mica ['maikə], *n.* (*miner.*) mica. ● **m. schist**, micascisto.
micaceous [mai'keiʃəs], *a.* micaceo.
Micawber [mi'kɔ:bə*], *n.* (*fig.*) inguaribile ottimista (*dal personaggio del romanzo* «David Copperfield» *di C. Dickens*).
Micawberism [mi'kɔ:bərizəm], *n.* inguaribile ottimismo (*V.* Micawber).
mice [mais], *pl.* di **mouse**.
Michael ['maikl], *n.* Michele.
Michaelmas ['miklməs], *n.* festa di San Michele (*29 settembre*). ● (*bot.*) **M. daisy** (*Aster tripolium*), aster □ **M. term**, trimestre autunnale (*scolastico, giudiziario*).
Mick [mik], *n.* **1** *dim.* di **Michael 2** (*pop., spreg.*) irlandese.
Mickey ['miki], *n.* **1** *dim.* di **Michael 2** (*pop., spreg.*) irlandese **3** *V.* **Mickey Finn.** ● (*pop.*) **to take the m. out of sb.**, farsi beffe di q.; prendere in giro q.
Mickey Finn ['mikifin], *n.* (*pop.*) liquore contenente un purgante o un narcotico.
Mickey Mouse ['miki'maus], *n.* Topolino (*nei disegni animati o sui giornalini*).
mickle ['mikl], *a. e n.* (*arc., scozz.*) molto; assai; una gran quantità: (*prov.*) **Many a little makes a m.**, molti pochi fanno assai.
microampere [,maikrou'æmpɛə*], *n.* (*elettr.*) microampere.
microbe ['maikroub], *n.* microbio, microbo.
microbial [mai'kroubiəl], **microbic** [mai'kroubik], *a.* microbico.
microbicide [mai'kroubisaid], *n.* (*scient.*) microbicida.
microbiology [,maikroubai'ɔlədʒi], *n.* (*scient.*) microbiologia.
microcamera [,maikrou'kæmərə], *n.* (*fotogr.*) microcamera.
microcapsule [,maikrou'kæpsjul], *n.* (*farm.*) microcapsula.
microcard ['maikrouka:d], *n.* (*grafica*) microscheda.
microcephalic [,maikrouse'fælik], *a. e n.* (*biol.*) microcefalo.
microcephalous [,maikrou'sefələs], *a.* (*biol.*) microcefalo.
microcephaly [,maikrou'sefəli], *n.* (*biol.*) microcefalia.
microcircuit [,maikrou'sə:kit], *n.* (*elab.*) microcircuito.
microcircuitry [,maikrou'sə:kitri], *n.* (*elettron.*) microcircuiteria; circuiteria miniaturizzata; insieme di microcircuiti.
micrococcus [,maikrou'kɔkəs], *n.* (*pl.* **micrococci**) (*biol., med.*) micrococco.
microcomputer [,maikroukəm'pju:tə*], *n.* microelaboratore; microcomputer.
microcorneal [,maikrou'kɔ:niəl], *a.* microcorneale: (*ottica*) **m. lens**, lente (a contatto) microcorneale.
microcosm ['maikroukɔzm], *n.* microcosmo.
microcosmic(al) [,maikrou'kɔzmik(əl)], *a.* microcosmico.
microdot ['maikroudɔt], *n.* fotografia (*di una pagina, un documento, ecc.*) ridotta alle dimensioni di un puntino (*per motivi di segretezza o economia*).
microecology [,maikroui'kɔlədʒi], *n.* microecologia.
microeconomics [,maikroui:kɔ'nɔmiks], *n. pl.* (*col verbo al sing.*) (*econ.*) microeconomia.
microelectronic [,maikroui,lek'trɔnik], *a.* microelettronico.
microelectronics [,maikroui,lek'trɔniks], *n. pl.* (*col verbo al sing.*) microelettronica.
microelement [,maikrou'elimənt], *n.* (*elettron.*) elemento miniaturizzato.
microfiche ['maikroufi:ʃ], *n.* (*grafica*) microscheda trasparente.
microfilm ['maikroufilm], *n.* (*fotogr.*) microfilm.
to microfilm ['maikroufilm], *v. t.* (*fotogr.*) microfilmare; fotografare su microfilm.
microgram(me) ['maikrougræm], *n.* (*mecc.*) microgrammo.
micrographic [,maikrou'græfik], *a.* (*scient.*) micrografico.
micrography [mai'krɔgrəfi], *n.* (*scient.*) micrografia.
microgroove ['maikrougru:v], *n.* microsolco.
microlens ['maikroulenz], *n.* (*fotogr.*) microlente.
micrology [mai'krɔlədʒi], *n.* lo spaccare un capello in quattro; pignoleria; minuziosaggine.
micromachining [,maikrouməʃi:niŋ], *n.* (*ind., tecn.*) microlavorazione (a macchina).
micromanipulation [,maikroumə,nipju'leiʃən], *n.* (*biol.*) micromanipolazione.

micromanipulator [,maikroumə'nipjuleitə*], *n.* (*ing.*) micromanipolatore.
micromesh ['maikroumeʃ], *n.* micromaglia (*per calze finissime*).
micrometer [mai'krɔmitə*], *n.* (*ing.*) micrometro.
micrometrical [,maikrou'metrikəl], *a.* micrometrico.
micrometry [mai'krɔmətri], *n.* micrometria.
microminiature [,maikrou'minjətʃə*], *a. attr.* **1** microminiaturizzato **2** per microminiaturizzazione.
microminiaturization [,maikrou,minjətʃərai'zeiʃən], *n.* microminiaturizzazione (*di circuiti elettronici, ecc.*).
microminiaturize [,maikrou'minjətʃəraiz], *v. t.* microminiaturizzare (*circuiti elettronici, ecc.*).
micromotion [,maikrou'mouʃən], *n.* (*cronotecnica*) micromovimento.
micron ['maikrɔn], *n.* micron; micrometro (*milionesima parte del metro*).
Micronesian [,maikrou'ni:ʃiən], *a. e n.* micronesiano.
to micronize ['maikrənaiz], *v. t.* (*tecn.*) micronizzare.
micronized ['maikrənaizd], *a.* (*tecn.*) micronizzato.
microorganism ['maikrou'ɔ:gənizəm], *n.* (*scient.*) microrganismo.
microphone ['maikrəfoun], *n.* (*ing.*) microfono.
microphonic [maikrə'fɔnik], *a.* (*radio, ecc.*) microfonico.
microphotograph [,maikrou'foutəgra:f], *n.* microfotografia (*il risultato*).
to microphotograph [,maikrou'foutəgra:f], *v. t.* microfotografare.
microphotography [,maikroufə'tɔgrəfi], *n.* microfotografia (*la tecnica*).
microphyte ['maikroufait], *n.* (*bot.*) microfita.
microprobe ['maikrəproub], *n.* (*ing.*) microsonda elettronica.
microprocessor [,maikrou'prousesə*], *n.* (*elettron.*) microprocessore.
microprogram [,maikrou'prougræm], *n.* (*elab.*) microprogramma.
microprogramming [,maikrou'prougræmiŋ], *n.* (*elab.*) microprogrammazione.
microscope ['maikrəskoup], *n.* (*ottica*) microscopio.
microscopic(al) [,maikrəs'kɔpik(əl)], *a.* microscopico.
microscopist [mai'krɔskəpist], *n.* microscopista.
microscopy [mai'krɔskəpi], *n.* microscopia.
microsecond [,maikrou'sekənd], *n.* microsecondo (*misura*).
microseism [,maikrou'saizəm], *n.* (*scient.*) microsismo, micrososismo.
microseismograph [,maikrou'saizməgra(:)f], *n.* (*scient.*) microsismografo.
microskirt ['maikrouskə:t], *n.* (*moda*) «microgonna».
microspore ['maikrouspɔ:], *n.* (*bot.*) microspora.
microsurgery [,maikrou'sə:dʒəri], *n.* (*med.*) microchirurgia.
microsurgical [,maikrou'sə:dʒikəl], *a.* (*med.*) microchirurgico.
microtome ['maikrətoum], *n.* (*scient.*) microtomo.
microtomy [mai'krɔtəmi], *n.* (*scient.*) microtomia.
microwave ['maikrouweiv], *n.* (*elettr., radio*) **m.-fading**, affievolimento delle microonde.
to micturate ['miktjuəreit], *v. i.* (*fisiologia*) mingere.
micturition [,miktjuə'riʃən], *n.* (*fisiologia*) minzione.
mid (1) [mid], *a.* medio; (di) mezzo; mediano: **in mid air**, a mezz'aria; **Mid Lent**, mezza quaresima. ● (*anat.*) **mid-brain**, mesencefalo □ **Mid Europe(an) Time** (*abbr.* **M.E.T**), ora dell'Europa Centrale □ (*anat.*) **mid-gut**, intestino medio □ (*sport*) **mid-iron**, bastone da golf di grandezza media □ (*cricket*) **mid-off**, giocatore a destra del battitore □ (*cricket*) **mid-on**, giocatore a sinistra del battitore □ (*polit. USA*) **mid-term elections**, elezioni (*per il Congresso*) che si tengono a metà del quadriennio di durata in carica del Presidente □ **from mid(-)April to mid(-)June**, da metà aprile a metà giugno □ **in mid(-)Atlantic**, nel mezzo dell'Atlantico □ **in mid career**, nel bel mezzo della carriera □ **in mid(-)Channel**, nel mezzo della Manica □ **in mid-winter**, nel cuore dell'inverno; in pieno inverno.
mid (2) [mid], **'mid** [mid], *prep.* (*poet.*) in mezzo a; fra, tra.
Midas ['maidæs], *n.* (*mitol.*) Mida.
midcourse [mid'kɔ:s], *a. attr.* (*miss.*) a (*o* di) metà rotta (*di astronave o veicolo spaziale*).
midday ['middei], **A** *n.* mezzogiorno; mezzodì. **B** *a. attr.* di mezzogiorno; di mezzodì: **the m. meal**, il pasto di mezzogiorno. ● (*in G.B.*) **m. news**, telegiornale del mattino (*BBC 1*).
midden ['midn], *n.* **1** (*dial.*) mucchio di letame; letamaio **2** (*archeol., di solito* **kitchen m.**) cumulo preistorico d'ossa, conchiglie, ecc.
middle ['midl], **A** *a. attr.* medio; intermedio; mezzano; di mezzo: **the m. finger**, il dito medio; **the m. house of a row**, la casa di mezzo (*in una fila di case*); **the m. classes**, la classe media; il ceto medio; la borghesia. **B** *n.* **1** (*al sing. con l'art. def.*) mezzo; metà; punto medio; centro: **in the m. of the stage**, nel mezzo del palcoscenico; **We were in the m. of the lesson when**

middle

Jack came in, eravamo a metà della lezione quando entrò Gianni; **the m. of the street**, il centro della strada **2** (*fam.*) vita; cintura; cintola: **I was in water up to my m.**, ero nell'acqua fino alla cintola **3** (*gramm. greca*) voce media **4** (*polit.*) centro; centrismo **5** (*filos.*, *anche* **m. term**) termine medio (*d'un sillogismo*). ● **m. age**, mezza età □ (*scherz.*) **m.-age spread**, la pancetta □ **a m.-aged man**, un uomo di mezza età □ **the M. Ages**, il Medioevo □ **M. America**, l'America Centrale; (*fig. USA*) la gente comune, gli americani medi (*specialm. conservatori*) □ **m. article**, breve articolo letterario o d'attualità □ **m.-class**, (*agg.*) borghese (*pitt.*) **m. distance**, secondo piano (*sport*) **m.-distance running**, mezzofondo □ (*anat.*) **m. ear**, orecchio medio □ **the M. East**, il Medio Oriente □ **m.-of-the road**, di centro, moderato (*anche polit.*) □ (*stor.*) **m. passage**, viaggio fra l'Africa e le Indie Occidentali (*per il traffico degli schiavi*) □ **m. school**, (*in G.B.*) sezione di scuola secondaria (*anni 14-15*); (*in Europa*) scuola media inferiore (*anni 9-13*) □ **m.-sized**, di grandezza media; di media statura (*pugilato*) **m.-weight**, peso medio □ (*fig.*) **to take a m. course**, prendere una via di mezzo.
to middle ['midl], **A** *v. t.* **1** (*tecn.*) collocare nel centro (*o* nel mezzo) **2** (*sport*) collocare (*il pallone*) a centrocampo. **B** *v. i.* (*sport*) effettuare una rimessa a centrocampo.
middlebrow ['midlbrau], **A** *a.* mediamente colto. **B** *n.* persona di cultura media.
middleman ['midlmæn], *n.* (*pl.* **middlemen**) intermediario; mediatore.
middlemost ['midlmoust], (*raro*) V. **midmost**.
middling ['midliŋ], **A** *a.* **1** di media (*o* di seconda) qualità; mediocre; ordinario; corrente: **m. goods**, merce di seconda qualità **2** medio: **a town of m. size**, una città di media grandezza. **B** *n.* **1** (*ind. min.*) misto; prodotto intermedio **2** (*pl.*) merce di seconda qualità (*o* ordinaria); (*specialm.*) farina grossa mescolata a crusca, semola. **C** *avv.* (*fam.*) **1** abbastanza; discretamente: **m. successful**, riuscito abbastanza bene; **m. good**, abbastanza buono; discreto **2** (*di salute*) benino; così così.
middy ['midi], (*abbr. fam.*) V. **midshipman**. ● **m. blouse**, camicetta con colletto alla marinara.
midfield ['mi:dfi:ld], *n.* (*sport*) centrocampo. ● **m. man** (*o* **m. player**), centrocampista □ **the m. men**, il centrocampo (*i giocatori*).
midge [midʒ], *n.* (*zool.*, *anche fig.*) moscerino.
midget ['midʒit], **A** *n.* **1** (*med.*) nano armonico **2** persona minuscola; moscerino (*fig.*); nano; nanerottolo **3** cosa piccolissima; oggetto microscopico. **B** *a. attr.* piccolissimo; minuscolo.
midi ['midi], (*moda*) **A** *n.* (*pl.* **midis**) gonna (*o* abito, ecc.) lunga fino a metà polpaccio; midi. **B** *a.* midi.
midiskirt ['midiskə:t], *n.* (*moda*) midigonna; midi.
midland ['midlənd], (*geogr.*) **A** *n.* interno (*d'un paese*, *d'una regione*). **B** *a.* interiore; interno. ● **the Midlands**, le contee centrali dell'Inghilterra; l'Inghilterra centrale.
midmost ['midmoust], **A** *a.* (il) più centrale; centralissimo. **B** *avv.* proprio nel centro. **C** *prep.* nel bel mezzo di.
midnight ['midnait], **A** *n.* mezzanotte. **B** *a. attr.* di mezzanotte: **the m. sun**, il sole di mezzanotte. ● **m. blue**, blu notte □ **the m. hours**, le ore nel cuore della notte □ (*fig.*) **to burn the m. oil**, lavorare (*o* studiare, ecc.) fino a tarda notte.
midpoint ['midpɔint], *n.* (*anche geom.*) punto medio.
midrib ['midrib], *n.* (*bot.*) venatura centrale (*d'una foglia*).
midriff ['midrif], *n.* **1** parte centrale anteriore del busto umano **2** (*anat.*) diaframma.
midship ['midʃip], **A** *n.* (*naut.*) parte centrale della nave. **B** *avv.* (*più comune* **midships**) a mezzanave; al centro della nave.
midshipman ['midʃipmən], *n.* (*pl.* **midshipmen**) (*naut.*) **1** (*in G.B.*) aspirante (*o* cadetto) di marina **2** (*in USA*) allievo dell'Accademia Navale.
midst [midst], **A** *n.* (*lett.*) mezzo; punto medio; centro: **first, m. and last**, in principio, in mezzo e alla fine; da cima a fondo; **in the m. of**, in mezzo a; nel mezzo di; **in our** (**your**, **their**) **m.**, in mezzo a noi (voi, loro); fra noi (voi, loro). **B** *prep.* (*poet.*) in mezzo a; fra, tra.
midstream ['mid'stri:m], *n.* centro della corrente (*d'un fiume*). ● **in m.**, nel mezzo della corrente.
midsummer ['mid,sʌmə*], *n.* **1** mezza estate; piena estate **2** (*pop.*) solstizio d'estate. ● **M. Day**, il giorno di San Giovanni (*24 giugno*) □ (*fam.*) **m. madness**, il colmo della follia.
midway ['mid'wei], **A** *avv.* a mezza strada; a metà strada; a mezzo del cammino (*lett.*). **B** *a.* posto a mezza strada. **C** *n.* (*USA*) viale centrale (*di una fiera*, *ecc.*).
Midwest ['mid'west], *n.* (*geogr. USA*) (gli) Stati medio-occidentali (*della prateria*).
Midwestern [mid'westən], *a.* (*USA*) del Midwest (*q.V.*).
Midwesterner [mid'westənə*], *n.* (*USA*) abitante (*o* nativo) del Midwest (*q.V.*).
midwife ['midwaif], *n.* (*pl.* **midwives**) levatrice; ostetrica.

midwifery ['midwifəri], *n.* ostetricia.
midwinter ['midwintə*], *n.* **1** cuore dell'inverno; pieno inverno **2** (*pop.*) solstizio d'inverno. ● **a m. day**, una giornata di pieno inverno.
mien [mi:n], *n.* (*lett.*) **1** aspetto; aria, cera (*fig.*): **a man of pleasing m.**, un uomo di bell'aspetto; **a sad m.**, una brutta cera **2** maniere; modo di fare: **the roughness of his m.**, la durezza delle sue maniere.
miff [mif], *n.* (*fam.*) **1** bisticcio; baruffa; battibecco **2** broncio; malumore; stizza. ● **to get in a m.**, stizzirsi; arrabbiarsi; litigare.
to miff [mif], *v. t.* (*fam.*) urtare; irritare; far stizzire.
miffed [mift], *a.* (*fam.*) arrabbiato; stizzito; scocciato (*fam.*).
might (1) [mait], *pass.* di **may (1)**.
might (2) [mait], *n.* forza; potenza; potere; energia; vigore; possa (*lett.*): **He fought with all his m.**, pugnò a tutta possa. ● (*prov.*) **M. is right**, la ragione è del più forte.
might-have-been ['maithəv,bi:n], *n.* (*pl.* **might-have-beens**) **1** possibilità passata (*o* remota); quel che sarebbe potuto accadere; opportunità sprecata **2** persona che si supponeva potesse fare grandi cose; (*per estens.*) (un) fallito.
mightily ['maitili], *avv.* **1** potentemente; vigorosamente **2** (*fam.*) molto; estremamente.
mightiness ['maitinis], *n.* potenza; potere. ● (*scherz.*) **Your M.**, Vostra Altezza; Vossignoria.
mightn't ['maitnt], *contraz.* di **might not**.
mighty ['maiti], **A** *a.* **1** forte; possente; potente; poderoso; vigoroso **2** (*fam.*) ampio; enorme; vasto: **the m. ocean**, il vasto oceano. **B** *avv.* (*fam.*) molto; estremamente: **He thinks himself m. wise**, si crede molto saggio. ● **a m. wind**, un forte vento; un ventaccio □ (*Bibbia*) **m. works**, miracoli □ (*fam.*) **high and m.**, arrogante; superbo □ (*fam.*) **That's m. easy**, è facilissimo; potrebbe farlo un bambino!
mignonette [,minjə'net], *n.* **1** (*bot.*, *Reseda odorata*) amorino **2** «mignonette» (*varietà di merletto fine*).
migraine ['mi:grein], *n.* emicrania.
migrant ['maigrənt], **A** *a.* **1** (*anche zool.*) migrante **2** migratorio. **B** *n.* **1** migratore; uccello migratore **2** emigrante.
to migrate [mai'greit], *v. i.* **1** (*di persone*) emigrare; migrare **2** (*d'uccelli*, *ecc.*) migrare.
migration [mai'greiʃən], *n.* migrazione; emigrazione.
migrator [mai'greitə*], *n.* **1** (*zool.*) migratore; uccello migratore **2** emigrante.
migratory ['maigrətəri], *a.* **1** migratorio **2** migratore: **m. birds**, uccelli migratori.
mikado [mi'ka:dou], *n.* (*pl.* **mikados**) micado; mikado (*l'imperatore del Giappone*).
mike (1) [maik], *n.* (*abbr. fam. di* **microphone**) microfono.
to mike [maik], *v. i.* (*pop.*) bighellonare; oziare.
mike (2) [maik], *n.* (*pop.*) ozio. ● **to be on the m.**, bighellonare; oziare; andare a zonzo.
Mike [maik], *n. dim.* di **Michael**.
mil [mil], *n.* **1** (*mecc.*) millesimo di «pollice» (*pari a mm 0,0254*) **2** (*mat.*) millesimo di radiante.
milady [mi'leidi], *n.* signora (inglese); nobildonna; milady.
milage ['mailidʒ], *n.* **1** distanza (percorsa) in miglia (*cfr. ital. chilometraggio*) **2** (*anche* **m. allowance**) indennità di viaggio (*a un tanto al miglio*) **3** (*autom.*) consumo (di benzina); miglia percorse con un gallone di benzina **4** (*nei trasporti*) costo (*o* spesa) per miglio. ● (*autom.*) **m. chart**, carta delle distanze in miglia.
Milan [mi'læn], *n.* (*geogr.*) Milano.
Milanese [,milə'ni:z], *a.* e *n.* (*invar. al pl.*) milanese. ● **the M.**, i milanesi □ (*stor.*) **the M.**, il Milanese; il territorio del ducato di Milano.
milch [miltʃ], *a. attr.* da latte; lattifero: **a m. cow**, una mucca da latte.
mild [maild], **A** *a.* **1** mite; gentile; mansueto: **a m. nature**, un carattere mite (*o* mansueto); **a m. climate**, un clima mite; **a m. remark**, un'osservazione gentile **2** non forte; dolce; leggero: **m. cheese**, formaggio dolce; **m. tobacco**, tabacco dolce; **m. beer**, birra leggera; **a m. cigarette**, una sigaretta leggera **3** lieve; non grave: **a m. punishment**, una lieve punizione **4** (*di medicamento*) blando. **B** *n.* (*fam.*) birra leggera: **a glass of m.**, un bicchiere di birra leggera. ● (*metall.*) **m. steel**, acciaio dolce □ (*fam.*) **Draw it m.**, non esagerare!; non sparrale grosse!
to milden ['maildən], **A** *v. t.* rendere (più) mite; mitigare; addolcire. **B** *v. i.* diventar (più) mite; mitigarsi; addolcirsi.
mildew ['mildju:], *n.* **1** (*patologia vegetale*) muffa **2** muffa (*in genere*).
to mildew ['mildju:], **A** *v. t.* coprire di muffa; far ammuffire. **B** *v. i.* coprirsi di muffa; ammuffire.
mildewy ['mildju:i], *a.* coperto di muffa; ammuffito.
mildly ['maildli], *avv.* **1** mitemente; gentilmente; dolcemente **2** un poco; fino a un certo punto: **He was m. intoxicated**, era un

po' brillo. ● **to put it m.**, a dir poco; senza esagerare.
mildness ['maildnis], *n.* mitezza; dolcezza; gentilezza.
mile [mail], *n.* **1** miglio (*misura di lunghezza pari a Km 1,609*) **2** (*sport*) miglio; corsa di un miglio. ● **to live miles away** (*o* **from anywhere**), abitare a casa del diavolo (*fam.*) □ **nautical (geographical) m.**, miglio nautico (geografico; *pari a Km 1,853*) □ **square m.**, miglio quadrato (*pari a Km² 2,59*) □ **It's miles better than...**, vale infinitamente più di... (*fam.*) **It's miles easier**, è di gran lunga più facile □ (*fam.*) **It's not a hundred miles from here**, è qui vicino; è qui accanto □ (*fam.*) **It stands out a m.**, è lampante; si vede lontano un miglio.
mileage ['mailidʒ], *V.* **milage**.
mileometer [mai'lɔmitə*], *n.* (*autom.*) «contamiglia».
milepost ['mailpoust], *n.* cartello (*stradale*) indicatore della distanza (*in miglia*).
miler ['mailə*], *n.* (*sport*) atleta (*o* cavallo) allenato a correre sulla distanza del miglio.
Milesian (1) [mai'li:zjən], *a. e n.* (*stor.*) (abitante) di Mileto.
Milesian (2) [mai'li:zjən], *a. e n.* irlandese (*da Milesius, mitico re di Spagna, i cui figli avrebbero conquistato l'Irlanda verso il 1300 a.C.*).
milestone ['mail-stoun], *n.* (*anche fig.*) pietra miliare.
Miletus [mi'li:təs], *n.* (*stor.*, *geogr.*) Mileto.
milfoil ['milfɔil], *n.* (*bot.*, *Achillea millefolium*) achillea; millefoglie.
miliary ['miliəri], *a.* **1** simile ai semi di miglio **2** (*med.*) mi(g)liare: **m. tubercule**, tubercolo miliare; **m. fever**, febbre miliare.
milieu ['mi:ljə:] (*franc.*), *n.* (*pl.* **milieus, milieux**) ambiente (sociale).
militancy ['militənsi], *n.* **1** militanza, attivismo (*anche polit.*) **2** combattività; l'esser pugnace.
militant ['militənt], **A** *a.* **1** militante: **the Church m.**, la Chiesa militante **2** combattivo; pugnace. **B** *n.* militante, attivista (*anche polit.*).
militarism ['militərizəm], *n.* militarismo.
militarist ['militərist], *n.* **1** militarista **2** esperto nell'arte della guerra.
militaristic [ˌmilitə'ristik], *a.* militaristico.
militarization ['militərai'zeiʃən], *n.* militarizzazione.
to militarize ['militəraiz], *v. t.* militarizzare: **to m. labour**, militarizzare la manodopera.
military ['militəri], **A** *a.* militare; marziale; **m. band**, banda militare; **m. bearing**, portamento marziale; **m. police**, polizia militare. **B** *n.* – **the m.**, i militari; l'esercito. ● **M. Cross**, croce di guerra (*decorazione*) □ **m. family**, famiglia di militari □ (*med.*) **m. fever**, febbre tifoide □ **m. law**, codice militare □ **m. policeman**, soldato della polizia militare □ (*miss.*) **m. satellite**, satellite militare □ **m. testament**, testamento fatto a voce da un soldato.
to militate ['militeit], *v. i.* militare (*di solito, fig.*). ● (*fig.*) **to m. against**, essere d'ostacolo a; impedire: **His youth militates against him**, la sua giovinezza gli è d'ostacolo.
militia [mi'liʃə], *n.* **1** milizia territoriale; (*collett.*) (i) territoriali **2** (*stor.*) milizia.
militiaman [mi'liʃəmən], *n.* (*pl.* **militiamen**) **1** soldato territoriale; soldato della riserva **2** (*stor.*) milite; soldato della milizia.
milk [milk], *n.* **1** latte **2** (*pop.*) latice, lattice (*d'alcune piante*). ● (*fig.*) **m. and honey**, grande possibilità di divertimenti (*o* di divertirsi) □ **m.-and-water**, insipido, sciocco; blando; all'acqua di rose (*fig.*) □ **m. bar**, latteria; gelateria □ **m. chocolate**, cioccolata al latte □ (*med.*) **m. crust**, crosta lattea; lattime □ **m. diet**, dieta lattea □ (*med.*) **m. fever**, febbre da latte □ **m. float**, furgoncino per la distribuzione del latte a domicilio □ (*fig.*) **m. for babies**, storielle per bambini □ **m. jug**, lattiera (*per servire il latte a tavola*) □ **m. loaf**, pane (bianco) al latte □ **m. of almonds**, latte di mandorle □ (*fig.*) **the m. of human kindness**, gentilezza (*o* generosità) connaturata all'uomo □ (*chim.*) **m. of magnesia**, latte di magnesia □ **m. powder**, latte in polvere □ **m. pudding**, budino (di riso) al latte □ **m. punch**, bevanda di latte misto a liquore □ **m. run**, giro del lattaio (*per le consegne*); (*gergo aeron.*) missione effettuata senza incidenti □ **m. shake**, frullato; frappé □ (*chim.*) **m. sugar**, lattosio □ **m. tooth**, dente di latte □ **m.-white**, bianco come il latte □ **dried m.**, latte in polvere □ **skimmed m.**, latte scremato □ **whole m.**, latte intero □ (*fig.*) **He came home with the m.**, è tornato a casa alle ore piccole □ (*prov.*) **It's no use crying over spilt m.**, è inutile piangere sul latte versato; cosa fatta capo ha.
to milk [milk], **A** *v. t.* **1** mungere; (*fig.*) spillare denaro a, sfruttare: **to m. a ewe**, mungere una pecora **2** (*fig.*) strappare di bocca (*una notizia a*) **3** estrarre il lattice (*da una pianta*) **4** cavare il veleno a (*un serpente*). **B** *v. i.* dar latte; produrre latte: **Our cows are milking heavily**, le nostre vacche danno molto latte. ● (*fig.*) **to m. the bull** (*o* **the ram**), cavar sangue da una rapa.

milker ['milkə*], *n.* **1** mungitore, mungitrice **2** mungitrice meccanica. ● (*di animale da latte*) **to be a good (a bad) m.**, dare molto (poco) latte.
milkiness ['milkinis], *n.* lattiginosità (*V.* **milky**).
milking ['milkiŋ], *n.* mungitura. ● **m. machine**, mungitrice meccanica □ (*USA*) **m. parlor**, locale (per la) mungitura.
milkmaid ['milkmeid], *n.* **1** mungitrice **2** lattaia.
milkman ['milkmən], *n.* (*pl.* **milkmen**) lattaio; lattivendolo (*raro*).
milksop ['milksɔp], *n.* uomo (*o* ragazzo) debole, effeminato; pulcino bagnato (*fig.*, *pop.*).
milkweed ['milkwi:d], *n.* **1** (*bot.*, *Gentiana asclepiadea*) asclepiade **2** (*bot.*, *Euphorbia*) euforbia (*in genere*).
milkwoman ['milkˌwumən], *n.* (*pl.* **milkwomen**) lattaia.
milkwort ['milkwɔ:t], *n.* (*bot.*, *Polygala vulgaris*) bozzolina.
milky ['milki], *a.* **1** latteo: (*astron.*) **the M. Way**, la Via Lattea **2** (*di pianta*, *di liquido*) lattiginoso **3** lattifero; da latte. ● **m. cleanser**, latte detergente (*cosmetico*).
mill (1) [mil], *n.* **1** mulino **2** fabbrica; opificio; stabilimento: **a textile m.**, uno stabilimento tessile **3** macinino: **a coffee m.**, un macinino da caffè **4** spremifrutta; passaverdura: **a lemon m.**, uno spremilimoni **5** (*pop.*) incontro di pugilato **6** (*ind.*) macchina operatrice continua **7** (*fig.*) fucina: **a propaganda m.**, una fucina di propaganda. ● **m.-dam**, chiusa d'un mulino □ **m.-girl**, operaia (*specialm. di cotonificio*) □ **m.-hand**, operaio, operaia (*di fabbrica*) □ **m.-pond**, gora, bottaccio (*di mulino*) □ (*del mare*) **calm as** (*o* **like**) **a m.-pond**, liscio come l'olio □ **m.-race**, corrente d'acqua che aziona le ruote d'un mulino □ **m.-wheel**, ruota motrice di mulino □ (*fig.*) **to bring grist to the m.** (*o* **to one's**) **m.**, portare acqua al proprio mulino □ **a cotton m.**, un cotonificio □ (*di persona*) **to go through the m.**, passare per tutta la trafila; superare una serie di prove □ **paper m.**, cartiera □ **to put sb. through the m.**, far passare q. per una trafila; sottoporre q. a dure prove □ **run-of-the-m.**, ordinario; dozzinale; comune □ **saw-m.**, segheria □ **silk m.**, setificio □ **steel m.**, acciaieria □ **water m.**, mulino ad acqua □ (*fig.*) **All is grist that comes to his m.**, per lui, tutto è buono (*fam.*: tutto fa brodo) □ **The sea is like a m.-pond**, il mare è liscio come l'olio □ (*prov.*) **The mills of God grind slowly, but sure**, Dio non paga il sabato.
to mill [mil], **A** *v. t.* **1** macinare (*cereali o altro*); tritare: **to m. iron ore**, macinare minerale ferroso **2** follare, feltrare (*stoffa*) **3** (*metall.*) laminare in barre (*acciaio, ecc.*) **4** granire, zigrinare (*una moneta*): **the milled edge of a coin**, l'orlo zigrinato d'una moneta **5** battere, frullare, montare a schiuma (*cioccolata, ecc.*) **6** (*pop.*) picchiare; prendere a pugni **7** (*mecc.*) fresare. **B** *v. i.* (*spesso* **to m. around**; *di bestiame*, *di folla*) girare in tondo; muoversi in massa torno torno.
mill (2) [mil], *n.* (*USA*) millesimo di dollaro (*unità monetaria usata nei calcoli*).
millboard ['millbɔ:d], *n.* cartone robusto e flessibile (*usato in legatoria*).
millenarian [ˌmili'nɛəriən], **A** *a.* **1** millenario **2** (*relig.*) millenaristico. **B** *n.* (*relig.*) millenarista; chiliasta.
millenarianism [ˌmili'nɛəriənizəm], *n.* (*relig.*) millenarismo.
millenarist [mi'lenərist], *n.* (*relig.*) millenarista.
millenary [mi'lenəri], **A** *a.* **1** millenario **2** (*relig.*) millenaristico. **B** *n.* **1** millennio **2** millenario (*millesimo anniversario*) **3** (*relig.*) millenarista; chiliasta.
millennial [mi'leniəl], *a.* **1** millenario **2** (*relig.*) del Millennio.
millennium [mi'leniəm], *n.* (*pl.* **millennia, millenniums**) **1** millennio **2** (*relig.*) (il) Millennio (*futuro regno di Cristo per mille anni sulla terra*) **3** (*fig.*) età felice; periodo di pace e prosperità.
millepede ['milipi:d], *n.* (*zool.*) millepiedi.
miller ['milə*], *n.* **1** mugnaio **2** (*meno comune*) proprietario d'opificio; padrone di fabbrica **3** (*mecc.*) fresatrice; fresa **4** (*zool.*) insetto (*in genere*) dal dorso biancastro (*così da apparire infarinato*). ● (*zool.*) **m.'s thumb** (*Cottus gobio*) magnanone; (*Gadus luscus*) gado barbato; (*Gobius niger*) ghiozzo comune □ **m.'s wife**, mugnaia.
millesimal [mi'lesiməl], *a. e n.* (*mat.*) millesimo.
millet ['milit], *n.* (*bot.*, *Panicum miliaceum*) miglio.
milliard ['miljɑ:d], *n.* (*in G.B.*) bilione, miliardo (*cfr.* **USA billion**).
millibar ['milibɑ:*], *n.* (*fis.*, *meteorologia*) millibar.
milligram(me) ['miligræm], *n.* milligrammo.
millilitre [ˌmili'li:tə*], *n.* millilitro.
millimetre ['miliˌmi:tə*], *n.* millimetro.
milliner ['milinə*], *n.* modista. ● **m.'s shop**, modisteria.
millinery ['milinəri], *n.* **1** articoli (*o* lavori) di modista; cappellini, nastri, ecc. **2** lavoro di modista; modisteria.
milling ['miliŋ], **A** *n.* **1** macinatura; molitura; macinazione (*di minerali, ecc.*) **2** follatura, feltratura (*di panno*) **3** (*mecc.*) fre-

million

satura **4** (*di monete*) zigrinatura **5** (*pop.*) bastonatura; botte. **B** *a.* molitorio: **the m. industry**, l'industria molitoria. ● (*mecc.*) **m. cutter**, fresa □ (*mecc.*) **m. machine**, fresatrice □ (*mecc.*) **m. planer**, piallatrice rotativa.

million ['miljən], *n.* e *a.* (*pl.* **millions, million**) (*mat.*) milione: **one** (*o* **a**) **m. dollars**, un milione di dollari; **millions of stars**, milioni di stelle; **two m. dollars**, due milioni di dollari. ● (*fig.*) **the m.**, il popolo; la massa □ **I've millions of things to do**, ho un milione di cose da fare.

millionaire [,miljə'nɛə*], *n.* milionario.

millionairess [,miljə'nɛəris], *n.* milionaria.

millionfold ['miljən,fould], *a.* e *avv.* (di) un milione di volte.

millionth ['miljənθ], *a.* e *n.* (*mat.*) milionesimo.

milliped ['milipi:d], *V.* **millepede**.

millstone ['mil-stoun], *n.* **1** macina; mola **2** (*fig.*) grave peso. ● (*fig.*) **to be between the upper and the nether m.**, essere fra l'incudine e il martello □ (*iron.*) **to see far into a m.**, essere molto acuto.

millwright ['milrait], *n.* **1** costruttore di mulini o di macchine per mulini **2** costruttore d'impianti **3** montatore (*o* addetto alla manutenzione) di macchinari e d'impianti.

milometer [mai'lɔmitə*], *V.* **mileometer**.

milord [mi'lɔ:*], *n.* signore (inglese); milord.

milquetoast ['milktoust], *n.* (*USA*) individuo timido, spaurito; coniglio (*fig.*).

milt [milt], *n.* **1** (*anat.*) milza **2** (*pop.*) latte (*o* sperma) di pesce.

to milt [milt], *v. t.* fecondare (*uova di pesce*).

milter ['miltə*], *n.* pesce maschio (*nel periodo della riproduzione*).

Miltonian [mil'tounjən], **Miltonic** [mil'tɔnik], *a.* (*letter.*) miltoniano; di Milton.

mime [maim], *n.* (*teatr.*) **1** (*attore*) mimo **2** mimo; pantomima.

to mime [maim], *v. i.* e *t.* mimare.

mimeo ['mimi:ou], *n.* pubblicazione ciclostilata.

to mimeo ['mimi:ou], *v. t.* ciclostilare.

Mimeograph ['mimiəgra:f], *n.* (*marchio*) ciclostile.

to mimeograph ['mimiəgra:f], *v. t.* ciclostilare.

mimesis [mi'mi:sis], *n.* **1** (*arte, letter.*) mimesi **2** (*zool.*) mimetismo.

mimetic [mi'metik], *a.* **1** mimetico **2** mimico.

mimetism ['mimətizəm], *n.* (*anche zool.*) mimetismo.

mimic ['mimik], **A** *a.* **1** mimico; imitativo **2** (*zool.*) mimetico: **m. colouration**, colorazione mimetica (*d'insetti, ecc.*) **3** finto: **m. battles**, finte battaglie. **B** *n.* mimo; imitatore.

to mimic ['mimik] (*pass.* e *p. p.* **mimicked**), *v. t.* **1** imitare; contraffare; parodiare; scimmiottare: **Don't m. your father's gestures**, non scimmiottare i gesti di tuo padre! **2** (*zool.*) mimetizzarsi con: **Some insects m. leaves**, taluni insetti si mimetizzano con le foglie.

mimicry ['mimikri], *n.* **1** mimica; arte mimica; imitazione; parodia **2** (*zool.*) mimetismo: **protective m.**, mimetismo protettivo.

miminy-piminy ['mimini'pimini], *a.* affettato; lezioso.

mimosa [mi'mouzə], *n.* (*bot., Mimosa*) mimosa.

mimulus ['mimjuləs], *n.* (*bot., Mimulus*) mimulo.

mina ['mainə], *n.* (*pl.* **minas, minae**) mina (*peso e moneta greci*).

minable ['mainəbl], *a.* (*ind. min.*) coltivabile; estraibile.

minacious [mi'neifəs], *a.* minaccioso.

minacity [mi'næsiti], *n.* minacciosità.

minaret ['minəret], *n.* minareto.

minatory ['minətəri], *a.* minatorio.

to mince [mins], **A** *v. t.* tritare; triturare; tagliuzzare; sminuzzare. **B** *v. i.* **1** parlare con affettazione; fare smancerie **2** camminare a passettini, in modo affettato. ● **mincing machine**, tritacarne □ **not to m. matters** (*o* **one's words**), dire le cose come stanno; non usare mezzi termini; parlar chiaro (*o* fuori dei denti).

mince [mins], *n.* **1** carne tritata **2** *V.* **mincemeat**. ● **m. pie** (*abbr.* di **mincemeat pie**), tortina ripiena di frutta secca.

mincemeat ['mins-mi:t], *n.* **1** farcia di frutta secca, mele tritate, spezie, ecc. **2** carne tritata. ● **to make m. of**, fare a pezzi (*anche fig.*); stritolare; fare polpette di (q.) (*fig.*).

mincer ['minsə*], *n.* **1** tritacarne **2** tritaverdura.

mincing ['minsiŋ], *a.* affettato; lezioso; manierato; smanceroso. ● **m. machine**, *V.* **mincer**.

mind [maind], *n.* mente; intelletto; intelligenza; ragione; idea; parere; intenzione; proposito; memoria: **She is one of the world's best minds**, ella è una delle più belle menti che vi siano al mondo; **He has lost his m.**, ha perso la ragione (*o* il bene dell'intelletto); **I have a** (**good**) **m. to go**, ho (proprio) intenzione d'andarci; **Speak your m.**, parla chiaro!; esprimi il tuo parere!; di' quello che pensi; **This brings to m. another story**, ciò richiama alla mente (*o* alla memoria) un'altra storia. ● (*pop.*) **m.-bending**, di difficile comprensione □ (*pop.*) **m.-blowing**, (*di droga*) che dà allucinazioni; (*fig.*) shockante □ (*fam.*) **m.-boggling**, stupefacente □ **the m.'s eye**, l'occhio della mente; la fantasia □ **m.-reader**, chi legge (*o* pretende di leggere) il pensiero □ **m.-reading**, lettura del pensiero □ **absence of m.**, distrazione □ **to bear** (*o* **to keep**) **st. in m.**, tenere a mente q.c.; ricordare q.c.; avere ben presente q.c. □ **to call** (*o* **to bring**) **st. to m.**, richiamare q.c. alla mente; rammentare q.c. □ **to change one's m.**, cambiare idea; mutar parere □ **a frame** (*o* **a state**) **of m.**, uno stato d'animo □ **to give one's m. to**, fare attenzione a; porre mente a □ **to give sb. a piece** (*o* **a bit**) **of one's m.**, dire a q. quel che si pensa di lui; dirglielo chiaro e tondo □ (*di cosa*) **to go out of sb.'s m.**, uscire di mente a q. □ **to have half a m. to do st.**, avere una mezza intenzione (*o* una mezza voglia) di fare q.c. □ **to have st. on one's m.**, aver sempre in mente q.c.; essere preoccupato per q.c. □ **to be in one's right m.**, avere la testa a posto (*o* sulle spalle) □ **to be in** (*o* **of**) **two minds**, essere incerto (*o* diviso, in forse); esitare; titubare □ **to keep one's m. on**, concentrare la propria attenzione su □ **to keep an open m.**, rimanere neutrale; non prendere partito □ **to make up one's m.**, decidersi; prendere una risoluzione □ **to make up one's m. to st.**, accettare q.c.; prendere atto di q.c. □ (*relig.*) **month's m.**, trigesimo □ **not to know one's own m.**, non saper bene quel che si vuole; essere incerto (*o* perplesso, in forse) □ **to be of one m.**, essere d'accordo: **We are all of one m.**, siamo tutti d'accordo □ **to be of the same m.**, essere della stessa idea; pensarla allo stesso modo; non aver mutato parere □ **to be of sb.'s m.**, essere dell'avviso (*o* del parere) di q.: **if you are all of my m.**, se siete tutti del mio avviso □ **to be out of one's m.**, essere uscito di senno; essere matto □ **presence of m.**, presenza di spirito □ **to put sb. in m. of st.**, rammentare q.c. a q. □ **to send sb. out of his m.**, fare uscire q. di senno □ **to set one's m. on**, mettersi in testa di; cacciarsi in mente di □ **to take one's m. off st.**, distogliere la propria attenzione da q.c.; levarsi dalla mente q.c. □ **to tell sb. one's m.**, dire a q. quel che si pensa; parlar chiaro a q.; dirglielo chiaro e tondo □ **to my m.**, a mio avviso, a mio parere, secondo me; (*raro*) a piacer mio, a modo mio □ **turn of m.**, mentalità □ (*prov.*) **Out of sight, out of m.**, lontano dagli occhi, lontano dal cuore.

to mind [maind], *v. t.* e *i.* **1** badare (a); fare attenzione (a); curarsi di; attendere a; occuparsi di; custodire; stare in guardia: **His daughter has to m. the shop now**, sua figlia deve ora badare al (*o* occuparsi del) negozio; **M. the step** (**the dog, etc.**), sta' attento al gradino (al cane, ecc.)!; **M. your own business**, bada ai fatti tuoi!; **He doesn't m. the expense**, non bada (o non guarda) a spese **2** dar retta a; obbedire a: **The dog minds his master**, il cane dà retta al suo padrone **3** importare (*impers.*); darsi pensiero; preoccuparsi: **He doesn't m. what people say about him**, non gliene importa di quel che la gente dice sul suo conto; **If I were you, I shouldn't m. at all**, se fossi in te, non me ne darei il minimo pensiero **4** dispiacere, spiacere, rincrescere (*impers.*); avere q.c. in contrario: **I don't m. the rain at all**, la pioggia non mi spiace affatto (non mi dà alcun fastidio); **Do you m. if I open the window?**, ti dispiace se apro il finestrino?; **I shouldn't m. a glass of wine**, non mi spiacerebbe un bicchiere di vino; **if you don't m.**, se non hai nulla in contrario. ● **to m. one's P's and Q's**, star bene attento a quel che si dice (*o* che si fa) □ **Would you m. closing the door?**, ti dispiace chiudere la porta?; vuoi chiudere la porta, per favore? □ **Would you m. holding your tongue?**, vuoi farmi il santo piacere di star zitto? □ (*inter.*) **M. you!**, bada bene!; intendiamoci!; sia ben chiaro!: **M. you, I wouldn't do it if I thought it was illegal!**, intendiamoci, non lo farei se non lo ritenessi illecito □ (*pop.*) **M. your eye!**, sta' in guardia; bada a quello che fai! □ **M.** (**out**)!, attento! □ **Never m.!**, non importa!; non prendertela!; non farci caso!; non dartene pensiero □ (*pop.*) **Never you m.**, non è affar tuo; tu non c'entri!

minded ['maindid], *a.* **1** disposto (a); incline (a); che ha intenzione (*o* voglia) (di): **They seem to be m. to get married soon**, sembra intendano sposarsi presto **2** (*nei composti, per es.*): **high-m.**, di mente elevata; **muddle-m.**, confusionario; pasticcione; **right-m.**, d'animo retto; **small-m.**, di mente ristretta; **air-m.**, consapevole dell'importanza (*o* appassionato) dell'aviazione; **statistically m.**, che ha una mentalità statistica.

mindedness ['maindidnis], *n.* (*nei composti; per es.*): **absent-m.**, distrazione; **narrow-m.**, ristrettezza d'idee; grettezza; **right-m.**, rettitudine; onestà.

minder ['maində*], *n.* chi bada (a q.c.); sorvegliante; addetto (*specialm. a macchinari*). ● **child-m.**, chi bada ai bambini.

mindful ['maindful], *a.* attento (a); conscio (di); sollecito (di); memore (di): **I am m. of the danger**, sono conscio del pericolo.

mindfulness ['maindfulnis], *n.* attenzione, consapevolezza; cura; sollecitudine.

mindless ['maindlis], *a.* **1** irragionevole; sciocco; stupido **2** incurante, noncurante, dimentico (di): **Don't be so m. of your duties**, non essere così incurante dei tuoi doveri! **3** che non richiede intelligenza; di routine: **a m. job**, un lavoro di routine

4 privo di intelligenza. ● **the m. forces of nature**, le forze brute della natura □ **to be m. of enemy fighters (of sharks, etc.)**, non far caso ai caccia nemici (ai pescicani, ecc.).
mine (1) [main], **A** *pron. poss.* (il) mio, (la) mia; (i) miei, (le) mie: **Is it m. or yours?**, è mio o tuo?; **I don't want your book; I want m.**, non voglio il tuo libro; voglio il mio. **B** *a. poss.* (*poet.*; *davanti a parola che incomincia con suono vocalico*) mio, mia; miei, mie: **before m. eyes**, davanti ai miei occhi. ● (*fam.*) **me and m.**, io e i miei (parenti) □ **He is a near relation of m.**, è un mio parente stretto.
mine (2) [main], *n.* **1** miniera (*anche fig.*): **a coal m.**, una miniera di carbone; **That book is a m. of information**, quel libro è una miniera di notizie **2** (*mil., naut.*) mina; torpedine: **floating m.**, mina galleggiante; **to spring a m.**, far brillare una mina. ● (*mil.*) **m. disposal**, disinnesco delle mine □ **m. inspector**, ispettore minerario □ (*naut.*) **acoustic m.**, mina acustica □ (*naut.*) **blockade m.**, torpedine da blocco □ (*naut.*) **drifting m.**, mina vagante (*o* alla deriva) □ **strip m.**, miniera a cielo aperto.
to mine [main], **A** *v. t.* **1** scavare per estrarre (*minerali*): **to m. a rich vein of gold**, scavare una ricca vena per estrarre l'oro **2** estrarre; scavare: **to m. (for) silver**, estrarre argento **3** (*mil.*) minare (*anche fig.*); insidiare, rovinare: **The fields had been mined**, i campi erano stati minati **4** (*mil.*) far saltare in aria (*con la dinamite*) **5** (*mil.*) scavare gallerie sotto (*mura, trincee, ecc.*). **B** *v. i.* **1** estrarre minerali; estrarre carbone **2** fare il minatore **3** (*mil.*) scavare gallerie (*per collocare mine sotto trincee e sim.*). ● **to m. out**, sfruttare a fondo, esaurire (*un giacimento, e fig.*).
mine-detector ['main di'tektə*], *n.* (*mil.*) rivelatore di mine; cercamine.
minefield ['mainfi:ld], *n.* (*mil.*) campo minato.
minelayer ['mainleiə*], *n.* **1** (*naut. mil.*) (nave) posamine **2** (*aeron. mil.*) aereo posamine.
minelaying ['main,leiiŋ], *n.* (*mil.*) posa di mine.
miner ['mainə*], *n.* **1** minatore **2** (*mil.*) guastatore.
mineral ['minərəl], **A** *a.* minerale: **m. oil**, olio minerale; **m. water**, acqua minerale (*naturale o gassata*). **B** *n.* **1** (*geol.*) minerale **2** (*pl., fam.*) acque minerali; bevande gassate □ **m. jelly**, gelatina minerale □ **m. pitch**, asfalto □ **m. wool**, cotone silicato.
mineralization ['minərəlai'zeiʃən], *n.* (*geol.*) mineralizzazione.
to mineralize ['minərəlaiz], **A** *v. t.* (*geol.*) mineralizzare. **B** *v. i.* **1** (*geol.*) facilitare la formazione di minerali **2** fare raccolta di minerali (*a scopo di studio*).
mineralogic(al) [,minərə'lɔdʒik(əl)], *a.* mineralogico.
mineralogist [,minə'rælədʒist], *n.* mineralogista.
mineralogy [,minə'rælədʒi], *n.* mineralogia.
mine-shaft ['mainʃa:ft], *n.* pozzo di miniera.
minestrone [,minə'strouni] (*ital.*), *n.* (*cucina*) minestrone.
minesweeper ['mainswi:pə*], *n.* **1** (*naut., mil.*) dragamine **2** (*mil.*) rullo sminatore (*per carro armato*).
minesweeping ['main,swi:piŋ], *n.* (*naut., mil.*) sminamento.
minethrower ['mainθrouə*], *n.* (*mil.*) lanciabombe; mortaio.
minever ['minivə*], *V.* **miniver**.
to mingle ['miŋgl], **A** *v. t.* mescolare; mischiare; confondere; unire: **The two rivers m. their waters to form a lake**, i due fiumi uniscono le loro acque formando un lago. **B** *v. i.* mescolarsi; mischiarsi; confondersi: **We mingled with** (*o* **in**) **the crowd**, ci mescolammo alla (*o* ci confondemmo tra la) folla.
mingy ['mindʒi], *a.* (*fam.*) avaro; gretto; meschino; spilorcio.
mini ['mini], **A** *n.* (*pl.* **minis**) (*moda*) indumento mini. **B** *a. attr.* mini.
to miniate ['minieit], *v. t.* (*arte*) miniare.
miniature ['minjətʃə*], **A** *n.* **1** miniatura: **portrait in m.**, ritratto in miniatura **2** modello in scala ridotta. **B** *a. attr.* **1** in miniatura; in scala ridotta: **a m. railway**, una ferrovia in miniatura **2** nano: **m. poodle**, barbone nano (*cane*). ● **m. camera**, microcamera □ **m. golf**, minigolf □ **in m.**, in miniatura.
to miniature ['minjətʃə*], *v. t.* rappresentare in miniatura (*o* in scala ridotta).
miniaturist ['minjətʃuərist], *n.* miniaturista.
miniaturization [,minjətʃərai'zeiʃən], *n.* (*tecn.*) miniaturizzazione (*di circuiti elettronici, ecc.*).
to miniaturize ['minjətʃəraiz], *v. t.* (*tecn.*) miniaturizzare (*circuiti elettronici, ecc.*).
minibike ['minibaik], *n.* (*USA*) ciclomotore; motorino (*fam.*).
minibus ['minibʌs], *n.* minibus.
minicab ['minikæb], *n.* piccolo taxi.
minicoach ['minikoutʃ], *n.* pulmino.
minicoat ['minikout], *n.* (*moda*) minicappotto.
minicomputer [,minikəm'pju:tə*], *n.* (*elab.*) minicomputer; minielaboratore.
minidress ['minidres], *n.* (*moda*) minivestito.
to minify ['minifai], *v. t.* **1** impiccolire; rimpicciolire **2** ridurre al minimo l'importanza di (q.c.); minimizzare.
minim ['minim], *n.* **1** (*mus.*) minima **2** (*calligrafia*) tratto discendente **3** persona (*o* cosa) minuscola **4** (*farm.*) goccia (1/60 di dramma fluida; pari a 0,06 ml).
minimal ['minimal], *a.* minimo; minuscolo.
minimalist ['minimalist], *n.* (*polit.*) minimalista.
minimax ['minimæks], *n.* (*mat.*) minimax; minimassimo; minimomassimo.
minimization [,minimai'zeiʃən], *n.* riduzione al minimo; minimizzazione.
to minimize ['minimaiz], *v. t.* ridurre al minimo; minimizzare: **to m. the dangers**, minimizzare i pericoli.
minimum ['miniməm], **A** *n.* (*pl.* **minima, minimums**) (il) minimo. **B** *a. attr.* minimo: **m. wage**, salario minimo; **m. dose**, dose minima. ● (*fin.*) **m. lending rate**, tasso ufficiale di sconto.
minimus ['miniməs], *a.* (*nelle scuole*) il più giovane (*di più di due fratelli*): **Jones m.**, il più giovane dei Jones.
mining ['mainiŋ], **A** *n.* **1** estrazione (*di minerali*); lavori di scavo; industria mineraria: **gold m.**, l'estrazione dell'oro; **coal m.**, l'industria (mineraria) del carbone **2** (*mil.*) posa di mine. **B** *a.* minerario: **a m. engineer**, un ingegnere minerario; **m. engineering**, ingegneria mineraria. ● **m. claim**, concessione mineraria □ **m. methods**, sistemi d'estrazione □ **a m. town**, una città mineraria.
minion ['minjən], *n.* **1** (*lett.*) favorito **2** (*spreg.*) servo; adulatore; tirapiedi **3** (*tipogr.*) corpo 7. ● (*fig.*) **m. of the law**, poliziotto; carceriere.
minipill ['minipil], *n.* (*farm.*) minipillola (*anticoncezionale*).
miniprinter ['mini,printə*], *n.* (*grafica*) stampante.
minishorts ['miniʃɔ:ts], *n. pl.* (*moda*) «minishorts».
miniskirt ['miniskə:t], *n.* minigonna; mini.
minister ['ministə*], *n.* **1** ministro (*quasi in ogni senso*); ministro del culto, pastore protestante; ministro plenipotenziario: **the Prime M.**, il primo ministro; **M. Without Portfolio**, ministro senza portafoglio **2** (*fig.*) propagatore; strumento: **m. of evil**, propagatore del male; strumento di corruzione. ● (*relig.*) **m. general**, generale superiore (*di un ordine religioso*).
to minister ['ministə*], *v. t. e i.* **1** (*relig.*) amministrare, somministrare (*i sacramenti*); officiare **2** (*arc.*) fornire; provvedere **3** — **to m. to**, soccorrere, prestar soccorso a (q.); servire (*una causa*); contribuire a (*un risultato*); provvedere a: **During the epidemics he ministered to (the needs of) the sick**, durante l'epidemia prestò soccorso ai malati.
ministerial [,minis'tiəriəl], *a.* **1** ministeriale; di (un) ministro: **a m. position**, un posto di ministro; **a m. paper**, un rapporto ministeriale **2** di ministro del culto; pastorale; sacerdotale.
ministerialist [,minis'tiəriəlist], *n.* (*polit.*) sostenitore del governo.
ministrant ['ministrənt], **A** *a.* che compie un ministero; che aiuta; che soccorre. **B** *n.* **1** (*relig.*) celebrante; officiante **2** chi aiuta; chi soccorre.
ministration [,minis'treiʃən], *n.* **1** (*relig.*) ministero del sacerdozio; l'officiare; il celebrare **2** aiuto; assistenza (*anche religiosa*); soccorso.
ministrative ['ministrətiv], *a.* che è d'aiuto (*o* di conforto).
ministry ['ministri], *n.* (*specialm. polit.*) ministero; dicastero: **to enter the m.**, entrare a far parte del ministero; **the Air M.**, il ministero dell'Aeronautica; **the M. of Transport**, il ministero dei Trasporti **2** (*relig.*) sacerdozio; ministero pastorale; (*collett.*) clero.
minisub ['minisʌb], *n.* (*naut.*) minisottomarino; sommergibile tascabile.
minitanker ['mini,tæŋkə*], *n.* (*naut.*) minipetroliera.
minitrack ['minitræk], *n.* **1** (*elettron.*) trasmettitore miniaturizzato **2** (*miss.*) «minitrack» (*sistema di ricerca di satelliti artificiali*).
minium ['miniəm], *n.* (*chim.*) minio.
miniver ['minivə*], *n.* (*un tempo*) vaio; pelliccia di vaio.
mink [miŋk], *n.* (*pl.* **mink, minks**) **1** (*zool.*, *Mustela vison*) visone **2** (*zool.*, *Putorius lutreola*) lutreola **3** (*zool.*) mustelide (*in genere*) **4** (*moda*) pelliccia di visone.
Minnie ['mini], *n.* (*dim. di* **Wilhelmina** *e di* **Mary**) Guglielmina; Mina; Mariuccia.
minnow ['minou], *n.* (*pl.* **minnow, minnows**) (*zool.*) ciprinide; pesciolino (*d'acqua dolce*). ● (*fig.*) **a Triton among minnows**, un gigante fra i pigmei (*detto di chi sembra grande perché gli altri sono piccoli*).
minor ['mainə*], **A** *a.* **1** minore (*anche mus.*); più piccolo; di second'ordine; poco importante; meno grave; leggero; lieve: **the m. planets**, i pianeti minori; **a m. poet**, un poeta minore; **a m. operation**, un'operazione non grave; **a m. illness**, una malattia lieve; (*mus.*) **m. key**, chiave minore; (*nelle scuole*) (*tra due fratelli*) **Jones m.**, il minore (*o* il più giovane) dei Jones **2** (*mecc., tecn.*) interno: **m. diameter**, diametro interno. **B** *n.* **1** (*leg.*) minorenne; minore **2** (*relig.*) frate minore; minorita **3** (*USA*,

minorite

all'università) materia complementare 4 (*logica*, *anche* m. premise) minore; premessa minore 5 (*mus.*) chiave (*o* intervallo, scala) minore. ● (*relig.*) m. canon, canonico che non fa parte del capitolo □ (*naut.*) m. light, fanale (*o* faro) non sorvegliato □ (*fig.*) in a m. key, in tono minore.

minorite ['mainərait], *n.* (*relig.*) minorita; frate minore.

minority [mai'nɔriti], A *n.* 1 minoranza: to be in the (*o* in a) m., essere in minoranza 2 (*leg.*) minorità; età minore. B *a. attr.* di minoranza: **m. government**, governo di minoranza. ● (*leg.*) to be in one's m., essere minorenne.

Minotaur ['mainətɔ:*], *n.* (*mitol.*) Minotauro.

minster ['minstə*], *n.* 1 chiesa (*annessa a un monastero*) 2 cattedrale; duomo (*specialm. nei toponimi*): **York M.**, la cattedrale di York.

minstrel ['minstrəl], *n.* 1 (*stor.*) menestrello; giullare 2 «minstrel»; cantante, ballerino, macchiettista (*truccato da negro*). ● **m. show**, spettacolo di varietà presentato da «minstrels».

minstrelsy ['minstrəlsi], *n.* (*stor.*) 1 arte (*o* poesia) dei menestrelli; canzoni giullaresche 2 (*collett.*) menestrelli; giullari.

mint (1) [mint], A *n.* 1 (*fin.*) zecca 2 (*fig.*) miniera; fonte inesauribile: **a m. of ideas**, una fonte inesauribile di idee 3 (*fam.*, *con l'art. indef.*) grande quantità; mucchio; sacco (*fig.*); (*specialm.*) un patrimonio, un sacco di soldi: **a m. of money**, un mucchio di soldi. B *a. attr.* 1 nuovo di zecca; nuovo fiammante 2 (*di francobollo*) nuovo. ● **m.-mark**, marchio di zecca □ **m.-master**, sovrintendente alla zecca □ **to be in m. condition**, (*di francobollo e fig.*) essere nuovo, essere in perfette condizioni; (*di moneta o medaglia*) essere fior di conio.

to mint [mint], *v. t.* coniare (*anche fig.*); battere (*moneta*): **to m. a new word**, coniare una parola nuova. ● **minting die**, conio.

mint (2) [mint], *n.* (*bot.*, *Mentha*) menta. ● (*cucina*) **m. sauce**, salsa di menta.

mintage ['mintidʒ], *n.* 1 coniatura; conio; coniazione 2 monete coniate in una zecca 3 costo (*o* spese) di coniazione.

minuend ['minjuend], *n.* (*mat.*) minuendo.

minuet [,minju'et], *n.* (*mus.*) minuetto.

minus ['mainəs], A *prep.* 1 (*mat.*) meno: **Ten m. four is six**, dieci meno quattro fa sei 2 (*fam.*) senza: **He came back from the war m. one arm**, tornò dalla guerra senza un braccio. B *a.* (*mat.*) negativo: **a m. quantity**, una quantità negativa (*per es.*, −3). C *n.* (*mat.*) 1 meno 2 quantità negativa. ● **m. sign**, segno di sottrazione; segno di meno; meno.

minuscule ['minə,skju:l], A *a.* (*anche tipogr.*) minuscolo. B *n.* (*tipogr.*) 1 minuscola (*lettera*) 2 carattere minuscolo.

minute (1) [minit], *n.* 1 minuto (*d'ora*, *di tempo*); minuto primo; (*fig.*) istante, momento: **It is ten minutes to four**, sono le quattro meno dieci (*minuti*); **I'll be back in a m.**, sarò di ritorno in un momento 2 (*geom.*, *geogr.*) minuto primo; primo 3 minuta; bozza; nota; promemoria 4 (*leg.*; *pl.*) verbale, verbali; processo verbale; resoconto sommario: **to take the minutes of meetings**, fare (*o* tenere) i verbali delle riunioni. ● **the m.** (**that**), appena; **I'll tell him the m. I see him**, glielo dirò appena lo vedo □ **m. book**, libro dei verbali □ (*mil.*) **m. gun**, cannone che spara a salve (*a intervalli d'un minuto*) □ **m. hand**, lancetta dei minuti □ (*stor.* USA) **M.-man**, volontario dell'esercito americano (*al tempo della rivoluzione*), pronto a partire all'istante □ (*geom.*, *geogr.*) **m. mark**, segno di minuto primo □ (*cucina*) **m. steak**, fettina (*di carne*) □ **this m.**, subito; immediatamente □ **to the m.**, preciso; esatto: **The airplane took off at four o'clock to the m.**, l'aeroplano decollò alle quattro precise □ **up--to-the-m.**, aggiornatissimo; all'ultima moda; modernissimo □ **up-to-the-m. news**, ultimissime notizie.

to minute [minit], *v. t.* 1 calcolare al minuto; cronometrare 2 stendere la minuta di (*q.c.*); minutare (*raro*) 3 (*leg.*) verbalizzare; stendere il verbale di; mettere a verbale. ● **to m. down**, prender nota di; annotare.

minute (2) [mai'nju:t], *a.* minuto; minuscolo; minuzioso; esatto; preciso; particolareggiato: **m. particles of dust**, minuscole particelle di polvere; **a m. examination**, un esame minuzioso.

minutely (1) [mai'nju:tli], *avv.* minutamente; minuziosamente.

minutely (2) ['minitli] A *a.* 1 (che accade) a intervalli d'un minuto 2 continuo; incessante. B *avv.* 1 ogni minuto 2 incessantemente.

minuteness [mai'nju:tnis], *n.* 1 minutezza; esiguità 2 minuziosità; meticolosità; precisione.

minutia [mai'nju:ʃiə] (*lat.*), *n.* (*pl.* **minutiae, minutia**) minuzia.

minx [miŋks], *n.* (ragazza) sfacciata; civetta (*fig.*).

Miocene ['maiəsi:n], (*geol.*) A *n.* Miocene. B *a.* miocenico.

miracle ['mirəkl], *n.* miracolo; (*fig.*) meraviglia; (*fig.*) **the Italian m. of the 1960s**, il miracolo italiano degli anni Sessanta. ● **m. drug**, una medicina miracolosa □ (*stor.*, *letter.*) **m. play**, miracolo; rappresentazione sacra □ **by a m.**, per miracolo □ **to a m.**, in modo meraviglioso; meravigliosamente bene □ **He is a m. of learning**, la sua erudizione è straordinaria.

miraculous [mi'rækjuləs], *a.* miracoloso; (*fig.*) sorprendente, straordinario, prodigioso.

miraculousness [mi'rækjuləsnis], *n.* miracolosità (*lett.*).

mirage ['mira:ʒ], *n.* 1 (*anche fig.*) miraggio 2 (*fig.*) illusione.

mire [maiə*], *n.* 1 melma; mota; fango (*anche fig.*); pantano: **to drag sb. through the m.**, trascinare q. nel fango 2 (*geol.*) suolo umido e spugnoso. ● (*fig.*) **to be** (**to stick, to find oneself**) **in the m.**, essere (trovarsi) in difficoltà (*o* nei guai).

to mire [maiə*], A *v. t.* 1 far impantanare: **to m. a horse**, far impantanare un cavallo 2 infangare; inzaccherare 3 (*fig.*) mettere in difficoltà (*o* nei guai). B *v. i.* affondare nel fango; impantanarsi.

mirror ['mirə*], *n.* 1 (*anche fig.*) specchio: **This novel is a true m. of our times**, questo romanzo è un verace specchio del nostro tempo 2 (*radar*) riflettore. ● **m. image**, immagine speculare □ (*autom.*) **driving m.** (*o* **rear-view m.**), specchietto retrovisore.

to mirror ['mirə*], *v. t.* (*lett. o fig.*) rispecchiare; riflettere.

mirth [mə:θ], *n.* allegria; gaiezza; gioia.

mirthful ['mə:θful], *a.* allegro; gaio; gioioso.

mirthfulness ['mə:θfulnis], *n.* allegria; gaiezza.

mirthless ['mə:θlis], *a.* senza gioia; malinconico; triste; mesto.

miry ['maiəri], *a.* 1 melmoso; fangoso; paludoso 2 infangato; inzaccherato.

to misaddress [,misə'dres], *v. t.* indirizzare erroneamente (*corrispondenza*, *ecc.*).

misadventure ['misəd'ventʃə*], *n.* disavventura; disgrazia; infortunio; incidente. ● (*leg.*) **death by m.**, morte accidentale □ (*leg.*) **homicide by m.**, omicidio involontario.

to misadvise ['misəd'vaiz], *v. t.* (*generalm. al passivo*) consigliare male.

misalliance ['misə'laiəns], *n.* unione mal combinata; matrimonio male assortito; unione sfortunata.

misanthrope ['mizənθroup], *n.* misantropo.

misanthropic(al) [,mizən'θrɔpik(əl)], *a.* misantropico.

misanthropist [mi'zænθrəpist], *n.* misantropo.

to misanthropize [mi'zænθrəpaiz], *v. i.* comportarsi da misantropo.

misanthropy [mi'zænθrəpi], *n.* misantropia.

misapplication ['mis,æpli'keiʃən], *n.* 1 impiego sbagliato; uso erroneo 2 (*leg.*) uso abusivo, distrazione (*di denaro altrui*).

to misapply ['misə'plai], *v. t.* 1 usare malamente; fare un uso errato di (*q.c.*) 2 usare abusivamente, distrarre (*denaro altrui*).

to misapprehend ['mis,æpri'hend], *v. t.* fraintendere.

misapprehension ['mis,æpri'henʃən], *n.* equivoco; malinteso.

misapprehensive ['mis,æpri'hensiv], *a.* incline a fraintendere (*o* a equivocare).

to misappropriate ['misə'prouprieit], *v. t.* (*leg.*) appropriarsi indebitamente di (*denaro altrui*).

misappropriation ['misə,proupri'eiʃən], *n.* (*leg.*) appropriazione indebita.

to misbecome ['misbi'kʌm] (*pass.* **misbecame**, *p. p.* **misbecome**), *v. t.* essere sconveniente a (*o* disdicevole per); disdirsi, sconvenire a (*lett.*); non addirsi a (q.).

misbecoming ['misbi'kʌmiŋ], *a.* sconveniente; disdicevole.

misbegotten ['misbi'gɔtn], *a.* 1 illegittimo; bastardo 2 (*fam.*) mal concepito; mal fatto.

to misbehave ['misbi'heiv], *v. i.* (*anche*, *v. rifl.*, **to misbehave oneself**) comportarsi male.

misbehaved [,misbi'heivd], *a.* maleducato.

misbehaviour ['misbi'heivjə*], *n.* cattiva condotta; comportamento scorretto.

misbelief ['misbi'li:f], *n.* falsa credenza; miscredenza; (*relig.*) eresia.

misbeliever ['misbi'li:və*], *n.* miscredente; empio.

misbelieving ['misbi'li:viŋ], *a.* miscredente; empio.

to miscalculate ['mis'kælkjuleit], A *v. t.* calcolare male. B *v. i.* far male i propri calcoli.

miscalculation ['mis,kælkju'leiʃən], *n.* calcolo sbagliato; errore di calcolo.

to miscall [,mis'kɔ:l], *v. t.* chiamare impropriamente; nominare sbagliato a (q.).

miscarriage [mis'kæridʒ], *n.* 1 fallimento; insuccesso: **the m. of a scheme**, il fallimento d'un piano 2 disguido (*d'una lettera*); smarrimento (*d'un pacco*, *di merce*) 3 (*med.*) aborto (*specialm. fra il quarto ed il quinto mese*). ● (*leg.*) **a m. of justice**, un errore giudiziario.

to miscarry [mis'kæri], *v. i.* 1 (di progetto, ecc.) fallire; fare fiasco; mancare allo scopo 2 (*di lettera*, *pacco*, *ecc.*) andare smarrito; smarrirsi 3 (*di donna*) abortire (V. **miscarriage**).

to miscast ['mis'ka:st] (*pass. e p. p.* **miscast**), *v. t.* (*teatr.*, *cinem.*) assegnare (*a un attore*) un ruolo non adatto.

miscegenation [,misidʒi'neiʃən], *n.* (*biol.*) incrocio fra razze diverse (*specialm. fra bianchi e negri*)

miscellanea [ˌmisiˈleinjə], *n. pl.* miscellanea.
miscellaneous [ˌmisiˈleinjəs], *a.* **1** miscellaneo; eterogeneo; assortito; misto: **a box of m. chocolates**, una scatola di cioccolatini misti **2** (*di persona*) multiforme; versatile; eclettico.
miscellaneousness [ˌmisiˈleinjəsnis], *n.* **1** eterogeneità, varietà **2** multiformità; versatilità; eclettismo.
miscellanist [miˈselənist], *n.* (*letter.*) autore di miscellanee.
miscellany [miˈseləni], *USA* [ˈmisəˌleini], *n.* **1** miscellanea **2** mescolanza; mistura.
mischance [misˈtʃɑːns], *n.* disavventura; infortunio; disgrazia; sfortuna. ● **by m.**, per disgrazia; sfortunatamente.
mischief [ˈmistʃif], *n.* **1** danno; male; offesa; torto **2** malanimo; malizia; discordia: **to make m. between two persons**, mettere la discordia fra due persone **3** malanno; malestro; guaio (*anche fig.*); birbonata; birichinata: **Boys are fond of m.**, ai ragazzi piacciono le birichinate; **The m. is that he doesn't confine himself to a glass of whisky**, il guaio è che non si limita a un bicchiere di whisky **4** (*fam.*) birichino; birba; birbone; monello: **That boy is a regular m.**, quel ragazzo è davvero una birba; **What are you up to, you little m.?**, che cosa stai combinando, birboncello? ● **m.-maker**, seminatore di discordia (*o di zizzania*) □ **m.-making**, il seminar discordia (*o zizzania*) □ (*pop.*) **to do sb. a m.**, ferire (*o uccidere*) q. □ **to work great m.**, produrre gran danno; creare guai seri □ **Where the m. have you been?**, dove diamine sei stato? □ **Allan is always up to some m.**, Alano ne combina sempre una delle sue.
mischievous [ˈmis-tʃivəs], *a.* **1** dannoso; nocivo; compromettente: **a m. rumour**, una diceria dannosa; **a m. document**, un documento compromettente **2** malefico; maligno: **a m. person**, una persona maligna; un maligno **3** malizioso; furbo: **m. looks**, occhiate maliziose **4** (*di bambino*) birbante; birichino; cattivello.
mischievousness [ˈmis-tʃivəsnis], *n.* **1** dannosità; nocività **2** malignità; cattiveria **3** malizia **4** (*di bambino*) birbanteria; birichineria; vivacità eccessiva.
miscibility [ˌmisiˈbiliti], *n.* (*fis., chim., ecc.*) miscibilità.
miscible [ˈmisibl], *a.* mescolabile; miscibile.
to misconceive [ˈmiskənˈsiːv], *v. t.* **1** giudicar male **2** fraintendere.
misconception [ˌmiskənˈsepʃən], *n.* **1** giudizio erroneo; idea sbagliata **2** equivoco; malinteso.
misconduct [misˈkɔndəkt], *n.* **1** cattiva condotta; comportamento indegno: **m. on the field**, comportamento indegno sul campo di battaglia **2** (*specialm.*) adulterio **3** (*leg.*) malgoverno; cattiva amministrazione (*di un'azienda, ecc.*). ● **m. of the expedition (of the war, etc.)**, cattiva conduzione della spedizione (della guerra, ecc.).
to misconduct [ˌmiskənˈdʌkt], **A** *v. t.* condurre, amministrare, dirigere male: **to m. one's business affairs**, condurre male i propri affari. **to misconduct oneself B** *v. rifl.* comportarsi male; (*specialm.*) commettere adulterio.
misconstruction [ˌmiskənˈstrʌkʃən], *n.* **1** interpretazione errata; incomprensione **2** equivoco; malinteso. ● **open to m.**, che dà adito a fraintendimento.
to misconstrue [ˈmiskənˈstruː], *v. t.* fraintendere; interpretare male.
to miscount [misˈkaunt], **A** *v. t.* contar male. **B** *v. i.* sbagliare il conto; fare un conto sbagliato (*specialm. di voti elettorali*).
miscount [ˈmisˈkaunt], *n.* conto sbagliato; conteggio erroneo (*specialm. di voti elettorali*).
miscreant [ˈmiskriənt], *a. e n.* **1** briccone; canaglia; furfante; malvagio; scellerato **2** (*arc.*) miscredente; eretico.
miscue [ˈmisˈkjuː], *n.* **1** (*al biliardo*) colpo sbagliato; colpo di stecca falso **2** (*fam.*) sbaglio; errore.
to miscue [ˈmisˈkjuː], *v. i.* **1** (*al biliardo*) sbagliare un colpo **2** (*fam.*) sbagliare; commettere un errore **3** (*teatr.*) sbagliare la battuta.
to misdate [ˈmisˈdeit], *v. t.* **1** mettere una data erronea a (*una lettera, ecc.*) **2** sbagliare la data di (*un avvenimento*).
to misdeal [ˈmisˈdiːl], (*pass. e p. p.* **misdealt**), **A** *v. i.* sbagliare a fare (*o a dare*) le carte. **B** *v. t.* distribuire male (*le carte*).
misdeal [ˈmisˈdiːl], *n.* sbaglio nel dare le carte; errata distribuzione delle carte (*da gioco*).
misdeed [ˈmisˈdiːd], *n.* misfatto; crimine.
to misdeliver [ˌmisdiˈlivə], *v. t.* consegnare male (*corrispondenza, ecc.*) per errore.
misdelivery [ˌmisdiˈlivəri], *n.* consegna errata (*di corrispondenza, pacchi, ecc.*).
misdemeanant [ˌmisdiˈmiːnənt], *n.* **1** (*specialm. leg.*) colpevole; reo; trasgressore **2** chi si comporta male.
misdemeanour [ˌmisdiˈmiːnə*], *n.* **1** (*leg.*) infrazione; trasgressione; reato; violazione di legge (*di minore gravità*) **2** cattiva condotta.
to misdirect [ˈmisdiˈrekt], *v. t.* **1** sbagliare l'indirizzo di (*una lettera*) **2** rivolgere nella direzione sbagliata, indirizzare male;

far cattivo uso di: **to m. one's energies**, rivolgere le proprie energie nella direzione sbagliata; **to m. one's abilities**, far cattivo uso delle proprie capacità **3** dare istruzioni erronee a (q.): **The judge misdirected the jury**, il giudice diede istruzioni erronee alla giuria **4** far sbagliar strada a (*una persona*). ● **to m. a blow**, sbagliare (*o non mettere a segno*) un colpo (*o una botta*).
misdirection [ˈmisdiˈrekʃən], *n.* **1** indicazione sbagliata; istruzione erronea; indirizzo sbagliato (*V.* **to misdirect**).
misdoing [ˈmisˈduːiŋ], *n.* (*di solito al pl.*) malefatta; misfatto.
mise [maiz], *n.* (*stor.*) accordo; patto: **the M. of Lewes**, il patto di Lewes (*fra Enrico III e i signori feudali, nel 1264*).
mise-en-scène [ˌmiːzɔnˈsen] (*franc.*), *n.* **1** (*teatr.*) messinscena; messa in scena **2** (*fig.*) scenario.
miser [ˈmaizə*], *n.* **1** avaro, avara; taccagno; persona spilorcia **2** (*di stufa a gas, ecc.*) (posizione) di minimo.
miserable [ˈmizərəbl], *a.* **1** misero; miserando; infelice; sventurato: **m. conditions of life**, condizioni di vita miserande; **m. fate**, destino infelice; sventurata sorte **2** fastidioso; insopportabile; deprimente; orribile: **a m. weekend**, un fine settimana deprimente; **m. weather**, tempo orribile (*o da cani*); **to make sb.'s life m.**, rendere insopportabile la vita a q. **3** miserabile; meschino; misero; povero: **a m. hovel**, un miserabile tugurio; **a m. result**, un risultato meschino; **a m. meal**, un pasto misero. ● **a m. day**, una gran brutta giornata; una giornataccia □ **a m. face**, un viso dolente (*o sofferente*) □ **to feel m.**, sentirsi depresso (*o triste*); sentirsi giù di corda (*fam.*).
miserably [ˈmizərəbli], *avv.* **1** miseramente; miserabilmente **2** estremamente; molto; assai: **to be m. poor**, essere estremamente povero.
miserere [ˌmizəˈriəri] (*lat.*), *n.* **1** (*relig.*) miserere **2** (*fig.*) invocazione di misericordia **3** *V.* **misericord**, *def.* 3.
misericord [miˈzerikɔːd], *n.* **1** (*relig.*) refettorio di monastero per frati non soggetti al digiuno o a mangiar di magro **2** (*stor.*) misericordia; pugnale per dare il colpo di grazia **3** (*relig.*) mensola d'appoggio sotto il sedile ribaltabile degli stalli (*nel coro*).
miserliness [ˈmaizəlinis], *n.* avarizia; spilorceria; taccagneria; tirchieria.
miserly [ˈmaizəli], *a.* avaro; spilorcio; taccagno; tirchio.
misery [ˈmizəri], *n.* **1** infelicità; sofferenza; estremo disagio **2** miseria; indigenza: **The refugees lived in conditions of great m.**, i profughi vivevano in condizioni di grave indigenza **3** dolore atroce; supplizio; tormento **4** (*fam., spreg.*) piagnone, piagnona (*fam.*); strazio (*fam.*). ● **to put an animal out of its m.**, dare il colpo di grazia a un animale che soffre □ **to suffer** (*o* **to be in**) **m. from headaches**, essere spesso tormentato dal mal di testa.
misfeasance [misˈfiːzəns], *n.* (*leg.*) **1** abuso di un diritto **2** abuso di potere; abuso d'ufficio.
to misfire [ˈmisˈfaiə*], *v. i.* **1** (*d'arma da fuoco*) incepparsi; far cilecca **2** (*di motore*) perdere colpi; accendersi irregolarmente **3** (*fam.: di piano, scherzo, ecc.*) fallire; non riuscire; far cilecca.
misfire [ˈmisˈfaiə*], *n.* **1** mancato scoppio; inceppamento; cilecca **2** (*di motore*) mancata accensione; accensione irregolare **3** (*fam.*) fallimento; fiasco.
misfit [ˈmisfit], *n.* **1** indumento che non calza bene **2** (*fig.*) pesce fuor d'acqua; disadattato; spostato (*fam.*).
misfortune [misˈfɔːtʃən], *n.* sfortuna; sventura; disgrazia. ● **It was more his m. than his fault**, (è stato) più sfortunato che colpevole □ (*prov.*) **Misfortunes never come singly**, le disgrazie non vengono mai sole.
to misgive [misˈgiv] (*pass.* **misgave**, *p. p.* **misgiven**), *v. t.* far sorgere un dubbio (*o un presentimento, un timore*) a (q.): **His heart misgave him**, il suo cuore era pieno di tristi presagi □ (*lett.*) **My mind misgives me that...**, temo (*o* ho il presentimento) che...; il cuore mi dice che...
misgiving [misˈgiviŋ], *n.* apprensione; dubbio; timore.
to misgovern [ˈmisˈgʌvən], *v. t.* governare male; amministrare male.
misgovernment [ˈmisˈgʌvənmənt], *n.* malgoverno; cattiva amministrazione (*della cosa pubblica, ecc.*).
to misguide [ˈmisˈgaid], *v. t.* **1** fuorviare; indurre in errore; sviare **2** traviare; corrompere; pervertire.
misguided [ˈmisˈgaidid], *a.* **1** fuorviato; sviato **2** traviato. ● **in a m. moment**, in un momento di debolezza.
to mishandle [ˈmisˈhændl], *v. t.* **1** trattar male; maltrattare; malmenare **2** condurre male; strapazzare: **If you m. your car, you'll burn the engine**, se strapazzi l'automobile fonderai il motore.
mishap [ˈmishæp], *n.* disavventura; disgrazia; infortunio; contrattempo; incidente.
to mishear [ˈmisˈhiə*] (*pass. e p. p.* **misheard**), *v. t. e i.* udire male; intendere male; fraintendere.
mishit [ˈmisˈhit], *n.* (*specialm. sport*) colpo (*o tiro*) sbagliato.
to mishit [ˈmisˈhit] (*pass. e p. p.* **mishit**), **A** *v. t.* colpire male (*una palla*). **B** *v. i.* colpire male la palla; sbagliare tiro.
mishmash [ˈmiʃmæʃ], *n.* confusione; guazzabuglio.

misinform

to misinform ['misin'fɔ:m], v. t. informare male; dare informazioni sbagliate a (q.); fuorviare.
misinformation ['mis,infə'meiʃən], n. informazioni sbagliate.
to misinterpret ['misin'tə:prit], v. t. interpretare male; dare un'interpretazione errata a (q.c.); fraintendere.
misinterpretation ['misin,tə:pri'teiʃən], n. interpretazione errata; malinteso.
to misjudge ['mis'dʒʌdʒ], A v. t. giudicare male; farsi un'idea sbagliata di (q.). B v. i. essere ingiusto (nel giudicare).
to mislay [mis'lei] (pass. e p. p. **mislaid**), v. t. mettere (q.c.) in un posto insolito e dimenticarsene; smarrire (q.c.).
to mislead [mis'li:d] (pass. e p. p. **misled**), v. t. **1** far sbagliar strada a (q.); mettere fuori strada; fuorviare; traviare; sviare: **I was misled by my Indian guide**, fui portato fuori strada dalla mia guida indiana; **to be misled by one's schoolfellows**, essere traviato dai compagni di scuola **2** ingannare; trarre in inganno: **I was misled by his words**, fui tratto in inganno dalle sue parole.
misleading [mis'li:diŋ], a. che induce in errore; che fa sbagliare; ingannevole: **m. information**, informazioni che inducono in errore. ● **m. light**, luce falsa.
to mislike [mis'laik], v. t. provare avversione (o antipatia) per (q.c.); non poter soffrire.
to mismanage [mis'mænidʒ], v. t. amministrare male; dirigere male; condurre in modo disonesto.
mismanagement ['mis'mænidʒmənt], n. amministrazione cattiva (o disonesta); errata conduzione (degli affari, ecc.).
mismatch [,mis'mætʃ], n. **1** atto (caso, o effetto) del contrapporre a torto **2** (elettr.) disadattamento **3** (metall.) centratura imperfetta.
to mismatch [,mis'mætʃ], v. t. **1** assortire male **2** (anche sport) mettere a confronto, contrapporre male (o a torto).
mismatched [,mis'mætʃt], a. **1** male assortito **2** contrapposto a torto.
to misname ['mis'neim], v. t. chiamare (q.c.) con un nome sbagliato; dare un nome erroneo a (q.c.); denominare erroneamente.
misnomer ['mis'noumə*], n. **1** nome sbagliato; designazione erronea; termine improprio **2** (leg.) errore di nome.
misogamist [mi'sɔgəmist], n. chi ha avversione per il matrimonio; chi soffre di misogamia.
misogamy [mi'sɔgəmi], n. misogamia.
misogynic [maiˈzɔdʒɔnik], a. (psic.) misogino.
misogynist [maiˈsɔdʒinist], n. (psic.) misogino.
misogynous [maiˈzɔdʒənəs], a. (psic.) misogino.
misogyny [maiˈsɔdʒini], n. (psic.) misoginia.
misologist [maiˈsɔlədʒist], n. chi ha avversione per la cultura, le discussioni, i ragionamenti; chi soffre di misologia.
misology [maiˈsɔlədʒi], n. (psic.) misologia.
misoneism [,maisouˈni:izəm], n. (psic.) misoneismo.
misoneist [,maisouˈni:ist], n. (psic.) misoneista.
mispickel ['mispikl], n. (miner.) arsenopirite; mispickel.
to misplace [mis'pleis], v. t. **1** mettere fuori posto (o in un posto sbagliato) **2** riporre male: **to m. one's confidence**, riporre male la propria fiducia; **misplaced affections**, affetti mal riposti **3** V. **to mislay**.
misplacement [mis'pleismənt], n. **1** collocazione errata **2** il riporre male (un affetto, ecc., V. **to misplace**).
to misprint [mis'print], v. t. stampare (q.c.) male (o con errori).
misprint ['mis'print], n. errore di stampa; refuso.
misprision [mis'priʒən], n. (leg.) mancata denunzia (di un crimine).
to misprize [mis'praiz], v. t. spregiare; disistimare; sottovalutare.
to mispronounce ['misprə'nauns], v. t. pronunciare male (o scorrettamente).
mispronunciation ['misprə,nʌnsi'eiʃən], n. **1** pronuncia sbagliata **2** scorretta) **2** errore di pronuncia.
misquotation ['miskwou'teiʃən], n. citazione sbagliata.
to misquote [mis'kwout], v. t. citare erroneamente.
to misread ['mis'ri:d] (pass. e p. p. **misread**), v. t. **1** leggere male **2** fraintendere.
to misrepresent ['mis,repri'zent], A v. t. svisare; travisare; mettere in falsa luce; snaturare, distorcere (fig.): **The witness has misrepresented the facts**, il testimone ha travisato i fatti **2** (leg.) dichiarare (q.c.) erroneamente (o falsamente). B v. i. (leg.) fare una dichiarazione erronea (o falsa).
misrepresentation ['mis,reprizen'teiʃən], n. **1** travisamento (dei fatti, ecc.) **2** (leg.) dichiarazione erronea (o falsa).
misrule [mis'ru:l], n. **1** malgoverno **2** disordine; caos; anarchia.
to misrule [mis'ru:l], v. t. governar male.
miss (1) [mis], n. **1** — **M**., signorina (se di sorelle, seguito dal cognome per la primogenita, dal nome per le altre): **M. Ann Jones**, la signorina Ann Jones; **M. Brown**, la signorina Brown (la maggiore); **M. Mary**, la signorina Maria **2** (scherz., spreg.) ragazza; studentessa **3** (al vocat.: usato da domestici, commessi,

ecc.) signorina: **Good morning, m.**, buon giorno, signorina! **4 miss: M. Europe 1975**, miss Europa 1975. ● **the M. Whites** (o the Misses White), le signorine White.
to miss [mis], A v. t. **1** fallire; sbagliare; non colpire; non riuscire (a fare q.c.): **to m. the target**, fallire il bersaglio; **to m. one's aim**, sbagliar la mira; **He tried to catch the ball but missed it**, tentò d'afferrare la palla ma non ci riuscì **2** perdere; far tardi a; mancare a: **I missed the first act of the play**, persi il primo atto del dramma; **to m. a train** (an opportunity, etc.), perdere un treno (un'occasione, ecc.); **He missed classes yesterday**, perse le lezioni (o mancò alle lezioni) ieri; **to m. an appointment**, perdere (o mancare a) un appuntamento **3** non afferrare; non capire: **I missed what you said**, non ho afferrato quello che hai detto; **You've missed the point**, non hai afferrato l'essenziale; non hai capito il punto (o l'idea) **4** evitare; scansare; sfuggire (a): **He just missed being struck**, evitò per un pelo di essere colpito; **to m. having an accident**, sfuggire a un incidente **5** accorgersi della mancanza di (q.c. o q.); non trovar più; sentire la mancanza (o la perdita) di (q.); rimpiangere: **When did you m. your keys?**, quando ti sei accorto d'aver perso le chiavi?; **I suddenly missed my watch**, all'improvviso non mi trovai più l'orologio; **I m. my friends**, sento la mancanza dei miei amici; **Nobody will m. him**, nessuno lo rimpiangerà. B v. i. **1** fallire; sbagliare il colpo; far fiasco: **That's the second time you've missed**, questa è la seconda volta che sbagli (il colpo) **2** (autom.: del motore) perdere colpi. ● **to m. a bargain**, lasciarsi scappare un affare □ (fig.) **to m. the bus** (o the boat), perdere un'occasione (favorevole); perdere il treno (fig.) □ **to m. fire**, (d'arma da fuoco) scattare a vuoto, far cilecca; (fig.) fallire, far fiasco □ **to m. one's mark** (o the mark), sbagliare il bersaglio, mancare il colpo; (fig.) fallire, far fiasco, (di cosa) essere inferiore all'aspettativa, essere insoddisfacente □ **to m. out**, omettere; tralasciare; saltare (fam.); non ricevere, perdere: **When reading, please m. out the second line**, quando leggete, saltate pure il secondo verso □ **to m. out on**, perdere, lasciarsi sfuggire: **to m. out on an opportunity**, lasciarsi sfuggire un'occasione □ (naut.) **to m. the stays**, non riuscire a virare di bordo □ (fam.) **He doesn't m. a trick**, non si lascia scappare niente.
miss (2) [mis], n. **1** colpo mancato; colpo a vuoto: **nine hits and one m.**, nove colpi (andati) a segno e uno mancato **2** insuccesso; fiasco (fam.) **3** (autom.: del motore) accensione difettosa **4** (fam.) aborto. ● **to give st. a m.**, saltare q.c.; evitare q.c.; rinunciare a q.c.: **I'll give coffee a m.**, salterò il caffè □ **I think I'll give the party a m.**, credo che non andrò alla festa □ **He's no great m.**, non sentiamo (o non sentiremo) certo la sua mancanza □ **It was a lucky m.**, me la cavai (te la cavasti, ecc.) per un pelo (o per il rotto della cuffia) □ (prov.) **A m. is as good as a mile**, un colpo mancato, anche se per poco, è pur sempre un colpo mancato; per un punto Martin perse la cappa.
missal ['misəl], n. (relig.) messale.
missel thrush ['mizəl θrʌʃ], n. (zool., Turdus viscivorus) tordela.
misshapen ['mis'ʃeipən], a. deforme; malformato.
missile ['misail], A a. attr. (mil.) missile; missilistico: **a m. weapon**, un'arma missile; **m. bases** (o sites), basi missilistiche. B n. (mil.) missile: **a guided m.**, un missile telecomandato. ● (mil.) **m. launcher**, lanciamissili.
missil(e)ry ['misəlri], n. (mil.) **1** missilistica **2** (collett.) missili.
missing ['misiŋ], a. **1** mancante; perso; smarrito **2** (mil.) disperso (in guerra): **A list of the m. soldiers was issued**, fu pubblicato un elenco dei soldati dispersi. ● **m. link**, (biol.) anello mancante (nella catena dell'evoluzione animale); (fig.) elemento che manca per completare una serie; (scherz.) tizio dall'aspetto scimmiesco, scimmione □ **to be m.**, mancare: **There is a page m.** (o A page is m.) from this book, manca una pagina a questo libro.
mission ['miʃən], n. missione (quasi in ogni senso); compito; dovere; mandato: **a trade m. to India**, una missione commerciale per l'India; **To complete one's m.**, portare a termine la propria missione. ● (mil. e fig.) **m. accomplished**, missione compiuta □ (miss.) **m. control**, sala di controllo.
missionary ['miʃnəri], a. e n. (relig.) missionario, missionaria. ● **m. box**, cassetta per la raccolta di offerte per le missioni.
missioner ['miʃnə*], n. (relig.) missionario.
missis ['misiz], n. (fam.) **1** (raro: usato dai domestici) signora; padrona: **Yes, m.**, sì signora **2** moglie: **How's your m.?**, come sta tua moglie?
missish ['misiʃ], a. (scherz., spreg.) da ragazzina; da scolaretta.
missive ['misiv], n. (spesso scherz.) missiva; lettera.
to misspell ['mis'spel] (pass. e p. p. **misspelled, misspelt**), v. t. compitare male; sbagliare l'ortografia di (una parola).
misspelling ['mis'speliŋ], n. errore d'ortografia.
to misspend ['mis'spend] (pass. e p. p. **misspent**), v. t. spendere male; sciupare; sprecare (tempo, denaro, ecc.).
to misstate ['mis'steit], v. t. esporre erroneamente; falsare; svisare; travisare.

misstatement ['mis'steitmənt], *n.* affermazione errata (*o* inesatta).
missus ['misiz], *V.* **missis**.
missy ['misi], *n.* (*fam., scherz. o spreg.*) signorina; signorinella.
mist [mist], *n.* **1** bruma; nebbia (*anche fig.*); foschia: **lost in the mists of the past**, perduto nelle nebbie del passato **2** (*fig.*) velo: **She smiled in a m. of tears**, sorrise tra un velo di lacrime. ● Scotch m., nebbiolina umida; pioggerella sottile.
to mist [mist], *A v. i.* **1** annebbiare (*raro*): **It's misting**, cala la nebbia **2** (*anche* **to m. over**) annebbiarsi; appannarsi: **Her eyes misted as she recalled her youth**, gli occhi le si annebbiarono al ricordo della sua giovinezza. *B v. t.* coprire di nebbia; annebbiare; appannare: **The hot water in the tub misted my glasses**, l'acqua calda della vasca mi appannò gli occhiali.
mistakable [mis'teikəbl], *a.* che si può sbagliare; confondibile; scambiabile (*per q.c. altro*).
to mistake [mis'teik] (*pass.* **mistook**, *p. p.* **mistaken**), *v. t. e i.* **1** sbagliare; errare; fare uno sbaglio; commettere un errore: **You have mistaken the road**, hai sbagliato strada **2** intendere male; fraintendere; ingannarsi su (*q.c.*): **You've mistaken my meaning**, hai frainteso le mie parole; **He mistakes my real motives**, s'inganna sui miei veri motivi **3** prendere (*per q. altro, per q.c. altro*); scambiare: **He mistook me for my brother**, mi scambiò per mio fratello; **to m. B for D**, prendere una B per una D. ● **There's no mistaking**, non c'è da sbagliare.
mistake [mis'teik], *n.* sbaglio; errore; fallo: **to make a m.**, fare uno sbaglio. ● (*fam.*) **and no m.**, senza dubbio: **He's the man I saw, and no m.!**, senza dubbio, è lui l'uomo che ho visto! □ **by m.**, per sbaglio; per errore □ **in m. for**, in cambio di: **You've given me a ten-pound note in m. for a one**, mi hai dato un biglietto da dieci sterline in cambio di uno da una □ **a spelling m.**, un errore d'ortografia □ **Make no m. (about it)!**, stanne certo!
mistaken [mis'teikən], *A p. p.* di **to mistake**. *B a.* sbagliato; errato; erroneo; falso: **a m. impression**, una falsa impressione. ● **to be m.**, sbagliare, sbagliarsi; aver torto; essere in errore: **You are m.**, ti sbagli □ **m. identity**, errore di persona □ **a m. kindness**, una gentilezza male intesa (*o* fraintesa) □ **in the m. belief that...**, credendo erroneamente che...
mistakenness [mis'teikənnis], *n.* **1** l'essere in errore **2** l'essere errato (*o* erroneo) (*V.* **mistaken**).
mister ['mistə*], *n.* **1** (*abbr. in* Mr; prima del cognome o del nome e cognome) signore: **Mr (John) Brown**, il signor (John) Brown **2** (*al vocat., per esteso; pop.*) signore: **What time is it, m.?**, che ore sono, signore? ● **Mr Chairman**, signor Presidente (*di un'assemblea, ecc.*) □ **Mr Secretary**, signor Segretario □ **Mr Speaker**, signor Presidente (*della Camera dei Comuni*) □ **be he prince or mere m.**, sia egli un principe o un uomo qualunque □ **Don't call me m.**, non chiamarmi «signore».
to mister ['mistə*], *v. t.* (*fam.*) chiamare (q.) «signore»: **Don't m. me**, non chiamatemi (*o* non datemi del) «signore».
mistful ['mistful], *a.* nebbioso.
to mistime ['mis'taim], *v. t.* (*specialm. al p.p.*) **1** fare (*o* dire) (q.c.) fuori luogo; non scegliere il momento giusto per (q.c.) **2** (*sport*) colpire (*la palla*) fuori tempo; mancare (*la palla*). ● **a mistimed intervention**, un intervento intempestivo.
mistiness ['mistinis], *n.* **1** nebbiosità; foschia **2** (*fig.*) nebulosità; vaghezza.
mistle thrush ['misl θrʌʃ], *V.* **missel thrush**.
mistletoe ['misltou], *n.* (*bot., Viscum album*) vischio.
mistook [mis'tuk], *pass.* di **to mistake**.
mistral ['mistrəl], *n.* mistral (*maestrale della Francia meridionale*).
to mistranslate ['mistræns'leit], *v. t.* tradurre male (*o* scorrettamente).
mistranslation ['mistræns'leiʃən], *n.* traduzione errata (*o* scorretta).
to mistreat [mis'tri:t], *v. t.* maltrattare; trattare male.
mistreatment [mis'tri:tmənt], *n.* maltrattamento; ingiustizia.
mistress ['mistris], *n.* **1** padrona (*anche fig.*); padrona di casa: **Venice was the m. of the Adriatic**, Venezia era padrona dell'Adriatico **2** (*come titolo è arc.; sostituito ora da* Mrs ['misiz]) signora: **Mrs Jones**, la signora Jones **3** insegnante (*donna*); maestra; professoressa: **the Latin m.**, la professoressa di latino **4** (*poet.*) donna amata; innamorata **5** amante; mantenuta. ● (*radio, telev.*) **m. of ceremonies**, presentatrice □ **m. of the house**, padrona di casa □ **M. of the Robes**, dama preposta al guardaroba della regina (*in G.B.*) □ **di donna**) **to be m. of the situation**, dominare la situazione □ **head-m.**, direttrice, preside (*di scuola*) □ **to be one's own m.**, esser padrona di sé; (*di donna*) essere autonoma (*o* autosufficiente, indipendente, libera).
mistress-ship ['mistrisʃip], *n.* condizione di padrona, maestra, ecc. (*V.* **mistress**).
mistrial ['mis'traiəl], *n.* (*leg.*) **1** processo nullo per vizio di procedura **2** (*USA, anche*) processo che non giunge a conclusione (*specialm. perché i giurati non riescono a mettersi d'accordo*).
to mistrust ['mis'trʌst], *A v. t.* diffidare di; non aver fiducia in; sospettare: **to m. one's own judgment**, non fidarsi della propria capacità di giudicare. **to mistrust oneself** *B v. rifl.* non aver fiducia in se stesso.
mistrust ['mis'trʌst], *n.* diffidenza; sfiducia; sospetto.
mistrustful ['mis'trʌstful], *a.* diffidente; sospettoso.
mistrustfulness ['mis'trʌstfulnis], *n.* diffidenza; sospettosità.
misty ['misti], *a.* **1** nebbioso; brumoso: **m. weather**, tempo nebbioso **2** (*fig.*) confuso indistinto; vago: **a m. idea**, una vaga idea. ● **m. mountain tops**, cime di monti che s'intravvedono attraverso la foschia.
to misunderstand ['misʌndə'stænd] (*pass. e p. p.* **misunderstood**), *v. t.* **1** capire male; fraintendere; equivocare; ingannarsi su **2** non capire (q.): **My wife misunderstands me**, mia moglie non mi capisce.
misunderstanding ['misʌndə'stændiŋ], *n.* **1** incomprensione; equivoco; malinteso: **to give rise to misunderstandings**, far nascere malintesi **2** piccolo litigio; disaccordo.
misunderstood ['misʌndə'stud], *A pass. e p. p.* di **to misunderstand**. *B a.* **1** inteso male; frainteso **2** incompreso.
misusage ['mis'ju:zidʒ], *n.* **1** cattivo uso; uso scorretto (*d'una parola, ecc.*) **2** maltrattamento.
to misuse ['mis'ju:z], *v. t.* **1** far cattivo uso di; adoperare male **2** maltrattare.
misuse ['mis'ju:s], *n.* cattivo uso; uso scorretto. ● (*leg.*) **m. of power**, abuso (*o* eccesso) di potere.
M.I.T. [ˌəm ai 'ti:], *n.* (*USA, acronimo di* **Massachusetts Institute of Technology**) Istituto superiore di tecnologia del Massachusetts.
mite (1) [mait], *n.* **1** soldino; monetina; (*fig.*) obolo; piccola offerta; modesto contributo: **Let's contribute our m. to the cause of peace**, diamo il nostro modesto contributo alla causa della pace **2** oggetto minuscolo **3** piccino, piccina; bambinetto. ● (*relig.*) **m. box**, cassettina per la raccolta delle elemosine □ (*fam.*) **not a m.**, niente affatto; per niente □ **the widow's m.**, l'obolo della vedova; (*fig.*) un'offerta piccola, ma fatta col cuore.
mite (2) [mait], *n.* (*zool., Acarus*) acaro. ● **cheese m.** (*Acarus siro*), acaro del formaggio.
miter ['maitə*], (*USA*) *V.* **mitre**.
Mithra ['miθrə], **Mithras** ['miθræs], *n.* Mitra (*divinità persiana*).
mithridate ['miθrideit], *n.* antidoto.
mithridatic [ˌmiθri'dætik], *a.* mitridatico.
mithridatism ['miθrideitizəm], *n.* (*med.*) mitridatismo.
to mithridatize ['miθriˌdeitaiz], *v. t.* mitridatizzare.
mitigable ['mitigəbl], *a.* mitigabile.
to mitigate ['mitigeit], *v. t.* mitigare; alleviare; attenuare.
mitigating ['mitigeitiŋ], *a.* che mitiga; che attenua; che allevia. ● (*leg.*) **m. circumstances**, (circostanze) attenuanti.
mitigation [ˌmiti'geiʃən], *n.* mitigazione; alleviamento; attenuazione.
mitigative ['mitigeitiv], *a.* che mitiga; calmante; sedativo.
mitigator ['mitigeitə*], *n.* mitigatore.
mitigatory ['mitigeitəri], *V.* **mitigative**.
mitosis [mai'tousis], *n.* (*pl.* **mitoses**) (*biol.*) mitosi; cariocinesi.
mitotic [mai'tɔtik], *a.* (*biol.*) mitotico.
mitral ['maitrəl], *a.* (*anche anat.*) mitrale: **m. valve**, valvola mitrale.
mitre ['maitə*], *n.* **1** (*relig.*) mitra **2** (*falegnameria, anche* **m. joint**) giunto ad angolo retto; augnatura. ● **m. block** (*o* **m. board**, **m. box**), cassetta a sega per cornici □ (*mecc.*) **m. saw**, sega circolare □ **m. square**, squadra zoppa (*a 45 gradi*) □ (*mecc.*) **m. wheels** (*o* **m. gears**), ingranaggi conici con assi ortogonali.
to mitre ['maitə*], *v. t.* **1** (*relig.*) mitrare; insignire (q.) della mitra **2** (*falegnameria*) commettere ad angolo retto; tagliare a augnatura.
mitred ['maitəd], *a.* (*relig.*) mitrato: **a m. abbot**, un abate mitrato.
mitt [mit], *n.* **1** mezzo guanto **2** manopola; muffola **3** (*sport*) guantone da baseball **4** (*fam.*) guantone da pugile **5** (*pop., scherz.*) mano; zampa (*scherz.*).
mitten ['mitn], *n.* **1** mezzo guanto **2** manopola; muffola **3** (*fam.*) guantone da pugile. ● (*fam.*) **to get the m.**, venir respinto; essere piantato (in asso) (*fam.*); essere licenziato (*fam.*) □ **to give the m.**, piantare (in asso), abbandonare; licenziare (*dal lavoro*).
mittimus ['mitiməs], *n.* **1** (*leg.*) mandato d'arresto (*o* di cattura) **2** (*fam.*) licenziamento.
mity ['maiti], *a.* pieno di acari.
to mix [miks], *A v. t.* **1** mescolare; mischiare (*tecn.*) miscelare; mettere insieme; unire: **Let's mix the ingredients and make a cake**, mescoliamo gli ingredienti e facciamo una torta!; **They've mixed the boys and the girls in my school**, nella mia scuola hanno

mix messo insieme ragazzi e ragazze **2** impastare; fare (*un dolce, ecc.*): **She was mixing a cake**, stava impastando una torta **3** incrociare (*animali*) **4** (*cinem., telev.*) missare. **B** *v. i.* **1** mescolarsi; mischiarsi: **Oil will not mix with water**, l'olio non si mescola con l'acqua ☐ essere (*poco, molto*) socievole; avere rapporti sociali; andare d'accordo; familiarizzare: **That boy doesn't mix well**, quel ragazzo non è molto socievole; **They mingle but they don't mix**, stanno tutti insieme ma non hanno rapporti **3** essere coinvolto (in); occuparsi (di): **Judges should never mix in party politics**, i magistrati non dovrebbero mai occuparsi di politica a livello di partito. ● (*fam.*) **to mix it**, azzuffarsi; fare a botte ☐ **to mix up**, mescolar bene, confondere; scambiare; coinvolgere, immischiare: **I always mix him up with his brother**, lo confondo sempre con suo fratello ☐ **to get mixed up (o with)**, immischiarsi di, occuparsi di; farsi coinvolgere in: **Don't get mixed up in (o with) shady dealings**, non immischiarti in affari loschi.

mix [miks], *n.* **1** mescolanza; commistione **2** miscela, conglomerato: **an instant pudding mix**, una miscela istantanea per budini. ● (*fam.*) **mix-up**, confusione; baruffa ☐ (*fam.*) **to be in a mix**, essere confuso (*o* frastornato).

mixage ['miksaːʒ], *n.* (*cinem., telev.*) missaggio; mixage.

mixed [mikst], *a.* **1** mescolato; misto: **m. biscuits**, biscotti misti; a **m. school**, una scuola mista; (*tennis*) **m. doubles**, doppio misto; **m. marriages**, matrimoni misti; **I don't like coffee m. with chicory**, non mi piace il caffè mescolato con la cicoria **2** confuso; incerto: **m. feelings**, sentimenti confusi (*per es., di gioia e dolore insieme*) **3** eterogeneo; promiscuo: **m. company**, compagnia eterogenea, promiscua. ● **m. economy**, economia mista ☐ **m. grill**, grigliata mista di carne ☐ (*mat.*) **m. number**, numero misto ☐ (*fam.: di persona*) **to be m. up**, essere confuso (*o* perplesso) ☐ (*fam.*) **to get m. up**, confondersi; rimanere perplesso.

mixedness ['miksidnis], *n.* **1** mescolanza **2** confusione; incertezza **3** eterogeneità; promiscuità.

mixen ['miksn], *n.* (*dial.*) mucchio di letame; letamaio.

mixer ['miksə*], *n.* **1** mescolatore; miscelatore; impastatore; impastatrice (*anche la macchina*): **a bread-m.**, un'impastatrice per pane **2** frullatore; sbattitore **3** (*elettron.*) miscelatore (*di segnali o di frequenze*) **4** (*cinem., telev.*) mixer. ● **m. tap**, rubinetto miscelatore ☐ (*costr.*) **cement m.** (*o* **concrete m.**), betoniera ☐ (*fam.*) **a good (a bad) m.**, una persona molto (una persona poco) socievole.

mixing ['miksiŋ], *n.* **1** mescolamento; mischiamento (*lett.*); miscelazione (*anche chim., elettron.*) **2** (l')impastare; impastamento (*del pane, ecc.*) **3** (*cinem., telev.*) missaggio. ● **m. again**, rimescolamento ☐ (*cucina*) **mixing spoon**, mestolo ☐ **m. up**, rimescolamento (*il mescolare bene*); (*fam.*) coinvolgimento.

mixture ['mikstʃə*], *n.* **1** mistura; mescolanza; miscela: a **smoking m.**, una miscela di tabacco **2** (*scient., tecn.*) miscela; miscuglio; mistura **3** (*farm.*) mistura.

miz(z)en ['mizn], (*naut.*) **A** *n.* **1** (*anche* **mizzenmast**) albero di mezzana **2** (*anche* **m. sail**) vela di mezzana. **B** *a. attr.* di mezzana: **m. yard**, pennone di mezzana.

to mizzle (1) ['mizl], *v. i.* (*impers.*) (*fam.*) piovigginare.

mizzle ['mizl], *n.* (*con l'art. indef.*) pioggerella; acquerugiola.

to mizzle (2) ['mizl], *v. i.* (*pop.*) andarsene; svignarsela.

mizzly ['mizli], *a.* piovigginoso.

mnemonic [ni:'mɔnik], *a.* mnemonico.

mnemonics [ni:'mɔniks], **mnemotechnics** [,ni:mə'tekniks], *n. pl.* (*col verbo al sing.*) mnemonica; mnemotecnica.

mo [mou], *n.* (*pl.* **mos**) (*abbr. fam. di* **moment**) momento; minuto; attimo. ● **half a mo**, un (mezzo) minuto; un minutino: **I shan't be half a mo**, sto via un attimo.

MO [,em'ou], *n.* (*abbr. fam. di* **medical officer**) medico militare.

moa ['mouə], *n.* (*zool., Dinornis; Anomalopterix, ecc.*) moa.

moan [moun], *n.* lamento; gemito (*anche fig.*): **the m. of the wind**, i gemiti del vento. ● **to make a great m.**, lagnarsi, lamentarsi ad alta voce.

to moan [moun], **A** *v. i.* **1** lamentarsi; gemere **2** lagnarsi, brontolare; lamentarsi. **B** *v. t.* **1** lamentare; piangere: **He moaned his fate**, lamentava il suo fato; **to m. a dead person**, piangere un morto **2** dire (*parole*) in tono lamentoso.

moanful ['mounful], *a.* lamentoso; dolente.

moat [mout], *n.* **1** fossato (*di difesa*); fosso (*di castello, ecc.*) **2** (*geol.*) fossa anulare; (*anche*) trincea glaciale.

to moat [mout], *v. t.* circondare (*un castello, ecc.*) con un fossato.

mob [mɔb], *n.* **1** folla tumultuante; moltitudine disordinata **2** (*spreg.*) plebe; plebaglia; gentaglia; marmaglia **3** (*pop.*) banda (*di delinquenti*). ● **mob law**, legge della plebaglia (*o* imposta dalla piazza) ☐ **mob orator**, comiziante ☐ **mob oratory**, oratoria da comizio ☐ **to form a mob**, affollarsi; accalcarsi ☐ **swell mob**, borsaioli ben vestiti; ladri in guanti gialli.

to mob [mɔb], **A** *v. t.* **1** assalire tumultuando (*in massa*) **2** affollarsi (*o* fare ressa) intorno a (q.). **B** *v. i.* affollarsi; assembrarsi.

mobbish ['mɔbiʃ], *a.* sfrenato; tumultuoso.

mobile ['moubail], **A** *a.* mobile; mutevole; incostante; instabile: (*mil.*) **a m. unit**, un'unità mobile; **a m. mind**, un animo incostante. **B** *n.* composizione mobile. ● **m. library**, bibliobus; autolibro ☐ **m. shop**, negozio di venditore ambulante ☐ **m. society**, società caratterizzata dalla mobilità sociale ☐ **an upwardly m. class**, una classe (sociale) in ascesa.

mobility [mou'biliti], *n.* mobilità; mutevolezza; incostanza; instabilità: **the m. of labour**, la mobilità della manodopera.

mobilization [,moubilai'zeiʃən], *n.* (*mil. e fig.*) mobilitazione.

to mobilize ['moubilaiz], *v. t.* (*mil. e fig.*) mobilitare.

mobocracy [mɔb'ɔkrəsi], *n.* (*polit.*) governo della plebaglia; governo della piazza.

mobster ['mɔbstə*], *n.* (*pop. USA*) malfattore; gangster.

moccasin ['mɔkəsin], *n.* **1** mocassino **2** (*zool., Agkistrodon piscivorus; anche* **water m.**) mocassino acquatico.

mocha ['moukə], *n.* (*anche* **m. coffee**) (caffè) moka.

mock (1) [mɔk], *n.* (*arc.*) beffa; burla; gioco. ● **m.-up**, (*mecc. e mil.*) manichino, sagoma; (*ind.*) modello dimostrativo; (*tipogr.*) menabò ☐ (*lett.*) **to make m. of sb.**, farsi beffe di q.; deridere q. ☐ **to make a m. of st.**, rendere risibile (*o* poco plausibile) q.c.; vanificare q.c. (*uno sforzo, ecc.*).

to mock [mɔk], *v. t.* **1** beffare; burlare; canzonare; deridere; dileggiare; irridere; farsi beffe, farsi gioco di; prendere in giro; schernire: **The boy was mocking the poor old man**, il ragazzo burlava il povero vecchio **2** (*lett.*) sfidare (*fig.*); tener testa a: **She dared m. social conventions**, ella osò sfidare le convenzioni sociali; **The fortress mocked the invaders**, la fortezza tenne testa agli invasori **3** deludere; ingannare: **to be mocked by false hopes**, esser ingannato da false speranze **4** imitare; contraffare; scimmiottare. ● **to m. at**, burlarsi di; farsi beffe di: **I was mocked at by my classmates**, i miei compagni di classe si burlavano di me.

mock (2) [mɔk], *a.* finto; falso; contraffatto; imitato: **a m. battle**, una finta battaglia; **m. solemnity**, falsa solennità. ● **m. duck** (*o* **m. goose**), carne di maiale (*con ripieno d'anitra*) ☐ (*letter.*) **m.-heroic**, eroicomico; comico-burlesco ☐ **m.-turtle soup**, finta zuppa di tartaruga (*fatta con testa di vitello*).

mocker ['mɔkə*], *n.* beffatore; burlatore; canzonatore; schernitore.

mockery ['mɔkəri], *n.* **1** derisione; dileggio; irrisione; scherno **2** imitazione; contraffazione; scimmiottatura **3** zimbello; ludibrio. ● **to hold sb. (st.) up to m.**, esporre q. al ridicolo; gettare il ridicolo su q.c. ☐ **to make a m. of st.**, *V.* **to make a mock of st.** (*sotto* **mock (1)**).

mocking ['mɔkiŋ], *a.* beffardo; derisorio: **a m. laugh**, una risata beffarda. ● (*zool.*) **m.-bird** (*Mimus polyglottus*), tordo beffeggiatore.

mod [mɔd], (*pop.*) **A** *a.* attuale; moderno, alla moda. **B** *n.* persona moderna.

modal ['moudl], **A** *a.* (*gramm., mus., filos.*) modale. **B** *n.* (*gramm., anche* **m. auxiliary**) (ausiliario) modale. ● (*leg.*) **m. legacy**, legato modale.

modality [mou'dæliti], *n.* modalità.

mod cons [,mod 'kɔns], *n. pl.* (*abbr. di* **modern conveniences**) comodità domestiche (moderne). ● (*nella pubblicità*) «All mod cons», «tutti i comfort».

mode [moud], *n.* **1** (*anche mus., fis., elettr.*) modo: **the Dorian m.**, il modo dorico **2** modo; maniera; metodo: **m. of life**, modo di vivere **3** (*più comune* **fashion**) moda **4** (*cronotecnica*) modulo. ● **à la m.** (*franc.*), di moda; (*di carne*) con verdure; (*USA*) con gelato ☐ **to be all the m.**, essere di gran moda.

model ['mɔdl], **A** *n.* **1** modello (*quasi in ogni senso*); esempio; campione; copia; riproduzione; tipo: **the m. of a steamer**, il modello d'un piroscafo; **a clay m.**, un modello di creta; (*autom.*) **a sports m.**, un modello sportivo **2** modello (*di casa di mode*): **the latest Paris models**, gli ultimi modelli di Parigi; **This dress is a m.**, quest'abito è un modello (unico) **3** (*moda*) modella, indossatrice **4** (*fam.*) immagine; ritratto: **Tom is a perfect m. of his father**, Masino è il ritratto di suo padre. **B** *a. attr.* modello; esemplare; perfetto: **a m. husband**, un marito perfetto (*o* modello); **a m. farm**, una fattoria modello; **m. behaviour**, condotta esemplare. ● **m. aircraft**, aeromodello ☐ (*leg.*) **m. contract**, contratto tipo ☐ **m. train**, un trenino (*giocattolo*) ☐ **a male model**, un indossatore ☐ (*archit.*) **a plastic m.**, un plastico ☐ (*autom.*) **a special m.**, un modello fuori serie; una fuoriserie ☐ **working m.**, modello (*d'una macchina*) che funziona.

to model ['mɔdl], **A** *v. t.* **1** modellare (*anche fig.*); formare; plasmare; conformare: **to m. sb.'s head in clay**, modellare la testa di q. in creta; **I'll m. my conduct on yours**, conformerò la mia condotta alla tua **2** (*di modella*) indossare (*un abito*); presentare (*un modello*). **B** *v. i.* far da modello (*o* da modella). **to model oneself C** *v. rifl.* modellarsi; prendere a modello; imitare: **They m. themselves after (*o* on) the French**, si modellano

modeller, (USA) **modeler** ['mɔdlə*], n. **1** modellatore, modellatrice **2** modellista.
modelling, (USA) **modeling** ['mɔdliŋ], n. **1** modellatura; modellazione **2** modellistica. ● **m. clay,** creta per modellare.
modellist, (USA) **modelist** ['mɔdlist], **modelmaker** ['mɔdl,meikə*], n. modellista.
modena ['mɔdinə], n. rosso porpora (da Modena, la città).
moderate ['mɔdərit], A a. **1** moderato; temperato; mite; modesto; modico; mediocre; discreto: **m. prices,** prezzi modici (o ragionevoli); **m. weather,** tempo mite; **a man of m. skill,** un uomo di modesta (o mediocre) abilità; **m. appetite,** discreto appetito **2** (del mare) molto mosso. B n. (polit.) moderato.
to moderate ['mɔdəreit], A v. t. **1** moderare; frenare; calmare; mitigare; placare; temperare **2** presiedere, fare da moderatore in (una riunione). B v. i. **1** moderarsi; frenarsi; calmarsi; mitigarsi; placarsi: **The wind will soon m.,** il vento si placherà presto **2** fare il moderatore.
moderately ['mɔdəritli], avv. **1** moderatamente; modestamente **2** discretamente; abbastanza: **a m. large audience,** un uditorio abbastanza numeroso.
moderateness ['mɔdəritnis], n. moderatezza; moderazione, ecc. (V. **moderate**).
moderation [,mɔdə'reiʃən], n. **1** moderazione; moderatezza; temperanza; misura (fig.) **2** (pl., generalm. abbreviato in **mods**) primo esame per un «B.A.» (laurea di primo grado in lettere) a Oxford. ● **in m.,** con moderazione; senza eccessi □ **without m.,** smoderatamente.
moderator ['mɔdəreitə*], n. **1** moderatore (di un'assemblea della chiesa presbiteriana) **2** arbitro; mediatore **3** presidente di assemblea; moderatore **4** (a Oxford) esaminatore (per l'esame detto **moderations,** V. **moderation**) **5** (fis. nucl.) moderatore.
moderatorship ['mɔdəreitəʃip], n. ufficio (o posizione) di moderatore.
modern ['mɔdən], A a. moderno: **m. electric wiring,** impianti elettrici moderni. B n. moderno; persona moderna: **the moderns,** i moderni.
modernism ['mɔdənizəm], n. **1** (anche arte, letter.) modernismo **2** modernità (di gusti, ecc.) **3** cosa (o abitudine, parola) moderna; neologismo **4** – (relig.) **M.,** modernismo.
modernist ['mɔdənist], n. **1** persona d'idee (vedute, ecc.) moderne; amante delle novità **2** (arte, letter., relig.) modernista.
modernistic [,mɔdə'nistik], a. **1** modernistico; d'avanguardia **2** troppo moderno; troppo avanzato **3** (relig.) modernistico.
modernity [mɔ'də:niti], n. modernità.
modernization [,mɔdənai'zeiʃən], n. rimodernamento; modernizzazione.
to modernize ['mɔdənaiz], A v. t. rimodernare; ammodernare; render moderno; modernizzare. B v. i. farsi moderno; modernizzarsi.
modest ['mɔdist], a. modesto; decoroso; pudico; semplice; moderato, modico; umile: **a m. girl,** una ragazza modesta (o pudica); **a m. dress,** un vestito modesto; **m. demands,** richieste moderate; **a m. job,** un lavoro umile; **to be m. in one's tastes,** avere gusti semplici.
modesty ['mɔdəsti], n. modestia; decoro; moderazione; pudore; umiltà.
modicum ['mɔdikəm], n. (solo al sing. con l'art. indef.) piccola quantità; (un) po'; (il) minimo: **There is not even a m. of truth in what you say,** non c'è un minimo (o un po') di verità in quel che dici.
modifiability [,mɔdifaiə'biliti], n. modificabilità.
modifiable ['mɔdifaiəbl], a. modificabile.
modification [,mɔdifi'keiʃən], n. **1** modificazione; modifica **2** (gramm.) qualificazione **3** (fon.) metafonia.
modificatory ['mɔdifikeitəri], a. modificativo; che modifica.
modifier ['mɔdifaiə*], n. **1** modificatore, modificatrice **2** (ind., chim.) agente modificante **3** (gramm. ingl.) parola (aggettivo, ecc.) che ne modifica un'altra; aggettivo qualificativo, avverbio di modo (e sim.).
to modify ['mɔdifai], v. t. **1** modificare; alterare; cambiare; mutare: **You'd better m. your views,** faresti meglio a mutare il tuo punto di vista **2** (gramm.) qualificare: **Adjectives and adverbs can m. nouns and verbs,** gli aggettivi e gli avverbi possono qualificare rispettivamente i sostantivi e i verbi **3** (fon.) modificare per metafonia.
modillion [mə'diljən], n. (archit.) modiglione.
modish ['moudiʃ], a. **1** alla moda; elegante **2** (d'abito, ecc.) moderno.
modishness ['moudiʃnis], n. l'esser alla moda; eleganza; modernità.
modiste [mou'di:st], n. modista; sarta (di lusso).
mods [mɔdz], n. pl. **1** (fam.) V. **moderation,** def. 2 **2** «mods» (gruppo di giovani degli anni Sessanta, motorizzati e vestiti alla moda).

modular ['mɔdjulə*], a. (ind., scient., tecn.) modulare: (elettron.) **m. circuit,** circuito modulare; **m. furniture,** mobili modulari.
modularity [,mɔdju'læriti], n. (ind., scient., tecn.) modularità.
to modulate ['mɔdjuleit], A v. t. **1** (mus., elettron., radio) modulare **2** adattare; conformare; adeguare. B v. i. (mus.) fare modulazioni.
modulation [,mɔdju'leiʃən], n. (mus., elettron., radio) modulazione: **frequency m.,** modulazione di frequenza. ● **m. meter,** modulometro.
modulator ['mɔdjuleitə*], n. (anche elettron.) modulatore. ● **m. valve,** valvola modulatrice.
module ['mɔdjul], n. (archit., elab., elettron., miss., ecc.) modulo: **lunar m.,** modulo lunare.
modulus ['mɔdjuləs], n. (pl. **moduli**) (fis., mat., mecc.) modulo.
modus vivendi [,moudəs vi'vendi] (lat.), n. (pl. **modi vivendi**) modus vivendi.
mofette [mə'fet] (franc.), n. (geol.) mofeta.
moggy ['mɔgi], n. (fam., scherz.) gatto; micio.
mogul ['mougəl], n. (sci) gobba.
Mogul [mou'gʌl], n. **1** (stor.) mogol; conquistatore mongolo dell'India: **the Great** (o **the Grand**) **M.,** il Gran Mogol **2** – (fig.) **m.,** pezzo grosso; magnate.
mohair ['mouhɛə*], n. (ind. tessile) **1** mohair **2** filato (o tessuto) di mohair.
Mohammed [mou'hæmed], n. (stor.) Maometto.
Mohammedan [mou'hæmidən], a. e n. maomettano.
Mohammedanism [mou'hæmidənizəm], n. (relig., polit.) maomettismo; islamismo.
to Mohammedanize [mou'hæmidənaiz], v. t. rendere maomettano; islamizzare.
Mohican ['mouikən], a. e n. (pl. **Mohican, Mohicans**) (stor. USA) moicano; mohicano.
moiety ['mɔiti], n. **1** (leg.) metà **2** (per estens.) parte; porzione.
to moil [mɔil], v. i. – (nella locuz.) **to toil and m.,** sgobbare come un mulo.
moire [mwa:*], n. amoerro; seta marezzata.
moiré ['mwa:rei] (franc.), A a. (di tessuto) marezzato. B n. marezzatura. ● (ottica) **m. effect,** effetto moiré.
moist [mɔist], a. **1** umido; umidiccio; madido: **m. winds,** venti umidi **2** (di tempo) umido; piovoso **3** (med.) essudante; essudativo. ● **a m. sound,** un rumor d'acqua (o d'altro liquido) □ **to grow m.,** inumidirsi: **Her eyes grew m.,** le si inumidirono gli occhi.
to moisten ['mɔisn], A v. t. inumidire; umettare: **to m. one's lips,** inumidirsi le labbra. B v. i. inumidirsi; diventare umido.
moisture ['mɔistʃə*], n. umidità; umido; umidezza; umidore (lett.). ● (ing.) **m. meter,** misuratore dell'umidità □ (ing.) **m. tester,** V. **m. meter** □ **There's some m. on the windscreen,** il parabrezza è appannato.
to moisturize ['mɔistʃəraiz], v. t. **1** umidificare **2** (cosmesi) idratare.
moisturizer ['mɔistʃəraizə*], n. (cosmesi) idratante.
moisturizing ['mɔistʃəraiziŋ], a. (cosmesi) idratante: **m. cream,** crema idratante.
moke [mouk], n. (pop.) asino; ciuco; somaro.
molar (1) ['moulə*], (anat.) A a. molare: **a m. tooth,** un (dente) molare B n. molare.
molar (2) ['moulə*], a. (chim.) molare: **m. solution,** soluzione molare.
molarity [mou'læriti], n. (chim.) molarità.
molasses [mə'læsiz], n. pl. (col verbo al sing.) melassa.
mold [mould], e deriv. (USA) V. **mould,** e deriv.
Moldavian [mɔl'deivjən], a. e n. moldavo.
mole (1) [moul], n. (med.) nevo pigmentoso.
mole (2) [moul], n. **1** (zool., Talpa) talpa **2** (fig.) talpa: **There must be a m. in the Ministry,** ci dev'essere una talpa nel Ministero **3** (ing.) macchina per scavo di gallerie; talpa (fam.). ● (zool.) **m. cricket** (Gryllotalpa gryllotalpa), grillotalpa □ **as blind as a m.,** cieco come una talpa.
mole (3) [moul], n. molo foraneo; frangiflutti.
mole (4) [moul], n. (chim.) mole; grammomolecola.
molecular [mou'lekjulə*], a. (chim., fis.) molecolare: **m. binding,** legame molecolare; **m. weight,** peso molecolare.
molecularity [mou,lekju'læriti], n. (chim., fis.) molecolarità.
molecule ['mɔlikju:l], n. (chim., fis.) molecola.
molehill ['moulhil], n. cumulo di terra sopra una tana di talpa. ● **to make a mountain out of a m.,** fare d'una mosca un elefante.
moleskin ['moul-skin], n. **1** pelle di talpa (usata come pelliccia) **2** (ind. tessile) imitazione pelo di talpa; «can barbone» **3** (pl.) calzoni di detto tessuto.
to molest [mou'lest], v. t. molestare; disturbare; seccare.
molestation [,moules'teiʃən], n. molestia; azione molesta.

Molinism

Molinism ['mɔlinizəm], n. (stor., relig.) molinismo.
Molinist ['mɔlinist], n. (stor., relig.) molinista.
moll [mɔl], n. (pop.) 1 amante d'un bandito 2 prostituta.
Moll [mɔl], n. (dim. di Mary) Marietta; Mariuccia; Mariolina.
mollification [ˌmɔlifi'keiʃən], n. 1 ammollimento 2 addolcimento; lenimento; mitigazione.
to **mollify** ['mɔlifai], v. t. 1 ammollire; ammorbidire 2 addolcire; calmare; lenire; placare; mitigare: **to m. sb.'s anger**, placare l'ira di q.
mollusc ['mɔləsk], n. (zool.) mollusco.
molluscan [mɔ'lʌskən], a. (zool.) dei molluschi.
molluscoid [mɔ'lʌskɔid], a. e n. (zool.) molluscoide.
molluscous [mɔ'lʌskəs], a. (zool.) dei molluschi.
mollusk ['mɔləsk], (USA) V. **mollusc**.
molly ['mɔli], n. (anche **mollycoddle**) persona debole, effeminata, smidollata; cocco di mamma.
Molly ['mɔli], n. V. **Moll**.
to **mollycoddle** ['mɔlikɔdl], v. t. coccolare; vezzeggiare; viziare.
Moloch ['moulɔk], n. 1 (mitol.) Moloc (feroce divinità fenicia, anche fig.) 2 (zool., Moloch horridus) moloc; diavolo spinoso.
molossus [mɔ'lɔsəs], n. (pl. **molossi**) (poesia) molosso (piede di tre sillabe lunghe).
Molotov cocktail ['mɔlətɔf 'kɔkteil], n. bottiglia Molotov; molotov (fam.).
molt [moult], (USA) V. **moult**.
molten ['moultən], a. 1 fuso: **m. steel**, acciaio fuso 2 di metallo fuso: **a m. statue**, una statua di metallo fuso.
molto ['mɔltou] (ital.), avv. (mus.) molto.
Moluccas (the) [mɔ'lʌkəz], n. pl. (geogr.) le Molucche.
moly ['mouli], n. 1 (mitol.) moly 2 (bot.) Allium moly.
molybdenite [mɔ'libdinait], n. (miner.) molibdenite.
molybdenum [mɔ'libdinəm], n. (chim.) molibdeno.
mom [mɔm], n. (fam. USA) mamma; mammina.
moment ['moumənt], n. 1 momento (quasi in ogni senso); attimo; istante: **Please wait a m.**, aspetta un momento!; **Just a m.!**, un momento!; (fis.) **m. of inertia**, momento d'inerzia; **I don't think it's the m. to tell him**, non credo sia il momento di parlargliene 2 (lett.) importanza; peso (fig.); momento (raro): **a matter of great m.**, una faccenda di grande importanza; **It is of no m.**, non ha alcuna importanza. ● (fig.) **the m. of truth**, il momento della verità □ **the (very) m. (that)**, appena, non appena: **I came the very m. I heard of it**, venni appena lo seppi □ **(at) any m.**, in qualsiasi momento; di momento in momento; da un momento all'altro □ **at odd moments**, nei ritagli di tempo □ **at this m.**, in questo momento; per il momento □ **in a m.**, in un momento; in un attimo; a momenti; fra breve □ (fig.) **the man of the m.**, l'uomo del momento □ (lett.) **a matter of m.**, una faccenda importante □ **things of the m.**, attualità □ **to the m.**, con esattezza, con precisione; con puntualità assoluta □ **Not for a m.!**, giammai! □ **Come this m.**, vieni subito! □ **Wait half a m.**, aspetta un attimo!
momentariness ['mouməntərinis], n. l'esser momentaneo; transitorietà.
momentary ['mouməntəri], a. 1 momentaneo; passeggero; transitorio 2 istantaneo; immediato 3 (raro) continuo; incessante.
momentous [mou'mentəs], a. di grande importanza; grave; importantissimo: **a m. decision**, una grave decisione; **m. news**, notizie importantissime.
momentousness [mou'mentəsnis], n. importanza; gravità.
momentum [mou'mentəm], n. (pl. **momenta, momentums**) 1 (mecc.) quantità di moto; momento: **angular m.**, momento angolare 2 (improprio) impulso; velocità 3 (fam.) impeto; slancio: **This sort of music lacks m.**, questo tipo di musica manca di slancio.
momism ['mɔmizəm], n. mammismo.
momma ['mɔmə], n. 1 (fam. USA) mamma; mammina 2 (pop.) donna.
mommy ['mɔmi], n. (USA) mamma; mammina.
Momus ['mouməs], n. 1 (mitol.) Momo 2 – (fig.) m., critico maligno.
monac(h)al ['mɔnəkəl], a. monacale; monastico.
monachism ['mɔnəkizəm], n. (stor., relig.) monachesimo; monachismo.
monad ['mɔnæd], n. (filos., biol., chim.) monade.
monadelphous [ˌmɔnə'delfəs], a. (bot.) monadelfo.
monadic(al) [mɔ'nædik(əl)], a. (filos., scient.) monadico.
monadism ['mɔnədizəm], n. (filos.) monadismo.
monandrous [mɔ'nændrəs], a. (bot.) monandro.
monandry [mɔ'nændri], n. (bot.) monandria.
monarch ['mɔnək], n. 1 monarca; sovrano; re, regina (anche fig.): **the m. of all beasts**, il re degli animali; il leone; **the m. of the forest**, la regina della foresta; la quercia 2 (zool., Danaus plexippus) monarca.
monarchal [mɔ'na:kəl], a. di (o da) monarca; regale.

monarchic(al) [mɔ'na:kik(əl)], a. monarchico.
monarchism ['mɔnəkizəm], n. principî monarchici; devozione alla monarchia; monarchismo (raro).
monarchist ['mɔnəkist], a. e n. monarchico.
monarchy ['mɔnəki], n. monarchia: **constitutional (o limited) m.**, monarchia costituzionale.
monastery ['mɔnəstəri], n. convento, monastero (specialm. di frati).
monastic [mə'næstik], **A** a. (anche fig.) monastico: **m. vows**, voti monastici. **B** n. monaco.
monasticism [mə'næstisizəm], n. 1 monacato 2 V. **monachism**.
monatomic [ˌmɔnə'tɔmik], a. (chim.) monoatomico.
monaural [mɔ'nɔ:rəl], a. (di disco fonografico, ecc.) monoaurale; monofonico; mono.
Monday ['mʌndi], n. lunedì. ● (gergo studentesco) **Black M.**, il lunedì nero (letterar.); il primo giorno del trimestre (dopo le vacanze) □ **Easter M.**, il lunedì dell'Angelo; Pasquetta (fam.).
Mondayish ['mʌndiiʃ], a. (fam.) spossato, svogliato, riluttante a riprendere il lavoro (dopo il week-end).
moneme ['mɔni:m], n. (linguistica) monema.
monetary ['mʌnitəri], a. 1 monetario; valutario; pecuniario: **m. unit**, unità monetaria; **m. regulations**, norme valutarie 2 finanziario: **m. liquidity**, liquidità finanziaria.
monetization [ˌmʌnitai'zeiʃən], n. 1 monetizzazione 2 monetazione.
to **monetize** ['mʌnitaiz], v. t. 1 monetizzare 2 monetare.
money ['mʌni], n. 1 moneta; denaro; valuta; quattrini; soldi (fam.): **paper m.**, moneta cartacea; cartamoneta; banconote; **hard m.**, moneta metallica; monete; **to make m.**, accumulare denaro; far quattrini; **ready m.**, denaro contante; contanti; **silver m.**, valuta in argento 2 fondi; ricchezza: **public m.**, fondi pubblici 3 (pl.; leg. o arc.) somme di denaro; importi. ● **m.-bag**, borsa (per il denaro) □ (fam.) **m.-bags**, (col verbo al pl.) quattrini (a palate); (col verbo al sing.) persona molto ricca; creso □ **m. belt**, cintura per (portare addosso) denaro (nascosto) □ (polit.) **m. bill**, legge finanziaria □ **m. box**, salvadanaio; cassetta per le offerte □ (fin.) **m. changer**, cambiavalute □ (fam.) **m. for jam**, denaro guadagnato senza fatica □ **m.-grubber**, persona avida di denaro; strozzino □ **m.-grubbing**, cupidigia (o avidità) di denaro □ **m.-lender**, prestatore di denaro; (fin.) finanziatore; (spreg.) usuraio □ **m.-maker**, chi fa quattrini □ (fin.) **m. market**, mercato monetario □ (nelle domande d'impiego e sim.) **m. no question**, miti pretese □ **m. of account**, moneta (o valuta) di conto □ **m. of exchange**, moneta di cambio □ **m. order**, mandato, ordine di pagamento; vaglia postale □ **m.-spider**, ragno portafortuna □ (fig.: d'azienda, ecc.) **m.-spinner**, miniera d'oro □ (econ.) **a m. squeeze**, una stretta creditizia □ **m. transfer**, bonifico bancario; bancogiro □ (fam.) **any m.**, quel che vuoi (o l'osso del collo, o la testa) **I'll bet you any m. that...**, scommetto la testa che... □ **to coin m.**, batter moneta; (fig.) far quattrini, arricchire alla svelta □ **for m.**, in contanti □ **to get one's m.'s worth**, spender bene il proprio denaro □ **to marry m.**, fare un matrimonio d'interesse □ **to pay m. down**, pagare in contanti (o a pronta cassa) □ **to put m. into**, investire denaro in □ **to put m. on**, scommettere su □ **to put m. to interest**, impiegar denaro; mettere denaro a frutto □ **to be short of m.**, essere a corto di denaro □ (pop.) **He's in the m.**, è pieno di soldi □ **There is (was, etc.) m. in it**, c'è (c'era, ecc.) del denaro da guadagnare (nell'affare); c'è (c'era, ecc.) da fare dei soldi (fam.) □ (fig.) **It's not every man's m.**, la cosa non ha per tutti lo stesso valore □ (prov.) **Time is m.**, il tempo è denaro □ (prov.) **M. makes the mare to go** (arc.), con il denaro si fa tutto; basta ungere le ruote.
moneyed ['mʌnid], a. 1 danaroso; ricco: **a m. tourist from the U.S.A.**, un danaroso turista americano 2 in denaro; finanziario: **m. assistance**, aiuti in denaro; **m. resources**, risorse finanziarie. ● **the m. interest**, la classe capitalistica.
moneyless ['mʌnilis], a. senza denaro; povero; squattrinato; senza un soldo (pop.).
moneywort ['mʌniwə:t], n. (bot., Lysimachia nummularia) nummularia.
monger ['mʌŋgə*], n. mercante; commerciante; negoziante; venditore (soprattutto nei composti; per es.: **fishmonger**, pescivendolo).
Mongol ['mɔŋgɔl], a. e n. mongolo.
Mongolian [mɔŋ'gouljən], **A** a. mongolico. **B** n. 1 mongolo 2 lingua mongolica; mongolico; mongolo.
mongolism ['mɔŋgəlizəm], n. (med.) mongolismo; sindrome di Down.
Mongoloid ['mɔŋgəlɔid], a. e n. 1 (antropologia) mongoloide 2 – (med.) **m.**, mongoloide.
mongoose ['mɔŋgu:s], n. (pl. **mongooses**) (zool.) 1 (Herpestes) mangusta 2 (Lemur mongoz) mongoz.
mongrel ['mʌŋgrəl], **A** n. 1 cane bastardo 2 (spreg.) bastar-

monotheistic

do; ibrido; incrocio. **B** *a. attr.* di razza mista; ibrido.
mongrelism ['mʌŋgrəlizəm], *n.* l'essere bastardo; ibridismo.
to mongrelize ['mʌŋgrəlaiz], *v. t.* imbastardire; ibridare.
'mongst [mʌŋst], (*poet.*) *V.* **amongst.**
moniliform [mə'nilifɔ:m], *a.* (*specialm. bot.* e *zool.*) moniliforme.
monism ['mɔnizəm], *n.* (*filos.*) monismo.
monist ['mɔnist], *n.* (*filos.*) monista.
monistic(al) [mɔ'nistik(əl)], *a.* (*filos.*) monistico.
monition [mou'niʃən], *n.* **1** ammonizione (*anche relig.*); avvertimento; preavviso (*d'un pericolo*) **2** (*leg.*) citazione; mandato di comparizione.
monitor ['mɔnitə*], *n.* **1** (*nelle scuole*) capoclasse; monitore **2** (*naut. mil.*) monitore; pontone armato **3** (*zool., Varanus*) varano **4** (*elettron., radio, telev.*) monitor; avvisatore; dispositivo di controllo **5** (*tecn.*) addetto al monitor **6** (*mil., polit.*) addetto all'ascolto delle radiotrasmissioni straniere. ● (*telev.*) **m. screen**, video.
to monitor ['mɔnitə*], *v. t.* **1** (*in genere*) controllare; sorvegliare **2** (*radio, telev.*) controllare (*una emittente*), ricevere (*una trasmissione*) col monitor (*V.* **monitor**, *def. 4*) **3** (*fis.*) determinare, provare, scoprire (*la radioattività, ecc.*) **4** (*elab., telev.*) monitorizzare; controllare (*un programma*) in esecuzione.
monitory ['mɔnitəri], **A** *a.* monitorio; che vale ad ammonire. **B** *n.* (*relig.*) monitorio; lettera monitoria (*per es., d'un vescovo*).
monk [mʌŋk], *n.* monaco; frate. ● (*bot.*) **m.'s-hood** (*Aconitum napellus*), aconito.
monkery ['mʌŋkəri], *n.* (*piuttosto spreg.*) **1** monacato; vita monastica **2** monastero; convento **3** (*collett.*) monaci, frati; (*spreg.*) fratume.
monkey ['mʌŋki], *n.* **1** (*zool.*) scimmia **2** (*mecc.*) mazza battente; battipalo **3** (*scherz., fig.*: di persona) scimmia; pappagallo: **Young m.!**, scimmietta! **4** (*pop.*) cinquecento sterline (*in G.B.*); cinquecento dollari (*in USA*) **5** (*pop.*) gobba **6** (*ind. min.*) galleria di ventilazione. ● (*bot.*) **m. bread** (*Adansonia digitata*), baobab (*l'albero e il frutto*) □ (*pop.*) **m. business** (*o* **m. trick**), tiro mancino; birbonata □ **m.-house**, gabbia (*o* recinto) delle scimmie □ **m. jacket**, giubba corta e stretta (*portata dai marinai*) □ **m.-nut** (*più comune* **peanut**), nocciolina americana; arachide □ (*bot.*) **m. puzzle** (*Araucaria araucana*), araucaria del Cile □ (*mecc.*) **m. winch**, argano a mano □ (*mecc.*) **m. wrench**, chiave inglese (*a rullino*) □ (*pop.*) **to get one's m. up**, farsi saltare la mosca al naso; andare in bestia □ (*fig., pop. USA*) **to have a m. on one's back**, avere la scimmia sulla spalla, essere tossicodipendente; covare astio (*o* rancore) □ (*pop.*) **to put sb.'s m. up**, far saltare la mosca al naso; mandare in bestia q.
to monkey ['mʌŋki], **A** *v. i.* **1** giocare tiri mancini; combinar guai **2** armeggiare; trastullarsi: **Stop monkeying with the controls**, smettila d'armeggiare con i comandi. **B** *v. t.* scimmiottare; imitare.
monkeyish ['mʌŋkiiʃ], *a.* scimmiesco; da scimmia.
monkhood ['mʌŋkhud], *n.* monacato; vita monacale.
monkish ['mʌŋkiʃ], *a.* (*spesso spreg.*) di (*o* da) monaco; monacale; fratesco (*spreg.*).
monkship ['mʌŋkʃip], *V.* **monkhood.**
mono ['mounou], *a.* (*abbr. di* **monaural**) (*di disco, ecc.*) mono; monoaurale, monofonico.
monobasic [‚mɔnou'beisik], *a.* (*chim.*) monobasico.
monocarpic [‚mɔnou'ka:pik], **monocarpous** [‚mɔnou'ka:pəs], *a.* (*bot.*) monocarpico.
monochord [‚mɔnoukɔ:d], *n.* (*mus.*) monocordo.
monochromatic [‚mɔnoukrou'mætik], *a.* (*fis., arte*) monocromatico.
monochrome ['mɔnəkroum], **A** *n.* (*arte*) monocromia. **B** *a.* **1** (*ottica*) monocromo **2** (*elettron., telev.*) monocromatico: **m. signal**, segnale monocromatico (*o* di luminanza).
monochromic [‚mɔnou'kroumik], *a.* (*fis., arte*) monocromatico.
monocle ['mɔnəkl], *n.* monocolo; caramella (*scherz.*).
monoclinal [‚mɔnou'klainəl], *a.* (*geol.*) monoclinale.
monoclinic [‚mɔnou'klinik], *a.* (*bot., miner.*) monoclino.
monoclinous [‚mɔnou'klainəs], *a.* (*bot.*) monoclino.
monocotyledon [‚mɔnou‚kɔti'li:dən], *n.* (*bot.*) monocotiledone.
monocotyledonous ['mɔnou‚kɔti'li:dənəs], *a.* (*bot.*) monocotiledone.
monocracy [mɔ'nɔkrəsi], *n.* (*polit.*) autocrazia.
monocular [mɔ'nɔkjulə*], *a.* **1** monocolo; che ha un occhio solo **2** monoculare; da usarsi con un occhio solo **3** (*med.: della visione*) monoculare.
monodactylous [‚mɔnou'dæktiləs], *a.* (*zool.*) monodattilo.
monodic [mɔ'nɔdik], *a.* (*letter.*) monodico.
monodist ['mɔnədist], *n.* (*letter.*) autore (*o* esecutore) di monodie.
monodrama ['mɔnou‚dra:mə], *n.* (*teatr.*) monodramma.
monody ['mɔnədi], *n.* (*letter.*) monodia.
monoecious [mə'ni:ʃəs], *a.* **1** (*bot.*) monoico **2** (*zool.*) monoecio; androgino; ermafrodita.
monogamist [mə'nɔgəmist], *n.* monogamo.
monogamous [mə'nɔgəməs], *a.* monogamo.
monogamy [mə'nɔgəmi], *n.* monogamia.
monogenesis [‚mɔnou'dʒenisis], *n.* (*scient.*) monogenesi.
monogenetic [‚mɔnoudʒi'netik], *a.* (*scient.*) monogenetico.
monogenism [mə'nɔdʒinizəm], *n.* (*scient.*) monogenismo.
monogeny [mə'nɔdʒəni], *n.* (*scient.*) monogenesi.
monogram ['mɔnəgræm], *n.* monogramma.
monogrammatic [‚mɔnougrə'mætik], *a.* monogrammatico.
monograph ['mɔnəgra:f], *n.* monografia.
to monograph ['mɔnəgra:f], *v. t.* scrivere una monografia su (*un autore, un personaggio, un argomento, ecc.*).
monographer [mə'nɔgrəfə*], *n.* monografista.
monographic [‚mɔnou'græfik], *a.* monografico.
monographist [mə'nɔgrəfist], *n.* monografista.
monogynous [mə'nɔdʒinəs], *a.* (*bot.*) monogino.
monohull ['mɔnouhʌl], *n.* (*naut.*) monoscafo.
monoideism [‚mɔnou'aidiizəm], *n.* (*psic.*) monoideismo.
monokini [‚mɔnou'ki:ni], *n.* monokini (*costume da bagno*).
monolith ['mɔnouliθ], *n.* **1** monolito **2** (*costr.*) blocco monolitico.
monolithic [‚mɔnou'liθik], *a.* monolitico.
monological [‚mɔnou'lɔdʒikl], *a.* di monologo.
monologist [mə'nɔlədʒist], *n.* chi monologa; chi recita monologhi.
to monologize [mə'nɔlədʒaiz], *v. i.* monologare.
monologue ['mɔnəlɔg], *n.* monologo; soliloquio.
monomania [‚mɔnou'meinjə], *n.* (*psic.*) monomania.
monomaniac [‚mɔnou'meinjæk], *n.* (*psic.*) monomane.
monomaniacal [‚mɔnoumə'naiəkl], *a.* (*psic.*) monomaniaco.
monometallic [‚mɔnoumi'tælik], *a.* (*econ.*) monometallico.
monometallism [‚mɔnou'metəlizəm], *n.* (*econ.*) monometallismo.
monomial [mə'noumiəl], **A** *n.* (*mat.*) monomio. **B** *a.* di monomio; monomiale.
monomorphic [‚mɔnou'mɔ:fik], **monomorphous** [‚mɔnou'mɔ:fəs], *a.* (*scient.*) monomorfo.
monopetalous [‚mɔnou'petələs], *a.* (*bot.*) monopetalo.
monophonic [‚mɔnə'fɔnik], *a.* (*di disco, ecc.*) monofonico; monoaurale: **a m. recorder**, un registratore monofonico.
monophthong ['mɔnəfθɔŋ], *n.* (*fon.*) monottongo.
Monophysite [mə'nɔfisait], *n.* (*stor., relig.*) monofisita.
monoplane ['mɔnəplein], *n.* (*aeron.*) monoplano.
monopolist [mə'nɔpəlist], *n.* **1** (*econ.*) monopolista **2** (*spreg.*) accaparratore; incettatore.
monopolistic [mə‚nɔpə'listik], *a.* (*econ.*) monopolistico.
monopolization [mə‚nɔpəlai'zeiʃən], *n.* (*econ., anche fig.*) monopolizzazione.
to monopolize [mə'nɔpəlaiz], *v. t.* (*econ., anche fig.*) monopolizzare: **to m. the oil market**, monopolizzare il mercato del petrolio; **to m. the attention of one's guests**, monopolizzare l'attenzione dei propri ospiti.
monopolizer [mə'nɔpəlaizə*], *n.* (*econ., anche fig.*) monopolizzatore.
monopoly [mə'nɔpəli], *n.* **1** (*econ., anche fig.*) monopolio: **Nobody has a m. on truth**, nessuno ha il monopolio della verità **2** privilegio **3** (*comm.*) genere di monopolio. ● (*econ.*) **Monopolies and Mergers Commission**, Commissione di controllo per i Monopoli e le Concentrazioni Industriali (*in G.B.*).
Monopoly [mə'nɔpəli], *n.* (*marchio*) monopoli (*gioco*).
monopsony [mə'nɔpsəni], *n.* (*econ.*) monopsonio.
monorail ['mɔnoureil], *n.* (*ing.*) **1** monorotaia **2** ferrovia sopraelevata a monorotaia.
monorhyme ['mɔnouraim], *n.* (*letter.*) poema monorimo.
monoscope ['mɔnouskoup], *n.* (*telev.*) monoscopio (*il tubo*). ● **m. signal**, monoscopio (*l'immagine*).
monosemy ['mɔnou‚si:mi], *n.* (*linguistica*) monosemia.
monosepalous [‚mɔnou'sepələs], *a.* (*bot.*) monosepalo; gamosepalo.
monosexual [‚mɔnou'seksjuəl], *a.* (*scient.*) monosessuale.
monospermous [‚mɔnou'spə:məs], *a.* (*bot.*) monospermo.
monostable [‚mɔnou'steibl], *a.* (*elettron.*) monostabile.
monostich ['mɔnoustik], *n.* e *a.* (*poesia*) monostico.
monostrophic [‚mɔnou'strɔfik], *a.* (*poesia*) monostrofico.
monosyllabic [‚mɔnɔsi'læbik], *a.* monosillabico; monosillabo.
monosyllabism [‚mɔnou'siləbizəm], *n.* **1** l'essere monosillabico **2** uso di monosillabi.
to monosyllabize [‚mɔnou'siləbaiz], *v. t.* ridurre a monosillabi.
monosyllable ['mɔnə‚siləbl], *n.* monosillabo.
monotheism ['mɔnouθi:‚izəm], *n.* (*relig.*) monoteismo.
monotheist ['mɔnouθi:ist], *n.* (*relig.*) monoteista.
monotheistic [‚mɔnouθi:'istik], *a.* (*relig.*) monoteista; monoteistico.

monotint ['mɔnoutint], *n.* (*arte*) monocromia.
monotone ['mɔnətoun], **A** *n.* monotonia; tono monotono: **to read in a m.**, leggere con monotonia. **B** *a.* (*anche mat.*) monotono.
to monotone ['mɔnətoun], *v. t.* dire (*o* recitare, cantare) con voce monotona.
monotonic [,mɔnə'tɔnik], *a.* **1** (*mus.*) monocorde **2** (*mat.*) monotono.
to monotonize [mə'nɔtənaiz], *v. t.* rendere monotono.
monotonous [mə'nɔtnəs], *a.* monotono; uniforme; noioso: **a m. voice**, una voce monotona; **a m. diet**, una dieta monotona.
monotony [mə'nɔtni], *n.* monotonia.
monotremes ['mɔnoutri:mz], *n. pl.* (*zool.*, *Monotremata*) monotremi.
monotype ['mɔnətaip], *n.* **1** (*biol.*) monotipo **2** (*arte*, *grafica*) monotipo.
Monotype ['mɔnətaip], *n.* (*marchio: tipogr.*) monotype.
monotypic [,mɔnou'tipik], *a.* (*tipogr.*) monotipico.
monotypist [,mɔnə'taipist], *n.* (*tipogr.*) monotipista.
monovalence [,mɔnou,veiləns], *n.* (*chim.*) monovalenza.
monovalent ['mɔnou,veiləns], *a.* (*chim.*) monovalente.
monoxide [mɔ'nɔksaid], *n.* (*chim.*) monossido. ● **carbon m.**, ossido di carbonio.
monozygotic [,mɔnouzai'gɔtik], *a.* (*biol.*) monozigotico.
Monroeism ['mʌnrouizm], *n.* (*polit.*, *stor.*) dottrina di Monroe.
Monroeist ['mʌnrouist], *n.* (*polit.*, *stor.*) seguace della dottrina di Monroe.
Monsieur [mə'sjə:*] (*franc.*), *n.*, (*pl.* **Messieurs**) Monsieur, Signore (*al vocat.*).
Monsignor [mɔn'si:njə*] (*ital.*), *n.* (*pl.* **Monsignori, Monsignors**) (*relig.*) Monsignor.
monsoon [mɔn'su:n], *n.* **1** monsone **2** stagione dei monsoni **3** (*fig.*) diluvio; pioggia torrenziale. ● **m. climate**, clima monsonico □ **m. low**, bassa monsonica.
monster ['mɔnstə*], **A** *n.* (*anche fig.*) mostro: **a m. of egoism**, un mostro d'egoismo. **B** *a. attr.* mostruoso; enorme: **a m. whale**, una balena enorme.
monstrance ['mɔnstrəns], *n.* (*relig.*) ostensorio.
monstrosity [mɔns'trɔsiti], *n.* **1** mostruosità **2** cosa mostruosa; mostro.
monstrous ['mɔnstrəs], *a.* **1** mostruoso; deforme; orrendo; enorme; atroce: **a m. fetus**, un feto mostruoso; **a m. crime**, un delitto mostruoso; **a m. cloak**, un mantello enorme **2** (*fam.*) assurdo; incredibile: **a. m. discussion**, una discussione assurda.
monstrousness ['mɔnstrəsnis], *n.* mostruosità.
mons veneris [,mɔnz 'venəris] (*lat.*), *n.* (*pl.* **montes veneris**) (*anat.*) monte di Venere.
montage [mɔn'ta:ʒ], *n.* (*arte*, *grafica*, *ecc.*) fotomontaggio.
montane ['mɔntein], *a.* (*geogr.*) montano.
Mont Blanc [mɔ̃:m'blɑ̃:ŋ], *n.* (*geogr.*) Monte Bianco.
Montenegrin [,mɔnti'ni:grin], *n. e a.* montenegrino.
month [mʌnθ], *n.* mese: **calendar m.**, mese civile (*o* solare); **lunar m.**, mese lunare; lunazione. ● **m. in, m. out**, ogni mese □ (*relig.*) **m.'s mind**, trigesimo □ (*scherz.*) **a m. of Sundays**, un'eternità; l'anno del mai □ **this day m.**, oggi a un mese; tra un mese □ **this day a m. ago**, un mese fa; è (*o* fa) un mese oggi.
monthly ['mʌnθli], **A** *a.* mensile: **a m. magazine**, una rivista mensile. **B** *n.* **1** mensile; pubblicazione (*o* periodico) mensile **2** (*pl.*) mestruazioni. **C** *avv.* mensilmente; ogni mese; al mese. ● **m. allowance**, mesata; mensile □ **m. pay**, paga mensile; mensilità; mensile □ **m. season ticket**, abbonamento ferroviario mensile.
monticule ['mɔntikju(:)l], *n.* **1** monticello; collinetta **2** cono secondario (*d'un vulcano*).
monument ['mɔnjumənt], *n.* **1** (*specialm. archit.*) monumento: **ancient monuments**, monumenti antichi; **a m. of learning**, un monumento di dottrina **2** monumento funebre; pietra tombale; lapide. ● **the M.**, colonna commemorativa dell'incendio del 1666 (*a Londra*) □ **His work is a m. to science**, la sua opera scientifica è monumentale.
monumental [,mɔnju'mentl], *a.* **1** (*anche fig.*) monumentale: **a m. work**, un'opera monumentale **2** colossale; enorme; abissale: **m. ignorance**, ignoranza abissale. ● **m. mason**, lapidario; marmista; imprenditore che costruisce cappelle e monumenti funebri.
to monumentalize [,mɔnju'mentəlaiz], *v. t.* immortalare (*con un monumento o fig.*).
moo [mu:], *n.* (*pl.* **moos**) **1** muggito; mugghio **2** (*pop.*, *spreg.*) oca (*fig.*); donnetta; (*povera*) donnicciola.
to moo [mu:], *v. i.* muggire; mugghiare.
to mooch [mu:tʃ], **A** *v. t.* (*pop.*) **1** rubare; sgraffignare **2** (*USA*) scroccare: **to m. cigarettes**, scroccare sigarette. **B** *v. i.* — **to m. about**, bighellonare; oziare.
moo-cow ['mu:kau], *n.* mucca (*parola infant.*).

mood (1) [mu:d], *n.* stato d'animo; umore; disposizione; inclinazione: **Our national m. changed after the war**, lo stato d'animo del nostro popolo mutò dopo la guerra; **to be in a happy m.**, essere d'umore allegro (*o* di buon umore); **to be in a bad m.**, essere di cattivo umore; aver le lune; avere la luna (di traverso). ● **to be in a m. to do st.**, aver voglia di (*o* essere disposto a) fare q.c. □ **to be in no m. to do st.**, non aver voglia di fare q.c. □ **to be in no m. for joking**, non essere in vena di scherzi □ **He's a man of moods**, è un uomo estroso (*o* lunatico).
mood (2) [mu:d], *n.* (*gramm.*) modo: **subjunctive m.**, modo congiuntivo.
moodiness ['mu:dinis], *n.* **1** malumore; broncio; malinconia **2** bizzarria; capricciosità; estro; umore variabile.
moody ['mu:di], *a.* **1** imbronciato; di malumore; malinconico; triste; cupo **2** bizzarro; capriccioso; estroso; lunatico.
moon [mu:n], *n.* **1** luna; chiarore lunare: **Is there a m. tonight?**, c'è la luna questa sera? **2** (*astron.*) luna, satellite (*di Giove, di Saturno*) **3** (*poet.*) mese **4** (*fig.*) globo; sfera. ● (*miss.*) **m. buggy** (*o* **m. car**, **m. crawler**), veicolo lunare □ **m.-faced**, che ha la faccia di luna piena □ **m.-madness**, follia □ (*miss.*) **m. rover**, veicolo lunare □ (*miss.*) **m. shot**, lancio sulla luna □ **by the light of the m.**, al chiaro di luna □ **to cry for the m.**, volere la luna nel pozzo □ **a full m.**, luna piena; plenilunio □ **a new m.**, luna nuova; novilunio □ **old m. in new m.'s arms**, luna al primo quarto □ (*fam.*) **once in a blue m.**, a ogni morte di papa; assai di rado □ (*fig.*) **to be over the moon**, essere al settimo cielo.
to moon [mu:n], **A** *v. i.* **1** guardare con aria trasognata **2** — **to m. about** (*o* **around**), bighellonare, oziare; starsene col naso in aria **3** (*miss.*) allunare. **B** *v. t.* **1** — **to m. away**, sciupare, sprecare (*il tempo, ecc.*) **2** — **to m. over**, sdilinquirsi, andare in brodo di giuggiole per (*un attore, ecc.*).
moonbeam ['mu:nbi:m], *n.* raggio di luna; raggio lunare.
mooncalf ['mu:nka:f], *n.* (*pl.* **mooncalves**) **1** sciocco; imbecille **2** (*arc.*) mostro.
mooncraft ['mu:nkra:ft], *n.* (*miss.*) astronave (*per esplorazioni lunari*).
mooned [mu:nd], *a.* lunato; a forma di luna.
moonfish ['mu:nfiʃ], *n.* (*pl.* **moonfish, moonfishes**) (*zool.*) **1** (*Mola mola*) pesce luna **2** (*Lampris regius*) pesce re.
moonflower ['mu:n,flauə*], *n.* (*bot.*) **1** (*Chrysanthemum leucanthemum*) margherita **2** (*Calonyction aculeatum*) bella di notte; convolvolo notturno; ipomea messicana.
moonish ['mu:niʃ], *a.* lunatico; bizzarro.
to moon-land ['mu:n,lænd], *v. i.* (*miss.*) allunare.
moon-landing ['mu:n,lændiŋ], *n.* (*miss.*) allunaggio.
moonless ['mu:nlis], *a.* senza luna; illune (*lett.*).
moonlight ['mu:nlait], *n.* chiaro di luna: **in the m.**, al chiaro di luna. ● (*pop.*) **m. flitting**, trasloco fatto di notte (*per non pagare l'affitto arretrato*) □ **in a m. night**, in una notte di luna.
to moonlight ['mu:nlait], *v. i.* (*fam.*) avere (*o* fare) un secondo lavoro.
moonlighter ['mu:n,laitə*], *n.* **1** (*stor.*, *in Irlanda*) devastatore (*o* incendiario) notturno (*contro gli affittuari avversati dalla «Land League»*) **2** (*fam.*) chi ha (*o* fa) un secondo lavoro.
moonlit ['mu:nlit], *a.* illuminato (*o* rischiarato) dalla luna.
moonrise ['mu:nraiz], *n.* il sorgere della luna.
moonset ['mu:nset], *n.* tramonto della luna.
moonshine ['mu:nʃain], *n.* **1** chiaro di luna **2** (*fig.*) idee balzane; progetti strampalati; fantasie: **It's all m.**, sono tutte fantasie **3** (*fam. USA*) liquore di contrabbando (*whisky, ecc.*; *specialm.* distillato alla macchia).
moonshiner ['mu:n,ʃainə*], *n.* (*fam. USA*) distillatore clandestino (*o* contrabbandiere) di liquore.
moonshiny ['mu:n,ʃaini], *a.* **1** illuminato (*o* rischiarato) dalla luna **2** (*fig.*) fantastico; visionario; irreale.
moonship ['mu:n-ʃip], *V.* **mooncraft**.
moonshot ['mu:n-ʃɔt], *n.* (*miss.*) lancio sulla luna.
moonstone ['mu:n-stoun], *n.* (*miner.*) pietra di luna; lunaria.
moonstricken ['mu:n-strikn], **moonstruck** ['mu:n-strʌk], *a.* matto; pazzo; tocco; lunatico.
moonwalk ['mu:nwɔ:k], *n.* (*miss.*) passeggiata lunare.
moonwalker ['mu:nwɔ:kə*], *n.* (*miss.*) esploratore lunare.
moonwort ['mu:nwə(:)t], *n.* (*bot.*) **1** (*Botrychium lunaria*) lunaria (*Lunaria annua*); medaglie; erba luna.
moony ['mu:ni], *a.* **1** lunare; della luna **2** lunato; a forma di luna **3** (*fam.*) svagato; trasognato; che sta nel mondo della luna.
moor [muə*], *n.* **1** brughiera; landa **2** riserva di caccia (*in brughiera*). ● (*zool.*) **m. game** (*Lagopus scoticus*), pernice bianca di Scozia.
Moor [muə*], *n.* moro; saraceno.
to moor [muə*], **A** *v. t.* (*naut.*) ormeggiare; attraccare. **B** *v. i.* ormeggiarsi; attraccare: **to m. along the quay**, attraccare alla banchina. ● (*mil.*) **moored mine**, mina ancorata.

moorage ['muərɪdʒ], *n.* (*naut.*) **1** ormeggio; attracco **2** diritti d'ormeggio.
moorcock ['muə-kɔk], *n.* (*zool.*) maschio della pernice bianca di Scozia.
moorhen ['muəhen], *n.* (*zool.*) **1** femmina della pernice bianca di Scozia **2** (*Gallinula chloropus*) gallinella d'acqua.
mooring ['muərɪŋ], *n.* (*naut., di solito al pl.*) ormeggio; attracco. ● **m. buoy**, boa d'ormeggio □ (*aeron.*) **m. mast** (*o* **m. tower**), pilone d'ormeggio. ● (*fig.*) **to lose one's moorings**, andare alla deriva (*fig.*); avere perso ogni freno morale.
moorish ['muərɪʃ], *a.* di (*o* simile a) brughiera.
Moorish ['muərɪʃ], *a.* moresco: (*archit.*) **a M. arch**, un arco moresco.
moorland ['muələnd], *n.* brughiera; landa.
moory ['muəri], *a.* di (*o* simile a) brughiera.
moose [mu:s], *n.* (*generalm. invar. al pl.*) (*zool.*) **1** (*Alces americanus*) alce americano **2** (*Alces alces*) alce.
moot [mu:t], **A** *n.* (*stor.*) assemblea, consiglio (*generalm. popolare*) **2** discussione, dibattito (*specialm. su un caso legale teorico*). **B** *a.* discutibile; dubbio; controverso: **a m. point**, un punto discutibile; **a m. question**, una questione controversa. ● **m. court**, tribunale fittizio (*in cui studenti discutono casi legali teorici*) □ (*stor.*) **m. hall**, palazzo del consiglio del popolo.
to moot [mu:t], *v. t.* mettere in discussione; discutere; dibattere. ● **to m. a question**, sollevare una questione.
mop [mɔp], *n.* **1** scopa di cotone (*o* di spugna) per lavaggio; scopetta per i piatti; (*naut.*) redazza, radazza **2** (*anche* **mophead**) massa incolta di capelli; zazzera **3** (*mecc.*) disco per pulitrici. ● (*fam.*) **mop-up**, ultimo tocco; colpo finale; colpetto (*fam.*).
to mop (1) [mɔp], *v. t.* **1** lavare, pulire, spazzare (*i pavimenti, ecc.*), con una scopa di cotone (*o di spugna*); pulire (*i piatti, ecc.*) con una scopetta di pannospugna; (*naut.*) radazzare **2** asciugare; tergere: **to mop one's brow**, asciugarsi la fronte. ● (*fam.*) **to mop the floor with sb.**, dare una grossa batosta a q. □ **to mop up**, asciugare, prosciugare, raccogliere; (*fam.*) mangiare, bere avidamente; pappare, scolarsi; finire; sbrigare; (*mil.*) rastrellare: **Mop up the mess you've made**, raccogli il sudiciume che hai fatto!; (*anche*) asciuga il liquido che hai versato!; **He mopped up the beer**, si scolò tutta la birra; **to mop up arrears of work**, sbrigare il lavoro arretrato □ (*pop.*) **to mop up profits**, prendersi tutto il guadagno □ (*mil.*) **mopping-up operations**, operazioni di rastrellamento.
mop (2) [mɔp], *n.* — (*nella locuz.*) **mops and mows**, smorfie, boccacce.
to mop (2) [mɔp], *v. i.* — **to mop and mow**, fare smorfie; far boccacce.
to mope [moup], **A** *v. i.* essere abbattuto, depresso; imbronciato, triste; metter su il muso, fare il muso. **B** *v. t.* deprimere.
mope [moup], *n.* **1** individuo abbattuto, depresso; imbronciato, triste; musone **2** (*pl.*) broncio; muso (*fig.*); abbattimento; depressione di spirito: **to suffer from the mopes**, fare il broncio; tenere il muso; essere depresso.
moped (1) [moupt], *a.* abbattuto; depresso; imbronciato; triste.
moped (2) ['mouped], *n.* ciclomotore; motorino (*fam.*).
mopette [mɔ'pet], *n.* (*marchio*) pannospugna (*per bagno e cucina*).
mophead ['mɔphed], *n.* **1** massa di capelli; zazzera **2** persona zazzeruta; capellone.
mop-headed ['mɔphedid], *a.* capelluto; zazzeruto.
mopish ['moupɪʃ], *a.* depresso; malinconico; triste.
mopishness ['moupɪʃnɪs], *n.* depressione; malinconia; tristezza.
moppet ['mɔpɪt], *n.* (*fam.*) **1** bambina; piccina **2** bambino; piccino.
moquette [mɔ'ket], *n.* (*ind. tessile*) moquette, mochetta.
moraine [mɔ'reɪn], *n.* (*geol.*) morena: **terminal m.**, morena frontale.
morainic [mɔ'reɪnɪk], *a.* (*geol.*) morenico.
moral ['mɔrəl], **A** *a.* morale (*quasi in ogni senso*); etico; spirituale; virtuoso: **a m. man**, un uomo virtuoso; **to be under a m. obligation to do st.**, avere l'obbligo morale di fare q.c. **B** *n.* **1** (*la*) morale; insegnamento morale: **to draw the m. from a story**, trarre la morale da un racconto **2** (*pl.*) moralità; costume: **His morals are excellent**, è di ottima moralità; **loose morals**, costumi dissoluti. ● **a m. certainty**, una certezza morale (*o* quasi assoluta) □ **m. support**, aiuto morale □ **to point a m.**, illustrare un principio morale.
morale [mɔ'ra:l], *n.* (il) morale: **The m. of the army was excellent**, il morale dell'esercito era altissimo.
moralism ['mɔrəlɪzəm], *n.* (*anche filos.*) moralismo.
moralist ['mɔrəlɪst], *n.* **1** (*anche filos.*) moralista **2** persona virtuosa (*o* retta) **3** professore di morale; chi insegna morale.
moralistic [,mɔrə'lɪstɪk], *a.* moralistico.
morality [mɔ'rælɪti], *n.* **1** moralità **2** sistema morale; etica; scienza morale; morale **3** (*stor., letter.; anche* **m. play**) moralità (*dramma allegorico*).
moralization [,mɔrəlaɪ'zeɪʃən], *n.* **1** moralizzazione **2** interpretazione morale.
to moralize ['mɔrəlaɪz], **A** *v. i.* moraleggiare. **B** *v. t.* **1** moralizzare; rendere morale **2** trarre una morale da (q.c.); dare un'interpretazione morale a (q.c.).
moralizer ['mɔrəlaɪzə*], *n.* **1** chi moraleggia **2** moralizzatore.
morally ['mɔrəli], *avv.* **1** moralmente **2** virtualmente: **m. certain**, virtualmente sicuro; assai probabile. ● **to be m. exhausted**, essere moralmente esausto; sentire una fiacchezza morale.
morass [mɔ'ræs], *n.* (*lett.*) acquitrino; palude; pantano (*anche fig.*).
morat ['mɔ:ræt], *n.* (*un tempo*) bevanda di vino e sugo di more.
moratorium [,mɔrə'tɔ:riəm] (*lat.*), *n.* (*pl.* **moratoria, moratoriums**) (*leg., comm.*) moratoria.
moratory ['mɔrətəri], *a.* (*leg., comm.*) moratorio.
Moravian [mɔ'reɪvjən], *a. e n.* moravo; (abitante) della Moravia.
moray ['mɔureɪ], *n.* (*anche* **m. eel**) (*zool.*, *Muraena*) murena.
morbid ['mɔ:bɪd], *a.* **1** (*med.*) morboso (*anche fig.*); malsano: **a m. imagination**, una fantasia morbosa **2** che suscita morbosità; macabro: **m. details**, particolari macabri **3** malinconico. ● (*med.*) **m. anatomy**, anatomia patologica □ (*psic.*) **a m. fear**, una fobia.
morbidity [mɔ:'bɪdɪti], *n.* **1** morbosità **2** (*med.*) morbosità; stato patologico **3** percentuale dei malati (*in una data regione*); morbilità.
morbidness ['mɔ:bɪdnɪs], *n.* **1** morbosità **2** (*med.*) morbosità; stato patologico **3** malinconia.
morbific [mɔ:'bɪfɪk], *a.* (*med.*) morboso; patogeno.
mordacious [mɔ:(:)'deɪʃəs], *a.* mordace (*fig.*); caustico; corrosivo.
mordacity [mɔ:(:)'dæsɪti], **mordancy** ['mɔ:dənsi], *n.* mordacità (*fig.*); causticità; corrosività.
to mordant ['mɔ:dənt], *v. t.* (*chim.*) mordenzare.
mordant ['mɔ:dənt], **A** *a.* mordace (*fig.*); caustico; corrosivo: **m. satire**, satira mordace. **B** *n.* (*chim., tintoria*) mordente. ● **m. dye**, colorante a mordente; colorante additivo.
mordent ['mɔ:dənt], *n.* (*mus.*) mordente.
more [mɔ:*], (*compar. di* **much, many**) **A** *a. e n.* più; di più; altro; dell'altro; ancora; in aggiunta; ulteriore: **I have m. money than you have**, ho più denaro di te; **many m.**, molti di più; **Bring me some m. water**, portami dell'altra acqua (*o* ancora di acqua); **I want m. books**, voglio più libri (*o* ancora dei libri, altri libri); **There is m. food in the refrigerator**, c'è altro cibo nel frigorifero; **That is m. than enough**, (ciò) è più che sufficiente; ce n'è d'avanzo; **I don't want any m.**, non ne voglio più; **Stay a little m.**, rimani ancora un po'. **B** *avv.* (*compar. di* **much**) più; di più; maggiormente: **He is m. intelligent than his brother**, è più intelligente di suo fratello; **We found it m. easily than I thought**, lo trovammo più facilmente di quanto credessi. ● **m. and m.**, più e più; sempre più: **He's getting m. and m. curious**, diventa sempre più curioso □ **m. or less**, più o meno; press'a poco □ **the m. the merrier**, più siamo, meglio è □ **the m... the m.**, più... più: **The m. he has, the m. he wants**, più ha, più vorrebbe avere □ **and what is m.**, e quel che è più importante; e quel che più conta □ **m. than meets the eye**, dell'altro; qualcosa di più; qualcosa sotto (*fig.*): **There's m. in his proposal than meets the eye**, c'è dell'altro nella sua proposta □ **neither m. nor less than**, né più né meno che; semplicemente: **That's neither m. nor less than absurd!**, è semplicemente assurdo, ridicolo! □ **never m.**, mai più □ **nothing m.**, nient'altro □ **no m.**, non.... più; mai più; neanche, neppure: **I can do no m.**, non posso fare di più; **I have no m.**, non ne ho più; **I saw him no m.**, non lo vidi mai più □ **once m.**, ancora una volta; di nuovo □ **I hope to see m. of you**, spero di vederti più spesso □ **He is no m.**, non è più; è morto □ **All the m. reason for you to refuse**, a maggior ragione dovresti rifiutare (*o* avresti fatto bene a rifiutare).
moreish ['mɔ:rɪʃ], *V.* **morish**.
morel (1) [mɔ'rel], *n.* (*bot., Solanum nigrum*) erba morella.
morel (2) [mɔ'rel], *n.* (*bot., Morchella esculenta*) spugnola gialla.
morello [mɔ'relou], *n.* (*pl.* **morellos**) (*bot., anche* **m. cherry**) marasca. ● **m. tree** (*Prunus cerasus*), marasco.
moreover [mɔ:'rouvə*], *avv.* inoltre; oltre a ciò; per di più.
mores ['mɔ:reɪz] (*lat.*), *n. pl.* (*lett.*) costumi; morale.
Moresque [mɔ'resk], *a.* (*archit.*) moresco.
morganatic [,mɔ:gə'nætɪk], *a.* (*leg., stor.*) morganatico: **m. marriage**, matrimonio morganatico; **m. wife**, moglie morganatica.
morgue [mɔ:g] (*franc.*), *n.* **1** obitorio **2** (*gergo giornalistico*) archivio (*d'informazioni varie*) **3** (*fig.*) mortorio.
moribund ['mɔrɪbənd], *a.* moribondo; morente (*anche fig.*).
morion ['mɔrɪən], *n.* (*stor.*) morione.

Morisco [mə'riskou], **A** a. (archit.) moresco. **B** n. (pl. **Moriscos, Moriscoes**) **1** (stor.) moro; saraceno **2** danza moresca; moresca (antico ballo rurale inglese).
morish ['mɔriʃ], a. (fam.) appetitoso; che si mangia bene.
Mormon ['mɔ:mən], (relig.) **A** n. mormone. **B** a. mormonico.
Mormonism ['mɔ:mənizəm], n. (relig.) mormonismo.
morn [mɔ:n], n. (poet.) mattino.
morning ['mɔ:niŋ], **A** n. mattina; mattinata; mattino; (poet., fig.) alba, aurora: **in the m.**, la mattina; di mattina; al mattino; **early in the m.**, di prima mattina; di buon mattino; **the m. of life**, l'alba della vita. **B** a. del mattino: **the m. papers**, i giornali del mattino. ● **m. after**, postumi d'una sbornia □ **m.-after pill**, pillola del giorno dopo (anticoncezionale) □ **m. coat**, giacca a coda di rondine; giacca di tight □ **m. dress**, abito a coda di rondine; tight □ (stor.) **m. gift**, dono fatto la mattina dopo le nozze □ (bot.) **m.(-)glory** (Ipomoea purpurea), campanella dei giardini □ **m. gown**, vestaglia (da uomo o da donna) □ (teatr.) **m. performance**, matinée; spettacolo pomeridiano □ (relig.) **m. prayer**, mattutino □ **m.-room**, salottino; soggiorno □ **the m. star**, l'astro del mattino; la stella mattutina (Venere o altro pianeta) □ (naut.) **the m.-watch**, il turno di guardia del mattino (dalle 4 alle 8) □ **this m.**, stamattina; stamane □ **tomorrow m.**, domani mattina; domattina □ **Good m.!**, buon giorno!
mornings ['mɔ:niŋs], avv. (fam.) **1** di mattina; la mattina **2** tutte le mattine; ogni mattina.
Moroccan [mə'rɔkən], a. e n. marocchino; (abitante) del Marocco.
Morocco [mə'rɔkou], n. **1** (geogr.) Marocco **2** − **m.** (anche **m. leather**), marocchino (cuoio).
moron ['mɔ:rɔn], n. **1** (psic.) debole di mente **2** (pop.) idiota; stupido.
moronic [mə'rɔnik], a. **1** (psic.) dalla mente debole **2** (pop.) idiotico (raro); stupido.
morose [mə'rous], a. cupo; imbronciato; immusonito (fam.); scontroso.
moroseness [mə'rousnis], n. cupezza; musoneria (fam.); scontrosità.
morpheme ['mɔ:fi:m], n. (linguistica) morfema.
morphemics [mɔ:'fi:miks], n. pl. (col verbo al sing.) (linguistica) morfologia.
Morpheus ['mɔ:fju:s], n. (mitol.) Morfeo. ● (fig.) **in the arms of M.**, in braccio a Morfeo; addormentato.
morphia ['mɔ:fjə], **morphine** ['mɔfi(:)n], n. (farm.) morfina.
morphinism ['mɔ:fi(:)nizəm], n. (med.) morfinismo.
morphinomania [,mɔ:finou'meinjə], n. (med.) morfinomania.
morphinomaniac [,mɔ:finou'meinjæk], n. (med.) morfinomane.
morphological [,mɔ:fə'lɔdʒikəl], a. (scient.) morfologico.
morphology [mɔ:'fɔlədʒi], n. (scient.) morfologia.
morris ['mɔris], n. (anche **m. dance**) danza moresca; moresca (antico ballo folcloristico inglese).
Morris ['mɔris], n. Maurizio.
morrow ['mɔrou], n. (lett.) **1** (il) domani; (il) giorno dopo; (il) giorno seguente **2** (il) futuro. ● **on the m. of the long war**, (subito) dopo la lunga guerra □ (arc.) **Good m.!**, buon giorno!
morse (1) [mɔ:s], n. (zool., Odobenus rosmarus) tricheco; cavallo marino.
morse (2) [mɔ:s], n. (relig.) fermaglio del piviale.
Morse [mɔ:s], n. (anche **M. code**) alfabeto Morse.
morsel ['mɔ:səl], n. **1** boccone; pezzetto (di cibo); tozzo (di pane) **2** (fig.) briciola.
mort (1) [mɔ:t], n. (caccia) suono di corno per la morte della preda.
mort (2) [mɔ:t], n. (zool.) salmone di tre anni.
mortal ['mɔ:tl], **A** a. **1** mortale; fatale; letale; all'ultimo sangue, a oltranza: **a m. wound**, una ferita mortale; **m. sins**, peccati mortali; **m. remains**, spoglie mortali; **a m. combat**, un duello mortale; **a m. enemy**, un nemico mortale; **m. hatred**, odio mortale; **Man is m.**, l'uomo è mortale **2** (fam.) enorme; estremo; terribile: **to be in a m. hurry**, avere una fretta terribile **3** (fam.) lunghissimo; interminabile: **I waited for two m. hours**, attesi per due ore interminabili. **B** n. mortale; uomo; creatura umana. ● **m. agony**, agonia □ **by no m. means**, in nessun modo; neanche per sogno □ (fam.) **It's no m. good to anyone**, non serve proprio a nessuno!; a che pro? □ **We tried every m. thing**, non lasciammo nulla d'intentato; tentammo tutto il possibile.
mortality [mɔ:'tæliti], n. **1** mortalità; l'esser mortale; caducità. (med.) **m. rate**, tasso di mortalità; (stat.) **m. tables**, tavole di mortalità **2** (collett.) i mortali; l'umanità.
mortar ['mɔ:tə*], n. **1** mortaio (recipiente) **2** (mil.) mortaio **3** (edil.) malta: **lime m.**, malta di calce; calcina; **m. of cement**, malta di cemento. ● **m.-board**, sparviere, nettatoia (per tenervi sopra la malta); (fam.) tocco, copricapo accademico (di forma simile).

to mortar ['mɔ:tə*], v. t. **1** (edil.) commettere (mattoni, ecc.); intonacare con la malta **2** (mil.) attaccare (o bombardare) coi mortai.
mortgage ['mɔ:gidʒ], n. (leg., anche fig.) ipoteca: **cheap mortgages at 12%**, ipoteche convenienti al tasso del 12%. ● **m. loan**, prestito ipotecario □ **m. registry**, registro delle ipoteche; conservatoria delle ipoteche □ **to borrow on m.**, prendere a prestito su garanzia ipotecaria □ **to pay off a m.**, levare (o estinguere) un'ipoteca □ **to raise a m.**, accendere un'ipoteca □ **registrar of mortgages**, conservatore delle ipoteche.
to mortgage ['mɔ:gidʒ], v. t. **1** (leg.) ipotecare (anche fig.); gravare (q.c.) d'ipoteca: **to m. one's house**, ipotecare la propria casa **2** dedicare; impegnare: **to m. oneself to a cause**, dedicarsi a una causa.
mortgageable ['mɔ:gidʒəbl], a. (leg.) ipotecabile.
mortgagee [,mɔ:gə'dʒi:], n. (leg.) creditore ipotecario.
mortgager ['mɔ:gidʒə*], **mortgagor** [,mɔ:gə'dʒɔ:*], n. (leg.) debitore ipotecario.
mortice ['mɔ:tis], V. **mortise**.
to mortice ['mɔ:tis], V. **to mortise**.
mortician [mɔ:'tiʃən], n. (USA) impresario di pompe funebri.
mortification [,mɔ:tifi'keiʃən], n. **1** mortificazione; umiliazione; (relig.) **the m. of the body**, la mortificazione della carne **2** (med.) cancrena; necrosi.
mortifier ['mɔ:tifaiə*], n. mortificatore, mortificatrice.
to mortify ['mɔ:tifai], **A** v. t. **1** mortificare; umiliare: **to m. the flesh**, mortificare la carne **2** (med.) far andare in cancrena; necrotizzare. **B** v. i. **1** mortificarsi **2** (med.) andare in cancrena; incancrenire: **The wound mortified**, la ferita andò in cancrena.
mortifying ['mɔ:tifaiiŋ], a. **1** mortificante; umiliante **2** (med.) che fa andare in cancrena; necrotizzante.
mortise ['mɔ:tis], n. (falegnameria) mortasa; mortisa (raro): **m. chisel**, punta da mortasa; **m. joint**, giunto a tenone e mortasa.
to mortise ['mɔ:tis], v. t. (falegnameria) **1** congiungere a mortasa **2** mortasare. ● (mecc.) **mortising machine**, mortasatrice da legno.
mortmain ['mɔ:tmein], n. (leg.) manomorta.
mortuary ['mɔ:tjuəri], **A** n. camera mortuaria; obitorio. **B** a. funebre: **m. rites**, riti funebri.
mosaic [mə'zeiik], **A** n. **1** (arte) mosaico: **Roman mosaics**, mosaici romani **2** (scient., tecn.) mosaico. **B** a. di (o per) mosaico; a mosaico; musivo: **a m. floor**, un pavimento a mosaico; **a m. tile**, una tessera di (o per) mosaico; **m. art**, arte musiva; **m. gold**, oro musivo; disolfuro di stagno. ● (bot.) **m. disease**, mosaico (colpisce il tabacco, ecc.) □ (scient.) **m. structure**, struttura a mosaico □ (ind. tessile) **m. wool-work**, lavoro in lana a mosaico □
to mosaic [mə'zeiik], (pass. e p. p. **mosaicked**), v. t. **1** decorare con mosaici **2** comporre a mosaico.
Mosaic [mə'zeiik], a. (relig.) mosaico: **the M. law**, la legge mosaica.
mosaicist [mə'zeiisist], n. **1** (arte) mosaicista **2** venditore di mosaici.
Mosaism ['mouzeiizəm], n. (relig.) mosaismo.
moschatel [,mɔskə'tel], n. (bot., Adoxa moschatellina) ranuncolino muschiato.
Moscow ['mɔskou], n. (geogr.) Mosca.
Moselle [mə'zel], n. **1** (geogr.) Mosella **2** − **m.**, vino della Mosella.
Moses ['mouziz], n. (Bibbia) Mosè.
to mosey ['mouzi], v. i. (fam. USA, specialm. **to m. along**) girellare; gironzolare.
mosk [mɔsk], V. **mosque**.
Moslem ['mɔzlem], a. e n. (relig.) musulmano; maomettano.
Moslemism ['mɔzlemizəm], n. (relig.) maomettismo; islamismo.
mosque [mɔsk], n. (relig.) moschea.
mosquito [məs'ki:tou], n. (pl. **mosquitoes, mosquitos**) (zool., Culex, Anopheles, ecc.) zanzara. ● **m. bite**, puntura di zanzara □ (naut.) **m. boat**, motosilurante □ **m. net**, zanzariera.
moss [mɔs], n. **1** (bot.) muschio **2** (dial., anche **m.-land**) palude. ● **m.-grown**, muscoso; coperto di muschio; (fig. USA) antiquato □ **m. hag**, terreno rotto per cavar torba; vecchia torbiera □ (bot.) **m. rose** (Rosa centifolia muscosa), rosa muscosa; rosa borracina □ (prov.) **A rolling stone gathers no m.**, pietra smossa non fa muschio; chi cambia continuamente dimora non fa fortuna.
to moss [mɔs], v. t. coprire (o rivestire) di muschio.
mossback ['mɔsbæk], n. (pop. USA) reazionario; retrogrado.
mossiness ['mɔsinis], n. l'essere muscoso.
mosstrooper ['mɔs,tru:pə*], n. (stor.) predone delle paludi.
mossy ['mɔsi], a. **1** muschioso; coperto di muschio; muscoso **2** simile a muschio. ● **m. green**, verde muschio; verde sottobosco.
most [moust], (superl. di **much, many**) **A** a. e n. più; di più; il maggior numero (di); la maggior parte (di); (il) massimo: **John**

has m. friends of all, Giovanni ha più amici di tutti; He took m. of the credit, ebbe (o si prese) la maggior parte del (quasi tutto il) merito; You've made m. mistakes, hai fatto il maggior numero di errori; M. of us are going, la maggior parte di noi se ne va; ce ne andiamo quasi tutti; That's the m. I can do for you, questo è il massimo che posso fare per te; M. people would react like you, i più reagirebbero come te. B *avv.* 1 (*per formare il superl. relat.*) più: He is the m. diligent pupil in the class, è lo scolaro più diligente della classe; m. quickly, il più presto possibile; più in fretta di tutti 2 di più; più di tutto, di tutti; Those who work (the) m. often get paid (the) least, quelli che lavorano di più sono spesso pagati di meno; That's what m. annoys me, questo è quel che mi irrita di più 3 molto; moltissimo; estremamente: This is a m. interesting novel, questo è un romanzo molto interessante (*o* interessantissimo); a m. beautiful day, una giornata bellissima 4 (*fam. USA*) quasi: m. every day, quasi ogni giorno. ● m. certainly, certissimamente □ (*leg.*) m.-favoured-nation clause, clausola della nazione più favorita □ m. likely, molto probabilmente; quasi certamente □ m. of all, soprattutto □ the m. part, la maggior parte □ at (the) m., al massimo; a far molto; a dir molto □ for the m. part, perlopiù; in linea di massima □ to make the m. of oneself, farsi valere □ to make the m. of st., trarre il massimo vantaggio da q.c.; tirare il miglior partito da q.c.; sfruttare al massimo q.c.

mostly ['moustli], *avv.* 1 perlopiù; principalmente; soprattutto 2 generalmente; di solito; quasi sempre.

M.o.T. [,em ou'tiː], *n.* (*acronimo di* motorcar on trial) (*autom.*) (certificato di) revisione (*in G.B. ogni tre anni*).

mote ['mout], *n.* 1 particella di polvere; atomo di pulviscolo 2 bruscolo; pagliuzza; fuscello (*anche fig.*): to see the m. in sb.'s eye, vedere il fuscello nell'occhio altrui (e non la trave nel proprio).

motel [mou'tel], *n.* autostello; motel.

motet [mou'tet], *n.* (*mus.*) mottetto.

moth [mɔθ], *n.* (*zool.*) 1 farfalla notturna (*o* crepuscolare); falena 2 (*Tinea, ecc.*) *anche* clothes m.), tignola; tarma. ● m.-ball, pallina antitarme (*di naftalina, canfora, ecc.*) □ m.-eaten, tarmato; (*fig.*) logoro, vecchio, antiquato □ (*anche fig.*) to keep (to put) st. in m.-balls, tenere (mettere) q.c. sotto naftalina □ to be like a m. round a candle flame, scherzare col fuoco (*fig.*).

mother (1) ['mʌðə*], *n.* madre; mamma (*fam.*): to become a m., diventare madre. ● (*zool.*) M. Carey's chicken (*Hydrobates pelagicus*), uccello delle tempeste □ (*relig.*) M. Church, santa madre Chiesa □ m. country, patria; madrepatria □ m.-craft, puericultura □ M.'s day, la festa della Mamma □ m. earth, (*lett.*) la madre terra; (*scherz.*) terraferma □ M. Hubbard, Mamma Hubbard (*personaggio di poesie infantili*); specie di veste lunga e larga □ m.-in-law, suocera □ (*geol.*) m. lode, filone principale □ m. love, amor di madre; amore materno □ m.-of-pearl, (*sost.*) madreperla □ (*agg.*) di madreperla □ (*bot.*) m. of thousands (*o* m. of millions), (*Cymbalaria muralis*) cimbalaria; (*Bellis perennis*) margheritina; pratolina □ m. superior, madre superiora □ a m.-to-be, una futura madre; una donna incinta □ m. tongue, lingua madre; madrelingua □ m. wit, buonsenso naturale □ (*agric.*) artificial m., incubatrice □ every m.'s son, ogni figlio di mamma; ognuno □ step-m., matrigna □ (*prov.*) Necessity is the m. of invention, il bisogno aguzza l'ingegno.

to mother ['mʌðə*], *v. t.* 1 dar vita a (*di solito fig.*); dare origine a 2 far da madre a; aver cure materne per 3 (*di donna*) adottare (*un bambino*). ● Mothering Sunday, domenica di mezza quaresima (*giorno di visita ai genitori*).

mother (2) ['mʌðə*], *n.* (*anche* m. of vinegar) madre dell'aceto.

motherfucker ['mʌðəˌfʌkə*], *n.* (*volg.*) bastardo, carogna (*fig.*).

motherhood ['mʌðəhud], *n.* maternità.

motherland ['mʌðəlænd], *n.* 1 patria; paese natio 2 madrepatria; paese d'origine.

motherless ['mʌðəlis], *a.* senza madre; orfano (*di madre*).

motherlike ['mʌðəlaik], *a.* da madre; materno.

motherliness ['mʌðəlinis], *n.* senso materno; qualità materne.

motherly ['mʌðəli], *a.* materno; di (*o* da) madre.

mothery ['mʌðəri], *a.* (*del vino*) feccioso.

mothproof ['mɔθpruːf], *a.* antitarmico; inattaccabile dalle tarme.

to mothproof ['mɔθpruːf], *v. t.* rendere antitarmico.

mothy ['mɔθi], *a.* 1 pieno di tarme (*di tessuto*) tarmato.

motif [mou'tiːf], *n.* 1 (*mus., arte, letter.*) motivo; tema; idea dominante 2 (*in sartoria, ecc.*) motivo; disegno.

motile ['moutail], A *a.* (*biol.*) mobile. B *n.* (*psic.*) soggetto motorio.

motility [mou'tiliti], *n.* 1 (*biol.*) mobilità; capacità di locomozione 2 (*fisiologia*) motilità.

motion ['mouʃən], *n.* 1 moto; movimento; movenza; gesto: graceful motions, movenze aggraziate; The engine was put in m., il motore fu messo in moto (*o* fu avviato) 2 (*leg., polit.*) mozione; proposta: to present a m., presentare una mozione; a m. of censure, una mozione di censura; a m. to adjourn, una proposta di rinvio 3 evacuazione dell'intestino. ● (*USA*) m. picture, film; pellicola; spettacolo cinematografico □ (*USA*) m.-picture camera, cinepresa □ (*USA*) m.-picture projector, cineproiettore □ (*USA*) m.-picture theatre, cinematografo; sala di proiezione □ (*fam.*) to go through the motions, far finta (*o* far mostra) di fare q.c.; fare la commedia (*fam.*) □ (*cinema, ecc.*) in slow m., al rallentatore □ of one's own m., di propria iniziativa; spontaneamente.

to motion ['mouʃən], A *v. t.* fare cenno a; fare segno a: I motioned him to go out, gli feci cenno d'uscire. B *v. i.* far cenni; fare gesti. ● to m. sb. away, far cenno a q. d'andarsene □ to m. sb. in, far cenno a q. d'entrare □ to m. sb. to a seat, far cenno a q. di sedersi.

motional ['mouʃənəl], *a.* (*scient.*) mozionale; cinetico.

motionless ['mouʃənlis], *a.* immobile; immoto; fermo.

to motivate ['moutiveit], *v. t.* 1 motivare (*anche psic.*); dare motivo a; causare 2 incitare; stimolare; spingere, spronare (*fig.*).

motivated ['moutiveitid], *a.* motivato.

motivation [,mouti'veiʃən], *n.* 1 (*psic.*) motivazione 2 incitamento; stimolo; spinta, sprone (*fig.*).

motivational [,mouti'veiʃənəl], *a.* 1 relativo ai motivi (*o* alle cause) 2 (*psic., comm.*) motivazionale: m. research, ricerca (*o* indagine) motivazionale.

motive ['moutiv], A *n.* 1 motivo; causa; ragione; movente; stimolo: to act from low motives, agire per bassi motivi 2 V. motif. B *a. attr.* (*mecc.*) motore: m. power, forza motrice.

motiveless ['moutivlis], *a.* senza motivo; immotivato; ingiustificato.

motivity [mou'tiviti], *n.* capacità di locomozione; mobilità.

motley ['mɔtli], A *a.* 1 multicolore; variegato; variopinto; screziato: a m. coat, un abito multicolore (*portato un tempo dai buffoni*) 2 diverso; misto; vario; eterogeneo: a m. crew, una ciurma eterogenea. B *n.* 1 (*stor.*) abito multicolore (*indossato da un buffone*) 2 miscuglio; accozzaglia; congerie. ● (*stor.*) a m. fool, un buffone □ (*fig.*) to wear the m., fare il buffone.

motocross ['mɔtəkrɔs], *n.* (*sport*) motocross. ● m. track, pista da motocross, crossdromo.

motor ['moutə*], A *n.* 1 motore: internal-combustion m., motore a scoppio; electric m., motore elettrico 2 (*fam.*) automobile; auto; macchina: a m. trip, una gita in macchina 3 (*anat.*) muscolo (*o* nervo) motore. B *a.* 1 motore: a m. mower, una segaerba a motore 2 automobilistico: the m. industry, l'industria automobilistica 3 (*anat.*) motore: m. end plate, placca motrice 2 (*fisiologia*) motorio: m. system, sistema motorio. ● (*med.*) m. ataxia, atassia motrice ● m. bicycle, ciclomotore, motorino, motoretta; motocicletta □ (*fam.*) m.-bike, motocicletta; moto (*fam.*) □ m.-boat, motobarca; motoscafo □ m.-bus, autobus urbano 2 automobilistico: the m. industry, m. caravan, camper □ m.-coach, autobus interurbano; torpedone □ m.-cycle, motocicletta; moto (*fam.*) □ to m.-cycle, andare in motocicletta □ m.-cyclist, motociclista □ m.-driven, (azionato) a motore □ (*USA*) m. home, motorcaravan □ m. hotel (*o* m. inn), autostello, motel (*generalm. in una città*) □ m. insurance, assicurazione automobilistica (*o* per autoveicoli) □ m.-lorry, autocarro; camion □ (*anat.*) m. nerve, nervo motorio □ (*med.*) m. neurosis, neurosi motoria □ (*ciclismo*) m.-paced race, corsa dietro motori □ (*naut.*) m. patrol vessel, motovedetta □ (*naut.*) m. sailer, motoveliero □ m. scooter, motoretta □ (*naut.*) m. ship, motonave □ (*naut.*) m. torpedo-boat, motosilurante □ (*naut.*) m.-trawler, motopeschereccio □ m.-van, motofurgone; motocarro □ m. vehicle, veicolo motore; motoveicolo; automezzo; autoveicolo □ m.-vehicle tax, tassa di circolazione □ (*naut.*) m. vessel, motonave.

to motor ['moutə*], A *v. i.* andare in automobile: We motored from Rome to Milan, andammo in automobile da Roma a Milano. B *v. t.* portare in automobile: to m. a girl home, portare a casa una ragazza in automobile.

motorcade ['moutəkeid], *n.* corteo d'automobili.

motordrome ['moutədroum], *n.* 1 motodromo 2 autodromo.

motored ['moutəd], *a.* (*nei composti, per es.:*) bimotored, che ha due motori.

motorial [mou'tɔːrjəl], *a.* (*scient.*) motorio.

motoring ['moutəriŋ], *n.* automobilismo; turismo automobilistico. ● (*tel.*) m. information, (informazioni sulla) percorribilità delle strade (*in G.B.*) □ m. map, carta automobilistica □ school of m., scuola guida.

motorist ['moutərist], *n.* automobilista.

motorization [,moutərai'zeiʃən], *n.* motorizzazione.

to motorize ['moutəraiz], *v. t.* motorizzare. ● to become motorized, motorizzarsi.

motorman ['moutəmən], *n.* (*pl.* motormen) 1 conducente, guidatore, conduttore (*di tram*) 2 macchinista (*di elettromotrice*) 3 (*mecc.*) motorista.

motortruck ['moutətrʌk], *n.* (*autom. USA*) autocarro; camion.
motorway ['moutəwei], *n.* (*autom.*) autostrada. ● (*autom.*) **m. cruising**, velocità di crociera in autostrada □ **m. grill**, autogrill □ **m. restaurant**, ristorante sull'autostrada.
motory ['moutəri], *a.* (*scient.*) motorio.
to mottle ['motl], *v. t.* **1** chiazzare; screziare; variegare **2** (*ind.*) marezzare.
mottle ['motl], *n.* **1** disegno a chiazze (*o* a macchie, a venature) **2** chiazza; macchia; venatura **3** (*ind. tessile*) filato di lana multicolore.
mottled ['motld], *a.* **1** chiazzato; screziato; macchiettato; variegato; a venature **2** (*ind.*) marezzato. ● (*metall.*) **m. iron**, ghisa trotata.
motto ['motou], *n.* (*pl.* **mottos, mottoes**) motto; detto; massima; sentenza; epigrafe (*di libro*); (*araldica*) divisa.
to mouch [mu:tʃ], *V.* to mooch.
moue [mu:], *n.* boccaccia; smorfia.
mouflon, moufflon ['mu:flon], *n.* (*pl.* **mouflon, mouflons, moufflon, moufflons**) (*zool., Ovis musimon*) muflone.
moujik ['mu:ʒik], *n.* mugic; contadino russo.
mould (1) [mould], *n.* **1** (*agric.*) terriccio **2** (*poet.*) terra. ● (*agric.*) **m.-board**, orecchio, versoio (*d'aratro*) □ (*fig.*) **man of m.**, creatura mortale; l'uomo (*in quanto polvere*).
mould (2) [mould], *n.* **1** (*metall., mecc., ecc.*) forma; matrice; modello; stampo (*anche grafica e per dolci*) **2** (*ing.*) forma, sagoma (*stampata*): **the m. of a car**, la sagoma di un'automobile **3** (*cucina*) sformato; budino **4** (*archit.*) modanatura **5** (*fig.*) carattere; stampo; tempra: **to be of a soft m.**, essere di carattere mite; **a man cast in a heroic m.**, un uomo di tempra eroica **6** (*costr.*) cassaforma (*per cemento armato*) **7** (*geol.*) modello; (*anche*) impronta (*di un fossile*). ● **m. candle**, candela fatta con lo stampo □ (*fig.*) **to be made in sb.'s m.**, essere dello stesso stampo di q. □ (*fonderia*) **metal m.**, conchiglia □ **They are cast in the same m.**, sembrano ricavati dallo stesso stampo; sono perfettamente identici.
to mould (1) [mould], *v. t.* **1** (*anche fig.*) foggiare; modellare; formare, plasmare: **to m. a clay statuette**, modellare una statuetta di creta; **to m. sb.'s character**, plasmare il carattere di q. **2** (*archit.*) modanare **3** (*metall.*) formare; costruire la forma di **4** (*grafica*) stampare ● **to m. bread**, dare al pane la forma voluta; ridurre la pasta in pagnotte □ (*metall.*) **to m. iron**, fondere il ferro; formare la ghisa (*mediante staffe*).
to mould (2) [mould], **A** *v. i.* ammuffire; muffire: **Bread moulds in damp weather**, il pane ammuffisce con l'umidità. **B** *v. t.* far ammuffire.
mould (3) [mould], *n.* muffa. ● **iron m.**, macchia di ruggine.
mouldability [,mouldə'biliti], *n.* (*ind.*) formabilità; plasmabilità.
mouldable ['mouldəbl], *a.* (*ind.*) formabile; plasmabile.
moulder ['mouldə*], *n.* (*metall.*) **1** formatore; modellatore: **m.-bench**, banco da formatore **2** formatrice (*macchina*): **bench m.**, formatrice da banco.
to moulder ['mouldə*], *v. i.* (*spesso* **to m. away**) andare in rovina; ridursi in polvere; polverizzarsi; sgretolarsi.
mouldering ['mouldəriŋ], *a.* che va in rovina; cadente; sgretolato: **the m. ruins of the palace**, le rovine cadenti del palazzo.
mouldiness ['mouldinis], *n.* muffosità (*raro*); l'essere stantio.
moulding ['mouldiŋ], *n.* **1** (*metall.*) formatura; modellatura; getto: **m. shrinkage**, ritiro del getto **2** (*ing.*) stampaggio **3** (*archit.*) modanatura. ● **m. board**, asse per impastare il pane; (*metall.*) piano per formare □ (*metall.*) **m. box**, staffa □ (*metall.*) **m. machine**, formatrice □ (*metall.*) **m. press**, pressa (per formare).
mouldy ['mouldi], *a.* **1** ammuffito; muffito: **m. cheese**, cacio ammuffito **2** (*fig.*) stantio; antiquato; vecchio; fuori moda **3** (*pop.*) pessimo; schifoso **4** (*pop.*) insufficiente; misero; pidocchioso (*pop.*). ● **m. smell**, odore di muffa □ **It smells m.**, sa di muffa (*all'olfatto*) □ **It tastes m.**, sa di stantio (*al gusto*).
to moult [moult], **A** *v. i.* mutare le penne (il pelo, ecc.); far la muta. **B** *v. t.* mutare (*le penne, il pelo*).
moult [moult], *n.* muta delle penne (del pelo, ecc.). ● (*d'animale*) **to be in m.**, fare la muta; mutare il pelo (le penne, ecc.).
mound (1) [maund], *n.* **1** elevazione isolata; tumulo; rialzo (*del terreno*) **2** montagnola; monticello; collinetta. ● (*stor.*) **M. Builders**, indiani d'America costruttori di tumuli e fortificazioni.
to mound [maund], *v. t.* **1** cingere (*o* fortificare) con un terrapieno **2** ammonticchiare; ammassare.
mound (2) [maund], *n.* (*araldica*) mondo; globo.
mount (1) [maunt], *n.* **1** monte, montagna (*lett.* oppure nei toponimi; *abbr.*: **Mt.**; *cfr.* **mountain**): **Mt. Blanc**, il Monte Bianco **2** (*chiromanzia*) monte.
to mount [maunt], **A** *v. t.* **1** montare a (*o* su); salire (a, su); ascendere; scalare: **to m. a horse**, montar a cavallo; **to m. a hill**, scalare un colle; **to m. a ladder**, salire su una scala a pioli; **to m. the throne**, salire (*o* ascendere) al trono; **I mounted the stairs**, salii le scale **2** mettere (q.) a cavallo; provvedere (q.) di cavallo **3** (*anche mecc.*) montare; fissare; mettere in postazione; preparare; incastonare: **to m. a gun**, mettere un cannone in postazione; **to m. pictures**, montare fotografie; **to m. jewels**, incastonare gioielli; **to m. an instrument**, montare (*o* fissare) uno strumento; **to m. specimens**, preparare esemplari (*fissandoli su vetrini, per esaminarli al microscopio*) **4** (*mil.*) montare; essere armato di: **The fort (the ship) mounts forty guns**, il forte è armato di (la nave monta) quaranta cannoni **5** (*teatr.*) mettere in scena (*un dramma*) **6** (*zootecnia*) montare; coprire. **B** *v. i.* **1** (*spesso* **to m. up**) salire: **Prices are mounting up**, i prezzi salgono; **A blush mounted to her face**, il sangue le sali al viso **2** montare in sella. ● (*mil.*) **to m. guard over**, montare la guardia a □ **to m. insects**, fissare insetti (*con spilli, ecc. per conservarli*) □ (*mil.*) **to m. an attack (an offensive)**, lanciare un attacco (un'offensiva) □ **to m. a statue on its pedestal**, collocare una statua sul piedistallo □ (*d'aeroplano*) **to m. up**, impennarsi □ **mounted police**, polizia a cavallo.
mount (2) [maunt], *n.* **1** montatura (*di lenti, ecc.*); cornice, cartone (*di fotografia*); incastonatura (*di gemme*) **2** cavalcatura; cavallo **3** (*scherz.*) bicicletta; motocicletta **4** (*mil.*) affusto (*di cannone*) **5** (*mecc.*) supporto; attacco; incastellatura di sostegno: (*autom.*) **rubber mounts**, attacchi elastici (*del ponte posteriore, ecc.*) **6** (*scient.*) vetrino (*per microscopio*) **7** (*zootecnia*) monta.
mountain ['mauntin], **A** *n.* montagna; monte; (*fig.*) grande quantità, mucchio: **a m. of troubles**, un monte di guai. **B** *a. attr.* di montagna; montuoso; montano; montanaro: **m. artillery**, artiglieria di montagna; **m. sickness**, mal di montagna; **a m. chain** (*o* **range**), una catena montuosa; **m. plants**, piante montane; **a m. stream**, un torrente montano. ● (*stor.*) **the M.**, la Montagna (*nella Convenzione, durante la Rivoluzione francese*) □ (*bot.*) **m. ash** (*Sorbus aucuparia*), sorbo degli uccellatori □ (*fam.*) **m. dew**, whisky scozzese □ **m.-high**, alto come una montagna □ (*zool.*) **m. lion** (*Felis concolor*), puma □ (*fig.*) **a m. of flesh**, un grassone, un ciccione (*pop.*) □ **a m. of a man**, un uomo altissimo e massiccio; un gigante □ **m. wine**, vino di Malaga (*d'uva montanina*) □ (*geogr.*) **the Rocky Mountains**, le Montagne Rocciose.
mountaineer [,maunti'niə*], *n.* **1** montanaro, montanara **2** (*sport*) alpinista.
to mountaineer [,maunti'niə*], *v. i.* fare dell'alpinismo.
mountaineering [,maunti'niəriŋ], *n.* (*sport*) alpinismo.
mountainous ['mauntinəs], *a.* **1** montuoso; montagnoso; alpestre: **a m. country**, un paese montuoso **2** (*fig.*) grande come una montagna; enorme; colossale.
mountebank ['mauntibæŋk], *n.* **1** saltimbanco **2** (*fig.*) ciarlatano.
mountebankery [,maunti'bæŋkəri], *n.* ciarlataneria; ciarlatanismo.
Mountie ['maunti], *n.* poliziotto a cavallo (*nel Canada*).
mounting ['mauntiŋ], *n.* **1** salita; ascensione **2** il montare; (*ind.*) montaggio (*V.* **to mount**, *def. 3*): **m. technique**, tecnica del montaggio **3** montatura; incastonatura **4** (*mecc.*) supporto; attacco; incastellatura di sostegno **5** (*teatr.*) messa in scena; allestimento.
to mourn [mɔ:n], **A** *v. i.* **1** portare il lutto **2** – **to m. for**, addolorarsi per; lamentare; piangere; rimpiangere: **to m. for a dead son**, piangere un figlio morto. **B** *v. t.* **1** lamentare; piangere; addolorarsi per; lamentarsi di: **to m. the loss of one's father**, piangere la perdita del padre; **to m. one's misfortune**, lamentarsi della propria sfortuna.
mourner ['mɔ:nə*], *n.* **1** chi è in lutto; chi piange o lamenta (q.c. *o* q.) **2** (*specialm.*) chi segue un funerale **3** (*anche* **hired m.**) prefica.
mournful ['mɔ:nful], *a.* **1** dolente; afflitto; addolorato; triste **2** doloroso; luttuoso; triste.
mournfulness ['mɔ:nfulnis], *n.* afflizione; dolore; tristezza.
mourning ['mɔ:niŋ], **A** *n.* **1** lutto; abiti da lutto; periodo di lutto: **as a sign of m.**, in segno di lutto; **deep m.**, lutto stretto; **half m.**, mezzo lutto; **to be in m.**, esser in lutto; **to go into m.**, prendere il lutto; **to go out of m.**, togliersi (*o* smettere) il lutto **2** cordoglio, pianto (*per un defunto*). **B** *a.* **1** addolorato; afflitto; triste **2** doloroso; luttuoso. ● **m. band**, nastro nero a fascia (*portato in segno di lutto*) □ **m. coach**, carro funebre □ **m.-paper**, carta listata a lutto □ **m. ring**, anello portato in memoria di un defunto.
mouse [maus], *n.* (*pl.* **mice**) **1** (*zool., Mus*) topo; sorcio **2** (*fig.*) pulcino bagnato; persona timida, ritrosa **3** (*elettron.*) mouse **4** (*falegnameria, edil.*) contrappeso (*di finestra a ghigliottina*) **5** (*pop.*) occhio pesto. ● **m. colour**, color grigio topo □ **as poor as a church m.**, povero in canna □ **field m.** (*Apodemus sylvaticus*), topo selvatico □ **harvest m.**, (*Micromys minutus*), topolino delle risaie □ **house m.** (*Mus musculus*), topo delle case; topolino domestico.

to mouse [mauz], *v. i.* **1** acchiappare topi; dar la caccia ai topi **2** (*fig.*) muoversi come un gatto; andare quatto quatto. ● **to m. about** (*o* **around**), andare in giro (*in cerca di q.c.*) □ **to m. out**, scoprire; scovare □ **He went mousing around libraries**, faceva il topo di biblioteca.

mouser ['mauzə*], *n.* cacciatore di topi: **My cat is a very good m.**, il mio gatto è un ottimo cacciatore di topi.

mousetrap ['maus-træp], *n.* trappola per i topi. ● (*scherz.*) **m. cheese**, formaggio di cattiva qualità.

mousing ['mauziŋ], *n.* caccia ai topi; il prender topi.

moussaka [mu:'sa:kə] (*greco*), *n.* (*cucina*) pietanza di carne e melanzane (*spesso ricoperta di formaggio*).

mousse [mu:s] (*franc.*), *n.* (*cucina*) mousse.

mousseline ['mu:sli:n], *n.* (*ind. tessile*) mussolina; mussola.

moustache [məs'ta:ʃ], *n.* baffi; mustacchi (*scherz.*).

mousy ['mausi], *a.* **1** simile a un topo **2** di color grigio topo **3** (*fig.*) quieto come un topolino; timido **4** (*di un luogo*) pieno di topi **5** (*spreg.*) bruttino; insignificante.

mouth [mauθ], *n.* **1** bocca (*anche fig.*); bocca di fiume; foce; imboccatura; apertura; orifizio: **the m. of a bag** (**of a bottle**, etc.), la bocca d'un sacco (di una bottiglia, ecc.); **the m. of a river**, la foce d'un fiume; **the m. of a cave**, l'imboccatura d'una caverna **2** boccaccia; smorfia: **to make mouths**, far boccacce; **to make a wry m.**, fare una smorfia; storcere la bocca **3** (*tecn.*) bocca; entrata **4** (*ind. min.*) bocca; imbocco. ● (*fig.*) **m.-filling**, enfatico, reboante, retorico; che riempie la bocca (*fam.*) □ (*med.*) **m.-opener**, apribocca □ (*mus.*) **m. organ**, armonica a bocca □ (*di cibo e fig.*) **m.-watering**, che fa venire l'acquolina in bocca □ (*fam.*) **to be down in the m.**, esser depresso, abbattuto, scoraggiato; esser giù di morale □ (*di cane*) **to give m.**, abbaiare □ (*fig.*) **to give m. to st.**, esprimere, manifestare q.c. □ (*pop.*) **to have a big m.**, essere un chiacchierone; non saper tenere la lingua a posto □ (*di cavallo*) **to have a good** (**a bad**, **a hard**) **m.**, esser docile (ribelle, refrattario) al morso □ (*fam.*) **to have st. straight from the horse's m.**, sapere q.c. da fonte sicura □ **to laugh on the wrong side of the m.**, ridere amaro (*o a denti stretti*) □ (*fam.*) **to make a poor m.**, piangere miseria □ **to make sb.'s m. water**, far venire l'acquolina in bocca a q. □ **to put one's money where one's m. is**, far seguire alle parole i fatti □ **to put a speech in sb.'s m.**, attribuire (*o* mettere in bocca) un discorso a q.; riferirlo come detto da lui □ **to put words into sb.'s m.**, mettere parole in bocca a q. □ (*fig.*) **a useless m.**, una bocca (in più) da sfamare; un mangiapane a ufo (*o a tradimento*) □ **My m. watered at the cake**, la vista della torta mi fece venire l'acquolina in bocca.

to mouth [mauθ], **A** *v. t.* **1** dire (*o* pronunciare) con enfasi, declamare (*specialm. senza sincerità*); dire (q.c.) muovendo le labbra, ma senza emettere suoni **2** mettere (*cibo*, ecc.) in bocca **3** sbaciucchiare **4** avvezzare (*un cavallo*) al morso. **B** *v. i.* **1** parlare in modo enfatico, declamare (*specialm. senza sincerità*) **2** far boccacce; fare smorfie. ● **to m. curses**, imprecare; bestemmiare.

mouthed [mauðd, mauθd], *a.* (*nei composti, per es.*:) **clean-m.**, che ha la bocca pulita; (*fig.*) che parla pulito; (*fig.*) **foul-m.**, che parla sporco; scurrile; (*fig.*) **full-m.**, dalle labbra grosse; (*fig.*) sonoro; (*di suono*) forte; **open-m.**, a bocca aperta; **many-m.**, che ha molte bocche.

mouthful ['mauθful], *n.* **1** boccone; boccata: **at a m.**, in un boccone **2** pezzetto; piccola quantità **3** (*fam.*) parola (*o* frase) difficile da pronunziare **4** (*pop. USA*) parola giusta; osservazione centrata: **You've said a m.!**, l'hai detta giusta!

mouthless ['mauθlis], *a.* senza bocca; senza apertura.

mouthpiece ['mauθpi:s], *n.* **1** imboccatura (*di strumento musicale*, ecc.) **2** bocchino (*di pipa, sigaro*) **3** portavoce (*anche fig.*) **4** microfono (*del telefono*) **5** boccaglio (*di respiratore*, ecc.) **6** (*pop. USA*) avvocato difensore.

mouthwash ['mauθwɔʃ], *n.* (*farm.*) collutorio.

mouthy ['mauði], *a.* **1** ciarliero; loquace **2** ampolloso; pomposo; reboante.

movability [,mu:və'biliti], *n.* mobilità.

movable ['mu:vəbl], **A** *a.* movibile; mobile; rimovibile: **Whit Sunday is a m. holiday**, la Pentecoste è una festa mobile. **B** *n. pl.* **1** mobili, mobilio **2** (*econ.*) mobili; beni mobili. ● (*costr.*) **m. bridge**, ponte mobile □ (*elettr.*) **m. contact**, contatto mobile □ **m. feast**, (*relig.*) festa mobile; (*scherz.*) pasto fuori orario.

to move [mu:v], **A** *v. t.* **1** muovere; mettere in moto; spostare; trasportare: **M. your chair nearer to the table**, sposta la tua sedia verso la tavola (avvicinala alla tavola); **to m. troops**, spostare (*o* trasportare) truppe; **The wind moved the treetops**, il vento muoveva le cime degli alberi **2** muovere; stimolare; muovere, spingere (*fig.*): **to m. sb. to tears**, muovere q. alle lacrime; **to m. sb. to laughter**, muovere q. al riso; **Nothing could m. him to help me**, niente poté indurlo ad aiutarmi; **His keen interest in the subject moved him to get up and make a speech**, il suo vivo interesse per l'argomento (*in discussione*) lo spinse ad alzarsi e a fare un discorso **3** commuovere: **The tale of their misfortunes moved me deeply**, il racconto delle loro sventure mi commosse profondamente **4** (*anche polit.*) proporre; suggerire: **Mr Chairman, I m. that the meeting be adjourned**, signor Presidente, propongo che la seduta sia rinviata **5** (*comm.*) vendere (*merce*). **B** *v. i.* **1** muoversi; essere in moto; spostarsi; circolare (*discorso*): **Keep moving!**, continua a muoverti!; non fermarti!; **I pushed hard, but the door wouldn't m.**, spinsi forte, ma la porta non si mosse **2** (*a scacchi, ecc.*) muovere; fare una mossa: **It's your turn to m.**, tocca a te muovere **3** (*anche* **to m. house**) sgombrare; cambiar casa; trasferirsi; traslocare: **We decided to m. to the city**, decidemmo di trasferirci in città **4** muoversi (*fig.*); prendere l'iniziativa; evolvere; far progressi: **Things are moving rapidly**, la situazione evolve rapidamente; **Our work moves slowly**, il lavoro progredisce a rilento **5** — **to m. for**, fare una richiesta di; chiedere: (*leg.*) **to m. for a new trial**, chiedere un nuovo processo **6** (*dell'intestino*) sgombrarsi **7** (*fam.*) muoversi; incamminarsi; andarsene: **Let's be moving on**, incamminiamoci! **8** (*comm. di merce*) vendersi: **Our line of goods is moving quickly**, i nostri articoli si vendono alla svelta. **C** *verbi composti* **1 to m. about**, andare qua e là; muoversi intorno; cambiar spesso di casa. **2 to m. along** (**down**, **up**), muoversi, spostarsi avanti (in giù, in su). **3 to m. away**, allontanarsi □ **m. st. away**, allontanare (*o* portar via) q.c. **4 to m. st. back**, rimettere q.c. a posto; spingere q.c. indietro. **5 to m. backwards**, indietreggiare. **6 to m. in**, entrare; prendere possesso di un appartamento nuovo. **7 to m. on**, andare innanzi; avanzare □ **to m. sb. on**, far muovere q.; far circolare q.: **The policeman moved us on**, il poliziotto ci fece circolare (*detto da un poliziotto*) **M. on!**, circolare!; sgombrare! **8 to m. out**, sgombrare, traslocare: **We moved out yesterday**, sgombrammo ieri □ **to m. st. out**, portar fuori q.c. □ **to m. out one's furniture**, portar via i mobili; sgombrare. **9 to m. over**, scansare, spostare; scansarsi; fare largo (*fig.*), lasciare il posto (a q.). ● **to m. heaven and earth**, muovere mari e monti; fare ogni sforzo □ **to m. house**, cambiare casa; traslocare □ **to m. in good society**, frequentare l'alta società □ (*in tram*) «**M. along, please!**», avanti c'è posto! □ **Time moves on**, il tempo passa.

move [mu:v], *n.* **1** movimento; moto **2** mossa; manovra; **I know all the moves in chess**, conosco tutte le mosse degli scacchi **3** cambiamento di casa; sgombero; trasloco. ● **a false m.**, una manovra sbagliata; una mossa falsa □ (*pop.*) **to get a m. on**, scuotersi; affrettarsi; sbrigarsi □ **to make a m.**, fare una mossa; muovere; giocare; spostarsi, andarsene; (*specialm.*) alzarsi da tavola □ **to make the first m.**, prendere l'iniziativa; fare la prima mossa □ (*fam.*) **to be on the m.**, essere in movimento (*o* in moto): **Enemy forces were on the m.**, truppe nemiche erano in movimento □ **It's your m.**, tocca a te muovere.

moveable ['mu:vəbl], *V.* **movable**.

movement ['mu:vmənt], *n.* **1** movimento (*in ogni senso*); moto; mossa; gesto; cenno: **a political m.**, un movimento politico; **the first m. of a symphony**, il primo movimento d'una sinfonia; **a m. of anger**, un moto d'ira; (*mecc.*) **relative m.**, moto relativo **2** (*mecc.*) meccanismo; movimento: **the m. of a watch**, il meccanismo d'un orologio **3** (*fin.*) oscillazione, variazione (*di quotazioni*, ecc.) **4** (*comm.*) movimento (*di prezzi*, ecc.) **5** (*fisiologia*) evacuazione **6** materia evacuata; feci (*pl.*).

mover ['mu:və*], *n.* **1** promotore; fautore; proponente **2** (*nei giochi*) colui cui spetta la mossa **3** (*USA*) titolare d'agenzia di traslochi.

movie ['mu:vi], *n.* (*fam. USA*) **1** film **2** (*pl.*) cinema; cinematografo: **Let's go to the movies**, andiamo al cinema! ● **m. camera**, cinepresa □ **m.-goer**, frequentatore di cinema □ **m. star**, stella del cinema □ **m. theater**, cinema; sala cinematografica.

moving ['mu:viŋ], *a.* **1** commovente; patetico; toccante: **a m. sight**, una vista commovente **2** mobile: **a m. staircase** (*o* **stairway**), una scala mobile **3** in moto; in movimento: **a m. train**, un treno in moto. ● **m. day**, giorno di trasloco (*o* in cui scade l'affitto) □ (*mecc.*) **m. load**, carico mobile □ (*USA*) **m. picture**, film □ (*USA*) **m.-picture theater**, cinema; cinematografo; sala di proiezione □ **m. pictures**, cinema; cinematografo □ **the m. spirit**, lo spirito animatore, l'animatore (*di un'impresa o sim.*) □ **m. van**, furgone per traslochi □ (*fam.*) **Get m.!**, sbrigati!; muoviti!

to mow (1) [mou] (*pass.* **mowed**, *p. p.* **mown**, **mowed**), **A** *v. t.* falciare (*anche fig.*); mietere (*erba, un campo*): **The patrol was mown down by machine-gun fire**, la pattuglia fu falciata dal fuoco delle mitragliatrici. **B** *v. i.* falciare l'erba.

mow (1) [mou], *n.* **1** mucchio di fieno (*o* di paglia) **2** cumulo di covoni (*di grano*, ecc.) **3** fienile **4** granaio.

to mow (2) [mau], *v. i.* far boccacce; fare smorfie.

mow (2) [mau], *n.* boccaccia; smorfia.

mower ['mouə*], *n.* **1** falciatore, falciatrice **2** falciatrice (*macchina*): **lawn-m.**, falciatrice da prato. ● (*mecc.*) **power-m.**, motofalciatrice.

mowing ['mouiŋ], *n.* (*agric.*) falciatura; mietitura. ● **m.-grass**, erba da taglio □ (*mecc.*) **m.-machine**, falciatrice meccanica.

mown [moun], *p. p.* di **to mow** (1). ● **new-m. hay**, fieno falciato di fresco.

Mozambique [,mouzəm'bi:k], *n.* (*geogr.*) Mozambico.

Mozarab [mə'zærəb], *n.* (*stor.*) mozarabo.

Mozarabic [mə'zærəbik], *a.* (*stor.*) mozarabico; dei mozarabi.

MP [,em'pi:], *n.* **1** (*acronimo di* **Member of Parliament**) deputato; onorevole: **an MP**, un deputato; **Mr John Wood, MP**, l'On. John Wood **2** (*abbr. di* **Military Policeman**) soldato della polizia militare.

Mr ['mistə*], *n.* (*pl.* **Messrs**; *origin. abbr. di* mister) **1** signor (*seguito da nome e cognome o dal solo cognome*) **2** (*con taluni titoli*) signore: **Mr Chairman**, signor Presidente **3** Mister: **Mr America**, Mister America.

Mrs ['misiz], *n.* (*pl.* **Mrs** *o, al vocat.*, **Mesdames**; *origin. abbr. di* mistress) **1** signora (*seguito da nome e cognome o dal solo cognome*) **2** (*con taluni titoli*) Signora: **Mrs 1980**, la Signora «1980» (*in un concorso*).

Ms [miz], *n.* (*abbr. di* **Miss** *e* **Mrs**, *in USA e G.B., di origine femminista*) signorina/signora (*non ha equivalente in ital.; lo si usa perché, non facendo la distinzione, non si corre il rischio di discriminare*).

M.Sc. [,em es'si:], *USA* **M.S.** [,em 'es], *n.* (*acronimo di* Master of Science) **1** laurea di secondo grado in materie scientifiche (*approssimativamente equivalente alla laurea italiana*; *V.* **B.Sc.**, **B.S.**) **2** dottore in scienze: **Ann Jones, M.Sc.**, Ann Jones, dottore (*o dottoressa*) in scienze.

mu [mju:], *n.* mi (*dodicesima lettera dell'alfabeto greco*).

much [mʌtʃ], **A** *a. e n.* (*compar.* **more**, *superl. relat.* **most**; *pl.* **many**) molto: **m. noise**, molto rumore; **There isn't m. wine left**, non c'è rimasto molto vino; **There isn't m. to look at**, non c'è molto (*o* gran che) da guardare; **I have stood m.**, ho sopportato molto (*o* molte cose). **B** *avv.* **1** molto; assai, di molto; di gran lunga: **He doesn't eat m.**, non mangia molto; **I wasn't m. surprised**, non fui molto sorpreso; **You must walk m. faster**, devi camminare assai più in fretta; **I am m. better today**, sto molto meglio oggi; **This letter is m. the best**, questa lettera è di gran lunga la migliore **2** a lungo; molto; per lungo tempo: **He hasn't lived here m.**, non è molto che vive qui **3** spesso: **Do you see him m.** (*o* **m. of him**)?, lo vedi spesso? **4** quasi; circa; pressappoco; più o meno: **It was (very) m. what I expected**, era pressappoco quello che mi aspettavo. ● **m. of a height**, quasi della stessa altezza □ **m. of a size**, quasi delle stesse dimensioni; quasi della stessa grandezza □ **m. the same**, quasi uguale; quasi simile: **The two pupils are m. the same in Latin**, i due alunni sono quasi uguali (*o* più o meno si equivalgono) in latino □ **m. to...**, con (mio, tuo, ecc.) grande...: **m. to my surprise**, con mia grande sorpresa □ **as m. again**, altrettanto; il doppio (*nel complesso*): **I want as m. again**, ne voglio altrettanto; voglio il doppio di quel che ho avuto □ **as m. as**, (tanto)... quanto: **Take as m. as you like**, prendine (tanto) quanto ne vuoi □ **how m.**, quanto: **How m. are eggs today?**, quanto costano (*o* a quanto stanno) le uova oggi? □ **to make** (*o* **to think**) **m. of**, dare grande importanza a; tenere in grande considerazione □ **nothing m.**, niente d'importante □ **so m. as**, (tanto)... quanto: **I haven't so m. money as people think**, non ho tanto denaro quanto crede la gente □ **so m. the better**, tanto meglio □ **so m. more that...**, tanto più che... □ **so m. the worse**, tanto peggio □ **this** (**that**) **m.**, tanto (così): **I only want this m.**, ne voglio solo tanto così; **He has only done that m. so far**, ha fatto soltanto questo finora; è arrivato solo fino a questo punto □ **too m.**, troppo: **Don't give him too m. money**, non dargli troppo denaro □ **He isn't m. of a teacher**, come insegnante, non è gran che □ **I thought as m.!**, me l'aspettavo! □ **So m. for that!**, basta così!; chiudiamo l'argomento! □ (*prov.*) **Too m. is as bad as none at all** (*o* **Too m. breaks the bag**), il troppo stroppia.

muchness ['mʌtʃnis], *n.* – (*nella locuz.*) **much of a m.**, della stessa grandezza; quasi uguale: **They are much of a m.**, sono quasi uguali. ● (*modo prov.*) **It's much of a m.**, se non è zuppa è pan bagnato.

mucid ['mju:sid], *a.* (*lett.*) mucido (*raro*); ammuffito, stantio.

mucilage ['mju:silidʒ], *n.* **1** mucillagine **2** colla liquida.

mucilaginous [,mju:si'lædʒinəs], *a.* mucillaginoso.

muck [mʌk], *n.* **1** concime animale; letame; sterco **2** sudiciume; sporcizia **3** (*fam.*) cosa disgustosa; porcheria. ● **m.-heap** (*o* **m.-hill**), concimaia; letamaio □ **m.-rake**, rastrello per il letame □ **m.-raker**, chi rastrella letame; (*fig.*) chi fa luce (*o* indaga) su scandali, chi denuncia casi di corruzione, ecc. □ (*fig.*) **m.-raking**, (il) far luce sugli scandali; l'indagare su scandali □ **to make m. of**, insudiciare, sporcare, sciupare, guastare (*prov.*) **Where there's m., there's money**, dove c'è sporcizia, c'è denaro (*cioè*, dove ci sono fabbriche, c'è benessere).

to muck [mʌk], *v. t.* concimare (*un terreno*) col letame. ● (*pop.*) **to m. about**, gingillarsi; non combinar niente (di buono); perder tempo □ **to m. about with**, rovistare □ (*pop.*) **to m. in with sb.**, dividere q.c. con q.; (*specialm.*) lavorare con q.; dividere la stessa camera (*o* un appartamento) con q. □ **to m. out**, pulire (*bestie, stalle, ecc.*) □ (*pop.*) **to m. up**, sporcare, insudiciare, imbrattare; pasticciare, guastare: **to m. up a job**, pasticciare un lavoro □ **to m. up an exam**, fare fiasco in un esame.

mucker (1) ['mʌkə*], *n.* (*pop.*) capitombolo; ruzzolone: **to come** (*o* **to get**) **a m.**, fare un capitombolo; (*fig.*) far fiasco.

mucker (2) ['mʌkə*], *n.* (*pop.*) **1** giocatore sleale **2** zoticone; bifolco.

to muckrake ['mʌk-reik], *v. i.* mettere in luce scandali; indagare su scandali.

muckworm ['mʌkwə:m], *n.* **1** (*zool.*) verme che vive nel letame **2** (*fig.*) individuo avido di denaro; spilorcio; taccagno **3** (*fig.*) ragazzo di strada; monello.

mucky ['mʌki], *a.* sporco; sudicio; lurido.

mucosa [mju:'kousə], *n.* (*pl.* **mucosae, mucosas**) (*anat.*) mucosa.

mucosity [mju:'kɔsiti], *n.* mucosità.

mucous ['mju:kəs], *a.* mucoso: **m. membrane**, membrana mucosa; mucosa.

mucro ['mju:krou], *n.* (*pl.* **mucrones, mucros**) (*biol., zool.*) mucrone.

mucronate ['mju:krənit], *a.* (*biol.*) mucronato.

mucus ['mju:kəs], *n.* **1** muco **2** sostanza viscida (*in genere*).

mud [mʌd], *n.* fango (*anche fig.*); melma; mota; limo: **to throw** (*o* **to sling**) **mud at sb.**, gettar fango su q.; denigrare q. ● **mud bath**, bagno di fango; fango termale; fangatura □ (*geogr.*) **mud flats**, piane di fango □ (*cosmesi*) **mud-pack**, maschera di fango □ **mud pie**, formina di fango (*fatta dai bambini, per gioco*) □ **mud-slinger**, denigratore; diffamatore □ **mud-slinging**, denigrazione □ (*geol.*) **mud volcano**, vulcanetto di fango □ (*fam.*) **Mud in your eye!**, cin-cin!; alla salute!

to mud [mʌd], *v. t.* infangare.

muddiness ['mʌdinis], *n.* **1** fangosità **2** torbidità **3** (*fig.*) confusione (*V.* **muddy**).

muddle ['mʌdl], *n.* (*al sing., con l'art. indef.*) confusione; disordine; imbroglio; pasticcio (*fig.*). ● **m.-headed**, confusionario, che ha idee confuse; stolto, stupido □ **m.-headedness**, l'aver la mente confusa; stoltezza, stupidità □ **to make a m. of**, abborracciare; acciarpare; pasticciare; imbrogliare.

to muddle ['mʌdl], *v. t.* **1** confondere (le idee a); intontire; inebriare; far girare la testa a: **A glass of wine soon muddles her**, un bicchiere di vino basta a farle girare la testa; **His questions muddled me**, le sue domande mi confusero le idee **2** (*anche to m. up*) abborracciare; acciarpare; pasticciare: **You've muddled your job completely**, hai proprio abborracciato il lavoro; hai combinato un bel pasticcio. ● **to m. st. away**, sciupare q.c.; sprecare q.c. □ **to m. on** (*o* **along**), tirare avanti a casaccio (*alla meglio*); arrabattarsi □ **to m. through**, cavarsela alla meno peggio; farcela a mala pena.

muddler ['mʌdlə*], *n.* confusionario; pasticcione; guastamestieri.

muddy ['mʌdi], *a.* **1** fangoso; infangato; inzaccherato: **a m. road**, una strada fangosa; **m. shoes**, scarpe infangate **2** torbido: **m. water**, acqua torbida; **m. coffee**, caffè torbido **3** smorto; opaco; scuro: **a m. complexion**, una carnagione smorta **4** (*fig.*) confuso; oscuro; vago: **m. ideas**, idee confuse; **a m. style**, uno stile oscuro. ● **a m. thinker**, un pensatore dalle idee confuse.

to muddy ['mʌdi], *v. t.* **1** rendere fangoso; infangare; intorbidare **2** (*fig.*) confondere (*le idee, ecc.*).

mudflow ['mʌdflou], *n.* (*geol.*) colata di fango.

mudguard ['mʌdga:d], *n.* (*autom., ecc.*) parafango (*anche di bicicletta*).

mudlark ['mʌdla:k], *n.* **1** ragazzo di strada; monello **2** chi lavora (*o* vive) nel fango.

muezzin [mu(:)'ezin], *n.* muezzin; muezzino.

muff (1) [mʌf], *n.* (*anche mecc.*) manicotto.

muff (2) [mʌf], *n.* **1** individuo goffo, maldestro (*in origine, in uno sport*); bidone (*pop., spreg.*) **2** balordo; babbeo **3** (*specialm. sport*) colpo mancato; presa fallita; cilecca, fiasco, buco (*fig., fam.*).

to muff [mʌf], *v. t.* **1** (*sport*) sbagliare; fallire; mancare: **to m. a ball**, sbagliare una palla **2** abborracciare; pasticciare: **to m. a job** (*a task, etc.*), abborracciare un lavoro; pasticciare un compito.

muffetee [,mʌfə'ti:], *n.* manicotto di lana.

muffin ['mʌfin], *n.* **1** focaccina, schiacciatella **2** (*USA*) panino (*di solito dolce, che si mangia caldo*). ● **m. man**, venditore di focaccine □ **m. pan**, teglia per tortine.

muffineer [,mʌfi'niə*], *n.* spolverino (*per spargere sale o zucchero sulle focaccine*).

to muffle ['mʌfl], *v. t.* **1** avviluppare; avvolgere; imbacuccare; infa-

gottare; proteggere, riparare (*dal freddo*): **to m. one's throat**, ripararsi la gola (*con una sciarpa, ecc.*); **to m. oneself up well**, imbacuccarsi tutto **2** coprire (*con un panno, per smorzare il suono*); attutire, attenuare, smorzare (*un rumore, un suono*): **to m. the drums**, smorzare il rumore dei tamburi; velare i tamburi; **to m. the rowlocks of a boat**, coprire (*con un panno*) gli scalmi d'una barca; assordare i remi. ● **to m. one's feelings**, nascondere i propri sentimenti □ (*fam.*) **to m. the press**, imbavagliare la stampa.
muffle (1) ['mʌfl], *n.* (*ind.*) muffola. ● **m.-furnace**, forno a muffola.
muffle (2) ['mʌfl], *n.* (*zool.*) parte carnosa del labbro superiore e del naso (*dei ruminanti e dei roditori*).
muffled ['mʌfld], *a.* (*di suono*) smorzato; indistinto; velato.
muffler ['mʌflə*], *n.* **1** sciarpa; scialle **2** guanto grosso; guanto da pugile; guantone **3** (*mus.*) feltro (*nel pianoforte*) **4** (*autom., mecc. USA*) silenziatore; marmitta (*di scarico*).
mufti ['mʌfti], *n.* (*pl.* **muftis**) **1** muftì **2** abito borghese. ● **in m.**, in borghese.
mug (1) [mʌg], *n.* **1** boccale; gotto (*da birra, ecc.*); tazza alta (*per latte, caffè, ecc.*) **2** (*pop.*) faccia; ceffo; grugno; muso.
mug (2) [mʌg], *n.* (*fam.*) babbeo; gonzo; semplicione.
to mug (1) [mʌg], **A** *v. i.* (*pop.*) sgobbare; studiare molto. **B** *v. t.* (*anche* **to mug up**) imparare (*una materia*) sgobbando: **He has mugged up Latin**, a furia di sgobbare ha imparato il latino.
mug (3) [mʌg], *n.* (*pop.*) **1** sgobbone **2** esame difficile.
to mug (2) [mʌg], *v. t.* (*pop.*) aggredire alle spalle e derubare.
mugger (1) ['mʌgə*], *n.* (*pop.*) rapinatore; teppista.
mugger (2) ['mʌgə*], *n.* (*zool.*, *Crocodylus palustris*) coccodrillo palustre.
mugginess ['mʌginis], *n.* afa; calura; umidità.
mugging (1) ['mʌgiŋ], *n.* (*pop.*) sgobbo; sgobbata.
mugging (2) ['mʌgiŋ], *n.* (*pop.*) aggressioni per rapina (*specialm. a passanti anziani*).
muggins ['mʌginz], *n.* babbeo; gonzo; semplicione.
muggy ['mʌgi], *a.* (*di tempo, ecc.*) caldo e umido: **a m. day**, una giornata afosa. ● **m. weather**, afa.
mugwump ['mʌgwʌmp], *n.* **1** (*arc.*) capo; caporione; pezzo grosso (*fig., fam.*) **2** (*polit.*) indipendente.
to mug(z) [mʌg], *v. t.* (*fam.*) attaccare e derubare (q.).
Muhammed [mə'hæməd], *n.* (*stor.*) Maometto.
Muhammedan [mə'hæmədən], *a.* e *n.* (*relig.*) maomettano.
mulatto [mju(:)'lætou], **A** *n.* (*pl.* **mulattos, mulattoes**) mulatto. **B** *a.* **1** mulatto **2** color mulatto. ● **a m. girl** (*o* **woman**), una mulatta.
mulberry ['mʌlbəri], *n.* (*bot.*) **1** (*anche* **m. tree**) (*Morus*) gelso; moro **2** mora (*di gelso*). ● **m. bush**, girotondo (*gioco infantile*): nenia del girotondo.
mulch [mʌlʃ], *n.* (*agric.*) concime naturale organico; strame, foglie secche; terriccio (*con cui coprire le radici delle piante*).
to mulct [mʌlkt], *v. t.* **1** multare; **to m. sb. ten dollars** (*o* **in ten dollars**), multare q. di dieci dollari **2** privare (q.) (*di denaro, ecc.*): **to be mulcted of one's money**, esser privato del proprio denaro.
mulct [mʌlkt], *n.* multa; penalità.
mule (1) [mju:l], *n.* **1** (*zool.*) mulo (*anche fig.*); mula: **The m. is a hybrid between a male ass and a mare**, il mulo è un ibrido ottenuto dall'incrocio di un asino con una cavalla **2** (*biol.*) ibrido (*in genere*) **3** (*ind. tessile, anche* **m.-jenny**) filatoio intermittente **4** (*ind. min.*) carrello; vagonetto. ● (*zool.*) **m. canary**, canarino ibrido □ **m.-track**, mulattiera.
mule (2) [mju:l], *n.* ciabatta; pianella.
muleteer [,mju:li'tiə*], *n.* mulattiere.
muliebrity [,mju(:)li'ebriti], *n.* **1** femminilità **2** effeminatezza.
mulish ['mju:liʃ], *a.* di (*o* **m.**) mulo; mulesco (*raro*); (*fig.*) caparbio; ostinato; testardo.
mulishness ['mju:liʃnis], *n.* caparbietà; ostinatezza; testardaggine.
to mull (1) [mʌl], *v. t.* scaldare e aromatizzare (*vino, birra, ecc.*).
mull (1) [mʌl], *n.* mussolina sottile.
mull (2) [mʌl], *n.* confusione; guazzabuglio; imbroglio; pasticcio (*fig.*).
to mull (2) [mʌl], *v. t.* **1** abborracciare; pasticciare **2** (*ind.*) molazzare; macinare; polverizzare **3** (*spesso* **to m. over**) meditare su (q.c.); rimuginare (q.c.): **to m. over an idea**, rimuginare un'idea.
mull (3) [mʌl], *n.* (*scozz.*) promontorio; capo (*nei toponimi*).
mullein ['mʌlin], *n.* (*bot.*, *Verbascum thapsum*) tassobarbasso; barbasso.
muller ['mʌlə*], *n.* **1** pestello (*di pietra*) **2** (*ind.*) (mescolatore a) molazza **3** (*ind.*) molazzatore; addetto alla molazza.
mullet ['mʌlit], *n.* (*pl.* **mullet, mullets**) (*zool.*) **1** (*Mullus*) triglia **2** (*Mugil*) muggine. ● **grey m.** (*Mugil cephalus*), cefalo □ **red m.** (*Mullus surmuletus*), triglia di scoglio.
mulligatawny [,mʌligə'tɔ:ni], *n.* (*anche* **m. soup**) zuppa indiana a base di carne e curry. ● **m. paste**, curry in pasta (*per detta zuppa*).
mulligrubs ['mʌligrʌbz], *n. pl.* (*fam.*) malumore; umor nero.
mullion ['mʌliən], *n.* **1** (*archit.*) colonnina (*di finestra bifora, trifora, ecc.*) **2** (*falegnameria*) regolo verticale, montante (*di finestra*).
mullioned ['mʌliənd], *a.* (*di finestra*) a colonnine. ● **m. window with four lights**, quadrifora □ **m. window with three lights**, trifora □ **m. window with two lights**, bifora.
multangular [mʌl'tæŋgjulə*], *a.* pluriangolare.
multeity [mʌl'ti:iti], *n.* molteplicità.
multiannual [,mʌlti'ænjuəl], *a.* pluriennale: **a m. programme**, un programma pluriennale.
multicellular [,mʌlti'seljulə*], *a.* (*biol.*) pluricellulare.
multicoloured [,mʌlti'kʌləd], *a.* multicolore; policromo.
multifarious [,mʌlti'fɛəriəs], *a.* multiforme; molteplice; svariato; vario: **m. duties**, molteplici doveri; svariate mansioni.
multifariousness [,mʌlti'fɛəriəsnis], *n.* multiformità; molteplicità; varietà.
multifid ['mʌltifid], *a.* (*bot.*) multifido.
multiflorous [mʌl'tiflərəs], *a.* (*bot.*) multifloro.
multiform ['mʌltifɔ:m], *a.* multiforme.
multiformity [,mʌlti'fɔ:miti], *n.* multiformità; varietà.
multihull ['mʌltihʌl], *n.* (*naut.*) multiscafi.
multilateral [,mʌlti'lætərəl], *a.* multilaterale: (*polit.*) **a m. treaty**, un trattato multilaterale (*con più di due potenze firmatarie*).
multilingual [,mʌlti'liŋgwəl], **A** *a.* plurilingue; multilingue. **B** *n.* poliglotta.
multimillionaire ['mʌltimiljə'nɛə*], *n.* multimilionario; miliardario.
multinational [,mʌlti'næʃənl], **A** *a.* multinazionale: **m. companies**, società multinazionali. **B** *n.* (*fin.*) multinazionale.
multinomial [,mʌlti'noumiəl], **A** *a.* (*mat.*) polinomiale. **B** *n.* polinomio.
multipara [mʌl'tipərə], *n.* (*pl.* **multiparae**) (*di donna*) multipara.
multiparous [mʌl'tipərəs], *a.* (*biol.*) multiparo.
multiple ['mʌltipl], **A** *a.* **1** (*mat.*) multiplo **2** molteplice; multiforme; vario. **B** *n.* **1** (*mat.*) multiplo: **the least common m.**, il minimo comune multiplo **2** (*elettr.*) multiplo **3** (*fam.*) **V. m. shop**. ● **m.-choice test**, test a scelte multiple □ (*polit.*) **m.-party system**, sistema pluralistico; pluralismo □ **m. shop** (*o* **m. store**), negozio appartenente a una catena.
to multiple ['mʌltipl], *v. t.* (*elettr.*) collegare in parallelo.
multiplex ['mʌltipleks], **A** *a.* molteplice. **B** *n.* telegrafo multiplo.
multipliable ['mʌltiplaiəbl], **multiplicable** [,mʌlti'plikəbl], *a.* (*mat.*) moltiplicabile.
multiplicand [,mʌltipli'kænd], *n.* (*mat.*) moltiplicando.
multiplication [,mʌltipli'keiʃən], *n.* (*mat.*) moltiplicazione: **symbol of m.**, segno di moltiplicazione. ● **m. table**, tavola pitagorica.
multiplicative [,mʌlti'plikətiv], *a.* (*mat.*) moltiplicativo.
multiplicity [,mʌlti'plisiti], *n.* molteplicità (*anche mat.*); varietà.
multiplier ['mʌltiplaiə*], *n.* (*mat., econ., elettr., elettron.*) moltiplicatore. ● (*elettr.*) **m. effect**, effetto moltiplicatore.
to multiply ['mʌltiplai], **A** *v. t.* moltiplicare (*in ogni senso*): **to m. six by eight**, moltiplicare sei per otto; **to m. expenses**, moltiplicare le spese. **B** *v. i.* moltiplicarsi; crescere; riprodursi: **Filterable viruses m. only in living cells**, i virus filtrabili si riproducono soltanto nelle cellule vive.
multipolar [,mʌlti'poulə*], *a.* (*elettr. e fig.*) multipolare.
multiprocessing [,mʌlti'prousesiŋ], *n.* (*elab.*) multielaborazione.
multiprocessor [,mʌlti'prousesə*], *n.* (*elab.*) multiprocessore.
multiprogramming [,mʌlti'prougræmiŋ], *n.* (*elab.*) multiprogrammazione.
multipurpose ['mʌlti,pə:pəs], *a.* **1** pluriuso; multiusi: **m. furniture**, mobili pluriuso **2** (*mil.*) plurimpiego; multiruolo: **a m. aircraft**, un velivolo multiruolo. ● (*autom.*) **m. motor vehicle**, fuoristrada.
multiracial [,mʌlti'reiʃəl], *a.* multirazziale.
multistage ['mʌltisteidʒ], *a.* (*miss.*) a più stadi; pluristadio: **a m. rocket**, un razzo multistadio.
multistorey [,mʌlti'stɔ:ri], *a.* (*edil.*) a più piani: **a m. car park**, un autoparcheggio a più piani.
multiterminal [,mʌlti'tə:minl], *a.* (*elab.*) multiterminale: **a m. device**, un apparecchio multiterminale.
multitude ['mʌltitju:d], *n.* moltitudine; gran numero. ● **the m.**, la massa; i più; il popolo: **Sensational films appeal to the m.**, i film impressionanti piacciono ai più.
multitudinous [,mʌlti'tju:dinəs], *a.* **1** numerosissimo; innumerevole **2** molteplice; svariato.
multitudinousness [,mʌlti'tju:dinəsnis], *n.* **1** grandissimo numero; l'essere innumerevole **2** molteplicità; varietà.

multivalence [mʌl'tivələns], n. (chim.) plurivalenza; polivalenza.
multivalent [mʌl'tivələnt], a. (chim.) plurivalente; polivalente.
multiversity [ˌmʌlti'vəːsiti], n. (USA) grande università (assai differenziata).
mum (1) [mʌm], **A** a. zitto; muto (fig.). **B** inter. zitto!; zitti! ● **to be mum**, essere muto (come un pesce); non aprir bocca □ **Mum's the word!**, acqua in bocca!
to mum [mʌm], v. i. fare il mimo; partecipare a una pantomima (specialm. in occasione delle feste natalizie). ● **to go mumming**, andare di casa in casa a recitare pantomime natalizie.
mum (2) [mʌm], n. (un tempo) tipo di birra forte.
mum (3) [mʌm], n. (fam.) mamma, mammina (parola infantile).
mum (4) [mʌm], n. (fam. USA) crisantemo.
to mumble ['mʌmbl], v. t. e i. borbottare; cianciucare; ciangottare; mormorare; biascicare: **to m. something**, borbottare qualcosa; **to m. one's words**, biascicare (fam.: mangiarsi) le parole.
mumble ['mʌmbl], n. borbottio; ciangottio; mormorio: **His only answer was a m.**, un borbottio fu tutta la sua risposta.
mumbo jumbo ['mʌmbou 'dʒʌmbou], n. (pl. **mumbo jumbos**) 1 – (in Africa) Mumbo Jumbo, idolo, dio (di certe tribù) 2 (anche fig.) idolo; feticcio 3 gergo incomprensibile 4 cerimonia ridicola.
mummer ['mʌmə*], n. 1 mimo; attore di pantomima 2 (spreg. o scherz.) attore; commediante; guitto (spreg.).
mummery [ˈmʌməri], n. 1 pantomima 2 cerimonia ridicola; mascherata, pagliacciata (fig.) 3 cerimoniale ridicolo.
mummification [ˌmʌmifi'keiʃən], n. mummificazione.
to mummify ['mʌmifai], v. t. mummificare.
mummy (1) ['mʌmi], n. (anche fig.) mummia. ● **m. case**, sarcofago.
mummy (2) ['mʌmi], n. (fam.) mamma, mammina (parola infantile).
mumps [mʌmps], n. pl. (col verbo al sing.) 1 (med.) orecchioni; parotite epidemica 2 (fam.) broncio; muso. ● **to have the m.**, avere gli orecchioni; (fig., fam.) avere le lune; avere la luna (di traverso).
to munch [mʌntʃ], v. t. e i. masticare rumorosamente; sgranocchiare: **to m. an apple**, sgranocchiare una mela.
mundane ['mʌndein], a. mondano; terreno: **m. life**, (la) vita terrena.
mundanity [mʌn'dæniti], n. mondanità.
mungo ['mʌŋgou], n. (pl. **mungos**) (ind. tessile) lana a fibra corta.
Munich ['mjuːnik], n. (geogr.) Monaco (di Baviera).
municipal [mju(ː)'nisipəl], a. 1 municipale; comunale: **m. undertakings**, aziende municipali (del gas, tranviaria, ecc.); **m. police**, polizia municipale; i vigili urbani 2 pertinente agli affari interni (d'una nazione); nazionale; interno. ● **m. customs**, ufficio daziario; dazio □ **m. customs rate**, tariffa daziaria.
municipalism [mju(ː)'nisipəlizəm], n. 1 sistema municipalistico 2 municipalismo; campanilismo.
municipalist [mju(ː)'nisipəlist], n. fautore del municipalismo; campanilista.
municipality [mju(ː)ˌnisi'pæliti], n. 1 municipio; comune (o distretto) autonomo 2 (collett.) amministrazione comunale; municipalità.
municipalization [mju(ː)ˌnisipəlai'zeiʃən], n. municipalizzazione.
to municipalize [mju(ː)'nisipəlaiz], v. t. municipalizzare.
munificence [mju(ː)'nifisns], n. munificenza; generosità.
munificent [mju(ː)'nifisənt], a. munifico; generoso: **a m. reward**, un generoso compenso.
muniment ['mjuːnimənt], n. (leg., di solito al pl.) documento probatorio. ● **m. room**, archivio.
munition [mju(ː)'niʃən], n. (mil., di solito al pl.) munizione; munizioni; materiale bellico; rifornimenti militari. ● **m. (o munitions) of war**, munizioni da guerra □ **a m. factory**, una fabbrica di munizioni □ (stor.) **Ministry of Munitions**, Ministero dei Rifornimenti.
to munition [mju(ː)'niʃən], v. t. (mil.) rifornire di munizioni.
munitioner [mju(ː)'niʃənə*], n. operaio d'una fabbrica di munizioni.
munnion ['mʌnjən], V. **mullion**.
muon ['mjuːɔn], n. (fis. nucl.) muone; mesone mu.
murage ['mjuəridʒ], n. (stor.) imposta per la costruzione (o la riparazione) delle mura cittadine.
mural ['mjuərəl], **A** a. murale: **m. paintings**, pitture murali. **B** n. pittura (o dipinto) murale; murale. ● (stor. romana) **a m. crown**, una corona murale.
murder ['məːdə*], n. 1 assassinio (anche fig.); (anche **wilful m.**) omicidio premeditato 2 delitto atroce, atrocità 3 (pop.) strage; macello (pop.): **The match was sheer m.**, l'incontro è stato un vero macello. ● (fam.) **to cry** (o **to scream**) **blue m.**, gridare (o protestare) a squarciagola; fare il diavolo a quattro □ (fig.) **The m. is out**, il segreto è scoperto; il gatto è uscito dal

sacco □ (fam.) **He can get away with m.**, se la cava sempre □ (prov.) **M. will out**, tutti i nodi vengono al pettine.
to murder ['məːdə*], v. t. 1 (anche fig.) assassinare 2 (fig.) massacrare; fare scempio di; storpiare: **to m. a song**, fare scempio d'una canzone.
murderer ['məːdərə*], n. assassino; omicida.
murderess ['məːdəris], n. assassina.
murderous ['məːdərəs], a. 1 criminale; omicida; assassino: **a m. act**, un'azione criminale; **m. fury**, furia omicida; **a m. look**, uno sguardo assassino 2 massacrante; micidiale: **m. fire** (**heat, etc.**), fuoco (caldo, ecc.) micidiale; **m. exams**, esami massacranti.
to mure [mjuə*], v. t. (anche **to m. up**) murare.
murex ['mjuəreks], n. (pl. **murices, murexes**) (zool., Murex) murice.
muriate ['mjuəriit], n. (comm.) cloruro (specialm. di potassio).
muriatic [ˌmjuəri'ætik], a. (comm.) muriatico: **m. acid**, acido muriatico.
murk [məːk], n. oscurità; tenebre; buio.
murkiness ['məːkinis], n. oscurità; tenebrosità (raro); tenebre.
murky ['məːki], a. oscuro (anche fig.); tenebroso; buio; nero: **the m. air**, l'aria tenebrosa; **m. language**, linguaggio oscuro. ● **m. darkness**, densa tenebra; buio fitto; buio pesto.
murmur ['məːmə*], n. 1 mormorio 2 sussurro; parola mormorata 3 mormorazione; lagnanza; protesta. ● **They paid the higher price without a m.**, pagarono il prezzo più alto senza fiatare.
to murmur ['məːmə*], v. t. e i. 1 mormorare; sussurrare: **to m. a prayer**, mormorare una preghiera 2 brontolare; borbottare; protestare: **to m. at** (o **against**) **st.**, brontolare contro q.c.
murmuring ['məːməriŋ], **murmurous** ['məːmərəs], a. mormorante; borbottante.
murphy ['məːfi], n. (pop.) patata (da Murphy, tipico cognome irlandese).
murrain ['mʌrin], n. (vet.) moria del bestiame.
murrhine ['mʌrain], a. (lett.) murrino: (arte) **m. glass**, vasellame murrino.
muscadel ['mʌskədel], V. **muscat**.
muscadine ['mʌskədain], n. moscatello (uva).
muscardine ['mʌskədi(ː)n], n. moscardina (malattia dei bachi da seta).
muscat ['mʌskət], **muscatel** [ˌmʌskə'tel], n. 1 moscato (vino) 2 (anche **m. grapes**) moscatello (uva).
muscle ['mʌsl], n. 1 (anat.) muscolo 2 muscolatura; (collett.) muscoli: **He's an athlete: he's all m. and bone**, è un atleta: è tutto muscoli e ossa 3 forza muscolare; forza fisica. ● **m.-bound**, che ha i muscoli legati; irrigidito per la fatica (o per lo sforzo); (fig.) rigido, inelastico □ **a man of m.**, un uomo muscoloso, robusto □ **not to move a m.**, non muover muscolo; restare immobile.
to muscle ['mʌsl], v. i. (pop., di solito **to m. in**) farsi largo a forza (o a spintoni).
muscologist [mʌs'kɔlədʒist], n. (scient.) briologo.
muscology [mʌs'kɔlədʒi], n. (scient.) briologia.
muscovado [ˌmʌskə'vaːdou], n. (pl. **muscovados**) mascavato; zucchero grezzo.
Muscovite ['mʌskəvait], a. e n. 1 moscovita 2 (stor.) russo.
Muscovy ['mʌskəvi], n. (stor., geogr.) Moscovia. ● (zool.) **M. duck** (Cairina moschata), anatra muta (o moschiata).
muscular ['mʌskjulə*], a. 1 (anat.) muscolare: **m. strength**, forza muscolare 2 muscoloso; nerboruto. ● (stor.) **m. Christianity**, cristianesimo vigoroso (basato sulle opere).
muscularity [ˌmʌskju'læriti], n. muscolosità; robustezza.
musculature ['mʌskjulətʃə*], n. (anat.) muscolatura; sistema muscolare.
Muse [mjuːz], n. 1 (mitol.) Musa: **the nine Muses**, le nove Muse 2 – **the m.**, la musa; l'ispirazione poetica; la fonte d'ispirazione.
to muse [mjuːz], v. i. meditare; cogitare (lett.); riflettere: **to m. upon the meaning of man's life**, meditare sul significato della vita dell'uomo. ● **to m. a question**, rimuginare un problema □ **to m. upon the peaceful scenery of the country**, contemplare il tranquillo panorama della campagna.
musette [mju(ː)'zet], n. (mus.) 1 piccola cornamusa 2 musette (ballo).
museum [mju(ː)'ziəm], n. museo. ● (anche fig.) **m. piece**, pezzo da museo.
mush (1) [mʌʃ], n. 1 poltiglia; massa cedevole, soffice 2 (cucina USA) porridge 3 (fam.) sdolcinatezza; sentimentalismo; svenevolezza.
mush (2) [mʌʃ], n. (pop.) 1 ombrello 2 faccia; grugno, muso (pop.) 3 tipo; tizio; individuo.
mushroom ['mʌʃru(ː)m], **A** n. 1 fungo mangereccio 2 (fam.) cappellino di paglia (dall'ampia tesa ricurva) 3 (pop.) ombrello 4 fungo atomico. **B** a. attr. rapido; che cresce come un fungo: (fig.) **m. growth**, rapido sviluppo. ● **m. cloud**, fungo atomico □ **m. grower**, coltivatore di funghi □ (mecc.) **m. head**,

testa a fungo.
to mushroom ['mʌʃru:m], *v. i.* **1** raccogliere funghi **2** crescere come un fungo; svilupparsi (*o* crescere, aumentare) rapidamente: **This town has mushroomed in recent years**, questa città s'è sviluppata rapidamente negli ultimi anni **3** (*di fumo, ecc.*) diffondersi a fungo **4** (*di proiettile, ecc.*) schiacciarsi. ● **to go mushrooming**, andare per funghi.
mushy ['mʌʃi], *a.* **1** simile a (*o* ridotto in) poltiglia; spappolato; cedevole; molle **2** (*fam.*) sentimentale; sdolcinato; svenevole.
music ['mju:zik], *n.* musica. ● **m. box**, scatola armonica □ **m. hall**, music-hall, teatro di varietà; (*USA*) sala per concerti, auditorium □ **m. holder** (*o* **m. stand**), leggio (per musica) □ (*fig., fam.*) **to be m. to one's ears**, essere musica per le orecchie □ **m. stool**, sgabello per pianoforte □ **academy of m.**, conservatorio □ (*fig., fam.*) **to face the m.**, affrontare le critiche (*o* i rimproveri); subire le conseguenze (di quel che s'è fatto) □ **to play without m.**, suonare a memoria □ **rough m.**, rumore strano, noioso; frastuono □ **to set (a poem, etc.) to m.**, mettere (una poesia, ecc.) in musica.
musical ['mju:zikəl], **A** *a.* **1** musicale (*in ogni senso*); (*fig.*) melodioso: **m. instruments**, strumenti musicali; **a m. voice**, una voce musicale; **a m. film**, un film musicale **2** (*di persona*) amante della musica **3** (*di persona*) che sente la musica; che ha orecchio (per la musica). **B** *n.* (*fam.*) **1** commedia (*o* film) musicale; musical **2** serata musicale. ● **m. box**, scatola armonica □ **m. chairs**, gioco delle sedie (*gioco da salotto*) □ **m. comedy**, commedia (*o* film) musicale □ **m. play**, operetta □ **m. ride**, esercizio militare eseguito da cavalleggeri a suon di musica
musicale [,mju:zi'kæl], *n.* (*USA*) serata musicale.
musicality [,mju(:)zi'kæliti], **musicalness** ['mju:zikəlnis], *n.* musicalità.
musicassette ['mju:zikæˌset], *n.* (*mus.*) musicassetta.
musician [mju(:)'ziʃən], *n.* **1** musicista **2** amante (*o* esperto) di musica. ● **street m.**, suonatore ambulante.
musicianship [mju(:)'ziʃənʃip], *n.* **1** abilità di musicista **2** sensibilità per la musica.
musicological [,mju(:)zikəˈlɔdʒikəl], *a.* musicologico.
musicologist [,mju:zi'kɔlədʒist], *n.* musicologo.
musicology [,mju(:)zi'kɔlədʒi], *n.* musicologia.
musing ['mju:ziŋ], **A** *a.* meditabondo; pensoso; assorto. **B** *n.* meditazione; riflessione.
musk [mʌsk], *n.* (*profumeria*) muschio (*sostanza fortemente odorosa, prodotta dal mosco*). ● (*bot.*) **m. deer** (*Moschus moschiferus*), mosco □ (*zool.*) **m. duck** (*Cairina moscata*), anatra muta (*o* muschiata) □ (*bot.*) **m.-melon** (*Cucumis melo*), melone □ (*zool.*) **m.-ox** (*Ovibos moschatus*), bue muschiato □ (*zool.*) **m.-rat**, *V.* **musquash** □ (*bot.*) **m. rose** (*Rosa moschata*), rosa muschiata.
musket ['mʌskit], *n.* (*stor.*) moschetto. ● **m. shot**, moschettata.
musketeer [,mʌski'tiə*], *n.* (*stor.*) moschettiere.
musketry ['mʌskitri], *n.* **1** (*stor.*) moschetteria **2** (*mil.*) esercitazioni di tiro.
musky ['mʌski], *a.* muschiato; che ha odore di muschio.
Muslem, Muslim ['muslim], *V.* **Moslem**.
muslin ['mʌzlin], *n.* (*ind. tessile*) mussola. ● **m.-de-laine**, mussola di lana □ (*fam.*) **a bit of m.**, una donna; una ragazza.
musmon ['mʌsmən], *V.* **moufflon**.
musquash ['mʌs-kwɔʃ], *n.* **1** (*zool., Ondatra zibethica*) topo muschiato **2** (*moda*) pelliccia di topo muschiato; rat musqué (*franc.*).
muss [mʌs], *n.* (*fam. USA*) **1** confusione; disordine; pasticcio **2** baruffa; lite; rissa.
to muss [mʌs], *v. t.* (*fam. USA*) (*spesso* **to m. up**) **1** mettere in disordine; metter sottosopra; buttare all'aria **2** arruffare, scompigliare (*i capelli*).
mussel ['mʌsl], *n.* (*zool.*) (*Mytilus edulis*) mitilo; cozza.
Mussulman ['mʌslmən], *n.* e *a.* musulmano; maomettano.
mussy ['mʌsi], *a.* (*fam. USA*) disordinato; in disordine; sottosopra.
must (1) [mʌst], *n.* mosto; vino nuovo (*fam.*).
must (2) [mʌst], *n.* muffa.
must (3) [mʌst], **A** *n.* (*d'elefante, cammello*) frenesia; furia; stato d'eccitazione sessuale. **B** *a.* (*d'elefante, ecc.*) infuriato; eccitato.
must (4) [mʌst, məst], *voce verb. difett.* (*al pres. e anche − nel discorso indir. e come pres. stor. − al pass.*) devo (*o* debbo), devi, deve, ecc.; dovevo, dovevi, ecc.: **You m. pay your creditors**, devi pagare i creditori; **You m. obey the rules**, devi rispettare le regole; **Well, do it if you m.**, beh, fallo, se proprio devi; **You mustn't do it any more**, non devi farlo (mai) più; **He m. be mad**, dev'esser matto!; **It m. be dark outside**, dev'essere buio fuori; **It m. be late**, dev'essere tardi; **It m. have rained**, dev'essere piovuto; **It m. be so**, dev'esser così; **He m. keep his word**, he thought, pensò che doveva mantenere la parola data; **It m. have been late when you arrived**, doveva essere tardi quando arrivasti; **Just as I was going out, that awful bore m. come worrying me!**, proprio mentre stavo uscendo, (non) doveva venire quell'insopportabile seccatore a tormentarmi! ● **Well, you m. know that...**, devi dunque sapere (*o* sappi) che... □ **A solution m. be found**, bisogna (*o* occorre) trovare una soluzione □ **You m. have known what I meant**, sapevi benissimo (*o* avresti dovuto sapere) quel che volevo dire □ **You m. be aware of this**, non puoi ignorare ciò; lo sai di certo □ (*lett. o scherz.*) **I m. forth**, devo andarmene.
must (5) [mʌst], *n.* (*fam.*) (una) cosa che si deve fare (*o* conoscere, leggere, vedere, ecc.); (una) cosa di cui non si può fare a meno: **This book is a m.**, questo è un libro che si deve leggere; **This film is a m.**, è un film da vedere (assolutamente).
mustache ['mʌstæʃ], (*USA*) *V.* **moustache**.
mustachio [mə'staːʃiou], *n.* (*pl.* **mustachios**) mustacchio; baffone (*fam.*).
mustang ['mʌstæŋ], *n.* (*zool.*) mustang.
mustard ['mʌstəd], *n.* **1** (*bot., Sinapis*) senape **2** (*cucina*) senape; mostarda **3** color senape. ● (*chim., mil.*) **m. gas**, iprite □ **m. plaster**, senapismo □ **m. pot**, mostardiera □ **m. poultice**, fomento senapato □ **as keen as m.**, pieno d'entusiasmo (*o* d'interesse) □ **French m.**, mostarda; senape con aceto □ (*fig.*) **a grain of m. seed**, una cosa apparentemente insignificante ma gravida di conseguenze.
muster ['mʌstə*], *n.* **1** (*specialm. mil.*) adunata; appello; rassegna; rivista; ispezione: **to take (o to make) m. of a regiment**, passare in rivista un reggimento **2** assembramento; raccolta. ● (*naut.*) **m. book** (*o* **m. roll**), ruolino d'appello (*o* di bordo); ruolo dell'equipaggio □ (*fig.*) **to pass m.**, essere riconosciuto adatto (*o* soddisfacente); essere approvato; andar bene.
to muster ['mʌstə*], **A** *v. t.* **1** chiamare (*specialm. soldati*) a raccolta; adunare; radunare; riunire: **I mustered all the women and children together**, radunai tutte le donne e i bambini **2** passare in rassegna, in rivista (*truppe*) **3** (*fig., spesso* **to m. up**) fare appello a: **I had to m. up all my courage**, dovetti fare appello a tutto il mio coraggio. **B** *v. i.* (*specialm. di soldati*) adunarsi; radunarsi. ● (*naut.*) **to m. the crew**, fare l'appello dell'equipaggio □ (*fig.*) **to m. a few dollars**, mettere insieme un po' di dollari □ (*mil.*) **to m. in**, arruolare; reclutare.
mustiness ['mʌstinis], *n.* **1** muffa **2** odore di muffa **3** (*fig.*) l'esser antiquato (*o* superato).
mustn't ['mʌsnt], *contraz.* di **must not**.
musty ['mʌsti], *a.* **1** ammuffito; coperto di muffa: **m. books**, libri coperti di muffa **2** (*fig.*) antiquato; superato; vieto; stantio: **m. scholarship**, erudizione stantia; **m. laws**, leggi antiquate. ● **m. wine**, vino che sa di muffa, di stantio.
mutability [,mju:tə'biliti], *n.* mutabilità; mutevolezza.
mutable ['mju:təbl], *a.* mutabile; variabile; mutevole.
mutagen ['mju:tədʒən], *n.* (*biol.*) (agente) mutageno.
mutagenic [,mju:tə'dʒenik], *a.* (*biol.*) mutageno; mutagenico; che induce mutazioni genetiche.
mutant ['mju:tənt], *n.* (*genetica*) mutante.
mutation [mju(:)'teiʃən], *n.* **1** mutazione (*anche genetica*); mutamento; cambiamento **2** (*fon.*) metafonia; metafonesi. ● (*mus.*) **m. stop**, registro di organo per note di tonalità diversa.
mutatis mutandis [muː'taːtis muː'tændis] (*lat.*), *avv.* mutatis mutandis.
mutch [mʌtʃ], *n.* (*scozz.*) cuffia di lino (*per donne o bambini*).
mute [mju:t], **A** *a.* muto (*anche fig.*); silenzioso; taciturno: **to gaze in m. adoration**, guardar fisso in muta adorazione; (*fon.*) **m. consonants**, consonanti mute; **The «b» in «dumb» is m.**, la «b» in «dumb» è muta. **B** *n.* **1** muto, muta: **the deaf m.**, i sordomuti **2** (*fon.*) consonante muta **3** (*teatr.*) attore di pantomima; mimo **4** (*teatr.*) comparsa **5** (*mus.*) sordina: **to play with the m. on**, suonare in sordina. ● (*leg.*) **to stand m. of malice**, rifiutare deliberatamente di rispondere al giudice.
to mute (1) [mju:t], *v. t.* **1** (*mus.*) mettere la sordina a (*uno strumento*) **2** attenuare (*una luce, un colore, ecc.*).
to mute (2) [mju:t], *v. i.* (*d'uccelli*) defecare.
muteness ['mju:tnis], *n.* mutezza; mutismo.
to mutilate ['mju:tileit], *v. t.* (*anche fig.*) mutilare: **The censors mutilated his speech**, i censori mutilarono il suo discorso.
mutilated ['mju:tileitid], *a.* **1** mutilato **2** (*di codice, ecc.*) mutilo.
mutilation [,mju:ti'leiʃən], *n.* mutilazione.
mutilator ['mju:tileitə*], *n.* mutilatore.
mutineer [,mju:ti'niə*], *n.* **1** ammutinato **2** ribelle; rivoltoso.
mutinous ['mju:tinəs], *a.* **1** ammutinato: **a m. crew**, una ciurma ammutinata **2** ribelle; sedizioso: **a m. act**, un atto di ribellione. ● (*fig.*) **a m. passion**, una passione smodata (*o* travolgente).
mutiny ['mju:tini], *n.* ammutinamento; ribellione; sedizione. ● (*fig.*) **to carry on one's own private m. against sb.**, fare la propria guerra privata contro q.
to mutiny ['mju:tini], *v. i.* ammutinarsi; ribellarsi.
mutism ['mju:tizəm], *n.* mutismo; ostinato silenzio.
mutt [mʌt], *n.* (*pop.*) **1** stupido; ignorante; testa di legno (*fig., fam.*) **2** cane bastardo.
to mutter ['mʌtə*], *v. i.* e *t.* mormorare; borbottare; brontolare; parlare fra i denti: **We could hear the guns muttering in the**

mutter

distance, sentivamo i cannoni brontolare lontano; **to m. an answer**, borbottare una risposta.
mutter ['mʌtə*], *n.* mormorio; borbottio; brontolio.
mutton ['mʌtn], *n.* carne di montone (*o* di pecora); castrato. ● **m.-chop**, costoletta di castrato; (*fig.*) favorito, fedina □ (*fam.*) **m. dressed like lamb**, vecchia vestita da ragazzina □ (*fam.*) **m.-head**, stupido; testa di legno (*fig.*, *fam.*) □ **as dead as m.**, morto stecchito □ **to eat one's m. with sb.**, pranzare con q. □ (*pop.*) **(Let's return) to our muttons!**, torniamo a bomba!
muttony ['mʌtni], *a.* che ha l'odore (*o* il sapore) del castrato.
mutual ['mju:tjʊəl], *a.* **1** mutuo; reciproco; scambievole: **m. affection**, mutuo affetto; **m. hatred**, odio reciproco **2** comune: **our m. friend**, il nostro comune amico; **m. efforts**, sforzi comuni. ● **m. admiration society**, gruppo di persone che s'incensano a vicenda □ **m. aid association**, società di mutuo soccorso; mutua □ **m. enemies**, nemici l'uno dell'altro (*o* tra di loro) □ (*fin. USA*) **m. fund**, fondo comune d'investimento □ (*comm.*) **m. insurance company**, compagnia d'assicurazione che divide fra gli assicurati una parte degli utili □ **m. well-wishers**, persone che desiderano l'una il bene dell'altra □ (*comm.*) **on m. terms**, su basi di reciprocità.
mutualism ['mju:tjʊəlɪzəm], *n.* (*biol.*) mutualismo.
mutuality [,mju:tjʊ'ælɪtɪ], *n.* mutualità; reciprocità.
mutule ['mju:tjul], *n.* (*archit.*) mutulo (*d'una colonna dorica*).
Muzak ['mju:zæk], *n.* (*marchio*, *spreg.*) musica registrata (*diffusa in locali pubblici*).
muzhik ['mu:ʒik], *V.* **moujik**.
to muzz [mʌz], *v. t.* (*fam.*) istupidire; intontire; inebriare.
muzziness ['mʌzɪnɪs], *n.* (*fam.*) intontimento; istupidimento.
muzzle ['mʌzl], *n.* **1** muso (*di cane, cavallo, ecc.*) **2** museruola **3** bocca (*d'arma da fuoco*) **4** (*di cannone*) volata. ● **m.-loader**, arma da fuoco ad avancarica □ **m.-loading gun**, fucile ad avancarica □ **m. velocity**, velocità iniziale (*d'un proiettile*).
to muzzle ['mʌzl], *v. t.* mettere la museruola a (*anche fig.*); imbavagliare (*fig.*); far tacere; costringere (q.) al silenzio.
muzzy ['mʌzɪ], *a.* (*fam.*) intontito; istupidito; inebetito; brillo.
my [maɪ], **A** *a. poss.* **1** il mio, la mia; i miei, le mie; **Where is my friend?**, dov'è il mio amico? **2** (*quando è unito alla forma in -ing è idiom.*) **He resented my being appointed headmaster**, si risentì perché ero stato nominato preside; **Do you mind my coming later?**, ti secca se vengo più tardi? **B** *inter.* **Oh, my!**, perbacco!; santo cielo! ● **my and her father**, nostro padre (*mio e di mia sorella*) □ **my dear** (*o* **my darling**), mio caro; mia cara □ (*fam.*) **my eye!**, perbacco!; accidenti! □ **my love**, amor mio □ **my own**, mio (*proprio*): **This book is my own; I bought it**, questo libro è mio; l'ho comprato io □ **My dear fellow**, caro mio! □ **My goodness!**, buon Dio!; perbacco!
myalgia [maɪ'ældʒɪə], *n.* (*med.*) mialgia; reumatismo muscolare.
myasthenia [,maɪəs'θi:nɪə], *n.* (*med.*) miastenia.
mycelial [maɪ'si:lɪəl], *a.* (*bot.*) del micelio.
mycelium [maɪ'si:lɪəm], *n.* (*pl.* **mycelia**) (*bot.*) micelio.
Mycenaean [,maɪsɪ'ni:ən], *a.* (*stor., archeol.*) miceneo.
mycologist [maɪ'kɒlədʒɪst], *n.* (*scient.*) micologo.
mycology [maɪ'kɒlədʒɪ], *n.* (*scient.*) micologia; micetologia.
mycosis [maɪ'koʊsɪs], *n.* (*pl.* **mycoses**) (*med.*) micosi. ● (*lat.*) **m. cutis**, dermatomicosi □ (*lat.*) **m. intestinalis**, carbonchio intestinale.
mycotoxin [,maɪkoʊ'tɒksɪn], *n.* (*scient.*) micotossina.
mydriasis [,mɪdrɪ'eɪsɪs], *n.* (*pl.* **mydriases**) (*med.*) midriasi.
myelin(e) ['maɪəlɪn], *n.* (*anat.*) mielina.
myelitis [,maɪə'laɪtɪs], *n.* (*pl.* **myelitides**) (*med.*) mielite.
mylodon ['maɪlədɒn], *n.* (*paleontologia*) milodonte.
mynheer [maɪn'hɪə*], *n.* **1** — (*davanti a un cognome o al vocativo*) **M.**, signore **2** (*fam.*) olandese.
myocarditis [,maɪoʊka:'daɪtɪs], *n.* (*med.*) miocardite.
myocardium [,maɪoʊ'ka:dɪəm], *n.* (*pl.* **myocardia**) (*anat.*) miocardio.
myograph ['maɪoʊgra:f], *n.* (*med.*) miografo (*strumento*).
myology [maɪ'ɒlədʒɪ], *n.* (*anat.*) miologia.
myope ['maɪoʊp], *n.* (*med.*) miope.
myopia [maɪ'oʊpɪə], *n.* (*med. e fig.*) miopia.
myopic [maɪ'ɒpɪk], *a.* (*med. e fig.*) miope.
myosin ['maɪoʊsɪn], *n.* (*biochimica*) miosina.
myosis [maɪ'oʊsɪs], *n.* (*pl.* **myoses**) (*med.*) miosi.
myosotis [,maɪə'soʊtɪs], *n.* (*bot., Myosotis palustris*) miosotide; non-ti-scordar-di-me.
myriad ['mɪrɪəd], **A** *n.* (*lett.*) **1** miriade; dieci migliaia **2** (*fig.*) miriade; numero grandissimo. **B** *a. attr.* a miriadi; innumerevole.
myriametre ['mɪrɪə,mi:tə*], *n.* miriametro (*10 000 metri*).
myriapod ['mɪrɪəpɒd], (*zool.*) **A** *a.* dei miriapidi. **B** *n.* miriapode.
myrmecology [,mə:mɪ'kɒlədʒɪ], *n.* (*scient.*) mirmecologia.
Myrmidon ['mə:mɪdən], *n.* **1** (*mitol.*) mirmidone **2** — **m.**, seguace (*o* servitore) fedele **3** — **m.**, sbirro; scherano (*lett.*); sgherro. ● (*spreg.*) **the myrmidons of the law**, gli sbirri.
myrobalan [maɪ'rɒbələn], *n.* (*tintoria, conceria*) mirabolano.
myrrh (1) [mə:*], *n.* **1** (*profumeria*) mirra **2** (*bot.*) *Commiphora*, pianta da cui si estrae la mirra.
myrrh (2) [mə:*], *n.* (*bot., Myrrhis odorata*) mirride; finocchiella.
myrrhic ['mə:rɪk], **myrrhy** ['mə:rɪ], *a.* di mirra.
myrtaceous [mə:'teɪʃəs], *a.* (*bot.*) mirtaceo.
myrtle ['mə:tl], *n.* (*bot., Myrtus communis*) mirto; mortella. ● **m. oil**, essenza di mirto.
myself [maɪ'self], **A** *pron. rifl.* me stesso; mi; me: **I have sacrificed m. for my people**, mi sono sacrificato per il mio popolo; **I was speaking to m.**, parlavo fra me e me. **B** *pron. enfat.* io stesso; io in persona; proprio io: **I saw it m.**, l'ho visto io stesso (*o* con questi occhi); **I am doing it only for m.**, lo faccio solo per me (stesso). ● **by m.**, da me; da solo; solo: **I can do it by m.**, so farlo da me; **I was quite by m.**, ero tutto solo □ **I m. am afraid**, ho paura anch'io □ **I am not m. when I get so enraged**, quando m'infurio così, sono proprio fuori di me (*o* non sono più io) □ **I'm quite m. again**, mi sono rimesso del tutto; ora sto proprio bene □ **Soon after the accident I came to m. again**, mi riebbi (*o* mi ripresi) poco dopo l'incidente.
mystagogic(al) [,mɪstə'gɒdʒɪk(əl)], *a.* (*relig.*) mistagogico.
mystagogue ['mɪstəgɒg], *n.* (*relig.*) mistagogo.
mystagogy ['mɪstə,gɒdʒɪ], *n.* (*relig.*) mistagogia.
mysterious [mɪs'tɪərɪəs], *a.* misterioso; arcano; oscuro: **a m. event**, un avvenimento misterioso. ● **m.-looking**, dall'aspetto misterioso: **a m.-looking stranger**, un forestiero dall'aspetto misterioso.
mysteriousness [mɪs'tɪərɪəsnɪs], *n.* misteriosità.
mystery ['mɪstərɪ], *n.* **1** mistero (*quasi in ogni senso*): **the m. of life**, il mistero della vita; **the Eleusinian mysteries**, i misteri eleusini; **an air of m.**, un'aria di mistero; **wrapt in m.**, avvolto nel mistero; **to make a m. of st.**, far mistero di q.c.; tenere q.c. celato (*o* segreto) **2** (*relig.*) sacro mistero; sacramento; (*specialm.*) eucaristia **3** (*letter., anche* **m. play**) mistero, miracolo (*rappresentazione sacra*) **4** (*letter., anche* **m. story**) romanzo giallo (*o* poliziesco). ● (*stor., mil.*) **m. ship**, nave da guerra camuffata da mercantile (*per dar la caccia ai sommergibili*); nave civetta.
mystic ['mɪstɪk], **A** *a.* **1** (*relig.*) mistico **2** esoterico; occulto: **m. rites**, riti esoterici; **m. powers**, potenze occulte **3** misterioso; enigmatico; oscuro. **B** *n.* mistico. ● **m. practice**, ascesi □ (*leg.*) **m. testament**, testamento segreto.
mystical ['mɪstɪkəl], *a.* mistico; allegorico: **the m. rose**, a symbol of the Virgin Mary, la rosa mistica, simbolo di Maria Vergine.
mysticism ['mɪstɪsɪzəm], *n.* **1** (*relig.*) misticismo **2** (*spreg.*) misticume.
to mysticize ['mɪstɪsaɪz], *v. t.* rendere mistico.
mystification [,mɪstɪfɪ'keɪʃən], *n.* **1** mistificazione; inganno **2** il confondere le idee; il rendere perplesso.
mystifier ['mɪstɪfaɪə*], *n.* mistificatore, mistificatrice.
to mystify ['mɪstɪfaɪ], *v. t.* **1** mistificare; ingannare **2** confondere; rendere perplesso **3** avvolgere nel mistero; rendere oscuro.
mystique [mɪs'ti:k], *n.* **1** mistica **2** (*spreg.*) misticume.
myth [mɪθ], *n.* **1** mito; leggenda **2** figura mitica.
mythic(al) ['mɪθɪk(əl)], *a.* **1** mitico; leggendario **2** fittizio; immaginario; irreale; mitologico (*scherz.*): **m. wealth**, ricchezza immaginaria.
mythicism ['mɪθɪsɪzəm], *n.* studio dei miti.
mythicist ['mɪθɪsɪst], *n.* mitologo.
to mythicize ['mɪθɪsaɪz], *v. t.* **1** miticizzare; mitizzare; trasformare in mito **2** interpretare miticamente; dare una spiegazione mitica di.
mythographer [mɪ'θɒgrəfə*], *n.* mitografo.
mythography [mɪ'θɒgrəfɪ], *n.* mitografia.
mythologer [mɪ'θɒlədʒə*], *n.* mitologo.
mythologic(al) [,mɪθə'lɒdʒɪk(əl)], *a.* mitologico.
mythologist [mɪ'θɒlədʒɪst], *n.* mitologo.
to mythologize [mɪ'θɒlədʒaɪz], **A** *v. t. V.* **to mythicize**. **B** *v. i.* fare il mitologo; interpretare (*o* studiare) miti.
mythology [mɪ'θɒlədʒɪ], *n.* mitologia; miti (*collett.*); studio dei miti: **the m. of ancient Rome**, la mitologia dell'antica Roma.
mythomania [,mɪθə'meɪnɪə], *n.* (*psic.*) mitomania.
mythomaniac [,mɪθə'meɪnɪæk], *a. e n.* (*psic.*) mitomane.
mythophobia [,mɪθə'foʊbɪə], *n.* (*psic.*) mitofobia.
mythus [maɪθəs], *n.* (*pl.* **mythi**) mito.
myxoedema [,mɪksoʊ'di:mə], *n.* (*med.*) mixedema.
myxoma [mɪk'soʊmə], *n.* (*pl.* **myxomas**, **myxomata**) (*med.*) mixoma.
myxomatosis [,mɪksoʊmə'toʊsɪs], *n.* (*pl.* **myxomatoses**) (*vet.*) mixomatosi.
myxomycetes [,mɪksoʊmaɪ'si:ti:z], *n. pl.* (*biol.*) mixomiceti.

n, N

N, n [en], *n.* (*pl.* **N's, n's; Ns, ns**) **1** N, n (*quattordicesima lettera dell'alfabeto ingl.*) **2** (*mat.*) n (*simbolo di numero o potenza indefinita*): **to the nth** (**power**), all'ennesima potenza (*anche in senso fig.*). ● (*tel.*) **n for Nellie** (*USA*: **n for Nan**), n come Napoli ☐ (*fis.*) **N-rays**, raggi N.
Naafi ['næfi], *n.* (*mil.*) «Naafi» (*mensa o negozio per militari*).
to nab [næb], *v. t.* (*pop.*) **1** acchiappare; agguantare; afferrare **2** impadronirsi di; prendere **3** rubare.
nabob ['neibɔb], *n.* nababbo (*anche fig.*); riccone.
nacelle [nə'sel], *n.* (*aeron.*) **1** navicella (*di dirigibile*) **2** gondola (*che racchiude il motore d'un aeroplano*).
nacre ['neikə], *n.* madreperla.
nacreous ['neikriəs], **nacrous** ['neikrəs], *a.* **1** madreperlaceo; madreperlato **2** che fornisce la madreperla **3** iridescente.
nadir ['neidiə*], *n.* **1** (*astron.*) nadir **2** (*fig.*) punto più basso.
naevus ['ni:vəs], *n.* (*med.*) nevo.
nag (1) [næg], *n.* **1** cavallino; puledro; pony **2** (*spreg.*) ronzino.
to nag [næg], A *v. t.* **1** rimbrottare; sgridare **2** infastidire; tormentare: **a doubt nagged him**, un dubbio lo tormentava. B *v. i.* **1** brontolare continuamente **2** essere fonte di preoccupazione continua. ● **to nag at sb.**, sgridare (*o* infastidire) q. continuamente ☐ **to nag sb. into doing st.**, far fare q.c. a q. a forza di rimproveri e punzecchiature.
nag (2) [næg], *n.* (*fam.*) persona (*specialm.* donna) bisbetica (*o* fastidiosa, seccante).
nagger ['nægə*], *n.* brontolone, brontolona; persona bisbetica.
nagging (1) ['nægiŋ], *n.* brontolamenti; continui rimproveri.
nagging (2) ['nægiŋ], **naggy** ['nægi], *a.* **1** che brontola sempre; bisbetico; fastidioso; irritante; seccante: **a n. wife**, una moglie bisbetica **2** preoccupante.
nagor ['neigɔ:*], *n.* (*zool.*, *Redunca redunca*) piccola antilope dei canneti; cervicapra.
naiad ['naiæd], *n.* (*pl.* **naiads, naiades**) (*mitol.*) naiade.
to nail [neil], *v. t.* **1** (*anche fig.*) inchiodare: **He nailed the canvas to the ground with a spike**, inchiodò a terra il telo da tenda con una punta **2** chiodare; munire di chiodi **3** (*fam.*) acchiappare; afferrare; prendere al volo: **N. him before he leaves**, prendilo (al volo) prima che se ne vada **4** (*pop.*) colpire (*con l'arco, il fucile, ecc.*); fare secco (*pop.*). ● **to n. a bargain**, assicurarsi un affare; non lasciarselo scappare ☐ (*fig.*) **to n. one's colours to the mast**, fare una professione di fede incrollabile; irrigidirsi; tener duro ☐ **to n. sb. down to a promise**, far mantenere una promessa a q. ☐ **to n. sb. down to a statement**, inchiodare q. alle sue parole; costringere q. a mantenere le sue promesse ☐ **to n. st. down**, inchiodare q.c. ☐ **to n. one's eyes** (*o* **attention**) **on an object**, tener gli occhi fissi (inchiodati) su un oggetto ☐ **to n. a lie to the counter** (*o* **to the barndoor**), smascherare una menzogna ☐ **to n. up**, inchiodare; attaccare (*o* fissare) con chiodi: **to n. up a box** (**a window**), inchiodare una cassa (una finestra); **to n. up a picture**, attaccare un quadro ☐ (*fig.*) **a nailed-up drama**, un dramma abborracciato, imbastito alla meglio.
nail [neil], *n.* **1** (*anat.*) unghia **2** (*d'animale*) artiglio **3** chiodo; punta **4** (*med.*) chiodo. ● **n.-brush**, spazzolino da unghie ☐ **n.-head**, capocchia di chiodo; testa di punta; borchia ornamentale ☐ (*fig.*) **a n. in sb.'s coffin**, un'azione o cosa dannosa, che abbrevia la vita di q. o accelera la fine di q.c. (*per es.*, *di un governo*) ☐ **n. maker**, chiodaiolo; chiodaio ☐ **n. polish**, V. **n. varnish** ☐ **n. puller**, cavachiodi ☐ **n. scissors**, forbici per le unghie ☐ **n. varnish**, smalto per unghie ☐ **as hard as nails**, (*di corpo*) sano come un pesce, in ottima salute, forte, robusto; (*d'animo*) duro, crudele, spietato ☐ **to n. bite one's nails**, mangiarsi le unghie ☐ **to drive in a n.**, conficcare (*o* piantare) un chiodo ☐ **to fight tooth and n.**, battersi con le unghie e coi denti ☐ **gimp n.**, chiodo da tappezziere; borchia ☐ (*fig.*) **to hit the n. on the head**, colpire nel segno ☐ (*fam.*) **on the n.**, immediatamente, in contanti; a tamburo battente ☐ **to pay on the n.**, pagare a tamburo battente, in contanti.
nailed [neild], *a.* provvisto di unghie.

nailer ['neilə*], *n.* **1** fabbricante di chiodi; chiodaiolo; chiodaio **2** (*pop.*) cosa eccellente, ottima. ● (*pop.*) **to be a n. at st.**, essere un fenomeno nel fare q.c.
nailery ['neiləri], *n.* fabbrica di chiodi; chioderia.
naive, naïve [nai'i:v, na:'i:v], *a.* ingenuo; candido, senza malizia, innocente (*fig.*); semplice; schietto: **a n. girl**, una ragazza semplice; **a n. remark**, un'osservazione ingenua.
naiveté [na:'i:vtei], **naivety** [na:'i:vti], **naïvety** [na:'i:vti], *n.* ingenuità; candore, innocenza (*fig.*); semplicità; schiettezza.
naked ['neikid], *a.* **1** nudo, ignudo (*anche fig.*); spogliato; spoglio; (*fig.*) disadorno, puro e semplice, schietto: **n. savages**, selvaggi ignudi; **n. rock**, nuda roccia; **a n. sword**, un nudo ferro; una spada sguainata; **the n. truth**, la nuda verità; la verità nuda e cruda; **n. walls**, pareti nude; **the n. facts**, i fatti puri e semplici; **n. trees**, alberi spogli; **n. faith**, fede schietta, sincera **2** scoperto; palese; manifesto; messo a nudo: **in its n. absurdity**, nella sua palese assurdità; **his n. heart**, il suo cuore messo a nudo **3** scoperto; non protetto; sguarnito: **a n. light**, una luce scoperta (*non protetta da paralume*); (*anche*, *in miniera*) una lampada a fiamma libera **4** (*di paesaggio*) brullo. ● **as n. as mother bore him**, nudo come l'ha fatto mamma ☐ **the n. ape**, l'uomo ☐ (*bot.*) **N. Lady** (*o* **N. Boys**) (*Colchicum autumnale*), colchico ☐ (*leg.*) **a n. contract**, un contratto non valido ☐ **to see st. with the n. eye**, vedere q.c. a occhio nudo ☐ **stark n.**, nudo come il palmo della mano; tutto nudo ☐ **to strip sb. n.**, denudare q.
nakedness ['neikidnis], *n.* nudità. ● (*fig.*) **the n. of the land**, la sterilità della terra; la povertà del paese; (*anche*) la mancanza di difesa della nazione.
namable ['neiməbl], *a.* nominabile; menzionabile; degno d'esser menzionato.
namby-pamby ['næmbi'pæmbi], A *a.* **1** lezioso; sentimentale; sdolcinato; zuccheroso (*fig.*) **2** (*di persona*) infantile; debole. B *n.* **1** discorso (*o* scritto) sentimentale, sdolcinato **2** persona debole **3** persona sentimentale; sentimentalista.
name [neim], A *n.* **1** nome; denominazione; appellativo: **to mention sb. by n.**, fare il nome di q.; **John by n.** (*o* **by n. John**) di nome Giovanni; **I know him by n.**, lo conosco di nome; **He is chief in n. only**, è il capo solo di nome **2** fama; reputazione; nome; rinomanza; fame: **to win a** (**good**) **n. for oneself**, farsi un nome; diventare famoso **3** (*pop.*) grosso nome; personaggio famoso. B *a. attr.* (*comm.*; *anche* **n. brand**) di (buona) qualità; di marca; pregiato: **n. merchandise**, merce di qualità. ● **n.-child**, bambino che porta il nome di q. (*del nonno*, *ecc.*) ☐ **n. day**, onomastico ☐ **the n. of a firm**, la ragione sociale di una ditta ☐ (*fam.*) **the n. of the game**, la cosa da fare (*o* da avere, ecc.); quel che ci vuole ☐ **n.-plate**, targa, targhetta (*sulla porta di casa*, *ecc.*); testata (*di giornale*) ☐ **assumed n.** (*o* **pen n.**), pseudonimo ☐ **to bequeath a great n.**, lasciare un nome famoso (*ai propri discendenti*) ☐ **to call sb. names**, coprire q. d'insulti; ingiuriare q. ☐ **to carry on business in one's own n.**, stare in affari per conto proprio ☐ **Christian n.** (*USA*: **first n.**), nome di battesimo ☐ **family n.** (*o* **last n.**), cognome ☐ **full n.**, nome e cognome ☐ **to have a n. for st.**, essere famoso (*o* rinomato) per q.c. ☐ **to have a good n.**, godere (*o* avere) buon nome ☐ **to have an ill n.**, avere una brutta nomea ☐ **in sb.'s n.**, a nome di q.: **We would like to confirm our reservation in the n. of Mr X.Y.**, ci pregiamo confermare la nostra prenotazione a nome del signor X.Y. ☐ **in the n. of God!**, in nome di Dio! ☐ **in the n. of the law**, in nome della legge ☐ **to keep one's n. on** (**to take one's n. off**) **the books**, restare iscritti a (dimettersi da) un circolo, un'associazione, ecc. ☐ **one's good n.**, il proprio buon nome; la propria reputazione ☐ **to put one's n. down for st.**, fare domanda (*o* presentarsi candidato) per q.c.; mettersi in lista per q.c. ☐ **to speak in one's own n.**, parlare a nome proprio (*o* a titolo personale) ☐ **to take God's n. in vain**, nominare il nome di Dio invano ☐ (*fam.*) **Give it a n.**, dimmi quello che vuoi (*dono*, *bibita*, *ecc.*) ☐ **Honour had become a n. only**, l'onore era divenuto un puro nome (*o* un nome vuoto) ☐ **My name is Charles,**

name

mi chiamo Carlo □ **The n. of the game is trust**, la cosa essenziale (ciò che veramente conta) è la fiducia □ **What's your name?**, come ti chiami?

to name [neim], *v. t.* **1** nominare; metter nome a; chiamare; menzionare; dire il nome di; designare; eleggere: **They named the child Andrew**, chiamarono il bambino Andrea; **He was named after** (*o* **from**) **his grandfather**, gli fu messo il nome del nonno; **Can you n. all the flowers in the glasshouse?**, sai dirmi il nome di tutti i fiori della serra?; **He was named to succeed his father**, fu designato successore del padre **2** fissare; stabilire: **N. your price**, fissa il prezzo!; **She has named the day**, ha fissato la data (*specialm. del matrimonio*). ● **to n. but one**, per citare un solo esempio □ (*polit.*: *del presidente dei Comuni*) **to n. a member**, richiamare all'ordine un deputato □ (*di persona*) **to be named**, aver nome; chiamarsi □ (*geogr.*) **to be named after**, prender nome da: **America was named after Amerigo Vespucci**, l'America prese il nome da Amerigo Vespucci □ **the above--named**, il suddetto; il summenzionato □ (*polit.*) **N.!**, fare il nome!; (*fuori*) i nomi!

nameable [ˈneiməbl], *V.* **namable**.

name-calling [ˈneim-ˈkɔ:liŋ], *n.* l'affibbiare epiteti ingiuriosi; il dire nomacci (a q.).

to namedrop [ˈneimdrɔp], *v. i.* (*fam.*) buttare là grossi nomi; fare sfoggio di amici altolocati (*o di conoscenze fasulle*).

namedropper [ˈneimdrɔpə*], *n.* (*fam.*) chi fa sfoggio di (*o cita a sproposito*) grossi nomi.

namedropping [ˈneimdrɔpiŋ], *n.* (*fam.*) sfoggio di grossi nomi (*V.* **to namedrop**).

nameless [ˈneimlis], *a.* **1** senza nome; anonimo; (*fig.*) oscuro, ignoto: **a n. grave**, una tomba senza nome, anonima **2** innominato; sconosciuto: **a rogue who shall be n.**, un furfante che resterà sconosciuto **3** innominabile; abominevole: **n. vices**, vizi innominabili **4** indescrivibile; inesprimibile; indicibile: **a n. horror**, un indicibile orrore.

namely [ˈneimli], *avv.* vale a dire; cioè.

namesake [ˈneim-seik], *n.* omonimo; (*specialm.*) persona che porta il nome del nonno, del padre, ecc.

nancy [ˈnænsi], *n.* (*pop.*) **1** uomo (*o* ragazzo) effeminato **2** omosessuale.

Nancy [ˈnænsi], *n. (dim. di Ann)* Annetta; Annina; Nina; Ninetta.

nanism [ˈneinizəm], *n.* (*med.*) nanismo.

nankeen [næŋˈki:n], *n.* **1** (*ind. tessile*) anchina; nanchino **2** color giallo chiaro **3** (*pl.*) calzoni d'anchina.

Nanking [nænˈkiŋ], *n.* (*geogr.*) Nanchino.

nanny [ˈnæni], *n.* (*fam.*) **1** bambinaia; tata (*parola infantile*) **2** (*anche* **n. goat**) capra; capretta.

nanosecond [ˌnænouˈsekənd], *n.* (*fis.*) nanosecondo.

Naomi [ˈneiəmi], *n.* (*Bibbia*) Noemi.

to nap (1) [næp], *v. i.* sonnecchiare; fare una dormitina; schiacciare un pisolino. ● (*fig.*) **to catch sb. napping**, prendere q. alla sprovvista.

nap (1) [næp], *n.* dormitina; sonnellino; pisolino: **to have** (*o* **to take**) **a n.**, far una dormitina; schiacciare un pisolino.

nap (2) [næp], *n.* pelo, peluria (*di tessuto, di piante*)

to nap (2) [næp], *v. t.* felpare, sollevare la peluria di (*un tessuto*).

nap (3) [næp], *n.* **1** napoleone (*gioco di carte e solitario*) **2** il puntare tutto il denaro in una scommessa. ● (*fig.*) **to go nap**, rischiare il tutto per tutto.

to nap (3) [næp], *v. t.* consigliare, dare (*un cavallo come vincente*).

napalm [ˈneipa:m], *n.* (*mil.*) napalm: **a n. bomb**, una bomba al napalm.

nape [neip], *n.* nuca; collottola (*fam.*).

napery [ˈneipəri], *n.* biancheria di casa (*specialm. da tavola*).

naphtha [ˈnæfθə], *n.* (*chim., ind.*) nafta (*benzina pesante e solvente*). ● **n. pollution**, inquinamento da nafta.

naphthalene [ˈnæfθəli:n], *n.* (*chim.*) naftalina.

naphthol [ˈnæfθɔl], *n.* (*chim.*) naftolo.

napkin [ˈnæpkin], *n.* (*anche* **table n.**) tovagliolo; salvietta **2** pannolino (*per bimbi piccoli; cfr. USA diaper*). ● **n. ring**, portatovagliolo □ (*fig.*) **to lay st. up in a n.**, mettere da parte q.c. □ **sanitary n.**, assorbente igienico.

Naples [ˈneiplz], *n.* (*geogr.*) Napoli.

napless [ˈnæplis], *a.* (*di stoffa, tessuto*) senza pelo; rasato.

napoleon [nəˈpouljən], *n.* **1** napoleone (*moneta d'oro francese, da 20 franchi; gioco di carte e solitario*) **2** stivale alto **3** (*cucina, USA*) millefoglie.

Napoleon [nəˈpouljən], *n.* (*stor.*) Napoleone.

Napoleonic [nəˌpouliˈɔnik], *n.* (*stor.*) napoleonico.

Napoleonism [nəˈpouljənizəm], *n.* (*stor.*) bonapartismo.

Napoleonist [nəˈpouljənist], *n.* (*stor.*) bonapartista.

nappy (1) [ˈnæpi], *n.* (*fam.*) pannolino (*per bimbi piccoli*).

nappy (2) [ˈnæpi], *a.* peloso; coperto di peluria.

narc [na:k], *n.* (*abbr. fam. USA di* **narcotics agent**) agente della Narcotici.

narceine [ˈna:siin], *n.* (*chim.*) narceina.

narcissism [na:ˈsisizəm], *n.* (*psic.*) narcisismo.

narcissist [na:ˈsisist], *n.* (*psic.*) narcisista.

narcissistic [ˌna:siˈsistik], *a.* (*psic.*) narcisistico.

Narcissus [na:ˈsisəs], *n.* **1** (*mitol.*) Narciso **2** – **n.** (*pl.* **narcissus, narcissuses, narcissi**) (*bot.*, *Narcissus poeticus*) narciso.

narcolepsy [ˈna:kəlepsi], *n.* (*med.*) narcolessia.

narcosis [na:ˈkousis], *n.* (*pl.* **narcoses**) (*med.*) narcosi.

narcotic [na:ˈkɔtik], *a. e n.* (*chim., fig.*) narcotico: **This book is a n.!**, questo libro è un narcotico! ● **narcotics addict**, tossicomane; tossicodipendente □ **narcotics addiction**, tossicomania; tossicodipendenza □ **n. drug**, un narcotico.

narcotism [ˈna:kətizəm], *n.* (*med.*) **1** narcotismo **2** narcosi.

narcotist [ˈna:kətist], *n.* (*med.*) individuo dedito ai narcotici.

narcotization [ˌna:kətaiˈzeiʃən], *n.* (*med.*) narcotizzazione.

to narcotize [ˈna:kətaiz], *v. t.* (*med.*) narcotizzare.

nard [na:d], *n.* **1** (*bot., Nardostachys jatamansi*) nardo indiano **2** unguento di nardo.

narghile(h) [ˈna:gili], *n.* narghilè.

nark [na:k], *n.* **1** (*pop.*) informatore della polizia; spia **2** *V.* **narc**.

to nark [na:k], **A** *v. t.* (*pop.*) infastidire; seccare; scocciare (*fam.*). **B** *v. i.* **1** brontolare; mugugnare (*pop.*) **2** (*pop.*) fare l'informatore della polizia.

narky [ˈna:ki], *a.* (*pop.*) arrabbiato; seccato; scocciato (*fam.*). ● (*pop.*) **to get n.**, seccarsi; scocciarsi.

to narrate [næˈreit], *v. t.* narrare; raccontare.

narration [næˈreiʃən], *n.* narrazione; racconto.

narrative [ˈnærətiv], **A** *a. attr.* narrativo: **a n. poem**, un poema narrativo. **B** *n.* **1** componimento narrativo; racconto **2** resoconto. ● **n. literature**, la narrativa.

narrator [næˈreitə*], *n.* narratore.

narrow [ˈnærou], **A** *a.* **1** stretto; ristretto; angusto; limitato; meschino; gretto; esiguo; scarso: **a long, n. passage**, un corridoio lungo e stretto; **n. circumstances**, mezzi ristretti (*scarsità di mezzi, gravi ristrettezze*); **n. resources**, risorse limitate; **n. views**, vedute ristrette (*o grette, meschine*); **a n. majority**, un'esigua maggioranza **2** accurato; preciso; meticoloso: **a n. inspection**, un esame accurato; **after a n. scrutiny**, dopo un esame meticoloso. **B** *n.* **1** stretta; gola montana; punto in cui la strada si restringe **2** (*pl.*) stretto: (*geogr.*) **the Narrows**, lo Stretto dei Dardanelli; (*anche*) lo Stretto fra Staten Island e Long Island (*New York*). ● (*fig.*) **the n. bed** (*o* **cell**, **house**), la tomba □ **n. cloth**, stoffa «bassa» (*cioè, stretta*) □ (*ferr.*) **a n.-gauge railway**, una ferrovia a scartamento ridotto □ **n. goods**, nastri; nastrini; passamaneria □ (*comm.*) **n. market**, mercato fiacco □ **n.--minded**, di mente ristretta; gretto; meschino □ **n.-mindedness**, ristrettezza di mente, di vedute; grettezza; meschinità □ (*geogr.*) **the N. Seas**, la Manica e il Mar d'Irlanda □ (*fam.*) **a n. squeak**, un pericolo evitato per un pelo □ **a n. victory**, una vittoria ottenuta a stento □ (*fig.*) **the n. way**, la via della virtù □ **to have a n. escape**, salvarsi per il rotto della cuffia, per un pelo.

to narrow [ˈnærou], **A** *v. t.* restringere; delimitare; circoscrivere: **The speaker narrowed the argument**, l'oratore restrinse la questione (*o* circoscrisse l'argomento). **B** *v. i.* stringersi; restringersi. ● **to n. down**, ridurre □ **to n. the field**, (*fotogr.*) restringere il campo; (*fig.*) ridurre le possibilità □ «**Road narrows**», «strettoia» (*cartello stradale*).

narrowing [ˈnærouiŋ], *n.* restringimento (*pr es., d'una strada*).

narrowish [ˈnærouiʃ], *a.* piuttosto stretto.

narrowly [ˈnærouli], *avv.* **1** attentamente; da vicino: **The police searched the area n.**, la polizia setacciò attentamente la zona **2** a mala pena; per un pelo (*fam.*): **I n. escaped**, mi salvai per un pelo **3** rigidamente; con pignoleria; meticolosamente. ● **to question sb. n.**, sottoporre q. a uno stringente interrogatorio.

narrowness [ˈnærounis], *n.* strettezza; ristrettezza; angustia; limitatezza; grettezza; meschinità.

narthex [ˈna:θeks], *n.* (*archit.*) nartece.

narwhal [ˈna:wəl], *n.* (*zool., Monodon monoceros*) narvalo.

nasal [ˈneizəl], **A** *a.* nasale: **a n. sound**, un suono nasale; **a n. voice**, una voce nasale; (*med.*) **n. catarrh**, catarro nasale. **B** *n.* **1** (*fon.*) nasale; lettera (*o* suono) nasale **2** (*anat.*) osso (*o* cartilagine) nasale. ● (*anat.*) **n. cavity**, fossa nasale.

nasality [neiˈzæliti], *n.* nasalità (*d'un suono, d'una voce, ecc.*).

nasalization [ˌneizəlaiˈzeiʃən], *n.* nasalizzazione.

to nasalize [ˈneizəlaiz], **A** *v. t.* nasalizzare; rendere (*un suono*) nasale. **B** *v. i.* parlare col naso, con voce nasale.

nascency [ˈnæsənsi], *n.* nascita; origine.

nascent [ˈnæsnt], *a.* nascente (*anche chim.*); alle origini: **a n. civilization**, una civiltà nascente □ **n. hydrogen**, idrogeno nascente.

naseberry [ˈneizbəri], *n.* (*bot., Sapota achras*) sapota.

nastiness [ˈna:stinis], *n.* **1** sporcizia; sudiceria; indecenza; oscenità **2** l'essere disgustoso; cattivo sapore; sgradevolezza **3** gravità (*d'una ferita, ecc.*); pericolosità **4** villania; scortesia,

irascibilità.
nasturtium [nəsˈtəːʃəm], *n.* (*bot., Nasturtium*) crescione.
nasty [ˈnaːsti], *a.* **1** sporco; sudicio; indecente; osceno: **He's too fond of n. stories**, gli piacciono troppo le barzellette sporche **2** disgustoso; nauseante; sgradevole: **a n. taste**, un sapore disgustoso; **a n. medicine**, una medicina nauseante; **a n. smell**, un odore sgradevole **3** cattivo; brutto; grave; pericoloso: **n. weather**, cattivo (*o* brutto) tempo; **a n. job**, un brutto mestiere; **a n. wound**, una brutta ferita; **a n. corner** (*o* curve), una brutta curva; una curva pericolosa; **a n. illness**, una brutta malattia; una malattia grave **4** villano; maleducato; scortese; irascibile: **He was very n. to me**, fu molto villano con me; mi trattò assai male. ● **a n. question**, una domanda molto imbarazzante □ **a n. sea**, un mare in tempesta, pericoloso □ **He has a n. mind**, ha una fantasia che si compiace dell'osceno.
natal [ˈneɪtl], *a.* natale; natalizio: **n. day**, giorno natalizio; compleanno.
Natalie [ˈnætəli], *n.* Natalia.
natality [neɪˈtæliti], *n.* natalità.
natation [neɪˈteɪʃən], *n.* nuoto.
natatorial [ˌneɪtəˈtɔːrɪəl], **natatory** [ˈneɪtətəri], *a.* natatorio.
nates [ˈneɪtiːz], *n. pl.* (*anat.*) natiche.
Nathaniel [nəˈθænjəl], *n.* Nataniele.
nath(e)less [ˈneɪθlɪs], *avv.* (*arc.*) ciò non di meno; tuttavia.
nation [ˈneɪʃən], *n.* nazione; popolo. ● **n.-wide**, diffuso in tutta la nazione; (a carattere) nazionale □ (*econ.*) **most favoured n. clause**, clausola della nazione più favorita.
national [ˈnæʃənl], **A** *a.* **1** nazionale; patrio: **n. anthem**, inno nazionale; **n. bank**, banca nazionale; **n. theatre**, teatro nazionale (*di* Stato); **n. monument**, monumento nazionale **2** patriottico. **B** *n.* **1** cittadino: **French nationals in India**, cittadini francesi residenti in India **2** (*in* diplomazia) compatriota; concittadino. ● (*stor.*) **n. assistance**, assistenza sociale (*in G. B.*) □ (*fin.*) **n. debt**, debito pubblico □ (*polit.*) **n. government**, governo di unità (*o* di solidarietà) nazionale □ (*USA*) **N. Guard**, milizia territoriale (*dei singoli Stati*) □ **the N. Health Service**, il Servizio d'Assistenza Sanitaria; la Mutua (*fam.*) □ (*fin.*) **N. Savings Bank**, Cassa di Risparmio Postale (*in G.B.; dal 1968*) □ **the n. service**, il servizio militare □ (*stor.*) **N. Socialism**, nazionalsocialismo; nazismo.
nationalism [ˈnæʃnəlɪzəm], *n.* nazionalismo; patriottismo.
nationalist [ˈnæʃnəlɪst], *n.* nazionalista; patriota.
nationalistic [ˌnæʃnəˈlɪstɪk], *a.* nazionalistico.
nationality [ˌnæʃəˈnælɪti], *n.* nazionalità; cittadinanza: **people of various nationalities**, persone di diverse nazionalità; **British n.**, cittadinanza britannica.
nationalization [ˌnæʃnəlaɪˈzeɪʃən], *n.* **1** nazionalizzazione **2** naturalizzazione.
to nationalize [ˈnæʃnəlaɪz], *v. t.* **1** nazionalizzare **2** naturalizzare; concedere la cittadinanza a (*uno straniero*).
nationist [ˈnæʃnɪst], *n.* nazionalista.
native (1) [ˈneɪtɪv], *a.* **1** nativo; natio; natale: **one's n. country** (*o* land), il paese natio; la patria; **one's n. place**, il luogo natio (*o* il paese natio; la città natale); **one's n. language**, l'idioma nativo; (*miner.*) **n. gold** (**copper, etc.**), oro (rame, ecc.) nativo **2** innato; naturale; schietto; spontaneo: **n. ability**, abilità naturale, innata; **n. kindness**, gentilezza schietta, spontanea **3** indigeno; del luogo; locale: **n. customs in Borneo**, costumi indigeni del Borneo; **n. huts**, capanne indigene; **n. plants**, piante indigene; **n. industry**, industria locale; **n. sheep**, pecore indigene. ● **a n. Bostonian**, un nativo di Boston □ (*stor.*) **the N. States**, gli stati dell'India governati dai principi locali □ (*dell'uomo bianco, del turista, ecc.*) **to go n.**, assumere i costumi indigeni; fare la stessa vita degli abitanti del paese ospitante.
native (2) [ˈneɪtɪv], *n.* **1** nativo; indigeno, indigena: **a n. of southern Italy**, un nativo dell'Italia Meridionale; **a n. of Australia**, un bianco nato in Australia; un indigeno australiano **2** animale indigeno; pianta indigena **3** ostrica coltivata nelle acque della Gran Bretagna. ● **The ostrich is a n. of Africa**, lo struzzo è nativo dell'Africa.
nativism [ˈneɪtɪvɪzəm], *n.* (*filos.*) nativismo; innatismo.
nativist [ˈneɪtɪvɪst], *n.* (*filos.*) nativista.
nativity [nəˈtɪvɪti], *n.* **1** (*specialm. relig., arte*) natività **2** (*astrologia*) tema di natività; oroscopo. ● (*relig.*) **the N.**, la Natività; il Natale.
NATO [ˈneɪtoʊ], *n.* (*mil., polit.*) Nato (**North Atlantic Treaty Organization**).
natremia [neɪˈtriːmjə], *n.* (*med.*) natriemia.
natrium [ˈneɪtrɪəm], (*lat.*), *n.* (*chim.*) sodio; natrium.
natron [ˈneɪtrən], *n.* (*miner.*) natron; carbonato idrato di sodio.
natter [ˈnætə*], *n.* (*fam., specialm. ingl.*) chiacchierata: **to have a n.**, farsi una chiacchierata (*o* quattro chiacchiere).
to natter [ˈnætə*], *v. i.* (*fam., specialm. ingl.*) **1** chiacchierare; ciarlare **2** borbottare; brontolare.

natterjack [ˈnætədʒæk], *n.* (*zool., Bufo calamita*) rospo calamita.
nattiness [ˈnætɪnɪs], *n.* (*fam.*) **1** eleganza; inappuntabilità **2** abilità; destrezza; sveltezza.
natty [ˈnæti], *a.* (*fam.*) **1** attillato; elegante; inappuntabile: **a n. hat**, un'elegante cappellino **2** abile; svelto; agile.
natural [ˈnætʃrəl], **A** *a.* **1** naturale (*quasi in ogni senso*); innato; congenito; spontaneo; della natura: **He addressed me in a n. voice**, si rivolse a me con voce naturale; **It's n. for a fish to swim**, è naturale che un pesce nuoti; **n. phenomena**, fenomeni naturali; **n. forces**, le forze della natura; **n. history**, storia naturale; **n. law**, diritto naturale; **n. science**, scienze naturali; **n. selection**, selezione naturale; **n. talents**, talenti naturali; **n. gas**, gas naturale; (*mus.*) **n. key**, chiave naturale; **a n. son**, un figlio naturale **2** per natura; nato: **a n. comedian**, un commediante nato. **B** *n.* **1** deficiente congenito; idiota; stupido **2** (*mus., anche* **n. sign**) bequadro. ● **n.-born**, per natura; nato: **a n.-born actor**, un attore nato □ **n. philosopher**, fisico □ **n. philosophy**, fisica □ **a n. historian**, un naturalista □ **the n. man**, l'uomo allo stato di natura □ (*leg.*) **a n. person**, una persona fisica □ **the n. world**, il mondo della natura □ **to die a n. death**, morire di morte naturale □ **for the term** (*o* **rest**) **of one's natural life**, vita natural durante □ **It comes n. to me**, mi viene naturale (*o* spontaneo).
naturalism [ˈnætʃrəlɪzəm], *n.* (*letter., filos., arte*) naturalismo.
naturalist [ˈnætʃrəlɪst], **A** *n.* **1** naturalista **2** (*comm.*) chi vende animali domestici (*uccelli, cani, ecc.*). **B** *a.* naturalistico.
naturalistic [ˌnætʃrəˈlɪstɪk], *a.* naturalistico.
naturalization [ˌnætʃrəlaɪˈzeɪʃən], *n.* **1** naturalizzazione; concessione (*o* acquisizione) della cittadinanza (*d'un paese*) **2** adozione (*di parole straniere*) **3** (*biol.*) acclimatazione.
to naturalize [ˈnætʃrəlaɪz], **A** *v. t.* **1** naturalizzare; concedere la cittadinanza a (q.) **2** introdurre e acclimatare (*animali esotici*); trapiantare (*piante esotiche, in un paese*) **3** introdurre, adottare (*parole o costumanze straniere*) **4** rendere naturale, spontaneo. **B** *v. i.* **1** naturalizzarsi **2** fare il naturalista. ● **to be naturalized**, naturalizzarsi, prendere la cittadinanza; (*d'animali*) acclimatarsi; (*di piante esotiche*) attecchire; (*di parole straniere*) essere adottato, trovare cittadinanza.
naturally [ˈnætʃrəli], *avv.* **1** naturalmente; spontaneamente: **These trees grow n. here**, questi alberi crescono spontaneamente qui **2** certamente; certo **3** per natura; congenitamente. ● **to behave n.**, comportarsi con naturalezza.
naturalness [ˈnætʃrəlnɪs], *n.* naturalezza; spontaneità.
nature [ˈneɪtʃə*], *n.* **1** natura (*quasi in ogni senso*); carattere, indole, disposizione, temperamento; genere, qualità, specie, sorta: **human n.**, la natura umana; **N. is at its best in spring**, la natura assume il suo aspetto più bello a primavera; **It's the n. of a cat to miaow**, miagolare è nella natura del gatto; **That man is honest by n.**, quell'uomo è onesto per natura; **100 boxes of each n. of shot**, cento scatole d'ogni sorta di munizioni **2** forza vitale: **N. is exhausted in him**, la forza vitale si è esaurita in lui **3** bisogni di natura: **Such a diet will not support n.**, una dieta simile non è sufficiente a soddisfare i bisogni di natura **4** (*arte*) naturalezza; fedeltà al vero. ● **n. poets**, poeti della natura □ **n. study**, studio (*o* osservazione) della natura □ **n. worship**, adorazione delle forze della natura □ **against n.**, contro natura; innaturale; immorale □ **by the n. of things**, secondo la natura delle cose □ (*fam.*) **call of n.**, bisogno (corporale); bisognino (*fam.*) □ **contrary to n.**, miracoloso; sorprendente: **His recovery was contrary to n.**, la sua guarigione fu sorprendente □ (*fig.*) **the debt of n.**, la morte □ **to ease n.**, andar di corpo; (*anche*) orinare □ (*arte*) **from n.**, dal vero; dal naturale □ (*di pianta*) **full of n.**, pieno di linfa, di resina □ **to get back to n.**, tornare alla natura □ **getting back to n.**, ritorno alla natura □ **good n.**, bontà; gentilezza; altruismo □ **in n.**, nel regno della natura; nella realtà, nel mondo □ **to pay the debt of n.** (*o* **one's debt to n.**), pagare il tributo alla natura; morire □ **a return to n.**, un ritorno (*dell'uomo*) allo stato di natura □ **true to n.**, rispondente alla realtà □ **That's n.'s engineering**, la natura ha fatto tutto ciò □ **This is in the course of n.**, ciò è nella natura delle cose, è naturale.
natured [ˈneɪtʃəd], *a.* (*nei composti, per es.:*) **good-n.**, buono; cordiale; gentile; premuroso; **ill-n.**, cattivo; bisbetico; irascibile.
naturism [ˈneɪtʃərɪzəm], *n.* **1** naturismo **2** nudismo.
naturist [ˈneɪtʃərɪst], *n.* **1** naturista **2** nudista.
naturistic [ˌneɪtʃəˈrɪstɪk], *a.* naturistico; naturista.
naturopath [ˈneɪtʃərəpæθ], *n.* (*med.*) naturista; chi cura con metodi «naturali» (*variando la dieta alimentare, ecc.*).
naturopathic [ˌneɪtʃərəˈpæθɪk], *a.* (*med.*) naturistico.
naturopathy [ˌneɪtʃəˈrɒpəθi], *n.* (*med.*) naturismo.
naught [nɔːt], *n.* **1** niente; nulla **2** (*mat.*) zero. ● **to bring to n.**, far fallire; portare alla rovina □ **to care n. for**, non curarsi affatto di □ **to come to n.**, finire in nulla; fallire □ **to set at n.**, non tenere in alcun conto; sfidare; sprezzare.
naughtiness [ˈnɔːtɪnɪs], *n.* **1** (*specialm. di bambini e animali*) cat-

naughty

tiveria; birichineria; impertinenza; disubbidienza; insolenza **2** salacità; volgarità **3** oscenità; scurrilità.

naughty ['nɔ:ti], *a.* **1** (*specialm. di bambino, animale*) cattivo; cattivello; birichino; disobbediente; impertinente; insolente: **a n. child**, un bambino cattivo **2** salace; piccante; volgare: **a n. book**, un libro piccante **3** osceno; scurrile: **n. language**, linguaggio osceno. ● **N. boy!**, cattivello!; birichino! (*scherz.*) cattivone! □ **a n. trick**, una birichinata; un tiro birbone (*scherz.*).

naumachia [nɔ:'meikjə], *n.* (*pl.* **naumachiae, naumachias**) (*stor.*) naumachia.

naumachy ['nɔ:məki], *V.* **naumachia**.

nausea ['nɔ:sjə], *n.* (*med.*) nausea; (*fig.*) disgusto, fastidio, avversione: **to be overcome by n.**, esser preso dalla nausea. ● **to fill sb. with n.**, dare la nausea a q.

to nauseate ['nɔ:sieit], **A** *v. t.* **1** nauseare; stomacare; (*fig.*) disgustare **2** avere (*un cibo*) a nausea. **B** *v. i.* essere disgustato; provare nausea.

nauseating ['nɔ:sieitiŋ], *a.* nauseante; nauseabondo; (*fig.*) disgustoso: **a n. meal**, un pasto nauseante; **a n. sight**, uno spettacolo disgustoso.

nauseous ['nɔ:sjəs], *a.* **1** nauseante; nauseabondo; stomachevole; (*fig.*) disgustoso **2** (*fam. USA*) nauseato; che ha la nausea.

nautical ['nɔ:tikəl], *a.* (*naut.*) nautico; navale; marinaresco; marino: **n. terms**, termini nautici, lessico marinaresco; **n. mile**, miglio marino (*pari a 1853 metri*). ● **n. almanac**, effemeridi nautiche □ **n. science**, nautica.

nautilus ['nɔ:tiləs], *n.* (*pl.* **nautiluses, nautili**) (*zool., Nautilus*) nautilo.

naval ['neivəl], *a.* navale; della marina (*da guerra*); di marina: **n. academy**, accademia navale; **a n. battle**, una battaglia navale; **a n. officer**, un ufficiale di marina. ● **n. dockyard**, arsenale marittimo □ **a n. ship**, una nave della marina militare.

nave (1) [neiv], *n.* (*archit.*) navata centrale; navata maggiore.

nave (2) [neiv], *n.* (*mecc.*) mozzo (*di ruota*).

navel ['neivəl], *n.* (*anat.*) ombelico; (*fig.*) centro. ● **n. cord** (*o* **n. string**), cordone ombelicale □ **n. orange**, varietà d'arancia con una depressione apicale.

navicert ['nævisə:t], *n.* (*abbr. di* **navigation certificate**) (*naut.*) permesso di navigazione (*rilasciato da un belligerante a una nave neutrale*).

navicular [nə'vikjulə*], **A** *a.* (*specialm. anat.*) navicolare: **n. bone**, osso navicolare. **B** *n.* (*anat.*) osso navicolare.

navigability [,nævigə'biliti], *n.* navigabilità.

navigable ['nævigəbl], *a.* **1** navigabile **2** (*di nave, ecc.*) che si può dirigere (*o* manovrare). ● **a n. balloon**, un (pallone) dirigibile □ **a ship in n. condition**, una nave in condizione di navigare.

to navigate ['nævigeit], **A** *v. i.* **1** navigare; governare; dirigere la rotta **2** (*fig.*) fare l'ufficiale di rotta (*fig.*); studiare l'itinerario **3** (*fig., fam.*) procedere; (*specialm.*) camminare. **B** *v. t.* **1** navigare (*fiumi, mari*) **2** governare (*una nave*); tenere in rotta (*un aeroplano*) **3** attraversare, fare la traversata di (*un oceano, ecc.*) **4** (*fig.*) guidare; far passare: **to n. a bill through the Commons**, far passare un progetto di legge ai Comuni **5** (*fig.*) superare: **The drunk navigated the steps with difficulty**, l'ubriaco superò le scale con difficoltà. ● **to n. the Alps (the Atlantic) by air**, trasvolare le Alpi (l'Atlantico).

navigating ['nævigeitiŋ], *a.* navigante; che naviga. ● (*naut., aeron.*) **n. officer**, ufficiale di rotta; navigatore.

navigation [,nævi'geiʃən], *n.* **1** (*naut., aeron.*) navigazione: **inland n.**, navigazione interna; **air** (*o* **aerial**) **n.**, navigazione aerea; **river n.**, navigazione fluviale **2** (*naut.*) traffico (*o* commercio) marittimo **3** (*naut.*) nautica. ● **n. lights**, fanali di via □ **n. officer**, ufficiale di rotta □ **celestial n.**, navigazione celeste (*astronautica*).

navigational [,nævi'geiʃənl], *a.* relativo alla navigazione; nautico. ● (*naut.*) **n. aids**, strumenti di sussidio alla navigazione.

navigator ['nævigeitə*], *n.* **1** navigatore **2** (*naut., aeron.*) ufficiale di rotta; navigatore. ● (*aeron.*) **n. compartment**, cabina di navigazione.

navvy ['nævi], *n.* **1** manovale; sterratore; terrazziere **2** (*anche* **steam n.**) escavatrice meccanica.

navy ['neivi], *n.* **1** marina militare; flotta (*da guerra*) **2** (*arc.*) flotta **3** – **the N.**, il Ministero della Marina. ● **n. blue**, blu scuro □ **n. cut**, tabacco tagliato finemente □ **n. league**, lega navale □ **n. list**, annuario della marina □ **n. yard**, arsenale marittimo □ **to join the n.**, arruolarsi in marina.

nawab [nə'wa:b], *n.* nababbo.

nay [nei], **A** *avv.* **1** (*arc.*) no **2** (*lett.*) anzi; o piuttosto; o meglio: **a difficult, nay, unanswerable question**, una domanda difficile, o meglio, cui è impossibile rispondere **3** (*arc.*) beh; ebbene. **B** *n.* **1** no; (un) rifiuto: (*lett.*) **to say sb. nay**, dire di no a q.; proibire q.c. a q.: **I won't take nay as an answer**, non sono disposto ad accettare una risposta negativa **2** (*anche polit.*) voto contrario; no; chi vota contro: **to count the nays**, fare il conteggio dei

no. ● **yea and nay**, un po' sì e un po' no; incerto; indeciso; ni □ (*in parlamento*) **The nays have it!**, la legge (la proposta, ecc.) è respinta!

Nazarene [,næzə'ri:n], *a. e n.* nazareno; (abitante) di Nazaret. ● – (*relig.*) **the N.**, il Nazareno (Gesù).

Nazareth ['næzəriθ], *n.* (*geogr.*) Nazareth, Nazaret.

Nazarite (1) ['næzərait], *n.* nazareno.

Nazarite (2) ['næzərait], *n.* (*Bibbia*) nazireo.

naze [neiz], *n.* (*geogr.*) capo; promontorio.

Nazi ['na:tsi], *a. e n.* (*pl.* **Nazis**) (*stor.*) nazista.

to Nazify ['na:tsifai], *v. t.* nazificare; sottomettere al nazismo.

Nazi(i)sm ['na:tsi(i)zəm], *n.* (*stor.*) nazismo.

NCO [,ensi:'ou], *n.* (*mil., abbr. di* **noncommissioned officer**) sottufficiale.

neap [ni:p], *n.* (*naut.*) (*anche* **n. tide**) marea di quadratura lunare.

to neap [ni:p], *v. i.* (*naut.: della marea*) tendere ad abbassarsi. ● (*di nave*) **to be neaped**, non poter prendere il largo per il ritiro della marea.

neaped [ni:pt], *a.* (*naut.: di nave*) in secco per la bassa marea.

Neapolitan [niə'pɔlitən], *a. e n.* napoletano. ● **N. ice** (*o* **N. ice cream**), cassata.

near (1) [niə*], **A** *avv.* **1** vicino; dappresso: **Stay somewhere n.**, resta vicino (non mi paraggi)! **2** (*di solito*, **nearly**) quasi; circa: **You are n. right**, hai quasi ragione; **It lasted n. a century**, durò circa un secolo **3** frugalmente; parsimoniosamente; in ristrettezze: **It was a well-to-do family once, but they live very n. now**, era una famiglia benestante, ma ora vivono in gravi ristrettezze. **B** *prep.* vicino a; presso (a); nei pressi di; accanto a: **Come and sit n. me**, vieni a sederti accanto a me!; **My cottage is n. the lake**, la mia villetta è nei pressi del lago; **The sun is n. setting**, il sole è vicino al tramonto. ● **n. at hand**, a portata di mano, sottomano; vicino (*anche nel tempo*) □ **n. upon**, quasi: **It was n. upon midnight**, era quasi mezzanotte □ **n. to do** (*o* **n. doing**) **st.**, mancare poco che: **Our party came n. winning the election**, mancò poco che il nostro partito vincesse le elezioni □ **to come n. to tears**, essere sul punto di piangere □ **to draw n.**, avvicinarsi: **Easter is drawing n.**, s'avvicina la Pasqua □ **far and n.**, vicino e lontano; da ogni parte; dappertutto □ **It's very n. to Christmas**, siamo sotto Natale □ **The matter lies n. his heart**, la faccenda gli sta molto a cuore □ **That's nowhere** (*o* **not anywhere**) **n. enough**, non basta davvero; è tutt'altro che sufficiente.

near (2) [niə*], *a.* **1** vicino (*soprattutto come agg. pred.; cfr.* **nearby**); prossimo; (*di parente*) stretto; (*d'amico*) vicino al cuore, intimo: **The school is quite n.**, la scuola è in vicinissima; **Easter is n.**, la Pasqua è vicina; **on a n. day**, uno dei prossimi giorni; **a n. relation**, un parente dei più vicini; un parente stretto; **a n. friend**, un amico intimo **2** (*di cavallo, veicolo, ecc.*) che sta a sinistra; di sinistra; sinistro: **the n. horse**, il cavallo di sinistra; **the n. front wheel**, la ruota anteriore sinistra; **the n. foreleg**, la zampa anteriore sinistra **3** diretto; breve: **He took the n. way**, prese la via diretta; **Can you tell me the nearest way to the airport?**, sai dirmi qual è la strada più breve per l'aeroporto? **4** (*fig.*) di manica stretta; avaro; gretto; meschino; tirchio. ● **the N. East**, il Vicino Oriente; il Medio Oriente □ **a n. miss**, un colpo per poco non andato a segno; (*fig.*) un successo parziale: **That was a n. miss**, abbiamo mancato il colpo per poco; c'è mancato poco che facessimo centro □ (*sport*) **a n. race**, una corsa combattuta, «tirata» □ **a n. resemblance**, una somiglianza quasi perfetta □ **the n. side of the road**, il lato sinistro della strada □ (*med.*) **n.-sighted**, miope □ **a n. translation**, una traduzione letterale (aderente al testo) □ **to give a n. guess**, indovinare o quasi; indovinare press'a poco □ **in the n. distance**, in secondo piano (*d'un quadro, ecc.*) □ **It was a n. escape** (*o* **a n. thing, a n. shave**), ce l'abbiamo (ce l'avete, ecc.) fatta per un pelo; ce la siamo (ve la siete, ecc.) cavata per il rotto della cuffia.

near (3) [niə*], *a. e avv.* (*nei composti*) **1** quasi: **a n.-perfect description**, una descrizione quasi perfetta **2** strettamente; molto: **two n.-related terms**, due termini strettamente connessi. ● **n.-dead with fright**, mezzo morto dalla paura □ **in a state of n. war**, in uno stato che rasenta la guerra □ **a n.-red colour**, un colore che tira al rosso.

to near [niə*], **A** *v. t.* avvicinarsi a; accostarsi a: **The ship was nearing the docks**, la nave s'avvicinava ai bacini portuali. **B** *v. i.* avvicinarsi: **The soccer season is nearing**, s'avvicina l'inizio della stagione calcistica.

nearby ['niəbai], **A** *avv.* vicino; dappresso; qui presso; nelle vicinanze. **B** *attr.* vicino; attiguo: **the n. town**, la città vicina.

nearish ['niəriʃ], *a.* abbastanza vicino; piuttosto vicino.

nearly ['niəli], *avv.* **1** quasi; press'a poco: **It's n. two o'clock**, sono quasi le due; **It's n. time to start**, è quasi ora di partire **2** da vicino; dappresso: **I examined it n.**, lo esaminai da vicino (*o* attentamente); **The matter concerns me n.**, la faccenda mi tocca da vicino **3** strettamente; molto: **The two girls n. resemble each**

other, le due ragazze si somigliano molto. ● **not n.**, tutt'altro che; per niente; non affatto, niente affatto: **His work is not n. good enough**, il suo lavoro non è per niente soddisfacente ☐ **I've got ten dollars but that won't be n. enough to buy her a present**, ho dieci dollari ma certo non basteranno per comprarle un regalo ☐ **I n. missed the train**, per poco non persi il treno.
nearness ['niənis], *n.* **1** vicinanza; prossimità **2** (*fig.*) intimità **3** (*fig.*) grettezza; meschinità; tirchieria.
nearside ['niə-said], **A** *n.* lato sinistro (*di un veicolo, della strada*). **B** *a. attr.* di sinistra: (*autom.*) **the n. lane**, la corsia di sinistra.
neat (1) [ni:t], *a.* **1** nitido; lindo; pulito; chiaro; preciso; terso: **a n. handwriting**, una calligrafia nitida, chiara; **a n. house**, una casa linda, pulita; **a n. language**, un linguaggio chiaro, preciso; **a n. style**, uno stile nitido, terso **2** bello; ben fatto; ben proporzionato; elegante: **Jane has a n. figure**, Giovanna ha una figurina elegante; **a n. dress**, un bel vestitino **3** acuto; conciso; spiritoso: **You gave a very n. answer**, hai dato una risposta molto acuta **4** accurato; metodico; preciso: **a n. piece of work**, un lavoro accurato, ben fatto; **a n. worker**, un lavoratore metodico, preciso **5** (*di vino, liquore*) puro; schietto; liscio: **I never drink rum n.**, non bevo mai il rum schietto **6** (*pop. USA*) eccezionale; fantastico. ● **a n. trick**, un bel tiro; uno scherzo riuscito.
neat (2) [ni:t], *n.* (*invar. al pl.*) **1** bue; toro; vacca **2** (*collett.*) bovini. ● **n.-house**, stalla per bovini ☐ **n.'s leather**, cuoio di bue; vacchetta ☐ **n.'s tongue**, lingua di bue (*come pietanza*).
'neath [ni:θ], *prep.* (*poet.*) sotto (*V.* **beneath**).
neatness ['ni:tnis], *n.* **1** nitidezza; lindezza; chiarezza; precisione **2** bellezza; eleganza **3** acutezza; concisione **4** accuratezza; metodicità.
neb [neb], *n.* **1** becco **2** muso; grugno **3** naso **4** beccuccio **5** punta; estremità.
nebbish ['nebiʃ] (*yiddish*), (*fam. USA*) **A** *a.* scialbo; timido. **B** *n.* persona scialba, timida.
Nebuchadnezzar [,nebjukəd'nezə*], *n.* (*stor.*) Nabucodonosor.
nebula ['nebjulə], *n.* (*pl.* **nebulas, nebulae**) **1** (*astron.*) nebulosa **2** (*med.*) macchia bianca della cornea; nubecula.
nebular ['nebjulə*], *a.* (*scient.*) nebulare.
nebulization [,nebjulai'zeiʃən], *n.* (*anche med.*) nebulizzazione.
to nebulize ['nebjulaiz], *v. t.* (*anche med.*) nebulizzare.
nebulizer ['nebjulaizə*], *n.* (*anche med.*) nebulizzatore.
nebulosity [,nebju'lositi], *n.* **1** nebulosità **2** (*astron.*) nebulosa.
nebulous ['nebjuləs], *a.* nebuloso; nebbioso; indistinto; incerto; vago. ● (*astron.*) **n. star**, nebulosa.
necessarian [,nesə'sɛəriən], *V.* **necessitarian**.
necessarianism [,nesə'sɛəriənizəm], *V.* **necessitarianism**.
necessarily ['nesisərili], *avv.* necessariamente; di necessità; per forza.
necessary ['nesisəri], **A** *a.* necessario; indispensabile; obbligatorio; inevitabile: **It's n. for him to leave at once** (*o* **that he should leave at once**), è necessario (*o* bisogna) ch'egli parta subito; **Drink is more a. to health than food**, il bere è più indispensabile alla salute che non il cibo; **a n. evil**, un male inevitabile. **B** *n.* cosa necessaria; (*spesso al pl.*) (il) necessario (*alla vita*): **He was left without the necessaries of life**, restò privo del necessario. ● (*pop.*) **the n.**, il necessario (*azione fatta a uno scopo, denaro che serve, ecc.*): **to do the n.**, fare il necessario, quel che si deve; (*pop.*) pagare il conto; **to provide the n.**, trovare il denaro che occorre ☐ **if n.**, se è necessario; se occorre; all'occorrenza.
necessitarian [ni,sesi'tɛəriən], (*filos.*) **A** *n.* determinista. **B** *a.* deterministico.
necessitarianism [ni,sesi'tɛəriənizəm], *n.* (*filos.*) determinismo.
to necessitate [ni'sesiteit], *v. t.* **1** rendere necessario; necessitare; richiedere (necessariamente): **The increase in unemployment necessitates the development of industry**, l'aumento della disoccupazione richiede un maggior sviluppo dell'industria **2** costringere; obbligare: **I am necessitated to act alone**, sono costretto ad agire da solo.
necessitous [ni'sesitəs], *a.* bisognoso; indigente; povero. ● **to be in n. circumstances**, essere in gravi ristrettezze.
necessity [ni'sesiti], *n.* **1** necessità; bisogno; indigenza; povertà: **N. compelled him to steal**, il bisogno lo spinse a rubare; **to be in n.**, trovarsi (*o* versare) in necessità **2** cosa necessaria; necessità della vita: **A passport is a n.**, il passaporto è una cosa necessaria; **Food, clothing and a roof over one's head are necessities**, il cibo, il vestiario e un tetto sopra la testa sono necessità della vita **3** condizione necessaria; conseguenza naturale, inevitabile: **Death is a n. to life**, la morte è una conseguenza della vita. ● **to be under the n. of doing st.**, essere costretto a fare q.c. ☐ **to bow to n.**, far buon viso a cattiva sorte ☐ (*naut.*) **for the n. of the ship and cargo**, per la salvezza della nave e del carico ☐ **in case of n.**, in caso di necessità; all'occorrenza; al bisogno ☐ **to make a virtue of n.**, fare di necessità virtù ☐ **of n.** (*o* **by n.**), di necessità; necessariamente ☐ **out of n.**, per bisogno ☐

There was no n. for you to do that, non era necessario che tu facessi ciò ☐ (*prov.*) **N. is the mother of invention**, il bisogno aguzza l'ingegno ☐ (*prov.*) **N. knows no law**, necessità fa legge.
neck (1) [nek], *n.* **1** (*anat., mecc., metall.* e *fig.*) collo: **to break one's n.**, rompersi (*o* fiaccarsi) il collo, l'osso del collo; **the n. of a bottle**, il collo d'una bottiglia; **the n. of a shirt**, il collo d'una camicia **2** (*anat.*) colletto (*di dente*): **the n. of a tooth**, il colletto d'un dente **3** (*sport*) incollatura (*di cavallo*): **to win by a n.**, vincere per una incollatura; (*fig.*) vincere di stretta misura **4** (*di terra*) lingua; istmo **5** (*di mare*) braccio; stretto canale **6** (*di violino*) manico **7** (*archit.*) collarino. ● **n. and crop**, senza tanti complimenti ☐ (*fam.*) **n. and n.**, (*di cavalli*) testa a testa; (*fig.*) con le stesse probabilità di vincere ☐ (*fam. USA*) **n. of the woods**, parte del paese; regione; zona ☐ **n. or nothing**, a rischio di perder tutto, di rimetterci il collo; a tutti i costi: **It is n. or nothing**, o la va o la spacca ☐ **bottle-n.**, strettoia (*di strada*) ☐ (*fig.*) ingorgo, intralcio ☐ **to break the n. of a task**, fare la parte più difficile di un lavoro: **I have broken the n. of my task**, il più è fatto ☐ (*fig., fam.*) **to breathe down sb.'s n.**, inseguire da vicino (*o* tallonare) q.; tenere d'occhio (*o* sotto controllo) q.; stare addosso a q. ☐ (*pop.*) **to get it in the n.**, ricevere un brutto colpo; essere rimproverato (*o* punito) severamente ☐ **to have a stiff n.**, avere il torcicollo; (*fig.*) essere ostinato (*o* caparbio) ☐ **to risk one's n.**, rischiare la testa, la vita ☐ **to save one's n.**, salvarsi dal capestro, evitare la forca; salvare la testa; (*fig.*) cavarsela per il rotto della cuffia ☐ (*fig., fam.*) **to stick one's n. out**, rischiare forte; esporsi ☐ (*fig.*) **a stiff n.**, caparbietà, ostinazione.
to neck [nek], **A** *v. t.* tirare il collo a (*un pollo*). **B** *v. i.* (*pop.*) sbaciucchiarsi; pomiciare (*pop.*).
neck (2) [nek], *n.* (*agric.*) fascio di grano mietuto per ultimo.
neckband ['nekbænd], *n.* **1** collo (*d'una camicia, ecc.*) **2** fascia che si porta al collo; collarino.
neckcloth ['nekklɒθ], *n.* fazzoletto da collo.
necked [nekt], *a.* (*nei composti, per es.*): **long-n.**, dal collo lungo; **short-n.**, dal collo corto. ● (*di vestito*) **high-n.**, accollato ☐ **low--n.**, scollato ☐ (*fig.*) **stiff-n.**, caparbio; ostinato.
neckerchief ['nekətʃif], *n.* fazzoletto da collo.
necking ['nekiŋ], *n.* **1** (*archit.*) collarino **2** (*pop.*) sbaciucchiamenti; pomiciata (*pop.*).
necklace ['neklis], *n.* collana (*gioiello*).
necklet ['neklit], *n.* **1** colletto; collo di pelliccia **2** collana (*gioiello*).
neckline ['neklain], *n.* scollatura; collo (*di un abito*).
necktie [nek-tai], *n.* (*USA*) cravatta.
neckwear ['nek-wɛə*], *n.* (*collett.*) colletti, cravatte, sciarpe, ecc.
necrological [,nekrou'lɒdʒikəl], *a.* necrologico.
necrologist [ne'krɒlədʒist], *n.* necrologista.
necrology [ne'krɒlədʒi], *n.* necrologio (*registro dei morti; necrologia*).
necromancer ['nekroumænsə*], *n.* negromante.
necromancy ['nekroumænsi], *n.* negromanzia.
necromantic [,nekrou'mæntik], *a.* negromantico.
necrophagous [ne'krɒfəgəs], *a.* (*zool.*) necrofago.
necrophilia [,nekrou'filiə], *n.* (*psic.*) necrofilia.
necrophiliac [,nekrou'filiæk], *a.* e *n.* (*psic.*) necrofilo.
necrophilism [ne'krɒfilizəm], *V.* **necrophilia**.
necrophobia [,nekrou'foubjə], *n.* (*psic.*) necrofobia.
necrophore ['nekroufɔ:*], *n.* (*zool., Necrophorus*) necroforo.
necropolis [ne'krɒpəlis], *n.* (*pl.* **necropolises, necropoleis, necropoli**) necropoli.
necropsy ['nekrɒpsi], *n.* **necroscopy** [ne'krɒskəpi], *n.* necroscopia; autopsia.
necrosis [ne'krousis], *n.* (*pl.* **necroses**) (*med.*) necrosi.
necrotic [ne'krɒtik], *a.* (*med.*) necrotico.
to necrotize ['nekroutaiz], (*med.*) **A** *v. i.* diventare necrotico; necrotizzarsi. **B** *v. t.* necrotizzare.
necrotomy [ne'krɒtəmi], *n.* (*med.*) necrotomia.
nectar ['nektə*], *n.* (*mitol., bot.* e *fig.*) nettare.
nectarean [nek'tɛəriən], **nectareous** [nek'tɛəriəs], *a.* nettareo; (*fig.*) delizioso.
nectarine ['nektərin], *n.* **1** (*bot., Prunus persica nectarina*) pesco noce; nocepesco **2** (*il frutto*) (pesca) nettarina; pesca noce; nocepesca.
nectary ['nektəri], *n.* (*bot.*) nettario.
Ned [ned], *n. dim.* di **Edmund** e di **Edward**.
neddy ['nedi], *n.* (*fam.*) asino; ciuco; somaro.
Neddy ['nedi], *V.* **Ned**.
née [nei] (*franc.*), *a.* nata (*davanti al cognome di nubile*): **Mrs Mary Burns, née Clark**, la signora Mary Burns, nata Clark.
need [ni:d], *n.* **1** bisogno; necessità: **I feel the n. of some rest**, sento il bisogno d'un po' di riposo; **There is no n. to hurry**, non c'è bisogno di (*o* non occorre) affannarsi **2** (*al pl.*) bisogni; esigenze; necessità: **daily needs**, bisogni quotidiani; **My needs are**

need

few, non ho molte esigenze **3** bisogno; indigenza; ristrettezze; povertà: **to be in n.**, essere nel bisogno, nell'indigenza. ● **to be in n. of**, essere bisognoso di; aver bisogno di: **Are you in n. of help?**, hai bisogno d'aiuto? (*comm.*) **in case of n.**, occorrendo □ **to fail sb. in his n.**, non aiutare q. che si trova in bisogno (*o* nell'ora del bisogno) □ **good at n.**, utile in caso di bisogno; soccorrevole (*lett.*) □ **to have n. to**, aver bisogno di □ **if n. be**, in caso di bisogno; se necessario; all'occorrenza: **I will come if n. be**, verrò se sarà necessario □ **if n. were**, se ce ne fosse bisogno; in caso di bisogno □ (*lett.*) **You had n. remember**, dovresti ricordarti □ (*prov.*) **A friend in n. is a friend indeed**, al bisogno si conosce l'amico.

to need [ni:d], A *v. t.* (*costruzione pers.*; *si comporta spesso come i verbi modali davanti a un infinito*; *si costruisce invece regolarmente quando regge un compl. ogg.*) **1** aver bisogno di; essere necessario; bisognare; importare; occorrere; (*in frasi interr. o neg.*) dovere, abbisognare di, sentire la mancanza di: **Do you n. any assistance?**, hai bisogno d'aiuto?; **The farmers n. rain**, i contadini hanno bisogno di pioggia; **This is a book I've needed a long time**, questo è un libro di cui ho sentito a lungo la mancanza (che ho molto desiderato avere); **He n. not come** (*o* **he doesn't n. to come**), non importa (*o* non occorre) che venga; **You needn't do it, if you don't want to**, non occorre che tu lo faccia (*o* non devi farlo), se non vuoi (*cfr.* **You mustn't do it**, non devi farlo!; te lo vieto; non sta bene, ecc.); **He needn't be told**, non è necessario dirglielo (*è meglio che non lo sappia*); **He doesn't n. to be told**, non c'è bisogno d'informarlo (*lo sa già*); **N. you go so soon?**, devi andare così presto?; **This work needs to be done with great care**, bisogna fare questo lavoro (*o* questo lavoro va fatto) con ogni cura **2** essere privo di; mancare di: **The sauce needs salt**, la salsa manca di sale. B *v. i.* (*arc.*) **1** (*impers.*) essere necessario; importare; occorrere: **It needs not**, non è necessario; non importa **2** trovarsi in bisogno; essere bisognoso (*o* povero). ● **N. anybody know?**, è proprio necessario che si sappia?; non si può tenere la cosa segreta? □ **He didn't n. to be told twice**, non se lo fece dire due volte □ **I n. hardly say that...**, non occorre ch'io dica che...; è quasi superfluo dire che... □ **It needed doing**, bisognava farlo □ **It will n. doing**, sarà necessario (*o* bisognerà) farlo □ **Why n. he have come tonight?**, era proprio necessario che venisse questa sera?; doveva proprio venire questa sera?

needful ['ni:dfʊl], A *a.* **1** necessario; occorrente; indispensabile: **to do what is n.**, fare quello che è necessario **2** (*arc.*) bisognoso; indigente. B *n.* **1** — **the n.**, il necessario: **to do the n.**, fare il necessario **2** (*pop.*) quattrini; soldi. ● (*pop., rugby*) **to do the n.**, convertire una meta.

needfulness ['ni:dfʊlnɪs], *n.* necessità; bisogno.

neediness ['ni:dɪnɪs], *n.* bisogno; indigenza; povertà.

needle ['ni:dl], *n.* **1** (*anche bot.., elab.., mecc.., med.*) ago: **a n. and thread**, ago e filo; **the eye of a n.**, la cruna d'un ago; **the n. of a syringe**, l'ago d'una siringa; **pine-tree needles**, aghi di pino; **the n. of a compass**, l'ago d'una bussola **2** ago torto; uncinetto; ferro da calza; **knitting n.**, ferro da calza; **darning n.**, ago da rammendo; **crochet n.**, uncinetto **3** (*mus.*) puntina (*di grammofono*) **4** (*geogr.*) punta; cima; guglia; vetta **5** obelisco **6** (*fam.*) sprone; stimolo; incitamento **7** (*fam.*) puntecchiatura. ● **n. bath**, bagno a doccia □ **n. book**, agoraio in forma di libro □ **n. case**, agoraio □ **n.'s eye**, cruna (*dell'ago*) □ (*zool.*) **n.-fish** (*Belone belone*) aguglia comune; (*Syngnathus*) □ (*sport*) **n. game** (*o* **n. match**), partita (*o* gara) assai combattuta, elettrizzante □ (*elettron.*) **n. gap**, spinterometro a punte □ (*mil.*) **n. gun**, fucile ad ago □ **n. lace**, merletto ad ago □ **n.-point**, punta aguzza; (*anche*) merletto ad ago □ **n.-pointed**, puntuto come un ago □ (*radio*) **n. time**, tempo dedicato alla trasmissione di musica registrata □ (*mecc.*) **n. valve**, valvola ad ago □ (*fig.*) **as sharp as a n.**, acuto; intelligente, perspicace □ (*fam.*) **to give sb. the n.**, punzecchiare, stuzzicare q. □ (*pop.*) **to have the n.**, avere i nervi (*o* il nervoso) □ (*gergo*) **to hit the n.**, diventare tossicomane □ (*fig.*) **to look for a n. in a haystack**, cercare un ago in un pagliaio □ (*fig.*) **to be on pins and needles**, essere sulle spine □ (*fig.*) **pins and needles**, formicolio, intorpidimento (*in una parte del corpo*) □ **to thread a n.**, infilare un ago □ (*fig.*) **to thread the n.**, portare a termine un compito difficile.

to needle ['ni:dl], A *v. t.* **1** cucire **2** forare, pungere con un ago **3** (*fam.*) spronare; stimolare; incitare **4** (*fam.*) pungere (*fig.*); punzecchiare; stuzzicare. B *v. i.* **1** cucire; aguchiare (*fam.*) **2** cristallizzarsi in forma d'aghi.

needleful ['ni:dlfʊl], *n.* gugliata.

needless ['ni:dlɪs], *a.* non necessario; inutile; superfluo: **n. work**, lavoro inutile. ● **n. to say**, inutile a dirsi; va da sé.

needlessness ['ni:dlɪsnɪs], *n.* inutilità; superfluità.

needlewoman ['ni:dl,wʊmən], *n.* (*pl.* **needlewomen**) **1** cucitrice **2** donna brava nei lavori di cucito.

needlework ['ni:dlwə:k], *n.* cucito; lavoro d'ago; ricamo.

needments ['ni:dmənts], *n. pl.* effetti personali.

needn't ['ni:dnt], *contraz.* di **need not**.

needs [ni:dz], *avv.* di necessità; assolutamente: **He must n. obey**, deve assolutamente obbedire. ● (*prov.*) **N. must when the devil drives**, necessità fa legge.

needy ['ni:dɪ], *a.* bisognoso; indigente; povero: **a n. family**, una famiglia bisognosa.

ne'er [nɛə*], *avv.* (*poet.*) mai; giammai. ● **n. a**, non uno; non uno solo: **I had n. a good card the whole evening**, tutta la sera non vidi una sola carta buona □ **n.-do-well**, buono a nulla; fannullone.

nefarious [nɪ'fɛərɪəs], *a.* nefando; iniquo; malvagio; scellerato.

nefariousness [nɪ'fɛərɪəsnɪs], *n.* nefandezza; nefandità (*lett.*); iniquità; malvagità; scelleratezza.

to negate [nɪ'geɪt], *v. t.* **1** negare; non riconoscere (*l'esistenza, la verità, di q.c.*) **2** annullare.

negation [nɪ'geɪʃən], *n.* **1** negazione; diniego; rifiuto: **a sign of n.**, un segno di diniego **2** (*logica*) proposizione negativa.

negationist [nɪ'geɪʃnɪst], *n.* negatore (*della fede, ecc.*).

negative (1) ['negətɪv], *a.* (*elettr., elettron., mat., med., ecc.*) negativo: **n. electricity**, elettricità negativa; **n. pole**, polo negativo; **n.-sign**, segno negativo, segno «meno»; **a n. answer**, una risposta negativa; **a n. vote**, un voto negativo, contrario; **n. criticism**, critica negativa; critica non costruttiva. ● (*leg.*) **n. evidence**, prova negativa; prova che una cosa non è accaduta □ (*fam., scherz.*) **n. quantity**, niente; nullità; zero □ (*polit.*) **n. voice**, diritto di veto.

negative (2) ['negətɪv], *n.* **1** negazione (*anche gramm.*); risposta negativa; diniego: **He returned us a n.**, ci diede una risposta negativa; **Two negatives make an affirmative**, due negazioni valgono un'affermazione **2** (*mat.*) quantità negativa **3** (*elettr.*) polo negativo **4** (*fotogr.*) negativa. ● **It was decided in the n.**, la decisione fu negativa □ **The answer is in the n.**, la risposta è no.

to negative ['negətɪv], *v. t.* **1** disapprovare; respingere; porre il veto a (*una mozione, un disegno di legge, un candidato*) **2** negare, contraddire (*un'affermazione*) **3** dimostrare l'infondatezza di (*un'ipotesi, una teoria, ecc.*) **4** rendere inutile; neutralizzare.

negativeness ['negətɪvnɪs], *V.* **negativity**.

negativism ['negətɪvɪzəm], *n.* **1** (*filos.*) negativismo; agnosticismo; scetticismo **2** (*psic.*) negativismo.

negativist ['negətɪvɪst], *n.* **1** (*filos.*) negativista; scettico **2** (*psic.*) negativista.

negativity [,negə'tɪvɪtɪ], *n.* negatività.

negatory ['negətərɪ], *a.* negativo.

to neglect [nɪ'glekt], *v. t.* **1** trascurare: **to n. one's duties**, trascurare i propri doveri; **to n. one's friends**, trascurare i propri amici **2** dimenticare; tralasciare: **Don't n. replying to your father**, non dimenticare di rispondere a tuo padre!

neglect [nɪ'glekt], *n.* **1** negligenza; trascuratezza; noncuranza **2** abbandono; oblio: **The house was in a state of n.**, la casa era in uno stato d'abbandono. ● **n. of one's duty**, il trascurare il proprio dovere.

neglectful [nɪ'glektfʊl], *a.* negligente; trascurato; noncurante. ● **to be n. of**, non curarsi di, trascurare: **I am rather n. of my clothes**, non mi curo molto del mio modo di vestire.

neglectfulness [nɪ'glektfʊlnɪs], *n.* negligenza; trascuratezza; noncuranza.

neglige(e) ['neglɪʒeɪ], *n.* **1** vestaglia (*da donna*); négligé; veste da camera **2** abbigliamento alla buona.

negligence ['neglɪdʒəns], *n.* **1** negligenza; trascuratezza; noncuranza **2** abbandono; disordine; oblio. ● (*leg.*) **contributory n.**, concorso di colpa □ (*leg.*) **gross n.**, colpa grave.

negligent ['neglɪdʒənt], *a.* negligente; trascurato; noncurante; disattento; indifferente; svogliato: **He is n. in his correspondence**, è negligente nel tenere la corrispondenza. ● **to be n. of detail**, trascurare i dettagli □ **to be n. of one's duties**, trascurare i propri doveri.

negligible ['neglɪdʒəbl], *a.* trascurabile; insignificante.

negotiability [nɪ,gəʊʃɪə'bɪlɪtɪ], *n.* **1** (*comm.*) negoziabilità **2** (*di strada*) transitabilità.

negotiable [nɪ'gəʊʃɪəbl], *a.* **1** (*comm.*) negoziabile: **n. instruments**, titoli (*di credito*) negoziabili **2** sormontabile; superabile (*anche fig.*): **n. difficulties**, difficoltà superabili **3** (*di strada*) transitabile.

negotiant [nɪ'gəʊʃɪənt], *n.* negoziatore.

to negotiate [nɪ'gəʊʃɪeɪt], A *v. t.* **1** (*specialm. comm.*) negoziare; prendere accordi per; trattare (la conclusione di): **to n. a bill of exchange**, negoziare una cambiale; **to n. bonds (stocks, etc.)**, negoziare obbligazioni (titoli, ecc.); **to n. peace**, negoziare la pace; **to n. a sale**, prendere accordi per una vendita; **to n. a treaty with a nation**, trattare la conclusione d'un accordo con una nazione **2** sormontare; superare; valicare: **to n. an obstacle**, superare un

ostacolo; **It took us two hours to n. the steep hill**, ci vollero due ore per valicare quell'erto colle. **B** *v. i.* **1** negoziare; mercanteggiare **2** intavolare (*o* aprire) le trattative; trattare: **to n. with the enemy**, intavolare trattative col nemico.
negotiation [ni͵gouʃi'eiʃən], *n.* **1** negoziato; trattativa: **to enter into negotiations with sb.**, intavolare negoziati con q.; **to resume negotiations**, riprendere le trattative **2** (*comm.*) negoziazione (*di titoli, ecc.*) **3** superamento; (il) valicare, sormontare (*V.* **to negotiate**).
negotiator [ni'gouʃieitə*], *n.* negoziatore.
negotiatress [ni'gouʃiətris], **negotiatrix** [ni'gouʃiətriks], *n.* negoziatrice.
negress ['ni:gris], *n.* negra.
Negrillo [ne'grilou], *n.* (*pl.* **negrillos, negrilloes**) **1** (*antropologia*) pigmeo africano; negrillo **2** negretto.
Negrito [ne'gri:tou], *n.* (*pl.* **negritos, negritoes**) (*antropologia*) negrito; pigmeo asiatico.
negritude ['negritu:d], *n.* negrità; negritudine.
negro, Negro ['ni:grou], **A** *n.* (*pl.* **negroes**) negro. **B** *a.* negro; dei negri; nero. ● **n. ant**, formica nera □ **n.-head**, tabacco scuro e forte □ **a n. girl** (*o* **a n. woman**), una negra.
negroid ['ni:grɔid], *a. e n.* (*antropologia*) negroide.
negroness ['nigrounis], *n.* negrezza.
negroni [ne'grouni] (*ital.*), *n.* (*pl.* **negronis**) negroni (*aperitivo*).
negrophil ['ni:groufil], **negrophile** ['ni:'groufail], *n.* chi ha simpatia per i negri.
negrophilism [ni(:)'grɔfilizm], *n.* simpatia per i negri.
negrophobe ['ni:groufoub], *n.* chi ha avversione per i negri.
negrophobia [͵ni:grou'foubjə], *n.* avversione per i negri.
negus ['ni:gəs], *n.* vino caldo, con spezie e succo di limone.
Negus ['ni:gəs], *n.* (*stor.*) Negus; imperatore d'Etiopia.
to neigh [nei], *v. i.* nitrire.
neigh [nei], *n.* nitrito.
neighbor ['neibə*], *e deriv.* (*USA*) *V.* **neighbour**, *e deriv.*
neighbour ['neibə*], **A** *n.* **1** vicino, vicina; confinante: **next--door neighbours**, vicini di casa; **We were neighbours at lunch**, eravamo vicini di tavola **2** prossimo: **Love thy n. as thyself**, ama il prossimo tuo come te stesso **3** cosa (*o* nazione, ecc.) vicina: **Austria is one of the northern neighbours of Italy**, l'Austria è una delle nazioni che confinano a nord con l'Italia. **B** *a. attr. V.* **neighbouring**. ● **our neighbours across the Channel**, i nostri vicini di là della Manica; i Francesi □ **My nearest n. is ten miles off**, la famiglia più vicina abita a dieci miglia da noi.
to neighbour ['neibə*], **A** *v. t.* confinare con. **B** *v. i.* **1** – **to n. upon st.**, confinare con q.c. **2** – **to n. with sb.**, essere in rapporti di buon vicinato con q.
neighbourhood ['neibəhud], *n.* **1** vicinanza; dintorni; paraggi: **He lives in the n. of Leeds**, abita nei dintorni di Leeds 2 distretto; regione; area; quartiere; territorio: **They live in an attractive n.**, abitano in un bel quartiere (*della città*) **3** vicinato; i vicini (*di casa*): **He was despised by the whole n.**, era disprezzato da tutti i vicini **4** vicinanza: **The n. of the factory is a nuisance**, la vicinanza della fabbrica è una cosa fastidiosa. ● (*fam.*) **in the n. of**, all'incirca, a un dipresso, quasi: **The motorway is in the n. of 200 miles long**, l'autostrada è lunga circa 200 miglia.
neighbouring ['neibəriŋ], *a.* vicino; adiacente; confinante; (*di Paese*) limitrofo: **n. towns**, città vicine; **n. countries**, paesi limitrofi; nazioni vicine.
neighbourliness ['neibəlinis], *n.* buon vicinato; socievolezza; cortesia; gentilezza.
neighbourly ['neibəli], *a.* socievole; gentile; amichevole.
neither ['naiðə*], **A** *a. e pron.* né l'uno né l'altro; nessuno dei due: **N. accusation is true**, né l'una né l'altra accusa è vera; **N. of the books is of any use to me**, non mi serve nessuno dei due libri; **N. of them knows**, nessuno di loro (due) lo sa. **B** *avv. e cong.* **1** (*correlativo di* **nor**) né: **It's n. brown nor yellow**, non è né marrone né giallo (*è di un colore intermedio*); **N. they nor she is (n. she nor they are) going there** (*o* **N. she is going there nor they are**), non ci andranno né loro né lei **2** nemmeno; neanche; neppure: **If you don't accept the offer, n. shall I**, se tu non accetti l'offerta, non l'accetterò neanch'io; «**I don't want it**» «**N. do I**», «non lo voglio» «neanche io»; **I don't know and n. do I care**, non lo so e neppure me ne importa. ● (*fig.*) **That's n. here nor there**, questo c'entra come i cavoli a merenda.
nekton ['nektən], *n.* (*zool.*) necton.
Nell [nel], **Nellie** ['neli], *V.* **Nelly**.
nelly ['neli], *n.* (*zool.*) **1** (*Macronectes giganteus*) ossifraga **2** (*Phoebetria*) albatro.
Nelly ['neli], *n. dim.* di **Helen** *e di* **Eleanor**. ● (*pop.*) **not on your N.**, neanche per sogno.
nelson ['nelsən], *n.* (*lotta*) nelson: **a half n.**, una mezza nelson.
nelumbo [ni'lʌmbou], *n.* (*pl.* **nelumbos**) (*bot.*, *Nelumbo*) nelumbo, nelumbio.
nemathelminth [͵nemə'θelminθ], *n.* (*zool.*) nematelminta.

Nemesis ['nemisis], *n.* **1** (*mitol.*) Nemesi **2** (*pl.* **nemeses, nemesises**) – (*fig.*) **n.**, nemesi.
nenuphar ['nenjufa:*], *n.* **1** (*bot.*) (*Nuphar luteum*) nenufaro; ninfea gialla **2** (*Nymphaea lotus*) loto bianco.
Neo-Catholic [͵ni:ou'kæθəlik], *a. e n.* neocattolico.
Neocene ['ni:ousi:n], (*geol.*) **A** *n.* Neogene. **B** *a.* neogenico.
neoclassic(al) [͵ni:ou'klæsik(əl)], *a.* neoclassico.
neoclassicism [͵ni:ou'klæsisizm], *n.* (*arte*, *letter.*) neoclassicismo.
neoclassicist [͵ni:ou'klæsisist], *n.* (*arte*, *letter.*) neoclassicista.
neocolonial [͵ni:oukə'lounjəl], (*polit.*) **A** *a.* neocolonialista; neocolonialistico. **B** *n.* potenza neocolonialista.
neocolonialism [͵ni:oukə'lounjəlizm], *n.* (*polit.*) neocolonialismo.
neocolonialist [͵ni:oukə'lounjəlist], *a. e n.* (*polit.*) neocolonialista.
neoconservative [͵ni:oukən'sə:vətiv], *a.* (*polit.*) neoconservatore.
neodymium [͵ni:ou'dimiəm], *n.* (*chim.*) neodimio.
neoexpressionism [͵ni:ouiks'preʃnizm], *n.* (*arte*) neoespressionismo.
neoexpressionist [͵ni:ouiks'preʃənist], *a. e n.* (*arte*) neoespressionista.
Neofascism [͵ni:ou'fæʃizm], *n.* (*polit.*) neofascismo.
Neofascist [͵ni:ou'fæʃist], *a. e n.* (*polit.*) neofascista.
neoglacial [͵ni:ou'gleiʃəl], *a.* (*geol.*) neoglaciale.
neoglaciation ['ni:ou͵gleiʃi'eiʃən], *n.* (*geol.*) neoglaciazione.
Neo-Hellenism [͵ni:ou'helinizm], *n.* neoellenismo.
neoimperial [͵ni:ouim'piəriəl], *a.* (*polit.*) neoimperialistico.
neoimperialism [͵ni:ouim'piəriəlizm], *n.* (*polit.*) neoimperialismo.
neoimperialist [͵ni:ouim'piəriəlist], *n.* (*polit.*) neoimperialista.
neoimpressionism [͵ni:ouim'preʃənizm], *n.* (*arte*) neoimpressionismo.
neoimpressionist [͵ni:ouim'preʃənist], *a. e n.* (*arte*) neoimpressionista.
Neolithic [͵ni:ou'liθik], *n. e a.* (*preistoria*) neolitico: (*antropologia*) **n. man**, l'uomo neolitico.
neologic(al) [͵ni:ou'lɔdʒik(əl)], *a.* neologico.
neologism [ni(:)'ɔlədʒizm], *n.* neologismo.
neologist [ni(:)'ɔlədʒist], *n.* neologista.
to neologize [ni(:)'ɔlədʒaiz], *v. i.* introdurre (*o* inventare, usare) neologismi.
neology [ni(:)'ɔlədʒi], *n.* **1** uso di neologismi **2** neologismo.
neomercantilism [͵ni:ou'mə:kəntilizm], *n.* (*econ.*) neomercantilismo.
neon ['ni:ən], *n.* (*chim.*) neon. ● (*elettron.*) **n. glow lamp**, lampada al neon □ **n. signs**, insegne al neon.
neonationalism [͵ni:ou'næʃnəlizm], *n.* (*polit.*) neonazionalismo.
Neo-Nazi [͵ni:ou'na:tsi], *a. e n.* (*pl.* **Neo-Nazis**) (*polit.*) neonazista.
Neo-Nazi(i)sm [͵ni:ou'na:tsi(i)zm], *n.* (*polit.*) neonazismo.
neophilia [͵ni:ou'filiə], *n.* neofilia.
neophiliac [͵ni:ou'filiæk], *n.* neofilo.
neophyte ['ni:oufait], *n.* neofita, neofito (*in ogni senso*).
neoplasia [͵ni:ou'pleizjə], *n.* (*med.*) neoplasia.
neoplasm [͵ni:ou'plæzm], *n.* (*med.*) neoplasma.
Neo-Platonism [͵ni:ou'pleitənizm], *n.* (*filos.*) neoplatonismo.
Neo-Platonist [͵ni:ou'pleitənist], *n.* (*filos.*) neoplatonico.
neoprene ['ni:ouprin], *n.* (*chim.*, *ind.*) neoprene.
neorealism [͵ni:ou'ri:əlizm], *n.* (*cinem.*, *letter.*) neorealismo.
neorealist [͵ni:ou'ri:əlist], *n.* (*cinem.*, *letter.*) neorealista.
neorealistic ['ni:ou͵ri:ə'listik], *a.* (*cinem.*, *letter.*) neorealistico.
neorevisionism [͵ni:ouri'viʒənizm], *n.* (*polit.*) neorevisionismo.
neorevisionist [͵ni:ouri'viʒənist], (*polit.*) **A** *a.* neorevisionistico. **B** *n.* neorevisionista.
neoteric [͵ni:ou'terik], *a.* neoterico; recente; nuovo.
neotropical [͵ni:ou'trɔpikəl], *a.* (*geogr.*) neotropicale.
Neozoic [͵ni:ou'zouik], *a.* (*geol.*) neozoico.
Nepalese [͵nepɔ:'li:z], *a. e n.* (*invar. al pl.*) nepalese.
nepenthe [ne'penθi], *n.* (*mitol. e fig.*) nepente.
nepenthes [ne'penθiz], *n.* (*invar. al pl.*) (*bot.*, *Nepenthes*) nepente.
nephew ['nevju(:)], *n.* nipote (*maschio; di zio o di zia*).
nephritic [ne'fritik], **A** *a.* **1** (*med.*) nefritico **2** (*anat.*) renale. **B** *n.* (*med.*) nefritico.
nephritis [ne'fraitis], *n.* (*pl.* **nephritides, nephritises**) (*med.*) nefrite.
nephrosis [ne'frousis], *n.* (*pl.* **nephroses**) (*med.*) nefrosi.
nephrotic [ne'frɔtik], *a.* (*med.*) nefrotico, nefrosico.
nephrotomy [ne'frɔtəmi], *n.* (*med.*) nefrotomia.
ne plus ultra [͵ni:plʌs'ʌltrə] (*lat.*), *n.* non plus ultra; livello

nepotism

massimo d'eccellenza.
nepotism ['nepətizəm], *n*. nepotismo.
nepotist ['nepətist], *n*. nepotista.
Neptune ['neptju:n], *n*. (*mitol*., *astron*.) Nettuno.
Neptunian [nep'tju:njən], *a*. **1** (*mitol*.) nettunio (*lett*.); di Nettuno **2** (*astron*.) del pianeta Nettuno **3** – (*geol*.) **n.**, nettuniano: **n. rocks**, rocce nettuniane.
neptunium [nep'tju:njəm], *n*. (*chim*.) nettunio.
Nereid ['niəriid], *n*. (*mitol*., *astron*.) Nereide.
Nero ['niərou], *n*. (*stor. romana*) Nerone.
neroli ['niərəli], *n*. (*anche* **n. oil**) essenza di neroli.
Neronian [niə'rounjən], *a*. **1** (*stor*.) neroniano **2** (*fig*.) crudele; neroniano; tirannico.
nervate ['nə:veit], *a*. (*bot*.) nervato.
nervation [nə(:)'veiʃən], *n*. (*bot*.) nervatura.
nerve [nə:v], *n*. **1** (*anat*. e *fig*.) nervo: **a fit of nerves**, un attacco di nervi; **Her nerves went all to pieces**, le saltarono i nervi; **He has nerves of steel**, ha i nervi d'acciaio; **the nerves of a leaf**, i nervi (*o* le nervature) d'una foglia **2** (*al pl*.) nerbo (*fig*.); forza; vigore: **Good laws are the nerves of a state**, le buone leggi sono il nerbo dello Stato **3** coraggio; audacia; animo; sangue freddo (*fig*.): **to lose one's n.**, perdersi d'animo; **a man of n.**, un uomo dotato di sangue freddo (*o* padrone dei suoi nervi) **4** (*poet*.) tendine; nervo (*pop*.): **to strain every n.**, tendere ogni nervo; (*fig*.) fare ogni sforzo **5** (*fam*.) impudenza; sfacciataggine; faccia tosta: **You have n.!**, hai una bella faccia tosta! ● (*mil*.) **n. agent**, aggressivo nervino □ (*anat*.) **n. cell**, cellula nervosa □ (*anat*.) **n. centre**, centro nervoso; ganglio (*anche fig*.) □ (*mil*.) **n. gas**, gas nervino □ (*anat*.) **n. knot**, ganglio nervoso □ **n.-racking**, esasperante; irritante □ **n.-shattering noise**, un rumore che scuote i nervi □ **to get on sb.'s nerves**, dare ai nervi a q.; urtare i nervi di q. □ **not to know what nerves are**, essere sempre calmo; non scomporsi mai □ **the war of nerves**, la guerra dei nervi □ **Some n.!**, che faccia tosta! □ **My nerves will crack...**, mi saltano i nervi...
to nerve [nə:v], **A** *v. t.* rinvigorire; tonificare; incoraggiare; fortificare; temprare (*fig*.). **to nerve oneself B** *v. rifl*. farsi forza; farsi animo: **You must n. yourself for this difficult task**, devi farti forza per l'arduo compito che ti sta innanzi.
nerveless ['nə:vlis], *a*. **1** snervato; fiacco; inerte; debole; sfibrato **2** (*zool*.) privo di nervi **3** (*bot*.) senza nervature.
nervelessness ['nə:vlisnis], *n*. **1** snervatezza; fiacchezza; debolezza **2** mancanza di nervi (*o* di nervature).
nervine ['nə:vi:n], **A** *a*. nervino. **B** *n*. (*med*.) medicamento nervino.
nervosity [nə:'vositi], *n*. nervosità; nervosismo.
nervous ['nə:vəs], *a*. **1** nervoso; eccitabile; irritabile; irrequieto; teso; agitato: **the n. system**, il sistema nervoso; **n. energy**, energia nervosa; **a n. breakdown**, un collasso nervoso; **He is very n.**, è molto nervoso, eccitabile **2** (*arc*.) forte; robusto; vigoroso: **a n. style**, uno stile vigoroso **3** pauroso; timido; apprensivo ● **a n. laugh**, una risata nervosa □ **to be n. of doing st.**, aver paura di fare q.c. □ **to make sb. n.**, fare innervosire q.
nervousness ['nə:vəsnis], *n*. **1** nervosità; nervosismo **2** (*arc*.) forza; robustezza; vigoria **3** apprensione; paura; timore.
nervure ['nə:vjə*], *n*. (*bot*., *zool*.) nervatura.
nervy ['nə:vi], *a*. **1** (*fam*.) nervoso; eccitabile; irascibile; irrequieto **2** (*fam. USA*) impudente; sfacciato **3** (*pop*.) che dà ai nervi; irritante **4** (*fam. USA*) audace; coraggioso.
nescience ['nesiəns], *n*. nescienza (*lett*.); ignoranza.
nescient ['nesiənt], *a*. nesciente (*lett*.); ignorante.
ness [nes], *n*. (*geogr*.) capo; promontorio (*specialm. nei toponimi*).
nest [nest], *n*. **1** nido; (*fig*.) casa; (*fig*.) covo, riparo, tana, rifugio: **a wasps' n.**, un nido di vespe; **a turtle's n.**, la tana d'una tartaruga; **a n. of vice**, un covo di vizi; **a n. of bandits**, un covo di banditi; **a machine-gun n.**, un nido di mitragliatrici **2** gruppo d'oggetti (*cassetti*, *scatole*, *tavoli*, *ecc.*) che vanno l'uno dentro l'altro **3** (*mecc*.) gruppo compatto **4** (*geol*., *miner*.) tasca **5** (*naut*., *anche* **crow's nest**) coffa. ● **n. egg**, endice, nidiandolo; (*fig*.) gruzzolo □ **n. of tables**, serie di tavolinetti che rientrano l'uno nell'altro □ (*fig*.) **to feather one's n.**, arricchirsi (*per lo più indebitamente, in modo disonesto*); farsi il nido (*pop*.) □ **to take nests**, rubar nidi.
to nest [nest], *v. i.* **1** fare il nido; nidificare; (*d'insetti*) annidarsi **2** (*di solito* **to go nesting**) andare a (caccia di) nidi. ● **nested boxes**, scatole ammucchiate infilandole l'una dentro l'altra.
nestful ['nestful], *n*. nidiata.
nesting ['nestiŋ], *n*. **1** nidificazione **2** caccia ai nidi. ● **to go n.**, andare a rubare nidi d'uccelli.
to nestle ['nesl], **A** *v. i.* **1** annidarsi; accoccolarsi; rannicchiarsi; stringersi: **to n. among the leaves**, annidarsi tra le foglie; **to n. in the grass**, accoccolarsi nell'erba; **to n. down in bed**, rannicchiarsi nel letto; **The little girl nestled at her mother's breast**, la bambina si strinse al seno della mamma **2** nascondersi; essere nascosto (*fra*): **The cottage nestled among the trees**, la casetta era nascosta fra gli alberi. **B** *v. t.* abbracciare; stringere; tener riparato (*come in un nido*); coccolare: **The mother nestled the baby in her lap**, la madre teneva amorosamente il bimbo in grembo.
nestling ['neslin], *n*. uccellino di nido; uccellino implume.
Nestor ['nestə:*], *n*. (*letter*. e *fig*.) Nestore.
Nestorian [nes'tɔ:riən], *a*. e *n*. (*relig*.) nestoriano.
Nestorianism [nes'tɔ:riənizəm], *n*. (*relig*.) nestorianesimo, nestorianismo.
net (1) [net], *n*. **1** rete (*anche ferr*., *radio*, *telev*.); reticella; (*fig*.) trappola, rete, maglie: **a fishing net**, una rete da pesca; **a hair-net**, una reticella per capelli; **a tennis net**, una rete da tennis; **wire net**, rete metallica; **to be caught in the net of justice**, essere preso nelle maglie della giustizia **2** (*geol*.) reticolato **3** (*mat*.) reticolo **4** pizzo; tulle; filet. ● **net-bag**, rete per far la spesa □ (*naut*.) **net layer** (*o* **net-laying ship**), nave posareti □ (*ind. tessile*) **net silk**, seta ritorta □ **mosquito net**, zanzariera □ (*per la pesca*) **sweep net**, rete a strascico, sciabica □ (*naut*.) **torpedo net**, rete parasiluri.
to net (1) [net], **A** *v. t.* **1** irretire; prendere con la rete; accalappiare; intrappolare: **to net fish (birds)**, prendere pesci (uccelli) con la rete (*o* con le reti); **to net a rich husband**, accalappiare un marito ricco **2** chiudere, sbarrare con reti; porre (*o* tendere) reti in: **to net a river**, porre le reti in un fiume **3** coprire, proteggere (*per es.*, *alberi da frutta dagli uccelli*) con reti **4** intrecciare a rete (*una borsa*, *un'amaca*, *ecc.*) **5** (*tennis*) mandare in rete: **to net the ball**, mandare la palla in rete. **B** *v. i.* fabbricare reti; fare reti.
net (2) [net], (*comm*.) **A** *a*. netto: **net profit**, utile netto: **net price**, prezzo netto; **net weight**, peso netto. **B** *n*. guadagno (prezzo, peso, ecc.) netto.
to net (2) [net], *v. t.* (*comm*.) **1** guadagnare; ricavare: **I netted two hundred pounds**, ci guadagnai duecento sterline **2** dare (*una somma*) come guadagno netto; dare un utile di.
netful ['netful], *n*. retata.
nether ['neðə*], *a*. (*arc*.) inferiore; più basso: **the n. lip**, il labbro inferiore. ● (*scherz*.) **n. garments**, calzoni, pantaloni □ **the n. world** (*o* **the n. regions**), gli inferi; l'inferno.
Netherlander ['neðələndə*], *n*. abitante dei Paesi Bassi; olandese.
Netherlandish ['neðələndiʃ], *a*. dei Paesi Bassi; olandese.
Netherlands ['neðələndz], *n. pl.* (*geogr*.) Paesi Bassi; Olanda.
nethermost ['neðəmoust], *a*. (il) più basso; infimo.
nett [net], *V*. **net (2)**.
netting ['netiŋ], *n*. **1** fabbricazione di reti **2** pesca con le reti **3** lavoro a rete **4** reticolato. ● **wire n.**, rete metallica.
nettle ['netl], *n*. (*bot*., *Urtica dioica*; *anche* **stinging n.**) ortica. ● (*fig*.) **n.-grasper**, chi affronta risolutamente una difficoltà □ (*med*.) **n. rash**, orticaria □ (*fig*.) **to grasp the n.**, affrontare e risolvere una difficoltà con fermezza; prendere il toro per le corna.
to nettle ['netl], *v. t.* **1** pungere (q.) con l'ortica **2** (*fig*.) punzecchiare; esasperare; irritare.
network ['net:wə:k], *n*. **1** lavoro a rete; reticolato; graticolato **2** rete; rete di comunicazione; sistema: **a n. of railways**, una rete ferroviaria; **a n. of canals**, un sistema di canali **3** (*radio*, *telev*.) rete di emittenti. ● **n. of roads**, rete stradale; viabilità □ **a n. of wires**, una rete di fili metallici (*per l'elettricità*, *ecc.*) □ (*metall*.) **n. structure**, struttura reticolare.
to network ['netwə:k], *v. t.* e *i.* (*radio*, *telev*.) trasmettere (*su una rete radiofonica o televisiva*).
neum(e) [nju:m], *n*. (*mus*.) neuma.
neural ['njuərəl], *a*. (*anat*.) neurale.
neuralgia [njuə'rældʒə], *n*. (*med*.) nevralgia.
neuralgic [njuə'rældʒik], *a*. (*med*.) nevralgico.
neurasthenia [,njuərəs'θi:njə], *n*. (*med*.) nevrastenia.
neurasthenic [,njuərəs'θenik], *a*. e *n*. (*med*.) nevrastenico.
neuration [njuə'reiʃən], *n*. (*bot*., *zool*.) nervatura.
neuraxis [njuə'ræksis], *n*. (*anat*.) nevrasse, neurasse.
neurectomy [njuə'rektəmi], *n*. (*med*.) neurectomia; neurotomia.
neurine ['njuərain], *n*. (*chim*., *biol*.) neurina.
neuritis [njuə'raitis], *n*. (*pl*. **neuritides, neuritises**) (*med*.) nevrite, neurite.
neuroactive [,njuərou'æktiv], *a*. (*biol*.) neuroattivo.
neurobiological ['njuərou,baiə'lɔdʒikəl], *a*. neurobiologico.
neurobiologist [,njuəroubai'ɔlədʒist], *n*. neurobiologo.
neurobiology [,njuəroubai'ɔlədʒi], *n*. neurobiologia.
neurodepressive [,njuəroudi'presiv], *a*. (*farm*.) neurodepressivo.
neuroendocrinologist ['njuərou,endoukrai'nɔlədʒist], *n*. neuroendocrinologo.
neuroendocrinology ['njuərou,endoukrai'nɔlədʒi], *n*. neuroendocrinologia.
neuroleptic [,njuərou'leptik], *n*. (*farm*.) neurolettico.

neurological [ˌnjuərəˈlɔdʒikəl], *a.* (*med.*) neurologico.
neurologist [njuəˈrɔlədʒist], *n.* (*med.*) neurologo.
neurology [njuəˈrɔlədʒi], *n.* (*med.*) neurologia.
neuroma [njuəˈroumə], *n.* (*pl.* **neuromata, neuromas**) (*med.*) neuroma.
neuron [ˈnjuərɔn], *n.* (*anat.*) neurone; cellula nervosa.
neuropath [ˈnjuərəpæθ], *n.* (*med.*) neuropatico.
neuropathic [ˌnjuərouˈpæθik], *a.* (*med.*) neuropatico.
neuropathist [njuəˈrɔpəθist], *n.* (*med.*) neuropatologo.
neuropathology [ˌnjuəroupəˈθɔlədʒi], *n.* (*med.*) neuropatologia.
neuropathy [njuəˈrɔpəθi], *n.* (*med.*) neuropatia.
neuropsychic(al) [ˌnjuərouˈsaikik(əl)], *a.*, (*scient.*) neuropsichico.
neuropteran [njuəˈrɔptərən], *n.* (*pl.* **neuropterans, neuroptera**) (*zool.*, *Neuroptera*) neurottero.
neurosis [njuəˈrousis], *n.* (*pl.* **neuroses**) (*psic.*) nevrosi, neurosi.
neurosurgeon [ˌnjuərouˈsəːdʒən], *n.* (*med.*) neurochirurgo.
neurosurgery [ˌnjuərouˈsəːdʒəri], *n.* (*med.*) neurochirurgia.
neurotic [njuəˈrɔtik], *a.* e *n.* (*psic.*) nevrotico, neurotico.
neurotomy [njuəˈrɔtəmi], *n.* (*med.*) neurotomia.
neuter [ˈnjuːtə*], **A** *a.* **1** (*biol., gramm.*) neutro: **n. gender**, genere neutro **2** neutrale: **to stand n.**, rimanere neutrale. **B** *n.* **1** (*gramm.*) genere neutro **2** (*biol.*) animale neutro; pianta neutra **3** animale castrato.
neutral [ˈnjuːtrəl], **A** *a.* **1** neutrale: **a n. country**, un paese neutrale **2** (*chim., fis., mecc.*) neutro: **a n. substance**, una sostanza neutra; **a n. colour**, un colore neutro **3** (*fig.*) insignificante; scialbo; incolore: **a n. personality**, una personalità insignificante. **B** *n.* **1** (*polit.*) potenza neutrale; (un) neutrale **2** (*mecc.*) posizione di folle; folle: **The transmission is in n.**, il cambio è in folle. ● **n.-tinted**, di colore neutro; grigio.
neutralism [ˈnjuːtrəlizəm], *n.* (*polit.*) neutralismo.
neutralist [ˈnjuːtrəlist], *n.* (*polit.*) neutralista.
neutrality [njuːˈtræliti], *n.* neutralità: (*polit.*) **armed n.**, neutralità armata.
neutralization [ˌnjuːtrəlaiˈzeiʃən], *n.* neutralizzazione.
to neutralize [ˈnjuːtrəlaiz], *v. t.* neutralizzare (*in ogni senso*).
neutralizer [ˈnjuːtrəlaizə*], *n.* (*anche chim.*) neutralizzatore.
neutron [ˈnjuːtrɔn], *n.* (*fis.*) neutrone. ● (*mil.*) **n. bomb**, bomba al neutrone; bomba neutronica.
névé [ˈnevei] (*franc.*), *n.* (*geogr.*) **1** firn; neve ghiacciata granulosa **2** (*campo di*) neve compatta; nevato.
never [ˈnevə*], *avv.* mai; non... mai; giammai: **I shall n. forget him**, non lo dimenticherò mai; **N.!**, giammai!; **I should n. have believed it**, non l'avrei mai creduto. ● **the n.-n. (land)**, l'interno desertico dell'Australia (*specialm. il Queensland settentrionale*); regione ideale, immaginaria □ (*lett.*) **n. a**, non uno; neanche uno: **We saw n. a man**, non vedemmo neanche un'anima □ **n. after**, mai più (*da allora*) □ (*lett.*) **n. a one**, nessuno; neanche uno □ **n. before**, mai prima d'ora; (*anche*) mai prima d'allora □ **n.-ceasing**, incessante □ **n.-dying**, immortale □ **n.-ending**, senza fine; interminabile; infinito □ (*fam.*) **n. ever**, mai e poi mai □ **n.-fading**, che non svanisce mai □ **n.-failing**, infallibile; immancabile □ (*scherz.*) **the n.-n. system**, il sistema delle vendite a rate □ **n.-to-be-forgotten**, indimenticabile □ (*pop.*) **to buy st. on the n.-n.**, comprare q.c. a rate □ **N. again!**, mai più! □ **N. fear!**, niente paura! □ **N. mind!**, non preoccuparti; non importa; non fa niente! □ **N. mind returning the book tomorrow**, non importa che tu restituisca il libro domani □ (*fam., enfat.*) **She answered n. a word**, non proferì una sillaba; non rispose parola □ **That will n. do**, così non va (non va bene; è inutile, impossibile, sbagliato, ecc.) □ **Well, I n.!** (*o* **I n. did!**), è inaudito!; questa poi!; ma va là!; non ci credo!; incredibile! □ (*fam.*) **You n. left the key in the lock!**, non mi dirai che hai lasciato la chiave nella toppa! □ (*prov.*) **It's n. too late to mend**, non è mai troppo tardi per emendarsi, per redimersi □ (*prov.*) **N. is a long word**, mai (mai più) è una parola grossa □ (*prov.*) **N. is a long day**, è facile dire «mai!».
nevermore [ˌnevəˈmɔː*], *avv.* mai più.
nevertheless [ˌnevəðəˈles], *avv.* e *cong.* nondimeno; ciononostante; tuttavia: **There was no money left; n., we managed for a while**, i soldi erano finiti; ciononostante, per un po' tirammo avanti.
new (1) [njuː], *a.* nuovo; novello; recente; fresco; moderno: **a new idea**, un'idea nuova; **That's a new word to me**, questa parola mi è nuova, ignota; **new and second-hand books**, libri nuovi e libri di seconda mano; **new moon**, luna nuova; **new milk**, latte fresco; **new potatoes**, patate novelle; **new from school**, fresco di studi; **the new woman**, la donna moderna; **the new look**, il «new look»; la moda nuova; la nuova moda. ● (*stor. USA*) **New Deal**, «New Deal»; nuovo corso □ (*geogr.*) **New England**, la Nuova Inghilterra (*in USA*) □ **New Englander**, abitante (*o* nativo) della Nuova Inghilterra □ **the new entrants**, le nuove leve (*di lavoratori*) □ (*polit.*) **the New Left**, la nuova sinistra □ (*polit.*) **New Leftist**, membro della nuova sinistra □ (*relig.*) **a new man**, un neofita; un convertito al Cristianesimo □ **new penny**, nuovo penny (*moneta pari a 1 centesimo di sterlina*) □ **the new rich**, gli arricchiti; i nuovi ricchi □ (*polit.*) **the New Right**, la nuova destra □ (*agric.*) **new soil**, terreno vergine □ (*relig.*) **the New Testament**, il Nuovo Testamento □ **new town**, città satellite □ (*cinem.*) **new wave**, nouvelle vague □ (*geogr.*) **the New World**, il Nuovo Mondo □ **New Year**, Anno Nuovo □ **the New Year holidays**, le vacanze di Capodanno □ **New Year's Day**, Capodanno; il primo dell'anno □ **New Year's eve**, la vigilia di Capodanno; l'ultimo dell'anno □ **New Year's gift**, strenna, regalo di Capodanno □ (*geogr.*) **New York**, New York; Nuova York; lo Stato di New York □ **New Yorker**, newyorchese; nuovayorchese □ (*geogr.*) **New Zealand**, Nuova Zelanda □ **New Zealander**, neozelandese □ **as good as new**, come nuovo; quasi nuovo □ **brand new**, nuovo di zecca □ **ever new**, in continuo rinnovamento; sempre nuovo □ **A Happy New Year!**, Buon Anno! □ **to feel like a new man**, sentirsi rinato □ **to put on the new man**, dimostrare coi fatti la sincerità della propria conversione; iniziare una nuova vita □ **That's nothing new**, non è una novità.
new (2) [njuː], *avv.* (*di solito, nei composti*) **1** di recente; di fresco; da poco tempo; ultimamente; appena: **new-made**, fatto di recente; **new-mown hay**, fieno falciato di fresco; **new-come**, arrivato da poco; **a newly arrived**, un nuovo arrivato; **a new-born lamb**, un agnellino appena nato; **a new-coined word**, una parola coniata di fresco **2** di nuovo; nuovamente: **new-built**, costruito di nuovo; ricostruito. ● **new-born**, neonato; rinato, nato a nuova vita; rigenerato □ **a new-comer**, un nuovo venuto □ **new-fashioned**, alla moda □ **a new-fledged bird**, un uccellino che ha appena messo le ali □ **to new-build**, ricostruire □ **to new-create**, ricreare □ **new-laid eggs**, uova appena deposte; uova fresche □ **to new-model**, modellare di nuovo; rimaneggiare.
newel [ˈnjuːəl], *n.* (*archit.*) **1** montante di scala a chiocciola **2** (*anche* **n. post**) pilastro (*o* montante) di balaustra di scala. ● **open** (*o* **hollow**) **n.**, pozzo (*o* tromba) di scala a chiocciola.
newfangled [ˈnjuːˌfæŋgld], *a.* (*spreg.*) troppo moderno; nuovo e strano; originale; stravagante.
Newfoundland [njuː(ː)ˈfaundlənd], *n.* **1** (*geogr.*) Terranova **2** (*anche* **N. dog**) terranova; cane di Terranova.
Newfoundlander [njuː(ː)ˈfaundləndə*], *n.* abitante di Terranova.
Newgate [ˈnjuːgit], *n.* (*stor.*) prigione di Newgate (*a Londra*). ● **N. Calender**, elenco dei carcerati di Newgate.
newish [ˈnjuːiʃ], *a.* piuttosto nuovo, recente.
newly [ˈnjuːli], *avv.* **1** di recente; di fresco; da poco tempo; appena: **a n. discovered country**, una regione scoperta di recente; **a guest n. arrived**, un ospite appena arrivato; **a n. married couple**, due persone appena sposate **2** di nuovo; in modo nuovo: **a flat n. furnished**, un appartamento arredato di nuovo. ● (*fam.*) **n.-weds** (*o* **n.-wed couple**), sposini novelli.
Newmarket [ˈnjuːˌmɑːkit], *n.* **1** (*geogr.*) Newmarket (*città famosa per le corse dei cavalli*) **2** – **n.** (*anche* **N. coat**) giacca lunga e attillata **3** – **n.**, gioco di carte.
newness [ˈnjuːnis], *n.* novità; l'esser recente; freschezza (*fig.*); modernità (*V.* **new (1)**).
news [njuːz], *n. pl.* (*collett.*, *col verbo al sing.*) notizia, notizie; nuova; novella (*lett.*); novità; informazioni: **Have you heard the n.?**, hai sentito la notizia?; hai inteso la novità?; **That's no n. to me**, non è una novità per me; non mi torna nuovo; **I have had no n. from him**, non ho avuto sue notizie; **Is there any n.?**, ci sono novità? ● **n. agency**, agenzia d'informazioni; agenzia di stampa □ **n.-agent**, giornalaio; edicolante □ **n.-boy**, ragazzo che vende giornali; strillone □ (*radio*) **n. bulletin**, notiziario; giornale radio □ **n. conference**, conferenza stampa □ (*USA*) **n. dealer**, giornalaio; edicolante □ **n. editor**, capocronista (*radio, telev.*) **n. headlines**, titoli delle notizie; notizie in breve, notiziario (*a ore fisse*) □ **n. item**, notizia □ **n.-letter**, bollettino d'informazione; notiziario (*specialm. comm.*) □ (*cinem.*) **n.-reel**, cinegiornale □ **n.-room**, redazione, cronaca (*di giornale, stazione radio, ecc.*) □ **n. service**, agenzia d'informazioni; agenzia di stampa □ **n.-sheet**, notiziario; bollettino □ **n.-stall** (*o* **n.-stand**), edicola (*di giornalaio*); chiosco (*di giornali*) □ **n. vendor**, giornalaio; edicolante □ **n. writer**, cronista □ **to break the n. to sb.**, dare una cattiva notizia a q. □ **the latest n.**, le recentissime □ **a piece of n.**, una notizia □ **society n.**, cronaca mondana □ **Ill n. flies apace**, le cattive notizie fanno presto ad arrivare (*o volano*) □ **This is in the n.**, se ne parla nella stampa (*o nel telegiornale, ecc.*) □ **What's the n. this morning?**, che c'è di nuovo stamani? □ (*prov.*) **No n. is good n.**, nessuna nuova, buona nuova.
newsagent [ˈnjuːzˌeidʒənt], *n.* giornalaio; edicolante. ● **wholesale n.**, (titolare di) deposito di giornali.
newscast [ˈnjuːzkɑːst], *n.* **1** (*radio*) giornale radio **2** (*telev.*) te-

newscaster

legiornale.
newscaster ['nju:zka:stə*], *n.* (*radio*, *telev.*) annunciatore, annunciatrice; speaker.
newsiness ['nju:zinis], *n.* (*fam.*) abbondanza di notizie.
newsmaker ['nju:z‚meikə*], *n.* (*USA*) persona (*o* avvenimento) che «fa notizia».
newsman ['nju:zmən], *n.* (*pl.* **newsmen**) (*USA*) giornalista.
newsmonger ['nju:z‚mʌŋgə*], *n.* chiacchierone, chiacchierona; pettegolo, pettegola; (*d'uomo*) gazzettino (*fig.*); (*di donna*) comare (*fig.*).
newspaper ['nju:s‚peipə*], *n.* **1** giornale; gazzetta; settimanale; testata (*fig.*) **2** carta da giornali. ● **a n.-man**, un giornalista; un cronista □ **a n.-woman**, una giornalista; una cronista □ **a daily n.**, un quotidiano □ **a weekly n.**, un settimanale.
Newspeak ['nju:zpi:k], *n.* (*fig.*) linguaggio propagandistico tendenzioso (*dal romanzo «1984» di G. Orwell*).
newsprint ['nju:zprint], *n.* carta da giornale.
newsreader ['nju:z‚ri:də*], *n.* (*radio*, *telev.*) annunciatore, annunciatrice; speaker.
newsweekly ['nju:z‚wi:kli], **A** *a.* settimanale. **B** *n.* rivista settimanale.
newsworthy ['nju:z‚wə:ði], *a.* che fa notizia; interessante; che merita d'essere pubblicato.
newsy ['nju:zi], **A** *a.* **1** (*fam.*) pieno (*o* ricco) di notizie: **a n. letter**, una lettera ricca di notizie **2** ciarliero; pettegolo: **a n. old woman**, una vecchia pettegola. **B** *n.* (*USA*) ragazzo che vende giornali; strillone.
newt [nju:t], *n.* (*zool.*, *Triturus*) tritone.
Newtonian [nju(:)'tounjən], (*scient.*) **A** *a.* newtoniano; di Newton. **B** *n.* fautore delle teorie di Newton.
next [nekst], **A** *a.* prossimo; (il) più vicino; vicino; contiguo; seguente; successivo; primo: **the n. house**, la casa più vicina; la casa accanto; **the n. train**, il prossimo treno; il treno seguente; il primo treno (*dopo questo*); **the n. stop**, la prossima fermata; la fermata successiva; la prima fermata (*dopo questa*); **the house n. to mine**, la casa vicina alla mia; la casa accanto alla mia; **on the day n.**, il giorno seguente; il giorno dopo; **n. Monday** (*o* **on Monday n.**), lunedì prossimo; **I don't know; ask the n. person you meet**, io non lo so; chiedilo al primo che incontri (*dopo di me*); **This number is the first, this is the n., and this is the last**, questo è il primo numero, questo è il successivo (*il secondo*) e questo è l'ultimo; **n. week**, la prossima settimana; **n. year**, l'anno prossimo; l'anno venturo. **B** *n.* (*agg. sostantivato*) prossimo; primo (*dopo un altro*): **I will tell you in my n.**, te ne parlerò nella mia prossima (lettera); **the n. to arrive**, il prossimo che arrivò; il primo ad arrivare (*in seguito*). **C** *avv.* **1** in seguito; appresso; dopo; poi: **What shall I do n.?**, che cosa farò (*o* dovrò fare) poi? **2** la prossima volta; prossimamente: **When shall I meet you n.?**, quando ci vedrò la prossima volta?; quando ti rivedrò? **D** *prep.* (*arc.*, *ora n. to*) **1** vicino a; accanto a; presso: **a seat n. to the fire**, un posto (*a sedere*) vicino al fuoco; **the building n. to the post office**, l'edificio vicino alla Posta **2** subito dopo; dopo: **Ann loves you n. to her own son**, sei la persona che Anna ama di più, dopo suo figlio; **the largest city n. to New York**, la città più grande dopo New York. **E** *inter.* — **N.!**, avanti un altro (o un'altra)!; sotto a chi tocca! (*fam.*). ● **the n. after that**, quello (*autobus*, *treno*, *ecc.*) dopo □ **the n. best** (thing), la migliore alternativa □ **n. but one**, (il) secondo; il penultimo □ **n. door**, accanto a: **They live n. door to me**, abitano accanto a me □ **n.-door neighbours**, vicini di casa (*fig.*) **n. door to**, quasi; pressoché: **It's n. door to impossible**, è pressoché impossibile □ **n. of kin**, parente prossimo □ **N. (one), please!**, avanti un altro!; sotto a chi tocca! (*fam.*) □ **n. to impossible**, quasi impossibile □ **n. to none**, quasi nessuno □ **n. to nothing**, quasi niente □ (*nelle riviste*) **to be continued** (in our n.), continua; il seguito al prossimo numero □ **to come n.**, venire subito dopo: **This one comes n.**, questo viene subito dopo □ **in the n. place**, inoltre (*in secondo*, *in terzo luogo*, *ecc.*) □ **the shop n. to the corner**, il negozio all'angolo □ **the Sunday n. before Easter**, l'ultima domenica prima della Pasqua (*la Domenica delle Palme*) □ **the year after n.**, tra due anni (*scherz.*) **I won't go there again; not till n. time**, non ci andò mai più..., fino alla prossima volta □ **What comes n.?**, e adesso, che cosa viene (*o* ci tocca)?; che altro c'è da fare? (*nei negozi*) **What is the n. article?**, e l'articolo che altro posso servirLa?; che altro desidera? □ **What n.?**, e poi?; che altro? □ (*iron.*) **What** (*o* **Whatever**) **n.!**, accidenba!; c'è da aspettarsi di tutto □ **When I saw him n.**, **he was ill**, quando lo rividi, era ammalato □ **Who comes n.?**, a chi tocca ora?; di chi è il turno?
nexus ['neksəs], *n.* (*pl.* **nexuses**, **nexus**) **1** nesso; connessione; legame; relazione **2** gruppo (*o* serie) di cose; d'idee, ecc., connesse fra loro.
niacin ['naiəsin], *n.* (*chim.*) niacina (*vitamina PP*).
Niagara Falls (the) [nai'ægərə 'fɔ:lz], *n. pl.* (*geogr.*) le Cascate del Niagara (*nome anche d'una città ad esse vicina*). ● (*fig.*) **to shoot the Niagara**, correre un grosso rischio.
nib [nib], *n.* **1** (*un tempo*) punta di penna d'oca **2** (*anche* **pen nib**) pennino **3** punta (*d'un arnese*) **4** (*pl.*) chicchi di caffè (*o* di cacao) frantumati. ● (*fam.*, *spreg.*) **his nibs**, persona importante; Sua Signoria; (il) signorino (*fam.*).
to nib [nib], *v. t.* **1** (*un tempo*) affilare, appuntire (*una penna d'oca*) **2** mettere il pennino a (*un portapenne*) **3** aggiustare il pennino di (*una penna*). ● **a gold-nibbed pen**, una penna col pennino d'oro.
to nibble ['nibl], *v. t. e i.* (*spesso* **to n. at**) **1** mordicchiare; morsicare; rosicchiare: **The rabbits were nibbling (at) the cabbages**, i conigli rosicchiavano i cavoli **2** (*di pecore*) brucare **3** (*di persone*) mangiucchiare; sgranocchiare **4** mostrare interesse per, stare per accettare (*un'offerta*, *ecc.*) **5** criticare; trovare da ridire. ● (*di pesci*) **to n. (at) the bait**, abboccare □ **to n. at one's food**, mangiucchiare; mangiare di malavoglia □ **to n. at a subject**, sfiorare (*o* toccare) un argomento □ **to n. away** (*o* **off**), staccare a piccoli morsi; (*fig.*) consumare a poco a poco □ **to n. a hole in st.**, fare un buco in q.c. rosicchiando.
nibble ['nibl], *n.* **1** piccolo morso **2** il mordicchiare; rosicchiamento **3** boccone; bocconcino **4** (*fam.*) richiesta; offerta. ● **to have a n. at st.**, mordicchiare (*o* rodere) q.c.
niblick ['niblik], *n.* (*sport*) bastone da golf con testa rotonda.
nice [nais], *a.* **1** bello; grazioso; attraente; gradevole; piacevole; simpatico; cortese; gentile; premuroso: **a n. day**, una bella giornata; **the n. weather of early summer**, il bel tempo all'inizio dell'estate; **a n. little girl**, una graziosa ragazzina; **You've been very n. to me**, sei stato molto gentile con me; **a n. fellow**, un tipo simpatico; un simpaticone **2** (*di cibo*, *pasto*, *ecc.*) buono; raffinato, squisito: **What a n. cake!**, che buona torta!; **a n. dinner**, un pranzo squisito **3** delicato; difficile; sottile; fine: **a n. problem**, un problema delicato; **a n. experiment**, un esperimento difficile; **a n. distinction**, una sottile distinzione; **a n. ear**, un orecchio fine **4** onesto; retto; corretto (*negli affari*, *ecc.*) **5** bravo; perbene (*fam.*): **N. boys don't crib**, un bravo ragazzo non copia (*a scuola*, *all'esame*) **6** di gusti difficili; incontentabile; esigente; minuzioso; scrupoloso: **I am n. about my food**, sono di gusti difficili nel mangiare; **Nancy is very n. in her dress**, Annina è molto esigente nel vestire; **a n. inquiry**, un'indagine minuziosa; **a n. observer**, un osservatore scrupoloso. ● (*di cibo*) **n. and hot**, bello caldo □ (*d'abito*, *locale*, *ecc.*) **n. and warm**, ben caldo □ **a n. instrument**, uno strumento di precisione □ **n.-looking**, di bell'aspetto; grazioso; attraente □ (*fam.*) **as n. as a pie**, cortesissimo; simpaticissimo; amabilissimo □ (*iron.*) **He's n. one to talk about fairness**, proprio lui parla di correttezza □ **How n. to see you!**, che gioia rivederti!; (*a un ospite*) benvenuto! □ **Their car is going n. and fast**, la loro automobile va a meraviglia □ **This stick is a n. long one**, questo bastone è bello lungo □ **Will you have a n. cup of tea?**, vuoi una bella tazza di tè?
Nice [ni:s], *n.* (*geogr.*) Nizza.
nicely ['naisli], *avv.* **1** esattamente; in modo preciso, minuzioso, scrupoloso **2** (*fam.*) gradevolmente; piacevolmente **3** (*fam.*) bene; proprio bene; a pennello: **This overcoat will suit him n.**, questo soprabito gli starà a pennello; **The new pupil is doing n.**, il nuovo scolaro fa (*o* se la cava) bene. ● (*di malato*) **to be doing n.**, essere in via di guarigione.
Nicene [nai'si:n], *a.* (*stor.*, *relig.*) di Nicea: **the first N. council**, il primo concilio di Nicea.
niceness ['naisnis], *n.* **1** sottigliezza, finezza **2** esattezza; precisione; scrupolosità **3** (*fam.*) gradevolezza, piacevolezza **4** (*fam.*) cortesia; gentilezza (*V.* **nice**).
nicety ['naisiti], *n.* **1** accuratezza; esattezza; precisione, meticolosità; scrupolosità: **n. of judgement**, accuratezza di giudizio **2** l'essere esigente; incontentabilità; raffinatezza di gusti **3** l'essere complesso, intricato; delicatezza; difficoltà: **a question of great n.**, una faccenda di grande delicatezza **4** (*pl.*) finezze; sottigliezze; minuzie: **the niceties of drawing**, le finezze dell'arte del disegno **5** oggetto elegante (*o* piacevole, di buon gusto). ● **to a n.**, esattamente; in modo preciso: **I cannot judge the distance to a n.**, non sono in grado di valutare esattamente la distanza □ (*di capo di vestiario*, *ecc.*) **to fit to a n.**, stare a pennello.
niche [nitʃ], *n.* **1** (*archit.*, *biol.*) nicchia **2** (*fig.*) nicchia; posticino: **He is looking for the right n. for himself**, cerca di farsi una bella nicchia (*o* di trovarsi un bel posticino).
to niche [nitʃ], **A** *v. t.* collocare (*una statua*, *ecc.*) in una nicchia. **B** *v. rifl.* **niche oneself**, rannicchiarsi.
Nicholas ['nikələs], *n.* Nicola.
nick (1) [nik], *n.* **1** intaccatura; tacca **2** (*ai dadi*) colpo decisivo **3** (*pop.*) prigione; gattabuia (*pop.*). ● **in the n. of time**, al momento giusto; al momento opportuno; (*anche*) appena in tempo; al limite □ **The meat was cooked to a n.**, la carne era cotta al punto giusto.

to nick [nik], *v. t.* **1** intaccare; fare una tacca (o tacche) in; fare un'incisione in: **to n. a horse's tail** (*o* **a horse**), fare a un cavallo una incisione alla base della coda **2** segnare (*punti, ecc.*) facendo tacche **3** afferrare; cogliere; indovinare; intuire: **to n. an opportunity**, cogliere un'occasione; **to n. the truth**, intuire la verità **4** prendere al volo (*fig.*): **to n. a train**, prendere al volo un treno **5** (*fam.*) prendere, arrestare (*un delinquente*) **6** (*fam.*) rubare; sgraffignare (*fam.*); fregarsi (*pop.*). ● **to n. in**, prendere una scorciatoia; tagliare (*fam.*) □ **to n. it**, cogliere nel segno.
nick (2) [nik], *n.* (*pop.*) condizioni; forma: **This car is in good n.**, quest'auto è in buone condizioni. ● **to be in bad n.**, essere ridotto male (*o* giù di forma).
Nick [nik], *n.* (*dim.* di **Nicholas**) Nicolino. ● **Old N.**, il Diavolo; Belzebù.
nickel ['nikl], *n.* **1** (*chim.*) nickel, nichel, nichelio **2** (*USA*) moneta da cinque centesimi (*di dollaro*) **3** nichelino. ● **n.- -plated**, nichelato □ **n. plating**, nichelatura □ **n. silver**, alpacca; argentone □ **n. steel**, acciaio al nichelio.
to nickel ['nikl], *v. t.* (*ind.*) nichelare.
nickeling ['nikəliŋ], *n.* (*ind.*) nichelatura.
nicker ['nikə*], *n.* (*invar. al pl.*) (*pop.*) sterlina: **I paid 40 n. for it**, l'ho pagato 40 sterline!
nickleodeon [ˌnikəl'oudiən], *n.* (*USA*) **1** (*un tempo*) cinema (*o* teatro di varietà) d'infimo ordine (*o* di terza visione) **2** jukebox.
nicknack ['niknæk], *V.* **knickknack**.
nickname ['nikneim], *n.* **1** nomignolo; soprannome **2** vezzeggiativo.
to nickname ['nikneim], *v. t.* **1** soprannominare; dare un nomignolo a (*q.*) **2** dare a (*q.c.*) il nome di; chiamare: **They n. prudence cowardice**, chiamano la prudenza viltà.
nicotine ['nikəti:n], *n.* (*chim.*) nicotina. ● (*fam.*) **n. fit**, voglia di fumare: **I have a bad n. fit**, ho una voglia matta di fumare.
nicotinism ['nikəti:nizəm], *n.* (*med.*) nicotinismo; tabagismo.
to nicotinize ['nikəti(:)naiz], *v. t.* intossicare con la nicotina.
to nictate ['nikteit], **to nictitate** ['niktiteit], *v. i.* ammiccare rapidamente; battere le palpebre. ● (*zool.*) **nictating** (*o* **nictitating**) **membrane**, membrana nittitante (*degli uccelli, ecc.*).
nictation [nik'teiʃən], **nictitation** [ˌnikti'teiʃən], *n.* (*med.*) nittitazione.
nicy ['naisi], *n.* dolce; caramella; zuccherino (*termine infantile*).
niddle-noddle ['nidlˌnodl], *a.* barcollante; tentennante; vacillante.
to niddle-noddle ['nidlˌnodl], **A** *v. t.* tentennare (*la testa*). **B** *v. i.* barcollare; dondolare; traballare; vacillare.
nide [naid], *n.* covata (*o* nidiata) di fagiani.
to nidificate ['nidifikeit], *v. i.* nidificare; fare il nido.
nidification [ˌnidifi'keiʃən], *n.* nidificazione.
to nidify ['nidifai], *V.* **to nidificate**.
to nid-nod ['nidˌnod], *v. i.* ciondolare il capo (*per il sonno*).
nidus ['naidəs], *n.* (*pl.* **nidi, niduses**) **1** (*zool.*) nido (*specialm. d'insetti*) **2** (*fig.*) focolaio d'infezione.
niece [ni:s], *n.* nipote (*femmina; di zio o di zia*).
niello [ni'elou], *n.* (*pl.* **nielli, niellos**) **1** niello **2** niellatura.
to niello [ni'elou], *v. t.* niellare.
niff [nif], *n.* (*pop.*) cattivo odore; puzzo.
niffy [nifi], *a.* (*pop.*) che puzza; maleodorante. ● **This cheese is n.**, questo formaggio puzza.
nifty ['nifti], *a.* (*pop.*) elegante; con i fiocchi; eccezionale; splendido. ● **a n. right at the jaw**, un bel destro alla mascella.
Nigerian [nai'dʒiəriən], *a. e n.* nigeriano.
niggard ['nigəd], **A** *n.* avaro; tirchio; spilorcio; taccagno. **B** *a.* (*poet., retor.*) avaro; gretto; meschino.
niggardliness ['nigədlinis], *n.* avarizia; grettezza; spilorceria; taccagneria; tirchieria.
niggardly ['nigədli], **A** *a.* **1** avaro; gretto; spilorcio; taccagno; tirchio **2** misero; scarso: **a n. sum**, una misera somma di denaro. **B** *avv.* avaramente; con grettezza.
nigger ['nigə*], *n.* **1** (*spreg.*) negro, negra **2** (*spreg.*) uomo (*o* donna) di colore **3** (*zool.*) bruco nero della rapa (*pop.*). ● (*pop.*) **a n. in the woodpile** (*o* **in the fence**), un difetto occulto; un punto oscuro; una magagna □ **n. melody**, melodia negra □ **n. minstrel**, cantante (*o* musicista) truccato da negro □ **n. song**, canzone negra □ **to work like a n.**, lavorare come un negro.
to niggle ['nigl], *v. i.* fare il pignolo; preoccuparsi d'inezie, dei particolari (*d'un lavoro*). ● **to n. over st.**, perdersi nei dettagli.
niggling ['nigliŋ], *a.* **1** pignolo; minuzioso **2** insignificante; da nulla; di nessun valore. ● **n. handwriting**, scrittura minuta.
nigh [nai], **A** *avv.* (*poet. o dial.*) vicino; presso; accanto. **B** *prep.* vicino a; accanto a. **C** *a.* vicino; prossimo. ● **to draw n.**, avvicinarsi □ **well n.**, quasi; pressoché.
night [nait], *n.* notte; nottata; sera; serata: **n. and day**, giorno e notte; notte e dì; sempre; **n. after n.**, una notte (*o* una sera) dopo l'altra; **all n. (long)**, tutta la notte; **by n.**, di notte, durante la notte; **at n.**, di notte; di notte; **the n. of barbarism**, la notte delle barbarie; **to have** (*o* **to pass**) **a good** (**a bad**) **n.**, passare una buona (una brutta) nottata; dormir bene (male); **to make a n. of it**, passare una serata magnifica (*a far festa, a far baldoria*). ● **n. bird**, uccello notturno; (*fig.*) nottambulo □ (*med.*) **n. blindness**, nictalopia □ **n. boat**, nave traghetto che fa servizio notturno □ **n. brawl**, rissa, schiamazzo notturno □ **n. cellar**, bettola; osteria □ **n. chair** (*o* **n. stool**), seggetta □ **n.- -clothes**, indumenti da portare a letto □ **n. club**, locale notturno □ **n.-dress**, (*o* **n.-gown**), camicia da notte (*da donna*) □ (*aeron. mil.*) **n. fighter**, caccia notturno □ **n. flower**, fiore che s'apre di notte □ (*mitol.*) **n.-hag**, diavolessa □ **n. hawk**, (*zool.*, *Caprimulgus europaeus*; *USA*, *Chordeiles*) succiacapre; (*fig.*) nottambulo □ **n.-lamp** (*o* **n.-light**), lumino da notte; abat-jour (*franc.*); lampada con paralume □ (*USA*) **n. letter**, telegramma notturno (*a tariffa ridotta*) □ **n.-long**, che dura tutta la notte □ **n.-moth**, farfalla notturna; falena □ (*arte*) **n. piece**, quadro con soggetto notturno □ **n. porter**, portiere di notte (*banca*) **n. safe**, cassa continua □ **n.-school**, scuola serale □ **n. shift**, turno di notte □ **n.-shirt**, camicia da notte (*da uomo*) □ **n. soil**, contenuto dei pozzi neri (*che si vuotano di notte*); bottino (*turismo*) **nights spent**, pernottamenti □ **n.-suit**, pigiama □ **n. watch**, vigilanza notturna, guardia di notte; sorvegliante notturno, guardia notturna □ **n. watchman**, guardiano (*o* custode) notturno; metronotte □ **n. work**, lavoro notturno, fatto di notte □ **as black** (*o* **as dark**) **as n.**, nero come la notte □ **a dirty n.**, una notte piovosa; una notte di tempesta □ (*teatr.*) **first n.**, (la) prima; première □ **a good n.'s rest**, una bella dormita □ **to have a n. out** (*o* **off**), passare la sera (*e parte della notte*) fuori (di) casa; far nottata divertendosi; (*di domestico*) avere una serata libera □ **in the dead of n.**, nel cuor della notte □ **in the n.-time**, di notte; nottetempo □ **in the n. watches**, nelle veglie notturne; nelle ore di veglia □ **to kiss sb. good n.**, dare a q. il bacio della buonanotte □ **last n.**, la notte scorsa; iersera □ **late at n.**, a tarda notte; a notte alta, fatta; a notte avanzata, inoltrata □ (*fam., dial.*) **o' nights**, la notte; di notte □ (*arc.*) **to- -night**, questa notte; stanotte; stasera □ **to turn n. into day**, fare di notte giorno.
nightcap ['naitkæp], *n.* **1** (*un tempo*) berretto (*o* cuffia) da notte **2** (*fam.*) bicchierino di liquore bevuto prima d'andare a letto **3** (*sport USA*) finale.
nightfall ['naitfɔ:l], *n.* crepuscolo; (l')imbrunire. ● **at n.**, al calar della notte.
nightie ['naiti], *n.* (*fam.*) camicia da notte (*da donna*).
nightingale ['naitiŋgeil], *n.* (*zool., Luscinia*) usignolo.
nightjar ['naitdʒa:*], *n.* (*zool., Caprimulgus europaeus*) succiacapre.
nightly ['naitli], **A** *a.* **1** notturno; della notte; di ogni notte **2** serale; d'ogni sera. ● **n. show**, spettacolo che si replica ogni sera. **B** *avv.* **1** di notte; ogni notte **2** di sera; ogni sera.
nightman ['naitmən], *n.* (*pl.* **nightmen**) uomo del bottino; uomo addetto allo scarico dei pozzi neri.
nightmare ['naitmεə*], *n.* incubo (*anche fig.*); ossessione.
nightmarish ['naitmεəriʃ], *a.* d'incubo; (*fig.*) ossessionante.
nights [naits], *avv.* (*USA*) di notte; tutta la notte; tutte le notti.
nightshade ['nait-ʃeid], *n.* (*bot., Solanum nigrum*) morella. ● **deadly n.** (*Atropa belladonna*), belladonna □ **woody n.** (*Solanum dulcamara*), dulcamara.
nightside ['naitsaid], *n.* personale che lavora all'edizione del mattino (*d'un quotidiano*).
nightstick ['naitˌstik], *n.* (*USA*) bastone, manganello (*da poliziotto*).
nighttime ['nait-taim], **A** *n.* notte; ore notturne: **in the n.**, di notte. **B** *a. attr.* notturno: **n. flights**, voli notturni.
nighty ['naiti], *V.* **nightie**.
nigrescence [ni'gresəns], *n.* **1** (*biol.*) nigrescenza **2** nerezza (*specialm. della pelle, dei capelli, degli occhi*).
nigrescent [ni'gresənt], *a.* **1** (*biol.*) nigrescente; tendente al nero **2** nerastro; nereggiante; nericcio.
nigritude ['nigritju(:)d], *n.* nerezza; l'esser nero.
nihilism ['naiilizəm], *n.* (*polit., filos.*) nichilismo.
nihilist ['naiilist], *n.* (*polit., filos.*) nichilista.
nihilistic [ˌnaii'listik], *a.* (*polit., filos.*) nichilista.
nihility [nai'hiliti], *n.* il nulla; nullità; inezia.
nil [nil], *n.* **1** zero **2** niente; nulla **3** (*sport*) zero: **We won the game by two goals to nil (2-0)**, vincemmo la partita due a zero. ● (*sport*) **a nil-all draw**, un pareggio zero a zero; uno zero a zero □ **The profits were nil**, non ci furono dei guadagni.
Nile [nail], *n.* (*geogr.*) Nilo.
nilg(h)ai ['nilgai], *n.* (*pl.* **nilg(h)ais, nilg(h)ai**) (*zool., Boselaphus tragocamelus*) nilgai.
Nilometer [nai'lɔmitə*], *n.* nilometro.
Nilotic [nai'lɔtik], *a.* del Nilo; nilotico.
nimble ['nimbl], *a.* agile (*anche fig.*); lesto; svelto; pronto: **a n. mind**, una mente agile; **a n. reply**, una risposta pronta. ● **n.-**

nimbleness

-fingered, destro; lesto di mano □ **n.-footed**, agile, lesto, veloce □ **n.-witted**, pronto di mente; sveglio (*fig.*).
nimbleness ['nimblnis], *n.* agilità; lestezza; sveltezza; prontezza; (*specialm. sport*) souplesse.
nimbus ['nimbəs], *n.* (*pl.* **nimbi, nimbuses**) **1** (*meteorologia*) nembo **2** nimbo; aureola.
niminy-piminy ['nimini'pimini], *a.* affettato; lezioso; smanceroso.
Nimrod ['nimrɔd], *n.* **1** (*Bibbia*) Nembrotte **2** – (*fig.*) **n.**, gran cacciatore.
nincompoop ['ninkəmpu:p], *n.* (*fam.*) balordo; stupido; semplicciotto.
nine [nain], *a.* e *n.* nove. ● (*sport*) **a n.**, una squadra di baseball (*di nove giocatori*) □ **the N.**, le nove Muse; (*econ., fin.*) **i «Nove»** (*i paesi della CEE*) □ **a n. days' wonder**, una novità destinata a non durare; un fuoco di paglia, una meteora (*fig.*) □ **n. times out of ten**, nove volte su dieci □ (*mat.*) **to cast out (the) nines**, fare la prova del nove □ (*fam.*) **dressed up to the nines**, vestito con eleganza, ricercatezza; tutto azzimato; tutto in ghingheri □ **It's n.** (**o'clock**), sono le nove.
ninefold ['nainfould], **A** *a.* **1** (che è) nove volte maggiore **2** composto di nove parti. **B** *avv.* nove volte tanto.
ninepin ['nain-pin], *n.* **1** birillo **2** (*pl., col verbo al sing.*) gioco dei birilli.
nineteen ['nain'ti:n], *a.* e *n.* diciannove. ● **to talk n. to the dozen**, parlare incessantemente.
nineteenth ['nin'ti:nθ], *a.* e *n.* diciannovesimo; decimonono. ● **a n.**, un diciannovesimo (*frazione*) □ (*scherz.*) **n. hole**, ritrovo (*caffè, ecc.*) frequentato da giocatori di golf.
ninetieth ['naintiiθ], *a.* e *n.* novantesimo.
ninety ['nainti], *a.* e *n.* novanta. ● **n.-nine times out of a hundred**, novantanove volte su cento □ **the nineties**, gli anni fra i novanta e i cento (*in un secolo o nella vita d'una persona*): **He was in his late nineties**, era quasi centenario □ (*del medico al paziente*) **Say n.-nine!**, dica trentatré.
Nineveh ['ninivi], *n.* (*geogr. stor.*) Ninive.
Ninevite ['ninivait], *n.* abitante di Ninive.
ninny ['nini], *n.* (*fam.*) semplicciotto; sciocco; stupido: **You n.!**, sciocchino!; scioccone!
ninth [nainθ], **A** *a.* nono: **the n. part**, la nona parte. **B** *n.* **1** nono: **one n.**, un nono (*frazione*) **2** (*mus.*) nona. ● **on the n.**, il nove del mese.
ninthly ['nainθli], *avv.* in nono luogo.
Niobe ['naiəbi], *n.* (*mitol.*) Niobe.
Niobean [,nai'oubi:ən], *a.* di (*o simile*) a Niobe.
niobium [nai'oubjəm], *n.* (*chim.*) niobio.
to nip (1) [nip], **A** *v. t.* **1** pizzicare; dare un pizzicotto a; pizzicottare (*fam.*); pungere; morsicare: **He's nipped his forefinger in the drawer**, si è pizzicato l'indice nel cassetto; **the bulldog nipped me on the leg**, il bulldog mi morsicò una gamba **2** – **to nip off**, strappare; staccare; tagliare: **to nip off dead leaves**, staccare le foglie morte **3** (*del gelo, del vento*) assiderare; gelare; distruggere: **Frost nipped the plants in our garden**, il gelo distrusse le piante del nostro giardino **4** (*fam., anche* **to nip up, out**) afferrare; arraffare; rubare. **B** *v. i.* **1** dar pizzicotti; pungere; morsicare **2** pungere (*fig.*); essere gelido, pungente: **The wind nips hard today**, oggi tira un vento gelido. ● (*fam.*) **to nip along**, affrettarsi; camminare in fretta □ (*fam.*) **to nip in**, entrare in fretta; interrompere (*q. che parla*) □ (*fig.*) **to nip st. in the bud**, distruggere q.c. in germe; arrestare q.c. all'inizio □ (*fam.*) **to nip in and out of the traffic**, zigzagare in mezzo al traffico □ (*fam.*) **to nip off**, andarsene in tutta fretta; scappare di corsa □ (*fam.*) **to nip out**, fare «un salto» fuori □ (*fam.*) **to nip up**, saltare su, venire fuori, alzarsi all'improvviso.
nip (1) [nip], *n.* **1** pizzico; pizzicotto; morso **2** aria pungente; gelo; freddo intenso: **The nip of the air startled the boy**, il freddo pungente fece sussultare il ragazzo **3** (*fig.*) detto (*o* osservazione) pungente; sarcasmo **4** sapore piccante; il pizzicare (*del formaggio*). ● (*USA: di incontro sportivo, ecc.*) **nip and tuck**, incerto; combattuto; «tirato».
nip (2) [nip], *n.* sorso, bicchierino (*di liquore*); cicchetto (*fam.*).
to nip (2) [nip], **A** *v. i.* bere un bicchierino (*di liquore*); prendere un cicchetto (*fam.*). **B** *v. t.* bere (*un liquore*) a sorsi, a bicchierini.
Nip [nip], *a.* e *n.* (*abbr. di* **Nipponese**) (*spreg.*) nipponico; giapponese.
nipper ['nipə*], *n.* **1** (*pl.*) pinza; pinzetta (*anche* **pair of nippers**) **2** (*pl.*) occhiali a stringinaso **3** (*fam.*) birichino; monello; ragazzino **4** (*zool.*) chela; pinza (*di granchio*) **5** dente incisivo (*del cavallo*). ● (*mecc.*) **cutting nippers**, tronchese □ **wire nippers**, pinza per fili.
nipping ['nipiŋ], *a.* **1** pungente; tagliente; gelido: **n. cold**, freddo pungente **2** (*fig.*) sarcastico; mordace; pungente; tagliente.
nipple ['nipl], *n.* **1** (*anat.*) capezzolo **2** tettarella di gomma **3** protuberanza (*in genere*) **4** (*mecc.*) raccordo filettato; nipplo **5** (*un tempo: di fucile ad avancarica*) luminello. ● (*mecc.*) **lubricating n.**, ingrassatore; oliatore; lubrificatore.
nipplewort ['niplwə:t], *n.* (*bot., Lapsana communis*) lassana.
Nippon ['nipɔn], *n.* (*geogr.*) Giappone.
Nipponese [,nipə'ni:z], *a.* e *n.* (*invar. al pl.*) nipponico; giapponese.
Nipponian [ni'pouniən], *a.* nipponico; giapponese.
nippy ['nipi], *a.* **1** pungente; gelido; tagliente **2** (*fig.*) mordace; sarcastico; pungente **3** (*fam.*) agile; lesto; svelto. ● (*pop.*) **Look n.!**, sbrigati!; spicciati!
nirvana [niə'va:nə], *n.* (*relig.*) nirvana.
nisi ['naisai] (*lat.*), *cong.* (*leg.*) a meno che (non); se non. ● (*leg. G.B.*) **n. prius**, causa civile discussa davanti a un giudice unico e a una giuria □ **a decree n.**, un decreto provvisorio □ **an order n.**, un'ingiunzione provvisoria.
nit (1) [nit], *n.* (*zool.*) lendine; (uovo di) insetto parassita.
nit (2) [nit], *n.* (*fam., spreg.*) imbecille; stupido.
nit (3) [nit], *n.* (*fis.*) nit.
niter ['naitə*], (*USA*) *V.* **nitre**.
niton ['naitɔn], *n.* (*chim.*) niton.
to nitpick ['nit,pik], *v. i.* (*fam.*) fare il pignolo; pignoleggiare.
nitpicking ['nit,pikiŋ], **A** *n.* (*fam.*) critiche minuziose e pedanti; pignoleria. **B** *a.* pignolesco.
nitrate ['naitreit], *n.* (*chim.*) nitrato (*specialm. di sodio o di potassio*).
to nitrate ['naitreit], *v. t.* (*chim.*) combinare (*o* trattare) con acido nitrico; trasformare in nitrato.
nitration [nai'treiʃən], *n.* (*chim.*) nitrazione.
nitre ['naitə*], *n.* (*chim.*) nitro; nitrato di potassio; salnitro (*pop.*).
nitric ['naitrik], *a.* (*chim.*) nitrico: **n. acid**, acido nitrico.
nitride ['naitraid], *n.* (*chim.*) nitruro.
nitrification [,naitrifi'keiʃən], *n.* (*chim.*) nitrificazione.
to nitrify ['naitrifai], *v. t.* (*chim.*) nitrificare.
nitrite ['naitrait], *n.* (*chim.*) nitrito.
nitrocellulose [,naitrou'seljulous], *n.* (*chim.*) nitrocellulosa.
nitrogen ['naitridʒən], *n.* (*chim.*) azoto.
to nitrogenize ['naitroudʒənaiz], *v. t.* (*chim.*) azotare.
nitrogenous [nai'trɔdʒinəs], *a.* (*chim.*) azotato.
nitroglycerin(e) ['naitrou-glisə'ri:n], *n.* (*chim.*) nitroglicerina.
nitrous ['naitrəs], *a.* (*chim.*) nitroso: **n. acid**, acido nitroso. ● **n. oxide**, protossido d'azoto; gas esilarante.
nitty ['niti], *a.* lendinoso; pieno d'uova di pidocchi.
nitty-gritty ['niti,griti], *n.* (*fam.*) **1** essenza; sostanza; succo (*fig.*) **2** soldi; denaro. ● **to get down to the n.**, arrivare al nocciolo del problema.
nitwit ['nitwit], *n.* (*fam.*) imbecille; stupido.
nitwitted ['nitwitid], *a.* (*fam.*) corto di cervello; stupido.
nival ['naivəl], *a.* (*scient.*) nivale.
nivation [nai'veiʃən], *n.* (*geol.*) nivazione.
niveous ['niviəs], *a.* (*lett.*) niveo.
Nivôse ['nivouz] (*franc.*), *n.* (*stor.*) Nevoso (*quarto mese del calendario rivoluzionario francese*).
nix (1) [niks], *n.* (*mitol. germanica*) spiritello dell'acqua.
nix (2) [niks], (*pop. USA*) **A** *n.* niente; nulla. **B** *avv.* no (*dal tedesco «nichts»*).
to nix [niks], *v. t.* (*pop. USA*) respingere (*una proposta*); bocciare (*un progetto*).
nixie ['niksi], *n.* (*mitol. germanica*) spiritello dell'acqua; ondina.
no (1) [nou], **A** *particella neg.* no: **«Will you come with us?»**, **«No, I won't»**, «vuoi venire con noi?», «no, non vengo»; **No, thank you**, no, grazie; **«He even threatened to strike me» «No!»**, «minacciò persino di battermi» «no!» (davvero!; è incredibile!; questa poi!). **B** *n.* (*pl.* **noes, nos**) no; voto (*o* votante) contrario: **The noes have it**, sono più i no che i sì; i voti contrari prevalgono. ● **I won't take no for an answer**, non accetto un «no» in risposta; non voglio saperne di rifiuti □ **Two noes make a yes**, due negazioni affermano.
no (2) [nou], *a.* nessuno; non; niente: **No circumstance could justify that**, nessuna circostanza potrebbe giustificare ciò; **They have no children**, non hanno bambini; **He is no doctor**, non è (affatto) dottore; **There will be no difficulty**, non ci saranno difficoltà; **He's no fool**, non è stupido; è tutt'altro che stupido; **It's no part of my plan**, non fa parte dei miei piani; **by no means**, in nessun modo; no di certo; **No study, no supper**, niente studio, niente cena; se non studi, andrai a letto senza cena. ● (*fam. USA*) **no-account**, da quattro soldi; buono a nulla; che non vale niente □ **No admittance**, vietato l'ingresso (*cartello*) □ **No cards, no flowers**, non si mandano partecipazioni personali e si dispensa dall'inviare fiori □ **no date**, senza data □ **No doubt**, senza dubbio □ (*autom.*) **No entry**, divieto d'accesso (*cartello*) □ (*fam.*) **no go**, inutile: **It's no go**, non serve a nulla; non vale nulla □ (*in una città*) **no-go area**, zona proibita; zona con-

trollata dall'altra banda (della malavita) □ **no man**, nessuno: (mil. e fig.) **no man's land**, la terra di nessuno □ **No matter!**, non importa; non fa niente! □ **no matter**, anche se; a prescindere da; per quanto: **He said he would go to the seaside no matter how hard it rained**, disse che sarebbe andato al mare anche se pioveva forte □ **no meaning**, nonsenso; controsenso; assurdità □ **no one**, nessuno □ (autom.) **No parking**, sosta vietata, divieto di sosta (cartello) □ (gioco del calcio) **no side**, fine della partita; fischio finale dell'arbitro □ **No smoking**, vietato fumare (cartello) □ (autom.) **No thoroughfare**, vicolo cieco; strada chiusa; divieto di transito (cartello) □ **no whit**, niente affatto; punto; per nulla □ **no wonder that...**, non c'è da stupire se... □ **his faith or no-faith**, la sua fede o meglio la sua mancanza di fede □ **with no**, senza: **My house is in a secluded part of the country, with no telephone service**, la mia casa è in una zona isolata della campagna senza telefono □ **I did it in no time**, lo feci in un batter d'occhio □ **It's no distance**, è vicinissimo; è qui a due passi □ **Now no mistake!**, mi raccomando, niente sbagli! □ **There's no accounting for tastes**, tutti i gusti sono gusti □ **There is no knowing**, non c'è verso di saperlo □ **There was no mistaking what he meant**, non c'era pericolo di fraintenderlo; le sue parole (o le sue intenzioni) erano chiare.

no (3) [nou], avv. 1 (prima d'un compar.) non: **She's no better yet**, non si può dire che stia meglio; **No less than ten people told me**, me l'han detto non meno di dieci persone; **There were no fewer than a hundred people there**, c'erano non meno di cento persone 2 (correlativo di **or**) no: **Pleasant or no, it is true**, piaccia o no, è vero; **Hungry or no, you can't eat it**, che tu abbia fame o no, non puoi mangiarlo. ● (gergo mil.) **no compree**, non capisco □ **no more**, non più; mai più; nient'altro; neanche; nemmeno: **I want no more of it**, non ne voglio più; **After this accident, he will walk no more**, dopo quest'incidente, non potrà più camminare; **I have no more to say**, non ho altro da dire; **If you won't go, no more will I**, se tu non ci vuoi andare, non ne ho nessuna voglia neanch'io; **No more wine?**, non prendi più vino?; **No more tea, thank you**, non prendo più tè (o niente più tè), grazie □ **no sooner... than**, appena; non appena: **No sooner had he arrived than he went away again**, era appena arrivato che ripartì □ **No sooner said than done**, detto fatto □ **whether or no**, in ogni caso; a ogni modo □ **I could get there no sooner (than I did)**, non potevo arrivarci prima □ **It's no less than a scandal**, è uno scandalo bell'e buono □ **Jane is no better than she should be**, Gianna non è proprio una stinco di santa □ **There's no such thing (as that)**, non esiste una cosa simile.

Noachian [nou'eikiən], **Noachic** [nou'eikik], a. noachide; noetico (lett.); di Noè.

Noah [nouə], n. (Bibbia) Noè: **N.'s ark**, l'arca di Noè.

nob (1) [nɔb], n. (pop.) 1 testa; zucca (fig.) 2 (nel gioco di carte detto cribbage) fante.

nob (2) [nɔb], n. (fam.) nobile; aristocratico.

to nob [nɔb], v. t. (pugilato) colpire (l'avversario) alla testa.

to nobble [ˈnɔbl], v. t. (pop.) 1 danneggiare, drogare (un cavallo, per impedirgli di vincere una corsa) 2 vincere (una corsa, una gara) con la corruzione, la frode 3 corrompere, comprare (un giudice, un arbitro) 4 ottenere in modo illecito, rubare (denaro); imbrogliare; truffare 5 arrestare, acciuffare (un delinquente).

nobby [ˈnɔbi], a. (pop.) 1 elegante; alla moda 2 eccellente; ottimo; di prima qualità.

nobelium [nouˈbeliəm], n. (chim.) nobelio.

Nobel prize [nouˌbel ˈpraiz], n. premio Nobel.

nobiliary [nouˈbiljəri], a. nobiliare: **n. particle**, prefisso nobiliare.

nobility [nouˈbiliti], n. nobiltà: **n. of features** (soul, etc.), nobiltà d'aspetto (d'animo, ecc.).

noble [ˈnoubl], A a. 1 nobile (quasi in ogni senso): **a man of n. birth**, un uomo di nobili natali; **n. actions** (feelings, etc.), azioni (sentimenti, ecc.) nobili; **n. metals**, metalli nobili 2 grandioso; magnifico; splendido; eccellente: **a n. view**, una splendida vista; **a n. cellar**, una cantina eccellente. B n. 1 nobile: **the nobles**, i nobili 2 (stor.) moneta d'oro inglese, pari a 6 scellini e 7 penny (usata fino al 1461). ● **n.-minded**, d'animo nobile; generoso; magnanimo □ **n.-mindedness**, nobiltà d'animo; generosità; magnanimità.

nobleman [ˈnoublmən], n. (pl. **noblemen**) nobile; nobiluomo.

noblesse [nouˈbles], n. (con l'art. def.) (la) nobiltà; (i) nobili. ● (spesso iron.) **N. oblige**, noblesse oblige (franc.).

noblewoman [ˈnoublˌwumən], n. (pl. **noblewomen**) no-bildonna.

nobody [ˈnoubədi], A pron. indef. nessuno: **N. knows**, non lo sa nessuno; nessuno sa niente; **There was n. there**, non c'era nessuno. B n. persona di nessun conto; illustre sconosciuto (scherz.): **She has married a n.**, ha sposato una nullità. ● **n. but you**, solo tu □ **n. else**, nessun altro.

nock [nɔk], n. tacca, cocca (della freccia).

to nock [nɔk], v. t. accoccare (una freccia).

noctambulism [nɔkˈtæmbjulizəm], n. sonnambulismo.
noctambulist [nɔkˈtæmbjulist], n. sonnambulo.
noctiluca [ˌnɔktiˈljuːkə], n. (pl. **noctilucas, noctilucae**) (zool., Noctiluca) nottiluca.
noctivagant [nɔkˈtivəgənt], **noctivagous** [nɔkˈtivəgəs], a. (lett.) nottivago.
noctule [ˈnɔktjuː(ː)l], n. (zool., Nyctalus noctula) nottola.
nocturn [ˈnɔktəːn], n. (relig.) notturno.
nocturnal [nɔkˈtəːnl], a. notturno: **n. animals**, animali notturni. ● (di persona) **n. habits**, abitudini da nottambulo.
nocturne [ˈnɔktəːn], n. (arte, mus.) notturno.
nocuous [ˈnɔkjuəs], a. nocivo; dannoso.
to nod [nɔd], A v. i. 1 accennare col capo; accennare di sì; abbassare la testa; fare un cenno: **I asked her if she could come and she nodded**, le chiesi se poteva venire ed ella accennò di sì; **He nodded in agreement**, fece un cenno d'assenso (col capo); **The wall nods to its fall**, il muro accenna a voler cadere 2 ciondolare il capo, lasciar cadere il mento sul petto (per il sonno); sonnecchiare; dormicchiare: **Grandfather sat nodding by the fire**, il nonno sedeva vicino al fuoco e ogni tanto lasciava cadere il mento sul petto 3 ondeggiare (al vento, ecc.): **fine nodding plumes**, bei pennacchi ondeggianti. B v. t. muovere (il capo) dall'alto verso il basso. ● **to nod one's approval** (one's agreement), manifestare la propria approvazione (il proprio consenso) con un cenno del capo; fare un cenno d'approvazione (di consenso) □ **to nod one's assent**, far di sì con la testa □ **to nod one's farewell**, salutare (o accomiatarsi) con un cenno del capo □ **to have a nodding acquaintance with sb.**, conoscere q. soltanto di saluto □ (prov.) **Homer sometimes nods**, sonnecchia talvolta anche il buon Omero.
nod [nɔd], n. 1 cenno col capo; cenno: **He gave me a nod of approval**, mi fece un cenno d'approvazione (col capo) 2 il ciondolare del capo, l'abbassarsi del mento sul petto (per il sonno) 3 l'ondeggiare, ondeggiamento (delle vette degli alberi al vento, ecc.) 4 (fig.) assenso; consenso; approvazione 5 (fig.) momento di distrazione. ● **the land of Nod**, il sonno; il regno dei sogni □ **on the nod**, senza formalità; per tacito consenso □ **The empire was at** (o **was dependent on**) **his nod**, l'impero obbediva a un suo cenno.
nodal [ˈnoudl], a. (scient.) nodale; di nodo.
noddle [ˈnɔdl], n. (fam., scherz.) testa; zucca (fig.); cervello (fig.).
to noddle [ˈnɔdl], A v. t. tentennare, dondolare (la testa). B v. i. accennare con il capo.
noddy [ˈnɔdi], n. babbeo; gonzo; sempliciotto.
node [noud], n. 1 (scient.) nodo 2 (bot.) nocchio.
nodical [ˈnoudikəl], a. (astron.) nodale.
nodose [ˈnoudous], a. nodoso; nocchieruto (raro)
nodosity [nouˈdɔsiti], n. nodosità.
nodous [ˈnoudəs], V. **nodose**.
nodular [ˈnɔdjulə*], a. (scient., tecn.) nodulare.
nodulated [ˈnɔdjuleitid], a. (scient.) nodoso; a forma di nodulo.
nodule [ˈnɔdjuːl], n. (scient.) nodulo.
nodulose [ˈnɔdjulous], **nodulous** [ˈnɔdjuləs], a. (scient.) a noduli; pieno di noduli.
nodus [ˈnoudəs], n. (pl. **nodi**) nodo (fig.); difficoltà; intoppo; punto difficile; complicazione.
Noel [nouˈel], n. (relig.) Natale (anche nome proprio).
noetic [nouˈetik], A a. (filos.) noetico; dell'intelletto; astratto. B n. (filos., anche **noetics**) noetica; scienza dell'intelletto.
no-fault [ˈnouˌfɔːlt], a. (ass., autom. USA) onnicomprensivo; «casco»: **n. insurance policy**, polizza casco.
nog (1) [nɔg], n. 1 piolo; cavicchio; tassello di legno (murato in una parete) 2 (ind. min.) cuneo, zeppa (di sostegno).
to nog [nɔg], v. t. fissare con pioli, cavicchi, ecc.
nog (2) [nɔg], n. 1 birra forte (fabbricata nell'East Anglia) 2 (anche **egg nog**) specie di zabaione.
noggin [ˈnɔgin], n. 1 boccaletto; piccola tazza 2 (misura per liquori) quarto di pinta (1/7 di litro) 3 (pop.) testa; zucca (pop.).
nogging [ˈnɔgiŋ], n. (costr.) muratura rustica di riempimento di un'armatura in legno.
nohow [ˈnouhau], avv. (fam.) in nessun modo; per niente. ● **to be (to feel) n.**, essere (sentirsi) fuori posto.
noil [nɔil], n. (ind. tessile) cascame di pettinatura; pettinaccia.
noise [nɔiz], n. 1 rumore; clamore; chiasso; baccano; frastuono; rumorosità (raro): **the n. of the city** (**of the engine, of the train**), il rumore della città (del motore, del treno); **Don't make such a (loud) n.!**, non fate tanto chiasso!; **the n. of traffic**, il frastuono del traffico; (mecc.) **n. of gears**, rumorosità degli ingranaggi; (radio, telev.) **background n.**, rumore di fondo. ● (elettron.) **n. jammer**, trasmettitore di disturbo □ (fis.) **n. meter**, fonometro □ **n. pollution**, inquinamento acustico □ (fam.) **a big n.**, un pezzo grosso; una persona importante □ **to make a n.**, far rumore; fare chiasso; rumoreggiare □ **to make a n. about st.**, fare un gran chiasso per q.c. □ (fig.) **to make a n. in the world**, far

parlare molto di sé; destare rumore.
to noise [nɔiz], *v. t.* (*specialm.* **to n. about, to n. abroad** *o* **to n. around**) divulgare, diffondere (*una voce*); strombazzare.
noiseless ['nɔizlis], *a.* silenzioso; poco rumoroso: **a n. typewriter,** una macchina da scrivere silenziosa. ● **on n. feet,** con passi felpati; senza far rumore.
noiselessness ['nɔizlisnis], *n.* silenziosità; silenzio; quiete.
noisiness ['nɔizinis], *n.* rumorosità (*raro*); fragore; frastuono.
noisome ['nɔisəm], *a.* **1** dannoso; malsano; nocivo **2** fetido; puzzolente **3** disgustoso; nauseabondo.
noisomeness ['nɔisəmnis], *n.* **1** dannosità; nocività **2** fetidezza (*raro*); fetore.
noisy ['nɔizi], *a.* chiassoso; rumoroso; tumultuoso; turbolento (*fig.*) sgargiante, chiassoso, vistoso: **n. children,** bambini chiassosi; **n. colours,** colori chiassosi, sgargianti; **a n. class,** una classe turbolenta.
noli me tangere ['nouli,mei'tæŋgəri] (*lat.*), *n.* (*pl.* **noli me tangeres**) **1** (*med.*) noli me tangere; ulcus rodens; epitelioma (cutaneo) basocellulare **2** aspetto sdegnoso; aria scostante: **He carries a noli me tangere in his face,** ha una faccia che dice «fatti in là»! **3** (*arte*) dipinto di Cristo risuscitato che appare a Maria Maddalena. ● **a noli me tangere manner,** un modo di fare altezzoso, scostante.
noll [nɔl], *n.* (*dial.*) calotta cranica; testa; zucca.
nolle prosequi ['nouli 'prɔsəkwai] (*lat.*), *n.* (*pl.* **nolle prosequis**) (*leg.*) **1** chiusura di un'azione penale **2** remissione di querela **3** rinunzia del giudizio.
nomad(e) ['noumǝd], *n.* e *a.* nomade.
nomadic [nou'mædik], *a.* nomade: **n. peoples,** popolazioni nomadi.
nomadism ['noumædizəm], *n.* nomadismo.
to nomadize ['noumædaiz], *v. i.* fare il nomade; condurre vita nomade.
nom de plume [nɔ̃:mdə'plu:m] (*franc.*), *n.* (*pl.* **noms de plume, nom de plumes**) pseudonimo (*di scrittore*); nome d'arte.
nomenclative [nou'menklətiv], *a.* nomenclativo.
nomenclator [noumenkleitə*], *n.* nomenclatore.
nomenclature [nou'menklətʃə*], *n.* nomenclatura.
nominal ['nɔminl], *a.* **1** (*anche gramm.*) nominale; del nome; dei nomi; di nome: **n. definition,** definizione nominale; (*fin.*) **n. value,** valore nominale; **a n. price,** un prezzo nominale; **a n. rent,** un affitto nominale (*o* irrisorio); **a n. leader,** uno che è capo di nome (*non di fatto*); **a n. register,** un registro dei nomi **2** nominativo: **a n. roll,** un elenco nominativo **3** (*scient.*, *tecn.*) nominale; calcolato.
nominalism ['nɔminəlizəm], *n.* (*filos.*) nominalismo.
nominalist ['nɔminəlist], *n.* (*filos.*) nominalista.
nominalistic [,nɔminə'listik], *a.* (*filos.*) nominalistico.
to nominate ['nɔmineit], *v. t.* **1** nominare; designare: **The candidates were nominated yesterday,** i candidati furono designati ieri **2** presentare, proporre (q.) come candidato: **to n. sb. for the presidency,** proporre q. come candidato alla presidenza.
nomination [,nɔmi'neiʃən], *n.* **1** nomina; designazione **2** diritto di nomina **3** (*polit.*) candidatura. ● **n. day,** giorno della presentazione della candidatura.
nominatival [,nɔminə'taivl], *a.* (*gramm.*) del caso nominativo.
nominative ['nɔminətiv], **A** *a.* (*anche gramm.*) nominativo: **the n. case,** il caso nominativo. (*fin.*) **n. shares,** azioni nominative. **B** *n.* (*gramm.*) nominativo.
nominator ['nɔmineitə*], *n.* nominatore; designatore.
nominee [,nɔmi'ni:], *n.* **1** persona nominata, designata (*a un ufficio*) **2** (*specialm. polit.*) candidato.
nonacceptance ['nɔnək'septəns], *n.* (*specialm. comm.*) mancata accettazione.
nonaddict ['nɔn'ædikt], *n.* chi fa uso di droga ma non è (ancora) tossicodipendente.
nonaddicting ['nɔnə'diktiŋ], **nonaddictive** ['nɔnə'diktiv], *a.* (*farm.*) che non causa assuefazione (*o* dipendenza).
nonage ['nounidʒ], *n.* **1** (*leg.*) minorità; età minore **2** (*fig.*) immaturità.
nonagenarian [,nounədʒi'nɛəriən], *a.* e *n.* nonagenario.
nonaggression pact ['nɔnə'greʃən'pækt], *n.* (*polit.*) patto di non aggressione.
nonagon ['nɔnəgɔn], *n.* (*geom.*) ennagono.
nonagonal [nɔ'nægənl], *a.* (*geom.*) ennagonale.
nonalcoholic ['nɔnˌælkə'hɔlik], *a.* non alcolico; analcolico: **a n. drink,** una bevanda non alcolica; un analcolico.
nonaligned ['nɔnə'laind], *a.* (*polit.*) non allineato; non impegnato.
nonalignment [,nɔnə'lainmənt], *n.* (*polit.*) non allineamento; disimpegno.
nonappearance ['nɔnə'piərəns], *n.* (*leg.*) mancata comparizione; assenza (*d'imputato o teste*); contumacia.

nonary ['nounəri], **A** *a.* (*mat.*) nonario: **n. scale,** sistema nonario. **B** *n.* gruppo di nove (*cose, oggetti*).
nonassessable ['nɔnə'sesəbl], *n.* (*fin.*) non accertabile; non tassabile.
nonattendance ['nɔnə'tendəns], *n.* **1** assenza **2** (*leg.*) mancata comparizione; contumacia.
non-bearing ['nɔn'bɛəriŋ], *a.* (*edil.*: *di muro*) non portante.
nonbelligerent ['nɔnbi'lidʒərənt], *a.* e *n.* (*polit.*) (nazione) non belligerante.
nonbiodegradable ['nɔnˌbaioudi'greidəbl], *a.* (*chim.*) non biodegradabile.
nonce [nɔns], *n.* – (*soltanto nella locuz.*:) **for the n.,** per il presente; per il momento; per questa volta. ● **n. word,** parola coniata per l'occasione.
nonchalance ['nɔnʃələns], *n.* indifferenza; noncuranza; disinvoltura.
nonchalant ['nɔnʃələnt], *a.* noncurante, indifferente; disinvolto.
noncom ['nɔn'kɔm], *n.* (*fam.*, *mil.*) sottufficiale.
noncombatant ['nɔn'kɔmbətənt], *n.* (*mil.*) **1** militare non combattente (*cappellano*, *medico*, *ecc.*) **2** (*in tempo di guerra*) civile; borghese.
noncommissioned officer ['nɔnkə'miʃənd'ɔfisə*], *n.* (*mil.*) sottufficiale.
noncommittal ['nɔnkə'mitl], *a.* che rifiuta d'impegnarsi; non impegnativo: **a n. reply,** una risposta non impegnativa. ● (*di persona*) **to be n.,** non dire né sì né no; non pronunciarsi.
noncommitted ['nɔnkə'mitid], *a.* (*polit.*) non impegnato: **n. nations,** nazioni non impegnate.
noncompeting ['nɔnkəm'pi:tiŋ], *a.* (*comm.*) non concorrenziale.
noncompliance ['nɔnkəm'plaiəns], *n.* (*leg.*) **1** inadempienza **2** rifiuto d'obbedire (*a un'ingiunzione, ecc.*).
non compos mentis [,nɔn ,kɔmpəs 'mentis] (*lat.*), *a.* (*leg.*) incapace d'intendere e di volere.
nonconducting ['nɔnkən'dʌktiŋ], *a.* (*fis.*) non conduttore; coibente; isolante: **n. material,** materiale isolante.
nonconductor ['nɔnkən'dʌktə*], *n.* (*fis.*) materiale isolante.
nonconformism ['nɔnkən'fɔ:mizəm], *n.* **1** anticonformismo **2** (*relig.*) – **N.,** l'appartenere a una chiesa dissenziente.
nonconformist ['nɔnkən'fɔ:mist], *n.* **1** anticonformista; non-conformista – **N.,** nonconformista (*dissenziente dalla religione anglicana*).
nonconformity ['nɔnkən'fɔ:miti], **1** *V.* **nonconformism 2** (*geol.*) discordanza angolare.
noncontent ['nɔnkən'tent], *n.* (*polit.*) votante contrario; chi vota contro una mozione (*alla Camera dei Lord*).
noncooperation ['nɔnkouˌɔpə'reiʃən], *n.* (*stor.*, *polit.*) noncooperazione; resistenza passiva (*per es.*, *quella di Gandhi in India*).
nondegradable ['nɔndi'greidəbl], *a.* (*chim.*) non degradabile.
nondelivery ['nɔndi'livəri], *n.* (*comm.*) mancata consegna.
nondenominational ['nɔndiˌnɔmi'neiʃənl], *a.* (*relig.*) aconfessionale.
nondenominationalism ['nɔndiˌnɔmi'neiʃəlizəm], *n.* (*relig.*) aconfessionalità.
nondescript ['nɔndiskript], **A** *a.* indefinito; indefinibile; indescrivibile. **B** *n.* individuo (*o* oggetto) indefinibile.
nondisposable ['nɔndis'pouzəbl], *a.* (*comm.*) da restituire; a rendere.
nondrinker ['nɔn'driŋkə*], *n.* astemio.
nondrinking ['nɔn'driŋkiŋ], *a.* astemio.
none [nʌn], **A** *pron.* *indef.* **1** nessuno, nessuna: **N. of them is the man I am looking for,** nessuno di loro è l'uomo che cerco; **N. of them are useful to me,** nessuno di loro mi è utile **2** niente; nulla: **N. of this concerns me,** niente di tutto ciò mi riguarda **3** non…ne; non: **There are n. left,** non ne sono rimasti; **You have money and I have n.,** tu hai denaro e io non ne ho; **His understanding is n. of the clearest,** il suo intelletto non è dei più chiari; **If a doctor is wanted, I am n.,** se cercano un dottore, io non lo sono. **B** *avv.* (*coi compar.* *e con so e too*) non: **He is n. the wiser for his experiences,** non è diventato più saggio nonostante le esperienze che ha fatto; **You did it n. too well,** non l'hai (mica) fatto tanto bene; **They are n. too fond of him,** non gli vogliono (mica) tanto bene. ● **n. but,** nessuno tranne, nessuno che non sia; solamente, soltanto: **N. but a brave man would dare to do it,** soltanto un coraggioso oserebbe farlo ☐ **n. the less,** nondimeno; tuttavia ☐ **n. other but,** nient'altro che; niente di meno che; appunto: **This is n. other but the marketplace,** questa è appunto la piazza del mercato ☐ (*raro*) **N. can tell,** nessuno lo sa ☐ **N. of that!,** basta!; smettila!; smettetela! ☐ **Peaches we have almost n.,** quanto a pesche, ne siamo quasi sprovvisti ☐ **That's n. of your business,** non sono affari tuoi!
noneffective [,nɔni'fektiv], *a.* **1** inefficace **2** (*mil.*) inabile al servizio attivo.
nonego ['nɔn'egou], *n.* (*filos.*) (il) non-io.
nonentity [nɔ'nentiti], *n.* **1** inesistenza; il non essere **2** cosa ine-

sistente (o immaginaria) **3** nullità; uomo da nulla; zero (fig.).
nones [nounz], n. pl. **1** (stor.) none (del calendario romano) **2** (relig.) nona; ora nona.
nonessential ['nɔni'senʃəl], **A** a. non essenziale; inutile. **B** n. cosa non essenziale.
nonesuch [nʌnsʌtʃ], V. **nonsuch**.
nonexistence ['nɔnig'zistəns], n. **1** inesistenza; il non essere **2** cosa inesistente.
nonexistent ['nɔnig'zistənt], a. inesistente.
nonfeasance [nɔn'fi:zəns], n. (leg.) omissione.
nonfiction ['nɔn'fikʃən], n. (letter.) opere che non sono frutto dell'immaginazione (saggistica, storiografia, ecc.).
nonfulfilment [,nɔnful'filmənt], n. (leg.) inadempienza; inadempimento: **n. of a contract**, inadempienza contrattuale.
nonhero ['nɔn'hiərou], n. (pl. **nonheroes**) antieroe.
nonillion [nou'niljən], n. (mat.) **1** nona potenza di un milione **2** (USA) quinta potenza di un milione.
noninformation ['nɔn,infə'meiʃən], n. disinformazione.
noninterference ['nɔn,intə'fiərəns], n. (specialm. polit.) non interferenza.
nonintervention ['nɔn,intə'venʃən], n. (specialm. polit.) non intervento; neutralità.
noninvolved ['nɔnin'vɔlvid], a. non coinvolto; non implicato.
non-iron ['nɔn'aiən], a. (d'abito e sim.) «non stiro»; «lava e indossa».
nonius ['nouniəs], n. (scient.) nonio.
nonjuror ['nɔn'dʒuərə*], n. (specialm. stor.) chi rifiuta di prestare il giuramento di fedeltà (al sovrano, al governo, ecc.).
nonmember ['nɔn'membə*], n. non socio; estraneo (a un club).
non-nuclear ['nɔn'nju:kliə*], a. **1** (mil.) che non ha la bomba atomica **2** non nucleare **3** (mil.) convenzionale: **n. weapons**, armi convenzionali.
no-no ['nounou], n. (pl. **no-nos**) (fam.) cosa da non farsi; cosa discicevole (o proibita); tabù (fig.).
nonobservance ['nɔnəb'zə:vəns], n. (leg.) inosservanza.
nonpareil ['nɔnpərəl], **A** a. senza pari; incomparabile; unico. **B** n. **1** persona (o cosa) incomparabile, unica al mondo **2** (tipogr.) non pariglia, (carattere di) corpo 6.
nonparty ['nɔn'pɑ:ti], a. (polit.) apartitico; indipendente.
nonpayment ['nɔn'peimənt], n. (comm.) mancato pagamento; rifiuto di pagare.
nonperformance ['nɔnpə'fɔ:məns], n. (leg.) inadempienza; inadempimento.
nonplus ['nɔn'plʌs], n. (pl. **nonplusses, nonpluses**) imbarazzo; perplessità. ● **to be at a n.**, essere imbarazzato; non sapere che pesci pigliare (fam.) ☐ **to reduce sb. to a n.**, mettere q. in imbarazzo (o alle strette, con le spalle al muro).
to nonplus ['nɔn'plʌs], v. t. imbarazzare; confondere; sconcertare.
nonpolitical ['nɔnpə'litikəl], a. apolitico.
nonpolluting ['nɔnpə'l(j)u:tiŋ], a. non inquinante.
nonproductive ['nɔnprə'dʌktiv], a. (econ.) improduttivo.
nonprofit ['nɔn'prɔfit], a. (econ., USA) che non ha scopi di lucro; disinteressato: **a n. organization**, un'organizzazione senza scopi di lucro.
nonproliferation ['nɔnprou,lifə'reiʃən], n. (polit., mil.) non proliferazione: **n. treaty**, trattato di non proliferazione.
nonresidence ['nɔn'rezidəns], n. il non essere residente; il non risiedere nel posto in cui si lavora (o si studia, ecc.).
nonresident ['nɔn'rezidənt], **A** a. non residente (nel posto dove lavora, studia, ecc.). **B** n. **1** (relig.) titolare di beneficio ecclesiastico il quale risiede altrove **2** non residente; chi non risiede nella sua sede d'ufficio (o di studio, ecc.) **3** persona di passaggio. ● **n. maid**, donna (di servizio) a giornata ☐ (di bar o ristorante annesso a un albergo) **open to nonresidents**, aperto al pubblico (a tutti, non solo agli ospiti).
nonresistance ['nɔnri'zistəns], n. (polit.) resistenza passiva.
nonreturnable ['nɔnri'tə:nəbl], a. (comm.) da non restituire: a perdere: **n. bottles**, bottiglie a perdere.
nonsense ['nɔnsəns], **A** n. nonsenso; controsenso; assurdità; insulsaggine; insensatezza; frottole, sciocchezze, stupidaggini: **That's all n.**, sono tutte sciocchezze! **B** inter. – **N.!**, sciocchezze!; fesserie! (fam.). ● (biol.) **n. mutation**, mutazione a nonsenso ☐ (letter. ingl.) **n. poems** (**n. verses**), poesie (versi) di un umorismo un po' assurdo, irreale ☐ **The Book of N.** (di E. Lear), il Libro delle sciocchezze.
nonsensical [nɔn'sensikəl], a. insensato; bislacco; privo di senso; insulso; sciocco: **n. remarks**, osservazioni sciocche, insensate.
nonskid ['nɔn'skid], a. (autom.: di pneumatico) antisdrucciolevole.
nonsmoker [,nɔn'smoukə*], n. **1** non fumatore; chi non fuma **2** (ferr. USA) carrozza (o scompartimento) per non fumatori.
nonstarter ['nɔn'stɑ:tə*], n. **1** cavallo che viene ritirato prima della corsa **2** chi non ha possibilità di successo (in una candidatura, ecc.) **3** (fam.) idea (o proposta) sballata.
nonstick [,nɔn'stik], a. «antiaderente» (detto di pentola o tegame con speciale rivestimento interno).
nonstop ['nɔn'stɔp], **A** a. **1** (di viaggio) ininterrotto; senza fermate **2** (di treno, autobus) diretto **3** (aeron.) senza scalo; non stop: **a n. flight**, un volo non stop. **B** n. **1** treno (o autobus) diretto, che non ferma **2** corsa (viaggio) senza fermate. **C** avv. **1** senza sosta **2** (di treno, autobus) senza fermate (intermedie) **3** (aeron.) senza scalo: **to fly n. from Rome to New York**, volare senza scalo da Roma a New York.
nonsuccess ['nɔnsək'ses], n. insuccesso.
nonsuch ['nʌn-sʌtʃ], n. persona (o cosa) senza pari (o ineguagliabile, incomparabile).
nonsuit ['nɔn'sju:t], n. (leg.) non luogo a procedere: **to enter a n.**, pronunziare un non luogo a procedere.
nontoxic ['nɔn'tɔksik], a. (farm., med.) atossico.
non-U [,nɔn'ju:], a. (scherz.) poco fine (non all'altezza della «upper class»).
nonunion ['nɔn'ju:njən], a. (d'operaio, ecc.) non iscritto a un sindacato.
nonunionist ['nɔn'ju:njənist], n. operaio non iscritto a un sindacato.
nonverbal [,nɔn'və:bəl], a. non verbale; che non fa uso della parola.
nonviolence ['nɔn'vaiələns], n. nonviolenza.
nonviolent [,nɔn'vaiələnt], a. non violento; che non fa ricorso alla violenza; pacifico: **a n. demonstration**, una dimostrazione pacifica (o non violenta).
noodle (1) ['nu:dl], n. **1** gonzo; sempliciotto; stupido **2** (pop. USA) testa; zucca.
noodle (2) ['nu:dl], n. (spesso al pl.) tagliatelle; taglierini, ecc.
nook [nuk], n. angolo; angolino; cantuccio; recesso. ● **to search every n. and cranny**, cercare dappertutto.
noon [nu:n], **noonday** ['nu:ndei], **noontide** ['nu:ntaid], n. **1** mezzogiorno; mezzodì; meriggio (lett.) **2** (fig.) culmine; apogeo; acme. ● **noontide heat**, caldo meridiano.
noose [nu:s], n. cappio; laccio (anche fig.); nodo scorsoio; (fig.) trappola: **the hangman's n.**, il cappio del boia; **to put one's head in the n.**, mettere la testa nel cappio; cadere in trappola.
to noose [nu:s], v. t. **1** accalappiare; prendere al laccio; intrappolare **2** legare con un nodo scorsoio; fare un cappio a (una corda, ecc.) **3** (raro) impiccare.
nope [noup], avv. (fam.) no.
nor (1) [nɔ:, nə*], cong. (di solito, correlativo di **neither**) né; e non; neanche; nemmeno: **I have neither coffee nor tea**, non ho né caffè né tè; **It is neither green nor yellow**, non è né verde né giallo; **I don't know, nor do I care**, non so né (o né) me ne importa; **He doesn't smoke, nor does he drink**, egli non fuma e neanche beve.
nor (2) [nɔ:*], abbr. di **north** (specialm. nei composti, per es.: **norwestern**, nord-occidentale; **nor'wester**, (vento) maestrale.
Nordic ['nɔ:dik], a. e n. (etnologia) nordico.
Norfolk ['nɔ:fək], n. (geogr.) Norfolk (contea inglese). ● **N. capon**, aringa affumicata ☐ (scherz.) **N. dumpling** (o **N. turkey**), abitante (o nativo) del Norfolk ☐ (pop.) **N. Howard**, cimice.
noria ['nɔ:riə], n. noria.
norland ['nɔ:lənd], n. regione nordica; paese settentrionale.
norm [nɔ:m], n. **1** norma; regola **2** modello; tipo.
normal ['nɔ:məl], **A** a. normale (in ogni senso): (geom.) **a n. line**, una linea normale, perpendicolare; (USA) **a n. school**, una scuola normale; una scuola di tirocinio per insegnanti. **B** n. **1** livello normale; norma **2** (geom.) linea normale, perpendicolare. ● **n. seasonal temperatures**, temperature medie stagionali ☐ **above** (**below**) **n.**, più che (men che) normale; sopra (sotto) la norma.
normalcy ['nɔ:məlsi], (USA) V. **normality**.
normality [nɔ:'mæliti], n. normalità.
normalization [,nɔ:məlai'zeiʃən], n. normalizzazione.
to normalize ['nɔ:məlaiz], **A** v. t. normalizzare (anche scient., tecn.); rendere normale. **B** v. i. normalizzarsi; tornare alla normalità.
Norman ['nɔ:mən], **A** n. (stor.) **1** normanno **2** (anche **N. French**) franco-normanno (lingua dei Normanni). **B** a. normanno; dei Normanni: **the N. Conquest**, la conquista normanna (dell'Inghilterra: 1066); **N. architecture**, architettura normanna. ● **N. French**, franco-normanno.
Normandy ['nɔ:məndi], n. (geogr.) Normandia.
to Normanize ['nɔ:mənaiz], v. t. rendere normanno.
normative ['nɔ:mətiv], a. normativo: **n. grammar**, grammatica normativa; (leg.) **a n. law**, una (legge) normativa.
Norn [nɔ:n], n. (mitol. scandinava) Norna (una delle tre Parche).
Norse [nɔ:s], **A** a. **1** (stor.) norreno **2** scandinavo **3** norvegese. **B** n. (invar. al pl.) **1** lingua norrena; lingua scandi-

nava antica **2** lingua norvegese. ● **the N.**, gli Scandinavi; i Norvegesi.
Norseland ['nɔ:slənd], *n.* (*geogr.*, *stor.*) **1** Scandinavia **2** Norvegia.
Norseman ['nɔ:smən], *n.* (*pl.* **Norsemen**) (*stor.*) antico abitante della Scandinavia.
north [nɔ:θ], **A** *n.* nord; settentrione; tramontana: **magnetic n.**, nord magnetico; (*geogr.*) **true n.**, nord vero. **B** *a.* **1** nordico; settentrionale; del nord: **N. America**, America Settentrionale; America del Nord; **N. Germany**, Germania Settentrionale **2** che viene dal nord; di tramontana: **n. wind**, vento di tramontana; tramontana **3** volto a settentrione; che guarda a tramontana: **a n. window**, una finestra che guarda a tramontana. **C** *avv.* a nord; verso nord: **They went north**, andarono verso nord. ● **the North**, l'Inghilterra settentrionale □ (*USA*) gli Stati del Nord; (*stor.*) gli Stati nordisti □ **N. Britain**, la Scozia □ **N. Briton**, scozzese □ **N. Country**, Inghilterra settentrionale □ **N.-countryman**, inglese del nord □ **n.-east**, nord-est; a nord-est □ **n.-easter**, vento da nord-est; vento di nord-est □ **n.-easterly**, situato a nord-est; di nord-est □ **n.-eastern**, nord-orientale; di nord-est □ **n. latitude**, latitudine nord □ **N.-Polar**, del Polo Nord □ **the N. Pole**, il Polo Nord □ **the N. Sea**, il Mare del Nord □ (*astron.*) **the N. Star**, la Stella Polare □ **n.-west**, nord-ovest; a nord-ovest □ (*in Canada*) **the N.-West**, i Territori del Nord-ovest □ (*stor.*, *geogr.*) **N.-west Passage**, passaggio a nord-ovest □ **n.-wester**, vento da nord-ovest; vento di nord-ovest □ **n.-westerly**, situato a nord-ovest; di nord-ovest □ **n. western**, nord-occidentale; di nord-ovest □ **n.-westward**, verso nord-ovest □ **n.-westwardly**, diretto (*o* rivolto a, proveniente da) nord-ovest □ **in the n. of England**, nell'Inghilterra settentrionale □ (*di territorio*) **to lie n. and south**, stendersi da nord a sud; essere disposto nei sensi dei meridiani.
northbound ['nɔ:θbaund], *a.* diretto verso nord.
norther ['nɔ:ðə*], *n.* vento da nord; vento di settentrione.
northerly ['nɔ:ðəli], **A** *a.* settentrionale; nord; del (*di vento*: dal) nord; di tramontana: **in a n. direction**, in direzione nord; **n. wind**, vento di tramontana. **B** *avv.* **1** verso nord **2** (*del vento*) dal nord.
northern ['nɔ:ðən], **A** *a.* **1** nordico; settentrionale; boreale; del (*di vento* dal) nord; di tramontana: **the n. hemisphere**, l'emisfero boreale; **a n. wind**, un vento di tramontana **2** (*USA*) – **N.**, degli Stati del Nord. **B** *n.* settentrionale; (*specialm. in USA*) abitante (*o* nativo) d'uno Stato del Nord. ● **n. lights**, aurora boreale.
northerner ['nɔ:ðənə*], *n.* **1** settentrionale **2** – **N.**, abitante (*o* nativo) dell'Inghilterra settentrionale □ (*USA*) abitante (*o* nativo) d'uno Stato del Nord.
northernmost ['nɔ:ðənmoust], *a.* (il) più a nord; (il) più settentrionale.
northing ['nɔ:θiŋ], *n.* **1** (*naut.*) differenza di latitudine dall'ultimo rilevamento procedendo verso nord; spostamento verso nord **2** (*astron.*) declinazione nord.
Northland ['nɔ:θlənd], *n.* terra (*o* paese) settentrionale (il) Nord.
Northman ['nɔ:θmən], *n.* (*pl.* **Northmen**) **1** (*stor.*) abitante dell'antica Scandinavia; vichingo **2** abitante dell'Europa settentrionale.
Northumbrian [nɔ:'θʌmbriən], *a.* e *n.* **1** (*stor.*) (abitante, dialetto) della Northumbria **2** (abitante, parlata) del Northumberland.
northward ['nɔ:θwəd], **A** *a.* diretto (*o* rivolto) a nord. **B** *avv.* verso nord. **C** *n.* (*raro*) direzione nord.
northwardly ['nɔ:θwədli], **A** *a.* **1** diretto (*o* rivolto) a nord **2** da nord; di tramontana: **a n. wind**, un vento di tramontana. **B** *avv.* verso nord.
northwards ['nɔ:θwədz], *avv.* verso nord.
Norway ['nɔ:wei], *n.* (*geogr.*) Norvegia.
Norwegian [nɔ:'wi:dʒən], *a.* e *n.* norvegese (*anche la lingua*).
nose [nouz], *n.* **1** (*anat.*) naso (*anche fig.*); odorato fine, fiuto; (*di animale*) muso: **My dog has a good n.**, il mio cane ha un buon fiuto **2** aroma, profumo (*del ferro, del tè, ecc.*) **3** becco; beccuccio; sporgenza; canna, cannuccia; tubo: **the n. of a retort**, la cannuccia di una storta; **the n. of a pair of bellows**, il tubo di un mantice, di un soffietto **4** (*fig.*) muso (*di un'automobile, ecc.*) **5** (*naut., aeron.*) prua; prora; muso (*d'aeroplano*) **6** (*mil.*) punta (*di proiettile, di siluro*); ogiva. ● (*zool.*) **n.-ape** (*Nasalis larvatus*), nasica □ (*aeron., miss.*) **n. cone**, ogiva **reentry. cone**, ogiva per rientro □ **n. dive**, (*aeron.*) picchiata (*in candela*); (*fig.*) calo brusco (*per es., di prezzi*) □ (*mil., miss.*) **n. fuse**, spoletta anteriore □ (*aeron.*) **n.-heavy**, appruato □ (*mecc.*) **n. key**, controchiavetta □ (*fig.*) **a n. of wax**, una persona malleabile, duttile; chi si lascia influenzare □ **n.-piece**, museruola

(*parte delle briglie*); portaobiettivo (*di microscopio*); (*mecc.*) boccaglio, tubo d'efflusso □ **as plain as the n. on your face**, evidente; chiaro come la luce del sole □ (*fig.*) **to bite** (*o* **to snap**) **sb.'s n. off**, dare una rispostaccia a q.; rispondere per le rime (*o* in malo modo) a q. □ **to bleed at the n.**, far sangue dal naso □ **to count** (*o* **to tell**) **noses**, fare il conto (*specialm. in una votazione*); rimettere una decisione al parere della maggioranza □ **to cut off one's n. to spite one's face**, darsi la zappa sui piedi (*cercando di far dispetto ad altri*) □ **to follow one's n.**, seguire il proprio naso; andar sempre dritto; andare dritto al naso □ (*fig.*) **to keep one's n. to the grindstone**, lavorare incessantemente, come un mulo □ **to lead sb. by the n.**, menare q. per il naso □ (*fam.*) **to look down one's n. at sb.**, guardar q. dall'alto in basso □ (*pop.*) **to make a long n.**, far marameo □ (*di pollo cotto*) **parson's n.**, il boccone del prete □ **to pay through the n.**, pagare profumatamente (*o* un occhio della testa) □ **to poke** (*o* **to push, to thrust**) **one's n. into sb.'s business**, ficcare il naso negli affari di q. □ (*fig.*) **to put sb.'s n. out of joint**, rompere le uova nel paniere a q.; fargli lo sgambetto; fargliela in barba □ **Roman n.**, naso aquilino □ (*fig.*) **to rub one's n. in st.**, constatare la realtà spiacevole di q.c.; sbattere il muso in q.c. □ (*pop.*) **to speak through the n.**, parlare col naso □ **a turned-up n.** (*o* **a pug n.**), un naso all'insù □ **to turn up one's n.** (**at sb., st.**), arricciare il naso (davanti a q., a q.c.) □ (**right**) **under sb.'s very n.**, (proprio) sotto il naso di q. □ (*fig.*) **to win by a n.**, vincere di stretta misura.
to nose [nouz], *v. t.* e *i.* **1** (*anche* **to n. out**) annusare; fiutare; odorare; sentire al fiuto: **The cat nosed out a mouse**, il gatto fiutò un topo; **I always n. treachery**, annuso sempre l'inganno; **He noses a bargain in everything**, sente al fiuto un affare in ogni cosa **2** strofinare il naso contro; (*d'animali*) ammusare **3** farsi largo, farsi strada (*col muso*); avanzare: **The ship nosed the first big swell**, la nave avanzò superando la prima grossa ondata. ● **to n. about**, annusare in giro; fiutare qua e là: **The dog is nosing about**, il cane fiuta qua e là □ **to n. after** (*o* **for**), cercare col fiuto; annusare in cerca di □ **to n. at**, annusare; fiutare □ (*di cane o gatto*) **to n. the door open**, aprire la porta col naso □ **to n. into**, ficcare il naso: **That man is always nosing into everything**, quell'uomo ficca sempre il naso dappertutto □ (*fam.*) **to n. out**, scoprire, portare alla luce (*fatti, ecc.*); battere, superare (q.) sia pure di poco □ (*aeron.*) **to n. up**, cabrare □ **to n. one's way**, farsi strada, procedere: **Our craft nosed its way slowly through the fog**, la nostra nave procedeva lentamente nella nebbia.
nosebag ['nouzbæg], *n.* musetta; sacchetto per la biada.
noseband ['nouzbænd], *n.* museruola (*parte delle briglie*).
nosebleed ['nouzbli:d], *n.* (*med.*) emorragia nasale; epistassi.
nosecone ['nouzkoun], *n.* (*miss.*) ogiva (*di missile o d'astronave*).
nosed [nouzd], *a.* (*nei composti, per es.*): **pug-n.**, dal naso corto e all'insù. ● (*mil.*) **a soft-n. bullet**, un proiettile a punta deformabile.
to nose(-)dive ['nouzdaiv], *v. i.* **1** (*aeron.*) picchiare; scendere in picchiata **2** (*fig., di prezzi, ecc.*) calare bruscamente; crollare.
nosefuse ['nouzfju:z], *n.* (*mil., miss., USA*) spoletta anteriore (*di proiettile, ecc.*).
nosegay ['nouzgei], *n.* mazzo di fiori; mazzolino.
noseless ['nouzlis], *a.* senza naso; senza olfatto.
nosepipe ['nouzpaip], *n.* (*mecc.*) boccaglio; tubo d'efflusso.
noserag ['nouzræg], *n.* (*pop.*) fazzoletto da naso.
nosering ['nouzriŋ], *n.* **1** nasiera; anello per il naso **2** anello al naso (*portato dai selvaggi*).
nosewarmer ['nouzˌwɔ:mə*], *n.* (*pop.*) pipa corta; pipetta.
nosey ['nouzi], *V.* **nosy**.
nosh [nɔʃ] (*yiddish*), *n.* (*pop.*) cibo; spuntino. ● **n.-up**, abbuffata, mangiata □ **to have a quick n.**, fare uno spuntino; mangiare un boccone.
to nosh [nɔʃ] (*yiddish*), **A** *v. i.* (*pop.*) mangiare; fare uno spuntino. **B** *v. t.* masticare. ● **to n. up**, abbuffarsi.
nosher ['nɔʃə*] (*yiddish*), *n.* (*pop.*) **1** chi mangia **2** chi mastica. ● **a big n.**, chi se s'abbuffa; un mangione.
nosing ['nouziŋ], *n.* (*edil.*) **1** sporgenza (*o* orlo sporgente) di gradino **2** listello di metallo (*per rivestire detta sporgenza*) **3** taglia-acqua (*della pila di un ponte*) **4** (*ferr.*) serpeggiamento.
nosological [ˌnɔsəˈlɔdʒikəl], *a.* (*med.*) nosologico.
nosology [nouˈsɔlədʒi], *n.* (*med.*) nosologia.
nostalgia [nɔsˈtældʒiə], *n.* nostalgia.
nostalgic [nɔsˈtældʒik], *a.* **1** nostalgico **2** che fa venire (*o* provoca) la nostalgia.
Nostradamus [ˌnɔstrəˈdeiməs], *n.* **1** (*stor.*) Nostradamus **2** (*fig.*) astrologo; indovino.
nostril ['nɔstril], *n.* (*anat.*) narice; (*di cavallo*) frogia. ● (*fig.*) **to**

stink in sb.'s **nostrils**, essere odioso a q.
nostriled ['nɔstrild], *a.* (*nei composti, per es.*:) **wide-n.**, dalle narici larghe.
nostrum ['nɔstrəm], *n.* panacea; rimedio sovrano; toccasana.
nosy ['nouzi], *a.* **1** che ha il naso grande, lungo; nasuto **2** (*specialm. di cereale, di fieno*) maleodorante **3** (*di tè*) fragrante; odoroso **4** (*di persona*) che ha il naso (*o* l'olfatto) delicato **5** (*fam.*) inframmettente; curioso. ● (*fam.*) **n. parker**, ficcanaso.
not [nɔt], *avv.* **1** non: **They were not** (*di solito*: **weren't**) **there**, non c'erano; **We do not** (*di solito*: **don't**) **know**, non lo sappiamo; **It is not** (*di solito* **isn't**) **cold today**, non è freddo oggi; **I told him not to go**, gli dissi di non andare; **Not everybody wants to come**, non tutti vogliono venire **2** no; di no: **I believe** (**think, hope, suppose, etc.**) **not**, credo (penso, spero, suppongo, ecc.) di no; **perhaps not**, forse no; **whether you like it or not**, ti piaccia o no. ● (*fam.*) **not all there**, un po' scemo; un po' tocco □ **not at all**, niente affatto; per niente □ **not-being**, il non essere; inesistenza □ **not but what** (*o* **not that**), non che (*seguito dal verbo neg.*); per quanto; comunque; tuttavia: **I cannot lift it**; **not but what a stronger man might**, io non riesco a sollevarlo; non che uno più forte di me non potrebbe farcela (*o* per quanto uno più forte di me non potrebbe farcela) □ **not a few**, non pochi □ (*pop.*) **not half**, molto; moltissimo; eccome!: «**Was he annoyed?**» «**Not half**», «era seccato!» «eccome!» □ (*pop.*) **not much**, no davvero; figuriamoci! □ **not once** (**nor twice**), non una sola volta; spesso □ **not seldom**, non di rado □ (*filos.*) **not-self**, il non-io □ (*comm.*: *d'assegno*) **not sufficient**, scoperto □ **not to say**, per non dire: **It's warm**, **not to say hot**, è caldo, per non dire caldissimo □ **not that...**, non che; non già che...: **Not that it matters**, non che abbia importanza □ **as likely as not**, probabilmente □ **Not a hair of your head shall be touched**, non ti sarà torto un capello! □ **If it clears up we'll go out**; **if not, not**, se si rasserenerà, usciremo; se no, no □ (*arc.*) **Fear not!**, non temere! □ (*arc.*) **I know not**, non lo so □ **That's not to be thought of**, neanche a pensarci!; è del tutto fuori questione; non se ne parla neanche.
notability [,noutə'biliti], *n.* **1** notabilità; ragguardevolezza; importanza **2** notabile; persona eminente, importante.
notable ['noutəbl], **A** *a.* degno di nota; notevole; ragguardevole; considerevole; importante; insigne: **a n. event**, un avvenimento importante; **a n. speaker**, un insigne oratore. **B** *n.* notabile; persona eminente, importante. ● (*chim.*) **a n. quantity of**, una quantità percettibile di.
notarial [nou'tɛəriəl], *a.* (*leg.*) notarile: **n. deed**, atto notarile: rogito.
notarization [,noutərai'zeiʃən], *n.* (*leg.*) certificazione (*o* autenticazione) notarile.
to notarize ['noutəraiz], *v. t.* (*leg.*) autenticare, legalizzare (*un documento, ecc.*).
notary ['noutəri], *n.* (*leg.*) notaio: **n. public**, pubblico notaio.
notation [nou'teiʃən], *n.* **1** (*mus.*) notazione **2** (*mat., ecc.*) segno; simbolo: **phonetic notations**, simboli fonetici **3** (*mat.*) numerazione **4** annotazione; nota.
notch [nɔtʃ], *n.* **1** tacca; incisione; incavo; intaglio **2** (*USA*) gola, stretto passo (*fra monti*). ● (*metall.*) **n. test**, prova di intaglio □ (*fam.*) **top-n.**, eccellente; straordinario.
to notch [nɔtʃ], *v. t.* **1** dentellare; intaccare; fare tacche in; incavare; intagliare **2** (*spesso* **to n. up**, **to n. down**) segnare (*punti, ecc.*) facendo tacche **3** fissare (*gradini*) in una scala, per mezzo di intagli. ● (*fig.*) **to n. (up) another victory**, ottenere (*o* segnare) un'altra vittoria.
notched [nɔtʃt], **notchy** ['nɔtʃi], *a.* (*bot., zool.*) dentellato; a tacche.
note [nout], *n.* **1** (*anche mus.*) nota; appunto; chiosa; postilla; carattere; segno; accento; tono: **to take notes**, prendere appunti: **marginal n.**, nota in margine; postilla; (*fig.*) **to strike the right n.**, toccare (*o* far risuonare) la nota giusta; **It has the n. of catholicity**, ha il carattere dell'universalità; **There was a n. of sadness in his words**, c'era una nota (*o* un accento, un tono) di tristezza nelle sue parole; **to set a n. of infamy on sb.**, marchiare q. d'infamia (*o* con una nota d'infamia); **a matter worthy of n.**, una cosa degna di nota; **a n. of irritation**, un tono d'irritazione **2** biglietto; breve lettera: **a thank-you n.**, un biglietto di ringraziamento; **a ten-pound n.**, un biglietto da dieci sterline **3** segno d'interpunzione; punto: **n. of exclamation**, punto esclamativo; **n. of interrogation**, punto interrogativo **4** chiara fama; riguardo: **a philosopher of n.**, un filosofo di chiara fama; **a man of n.**, un uomo di riguardo. ● (*comm.*) **n. of hand**, *V.* **promissory n.** □ **n.-paper**, carta da lettere □ **bank n.**, biglietto di banca; banconota □ (*fig.*) **to change one's n.**, cambiar tono; diventare più mansueto, più umile □ **to compare notes with sb.**, comunicarsi impressioni (*o* raffrontare idee) con q. □ (*comm.*) **credit** (**debit**) **n.**, nota di accreditato (di addebito) □ (*comm.*) **delivery n.**, bolletta di consegna □ **to make notes of**, prendere appunti di □ **to preach from notes**, predicare servendosi di appunti □ (*comm.*) **promissory n.**, pagherò cambiario □ (*fig.*) **to strike** (*o* **to sound**) **a false n.**, far risuonare una nota stonata □ **to take n. of st.**, prender nota di q.c.; fare attenzione a q.c.
to note [nout], *v. t.* **1** fare attenzione a; badare a; osservare; notare; rilevare: **N. what I say**, bada a quel che ti dico!; **N. how to mend it**, osserva (sta' a vedere) come si fa a ripararlo!; **Please, n. that...**, favorite rilevare che...; vogliate notare che.. **2** (*di solito* **to n. down**) notare; annotare; prender nota di; mettere per iscritto: **to n. a book**, annotare un libro; **The student noted down every word his teacher said**, lo studente prese nota d'ogni parola detta dall'insegnante; **to n. down one's impressions**, annotare le proprie impressioni.
notebook ['noutbuk], *n.* libretto per appunti; taccuino.
notecase ['noutkeis], *n.* portafogli.
noted ['noutid], *a.* celebre; famoso; rinomato: **a n. musician**, un celebre musicista.
notehead ['nouthed], **noteheading** ['nouthediŋ], *n.* **1** intestazione (*su un foglietto di carta da lettere*) **2** foglietto di carta intestata.
noteless ['noutlis], *a.* non degno di nota; privo d'interesse.
notelet ['noutlit], *n.* noticina; noterella.
noteworthy ['nout,wə:ði], *a.* degno di nota; notevole; ragguardevole.
nothing (1) ['nʌθiŋ], *pron. indef.* e *n.* **1** niente; nulla: **I have n. to say**, non ho niente da dire; **N. pleased him**, niente gli andava a genio; **That's n. to what followed**, questo è niente a confronto di quel che venne dopo **2** (*seguito da un agg.*) nessuna cosa; nessuna impresa: **N. great is easy**, nessuna grande impresa è facile **3** (*con l'art. indef.*) nullità; nessuno (*fig.*); persona di nessun conto: **The new commander was a n.**, il nuovo comandante era una nullità; **He would be a mere n. without his money**, senza il suo denaro, non sarebbe nessuno (*o* sarebbe una nullità) **4** (*mat.*) zero: **Take ten from ten, and the result is n.**, sottrai dieci da dieci e il risultato è zero **5** bazzecola; inezia; quisquilia; cosa di nessuna importanza: **the little nothings of life**, le cose senza importanza della vita quotidiana. ● **n. else**, nient'altro □ **n. less than** (*o* **n. short of**), nulla inferiore a; (*anche*) soltanto, nient'altro che; addirittura: **It's n. less than monstruous**, ma è addirittura mostruoso! □ **n. like**, niente di meglio che (*o* di): **There's n. like doing things at once**, non c'è di meglio che fare le cose subito; **There's n. like beer**, non c'è niente di meglio della birra! □ **n. much**, poco o nulla □ **to come to n.**, finire in nulla; fallire; andare in fumo □ **to dance on n.**, pendere dalla forca; essere impiccato □ **for n.**, per niente; gratis; senza motivo; senza scopo; invano □ **to have n. to do with sb.**, non avere nulla a che fare con q. □ (*fam.*) **to have n. on sb.**, non essere da più di q.; (*anche*) non avere prove (*o* niente in mano) contro q. □ **to hear n. of sb.**, non avere (*o* non ricevere) notizie di q. □ (*fam.*) **in n. flat**, in un batter d'occhio, in un lampo □ **to make n. of**, non capire niente di; non far caso a, non dar peso a; non trarre profitto da, non ricever niente da: **I can make n. of this book**, in questo libro non ci capisco niente; questo libro, per me, non ha né capo né coda; **He makes n. of his mistakes**, non dà peso ai suoi errori; **You've made n. of your good chance**, non hai saputo trarre alcun profitto dalla tua buona fortuna □ **to make n. of doing st.**, non pensarci su due volte (a fare q.c.); fare come se nulla fosse □ **a mere n.**, un bel niente; proprio nulla; nulla di nulla □ (*fam.*) **no n.**, nulla di nulla; proprio niente □ **to say n. of**, per non parlare di; a prescindere da □ **to stop at n.**, essere senza scrupoli □ **to think n. of**, non far caso di; non tenere in nessun conto □ **Think n. of it!**, ma prego; ma Le pare! □ (*fam.*) **sweet nothings**, le paroline dolci (*dell'amore*) □ (*fam.*) **N. doing!**, niente da fare!; non ci sto! (non ci sta, ecc.; no e poi no (*fam.*); (*anche*): è (era, ecc.) proibito □ **She has n. in her**, non c'è niente di buono in lei; è una nullità; è una donna insignificante, inconcludente □ **He makes n. of walking ten miles**, per lui è cosa da nulla fare dieci miglia a piedi □ **That has n. to do with me**, ciò non mi tocca, non mi riguarda; non è affar mio □ **That is n. to you**, ciò non ti tocca, non ti riguarda; non è affar tuo □ **There is n. for it but to go home**, non c'è altro da fare che andare a casa □ **There is n. much the matter**, non c'è niente di grave □ **There's n. to riding a moped**, non ci vuole niente ad (*o* è facile) andare in ciclomotore □ (*prov.*) **N. venture, n. have**, chi non risica non rosica.
nothing (2) ['nʌθiŋ], *avv.* niente affatto, non affatto; per nulla; in nessun modo: **Your pen differs n. from mine**, la tua penna non

nothingness

è affatto diversa dalla mia; **It's n. like what it used to be**, non è per nulla com'era prima; (*lett.*) **That avails n.**, ciò non serve affatto, non serve a nulla. ● (*fam.*) **n. like** (*o* **n. near**), neanche un po'; nemmeno per sogno; no davvero; ma no!

nothingness ['nʌθiŋnis], *n.* **1** (il) nulla; (il) non-essere; inesistenza **2** inutilità; insignificanza **3** bazzecola; inezia; quisquilia.

notice ['noutis], *n.* **1** annuncio, annunzio; avviso; comunicazione; notifica; manifesto; cartello: **to put up a n.**, affiggere un avviso; attaccare un cartello; **church notices**, annunzi religiosi; manifesti attaccati alla porta d'una chiesa; **a n. board**, un tabellone per avvisi **2** preavviso; (*leg.*) disdetta; preavviso di licenziamento: **at ten minutes' n.**, col preavviso di dieci minuti; **The tenant gave n.**, l'inquilino diede la disdetta; **The workers got a month's n.**, gli operai ebbero il preavviso (di licenziamento) di un mese **3** attenzione; considerazione; osservazione: **to attract n.**, attirare l'attenzione; **to bring st. to sb.'s n.**, richiamare q.c. all'attenzione di q.; far notare q.c. a q. **4** breve articolo (*di giornale*); notizia; recensione: **biographical n.**, notizia biografica; **a n. about a play**, la recensione di un dramma. ● (*comm.*) **n. of payment**, avviso di pagamento □ (*leg.*) **n. to quit** (*o* **n. to vacate**), notifica di sfratto; disdetta (*di contratto di locazione*); (*agric.*) disdetta (*di contratto d'affittanza*) □ **advance n.**, preavviso □ **at short n.**, con breve preavviso; entro breve tempo □ **to come in n.**, farsi notare; attirare l'attenzione □ **to give n.**, comunicare: **N. is hereby given that...**, si comunica con la presente che... □ **to give n. to sb.** (*o* **to serve sb. with n.**), licenziare q.; dare la disdetta a q.; (*anche*) licenziarsi □ (*leg.*) **to give n. of termination of st.**, disdettare, disdire q.c. □ **to give a servant a week's n.**, dare gli otto giorni a un domestico □ (*leg.*) **to serve n.**, annunziare ufficialmente; notificare □ (*fam.*) **to sit up and take n.**, avere considerazione e rispetto □ **to take n.**, osservare; rilevare; fare attenzione; badare: **Take n. that I shan't be able to help you**, bada che non potrò aiutarti □ **to take no n. of**, non osservare; non rilevare; far mostra di non vedere; chiudere un occhio su (*fig.*): **The teacher took no n. of what was going on**, l'insegnante chiuse un occhio su quel che stava succedendo □ **till** (*o* **until**) **further n.**, fino a nuovo avviso □ **without n.**, senza preavviso □ **It escaped my n.**, mi è sfuggito; non ci ho fatto caso □ **The baby takes n.**, il bambino comincia a dar segni d'interesse per il mondo che lo circonda.

to notice ['noutis], *A v. t.* osservare; notare; accorgersi di; rilevare: **I noticed that she came late**, osservai ch'ella arrivò tardi; **I noticed a strange smell in the kitchen**, m'accorsi di uno strano odore in cucina **2** interessarsi a; occuparsi di (*q.*); essere gentile con (*q.*): **She began to n. the young men of the village**, ella cominciò a interessarsi ai (*o* a provare interesse per i) giovani del villaggio **3** notare; far rilevare: **In his speech, he noticed the usefulness of the new invention**, nel suo discorso, fece rilevare l'utilità della nuova invenzione. *B v. i.* badare; stare attento: **I wasn't noticing at all**, non stavo proprio attento; m'ero distratto. ● (*leg.*) **The tenant was noticed to quit**, l'inquilino ricevette la disdetta.

noticeable ['noutisəbl], *a.* **1** ben visibile; evidente **2** notevole; cospicuo; ragguardevole.

notifiable ['noutifaiəbl], *a.* **1** notificabile **2** (*di malattia infettiva*) da denunciare all'autorità sanitaria.

notification [ˌnoutifi'keiʃən], *n.* **1** notificazione; comunicazione; (*leg.*) denunzia (*di nascita, morte, malattia, ecc.*).

to notify ['noutifai], *v. t.* **1** notificare a (*leg.*); comunicare a; avvisare; informare: **The mayor notified the citizens to gather in the main square**, il sindaco avvisò i cittadini d'adunarsi nella piazza principale; **N. me when you are leaving**, fammi sapere quando parti **2** dichiarare (*all'autorità*); denunziare: **to n. a birth** (**a death**, **etc.**), denunziare la nascita d'un bambino (la morte di q., ecc.).

notion ['nouʃən], *n.* **1** (*filos.*) nozione; idea; concetto; opinione: **I have no precise n. of what you mean by democracy**, non ho un'idea precisa di quel che tu voglia dire con la parola «democrazia»; **silly notions**, idee strane; **He has no n. of discipline**, non ha idea di (*o* non sa) che cosa sia la disciplina **2** intenzione; voglia: **I have no n. of going yet**, non ho ancora intenzione d'andarmene **3** (*pl.*, *USA*) articoli vari d'uso comune (*aghi, spilli, filo, nastri, ecc.*); minuterie; chincaglierie. ● **to take a n.**, mettersi in testa un'idea □ **as the n. takes him**, quando gli salta il ticchio □ **Such is the common n.**, questa è l'idea corrente (*o* l'opinione comune).

notional ['nouʃənl], *a.* **1** astratto; speculativo; teorico (*non basato su esperimenti*): **n. works**, opere speculative **2** immaginario; fantastico; irreale: **n. value**, valore immaginario **3** (*USA*) che ha idee strane; stravagante; bizzarro.

notionalist ['nouʃənəlist], *n.* (*arc.*) teorico.

notochord ['noutoukɔːd], *n.* (*zool.*) notocorda.

notoriety [ˌnoutə'raiəti], *n.* **1** notorietà **2** (*specialm.*) cattiva fama; brutta nomea.

notorious [nou'tɔːriəs], *a.* **1** notorio; noto: **It is n. that...**, è notorio che... **2** famigerato; tristemente noto: **a n. gangster**, un famigerato delinquente; **a ship n. for ill-luck**, una nave tristemente nota per la sua sfortuna.

notwithstanding [ˌnɔtwiθ'stændiŋ], *A prep.* a dispetto di; nonostante: **We went on, n. the storm**, andammo avanti, nonostante la tempesta. *B avv.* nondimeno; tuttavia; lo stesso: **They will go home, n.**, andranno a casa lo stesso. *C cong.* (*arc.*) sebbene; quantunque.

nougat ['nuːgɑː], *n.* torrone.

nought [nɔːt], *n.* **1** (*lett.*) niente; nulla **2** (*mat.*) zero **3** (*fig.*) nullità; persona insignificante. ● **noughts and crosses**, «zeri e ics» (*gioco infantile simile al filetto*) □ **to bring to n.**, portare alla rovina □ **to come to n.**, finire in nulla; fallire; andare in rovina □ **to set at n.**, tenere in poco conto; sfidare; sprezzare.

noumenal ['nuːmənl], *a.* (*filos.*) del noumeno.

noumenon ['nuːmənɔn], *n.* (*pl.* **noumena**) (*filos.*) noumeno.

noun [naun], *n.* (*gramm.*) nome; sostantivo.

to nourish ['nʌriʃ], *v. t.* nutrire (*anche fig.*); alimentare; covare; serbare; coltivare (*fig.*): **to n. feelings of contempt**, nutrire sentimenti di disprezzo; **to n. hopes**, nutrire speranze; **to n. a habit**, coltivare un'abitudine. ● (*agric.*) **to n. the soil**, nutrire (*o* concimare) il terreno.

nourishing ['nʌriʃiŋ], *a.* nutriente; nutritivo: **n. food**, cibo nutriente.

nourishment ['nʌriʃmənt], *n.* **1** nutrimento; alimento **2** nutrizione; alimentazione.

nous [naus], *n.* **1** (*filos.*) nous; intelletto **2** (*fam.*) buonsenso.

nouveau riche [ˌnuːvou 'riːʃ] (*franc.*), *n.* (*pl.* **nouveaux riches**) nuovo ricco; pidocchio rifatto (*o* risalito) (*spreg.*).

nova ['nouvə], *n.* (*pl.* **novae**, **novas**) (*astron.*) nova.

novation [nə'veiʃən], *n.* (*leg.*) novazione.

novel (1) ['nɔvəl], *a.* novello (*lett.*); nuovo; recente; insolito; originale; strano: **a n. theory**, una teoria nuova, una teoria strana.

novel (2) ['nɔvəl], *n.* **1** romanzo **2** (*diritto romano*; *di solito al pl.*) novella. ● **the n.**, la narrativa; il romanzo □ **n. writer**, romanziere.

novelette [ˌnɔvə'let], *n.* **1** breve romanzo (*dalle 30 alle 50 mila parole*); novella; racconto lungo **2** romanzo rosa **3** (*mus.*) novelletta.

novelettish [ˌnɔvə'letiʃ], *a.* (*spesso spreg.*) sdolcinato; sentimentale; all'acqua di rose.

novelist ['nɔvəlist], *n.* romanziere.

novelistic [ˌnɔvə'listik], *a.* (caratteristico) del romanzo; narrativo.

novelization [ˌnɔvəlai'zeiʃən], *n.* riduzione in forma di romanzo.

to novelize ['nɔvəlaiz], *v. t.* ridurre in forma di romanzo; ricavare un romanzo da (*un avvenimento, ecc.*).

novella [nou'velə] (*ital.*), *n.* (*pl.* **novellas**, **novelle**) (*letter.*) racconto lungo; novella; romanzo breve.

novelty ['nɔvəlti], *n.* **1** novità; attualità; cosa nuova **2** (*pl.*) oggettini di moda; cianfrusaglie; minuterie; ninnoli.

November [nou'vembə*], *A n.* novembre. *B a. attr.* di novembre; novembrino: **N. rain**, pioggia novembrina.

novena [nou'viːnə], *n.* (*pl.* **novenas**, **novenae**) (*relig.*) novena.

novercal [nou'vəːkəl], *a.* di (*o* da) matrigna.

novice ['nɔvis], *n.* (*anche relig.*) novizio, novizia; principiante.

noviciate, **novitiate** [nou'viʃiit], *n.* **1** noviziato (*anche relig.*) **2** (*relig.*) novizio, novizia **3** (*relig.*) alloggi dei novizi.

novocain(e) ['nouvouˌkein], *n.* (*farm.*) novocaina.

now [nau], *A avv.* **1** ora; adesso; in questo momento; subito: **They are in the country now**, ora (essi) sono in campagna; **We must start now**, dobbiamo partire ora; **I'll do it now**, lo farò subito; **Now we'll see what happens**, vedremo ora quel che succede **2** (*anche nelle narrazioni*) allora; ormai: **Now he tried a new plan**, allora egli provò ad attuare un altro progetto; **It was now clear that...**, era ormai chiaro che... **3** ora (*lievemente avversativo*); ebbene; oppure, o dunque; dunque; orsù (suv)via: **Now listen to me!**, ora, ascoltami!; **No nonsense, now!**, orsù, basta con queste sciocchezze!; **Now let me see**, via, fammi vedere!; **Now Barabbas was a robber**, orbene (*o* dunque), questo Barabba era un ladrone; **Now what do you mean by it?**, ebbene, che cosa intendi dire con ciò? *B cong.* (*spesso*, **now that**) ora che; dacché: **Now you feel better you can go back to work**, ora che stai meglio puoi tornare al lavoro. *C n.* (il) presente: **to read the future in the now**, leggere il futuro nel presente. ● **now**

and then; (**every**) **now and again**, di quando in quando; di tanto in tanto; ogni tanto □ **Now now** (*o* **now then**), suvvia!; e via! □ **by now**, ormai: **They will have arrived by now**, ormai saranno arrivati □ **from now on** (*o* **onwards**), d'ora in poi; d'ora in avanti □ **from now till tomorrow**, di qui a domani □ **just now**, or ora; proprio ora: **He was here just now**, era qui or ora; **I'm busy just now**, ora sono occupato □ **up to** (*o* **till, until**) **now**, finora; sinora □ **Oh, come now!**, (suv)via!; va là (*che non ci credo*)!; smettila!

nowaday ['nauədei], *a*. di oggi; odierno; attuale.

nowadays ['nauədeiz], **A** *avv*. oggi; oggigiorno; oggidì. **B** *a*. di oggi; odierno; attuale. **C** *n*. il presente.

noway(s) ['nouwei(z)], *avv*. in nessun modo; per niente; per nulla.

nowhere ['nouwεə*], *avv*. in nessun luogo; da nessuna parte; in nessun posto. ● (*fam*.) **n. near**, neanche lontanamente; per niente, per nulla affatto: **My book is n. near so good as yours**, il mio libro non è neanche lontanamente buono quanto il tuo □ (*fig*.) **to be** (*o* **to come in**) **n.**, non essere approdato a nulla; aver fatto fiasco; (*in una corsa*) non piazzarsi, arrivare fra gli ultimi □ (*fig*.) **to get n.**, non approdare a nulla; non combinare niente; far fiasco; fallire □ **That will get you n.**, così non combinerai niente di buono □ **We live in a little room with n. to cook**, stiamo in una stanzetta, il posto per cucinare □ (*fig*.) **Ten dollars goes n.**, con dieci dollari si fa poca strada (*si compra poco, ecc.*).

nowise ['nouwaiz], *avv*. in nessun modo; per niente; per nulla.

noxious ['nɔkʃəs], *a*. nocivo; dannoso; pernicioso: **n. wastes**, rifiuti nocivi; (*fig*.) **a n. book**, un libro nocivo. ● **n. gases**, gas tossici.

noxiousness ['nɔkʃəsnis], *n*. dannosità; l'essere nocivo.

nozzle ['nɔzl], *n*. **1** (*mecc*.) effusore; ugello **2** becco, beccuccio (*di tubo, teiera, ecc.*); boccaglio (*di pompa*) **3** (*pop*.) naso; muso.

nth [enθ], *a*. (*mat.* e *fig*.) ennesimo: **to the nth power**, all'ennesima potenza.

nu [nju:], *n*. ni (*tredicesima lettera dell'alfabeto greco*).

nuance [nju(:)'a:ns], *n*. (*anche fig*.) sfumatura.

nub [nʌb], *n*. **1** protuberanza, sporgenza **2** pezzo (*specialm. di carbone*) **3** – (*fam*.) **the nub**, il nocciolo, il nucleo, la parte essenziale (*d'un racconto, ecc.*).

nubble [nʌbl], *n*. **1** piccola protuberanza **2** pezzetto.

nubbly ['nʌbli], *a*. **1** nodoso **2** a pezzetti; spezzettato.

nubile ['nju:bail], *a*. nubile.

nubility [nju:'biliti], *n*. condizione di nubile.

nubilous ['nju:biləs], *a*. nubilo (*lett.*); nuvoloso.

nuchal ['nju:kəl], *a*. (*anat.*) della nuca; nucale.

nucleal ['nju:kliəl], *a*. (*biol.*) nucleare; del nucleo.

nuclear ['nju:kliə*], **A** *a*. (*fis., chim., biol.*) nucleare: **n. fission**, fissione nucleare; **n. physics**, fisica nucleare; **n. reactor**, reattore nucleare; pila atomica. **B** *n*. **1** arma nucleare **2** potenza nucleare. ● (*mil. USA*) **n. button**, bottone (*o* pulsante) che può scatenare la guerra atomica (*in mano al Presidente degli USA*) □ **n. chemistry**, chimica nucleare □ (*polit.*) **n. disarmament**, disarmo nucleare (*o* atomico) □ (*sociologia*) **n. family**, famiglia nucleare □ **n. power**, energia nucleare; (il) nucleare □ (*naut., mil.*) **n. ship**, nave a propulsione nucleare □ **n. warfare**, guerra atomica.

nucleate ['nju:kliit], **nucleated** ['nju:klieitid], *a*. (*biol.*) nucleato.

nucleic [nju:'kli:ik], *a*. (*chim.*) nucleico; nucleinico: **n. acid**, acido nucleico.

nuclein ['nju:kliin], *n*. (*chim.*) nucleina.

nucleolar [nju(:)'kli:oulə*], *a*. (*biol.*) del nucleolo; nucleolare.

nucleolate [nju(:)'kli:oulit], **nucleolated** ['nju:kliouleitid], *a*. (*biol.*) che contiene un nucleolo.

nucleole ['nju:klioul], *n*. (*biol.*) nucleolo.

nucleolus [nju:'kli:ouləs], *n*. (*pl.* **nucleoli**) (*biol.*) nucleolo.

nucleon ['nju:kliɔn], *n*. (*fis.*) nucleone.

nucleonics [,nju:kli'ɔniks], *n. pl*. (*col verbo al sing.*) nucleonica; fisica nucleare.

nucleus ['nju:kliəs], *n*. (*pl.* **nuclei, nucleuses**) (*scient.*) nucleo (*anche fig.*): **compound n.**, nucleo composto; **the n. of a library**, il nucleo d'una (*futura*) biblioteca.

nuclide ['nju:klaid], *n*. (*fis. nucl.*) nuclide.

nude [nju:d], **A** *a*. nudo; ignudo. **B** *n*. (*specialm. arte*) nudo: **a classical n.**, un nudo classico. ● (*leg.*) **n. contract**, contratto privo di tutela giuridica □ (*moda*) **n. stockings**, calze color carne.

to nudge [nʌdʒ], *v. t*. **1** spingere leggermente; toccare col gomito (*q. per richiamarne l'attenzione*); dare di gomito a (q.) **2** (*fig.*) richiamare l'attenzione di (q.).

nudge [nʌdʒ], *n*. spinta leggera; colpetto di gomito (*V.* **to nudge**).

nudie ['nju:di], **A** *n*. (*fam.*) **1** (*cinem.*) film con molto nudo; film porno; pornofilm **2** rivista piena di nudi. **B** *a*. pieno di nudi; porno.

nudism ['nju:dizəm], *n*. **1** nudismo **2** (*psic.*) nudomania.

nudist ['nju:dist], *n*. e *a*. nudista. ● **n. camp** (*o* **n. colony**), campo (*o* colonia) di nudisti.

nudity ['nju:diti], *n*. nudità.

nugatory ['nju:gətəri], *a*. **1** frivolo; futile; insignificante **2** inefficace; inutile; vano.

nugget ['nʌgit], *n*. **1** (*geol.*) pepita **2** (*metall.*) goccia di saldatura.

nuisance ['nju:sns], *n*. **1** fastidio; molestia; seccatura: **the n. of city traffic**, il fastidio del traffico cittadino; **What a n.!**, che seccatura! **2** (*leg.*) infrazione (*di una legge, ecc.*); turbativa; danno: **Commit no n.**, non arrecate danni!; non imbrattare! (*in Italia, per es. in un giardino pubblico*: Rispettate le piante!). ● (*polit.*) **to have a n. value**, essere in grado di fare un'azione di disturbo □ **a public n.**, un inconveniente, una peste (*fig.*) □ **Flies are a n.**, le mosche sono animali molesti □ **That boy is a perfect n.**, quel bambino è pestifero!

nuke [nju:k], *n*. (*fam.; mil.; specialm. USA*) arma nucleare.

null [nʌl], **A** *a*. **1** (*specialm. leg.*) nullo; non valido **2** (*mat., elab.*) nullo; zero; vuoto: **n. set**, insieme vuoto **3** (*elab.*) **n. result**, zero come risultato. **B** *n*. **1** zero **2** (*elab.*) nulla; assenza d'informazione. ● (*leg.*) **n. and void**, nullo □ (*elab.*) **n. character**, carattere nullo; riempitivo a zeri binari □ (*tennis*) **thirty n.**, trenta a zero.

to null [nʌl], *v. t*. (*specialm. leg.*) annullare; invalidare.

nullification [,nʌlifi'keiʃən], *n*. (*specialm. leg.*) annullamento.

to nullify ['nʌlifai], *v. t*. (*specialm. leg.*) annullare; invalidare.

nullipore ['nʌlipɔ:*], *n*. (*bot.*) nullipora.

nullity ['nʌliti], *n*. (*leg., mat.*) nullità: **the n. of a marriage**, la nullità di un matrimonio. ● (*leg.*) **a n. suit**, una causa d'annullamento d'un matrimonio.

numb [nʌm], *a*. **1** intirizzito; intorpidito; intormentito: **to have one's hands n. with cold**, avere le mani intirizzite dal freddo **2** (*fig.*) intontito; istupidito: **to be n. from suffering**, essere intontito dalla sofferenza. ● **a n. feeling**, una sensazione d'intorpidimento □ (*zool.*) **n.-fish** (*Torpedo*), torpedine □ (*fig.*) **n. to grief**, insensibile al dolore.

to numb [nʌm], *v. t*. **1** intirizzire; intorpidire; intormentire **2** (*fig.*) intontire; istupidire.

number ['nʌmbə*], *n*. numero (*anche gramm.*); cifra; compagnia; gruppo (*di persone, di cose*); novero; dispensa; fascicolo; puntata; (*letter., poet.*) ritmo, verso: **integer n.**, numero intero; **fractional n.**, numero frazionario; **telephone n.**, numero di telefono (*o* telefonico); **to live at No. 42**, abitare al numero 42; **the March n. of a magazine**, il numero (*o* il fascicolo) di marzo d'una rivista; **You are not in their n.**, tu non entri nel novero; **a back n.**, un numero arretrato; **a novel issued in numbers**, un romanzo pubblicato a dispense, a puntate **2** (*pl.*) forza del numero; preponderanza numerica: **There is safety in numbers**, la forza del numero è motivo di sicurezza **3** (*pl.*) numerose persone; molti: **Numbers died in the retreat**, molti perirono nella ritirata. ● (*elab.*) **n. code**, codice numerico □ (*fam.*) **n. one**, numero uno (*fig.*); più importante; se stesso: **He only thinks of n. one**, pensa solo a se stesso □ (*fam.*) **No. 9** (*pill*), pillola miracolosa; panacea (*negli ospedali militari*) □ **a n. of**, un certo numero di; alcuni; parecchi; molti □ **numbers (of people)**, una moltitudine, una gran quantità di gente: **There are numbers who live by begging**, c'è una quantità di gente che vive d'accattonaggio □ (*autom.*) **n.-plate**, targa □ **No. 10** (**Downing Street**), il numero 10 di Downing Street (*residenza ufficiale del Primo Ministro ingl.*) □ (*tel.*) **code n.**, prefisso □ (*fig.*) **a back n.**, una cosa (*o* una persona) antiquata □ (*fam.*) **to have sb.'s n.**, sapere come battere (*o* sconfiggere, *o* fare soffrire) q. □ **in n.**, in (numero di): **They were ten in n.**, erano in (numero di) dieci □ **a large** (*o* **a great**) **n. of, large numbers**, un gran numero; un buon numero □ (*fam.*) **to look after** (*o* **to take care of**) **n. one**, pensare a sé; badare al proprio interesse □ (*fam.*) **to lose the n. of one's mess**, passare nel numero dei più; morire □ (*fam.*) **opposite n.**, collega (*chi ricopre una carica corrispondente*) □ (*autom.*) **plate n.**, numero di targa □ **a small n.** (*o* **small numbers**), uno scarso (*o* un piccolo) numero; un numero minimo □ **times without n.**, innumerevoli volte □ (*fam.*) **His n. is** (*o* **has come**) **up**, è arrivata la sua ora.

to number ['nʌmbə*], *v. t*. **1** numerare; dare un numero a: **Let's n. the pages of our manuscript**, numeriamo le pagine del nostro manoscritto! **2** annoverare; contare; enumerare; includere: **to n. sb. among one's friends**, annoverare q. fra i propri amici; **I n.**

numbering

my friends by the tens, conto (o ho) decine d'amici; **The town numbers 40,000 inhabitants**, la città conta 40 000 abitanti **3** ammontare a; essere (di numero); arrivare a (un numero): **Check-ups n. in the hundreds**, vi sono centinaia di controlli medici. ● (mil.) **to n. off**, dire a voce alta il proprio numero (in una formazione) □ (fig.) **His days are numbered**, ha i giorni contati.
numbering ['nʌmbəriŋ], n. numerazione. ● **n. machine**, numeratrice.
numberless ['nʌmbəlis], a. senza numero; innumerevole.
numbness ['nʌmnis], n. **1** intirizzimento; intorpidimento; intormentimento **2** (fig.) intontimento; torpore.
numbskull ['nʌmskʌl], V. **numskull**.
numerable ['nju:mərəbl], a. numerabile; che si può contare.
numeral ['nju:mərəl], (mat., gramm.) **A** a. numerale. **B** n. numero; cifra: **Roman numerals**, numeri romani; **Arabic numerals**, cifre arabe.
numerary ['nju:mərəri], a. (lett.) numerario (raro); numerale.
to numerate ['nju:məreit], v. t. numerare; enumerare; contare.
numeration [,nju:mə'reiʃən], n. numerazione.
numerator ['nju:məreitə*], n. (mat.) numeratore.
numeric(al) [nju(:)'merik(əl)], a. numerico: **n. symbols**, simboli numerici; **the n. superiority of the enemy**, la superiorità numerica del nemico.
numerous ['nju:mərəs], a. **1** numeroso **2** (arc.) armonioso; ritmico. ● **a n. acquaintance**, un largo giro di conoscenze □ **a n. library**, una ricca biblioteca.
numerousness ['nju:mərəsnis], n. numerosità.
numismatic [,nju:miz'mætik], a. numismatico.
numismatics [,nju:miz'mætiks], n. pl. (col verbo al sing.) numismatica.
numismatist [nju:'mizmətist], n. numismatico.
numismatology [nju(:),mizmə'tɔlədʒi], n. numismatica.
nummary ['nʌməri], **nummulary** ['nʌmjuləri], a. (lett.) nummario; monetario.
nummulite ['nʌmjulait], n. (geol.) nummulite.
nummulitic [,nʌmju'litik], a. (geol.) nummulitico.
numskull ['nʌmskʌl], n. stupido; testone (fig., fam.).
nun [nʌn], n. **1** monaca; suora **2** (zool., Parus caeruleus) cinciarella **3** (zool., Mergus albellus) pesciaiola **4** (zool.) varietà di piccione. ● **nun's cloth**, tessuto di lana sottile □ **nun's thread**, filo bianco da cucito □ **nun's veiling**, tessuto sottile per abiti da donna.
nunciature ['nʌnʃiətʃə*], n. (relig.) nunziatura.
nuncio ['nʌnʃiou], n. (pl. **nuncios**) (relig.) nunzio (apostolico, pontificio).
nuncupation [,nʌŋkju'peiʃən], n. (leg.) nuncupazione.
nuncupative ['nʌŋkjupətiv], a. (leg.: di testamento) nuncupativo.
nunhood ['nʌnhud], **nunship** ['nʌnʃip], n. monacato; condizione di monaca.
nunlike ['nʌnlaik], a. monacale; di (o da) suora.
nunnery ['nʌnəri], n. convento, monastero (di suore).
nunnish ['nʌniʃ], V. **nunlike**.
nuphar ['nju:fa:], n. (bot.) nenufaro; ninfea gialla.
nuptial ['nʌpʃəl], a. nuziale.
nuptials ['nʌpʃəlz], n. pl. nozze; sposalizio; cerimonia nuziale.
Nuremberg ['njuərəmbə:g], n. (geogr.) Norimberga.
nurse (1) [nə:s], n. **1** (di solito **wet n.**) balia; nutrice **2** (anche **dry n.**) bambinaia; balia asciutta **3** infermiera, infermiere: **a Red Cross n.**, un'infermiera della Croce Rossa; **una crocerossina 4** (zool.) ape (o formica) operaia (che ha cura delle larve) **5** (agric., anche **n. tree**) albero piantato a protezione d'altri alberi. ● **n.'s aide**, portantino (d'ospedale) □ **n.-child**, figliolo di latte; figlio adottivo □ (zool.) **n. frog**, (Alytes obstetricans) alite ostetrico; Alytes cisternasi □ **n.-maid**, bambinaia □ **male n.**, infermiere □ **to put a child (out) to n.**, dare (o mettere) un bambino a balia □ **student n.**, allieva infermiera, allievo infermiere.
to nurse [nə:s], **A** v. t. **1** allattare; nutrire al seno; (fig.) nutrire, covare, alimentare: **to n. a baby**, allattare un bambino; **to n. feelings of hatred**, nutrire sentimenti d'odio; **to n. one's anger**, covar l'ira **2** badare a, aver cura di (bambini) **3** far da infermiere (o infermiera a q.); curare, assistere (un malato, un vecchio) **4** aver cura di; portar riguardo a: **to n. seedlings**, aver cura di pianticelle giovani; **to n. one's injured leg**, portar riguardo a una gamba ferita **5** accarezzare; coccolare; stringersi al seno: **to n. a child**, stringersi al seno un bambino; **to n. one's pet dog**, coccolare il cagnolino prediletto **6** coltivare: **to n. the fine arts**, coltivare le belle arti **7** (polit.) coltivare, curare (il proprio collegio elettorale). **B** v. i. **1** (di bambino) poppare **2** allattare un bambino **3** fare l'infermiere (o l'infermiera). ● (biliardo) **to n. balls**, tener le palle vicine per una serie di carambole □ **to n.**

cold, curarsi un raffreddore □ (fig.) **to n. the fire**, starsene seduti vicino al fuoco □ (sport) **to n. a horse**, stare alle costole d'un cavallo per danneggiarlo; stringerlo alle corde (fig.) □ **to be nursed in luxury**, essere allevato nel lusso.
nurse (2) [nə:s], n. (zool., anche **n. shark**) **1** (Somniosus microcephalus) squalo della Groenlandia **2** (Ginglymostoma cirratum) squalo nutrice **3** Carcharias arenarius.
nurseling ['nə:sliŋ], n. **1** lattante; poppante **2** (fig.) beniamino; prediletto.
nursery ['nə:sri], n. **1** stanza dei bambini **2** asilo infantile; nido d'infanzia **3** vivaio (anche fig.); semenzaio; serra; (fig.) culla: **a fish n.**, un vivaio di pesci; **Trade is the n. of seamen**, il commercio è il vivaio dei marinai; **Italy, the n. of art**, l'Italia, (la) culla dell'arte. ● **n. governess** (o **n. maid**), governante; bambinaia □ **n. rhymes**, poesiole per bambini; filastrocche □ **n. school**, asilo infantile; nido d'infanzia □ **n. slopes**, discese per principianti (sui campi di sci) □ **n. tale**, fiaba; favola □ **day n.**, stanza per i giochi dei bambini; asilo infantile □ **night n.**, camera dei bambini.
nurseryman ['nə:srimən], n. (pl. **nurserymen**) proprietario di un vivaio (di piante); vivaista; arboricoltore.
nursing ['nə:siŋ], n. **1** allattamento **2** (med.) nursing; assistenza infermieristica; assistenza sociosanitaria **3** professione d'infermiere (o d'infermiera): **N. is not an easy job**, la professione dell'infermiere non è facile. ● **n. bottle**, poppatoio □ **n. father**, padre adottivo □ **n. home**, casa di cura; casa di salute; clinica; (spesso) convalescenziario □ **n. mother** madre adottiva □ **n. service**, servizio d'assistenza infermieristica □ **n. sister**, infermiera diplomata.
nursling ['nə:sliŋ], V. **nurseling**.
nurture ['nə:tʃə*], n. **1** allevamento; educazione **2** nutrimento; alimento.
to nurture ['nə:tʃə*], v. t. **1** allevare; educare **2** nutrire; alimentare.
nut [nʌt], n. **1** (bot.) noce; nocciola **2** (mecc.) dado **3** (pop.) testa: **to be off one's nut**, essere giù di testa; mancare d'una rotella; essere matto: **He is off his nut**, gli manca una rotella **4** (pop., raro) damerino; zerbinotto **5** (mus.: di violino) capotasto **6** (pl.) piccoli pezzi di carbone **7** (pl., volg.) palle; coglioni. ● (pop.) **nuts**, matto; pazzo; (e anche inter. usata per esprimere disgusto, disprezzo, disappunto, disapprovazione, rifiuto, ecc.) ohibò!, uffa!, mai più!, col cavolo (pop.): **She is nuts**, quella è matta; **nuts to (sb., st.)**, al diavolo: **Nuts to your hurry**, al diavolo la tua fretta □ **nuts and bolts**, (mecc.) dadi e bulloni; (fig.) parti meccaniche, (il) funzionamento, (la) pratica □ **nuts-and-bolts** (agg.), pratico, non teorico □ **nut-brown**, nocciola; color nocciola □ **nut butter**, burro di noci □ (bot.) **nut-gall**, galla nuciforme; galla di quercia □ (pop.) **nut house**, manicomio □ **nut oil**, olio di noci □ (bot.) **nut palm**, Cycas media □ (mecc.) **nut screw**, madrevite □ (bot.) **nut tree**, noce; nocciolo □ (zool.) **nut weevil** (Balaninus nucum), punteruolo delle noci □ (pop.) **to be (dead) nuts on st.**, andare pazzo per q.c.; essere molto abile nel fare q.c. □ (pop.) **to do one's nut**, essere arrabbiato; essere incavolato (pop.) □ (pop.) **to go nuts**, impazzire □ (fig.) **a hard nut to crack**, un osso duro (da rodere) □ (mecc.) **ring nut**, ghiera □ (mecc.) **wing nut**, dado ad alette; galletto □ (pop.) **He can't play bridge for nuts**, non sa neanche da che parte si cominci, a giocare a bridge □ (pop.) **I can't do (o shoot) it for nuts**, non riesco a farcela in nessun modo.
to nut [nʌt], v. i. (di solito **to go nutting**) raccoglier noci.
nutant ['nju:tənt], a. nutante (bot.); oscillante.
nutation [nju:'teiʃən], n. (astron., bot., mecc.) nutazione.
nutcracker ['nʌt,krækə*], n. **1** (anche pl.) schiaccianoci **2** (zool., Nucifraga caryocatactes) nocciolaia. ● (fig.) **a n. face**, una faccia col naso e il mento adunchi.
nut(-)hatch ['nʌthætʃ], n. (zool., Sitta) picchio muratore.
nuthouse ['nʌthaus], n. (pop.) manicomio.
nutmeg ['nʌtmeg], n. **1** noce moscata **2** (bot., Myristica fragrans; anche **n. tree**) noce moscato. ● (med.) **n. liver**, fegato a noce moscata; atrofia cianotica del fegato.
to nutmeg ['nʌtmeg], v. t. (pop.; sport: calcio) fare il tunnel a (un avversario).
nutria ['nju:triə], n. **1** (zool., Myocastor coypus) nutria; castorino; topo d'acqua **2** (moda) castorino; pelliccia di nutria.
nutrient ['nju:triənt], a. nutriente; nutritivo; nutrizio.
nutriment ['nju:trimənt], n. nutrimento (anche fig.); alimento.
nutrition [nju(:)'triʃən], n. **1** nutrizione; alimentazione **2** nutrimento; alimento.
nutritional [nju(:)'triʃənəl], a. nutritivo; nutrizionale.
nutritionist [nju(:)'triʃənist], n. alimentarista; dietista.
nutritious [nju(:)'triʃəs], a. nutriente; nutriente.

nutritiousness [nju(:)'triʃəsnis], *n*. l'essere nutritivo; potere nutritivo.
nutritive ['nju:tritiv], **A** *a*. **1** nutritivo; nutriente **2** alimentare. **B** *n*. alimento nutriente.
nutshell ['nʌt‚ʃəl], *n*. (*anche fig*.) guscio di noce. ● (*fig*.) **in a n.**, in poche parole; brevemente.
nutter ['nʌtə*], *n*. (*pop*.) matto; pazzo; svitato (*fam*.).
nutty ['nʌti], *a*. **1** ricco di noci; che dà molte noci **2** che sa di noci **3** (*di torta, dolce, ecc*.) pieno di noci **4** (*pop*.) matto; pazzo. ● (*pop*.) **to be n. on st.**, andar matto per q.c.
nux vomica ['nʌks'vɔmikə] (*lat*.), *n*. (*invar. al pl*.) **1** (*bot*., *Strychnos nux-vomica*) noce vomica **2** (*med*.) noce vomica.
to nuzzle ['nʌzl], **A** *v. t*. **1** premere, strofinare il muso contro (q.c.): **The horse nuzzled the snow**, il cavallo strofinò il muso contro la neve **2** (*del porco, ecc*.) scavare col grifo. **B** *v. i*. **1** (*di cane, ecc*.) annusare; fiutare **2** (*di porco*) grufolare **3** (*anche, v. rifl*., **to n. oneself**) accoccolarsi; annidarsi; rannicchiarsi. ● **to n. one's face into a cushion**, affondare la faccia in un cuscino.
Nyasa ['njæsə], **A** *n*. (*geogr*.) (lago) Niassa. **B** *a*. e *n*. (abitante) del Niassa.
Nyasaland ['njæsəlænd], *n*. (*geogr*.) Niassa.

nyctalope ['niktəloup], *n*. (*med*.) nictalope.
nyctalopia [‚niktə'loupjə], **nyctalopy** ['niktəloupi], *n*. (*med*.) nictalopia.
nyctitropic [‚nikti'trɔpik], *a*. (*bot*.) nictitropico.
nyctitropism [nik'titrəpizəm], *n*. (*bot*.) nictitropismo.
nylon ['nailən], *n*. **1** (*ind. tessile*) nylon, nailon **2** (*pl*., *fam*.) calze di nailon; indumenti di nailon.
nymph [nimf], *n*. **1** (*mitol., zool*.) ninfa **2** (*fig*.) ninfa (*lett*.); fanciulla; giovinetta.
nymphaeum [nim'fi:əm], *n*. (*pl*. **nymphaea**) (*archeol*.) ninfeo.
nymphal ['nimfəl], *a*. **1** (*mitol*.) ninfale; di ninfa; delle ninfe **2** (*zool*.) ninfale.
nymphean ['nimfiən], **nymphish** ['nimfiʃ], **nymphlike** ['nimf-laik], *V*. **nymphal**, *def. 1*.
nymphet ['nimfət], *n*. (*anche fig*.) ninfetta.
nympho ['nimfou], *n*. (*pl*. **nymphos**) (*pop*.) ninfomane.
nymphomania [‚nimfə'meinjə], *n*. (*psic*.) ninfomania.
nymphomaniac [‚nimfə'meinjæk], *a*. e *n*. (*psic*.) ninfomane.
nymphosis [nim'fousis], *n*. (*pl*. **nymphoses**) (*zool*.) ninfosi.
nystagmus [nis'tægməs], *n*. (*med*.) nistagmo.

O, o

O (1), o [ou], *n.* (*pl.* **O's, o's; Os, os**) **1** O, o (*quindicesima lettera dell'alfabeto ingl.*) **2** (*mat.*) zero (*specialm. compitando numeri telefonici*). ● (*tel.*) **o for Oliver**, (*USA:* **o for Oboe**), o come Otranto □ **O level**, esame finale a livello ordinario (*in G.B.: per assolvere l'obbligo scolare*).
o (2) [ou], **A** *inter.* V. **oh. B** *vocat.* (*lett.*) o: **O graceful moon, I remember...**, o graziosa luna, io mi rammento... ● **O, dear (me)!**, povero me!; Dio mio!
o' [ə], *prep.* (*fam.*) **1** (*abbr. di* **of**) di: **a cup o' tea**, una tazza di tè; **It's five o' clock**, sono le cinque (dell'orologio) **2** (*abbr. di* **on**) su; di. ● **I cannot sleep o' nights**, non riesco a dormire la notte.
O' [ə], *prefisso* (*in taluni cognomi irl., per es. in:*) **O' Connor** (*significa figlio, discendente di Connor*).
oaf [ouf], *n.* (*pl.* **oafs, oaves**) **1** bambino deforme **2** balordo; gonzo **3** tanghero; zotico.
oafish [ˈoufiʃ], *a.* **1** balordo; stupido **2** rozzo; tanghero; zotico.
oak [ouk], *n.* **1** (*bot.*, *Quercus. pl.* **oaks, oak**) quercia (*albero e legno*): **an oak table**, un tavolo di quercia **2** mobili di quercia **3** fronde di quercia: **Oak is still worn on the 29th of May**, la gente porta ancora fronde di quercia il 29 maggio (*V.* **oak-apple day**) **4** (*gergo universitario*) porta dell'alloggio (*d'uno studente*): **to sport one's oak**, chiudere la porta per evitare visite. ● (*sport*) **the Oaks**, corsa per puledre di tre anni (*a Epsom*) □ **oak apple** (*o* **oak gall, oak fig**), galla di quercia □ (*stor.*) **oak-apple day**, festa commemorativa della restaurazione degli Stuart (*Carlo II, 29 maggio 1660*) □ **oak wood**, querceto; legno di quercia □ (*bot.*) **bay oak** (*Quercus robur*), rovere □ (*poet.*) **Hearts of Oak**, navi (*o marinai*) della flotta britannica.
oaken [ˈoukən], *a.* di quercia; di legno di quercia.
oaklet [ˈouklit], **oakling** [ˈouk-liŋ], *n.* giovane quercia; querciolo.
oakum [ˈoukəm], *n.* stoppa. ● (*naut.*) **calking o.**, stoppa da calafato □ **to pick o.**, far stoppa (*un tempo occupazione di galeotti, di poveri*)
oar [ɔ:ʳ], *n.* (*naut.*) **1** remo **2** rematore; vogatore: **to be a good (a bad) oar**, essere un buon (un cattivo) rematore; **a practised oar**, un rematore provetto. ● (*fig.*) **to be chained to the oar**, essere costretto a un lavoro lungo e faticoso; lavorare come un mulo (*o* un forzato) □ (*naut.*) **four-oar**, barca a quattro remi □ (*fig.*) **to have an oar in every man's boat**, avere le mani in pasta; avere uno zampino dappertutto □ (*naut.*) **pair-oar**, barca a due remi □ **to pull a good oar**, essere un buon rematore □ (*fam.*) **to put one's oar in**, intromettersi; immischiarsi; interloquire, interrompere □ **to rest on one's oars**, smettere di remare; (*fig.*) prendersi un po' di riposo □ (*fam.*) **to stick** (*o* **to shove**) **one's oar in**, *V.* **to put one's oar in.**
to oar [ɔ:ʳ], *v. i.* remare; vogare.
oarage [ˈɔ:ridʒ], *n.* il remare; remeggio.
oared [ɔ:d], *a.* (*naut.*) munito di remi; a remi. ● (*d'imbarcazione*) **two-oared**, a due remi.
oarless [ˈɔ:lis], *a.* (*di barca*) senza remi.
oarlock [ˈɔ:lɔk], *n.* (*naut. USA*) scalmo.
oarsman [ˈɔ:zmən], *n.* (*pl.* **oarsmen**) rematore; vogatore; canottiere.
oarsmanship [ˈɔ:zmənʃip], *n.* arte del remare; abilità di rematore.
oarswoman [ˈɔ:zˌwumən], *n.* (*pl.* **oarswomen**) rematrice.
oary [ˈɔ:ri], *a.* (*poet.*) a forma di remo; simile a remo.
oasis [ouˈeisis], *n.* (*pl.* **oases**) (*anche fig.*) oasi.
oast [oust], *n.* (*anche* **o. house**) forno per luppoli.
oat [out], *n.* **1** (*bot.*, *Avena sativa; di solito al pl.*) avena **2** (*poet.*) avena (*lett.*); piffero; zampogna. ● (*fam. USA*) **to feel one's oats**, essere su di giri (*o di morale*); sentirsi importante, darsi arie □ (*fam.*) **to be off one's oats**, aver perso l'appetito □ (*fig.*) **to sow one's wild oats**, correre la cavallina; dar sfogo ai bollori giovanili □ (*bot.*) **wild oats** (*Avena fatua*), avena selvatica.
oatcake [ˈoutˈkeik], *n.* focaccia di farina d'avena.
oaten [ˈoutn], *a.* d'avena; di farina d'avena.
oath [ouθ], *n.* **1** (*leg.*) giuramento: **under o.**, sotto giuramento; **to take** (*o* **to make, to swear**) **an o.**, fare un giuramento; giurare; **to break an o.**, violare (*o* venire meno a) un giuramento **2** imprecazione; bestemmia. ● **to put sb. on his o.**, far giurare q. □ **a terrible o.**, un'orribile bestemmia; (*oppure*) un solenne giuramento.
oatmeal [ˈoutmi:l], *n.* **1** farina d'avena **2** (*USA*) *V.* **porridge.** ● (*ind.*) **o. paper**, carta che contiene segatura.
oaves [ouvz], *pl. di* **oaf.**
obbligato [ˌɔbliˈɡa:tou] (*ital.*), **A** *a.* (*mus.*) obbligato: **o. note**, nota obbligata. **B** *n.* (*pl.* **obbligatos, obbligati**) parte obbligata.
obduracy [ˈɔbdjurəsi], *n.* **1** durezza (*d'animo*); crudeltà **2** impenitenza (*raro*) **3** caparbietà; ostinazione; testardaggine; inflessibilità.
obdurate [ˈɔbdjurit], *a.* **1** duro (*d'animo*); crudele **2** impenitente **3** caparbio; ostinato; testardo; inflessibile.
obedience [əˈbi:djəns], *n.* obbedienza; docilità; sottomissione. ● **to act in o. to orders**, agire secondo gli ordini □ **to command o.**, saper farsi ubbidire.
obedient [əˈbi:djənt], *a.* obbediente, ubbidiente; docile; sottomesso. ● (*in chiusa di lettera e molto formale*) **Your o. servant**, Suo devotissimo.
obeisance [ouˈbeisəns], *n.* **1** inchino; riverenza **2** (*atto di*) omaggio: **to do** (*o* **to make, to pay**) **o. to sb.**, rendere omaggio a q.; mostrarsi sottomesso a q.
obelisk [ˈɔbilisk], *n.* **1** (*archit.*) obelisco **2** *V.* **obelus 3** (*tipogr.*) croce latina.
obelus [ˈɔbiləs], *n.* (*pl.* **obeli**) (*filol.*) obelo; obelisco.
obese [ouˈbi:s], *a.* obeso; corpulento.
obesity [ouˈbi:siti], *n.* obesità.
to obey [əˈbei], **A** *v. t.* **1** ubbidire a **2** eseguire; osservare; rispettare: **Soldiers must o. orders**, i soldati devono eseguire gli ordini. **B** *v. i.* ubbidire. ● **O. your common sense!**, lasciati guidare dal buon senso!
to obfuscate [ˈɔbfʌskeit], *v. t.* **1** offuscare; oscurare **2** (*fig.*) ottenebrare; confondere.
obfuscation [ˌɔbfʌsˈkeiʃən], *n.* **1** offuscamento; oscuramento **2** (*fig.*) ottenebramento; ottenebrazione (*raro*); confusione mentale.
obituarese [əˈbitjuəri:z], *n.* linguaggio dei necrologi.
obituarist [əˈbitjuərist], *n.* necrologista; scrittore di necrologie.
obituary [əˈbitjuəri], **A** *n.* necrologia; necrologio. **B** *a.* funebre; necrologico: **o. notices**, annunzi funebri; necrologi.
object [ˈɔbdʒikt], *n.* **1** (*filos., gramm., ecc.*) oggetto; cosa; soggetto; argomento; materia: **the objects on the shelf**, gli oggetti che si trovano sullo scaffale; **to be an o. of contempt** (**of pity, etc.**), essere oggetto di disprezzo (di pietà, ecc.); **o. of study**, materia di studio **2** scopo; intento; fine; mira, obiettivo (*fig.*): **His only o. is to make money**, il suo solo scopo è far quattrini; **to succeed in one's o.**, riuscire nel proprio intento; **with the o. of**, con l'intento di **3** (*fam.*) persona (*o* cosa) ridicola; orrore (*fig.*): **What a disgusting o.!**, che orrore! ● (*biliardo*) **o. ball**, palla da colpire □ (*scient.*) **o. finder**, vite micrometrica (*di microscopio*) □ (*ottica*) **o. glass** (*o* **o. lens**), obiettivo (*di telescopio, microscopio, ecc.*) □ **o. lesson**, dimostrazione (*o* lezione) pratica; esempio pratico □ (*scient.*) **o. plate**, vetrino □ (*psic.*) **o. relationship**, relazione oggettuale □ **o. staff**, livella da geometra □ (*elab.*) **o. time**, tempo di esecuzione □ (*gramm.*) **direct o.**, complemento oggetto (*o* diretto) □ (*gramm.*) **indirect o.**, complemento indiretto □ (*negli annunzi pubblicitari*) **no o.**, non si fa questione di: **Money (is) no o.**, non si fa questione di prezzo (*o* stipendio, ecc.); «miti pretese» □ (*gramm.*) **prepositional o.**, complemento indiretto retto da una preposizione.
to object [əbˈdʒekt], *v. t. e i.* **1** obiettare; opporre (*discutendo*): **I objected that the evidence was not clear**, obiettai che le prove non erano chiare; **to o. facts to a theory**, opporre fatti a una

teoria **2** opporsi (a); disapprovare; protestare; non permettere; non tollerare: **I o. to your meddling**, disapprovo la tua ingerenza (*o* intromissione); **He always objected as a matter of principle**, protestava sempre per principio; **I o. to being treated like that**, non tollero d'esser trattato così. ● **if you do not o.**, se non hai niente in contrario, se non ti dispiace.
objectification [ɔb,dʒektifi'keiʃən], *n.* (*filos.*) oggettivazione.
to objectify [əb'dʒektifai], *v. t.* (*filos.*) oggettivare.
objection [əb'dʒekʃən], *n.* **1** obiezione; opposizione; avversione; disapprovazione: **to raise an o.**, sollevare un'obiezione; **(Is there) any o.?**, (ci sono) obiezioni? **2** difficoltà; inconveniente; ostacolo. ● **to have o. to**, sentir avversione per, trovar a ridire su; non piacere (*impers.*): **I have no o. to working hard**, non mi dispiace affatto lavorar sodo □ **to take o. to**, disapprovare: **You always take o. to what I say**, disapprovi sempre quel che dico io □ **I have no o.**, non ho nulla in contrario.
objectionable [əb'dʒekʃnəbl], *a.* **1** cui si può obiettare **2** deplorevole; riprovevole **3** sgradevole; spiacevole.
objective [əb'kʒektiv], **A** *a.* (*filos.*, *gramm.*, *ecc.*) obiettivo; oggettivo: **an o. description**, una descrizione oggettiva; **o. case**, caso oggettivo (*accusativo*); **o. genitive**, genitivo oggettivo. **B** *n.* **1** (*mil.*, *ottica*, *ecc.*) obiettivo **2** (*gramm.*) caso oggettivo; accusativo. ● (*mil.*) **o. point**, obiettivo.
objectiveness [əb'dʒektivnis], *V.* **objectivity.**
objectivism [əb'dʒektivizəm], *n.* (*filos.*, *arte*, *ecc.*) oggettivismo.
objectivity [,ɔbdʒek'tiviti], *n.* obiettività; oggettività.
objectless ['ɔbdʒiktlis], *a.* **1** senza scopo; inutile **2** vuoto; deserto: **an o. stretch of land**, una campagna deserta.
objector [əb'dʒektə*], *n.* obiettore; oppositore: **a conscientious o.**, un obiettore di coscienza.
objet d'art [,ɔbʒei'da:*] (*franc.*), *n.* oggetto d'arte.
to objurgate [ɔbdʒə:'geit], *v. t.* riprendere aspramente; censurare.
objurgation [,ɔbdʒə:'geiʃən], *n.* aspro rimprovero; rabbuffo.
objurgatory [əb'dʒə:gətəri], *a.* riprensivo (*lett.*); di rimprovero.
oblate (1) ['ɔbleit], *n.* (*relig.*) oblato, oblata.
oblate (2) ['ɔbleit], *a.* (*geom.*: *di ellissoide*) schiacciato (ai poli).
oblation [ou'bleiʃən], *n.* (*anche relig.*) oblazione; offerta.
oblational [ou'bleiʃnl], **oblatory** ['ɔbleitəri], *a.* oblatorio.
to obligate ['ɔbligeit], *v. t.* (*specialm. leg.*) obbligare.
obligation [,ɔbli'geiʃən], *n.* **1** obbligazione (*anche leg.*); obbligo; dovere; impegno: **the obligations of conscience**, gli obblighi della coscienza; **to be under (an) o. to sb.**, avere un obbligo (*di riconoscenza*) verso q. **2** (*fin. USA*) obbligazione. ● (*comm.*) **to meet one's obligations**, far fronte ai propri impegni □ **to put sb. under an o.**, rendere un servigio (*o* fare un favore) a q. □ **to repay an o.**, ricambiare un favore.
obligative ['ɔbligeitiv], *a.* obbligatorio.
obligator ['ɔbligeitə*], *n.* **1** *V.* **obligor 2** *V.* **obliger.**
obligatory [ɔ'bligətəri], *a.* obbligatorio.
to oblige [ə'blaidʒ], *v. t.* **1** obbligare; costringere. **2** fare un favore a; fare una cortesia a: **Please o. me by lending me ten pounds**, fammi il favore di prestarmi dieci sterline; **to o. one's next-door neighbours**, fare piccoli favori ai propri vicini di casa. ● **to o. oneself by oath**, impegnarsi con giuramento □ **to o. sb. with st.**, fare il piacere di dare (*o* di prestare) q.c. a q.; favorire q.c. a q. □ (*fam.*) **to o. with a song**, fare la cortesia di cantare (*a una festa*, *ecc.*) □ **I am much obliged to you**, Le sono obbligatissimo (*o* molto riconoscente) □ (*comm.*) **Your remittance of a cheque in settlement will o.**, Le saremo grati se vorrà inviarci un assegno a saldo.
obligee [,ɔbli'dʒi:], *n.* (*leg.*) obbligatario; creditore.
obliger [ə'blaidʒə*], *n.* chi obbliga; obbligante.
obliging [ə'blaidʒiŋ], *a.* affabile; cortese; compiacente; gentile.
obligingness [ə'blaidʒiŋnis], *n.* affabilità; cortesia; gentilezza.
obligor [,ɔbli'gɔ:*], *n.* (*leg.*) obbligato; debitore; stipulante.
oblique [ə'bli:k], **A** *a.* **1** obliquo (*in ogni senso*); (*fig.*) tortuoso, subdolo: (*gramm.*) **o. cases**, casi obliqui; **o. manoeuvres**, manovre subdole; (*geom.*) **an o. angle**, un angolo obliquo **2** (*bot.*) asimmetrico. **B** *n.* (*mat.*, *anche* **o. stroke**) segno di frazione. ● (*mil.*) **o. fire**, fuoco obliquo □ (*gramm.*) **o. oration** (*o* **narration**, **speech**), discorso indiretto.
to oblique [ə'bli:k], *v. i.* (*specialm. mil.*) avanzare obliquamente; deviare; piegare.
obliquity [ə'blikwiti], *n.* (*scient.*, *tecn.*, *anche fig.*) obliquità: (*autom.*) **o. of the wheels**, obliquità delle ruote.
to obliterate [ə'blitəreit], *v. t.* obliterare; cancellare; annullare: **to o. a postage stamp**, obliterare un francobollo.
obliteration [ə,blitə'reiʃən], *n.* obliterazione (*anche med.*); cancellatura; annullamento.
obliterator [ə'blitəreitə*], *n.* **1** (*anche tecn.*) obliteratore **2** (*tecn.*) macchina obliteratrice.
oblivion [ə'bliviən], *n.* oblio; dimenticanza: **to fall** (*o* **sink**) **into o.**, cadere nell'oblio.
oblivious [ə'bliviəs], *a.* dimentico; immemore. ● **o. to danger**, ignaro del pericolo.
obliviousness [ə'bliviəsnis], *n.* oblio; dimenticanza.
Oblomovism [ɔb'loumʌv,izəm], *n.* oblomovismo.
oblong ['ɔblɔŋ], **A** *a.* oblungo; bislungo. **B** *n.* (*geom.*) figura oblunga; rettangolo. ● **o. mesh**, tessuto a maglie rettangolari.
obloquy ['ɔbləkwi], *n.* **1** ingiuria; offesa (*verbale o scritta*); vituperazione (*raro*) **2** cattiva reputazione; infamia; onta; vergogna.
obmutescence [,ɔbmju'tesəns], *n.* ostinato silenzio.
obmutescent [,ɔbmju'tesənt], *a.* taciturno; muto (*fig.*).
obnoxious [əb'nɔkʃəs], *a.* disgustoso; sgradevole; spiacevole; odioso.
obnoxiousness [əb'nɔkʃəsnis], *n.* l'essere disgustoso; sgradevolezza; odiosità.
oboe ['oubou], *n.* (*mus.*) oboe.
oboist ['ouboist], *n.* (*mus.*) oboista.
obol ['ɔbɔl], *V.* **obolus.**
obolus ['ɔbələs], *n.* (*pl.* **oboli**) obolo (*antica moneta greca*).
obscene [ɔb'si:n], *a.* **1** osceno; impudico; turpe **2** (*per estens.*) ripugnante; repulsivo.
obscenity [ɔb'si:niti], *n.* oscenità; impudicizia; turpitudine.
obscurant [ɔb'skjuərənt], *V.* **obscurantist.**
obscurantism [,ɔbskjuə'ræntizəm], *n.* oscurantismo.
obscurantist [ɔb'skjuərəntist], **A** *a.* oscurantistico. **B** *n.* oscurantista.
obscuration [,ɔbskjuə'reiʃən], *n.* **1** oscuramento **2** oscurità **3** (*meteorologia*) cielo invisibile.
obscure [əb'skjuə*], *a.* oscuro (*anche fig.*); poco chiaro; indistinto; confuso; vago: **an o. explanation**, una spiegazione oscura (*o* poco chiara); **an o. figure**, una figura indistinta; **an o. scientist**, un oscuro scienziato.
to obscure [əb'skjuə*], *v. t.* **1** oscurare (*anche fig.*); offuscare; ottenebrare; ecclissare: **to o. sb.'s glory**, oscurare la gloria di q. **2** nascondere in parte; far dimenticare: **The success of his new book obscured his preceding failures**, il successo del suo nuovo libro fece dimenticare i precedenti insuccessi **3** confondere; rendere più confuso (*o* più difficile): **His testimony obscured the issue**, la sua testimonianza servì solo a complicare le cose.
obscurity [əb'skjuəriti], *n.* oscurità (*anche fig.*); tenebre.
obsecration [,ɔbsi'kreiʃən], *n.* implorazione; supplica.
obsequial [əb'si:kwiəl], *a.* delle esequie; funebre.
obsequies ['ɔbsikwiz], *n. pl.* esequie; cerimonie funebri.
obsequious [əb'si:kwiəs], *a.* ossequioso; adulatorio; servile.
obsequiousness [əb'si:kwiəsnis], *n.* ossequiosità; servilità.
observability [əb,zə:və'biliti], *n.* osservabilità.
observable [əb'zə:vəbl], *a.* **1** osservabile; visibile; palese **2** notevole; ragguardevole.
observance [əb'zə:vəns], **observancy** [əb'zə:vənsi], *n.* **1** (*anche relig.*) osservanza; costume; cerimonia religiosa; rito: **our usual Sabbath observances**, i nostri soliti riti d'ogni festa religiosa **2** (*raro*) osservazione. ● **in o. of the law**, in ossequio alla legge.
observant [əb'zə:vənt], **A** *a.* **1** dotato di spirito d'osservazione; attento; perspicace: **o. spectators**, spettatori attenti; **an o. pupil**, uno scolaro perspicace **2** che osserva (*prescrizioni*, *leggi*, *ecc.*); osservante; rispettoso; obbediente: **o. of the rules of etiquette**, rispettoso delle regole dell'etichetta. **B** *n.* – (*relig.*) O., minore osservante; francescano.
observation [,ɔbzə(:)'veiʃən], *n.* **1** osservazione (*in ogni senso*); considerazione; riflessione: **to keep sb. under o.**, tenere q. sotto osservazione; **She is under o. at the hospital**, ella è sotto osservazione all'ospedale **2** spirito d'osservazione **3** (*naut.*) punto nave; altezza (*di un astro*): **to take an o.**, fare il punto nave; prendere un'altezza. ● (*mil.*) **o. aircraft**, aereo da ricognizione; ricognitore □ (*mil.*) **o. balloon**, pallone frenato usato come osservatorio □ (*ferr.*) **o. car**, carrozza belvedere □ (*mil.*) **o. post**, osservatorio □ (*astron.*) **o. station**, osservatorio □ **to escape o.**, passare inosservato □ **Let's try to avoid o.**, cerchiamo di non farci vedere.
observational [,ɔbzə(:)'veiʃənl], *a.* che contiene (*o* che è frutto di) osservazioni.
observatory [əb'zə:vətri], *n.* (*scient.*) osservatorio.
to observe [əb'zə:v], *v. t. e i.* **1** osservare (*in ogni senso*); considerare; notare; esaminare: **to o. the laws**, osservare le leggi; **to o. natural phenomena**, osservare i fenomeni della natura **2** celebrare; osservare: **to o. Christmas**, celebrare il Natale; (*relig.*) **to o. the Sabbath**, osservare le feste. ● (*leg.*) **to o. a clause**, rispettare una clausola □ **to o. good manners**, rispettare il galateo; essere educato □ **to o. on** (*o* **upon**), fare osservazioni su; commentare □ **to o. silence**, mantenere il silenzio; starsene zitto.
observer [əb'zə:və*], *n.* **1** osservatore, osservatrice **2** osservante **3** (*aeron.*) osservatore.
observing [əb'zə:viŋ], *a.* **1** dotato di spirito d'osservazione; perspicace **2** osservante.
to obsess [əb'ses], *v. t.* ossessionare; opprimere; tormentare.

obsessed [əb'sest], *a.* ossessionato. ● **an o. person**, un ossesso.
obsession [əb'seʃən], *n.* (*anche psic.*) ossessione.
obsessional [əb'seʃənəl], **A** *a.* **1** (*psic.*) che soffre d'ossessioni **2** (*di un'idea, ecc.*) ossessivo. **B** *n.* (*psic.*) chi soffre d'ossessioni.
obsessive [əb'sesiv], *a.* ossessivo.
obsidian [əb'sidiən], *n.* (*geol.*) ossidiana.
obsidional [əb'sidiənəl], *a.* (*stor.*) ossidionale: **o. crown**, corona ossidionale.
to obsolesce [ˌɔbsə'les], *v. i.* (*di macchine, ecc.*) invecchiare.
obsolescence [ˌɔbsə'lesns], *n.* **1** (*ind.*) obsolescenza. **2** il cadere in disuso; desuetudine; invecchiamento; obsolescenza.
obsolescent [ˌɔbsə'lesnt], *a.* **1** che sta cadendo in disuso; che sta diventando antiquato; obsolescente **2** (*biol.: d'organo*) che diviene obsoleto; rudimentale.
obsolete ['ɔbsəli:t], *a.* **1** desueto; antiquato; vieto; obsoleto: **o. words**, parole desuete; **o. guns**, cannoni antiquati; **o. customs**, viete costumanze **2** (*biol.: d'organo*) obsoleto. ● (*comm.*) **o. prices**, prezzi scaduti (*o* non più validi).
obsoleteness ['ɔbsəli:tnis], *n.* l'esser obsoleto (*o* antiquato).
obsoletism ['ɔbsəli:tizəm], *n.* parola antiquata; arcaismo.
obstacle ['ɔbstəkl], *n.* ostacolo; impedimento. ● (*sport*) **o. race**, corsa agli ostacoli.
obstetric(al) [ɔb'stetrik(əl)], *a.* (*med.*) ostetrico.
obstetrician [ˌɔbste'triʃən], *n.* (*med.*) ostetrico.
obstetrics [ɔb'stetriks], *n. pl.* (*col verbo al sing.*) (*med.*) ostetricia.
obstinacy ['ɔbstinəsi], *n.* ostinatezza; ostinazione; caparbietà; testardaggine; accanimento: **O. is quite different from determination**, la caparbietà è cosa assai diversa dalla fermezza.
obstinate ['ɔbstinit], *a.* ostinato; caparbio; cocciuto; testardo; accanito: **an o. fever**, una febbre ostinata; **He's very o.**, è assai cocciuto.
obstreperous [əb'strepərəs], *a.* **1** chiassoso; clamoroso; tumultuoso **2** turbolento; ribelle; indisciplinato.
obstreperousness [əb'strepərəsnis], *n.* **1** chiassosità; clamore; tumultuosità **2** turbolenza; indisciplinatezza.
to obstruct [əb'strʌkt], **A** *v. t.* **1** ostruire; occludere; chiudere; sbarrare. **2** impedire; ostacolare: **to o. traffic**, ostacolare (*o* ostruire) il traffico **3** intercettare: **to o. the light**, intercettare la luce. **B** *v. i.* (*specialm. polit.*) fare ostruzionismo.
obstruction [əb'strʌkʃən], *n.* ostruzione; occlusione; sbarramento **2** (*anche naut.*) ostacolo; impedimento **3** (*specialm. polit.*) ostruzionismo. ● (*naut.*) **o. beacon**, faro di pericolo.
obstructionism [əb'strʌkʃənizəm], *n.* (*specialm. polit.*) ostruzionismo.
obstructionist [əb'strʌkʃənist], (*specialm. polit.*) **A** *n.* ostruzionista. **B** *a. attr.* ostruzionistico.
obstructionistic [əbˌstrʌkʃə'nistik], *a.* (*specialm. polit.*) ostruzionistico.
obstructive [əb'strʌktiv], **A** *a.* **1** ostruttivo; che ostruisce; che tende a ostruire **2** che ostacola; che è d'intralcio; ostruzionistico. **B** *n.* (*specialm. polit.*) ostruzionista.
obstructiveness [əb'strʌktivnis], *n.* l'essere ostruttivo; l'essere d'intralcio.
to obtain [əb'tein], **A** *v. t.* ottenere; conseguire; raggiungere: **to o. a good position**, ottenere un buon posto; raggiungere una buona posizione. **B** *v. i.* **1** essere in vigore (*o* in voga); esistere, essere vivo (*fig.*): **The habit of going to the seaside in the summer still obtains**, è ancora in voga l'abitudine d'andare al mare d'estate **2** prevalere; prendere piede; affermarsi: **Peace will o.**, l'idea della pace (*o* il pacifismo) prevarrà.
obtainable [əb'teinəbl], *a.* **1** ottenibile; conseguibile; raggiungibile **2** (*fin., comm.*) disponibile.
obtainment [əb'teinmənt], *n.* **1** ottenimento; conseguimento **2** l'essere in vigore (*o* prevalente).
obtected [əb'tektid], *a.* (*zool.*) racchiuso in un involucro; protetto.
to obtrude [əb'tru:d], **A** *v. t.* **1** spingere avanti (*o* fuori); protendere; sporgere **2** imporre: **to o. one's opinions upon others**, imporre agli altri le proprie opinioni. **B** *v. i.* e **to obtrude oneself C** *v. rifl.* intrudersi, intromettersi; imporsi.
to obtruncate [əb'trʌŋkeit], *v. t.* troncare; tagliare la cima di; mozzare il capo a.
obtrusion [əb'tru:ʒən], *n.* intrusione; intromissione; invadenza.
obtrusive [əb'tru:siv], *a.* inframmettente; importuno; invadente.
obtrusiveness [əb'tru:sivnis], *n.* inframmettenza; importunità; invadenza.
to obtund [əb'tʌnd], *v. t.* (*specialm. med.*) ottundere (*i sensi, una facoltà*).
to obturate ['ɔbtjuəreit], *v. t.* otturare.
obturation [ˌɔbtjuə'reiʃən], *n.* **1** (*med., mil., ecc.*) otturazione **2** (*med.*) occlusione (intestinale).
obturator ['ɔbtjuəreitə*], **A** *n.* **1** (*mil.*) otturatore (*specialm. d'arma da fuoco*) **2** (*anat.*) muscolo otturatore. **B** *a.* (*anat.*) otturatorio: **o. artery**, arteria otturatoria.

obtuse [əb'tju:s], *a.* **1** ottuso (*anche fig.*); smussato; spuntato: **an o. angle**, un angolo ottuso **2** (*fig.*) stolido; stupido. ● **an o. pain**, un dolore sordo.
obtuseness [əb'tju:snis], *n.* **1** (*anche fig.*) ottusità **2** (*fig.*) stolidità; stupidità.
obverse ['ɔbvə:s], **A** *a.* contrario; opposto. **B** *n.* **1** complemento **2** (*logica*) proposizione inversa **3** (*di medaglia, moneta, ecc.*) diritto; davanti; retto.
obversion [əb'və:ʃən], *n.* (*logica*) inversione.
to obvert [əb'və:t], *v. t.* (*logica*) invertire.
to obviate ['ɔbvieit], *v. t.* ovviare a; risolvere; evitare; prevenire: **to o. a danger**, evitare un pericolo; **to o. a difficulty**, risolvere una difficoltà.
obvious ['ɔbviəs], *a.* ovvio; chiaro; evidente; manifesto.
obviousness ['ɔbviəsnis], *n.* ovvietà; chiarezza; evidenza.
OC ['ou'si:], *n.* (*acronimo di* **oral contraceptive**) contraccettivo (*o* anticoncezionale) orale; (la) pillola (*fam.*).
ocarina [ˌɔkə'ri:nə], *n.* (*mus.*) ocarina.
occasion [ə'keiʒən], *n.* **1** occasione; circostanza: **on the o. of our last meeting**, in occasione del nostro (ultimo) incontro; **You should profit by the o.**, dovresti profittare dell'occasione **2** motivo; causa immediata (*o* diretta); ragione; causa: **There is no o. for alarm**, non c'è motivo d'allarmarsi; **The o. of the riots is obvious**, la causa immediata dei tumulti è ovvia **3** (*arc., pl.*) affari; faccende. ● **to give o. to**, dar occasione a; cagionare; provocare: **My words gave o. to a burst of laughter**, le mie parole provocarono uno scoppio di risa □ **on o.**, all'occasione; occasionalmente, saltuariamente; di quando in quando; talvolta □ **on this festive o.**, in questa lieta occasione □ **on the last o.**, l'ultima volta □ **on rare occasions**, qualche rara volta; raramente □ **to rise to the o.** (*o* **to be equal to the o.**), essere all'altezza della situazione □ **to take o. to do** (**to say**) **st.**, cogliere l'occasione per fare (per dire) q.c.
to occasion [ə'keiʒən], *v. t.* dare occasione a; causare; esser causa di; provocare: **to o. a delay in the delivery of the goods**, causare un ritardo nella consegna della merce; **to o. a riot**, provocare un tumulto.
occasional [ə'keiʒənl], *a.* **1** occasionale; accidentale; casuale: **o. cause**, causa occasionale; **This thing is quite o.**, questa cosa è del tutto accidentale **2** di circostanza; d'occasione; celebrativo: **o. poems**, poemetti di circostanza (*o* celebrativi) **3** saltuario: **o. meetings**, riunioni saltuarie. ● **an o. licence**, una licenza per vendere alcolici solo in certe ore (*in G.B.*) □ **an o. table**, una tavola aggiunta per l'occasione (*di un banchetto, ecc.*).
occasionalism [ə'keiʒənəlizəm], *n.* (*filos.*) occasionalismo.
occasionalist [ə'keiʒənəlist], *n.* (*filos.*) occasionalista.
occasionality [əˌkeiʒə'næliti], *n.* l'esser occasionale.
occasionally [ə'keiʒənəli], *avv.* saltuariamente; di quando in quando.
Occident ['ɔksidənt], *n.* **1** Occidente (*l'Europa occidentale; l'Europa e l'America; la civiltà occidentale*) **2** — (*poet.*) o., occidente; ovest.
Occidental [ˌɔksi'dentl], *a. e n.* occidentale.
Occidentalism [ˌɔksi'dentəlizəm], *n.* occidentalismo.
Occidentalist [ˌɔksi'dentəlist], *n.* occidentalista.
to occidentalize [ˌɔksi'dentəlaiz], *v. t.* occidentalizzare; rendere occidentale (*nel carattere, nei costumi, ecc.*).
occipital [ɔk'sipitl], *a.* (*anat.*) occipitale.
occiput ['ɔksipʌt], *n.* (*pl.* **occiputs, occipita**) (*anat.*) occipite.
to occlude [ɔ'klu:d], *v. t.* **1** occludere; ostruire; chiudere **2** (*chim.*) assorbire (*per es., i gas*).
occlusion [ɔ'klu:ʒən], *n.* **1** (*anche fis., med., fisiol.*) occlusione **2** occlusione dentale **3** (*chim.*) assorbimento.
occlusive [ɔ'klu:siv], **A** *a.* occlusivo. **B** *n.* (*fon.*) occlusiva.
occlusor [ɔ'klu:sə*], *n.* chi (*o* cosa che) occlude.
occult [ɔ'kʌlt], *a.* occulto (*anche scient.*); celato; nascosto; arcano; segreto: **the o. sciences**, le scienze occulte.
to occult [ɔ'kʌlt], **A** *v. t.* (*specialm. astron.*) occultare; celare; nascondere (*alla vista*). **B** *v. i.* occultarsi; celarsi; nascondersi. ● **occulting light**, luce intermittente (*di faro*).
occultation [ˌɔkəl'teiʃən], *n.* occultazione: (*astron.*) **o. of a star**, occultazione d'una stella.
occultism ['ɔkəltizəm], *n.* occultismo.
occultist ['ɔkəltist], *n.* occultista.
occultness [ɔ'kʌltnis], *n.* l'essere occulto (*V.* **occult**).
occupancy ['ɔkjupənsi], *n.* (*specialm. leg.*) occupazione; (l')occupare. ● **I confirm my reservation of a twin room with bath (for single o.) for tonight**, confermo la prenotazione d'una camera doppia con bagno (che sarà occupata da me solo) per questa notte.
occupant ['ɔkjupənt], *n.* **1** (*specialm. leg.*) occupante; locatario; affittuario **2** titolare (*di un posto, di un impiego*).
occupation [ˌɔkju'peiʃən], *n.* occupazione (*in ogni senso*); impie-

go; lavoro; professione: **My o. is teaching**, l'insegnamento è la mia professione. ● **o. bridge**, ponte privato □ (*mil.*) **o. forces**, forze d'occupazione □ (*stor.*) **o. franchise**, diritto al voto in qualità di affittuario □ **o. road**, strada privata.

occupational [ˌɔkjuˈpeiʃənl], *a.* d'occupazione; professionale; occupazionale; (*econ.*, *stat.*) **o. levels**, livelli d'occupazione; **o. disease**, malattia professionale (*o* del lavoro). ● **o. medicine**, medicina del lavoro □ **o. therapist**, ergoterapista □ **o. therapy**, terapia occupazionale; ergoterapia.

occupier [ˈɔkjupaiə*], *n.* **1** occupatore; occupante **2** (*leg.*) locatario; affittuario.

to occupy [ˈɔkjupai], **A** *v. t.* occupare (*in ogni senso*); impiegare; essere in possesso di; avere in affitto (*o* in locazione): **to o. a seat**, occupare un posto a sedere; **to o. one's time**, impiegare il proprio tempo; **to o. a house (a farm)**, occupare una casa (un podere). **to occupy oneself with (in) B** *v. rifl.* occuparsi di. ● **to be occupied in** (*o* **with**), essere occupato a: **The workers were occupied in building a new road**, gli operai erano occupati a costruire una nuova strada □ **to be too much occupied by one's worries**, dar troppo peso ai propri crucci.

to occur [əˈkəː*], *v. i.* **1** accadere; capitare; succedere: **When did it o.?**, quando accadde? **2** venire in mente: **It occurs to me that we have still many things to do**, mi viene in mente che abbiamo ancora molte cose da fare **3** esserci; trovarsi: **Slight mistakes o. occasionally in the manuscript**, nel manoscritto vi sono, qua e là, lievi errori.

occurrence [əˈkʌrəns], *n.* avvenimento; evento; fatto: **an unforeseen o.**, un avvenimento imprevisto; **an unusual o.**, un fatto che succede di rado. ● **a thing of frequent o.**, una cosa che capita spesso.

ocean [ˈouʃən], (*geogr.*) **A** *n.* oceano (*anche fig.*); (una) gran distesa: **the Atlantic O.**, l'Oceano Atlantico; **an o. of grass**, un oceano d'erba. **B** *a. attr.* oceanico; (*naut.*) **o. lane**, rotta oceanica; **an o. voyage**, un viaggio oceanico. ● **an o.-going ship**, una nave di lungo corso □ **o. liner**, nave di linea transoceanica; transatlantico □ **o. tramp**, nave da carico; nave rinfusiera.

oceanaut [ˈouʃənɔːt], *n.* oceanauta; chi compie esplorazioni e ricerche marine.

Oceanian [ˌouʃiˈeinjən], *a.* e *n.* oceaniano; (abitante) dell'Oceania.

oceanic [ˌouʃiˈænik], *a.* oceanico: **an o. island**, un'isola oceanica.

oceanics [ˌouʃiˈæniks], *n. pl.* (col verbo al sing.) esplorazione e studio dell'oceano (*a scopo scientifico*); scienza dei mari; scienze oceaniche.

Oceanid [ouˈsiːənid] *n.* (*pl.* **Oceanids, Oceanides**) (*mitol.*) Oceanina.

oceanographer [ˌouʃəˈnɔgrəfə*], *n.* oceanografo.

oceanographic [ˌouʃənouˈgræfik], *a.* oceanografico.

oceanography [ˌouʃəˈnɔgrəfi], *n.* oceanografia.

Oceanus [ouˈsiənəs], *n.* (*mitol.*) Oceano.

oceanward(s) [ˈouʃənwəd(z)], *avv.* verso l'oceano.

ocellate(d) [ouˈselit(id)], *a.* (*scient.*) **1** simile a un ocello **2** ocellato; provvisto di ocelli **3** maculato; coperto di macchie a forma d'occhio.

ocellus [ouˈseləs], *n.* (*pl.* **ocelli**) **1** (*zool.*) ocello **2** ocello; macchia a forma d'occhio (*del pavone, per es.*).

ocelot [ˈousilɔt], *n.* (*zool.*, *Felis pardalis*) ocelot; gattopardo americano.

och [ɔx], *inter.* (*scozz., irl.*) oh!; ah!

ocher [ˈoukə*], e *deriv.* (*USA*), *V.* **ochre** e *deriv.*

ochlocracy [ɔˈklɔkrəsi], *n.* (*polit.*) oclocrazia; governo della plebe.

ochlocrat [ˈɔkloukræt], *n.* (*polit.*) fautore dell'oclocrazia.

ochlocratic [ˌɔklouˈkrætik], *a.* (*polit.*) oclocratico.

ochraceous [əˈkreiʃəs], *a.* ocraceo.

ochre [ˈoukə*], *n.* **1** (*miner.*) ocra **2** color ocra; color giallo scuro.

ochreous [ˈoukriəs], **ochrous** [ˈoukrəs], **ochry** [ˈoukəri], *a.* ocraceo; che contiene ocra; simile a ocra.

o'clock [əˈklɔk], *V.* **clock.**

octachord [ˈɔktəkɔːd], *n.* (*mus.*) **1** ottacordo **2** serie di otto toni; (*specialm.*) ottava di scala diatonica.

octachordal [ˌɔktəˈkɔːdl], *a.* (*mus.*: di strumento) a otto corde.

octad [ˈɔktæd], *n.* **1** (*mat.*) gruppo (*o* serie) di otto (*cose, oggetti*) **2** (*chim.*) elemento (*o* radicale) con valenza 8.

octagon [ˈɔktəgən], *n.* (*geom.*) ottagono.

octagonal [ɔkˈtægənəl], *a.* (*geom.*) ottagonale.

octahedral [ˌɔktəˈhedrəl], *a.* (*geom., miner.*) ottaedrico.

octahedron [ˌɔktəˈhedrən], *n.* (*pl.* **octahedrons, octahedra**) (*geom., miner.*) ottaedro.

octameter [ɔkˈtæmitə*], *n.* (*poesia*) ottametro.

octane [ˈɔktein], *n.* (*chim.*) ottano. ● (*ing.*) **o. number**, numero di ottano □ (*autom., chim.*) **a high-o. fuel**, un combustibile ad alto numero di ottani.

octangular [ɔkˈtæŋgjulə*], *a.* ottangolare; ottagonale.

octant [ˈɔktənt], *n.* (*geom., astron., naut.*) ottante.

octarchy [ˈɔktaːki], *n.* **1** governo a otto **2** gruppo di otto stati.

octaroon [ˌɔktəˈruːn], *V.* **octoroon.**

octastyle [ˈɔktəstail], *a.* e *n.* (*archit.*) (edificio) ottastilo.

octave [ˈɔktiv], *n.* **1** (*relig., mus., poesia*) ottava **2** gruppo (*o* serie) di otto (*cose, oggetti*) **3** barile della capacità di 13 galloni e mezzo (*pari a 61 litri circa*). ● (*mus.*) **o. flute**, ottavino.

Octavian [ɔkˈteivjən], *n.* (*stor.*) Ottaviano.

octavo [ɔkˈteivou], **A** *n.* (*pl.* **octavos**) (*tipogr.*) volume in ottavo. **B** *a. attr.* in ottavo.

octennial [ɔkˈtenjəl], *a.* che accade (*o* ricorre) ogni otto anni; che dura otto anni.

octet(te) [ɔkˈtet], *n.* **1** (*mus., chim.*) ottetto **2** (*poesia*) ottava; (*specialm.*) (i) primi otto versi d'un sonetto.

octillion [ɔkˈtiljən], *n.* (*mat.*) **1** (*in G.B.*) ottava potenza d'un milione (*un 1 seguito da 48 zeri*) **2** (*in USA*) ottilione; nona potenza di mille (*un 1 seguito da 27 zeri*).

October [ɔkˈtoubə*], **A** *n.* ottobre. **B** *a. attr.* d'ottobre; ottobrino: **O. fruit**, frutta ottobrina.

Octobrist [ɔkˈtoubrist], *n.* (*stor.*) ottobrista.

octodecimo [ˌɔktouˈdesimou], **A** *n.* (*pl.* **octodecimos**) (*tipogr.*) volume in diciottesimo. **B** *a. attr.* in diciottesimo.

octogenarian [ˌɔktoudʒiˈnɛəriən], **octogenary** [ɔkˈtɔdʒinəri], *a.* e *n.* ottuagenario; ottantenne.

octonarian [ˌɔktəˈnɛəriən], *a.* e *n.* (*poesia*) (verso) ottonario.

octonary [ˈɔktənəri], **A** *a.* **1** del numero otto; in serie di otto **2** (*poesia*) ottonario. **B** *n.* (*poesia*) ottonario.

octopus [ˈɔktəpəs], *n.* (*pl.* **octopuses, octopi**) (*zool.*, *Octopus*) ottopode; polpo.

octoroon [ˌɔktəˈruːn], *n.* figlio di un meticcio e d'una bianca (*o viceversa*); meticcio con (o avente) un ottavo di sangue negro.

octosyllabic [ˌɔktouˈsilæbik], *a.* e *n.* (*poesia*) (verso) ottonario.

octosyllable [ˌɔktouˈsiləbl], *n.* e *a.* **1** *V.* **octosyllabic 2** (parola) di otto sillabe.

octroi [ˈɔktrwaː], *n.* (*pl.* **octrois**) (*comm.*) dazio (*la tassa, l'edificio, i dazieri*).

octuple [ˈɔktju(ː)pl], *a.* e *n.* (*mat.*) ottuplo.

to octuple [ˈɔktju(ː)pl], *v. t.* ottuplicare; moltiplicare per otto.

ocular [ˈɔkjulə*], **A** *a.* (*biol., ottica*) oculare. **B** *n.* (*ottica*) oculare.

oculate(d) [ˈɔkjuleit(id)], *V.* **ocellate(d).**

oculist [ˈɔkjulist], *n.* (*med.*) oculista.

oculistic [ˌɔkjuˈlistik], *a.* (*med.*) oculistico.

oculomotor [ˌɔkjuloumoutə*], *a.* (*anat.*) oculomotore: **o. nerve**, nervo oculomotore.

odalisk, odalisque [ˈoudəlisk], *n.* odalisca.

odd [ɔd], **A** *a.* **1** (*anche scient.*) dispari: (*mat.*) **odd numbers**, numeri dispari; **odd months**, mesi dispari **2** scompagnato; spaiato: **an odd glove**, un guanto spaiato; **two odd volumes of the original 10-volume set**, due volumi scompagnati dei dieci che componevano l'opera **3** casuale; occasionale; saltuario: **odd jobs**, lavori occasionali (*o* saltuari) **4** strano, bizzarro, eccentrico; originale; stravagante: **He's a very odd person**, è un uomo assai bizzarro; **he's an odd ball/originale**; non fa il paio con nessuno **5** in soprannumero: **an odd player**, un giocatore in soprannumero. **B** *n.* (*golf*) colpo tirato in più da un giocatore. ● **odd and even**, pari e dispari □ **odd-come-shortly** (*o* **one of these odd-come-shortlies**, *o* **some odd day**), un giorno o l'altro; presto □ **odd-come-shorts**, oggetti spaiati; cianfrusaglie; ritagli; scampoli; un po' di tutto (*sport, bocc.*) **the odd game**, lo spareggio; la «bella» □ **odd-job man**, (uomo) tuttofare □ **odd-looking**, strano, bizzarro (*all'aspetto*) □ **odd man out**, la «conta» (*anche per gioco*); chi è in soprannumero, chi resta spaiato (*fig.*) chi non «lega» con gli altri, un isolato □ **the odd money** (*o* **the odd change**), il resto; gli spiccioli □ **to do st. at odd moments**, fare q.c. a tempo perso □ **to eat at odd times**, mangiare quando capita (*o* fuori pasto, fuori ora) □ **fifty thousand odd**, cinquantamila e passa (*o* e rotti); oltre cinquantamila □ **forty odd**, oltre quaranta; una quarantina; quaranta e rotti □ **forty odd years ago**, più di quarant'anni fa □ **in some odd corner**, da qualche parte; chissà dove □ (*su un cartello stradale*) **on odd days only**, sosta permessa i giorni dispari □ **twenty-pound odd**, venti sterline e rotti □ **They are 1,002; what shall we do with the odd two?**, ce ne sono 1.002; che ne facciamo dei due (in più)? □ **How odd!**, che strano!

Oddfellow [ˈɔdˌfelou], *n.* (*stor.*) membro d'una società segreta (*fondata nel '700*).

oddish [ˈɔdiʃ], *a.* piuttosto strano; alquanto bizzarro.

oddity [ˈɔditi], *n.* **1** stranezza; bizzarria; eccentricità; originalità **2** persona (*o* cosa) strana; (un) originale; (uno) stravagante.

oddly [ˈɔdli], *avv.* stranamente; in modo strano: **to act o.**, agire in modo strano. ● **o. enough**, strano a dirsi.

oddments [ˈɔdmənts], *n. pl.* **1** cianfrusaglie; un po' di tutto;

oggetti scompagnati; pezzi spaiati 2 (*comm.*) rimanenze, rimasugli; ritagli; scampoli.

oddness ['ɔdnis], *n.* 1 l'esser dispari 2 stranezza; bizzarria; eccentricità.

odds [ɔdz], *n. pl.* (*a volte col verbo al sing.*) 1 disparità; ineguaglianza, differenza; svantaggio: **I was determined to fight and win despite heavy o.**, ero deciso a battermi e a vincere nonostante il grave svantaggio; **to make o. even**, pareggiare le ineguaglianze; eliminare la differenza 2 probabilità: **The o. are against you**, le probabilità (di successo) sono scarse per voi; **even o.**, pari probabilità 3 (*sport*) abbuono; compensazione; vantaggio; handicap: **to give (to receive) o.**, concedere (ricevere) un vantaggio (*in una gara o corsa*) 4 (*sport: nelle scommesse*) differenza fra la puntata e l'eventuale vincita; posta; quota (*dell'allibratore*): **to lay** (*o* **to give**) **o. of three to one a horse**, dare un cavallo a (una quota di) tre a uno; (*di chi fa la puntata*) to take o. of ten to one, accettare una quota di dieci a uno. ● **o. and ends**, oggetti spaiati; cianfrusaglie; ritagli; scampoli; un po' di tutto □ **The o. are that...**, è probabile che... □ **to be at o. with fate**, lottare contro il fato avverso □ **by long o.** (*o* **by all o., by o.**), di gran lunga □ **to fight against great** (*o* **longer, fearful**) **o.**, battersi con forte svantaggio □ **to lay o. of ten to one**, scommettere dieci contro uno.

ode [oud], *n.* (*poesia*) ode.

odeum [ou'di(:)əm], *n.* (*pl.* **odeums, odea**) 1 (*stor.*) odeon 2 auditorio; sala da concerti.

Odin ['oudin], *n.* (*mitol.*) Odino.

odious ['oudjəs], *a.* odioso; disgustoso; ripugnante.

odiousness ['oudjəsnis], *n.* odiosità.

odium ['oudjəm], *n.* 1 odio; avversione; esecrazione 2 infamia; ignominia; obbrobrio 3 odiosità.

odograph ['oudəgra:f], *n.* (*ing.*) odografo.

odometer [ou'dɔmitə*], *n.* (*ing.*) odometro; (*autom. USA*) contachilometri.

odontalgia [,ɔdɔn'tældʒiə], *n.* (*med.*) odontalgia.

odontoglossum [ə,dɔntə'glɔsəm], *n.* (*bot., Odontoglossum*) odontoglosso.

odontological [ə,dɔntə'lɔdʒikəl], *a.* (*med.*) odontologico; odontoiatrico.

odontologist [,ɔdɔn'tɔlədʒist], *n.* odontoiatra; dentista.

odontology [,ɔdɔn'tɔlədʒi], *n.* (*med.*) odontologia; odontoiatria.

odor ['oudə*], e deriv. (*USA*), *V.* **odour** e deriv.

odoriferous [,oudə'rifərəs], *a.* odorifero; fragrante.

odorous ['oudərəs], *a.* odoroso; fragrante; profumato.

odour ['oudə*], *n.* 1 odore; fragranza; profumo: **a bad o.**, un cattivo odore 2 (*fig.*) fama; reputazione: **to be in bad** (*o* **ill**) **o.**, avere una cattiva reputazione.

odourant ['oudərənt], *n.* (*tecn.*) odorizzante.

odourless ['oudəlis], *a.* inodoro.

Odysseus [ə'disju:s], *n.* (*letter. greca*) Odisseo; Ulisse.

Odyssey ['ɔdisi], *n.* 1 Odissea 2 − (*fig.*) **o.**, odissea.

oecology [i(:)'kɔlədʒi], e deriv. *V.* **ecology**, e deriv.

oecumenical [,i:kju:'menikəl], *a.* (*relig.*) ecumenico; universale.

oecumenicity [,i:kju:mə'nisiti], *n.* universalità.

oedema [i(:)'di:mə], *n.* (*pl.* **oedemas, oedemata**) (*med.*) edema.

oedematous [i(:)'demətəs], *a.* (*med.*) edematoso.

oedipal ['i:dipəl], *a.* (*psic.*) edipico.

Oedipus ['i:dipəs], *n.* (*mitol.*) Edipo. ● (*psic.*) **O. complex**, complesso d'Edipo.

oenological [,i:nou'lɔdʒikəl], *a.* enologico.

oenologist [i:'nɔlədʒist], *n.* enologo.

oenology [i:'nɔlədʒi], *n.* (*scient.*) enologia.

oenomel ['i:noumel], *n.* (*stor.*) enomele.

o'er [ɔə*], (*poet.*) *V.* **over** (1) e (2).

oesophageal [i:,sɔfə'dʒi(:)əl], *a.* (*anat.*) esofageo.

oesophagus [i:'sɔfəgəs], *n.* (*pl.* **oesophagi**) (*anat.*) esofago.

oestrogen ['i:strədʒən], *n.* (*biol.*) estrogeno.

oestrum ['i:strəm], **oestrus** ['i:strəs], *n.* (*biol.*) estro.

of (1) [ɔv, əv], *prep.* 1 (*compl. di specificazione, denominazione, materia, causa, ecc.*) di: **I am the head of the family**, sono il capo della famiglia; **the city of Rome**, la città di Roma; **a house of brick**, una casa di mattoni; **to die of fright** (**of starvation, etc.**), morire di paura (di fame, ecc.); **to be quick of eye**, essere pronto d'occhio; **He was robbed of his money**, fu derubato del suo denaro; **to get rid of a foe**, sbarazzarsi d'un nemico 2 (*separazione, provenienza, ecc.*) da: **to rid sb. of st.**, liberare q. da q.; **within a mile of the harbour**, a un miglio dal porto; **to learn st. of sb.**, imparare q.c. da q.; **to expect st. of sb.**, aspettarsi q.c. da q.; **to borrow st. of sb.**, prendere q.c. a prestito da q. 3 da parte di: **It was kind of you to meet us**, è stato gentile da parte tua venirci incontro 4 (*generalm. con* **to think**) a: **Who(m) are you thinking of?**, a chi stai pensando?; **We ordered the goods of them, not of you**, ordinammo la merce a loro, non a voi 5 (*USA*) (*nel dire le ore*) a; meno: **It's ten of four**, mancano dieci minuti alle quattro; sono le quattro meno dieci 6 (*fam.; compl. di tempo*) da: **her husband of 24 years**, screen writer Peter Jones, lo sceneggiatore Peter Jones, suo marito da 24 anni. ● **of course**, naturalmente; per certo; benintese □ **of late**, di recente; recentemente; ultimamente □ **of necessity**, di necessità; necessariamente; per forza □ **of old** (*o* **of yore**), anticamente; una volta □ **of recent years**, negli ultimi anni □ **to admit of**, ammettere □ **all of a tremble**, tutto tremante □ **to approve of**, approvare □ (*USA*) **back of**, dietro; dietro a □ **deaf of an ear**, sordo da un orecchio □ **to come of a good family**, discendere da una buona famiglia □ **a friend of mine**, un mio amico □ **he of all men**, lui fra tutti; proprio lui □ **a house of cards**, un castello di carte □ **irrespective of**, a prescindere da; senza considerare □ **to make a fool of oneself**, fare la figura dello stupido; rendersi ridicolo □ **a person of no importance**, una persona senza importanza □ **one of my friends**, uno dei miei amici □ **out of**, fuori di; da; in: **He went out of the room**, uscì dalla stanza; **to drink out of a cup**, bere in una tazza □ (*lett.*) **to partake of food**, prendere cibo; partecipare a un pasto □ **slow of speech**, lento nel parlare □ **to tell sb. of an event**, raccontare un avvenimento (*o* un fatto) a q. □ **to tell the whole of it**, per raccontare la cosa per filo e per segno; per dire tutto □ **to the north of France**, a nord della Francia □ **He came of a Monday**, venne di lunedì □ **It's foolish of you to say that**, sei uno sciocco a dire queste cose □ **We had a bad time of it**, ce la passammo male □ **What do you do of a Saturday?**, cosa fai il (*o* di) sabato? □ **Well, what of it?**, bene, e con ciò?

of (2) [əv], *voce verb.* (*pop. USA*) *V.* **have**.

off (1) [ɔ:f], *avv.* 1 via; lontano; distante; a distanza; alla larga: **They went off**, andarono via; **The road is two miles off**, la strada è lontana due miglia (*o* a due miglia di distanza); **Keep off!**, sta' alla larga! 2 (*in locuz. col verbo* **to be**, è idiom.; *per es.:*) **to be well (badly) off**, essere in buone (cattive) condizioni finanziarie; **The lid was off**, il coperchio era stato tolto; **They're off**, sono partiti; se ne sono andati; **I must be off**, devo andarmene; **The bargain is off**, l'affare è sfumato; **The trip is off**, la gita non si fa più; **The gas is off**, il gas è spento; (*anche*) hanno tolto il gas; **The hot water is off**, manca l'acqua calda; **The meeting is off**, la riunione è sospesa; **The staff is off today**, il personale fa vacanza oggi; (*elettr.*) **The switch is off**, l'interruttore è chiuso (*o* disinserito); **The current is off**, hanno tolto la corrente; (*mecc.*) **The clutch is off**, la frizione è disinnestata; (*fig.*) **The gilt is off**, il bel sogno è svanito; **It's time I was off**, è ora che me ne vada. ● **to beat off an attack**, respingere un attacco □ **to call off a meeting**, disdire (*o* revocare) una riunione □ **to come off very well**, cavarsela a buon mercato; scamparla bella; (*anche*) cavarsela bene, fare una bella figura □ (*al telefono*) **to be cut off**, vedersi togliere la comunicazione: **We were cut off**, è caduta la linea □ **to declare off**, denunziare (*un accordo*); rescindere (*un contratto*) □ **to fall off**, deteriorarsi, degenerare; (*di nave*) perdere il vento □ **far off**, lontano, lungi: **Christmas is not far off**, il Natale non è lontano □ **from far off**, da lungi, di lontano □ **to finish off a piece of work**, finire (*o* portare a termine) un lavoro □ **to finish sb. off**, dare a q. il colpo di grazia □ **to go off**, andarsene; addormentarsi □ **to make off**, andarsene □ **to move off**, allontanarsi □ **on and off**, a intervalli; in modo intermittente: **It has been snowing on and off since yesterday**, nevica a intervalli da ieri □ (*comm.*) **to pay off**, liquidare; saldare □ **to put off**, rimandare, rinviare □ **to show off**, pavoneggiarsi □ **to take off one's hat**, levarsi il cappello □ **to tear off**, lacerare; strappare □ **to turn off**, spegnere, chiudere (*girando una chiavetta, ecc.*): **Turn the engine off**, spegni il motore!; **Turn off the water**, chiudi il rubinetto dell'acqua! □ **to ward off a disaster**, scongiurare un disastro □ **Bite a piece off**, strappane un pezzo con un morso □ **He lives off his rich wife**, vive alle spalle della moglie ricca □ **Off with you!**, va' via!; vattene!; fuori dai piedi! □ **Cut the end off**, taglia (*o* stacca) l'estremità □ **My holidays are only two weeks off**, mancano solo due settimane alle mie vacanze □ **Drink it off**, bevilo tutto □ **Let's take a day off**, prendiamoci un giorno di vacanza □ **Off we go!**, si parte! □ **Off with his head!**, tagliategli la testa! □ **Hands off!**, giù le mani! □ **Hats off!**, giù il cappello!

off (2) [ɔ:f], *prep.* 1 da; lontano da; fuori di; giù da: **I stepped off the bus**, scesi dall'autobus; **The cover has come off my book**, mi s'è staccata la copertina dal libro; **The cottage stands off the main road**, la villetta è lontana dalla strada maestra; **The car is off the road**, l'automobile è fuori (*o* è uscita di) strada 2 (*naut.*) all'altezza di; al largo di; a poca distanza da: **The ship was off the island**, la nave era al largo dell'isola; **The lighthouse is just off the coast**, il faro è a poca distanza dalla costa 3 in meno di; (*sport*) con lo svantaggio di: **He offered me the goods at five per cent off the regular price**, mi offrì la merce al cinque per cento in meno del prezzo normale; **He plays off ten**, gioca con lo svantaggio di dieci punti **4** di; per mezzo di; con: **He lived off the fat of the land**, viveva delle abbondanti risorse della terra; aveva ogni ben di Dio; **to dine off a leg of mutton**, pranzare con una coscia di castrato; **to eat off silver plate**, mangiare usando piatti d'argento. ● **off the beaten track**, isolato, lontano, insolito, fuori del comune, straordinario, originale □ (*di persona*) **to be off the beaten track**, trovarsi in un territorio sconosciuto □ (*fotogr.*) **to be off-camera**, non essere inquadrato □ **to be off colour**, essere indisposto; star poco bene; essere indecente, osceno □ **to be off duty**, non essere in servizio; essere in libera uscita; essere in libertà □ (*pop.*) **to be off one's feed**, non aver appetito; non aver voglia di mangiare □ (*naut.*) **off Genoa**, al largo di Genova; nelle acque di Genova □ **off-hand**, estemporaneamente, all'improvviso, lì per lì; in modo spiccio (*o* sbrigativo) □ **off-handed**, estemporaneo, improvvisato; sbrigativo, spiccio; disinvolto; trasandato □ **off-handedness**, estemporaneità, improvvisazione; maniere sbrigative; disinvoltura, noncuranza; trasandatezza □ (*pop.*) **to be off one's head**, esser fuori di sé, fuori di senno; esser matto, pazzo □ **off-island** (*o* **off-shore island**), isola al largo della costa □ **off-line**, fuori linea; (*elab.*) indipendente; (*mecc.*) deviato; (*ing.*) disassato; (*ind.: di macchinario*) fuori servizio □ (*fig., fam.*) **off the map**, inesistente; passato; svanito □ (*tecn.*) **off-peak**, non nel massimo; non nelle ore di punta □ (*fig.*) **off the point**, non pertinente; che non c'entra; a sproposito □ **off shore**, (*geol.*) fuori costa; ambiente neritico □ **off-shore**, d'alto mare; in mare aperto; al largo (della costa); (*ind. petrolifera*) **off-shore drilling**, perforazione in mare aperto; **off-shore fishing**, pesca d'alto mare; **off-shore oil reserves**, giacimenti petroliferi al largo □ (*naut.*) **off-shore waters**, acque costiere (*o* sotto costa) □ **off-shore wind**, vento (*o* brezza) di terra □ (*sport*) **off side**, fuorigioco: **off-side play**, posizione di fuorigioco □ **to be off the track**, essere fuori strada (*anche fig.*); essere fuori pista; (*fig.*) essere sulla pista sbagliata □ **an alley off Main Street**, una viuzza che si diparte dal Corso □ **to get off the subject**, uscire dal seminato (*fig.*); divagare □ **to speak off the record**, parlare ufficiosamente (*non in veste ufficiale*) □ **to take st. off the price**, detrarre q.c. dal prezzo; concedere uno sconto □ **to take the cover off a dish**, togliere il coperchio a un piatto da portata □ **I've gone off smoking**, ho smesso di fumare □ (*fam.*) **The boys are off again**, i ragazzi si sono scatenati di nuovo.

off (3) [ɔːf], *a*. **1** lontano; remoto; altro: **the off side of the medal**, l'altro lato della medaglia **2** laterale; secondario; di secondaria importanza: **in an off street**, in una strada laterale; in una via secondaria; **That is an off issue**, quello è un argomento di secondaria importanza **3** destro; di destra: **the off side of the road**, il lato destro della strada; **the off horse**, il cavallo di destra (*d'una pariglia*); **the off hind wheel**, la ruota posteriore destra **4** piccolo; esiguo; scarso; vago; tenue: **Profits are off this year**, i guadagni sono esigui quest'anno; **There's only an off chance of your being right**, c'è solo una tenue probabilità che tu abbia ragione **5** (*di cibo*) non fresco; passato; guasto: **This fish is a bit off**, questo pesce non è proprio fresco **6** (*di pietanza o piatto*) finito; esaurito **7** scortese; sgarbato **8** (*arte, cinem., teatr.*) «off» **9** (*elettr.*) disinserito; staccato; spento **10** (*mecc.*) disinserito; disinnestato. ● (*fam.*) **off-beat**, insolito; diverso; non convenzionale □ (*USA*) **off-Broadway**, teatro «off» (*a New York*) □ (*cinem., telev.*) **off-camera**, fuori portata della cinecamera (*o* telecamera) □ **off-centre**, fuori centro; non in centro; (*mecc., elettron.*) eccentrico □ **an off day**, un giorno libero (*o* di vacanza) (*fam.*) una giornata «no»: **She has off and on days according to her mood**, ella ha giornate «sì» e giornate «no», secondo l'umore □ **off-licence**, licenza di vendita per generi (*birra, alcolici, ecc.*) da asporto □ (*d'abito*) **off the peg** (*o* **off the rack**), confezionato; bell'e fatto □ (*tipogr.*) **off-print**, estratto (*di articolo di rivista, ecc.*) □ (*fam.*) **off-putting**, scostante; sgradevole □ **off-sale**, vendita di bevande alcoliche da asporto □ **off-white**, biancastro □ (*polit. USA*) **off-year election**, *V.* **mid-term elections**, *sotto* **mid** □ **in the off season**, nella stagione morta □ **on the off chance that...**, nel caso improbabile che...; caso mai... □ **I'll do it in my off time**, lo farò nelle mie ore di libertà □ **You are off in your calculations**, sei fuori strada con i tuoi conti; hai sbagliato a fare i conti □ **He's feeling rather off today**, non sta molto bene oggi; oggi è un po' giù di corda.

off (4) [ɔːf], *n*. (*cricket*) parte del campo che sta davanti al battitore. ● **from the off**, dall'inizio; dal principio □ (*fig.*) **I've had my offs and ons**, ho avuto i miei alti e bassi.

offa [ˈɔfə], *avv.* e *prep.* (*pop. USA*) via; via da; da: **Lay o. me!**, gira al largo da me!; lasciami perdere!

offal [ˈɔfəl], *n*. **1** avanzi; rifiuti; rimasugli; scarti **2** frattaglie, interiora; rigaglie **3** crusca; farinello (*di grano e altri cereali*) (*dial.*). ● **milk** (wheat, wood, etc.), latte (grano, legna, ecc.) di cattiva qualità (*o* di scarto).

offence [əˈfens], *n*. **1** offesa; ingiuria; insulto; danno: **an o. against decency** (**to one's conscience, etc.**) un'offesa alla decenza (alla propria coscienza, ecc.); **to cause** (**to give**) **o. to sb.**, fare (recare) offesa a q. **2** (*leg.*) contravvenzione; trasgressione; delitto; reato: **petty o.**, reato di minore gravità; **an o. against the law**, una trasgressione alla legge. ● (*leg.*) **o. committed without malice**, delitto colposo □ (*leg.*) **first o.**, reato commesso da un incensurato □ **to take o.**, offendersi; aversene a male □ (*mil.*) **weapons of o.**, armi offensive □ **I meant no o.**, non intendevo offendere □ **No o. was meant** (*o* **intended**), non c'era intenzione d'offendere.

offenceful [əˈfensful], *a*. offensivo; ingiurioso; oltraggioso.

offenceless [əˈfenslis], *a*. inoffensivo; innocuo.

to offend [əˈfend], **A** *v. t.* offendere; insultare; oltraggiare; essere un'offesa a; disturbare: **He was offended at** (*o* **by**) **my words**, si sentì offeso dalle mie parole; **That offends my sense of justice**, ciò offende (*o* è contrario al) mio senso di giustizia; **to o. the eye**, offendere la vista. **B** *v. i.* **1** commettere una colpa (*o* un reato) **2** recare offesa; suscitare risentimento. ● **to o. against**, contravvenire a; trasgredire; violare: **to o. against custom**, contravvenire alle usanze; **to o. against the law**, violare la legge □ (*leg.*) **the offended party**, la parte offesa; la parte lesa.

offendedly [əˈfendidli], *avv.* con (un) tono (un aspetto, ecc.) offeso (*o* risentito).

offender [əˈfendə*], *n*. **1** offensore **2** (*leg.*) trasgressore; reo; delinquente; criminale: **a juvenile o.**, un delinquente minorenne. ● (*leg.*) **a first o.**, un reo non recidivo; un (reo) incensurato □ **an old o.**, un recidivo.

offending [əˈfendiŋ], *a*. **1** offensivo **2** (*leg.*) che contravviene; che trasgredisce; che viola.

offense [əˈfens], e *deriv.* (*USA*), *V.* **offence**, e *deriv.*

offensive [əˈfensiv], **A** *a*. **1** offensivo; aggressivo; ingiurioso; oltraggioso: **o. weapons**, armi offensive **2** disgustoso; ripugnante; sgradevole; spiacevole: **an o. smell**, un odore sgradevole. **B** *n.* (*mil.* e *fig.*) offensiva: **to take** (*o* **to act on**) **the o.**, prendere l'offensiva; (*fig.*) **a peace o.**, un'offensiva di pace.

offensiveness [əˈfensivnis], *n*. **1** offensiva; aggressività **2** sgradevolezza; l'essere disgustoso (*o* ripugnante).

to offer [ˈɔfə*], **A** *v. t.* **1** offrire; porgere; presentare: **to o. prayers of thanksgiving for one's rescue**, offrire preghiere di ringraziamento per la propria salvezza; **to o. one's apologies**, porgere le proprie scuse; **He offered a plan**, presentò un piano; **to o. one's services**, offrire i propri servigi; **He offered me a helping hand**, si offrì di darmi una mano; (*comm.*) **to o. goods on sale**, offrire merce in vendita; mettere in vendita della merce **2** scegliere (*una disciplina*) come materia di studio **3** tentare; fare l'atto di: **He offered to kiss the girl**, tentò di baciare la ragazza; **He offered to strike me**, fece l'atto di battermi. **B** *v. i.* (*anche, v. rifl.*, **to o. itself**) **1** offrirsi; presentarsi; proferirsi: **I bought stocks whenever opportunity offered**, compravo azioni ogni volta che se ne presentava l'occasione **2** fare un'offerta, un sacrificio; sacrificare (*alla divinità*). ● **to o. oneself as a candidate**, presentarsi candidato □ **to o. battle**, mostrarsi pronti a combattere □ **to o. a bribe to sb.**, fare un tentativo di corrompere q.; offrire una bustarella a q. (*fam.*) □ **to o. a few remarks**, fare (*o* permettersi) qualche osservazione □ **to o. one's hand**, porgere la mano; fare una proposta di matrimonio □ **to o. an opinion**, dare (*o* esprimere) un'opinione □ **to o. resistance**, resistere; fare resistenza □ **to o. up**, offrire; sacrificare ● **as occasion offers**, quando se ne presenta l'occasione; all'occasione.

offer [ˈɔfə*], *n*. (*anche comm.*) offerta; proposta: **an o. to help** (*o* **of help**), un'offerta d'aiuto; **a binding o.**, un'offerta impegnativa; **an o. of marriage**, una proposta di matrimonio. ● (*comm.*) **on o.**, in vendita □ (*comm.*) **under o.**, in corso di vendita □ (*comm.*) **I am open to an o.**, sono pronto a prendere in considerazione un'offerta.

offerer [ˈɔfərə*], *n*. offerente.

offering [ˈɔfəriŋ], *n*. offerta; l'offrire; (*relig.*) oblazione: **a peace o.**, un'offerta di pace; **a votive o.**, un'offerta votiva. ● **o. of bribes**, tentativo di corruzione □ **burnt o.**, olocausto.

offertory [ˈɔfətəri], *n*. (*relig.*) **1** offertorio **2** raccolta delle offerte.

office [ˈɔfis], *n*. **1** ufficio; dovere; funzione; incombenza; carica; incarico: **He goes down to the o. at 9 a. m.**, va in ufficio alla mattina alle nove; **the o. of president**, i doveri (*o* le funzioni) di presidente; la carica di presidente; **post o.**, ufficio postale **2** – **O., Ministero** (*in G.B.*): **the Foreign O.**, il Ministero degli Esteri; **the Post O.**, il Ministero delle Poste **3** (*polit.*) carica; potere; esercizio del potere; governo: **The Conservative Party is in o.**, il partito conservatore al potere (*al governo*); **Some politicians are corrupted by o.**, l'esercizio del potere corrompe taluni uomini politici; **to enter o.**, entrare in carica; assumere un incarico ministeriale **4** (*relig.*) ufficio, uffizio: **the o. for the dead**, l'uffizio dei defunti **5** (*pl.*) uffici; interessamento: **He got the job through the good offices of my father**, ha ottenuto il posto (*di*

officer

lavoro) per l'interessamento di mio padre **6** (pl.) servizi (in una casa); cucina, lavanderia, ecc. **7** (polit., anche **party o.**) sezione (di partito) **8** (pop., arc.) accenno; suggerimento: **to give the o.**, fare un accenno; dare un suggerimento; **to take the o.**, cogliere un suggerimento; capire al volo. ● **o. bearer** (o **o. holder**), chi tiene un ufficio; chi ha una carica; funzionario □ **o. block**, palazzo di (o per) uffici □ **o. boy**, fattorino; ragazzo d'ufficio □ **o. cleaning contractor**, (titolare d')impresa di pulizia d'uffici □ **o. girl**, ragazza d'ufficio □ **o. hours**, ore d'ufficio; orario d'ufficio □ **o. seeker**, chi cerca un impiego statale; aspirante a una carica pubblica □ **o. work**, lavoro d'ufficio □ **to accept o.**, accettare un ufficio; assumere una carica □ (ferr.) **booking o.**, biglietteria □ (teatr.) **box o.**, biglietteria □ (relig.) **Divine O.**, gli uffizi divini □ (stor., relig.) **the Holy O.**, il Sant'Uffizio □ (comm.) **head o.**, sede principale □ **inquiry o.**, ufficio informazioni □ **lost-property o.**, ufficio oggetti smarriti □ (comm.) **our Asti o.**, la nostra sede (o succursale) di Asti □ (polit.) **out of o.**, all'opposizione: **The Labour Party is out of o.**, il partito laburista è all'opposizione □ **to perform the last offices to sb.**, celebrare gli ultimi riti per q.; dire l'uffizio dei defunti per q. □ **to resign** (o **to leave**) **o.**, dimettersi; rinunziare a un ufficio; lasciare una carica □ (relig.) **to say the o.**, dire l'uffizio □ **term of o.**, permanenza in carica; durata della carica □ **ticket o.**, biglietteria.

officer ['ɔfisə*], n. **1** (mil., naut.) ufficiale: **army officers**, ufficiali dell'esercito; **naval officers**, ufficiali di marina; **air force officers**, ufficiali d'aviazione **2** (alto) funzionario; dirigente: **a customs o.**, un funzionario della dogana; **the officers of a concern**, i dirigenti d'una società **3** poliziotto; agente di polizia. ● (mil.) **o. of the day**, ufficiale di giornata □ (mil.) **o. of the guard**, ufficiale di picchetto □ **o. of health**, ufficiale sanitario □ **an o. of State**, un funzionario statale; (polit.) **un ministro** □ **commissioned o.**, ufficiale □ (naut., mil.) **executive o.**, comandante in seconda; secondo □ (naut.) **flag o.**, ufficiale ammiraglio □ **medical o.**, ufficiale medico □ **noncommissioned o.**, sottufficiale □ (naut.) **petty o.**, sottufficiale □ **a police o.**, un funzionario di polizia; (più spesso) un poliziotto □ **staff o.**, ufficiale di stato maggiore.

to officer ['ɔfisə*], v. t. (mil.) **1** fornire d'ufficiali; fornire i quadri a (un reparto) **2** comandare (da ufficiale): **My company was officered by Capt. Wright**, la mia compagnia era comandata dal capitano Wright.

official [ə'fiʃəl], A a. **1** ufficiale; di (o pertinente a) un ufficio: **The statement is not o.**, la dichiarazione non è ufficiale; **o. duties**, doveri d'ufficio; **wearing an o. uniform**, che indossa l'uniforme del suo ufficio; (sport) **o. record**, primato ufficiale; **o. style**, stile ufficiale **2** burocratico; cerimonioso; solenne: **o. red tape**, complicazioni (o lungaggini) burocratiche; **an o. manner**, un modo di fare cerimonioso. B n. funzionario; impiegato; pubblico ufficiale: **government officials**, funzionari statali. ● (naut.) **o. log book**, giornale di bordo (leg.) **o. oath**, giuramento solenne □ (fin.) **o. rate of interest**, tasso legale d'interesse □ (leg.) **o. receiver**, curatore fallimentare ad interim (in G.B.).

officialdom [ə'fiʃəldəm], n. (la) burocrazia; (collett.) (i) burocrati.

officialese [ə,fiʃə'li:z], n. linguaggio della burocrazia; gergo burocratico; burocratese.

officialism [ə'fiʃəlizəm], n. burocrazia.

to officialize [ə'fiʃəlaiz], v. t. rendere ufficiale; dare un carattere ufficiale a.

officiant [ə'fiʃiənt], n. (relig.) officiante, ufficiante; celebrante.

to officiate [ə'fiʃieit], v. i. **1** compiere l'ufficio di; fare le funzioni di; fare da: **to o. as host at a formal lunch**, compiere l'ufficio di anfitrione a una colazione ufficiale; **to o. as best man at a wedding**, fare da testimone (per lo sposo) a un matrimonio **2** (relig.) ufficiare; celebrare: **A bishop officiated at their marriage**, al loro matrimonio ufficiava un vescovo. ● (relig.) **the officiating priest**, l'officiante; il celebrante.

officiator [ə'fiʃieitə*], n. officiante.

officinal [,ɔfi'sainl], a. **1** (di pianta) officinale; medicinale **2** (di farmaco) officinale **3** (di medicamento) riconosciuto dalla farmacopea ufficiale.

officious [ə'fiʃəs], a. **1** inframmettente; importuno; invadente; troppo zelante **2** ufficioso: **an o. statement**, una dichiarazione ufficiosa.

officiousness [ə'fiʃəsnis], n. **1** inframmettenza; ingerenza; intromissione; invadenza **2** ufficiosità.

offing ['ɔfiŋ], n. (naut.) (il) largo; mare aperto (di nave) **to gain** (**to keep**) **an o.**, andare (restare) al largo. ● (naut.) **in the o.**, al largo; in vista (anche fig.): **A torpedo boat was waiting in the o.**, una torpediniera era in vista al largo □ **There is an engagement in the o.**, c'è in vista un fidanzamento.

offish ['ɔfiʃ], a. (fam.) altero; altezzoso; scostante.

offishness ['ɔfiʃnis], n. (fam.) alterigia; altezzosità.

to off-load ['ɔf,loud], v. t. **1** (naut.) far sbarcare (passeggeri); scaricare (merce) **2** (fig.) scaricare: **to o. unemployment on to the shoulders of the young**, scaricare la disoccupazione sulle spalle dei giovani.

offprint ['ɔfprint], n. copia (di un articolo, ecc.); estratto.

off-putting ['ɔfputiŋ], a. (fam.) scostante; sconcertante; imbarazzante; sgradevole.

offscourings ['ɔf,skauəriŋz], n. pl. rifiuti; scarti; feccia. ● **the o. of the country**, i rifiuti della nazione; la feccia (fig.).

offset ['ɔ:fset], n. **1** compensazione; contrappeso **2** (bot.) germoglio; pollone **3** (geogr.) ramo (di catena di monti); (anche) sporgenza, terrazzo (sul fianco di un monte) **4** (archit.) risega **5** (elettr., anche **o. line**) linea di derivazione; linea secondaria **6** (tipogr.) offset; fotolito **7** (nei sistemi di controllo) scarto **8** scostamento laterale. ● (tipogr.) **o. print**, stampa offset (il risultato) □ **o. press**, macchina da stampa offset □ **o. process** (o **o. printing**), rotocalcografia; stampa offset (il procedimento).

to offset [ɔ:'fset], v. t. e i. (pass. e p. p. **offset**) **1** compensare; controbilanciare: **In this bank, deposits do not o. withdrawals**, in questa banca, i depositi non controbilanciano i prelievi; **to o. a handicap**, compensare uno svantaggio iniziale **2** (archit.) sfalsare (un muro) **3** (tipogr.) stampare in offset (o in fotolito) **4** spostare lateralmente.

offshoot ['ɔ:fʃu:t], n. **1** germoglio; ramo; rampollo (anche fig.): **the o. of a noble family**, il rampollo d'una nobile famiglia **2** (fig.) ramo cadetto.

offside [ɔ:f'said], n. **1** (di cavallo o veicolo) lato destro **2** (sport) fuorigioco.

offspring ['ɔ:fspriŋ], n. (pl. **offspring**, **offsprings**) **1** discendente; figliolanza; prole; progenie; rampollo: **Charles is my only o.**, Carlo è il mio unico discendente **2** (fig.) frutto; prodotto; risultato.

offstage [,ɔf'steidʒ], a. e avv. (teatr.) (che avviene) dietro le quinte.

offtake ['ɔfteik], n. canale di sfogo.

off-the-record [,ɔfðə'rekɔ:d], A a. ufficioso; da non verbalizzare. B avv. ufficiosamente.

oft [ɔ:ft], avv. (poet.) spesso. ● **oft-times**, spesse volte □ **many a time and oft**, spesso; spesse volte.

often ['ɔ:fn], avv. spesso; sovente; spesse volte; frequentemente. ● **as o. as**, ogni volta che; tutte le volte che □ **every so o.**, ogni tanto; di tanto in tanto □ **how o.?**, quante volte?; ogni quanto (tempo)?: «**How o. do tube trains run?**» «**Every two or three minutes**», «ogni quanto (tempo) passano i treni della metropolitana?» «Ogni due o tre minuti» □ **very o.**, spessissimo.

ogee ['oudʒi:], n. (archit.) **1** modanatura a S **2** gola (diritta o rovescia). ● **o. arch**, arco ogivale.

ogival [ou'dʒaivəl], a. (archit.) ogivale; a sesto acuto; archiacuto.

ogive ['oudʒaiv], n. **1** (archit.) ogiva **2** (mil.) ogiva.

to ogle ['ougl], v. t. e i. occhieggiare; vagheggiare; fare l'occhiolino; fare gli occhi dolci.

ogle ['ougl], n. sguardo amoroso.

ogler ['ouglə*], n. chi lancia sguardi amorosi.

ogre ['ougə*], n. (anche fig.) orco.

ogreish ['ougəriʃ], a. di (o da) orco.

ogress ['ougris], n. orchessa.

ogrish ['ougriʃ], a. di (o da) orco.

oh [ou], inter. **1** (di sorpresa, meraviglia, dolore, timore, ecc.) oh!, ah!: **Oh, is that so?**, ah, è così? **2** ehi!; senta!: **Oh, Mr Jones, may I speak to you for a moment?**, senta, signor Jones, posso parlarLe un attimo?

ohm [oum], n. (fis.) ohm. ● **Ohm's law**, la legge di Ohm.

ohmic ['oumik], a. (fis.) ohmico.

ohmmeter ['oum,mi:tə*], n. (fis.) ohmetro.

oho [ou'hou], inter. (di sorpresa, esultanza, ecc.) oh!; ah!; evviva!

oidium [ou'idiəm], n. (pl. **oidia**) oidio (di fungo).

oil [ɔil], n. **1** olio: **mineral (vegetable) oils**, oli minerali (vegetali); **olive oil**, olio d'oliva; **fatty (o fixed) oils**, oli grassi (o fissi); **essential (o volatile) oils**, oli essenziali (o volatili); **whale oil**, olio di balena **2** petrolio: **oil production**, la produzione di petrolio **3** (anche **oil colour**) colore a olio **4** (ind.) essenza: **o. of cloves**, essenza di chiodi di garofano **5** dipinto a olio **6** (fam. USA) adulazione. ● **oil-bearing**, petrolifero; ricco di petrolio □ (mecc.) **oil burner**, bruciatore a nafta □ (ind.) **oil cake**, pannello di semi oleosi □ **oil-coat**, giacca d'incerata; giacca impermeabile □ **oil colour**, colore a olio □ (ind. petrolifera) **oil derrick**, torre di trivellazione; derrick □ (mecc.) **oil engine**, motore a olio pesante □ (mecc.) **oil feeder**, oliatore □ (mecc.) **oil filter**, filtro dell'olio □ **oil-fired**, (funzionante a nafta (o a gasolio): **oil-fired boiler**, caldaia a nafta □ (zool.) **oil gland**, ghiandola che secerne olio; ghiandola del codrione (o dell'uropigio) □ **oil meal**, farina di semi di lino □ **oil mill**, frantoio; oleificio □ **oil of turpentine**, acquaragia □ (chim.) **oil of vitriol**, acido solforico; olio di vetriolo (pop.) □ **oil paint**, pittura a olio (la materia) □

painting, quadro a olio; pittura a olio □ (*mecc.*) **oil pan**, coppa dell'olio □ **oil pipeline**, oleodotto □ **oil press**, torchio per olio □ (*naut., ind. petrolifera*) **oil platform** (*o* **oil rig**), piattaforma per ricerche petrolifere □ (*autom., mecc.*) **oil pump**, pompa dell'olio □ (*mecc.*) **oil seal**, tenuta a olio; (*anche*) paraolio □ **oil-seed**, seme oleifero □ **oil shale**, argillite petrolifera (*o* bituminosa) □ **oil silk**, seta impermeabilizzata □ **oil slick**, macchia di petrolio greggio sul mare (*per collisione o incaglio di petroliere*) □ (*naut.*) **oil tanker**, petroliera □ **oil well**, pozzo petrolifero □ **oil worker**, addetto alla lavorazione del petrolio; petroliere □ **almond oil**, olio di mandorle □ **to burn the midnight oil**, stare alzato la notte per lavorare (*o* per studiare) □ **clove oil**, essenza di chiodi di garofano □ **hair oil**, brillantina per capelli □ **in oil**, sott'olio □ (*di dipinto*) **in oils**, a olio □ **linseed oil**, olio di lino □ **painted in oils**, dipinto a olio □ (*fig.*) **to pour oil on the flames**, gettar olio sul fuoco □ (*fig.*) **to pour oil on troubled waters**, metter pace; rappacificare gli animi □ (*d'opera letteraria*) **to smell of oil**, essere frutto di un assiduo lavoro □ **to strike oil**, trovare il petrolio; (*fig.*) scoprire un tesoro.

to oil [ɔil], **A** v. t. **1** lubrificare; oliare: **to oil a padlock**, oliare un lucchetto; **to oil the chain of a bicycle**, lubrificare la catena di una bicicletta **2** trasformare (*burro, grasso, ecc.*) in olio; struggere **3** lucidare (*mobili, ecc.*) **4** (*pop.*) corrompere; comprare (q.); ungere le ruote a (q.). **B** v. i. (*di burro, grasso, ecc.*) struggersi; trasformarsi in olio. ● (*pop.*) **to oil sb.'s palm**, corrompere (*o* comprare) q.; ungere le ruote a q. □ (*fig., fam.*) **to oil one's tongue**, adulare □ (*fig.*) **to oil the wheels** (*o* **the works**), ungere le ruote □ **oiled sardines**, sardine sott'olio □ (*pop., di persona*) **to be well oiled**, essere alticcio, brillo.

oilberg [ˈɔiləːg], *n.* (*naut.*) grande nave cisterna.
oilcan [ˈɔil-kæn], *n.* **1** (*mecc.*) oliatore a mano **2** latta di petrolio.
oilcloth [ˈɔil-klɔθ], *n.* **1** tela cerata; incerata **2** (*solo ingl.*) linoleum.
oiler [ˈɔilə*], *n.* **1** (*mecc.*) oliatore; lubrificatore; ingrassatore (*operaio e strumento*) **2** (*naut.*) nave cisterna; petroliera.
oilfield [ˈɔil-fiːld], *n.* giacimento petrolifero; bacino petrolifero.
oiliness [ˈɔilinis], *n.* oleosità; untuosità (*anche fig.*).
oiling [ˈɔiliŋ], *n.* **1** (*mecc.*) lubrificazione a olio **2** (*ind. tessile*) oliatura (*della lana, ecc.*).
oilman [ˈɔilmən], *n.* (*pl.* **oilmen**) negoziante d'olio.
oilnut [ˈɔilnʌt], *n.* (*bot.*) noce oleifera; noce oleosa.
oilpaper [ˈɔilpeipə*], *n.* carta oleata.
oilskin [ˈɔil-skin], *n.* **1** tela cerata; incerata **2** (*pl.*) indumenti di tela cerata.
oiltight [ˈɔiltait], *a.* a tenuta d'olio.
oily [ˈɔili], *a.* **1** oleoso; untuoso (*anche fig.*): **an o. speech**, un discorso untuoso □ **o. hands**, mani unte; **o. rags**, stracci unti. ● (*fig.*) **o.-tongued**, untuoso; melliflue.
oink [ɔiŋk], *n.* (*fam.*) verso del maiale; grugnito.
to oink [ɔiŋk], *v. i.* (*fam.*) fare il verso del maiale; grugnire.
ointment [ˈɔintmənt], *n.* (*farm.*) unguento; pomata.
okapi [ouˈkɑːpi], *n.* (*pl.* **okapis**) (*zool., Okapia johnstoni*) okapi.
okay, OK, O.K. [ˈouˈkei], (*fam.*) **A** *a.* esatto; corretto; giusto; ben fatto. **B** *avv.* bene; benissimo. **C** *inter.* va bene!; sta bene!; d'accordo! **D** *n.* approvazione; consenso. ● **to give the o.**, approvare; dare il via.
to okay, to OK, to O.K. [ˈouˈkei], *v. t.* (*fam.*) approvare.
old [ould], *a.* **1** vecchio; antico; antiquato; superato; vetusto: **old furniture**, mobili vecchi, usati; **an old soldier**, un vecchio soldato; un reduce; **old friends**, vecchi amici; **old traditions**, tradizioni antiche; **old fashions**, mode antiquate; **old ideas**, idee vetuste (*o* superate); **the old year**, l'anno vecchio **2** — **old in**, esperto in; incallito in; indurito in: **old in diplomacy**, esperto in diplomazia; **old in vice**, incallito nel vizio; **old in crime**, indurito nel crimine; recidivo **3** (*in locuz. esprimenti il concetto d'età, è idiom.; per es.:*) **at ten years old**, all'età di dieci anni; a dieci anni; **a baby two months old**, un bambino di due mesi; (*ippica*) **a four-year-old**, un cavallo di quattro anni; **a four-year-old child**, un bambino di quattro anni; **How old are you?**, quanti anni hai?; **I am twenty years old**, ho vent'anni; **You are old enough to know better**, sei grande, ormai; dovresti avere più giudizio. ● (*collett.*) **the old**, i vecchi □ **old age**, vecchiaia; **old-age pension**, pensione di vecchiaia; pensione sociale □ **old-age pensioner**, detentore di pensione sociale □ **as old as the hills**, vecchio come il mondo (*o* come Matusalemme) □ **an old bachelor**, uno scapolo impenitente; uno zitellone (*scherz.*) □ (*fig.*) **an old bird**, un individuo scaltro; una vecchia volpe □ **an old boy**, un vecchio compagno di scuola; l'ex-alunno di un collegio □ **the old-boy network**, la rete d'interessi che lega i vecchi compagni di scuola □ **old-clothesman**, rivenditore d'abiti usati; rigattiere □ **the old country**, la madrepatria □ **Old English**, la lingua anglosassone □ **an old-established firm**, una vecchia ditta; una ditta fondata molti anni fa □ **old Etonian**, ex-alunno del college di Eton

□ **old-fashioned**, all'antica, vecchio stile; antiquato, fuori moda, sorpassato, superato: **an old-fashioned family**, una famiglia all'antica, vecchio stile; **an olf-fashioned word**, una parola antiquata; **an old-fashioned dress**, un vestito fuori moda □ **old-fashionedness**, qualità di essere all'antica □ **old fogey** (*o* **old fogy**), persona d'idee antiquate; parruccone □ (*fig.*) **the old gentleman**, *V.* **the old one** □ (*USA*) **Old Glory**, la bandiera americana □ **old gold**, (color) oro vecchio □ (*fig.*) **Old Harry**, *V.* **the old one** □ (*fam.*) **old-hat**, antiquato, fuori moda; banale; trito □ (*pop.*) **the old lady**, la moglie; la mamma □ **the Old Lady (of Threadneedle Street)**, la Banca d'Inghilterra □ (*polit.*) **the Old Left**, la vecchia sinistra □ (*polit.*) **Old Leftist**, membro della vecchia sinistra □ **an old maid**, una vecchia zitella; (*fig.*) un uomo meticoloso (*o* difficile) □ **old-maidish**, di (*o* da) zitella; meticoloso, difficile □ (*fam., al vocat.*) **old man** (*o* **old boy, chap, fellow**), vecchio mio!; caro mio!; ragazzo mio! □ **an old man**, un vecchio; un vegliardo □ (*fig.*) **the old man**, quello di prima; la vera natura di (q.): **That's the old man in him**, è sempre quello di prima; il lupo perde il pelo ma non il vizio □ (*fam.*) **the old man**, il vecchio, il padre; il marito; (*naut.*) il capitano della nave; il capo, il padrone (*d'un edificio, di una azienda*) □ (*fig.*) **the Old Man of the Sea**, persona di cui è difficile sbarazzarsi □ (*dalle «Mille e una notte»*) □ (*fam. USA*) **old man River**, il (fiume) Mississippi □ **old masters**, antichi maestri (*della pittura*); famosi quadri antichi □ **an old offender**, un recidivo □ (*fig.*) **the old one** (*o* **Old Nick, Old Scratch**), il diavolo; il demonio □ **old people's home**, ricovero di vecchiaia □ (*fam.*) **old stager**, vecchia volpe (*fig.*) □ **the Old Testament**, il Vecchio (*o* l'Antico) Testamento □ **old-time**, dei tempi antichi; all'antica; vecchio stile □ (*specialm. polit.*) **old-timer**, tradizionalista, individuo all'antica; (*USA*) vecchio, vegliardo: **a Communist old-timer**, un comunista ortodosso □ **an old woman**, una vecchia □ (*fam.*) **the old woman** (*o* **my old woman**), la moglie □ **old-womanliness** (*o* **old-womanishness**), pavidità; timore; timidezza □ **old-womanly** (*o* **old-womanish**), da donnicciola; pavido, timoroso, timido □ **old-world**, antico, all'antica, vecchio stile; europeo, del continente antico □ **the Old World**, il Vecchio Mondo, l'Europa, l'Asia e l'Africa □ **the good old days**, il buon tempo andato □ **to grow old**, invecchiare □ **to have an old head on young shoulders**, avere la testa sulle spalle; avere molto giudizio per la propria età (pur essendo giovane) □ (*pop.*) **to have a good old time**, spassarsela moltissimo; divertirsi un mondo □ **in days of old**, nei tempi antichi; un tempo; una volta □ **in the good old times**, nei tempi passati; ai bei tempi (*d'una volta*) □ **the men of old**, gli uomini d'una volta □ (*fam., detto da un vecchio*) **my old bones**, le mie stanche ossa □ **of the old school**, antiquato; all'antica; vecchio stile; tradizionalista □ **of old standing**, d'antica data □ **young and old**, giovani e vecchi; tutti quanti □ **He's an old hand at that work**, ha una lunga esperienza in quel genere di lavoro □ **The century grows old**, il secolo volge alla fine □ **That child has an old face**, quel bambino ha una faccia da vecchio □ **He's old in folly**, è sempre stato matto; la sua follia è di vecchia data □ **He's old in cunning**, è una vecchia volpe □ (*modo prov.*) **These aren't the good old days any more**, non è più il tempo che Berta filava □ **Of old there were giants**, al tempo dei tempi esistevano i giganti.
olden [ˈouldən], *a.* (*lett.*) antico; vecchio; antiquato; all'antica: **in o. times** (*o* **days**), nei tempi antichi; un tempo.
oldie [ˈouldi], *n.* (*fam.*) vecchietto, vecchietta; vecchierello, vecchierella. ● (*fam.*) **golden o.**, vecchio notabile (*di partito politico*).
oldish [ˈouldiʃ], *a.* piuttosto vecchio; vecchiotto.
oldster [ˈouldstə*], *n.* (*fam.*) vecchio; vegliardo; uomo anziano.
oleaginous [ˌouliˈædʒinəs], *a.* oleoso.
oleander [ˌouliˈændə*], *n.* (*bot., Nerium oleander*) oleandro.
oleaster [ˌouliˈæstə*], *n.* (*bot.*) **1** (*Olea oleaster*) olivastro, oleastro **2** (*Elaeagnus angustifolia*) eleagno; olivagno; olivo di Boemia.
oleate [ˈouliit], *n.* (*chim.*) oleato.
olefin(e) [ˈouləfin], *n.* (*chim.*) olefina.
olefinic [ˌouliˈfinik], *a.* (*chim.*) olefinico.
oleic [ouˈliik], *a.* (*chim.*) oleico: **o. acid**, acido oleico.
olein [ˈouliin], *n.* (*chim.*) oleina.
oleograph [ˈouliougrɑːf], *n.* oleografia (*riproduzione su stampa di pittura a olio*).
oleographic [ˌouliouˈgræfik], *a.* oleografico.
oleography [ˌouliˈɔgrəfi], *n.* oleografia (*il processo di stampa*).
oleomargarine [ˌouliouˌmɑːdʒəˈriːn], *n.* (*chim.*) oleomargarina.
oleoresin [ˌouliouˈrezin], *n.* (*chim.*) oleoresina.
olfaction [ɔlˈfækʃən], *n.* **1** olfatto; odorato **2** l'odorare.
olfactive [ɔlˈfæktiv], *a.* olfattivo; olfattorio.
olfactory [ɔlˈfæktəri], *a.* (*anat.*) olfattivo; olfattorio: **o. nerves**, nervi olfattorii.
olibanum [ɔˈlibənəm], *n.* incenso; olibano (*lett.*).

oligarch ['ɔliga:k], *n.* oligarca.
oligarchical [ˌɔli'ga:kikəl], *a.* oligarchico.
oligarchy ['ɔliga:ki], *n.* oligarchia.
oligist ['ɔlidʒist], *n.* (*miner.*) oligisto.
Oligocene [ɔ'ligousi:n], (*geol.*) **A** *n.* Oligocene. **B** *a.* oligocenico.
oligoclase ['ɔligoukleis], *n.* (*miner.*) oligoclasio.
oligopolistic [ˌɔligoupə'listik], *a.* (*econ.*) oligopolistico.
oligopoly [ˌɔli'gɔpəli], *n.* (*econ.*) oligopolio.
oligopsony [ˌɔli'gɔpsəni], *n.* (*econ.*) oligopsonio.
olio ['ouliou], *n.* (*pl.* **olios**) **1** spezzatino; piatto misto di carne e verdura, condito con spezie **2** (*fig.*) miscellanea; miscuglio.
olivaceous [ˌɔli'veiʃəs], *a.* **1** olivastro; olivaceo **2** a forma d'oliva.
olivary ['ɔlivəri], *a.* (*anat.*) olivare: **o. bodies**, corpi olivari.
olive ['ɔliv], **A** *n.* **1** (*bot., Olea europaea, anche* **o. tree**) olivo; ulivo **2** oliva, uliva **3** colore olivastro; color verde oliva **4** (*zool., Oliva, anche* **o. shell**) oliva **5** (*zool., Dacus oleae; anche* **o. fly**) mosca olearia (*o* delle olive). **B** *a.* verde oliva; olivastro: **o. complexion**, carnagione olivastra; ● **an o. crown** (*o* **wreath**), una corona di ramoscelli d'olivo (*simbolo di vittoria sportiva*) □ (*USA*) **o. drab**, (colore) grigioverde (*per divise militari*) □ **o. green**, verde oliva □ **o. grove**, oliveto, uliveto □ **o. oil**, olio d'oliva □ **o. wood**, legno d'olivo □ **beef** (*o* **veal**) **olives**, involtini; fette di manzo (*o* di vitello) arrotolate con erbe e cotte in umido □ (*fig.*) **to hold out the o. branch**, porgere il ramoscello d'olivo; fare profferte di pace □ **pickled olives**, olive in salamoia □ **stuffed olives**, olive farcite.
Oliver ['ɔlivə*], *n.* Oliviero. ● (*fig.*) **to give a Roland for an O.**, rendere pan per focaccia.
olivet ['ɔlivet], **olivette** [ˌɔli'vet], *n.* **1** bottone a forma d'oliva; bottone ovale **2** perla artificiale.
olivin ['ɔlivin], **olivine** [ˌɔli'vi:n], *n.* (*miner.*) olivina.
olm [oulm], *n.* (*zool., Proteus anguineus*) proteo.
ology ['ɔlədʒi], *n.* (*scherz.*: *da* **biology**, *ecc.*) scienza.
Olympiad [ou'limpiæd], *n.* (*stor., sport*) olimpiade.
Olympian [ou'limpjən], **A** *a.* olimpico; olimpiaco; (*fig.*) maestoso. **B** *n.* **1** (*mitol.*) abitante (*o* divinità) dell'Olimpo **2** (*sport*) olimpionico.
Olympic [ou'limpik], *a.* olimpico; olimpiaco: **O. games**, giochi olimpici. ● **the Olympics**, i giochi olimpici; le Olimpiadi.
Olympus [ou'limpəs], *n.* (*mitol.* e *fig.*) Olimpo.
omasum [ou'meisəm], *n.* (*zool.*) omaso.
ombre ['ɔmbə*], *n.* (*stor.*) ombra (*gioco di carte*).
ombrometer [ɔm'brɔmitə*], *n.* (*scient.*) ombrometro, pluviometro.
ombudsman ['ɔmbudzmən], *n.* (*pl.* **ombudsmen**) ombudsman; difensore civico (*funzionario governativo che difende i diritti dei cittadini contro gli abusi delle autorità statali*).
ombudswoman ['ɔmbudzˌwumən], *n.* (*pl.* **ombudswomen**) difensore civico (*donna*).
omega ['oumigə], *n.* **1** omega (*ultima lettera dell'alfabeto greco*) **2** (*fig.*) omega; fine. ● (*fis. nucl.*) **o. meson**, mesone omega.
omelette, omelet ['ɔmlit], *n.* omelette; frittata: **plain o.**, omelette al naturale; **savoury o.**, frittata con erbe; **sweet o.**, omelette con marmellata. ● (*prov.*) **You can't make an o. without breaking eggs**, non si può fare la frittata senza rompere le uova; non si può avere la botte piena e la moglie ubriaca.
omen ['oumen], *n.* augurio; auspicio; indizio; presagio; pronostico; segno: **an o. of victory**, un indizio (*o* un presagio) di vittoria. ● **to take omens**, trarre auspici.
to omen ['oumen], *v. t.* esser un auspicio di; presagire; far presagire. ● **ill-omened**, di malaugurio; sfortunato: **an ill-omened beginning**, un inizio sfortunato.
omental [ou'mentl], *a.* (*anat.*) omentale; dell'omento.
omentum [ou'mentəm], *n.* (*pl.* **omenta, omentums**) (*anat.*) omento.
omicron [ou'maikrən], *n.* omicron (*quindicesima lettera dell'alfabeto greco*).
ominous ['ɔminəs], *a.* di malaugurio; malaugurato; infausto; minaccioso; sinistro: **a dead and o. silence**, un silenzio assoluto, minaccioso e sinistro.
omissible [ou'misibl], *a.* che si può omettere; tralasciabile.
omission [ou'miʃən], *n.* omissione; il tralasciare; dimenticanza; lacuna: **sins of o.**, peccati di omissione.
omissive [ou'misiv], *a.* che omette; che tralascia; di omissione.
to omit [ou'mit], *v. t.* omettere; tralasciare; trascurare: **to o. a word**, omettere una parola; **to o. doing** (*o* **to do**) **one's duty**, omettere (*o* trascurare) di fare il proprio dovere. ● **to o. an occasion**, lasciar perdere un'occasione.
omnibus ['ɔmnibəs], **A** *n.* **1** (*di solito* **bus**) autobus **2** *V.* **o. book**. **B** *a. attr.* che include più cose; che serve a più scopi. ● (*polit.*) **an o. bill**, un progetto di legge che investe vari problemi □ **o. book**, libro omnibus; antologia; raccolta di opere (*dello stesso autore o dello stesso argomento*); volume alla portata di tutti □ (*teatr.*) **o. box.**, palco preso in affitto da più abbonati □ **an o. clause**, (*leg.*) una clausola che riguarda vari argomenti; (*ass.*) una clausola onnicomprensiva (*o* comprensiva d'ogni rischio) □ (*ferr.*) **an o. train**, un treno omnibus □ **o. volume**, *V.* **o. book**.
omnidirectional [ˌɔmnidi'rekʃnl], *a.* (*elettron.*) omnidirezionale.
omnifarious [ˌɔmni'fɛəriəs], *a.* di ogni genere; svariato.
omnipotence [ɔm'nipətəns], *n.* onnipotenza.
omnipotent [ɔm'nipətənt], *a.* onnipotente. ● (*relig.*) **the O.**, l'Onnipotente; Dio.
omnipresence [ˌɔmni'prezəns], *n.* onnipresenza.
omnipresent [ˌɔmni'prezənt], *a.* onnipresente.
omniscience [ɔm'nisiəns], *n.* onniscienza.
omniscient [ɔm'nisiənt], *a.* onnisciente.
omnivore ['ɔmnivɔ:*], *n.* (*zool.*) (animale) onnivoro.
omnivorous [ɔm'nivərəs], *a.* onnivoro. ● **an o. reader**, un divoratore di libri (*di ogni genere*).
omoplate ['oumoupleit], *n.* (*anat.*) omoplata; scapola.
omphalitis [ˌɔmfə'laitis], *n.* (*pl.* **omphalitides**) (*med.*) onfalite.
omphalocele [ɔm'fəlousi:l], *n.* (*med.*) onfalocele.
omphalos ['ɔmfələs], *n.* (*pl.* **omphali**) **1** (*anat., lett.*) ombelico **2** (*fig.*) centro: **the o. of a world-wide empire**, il centro d'un impero universale.
on (1) [ɔn], *prep.* **1** (*compl. di luogo, argomento, ecc.*) su; sopra; in; a; intorno a: **a book on the writing desk**, un libro sulla scrivania; **He sat on the table**, si sedette sulla tavola; **The moon shone on us**, la luna splendeva su di noi; **my opinion on free trade**, la mia opinione sulla libertà dei traffici; **a lecture on Dante**, una conferenza su Dante; **They sell beer on tap**, vendono birra alla spina; **to fall on one's knees**, cadere in ginocchio; **to keep on one's feet**, reggersi in piedi; **to get on a horse**, montare a cavallo; **a house on the river**, una casa sul fiume; **on your right (hand)**, alla tua destra; **to go on a trip**, andare in gita; **on foot**, a piedi; **on fire**, in fiamme; **to have a ring on one's finger**, avere un anello al dito **2** (*di tempo; idiom.*) **on Sunday**, domenica; **on Sundays**, di domenica; tutte le domeniche; **on that day**, quel giorno; **on Christmas eve**, la vigilia di Natale; **on the next day**, il giorno dopo; **on the first of the month**, il primo del mese; **on April 2nd**, il due aprile; **on their arrival**, al loro arrivo; **on my birthday**, il giorno del mio compleanno **3** alle dipendenze di; in servizio presso; in organico presso: **He was then on the magazine «Punch»**, allora era in servizio presso la (*o* faceva parte della redazione della) rivista «Punch»; (*sport*) **Which side are you on?**, con quale delle due squadre giochi? ● agendo (*o* intervenendo) su: **Much has been done in this sense lately, but always on the woman**, s'è fatto molto di recente in questa direzione, ma sempre intervenendo sulla donna. ● **on account of**, per conto di; a causa di □ **on an average**, in media; di media □ **to be on one's best behaviour**, comportarsi il meglio possibile; fare del proprio meglio per comportarsi bene □ (*naut., aeron.*) **on board**, a bordo □ **on both sides**, da ambo i lati; da ambo le parti □ (*cinem., telev.*) **on-camera**, a portata della cinecamera (*o* della telecamera) □ **on examination**, dietro esame □ **on the first floor**, al primo piano □ **to be on guard**, stare in guardia □ **on hearing that**, udendo ciò; udito ciò □ **on high**, in alto □ (*leg.*) **to be on the jury**, fare parte della giuria □ **on-line**, (*elab.*) in linea; (*elettron.*) in linea, collegato; **on-line storage**, memoria in linea □ **on loan**, in prestito □ **to be on the lookout**, essere di sentinella; stare in guardia □ **on no account**, per nessuna ragione; per nessun motivo □ (*elettr.*) **on-off switch**, interruttore acceso-spento □ **on penalty of death**, pena la morte □ **on purpose**, di proposito; a bella posta; apposta □ **on reaching home**, quando arrivai (arrivasti, ecc.) a casa □ **on sale**, in vendita □ (*comm.*) **on sale or return**, da vendere o restituire; in deposito □ **to be on the staff**, fare parte del personale; essere nell'organico □ **on thinking the matter over**, dopo averci pensato e ripensato; ripensandoci □ **on time** (*o* **on the minute**), in tempo esatto; puntualmente □ **on my way home**, andando a casa □ **on the whole**, nel complesso □ (*tipogr.*) **a book on hand**, un libro in corso di stampa □ **to buy st. on the cheap**, comprare q.c. a buon mercato □ **to do st. on the sly**, fare q.c. alla chetichella; usare un sotterfugio □ (*comm.*) **to draw on sb.**, spiccare tratta su q. □ (*comm.*) **to draw a cheque on a bank**, emettere un assegno su una banca □ (*fam.*) **a drink on the house**, una bevuta a spese del padrone del locale (*offerta dalla ditta*): **Drinks are on the house!**, offre la ditta (il padrone, ecc.)! □ **to be drunk on wine**, essere ubriaco di vino □ (*pop.*) **to get** (*o* **to have**) **st. on sb.**, scoprire (avere in mano) tanto da danneggiare (*o* ricattare) q. □ **to go on an errand**, andare a fare una commissione □ (*comm.*) **goods on hand**, merce in magazzino □ **just on five pounds**, cinque sterline circa □ **just on ten o'clock**, proprio verso le dieci □ **to be mad on st.**, andar

pazzo per q.c. □ **to object on principle**, opporsi per principio □ (*comm.*) **orders on hand**, ordinazioni in corso (d'esecuzione) □ **ruin on ruin**, rovina su rovina; una rovina sull'altra □ (*anche fig.*) **to turn one's back on sb.**, voltare le spalle a q. □ **The beers are on me**, offro io le birre □ **He made a profit on the sale**, ricavò un guadagno dalla vendita □ **I dropped the tray on the floor**, lasciai cadere a terra il vassoio.

on (2) [ɔn], *avv.* **1** avanti; innanzi: **Go on!**, va' avanti!; **Come on!**, vieni avanti!; fatti avanti!; **to send on**, mandare avanti (q.); i-noltrare (*una lettera, ecc.*) **2** sopra; addosso; in testa: **He had his raincoat on**, aveva addosso l'impermeabile; **He came in with his hat on**, entrò col cappello in testa **3** (*in locuz. col verbo* **to be**, *è idiom.*; *per es.*:) **The meeting is still on** (**is on for tomorrow**), la riunione non è stata revocata (è fissata per domani); (*mecc.*) **The engine is on**, il motore è avviato; (*mecc.*) **The clutch is on**, la frizione è inserita; **The radio (the television) is on**, la radio (la televisione) è accesa; **The gas is on**, il gas è aperto; **The water is on**, l'acqua c'è (*nelle tubature*); (*anche*) sto tirando l'acqua; **At long last the electricity has come on**, finalmente hanno ridato la corrente; (*fam.*) **The handbrake is on**, il freno a mano è tirato (*o* inserito); (*fam.*) **He's always on at me**, mi critica, mi stuzzica sempre; ce l'ha con me; se la prende sempre con me; (*fam.*) **There's a ball tonight; are you on?**, c'è un ballo stasera; tu ci vai?; **What's on this evening?**, che cosa danno (*al cinema, a teatro, ecc.*) questa sera?; **The performance is on**, lo spettacolo è incominciato; **Hamlet is on**, danno l'Amleto; si proietta (*o* si rappresenta) l'Amleto; (*teatr.*) **You're on in five minutes**, fra cinque minuti sei di scena; **The battle is now on**, la battaglia è in corso; (*pop.*) **He's rather on**, è avanti (con le bevute); è brillo; **It was well on in the day**, era giorno inoltrato; **We're going on a trip tomorrow; are you on?**, noi andiamo in gita domani; e tu, vieni? (*o* ci stai?) ● (*USA*) **on-again, off-again**, che funziona a scatti; intermittente; che va un po' sì un po' no □ (*USA*) **on and off**, a intervalli; in modo intermittente; saltuariamente □ (*pop. USA*) **on-and-offer**, lavoratore temporaneo; chi lavora saltuariamente □ **on and on**, incessantemente, senza posa, senza sosta: **He talked on and on**, non la smetteva mai di parlare □ **on-coming**, (*agg.*) che s'avvicina, prossimo; (*sost.*) l'approssimarsi, l'avvicinarsi: **the on-coming tide**, la marea che sale; **the on-coming of spring**, l'approssimarsi della primavera □ (*comm.*) **an on-licence**, una licenza per la vendita (*di alcolici, ecc.*) da consumare sul posto □ **on to V. onto** *e* **so on**, e così via; eccetera □ **far on in the night**, a notte avanzata □ **from that day on**, da quel giorno in poi □ **to go on**, andare avanti; continuare □ **later on**, più tardi; dopo; poi □ **to look on**, stare a guardare □ **looker-on**, spettatore □ **to put one's hat on**, mettersi il cappello □ **to read (to speak, to work, etc.) on**, continuare a leggere (a parlare, a lavorare, ecc.) □ (*autom., mecc.*) **to stay on**, rimanere (in un posto, in una carica, ecc.); (*autom., mecc.*) essere (*o* restare) acceso: **The oil warning light stays on**, la spia dell'olio è (*o* resta) accesa □ **to struggle on to the end**, combattere fino all'ultimo □ **On!**, avanti! □ **On with the show!**, si dia inizio allo spettacolo! □ **Put the tablecloth on**, metti la tovaglia! □ **Time is getting on**, il tempo passa □ **He's well on in years**, è avanti con gli (*o* negli) anni □ **It's getting on for ten o'clock**, si stanno facendo le dieci; manca poco alle dieci □ **Come on!**, suvvia!; via!; orsù! □ **Switch on the light**, gira l'interruttore!; accendi la luce! □ **Have you anything on tomorrow?**, hai impegni domani?; hai qualche programma per domani? □ **Let's go on to next chapter**, passiamo al capitolo seguente! □ **Let's move on to the next topic**, passiamo al prossimo argomento! □ **Don't keep on saying no**, non continuare a dir di no!

on (3) [ɔn], *A a.* **1** (*elettr.*) inserito; attaccato; acceso; in funzione **2** (*mecc.*) inserito; innestato; in presa (*fam.*) **3** (*cricket*) nella (*o* verso la) parte del campo del battitore. *B n.* (*cricket*) parte del campo dove c'è il battitore. ● (*edil.*) **on centre**, interasse □ (*fam.*) **an on day**, una giornata «sì» (*buona, in cui si è di buon umore*) □ (*econ.*) **an on year**, un anno buono; una buona annata.

onager [ˈɔnəgə*], *n.* **1** (*zool., Equus onager*) onagro **2** (*stor.*) onagro.

onanism [ˈounənizm], *n.* onanismo.

onboard [ˌɔnˈbɔːd], *a.* (*aeron., naut., miss.*) a bordo; di bordo: **an o. camera**, una telecamera a bordo (*di un satellite, ecc.*).

once [wʌns], *A avv.* una volta; una volta sola; un tempo; in passato; già; una volta o l'altra; (*arc.*) un giorno: **I've seen it only o.**, l'ho visto una volta sola; **o. a day**, una volta al giorno; **I was very fond of him o.**, una volta gli volevo molto bene; **a o.-celebrated actor**, un attore un tempo famoso; **I should like to see London o.**, mi piacerebbe vedere Londra una volta o l'altra; (*arc.*) **He shall die o.**, un giorno dovrà morire anche lui. *B cong.* non appena; quando; una volta che: **O. he is tired, he will quit**, non appena sarà stanco, smetterà; **O. you learn it, you'll never forget**, una volta che l'hai imparato, non lo dimenticherai più. *C n.* una volta; una sola volta; una volta tanto: **O. is enough for me**, a me basta una volta; **Let him go this o.**, per questa volta (*o* per una volta) lascialo andare. ● **o. and again** (*o* **o. in a way, o. in a while**), di quando in quando; di tanto in tanto □ **o. and away**, una volta per sempre □ **o. and for all**, una volta per sempre, una volta per tutte: **The dispute was settled o. and for all**, la lite fu composta una volta per tutte □ **o. or twice**, una volta o due □ (*fam.*) **o.-over**, occhiata superficiale; scorsa □ **all at o.**, tutto in una volta, tutto a un tratto; contemporaneamente, allo stesso tempo, tutti (*o* tutte) insieme: **Don't all speak at o.!**, non parlate tutti insieme! □ **at o.**, subito; immediatamente □ **at o. clever and humble**, intelligente e umile a un tempo □ **for (this) o.**, per questa volta, una volta tanto: **I'm right for o.**, una volta ho ragione io □ **more than o.**, più d'una volta □ **my o. master**, il mio vecchio maestro (*o* padrone); colui che mi fu maestro (*o* padrone) □ **not o.**, non una volta: **Not o. have you done what I asked**, non una volta hai fatto quel che ti chiedevo □ **O. nought is nought**, zero per zero fa zero □ **O. upon a time there was a king**, c'era una volta un re □ (*prov.*) **O. bit twice shy**, il gatto scottato teme l'acqua fredda.

oncer [ˈwʌnsə*], *n.* **1** (*fam.*) chi va in chiesa solo la domenica **2** (*pop.*) banconota da una sterlina.

oncogenesis [ˌɔŋkouˈdʒenisis], *n. (pl.* **oncogeneses**) (*med.*) oncogenesi.

oncogenic [ˌɔŋkouˈdʒenik], **oncogenous** [ɔŋˈkɔdʒinəs], *a.* (*med.*) oncogeno.

oncologic(al) [ˌɔŋkəˈlɔdʒik(əl)], *a.* (*med.*) oncologico.

oncologist [ɔŋˈkɔlədʒist], *n.* (*med.*) oncologo.

oncology [ɔŋˈkɔlədʒi], *n.* (*med.*) oncologia.

oncost [ˈɔnkɔst], *n.* (*rag., in G.B.*) spese generali (*o* indirette).

one [wʌn], *A a. num. e indef.* un, uno; un solo; stesso; unico: **one million**, un milione; **a hundred and one**, cento uno; **one pound eleven**, (*un tempo*) una sterlina e undici scellini; (*ora*) una sterlina e undici «penny»; **forty-one**, quarantuno; **one day**, un giorno; **one night**, una notte; **To read a foreign language is one thing; to speak it is another**, leggere una lingua straniera è una cosa; parlarla un'altra; **from one end of the street to the other**, da un capo all'altro della strada; **I have one friend here**, ho un solo amico qui; **We all gave one answer**, demmo tutti la stessa risposta; **That's the one way to do it**, questo è l'unico modo di farlo; **No one man could do it**, nessuno potrebbe farlo da solo. *B n.* **1** uno; numero uno: **Write down a one**, scrivi un uno!; **One is the half of two**, uno è la metà di due; **Ten ones are ten**, dieci per uno fa dieci **2** l'una (*dell'orologio*): **at one o'clock**, all'una **3** una sterlina **4** un dollaro. *C pron. indef.* uno, una; un certo, una certa; si (*impers.*): **One came running**, uno venne correndo; **one of these fine days**, uno di questi giorni; un giorno o l'altro; **He is one of the richest men in Italy**, è uno degli uomini più ricchi d'Italia; **It offends one to be told one is not wanted**, uno si offende se gli dicono che non è desiderato; **One has to do one's best**, si deve (*o* bisogna) fare del proprio meglio; **I bought the house from one Mr Jones**, comprai la casa da un certo (signor) Jones. *D pron. dimostrativo* **1** quello, quella: **I don't want the black pencil; I want the red one**, non voglio la matita nera; voglio (quel)la rossa; **I prefer large ones**, preferisco (quell)i grandi **2** (*idiom.*) **this one or that one**, questo o quello; **Which one do you prefer?**, quale (*di questi, di quelli*) preferisci?; **I don't like this hat; I want a better one**, non mi piace questo cappello; ne voglio uno migliore; **His father was a doctor and he wants to be one too**, suo padre era medico e anche lui vuole diventarlo; **He worked like one possessed**, lavorava come un ossesso. ● **the one about**, quella (*la barzelletta*) di: **Have you heard the one about the parrot and the cat?**, la sai quella del gatto e del pappagallo? □ **the One above** (*o* **the Holy One**), l'Essere Supremo; Dio □ **one after another**, l'uno dopo l'altro □ **one and all**, tutti; tutti quanti □ (*enfat.*) **one and the same**, identico; uguale; medesimo □ **one another**, l'un l'altro; tra di noi (*o* voi, loro); reciprocamente: **Love one another**, amatevi (l'un l'altro) □ **one-armed**, monco; con un braccio solo □ **one-armed bandit**, macchina mangiasoldi □ **one by one**, a uno a uno; uno alla volta □ (*naut.*) **one-class liner**, piroscafo a classe unica □ **one-eyed**, monocolo; con un occhio solo □ **one-handed**, che ha una sola mano; fatto con una sola mano □ **one-horse**, tirato da un cavallo, a un tiro; (*fig., fam.*) insignificante, meschino, povero, piccolo: **a one-horse town**, un piccolo paese insignificante □ **one hundred**, cento □ **one-idea'd** (*o* **one-idead**), fissato in un'idea; che ha una sola idea fissa in testa □ **one in a million**, (*mat., stat.*) uno su un milione (*fig., agg.*) unico, eccezionale □ **one-legged**, che ha una gamba sola; mutilato d'una gamba; (*fig.*) difettoso, zoppicante □ (*USA*) **one-liner**, battuta di spirito; spiritosaggine □ **one-man**, individuale; di un singolo; (*ind.*) **one-man job**, lavoro effettuato da un solo uomo □ **one-man show**, mostra personale; personale □ **one (man) in ten**, uno (un uomo) su dieci □ (*polit.*) **one man**

one vote, ogni cittadino un voto; suffragio universale □ **one-night stand**, (*teatr., cinem.*) serata unica; (*fam.*) convegno amoroso di una sola notte □ **one of a kind**, unico □ **one-off**, (articolo) prodotto secondo le particolari richieste del cliente □ (*sport*) **one-on-one defence**, difesa a uomo □ **one or two people**, una o due persone □ **one-pair**, camera (*o* appartamento) al primo piano (*a due scale del pianterreno*) □ **one-phase motor**, motore monofase □ **a one-piece bathing suit**, un costume da bagno intero □ (*comm.*) **one-price**, a prezzo unico □ (*comm.*) «**one price only**», «prezzi fissi» □ **one's**, il proprio; si (*rifl.*): **one's parents**, i propri genitori; **to cut one's finger**, tagliarsi un dito □ **one's little ones**, i piccoli; i bambini; i cuccioli □ **one-sided**, unilaterale; (*fig.*) parziale, disuguale: (*stat.*) **a one-sided test**, un test unilaterale □ **a one-sided plant**, una pianta con foglie (*o* fiori) da un lato solo □ **a one-sided street**, una strada fiancheggiata da case su un lato solo □ **one-sidedness**, unilateralità; (*fig.*) parzialità, disuguaglianza □ **one-step**, *V.* **onestep** □ (*mat.*) **one thousand**, mille □ **a one-track mind**, una mente limitata (*o* ristretta); una mente fissata in un'idea □ (*ferr.*) **a one-track railway**, una ferrovia a un solo binario □ (*pugilato*) **one-two**, uno due; doppietta □ **one-up**, che ha una posizione di vantaggio □ **one-upmanship**, arte di mantenere un vantaggio sugli altri □ **a one-way street**, una strada a senso unico □ (*autom.*) **one-way street** (*o* **traffic**), senso unico (*cartello*) □ (*USA*) **a one-way ticket**, un biglietto di sola andata □ **to be all one**, essere tutti uniti (*o* d'accordo) □ (**all**) **in one**, tutt'insieme; al tempo stesso; **He is chairman and treasurer in one**, è al tempo stesso presidente e cassiere □ **an all-in-one knife**, un coltello a più usi (*cacciavite, cavatoracioli, ecc.*) □ **to be at one**, essere uniti: **We are at one now**, ora noi siamo uniti (*o* d'accordo) □ **to become one**, (*di oggetti, ecc.*) essere unificati; (*di persone*) essere uniti in matrimonio □ **by ones and twos**, a uno o due alla volta; alla spicciolata □ **every one of you**, ciascuno di voi □ **the Evil One**, il Maligno; il demonio □ **for one**, quanto a me (a te, ecc.); per esempio; per fare un caso; intanto: **I, for one, don't believe it**, quanto a me, non ci credo; **Smith, for one, will not agree**, Smith, per esempio, non sarà d'accordo □ **for one thing**, tanto per dirne una; tanto per cominciare; in primo luogo: **For one thing, he drinks**, tanto per dirne una, è un beone □ **to go one better**, offrire (*o* rischiare) un po' di più (*di un altro*) □ **Iliad, book one**, Iliade, libro primo □ (*fig.*) **in the year one**, molti anni fa □ **lesson one**, lezione prima □ **the loved one**, il caro estinto □ **to be made one**, (*di oggetti, elementi*) essere unificati; (*di persone*) essere uniti in matrimonio □ **to make one of us?**, verrai con noi?; sarai dei nostri? □ (*Will you make me one of us?*), verrai con noi?; sarai dei nostri? □ (*lett.*) **many a one**, molti, molta gente □ **my dear** (*o* **loved**) **ones**, i miei cari □ **no one**, nessuno □ (*fam.*) **never a one**, nessuno; nessuno; non uno □ (*fig.*) **number one**, se (te, me) stesso: **He only takes care of number one**, si cura solo di se stesso □ (*raro*) **some one man**, qualcuno □ **to talk about one thing and another**, parlare del più e del meno □ **twenty-one** (**thirty-one, etc.**), ventuno (trentuno, ecc.) □ **the young ones**, i piccoli; i cuccioli, ecc. □ **I'm not** (**the**) **one to do that**, non sono tipo da farlo □ (*fam.*) **You're a one!**, sei un bel tipo! □ (*fam.*) **You're a sly one!**, sei un furbacchione, tu! □ **They are one with another**, sono pressappoco uguali; l'uno vale l'altro □ **That's the one thing I needed**, questo è proprio quello di cui avevo bisogno □ **They answered with one voice**, risposero a una (sola) voce (*o* in coro) □ **It is one too many for him**, è un po' troppo (troppo difficile, ecc.) per lui □ **We are selling scores where we sold ones**, ora ne vendiamo a dozzine mentre (prima) ne vendevamo uno alla volta □ **It's all one to me what you do**, qualunque cosa tu faccia, mi è indifferente □ (*fam.*) **What a one he is to make excuses!**, com'è bravo a scusarsi!

onefold ['wʌnfould], *a.* semplice; singolo.
oneiric [ou'naiərik], *a.* onirico.
oneiromancy [ou'naiəroumænsi], *n.* oniromanzia.
oneness ['wʌnnis], *n.* **1** unità; unione; interezza **2** singolarità; unicità **3** concordia; accordo **4** identità.
oner ['wʌnə*], *n.* (*pop.*) **1** persona (*o* cosa) eccezionale; asso, fenomeno (*fam.*): **He's a o. at tennis**, è un asso, a tennis **2** (*sport*) colpo che mette fuori combattimento.
onerous ['ɔnərəs], *a.* oneroso (*anche leg.*); gravoso: **o. tasks**, compiti onerosi. ● (*leg.*) **o. contract**, contratto a titolo oneroso.
onerousness ['ounərəsnis], *n.* onerosità (*anche leg.*); gravosità.
oneself [wʌn'self], *pron. rifl.* sé; se stesso, se stessa; si: **to wash o.**, lavarsi; **to starve o.**, lasciarsi morire di fame; **One should not only trust o.**, non ci si deve fidare solo di se stessi. ● **to be o.**, essere se stesso; essere normale; essere naturale; essere spontaneo □ **by o.**, da sé; da solo; senza aiuto □ **to come to o.**, ritornare in sé, riaversi, riprendersi; tornare in sé, rinsavire □ **to mutter to o.**, mormorare tra sé (e sé).

onestep ['wʌnstep], *n.* (*mus.*) one-step (*ballo*).
one(-)time ['wʌntaim], *a.* un tempo; già; ex: **the one-time governor**, l'ex governatore.
onfall ['ɔnfɔ:l], *n.* attacco; assalto.
ongoing ['ɔn,gouiŋ], *a.* in corso; in via di sviluppo; crescente: **o. projects**, progetti in corso.
ongoings ['ɔn,gouiŋz], *n. pl.* **1** vicende; fatti; avvenimenti **2** condotta, comportamento (*specialm. riprovevole*).
onion ['ʌnjən], *n.* **1** (*bot., Allium cepa*) cipolla: **boiled onions**, cipolle lessate **2** (*pop.*) testa; zucca (*pop.*). ● (*archit.*) **o. dome**, cupola a bulbo □ (*archit.*) **o.-domed**, dalla cupola a bulbo □ **o.-shaped**, a forma di cipolla □ **o.-skin**, velo di cipolla □ (*pop.*) **to know one's onions**, saperla lunga □ (*pop.*) **to be off one's o.**, aver poco sale in zucca; essere un po' tocco □ **pickled onions**, cipolline sott'aceto.
oniony ['ʌnjəni], *a.* di (*o* simile a, che sa di) cipolla.
onlooker ['ɔn,lukə*], *n.* spettatore, spettatrice; astante.
only ['ounli], **A** *a.* solo; unico: **It's the o. book I have on this subject**, è l'unico libro che io abbia su questo argomento; **He was an o. son**, era figlio unico; **He's the o. man that can do it**, è il solo che possa farlo; lui solo può farlo; **They were the o. people who came on foot**, furono i soli a venire a piedi. **B** *avv.* solamente; soltanto; unicamente; non... che; solo: **I saw o. him**, vidi solamente lui; **I o. saw him**, lo vidi soltanto (*non gli parlai*); **There are o. two left**, ne sono rimasti soltanto due; **That o. makes matters worse**, ciò non fa che peggiorare la situazione; **o. you**, solo tu; tu solo. **C** *cong.* (*fam.*) **1** ma; solo (*fam.*): **I should have gone, only it started pouring**, ci sarei andato, ma (*o* solo) cominciò a piovere a catinelle; **I'd help you with pleasure, o. I'm too busy**, ti aiuterei volentieri, ma ho troppo da fare **2** (*fam.*) solo che; se non fosse che: **He would invite you, only you would refuse**, se non fosse che tu rifiuteresti, ti inviterebbe. ● **if o.**, se almeno: **If o. it would stop raining**, se almeno smettesse di piovere! □ **Ladies o.**, riservato alle signore (*cartello*) □ **my one and o. chance**, l'unica (*o* la sola) occasione per me □ **my one and o. hope**, la mia sola speranza; l'ultima mia speranza □ **The o. way is to die**, non mi (ci, ti, ecc.) resta che la morte □ **I'm o. too glad** (*o* **pleased**) **to hear that**, sono proprio contento (*o* lietissimo) di apprendere ciò □ **It is o. too true**, purtroppo è vero □ **I was o. just in time**, arrivai appena in tempo □ **O. think!**, immagina un po'!; figurati!
onomatope [ə'nɔmətoup], *n.* parola onomatopeica.
onomatopoeia [,ɔnoumætou'pi:ə], *n.* onomatopea.
onomatopoeic [,ɔnoumætou'pi:ik], *a.* onomatopeico.
onomatopoetic [,ɔnou,mætoupou'etik], *a.* onomatopeico.
onrush ['ɔnrʌʃ], *n.* avanzata impetuosa; attacco; assalto.
onset ['ɔnset], *n.* **1** assalto; attacco; carica: **at the first o.**, al primo assalto **2** inizio: (*med.*) **the o. of the mumps**, l'inizio (*o* i sintomi iniziali) degli orecchioni.
onshore ['ɔnʃɔ:*], *a. e avv.* (che sta, che va) verso la terraferma; dal largo (verso terra); costiero. ● **o. wind**, vento di mare.
onside [ɔn'said], *a. e avv.* (*sport*) in gioco.
onslaught ['ɔnslɔ:t], *n.* assalto furioso; furibondo attacco.
on-street ['ɔn'stri:t], *a. attr.* in strada; lungo la strada: (*autom.*) **o. parking**, parcheggio in strada.
onto ['ɔntu], *prep.* **1** (*anche* **on to**) su; sopra: **We jumped onto the boat**, saltammo sulla barca **2** (*fam.*) cosciente (di); consapevole (di): **to be o. sb.**, essere consapevole delle intenzioni di q.; capire il gioco di q.
ontogenesis [,ɔntou'dʒenisis], *n.* (*biol.*) ontogenesi; ontogenia.
ontogenetic [,ɔntoudʒi'netik], *a.* (*biol.*) ontogenetico.
ontogeny [ɔn'tɔdʒəni], *n.* (*biol.*) ontogenesi; ontogenia.
ontological [,ɔntə'lɔdʒikəl], *a.* (*filos.*) ontologico.
ontologism [ɔn'tɔlədʒizəm], *n.* (*filos.*) ontologismo.
ontologist [ɔn'tɔlədʒist], *n.* (*filos.*) ontologista.
ontology [ɔn'tɔlədʒi], *n.* (*filos.*) ontologia.
onus ['ounəs], *n.* onere; responsabilità; gravame; obbligo; peso (*fig.*): (*leg.*) **o. of proof**, onere della prova.
onward ['ɔnwəd], **A** *avv.* (*anche* **onwards**) avanti; oltre; (*di tempo*) in poi: **to go** (*o* **to move**) **o.**, andare avanti; procedere oltre; **from now o.**, d'ora in poi. **B** *a.* in avanti; che avanza; che sta innanzi: **the o. path**, il sentiero che ci sta innanzi; (*fig.*) la strada che dobbiamo percorrere. ● (*anche fig.*) **o. march**, avanzata □ **o. trend**, tendenza ad andare innanzi; tendenza al progresso.
onymous ['ɔniməs], *a.* che ha (*o* che porta) un nome; non anonimo.
onyx ['ɔniks], *n.* (*miner.*) onice.
007 [ou ,ou 'sevn], *n.* (*letter. poliziesca*) 007; agente segreto (*in genere*); **after the fashion of 007**, in stile 007.
oodles ['u:dlz], *n. pl.* (*pop.*) una gran quantità (di); un mucchio (di): **o. of excellent food**, una gran quantità di cibo eccellente.
oof (1) [u:f], *inter.* (*scherz.*) «gulp» (*per un pugno allo stomaco, ecc.*)

oof (2) [u:f], *n.* (*pop.*, *arc.*) denaro; quattrini; grana (*pop.*). ● **an oof-bird**, un uomo pieno di quattrini; la gallina dalle uova d'oro.
oofy ['u:fi], *a.* (*arc.*, *pop.*) danaroso; pieno di quattrini; pieno di «grana».
oolite ['ouəlait], *n.* (*geol.*) oolite.
oolitic [,ouə'litik], *a.* (*geol.*) oolitico.
oolong ['u:lɔŋ], *n.* varietà di tè scuro cinese.
oomph [u:mf], *n.* (*pop.*) **1** energia; grinta, spinta (*pop.*) **2** attrazione del sesso; (*di donna*) fascino.
oops [ups], *inter.* (*fam.*) oh!; oddio!; «ops» (*pop.*). ● (*fam.*) **o.-a-daisy**, oplà (*aiutando q. a salire o come commento alla caduta di q.*).
ooze [u:z], *n.* **1** fanghiglia; limo; melma (*specialm. sul fondo del mare, d'un lago, ecc.*) **2** (*geol.*) sedimento marino organogeno **3** terreno soffice e fangoso **4** (*ind.*) infuso (*di corteccia di quercia, ecc.*) per la concia del cuoio **5** stillicidio; traspirazione; trasudamento **6** liquido che filtra (*o* trasuda). ● **o. calf**, cuoio di vitello impregnato di materia colorante.
to ooze [u:z], **A** *v. i.* colare; fluire lentamente; filtrare; stillare; trapelare (*anche fig.*); trasudare: **Sweat was oozing from his forehead**, il sudore gli colava dalla fronte; **The secret oozed out**, il segreto trapelò. **B** *v. t.* far colare; stillare. ● (*fig.*) **to o. away**, scomparire a poco a poco; spegnersi; svanire: **My desire oozed away**, il mio desiderio si spense □ **to o. blood**, sanguinare (in modo leggero) □ **to o. sweat**, sudare □ **to o. with good cheer** (**optimism, etc.**), trasudare buonumore (ottimismo, ecc.).
ooziness ['u:zinis], *n.* **1** l'essere fangoso, melmoso **2** il filtrare; il trasudare. (*V.* **oozy**).
oozy ['u:zi], *a.* **1** fangoso; limoso; melmoso **2** che trasuda.
op (1) [ɔp], *n.* (*abbr. di* **operation**) **1** (*med.*) operazione; intervento chirurgico **2** (*specialm. mil.*) operazione: **ops room**, sala operazioni.
op (2), Op [ɔp], *a.* — (*arte*) **op art**, arte ottica; op-art; **op artist**, artista «op».
opacification [ou,pæsifi'keiʃən], *n.* opacizzazione.
opacifier [ou'pæsifaiə*], *n.* (*ind.*) opacizzante.
to opacify [ou'pæsifai], **A** *v. t.* opacizzare. **B** *v. i.* opacizzarsi.
opacity [ou'pæsiti], *n.* **1** opacità **2** impermeabilità (*al colore, ecc.*) **3** (*fig.*) oscurità; poca chiarezza **4** (*fig.*) ottusità; scarsa intelligenza.
opah ['oupə], *n.* (*zool.*, *Lampris regius*) lampride; pesce re.
opal ['oupəl], *n.* **1** (*miner.*) opale **2** (*anche* **opal glass**) vetro opalino; opalina.
opalescence [,oupə'lesns], *n.* opalescenza.
opalescent [,oupə'lesənt], *a.* opalescente.
opaline (1) ['oupəli:n], *n.* vetro opalino; opalina.
opaline (2) ['oupəlain], *a.* opalino.
to opalize ['oupəlaiz], *v. t.* rendere opalino.
opaque [ou'peik], *a.* **1** opaco **2** (*fig.*) oscuro; poco chiaro **3** (*fig.*) ottuso; poco intelligente. ● (*ottica*) **o. medium**, mezzo opaco.
opaqueness [ou'peikins], *V.* **opacity**.
to ope [oup], (*poet.*) *V.* **to open**.
OPEC ['ou,pek], *n.* (*acronimo di* **Organization of Petroleum-Exporting Countries**) OPEC.
open ['oupən], **A** *a.* **1** aperto (*in ogni senso*); dischiuso; franco; leale; scoperto; sgombro (*da ostruzioni*), non riservato: **o. doors**, porte aperte; (*fon.*) **an o. vowel**, una vocale aperta; **in the o. country**, in aperta campagna; **the o. sea**, il mare aperto; l'alto mare; **an o. river**, un fiume sgombro da banchi di sabbia (dal ghiaccio, ecc.); (*med.*) **The bowels are o.**, l'intestino è sgombro; **an o. motorcar**, un'automobile scoperta; **in the o. air**, all'aria aperta; **an o. character**, un carattere aperto; **an o. town**, una città aperta; **to keep one's account o. at a bank**, avere un conto aperto presso una banca; **an o. letter**, una lettera aperta; **I'll be o. with you**, sarò franco con te **2** libero; aperto al pubblico; pubblico; non riservato; disponibile; vacante; pronto, disposto (a): **an o. competition**, una gara libera; un concorso pubblico; **an o. meeting**, una riunione pubblica; **an o. scholarship**, una borsa di studio non riservata (a categorie speciali); **The job is still o.**, il posto è ancora vacante; **Are you o. for an engagement?**, sei libero d'assumere un impegno?; **to be o. to an offer**, essere disposto a prendere in considerazione un'offerta; **to be o. to conviction**, essere pronto a ricredersi (*o* a lasciarsi convincere) **3** aperto al dubbio; dubbio; indeciso; incerto; insoluto: **an o. question**, una questione dubbia; **to leave a matter o.**, lasciare una faccenda insoluta **4** di dominio pubblico; evidente; manifesto; noto: **an o. scandal**, uno scandalo di dominio pubblico; **an o. quarrel**, una lite nota a tutti; **o. contempt**, evidente disprezzo **5** che dà adito a; esposto; indifeso; soggetto: **to be o. to attack**, essere esposto agli attacchi; **to be o. to temptation**, andare soggetto alle tentazioni; **This statement is o. to misunderstanding**, questa affermazione dà adito a un fraintendimento (*o* può essere frainteso) **6** (*del tempo, ecc.*) mite: **o. weather**, tempo mite **7** (*tennis*) «open». **B** *n.* — **the o.**, l'aperta campagna; l'aria aperta. ● (*USA*) **o. admission**, liberalizzazione degli accessi (*rif. a università, ecc.*) □ **an o.-air school**, una scuola all'aperto □ **o.-and-shut**, ovvio; scontato; che si risolve subito □ (*leg.*) **an o.-and-shut case**, un caso semplicissimo □ (*metall.*) **o.-arc furnace**, forno ad arco indiretto □ **o.-armed**, affettuoso; benevolo; cordiale □ (*naut.*) **o. berth**, ormeggio in rada □ (*chim.*) **o.-chain**, a catena aperta □ (*comm., leg.*) **an o. cheque**, un assegno bancario non sbarrato e senza girate □ (*elettr., telev.*) **o.-circuit**, a circuito aperto □ (*tecn.*) **o.-cycle**, a ciclo aperto □ **o. day**, giorno di ricevimento (*dei genitori: a scuola*) □ (*polit., comm.*) **an o.-door trade policy**, una politica di libertà dei traffici □ **an o. drain** (*o* **sewer**), una fogna scoperta; un fosso di scolo □ **o.-eared**, con gli orecchi tesi; tutt'orecchie; attentissimo □ (*fin.*) **o.-end investment fund**, fondo d'investimento «aperto» (*o* a capitale variabile) □ **o.-ended**, senza limite di tempo (*rif. a dibattito, ecc.*); (*elab.*) espandibile □ **an o. enemy**, un nemico dichiarato □ (*USA*) **o. enrollment**, liberalizzazione degli accessi (*rif. a università, ecc.*) □ **o.-eyed**, a occhi aperti; guardingo; consapevole; sorpreso □ **o.-faced**, dal viso aperto (*o* leale) □ **o.-handed**, generoso, liberale, munifico; che ha le mani bucate (*pop.*) □ (*med.*) **o.-heart**, a cuore aperto: **an o.-heart operation**, un intervento a cuore aperto □ **o.-hearted**, che ha il cuore aperto; franco; leale, sincero; cordiale □ **o.-heartedness**, franchezza, lealtà, sincerità; cordialità □ (*metall.*) **o.-hearth process**, processo Martin-Siemens □ (*USA*) **o. house**, *V.* **o. day** □ (*econ.*) **o. inflation**, inflazione incontrollata □ **o. letter**, lettera aperta □ **o.-minded**, che ha la mente aperta; liberale; di larghe vedute, spregiudicato □ **o.-mindedness**, larghezza di vedute, liberalità, spregiudicatezza □ **o.-mouthed**, a bocca aperta; avido, vorace; chiassoso, rumoroso □ (*mil.*) **o. order**, ordine sparso □ (*ind. min.*) **o.-pit mining**, coltivazione a giorno (*o* a cielo aperto) □ **an o. port**, un porto franco □ **the o. season**, la stagione in cui la caccia (*o* la pesca) è aperta □ **an o. secret**, il segreto di Pulcinella □ (*USA*) **o. shop**, azienda che accoglie anche operai non iscritti ai sindacati □ **an o. syllable**, una sillaba che termina in vocale □ **o. time**, orario d'apertura (*di negozi, uffici, ecc.*) □ (*comm.*) **o. to the nearest offer**, trattabile □ (*in G.B.*) **the O. University**, «l'Università aperta (*o* dell'aria)» (*operante attraverso la televisione*) □ (*naut.*) **o. water**, acque libere dal ghiaccio □ **o.-work**, ricamo a traforo; punto a giorno □ **an o.-work nightgown**, una camicia da notte traforata □ (*leg.*) **a case tried in o. court**, una causa discussa in presenza del pubblico (*o* a porte aperte, in pubblica udienza) □ (*fig.*) **to come into the o.**, essere franco (*o* sincero); metter le carte in tavola □ (*fig.*) **to force an o. door**, sfondare una porta aperta □ **half-o.**, mezz'aperto; socchiuso □ **to have an o. hand**, essere generoso; dare a piene mani □ **in the o.**, all'aperto □ **to keep o. house**, tener casa aperta; essere molto ospitale □ **to lay oneself o. to attack**, esporsi (*o* prestare il fianco) agli attacchi □ (*sport USA*) **the National O.**, il torneo nazionale di golf □ **wide-o.**, spalancato □ **with o. arms**, a braccia aperte □ **Doors o. at six p.m.**, si apre alle diciotto (*nei cinema, teatri, ecc.*) □ **The door flew o.**, la porta si spalancò □ **There are three courses o. to us**, possiamo accedere (*o* iscriverci) a tre corsi.
to open ['oupən], **A** *v. t.* **1** aprire (*quasi in ogni senso*); schiudere; cominciare; iniziare; intraprendere; manifestare; palesare; rivelare; scavare; stappare; sgombrare, pulire (*una strada, ecc.*); rendere navigabile (*un canale*): **to o. a box**, aprire una scatola; **to o. a new road**, aprire una nuova strada; **to o. one's hand**, aprire (*o* stendere) la mano; **to o. an account at a bank**, aprire un conto in banca; **to o. a shop**, aprire un negozio; **to o. Parliament**, aprire il Parlamento; **to o. a debate**, aprire un dibattito; **to o. a campaign**, dare inizio a una campagna (*militare o di propaganda*); **to o. a business concern**, intraprendere un'attività commerciale; **to o. one's heart** (*o* **one's mind**) **to sb.**, aprire il cuore (*o* l'animo) a q.; **to o. fire at** (*o* **on**) **the enemy**, aprire il fuoco contro il nemico; **to o. one's designs**, rivelare i propri piani; **to o. a well**, scavare un pozzo; **to o. a bottle**, stappare una bottiglia **2** (*mil.*) allargare; rompere: **The soldiers opened their ranks**, i soldati ruppero le righe **3** (*med.*) aprire, tagliare (*un ascesso, ecc.*) **4** dare adito a (*critiche, ecc.*); esporre. **B** *v. i.* **1** aprirsi; aprire; schiudersi; cominciare; principiare; manifestarsi; rivelarsi; sbocciare: **The door opened**, la porta s'aprì; **O. in the name of the law!**, aprite in nome della legge!; **When does the school o. again?**, quando si riapre la scuola?; **The buds are opening**, i boccioli si stanno aprendo; **The roses are beginning to o.**, le rose cominciano a sbocciare; **The session opened yesterday**, la sessione s'aprì ieri; **He opened with a compliment**, cominciò facendo un complimento **2** cominciare a parlare: **The speaker opened upon the fiscal question**, l'oratore cominciò a parlare del problema fiscale **3** (*anche naut.*) apparire; aprirsi (alla vista): **The harbour light opened**, apparve la luce del porto **4** (*poker*) aprire

openable

(*il gioco*). ● **to o. the ball**, aprire il ballo; dare inizio alle danze □ (*leg.*: *d'un avvocato*) **to o. a case**, cominciare a perorare una causa □ (*fig.*) **to o. the door to st.**, aprire la strada a q.c. □ **to o. one's eyes**, spalancare gli occhi □ (*fig.*) **to o. sb.'s eyes (to st.)**, aprir gli occhi a q. (su q.c.) □ **to o. ground**, dissodare terreno □ **to o. into** (*o* **on, onto**), aprirsi su; dare su: **The room opens into a passage**, la stanza dà su un corridoio □ (*fam.*) **to o. sb.'s mouth**, far parlare q.; costringere q. a parlare □ **to o. out**, aprire, spiegare, stendere; apparire, rivelarsi: **to o. out a map**, spiegare una carta geografica; **The view of the town opened out before our eyes**, la vista della città si rivelò ai nostri occhi □ **to o. up**, aprirsi, allargarsi; aprire, schiudere; rivelare, scoprire; cominciare: **The road opened up after the bridge**, dopo il ponte la strada si allargava; **to o. up a mine**, aprire una miniera; (*med.*) **to o. up sb.'s stomach**, aprire lo stomaco a q; **to o. up new opportunities**, rivelare (*o* schiudere) nuove prospettive □ **to o. one's lips**, non aprir bocca □ (*comm.*: *sul mercato, in Borsa*) **Wheat opened active**, in apertura il grano è stato assai sostenuto.

openable ['oupənəbl], *a.* apribile.

opencast ['oupənka:st], *a.* (*ind. min.*) a cielo aperto; alla superficie. ● **o. coal**, carbone di superficie.

opener ['oupənə*], *n.* **1** chi apre **2** arnese (*o* utensile) per aprire **3** partita (*o* gioco) d'apertura **4** (*teatr.*) numero d'apertura **5** (*poker, ecc.*) chi ha aperto; (*anche*) chi è di mano **6** (*pl., poker*) apertura; coppia che consente l'apertura (*di solito, due jack*). ● **a bottle o.**, un apribottiglie □ (*fam.*) **an eye-o.**, una cosa stupefacente □ **a tin-o.**, un apriscatole □ (*fam.*) **for openers**, per cominciare; come antipasto.

opening (1) ['oupniŋ], *n.* **1** apertura; inizio; principio: **the o. of a speech**, l'inizio di un discorso; (*econ.*) **the o. of a new market for our products**, l'apertura di un nuovo mercato per i nostri prodotti **2** il dischiudersi; lo sbocciare (*di fiori e sim.*) **3** apertura; foro; radura (*in un bosco*); schiarita (*nel cielo*): **an o. in a wall**, un'apertura in un muro **4** (*leg.*) apertura d'udienza; inizio della perorazione **5** occasione; opportunità; (*comm.*) sbocco **6** prospettiva; buona possibilità; posto vacante: **I should like to know whether there is an o. in your firm**, desidererei sapere se c'è qualche prospettiva (*o* posto vacante) nella Vostra ditta **7** (*gioco della dama, degli scacchi*) apertura; serie di mosse iniziali. ● (*poker*) **o. without openers**, l'aprire (il gioco) senza avere l'apertura (*V.* **opener**, *def. 6*).

opening (2) ['oupniŋ], *a.* inaugurale; di apertura; iniziale; primo: **o. speech**, discorso d'apertura; (*fin.*) **o. capital**, capitale iniziale. ● (*poker*) **o. bet of one chip**, puntata d'apertura (*al buio*) di una fiche □ (*teatr.*) **o. night**, prima (*di uno spettacolo*); première (*franc.*) □ **o. remarks**, osservazioni preliminari (*o* introduttive).

openly ['oupənli], *avv.* apertamente; francamente; lealmente; pubblicamente; a viso aperto.

openness ['oupənnis], *n.* **1** franchezza; lealtà; schiettezza; sincerità **2** apertura mentale; liberalità; mancanza di pregiudizi.

opera ['ɔpərə], *n.* (*teatr.*) opera. ● **o. cloak**, mantello da sera □ **o. glasses**, binocolo da teatro □ **o. hat**, gibus □ **o. house**, teatro dell'opera; opera □ **the o. season**, la stagione dell'opera □ **comic o.**, opera comica □ **grand o.**, opera lirica □ **light o.**, opéra comique (*franc.*); operetta.

operable ['ɔpərəbl], *a.* **1** (*med.*) operabile **2** fattibile.

operant ['ɔpərənt], **A** *a.* operante; attivo, efficace. **B** *n.* operante.

to operate ['ɔpəreit], **A** *v. i.* **1** operare; agire; contribuire; fare un'operazione chirurgica: **Several factors operated to bring about our defeat**, parecchi fattori contribuirono a determinare la nostra sconfitta; **The surgeons o. from 7 to 11 a.m.**, i chirurghi operano dalle 7 alle 11 di mattina **2** (*mecc.*) funzionare; andare: **This car operates on Diesel oil**, questa auto va a gasolio **3** (*di medicamento*) essere efficace. **B** *v. t.* **1** produrre; provocare: **Energy operates changes**, l'energia produce mutamenti **2** far funzionare; azionare: **to o. a machine**, azionare una macchina **3** (*comm.*) condurre (*un'azienda*); gestire: **The bank operates several branches**, la banca gestisce diverse filiali **4** (*med.*) operare (*un tumore, ecc.*). ● (*Borsa, fin.*) **to o. for a fall**, speculare al ribasso □ (*Borsa, fin.*) **to o. for a rise**, speculare al rialzo □ **to o. a mine**, sfruttare una miniera □ (*med.*) **to o. on**, operare: **The patient was operated on yesterday**, il paziente fu operato ieri □ **to o. on sb.'s fears**, far leva sui timori di q. □ **to o. on** (*o* **upon**), influire, avere un effetto su □ **hand-operated**, azionato a mano.

operatic [ˌɔpəˈrætik], *a.* **1** (*teatr.*) dell'opera; lirico: **an o. singer**, un cantante lirico **2** (*fig.*) esagerato; melodrammatico.

operating ['ɔpəreitiŋ], **A** *n.* **1** (*mecc.*) funzionamento **2** (*med.*) operazione **3** (*comm.*) gestione; conduzione. **B** *a. attr.* operativo; (*elab.*) **o. instructions**, istruzioni operative. ● (*comm.*) **o. cost**, costo d'esercizio □ (*comm.*) **o. expenses**, spese d'esercizio □ **o. room**, sala operatoria □ **o. table**, tavolo operatorio □ **o. theatre**, sala operatoria a emiciclo.

operation [ˌɔpəˈreiʃən], *n.* **1** operazione (*in ogni senso*): **to begin operations**, iniziare le operazioni; **the o. of pruning**, l'operazione della potatura; **to perform an o. for a duodenal ulcer**, eseguire un'operazione per un'ulcera duodenale; **the o. of thinking**, l'operazione dell'intelletto **2** azione; effetto: **the operations of nature**, l'azione (*o* gli effetti) delle forze della natura; **the o. of breathing**, l'azione del respirare **3** funzionamento: **The o. of this machine is easily explained**, il funzionamento di questa macchina è facile da spiegarsi **4** (*comm.*) gestione; conduzione. ● (*ind., mat.*) **operations research** (*abbr.* **O.R.**), ricerca operativa □ **to come** (*o* **to go**) **into o.**, entrare in vigore; acquistare efficacia □ **in o.**, in azione, in funzione; in vigore, in attuazione.

operational [ˌɔpəˈreiʃənl], *a.* **1** relativo a operazioni; operativo; operazionale: **o. research** (*abbr.* **O.R.**), ricerca operativa **2** (*comm.*) gestionale; di gestione; d'esercizio: **the o. cost of a new airliner**, il costo d'esercizio d'un nuovo aeroplano di linea. ● (*ind.*) **o. maintenance**, manutenzione ordinaria □ **The fleet is already o.**, la flotta è pronta a entrare in operazione (*o* a essere impiegata).

to operationalize [ˌɔpəˈreiʃənlaiz], *v. t.* rendere operativo (*un programma, ecc.*).

operative ['ɔpərətiv], **A** *a.* **1** operativo; attivo; efficace **2** manuale; pratico: **the o. arts**, le arti manuali; i mestieri; **the o. part of this work**, la parte pratica di questo lavoro **3** (*med.*) operatorio: **o. treatment**, trattamento operatorio. **B** *n.* **1** operaio (*di fabbrica*); operaio meccanico: **wool operatives**, operai lanieri **2** artigiano; lavorante. ● **o. surgery**, chirurgia □ **to become o.**, entrare in vigore; divenire operante: **This law will become o. tomorrow**, questa legge entrerà in vigore domani.

operativeness ['ɔpərətivnis], *n.* operatività.

operator ['ɔpəreitə*], *n.* **1** operatore (*anche fin., ing., elab.*); operatrice **2** operaio addetto a una macchina **3** centralinista; telefonista **4** telegrafista **5** (*comm.*) gestore (*d'impresa*) **6** (*tel.*) **o. rate**, tariffa di chiamate col centralino □ **a clever o.**, uno che sa destreggiarsi □ **a smooth o.**, un'acqua cheta (*fig.*) □ (*aeron., naut.*) **wireless o.**, marconista; radiotelegrafista.

opercular [ouˈpə:kjulə*], *a.* (*biol.*) opercolare.

operculate [ouˈpə:kjulit], **operculated** [ouˈpə:kjuleitid], *a.* (*biol.*) opercolato.

operculum [ouˈpə:kjuləm], *n.* (*pl.* **opercula, operculums**) (*biol.*) opercolo.

operetta [ˌɔpəˈretə], *n.* (*mus.*) operetta.

operose ['ɔpərous], *a.* operoso; laborioso; faticoso.

operoseness [ˌɔpəˈrousnis], *n.* operosità; laboriosità.

Ophelia [ɔˈfi:ljə], *n.* (*letter.*) Ofelia.

ophidian [ɔˈfidiən], **A** *a.* (*zool.*) degli ofidi. **B** *n.* (*zool.*) serpente.

ophidians [ɔˈfidiənz], *n. pl.* (*zool., Ophidia*) ofidi.

ophite ['ɔfait], *n.* (*miner.*) ofite; serpentino.

ophitic [ɔˈfitik], *a.* (*miner.*) ofitico.

ophthalmia [ɔfˈθælmiə], *n.* (*med.*) oftalmia.

ophthalmic [ɔfˈθælmik], *a.* (*med.*) oftalmico. ● **o. optician**, oculista.

ophthalmitis [ˌɔfθælˈmaitis], *n.* (*med.*) oftalmite.

ophthalmological [ɔfˌθælmouˈlɔdʒikəl], *a.* (*med.*) oftalmologico.

ophthalmologist [ˌɔfθælˈmɔlədʒist], *n.* (*med.*) oftalmologo.

ophthalmology [ˌɔfθælˈmɔlədʒi], *n.* (*med.*) oftalmologia.

ophthalmoscope [ɔfˈθælmouskoup], *n.* (*med.*) oftalmoscopio.

ophthalmoscopic [ɔfˌθælmouˈskɔpik], *a.* (*med.*) oftalmoscopico.

ophthalmoscopy [ˌɔfθælˈmɔskəpi], *n.* (*med.*) oftalmoscopia.

ophthalmotomy [ˌɔfθælˈmɔtəmi], *n.* (*med.*) oftalmotomia.

opiate ['oupiit], *n.* (*farm.*) **1** narcotico **2** tranquillante, sedativo **3** sonnifero **4** oppiato.

to opiate ['oupieit], *v. t.* oppiare.

to opine [ouˈpain], *v. i.* e *t.* opinare.

opinion [əˈpinjən], *n.* opinione; avviso; parere (*anche legale*): **I am of o. that...**, sono d'opinione che...; **political opinions**, opinioni politiche; **to take counsel's o.**, sentire il parere d'un avvocato; **You had better get a medical o. of the case**, faresti bene a sentire il parere di un medico su questo caso. ● **o. maker**, opinion maker; commentatore (*giornalista*), editorialista □ (*stat.*) **o. poll** (*o* **o. survey**), indagine (*o* sondaggio) d'opinione; indagine demoscopica □ **to act up to one's opinions**, agire conformemente alle proprie convinzioni □ **to form a high (a low) o. of sb.**, farsi un'alta (un cattivo) concetto di q. □ **to have a high (a low) o. of sb.**, avere una buona (una cattiva) opinione di q. □ **to have no o. of sb.**, non avere stima di q. □ **in my o.**, a mio avviso; secondo me □ **public o.**, l'opinione pubblica □ (*med.*) **second o.**, consulto: **to seek a second o. from a surgeon**, chiedere un consulto a un chirurgo □ **It's a matter of o.**, è una questione discutibile; è cosa opinabile.

opinionated [əˈpinjəneitid], *a.* caparbio; dogmatico; intransigen-

te; ostinato.
opinionatedness [ə'pinjəneitidnis], *n.* caparbietà; dogmatismo; intransigenza; ostinazione.
opinionative [ə'pinjəneitiv], *a.* 1 d'opinione 2 *V.* **opinionated**.
opium ['oupjəm], *n.* (*farm.*) oppio. ● **o. addict**, oppiomane □ **o. den**, fumeria d'oppio □ **o. habit**, oppiomania □ (*bot.*) **o. poppy** (*Papaver somniferum*), papavero officinale (*o* da oppio).
to opium ['oupjəm], *v. t.* 1 oppiare 2 curare con l'oppio.
opiumism ['oupjəmizəm], *n.* oppiomania.
to opiumize ['oupjəmaiz], *v. t.* 1 oppiare 2 curare con l'oppio.
opopanax [ou'pɔpənæks], *n.* (*bot.*, *Opopanax chironium*) opopanaco, opoponaco.
opossum [ə'pɔsəm], *n.* (*pl.* **opossums, opossum**) (*zool.*, *Didelphis virginiana*) opossum. ● (*fam.*) **to play 'possum**, fingere d'esser morto; fare il morto; fare l'indiano (*fig.*).
oppidan ['ɔpidən], **A** *a.* (*raro*) cittadino; urbano. **B** *n.* 1 (*raro*) abitante d'una città; cittadino 2 (*a Eton*) studente esterno.
opponency [ə'pounənsi], *n.* antagonismo; opposizione.
opponent [ə'pounənt], **A** *n.* 1 oppositore; avversario; antagonista 2 (*comm.*) concorrente. **B** *a.* (*raro*) contrario; opposto. ● (*anat.*) **o. muscle**, muscolo opponente.
opportune ['ɔpətju:n], *a.* opportuno; conveniente; favorevole; propizio: **most o. aid**, aiuto assai opportuno (*o* provvidenziale); **at an o. moment**, in un momento conveniente (*o* opportuno).
opportuneness [ɔpə'tju:nnis], *n.* opportunità; convenienza.
opportunism [ɔpə'tju:nizəm], *n.* opportunismo.
opportunist [ɔpə'tju:nist], *n.* opportunista.
opportunistic [ˌɔpətju:'nistik], *a.* opportunistico.
opportunity [ˌɔpə'tju:niti], *n.* opportunità; occasione; possibilità: **to give an o.**, dare l'occasione; **to get** (*o* **to seize**) **an o.**, afferrare un'opportunità; cogliere un'occasione; **to let the o. slip**, lasciarsi sfuggire l'occasione; **to have unlimited opportunities**, avere possibilità illimitate. ● (*prov.*) **O. makes the thief**, l'occasione fa l'uomo ladro.
opposability [əˌpouzə'biliti], *n.* l'essere opponibile.
opposable [ə'pɔiuzəbl], *a.* (*anche anat.*) opponibile.
to oppose [ə'pouz], **A** *v. t.* 1 opporsi a (*anche anat.*); essere contrario a; contrastare; osteggiare; combattere (*fig.*): **to o. nationalism**, esser contrario al nazionalismo; **to o. a scheme**, osteggiare un progetto 2 opporre; contrapporre; mettere di fronte: **He opposes his will to mine**, oppone la sua volontà alla mia; **to o. anger with patience**, contrapporre la pazienza all'ira. **B** *v. i.* opporsi; fare opposizione.
opposed [ə'pouzd], *a.* 1 contrario; avverso 2 opposto: **Their characters are strongly o.**, sono due caratteri del tutto (*o* diametralmente) opposti 3 (*mecc.*) (*di cilindro*) contrapposto. ● (*mecc.*) **o. engine**, motore a cilindri contrapposti □ **to be o. to sb. doing st.**, essere contrario a che q. faccia q.c. □ **as o. to**, nei confronti di, rispetto a; al contrario di.
opposite ['ɔpəzit], **A** *a.* opposto; contrario; altro: **the o. side of the problem**, il lato opposto del problema; **They came from o. directions**, venivano da direzioni opposte; **That girl is very popular with the o. sex**, quella ragazza piace molto alle persone dell'altro sesso. **B** *n.* (l')opposto; (il) contrario: **Good and evil are opposites**, il bene e il male sono contrari; **The o. is true**, è vero il contrario. **C** *avv.* dirimpetto; di fronte: **There was an accident o.**, ci fu un incidente dirimpetto (dall'altra parte della strada). **D** *prep.* dirimpetto, di fronte a; in faccia a: **There was an explosion o. our hotel**, ci fu un'esplosione di fronte al nostro albergo; **the big tree o. to the house**, il grande albero dirimpetto alla casa. ● (*bot.*) **o. leaves**, foglie opposte □ **the o. number**, la persona (*o* la cosa) corrispondente a un'altra (*di un'altra serie*; *per es.*, *il centrattacco di una squadra di calcio è* **the o. number** *rispetto al suo diretto avversario*); il corrispondente, l'equivalente; (*talora*) il (suo) collega □ (*teatr.*) **o. prompter**, suggeritore posto alla destra degli attori □ (*teatr.*) **to play o.**, recitare con (una persona dell'altro sesso); avere (q.) come partner □ **The most extreme opposites have some qualities in common**, gli estremi si toccano (*prov.*) □ **It's a thing of an o. kind to** (*o* **from**) **what I expected**, è tutt'altra cosa da quel che m'aspettavo.
oppositeness ['ɔpəzitnis], *n.* l'essere opposto (*o* contrario) (*V.* **opposite**).
opposition [ˌɔpə'ziʃən], *n.* opposizione (*in ogni senso*); antagonismo; contrasto; concorrenza; ostilità; resistenza: **The Liberal Party was in o.**, il partito liberale era all'opposizione; **The two friends found themselves in o. to each other**, i due amici si trovarono in contrasto; **The enemy met with o. everywhere**, il nemico incontrò resistenza ovunque. ● (*anat.*) **o. of the thumb**, opposizione del pollice (*alle altre dita*) □ (*polit.*, *in G.B.*) **His** (*o* **Her**) **Majesty's O.**, il partito che è all'opposizione in Parlamento □ **in o. to public opinion**, contro l'opinione pubblica (*polit.*, *in G.B.*) **the leader of the O.**, il capo dell'opposizione □ **to offer a determined o.**, resistere a oltranza.

oppositional [ˌɔpə'ziʃənəl], *a.* (*raro*) d'opposizione.
oppositionist [ˌɔpə'ziʃənist], *n.* (*raro*) chi s'oppone.
oppositive [ə'pɔzitiv], *a.* (*raro*) che s'oppone; antitetico.
to oppress [ə'pres], *v. t.* opprimere; gravare; angariare; vessare; sopraffare; schiacciare (*fig.*): **to o. a people**, opprimere un popolo.
oppression [ə'preʃən], *n.* oppressione; angheria; vessazione; sopraffazione: **I felt the o. of the heat**, sentivo l'oppressione del caldo; **innocent victims of o.**, innocenti vittime dell'oppressione.
oppressive [ə'presiv], *a.* oppressivo; opprimente; vessatorio; tirannico: **o. laws**, leggi oppressive; **o. heat**, caldo opprimente.
oppressiveness [ə'presivnis], *n.* l'essere oppressivo (*o* opprimente). ● **the o. of the weather**, l'afa; la calura.
oppressor [ə'presə*], *n.* oppressore; tiranno.
opprobrious [ə'proubriəs], *a.* 1 obbrobrioso; vituperabile. **o. behaviour**, condotta obbrobriosa 2 ingiurioso; oltraggioso; infamante: **o. words**, parole oltraggiose.
opprobrium [ə'proubriəm], *n.* obbrobrio; vituperio; infamia.
to oppugn [ə'pju:n], *v. t.* 1 oppugnare, contrastare, controbattere (*idee, opinioni, ecc.*) 2 opporsi a; osteggiare.
oppugnancy [ə'pʌgnənsi], *n.* (*raro*) opposizione; ostilità.
oppugnant [ə'pʌgnənt], **A** *a.* (*raro*) ostile. **B** *n.* oppositore.
to opt [ɔpt], *v. i.* optare; scegliere: **to o. for st.**, optare per q.c. ● **to o. out of st.**, dissociarsi da q.c.; decidere di non partecipare a q.c.
optant ['ɔptənt], *n.* chi opta; chi fa una scelta.
optative ['ɔptətiv], *a. e n.* (*gramm.*) (modo) ottativo.
optic ['ɔptik], **A** *a.* (*anat.*) ottico: **o. nerve**, nervo ottico; **o. axis**, asse ottico. **B** *n.* (*fam.*, *scherz.*) occhio.
optical ['ɔptikəl], *a.* 1 (*specialm. fis.*) ottico; dell'occhio: **o. instruments**, strumenti ottici; **an o. illusion**, un'illusione ottica 2 (*arte*) ottico: **o. art**, arte ottica 3 (*astron.*) visibile. ● (*ing.*) **o. rangefinder**, telemetro ottico.
optician [ɔp'tiʃən], *n.* 1 ottico 2 oculista. ● **dispensing o.**, ottico □ **ophthalmic o.**, oculista.
optics ['ɔptiks], *n. pl.* (col verbo al sing.) (*fis.*) ottica.
optimal ['ɔptiməl], *a.* ottimale: **the o. temperature**, la temperatura ottimale.
optimalization [ˌɔptiməlai'zeiʃən], *n.* (*econ.*) ottimalizzazione.
to optimalize ['ɔptiməlaiz], *v. t.* (*econ.*) ottimalizzare.
optimate ['ɔptimeit], *n.* (*stor.*) ottimate.
optimism ['ɔptimizəm], *n.* ottimismo.
optimist ['ɔptimist], *n.* ottimista.
optimistic [ˌɔpti'mistik], *a.* ottimistico.
optimistically [ˌɔpti'mistikəli], *avv.* ottimisticamente.
optimization [ˌɔptimai'zeiʃən], *n.* ottimizzazione.
to optimize ['ɔptimaiz], **A** *v. i.* essere ottimista. **B** *v. t.* ottimizzare: **to o. machine performance**, ottimizzare il rendimento del macchinario.
optimum ['ɔptiməm], **A** *n.* (*pl.* **optima, optimums**) (*specialm. biol.*) optimum; condizioni (*d'ambiente, ecc.*) ideali. **B** *a. attr.* ottimale: **the o. safe speed**, la velocità ottimale di sicurezza.
option ['ɔpʃən], *n.* 1 libertà (*o* facoltà) di scelta; scelta: **You'll have to make an o. in the matter**, in questa faccenda, dovrai fare una scelta 2 (*Borsa, fin.*) opzione 3 (*leg.*) alternativa (*fra il carcere e la pena pecuniaria*). ● **to keep** (*o* **to leave**) **one's options open**, non impegnarsi; rinviare la scelta □ **I had no o. but to go**, non potei fare altro che andare; dovetti andare (per forza).
optional ['ɔpʃənəl], *a.* opzionale; facoltativo; a scelta, a richiesta: **o. subjects**, materie (di studio) opzionali. ● (*autom.*, *comm.*) **o. extra**, «optional».
optoelectronic [ˌɔptouilek'trɔnik], *a.* (*fis.*) otticoelettronico.
optoelectronics [ˌɔptouilek'trɔniks], *n. pl.* (col verbo al sing.) (*fis.*) otticoelettronica.
opulence ['ɔpjuləns], **opulency** ['ɔpjulənsi], *n.* 1 opulenza; grande ricchezza 2 abbondanza; sovrabbondanza.
opulent ['ɔpjulənt], *a.* 1 opulento; assai ricco 2 abbondante; sovrabbondante. ● **o. blossoms**, fioriture lussureggianti.
opuntia [ə'pʌnʃə], *n.* (*bot.*, *Opuntia*) opunzia.
opus ['oupəs] (*lat.*), *n.* (*pl.* **opera, opuses**) (*mus.*, *abbr.* **op.**) opera: **Beethoven op. 15**, Beethoven op. 15.
opuscule [ɔ'pʌskju:l], *n.* (*mus.*, *letter.*) opera minore.
opusculum [ɔ'pʌskjuləm] (*lat.*), *n.* (*pl.* **opuscula**) (*mus.*, *letter.*) opera minore.
or (1) [ɔ:*, ə*], *cong.* 1 o; oppure; ossia; ovvero: **black or white**, bianco o nero; **five or six**, cinque o sei; **Will you be there or not?**, ci sarai o no? 2 (*in correlazione con una parola di valore neg.*) né: **without relatives or friends**, senza parenti né amici. ● **either... or**, (o)... o: **Take either this book or that one**, prendi questo libro o quello! □ **or else**, altrimenti; se no □ **or so**, o giù di lì; o pressappoco; o circa: **They were twenty or so**, erano venti o giù di lì.
or (2) [ɔ:*], *n.* (*araldica*) oro.
orach ['ɔritʃ], *n.* (*bot.*, *Atriplex hortense*) atreplice; spinaccio; bietolone.
oracle ['ɔrəkl], *n.* oracolo (*in ogni senso*): **to consult the o.**, con-

oracular

sultare l'oracolo. ● (*fam.*) **to work the o.**, fare miracoli (*fig.*); spianare la strada al successo; trovare i denari che servono.

oracular [ɔ'rækjulə*], *a.* **1** di (*o* da) oracolo; profetico; misterioso; oscuro (*fig.*) **2** (*di persona*) che parla come un oracolo; autorevole.

oracularity [ɔˌrækju'læriti], *n.* **1** misteriosità; oscurità (*fig.*) **2** autorevolezza.

oral [ɔ:rəl], **A** *a.* orale (*anche anat.*); verbale: **an o. examination**, un esame orale; **o. contraceptive**, antifecondativo orale; **o. traditions**, tradizioni orali; (*leg.*) **o. testimony**, testimonianza orale; (*leg.*) **o. contract**, contratto verbale. **B** *n.* (*fam.*) esame orale.

orange ['ɔrindʒ], *n.* **1** arancia **2** (*bot., Citrus aurantium; anche* **o. tree**) arancio **3** color arancione. ● **o. blossoms**, fiori d'arancio □ **o. grove**, aranceto ● **o. peel**, scorza d'arancia □ **o. stick**, bastoncello di legno d'arancio (*usato per manicure*) □ (*bot.*) **Blenheim o.**, mela color oro □ (*fig.*) **to squeeze the o.**, spremere q.c. sino in fondo (come un limone); cavare da q.c. tutto quello che può dare □ (*fig.*) **squeezed o.**, cosa sfruttata al massimo, da cui non si può cavar più nulla; limone spremuto (*fig.*).

orangeade ['ɔrindʒ'eid], *n.* aranciata.

Orangeism ['ɔrindʒizəm], *V.* **Orangism**.

Orangeman ['ɔrindʒmən], *n.* (*pl.* **Orangemen**) (*stor.*) Orangista; membro d'una società segreta protestante nell'Irlanda del Nord.

orangery ['ɔrindʒəri], *n.* **1** aranciera **2** aranceto.

orangewood ['ɔrindʒwud], *n.* legno d'arancio.

Orangism ['ɔrindʒizəm], *n.* (*stor.*) Orangismo (*ideologia dei membri di una società segreta protestante nell'Irlanda del Nord, fondata nel 1795*).

orang-outan(g), orangutan [ɔ:ræŋ'u:tæn], *n.* (*zool., Pongo pygmaeus*) orangutan; orango.

to orate [ɔ:'reit], *v. i.* (*scherz., spreg.*) fare un'orazione; arringare.

oration [ɔ:'reiʃən], *n.* **1** orazione; discorso solenne; arringa: **a funeral o.**, un'orazione funebre **2** (*gramm.*) discorso: **indirect** (*o* **oblique**) **o.**, discorso indiretto.

orator ['ɔrətə*], *n.* oratore.

Oratorian [ˌɔrə'tɔ:riən], *a. e n.* (*relig.*) oratoriano.

oratorical [ˌɔrə'tɔrikəl], *a.* oratorio; ampolloso; retorico: **o. prose**, prosa oratoria; **o. style**, stile oratorio.

oratorio [ˌɔrə'tɔ:riou], *n.* (*pl.* **oratorios**) (*mus.*) oratorio.

oratory (1) ['ɔrətəri], *n.* **1** oratoria; arte oratoria; eloquenza **2** retorica; linguaggio retorico.

oratory (2) ['ɔrətəri], *n.* (*relig.*) **1** oratorio (*piccola cappella*) **2** – **O.**, Oratorio (*ordine religioso di San Filippo Neri*).

oratress ['ɔrətris], *n.* (*raro*) oratrice.

orb [ɔ:b], *n.* **1** orbe; globo; sfera **2** (*poet.*) occhio **3** (*poet.*) astro.

to orb [ɔ:b], **A** *v. t.* **1** dar forma di sfera a (q.c.) **2** (*poet.*) circondare; racchiudere. **B** *v. i.* (*poet.*) assumere la forma d'una sfera.

orbicular [ɔ:'bikjulə*], *a.* **1** circolare; sferico **2** (*anat., bot., geol., tecn.*) orbicolare.

orbicularity [ɔ:ˌbikju'læriti], *n.* forma orbicolare; sfericità.

orbiculate [ɔ:'bikjulit], *a.*, **orbiculated** [ɔ:'bikjuleitid], *V.* **orbicular**.

orbit [ɔ:bit], *n.* (*astron., miss., anat. e fig.*) orbita: **the satellite's o. round the moon**, l'orbita del satellite intorno alla luna. ● **to go into o.**, (*miss.*) entrare in orbita; (*fam., fig.*) perdere le staffe.

to orbit [ɔ:bit], (*astron., miss.*) **A** *v. i.* orbitare. **B** *v. t.* **1** orbitare intorno a (q.c.) **2** mettere (*o* mandare) in orbita. ● **a satellite orbiting the earth**, un satellite in orbita intorno alla terra.

orbital ['ɔ:bitl], *a.* **1** (*scient.*) orbitale **2** (*miss.*) orbitale; in orbita: **o. platform**, stazione orbitale; **o. velocity**, velocità orbitale. ● (*miss.*) **o. rendezvous**, (punto di) rendezvous nello spazio □ (*autom.*) **o. route**, (raccordo) anulare; semianello: **the M 25--London o. route**, il semianello che collega Londra con la M 25 (*autostrada*).

orc [ɔ:k], *n.* **1** *V.* **orca 2** (*mitol.*) orco.

orca ['ɔ:kə], *n.* (*zool., Orcinus orca*) orca.

Orcadian [ɔ:'keidjən], *a. e n.* (abitante) delle isole Orcadi.

orchard ['ɔ:tʃəd], *n.* frutteto. ● **a peach o.**, un pescheto.

orcharding ['ɔ:tʃədiŋ], *n.* frutticoltura.

orchardist ['ɔ:tʃədist], *n.* frutticoltore.

orchardman ['ɔ:tʃədmən], *n.* (*pl.* **orchardmen**) *V.* **orchardist**.

orchestra ['ɔ:kistrə], *n.* **1** (*mus.*) orchestra **2** (*teatr., anche* **o. pit**) platea. ● (*teatr.*) **o. stalls**, poltrone delle prime file □ **string o.**, orchestra d'archi.

orchestral [ɔ:'kestrəl], *a.* (*mus.*) orchestrale. ● **an o. player**, un orchestrale; una orchestrale.

to orchestrate ['ɔ:kistreit], *v. t. e i.* (*mus. e fig.*) orchestrare.

orchestration [ˌɔ:kes'treiʃən], *n.* (*mus. e fig.*) orchestrazione.

orchestrina [ˌɔ(:)ki'stri:nə], (*USA*) **orchestrion** [ɔ:'kestriən], *n.* (*mus.*) orchestrion (*tipo d'organo*).

orchid ['ɔ:kid], *n.* (*bot.*) orchidea.

orchidaceous [ˌɔ:ki'deiʃəs], *a.* (*bot.*) orchidaceo.

orchidist ['ɔ:kidist], *n.* coltivatore d'orchidee.

orchil ['ɔ:tʃil], *n.* (*chim., bot., Roccella tinctoria*) oricello.

orchis ['ɔ:kis], *V.* **orchid**.

orchitis [ɔ(:)'kaitis], *n.* (*med.*) orchite.

orcin ['ɔ:sin], *n.* (*chim.*) orcina.

to ordain [ɔ:'dein], *v. t.* (*specialm. relig.*) **1** ordinare, consacrare: **to be ordained priest** (**king**); essere ordinato sacerdote (consacrato re) **2** decretare; stabilire: **God has ordained death as our lot** (*o* **us to die**), Dio ha decretato che la morte fosse la nostra sorte; Dio ci ha voluti mortali.

ordainment [ɔ:'deinmənt], *n.* **1** l'ordinare; il decretare **2** decreto; ordinanza.

ordeal [ɔ:'di:l], *n.* **1** (*stor.*) ordalia; giudizio di Dio **2** (*fig.*) cimento; prova; travaglio; traversia: **I have not yet recovered from that terrible o.**, non mi sono ancora ripreso da quella prova tremenda.

order ['ɔ:də*], *n.* **1** ordine (*quasi in ogni senso*); comando; ordinanza; ordinamento; disposizione; genere; ceto; grado; fila; serie; (*comm.*) ordinazione; (*leg.*) mandato: **in alphabetical o.**, in ordine alfabetico; **in good o.**, in bell'ordine; **in o. of importance**, in ordine d'importanza; **in o. of battle**, in ordine (*o* schieramento) di battaglia; **troops in open o.**, soldati in ordine sparso; **You must obey my orders**, devi obbedire ai miei ordini; **an o. for a hundred sacks of coffee**, un'ordinazione di cento sacchi di caffè; (*comm.*) **to fill** (*o* **to carry out**) **an o.**, eseguire (*o* dar corso a) un'ordinazione; (*rag.*) **an o. for payment**, un ordine (*o* un mandato) di pagamento; **the lower orders**, i ceti inferiori; **the monastic orders**, gli ordini monastici; (*archit.*) **the Doric o.**, l'ordine dorico; (*mat.*) **equation of the first o.**, equazione di primo grado **2** (*bot., zool.*) ordine **3** (*comm.*) merce ordinata: **The o. arrived in good condition**, la merce ordinata è arrivata in buono stato **4** (*cinem., teatr., ecc.*) entrata di favore. ● (*nelle assemblee*) **O.!, o.!**, mozione d'ordine! (*specialm. per sollevare un'eccezione alla procedura*) □ **o. book**, libro (*o* registro) delle ordinazioni; (*polit.*) registro delle mozioni (*ai Comuni*) □ (*comm.*) **o. clerk**, impiegato che registra le ordinazioni □ (*comm.*) **o. form**, modulo d'ordinazione □ **o. of the day**, ordine del giorno; programma; agenda; (*fam.*) caratteristica prevalente (*di un periodo*) □ **o. paper**, foglio dell'ordine del giorno □ **o. to view**, permesso di visitare (*un appartamento, ecc.*); (*leg.*) mandato d'ispezione □ (*comm.*) **bill payable to o.**, cambiale all'ordine □ **to be called to order**, essere richiamato all'ordine □ (*comm.*) **to cancel an o.**, annullare un'ordinazione □ (*comm.*) **a cheque to sb.'s o.**, un assegno all'ordine di q. □ (*mecc.*) **to get out of o.**, guastarsi; incepparsi; cessare di funzionare □ **in o. that**, affinché; acciocché □ **in o. to**, allo scopo di; per □ **in bad o.**, in disordine: **The books were in bad o.**, i libri erano in disordine □ (*USA*) **in short o.**, in breve tempo; in quattro e quattr'otto □ (*fig.*) **a large** (*o* **tall**) **o.**, un compito arduo; un lavoro difficile □ **law and o.**, l'ordine e la legge; la legalità □ **made to o.** (*o* **to o.**), (fatto) su ordinazione, su misura: **shoes to o.**, scarpe su ordinazione □ (*mil.*) **marching o.**, divisa ed equipaggiamento di marcia □ **money o.**, vaglia (*da cui risulta il nome del mittente*) □ (*comm.*) **on o.**, (già) ordinato; commissionato □ **out of o.**, in disordine; guasto: **My liver is out of o.**, ho il fegato in disordine; **The engine (the phone, etc.) is out of o.**, il motore (il telefono, ecc.) è guasto □ **a point of o.**, una questione di procedura □ **postal o.**, vaglia postale □ (*comm.*) **production o.** (*o* **work o.**), ordinazione; commessa □ (*mecc.*) **to put in working o.**, mettere in funzione; riparare □ (*nelle assemblee*) **to raise a point of o.**, sollevare una questione di procedura □ (*mil.*) **review o.**, uniforme di parata □ (*relig.*) **to take holy orders**, prender gli ordini sacri; essere ordinato sacerdote □ **telegraphic money o.**, vaglia telegrafico □ **to o.**, su ordinazione; a richiesta, a domanda □ (*comm.*) **trial o.**, ordine di prova □ **to be under o.** (*o* **orders**), aver ricevuto l'ordine: **The captain was under orders to sail for India**, il capitano aveva ricevuto l'ordine di far vela per l'India □ (*mil.*) **to be under the orders of**, essere agli ordini di, essere sotto il comando di □ **until further orders**, fino a nuovo ordine □ (*comm.*) **up to the o.**, conforme all'ordinazione (*di merce, ecc.*).

to order [ɔ:də*], *v. t.* ordinare (*quasi in ogni senso*); dar ordini a; comandare; disporre; mettere in ordine; riordinare: **to o. a retreat**, ordinare la ritirata; **The general ordered the troops to advance**, il generale ordinò alle truppe d'avanzare; **I ordered that they should come immediately**, ordinai che venissero subito; **I have ordered you a new suit** (*o* **I have ordered a new suit for you**), ti ho ordinato un vestito nuovo (ho ordinato un vestito nuovo per te); **We ordered twenty boxes of soap from Messrs Jones & Co.**, ordinammo venti casse di sapone alla ditta Jones & Co.; **to o. dinner**, ordinare il pranzo; **to o. one's affairs**, riordinare i propri affari; **So we hoped, but it was otherwise ordered**,

noi lo speravamo, ma il fatto aveva disposto altrimenti. ● **to o. sb. about** (*o* **around**), dare continuamente ordini a q.; tiranneggiare q. □ **to o. sb. away**, mandar via q.; dare a q. l'ordine di partire □ **to o. sb. back**, ordinare q. di tornare; richiamare q. □ **to o. sb. home**, mandare q. a casa (*o* in patria) □ **to o. off**, far allontanare; mandar via; espellere: **to o. a player off the field**, espellere un giocatore dal campo □ **to o. out**, mandar fuori; espellere: **Three boys were ordered out of the classroom**, tre ragazzi furono espulsi dall'aula □ **to o. a taxi**, chiamare un taxi □ (*mil.*) **O. arms**, fianc'arm! □ (*mil.*) **The major was ordered to Egypt**, il maggiore ebbe l'ordine di andare (*o* fu trasferito) in Egitto.
ordered ['ɔ:dəd], *a.* ordinato: **an o. existence**, una vita ordinata. ● **badly o.**, disordinato.
ordering ['ɔ:dəriŋ], *n.* **1** ordinamento; disposizione **2** (*relig.*) ordinazione.
orderliness ['ɔ:dəlinis], *n.* ordine; buona condotta; compostezza; correttezza; regolarità.
orderly ['ɔ:dəli], **A** *a.* ordinato (*quasi in ogni senso*); in ordine; metodico; composto; corretto; disciplinato; regolare; tranquillo: **an o. room**, una stanza ordinata (*o* in ordine); **an o. mind** (**person, etc.**), una mente (una persona, ecc.) ordinata; **an o. citizen**, un cittadino tranquillo; **an o. nation**, una nazione disciplinata; **o. behaviour**, comportamento composto (*o* corretto). **B** *n.* **1** (*mil.*) attendente **2** inserviente maschile (*d'ospedale*) ● **o. bin**, cassetta per i rifiuti (*collocata lungo la strada*) □ (*mil.*) **the o. book**, il registro degli ordini dati □ (*mil.*) **the o. officer**, l'ufficiale di giornata □ (*mil.*) **the o. room**, l'ufficio di compagnia; la fureria.
ordinal ['ɔ:dinl], **A** *a.* **1** (*mat.*) ordinale: **o. numbers**, numeri ordinali **2** (*zool., bot.*) di un ordine. **B** *n.* **1** (*mat.*) numero ordinale **2** (*relig.*) ordinale.
ordinance ['ɔ:dinəns], *n.* **1** ordinanza; decreto; ingiunzione **2** rito religioso; cerimonia.
ordinand [,ɔ:di'nænd], *n.* (*relig.*) ordinando.
ordinariness ['ɔ:dnrinis], *n.* l'esser ordinario, ecc. (*V.* **ordinary**).
ordinary ['ɔ:dnri], **A** *a.* ordinario; comune; consueto; normale; solito; mediocre: **o. wool**, lana comune; **o. people**, gente ordinaria (*o* comune); **o. traffic**, traffico consueto; **o. wine**, vino ordinario (*o* mediocre). **B** *n.* **1** (*relig.*) vescovo ordinario **2** (*relig.*) libro dell'ufficio divino (*l'equivalente del messale*) **3** pasto a prezzo fisso **4** locanda (*che serve pranzi a prezzo fisso*). ● (*leg.*) **o. crimes**, delitti comuni; delinquenza comune □ (*a scuola*) **o. level**, *V.* **O. level** (*sotto* **O**, **o** (**1**)) □ (*naut.*) **o. seaman**, marinaio semplice □ **in o.**, (*di medico, ecc.*) fisso, stabile, in servizio permanente; (*di nave*) in disarmo □ **in an o. way**, d'ordinario; di norma; normalmente □ **out of the o.**, fuori del comune; insolito; straordinario; eccezionale.
ordinate ['ɔ:dnit], *n.* (*geom.*) ordinata.
ordination [,ɔ:di'neiʃən], *n.* **1** (*relig.*) ordinazione; conferimento dell'ordine sacro **2** classificazione; sistemazione; ordinamento.
ordinee [,ɔ:di'ni:], *n.* (*relig.*) diacono ordinato di recente.
ordnance ['ɔ:dnəns], *n.* (*mil.*) **1** artiglieria **2** materiale militare; veicoli militari; armi e munizioni. ● **o. datum**, livello medio del mare (*nelle carte inglesi*) □ **o. map**, carta topografica ufficiale □ **o. survey**, rilievi topografici □ **the O. Survey**, l'Istituto Cartografico (*in G.B.*) □ **o. surveyor**, topografo militare □ (*USA*) **Army O. Corps**, Commissariato per le armi e munizioni □ **piece of o.**, cannone.
Ordovician [,ɔ:dou'viʃən], *a. e n.* (*geol.*) ordoviciano.
ordure ['ɔ:djuə*], *n.* **1** lordura; escrementi; sterco **2** (*fig.*) oscenità.
ore [ɔ:*], *n.* **1** (*miner.*) minerale (grezzo); **iron ore**, minerale ferroso **2** (*poet.*) metallo; (*specialm.*) oro. ● (*geol.*) **ore bed**, strato minerale □ **ore body**, corpo (*o* massa) minerale □ (*ind. min.*) **ore crusher**, frantumatore (*macchina*) □ **ore dressing**, trattamento dei minerali.
oread ['ɔ:riæd], *n.* (*mitol.*) oreade; ninfa montana.
oregano [ə'regənou], *n.* (*pl.* **oreganos**) (*bot.*, *Origanum vulgare*) origano.
Orestes [ɔ'resti:z], *n.* Oreste.
orfe [ɔ:f], *n.* (*zool.*) *Idus idus*.
organ ['ɔ:gən], *n.* **1** organo (*in ogni senso, anche fig.*): **the organs of digestion**, gli organi della digestione; **speech organs**, gli organi della fonazione; **an o. of propaganda**, un organo di propaganda; (*mus.*) **electric o.**, organo elettrico; **The cabinet is an o. of government**, il Gabinetto è un organo di governo **2** voce (*dell'uomo*): **He has a magnificent o.**, ha una voce magnifica **3** (*eufemistico, anche* **male o.**) membro virile; membro. ● **o. bellows**, mantici dell'organo □ **o. blower**, suonatore d'organo □ **o. builder**, fabbricante d'organi □ **o.-grinder**, suonatore d'organino □ **o. loft**, galleria (*o* tribuna) dell'organo (*nelle chiese*) □ **o. pipe**, canna d'organo □ **o. stop**, registro d'organo □ **barrel o.**, organetto; organino □ **mouth o.**, armonica a bocca □ (*mus.*) **pipe o.**, organo □ (*mus.*) **reed o.** (*o* **American o.**), fisarmonica.
organdie, organdy ['ɔ:gəndi], *n.* (*ind. tessile*) organdis; organza.
organic [ɔ:'gænik], *a.* organico (*in ogni senso*): **o. life**, vita organica; **an o. disease**, una malattia organica; **o. chemistry**, chimica organica; **an o. whole**, un tutto organico.
organically [ɔ:'gænikəli], *avv.* organicamente.
organism ['ɔ:gənizəm], *n.* organismo (*anche fig.*); corpo: **a living o.**, un organismo vivente; **the social o.**, il corpo sociale.
organist ['ɔ:gənist], *n.* (*mus.*) organista.
organizable ['ɔ:gənaizəbl], *a.* organizzabile.
organization [,ɔ:gənai'zeiʃən], *n.* **1** organizzazione; organismo (*anche fig.*). ● **o. chart**, organigramma □ **o. structure**, struttura organizzativa.
organizational [,ɔ:gənai'zeiʃənəl], *a.* organizzativo.
to organize ['ɔ:gənaiz], **A** *v. t.* organizzare. **B** *v. i.* organizzarsi.
organizer ['ɔ:gənaizə*], *n.* **1** organizzatore, organizzatrice **2** attivista sindacale; sindacalista.
organogenesis [,ɔ:gənou'dʒenisis], *n.* (*biol.*) organogenesi; organogenia.
organogenetic [,ɔ:gənoudʒi'netik], *a.* (*biol.*) organogenetico.
organogenic [,ɔ:gənou'dʒenik], *a.* (*geol.*) organogeno.
organography [,ɔ:gə'nɔgrəfi], *n.* (*scient.*) organografia.
organoleptic [,ɔ:gənou'leptik], *a.* organolettico.
organology [,ɔ:gə'nɔlədʒi], *n.* (*scient.*) organologia.
organoscopy [,ɔ:gə'nɔskəpi], *n.* (*med.*) organoscopia.
organotherapy [,ɔ:gənou'θerəpi], *n.* (*med.*) organoterapia.
organum ['ɔ:gənəm], *n.* (*mus.*) organo.
organzine ['ɔ:gənzi:n], *n.* (*ind. tessile*) organzino.
orgasm ['ɔ:gæzəm], *n.* (*fisiologia*) orgasmo.
orgasmic [ɔ:'gæzmik], *a.* orgasmico; che produce l'orgasmo.
orgastic [ɔ:'gæstik], *a.* orgastico; dell'orgasmo.
orgeat ['ɔ:dʒiæt], *n.* orzata.
orgiastic [,ɔ:dʒi'æstik], *a.* orgiastico.
org-man ['ɔ:gmən], *n.* (*pl.* **org-men**; *abbr. di* **organization man**) chi «vive» per l'azienda in cui lavora.
orgone ['ɔ:goun], *n.* (*psic.*) orgone.
orgonic [ɔ:'gɔnik], *a.* (*psic.*) orgonico.
orgy ['ɔ:dʒi], *n.* (*anche fig.*) orgia: **an o. of blood**, un'orgia di sangue; **an o. of colours**, un'orgia di colori.
oriel ['ɔ:riel], *n.* (*anche* **o. window**) (*archit.*) finestra sporgente; balcone chiuso da vetri; bovindo.
orient ['ɔ:riənt], **A** *n.* oriente; levante. **B** *a.* **1** (*poet.*) orientale **2** (*arc.*) levante; nascente: **the o. moon**, la luna nascente. ● (*geogr.*) **the O.**, l'Oriente.
to orient ['ɔ:rient], *V.* **to orientate**.
Oriental [,ɔ:ri'entl], **A** *a.* orientale. **B** *n.* orientale; asiatico.
Orientalism [,ɔ:ri'entəlizəm], *n.* orientalismo.
Orientalist [,ɔ:ri'entəlist], *n.* orientalista.
to Orientalize [,ɔ:ri'entəlaiz], **A** *v. t.* orientalizzare; rendere orientale; dare un carattere orientale a. **B** *v. i.* diventare orientale.
to orientate ['ɔ:rienteit], **A** *v. t.* **1** orientare; volgere verso oriente **2** orientare; indirizzare. **B** *v. i.* orientarsi. **to orientate oneself** **C** *v. rifl.* orientarsi (*anche fig.*). ● **to o. a church**, costruire una chiesa con l'altare rivolto a oriente.
orientation [,ɔ:rien'teiʃən], *n.* (*anche scient.*) orientamento; orientazione.
oriented ['ɔ:rientid], *a.* **1** diretto (a); rivolto (a) **2** (*psic.*) che sa orientarsi; che è cosciente del tempo, dello spazio, ecc. **3** (*geol.*) orientato.
orifice ['ɔrifis], *n.* (*anche scient.*) orificio, orifizio; bocca (*fig.*).
oriflamme ['ɔriflæm], *n.* **1** (*stor.*) orifiamma **2** stendardo (*in genere*).
origan ['ɔrigən], **origanum** [ə'rigənəm], *n.* (*bot.*, *Origanum vulgare*) origano.
origin ['ɔridʒin], *n.* origine; primo principio; derivazione; provenienza: **the o. of a word**, l'origine d'una parola; **a man of humble o.**, un uomo d'umili origini. ● (*comm.*) **certificate of o.**, certificato d'origine.
original [ə'ridʒnl], **A** *a.* **1** originale; nuovo; bizzarro; singolare: **o. sin**, peccato originale; **o. ideas**, idee originali (*o* nuove, bizzarre); **an o. composer**, un compositore originale **2** originario; iniziale: **the o. forests of North America**, le foreste originarie del Nord America; **the o. project**, il progetto iniziale. **B** *n.* **1** (l')originale: **This is not the o.; it's only a copy**, questo non è l'originale; è soltanto una copia **2** (*persona*) originale; eccentrico. ● (*econ.*) **o. goods**, beni naturali □ (*leg.*) **o. jurisdiction**, giurisdizione di prima istanza □ **o. nationality**, nazionalità d'origine.
originality [ə,ridʒi'næliti], *n.* originalità.
originally [ə'ridʒnəli], *avv.* **1** originalmente; in modo originale **2** originariamente; in origine.
to originate [ə'ridʒineit], **A** *v. t.* **1** originare; dare origine a;

origination

causare; produrre 2 inventare: **to o. a new fashion**, inventare una nuova moda. **B** *v. i.* originare; aver origine; nascere; derivare; provenire: **The dispute originated in a misunderstanding**, la lite nacque per un equivoco; **This train originates in Rome**, questo treno nasce a Roma.

origination [əˌridʒi'neiʃən], *n.* **1** l'avere origine; derivazione; provenienza **2** il dare origine; creazione; inizio.
originative [ə'ridʒineitiv], *a.* che dà origine; inventivo; creativo.
originator [ə'ridʒineitə*], *n.* chi dà origine; autore; iniziatore.
orinasal [ˌɔ(:)ri'neizəl], *a.* e *n.* (*fon.*) (suono) pronunciato col naso e con la bocca.
oriole ['ɔ:rioul], *n.* **1** (*anche* **golden o.**) (*zool., Oriolus oriolus*) oriolo; rigogolo **2** (*zool.*) oriolo americano (*della famiglia degli Icteridae*).
Orion [ə'raiən], *n.* (*mitol., astron.*) Orione: **O.'s belt**, la cintura d'Orione.
orison ['ɔrizən], *n.* (*poet., di solito al pl.*) orazione; preghiera.
Orkney Islands ['ɔ:kni 'ailəndz], *n. pl.* (*geogr.*) Isole Orcadi.
Orlon ['ɔ:lɔn], *n.* (*marchio*) Orlon.
orlop ['ɔ:lɔp], *n.* (*naut., anche* **o. deck**) ponte inferiore.
ormer ['ɔ:mə*], *n.* (*zool., Haliotis*) orecchia di mare.
ormolu ['ɔ:məlu:], *n.* bronzo dorato (*lega*).
ornament ['ɔ:nəmənt], *n.* ornamento (*anche fig.*); addobbo; decorazione; ninnolo; soprammobile. ● (*relig.*) **ornaments**, paramenti; arredi sacri □ **by way of o.**, per ornamento.
to ornament ['ɔ:nəment], *v. t.* ornare; adornare; decorare.
ornamental [ˌɔ:nə'mentl], *a.* ornamentale; decorativo: **o. plants**, piante ornamentali.
ornamentalist [ˌɔnə'mentəlist], *n.* decoratore.
ornamentation [ˌɔ:nəmen'teiʃən], *n.* ornamentazione; decorazione; abbellimento; ornamento.
ornate [ɔ:'neit], *a.* riccamente ornato; troppo adorno; elaborato.
ornateness [ɔ:'neitnis], *n.* ornatezza; ricercatezza.
orneriness ['ɔ:nərinis], *n.* (*fam.*) **1** l'essere maldisposto **2** cocciutaggine **3** volgarità **4** (*USA*) irritabilità; irascibilità **5** (*USA*) eccentricità.
ornery ['ɔ:nəri], *a.* (*fam.*) **1** maldisposto **2** cocciuto **3** volgarotto; ordinario **4** (*USA*) irritabile; irascibile **5** (*USA*) eccentrico; strambo.
ornithological [ˌɔ:niθə'lɔdʒikəl], *a.* (*zool.*) ornitologico.
ornithologist [ˌɔ:ni'θɔlədʒist], *n.* (*scient.*) ornitologo.
ornithology [ˌɔ:ni'θɔlədʒi], *n.* (*zool.*) ornitologia.
ornithomancy ['ɔ:niθouˌmænsi], *n.* ornitomanzia.
ornithorhync(h)us [ˌɔ:niθə'riŋkəs], *n.* (*zool., Ornithorhynchus anatinus*) ornitorinco.
orogenesis [ˌɔ(:)rou'dʒenisis], *n. pl.* **orogeneses** (*geol.*) orogenesi.
orogeny [ɔ(:)'rɔdʒəni], *V.* **orogenesis**.
orographic(al) [ˌɔrou'græfik(əl)], *a.* (*scient.*) orografico.
orography [ɔ'rɔgrəfi], *n.* (*scient.*) orografia.
oroide ['ɔ:rɔid], *n.* lega di rame e zinco.
orometer [ɔ(:)'rɔmitə*], *n.* (*ing.*) altimetro.
orotund ['ɔroutʌnd], *a.* altisonante; magniloquente; pomposo.
orphan ['ɔ:fən], **A** *n.* orfano, orfana. **B** *a. attr.* orfano. ● **an o. child**, un orfanello, un'orfanella ● **o. home**, orfanotrofio.
to orphan ['ɔ:fən], *v. t.* rendere orfano.
orphanage ['ɔ:fənidʒ], *n.* **1** orfanotrofio **2** condizione d'orfano.
orphanhood ['ɔ:fənhud], *n.* condizione d'orfano; l'essere orfano.
Orphean [ɔ:'fi:ən], *a.* **1** orfico; di Orfeo **2** (*fig.*) simile alla musica d'Orfeo; incantevole; melodioso.
Orpheus ['ɔ:fju:s], *n.* (*mitol.*) Orfeo.
Orphic ['ɔ:fik], *a.* **1** orfico; di Orfeo **2** (*fig.*) incantevole; melodioso **3** (*fig.*) misterioso.
Orphism ['ɔ:fizəm], *n.* orfismo; religione orfica.
orphrey ['ɔ:fri], *n.* (*relig.*) fregio dorato (*di paramento*).
orpiment ['ɔ:pimənt], *n.* (*chim., miner.*) orpimento; arsenico giallo.
orrery ['ɔrəri], *n.* (*astron.*) planetario meccanico.
orris (1) ['ɔris], *n.* **1** (*bot., Iris florentina*) giglio fiorentino; ireos; giaggiolo **2** polvere di ireos. ● (*profumeria*) **o. root**, rizoma di giaggiolo.
orris (2) ['ɔris], *n.* merletto (*o* ricamo) in oro e argento.
orthicon ['ɔ:θikɔn], *n.* (*elettron.*) orticonoscopio.
orthocentre [ˌɔ:θou'sentə*], *n.* (*geom.*) ortocentro.
orthochromatic ['ɔ:θoukrou'mætik], *a.* (*fotogr.*) ortocromatico.
orthoclase [ˌɔ:θou'kleis], *n.* (*miner.*) ortoclasio.
orthodontic [ˌɔ:θə'dɔntik], *a.* (*med.*) ortodontico.
orthodontics [ˌɔ:θə'dɔntiks], *n. pl.* (*col verbo al sing.*) (*med.*) ortodonzia; ortodonzia.
orthodox [ˌɔ:θədɔks], *a.* (*anche fig.*) ortodosso.
orthodoxy [ˌɔ:θədɔksi], *n.* (*anche fig.*) ortodossia.
orthoepic [ˌɔ:θou'epik], *a.* (*gramm.*) ortoepico.
orthoepy [ɔ(:)'θouepi], *n.* (*gramm.*) ortoepia.

orthogenesis [ˌɔ:θou'dʒenisis], *n.* (*biol.*) ortogenesi.
orthogonal [ɔ:'θɔgənl], *a.* (*geom.*) ortogonale.
orthographic(al) [ˌɔ:θə'græfik(əl)], *a.* **1** (*gramm.*) ortografico **2** (*geom.*) ortografico: **o. projection**, proiezione ortografica.
orthography [ɔ:(')θɔgrəfi], *n.* **1** (*gramm.*) ortografia **2** (*geogr.*) proiezione ortografica.
orthopaedic [ˌɔ:θou'pi:dik], *a.* (*med.*) ortopedico.
orthopaedics [ˌɔ:θou'pi:diks], *n. pl.* (*col verbo al sing.*) (*med.*) ortopedia.
orthopaedist [ˌɔ:θou'pi:dist], *n.* (*med.*) ortopedico.
orthopaedy ['ɔ:θoupi:di], *n.* (*med.*) ortopedia.
orthopedic [ˌɔ:θou'pi:dik], **orthopedics** [ˌɔ:θou'pi:diks], e deriv. (*USA*), *V.* **orthopaedic**, **orthopaedics**, e deriv.
orthoptic [ɔ:'θɔptik], *a.* (*med.*) ortottico.
orthoptics [ɔ:'θɔptiks], *n. pl.* (*col verbo al sing.*) (*med.*) ortottica.
orthoptist [ɔ:'θɔptist], *n.* (*med.*) ortottista.
orthoscope ['ɔ:θouskoup], *n.* (*med.*) ortoscopio.
ortolan ['ɔ:tələn], *n.* (*zool., Emberiza hortulana*) ortolano.
Orwellian [ɔ:'weliən], *a.* (*letter.*) orwelliano.
oryx ['ɔriks], *n.* (*pl.* **oryxes, oryx**) (*zool., Oryx*) orice.
Oscan ['ɔskən], *a.* e *n.* (*stor.*) osco (*anche la lingua*).
to oscillate ['ɔsileit], **A** *v. i.* **1** (*anche fig.*) oscillare **2** (*fig.*) esitare; tentennare. **B** *v. t.* far oscillare.
oscillating ['ɔsileitiŋ], *a.* **1** che oscilla; oscillante **2** (*tecn., scient.*) oscillante: (*mecc.*) **o. conveyor**, trasportatore oscillante; canale a scosse. (*mecc.*) **o. screen**, vibrovaglio.
oscillation [ˌɔsil'leiʃən], *n.* **1** oscillazione **2** (*fig.*) esitazione; tentennamento.
oscillator ['ɔsileitə*], *n.* (*fis., elettron.*) oscillatore.
oscillatory ['ɔsilətəri], *a.* **1** (*fis., mecc.*) oscillatorio **2** (*elettr.*) oscillante; oscillatorio.
oscillograph [ə'siləgra:f], *n.* (*fis.*) oscillografo.
oscilloscope [ə'siləˌskoup], *n.* (*fis.*) oscilloscopio.
oscitancy ['ɔsitənsi], *n.* inerzia; indolenza; negligenza.
osculant ['ɔskjulənt], *a.* **1** che combacia; combaciante **2** (*biol.*) intermedio; che forma un punto di contatto (*fra due o più specie*).
oscular ['ɔskjulə*], *a.* **1** (*scherz.*) della bocca; del bacio **2** (*biol.*) di un osculo **3** (*mat.*) che fa osculazione; osculatore.
to osculate ['ɔskjuleit], *v. i.* e *t.* **1** (*raro, scherz.*) osculare; baciare **2** combaciare con (q.c.) **3** (*biol.: di due o più specie*) avere caratteristiche in comune **4** (*mat.*) osculare, oscularsi.
osculating ['ɔskjuleitiŋ], *a. attr.* (*scient.*) osculatore: (*astron.*) **o. orbit**, orbita osculatrice.
osculation [ˌɔskju'leiʃən], *n.* **1** (*raro, scherz.*) osculazione; bacio **2** il combaciare; combaciamento **3** (*mat.*) osculazione.
osculatory ['ɔskjulətəri], *a.* **1** (*raro*) osculatorio **2** (*mat.*) osculatore.
osculum ['ɔskjuləm], *n.* (*pl.* **oscula**) (*zool.*) osculo.
osier ['ouʒə*], *n.* vimine; vinco. ● **o. bed**, vincheto.
Osiris [ou'saiəris], *n.* (*relig.*) Osiride.
osmium ['ɔzmiəm], *n.* (*chim.*) osmio.
osmose ['ɔzmous], *V.* **osmosis**.
osmosis [ɔz'mousis], *n.* (*pl.* **osmoses**) (*chim., fis.*) osmosi.
osmotic [ɔz'mɔtik], *a.* (*fis., chim., fisiologia*) osmotico.
osmund ['ɔzmənd], *n.* (*bot., Osmunda regalis*) felce florida.
osprey ['ɔspri], *n.* **1** (*zool., Pandion haliaetus*) falco pescatore **2** aigrette, egretta, aspri (*piuma per cappello*).
osseine ['ɔsiin], *n.* (*biochimica*) osseina.
osseous ['ɔsiəs], *a.* **1** (*anat., zool.*) osseo **2** (*geol.*) ossifero.
Ossianic [ˌɔsi'ænik], *a.* (*letter.*) ossianico; di Ossian.
ossicle ['ɔsikl], *n.* **1** (*anat.*) ossicino **2** (*zool.*) ossicolo.
ossiferous [ə'sifərəs], *a.* (*geol.*) ossifero.
ossific [ɔ'sifik], *a.* (*fisiologia*) che ossifica; ossificante.
ossification [ˌɔsifi'keiʃən], *n.* **1** (*fisiologia*) ossificazione **2** (*anat.*) formazione ossea **3** (*fig.*) cristallizzazione; fossilizzazione.
ossifrage ['ɔsifridʒ], *n.* (*zool.*) **1** (*Gypaëtus barbatus*) gipeto; avvoltoio degli agnelli **2** (*Pandion haliaetus*) falco pescatore.
to ossify ['ɔsifai], **A** *v. t.* **1** (*fisiologia*) ossificare **2** (*fig.*) cristallizzare; fissare in modo rigido. **B** *v. i.* **1** (*fisiologia*) ossificarsi **2** (*fig.*) cristallizzarsi; indurirsi; irrigidirsi.
osso buco [ˌɔsou 'bu:kou], (*ital.*), *n.* (*pl.* **ossi buchi**) (*cucina*) ossobuco.
ossuary ['ɔsjuəri], *n.* ossario.
osteitis [ˌɔsti'aitis], *n.* (*pl.* **osteitides**) (*med.*) osteite.
Ostend [ɔs'tend], *n.* (*geogr.*) Ostenda.
ostensible [ɔs'tensəbl], *a.* apparente; preteso.
ostensory [ɔs'tensəri], *n.* (*relig.*) ostensorio.
ostentation [ˌɔsten'teiʃən], *n.* ostentazione; esibizione; pompa.
ostentatious [ˌɔsten'teiʃəs], *a.* che ostenta; ostentativo (*raro*); pomposo; pretenzioso; vanitoso: **o. apparel**, vesti pretenziose.
osteoarthrosis [ˌɔstiˌouɑ:'θrousis], *n.* (*pl.* **osteoarthroses**) (*med.*) osteoartrosi.

osteogenesis [ˌɔstiouˈdʒenisis], *n.* (*scient.*) osteogenesi.
osteological [ˌɔstiəˈlɔdʒikəl], *a.* (*scient.*) osteologico.
osteologist [ˌɔstiˈɔlədʒist], *n.* (*med.*) osteologo.
osteology [ˌɔstiˈɔlədʒi], *n.* (*scient.*) osteologia.
osteoma [ˌɔstiˈoumə], *n.* (*pl.* **osteomas, osteomata**) (*med.*) osteoma.
osteomalacia [ˌɔstioumə'leiʃiə], *n.* (*med.*) osteomalacia.
osteomyelitis [ˌɔstioumaiə'laitis], *n.* (*med.*) osteomielite.
osteopath [ˈɔstiəpæθ], *n.* (*med.*) osteologo; chi pratica la «osteo-pathy» (*q.V.*).
osteopathy [ˌɔstiˈɔpəθi], *n.* (*med.*) **1** osteopatia **2** chiropratica (*specialm. delle ossa*); massoterapia.
osteoporosis [ˌɔstioupəˈrousis], *n.* (*pl.* **osteoporoses**) (*med.*) osteoporosi.
osteotomy [ˌɔstiˈɔtəmi], *n.* (*med.*) osteotomia.
ostiary [ˈɔstiəri], *n.* (*relig.*) ostiario.
ostler [ˈɔslə*], *n.* (*arc.*) stalliere (*d'una locanda*); mozzo di stalla.
Ostpolitik [ˈɔːstpouliˌtiːk] (*ted.*), *n.* politica (*della Germania Federale*) di apertura verso i Paesi dell'Est (*la Russia, ecc.*).
ostracism [ˈɔstrəsizəm], *n.* (*anche fig.*) ostracismo.
to ostracize [ˈɔstrəsaiz], *v. t.* (*anche fig.*) dar l'ostracismo a (q.).
ostrich [ˈɔstritʃ], *n.* (*zool., Struthio camelus*) struzzo. ● **o. plume**, piuma di struzzo □ (*fig.*) **o. policy** (*o* **o. attitude**), politica dello struzzo.
Ostrogoth [ˈɔstrəgɔθ], *n.* (*stor.*) ostrogoto.
Ostrogothic [ˌɔstrəˈgɔθik], *a.* (*stor.*) ostrogoto; ostrogotico.
Oswald, Oswold [ˈɔzwəld], *n.* Osvaldo.
otalgia [ouˈtældʒiə], **otalgy** [ouˈtældʒi], *n.* (*med.*) otalgia.
otary [ˈoutəri], *n.* (*zool., Otaria*) otaria.
Othello [ouˈθelou], *n.* Otello.
other [ˈʌðə*], **A** *a.* altro; differente; diverso; rimanente: **Put it in your o. hand**, mettilo nell'altra mano; **Have you any o. book on this subject?**, hai qualche altro libro sull'argomento?; **There are some o. people waiting for you**, c'è altra gente che t'aspetta; **There is no o. explanation**, non c'è altra spiegazione. **B** *pron.* altro; altra: **Please tell the others**, per favore, dillo agli altri; **One or the o. of us will be there**, l'uno o l'altro di noi sarà presente; **How many others are there?**, quanti altri ce ne sono? **C** *avv.* altro; altrimenti; diversamente: **He can't do o. than go**, non può fare altro che andare; **I couldn't behave o. than I did**, non potei comportarmi diversamente (da come feci). ● **the o. day**, l'altro giorno; pochi giorni fa □ **o. than**, altri (*o* altro) che; in altro modo che, se non: **There was nobody in the hall o. than Peter**, nella sala non c'era altri che Pietro; **One cannot get up there o. than by riding a mule**, lassù non ci s'arriva se non a dorso di mulo □ **o. things being equal**, a parità di condizioni; ceteris paribus □ **the o. world**, l'altro mondo □ **o.-worldliness**, ascetismo; spiritualità; trascendentalismo □ **o.-worldly**, dell'altro mondo; ascetico; spirituale; soprannaturale; trascendentale; ultraterreno □ **each o.**, l'un l'altro □ **every o. boy (student, etc.)**, ogni altro ragazzo (studente, ecc.); tutti gli altri ragazzi (studenti, ecc.); (*oppure*) un ragazzo (uno studente, ecc.) sì e uno no □ **every o. day (week, month, etc.)**, un giorno (una settimana, un mese, ecc.) sì e uno no; ogni due giorni (ogni due settimane, mesi, ecc.) □ **in o. times**, nei tempi andati □ **none o. than**, non altri che: **It was none o. than Charles**, non era altri che Carlo; era proprio Carlo □ **on the o. hand**, d'altra parte; peraltro; però; tuttavia: **He's a clever boy. On the o. hand, he is lazy**, è un ragazzo intelligente, però è pigro □ **one after the o.**, uno dopo l'altro; in fila; in successione □ **some day or o.**, un giorno o l'altro □ **some one or o.**, qualcuno; uno sconosciuto □ **some time or o.**, una volta o l'altra □ **to tell one from the o.**, distinguere: **It's difficult to tell the twins one from the o.**, è difficile distinguere i due gemelli.
otherness [ˈʌðənis], *n.* (*raro*) diversità; differenza.
otherwise [ˈʌðəwaiz], **A** *avv.* altrimenti; in altro modo; diversamente; d'altronde; per il resto: **It would be difficult for me to act o.**, mi sarebbe difficile agire diversamente; **He is o. intelligent**, per il resto, è un ragazzo intelligente. **B** *cong.* altrimenti; se no: **You must study harder; o. you won't pass your exam**, devi studiare di più; altrimenti (*o* se no) non supererai l'esame. **C** *a.* differente, diverso: **John's answer could not be o.**, la risposta di Giovanni non poteva essere diversa. ● **to be o. engaged**, essere occupato in altre faccende □ **o.-minded**, che la pensa diversamente; che è all'opposizione; non conformista □ **or o.**, o in qualche altro modo; o no: **I'll get there by bus, by taxi or o.**, ci andrò in autobus, in taxi o in qualche altro modo; **Children are welcome, whether accompanied or o.**, i bambini sono bene accetti, accompagnati o no □ **reactions automatic and o.**, reazioni automatiche e non (automatiche) □ **Judas, o. (***o*. **called) Iscariot**, Giuda, altrimenti detto Iscariota □ **unless o. stated**, salvo indicazione contraria □ **How can it be o. than fatal?**, come può non essere fatale? □ (*arc.*) **I could do it no o.**, non potevo farlo in altro modo; non potevo fare diversamente.

Otho [ˈouθou], *n.* (*stor.*) Ottone; Otto.
otic [ˈɔtik], *a.* (*anat.*) dell'orecchio; auricolare.
otiose [ˈouʃious], *a.* **1** (*raro*) pigro; ozioso **2** inutile; superfluo; vano; ozioso (*fig.*).
otioseness [ˈouʃiousnis], **otiosity** [ˌouʃiˈɔsiti], *n.* **1** (*raro*) oziosità; pigrizia **2** inutilità; vanità.
otitis [ouˈtaitis], *n.* (*pl.* **otitides**) (*med.*) otite.
otology [ouˈtɔlədʒi], *n.* (*med.*) otologia.
otoscope [ˈoutəskoup], *n.* (*med.*) otoscopio.
otter [ˈɔtə*], *n.* (*pl.* **otter, otters**) (*zool., Lutra*) lontra. ● **o. dog** (*o* **o. hound**), cane per la caccia alle lontre □ **sea o.** (*Enhydra lutris*), lontra marina.
otto [ˈɔtou], *n.* (*pl.* **ottos**) essenza (*di fiori*): **o. of roses**, essenza di rose.
Otto [ˈɔtou], *n.* Otto; Ottone.
ottoman [ˈɔtəmən], *n.* (*pl.* **ottomans**) **1** ottomana; divano **2** tessuto ottomano **3** sgabello imbottito.
Ottoman [ˈɔtəmən], *a. e n.* (*pl.* **Ottomans**) (*stor.*) ottomano; turco: **the O. Empire**, l'Impero ottomano.
oubliette [ˌuːbliˈet] (*franc.*), *n.* (*stor.*) segreta con apertura solo nel soffitto.
ouch [autʃ], *inter.* (*di dolore*) ahi; (*anche*) toccato!
ought (1) [ɔːt], *voce verb. difett.* (*esprime dovere, obbligo, consiglio, probabilità, rimpianto, ecc.*) dovrei (dovresti, ecc.); bisognerebbe che io (che tu, ecc.): **We o. to love our neighbours**, dovremmo amare il prossimo; **They o. to go there, oughtn't they?**, dovrebbero andarci, no?; **You o. to have been with us**, avresti dovuto essere con noi; **He o. to be there by now**, dovrebbe essere arrivato, ormai; **You o. to have told me yesterday**, avresti dovuto dirmelo ieri; **It oughtn't to be allowed**, non bisognerebbe permetterlo; non dovrebbe essere permesso; **You o. to know better**, dovresti essere più saggio (*o* più avveduto, più al corrente).
ought (2) [ɔːt], *n.* (*variante di* **aught**) alcunché; alcuna cosa, qualunque cosa.
oughtn't [ˈɔːtnt], *contraz.* di **ought not**.
ounce (1) [auns], *n.* oncia (*unità di peso e fig.*): **o. avoirdupois**, oncia «avoirdupois» (*1/16 di libbra e cioè 28,35 grammi*); **o. troy**, oncia «troy» (*1/12 di libbra, e cioè 31,1 grammi*); **He hasn't an o. of common sense**, non ha un'oncia di buon senso. ● **fluid o.**, oncia fluida (*pari a 28,4 cm cubici in G. B., a 29,57 cm cubici USA*).
ounce (2) [auns], *n.* (*zool., Felis uncia*) leopardo delle nevi.
our [ˈauə*], *a. poss.* **1** (il) nostro, (la) nostra; (i) nostri, (le) nostre: **We'll keep our promise**, manterremo la nostra promessa; **We've done our best**, abbiamo fatto del nostro meglio **2** (*quando è unito alla forma in* -ing, *è idiom.*) **Please forgive our answering so late**, vogliate scusare se rispondiamo così tardi; **Do you mind our moving your car?**, vi dispiace se spostiamo la vostra macchina? ● (*relig.*) **Our Father**, Padre Nostro □ **Our Lady**, Nostra Signora; la Madonna □ **Our Lord**, Nostro Signore □ **Our Saviour**, il Salvatore; Cristo □ **in our midst**, in mezzo a noi □ **in our opinion**, secondo noi; a nostro avviso.
ours [ˈauəz], **A** *pron. pers.* (il) nostro, (la) nostra; (i) nostri, (le) nostre: **This car is o.**, questa macchina è nostra; **Your pupils are good; but o. are better**, i vostri scolari sono buoni; ma i nostri sono migliori; **O. is a large family**, la nostra famiglia è numerosa. **B** *a. pred.* nostro, nostra; nostri, nostre: **This farm became o. many years ago**, questa fattoria divenne nostra molti anni fa. ● **a friend of o.**, un nostro amico □ **this garden of o.**, questo nostro giardino.
ourself [ˌauəˈself], *pron. rifl.* (*usato nel pluralis maiestatis*) Noi; Noi in persona; Ci: **The Queen said: «What touches O. shall be last served»**, la Regina disse: «Ciò che riguarda Noi (*o* la Nostra persona) sarà l'ultimo nostro pensiero».
ourselves [ˌauəˈselvz], *pron. rifl. e enfatico* noi stessi, noi stesse; noi in persona; ci: **We hurt o.**, ci facemmo male; **We went o.**, ci andammo noi stessi; ci andammo in persona. ● **(all) by o.**, (da) soli; da noi; senza aiuto; senza compagnia □ **We are not o. today**, oggi non siamo quelli di sempre; oggi non siamo in forma □ **We'll see to it o.**, ci penseremo noi.
ousel [ˈuːzl], *V.* **ouzel**.
to oust [aust], *v. t.* **1** cacciare; espellere; rimuovere; sloggiare; far sgombrare: **The colonels ousted the president from office**, i colonnelli rimossero il presidente dalla sua carica **2** (*leg.*) spossessare; spodestare; espropriare. ● **to o. sb. from a job**, licenziare q.; cacciare q. dal suo impiego.
ouster [ˈaustə*], **ousting** [ˈaustiŋ], *n.* **1** espulsione; rimozione **2** (*leg.*) spossessamento; spodestamento (*raro*); esproprio; espropriazione.
out (1) [aut], **A** *avv.* **1** fuori; in fuori; all'aperto: **He's out just now**, al momento è fuori (*o* non è in casa, in ufficio, ecc.); **He's out on business**, è fuori (*o* è in viaggio) per affari; **The book is out at present**, il libro è fuori (*o* in prestito) per il momento; **Come out and play**, vieni fuori a giocare! **2** spento: **to drive with the**

out (2)

lights out, guidare a fari spenti; **The fire is out**, il fuoco è spento **3** finito; terminato: **I'll be seeing you before the week is out**, ti verrò a trovare prima della fine della settimana **4** (*anche* **out on strike**) in sciopero: **The workers are out**, gli operai sono in sciopero **5** sbocciato: **The roses are out**, le rose sono sbocciate **6** pubblicato: **When will your new book be out?**, quando sarà pubblicato (*o* quando uscirà) il tuo nuovo libro? **7** rivelato; scoperto; trapelato; svelato; di dominio pubblico: **The secret is out**, il segreto è di dominio pubblico **8** libero; di libertà: **They have their Sundays out**, hanno le domeniche libere **9** fuori moda; passato di moda; superato: **Miniskirts are out**, le minigonne sono passate di moda **10** (*fam.*) in passivo; in perdita: **He was a thousand dollars out**, era in perdita di mille dollari **11** guasto: **The TV is out**, il televisore è guasto **12** esaurito. **B** *out of prep.* **1** fuori; fuori di; fuori da; da: **Tom is out of town now**, ora Maso è fuori città; **I left the car out of the garage**, lasciai l'automobile fuori del garage; **Don't throw things out of the window**, non gettare oggetti dalla finestra (*o* dal finestrino)!; **Don't drink out of the bottle**, non bere dalla bottiglia!; **a scene out of a play**, una scena (presa) da un dramma **2** fra; tra; su: **You must choose one out of these six**, devi sceglierne uno fra questi sei; **It happens in nine cases out of ten**, capita nove casi su dieci **3** a causa di; per: **You did it out of spite**, l'hai fatto per dispetto; **I didn't mention it out of consideration for her feelings**, non ho fatto cenno di ciò per non ferirla nei suoi sentimenti **4** a una distanza di; (*naut.*) al largo di: **We were five miles out of Hamburg when the bomber attacked our ship**, eravamo cinque miglia al largo d'Amburgo quando il bombardiere attaccò la nostra nave **5** senza: **We are out of wine**, siamo senza vino. ● **out and away**, di gran lunga □ **out and out**, da cima a fondo □ **an out-and-out abolitionist** (**rascal**, etc.), un abolizionista fanatico (un briccone matricolato, ecc.) □ **to be out and about**, essere di nuovo in piedi; essere ristabilito e in grado di uscire □ (*pop.*) **out-and-outer**, individuo eccezionale; fuoriclasse □ **out East**, in Oriente; nell'Estremo Oriente □ (*fam.*) **to be out for**, andare in cerca di □ **to be out for money**, dare la caccia ai soldi; tirare al quattrino □ **to be out in one's calculations**, sbagliarsi nei calcoli; far male i calcoli □ (*mecc.*) **out-of-balance**, sbilanciato □ **out of bounds**, fuori dei limiti; «accesso vietato» □ **to be out of breath**, essere senza fiato; essere trafelato □ **out of commission**, (*mecc.*) fuori servizio, guasto; (*naut.*) in disarmo □ **to be out of control**, non essere sotto controllo, aver preso la mano; (*mecc.*) non rispondere (più) ai comandi □ **to be out of the country**, essere all'estero □ **out of danger**, fuori pericolo □ **out-of-date**, antiquato; superato; passato di moda □ **out-of-door games**, giochi (svaghi, sport) all'aria aperta □ **ouf of doors**, all'aperto; all'aria aperta □ **out of doubt**, fuori dubbio; senza dubbio □ **to be out of one's element**, essere come un pesce fuor d'acqua □ **to be out of hand**, non essere a portata di mano □ **to be out of hearing**, non essere a portata di voce □ (*fig.*) **to be out of it**, esserne fuori; essere escluso; essere male informato; essere in errore □ **out of line**, fuori linea; non allineato; (*fam.*) scorretto, presuntuoso □ (*elab.*) **out-of-line coding**, codifica (*o* istruzione) fuori linea □ **to be out of one's mind**, aver perso la ragione □ **to be out of money**, essere a corto di quattrini □ **to be out of order**, essere guasto: **The phone is out of order**, il telefono è guasto □ **to be out of patience with sb.**, non aver più (*o* aver perso la) pazienza con q. □ (*fis.*) **out-of-phase**, fuori fase; sfasato □ **out of pocket**, privo di fondi □ **out-of-pocket expenses**, spese vive; piccole spese □ (*di libro*) **out-of-print**, esaurito; fuori catalogo □ (*comm.*) **to be out of sale**, non essere in vendita □ (*tecn.*) **out of service**, fuori servizio □ (*elettr.*) **out-of-service jack**, jack di messa fuori servizio □ (*comm.*: *di merce*) **to be out of stock**, essere esaurito □ **out of town**, fuori città; extraurbano □ **out of use**, fuori uso □ **out-of-the-way**, fuori mano; fuori del comune; insolito; strano: **an out-of-the-way village**, un villaggio fuori mano □ **to be out of work**, esser disoccupato; essere a spasso (*fam.*) □ (*fam.*) **to be out on one's feet**, essere stanco morto □ (*fig.*) **to be out with sb.**, essere in rotta con q. □ **to blow out a candle**, spegnere una candela □ **to break out**, scoppiare: **A fire (War) broke out**, scoppiò un incendio (la guerra) □ (*di lampadina*) **burnt out**, bruciata; fulminata □ **to come out of the house**, uscir di casa □ **to cross out a word**, tirar un frego su una parola □ **to drink out of a glass**, bere in un bicchiere □ **to fit out**, allestire □ **to get money out of sb.**, spillare denaro a q. □ **to go out**, andar fuori; uscire □ (*pop.*) **to go all out**, mettercela tutta; correre a più non posso; fare ogni sforzo □ **to hand st. out**, distribuire q.c. □ **to have one's cry out**, piangere tutte le proprie lacrime □ **to hear sb. out**, ascoltare q. sino alla fine □ **a house made out of stone**, una casa (fatta) di pietra □ **inside out**, rovesciato; a rovescio; rivoltato; col di dentro in fuori □ **to leave st. out**, tralasciare q.c. □ **to let the fire go out**, lasciar spegnere il fuoco □ **to live out in the country**, abitare in campagna □ (*naut.*) **on the voyage out**, nel viaggio d'andata □ (*di banca*, *ecc.*) **to pay out money**, pagare denaro (*ai creditori*, *ai clienti*, *ecc.*) □ **to pick out**, scegliere □ **to read out**, leggere a voce alta □ **to sing out**, cantare a gola spiegata □ **to speak out**, parlar forte; parlar chiaro; dire q.c. chiaro e tondo □ **to stand out**, spiccare; emergere: **The tall trees stood out against the skyline**, gli alti alberi spiccavano sullo sfondo dell'orizzonte □ **to be swindled out of one's money**, esser defraudato del proprio denaro □ **times out of number**, infinite volte □ **tired out**, stanco morto □ (*di macchia*) **to wash out**, scomparire (dopo la lavatura) □ **to wear out**, logorare; logorarsi □ **worn out**, logoro; consunto □ (*autom.*) **The car is out of petrol**, è finita la benzina □ **Out with him!**, buttatelo fuori! □ **Out you go!**, vattene (via)! □ **Out with it!**, di' quello che hai da dire!; sputa fuori (*fam.*)! □ **The moon is out**, c'è la luna □ **The chickens are out**, le uova si sono dischiuse; i pulcini sono nati □ (*polit.*) **The Tories were out**, i conservatori erano all'opposizione □ **Get out!**, fuori!; vattene; andatevene! □ **That girl is not yet out**, quella ragazza non ha ancora fatto il suo ingresso in società □ **We are out of coffee**, abbiamo finito il caffè □ **John is out in New Zealand**, Giovanni si trova in Nuova Zelanda □ (*prov.*) **Out of sight, out of mind**, lontano dagli occhi, lontano dal cuore.

out (2) [aut], *prep.* **1** (*specialm. USA*) fuori di (*V.* **out of**, *sotto* **out (1)**) **2** da; per; attraverso: **She went out the door**, uscì dalla porta. ● (*lett.*) **from out**, da; fuori da: **From out the dungeon came a groan**, dalla prigione sotterranea uscì un gemito.

out (3) [aut], *a.* **1** fuori del comune; eccezionale: **an out size** (*of clothes*), una misura (di capi di vestiario) fuori dell'ordinario **2** (*di solito*, *nei composti*) esterno **3** (*sport*) fuori casa; in trasferta: **an out match**, una partita fuori casa **4** assente: **He is out because of sickness**, è assente per malattia **5** (*moda*) «out»; fuori moda; tagliato fuori. ● **to be out at the elbows**, avere i gomiti (della giacca) logori; (*fig.*) essere poverissimo □ (*polit.*) **out party**, partito d'opposizione □ (*relig.*) **out sister**, sorella laica; coadiutrice □ (*ferr.*) **the out train**, il treno in partenza □ (*fig.*) **His hand is out**, è giù d'esercizio.

out (4) [aut], *n.* **1** — (*specialm. nella locuz. polit.*) **the outs**, il partito che è all'opposizione **2** (*fam. USA*) scappatoia; via d'uscita (*fig.*). ● **the ins and outs**, (*polit.*) il partito al potere e l'opposizione; (*fam.*) i particolari (*d'una faccenda*).

out (5) [aut], *inter.* fuori!; via!

to out [aut], **A** *v. i.* saltar fuori; esser scoperto: **Truth will out**, la verità salta sempre fuori. **B** *v. t.* **1** cacciare; buttar fuori **2** (*pugilato*) metter fuori combattimento: **He was outed in the first round**, fu messo fuori combattimento nella prima ripresa. ● (*prov.*) **Murder will out**, tutti i nodi vengono al pettine.

outa ['autə], *prep.* (*pop. USA*) *V. out of* (1).

to outachieve [,autə'tʃi:v], *v. t.* superare; far meglio di (q.).

outage ['autidʒ], *n.* **1** (*ind.*) inoperosità (*d'un macchinario*) **2** periodo di interruzione (*nell'erogazione d'elettricità*, *ecc.*).

outback ['autbæk], (*australiano*) **A** *n.* (l') interno, (l') entroterra. **B** *a.* dell'interno; dell'entroterra.

outbade [aut'beid], *pass.* di **to outbid**.

to outbalance [aut'bæləns], *V.* **to outweigh**.

to outbid [aut'bid] (*pass.* **outbade**, *p. p.* **outbidden**), *v. t.* **1** (*comm.*) offrire di più di (q.) (*a un'asta*, *ecc.*) **2** rilanciare (*alle carte*).

outbidder [aut'bidə*], *n.* (*comm.*) maggior offerente (*a un'asta*, *ecc.*).

outboard ['autbɔ:d], **A** *avv.* (*naut.*) fuori bordo. **B** *a. e n.* fuoribordo. ● **o. motor**, motore fuoribordo; fuoribordo.

outbound ['autbaund], *a.* (*di un veicolo*, *ecc.*) in partenza. ● **o. for**, in partenza per; (*naut.*) in rotta per: **a ship o. for America**, una nave in rotta per l'America ● **o. traffic**, traffico in uscita.

to outbrave [aut'breiv], *v. t.* **1** superare in coraggio; vincere **2** sfidare: **The raft outbraved the billows**, la zattera sfidava i marosi.

outbreak ['autbreik], *n.* **1** scoppio (*d'un incendio*, *d'una guerra*, *ecc.*) **2** eruzione (*d'un vulcano*) **3** attacco (*d'una malattia*); epidemia **4** insurrezione; rivolta; sommossa.

outbuilding ['aut,bildiŋ], *n.* (*edil.*) dépendance.

outburst ['autbə:st], *n.* **1** scoppio; esplosione: **an o. of rage (laughter**, etc.**)**, uno scoppio di rabbia (di risa, ecc.) **2** (*fig.*) scoppio (*d'ira*, *di passione repressa*); scatto **3** (*geol.*) affioramento **4** (*ind. min.*) soffione di grisou; eruzione di gas. ● **volcanic o.**, eruzione vulcanica.

outcast ['autka:st], **A** *n.* **1** esule; proscritto; reietto; paria; vagabondo **2** animale randagio. **B** *a.* bandito; cacciato; reietto.

outcaste ['autka:st], **A** *n.* (*in India*) **1** individuo cacciato dalla sua casta **2** paria. **B** *a.* senza casta.

to outclass [aut'kla:s], *v. t.* superare di gran lunga; lasciare (q.) indietro (*fig.*); surclassare.

out-clearing [aut'kliəriŋ], *n.* (*comm.*) insieme di cambiali e assegni presentati alla stanza di compensazione.

outcollege ['autkɔlidʒ], *a.* (*nelle università ingl.*) che non risiede in (*o* che non appartiene a) un college.

outcome ['autkʌm], *n.* conseguenza; esito; risultato.

outcrop ['autkrɔp], *n.* (*geol.*) affioramento.

to outcrop [aut'rɔp], *v. i.* (*geol.*) affiorare.

outcry ['autkrai], *n.* grido; clamore; protesta; scalpore.

to outdare [aut'dɛə*], *v. t.* **1** sorpassare in coraggio **2** sfidare.

outdated [aut'deitid], *a.* antiquato; sorpassato; passato di moda; datato.

outdid [aut'did], *pass.* di **to outdo**.

to outdistance [aut'distəns], *v. t.* (*specialm. sport*) lasciare indietro; distanziare; staccare.

to outdo [aut'du:] (*pass.* **outdid**, *p. p.* **outdone**), **A** *v. t.* sorpassare; superare; far meglio di (q.). **to outdo oneself B** *v. rifl.* superare se stesso; mettercela tutta; fare l'impossibile.

outdoor ['autdɔ:*], *a. attr.* esterno; di fuori; all'aperto; (*sport*) «outdoor»: **o. relief**, sussidi esterni (*dati ai poveri non ricoverati*); **o. games**, giochi (*o* svaghi, sport) all'aperto. ● (*polit.*) **o. agitation**, agitazione politica extraparlamentare □ (*cinem.*) **o. shooting**, riprese esterne.

outdoors ['aut'dɔ:z], **A** *avv.* fuori; fuori di casa; all'aperto: **Let's go o. and get some fresh air**, andiamo fuori a prendere una boccata d'aria! **B** *n.* – **the o.**, l'aperto.

outer ['autə*], **A** *a.* esterno; esteriore: (*anat.*) **the o. ear**, l'orecchio esterno; (*astron.*) **o. planets**, pianeti esterni. **B** *n.* **1** (*d'un bersaglio*) cerchio più lontano dal centro; cerchio esterno **2** colpo portato a segno in tale cerchio. ● (*USA*) **o. city**, sobborghi; periferia □ (*autom.*) **o. cover**, copertone (*di pneumatico*) □ **o. garments**, vestiti; capi di vestiario (*non biancheria intima*) □ (*naut.*) **o. harbour**, parte esterna del porto □ (*naut.*) **o. keel**, controchiglia □ **the o. man**, l'uomo visto dal di fuori; l'aspetto esteriore d'un uomo □ **o. reality**, realtà oggettiva □ (*astron.*) **o. space**, spazio extra-atmosferico □ **the o. world**, il mondo esterno; la gente al di fuori della propria cerchia □ **man** (*o* **woman**) **from o. space**, extraterrestre (*sost.*).

outermost ['autəmoust], *a.* (il) più esterno; estremo; (il) più remoto: **the o. stars**, le stelle più remote.

to outface [aut'feis], *v. t.* **1** far abbassare gli occhi a (q.) **2** affrontare, sfidare (*con successo*).

outfall ['autfɔ:l], *n.* **1** bocca di scarico, sbocco (*d'una fogna*) **2** foce (*d'un fiume*).

outfield ['autfi:ld], *n.* **1** (*cricket*, *baseball*) parte del campo più lontana dal battitore **2** giocatori che vi stanno; (gli) esterni.

outfielder ['aut,fi:ldə*], *n.* (*sport*) «outfielder»; esterno (*V.* **outfield**).

outfighting ['aut,faitiŋ], *n.* (*pugilato*) combattimento a distanza.

outfit ['autfit], *n.* **1** attrezzatura; corredo; dotazione; equipaggiamento: **a dentist's o.**, un'attrezzatura da dentista; **a camping o.**, un corredo da campeggio **2** (*fam.*) gruppo; squadra; (*mil.*) unità.

to outfit ['autfit], *v. t.* attrezzare; corredare; equipaggiare.

outfitter ['aut,fitə*], *n.* **1** fornitore; chi vende attrezzature **2** negoziante di capi d'abbigliamento (*per uomo*). ● **electrical o.**, elettricista (*il negoziante*) □ **a gentleman's o.**, un negoziante d'abiti (*o* di biancheria) da uomo.

to outflank [aut'flæŋk], *v. t.* **1** (*mil.*) aggirare (*ai fianchi*, *sull'ala*) **2** (*fig.*) dribblare: **to o. an opponent**, dribblare un avversario.

outflow ['autflou], *n.* efflusso; deflusso: **the o. of the river**, il deflusso dell'acqua del fiume; (*anche*) la portata del fiume. ● (*fin.*) **the o. of capital**, la fuga dei capitali (*da un paese*).

to outflow [aut'flou], *v. i.* effluire (*raro*); defluire.

to outfox [aut'fɔks], *v. t.* vincere (q.) in astuzia; farla in barba a (q.).

to outgeneral [aut'dʒenərəl], *v. t.* **1** (*specialm. mil.*) superare in strategia; battere (*un altro generale*) **2** (*fig.*) essere più abile di (q.).

outgo ['autgou], *n.* **1** uscita; efflusso **2** (*comm.*) uscita; spesa.

to outgo [aut'gou] (*pass.* **outwent**, *p. p.* **outgone**), *v. t.* sorpassare; superare (*anche fig.*).

outgoing ['aut,gouiŋ], **A** *a. attr.* **1** in partenza: **o. correspondence**, corrispondenza in partenza; **an o. ship**, una nave in partenza **2** uscente: **the o. president**, il presidente uscente **3** (*USA*) estroverso; espansivo. **B** *n.* uscita. ● **the o. of the tide**, il calare della marea □ **o. tide**, marea calante.

outgoings ['aut,gouiŋz], *n. pl.* (*comm.*) uscite; spese.

outgone [aut'gɔn], *pass.* di **to outgo**.

to outgrow [aut'grou] (*pass.* **outgrew**, *p. p.* **outgrown**), *v. t.* **1** crescere più di; diventare più grande di: **Jack has outgrown his elder brother**, Giovannino s'è fatto più grande di suo fratello maggiore **2** liberarsi di, perdere (*con l'andare degli anni*): **He has outgrown the bad habits of boyhood**, s'è liberato delle cattive abitudini dell'infanzia. ● **to o. one's clothes**, diventare troppo grande per i propri vestiti; non entrare più negli abiti.

outgrowth ['autgrouθ], *n.* **1** escrescenza **2** (*bot.*) escrescenza; galla **3** conseguenza; risultato; sviluppo.

to outguess [aut'ges], *v. t.* **1** superare in astuzia; essere più furbo di (q.) **2** anticipare, prevedere le mosse di (q.) **3** superare giocando d'anticipo; battere sull'anticipo (*fig.*). ● (*fin.*) **to o. the stock market**, prevedere le fluttuazioni della Borsa (*o* del mercato azionario).

to outgun [aut'gʌn], *v. t.* (*mil.*) avere più potenza di fuoco di (q.) **2** (*fig.*) superare; avere la meglio su (q.).

to out-Herod [aut'herəd], *v. t.* superare in efferatezza; essere più crudele di (q.). ● (*fig.*) **to out-Herod Herod**, esagerare; imperversare; passare ogni limite.

outhouse ['authaus], *n.* **1** capanna; tettoia; fienile; rimessa; stalla **2** (*USA*) gabinetto fuori della casa.

outing ['autiŋ], *n.* gita; escursione; viaggetto.

to outjockey [aut'dʒɔki], *v. t.* imbrogliare; ingannare.

outlandish [aut'lændiʃ], *a.* esotico; straniero; strano; bizzarro; inconsueto: **an o. costume** (**dish**, etc.), un costume (un piatto, ecc.) esotico.

to outlast [aut'la:st], *v. t.* **1** superare in durata; (*sport*) battere alla distanza: **He outlasted the other competitors in the race**, batté alla distanza gli altri concorrenti in gara **2** sopravvivere a.

outlaw (1) ['aut-lɔ:], *a.* illegale; proibito dalla legge: **an o. strike**, uno sciopero illegale.

outlaw (2) ['aut-lɔ:], *n.* **1** (*stor.*) proscritto **2** bandito; criminale; fuorilegge.

to outlaw ['aut-lɔ:], *v. t.* **1** (*stor.*) bandire; mettere al bando; proscrivere **2** dichiarare (*o* rendere) illegale.

outlawry ['aut-lɔ:ri], *n.* **1** (*stor.*) bando; proscrizione **2** l'essere un fuorilegge.

outlay ['aut-lei], *n.* uscita; sborso; spesa. ● (*comm.*) **initial o.**, spese d'impianto.

outlet ['aut-let], *n.* **1** uscita; apertura; scarico; sbocco: **an o. for water**, uno scarico per l'acqua; **the o. of a pond**, lo sbocco d'un laghetto **2** (*fig.*) sfogo: **an o. for one's emotions**, uno sfogo alle proprie emozioni **3** (*elettr.*) attacco; presa (di corrente) **4** (*econ.*, *comm.*) mercato; sbocco; punto di vendita: **We must find new outlets for our products**, dobbiamo trovare nuovi mercati per i nostri prodotti **5** (*radio*, *telev.*) stazione (*specialm. locale*). ● (*geogr.*) **o. glacier**, ghiacciaio terminale.

outlier ['aut,laiə*], *n.* **1** chi abita lontano dal posto di lavoro **2** estraneo; solitario; chi è escluso da un gruppo (*o* si tiene in disparte) **3** (*geol.*) lembo di ricoprimento; scoglio tettonico **4** (*stat.*) valore erratico.

outline ['aut-lain], *n.* **1** contorno; profilo; sagoma: **the o. of the skyscrapers**, la sagoma dei grattacieli **2** abbozzo; schema; schizzo: **He gave us an o. of his plan**, ci presentò un abbozzo del suo progetto **3** profilo (*fig.*); lineamenti: **an o. of English history**, lineamenti di storia dell'Inghilterra **4** (*pl.*) punti principali; elementi essenziali: **the outlines of a settlement**, i punti principali di un accordo. ● **o. drawing**, disegno lineare □ (*leg.*) **o. law**, legge quadro □ **an o. map**, una cartina geografica che dà solo il contorno; una cartina schematica □ **to describe st. in o.**, descrivere q.c. a grandi linee □ **to draw sb.** (**st.**) **in o.**, fare uno schizzo di q. (di q.c.); tracciare il profilo (q.c.).

to outline [aut-lain], *v. t.* **1** tracciare il contorno di; schizzare **2** (*fig.*) descrivere a grandi linee; delineare; abbozzare; schizzare (*fig.*).

to outlive [aut'liv], *v. t.* **1** sopravvivere a; vivere più a lungo di: **to o. one's husband**, vivere più a lungo del proprio marito **2** scampare a (*una calamità*).

outlook ['aut-luk], *n.* (*anche fig.*) vista; veduta; prospettiva; punto di vista: **to have a fine o.**, godere di una bella vista; **There's a bad o. for steel demand in Italy**, ci sono brutte prospettive per l'industria dell'acciaio in Italia. ● **the mountains viewed from a distant o.**, le montagne viste da lontano.

outlying ['aut,laiiŋ], *a.* **1** esterno; esteriore **2** lontano; remoto: **o. villages**, villaggi remoti **3** (*mil.*) avanzato: **an o. post**, un posto avanzato.

to outmanoeuvre, (*USA*) **to outmaneuver** [,autmə'nu:və*], *v. t.* **1** manovrare più abilmente di (q.); vincere (*il nemico*) con abili manovre **2** (*fig.*) superare (*o* vincere) in astuzia.

to outmarch [aut'ma:tʃ], *v. t.* lasciare indietro; sorpassare; sopravanzare.

to outmatch [aut'mætʃ], *v. t.* sorpassare; superare; essere superiore a (q.).

to outmode [aut'moud], **A** *v. t.* rendere antiquato; far passare di moda. **B** *v. i.* diventare antiquato; passare di moda.

outmoded [aut'moudid], *a.* antiquato; passato di moda; invecchiato.

outmost ['autmoust], *V.* **outermost**.

to outnumber [aut'nʌmbə*], *v. t.* superare in numero; esser più numeroso di; schiacciare (*il nemico*) con la forza del numero.

to outpace [aut'peis], *v. t.* camminare più in fretta di (q.); distan-

ziare; staccare (*fam.*).
outpatient ['aut,peiʃənt], *n.* (*med.*) paziente esterno (*o* ambulatoriale). ● **outpatients' department**, ambulatorio.
to outplay [aut'plei], *v. t.* (*specialm. sport*) giocare meglio di (q.); sconfiggere; battere.
to outpoint [aut'point], *v. t.* (*sport, specialm. pugilato*) superare (*l'avversario*) ai punti.
outport ['autpɔ:t], *n.* **1** (*naut.*) porto secondario; porto ausiliario **2** (*comm., naut.*) (zona di) porto franco.
outpost ['autpoust], *n.* (*mil. e fig.*) avamposto.
to outpour [aut'pɔ:*], *v. t.* effondere; versare.
outpour ['autpɔ:*], *n.* versamento.
outpouring [aut'pɔ:riŋ], *n.* **1** (*generalm. al pl.*) effusione; sfogo **2** versamento.
output ['autput], *n.* **1** (*anche ind.*) produzione: **the o. of a factory**, la produzione d'una fabbrica; **the scientific o. of the year**, la produzione scientifica dell'annata **2** (*ind.*) lavoro utile; rendimento; resa **3** (*mecc., elettr., ecc.*) potenza sviluppata; energia erogata **4** (*elab., elettron.*) uscita: (*elettr.*) **o. power**, potenza di uscita. ● (*autom., elettr.*) **There is no generator o.**, la dinamo non dà corrente (*guasto*).
outrage ['aut-reidʒ], *n.* oltraggio; offesa; ingiuria grave; soperchieria; violenza: **an o. against nature (upon society, etc.)**, un oltraggio alla natura (alla società, ecc.). ● **sense of o.**, sensazione d'essere stato offeso; risentimento.
to outrage ['aut-reidʒ], *v. t.* oltraggiare; offendere, ingiuriare gravemente; fare oltraggio a; violentare: **to o. sb.'s sense of justice**, offendere gravemente il senso della giustizia di q.
outrageous [aut'reidʒəs], *a.* **1** oltraggioso; gravemente offensivo, ingiurioso; immorale: **o. unkindness**, scortesia oltraggiosa **2** gravissimo; eccessivo; enorme: **an o. insult**, un gravissimo insulto **3** furioso; violento **4** crudele; malvagio **5** smoderato; esagerato. ● **o. weather**, tempo orribile.
outrageousness [aut'reidʒəsnis], *n.* **1** l'essere offensivo; immoralità **2** gravità; enormità **3** furia; violenza **4** crudeltà; malvagità **5** smoderatezza; esagerazione.
outran [aut'ræn], *pass.* di **to outrun**.
to outrange [aut'reindʒ], *v. t.* **1** (*d'arma da fuoco*) avere una gittata maggiore di (*un'altra*); superare in gittata **2** (*fig.*) sorpassare; superare.
to outrank [aut'ræŋk], *v. t.* avere un grado più alto di (q.); superare in grado.
outré ['u:trei] (*franc.*), *a.* **1** stravagante; eccentrico **2** scorretto; sconveniente.
to outride [aut'raid] (*pass.* **outrode**, *p. p.* **outridden**), *v. t.* **1** distanziare; lasciare indietro (q.) cavalcando; sottrarsi a (q.) fuggendo a cavallo **2** (*naut.*) riuscire a superare (*una tempesta*).
outrider ['aut,raidə*], *n.* **1** lacchè **2** battistrada; motociclista di scorta.
outrigger ['aut,rigə*], *n.* **1** (*mecc., ecc.*) intelaiatura di base (*della gru, ecc.*) **2** (*naut.*) buttafuori (*per gli scalmiere dei remi*) **3** (*naut.*) bilanciere **4** (*naut.*) canoa a bilanciere **5** (*aeron.*) intelaiatura di sostegno **6** (*in una carrozza*) prolungamento del bilancino (*per attaccare un altro cavallo*).
outright ['aut,rait], **A** *avv.* **1** completamente; interamente; del tutto; per intero: **to pay o.**, pagare per intero **2** immediatamente; subito; sul colpo; senza indugio: **to be killed o. by a rifle shot**, restar ucciso sul colpo da una fucilata **3** apertamente; schiettamente; chiaro e tondo: **to tell sb. o. what one thinks of him**, dire apertamente a q. quel che si pensa di lui. **B** *a. attr.* **1** aperto; schietto; sincero **2** completo; integrale; immediato: **o. disaster**, disastro completo; **o. payment**, pagamento integrale (*o* immediato). ● **an o. lie**, una bugia bell'e buona □ **an o. present**, un dono incondizionato; un vero e proprio regalo.
outrightness ['autraitnis], *n.* **1** schiettezza; franchezza; sincerità **2** completezza; immediatezza.
to outrival [aut'raivəl], *v. t.* far meglio di (q.); superare.
outrode [aut'roud], *pass.* di **to outride**.
to outroot [aut'ru:t], *v. t.* sradicare; estirpare.
to outrun [aut'rʌn] (*pass.* **outran**, *p. p.* **outrun**), *v. t.* **1** sorpassare in velocità; superare nella corsa **2** (*fig.*) superare; andare oltre: **Science fiction often outruns common sense**, la fantascienza spesso va oltre il buonsenso.
outrunner ['aut,rʌnə*], *n.* **1** battistrada; lacchè **2** cane di testa (*in un tiro di slitta*).
outsat [aut'sæt], *pass.* e *p. p.* di **to outsit**.
to outsell [aut'sel] (*pass.* e *p. p.* **outsold**), *v. t.* (*comm.*) **1** vendere più di (*un concorrente*) **2** (*di merce*) vendersi più di (*un'altra*).
outset ['aut-set], *n.* inizio; principio; esordio: **at** (*o* **from**) **the o.**, fin dall'inizio.
to outshine [aut'ʃain] (*pass.* e *p. p.* **outshone**), *v. t.* **1** superare in splendore; brillare più di (q.c.); offuscare **2** (*fig.*) superare; eclissare.
outside ['aut'said], **A** *n.* **1** (il) di fuori (*l'*)esterno: **the o. of**

a **building**, l'esterno d'un edificio; **to open a door from the o.**, aprire una porta dal di fuori **2** apparenza; aspetto (esteriore): **He was the fine o. of a gentleman**, aveva il tipico aspetto del gentiluomo **3** (*pl.*) fogli esterni (*d'una risma di carta*) **4** (*sport*) esterno; ala. **B** *a. attr.* **1** esterno; fatto (*o* posto, situato) all'esterno; proveniente dall'esterno; esteriore; di fuori; all'aperto: (*mecc.*) **o. diameter**, diametro esterno; **o. work**, lavoro fatto all'esterno, all'aperto (*fuori d'un edificio*); **o. repairs**, riparazioni esterne (*in un edificio*); **o. help**, aiuto che viene dall'esterno; aiuto di estraneo (*a un'organizzazione*); **o. activities**, attività all'aperto **2** estraneo: **o. influences**, influssi estranei **3** estremo; (il) maggiore (*o* più alto) possibile; di massima: **an o. estimate**, un preventivo di massima; **to quote the o. prices**, fissare i più alti prezzi possibili **4** a parte; collaterale: **to have o. interests**, avere interessi collaterali **5** minimo; piccolissimo; remoto: **There's only an o. chance**, non c'è che una minima probabilità. **C** *avv.* fuori; di fuori; all'esterno; all'aperto: **Come o.!**, vieni fuori!; **There's nobody o.**, di fuori non c'è nessuno; **The box was red o. and black inside**, la scatola era rossa di fuori e nera di dentro. **D** *prep.* **1** fuori di; all'esterno di: **He was standing o. the door**, stava in piedi fuori della porta **2** (*fam.*) all'infuori di; eccetto; oltre: **Nobody knows o. the members of my family**, non lo sa nessuno, all'infuori dei miei familiari; **to go o. the evidence**, andare oltre l'evidenza. ● (*radio, telev.*) **o. broadcast**, trasmissione in esterno □ (*fin.*) **o. broker**, operatore estraneo alla Borsa Valori; agente di cambio senza riconoscimento ufficiale □ (*mecc.*) **o. caliper**, compasso di spessore □ **o. in**, *V.* **inside out** □ (*sport*) **o. left**, ala sinistra, esterno sinistro □ **o. of**, (*fam.*) *V.* **sopra**, *prep.*, *def. 2*; □ **the o. of a bus**, l'imperiale d'un autobus □ **o. opinion**, opinione pubblica (*soprattutto*): di coloro che non fanno parte del Parlamento □ **o. porter**, facchino autorizzato a portare i bagagli fuori della stazione □ **at the (very) o.**, al massimo; tutt'al più: **There were a hundred people at the (very) o.**, c'erano cento persone al massimo □ (*pop.*) **to get o. (of) a good dinner**, fare un buon pranzetto.
outsider [aut'saidə*], *n.* **1** osservatore esterno **2** persona esclusa da un gruppo (*o* tenuta fuori da un ambiente sociale); estraneo; profano **3** (*sport*) outsider **4** (*nelle corse*) cavallo dato perdente **5** (*specialm. polit.*) candidato che ha scarse probabilità di vittoria **6** (*fam.*) individuo maleducato.
outsight ['autsait], *n.* facoltà d'osservare la realtà esteriore; capacità d'osservazione.
to outsit [aut'sit] (*pass.* e *p. p.* **outsat**), *v. t.* **1** restare seduto (*o* trattenersi) più a lungo di (*altri ospiti*) **2** rimanere seduto dopo la fine di (*uno spettacolo, ecc.*).
outsize [aut-saiz], **A** *n.* taglia (*o* misura) superiore alla media; taglia forte. **B** *a. attr.* (*anche* **outsized**) **1** (*di misura*) grande; (*di taglia*) forte **2** fuori misura; grandissimo. ● **an o. hat**, un cappello enorme.
outskirts ['aut-skə:ts], *n. pl.* **1** sobborghi; periferia; zona suburbana: **on the o. of the town**, alla periferia della città **2** (*fig.*) margini; confini.
to outsmart [aut'sma:t], *v. t.* (*fam.*) sorpassare in astuzia; essere più furbo di (q.); mettere nel sacco (*fig.*).
outsold [aut'sould], *pass.* e *p. p.* di **to outsell**.
to outspan [aut'spæn], *v. t.* (*in Sudafrica*) **1** staccare, sbardare (*cavalli*) **2** togliere il giogo a (*buoi*).
outspoken [aut'spoukən], *a.* chiaro; franco; esplicito; schietto: **an o. remark**, una franca osservazione. ● (*di persona*) **to be o.**, dire quel che si pensa; parlare a cuore aperto.
outspokenness [aut'spoukənnis], *n.* chiarezza; franchezza; schiettezza.
outspread ['aut'spred], *a.* disteso; spiegato; steso: (*lett.*) **with wings o.**, ad ali spiegate.
outstanding [aut'stændiŋ], *a.* **1** sporgente; prominente **2** eminente; notevole: **an o. person**, una persona eminente; **an o. fact**, un fatto notevole **3** (*comm.*) in pendenza; arretrato; insoluto; non pagato: **o. debts**, debiti insoluti; **o. bills**, cambiali non pagate; effetti in circolazione **4** (*di lavoro*) ancora da fare; in sospeso **5** (*comm.*) da evadere: **to have a good deal of orders o.**, avere ancora molte ordinazioni da evadere. ● (*leg.*) **o. matter**, pendenza.
to outstare [aut'stɛə*], *v. t.* fare abbassare lo sguardo a (q.).
to outstay [aut'stei], *v. t.* trattenersi più a lungo di (q.). ● **to o. one's welcome**, trattenersi più del necessario; diventare un ospite sgradito.
to outstep [aut'step], *v. t.* **1** superare (*o* sorpassare) camminando **2** (*fig.*) andare oltre: **to o. the truth**, andare oltre la verità.
to outstretch [aut'stretʃ], *v. t.* distendere; spiegare; stendere.
outstretched ['aut'stretʃt], *a.* disteso; steso; allungato; teso: **with o. arms (paws, etc.)**, a braccia tese (con le zampe allungate, ecc.).
to outstrip [aut'strip], *v. t.* **1** correre più forte di (q.); lasciare indietro; distanziare **2** (*fig.*) sorpassare; superare; vincere.
out(-)thrust ['autθrʌst], *n.* (*archit.*) spinta verso l'esterno.

to outtop [aut'tɔp], *v. t.* **1** superare in altezza **2** (*fig.*) superare.
to outvalue [aut'vælju], *v. t.* superare in valore.
to outvie [aut'vai], *v. t.* superare (*o* vincere) in una gara.
to outvoice [aut'vɔis], *v. t.* parlare più forte (*o* in modo più persuasivo) di (q.); ridurre (q.) al silenzio.
to outvote [aut'vout], *v. t.* sconfiggere in una votazione; avere più voti di (q.); mettere in minoranza: **to find oneself outvoted**, essere battuto ai voti; essere messo in minoranza.
out-voter ['aut,voutə*], *n.* (*polit.*) elettore che non risiede nel collegio elettorale (*nelle elezioni politiche*).
outward ['autwəd], **A** *a.* **1** esterno; esteriore; estrinseco: **o. form**, forma esterna; **o. beauty**, bellezza esteriore **2** corporeo; materiale: **o. things**, le cose materiali; gli oggetti; il mondo esteriore **3** apparente; superficiale; visibile **4** di andata: **the o. journey**, il viaggio d'andata. **B** *n.* **1** (l')apparenza; (l')aspetto esteriore **2** (*pl.*) (le) cose materiali; (il) mondo esteriore. **C** *avv.* V. **outwards**. ● (*naut.*) **o. bill of lading**, polizza di carico per il viaggio di andata □ (*naut.: di nave o passeggero*) **o. bound**, diretto a un porto straniero; in partenza; in viaggio d'andata □ (*naut.*) **o. bounder**, nave in partenza; nave in viaggio d'andata □ **the o. eye**, la vista; gli occhi (*contrario di* **the mind's eye**, l'occhio della mente) □ **the o. man**, l'uomo visto dal di fuori; l'aspetto esteriore dell'uomo.
outwardly ['autwədli], *avv.* al di fuori; all'esterno; esteriormente; in apparenza; apparentemente: **Jane remained o. calm**, Gianna rimase esteriormente calma.
outwardness ['autwədnis], *n.* **1** esteriorità; aspetto esteriore; apparenza **2** corporeità; materialità.
outwards ['autwədz], *avv.* verso l'esterno; in fuori: **galaxies moving o.**, galassie che si spostano verso l'esterno.
outwash [aut-wɔʃ], *n.* (*geol.*) deposito di dilavamento glaciale.
to outwatch [aut'wɔtʃ], *v. t.* vegliare più a lungo di (q.).
to outwear [aut'wɛə*] (*pass.* **outwore**, *p. p.* **outworn**), *v. t.* **1** durare più a lungo di (q.c.); superare in durata **2** (*di solito al p.p.*) consumare; logorare.
to outweigh [aut'wei], *v. t.* **1** pesare più di; aver maggior peso di (*anche fig.*); sorpassare in importanza; superare in valore **2** vincere: **Curiosity outweighed her shyness**, la curiosità vinse la sua timidezza.
outwent [aut'went], *pass.* di **to outgo**.
to outwit [aut'wit], *v. t.* superare in astuzia; mettere nel sacco (*fig.*); farla in barba a (q.) (*fam.*).
outwith ['autwið], *prep.* (*scozz.*) fuori di.
outwore [aut'wɔ:*], *pass.* di **to outwear**.
outwork ['aut-wə:k], *n.* **1** (*mil.*) fortificazione esterna **2** lavoro a domicilio.
to outwork [aut'wə:k], *v. t.* **1** lavorare meglio (*o* più in fretta) di (q.) **2** completare; portare a termine (*un'opera*).
outworker ['aut,wə:kə*], *n.* lavorante a domicilio.
outworn [aut'wɔ:n], **A** *p. p.* di **to outwear**. **B** *a. attr.* ['aut--wɔ:n] **1** esausto; stremato: **an o. boxer**, un pugile stremato **2** logoro; trito; vieto: **an o. phrase**, un modo di dire trito (*o* vieto).
ouzel ['u:zl], *n.* (*zool.*, *Turdus merula*) merlo.
ouzo ['u:zou] (*greco*), *n.* (*pl.* **ouzos**) «ouzo» (*liquore*).
oval ['ouvl], *a.* e *n.* ovale. ● (*sport*) **the O.**, famoso campo sportivo a Londra □ (*USA*) **the O. Office**, l'ufficio del Presidente; (*per estens.*) la presidenza degli USA.
ovalness ['ouvəlnis], *n.* l'essere ovale.
ovarian [ou'vɛəriən], *a.* (*anat.*) ovarico.
ovariotomy [ou,vɛəri'ɔtəmi], *n.* (*med.*) ovariotomia.
ovaritis [,ouvə'raitis], *n.* (*pl.* **ovaritides**) (*med.*) ovarite.
ovary ['ouvəri], *n.* **1** (*anat.*) ovaia **2** (*bot.*) ovario.
ovate ['ouveit], *a.* **1** ovale **2** (*bot.*) ovoidale; ovato.
ovation [ou'veiʃən], *n.* **1** (*stor. romana*) ovazione **2** vivo applauso; acclamazione.
oven [ʌvn], *n.* **1** forno (*anche fig.*); fornetto **2** (*improprio*) stufa. ● (*zool.*) **o.-bird**, (*Furnarius*) fornaio; (*Seiurus aurocapillus*) tordo dalla corona d'oro; ballerina dei boschi □ **o.-dressed** (*o* **o.-ready**), pronto per il forno (*rif. a cibo preconfezionato*) □ (*ind.*) **o.-dry**, essiccato al forno □ **o.-ware**, vasellame resistente al calore □ **Dutch o.**, forno portatile (*o* da campagna).
over (1) ['ouvə*], *avv.* **1** al di sopra; di sopra; di là; oltre: **Can you jump o.?**, sei capace di saltare di là?; **to lean o.**, sporgersi (*al di sopra*) **2** completamente; del tutto; da cima a fondo; da capo a piedi: **The table was covered (all) o. with paint**, la tavola era tutta coperta di vernice; **I've read the book o.**, ho letto il libro da cima a fondo **3** (*spesso nei composti*) troppo; eccessivamente: **to be o.-anxious**, essere troppo ansioso; **I am not feeling o. well**, non mi sento troppo bene; **o.-tired**, eccessivamente stanco; **o.-polite**, troppo gentile **4** (*a. pred.*) finito; terminato; passato: **The lesson is o.**, la lezione è finita; **The rain will soon be o.**, la pioggia cesserà ben presto; **The danger is o.**, il pericolo è passato **5** di ritorno: **to be o. from abroad**, essere di ritorno dall'estero. ● **O.!**, (*sport*) cambio di campo! (*ordine dato dall'arbitro*); (*nelle* trasmissioni radiotelefoniche, *anche* **O. to you**) passo! □ **o. and above**, in aggiunta; per sovrappiù; per soprammercato; senza calcolare, senza tener conto di □ (*radio*, *tel.*, *ecc.*) **O. and out**, passo e chiudo □ **o. (and o.) again**, più volte; ripetutamente, mille volte: **The orator was interrupted o. and o.**, l'oratore fu interrotto più volte □ **I've told you that o. and o. again**, te l'ho detto mille volte □ (*fin.*) **o.-the-counter**, non trattato in una Borsa ufficiale (*rif. a titolo, ecc.*) □ **o. there**, lassù □ (*fam.*) **It's all o. between us**, tra noi è finita; abbiamo chiuso (per sempre) □ (*fam.*) **to be all o. with sb.**, aver chiuso con q. □ **to bend st. o.**, ripiegare q.c. □ **to boil o.**, (*del latte*) traboccare (*bollendo*) □ **to boil o. with rage**, ribollire dalla rabbia □ **to count o.**, contare dal primo all'ultimo □ **to do st. o.**, rifare q.c., fare q.c. di nuovo □ **to fall o.**, rovesciarsi; cadere al suolo □ **to go o. to the enemy**, passare al nemico □ **to hand o.**, consegnare; passare □ **to have st. left o.**, avere q.c. d'avanzo □ **to hear st. o.**, ascoltare q.c. dal principio alla fine □ **to knock o.**, rovesciare; far cadere al suolo □ **to lean o.**, sporgersi □ **to look st. o.**, esaminare q.c. attentamente □ **to make o. to**, assegnare a; trasferire a: **Make your property o. to your children**, trasferisci i tuoi beni ai tuoi figli! □ **to paint st. over**, coprire q.c. di vernice; dipingere q.c. interamente □ **to think o.**, pensarci bene; ripensarci □ **to turn o. a page**, voltar pagina □ **to turn o. in bed**, rivoltarsi nel letto □ **to turn a coin o.**, rivoltare una moneta □ **Our friends were o. yesterday**, i nostri amici ci vennero a trovare ieri □ **How much is left o.?**, quanto è rimasto? □ **I have ten dollars o.**, mi sono rimasti dieci dollari □ **I am going o. to America**, vado in America □ **That matter can stand (o** hold) **o.**, quella faccenda può attendere (*o* può essere rinviata) □ **I did it six times o.**, lo feci per ben sei volte □ **That's John all o.**, questo è caratteristico di Giovanni; è proprio quel che ci si può attendere da Giovanni.
over (2) ['ouvə*], *prep.* **1** sopra; su: **The branch hung o. the roof**, il ramo pendeva sopra il tetto; **with one's hat o. one's eyes**, col cappello sugli occhi; **to wear one's hair o. the shoulders**, portare i capelli sulle spalle; **to lay the cloth o. the table**, stendere la tovaglia sulla tavola; **a bridge o. the river**, un ponte sul fiume **2** più di; oltre: **o. a hundred people**, oltre cento persone; **nothing o. one dollar**, niente (neanche un centesimo) più di un dollaro; **It cost o. five pounds**, è costato più di cinque sterline; **He is o. thirty**, ha più di trent'anni **3** attraverso; per tutto: **o. the whole country**, per tutta la nazione; **all o. the world**, in tutto il mondo **4** durante; nel corso di; attraverso; per: **We'll discuss it o. our dinner**, ne discuteremo durante il pranzo; **o. the centuries**, nel corso dei secoli; attraverso i secoli; **o. a period of several years**, per un periodo di molti anni; **What are you doing over Christmas?**, che cosa fai per Natale? **5** di là di; oltre: **to jump o. a fence**, saltare di là da uno steccato; **a city o. the border**, una città oltre il confine **6** fin dopo: **Stay o. Christmas**, rimani fin dopo Natale! **7** nei confronti di; rispetto a: **Prices have gone up twenty per cent o. last year**, i prezzi sono aumentati del venti per cento rispetto all'anno scorso **8** in fatto di; riguardo a: **The firm is having difficulties o. VAT**, la ditta è in difficoltà in fatto di I.V.A. ● **o. head and ears**, fin sopra i capelli: **to be in debt o. head and ears**, esser indebitato fin sopra i capelli □ **o. one's ears**, sopra le orecchie; (*anche*) alle tempie: **He's getting grey o. his ears**, sta facendo i capelli grigi alle tempie □ (*fig.*) **o. one's head**, incomprensibile, troppo difficile (*fig.*) □ **o. sb.'s head**, sulla testa di q. *scavalcandolo nella gerarchia* □ **o. the (tele)phone**, al telefono; (*anche*) per (mezzo del) telefono: **speaking o. the phone**, parlando al telefono; **to take orders o. the telephone**, ricevere (*o* accettare) ordinazioni per telefono □ **to climb o. a wall**, scavalcare un muro (*arrampicandosi*) □ **to fall o. an obstacle**, cadere inciampando in un ostacolo □ **to have no command o. oneself**, non sapersi dominare □ **to be head o. heels in love**, esser innamorato cotto □ **to help sb. o. a road**, aiutare q. ad attraversare una strada □ **the house o. the way**, la casa dall'altra parte della strada; la casa di fronte □ (*stor.*) **the King o. the water**, il Re in esilio (*Carlo II Stuart*) □ **to preside o. a meeting**, presiedere una riunione □ **to sit o. the fire**, starsene seduto vicino al fuoco □ **to stumble o. st.**, inciampare contro q.c. □ (*prov.*) **O. shoes, o. boots**, quando si è in ballo bisogna ballare.
over- (3) ['ouvə*], *pref.* sopra-; sovra-; che sta sopra; superiore; che supera la norma; eccessivo; troppo.
over (4) ['ouvə*], *n.* (*cricket*) «over»; numero di palle successive (*di solito sei o otto*) di cui dispone il lanciatore.
overabundance ['ouvərə'bʌndəns], *n.* sovrabbondanza.
overabundant ['ouvərə'bʌndənt], *a.* sovrabbondante.
to overact ['ouvər'ækt], *v. t.* e *i.* (*teatr.*) esagerare; strafare: **to o.** (**in**) **a part**, esagerare nel fare una parte; gigioneggiare (*fam.*).
overacting ['ouvər'æktiŋ], **A** *n.* (*teatr.*) gigionismo; enfasi (*o* recitazione) gigionesca. **B** *a.* (*teatr.*) che gigioneggia; gigionesco. ● **an o. player**, un gigione (*fam.*).

overactive ['ouvə'ræktiv], *a.* troppo attivo.
overage (1) [,ouvər'eidʒ], *a.* che ha superato una data età; troppo vecchio.
overage (2) ['ouvəridʒ], *n. (naut.)* eccedenza di merce rispetto a quanto specificato nella polizza.
overall (1) ['ouvərɔ:l], *n.* **1** grembiule; camice **2** *(pl.)* tuta (da lavoro).
overall (2) ['ouvərɔ:l], *a.* totale; complessivo; globale.
overall (3) [,ouvər'ɔ:l], *avv.* complessivamente; nell'insieme. ● *(di nave)* **to be dressed o.**, essere impavesata; essere in gran pavese.
overambitious [,ouvəræm'biʃəs], *a.* troppo ambizioso.
overanxious ['ouvər'æŋkʃəs], *a.* troppo ansioso; trepidante.
to overarch [ouvər'a:tʃ], **A** *v. t.* formare un arco su; coprire con una volta: **Thick foliage overarched the river**, il denso fogliame formava un arco sopra il fiume. **B** *v. i.* formare un arco; sovrastare a mo' d'arco.
overarm ['ouvəra:m], *a.* **1** *(sport)* effettuato alzando il braccio sopra la spalla: **o. throw**, lancio effettuato alzando il braccio sopra la spalla *(per es., nel giavellotto)* **2** *(nuoto)* alla marinara: **o. stroke**, bracciata alla marinara.
overate [,ouvər'eit], *pass.* di **to overeat**.
to overawe [,ouvər'ɔ:], *v. t.* intimidire; mettere in soggezione.
overawing [,ouvər'ɔ:iŋ], *n.* intimidazione.
to overbalance [,ouvə'bæləns], **A** *v. t.* **1** far perdere l'equilibrio a; sbilanciare **2** pesare più di; superare in peso **3** superare in importanza, in valore: **Debts o. credits**, i debiti superano i crediti. **B** *v. i.* perdere l'equilibrio; sbilanciarsi. ● *(fin., rag.)* **to o. the budget**, sbilanciare il preventivo.
overbalance [,ouvə'bæləns], *n.* **1** eccesso di peso **2** preponderanza. ● *(econ.)* **an o. of imports**, una prevalenza delle importazioni.
to overbear [,ouvə'bɛə*] *(pass.* **overbore**, *p. p.* **overborne)**, *v. t.* dominare; opprimere; sopraffare; sottomettere; ridurre all'obbedienza. ● **to be overborne in a debate**, aver la peggio in una discussione.
overbearing [,ouvə'bɛəriŋ], *a.* altezzoso; arrogante; borioso; imperioso; prepotente: **He is o. in his manner**, ha maniere altezzose (*o* imperiose).
overbed ['ouvəbed], *a. attr.* da usare a letto: **o. table**, tavolinetto *(a rotelle)* da usare stando a letto.
to overbid [,ouvə'bid] *(pass.* **overbid**, *p. p.* **overbidden)**, **A** *v. t.* **1** *(comm.)* fare un'offerta superiore a quella di q.; offrire più di (q.) **2** *(nel bridge)* dichiarare di più di (q.). **B** *v. i.* **1** *(comm.)* offrire troppo; fare un'offerta superiore al valore **2** *(nel bridge)* dichiarare di più; fare una dichiarazione superiore al valore delle proprie carte.
overbid ['ouvəbid], *n.* **1** *(comm.)* offerta eccessiva **2** *(nel bridge)* dichiarazione troppo alta.
to overblow ['ouvə'blou] *(pass.* **overblew**, *p. p.* **overblown)**, *v. t.* **1** *(del vento, ecc.)* soffiare sopra; disperdere; dissipare *(soffiando)* **2** ricoprire (q.c.) d'uno strato *(di sabbia, ecc.)* **3** *(mus.)* soffiare con troppa forza in *(uno strumento a fiato)*.
overblown ['ouvə'bloun], *a.* **1** *(specialm. di fiore)* sfiorito; spampanato **2** *(di stile, ecc.)* pomposo; fiorito **3** esagerato: **o. claims**, pretese esagerate.
overboard ['ouvəbɔ:d], *avv. (naut.)* fuori bordo; in mare; a mare: **to fall o.**, cadere in mare; **to throw part of the cargo o.**, gettare a mare parte del carico. ● **Man o.!**, uomo in mare!; uomo a mare! □ *(fig.)* **to throw sb. o.**, sbarazzarsi di q.; scaricare q. *(pop.)* □ *(fig.)* **to throw a scheme o.**, buttare all'aria un progetto; mandare a monte un piano.
overbold ['ouvə'bould], *a.* troppo audace; impudente; sfacciato; temerario.
overbook [,ouvə'buk], *v. t.* e *i.* fare più prenotazioni dei posti disponibili *(in aereo, in albergo, ecc.)*.
overbore [,ouvə'bɔ:*], *pass.* di **to overbear**.
overborne [,ouvə'bɔ:n], *p. p.* di **to overbear**.
overbought [,ouvə'bɔ:t], *pass.* e *p. p.* di **to overbuy**.
overbridge ['ouvə,bridʒ], *n.* cavalcavia.
to overbrim ['ouvə'brim], **A** *v. t.* traboccare da *(un recipiente)*. **B** *v. i.* traboccare.
to overbuild ['ouvə'bild] *(pass.* e *p. p.* **overbuilt)**, *v. t.* **1** sopraelevare *(un edificio)*; costruire sopra *(un edificio)* **2** costruire troppi edifici in *(un'area)*.
to overburden [,ouvə'bə:dn], *v. t.* **1** sovraccaricare: **an overburdened horse**, un cavallo sovraccarico **2** opprimere; accasciare.
overbusy ['ouvə'bizi], *a.* **1** troppo indaffarato **2** che si dà troppo da fare; troppo premuroso; zelante.
to overbuy ['ouvə'bai] *(pass.* e *p. p.* **overbought)**, **A** *v. i.* *(comm.)* comprare troppa merce. **B** *v. t.* comprare *(merce, ecc.)* in quantità eccessiva.
to overcall [,ouvə'kɔ:l], *V.* **to overbid**.

overcall ['ouvəkɔ:l], *V.* **overbid**.
overcame [,ouvə'keim], *pass.* di **to overcome**.
to overcapitalize [,ouvə'kæpitəlaiz], *v. t. (fin.)* **1** accumulare eccessive riserve di capitale in *(un'azienda)* **2** dare un eccessivo valore nominale al capitale di *(una società)*.
overcare ['ouvə,kɛə], *n.* **1** eccessiva accuratezza **2** prudenza eccessiva.
overcareful ['ouvə'kɛəful], *a.* **1** troppo accurato **2** troppo guardingo; prudente all'eccesso.
to overcast [,ouvə'ka:st] *(pass.* e *p. p.* **overcast)**, *v. t.* **1** coprire di nuvole; annuvolare; offuscare; oscurare **2** cucire a sopraggitto.
overcast ['ouvə'ka:st], *a.* **1** *(del cielo)* coperto; annuvolato **2** *(fig.)* offuscato; cupo; tetro; triste. ● *(mil., aeron.)* **o. bombing**, bombardamento senza visibilità.
overcaution [,ouvə'kɔ:ʃən], *n.* eccessiva cautela.
overcautious [,ouvə'kɔ:ʃəs], *a.* troppo cauto; guardingo all'eccesso.
overceiling ['ouvə'si:liŋ], *a. attr.* oltre il livello *(o il limite)* massimo consentito *(o previsto)*.
to overcharge ['ouvə'tʃa:dʒ], **A** *v. t.* **1** far pagare *(un articolo, ecc.)* troppo caro a (q.): **We were overcharged for the wine**, ci fecero pagare il vino troppo caro **2** sovraccaricare: **overcharged with electricity**, sovraccaricato d'elettricità. **B** *v. i.* fare prezzi troppo alti.
overcharge ['ouvə'tʃa:dʒ], *n.* **1** prezzo eccessivo; eccesso di prezzo **2** sovraccarico.
to overcloud [,ouvə'klaud], **A** *v. t.* annuvolare; offuscare; oscurare; rannuvolare: **Despair overclouded his face**, la disperazione gli offuscava il volto. **B** *v. i.* annuvolarsi; rannuvolarsi.
overcoat ['ouvəkout], *n.* soprabito; cappotto.
overcoating ['ouvə,koutiŋ], *n.* tessuto per soprabiti.
to over-colour ['ouvə'kʌlə*], *v. t.* colorire troppo *(una descrizione, ecc.)*.
to overcome [,ouvə'kʌm] *(pass.* **overcame**, *p. p.* **overcome)**, *v. t.* sormontare; sopraffare; sconfiggere; sottomettere; superare; vincere: **to o. one's enemies**, sconfiggere i propri nemici; **to o. temptations**, vincere le tentazioni; **to be overcome by one's emotions**, essere sopraffatto dall'emozione; **to o. a difficulty**, superare una difficoltà. ● **to be overcome by one's feelings**, essere profondamente commosso □ **to be overcome by hard work**, essere esausto per il duro lavoro.
to overcompensate [,ouvə'kɔmpənseit], *v. t.* sovracompensare.
overconfidence ['ouvə'kɔnfidəns], *n.* eccessiva fiducia; eccessiva sicurezza di sé; presunzione; sicumera.
overconfident ['ouvə'kɔnfidənt], *a.* troppo fiducioso; troppo sicuro di sé; presuntuoso.
overcooked ['ouvə'kukt], *a.* troppo cotto.
overcredulity [,ouvəkri'dju:liti], *n.* eccessiva credulità; ingenuità.
overcredulous ['ouvə'kredjuləs], *a.* troppo credulo; ingenuo.
overcritical ['ouvə'kritikəl], *a.* **1** troppo critico; ipercritico **2** *(fis. nucl.)* sopracritico.
to overcrop [,ouvə'krɔp], *v. t. (agric.)* esaurire, impoverire *(un terreno)* con una coltivazione troppo intensiva.
to overcrowd [,ouvə'kraud], *v. t.* sovraffollare; stipare; gremire.
overcrowding [,ouvə'kraudiŋ], *n.* affollamento eccessivo; sovraffollamento.
overculture ['ouvə'kʌltʃə*], *n.* cultura dominante.
overcunning ['ouvə'kʌniŋ], **A** *n.* astuzia eccessiva; furberia che si ritorce contro chi la usa. **B** *a.* troppo astuto.
overcurious ['ouvə'kjuəriəs], *a.* troppo curioso.
overcurrent ['ouvə,kʌrənt], *n. (elettr.)* sovracorrente.
overdelicacy [,ouvə'delikəsi], *n.* eccessiva delicatezza.
overdelicate [,ouvə'delikit], *a.* troppo delicato.
to overdevelop [,ouvədi'veləp], *v. t.* **1** sviluppare eccessivamente **2** *(fotogr.)* sovrasviluppare.
overdid [,ouvə'did], *pass.* di **to overdo**.
to overdo [,ouvə'du:] *(pass.* **overdid**, *p. p.* **overdone)**, **A** *v. t.* **1** eccedere in (q.c.); esagerare: **That actor has overdone his part**, quell'attore ha esagerato *(o* ha caricato*)* la sua parte **2** guastare, sciupare l'effetto di (q.c.) con l'esagerazione: **Mary overdid her apology**, Maria si profuse in troppe scuse e guastò tutto **3** cuocere troppo. **B** *v. i.* esagerare; strafare. ● **to o. it**, darci dentro *(fam.)*; esagerare, strafare □ **to o. one's strength**, abusare delle proprie forze.
overdone ['ouvə'dʌn], **A** *p. p.* di **to overdo**. **B** *a.* **1** esagerato **2** troppo cotto: **an o. steak**, una bistecca cotta troppo **3** esausto; stremato.
overdose ['ouvədous], *n.* dose eccessiva; dose troppo forte; overdose.
to overdose [,ouvə'dous], *v. t.* dare una dose eccessiva a (q.).
overdraft ['ouvədra:ft], *n.* **1** *(banca)* emissione per una somma eccedente il proprio conto; somma tratta allo scoperto *(cosa illecita)* **2** *(banca)* scoperto *(di conto corrente)* assistito da fido,

castelletto (*fam.*) **3** (*ind.*) corrente d'aria fatta passare dall'alto in un forno. ● (*banca*) **o. credit**, credito in conto corrente.
to overdraw ['ouvə'drɔː] (*pass.* **overdrew**, *p. p.* **overdrawn**), **A** *v. t.* **1** esagerare; rappresentare in modo esagerato: **The villains in this play are overdrawn**, i «cattivi» in questo dramma sono rappresentati in modo esagerato **2** (*banca*) emettere assegni per una somma eccedente (*il proprio conto*). **B** *v. i.* **1** esagerare **2** (*banca*) trarre allo scoperto. ● (*banca*) **to be overdrawn**, (*di conto*) essere scoperto; (*di correntista*) essere allo scoperto.
to overdress ['ouvə'dres], *v. t.* e *i.* vestire in modo troppo elegante (*o* con troppo lusso); agghindare, agghindarsi.
overdrew ['ouvə'druː], *pass.* di **to overdraw**.
overdrive ['ouvə'draiv], *n.* (*mecc., autom.*) overdrive.
to overdrive ['ouvə'draiv] (*pass.* **overdrove**, *p. p.* **overdriven**), *v. t.* affaticare, stancare, strapazzare (*un cavallo e fig.*).
overdue ['ouvə'djuː], *a.* **1** (*comm.*) scaduto: **Your bill of exchange is o.**, la tua cambiale è scaduta **2** (*di treno, ecc.*) in ritardo **3** atteso da (*troppo*) tempo: **a long-o. change**, un cambiamento atteso da molto tempo; una modifica che si sarebbe dovuta fare molto tempo prima. ● (*fin.*) **o. interests**, interessi di mora.
to overeat ['ouvər'iːt] (*pass.* **overate**, *p. p.* **overeaten**), **A** *v. i.* e **to overeat oneself B** *v. rifl.* mangiare troppo; rimpinzarsi.
overemployment [,ouvərim'plɔimənt], *n.* (*econ.*) sovraoccupazione.
overestimate ['ouvər'estimit], *n.* **1** stima eccessiva; valutazione esagerata **2** calcolo per eccesso.
to overestimate ['ouvər'estimeit], *v. t.* **1** stimare eccessivamente; sopravvalutare: **Don't o. your abilities**, non sopravvalutare le tue capacità! **2** calcolare per eccesso.
overexcitation ['ouvər,eksi'teiʃən], *n.* sovreccitazione.
to overexcite ['ouvərik'sait], *v. t.* sovreccitare.
overexploitation ['ouvər,eksplɔi'teiʃən], *n.* sfruttamento eccessivo (*di una risorsa naturale*).
to overexpose ['ouvəriks'pouz], *v. t.* (*fotogr.*) sovraesporre.
overexposure ['ouvəriks'pouʒə*], *n.* (*fotogr.*) sovraesposizione.
overfall ['ouvəfɔːl], *n.* **1** (*idraulica*) stramazzo **2** (*pl., naut.*) mare confuso.
to overfatigue ['ouvəfə'tiːg], *v. t.* sovraffaticare.
overfatigue ['ouvəfə'tiːg], *n.* eccesso di fatica; fatica eccessiva.
overfault ['ouvəfɔːlt], *n.* (*geol.*) falda rovesciata.
to overfeed ['ouvə'fiːd] (*pass.* e *p. p.* **overfed**), **A** *v. t.* nutrire eccessivamente; rimpinzare. **B** *v. i.* nutrirsi troppo; rimpinzarsi.
overfeeding ['ouvə'fiːdiŋ], *n.* nutrizione eccessiva; superalimentazione.
to overfill [,ouvə'fil], *v. t.* riempire troppo; far traboccare.
to overfish [,ouvə'fiʃ], *v. t.* depauperare (*un fiume, ecc.*) pescandovi troppo.
to overflow [,ouvə'flou], **A** *v. t.* **1** inondare; allagare: **The flooded river will o. the plains**, il fiume in piena inonderà la pianura **2** superare; scavalcare; dilagare; traboccare oltre: **o. the banks**, superare gli argini **3** far traboccare. **B** *v. i.* traboccare; tracimare; straripare: **Every autumn the river overflows**, il fiume straripa ogni autunno. ● **The crowd overflowed into the square**, la folla si riversò nella piazza.
overflow ['ouvə-flou], *n.* **1** inondazione; straripamento; traboccamento (*raro*) **2** (*fig.*) sovrabbondanza; eccesso: **an o. of applications for a job**, un eccesso di domande di lavoro **3** (*ing. civile*) sfioratore; troppopieno **4** liquido traboccato **5** (*elab.*) eccedenza di dati; straripamento; «overflow». ● (*ing. civile*) **o. channel**, canale sfioratore □ (*ing.*) **o. pipe**, tubo di troppopieno.
overflowing (1) [,ouvə'flouiŋ], *a.* **1** straripante; traboccante (*anche fig.*); in rotta: **o. rivers**, fiumi in rotta; (*fig.*) **a heart o. with love**, un cuore traboccante d'amore **2** sovrabbondante; abbondantissimo.
overflowing (2) ['ouvə'flouiŋ], *n.* **1** inondazione; straripamento; tracimazione **2** sovrabbondanza; eccesso. ● **full to o.**, traboccante.
to overfly [,ouvə'flai] (*pass.* **overflew**, *p. p.* **overflown**), *v. t.* (*aeron.*) sorvolare.
overfond ['ouvə'fɔnd], *a.* – **o. of**, troppo amante di (*q.c.*); che va pazzo per (*q.c.*).
overfreight ['ouvəfreit], *n.* (*naut.*) **1** eccedenza di carico **2** eccedenza di nolo.
overfull ['ouvə'ful], *a.* troppo pieno; colmo. ● (*econ.*) **o. employment**, sovraoccupazione.
overgear ['ouvəgiə*], *n.* (*mecc., autom.*) moltiplicatore.
to overgovern ['ouvə'gʌvən], *v. t.* sottoporre a inutili restrizioni; irreggimentare (*fig.*).
overgovernment ['ouvə'gʌvənmənt], *n.* rigida regolamentazione; severe restrizioni; irreggimentazione (*fig.*).
overground [,ouvə'graund], *n.* (*ferr., bur.*) rete urbana (*di Londra*) in superficie (*Cfr.* **underground**).
to overgrow ['ouvə'grou] (*pass.* **overgrew**, *p. p.* **overgrown**),
A *v. t.* **1** (*di vegetazione, ecc.*) coprire; ricoprire: **The front garden was overgrown with weeds**, il giardino davanti (alla casa) era ricoperto d'erbacce **2** crescere più di (q.). **B** *v. i.* crescere troppo (*o* troppo in fretta). ● **I have overgrown that sort of things**, sono troppo vecchio (*o* ammaestrato dall'esperienza) per (fare) cose di quel genere.
overgrowth ['ouvəgrouθ], *n.* **1** vegetazione rigogliosa **2** crescita eccessiva (*o* troppo rapida).
overhand ['ouvəhænd], **A** *a.* **1** (*del braccio*) dall'alto in basso: **an o. gesture**, un gesto del braccio dall'alto in basso **2** (*sport*) fatto col braccio alzato sopra la spalla: (*nuoto*) **o. stroke**, bracciata alla marinara. **B** *avv.* ['ouvə'hænd] (*sport*) alzando il braccio sopra la spalla: **Charles bowled o.**, Carlo lanciò la palla alzando il braccio sopra la spalla.
to overhang ['ouvə'hæŋ] (*pass.* e *p. p.* **overhung**), **A** *v. t.* **1** sporgere sopra (q.c.); incombere su; sovrastare (a); strapiombare su: **The cliffs o. the river**, i dirupi strapiombano sul fiume **2** decorare; appendere decorazioni a: **to o. a Christmas tree**, decorare un albero di Natale. **B** *v. i.* sporgere; incombere; sovrastare; strapiombare.
overhang ['ouvəhæŋ], *n.* **1** sporgenza **2** (*archit.*) aggetto; sporgenza del tetto **3** (*alpinismo*) strapiombo.
to overhaul [,ouvə'hɔːl], *v. t.* **1** esaminare a fondo; ispezionare; verificare **2** (*mecc.*) riparare; aggiustare; revisionare; ripassare (*fam.*): **to o. an engine**, ripassare un motore **3** (*specialm. naut.*) raggiungere; oltrepassare; sorpassare; superare: **The ocean liner soon overhauled the trawler**, il transatlantico sorpassò ben presto il peschereccio.
overhaul ['ouvəhɔːl], *n.* **1** accurato esame **2** (*specialm. mecc.*) revisione; ripassata (*fam.*).
overhead ['ouvə'hed], **A** *avv.* **1** in alto; di sopra; in cielo; lassù: **the stars o.**, le stelle in cielo; le stelle lassù **2** al piano di sopra: **There was a terrific noise o.**, c'era un rumore tremendo al piano di sopra. **B** *a.* ['ouvəhed] **1** che sta di sopra, in alto; aereo; soprelevato: **o. wires**, linee aeree (*di fili metallici, dell'elettricità*) **2** (*comm.*) generale; globale; complessivo: **o. expenses** (*o* **o. charges**), spese generali; **o. price**, prezzo globale **3** (*mecc.*) in testa: **o. valves**, valvole in testa. **C** *n. pl.* (*comm.*) spese generali. ● (*ferr.*) **o. bridge** (*o* **crossing**), cavalcavia □ **o. projector**, lavagna luminosa □ (*mecc.*) **o. shovel**, pala a scarico posteriore □ (*mecc.*) **o.-travelling crane**, gru a ponte; carroponte.
to overhear [,ouvə'hiə*] (*pass.* e *p. p.* **overheard**), *v. t.* **1** udire per caso; sentire di sfuggita; sorprendere (*una conversazione, ecc.*) **2** sentire (q.c.) ascoltando di nascosto.
to overheat [,ouvə'hiːt], **A** *v. t.* (*anche fig.*) surriscaldare. **B** *v. i.* (*anche fig.*) surriscaldarsi.
overheated [,ouvə'hiːtid], *a.* surriscaldato. ● (*di un motore, ecc.*) **to get o.**, surriscaldarsi.
overheating [,ouvə'hiːtiŋ], *n.* (*anche fig.*) surriscaldamento.
overhoused [,ouvə'hauzd], *a.* che abita in una casa troppo grande.
overhung [,ouvə'hʌŋ], *pass.* e *p. p.* di **to overhang**.
to overindulge ['ouvərin'dʌldʒ], **A** *v. t.* trattare con eccessiva indulgenza; viziare: **to o. one's children**, viziare i propri figlioli. **to overindulge oneself B** *v. rifl.* essere troppo indulgenti (*o* indulgere) verso se stessi.
overindulgence [,ouvərin'dʌldʒəns], *n.* eccessiva indulgenza.
overindulgent [,ouvərin'dʌldʒənt], *a.* troppo indulgente.
overinflated [,ouvərin'fleitid], *a.* **1** (*di pallone, ecc.*) troppo gonfio **2** esagerato; eccessivo; inflazionato (*fig.*).
overinsurance [,ouvərin'ʃuərəns], *n.* (*ass.*) assicurazione per un valore superiore a quello di realizzo.
to overissue [,ouvər'iʃuː], *v. t.* (*specialm. fin.*) emettere (*azioni, banconote, ecc.*) in eccesso.
overissue ['ouvər'iʃuː], *n.* (*fin.*) emissione eccessiva (*di azioni, banconote, ecc.*).
overjoyed [,ouvə'dʒɔid], *a.* pieno di gioia; felicissimo.
to overjump [,ouvə'dʒʌmp], *v. t.* **1** saltare (q.c.) **2** saltare troppo oltre (q.c.).
overkill ['ouvəkil], *n.* **1** (*mil.*) eccessivo potenziale atomico distruttivo **2** (*fig.*) provvedimento (*trattamento, ecc.*) eccessivo.
overknee ['ouvəniː], *a.* che arriva fin sopra al ginocchio.
to overlabour, (*USA*) **to overlabor** [,ouvə'leibə*], *v. t.* **1** elaborare troppo **2** far lavorare troppo.
overladen ['ouvə'leidn], *a.* sovraccarico; stracarico.
overlaid [,ouvə'leid], *pass.* e *p. p.* di **to overlay**.
overlain [,ouvə'lein], *p. p.* di **to overlie**.
overland ['ouvə'lænd], *a.* e *avv.* per via di terra: **to travel o.**, viaggiare per via di terra; **o. trade**, commercio per via di terra. ● **the o. route**, l'itinerario.
to overlap [,ouvə'læp], **A** *v. t.* sovrapporre; accavallare. **B** *v. i.* **1** sovrapporsi; accavallarsi: **The shingles of the roof o.** (**each other**), le scandole del tetto sono parzialmente sovrappo-

ste (l'una all'altra) 2 coincidere in parte: **Here psychology and sociology o.**, qui la psicologia e la sociologia coincidono in parte.
overlap ['ouvəlæp], *n.* 1 sovrapposizione 2 parte sovrapposta.
overlapping [,ouvə'læpiŋ], *n.* sovrapposizione; accavallamento.
to overlay [,ouve'lei] (*pass.* e *p. p.* **overlaid**), *v. t.* 1 coprire; ricoprire 2 gravare; opprimere; soffocare 3 ricoprire (*per decorazione*); laminare: **ebony overlaid with silver**, avorio laminato d'argento.
overlay (1) ['ouvəlei], *n.* 1 coperta (da letto) 2 sopratovaglia 3 (*costr. stradali*) rinnovamento del manto (di usura) 4 (*elab.*) sovrapposizione 5 (*grafica*) pellicola addizionale; selezione.
overlay (2) [,ouvə'lei], *pass.* di **to overlie**.
overleaf ['ouvə'li:f], *avv.* a tergo; sul retro: **See o.**, vedi a tergo.
to overleap [,ouvə'li:p] (*pass.* e *p. p.* **overleapt, overleaped**), *v. t.* 1 saltare di là di; saltare oltre 2 omettere; tralasciare; trascurare.
to overlie [,ouvə'lai] (*pass.* **overlay**, *p. p.* **overlain**), *v. t.* 1 giacere sopra (q.) 2 soffocare (*specialm.* un bambino, standogli addosso).
to overlive ['ouvə'liv], *v. t.* sopravvivere a (q.).
to overload ['ouvə'loud], *v. t.* (*anche elettr., elettron.*) sovraccaricare.
overload ['ouvəloud], *n.* (*anche elettr., elettron.*) sovraccarico.
overlong [,ouvə'lɔŋ], **A** *a.* troppo lungo; prolisso. **B** *avv.* troppo a lungo.
to overlook [,ouvə'luk], *v. t.* 1 guardare dall'alto; dominare; godere la vista di: **From my house, I o. the whole town**, dalla mia casa, domino (*o* godo la vista di) tutta la città 2 dare su; guardare su; offrire la vista di: **windows overlooking a garden**, finestre che danno su un giardino 3 lasciarsi sfuggire; non rilevare; non vedere; tralasciare: **to o. a misprint**, lasciarsi sfuggire un errore di stampa (*o* un refuso) 4 non riconoscere; trascurare; non far conto di: **His merits have been overlooked by the boss**, i suoi meriti non sono stati riconosciuti dal capo 5 chiudere un occhio su; passar sopra a; perdonare: **Let's o. their faults**, passiamo sopra alle loro colpe! 6 sorvegliare; ispezionare.
overlooker ['ouvə'lukə*], *n.* sorvegliante; soprintendente.
overlord ['ouvəlɔ:d], *n.* (*stor.*) signore supremo; grande feudatario.
overlordship ['ouvəlɔ:dʃip], *n.* (*stor.*) dignità (*o* potere) di grande feudatario.
overly ['ouvəli], *avv.* troppo; eccessivamente.
overman ['ouvəmæn], *n.* (*pl.* **overmen**) 1 capo; caposquadra; sorvegliante; capo minatore 2 arbitro 3 (*filos.*) superuomo.
to overman [,ouvə'mæn], *v. t.* impiegare (*o* avere) troppo personale in (*un'attività, un reparto, ecc.*).
overmanned [,ouvə'mænd], *a.* che ha un eccesso di personale (*o* di manodopera).
overmanning [,ouvə'mæniŋ], *n.* eccesso di personale.
overmantel ['ouvə,mæntl], *n.* (*archit.*) caminiera (*mensola, specchiera, ecc.*).
overmany ['ouvə'meni], *a.* troppi, troppe.
to overmaster [,ouvə'ma:stə*], *v. t.* assoggettare; sottomettere. ● **an overmastering motive**, un motivo dominante.
to overmatch [,ouvə'mætʃ], *v. t.* superare; sconfiggere; vincere.
overmatch ['ouvəmætʃ], *n.* avversario troppo forte; nemico invincibile; osso duro (*fam.*).
overmeasure ['ouvə'meʒə*], *n.* misura eccessiva; sovrappiù; eccedenza; eccesso.
overmodest [,ouvə'mɔdist], *a.* troppo modesto.
overmodulation ['ouvə,mɔdju'leiʃən], *n.* (*radio, telev.*) sovramodulazione.
overmuch ['ouvə'mʌtʃ], **A** *a.* eccessivo; che è di troppo. **B** *avv.* eccessivamente; troppo. **C** *n.* eccesso; quantità eccessiva; ciò che è di troppo.
overnice ['ouvə'nais], *a.* esigente; di gusti difficili; schifiltoso; schizzinoso.
overniceness [,ouvə'naisnis], **overnicety** [,ouvə'naisəti], *n.* incontentabilità; pignoleria.
overnight ['ouvə'nait], **A** *avv.* 1 durante la notte; per la notte 2 la sera prima; la notte prima. **B** *a.* 1 di notte; fatto di notte: **an o. trip**, un viaggio di notte 2 per la notte: **an o. guest**, un ospite per la notte 3 fatto la sera prima: **o. preparations**, preparativi fatti la sera prima. ● **an o. bag** (*o* **case**), una borsa da viaggio; una ventiquattrore □ (*turismo*) **o. stay**, pernottamento □ **to stay o.**, pernottare □ **He became famous o.**, divenne famoso dall'oggi al domani.
overnighter [,ouvə'naitə*], *n.* (*fam.*) ventiquattrore (*valigetta*).
overnutrition [,ouvənju:'triʃən], *n.* superalimentazione; ipernutrizione.
overoccupied [,ouvər'ɔkjupaid], *a.* sovraffollato; stipato; gremito.
overpaid ['ouvə'peid], *pass.* e *p. p.* di **to overpay**.
overpass ['ouvə,pa:s], *n.* (*USA*) cavalcavia; sovrappassaggio (*cfr. ingl.* **flyover**).
to overpass [,ouvə'pa:s], *v. t.* passar sopra a (*anche fig.*); superare; sorpassare; traversare; valicare.
overpassed [,ouvə'pa:st], **overpast** ['ouvə'pa:st], *a.* passato; trascorso; tramontato.
to overpay ['ouvə'pei] (*pass.* e *p. p.* **overpaid**), *v. t.* pagar troppo; pagar troppo caro; strapagare.
overpeopled [,ouvə'pi:pld], *a.* sovrappopolato; troppo popolato.
to overpersuade [,ouvəpə'sweid], *v. t.* persuadere (q.) a fatica; costringere (q.) a persuadersi.
to overplay ['ouvə'plei], *v. t.* 1 (*teatr.*) esagerare, caricare (*una parte*) 2 dare troppa enfasi (*o* troppo rilievo) a (q.c.). ● **to o. one's hand**, rischiare troppo per le carte che si hanno in mano (*nei giochi di carte e fig.*).
overplus ['ouvə'plʌs], *n.* 1 sovrappiù; eccesso: **an o. of unsold goods**, un eccesso di merce invenduta 2 (*comm.*) rimanenza.
to overpoise ['ouvə'pɔiz], *V.* **to outweigh**.
overpolite [,ouvəpə'lait], *a.* troppo gentile; cerimonioso.
overpopulation [,ouvə,pɔpju'leiʃən], *n.* (*stat.*) eccesso di popolazione; sovrappopolazione; popolazione in eccesso.
to overpower [,ouvə'pauə*], *v. t.* sopraffare (*anche fig.*); sconfiggere; dominare; opprimere; soggiogare: **I was overpowered by thirst**, fui sopraffatto dalla sete; **to be overpowered with sorrow**, essere sopraffatto dal dolore.
overpowering [,ouvə'pauəriŋ], *a.* opprimente; prepotente; schiacciante; irresistibile; insopportabile: **o. beauty**, bellezza irresistibile; **o. sorrow**, dolore insopportabile.
to overpraise [,ouvə'preiz], *v. t.* lodare troppo; portare alle stelle; incensare (*fig.*).
overpraise [,ouvə'preiz], *n.* lode eccessiva; elogio smodato.
to overprescribe [,ouvəpri'skraib], *v. t.* e *i.* (*med.*) prescrivere (*medicinali*) senza necessità (*o* più del necessario).
overprescription [,ouvəpri'skripʃən], *n.* (*med.*) prescrizione non necessaria (*o* eccessiva) di medicinali.
overpressure ['ouvə'preʃə*], *n.* (*fis.*) sovrapressione.
to overprice [,ouvə'prais], *v. t.* mettere un prezzo troppo alto a (*un articolo, un prodotto, ecc.*); chiedere un prezzo troppo alto per (q.c.).
overprice ['ouvə'prais], *n.* (*comm.*) soprapprezzo, sovrapprezzo.
to overprint [,ouvə'print], *v. t.* 1 (*grafica*) sovrastampare 2 (*fotogr.*) sovrimporre 3 (*grafica*) plastificare.
to overproduce [,ouvəprə'dju:s], *v. t.* e *i.* produrre in eccesso.
overproduction ['ouvəprə'dʌkʃən], *n.* (*econ.*) sovrapproduzione.
overproof ['ouvə'pru:f], *a.* (*di liquido*) che contiene troppo alcol.
overproud ['ouvə'praud], *a.* troppo orgoglioso.
overpunch [,ouvə'pʌntʃ], *n.* (*elab.*) perforazione in alto.
overran [,ouvə'ræn], *pass.* di **to overrun**.
to overrate [,ouvə'reit], *v. t.* 1 sopravvalutare; far troppo conto di; stimar troppo: **to o. one's strength**, sopravvalutare le proprie forze 2 tassare eccessivamente.
to overreach [,ouvə'ri:tʃ], **A** *v. t.* 1 raggiungere e oltrepassare; superare; andare oltre 2 imbrogliare; ingannare; abbindolare 3 fallire (*un obiettivo, un traguardo, ecc.*) per aver mirato troppo in alto. **B** *v. i.* 1 andare troppo oltre 2 (*di cavallo, ecc.*) colpire la zampa anteriore con lo zoccolo posteriore. **to overreach oneself C** *v. rifl.* fallire per aver voluto troppo; fare il passo più lungo della gamba (*fig.*).
to overread [,ouvə'ri:d] (*pass.* e *p. p.* **overread**), *v. i.* leggere troppo.
overrefined [,ouvəri'faind], *a.* troppo raffinato.
to overrent [,ouvə'rent], *v. t.* far pagare un affitto troppo alto per (q.c.) o a (q.).
overrich ['ouvə'ritʃ], *a.* troppo ricco: (*autom.*) **o. mixture**, miscela troppo ricca.
to override [,ouvə'raid] (*pass.* **overrode**, *p. p.* **overridden**), *v. t.* 1 calpestare (*anche fig.*); passar sopra a; non tenere in nessun conto; mettersi sotto i piedi: **to o. sb.'s claims**, non tener in nessun conto le richieste di q.; calpestare i diritti di q. 2 percorrere a cavallo 3 dominare; opprimere 4 affaticare, sfiancare (*un cavallo*) 5 (*med.*) chiedere un premio d'operosità a (q.) 6 (*med.: di un osso rotto*) sovrapporsi a (*un altro*).
override ['ouvəraid], *n.* (*econ., comm.*) premio d'operosità.
overrider ['ouvə'raidə*], *n.* (*autom.*) rostro.
overripe ['ouvə'raip], *a.* troppo maturo; strafatto.
overrode [,ouvə'roud], *pass.* di **to override**.
to overrule [,ouvə'ru:l], *v. t.* 1 annullare; revocare; rovesciare: **In English law, a precedent can only be overruled by a decision of a higher court than that which created it**, secondo la legge inglese, un precedente può essere rovesciato soltanto da una sentenza di un tribunale di grado più elevato di quello che lo ha creato: **to o.**

an order, revocare un ordine **2** non accettare; respingere: **to o. an objection**, respingere un'obiezione **3** prevalere su; avere il sopravvento su: **His greed overruled his common sense**, l'avidità ebbe il sopravvento sul suo buon senso **4** esautorare.

to overrun [ˌouvəˈrʌn] (*pass.* **overran**, *p. p.* **overrun**), **A** *v. t.* **1** invadere; devastare; infestare; ricoprire; sommergere: **territory overrun by the enemy**, territorio invaso dal nemico; **The field was overrun with weeds**, il campo era ricoperto d'erbacce; **The swollen river overran the valley**, il fiume in piena sommerse la vallata **2** oltrepassare; superare; eccedere: **Your speech overran the time allowed**, il tuo discorso superò il limite di tempo consentito **3** (*tipogr.*) rimaneggiare (*una riga, una colonna, ecc.*) **4** (*tipogr.*) stampare copie supplementari (*o* in eccedenza) di (*una pubblicazione, un inserto, ecc.*) **5** (*mecc.*) mandare su di giri; imballare (*un motore*). **B** *v. i.* **1** straripare; traboccare **2** (*mecc., di motore*) imballarsi. ● (*tipogr.: di una riga*) **to o. into the margin**, superare la giustezza.

overrun [ˈouvərʌn], *n.* **1** l'eccedere; eccedenza **2** straripamento (*di un fiume*) **3** (*tipogr.*) copie supplementari; tiratura in eccedenza.

oversaving [ˌouvəˈseiviŋ], *n.* (*econ.*) eccesso di risparmio.

oversaw [ˈouvəˈsɔː], *pass.* di **to oversee**.

overscrupulous [ˌouvəˈskruːpjuləs], *a.* troppo scrupoloso.

oversea(s) [ˈouvəˈsiː(z)], **A** *avv.* oltremare; oltreoceano; al di là del mare; all'estero: **to go o.**, andare oltreoceano. **B** *a.* d'oltremare; estero; per l'estero: **o. trade**, traffici d'oltremare; commercio estero. ● **o. workers**, lavoratori stranieri □ **workers o.**, lavoratori (emigrati) all'estero.

to oversee [ˌouvəˈsiː] (*pass.* **oversaw**, *p. p.* **overseen**), *v. t.* sorvegliare; ispezionare; sovrintendere a; dirigere.

overseeing [ˌouvəˈsiːiŋ], *n.* sorveglianza; sovrintendenza; ispezione.

overseen [ˈouvəˈsiːn], *p. p.* di **to oversee**.

overseer [ˈouvəsiə*], *n.* **1** sorvegliante; sovrintendente; caposquadra **2** (*tipogr.*) proto.

to oversell [ˌouvəˈsel] (*pass. e p. p.* **oversold**), **A** *v. t.* **1** (*comm.*) vendere più (*merce, ecc.*) di quel che si ha in magazzino **2** (*fam.*) lodare esageratamente (*q.c.*). **B** *v. i.* (*comm.*) vendere troppo.

oversensitive [ˈouvəˈsensitiv], *a.* ipersensibile.

oversensitiveness [ˈouvəˈsensitivnis], *n.* ipersensibilità.

oversentimental [ˈouvəˌsentiˈmentl], *a.* troppo sentimentale.

to overset [ˌouvəˈset] (*pass. e p. p.* **overset**), *v. t.* **1** capovolgere; mettere sottosopra; rovesciare **2** (*fig.*) sconvolgere.

to oversew [ˌouvəˈsou] (*pass.* **ovesewed**, *p. p.* **oversewn**, **oversewed**), *v. t.* cucire a sopraggitto.

oversewing [ˈouvəˌsouiŋ], *n.* sopraggitto.

oversexed [ˈouvəˈsekst], *a.* **1** che ha una sessualità eccessiva; che sente troppo gli impulsi sessuali **2** eccessivamente interessato al sesso.

to overshadow [ˌouvəˈʃædou], *v. t.* **1** ombreggiare; dare ombra a **2** (*fig.*) oscurare; offuscare; eclissare.

overshoe [ˈouvəʃuː], *n.* soprascarpa; caloscia: **a pair of overshoes**, un paio di calosce.

to overshoot [ˌouvəˈʃuːt] (*pass. e p. p.* **overshot**), *v. t.* **1** sparare (*un colpo, ecc.*) troppo lungo (*o* troppo alto) **2** andare oltre (*la propria intenzione*); oltrepassare (*un limite*). ● (*fig.*) **to o. the mark**, (oltre)passare il segno; esagerare □ **to o. oneself**, andare oltre le proprie intenzioni; lasciarsi andare □ (*aeron.*) **to o. the runway**, fare un atterraggio lungo.

overshoot [ˈouvəˈʃuːt], *n.* (il) passare il segno; (l')andare oltre le proprie intenzioni.

overshot [ˈouvəˈʃɔt], **A** *pass. e p. p.* di **to overshoot**. **B** *a.* **1** (*anat.*) sporgente (*dal di sopra*): **o. jaw**, mascella superiore sporgente (*del cane*) **2** (*mecc.*) azionato dall'alto **3** (*di ruota idraulica*) per disopra: **o. wheel**, ruota per disopra (*mossa dall'acqua che la colpisce in alto*); ruota a cassette.

overside [ˈouvəˈsaid], *a. e avv.* (*naut.*) a fianco della nave: **o. delivery of cargo**, consegna a fianco della nave (*su barche, ecc.*; *non sul molo*); **to unload cargo o.**, scaricare il carico a fianco della nave.

oversight [ˈouvəsait], *n.* **1** svista; sbaglio; omissione: **by o.**, per una svista; per sbaglio **2** sorveglianza; vigilanza: **to have (the) o. of children**, avere la sorveglianza dei bambini.

oversize [ˈouvəsaiz], **A** *a.* **1** troppo grande **2** più grande della norma; fuori misura **3** (*di statua, ecc.*) di dimensione superiore al vero. **B** *n.* (*di capo di vestiario*) taglia (*o* misura) superiore alla media; taglia calibrata.

overskirt [ˈouvəskəːt], *n.* (*moda*) sopraggonna.

overslaugh [ˈouvəslɔː], *n.* (*mil.*) esenzione da un dovere (*per poterne assolvere uno più importante*).

to oversleep [ˈouvəˈsliːp] (*pass. e p. p.* **overslept**), **A** *v. t. e i.* dormire oltre (*l'ora prevista*); non svegliarsi: **Sorry, (I) overslept**, mi dispiace, non mi sono svegliato (*in tempo*). **to**

oversleep oneself B *v. rifl.* dormire troppo; non svegliarsi (all'ora fissata).

oversold [ˈouvəˈsould], *pass. e p. p.* di **to oversell**.

oversoul [ˈouvəsoul], *n.* (*filos.*) anima universale; superanima.

to overspend [ˈouvəˈspend] (*pass. e p. p.* **overspent**), **A** *v. t.* spendere più di: **to o. one's salary**, spendere più del proprio stipendio. **B** *v. i.* spendere troppo (*per le proprie possibilità*; *anche, v. rifl.*, **to overspend oneself**).

overspent [ˈouvəˈspent], **A** *pass. e p. p.* di **to overspend**. **B** *a.* sfinito; esausto.

overspill [ˈouvəspil], *n.* **1** liquido versato; quantità di liquido rovesciato **2** eccesso di popolazione. ● (*urbanistica*) **o. towns**, città satelliti.

to overspread [ˌouvəˈspred] (*pass. e p. p.* **overspread**), *v. t.* stendere sopra; cospargere; coprire: **The sky was overspread with clouds**, il cielo era coperto (di nuvole). ● **A paleness overspread her face**, il viso le si coprì di pallore.

overstaffed [ˈouvəˈstɑːft], *a.* (*di un'azienda, ecc.*) che ha troppo personale.

to overstate [ˈouvəˈsteit], *v. t.* esagerare (*fatti, ecc.*); ingrandire, gonfiare (*una cosa, la verità, ecc.*).

overstatement [ˈouvəˈsteitmənt], *n.* esagerazione; affermazione esagerata.

to overstay [ˈouvəˈstei], *v. t.* rimanere (*o* trattenersi) oltre (*il previsto*). ● **to o. one's welcome**, trattenersi troppo; diventare un ospite sgradito.

oversteer [ˈouvəstiə*], *n.* (*autom.*) **1** sovrasterzo **2** sovrasterzata.

to oversteer [ˌouvəˈstiə*], *v. i.* (*autom.*) sovrasterzare; essere sovrasterzante.

to overstep [ˈouvəˈstep], *v. t.* (*specialm. fig.*) oltrepassare; andare oltre: **to o. the limits of good taste**, oltrepassare i limiti del buon gusto.

to overstock [ˈouvəˈstɔk], *v. t.* approvvigionare all'eccesso; riempire troppo (*di merce, ecc.*): **to o. a shop**, riempire un negozio di troppa merce. ● **to be overstocked with goods**, avere troppa merce in magazzino (*o* in negozio).

overstock [ˈouvəstɔk], *n.* (*comm.*) eccesso di merce (*in magazzino, in giacenza, ecc.*).

to overstrain [ˈouvəˈstrein], **A** *v. t.* **1** affaticare; sforzare troppo; strapazzare **2** (*ing.*) sovrasollecitare. **B** *v. i.* (*anche, v. rifl.*, **to overstrain oneself**) affaticarsi; sforzarsi troppo; strapazzarsi.

overstrain [ˈouvəstrein], *n.* eccesso di fatica; sforzo eccessivo.

to overstress [ˈouvəˈstres], *v. t.* (*ing.*) sovrasollecitare.

overstressing [ˈouvəˈstresiŋ], *n.* (*ing.*) sovrasollecitazione.

overstrung [ˈouvəˈstrʌŋ], *a.* **1** troppo teso (*fig.*); sovreccitato **2** (*di pianoforte*) verticale.

to overstudy [ˈouvəˈstʌdi], *v. i.* studiare troppo.

overstudy [ˈouvəstʌdi], *n.* studio eccessivo.

to oversubscribe [ˈouvəsəbˈskraib], *v. t.* (*fin.*) sottoscrivere in eccesso. ● **to o. an issue of bonds**, sottoscrivere un numero di obbligazioni superiore a quelle emesse.

oversupply [ˈouvəsəˈplai], *n.* **1** provvista eccessiva; rifornimento eccessivo **2** (*econ.*) offerta eccessiva.

overswollen [ˌouvəˈswoulən], *a.* troppo gonfio; gonfio più del normale.

overt [ˈouvəːt], *a.* **1** aperto (*fig.*); evidente; palese; manifesto **2** aperto al pubblico; libero: **market o.**, mercato aperto al pubblico **3** (*leg.*) intenzionale; doloso.

to overtake [ˌouvəˈteik] (*pass.* **overtook**, *p. p.* **overtaken**), *v. t.* **1** raggiungere; oltrepassare; sorpassare: **A sports car overtook us on a bend**, una macchina sportiva ci sorpassò in curva **2** cogliere di sorpresa; sorprendere: **We were overtaken by nightfall**, fummo sorpresi dalle tenebre.

overtaking [ˌouvəˈteikiŋ], *n.* (*autom.*) sorpasso. ● **o. lane**, corsia di sorpasso (*in autostrada*) □ (*autom.*) **No o.**, divieto di sorpasso (*cartello*).

to overtask [ˈouvəˈtɑːsk], *v. t.* assegnare un compito troppo arduo a (*q.*); sovraccaricare (*q.*) di lavoro.

to overtax [ˈouvəˈtæks], *v. t.* **1** (*fin.*) gravare di imposte; tassare eccessivamente **2** abusare di; chiedere troppo a: **to o. one's strength**, chiedere troppo alle proprie energie; abusare delle proprie forze.

overtaxation [ˌouvətækˈseiʃən], *n.* (*fin.*) tassazione eccessiva.

to overthrow [ˈouvəˈθrou] (*pass.* **overthrew**, *p. p.* **overthrown**), *v. t.* rovesciare (*anche fig.*); abbattere; far cadere; sconfiggere: **to o. the government**, rovesciare il governo.

overthrow [ˈouvəθrou], *n.* rovesciamento; rovescio (*fig.*); disfatta; rovina; sconfitta.

overthrown [ˈouvəˈθroun], *p. p.* di **to overthrow**.

overthrust [ˈouvəθrʌst], *n.* (*geol.*) accavallamento; sovrascorrimento.

overtime [ˈouvətaim], **A** *n.* **1** lavoro straordinario; straordinario (*fam.*): **to be on o.**, fare lo straordinario **2** indennità di

overtime

lavoro straordinario; straordinario (*fam.*): **to be earning o.**, percepire lo straordinario **3** (*sport*) tempo supplementare. **B** *a.* straordinario: **o. work**, lavoro straordinario; **o. pay**, indennità di lavoro straordinario. **C** *avv.* oltre l'orario normale di lavoro. ● **to work o.**, fare lo straordinario □ (*fig., fam.*) **to work o. to do st.**, darci dentro per fare q.c. (*fam.*).

to overtime [,ouvə'taim], *v. t.* (*fotogr.*) sovraesporre (*una pellicola*).

to overtire ['ouvə'taiə*], *v. t.* affaticare troppo; strapazzare.

overtoil ['ouvə,tɔil], *n.* eccesso di lavoro; lavoro eccessivo.

overtoiled [,ouvə'tɔild], *a.* esausto, stremato (*per il troppo lavoro*).

overtone ['ouvətoun], *n.* **1** (*acustica, mecc.*) armonica superiore **2** (*pl., fig.*) sfumature aggiuntive; sottintesi; significati reconditi.

overtook [,ouvə'tuk], *pass.* di **to overtake**.

to overtop [,ouvə'tɔp], *v. t.* **1** elevarsi al di sopra di; dominare; sovrastare; torreggiare su: **the house overtopping all the others**, la casa che domina tutte le altre **2** sorpassare; superare; essere superiore a.

to overtrade [,ouvə'treid], *v. i.* (*comm.*) commerciare oltre la propria disponibilità finanziaria; esporsi troppo.

to overtrain [,ouvə'trein], (*sport*) **A** *v. t.* allenare eccessivamente; superallenare. **B** *v. i.* allenarsi troppo.

overtraining [,ouvə'treiniŋ], *n.* (*sport*) allenamento eccessivo; superallenamento.

to overtrump [,ouvə'trʌmp], *v. t.* e *i.* (*nei giochi di carte*) giocare un atout più alto (*di quello giocato dall'avversario*).

overture ['ouvətjuə*], *n.* **1** (*mus.*) ouverture; introduzione; preludio **2** (*fig.*) approccio; offerta; avance: **to make overtures to sb.**, fare delle avances a q.; tentare approcci verso q.; **peace overtures**, offerte di pace **3** (*d'un poema*) prologo; proemio.

to overturn [,ouvə'tə:n], **A** *v. t.* rovesciare (*anche fig.*); capovolgere; abbattere: **The canoe was overturned by the waves**, la canoa fu rovesciata dalle onde. **B** *v. i.* rovesciarsi; capovolgersi.

to overuse [,ouvə'ju:z], *v. t.* fare un uso eccessivo di; abusare di.

overuse [,ouvə'ju:s], *n.* uso eccessivo; abuso.

overvaluation ['ouvə,vælju'eiʃən], *n.* eccesso di valutazione; sopravvalutazione.

to overvalue ['ouvə'vælju:], *v. t.* valutare troppo; sopravvalutare.

overvoltage ['ouvə'voultidʒ], *n.* (*elettr., elettron.*) sovratensione.

to overwalk [,ouvə'wɔ:k], *v. t.* stancarsi per il troppo camminare (*anche v. rifl.*, **to overwalk oneself**).

overwatched [,ouvə'wɔtʃt], *a.* **1** sorvegliato **2** (*mil.*) coperto **3** (*arc.*) stanco per il troppo vegliare; morto di sonno (*fig.*).

overweening [,ouvə'wi:niŋ], *a.* **1** arrogante; presuntuoso **2** smisurato; eccessivo: **o. pride**, orgoglio smisurato.

overweight ['ouvəweit], **A** *n.* **1** eccedenza di peso; soprappeso; peso abbondante, peso superiore al normale **2** (*fig.*) maggiore importanza; maggior peso (*fig.*); preponderanza. **B** *a. pred.* **1** (*di bagaglio*) che eccede (*o* supera) il peso consentito **2** (*di persona*) che pesa troppo; di peso superiore al normale; pletorico. ● (*fin.*) **o. coin**, moneta forte □ (*di persona*) **to be ten pounds o.**, essere dieci libbre sopra il peso forma.

overweighted [,ouvə'weitid], *a.* sovraccarico; stracarico.

to overwhelm [,ouvə'welm], *v. t.* **1** sommergere; seppellire: **The town was overwhelmed when the floods came**, la città fu sommersa quando venne l'inondazione **2** distruggere; opprimere; soppraffare; schiacciare: **Our army was overwhelmed by the enemy**, il nostro esercito fu sopraffatto dal nemico **3** confondere; imbarazzare: **Your kindness overwhelms me**, la tua gentilezza mi confonde.

overwhelming [,ouvə'welmiŋ], *a.* opprimente; irresistibile; schiacciante: **an o. grief**, un dolore opprimente; **an o. majority**, una maggioranza schiacciante.

to overwind [,ouvə'waind] (*pass.* e *p. p.* **overwound**), *v. t.* caricare troppo (*un orologio*).

to overwinter [,ouvə'wintə*], *a.* (che accade) durante l'inverno; invernale: (*med., stat.*) **o. mortality**, mortalità invernale.

to overwork ['ouvə'wə:k], **A** *v. t.* **1** far lavorare troppo; affaticare; strapazzare: **Don't o. your horse!**, non affaticare il tuo cavallo! **2** fare un uso eccessivo di; servirsi troppo (*o* troppo spesso) di (q.c.): **You o. that excuse**, ti servi troppo (spesso) di quella scusa. **B** *v. i.* lavorare troppo; affaticarsi; strapazzarsi (*anche, v. rifl.*, **to overwork oneself**).

overwork ['ouvə'wə:k], *n.* eccesso di lavoro; lavoro eccessivo.

overwound ['ouvə'waund], *pass.* e *p. p.* di **overwind**.

to overwrite [,ouvə'rait] (*pass.* **overwrote**, *p. p.* **overwritten**), **A** *v. t.* **1** scrivere sopra (q.c. già scritto) **2** scrivere (q.c.) in uno stile troppo fiorito (*o* troppo elaborato). **B** *v. i.* scrivere troppo.

overwrought ['ouvə'rɔ:t], *a.* **1** affaticato; esausto **2** nervoso; teso (*fig.*); sovreccitato **3** (*di stile*) troppo elaborato; ricercato.

Ovid ['ɔvid], *n.* (*stor., letter.*) Ovidio.

Ovidian [ɔ'vidiən], *a.* (*letter.*) d'Ovidio.

oviduct ['ɔvidʌkt], *n.* (*anat.*) ovidotto; ovidutto (*raro*).

oviform ['ɔuvifɔ:m], *a.* oviforme; ovale.

ovine ['ouvain], *a.* (*zool.*) ovino; di pecora; delle pecore.

ovipara [ou'vipərə], *n.* (*pl.* **oviparae**) (*biol.*) ovipara.

oviparous [ou'vipərəs], *a.* (*biol.*) oviparo.

ovoid ['ouvɔid], *a.* e *n.* ovoide.

ovolo ['ouvəlou], *n.* (*pl.* **ovoli**) (*archit.*) ovolo.

ovoviviparous [,ouvouvi'vipərəs], *a.* (*biol.*) ovoviviparo.

ovular ['ɔvjulə:], *a.* (*biol.*) di ovulo; di uovo.

ovulation [,ɔvju'leiʃən], *n.* (*biol.*) ovulazione.

ovule ['ɔvju:l], *n.* (*biol.*) ovulo.

ovum ['ouvəm], *n.* (*pl.* **ova**) (*biol.*) uovo; cellula uovo.

ow [au], *inter.* ahi.

to owe [ou], **A** *v. t.* dovere; essere debitore di; essere in debito di; essere indebitato con: **I owe Mr Jones ten pounds** (*o* **ten pounds to Mr Jones**), devo dieci sterline a Mr Jones; **We owe to Newton the principle of gravitation**, dobbiamo a Newton la scoperta del principio della gravità; **I owe him much**, gli devo molto; **I owe him my life**, gli devo la vita. **B** *v. i.* essere indebitato; aver debiti. ● **to owe for**, dover pagare: **She still owes for the dresses she bought last year**, deve ancora pagare i vestiti che comprò l'anno scorso □ **to owe sb. a grudge**, serbar rancore a q.; avere risentimento verso q.; avercela con q. (*fam.*) □ **to owe sb. ill will**, aver malanimo verso q.; avercela con q. (*fam.*) □ **to owe no thanks to anybody**, non dover ringraziare nessuno (*comm.*) **I owe you** (*o* **IOU**), pagherò (*formula con cui si riconosce un debito per iscritto*).

owing ['ouiŋ], *a.* che si deve; dovuto; ancora da pagare; arretrato; scaduto: **He paid all that was o.**, pagò quanto era dovuto (*o* tutto quello che c'era da pagare); **There are ten dollars still o.**, ci sono dieci dollari ancora da pagare. ● **o. to**, a causa di; a motivo di: **O. to the drought, crops are short**, a causa della siccità, il raccolto è scarso □ (*fam.*) **All this was o. merely to ill luck**, tutto ciò fu soltanto dovuto alla sfortuna.

owl [aul], *n.* **1** (*zool., Asio, Bubo, ecc.*) gufo; (*Athene noctua*) civetta **2** (*fig.*) nottambulo **3** (*fig.*) persona dall'aspetto solenne; vecchio gufo (*fam.*). ● **owl-light**, crepuscolo □ (*zool.*) **owl pigeon**, varietà di piccione □ (*zool.*) **barn o.** (*Tyto alba*), barbagianni □ (*fig.*) **to carry owls to Athens**, portar nottole ad Atene □ (*zool.*) **eagle-o.** (*Bubo bubo*), gufo reale □ (*fig.*) **to fly with the owl**, essere un nottambulo; star fuori fino a tarda notte □ (*zool.*) **long-eared o.** (*Asio otus*), gufo comune □ (*zool.*) **tawny o.** (*Strix aluco*), allocco; gufo selvatico.

owlery ['auləri], *n.* nido di gufo (*o* di civetta).

owlet ['aulit], *n.* (*zool.*) **1** piccolo gufo **2** (*Athene noctua*) piccola civetta.

owlish ['auliʃ], *a.* di (da) gufo; da allocco (*anche fig.*).

own [oun], **A** *a.* (*preceduto dall'agg. poss.*) proprio; particolare; mio (tuo, suo, ecc.): **to do st. with one's own hands**, fare q.c. con le proprie mani; **This farm is my own** (*o* **This is my own farm**), questa fattoria è proprio mia (*o* di mia proprietà); **It has a value all its own**, ha un valore del tutto suo, particolare; **I have no money of my own**, non ho denaro di mio. **B** *n.* (il) proprio; ciò che ci appartiene; il mio (il tuo, il suo, ecc.): **I suppose I can do as I like with my own**, suppongo di poter disporre del mio a mio piacimento. ● **own brother**, fratello (*non fratellastro*) □ **own cousin**, primo cugino, prima cugina □ **own-initiative**, di propria iniziativa (*agg.*) □ **own sister**, sorella (*non sorellastra*) □ **to come into one's own**, ottenere quel che ci è dovuto; ottenere il giusto riconoscimento (*o* la meritata approvazione) □ **to do a piece of work on one's own**, fare un lavoro per conto proprio (*o* da solo) □ (*fam.*) **to get one's own back**, prendersi la rivincita; ripagare con la stessa moneta (*agg.*) □ **to hold one's own**, tener duro, resistere, non cedere; cavarsela bene, far valere i propri diritti; mantenersi calmo, dignitoso; portarsi bene □ (*al vocat.*) **my own** (*o* **my own sweetheart**, ecc.), mio caro, mia cara; tesoro □ (*fam.*) **to be** (*o* **to live**) **on one's own**, vivere del proprio; essere autosufficiente (*o* indipendente) □ **to be one's own man** (*o* **master**), non aver padroni; lavorare per conto proprio; essere un lavoratore autonomo.

to own [oun], *v. t.* **1** possedere; avere; essere (il) proprietario di: **Who owns this house?**, chi è il proprietario di questa casa? **2** ammettere; concedere; confessare; riconoscere: **to own one's faults**, ammettere le proprie colpe; **to own a child**, riconoscere (la paternità di) un figlio. ● **to own oneself indebted**, riconoscersi in debito (verso q.) □ **to own to**, confessare, riconoscere: **to own to having stolen st.**, confessare d'aver rubato q.c.; **to own to a sense of shame**, confessare di provar vergogna □ (*fam.*) **to own up**, confessare, ammettere: **I own up to it**, ammetto d'averlo fatto io; **I advise you to own up**, ti consiglio di confessare.

owner ['ounə*], *n.* **1** proprietario, proprietaria; possessore; padrone, padrona **2** (*leg.*) titolare, tenutario **3** (*gergo naut.*) ca-

pitano (*della nave*); (*anche* **shipowner**) armatore. ● (*naut.*) **o.--charterer**, armatore noleggiatore □ (*autom.*) **o.-driver**, padroncino (*di camion*), autotrasportatore indipendente; (*anche*) tassista autonomo (*che lavora per conto suo*) □ (*econ.*) **o.-occupation**, proprietà della casa (*in cui si abita*); proprietà del podere (*che si coltiva*) □ **o.-occupied**, abitato dal proprietario (*rif. a casa*); di proprietà di chi lo coltiva (*rif. a podere*) □ **o.-occupier**, chi è proprietario della casa in cui abita; (*agric.*) chi è proprietario del podere che coltiva, coltivatore diretto □ (*ferr.*) **o.'s risk rate**, tariffa speciale □ (*comm.*) **at o.'s risk**, a rischio e pericolo del committente (*o* del destinatario) □ (*teatr.*) **box o.**, palchettista □ (*leg.*) **part o.**, comproprietario; (*di casa*) condomino.
ownerless ['ounəlis], *a.* senza padrone: **an o. cat**, un gatto senza padrone.
ownership ['ounəʃip], *n.* **1** possesso **2** (*leg.*) proprietà: **right of o.**, diritto di proprietà. ● (*cartello*) **under new o.**, nuova gestione (*di negozio, ecc.*).
ox [ɔks], *n.* (*pl.* **oxen**) (*zool.*) **1** (*Bos domesticus*) bue domestico; bove **2** bovino (*in genere*). ● (*zool.*) **ox-bird** (*Erolia alpina*), piovanello pancianera □ **ox-cart**, carro (trainato) da buoi □ **ox-eye**, occhio bovino; (*bot.*, *Chrysanthemum leucanthemum*) (*anche* **ox-eye daisy**), margherita dei campi □ **ox-eyed**, dagli occhi bovini; dagli occhi di bue □ **ox fence**, steccato di recinto per bovini □ (*fig.*) **The black ox has trod on his foot**, la sventura l'ha colpito.
oxalate ['ɔksəleit], *n.* (*chim.*) ossalato.
oxalic [ɔk'sælik], *a.* (*chim.*) ossalico: **o. acid**, acido ossalico.
oxbow ['ɔksbou], *n.* (*idrologia, geol.*) meandro abbandonato: **o. lake**, lago di meandro abbandonato.
Oxbridge ['ɔksbridʒ], **A** *n.* (*in G.B.*) «Oxbridge» (*composto da Oxford e Cambridge, in contrapposizione alle università di recente istituzione; cfr.* **redbrick**). **B** *a. attr.* relativo a Oxford e Cambridge.
Oxbridgean, Oxbridgian ['ɔksbridʒiən], **A** *n.* studente (*o* laureato) dell'università di Oxford o di Cambridge. **B** *a.* dell'università di Oxford o di quella di Cambridge.
oxen ['ɔksən], *pl.* di **ox**.
oxer ['ɔksə*], *n.* staccionata di recinto per bovini.
Oxford ['ɔksfəd], *n.* (*geogr.*) Oxford. ● **O. accent**, accento di Oxford □ **O. bags**, pantaloni larghi di flanella □ **O. blue**, blu scuro □ **O. cloth** (*anche* **oxford**), stoffa di cotone per camicie □ **O. grey**, grigio scuro, con puntini bianchi □ **an O. man**, uno che s'è laureato a Oxford □ **O. shoes** (*anche* **oxfords**), scarpe basse da passeggio.
oxherd ['ɔkshə:d], *n.* bovaro; mandriano.
oxhide ['ɔkshaid], *n.* **1** pelle di bue **2** cuoio di bue.
oxidable ['ɔksidəbl], *a.* (*chim.*) ossidabile.
oxidase ['ɔksideis], *n.* (*biol.*) ossidasi.
to oxidate ['ɔksideit], *V.* **to oxidize**.
oxidation [,ɔksi'deiʃən], *n.* (*chim.*) ossidazione.
oxide ['ɔksaid], *n.* (*chim.*) ossido: **iron o.**, ossido di ferro. ● **o. blue**, blu cobalto □ **o. yellow**, giallo ocra □ **red o.**, minio.
oxidizable [,ɔksi'daizəbl], *a.* (*chim.*) ossidabile.
oxidization [,ɔksidai'zeiʃən], *n.* (*chim.*) ossidazione.
to oxidize ['ɔksidaiz], **A** *v. t.* ossidare. **B** *v. i.* ossidarsi.

oxidizer ['ɔksidaizə*], *n.* (*chim.*) (agente) ossidante.
oxidizing ['ɔksidaiziŋ], *a.* (*chim.*) ossidante.
oxine ['ɔksi:n], *n.* (*chim. organica*) ossina.
oxlip ['ɔkslip], *n.* (*bot.*, *Primula elatior*) primavera maggiore.
Oxon ['ɔksən], *abbr.* di **Oxonian** (*nei titoli di studio*): **George Smith, M.A. Oxon**, George Smith, laureato a Oxford.
Oxonian [ɔk'sounjən], **A** *a.* **1** dell'università di Oxford **2** oxoniense, ossoniense; della città di Oxford. **B** *n.* **1** studente (*o* laureato) dell'università di Oxford **2** nativo (*o* abitante) di Oxford.
oxtail ['ɔks-teil], *n.* coda di bue (*specialm. come pietanza*).
oxter ['ɔkstə*], *n.* (*scozz.*) ascella.
to oxter ['ɔkstə*], *v. t.* (*scozz.*) prendere (q.) sottobraccio (*o* a braccetto).
oxy(-)acetylene [,ɔksiə'setili:n], *a.* e *n.* (*chim.*) ossiacetilene. ● (*ing.*) **o. blowpipe** (*o* **torch**), cannello ossiacetilenico.
oxyacid [,ɔksi'æsid], *n.* (*chim.*) ossiacido.
oxychloride ['ɔksi'klɔ:raid], *n.* (*chim.*) ossicloruro.
oxygen ['ɔksidʒən], *n.* (*chim.*) ossigeno. ● **o. mask**, maschera per ossigeno □ (*miss.*) **o. propellant**, propellente a ossigeno liquido □ (*med.*) **o. tent**, tenda a ossigeno.
to oxygenate [ɔk'sidʒineit], *v. t.* **1** (*chim.*) ossigenare **2** (*med.*) somministrare ossigeno a **3** (*chim.*) ossidare.
oxygenation [,ɔksidʒi'neiʃən], *n.* **1** (*chim.*) ossigenazione **2** (*med.*) somministrazione d'ossigeno **3** (*chim.*) ossidazione.
to oxygenize [ɔ'ksidʒinaiz], *V.* **to oxygenate**.
oxyhaemoglobin, (*USA*) **oxyhemoglobin** ['ɔksi,hi:mou'gloubin], *n.* (*biol.*) ossiemoglobina.
oxyhydrogen ['ɔksi'haidrədʒən], *a. attr.* ossidrico: **o. blowpipe** (*o* **o. torch**), cannello ossidrico; **o. welding**, saldatura ossidrica.
oxymoron [,ɔksi'mɔ:rɔn], *n.* (*pl.* **oxymora**) (*retor.*) ossimoro.
oxytone ['ɔksitoun], **A** *a.* (*gramm.*) ossitono. **B** *n.* (parola) ossitona.
oyer ['ɔiə*], *n.* (*leg., stor.*) udienza.
oyes, oyez [ou'jes], *inter.* udite!; ascoltate! (*specialm. usata dai banditori e nei tribunali*).
oyster ['ɔistə*], *n.* **1** (*zool., Ostrea edulis*) ostrica: **pearl o.** (*Meleagrina margaritifera*), ostrica perlifera **2** (*fig.*) persona poco comunicativa (*o* che non ha comunicativa); persona di carattere chiuso; tipo chiuso (*fam.*). ● **o. bar**, ristorante specializzato in ostriche (*che, di solito, vengono servite al banco*) □ **o. bed** (*o* **o. bank**), banco di ostriche □ (*zool.*) **o. catcher** (*Haematopus ostralegus*), beccaccia di mare □ **o. farm** (*o* **o. field**), allevamento di ostriche □ **o. knife**, coltello per ostriche □ **o. man**, ostricaio □ **o. park**, vivaio di ostriche □ **o. shell**, conchiglia d'ostrica □ **to be as dumb as an o.**, essere muto come un pesce.
oysterer ['ɔistərə*], *n.* **1** ostricaio **2** (*naut.*) barca per la pesca delle ostriche.
ozokerit(e) [ou'zoukərit], *n.* (*chim., miner.*) ozocerite, ozocherite.
ozone ['ouzoun], *n.* **1** (*chim.*) ozono **2** (*pop.*) aria pura. ● (*ing.*) **o. generator**, ozonizzatore.
ozonic [ou'zɔnik], *a.* (*chim.*) ozonico.
ozonization [,ouzounai'zeiʃən], *n.* (*chim.*) ozonizzazione.
to ozonize ['ouzounaiz], *v. t.* (*chim.*) ozonizzare.
ozonizer ['ouzounaizə*], *n.* (*ing.*) ozonizzatore.

p, P

P, p [piː], *n.* (*pl.* **P's, p's; Ps, ps**) **1** P, p (*sedicesima lettera dell'alfabeto ingl.*) **2** (*in G.B.*) nuovo penny (*dal febbraio del 1971*). ● (*tel.*) **p for Peter**, p come Palermo □ (*fig.*) **to mind one's p's and q's**, stare attenti a quel che si fa; badare a quel che si dice; esser cauto (*o* guardingo).

pa [paː], *n.* (*abbr. fam. di papa*) papà; babbo.

PA [ˌpiːˈei], *n.* **1** (*acronimo di* **personal assistant**) segretario particolare **2** (*acronimo di* **public-address system**) sistema di amplificazione del suono.

pabulum [ˈpæbjuləm], *n.* (*raro: spesso fig.*) alimento; cibo; nutrimento.

paca [ˈpækə], *n.* (*zool.*, Cuniculus paca) grande paca.

pace [peis], *n.* **1** passo; (*fig.*) andatura, velocità: **at a walking p.**, a passo d'uomo; **to go at a good p.**, andare di buon passo **2** ambio. ● (*sport*) **p. car**, automobile che fa l'andatura (*nel primo giro del circuito*) □ **p.-maker**, (*sport*) chi fa l'andatura; «allenatore»; battistrada; (*fig.*) figura di primo piano; (*med.*) stimolatore cardiaco, pacemaker, segnapasso □ (*mil.*) **broken p.**, passo di strada □ **to go the p.**, andare a grande velocità; procedere in fretta; (*fig.*) correre la cavallina, far vita dissoluta □ **to keep p. with sb.**, andare al passo con q.; (*anche fig.*) procedere di pari passo con q. □ **to mend one's p.**, cambiar passo; affrettarsi □ **to put sb. through his paces**, mettere q. alla prova □ **to set the p.**, (*sport*) fare l'andatura; dare il passo; (*fig.*) fare da battistrada □ (*fig.*) **to show one's paces**, dare dimostrazione delle proprie capacità.

to pace [peis], A *v. i.* **1** andare al passo; camminare; passeggiare **2** (*di cavallo*) ambiare; andare all'ambio. B *v. t.* **1** percorrere a gran passi; misurare coi passi: **to p. a room**, percorrere a gran passi una stanza **2** (*sport*) fare l'andatura per (*un corridore, un podista, ecc.*) **3** (*med.*) stimolare (*il cuore*) **4** (*fig.*) regolare l'andatura (*o* il ritmo) di (q.c.). ● **to p. off (out)**, misurare a passi (*una distanza e sim.*).

paced [peist], *a.* (*nei composti, per es. in:*) **fast-p.**, che ha un passo rapido; ad andatura veloce; **slow-p.**, dal passo lento; a lenti passi.

pacer [ˈpeisə*], *n.* **1** (*sport*) chi fa l'andatura; battistrada **2** (*di cavallo*) ambiatore.

pacesetter [ˈpeisˌsetə*], *n.* **1** (*sport*) chi fa l'andatura; battistrada **2** (*fig.*) figura di primo piano.

pacha [ˈpaːʃə], *n.* pascià.

pachyderm [ˈpækidəːm], *n.* (*zool.*) pachiderma (*anche fig.*).

pachydermatous [ˌpækiˈdəːmətəs], *a.* **1** (*zool.*) di (*o* da) pachiderma; pachidermico **2** (*fig.*) di pelle dura; insensibile.

pacifiable [ˈpæsifaiəbl], *a.* pacificabile.

pacific [pəˈsifik], *a.* pacifico; calmo; tranquillo. ● (*geogr.*) **the P. (Ocean)**, l'Oceano Pacifico; il Pacifico.

pacifically [pəˈsifikəli], *avv.* pacificamente.

to pacificate [pəˈsifikeit], *V.* **to pacify**.

pacification [ˌpæsifiˈkeiʃən], *n.* **1** pacificazione **2** (*stor., polit.*) trattato di pace.

pacificator [pəˈsifikeitə*], *n.* pacificatore.

pacificatory [pəˈsifikətəri], *a.* pacificatore; conciliativo.

pacificism [pəˈsifisizəm], *n.*, **pacificist** [pəˈsifisist], *V.* **pacifism, pacifist**.

pacifier [ˈpæsifaiə*], *n.* **1** pacificatore; paciere **2** (*USA*) succhiotto; ciuccio; tettarella.

pacifism [ˈpæsifizəm], *n.* pacifismo.

pacifist [ˈpæsifist], *n.* pacifista.

pacifistic [ˌpæsiˈfistik], *a.* pacifistico.

to pacify [ˈpæsifai], *v. t.* pacificare; calmare; placare; sedare.

pacing [ˈpeisiŋ], *n.* **1** (*sport*) il fare l'andatura **2** (*med.*) stimolazione (*del cuore*).

pack [pæk], *n.* **1** pacco, fagotto; fardello; involto; peso; soma **2** (*anche mil.*) zaino **3** balla (*di lana, ecc.*) **4** branco; muta: **a p. of wolves**, un branco di lupi; **a p. of hounds**, una muta di cani **5** (*spreg.*) banda; masnada; branco: **a p. of thieves**, una banda di ladri; **a p. of fools**, un branco di stupidi **6** (*spreg.*) mucchio: **a p. of lies**, un mucchio di bugie; **a p. of nonsense**, un mucchio di sciocchezze **7** quantità di pesce (*di carne, frutta, ecc.*) messa in scatola in una stagione **8** (*geogr.*, *anche* **p. ice**) pack; banco di ghiaccio **9** (*comm.*) imballaggio; imballo; confezione; incarto: **vacuum p.**, imballaggio sotto vuoto **10** metodo d'imballaggio; materiale per imballaggio (*o* per imballo) **11** (*med.*) impacco: **an ice p.**, un impacco di ghiaccio **12** (*ind. min.*) pilastro in pietrame; (*anche*) ripiena **13** (*sport: nel rugby*) pacchetto. ● **p. animal**, bestia da soma □ (*mil.*) **p. artillery**, artiglieria someggiata □ **a p. of cards**, un mazzo di carte (*da gioco*) □ **a p. of cigarettes**, un pacchetto di sigarette □ (*mil.*) **p. drill**, marcia forzata (*per punizione*) □ **p. frame**, portazaino □ **p.-house**, conservificio □ **p.-saddle**, basto □ **p.-train**, colonna (*o* fila) di bestie da soma □ (*ind. min.*) **p. wall**, muro di ripiena □ (*prov.*) **No names, no p. drill**, niente nomi, niente punizione (*Cfr. ital.* acqua in bocca!).

to pack [pæk], A *v. t.* **1** impaccare; impacchettare; imballare; mettere in scatola (*o* in casse) **2** (*anche* **to p. in**) pigiare; riempire; stipare: **We were packed in like sardines**, eravamo pigiati come sardine; **to p. a bag with clothes**, riempire una sacca di vestiti; **to p. a stadium with soccer fans**, riempire uno stadio di tifosi del calcio; **The audience packed the hall**, il pubblico stipava la sala **3** formare una muta di (*cani*) **4** raccogliere (*le carte da gioco*) e farne un mazzo **5** tamponare, turare (*con una guarnizione: una falla, ecc.*): **to pack a leaking joint**, turare una giuntura che perde (*o* che fa acqua, ecc.) **6** caricare (*un fardello*) su una bestia; mettere la soma a (*un animale*) **7** (*med.*) avvolgere (*il corpo, ecc.*) in panni umidi **8** scegliere (*una giuria, ecc.*) favorevole e parziale **9** (*gergo pugilistico*) tirare, sferrare (*pugni vigorosi*) **10** (*elab.*) impaccare **11** (*USA*) portare (*specialm. in uno zaino*). B *v. i.* **1** (*anche* **to p. up**) fare i bagagli; far le valigie **2** pigiarsi; stiparsi; accalcarsi. ● (*fam. USA*) **to p. a gun**, portare la pistola; andare in giro armato (*con arma da fuoco*) □ (*fam.*) **to p. it in**, smetterla; piantarla □ **to p. in bales**, imballare □ **to p. in boxes**, inscatolare □ **to p. in cans** (*o* **in tins**) imballare in scatole di latta; inscatolare □ **to p. in cases**, incassare; mettere in casse □ **to p. off**, far fagotto; andarsene □ **to p. sb. off**, mandare (*o* spedire) q.: **They packed the boy off to school**, spedirono il ragazzo a scuola □ (*naut.*) **to p. on all sail**, spiegare tutte le vele □ **to p. one's bags**, *V.* **to p. up** □ (*fam. USA*) **to p. a union card**, avere la tessera del sindacato □ **to p. up**, fare i bagagli (*o* le valigie); (*fam.*) piantare il lavoro, smettere di lavorare; (*fam.: d'un motore*) spegnersi □ **packed earth**, terra battuta; terriccio rincalzato □ **to send sb. packing**, costringere q. a far fagotto; cacciarlo; toglierlo dai piedi □ **Knitwear packs easily** (*o* **well**), è facile mettere in valigia gli indumenti di maglia □ **The room was packed** (**with people**), la stanza era zeppa (*di gente*).

package [ˈpækidʒ], *n.* **1** pacco; collo; balla; cassa **2** imballaggio; confezione; incarto: **p. to be returned**, imballaggio a rendere **3** (*econ., polit.*) pacchetto: **an austerity p.**, un pacchetto di misure d'austerità **4** (*elab.*) pacchetto **5** (*comm., turismo*) combinazione: **an attractive p.**, una combinazione allettante **6** (*USA*) pacchetto; involto. ● (*econ., polit.*) **p. deal**, pacchetto □ (*turismo*) **p. tour**, viaggio «tutto compreso».

to package [ˈpækidʒ], *v. t.* impaccare; imballare; confezionare.

packaging [ˈpækidʒiŋ], *n.* **1** impaccaggio; imballaggio; confezione **2** (*elab.*) assemblaggio; montaggio. ● **p. machinery**, macchine da imballaggio; imballatrici.

packer [ˈpækə*], *n.* **1** impaccatore; imballatore **2** imballatrice; impacchettatrice; macchina per impaccare. ● (*ind.*) **pork packers**, produttori di carne di maiale in scatola.

packet [ˈpækit], *n.* **1** pacchetto (*anche biol.*); involto: **a p. of biscuits**, un pacchetto di biscotti **2** (*naut.*, *anche* **p. boat**) nave postale; postale **3** (*pop.*) grossa somma (*vinta o persa al gioco, in Borsa, ecc.*) **4** (*in G.B.*) busta paga; paga; stipendio; salario **5** (*gergo mil.*) guaio; sfortuna. ● (*pop.*) **to catch** (*o* **to stop**) **a p.**, essere ferito gravemente; cacciarsi in un grosso guaio; rice-

packing ['pækiŋ], *n.* **1** impacchettamento; imballaggio (*in ogni senso*) **2** il far le valigie **3** (*mecc.*) guarnizione **4** (*med.*) tamponamento (*d'una ferita, ecc.*) **5** (*ind.*) confezionamento di cibi (*in scatola, in vasetti, ecc.*) **6** (*geol.*) assestamento. ● **p. box** (*o* **p. case**), cassa d'imballaggio □ (*comm.*) **p.-free**, franco d'imballaggio □ **p. house**, conservificio □ **p. list**, distinta delle merce □ **p. needle**, ago per imballaggio □ **p. paper**, carta da imballaggio □ **p. sheet**, tela per imballaggio □ **to do one's p.**, fare le valigie.
packman ['pækmən], *n.* (*pl.* **packmen**) venditore ambulante.
packsack ['pæk,sæk], *n.* (*USA*) zaino.
packthread ['pækθred], *n.* corda da pacchi; refe; spago.
packtrain ['pæktrein], *n.* colonna di bestie da soma.
pact [pækt], *n.* patto; accordo; convenzione.
pad (1) [pæd], *n.* **1** batuffolo; cuscinetto; guancialetto; imbottitura: **a shoulder pad**, un cuscinetto d'imbottitura per la spalla **2** sella imbottita, senza intelaiatura **3** (*anche* **inking-pad**) cuscinetto per timbri; tampone **4** blocchetto di fogli di carta da scrivere (*o* da disegno) **5** (*med.*) zaffo; tampone; stuello **6** (*cricket*) gambale; parastinchi **7** (*anat.*) cuscinetto adiposo; (*zool.*) cuscinetto carnoso (*sotto i piedi dei gatti, ecc.*) **8** zampa (*specialm. di volpe o lepre*) **9** (*mecc.*) cuscinetto ammortizzatore; flangia di attacco **10** (*autom., mecc.*) pattino d'attrito (*di freno a disco*); pastiglia (*fam.*) **11** (*metall.*) suola (*del crogiuolo*) **12** (*pop.*) alloggio; casa. ● (*autom.*) **pad wear indicator**, segnalatore (ottico) dell'usura dei pattini □ **blotting pad**, tampone di carta assorbente □ (*miss.*) **launching pad**, piattaforma di lancio; rampa di lancio □ (*med.*) **warming pad**, termoforo □ **writing pad**, blocco di carta da scrivere.
to pad (1) [pæd], *v. t.* **1** imbottire; ovattare **2** (*anche* **to pad out**) gonfiare, infarcire (*una frase, un discorso, ecc.*) **3** (*anche* **to pad up**) falsificare (*un conto spese, ecc.*) a proprio vantaggio; alterare (*il numero dei soci di un circolo, ecc.*) **4** (*med.*) zaffare; tamponare. ● (*nei manicomi*) **padded cell**, cella imbottita.
pad (2) [pæd], *n.* **1** rumore smorzato di passi; suono fatto da un bastone che batte la terra **2** (*pop.*) strada (*specialm. in:*) **gentleman** (*o* **knight, squire**) **of the pad**, «re della strada»; bandito; brigante; grassatore.
to pad (2) [pæd], *v. i.* **1** andare a piedi; camminare **2** camminare leggermente; muoversi con passo felpato. ● (*pop.*) **to pad it** (*o* **to pad the hoof**), andare a piedi.
padding ['pædiŋ], *n.* **1** imbottitura **2** materiale per imbottitura; ovatta **3** (*fig.*) riempitivo (*in un discorso, libro, ecc.*).
paddle ['pædl], *n.* **1** pagaia **2** pala (*di ruota ad acqua o di ruota a pale*) **3** (*mecc.*) spatola; paletta **4** (*zool.*) pinna, natatoia; aletta **5** (*anche sport*) pagaiata; colpo di pagaia. ● (*naut.*) **p. box**, tamburo di ruota a pale □ (*naut.*) **p. steamer**, piroscafo (*o* vapore) a ruote □ (*naut.*) **p. wheel**, ruota a pale □ (*sport*) **double p.**, pagaia doppia □ **ping-pong p.**, racchetta da ping-pong.
to paddle (1) ['pædl], **A** *v. i.* **1** vogare con la pagaia; pagaiare **2** (*di nave*) muoversi mediante ruote a pale **3** remare lentamente. **B** *v. t.* **1** muovere (*una canoa, ecc.*) con pagaie; trasportare (*q. o q.c.*) a forza di pagaiare **2** (*USA*) battere; sculacciare. ● (*fig.*) **to p. one's own canoe**, essere indipendente; fare da sé; cavarsela da sé □ **paddling pool**, vasca per giochi infantili (*ai giardini, ecc.*).
to paddle (2) ['pædl], *v. i.* **1** diguazzare; sguazzare (*coi piedi nell'acqua*) **2** giocherellare· con le dita **3** (*di bambino*) camminare barcollando; trotterellare.
paddlefish ['pædl,fiʃ], *n.* (*pl.* **paddlefish, paddlefishes**) (*zool., Polyodon spathula*) pesce spatola.
paddler ['pædlə*], *n.* chi voga con la pagaia.
paddock (1) ['pædək], *n.* **1** praticello presso le stalle; chiuso; recinto **2** (*negli ippodromi*) passeggiatoio.
paddock (2) ['pædək], *n.* (*dial.*) rana; rospo.
paddy (1) ['pædi], *n.* **1** riso (*specialm. in erba, con la buccia*); riso vestito **2** (*anche* **p. field**) risaia.
paddy (2) ['pædi], *n.* (*fam.*) arrabbiatura; scatto d'ira; impeto di collera.
Paddy ['pædi], *n.* (*fam.*) irlandese (*dim. di* **Patrick**, *Patrizio; il santo omonimo è il protettore dell'Irlanda*). ● (*pop. USA*) **p.-wagon**, cellulare (*della polizia*).
paddywhack ['pædiwæk], *n.* (*fam.*) **1** *V.* **paddy (2) 2** busse; percosse; botte.
padlock ['pædlɔk], *n.* lucchetto. ● **p. law**, legge che regola l'orario di chiusura (*dei negozi, caffè, ecc.*).
to padlock ['pædlɔk], *v. t.* chiudere col lucchetto.
padre ['pɑ:dri], *n.* **1** (*mil.*) cappellano **2** (*al vocat.*) padre.
Padua ['pædjuə], *n.* (*geogr.*) Padova.
Paduan ['pædjuən], *a. e n.* padovano.
paduasoy ['pædjuə,sɔi], *n.* «pou-de soie» (*tipo di seta pesante*).
paean ['pi:ən], *n.* peana.

paederast ['pi:dəræst], *n.* pederasta.
paederasty ['pi:dəræsti], *n.* pederastia.
paediatric [,pi:di'ætrik], *a.* (*med.*) pediatrico.
paediatrician [,pi:diə'triʃən], *n.* (*med.*) pediatra.
paediatrics [,pi:di'ætriks], *n. pl.* (*col verbo al sing.*) (*med.*) pediatria.
paediatrist [,pi:di'ætrist], *n.* (*med.*) pediatra.
paeon ['pi:ən], *n.* (*poesia*) peone (*piede di tre brevi e una lunga*).
paeony ['pi:əni], *V.* **peony**.
pagan ['peigən], *a. e n.* pagano.
pagandom ['peigəndəm], *n.* (*collett.*) (i) pagani; (i) paesi pagani.
paganish ['peigəniʃ], *a.* pagano; paganeggiante.
paganism ['peigənizəm], *n.* paganesimo.
to paganize ['peigənaiz], **A** *v. t.* rendere pagano; paganizzare. **B** *v. i.* diventar pagano; paganeggiare (*lett.*).
page (1) [peidʒ], *n.* (*anche fig.*) pagina: **on p. ten**, a pagina dieci; **That is a bad p. in his life**, quella è una brutta pagina nella sua vita. ● (*giornalismo*) **p. make-up**, impaginazione □ (*tipogr.*) **p. proofs**, bozze impaginate.
to page (1) [peidʒ], *v. t.* **1** numerare le pagine di (*un libro*) **2** (*anche* **to p. up**) impaginare.
page (2) [peidʒ], *n.* **1** (*stor.*) paggio **2** (*anche* **p. boy**) fattorino d'albergo **3** (*anche* **p. boy**) paggio (*della sposa: a un matrimonio*). ● (*a corte, ecc.*) **p. of honour**, paggio d'onore.
to page (2) [peidʒ], *v. t.* **1** far da paggio (*o* fattorino) a **2** chiamare (*q.: in un albergo, ecc.*) per mezzo d'un fattorino (*o* dell'altoparlante). ● **paging system**, sistema cercapersone.
pageant ['pædʒənt], *n.* **1** (*teatr.*) spettacolo drammatico (*di solito, all'aperto*) rievocante avvenimenti storici **2** corteo storico; parata; processione; sagra; sfilata **3** (*fig.*) pompa; sfarzo.
pageantry ['pædʒəntri], *n.* **1** spettacolo fastoso (*o* sfarzoso) **2** pompa; sfarzo.
paginal ['pædʒinl], **paginary** ['pædʒinəri], *a.* **1** di pagina; fatto di pagine **2** pagina per pagina.
to paginate ['pædʒineit], *v. t.* **1** numerare le pagine di (*un libro*) **2** impaginare.
pagination [,pædʒi'neiʃən], **paging** ['peidʒiŋ], *n.* **1** paginatura **2** impaginazione; impaginatura **3** (*elab.*) paginazione.
pagoda [pə'goudə], *n.* **1** (*archit.*) pagoda **2** moneta d'oro dell'India meridionale. ● (*bot.*) **p. tree** (*Sophora japonica*), robinia del Giappone.
pagurian [pə'gjuəriən], **A** *n.* (*zool.,* Pagurus) paguro. **B** *a.* di paguro; dei paguri.
pah [pɑ:], *inter.* **1** (*di disgusto*) puah! **2** (*d'incredulità*) bah!; via, via!, ma va là!
paid [peid], **A** *pass.* e *p. p.* di **to pay**. **B** *a.* **1** pagato: **p. holidays**, ferie pagate **2** (*di lavoro*) remunerato; pagato; retribuito: **well p.**, ben pagato. ● (*fin.*) **p.-in capital** (*o* **p.-up capital**), capitale versato □ (*fam.*) **to put p. to a matter**, risolvere (*o* sistemare) definitivamente una faccenda.
pail [peil], *n.* secchio; secchia. ● **ice p.**, secchiello da ghiaccio □ **milk p.**, secchio per il latte.
pailful ['peilful], *n.* secchiata; quanto sta in un secchio.
paillasse [pæl'jæs] (*franc.*), *n.* pagliericcio; saccone.
pain [pein], *n.* **1** pena; dolore; male; patimento; afflizione; sofferenza; tormento: **to be in p.**, stare in pena; sentir male; soffrire; **under** (*o* **on**) **p. of death**, sotto pena di morte; **I have a p. in my leg**, ho male a una gamba **2** (*pl., anche* **labour pains**) doglie del parto. ● (*fam.*) **p.-killer**, analgesico; antidolorifico □ (*fam.*) **a p. in the neck**, uno scocciatore; un rompiscatole; una scocciatura; una rottura (*pop.*) □ (*leg.*) **pains and penalties**, pene: **bills of pains and penalties**, leggi penali eccezionali □ **for one's pains**, come ricompensa (dei propri sforzi, delle proprie fatiche): **All he got for his pains was a severe reprimand**, come ricompensa, s'ebbe una severa sgridata □ **to give sb. p.**, addolorare q.; far soffrire q. □ **to have one's labour for one's pains**, non avere alcuna ricompensa per le proprie fatiche; essere mal ricompensato □ **on** (*o* **under**) **p. of**, sotto pena di □ **to spare no pains**, fare l'impossibile; mettercela tutta □ **to take pains** (*o* **to be at pains**), darsi pena; affannarsi; avere un bel da fare; faticare; stentare: **I was at considerable pains to explain my attitude**, ebbi un bel da fare (*o* mi ci volle del bello e del buono) per chiarire il mio atteggiamento.
to pain [pein], **A** *v. t.* addolorare; affliggere; far male a; far soffrire: **The wound pained me for several weeks**, la ferita mi fece male per diverse settimane. **B** *v. i.* dolere; far male: **My arm is paining**, mi fa male un braccio.
pained [peind], *a.* addolorato; afflitto; sofferente; **to look p.**, apparire addolorato; **a p. expression**, un'aria afflitta (*o* offesa) □ **a p. silence**, un penoso silenzio.
painful ['peinful], *a.* **1** doloroso; penoso; fastidioso; molesto; spiacevole: **a p. experience**, un'esperienza dolorosa; **p. efforts**, penosi sforzi **2** che fa male; dolente: **a p. finger**, un dito che fa male.

painfulness ['peinfulnis], *n.* dolore; pena; fastidio; molestia.
painless ['peinlis], *a.* indolore: **p. childbirth**, parto indolore.
painlessness ['peinlisnis], *n.* assenza di dolore; l'essere indolore.
painstaking ['peinz,teikiŋ], *a.* accurato; coscienzioso; diligente; scrupoloso: **a p. search**, una ricerca accurata.
paint [peint], *n.* **1** colore; vernice; pittura: **ground p.**, colore in polvere; **spray p.**, vernice a spruzzo **2** belletto; rossetto. ● **p.-box**, scatola di colori □ **p.-brush**, pennello (*da pittore, ecc.*) □ **p. remover**, (prodotto) sverniciante □ **p. spraying**, tinteggiatura a tempera; verniciatura a spruzzo □ **grease p.**, cerone □ (*fam.*) **as fresh as p.**, fresco come una rosa □ (*cartello*) «**wet p.**», «vernice fresca».
to paint [peint], **A** *v. t.* **1** dipingere (*anche fig.*); colorare; pitturare; verniciare: **to p. animals**, dipingere animali; **to p. the fence green**, verniciare di verde lo steccato **2** imbellettare; dare il rossetto al (*viso*) **3** (*anche med.*) pennellare. **B** *v. i.* **1** dipingere; fare il pittore **2** imbellettarsi: **to p. heavily**, imbellettarsi in modo esagerato. ● **to p. the background**, campire □ **to p. st. out**, coprire q.c. di vernice; cancellare q.c. coprendola di vernice □ **to p. a picture**, dipingere un quadro; (*fig.*) fare un quadro, dare una descrizione □ (*fam.*) **to p. the town red**, farne di tutti i colori; far baldoria □ (*prov.*) **The devil is not so black as he is painted**, il diavolo non è così brutto come lo si dipinge.
painted ['peintid], *a.* **1** dipinto; raffigurato in pittura **2** colorato; verniciato **3** imbellettato **4** finto; immaginario: **a p. devil**, un diavolo finto (*o* immaginario). ● **p. woman**, donnina allegra □ **newly-p.**, dipinto di fresco.
painter (1) ['peintə*], *n.* **1** (*arte*) pittore **2** (*anche* **house-p.**) imbianchino **3** (*ind.*) verniciatore. ● **ornamental p.**, decoratore □ **portrait p.**, ritrattista.
painter (2) ['peintə*], *n.* (*naut.*) barbetta; cima da ormeggio (*o* da rimorchio). ● **to cut the p.**, (*naut.*) tagliare gli ormeggi; mandare una barca alla deriva; (*fig.*) separarsi; (*stor.*: *di una colonia*) staccarsi dalla madrepatria.
painting ['peintiŋ], *n.* **1** (*arte*) pittura **2** dipinto; quadro **3** (*ind.*) verniciatura; pittura **4** (*med.*) pennellatura. ● **colour-wash p.**, tinteggiatura a calce □ **spray p.**, verniciatura a spruzzo □ **water-colour p.**, pittura (*o* tinteggiatura) a tempera.
paintress ['peintris], *n.* pittrice.
paintwork ['peintwə:k], *n.* **1** verniciatura **2** vernice: **the p. of my bike (car, etc.)**, la vernice della mia bicicletta (della mia auto, ecc.).
painty ['peinti], *a.* **1** imbrattato di colore; sporco di vernice **2** (*di dipinto*) sovraccarico di colore.
pair [pɛə*], *n.* **1** paio; coppia (*anche di carte da gioco*): **a p. of shoes**, un paio di scarpe; **a p. of scissors**, un paio di forbici; **the happy p.**, la coppia felice; gli sposi novelli **2** (*di cavalli*) pariglia **3** (*polit.*) due deputati (*l'uno del partito di maggioranza, l'altro dell'opposizione*) che si astengono da una votazione, di comune accordo **4** (*elettr., mecc., ecc.*) coppia. ● **a p. of compasses**, un compasso □ (*naut.*) **a p.-oar**, una barca a due remi □ **a p. of scales**, una bilancia □ **a p. of stairs** (*o* **of steps**), una rampa di scale □ (*nei giochi di carte*) **p. royal**, tris □ (*poker*) **one p.**, (una) coppia □ **one-p.** (**two-p.**) **front**, stanza del primo (del secondo) piano che dà sulla strada □ **to sell in pairs**, vendere a paia □ (*poker*) **two pairs**, doppia coppia; doppia □ **Where is the p. to this sock?**, dov'è il calzino che fa paio con questo? □ (*fig.*) **It's another p. of shoes**, è un altro paio di maniche; è tutt'altra cosa.
to pair [pɛə*], **A** *v. t.* **1** appaiare; accoppiare; mettere a due a due **2** sposare; unire (*in matrimonio*). **B** *v. i.* **1** appaiarsi; accoppiarsi **2** sposarsi. ● **to p. off**, mettere per due; appaiare; formare coppie di (*oggetti, ecc.*); (*polit.*) accordarsi con un deputato del partito opposto per astenersi dal voto □ (*fam.*) **to p. off with sb.**, sposarsi con q. □ **to p. up with sb.**, fare coppia con q.
pairing ['pɛəriŋ], *n.* **1** appaiamento; accoppiamento **2** (*ippica*) accoppiata **3** (*elettron.*) appaiamento delle linee.
pajamas [pə'dʒa:məz], *n. pl.* (*USA*) pigiama. ● (*moda*) **palazzo p.**, pigiama palazzo.
Pakistani [,pa:kis'tani], *a. e n.* (*pl.* **Pakistanis, Pakistani**) pachistano.
pal [pæl], *n.* **1** (*fam.*) amico; compagno **2** (*al vocat.; spreg. USA*) tipo; tizio: **Listen, pal!**, ehi, tu!
to pal [pæl], *v. i.* (*fam.*) **1** – **to pal with** (*o* **around with**), frequentare (q.) **2** – **to pal up with sb.**, far amicizia con q.
palace ['pælis], *n.* **1** palazzo **2** (*anche* **royal p.**) palazzo reale; reggia **3** (*anche* **bishop's p.**) palazzo vescovile; vescovado **4** «palace»; elegante luogo di ritrovo. ● (*ferr.*) **p. car**, carrozza di lusso; vettura salone □ **p. revolution**, rivolta di palazzo.
paladin ['pælədin], *n.* (*anche fig.*) paladino.
palaeoanthropology ['pæliou,ænθrə'pɒlədʒi], *n.* paleoantropologia.
Palaeocene ['pæliousi:n], (*geol.*) **A** *n.* Paleocene. **B** *a.* paleocenico.

palaeogenetics [,pælioudʒi'netiks], *n. pl.* (*col verbo al sing.*) paleogenetica.
palaeogeophysics [,pæliou,dʒi:ou'fiziks], *n. pl.* (*col verbo al sing.*) paleogeofisica.
palaeographer [,pæli'ɒgrəfə*], *n.* paleografo.
palaeographic [,pæliou'græfik], *a.* paleografico.
palaeography [,pæli'ɒgrəfi], *n.* paleografia.
Palaeolithic [,pæliou'liθik], *n. e a.* (*preistoria*) paleolitico.
palaeontological ['pæliɔntə'lɔdʒikəl], *a.* paleontologico.
palaeontologist [,pælion'tɔlədʒist], *n.* paleontologo.
palaeontology [,pælion'tɔlədʒi], *n.* paleontologia.
Palaeozoic [,pæliou'zouik], *a. e n.* (*geol.*) Paleozoico.
palaestra [pə'li:strə], *n.* (*pl.* **palaestrae, palaestras**) (*specialm. stor.*) palestra.
palafitte ['pælɔfit], *n.* (*pl.* **palafittes, palafitti**) palafitta (*preistorica*).
palama ['pæləmə], *n.* (*pl.* **palamae**) (*zool.*) membrana interdigitale.
palanquin, palankeen [,pælən'ki:n], *n.* palanchino (*portantina*).
palatable ['pælətəbl], *a.* **1** appetitoso; gradevole al palato; gustoso; saporito **2** (*fig.*) bene accetto; gradito; piacevole.
palatal ['pælətl], **A** *a.* (*anat., fon.*) palatale. **B** *n.* (*fon.*) suono palatale.
palatalization ['pælətəlai'zeiʃən], *n.* (*fon.*) palatalizzazione.
to palatalize ['pælətəlaiz], *v. t.* rendere (*un suono*) palatale.
palate ['pælit], *n.* **1** (*anat.*) palato: **cleft p.**, palato fesso; **gola lupina 2** (*fig.*) gusto. ● **to have a good p. for wines**, saper gustare il vino; essere un intenditore di vini.
palatial [pə'leiʃəl], *a.* di (*o* da, degno d'un) palazzo; splendido.
palatinate [pə'lætinit], *n.* (*stor.*) palatinato. ● (*geogr.*) **the P.**, il Palatinato (*del Reno*).
palatine (1) ['pælətain], **A** *a.* (*stor.*) palatino: **a count p.**, un conte palatino. **B** *n.* **1** – **P.**, conte palatino **2** (*moda*) pellegrina; mantelletto corto di pelliccia **3** – **the P.**, il (colle) Palatino (*a Roma*).
palatine (2) ['pælətain], (*anat.*) **A** *a.* palatino; del palato. **B** *n.* (*anche* **p. bone**) osso palatino.
palaver [pə'la:və*], *n.* **1** conferenza (*specialm. fra o con indigeni*); conversazione; discussione **2** (*collett.*) chiacchiere; ciance; ciarle **3** discorso ingannevole; adulazione **4** (*fam.*) affare; faccenda: **That's your p.**, è affar tuo.
to palaver [pə'la:və*], **A** *v. i.* **1** (*spesso scherz.*) essere a colloquio; tenere una conferenza **2** chiacchierare; cianciare; parlare a vanvera. **B** *v. t.* allettare; blandire; adulare; ingannare.
palazzo pants [pə'la:tsou pænts], *n. pl.* (*moda*) pantaloni palazzo.
pale (1) [peil], *a.* pallido (*anche fig.*); sbiadito; scialbo; smorto: **a p. face**, un viso pallido; **p. pink**, rosa pallido; **a p. imitation**, una scialba imitazione. ● **a p.-face**, un «viso pallido»; un bianco (*per gli Indiani d'America*) □ **to turn p.**, impallidire.
to pale [peil], **A** *v. i.* impallidire (*anche fig.*); apparire sbiadito (*o* scialbo): **My translation paled beside his rendering of the text**, la mia traduzione appariva scialba al confronto del modo in cui egli aveva reso il testo. **B** *v. t.* rendere pallido (*o* sbiadito, smorto).
pale (2) [peil], *n.* **1** palo (*da recinto*); picchetto; steccone **2** recinto **3** (*specialm. fig.*) confine; limite; termine: **out of the p. of civilization**, fuori dei confini del mondo civile **4** (*araldica*) palo. ● (*stor.*) **the (English) P.**, la regione dell'Irlanda orientale intorno a Dublino (*posta da Enrico II sotto la sovranità ingl.*) □ (*fig.*) **beyond** (*o* **outside**) **the p.**, scorretto; indecente □ (*fig.*) **outside the p. of the law**, fuori della legalità □ (*fig.*) **within the p.**, corretto.
paled [peild], *a.* munito di palizzata; cintato.
paleness ['peilnis], *n.* pallidezza; pallore.
paleologist [,pæli'ɒlədʒist], *n.* paleologo.
paleology [,pæli'ɒlədʒi], *n.* paleologia.
Palestine ['pælistain], *n.* (*geogr.*) Palestina.
Palestinian [,pæles'tiniən], *a. e n.* Palestinese.
paletot ['pæltou] (*franc.*), *n.* soprabito; cappotto.
palette ['pælit], *n.* **1** (*arte*) tavolozza (*anche fig.*) **2** (*geol.*) scudo di calcite. ● **p. knife**, spatola; mestichino.
palfrey ['pɔ:lfri], *n.* (*arc.*) palafreno.
palimpsest ['pælimpsest], *n.* (*filol., petrografia*) palinsesto.
palindrome ['pælindroum], *n.* **1** parola palindroma (*per es.*: «madam») **2** verso palindromo.
palindromic [,pælin'drɔmik], *a.* palindromo; palindromico.
paling ['peiliŋ], *n.* **1** asse (*di steccato*) **2** palizzata; steccato.
palingenesis [,pælin'dʒenisis], *n.* (*anche fig.*) palingenesi.
palingenetic [,pælindʒi'netik], *a.* di palingenesi.
palings ['peiliŋz], *n. pl.* palizzata; steccato.
palinode ['pælinoud], *n.* palinodia; (*fig.*) ritrattazione.
palisade [,pæli'seid], *n.* **1** palizzata; steccato; stecconata **2** (*pl.*

USA) scogliere, dirupi (*specialm. lungo un fiume*).
to palisade [ˌpæliˈseid], *v. t.* circondare con una palizzata; recintare con uno steccato.
palish [ˈpeiliʃ], *a.* pallidetto; pallidino; palliduccio.
palis(s)ander [ˈpælisændə*], *n.* palissandro.
to pall [pɔ:l], **A** *v. i.* (*generalm.* **to p. on sb.**) diventare noioso (*o stucchevole*); venire a noia: **This sort of books soon palls on me**, questa sorta di libri mi viene subito a noia. **B** *v. t.* saziare; satollare; disgustare; stancare.
pall [pɔ:l], *n.* **1** drappo funebre **2** (*relig.*) pallio **3** (*fig.*) cappa; coltre; manto: **a p. of smoke**, una cappa di fumo **4** (*USA*) feretro; bara. ● (*fig.*) **to cast a p.**, gettare una nube (*fig.*).
Palladian [pəˈleidiən], *a.* (*archit.*) palladiano.
palladium (1) [pəˈleidjəm], *n.* **1** (*fig.*, *pl.* **palladia, palladiums**) protettore; protezione **2** – **P.**, palladio (*statua di Pallade*).
palladium (2) [pəˈleidjəm], *n.* (*chim.*) palladio.
Pallas [ˈpæləs], *n.* (*mitol.*) Pallade.
pallbearer [ˈpɔ:lˌbɛərə*], *n.* **1** chi regge i cordoni a un funerale **2** (*USA*) portatore di bara.
pallet (1) [ˈpælit], *n.* pagliericcio; giaciglio.
pallet (2) [ˈpælit], *n.* **1** paletta (*da vasaio, ecc.*); spatola **2** (*arte* tavolozza **3** (*mecc.*) nottolino (*di comando, di regolazione, di ingranaggio*) **4** bocchetta (*dell'ancora d'un orologio*) **5** pallet (*piattaforma per trasportare merci disposte a pila*); paletta di caricamento **6** (*edil.*) tassello (*di legno*). ● **p. truck**, carrello di elevatore.
palletization [ˌpælitaiˈzeiʃən], *n.* (*comm.*) palettizzazione.
to palletize [ˈpælitaiz], *v. t.* (*comm.*) palettizzare.
palletized [ˈpælitaizd], *a.* (*comm.*) palettizzato. ● (*naut.*) **p. ship**, nave per il trasporto di carico palettizzato.
palliasse [pælˈjæs], *V.* **paillasse**.
to palliate [ˈpælieit], *v. t.* attenuare; lenire; mitigare; trovare attenuanti per: **to p. a pain**, lenire un dolore; **to p. a crime**, trovare attenuanti per un delitto.
palliation [ˌpæliˈeiʃən], *n.* **1** attenuazione; lenimento; mitigazione **2** palliativo; attenuante; scusa.
palliative [ˈpæliətiv], *a. e n.* palliativo.
pallid [ˈpælid], *a.* pallido; smorto; smunto.
pallidness [ˈpælidnis], *n.* pallore.
pallium [ˈpæliəm], *n.* (*pl.* **pallia, palliums**) (*stor., relig.*) pallio.
pall-mall [ˈpelˈmel], *n.* (*stor.*) pallamaglio.
pallor [ˈpælə*], *n.* pallore.
pally [ˈpæli], **A** *a.* (*fam.*) amichevole; da amico. **B** (*pop. USA*) amico; bello mio (*anche iron.*).
palm (1) [pa:m], *n.* (*bot.*) palma (*anche fig.*). ● **p. grove**, palmeto ● (*bot.*) **p. nut**, palmisti (*seme di una palma africana: è commestibile*) ● **p. oil**, olio di palma; (*fig.*) denaro dato per corrompere; bustarella; sbruffo ▢ **P. Sunday**, Domenica delle Palme ▢ **to bear** (*o* **to carry off**) **the p.**, avere (*o* riportare) la palma ▢ **date p.** (*Phoenix dactylifera*), palma da datteri ▢ **to yield the p. to sb.**, cedere la palma a q.; riconoscersi vinto (*o* superato) da q.
palm (2) [pa:m], *n.* **1** (*anat.*) palma (*della mano*); palmo **2** (*naut.*) patta (*dell'ancora*). ● **to grease** (*o* **to oil**) **sb.'s p.**, ungere q. (*fam.*); corrompere q. con denaro ▢ (*fam.*) **to have an itching p.**, essere avido di denaro ▢ **to hold** (*o* **to have**) **sb. in the p. of one's hand**, tenere q. in pugno.
to palm [pa:m], *v. t.* **1** nascondere (*una carta, una moneta, ecc.*) nel palmo della mano **2** toccare col palmo **3** (*fam.*) rubare; sgraffignare **4** (*raro*) corrompere; dare la mancia a (q.). ● (*fam.*) **to p. st. off on sb.**, affibbiare (*o* sbolognare) q.c. a q. (*fam.*); dare (*o* vendere) q.c. a q. con l'inganno.
palmaceous [pælˈmeiʃəs], *a.* (*bot.*) di simile a) palma.
palmar [ˈpælmə*], *a.* (*anat.*) palmare; del palmo della mano.
palmary [ˈpælməri], *a.* eccellente; eminente.
palmate [ˈpælmit], **palmated** [ˈpælmeitid], *a.* (*bot., zool.*) palmato.
palmer [ˈpa:mə*], *n.* **1** (*stor.*) palmiere; pellegrino (*specialm. dalla Terrasanta*) **2** monaco pellegrino **3** (*zool.*, *anche* **palmerworm**) bruco peloso (*nocivo alla vegetazione*) **4** (*anche* **p. fly**) tipo di mosca artificiale (*per la pesca*).
palmetto [pælˈmetou], *n.* (*pl.* **palmettos, palmettoes**) (*bot., Sabal palmetto*) palmetto.
palmful [ˈpa:mful], *n.* quanto sta nel palmo d'una mano.
palmiped [ˈpælmiped], *a. e n.* (*zool.*) palmipede.
palmist [ˈpa:mist], *n.* chiromante.
palmistry [ˈpa:mistri], *n.* chiromanzia.
palmy [ˈpa:mi], *a.* **1** ricco di palme **2** di (*o* simile a) palma **3** (*fig.*) fausto; fiorente; felice; glorioso; prospero: **p. days**, giorni felici (*o* di gloria).
palmyra [pælˈmaiərə], *n.* (*bot.*, *Borassus flabelliformis*) borasso flabelliforme.

palomino [ˌpæləˈmi:nou], *n.* (*pl.* **palominos**) palomino (*cavallo color sauro chiaro con coda e criniera quasi bianche*).
palp [pælp], *n.* (*zool.*) palpo.
palpability [ˌpælpəˈbiliti], *n.* **1** palpabilità **2** (*fig.*) evidenza.
palpable [ˈpælpəbl], *a.* **1** palpabile **2** (*fig.*) chiaro; evidente; manifesto; palpabile.
to palpate [ˈpælpeit], *v. t.* (*specialm. med.*) palpare.
palpation [pælˈpeiʃən], *n.* (*specialm. med.*) palpazione.
palpebral [ˈpælpibrəl], *a.* (*anat.*) palpebrale.
palpitant [ˈpælpitənt], *a.* palpitante.
to palpitate [ˈpælpiteit], *v. i.* (*anche med.*) palpitare: **to p. with fear**, palpitare di paura.
palpitation [ˌpælpiˈteiʃən], *n.* (*anche med.*) palpitazione.
palpus [ˈpælpəs], *n.* (*pl.* **palpi**) (*zool.*) palpo.
palsgrave [ˈpɔ:lzgreiv], *n.* (*stor.*) conte palatino.
palsied [ˈpɔ:lzid], *a.* **1** (*med.*) paralitico **2** (*fig.*) barcollante; tremolante.
palsy [ˈpɔ:lzi], *n.* (*anche fig.*) paralisi.
to palsy [ˈpɔ:lzi], *v. t.* (*di solito fig.*) paralizzare.
to palter [ˈpɔ:ltə*], *v. i.* **1** cavillare; equivocare; tergiversare **2** essere sleale (*o* insincero) **3** contrattare; mercanteggiare; tirare sul prezzo.
paltriness [ˈpɔ:ltrinis], *n.* **1** grettezza; meschinità; miseria morale.
paltry [ˈpɔ:ltri], *a.* gretto; meschino; misero; spregevole.
paludal [pəˈlu:dəl], *a.* palustre. ● (*med.*) **p. fever**, febbre palustre; malaria.
paludism [ˈpæludizəm], *n.* (*med.*) paludismo (*raro*); malaria.
paly (1) [ˈpeili], *a.* pallidetto; pallidino; palliduccio.
paly (2) [ˈpeili], *a.* (*araldica*) palato.
pam [pæm], *n.* (*in alcuni giochi di carte*) fante di fiori.
pampas [ˈpæmpəz], *n. pl.* (la) pampa; (le) pampe. ● (*bot.*) **p. grass** (*Cortaderia argentea*), piuma delle pampe.
to pamper [ˈpæmpə*], *v. t.* essere troppo indulgente con (q.); viziare: **Don't p. the child**, non viziare il ragazzo! ● (*lett.*) **pampered menial**, lacchè; tirapiedi (*fam.*).
pamphlet [ˈpæmflit], *n.* opuscolo; libello; pamphlet.
pamphleteer [ˌpæmfliˈtiə*], *n.* scrittore di opuscoli; libellista; panflettista.
to pamphleteer [ˌpæmfliˈtiə*], *v. i.* scrivere opuscoli polemici (*o libelli*).
pan (1) [pæn], *n.* **1** tegame; casseruola; teglia; terrina; padella **2** piatto (*della bilancia*) **3** (*stor.: d'arma da fuoco*) scodellino **4** (*ind. min.*) batea; piatto (*per separare l'oro dalla sabbia*) **5** (*geol.*, *anche* **hardpan**) strato solido; crostone **6** coppa, vaso (*di W.C.*) **7** (*mecc.*) coppa dell'olio, carter (*in un motore*) **8** (*anat.: anche* **brainpan**) scatola (*o* calotta) cranica. ● **bread pan**, stampo per cuocere pane (*o dolci*) ▢ **frying pan**, padella ▢ (*pop.*) **to go down the pan**, andare in malora ▢ **meat-pan**, teglia ▢ (*geogr., ind.*) **salt-pan**, salina ▢ **stew pan**, casseruola ▢ **warming pan**, scaldaletto.
to pan (1) [pæn], **A** *v. t.* **1** cuocere in casseruola, tegame, ecc. (*V.* **pan (1)**) **2** (*ind. min.*, *anche* **to pan off** (**out**)), trattare il piatto (*sabbia, ecc. per cavarne oro*); separare (*l'oro dalla sabbia*) mediante trattamento al piatto **3** (*fig., fam.*) denigrare; stroncare (*fig.*). **B** *v. i.* – **to pan out**, (*ind. min.*) dare risultato; (*di sabbia aurifera*) dare oro; (*fig.*) avere successo, riuscire.
pan (2) [pæn], *n.* (*cinem., telev.*) panoramica (*anche* **pan shot**).
to pan (2) [pæn], *v. t. e i.* (*cinem., telev.*) fare una panoramica (di); panoramicare.
pan (3) [pæn], *n.* (*bot.*) foglia di betel; betel.
Pan [pæn], *n.* (*mitol.*) Pane; Pan.
panacea [ˌpænəˈsiə], *n.* panacea.
panache [pəˈnæʃ], *n.* **1** pennacchio (*specialm. d'elmo*) **2** sfarzo; pompa **3** (*fig.*) spavalderia; baldanza; tracotanza.
Pan-African [ˈpænˈæfrikən], *a.* (*polit.*) panafricano.
Pan-Africanism [ˈpænˈæfrikənizəm], *n.* (*polit.*) panafricanismo.
Pan-Africanist [ˈpænˈæfrikənist], *n. e a.* (*polit.*) panafricanista.
Panama [ˌpænəˈma:], *n.* (*geogr.*) Panama. ● **P. Canal**, canale di Panama ▢ **P. hat**, panama (*il cappello*).
Pan-American [ˌpænəˈmerikən], *a.* (*polit.*) panamericano.
Pan-Americanism [ˌpænəˈmerikənizəm], *n.* (*polit.*) panamericanismo.
Pan-Anglican [ˈpænˈæŋglikən], *a.* pananglicano; di tutta la Chiesa Anglicana.
Pan-Asianism [ˈpænˈeiʃənizəm], *n.* (*polit.*) panasianismo.
pancake [ˈpænkeik], *n.* **1** (*cucina*) frittella **2** (*ind. min.*) platea di cemento **3** (*aeron., anche* **p. landing**) atterraggio a caduta (*o* spanciato). ● **P. Day**, martedì grasso ▢ **p. make-up**, pancake (*cosmetico solido*) ▢ **as flat as a p.**, completamente piatto; schiacciato.
to pancake [ˈpænkeik], (*aeron.*) **A** *v. i.* atterrare a caduta; fare un atterraggio spanciato. **B** *v. t.* fare atterrare (*un aereo*) a caduta.
panchromatic [ˈpænkrouˈmætik], *a.* (*fotogr.*) pancromatico: **p. film**, pellicola pancromatica.

Pancras ['pæŋkrəs], *n.* Pancrazio.
pancreas ['pæŋkriəs], *n. (anat.)* pancreas.
pancreatic [ˌpæŋkri'ætik], *a. (anat.)* pancreatico: *(fisiologia)* **p. juice,** succo pancreatico.
pancreatin [ˌpæŋkri'ætin], *n. (biochimica)* pancreatina.
panda ['pændə], *n. (zool., Ailurus fulgens)* panda (minore). ● *(in G.B.)* **p. car,** automobile della polizia; pantera □ *(in G.B.)* **p. crossing,** attraversamento pedonale con semaforo a luce intermittente (*o* con pulsante di comando per i pedoni).
Pand(a)ean [pæn'di:ən], *a. (mitol.)* di Pan; del dio Pan; panico. ● **P. pipe,** siringa *(del dio Pan);* fistola *(rozzo strumento musicale).*
pandects ['pændekts], *n. pl. (stor., leg.)* pandette.
pandemic [pæn'demik], *(med.)* **A** *a.* pandemico. **B** *n.* pandemia.
pandemonium [ˌpændi'mounjəm], *n.* pandemonio.
pander ['pændə*], *n. (anche* **panderer**) **1** mezzano; ruffiano; manutengolo **2** chi soddisfa i vizi altrui, traendone profitto.
to pander ['pændə*], *v. i.* **1** far da mezzano **2** — *(fig.)* **to p. to,** soddisfare *(debolezze o vizi altrui)* traendone profitto.
pandit ['pʌndit] *(Hindi), n.* V. **pundit,** *def. 1.*
pandora [pæn'dɔ:rə], **pandore** ['pændɔ(:)*], *n. (stor. mus.)* pandura.
Pandora [pæn'dɔ:rə], *n. (mitol.)* Pandora. ● **P.'s box,** (il) vaso di Pandora; *(fig.)* fonte inesauribile di guai.
pane [pein], *n.* **1** vetro; lastra di vetro: **window-panes,** vetri di finestra **2** pannello *(di porta, muro, ecc.)* **3** riquadro, scacco *(di stoffa)* **4** *(del martello)* penna **5** *(mecc.: di un dado o bullone)* faccia.
paned [peind], *a.* **1** *(di un vestito, ecc.)* a strisce di colori diversi; a riquadri **2** *(nei composti, per es.:)* **wide-p.,** dai vetri grandi.
panegyric [ˌpæni'dʒirik], **A** *n.* panegirico; lode formale. **B** *a.* V. **panegyrical.**
panegyrical [ˌpæni'dʒirikəl], *a.* di panegirico.
panegyrist [ˌpæni'dʒirist], *n.* panegirista.
to panegyrize [ˌpæni'dʒiraiz], *v. t.* elogiare; lodare.
panel ['pænl], *n.* **1** pannello *(anche elab., edil.);* riquadro, formella: **p.-heating,** riscaldamento a pannelli radianti **2** striscia di stoffa di colore diverso *(inserita in un vestito da donna)* **3** striscia di carta *(o* di pergamena) **4** lista; elenco; *(leg.)* lista dei giurati, giuria **5** *(in G.B.)* elenco dei medici convenzionati con la mutua; mutuati *(d'un medico convenzionato)* **6** *(arte)* quadro molto più alto che largo; tavola **7** gruppo di oratori *(o* di esperti); convegno *(per es. «dei cinque», alla radio o alla telev.)* **8** *(ind. min.)* sezione *(d'una miniera)* **9** *(autom.)* lamiera; pannello (di carrozzeria): **auto p.,** lamiera d'automobile **10** *(costr.)* elemento di traliccio; *(anche)* cassettone **11** fodera imbottita della sella; rozza sella. ● *(autom.)* **p. beater,** battitore di lamiere □ **p. board,** tavolo da disegno *(con fermafoglio);* cartone per pannelli; *(elettron.)* quadro strumenti □ *(radio, telev., ecc.)* **a p. discussion,** una discussione pubblica fra un gruppo di oratori; una tavola rotonda *(fig.)* □ *(in G.B.)* **a p. doctor,** un medico convenzionato *(o* mutualistico); un dottore della mutua *(fam.)* □ *(radio, telev.)* **p. game,** gioco con risposte *(di esperti)* alle domande del pubblico □ **a p. of examiners,** una commissione esaminatrice □ *(autom.)* **instrument p.,** plancia portastrumenti; cruscotto □ *(in G.B., di medico)* **to be on the p.,** essere convenzionato con la mutua □ *(leg.)* **to serve on a p.,** fare parte d'una giuria.
to panel ['pænl], *v. t.* **1** rivestire di pannelli **2** ornare *(un vestito)* con strisce di colore diverso **3** *(leg.)* iscrivere (q.) nella lista dei giurati **4** sellare *(un cavallo)* con una rozza sella.
panelist ['pænəlist], *(USA)* V. **panellist.**
panelling ['pænliŋ], *n. (edil.)* **1** rivestimento a pannelli **2** *(collett.)* pannellatura.
panellist ['pænəlist], *n.* **1** chi partecipa a una tavola rotonda **2** chi partecipa a un gioco *(radiofonico o televisivo)* di domande e risposte.
panful ['pæn-ful], *n.* quanto sta in una casseruola *(o* in un tegame, in una padella); padellata; tegamata.
pang [pæŋ], *n.* **1** dolore acuto, improvviso e breve; fitta; spasimo **2** pena; tormento. ● **the pangs of conscience (of remorse),** i morsi della coscienza (i tormenti del rimorso) □ **hunger pangs,** i morsi della fame.
pangenesis [pæn'dʒenisis], *n. (biol.)* pangenesi.
pangenetic [ˌpændʒi'netik], *a. (biol.)* della pangenesi.
Pan-German ['pæn'dʒɜ:mən], *(polit.)* **A** *a.* pangermanistico. **B** *n.* pangermanista.
Pan-Germanism ['pæn'dʒɜ:mənizəm], *n. (polit.)* pangermanesimo.
pangolin [pæn'goulin], *n. (zool., Manis)* pangolino.
panhandle ['pænˌhændl], *n.* **1** manico di casseruola *(o* di padella) **2** *(fig. USA)* striscia di territorio sporgente *(fra Stato e Stato, ecc.);* «becco d'anatra» *(fig.).*

to panhandle ['pænˌhændl], *v. i. (fam. USA)* chiedere l'elemosina *(sul marciapiede).*
panhandler [ˌpæn'hændlə*], *n. (fam. USA)* accattone.
Panhellenic [ˌpænhi'lenik], *a. (polit.)* panellenico.
Panhellenism [ˌpæn'helinizəm], *n. (polit.)* panellenismo.
panic (1) ['pænik], *n. (bot., Panicum italicum; anche* **p. grass**) panico.
panic (2) ['pænik], **A** *a.* panico: **p. fear,** timor panico. **B** *n.* **1** panico: **Don't get into a p.,** non farti prendere dal panico **2** *(Borsa)* panico **3** *(pop. USA)* cosa o persona buffa; spasso *(fam.);* frana *(pop.).* ● **p.-monger,** chi sparge il panico di proposito; allarmista □ **p.-stricken,** preso dal panico; in preda al panico □ *(fam.)* **to push the p. button,** avere una violenta reazione *(spesso incontrollata).*
to panic ['pænik] *(pass. e p. p.* **panicked**), **A** *v. t.* gettare il panico fra; spaventare. **B** *v. i.* essere colto dal panico. ● **to p. about st.,** farsi prendere dal panico per q.c.
panicky ['pæniki], *a. (fam.)* **1** preso dal panico; spaventato **2** impressionabile; pauroso; timoroso.
panicle ['pænikl], *n. (bot.)* pannocchia.
panification [ˌpænifi'keiʃən], *n.* panificazione.
Pan-Islam [ˌpæn'izlə(:)m], *n. (polit.)* panislamismo.
Pan-Islamic [ˌpæniz'læmik], *a. (polit.)* panislamico.
pan-Islamism [ˌpæn'izləmizəm], *n. (polit.)* panislamismo.
panjandrum [pən'dʒændrəm], *n. (fam.)* funzionario arrogante, che si dà arie; pezzo grosso *(fam.).*
pannage ['pænidʒ], *n.* **1** *(stor.)* (diritto di, somma pagata per) pascolo di suini **2** mangime per suini *(ghiande, ecc.).*
panne [pæn], *n. (ind. tessile)* panno soffice, simile al velluto; felpa.
pannier ['pæniə*], *n.* **1** paniere *(da basto);* gerla; corbello **2** panierino *(per il portapacchi della bicicletta)* **3** *(stor.)* paniere *(negli abiti femminili).*
pannikin ['pænikin], *n.* **1** piccolo boccale di metallo **2** tegamino.
panning ['pæniŋ], *n. (cinem., telev.)* panoramica *(l'azione).*
panoplied ['pænəplid], *a.* **1** rivestito dell'armatura completa **2** *(fig.)* tutto agghindato; abbigliato con sfarzo.
panoply ['pænəpli], *n.* **1** panoplia **2** *(per estens.)* tenuta da cerimonia **3** *(fig.)* magnifico addobbo; pompa; sfarzo.
panorama [ˌpænə'ra:mə], *n.* panorama.
panoramic [ˌpænə'ræmik], *a.* panoramico: **p. view,** vista panoramica.
panpipe ['pænˌpaip], *n. (mus.)* **1** siringa; fistola; zampogna **2** armonica a bocca.
panpipes ['pænˌpaips], *n. pl.* V. **panpipe.**
Pan-Slavic ['pæn'slɑ:vik], *a. (polit.)* panslavista; panslavo.
Pan-Slavism ['pæn'slɑ:vizəm], *n. (polit.)* panslavismo.
Pan-Slavist ['pæn'slɑ:vist], *n. (polit.)* panslavista.
pansy ['pænzi], *n.* **1** *(bot., Viola tricolor)* viola del pensiero **2** *(fam., anche* **p. boy**) uomo effeminato **3** *(fam.)* omosessuale; finocchio, checca *(fam.).*
to pant [pænt], **A** *v. i.* **1** anelare *(lett.);* ansare; ansimare **2** *(del cuore, ecc.)* palpitare; pulsare in modo anormale. **B** *v. t. (anche* **to p. out**) dire *(o* pronunciare) ansimando. ● **to p. for** *(o* **after**) **st.,** anelare *(o* aspirare) a q.c.; desiderare ardentemente q.c.; bramare q.c. □ **to p. for air,** boccheggiare.
pant (1) [pænt], *n.* **1** anelito *(lett.);* ansito *(lett.);* respiro affannoso **2** palpito; pulsazione irregolare.
pant (2) [pænt], *a. attr.* di *(o* per) pantaloni: **This p. leg is worn out,** questa gamba (dei pantaloni) è logora.
pantagruelian [ˌpæntəgru'eliən], *a.* pantagruelico.
pantagruelism [ˌpæntə'gru:əlizəm], *n.* umorismo cinico.
pantalets ['pæntəlets], **pantalettes** [ˌpæntə'lets], *n. pl.* **1** mutande lunghe da donna *(portate verso la metà dell'800)* **2** mutandoni *(da donna).*
pantaloon [ˌpæntə'lu:n], *n.* **1** — **P.,** Pantalone *(maschera dell'antico teatro veneziano);* buffone **2** *(pl., stor.)* pantaloni lunghi e stretti **3** *(pl., scherz.)* pantaloni *(in genere).*
pantdress ['pæntdres], *n. (moda)* abito con gonna pantalone.
pantechnicon [pæn'teknikən], *n.* **1** magazzino di mobili **2** *(anche* **p. van**) furgone per mobili *o* per traslochi.
pantheism ['pænθi:izəm], *n. (filos.)* panteismo.
pantheist ['pænθiist], *n. (filos.)* panteista.
pantheistic(al) [ˌpænθi(:)'istik(əl)], *a. (filos.)* panteistico.
Pantheon ['pænθi:ən], *n.* Pantheon.
panther ['pænθə*], *n. (pl.* **panthers, panther**) *(zool.)* **1** *(Panthera pardus)* pantera **2** *(USA, Felis concolor)* puma **3** *(USA, Panthera onca)* giaguaro.
pantheress ['pænθəris], *n. (zool.)* pantera femmina.
panties ['pæntiz], *n. pl. (fam.)* **1** mutandine *(da bambino o da donna)* **2** calzoncini, pantaloncini *(per bambino).*
pantihose ['pæntihouz], *V.* **pantyhose.**
pantile ['pæntail], *n. (edil.)* tegola alla fiamminga.

panting ['pæntiŋ], *a.* ansimante; ansante.
pantisocracy [,pænti'sɔkrəsi], *n.* pantisocrazia.
panto ['pæntou], *n.* (*pl.* **pantos**) (*abbr. fam. di* **pantomime**) spettacolo natalizio (*rappresentato da bambini*).
pantograph ['pæntəgra:f], *n.* (*arti grafiche, ferr.*) pantografo.
pantomime ['pæntəmaim], *n.* **1** (*in G.B.*) spettacolo natalizio (*rappresentato da bambini*) **2** (*teatr.*) pantomima; pantomimo **3** (*fig.*) pantomima; mimica **4** (*stor. romana*) pantomimo; mimo.
to pantomime ['pæntəmaim], **A** *v. i.* **1** recitare in una pantomima **2** esprimersi con la mimica. **B** *v. t.* rappresentare (q.c.) con la mimica.
pantomimic [,pæntə'mimik], *a.* pantomimico.
pantomimist [,pæntə'maimist], *n.* pantomimo; mimo.
pantoscope ['pæntouskoup], *n.* (*fotogr.*) grandangolare (*lente*).
pantoscopic [,pæntou'skɔpik], *a.* (*fotogr.*) grandangolare: **p. lens**, lente grandangolare.
pantry ['pæntri], *n.* **1** dispensa **2** (*naut.*) cambusa. ● **butler's p.**, stanza (*fra la cucina e la sala da pranzo*) in cui riporre stoviglie, vasellame, ecc.
pantryman ['pæntrimən], *n.* (*pl.* **pantrymen**) dispensiere.
pants [pænts], *n. pl.* **1** (*USA*) calzoni; pantaloni (*cfr. ingl.* **trousers**) **2** (*in G.B.*) mutande; mutandine (*da uomo*) **3** (*in G.B.*) mutandine (*da donna*) **4** pantaloni da donna (*non attillati*) **5** (*comm., ingl.*) mutande lunghe. ● (*moda*) **p. suit**, completo pantalone □ (*pop.*) **to be caught with one's p. down**, farsi prendere in contropiede (*o* alla sprovvista) □ (*fam.*) **to be in long p.**, portare i calzoni lunghi; (*fig.*) essere «grande» □ **short p.**, calzoncini.
pantskirt ['pæntskə:t], *n.* (*moda*) gonna pantalone.
pantsuit ['pæntsju:t], *n.* (*moda USA*) completo pantalone.
pantyhose ['pæntihouz], *n.* (*invar. al pl.*) (*specialm. USA*; *cfr. ingl.* **tights**) calzamaglia; collant.
pap (1) [pæp], *n.* **1** pappa; pan cotto (*nell'acqua, nel brodo, ecc.*) **2** (*specialm. USA*) protezione; protezione politica **3** (*USA*) discorso da (*o* per) bambini **4** (*USA*) libro *o* film, ecc.) insulso.
pap (2) [pæp], *n.* (*pop.*) capezzolo. ● (*geogr.*) **paps**, mammelloni.
papa (1) [pə'pa:], *n.* (*quasi arc.*) papà.
papa (2) ['pæpə], *n.* (*fam. USA*) babbo; papà; «papi» (*fam.*).
papacy ['peipəsi], *n.* papato.
papal ['peipəl], *a.* papale. ● (*stor.*) **the P. States**, gli Stati Pontifici.
papalism ['peipəlizm], *n.* papismo.
papalist ['peipəlist], *n.* papista; papalino.
to papalize ['peipəlaiz], **A** *v. t.* **1** rendere papale **2** convertire al cattolicesimo. **B** *v. i.* **1** pontificare **2** farsi cattolico.
paparazzo [,pa:pə'ra:tsou], (*ital.*), *n.* (*pl.* **paparazzi**) paparazzo.
papaveraceous [pə,peivə'reiʃəs], **papaverous** [pə'peivərəs], *a.* (*bot.*) delle papaveracee.
papaverine [pə'peivəri:n], *n.* (*chim.*) papaverina.
papaw [pə'pɔ:], **papaya** [pə'paiə], *n.* (*bot., Carica papaya*) papaia.
paper ['peipə*], **A** *n.* **1** carta: **a sheet of p.**, un foglio di carta **2** (*di solito pl.*) documento; appunto; lettera; scritto: **the Lincoln papers**, gli scritti (*o* il carteggio) di Lincoln **3** (*anche* **p. money, p. currency**) cartamoneta; carta monetata; banconota; biglietto di banca **4** (*anche* **commercial p.**) titolo di credito; effetto; valore (*assegno, cambiale, pagherò, ecc.*) **5** (*anche* **newspaper**) giornale: **the morning p.**, il giornale del mattino **6** compito; esercizio; tema (*d'esame, ecc.*) **7** dissertazione; monografia; saggio; studio; trattato **8** (*pl., anche leg.*) documenti; carteggio; incartamento **9** (*anche* **wallpaper**) carta da parati **10** (*anche* **voting p.**) scheda di votazione **11** (*pop.*) biglietto d'invito; biglietto d'ingresso gratuito. **B** *a. attr.* **1** di carta; cartaceo **2** da tavolino; da passacarte; burocratico **3** sulla carta; a tavolino; teorico: **p. battles**, battaglie a tavolino (*o* sulla carta). ● **p. bag**, sacchetto di carta □ **p. chase**, finta caccia alla volpe (*gioco di bambini*) □ **p.-clip**, clip □ **p.-cover**, (*agg.*) in brossura (*sost.*) pubblicazione in brossura □ (*fin.*) **p. gold**, oro-carta; diritti speciali di prelievo □ **p.-hanger**, decoratore; tappezziere □ **p.-hangings**, tappezzeria di carta; carta da parati □ (*fin.*) **p. holdings**, titoli fiduciari (*valori di*) portafoglio □ **p.-knife**, tagliacarte □ **p. maker**, cartaio; fabbricante di carta □ **p. mill**, cartiera □ (*fin.*) **p. money**, moneta cartacea; cartamoneta □ **a p. of pins**, un cartoncino (*o* un cartoccetto) di spilli □ (*fig.*) **p. profits**, profitti ipotetici (*o* sulla carta) □ (*spreg.*) **p. pusher**, passacarte □ **p. round**, giro di consegna di giornali a domicilio; (*anche*) giro di raccolta di carta straccia □ (*fig.*) **p. tiger**, tigre di carta □ **p. war** (*o* **warfare**), polemica attraverso pubblicazioni (*su libri o giornali*) □ **p.-weight**, fermacarte □ **p.-work**, lavoro d'ufficio □ **blotting p.**, carta assorbente □ **brown p.**, carta scura; carta da pacchi □ **carbon p.**, carta carbone □ **comic p.**, giornale a fumetti □ **to commit st. to p.**, affidare q.c. alla carta; metter q.c. per iscritto □ **to deliver** (*o* **to read**) **a p.**, fare una comunicazione (*a un congresso, ecc.*) □ **to do p. rounds**, raccogliere carta straccia (*da vendere*) □ **examination papers**, temi d'esame; elaborati □ (*fig.*) **on p.**, sulla carta; in teoria: **On p., he is the better man**, sulla carta, egli è superiore □ **packing p.**, carta da imballaggio □ (*fig.*) **palace of p.-work**, palazzo d'uffici; regno della burocrazia □ **to put pen to p.**, metter mano alla penna □ (*fig.*) **to send in one's papers**, dare le dimissioni □ **tissue p.**, carta velina □ **toilet p.**, carta igienica □ **wrapping p.**, carta da pacchi.
to paper ['peipə*], *v. t.* **1** tappezzare con carta da parati **2** avvolgere in carta; incartare **3** foderare (*o* rivestire) di carta **4** (*pop.*) riempire (*un teatro*) rilasciando biglietti gratuiti. ● **to p. over**, ricoprire di carta; (*fig.*) celare, nascondere (*difetti, ecc.*) □ **to p. up**, tappare con carta.
paperback ['peipəbæk], **A** *a.* in brossura. **B** *n.* libro in brossura; «paperback».
paperboard ['peipəbɔ:d], *n.* cartone.
paperbound ['peipəbaund], *a.* (*di libro, ecc.*) in brossura.
paperboy ['peipəbɔi], *n.* **1** fattorino del giornalaio (*per servizio a domicilio*) **2** strillone.
to paper-train ['peipə-trein], *v. t.* educare (*un cucciolo*) a defecare e orinare sulla carta.
papery ['peipəri], *a.* di carta; simile a carta; cartaceo.
papiermaché [pæpjei'ma:ʃei] (*franc.*), *n.* cartapesta.
papilionaceous [pə,pilje'neiʃəs], *a.* (*bot.*) papilionaceo.
papilla [pə'pilə], *n.* (*pl.* **papillae**) (*anat., bot.*) papilla.
papillary [pə'piləri], *a.* (*anat.*) papillare.
papillate [pə'pilit], *a.* (*anat.*) **1** papillato; ricoperto di papille **2** papilliforme; a forma di papilla.
papillose [pə'pilous], *a.* (*anat.*) papilloso.
papism ['peipizm], *n.* **1** papismo **2** (*spreg.*) cattolicesimo.
papist ['peipist], *n.* **1** papista **2** (*spreg.*) cattolico.
papistic(al) [pə'pistik(əl)], *a.* **1** papistico **2** (*spreg.*) di (*o* da) cattolico.
papistry ['peipistri], *V.* **papism**.
papoose [pə'pu:s], *n.* bambino indiano (*nell'America del nord*).
pappose [pæ'pous], *a.* (*bot.*) papposo.
pappus ['pæpəs], *n.* (*pl.* **pappi**) (*bot.*) pappo.
pappy (1) ['pæpi], *a.* molle; polposo.
pappy (2) ['pæpi], *n.* (*fam. USA*) papà; babbo; «papi» (*fam.*).
paprika ['pæprikə], *n.* **1** (*bot., Capsicum annuum*) pepe rosso; peperone **2** (*cucina*) paprica.
Papua ['pæpjuə], *n.* (*geogr.*) Papuasia.
papula ['pæpjulə], *n.* (*pl.* **papulae**) (*med.*) papula; pustola.
papular ['pæpjulə*], *a.* (*med.*) papulare.
papule ['pæpju:l], *n.* (*med.*) papula; pustola.
papulose ['pæpjulous], *a.* (*med.*) papuloso; pustoloso.
papyraceous [,pæpi'reiʃəs], *a.* papiraceo; cartaceo.
papyrologist [,pæpi'rɔlədʒist], *n.* papirologo.
papyrology [,pæpi'rɔlədʒi], *n.* papirologia.
papyrus [pə'paiərəs], *n.* (*pl.* **papyruses, papyri**) papiro.
par (1) [pa:*], *n.* **1** (*specialm. fin.*) parità; pari: **He is on a par with his friends in ability**, quanto a capacità, è alla pari con i suoi amici; **par of exchange**, parità di cambio; cambio alla pari; **above par**, sopra la pari; **below par**, sotto la pari; **A stock is at par when it can be sold for its face value**, un titolo è alla pari quando lo si può vendere per il suo valore nominale **2** (*golf*) norma. ● (*fam.*) **not to feel quite up to par**, non sentirsi del tutto in forma □ (*fam., fig.*) **to be under par**, essere un po' giù di corda (*o* di forma).
par (2) [pa:*], *n.* (*abbr. fam. di* **paragraph**) paragrafo.
para ['pærə], *n.* **1** (*abbr. di* **paratrooper**) parà **2** (*abbr. di* **paragraph**) paragrafo.
parabasis [pə'ræbəsis], *n.* (*pl.* **parabases**) (*teatr. greco*) parabasi.
parable ['pærəbl], *n.* parabola: **the p. of the prodigal son**, la parabola del figliol prodigo.
parabola [pə'ræbələ], *n.* (*geom., mat.*) parabola.
parabole [pə'ræbəli], *n.* (*retor.*) metafora; similitudine.
parabolic [,pærə'bɔlik], *a.* **1** (*geom., mat.*) parabolico **2** di (*o* in forma di) parabola; allegorico. ● (*miss.*) **p. flight**, volo parabolico □ (*astron.*) **p. orbit**, orbita parabolica.
paraboloid [pə'ræbələid], *n.* (*geom.*) paraboloide.
parachute ['pærəʃu:t], *n.* (*aeron.*) paracadute. ● **p. flare**, bengala a paracadute □ (*mil.*) **p. mine**, mina lanciata col paracadute □ (*mil.*) **p. troops**, truppe paracadutiste.
to parachute ['pærəʃu:t], **A** *v. t.* (*aeron.*) lanciare col paracadute; paracadutare. **B** *v. i.* lanciarsi (*o* scendere) col paracadute.
parachutist ['pærəʃu:tist], *n.* (*aeron.*) paracadutista.
Paraclete ['pærəkli:t], *n.* (*relig.*) Paracleto, Paraclito (*attributo dello Spirito Santo*).
parade [pə'reid], *n.* **1** parata (*specialm. mil.*); (*mil.*) rassegna,

parade

rivista: **The soldiers were on p.**, i soldati erano schierati per la rassegna 2 sfilata; corteo 3 serie; sfilata; rassegna: **a p. of songs**, una rassegna di canzoni 4 mostra; ostentazione; sfoggio: **to make an ostentatious p. of one's generosity**, mettere in mostra ostentatamente la propria generosità 5 (*anche* **p. ground**) campo di Marte; piazza d'armi 6 (*di moda*) sfilata 7 passeggiata pubblica; lungomare; piazza; spianata. ● **beauty p.**, sfilata delle partecipanti a un concorso di bellezza □ **fashion p.**, sfilata di modelli □ (*della polizia*) **identification p.**, confronto all'americana.

to parade [pə'reid], **A** *v. t.* **1** sfilare a passo di parata per (*un luogo*): **The band paraded the streets**, la banda sfilò per le strade a passo di parata **2** adunare (*truppe*) per passarle in rassegna **3** fare sfoggio di; mettere in mostra; ostentare: **You always p. your skill**, fai sempre sfoggio della tua abilità. **B** *v. i.* **1** sfilare in parata (*o* in corteo) **2** far mostra di sé; pavoneggiarsi.

paradigm ['pærədaim], *n.* (*pl.* **paradigms, paradigmata**) **1** (*gramm.*) paradigma **2** (*fig.*) esempio dimostrativo.

paradigmatic [,pærə'dig'mætik], *a.* **1** (*gramm.*) paradigmatico **2** (*fig.*) esemplificativo.

paradisaic(al) [,pærədi'saiik(əl)], *a.* paradisiaco; di paradiso.

paradise ['pærədais], *n.* (*anche fig.*) paradiso. ● (*zool.*) **bird of p.** (*Paradisea*), paradisea; uccello del paradiso □ (*relig.*) **the earthly p.**, il paradiso terrestre.

paradisiac [,pærə'disiæk], **paradisiacal** [,pærədi'saiəkəl], **paradisial** [,pærə'disiəl], *a.* paradisiaco; di paradiso.

parados ['pærədɔs], *n.* (*pl.* **parados, paradoses**) (*mil.*) paradosso; terrapieno posteriore (*dietro una fortificazione, una trincea*); spalletta.

paradox ['pærədɔks], *n.* paradosso.

paradoxer ['pærədɔksə*], *n.* chi fa (*o* sostiene) paradossi.

paradoxical [,pærə'dɔksikəl], *a.* paradossale. ● (*fisiologia*) **p. sleep**, sonno paradosso.

paradoxicality [,pærə,dɔksi'kæliti], *n.* paradossalità.

paradoxist ['pærədɔksist], *V.* **paradoxer**.

paradoxure [,pærə'dɔksjuə*], *n.* (*zool., Paradoxurus*) paradossuro.

paraffin(e) ['pærəfi(:)n], *n.* **1** paraffina **2** (*chim.*) idrocarburo paraffinico (*in genere*) **3** petrolio combustibile **4** (*anche* **p. oil**) olio di paraffina; (*in G.B.*) kerosene. ● **p. paper**, carta paraffinata □ **p. wax**, paraffina solida; cera paraffinica.

to paraffin(e) ['pærəfi(:)n], *v. t.* paraffinare.

parafoil ['pærəfɔil], *n.* (*mil.*) paracadute con superficie portante.

paraglider ['pærə,glaidə*], *n.* (*miss.*) paracadute (*frenante: di un razzo, ecc.*).

paragoge [,pærə'goudʒi], *n.* (*gramm.*) paragoge.

paragogic [,pærə'gɔdʒik], *a.* (*gramm.*) paragogico.

paragon ['pærəgən], *n.* **1** esemplare; modello; persona (*o* cosa) di grande eccellenza: **a p. of eloquence (of beauty, etc.)**, un modello di eloquenza (di bellezza, ecc.) **2** diamante perfetto (*che pesa cento o più carati*).

to paragon ['pærəgən], *v. t.* (*poet.*) paragonare; comparare.

para-governmental ['pærə,gʌvən'mentl], *a.* paragovernativo.

paragraph ['pærəgra:f], *n.* **1** paragrafo; comma **2** (*tipogr.*) alinea; capoverso **3** (*giornalismo*) breve articolo; stelloncino; trafiletto. ● (*pattinaggio*) **p. loop**, paragrafo.

to paragraph ['pærəgra:f], **A** *v. t.* **1** trattare (*un argomento*) in un trafiletto **2** dividere (*o* ordinare) in paragrafi (*o* in commi); paragrafare. **B** *v. i.* scrivere trafiletti (*per un giornale*).

paragrapher ['pærə,gra:fə*], *n.* scrittore di brevi articoli; autore di trafiletti.

paragraphic(al) [,pærə'gra:fik(əl)], *a.* **1** di (*o* che forma un) paragrafo **2** di trafiletto; in forma di trafiletto.

paragraphist ['pærə,gra:fist], *V.* **paragrapher**.

Paraguay ['pærəgwai], *n.* (*geogr.*) Paraguay. ● (*bot.*) **P. tea** (*Ilex paraguayensis*), mate (*la pianta e l'infuso*).

Paraguayan [,pærə'gwaiən], *a. e n.* paraguaiano.

parakeet ['pæri:kit], *n.* (*zool., Psittacula, Pezoporus, ecc.*) parrocchetto.

parakite ['pærəkait], *n.* **1** aquilone usato come paracadute **2** aquilone senza coda (*usato per scopi scientifici*) **3** (*sport*) «aquilone-paracadute» (*trainato da un'auto o da un motoscafo*).

parakiting ['pærəkaitiŋ], *n.* (*sport*) volo con l'aquilone-paracadute.

paralegal [,pærə'li:gəl], *a.* paralegale.

paraleipsis [,pærə'laipsis], *n.* (*pl.* **paraleipses**) (*retor.*) paralessi.

paralinguistics [,pærəliŋ'gwistiks], *n. pl.* (*col verbo al sing.*) paralinguistica.

parallactic [,pærə'læktik], *a.* (*astron., ottica*) parallattico.

parallax ['pærəlæks], *n.* (*astron., ottica*) parallasse.

parallel ['pærəlel], **A** *a.* **1** parallelo (*anche geom.*): **Take the road p. to the river**, prendi la strada parallela al fiume! **2** (*elettr.*) in parallelo: **p. circuit**, circuito in parallelo **3** (*fig.*) analogo; parallelo; concordante; simile. **B** *n.* **1** (*geom.*) parallela **2** (*geogr., elab.*) parallelo **3** (*fig.*) parallelo; paragone; confronto: **to draw a p. between two things**, fare un parallelo fra due cose **4** (*mil.*) trincea parallela alle linee nemiche **5** (*pl., tipogr.*) sbarrette parallele. ● (*ginnastica*) **p. bars**, parallele □ (*naut.*) **p. rule(r)**, parallelo a rulli (*per tracciare rotte*) □ (*elab.*) **p. storage**, memoria in parallelo.

to parallel ['pærəlel], *v. t.* **1** dare a (q.c.) un andamento parallelo a un'altra; rendere paralleli **2** essere (*o* correre) parallelo a: **The highway parallels the railway**, la strada corre parallela alla ferrovia **3** confrontare, paragonare (*cose, idee*); trovare una corrispondenza fra (*due o più cose*) **4** essere l'equivalente di; eguagliare **5** (*elettr.*) mettere in parallelo.

parallelepiped [,pærəle'lepiped], **parallelepipedon** [,pærə,leli'pipidɔn], *n.* (*geom.*) parallelepipedo.

parallelinervate ['pærə,leli'nɔ:veit], *a.* (*bot.*) parallelinervio.

parallelism ['pærəlelizəm], *n.* (*anche fig.*) parallelismo.

parallelogram [,pærə'leləgræm], *n.* (*geom.*) parallelogramma.

paralogism [pə'rælədʒizəm], *n.* (*filos.*) paralogismo.

paralogistic [,pærələ'dʒistik], *a.* (*filos.*) paralogistico.

to paralogize [pə'rælədʒaiz], *v. i.* (*filos.*) paralogizzare.

paralysation [,pærəlai'zeiʃən], *n.* il paralizzare; l'esser paralizzato.

to paralyse ['pærəlaiz], *v. t.* paralizzare (*anche fig.*); rendere inattivo: **Transport was paralysed by the strikes**, i trasporti furono paralizzati dagli scioperi.

paralysis [pə'rælisis], *n.* (*pl.* **paralyses**) (*med.*) paralisi; (*fig.*) inattività, ristagno.

paralytic [,pærə'litik], *a. e n.* (*med.*) paralitico.

to paralyze ['pærəlaiz], (*USA*) *V.* **to paralyse**.

paramagnetic [,pærəmæg'netik], *a.* (*fis.*) paramagnetico.

paramagnetism [,pærə'mægnətizəm], *n.* (*fis.*) paramagnetismo.

paramedic [,pærə'medik], **A** *n.* (*USA*) paramedico; chi svolge un'attività paramedica. **B** *a.* paramedico.

paramedical [,pærə'medikəl], *a.* (*USA*) paramedico: **p. personnel**, personale paramedico.

parameter [pə'ræmitə*], *n.* (*mat., stat.*) parametro (*anche fig.*).

parameterization [pə,ræmitərai'zeiʃən], *V.* **parametrization**.

to parameterize [pə'ræmitəraiz], *V.* **to parametrize**.

parametric [,pærə'metrik], *a.* (*scient.*) parametrico.

parametrization [pə,ræmitrai'zeiʃən], *n.* parametrizzazione.

to parametrize [pə'ræmətraiz], *v. t.* stabilire i parametri di (q.c.); parametrizzare.

paramilitarism [,pærə'militərizəm], *n.* paramilitarismo.

paramillitary [,pærə'militəri], *a.* paramilitare.

paramount ['pærəmaunt], *a.* eminente; sommo; supremo; sovrano; capitale: **lord p.**, signore supremo; **Time is of p. importance**, il fattore tempo è di somma importanza. ● **p. to**, superiore a □ **As an orator he is p.**, come oratore è insuperabile.

paramountcy ['pærəmauntsi], *n.* eminenza; l'esser sommo (*o* supremo); l'essere di capitale importanza.

paramour ['pærəmuə*], *n.* (*lett.*) amante; drudo, druda.

paranoia [,pærə'nɔjə], *n.* (*psic.*) paranoia.

paranoiac [,pærə'nɔjak], *a. e n.* (*psic.*) paranoico.

paranoid [,pærə,nɔid], *a. e n.* (*psic.*) paranoide.

paranymph ['pærənimf], *n.* **1** (*stor.*) paraninfo **2** testimone dello sposo **3** damigella d'onore (*della sposa*).

parapet ['pærəpit], *n.* **1** (*archit., mil.*) parapetto **2** ringhiera.

parapeted ['pærəpitid], *a.* munito di parapetto; parapettato (*raro*).

paraph ['pæræf], *n.* parafa.

paraphernal [,pærə'fə:nəl], *a.* (*leg.*) parafernale.

paraphernalia [,pærəfə'neiljə], *n. pl.* **1** oggetti personali; roba **2** arnesi; attrezzi; accessori; corredo **3** (*leg.*) beni parafernali.

paraphrase ['pærəfreiz], *n.* parafrasi.

to paraphrase ['pærəfreiz], **A** *v. t.* parafrasare (*un brano, ecc.*). **B** *v. i.* fare parafrasi.

paraphrastic [,pærə'fræstik], *a.* **1** parafrastico **2** che fa uso di parafrasi.

paraplegia [,pærə'pli:dʒiə], *n.* (*med.*) paraplegia.

paraplegic [,pærə'pli:dʒik], *a.* (*med.*) paraplegico.

parapolitical [,pærəpə'litikəl], *a.* parapolitico.

paraprofessional [,pærəprə'feʃənl], **A** *n.* chi svolge un'attività paraprofessionale. **B** *a.* paraprofessionale.

parapsychology [,pærəsai'kɔlədʒi], *n.* (*psic.*) parapsicologia.

parareligious [,pærəri'lidʒəs], *a.* parareligioso.

Para rubber ['pærə'rʌbə*], *n.* para (*varietà di gomma elastica*).

paras ['pæraz], *n. pl.* (*abbr. di* **paratroopers**) (*mil.*) (i) parà; reparti di parà.

parasang ['pærəsæŋ], *n.* (*stor.*) parasanga.

paraselene [,pærəsi'li:ni], *n.* (*pl.* **paraselenae**) (*astron.*) paraselene.

parasite ['pærəsait], *n.* **1** (*anche biol.*) parassita **2** (*elettr.*) corrente parassita.

parasitic(al) [ˌpærəˈsitik(əl)], *a.* parassitico; parassitario.
parasiticide [pærəˈsitisaid], *n.* parassiticida; antiparassitario.
parasitism [ˈpærəsaitizəm], *n.* (*biol.*) parassitismo.
parasitized [ˈpærəsitaizd], *a.* infestato da parassiti.
parasol [ˌpærəˈsɔl], *n.* parasole; ombrellino.
parastatal [ˌpærəˈsteitəl], *a.* parastatale; semiufficiale: **p. bodies**, enti parastatali.
paratactic(al) [ˌpærəˈtæktik(əl)], *a.* (*gramm.*) paratattico.
parataxis [ˌpærəˈtæksis], *n.* (*gramm.*) paratassi.
paratrooper [ˈpærəˌtru:pə*], *n.* (*mil.*) paracadutista (*soldato*).
paratroops [ˈpærətru:ps], *n. pl.* (*mil.*) reparti di paracadutisti.
paratyphoid [ˌpærəˈtaifɔid], **A** *a.* (*med.*) paratifico. **B** *n.* (*anche* **p. fever**) paratifo.
paravane [ˈpærəvein], *n.* (*naut., mil.*) paramine.
to parboil [ˈpa:bɔil], *v. t.* **1** far bollire a metà; bollire parzialmente **2** (*fig.*) «cuocere» (*una persona, per l'eccessivo calore*); riscaldar troppo.
parbuckle [ˈpa:bʌkl], *n.* (*naut.*) lentia; imbracatura doppia.
to parbuckle [ˈpa:bʌkl], *v. t.* **1 — to p. up**, sollevare per mezzo di una lentia **2 — to p. down**, calare per mezzo di una lentia.
parcel [ˈpa:sl], *n.* **1** pacco; pacchetto; collo; involto **2** (*comm.*) partita (*di merce messa in vendita*): **a p. of books**, una partita di libri **3** (*anche* **p. of land**) parcella fondiaria; lotto di terreno **4** (*arc.*) parte (*specialm. nell'espress.*): **to be part and p. of st.**, essere parte integrante di q.c. **5** gruppo; branco: **a p. of fools**, un branco di stupidi. ● (*fin.*) **p. of shares**, pacchetto azionario □ **parcels office**, ufficio pacchi □ **p. post**, servizio dei pacchi postali; messaggeria, messaggerie □ (*ferr.*) **parcels rate**, tariffa per pacchi (*o per colli*) □ (*comm.*) **by p. post**, per pacco postale.
to parcel [ˈpa:sl], *v. t.* **1** (*di solito con* **p. out**) dividere in parti; spartire; distribuire **2** (*spesso* **to p. up**) impaccare; impacchettare; involtare (*terreni*) **4** (*naut.*) bendare (*una cima*) con strisce di tela.
parcelling [ˈpa:sliŋ], *n.* **1** divisione in parti; spartizione; distribuzione **2** impacchettamento **3** lottizzazione (*di terreni*).
parcenary [ˈpa:sənəri], *n.* (*leg.*) coeredità; l'essere coerede.
parcener [ˈpa:sənə*], *n.* (*leg.*) coerede.
to parch [pa:tʃ], **A** *v. t.* **1** arrostire parzialmente; bruciare; essiccare: **parched corn**, granturco essiccato **2** (*del sole, della sete*) riardere; far bruciare la gola a (q.); scottare: **the parched earth**, la terra riarsa (*o* inaridita). **B** *v. i.* essiccarsi; disseccarsi; inaridirsi. ● **to be parched with thirst**, avere la gola riarsa dalla sete.
parchment [ˈpa:tʃmənt], *n.* **1** pergamena; cartapecora **2** (*arte, letter.*) pergamena **3** (*comm., anche* **p. paper**) carta pergamenata.
parchmenty [ˈpa:tʃmənti], *a.* pergamenaceo.
pard (1) [pa:d], *n.* (*poet.*) leopardo.
pard (2) [pa:d], *n.* (*pop. USA, abbr. di* **pardner**) amico; socio (*in affari*).
pardon [ˈpa:dn], *n.* **1** perdono **2** (*leg.*) perdono; indulto: **general p.**, indulto generale **3** (*relig.*) indulgenza. ● **to ask (for) sb.'s p.**, chieder perdono a q.; chiedere a q. d'essere perdonato □ **to beg sb.'s p.**, chieder perdono a q.; chiedere scusa a q. □ **I beg your p.**, perdono!; scusa!; scusi!; (*anche*) permesso! □ **I beg your p.?**, prego? (*non ho capito*); vuole ripetere, prego?
to pardon [ˈpa:dn], *v. t.* **1** perdonare; scusare; passar sopra a **2** (*leg.*) perdonare; concedere l'indulto a (q.). ● **P. me!**, scusa!; scusate!; mi scusi!
pardonable [ˈpa:dnəbl], *a.* perdonabile; scusabile.
pardonableness [ˈpa:dnəblnis], *n.* l'esser perdonabile (*o* scusabile).
pardoner [ˈpa:dnə*], *n.* **1** chi perdona **2** (*stor., relig.*) distributore (*o* venditore) d'indulgenze.
to pare [pɛə*], *v. t.* **1** pareggiare (q.c.) tagliando; tagliarsi (*le unghie, ecc.*) **2** potare (*una siepe, ecc.*) **3** pelare, sbucciare (*frutta*) **4** (*fig., spesso* **to p. down**) intaccare, consumare, ridurre (*i propri risparmi, ecc.*). ● **to p. one's nails to the quick**, tagliarsi le unghie fino alla carne viva □ **to p. off** (*o* **away**), pareggiare, rifilare, tagliare (*i margini di un libro, ecc.*).
paregoric [ˌpærəˈgɔrik], *a. e n.* (*farm.*) paregorico (*raro*); calmante.
parenchyma [pæˈreŋkimə], *n.* (*anat., bot.*) parenchima.
parenchymal [pæˈreŋkiməl], **parenchymatous** [ˌpæreŋˈkimətəs], *a.* (*anat., bot.*) parenchimatico; parenchimatoso.
parent [ˈpɛərənt], *n.* **1** genitore, genitrice; padre; madre: **to love one's parents**, amare i genitori **2** (*fig.*) causa; fonte; origine **3** (*fis. nucl.*) capostipite. ● **p. bird** (**p. tree**, **etc.**), uccello (albero, ecc.) che ne ha prodotto un altro □ (*fin.*) **p. company**, società (*o* casa) madre □ (*chim.*) **p. compound**, composto progenitore □ (*stat.*) **p. population**, popolazione d'origine □ (*geol.*) **p. rock**, roccia madre □ (*naut.*) **p. ship**, nave appoggio □ **p.-teacher association**, associazione insegnanti e genitori □ **our first parents**, i nostri progenitori; Adamo ed Eva.
parentage [ˈpɛərəntidʒ], *n.* **1** genitura; paternità; maternità **2** genitori **3** discendenza; origine; stirpe.
parental [pəˈrentl], *a.* **1** dei genitori; parentale; paterno; materno **2** (*psic.*) genitoriale: **p. figure**, figura genitoriale. ● (*leg.*) **p. authority** (*o* **p. power**), patria potestà.
parenteral [pæˈrentərəl], *a.* (*med.*) parenterale. ● **p. feeding**, nutrizione per via parenterale.
parenthesis [pəˈrenθisis], *n.* (*pl.* **parentheses**) parentesi; (*fig.*) intervallo, pausa: **in p.**, fra parentesi.
to parenthesize [pəˈrenθisaiz], *v. t.* **1** mettere (*una parola, ecc.*) fra parentesi **2 — to p. with**, inserire (*in modo parentetico*): **The teacher parenthesized the story with his own comment**, l'insegnante inserì il suo commento nel racconto.
parenthetic(al) [ˌpærənˈθetik(əl)], *a.* **1** parentetico **2** (*fig.*) frapposto; intercalato.
parenthood [ˈpɛərənthud], *n.* genitura; paternità; maternità.
parer [ˈpɛərə*], *n.* chi pareggia (q.c.) tagliando; chi taglia, sbuccia, ecc. (*V.* **to pare**).
parergon [pæˈrə:gɔn], *n.* (*pl.* **parerga**) occupazione secondaria.
paresis [ˈpærisis], *n.* (*pl.* **pareses**) (*med.*) paresi.
paretic [pəˈretik], *a.* (*med.*) **1** di (*o* da) paresi **2** paretico.
par excellence [pa:rˈeksəlɑ:ns] (*franc.*), *avv.* per eccellenza; per antonomasia.
parget [ˈpa:dʒit], *n.* (*edil.*) intonaco; stucco.
to parget [ˈpa:dʒit], *v. t.* (*edil.*) intonacare; decorare a stucco.
pargeting [ˈpa:dʒitiŋ], *n.* (*edil.*) **1** intonaco decorativo **2** intonaco interno (*delle canne fumarie*).
parging [ˈpa:dʒiŋ], *n.* (*edil.*) intonaco fine.
parheliacal [ˌpa:hiˈlaiəkəl], **parhelic** [pa:ˈhi:lik], *a.* (*astron.*) parelico.
parhelion [pa:ˈhi:ljən], *n.* (*pl.* **parhelia**) (*astron.*) parelio.
pariah [ˈpæriə], *n.* (*anche fig.*) paria. ● **p. dog**, cane randagio.
Parian [ˈpɛəriən], **A** *a.* pario; dell'isola di Paro: **P. marble**, marmo pario. **B** *n.* **1** abitante di Paro **2** porcellana bianca finissima.
parietal [pəˈraiitl], *a.* (*anat.*) parietale: **p. bones**, ossa parietali.
pari-mutuel [ˈpæriˈmjutjuəl] (*franc.*), *n.* (*pl.* **pari-mutuels, paris-mutuels**) (*sport*) **1** scommessa alle corse dei cavalli (*in cui i vincitori si dividono proporzionalmente le somme puntate dai perdenti*) **2** (*specialm. USA*) totalizzatore (*macchina*; *cfr. ingl.* **totalizator**).
paring [ˈpɛəriŋ], *n.* **1** sbucciatura; pelatura **2** (*pl.*) bucce: **potato parings**, bucce di patate. ● **p. knife**, coltello da sbucciare; coltello da frutta □ **nail-parings**, pezzetti d'unghia tagliati.
Paris (1) [ˈpæris], *n.* (*geogr.*) Parigi. ● **P. blue**, blu di Parigi □ **P. green**, verde di Parigi (*insetticida*).
Paris (2) [ˈpæris], *n.* (*mitol., letter.*) Paride.
parish [ˈpæriʃ], *n.* **1** (*relig.*) parrocchia **2** (*anche* **civil p.**) distretto rurale (*in G.B.*) **3** (*collett.*) parrocchiani; abitanti di un distretto rurale **4** (*fig.*) zona, distretto (*di tassista, poliziotto, ecc.*); campo (*di competenza, d'interesse*). ● **p. church**, parrocchia; pieve □ **p. clerk**, «chierico» (*funzionario ingl.*) □ **p. council**, consiglio di cittadini (*in un distretto rurale ingl.*) □ **p. priest**, parroco; pievano □ **p. registers**, libri parrocchiali □ (*arc.*) **to go on the p.**, ricevere il sussidio della parrocchia; essere nelle liste dei poveri.
parishioner [pəˈriʃənə*], *n.* **1** parrocchiano, parrocchiana **2** abitante di un distretto rurale.
Parisian [pəˈriziən], *a. e n.* parigino.
parisyllabic [ˌpærisiˈlæbik], *a.* (*di nome greco o latino*) parisillabo.
parity [ˈpæriti], *n.* **1** parità (*anche fin.*); uguaglianza **2** analogia; equivalenza; corrispondenza: **p. of reasoning**, analogia di ragionamento. ● **at a p. of votes**, a parità di voti.
park [pa:k], *n.* (*anche autom., mil.*) parco: **a national p.**, un parco nazionale; **a p. of tanks**, un parco di carri armati. ● **the P.**, (*ora*) Hyde Park; (*un tempo*) St James Park (*entrambi a Londra*) □ **p.-keeper**, guardiano di un parco □ (*autom.*) **car p.**, posteggio; autoparco □ **oyster-p.**, vivaio di ostriche.
to park [pa:k], *v. t. e i.* **1** (*autom.*) parcheggiare; posteggiare **2** (*mil.*) parcare **3** (*fam.*) lasciare (q.c.) e andarsene **4** (*fam.*) piantare in asso (q.). ● (*fam.*) **He parked himself in a comfortable armchair**, si sistemò in una comoda poltrona.
parka [ˈpa:kə], *n.* (*moda*) **1** giaccone di pelliccia (*con cappuccio*) **2** (*USA*) giacca a vento.
parkin [ˈpa:kin], *n.* (*dial.*) focaccia di farina d'avena e di melassa.
parking [ˈpa:kiŋ], *n.* (*autom.*) parcheggio; posteggio. ● **p. ban**, divieto permanente di parcheggio □ **p. bay** (*o* **place**), posto di parcheggio (*entro le righe*); posto macchina (*fam.*) □ (*autom.*) **p. lights**, luci di posizione (*o* di stazionamento) □ (*USA*) **p. lot**, area di parcheggio; posteggio □ **p. meter**, parchimetro □ (*miss.*) **p. orbit**, orbita di parcheggio □ **p. ticket**, multa per divieto di sosta □ (*cartello*) **no p.**, divieto di parcheggio; divieto di sosta.
parkinsonism [ˈpa:kinsnizəm], *n.* (*med.*) parkinsonismo.

parkway ['pɑ:kwei], *n.* (*USA*) **1** viale; strada alberata **2** superstrada turistica.
parky (1) ['pɑ:ki], *a.* (*pop.*: *dell'aria*, *del mattino*, *ecc.*) freddo; gelido.
parky (2) ['pɑ:ki], *n.* (*abbr. fam. di* **park-keeper**) guardiano di un parco.
parlance ['pɑ:ləns], *n.* parlata; linguaggio; gergo: **in common p.**, nella parlata comune; nel linguaggio corrente; **newspaper p.**, gergo giornalistico.
to parlay ['pɑ:li], *v. t.* (*USA*) **1** raddoppiare (*la puntata*); puntare di nuovo (*la somma vinta*) **2** (*fig.*) mettere a profitto, sfruttare (*un talento*, *ecc.*): **He parlayed his invention into a fortune**, mettendo a profitto la sua invenzione, realizzò un ingente patrimonio.
parley ['pɑ:li], *n.* (*mil.*) conferenza (*d'un parlamentare col nemico*); discussione; incontro (*di parlamentari*). ● **to beat** (**to sound**) **a p.**, chiedere di parlamentare battendo il tamburo (suonando la tromba).
to parley ['pɑ:li], *v. i.* (*mil.*) parlamentare.
parleyvoo [ˌpɑ(:)liˈvu:], *n.* (*scherz.*) francese (*da «parlez-vous?»*).
to parleyvoo [ˌpɑ(:)liˈvu:], *v. i.* (*scherz.*) parlare francese.
parliament ['pɑ:ləmənt], *n.* **1** (*stor.*, *polit.*) parlamento; (*specialm.*) camera dei deputati **2** (*anche* **p.-cake**) focaccina croccante allo zenzero. ● **Act of P.**, atto del parlamento; legge parlamentare □ **to dissolve P.**, sciogliere il parlamento (*o le Camere*) □ **the Houses of P.**, le due Camere; il palazzo del Parlamento (*a Londra*) □ (*polit.*) **to open P.**, riaprire il parlamento (*dopo le elezioni*); (*in G.B.*: *del Sovrano*) presenziare alla riapertura dei lavori parlamentari.
parliamentarian [ˌpɑ:ləmənˈtɛəriən], *n.* **1** (*stor.*) sostenitore del Parlamento (*contro re Carlo I, nella guerra civile del secolo XVII*) **2** abile parlamentare; deputato esperto di procedura parlamentare.
parliamentary [ˌpɑ:ləˈmentəri], *a.* **1** parlamentare: **p. government**, governo parlamentare; **p. committee**, commissione parlamentare **2** (*fig.*, *fam.*) corretto; urbano: **p. language**, linguaggio urbano. ● **p. agent**, tutelatore d'interessi settoriali o privati in parlamento □ (*polit.*) **p. borough**, collegio elettorale (*in G.B.*) □ **P. Commissioner**, difensore civico (*in G.B.*).
parlour, (*USA*) **parlor** ['pɑ:lə*], *n.* **1** salotto; salottino (*in una casa o in un albergo*) **2** parlatorio (*di convento o di collegio*) **3** (*USA*) bottega; salone; negozio: **a beauty p.**, un salone di bellezza; **a shoe-shine p.**, la bottega d'un lustrascarpe. ● (*un tempo*) **p. boarder**, collegiale (*o studente*) che è a pensione presso la famiglia del direttore (*o del preside*) □ (*ferr. USA*) **p. car**, carrozza di lusso; carrozza salone □ **p. games**, giochi di società □ **p. maid**, cameriera (*che serve a tavola*) □ (*fam.*) **p. pink**, socialista da salotto (*o* all'acqua di rose).
parlous ['pɑ:ləs], *a.* (*scherz.*, *raro*; *contraz. di* **perilous**) pericoloso; rischioso.
Parmesan [ˌpɑ:miˈzæn], **A** *a.* parmigiano: **P. cheese**, formaggio parmigiano. **B** *n.* parmigiano; grana.
Parnassian [pɑ:ˈnæsiən], *a. e n.* (*letter.*) parnassiano.
Parnassus [pɑ:ˈnæsəs], *n.* (*geogr.*) Parnaso.
Parnellism ['pɑ:nelizəm], *n.* (*stor.*) politica del partito autonomista irlandese (*capeggiato da C.S. Parnell dal 1880 al 1891*).
Parnellite ['pɑ:nelait], *n.* (*stor.*) seguace di Parnell (*V.* **Parnellism**.)
parochial [pəˈroukjəl], *a.* **1** (*relig.*) parrocchiale **2** distrettuale; municipale **3** (*fig.*) provinciale; di campanile; limitato; ristretto: **a p. mentality**, una mentalità provinciale (*o* ristretta).
parochialism [pəˈroukjəlizəm], **parochiality** [pəˌroukiˈæliti], *n.* **1** l'esser parrocchiale **2** (*fig.*) campanilismo; provincialismo; ristrettezza di vedute; grettezza.
to parochialize [pəˈroukjəlaiz], *v. t.* (*fig.*) rendere provinciale (*o* gretto, limitato).
parodist ['pærədist], *n.* parodista.
parodos ['pærədɔs], *n.* (*pl.* **parodoi**) (*letter. greca*, *archeol.*) parodo.
parody ['pærədi], *n.* (*anche fig.*) parodia.
to parody ['pærədi], *v. t.* parodiare.
parol [pəˈroul], **A** *n.* (*leg.*) dichiarazione orale. **B** *a.* verbale; orale: **p. contract**, contratto verbale; **p. evidence**, prove orali.
parole [pəˈroul], *n.* **1** parola; (*anche* **p. of honour**) parola d'onore: **to break one's p.**, mancare alla parola data; (*leg.*) **to be on p.**, esser lasciato libero sulla parola **2** (*mil.*) parola d'ordine.
to parole [pəˈroul], *v. t.* rilasciare (*un prigioniero*) sulla parola.
paronomasia [ˌpærənouˈmeiziə], *n.* (*retor.*) paronomasia; gioco di parole.
paronym ['pærənim], *n.* (*gramm.*) paronimo.
paronymous [pæˈrɔniməs], *a.* (*gramm.*) paronimico.
paroquet ['pærəkit], *V.* **parakeet**.
parotid [pəˈrɔtid], (*anat.*) **A** *a.* parotide; parotideo: **p. gland**, ghiandola parotide. **B** *n.* parotide.

parotitis [ˌpærəˈtaitis], *n.* (*med.*) parotite.
paroxysm ['pærəksizəm], *n.* (*med.*) parossismo (*anche fig.*).
paroxysmal [ˌpærəkˈsizməl], *a.* parossistico; di parossismo.
paroxytone [pəˈrɔksitoun], (*gramm. greca*) **A** *a.* parossitono. **B** *n.* parola parossitona.
parquet ['pɑ:kei] (*franc.*), *n.* **1** pavimento di legno; parquet **2** (*teatr. USA*) (poltrona di) platea.
to parquet ['pɑ:kei] (*franc.*), *v. t.* pavimentare (*una stanza*) con legno.
parquetry ['pɑ:kitri], *n.* tasselli di legno per pavimenti.
parr [pɑ:*], *n.* (*invar. al pl.*) salmone giovane (*prima che scenda al mare*).
parricidal [ˌpæriˈsaidl], *a.* di (*o da*) parricida.
parricide ['pærisaid], *n.* **1** parricida **2** parricidio.
parrot ['pærət], *n.* (*zool.*) pappagallo (*anche fig.*). ● **p. fashion**, a pappagallo; pappagallescamente □ (*med.*) **p. fever**, psittacosi □ (*zool.*) **p.-fish**, pesce pappagallo.
to parrot ['pærət], *v. t.* ripetere a pappagallo; imitare in modo pappagallesco.
parroter ['pærətə*], *n.* pappagallo (*fig.*, *spreg.*).
parrotlike ['pærətlaik], *a.* da pappagallo; pappagallesco.
to parry ['pæri], *v. t.* **1** (*nella scherma*, *ecc.*) parare; scansare; schivare **2** (*fig.*) eludere (*una domanda*).
parry ['pæri], *n.* **1** parata (*nella scherma*, *ecc.*) **2** (*fig.*) risposta evasiva.
to parse [pɑ:z], *v. t.* (*gramm.*) analizzare; fare l'analisi grammaticale di (*una parola*); fare l'analisi logica di (*una frase*).
Parsee [pɑ:ˈsi:], *n.* (*stor.*) **1** parsi (*seguace di Zoroastro*) **2** lingua parsi.
Parseeism, Parsiism [pɑ(:)ˈsi:izəm], *n.* parsismo; religione dei Parsi.
Parsi [pɑ:ˈsi:], *n.* (*pl.* **Parsis**) *V.* **Parsee**.
parsimonious [ˌpɑ:siˈmounjəs], *a.* **1** parsimonioso; frugale; parco **2** (*spreg.*) avaro; gretto; meschino.
parsimoniousness [ˌpɑ:siˈmounjəsnis], *n.* l'essere parsimonioso, ecc. (*V.* **parsimonious**).
parsimony ['pɑ:siməni], *n.* **1** parsimonia; frugalità **2** (*spreg.*) avarizia; grettezza.
parsing ['pɑ:ziŋ], *n.* (*gramm.*) analisi (*grammaticale o logica*).
parsley ['pɑ:sli], *n.* (*bot.*, *Petroselinum crispum*) prezzemolo.
parsnip ['pɑ:snip], *n.* (*bot.*, *Pastinaca sativa*) pastinaca.
parson ['pɑ:sn], *n.* **1** parroco; curato **2** (*fam.*) pastore (*protestante*, *in genere*). ● (*fam.*) **p.'s nose**, boccone del prete (*estremità posteriore del pollo*).
parsonage ['pɑ:snidʒ], *n.* **1** casa parrocchiale; canonica **2** (*diritto ecclesiastico ingl.*) terreni (*o prebende*) d'un pastore.
parsonic [pɑ:ˈsɔnik], *a.* (*raro*) di (*o da*) parroco.
part (1) [pɑ:t], *n.* **1** parte (*quasi in ogni senso*, *anche teatr. e leg.*); porzione; pezzo: **He lost p. of his fortune**, perse parte del suo patrimonio; **spare parts**, pezzi di ricambio; **The actor learnt his p. well**, l'attore imparò bene la sua parte; (*gramm.*) **the parts of speech**, le parti del discorso **2** (*pl.*) parti; località; regione: **I am a stranger in these parts**, sono un pesce fuor d'acqua da queste parti; **The fugitive has left these parts**, il fuggiasco ha abbandonato questa regione **3** affare; compito; spettanza: **It was not my p. to interfere**, non era affar mio interferire **4** dispensa; fascicolo; puntata: **The encyclopaedia is sold in parts by subscription**, l'enciclopedia si vende a dispense per abbonamento **5** (*USA*, *dei capelli*) scriminatura **6** (*mecc.*, *anche* **spare p.**) pezzo di ricambio. ● **p. and parcel**, parte integrante □ (*ind.*, *comm.*) **parts department**, reparto pezzi di ricambio; «Ricambi» □ (*mecc.*, *ecc.*) **parts kit**, ricambi in dotazione □ (*leg.*) **p.-owner**, comproprietario; condomino □ **p. payment**, pagamento parziale; acconto □ (*mus.*) **p. song**, canto a più voci; canto polifonico □ **p. time**, part time, orario ridotto (*di lavoro*, *ecc.*); tempo determinato □ **p.-time**, a orario ridotto, a tempo determinato: **a. p.-time job**, un lavoro a orario ridotto □ **p.-timer**, chi lavora a orario ridotto □ **for the most p.**, per lo più □ **for my p.**, per la parte mia; quanto a me □ **from all parts**, da ogni parte; da tutte le parti; da ogni lato □ **to have done one's p.**, aver fatto la propria parte □ **to have neither p. nor lot in st.**, non aver alcun interesse in q.c. □ **in p.**, in parte; parzialmente □ **in foreign parts**, in paesi stranieri; all'estero □ (*arc.*) **a man of (good) parts**, un uomo che ha molte qualità (*fam.*: molti numeri) □ **the most p. of them**, i più di loro □ **on the p. of**, da parte di: **Every effort will be made on our p.**, da parte nostra faremo ogni sforzo □ (*anche fig.*) **to play a p.**, avere una parte; recitare una parte, fingere, fare la commedia: **He played a very important p.**, ebbe una parte assai importante; **Don't play a p.!**, non fare la commedia! □ **to play an unworthy p.**, fare una brutta parte, una figura indegna □ **to take sb.'s p.**, prendere le parti (*o* le difese) di q. □ **to take p. in st.**, prender parte a q.c. □ **to take sb.'s words (actions) in good (in bad) p.**, prendere le parole (le azioni) di q. in buona (in cattiva) parte.

part (2) [pa:t], *avv.* in parte; parzialmente. ● **a lie that is p. truth**, una bugia che è una mezza verità.

to part [pa:t], **A** *v. t.* **1** dividere; separare: **We must p. the calves from the herd**, dobbiamo separare i vitelli dalla mandria **2** distinguere fra; separare nella mente: **to p. two theories**, distinguere fra due teorie **3** fare la scriminatura a (*i capelli*) **4** (*arc.*) distribuire in parti; spartire. **B** *v. i.* **1** dividersi; lasciarsi; separarsi; aprirsi: **The Iron Curtain will eventually p.**, la Cortina di Ferro si aprirà una buona volta; **They parted in anger**, si separarono adirati **2** rompersi; spezzarsi: **The rope parted**, la corda si ruppe **3** staccarsi; venir via: **The seams parted**, le cuciture (*o i punti*) vennero via **4** (*eufemistico*) andarsene (*fig.*); morire **5** — **to p. from**, separarsi da, dire addio a (*una persona*) **6** — **to p. with**, staccarsi, separarsi da (*una cosa*); cedere, disfarsi di (*un bene, una proprietà*). ● **to p. company (with)**, separarsi, staccarsi (da); prendere due strade diverse; porre fine a un'amicizia; essere in disaccordo, non essere d'accordo (con): **On that question the minority will p. company with the party leadership**, su quella questione, la minoranza non sarà d'accordo con la direzione del partito □ **to p. from one's children**, staccarsi da (*o lasciare*) i propri figli □ **to p. with one's money**, spendere il proprio denaro □ **The road parts here**, qui la strada si divide.

to partake [pa:'teik] (*pass.* **partook**, *p. p.* **partaken**), **A** *v. i.* **1** prendere parte, partecipare; esser partecipe: **We p. in your grief**, siamo partecipi del vostro dolore **2** (*di solito* **to p. of**) dividere (*cibo, bevanda*); prendere un po' (*o una porzione*) di (*cibo*). **B** *v. t.* (*raro*) partecipare a; condividere: **They partook our fortunes**, condivisero le nostre fortune. ● (*fig.*) **to p. of**, sapere di; sentire di; aver q.c. di: **Our dialect partakes of the common linguistic patrimony of Italy**, il nostro dialetto ha qualcosa del comune patrimonio linguistico italiano □ (*fam.*) **to p. of**, mangiare (*per intero*): **The boy partook of a bun**, il ragazzo mangiò una focaccia.

partaker [pa:'teikə*], *n.* partecipante; chi condivide (*V.* **to partake**).

partan ['pa:tən], *n.* (*scozz.*) granchio.

parterre [pa:'tɛə*] (*franc.*), *n.* **1** parterre; piccolo giardino diviso in aiuole **2** (*teatr. USA*) platea.

parthenogenesis ['pa:θinouˈdʒenisis], *n.* (*biol.*) partenogenesi.

parthenogenetic [ˌpa:θiˌnoudʒi'netik], *a.* (*biol.*) partenogenetico.

Parthenon ['pa:θinən], *n.* (*archit., stor.*) Partenone.

Parthian ['pa:θjən], **A** *a.* (*stor.*) dei Parti. **B** *n.* Parto. ● (*fig.*) **P. shot** (*o* **P. shaft**), freccia del Parto.

partial ['pa:ʃəl], *a.* **1** parziale; incompleto: **a p. solution**, una soluzione parziale; **p. eclipse**, eclissi parziale **2** parziale; non obiettivo; ingiusto: **to be p. to sb.** (**to st.**), esser parziale verso q.; avere un debole per q. (per q.c.). ● (*polit. USA*) **p. agency**, principio del governare mediante controlli e degli equilibri del potere □ (*sport*) **p. time**, intertempo.

partiality [ˌpa:ʃi'æliti], *n.* **1** parzialità **2** predilezione; preferenza; (un) debole: **to have a p. for sweets**, avere un debole per i dolci.

partibility [ˌpa:ti'biliti], *n.* divisibilità.

partible ['pa:tibl], *a.* divisibile.

participant [pa:'tisipənt], *n.* partecipante; chi condivide (q.c.).

to participate [pa:'tisipeit], **A** *v. i.* **1** — **to p. in**, partecipare a; prendere parte a; condividere **2** — **to p. of**, partecipare (*o* esser partecipe) di; avere la natura (*o* il carattere) di: **Both music and poetry p. of harmony**, sia la musica sia la poesia hanno il carattere dell'armoniosità. **B** *v. t.* (*raro*) partecipare a.

participation [pa:ˌtisi'peiʃən], *n.* partecipazione.

participational [pa:ˌtisi'peiʃənəl], *a.* (*di spettacolo*) aperto alla partecipazione del pubblico; aperto; di partecipazione.

participator [pa:'tisipeitə*], *n.* partecipatore.

participial [ˌpa:ti'sipiəl], *a.* (*gramm.*) participiale.

participle ['pa:tsipl], *n.* (*gramm.*) participio.

particle ['pa:tikl], *n.* **1** (*fis., gramm.*) particella **2** (*fig.*) grano; granello; briciolo: **a p. of dust** (**of rain, etc.**), un granello di polvere (una gocciolina di pioggia, ecc.); **a p. of truth**, un briciolo di verità **3** (*relig.*) particola. ● (*fis. nucl.*) **p. accelerator**, acceleratore di particelle □ (*ind.*) **p. board**, pannello truciolare.

particoloured ['pa:tiˌkʌləd], *a.* multicolore; variopinto: **p. flowers**, fiori variopinti.

particular [pəˈtikjulə*], **A** *a.* **1** particolare; peculiare; speciale: **There's no p. reason for going there**, non c'è una ragione speciale perché ci si debba andare **2** particolareggiato; esatto; minuzioso; preciso: **a full and p. report**, un rapporto completo e particolareggiato **3** meticoloso; scrupoloso; difficile; esigente; schizzinoso: **a p. customer**, un cliente esigente; **He is very p. about** (*o* **as to**) **what he eats**, è molto schizzinoso nel mangiare. **B** *n.* **1** particolare; particolarità; dettaglio: **to give full particulars**, dare ampi particolari; **to go into particulars**, addentrarsi nei particolari **2** dato; elemento **3** (*pl., leg.*) particolari (*o* dettagli) di una domanda giudiziale (*diretti a consentire la difesa*

del convenuto). ● **a p. friend of mine**, un mio amico intimo □ **in p.**, in particolare; specialmente □ **Why did you choose that p. book?**, perché hai scelto proprio quel libro?

particularism [pəˈtikjulərizəm], *n.* (*relig., polit.*) particolarismo.

particularist [pəˈtikjulərist], *n.* (*relig., polit.*) fautore del particolarismo.

particularity [pəˌtikjuˈlæriti], *n.* **1** particolarità; peculiarità **2** esattezza; minuziosità; precisione **3** meticolosità; scrupolosità.

particularization [pəˌtikjulərai'zeiʃən], *n.* specificazione.

to particularize [pə'tikjuləraiz], *v. t. e i.* particolareggiare; dettagliare; specificare.

parting ['pa:tiŋ], *n.* **1** divisione; separazione: **p. line**, linea di divisione **2** distacco; partenza; addio: **p. advice**, consigli dati alla partenza; ultimi consigli; **a p. kiss**, un bacio d'addio **3** punto di divisione (*o di separazione*) **4** (*dei capelli*) scriminatura; riga (*fam.*) **5** (*geol.*) (strato di) fissilità **6** (*eufemistico*) dipartita (*fig.*); morte. ● **the p. of the ways**, il bivio (*anche fig.*) (*fig.*). **p. shot**, frecciata (*o* stoccata, occhiata, osservazione) finale □ (*archit.*) **p. strip**, striscia di divisione □ **a p. visit**, una visita di congedo.

partisan, partizan [ˌpa:ti'zæn], **A** *n.* partigiano (*in ogni senso*). **B** *a.* partigiano; di parte: **in a p. spirit**, con (*o* per) spirito di parte.

partisanship [ˌpa:ti'zænʃip], *n.* partigianeria.

partita [pa:'ti:tə] (*ital.*), *n.* (*mus.*) partita.

partite [pa:'tait], *a.* (*bot., zool.*) partito, diviso (*spesso nei composti, per es.:*) **tripartite**, tripartito.

partition [pa:'tiʃən], *n.* **1** partizione; ripartizione; spartizione **2** sezione; scomparto **3** (*edil.*) parete divisoria; tramezzo: **a folding p.**, una parete a soffietto **4** (*leg.*) divisione patrimoniale **5** (*comm.*) cartone divisorio (*nell'imballaggio*).

to partition [pa:'tiʃən], *v. t.* **1** dividere in parti; ripartire; spartire **2** dividere in sezioni (*o* in scomparti) **3** (*elab.*) segmentare. ● **to p. off a room**, tramezzare una stanza.

partitive ['pa:titiv], *a. e n.* (*gramm.*) partitivo: **p. genitive**, genitivo partitivo.

partly ['pa:tli], *avv.* parzialmente; in parte. ● (*comm., ind.*) **p.-finished goods**, merce in corso di lavorazione; semilavorati □ (*fin.*) **p.-paid capital**, capitale parzialmente versato.

partner ['pa:tnə*], *n.* **1** (*comm., leg.*) socio; associato **2** partner; compagno, compagna (*nei giochi di carte, al tennis, ecc.*) **3** marito, moglie **4** (*nel ballo*) cavaliere, dama; ballerino, ballerina **5** (*fam.*) amico; innamorato. ● (*leg.*) **partners in crime**, complici; correi □ (*leg., fin.*) **general p.**, socio accomandatario □ (*leg., fin.*) **limited p.**, socio accomandante □ (*leg., fin.*) **senior p.**, socio anziano; socio principale □ (*leg., fin.*) **secret p.**, socio occulto.

to partner ['pa:tnə*], *v. t.* **1** (*comm.*) diventar socio di (q.) **2** farsi compagno di (q.) **3** associare, mettere insieme (q. con q. altro); dare un compagno a (q.) **4** (*nel ballo*) fare da cavaliere (*o* da dama) a (q.); ballare con (q.). ● **to p. up**, appaiare, mettere in coppia; fare coppia (fissa).

partnership ['pa:tnəʃip], **A** *n.* **1** associazione **2** (*leg., fin.*) società; società di persone (*Cfr.* **company** *e* **corporation**): **to enter into p. with sb.**, entrare in società con q. **B** *a. attr.* (*leg., fin.*) sociale: **p. funds**, fondi sociali. ● **articles** (*o* **deed**) **of p.**, contratto d'associazione □ **limited p.**, società in accomandita semplice □ **unlimited** (*o* **general**) **p.**, società in nome collettivo.

partook [pa:'tuk], *pass.* di **to partake**.

partridge ['pa:tridʒ], *n.* (*pl.* **partridges, partridge**) (*zool., Perdix, Alectoris*) **1** pernice **2** fasianide (*in genere*). ● **p.-wood**, legno usato in ebanisteria □ (*zool.*) **Greek p.** (*Alectoris graeca*), coturnice □ (*zool.*) **grey p.** (*Perdix cinerea*), starna.

parturient [pa:'tjuəriənt], *a.* **1** partoriente **2** (*fig.*) che è sul punto di produrre (*un'idea nuova, una scoperta, ecc.*).

parturition [ˌpa:tjuə'riʃən], *n.* (*anche fig.*) parto.

partwork ['pa:twə:k], *n.* pubblicazione a dispense (*o* a fascicoli).

party (1) ['pa:ti], *n.* **1** partito; parte politica; fazione: **the Conservative p.**, il partito conservatore; **the Labour p.**, il partito laburista **2** squadra; gruppo; comitiva; crocchio: **a rescue p.**, una squadra di soccorso; **to make up a p.**, formare una comitiva **3** festa; ricevimento; riunione; party: **to give a p.**, dare un ricevimento (*o* un party); organizzare una festa **4** (*leg.*) parte; parte contraente; parte in causa: **the two parties to the contract**, le due parti contraenti **5** (*fam., scherz.*) persona; individuo **6** (*mil.*) distaccamento (*di soldati*); squadra; plotone; reparto: **a firing p.**, un plotone d'esecuzione; (*oppure*) un plotone d'onore (*a un funerale, dove si spara a salve*); **a landing p.**, un reparto di fanteria da sbarco. ● **p.-coloured**, *V.* **particoloured** □ (*leg.*) **the p. concerned**, la parte interessata; l'interessato; gli interessati □ (*leg.*) **the p. entitled**, l'avente diritto; gli aventi diritto □ (*polit.*) **the p. line**, la linea (politica) del partito □ (*tel.*) **p. line** (*o* **p. wire**) telefono in duplex; duplex □ **p. man**, uomo di parte; (*polit.*) sostenitore della linea (politica) d'un partito □ (*polit.*) **p. office**, sezione: **a Christian Democratic p.**

party (2)

office, una sezione democristiana □ *(fam.)* **p. pooper**, chi si autoesclude *(da una festa)*; guastafeste; chi si tira indietro *(fig.)* □ **p. spirit**, spirito di parte; faziosità □ *(ferr.)* **p. ticket**, biglietto collettivo □ *(leg.)* **to be a p. to a crime**, essere complice in un delitto □ *(edil., leg.)* **p. wall**, muro divisorio fra due proprietà □ **a dinner p.**, un pranzo □ **an evening p.**, una serata □ *(alpinismo)* **roped p.**, cordata □ *(leg.)* **for account of a third p.**, per conto terzi □ **a shooting p.**, una partita di caccia; una comitiva di cacciatori □ **tea p.**, ricevimento pomeridiano; tè □ **Will you join our p.?**, vuoi essere dei nostri?

party (2) ['pɑ:ti], *a.* *(araldica)* partito.
parvenu ['pɑ:vənju:] *(franc.)*, *n.* parvenu; arricchito; nuovo ricco.
parvis ['pɑ:vis], *n.* *(archit.)* porticato *(d'una chiesa)*; sagrato.
pas [pɑ:] *(franc.)*, *n.* **1** passo; precedenza: **to give the pas to sb.**, cedere il passo a q. **2** *(danza)* passo: **a pas seul**, un passo a solo.
paschal ['pɑ:skəl], *a.* **1** pasquale *(della Pasqua israelitica)* **2** *(arc., lett.)* pasquale *(della Pasqua cristiana)*.
pash [pæʃ], *n.* *(abbr. fam. di* passion*)* passione.
pasha ['pɑ:ʃə], *n.* pascià.
pashalic ['pɑ:ʃəlik], *n.* pascialato; territorio retto da un pascià.
pasmolytic [spæz'mɒlitik], *a. e n.* *(farm.)* spasmolitico.
pasqueflower ['pɑ:sk,flauə*], *n.* *(bot., Anemone pulsatilla)* pulsatilla.
pasquinade [,pæskwi'neid], *n.* pasquinata; satira.
to pass [pɑ:s], A *v. i.* **1** passare; andare oltre; procedere; finire; trascorrere; terminare; essere approvato; essere ammesso; essere promosso: **We passed through several towns**, passammo attraverso parecchie città; **My words passed unnoticed**, le mie parole passarono inosservate; **The estate passed to his heirs**, la proprietà passò ai suoi eredi; **The bill has passed**, il disegno di legge è stato approvato; **The fright will soon p.**, lo spavento passerà presto **2** accadere; capitare; succedere: **What passed between you and his sister?**, che cosa è successo *(o* c'è stato*)* fra te e sua sorella? **3** *(nei giochi di carte)* passare; non starci *(fam.)*; passare la mano **4** *(sport)* passare; effettuare un passaggio **5** *(fin.: di moneta)* circolare. B *v. t.* **1** passare; attraversare; oltrepassare; *(anche autom.)* sorpassare; superare: **P. me the salt, please**, passami il sale, per favore □ **to p. the sea (the frontier, etc.)**, passare il mare (il confine, ecc.); **We have passed their house**, abbiamo oltrepassato la loro casa; **He passed the wire around the stake**, passò il filo di ferro intorno al piolo **2** approvare; varare; ammettere; promuovere; sanzionare: **The House of Commons passed the bill**, la Camera dei Comuni approvò il disegno di legge; **He passed eight students out of ten**, promosse otto studenti su dieci; **to p. a measure**, approvare un provvedimento **3** superare; essere approvato in: **to p. an exam (a test, etc.)**, superare un esame (una prova, ecc.); **He passed the entrance examination**, superò l'esame d'ammissione; **The bill passed the House of Lords**, il disegno di legge fu approvato alla Camera dei Lord **4** far passare; trafiggere: **He passed his sword through his enemy's chest**, passò la spada attraverso il petto dell'avversario; trafisse il nemico con la spada **5** far circolare; mettere in circolazione: **They were arrested for passing forged banknotes**, furono arrestati per aver messo in circolazione banconote false **6** emettere; dare; dire; pronunciare: **to p. judgement on sb. (for sb.)**, pronunciare una sentenza contro q. (a favore di q.); **to p. an opinion on st.**, dare il proprio parere su q.c.; **to p. one's word**, dare la propria parola; impegnarsi **7** *(fam.)* affibbiare, appioppare; sbolognare *(fam.)*. C *verbi composti* **1 to p. along**, passare oltre; procedere □ **to p. st. along**, fare passare q.c. di mano in mano. **2 to p. away**, *(eufemistico)* scomparire, andarsene *(fig.)*, passare a miglior vita, morire; cessare, finire, scomparire. **3 to p. by**, passare oltre; *(mil.)* sfilare □ **to p. by sb. (st.)**, passare al fianco di *(o* vicino a*)* q. (q.c.) □ **to p. sb. by**, non curarsi di q.; fingere di non vedere q. □ **to p. st. by**, passare sopra a q.c.; lasciar correre □ **to p. by the name of**, essere conosciuto col nome di. **4 to p. down**, porgere, passare *(q.c. che sta in alto)*; tramandare (q.c.) alle generazioni future. **5 to p. for**, passare per; essere considerato; essere conosciuto come: **He passes for an ideal husband**, passa per un marito ideale. **6 to p. off**, passare, finire, svanire; accadere, succedere: **My headache soon passed off**, in poco tempo, il mal di testa mi passò; **What passed off?**, che cosa accadde? □ **to p. sb. (st.) off as**, far passare q. (q.c.) per: **He passed himself off as a priest**, si fece passare per sacerdote □ **to p. off a copy as the original**, spacciare una copia per l'originale □ **to p. off a difficult problem**, sorvolare su un problema difficile. **7 to p. on**, passare oltre; andare avanti; *(eufemistico)* andarsene, scomparire *(fig.)*, morire □ **to p. st. on**, passare, trasmettere, far circolare q.c.: **Read the letter and p. it on to your friends**, leggi la lettera e passala ai tuoi amici □ **to p. st. on sb.**, sbolognare q.c.; dare *(o* vendere*)* q.c. a q., con la frode. **8 to p. out**, passar fuori, uscire; *(fam.)* svenire, perdere i sensi:

Several women passed out for lack of air, molte donne svennero per mancanza d'aria □ **to p. st. out**, distribuire q.c. **9 to p. over**, passare; *(eufemistico)* andarsene, scomparire *(fig.)*, morire: **He passed over to the enemy**, passò al nemico □ **to p. st. over**, passare sotto silenzio q.c.; sorvolare su q.c.: **We may p. over the details**, possiamo tralasciare i particolari □ **to p. over an obstacle**, superare un ostacolo. **10 to p. st. round**, far passare q.c. di mano in mano; far circolare q.c. **11 to p. through**, passare attraverso, attraversare; *(fig.)* provare, soffrire, sopportare: **She has passed through a lot of troubles**, ha sofferto ogni sorta di guai. **12** *(fam.)* **to p. up**, lasciar perdere, rinunciare a *(un amico, un'occasione)*. ● *(naut.)* **to p. astern of**, defilare, passare di poppa □ *(sport)* **to p. the ball**, passare la palla □ *(fig.)* **to p. the buck on sb.**, scaricare la responsabilità sulle spalle di q. □ **to p. criticism on st.**, criticare q.c. □ **to p. a customs entry**, fare una dichiarazione in dogana *(fam.)* **to p. the hat round**, fare una colletta □ *(fin.)* **to p. a dividend**, non dichiarare un dividendo □ **to p. one's oath**, impegnarsi con giuramento; giurare □ **to p. a remark**, fare un'osservazione; dire la propria *(fam.)* □ **to p. troops in review**, passare truppe in rassegna *(o* in rivista*)* □ *(eufemistico)* **to p. water**, far acqua; orinare □ *(fig.)* **to have passed the chair**, non esser più presidente; aver lasciato la presidenza □ **to p. let st. p.**, lasciar correre q.c.; lasciar perdere □ **The bottle passed frequently**, la bottiglia fu fatta girare più volte □ **It passes belief!**, è incredibile! □ **No words passed between us**, non scambiammo una parola □ **Let it p. unnoticed**, non ci far caso.

pass (1) [pɑ:s], *n.* **1** il passare *(anche nei giochi di carte)*; passaggio *(anche sport)*: **through p.**, passaggio diagonale *(nel calcio)* **2** approvazione *(specialm. agli esami)*; promozione **3** *(mil.)* lasciapassare; salvacondotto; permesso **4** *(scherma)* stoccata **5** *(di solito* **free p.**) biglietto gratuito *(in ferrovia, a teatro, ecc.)*; tessera di libero ingresso *(o* circolazione*)* **6** *(elab.)* passo **7** *(tecn.)* passata **8** *(metall.)* passata; *(anche)* passo di laminazione **9** *(miss.)* passaggio *(di satellite)* **10** *(fig.)* situazione critica **11** *(di illusionista, d'ipnotizzatore)* il passar le mani davanti o sopra *(un oggetto, una persona)*. ● *(elettron.)* **p.-band**, banda passante □ *(banca)* **p.-book**, libretto di deposito □ *(università)* **p. degree**, laurea senza lode □ **p.-fail**, promosso o bocciato *(metodo di valutazione scolastica)* □ *(autom., dogana)* **p.-sheet**, trittico □ **to bring to p.**, far succedere; causare, provocare; compiere □ **to come to p.**, accadere; capitare; succedere □ *(pop.)* **to make a p. at a girl**, fare proposte indiscrete *(o* importune*)* a una ragazza □ **Things have come to a strange p.**, le cose si mettono male.

pass (2) [pɑ:s], *n.* **1** passo, gola, valico *(fra i monti)* **2** *(mil.)* passo fortificato; fortezza di confine **3** canale navigabile *(specialm. alla foce d'un fiume)* **4** apertura *(o* passaggio*)* per il pesce *(per superare una chiusa)*. ● *(fig.)* **to hold the p.**, tener duro; resistere □ *(fig.)* **to sell the p.**, tradire una causa; arrendersi; passare al nemico.

passable ['pɑ:səbl], *a.* **1** *(di strada, luogo, ecc.)* praticabile; transitabile **2** accettabile; passabile; discreto; tollerabile **3** *(di moneta, ecc.)* genuino; che può essere messo in circolazione.
passage ['pæsidʒ], *n.* **1** passaggio; il passare; apertura; varco: **birds of p.**, uccelli di passaggio; **the p. of the seasons**, il passare delle stagioni; **I tried to force a p. across the enemy lines**, tentai d'aprirmi un varco attraverso le linee nemiche **2** passaggio; tragitto; traversata; viaggio *(per mare o in aereo)*; prezzo del viaggio: **to pay one's p. to America**, pagarsi la traversata per l'America **3** *(anche* **passageway**) corridoio *(in una casa)*; andito **4** brano; passo; squarcio: **a p. from «Hamlet»**, un passo dell' «Amleto» **5** *(anat.)* canale; condotto; dotto **6** *(leg.)* approvazione *(di un disegno di legge, ecc.)* **7** *(pl.)* scambio di parole. ● *(lett., fig.)* **a p. of arms**, un combattimento, una battaglia; una disputa, una polemica □ *(naut.)* **p. home**, viaggio di ritorno □ **p. money**, prezzo della traversata □ *(naut.)* **p. out**, viaggio d'andata □ *(fig.)* **a bird of p.**, una persona irrequieta, che cambia sempre residenza □ **to book one's p.**, prenotare il biglietto del viaggio.
to passage ['pæsidʒ], A *v. i. (di cavallo o cavaliere)* procedere di sghembo; «passeggiare». B *v. t.* far passeggiare *(un cavallo)*.
passageway ['pæsidʒwei], *n.* **1** corridoio *(in una casa)*; andito **2** *(tecn.)* passaggio; corsia.
passé ['pɑ:sei] *(franc.)*, *a.* **1** passato; sfiorito **2** superato; passato; antiquato.
passementerie [pæs'mentri], *n.* passamaneria; passamani.
passenger ['pæsindʒə*], *n.* **1** passeggero, passeggera; viaggiatore, viaggiatrice **2** *(fam.)* membro dell'equipaggio che è di peso *(o* che non sa rendersi utile*)*; zavorra, peso morto *(fig.)*. ● **p. car**, *(ferr.)* carrozza viaggiatori; *(autom. USA)* autovettura, berlina □ *(autom. USA)* **p. car toll**, casello *(d'autostrada)* per le automobili □ *(naut.)* **p. liner**, nave di linea per passeggeri □ *(zool.)* **p. pigeon** *(Ectopistes migratorius)*, colombo migratore

(*dell'America del nord*) □ **p. traffic**, movimento (di) viaggiatori □ **p. train**, treno viaggiatori □ **foot p.**, pedone; chi viaggia a piedi.
passe-partout [ˌpæspaː'tuː] (*franc.*), *n.* passe-partout (*la comunella e la cornice di cartone nei quadri*).
passer-by ['paːsə'bai], *n.* (*pl.* **passers-by**) passante; viandante.
passerine ['pæsərain], *a.* e *n.* (*zool.*) passeraceo.
passibility [ˌpæsi'biliti], *n.* emotività; impressionabilità.
passible ['pæsibl], *a.* emotivo; impressionabile.
passim ['pæsim] (*lat.*), *avv.* passim; in vari luoghi nel testo.
passimeter [pæ'simitə*], *n.* distributore automatico di biglietti.
passing ['paːsiŋ], A *a.* 1 passeggero; effimero; fuggevole; fugace; transitorio: **a p. joy**, una gioia fugace ■ **a p. fancy**, un capriccio passeggero 2 casuale; incidentale: **a p. remark**, un'osservazione casuale 3 (*USA*) d'approvazione; di promozione: **a p. grade**, un voto di promozione. B *n.* 1 passaggio; il passare (*d'una persona, del tempo, ecc.*) 2 (*autom.*) sorpasso 3 (*leg., polit.*) approvazione (*di un disegno di legge, ecc.*) 4 (*poet.*) dipartita; scomparsa; decesso; morte; trapasso. ● **p. bell**, campana che si suona per i morti □ **p. events**, attualità □ (*autom.*) **p. lane**, corsia di sorpasso: «**P. lane ahead**», (*cartello stradale*) «(prossima) corsia di sorpasso» □ (*mus.*) **p. note** (*USA*: **p. tone**), nota di passaggio □ (*ferr.*) **p. track**, binario di sorpasso □ **in p.**, incidentalmente; di sfuggita; en passant (*franc.*).
passion ['pæʃən], *n.* 1 passione; entusiasmo: **His passions overcame his reason**, le sue passioni ebbero il sopravvento sulla ragione; **to have a p. for cars**, avere la passione dell'automobile 2 accesso (*o* scatto) d'ira; collera: **to fly into a p.**, avere un accesso d'ira; montare in collera. ● **the P.**, la passione di Cristo □ (*bot.*) **p.-flower** (*Passiflora*), fiore della passione; passiflora □ **P. play**, rappresentazione sacra della passione di Cristo; mistero della Passione □ (*relig.*) **P. Sunday**, domenica di Passione (*la quinta di quaresima*) □ (*relig.*) **P. Week**, Settimana Santa.
passional ['pæʃənl], A *a.* passionale. B *n.* (*relig.*) passionario.
passionate ['pæʃənit], *a.* 1 appassionato; ardente; focoso; passionale: **a p. speech**, un discorso appassionato; **a p. temperament**, un temperamento passionale 2 collerico; iracondo; irascibile 3 impetuoso; intenso; veemente; travolgente: **p. rage**, ira impetuosa; **a p. emotion**, un'emozione travolgente.
passionateness ['pæʃənitnis], *n.* 1 passionalità; ardore 2 iracondia; irascibilità 3 impetuosità; veemenza.
Passionist ['pæʃənist], *n.* (*relig.*) passionista.
passionless ['pæʃənlis], *a.* impassibile; calmo.
passionlessness ['pæʃənlisnis], *n.* impassibilità; calma.
passivation [ˌpæsi'veiʃən], *n.* (*scient.*) passivazione.
passive ['pæsiv], A *a.* (*anche gramm.*) passivo: **to remain p.**, rimaner passivo; **p. resistance**, resistenza passiva; (*gramm.*) **p. voice**, voce (*o* forma) passiva. B *n.* (*gramm.*) passivo: **a verb in the p.**, un verbo al passivo. ● (*comm.*) **p. debt**, debito passivo (*senza interessi*) □ (*polit.*) **p. resister**, chi fa la resistenza passiva.
passiveness ['pæsivnis], **passivity** [pæ'siviti], *n.* (*anche scient.*) passività.
to passivize ['pæsivaiz], A *v. t.* (*gramm.*) mettere (*o* volgere) al passivo. B *v. i.* diventare passivo.
passkey ['paːsˌkiː], *n.* passe-partout; comunella.
passman ['paːsˌmæn], *n.* (*pl.* **passmen**) (*in G.B.*) studente universitario che consegue una laurea senza lode.
Passover ['paːsˌouvə*], *n.* (*relig.*) Pasqua ebraica.
passport ['paːsˌpɔːt], *n.* 1 passaporto 2 (*fig.*) mezzo; strumento: **a p. to fame**, un mezzo per diventare famoso.
password ['paːsˌwəːd], *n.* (*specialm. mil.*) parola d'ordine: **to demand the p.**, chiedere la parola d'ordine.
past [paːst], A *a.* passato (*anche gramm.*); scorso; trascorso; finito; ultimo: **p. customs**, costumanze passate; (*gramm.*) **the p. tenses**, i tempi del passato (*del verbo*); **His worries were p.**, le sue preoccupazioni erano finite; **the p. week** (**year, etc.**), la settimana scorsa (l'anno scorso, ecc.); **in times p.**, nei tempi passati; nei tempi andati; **in the p. few days**, negli ultimi giorni; nei giorni passati. B *n.* 1 (il) passato: **recollections of the p.**, ricordi del passato 2 passato burrascoso (*o* poco chiaro): **She is a woman with a p.**, è una donna con un passato burrascoso. C *prep.* oltre; di là di; dopo: **He walked p. the gate**, camminò oltre il cancello; **I stayed up till p. ten o'clock**, rimasi alzato fin dopo le dieci; **He ran p. the bridge**, corse di là dal ponte; **He's p. all hope**, è al di là d'ogni speranza; è un caso disperato. D *avv.* 1 oltre; accanto: **He walked p. without noticing me**, mi passò accanto senza vedermi; **to hasten p.**, passar oltre in tutta fretta 2 (*idiom.*; *per es.*: **to go p.**, passare; **The battalion marched p.**, il battaglione passò marciando. ● **a p. chairman**, un ex-presidente □ **p. comparison**, senza confronti □ **p. due**, (*di debito*) scaduto; (*di treno, ecc.*) in ritardo □ **p. the hour**, dopo l'ora esatta: **Trains run every ten minutes p. the hour**, i treni passano ogni dieci minuti dopo l'ora esatta (*cioè alle 6 e 10, alle 7 e 10, alle 8 e

10, ecc.*) □ (*fam.*) **to be p. it**, non essere più in grado di fare q.c. □ **p. master**, conoscitore perfetto; chi è maestro (in q.c.) □ (*gramm.*) **p. participle**, participio passato □ (*gramm.*) **p. perfect**, trapassato □ (*gramm.*) **p. simple**, passato remoto; (*talora*) imperfetto; (*talora*) passato prossimo (*in ital.*) □ **for a long time p.**, da molto tempo □ **grief p. bearing**, dolore insopportabile □ **half p. three**, le tre e mezza □ **a problem p. solution**, un problema insolubile □ **a quarter p. four**, le quattro e un quarto □ **John is well p. seventy**, Giovanni è più che settantenne.
pasta ['pæstə] (*ital.*), *n.* (*cucina*) pasta (alimentare).
paste [peist], *n.* 1 pasta: **alimentary p.**, pasta alimentare; **anchovy p.**, pasta d'acciughe 2 colla: **starch p.**, colla d'amido 3 (*ind.*) impasto per fare pietre preziose artificiali. ● **p. jewelry**, gioielli falsi □ **p. job**, lavoro copiato (*o* abborracciato); lavoro di forbici e colla □ (*mecc.*) **p. mixer**, impastatrice (*non per farina*) □ **p. pot**, vaso da colla □ (*arti grafiche*) **p.-up**, montaggio □ **p. shoe**, lucido da scarpe □ **p. tooth**, dentifricio (*in pasta*).
to paste [peist], *v. t.* 1 incollare; appiccicare 2 impastare 3 (*fam., raro*) battere; picchiare; pestare. ● **to p. up**, attaccare; affiggere: **to p. up a notice**, affiggere un avviso □ **to p. up a window with paper**, coprire una finestra incollandovi sopra della carta.
pasteboard ['peistbɔːd], A *n.* 1 cartone 2 (*pop.*) cartoncino; biglietto da visita 3 (*pop.*) biglietto ferroviario 4 (*pop.*) carta da gioco. B *a. attr.* 1 di cartone 2 (*fig.*) inconsistente; falso; fittizio.
pastel (1) [pæs'tel], A *n.* (*arte*) 1 pastello 2 pastello; dipinto a pastello. B *a. attr.* 1 (*arte*) a pastello: **p. drawing**, disegno a pastello 2 (*di colore*) pastello; sfumato; tenue: **p. green**, verde pastello.
pastel (2) ['pæstəl], *n.* (*bot.*, *Isatis tinctoria*) guado (*l'erba e il colorante*).
pastel(l)ist ['pæstəlist], *n.* (*arte*) pastellista.
pastern ['pæstən], *n.* (*zool.*) pasturale (*parte del piede del cavallo*).
pasteurism ['pæstərizm], *n.* (*med.*) metodo Pasteur.
pasteurization [ˌpæstərai'zeiʃən], *n.* (*ind.*) pastorizzazione.
to pasteurize ['pæstəraiz], *v. t.* (*ind.*) pastorizzare.
pasteurizer ['pæstəraizə*], *n.* (*ind.*) pastorizzatore.
pasticcio [pæs'titʃou], *n.* (*pl.* **pasticci, pasticcios**) V. **pastiche**.
pastiche [pæs'tiːʃ] (*franc.*), *n.* (*letter., mus.*) pasticcio; zibaldone; parodia.
to pastiche [pæs'tiːʃ] (*franc.*), *v. t.* (*letter.*) fare un miscuglio di (*stili, opere, ecc.*).
pasties [peistiz], *n. pl.* coppette (*copriseno: di ballerina, ecc.*).
pastil ['pæstil], **pastille** [pæs'tiːl], *n.* (*farm.*) pasticca; pastiglia.
pastime ['paːsˌtaim], *n.* passatempo; divertimento; svago.
pasting ['peistiŋ], *n.* (*fam.*) 1 bastonatura; pestatura; pestaggio 2 (*sport*) secca sconfitta; batosta.
pastor ['paːstə*], *n.* 1 (*relig.*) pastore; ministro 2 (*fig.*) pastore di anime 3 (*zool.*, *Pastor roseus*) storno roseo.
pastoral ['paːstərəl], A *a.* 1 pastorale; dei pastori; del pastore: **a p. poem**, una poesia pastorale; (*relig.*) **p. staff**, bastone pastorale; pastorale 2 tenuto a pascolo; pascolativo: **p. lands**, terreni tenuti a pascolo. B *n.* 1 pastorale; (*relig.*) lettera pastorale; (*mus.*) sonata pastorale 2 (*letter.*) poesia pastorale; dramma pastorale.
pastorale [ˌpæstəˈrɑːli] (*ital.*), *n.* (*pl.* **pastorales, pastorali**) (*mus.*) pastorale; sonata pastorale.
pastorality [ˌpaːstəˈræliti], *n.* l'esser pastorale (V. **pastoral**).
pastorate ['paːstərit], **pastorship** ['paːstəʃip], *n.* (*relig.*) 1 ufficio di pastore (*o* di ministro) 2 (*collett.*) pastori; ministri del culto.
pastrami [pə'strɑːmi], *n.* (*pl.* **pastramis**) (*specialm. USA*) carne di manzo affumicata.
pastry ['peistri], *n.* 1 pasticceria; (*collett.*) paste, pasticcini 2 pasta (*per dolci*). ● **p. cook**, pasticciere □ **p. tube**, siringa (*per dolci*).
pasturable ['paːstjuərəbl], *a.* pascolativo; da pascolo: **p. land**, terreno pascolativo.
pasturage ['paːstjuridʒ], *n.* 1 pascolo; pastura 2 diritto di pascolo.
pasture ['paːstʃə*], *n.* pascolo; pastura; foraggio. ● **p. lands**, terreni da pascolo; pascoli □ **mountain p. land**, alpeggio.
to pasture ['paːstʃə*], A *v. i.* pascolare; pascere (*lett.*). B *v. t.* 1 pascolare; portare al pascolo; far pascere 2 (*di terreno*) offrire pascolo a (*pecore, ecc.*).
pasty (1) ['pæsti], *n.* (*cucina*) pasticcio (*specialm. di carne*).
pasty (2) ['peisti], *a.* 1 pastoso; molle 2 (*anche* **p.-faced**) pallido.
pat (1) [pæt], *n.* 1 colpetto (*affettuoso*); colpettino; buffetto 2 pezzetto; pezzettino; panetto (*di burro*) 3 scalpiccio. ● **pat-a-cake**, parole iniziali di una poesia infantile; gioco di bambini □ (*fam.*) **a pat on the back**, un colpetto d'approvazione o d'incoraggiamento; (*fig.*) un segno di compiacimento.

to pat [pæt], **A** *v. t.* dare un colpetto (affettuoso) a; accarezzare: **to pat a boy on the shoulder**, dar colpetti affettuosi a un ragazzo sulla spalla. **B** *v. i.* **1** dar colpi leggeri; tamburellare (*con le dita o con le mani*) **2** fare un leggero rumore, come di colpi. ● **to pat on** (*o* **upon**), battere leggermente: **The rain was patting on the window panes**, la pioggia batteva leggera contro i vetri della finestra □ (*fig.*) **to pat oneself on the back**, esser contento di sé; compiacersi con se stesso □ **to pat sb. on the back**, dare un colpetto sulle spalle a q.; (*fig.*) congratularsi con q.

pat (2) [pæt], **A** *avv.* **1** a proposito; a punto: **His answer came pat**, la sua risposta venne a proposito **2** a portata di mano: **He had his little fib pat**, aveva a portata di mano la sua bugietta. **B** *a.* adatto; opportuno; tempestivo. ● **to know st. off pat**, sapere q.c. a menadito □ **to stand pat**, (*nel gioco del poker*) essere servito; (*fig.*) non mutare idea; restare dello stesso avviso; tener duro.

Pat (1) [pæt], *n. dim.* di **Patrick** *e* di **Patricia**.

Pat (2) [pæt], *n.* (*scherz.*) irlandese (*da Patrick, nome comune in Irlanda*).

Patagonian [ˌpætəˈgounjən], **A** *a.* della Patagonia. **B** *n.* patagone.

patch [pætʃ], *n.* **1** pezza; rappezzo; toppa; rattoppo **2** cerotto (*su una ferita*); benda (*su un occhio offeso*) **3** neo posticcio **4** appezzamento, pezzo (*di terreno*): **a potato p.**, un appezzamento coltivato a patate **5** chiazza; macchia; squarcio: **vegetation patches**, chiazze di vegetazione; **patches of blue sky**, squarci di sereno **6** (*autom.*) rappezzatura, toppa (*di pneumatico*): **a heat p.**, una toppa a caldo **7** (*fig., anche elab.*) pezza, correzione provvisoria **8** (*elettr.*) collegamento provvisorio **9** pezzo, frammento **10** (*fam.*) periodo; fase; momento: **to strike a bad p.**, attraversare un brutto periodo. ● **p. pocket**, tasca a toppa □ (*med.*) **p. test**, cutireazione; test cutaneo □ **in patches**, a tratti; qua e là □ (*fam.*) **not to be a p. on**, essere niente a paragone di; non valere una cicca rispetto a: **My book is not a p. on yours**, il mio libro è niente a paragone del tuo.

to patch [pætʃ], *v. t.* **1** rappezzare; rattoppare **2** (*di stoffa*) servire per rattoppare (*un vestito*) **3** fare (*una coperta imbottita, ecc.*) per mezzo di riquadri (*di stoffa*) **4** (*fig., anche elab.*) correggere provvisoriamente **5** (*elettr.*) collegare provvisoriamente **6** (*di solito* **to p. up**) abborracciare; rabberciare; rappezzare; raffazzonare. ● **to p. up**, rappezzare, rattoppare; (*fig.*) aggiustare, appianare, accomodare: **to p. up a matter**, aggiustare una faccenda; **to p. up a dispute**, appianare un dissidio.

patcher [ˈpætʃə*], *n.* rappezzatore, rappezzatrice; rattoppatore, rattoppatrice.

patchery [ˈpætʃəri], *n.* lavoro di rappezzatura; rattoppatura.

patchiness [ˈpætʃinis], *n.* **1** l'esser rappezzato (*o* rattoppato) **2** disposizione a chiazze (*o* a macchie); irregolarità (*di disegno*).

patching [ˈpætʃiŋ], *n.* **1** rappezzatura; rattoppatura **2** (*spesso* **p.-up**) rabberciamento, raffazzonamento; aggiustatura, accomodamento.

patchouli [ˈpætʃuli(:)], *n.* (*pl.* **patchoulis, patchoulies**) (*bot., Pogostemon patchouly*) patchouli, paciulì, pasciulì (*pianta e profumo*).

patchwork [ˈpætʃwəːk], *n.* **1** patchwork; stoffa (*o* coperta imbottita, ecc.) composta da riquadri cuciti insieme **2** (*fig.*) lavoro raffazzonato (*o* rabberciato); mosaico (*fig.*); zibaldone. ● **a p. quilt**, una coperta patchwork; una coperta a scacchi (*fatta di pezzi di stoffa cuciti insieme*).

patchy [ˈpætʃi], *a.* **1** rappezzato; rattoppato **2** a riquadri; a scacchi; irregolare; non uniforme **3** macchiato; chiazzato.

pate [peit], *n.* (*fam., scherz.*) testa; zucca (*fig.*).

pâté [ˈpætei] (*franc.*), *n.* (*cucina*) pâté (*in genere, di fegato*).

pated [ˈpeitid], *a.* (*nei composti*) dalla testa: **bald-p.**, dalla testa pelata. ● **shallow-p.**, che ha poco sale in zucca; sciocco.

patella [pəˈtelə], *n.* (*pl.* **patellae, patellas**) **1** (*zool., Patella*) patella (*mollusco*) **2** (*anat.*) patella (*rotula del ginocchio*).

paten [ˈpætən], *n.* **1** (*relig.*) patena **2** piattino di metallo.

patency [ˈpeitənsi], *n.* **1** evidenza; ovvietà **2** (*med.*) pervietà.

patent [ˈpeitənt], **A** *a.* **1** patente; evidente; manifesto; ovvio: **a p. injustice**, una patente ingiustizia **2** (*comm.*) brevettato; fabbricato su brevetto; venduto in esclusiva (*o* per brevetto): **p. medicines**, medicine fabbricate su brevetto; specialità farmaceutiche **3** (*med.*) aperto; pervio **4** (*fam.*) ingegnoso; originale: **a p. gadget**, un aggeggio (*o* un ritrovato) ingegnoso. **B** *n.* **1** brevetto; decreto; documento ufficiale; patente (*anche fig.*): **a p. of nobility**, un decreto che conferisce un titolo nobiliare; (*fig.*) **a p. of gentility**, una patente di nobiltà; **an invention p.**, un brevetto d'invenzione **2** procedimento brevettato; invenzione brevettata **3** (*anche fig.*) diritto di brevetto; esclusiva: **You have no p. on success**, non hai l'esclusiva del successo. ● (*leg.*) **p. law**, diritto dei brevetti; diritto brevettuale □ **p. leather**, cuoio verniciato; coppale □ (*naut.*) **p. log**, solcometro a elica □ (*spreg.*) **p. medicine**, medicamento ciarlatanesco (*o* miracoloso) □ **P. Office**, ufficio brevetti (*in G.B.*) □ (*leg.*) **p. pending**, brevetto in corso di registra- zione □ (*leg.*) **p. rights**, diritti di privativa industriale; brevetti □ (*specialm. stor.*) **letters p.**, patente; brevetto.

to patent [ˈpeitənt], *v. t.* **1** brevettare (*un'invenzione*) **2** concedere a (q.) un diritto di brevetto; concedere un'esclusiva a (q.).

patentable [ˈpeitəntəbl], *a.* brevettabile.

patented [ˈpeitəntid], *a.* brevettato.

patentee [ˌpeitənˈtiː], *n.* (*leg.*) concessionario (*o* titolare) di brevetto.

patentor [ˈpeitəntə*], *n.* **1** chi concede un brevetto **2** *V.* **patentee**.

pater [ˈpeitə*], *n.* (*gergo studentesco, arc.*) padre.

paterfamilias [ˈpeitəfəˈmiliæs] (*lat.*), *n.* (*pl.* **patresfamilias**) (*diritto romano; anche scherz.*) padre di famiglia; capo (della) famiglia.

paternal [pəˈtəːnl], *a.* **1** paterno: **p. grandmother**, nonna paterna **2** paternalistico: **p. government**, governo paternalistico.

paternalism [pəˈtəːnəlizm], *n.* paternalismo.

paternalistic [pəˌtəːnəˈlistik], *a.* paternalistico.

paternity [pəˈtəːniti], *n.* (*anche fig.*) paternità.

paternoster [ˈpætəˈnɔstə*] (*lat.*), *n.* (*relig.*) paternostro; paternoster. ● (*sport*) **p. line**, dirlindana; lenza con molti ami □ **black** (*o* **white**) **p.**, formula magica □ (*fam.*) **devil's p.**, imprecazione borbottata sottovoce; paternostro del rospo (*fam.*).

path [pɑːθ], *n.* **1** sentiero; viottolo; stradicciola; vialetto (*di giardino o parco*): **a p. through the woods**, un sentiero nei boschi **2** corsia pedonale **3** (*specialm.* **cinder p.**) pista (*per podisti o ciclisti*) **4** (*fig.*) sentiero; via; strada: **to deviate from the right p.**, deviare dalla retta via **5** corso; (*mecc.*) corsa; (*astron., miss.*) traiettoria, orbita: **the p. of the meteor**, la traiettoria della meteora; **the p. of the hurricane**, il corso dell'uragano **6** (*aeron.*) sentiero. ● **p. laying**, posa in opera di sentieri di pietre (*in giardino, ecc.*) □ **He cleared a p. through the crowd for her**, le aprì un varco tra la folla.

pathetic [pəˈθetik], *a.* patetico; commovente; pietoso; toccante. ● (*letter.*) **p. fallacy**, attribuzione di sentimenti (*propri dell'uomo*) alle cose inanimate (*in poesia*) □ **His incompetence is p.**, la sua incompetenza è tale da far pietà; è di una incompetenza spaventosa.

pathetically [pəˈθetikəli], *avv.* pateticamente.

pathfinder [ˈpɑːθˌfaində*], *n.* **1** esploratore **2** (*fig.*) pioniere **3** (*aeron., mil.*) ricognitore **4** (*aeron.*) radarfaro.

pathless [ˈpɑːθlis], *a.* senza sentieri; impenetrabile; inesplorato.

pathogen [ˈpæθoudʒin], *n.* (*med.*) agente patogeno.

pathogenesis [ˌpæθouˈdʒenisis], *n.* (*med.*) patogenesi.

pathogenetic [ˌpæθoudʒiˈnetik], **pathogenic** [ˌpæθouˈdʒenik], *a.* (*med.*) patogeno; patogenetico: **p. germs**, germi patogeni.

pathogeny [pəˈθɔdʒəni], *n.* (*med.*) patogenesi.

pathologic(al) [ˌpæθəˈlɔdʒik(əl)], *a.* (*med.*) patologico.

pathologist [pəˈθɔlədʒist], *n.* (*med.*) patologo.

pathology [pəˈθɔlədʒi], *n.* (*med.*) patologia.

pathos [ˈpeiθɔs], *n.* pathos, patos; commozione.

pathway [ˈpɑːθwei], *n.* **1** sentiero; viottolo; stradicciola **2** passerella.

patience [ˈpeiʃəns], *n.* **1** pazienza; diligenza; perseveranza; sopportazione; tolleranza: **The manager acted with great p. and tact**, il direttore agì con grande tatto e pazienza **2** (*gioco di carte*) solitario. ● **to have no p. with**, non aver pazienza con; spazientirsi con □ **to lose p.**, perder la pazienza; impazientirsi; spazientirsi □ **to be out of p.**, aver perso la pazienza.

patient [ˈpeiʃənt], **A** *a.* paziente; tollerante. **B** *n.* (*med.*) paziente; malato; ammalato; infermo. ● **to be p.**, essere paziente; pazientare, portar pazienza: **Be p.!**, porta pazienza! □ **to be p. of**, essere capace di sopportare; (*lett.*) ammettere, consentire: **I am p. of thirst**, sopporto bene la sete; **The facts are p. of two interpretations**, i fatti ammettono due interpretazioni.

patienthood [ˈpeiʃənthud], *n.* (*med.*) condizione di paziente.

patina [ˈpætinə], *n.* (*pl.* **patinas, patinae**) patina (*anche fig.*): **the p. of moisture** (**of time, etc.**), la patina dell'umidità (del tempo, ecc.).

patinated [ˈpætineitid], *a.* patinato.

patinous [ˈpætinəs], *a.* patinoso.

patois [ˈpætwɑː], *n.* (*invar. al pl.*) dialetto.

Patras [pəˈtræs], *n.* (*geogr.*) Patrasso.

patrial [ˈpeitriəl], *n.* chi ha il diritto di stabilirsi in Gran Bretagna (*perché luogo di nascita di un parente stretto*).

patriality [ˌpeitriˈæliti], *n.* cittadinanza originaria.

patriarch [ˈpeitriɑːk], *n.* **1** (*stor., relig.*) patriarca (*fig.*) vecchio venerabile **3** (*fig.*) padre; fondatore.

patriarchal [ˌpeitriˈɑːkəl], *a.* patriarcale; (*fig.*) venerabile.

patriarchate [ˈpeitriɑːkit], *n.* (*stor., relig.*) patriarcato.

patriarchism [ˈpeitriɑːkizəm], **patriarchy** [ˈpeitriɑːki], *n.* patriarcato (*ordinamento sociale*).

Patricia [pəˈtriʃə], *n.* Patrizia.

patrician [pəˈtriʃən], *a. e n.* patrizio; nobile.

patricidal [ˌpætriˈsaidl], *a.* parricida; di (*o* da) parricida.
patricide [ˈpætrisaid], *n.* **1** parricidio; patricidio (*lett.*) **2** parricida; patricida (*lett.*).
Patrick [ˈpætrik], *n.* Patrizio.
patrimonial [ˌpætriˈmounjəl], *a.* patrimoniale.
patrimony [ˈpætriməni], *n.* **1** (*anche fig.*) patrimonio (ereditario); eredità **2** lascito a un'istituzione; patrimonio ecclesiastico.
patriot [ˈpɔitriət], *n.* patriota; patriotta (*raro*).
patriotic [ˌpætriˈɔtik], *a.* patriottico.
patriotically [ˌpætriˈɔtikəli], *avv.* patriotticamente.
patriotism [ˈpætriətizəm], *n.* patriottismo.
patristic [pəˈtristik], *a.* (*relig.*) patristico.
patristics [pəˈtristiks], *n. pl.* (*col verbo al sing.*) (*relig.*) patristica.
patritiate [pəˈtriʃiit], *n.* patriziato.
patrol [pəˈtroul], *n.* **1** perlustrazione; ricognizione: **air p.**, ricognizione aerea **2** pattuglia; ronda: **to be on p.**, essere di pattuglia **3** (*aeron.*) volo di ricognizione **4** (*naut.*) pattugliamento, vigilanza (*navale*); perlustrazione (*di sommergibile*). ● **p. car**, auto della polizia (*in servizio di pattugliamento*); gazzella (*fam.*) □ (*naut.*) **p. vessel**, vedetta; nave da pattuglia □ **p. wagon**, furgone cellulare; cellulare.
to patrol [pəˈtroul], **A** *v. i.* pattugliare; andar di pattuglia; far la ronda. **B** *v. t.* perlustrare; pattugliare: **The police are patrolling the town**, la polizia perlustra la città.
patrolman [pəˈtroulmən], *n.* (*pl.* **patrolmen**) **1** chi è di pattuglia **2** (*specialm. USA*) poliziotto (*di servizio in una certa zona*).
patrology [pəˈtrɔlədʒi], *n.* (*relig.*) patrologia.
patron [ˈpeitrən], *n.* **1** patrono; mecenate; protettore; patrocinatore: **a p. of the arts**, un mecenate delle arti **2** (*relig.*, *anche* **p. saint**) (santo) patrono **3** (*comm.*) cliente abituale (*d'un negozio*); avventore.
patronage [ˈpætrənidʒ], *n.* **1** (*anche relig.*) patronato; patrocinio; protezione **2** (*polit.*) potere di conferire onori, assegnare cariche, dare impieghi; protezioni: **a widespread p. system**, un diffuso sistema di protezioni politiche **3** (*comm.*) clientela (*d'un negozio*); gli avventori **4** (*fam.*) arie di superiorità (*o* da protettore); condiscendenza.
patronal [pəˈtrounl], *a.* patronale; del santo patrono: (*relig.*) **the p. festival**, la festa del santo patrono.
patroness [ˈpeitrənis], *n.* patronessa; patrocinatrice; protettrice.
to patronize [ˈpætrənaiz], *v. t.* **1** patrocinare; proteggere; favorire; incoraggiare **2** trattare con condiscendenza (*o* con aria di superiorità) **3** essere cliente abituale di (*un negozio*). ● **a well-patronized shop**, un negozio bene avviato (*o* che ha una clientela di prim'ordine).
patronizing [ˈpætrənaiziŋ], *a.* **1** che patrocina; che protegge; patrocinante **2** pieno di condiscendenza; che si dà arie di superiorità.
patronymic [ˌpætrəˈnimik], *a. e n.* patronimico.
patroon [pəˈtruːn], *n.* (*stor. USA*) proprietario terriero; latifondista (*sotto il governo olandese di New York e del New Jersey*).
patten [ˈpætn], *n.* **1** soprascarpa con suola di legno; zoccolo (*contro il fango*) **2** (*archit.*, *arc.*) base di colonna; zoccolo.
patter (1) [ˈpætə*], *n.* gergo: **the p. of technology**, il gergo della tecnologia **2** cicaleccio; cicalio; discorso frettoloso (*di attore comico*, *imbonitore*, *ecc.*) **3** parole ripetute meccanicamente; tiritera (*fam.*). ● **p. song**, canzoncina d'operetta (*con recitativi*).
to patter (1) [ˈpætə*], **A** *v. t.* biascicare, borbottare, mormorare, dire in fretta, ripetere meccanicamente (*preghiere, ecc.*). **B** *v. i.* parlare in fretta; borbottare; parlare in modo incomprensibile.
patter (2) [ˈpætə*], *n.* picchiettio; ticchettio; scalpiccio: **the p. of bare little feet on the floor**, lo scalpiccio di piedini nudi sul pavimento.
to patter (2) [ˈpætə*], *v. i.* picchiettare; ticchettare; scalpicciare.
pattern [ˈpætən], *n.* **1** campione; modello (*anche fig.*); esempio: **She's a p. of all virtues**, è un modello d'ogni virtù; **paper p.**, modello di carta (*per vestiti*) **2** disegno (*di stoffa, ecc.*): **wallpaper patterns**, disegni di carta da parati; **the p. of a novel**, il disegno (*o* la struttura) di un romanzo **3** (*mil.*: *d'arma da fuoco*) rosa di tiro; schema (*di bombardamento*) **4** (*ing., psic.*) schema; modello: **behaviour p.**, modello di comportamento **5** (*telev.*) monoscopio (*l'immagine*) **6** (*aeron.*) procedura. ● (*aeron., mil.*) **p. bombing**, bombardamento a schema □ **p. book**, campionario (*di stoffe, carta, ecc.*) □ (*linguistica*) **p. drills**, esercizi strutturali □ **a p. father** (**wife**, etc.), un padre (una moglie, ecc.) esemplare □ (*telev.*) **p. generator**, generatore di monoscopio □ (*specialm. fonderia*) **p.(-)maker**, modellista □ **p. room** (*o* **p. shop**), reparto modellisti (*d'una fonderia*) □ **to cut to p.**, tagliare sul modello □ **paper p.**, modello di carta (*per un abito, ecc.*) □ **to take p. by sb.**, prendere esempio da q.; modellarsi su q. □ (*autom.*) **tread p.**, disegno del battistrada.
to pattern [ˈpætən], *v. t.* **1** modellare (*anche fig.*); copiare da un campione; tagliare (*un vestito*) sul modello: **to p. a dress on a French model**, tagliare un vestito su un modello francese; **to p. oneself on sb.**, modellarsi su q.; prendere esempio da q. **2** ornare (*stoffe, ecc.*) con disegni. ● (*comm., pubblicità*) **patterned interview**, intervista guidata.
patty [ˈpæti], *n.* **1** piccolo pasticcio; polpetta (*di carne, pesce, ecc.*) **2** pasticcino; piccola torta; tortina. ● **p. pan**, forma per pasticcini.
patulin [ˈpætjulin], *n.* (*farm.*) patulina.
patulous [ˈpætjuləs], *a.* (*bot.*) patulo (*lett.*); aperto; largo.
paucity [ˈpɔːsiti], *n.* pochezza; scarsezza; insufficienza.
Paul [pɔːl], *n.* Paolo. ● **P. Pry**, ficcanaso (*dal personaggio d'una commedia di J. Poole*) □ **to rob Peter to pay P.**, fare un debito nuovo per pagarne uno vecchio; aprire un buco per tapparne un altro (*fig.*).
Paula [ˈpɔːlə], *n.* Paola.
Pauline (1) [ˈpɔːliːn], *n.* Paolina.
Pauline (2) [ˈpɔːlain], **A** *a.* paolino; di San Paolo. **B** *n.* — (*stor.*) **p.**, studente della «St Paul's School» di Londra.
paunch [pɔːntʃ], *n.* **1** pancia; pancione **2** (*di ruminante*) rumine. ● **to get a p.**, metter su pancia.
paunchiness [ˈpɔːntʃinis], *n.* l'esser panciuto; obesità.
paunchy [ˈpɔːntʃi], *a.* panciuto; obeso.
pauper [ˈpɔːpə*], *n.* povero; indigente; bisognoso. ● **p.'s grave**, fossa comune (*di cimitero*).
pauperism [ˈpɔːpərizəm], *n.* **1** l'essere povero (*o* indigente) **2** (*econ.*) pauperismo.
pauperization [ˌpɔːpəraiˈzeiʃən], *n.* impoverimento.
to pauperize [ˈpɔːpəraiz], *v. t.* impoverire; ridurre all'indigenza.
pause [pɔːz], *n.* pausa (*anche mus.*); intervallo; interruzione; posa; tregua: **to make a p.**, fare una pausa; **a pursuit without p.**, un inseguimento senza posa. ● **to give sb. p.**, far esitare q.; renderlo incerto (*o* indeciso).
to pause [pɔːz], *v. i.* fare una pausa (*o* un'interruzione); soffermarsi; arrestarsi: **to p. upon a word**, soffermarsi su una parola. ● **to p. for an answer**, aspettare una risposta □ **He paused for breath**, si fermò per riprendere fiato.
pavage [ˈpeividʒ], *n.* **1** pavimentazione (*delle strade*) **2** tassa per la pavimentazione.
pavan [ˈpævən], **pavane** [pəˈvaːn], *n.* (*stor.*) pavana (*danza*).
to pave [peiv], *v. t.* pavimentare; lastricare (*anche fig.*); coprire: (*prov.*) **The path to hell is paved with good intentions**, la strada dell'inferno è lastricata di buone intenzioni; **a path paved with flowers**, un sentiero coperto di fiori. ● (*fig.*) **to pave the way for sb.**, aprire la via a q.; preparare (*o* spianare) la strada a q.
pavement [ˈpeivmənt], *n.* **1** pavimentazione (*specialm. stradale*); lastrico; lastricato; selciato **2** marciapiede (*cfr. USA* **sidewalk**) **3** materiale da pavimentazione **4** (*USA*) strada lastricata. ● **p. artist**, chi disegna col gesso sul marciapiede (*per ricevere denaro dai passanti*); (*USA*) artista che espone e vende i suoi lavori sul marciapiede □ (*costr.*) **p. light**, lucernaio (*per dare luce a un locale sotterraneo*) □ **brick p.**, ammattonato □ **crazy p.**, lastricato di pietre irregolari e sconnesse (*nei giardini*).
paver [ˈpeivə*], *n.* **1** lastricatore; selciatore **2** pavimentatrice: **road p.**, pavimentatrice stradale (*macchina*) **3** lastra di pietra (*per pavimentazione*).
pavid [ˈpævid], *a.* pavido; timoroso.
pavilion [pəˈviljən], *n.* **1** padiglione (*in ogni senso*) **2** grande tenda; tendone.
to pavilion [pəˈviljən], *v. t.* **1** fornire di padiglione **2** racchiudere (*o* riparare) sotto un padiglione.
paving [ˈpeiviŋ], *n.* **1** pavimentazione (*specialm. stradale*) **2** materiale da pavimentazione. ● **p. slab**, piastrella □ **p. stone**, lastra di pietra (*per pavimentazione*) □ **p. tile**, mattonella □ **cobblestone p.**, acciottolato.
pavior (*specialm. USA*), **paviour** [ˈpeivjə*], *V.* **paver**.
pavis, **pavise** [ˈpævis], *n.* (*stor.*) pavese (*grande scudo*).
pavonine [ˈpævounain], *a.* **1** di (*o* simile a) pavone **2** iridescente.
paw [pɔː], *n.* **1** (*zool.*) zampa **2** (*fam., scherz.*) mano; zampa (*scherz.*).
to paw [pɔː], **A** *v. i.* (*del cavallo*) scalpitare. **B** *v. t.* **1** (*del cavallo*) colpire con la zampa; dare una zampata a: **The wild horse pawed the air**, il cavallo selvaggio dava zampate all'aria (*o* scalciava) **2** (*fam.: di persona*) metter le mani addosso a; maneggiare in modo maldestro; brancicare; toccare sgarbatamente. ● **to paw the ground**, scalpitare.
pawkiness [ˈpɔːkinis], *n.* **1** (*fam.*) l'esser buffo (*o* divertente) **2** (*scozz., dial.*) astuzia; furberia.
pawky [ˈpɔːki], *a.* **1** (*fam.*) buffo; divertente **2** (*scozz., dial.*) astuto; furbo; scaltro.
pawl [pɔːl], *n.* **1** (*mecc.*) dente d'arresto; nottolino d'arresto **2** (*naut.*) castagna, scontro (*dell'argano, ecc.*).
to pawl [pɔːl], *v. t.* **1** (*mecc.*) fermare con un dente d'arresto **2** (*naut.*) assicurare (*un argano, ecc.*) con una castagna.

pawn (1) [pɔ:n], *n.* **1** (*nel gioco degli scacchi*) pedone **2** (*fig.*) pedina: **to be a p. in sb.'s hands**, essere una pedina nelle mani di q.
pawn (2) [pɔ:n], *n.* (*comm.*, *leg.*) pegno (*anche fig.*); garanzia, prova, testimonianza: **Mary's ring was in (o at) p.**, l'anello di Maria era stato dato in pegno (*o* era pignorato). ● **p. ticket**, polizza di pegno □ **to get st. out of p.**, disimpegnare q.c. □ **to take a thing out of p.**, riscattare un oggetto pignorato.
to pawn [pɔ:n], *v. t.* impegnare (*anche fig.*); dare in pegno; pignorare: **to p. one's honour (one's word)**, impegnare il (*o* impegnarsi sul) proprio onore (dare in pegno, impegnare, la propria parola).
pawnable ['pɔ:nəbl], *a.* (*comm.*, *leg.*) pignorabile; che si può dare in pegno.
pawnbroker ['pɔ:n‿broukə*], *n.* (*comm.*, *leg.*) prestatore su pegno.
pawnbroking ['pɔ:n‿broukiŋ], *n.* il prestar denaro su pegno.
pawnee [pɔ:'ni:], *n.* (*comm.*, *leg.*) chi ha ricevuto q.c. in pegno.
pawner ['pɔ:nə*], *n.* (*comm.*, *leg.*) chi impegna q.c.; chi costituisce un pegno.
pawnshop ['pɔ:n-ʃɔp], *n.* agenzia di prestiti su pegno; Monte di Pietà.
pawpaw [pɔ(:)'pɔ(:)], *V.* **papaw**.
pax [pæks], *n.* **1** (*stor.*, *relig.*) pace (*tavoletta con l'immagine del Crocifisso*) **2** (*gergo studentesco delle* **public schools**) pace!, basta! (*invito a metter fine a una lite*).
to pay (1) [pei] (*pass.* e *p. p.* **paid**), **A** *v. t.* **1** pagare; ricompensare; ripagare; rimunerare; risarcire; saldare: **to pay workmen (the taylor, one's creditors, etc.)**, pagare gli operai (il sarto, i creditori, ecc.); **to pay a debt**, pagare (*o* saldare) un debito; **You paid my kindness with evil**, hai ripagato la mia bontà facendomi del male **2** (*di lavoro*) rendere; esser retribuito con: **This job pays ninety pounds a week**, questo lavoro rende novanta sterline la settimana **3** (*econ.*, *fin.*) fruttare; rendere: **The investment paid 15% after tax**, l'investimento rese il 15% al netto d'imposta **4** dare profitto (*o* soddisfazione) a (q.): **It will pay you to read this book**, ti darà soddisfazione (troverai proficuo) leggere questo libro. **B** *v. i.* **1** pagare; fare un pagamento **2** fruttare; rendere; pagare; convenire; essere conveniente: **My job doesn't pay nowadays**, oggigiorno, il mio mestiere non rende; **Crime doesn't pay**, il delitto non paga; **It pays to be honest**, conviene essere onesti. **C** *verbi composti* **1 to pay back**, restituire (*denaro*); contraccambiare, ripagare □ **to pay money back to sb.**, rimborsare q. **2 to pay down**, pagare in contanti; pagare, versare (*la prima rata*). **3 to pay for**, pagare (*anche fig.*); pagarla: **How much did you pay for your car?**, quanto hai pagato la tua automobile?; **I'll make him pay for his wicked actions**, gliela farò pagare per le sue azioni malvagie. **4 to pay in** (*o* **into**), versare (*denaro*): **I paid a hundred pounds into my current account yesterday**, ieri versai cento sterline sul mio conto corrente. **5** (*naut.*) **to pay off**, andare sottovento □ **to pay (sb., st.) off**, liquidare e licenziare (*un dipendente*); liquidare, saldare (*i creditori*, ecc.); estinguere (*un debito*) □ (*fin.*) **The investment paid off well**, l'investimento ha reso bene. **6 to pay out**, pagare, versare, sborsare: **to pay money out**, sborsare (*o* spendere) denaro; (*di banca*) versare denaro (*a un cliente*) □ (*fig.*) **to pay sb. out**, saldare i conti con q. □ (*naut.*) **to pay out** (*o* **to pay away**) **a rope**, mollare (*o* filare) un cavo (*o* una cima, ecc.). **7 to pay over**, pagare, versare (*denaro*). **8 to pay up**, pagare totalmente; saldare: **to pay up a debt**, saldare un debito; **to pay up arrears**, pagare gli arretrati. ● (*fin.*) **pay-as-you-earn** (*abbr.* **P.A.Y.E.**), ritenuta alla fonte; sistema di tassazione mediante ritenute sul salario (*o* sullo stipendio) □ (*USA*) **pay-as-you-go**, sistema di pagare gli acquisti man mano che si fanno (*o* di limitare le spese al reddito effettivo); (*anche*) *V.* **pay-as-you-earn** □ **to pay attention**, far attenzione; stare attento (*a quel che si dice, ecc.*) □ **to pay the debt of nature**, pagare il debito alla natura (*lett.*); morire □ **to pay a call on sb.**, *V.* **to pay sb. a visit** □ **to pay a compliment**, fare un complimento □ **to pay one's court to**, far la corte a □ **to pay homage**, rendere omaggio □ (*fig.*) **to pay sb. in his own coin**, pagare (*o* ripagare) q. della stessa moneta; rendere pan per focaccia □ **to pay on the nail**, pagare a tamburo battente □ **to pay the penalty**, pagare il fio (*o* la pena); pagarla cara □ (*fig.*) **to pay the piper**, pagare il conto; sostenere le spese □ **to pay respect**, portar rispetto □ (*banca*) **Pay self**, pagate al mio ordine (*o* a me medesimo); *abbr.* M.M. (*scritto su un assegno*) □ **to pay a tribute to sb.**, onorare q.; riconoscere il merito di q. □ **to pay sb. a visit**, far visita a q. □ **to pay one's way**, pagare quel che si compera senza far debiti; (*d'investimento, impresa, ecc.*) rendere almeno i costi d'esercizio; passare in attivo.
to pay (2) [pei], *v. t.* (*naut.*) **1** impeciare; catramare **2** calafatare.
pay [pei], **A** *n.* paga; retribuzione; compenso; salario; stipendio; (*mil.*) soldo; diaria. **B** *a. attr.* salariale: **pay pause**, tregua salariale. ● **pay claim**, rivendicazione (*o* richiesta d'aumento) salariale □ **pay-day**, giorno di paga; (*Borsa*) giorno di liquidazione □ (*USA*) **pay dirt**, terreno ricco di minerali; (*fig.*) attività rimunerativa □ (*USA*) **pay envelope**, busta paga □ **pay-load**, (*aeron.*) carico pagante; (*miss.*) carico utile □ (*ind. min.*) **pay ore**, minerale coltivabile □ **pay-packet**, busta paga □ (*tel.*) **pay phone**, telefono a pagamento; telefono a monete metalliche (*in Italia, anche*: a gettoni) □ **pay-roll** (*o* **pay sheet**), libro paga □ **pay-roll tax**, contributi sociali (*basati sui libri paga*) □ **pay station**, cabina telefonica pubblica □ **pay telephone**, *V.* **pay phone** □ **pay toilet**, gabinetto a pagamento □ **back pay**, arretrati □ **extra pay**, paga straordinaria; gratifica □ **to be in the pay of**, essere alle dipendenze (*o* al soldo) di: **He was then in the pay of the Italian intelligence service**, allora era alle dipendenze del servizio d'informazioni italiano.
payable ['peiəbl], *a.* **1** pagabile; esigibile: (*di un titolo di credito*) **p. to bearer**, pagabile al portatore **2** (*di un lavoro, ecc.*) redditizio; rimunerativo **3** (*d'una miniera*) coltivabile, che vale la pena di sfruttare; (*d'un giacimento*) coltivabile, ricco.
paycheck ['pei‿tʃek], *n.* (*USA*) assegno paga.
PAYE [,pi:eiwai'i:], *n.* (*abbr. di* **pay as you earn**) (*fin.*) (sistema di) ritenuta alla fonte (*del debito d'imposta*).
payee [pei'i:], *n.* (*leg.*, *comm.*) **1** beneficiario, beneficiaria (*di un pagamento*) **2** (*di un assegno*) portatore; beneficiario.
payer ['peiə*], *n.* **1** pagatore; pagante **2** chi deve (*o* è tenuto a) pagare.
paying (1) ['peiiŋ], **A** *a.* **1** che paga; pagante **2** fruttifero, lucrativo; redditizio; rimunerativo. **B** *n.* pagamento; versamento. ● **p. guest**, pensionante □ (*banca*) **p.-in**, versamento □ (*banca*) **p.-in slip**, distinta (*o* modulo) di versamento □ **p. office**, ufficio pagamenti.
paying (2) ['peiiŋ], *n.* (*naut.*) **1** impeciatura; catramatura **2** calafataggio.
paymaster ['pei‿ma:stə*], *n.* **1** (*mil.*) ufficiale pagatore **2** chi prepara gli stipendi, le buste paga. ● **P. General**, Capo della Ragioneria dello Stato (*funzionario del Ministero del Tesoro in G.B.*; *cfr. ital.* Ragioniere Generale dello Stato).
payment ['peimənt], *n.* **1** (*comm.*, *leg.*) pagamento; somma pagata; versamento: **They require prompt p.**, esigono il pagamento immediato; **to amortize a debt by monthly payments**, ammortizzare un debito con versamenti mensili **2** (*fig.*) ricompensa; punizione. ● (*comm.*) **p. against documents**, pagamento contro documenti □ **p. by cheque**, pagamento mediante assegno bancario □ **p. in advance**, pagamento anticipato; acconto; caparra □ **p. in full**, pagamento a saldo; saldo □ **p. into the bank**, versamento in banca □ **p. on account**, acconto □ **p. on delivery**, pagamento alla consegna □ **cash p.**, pagamento in contanti □ **to enforce p.**, farsi pagare; costringere un debitore a pagare □ **part-p.**, pagamento parziale; acconto; rata □ **terms of p.**, condizioni di pagamento.
pay(-)off ['pei‿ɔ:f], **A** *n.* **1** paga; pagamento **2** (*fig.*) conclusione; resa dei conti **3** (*fam.*) pagamento (*anche di bustarelle*). **B** *a. attr.* (*fam.*) decisivo. ● (*fam.*) **to give sb. the p. shot**, dare il colpo di grazia a q.
payola [pei'oulə], *n.* (*fam. USA*) bustarella; sbruffo (*fig., fam.*).
paysagist [pei'za(:)ʒist] (*franc.*), *n.* (*arte*) paesaggista.
PE ['pi:'i:], *n.* (*acronimo fam. di* **physical education**) educazione fisica.
pea [pi:], *n.* (*bot.*, *Pisum sativum*) pisello. ● **pea bean**, fagiolo □ **pea green**, verde pisello □ (*naut.*) **pea jacket**, giaccone di lana greggia □ **pea pod**, baccello di pisello □ **pea-shooter**, cerbottana (*giocattolo*) □ **pea soup**, zuppa di piselli passati; passato di piselli (*specialm. secchi*) □ (*fam.*) **pea-souper**, nebbia densa e gialla □ (*di nebbia*) **pea-soupy**, densa e gialla □ **to be as like as two peas**, somigliarsi come due gocce d'acqua □ **chick-pea**, cece □ **green peas**, piselli freschi □ **split peas**, piselli secchi, tagliati a metà.
peace [pi:s], *n.* **1** pace; calma; quiete; serenità; tranquillità: **to be at p.**, essere in pace; esser sereno; (*anche, eufemistico*) giacere in pace, essere morto; **P. was restored in the country**, la pace fu ristabilita nel paese; **p. of mind**, pace dello spirito; tranquillità d'animo; **p. with honour**, pace onorevole **2** (*fig., polit.*) ordine pubblico. ● (*USA*) **P. Corps**, Corpo dei volontari della Pace □ **p. offering**, (*relig.*) sacrificio propiziatorio; (*fig.*) dono di riconciliazione, offerta di pace □ **p. officer**, poliziotto; sceriffo □ **p. sign** (*o* **p. symbol**), simbolo della pace □ (*leg.*) **breach of the p.**, attentato contro l'ordine pubblico; rivolta, sommossa, tumulto; turbamento della quiete pubblica; schiamazzi □ **to break the p.**, turbare l'ordine pubblico; fare schiamazzi □ **commission of the p.**, commissione arbitrale □ **to hold one's p.**, starsene zitto; tacere □ **the King's** (*o* **Queen's**) **p.**, la quiete pubblica; l'ordine pubblico: **to keep the King's** (*o* **Queen's**) **p.**, mantenere (*o* non turbare) l'ordine pubblico □ **Justice of the p.**, giudice di pace (*primo grado della magistratura ingl.*) □ **to make p.**, fare la pace; firmare un trattato di pace □ **to make one's**

p. with sb., far la pace con q.; rappacificarsi (*o* riconciliarsi) con q. □ (*leg.*) **to be sworn of the p.**, esser nominato giudice (di pace) □ **P. be with you!**, la pace sia con te!
peaceable ['pi:səbl], *a.* pacifico; calmo; quieto; tranquillo.
peaceableness ['pi:səblnəs], *n.* l'essere pacifico; calma; quiete; tranquillità.
peaceful ['pi:sful], *a.* pacifico; calmo; quieto; tranquillo: **p. tribes**, tribù pacifiche; **a p. night**, una notte piena di calma; **a p. bay**, una baia tranquilla. ● (*polit.*) **p. coexistence**, coesistenza pacifica.
peacefulness ['pi:sfulnɪs], *n.* l'essere pacifico; calma; quiete; tranquillità.
peacekeeper ['pi:s,ki:pə], *n.* tutore della pace; paciere.
peacekeeping ['pi:s,ki:pɪŋ], **A** *n.* tutela della pace. **B** *a.* che fa da paciere; posto a tutela della pace.
peacemaker ['pi:s,meɪkə*], *n.* **1** pacificatore, pacificatrice; paciere **2** (*USA, scherz.*) revolver; rivoltella; pistola.
peacemaking ['pi:s,meɪkɪŋ], *n.* pacificazione.
peacemonger ['pi:s,mʌŋgə*], *n.* (*spreg.*) pacifista.
peacenik ['pi:snɪk], *n.* (*pop. USA*) pacifista.
peacetime ['pi:staɪm], **A** *n.* tempo di pace: **in p.**, in tempo di pace. **B** *a. attr.* del tempo di pace.
peach [pi:tʃ], *n.* **1** (*bot.*) pesca **2** (*bot., Prunus persica; anche* **p. tree**) pesco **3** color pesca; roseo **4** (*pop.*) bella ragazza; (una) bellezza; (un) amore. ● **p.-blossoms**, fiori di pesco □ **p. blow**, colore tra il rosa e il rosso □ **p. brandy**, liquore ricavato dal succo di pesca fermentato □ **p.-coloured**, color della pesca; roseo.
to peach [pi:tʃ], *v. i.* (*pop.*) fare la spia; fare una soffiata; spifferare; cantare (*fig.*): **to p. to the headmaster**, fare la spia al preside.
peachick ['pi:tʃɪk], *n.* (*zool.*) piccolo di pavone; pavoncino.
peachiness ['pi:tʃɪnɪs], *n.* l'essere morbido (*o* roseo) come una pesca.
peachy ['pi:tʃɪ], *a.* **1** (*specialm. delle guance*) color della pesca; morbido come una pesca; vellutato **2** (*fam.*) fantastico; eccezionale.
peacock ['pi:kɒk], *n.* **1** (*zool.*) pavone (maschio) **2** (*fig.*) uomo vanitoso. ● **p. blue**, blu pavone □ (*zool.*) **p. butterfly** (*Vanessa io*), vanessa io □ **p. coal**, carbone iridescente □ **as proud as a p.**, vanitoso come un pavone.
to peacock [pi:kɒk], **A** *v. i.* pavoneggiarsi; insuperbire. **to peacock oneself B** *v. rifl.* vestirsi delle penne del pavone.
peacockery ['pi:kɒkərɪ], *n.* il pavoneggiarsi; vanità.
peacockish ['pi:kɒkɪʃ], **peacocklike** ['pi:kɒk,laɪk], *a.* di (*o* da) pavone; simile a un pavone; (*fig.*) vanitoso.
peaflour ['pi:flaʊə*], *n.* farina di piselli secchi.
peafowl ['pi:faʊl], *n.* (*zool., Pavo*) pavone (maschio o femmina).
peahen ['pi:ˈhen], *n.* (*zool.*) pavone; pavonessa.
peak [pi:k], **A** *n.* **1** cima; picco; sommità; vetta **2** punta; (*di tetto, ecc.*) pizzo; (*di cappello*) visiera: **the p. of a cap**, la visiera d'un berretto **3** (*fig.*) punto (*o* valore) massimo; (il) massimo; punta (*fig.*); (*scient., tecn.*) picco: **the p. of production**, il punto più alto (*o* il massimo) della produzione; **peaks of illiteracy up to 95%**, punte di analfabetismo che arrivano al 95%; (*elettron.*) **p. detector**, rivelatore di picco **4** (*naut.*) picco, penna (*di vela*). **B** *a. attr.* massimo; di punta: **p. productivity**, produttività massima; **p. efficiency**, massimo rendimento; **p. hours**, ore di punta □ **p. load**, (*ing.*) carico massimo (*elettr.*) carico massimo (*o* di punta) □ (*elettr.*) **p. value**, valore di cresta □ (*turismo*) **p. season**, alta stagione.
to peak (1) [pi:k], **A** *v. t.* **1** (*naut.*) alzare (*un pennone*) in posizione verticale **2** (*naut.*) disporre (*i remi*) a picco **3** (*della balena*) alzare (*la coda*) per l'immergersi **4** portare (q.c.) al massimo. **B** *v. i.* **1** (*della balena*) alzare la coda per l'immersione **2** raggiungere il punto massimo: **Imports have now peaked**, le importazioni hanno raggiunto il massimo.
to peak (2) [pi:k], *v. i.* affievolirsi; emaciarsi; languire; struggersi. ● (*fam.*) **to p. and pine**, struggersi e languire.
peaked (1) [pi:kt], **peaky** ['pi:kɪ], *a.* puntuto; aguzzo; affilato. ● (*archit.*) **p. roof**, tetto a punta.
peaked (2) [pi:kt], **peaky** ['pi:kɪ], *a.* emaciato; languente; smunto; scarno. ● **to feel a bit p.**, essere un po' indisposto.
peal [pi:l], *n.* **1** (*di campane*) scampanio **2** serie di campane le cui voci sono in accordo; carillon **3** (*di risa*) scoppio; (*d'applausi*) scroscio **4** (*del tuono*) fragore; rimbombo; scoppio.
to peal [pi:l], **A** *v. t.* **1** (*di campane*) scampanare; suonare a distesa **2** rumoreggiare; tuonare. **B** *v. t.* **1** suonare (*campane*) a distesa **2** far risuonare; far rimbombare **3** annunziare a gran voce; proclamare.
pean ['pi:ən], *V.* **paean**.
peanut ['pi:nʌt], *n.* **1** (*bot., Arachis hypogaea*) arachide; noccioli-na americana **2** (*pl., fam. USA*) due (*o* quattro) soldi; pochi spiccioli. ● **p. butter**, burro d'arachide □ **p. oil**, olio di arachide.

pear [pɛə*], *n.* (*bot.*) **1** pera **2** (*Pyrus communis; anche* **p. tree**) pero. ● **p. drop**, «drop» (*o* caramella) a forma di piccola pera □ **p.-shaped**, a forma di pera.
pearl (1) [pə:l], *n.* **1** (*anche fig.*) perla: **She is a p. of a girl**, è una perla di ragazza **2** (*anche* **mother-of-p.**) madreperla **3** (*pl.*) collana di perle; perle **4** (*tipogr.*) corpo 5. ● (*chim.*) **p. ash**, perlassa □ **p. barley**, orzo perlato □ **p. button**, bottone di madreperla □ **p. diver** (*o* **p. fisher**), pescatore di perle □ **p. diving** (*o* **p. fishing**), pesca delle perle □ **p. fishery**, banco sottomarino ricco di perle □ **p. grey**, grigio perla □ **p. oyster**, ostrica perlifera □ **p. shell**, madreperla greggia □ **p. stringer**, chi infila collane di perle □ (*fig.*) **to cast pearls before swine**, gettar perle ai porci □ **mother-of-p.**, madreperla □ **seed-p.**, piccola perla; perlina.
to pearl (1) [pə:l], **A** *v. t.* **1** imperlare; ornare di perle **2** dare un colore perlaceo a (q.c.) **3** perlare (*l'orzo*). **B** *v. i.* **1** imperlarsi **2** pescar perle. ● **to go pearling**, andare a pesca di perle.
pearl (2) [pə:l], *V.* **purl (1)**.
to pearl (2) [pə:l], *V.* **to purl (1)**.
Pearl [pə:l], *n.* Perla.
pearled [pə:ld], *a.* (dell'orzo, ecc.) perlato.
pearlies ['pə:lɪz], *n. pl.* costume dei fruttivendoli (e altri venditori ambulanti) londinesi (*tutto coperto di bottoni di madreperla*).
pearliness ['pə:lɪnɪs], *n.* l'esser perlaceo (*o* perlato).
pearlite ['pə:laɪt], *n.* (*metall., miner.*) perlite.
pearly ['pə:lɪ], *a.* **1** perlaceo; perlato; color perla; lucente come perla **2** adorno (*o* fatto) di perle **3** coperto di madreperla. ● (*Bibbia*) **the P. Gates**, le porte del Paradiso.
pearmain ['pɛəmeɪn], *n.* (*bot.*) parmena dorata (*varietà di mela*).
peasant ['pezənt], *n.* **1** contadino, contadina; campagnolo, campagnola (*stor.*; *oggi si dice* **farmer** *o* **smallholder**) **2** operaio agricolo (*in Europa*) **3** (*spreg.*) contadino; contadinaccio; zoticone. ● **p. labour**, manodopera per i lavori agricoli □ **p. proprietor**, coltivatore diretto □ (*stor.*) **the Peasants' Revolt**, la Rivolta dei contadini (*1381, in G.B.*).
peasantry ['pezəntrɪ], *n.* **1** (*collett.*) contadini; coloni; rurali **2** l'esser contadino (*o* campagnolo).
pease [pi:z], *n. pl.* (*pl. arc. o dial. di* **pea**) piselli. ● **p.-cod**, baccello di pisello □ **p. pudding**, passato di piselli.
peat [pi:t], *n.* **1** torba **2** formella di torba. ● **p. bog**, torbiera □ **p. moss**, muschio di torba; torbiera □ **p. reek**, fumo di torba; (*fig., fam.*) whisky distillato su fuoco di torba.
peaty ['pi:tɪ], *a.* torboso.
pebble ['pebl], *n.* **1** ciottolo; sasso; sassolino **2** (*miner.*) cristallo di rocca; quarzo ialino **3** (*ottica*) lente di quarzo. ● (*edil.*) **p. dash**, intonaco con ciottoli (*per rivestimenti di esterni*) □ **p. gravel**, ghiaia □ **p. leather**, cuoio granuloso; zigrino □ **p. paving**, acciottolato.
pebbly ['peblɪ], *a.* ciottoloso; sassoso; ghiaioso. ● (*geol.*) **p. sand**, sassolini.
pecan [pɪˈkæn], *n.* (*bot.*) **1** (*Carya illinoensis*) pecan; noce americano **2** noce americana.
peccability [,pekəˈbɪlɪtɪ], *n.* l'essere soggetto a peccare; peccabilità (*lett.*).
peccable ['pekəbl], *a.* soggetto a peccare; peccabile (*lett.*).
peccadillo [,pekəˈdɪloʊ], *n.* (*pl.* **peccadilloes, peccadillos**) peccatuccio; piccola colpa.
peccancy ['pekənsɪ], *n.* **1** l'esser peccatore **2** peccato.
peccant ['pekənt], *a.* **1** peccante; che pecca; peccatore **2** difettoso **2** (*med.*) malato.
peccary ['pekərɪ], *n.* (*zool., Tayassu*) pecari.
peck (1) [pek], *n.* **1** «peck» (*misura per cereali*: pari a 9,09 litri in G. B., a 8,81 litri in USA) **2** recipiente della capacità di «peck» **3** (*fig., fam.*) mucchio; sacco (*fam.*): **a p. of dirt**, un mucchio di sudiciume.
to peck [pek], *v. t. e i.* **1** beccare; colpire (*o* afferrare, mangiare) col becco: **The canary is pecking a biscuit**, il canarino becca un biscotto **2** fare col becco: **to p. a hole**, fare un buco col becco **3** (*fam., spesso* **to p. at**) mangiucchiare; sbocconcellare **4** (*fam.*) baciare in fretta; dare un bacetto a (q.). ● **to p. at**, fare l'atto di beccare; (*fam.*) mangiucchiare; sbocconcellare; (*fam.*) beccarsi con (q.); criticare (*o* rimproverare) di continuo □ **to p. out**, beccare; strappare col becco □ **to p. up** (**o down**) **the ground**, rompere (*o* dissodare) il terreno (*con un arnese puntuto*) □ **a hen-pecked husband**, un marito tormentato (*o* dominato) dalla moglie □ **pecking order**, (*zool., etologia*) ordine di beccata; (*psic.*) gerarchia sociale.
peck (2) [pek], *n.* **1** beccata; colpo di becco **2** (*fam.*) bacio frettoloso; bacetto **3** (*pop.*) roba da mangiare; cibo.
pecker ['pekə*], *n.* **1** (*zool., di solito* **woodpecker**) picchio **2** piccone; massa **3** (*elab.*) sensore **4** (*fam.*) naso **5** (*volg. USA*) cazzo; uccello (*pop.*). ● **to keep one's p. up**, farsi coraggio; tenersi su (*fam.*).
peckish ['pekɪʃ], *a.* (*fam.*) **1** affamato; che ha un buon appetito

Pecksniff

2 (USA) irritabile.
Pecksniff ['pek-snif], n. ipocrita untuoso; falso moralista (dal personaggio omonimo nel romanzo «Martin Chuzzlewit» di C. Dickens).
pecten ['pektən], n. (pl. **pectens, pectines**) **1** (zool., Pecten) pettine **2** (zool.) organo simile a un pettine.
pectic ['pektik], a. (chim., biol.) pectico: **p. acid**, acido pectico.
pectin ['pektin], n. (chim., biol.) pectina.
pectoral ['pektərəl], **A** a. (anat.) pettorale: (zool.) **p. fin**, pinna pettorale. **B** n. **1** pettorale **2** (anat.) muscolo pettorale **3** (zool.) pinna pettorale. ● (relig.) **p. cross**, croce pettorale.
pectose [pektous], n. (chim.) pectosio; pectinosio.
to **peculate** ['pekjuleit], **A** v. i. (leg.) commettere peculato. **B** v. t. appropriarsi indebitamente di (denaro, specialm. pubblico).
peculation [,pekju'leiʃən], n. (leg.) peculato; prevaricazione.
peculator ['pekjuleitə*], n. (leg.) chi commette peculato; prevaricatore.
peculiar [pi'kju:liə*], **A** a. **1** peculiare; particolare; caratteristico; speciale: **a matter of p. interest**, una faccenda di particolare interesse; **a melancholic mood quite p. to him**, uno stato d'animo melanconico che gli è del tutto peculiare **2** bizzarro; eccentrico; singolare; strano; curioso: **a p. flavour**, uno strano sapore; **a p. situation**, una situazione strana (o imbarazzante); **He has always been a little p.**, è sempre stato (un tipo) un po' bizzarro. **B** n. **1** prerogativa; privilegio **2** (stor., relig.) chiesa (o parrocchia) non soggetta alla giurisdizione della diocesi **3 P.**, membro dei **P. People** (V. sotto). ● **P. People**, setta evangelica fondata nel 1838 (che crede nell'intervento divino per guarire le malattie) □ (**God's**) **p. people**, il popolo eletto da Dio); gli ebrei; gli eletti.
peculiarity [pi,kju:li'æriti], n. **1** peculiarità; caratteristica; particolarità **2** bizzarria; eccentricità; singolarità; stranezza: **p. of manner**, singolarità del modo di fare; **p. of speech**, eccentricità nel parlare.
peculiarly [pi'kju:liəli], avv. **1** peculiarmente; particolarmente **2** in modo bizzarro; eccentricamente; stranamente: **They dress p.**, vestono in modo bizzarro **3** straordinariamente: **p. interesting**, straordinariamente interessante **4** individualmente; personalmente: **That does not affect him p.**, ciò non lo interessa personalmente.
pecuniary [pi'kju:njəri], a. pecuniario; finanziario; monetario; in denaro: **p. gain**, guadagno finanziario; **p. motives**, motivi pecuniari; (econ.) **p. unit**, unità monetaria. ● (leg.) **p. offence**, reato passabile di pena pecuniaria.
pedagog ['pedəgɔg], (USA) V. **pedagogue**.
pedagogic(al) [,pedə'gɔdʒik(əl)], a. pedagogico.
pedagogics [,pedə'gɔdʒiks], n. pl. (col verbo al sing.) pedagogia.
pedagogism ['pedəgɔgizəm], n. **1** pedagogismo **2** (spreg.) pedanteria.
pedagogue ['pedəgɔg], n. **1** pedagogo **2** (spreg.) pedante.
pedagoguism ['pedəgɔgizəm], V. **pedagogism**.
pedagogy ['pedəgɔgi], n. pedagogia.
pedal (1) ['pedl], n. **1** (mecc., mus.) pedale: (autom.) **clutch p.**, pedale della frizione **2** (aeron.) pedaliera. ● **p. crank**, pedivella □ **p. cycle**, ciclomotore (a pedali) □ (mus.) **loud p.**, pedale del forte □ (mus.) **soft p.**, pedale del piano.
to **pedal** ['pedl], **A** v. i. **1** pedalare **2** azionare un pedale (o i pedali). **B** v. t. azionare (o comandare, muovere) (q.c.) per mezzo di pedali.
pedal (2) ['pedl], a. (biol.) del piede; pedale.
pedalo ['pedəlou], n. (pl. **pedalos, pedaloes**) moscone (o pattino) a pedali.
pedant ['pedənt], n. pedante.
pedantic [pi'dæntik], a. **1** pedantesco **2** (di persona) pedante.
pedantically [pi'dæntikəli], avv. pedantescamente.
to **pedantize** ['pedəntaiz], **A** v. i. pedanteggiare. **B** v. t. (raro) rendere pedantesco.
pedantry ['pedəntri], n. pedanteria.
pedate ['pedit], a. (biol.) **1** pedato **2** pedicellato **3** provvisto di piede.
to **peddle** ['pedl], **A** v. i. **1** fare il venditore ambulante **2** occuparsi d'inezie; perdersi in piccinerie. **B** v. t. **1** vendere al minuto **2** spacciare (droga). ● **to p. advice**, distribuire consigli (a dritta e a manca).
peddler ['pedlə*], n. **1** (USA) V. **pedlar 2** spacciatore di droga.
peddling ['pedliŋ], **A** a. futile; meschino; di poco conto; di scarsa importanza: **a p. outlook on life**, una visione meschina della vita. **B** n. **1** commercio ambulante **2** spaccio della droga.
pederast ['pedəræst], **pederasty** ['pedəræsti], V. **paederast, paederasty**.
pedestal ['pedistl], n. **1** (anche fig. e scient.) piedistallo; piedestallo **2** piede centrale (di tavolo). ● **p. table**, tavolo a piede centrale □ (fig.) **to knock sb. off his p.**, buttare giù q. dal piedistallo □ (fig.) **to set** (o **to put**) **sb. on a p.**, mettere q. su un piedistallo.
to **pedestal** ['pedistl], v. t. **1** (anche fig.) mettere su un piedistallo **2** fare da piedistallo a (q.c.).
pedestrian [pi'destriən], **A** n. pedone; viandante. **B** a. pedestre (anche fig.); comune; prosaico. ● **p. crossing**, passaggio pedonale □ **p. island** (o **p. precinct**), isola pedonale □ **a street reserved for pedestrians**, una strada pedonale.
pedestrianism [pi'destriənizəm], n. **1** podismo **2** (fig.) l'essere pedestre; prosaicità.
pedestrianization [pi,destriə'naizəʃən], n. pedonalizzazione.
to **pedestrianize** [pi'destriənaiz], **A** v. t. pedonalizzare (una strada, ecc.). **B** v. i. andare a piedi; camminare.
pedestrianized [pi'destriənaizd], a. pedonalizzato.
pediatric [,pedi'ætrik], e deriv. (USA) V. **paediatric**, e deriv.
pedicab ['pedikæb], n. triciclo usato come taxi (in Indonesia, ecc.)
pedicel ['pedisl], **pedicle** ['pedikl], n. (bot., zool.) pedicello; peduncolo.
pedicellate ['pedisəleit], a. (zool., bot.) pedicellato.
pedicular [pi'dikjulə*], a. (med.) pedicolare.
pediculosis [pe,dikju'lousis], n. (pl. **pediculoses**) (med.) pediculosi.
pediculous [pi'dikjuləs], a. (med.) pidocchioso.
pedicure ['pedikjuə*], n. **1** pedicure; callista; podologo **2** pedicure; cura dei piedi.
pedicurist ['pedikjuərist], n. pedicure (chi fa il trattamento).
pedigree ['pedigri:], **A** n. **1** albero genealogico **2** genealogia; discendenza; lignaggio (lett.) **3** (d'animali) pedigree. **B** a. attr. che ha il pedigree: **a p. bull (Alsatian, etc.)**, un toro (un pastore tedesco, ecc.) con pedigree.
pedigreed ['pedigri:d], a. **1** di nobili natali; d'alto lignaggio **2** (d'animale) che ha il pedigree: **a p. dog**, un cane con pedigree.
pediment ['pedimənt], n. **1** (archit.) frontone; timpano **2** (geol.) pedimento; conopiano.
pedimental [,pedi'mentl], a. **1** di (o che serve da) frontone **2** che ha la forma di un frontone **3** (geol.) di pedimento.
pedimented ['pedimentid], a. (d'edificio) provvisto d'un frontone.
pedlar ['pedlə*], n. **1** venditore ambulante **2** (fig.) chi diffonde (o divulga) q.c.; propagatore: **a p. of gossip**, uno che diffonde pettegolezzi. ● **p.'s French**, gergo della malavita □ (polit.) **p. of influence**, procacciatore di favori (spesso illeciti).
pedlary ['pedləri], n. **1** commercio di venditore ambulante **2** mercanzia di venditore ambulante.
pedology [pi'dɔlədʒi], n. **1** (med.) pedologia **2** (geol.) pedologia; scienza del suolo.
pedometer [pi'dɔmitə*], n. **1** pedometro; contapassi (strumento) **2** (med.) pedometro (per misurare neonati).
peduncle [pi'dʌŋkl], n. (anat., bot., zool.) peduncolo.
peduncular [pi'dʌŋkjulə*], a. (bot., zool.) peduncolare.
pedunculate [pi'dʌŋkjulit], a. (bot., zool.) peduncolato.
to **pee** [pi:], v. i. (volg.) pisciare (volg.); fare pipì (fam.); orinare.
pee (1) [pi:], n. (volg.) **1** piscio (volg.); pipì (fam.); orina **2** pisciata (volg.): **to go for** (**to have**) **a pee**, (andare a) fare una pisciata.
pee (2), pe [pi:], n. pi; lettera p.
to **peek** [pi:k], v. i. guardare furtivamente; sbirciare.
peek [pi:k], n. sguardo furtivo; sbirciatina. ● **p.-a-boo**, gioco del cucù, nascondino (cfr. **bopeep**).
to **peel** [pi:l], **A** v. t. **1** sbucciare; spellare; mondare: **to p. an orange**, sbucciare un'arancia **2** sgusciare: **peeled prawns**, gamberetti sgusciati **3** (generalm. **to p. off**) staccare, togliere (la buccia, la scorza). **B** v. i. **1** sbucciarsi; spellarsi: **She got sunburnt and her face peeled**, prese troppo sole e le si spellò il viso **2** (fam.) spogliarsi; svestirsi. ● **to p. back**, pelare; strappare il rivestimento da (q.c.) □ **to p. off**, staccarsi in strisce; staccarsi dal gruppo, andarsene per i fatti propri; (aeron.) staccarsi (dalla formazione): **The paint is peeling off from the walls**, la vernice si sta staccando dalle pareti □ (pop., autom. USA) **to p. out**, sgommare □ (fam.) **to keep one's eyes peeled**, tener gli occhi ben aperti □ (fam.) **He peeled off his raincoat**, si levò l'impermeabile.
peel (1) [pi:l], n. buccia; scorza; pelle (fig.). ● **candied p.**, scorza (di limone o d'arancio) candita.
peel (2) [pi:l], n. pala da fornaio.
peeler (1) ['pi:lə*], n. **1** chi sbuccia; sbucciatore, sbucciatrice **2** (ind.) pelatrice (macchina) **3** (fam. USA) spogliarellista.
peeler (2) ['pi:lə*], n. (arc., pop.) poliziotto (dal nome di Robert Peel).
peeling ['pi:liŋ], n. **1** buccia, scorza (staccata dalla frutta, ecc.): **peelings**, bucce (specialm. di patate) **2** sbucciatura; mondatura **3** (della pelle o di un rivestimento) spellatura **4** peeling (speciale trattamento al viso nella cura di bellezza). ● **p. machine**,

(*ind. tessile*) mondatrice (*dei semi di cotone*); (*ind. della frutta e verdura*) pelatrice, mondatrice, sbucciatrice.
peen [pi:n], *n.* penna (*del martello*). ● **p. hammer**, martello da muratore.
to peen [pi:n], *v. t.* (*metall.*) **1** martellare a penna; battere con la penna del martello **2** sottoporre a pallinatura.
peening ['pi:niŋ], *n.* (*metall.*) **1** martellamento (a penna) **2** pallinatura.
to peep (1) [pi:p], *v. i.* **1** (*d'uccelli*) pigolare (*anche fig.*) **2** (*di topi*) squittire.
peep (1) [pi:p], *n.* **1** pigolio **2** squittio.
to peep (2) [pi:p], *v. i.* **1** guardare furtivamente; sbirciare; spiare: **to p. behind the scenes (under the bed, etc.)**, spiare dietro le quinte (sbirciare sotto il letto, ecc.) **2** (*spesso* **to p. out**) apparire a poco a poco; far capolino; spuntare: **The snowdrops were peeping in the sunshine**, i bucaneve facevano capolino nelle chiazze di sole; **The sun peeped out**, spuntò il sole **3** (*fig.: di qualità, ecc.*) rivelarsi spontaneamente; scoprirsi. ● **to p. at sb.**, spiare q. ● **to p. into a room**, sbirciare dentro una stanza □ Peeping Tom, guardone; voyeur.
peep (2) [pi:p], *n.* **1** sguardo furtivo; occhiata; sbirciata **2** veduta parziale; scorcio; vista fugace **3** primo apparire (*dell'alba, della luce, ecc.*). ● **p.-hole**, foro di spia; spioncino; spiraglio □ **p.-show**, apparecchio nel quale si vedono immagini attraverso un foro provvisto di lente □ **p. sight**, diottra (*d'arma da fuoco*) □ (*mil.*) **p. slot**, feritoia □ **at p. of dawn** (*o* **of day**), allo spuntar del giorno; all'alba □ **to get a p. of st.**, intravedere q.c. □ **to take a p. at st.**, dare un'occhiata a q.c.
peeper (1) ['pi:pə*], *n.* animale che pigola; pulcino
peeper (2) ['pi:pə*], *n.* **1** chi sbircia; chi spia; ficcanaso **2** (*pl., pop.*) cchi.
peer [piə*], *n.* **1** pari; uguale; coetaneo; persona di pari condizione sociale, ecc.: **the right to be judged by one's peers**, il diritto d'essere giudicato dai propri pari **2** Pari (*d'Inghilterra, di Scozia o d'Irlanda*); Lord; nobile (*di un'altra nazione*): **the peers of the realm**, i Pari del Regno. ● (*polit.*) **the House of Peers**, la Camera dei Pari (*o* dei Lord: *in G.B.*).
to peer [piə*], *v. i.* **1** guardar da presso; sbirciare; scrutare: **to p. into a dark cave**, guardare dentro una caverna buia; **to p. at sb.**, sbirciare q.; scrutare q. **2** apparire a poco a poco; far capolino; spuntare.
peerage ['piəridʒ], *n.* **1** (*collett.*) (i) Pari (*d'Inghilterra, di Scozia o d'Irlanda*) **2** (l')aristocrazia, (la) nobiltà (*di un'altra nazione*) **3** dignità (*o* titolo) di Pari; paria (*raro*) **4** almanacco nobiliare (inglese).
peeress ['piəris], *n.* **1** consorte di un Pari **2** nobildonna.
peerless ['piəlis], *a.* senza pari; impareggiabile; incomparabile.
peerlessness ['piəlisnis], *n.* l'essere senza pari; incomparabilità.
to peeve [pi:v], *v. t.* (*fam.*) irritare; seccare; scocciare (*fam.*).
peeved [pi:vd], *a.* (*fam.*) irritato; seccato; scocciato (*fam.*).
peevish ['pi:viʃ], *a.* irritabile; irascibile; permaloso; stizzoso.
peevishness ['pi:viʃnis], *n.* irritabilità; irascibilità; permalosità.
peewit ['pi:wit], *V.* **pewit**.
peg [peg], *n.* **1** piolo; caviglia; spina; spinotto; cavicchio **2** picchetto; paletto; piolo: **tent pegs**, picchetti da tenda; **hat pegs**, pioli per attaccare il cappello; attaccapanni **3** (*per botti*) zaffo; zipolo **4** (*anche* **clothes peg**) molletta da bucato **5** (*mus.: di violino, ecc.*) bischero **6** (*fig.*) appiglio, pretesto; motivo: **The peg for his remarks is the economic crisis**, la crisi economica è il pretesto per le sue osservazioni **7** (*fin.*) punto (*o* tasso) d'intervento; parità **8** (*raro*) bevanda alcolica; (*specialm.*) brandy (*o* whisky) con seltz. ● (*fam.*) **peg leg**, gamba di legno; persona con una gamba di legno □ **peg top**, trottola □ **peg-top trousers**, calzoni larghi in alto e stretti in fondo; calzoni a sbuffo □ (*d'abito*) **off the peg**, confezionato; bell'e fatto □ (*gergo mil.*) **to put on the peg**, denunciare (*un soldato*) a un ufficiale; farlo punire □ (*fig.*) **a square peg in a round hole**, un pesce fuor d'acqua; una persona inadatta al suo lavoro (al suo ambiente, ecc.) □ (*fig.*) **to take sb. down a peg or two**, far abbassare la cresta a q.
to peg [peg], *A v. t.* **1** fissare; infiggere (*o* piantare) con caviglie, picchetti, pioli, ecc.; incavigliare; incavicchiare: **to peg a notice to a billboard**, fissare (*o* attaccare) un avviso su un cartellone **2** segnare con pioli (*o* picchetti); picchettare: **to peg the score**, segnare il punteggio per mezzo di piccoli pioli; **to peg out a mining claim**, delimitare con picchetti un terreno minerario (*per rivendicarne il possesso*) **3** colpire (*o* trapassare) con un picchetto, un picchetto **4** (*fin., Borsa*) stabilizzare il prezzo di (*azioni, ecc.*) **5** fissare (*prezzi, quotazioni, ecc.*) **6** (*fam.*) lanciare, scagliare (*una palla, ecc.*). *B v. i.* — **to peg away (at)**, affaticarsi, lavorare indefessamente (a); sgobbare **2** segnare i punti (in una partita) mediante piccoli pioli. ● (*mil.*) **to peg down the tents**, piantare le tende □ (*fig.*) **to peg sb. down (to the rules, to a line of action, etc.)**, inchiodare q. (ai regolamenti, a una linea d'azione) □ (*fam.*) **to peg out**, morire; tirare le cuoia; picchettare, delimitare con picchetti (*un terreno*) □ (*fam.*) **to peg (stones) at sb.**, scagliare sassi contro q. □ **to peg up the laundry**, stendere il bucato (*su fili tesi su paletti*).
pegamoid ['pegəmoid], *n.* (*marchio*) pegamoide; finta pelle.
Pegasus ['pegəsəs], *n.* (*pl.* **Pegasi, Pegasuses**) **1** (*mitol., astron.*) Pegaso **2** (*fig.*) ispirazione poetica.
Peggy ['pegi], *n.* (*dim. di* **Margaret**) Rita.
Peiping [pei'piŋ], *n.* (*geogr.*) Pechino.
pejorative [pi:'dʒərətiv], *a. e n.* (*anche gramm.*) peggiorativo.
peke [pi:k], *n.* (*fam.*) pechinese (*cane*).
pekin [pi:'kin], *n.* stoffa di seta stampata; seta di Pechino.
Pekin [pi:'kin], **Peking** [pi:'kiŋ], *n.* (*geogr.*) Pechino.
Pekinese [,pi:ki'ni:z], **Pekingese** [,pi:kiŋ'i:z], *a. e n.* (*invar. al pl.*) pechinese.
Pekinologist [,pi:kiŋ'ɔlədʒist], **Pekinologist** [,pi:ki'nɔlədʒist], *n.* sinologo; esperto dei problemi politici della Cina comunista.
Pekinology [,pi:kiŋ'ɔlədʒi], **Pekinology** [,pi:ki'nɔlədʒi], *n.* sinologia; studio dei problemi politici della Cina comunista.
pekoe ['pi:kou], *n.* (*comm.*) «pekoe» (*tè scuro di prima qualità*).
pelage ['pelidʒ], *n.* pelame.
pelagian [pi'leidʒən], *A a.* pelagico (*anche oceanografia, geol.*); oceanico. *B n.* **1** (*zool.*) animale pelagico **2** (*bot.*) pianta pelagica.
Pelagian [pi'leidʒən], *a. e n.* (*relig.*) pelagiano.
Pelagianism [pi'leidʒənizəm], *n.* (*relig.*) pelagianismo.
pelagic [pe'lædʒik], *a.* pelagico (*anche oceanografia, geol.*); oceanico.
pelargonium [,pelə'gounjəm], *n.* (*bot., Pelargonium*) geranio; pelargonio.
Pelasgian [pe'læzgiən], **Pelasgic** [pe'læzgik], *a.* (*stor.*) pelasgico; dei Pelasgi: **P. architecture**, architettura pelasgica.
pelerine ['peləri:n], *n.* pellegrina (*mantellina da donna*).
pelf [pelf], *n.* (*spreg.*) denaro; ricchezza; «il vil metallo».
pelican ['pelikən], *n.* (*zool., Pelecanus*) pellicano.
pelisse [pə'li:s], *n.* **1** mantello da donna (*con pelliccia*) **2** cappottino (*da bambino*) **3** (*stor.*) giacca da ussaro (*guarnita di pelliccia*).
pellagra [pə'lægrə], *n.* (*med.*) pellagra.
pellagrous [pə'lægrəs], *a.* (*med.*) pellagroso.
pellet ['pelit], *n.* **1** pallottola (*d'argilla, carta, ecc.*); pallina **2** pallino di piombo **3** (*farm.*) pellet; piccola pillola **4** (*agric.*) pellet, nucleo (*di mangime*) **5** (*mil.*) pallino **6** (*geol.*) grumo **7** (*scient., tecn.*) pallottolae, pastiglia **8** (*stor.*) palla di pietra (*per catapulta o cannone*).
to pellet ['pelit], *v. t.* **1** appallottolare **2** colpire con una pallottola (*specialm. di carta*) (*o* con un pallino); impallinare.
pellicle ['pelikl], *n.* pellicola; membrana.
pellicular [pə'likjulə*], *a.* pellicolare; di (*o* simile a) pellicola.
pell-mell ['pel'mel], *A avv.* **1** alla rinfusa; disordinatamente **2** precipitosamente; sfrenatamente. *B a.* **1** disordinato; promiscuo **2** precipitoso; sfrenato. *C n.* confusione; disordine.
pellucid [pe'lju:sid], *a.* pellucido; trasparente, chiaro (*anche fig.*); lampante: **a p. explanation**, una spiegazione chiarissima.
pellucidity [,pelju'siditi], *n.* pellucidità; trasparenza, chiarezza (*anche fig.*).
pelmet ['pelmit], *n.* mantovana (*corto drappo sopra una tenda*).
Peloponnesian [,peləpə'ni:ʃən], *a. e n.* peloponnesiaco.
pelota [pə'loutə], *n.* pelota; palla basca (*gioco spagnolo*).
pelt (1) [pelt], *n.* **1** pelle non conciata (*di animale da pelliccia*) **2** (*scherz.*) pelle (*dell'uomo*).
to pelt [pelt], *A v. t.* **1** attaccare, colpire (*scagliando q.c.*); bersagliare: **to p. a boy with green tomatoes**, bersagliare un ragazzo con pomodori acerbi **2** lanciare, scagliare. *B v. i.* **1** battere insistentemente; picchiare; scrosciare: **The rain is pelting on the tin roof**, la pioggia batte insistentemente sul tetto di lamiera **2** affrettarsi; precipitarsi. ● **to p. sb. with questions**, tempestare q. di domande □ **to p. sb. with stones**, lapidare q. □ **pelting rain**, pioggia a dirotto; pioggia a catinelle.
pelt (2) [pelt], *n.* **1** il colpire (*scagliando q.c.*); colpo (*di sasso, ecc.*) **2** velocità. ● **at full p.**, a tutta velocità; a rotta di collo.
peltast ['peltæst], *n.* (*stor.*) peltasta.
peltate ['peltit], *a.* (*stor., bot.*) peltato.
peltry ['peltri], *n.* (*collett.*) pellame; pelletteria.
pelvic ['pelvik], *a.* (*anat.*) pelvico.
pelvis ['pelvis], *n.* (*pl.* **pelvises, pelves**) (*anat.*) **1** pelvi; bacino: **false p.**, grande pelvi; pelvi falsa; **true p.**, piccola pelvi; pelvi vera **2** (*anche* **pelvic cavity**) pelvi; cavità pelvica **3** (*anche* **renal p.**) pelvi renale; bacinetto renale.
pem(m)ican ['pemikən], *n.* pemmican; carne essiccata.
pen (1) [pen], *n.* **1** recinto; chiuso **2** (*nelle Indie occidentali*) fattoria; piantagione **3** *V.* **play-pen** **4** (*anche* **submarine p.**) base di sommergibili. ● **hen pen**, pollaio □ (*USA: anche fig.*) **pig-pen**,

pen (1)

porcile □ **play-pen**, box (*recinto di legno per bimbi piccoli*) □ **sheep pen**, ovile.
to pen (1) [pen], *v. t.* chiudere (*o* rinchiudere) in un recinto. ● **to pen in** (*o* **to pen up**), mettere (*bestiame*) al chiuso.
pen (2) [pen], *n.* **1** (*stor.*) penna d'oca (*per scrivere*) **2** penna (*per scrivere*) **3** (*fig.*) scrittore; stile; penna: **My father lives by his pen**, mio padre si guadagna la vita con la penna (*o* facendo lo scrittore). ● **a pen-and-ink drawing**, un disegno (fatto) a penna □ **pen-feather**, penna maestra (*dell'ala dell'uccello*) □ **pen-friend**, corrispondente; amico di penna □ **pen-name**, pseudonimo; nome d'arte □ **pen-nib**, pennino □ **pen pal**, corrispondente; amico di penna □ **pen-wiper**, nettapenne; puliscipenne □ **ball-point pen**, penna a sfera □ (*fam.*, *spreg.*) **pen-pusher**, scrivano; scribacchino; impiegatuccio □ **fountain-pen**, penna stilografica □ **ink p.** (*o* **drawing p.**), tiralinee □ **quill-pen**, penna d'oca □ (*lett.*) **to take up one's pen**, porre mano alla penna; cominciare a scrivere.
to pen (2) [pen], *v. t.* scrivere (*con la penna*); comporre: **to pen a letter**, scrivere una lettera.
pen (3) [pen], *n.* (*zool.*) femmina del cigno.
pen (4) [pen], *n.* (*abbr. pop. di* **penitentiary**, *USA*) penitenziario.
penal ['pi:nl], *a.* **1** (*leg.*) penale: **p. code**, codice penale; **p. law**, diritto penale **2** (*fig.*) che penalizza; rigoroso; severo: **a new p. tax**, una nuova imposta che penalizza il contribuente. ● (*leg.*) **a p. offense**, un reato passibile di sanzione penale □ (*leg.*) **p. servitude**, lavori forzati □ **p. suit** (*o* **action**), causa penale.
penalization [,pi:nəlai'zei∫ən], *n.* **1** penalizzazione **2** (*leg.*) criminalizzazione **3** (*sport*) penalizzazione.
to penalize ['pi:nəlaiz], *v. t.* **1** penalizzare **2** (*leg.*) rendere perseguibile penalmente; criminalizzare **3** (*sport*) penalizzare.
penalty ['penlti], *n.* **1** (*leg., comm., sport*) penalità; multa; sanzione penale; penale; pena **2** (*ass., autom.*) sovrappremio (*in caso di sinistro*). ● (*sport*) **p. area**, area di rigore □ (*comm.*) **p. clause**, clausola penale; penale □ (*sport*) **p. kick**, calcio di rigore; penalty □ **to pay the p.**, pagare il fio; scontare una colpa □ (*sport*) **to suffer a p.**, subire un rigore.
penance ['penəns], *n.* (*anche relig.*) penitenza: **to do p.**, far penitenza.
to penance ['penəns], *v. t.* dare una penitenza a (q.).
Penates [pe'neiti:z], *n. pl.* (*mitol.*) penati.
pence [pens], *n. pl.* «pence» (*pl. di di* «**penny**», la centesima parte d'una sterlina); indica il valore, non le singole monetine, per indicare le quali si usa **pennies**; cfr. **penny**. ● **fourpence**, (il valore di) quattro «penny» □ **It costs tenpence a pound**, costa dieci pence la libbra.
penchant ['pā:n∫ā:ŋ] (*franc.*), *n.* inclinazione; propensione; tendenza.
pencil ['pensl], *n.* **1** matita; lapis: **copying p.**, matita copiativa **2** (*elettr., anche* **p. beam**) fascio filiforme (*o* concentrato) **3** (*geom.*) fascio (*di linee che s'incontrano in un punto*). ● **p.-cap**, salvapunte □ **p.-case**, portamatite (*astuccio*) □ **p.-sharpener**, temperamatite □ **eyebrow p.**, matita per le sopracciglia □ **to sign in p.**, firmare a matita.
to pencil ['pensl], *v. t.* disegnare (*o* segnare, scrivere) con la matita; buttare giù a matita. ● **to p. st. in**, aggiungere q.c. a matita.
pencilled ['pensld], *a.* (*di sopracciglio*) disegnato con la matita.
penciller ['penslə*], *n.* chi disegna a matita; disegnatore.
pendant ['pendənt], **A** *a.* **1** pendaglio; pendente; ciondolo (*specialm. di collana, orecchino*) **2** calata di lampada (*dal soffitto*) **3** (*archit.*) fregio pensile **4** (*naut.*) bracotto; penzolo **5** (*naut., anche* **pennant**) fiamma; guidone; pennello **6** (*anche, con pronuncia franc.* [pā'dā]) cosa che s'appaia a un'altra; paio; pendant. **B** *a. V.* **pendent**. ● (*edil.*) **p. post**, puntello; saetta
pendency ['pendənsi], *n.* **1** l'esser pendente (*o* sospeso) **2** (*fig.*) l'essere in sospeso; l'essere tuttora indeciso
pendent ['pendənt], *a.* **1** pendente; sospeso **2** incombente **3** (*fig.*) pendente; che è pendente; che è in sospeso: **a lawsuit which is p.**, una causa che è tuttora pendente (*o* non giudicata) **4** (*gramm.: di periodo*) lasciato in sospeso.
pendentive [pen'dentiv], *n.* (*archit.*) pennacchio.
pending ['pendiŋ], **A** *a.* **1** pendente (*fig.*); indeciso; non risolto: **a p. suit**, una questione (legale) pendente **2** incombente. **B** *prep.* **1** durante: **p. these negotiations**, durante questi negoziati **2** fino a; in attesa di: **p. his acceptance**, in attesa della sua accettazione. ● **p. dealings**, trattative in corso □ **patent p.**, brevetto in corso di concessione.
pendragon [pen'drægən], *n.* (*stor.*) capo supremo; principe (*fra i Britanni o i Gallesi*).
pendular ['pendjulə*], *a.* (*scient.*) pendolare.
to pendulate ['pendjuleit], *v. i.* pendolare; oscillare (*anche fig.*).
penduline ['pendjulain], *a.* **1** (*di nido*) pendulo **2** (*d'uccello*) che costruisce un nido pendulo (*per es.*, il pendolino).
pendulous ['pendjuləs], *a.* (*di nido, fiore, ecc.*) pendulo; sospeso.
pendulum ['pendjuləm], *n.* (*fis.; anche fig.*) pendolo. ● **p. clock**,

orologio a pendolo; pendola □ **p. motion**, moto pendolare □ (*fig.*) **the swing of the p.**, gli alti e bassi dell'opinione pubblica; il rovesciamento di fronte (*fig.*); lo spostamento radicale (*di posizioni politiche, ecc.*).
peneplain, peneplane ['pi:niplein], *n.* (*geol.*) penepiano.
penetrability [,penitrə'biliti], *n.* penetrabilità.
penetrable ['penitrəbl], *a.* penetrabile.
penetralia [,peni'treiljə], *n. pl.* (*lett.*) (i) penetrali.
penetrant ['penitrənt], *a.* penetrante; acuto; aguzzo.
to penetrate ['penitreit], *v. t. e i.* **1** penetrare (*anche fig.*); farsi strada; comprendere; scoprire: **The fog penetrated the house**, la nebbia penetrò nella casa; **New ideas slowly p. the heads of stubborn country folk**, le idee nuove si fan strada lentamente nelle teste di campagnoli ostinati; **I penetrated his disguise and revealed his identity**, scoprii il suo travestimento e rivelai la sua identità **2** compenetrare; permeare; pervadere **3** diffondersi; spargersi.
penetrating ['penitreitiŋ], *a.* **1** penetrante; (*fig.*) acuto, sottile: **a p. sound** (smell, etc.), un suono (un odore, ecc.) penetrante **2** profondo: **a p. wound**, una profonda ferita.
penetration [,peni'trei∫ən], *n.* penetrazione (*anche fig.*); acume; intuizione; intuito; perspicacia. ● (*mil.*) **p. tactics**, tattiche di penetrazione □ (*polit.*) **peaceful p.**, penetrazione pacifica.
penetrative ['penitrətiv], *a.* penetrativo; penetrante (*anche fig.*).
penful ['pen-ful], *n.* quantità (*d'inchiostro*) che una penna stilografica può contenere.
penguin ['peŋgwin], *n.* (*zool., Aptenodytes; Eudyptes*, ecc.) pinguino. ● (*gergo astronautico*) **p. suit**, tuta spaziale.
penholder ['pen,houldə*], *n.* portapenne; asticciola.
penicil ['penisil], *n.* (*bot., zool.*) penicillo.
penicillate ['penisilit], *a.* (*bot., zool.*) penicillato; (fatto) a pennello.
penicillin [,peni'silin], *n.* (*farm.*) penicillina.
peninsula [pi'ninsjulə], *n.* (*geogr.*) penisola.
peninsular [pi'ninsjulə*], *a.* (*geogr.*) peninsulare. ● (*stor.*) **the P. War**, la guerra di Spagna (*fra l'Inghilterra e Napoleone*).
penis ['pi:nis], *n.* (*pl.* **penes, penises**) (*anat.*) pene.
penitence ['penitəns], *n.* penitenza; pentimento.
penitent ['penitənt], *a. e n.* penitente.
penitential [,peni'ten∫əl], *a.* penitenziale.
penitentiary [,peni'ten∫əri], **A** *n.* **1** riformatorio **2** (*USA*) penitenziario; carcere **3** (*relig.*) penitenzieria. **B** *a.* **1** (*USA*) penitenziario: **a p. device**, un sistema penitenziario **2** penitenziale; di penitenza. ● (*relig.*) **Grand P.**, penitenziere maggiore (*cardinale a capo della penitenzieria*).
penknife ['pennaif], *n.* (*pl.* **penknives**) temperino.
penman ['penmən], *n.* (*pl.* **penmen**) **1** calligrafo: **a good p.**, un buon calligrafo **2** scribacchino; scrivano **3** scrittore; autore. ● **a bad p.**, uno che ha una brutta scrittura.
penmanship ['penmən∫ip], *n.* **1** calligrafia; scrittura **2** arte dello scrivere.
pennant ['penənt], *n.* **1** (*naut.*) bandiera di segnalazione, bandierina (*specialm. triangolare*); fiamma; guidone; pennello **2** (*meteorologia*) bandierina (*triangoletto su una mappa*) **3** (*sport USA*) vessillo; stendardo.
penniform ['penifɔ:m], *a.* (*scient.*) penniforme.
penniless ['penilis], *a.* senza un soldo; spiantato; squattrinato.
pennon ['penən], *n.* **1** vessillo; stendardo **2** (*naut.*) fiamma; guidone; pennello **3** (*poet.: d'uccello*) ala.
penn'orth ['penəθ], *n.* (*abbr. di* **pennyworth**) valore di un penny; quanto si può comprare con un penny.
Pennsylvania [,pensil'veinjə], *n.* (*geogr.*) Pennsylvania; Pensilvania.
penny ['peni], *n.* (*pl.* **pennies, pence**) **1** «penny» (*moneta ingl., pari a un centesimo di sterlina*): **He gave me my change in pennies; fivepence in all**, mi diede il resto in «pennies» (*in tante monete da un «penny» l'una*); cinque «pence» in tutto **2** (*USA, pl.* **pennies**) centesimo di dollaro **3** (*Bibbia*) denaro (*traduzione ingl. di denarius*). ● **p.-a-line writings** (**novels, etc.**), scritti da quattro soldi; romanzetti da due soldi □ **p.-a-liner**, scribacchino; scrittorello; imbrattacarte □ (*fam.*) **p. dreadful** (*pop.*: **p. blood**), romanzo giallo da due soldi; romanzaccio pieno di orrori □ (*stor.*) **p.-farthing**, biciclo □ **p. pincher**, avaro, spilorcio, tirchio (*sost.*); (*fam.*) oggetto (articolo, automezzo, di denaro) □ (*fam.*) che ha un prezzo conveniente (*o* che fa risparmiare) □ **p.-pinching**, avaro, spilorcio, tirchio (*agg.*) □ **to be p.-wise and pound-foolish**, essere tirchio con i centesimi e prodigo con le lire □ **a bad p.**, un penny falso; (*fig.*) una persona che non dà affidamento □ (*fam.*) **a pretty p.**, un bel gruzzolo; una bella somma (*di denaro*) □ (*fam.*) **to spend a p.**, andare al gabinetto (*cfr. l'eufemismo ital.* «andare a lavarsi le mani») □ **to take care of the pence**, badare al centesimo □ **a three-p. stamp**, un francobollo da tre penny □ **to turn an honest p.**, guadagnarsi il pane (*o* la vita) onestamente □ **two** (*o* **ten**) **a penny**, molto comu-

ne □ **A p. for your thoughts!**, un soldo per i tuoi pensieri!; a che cosa stai pensando? (*si dice a persona assorta in meditazione*) □ (*fam.*) **The p. dropped!**, finalmente ha (o hai, ecc.) capito! | (*prov.*) **In for a p., in for a pound**, quando si è in ballo, bisogna ballare □ (*prov.*) **Take care of the pence, and the pounds will take care of themselves**, il risparmio incomincia dal centesimo.
pennyroyal ['peni'rɔiəl], *n.* (*bot., Mentha pulegium*) pulegio; mentuccia.
pennyweight ['peniweit], *n.* «pennyweight» (*unità di peso del sistema «troy»; pari a 1/20 di oncia e cioè a grammi 1,55*).
pennywort ['peniwəːt], *n.* (*bot., Cotyledon umbilicus-veneris*) ombelico di Venere.
pennyworth ['penəθ], *n.* valore di un penny; quanto si può comprare con un penny; penny: **a p. of toffies**, un penny di caramelline. ● (*fig.*) **a good (a bad) p.**, un buon (un cattivo) affare □ **not a p.**, neanche un po'.
penologist [ˌpiː'nɔlədʒist], *n.* (*leg.*) penalista; esperto di diritto penale.
penology [ˌpiː'nɔlədʒi], *n.* (*leg.*) diritto penale.
pensile ['pensail], *a.* **1** pensile; sospeso **2** (*d'uccello*) che costruisce un nido pendulo (*per es.*, il pendolino).
pension (1) ['penʃən], *n.* **1** pensione (*assegno fisso percepito da un pensionato*): **old-age p.**, pensione di vecchiaia; **disability p.**, pensione di invalidità **2** (*stor.*) assegno, sussidio (*dato a un artista, ecc.*). ● **p. fund**, fondo pensioni □ **p. plan**, piano di pensionamento □ **to retire on a p.**, andare in pensione.
to pension ['penʃən], *v. t.* pensionare; assegnare una pensione a (q.). ● **to p. sb. off**, mandare q. in pensione.
pension (2) [pɑ̃ːsjɔ̃ːn] (*franc.*), *n.* pensione: **to live en p.**, essere (*o* stare) a pensione.
pensionable ['penʃənəbl], *a.* pensionabile; che ha (*o* che dà) diritto alla pensione: **Sixty-five is a p. age**, sessantacinque anni è un'età che dà diritto alla pensione.
pensionary ['penʃənəri], **A** *a.* **1** di pensione; pensionistico **2** che riceve la pensione; pensionato **3** (*stor.*) che riceve un sussidio (*da un protettore*); (*spreg.*) prezzolato. **B** *n.* **1** pensionato **2** (*spreg.*) individuo prezzolato; mercenario.
pensioner ['penʃənə*], *n.* **1** pensionato **2** (*nell'università di Cambridge*) studente che paga la retta del college (*senza borsa di studio*).
pensive ['pensiv], *a.* (*lett.*) **1** pensoso; meditabondo **2** malinconico; triste.
pensiveness ['pensivnis], *n.* (*lett.*) **1** pensosità **2** malinconia.
penstock ['penstɔk], *n.* **1** chiusa, saracinesca (*di regolazione delle acque*) **2** canale (*o* tubo) d'alimentazione (*per una ruota ad acqua*) **3** condotta forzata (*di centrale idroelettrica*).
pent [pent], *a.* (*spesso* **p.-in, p.-up**) rattenuto; represso; rinchiuso: **p.-up feelings**, sentimenti repressi. ● **p.-roof**, *V.* **penthouse roof**, *sotto* **penthouse**.
pentachord ['pentəkɔːd], *n.* (*mus.*) pentacordo.
pentacle ['pentəkl], *n.* pentacolo; stella a cinque punte.
pentad ['pentæd], *n.* **1** gruppo (*o* serie) di cinque unità; pentade (*raro*) **2** periodo di cinque giorni **3** (*chim.*) elemento pentavalente.
pentadactyl [ˌpentə'dæktil], *a.* (*zool.*) pentadattilo.
pentagon ['pentəgən], *n.* (*geom.*) pentagono. ● (*USA*) **the P.**, il Pentagono (*ad Arlington, in Virginia; fig.: il quartier generale delle Forze Armate, a Washington*).
pentagonal [pen'tægənl], *a.* (*geom.*) pentagonale.
pentagram ['pentəgræm], *n.* pentacolo; stella a cinque punte.
pentahedron [ˌpentə'hiːdrən], *n.* (*pl.* **pentahedrons, pentahedra**) (*geom.*) pentaedro.
pentameter [pen'tæmitə*], *n.* (*poesia*) pentametro.
pentane ['pentein], *n.* (*chim.*) pentano.
pentapody [pen'tæpədi], *n.* (*poesia*) pentapodia.
pentarchy ['pentəki], *n.* pentarchia.
pentastich ['pentəstik], *n.* (*poesia*) strofa pentastica.
pentastyle ['pentəstail], *n.* (*archit.*) pentastilo.
Pentateuch ['pentətjuːk], *n.* (*relig.*) Pentateuco.
Pentateuchal [ˌpentə'tjuːkəl], *a.* (*relig.*) del Pentateuco.
pentathlon [pen'tæθlən], *n.* (*sport*) pentatlo; pentathlon.
pentavalent [ˌpentə'veilənt], *a.* (*chim.*) pentavalente.
Pentecost ['pentikɔst], *n.* (*relig.*) Pentecoste.
Pentecostal [ˌpenti'kɔstl], **A** *a.* (*relig.*) della Pentecoste. **B** *n.* pentecostale (*appartenente a una setta religiosa*).
Pentelic [pen'telik], *a.* pentelico: **P. marble**, marmo pentelico.
penthouse ['penthaus], *n.* (*edil.*) **1** tettoia a un solo spiovente (*appoggiata a un edificio*) **2** attico; sopralzo. ● **p. roof**, tetto a uno spiovente (*o* a una falda).
pentode ['pentoud], *n.* (*elettron.*) pentodo.
penult [pi'nʌlt], **penultima** [pi'nʌltimə], *n.* penultima sillaba; penultima.
penultimate [pi'nʌltimit], **A** *a.* penultimo. **B** *n.* **1** (il) penultimo **2** *V.* **penult**.

penumbra [pi'nʌmbrə], *n.* (*pl.* **penumbrae, penumbras**) (*astron., fotogr.*) penombra.
penumbral [pi'nʌmbrəl], *a.* (*astron., fotogr.*) di (*o* in) penombra.
penurious [pi'njuəriəs], *a.* **1** avaro; gretto; meschino; sordido; tirchio **2** povero; indigente; bisognoso.
penuriousness [pi'njuəriəsnis], *n.* **1** avarizia; grettezza; sordidezza; tirchieria **2** penuria; povertà; indigenza.
penury ['penjuri], *n.* penuria; indigenza; miseria.
peon (*def. 1* ['piːən], *def. 2* [pjuːn]), *n.* **1** (*nel Messico e nel Sud America*) peón; peone; operaio **2** povero, povera; persona indigente **3** (*in India*) soldato di fanteria; poliziotto indigeno; attendente; domestico.
peony ['piəni], *n.* (*bot., Paeonia officinalis*) peonia.
people ['piːpl], *n.* **1** popolo; nazione; razza; stirpe; gente: **the English p.**, il popolo inglese; **the English-speaking peoples**, i popoli di lingua inglese; **government of the p.**, governo del popolo; **a warlike p.**, una nazione bellicosa **2** (*collett., col verbo al pl.*) persone; abitanti; gente; folla: **clever (stupid, etc.) p.**, persone intelligenti (stupide, ecc.); **city (country, etc.) p.**, gente di città (di campagna, ecc.); **There were lots of p.**, c'era molta gente (*o* una gran folla); **I don't care what p. say**, non m'importa di quel che dice la gente. ● **one's p.**, i familiari; i parenti; gli antenati, i progenitori: **His p. are sure to hear of it**, è certo che i suoi parenti lo verranno a sapere □ (*polit.*) **p.'s front**, fronte popolare □ **p. mover**, mezzo di trasporto rapido a percorso fisso □ **P.'s Palace**, «Palazzo del Popolo» (*istituto londinese, fondato nel 1887, dotato di biblioteca, corsi serali, ecc., per l'istruzione popolare*) □ **p. of wealth**, gente ricca □ **academic p.**, rappresentanti del mondo accademico, docenti universitari □ **the ant p.**, la razza delle formiche □ (*mitol.*) **the elf p.**, il popolo degli elfi □ (*polit.*) **to go to the p.**, fare appello al Paese; indire le elezioni politiche □ **the little p.**, le fate □ (*collett.*) **old p.**, i vecchi □ **professional p.**, i professionisti □ (*collett.*) **young p.**, i giovani.
to people ['piːpl], **A** *v. t.* popolare; abitare. **B** *v. i.* popolarsi: **This region will p. quickly**, questa regione si popolerà rapidamente.
pep [pep], *n.* (*pop.*) energia; spirito; vigore. ● **a pep pill**, un eccitante (*in pillola*) □ **a pep talk**, un discorso d'incitamento.
to pep [pep], *v. t.* (*generalm.* **to pep up**) animare; ravvivare; stimolare; tirare su (*fam.*).
peperino [ˌpepə'riː(ː)nou], *n.* (*geol.*) peperino (*roccia vulcanica*).
Pepin ['pepin], *n.* (*stor.*) Pipino: **P. the Short**, Pipino il Breve.
peplos ['peplɔs], *n.* (*stor.*) peplo.
pepper ['pepə*], *n.* (*bot.*) **1** pepe (*la pianta e il frutto*): **black p.**, pepe nero; **white p.**, pepe bianco **2** peperone. ● **p.-and-salt**, (color) pepe e sale □ (*USA*) **p.-box**, pepaiola (*bucherellata*); (*cucina*) piatto giamaicano di carne condita con pepe rosso; (*fam., soprannome*) individuo iracondo □ **p.-castor** (*o* **p.-caster**), pepaiola a spolvero □ **p.-mill**, macinapepe, macinino per pepe, pepaiola □ **p. pot**, pepaiola (*bucherellata*) □ **p. steak**, bistecca al pepe (*nero o verde*) □ **p. tree** (*Schinus molle*), pepe del Perù; falso pepe; albero del pepe ● **Cayenne p.**, pepe di Caienna.
to pepper ['pepə*], *v. t.* **1** pepare; impepare; cospargere di (*o* condire con) pepe **2** cospargere, ricoprire di: **The lawn was peppered with hailstones**, il prato era cosparso di chicchi di grandine **3** bersagliare; colpire (*con proiettili*); tempestare (*anche fig.: di domande, ecc.*) **4** (*fig.*) attaccare; battere; picchiare (q.).
peppercorn ['pepəkɔːn], *n.* **1** granello di pepe nero (*un tempo usato come pagamento di affitto nominale*) **2** (*fig.*) cosa insignificante; inezia; nonnulla. ● (*leg.*) **p. rent**, affitto nominale.
peppermint ['pepəmint], *n.* **1** (*bot., Mentha piperita*) menta peperita **2** (*essenza di*) menta (*usata in medicina e per far pasticche*) **3** (*anche* **p. drop**) caramella (*o* pasticca) di menta; mentina.
peppery ['pepəri], *a.* **1** pepato (*anche fig.*); pungente, salato (*fig.*): **a p. reply**, una risposta pepata **2** (*fig.*) focoso; collerico.
peppy ['pepi], *a.* (*pop.*) energico; vigoroso; pieno d'entusiasmo.
pepsin ['pepsin], *n.* (*chim., biol.*) pepsina.
peptic ['peptik], *a.* (*chim., anat., med.*) peptico; gastrico; dell'apparato digerente: **p. glands**, ghiandole peptiche; **p. ulcer**, ulcera peptica.
peptide ['peptaid], *n.* (*chim., biol.*) peptide.
peptone ['peptoun], *n.* (*chim., biol.*) peptone.
to peptonize ['peptənaiz], *v. t.* (*chim.*) peptonizzare.
per [pə(ː)*], *prep.* **1** per; per mezzo di; mediante: **per post**, per posta; per mezzo della posta; **per Mr Smith**, per mezzo (o per il tramite) di Mr Smith; **per rail**, per ferrovia **2** (*distributivo*) per; a; ogni: **a shilling per man**, uno scellino per ciascuno (*o* a testa); (*fis.*) **per second**, per secondo; al minuto secondo; **5 per cent**, 5 per cento; **one dollar per yard**, un dollaro ogni (*o* la) iarda. ● **per annum**, all'anno □ **per capita**, pro capite: (*stat.*) **p. consumption**, consumo pro capite □ **per contra**, al contrario □ (*comm.*) **as per invoice**, come da fattura.
peradventure [pərəd'ventʃə*], *avv.* (*arc.*) forse; probabilmente. ● **beyond p.**, fuor di dubbio □ **without (all) p.**, senza

perambulate

(alcun) dubbio.
to perambulate [pəˈræmbjuleit], **A** v. i. camminare; girare; passeggiare; vagare. **B** v. t. **1** percorrere a piedi; girare per; passeggiare in **2** fare un giro d'ispezione in, ispezionare (un territorio).
perambulation [pəˌræmbjuˈleiʃən], n. **1** camminata; passeggiata; passeggio; giro **2** ispezione; giro d'ispezione.
perambulator [ˈpræmbjuleitə*], n. carrozzella per bambini; carrozzina.
perambulatory [pəˈræmbjulətəri], a. **1** itinerante; vagante **2** d'ispezione; ispettivo.
perborate [pəˈbɔureit], n. (chim.) perborato: **sodium p.**, perborato di sodio.
percale [pə(ː)ˈkeil], n. (ind. tessile) percalle.
perceivable [pəˈsiːvəbl], a. percepibile; percettibile.
to perceive [pəˈsiːv], v. t. **1** percepire; accorgersi di; avvertire **2** scorgere; vedere.
percent [pəˈsent], (mat.) **A** n. percento. **B** a. attr. percentuale.
percentage [pəˈsentidʒ], n. **1** percentuale: **a p. of the proceeds**, una percentuale sugli utili; **p. on sales**, percentuale sulle vendite; interessanza **2** (per estens.) parte; porzione: **Only a small p. of the people invited came**, venne solo una piccola parte degli invitati. ● **They worked on a p. basis**, lavoravano a provvigione.
percentile [pəˈsentail], n. (stat.) percentile; dato percentile.
percept [ˈpəːsept], n. (filos., psic.) percetto; oggetto percepito.
perceptibility [pəˌseptəˈbiliti], n. percettibilità.
perceptible [pəˈseptəbl], a. percettibile.
perception [pəˈsepʃən], n. **1** (anche filos.) percezione (sensitiva e intellettiva); intuizione **2** (leg.) riscossione, esazione (di canoni, tributi, ecc.).
perceptional [pəˈsepʃənl], a. percettivo; della percezione.
perceptive [pəˈseptiv], a. percettivo.
perceptiveness [pəˈseptivnis], **perceptivity** [ˌpəːsepˈtiviti], n. percettività.
Perceval [ˈpəːsivəl], n. (letter.) Parsifal.
perch (1) [pəːtʃ], n. (pl. **perch, perches**) (zool.) **1** (Perca fluviatilis) pesce persico **2** (Perca flavescens) perca dorata.
perch (2) [pəːtʃ], n. **1** posatoio; bastone, canna, ramo (su cui stanno appollaiati polli, uccelli) **2** pertica (unità di misura lineare, pari a 5 iarde e mezzo e cioè a circa 5 metri) **3** (naut.) miraglio a pertica. ● (fam.) **to hop the p.**, morire □ **to knock sb. off his p.**, sbalzar q. di sella (fig.); spodestare q. □ **square p.**, pertica quadrata (m² 25 circa) □ (d'uccello) **to take one's p.**, appollaiarsi □ (fig.) **Come off your p.!**, scendi dal piedistallo!; non darti arie!
to perch [pəːtʃ], v. i. appollaiarsi; (d'uccelli) posarsi: **The blackbird perched upon a bough**, il merlo si posò su un ramo; **The little pianist perched on the stool**, il piccolo pianista si appollaiò sullo sgabello. ● (geol.) **perched block**, blocco in bilico □ **perched groundwater**, falda idrica sospesa □ **perched spring**, sorgente artesiana □ **a house perched on a Channel cliff**, una casa situata in cima a una scogliera della Manica.
perchance [pəˈtʃɑːns], avv. (arc.) per avventura; per caso; forse.
perchlorate [pəːˈklɔːreit], n. (chim.) perclorato.
perchloride [pəːˈklɔːraid], n. (chim.) percloruro.
percipience [pəːˈsipiəns], **percipiency** [pəːˈsipiənsi], n. percettività; percezione; intuito.
percipient [pəːˈsipiənt], a. percettivo; perspicace.
to percolate [ˈpəːkəleit], v. t. e i. **1** colare; filtrare; far passare (il caffè, ecc.); (del caffè) passare: **Rainwater percolates through the soil**, l'acqua piovana filtra attraverso il terreno; **The coffee is percolating**, il caffè sta passando **2** (scient.) percolare.
percolation [ˌpəːkəˈleiʃən], n. **1** filtrazione **2** (scient.) percolazione.
percolator [ˈpəːkəleitə*], n. **1** filtro; colatoio **2** (anche **coffee p.**) macchinetta da caffè; caffettiera. ● **electric p.**, caffettiera elettrica.
to percuss [pəːˈkʌs], v. t. (med.) battere leggermente su (un malato); sottoporre a percussione.
percussion [pəːˈkʌʃən], n. **1** (anche med.) percussione: (mus.) **p. instruments**, strumenti a percussione; (d'arma da fuoco) **p. lock**, meccanismo di percussione **2** colpo; vibrazione (da percossa). ● **p. cap**, fulminante (esplosivo) □ (mecc.) **p. drill**, perforatrice a percussione □ **p. pin**, percussore □ **p. section**, batteria.
percussionist [pəːˈkʌʃənist], n. (mus.) suonatore di strumento a percussione; batterista.
percussive [pəːˈkʌsiv], a. di percussione.
percutaneous [ˌpəːkjuː(ː)ˈteiniəs], a. (med.) percutaneo; ipodermico.
perdition [pəːˈdiʃən], n. **1** rovina; perdizione **2** (relig.) dannazione (dell'anima) **3** (relig.) inferno.
perdu(e) [pəːˈdjuː], a. celato; nascosto. ● (lett.) **to lie p.**, nascondersi; (mil.) tendere un'imboscata.
perdurability [pəː(ː)ˌdjuərəˈbiliti], n. l'essere lungamente durevole; durevolezza (raro).
perdurable [pəː(ː)ˈdjuərəbl], a. **1** lungamente durevole; duraturo **2** eterno.
to peregrinate [ˈperigrineit], v. i. peregrinare; viaggiare.
peregrination [ˌperigriˈneiʃən], n. peregrinazione; viaggio.
peregrinator [ˈperigrineitə*], n. chi peregrina; chi va di luogo in luogo.
peregrin(e) [ˈperigrin], **A** a. (arc.) peregrino; forestiero; esotico. **B** n. (zool., Falco peregrinus; anche **p. falcon**) falco pellegrino.
peremptoriness [pəˈremptərinis], n. perentorietà; imperiosità.
peremptory [pəˈremptəri], a. perentorio; tassativo; imperioso: **in a p. manner**, in modo perentorio. ● (leg.) **a p. writ**, una citazione a comparire; un mandato di comparizione.
perennial [pəˈrenjəl], **A** a. perenne (anche bot.); perpetuo; eterno: **a p. plant**, una pianta perenne; **p. youth**, eterna giovinezza. **B** n. (bot.) pianta perenne.
perenniality [pəˌreniˈæliti], n. l'essere perenne.
perfect [ˈpəːfikt], **A** a. perfetto; compiuto; completo; eccellente; esatto; preciso: **a p. diamond**, un diamante perfetto; **in p. silence**, in perfetto (o assoluto) silenzio. **B** n. (gramm.) (tempo) perfetto. ● (econ.) **p. competition**, concorrenza perfetta □ **p. copy**, copia fedele □ (mus.) **p. interval**, accordo perfetto □ **a p. nuisance**, una vera seccatura □ (mat.) **p. number**, numero perfetto □ **a p. stranger**, un perfetto sconosciuto □ (gramm.) **future p.**, futuro anteriore □ (gramm.) **past p.**, trapassato □ (gramm.) **present p.**, passato prossimo (ma, nella «duration form», corrisponde al presente ital.).
to perfect [pəˈfekt], **A** v. t. **1** perfezionare; migliorare **2** completare; portare a termine; finire. **to perfect oneself B** v. rifl. perfezionarsi: **I want to p. myself in French**, voglio perfezionarmi in francese.
perfecta [pəˈfektə], n. (ippica USA) accoppiata.
perfectibility [pəˌfektiˈbiliti], n. perfettibilità; perfezionabilità.
perfectible [pəˈfektəbl], a. perfettibile; perfezionabile.
perfection [pəˈfekʃən], n. **1** perfezione: **This piece of work has succeeded to p.**, questo lavoro è riuscito a perfezione **2** perfezionamento: **The p. of the machine took many weeks**, il perfezionamento della macchina richiese parecchie settimane. ● **to bring to p.**, perfezionare; portare a perfezione.
perfectionism [pəˈfekʃənizəm], n. perfezionismo.
perfectionist [pəˈfekʃənist], n. perfezionista.
perfective [pəˈfektiv], a. (gramm.) perfettivo.
perfervid [pəːˈfəːvid], a. (lett.) fervidissimo; ardente.
perfidious [pəːˈfidiəs], a. perfido.
perfidiousness [pəː(ː)ˈfidiəsnis], **perfidy** [ˈpəːfidi], n. perfidia.
to perfoliate [pə(ː)ˈfouliit], a. (bot.) perfogliato.
to perforate [ˈpəːfəreit], **A** v. t. perforare; traforare. **B** v. i. penetrare: **to p. into (through)**, penetrare in (attraverso). ● (metall.) **perforated metal**, lamiera perforata □ **perforated stamps**, francobolli traforati □ (mecc.) **perforating machine**, (macchina) perforatrice.
perforate [ˈpəːfərit], a. perforato.
perforation [ˌpəːfəˈreiʃən], n. **1** perforamento; perforazione; traforamento; traforo **2** (filatelia) dentellatura (di francobollo).
perforative [ˈpəːfərətiv], a. perforante.
perforator [ˈpəːfəreitə*], n. perforatore; (macchina) perforatrice.
perforce [pəˈfɔːs], avv. per forza; di necessità.
to perform [pəˈfɔːm], **A** v. t. **1** eseguire; compiere; fare; effettuare: **to p. an experiment**, fare un esperimento; **to p. an operation**, eseguire un'operazione **2** adempiere; eseguire; assolvere; disimpegnare: **to p. a promise**, adempiere una promessa; **to p. a command**, eseguire un ordine; **to p. a duty**, assolvere un dovere **3** (teatr.) rappresentare; recitare; eseguire (anche mus.): **to p. a play**, rappresentare un dramma; **to p. a sonata at the piano**, eseguire una sonata al pianoforte. **B** v. i. **1** (di macchina, ecc.) funzionare **2** (teatr.) recitare **3** (mus.) suonare: **to p. on the piano**, suonare il pianoforte **4** esibirsi in pubblico. ● **performing dolphins**, delfini ammaestrati □ (teatr., mus.) **performing rights**, diritti di rappresentanza (o di esecuzione).
performable [pəˈfɔːməbl], a. **1** eseguibile; effettuabile; fattibile **2** (teatr.) rappresentabile; recitabile **3** (mus.) che si può suonare.
performance [pəˈfɔːməns], n. **1** esecuzione; adempimento; compimento; effettuazione; assolvimento (di un dovere): **the p. of a command**, l'esecuzione di un ordine **2** (teatr.) rappresentazione; recita; spettacolo: (mus.) esecuzione, concerto: **a benefit p.**, uno spettacolo di beneficenza **3** azione (o fatto) fuori del comune; impresa **4** (d'una macchina, d'un motore, ecc.) prestazioni (di esercizio); rendimento **5** (linguistica) esecuzione **6** (comm.) indice delle vendite (d'un articolo). ● (ing.) **p. data**, dati di funzionamento □ (psic.) **p. test**, test di rendimento □ (spreg.) **What a p.!**, che spettacolo indegno!
performer [pəˈfɔːmə*], n. **1** esecutore, esecutrice **2** (specialm.)

attore, attrice; artista (*che dà spettacolo*); musicista. ● **He's an eccellent p. on the soccer field**, gioca molto bene al calcio.
perfume ['pə:fju:m], *n.* **1** profumo **2** profumo; fragranza; olezzo (*lett.*). ● **p. oil**, essenza per profumi.
to perfume [pə'fju:m], *v. t.* profumare.
perfumer [pə'fju:me*], *n.* (*raro*) profumiere, profumiera.
perfumery [pə'fju:məri], *n.* profumeria (*in ogni senso*).
perfumier [pə'fju:mə*], *n.* profumiere, profumiera.
perfunctoriness [pə'fʌŋktərinis], *n.* frettolosità; negligenza; superficialità; svogliatezza.
perfunctory [pə'fʌŋktəri], *a.* frettoloso; fatto meccanicamente; negligente; superficiale; svogliato: **a p. inspection**, un'ispezione frettolosa (*o* superficiale); **a p. lecturer**, un conferenziere svogliato.
to perfuse [pə'fju:z], *v. t.* **1** cospargere; spruzzare; inondare (*fig.*); irrorare: **to p. with water**, spruzzare d'acqua; **to p. with light**, inondare di luce **2** effondere; versare su (*o* attraverso); permeare di (*un liquido*).
perfusion [pə'fju:ʒən], *n.* **1** cospargimento (*raro*); effusione **2** (*med.*) perfusione.
perfusive [pə'fju:ziv], *a.* che cosparge; che effonde.
pergameneous [,pə(:)gə'mi:niəs], *a.* pergamenaceo.
pergola ['pə:gələ], *n.* pergola; pergolato.
perhaps [pə'hæps], *avv.* forse; probabilmente; può darsi: **p. so**, forse sì; **p. not**, forse no.
perianth ['periænθ], *n.* (*bot.*) perianzio.
periapt ['periæpt], *n.* amuleto; talismano.
pericardial [,peri'ka:djəl], **pericardic** [,peri'ka:dik], *a.* (*anat.*) pericardico.
pericarditis [,perika:'daitis], *n.* (*pl.* **pericarditides**) (*med.*) pericardite.
pericardium [,peri'ka:djəm], *n.* (*pl.* **pericardia**) (*anat.*) pericardio.
pericarp ['perika:p], *n.* (*bot.*) pericarpo, pericarpio.
periclase ['perikleis], *n.* (*miner.*) periclasio.
Pericles ['perikli:z], *n.* (*stor.*) Pericle.
peridot ['peridɔt], *n.* (*miner.*) olivina; peridoto.
perigeal [,peri'dʒi:əl], **perigean** [,peri'dʒi:ən], *a.* (*astron., ecc.*) perigeo; di perigeo.
perigee ['peridʒi:], *n.* (*astron.*) perigeo.
perihelion [,peri'hi:ljən], *n.* (*astron.*) perielio.
peril ['peril], *n.* pericolo; rischio: **to be in p. of one's life**, essere in pericolo di vita; **You do it at your p.**, lo fai a tuo rischio e pericolo. ● (*ass., naut.*) **perils of the sea**, rischi marittimi; pericoli del mare.
to peril ['peril], *v. t.* mettere in pericolo; esporre a rischi.
perilous ['periləs], *a.* pericoloso; rischioso.
perilousness ['periləsnis], *n.* l'essere pericoloso; pericolo; rischio.
perilune ['perilu:n], *n.* (*miss.*) perilunio.
perimeter [pə'rimitə*], *n.* (*anche geom.*) perimetro.
perimetric(al) [,peri'metrik(əl)], *a.* perimetrale; perimetrico.
perineal [,peri'ni:əl], *a.* (*anat.*) perineale; del perineo.
perineum [,peri'ni:əm], *n.* (*pl.* **perinea**) (*anat.*) perineo.
period ['piəriəd], *n.* **1** periodo (*in ogni senso*); durata; intervallo; lasso di tempo: **a p. of ten seconds (of ten thousand years)**, un periodo di 10 secondi (di 10000 anni); **a p. of rest**, un periodo di riposo; **in the p. of the Roman Empire**, al tempo dell'impero romano; **probationary p.**, periodo di prova (*di un dipendente*) **2** fine; termine: **Death put a p. to his plans**, la morte pose termine ai suoi progetti **3** (*gramm.*) punto fermo; punto **4** (*a scuola*) ora (*di lezione*); lezione: **an English p.**, una lezione (*o* un'ora) d'inglese **5** (*sport: pallacanestro, pallanuoto, ecc.*) tempo **6** (*anche menstrual p.*) mestruazioni **7** (*pl., raro*) linguaggio retorico. ● **a p. film**, un film in costume □ **p. furniture** (painting, etc.), mobili (quadri, ecc.) d'epoca □ **a p. novel** (play, etc.), un romanzo (un dramma, ecc.) d'ambiente □ **p. piece**, pezzo d'epoca (*anche fig.*).
periodic [,piəri'ɔdik], *a.* **1** periodico (*anche scient., tecn.*); intermittente: (*fis.*) **p. motion**, moto periodico; (*chim.*) **p. system of the elements**, sistema periodico degli elementi; (*med.*) **a p. fever**, una febbre periodica **2** (*gramm.*) espresso in periodi; detto con frasi retoriche; ampolloso. ● **p. sentence**, periodo complesso □ (*chim.*) **p. table**, tavola periodica degli elementi.
periodical [,piəri'ɔdikəl], **A** *a.* periodico; intermittente. **B** *n.* periodico; pubblicazione periodica; rivista.
periodicity [,piəriə'disiti], *n.* (*anche fis.*) periodicità.
periosteal [,peri'ɔstiəl], *a.* (*anat.*) periostale; del periostio.
periosteum [,peri'ɔstiəm], *n.* (*pl.* **periostea**) (*anat.*) periostio.
periostitis [,periɔs'taitis], *n.* (*med.*) periostite.
peripatetic [,peripə'tetik], **A** *a.* **1** – (*stor.*) **P.**, peripatetico, aristotelico (*della scuola del Peripato in Atene*) **2** (*specialm. scherz.*) ambulante; itinerante. **B** *n.* **1** – (*stor.*) **P.**, peripatetico, aristotelico **2** (*specialm. scherz.*) venditore ambulante.

Peripateticism [,peripə'tetisizəm], *n.* (*stor.*) aristotelismo.
peripeteia [,peripə'ti:ə], **peripetia** [,peripə'taiə], *n.* (*lett.*) peripezia; vicissitudine (*in un dramma, nella vita*).
peripheral [pə'rifərəl], *a.* **1** periferico: (*anat.*) **p. nervous system**, sistema nervoso periferico; (*elab.*) **p. equipment**, apparecchiatura periferica **2** (*fig.*) marginale; secondario: **a thing of p. interest**, una cosa d'interesse secondario. ● (*mecc.*) **p. speed**, velocità di taglio.
periphery [pə'rifəri], *n.* **1** periferia (*anche anat.*); perimetro; (*specialm.*) circonferenza: **on the p. of the city**, alla periferia della città; (*fig.*) **the p. of the party**, la periferia del partito **2** (*geom.*) contorno; superficie esterna (*specialm. sferica*).
periphrase ['perifreiz], *V.* **periphrasis**.
periphrasis [pə'rifrəsis], *n.* (*pl.* **periphrases**) perifrasi.
periphrastic [,peri'fræstik], *a.* perifrastico.
periplus ['peripləs], *n.* (*pl.* **peripli**) periplo.
peripteral [pə'riptərəl], *a.* (*archit.*) periptero, perittero.
periscope ['periskoup], *n.* (*fis., naut.*) periscopio.
periscopic [,peri'skɔpik], *a.* (*fis., naut.*) periscopico.
to perish ['periʃ], *v. i.* **1** perire; morire; andar distrutto: **to p. by the sword**, perire di spada; **to p. with hunger**, sentirsi morir di fame **2** (*di merce*) deperire; deteriorarsi. **B** *v. t.* (*raro*) deteriorare; distruggere; rovinare: **The heat had perished all vegetation**, il caldo aveva fortemente danneggiato ogni forma di vegetazione. ● **P. the thought!**, neanche a pensarci!; neanche per sogno!; facciamo gli scongiuri!
perishable ['periʃəbl], **A** *a.* deteriorabile; deperibile: **p. goods**, merci deperibili. **B** *n. pl.* (*comm.*) merci deperibili.
perishableness ['periʃəblnis], *n.* deteriorabilità; deperibilità.
perisher ['periʃə*], *n.* (*pop.*) individuo insopportabile; seccatore. ● **little p.**, ragazzino terribile; peste (*fig.*); Pierino (*fam.*).
perishing ['periʃiŋ], **A** *a.* deterioramento, deperimento (*di merci*). **B** *a.* **1** terribile; tremendo; da morire: **a p. cold**, un freddo da morire **2** (*pop.*) maledetto; dannato: **a p. nuisance**, una maledetta scocciatura. **C** *avv.* (*pop.*) maledettamente; tremendamente.
perispomenon [,peri'spouminən], *n.* (*pl.* **perispomena**) (*gramm. greca*) (parola) perispomena.
perissodactyl(e) [pə,risou'dæktil], **A** *n.* (*zool.*) perissodattilo. **B** *a.* dei perissodattili.
peristalsis [,peri'stælsis], *n.* (*pl.* **peristalses**) (*fisiologia*) peristalsi.
peristaltic [,peri'stæltik], *a.* (*fisiologia*) peristaltico.
peristyle ['peristail], *n.* (*archit.*) peristilio.
peritoneal [,perito'ni:əl], *a.* (*anat.*) peritoneale.
peritoneum [,perito'ni:əm], *n.* (*pl.* **peritoneums**, **peritonea**) (*anat.*) peritoneo.
peritonitis [,peritə'naitis], *n.* (*med.*) peritonite.
periwig ['periwig], *n.* parrucca.
periwigged ['periwigd], *a.* imparruccato.
periwinkle (1) ['peri,wiŋkl], *n.* (*bot., Vinca minor*) pervinca.
periwinkle (2) ['peri,wiŋkl], *n.* (*zool., Littorina littorea*) littorina.
perjured ['pə:dʒəd], *a.* spergiuro; che ha giurato il falso.
to perjure oneself ['pə:dʒə wʌn'self], *v. rifl.* spergiurare; giurare il falso.
perjurer ['pə:dʒərə*], *n.* spergiuro; chi ha giurato il falso.
perjurious [pə'dʒuəriəs], *a.* spergiuro.
perjury ['pə:dʒəri], *n.* **1** spergiuro **2** (*leg.*) falsa testimonianza **3** (*leg.*) falsa dichiarazione giurata.
to perk (1) [pə:k], **A** *v. i.* (*anche* **to p. up**) **1** alzare la testa; sollevare il capo (*in modo vivace*) **2** buttarsi avanti; farsi avanti; esser baldanzoso (*o* intraprendente) **3** riacquistare vigore; riaversi; riprendersi. **B** *v. t.* (*spesso* **to p. up**) **1** alzare, sollevare (*di scatto*): **My dog perked up its head**, il mio cane alzò la testa di scatto **2** acconciare; azzimare; attillare. **to perk oneself up** **C** *v. rifl.* rianimarsi, ringalluzzirsi **2** acconciarsi; attillarsi; azzimarsi. ● (*fam.*) **to p. one's tail**, alzare la cresta (*fig.*).
perk [pə:k], *V.* **perky**.
to perk (2) [pə:k], *v. t. e i.* (*fam.*) far passare (*caffè, ecc.*); (*del caffè*) passare.
perkiness ['pə:kinis], *n.* **1** baldanza; intraprendenza **2** allegria; vivacità **3** impertinenza; sfacciataggine.
perks [pə:ks], *n. pl.* (*abbr. fam. di* **perquisites**) *V.* **perquisite**.
perky ['pə:ki], *a.* **1** baldanzoso; coraggioso; intraprendente **2** allegro; civettuolo; vivace **3** impertinente; sfacciato; sfacciatello.
perlite ['pə:lait], *n.* (*geol.*) perlite; pietra perla.
perm (1) [pə:m], *n.* (*abbr. fam. di* **permanent wave**) permanente; ondulazione permanente.
to perm (1) [pə:m], *v. t.* (*fam.*) fare la permanente a.
perm (2) [pə:m], *n.* (*abbr. fam. di* **permutation**) sistema (*al totocalcio*).
to perm (2) [pə:m], *v. t. e i.* (*fam.*) giocare (*al totocalcio*) col sistema; essere un sistemista (*fam.*); fare le doppie (*o* le triple) per

(*una certa partita*).
permanence ['pəmənəns], *n.* permanenza; stabilità.
permanency ['pəmənənsi], *n.* **1** permanenza; stabilità **2** cosa permanente; posto fisso (*di lavoro*).
permanent ['pəmənənt], **A** *a.* permanente; durevole; stabile: (*anat.*) **p. teeth**, denti permanenti; **p. wave**, ondulazione permanente. **B** *n.* (*fam.*) permanente; ondulazione permanente: **to give sb. a p.**, fare la permanente a q. ● (*leg.*) **p. disablement**, invalidità permanente □ **a p. position**, un posto stabile (*o di ruolo*) □ (*di metallo, ecc.*) **p. set**, deformazione permanente □ **p. staff**, personale di ruolo □ **to be on the p. staff**, essere di ruolo □ (*ferr.*) **p. way**, massicciata completa; armamento e ballast.
permanganate [pə:'mæŋgənit], *n.* (*chim*) permanganato.
permeability [,pə:mjə'biliti], *n.* (*geol., mecc., ecc.*) permeabilità.
permeable ['pə:mjəbl], *a.* permeabile: (*geol.*) **p. bed**, strato permeabile.
permeance ['pə:mjəns], *n.* **1** il permeare **2** permeabilità **3** (*elettr.*) permeanza.
permeant ['pə:mjənt], *a.* che permea; che tende a permeare.
permease [pə:'mieiz], *n.* (*biol., chim.*) permeasi.
to **permeate** ['pə:mieit], **A** *v. t.* permeare (*anche fig.*); intridere; penetrare (in); compenetrare; pervadere; saturare: **The ink had permeated the blotting paper**, l'inchiostro aveva saturato la carta assorbente. **B** *v. i.* penetrare; diffondersi: **Rainwater permeates easily through gravel and sand**, l'acqua piovana penetra facilmente nei terreni ghiaiosi e sabbiosi. ● (*fig.*: *di notizia, ecc.*) **to p. among**, diffondersi fra.
permeation [,pə:mi'eiʃən], *n.* **1** il permeare **2** (*chim.*) permeazione.
Permian ['pə:mjən], *a.* e *n.* (*geol.*) Permiano; Permico.
permissible [pə'misəbl], *a.* **1** permissibile; ammissibile **2** (*USA: ind. min.*) di sicurezza: **p. lamp**, lampada di sicurezza.
permission [pə'miʃən], *n.* permesso; autorizzazione; licenza: **You should ask your father's p.**, devi chiedere il permesso a tuo padre.
permissionist [pə'miʃənist], *n.* permissivista; persona permissiva; lassista.
permissive [pə'misiv], **A** *a.* che permette; concessivo; permissivo. **B** *n.* persona permissiva; lassista. ● (*leg.*) **p. legislation**, norme permissive.
permissiveness [pə'misivnis], *n.* permissività.
permissivism [pə'misivizəm], *n.* permissivismo; lassismo.
permissivist [pə'misivist], *V.* **permissionist**.
to **permit** [pə'mit], *v. t.* e *i.* permettere; consentire; tollerare: **Overspeeding is not permitted**, non è permesso correre troppo in automobile; **P. me to remark that...**, consentimi di osservare che...; **They did not p. the text to be altered**, non tollerarono che il testo fosse mutato; **I'll go, weather permitting**, andrò, tempo permettendo. ● **to p. of**, ammettere; permettere; consentire: **Your behaviour permits of no other explanation**, il tuo comportamento non ammette altra spiegazione.
permit ['pə:mit], *n.* **1** permesso; licenza **2** (*autom.*) patente ● (*autom.*) **driving p.**, patente di guida □ (*autom.*) **international driving p.**, patente internazionale (*di guida*).
permutable [pə(:)'mju:təbl], *a.* permutabile.
permutation [,pə:mju:'teiʃən], *n.* **1** (*mat., chim.*) permutazione **2** (*comm.*) permuta **3** (*al totocalcio*) sistema. ● **p. lock**, serratura a combinazione.
to **permute** [pə:'mju:t], *v. t.* **1** permutare **2** cambiare; mutare.
pern [pə:n], *n.* (*zool., Pernis apivorus*) falco pecchiaiolo.
pernicious [pə:'niʃəs], *a.* pernicioso; dannoso; esiziale; funesto; malefico: (*med.*) **p. anaemia**, anemia perniciosa; **p. habits**, abitudini dannose.
perniciousness [pə:'niʃəsnis], *n.* l'essere pernicioso (*o dannoso*).
pernickety [pə'nikiti], *a.* (*fam.*) **1** esigente; difficile; meticoloso; pignolo **2** permaloso; ombroso; scontroso; suscettibile.
pernoctation [,pə:nɔk'teiʃən], *n.* veglia (*passata in preghiere, ecc.*).
to **perorate** ['perəreit], *v. i.* perorare.
peroration [,perə'reiʃən], *n.* perorazione.
peroxide [pə'rɔksaid], *n.* (*chim.*) **1** perossido **2** (*fam., anche hydrogen p.*) acqua ossigenata. ● **a p. blonde**, una bionda ossigenata.
to **peroxide** [pə'rɔksaid], *v. t.* ossigenare (*i capelli*).
perpendicular [,pə:pən'dikjulə*], **A** *a.* **1** (*geom.*) perpendicolare **2** verticale **3** (*di monte, ecc.*) erto; ripido; scosceso **4** (*scherz.*: *di persona*) in piedi; eretto; impalato. **B** *n.* **1** - (*geom.; costr. navali*) **the p.**, la perpendicolare **2** - **the p.**, la linea verticale; la verticale **3** filo a piombo **4** (*di monte*) parete verticale.
perpendicularity ['pə:pənˌdikju'læriti], *n.* (*geom.*) perpendicolarità (*raro*).
to **perpetrate** ['pə:pitreit], *v. t.* perpetrare; commettere: **to p. a crime**, perpetrare un delitto. ● **to p. a massacre**, fare un massacro.

perpetration [,pə:pi'treiʃən], *n.* il perpetrare.
perpetrator ['pə:pitreitə*], *n.* perpetratore (*raro*).
perpetual [pə'pətjuəl], *a.* **1** perpetuo; eterno: **p. motion**, moto perpetuo; **p. punishment**, la pena eterna **2** continuo; incessante.
perpetuance [pə'petjuəns], *V.* **perpetuation**.
to **perpetuate** [pə'petjueit], *v. t.* perpetuare; eternare: **to p. the memory of sb.**, perpetuare la memoria di q.
perpetuation [pəˌpetjueiʃən], *n.* perpetuazione.
perpetuator [pə'petjueitə*], *n.* perpetuatore.
perpetuity [,pə:pi'tju:iti], *n.* **1** perpetuità; eternità **2** (*leg.*) diritto di proprietà, senza potere di alienazione, in perpetuo **3** (*leg.*) vitalizio. ● **in p.**, in perpetuo; per sempre.
to **perplex** [pə'pleks], *v. t.* **1** imbarazzare; confondere; rendere perplesso: **to be perplexed by contradictory evidence**, restare perplesso di fronte a prove contraddittorie **2** complicare; imbrogliare: **to p. a problem**, complicare un problema.
perplexed [pə'plekst], *a.* **1** (*di persona*) perplesso; confuso; imbarazzato; incerto **2** complicato; difficile; imbrogliato: **a p. question**, una questione complicata.
perplexing [pə'pleksiŋ], *a.* che confonde; imbarazzante: **a p. question**, una domanda imbarazzante.
perplexity [pə'pleksiti], *n.* **1** perplessità; imbarazzo; incertezza **2** complicazione; cosa imbarazzante; imbroglio.
perquisite ['pə:kwizit], *n.* **1** (*leg.*) emolumento (*occasionale*) **2** (*leg.*) spettanza; competenza **3** gratifica; mancia (*consuetudinaria*) **4** indennità accessoria; agevolazione aggiuntiva **5** (*pl., stor.*) diritti accessori (*di un signore feudale*); prestazioni in natura. ● **The general manager's perquisites include a home and car**, il direttore generale ha inoltre diritto all'alloggio (*di servizio*) e all'uso dell'automobile (*dell'azienda*).
perron ['perən], *n.* (*archit.*) scala esterna.
perry ['peri], *n.* sidro di pere.
perse [pə:s], *a.* e *n.* (di) colore tra il grigio e il turchino.
to **persecute** ['pə:sikju:t], *v. t.* perseguitare; molestare; (*fig.*) infastidire, importunare: **to p. sb. with pleads for financial aid**, perseguitare q. con richieste d'aiuti finanziari; **to be persecuted by mosquitoes**, essere molestato dalle zanzare.
persecution [,pə:si'kju:ʃən], *n.* persecuzione. ● (*psic.*) **p. complex**, mania di persecuzione.
persecutor ['pə:sikju:tə*], *n.* persecutore.
Persephone [pə:'sefəni], *n.* (*mitol.*) Persefone.
Perseus [pə:'sju:s], *n.* (*mitol., astron.*) Perseo.
perseverance [,pə:si'viərəns], *n.* perseveranza; costanza.
to **persevere** [,pə:si'viə*], *v. i.* perseverare; aver costanza: **to p. in one's studies (with a task)**, perseverare negli studi (in un lavoro).
persevering [,pə:si'viəriŋ], *a.* perseverante.
Persian ['pə:ʃən], *a.* e *n.* persiano (*anche la lingua*). ● **P. blinds**, persiane; gelosie □ **P. cat**, (gatto) persiano □ (*geogr.*) **the P. Gulf**, il Golfo Persico □ **P. lamb**, agnello di razza karakul; (*pelle*) persiano, astrakan: **a fur coat of P. lamb**, una pelliccia di persiano (*o d'astrakan*).
persiflage [,pεəsi'flɑ:ʒ], *n.* burla; canzonatura; facezia. ● **a piece of p.**, una spiritosaggine.
persimmon [pə:'simən], *n.* (*bot., anche* **Japanese p.**) **1** (*Diospyros kaki*) cachi, kaki **2** cachi, kaki (*il frutto*).
to **persist** [pə'sist], *v. i.* **1** persistere; perseverare; ostinarsi; insistere: **to p. in doing st. in one's own way**, ostinarsi a fare q.c. a modo proprio **2** permanere; continuare; persistere; durare: **The belief persists that...**, permane la credenza che...
persistence [pə'sistəns], **persistency** [pə'sistənsi], *n.* **1** persistenza (*anche scient.*); perseveranza; ostinazione: (*fisiologia*) **p. of vision**, persistenza delle immagini **2** permanenza; durata.
persistent [pə'sistənt], *a.* **1** persistente; ostinato; perseverante: **a p. pain**, un dolore persistente; **a p. cough**, una tosse ostinata **2** permanente; durevole **3** (*bot.*) persistente **4** (*chim.*) difficilmente decomponibile; non degradabile; persistente.
persnickety [pə'snikiti], *a.* (*fam. USA*) **1** snobistico; da snob **2** *V.* **pernickety**.
person ['pə:sn], *n.* **1** (*bur., iron. o spreg.*) persona (*in ogni senso*); individuo; figura (umana); corpo: **He's a very odd p.**, è una persona assai stravagante; **The girl had a fine p.**, la ragazza era ben fatta; la ragazza aveva una bella figura; (*relig.*) **the three persons of the Godhead**, le tre Persone della Trinità; (*gramm.*) **to speak in the first p.**, parlare in prima persona **2** (*zool.*) individuo (*d'una colonia d'insetti, ecc.*) **3** (*pl.*) *V.* **people**. ● **the p. in charge**, il responsabile □ (*tel.*) **a p.-to-p. call**, una telefonata con preavviso □ (*leg.*) **artificial** (*o* **legal**) **p.**, persona giuridica □ (*leg.*) **natural p.**, persona fisica □ **to act in one's own p.**, agire di persona (*o personalmente*, per conto proprio) □ (*rif. a italofono, francofono, ecc.*) **to address sb. in the second p. singular**, dare del tu a q. □ **I'll be present in p.**, ci andrò di persona.
persona [pə'sounə], *n.* **1** (*psic.; pl.* **personas**) persona **2** (*teatr.: pl.* **personae**) personaggio.

personable ['pɔ:snəbl], *a.* ben fatto; bello; di bell'aspetto.
personage ['pɔ:snidʒ], *n.* personaggio.
personal ['pɔ:snl], *a.* **1** personale (*in ogni senso*); individuale; particolare; privato: **a p. opinion**, un'opinione personale; **p. liberty**, libertà personale; **for one's p. needs**, per i propri bisogni particolari; **a p. interview**, un colloquio privato; (*relig.*) **a p. God**, un Dio personale; (*gramm.*) **a p. pronoun**, un pronome personale **2** della persona; del corpo; fisico: **p. vanity**, vanità della propria persona. ● **p. agency**, studio pubblicitario □ (*in un giornale*) **p. column**, colonna degli annunci personali □ (*leg.*) **p. property** (*o p. estate*), beni mobili; patrimonio personale □ (*comm.*) **p. shopper**, chi assiste i clienti (*negli acquisti*) □ Let us avoid being **p. in our comments**, evitiamo di fare commenti personali! □ **This is p. to myself**, questa è cosa che riguarda me personalmente.
personality [,pɔ:sə'næliti], *n.* **1** personalità; temperamento: **He has a strong p.**, ha una forte personalità **2** personalità; personaggio; persona importante (*o ragguardevole*); pezzo grosso **3** (*pl.*) osservazioni di carattere personale: **to avoid personalities**, evitare le osservazioni (*o* allusioni, ecc.) di carattere personale. ● **p. cult**, culto della personalità □ (*psic.*) **p. test**, test caratterologico (*o* della personalità).
personalization [,pɔ:sənəlai'zeiʃən], *n.* **1** personalizzazione **2** personificazione.
to personalize ['pɔ:sənəlaiz], *v. t.* **1** personalizzare; rendere personale **2** dare un carattere personale a; attribuire esclusivamente a sé: **Don't p. his general criticism of your group**, non prendere solo per te le critiche da lui rivolte al gruppo cui appartieni **3** personificare.
personalty ['pɔ:sənlti], *n.* (*leg.*) beni mobili; patrimonio personale.
to personate ['pɔ:səneit], *v. t.* **1** impersonare; fare la parte di (*un personaggio*); personificare **2** (*leg.*) spacciarsi per; assumere le spoglie di (q.).
personate ['pɔ:sənit], *a.* (*bot.: di corolla*) personata.
personation [,pɔ:sə'neiʃən], *n.* **1** l'impersonare; l'esser impersonato; personificazione **2** (*leg.*) sostituzione di persona.
personator ['pɔ:səneitə*], *n.* chi impersona; personificatore (*raro*).
personhood ['pɔ:sənhud], *n.* individualità.
personification [pɔ:,sɔnifi'keiʃən], *n.* personificazione. ● **He is the p. of envy**, è l'invidia fatta persona.
personifier [pɔ:'sɔnifaiə*], *n.* personificatore (*raro*).
to personify [pɔ:'sɔnifai], *v. t.* personificare. ● **He is goodness personified**, è la bontà personificata.
personnel [,pɔ:sə'nel], *n.* **1** personale; (*collett.*) impiegati e operai **2** (*di un'azienda*) reparto personale **3** (*anche* **army p.**) truppe; soldati, marinai. ● (*mil.*) **p. carrier**, trasporto truppe □ (*in un'azienda*) **p. communications**, comunicazioni interne □ **p. department**, ufficio (del) personale □ **p. manager**, direttore (*o* capo) del personale □ (*naut.*) **engine-room p.**, personale di macchina □ (*naut.*) **upper deck p.**, personale di coperta.
perspective [pɔ'spektiv], **A** *n.* **1** prospettiva (*anche fig.*); rappresentazione (*o* disegno) in prospettiva: **linear p.**, prospettiva lineare; **in p.**, in prospettiva **2** scorcio; veduta; vista; visuale. **B** *a.* prospettivo; in prospettiva; prospettico: **p. drawing**, disegno prospettico.
Perspex ['pɔ:speks], *n.* (*marchio*) perspex; plastica robusta e trasparente.
perspicacious [,pɔ:spi'keiʃəs], *a.* perspicace; acuto; sagace.
perspicacity [,pɔ:spi'kæsiti], *n.* perspicacia; acutezza; sagacia.
perspicuity [,pɛ:spi'kju(:)iti], *n.* **1** perspicuità; chiarezza; evidenza **2** *V.* **perspicacity**.
perspicuous [pɔ'spikjuəs], *a.* perspicuo; chiaro; evidente.
perspicuousness [pɔ'spikjuəsnis], *V.* **perspicuity**.
perspirable [pɔs'paiərəbl], *a.* **1** che consente la traspirazione **2** essudabile; trasudabile.
perspiration [,pɔ:spə'reiʃən], *n.* **1** traspirazione **2** sudore. ● **to be bathed in p.**, essere in un bagno di sudore.
perspiratory [pɔs'paiərətəri], *a.* sudorifero; che fa traspirare.
to perspire [pɔs'paiə*], **A** *v. i.* traspirare; sudare. **B** *v. t.* trasudare.
persuadable [pɔ'sweidəbl], *a.* persuasibile; persuadibile (*raro*).
to persuade [pɔ'sweid], **A** *v. t.* persuadere; convincere; indurre: **to p. sb. to do st.**, convincere (*o* indurre) q. a fare q.c. **to persuade oneself B** *v. rifl.* persuadersi; convincersi. ● **to p. sb. out of st.**, convincere q. a non fare q.c.; distogliere q. da q.c.: **I couldn't p. him out of his plan**, non riuscii a distoglierlo dal suo progetto.
persuaded [pɔ'sweidid], *a.* persuaso; convinto.
persuader [pɔ'sweidə*], *n.* persuasore. ● **the hidden persuaders**, i persuasori occulti.
persuasibility [pɔ,sweizə'biliti], *n.* l'essere persuasibile.
persuasible [pɔ'sweizəbl], *a.* persuasibile; persuadibile (*raro*).
persuasion [pɔ'sweiʒən], *n.* **1** persuasione; convincimento; convinzione: **political p.**, convinzione politica **2** credenza (*specialm. relig.*); religione; setta: **He is of the Jewish p.**, è di religione ebraica **3** (*fam., scherz.*) genere; specie; sorta; razza. ● (*scherz.*) **the male p.**, il sesso maschile □ **It is my p.** (*o* **I am of the p.**) **that he is wrong**, sono convinto che egli ha torto.
persuasive [pɔ'sweiziv], *a.* persuasivo; convincente.
persuasiveness [pɔ'sweizivnis], *n.* persuasività; attitudine a persuadere; forza di persuasione.
persulfate [,pɔ:'sʌlfeit], *n.* (*chim.*) persolfato.
pert [pɔ:t], *a.* **1** impertinente; impudente; insolente; sfacciato **2** vivace; sveglio (*fig.*) **3** allegro; sbarazzino.
to pertain [pɔ:'tein], *v. i.* **1** appartenere, spettare (a); far parte (di): **This research pertains to physics**, questa ricerca appartiene alla fisica **2** addirsi, convenire (a): **the conduct that pertains to a gentleman**, la condotta che si addice a un gentiluomo **3** essere pertinente, riferirsi, attenere (a): **His remark did not p. to the question**, la sua osservazione non era pertinente (alla domanda).
pertinacious [,pɔ:ti'neiʃəs], *a.* **1** pertinace; costante; fermo **2** caparbio; ostinato; testardo.
pertinaciousness [,pɔ:ti'neiʃəsnis], **pertinacity** [,pɔ:ti'næsiti], *n.* **1** pertinacia; costanza; fermezza **2** caparbietà; ostinazione; testardaggine.
pertinence ['pɔ:tinəns], **pertinency** ['pɔ:tinənsi], *n.* pertinenza.
pertinent ['pɔ:tinənt], *a.* pertinente: **a p. remark**, un'osservazione pertinente.
pertness ['pɔ:tnis], *n.* **1** impertinenza; impudenza; insolenza; sfacciataggine **2** vivacità; prontezza (*della mente*).
to perturb [pɔ'tɔ:b], *v. t.* perturbare; turbare; agitare; scompigliare; sconvolgere: **I was perturbed by the news of his death**, la notizia della sua morte mi sconvolse.
perturbation [,pɔ:tɔ:'beiʃən], *n.* perturbazione (*anche astron.*); perturbamento; agitazione; scompiglio; disturbo.
perturbative [pɔ'tɔ:bətiv], *a.* perturbativo; che perturba.
peruke [pə'ru:k], *n.* parrucca.
perusal [pə'ru:zəl], *n.* attenta lettura; esame accurato.
to peruse [pə'ru:z], *v. t.* **1** leggere attentamente; esaminare accuratamente; studiare **2** scrutare (*il volto di q.*).
Peruvian [pə'ru:vjən], *a. e n.* peruviano. ● (*bot.*) **P. bark**, corteccia di china.
to pervade [pɔ:'veid], *v. t.* pervadere; permeare; diffondersi in.
pervasion [pɔ:'veiʒən], *n.* diffusione; penetrazione.
pervasive [pɔ:'veisiv], *a.* che pervade; penetrante; dilagante (*fig.*): **the p. influence of the mass media**, il dilagante influsso dei mass media.
pervasiveness [pɔ:'veisivnis], *n.* diffusione; penetrazione.
perverse [pɔ'vɔ:s], *a.* **1** perverso; iniquo; malvagio: **a p. woman**, una donna perversa; **a p. verdict**, un verdetto iniquo **2** (*d'un fatto, di un effetto, ecc.*) avverso; contrario; sfavorevole; perverso (*improprio, ma comune*): **The fiscal drag is one of the p. effects of inflation**, il fiscal drag è uno degli effetti perversi dell'inflazione **3** (*di comportamento, ecc.*) irrazionale **4** (*di persona*) caparbio; ostinato.
perverseness [pɔ'vɔ:snis], *V.* **perversity**.
perversion [pɔ'vɔ:ʃən], *n.* **1** pervertimento; perversione; corruzione: **sexual p.**, perversione sessuale **2** alterazione; svisamento; travisamento: **a p. of spelling**, un'alterazione della grafia.
perversity [pɔ'vɔ:siti], *n.* **1** perversità; malvagità; iniquità **2** caparbietà; ostinazione.
perversive [pɔ'vɔ:siv], *a.* che perverte; che tende a pervertire. ● **a p. man**, un pervertitore.
to pervert [pɔ'vɔ:t], *v. t.* **1** pervertire; corrompere; depravare; guastare: **to p. the mind of a young man**, pervertire l'animo di un giovane **2** alterare; svisare; travisare: **to p. the law**, svisare la legge. ● **to p. a word**, travisare il significato d'una parola.
pervert ['pɔ:vɔ:t], *n.* **1** pervertito; depravato **2** (*relig.*) apostata.
perverter [pɔ'vɔ:tə*], *n.* pervertitore, pervertitrice; corruttore, corruttrice.
pervious ['pɔ:vjəs], *a.* **1** pervio (*raro*); accessibile; praticabile; penetrabile; permeabile **2** (*fig.*) aperto; sensibile. ● **to be p. to reason**, essere ragionevole.
perviousness ['pɔ:vjəsnis], *n.* **1** accessibilità; praticabilità; penetrabilità; permeabilità **2** apertura mentale; sensibilità.
peseta [pə'setə] (*spagn.*), *n.* peseta (*moneta spagnola*).
pesky ['peski], *a.* (*fam. USA*) fastidioso; sgradevole; seccante.
peso ['peisou] (*spagn.*), *n.* (*pl.* **pesos**) peso (*unità monetaria di alcuni paesi dell'America centrale e meridionale*).
pessary ['pesəri], *n.* **1** (*med.*) pessario **2** (*farm.*) suppositorio vaginale.
pessimism ['pesimizəm], *n.* pessimismo.
pessimist ['pesimist], *n.* pessimista.
pessimistic [,pesi'mistik], *a.* pessimistico.
pessimistically [,pesi'mistikəli], *avv.* con pessimismo; pessimi-

pest [pest], *n.* **1** animale (*o* insetto) nocivo: **garden pests**, animali (*o* insetti) nocivi alle piante dei giardini (*topi, lumache, ecc.*) **2** (*fig.*) individuo insopportabile; persona pestifera (*o* pestilenziale); peste (*fig.*) **3** (*stor.*) peste; pestilenza. ● (*agric.*) **p. control**, disinfestazione dai parassiti □ (*stor.*) **p.-house**, lazzaretto.

to pester ['pestə*], *v. t.* **1** infastidire; importunare **2** molestare; tormentare: **Swarms of mosquitoes pestered us**, sciami di zanzare ci tormentavano.

pesticide ['pestisaid], *n.* insetticida; antiparassitario.

pestiferous [pes'tifərəs], *a.* **1** (*anche fig.*) pestifero **2** (*fam.*) fastidioso; importuno; molesto **3** (*fig.*) dannoso, nocivo, pericoloso (*moralmente e socialmente*).

pestilence ['pestiləns], *n.* **1** (*med.*) pestilenza; peste (bubbonica) **2** (*fig.*) idea pericolosa; dottrina sovvertitrice; teoria immorale.

pestilent ['pestilənt], *a.* **1** pestilente (*raro*); pestifero (*anche fig.*) **2** fatale; pernicioso; mortale **3** (*fam.*) fastidioso; importuno; molesto.

pestilential [,pesti'lenʃəl], *a.* **1** (*anche fig.*) pestilenziale **2** fatale; pernicioso; mortale **3** (*fam.*) fastidioso; importuno; molesto.

pestle ['pesl], *n.* pestello.

to pestle ['pesl], **A** *v. t.* pestare (*o* frantumare, tritare) col pestello. **B** *v. i.* usare il pestello.

pet (1) [pet], **A** *n.* **1** animale favorito (*o* prediletto); beniamino: **to keep a rabbit as a pet**, tenere un coniglio come animale prediletto; **I have two cats and a canary, but our dog is my pet**, ho due gatti e un canarino, ma il cane è il mio beniamino **2** (*di persona*) favorito; beniamino; prediletto; cocco (*fam.*): **Jane is her teacher's pet**, Giovanna è la beniamina della sua insegnante. **B** *a. attr.* favorito; preferito; prediletto. (*tecn.*) **pet-cock**, valvola (*o* rubinetto) di sfogo □ **the pet duck**, l'anatroccolo prediletto (*dai bambini*) □ **pet food**, prodotti alimentari per animali domestici □ **pet lamb**, agnellino *o* pet name, vezzeggiativo; nomignolo □ **pet shop**, negozio d'uccelli, gatti, cagnolini, ecc. □ **Potatoes are my pet aversion**, non posso soffrire le patate □ (*fam.*) **What a lovely pet of a dress!**, che amore di vestitino!

to pet [pet], **A** *v. t.* accarezzare; coccolare; vezzeggiare; viziare: **Most dogs like to be petted**, ai cani per lo più piace essere coccolati. **B** *v. i.* (*fam.*) fare all'amore; abbandonarsi a effusioni amorose; sbaciucchiarsi; pomiciare (*pop.*).

pet (2) [pet], *n.* collera; malumore; stizza. ● **to be in a pet**, essere stizzito □ **to take (the) pet**, montare in collera.

petal ['petl], *n.* (*bot.*) petalo.

petaline ['petəlain], *a.* (*bot.*) di petali; petaloide.

petal(l)ed ['petld], *a.* (*bot.*) con petali. ● **red-p.**, dai petali rossi.

petard [pə'ta:d], *n.* petardo. ● (*fig.*) **to be hoist with one's own p.**, darsi la zappa sui piedi; restar vittima delle proprie macchinazioni.

petasus ['petəsəs], *n.* **1** (*stor.*) petaso **2** (*mitol.*) petaso (*di Mercurio*).

petaurist [pi'tɔ:rist], *n.* (*zool., Petaurista*) petaurista.

Peter ['pi:tə*], *n.* Pietro. ● (*stor.*) **P.'s pence**, l'obolo di San Pietro □ (*naut.*) **blue P.**, bandiera blu con riquadro bianco (*issata prima di salpare*) □ **to rob P. to pay Paul**, fare un debito nuovo per pagarne uno vecchio.

to peter ['pi:tə*], *v. i.* – (*fam.*) **to p. out**, estinguersi; esaurirsi; (*fig.*) indebolirsi, spegnersi lentamente: **The vein of gold ore has petered out**, la vena aurifera s'è esaurita.

petersham ['pi:təʃəm], *n.* **1** (*ind. tessile*) gros-grain (*stoffa o nastro per cappelli da uomo e per cinture*) **2** (*stor.*) cappotto pesante.

petiolar ['peti,oulə*], *a.* (*bot.*) di picciolo.

petiolate ['petiəulit], *a.* (*bot.*) picciolato.

petiole ['petioul], *n.* (*bot.*) picciolo.

petit [pə'ti(:)] (*franc.*), *a.* piccolo. ● (*polit.*) **p. bourgeois**, piccolo borghese □ **p. fours**, petit-four (*pasticcini*) □ (*leg.*) **p. larceny**, furto di poca entità (*med.*) **p. mal**, piccolo male □ **p. souper**, cenetta intima □ **p. verre**, bicchierino da liquore.

petite [pə'ti:t] (*franc.*), *a.* **1** piccola: (*polit.*) **p. bourgeoisie**, piccola borghesia **2** (*di donna*) minuta e aggraziata.

petition [pi'tiʃən], *n.* **1** petizione; supplica; preghiera **2** (*leg.*) petizione; istanza; esposto; ricorso: **p. of creditors**, istanza dei creditori; **p. for rehearing (of a case)**, ricorso per la riapertura di un processo.

to petition [pi'tiʃən], **A** *v. t.* rivolgere un supplica a (q.) **2** (*leg.*) presentare una petizione (*o* un'istanza, un ricorso) a (q.). **B** *v. i.* **1** – **to p. for**, chiedere umilmente **2** (*leg.*) fare una petizione (*o* un'istanza, un ricorso).

petitionary [pi'tiʃənəri], *a.* di petizione; a mo' di petizione.

petitioner [pi'tiʃənə*], *n.* **1** postulante; richiedente **2** (*leg.*) chi fa una petizione; istante; ricorrente.

petitory [pi'titəri], *a.* (*leg.*) petitorio: **p. action**, azione petitoria.

petnapper ['petnæpə*], *n.* (*USA*) rapitore di animali domestici.

petnapping ['petnæpiŋ], *n.* (*USA*) rapimento di animali domestici.

Petrarch ['petra:k], *n.* (*stor. letter.*) Petrarca.

Petrarchan [pe'tra:kən], *a.* (*letter.*) petrarchesco. ● **P. sonnet**, sonetto petrarchesco.

petrel ['petrəl], *n.* (*zool., Hydrobates pelagicus*; *anche* **storm p.**, **stormy p.**) procellaria; uccello delle tempeste. ● (*fig.*) **storm p.**, **stormy p.**), seminatore di zizzania; uccello del malaugurio (*fig.*).

petrifaction [,petri'fækʃən], *n.* **1** (*geol.*; *anche fig.*) pietrificazione **2** (*fig.*) sbalordimento; stupefazione **3** oggetto pietrificato; fossile.

petrified ['petrifaid], *a.* **1** (*geol.*; *anche fig.*) pietrificato **2** (*fig.*) sbalordito; stupefatto.

to petrify ['petrifai], **A** *v. t.* **1** (*geol.*; *anche fig.*) pietrificare **2** (*fig.*) sbalordire; stupefare. **B** *v. i.* **1** (*geol.*; *anche fig.*) pietrificarsi **2** (*fig.*) restar di sasso.

petrochemical [,petrou'kemikl], **A** *a.* petrochimico, petrolchimico. **B** *n. pl.* (*ind.*) prodotti petrolchimici.

petrochemistry [,petrou'kemistri], *n.* petrochimica, petrolchimica.

petrodollar [,petrou'dɔlə], *n.* (*econ., fin.*) petrodollaro, petroldollaro.

petrographer [pə'trɔgrəfə*], *n.* (*geol.*) petrografo.

petrographic(al) [,petrou'græfik(əl)], *a.* (*geol.*) petrografico.

petrography [pə'trɔgrəfi], *n.* (*geol.*) petrografia.

petrol ['petrəl], *n.* benzina (*cfr. USA gasoline*). ● **p. bomb**, bottiglia Molotov □ **p. coupon**, buono per benzina □ **p. pump**, distributore (*o* pompa) di benzina □ **p. (filling) station**, stazione di rifornimento □ **p.-station attendant**, benzinaio; pompista □ **p. tank**, serbatoio della benzina □ **p. tin** (*o* **can**), latta per benzina □ (*autom.*) **to get some p.**, far benzina.

petrolatum [,petrə'leitəm], *n.* (*specialm. USA*) petrolato.

petroleum [pi'trouljəm], *n.* (*geol.*) petrolio; petrolio grezzo. ● **p. jelly**, *V.* **petrolatum** □ **p. refinery**, raffineria di petrolio □ **p. refining**, raffinazione del petrolio.

petrolic [pe'trɔlik], *a.* del petrolio; ricavato dal petrolio.

petroliferous [,petrou'lifərəs], *a.* petrolifero.

petrologist [pi'trɔlədʒist], *n.* (*geol.*) petrologo (*raro*); petrografo.

petrology [pi'trɔlədʒi], *n.* (*geol.*) petrologia (*raro*); petrografia.

petrosterling [,petrou'stə:liŋ], *n.* (*econ., fin.*) petrosterlina.

petrous ['petrəs], *a.* **1** pietroso **2** (*anat.*) petroso.

Petruchio [pi'tru:kiou], *n.* (*letter.*) Petruccio.

petticoat ['petikout], **A** *n.* **1** sottoveste; sottana **2** (*fam.*) donna; ragazza; gonnella; sottana (*fig., fam.*). **B** *a. attr.* **1** femminile; donnesco **2** di donne; fatto dalle donne: **p. government**, governo di donne. ● (*scherz.*) **I have know him since he was in his petticoats**, lo conosco fin da quando era in fasce □ **That woman is a Cromwell in p.**, quella donna è un Cromwell in gonnella.

petticoated ['petikoutid], *a.* in sottoveste; in sottana.

to pettifog ['petifɔg], *v. i.* **1** fare l'azzeccagarbugli; essere un avvocato da strapazzo **2** cavillare; sofisticare.

pettifogger ['petifɔgə*], *n.* **1** avvocato da strapazzo; azzeccagarbugli **2** cavillatore; sofista.

pettifoggery ['petifɔgəri], **pettifogging (1)** ['petifɔgiŋ], *n.* **1** raggiri d'azzeccagarbugli; astuzie di leguleio **2** cavilli; sofismi; sofisticheria.

pettifogging (2) ['petifɔgiŋ], *a.* **1** (*di persona*) cavilloso; sofistico **2** (*di cosa*) privo d'importanza; insignificante; futile **3** (*di metodo*) dispersivo.

pettiness ['petinis], *n.* insignificanza; meschinità; piccolezza; piccineria.

petting ['petiŋ], *n.* (*fam.*) «petting»; sbaciucchiamenti; pomiciata (*pop.*).

pettish ['petiʃ], *a.* irritabile; irascibile; stizzoso; permaloso.

pettishness ['petiʃnis], *n.* irritabilità; irascibilità; permalosità.

pettitoes ['petitouz], *n. pl.* (*cucina*) zampetti di maiale.

petty ['peti], *a.* piccolo; di poca importanza; insignificante; gretto; meschino: **p. shopkeepers**, piccoli negozianti; **a p. grudge**, un risentimento meschino; **p. cares**, piccole seccature. ● **p. cash**, (fondo per le) piccole spese □ (*leg.*) **p. larceny**, furto di poca entità □ (*leg.*) **p. offence**, reato minore □ (*naut.*) **p. officer**, sottufficiale □ **a p. prince**, un principe di poco conto; un principotto □ (*polit.*) **p. state**, staterello.

petulance ['petjuləns], **petulancy** ['petjulənsi], *n.* irascibilità; irritabilità; impazienza.

petulant ['petjulənt], *a.* irascibile; irritabile; impaziente.

petunia [pi'tju:njə], *n.* (*bot., Petunia*) petunia.

pew [pju:], *n.* **1** (*relig.*) panca di chiesa; recinto privato chiuso da tramezzi di legno (*nelle chiese protestanti*): **family pew**, panca (*o* recinto) di famiglia **2** (*fam.*) posto a sedere: **to find a pew**,

trovare un posto a sedere; **to take a pew**, prender posto; sedersi. ● **pew-opener**, sacrestano addetto all'apertura dei recinti privati □ **pew-rent**, somma pagata per l'affitto d'una panca (o d'un recinto).
to pew [pju:], v. t. (relig.) **1** fornire (una chiesa) di panche (o di recinti privati) **2** sistemare in un recinto privato (V. **pew**).
pewit ['pi:wit], n. (zool., Vanellus cristatus) pavoncella; vanello. ● **p. gull** (Larus ridibundus), gabbiano comune.
pewter ['pju:tə*], n. **1** (metall.) peltro **2** (collett.) utensili di peltro.
Phaethon ['feiəθən], n. (mitol.) Fetonte.
phaeton ['feitn], n. (stor.) carrozza scoperta a quattro ruote.
phagocyte ['fægəsait], n. (biol.) fagocita.
to phagocytize [fə'gousitaiz], v. t. (biol.) fagocitare.
phagocytosis [,fægəsai'tousis], n. (biol.) fagocitosi.
phalange ['fælændʒ], n. (anat.) falange.
phalangeal [fə'lændʒiəl], a. (anat.) di falange.
phalansterian [,fælən'stɛəriən], **A** a. (polit.) di falansterio; di falansterio. **B** n. membro di un falansterio.
phalanstery ['fælənstəri], n. (polit.) falansterio, falansterio.
phalanx ['fælæŋks], n. (pl. **phalanxes, phalanges**) (stor., anat., fig.) falange.
phalarope ['fæləroup], n. (zool., Phalaropus) falaropo.
phallic ['fælik], a. (anche psic.) fallico: **p. symbol**, simbolo fallico.
phallicism ['fælisizəm], n. fallicismo.
phallocracy [fə'lɔkrəsi], n. fallocrazia.
phallocrat ['fæloukræt], n. fallocrate.
phallocratic [,fælou'krætik], a. fallocratico.
phallus ['fæləs], n. (pl. **phalli, phalluses**) (anat., antropologia) fallo.
phanerogam ['fænərougæm], n. (bot.) (pianta) fanerogama.
phanerogamic [,fænərou'gæmik], a. **phanerogamous** [,fænə'rɔgəməs], a. (bot.) fanerogamo.
phantasm ['fæntæzəm], n. fantasma; spettro; visione; illusione.
phantasmagoria [,fæntæzmə'gɔriə], n. fantasmagoria.
phantasmagorial [,fæntæzmə'gɔriəl], a. **phantasmagoric** [,fæntæzmə'gɔrik], a. fantasmagorico.
phantasmagory [fæn'tæzməgəri], n. fantasmagoria.
phantasmal [fæn'tæzməl], a. **phantasmic** [fæn'tæzmik], a. di fantasma; spettrale; illusorio; fantomatico; irreale.
phantasy ['fæntəzi], V. **fantasy**.
phantom ['fæntəm], n. **1** fantasma; spettro; illusione; visione **2** (fis. nucl.) fantasma; fantoccio. ● **a p. ship**, un vascello fantasma □ (med.) **p. tumor**, tumore apparente.
Pharaoh ['fɛərou], n. (stor.) faraone.
pharaonic [fɛə'rɔnik], a. faraonico.
Pharisaic(al) [,færi'seiik(əl)], a. **1** (stor.) farisaico **2** – (fig.) p., farisaico; falso; ipocrita.
Pharisaism ['færiseiizəm], n. **1** (stor.) fariseismo **2** – (fig.) p., fariseismo; falsità; ipocrisia.
Pharisee ['færisi:], n. **1** (stor.) fariseo **2** – (fig.) p., fariseo; ipocrita.
pharmaceutic(al) [,fa:mə'sju:tik(əl)], a. farmaceutico: **p. manufacturer**, industriale farmaceutico.
pharmaceutics [,fa:mə'sju:tiks], n. pl. (col verbo al sing.) farmaceutica.
pharmacist ['fa:məsist], n. **pharmaceutist** [,fa:mə'sju:tist], n. farmacista (anche: USA, druggist; ingl., chemist).
pharmacologic(al) [,fa:məkə'lɔdʒik(əl)], a. farmacologico.
pharmacologist [,fa:mə'kɔlədʒist], n. farmacologo.
pharmacology [,fa:mə'kɔlədʒi], n. farmacologia.
pharmacopoeia [,fa:məkə'pi:ə], n. **1** farmacopea **2** (arc.) provvista di medicinali.
pharmacopoeial [fa:(:)məkə'pi:əl], a. della farmacopea.
pharmacy ['fa:məsi], n. **1** arte farmaceutica; farmacia **2** farmacia (il negozio).
pharyngal [fə'riŋgəl], a. **pharyngeal** [,færin'dʒi:əl], a. (anat.) faringeo.
pharyngitis [,færin'dʒaitis], n. (pl. **pharyngitides**) (med.) faringite.
pharyngology [,færiŋ'gɔlədʒi], n. (med.) faringoiatria.
pharyngotomy [,færiŋ'gɔtəmi], n. (med.) faringotomia.
pharynx ['færiŋks], n. (pl. **pharynxes, pharynges**) (anat.) faringe.
phase [feiz], n. **1** fase (in ogni senso, anche scient.); periodo, stadio: **the phases of the moon**, le fasi della luna; **the final p. in a process**, l'ultimo stadio di un processo **2** (fig.) aspetto; faccia; lato: **This is but one p. of the subject**, questo non è che un aspetto dell'argomento. ● (elettr.) **p. advancer**, compensatore di fase; rifasatore □ (elettron.) **p. control**, regolazione di fase □ (elettr.) **p. delay**, ritardo di fase □ (elettron.) **p. shift**, sfasamento □ (elettr.) **out of p.**, fuori fase; sfasato □ (elettr.) **single-p.** (**two-p., three-p.**), monofase (bifase, trifase).
to phase [feiz], v. t. (elettr.) mettere in fase. ● **to p. down**, ridurre gradualmente □ **to p. in**, introdurre gradualmente □ **to p. out**, eliminare gradualmente; ritirare (truppe, ecc.) a poco a poco.
phasedown ['feizdaun], n. riduzione graduale.
phase(-)out ['feizaut], n. (specialm. USA) graduale arresto (o cessazione).
phaser ['feizə*], n. **1** (elettr.) fasatore **2** (radio, telev.) sincronizzatore.
phasic ['feizik], a. (scient.) di fase; d'una fase.
Ph D ['pi: eitʃ' di:], n. (abbr. di **Philosophiae Doctor**) **1** «Doctor of Philosophy» (laurea di 3° grado, simile al dottorato di ricerca) **2** detentore di tale titolo accademico (posposto al nome).
pheasant ['feznt], n. (pl. **pheasant, pheasants**) (zool., Phasianus) fagiano. ● (bot.: di fiore) **p.-eyed**, picchiettato □ **hen-p.**, fagiana □ **young p.**, fagianotto.
phenacetin(e) [fi'næsitin], n. (chim., farm.) fenacetina.
phenic ['fi:nik], a. – (chim.) **p. acid**, acido fenico; fenolo.
phenix ['fi:niks], (USA) V. **phoenix**.
phenobarbital [,fi:nou'ba:bitəl], V. **phenobarbitone**.
phenobarbitone [,fi:nou'ba:bitoun], n. (chim., farm.) acido feniletilbarbiturico; fenobarbital; Luminal (marchio).
phenol ['fi:nɔl], n. (chim.) fenolo; acido fenico.
phenolic [fi:'nɔlik], a. (chim.) fenolico: (ind.) **p. laminate**, laminato fenolico.
phenological [,fi:nə'lɔʒikəl], a. (biol.) fenologico.
phenology [fi:'nɔlədʒi], n. (biol.) fenologia.
phenomenal [fi'nɔminl], a. **1** (scient., filos.) fenomenico **2** (fig.) fenomenale; singolare; prodigioso; straordinario **3** (del mare) tempestoso.
phenomenalism [fi'nɔminəlizəm], n. (filos.) fenomenalismo.
phenomenalist [fi'nɔminəlist], n. (filos.) fenomenalista.
phenomenalistic [fi,nɔminə'listik], a. (filos.) del fenomenalismo.
to phenomenalize [fi'nɔminəlaiz], v. t. (scient., filos.) rappresentare come fenomenico.
phenomenology [fi,nɔmi'nɔlədʒi], n. (scient., filos.) fenomenologia.
phenomenon [fi'nɔminən], n. (pl. **phenomena, phenomenons**) (scient., filos.) fenomeno (anche fig.): **the phenomena of nature**, i fenomeni naturali.
phenotype ['fi:noutaip], n. (biol.) fenotipo.
phenyl ['fi:nil], n. (chim.) fenile.
phew [fju:], inter. (di disgusto, impazienza, sorpresa, ecc.) uff!; puah!
phi [fai], n. (pl. **phis**) fi (ventunesima lettera dell'alfabeto greco). ● (fis. nucl.) **phi meson**, mesone fi.
phial ['faiəl], n. fiala; boccettina.
Phidias ['fidiæs], n. (stor.) Fidia.
Philadelphia [,filə'delfjə], n. (geogr.) Filadelfia.
to philander [fi'lændə*], v. i. amoreggiare; civettare; fare il cascamorto (o il galante, il vagheggino).
philanderer [fi'lændərə*], n. cascamorto; damerino; galante; vagheggino.
philanthropic(al) [,filən'θrɔpik(əl)], a. filantropico; generoso.
philanthropism [fi'lænθrəpizəm], n. filantropismo.
philanthropist [fi'lænθrəpist], n. filantropo.
to philanthropize [fi'lænθrəpaiz], **A** v. i. fare il filantropo. **B** v. t. **1** trattare (q.) con filantropia **2** dare un carattere filantropico a (q.c.).
philanthropy [fi'lænθrəpi], n. filantropia.
philatelic [,filə'telik], a. filatelico.
philatelist [fi'lætəlist], n. filatelico; filatelista.
philately [fi'lætəli], n. filatelia.
philharmonic [,filə:'mɔnik], **A** a. filarmonico. **B** n. **1** società filarmonica **2** (fam.) orchestra filarmonica.
philhellene ['fil,heli:n], n. (anche stor., polit.) filelleno.
philhellenic [,filhe'li:nik], a. (anche stor., polit.) filelleno; fillenico.
philhellenism [fil'helinizəm], n. (anche stor., polit.) filellenismo.
philhellenist [fil'helinist], n. (anche stor., polit.) filelleno.
Philip ['filip], n. Filippo.
Philippi [fi'lipai], n. (stor., geogr.) Filippi. ● **Thou shalt see me at P.**, ci rivedremo a Filippi.
philippic [fi'lipik], n. filippica; invettiva.
Philippine [fi'lipi:n], a. filippino; delle Filippine.
Philippines ['filipi:nz], n. pl. (geogr.) le (isole) Filippine.
Philistine ['filistain], **A** a. **1** (stor.) filisteo **2** (fig.) incolto e grossolano; filisteo. **B** n. **1** (stor.) filisteo **2** (fig.) persona incolta e grossolana; materialista **3** – (scherz.) **p.**, nemico: **to fall among philistines**, cadere in mano ai nemici.
Philistinism ["filistinizəm], n. **1** filisteismo **2** (fig.) mancanza di cultura; materialismo; grossolanità; rozzezza.
philologer [fi'lɔlədʒə*], n. **philologian** [,filə'loudʒən], n. filologo.
philologic(al) [,filə'lɔdʒik(əl)], a. filologico.

philologist [fi'lɔlədʒist], *n.* filologo.
philology [fi'lɔlədʒi], *n.* filologia.
Philomel ['filəmɛl], **Philomela** [,filou'mi:lə], *n.* (*mitol.*) Filomela.
philosopheme [fi'lɔsə,fi:m], *n.* filosofema.
philosopher [fi'lɔsəfə*], *n.* filosofo (*anche fig.*). ● **p.'s stone**, pietra filosofale □ **natural p.**, filosofo della natura; fisico.
philosophic(al) [,filə'sɔfik(əl)], *a.* 1 filosofico 2 (*fig.*) calmo; sereno.
philosophism [fi'lɔsəfizəm], *n.* 1 filosofismo 2 sofisma; sofisticheria.
philosophist [fi'lɔsəfist], *n.* (*spreg.*) filosofastro; pseudofilosofo.
to philosophize [fi'lɔsəfaiz], **A** *v. i.* 1 filosofare 2 filosofeggiare. **B** *v. t.* filosofare su, teorizzare su (q.c.).
philosophy [fi'lɔsəfi], *n.* 1 filosofia 2 (*fig.*) calma; serenità. ● **moral p.**, filosofia morale; etica.
philotechnic [,filou'teknik], *a.* filotecnico.
philtre, (*USA*) **philter** ['filtə*], *n.* filtro d'amore.
phiz [fiz], *n.* (*fam.*) faccia; fisionomia.
phizog ['fizɔg], *V.* **phiz**.
phlebitic [fli'bitik], *a.* (*med.*) flebitico.
phlebitis [fli'baitis], *n.* (*pl.* **phlebitides**) (*med.*) flebite.
phleboclysis [,flebou'klaisis], *n.* (*pl.* **phleboclyses**) (*med.*) fleboclisi.
phlebotomist [fli'bɔtəmist], *n.* (*stor.*, *med.*) flebotomo; salassatore.
to phlebotomize [fli'bɔtəmaiz], *v. t.* (*stor.*, *med.*) salassare.
phlebotomus fever [fli'bɔtəməs 'fi:və*], *n.* (*med.*) febbre da pappataci.
phlebotomy [fli'bɔtəmi], *n.* (*stor.*, *med.*) flebotomia; salasso.
phlegm [flem], *n.* 1 (*fisiologia*) muco; (*med.*) catarro 2 flemma; apatia; freddezza; lentezza; pazienza; sangue freddo.
phlegmatic(al) [fleg'mætik(əl)], *a.* flemmatico; calmo; freddo; lento; paziente; imperturbabile.
phlegmon ['flegmən], *n.* (*med.*) flemmone.
phlegmonic [fleg'mɔnik], **phlegmonous** ['flegmənəs], *a.* (*med.*) flemmonoso.
phlegmy ['flemi], *a.* 1 (*fisiologia*) mucoso 2 (*med.*) catarroso 3 flemmatico.
phlogistic [flɔ'dʒistik], *a.* (*med.*) flogistico.
phlogiston [flɔ'dʒistən], *n.* (*storia naturale*) flogisto.
phlogosis [flə'gousis], *n.* (*med.*) 1 flogosi 2 (*specialm.*) erisipela.
phlox [flɔks], *n.* (*bot.*, *Phlox*) phlox.
phobia ['foubjə], *n.* (*specialm. psic.*) fobia.
phobic ['foubik], *a.* (*psic.*) fobico.
phocomelia [,foukə'mi:liə], **phocomely** [fə'kɔmili], *n.* (*med.*) focomelia.
phocomelic [,foukə'mi:lik], *a.* (*med.*) focomelico.
phocomelus [fə'kɔmələs], *n.* (*med.*) focomelico.
Phoebe ['fi:bi], *n.* 1 (*mitol.*) Febe; (*poet.*) (la) luna 2 (*astron.*) Febe; Febea.
Phoebus ['fi:bəs], *n.* (*mitol.*) Febo; (*poet.*) (il) sole.
Phoenicia [fi'niʃən], *n.* (*stor.*, *geogr.*) Fenicia.
Phoenician [fi'niʃən], *a.* e *n.* (*stor.*) fenicio (*anche la lingua*).
phoenix ['fi:niks], *n.* 1 (*mitol.*) fenice; (*anche fig.*) araba fenice 2 — (*astron.*) F., Fenice (*costellazione*).
phon [fɔn], *n.* (*fis.*) fon (*unità di misura del suono*).
to phonate [fou'neit], *v. i.* emettere un suono vocalico.
phonation [fou'neiʃən], *n.* (*scient.*) fonazione.
phonatory ['founətəri], *a.* (*scient.*) fonatorio.
phone (1) [foun], *n.* (*fam.*) telefono. ● **p.-book**, rubrica telefonica □ **p.-box**, cabina telefonica □ **p.-plug**, spina per cuffia □ **to be on the p.**, essere al telefono; (*anche*) essere in elenco (*telefonico*) □ **over the p.**, al telefono; (*anche*) per (*mezzo del*) telefono: **speaking over the p.**, parlando al telefono; **to receive orders over the p.**, ricevere (*o* accettare) ordinazioni per telefono.
to phone [foun], *v. t. e i.* (*fam.*) telefonare.
phone (2) [foun], *n.* (*scient.*) suono (*d'una vocale o d'una consonante*).
phone-in ['founin], *n.* (*USA*) (*telev.*, *radio*) programma (*o* trasmissione) con telefonate del pubblico in diretta.
phonematic [,founi'mætik], *a.* (*linguistica*) fonematico.
phoneme ['founi:m], *n.* (*linguistica*) fonema.
phonemic [fou'ni:mik], *a.* (*linguistica*) fonematico; fonemico.
phonemics [fou'ni:miks], *n. pl.* (*col verbo al sing.*) (*linguistica*) fonematica.
phonetic [fou'netik], *a.* fonetico: **p. signs**, simboli fonetici.
phonetically [fou'netikəli], *avv.* foneticamente.
phonetician [,founi'tiʃən], **phoneticist** [fou'netisist], *n.* fonetista.
phonetics [fou'netiks], *n. pl.* (*col verbo al sing.*) fonetica.
phonetist ['founitist], *V.* **phonetician**.
phoney ['founi], **A** *a.* (*pop.*) falso; finto; fittizio; fasullo (*mil.*)

p. mine, mina falsa. **B** *n.* 1 oggetto falso; prodotto adulterato 2 ciarlatano; impostore.
phoniatric [,founi'ætrik], *a.* (*med.*) foniatrico.
phonic ['founik], *a.* (*fis.*) fonico.
phonofit ['founəfit], *n.* fonofit.
phonogram ['founəgræm], *n.* 1 fonogramma 2 segno stenografico.
phonograph ['founəgra:f], *n.* 1 fonografo (*antico*, *con cilindri*) 2 (*USA*) fonografo meccanico; grammofono. ● **p. record**, disco fonografico □ (*elettr.*) **p. pickup**, fonorivelatore; pickup.
phonographer [fou'nɔgrəfə*], **phonographist** [fou'nɔgrəfist], *n.* 1 esperto in trascrizioni fonetiche 2 stenografo che usa il metodo Pitman.
phonographic [,founə'græfik], *a.* 1 fonografico 2 stenografico (*V.* **phonography**).
phonography [fou'nɔgrəfi], *n.* 1 grafia (*o* scrittura) fonetica 2 metodo stenografico Pitman.
phonolite ['founəlait], *n.* (*miner.*) fonolite.
phonologic(al) [,founə'lɔdʒik(əl)], *a.* (*linguistica*) fonologico.
phonologist [fou'nɔlədʒist], *n.* fonologo.
phonology [fou'nɔlədʒi], *n.* (*linguistica*) fonologia.
phonometer [fou'nɔmitə*], *n.* (*fis.*) fonometro.
phonoreception [,founəri'sepʃən], *n.* (*fisiologia*) fonoricezione.
phonoscope ['founouskoup], *n.* (*fis.*) fonoscopio.
phonotype ['founoutaip], *n.* (*tipogr.*) carattere (di un simbolo) fonetico.
phonotypy ['founoutaipi], *n.* 1 trascrizione fonetica 2 metodo stenografico Pitman.
phony ['founi], *V.* **phoney**.
phooey ['fu:i], *inter.* 1 (*d'incredulità*, *ecc.*) bah 2 (*di disgusto*, *ecc.*) puah.
phormium ['fɔ:miəm], *n.* (*bot.*, *Phormium*) formio.
phosgene ['fɔzdʒi:n], *n.* (*chim.*) fosgene (*gas tossico*).
phosphatase ['fɔsfəteis], *n.* (*biol.*) fosfatasi.
phosphate ['fɔsfeit], *n.* (*chim.*) fosfato. ● (*metall.*) **p. coating**, rivestimento fosfatico; fosfatazione □ (*miner.*) **p. rock**, fosfato minerale; fosforite.
phosphatic [fɔs'fætik], *a.* (*chim.*) fosfatico.
phosphide ['fɔsfaid], *n.* (*chim.*) fosfuro.
phosphine ['fɔsfi:n], *n.* (*chim.*) fosfina.
phosphite ['fɔsfait], *n.* (*chim.*) fosfito.
to phosphorate ['fɔsfəreit], *v. t.* 1 (*chim.*) fosforare 2 rendere fosforescente.
to phosphoresce [,fɔsfə'res], *v. i.* fosforeggiare; essere fosforescente.
phosphorescence [,fɔsfə'resəns], *n.* fosforescenza.
phosphorescent [,fɔsfə'resənt], *a.* fosforescente: **p. paint**, pittura fosforescente.
phosphoret(t)ed [,fɔsfəretid], *a.* (*chim.*) fosforato.
phosphoric [fɔs'fɔrik], *a.* 1 (*chim.*) fosforico 2 (*raro*) fosforescente.
phosphorism ['fɔsfərizəm], *n.* (*med.*) fosforismo.
phosphorite ['fɔsfərait], *n.* (*miner.*) fosforite.
phosphorous ['fɔsfərəs], *a.* (*chim.*) fosforoso.
phosphorus ['fɔsfərəs], *n.* (*chim.*) fosforo.
phosphuret(t)ed [,fɔsfjuəretid], *a.* (*chim.*) fosforato.
photo ['foutou], *n.* (*pl.* **photos**) foto; fotografia. ● **p. finish**, (*sport*) fotofinish; finale di gara serrato; arrivo testa a testa, spalla a spalla (*in cui solo la fotografia può decidere chi sia il vincitore*); (*fig.*) competizione il cui esito è incerto fino all'ultimo.
to photo ['foutou], *v. t.* (*fam.*) fotografare.
photocell ['foutəsel], *n.* (*elettron.*) cellula fotoelettrica; fotocellula.
photochemistry [,foutou'kemistri], *n.* (*scient.*) fotochimica.
photochromy ['foutou,kroumi], *n.* fotocromia; fotografia a colori.
to photocompose [,foutoukəm'pouz], *v. t.* (*grafica USA*) fotocomporre.
photocomposer [,foutoukəm'pouzə*], *n.* (*grafica USA*) fotocompositrice.
photocomposition [,foutou,kɔmpə'ziʃən], *n.* (*grafica USA*) fotocomposizione.
photocopier ['foutou,kɔpiə*], *n.* (*grafica*) fotocopiatrice.
photocopy ['foutou,kɔpi], *n.* fotocopia.
to photocopy ['foutou,kɔpi], *v. t.* fotocopiare; fare una fotocopia di (q.c.).
photocopying ['foutou,kɔpiiŋ], *n.* (*grafica*, *anche* **p. process**) fotocopiatura.
photodetector [,foutoudi'tektə*], *n.* (*elettron.*) rivelatore fotoelettrico; sensore di luce.
photoelectric(al) [,foutoui'lektrik(əl)], *a.* (*elettr.*) fotoelettrico: **p. cell**, cellula fotoelettrica; fotocellula.
photoelectricity ['foutou,ilek'trisiti], *n.* (*elettron.*) fotoelettricità.
photoengraving ['foutouin'greiviŋ], *n.* (*grafica*) fotoincisione.

photofit ['foutoufit], *n.* fotofit.
photoflash [,foutə'flæʃ], *n.* fotografia al lampo di magnesio.
photogen ['foutədʒən], *n.* **1** (*chim.*) olio leggero di distillazione (*di carbone, ecc.*) **2** (*biol.*) organismo fotogeno.
photogene ['foutədʒi:n], *n.* (*med.*) immagine retinica.
photogenic [,foutou'dʒenik], *a.* **1** fotogenico **2** (*med., biol.*) fotogenetico.
photogram ['foutougræm], *n.* **1** (*cinem., ecc.*) fotogramma **2** (*grafica*) silhouette.
photogrammetry [,foutou'græmitri], *n.* fotogrammetria.
photograph ['foutəgra:f], *n.* fotografia: **to take a p.**, fare una fotografia. ● **montage p.**, fotomontaggio.
to photograph ['foutəgra:f], **A** *v. t.* fotografare. **B** *v. i.* far fotografie. ● **to p. well** (**badly**), venir bene (male) in fotografia; essere (non essere) fotogenico.
photographer [fə'tɔgrəfə*], *n.* fotografo. ● **free-lance p.**, fotografo free-lance.
photographic(al) [,foutə'græfik(əl)], *a.* fotografico: **p. film**, pellicola fotografica. ● **photographic processor**, chi sviluppa (e ritocca) fotografie; ritoccatore.
photography [fət'ɔgrəfi], *n.* fotografia (*l'arte*): **colour p.**, fotografia a colori.
photogravure [,foutəgrə'vjuə*], *n.* (*grafica*) fotocalcografia.
to photogravure [,foutougrə'vjuə*], *v. t.* fare una fotocalcografia di (*q.c.*).
photolitho [,foutou'liθou], *n.* (*pl.* **photolithos**) fotolito, fotolitografia (*l'immagine*).
photolithograph [,foutou'liθəgra(:)f], *n.* fotolitografia (*l'immagine*).
to photolithograph [,foutou'liθəgra(:)f], *v. t.* fare una fotolitografia di (*q.c.*).
photolithography [,foutouli'θɔgrəfi], *n.* fotolitografia (*il procedimento*).
photometer [fou'tɔmitə*], *n.* (*ing.*) fotometro.
photometric [,foutou'metrik], *a.* (*scient.*) fotometrico.
photometry [fou'tɔmitri], *n.* (*ottica*) fotometria.
photomicrograph [,foutə'maikrəgra(:)f], *n.* microfotografia (*l'immagine*).
photomicrography [,foutəmai'krɔgrəfi], *n.* microfotografia (*il procedimento*).
photomontage [,foutoumɔn'ta:ʒ], *n.* fotomontaggio.
photon ['foutɔn], *n.* (*fis. nucl., ottica*) fotone.
photophobia [,foutou'foubjə], *n.* (*psic.*) fotofobia.
photophobic [,foutou'foubik], *a.* (*biol.*) fotofobo.
photoprint ['foutouprint], *n.* stampa fotografica (*l'immagine*).
photoprinting ['foutouprintiŋ], *n.* stampa fotografica (*il procedimento*).
photoscanner [,foutou'skænə*], *n.* (*med.*) scintigrafo; fotoscanner.
photoscanning [,foutou'skæniŋ], *n.* (*med.*) scintigrafia.
photosensitive [,foutou'sensitiv], *a.* fotosensibile.
photosphere ['foutousfiə*], *n.* (*astron.*) fotosfera.
Photostat ['foutoustæt], *n.* **1** (*marchio*) fotostato; apparecchio fotostatico **2** (*anche* **p. copy**) copia fotostatica.
to photostat ['foutoustæt], *v. t.* fare una copia fotostatica di (*un documento, ecc.*).
photosynthesis [,foutou'sinθisis], *n.* (*bot.*) fotosintesi.
phototelegraph [,foutə'teligra:f], *n.* telefoto, telefotografia (*l'immagine*).
phototelegraphy [,foutəti'legrəfi], *n.* fototelegrafia (*il procedimento*).
phototherapeutic ['foutou,θerə'pju:tik], *a.* (*med.*) fototerapico.
phototherapeutics ['foutou,θerə'pju:tiks], *n. pl.* (*col verbo al sing.*) (*med.*) fototerapia.
phototropism [foutou'trɔpizəm], *n.* (*bot.*) fototropismo.
phototube ['foutoutju:b], *n.* (*elettron.*) tubo fotoelettronico; cellula fotoelettrica.
phototype ['foutoutaip], *n.* (*grafica*) lastra per fototipia. ● (*USA*) **p. setting**, fotocomposizione.
phototypesetter [,foutou'taip,setə*], *n.* (*grafica USA*) fotocompositrice.
photovoltaic [,foutouvɔl'teiik], *a.* (*elettron.*) fotovoltaico.
photozincography [,foutouziŋ'kɔgrəfi], **photozincotypy** [,foutou'ziŋkə,taipi], *n.* (*tipogr.*) fotozincotipia.
phrasal ['freizəl], *a.* di frase; di espressione; di locuzione. ● (*gramm. ingl.*) **p. verb**, verbo composto (*di verbo principale più una o più particelle avverbiali*).
phrase [freiz], *n.* **1** (*gramm.*) frase (*che non ha senso compiuto; cfr.* **sentence**); espressione; locuzione; modo di dire: **a dictionary of English phrases**, dizionario di espressioni (idiomatiche) inglesi; dizionario fraseologico inglese **2** modo d'esprimersi; stile: **in simple p.**, in uno stile semplice **3** (*mus.*) frase **4** (*pl., spreg.*) ciarle; (vuote) parole. ● **p.-book**, manuale di fraseologia ◻ **p.-monger**, fraseggiatore ◻ **as the p. goes**, come si suol dire ◻ **I have had enough of phrases**, ne ho abbastanza di belle parole.
to phrase [freiz], *v. t.* **1** esprimere; formulare **2** (*mus.*) fraseggiare.
phraseogram ['freiziəgræm], *n.* simbolo (*specialm. stenografico*) che rappresenta una locuzione (*o un gruppo di parole*).
phraseograph ['freiziəgra:f], *n.* locuzione (*o gruppo di parole*) rappresentabile con un simbolo (*specialm. in stenografia*).
phraseological [,freizia'lɔdʒikəl], *a.* fraseologico.
phraseology [,freizi'ɔlədʒi], *n.* **1** fraseologia **2** frasario.
phrasing ['freiziŋ], *n.* **1** frasario **2** (*mus.*) fraseggio.
phratry ['freitri], *n.* (*stor. greca*) fratria.
phreatic [fri(:)'ætik], *a.* (*geol.*) freatico: **p. water**, acqua freatica.
phrenetic(al) [fri'netik(əl)], *a.* **1** frenetico; delirante **2** fanatico.
phrenic ['frenik], *a.* (*anat.*) frenico: **p. nerve**, nervo frenico.
phrenologic(al) [,frenə'lɔdʒik(əl)], *a.* (*med.*) frenologico.
phrenologist [fri'nɔlədʒist], *n.* (*med.*) frenologo.
phrenology [fri'nɔlədʒi], *n.* (*med.*) frenologia.
Phrygia ['fridʒiə], *n.* (*stor., geogr.*) Frigia.
Phrygian ['fridʒiən], *a. e n.* (*stor.*) frigio: **P. cap**, berretto frigio.
Phryne ['fraini], *n.* (*stor.*) Frine.
phthisic(al) ['θaisik(əl)], *a.* (*med.*) tisico; tubercolotico.
phthisiology [,θisi'ɔlədʒi], *n.* (*med.*) tisiologia.
phthisis ['θaisis], *n.* (*pl.* **phthises**) (*med.*) tisi; tubercolosi polmonare.
phut [fʌt], *n.* suono prodotto da un pallone (da una camera d'aria, ecc.) che si sgonfia; «pfff»; sibilo (*di proiettile, ecc.*). ● **to go p.**, sgonfiarsi; (*di lampadina*) fulminarsi; (*fig.: d'un progetto, ecc.*) andare a monte, andare in fumo, andare a rotoli: **It's gone p.**, tutto è andato a monte (*o* a rotoli).
phylactery [fi'læktəri], *n.* (*relig.*) filatterio; filatteria.
phyletic [fi'letik], *a.* (*biol.*) fileticо: **f. evolution**, evoluzione filetica.
phyllode ['filoud], *n.* (*bot.*) fillodio.
phyllotaxis [,filə'tæksis], *n.* (*bot.*) fillotassi.
phylloxera [,filɔk'siərə], *n.* (*zool., Phylloxera*) fillossera.
phylogenesis [,failou'dʒənisis], *n.* (*pl.* **philogeneses**) (*biol.*) filogenesi.
phylogenetic [,failoudʒi'netik], **phylogenic** [,failou'dʒi:nik], *a.* (*biol.*) filogenetico.
phylogeny [fai'lɔdʒəni], *n.* (*biol.*) filogenesi.
phylum ['failəm], *n.* (*pl.* **phyla**) **1** (*biol.*) phylum; tipo **2** (*linguistica*) ceppo (*di lingue*).
physic ['fizik], *n.* **1** (*arc.*) purgante; purga; (*per estens.*) medicina, medicamento, farmaco **2** (*arc.*) medicina; arte medica.
to physic ['fizik] (*pass. e p. p.* **physicked**), *v. t.* (*arc.*) dare una medicina (*o* una purga) a (*q.*).
physical ['fizikəl], **A** *a.* fisico (*in ogni senso*): **p. strength**, forza fisica; (*fis.*) **p. forces**, forze fisiche; **p. exercise**, esercizio fisico; **p. beauty**, bellezza fisica; **p. geography**, geografia fisica. **B** *n.* (*abbr. fam. di* **p. examination**) visita (medica) di controllo. ● **p. culture**, cultura fisica; culturismo ◻ **p. culturist**, culturista ◻ (*pop.*) **p. jerks**, esercizi fisici; ginnastica a corpo libero ◻ **p. training**, educazione fisica; ginnastica.
physician [fi'ziʃən], *n.* **1** medico; dottore (*in medicina*) **2** (*fig.*) guaritore; chi dà conforto.
physicism ['fizisizəm], *n.* (*filos.*) fisicismo.
physicist ['fizisist], *n.* **1** fisico **2** (*filos.*) fisicista.
physics ['fiziks], *n. pl.* **1** (*col verbo al sing.*) fisica **2** proprietà fisiche.
physio ['fiziou], *n.* (*pl.* **physios**) (*abbr. fam. di* **physiotherapist**) (*med.*) fisioterapista.
physiocracy [,fizi'ɔkrəsi], *n.* (*stor., econ.*) fisiocrazia.
physiocrat ['fiziəkræt], *n.* (*stor., econ.*) fisiocrate.
physiocratic [,fiziə'krætik], *a.* (*stor., econ.*) fisiocratico.
physiognomic(al) [,fiziə'nɔmik(əl)], *a.* **1** fisiognomico **2** fisionomico.
physiognomist [,fizi'ɔnəmist], *n.* cultore di fisiognomia; fisiognomo.
physiognomy [,fizi'ɔnəmi], *n.* **1** fisiognomia; fisiognomica **2** fisionomia, fisionomia (*anche fig.*) **3** (*pop.*) faccia; viso.
physiographer [,fizi'ɔgrəfə*], *n.* fisiografo.
physiographic(al) [,fiziou'græfik(əl)], *a.* **1** fisiografico **2** geofisico **3** geomorfico.
physiography [,fizi'ɔgrəfi], *n.* **1** fisiografia **2** geografia fisica **3** geomorfologia.
physiologic(al) [,fiziə'lɔdʒikəl], *a.* fisiologico.
physiologist [,fizi'ɔlədʒist], *n.* fisiologo.
physiology [,fizi'ɔlədʒi], *n.* fisiologia.
physiotherapist [,fiziou'θerəpist], *n.* (*med.*) fisioterapista.
physiotherapy [,fiziou'θerəpi], *n.* (*med.*) fisioterapia.
physique [fi'zi:k], *n.* fisico; costituzione fisica: **a man of muscular p.**, un uomo che ha un fisico muscoloso.
phytochemical [,faitou'kemikəl], *a.* (*scient.*) fitochimico.
phytochemistry [,faitou'kemistri], *n.* (*scient.*) fitochimica.

phytographic(al) [ˌfaitouˈɡræfik(əl)], a. (bot.) fitografico.
phytography [faiˈtɒɡrəfi], n. (bot.) fitografia.
phytologic(al) [ˌfaitouˈlɒdʒik(əl)], a. (scient.) fitologico.
phytology [faiˈtɒlədʒi], n. (scient.) fitologia; botanica.
phytopathogen [ˌfaitouˈpæθoudʒən], n. (ecologia) (agente) fitopatogeno.
phytopathology [ˌfaitoupəˈθɒlədʒi], n. (bot.) fitopatologia.
pi (1) [pai], n. (pl. **pis**) pi (sedicesima lettera dell'alfabeto greco); (geom.) pi greco. ● (fis. nucl.) **pi meson**, mesone pi; pione.
pi (2), to pi [pai], V. pie (3), to pie.
pi (3) [pai], a. (gergo studentesco; abbr. di pious) pio; virtuoso. ● **pi-jaw**, ramanzina; predica (fig.).
piacular [paiˈækjulə*], a. 1 espiatorio 2 da espiare; malvagio.
to piaffe [piˈæf], v. i. (sport: di cavallo) caracollare.
piaffe [piˈæf], n. (sport) caracollo.
pia mater [ˈpaiə ˈmeitə*], n. (anat.) piamadre.
pianissimo [pjæˈnisimou] (ital.), avv. (mus.) pianissimo.
pianist [ˈpiænist], n. (mus.) pianista.
piano (1) [ˈpjænou] (ital.), n. (pl. **pianos**) (mus.) pianoforte; piano. ● **p. organ**, organino □ **p.-player**, pianola □ **p. tuner**, accordatore di pianoforti □ **cottage p.**, piccolo pianoforte verticale □ **grand p.**, pianoforte a coda □ **upright p.**, pianoforte verticale.
piano (2) [ˈpjaːnou] (ital.), A avv. (mus.) piano. B n. (mus.) pezzo da suonare piano.
pianoforte [ˌpjænouˈfɔːti] (ital.), n. (mus.) pianoforte; piano.
Pianola [pjæˈnoulə], n. (marchio: mus.) pianola.
piastre, (USA) **piaster** [piˈæstə*], n. piastra (moneta egiziana e turca).
piazza [piˈædzə] (ital.), n. (pl. **piazzas, piazze**) (specialm. di città italiana).
pibroch [ˈpiːbrɒk], n. musica (di solito marziale) per cornamusa.
pica (1) [ˈpaikə], n. (tipogr.) 1 pica (unità tipografica in uso nei paesi anglosassoni) 2 (un tempo) corpo 12. ● (un tempo) **small p.**, corpo 11.
pica (2), [ˈpaikə], n. (med.) pica; picacismo.
picador [ˈpikədɔː*] (spagn.), n. picador.
Picardy [ˈpikədi], n. (geogr.) Piccardia.
picaresque [ˌpikəˈresk], a. (letter.) picaresco.
picaro [ˈpikərou] (spagn.), n. (pl. **picaros**) picaro; canaglia; furfante; mascalzone.
picaroon [ˌpikəˈruːn], n. 1 picaro; canaglia; brigante; furfante 2 pirata; corsaro 3 (naut.) nave pirata.
to picaroon [ˌpikəˈruːn], v. i. fare il brigante (o il pirata).
picayune [ˌpikəˈjuːn], A n. (USA) 1 monetina (specialm.) moneta da 5 «cent» 2 (fam.) cosa (o persona) insignificante; inezia, nonnulla; nessuno (fig.). B a. insignificante; meschino; spregevole.
piccalilli [ˈpikəlili], n. (cucina) giardiniera (verdura sottaceto assortita) condita con droghe e senape.
piccaninny [ˈpikənini], n. 1 bimbetto negro; negretto 2 piccino; bimbo.
piccolo [ˈpikəlou], n. (pl. **piccolos**) (mus.) ottavino.
piccoloist [ˈpikəlouist], n. (mus.) suonatore d'ottavino.
piceous [ˈpisiəs], a. piceo (lett.); di pece; color della pece.
pick (1) [pik], n. 1 piccone 2 (in genere) strumento appuntito (specialm. nei composti, come **toothpick**, stuzzicadenti; **ice-pick**, piccozza) 3 (mecc.) picco; dente; tagliente. ● **p.-mattock**, gravina.
to pick [pik], A v. t. e i. 1 forare; spezzare (roccia, ecc.), scavare (il terreno) con un piccone 2 cavare, togliere (con le dita): **to p. a hair off one's jacket**, togliersi un capello dalla giacca 3 cogliere; raccogliere: **to p. flowers**, coglier fiori; **to p. cotton**, raccogliere il cotone 4 scegliere; cernere; prendere: **He always picks the best fruits**, sceglie sempre i frutti migliori; **to p. the winning horse**, prendere (o imbroccare) il cavallo vincente 5 lacerare; sbrindellare; stracciare; sfilacciare: **to p. rags**, lacerare stracci; **to p. oakum**, sfilacciare stoppa 6 rubare; svuotare: **to p. sb.'s brains**, rubare le idee a q.; **to p. sb.'s pocket**, svuotare le tasche a q.; borseggiare q. 7 stuzzicare: **to p. one's teeth**, stuzzicarsi i denti 8 pulire; ripulire: **to p. a bone**, pulire (o scarnire ben bene) un osso; **to p. strawberries**, ripulire le fragole (dei calici e dei gambi) 9 (anche **to p. away**: d'uccelli) beccare, becchettare (grano, ecc.) 10 (fig.: di persona) piluccare (frutta, ecc.); sbocconcellare; mangiucchiare 11 (USA) suonare (uno strumento a corda): **to p. a guitar**, suonare la chitarra 12 (USA) spennare (un pollo). B verbi composti 1 (fam.) **to p. a chicken**, spennare un pollo. B verbi composti 1 (fam.) **to p. at sb.**, criticare q.; rimbrottare q.; rimproverare q. □ **to p. (away) at one's food**, mangiare di mala voglia; mangiucchiare. **2 to p. off**, staccare, togliere (con le dita); cogliere (fiori); sparare a (q.) come bersaglio; sparare a (q.). **3 to p. on**, scegliere, selezionare; tormentare, rimbrottare, criticare q. **4 to p. out**, scegliere, trascegliere, distinguere, scorgere (q. fra altre persone, q.c. fra altri oggetti); cogliere, capire (il significato d'un brano, ecc.); dopo attento esame; suonare a orecchio (un'aria, ecc.); ravvivare (un colore, in un quadro, con pennellate di un altro colore): **P. out the most valuable pieces!**, scegli i pezzi di maggior valore! **5 to p. over**, esaminare, verificare (cose, una alla volta). **6 to p. up**, dissodare, rompere (il terreno) con un piccone; prender su (fam.), raccogliere; prendere, arrestare; imparare, conoscere; fare la conoscenza di; recuperare, riacquistare; trovare, scovare (radio) ricevere, captare: **to p. up firewood**, prender su (o raccogliere) legna da ardere; **The bus stopped to p. up passengers**, l'autobus si fermò per prender su (o far salire) dei passeggeri; **The fugitive was picked up by the police in London**, il fuggiasco fu arrestato dalla polizia a Londra; **to p. up new friends at a summer resort**, far nuovi amici in un luogo di villeggiatura; **to p. up a few Chinese words**, imparare alcune parole cinesi (specialm. ascoltando); **Business is beginning to p. up again**, gli affari sono di nuovo in ripresa; **I picked it up in a bookstall**, l'ho trovato in una bancarella □ **to p. oneself up**, alzarsi, sollevarsi, rialzarsi: **The boy fell but picked himself up and ran on**, il ragazzo cadde ma si rialzò e corse via □ **to p. up after sb.**, riordinare le cose lasciate in disordine da q. (specialm. da un bambino) □ (naut.) **to p. up an anchor**, salpare un'ancora □ **to p. up a bargain**, fare un buon affare □ (naut.) **to p. up a buoy**, ormeggiarsi a una boa □ **to p. up flesh**, rimettersi in carne; ingrassare □ **to p. up a living**, guadagnarsi la vita; sbarcare il lunario □ (autom.) **to p. up speed**, acquistare velocità □ (fam.) **to p. up with sb.**, fare amicizia con q. ● **to p. and choose**, scegliere il meglio; esser difficile (o esigente, meticoloso) □ **to p. and steal**, rubare; fare man bassa □ **to p. a bone clean**, pulire un osso □ **to p. a lock**, scassinare una serratura; aprirla con un grimaldello □ **to p. a quarrel with sb.**, attaccar lite con q. □ **to p. a scab**, cavarsi (o tirarsi via) una crosta (con le unghie) □ (sport) **to p. sides**, schierarsi; formare squadre □ **to p. to pieces**, fare a pezzi, (fig.) analizzare; criticare, trovar da ridire su □ **to p. one's way** (o **steps**), procedere con grande cautela; guardare dove si mettono i piedi □ **to p. one's words**, scegliere le parole più adatte; parlare in punta di forchetta □ (fig.) **to have a bone to p. with sb.**, avere q.c. da spartire con q.; avere un motivo di discordia con q. □ **Grapes p. easily**, l'uva si pilucca bene; è facile piluccar l'uva □ **A cup of coffee will p. me up**, una tazza di caffè mi tirerà su.
pick (2) [pik], n. scelta; selezione; cosa (o parte) migliore; (il) fiore (fig.). ● **the p. of the bunch**, il fior fiore □ **Take your p.!**, scegli tu; prendine uno a scelta.
pickaback [ˈpikəbæk], avv. sulle spalle; sulla schiena; a cavalluccio: **The father carried the child p.**, il padre portava il bambino a cavalluccio. ● **to give sb. a p.**, portare q. a cavalluccio.
pickaninny [ˈpikənini], V. piccaninny.
pickax(e) [ˈpikæks], n. piccone.
to pickax(e) [ˈpikæks], A v. t. rompere (o spezzare) (il terreno, ecc.) col piccone. B v. i. lavorare col piccone; usare il piccone.
picked [pikt], a. 1 scelto; selezionato: **p. soldiers**, truppe scelte 2 (di frutta) colto dall'albero 3 (di frutta, ecc.) mondato; pulito.
picker [ˈpikə*], n. 1 raccoglitore; mondatore: **fruit-pickers**, raccoglitori di frutta 2 (agric., mecc.) raccoglitrice 3 (ind. min.) cernitore (anche) macchina cernitrice 4 (ind. tess., mecc.) slappolatore; apritoio. ● **cotton-p.**, raccoglitore di cotone; (mecc.) macchina per raccogliere il cotone □ **rag-p.**, chi raccoglie stracci; straccivendolo □ (agric.) **rice-p.**, mondatrice di riso; mondina □ **a p. of quarrels**, un attacabrighe □ **pickers and stealers**, ladruncoli.
pickerel [ˈpikərəl], n. (pl. **pickerel, pickerels**) (zool.) piccolo luccio.
picket [ˈpikit], n. 1 picchetto; piolo; paletto 2 (mil., anche **picquet, piquet**) picchetto; reparto (di soldati) 3 picchetto (di scioperanti) 4 picchettatore. ● (mil., naut.) **p. boat**, vedetta; nave vedetta □ **p. fence**, palizzata □ **p. line**, fila di scioperanti che formano picchetti □ (mil.) **outlying p.**, pattuglia in avanscoperta.
to picket [ˈpikit], A v. t. 1 chiudere (o fissare, proteggere) con picchetti; picchettare; recingere con uno steccato: **to p. a tent**, fissare una tenda con picchetti 2 legare (o assicurare) (un cavallo) a un paletto 3 (mil.) mettere (soldati) di picchetto 4 circondare (una fabbrica) di picchetti di scioperanti; picchettare. B v. i. 1 (mil.) essere di picchetto 2 (di scioperanti) formare picchetti.
picketing [ˈpikitiŋ], n. 1 chiusura con picchetti, ecc. (V. **to picket**) 2 picchettaggio, picchettamento (da parte di scioperanti).
picking [ˈpikiŋ], n. 1 scelta; selezione; cernita 2 raccolta; raccolto 3 (specialm. **p. and stealing**) furterello, ruberia 4 (pl.) avanzi; residui; spigolature: **the pickings after a feast**, le briciole d'un banchetto 5 (pl.) oggetti rubati; bottino; malloppo (fam.) 6 (pl.) compensi extra; incerti; profitti illeciti.
pickle [ˈpikl], n. 1 salamoia 2 (pl.) verdura (specialm. cetrioli

in salamoia; giardiniera; sottaceti: **onion pickles**, cipolline in salamoia; cipolline sottaceto **3** (*fam.*) guaio; imbroglio; pasticcio (*fig.*); impiccio: **I am in a sad (sorry, nice) p.**, sono in un brutto guaio (*o* in un imbroglio) **4** (*fam.*) bambino cattivello; birichino **5** (*metall.*) bagno di decapaggio. ● (*fig.*) **to have a rod in p. for sb.**, avere in serbo una brutta sorpresa (*o* tenere pronta una punizione) per q. □ (*fam.*) **to leave a room in a p.**, lasciare una stanza sottosopra.

to pickle ['pikl], *v. t.* **1** mettere sottaceto; conservare in salamoia **2** (*metall.*) decapare **3** (*stor., naut.*) strofinare sale o aceto sulle spalle di (*un marinaio fustigato*).

pickled ['pikld], *a.* **1** in salamoia; sottaceto: **p. onions**, cipolline sottaceto **2** (*pop.*) ubriaco; sbronzo; sbornio.

pickling ['piklin], *n.* **1** conservazione sottaceto **2** (*metall.*) decapaggio.

picklock ['piklɔk], *n.* **1** scassinatore **2** grimaldello.

pick-me-up ['pikmi(:)ʌp], *n.* bevanda alcolica; cordiale; stimolante; cicchetto (*fam.*).

pickpocket ['pik,pɔkit], *n.* borsaiolo; borseggiatore.

picksome ['piksəm], *a.* difficile da contentare; esigente.

pick(-)up ['pikʌp], *n.* **1** (*elettr.*) trasduttore **2** (*elettr.*) valore di scatto (*o* di spunto) **3** (*di grammofono, anche* **p. arm**) fonorivelatore; pick-up **4** (*fam.*) conoscenza occasionale; partner occasionale **5** (*USA, anche* **p. truck**) camioncino (*scoperto, col fondo ribaltabile*) **6** (*autom., mecc.*) accelerazione; ripresa: **My car has very good p.**, la mia macchina ha un'ottima ripresa **7** (*econ.*) ripresa; recupero **8** (*aeron.*) pick-up **9** (*miss.*) recupero (*di una capsula spaziale*) **10** (*fam., autom.*) passaggio; strappo (*fam.*) **11** (*fam.*) fermata (*per merci o passeggeri*) **12** (*fam., telev.*) ripresa: **live p.**, ripresa in diretta.

pickwick ['pikwik], *n.* sigaro di poco prezzo (*da Mr Pickwick, protagonista dei «Pickwick Papers» di C. Dickens*).

Pickwickian [pik'wikiən], *a.* (*scherz.*) «pickwickiano»; di carattere generoso e semplice (*da Mr Pickwick, V.* **pickwick**). ● (*di una parola, di un termine*) **used in a P. sense**, usato in senso non letterale; detto scherzosamente.

picky ['piki], *a.* (*specialm. USA*) esigente; difficile; pignolo.

picnic ['piknik], *n.* **1** merenda all'aperto; scampagnata; picnic **2** (*fam.*) cosa piacevole; lavoro facile: **It's no p.**, non è una cosa piacevole (*o* facile).

to picnic ['piknik] (*pass. e p. p.* **picnicked**), *v. i.* fare una merenda (*all'aperto*); fare una scampagnata; fare un picnic.

picnicker ['piknikə*], *n.* chi partecipa a un picnic; chi fa una scampagnata.

picosecond ['paikousəkənd], *n.* (*fis.*) picosecondo; trilionesimo di secondo.

picot ['pi:kou], (*franc.*) *n.* (*moda*) «picot»; «picò» (*finitura ornamentale nell'orlo di pizzi e merletti*).

picotee [,pikə'ti:], *n.* (*bot.*) garofano screziato (*all'orlo dei petali*).

picquet ['pikit], *V.* **picket**, *def.* 2.

picrate ['pikreit], *n.* (*chim.*) picrato (*esplosivo*).

picric ['pikrik], *a.* (*chim.*) picrico: **p. acid**, acido picrico.

Pictish ['pikti∫], *a.* (*stor.*) dei Pitti (*V.* **Picts**).

pictograph ['piktəgra:f], *n.* pittogramma.

pictographic [,piktou'græfik], *a.* pittografico.

pictography [pik'tɔgrəfi], *n.* pittografia.

pictorial [pik'tɔ:riəl], *A a.* **1** illustrato; figurato **2** pittoresco; vivido; vivace **3** (*raro*) pittorico. **B** *n.* giornale illustrato; rotocalco.

Picts [pikts], *n.* (*stor.*) Pitti (*antichi abitanti della Scozia*).

picture ['piktʃə*], *n.* **1** quadro (*anche fig.*); disegno; pittura; ritratto (*anche fig.*); (vivida) descrizione: **p. gallery**, galleria di quadri; pinacoteca; **Tom is the p. of health**, Maso è il ritratto della salute; **a poor p. of the times**, una descrizione inadeguata del nostro tempo **2** fotografia; illustrazione: **a book full of pictures**, un libro pieno d'illustrazioni **3** (*fig.*) immagine; idea: **to make a p. of the situation**, farsi un'idea della situazione **4** (*cinem.*) fotogramma **5** (*telev.*) immagine **6** (*pl.*) pellicola cinematografica; film; cinema **7** (*elab.*) descrizione; maschera **8** (*med.*) quadro clinico; sintomatologia. ● **p. book**, libro illustrato (*specialm. per bambini*) □ (*carte da gioco*) **p. card**, figura □ **p.-goer**, frequentatore di cinema □ **p. hat**, cappellino a larga tesa, ornato di penne di struzzo □ **p. palace** (*o* **p. theatre**, **p. house**), cinematografo; sala cinematografica □ **p. postcard**, cartolina illustrata □ (*telev.*) **p. signal**, segnale video □ **p. story**, fotoromanzo □ **p. telephone**, videotelefono □ (*elettron.*) **p. tube**, cinescopio; tubo di riproduzione (*di televisore*) □ **p. writing**, scrittura ideografica □ (*fam.*) **to be in the p.**, essere informato (*o* al corrente); essere pertinente; entrarci (*impers.*) □ (*fam.*) **to come into the p.**, acquistare importanza; rivestire interesse □ (*fam.*) **moving pictures**, cinematografo; spettacolo cinematografico □ (*fig.*) **to be out of the p.**, non essere pertinente; non entrarci (*impers.*) □ (*fam.*) **to put sb. in the p.**, mettere al corrente q.; aggiornare q. □ **Her hat is a p.**, ha un cappellino che è un amore □ **The girl is the p. of her mother**, la ragazza è il ritratto di sua madre □ (*fam.*) **(Do you) get the p.?**, hai capito?; hai afferrato?

to picture ['piktʃə*], *v. t.* **1** dipingere; ritrarre; raffigurare **2** fotografare **3** immaginare; figurare; rappresentare: **P. yourself in my position!**, immaginati al mio posto!

picturephone ['piktʃəfoun], *n.* videotelefono; videofono (*raro*).

picturesque [,piktʃə'resk], *a.* **1** pittoresco; ameno; vivido **2** (*di persona*) bizzarro; originale; strambo.

picturesqueness [,piktʃə'resknis], *n.* **1** carattere pittoresco; l'esser pittoresco; amenità; vividezza **2** bizzarria; originalità.

to piddle ['pidl], *v. i.* (*linguaggio infantile*) far pipì. ● (*fam.*) **to p. one's time away**, perdere (*o* sprecare) il tempo.

piddle ['pidl], *n.* (*fam.*) pipì.

piddling ['pidlin], *a.* insignificante; futile; meschino; da nulla.

piddock ['pidək], *n.* (*zool., Pholas dactylus*) folade.

pidgin ['pidʒin], *n.* **1** (*anche* **p. English**) pidgin-English (*lingua franca delle coste della Cina*) **2** (*fam.*) affare (**p. è corruzione di business**).

pi-dog ['paidɔg], *V.* **pyedog**.

pie (1) [pai], *n.* (*zool., Pica pica; anche* **magpie**) gazza.

pie (2) [pai], *n.* **1** pasticcio (*di carne*): **kidney pie**, pasticcio di rognoni **2** torta; crostata: **an apple pie**, una torta di mele. ● (*fam.*) **pie in the sky**, speranza illusoria di felicità □ **bran pie**, mastelletto di crusca, da cui i bambini, nelle feste natalizie, estraggono a sorte doni □ **as easy as pie**, facile come bere un bicchiere d'acqua □ **to eat humble pie**, ingoiare un rospo; umiliarsi □ (*fig.*) **to have a finger in the pie**, avere le mani in pasta □ **mud pie** (*o* **sand pie**), formina di terra (*fatta dai bambini per gioco*) □ **vegetable pie**, tortino di verdura.

pie (3) [pai], *n.* **1** (*tipogr., anche* **printers' pie**) caratteri in disordine **2** (*fig.*) confusione; imbroglio; pasticcio (*fig.*).

to pie [pai], *v. t.* **1** (*tipogr.*) mettere (*caratteri*) in disordine **2** (*fig.*) scombinare; pasticciare; scompigliare.

piebald ['paibɔ:ld], **A** *a.* **1** (*specialm. di cavallo*) pezzato **2** (*fig.*) screziato; variegato **3** (*fig.*) eterogeneo; misto. **B** *n.* cavallo pezzato.

piece [pi:s], *n.* **1** pezzo (*in ogni senso*); frammento; brano; parte; oggetto (*artistico*): **a p. of wood (chalk, paper, etc.)**, un pezzo di legno (gesso, carta, ecc.); **to be in pieces**, essere a pezzi; **to go** (*o* **to fall**) **to pieces**, andare in pezzi; **a ten-cent p.**, un pezzo (*o* una moneta) da dieci «cent»; **a dinner service of forty pieces**, un servizio da tavola di quaranta pezzi; **antique pieces**, pezzi (*o* oggetti) d'antiquariato **2** pezza; taglio (*di stoffa*): **to sell goods by the p.**, vendere la merce a pezze (o al pezzo) **3** (*mil.*) pezzo d'artiglieria; cannone: **a fieldpiece**, un pezzo d'artiglieria campale **4** carabina; fucile: **a fowling p.**, un fucile da caccia **5** (*teatr., specialm.* **dramatic p.**) dramma **6** barile, botte (*di vino, ecc.*). ● **p. by p.**, pezzo per pezzo □ (*di tessuto*) **p.-dyed**, tinto in pezza □ **p.-goods**, tessuti in pezza; (*specialm.*) cotonine, seterie □ **a p. of advice**, un consiglio □ **a p. of business**, un affare □ (*stor.*) **p. of eight**, dollaro spagnolo (*d'argento, pari a otto reali*) □ **a p. of furniture**, un mobile □ **a p. of good luck**, una fortuna; una circostanza fortunata □ **a p. of impudence**, un'impudenza; un atto sfrontato; una bella sfacciataggine □ **a p. of information**, un'informazione □ **a p. of music**, un brano musicale □ **a p. of news**, una notizia □ **a p. of nonsense**, una sciocchezza □ **p. rate**, retribuzione a pezzo (*o* a cottimo) □ **p. wage**, salario a cottimo □ **p.-work**, lavoro a cottimo; cottimo □ **p.-worker**, cottimista □ **an eccellent p. of work**, un lavoro eccellente □ (*fam.*) **to give sb. a p. of one's mind**, dire a q. quel che si pensa di lui; dirne quattro a q.; cantarla chiara e tonda a q. □ (*fig.*) **to go to pieces**, avere un cedimento, un tracollo (*fisico o morale*) □ (*fam.*) **to love sb. to pieces**, amare q. alla follia □ (*fig.*) **to be of a** (*o* **of one**) **p. with**, essere coerente con; essere in carattere (*in perfetto accordo*) con □ **to pay sb. by the p.**, pagare q. a cottimo □ **to say** (*o* **to speak**) **one's p.**, dire quello che si pensa □ (*mecc.*) **to take a machine to pieces**, smontare una macchina □ **a two-p. bathing costume**, un costume a due pezzi; un duepezzi □ **a two-p. dress**, un abito a due pezzi.

to piece [pi:s], *v. t.* **1** (*anche* **to p. out**) mettere insieme, unendo pezzo per pezzo; congiungere cucendo; giuntare: **to p. a quilt**, giuntare una coperta imbottita; **to p. a book together from lectures**, mettere insieme un libro da una serie di conferenze **2** attaccare; congiungere: **to p. one thing on to another**, attaccare una cosa a un'altra **3** (*anche* **to p. up**) rammendare; rappezzare; rattoppare. ● **to p. out a story**, ricostruire una storia □ **piecing machine**, giuntatrice.

piecemeal ['pi:s-mi:l], **A** *avv.* pezzo a pezzo; un po' alla volta; a spizzichi: **work done p.**, lavoro fatto a spizzichi. **B** *a.* fatto a spizzichi (*o* un po' alla volta); frammentario.

piecer ['pi:sə*], *n.* (*ind. tessile*) giuntatore.

piecrust ['pai-krʌst], *n.* crosta di pasticcio (*o* di torta). ● (*prov.*)

Promises are like p., made to be broken, le promesse sono fatte per non essere mantenute.
pied [paid], *a.* **1** (*specialm. di cavallo*) pezzato **2** screziato; variegato.
piedmont ['pi:dmənt], *a. attr.* (*geol.*) pedemontano: **p. glacier**, ghiacciaio pedemontano.
Piedmont ['pi:dmənt], *n.* (*geogr.*) Piemonte.
Piedmontese [ˌpi:dmən'ti:z], *a.* e *n.* (*invar. al pl.*) piemontese.
pie-dog ['paidɔg], V. **pyedog**.
pie-eyed [ˌpai'aid], *a.* (*pop.*) ubriaco; sbronzo.
pieman ['paimən], *n.* (*pl.* **piemen**) venditore di torte; venditore di pasticcini.
pier [piə*], *n.* **1** (*naut.*) frangiflutto **2** (*naut.*) banchina; gettata; molo; pontile **3** pila (*di ponte*) **4** (*edil.*) massetto; pilastro. ● (*naut.*) **p. dues**, diritti di banchina ▫ **p. face**, fronte del molo ▫ **p.-glass**, specchiera ▫ **p. head**, testa (*o* punta) di molo ▫ **p.-table**, mensola.
pierage ['piəridʒ], *n.* (*comm., naut.*) diritti di banchina.
to pierce [piəs], *v. t.* e *i.* **1** forare; perforare; passare; trapassare; trafiggere: **The bullet pierced his arm**, la pallottola gli passò il braccio; **to p. a cask**, forare una botte **2** (*mil.*) sfondare; aprire una breccia (in): **to p. the walls of a city**, aprire una breccia nelle mura d'una città **3** (*fig.*) ferire; pungere; straziare: **Grief pierced her heart**, il dolore le straziava il cuore. ● **to p. through** (**into**) **st.**, penetrare attraverso (dentro) q.c. ▫ **to p. a tunnel**, scavare una galleria ▫ **to have one's ears pierced**, farsi forare i lobi delle orecchie (*per mettere gli orecchini*) ▫ **The whistle pierced her ears**, il fischio le lacerò le orecchie.
piercing ['piəsiŋ], *a.* (*anche fig.*) penetrante; acuto; pungente; straziante: **p. cold**, freddo pungente; **a p. cry**, un grido acuto (*o* lacerante); **p. sarcasm**, sarcasmo pungente.
Pierian [pai'eriən], *a.* (*mitol.*) pierio (*lett.*); delle Pieridi.
Pierides [pai'eridi:z], *n. pl.* (*mitol.*) Pieridi; Muse.
pierrot ['piərou] (*franc.*), *n.* pierrot; pagliaccio.
pietism ['paiətizəm], *n.* (*relig.*) pietismo (*anche fig.*); santocchieria.
pietist ['paiətist], *n.* (*relig.*) pietista (*anche fig.*); bacchettone.
pietistic(al) [ˌpaiə'tistik(əl)], *a.* (*relig.*) pietistico (*anche fig.*).
piety ['paiəti], *n.* **1** pietà; devozione; religiosità **2** amore; rispetto; devozione; pietà (*lett.*): **filial p.**, pietà filiale.
piezoelectric [ˌpi:zou-i'lektrik], *a.* (*fis.*) piezoelettrico: **a p. lighter**, un accendino piezoelettrico.
piezoelectricity ['pi:zouˌilek'trisiti], *n.* (*fis.*) piezoelettricità.
piezometer [ˌpi:i'zɔmitə*], *n.* (*fis.*) piezometro.
piffle ['pifl], *n.* (*fam.*) inezie; sciocchezze.
to piffle ['pifl], *v. i.* (*fam.*) dire sciocchezze; blaterare; fare lo stupido.
piffler ['piflə*], *n.* (*fam.*) chiacchierone, chiacchierona.
piffling ['piflin], *a.* (*fam.*) insignificante; futile; senza importanza; da nulla.
pig [pig], *n.* **1** (*zool., Sus*) porco; maiale (*anche fam., fig.*); suino; carne di maiale: **roast pig**, maiale arrostito; carne di maiale arrosto **2** (*pop., spreg.*) poliziotto; piedipiatti; sbirro **3** (*metall.*) lingotto; pane: **pig lead**, piombo in pani **4** (*fis. nucl.*) contenitore schermato. ● (*metall.*) **pig bed**, letto di colata per lingotti (*gergo naut.*) **pig-boat**, sottomarino ▫ **pig breeder** (*o* **farmer**), allevatore di maiali ▫ **pig breeding**, allevamento di suini ▫ (*cucina*) **pig's feet**, zampetti di maiale ▫ (*metall.*) **pig iron**, ghisa (*di prima fusione*); ghisa grezza; (*anche*) ghisa in pani ▫ **p.-making**, il preparare (salare, tritare, insaccare, ecc.) la carne di maiale ▫ **pig production**, produzione della carne di maiale ▫ **pig pudding**, migliaccio; sanguinaccio ▫ **pig's wash**, V. **pigwash** ▫ (*fig.*) **to bring one's pigs to the wrong market**, far fiasco; fare un cattivo affare; fallire in un'impresa ▫ (*fig.*) **to buy a pig in a poke**, comprare la gatta nel sacco; comprare alla cieca ▫ **to make a pig of oneself**, mangiare come un maiale ▫ **to be an obstinate pig**, essere testardo come un mulo ▫ (*per esprimere incredulità, meraviglia*) **Pigs might fly**, anche gli asini possono volare!
to pig [pig], **A** *v. t.* (*di scrofa*) fare, figliare, partorire (*maialini*). **B** *v. i.* (*di scrofa*) figliare. ● (*fam.*) **to pig it**, vivere come maiali (*nella sporcizia, nella miseria*).
pigeon (1) ['pidʒin], *n.* **1** (*zool., Columba, Macropygia, ecc.*) piccione; colombo: **carrier p.** (*o* **homing p.**), piccione viaggiatore; **wood-p.**, (*Columba oenas*) colombella; (*Columba palumbus*) colombaccio **2** (*fig., fam.*) semplicione; babbeo **3** (*sport, anche* **clay p.**) piattello. ● **p.-breasted** (*o* **p.-chested**), col petto a sterno carenato; col petto a tacchino ▫ **p.-hearted**, timido; pusillanime ▫ **p.-house**, piccionaia; colombaia ▫ (*fig.*) **p. pair**, ragazzo e ragazza (*anche gemelli*) in quanto unici figli ▫ **p.-toed**, col piede varo ▫ (*fig.*) **That's my p.**, è affar mio; ci penso io.
pigeon (2) ['pidʒin], *n.* (*nel composto* **p.-English**) V. **pidgin**.
to pigeon ['pidʒin], *v. t.* (*fam.*) imbrogliare; ingannare; fare (q.) fesso (*fam.*).
pigeongram ['pidʒingræm], *n.* messaggio portato da un piccione viaggiatore.
pigeonhole ['pidʒinhoul], *n.* **1** nicchia (*o* foro d'entrata) di colombaia **2** casella **3** (*pl.*) casellario **4** (*fig.*) categoria; classificazione.
to pigeonhole ['pidʒinhoul], *v. t.* **1** archiviare; incasellare: **The plan has been pigeonholed to await better times**, il progetto è stato archiviato in attesa di tempi migliori **2** classificare **3** (*fig.*) accantonare; mettere da parte; insabbiare.
pigeonry ['pidʒənri], *n.* piccionaia; colombaia.
piggery ['pigəri], *n.* **1** allevamento di suini (*fattoria*) **2** (*anche fig.*) porcile **3** (*collett.*) suini; maiali; porci **4** (*fig.*) sporcizia; sudiciume.
piggish ['pigiʃ], *a.* **1** porcino; di (*o* da) maiale; maialesco **2** (*fig.*) maialesco; ghiotto; ingordo **3** (*fig.*) sporco; sudicio.
piggishness ['pigiʃnis], *n.* **1** ghiottoneria; ingordigia **2** sporcizia.
piggy ['pigi], **A** *n.* porcellino; maialino. **B** *a.* **1** porcino: **p. eyes**, occhi porcini **2** (*fig.*) ingordo; avido. ● **p. bank**, salvadanaio a forma di porcellino.
piggyback ['pigibæk], V. **pickaback**.
pigheaded ['pig'hedid], *a.* caparbio; cocciuto; ostinato; testardo.
pigheadedness ['pig'hedidnis], *n.* caparbietà; cocciutaggine; ostinazione; testardaggine.
piglet ['piglit], *n.* porcellino; maialino.
piglike ['piglaik], *a.* di (*o* da) porco; porcino; maialesco.
pigling ['pigliŋ], *n.* porcellino; maialino.
pigment ['pigmənt], *n.* (*chim., biol., ecc.*) pigmento.
to pigment ['pigment], (*biol.*) **A** *v. t.* pigmentare. **B** *v. i.* pigmentarsi.
pigmental [pig'mentl], **pigmentary** ['pigməntəri], *a.* di pigmento; pigmentario.
pigmentation [ˌpigmən'teiʃən], *n.* (*biol.*) pigmentazione.
pigmy ['pigmi], V. **pygmy**.
pignut ['pignʌt], *n.* (*bot., Bunium bulbocastanum*) castagna di terra.
pigpen ['pigpen], *n.* (*USA; anche fig.*) porcile.
pigskin ['pigskin], *n.* **1** pelle di cinghiale; cuoio (*che se ne ricava*) **2** (*fam. USA*) pallone da football **3** (*fam.*) sella (*da cavallo*).
pigsticker ['pigˌstikə*], *n.* **1** cacciatore di cinghiali **2** coltello da caccia; coltello a serramanico.
pigsticking ['pigˌstikiŋ], *n.* caccia al cinghiale.
pigsty ['pigstai], *n.* (*anche fig.*) porcile.
pigswill ['pigˌswil], V. **pigwash**.
pigtail ['pigteil], *n.* **1** treccina; codino; (*alla cinese*) **2** treccia di tabacco (*arrotolato*). ● (*elettr.*) **p. splice**, giunto a tortiglione.
pigwash ['pigwɔʃ], *n.* broda (per maiali).
pigweed ['pigwi:d], *n.* (*bot.*) **1** *Amaranthus hybridus* **2** *Amaranthus retroflexus* **3** (*Chenopodium album*) chenopodio bianco.
to pike [paik], *v. t.* (*stor.*) trafiggere (*o* uccidere) con una picca.
pike (1) [paik], *n.* **1** (*stor.*) picca **2** (*dial.*) piccaxe **3** (*specialm. nei toponimi dell'Inghilterra sett.*) picco; cima; vetta.
pike (2) [paik], *n.* (*abbr. di* **turnpike**) **1** sbarra (*o* cancello) che chiude una strada a pedaggio **2** strada a pedaggio **3** pedaggio.
pike (3) [paik], *n.* (*pl.* **pike, pikes**) (*zool., Esox lucius*) luccio.
pikelet ['paiklit], *n.* (*cucina*) pasticcino da tè.
pikeman (1) ['paikmən], *n.* (*pl.* **pikemen**) (*stor.*) picchiere.
pikeman (2) ['paikmən], *n.* (*pl.* **pikemen**) custode di strada a pedaggio.
piker ['paikə*], *n.* (*fam. USA*) **1** persona gretta (*o* meschina); taccagno; tirchio **2** piccolo speculatore; giocatore assai prudente.
pikestaff ['paiksta:f], *n.* (*stor.*) asta della picca. ● **as plain as a p.**, chiaro come la luce del sole; lampante.
pilaf(f) ['pilæf], V. **pilau**.
pilaster [pi'læstə*], *n.* (*archit.*) pilastro. ● **p. strip**, lesena.
Pilate ['pailət], *n.* (*stor.*) Pilato.
pilau [pi'lau], **pilaw** [pi'lɔ:], *n.* (*cucina*) «pilaf» (*pietanza orientale: di riso, carne e spezie*).
pilch [piltʃ], *n.* triangolo (*per neonati*) che copre il pannolino.
pilchard ['piltʃəd], *n.* (*zool., Sardinia pilchardus*) sardina.
pilcorn ['pilkɔ:n], *n.* (*bot., Avena nuda*) avena nuda.
pile (1) [pail], *n.* **1** palo (*di fondazione*); palafitta **2** pila (*di ponte*); pilastro. ● **p.-driver**, battipalo; berta; (*fam.*) colpo (*o* pugno) poderoso (*o* fortissimo) ▫ **p.-dweller**, palafitticolo ▫ **p.-dwelling**, casa su palafitte; palafitta ▫ (*costr.*) **p. foundation**, fondazione su pali ▫ (*costr.*) **p.-work**, palafitta ▫ **to drive a p.**, piantare un palo.
to pile (1) [pail], *v. t.* **1** conficcar pali in **2** munire di palafitte.
pile (2) [pail], *n.* **1** pila; cumulo; mucchio; catasta: **a p. of dishes**, una pila di piatti **2** casamento; edificio; blocco di case; isolato

3 (*fam.*) mucchio di quattrini; bel gruzzolo: **to make a** (*o* **one's**) **p.**, farsi un bel gruzzolo; far fortuna **4** (*fis. nucl.*) pila. ● (*di autoveicoli*) **p.-up**, tamponamento a catena; scontro multiplo □ **atomic p.**, pila atomica (*o* nucleare) □ **funeral p.**, pila funeraria; pira; rogo □ **wood-p.**, catasta di legna.

to pile (2) [pail], **A** *v. t.* accatastare; ammassare; ammucchiare; ammonticchiare: **to p. cases and trunks on each other**, ammucchiare valigie e bauli. **B** *v. i.* **1** ammucchiarsi; accumularsi **2** – (*autom.*) **to p. up**, tamponarsi a catena. ● (*mil.*) **to p. arms**, mettere armi (*specialm. fucili*) in fascio □ (*fam.*) **to p. wood on a fire**, aggiungere legna al fuoco □ (*fam.*) **to p. on** (*o* **up**) **the agony**, caricare le tinte (*narrando un fatto doloroso*) □ (*fam.*) **to p. it on**, esagerare □ **to p. up a fortune**, accumulare una fortuna (*o un patrimonio*).

pile (3) [pail], *n.* (*ind. tessile*) pelo (*di tappeto, velluto, ecc.*).
pileate ['pailiit], **pileated** ['pailieitid], *a.* (*stor. romana*) pileato.
piles [pailz], *n. pl.* (*med.*) emorroidi.
pileum ['pailiəm], *n.* (*pl.* **pilea**) (*zool.*) pileo.
pileus ['pailiəs], *n.* (*pl.* **pilei**) (*stor., relig., bot., zool.*) pileo.
to pilfer ['pilfə*], *v. t. e i.* rubacchiare.
pilferage ['pilfəridʒ], *n.* **1** il rubacchiare; furterello; furterelli **2** oggetti di poco conto rubati.
pilferer ['pilfərə*], *n.* ladruncolo.
pilgrim ['pilgrim], *n.* pellegrino, pellegrina. ● (*stor.*) **the P. Fathers**, i Padri Pellegrini (*i primi coloni puritani dell'America, sbarcati dal «Mayflower» nel 1620, fondarono la Plymouth Colony*).
pilgrimage ['pilgrimidʒ], *n.* (*relig., anche fig.*) pellegrinaggio: **to go on a p.**, andare in pellegrinaggio.
to pilgrimage ['pilgrimidʒ], *v. i.* andare in pellegrinaggio.
piliferous [pi'lifərəs], *a.* (*anche bot.*) pilifero.
piliform ['pilifɔ:m], *a.* (*scient.*) a forma di pelo; simile a un pelo.
piling ['pailiŋ], *n.* **1** palificazione; palafittata (*raro*) **2** (*di solito* **p.-up**) accatastamento; ammucchiamento.
pill [pil], *n.* **1** (*anche fig.*) pillola **2** (*pop., scherz.*) palla (*di cannone, da gioco*); pallottola **3** (*pl., pop.*) biliardo. ● **the p.**, la pillola (*anticoncezionale*): **to be on the p.**, prendere la pillola □ (*fig.*) **a p. to cure an earthquake**, una mezza misura; un provvedimento del tutto inadeguato □ (*fig.*) **to sugar** (*o* **to gild**) **the p.**, indorare la pillola □ (*fig.*) **to swallow a bitter p.**, mandar giù un boccone amaro □ **to take (sleeping) pills**, impasticcarsi (*anche per suicidarsi*).
to pill [pil], *v. t.* **1** curare con pillole **2** (*pop.*) votare contro (q.); dare voto contrario a (q.).
pillage ['pilidʒ], *n.* **1** saccheggio; sacco (*lett.*) **2** bottino.
to pillage ['pilidʒ], *v. t. e i.* saccheggiare; mettere a sacco (*lett.*); depredare; predare; razziare.
pillager ['pilidʒə*], *n.* saccheggiatore; predatore; razziatore.
pillar ['pilə*], *n.* **1** (*costr.*) pilastro, colonna (*anche fig.*) **2** (*mecc.*) incastellatura a colonna **3** (*di bicicletta*) tubo reggisella **4** (*naut.*) puntale: **p. of the hold**, puntale di stiva. ● (*in G. B.*) **p.-box**, cassetta postale (*rossa e di forma cilindrica, posta al margine del marciapiede*) □ (*geogr.*) **the Pillars of Hercules**, le Colonne d'Ercole □ (*fig.*) **to be driven from p. to post**, essere mandato da Erode a Pilato.
to pillar ['pilə*], *v. t.* sostenere (*o* rafforzare) con pilastri.
pillaret ['pilərit], *n.* pilastrino.
pillau [pi'lau], *V.* **pilau**.
pillbox ['pilbɔks], *n.* **1** scatolina per pillole **2** (*mil.*) fortino (*specialm. di calcestruzzo*) **3** (*scherz.*) vetturetta; veicolo minuscolo.
pillhead ['pilhed], *n.* (*pop.*) farmacodipendente. ● **to be a p.**, essere farmacodipendente.
pillion ['piljən], *n.* **1** (*stor.*) sella leggera (*da donna*) **2** (*stor.*) cuscino (*posto dietro la sella*) **3** sellino posteriore (*di motocicletta*). ● **to ride p.**, viaggiare sul sellino posteriore (*di una moto*).
to pillory ['piləri], *v. t.* mettere alla berlina (*o* alla gogna) (*anche fig.*).
pillory ['piləri], *n.* (*stor. e fig.*) berlina; gogna.
pillow ['pilou], *n.* **1** guanciale; cuscino **2** (*mecc.*) cuscino di supporto; cuscinetto. ● **p.-case** (*o* **p.-slip**), federa □ **p. lace**, merletto a tombolo □ (*fam.*) **p. talk**, discorso fatto nell'intimità (*o a letto*); confidenze fra marito e moglie □ **lace-making p.**, tombolo □ **to take counsel of one's p.**, dormirci sopra; riflettere la notte prima di decidere.
to pillow ['pilou], *v. t.* **1** adagiare; appoggiare; posare: **The boy pillowed his head on her shoulder**, il ragazzo le appoggiò la testa sulla spalla **2** (*fig.*) far da cuscino a; offrire appoggio a.
pillowy ['piloui], *a.* morbido come cuscino; cedevole; soffice.
pil(l)ule ['pilju:l], *n.* (*scient.*) piccola pillola, pillolina.
pilose ['pailous], *a.* (*biol.*) peloso.
pilosity [pai'lɔsiti], *n.* (*biol.*) pelosità.
pilot ['pailət], *n.* **1** (*aeron., naut.*) pilota **2** (*fig.*) guida **3** (*mecc.*) pilota. **3** (*naut., anche* **p. book**) portolano **4** (*telev.*) programma sperimentale **5** (*arc.*) timoniere; pilota. ● (*meteorologia*) **p. balloon**, pallone sonda □ (*mecc.*) **p. bit**, punta (*o* tagliatore) pilota □ **p. boat**, battello pilota; pilotina □ (*naut.*) **p. bridge**, ponte di comando; plancia □ **p. burner**, accenditoio; spia (*di apparecchio a gas*) □ (*stat.*) **p. census**, censimento di prova (*o* d'assaggio) □ (*aeron.*) **p. chute**, paracadute pilota □ **p.-cloth**, stoffa blu, di lana pesante (*per soprabiti*) □ (*naut.*) **p. cutter**, pilotina □ (*ferr.*) **p. engine**, locomotiva staffetta □ (*zool.*) **p. fish** (*Naucrates ductor*), pesce pilota □ (*naut.*) **p.-house**, timoniera; casotto del timone □ (*mecc.*) **p. lamp** (*o* **p. light**), lampada spia □ **p. light**, (*di bruciatore a gas*) fiamma pilota □ (*naut.*) **p. master**, capo pilota □ (*ind.*) **p. plant**, impianto sperimentale □ **to drop the p.**, (*naut.*) fare scendere il pilota; (*fig.*) abbandonare un fido consigliere □ (*aeron.*) **test p.**, pilota collaudatore.
to pilot ['pailət], *v. t.* **1** (*aeron., naut., miss.*) pilotare **2** (*fig.*) guidare; condurre; dirigere; pilotare (*fam.*).
pilotage ['pailətidʒ], *n.* (*naut., aeron.*) **1** pilotaggio **2** compenso dato al pilota. ● (*naut.*) **p. dues**, diritti di pilotaggio.
pilotless ['pailətlis], *a.* (*naut., aeron.*) senza pilota.
pilous ['pailəs], *a.* (*biol.*) peloso.
pilular ['piljulə*], *a.* (*scient.*) pillolare: **p. mass**, massa pillolare.
pimento (1) [pi'mentou], *n.* (*pl.* **pimentos, pimento**) **1** (*bot., Pimenta officinalis*) pianta del pepe della Giamaica **2** pimento; pepe della Giamaica. ● **p. oil**, essenza di pimento.
pimento (2) [pi'mentou], *n.* (*pl.* **pimentos**) (*bot., Capsicum annuum*) peperone dolce.
pimp [pimp], *n.* **1** mezzano; ruffiano; lenone **2** magnaccia, pappone (*dial.*); protettore.
to pimp [pimp], *v. i.* **1** far da mezzano; ruffianeggiare **2** fare il protettore (*o* il magnaccia).
pimpernel ['pimpənel], *n.* (*bot., Anagallis arvensis*) anagallide; mordigallina. ● (*letter.*) **the Scarlet P.**, la Primula Rossa.
pimping ['pimpiŋ], **A** *n.* lenocinio; ruffianeria; prossenetismo (*lett.*). **B** *a.* (*fam.*) gretto; meschino.
pimple ['pimpl], *n.* **1** (*med.*) pustola; pustoletta; foruncolo; brufolo **2** (*ind.*) bollicina.
pimpled ['pimpld], **pimply** ['pimpli], *a.* pustoloso; foruncoloso.
pin [pin], *n.* **1** spillo; spilla: **dressmaker's pins**, spilli (*da sarta*); **safety pin**, spillo di sicurezza (*o* da balia); **a scarf pin**, una spilla per sciarpa **2** (*mecc.*) perno; spinotto; spina; copiglia **3** (*falegnameria, anche* **wooden pin**) cavicchio **4** (*mus.*) bischero; pirolo **5** (*fig.*) bagattella; inezia; quisquilia **6** (*anche* **drawing pin**) puntina da disegno **7** (*anche* **clothespin**) molletta (*da bucato*) **8** (*anche* **hairpin**) forcina (*per capelli*) **9** (*anche* **ninepin**) birillo **10** (*anche* **rolling pin**) matterello **11** «pin» (*misura per liquidi, pari a 4,5 galloni ingl., cioè a litri 20,46*); barilotto di tale capacità **12** (*elettron.*) piedino; terminale **13** (*pl., fam.*) gambe: **to be quick on one's pins**, essere svelto di gambe; essere in gamba; essere arzillo, vispo. ● (*fig.*) **pins and needles**, formicolio □ **pin-ball**, gioco del biliardino; partita a biliardino □ **pin-ball machine**, flipper; biliardino elettrico □ (*metall.*) **pin bar**, sbarra per spine □ **pin-feather**, penna corta (*d'uccello*) □ **pin-head**, capocchia di spillo; (*fig.*) cosa minuscola, spillo (*fig.*); bazzecola, inezia; (*fam.*) cervellino d'oca, stupidello, stupidella □ **pin money**, denaro per le piccole spese (*d'una donna*); argent de poche □ **pin-point**, punta di spillo; (*fig.*) cosa minuscola, puntino; inezia, minuzia; (*fig.*) punto identificato □ (*mil.*) **a pin-point target**, un bersaglio piccolo (*o* difficile) □ **to pin-point**, indicare (*o* designare) con grande esattezza; (*aeron.*) fare il punto, determinare la posizione □ (*mil.*) **to pin-point a target**, localizzare (bombardare, colpire) un bersaglio con grande precisione □ **pin-prick**, puntura di spillo; (*fig.*) piccola noia, seccatura □ (*mecc.*) **pin rod**, spina di collegamento □ **pin-stripe**, (*sost.*) riga sottile, righina; (*agg.; di tessuto o d'abito*) a righine □ **pin-table**, biliardino □ **pin-table football**, calciobalilla □ **as neat as a new pin**, tutto lindo; pulitissimo; tirato a nuovo □ (*naut.*) **belaying pin**, caviglia □ (*ferr.*) **clamping pin**, caviglia a becco (*d'arma da fuoco*) **firing-pin**, (*o* **percussion pin**), percussore □ **hat-pin**, spillo da cappellino; spillone □ (*fig.*) **to have pins and needles in one's foot**, avere un piede informicolito □ (*fig.*) **to be on pins and needles**, stare sulle spine □ (*anche*) non stare più in sé per la smania, smaniare; avere il fuoco al sedere (*fig., pop.*) □ (*mecc.*) **piston pin**, perno dello stantuffo; spinotto □ **thumb pin**, puntina da disegno □ **tie-pin**, spilla da cravatta □ (*fam.*) **I don't care a pin** (*o* **two pins**), non me ne importa un fico secco □ (*fam.*) **You could hear a pin drop**, si sarebbe sentito volare una mosca.
to pin [pin], *v. t.* **1** attaccare con uno spillo; appuntare; affiggere; fissare; puntare; unire: **to pin documents together**, attaccare (*o* unire) documenti con spilli; **to pin up a notice**, affiggere un avviso (*mediante spilli o puntine*); **to pin up the hem of a skirt**, puntare con spilli l'orlo d'una sottana **2** forare, pungere, trafiggere, infilzare (*specialm. con uno spillo*): **to pin butterflies**, in-

filzare farfalle con spilli **3** (*mecc.*) imperniare; incoppigliare **4** (*fig.*, *anche* **to pin down**) inchiodare; vincolare; tenere impegnato; costringere a rispettare: **to pin the enemy down to the ground by heavy fire**, tenere il nemico inchiodato sulle sue posizioni con un violento fuoco; **to pin sb. down to an agreement**, costringere q. a rispettare un accordo. ● **to pin sb. against the wall**, mettere (*o* tenere) q. con le spalle al muro □ **to pin sb.'s ears back**, dare una tirata d'orecchi a q.; sgridare q. □ **to pin one's faith on sb.**, riporre la propria fiducia in q. □ (*fam.*) **to pin st. on sb.**, dare la colpa di q.c. a q.: **The murder had been pinned on an innocent man**, dell'assassinio era stato incolpato un innocente □ (*fam.*) **pin-up**, fotografia, che di solito si appende al muro, di persona (*attrice del cinema*, *ecc.*) che gode larga popolarità ● (*fam.*) **pin-up girl**, ragazza attraente, formosa; pin-up.

pinafore ['pinəfɔ*], *n.* **1** grembiule senza maniche (*specialm. per bambine*); grembiulino **2** (*USA*, *anche* **p. dress**) (abito) scamiciato.

pinafored ['pinəfɔ:d], *a.* col grembiulino.

pinaster [pai'næstə*], *n.* (*bot.*, *Pinus pinaster*) pinastro; pino marittimo.

pinball machine ['pinbɔ:l mə,ʃi:n], *n.* (*specialm. USA*) biliardino; flipper.

pince-nez ['pɛ̃:nsnei] (*franc.*), *n.* occhiali a stringinaso; pince-nez.

pincers ['pinsəz], *n. pl.* **1** (*anche* **a pair of p.**) tenaglia (*per schiodare*); tenaglia corta (*cfr.* **tong**) **2** (*zool.*) chele; pinze. ● (*mil.*) **p.** (*o* **pincer**) **attack**, attacco a tenaglia.

to pinch [pintʃ], **A** *v. t.* **1** pizzicare; dare un pizzicotto a (q.); serrare; stringere; pungere: **I've pinched my thumb**, mi sono pizzicato il pollice (*me lo sono stretto nella porta*, *ecc.*); **He pinched the boy's cheek**, diede un pizzicotto alla guancia del ragazzo **2** (*fig.*, *specialm. al passivo*) far soffrire, tormentare; tenere a corto, ridurre in strettezze: **to be pinched with cold**, essere tormentato dal freddo; **to be pinched for money**, essere a corto di quattrini **3** (*pop.*) rubare; grattare (*pop.*) **4** (*pop.*) arrestare; pizzicare (*pop.*). **B** *v. i.* **1** dare pizzicotti **2** (*di scarpe*, *ecc.*) stringere **3** (*di persona*) essere gretto (*o* tirchio, avaro) **4** (*di minerale*) contrarsi; assottigliarsi. ● (*fam.*) **to p. and scrape**, tirare la cinghia (*fig.*) □ **to p. money from** (*o* **out of**) **sb.**, spillare denaro a q. □ **to p. off** (*o* **out**), potare (*una pianta*) □ **to p. pennies**, contare il centesimo; risparmiare al massimo; essere tirchio (*o* spilorcio) □ **to be pinched for room**, non aver spazio per muoversi □ (*fig.*) **That's where the shoe pinches**, è questo il punto dolente; è questo che non va.

pinch [pintʃ], *n.* **1** pizzicotto; pizzico **2** pizzico, presa (*di sale*, *di tabacco*, *ecc.*) **3** (*fig.*) angustia; tormento; sofferenza **4** (*anche* **p. bar**) palanchino (*arnese*). ● **the p. of poverty**, il tormento della miseria □ **at a p.**, in caso di bisogno; in caso di necessità □ **to feel the p. of hunger**, sentire i morsi della fame □ **if it comes to a p.**, se le cose si mettono male; se si viene alle strette.

pinchbeck ['pintʃbek], **A** *n.* princisbecco; similoro. **B** *a.* **1** di similoro **2** (*fig.*) falso; finto; fittizio.

pinched [pintʃt], *a.* (*dei lineamenti*) tirato; emaciato.

pinchpenny ['pintʃ,peni], *a. e n.* (*fig.*) avaro; spilorcio; tirchio.

pincushion ['pin,kuʃin], *n.* puntaspilli.

Pindar ['pində*], *n.* (*stor.*) Pindaro.

Pindaric [pin'dærik], **A** *a.* (*letter.*) pindarico. **B** *n.* metro (*o* verso) pindarico.

pine [pain], *n.* (*bot.*, *Pinus*) pino. ● **p.-cone**, pigna □ (*zool.*) **p. marten**, (*Martes martes*) martora comune; (*Martes americana*) martora americana □ **p.-needles**, aghi di pino □ **p.-wood**, pineta; pineto.

to pine [pain], *v. i.* **1** (*anche* **to p. away**) penare; languire; struggersi: **to p. away for love of sb.**, struggersi per amore di q. **2 to p. for** (*o* **after**), struggersi dal desiderio di, desiderare ardentemente: **We are pining for a holiday**, ci struggiamo dal desiderio d'una vacanza. ● **to p. to do st.**, morire dalla voglia di fare q.c. □ **They p. with chronic hunger**, hanno una fame secolare.

pineal ['piniəl], *a.* (*anat.*) pineale: **p. gland**, ghiandola pineale.

pineapple ['pain,æpl], *n.* **1** (*bot.*, *Ananas sativus*) ananasso; ananas **2** ananas (*frutto*) **3** (*gergo mil.*) ananas; bomba a mano.

pinery ['painəri], *n.* **1** pineta **2** serra di ananassi.

piney ['paini], *V.* **piny**.

pinfold ['pinfould], *n.* chiuso; recinto (*per bestiame*).

to pinfold ['pinfould], *v. t.* mettere (*bestie*) al chiuso.

ping [pin], *n.* **1** colpo secco (*come d'un proiettile che urta q.c.*) **2** (*mecc.: di motore*) battito in testa (*elettron.*) impulso.

to ping [pin], *v. i.* **1** dare un suono secco **2** (*mecc.: di motore*) battere in testa.

ping-pong ['piŋpɔŋ], *n.* (*sport*) ping pong; tennis da tavolo; tennistavolo.

pinguid ['piŋgwid], *a.* (*scherz.*, *raro*) pingue; grasso.

pinguidity [piŋ'gwiditi], *n.* (*scherz.*) pinguedine.

pinion (1) ['pinjən], *n.* **1** punta dell'ala (*d'un uccello*) **2** penna dell'ala; penna remigante **3** (*poet.*) ala; vanno (*poet.*).

to pinion ['pinjən], *v. t.* **1** tarpare le ali a (*un uccello*) **2** (*fig.*) legare (*q. con funi*); legare le braccia a (q.); immobilizzare.

pinion (2) ['pinjən], *n.* (*mecc.*) pignone: **bevel p.**, pignone conico.

pink (1) [piŋk], **A** *n.* **1** (*bot.*, *Dianthus*) garofano **2** color rosa **3** giubba rossa (*da caccia alla volpe*) **4** cacciatore (*nella caccia alla volpe*) **5** – (*fig.*) **the p.**, il fiore: **the p. of elegance**, il fiore dell'eleganza **6** (*polit.*, *spreg.*) sinistroide. **B** *a.* rosa: **salmon p.**, rosa salmone; **rose p.**, roseo. ● (*med.*) **p.-eye**, congiuntivite acuta contagiosa; occhio rosa (*fam.*) □ **p. gin**, gin aromatizzato con essenze amare (*angostura*, *ecc.*) □ **the p. of perfection**, il culmine della perfezione □ **p. socialism**, socialismo moderato (*o* all'acqua di rose) □ **to be in the p. of health** (*pop.*: **in the p.**), essere in perfetta salute; stare benissimo □ (*fig.*, *fam.*) **to see p. elephants**, avere le traveggole.

to pink (1) [piŋk], *v. t.* **1** bucare; forare; trafiggere (*con la spada*, *ecc.*) **2** (*anche* **to p. out**) traforare (*cuoio*, *ecc.*); dentellare (*stoffa*). ● **pinking iron**, dentellatrice □ **pinking shears**, forbici seghettate.

to pink (2) [piŋk], *v. i.* (*mecc.: di motore*) **1** battere in testa **2** detonare.

pink (2) [piŋk], *n.* (*stor.*) pinco (*tipo di veliero*).

pink (3) [piŋk], *n.* (*zool.*) piccolo salmone.

pinkie ['piŋki], *n.* (*fam. USA*) (dito) mignolo.

pinkish ['piŋkiʃ], **pinky** ['piŋki], *a.* roseo.

pinko ['piŋkou], *n.* (*pl.* **pinkos**) (*spreg. USA*) socialistoide (*fam.*, *spreg.*).

pinna ['pinə], *n.* (*pl.* **pinnas**, **pinnae**) **1** (*zool.*) pinna **2** (*bot.*) lobo (*di foglia pennata*).

pinnace ['pinis], *n.* (*naut.*) **1** scialuppa (*a otto remi o a motore*); lancia **2** (*stor.*) pinaccia. ● **steam p.**, lancia a vapore.

pinnacle ['pinəkl], *n.* **1** (*archit.*) pinnacolo **2** cima, vetta (*di montagna*) **3** (*fig.*) apogeo; colmo; culmine; sommo.

to pinnacle ['pinəkl], *v. t.* **1** collocare su un pinnacolo **2** (*fig.*) mettere su un piedistallo **3** ornare di pinnacolo.

pinnate ['pinit], **pinnated** ['pineitid], *a.* (*bot.*) pennato.

pinner ['pinə*], *n.* **1** chi attacca (*o* affigge, punta) con spilli, ecc. (*V.* **to pin**) **2** (*stor.*) copricapo muliebre con due alette laterali.

pinniped ['pinipəd], (*zool.*) **A** *a.* dei pinnipedi. **B** *n.* pinnipede.

pinnule ['pinju(:)l], *n.* **1** (*bot.*) pinnula; fogliolina secondaria (*di foglia pennata*) **2** (*zool.*) piccola pinna; pinnula.

pinny ['pini], *n.* (*parola infantile*; *abbr. di* **pinafore**) grembiulino.

pinoc(h)le ['pi:noukəl], *n.* (*USA*) pinnacolo (*gioco di carte*).

pint [paint], *n.* pinta (*misura per liquidi*, *pari a 1/8 di gallone*; *e cioè a litri 0,56 in G. B. e a litri 0,47 in USA*): **Milk is bought by pints**, il latte si compera a pinte. ● **p.-sized**, più piccolo del normale; ridotto; (*fig.*) insignificante, poco importante.

pinta ['paintə], *n.* (*fam.*, *in G. B.*) pinta (*specialm. di latte*).

pintail ['pin-teil], *n.* (*zool.*) **1** (*Anas acuta*) codone **2** (*Pediocecetes phasianellus*) tetraone codacuta **3** (*Pterocles alchata*) grandula mediterranea.

pintle ['pintl], *n.* **1** (*di porta*) arpione; cardine; ganghero **2** (*naut.*: *del timone*) agugliotto **3** (*autom.*) perno d'agganciamento. ● (*di un autocarro*) **p.-hook**, gancio di rimorchio.

pinto ['pintou], **A** *a.* (*USA*) (*di cavallo*) pezzato. **B** *n.* (*pl.* **pintos**, **pintoes**) cavallo pezzato.

pin-up ['pin,ʌp], *V. sotto* **to pin**.

pinwheel ['pin(h)wi:l], *n.* piccola girandola (*giocattolo e fuoco d'artificio*).

piny ['paini], *a.* **1** coperto (*o* ricco) di pini **2** simile al pino.

pion ['paiən], *n.* (*fis. nucl.*) pione; mesone pi.

pioneer [,paiə'niə*], **A** *n.* **1** pioniere; precursore **2** (*mil.*) soldato del genio; zappatore. **B** *a. attr.* pionieristico; da pioniere: **p. undertaking**, impresa pionieristica. ● **p. work**, lavoro di sperimentazione.

to pioneer [,paiə'niə*], **A** *v. i.* fare da pioniere. **B** *v. t.* fare da pioniere in (q.c.); essere all'avanguardia in (q.c.). ● **to p. a way for others**, aprire la strada ad altri.

pioneering [,paiə'niəriŋ], *n.* pionierismo.

pious ['paiəs], *a.* pio; devoto; religioso. ● **a p. fraud**, una bugia pietosa; un pietoso inganno □ **a p. hope**, un pio desiderio.

pip (1) [pip], *n.* seme (*di mela*, *pera*, *arancia*, *ecc.*).

pip (2) [pip], *n.* **1** pipita (*malattia dei polli*) **2** (*pop.*) malessere; (lieve) indisposizione **3** (*pop.*) malumore: **He has the pip**, è di malumore; **That gives me the pip**, ciò mi mette di malumore.

to pip (1) [pip], *v. t.* **1** (*fam.*) **1** bocciare; votare contro (q.) **2** colpire (*col fucile*, *ecc.*); sparare a (q.). ● (*fig.*) **He was pipped at the post**, fu battuto sul traguardo.

to pip (2) [pip], *v. i.* pigolare; fare pio pio (*forse variante di* **to peep (1)**).

pip (3) [pip], *n.* **1** punto (*unità*; *simbolo segnato sulle tessere del domino*, *sui dadi*, *ecc.*) **2** (*mil.*) stelletta (*da ufficiale*) **3** (*bot.*)

singolo fiorellino (*d'una infiorescenza a pannocchia*) **4** faccetta romboidale (*della buccia d'un ananas*).

pip (4) [pip], *n.* **1** (*elettron.*) segnale di ritorno; traccia d'impulso **2** (*radio*, *tel.*) suono acuto e breve (*prodotto meccanicamente per segnare i secondi*): **They broadcast six pips as a time-signal**, trasmettono sei «pip» come segnale orario.

pip (5) [pip], *n.* p.(*lettera p, nelle trasmissioni telegrafiche, ecc.*). ● **pip emma** (*cioè:* **P. M.**, **post meridiem**), del pomeriggio, pomeridiano: **at 6 pip emma**, alle sei del pomeriggio.

pipe [paip], *n.* **1** tubo; canna; condotto: **a water-p.**, un tubo dell'acqua; (*mecc.*) **exhaust p.**, tubo di scarico **2** (*mus.*) canna (*d'organo*) **3** (*mus.*) piffero; flauto **4** (*pl.*, *mus.*) zampogna; cornamusa; piva **5** (*anat.*) fischietto di nostromo **6** fischio (*il suono*); fischiettio (*anche d'uccello*); zufolio **7** (*spesso pl.*) voce di chi canta; canto **8** (*anat.*) canale; organo cavo; condotto (*per es.*, **windpipe**, trachea) **9** (*anche* **tobacco p.**) pipa **10** (*geol.*) condotto (*di vulcano*) **11** (*geol.*) giacimento a tubo (*anche*) struttura tubolare **12** (*per vino*) pipa; botte bislunga (*di 105 galloni in G. B.*, *126 in USA*). ● **the pipes**, le cornamuse scozzesi (*V.* **bagpipe**) □ **p. bomb**, bomba rudimentale racchiusa in un tubo di ferro □ **p. cleaner**, scovolino □ (*mecc.*) **p. cutter**, tagliatubi □ (*fam.*) **p.-dream**, idea fantastica; progetto irrealizzabile; vana speranza □ (*zool.*) **p.-fish** (*Syngnathus*), pesce ago □ (*al.* **tube**) **fitter**, tubista (*riparatore o installatore*) □ (*mecc.*) **p. fittings**, raccordi per tubazioni □ **p. (and tube) manufacturer**, tubista (*fabbricante*) □ **p.-light**, lungo fiammifero usato per accendere la pipa □ (*mil.*) **p.-major**, sottufficiale che comanda le cornamuse del reggimento □ **pipes of Pan**, *V.* **panpipe** □ **p. rack**, portapipe □ **p.-stem**, cannuccia (*di pipa*) □ **p.-stone**, argilla dura, di color rosso (per far pipe) □ **p. union**, manicotto, raccordo per tubazioni □ (*mecc.*) **p. wrench**, giratubi; chiave stringitubo □ **to enjoy a p.**, farsi una buona pipata □ **to fill one's p.**, caricare la pipa □ **to smoke a p.**, fumare la pipa; farsi una pipata □ (*fam.*) **Put that in your p. and smoke it**, prendi su e porta a casa!

to pipe [paip], **A** *v. i.* **1** suonare il piffero (*o la zampogna*) **2** (*naut.: del nostromo*) fischiare **3** (*d'uccello*) fischiare; zufolare **4** (*di persona*) cantare con un fil di voce (*o con voce acuta*). **B** *v. t.* **1** suonare (*una melodia*) col piffero (*o con la zampogna*) **2** cantare (*una canzone*) con un fil di voce (*o con voce acuta*) **3** (*naut.*) chiamare (*marinai, col fischietto*); salutare (*un ufficiale, col fischietto*): **to p. all hands on deck**, chiamare tutti i marinai in coperta; **to p. a rear-admiral aboard**, salutare l'arrivo a bordo di un contrammiraglio **4** condurre (*o guidare, portare*) col suono del piffero: **The piper piped the children of Hamelin away**, il pifferaio, suonando, portò via i bambini di Hamelin **5** (*mecc.*) provvedere di tubi (*o di condutture*) **6** portare (*acqua, gas, petrolio, ecc.*) per mezzo di tubazioni **7** (*bot.*) riprodurre (*garofani, ecc.*) per talea **8** ornare (*un vestito*) con cordoncini ornamentali (*o con bordure*) **9** ornare (*un dolce*) con fregi di zucchero filato **10** (*radio, telev.*) trasmettere per filo (*o per cavo coassiale*). ● (*fam.*) **to p. down**, far meno chiasso; smettere di parlare; (*fig.*) abbassare la cresta □ (*naut.*) **to p. sb. down**, fischiare per avvertire q. di smontare dal turno □ (*fam.*) **to p. one's eye**, piangere □ (*naut.*) **to p. the side**, rendere gli onori col fischietto; fischiare alla banda □ **to p. up**, cominciare a cantare (*o a suonare, o a parlare a voce alta*).

pipeclay ['paipklei], *n.* argilla per pipe; argilla plastica.

to pipeclay ['paipklei], *v. t.* (*specialm. mil.*) sbiancare (*cinturoni, ecc.*) con argilla bianca fine.

pipeful ['paipful], *n.* pipata; quanto tabacco sta in una pipa.

pipeline ['paip-lain], *n.* **1** condotta; conduttura; tubazione: **the water pipelines**, le condutture dell'acqua; **gas p.**, tubazione del gas; **p. network**, rete di tubazioni **2** (*fig.*) canale; tramite; mezzo di trasmissione. ● (*fig.*) **to be in the p.**, essere in corso; essere in cantiere (*o in preparazione*) □ **methane p.**, metanodotto □ **oil p.**, oleodotto.

pip emma ['pip'emə], *V.* **pip (5)**.

piper ['paipə*], *n.* **1** pifferaio; zampognaro **2** suonatore di cornamusa. ● **He who pays the p. calls the tune**, chi paga ha il diritto d'essere servito come vuole (*cfr. ital.* Bisogna attaccare l'asino dove vuole il padrone).

pipette [pi'pet], *n.* (*chim.*) pipetta.

piping (1) ['paipiŋ], *n.* **1** il suonare il piffero (*o la cornamusa*) **2** suono di pifferi (*o di cornamuse*) **3** suono stridulo; zufolio **4** tubazione; tubatura; rete di condutture (*o di tubazioni*) (*per acqua, gas, ecc.*) **5** cordoncino ornamentale; bordura (*d'abito*) **6** fregio di zucchero filato (*su dolci*) ● **p. system**, rete di tubazioni.

piping (2) ['paipiŋ], *a.* **1** acuto; stridulo: **a p. voice**, una voce stridula **2** calmo; pacifico; sereno (*dalla locuz.* **peaceful piping**, *rif. al suono delle cornamuse in tempo di pace*): **the p. times of peace** (*Shakespeare*), i giorni sereni del tempo di pace. ● **p. hot**, caldo bollente (*rif. a cibo, bevande*).

pipistrel(le) [,pipis'trel], *n.* (*zool.*, *Pipistrellus*) pipistrello.

pipit ['pipit], *n.* (*zool.*) **1** — **meadow p.** (*Anthus pratensis*), pispola **2** — **tree p.** (*Anthus trivialis*), pispolone.

pipkin ['pipkin], *n.* pentolino, tegamino (*di terracotta*).

pippin ['pipin], *n.* (*bot.*) **1** seme (*di mela, pera, ecc.*) **2** mela di forma rotondeggiante e molto schiacciata.

pipsqueak ['pip-skwi:k], *n.* (*pop.*) **1** proiettile che emette un suono sibilante **2** persona meschina (*o spregevole*); nullità.

pipy ['paipi], *a.* **1** a forma di tubo; tubolare **2** acuto; stridulo.

piquancy [pi:kənsi], *n.* **1** l'esser piccante; gusto (*o sapore*) piccante **2** (*fig.*) arguzia; mordacità.

piquant ['pi:kənt], *a.* piccante (*anche fig.*); arguto; mordace.

pique (1) [pi:k], *n.* picca; ripicca; puntiglio; irritazione; risentimento: **He went off in a p.**, se ne andò per picca. ● **to take a p. against sb.**, prendersela con q.; piccarsi con q.

to pique (1) [pi:k], **A** *v. t.* **1** urtare; irritare; offendere **2** eccitare, suscitare (*curiosità, ecc.*). **to pique oneself on (upon) B** *v. rifl.* piccarsi di; vantarsi di.

pique (2) [pi:k], *n.* (*nel gioco del picchetto*) «pic»; il fare 30 punti prima che l'avversario cominci a segnare.

to pique (2) [pi:k], **A** *v. i.* (*nel picchetto*) fare 30 punti prima che l'avversario cominci a segnare. **B** *v. t.* lasciare (q.) 30 punti a zero.

piqué ['pi:kei] (*franc.*), *n.* (*ind. tessile*) piqué; picchè.

piquet (1) [pi'ket], *n.* picchetto (*gioco d'azzardo*).

piquet (2) ['pikit], *V.* **picket, def. 2**.

piracy ['paiərəsi], *n.* **1** pirateria **2** pirateria letteraria; pubblicazione abusiva; plagio.

piragua [pi'rægwə*], *n.* piroga.

piranha [pi'ra:njə], *n.* (*zool.*, *Serrasalmo rhombeus*) piranha, pesce tigre.

pirate ['paiərit], *n.* **1** pirata; corsaro **2** nave pirata **3** (*fig.*) chi stampa un libro alla macchia; plagiario. ● **p. (radio) station**, radio pirata.

to pirate ['paiərit], **A** *v. i.* **1** (*anche fig.*) pirateggiare **2** fare della pirateria letteraria (*o industriale*). **B** *v. t.* **1** derubare; saccheggiare (*sul mare*) **2** (*fig.*) pubblicare (*un libro*) alla macchia; riprodurre (*materiale da un testo*) senza permesso; plagiare.

piratical [pai'rætikəl], *a.* di (*o da*) pirata; piratesco. ● **a p. act**, un atto di pirateria.

pirogue [pi'roug], *n.* piroga.

pirouette [piru'et] (*franc.*), *n.* piroetta.

to pirouette [,piru'et] (*franc.*), *v. i.* piroettare.

piscary ['piskəri], *n.* **1** (*leg.*) diritto di pesca (*in acque altrui*) **2** zona di pesca. ● **common of p.**, diritto di pesca in comune con il proprietario delle acque.

piscatorial [,piskə'tɔ:riəl], **piscatory** ['piskətəri], *a.* **1** piscatorio (*lett.*) **2** dedito alla pesca.

Piscean ['pisiən], (*astrologia*) **A** *n.* pescino; persona nata sotto il segno dei Pesci. **B** *a.* dei Pesci.

Pisces ['paisi:z], **A** *n. pl.* (*col verbo al sing.*) **1** (*astron., astrologia*) Pesci (*costellazione e XII segno dello Zodiaco*) **2** (*astrologia*) (un) pesci; individuo nato sotto il segno dei Pesci. **B** *a.* (*astrologia*) dei Pesci.

piscicide ['pisəsaid], *n.* sterminio di pesci (*in una data zona*).

piscicultural [,pisi'kʌltʃərəl], *a.* della piscicoltura.

pisciculture ['pisikʌltʃə*], *n.* piscicoltura.

pisciculturist [,pisi'kʌltʃərist], *n.* piscicoltore.

piscina [pi'si:nə], *n.* (*pl.* **piscinas**, **piscinae**) **1** peschiera **2** (*stor.*) piscina romana **3** (*relig.*) recipiente per acqua lustrale.

piscine (1) [pi'si:n], *n.* *V.* **piscina**.

piscine (2) ['pisain], *a.* di (*o simile a*) pesce.

piscivorous [pi'sivərəs], *a.* (*scient.*) piscivoro; ittiofago.

pish [piʃ], *inter.* **1** (*di disprezzo, disgusto*) puh!; puah!; ohibò **2** (*d'impazienza*) suvvia.

to pish [piʃ], *v. i.* fare «puh» (*o* «puah») dire «ohibò».

pisiform ['paisifɔ:m], **A** *n.* (*anat.*) pisiforme (*osso del corpo*). **B** *a.* (*bot.*, *zool.*) a forma di pisello.

to piss [pis], *v. i. e t.* **1** (*volg.*) pisciare (*volg.*); orinare **2** (*pop.*; *spesso* **to p. down**) piovere a catinelle. ● (*volg.*) **p. off!**, togliti dai piedi; smamma! (*pop.*) □ **to p. oneself**, pisciarsi addosso dal ridere □ **to p. one's trousers**, pisciarsi nei calzoni.

piss [pis], *n.* (*volg.*) **1** piscio (*volg.*); orina **2** pisciata (*volg.*): **to take a p.**, fare una pisciata.

pissed [pist], *a.* (*volg.*) ubriaco; sbornato; sbronzo (*pop.*). ● (*pop.*) **p. as a newt** (*o* **p. out of one's head**), ubriaco fradicio □ (*volg.*) **to be p. off**, essere incavolato; essere incazzato (*volg.*).

pistachio [pis'ta:ʃiou], *n.* (*pl.* **pistachios**) **1** (*bot.*, *Pistacia vera*) pistacchio (*albero e frutto*) **2** (*anche* **p. green**) verde pistacchio.

pistil ['pistil], *n.* (*bot.*) pistillo.

pistillary ['pistiləri], *a.* (*bot.*) di pistillo.

pistillate ['pistilit], *a.* (*bot.*) **1** pistillato **2** pistillifero.

pistilliferous [,pisti'lifərəs], *a.* (*bot.*) pistillifero.

pistol ['pistl], *n.* pistola. ● (*di fucile*) **p.-grip**, calciolo □ **p.-shot**, pistolettata □ (*mil.*) **machine p.**, pistola mitragliatrice.
to pistol ['pistl], *v. t.* sparare a (q.) con la pistola.
pistole [pis'toul], *n.* (*stor.*) pistola (*antica moneta d'oro*).
piston ['pistən], *n.* (*mecc.*) pistone; stantuffo. ● (*mecc.*) **p. displacement**, cilindrata (*di un motore*) □ (*mecc.*) **p. drill**, perforatrice a pistone (*mecc.*) **p. engine**, motore a pistoni □ (*mecc.*) □ **p.-pin**, spinotto □ (*autom., mecc.*) **p.-ring**, anello per stantuffo; fascia elastica; segmento □ **p.-rod**, biella □ **p.-stroke**, corsa dello stantuffo.
pit (1) [pit], *n.* **1** buca; fossa; trappola (*per animali, anche fig.*) **2** abisso; burrone **3** (*anche* **the p. of hell, the bottomless pit**) l'inferno **4** cava: **a chalk-pit**, una cava di gesso; **a sand-pit**, una cava di rena (*di sabbia*); **a clay-pit**, una cava d'argilla **5** miniera; pozzo di miniera: **a coal-pit**, una miniera di carbone; **a surface pit**, una miniera a cielo aperto **6** (*anat.*) cavità, depressione; bocca (*fig.*): **the pit of the stomach**, la bocca dello stomaco **7** (*med.*) cicatrice; buttero (*da vaiolo*) **8** (*teatr.*) platea (*anche fig.*) **9** (*corse automobilistiche*) (posto di) rifornimento **10** (*mil.*) piazzuola (*di mortai*) **11** (*fin. USA*) settore (*della Borsa*): **The cotton pit was dull on Monday**, lunedì il settore del cotone era fiacco **12** (*pop.*) cuccia (*fig., fam.*); letto; giaciglio. ● **pit-coal**, carbon fossile □ **pit dwelling**, caverna (*abitata da uomini nella preistoria*) □ **pit-head**, imboccatura d'una cava (*o* d'una miniera) □ **bear pit**, fossa degli orsi □ **cock pit**, recinto per il combattimento di galli □ (*fig.*) **to dig a pit for sb.**, tendere un tranello (*o* preparare una trappola) a q. □ **gravel-pit**, cava di ghiaia □ (*mus.*) **orchestra pit**, golfo mistico □ **tan-pit**, fossa per la concia delle pelli.
to pit (1) [pit], *v. t.* **1** infossare; interrare; mettere in una buca (*cibi, ecc., per conservarli*) **2** mettere (*galli, ecc.*) nel recinto per i combattimenti **3** butterare: **His face had been pitted by smallpox**, aveva la faccia butterata dal vaiolo **4** intaccare; bucherellare. ● **to pit against**, aizzare (*un animale contro un altro*); (*fig.*) opporre, contrapporre (*una persona, un'idea, ecc.* a un'altra).
pit (2) [pit], *n.* (*USA*) nocciolo (*di ciliegia, pesca, ecc.*).
to pit (2) [pit], *v. t.* (*USA*) snocciolare, togliere il nocciolo a (*un frutto*).
pit-a-pat ['pitə'pæt], *A avv.* **1** a battiti rapidi; con forti palpitazioni **2** scalpicciando. *B n.* **1** battito; batticuore; palpitazione; palpito **2** scalpiccio; zampettio (*raro*). ● **to go p.**, (*del cuore*) palpitare, battere forte; (*dei piedi*) scalpicciare; (*di un animale*) zampettare.
pitch (1) [pitʃ], *n.* pece. ● **p.-black**, nero come la pece □ (*stor.*) **p.-cap**, copricapo impeciato (*strumento di tortura*) □ **p. dark**, buio pesto □ **p. darkness**, completa oscurità □ **p. pine**, (*bot.*) Pinus rigida; (*legno che se ne ricava*) pitch pine, pino pece.
to pitch (1) [pitʃ], *v. t.* impeciare.
to pitch (2) [pitʃ], *A v. t.* **1** piantare; fissare; rizzare: **to p. a tent**, piantare una tenda; **to p. a camp**, fissare il campo; accamparsi **2** gettare; lanciare; scagliare; buttare: **to p. a ball**, lanciare una palla; **P. him out!**, buttatelo fuori! **3** (*mus.*) accordare; intonare (*uno strumento, la voce*): **to p. a melody in a higher key**, intonare una melodia in chiave più alta **4** (*fig.*) dare il tono a (q.c.); esprimere (q.c.) in un modo particolare **5** (*comm.*) esporre (*merce in vendita*) al mercato **6** pavimentare, selciare (*una strada*) **7** dare un'inclinazione (*o* una pendenza) a (*un tetto*) **8** (*fam.*) raccontare; narrare: **to p. a yarn**, raccontare una storia. *B v. i.* **1** accamparsi **2** cadere; stramazzare: **to p. on one's head**, cadere a capofitto **3** (*naut., aeron.*) beccheggiare **4** (*aeron.*) impennarsi; picchiare **5** (*baseball, cricket*) avere il servizio; servire **6** (*del tetto, ecc.*) avere una (certa) pendenza (*o* inclinazione): **The roof of the barn pitches sharply**, il tetto del granaio ha una forte pendenza. ● **to p. hay**, caricare fieno (*gettandolo coi forconi sui carri*) □ (*fam.*) **to p. in**, mettersi al lavoro di buona lena, darci dentro; contribuire, aiutare □ (*fam.*) **to p. into**, gettarsi su (*cibo*); gettarsi contro (*una persona*); attaccare (*anche a parole*) □ **to p. on** (*o* **upon**), scegliere; far cadere la scelta su (q.c.) □ (*fig.*) **to p. one's tent**, piantar le tende, stabilirsi (*in un luogo*) □ **p. and toss**, gioco che si fa lanciando monete contro un segno fissato sul terreno (*chi va più vicino al segno raccoglie le monete e le getta in aria, guadagnando quelle che ricadono con la «testa» in alto*) □ **pitched battle**, battaglia campale; combattimento all'ultimo sangue; (*fig.*) lunga disputa □ **to be pitched off one's horse**, essere disarcionato.
pitch (2) [pitʃ], *n.* **1** (*specialm. sport*) lancio: **a good p.**, un buon lancio **2** (*naut., aeron.*) beccheggio **3** posteggio (*di venditore ambulante, ecc.*) **4** (*mus.*) tono; altezza; grado d'intensità (*d'un suono, anche parlando*): **the p. of sb.'s voice**, il tono (il grado d'intensità) d'una voce **5** (*fig.*) grado; punto: **The party was at the highest p. of excitement**, la festa era giunta al punto più alto (*o* al colmo) dell'eccitazione **6** (*archit.*) altezza (*di un arco, di una volta*) **7** (*comm.*) quantità di merce esposta in vendita **8** (*di un tetto, ecc.*) inclinazione; pendenza **9** (*elab., mecc.*) passo: **variable p. airscrew** (*o* **propeller**), elica a passo variabile **10** (*baseball, cricket*) terreno di gioco. ● **the p. of merriment**, il colmo (*o* il massimo) dell'allegria (*mecc.*) **p. cone**, cono primitivo □ **to fly a high p.**, (*di falco, ecc.*) volare fino al punto più alto (*prima di gettarsi sulla preda*); (*fig.*) mirare in alto, fare progetti ambiziosi (*di voli di fantasia*) □ (*fig.*) **to queer sb.'s p.**, sventare i piani di q. □ (*comm.*) **sales p.**, abilità di venditore.
pitchblende ['pitʃblend], *n.* (*miner.*) pechblenda.
pitcher (1) ['pitʃə*], *n.* **1** brocca (*di solito, di terracotta*) **2** (*bot.*) ascidio. ● (*prov.*) **Little pitchers have long ears**, i bambini hanno le orecchie lunghe (*ascoltano tutto senza parere*).
pitcher (2) ['pitʃə*], *n.* **1** (*specialm. al baseball*) lanciatore **2** (*golf*) mazza di ferro ricurva **3** venditore ambulante che ha un posteggio fisso; posteggiatore **4** pietra per selciare strade; selce.
pitchfork ['pitʃfɔ:k], *n.* (*agric.*) forcone; forca.
to pitchfork ['pitʃfɔ:k], *v. t.* **1** sollevare (*o* smuovere) col forcone **2** (*fig.*) spingere a viva forza; spingere (q.) a occupare (*un posto*). ● **He was pitchforked into that job by destiny**, fu il destino a portarlo a occupare quel posto.
pitching ['pitʃiŋ], *n.* **1** lancio **2** (*naut., aeron.*) beccheggio **3** (*comm.*) esposizione (*di merce in vendita*) **4** selciato.
pitchstone ['pitʃstoun], *n.* (*geol.*) vetro opaco; fluolite.
pitchy ['pitʃi], *a.* **1** impeciato **2** pecioso; simile a pece **3** nero come la pece.
piteous ['pitiəs], *a.* pietoso; doloroso; commovente; miserando.
piteousness ['pitiəsnis], *n.* l'essere pietoso; il muovere a pietà.
pitfall ['pitfɔ:l], *n.* **1** fossa, trabocchetto (*per catturare animali*) **2** trappola (*anche fig.*); tranello.
pith [piθ], *n.* **1** (*anat., bot., zool.*) midollo (*di piante, ossa, ecc.*) **2** albedo, albedine (*parte interna biancastra della buccia degli agrumi*) **3** (*fig.*) parte essenziale; essenza; nocciolo, succo (*fig.*): **the p. of his words**, il succo delle sue parole; **the p. of the matter**, il nocciolo della faccenda **4** (*fig.*) energia; forza; vigore **5** (*fig.*) importanza: **things of great p. and moment**, imprese di grande importanza e gravità. ● **the p. and marrow of st.**, l'intima essenza di q.c. □ **to get down to the p. of the matter**, andare al sodo.
to pith [piθ], *v. t.* **1** togliere il midollo a (*una pianta*) **2** uccidere (*animali*) forando (*o* tagliando) il midollo spinale.
pithecanthrope [,piθi'kænθroup], *V.* **pithecanthropus**.
pithecanthropus [,piθikən'θroupəs, ,piθi'kænθrəpəs], *n.* (*pl.* **pithecanthropi**) (*antropologia*) pitecantropo.
pithecoid [piθəkoid], *a.* (*antropologia*) pitecoide.
pithiness ['piθinis], *n.* **1** l'essere midolloso; abbondanza di midollo **2** (*fig.*) concisione; stringatezza; succosità, energia.
pithless ['piθlis], *a.* **1** senza midollo **2** (*fig.*) smidollato.
pithy ['piθi], *a.* **1** midolloso; pieno di (*o* simile a) midollo **2** (*fig.*) conciso; efficace; energico; forte; succoso; stringato; vigoroso: **a p. style**, uno stile conciso (*o* vigoroso).
pitiable ['pitiəbl], *a.* **1** pietoso; lacrimevole; doloroso; commovente **2** meschino; miserabile; spregevole.
pitiableness ['pitiəblnis], *n.* **1** l'essere pietoso; il muovere a pietà **2** meschinità; spregevolezza.
pitiful ['pitiful], *a.* **1** pietoso; compassionevole; misericordioso; lacrimevole; penoso; commovente: **a p. man**, un uomo misericordioso; **a p. scene**, una scena penosa **2** meschino; misero; spregevole: **a p. salary**, un misero stipendio.
pitifulness ['pitifulnis], *n.* **1** pietà; misericordia; compassione **2** stato pietoso (*o* miserando) **3** meschinità; spregevolezza.
pitiless ['pitilis], *a.* spietato; crudele.
pitilessness ['pitilisnis], *n.* spietatezza; crudeltà.
pitman ['pitmən], *n.* **1** (*pl.* **pitmen**) minatore (*specialm. di miniera di carbone*) **2** (*pl.* **pitmans**) (*mecc. USA*) biella, barra d'accoppiamento.
piton ['pi:tən], *n.* (*alpinismo*) chiodo (*da roccia o da ghiaccio*).
pittance ['pitəns], *n.* **1** compenso, paga, remunerazione (*specialm. se scarsi*): **a mere p.**, un compenso irrisorio; un'elemosina **2** esigua quantità (*di cibo, di denaro, ecc.*); inezia; miseria (*fig.*) **3** (*stor.*) lascito a un istituto religioso (*per migliorare il vitto*).
pitted (1) ['pitid], *a.* butterato.
pitted (2) ['pitid], *a.* (*specialm. USA*) senza nocciolo: **p. prunes**, prugne secche senza nocciolo.
pitter-patter ['pitə,pætə*], *V.* **pit-a-pat**.
pituitary [pi'tju(:)itəri], *a.* (*anat.*) pituitario; ipofisario: **p. gland** (*o* **p. body**), ghiandola pituitaria; ipofisi.
pity ['piti], *n.* **1** pietà; compassione; misericordia: **to have** (*o* **to take**) **p. on sb.**, aver pietà di q.; **to feel p. for sb.**, provar compassione per q. **2** fatto spiacevole; peccato: **what a p.!**, che peccato!; **The p. is that...**, peccato che...; **It's a thousand pities that you didn't tell me**, è davvero un peccato che tu non me l'abbia detto. ● **in p. of**, per pietà (*o* per compassione) di □ **for p.'s sake!**, per carità!; per amor di Dio! □ **more's the p.**, tanto peggio!; purtroppo! □ **out of p.**, per pietà; per pura compassione.

to pity ['piti], *v. t.* compassionare; aver pietà di; compatire.
pitying ['pitiiŋ], *a.* compassionevole; pietoso; misericordioso.
pivot ['pivət], *n.* **1** perno (*anche fig.*); cardine, punto centrale: **the p. of the question**, il perno della questione **2** (*mil.*) soldato (*o reparto*) che serve da perno (*nelle evoluzioni*) **3** (*sport*) pivot. ● **p. bridge**, ponte girevole □ (*mecc.*) **set on a p.**, imperniato.
to pivot ['pivət], **A** *v. t.* imperniare; montare su (*o provvedere di*) un perno. **B** *v. i.* (*anche fig.*) imperniarsi. ● (*fig.*) **to p. on** (*o* **upon**) **st.**, dipendere soprattutto da q.c.
pivotal ['pivətl], *a.* **1** di perno; che serve da perno **2** (*fig.*) di cardinale importanza; importantissimo.
pivotman ['pivətmən], *n.* (*pl.* **pivotmen**) (*sport*) pivot.
pixie ['piksi], *V.* **pixy.**
pixillated ['piksileitid], *a.* (*USA*) **1** pazzerello; picchiatello; svitato (*fam.*) **2** (*pop.*) ubriaco; sbronzo; sborniato.
pixy ['piksi], *n.* fata; folletto; spiritello.
pizza ['pitsə] (*ital.*), *n.* pizza. ● **p. cutter**, tagliapizza.
pizzaburger ['pitsə,bəgə*], *n.* (*USA, cucina*) pizza farcita di carne di manzo tritata.
pizzicato ['pitsi'ka:tou] (*ital.*), (*mus.*) **A** *avv.* e *a.* pizzicato. **B** *n.* (*pl.* **pizzicati, pizzicatos**) pizzicato.
placability [,plækə'biliti], *n.* placabilità.
placable ['plækəbl], *a.* placabile.
placard ['plæka:d], *n.* affisso; cartellone; manifesto pubblicitario.
to placard ['plæka:d], *v. t.* **1** affiggere manifesti su (*un muro, ecc.*); coprire di cartelloni **2** annunciare (q.c.) con cartelloni (*o* con manifesti).
to placate [plə'keit], *v. t.* placare; calmare; pacificare.
placative ['pleikətiv], **placatory** [plə'keitəri], *a.* che placa.
place [pleis], *n.* **1** posto; luogo; località; locale; punto; impiego; posizione; rango; grado; ceto: **Have you booked places on the train?**, hai prenotato i posti sul treno?; **a p. of worship**, un luogo di culto (*chiesa o cappella*); **places of amusement**, locali di divertimento; **a p. of business**, un posto di lavoro (*negozio o ufficio*); (*anche fig.*); **Put yourself in my p.!**, mettiti al mio posto!; **Keep him in his p.**, fallo stare al suo posto; **a sore p. on the arm**, un punto dolente del braccio; **If I were in your p....**, se fossi al tuo posto... **2** compito; dovere; ufficio: **It's not my p. to see to that**, non è compito mio provvedere a ciò **3** (*d'un libro, ecc.*) brano; passo; segno: **He quoted a p. from the Bible**, citò un passo della Bibbia **4** (*nelle corse e sim.*) posto di «piazzato»; posto (*fra i primi tre arrivati*): **Which dog got the first p. in the show?**, quale cane è arrivato primo alla mostra canina?; **p. bet**, scommessa di (cavallo) piazzato **5** (*fam.*) casa; (*specialm.*) casa di campagna; villa: **They invited us to their p. for the weekend**, ci invitarono nella loro villa per il week-end **6** (*anche* **eating p.**) ristorante; trattoria: **a little Italian p.**, un piccolo ristorante italiano **7** (*mat.*) cifra: **to calculate to the sixth decimal p.**, calcolare i decimali fino alla sesta cifra. ● (*sport*) **p. bet**, scommessa sul (cavallo) piazzato (1º, 2º o 3º in G.B.; 1º o 2º in U.S.A.) □ **p. brick**, mattone cotto male (*sport*) **p.-kick**, calcio piazzato □ **p.-mat**, tovaglietta di un servizio all'americana □ **p. name**, toponimo □ (*leg.*) **p. of jurisdiction**, foro competente □ **p. setting**, coperto (*posto apparecchiato a tavola*) □ **bathing-p.**, località balneare □ **country p.**, casa di campagna; villa □ **to drop** (*o* **to lose**) **one's p.**, perdere il segno (*leggendo*) □ **to find one's p.**, ritrovare il segno (*leggendo*) □ **to give p. to**, far luogo a; far posto a; esser seguito da □ (*fam.*) **to go places**, aver successo; fare strada; sfondare (*fam.*) □ (*polit., ai Comuni, per indicare la Camera dei Lord*) **in another p.**, altrove □ **in the first** (**second, etc.**) **p.**, in primo (secondo, ecc.) luogo □ (*fig.*) **high places**, le alte sfere □ (*fig.*) **in high places**, in alto loco □ **in p.**, a posto, al posto giusto, in ordine; (*fig.*) adatto, appropriato, opportuno: **I would like everything to be in p.**, mi piacerebbe che tutto fosse a posto; **The offer is not quite in p.**, l'offerta non è del tutto a proposito (*è piuttosto sconveniente*) □ **in p. of**, in luogo di; al posto di; invece di □ (*fig.*) **to know one's p.**, saper stare al proprio posto □ **market p.**, piazza del mercato; mercato □ **out of p.**, fuori posto; spostato; non al proprio posto; (*fig.*) fuori luogo, inopportuno, sconveniente □ (*fig.*) **to put sb. in his p.**, far stare q. al suo posto; tenere a freno q. □ **to take place**, aver luogo; accadere; svolgersi □ **to take the place of**, prendere il posto di; sostituire; fare le veci di.
to place [pleis], **A** *v. t.* **1** collocare; mettere; porre; disporre; posare; riporre. **P. them back on the shelf!**, rimettili sullo scaffale; **The major was placed in command of the regiment**, il maggiore fu posto al comando del reggimento; **to p. one's confidence in sb.**, riporre la propria fiducia in q. **2** identificare; individuare; riconoscere **3** (*fin.*) investire (*denaro*) **4** (*comm.*) dare, passare, piazzare (*un'ordinazione*): **to p. an order for goods with one's supplier**, dare un'ordinazione di merci al proprio fornitore **5** (*comm.*) collocare, vendere (*merci*) **6** collocare (q.) in un impiego; trovare un posto a (q.) **7** (*rugby*) ottenere (*una porta*) con un calcio piazzato. **B** *v. i.* (*USA*) piazzarsi (*o* arrivare) secondo (*rif. alle corse di cani o cavalli*). ● **to p. a bet**, fare una scommessa □ **to p. a call**, prenotare una telefonata □ (*corse ippiche*) **to be placed**, piazzarsi: **The Queen's horse wasn't placed**, il cavallo della regina non si piazzò □ **The man's face looked familiar to me but I couldn't p. him**, l'uomo aveva una faccia che mi era familiare, però non riuscivo a ricordare chi fosse (*o dove l'avessi già visto*).
placebo [plə'si:bou], *n.* (*pl.* **placebos**) (*farm., med.*) placebo. ● (*med.*) **p. effect**, effetto placebo.
placeman ['pleismən], *n.* (*pl.* **placemen**) (*spesso spreg.*) funzionario (*o* impiegato statale, burocrate) che cura solo il proprio interesse.
placement ['pleismənt], *n.* **1** collocamento; disposizione; collocazione **2** (*fin.*) investimento (*di denaro*) **3** (*comm.*) piazzamento (*di un'ordinazione*) **4** (*comm.*) collocamento (*di merci, ecc.*) **5** prenotazione (*d'una telefonata*). ● (*econ.*) **the p. of labour**, il collocamento della manodopera.
placenta [plə'sentə], *n.* (*pl.* **placentas, placentae**) (*anat.*) placenta.
placental [plə'sentl], *a.* **1** (*anat.*) placentare **2** (*zool., bot.*) placentale: **p. mammals**, mammiferi placentali.
placentate [plə'sentit], *a.* (*zool.*) placentato.
placer (1) ['pleisə*], *n.* collocatore; chi mette, chi pone, ecc. (*V.* **to place**).
placer (2) ['pleisə*], *n.* (*geol.*) deposito di sabbie aurifere (*o d'altro metallo prezioso*); «placer».
placet ['pleiset] (*lat.*), *n.* **1** placet; beneplacito **2** (*nelle università*) voto favorevole.
placid ['plæsid], *a.* placido; calmo; sereno; tranquillo.
placidity [plæ'siditi], *n.* placidità; calma; serenità; tranquillità.
placket ['plækit], *n.* **1** apertura, spaccatura (*di gonna; in alto, per infilarla meglio*) **2** tasca (*di gonna*).
placoid ['plækɔid], **A** *a.* (*zool.*) placoide. **B** *n.* pesce placoide.
plagal ['pleigəl], *a.* (*mus.*) plagale.
plagiarism ['pleidʒərizm], *n.* **1** il plagiare **2** plagio (*scritto spacciato per proprio*).
plagiarist ['pleidʒərist], *n.* plagiario.
to plagiarize ['pleidʒəraiz], *v. t.* plagiare.
plagiary ['pleidʒəri], *V.* **plagiarism.**
plagioclase ['pleidʒouklei s], *n.* (*miner.*) plagioclasio.
plague [pleig], *n.* **1** piaga (*fig.*); afflizione; calamità; rovina; (*fam.*) molestia, fastidio, seccatura, tormento: **a p. of mosquitoes**, una fastidiosa invasione di zanzare **2** (*med.*) peste; pestilenza. ● (*stor., med.*) **the p.**, la peste bubbonica □ **p.-spot**, bubbone; località infestata dalla peste; (*fig.*) focolaio d'infezione (*o di corruzione*) □ **P. on it!**, maledizione!; dannazione!
to plague [pleig], *v. t.* **1** affliggere; infastidire; tormentare; seccare **2** appestare; infestare.
plaguesome ['pleigsəm], *a.* (*fam.*) fastidioso; molesto; seccante.
plaguey ['pleigi], *a.* (*fam.*) fastidioso; molesto; seccante.
plaice [pleis], *n.* (*zool., Pleuronectes platessa*) pianuzza; passera di mare.
plaid [plæd], *n.* (*ind. tessile*) **1** plaid; mantello scozzese a scacchi; coperta di lana (*da viaggio, ecc.*) **2** stoffa per plaid.
plaided ['plædid], *a.* **1** che indossa il plaid **2** (*di stoffa*) a scacchi.
plain [plein], **A** *a.* **1** chiaro; evidente; ovvio; facile: **p. words**, parole chiare; **The significance of his works is p.**, il significato delle sue opere è evidente **2** semplice; franco; schietto; puro; alla buona; comune; ordinario: **p. food**, cibo semplice; **a p. cook**, un cuoco (*o una cuoca*) alla buona; **p. folk**, gente semplice; **a p. meal**, un pasto semplice (*o* alla buona); **p. words**, parole franche; **the p. truth**, la pura verità **3** insignificante; bruttino; brutto: **It's a pity the girl is so p.**, peccato che la ragazza sia così brutta; **a p. face**, un viso bruttino **4** (*di stoffa, tessuto*) liscio; non lavorato **5** (*di disegno*) non ornato; a tinta unita **6** (*lavoro a maglia: di punto*) diritto. **B** *n.* piano; pianura: (*geogr.*) **the Great Plains**, le Grandi Pianure (*in USA, a ovest del Mississippi*). **C** *avv.* chiaramente; con chiarezza; con semplicità: **The noise came p. to my ears**, percepii chiaramente il rumore. ● **p. cards**, carte basse (*non figure*) □ **p. clothes**, abito borghese □ **p.-clothes man**, poliziotto in borghese □ **p. common sense**, il puro buon senso □ **p. cooking**, cucina casalinga □ **p. dealing**, modo d'agire onesto; sincerità; schiettezza; onestà □ **p. living**, vita modesta, semplice □ **p. sailing**, (*naut.*) navigazione facile; (*fig.*) vita facile (*fam.*): **If we can borrow the money, the rest is p. sailing**, se troviamo i soldi in prestito, il resto è roba da ridere □ **p. sewing**, cucito semplice (*o* non elaborato) □ (*mus.*) **p.-song** (*o* **p.-chant**), canto fermo; canto gregoriano □ **p.-spoken**, franco; schietto; senza peli sulla lingua (*fam.*) □ (*nei giochi di carte*) **a p. suit**, una «mano» senza briscole (senza atout) □ **as p. as day** (*o* **as a pikestaff**), ovvio; evidentissimo; lampante □ **to be p. with sb.**, parlar chiaro con q. □ **in p.**

plain

English, per dirla schietta □ **in p. view**, in piena vista □ **in p. words**, in termini chiari; in poche parole □ (*fam.*) **It's as p. as the nose on your face!**, è lampante!; lo vedrebbe anche un cieco!
to plain [plein], *v. i.* (*poet.*) lagnarsi; lamentarsi; piangere.
plainness ['pleinnis], *n.* **1** chiarezza; evidenza **2** semplicità; franchezza; schiettezza **3** l'essere comune (*o* ordinario) **4** bruttezza.
plainsman ['pleinzmən], *n.* (*pl.* **plainsmen**) pianigiano; abitante della pianura.
plaint [pleint], *n.* **1** (*leg.*) istanza scritta (*dell'attore*); querela **2** (*arc., poet.*) lagnanza; lamento; querela (*poet.*).
plaintiff ['pleintif], *n.* (*leg.*) attore; querelante; parte civile; ricorrente. ● **p.'s attorney**, avvocato di parte civile.
plaintive ['pleintiv], *a.* lamentoso; malinconico; mesto.
plaintiveness ['pleintivnis], *n.* malinconia; mestizia.
plait [plæt], *n.* **1** treccia (*di capelli, ecc.*): **straw p.**, treccia di paglia (*di solito*, **pleat**) piega (*fatta a bella posta*); pieghetta (*specialm. di stoffa*). ● (*ind.*) **copper p.**, treccia (*o* corda) di rame.
to plait [plæt], *v. t.* **1** intrecciare **2** piegare; pieghettare. ● **to p. a basket**, fare una cesta (*di vimini*).
plan [plæn], *n.* **1** piano; disegno (*architettonico o industriale*); progetto; programma; proposito: **working p.**, piano di lavoro; (*ind.*) disegno costruttivo (*o* esecutivo); **Let's hope everything will go according to p.**, speriamo che tutto vada secondo i piani prestabiliti; **vacation plans**, progetti per le vacanze; (*econ.*) **a five--year p.**, un piano quinquennale **2** (*archit., grafica*) pianta; pianta d'insieme; sezione orizzontale: **the p. of the town**, la pianta della città; **the plans of a house**, le sezioni orizzontali d'una casa; **ground p.**, pianta del piano terreno **3** metodo; modo; sistema (*di fare q.c.*). ● **p. of action**, piano d'azione; (*mil.*) piano di battaglia □ **to make plans**, fare progetti.
to plan [plæn], **A** *v. t.* **1** (*archit., ind.*) progettare; disegnare la pianta di: **to p. a house (a factory, etc.)**, progettare una casa (una fabbrica, ecc.); **to p. a garden**, disegnare la pianta d'un giardino; **to p. a new machine**, progettare una macchina nuova **2** progettare; programmare; avere in animo; intendere **3** (*anche* **to p. out**) preparare; studiare nei particolari; fare i piani di: **to p. out an advertising campaign**, preparare una campagna pubblicitaria **4** (*econ.*) programmare; pianificare: **to p. production**, programmare la produzione. **B** *v. i.* far piani (*o* progetti); far programmi. ● **planned economy**, economia pianificata □ (*stat.*) **planned parenthood**, controllo delle nascite.
planar ['pleinə*], *a.* (*geom., scient.*) planare.
planch [pla:nʃ], *n.* **1** lastra di metallo (*o* di pietra) **2** asse (*di legno*).
planchet ['pla:nʃit], *n.* tondino di metallo (*da cui coniare una moneta*); dischetto.
plane (1) [plein], *n.* (*bot., Platanus*; *anche* **p. tree**) platano.
plane (2) [plein], *n.* (*falegnameria*) pialla. ● **p.-iron**, ferro da pialla ● **jack-p.**, pialla per sgrossare □ **smoothing-p.**, pialletto.
to plane (1) [plein], *v. t.* **1** (*falegnameria*) piallare **2** (*arc.*) spianare: **to p. the way**, spianare la via. ● **to p. away** (*o* **down**), levare (*o* togliere) (*irregolarità*) con la pialla; spianare.
plane (3) [plein], **A** *n.* **1** piano (*anche geom.*); livello: **inclined p.**, piano inclinato; **Their ignorance places them on the same intellectual p. as the aboriginals**, la loro ignoranza li mette sullo stesso piano intellettuale degli aborigeni; **a low p. of culture**, un basso livello culturale **2** (*aeron.*) piano alare; ala. **B** *a. attr.* piano: **p. geometry**, geometria piana; **p. angle**, angolo piano (*di 180 gradi*). ● (*naut.*) **p. chart**, carta in proiezione di Mercatore □ (*naut.*) **p. sailing**, navigazione piana; rilevamento della posizione della nave supponendo la terra piatta □ **on a friendly p.**, sul piano dell'amicizia.
plane (4) [plein], *n.* (*abbr. di* **aeroplane**) aeroplano; aereo; apparecchio. ● (*USA*) **p. ride**, volo (*su un aereo di linea*) □ **cargo p.**, aereo da carico □ **four-engined p.**, quadrimotore □ **passenger p.**, aereo passeggeri □ (*mil.*) **pursuit p.**, caccia.
to plane (2) [plein], *v. i.* **1** (*aeron., di solito* **to p. down**) planare **2** viaggiare in aereo.
planer ['pleinə*], *n.* **1** piallatore (*operaio*) **2** (*falegnameria, mecc.*) piallatrice (*macchina*) **3** (*tipogr.*) battitoia.
planet (1) ['plænit], *n.* (*astron., astrologia*) pianeta. ● (*mecc.*) **p. gear**, ruota planetaria; ingranaggio satellite ● **p.-stricken** (*o* **p.-struck**), atterrito; spaventato □ (*mecc.*) **p.-wheel**, V. **p. gear**.
planet (2) ['plænit], *n.* (*relig.*) pianeta.
planetarium [,plæni'tɛəriəm], *n.* (*pl.* **planetariums**, **planetaria**) (*astron.*) planetario.
planetary ['plænitəri], **A** *a.* (*astron., astrologia, fis., mecc.*) planetario; dei pianeti: **p. system**, sistema planetario; **p. influence**, l'influsso dei pianeti; **p. orbit**, orbita planetaria. **B** *n.* (*mecc.*) V. **p. gear**. ● (*fis. nucl.*) **p. electron**, elettrone orbitale □ (*mecc.*) **p. gear**, ruota planetaria; ingranaggio satellite □ (*mecc.*) **p. gear train**, rotismo planetario (*o* epicicloidale).

planetoid ['plænitɔid], *a.* (*astron.*) planetoide; pianetino; asteroide.
planetological [,plænitə'lɔdʒikəl], *a.* (*astron.*) planetologico.
planetologist [,plæni'tɔlədʒist], *n.* planetologo.
planetology [,plæni'tɔlədʒi], *n.* (*astron.*) planetologia.
plangency [,plændʒənsi], *n.* sonorità; risonanza.
plangent [,plændʒənt], *a.* (*lett.*) **1** sonoro; risonante **2** lamentoso. ● **the p. waves**, i flutti che s'infrangono con fragore.
planimeter [plæ'nimitə*], *n.* planimetro (*strumento per misurare superfici*)
planimetric(al) [,plæni'metrik(əl)], *a.* planimetrico.
planimetry [plæ'nimitri], *n.* planimetria; geometria piana.
planing ['pleiniŋ], *n.* (*falegnameria, mecc.*) piallatura. ● **p. machine**, piallatrice (*macchina*).
to planish ['plæniʃ], *v. t.* **1** (*metall.*) martellare (*metalli*) **2** (*mecc.*) spianare (*con rulli, ecc.*).
planisphere [,plænisfiə*], *n.* (*astron.*) planisfero.
plank [plæŋk], *n.* **1** asse; tavola; tavolone: **timber in planks**, legname in tavole **2** (*polit., specialm. USA*) articolo (*o* punto) importante (*d'un programma*). ● **p. bed**, tavolaccio (*delle prigioni*) □ (*naut.*) **gang p.**, passerella da sbarco □ (*stor.*) **to walk the p.**, esser gettato a mare dai pirati (*che sospingevano, con la punta della spada, il prigioniero bendato su una tavola*).
to plank [plæŋk], *v. t.* **1** coprire (*o* pavimentare, rivestire) di tavole **2** battere (*la carne, per ammorbidirla*) **3** (*USA*) arrostire sulla graticola e servire su un'asse (*carne, pesce*). ● (*fam.*) **to p. down** (*o* **out**), sborsare (*denaro*) in contanti □ (*pop.*) **to p. down**, sbattere giù (*con forza*).
planking ['plæŋkiŋ], *n.* **1** tavolato; assito **2** (*naut.*) fasciame. ● (*naut.*) **deck p.**, tavolato del ponte.
plankton ['plæŋktən], *n.* (*biol.*) plankton, plancton.
planner ['plænə*], *n.* **1** (*archit., ind.*) progettista **2** ideatore di piani (*o* di progetti) **3** (*econ.*) pianificatore; programmatore. ● **town p.** (*USA*: **city p.**), urbanista.
planning ['plæniŋ], *n.* **1** (*archit., ind.*) progettazione **2** concezione; invenzione **3** (*econ., ecc.*) pianificazione; programmazione. ● **p. permission**, licenza di costruzione □ **town p.** (*USA*: **city p.**), urbanistica.
plano-concave [,pleinou'kɔnkeiv], *a.* (*fis.*) pianoconcavo: **a p. lens**, una lente pianoconcava.
plano-convex [,pleinou'kɔnveks], *a.* (*fis.*) pianoconvesso.
plant [pla:nt], *n.* **1** (*bot.*) pianta; piantina (*da trapianto*); vegetale: **garden plants**, piante da giardino; **cabbage plants**, piantine di cavolo **2** (*mecc.*) impianto; attrezzi; attrezzatura: **a sanitary p.**, un impianto sanitario; (*ferr.*) **an interlocking p.**, un impianto di blocco **3** (*ind.*) fabbrica; stabilimento: **an automobile p.**, una fabbrica d'automobili; **a chemical p.**, uno stabilimento chimico **4** modo di piantarsi sulle gambe; atteggiamento; positura **5** (*pop.*) frode; inganno; truffa; tranello, trappola (*fig.*). ● (*econ.*) **p. bargaining**, trattative salariali a livello aziendale □ (*ind.*) **p. engineering**, impiantistica □ **p. food**, fertilizzante □ **p. life**, flora; vegetazione □ **p.-louse**, pidocchio delle piante; afide □ (*bot.*) **p. pathology**, patologia vegetale; fitopatologia □ (*elettr.*) **generating p.**, gruppo generatore □ **hydroelectric power p.**, centrale idroelettrica □ (*di piante*) **to be in p.**, crescere; svilupparsi □ (*di piante*) **to lose p.**, avvizzire; seccarsi; morire □ (*bot.*) **to miss p.**, non spuntare (*dal seme*) □ **power p.**, apparato motore (*d'aereo o di nave*) □ **thermoelectric power p.**, centrale termoelettrica.
to plant [pla:nt], **A** *v. t.* **1** piantare; conficcare; ficcare: **to p. trees (seeds, etc.)**, piantar alberi (semi, ecc.); **to p. land with firs**, piantare (un terreno) ad abeti; **to p. a pole in the ground**, piantare un palo nel terreno; **to p. an idea in sb.'s mind**, ficcare un'idea in testa a q. **2** impiantare; fondare; stabilire; insediare: **to p. a new city**, fondare una nuova città; **to p. a church**, fondare una chiesa (*o* una religione); **to p. settlers in a region**, stabilire coloni in una regione **3** collocare; mettere (*q. in un posto*); appostare (*q. specialm.* **come spia**) **4** (*fam.*) assestare; affibbiare; mollare (*un pugno, un colpo, a q.*) **5** (*pop.*) celare; nascondere; seppellire (*refurtiva, ecc.*) **6** (*fam.*) piantare (in asso); mollare. ● **to plant oneself B** *v. rifl.* piantarsi: **He planted himself in front of the door**, si piantò davanti alla porta. ● **to p. a district with settlers**, colonizzare una regione □ (*pop.*) **to p. st. on sb.**, vendere q.c. a q. con la frode; appiccicare (*o* rifilare) q.c. a q. □ **to p. out**, trapiantare; piantare a intervalli regolari.
plantable ['pla:ntəbl], *a.* che può esser piantato, ecc. (V. **to plant**).
Plantagenet [plæn'tædʒinit], *n.* (*stor.*) Plantageneto.
plantain (1) ['plæntin], *n.* (*bot., Plantago major*) piantaggine.
plantain (2) ['plæntin], *n.* (*bot., Musa paradisiaca*) banana da legume.
plantar ['plæntə*], *a.* (*anat.*) plantare (*della pianta del piede*).
plantation [plæn'teiʃən], *n.* **1** alberato; bosco **2** (*agric.*) pian-

tagione: **a sugar-cane p.**, una piantagione di canna da zucchero **3** (*stor.*) colonizzazione; colonia.
planter ['pla:ntə*], *n.* **1** piantatore; coltivatore: **tobacco p.**, coltivatore di tabacco **2** colono; colonizzatore **3** piantatrice (*macchina*): **a potato p.**, una piantatrice per patate **4** (*USA*) fioriera (*cassetta per fiori e piante*); cestello; vaso.
plantigrade ['plæntigreid], *a.* e *n.* (*zool.*) plantigrado.
plantless ['pla:ntlis], *a.* senza piante; spoglio; nudo (*fig.*).
plantlet ['pla:ntlit], *n.* pianticella.
plantlike ['pla:ntlaik], *a.* simile a una pianta.
plaque [pla:k] (*franc.*), *n.* **1** placca; piastra **2** (*med.*) placca **3** (*med.*, anche **dental p.**) placca batterica.
plaquette [plæ'ket] (*franc.*), *n.* placchetta; piastrina.
plash (1) [plæʃ], *n.* pozza fangosa; acquitrino; pozzanghera.
plash (2) [plæʃ], *n.* sciabordio; sciaguattio; lieve rumore; piccolo tonfo: **the p. of a fountain**, lo sciaguattio d'una fontana; **the p. of bare feet**, il lieve rumore di piedi nudi.
to plash (1) [plæʃ], *v. t.* e *i.* **1** sciabordare; sciaguattare; diguazzare **2** schizzare; spruzzare; spruzzarsi.
to plash (2) [plæʃ], *v. t.* **1** piegare e intrecciare (*rami, per fare una siepe*) **2** fare, accomodare (*una siepe, intrecciando rami*).
plashy (1) ['plæʃi], *a.* fangoso; acquitrinoso.
plashy (2) ['plæʃi], *a.* che sciaborda; che sciaguatta.
plasm ['plæzm], *n.* (*biol.*) plasma.
plasma ['plæzmə], *n.* (*biol., fis., miner., miss.*) plasma. ● (*aeron.*) **p. engine**, motore a plasma □ (*fis.*) **p. physics**, fisica del plasma □ (*miss.*) **p. rocket**, razzo a plasma □ **blood p.**, plasma sanguigno.
plasmatic [plæz'mætik], **plasmic** ['plæzmik], *a.* (*biol.*) plasmatico.
plasmin ['plæzmin], *n.* (*biol.*) plasmina.
plasmodium [plæz'moudiəm], *n.* (*pl.* **plasmodia**) (*zool., biol.*) plasmodio.
plaster ['pla:stə*], *n.* **1** (*edil.*) intonaco; malta da intonaco **2** (*anche* **of Paris**) gesso di Parigi; stucco **3** (*med.*) impiastro; cataplasma **4** (*med.*, anche **sticking p.**) cerotto. ● **p. cast**, (*arte*) calco, modello in gesso; (*med.*) ingessatura □ (*edil.*) **p. coat**, (mano d') intonaco □ **p. refuse**, calcinacci □ **a mustard p.**, un senapismo.
to plaster ['pla:stə*], *v. t.* **1** (*edil.*) intonacare (*muri, ecc.*) **2** (*med.*) applicare un impiastro a; mettere un cerotto su **3** (*med.*) ingessare (*un braccio rotto, ecc.*) **4** (*fig.*) impiastrare; ricoprire; tappezzare; affiggere, attaccare (*con la colla, ecc.*): **They plastered posters on the walls**, attaccarono manifesti ai muri **5** trattare (*vino*) col solfato di calcio (*per togliere l'acidità*) **6** (*agric.*) gessare **7** (*pop.*) battere; sconfiggere. ● (*scherz.*) **to p. a blow (a wound)**, fare ammenda di un colpo (di una ferita); inflitti a q.); indorare la pillola (a q.) (*fig.*) □ **to p. down one's hair**, impomatarsi i capelli □ **to p. over a crack in the wall**, stuccare una fessura nella parete □ **to p. sb. with praise**, coprire q. di elogi.
plasterboard ['pla:stəbɔ:d], *n.* (*edil.*) «plasterboard»; pannello di cartone (*o* feltro) e gesso.
plastered ['pla:stəd], *a.* (*pop.*) ubriaco; sbronzo; sborniato.
plasterer ['pla:stərə*], *n.* (*edil.*) intonacatore; stuccatore.
plastering ['pla:stəriŋ], *n.* **1** (*edil.*) intonacatura **2** (*med.*) ingessatura **3** (*pop.*) solenne batosta. ● **cement p.**, intonaco di cemento □ **lime p.**, intonaco di calce.
plastery ['pla:stəri], *a.* gessoso; simile a intonaco.
plastic ['plæstik], **A** *a.* **1** plastico (*anche mecc.*): **p. arts**, arti plastiche; **p. surgery**, chirurgia plastica; **p. clay**, argilla plastica **2** (*fig.*) plasmabile; modellabile; influenzabile; duttile **3** falso; artificiale. **B** *n.* **1** materia plastica **2** oggetto di plastica. ● (*specialm. USA*) **p. bomb**, bomba al plastico (*o* archit.) **p. model**, plastico (*d'un edificio, ecc.*) □ **p. riot shield**, scudo di plastica (*dei poliziotti*) □ (*med.*) **p. surgeon**, specialista in chirurgia plastica □ **to coat with p.**, ricoprire di plastica; plasticare □ **to model with p. material**, plasticare (*modellare*).
to plastic-bomb ['plæstik,bɔm], *v. t.* attaccare con bombe al plastico; plasticare (*gergale*).
to plastic-coat ['plæstik,kout], *v. t.* ricoprire di plastica; plasticare.
Plasticine ['plæstisi:n], *n.* (*marchio: scult.*) plastilina.
plasticity [plæs'tisiti], *n.* **1** (*mecc.*) plasticità **2** (*fig.*) influenzabilità; duttilità; adattabilità.
plasticization [,plæstisai'zeiʃən], *n.* (*ind.*) plastificazione.
to plasticize ['plæstisaiz], *v. t.* (*ind.*) plastificare.
plasticizer ['plæstisaizə*], *n.* (sostanza) plastificante.
plastics ['plæstiks], *n. pl.* **1** materie plastiche; plastica **2** (*col verbo al sing.*) scienza delle materie plastiche **3** (*med.*) chirurgia plastica; plastica.
plastron ['plæstrən], *n.* **1** (*stor.*) piastrone (*dell'armatura*); pettorale (*arc.*) **2** (*scherma*) piastra di cuoio (*che si porta sul petto*) **3** (*zool.*) piastrone (*di tartaruga*) **4** pettorina (*d'abito femminile*).

plat (1) [plæt], *n.* **1** pezzo di terra; pezzetto di terreno **2** (*USA*) pianta (*d'una città, ecc.*); mappa.
to plat [plæt], *v. t.* intrecciare; intessere (*V.* **to plait**).
plat (2) [plæt], *n.* treccia; corda (*V.* **plait**).
platan ['plætən], *n.* (*bot., Platanus*) platano.
plate [pleit], *n.* **1** piatto; piattino: **a fruit p.**, un piattino per la frutta; **a p. of meat**, un piatto di carne **2** (*collett.*) argenteria; posateria; vasellame: **a piece of p.**, un pezzo d'argenteria **3** foglio (*di metallo*); piastra; placca; lamina; lastra (*anche fotogr.*); negativa: (*elettr.*) **positive p.**, piastra positiva **4** (*metall.*) lamiera (*naut.*) **keel p.**, lamiera di chiglia **5** (*arte, tipogr.*) lastra per incisioni; cliché; lastra stereotipa **6** (*arte, tipogr.*) incisione; illustrazione; tavola fuori testo **7** (*anche* **name p.**) targa; targhetta; (*autom.*) targa: **a brass p.**, una targa d'ottone **8** (*nelle corse*) coppa (*per il vincitore*); premio (*in genere*) **9** (*med.*, anche **dental p.**) placca palatale; dentiera **10** (*edil.*) base, zoccolo; (*anche*) traversino **11** (*mecc.*) lastra, piastra; disco (*metallico*): **the clutch plates**, i dischi della frizione **12** (*baseball*) «piatto»; base: **home p.**, casa base **13** (*anat.*) lamina **14** (*metall.*) lamella **15** (*geol.*) placca; zolla: **p. tectonics**, tettonica a zolle **16** (*elettron.*) anodo **17** (*elettr.*) armatura del condensatore **18** (*USA*) coperto (*a tavola*). ● **p.-armour**, (*stor.*) corazza di piastre; (*naut.*) corazza di navi da guerra □ **p.-basket**, cestino per posate □ (*edil.*) **p. cut**, intestatura □ **p.-glass**, cristallo in lastre; vetro da specchi (*o* per finestre) □ **p.-mark**, marchio di garanzia sull'oro e sull'argento □ (*autom.*) **p. number**, numero di targa □ **p. powder**, polvere per pulire l'argenteria □ **p.-rack**, rastrelliera; scolapiatti; rastrelliera portapiatti □ (*stor.*) **p.-rail**, rotaia di tipo antiquato □ (*stor.*) **breast p.**, lorica □ **dinner at ten dollars a p.**, pranzo a dieci dollari (a testa) □ (*autom. USA*) **license p.**, *V.* **number-p.** □ (*autom.*) **number-p.**, targa □ (*fig.*) **on a p.**, senza sforzo; su un piatto d'argento (*fig.*) □ (*sport*) **selling-p.**, corsa di cavalli, in cui il vincitore ottiene una coppa ed è venduto all'asta □ **shallow p.**, piatto piano □ **soup-p.**, piatto fondo; scodella.
to plate [pleit], *v. t.* **1** (*ind.*) placcare **2** (*metall.*) laminare **3** (*naut.*) corazzare (*una nave*) **4** (*tipogr.*) preparare le matrici di (*un volume, ecc.*). ● **to gold-p.**, dorare; indorare □ **to platinum- -p.**, platinare □ **to silver-p.**, argentare; inargentare □ **to zinc- -p.**, zincare.
plateau ['plætou], (*USA*) [plæ'tou], *n.* (*pl.* **plateaus, plateaux**) **1** (*geogr.*) plateau; altopiano **2** cappello da donna a cupola piatta.
plateful ['pleitful], *n.* piatto; piatto colmo; quanto sta in un piatto.
platelayer ['pleit,leiə*], *n.* (*ferr.*) **1** operaio addetto alla posa (*o* alla manutenzione) dei binari **2** manovale di linea.
platen ['plætən], *n.* **1** (*tipogr.*) premicarta; platina: **p. press**, macchina a platina **2** (*di macchina da scrivere*) rullo **3** (*mecc.*) piastra metallica.
plater ['pleitə*], *n.* **1** (*ind.*) placcatore **2** (*sport*) cavallo (*da corsa*) di scarso valore (*V.* **selling-plate**, sotto **plate**).
platform ['plætfɔ:m], *n.* **1** piattaforma; palco; tribuna (*per oratori*) **2** (*ferr.*) marciapiede; banchina; binario: **The train will leave from p. six**, il treno partirà dal binario sei **3** — (*fig.*) **the p.**, l'oratoria; l'arte oratoria **4** (*polit.*) piattaforma; principi programmatici, dichiarazione programmatica (*d'un partito, ecc.*) **5** (*geol.*) piattaforma. ● **p. balance**, bascula; bilancia (*o* ponte) a bilico □ (*ferr.*) **p.-car**, (*p.-carriage*), pianale; carro merci senza sponde □ (*ferr.*) **p. roofing**, pensilina □ (*moda*) **p. shoes**, zatteroni (*scarpe con tacco altissimo*).
to platform ['plætfɔ:m], **A** *v. t.* collocare (*o* mettere) su una piattaforma. **B** *v. i.* parlare da un palco (*o* da una tribuna).
platforms ['plætfɔ:mz], *n. pl.* (*moda*) zatteroni (*scarpe con tacco altissimo*).
plating ['pleitiŋ], *n.* **1** (*metall.*) placcatura (*doratura, argentatura, ecc.*) **2** (*metall.*) preparazione delle lamiere **3** (*naut.*) fasciame metallico **4** (*aeron.*) rivestimento **5** (*ippica*) corsa a premi (*V.* **selling-plate**, sotto **plate**).
platinic [plə'tinik], *a.* (*chim.*) platinico.
platinization [,plætinai'zeiʃən], *n.* (*ind.*) platinatura.
to platinize ['plætinaiz], *v. t.* (*ind.*) platinare.
platinoid ['plætinɔid], *n.* (*metall.*) platinoide (*lega*).
platinotype ['plætinoutaip], *n.* (*fotogr., un tempo*) platinotipia.
platinous ['plætinəs], *a.* (*chim.*) platinoso.
platinum ['plætinəm], *n.* (*chim.*) platino. ● **p. black**, nero di platino □ (*fam.*) **p. blonde**, bionda platinata □ **p.-plating**, platinatura.
platitude ['plætitju:d], *n.* insulsaggine; luogo comune; banalità.
platitudinarian [,plæti,tju:di'nɛəriən], **A** *n.* chi dice o scrive insulsaggini; chi si compiace di luoghi comuni. **B** *a.* insulso; trito.
to platitudinize [,plæti'tju:dinaiz], *v. i.* dire (*o* scrivere) insulsaggini; essere banale.
platitudinous [,plæti'tju:dinəs], *a.* insulso; trito; banale.

Plato

Plato ['pleitou], *n.* (*stor.*, *filos.*) Platone.
Platonic [plə'tɔnik], *a.* (*filos.*) platonico: (*fig.*) **P. love**, amore platonico.
platonically [plə'tɔnikəli], *avv.* platonicamente.
Platonism ['pleitənizəm], *n.* (*filos.*) platonismo.
Platonist ['pleitənist], *n.* (*filos.*) platonico.
to Platonize, to Platonise ['pleitənaiz], **A** *v. i.* (*filos.*) essere un seguace di Platone; filosofare alla maniera platonica. **B** *v. t.* rendere platonico.
platoon [plə'tu:n], *n.* (*mil.*) plotone.
platter ['plætə*], *n.* **1** (*arc. o USA*) piatto ovale; piatto da portata **2** (*pop., nel baseball*) «piatto»; base **3** (*pop.*) disco fonografico. ● (*fig., USA*) **on a (silver) p.**, senza sforzo; su un piatto d'argento (*fig.*).
platyhelminth [,plæti'helminθ], *n.* (*zool.*) platelminta.
Platyhelminthes [,plætihel'minθi:z], *n. pl.* (*zool.*) platelminti.
platypus ['plætipəs], *n.* (*pl.* **platypuses**) (*zool., Ornithorhynchus anatinus; anche* **duckbilled p.**) ornitorinco.
platyrrhine ['plætirain], *a.* (*zool.: di scimmia*) platirrina.
plaudit ['plɔ:dit], *n.* (*di solito al pl.*) applauso; plauso; elogio.
plausibility [,plɔ:zə'biliti], *n.* **1** accettabilità; ragionevolezza; verosimiglianza; plausibilità **2** (*spreg.*) falsità; speciosità.
plausible ['plɔ:zəbl], *a.* **1** accettabile; ragionevole; verosimile; plausibile: **a p. excuse**, una scusa accettabile; **a p. argument**, un argomento ragionevole (*o* giusto in apparenza) **2** (*spreg.*) falso; ingannevole; specioso. ● **a p. rascal**, un furfante che la sa vendere.
Plautus ['plɔ:təs], *n.* (*stor. letter.*) Plauto.
play [plei], *n.* **1** gioco (*quasi in ogni senso*); scherzo; celia; divertimento; ricreazione: **The children are at p.**, i bambini sono intenti al gioco (stanno giocando); **to lose a hundred dollars in one evening's p.**, perdere cento dollari al gioco in una sera; (*sport*) **That is pretty p.** (*o* **a pretty bit of p.**), ora si fa un bel gioco; **the p. of sunlight upon leaves**, il gioco della luce del sole sulle foglie; **the p. of muscles**, il gioco dei muscoli; **to do st. in p.**, fare q.c. per gioco (*o* per scherzo); **to say st. in p.**, dire q.c. per celia; (*mecc.*) **the excessive p. of the bolts**, il gioco eccessivo dei bulloni **2** (*teatr.*) rappresentazione; dramma; commedia: **the plays of John Webster**, i drammi di John Webster; **The p. fell flat**, la commedia fu un vero fiasco **3** modo di giocare; mossa (*al gioco*): **the game and p. of chess**, il gioco degli scacchi e come giocarlo. ● **p.-acting**, rappresentazione teatrale (di drammi); (*fig.*) commedia, finzione; melodramma (*fig.*) □ **p.-actor**, attore; (*spreg.*) attore da strapazzo; guitto □ **p.-book**, (*teatr.*) copione stampato; libro che contiene drammi □ **p.-box**, scatola per giocattoli □ (*radio, telev., USA*) **p.-by-p.**, minuto per minuto, dettagliato (*rif. a commento di partita, ecc.*) □ **p.-day**, giorno di vacanza (*da scuola*) □ **p.-debt**, debito di gioco □ **p. of fancy**, fantasticheria □ (*sport*) **p.-off**, partita supplementare; play-off; spareggio; (*USA*) partita (*o* incontro) fra due squadre (*vincitrici*) in un campionato a eliminazione □ **a p. on words**, un gioco di parole □ **p.-pen**, recinto di legno, box (*per bambino che non cammina ancora*) □ **p.-school**, asilo infantile; giardino d'infanzia □ **p.-spell**, intervallo per la ricreazione □ **to allow full p. to one's restlessness**, dare sfogo alla propria irrequietezza □ **as good as a p.**, assai interessante; molto divertente □ **to bring** (*o* **to call**) **into p.**, mettere in gioco; mettere in azione □ (*fig.*) **child's p.**, un gioco da ragazzi; una cosa facilissima □ **to come into p.**, entrare in gioco; entrare in azione: **Other forces came into p.**, altre forze entrarono in azione □ **fair p.**, gioco leale; (*fig.*) lealtà, correttezza, onestà, giustizia □ **foul p.** (*o* **dirty p.**), gioco scorretto; (*fig.*) disonestà, slealtà, scorrettezza, ingiustizia □ **to give free p. to one's imagination**, dare (libero) sfogo alla propria fantasia □ **high p.**, gioco forte; (gioco d'azzardo con) puntate molto alte □ (*sport: del pallone, della palla*) **in p.**, in gioco □ (*sport*) **to make p.**, dar filo da torcere agli avversari □ (*sport: del pallone, della palla*) **out of play**, fuori gioco □ (*sport*) **rough p.**, gioco pesante □ **It's your p.**, tocca a te giocare; sta a te muovere □ **We went to the p.**, andammo a teatro (*a un teatro di prosa*).

to play [plei], **A** *v. t. e i.* **1** giocare (a); gareggiare; baloccarsi; gingillarsi; divertirsi; scherzare; trastullarsi: **to p. tennis**, giocare a tennis; **Let's p. hockey**, giocare a hockey; **to p. with a ball**, giocare con una palla; **Let's p. at being Redskins**, giochiamo agli indiani!; **to p. a pawn**, (*o* muovere) un pedone (*a scacchi*); **to p. one's cards well** (**badly**), giocare bene (male) le proprie carte (*anche fig.*); **to p. with a bunch of keys**, baloccarsi (*o* gingillarsi) con un mazzo di chiavi **2** far mostra; far finta: **to p. dead**, far finta d'essere morto; **to p. innocent**, recitare la parte dell'innocente **3** (*sport*) giocare: **Is he going to p. today?** giocherà oggi?; **to p. (at) chess**, giocare a scacchi **4** (*sport*) far giocare; mettere in campo: **The coach played Jones as goalkeeper**, l'allenatore fece giocare Jones in porta (*o* mise Jones in campo come portiere) **5** (*sport: del terreno*) essere adatto al gioco: **This cricket pitch plays well**, questo campo di cricket è adatto al gioco (*ci si gioca bene*) **6** giocare contro (q.): **Will you p. the challenger?**, giocherai contro lo sfidante? **7** (*teatr.*) recitare; rappresentare; fare la parte di; fare (*una parte*): **to p. King Lear**, rappresentare il Re Lear; **to p. Hamlet**, fare la parte d'Amleto; **to p. one's part well**, fare bene la propria parte (*anche fig.*) **8** (*mus.*) suonare (*specialm. uno strumento a corda*): **to p. by ear**, suonare a orecchio; **to p. the violin**, suonare il violino; **The orchestra was playing a waltz**, l'orchestra stava suonando un valzer **9** scherzare (*poet.*); errare; sfiorare: **The moonlight was playing on the still waters of the lake**, il chiaro di luna scherzava sulle acque tranquille del lago; **A faint smile played about her lips**, un lieve sorriso le errava sulle labbra (*o* le sfiorava le labbra) **10** (*mecc.: di un pezzo*) aver gioco: **Pistons must p. inside cylinders**, i pistoni devono aver gioco dentro i cilindri **11** (*di fontane*) zampillare **12** (*dei muscoli*) guizzare (*sotto la pelle*). **B** verbi composti **1** **to p. at st.**, giocare (*o* trastullarsi) con q.c. □ **to p. at doing st.**, far mostra (*o* finta) di fare q.c.: **to p. at fighting**, far (soltanto) mostra di battersi; battersi di mala voglia □ **to p. at a job**, gingillarsi con un lavoro; farlo di mala voglia. **2 to p. away one's money**, perdere denaro al gioco; giocarsi i quattrini (*pop.*) □ **to p. away one's inheritance**, perdere la propria eredità al tavolo da gioco. **3 to p. back a concert** (**a speech**, ecc.), ascoltare la registrazione di un concerto (di un discorso, ecc.) □ **to p. back a tape**, riascoltare un nastro. **4 to p. down**, minimizzare; sdrammatizzare. **5 to p. for time**, cercare di guadagnar tempo. **6 to p. sb. in** (**out**), suonar musica (*sull'organo, ecc.*) all'entrata (all'uscita) di q. **7 to p. into the hands of sb.**, fare il gioco di q. **8** (*sport*) **to p. off**, giocare uno spareggio □ **to p. a person off against another**, opporre q. a q. altro (*soprattutto a proprio vantaggio*) □ (*sport*) **to p. off a match** (*o* **a draw, a tie**), giocare una partita supplementare (*o* uno spareggio). **9** (*fig.*) **to p. out**, recitare (*una parte*) fino in fondo □ (*fig.*) **to be played out**, essere esausto; non poterne più; essere superato (*o* sorpassato), essere fuori moda. **10 to p. up**, metterccela tutta; impegnarsi a fondo (*in un gioco*) □ **to p. up to**, (*di attore*) recitare in modo da far risaltare la recitazione di (*un altro attore*); (*fam.*) adulare, insaponare, sviolinare (q.); tener bordone a (q.) (*fig.*). **11** (*mil.: di cannoni e sim.*) **to p. upon the enemy from two sides**, sparare sul nemico da due lati □ **to p. upon sb.'s fears**, profittare della paura di q. □ **to p. upon words**, fare giochi di parole. ● **to p. ball**, (*sport*) dare il calcio d'inizio (*o* di ripresa); (*fig.*) fare la propria parte; non tirarsi indietro (*fig.*); collaborare (con q.); dare una mano (a q.) □ **to p. dead**, fare finta d'essere morto, fare il morto (*fig.*); restare indifferente, fare finta di niente □ **to p. the devil**, fare il diavolo a quattro □ **to p. fair**, giocare lealmente; (*fig.*) comportarsi in modo leale □ **to p. sb. false**, tradire q. (*fig.*) □ **to p. first fiddle**, avere una parte di primo piano; avere molta voce in capitolo □ **to p. a fish**, stancare un pesce dandogli corda e poi tirando la lenza □ **to p. the fool**, fare lo stupido □ **to p. for heavy stakes**, giocare forte, d'azzardo □ **to p. for safety**, stare sul sicuro; (*sport*) tirare a «fare risultato», accontentandosi di un pareggio) □ **to p. foul**, barare; essere sleale □ **to p. the game**, stare alle regole del gioco; (*fig.*) esser leale, onesto □ (*fig.*) **to p. sb.'s game**, stare al gioco di q. □ **to p. a good knife and fork**, essere una buona forchetta □ **to p. a good stick**, essere un buon schermidore; tirare bene di scherma □ **to p. high**, giocar forte; fare forti puntate □ **to p. hooky**, marinare la scuola □ (*fam.*) **to p. the horses**, giocare alle corse (*di cavalli*) □ (*fam.*) **to p. it** (**low**) **on sb.**, giocare un brutto tiro a q.; tirare un colpo basso (*o* un colpo mancino) a q. □ (*fam.*) **to p. (it) safe**, tenersi dalla parte del sicuro; non voler correre rischi □ **to p. a joke on sb.**, fare una beffa a q. □ **to p. low**, giocare in modo prudente; fare puntate basse □ (*Borsa, fin.*) **to p. the market**, speculare (*o* giocare) in Borsa □ **to p. on sb.'s feelings**, far leva sui sentimenti di q. □ **to p. on sb.'s nerves**, far arrabbiare q. □ **to p. a searchlight on the enemy lines**, illuminare con un riflettore le linee nemiche (*passando sulle trincee*) □ (*fig.*) **to p. second fiddle**, avere una parte secondaria (*o* di secondo piano) □ **to p. a trick on sb.**, giocare un tiro (*o* fare uno scherzo) a q. □ **to p. tricks with st.**, guastare, sciupare q.c. (*per incompetenza, ecc.*) □ **to p. truant**, marinare la scuola □ **to p. a waiting game**, (*sport*) fare «melina»; (*fig.*) tirarla per le lunghe; stare a vedere come si mettono le cose □ **to p. with a girl's feelings**, farsi gioco dei sentimenti d'una ragazza □ (*eufemistico*) **to p. with oneself**, masturbarsi □ **P. the man!**, sii uomo!; comportati da uomo! □ **Come and hear the music p.**, vieni ad ascoltare la musica! □ **A new movie is playing tonight**, questa sera danno un film nuovo □ **The hose-pipe played on the lawn**, l'idrante irrorava d'acqua il prato.

playable ['pleiəbl], *a.* **1** che si può giocare **2** (*mus.*) che si può suonare **3** (*di campo di gioco*) su cui si può giocare; praticabile.
to play-act ['plei,ækt], *v. i.* **1** fare la commedia; fingere **2** essere

melodrammatico (*o* teatrale) **3** (*teatr.*) recitare.

playback ['pleibæk], *n.* **1** (*mus., radio, telev.*) playback; replay; ripetizione; riproduzione **2** (*mus.*) pulsante del playback (*di mangianastri, ecc.*). ● (*elettron.*) **p. head**, testina di riproduzione.

playbill ['pleibil], *n.* (*teatr.*) **1** cartellone; manifesto **2** programma.

playboy ['pleibɔi], *n.* playboy; giovane frivolo e mondano.

player ['pleiə*], *n.* **1** (*anche sport*) giocatore, giocatrice: **a football p.**, un giocatore di calcio **2** (*teatr.*) attore, attrice: **strolling players**, attori girovaghi **3** (*mus.*) suonatore, suonatrice; esecutore (*di musica*) **4** (*Borsa, fin.*) speculatore **5** giradischi. ● (*mus.*) **p. piano**, pianoforte meccanico □ **record p.**, giradischi □ (*cricket*) **Gentlemen v. (*o versus*) Players** (*cartello*), incontro fra una squadra di dilettanti e una di professionisti.

playfellow ['plei,felou], *n.* compagno (*o* compagna) di gioco.

playful ['pleiful], *a.* allegro; brioso; giocoso; festoso; festevole (*raro*); scherzoso; vivace. ● **a p. kitten**, un gattino giocherellone.

playfulness ['pleifulnis], *n.* allegria; brio; giocosità; festosità; festevolezza (*raro*); vivacità.

playgoer ['plei,gouə*], *n.* frequentatore di teatri.

playground ['pleigraund], *n.* **1** terreno di gioco (*per bambini*); cortile per la ricreazione (*presso scuole*) **2** luogo di villeggiatura; zona turistica. ● (*fig.*) **the p. of Europe**, la Svizzera.

playgroup ['plei-gru:p], *n.* asilo infantile di quartiere.

playhouse ['pleihaus], *n.* **1** teatro **2** casa-giocattolo (*per bambini*).

playing ['pleiiŋ], *n.* **1** gioco **2** (*teatr.*) rappresentazione; recitazione **3** (*mus.*) esecuzione. ● **p. cards**, carte da gioco □ **p. field**, campo da gioco.

playlet ['pleilit], *n.* (*teatr.*) breve dramma; commediola.

playmate ['pleimeit], *n.* compagno (*o* compagna) di gioco.

playpit ['pleipit], *n.* piccola buca per i giochi dei bambini (*spesso piena di sabbia*).

plaything ['plei-θiŋ], *n.* giocattolo; balocco (*anche fig.*).

playtime ['plei-taim], *n.* ora della ricreazione.

playwright ['pleirait], *n.* drammaturgo; commediografo.

plaza ['plɑ:zə], *n.* piazza.

plea [pli:], *n.* **1** (*leg.*) dichiarazione dell'imputato o della difesa; eccezione: **p. in bar**, eccezione perentoria **2** giustificazione; scusa; pretesto **3** domanda; istanza; petizione; supplica: **a p. for mercy**, una domanda di grazia **4** (*stor., leg.*) causa; processo. ● **with the p. of a headache**, con la scusa di un mal di testa.

to **pleach** [pli:tʃ], *v. t.* piegare e intrecciare (*rami, ecc.*).

to **plead** [pli:d], **A** *v. i.* (*leg.: di avvocato*) patrocinare una causa; perorare **2** (*leg.: d'imputato*) rispondere a un'accusa; dichiararsi, riconoscersi: **to p. not guilty**, dichiararsi innocente; **to p. guilty (of a crime, etc.)**, dichiararsi colpevole (di un delitto, ecc.) **3** ─ **to p. for**, chiedere; invocare; supplicare: **to p. for mercy**, chiedere misericordia. **B** *v. t.* **1** (*leg.*) patrocinare, perorare (*una causa*); difendere (*anche fig.*): **to p. the cause of the destitute**, difendere la causa dei derelitti **2** addurre (*o* accampare) a giustificazione (*o* a pretesto): **I can only p. inexperience**, a mia giustificazione posso addurre soltanto la mia inesperienza. ● (*leg.*) **to p. madness**, invocare l'infermità mentale □ **to p. with sb. for a person**, intercedere presso q. in favore d'una persona □ **to p. with sb. to change his mind**, supplicare q. di voler tornare sulle sue decisioni □ (*leg.*) **unfit to p.**, incapace di rispondere a un'accusa (*in tribunale*).

pleadable ['pli:dəbl], *a.* che si può addurre a giustificazione.

pleader ['pli:də*], *n.* **1** (*leg.*) patrocinatore; (*avvocato*) patrocinante; avvocato difensore **2** peroratore; intercessore.

pleading ['pli:diŋ], **A** *n.* **1** (*leg.*) difesa; perorazione; discussione d'una causa; arringa **2** (*pl.,*) comparsa; atto scritto delle parti. **B** *a.* implorante; supplichevole; supplice (*lett.*).

pleasant ['pleznt], *a.* **1** piacevole; gradevole; amabile; ameno; attraente; dilettevole: **a p. evening**, una piacevole serata; **a p. smile**, un amabile sorriso; **a p. voice**, una voce gradevole; **p. fields**, campi ameni **2** (*arc.*) piacevole; faceto; spiritoso.

pleasantness ['plezntnis], *n.* piacevolezza; amabilità; amenità.

pleasantry ['plezntri], *n.* **1** gaiezza; allegria; umor faceto **2** facezia; motto di spirito; scherzo garbato; burla **3** (*spesso pl.*) complimento; cortesia.

to **please** [pli:z], **A** *v. i.* piacere; esser gradito; riuscire simpatico; accomodare; garbare; parere: **He was anxious to p.**, era ansioso d'essere gradito (*o* di riuscire simpatico); **I cannot always do as I p.**, non posso sempre fare quel che mi piace (*o* quel che m'accomoda, mi garba, mi pare). **B** *v. t.* piacere a; far piacere a; compiacere; contentare; soddisfare: **His last book will p. you**, il suo ultimo libro ti piacerà; **She has come just to p. me**, è venuta solo per farmi piacere; **These cakes are meant just to p. the eye**, questi pasticcini sono fatti solo per soddisfare l'occhio. to **please oneself C** *v. rifl.* fare ciò che accomoda (*o* che garba); fare a modo proprio: **P. yourself!**, fa' quel che ti garba; fa' quel che

ti pare; fa' pure! ● **P. go away**, fate il favore di andarvene! □ **P. God** (*scherz.*: **p. the pigs**), a Dio piacendo; Dio volendo: **The matter will be cleared up some day, p. God**, la cosa verrà chiarita un giorno o l'altro, a Dio piacendo □ (**may it**) **p. Your Honour**, così piaccia a Vostro Onore (*rivolgendosi a un giudice*) □ **to be pleased**, compiacersi: **His Majesty has been gratiously pleased to confer him the order of the Garter**, Sua Maestà s'è graziosamente compiaciuta di conferirgli l'ordine della Giarrettiera □ **if you p.** (*o p.*), per piacere, per favore; prego: **Pass me the butter, p.**, passami il burro, per piacere; **Tea for two, p.**, due tè, per favore; **P. don't**, ti prego di non farlo!; no, per favore! □ **now, if you p.**, e ora, di grazia: **And now, if you p., what am I to do?**, e ora, di grazia, che debbo fare? □ **I'll take another cup, if you p.**, col tuo permesso, ne prenderò un'altra tazza □ **It has never pleased him to explain**, non s'è mai degnato di dare spiegazioni □ **It pleased him to remain**, si compiacque (*o* decise) di rimanere.

please [pli:z], *inter.* **1** per favore!: **A cup of black coffee, p.**, un caffè, per favore! **2** (*anche yes, p.*) sì, per favore!; sì, prego!

pleased [pli:zd], *a.* compiaciuto; contento; lieto; soddisfatto: **John looked p.**, Giovanni sembrava compiaciuto; **I'll be p. to help you**, sarò lieto di aiutarti; **I am p. with your work**, sono soddisfatto del tuo lavoro. ● **to be p. with oneself**, essere soddisfatto (*o* contento) di sé □ **as p. as Punch**, contento come una pasqua.

pleasing ['pli:ziŋ], *a.* piacevole; gradevole; attraente; simpatico.

pleasurable ['pleʒərəbl], *a.* piacevole; gradevole; che dà piacere.

pleasurableness ['pleʒərəblnis], *n.* piacevolezza; gradevolezza.

pleasure ['pleʒə*], *n.* piacere; diletto; divertimento; gioia; spasso; favore; soddisfazione: **a sensation of p.**, una sensazione di piacere; **the pleasures of life**, le gioie della vita; **It's a p. to see you**, è un piacere vederti; **Do me the p. of dining with me**, fammi il piacere (*o* il favore) di pranzare con me. ● **a p.!** (*o my, our p.!*), prego!; non c'è di che! □ **p.-boat**, battello da diporto □ **p.-ground**, luogo di ricreazione (*giardino, parco, ecc.*) □ **p.-seeker**, amante del piacere □ **p.-trip**, gita di piacere □ **a man of p.**, un libertino; un vitaiolo □ **to take p. in**, compiacersi di; provar piacere a; divertirsi a: **He takes p. in contradicting** (*o* **in contradiction**), si diverte a contraddire □ **with p.**, con grande piacere; volentieri □ **I await your p.**, sono a tua disposizione □ **It can be altered at p.**, lo si può cambiare a volontà (*o* a piacere) □ (*detto da un sovrano*) **It is our p. to...**, piace alla Maestà Nostra di... □ **What is his p. in the matter?**, che cosa desidera si faccia in proposito?

pleat [pli:t], *n.* piega (*di stoffa, fatta ad arte*); pieghetta.

to **pleat** [pli:t], *v. t.* pieghettare; fare la piega in (q.c.).

pleb [pleb], *n.* (*pop.*) **1** plebeo; popolano **2** (*USA*) V. **plebe**.

plebe [pli:b], *n.* (*mil., naut. USA*) allievo del primo corso dell'Accademia (*a West Point o ad Annapolis*).

plebeian [pli'bi:ən], **A** *a.* plebeo; (*spreg.*) volgare: **p. tastes**, gusti plebei. **B** *n.* plebeo; popolano.

plebeianism [pli'bi:ənizm], *n.*, **plebeianness** [pli'bi:ənnis], *n.* l'esser plebeo; (*spreg.*) volgarità.

to **plebeianize** [pli'bi:ənaiz], *v. t.* rendere plebeo (*o* volgare).

plebiscitary [pli'bisitəri], *a.* (*polit.*) plebiscitario.

plebiscite ['plebisit], *n.* (*stor., polit.*) plebiscito.

plebs [plebz], *n.* (*pl.* **plebes**) **1** (*stor.*) plebe **2** (la) gente comune; popolo; popolino.

plectrum ['plektrəm], *n.* (*pl.* **plectra, plectrums**) (*mus.*) plettro.

pled [pled], *pass.* e *p. p.* (*scozz.* e *USA*) di **to plead**.

pledge [pledʒ], *n.* **1** (*leg.*) pegno; garanzia; (*fig.*) prova, testimonianza: **I gave him a ring as a p.**, gli diedi un anello in pegno (*o* come pegno); **to take goods out of p.**, ritirare merce data in pegno; **a p. of love**, un pegno d'amore **2** (*fig.*) impegno, promessa; suggello; voto solenne: **a p. of marriage**, una promessa di matrimonio; **a sacred p.**, un sacro suggello **3** brindisi: **to drink a p. to sb.'s victory**, fare un brindisi alla vittoria di q. **4** (*stor.*) ostaggio. ● (*fig.*) **the p. of their love**, il pegno del loro amore (*un figlio*) □ **to take** (*o* **to sign**) **the p.**, far voto di non bere più (*o* di astenersi dalle bevande alcoliche).

to **pledge** [pledʒ], *v. t.* **1** impegnare (*anche fig.*); pignorare; (*leg.*) dare come pegno, costituire in pegno: **to p. one's honour (word, etc.)**, impegnare l'onore (dare la parola, ecc.) **2** brindare a (q.c.); brindare alla salute di (q.).

pledgee [ple'dʒi:], *n.* (*leg.*) chi ha ricevuto q.c. in pegno.

pledger [pledʒə*], *n.* (*leg.*) chi ha dato q.c. in pegno.

pledget ['pledʒit], *n.* **1** tampone di cotone (*o* di garza) (*per ferite*) **2** (*naut.*) cordone di stoppa (*per calafatare*).

Pleiad [plaiəd], *n.* **1** ─ (*pl.; mitol., astron.*) **the Pleiades**, le Pleiadi **2** ─ (*fig.*), pleiade: **a p. of poets**, una pleiade di poeti.

Pleistocene ['plaistousi:n], (*geol.*) **A** *n.* Pleistocene. **B** *a. attr.* pleistocenico.

plenary ['pli:nəri], *a.* **1** assoluto; completo; illimitato; pieno: **p.**

plenipotentiary

powers, pieni poteri 2 (*anche relig.*) plenario: **p. meeting**, assemblea plenaria; **p. indulgence**, indulgenza plenaria.

plenipotentiary [ˌplenipəˈtenʃəri], **A** *n.* (*polit.*) plenipotenziario. **B** *a.* **1** plenipotenziario: **p. ambassador**, ministro plenipotenziario **2** assoluto; illimitato; pieno: **p. powers**, pieni poteri.

plenitude [ˈplenitjuːd], *n.* **1** pienezza; completezza **2** abbondanza; profusione.

plenteous [ˈplentjəs], *a.* (*poet.*) **1** abbondante; copioso **2** fertile; fruttifero.

plenteousness [ˈplentjəsnis], *n.* (*poet.*) **1** abbondanza; copiosità **2** fertilità.

plentiful [ˈplentifʊl], *a.* abbondante; copioso: **a p. supply of food**, abbondanti provviste di cibo.

plentifulness [ˈplentifʊlnis], *n.* abbondanza; copiosità.

plenty [ˈplenti], **A** *n.* abbondanza; copia (*lett.*): **There is** (*o* **are**) **p. of potatoes in the market today**, c'è abbondanza di patate al mercato, oggi. **B** *avv.* (*fam.*) molto; del tutto; proprio: **p. good**, molto buono; ottimo. ● **p. more**, ancora molto; molti altri; **Take as much pudding as you like**; **there is p. more**, prendi quanto budino vuoi; ce n'è ancora molto □ **to enjoy oneself p.**, divertirsi un mondo □ **horn of p.**, cornucopia □ **in p.**, in abbondanza □ **to live in p.**, vivere nell'abbondanza □ **There's p. of time**, c'è tanto tempo □ **We have p. of money**, abbiamo denaro in abbondanza; abbiamo una quantità di denaro.

plenum [ˈpliːnəm], *n.* **1** (*pl.* **plenums, plena**) (*leg.*) plenum; assemblea plenaria **2** (*ing.*) sovrappressione. ● **p. chamber**, camera in pressione □ **p. system**, sistema in sovrappressione.

pleonasm [ˈpliːənæzm], *n.* (*linguistica*) pleonasmo.

pleonastic [ˌpliːəˈnæstik], *a.* (*linguistica*) pleonastico.

plesiosaur [ˈpliːsiəsɔː*], *n.* (*paleontologia*) plesiosauro.

plesiosaurus [ˌpliːsiəˈsɔːrəs], *n.* (*pl.* **plesiosauri**) (*paleontologia*) plesiosauro.

plessor [ˈplesə*], *V.* **plexor**.

plethora [ˈpleθərə], *n.* (*med.*) pletora (*anche fig.*).

plethoric [pleˈθɒrik], *a.* (*med.*) pletorico (*anche fig.*).

pleura [ˈplʊərə], *n.* (*pl.* **pleurae, pleuras**) (*anat.*) pleura.

pleural [ˈplʊərəl], *a.* (*anat.*) pleurico; pleurale.

pleurisy [ˈplʊərisi], *n.* (*med.*) pleurite.

pleuritic [plʊəˈritik], *a.* (*med.*) pleuritico.

pleuro-pneumonia [ˈplʊərounju(ː)ˈmounjə], *n.* (*med.*) pleuropolmonite.

Plexiglas [ˈpleksiˌɡlæs], *n.* (*marchio; ind.*) Plexiglas (*materia succedanea del vetro*).

pleximeter [plekˈsimitə*], *n.* (*med.*) plessimetro.

plexor [ˈpleksə*], *n.* (*med.*) martelletto (*per percussione*).

plexus [ˈpleksəs], *n.* (*pl.* **plexuses, plexus**) **1** (*anat.*) plesso: **the solar p.**, il plesso solare **2** complesso; intrico; viluppo.

pliability [ˌplaiəˈbiliti], *n.* **1** pieghevolezza; flessibilità **2** (*fig.*) arrendevolezza; docilità.

pliable [ˈplaiəbl], *a.* **1** pieghevole; flessibile **2** (*fig.*) arrendevole, docile.

pliancy [ˈplaiənsi], *V.* **pliability**.

pliant [ˈplaiənt], *V.* **pliable**.

plica [ˈplaikə] (*lat.*), *n.* (*pl.* **plicae**) (*anat., med.*) plica.

plicate [ˈplaikit], **plicated** [ˈplaikeitid], *a.* (*bot., zool., geol.*) disposto in pieghe; pieghettato; plicato.

plication [plaiˈkeiʃn], *n.* (*scient.*) disposizione in pieghe.

plied yarn [ˈplaidjaːn], *n.* (*ind. tessile*) filato a due (*o a più*) capi.

pliers [ˈplaiəz], *n. pl.* pinza; pinzetta: **a pair of p.**, un paio di pinze (*cioè, una pinza*).

plight (1) [plait], *n.* condizione, situazione (*specialm. avversa, difficile*); stato: **a hopeless p.**, una situazione disperata; **to be in a sad** (*o* **sorry**) **p.**, essere in uno stato pietoso; trovarsi a mal partito.

to plight [plait], **A** *v. t.* impegnare; dare (*la parola*): **to p. one's honour**, impegnare il proprio onore; **to p. one's word**, dare la propria parola (*d'onore*). **to plight oneself B** *v. rifl.* impegnarsi; fidanzarsi. ● **to p. one's troth**, impegnarsi; dare la propria parola; fidanzarsi □ **one's plighted word**, la parola data.

plight (2) [plait], *n.* **1** impegno; promessa **2** fidanzamento.

Plimsoll [ˈplimsəl], *n.* (*naut. anche* **P. line, P's mark**) linea di galleggiamento a pieno carico; marca.

plimsolls [ˈplimsəlz], *n. pl.* scarpe di tela con suole di gomma.

plinth [plinθ], *n.* **1** (*archit.*) plinto **2** base, piedistallo (*di statua*) **3** (*costr.*) plinto di fondazione.

Pliny [ˈplini], *n.* (*stor. letter.*) Plinio.

Pliocene [ˈplaiəsiːn], (*geol.*) **A** *n.* Pliocene. **B** *a. attr.* pliocenico.

to plod [plɒd], *v. i.* **1** camminare a fatica; arrancare **2** (*fig.*) sfacchinare; sgobbare; **to p. away at one's lessons**, sgobbare per preparare le lezioni. ● (*fig. anche*) **to p. along**, tirare avanti a stento.

plod [plɒd], *n.* **1** l'arrancare; il camminare a fatica **2** passo pesante, rumoroso **3** lavoro faticoso; sfacchinata; sgobbata.

plodder [ˈplɒdə*], *n.* **1** chi arranca; chi cammina a fatica **2** lavoratore assiduo; sgobbone.

plodding [ˈplɒdiŋ], *a.* faticoso; laborioso; lento.

to plomb [plɒm], *v. t.* (*leg.*) apporre un sigillo a (q.c.); piombare.

plonk [plɒŋk], **A** *n.* **1** tonfo; rumore (*o* suono) sordo **2** (*pop.*) vino poco costoso. **B** *avv.* con un tonfo; con un rumore (*o* suono) sordo.

to plonk [plɒŋk], **A** *v. i.* cadere con un tonfo. **B** *v. t.* lasciar cadere con un tonfo.

plop [plɒp], **A** *n.* lieve tonfo (*d'un sassolino che cade nell'acqua, ecc.*). **B** *avv.* con un lieve tonfo; con un piccolo botto.

to plop [plɒp], **A** *v. i.* fare (*o* cadere con) un lieve tonfo. **B** *v. t.* far cadere con un tonfo. ● **to p. into an armchair**, lasciarsi cadere in una poltrona.

plosive [ˈplousiv], (*fon.*) **A** *a.* esplosivo. **B** *n.* consonante esplosiva; esplosiva.

plot [plɒt], *n.* **1** (*agric.*) appezzamento, lotto, tratto (*di terreno*); area: **a potato p.**, un appezzamento coltivato a patate; **a grass p.**, un tratto di terreno erboso; **a building p.**, un'area fabbricabile **2** pianta; mappa; grafico; diagramma **3** (*naut., aeron.*) tracciato della rotta **4** complotto; congiura; trama; macchinazione; cospirazione; intrigo: **to lay a p.**, ordire una congiura **5** intreccio, trama (*di romanzo, ecc.*).

to plot [plɒt], *v. t. e i.* **1** disegnare; progettare; tracciare; fare la pianta di **2** (*topografia*) rilevare; fare il rilevamento di (*un terreno*) **3** (*naut., aeron.*) rilevare; tracciare (la rotta) **4** congiurare; cospirare; macchinare; tramare; complottare **5** ideare la trama di (*un romanzo, ecc.*). ● **to p. out**, lottizzare □ **plotting chart**, carta nautica □ **plotting paper**, carta stabilizzata.

plotter [ˈplɒtə*], *n.* **1** chi traccia **2** (*ing.*) diagrammatore, «plotter» (*strumento*) **3** cospiratore, cospiratrice; congiurato, congiurata.

plough [plau], *n.* **1** (*agric.*) aratro **2** terreno arato: **two hundred acres of p.**, duecento acri di terreno arato **3** (*fam.*) bocciatura **4** (*ind. min.*) piallatrice. ● (*astron.*) **the P.**, il Gran Carro, l'Orsa Maggiore (*costellazione*) □ **p.-beam**, stanga centrale, timone (*dell'aratro*) □ **p.-boy**, ragazzo che conduce i buoi (*o i cavalli*) nell'aratura; contadinello □ **p.-iron**, coltro □ **P. Monday**, primo lunedì dopo l'Epifania □ **p.-shoe**, dentale (*legno del vomere*) □ **p.-staff**, arnese per pulire il coltro □ **breaking p.**, dissodatrice (*macchina*) □ (*fig.*) **to follow the p.**, fare il contadino □ (*fig.*) **to put one's hand to the p.**, intraprendere un lavoro □ **snow-p.**, spartineve, spazzaneve; (*sci*) spazzaneve □ (*di terreno*) **to be under the p.**, essere coltivato a cereali.

to plough [plau], **A** *v. t.* **1** arare (*il terreno, ecc.*) **2** (*di nave*) solcare (*il mare, ecc.*) **3** (*di dolore*) solcare di rughe (*la fronte, ecc.*) **4** (*fam.*) bocciare (*un candidato*). **B** *v. i.* **1** arare **2** farsi strada; avanzare, procedere a stento: **to p.** (**one's way**) **through the crowd (the snow, the slush, etc.)**, avanzare a stento tra la folla (nella neve, nella fanghiglia, ecc.) **3** (*fam.: di studente*) farsi bocciare; essere bocciato. ● **to p. back**, sotterrare (*erba, trifoglio*) con l'aratro; (*fin., fam.*) reinvestire (*profitti*) □ (*agric.*) **to p. in**, sovesciare □ **to p. a lonely furrow**, lavorare da solo (*o senza alcun aiuto*); fare da sé □ (*fig.*) **to p. the sands**, fare un lavoro inutile; arare il mare (*fig.*) □ **to p. through a book**, leggere un libro con grande fatica □ (*USA*) **to p. under**, sotterrare con l'aratro; (*fig.*) far scomparire, sopraffare □ **to p. up**, dissotterrare (*con l'aratro*); cavar fuori; scavare □ **to p. weeds down**, sotterrare erbacce con l'aratro □ **This field ploughs well**, questo campo si ara bene.

ploughing [ˈplauiŋ], *n.* aratura.

ploughland [ˈplaulænd], *n.* **1** terreno arativo **2** (*stor.*) terreno arato in un anno da un tiro di otto buoi.

ploughman [ˈplaumən], *n.* (*pl.* **ploughmen**) aratore. ● (*fam.*) **p.'s lunch**, (*un tempo*) colazione a base di pane, formaggio e birra; (*ora, al ristorante*) «pranzo (*o menù*) del contadino».

ploughshare [ˈplauʃɛə*], *n.* vomere.

plover [ˈplʌvə*], *n.* (*zool.*) **1** (*Charadrius, ecc.*) piviere **2** (*Vanellus, ecc.*) pavoncella.

plow, to plow [plau], *e deriv.* (*USA*), *V.* **plough, to plough**, *e deriv.*

ploy [plɔi], *n.* **1** manovra; tattica **2** impresa **3** passatempo; divertimento **4** (*specialm. scozz.*) occupazione; impiego; attività.

to pluck [plʌk], *v. t.* **1** strappare; cogliere; sradicare; svellere: **He plucked me back from the edge of the cliff**, mi strappò via dall'orlo del precipizio; **to p. up** (*o* **out**) **weeds from the garden**, strappare le erbacce dal giardino; **to p. flowers**, cogliere fiori **2** strappare le penne a; spennare; (*fig., fam.*) spogliare (*un giocatore*): **to p. a goose**, spennare un'oca; **to p. a gambler**, spennare un giocatore d'azzardo **3** (*mus.*) pizzicare (*le corde di una chitarra, ecc.*) **4** (*fam.*) bocciare (*un candidato*). ● **to p. at**, tirare: **The sick boy plucked at the bed cover**, il bambino malato tirava la coperta del letto □ **to p. sb. by the sleeve**, tirare q. per la manica □ **to p. one's eyebrows**, depilarsi le sopracciglia

□ **to p. up courage** (*o* **one's heart**), farsi animo; farsi coraggio.
pluck [plʌk], *n.* **1** strappo; strattone; tirata **2** frattaglie **3** (*fig.*) fegato; coraggio; audacia **4** (*fam.*) bocciatura.
plucked [plʌkt], *a.* coraggioso; audace. ● **a well-p.** (*o* **a good-p.**) **one**, un tipo coraggioso (*o* che ha fegato).
pluckiness [plʌkinis], *n.* fegato (*fig.*); coraggio; audacia.
plucky ['plʌki], *a.* coraggioso; audace; risoluto; di fegato (*fig.*).
plug [plʌg], *n.* **1** tappo; tampone; turacciolo; zaffo; (*med.*) stuello: **the p. in a washbasin**, il tappo di un lavandino **2** (*anche* **water-p.**, **fire p.**) presa d'acqua; idrante **3** (*elettr.*) spina (*della corrente, del telefono*): **I inserted the p. in the socket**, inserii la spina nella presa di corrente **4** (*autom., elettr.*; *anche* **sparking p.**, *USA* **spark p.**) candela (*di motore*) **5** (*ing., anche* **fusible p.**) tappo fusibile (*di caldaia a vapore, ecc.*) **6** (*metall.*) spina (*anche*) punzone **7** (*geol.*) guglia, cupola (*di vulcano*); tappo **8** tavoletta di tabacco compresso; pezzo di tabacco da masticare **9** (*pop.*) pulsante di scarico dell'acqua (*in un gabinetto*) **10** (*pop.*) annunzio pubblicitario; dritta, imbeccata (*ai futuri consumatori*) **11** (*pop.*) pallottola; proiettile **12** (*pop.*) raccomandazione; spinta (*pop.*). ● (*elettr.*) **p. fuse**, fusibile a tappo □ (*autom., mecc.*) **p. spanner**, chiave per candele □ (*fam.*) **p.-ugly**, (*agg.*) bruttissimo; (*sost.*; *USA*) delinquente, teppista □ (*naut.*) **boat p.**, alleggio □ (*elettr.*) **connecting p.**, spina di contatto □ (*elettr.*) **contact p. bolt**, morsetto d'attacco di connessione.
to plug [plʌg], *v. t.* (*di solito* **to p. up**) tappare; tamponare; chiudere; otturare; zaffare **2** (*pop.*) assestare un pugno a (q.); colpire (q.) con un pugno **3** (*pop.*) piantare una pallottola in corpo a (q.) **4** (*pop.*) strombazzare; fare una pubblicità insistente a (q.c.). ● (*fam.*) **to p. away**, sfacchinare; sgobbare □ (*elettr.*) **to p. in**, attaccare, inserire, collegare (*con una presa di corrente*): **to p. an electric razor in**, attaccare un rasoio elettrico □ **to p. a mellon**, cavare uno spicchio a un melone (*per assaggiarlo*) □ (*fam.*) **to p. a piece of music**, suonare di continuo un brano musicale (*per imporlo al pubblico*) □ **to p. up**, otturarsi; ostruirsi; intasarsi.
plugger ['plʌgə*], *n.* **1** chi tappa; chi ottura **2** (*fam.*) sgobbone.
plughole ['plʌghoul], *n.* **1** foro (rotondo); buco (*del lavandino, ecc.*) **2** (*ind. min.*) foro da mina; (*anche*) passo d'uomo (*attraverso uno sbarramento*).
plugola [plʌ'goulə], *n.* (*fam. USA*) **1** bustarella (*data a un presentatore radiofonico*) **2** tendenziosità (*di giornalista*).
plum [plʌm], *n.* **1** (*bot.*) susina; prugna **2** (*bot., Prunus domestica*; *anche* **p.-tree**) susino; prugno **3** uva secca, uva passa (*usata per dolci*) **4** (*fig.*) cosa eccellente; posto (*o* impiego) ottimo; colpo di fortuna □ **p.-cake**, plum-cake; panfrutto □ **p.-colour**, color prugna □ **p. duff**, budino di fior di farina, uva passa o sultanina, ecc. (*fatto bollire dentro un sacchetto di tela*) □ (*fam.*) **a p. job**, un posto (di lavoro) favoloso □ **p. pudding**, dolce natalizio (*di farina, briciole di pane, uva secca o sultanina, uova, ecc.*) □ (*zool.*) **p.-pudding dog**, cane dalmata □ **French plums**, prugne secche grosse, di prima qualità.
plumage ['plu:midʒ], *n.* (*zool.*) piumaggio; penne; piume.
plumb [plʌm], **A** *n.* (*costr., ing.*) **1** (*anche* **p.-bob**) piombo; piombino **2** (*anche* **p.-line**) filo a piombo. **B** *a.* **1** a piombo; perpendicolare; verticale **2** (*fig.*) completo; assoluto; bell'e buono: **p. nonsense**, sciocchezze bell'e buone. **C** *avv.* **1** a piombo; a perpendicolo **2** (*fam.*) esattamente; precisamente **3** (*pop. USA*) completamente; del tutto: **p. crazy**, completamente pazzo; matto da legare. ● (*naut.*) **p.-line**, scandaglio □ **p.-rule**, archipendolo, archipenzolo □ **out of p.**, fuori piombo.
to plumb [plʌm], **A** *v. t.* (*costr., ing.*) mettere a piombo **2** piombare; sigillare col piombo; appesantire con piombini **3** (*naut.*) scandagliare, sondare (*anche fig.*): **to p. the depths of the soul of man**, sondare le profondità dell'animo umano. **B** *v. i.* **1** piombare; cadere a piombo **2** (*fam.*) fare l'idraulico (*o* il fontaniere).
plumbaginous [plʌm'bædʒinəs], *a.* di piombaggine; che contiene piombaggine.
plumbago [plʌm'beigou], *n.* **1** (*miner.*) piombaggine; grafite **2** (*bot., Plumbago europaea*) piombaggine.
plumbeous [plʌmbiəs], *a.* plumbeo.
plumber ['plʌmə*], *n.* idraulico; fontaniere. ● (*fam. USA*) **p.'s friend** (*o* **helper**), sturalavandini.
plumbery ['plʌməri], *n.* bottega (*o* lavoro) d'idraulico.
plumbic ['plʌmbik], *a.* (*chim.*) piombico (*med.*) dovuto al piombo.
plumbiferous [plʌm'bifərəs], *a.* piombifero.
plumbing ['plʌmiŋ], *n.* **1** messa a piombo **2** piombatura; impiombatura **3** lavoro di idraulico **4** (*edil.*) impianto idraulico **5** (*naut.*) sondaggio (*anche fig.*). ● **p. contractor**, idraulico.
plumbism ['plʌmbizəm], *n.* (*med.*) saturnismo.
plumbous ['plʌmbəs], *a.* (*chim.*) piomboso.
plume [plu:m], *n.* penna; piuma; pennacchio (*anche fig.*): **a p. of smoke**, un pennacchio di fumo. ● (*fig.*) **borrowed plumes**, «le penne del pavone»; meriti ostentati che non ci appartengono.

to plume [plu:m], *v. t.* **1** guarnire (*o* adornare) di penne (*o* di piume); impennacchiare **2** (*d'uccello*) lisciarsi, pulirsi (*le penne*) col becco. ● (*di persona*) **to p. oneself on st.**, farsi bello (*o* vantarsi) di q.c.
plumed [plu:md], *a.* piumato.
plumelet ['plu:mlit], *n.* piuma; piccolo pennacchio.
plummer ['plʌmə*], *n.* (*mecc., anche* **p.-block**) cuscinetto (*di perno*); supporto.
plummet ['plʌmit], *n.* **1** piombo (*di filo a piombo, di lenza*); piombino **2** filo a piombo **3** (*naut.*) scandaglio **4** (*fig.*) galleggiante (*o* pescante) di rotametro **5** (*fig.*) peso opprimente.
to plummet ['plʌmit], *v. i.* cadere a piombo (*o* a perpendicolo); precipitare: **The plane plummeted to earth**, l'aereo precipitò al suolo.
plummy ['plʌmi], *a.* **1** simile a una susina **2** pieno di susine (*o* di uva passa) **3** (*fam.*: *d'impiego*) buono; vantaggioso; desiderabile. ● **a p. voice**, una voce affettata.
plumose ['plu:mous], *a.* **1** (*zool.*) piumoso; coperto di piume **2** simile a una piuma; a forma di penna.
plumosity [plu:'mɔsiti], *n.* piumosità.
plump (1) [plʌmp], *a.* grassoccio; grassotello; paffuto; tondo; rotondo: **a p. boy**, un ragazzo grassotello; **She's a little p., not fat**, è rotondetta, ma non grassa. ● **p. cushions**, cuscini belli pieni (ben rigonfi) □ **p. peaches**, pesche grosse □ **a p. purse**, un borsellino rigonfio (*di denaro*).
to plump (1) [plʌmp], **A** *v. t.* (*anche* **to p. up**) ingrassare; far ingrassare; gonfiare; riempire. **B** *v. i.* (*anche* **to p. out**, **to p. up**) ingrassare; gonfiarsi; diventare paffuto (*o* tondo, rotondo).
to plump (2) [plʌmp], **A** *v. i.* **1** piombare; cadere a piombo; stramazzare; sedersi di schianto; lasciarsi cadere: **He plumped into the room**, piombò (*o* irruppe) nella stanza; **He plumped down in an armchair**, si sedette di schianto su una poltrona **2** (*polit.*) votare, dare la preferenza a (*un solo candidato*) **3** prendere posizione; schierarsi in favore: **I am willing to p. for any reasonable reform of the educational system**, sono disposto a schierarmi in favore di una ragionevole riforma del sistema scolastico. **B** *v. t.* **1** buttar giù; gettar via; lasciar cadere d'improvviso (*o* di schianto) **2** pubblicizzare; strombazzare le qualità di (*un prodotto*). ● **to p. against st.**, urtar contro (*o* scontrarsi con) q.c.
plump (2) [plʌmp], **A** *n.* **1** caduta improvvisa; ruzzolone **2** botto; schianto; tonfo **3** *a* secco; reciso; chiaro e tondo: **He answered with a p. «no»**, rispose con un «no» secco; negò recisamente. **C** *avv.* **1** a piombo; di botto; di peso; di schianto: **He fell p. into the river**, cadde di peso nel fiume **2** chiaro e tondo; seccamente; recisamente. ● **He lied p.**, menti nel più sfacciato dei modi.
plumper (1) ['plʌmpə*], *n.* pallottola (*o* disco, ecc.) da tenere in bocca per far apparire rotonde le guance (*usati dagli attori*).
plumper (2) ['plʌmpə*], *n.* **1** caduta improvvisa; ruzzolone **2** (*polit.*) voto dato a un solo candidato (*quando si potrebbe votare per più d'uno*) **3** (*dial.*) bugia bell'e buona; menzogna sfacciata.
plumpness ['plʌmpnis], *n.* grassezza; prosperosità; rotondità.
plumpy ['plʌmpi], *a.* grassoccio; grassottello; paffuto.
plumulaceous [,plu(:)mju'leiʃəs], *a.* a forma di plumula.
plumular ['plu:mjulə*], *a.* (*bot.*) di plumula.
plumule ['plu:mju(:)l], *n.* **1** (*bot.*) plumula **2** (*zool.*) piumino.
plumy ['plu:mi], *a.* piumoso; piumato; pennuto.
to plunder ['plʌndə*], *v. t. e i.* **1** depredare; saccheggiare; mettere a sacco **2** rapinare; svaligiare.
plunder ['plʌndə*], *n.* **1** saccheggio; sacco **2** rapina; svaligiamento **3** bottino; preda (*specialm. di guerra*).
plunderage ['plʌndəridʒ], *n.* (*naut.*) **1** appropriazione indebita di merce caricata su una nave **2** merce rubata a bordo d'una nave.
plunderer ['plʌndərə*], *n.* **1** saccheggiatore; predatore; predone **2** rapinatore; svaligiatore.
to plunge ['plʌndʒ], **A** *v. t.* **1** immergere (*anche fig.*); tuffare: **to p. one's body into the water**, immergere il corpo nell'acqua; **to p. a sword into sb.'s breast**, immergere la spada nel petto a q. **2** (*fig.*) gettare; precipitare; spingere: **to p. a room into darkness**, gettare una stanza nell'oscurità; **to p. the nation into war**, (far) precipitare la nazione nella guerra **3** affondare nel terreno; interrare (*un vaso di fiori, ecc.*). **B** *v. i.* **1** immergersi (*anche fig.*); tuffarsi: **to p. into water**, tuffarsi nell'acqua **2** (*sport*) tuffarsi (*rif. al portiere*) **3** (*fig.*) gettarsi; lanciarsi; precipitarsi; entrare improvvisamente; salire (*o* scendere) a precipizio: **to p. into the jungle**, gettarsi nella giungla; **to p. into a room**, precipitarsi in una stanza; **to p. into a discussion**, lanciarsi in una discussione; **to p. upstairs** (**downstairs**), salire (scendere) le scale a precipizio **4** (*di nave*) beccheggiare **5** (*comm.: di prezzi, ecc.*) calare all'improvviso; crollare **6** (*pop.*) giocare grosso; puntare forte. ● **to p. into debt**, ingolfarsi nei debiti □ (*mil.*) **plunging fire**, tiro ficcante □ (*moda*) **a plunging neckline**, una scollatura profonda (*o* audace).

plunge [plʌndʒ], *n.* **1** tuffo; immersione **2** (*fam.*) nuotata **3** (*sport*) piscina per tuffi **4** (*sport*) tuffo (*del portiere*) **5** moto violento, improvviso **6** (*fam.*) investimento poco prudente; speculazione avventata **7** (*geol.*) inclinazione. ● (*fin., comm.*) **the p. in prices**, la caduta dei prezzi □ (*fig.*) **to take the p.**, saltare il fosso.

plunger [ˈplʌndʒə*], *n.* **1** tuffatore **2** sturalavandini **3** (*mecc.*) stantuffo tuffante **4** (*fam.*) giocatore d'azzardo; speculatore.

to plunk [plʌŋk], **A** *v. t.* **1** buttar giù; gettar giù; far cadere di botto (*o* di schianto) **2** pizzicare (*le corde di una chitarra, ecc.*). **B** *v. i.* **1** cader di peso (*o* di schianto) **2** (*di chitarra, ecc.*) emettere un suono metallico. ● (*fam. USA*) **to p. down a hundred dollars**, pagare cento dollari.

plunk [plʌŋk], *n.* **1** il pizzicare le corde d'una chitarra (*o strumento simile*); suono di una corda pizzicata; pizzicato **2** (*fam.*) forte colpo; grave percossa **3** (*pop. USA*) dollaro. ● (*fam.*) **p. in the middle**, nel bel mezzo; proprio nel mezzo.

pluperfect [ˈpluːˈpəːfikt], *a.* e *n.* (*gramm.*) piuccheperfetto.

plural [ˈpluərəl], *a.* e *n.* (*gramm.*) plurale. ● **p. marriage**, matrimonio poligamico (*specialm. tra i Mormoni*) □ **p. society**, società costituita da più razze (*polit., stor.*) **p. voter**, votante in più collegi (*in G.B., fino al 1948*) (*polit., stor.*) **p. voting**, diritto di voto in più collegi (*per taluni elettori britannici*).

pluralism [ˈpluərəlizəm], *n.* **1** pluralismo **2** (*relig.*) cumulo di benefici ecclesiastici.

pluralist [ˈpluərəlist], *n.* **1** pluralista **2** (*relig.*) ecclesiastico che ha più benefici.

pluralistic [ˌpluərəˈlistik], *a.* pluralistico.

plurality [pluəˈræliti], *n.* **1** pluralità; molteplicità **2** (*gramm.*) l'essere (al) plurale **3** gran numero; moltitudine **4** (*relig.*) cumulo di benefici ecclesiastici **5** (*polit. USA*) maggioranza relativa; scarto di voti (*tra il candidato che ha ottenuto la maggioranza e il secondo*) **6** (*relig.*) V. **pluralism**, *def. 2.* ● (*leg.*) **p. of charges**, concorso di capi d'accusa □ **p. of offices**, cumulo d'incarichi.

to pluralize [ˈpluərəlaiz], *v. t.* (*gramm.*) fare il plurale di (*un nome*); mettere al plurale.

pluriannual [ˌpluəriˈænjuəl], *a.* pluriennale.

plurilingual [ˌpluəriˈliŋgwəl], *a.* plurilingue.

plurilingualism [ˌpluəriˈliŋgwəlizəm], *n.* plurilinguismo.

plus [plʌs], **A** *a.* **1** (*mat., fis.*) positivo: **a p. sign**, un segno positivo; il segno «più» **2** aggiuntivo; extra **3** (*rag.*) dell'avere: **the p. column of an account**, la colonna dell'avere in un conto. **B** *n.* (*pl.* **pluses, plusses**) **1** (*mat.*) il segno «più» **2** aggiunta; quantità in più; (un) extra **3** (*pop.*) qualcosa di più; (una) marcia in più (*fig., pop.*). **C** *prep.* (*specialm. mat.*) più: **two p. two**, due più due; **the salary p. bonuses**, lo stipendio più le gratifiche. ● **p. fours**, calzoni alla zuava □ (*fam.*) **I'm p. ten dollars**, ci ho guadagnato dieci dollari □ (*fam.*) **That girl has personality p.**, quella ragazza ha personalità da vendere.

plush [plʌʃ], *n.* **1** (*ind. tessile*) felpa **2** (*pl.*) calzoni (*d'una livrea*).

plushy [ˈplʌʃi], *a.* **1** di felpa; simile a felpa **2** (*fam.*) elegantissimo; di lusso: **a p. furnished flat**, un appartamento ammobiliato di lusso.

Plutarch [ˈpluːtɑːk], *n.* (*stor. letter.*) Plutarco.

plutarchy [ˈpluːtɑːki], *n.* plutarchia.

Pluto [ˈpluːtou], *n.* (*mitol., astron.*) Plutone.

plutocracy [pluːˈtɔkrəsi], *n.* plutocrazia.

plutocrat [ˈpluːtəkræt], *n.* **1** plutocrate **2** (*fam.*) riccone.

plutocratic [ˌpluːtəˈkrætik], *a.* plutocratico.

Plutonian [pluːˈtounjən], *a.* (*mitol.*) plutonico.

Plutonic [pluːˈtɔnik], *a.* **1** (*mitol.*) plutonico **2** – (*geol.*) **p.**, plutoniano; plutoniano: **p. rocks**, rocce plutoniche.

plutonism [ˈpluːtənizəm], *n.* (*geol.*) plutonismo.

plutonist [ˈpluːtənist], *n.* (*geol.*) plutonista; fautore del plutonismo.

plutonium [pluːˈtounjəm], *n.* (*chim.*) plutonio.

pluvial [ˈpluːvjəl], *a.* (*geol.*) **1** pluviale: **p. lake**, lago pluviale **2** alluvionale.

pluviometer [ˌpluːviˈɔmitə*], *n.* (*meteorologia*) pluviometro.

pluviometric(al) [ˌpluːviəˈmetrik(əl)], *a.* pluviometrico.

Pluviôse [ˈpluːvjouz] (*franc.*), *n.* (*stor.*) Piovoso (*quinto mese del calendario rivoluzionario francese*)

pluvious [ˈpluːviəs], *a.* piovoso; pluvio (*lett.*).

ply [plai], *n.* **1** piega **2** capo (*di lana, ecc.*); trefolo (*di corda*): **three-ply wool**, lana a tre capi **3** (*falegnameria*) piallaccio; strato: **four-ply wood**, legno (compensato) a quattro strati **4** (*ind. tessile*) filato di semplice ritorcitura.

to ply [plai], **A** *v. t.* **1** adoperare; maneggiare; lavorare con: **to p. an ax**, adoperare l'ascia; **to p. the sword**, maneggiare la spada; **to p. one's needle**, lavorare d'ago; cucire **2** condurre; esercitare: **to p. a trade**, esercitare un mestiere **3** importunare; incalzare: **to p. sb. with questions**, incalzare q. con domande **4** fornire; provvedere; offrire (*di continuo*); riempire; rimpinzare: **to p. sb. with presents**, riempire q. di doni; **to p. sb. with drinks**, offrire di continuo da bere a q.; **to p. sb. with food**, rimpinzare q. di cibo **5** (*naut.*) solcare: **All kinds of boats ply the river**, imbarcazioni d'ogni sorta solcano il fiume. **B** *v. i.* **1** lavorare assiduamente; essere affaccendato **2** (*specialm. naut.*) fare servizio regolare; fare la spola: **The liner plies between Europe and North America**, il transatlantico fa servizio di linea fra l'Europa e l'America settentrionale **3** (*naut.*) bordeggiare; andare all'orza raso **4** (*di barcaiolo, vetturino, facchino*) stazionare (*in attesa di clienti*). ● (*scherz.*) **to p. the bottle**, alzare il gomito □ (*di taxi e sim.*) **to p. for hire**, fare servizio; essere in attesa di clienti □ (*naut.*) **to p. the oars**, remare □ **to p. one's wit**, usare l'ingegno; far uso della propria intelligenza.

plywood [ˈplaiwud], *n.* legno compensato; pannello compensato.

p.m., P.M. [ˈpiːˈəm], *avv.* (*abbr. di* **post meridiem**) del pomeriggio; della sera; pomeridiano: **It's 10 p.m.**, sono le 10 di sera. ● **the 9 p.m. (train) from Dover**, il treno delle 21 da Dover.

pneumatic [njuːˈmætik], **A** *a.* **1** (*mecc.*) pneumatico: **p. dispatch**, posta pneumatica (*sistema di tubi ad aria compressa*); **p. drill**, trapano pneumatico, perforatrice ad aria compressa; martello pneumatico (*improprio, ma comune*); **p. post**, posta pneumatica (*trasmissione della corrispondenza*) **2** (*relig.*) spirituale. **B** *n.* **1** (*anche* **p. tyre**) pneumatico, gomma (*d'automobile, ecc.*) **2** (*relig.*) pneumatico; uomo pneumatico; chi è pervenuto alla gnosi. ● (*ing.*) **p. caisson**, campana pneumatica □ (*mecc.*) **p. hammer**, martello pneumatico.

pneumatical [njuːˈmætikəl], *avv.* ad aria compressa.

pneumaticity [ˌnjuːməˈtisiti], *n.* l'essere pneumatico.

pneumatics [njuː(ː)ˈmætiks], *n. pl.* (*fis., col verbo al sing.*) pneumatica.

pneumococcus [ˌnjuːmouˈkɔkəs], *n.* (*pl.* **pneumococci**) (*med.*) pneumococco.

pneumogastric [ˌnjuːmouˈgæstrik], *a.* (*anat.*) pneumogastrico: **p. nerves**, nervi pneumogastrici.

pneumonia [njuː(ː)ˈmounjə], *n.* (*med.*) polmonite: **double p.**, polmonite doppia.

pneumonic [njuː(ː)ˈmɔnik], *a.* (*med.*) **1** affetto da polmonite **2** polmonare.

pneumonitis [ˌnjuːməˈnaitis], *n.* (*pl.* **pneumonitides**) (*med.*) polmonite.

pneumothorax [ˌnjuːmouˈθɔːræks], *n.* (*pl.* **pneumothoraxes, pneumothoraces**) (*med.*) pneumotorace.

po [pou], *n.* (*pl.* **pos**) (*fam.*) vaso da notte; vasino (*fam.*).

PO [ˌpiːˈou], *n.* acronimo di **1** petty officer **2** post office **3** postal order.

to poach (1) [poutʃ], *v. t.* affogare (*uova*); cuocere (*uova*) in camicia. ● **poached eggs**, uova affogate; uova in camicia.

to poach (2) [poutʃ], *v. t. e i.* **1** cacciare (*o* pescare) di frodo; entrare abusivamente, sconfinare in, violare (*una proprietà, una riserva*): **to p. pheasants**, cacciare fagiani di frodo; **to p. for trout**, pescare trote di frodo **2** frodare; rubare (*in genere*) **3** (*tennis*) colpire (la palla) nella metà campo del compagno di gioco **4** impantanarsi; affondare nel terreno **5** (*del terreno*) diventare fangoso; formare buche (*per esser stato calpestato*). ● (*di cavallo*) **to p. at the turf**, calpestare il (*o* lasciare impronte di zoccoli sul) terreno erboso □ (*fig.*) **to p. on another's preserves**, invadere il campo altrui; (*comm.*) portar via i clienti a q.

poacher [ˈpoutʃə*], *n.* **1** bracconiere; cacciatore (*o* pescatore) di frodo **2** (*cucina*) pentolino per fare le uova in camicia.

poaching [ˈpoutʃiŋ], *n.* (*leg.*) caccia (*o* pesca) di frodo.

poachy [ˈpoutʃi], *a.* acquitrinoso; molle; pantanoso.

PO Box [ˌpiː ouˈbɔks], *n.* (*abbr. di* **Post Office Box**) casella postale.

pochard [ˈpoutʃəd], *n.* (*zool., Aythya ferina*) moriglione.

pock [pɔk], *n.* (*med.*) **1** pustola (*specialm. di vaiolo*) **2** (*anche* **pockmark**) cicatrice; butterò.

pocket [ˈpɔkit], *n.* **1** tasca; taschino: **coat p.**, tasca della giacca; **trousers p.**, tasca dei pantaloni; **waistcoat p.**, taschino del panciotto; **watch-p.**, taschino dell'orologio; **Be prepared to put your hand in your p.**, preparati a metter mano alla tasca (al portafoglio!) **2** (*fig.*) possibilità economiche; mezzi finanziari **3** cavità (*in genere*); sacca: (*mil.*) **pockets of resistance**, sacche di resistenza; (*miner.*) **ore p.**, cavità piena di minerale **4** (*aeron., anche* **air-p.**) vuoto d'aria **5** (*biliardo*) buca **6** (*ind. min.*) tasca (*o* silo) di carico **7** (*elab.*) casella di raccolta (*delle schede*). ● (*naut., mil.*) **p. battleship**, corazzata tascabile □ **p.-book**, agenda, taccuino; portafoglio; (*fig.*) reddito; risorse finanziarie; libro tascabile; (*USA*) borsetta (*da donna*) □ (*stor.*) **p. borough**, collegio elettorale in mano a una persona o a una famiglia influente (*prima del 1832*) □ **p. edition**, edizione tascabile □ (*fig.*) **a p. edition of a man**, un uomo piccolissimo □ **p. expenses**, piccole spese personali □ **p. flashlight**, lampadina tascabile □ **p. handkerchief**, fazzoletto da tasca □ (*fig.*) **a p. handkerchief**

of land, un fazzoletto di terra □ **p.-knife**, coltello da tasca; temperino □ **p.-money**, denaro per le piccole spese; argent de poche (*franc.*) □ **p.-picking**, borseggio □ **p.-piece**, moneta portafortuna (*scherz.*) □ **p.-pistol**, fiaschetta tascabile di liquore □ **a p.-size book**, un libro tascabile □ (*fig.*) **empty p.**, persona senza quattrini; squattrinato □ **flap p.**, tasca ad aletta □ (*fig.*) **to be in p.**, aver quattrini; essere in attivo, averci guadagnato (*in un affare*) □ **to have sb. in one's p.**, tenere q. in pugno □ **to be out of p.**, avere le tasche vuote; essere in passivo, averci rimesso (di tasca) □ **out-of-p. expenses**, spese vive; denaro speso di tasca propria □ **patch p.**, tasca applicata □ **to pick sb.'s p.**, borseggiare q. □ **to put one's pride in one's p.**, inghiottire un rospo (*fig.*); umiliarsi □ **to suffer in one's p.**, rimettercì di tasca propria □ **I am out of p. by it**, ci ho rimesso di tasca mia (in questa faccenda) □ **I am fifty pounds in p. by this transaction**, ho guadagnato cinquanta sterline in quest'affare.

to pocket ['pɔkit], *v. t.* **1** intascare; mettersi in tasca; appropriarsi di (q.c.); sottrarre **2** mandar giù; sopportare; ingoiare; incassare: **to p. an insult**, mandar giù un insulto **3** (*sport*) chiudere (*un altro concorrente*) **4** far tacere, soffocare (*un sentimento*): **to p. one's pride**, far tacere l'orgoglio **5** (*biliardo*) mandare in buca (*una palla*).

pocketful ['pɔkitful], *n.* quanto sta in una tasca; tascata.

to pockmark ['pɔkmɑ:k], *v. t.* **1** (*med.*) butterare **2** intaccare; coprire di buchi (*o di buche*).

pockmark ['pɔkmɑ:k], *n.* **1** (*med.*) cicatrice; buttero **2** (*pl., med.*) butteratura **3** (*piccolo*) buco.

pockmarked ['pɔ:k,mɑ:kt], *a.* butterato: **a p. face**, un viso butterato.

pocky ['pɔki], *a.* **1** butterato **2** di (*o* simile a) una pustola **3** affetto dal vaiolo; vaioloso.

pococurante ['poukoukjuə'rænti] (*ital.*), *a. e n.* indifferente; apatico.

pococurant(e)ism ['poukoukjuə'ræntizəm], *n.* indifferenza; apatia.

pod (1) [pɔd], *n.* **1** (*bot.*) baccello; capsula; siliqua; guscio (*di pisello, ecc.*) **2** (*zool.*) bozzolo (*di baco da seta*) **3** (*pesca*) nassa; rete per anguille **4** (*aeron.*) contenitore sganciabile **5** (*miss.*) scomparto distaccabile (*d'astronave*).

to pod (1) [pɔd], **A** *v. i.* (*di pianta*) mettere i baccelli. **B** *v. t.* sbaccellare; sgranare; sgusciare (*piselli, ecc.*).

pod (2) [pɔd], *n.* (*mecc.*) **1** portapunta (*d'un trapano, ecc.*) **2** scanalatura; cava.

pod (3) [pɔd], *n.* piccolo branco (*di foche, di balene*).

to pod (2) [pɔd], *v. t.* spingere (*foche, balene*) in un branco.

podagra [pə'dægrə], *n.* (*med.*) podagra; gotta del piede.

podagral [pə'dægrəl], **podagric** [pə'dægrik], **podagrous** ['pɔdəgrəs], *a.* (*med.*) podagroso.

podded ['pɔdid], *a.* (*di pianta*) che porta (*o* produce) baccelli.

podge [pɔdʒ], *n.* (*fam.*) persona tozza e grassa; tombolo (*fam.*).

podgy ['pɔdʒi], *a.* (*fam.*) grassotto; piccolo e tondo; tozzo.

podiatrist [pə'daiətrist], *n.* (*USA*) podologo; pedicure; callista; podiatra (*arc.*).

podiatry [pə'daiətri], *n.* (*USA*) arte del callista (*o* del pedicure).

podium ['poudiəm], *n.* (*pl.* **podiums, podia**) (*anche archit.*) podio.

podophyllum [,pɔdou'filəm], *n.* (*pl.* **podophylli, podophyllums**) (*farm.*) rizoma di podofillo.

poem ['pouim], *n.* **1** poesia; componimento poetico **2** poema.

poesy ['pouizi], *n.* (*arc.*) poesia; arte poetica.

poet ['pouit], *n.* (*anche fig.*) poeta. ● **the Poets' Corner**, l'Angolo dei Poeti (*nell'Abbazia di Westminster, a Londra*); (*scherz.*) parte d'una rivista dedicata alla poesia.

poetaster [,poui'tæstə*], *n.* poetastro.

poetess ['pouitis], *n.* poetessa.

poetic [pou'etik], *a.* poetico; della poesia: **p. subjects**, argomenti poetici; **p. genius**, il genio della poesia; l'estro poetico. ● **a p. family**, una famiglia di poeti □ **p. justice**, giustizia ideale; ricompensa della virtù e punizione del vizio □ **p. licence**, licenza poetica.

poetical [pou'etikəl], *a.* poetico; della poesia; in versi: **p. works**, opere poetiche; **a p. play**, un dramma in versi. ● **a p. idea of marriage**, un'idea poetica del matrimonio □ **a p. person**, una persona dall'indole poetica.

to poeticize [pou'etisaiz], *v. t.* rendere (*un argomento, ecc.*) poetico.

poetics [pou'etiks], *n. pl.* (*col verbo al sing.*) poetica.

poeticule [pou'etikjul], *n.* poetucolo.

to poetize ['pouitaiz], **A** *v. i.* poetare. **B** *v. t.* **1** rendere (*un tema*) poetico **2** trattare (*un argomento*) in versi; celebrare in versi.

poetry ['pouitri], *n.* poesia (*anche fig.*); arte poetica (*collett.*) opere poetiche. ● **prose p.**, prosa poetica.

po-faced [,pou'feist], *a.* (*fam.*) dall'aria melensa; dall'aspetto solenne ma vacuo.

pogo stick ['pougou 'stik], *n.* trampolo con molla (*giocattolo*).

pogrom ['pɔgrəm], *n.* pogrom; massacro in massa (*specialm. di ebrei*).

poignancy ['pɔinənsi], *n.* acutezza; l'essere cocente, pungente; intensità; violenza; causticità.

poignant ['pɔinənt], *a.* acuto; cocente, penetrante; pungente; intenso; violento; caustico: **p. grief**, acuto dolore; **p. regret**, cocente rammarico; **p. sarcasm**, sarcasmo pungente; **p. hunger**, fame intensa; **p. wit**, spirito caustico; **a p. odour**, un odore pungente.

poinsettia [pɔin'setiə], *n.* (*bot., Euphorbia pulcherrima*) poinsezia; stella di Natale.

point [pɔint], *n.* **1** punta (*anche mecc.*); puntina; punta di terra; promontorio: **the p. of a knife (of a stick, etc.)**, la punta d'un coltello (d'un bastone, ecc.); **platinum p.**, puntina platinata (*el.*); **to stand on the p. of one's toes**, stare in punta di piedi; (*geogr.*) **P. Hope**, Punta Hope (*in Alaska*) **2** punto (*quasi in ogni senso*); puntino; punto fermo; punto essenziale; punto di vista; opinione; idea; tesi; grado; istante; momento: (*tipogr.*) **full p.**, punto fermo; **They don't agree on these points**, su questi punti essi non sono d'accordo; **a decimal p.**, un punto di numero decimale (*in ital., si usa la virgola*): **The ship has four p. seven (4.7) guns**, la nave ha cannoni da «quattro punto sette» (4.7); **the points of a speech**, i punti di un discorso; **the p. of an argument**, il punto essenziale d'un argomento; **I begin to see your p.**, comincio a capire il tuo punto di vista; **You have a p. there!**, questa sì che è un'idea (*o* una buona idea); **Don't get away from the p.**, stai al punto!; non divagare!; **the p. of departure**, il punto di partenza; **a p. of contact**, un punto di contatto; **a high p. of civilization**, un alto grado di civiltà; (*geom.*) **the p. of intersection of two lines**, il punto d'intersezione di due linee **3** motivo; scopo; utilità: **What's your p. in going?**, che motivo hai d'andare?; **There is no (not much) p. in doing that**, non vedo lo scopo (*o* l'utilità) di fare ciò **4** efficacia, vigore; mordente: **His comments lack p.**, i suoi commenti sono privi di mordente **5** (*geogr., naut.; anche* **p. of the compass**) punto della bussola; punto della rosa dei venti (*ve ne sono 32*); quarta (11° 15') **6** (*autom., elettr.*) puntina (*di candela o di ruttore*) **7** (*naut.*) matafione: **reef points**, matafioni dei terzaroli **8** (*mil.*) punta d'una colonna; avanguardia **9** (*ferr., anche* **p. rail**) ago (*dello scambio*) **10** (*pl., ferr.*) scambio **11** (*del termometro*) grado **12** (*elettr.*) presa di corrente **13** (*pl.*) orecchi, coda, zampe (*d'animale domestico*); (*specialm.*) criniera, coda e zampe (*d'un cavallo*): **bay with black points**, baio con coda, criniera e zampe nere. ● **by p.**, punto per punto; esaurientemente □ **p.-lace**, merletto (*o* pizzo) a punto ago □ **p. of conscience**, un caso di coscienza □ (*di vigile*) **p.-duty**, servizio di vigilanza del traffico □ (*mil.*) **p. fire**, fuoco concentrato □ (*mil. USA*) **p. man**, uomo di testa di una pattuglia □ **p. of honour**, punto d'onore □ (*pugilato*) **the p. (of the jaw)**, la punta del mento □ (*aeron. e fig.*) **p. of no return**, punto dal quale non si torna indietro (*in un volo transoceanico, per mancanza di carburante*) □ (*nelle assemblee, riunioni, ecc.*) **p. of order**, mozione d'ordine; questione di procedura □ (*ferr.*) **p. of switch**, punto di scambio □ **p. of view**, punto di vista □ **p. rationing** razionamento con sistema di punti □ (*tipogr.*) **p. size** (*sport*) **a p.-to-p. race**, una corsa a cavallo ad ostacoli su tracciato fisso □ **armed at all points**, armato di tutto punto □ **at the p. of death**, in punto di morte □ **at the p. of the sword**, con la spada puntata contro; (*fig.*) sotto minaccia di gravi violenze □ **at all points**, da ogni punto di vista; sotto ogni aspetto □ **beside the p.**, fuori proposito; non pertinente □ **boiling p.**, punto d'ebollizione □ **cardinal p.**, punto cardinale □ **to carry** (*o* **to gain**) **one's p.**, far prevalere il proprio punto di vista □ **a case in p.**, un esempio calzante □ **to come** (*o* **to get**) **to the p.**, venire al sodo (*o* al dunque, al fatto) □ **freezing-p.**, punto di congelamento □ (*anche fig.*) **to give points to sb.**, dar dei punti (di vantaggio) a q.; essere superiore a q. □ **in p. of**, per quanto riguarda (*o* concerne); con riferimento a □ **in p. of fact**, effettivamente; realmente; davvero □ **the main p.**, l'essenziale □ **to make one's p.**, chiarire il proprio punto di vista; sostenere una tesi □ **to make a p. of st.**, fare di q.c. una questione essenziale; attribuire grande importanza a q.c. □ (*di cane*) **to make** (*o* **to come to**) **a p.**, fare la punta; puntare □ **to make** (*o* **to score**) **a p.**, fare un punto; segnare un punto a proprio favore; (*fig.*) dimostrare d'aver ragione (*o* d'essere nel giusto) □ **melting p.**, punto di fusione □ **not to put too fine a p. on it**, a dirla schietta; per parlare chiaro e tondo □ **off the p.**, fuori proposito; non pertinente □ (*sport*) **on points**, ai punti: **to lose (to win) on points**, perdere (vincere) ai punti □ (*di vigile*) **to be on p. duty**, essere di servizio al traffico □ **to be on the p. of**, esser sul punto di; stare per: **They were on the p. of refusing his offer**, stavano per rifiutare la sua offerta □ **potatoes and p.**, patate e voglia di carne (*cioè*: patate e null'altro) □ **power p.**, presa (elettrica) □ **to stretch a p.**, fare un'eccezione; lasciar correre; allargare la manica (*fig.*) □ **strong p.**,

point

(il) forte: **Swimming is not his strong p.**, il nuoto non è il suo forte ☐ **to the p.**, pertinente: **Your answer is not to the p.**, la tua risposta non è pertinente ☐ **to win one's p.**, imporre il proprio punto di vista ☐ *(anche fig.)* **a turning p.**, una svolta: **It's a turning p. in my life**, sono a una svolta della mia vita ☐ **What's the p. of acting like a child?**, a che ti *(o* gli, ecc.*)* giova comportarti *(*comportarsi*,* ecc.*)* da bambino?

to **point** [point], *v. t. e i.* **1** fare la punta a; appuntare; affilare; aguzzare: **to p. a pencil**, fare la punta a una matita **2** punteggiare; mettere i punti in *(una frase, un discorso)* **3** *(di solito* **to p. out**) additare; indicare; mostrare: **He pointed out the finest monuments to me**, mi additò i monumenti più belli; **to p. the way**, indicare la strada; **P. (me) out the books you want**, mostrami i libri che desideri **4** *(fig., di solito* **to p. out**) illustrare; dar rilievo a; mettere in evidenza; far notare; far rilevare: **He pointed his remarks with apt illustrations**, illustrò le sue osservazioni con esempi appropriati; **to p. a moral**, dar rilievo a un concetto morale *(per mezzo d'esempi, ecc.)*; **May I p. out to you that your account is still outstanding?**, posso farLe notare che il Suo conto è ancora scoperto? **5** *(anche mil.)* puntare: **to p. a finger at st.**, puntare un dito verso q.c.; additare q.c. **6** *(di cane)* puntare: **My dog pointed (a hare)**, il mio cane puntò (una lepre) **7** *(edil.)* riempire di malta i giunti di *(un muro di mattoni)*. ● **to p. at**, additare; indicare; segnare a dito; *(fig.)* indicare, lasciar intendere, suggerire ☐ **to p. manure in**, sotterrare concime con la punta della vanga ☐ **to p. the soil over**, rivoltare la terra con la punta della vanga ☐ **to p. to**, additare; indicare; mostrare; *(fig.)* indicare, dimostrare, provare: **All the symptoms seem to p. to a serious disease**, tutti i sintomi sembrano indicare una malattia grave ☐ **to p. st. to sb.**, richiamare l'attenzione di q. su q.c. ☐ **to p. towards** *(o* **to**), tendere a; mirare a; guardare, essere rivolto a: **The house points to the east**, la casa è rivolta a oriente ☐ **to p. up**, dar rilievo a; metter in evidenza *(o* in risalto*)*; sottolineare *(fig.)*.

point-blank ['point'blæŋk], **A** *a.* **1** *(mil.:* di tiro*)* diretto; *(con l'alzo)* a zero: **p. shooting**, tiro diretto; tiro a zero **2** *(fig.)* netto; reciso; secco; categorico: **a p. refusal**, un netto rifiuto; **a p. answer**, una risposta recisa. **B** *avv.* **1** *(mil.)* a zero; a bruciapelo: **He fired the pistol p. at the gangster**, scaricò la pistola a bruciapelo sul bandito **2** *(fig.)* nettamente; seccamente; categoricamente: **She refused p.**, rifiutò seccamente. ● *(mil.)* **p. distance**, distanza adatta al tiro diretto; distanza ravvicinata.

pointe [point] *(franc.)*, *n. (balletto)* punta *(del piede)*: **on p.**, sulle punte.

pointed ['pointid], *a.* **1** puntuto; appuntito; acuminato; acuto; aguzzo; a punta: **p. tools**, arnesi acuminati; strumenti a punta **2** *(fig.)* incisivo; conciso ed energico: **a p. style**, uno stile incisivo **3** *(fig.)* penetrante; pungente; mordace; tagliente: **p. wit**, spirito mordace; **a p. remark**, un'osservazione pungente **4** *(fig.)* evidente; intenzionale; marcato; preciso: **a p. allusion**, un'allusione precisa. ● *(archit.)* **p. arch**, arco a sesto acuto ☐ **p. style**, stile ogivale; stile gotico.

pointedness ['pointidnis], *n.* l'essere puntuto, acuminato, ecc. *(V.* **pointed**).

pointer ['pointə*], *n.* **1** persona che addita; cosa che indica; indicatore **2** *(di bilancia o contatore)* indice; *(di orologio)* lancetta **3** bacchetta, canna *(per indicare q.c. su una lavagna, uno schermo, ecc.)* **4** cane da punta *(o* da ferma*)*; pointer **5** *(d'arma da fuoco)* puntatore *(meccanismo)*; alzo **6** *(fam.)* allusione; cenno; indicazione; suggerimento.

pointillism ['pwæntilizəm], *n. (pitt.)* divisionismo.

pointillist ['pwæntilist], *n. (pitt.)* divisionista.

pointing ['pointiŋ], *n.* **1** punteggiatura **2** *(edil.)* rifinitura *(o* ripassatura*)* dei giunti; *(anche)* malta per giunti **3** *(d'arma da fuoco)* puntamento. ● *(edil.)* **p. trowel**, cazzuola per giunti.

pointless ['point-lis], *a.* **1** senza punta; spuntato; ottuso **2** senza scopo; senza significato; inutile **3** *(di giocatore)* che non ha segnato un punto **4** *(di partita, incontro)* senza segnature; *(chiuso sullo)* zero a zero: **a p. draw**, una partita chiusa sullo zero a zero. ● *(gioco del calcio)* **a p. game**, una partita a reti inviolate.

pointlessness ['point-lisnis], *n.* **1** l'essere spuntato; ottusità **2** inutilità; mancanza di scopo *(o* di significato*)*.

pointsman ['pointsmən], *n. (pl.* **pointsmen**) **1** *(ferr.)* deviatore; scambista **2** poliziotto addetto alla vigilanza del traffico.

to **poise** [poiz], **A** *v. t.* **1** bilanciare; equilibrare; tenere in equilibrio **2** tenere *(la testa, ecc.)* in un certo modo **3** *(raro)* tenere pronto. **B** *v. i.* **1** essere *(o* restare*)* in equilibrio **2** restare sospeso *(in aria)*; librarsi **3** tenersi pronto. **to poise oneself** *C v. rifl.* tenersi in equilibrio: **The girl poised herself on the bar**, la ragazza si teneva in equilibrio sulla sbarra. ● **to be poised**, esser sospeso: **The earth is poised in space**, la terra è sospesa nello spazio.

poise [poiz], *n.* **1** equilibrio *(anche fig.)*; padronanza di sé; stabilità **2** portamento *(del capo, ecc.)*.

poised [poizd], *a.* **1** fermo; pronto *(a fare q.c.)* **2** equilibrato; padrone di sé; calmo e dignitoso.

poison ['poizn], *n. (anche fig.)* veleno: **rat-p.**, veleno per topi; **slow p.**, veleno lento *(ad azione lenta)*; **the p. of envy**, il veleno dell'invidia. ● **p. gas**, gas tossico; gas asfissiante ☐ *(bot.)* **p.-ivy** *(Rhus toxicodendron)*, edera del Canada ☐ *(fig.)* **p. pen**, chi scrive lettere anonime calunniose *(offensive,* ecc.*)* ☐ *(fig.)* **p.-pen letter**, lettera anonima calunniosa *(offensiva,* ecc.*)* ☐ **to hate sb. like p.**, essere pieno di veleno contro q. ☐ *(fam.)* **What's your p.?**, e tu che cosa *(o* quale liquore*)* bevi?

to **poison** ['poizn], *v. t.* avvelenare *(anche fig.)*; intossicare; corrompere; guastare; pervertire: **to p. sb.'s mind with evil propaganda**, avvelenare *(o* corrompere*)* l'animo di q. con propaganda malvagia; **That sad event poisoned his life for ever**, quel fatto doloroso gli avvelenò la vita per sempre. ● **to be poisoned with fatigue** *(with* smoking, ecc.*)*, essere intossicato dalla fatica *(*dal fumo, ecc.*)*.

poisoner ['poiznə*], *n.* avvelenatore, avvelenatrice.

poisoning ['poizniŋ], *n.* avvelenamento. ● **food p.**, intossicazione alimentare.

poisonous ['poiznəs], *a.* **1** velenoso *(anche fig.)*; dannoso; astioso; perfido: **p. plants**, piante velenose; **p. doctrines**, insegnamenti velenosi **2** *(fam.)* orribile; pessimo; schifoso *(fam.)*.

to **poke** [pouk], **A** *v. t.* **1** colpire; urtare; spingere; dare un colpetto *(o* una gomitata*)* a: **to p. sb. in the ribs**, dare una gomitata *(o* un colpetto confidenziale*)* a q. nelle costole **2** *(anche* **to p. up**) attizzare *(il fuoco)* **3** conficcare; ficcare; cacciare: **to p. one's nose into other people's affairs**, ficcare il naso negli affari altrui; **to p. one's finger into a crack**, cacciare il dito in una fessura **4** *(fam.)* colpire col pugno; dare un pugno a *(q.)*. **B** *v. i.* ficcare il naso; immischiarsi; intromettersi. ● **to p. about**, ciondolare; gingillarsi; bighellonare ☐ **to p. about for st.**, cercare q.c. a tentoni; frugare in cerca di q.c. ☐ **to p. along**, bighellonare; gironzolare; andare a zonzo; oziare ☐ **to p. and pry**, essere un ficcanaso ☐ *(USA)* **to p. around**, *V.* **to p. about** ☐ **to p. at sb.**, agitare un attizzatoio *(o* un bastone, ecc.*)* contro q. ☐ **to p. fun at**, deridere; dileggiare; farsi beffe di; prendere in giro ☐ **to p. one's head**, cacciar fuori la testa; spingere avanti *(o* sporgere*)* il capo ☐ **to p. the fire out**, spingere il fuoco *(con l'attizzatoio)* ☐ **to p. a hole in st.**, fare un buco in q.c. *(con un bastone, un arnese appuntito)* ☐ **to p. oneself up in a place**, confinarsi *(o* chiudersi*)* in un luogo.

poke (1) [pouk], *n.* **1** colpo *(di punta)*; puntata; urto; spinta; gomitata **2** *(fam.)* pugno **3** *(anche* **p.-bonnet**) cappello da donna dall'ampia visiera *(specialm. quello portato dalle componenti l'Esercito della Salvezza).*

poke (2) [pouk], *n. (dial.)* borsa; sacco; tasca. ● *(fig.)* **to buy a pig in a p.**, comprare la gatta nel sacco; comprare alla cieca.

poker (1) ['poukə*], *n.* **1** attizzatoio **2** punta metallica **3** *(nelle università d'Oxford e Cambridge)* mazziere. ● **p.-work**, pirografia ☐ **as stiff as a p.**, rigido come un manico di scopa *(come avesse ingoiato un bastone)* ☐ **red-hot p.**, attizzatoio arroventato; *(bot., Kniphofia)* tritoma.

poker (2) ['poukə*], *n.* poker *(gioco di carte)*. ● *(fam.)* **p. face**, faccia da poker; individuo impassibile ☐ **p.-faced**, che ha una faccia da poker; impassibile.

pok(e)y ['pouki], *a.* **1** *(di luogo, stanza)* limitato; angusto; piccolo; ristretto **2** *(di lavoro)* meschino; scialbo; piatto **3** lento; ozioso; pigro **4** *(USA)* malvestito; sciatto; trasandato.

pol [pol], *n. (abbr. fam. di* **politician**) *(uomo)* politico.

Polack ['poulæk], *n. (pop., spreg.)* polacco.

Poland ['poulənd], *n. (geogr.)* Polonia.

polar ['poulə*], **A** *a.* **1** *(geogr., astron., fis., ecc.)* polare: **p. circle**, circolo polare; **p. distance**, distanza polare; **p. bear**, orso polare; orso bianco; **p. cap**, cappa polare **2** *(fig.)* antitetico; diametralmente opposto; del tutto diverso. **B** *n. (geom.)* retta polare; *(la)* polare. ● **p. lights**, aurora boreale; aurora australe ☐ *(miss.)* **p. orbit**, orbita polare ☐ *(miss.)* **p. satellite**, satellite in orbita polare ☐ *(geol.)* **p. wandering**, migrazione dei poli.

polarimeter [,poulə'rimitə*], *n. (fis.)* polarimetro.

polarimetry [,poulə'rimitri], *n. (fis.)* polarimetria.

polariscope [pou'læriskoup], *n. (fis.)* polariscopio.

polarity [pou'læriti], *n. (scient.)* polarità *(anche fig.)*.

polarization [,poulərai'zeiʃən], *n. (elettr., fis.)* polarizzazione.

to **polarize** ['pouləraiz], *(elettr., fis.)* **A** *v. t. (anche fig.)* polarizzare. **B** *v. i.* polarizzarsi. ● **to p. a word**, dare un significato particolare a una parola.

polarizer ['pouləraizə*], *n. (ottica)* polarizzatore.

Polaroid ['poulərɔid], *n. (marchio)* **1** *(ottica)* polaroid; polaroide **2** *(fotogr., anche* **P. camera**) Polaroid **3** *(pl.)* occhiali Polaroid.

polder ['poldə*], *n. (geogr.)* polder *(terreno sotto il livello dell'alta marea, bonificato e reso coltivabile)*.

pole (1) [poul], *n.* **1** palo *(anche di ferro)*; paletto: **telephone**

poles, pali del telefono; **a tent p.**, un paletto da tenda **2** (*sport*) asta **3** pertica (*misura di lunghezza pari a 5 iarde e mezzo, cioè a 5 metri circa*) **4** timone (*di carro*) **5** (*sport*) palo (*di partenza*). ● (*sport, autom.*) **p. position**, pole position: **to start in p. position**, partire in pole position □ (*sport*) **a p.-vault**, un salto con l'asta □ (*sport*) **to p.-vault**, fare il salto con l'asta □ (*sport*) **p.-vaulter**, astista □ (*sport*) **p.-vaulting** (*o* **p.-jumping**), salto con l'asta □ **the greasy p.**, l'albero della cuccagna □ **ski poles**, racchette da sci □ **under bare poles**, (*naut.*) con le vele ammainate; (*fig.*) nudo, spoglio □ (*pop.*) **up the p.**, nei guai, nei pasticci; pazzerello, tocco.

to pole [poul], *v. t.* **1** munire (*o* provvedere) di pali **2** (*anche* **to p. away, to p. off**) allontanare, spingere (*un'imbarcazione*) con una pertica. ● (*costr.*) **poling board**, dossale.

pole (2) [poul], *n.* (*geogr., astron., elettr., mecc.*) polo (*anche fig.*): **the North p.**, il polo nord; **magnetic p.**, polo magnetico; polo della calamita; **positive (negative) p.**, polo positivo (negativo). ● **p. star**, (*astron.*) stella polare; (*fig.*) polo, punto d'attrazione, calamita □ (*fig.*) **poles apart**, agli antipodi; ai poli opposti □ **He and his brother are poles apart**, egli è l'opposto di suo fratello.

Pole [poul], *n.* polacco.

pole(-)ax(e) ['poulæks], *n.* **1** (*stor.*) ascia di guerra; alabarda **2** ascia (*o* mazza) da beccaio.

to pole(-)ax(e) ['poulæks], *v. t.* **1** attaccare (*o* abbattere) (*un nemico*) con l'ascia (*V.* **pole(-)ax(e)**) **2** abbattere (*una bestia da macello*) con l'ascia.

polecat ['poulkæt], *n.* (*zool.*) **1** (*Putorius foetidus*) puzzola europea **2** (*USA*: *Mephitis mephitis*) moffetta.

polemarch ['pɔləma:k], *n.* (*stor. greca*) polemarco.

polemic [pɔ'lemik], *n.* **1** polemica; discussione **2** polemista.

polemic(al) [pɔ'lemik(əl)], *a.* polemico.

polemicist [pɔ'lemisist], *n.* polemista.

polemics [pɔ'lemiks], *n. pl.* (*col verbo al sing.*) **1** polemica; arte polemica **2** (*relig.*) controversia (*o* disputa) teologica.

polemist ['pɔləmist], *n.* polemista.

to polemize ['pɔləmaiz], *v. i.* polemizzare.

polemologist [,pɔlə'mɔlədʒist], *n.* polemologo.

polemology [,pɔlə'mɔlədʒi], *n.* polemologia.

poleward ['poulwəd], *a. e avv.* (*geogr.*) (diretto) verso il polo.

polewards ['poulwədz], *avv.* (*geogr.*) verso il polo.

police [pɔ'li:s], *n.* **1** (*collett., spesso col verbo al pl.*) polizia; forza pubblica: **The p. are on his tracks**, la polizia è sulle sue tracce **2** ordine pubblico. ● (*leg.*) **p. court**, corte di giustizia di primo grado (*competente per reati di minore importanza*) □ **p. dog**, cane poliziotto □ **p. headquarters**, questura □ (*leg.*) **p. magistrate**, giudice di una **p. court** (*o* **p. office**, posto (*o* ufficio) di polizia; commissariato □ **p. officer**, agente (*o* funzionario) di polizia □ (*leg.*) **p. record**, fedina penale □ **p. state**, Stato di polizia □ **p. station**, ufficio (*o* posto) di polizia; commissariato □ **p. van**, (furgone) cellulare.

to police [pɔ'li:s], *v. t.* **1** presidiare, proteggere (*con la polizia*) sorvegliare; vigilare: **to p. the streets of a town**, presidiare con la polizia le strade d'una città **2** (*mil. USA*) tenere in ordine (*un accampamento, ecc.*).

policeman [pɔ'li:smən], *n.* (*pl.* **policemen**) agente di polizia; poliziotto; guardia.

policewoman [pɔ'li:s,wumən], *n.* (*pl.* **policewomen**) donna poliziotto.

policing [pɔ'li:siŋ], *n.* operazione (*o* operazioni) di polizia: **political p.**, operazioni (*o* interventi) della polizia politica.

policlinic ['pɔli'klinik], *n.* ambulatorio (*d'ospedale*).

policy (1) ['pɔlisi], *n.* politica (*anche fig.*); linea di condotta; piano d'azione; tattica: **England's foreign p.**, la politica estera dell'Inghilterra; (*econ.*) **the p. of full employment**, la politica del pieno impiego.

policy (2) ['pɔlisi], *n.* (*ass.*) polizza: **a marine insurance p.**, una polizza d'assicurazione marittima. ● **p.-holder** (*o* **p.-owner**), titolare d'una polizza; assicurato □ **p. loan**, prestito su polizza.

polio ['pouliou], *n.* (*pl.* **polios**) (*abbr. di* **poliomyelitis**) polio; poliomielite; paralisi infantile. ● (*med.*) **a p. patient**, un poliomielitico.

poliomyelitic ['pouliomaiə'litik], *a.* (*med.*) poliomielitico.

poliomyelitis ['pouliomaiə'laitis], *n.* (*med.*) poliomielite.

polipous ['pɔlipəs], *a.* poliposo.

to polish ['pɔliʃ], **A** *v. t.* **1** levigare; lisciare; lucidare; verniciare: **to p. silver**, lucidare l'argenteria; **to p. glass**, levigare oggetti di vetro; **to p. furniture**, lucidare mobili **2** (*fig.*) ingentilire; affinare; raffinare: **to p. one's style**, ingentilire il proprio stile. **B** *v. i.* **1** levigarsi; lucidarsi; diventar lucido (*o* liscio): **This wood polishes well**, questo legno si lucida bene **2** (*fig.*) ingentilirsi; raffinarsi. ● (*fam.*) **to p. off**, finire, sbrigare (*un lavoro*) finire; mangiare (*una pietanza*) sbarazzarsi di (*un ne-*

mico); far fuori (*q.*) □ (*fam.*) **to p. up**, lucidare; pulire; (*fig.*) migliorare, perfezionare.

polish ['pɔliʃ], *n.* **1** lustro; lucentezza; levigatezza **2** lucidatura **3** lucido; vernice: **shoe-p.**, lucido per scarpe **4** (*fig.*) finezza; raffinatezza; squisitezza; eleganza **5** (*tecn.*) polish; materiale per rivestimento superficiale (*cera, lacca, ecc.*). ● **floor p.**, cera da pavimenti □ **nail p.**, lacca per le unghie □ **a tin of metal p.**, un barattolo di preparato per lucidare metalli □ **wax p.**, cera (per mobili) □ **She lacks p.**, è un po' rozza.

Polish ['pouliʃ], **A** *a.* polacco. **B** *n.* (il) polacco (*la lingua*).

polished ['pɔliʃt], *a.* **1** levigato; lucido; lucente; lustro **2** (*fig.*) raffinato; fine; elegante. ● **a p. man of rank**, un perfetto uomo di rango □ **p. manners**, modi distinti □ **a p. performance**, un'ottima esecuzione.

polisher ['pɔliʃə*], *n.* **1** chi lucida; lucidatore: **furniture p.**, lucidatore di mobili **2** lucidatrice (*macchina*): **floor-p.**, lucidatrice per pavimenti.

polishing ['pɔliʃiŋ], *n.* **1** lucidatura; levigatura **2** (*fig.*) (lavoro di) rifinitura; affinamento; raffinamento. ● **p. machine**, lucidatrice (*macchina*) □ **p. paste**, pasta per lucidare □ **p. wheel**, disco per lucidare.

Politburo [pɔ'litbjuərou], *n.* (*pl.* **Politburos**) (*polit.*) Politburo.

polite [pɔ'lait], *a.* **1** gentile; cortese; garbato; bene educato **2** raffinato; elegante; fine. ● **p. letters**, le belle lettere □ **p. remarks**, convenevoli □ **the p. society**, la buona società; il bel mondo.

politeness [pɔ'laitnis], *n.* **1** gentilezza; cortesia; garbatezza; buona educazione: **formal p.**, cortesia fredda, formale **2** raffinatezza; eleganza; finezza.

Politian [pɔ'liʃən], *n.* (*stor., letter.*) Poliziano.

politic ['pɔlitik], *a.* **1** (*di persona*) avveduto; prudente; sagace: **a p. statesman**, uno statista sagace **2** (*di persona, spreg.*) astuto; scaltro **3** conveniente; giovevole; opportuno; saggio; utile: **a p. remark**, un'osservazione opportuna; **a p. move**, una mossa opportuna (*o* saggia) **4** (*raro*) politico. ● **the body p.**, lo Stato.

political [pɔ'litikəl], *a.* **1** politico: **p. parties**, partiti politici; **p. economy**, economia politica; **p. liberties**, libertà politiche **2** politicizzato: **My students are very p.**, i miei studenti sono molto politicizzati **3** (*stor.*) (*polit.*) **p. agent** (*o* **resident**), consulente inglese di un principe indiano □ **a p. animal**, un politico nato □ **a p. newspaper**, quotidiano (*o* giornale, organo) di partito □ **a p. prisoner**, un prigioniero politico □ **p. motives**, motivi politici □ **p. science**, scienze politiche □ **p. scientist**, politologo.

politician [,pɔli'tiʃən], *n.* **1** uomo politico; statista **2** (*spreg.*) politicante.

politicization [pɔ,litisai'zeiʃən], *n.* **1** politicizzazione **2** responsabilizzazione civile.

to politicize [pɔ'litisaiz], **A** *v. i.* **1** occuparsi di politica **2** parlare di politica. **B** *v. t.* dare un carattere politico a; politicizzare.

politicking ['pɔlitikiŋ], *n.* (*spesso spreg.*) l'essere un politicante.

politico [pɔ'litikou], *n.* (*pl.* **politicos, politicoes**) (*spreg.*) politicante.

politics ['pɔlitiks], *n. pl.* **1** (*col verbo al sing.*) politica; arte (*o* scienza) del governare: **party p.**, politica di partito **2** (*le opinioni*) politiche; metodi (*o principi*) politici: **What are his p.?**, quali sono le sue idee politiche? ● **to go into p.**, darsi alla politica □ **to play p.**, fare il politicante □ **to talk p.**, parlare di politica.

polity ['pɔliti], *n.* **1** governo; ordinamenti e leggi civili; vita sociale **2** società ordinata secondo leggi civili; Stato; polis.

polka ['pɔlkə], *n.* (*mus.*) polca, polka. ● **p. dots**, pallini; pois □ **a p.-dot scarf**, una sciarpa a pallini.

poll (1) [poul], *n.* **1** (*polit.*) elezione; votazione: **the exclusion of women from the p.**, l'esclusione delle donne dalle elezioni; **the opening of the p.**, l'inizio delle votazioni; l'apertura del seggio elettorale **2** (*polit.*) lista elettorale; elenco degli elettori **3** (*polit.*) scrutinio dei voti; voti (*dati, ottenuti, o scrutinati*) **4** inchiesta (*d'opinione*); indagine su campione; sondaggio: **a Gallup p.**, un'inchiesta Gallup; **an opinion p.**, un'indagine demoscopica; un sondaggio d'opinione **5** (*arc. o scherz.*) testa; chioma. ● **p.-book**, registro degli elettori; lista elettorale □ **p.-tax**, capitazione; testatico □ **p. victory**, vittoria elettorale □ **p.-watcher**, scrutatore (*nelle votazioni*) □ **to go to the polls**, andare a votare; andare alle urne □ **to head the p.**, (*di un candidato, di un partito*) essere in testa □ **a heavy p.**, un'alta percentuale di votanti □ **a poor p.**, una bassa percentuale di votanti.

to poll [poul], **A** *v. t.* **1** scrutinare i voti di (*un collegio, ecc.*) **2** (*polit.*: *d'un candidato*) ottenere (*un certo numero di voti*) **3** (*polit.*: *d'un elettore*) dare (*il proprio voto*) **4** intervistare; sondare **5** cimare, potare, svettare (*alberi, piante*) **6** mozzare le corna a (*bestiame*) **7** tosare (*capelli, siepi*). **B** *v. i.* (*polit.*) votare; dare il proprio voto. ● **polling-booth**, cabina elettorale □ **polling-station**, sezione (*o* seggio) elettorale.

poll (2) [poul], **A** *a.* **1** mozzato; tagliato netto **2** (*d'albero*)

poll (3)

senza cima **3** dalle corna mozze (*specialm. nei composti*): **a p.-ox**, un bue dalle corna mozze. **B** *n.* animale (*specialm.* bue) senza corna.
poll (3) [pɔl], *n.* (*gergo dell'università di Cambridge*) **1** – the P., gli studenti che si laureano senza lode **2** – the P., laurea senza lode: **to go out in the P.**, prendere una laurea senza lode. ● **p. degree**, laurea senza lode □ **p. man**, studente che si laurea senza lode.
Poll [pɔl], *n.* **1** Loreto (*nome di pappagallo*) **2** (*fig.*, *anche* **poll--parrot**) pappagallo.
pollack ['pɔlæk], *n.* (*pl.* **pollack, pollacks**) (*zool.*, *Pollachius virens*) merlano nero.
pollard ['pɔləd], *n.* **1** (*zool.*) animale (*bue, capra, ecc.*) senza corna (*o* dalle corna mozze) **2** (*bot.*) albero capitozzato; pianta cimata **3** crusca **4** mangime di crusca e farina.
to pollard ['pɔləd], *v. t.* cimare (*una pianta*); capitozzare; scamozzare.
pollee [,pou'li:], *n.* intervistato.
pollen ['pɔlin], *n.* (*bot.*) polline. ● **p. count**, (*bot.*) conteggio pollinico; (*med.*) misurazione del polline (*per le allergie*) □ (*bot.*) **p. sac**, sacco pollinico.
to pollen ['pɔlin], *v. t.* (*bot.*) ricoprire di polline; impollinare.
poller ['poulə*], *n.* chi esegue sondaggi d'opinione.
to pollinate ['pɔlineit], *v. t.* (*bot.*) impollinare.
pollination [,pɔli'neiʃən], *n.* (*bot.*) impollinazione.
polling ['poulin], *n.* **1** votazione; votazioni **2** numero (*o* percentuale) dei votanti (*per i composti*, V. *sotto* **to poll**).
pollinic [pɔ'linik], *a.* (*bot.*) pollinico.
polliniferous [,pɔli'nifərəs], *a.* (*bot.*) pollinifero.
pollock ['pɔlək], *n.* (*pl.* **pollock, pollocks**) V. **pollack**.
pollster ['poulstə*], *n.* chi esegue sondaggi d'opinione; «pollster».
pollutant [pɔ'lu:tənt], *n.* sostanza inquinante.
to pollute [pɔ'lu:t], *v. t.* **1** inquinare (*acqua, ecc.*); infettare; insudiciare; insozzare **2** (*fig.*) contaminare; corrompere; guastare; profanare.
pollution [pɔ'lu:ʃən], *n.* **1** inquinamento (*ecologia*); infezione; insozzamento: **air p.**, inquinamento atmosferico; **water p.**, inquinamento dell'acqua **2** (*fig.*) contaminazione; corruzione; profanazione **3** (*fisiologia*) polluzione.
pollutive [pɔ'lu:tiv], *a.* inquinante.
Pollux ['pɔləks], *n.* (*mitol., astron.*) Polluce.
Polly ['pɔli], *n.* **1** (*dim. di* **Mary**) Marietta; Mariuccia **2** V. **Poll**.
polo ['poulou], *n.* (*pl.* **polos**) (*sport*) polo. ● **p.-neck sweater**, maglione dolcevita □ (*sport*) **p. player**, polista □ **p. shirt**, maglietta polo □ (*sport*) **p. stick**, bastone da polo □ (*sport*) **water p.**, pallanuoto.
poloist ['poulouist], *n.* (*sport*) polista.
polonaise [,pɔlə'neiz] (*franc.*), *n.* polacca (*danza, mus. e abito femminile*).
polonium [pə'louniəm], *n.* (*chim.*) polonio.
Polonius [pə'lounjəs], *n.* (*letter.*) Polonio.
polony [pə'louni], *n.* mortadella (*forse dal nome della città di Bologna*).
poltroon [pɔl'tru:n], *n.* codardo; pauroso; vigliacco.
poltroonery [pɔl'tru:nəri], *n.* codardia; vigliaccheria.
poly ['pɔli], *n.* (*abbr. fam. di* **polytechnic**) politecnico.
polyamide [,pɔli'æmaid], *n.* (*chim.*) poliammide.
polyandrist [,pɔli'ændrist], *n.* donna che pratica la poliandria.
polyandrous [,pɔli'ændrəs], *a.* (*bot., etnologia*) poliandro.
polyandry ['pɔliændri], *n.* (*bot., etnologia*) poliandria.
polyanthus [,pɔli'ænθəs], *n.* (*pl.* **polyanthuses, polyanthi**) (*bot.*) **1** (*Primula elatior*) primavera maggiore **2** (*Narcissus tazetta*) narciso a mazzetti.
polyarchy ['pɔliə:ki], *n.* poliarchia.
polyatomic [,pɔliə'tɔmik], *a.* (*chim.*) poliatomico.
polybasic [,pɔli'beisik], *a.* (*chim.*) polibasico.
Polycarp ['pɔlika:p], *n.* Policarpo.
polycarpous [,pɔli'ka:pəs], *a.* (*bot.*) policarpico.
polycentric [,pɔli'sentrik], *a.* (*polit.*) policentrico.
polycentrism [,pɔli'sentrizəm], *n.* (*polit.*) policentrismo.
polycentrist [,pɔli'sentrist], *n.* (*polit.*) policentrista.
polychromatic [,pɔlikrou'mætik], *a.* policromatico; multicolore.
polychrome ['pɔlikroum], **A** *a.* policromo: **p. printing**, stampa policroma. **B** *n.* **1** opera d'arte (*specialm.* statua) policroma **2** policromia **3** (*farm.*) esculina.
polychromic [,pɔli'kroumik], *a.* policromo; multicolore.
polychromy [,pɔli'kroumi], *n.* policromia.
polyclinic [,pɔli'klinik], *n.* (*med.*) policlinico.
polycrase ['pɔlikreis], *n.* (*miner.*) policrasio.
polydactyl [,pɔli'dæktil], *a. e n.* polidattilo.
polydactyly [,pɔli'dæktili], *n.* (*med.*) polidattilia.
polyester [,pɔli'estə*], *n.* (*chim.*) poliestere. ● (*ind. tessile*) **p. fibre**, fibra poliestere □ (*ind.*) **p. laminate**, laminato poliestere.
polyether [,pɔli'i:θə*], *n.* (*chim.*) polietere.

polyethylene [,pɔli'eθəli:n], *n.* (*chim., specialm. USA*) polietilene; politene.
polygala [pə'ligələ], *n.* (*bot., Polygala senega*) poligala.
polygamic [,pɔli'gæmik], V. **polygamous**.
polygamist [pə'ligəmist], *n.* poligamo.
polygamous [pə'ligəməs], *a.* (*anche bot.*) poligamo.
polygamy [pə'ligəmi], *n.* (*anche bot.*) poligamia.
polygenesis [,pɔli'dʒenisis], *n.* (*scient.*) poligenesi.
polyglot ['pɔliglɔt], *a. e n.* poliglotta: **a p. dictionary**, un dizionario poliglotta.
polyglottal [,pɔli'glɔtl], **polyglottic** [,pɔli'glɔtik], *a.* poliglottico.
polyglottism ['pɔliglɔtizəm], *n.* poliglottismo.
polygon ['pɔligən], *n.* (*geom.*) poligono.
polygonal [pə'ligənl], *a.* (*geom.*) poligonale.
polygraph ['pɔligra:f], *n.* poligrafo (*strumento*).
polygraphic [,pɔli'græfik], *a.* poligrafico.
polygraphist [pə'ligrəfist], *n.* poligrafo (*scrittore*).
polygraphy [pə'ligrəfi], *n.* poligrafia.
polyhedral [,pɔli'hedrəl], **polyhedric(al)** [,pɔli'hedrik(əl)], *a.* (*geom.*) poliedrico.
polyhedron [,pɔli:'hedrən], *n.* (*pl.* **polyhedra, polyhedrons**) (*geom.*) poliedro.
Polyhymnia [,pɔli'himnjə], *n.* (*mitol.*) Polimnia (*una delle Muse*).
polymer ['pɔlimə*], *n.* (*chim.*) polimero. ● **p. plastic**, materia plastica; plastomero.
polymeric [,pɔli'merik], *a.* (*chim.*) polimerico.
polymerism [pə'limərizəm], *n.* (*chim.*) polimerismo; polimeria.
polymerization [,pɔ,liməri'zeiʃən], *n.* (*chim.*) polimerizzazione.
to polymerize [pɔ'liməraiz], (*chim.*) **A** *v. t.* polimerizzare. **B** *v. i.* polimerizzarsi.
polymerous [pɔ'limərəs], *a.* (*chim.*) polimero.
polymorphic [,pɔli'mɔ:fik], **polymorphous** [,pɔli'mɔ:fəs], *a.* (*scient.*) polimorfo.
polymorphism [,pɔli'mɔ:fizəm], *n.* (*scient.*) polimorfismo.
Polynesia [,pɔli'ni:zjə], *n.* (*geogr.*) Polinesia.
Polynesian [,pɔli'ni:zjən], *a. e n.* polinesiano (*anche la lingua*).
polynomial [,pɔli'noumjəl], (*mat.*) **A** *a.* polinomiale; di polinomio. **B** *n.* polinomio.
polyp ['pɔlip], *n.* (*zool., med.*) polipo.
polypary ['pɔlipəri], *n.* (*zool.*) polipaio.
polypetalous [,pɔli'petələs], *a.* (*bot.*) polipetalo.
polyphagous [pɔ'lifəgəs], *a.* polifago.
polyphase ['pɔlifeiz], *a. attr.* (*elettr., elettron.*) polifase: **p. circuit**, circuito polifase.
Polypheme [,pɔli'fi:m], **Polyphemus** [,pɔli'fi:məs], *n.* Polifemo.
polyphonic [,pɔli'fɔnik], **polyphonous** [pə'lifənəs], *a.* (*mus.*) polifonico.
polyphony [pə'lifəni], *n.* (*mus.*) polifonia.
polypite ['pɔlipait], *n.* (*zool.*) polipo (*come componente d'una colonia*).
polypody ['pɔlipədi], *n.* (*bot., Polypodium vulgare*; *anche* **common p.**) polipodio; felce dolce.
polypoid ['pɔlipɔid], *a.* (*zool., med.*) polipoide.
polypoly [pə'lipəli], *n.* (*econ.*) polipolio.
polypropylene [,pɔli'proupili:n], *n.* (*chim.*) polipropilene.
polyptych ['pɔliptik], *n.* (*arte*) polittico.
polypus ['pɔlipəs], *n.* (*pl.* **polypi, polypuses**) (*zool., med.*) polipo.
polysaccharide [,pɔli'sækəraid], *n.* (*chim.*) polisaccaride.
polysemy [pɔli'si:mi], *n.* (*linguistica*) polisemia.
polystyrene [,pɔli'staiəri:n], *n.* (*chim.*) polistirolo; polistirene.
polysyllabic(al) [,pɔlisi'læbik(əl)], *a.* polisillabo; polisillabico.
polysyllable [,pɔli,silæbl], *n.* polisillabo.
polysyndeton [,pɔli'sinditən], *n.* (*gramm.*) polisindeto.
polysynthetic [,pɔlisin'θetik], *a.* polisintetico.
polytechnic [,pɔli'teknik], *a. e n.* politecnico.
polytheism ['pɔliθi:izəm], *n.* politeismo.
polytheist ['pɔliθi:ist], *n.* politeista.
polytheistic [,pɔliθi:'istik], *a.* politeistico.
polythene ['pɔliθi:n], *n.* (*chim.*) politene; polietilene.
polyurethane [,pɔli'juərəθein], *n.* (*chim.*) poliuretano. ● **p. foam**, poliuretano espanso □ **p. resin**, resina poliuretanica; poliuretano □ **p. rubber**, gomma poliuretanica.
polyvalence [,pɔli'veiləns], *n.* (*chim.*) polivalenza.
polyvalent [,pɔli'veilənt], *a.* (*chim., elab., med.*) polivalente.
polyvinyl [,pɔli'vainil], *n.* (*chim.*) polivinile. ● **p. alcohol**, alcol polivinilico □ **p. chloride**, cloruro di polivinile (*resina*).
pom [pɔm], *n.* (*abbr. di* **Pomeranian dog**) volpino di Pomerania.
pomace ['pʌmis], *n.* **1** tritume di mele (*residuo della fabbricazione del sidro*) **2** residuo di frutta spremuta **3** residuo di pesce (*dopo l'estrazione dell'olio*; *usato come fertilizzante*).
pomade [pə'ma:d], *n.* pomata (*per capelli*).
pomander [pou'mændə*], *n.* (*stor.*) **1** palla di sostanze aro-

matiche (*tenuta addosso come disinfettante o portafortuna*) **2** scatola (*o* sfera) d'oro (*o* d'argento) (*che conteneva dette sostanze*).
pomatum [pəˈmeitəm], *n.* (*farm.*, *raro*) pomata.
pome [poum], *n.* (*bot.*) pomo; (*lett.*) mela.
pomegranate [ˈpɔmˌgrænit], *n.* (*bot.*) **1** melagrana **2** (*Punica granatum*, *anche* **p. tree**) melograno.
pomelo [ˈpɔmilou], *n.* (*pl.* **pomelos**) (*bot. USA*) **1** (*Citrus paradisi*) pompelmo **2** (*Citrus maxima*) pummelo (*varietà di pompelmo*).
Pomeranian [ˌpɔməˈreinjən], **A** *a.* (*geogr.*) pomerano; della Pomerania. **B** *n.* **1** pomerano; abitante della Pomerania **2** (*anche* **P. dog**) volpino di Pomerania.
pomiculture [ˈpoumiˌkʌltʃə*], *n.* frutticoltura.
pomiferous [pouˈmifərəs], *a.* (*bot.*) che produce pomi.
pommel [ˈpʌml], *n.* pomo (*della spada*, *della sella*, *ecc.*). ● (*ginnastica*) **p. horse**, cavallo (*l'attrezzo*).
to pommel [ˈpʌml], *v. t.* dare pugni a (q.); battere, colpire (*un tempo*, *col pomo della spada*).
pommelling [ˈpʌmliŋ], *n.* pugni (*dati a q.*); cazzottatura (*pop.*).
pommy [ˈpɔmi], *n.* (*pop.*, *in Australia o Nuova Zelanda*) immigrato inglese; inglese.
pomological [ˌpouməˈlɔdʒikl], *a.* (*bot.*) pomologico.
pomology [pouˈmɔlədʒi], *n.* (*bot.*) pomologia.
pomp [pɔmp], *n.* pompa; fasto; sfarzo; sfoggio; ostentazione.
Pompeian [pɔmˈpiːən], *a.* e *n.* pompeiano.
Pompeii [pɔmˈpiːai], *n.* (*geogr.*, *stor.*) Pompei.
Pompey [ˈpɔmpi], *n.* (*stor.*) Pompeo.
pompom [ˈpɔmpɔm], *V.* **pompon**.
pom-pom [ˈpɔmpɔm], *n.* (*mil.*) **1** (*nella guerra anglo-boera*) grossa mitragliatrice **2** (*nella 2ª guerra mondiale*) mitragliera quadrinata (*cannone antiaereo automatico*).
pompon [ˈpɔːmpɔːn] (*franc.*), *n.* fiocco; nappa; pompon.
pomposity [pɔmˈpɔsiti], *n.* pomposità; fasto; sfarzo; ampollosità.
pompous [ˈpɔmpəs], *a.* pomposo; fastoso; sfarzoso; ampolloso.
pompousness [ˈpɔmpəsnis], *V.* **pomposity**.
ponce [pɔns], *n.* (*pop.*) **1** mezzano; ruffiano **2** protettore; magnaccia, pappone (*dial.*) **3** effeminato.
poncho [ˈpɔntʃou] (*ispanoamericano*), *n.* (*pl.* **ponchos**) poncho; poncio.
poncy [ˈpɔnsi], *a.* (*pop.*) **1** di (*o* da) mezzano; ruffianesco **2** di (*o da*) magnaccia (*o* pappone) **3** effeminato.
pond [pɔnd], *n.* stagno; laghetto (*spesso artificiale*); pozza. ● **p.-life**, animali che vivono negli stagni □ **fish-p.**, peschiera.
to pond [pɔnd], **A** *v. t.* − **to p. back** (*o* **to p. up**), arrestare il corso di, trattenere le acque di (*un fiume: costruendo una diga*, *ecc.*) **B** *v. i.* (*dell'acqua*) formar pozza; stagnare.
pondage [ˈpɔndidʒ], *n.* quantità d'acqua contenuta in uno stagno.
to ponder [ˈpɔndə*], **A** *v. t.* ponderare; considerare; valutare; soppesare: **to p. a decision**, ponderare una decisione. **B** *v. i.* − **to p. on** (*o* **over**), ponderare; pensare a; riflettere su: **He pondered over the problem for a long time**, rifletté a lungo sul problema.
ponderability [ˌpɔndərəˈbiliti], *n.* ponderabilità.
ponderable [ˈpɔndərəbl], *a.* ponderabile; valutabile. ● **the ponderables**, i fatti (*o* le cose, *ecc.*) valutabili.
ponderation [ˌpɔndəˈreiʃən], *n.* ponderazione; il soppesare.
ponderosity [ˌpɔndəˈrɔsiti], *n.* pesantezza; ponderosità (*raro*) **2** (*di movimenti*) lentezza **3** (*di stile*, *ecc.*) monotonia; tediosità.
ponderous [ˈpɔndərəs], *a.* **1** ponderoso; grave; greve; pesante **2** grosso; massiccio **3** fatto a fatica; lento: **a p. yawn**, uno sbadiglio lento **4** monotono; tedioso: **a p. style**, uno stile tedioso.
ponderousness [ˈpɔndərəsnis], *V.* **ponderosity**.
ponding [ˈpɔndiŋ], *n.* (*edil.*) accumulo d'acqua piovana (*sul tetto*).
pone (1) [poun], *n.* pane di granturco (*nel Sud degli USA*).
pone (2) [poun], *n.* (*in giochi di carte*) giocatore che taglia il mazzo.
pong [pɔŋ], *n.* (*fam.*) puzzo; cattivo odore.
to pong [pɔŋ], *v. i.* (*fam.*) puzzare; fare cattivo odore.
pongee [pɔnˈdʒiː], *n.* (*ind. tessile*) stoffa di seta naturale cinese.
pongo [ˈpɔŋgou], *n.* (*pl.* **pongos**) (*zool.*, *fam.*, *Pongo pygmaeus*) orango.
pongy [ˈpɔŋgi], *a.* (*fam.*) che puzza. ● **a p. fellow**, un puzzone (*pop.*).
poniard [ˈpɔnjəd], *n.* pugnale.
to poniard [ˈpɔnjəd], *v. t.* pugnalare.
pons [pɔnz] (*lat.*), *n.* (*pl.* **pontes**) (*anat.*) ponte: **p. Varolii**, ponte di Varolio.
pontifex [ˈpɔntifeks], *n.* (*pl.* **pontifices**) (*stor. romana*) pontefice: **p. maximus**, pontefice massimo.
pontiff [ˈpɔntif], *n.* (*relig.*) **1** pontefice; papa **2** gran sacerdote. ● **the sovereign p.**, il sommo pontefice.
pontifical [pɔnˈtifikəl], **A** *a.* (*relig.*) pontificale **2** (*fig.*) dogmatico; presuntuoso. **B** *n.* (*relig.*) **1** pontificale (*libro*) **2** (*pl.*) paramenti pontificali.
pontificate [pɔnˈtifikit], *n.* pontificato.
to pontificate [pɔnˈtifikeit], *v. i.* (*anche fig.*) pontificare.
to pontify [ˈpɔntifai], *v. i.* (*anche fig.*) pontificare.
ponton [ˈpɔntən], (*USA*) *V.* **pontoon (1)**.
pontoneer [ˌpɔntəˈniə*], **pontonier** [ˌpɔntəˈniə*], *n.* (*mil.*) pontiere.
pontoon (1) [pɔnˈtuːn], *n.* **1** pontone; barca da ponte; chiatta **2** (*aeron.*) galleggiante **3** (*naut.*) pontone a biga. ● **p.-bridge**, ponte di barche.
to pontoon [pɔnˈtuːn], *v. t.* attraversare (*un fiume*) per mezzo di pontoni.
pontoon (2) [pɔnˈtuːn], *n.* (*gioco di carte*) ventuno (*specie di sette e mezzo*).
pony [ˈpouni], *n.* **1** (*zool.*) pony; cavallino **2** (*pop.*) venticinque sterline **3** (*pop. USA*) bigino; traduttore. ● **p.-tail**, coda di cavallo (*pettinatura*) □ (*sport*) **p.-trekking**, vacanze (*o* viaggi) in campagna a dorso di pony.
pooch [puːtʃ], *n.* (*pop.*) cane.
poodle [ˈpuːdl], *n.* can barbone; barboncino.
to poodle [ˈpuːdl], *v. t.* tosare (*un cane*) a mo' di barboncino.
poof [puːf], **poofter** [ˈpuːftə*], *n.* (*pop.*) **1** omosessuale; finocchio (*pop.*) **2** tipo inconcludente (*o* vigliacco); coniglio (*fig.*).
poofty [ˈpuːfti], *a.* (*pop.*) di (*o* da) omosessuale; di (*o* da) finocchio.
pooh [puː], *inter.* (*di disprezzo*, *impazienza*, *ecc.*) poh!; bah!; oibò!
Pooh-Bah [ˈpuːˈbaː], *n.* (*di solito scherz.*, *spreg.*) chi ricopre molte cariche; pezzo grosso.
to pooh-pooh [puːˈpuː], *v. t.* **1** deridere; dileggiare; farsi beffe di **2** disdegnare, prendere alla leggera (*un consiglio*, *ecc.*).
pooka [ˈpuːkə], *n.* (*mitol. irlandese*) folletto.
pool (1) [puːl], *n.* **1** pozza; stagno; pozzanghera (*di liquido versato*) **2** gorgo (*di fiume*); tonfano **3** (*anche* **swimming p.**) piscina. ● (*fis. nucl.*) **p. reactor**, reattore a piscina □ (*fig.*) **in a p. of blood**, in una pozza di sangue.
to pool (1) [puːl], *v. t.* scavare sotto (*un giacimento carbonifero*).
pool (2) [puːl], *n.* **1** nei giochi di carte, d'azzardo) ammontare della posta; banco; piatto **2** (*al biliardo*) partita a buca fra più giocatori **3** (*econ.*) ammasso (*specialm. governativo*) **4** (*fin.*) pool; consorzio (*d'imprese*); cartello; sindacato **5** (*fin.*) fondo monetario comune **6** (*econ.*) risorse (manodopera, esperti, fondi, idee, *ecc.*) disponibili; potenziale; (*insieme della*) manodopera (*di una data zona*) **7** (*pl.*, *fam.*) totocalcio: **if ever I win the pools…**, se vinco al totocalcio… ● **p. table**, biliardo con sei buche □ **football pools**, totocalcio □ **car p.**, parco automezzi (*di una ditta*, *ecc.*); gruppo di persone che si organizza per dividere le spese automobilistiche relative a un tragitto abituale □ (*USA*) **to play** (*o* **to shoot**) **p.**, giocare al biliardo (*con sei buche*) □ **typing p.**, segreteria centralizzata.
to pool (2) [puːl], **A** *v. t.* (*fin.*) consorziare; mettere in comune; riunire: **to p. resources** (**savings**, *etc.*), mettere insieme risorse (risparmi, *ecc.*). **B** *v. i.* consorziarsi; mettersi in comune.
poolroom [ˈpuːlrum], *n.* (*USA*) sala da gioco (*con biliardo*, *ecc.*).
poop (1) [puːp], *n.* (*naut.*) **1** poppa **2** (*anche* **p. deck**) cassero di poppa; casseretto; ponte del casseretto. ● (*naut.*) **p. bulkhead**, paratia frontale del casseretto.
poop (2) [puːp], *n.* (*pop.*) babbeo; sempliciotto; sciocco.
to poop [puːp], *v. t.* (*naut.*) **1** (*dell'onda*) frangersi sulla poppa di (*una nave*) **2** (*di nave*) ricevere (*le onde*) da poppa.
poop (3) [puːp], *n.* collett. (*pop. USA*) informazioni.
pooped [puːpt], *a.* (*pop. USA*, *anche* **p. out**) stanco morto; distrutto (*fam.*); stracciato (*pop.*).
poor [puə*], *a.* **1** povero (*anche fig.*); bisognoso; indigente; meschino; misero; disgraziato; infelice: **p. soil**, terreno povero; **the p. old man**, il povero vecchio; **a p. man**, un uomo povero; un povero; **That is a p. consolation**, è una misera (*o* magra) consolazione; **p. little boy!**, povero bambino!; **a p. excuse**, una scusa meschina **2** cattivo; mediocre; scadente; scarso: **p. health**, cattiva salute; **p. quality**, cattiva qualità; **His English is very p.**, il suo inglese è assai scadente; **a p. crop**, un raccolto scarso. ● (*collett.*) **the p.**, i poveri □ **a p. body**, un corpo debole, emaciato, sparuto □ **p. box**, cassetta delle elemosine □ **p. fellow!**, poverino!; poveretto! □ (*stor.*) **p.-house**, ricovero di mendicità; ospizio □ (*stor.*) **p. law**, legge per l'assistenza ai poveri □ **to be a p. loser**, non saper perdere □ (*stor.*) **p.-rate**, imposta locale a beneficio dei poveri (*anche fig.*) □ **p. relation**, parente povero □ **p.-spirited**, pusillanime; vile; scoraggiato, avvilito □ **a p. two weeks' holiday**, due misere settimane di vacanza □ **to cut a p. figure**, fare una magra figura □ **to have a p. time**, passarsela male; non divertirsi affatto □ (*scherz.*, *iron.*) **in my p. opinion**, a mio modesto avviso.
poorboy [ˈpuəbɔi], *n.* (*moda*) maglione attillato, a coste.
poorly [ˈpuəli], **A** *avv.* poveramente; male; scarsamente: **p.**

poor-mouth

furnished, poveramente ammobiliato. **B** *a. pred.* (*fam.*) in cattiva salute; indisposto. ● **to feel** (*o* **to be**) **p.**, non sentirsi bene; essere malandato □ **to think p. of sb.**, non avere una grande opinione di q. □ **to be p. off**, star male a quattrini; essere in miseria; essere giù a (*vino, provviste, ecc.*).

to poor-mouth ['puəmauθ], *v. i.* (*fam.*) piangere miseria.

poorness ['puənis], *n.* **1** povertà; indigenza; meschinità **2** insufficienza; scarsezza **3** (*di terreno*) sterilità.

poove [puːv], *V.* **poof**.

to pop [pɒp], **A** *v. i.* **1** schioccare; scoppiettare **2** scoppiare; esplodere **3** (*soprattutto degli occhi*) schizzare fuori dalle orbite (*fig.: per lo stupore, ecc.*). **B** *v. t.* **1** far schioccare **2** far fuoco con (*una pistola, ecc.*) **3** sparare a (q.) **4** (*specialm. USA*) arrostire (*granturco*) sino a farlo scoppiare **5** (*fam.*) dare in pegno; impegnare **6** (*pop.*) ingerire, buttar giù (*medicine, ecc.*) **7** (*pop.*) colpire; picchiare; bussare, menare (*pop.*). ● **to pop at a bird**, sparare a un uccello □ **to pop one's head in at the door**, far capolino dalla porta □ **to pop in and see sb.**, fare una breve visita a q.; fare un salto da q. □ **to pop into a room**, entrare in una stanza all'improvviso □ **to pop off**, andarsene in tutta fretta; svignarsela; (*pop.*) morire □ (*pop.*) **to pop off the hooks**, morire; tirare le cuoia □ **to pop st. open**, spalancare q.c. □ **to pop out**, fare una corsa (*o* un salto) fuori; (*di luce*) spegnersi □ (*fam.*) **to pop the question**, fare una proposta di matrimonio □ **to pop up**, balzar fuori; saltar su.

pop (1) [pɒp], **A** *n.* **1** schiocco: **the pop of a cork**, lo schiocco d'un tappo **2** scoppio; botto; sparo **3** (*fam.*) bevanda effervescente; gazzosa **4** (*pop.*) pegno: **My watch is in pop**, il mio orologio è in pegno; ho impegnato l'orologio. **B** *avv.* **1** con un botto; facendo «pum»; con uno schiocco **2** improvvisamente; di botto. **C** *inter.* «pum»! ● **pop-top**, che si apre a strappo (*rif. a lattine di birra, ecc.*) □ **to go pop**, schioccare (*pop.*). ● **to have a pop at a bird**, sparare una fucilata a un uccello □ «**Pop goes the weasel**», danza campagnola in cui un ballerino passa in fretta sotto le braccia intrecciate degli altri.

pop (2) [pɒp], **A** *a.* (*abbr. di* **popular**) pop; popolare: **pop music**, musica pop; **pop concert** (**festival**), concerto (festival) pop; **pop art**, pop-art. **B** *n.* (*fam.*) **1** musica pop **2** pop-art. ● **top of the pops**, disco in testa alla classifica delle vendite.

pop (3) [pɒp], *n.* (*pop. USA*) **1** babbo; papà **2** nonnetto; vecchietto.

popcorn ['pɒpkɔːn], *n.* pop-corn; granturco soffiato.

pope [pəup], *n.* (*relig.*) **1** (*nella Chiesa cattolica*) papa **2** (*nella Chiesa ortodossa*) pope. ● **p.'s head**, scopa tonda, dal manico lungo; piumino per spolverare □ **P. Joan**, la Papessa Giovanna (*gioco di carte*) □ (*fam.*) **the p.'s nose**, il boccone del prete.

popedom ['pəupdəm], *n.* papato.

popery ['pəupəri], *n.* (*spreg.*) papismo.

Popeye [pɒp,aɪ], *n.* Braccio di Ferro (*personaggio dei fumetti*).

popeyed [pɒp,aɪd], *a.* (*fam.*) **1** dagli occhi sporgenti (*o* bovini) **2** dagli occhi spalancati (*per lo stupore, ecc.*).

popgun ['pɒpɡʌn], *n.* **1** fucile (*o* pistola) ad aria compressa (*giocattolo*) **2** (*spreg.*) arma da fuoco di scarsa efficacia; scacciacani.

popinjay ['pɒpɪndʒeɪ], *n.* **1** bellimbusto; damerino; zerbinotto **2** (*dial.*) picchio verde **3** (*arc.*) pappagallo.

popish ['pəupɪʃ], *a.* (*spreg.*) di (*o* da) papista; papistico; cattolico.

poplar ['pɒplə*], *n.* (*bot.*, *Populus*) pioppo (*anche il legno*). ● **trembling p.** (*Populus tremula*), pioppo tremolo □ **white p.** (*Populus alba*), pioppo bianco; gattice.

poplin ['pɒplɪn], *n.* (*ind. tessile*) popeline.

popliteal [pɒp'lɪtɪəl], *a.* (*anat.*) popliteo; del poplite.

popliteus [pɒp'lɪtɪəs], *n.* (*pl.* **poplitei**) (*anat.*) **1** poplite **2** muscolo popliteo.

poppa ['pɒpə], *n.* (*fam. USA*) babbo; papà; «papi» (*fam.*).

popper ['pɒpə*], *n.* bottone automatico; automatico.

poppet ['pɒpɪt], *n.* **1** (*mecc. anche* **p. head**) supporto verticale **2** (*mecc., anche* **p. valve**) valvola a fungo **3** (*mecc.*) sfera d'arresto (*o* di scatto) **4** (*ind. min.*) castelletto **5** (*naut.*) colonna d'invasatura **6** (*dial.*) persona di bassa statura; tappetto (*fig.*) **7** (*specialm. vezzegg.*) piccolo, piccola; piccino, piccina; amore (*fig.*); tesoruccio.

poppied ['pɒpɪd], *a.* **1** coperto di papaveri **2** sotto l'influsso dell'oppio.

to popple ['pɒpl], *v. i.* (*dell'acqua*) incresparsi; sciabordare.

popple ['pɒpl], *n.* sciabordio; l'incresparsi (*dell'onda*).

popply ['pɒplɪ], *a.* (*dell'acqua*) che s'agita; increspata.

poppy ['pɒpɪ], *n.* **1** (*bot.*, *Papaver*) papavero **2** oppio **3** rosso papavero. ● (*in G.B.*) **P. Day**, giorno commemorativo dei Caduti della prima guerra mondiale (*il sabato più vicino all'11 novembre*) □ **p. head**, testa di papavero; capsula di papavero □ **opium p.** (*Papaver somniferum*), papavero da oppio.

poppycock ['pɒpɪkɒk], *n.* (*fam.*) sciocchezze; stupidaggini; fesserie.

popshop ['pɒpʃɒp], *n.* (*fam.*) monte di pietà; banco dei pegni.

popster ['pɒpstə*], *n.* (*fam.*) artista pop.

popsy ['pɒpsɪ], *n.* (*pop.*) amorosa; ragazza (*di q.*).

popsy(-wopsy) ['pɒpsɪ('wɒpsɪ), *n.* (*vezzegg.*) bambolina.

populace ['pɒpjʊləs], *n.* popolino; plebe; plebaglia; volgo.

popular ['pɒpjʊlə*], *a.* **1** popolare; popolaresco; popolano; di popolo; per il popolo; alla moda; in voga: **p. government**, governo di popolo; democrazia; **p. science**, scienza per uso popolare, volgarizzata; **a p. tumult**, un tumulto popolare; **p. prices**, prezzi popolari; **a p. song**, una canzone in voga; (*polit.*) **p. front**, fronte popolare **2** benvoluto; popolare: **He is p. with his pupils**, è benvoluto dai suoi alunni **3** (*comm.: di prezzo*) popolare; modico; a buon mercato: **at p. prices**, a prezzi popolari. ● **p. fallacies**, credenze popolaresche; superstizioni □ **p. opinion**, opinione universale □ **to make oneself p.**, farsi benvolere.

popularity [,pɒpjʊ'lærɪtɪ], *n.* popolarità; favore; voga: **the p. of football**, la popolarità del gioco del calcio; **to win p.**, acquistare popolarità.

popularization [,pɒpjʊləraɪ'zeɪʃən], *n.* popolarizzazione; volgarizzazione; divulgazione.

to popularize ['pɒpjʊləraɪz], *v. t.* popolarizzare; divulgare; volgarizzare. ● (*polit.*) **to p. suffrage**, rendere universale il suffragio.

popularly ['pɒpjʊləlɪ], *avv.* **1** generalmente; comunemente **2** (*comm.*) a prezzo popolare. ● **a p.-priced camera**, una macchina fotografica venduta a prezzo popolare.

to populate ['pɒpjʊleɪt], *v. t.* popolare.

population [,pɒpjʊ'leɪʃən], *n.* **1** popolazione **2** (*raro*) popolamento. ● **p. explosion**, esplosione demografica; boom delle nascite □ (*stat.*) **p. mean**, media della popolazione □ **decrease** (**increase**) **in p.**, regresso (incremento) demografico.

populism ['pɒpjʊlɪzəm], *n.* (*polit.*) populismo.

populist ['pɒpjʊlɪst], *n.* (*polit.*) populista.

populous ['pɒpjʊləs], *a.* popoloso; (densamente) popolato.

populousness ['pɒpjʊləsnɪs], *n.* popolosità.

porbeagle ['pɔː,biːɡl], *n.* (*zool.*, *Lamna nasus*) smeriglio.

porcelain ['pɔːslɪn], **A** *n.* **1** porcellana **2** (*collett.*) porcellane. **B** *a. attr.* di porcellana. ● (*elettr.*) **p. capacitor**, condensatore in porcellana □ **p. cement**, adesivo per porcellana □ (*miner.*) **p. clay**, caolino.

to porcelainize ['pɔːslɪnaɪz], *v. t.* (*ind.*) trasformare (*l'argilla, ecc.*) in porcellana; porcellanare.

porcellaneous [,pɔːsɪ'leɪnjəs], **porcellanous** ['pɔːsɪləənəs], *a.* di porcellana.

porch [pɔːtʃ], *n.* (*archit.*) **1** portico **2** (*USA*) veranda.

porcine ['pɔːsaɪn], *a.* porcino; suino.

porcupine ['pɔːkjʊpaɪn], *n.* **1** (*zool.*, *Hystrix*) porcospino; istrice **2** (*ind. tessile*) cardatrice, pettinatrice (*per il lino, ecc.*). ● (*zool.*) **p. ant-eater** (*Tachyglossus aculeatus*), echidna istrice.

porcupinish ['pɔːkjʊpaɪnɪʃ], *a.* di (*o* da) porcospino.

to pore [pɔː*], *v. i.* **1** — **to p. over**, leggere (*o* studiare) attentamente (*un libro, ecc.*) **2** — **to p. on** (*o* **upon**, **over**), meditare, riflettere su. ● **to p. one's eyes out**, logorarsi la vista sui libri.

pore [pɔː*], *n.* (*anat., bot., fis.*) poro.

to porge [pɔːdʒ], *v. t.* (*relig. ebraica*) purificare (*un animale ucciso*) togliendone alcune parti.

porgy ['pɔːdʒɪ], *n.* (*pl.* **porgies**, **porgy**) (*zool.*, *Pagrus pagrus*) pagro.

porism ['pɔːrɪzəm], *n.* (*stor., mat.*) porisma.

pork [pɔːk], *n.* **1** carne di maiale; carne suina. ● (*pop. USA*) **p. barrel**, denaro pubblico speso per scopi demagogici □ **p. butcher**, macellatore di maiali; norcino; salumaio, salumiere, pizzicagnolo □ **p. chop**, braciola di maiale □ **p.-pie**, pasticcio di carne di maiale □ **a p.-pie hat**, un cappello a cupola piatta e a falda rialzata.

porker ['pɔːkə*], *n.* maiale da ingrasso; porco.

porket ['pɔːkɪt], *n.* maialino da ingrasso; porcello.

porkling ['pɔːklɪŋ], *n.* porcello, porcella; porcellino di latte.

porky ['pɔːkɪ], *a.* **1** di (*o* da) maiale; porcino **2** (*fam.*) grasso.

porn [pɔːn], (*fam.*) **A** *n.* **1** pornografia **2** film pornografico; pornofilm **3** pornografo. **B** *a.* porno; pornografico.

porno ['pɔːnəʊ], *a. e n.* (*pl.* **pornos**) *V.* **porn**.

pornographer [pɔː'nɒɡrəfə*], *n.* pornografo.

pornographic [,pɔːnə'ɡræfɪk], *a.* pornografico.

pornography [pɔː'nɒɡrəfɪ], *n.* pornografia.

porny ['pɔːnɪ], *a.* (*pop.*) porno; pornografico.

porosis [pɔː'rəʊsɪs], *n.* (*med.*) porosi; osteoporosi.

porosity [pɔː'rɒsɪtɪ], *n.* (*fis.*) porosità.

porous ['pɔːrəs], *a.* poroso: **p. metals**, metalli porosi.

porousness ['pɔːrəsnɪs], *n.* porosità.

porphyry ['pɔːfɪrɪ], *n.* (*geol.*) porfido.

porpoise ['pɔːpəs], *n.* (*zool.*) **1** (*Phocaena phocaena*) focena; marsuino **2** (*pop.*, *Delphinus delphis*) delfino comune.

to porrect [pəˈrekt], *v. t.* **1** stendere, tendere (*una parte del corpo*) **2** (*diritto ecclesiastico*) presentare (*un documento*).
porridge [ˈpɔridʒ], *n.* «porridge»; farinata d'avena. ● (*pop.*) **to do p.**, scontare una condanna al carcere □ (*fig.*) **to keep one's breath to cool one's p.**, tenere le proprie opinioni per sé.
porringer [ˈpɔrindʒə*], *n.* scodella (*specialm. per il porridge*).
port (1) [pɔːt], *n.* (*anche fig.*) porto: **to enter p.**, entrare in porto. ● **p. charges**, spese portuali □ **p. dues**, diritti di porto □ (*naut.*) **p. facilities**, attrezzature portuali; (la) portualità □ **p. of call**, porto di scalo; scalo; (*fig.*) meta abituale □ (*comm.*) **p. of entry**, porto d'entrata (*di merci importate*) □ **p. regulations**, regolamenti portuali □ (*in G.B.*) **p. warden**, ispettore del carico e dello stivaggio □ **the p. workers**, i lavoratori (*o* le maestranze) portuali; i portuali ● **free p.**, porto franco □ **naval p.**, porto militare □ (*fig.*) **Any p. in a storm**, in tempo di tempesta tutti i porti sono buoni.
port (2) [pɔːt], *n.* **1** (*naut., anche* **porthole**) portello; portellone: **raft p.**, portellone di carico **2** (*elettr.*) porta **3** (*fis. nucl.*) canale **4** (*mecc.*) apertura; luce; foro (*di cilindro, valvola, ecc.*). ● (*naut.*) **p. light**, oblò.
port (3) [pɔːt], **A** *n.* (*naut., aeron.*; anche **p. side**) fianco sinistro (*di aereo o di nave*); babordo (*termine ora in disuso*). **B** *a. attr.* di sinistra; sinistro. ● **to put the helm to p.** (*o* **a-port**), virare a sinistra.
to port (1) [pɔːt], *v. t. e i.* (*naut., anche* **to p. the helm**) virare a sinistra.
port (4) [pɔːt], *n.* (*mil.*) posizione del «portat'arm»: **rifles at the p.**, fucili in posizione di «portat'arm».
to port (2) [pɔːt], *v. t.* (*mil.*) tenere (*il fucile, ecc.*) in posizione di «portat'arm». ● **P. arms!**, «portat'arm»!
port (5) [pɔːt], *n.* porto (*vino liquoroso portoghese*); (*in origine*) vino di Oporto.
portability [ˌpɔːtəˈbiliti], *n.* l'esser portatile; trasportabilità.
portable [ˈpɔːtəbl], **A** *a.* portabile; portatile: **a p. radio set**, una radio portatile. **B** *n.* macchina da scrivere (radio, televisore, ecc.) portatile.
portage [ˈpɔːtidʒ], *n.* **1** trasporto **2** (*comm.*) porto; spese di trasporto **3** trasporto (*di battelli, merci*) via terra da un fiume a un altro (*o da un lago a un altro, ecc.*) **4** via usata per questo trasporto.
to portage [ˈpɔːtidʒ], *v. t.* trasportare (*battelli, merci*) via terra da un fiume a un altro (*o da un lago a un altro, ecc.*).
portal [ˈpɔːtl], **A** *n.* **1** (*archit.*) portale; (*poet.*) porta **2** (*ind. min.*) imbocco (*di miniera*); portale. **B** *a. attr.* (*anat.*) portale. ● (*anat.*) **p. vein**, vena porta.
portaloo [ˌpɔːtəˈluː], *n.* (*pl.* **portaloos**) (*autom.*) gabinetto pubblico; latrina stradale (*in una piazzuola d'autostrada ingl.*).
portative [ˈpɔːtətiv], *a.* **1** atto a portare **2** portatile; portabile.
portcullis [pɔːtˈkʌlis], *n.* saracinesca (*della porta d'un castello, ecc.*).
Porte [pɔːt], *n.* (*stor.*) Porta (*governo ottomano fino al 1923*): **the Sublime P.**, la Sublime Porta.
to portend [pɔːˈtend], *v. t.* preannunziare; predire; presagire.
portent [ˈpɔːtent], *n.* **1** presagio (*specialm. triste*) **2** segno premonitore; indizio **2** portento; prodigio. ● (*lett.*) **a howl of dire p.**, un ululato pieno d'orridi presagi.
portentous [pɔːˈtentəs], *a.* **1** che è di malaugurio; funesto **2** portentoso; prodigioso **3** (*di persona*) che si dà arie.
porter (1) [ˈpɔːtə*], *n.* **1** facchino; portabagagli **2** (*ferr. USA*) cameriere, inserviente (*di vagone-letto, ecc.*). ● **p.'s knot**, cuscinetto usato dai facchini per portar pesi sulle spalle.
porter (2) [ˈpɔːtə*], *n.* portinaio; portiere (*di scuola, d'albergo, ecc.*). ● **p.'s desk**, portineria (*in un albergo*) □ **p.'s lodge**, portineria (*casetta*).
porter (3) [ˈpɔːtə*], *n.* birra scura e amara. ● (*arc. o USA*) **p.-house**, birreria; osteria □ **p.-house steak**, bistecca di manzo scelto.
porterage [ˈpɔː(ː)təridʒ], *n.* facchinaggio; spese di facchinaggio.
portfolio [pɔːtˈfouljou], *n.* (*pl.* **portfolios**) **1** busta, cartella (*per le più di cuoio*) **2** (*polit., fin.*) portafoglio: **minister without p.**, ministro senza portafoglio; **the p. of a company**, il portafoglio d'una società commerciale.
porthole [ˈpɔːthoul], *n.* **1** (*naut.*) portello; oblò (*un tempo*) feritoia.
Portia [ˈpɔːʃiə], *n.* (*letter.*) Porzia.
portico [ˈpɔːtikou], *n.* (*pl.* **porticoes, porticos**) (*archit.*) portico; colonnato.
portion [ˈpɔːʃən], *n.* **1** porzione; parte: **a p. of pudding**, una porzione di budino **2** (*fin.*) porzione; quota **3** (*leg.*) porzione di patrimonio (*che va a un erede*) **4** (*anche* **marriage p.**) dote **5** (*lett.*) destino; fato; sorte: **To die is our p.**, il destino dell'uomo è morire.
to portion [ˈpɔːʃən], *v. t.* **1** dividere; ripartire **2** assegnare la dote a (*una nubile*). ● **to p. out**, assegnare; distribuire; spartire.

portionless [ˈpɔːʃənlis], *a.* **1** senza eredità **2** (*di ragazza*) senza dote.
Portland [ˈpɔːtlənd], *n.* (*geogr.*) Portland (*isola della contea di Dorset*). ● **P. cement**, cemento portland; cemento idraulico □ **P. stone**, pietra portland (*da costruzione*).
portliness [ˈpɔːtlinis], *n.* corpulenza; grassezza.
portly [ˈpɔːtli], *a.* **1** corpulento; grasso **2** (*arc.*) maestoso; prestante.
portmanteau [pɔːtˈmæntou], *n.* (*pl.* **portmanteaus, portmanteaux**) baule armadio; valigia porta-abiti. ● **p. word**, parola coniata mediante la fusione di due parole (*per es.*, **smog** *da* **smoke** *e* **fog**).
portolano [ˌpɔːtouˈlɑːnou] (*ital.*), *n.* (*pl.* **portolanos, portolani**) (*stor., naut.*) portolano.
portrait [ˈpɔːtrit], *n.* ritratto (*anche fig.*); pittura; descrizione vivida. ● **p.-painter**, ritrattista □ **a full-length p.**, un ritratto a figura intera □ **a half-length p.**, un ritratto a mezzo busto.
portraitist [ˈpɔːtritist], *n.* ritrattista.
portraiture [ˈpɔːtritʃə*], *n.* **1** arte del ritrarre; ritrattistica **2** ritratto.
to portray [pɔːˈtrei], *v. t.* **1** ritrarre; dipingere; (*fig.*) descrivere vividamente **2** rappresentare (*un personaggio*) sulla scena.
portrayal [pɔːˈtreiəl], *n.* **1** il ritrarre **2** ritratto; (*fig.*) vivida descrizione.
portress [ˈpɔːtris], *n.* portinaia, portiera (*specialm. di convento*).
Portugal [ˈpɔːtjugəl], *n.* (*geogr.*) Portogallo.
Portuguese [ˌpɔːtjuˈgiːz], *a. e n.* (*invar. al pl.*) portoghese (*anche la lingua*): **the P.**, i portoghesi. ● (*zool.*) **P. man-of-war** (*Physalia physalis*), caravella portoghese.
portulaca [ˌpɔːtjuˈleikə], *n.* **1** (*bot.*, *Portulaca grandiflora*) portulaca **2** (*bot.*, *Portulaca oleracea*) porcellana.
to pose [pouz], **A** *v. i.* posare; mettersi (*o* stare) in posa; assumere una posa; atteggiarsi: **The sitter poses before the painter**, il modello posa davanti al pittore; **He poses as a great scholar**, posa a grande erudito; **Don't p. as a martyr!**, non atteggiarti a martire! **B** *v. t.* **1** mettere in posa; far posare (*un modello, ecc.*) **2** porre (*una domanda*); proporre (*un quesito, un problema*).
pose [pouz], *n.* posa; positura; atteggiamento; affettazione: **His generosity is a mere p.**, la sua generosità non è che una posa.
poser (1) [ˈpouzə*], *n.* **1** chi posa (*per un pittore, ecc.*); modello, modella **2** chi posa (*dandosi importanza*); posatore, posatrice.
poser (2) [ˈpouzə*], *n.* **1** domanda imbarazzante; quesito difficile **2** problema arduo; brutta gatta da pelare (*fig.*).
poseur [pouˈzəː*] (*franc.*), *n.* posatore; chi posa (*dandosi importanza*).
posh [pɔʃ], *a.* (*fam.*) elegante; di lusso; lussuoso: **p. clothes**, abiti eleganti; **a p. hotel**, un albergo di lusso. ● (*fam.*) **the p. people**, la gente elegante; la gente bene; l'alta società.
position [pəˈziʃən], *n.* **1** posizione (*quasi in ogni senso*); positura; atteggiamento; situazione; condizione sociale: **geographic p.**, posizione geografica; **strategic p.**, posizione strategica; **The players were in p.**, i giocatori erano in posizione; **I am in an awkward p.**, mi trovo in una posizione delicata; **He is a man of p.**, è uomo d'elevata condizione sociale **2** (*aeron., naut., miss.*) posizione; punto **3** impiego (*specialm. statale*); posto (*di lavoro*): **to get a good p. in the public service**, ottenere un buon impiego statale **4** (*sport*) posizione (*alla partenza*); (*anche*) posto in classifica; classifica **5** (*mil., anche*) postazione: **gun positions**, postazioni d'artiglieria. ● (*mil.*) **p. finder**, telemetro □ **p. statement**, presa di posizione □ **in p.**, in posto; nel posto giusto □ **to be in a p. to do st.**, essere in condizione (*o* in grado) di fare q.c. □ (*mil.*) **to manoeuvre for p.**, manovrare per occupare una posizione favorevole □ **of position**, altolocato: **men (o women) of p.**, persone altolocate ● **out of p.**, fuori posto; nel posto sbagliato □ **people of p.**, gente d'elevata condizione sociale □ **He's got a good p.**, s'è procacciato una buona posizione (*o* un buon impiego).
to position [pəˈziʃən], *v. t.* **1** mettere in posizione; collocare; mettere a posto **2** (*mecc.*) posizionare **3** (*mil.*) piazzare; mettere in postazione **4** determinare la posizione di (*q.c.*); localizzare.
positional [pəˈziʃənl], *a.* di posizione; posizionale. ● (*sport*) **to have a fine p. sense**, avere il senso del gioco di posizione.
positioning [pəˈziʃəniŋ], *n.* **1** messa in posizione **2** (*mecc.*) posizionamento **3** (*mil.*) messa in postazione; piazzamento (*raro*).
positive [ˈpɔzətiv], **A** *a.* **1** (*elettr., mat. gramm., ecc.*) positivo: **p. electricity**, elettricità positiva; **p. charge**, carica positiva; **p. sign**, segno positivo; **p. laws**, leggi positive; **p. degree**, grado positivo (*d'un aggettivo, d'un avverbio*); **a p. answer**, una risposta positiva **2** concreto, esplicito; certo, sicuro, chiaro; preciso: **p. help**, aiuto concreto; **p. orders**, ordini espliciti; **p. knowledge**, notizie certe; informazioni sicure; **p. instructions**, istruzioni precise **3** (*di persona*) convinto; sicuro; deciso: **He was p. he**

positively

had seen a ghost, era sicuro d'aver visto uno spettro 4 (*fam.*) completo; vero e proprio; bell'e buono: **a p. fool**, un completo imbecille; **a p. shame**, una vera vergogna. **B** *n.* 1 qualità positiva; cosa positiva 2 (*fotogr.*) positiva 3 (*gramm.*) grado positivo. ● **p. criticism**, critica costruttiva □ (*leg.*) **p. proof**, prova certa; prova fondata sui fatti □ (*mecc.*) **p. stop**, arresto meccanico

positively ['pɒzitivli], *avv.* 1 certamente; sicuramente 2 positivamente; di positivo 3 concretamente; praticamente 4 (*fam.*) addirittura; proprio; davvero 5 (*USA*) ma sì; ma certo. ● (*e-lettr.*) **p. charged**, a carica positiva.

positiveness ['pɒzitivnis], *n.* 1 positività 2 certezza; sicurezza.

positivism ['pɒzitivizəm], *n.* (*filos.*) positivismo.

positivist ['pɒzitivist], *n.* (*filos.*) positivista.

positivistic [,pɒziti'vistik], *a.* (*filos.*) positivistico.

positron ['pɒzitrɒn], *n.* (*fis. nucl.*) positrone.

posological [,pousə'lɒdʒikəl], *a.* (*farm.*) della posologia.

posology [pou'sɒlədʒi], *n.* (*farm.*) posologia.

poss [pɒs], *a.* (*abbr. fam. di* possible) possibile: **if p.**, se è (*o* se sarà) possibile.

posse ['pɒsi], *n.* 1 (*leg., anche* **p. comitatus**) insieme di tutti gli uomini validi di una contea (*che possono essere chiamati a dar man forte alla legge*) 2 compagnia; squadra d'armati. ● (*leg.*) **in p.**, potenzialmente.

to possess [pə'zes], *v. t.* 1 possedere; avere: **They p. land**, possiedono terreni 2 conoscere a fondo, essere padrone di, possedere (*una lingua straniera, ecc.*) 3 invasare; ossessionare; possedere: **to be possessed by the devil**, essere invasato dal demonio. ● **to p. oneself of st.**, impossessarsi di q.c.; impadronirsi di q.c. □ (*lett.*) **to p. one's soul** (*o* **mind**) **in patience**, armarsi di santa pazienza □ **to be possessed by** (*o* **with**) **an idea**, esser tutto preso da un'idea □ **to be possessed of st.**, possedere q.c.; avere q.c. in proprietà □ **What possesses you to think of such a thing?**, che cosa ti prende che pensi una cosa simile?

possessed [pə'zest], *a.* 1 posseduto dal demonio; indemoniato; invasato; ossesso. ● (*USA*) **like all p.**, a viva forza; a più non posso.

possession [pə'zeʃən], *n.* 1 possesso: **to be in p. of st.**, essere in possesso di q.c.; possedere q.c.; **to come into p. of a fortune**, entrare in possesso d'una fortuna 2 (*specialm. al pl.*) possedimento (*anche polit.*); proprietà; beni: **British possessions**, possedimenti britannici; **my personal possessions**, le mie proprietà personali 3 conoscenza approfondita, padronanza, possesso (*d'una lingua straniera, ecc.*) 4 l'essere invasato; ossessione; possessione. ● **to be in p.**, essere in possesso (di q.c.); (*sport*) essere in possesso della palla □ **to rejoice in the p. of st.**, aver la fortuna di possedere q.c. □ **self-p.**, padronanza di sé □ **to take p. of st.**, prender possesso di q.c. □ (*prov.*) **P. is nine-tenths** (*o* **nine points**) **of the law**, possedere una cosa è già quasi averla per diritto.

possessive [pə'zesiv], **A** *a.* 1 (*specialm. gramm.*) possessivo: **p. pronouns**, pronomi possessivi; **a p. attitude**, un atteggiamento possessivo 2 (*di persona*) avido: **a p. person**, una persona avida. **B** *n.* (*gramm.*) 1 caso possessivo 2 pronome (*o* aggettivo) possessivo. ● **a p. mother**, una madre possessiva □ **to be p. with one's wife**, opprimere la propria moglie.

possessiveness [pə'zesivnis], *n.* 1 l'esser possessivo 2 avidità 3 tendenza a opprimere, a dominare, a soffocare (*gli altri*).

possessor [pə'zesə*], *n.* possessore; proprietario, proprietaria.

possessory [pə'zesəri], *a.* 1 di possessore 2 (*leg.*) possessorio.

posset ['pɒsit], *n.* bevanda di latte caldo, vino (*o* birra) e spezie varie (*assai usata un tempo contro il raffreddore*).

possibility [,pɒsə'biliti], *n.* 1 possibilità: **There is no p. of his winning**, non c'è nessuna possibilità di vittoria per lui 2 (*pl.*) possibilità di successo: **What are the possibilities?**, che possibilità (di successo) ci sono? 3 caso (*o* soluzione, risultato) possibile 4 (*fam.*) persona (*o* cosa) che può andare: **Do you think that he's a p. as a husband for Jill?**, credi che lui possa andare come marito per Giuliana?

possible ['pɒsəbl], **A** *a.* 1 possibile: **a. p. solution**, una soluzione possibile; **a p. answer**, una risposta possibile 2 (*fam.*) sopportabile: tollerabile. **B** *n.* 1 (il) possibile: **to do one's p.**, fare il possibile 2 possibilità 3 (*nel tiro a segno*) il massimo dei punti: **to score a p.**, fare il massimo dei punti 4 (*fam.: di persona o cosa*) accettabile; che può andare (*fam.*). ● **as far as p.**, nei limiti del possibile □ **as soon as p.**, al più presto possibile; quanto prima □ **if p.**, possibilmente; se ti (se mi, ecc.) è possibile: **If p.**, **call back at nine**, possibilmente, richiamami alle nove □ **It's p.!**, può darsi! □ **It's quite p.!**, è possibilissimo!

possibly ['pɒsibli], *avv.* 1 in alcuna circostanza; in alcun modo; proprio: **It can't p. work**, non può funzionare in alcun modo 2 forse; può darsi: «**Will your salary be increased?**» «**P.**», «ti aumenteranno lo stipendio?» «forse» 3 (*idiom., per es. in:*) **It may p. be so**, può darsi che sia così; **He cannot p. come**, è impossibile che venga; **I'll do all I p. can**, farò tutto il possibile; farò del mio meglio; **I cannot p. do it**, proprio non posso (farlo) □ **Could you p. help me?**, per favore, mi puoi aiutare? (*o* mi aiuteresti?).

possum ['pɒsəm], *n.* (*fam., zool., Didelphis virginiana*) opossum. ● **to play p.**, fingersi (*o* fare il) morto; fare l'indiano (*fig.*).

post (1) [poust], *n.* 1 (*costr.*) montante; puntello; palo (*di steccato*) 2 (*nelle miniere*) butta; puntello; gamba; (*anche*) pilastro di minerale 3 (*naut.*) dritto di poppa 4 (*sport, anche* **goal post**) palo della porta (*al calcio, ecc.*) 5 (*specialm. ippica*) palo; palo di partenza; (*anche*) traguardo. ● **bed-p.**, sostegno (*o* colonnina ecc.) di letto □ **between you and me and the bed-p.**, (detto) in confidenza; a quattr'occhi □ (*sport*) **finishing post**, traguardo □ **lamp-p.**, (colonna di) lampione □ (*naut.*) **mooring p.**, colonna d'ormeggio □ (*naut.*) **rudder p.**, dritto del timone □ (*sport*) **starting p.**, palo di partenza □ (*sport*) **winning p.**, palo d'arrivo; traguardo.

to post (1) [poust], *v. t.* 1 (*anche* **to p. up**) affiggere; attaccare (*un manifesto, ecc.*) 2 (*anche* **to p. over**) coprire (*un muro, ecc.*) di manifesti 3 mettere (*il nome di q.c.*) su un manifesto; affiggere all'albo; annunziare, pubblicare (*a mezzo di manifesto*): **to p. a reward**, pubblicizzare la ricompensa (*per la cattura d'un malfattore, ecc.*); **The names of the unsuccessful students were posted**, i nomi dei candidati respinti furono pubblicati (*o* affissi all'albo). ● **to p. a ship as missing**, affiggere all'albo il nome d'una nave dispersa □ **P. no bills!**, divieto d'affissione (*cartello*).

post (2) [poust], *n.* 1 (*mil.*) posto (*di guardia, di sentinella, ecc.*): **frontier p.**, posto di frontiera 2 posto; posto di lavoro; impiego; carica 3 (*anche* **trading p.**) stazione commerciale. ● (*USA*) **p. exchange**, spaccio militare □ (*mil.*) **first p.**, primo suono di tromba della ritirata □ (*mil.*) **last p.**, ultimo suono di tromba della ritirata; squillo di tromba per onoranze funebri.

to post (2) [poust], *v. t.* (*mil.*) 1 appostare; piazzare; collocare; mettere (*soldati in un posto*): **Sentinels were posted on the hill**, furono messe sentinelle in vetta al colle 2 dare il comando a; nominare (*un comandante*) 3 (*bur., mil.*) assegnare, inviare: **to be posted to a regiment**, essere assegnato a un reggimento.

post (3) [poust], *n.* 1 (*un tempo*) corriere postale 2 posta; corrispondenza; ufficio postale: **I am waiting for the morning p.**, aspetto la posta del mattino; **I had a heavy p. today**, ho ricevuto molta corrispondenza oggi 3 levata della posta: **I missed the morning p.**, ho perduto la levata del mattino; ho impostato troppo tardi 4 distribuzione della posta. ● **p.-bag**, sacco postale; borsa del portalettere; (*fam.*) posta, lettere (di q.) □ **p.-boat**, battello postale; posta le □ **p.-box**, cassetta della posta; buca delle lettere □ (*stor.*) **p.-boy**, messaggero; postiglione □ (*stor.*) **p. chaise**, diligenza postale □ (*in G.B.*) **p.-code**, codice (d'avviamento) postale □ **p.-free**, franco di posta; in franchigia postale □ (*avv.*) **p.-haste**, in gran fretta □ (*stor.*) **p.-horse**, cavallo di posta □ **p. office**, ufficio postale □ **P. Office**, Ministero delle Poste (*in G.B.*) □ **p.-office box**, casella postale □ (*ferr.*) **p.-office car**, vagone postale □ (*USA*) **P. Office Department**, Ministero delle Poste □ (*di busta*) **Post Office preferred** (*abbr.* **P.P.P.**), in regola con il bustometro □ (*fin., stor.*) **P.-Office Savings Bank**, cassa di risparmio postale (*in G.B., fino al 1968; ora* **National Savings Bank**) □ (*USA*) **p.-paid**, franco di posta; in franchigia; porto pagato □ **p. parcel**, pacco postale □ **p.-town**, cittadina con ufficio postale □ (*polit.*) **p. vote**, voto espresso per lettera (*in G.B.*) □ **by p.**, per posta; a mezzo posta □ **by return of p.** (*o* **of mail**), a giro di posta; (*un tempo*) a volta di corriere.

to post (3) [poust], **A** *v. i.* 1 (*un tempo*) viaggiare con cavalli di posta; viaggiare in diligenza 2 (*per estens.*) viaggiare in gran fretta; affrettarsi. **B** *v. t.* 1 spedire per posta (*lettere, pacchi, ecc.*) 2 impostare, imbucare (*lettere, ecc.*; *cfr. USA* **to mail**) 3 (*rag., anche* **to p. up**) passare, registrare (*una partita*) a mastro 4 (*fam., anche* **to p. up**) informare; dare tutti i particolari a (q.): **He is kept well posted**, lo tengono ben informato. ● (*comm.*) **to p. up the ledger**, aggiornare il libro mastro □ (*di persona*) **well posted**, bene informato.

postage ['poustidʒ], *n.* tariffa postale; affrancatura (*d'una lettera, ecc.*): «**p. due**», «affrancatura insufficiente». ● **p.-due stamp**, segnatasse □ **p. meter**, (macchina) affrancatrice □ **p. stamp**, francobollo □ **extra p.**, soprattassa postale.

postal ['poustəl], **A** *a.* postale: **p. rates**, tariffe postali. **B** *n.* (*fam. USA; abbr. di* **postal card**) cartolina. ● (*in G.B.*) **p. code**, codice di avviamento postale □ **p. delivery zone**, distretto postale □ **p.(-)order**, vaglia postale □ **p. union**, unione postale (*fra Paesi diversi*).

postbus ['poust,bʌs], *n.* (*abbr. fam. di* **Post Office minibus**) piccolo autobus delle Poste (*in G.B.: per il trasporto di corrispondenza, ecc., nelle zone rurali*).

postcard ['pous*t*ka:d], *n.* cartolina.

post-classical ['poust'klæsikəl], *a.* postclassico.

postcode ['pous*t*koud], *n.* (*in G.B.*) codice di avviamento po-

stale (*abbr.* CAP).
to postcode ['poust'koud], *v. t.* premettere il codice d'avviamento postale (*o* il CAP) al (*nome di una città*); mettere il CAP in (*una busta, una lettera*).
post-communion ['poustkə'mju:njən], *n.* (*relig.*) postcommunio.
postconciliar ['poustkən'siliə*], *a.* (*relig.*) postconciliare.
to postdate ['poust'deit], *v. t.* **1** postdatare (*un documento, un assegno, ecc.*) **2** attribuire (*un avvenimento*) a una data più tarda.
postdate ['poust'deit], *n.* data posteriore (*a quella effettiva*); postdatazione.
poster (1) ['poustə*], *n.* **1** poster; affisso; avviso; cartello; cartellone; manifesto **2** (*anche* **bill-p.**) chi affigge manifesti; attacchino. ● **p. advertising**, pubblicità a mezzo affissione ☐ **p. designer**, cartellonista ☐ **p. panel**, tabellone pubblicitario ☐ **p. paper**, carta per manifesti.
to poster ['poustə*], *v. t.* coprire (*un muro, ecc.*) di manifesti; affiggere manifesti su (*un muro*).
poster (2) ['poustə*], *n.* (*un tempo*) cavallo di posta.
poste restante ['poust 'resta:nt] (*franc.*), *n.* fermoposta.
posterior [pɔs'tiəriə*], **A** *a.* (*specialm. anat. e med.*) posteriore. **B** *n.* deretano; sedere.
posteriority [pɔs,tiəri'ɔriti], *n.* posteriorità.
posterity [pɔs'teriti], *n.* posterità; (i) posteri.
postern ['poustə:n], **A** *n.* **1** porta secondaria **2** (*fig.*) porta di servizio. **B** *a. attr.* posteriore; di dietro; sul retro: **p. door** (**p. gate**), porta (cancello) sul retro.
postfix ['poust'fiks], *n.* (*linguistica*) suffisso.
to postfix ['poust'fiks], *v. t.* (*linguistica*) suffissare; aggiungere come suffisso.
postglacial ['poust'gleisiəl], *a.* (*geol.*) postglaciale.
postgraduate ['poust'grædjuit], **A** *a.* di perfezionamento, di specializzazione (*dopo la laurea*): **p. courses**, corsi di perfezionamento. **B** *n.* laureato che si perfeziona presso un'università. ● **p. school**, scuola di perfezionamento.
posthumous ['pɔstjuməs], *a.* postumo.
posthumously ['pɔstjuməsli], *avv.* dopo la morte.
postiche [pɔs'ti:ʃ] (*franc.*), *n.* capelli posticci; posticcio.
postil ['pɔstil], *n.* (*stor.*) postilla; glossa (*specialm. alle Sacre Scritture*).
postil(l)ion [pəs'tiljən], *n.* postiglione.
postimpressionism ['poust-im'preʃnizəm], *n.* (*arte*) postimpressionismo.
postimpressionist ['poust-im'preʃnist], *n.* (*arte*) postimpressionista.
postindustrial ['poustin'dʌstriəl], *a.* postindustriale.
posting ['poustiŋ], *n.* (*specialm. mil.*) assegnazione; destinazione assegnata (*a un ufficiale, a un funzionario, ecc.*).
postman ['poustmən], *n.* (*pl.* **postmen**) postino; portalettere.
postmark ['poustma:k], *n.* bollo (*o* timbro) postale.
to postmark ['poustma:k], *v. t.* bollare, timbrare (*una lettera*).
postmaster ['poust,ma:stə*], *n.* direttore di un ufficio postale; ufficiale postale. ● **P. General**, Ministro delle Poste.
postmastership ['poust,ma:stəʃip], *n.* direzione d'un ufficio postale; periodo di servizio (*o* carica) di ufficiale postale.
postmeridian [,poustmə'ridiən], *a.* pomeridiano.
post meridiem ['poust'mə'ridiəm] (*lat.*), *avv.* dopo mezzogiorno (*di solito abbr. in* **P.M., p.m.**).
postmistress ['poust,mistris], *n.* direttrice d'un ufficio postale.
post-modern ['poust'mɔdən], *a.* postmoderno.
post(-)mortem ['poust'mɔ:tem], **A** *a.* (che avviene) dopo il decesso (di q.). **B** *n.* autopsia. ● **p. examination**, autopsia.
postnatal ['poust'neitl], *a.* **1** (*med.*) postnatale **2** (che avviene) dopo la nascita.
postnuptial ['poust'nʌpʃəl], *a.* posteriore alle nozze.
to postpone [poust'poun], *v. t.* **1** posticipare; differire; rimandare; rinviare; prorogare **2** (*fin., leg.*) postergare: **to p. a mortgage**, postergare un'ipoteca **3** (*raro*) posporre; subordinare.
postponement [poust'pounmənt], *n.* posticipazione; differimento; dilazione; rinvio; proroga.
postposition ['poustpə'ziʃən], *n.* (*linguistica*) **1** posposizione **2** particella (*o* parola) pospositiva (*di solito enclitica*; *per es.*: **-wards** in **skywards**).
postpositional ['poustpə'ziʃənl], *a.* (*linguistica*) pospositivo (*V.* **postposition**). **postpositive** ['poust'pɔzitiv], *a.* (*linguistica*) pospositivo (*V.* **postposition**).
postprandial ['poust'prændiəl], *a.* **1** (*med.*) postprandiale **2** (*di solito scherz.*) (che avviene) dopo il pranzo; conviviale: **p. speeches**, discorsi conviviali.
postscript ['pousskript], *n.* **1** (*abbr.* **P.S.**) poscritto **2** (*alla BBC*) commento d'attualità (*dopo un giornale radio*).
postulant ['pɔstjulənt], *n.* (*specialm. relig.*) postulante.
to postulate ['pɔstjuleit], *v. t. e i.* **1** postulare; domandare; richiedere **2** ammettere; ipotizzare; supporre.

postulate ['pɔstjulit], *n.* **1** (*mat., filos.*) postulato **2** principio basilare; presupposto indispensabile.
postulation [,pɔstju'leiʃən], *n.* **1** (*specialm. relig.*) postulazione **2** supposizione.
postulator ['pɔstjuleitə*], *n.* (*specialm. relig.*) postulatore.
postural ['pɔstʃərəl], *a.* posturale (*fisiologia*); di positura; d'atteggiamento.
posture ['pɔstʃə*], *n.* **1** (*fisiologia*) postura **2** positura; posa; atteggiamento (*anche della mente*) **3** condizione; stato delle cose; situazione: **a delicate p. in foreign affairs**, una situazione delicata in politica estera. ● **p.-maker**, acrobata; contorsionista.
to posture ['pɔstʃə*], **A** *v. t.* mettere (q.) in una posizione (*o* in una posa); atteggiare. **B** *v. i.* posare; mettersi in posa; atteggiarsi.
posturer ['pɔstʃərə*], *n.* **1** chi prende una posa; posatore **2** contorsionista.
postwar ['poust'wɔ:*], *a. attr.* postbellico; del dopoguerra.
postwoman ['poust,wumən], *n.* (*pl.* **postwomen**) postina.
posy ['pouzi], *n.* mazzetto di fiori.
pot [pɔt], *n.* **1** pentola; pignatta **2** vaso; vasetto: **a jam pot**, un vasetto da marmellata **3** boccale; brocca: **a pint pot**, un boccale da una pinta **4** (*fam., anche* **pot of money**) mucchio di quattrini; forte somma di denaro: **to have** (**to inherit, to make**) **pots of money**, avere (ereditare, fare) un sacco di quattrini; **to put the pot on a favourite horse**, puntare una grossa somma su un cavallo favorito **5** (*fam., anche* **big pot**) pezzo grosso; persona importante **6** (*fam.*) coppa d'argento; premio (*in genere*) **7** (*fam.*) posta, piatto (*nei giochi di carte*) **8** (*a biliardo*) buca; colpo che manda la palla in buca **9** (*anche* **pot-shot**) tiro facile; colpo sparato per mettere q.c. nel carniere; tiro a casaccio **10** (*gergo*) marijuana; erba (*gergo*). ● **pots and pans**, batteria da cucina ☐ **pot-bellied**, panciuto ☐ **pot-belly**, pancia; (*fig.*) pancione, grassone ☐ **pot-boiler**, opera letteraria (*o* d'arte) fatta per motivi di lucro; opera di cassetta (*di pianta*) **pot--bound**, costretta dentro un vaso troppo piccolo ☐ **pot-boy**, garzone d'osteria ☐ **pot clay**, argilla per vasi (*o* per crogioli) ☐ **pot culture**, cultura della marijuana ☐ **pot-hat**, cappello a bombetta ☐ (*gergo*) **pot-head**, fumatore abituale di marijuana ☐ **pot--herbs**, erbe da cucina; erbe aromatiche ☐ **pot-hole**, (*geol.*) (apertura di) caverna, cavità di erosione, marmitta; (*nella strada, nel mare presso la riva, ecc.*) buca ☐ **to pot-hole**, fare lo speleologo dilettante ☐ **p.-holer**, speleologo dilettante ☐ **pot-hook**, gancio della catena del focolare; asta storta (*segno di scrittura infantile a forma di S*) ☐ **pot-house**, birreria; osteria; bettola ☐ **p.-hunter**, cacciatore che spara solo per riempire il carniere; collezionatore di coppe sportive (*spreg.*); (*archeologia*) tombarolo (*gergale*) ☐ **pot lead**, piombaggine usata per scafi d'imbarcazioni da corsa ☐ **pot-luck**, piatto (*o* pasto) alla buona (*o* rimediato): **Come and take pot-luck with us**, vieni a pranzo da noi; mangerai quello che passa il convento ☐ **pot-metal**, (*metall.*) lega di rame e piombo; (*anche*) vetro colorato nel crogiolo ☐ **a pot of tea**, una teiera (piena) di tè ☐ (*cucina*) **pot roast**, brasato ☐ (*cucina*) **to pot-roast**, brasare ☐ (*archeologia*) **pot--sherd**, frammento di vaso ☐ **pot-shot**, sparo (*o* tiro) a casaccio ☐ **pot-valiant**, reso audace dalle libagioni ☐ **pot valour**, coraggio dato dal bere ☐ **chamber pot**, vaso da notte ☐ **chimney--pot**, comignolo; bocca di camino ☐ **coffee-pot**, caffettiera ☐ **flower-pot**, vaso da fiori ☐ (*fam.*) **to go to pot**, andare in malora (*o* in rovina) ☐ (*fig.*) **to keep the pot boiling**, guadagnare tanto da vivere; tirare avanti ☐ (*poker*) **to be in the pot**, giocare; starci (*fam.*) ☐ (*fig.*) **to make the pot boil**, guadagnarsi il pane; sbarcare il lunario ☐ **melting pot**, crogiolo (*anche fig.*) ☐ (*fig.*) **to put a quart into a pint pot**, cercar di fare l'impossibile (*letteralm.*: mettere un quarto di gallone in un boccale da una pinta) ☐ (*poker*) **to stay in the pot**, V. **to be in the pot** (*prov.*) **The pot calls the kettle black**, la padella dice al paiolo: «Fatti in là che mi tingi»; (*senti*) da che pulpito viene la predica!; senti chi parla! ☐ (*prov.*) **Watched pot never boils**, pentola guardata non bolle mai; il desiderio rende lunga l'attesa.
to pot [pɔt], **A** *v. t.* **1** mettere (*o* conservare) in vaso: **to pot jam**, conservare la marmellata in vasi **2** mettere (*una pianta*) in vaso; invasare **3** cuocere in pentola **4** cacciare (*selvaggina*) per la mensa **5** (*fam.*) ottenere; vincere: **to p. all the prizes**, vincere tutti i premi **6** (*biliardo*) mandare (*una palla*) in buca. **B** *v. i.* **1** (*biliardo*) far biglia **2** – (*fam.*) **to pot at**, sparare a uccelli (*o* a selvaggina) a facile portata di tiro.
potable ['poutəbl], *a.* potabile; bevibile.
potash ['pɔtæʃ], *n.* (*chim.*) potassa. ● **p.-water**, bevanda effervescente ☐ **caustic p.**, potassa caustica.
potassic [pə'tæsik], *a.* (*chim.*) potassico.
potassium [pə'tæsjəm], *n.* (*chim.*) potassio. ● **p. cyanide**, cianuro di potassio ☐ **p. nitrate**, nitrato di potassio; nitro.
potation [pou'teiʃən], *n.* **1** bevuta; libagione: **liberal potations**, abbondanti libagioni **2** sorso **3** bevanda: **my favourite p.**, la

mia bevanda preferita.
potato [pəˈteitou], *n*. (*pl.* **potatoes**) (*bot.*, *Solanum tuberosum*) patata. ● (*zool.*) **p. bettle** (*Doryphora decemlineata*), dorifora della patata □ (*USA*) **p. chips**, *V*. **p. crisps** □ **p. crisps**, patatine fritte; «chips» □ **p. flour**, fecola di patate □ **p.-masher**, schiacciapatate □ **p.-parer** (*o* **p.-peeler**), pelapatate; sbucciapatate □ (*pop.*) **hot p.**, argomento imbarazzante; patata bollente (*fig.*) □ **mashed potatoes**, purè di patate □ (*fig. USA*) **small potatoes**, inezie; quisquilie □ (*bot.*) **sweet p.** (*o* **Spanish p.**) (*Ipomoea batatas*), patata dolce (*o* americana); batata.
poteen [pɔˈtiːn], *n*. whisky irlandese distillato alla macchia.
potency [ˈpoutənsi], **potence** [ˈpoutəns], *n*. (*anche poet.*, *retor.*) potenza; forza; efficacia: **the p. of an argument**, l'efficacia d'un argomento; **sexual p.**, potenza sessuale.
potent [ˈpoutənt], *a*. (*specialm. poet.*) potente; forte; efficace: **a p. monarch**, un potente sovrano; **a p. drug**, una medicina potente (*o* efficace).
potentate [ˈpoutənteit], *n*. potentato; monarca; sovrano.
potential [pəˈtenʃəl], **A** *a*. (*filos.*, *fis.*, *gramm.*) potenziale: **p. resources**, risorse potenziali; (*econ.*) **p. demand**, domanda potenziale; (*fin.*) **p. profit**, reddito potenziale; (*gramm.*) **p. mood** (**subjunctive**), modo (congiuntivo) potenziale. **B** *n*. **1** (*gramm.*) congiuntivo potenziale **2** (*elettr.*, *fis.*) potenziale **3** energia potenziale **4** risorse potenziali □ (*med.*) **p. corrosive**, corrosivo potenziale □ **p. curve**, curva del potenziale □ (*elettr.*) **p. divider**, partitore di tensione □ (*elettr.*) **p. difference**, differenza di potenziale □ (*elettr.*) **p. drop**, caduta di potenziale.
potentiality [pəˌtenʃiˈæliti], *n*. **1** potenzialità **2** (*pl.*) risorse potenziali.
to potentialize [pəˈtenʃəlaiz], *v. t.* rendere potenziale.
to potentiate [pəˈtenʃieit], *v. t.* potenziare (*anche farm.*); incrementare.
potentiometer [pəˌtenʃiˈɔmitə*], *n*. (*elettr.*) potenziometro.
potentiometric [pəˌtenʃiəˈmetrik], *a*. (*scient.*) potenziometrico.
pothead [ˈpɔthed], *n*. (*pop.*) fumatore di marijuana.
potheen [pɔˈθiːn], *n*., *V*. **poteen**.
pother [ˈpɔðə*], *n*. **1** fumo denso; nuvola di polvere; polverone **2** chiasso; baccano; confusione. ● **to make** (*o* **to raise**) **a p. about st.**, fare tante storie, fare un putiferio (per q.c.).
to pother [ˈpɔðə*], **A** *v. t.* infastidire; molestare; seccare. **B** *v. i.* preoccuparsi; fare (tante) storie; fare un putiferio.
potion [ˈpouʃən], *n*. pozione; bevanda medicinale (*o* velenosa).
Potiphar [ˈpɔtifə*], *n*. (*Bibbia*) Putifarre.
potman [ˈpɔtmən], *n*. (*pl*. **potmen**) garzone d'osteria.
pottage [ˈpɔtidʒ], *n*. (*arc.*) brodo denso (*di verdura o di carne e verdura*); zuppa. ● (*fig.*) **a mess of p.**, un piatto di lenticchie (*fig.*).
potted [ˈpɔtid], *a*. **1** (*di pianta*) in vaso **2** (*di carne o di pesce*) in pasta (*dentro un vaso*) **3** (*fig.*, *spreg.*) riassunto alla meglio; condensato.
potter [ˈpɔtə*], *n*. vasaio; pentolaio. ● **p.'s clay**, argilla per stoviglie (*o per ceramiche*); terra di cocci □ (*USA*) **p.'s field**, cimitero dei poveri □ **p.'s wheel**, ruota da vasaio; tornio da vasaio.
to potter [ˈpɔtə*], *v. i.* (*spesso* **to p. about**, **to p. at**) baloccarsi; gingillarsi; lavoracchiare; lavoricchiare: **to p. about** (*o* **around**) **in the wine cellar**, fare lavoretti in cantina; **to p. at an occupation**, baloccarsi con un'occupazione ● **to p. away one's time**, sciupare (*o* sprecare) il tempo.
pottery [ˈpɔtəri], *n*. **1** ceramiche; stoviglie; terraglie **2** arte ceramica; industria della ceramica **3** fabbrica di ceramiche (*o* di stoviglie). ● (*geogr.*) **the Potteries**, distretto della contea di Stafford famoso per le sue ceramiche (*in G.B.*).
potting [ˈpɔtiŋ], *n*. **1** (*di piante*), invasatura **2** conservazione (*di cibo*) in vaso. ● **p. shed**, locale per gli attrezzi (*da giardinaggio*).
potty (1) [ˈpɔti], *a*. (*fam.*) **1** piccolo; insignificante: **p. affairs**, affari insignificanti **2** molto facile: **p. questions**, domande molto facili (*o da bambini*) **3** matto; pazzo. ● **to be p. about sb.**, andare pazzo per q.; amare q. alla follia □ **to be p. about st.**, andare pazzo per q.c. □ **to drive sb. p.**, fare ammattire q.
potty (2) [ˈpɔti], *n*. (*fam.*) vasino (*linguaggio infant.*). ● (*di bimbo*) **p.-trained**, abituato ad andare (di corpo) sul vaso.
pouch [pautʃ], *n*. **1** borsa; sacchetto: **a tobacco p.**, una borsa da tabacco; **pouches under the eyes**, borse sotto gli occhi **2** (*zool.*) marsupio: **the p. of a kangaroo**, il marsupio d'un canguro **3** (*anche* **ammunition p.**) cartucciera; giberna **4** sacco postale **5** (*scozz.*) tasca.
to pouch [pautʃ], **A** *v. t.* **1** mettere in una borsa; mettersi in tasca; intascare **2** gonfiare (*a mo' di borsa*): **The little boy pouched his cheeks**, il bambino gonfiò le gote **3** mettere (*corrispondenza*) in un sacco postale. **B** *v. i.* assumere forma di borsa; gonfiarsi.
pouched [pautʃt], *a*. **1** provvisto di borse **2** a forma di borsa.
pouchy [ˈpautʃi], *a*. **1** a forma di borsa **2** (*di calzone*) che fa le borse.
pouf(fe) [puːf] (*franc.*), *n*. **1** pouf (*acconciatura speciale per si-*

gnora; *sgabello a forma di cuscino*) **2** (*pop.*, *spreg.*) *V*. **poof**.
poulp(e) [puːlp], *n*. (*zool.*, *Octopus*) polpo; piovra.
poult [poult], *n*. (*zool.*) **1** pollastro; pollastrino **2** tacchinotto **3** giovane fagiano.
poulterer [ˈpoultərə*], *n*. pollaiolo; pollivendolo. ● **p.'s** (**shop**), polleria.
poultice [ˈpoultis], *n*. cataplasma; impiastro.
to poultice [ˈpoultis], *v. t.* mettere (*o* applicare) un impiastro su.
poultry [ˈpoultri], *n*. (*collett.*) **1** pollame **2** (*macelleria*) pollame; carne di pollo. ● **p. breeder** (*o* **p. farmer**), allevatore di polli; pollicoltore □ **p. breeding** (*o* **p. farming**) pollicoltura □ **p. farm**, allevamento di polli; azienda avicola □ **the p. industry**, l'industria dell'allevamento dei polli □ **p. shop**, polleria.
pounce (1) [pauns], *n*. balzo (*d'un animale da preda, ecc.*); il piombare dall'alto (*per es., d'un falco*): **to make a p.**, fare un balzo.
to pounce (1) [pauns], *v. t. e i.* (*spesso* **to p. on**) balzare addosso a; piombare su: **The kidnappers suddenly pounced on the girl**, i rapitori all'improvviso balzarono addosso alla ragazza. ● (*fig.*) **to p. at an opportunity**, afferrare al volo un'occasione □ **He pounced on my blunder**, colse al volo il mio errore.
pounce (2) [pauns], *n*. **1** polvere di pomice; polverino **2** (*disegno*) spolvero. ● (*grafica*) **p. wheel**, rotella dentata per spolvero.
to pounce (2) [pauns], *v. t.* **1** mettere il polverino su (*un disegno*); ricalcare, trasportare (*un disegno*) **2** pomiciare (*carta, ecc.*).
pouncing [ˈpaunsin], *n*. (*grafica*) spolvero.
pound (1) [paund], *n*. **1** libbra (*unità di peso, pari a 454 grammi circa*; *abbr.* **lb.**) **2** (*anche* **p. sterling**) sterlina; lira sterlina (*unità del sistema monetario ingl.*; *abbr.* **£. 1**): **a five-p. note**, un biglietto da cinque sterline; **It cost me six pounds**, mi è costato sei sterline **3** sterlina australiana (*o* neozelandese, ecc.) **4** lira egiziana **5** (*mecc.*) libbra-forza. ● **p. cake**, grande torta (*che, in origine, conteneva una libbra di ciascuno degli ingredienti principali*) □ **p.-day**, giorno di elemosine (*in cui ciascuno dava o una sterlina o una libbra di tè, ecc.*) □ **avoirdupois p.**, libbra di sedici once (*del sistema «avoirdupois»*; *pari a 454 grammi circa*) □ (*fig.*) **to exact one's p. of flesh**, esigere fino all'ultimo centesimo; pretendere tutto quello che ci è dovuto; essere inesorabile □ **troy p.**, libbra di dodici once (*del sistema «troy»*; *pari a 373 grammi circa*).
to pound (1) [paund], *v. t.* controllare il peso di (*monete*: *pesandone insieme fino a formare una libbra*).
pound (2) [paund], *n*. **1** forte colpo; botta; tonfo **2** (*anche* **pounding**) rumor di colpi; martellio.
to pound (2) [paund], *v. t. e i.* **1** (*anche* **to p. at**, **to p. on**) battere; colpire (*coi pugni, ecc.*); pestare; (*mil.*) bombardare; strimpellare: **Our battleships pounded** (*o* **pounded away at**) **the enemy costal towns**, le nostre navi da guerra bombardavano le città costiere nemiche; **Who is pounding** (**out**) **a tune on the piano?**, chi sta strimpellando un motivo al pianoforte? **2** pestare; ridurre in polvere; polverizzare; tritare: **to p. a prescription in a mortar**, pestare un preparato galenico in un mortaio **3** (*anche* **to p. along**) camminare a gran passi; andare di gran carriera. ● **to p. st. into a jelly**, ridurre q.c. allo stato gelatinoso; fare una marmellata di q.c. (*fig.*) □ **to p. out**, spianare (*o* levigare) q.c. a forza di colpi (*fig.*) □ **to p. st. into sb.**, far entrare in testa q.c. a q. □ **to p. st. to pieces**, fare a pezzi q.c.; stritolare q.c. □ (*fig.*) **to p. the pavement**, camminare a lungo (*specialm. in cerca di lavoro*).
pound (3) [paund], *n*. **1** (*un tempo*) recinto per bestiame smarrito **2** recinto per animali randagi; (*specialm.*) canile pubblico **3** deposito auto (*rimosse per ostruzione al traffico*) **4** (*anche* **p. net**) nassa **5** (*fig.*) luogo di confino; prigione. ● **dog p.**, recinto per cani randagi.
to pound (3) [paund], *v. t.* **1** metter (*bestiame*) al chiuso **2** (*fig.*) rinchiudere; imprigionare.
poundage [ˈpaundidʒ], *n*. **1** peso in libbre **2** (*comm.*) percentuale (*o* provvigione, imposta, ecc.) calcolata a un tanto la sterlina o la libbra **3** tassa per l'emissione d'un vaglia postale.
pounder (1) [ˈpaundə*], *n*. (*di solito, nei composti*) **1** animale (*o cosa*) che pesa un certo numero di libbre: **I landed a good three-p.**, tirai a riva un bel pesce di tre libbre **2** cannone che spara proiettili del peso di un certo numero di libbre: **a 25-p.**, un cannone che spara proiettili del peso di 25 libbre; (*mil.*) un pezzo da venticinque **3** banconota che vale un certo numero di sterline: **a five-p.**, un biglietto da cinque sterline.
pounder (2) [ˈpaundə*], *n*. **1** chi batte (*o chi colpisce*, pesta, trita, ecc.) (*V.* **pound (2)**) **2** pestello **3** mortaio.
pounding [ˈpaundiŋ], *n*. **1** martellio; rumore sordo **2** (*anche mil.*) martellamento; tambureggiamento; bombardamento (*di cannoni*) **3** (*mus.*) strimpellamento **4** polverizzazione. ● **p. of horses**, scalpitio di cavalli.
to pour [pɔː*], **A** *v. t.* **1** versare; gettare (*un liquido*): **P. cold water on it**, gettaci sopra dell'acqua fredda!; **The river pours itself into**

the sea, il fiume si getta nel mare 2 – **to p. down** (*o* **forth**, **out**), emettere (*suoni*); diffondere (*luce*, *calore*); dire per esteso, narrare profusamente: **The sun poured down its heat**, il sole diffondeva il suo calore sulla terra; **The old man poured out his troubles**, il vecchio narrò profusamente le sue disgrazie 3 (*fig.*) elargire; largire (*lett.*): **to p. out gifts**, largire doni 4 (*metall.*) colare 5 scorrere: **Traffic poured over the new motorway**, il traffico scorreva sulla nuova autostrada. **B** *v. i.* **1** (*di liquido, ecc.*) riversarsi; fluire copiosamente; scorrere liberamente; sgorgare 2 (*impers.*, *anche* **to p. down**) piovere a dirotto 3 versare il tè (*o* il caffè, *ecc.*) agli ospiti. ● (*fig.*) **to p. cold water on**, scoraggiare (*una persona*); smorzare (*l'entusiasmo di q.*); gettare acqua fredda su (*un progetto*) □ (*fig.*) **to p. in** (*o* **into**), arrivare in gran numero; affluire; riversarsi; **Telegrams p. in from all quarters**, arrivano telegrammi in gran numero da ogni dove; **The crowd poured into the hall**, la folla si riversò nella sala □ **to p. it on**, esaltare, portare alle stelle; adulare □ (*fig.*) **to p. oil on the flames**, gettare olio sulle fiamme □ (*fig.*) **to p. oil on troubled waters**, gettare acqua sul fuoco (*fig.*); far da paciere; metter pace □ (*fig.*) **to p. out**, uscire in gran numero; riversarsi fuori: **The audience poured out of the theatre**, l'uditorio si riversò fuori del teatro □ **to p. out money**, scialacquare denaro □ (*prov.*) **It never rains but it pours**, piove sul bagnato (*fig.*); le disgrazie non vengono mai sole.

pour [pɔ:*], *n.* **1** (*di solito* **downpour**) acquazzone; scroscio di pioggia; diluvio **2** (*metall.*) colata (*di metallo fuso*). ● (*metall.*) **p. point**, temperatura di colata.

pouring ['pɔ:riŋ], **A** *a.* **1** che scorre; che fluisce: **loud-p. torrents**, torrenti che scorrono rumorosi **2** di pioggia insistente: **a p. wet day**, una giornata di pioggia insistente **3** (*di pioggia*) torrenziale. **B** *n.* **1** il versare (*tè, caffè, ecc.*); versamento **2** (*fig.*) elargimento (*di doni, ecc.*) **3** (*metall.*) colata.

pourparler [puə'pɑ:lei], (*franc.*), *n.* (*di solito, al pl.*) pourparler; discussione preliminare; abboccamento; trattative.

pourpoint ['puəpɔint], *n.* (*stor.*) trapunta; farsetto imbottito.

to pout [paut], **A** *v. i.* sporgere le labbra; fare (*o* mettere) il broncio; imbronciarsi; fare il muso (lungo). **B** *v. t.* **1** sporgere (*le labbra*) **2** atteggiare (*la bocca*) al broncio.

pout (1) [paut], *n.* broncio. ● **to be in the pouts**, avere il broncio.

pout (2) [paut], *n. (pl.* **pout**, **pouts**) (*zool.*, nei composti:) eel--p., (*Zoarces viviparus*) blennio viviparo; (*Zoarces anguillaris*) blennio anguillare; **whiting p.** (*Gadus luscus*), gado barbato; horn--p. (*Ameiurus nebulosus*), pesce gatto.

pouter ['pautə*], *n.* **1** chi fa il broncio **2** (*zool.*, *anche* **p.-pigeon**) piccione dal gozzo.

pouting ['pautiŋ], *a.* imbronciato.

poutingly ['pautiŋli], *avv.* col broncio; di malumore.

poverty ['pɔvəti], *n.* **1** povertà; indigenza; miseria **2** (*fig.*) povertà; scarsezza; scarsità: **p. of ideas**, povertà d'idee. ● **p.-stricken**, molto povero; misero; miserabile: **p.-stricken immigrants**, immigranti poverissimi □ **p.-stricken language**, linguaggio (*o* modo d'esprimersi) molto povero.

POW [,pi:ou'dʌblju:], *n.* (*acronimo fam. di* **prisoner of war**) prigioniero di guerra. ● **a POW camp**, un campo di concentramento.

powder ['paudə*], *n.* **1** polvere (*materia ridotta in polvere*) **2** (*farm.*) polvere medicinale; polverina: **a digestive p.**, una polverina per digerire **3** (*anche* **gunpowder**) polvere da sparo **4** (*anche* **bath-p.**) polvere da bagno; talco **5** (*anche* **face-p.**) cipria. ● **p. blue**, (*sost.*) turchinetto; (*agg.*) blu scuro □ **p.-box**, scatola da cipria; (*ind. min.*) cassa degli esplosivi □ (*mil., stor.*) **p. charge**, cartoccio; carica di lancio (*d'un cannone*) □ **p. factory**, polverificio □ (*stor.*) **p. horn** (*o* **p. flask**), corno (*o* fiaschetta) della polvere (*da sparo*) □ **p. magazine**, (*mil.*) polveriera; (*naut.*) santabarbara □ (*metall.*) **p. metal**, metallo in polvere; polvere di metallo □ (*stor., naut.*) **p.-monkey**, mozzo addetto alle munizioni □ **p. puff**, piumino della cipria; (*pop.*) tipo effeminato □ (*fig.*) **p.-puff**, di (*o* da) donna; femminile: **p.-puff boxing**, la boxe femminile □ **p.-room**, gabinetto per signore (*specialm. in un locale pubblico*) □ **p. snow**, neve farinosa □ (*fig.*) **to keep one's p. dry**, tener asciutte le polveri; essere pronto a ogni evenienza □ (*fig.*) **the smell of p.**, l'odore della polvere; (*fig.*) il battesimo del fuoco □ **It is not worth p. and shot**, non vale la cartuccia; (*fig.*) non vale la pena.

to powder ['paudə*], **A** *v. t.* **1** versare polvere su; spolverizzare **2** incipriare; dare il talco a (*un bambino, ecc.*) **3** ridurre in polvere; polverizzare. **B** *v. i.* **1** polverizzarsi **2** incipriarsi. ● **powdered milk**, latte in polvere □ **powdered sugar**, zucchero a velo.

powderiness ['paudərinis], *n.* l'esser polverizzato (*o* in polvere) **2** friabilità.

powdery ['paudəri], *a.* **1** polverizzato; in polvere **2** friabile; polveroso; simile a polvere; (*fig.*) farinoso: **p. snow**, neve farinosa **3** (*del viso, del naso, ecc.*) incipriato **4** polverulento; coperto di polvere: **p. mural paintings**, dipinti murali coperti di polvere.

power ['pauə*], *n.* **1** potere; (*fis., mat., polit.*) potenza; capacità; facoltà; forza; possibilità; potestà; vigore: **the p. of the law**, la forza della legge; **to have sb. in one's p.**, avere q. in proprio potere; **the powers of the Cabinet**, i poteri del Gabinetto (*in G.B.*); **the Great Powers**, le Grandi Potenze; **16 is the fourth p. of 2**, 16 è la quarta potenza di 2; **the p. of hearing**, la facoltà dell'udito; **heating p.**, potere calorifico; **a man of varied powers**, un uomo dalle molteplici capacità **2** (*mecc.*) forza motrice; potenza **3** (*elettr.*) corrente; energia **4** – (*fam. o dial.*) **a p. of**, un gran numero di; una quantità di; un mucchio di: **a p. of people**, una quantità di gente; **a p. of work**, un sacco di lavoro **5** (*di solito*, **p. behind the throne**) eminenza grigia. ● **the powers above**, le potenze soprannaturali; gli dei □ (*elettr.*) **p. amplifier**, amplificatore di potenza □ (*mecc.*) **p.-assisted**, fornito di motore ausiliario □ (*naut.*) **p.-boat**, motobarca □ (*mecc.*) **p. brake**, freno servoassistito; servofreno □ (*polit. USA*) **p. brokers**, gruppo di pressione □ (*ferr. USA*) **p. car**, automotrice □ (*aeron.*) **p.-dive**, picchiata col motore acceso □ (*aeron.*) **to p.-dive**, gettarsi in picchiata col motore acceso □ (*mecc.*) **p. drill**, trapano a motore □ (*mecc.*) **p.-driven**, a motore; motorizzato □ (*aeron.*) **p. glider**, motoaliante □ **p.-house**, centrale di forza motrice; (*specialm.*) centrale elettrica; (*fig.: di persona*) potenza □ (*mecc.*) **p. lathe**, tornio meccanico □ **p. line**, linea elettrica □ **p.-loom**, telaio meccanico □ **p.-mill**, mulino a vapore (*o* a energia elettrica) □ (*leg.*) **p. of attorney**, procura □ **the p. of a lens**, la capacità d'ingrandimento d'una lente □ **p. plant**, gruppo motore; (*USA*) *V.* **p. station** □ (*elettr.*) **p. point**, presa di corrente □ **p. politics**, la politica della forza; la politica del pugno di ferro □ **p. station**, centrale elettrica □ (*mecc.*) **p. steering**, servosterzo □ (*polit.*) **p. structure**, struttura (*o* impalcatura) del potere □ (*scherz.*) **the powers that be**, le autorità costituite □ **p. tool**, attrezzo (*trapano, ecc.*) elettrico □ **the balance of p.**, l'equilibrio politico □ **electric p.**, energia elettrica □ (*autom., mecc.*) **maximum p. output**, potenza massima erogata □ (*fis.*) **the mechanical powers**, le macchine semplici □ (*polit.*) **to be in p.**, essere al potere □ (*scient.*) **sources of p.**, fonti energetiche □ **to tax one's powers to the utmost**, imporre a se stessi il massimo sforzo □ **water p.**, energia idrica (*o* idroelettrica) □ (*fam.*) **More p. to him!**, buon per lui! □ (*fam.*) **More p. to your elbow!**, che tu possa farcela!; la fortuna ti assista! □ **I will do all in my p.**, farò tutto il possibile □ **Merciful powers!**, buon Dio!

to power ['pauə*], *v. t.* fornire di motore; motorizzare.

powered ['pauəd], *a.* **1** azionato da motore; motorizzato; a motore: **a p. saw**, una sega a motore **2** (*nei composti, per es. in*:) **a high-p. engine**, un motore di grande potenza. ● **oil-p. central heating**, riscaldamento centrale a nafta (*o* a gasolio).

powerful ['pauəful], *a.* potente; energico; forte; possente; vigoroso: **a p. ally**, un potente alleato; **a p. grasp**, una stretta energica; **a p. physique**, un fisico forte; **a p. speech**, un discorso vigoroso.

powerless ['pauəlis], *a.* **1** senza potere **2** debole; fiacco; incapace; impotente.

powerlessness ['pauəlisnis], *n.* impotenza; incapacità; debolezza.

powwow ['pauwau], *n.* **1** stregone indiano **2** cerimonia con riti magici **3** riunione, assemblea (*fra indiani dell'America del nord*); consiglio tribale **4** (*fam.*) riunione, discussione (*in genere*, *specialm. polit.*).

to powwow ['pauwau], **A** *v. i.* **1** (*degli indiani d'America*) tenere un'assemblea **2** (*fam.*) tenere una riunione; conferire; discutere. **B** *v. t.* curare con arti magiche.

pox [pɔks], *n.* (*med.*) **1** malattia esantematica **2** (*fam.*) sifilide; malattia venerea. ● **chicken-pox**, varicella □ **small-pox**, vaiolo. ● (*arc.*) **A pox on you!**, va al diavolo (*o* in malora)!

pozz(u)olana [,pɔts(w)ou'la:nə] (*ital.*), *n.* (*geol.*) pozzolana.

practicability [,præktikə'biliti], *n.* **1** praticabilità; l'essere fattibile **2** praticità; utilità.

practicable ['præktikəbl], *a.* **1** praticabile; fattibile; effettuabile; eseguibile: **a p. plan**, un progetto effettuabile **2** (*di strada*) transitabile **3** pratico; utile; funzionale: **a p. tool**, un arnese utile (*o* pratico).

practicableness ['præktikəblnis], *V.* **practicability**.

practical ['præktikəl], **A** *a.* **1** pratico; concreto; positivo: **a p. man**, un uomo pratico; **p. matters (questions, etc.)**, faccende (questioni, ecc.) pratiche; **p. knowledge**, conoscenza pratica; **a p. mind**, una mente positiva **2** funzionale; pratico; utile: **a p. dress**, un vestito pratico **3** esperto; perito; pratico: **a p. farmer**, un esperto agricoltore **4** effettivo; reale; vero e proprio: **He has p. control of the business**, egli tiene il controllo effettivo (*o* di fatto) dell'azienda **5** praticabile; fattibile; effettuabile. **B** *n.* **1** prova (*o* lezione) pratica **2** (*teatr.*) praticabile. ● **p. agriculture**, l'agricoltura pratica (*non teorica*) □ **p. joke**, beffa; burla; scherzo di cattivo genere; tiro birbone (*o* mancino) □ **p. science**, scienza applicata □ **for all p. purposes**, a tutti gli effetti; in realtà; di fatto □ **He is a p. atheist**, in effetti, è un

practicality

ateo (*anche se non si professa tale*).
practicality [ˌpræktiˈkæliti], *n.* **1** praticità **2** praticabilità; l'esser fattibile (*o* effettuabile).
practically [ˈpræktikəli], *avv.* **1** praticamente **2** effettivamente; in realtà; di fatto: **He is p. the boss**, di fatto il padrone è lui **3** quasi; pressoché: **He is p. blind**, è quasi cieco; **p. nothing**, nulla o quasi.
practice [ˈpræktis], *n.* **1** pratica: **in p.**, in pratica; **to put into p.**, mettere in pratica; **Theory is useless without p.**, la teoria è inutile senza la pratica **2** pratica; abitudine; consuetudine; esercizio; uso; procedura corrente; prassi: **This is not the usual p.**, questa non è la procedura corrente; **the p. of getting up early**, l'abitudine d'alzarsi presto; **Roman Catholic practices**, pratiche religiose cattoliche; riti cattolici **3** (*d'un dottore, avvocato*) esercizio della professione; pratica (*professionale*); clientela: **the p. of law**, l'esercizio della professione forense; **Dr Jones has retired from p.**, il dottor Jones s'è ritirato dall'esercizio della professione; il dottor Jones non esercita più; **Dr Brown has a large p.**, il dottor Brown ha una vasta clientela **4** (*mil.*) esercitazione, esercitazioni: **p. ammunition**, munizionamento da esercitazione; **naval p.**, esercitazioni navali **5** (*sport*) allenamento: **ball p.**, allenamento col pallone **6** (*leg.*) procedura **7** (*mat.*) metodo delle quote. ● **artful practices**, stratagemmi; trucchi □ **to be in p.**, essere in esercizio □ **to keep in p.**, stare in esercizio □ **lawyers' p.**, studio legale □ **to make a p. of doing st.**, prendere l'abitudine di fare q.c. □ **to be out of p.**, essere fuori esercizio □ (*mus.*) **piano p.**, esercizi al piano; esercizi di pianoforte □ **sharp p.**, tiro mancino; mancanza di scrupoli □ **That is very good p.**, è un ottimo esercizio □ (*di un professionista*) **Where is his p.?**, dove esercita?; dov'è il suo studio (ambulatorio, ecc.)? □ (*prov.*) **P. makes perfect**, vale più la pratica che la grammatica.
to practice [ˈpræktis], (*USA*) *V.* **to practise**.
practician [prækˈtiʃən], *n.* **1** pratico **2** professionista; (*specialm.*) medico generico.
to practise [ˈpræktis], **A** *v. t.* **1** esercitare; professare; praticare: **to p. several sports**, praticare diversi sport; **to p. medicine**, esercitare la medicina **2** mettere in pratica; praticare; seguire: **P. the religion that you preach**, metti in pratica la religione che professi!; **to p. the same method**, seguire lo stesso metodo **3** esercitarsi a; allenarsi a: **to p. the piano every day**, esercitarsi al piano tutti i giorni; **to p. jumping**, allenarsi al salto **4** avere l'abitudine di: **to p. working hard**, avere l'abitudine di lavorare sodo. **B** *v. i.* **1** far pratica; esercitarsi; fare esercizio; allenarsi: **to p. for an hour every morning**, far esercizio per un'ora tutte le mattine; **to p. on the piano**, fare esercizi di pianoforte **2** esercitare una professione. ● **to p. economy**, fare economia; risparmiare □ **to p. upon sb.**, approfittare di q.; ingannare q.
practised [ˈpræktist], *a.* **1** esperto; perito; pratico; provetto **2** appreso con la pratica; perfetto **3** (*spreg.*) artefatto; artificiale.
practising [ˈpræktisiŋ], *a.* **1** che esercita una professione; praticante: **a p. barrister**, un avvocato che esercita la professione **2** (*relig.*) praticante.
practitioner [prækˈtiʃnə*], *n.* **1** professionista **2** (*anche* **general p.**) medico generico.
praecocial [priːˈkouʃiəl], *a.* (*zool.*) precoce.
praedial [ˈpriːdiəl], *V.* **predial**.
praefect [ˈpriːfekt], *V.* **prefect**.
praepostor [priːˈpɔstə*], *n.* (*in certe* **public schools**) sorta di capoclasse.
praetor [ˈpriːtə*], *n.* (*stor. romana*) pretore.
praetorial [priːˈtɔːriəl], *a.* (*stor. romana*) pretoriale (*raro*).
praetorian [priːˈtɔːriən], *a. e n.* (*stor. romana*) pretoriano. ● **the p. guard**, i pretoriani.
praetorship [ˈpriːtəʃip], *n.* carica (*o* dignità, ufficio) di pretore.
pragmatic [prægˈmætik], *a.* **1** prammatico: (*stor.*) **the P. Sanction**, la prammatica sanzione **2** *V.* **pragmatical**.
pragmatical [prægˈmætikəl], *a.* **1** pragmatico; pratico; concreto; positivo **2** dogmatico; intransigente; presuntuoso **3** (*raro*) inframmettente; invadente **4** (*filos.*) pragmatico; pragmatista.
pragmaticality [prægˌmætiˈkæliti], *n.* **1** praticità; positivismo **2** dogmaticità **3** (*raro*) inframmettenza.
pragmatism [ˈprægmətizəm], *n.* **1** (*filos.*) pragmatismo **2** dogmatismo; pedanteria **3** praticità; realismo.
pragmatist [ˈprægmətist], *n.* (*filos.*) pragmatista.
pragmatistic [ˌprægməˈtistik], *a.* (*filos.*) pragmatistico.
to pragmatize [ˈprægmətaiz], *v. t.* dare colore di realtà (q.c.); razionalizzare (*un mito*).
Prague [praːg], *n.* (*geogr.*) Praga.
Prairial [ˈprɛəriəl], (*franc.*), *n.* (*stor.*) Pratile (*nono mese del calendario rivoluzionario francese*).
prairie [ˈprɛəri], *n.* prateria. ● (*zool.*) **p.-chicken** (**p.-hen**) (*Tympanuchus cupido*), tetraone delle praterie □ (*zool.*) **p.-dog** (*Cynomys ludovicianus*), cane delle praterie □ **p.-oyster**, uovo all'ostrica □ (*stor. USA*) **p.-schooner**, carro coperto, usato dai pio-

nieri nelle migrazioni verso l'Ovest □ (*zool.*) **p. wolf** (*Canis latrans*), coyote; cane delle praterie.
to praise [preiz], **A** *v. t.* **1** lodare; elogiare; encomiare; decantare **2** glorificare; esaltare. **to praise oneself B** *v. rifl.* lodarsi; incensarsi. ● **to p. sb. to the skies**, portare q. alle stelle.
praise [preiz], *n.* lode; elogio; approvazione; encomio: **to win high p.**, ricevere grandi elogi. ● **beyond p.**, superiore a ogni elogio □ **to be loud in one's p.**, approvare a gran voce □ **to sing sb.'s praises**, celebrare le lodi di q. □ **to sing one's own praises**, battersi la grancassa (*fig.*) □ (*fam.*) **P. be!**, Dio sia lodato! □ **P. be to God!**, lode al Signore!
praiseful [ˈpreizful], *a.* pieno d'elogi; laudativo (*lett.*).
praisefulness [ˈpreizfulnis], *n.* abbondanza di lodi.
praiseworthiness [ˈpreizˌwəːðinis], *n.* lodevolezza (*raro*); encomiabilità.
praiseworthy [ˈpreizˌwəːði], *a.* lodevole; lodabile; encomiabile.
Prakrit [ˈpraːkrit], *n.* pracrito (*l'insieme dei dialetti indiani affini al sanscrito*).
praline [ˈpraːliːn], *n.* pralina.
pram (1) [praːm], *n.* (*naut.*) prama.
pram (2) [præm], *n.* (*abbr. fam. di* **perambulator**) carrozzina per bambini. ● **p. park**, posteggio per carrozzine.
to prance [praːns], **A** *v. i.* **1** (*del cavallo*) impennarsi **2** cavalcare un cavallo che s'impenna **3** (*fig., anche* **to p. about**) camminare impettito; darsi arie; pavoneggiarsi **4** (*fam.: di bambino*) saltellare; far capriole; ruzzare. **B** *v. t.* far impennare (*un cavallo*).
prance [praːns], **prancing** [ˈpraːnsiŋ], *n.* (*del cavallo*) impennata.
prandial [ˈprændiəl], *a.* (*specialm. scherz.*) di pranzo; del pranzo.
to prang [præŋ], *v. t.* **1** (*gergo della R.A.F.*) bombardare efficacemente; colpire in pieno, centrare (*un bersaglio*) **2** (*pop.*) fracassare (*un aeroplano, un'automobile*).
prank [præŋk], *n.* **1** birichinata; marachella; monelleria; beffa; burla; scherzo: **to play a p. on sb.**, fare uno scherzo a q. **2** mossa vivace; saltello; sgambetto (*specialm. d'un animale*).
to prank [præŋk], **A** *v. t.* (*spesso* **to p. out**) adornare; agghindare; vestire (q.) vistosamente. **B** *v. i.* (*anche, v. rifl.*, **to p. oneself**) adornarsi; agghindarsi; vestirsi in modo appariscente.
prankish [ˈpræŋkiʃ], *a.* birichino; burlone; sbarazzino.
prankishness [ˈpræŋkiʃnis], *n.* birichineria; vivacità eccessiva.
prankster [ˈpræŋkstə*], *n.* (*fam.*) birichino; burlone; mattacchione.
prase [preiz], *n.* (*miner.*) prasio (*varietà di quarzo*).
praseodymium [ˌpreiziouˈdimiəm], *n.* (*chim.*) praseodimio.
prat [præt], *n.* (*pop., spreg.*) buono a nulla; stupido; tonto; tontolone (*pop.*).
to prate [preit], **A** *v. i.* chiacchierare; ciarlare; cicalare; parlare a vanvera. **B** *v. t.* balbettare; borbottare; blaterare.
prate [preit], *n.* chiacchiere; ciance; ciarle; cicaleccio.
prater [ˈpreitə*], *n.* chiacchierone, chiacchierona.
pratincole [ˈprætiŋkoul], *n.* (*zool., Glareola pratincola*) pernice di mare.
pratique [ˈpræti:k], *n.* (*naut.*) libera pratica; pratica. ● **p. boat**, battello della sanità di porto.
to prattle [ˈprætl], **A** *v. i.* **1** *V.* **to prate 2** (*di bambino*) cinguettare. **B** *v. t.* **1** *V.* **to prate 2** balbettare; cinguettare (*parole infantili*).
prattle [ˈprætl], *n.* **1** *V.* **prate 2** (*di bambino*) cinguettio.
prattler [ˈprætlə*], *n.* **1** *V.* **prater 2** bambino che cinguetta.
prawn [prɔːn], *n.* (*zool., Pandalus, Palaemon, ecc.*) gamberetto. ● (*cucina*) **p. cocktail**, antipasto di gamberetti (*con insalata o salsa rosa*).
to prawn [prɔːn], *v. i.* andare a pesca di gamberetti.
prawning [ˈprɔːniŋ], *n.* pesca dei gamberetti.
praxis [ˈpræksis], *n.* (*pl.* **praxes**) **1** prassi; procedura corrente **2** esercizio (*di un mestiere, ecc.*) **3** pratica (*opposta a teoria*) **4** (*gramm.*) raccolta di esempi; eserciziario.
to pray [prei], *v. t. e i.* pregare; implorare; impetrare; supplicare: **to p. God**, pregare Iddio; **to p. to God for help**, implorare (*o* impetrare) l'aiuto divino. ● (*lett.*) **p.**, per favore; ti prego; di grazia; deh!: **P. tell me**, per favore, dimmelo; **Where did you go last night, p.?**, dove sei stato iersera, di grazia? □ **to p. down one's foe**, ammansire il nemico con le preghiere □ **to p. for permission**, chiedere il permesso □ **to p. on behalf of sb.**, pregare per q.; intercedere per q. □ (*relig.*) **to p. a soul out of Purgatory**, liberare un'anima dal Purgatorio con le proprie preghiere.
prayer [prɛə*], *n.* **1** preghiera; orazione; prece (*lett.*): **to say one's prayers**, dire le preghiere; **My p. was answered**, la mia preghiera fu esaudita **2** domanda giudiziale (*leg.*); istanza; supplica. ● **the P. Book** (*o* **the Book of Common P.**), il Libro delle Preghiere (*della liturgia anglicana*) □ **p.-meeting**, riunione religiosa per dire preghiere in comune □ **p.-wheel**, cilindro girevole su cui sono scritte preghiere, mulino da preghiere (*usato dai buddisti*) □ **to kneel down in p.**, inginocchiarsi in atto di preghiera □ **the**

Lord's P., il paternostro.
prayerful ['prɛəful], *a.* devoto; fervente; pio; religioso.
prayerfulness ['prɛəfulnis], *n.* devozione; fervore; religiosità.
prayerless ['prɛəlis], *a.* che non prega; senza preghiere.
prayerlessness ['prɛəlisnis], *n.* mancanza di preghiere.
praying ['preiŋ], **A** *a.* che prega; in preghiera; pregante, orante (*lett.*). **B** *n.* (il) pregare; (le) preghiere. ● (*zool.*) **p. mantis** (*Mantis religiosa*), mantide religiosa.
to **preach** [pri:tʃ], *v. t. e i.* predicare (*anche fig.*); proclamare; sostenere; esaltare: **to p. the Gospel**, predicare il Vangelo; **Practise what you p.**, predica con l'esempio!; metti in pratica quel che predichi!; **Only a lunatic can p. atomic war**, solo un pazzo può esaltare la guerra atomica. ● **to p. at sb.**, fare una predica a q. □ **to p. down**, menomare; screditare □ **to p. a sermon**, fare una predica □ (*fig.*) **to p. to the converted**, predicare al vento □ **to p. up**, esaltare; sostenere; predicare (*enfat.*).
preach [pri:tʃ], *n.* (*fam.*) predica; sermone.
preachable ['pri:tʃəbl], *a.* predicabile.
preacher ['pri:tʃə*], *n.* **1** predicatore, predicatrice **2** (*relig.*) pastore.
preachership ['pri:tʃəʃip], *n.* ufficio di predicatore.
to **preachify** ['pri:tʃifai], *v. i.* predicare; moraleggiare; sermoneggiare.
preachiness ['pri:tʃinis], *n.* (*fam.*) inclinazione alle prediche; tendenza moraleggiante.
preaching ['pri:tʃiŋ], *n.* **1** predicazione **2** predica; sermone.
preachment ['pri:tʃmənt], *n.* (*di solito spreg.*) predica noiosa; predicozzo; sermone.
preachy ['pri:tʃi], *a.* (*fam.*) **1** incline a far prediche; moraleggiante; sermoneggiante **2** che sa di predica; predicatorio.
to **pre-acquaint** ['pri:ə'kweint], *v. t.* preavvertire; preavvisare; informare in precedenza.
pre-adamic ['pri:ə'dæmik], *a.* preadamitico.
pre-adamite ['pri:'ædəmait], *n.* preadamita.
to **preadmonish** ['pri:əd'mɔniʃ], *v. t.* preavvertire; preavvisare; prevenire.
preadmonition ['pri:ˌædmə'niʃən], *n.* **1** preavviso **2** (*parapsicologia*) premonizione.
preamble [pri:'æmbl], *n.* preambolo; prefazione; proemio.
to **preamble** [pri:'æmbl], *v. i.* fare un preambolo; far preamboli.
to **preannounce** ['pri:ə'nauns], *v. t.* preannunciare.
preannouncement ['pri:ə'naunsmənt], *n.* preannuncio.
to **preappoint** ['pri:ə'point], *v. t.* fissare (*o* nominare, stabilire) in precedenza.
to **prearrange** ['pri:ə'reindʒ], *v. t.* ordinare in precedenza; predisporre.
prearrangement ['pri:ə'reindʒmənt], *n.* sistemazione preventiva.
prebend ['prebənd], *n.* (*relig.*) **1** prebenda **2** prebendario.
prebendal [pri'bendl], *a.* **1** di prebenda **2** di prebendario.
prebendary ['prebəndəri], *n.* (*relig.*) prebendario.
prebendaryship ['prebəndəriʃip], *n.* (*relig.*) ufficio di prebendario.
Pre(-)Cambrian ['pri:'kæmbriən], *a. e n.* (*geol.*) Precambrico; Precambriano.
precarious [pri'kɛəriəs], *a.* precario; aleatorio; incerto: **p. tenure**, possesso precario. ● **a p. assertion**, un'affermazione gratuita □ **the p. life of a sailor**, la vita rischiosa del marinaio.
precariousness [pri'kɛəriəsnis], *n.* precarietà; aleatorietà; incertezza.
precast [ˌpri:'ka:st], *a.* prefabbricato. ● (*costr.*) **p. concrete**, componenti di calcestruzzo prefabbricati.
precatory ['prekətəri], *a.* che esprime preghiera (*anche gramm.*). ● (*leg.*) **p. words**, parole che esprimono un desiderio (*del testatore*).
precaution [pri'kɔ:ʃən], *n.* precauzione: **You should take precautions against industrial accidents**, dovreste prendere precauzioni contro gli incidenti sul lavoro.
precautionary [pri'kɔ:ʃnəri], *a.* precauzionale.
to **precede** [pri(:)'si:d], *v. t. e i.* **1** precedere; venir prima di; aver la precedenza su; essere superiore a: **Such duties p. all others**, siffatti doveri vengono prima d'ogni altro; **Sons of barons p. baronets**, i figli dei baroni hanno la precedenza sui baronetti **2** far precedere; premettere: **to p. a ceremony with a speech of welcome**, far precedere a una cerimonia un discorso di benvenuto.
precedence [pri(:)'si:dəns], *n.* **1** precedenza; priorità **2** diritto di precedenza. ● **to take p. of** (*o* **over**), avere la precedenza su; (*fig.*) essere più importante di.
precedent ['president], *n.* (*specialm. leg.*) precedente (*giudiziario*): **It is without p.**, è una cosa senza precedenti; **to set a p.**, creare (*o* stabilire) un precedente.
precedented ['presidəntid], *a.* (*leg.*) che ha un precedente; che si basa su un precedente.

preceding [pri(:)'si:diŋ], *a.* precedente.
precensorship ['pri:'sensəʃip], *n.* censura preventiva.
to **precent** [pri(:)'sent], **A** *v. i.* (*relig.*) fare da primo cantore. **B** *v. t.* intonare (*un salmo, ecc.*); guidare il coro nel canto di (*un salmo, ecc.*).
precentor [pri(:)'sentə*], *n.* (*relig.*) primo cantore; maestro del coro.
precentorship [pri(:)'sentəʃip], *n.* (*relig.*) ufficio di primo cantore (*o* di maestro del coro).
precept ['pri:sept], *n.* **1** precetto; massima; norma; regola **2** (*fin.*, *in G.B.*) ingiunzione di pagamento (*di un'imposta locale*) **3** (*leg.*) intimazione. ● (*prov.*) **Example is better than p.**, contano più gli esempi che le parole.
preceptive [pri(:)'septiv], *a.* **1** istruttivo; didattico **2** (*leg.*) precettivo.
preceptor [pri'septə*], *n.* precettore; istitutore.
preceptorial [ˌpri:sep'tɔ:riəl], *a.* **1** di precettore **2** (*di sistema d'istruzione*) che fa uso di precettori.
preceptorship [pri(:)'septəʃip], *n.* ufficio di precettore.
preceptory [pri'septəri], *n.* (*stor.*) **1** comunità di Templari **2** beni di tale comunità.
preceptress [pri'septris], *n.* precettrice; istitutrice.
precession [pri'seʃən], *n.* (*astron.*, *mecc.*) precessione: **p. of the equinoxes**, precessione degli equinozi.
precessional [pri'seʃnl], *a.* (*astron.*) della (*o* derivante dalla) precessione degli equinozi.
pre-Christian [pri:'kristjən], *a.* precristiano.
precinct ['pri:siŋkt], *n.* **1** recinto: **the sacred precincts**, i sacri recinti (*d'una chiesa*); il sagrato **2** (*pl.*) dintorni, vicinanze (*d'una città*) **3** (*pl.*) confini: limiti: **within the city precincts**, dentro i confini (le mura) della città **4** (*USA*) distretto, divisione amministrativa (*d'una città, a scopi elettorali o di polizia*) **5** (*USA*) stazione di polizia (*cfr. ital.* commissariato). ● **pedestrian p.**, isola pedonale □ **shopping p.**, zona commerciale.
preciosity [ˌpreʃi'ɔsiti], *n.* preziosità; ricercatezza.
precious ['preʃəs], **A** *a.* **1** prezioso (*di stile, anche*) ricercato: **p. stones**, pietre preziose; **p. words**, parole preziose; **a p. style**, uno stile ricercato **2** (*fam.*, *iron.*) completo; perfetto; bello: **a p. liar**, un perfetto bugiardo; **You've made a p. mess of it**, hai combinato un bel pasticcio. **B** *n.* (*fam.*) tesoro (*fig.*); amato bene; diletto (*lett.*). **C** *avv.* (*fam.*) molto. ● **p. coral**, corallo rosso □ (*fam.*) **p. little equipment**, pochissime attrezzature □ (*fam.*) **to take p. good care of st.**, prendersi grandissima cura di q.c.
preciousness ['preʃəsnis], *n.* preziosità; gran pregio; ricercatezza.
precipice ['presipis], *n.* precipizio; parete scoscesa.
precipitance [pri'sipitəns], **precipitancy** [pri'sipitənsi], *n.* **1** precipitazione; fretta **2** azione avventata; avventatezza.
precipitate (1) [pri'sipitit], *n.* (*chim.*) precipitato.
precipitate (2) [pri'sipitit], *a.* precipitoso; precipitato; avventato: **a p. flight**, una fuga precipitosa.
to **precipitate** [pri'sipiteit], *v. t. e i.* precipitare (*anche chim.*); cadere a capofitto; affrettare eccessivamente: **We mustn't p. the Cabinet crisis**, non dobbiamo affrettare la crisi ministeriale.
precipitateness [pri'sipititnis], *n.* precipitazione; avventatezza.
precipitation [priˌsipi'teiʃən], *n.* **1** precipitazione; fretta **2** (*meteorologia, chim.*) precipitazione **3** (*chim.*) precipitato.
precipitous [pri'sipitəs], *a.* erto; ripido; scosceso: **a p. mountain**, un monte scosceso.
precipitousness [pri'sipitəsnis], *n.* ripidezza; l'esser scosceso.
précis ['preisi:] (*franc.*), *n.* (*invar. al pl.*) compendio; sunto; riassunto; sommario.
to **précis** ['preisi:] (*franc.*), *v. t.* compendiare; riassumere.
precise [pri'sais], *a.* preciso; esatto; accurato; attento; meticoloso; puntiglioso; scrupoloso: **p. figures**, cifre precise; **the p. amount**, l'esatto ammontare; **a more p. term**, un termine (*o* un vocabolo) più preciso; **a p. man**, un uomo attento, scrupoloso. ● **in the p. moment that...**, proprio nel momento in cui...
precisely [pri'saisli], *avv.* precisamente; con precisione; con esattezza **2** proprio: **P. (so)!**, proprio così!; davvero!
preciseness [pri'saisnis], *n.* precisione; esattezza; scrupolosità.
precisian [pri'siʒən], *n.* **1** formalista; pignolo **2** (*specialm.*) puritano; rigorista.
precisianism [pri'siʒənizəm], *n.* **1** formalismo; pignoleria **2** (*specialm.*) puritanesimo; rigorismo.
precision [pri'siʒən], *n.* precisione; accuratezza; esattezza. ● (*mil.*) **p. bombing**, bombardamento di precisione □ (*metall.*) **p. casting**, microfusione □ (*mecc.*) **p. instruments**, strumenti di precisione □ (*comm.*: *di un prodotto*) **p.-made**, di precisione.
precisionist [pri'siʒənist], *n.* **1** chi ama la precisione **2** purista.
pre-classical [pri:'klæsikəl], *a.* (*letter.*) preclassico.
to **preclude** [pri'klu:d], *v. t.* precludere; escludere; impedire; vietare: **to p. sb. from doing st.**, impedire a q. di fare q.c.
preclusion [pri'klu:ʒən], *n.* preclusione; esclusione; impe-

preclusive

dimento.
preclusive [pri'klu:siv], *a.* preclusivo (*raro*); che è d'impedimento.
precocious [pri'kouʃəs], *a.* **1** (*fig.*) precoce: **a p. child**, un fanciullo precoce **2** (*bot.: di pianta*) precoce; (*di frutto*) primaticcio.
precociousness [pri'kouʃəsnis], **precocity** [pri'kɔsiti], *n.* (*anche bot.*) precocità.
precognition [ˌpri:kɔg'niʃən], *n.* (*parapsicologia*) precognizione.
precombustion [ˌpri:kəm'bʌstʃən], *n.* (*chim.*) precombustione. ● (*mecc.*) **p. chamber**, camera di precombustione.
to precompose [ˌpri:kəm'pouz], *v. t.* comporre in precedenza.
to preconceive ['pri:kən'si:v], *v. t.* concepire in anticipo; farsi anzitempo un'opinione di (q. *o* q.c.).
preconceived ['pri:kən'si:vd], *a.* preconcetto: **p. ideas (opinions)**, idee (opinioni) preconcette; preconcetti; pregiudizi.
preconception ['pri:kən'sepʃən], *n.* preconcetto; pregiudizio.
to preconcert ['pri:kən'sə:t], *v. t.* predisporre; prestabilire.
preconcerted ['pri:kən'sə:tid], *a.* predisposto; prestabilito.
preconciliar ['pri:kən'siliə*], *a.* (*relig.*) preconciliare.
precondition [ˌpri:kən'diʃən], *n.* requisito indispensabile.
preconization ['pri:kənai'zeiʃən], *n.* (*anche relig.*) preconizzazione.
to preconize ['pri:kənaiz], *v. t.* (*anche relig.*) preconizzare; annunziare pubblicamente; proclamare.
to precook [pri:'kuk], *v. t.* **1** cuocere (*una vivanda*) in anticipo (*per poi riscaldarla*) **2** (*ind.*) sottoporre (*un alimento*) a cottura parziale; precuocere (*raro*).
precooked [pri:'kukt], *a.* (*specialm. ind.*) precotto.
precooking [pri:'kukiŋ], *n.* (*anche ind.*) precottura.
precordial [pri:'kɔ:djəl], *a.* (*anat.*) precordiale.
precordium [pri:'kɔ:djəm], *n.* (*pl.* **precordia**) (*anat.*) precordio.
precursive [pri:'kə:siv], *V.* **precursory**.
precursor [pri:'kə:sə*], *n.* **1** precursore **2** predecessore. ● (*relig.*) **the P.**, il Precursore del Messia (*S. Giovanni Battista*).
precursory [pri:'kə:səri], *a.* **1** precursore; foriero **2** introduttivo; preliminare.
predacious [pri'deiʃəs], *a.* (*d'animale*) predatore; rapace. ● **the p. instinct**, l'istinto della preda; l'istinto del predatore.
predacity [pri'dæsiti], *n.* (*d'animale*) l'essere predatore; rapacità.
to predate [pri:'deit], *v. t.* predatare; antidatare.
predator ['predətə*], *n.* predatore (*anche zool.*); predone.
predatory ['predətəri], *a.* (*d'animale*) da preda, predatore; rapace (*anche fig.*): **p. people**, gente rapace. ● **p. tribes**, tribù di predoni.
predecease [pri:di'si:s], *n.* (*leg., ass.*) premorienza.
to predecease [pri:di'si:s], *v. t.* (*leg., ass.*) premorire a (q.); morire prima di (q.).
predecessor ['pri:disesə*], *n.* **1** predecessore; antecessore **2** antenato **3** oggetto (*o* strumento) usato prima d'un altro (*che l'ha sostituito*).
predella [pri'delə] (*ital.*), *n.* (*pl.* **predelle**) (*archit., arte*) predella.
predestinarian ['pri:ˌdesti'nɛəriən], (*relig.*) **A** *a.* **1** della predestinazione **2** che crede nella predestinazione. **B** *n.* chi crede nella predestinazione.
to predestinate [pri:'destineit], *v. t.* (*anche relig.*) predestinare.
predestinate [pri:'destinit], *a.* (*anche relig.*) predestinato.
predestination [pri:ˌdesti'neiʃən], *n.* **1** (*specialm. relig.*) predestinazione **2** destino; fato.
to predestine [pri:'destin], *v. t.* (*anche relig.*) predestinare.
predeterminate ['pri:di'tə:minit], *a.* predeterminato.
predetermination ['pri:diˌtə:mi'neiʃən], *n.* predeterminazione.
to predetermine ['pri:di'tə:min], *v. t.* predeterminare.
predeterminer [ˌpridi'tə:minə*], *n.* (*gramm. ingl.*) «predeterminante» (*come all, che precede gli articoli*).
prediabetes ['pri:ˌdaiə'bi:ti:z], *n.* (*invar. al pl.*) (*med.*) prediabete.
prediabetic ['pri:ˌdaiə'betik], *a. e n.* (*med.*) prediabetico.
predial ['pri:diəl], **A** *a.* (*leg.*) prediale. **B** *n.* (*stor.*) servo prediale.
predicability [ˌpredikə'biliti], *n.* l'essere affermabile (*o* asseribile).
predicable ['predikəbl], **A** *a.* affermabile; asseribile. **B** *n.* (*filos.*) predicabile.
predicament [pri'dikəmənt], *n.* **1** situazione difficile; imbarazzo; imbroglio **2** (*filos.*) predicamento; categoria.
predicamental [priˌdikə'mentl], *a.* (*filos.*) di predicamento.
predicant ['predikənt], **A** *a.* (*relig.*) predicante. **B** *n.* frate predicante (*specialm. domenicano*); predicatore.
to predicate ['predikeit], *v. t.* **1** affermare; asserire **2** implicare; significare **3** (*filos.*) predicare. ● (*USA*) **to p. on** (*o* **upon**), basare (*un ragionamento, ecc.*) su.
predicate ['predikit], (*gramm., filos.*) **A** *n.* predicato. **B** *a. attr.* predicativo.
predication [ˌpredi'keiʃən], *n.* **1** affermazione; asserzione **2** (*filos.*) predicato.
predicative [pri'dikətiv], **A** *a.* **1** affermativo; assertivo **2** (*gramm.*) predicativo. **B** *n.* (*gramm.*) aggettivo (*o* nome, ecc.) predicativo.
predicatory ['predikətəri], *a.* **1** predicatorio; di predicazione **2** predicante; che predica.
to predict [pri'dikt], *v. t.* predire; preannunziare; presagire.
predictable [pri'diktəbl], *a.* che si può predire; prevedibile.
prediction [pri'dikʃən], *n.* **1** predizione; profezia; pronostico **2** (*meteorologia*) previsione.
predictive [pri'diktiv], *a.* che predice; profetico.
predictor [pri'diktə*], *n.* **1** chi predice; profeta **2** (*mil.*) calcolatore (*per cannone antiaereo*); goniotacometro.
to predigest [ˌpri:dai'dʒest], *v. t.* **1** predigerire **2** (*specialm. ind.*) rendere (*un alimento*) più digeribile **3** (*fig.*) semplificare, volgarizzare (*un libro, ecc.*).
predigestion [ˌpri:dai'dʒestʃən], *n.* predigestione.
predilection [ˌpri:di'lekʃən], *n.* predilezione.
to predispose ['pri:dis'pouz], *v. t.* predisporre (*a una malattia, ecc.*); disporre; rendere incline; indurre.
predisposition ['pri:ˌdispə'ziʃən], *n.* predisposizione; inclinazione.
predominance [pri'dɔminəns], **predominancy** [pri'dɔminənsi], *n.* predominio; preponderanza; prevalenza.
predominant [pri'dɔminənt], *a.* predominante; preponderante; prevalente.
to predominate [pri'dɔmineit], *v. i.* predominare; prevalere. ● **to p. over**, avere la prevalenza su; dominare; sopraffare.
predomination [priˌdɔmi'neiʃən], *n.* predominio.
to pre-elect ['pri:i'lekt], *v. t.* preeleggere; eleggere prima.
pre-election ['pri:i'lekʃən], **A** *n.* preelezione. **B** *a. attr.* preelettorale.
preemie, premie ['pri:mi:], *n.* (*fam., specialm. USA*) (neonato) prematuro.
pre-eminence [pri:'eminəns], *n.* preminenza; superiorità.
pre-eminent [pri:'eminənt], *a.* preminente; superiore.
to pre-empt [pri(:)'empt], *v. t.* **1** (*leg.*) comprare (q.c.) valendosi del diritto di prelazione **2** accaparrarsi; assicurarsi **3** (*USA*) occupare (*terreno pubblico*) per ottenervi il diritto di prelazione **4** prevenire; rendere inutile; superare (*fig.*); svuotare (*fig.*) **5** rimpiazzare; sostituire.
pre-emption [pri(:)'empʃən], *n.* (*leg.*) **1** acquisto compiuto esercitando il diritto di prelazione **2** diritto di prelazione **3** (diritto di) confisca (*dei beni di un neutrale da parte di un belligerante*).
pre-emptive [pri(:)'emptiv], *a.* **1** di (*o* pertinente a) prelazione **2** (*anche mil.*) preventivo: **a p. attack**, un attacco preventivo. ● (*leg.*) **p. right**, diritto di prelazione.
to preen [pri:n], **A** *v. t.* (*di un uccello*) lisciarsi (*le penne*) col becco.
to preen oneself, **B** *v. rifl.* (*di persona*) agghindarsi; azzimarsi; (*fig.*) pavoneggiarsi.
to pre-engage ['pri:in'geidʒ], *v. t.* impegnare in anticipo; prenotare.
pre-engagement ['pri:in'geidʒmənt], *n.* impegno precedente; prenotazione.
to pre-establish ['pri:is'tæbliʃ], *v. t.* prestabilire.
to pre-estimate ['pri:'estimeit], *v. t.* stimare (*o* valutare) in anticipo; preventivare (*comm.*).
pre-estimate ['pri:'estimit], *n.* preventivo.
to pre-exist ['pri:ig'zist], *v. i.* preesistere.
pre-existence ['pri:ig'zistəns], *n.* preesistenza.
pre-existent ['pri:ig'zistənt], *a.* preesistente.
prefab ['pri:'fæb], *n.* (*fam.; abbr. di* **prefabricated house**) casa prefabbricata; prefabbricato.
to prefabricate ['pri:'fæbrikeit], *v. t.* (*edil.*) prefabbricare. ● **prefabricated building**, prefabbricato.
prefabrication ['pri:ˌfæbri'keiʃən], *n.* (*edil.*) prefabbricazione.
preface ['prefis], *n.* **1** prefazione; proemio **2** (*relig.*) prefazio.
to preface ['prefis], **A** *v. t.* **1** fare la prefazione a (*un libro*); fare l'introduzione a (*un discorso*) **2** premettere a; far precedere da: **The teacher prefaced his speech with a bow**, l'insegnante fece precedere il suo discorso da un inchino **3** (*di fatti*) preludere a. **B** *v. i.* fare osservazioni introduttive (*o* preliminari).
prefatorial [ˌprefə'tɔ:riəl], **prefatory** ['prefətəri], *a.* preliminare; introduttivo.
prefect ['pri:fekt], *n.* **1** (*stor. romana, polit.*) prefetto: **the p. of police**, il prefetto di polizia (a Parigi) **2** (*in certe* **public schools**) prefetto.
prefectoral [pri(:)'fektərəl], **prefectorial** [ˌpri(:)fek'tɔ:riəl], *a.* di prefetto; prefettizio.
prefectural [pri(:)'fektjuərəl], *a.* di prefettura.
prefecture ['pri:fektjuə*], *n.* (*stor., polit.*) prefettura.
to prefer [pri'fə:*], *v. t.* **1** preferire: **I p. wine to beer**, preferisco il vino alla birra; **I p. to read rather than study**, preferisco leggere

piuttosto che studiare 2 (*leg.*) avanzare; presentare; sporgere: **to p. an indictment against a high official**, presentare un'accusa contro un alto funzionario 3 (*comm.*) dare la priorità a (*un creditore*) 4 promuovere; elevare; innalzare (*a un grado più alto*). ● (*fin. USA*) **preferred stock** (*o* **shares**), azioni preferenziali (*o* privilegiate) (*cfr. ingl.* **preference stock**, *sotto* **preference**).
preferability [,prefərə'biliti], *n.* preferibilità (*raro*).
preferable ['prefərəbl], *a.* preferibile.
preference ['prefərəns], *n.* 1 preferenza; predilezione 2 cosa preferita 3 (*per estens., comm.*) trattamento di favore. ● (*fin.*) **p. bonds**, titoli privilegiati (*fin.*) **p. stock** (*o* **p. shares**), azioni preferenziali (*o* privilegiate) □ **Imperial P.**, trattamento doganale di preferenza (*o* di nazione preferita) vigente fra i paesi del Commonwealth □ (*polit.*) **to mark preferences against some candidates**, attribuire voti di preferenza a taluni candidati (*in Italia*) □ **What is your p.?**, che cosa preferisci?
preferential [,prefə'renʃəl], *a.* di preferenza; preferenziale; privilegiato: **p. treatment**, trattamento privilegiato (*o* di favore); (*leg.*) **p. creditor**, creditore privilegiato. ● (*ind. USA*) **p. shop**, azienda che dà la priorità d'assunzione agli iscritti ai sindacati □ (*polit.*) **p. voting**, votazione col sistema dei voti di preferenza (*non in G.B.*).
preferentialism [,prefə'renʃəlizəm], *n.* (*polit.*) sistema delle tariffe doganali preferenziali; pratica del trattamento di «nazione preferita».
preferment [pri'fə:mənt], *n.* promozione; avanzamento.
prefiguration ['pri:,figjuə'reiʃən], *n.* 1 prefigurazione 2 prototipo.
prefigurative [pri:'figjuərətiv], *a.* che prefigura; che serve a prefigurare.
to prefigure [pri:'figə*], *v. t.* 1 prefigurare; adombrare; far presentire 2 immaginare (*qualcosa che avverrà*); figurarsi.
to prefix [pri:'fiks], *v. t.* 1 premettere; porre avanti; far precedere 2 (*gramm.*) mettere come prefisso (*a una parola*).
prefix ['pri:fiks], *n.* 1 (*gramm.*) prefisso 2 titolo premesso a un nome (*per es.:* **Mr, Dr**, *ecc.*).
to preform [pri:'fɔ:m], *v. t.* (*anche biol., metall.*) preformare.
preformation ['pri:fɔ:'meiʃən], *n.* (*anche biol.*) preformazione.
preforming [pri:'fɔ:miŋ], *n.* (*metall.*) preformatura.
preggers ['pregəz], *a.* (*pop.*) incinta; gravida.
pregnable ['pregnəbl], *a.* espugnabile; vulnerabile.
pregnancy ['pregnənsi], *n.* 1 gravidanza 2 (*fig.*) pregnanza; l'essere significativo (*o* suggestivo); importanza; pienezza; profondità 3 (*linguistica*) pregnanza.
pregnant ['pregnənt], *a.* 1 (*di donna*) incinta; gravida 2 (*di bestia*) gravida; pregna 3 (*fig.*) fecondo; fertile; prolifico; ricco di concetti 4 (*fig.*) pregnante; denso di significato; significativo; suggestivo; importante; pieno; profondo: **a p. reply**, una risposta densa di significato. ● (*gramm.*) **p. construction**, costrutto pregnante □ (*di donna*) **to fall p.**, restare incinta.
to preheat [,pri:'hi:t], *v. t.* (*anche tecn.*) preriscaldare.
preheater [,pri:'hi:tə*], *n.* (*tecn.*) preriscaldatore.
preheating [,pri:'hi:tiŋ], *n.* (*anche tecn.*) preriscaldamento.
prehensible [pri'hensəbl], *a.* prendibile.
prehensile [pri'hensail], *a.* (*zool.*) prensile: **p. tail**, coda prensile.
prehensility [,pri(:)hen'siliti], *n.* (*zool.*) l'esser prensile.
prehension [pri'henʃən], *n.* (*scient.*) prensione; l'afferrare (*anche mentalmente*); comprensione; apprendimento.
prehistoric(al) ['pri:his'tɔrik(əl)], *a.* preistorico.
prehistorically [pri:his'tɔrikəli], *avv.* in tempi preistorici.
prehistory [pri:'histəri], *n.* preistoria.
preignition ['pri:ig'niʃən], *n.* (*autom., mecc.*) preaccensione.
to prejudge [pri:'dʒʌdʒ], *v. t.* giudicare prematuramente; dare un giudizio avventato su.
prejudg(e)ment [pri:'dʒʌdʒmənt], *n.* giudizio prematuro.
prejudice ['predʒudis], *n.* pregiudizio; preconcetto; prevenzione; (*specialm. leg.*) danno: **to have a p. against foreigners**, aver pregiudizi contro gli stranieri; **without p. to anybody**, senza recare pregiudizio ad alcuno. ● **to have a p. in favour of sb.**, essere ben disposto verso q. □ **to the p. of sb.**, portando pregiudizio a q.; con danno di q. □ (*leg.*) **without p.**, fatta salva la riserva di far valere altri diritti.
to prejudice ['predʒudis], *v. t.* 1 pregiudicare; compromettere; danneggiare; nuocere a (q.) 2 metter su (contro) (*fam.*); disporre male (verso); prevenire: **His parents prejudiced him against the girl**, i suoi genitori lo misero su contro la ragazza. ● **to p. sb. in favour of sb. else**, disporre bene q. verso q. altro.
prejudiced ['predʒədist], *a.* che ha pregiudizi (verso q. *o* q.c.); prevenuto.
prejudicial [,predʒu'diʃəl], *a.* 1 pregiudizievole; dannoso 2 affetto da pregiudizi; prevenuto. ● **p. to sb.'s health**, pregiudizievole (*o* che è di pregiudizio) alla salute di q.
prelacy ['preləsi], *n.* 1 (*relig.*) prelatura 2 (*spreg.*) governo della Chiesa da parte dei prelati.
prelate ['prelit], *n.* (*relig.*) 1 prelato 2 (*stor.*) abate; priore.
prelatess ['prelətis], *n.* 1 (*relig.*) madre badessa; priora; superiora 2 (*scherz.*) moglie di un prelato (*anglicano*).
prelatic(al) [pri'lætik(əl)], *a.* prelatizio; (*spreg.*) prelatesco.
to prelatize ['prelətaiz], *v. t.* (*spreg.*) mettere (*la Chiesa*) sotto il governo prelatesco.
prelature ['prelətjuə*], *n.* (*relig.*) prelatura.
to prelect [pri'lekt], *v. i.* fare conferenze (*o* lezioni universitarie).
prelection [pri'lekʃən], *n.* conferenza; lezione universitaria.
prelector [pri'lektə*], *n.* conferenziere; docente universitario.
prelibation [,pri:lai'beiʃən], *n.* pregustazione (*specialm. fig.*).
prelim [pri'lim], *n.* (*fam.*) 1 (*abbr. di* **preliminary examination**) esame preliminare 2 (*pl., di un libro*) preliminari.
preliminary [pri'liminəri], A *a.* preliminare; introduttivo; preventivo: **a p. examination**, un esame preliminare. B *n.* 1 preliminare; introduzione 2 esame preliminare 3 (*pl., di un libro*) preliminari. ● (*leg.*) **p. investigation of a case**, istruttoria □ **p. to**, prima di.
prelude ['prelju:d], *n.* preludio (*anche mus.*); introduzione.
to prelude ['prelju:d], *v. t. e i.* 1 preludere (a); far da preludio (a); introdurre; preannunziare 2 (*mus.*) suonare il preludio.
preludial [pri'lju:diəl], *a.* 1 introduttivo 2 (*mus.*) di preludio.
to preludize [prelju(:)'daiz], *v. i.* (*mus.*) suonare un preludio.
prelusion [pri'lju:ʒən], *n.* preludio; introduzione.
prelusive [pri'lju:siv], *a.* che prelude; introduttivo; preliminare.
premarital [pri:'mæritəl], *a.* prematrimoniale.
premature [,premə'tjuə*], *a.* prematuro; anticipato; intempestivo; precoce: **a p. decision**, una decisione prematura. ● (*med.*) **a p. baby**, un (bambino) prematuro.
prematureness [,premə'tjuənis], **prematurity** [,premə'tjuəriti], *n.* prematurità; intempestività; precocità.
to premeditate [pri(:)'mediteit], *v. t.* premeditare. ● (*leg.*) **premeditated murder**, assassinio premeditato.
premeditation [pri(:),medi'teiʃən], *n.* (*anche leg.*) premeditazione.
premier ['premjə*], A *a.* primo; (il) più importante; primario; principale: **Brighton is the p. seaside resort in England**, Brighton è la principale stazione balneare in Inghilterra; **to take (the) p. place**, occupare il primo posto. B *n.* (*polit.*) primo ministro.
premiere ['premiɛə*], *n.* (*teatr., cinem.*) prima rappresentazione, première (*di un dramma*); prima visione (*di un film*).
to premiere ['premiɛə*], A *v. t.* dare (*un dramma, un film*) in prima rappresentazione. B *v. i.* essere dato in prima rappresentazione.
premiership ['premiəʃip], *n.* (*polit.*) carica di primo ministro.
premise ['premis], *n.* 1 (*filos.*) premessa 2 (*pl.; specialm. bur. e comm.*) fabbricati; locali; terreni; (*leg.*) immobili: **The premises will be sold at auction**, i locali saranno venduti all'asta 3 (*pl., leg.*) premesse (*di un contratto*). ● (*di birra, liquore*) **to be drunk on the premises**, da bersi sul luogo (*non da asportare*) □ **keep off the premises**, vietato l'ingresso (*cartello*).
to premise [pri'maiz], *v. t. e i.* premettere; far precedere a; dire (q.c.) come premessa.
premiss ['premis], *V.* **premise**, *def. 1.*
premium ['pri:mjəm], A *n.* (*pl.* **premiums, premia**) 1 premio; ricompensa: **a p. for good conduct**, un premio per buona condotta 2 (*ass.*) premio: **Most of the first p. goes to the insurance agent in commission**, la maggior parte del primo premio pagato va all'agente d'assicurazione come provvigione 3 pagamento straordinario; buonuscita; gratifica; soprassoldo: **incentive pay and other premiums**, premi d'operosità e altre gratifiche 4 tassa d'apprendistato (*pagata dal tirocinante a un professionista*) 5 (*fin.*) aggio (*nel cambio di valuta*) 6 (*comm.*) (articolo dato in) omaggio: **p. offer**, offerta premio; **p. stamps**, punti «qualità»; buoni omaggio. B *a. attr.* 1 di prima qualità; eccellente; ottimo 2 (*autom.*) super: **p. petrol** (*USA:* **p. gasoline**), benzina super. ● (*fin.*) **at a p.**, sopra la pari: **These stocks are selling at a p.**, queste azioni si vendono sopra la pari □ (*fig.*) **to be at a p.**, essere assai ricercato (*o* raro) □ (*fig.*) **to hold st. at a p.**, tenere q.c. in grande considerazione; far gran conto di q.c. □ **to put a p. on**, incoraggiare; favorire; privilegiare: **That will put a p. on punctuality**, ciò incoraggerà la puntualità.
premolar [pri:'moulə*], *a. e n.* (*anat.*) premolare.
premonition [,premə'niʃən], *n.* premonizione; presentimento.
premonitor [pri'mɔnitə*], *n.* premonitore.
premonitory [pri'mɔnitəri], *a.* premonitorio; premonitore. ● **a p. dream**, un sogno premonitore.
prenatal [pri:'neitəl], *a.* (*med.*) prenatale; di prima della nascita.
prentice ['prentis], *n.* (*abbr. dial. di* **apprentice**) apprendista. ● **to try one's p. hand**, fare un tentativo, anche se maldestro.
prenuclear [pri:'nju:kliə*], *a.* (*polit., mil.*) anteriore all'era delle armi nucleari.
pre-obit [,pri:'ɔ:bit], *n.* (*giornalismo*) coccodrillo.

preoccupation [pri:ˌɔkju'peiʃən], *n.* **1** cura (*lett.*); pensiero che assorbe; distrazione; preoccupazione **2** (*anche mil.*) occupazione preventiva.

preoccupied [pri:'ɔkjupaid], *a.* **1** pensieroso; assorto; distratto; preoccupato **2** occupato in precedenza. ● **He's always p.**, è sempre sovrappensiero □ **He seems p. with something else**, sembra abbia altre cose per la testa.

to **preoccupy** [pri:'ɔkjupai], *v. t.* **1** (*di pensiero*) dominare, prendere (*la mente, l'animo*); impensierire; preoccupare **2** occupare (*terreno, ecc.*) prima (*di altri*).

to **pre-ordain** ['pri:ɔ:'dein], *v. t.* preordinare; prestabilire.

pre-ordination ['pri:ˌɔ:di'neiʃən], *n.* preordinazione.

prep [prep], *n.* (*gergo studentesco*) **1** (*abbr. di* **preparation**) lezioni da preparare; compito a casa **2** (*abbr. di* **preparatory school**) scuola «preparatoria» **3** (*in collegio*) (ore) di studio.

to **prepack** ['pri:'pæk], *v. t.* (*ind.*) preconfezionare.

prepackage [ˌpri:'pækidʒ], *n.* (*ind.*) preconfezionamento; preconfezione.

prepackaged [pri:'pækidʒd], **prepacked** [pri:'pækt], *a.* (*di prodotto*) preconfezionato; in confezione.

prepaid [pri:'peid], *A pass.* e *p. p.* di **to prepay**. *B a.* **1** pagato in anticipo **2** (*comm.*) franco di porto. ● (*di lettera*) **p. reply**, risposta pagata.

preparation [ˌprepə'reiʃən], *n.* **1** preparazione; allestimento; preparativo: **preparations for a journey**, preparativi per un viaggio **2** (*farm., ind.*) preparato (*medicina o alimento*) **3** lezioni da preparare; compito a casa.

preparative [pri'pærətiv], *A a.* preparatorio. *B n.* **1** preparativo **2** (*mil., naut.*) segnale di tenersi pronti; segnale di «all'erta».

preparatory [pri'pærətəri], *a.* preparatorio; preliminare: **p. training**, addestramento preliminare. ● **p. school**, scuola «preparatoria» (*che prepara alla public school in G.B., al college in USA*) □ **a p. student**, uno studente di scuola «preparatoria» □ **p. to**, prima di; in attesa di.

to **prepare** [pri'pɛə*], *A v. t.* preparare; allestire; disporre (*l'animo di q. a q.c.*); istruire; addestrare: **to p. a speech** (**one's pupils, a prescription, etc.**), preparare un discorso (i propri alunni, una ricetta medica, ecc.); **to p. sb. for bad news**, preparare q. a una brutta notizia. *B v. i.* prepararsi; disporsi; accingersi: **to p. for an examination**, prepararsi a un esame; **to p. to leave**, accingersi a partire. **to prepare oneself** *C v. rifl.* prepararsi; disporsi (*a fare q.c.*). ● **to be prepared**, essere pronto (*o* disposto): **I am prepared to admit** (**to acknowledge**) **that...**, sono pronto ad ammettere (a riconoscere) che...

preparedness [pri'pɛəridnis], *n.* preparazione; l'esser pronto.

to **prepay** ['pri:'pei] (*pass.* e *p. p.* **prepaid**), *v. t.* pagare in anticipo. ● **to p. the postage on correspondence**, affrancare la corrispondenza.

prepayable [pri:'peiəbl], *a.* pagabile in anticipo.

prepayment ['pri:'peimənt], *n.* pagamento anticipato.

prepense [pri'pens], *a.* (*leg.*) premeditato. ● (*leg.*) **malice p.**, premeditazione.

preponderance [pri'pɔndərəns], **preponderancy** [pri'pɔndərənsi], *n.* preponderanza; prevalenza.

preponderant [pri'pɔndərənt], *a.* **1** preponderante; prevalente **2** predominante; dominante: **Red is the p. colour in her picture**, il rosso è il colore dominante nel suo quadro.

to **preponderate** [pri'pɔndəreit], *v. i.* **1** preponderare; predominare; prevalere; avere un maggior peso **2** (*della bilancia*) pendere.

preposition [ˌprepə'ziʃən], *n.* (*gramm.*) preposizione.

prepositional [ˌprepə'ziʃənl], *a.* (*gramm.*) di preposizione; prepositivo: **a p. phrase**, una locuzione prepositiva.

prepositive [pri'pɔzitiv], (*gramm.*) *A a.* prepositivo. *B n.* particella prepositiva.

prepositor [pri'pɔzitə*], *V.* **praepostor**.

to **prepossess** [ˌpri:pə'zes], *v. t.* **1** disporre (*bene o male q. verso q.c.*); predisporre (*l'animo di q.*); influire su; prevenire: **I am quite prepossessed in his favour**, sono interamente predisposto in suo favore **2** (*di solito, al passivo*) fare una buona impressione a: **He was prepossessed by the boy**, il ragazzo gli fece una buona impressione **3** (*di una idea, ecc.*) occupare la mente di (q.); ossessionare.

prepossessed [ˌpri:pə'zest], *a.* **1** che ha una buona opinione (*di q.*); ben impressionato **2** preoccupato; in pensiero.

prepossessing [ˌpri:pə'zesiŋ], *a.* attraente; affascinante; simpatico: **p. appearance**, aspetto attraente; **p. manners**, modi affascinanti.

prepossessingness [ˌpri:pə'zesiŋnis], *n.* l'essere attraente (*o* simpatico); fascino.

prepossession [ˌpri:pə'zeʃən], *n.* **1** predisposizione dell'animo; predilezione; simpatia **2** pregiudizio; prevenzione.

preposterous [pri'pɔstərəs], *a.* assurdo; irragionevole; ridicolo.

preposterousness [pri'pɔstərəsnis], *n.* assurdità; irragionevolezza; ridicolaggine.

prepotence [pri'poutəns], **prepotency** [pri'poutənsi], *n.* **1** (*raro*) prepotere; strapotenza **2** (*biol.*) dominanza.

prepotent [pri'poutənt], *a.* **1** (*raro*) potentissimo; strapotente **2** (*biol.*) dominante.

to **preprogram** ['pri:'prougræm], *v. t.* (*anche elab.*) preprogrammare; programmare in anticipo.

preprogramming [ˌpri:'prougræmiŋ], *n.* (*anche elab.*) preprogrammazione.

prepuce ['pri:pju:s], *n.* (*anat.*) prepuzio.

preputial [pri:'pju:ʃəl], *a.* (*anat.*) prepuziale.

Pre-Raphaelism ['pri:'ræfiəlizəm], *n.* (*arte, letter.*) preraffaellismo.

Pre-Raphaelite ['pri:'ræfiəlait], *n.* e *a.* (*arte, letter.*) preraffaellita.

Pre-Raphaelitism ['pri:'ræfiəlaitizəm], *V.* **Pre-Raphaelism**.

to **prerecord** [ˌpri:ri'kɔ:d], *v. t.* (*radio, telev.*) registrare in anticipo.

prerequisite ['pri:'rekwizit], *A a.* essenziale; indispensabile. *B n.* requisito indispensabile.

prerogative [pri'rɔgətiv], *A n.* **1** prerogativa; privilegio **2** precedenza; priorità. *B a.* di prerogativa; che ha una prerogativa; privilegiato: **p. right**, diritto di prerogativa. ● (*stor.*) **p. court**, tribunale ecclesiastico (*per la verifica dei testamenti*) □ **to have a p.**, avere (*o* godere di) una prerogativa □ **the Royal P.**, il potere discrezionale della Corona (*in G. B.*).

presage ['presidʒ], *n.* presagio; presentimento.

to **presage** ['presidʒ], *v. t.* **1** presagire; predire; presentire; vaticinare **2** essere presagio di; far presagire: **The latest business trends p. economic disaster**, le ultime tendenze congiunturali fanno presagire un disastro dell'economia.

presageful ['presidʒful], *a.* pieno di presagi; presago.

presbyope ['prezbioup], *n.* (*med.*) presbite.

presbyopia [ˌprezbi'oupjə], *n.* (*med.*) presbiopia; presbitismo.

presbyopic [ˌprezbi'ɔpik], *a.* (*med.*) presbite.

presbyter ['prezbitə*], *n.* (*relig.*) **1** (*stor.*) presbitero **2** sacerdote (*della Chiesa anglicana*) **3** «anziano» (*nella Chiesa Presbiteriana*).

presbyteral [prez'bitərəl], *a.* (*relig.*) **1** presbiterale **2** presbiteriano.

presbyterate [prez'bitərit], *n.* (*relig.*) **1** presbiterato **2** presbiterio (*assemblea delle chiese presbiteriane*).

presbyterial [ˌprezbi'tiəriəl], *V.* **presbyteral**.

Presbyterian [ˌprezbi'tiəriən], *a.* e *n.* (*relig.*) presbiteriano: **the P. Church**, la Chiesa Presbiteriana.

Presbyterianism [ˌprezbi'tiəriənizəm], *n.* (*relig.*) presbiterianesimo.

presbytership ['prezbitəʃip], *n.* (*relig.*) presbiterato.

presbytery ['prezbitəri], *n.* **1** (*relig. cattolica e archit.*) presbiterio **2** (*relig. presbiteriana*) presbiterio; tribunale di ministri del culto presbiteriano e di «anziani» **3** (*relig. presbiteriana*) giurisdizione del presbiterio.

preschool ['pri:'sku:l], *A a.* prescolare; prescolastico: **p. age**, età prescolare. *B n.* asilo infantile; giardino d'infanzia.

prescience ['presiəns], *n.* prescienza; preveggenza.

prescient ['presiənt], *a.* presciente; preveggente.

to **prescind** [pri'sind], *v. t.* e *i.* **1** prescindere **2** rescindere; staccare.

to **prescribe** [pris'kraib], *v. t.* e *i.* **1** prescrivere; stabilire; fissare; ordinare **2** prescrivere, ordinare (*una medicina, ecc.*); fare una prescrizione **3** (*leg.*) prescrivere; cadere (*o* andare) in prescrizione **4** (*leg.*) usucapire; acquisire per usucapione. ● (*leg.*) **to p. to** (*o* **for**) **st.**, affermare un diritto acquistato per usucapione su q.c.

prescript ['pri:skript], *n.* prescrizione; comando; ordine.

prescription [pris'kripʃən], *n.* **1** prescrizione; comando; ordine **2** prescrizione, ricetta (*medica*) **3** (*leg.*) prescrizione **4** (*leg.*) usucapione; prescrizione acquisitiva. ● **p. book**, ricettario □ **p. charge**, ticket (*sulle ricette di medicine «passate» dalla Mutua*) □ **to make up a p.**, preparare una medicina (*secondo la prescrizione medica*).

prescriptive [pri'skriptiv], *a.* (*anche leg.*) prescrittivo: **p. grammar**, grammatica prescrittiva.

prescriptivism [pri'skriptivizəm], *n.* prescrittivismo.

prescriptivist [pri'skriptivist], *n.* prescrittivista.

preselection [ˌpri:si'lekʃən], *n.* (*elettr., elettron.*) preselezione.

preselective [ˌpri:si'lektiv], *a.* preselettivo.

preselector [ˌpri:si'lektə*], *n.* (*elettr., elettron.*) preselettore.

presence ['prezns], *n.* presenza; aspetto; aria; portamento: **to be admitted to the p. of sb.**, essere ammesso alla presenza di q.; **a man of heavy p.**, un uomo dall'aspetto pesante; **He has a poor p.**, è un uomo di meschina presenza; **He has no p.**, non ha presenza. ● (*stor.*) **the p.**, la presenza del sovrano: **The courtiers retired from the p.**, i cortigiani si ritirarono dalla presenza del sovrano □ **p.-chamber**, sala delle udienze □ **p. of mind**, presenza di

spirito □ **in the p. of**, alla presenza di; al cospetto di □ **Your p. is requested**, la Signoria Vostra è invitata a intervenire.
present (1) ['preznt], *A a.* **1** presente; attuale; corrente: **Everybody was p.**, erano presenti tutti; (*gramm.*) **p. tense**, tempo presente; **the p. state of affairs**, le presenti condizioni; **the p. Cabinet**, il governo attuale; **in the p. year**, nell'anno corrente; (*mat.*) **the p. worth of 100 pounds in ten years**, il valore attuale di un montante di cento sterline fra dieci anni **2** (*arc.*) pronto, immediato. *B n.* **1** (*anche gramm.*) (il) presente; (il) tempo presente **2** (*pl., leg.*) documento: **by these presents**, col presente documento. ● **p. company**, i presenti □ **p. company excepted**, esclusi i presenti □ **p.-day**, attuale; contemporaneo; d'oggigiorno □ (*gramm.*) **p. perfect**, passato prossimo □ **the p. writer**, lo scrivente; il sottoscritto □ **at p.**, al presente; ora □ **for the p.**, per il momento; per ora □ (*prov.*) **There's no time like the p.**, chi ha tempo non aspetti tempo.
present (2) ['preznt], *n.* presente; dono; regalo: **Christmas presents**, doni natalizi. ● **to make sb. a p. of st.**, regalare q.c. a q. □ (*sport*) **to make the Arsenal a p. of two goals**, «regalare» due reti all'Arsenal (*squadra di calcio ingl.*).
to present [pri'zent], *A v. t.* **1** presentare (*anche radio, telev.*); consegnare; mostrare; offrire; porgere: **to p. a petition**, presentare una petizione; **to p. a cheque**, presentare un assegno (*per l'incasso*); **This problem presents some difficulties**, questo problema presenta qualche difficoltà; **to p. a complaint**, presentare un reclamo; (*mil.*) **to p. arms**, presentare le armi **2** presentare (q., *specialm. a Corte*): **A number of foreigners were presented**, diversi stranieri furono presentati a Corte **3** (*teatr.*) rappresentare **4** (*mil.*) puntare (*un'arma da fuoco*) **5** donare; offrire in dono; regalare: **He presented the school with a library**, donò alla scuola una biblioteca **6** (*relig.*) raccomandare (*al vescovo*): **The curate was presented to a living**, il cappellano fu raccomandato per la nomina a un beneficio ecclesiastico. ● **to present oneself** *B v. rifl.* presentarsi, comparire; (*di un'idea*) venire alla mente: **to p. oneself for an examination**, presentarsi a un esame; (*leg.*) **to p. oneself for trial**, comparire in giudizio. ● **to p. one's apologies**, presentare (*o fare*) le proprie scuse □ **to p. one's compliments**, presentare (*o fare*) i propri omaggi □ (*mil.*) **P. arms!**, presentat'arm!
present (3) [pri'zent], *n.* (*mil.*) (posizione di) presentat'arm: **to bring the rifle down to the p.**, mettere il fucile in posizione di presentat'arm; **soldiers standing at p.**, soldati irrigiditi nel presentat'arm.
presentability [pri,zentə'biliti], *n.* presentabilità (*raro*).
presentable [pri'zentəbl], *a.* presentabile. ● **to make oneself p.**, rendersi presentabile.
presentation [,prezent'eiʃən], *n.* **1** presentazione (*anche a Corte*) **2** (*teatr.*) rappresentazione: **the p. of a new comedy** (**drama, etc.**), la rappresentazione di una nuova commedia (di un nuovo dramma, ecc.) **3** dono; offerta; regalo **4** (*relig.*) (raccomandazione per la) nomina (*di un prelato a un beneficio*). ● **a p. copy**, una copia (*di un libro, ecc.*) in omaggio.
presentational [,prezen'teiʃənəl], *a.* **1** di presentazione **2** di dono.
presentee [,prezen'ti:], *n.* **1** (*relig.*) chi è destinato a un beneficio ecclesiastico **2** chi è raccomandato per un impiego (*specialm. statale*) **3** chi è presentato a Corte **4** destinatario di un dono.
presenter [pri'zentə*], *n.* (*radio, telev.*) presentatore.
presentient [pri'senʃiənt], *a.* che presagisce; presago.
presentiment [pri'zentimənt], *n.* presentimento. ● **to have a p. of st.**, presentire q.c.
presently ['prezntli], *avv.* **1** fra poco; a momenti; subito: **I'm coming p.**, vengo a momenti; torno subito **2** (*specialm. USA*) attualmente; ora.
presentment [pri'zentmənt], *n.* **1** presentazione (*anche comm.*); modo di presentarsi (*di un'idea alla mente*); rappresentazione; descrizione; esposizione **2** (*leg.*) dichiarazione di una giuria **3** (*teatr.*) rappresentazione **4** (*relig.*) lagnanza (*da parte delle autorità parrocchiali a un vescovo*).
preservable [pri'zə:vəbl], *a.* preservabile; conservabile.
preservation [,prezə(:)'veiʃən], *n.* **1** preservazione; conservazione: **in a good state of p.**, in buono stato di conservazione **2** protezione; difesa; salvaguardia. ● **the p. of peace**, il mantenimento della pace □ **p. order**, ordinanza di conservazione (*di un monumento, ecc.*); dichiarazione di «monumento nazionale».
preservative [pri'zə:vətiv], *A a.* preservativo; che preserva; conservativo. *B n.* sostanza conservatrice; conservante; conservativo.
preservatized [pri'zə:vətaizd], *a.* (*ind.: di cibo*) trattato con conservanti.
to preserve [pri'zə:v], *v. t.* **1** preservare; proteggere; salvaguardare; difendere; conservare; salvare: **God p. us!**, Dio ci preservi (*o ci salvi*); **to p. one's dignity**, conservare (*o salvare*) la propria

dignità **2** conservare; mettere in conserva: **to p. fruit**, mettere in conserva frutta **3** riservare: **Fishing is strictly preserved here**, qui la pesca è rigorosamente riservata. ● **to p. game** (**fish, etc.**), proteggere la selvaggina (i pesci, ecc.); fare un territorio (un corso d'acqua, ecc.) autogestito □ **to p. a river**, riservare il diritto di pesca in un fiume □ **Saints p. us!**, Dio ne guardi e liberi! □ (*ind.*) **preserving agents**, conservanti.
preserve [pri'zə:v], *n.* **1** (*spesso al pl.*) conserva; composta di frutta; marmellata: **quince p.**, marmellata di cotogne **2** (*anche* **game p.**) riserva di caccia; bandita **3** (*anche* **fish p.**) peschiera; vivaio; riserva di pesca **4** (*fig.*) area (culturale) riservata; campo d'interesse (*o* di ricerca) riservato (a q.) **5** (*pl.*) occhiali contro la polvere. ● (*fig.*) **to trespass on sb.'s p.**, invadere il campo altrui.
preserved [pri'zə:vd], *a.* conservato; in conserva; in scatola: **p. meat**, carne in scatola. ● **p. fruit**, frutta conservata.
preserver [pri'zə:və*], *n.* preservatore, preservatrice.
to preset [,pri:'set] (*pass. e p. p.* **preset**), *v. t.* **1** programmare; puntare. (*fam.*) **2** (*elab.*) prefissare; inizializzare.
preshrunk [,pri:'ʃrʌŋk], *a.* (*di tessuto*) preristretto; sanforizzato.
to preside [pri'zaid], *v. i.* **1** presiedere a; presiedere: **The House of Lords is presided over by the Lord Chancellor**, la Camera dei Lord è presieduta dal Lord Cancelliere **2** dirigere; esercitare il comando **3** sedere a capotavola. ● (*raro*) **to p. at the piano**, sedere al pianoforte; suonare il pianoforte (*in pubblico*).
presidency ['prezidənsi], *n.* **1** presidenza **2** (*stor.*) divisione amministrativa del territorio della Compagnia delle Indie Orientali **3** (*relig.*) consiglio amministrativo (*della Chiesa mormone*). ● (*polit. USA*) **the P.**, la Presidenza.
president ['prezidənt], *n.* **1** (*anche polit.*) presidente (*in USA, anche d'una banca, università, ecc.*) **2** capo di un dicastero; ministro: **the P. of the Board of Trade**, il ministro del Commercio (*in G. B.*) **3** rettore (*di un college*) **4** (*USA*) direttore generale (*d'una società commerciale*) **5** (*stor.*) governatore d'una provincia (*o* d'una colonia). ● (*USA*) **p.-elect**, presidente eletto (*che non ha ancora assunto le funzioni*).
presidentess ['prezidəntis], *n.* presidentessa.
presidential [,prezi'denʃəl], *a.* presidenziale. ● (*USA*) **p. year**, anno delle elezioni presidenziali.
presidentship ['prezidəntʃip], *n.* presidenza.
presidial [pri'sidiəl], **presidiary** [pri'sidiəri], *a.* **1** presidiale (*raro*); presidiario; di (*o* del) presidio **2** (*raro*) presidenziale.
presidio [pri'sidiou] (*spagn.*), *n.* (*pl.* **presidios**) presidio.
presidium [pri'sidiəm], *n.* (*pl.* **presidia, presidiums**) (*polit.*) presidium (*in Russia, ecc.*).
presoak ['pri:'souk], *n.* **1** preammollo **2** detergente (*o* polvere) per il preammollo.
to presoak [pri:'souk], *A v. i.* fare il preammollo. *B v. t.* mettere (*panni, ecc.*) in preammollo.
to press (1) [pres], *A v. t.* **1** premere; comprimere; calcare; pigiare; stringere; spremere: **to p. a button**, premere un bottone (*o* un pulsante); **to p. the trigger of a rifle**, premere il grilletto d'un fucile; **P. it under a stone**, comprimilo sotto una pietra; **to p. sb.'s hand**, stringere la mano a q. (*in segno d'affetto*); **to p. grapes**, pigiare l'uva; **to p. juice out of a lemon**, spremere il succo da un limone **2** abbracciare; stringere a sé **3** incalzare; importunare; sollecitare; urgere: **to p. the enemy forces hard**, incalzare il nemico da presso **4** insistere su; far accettare (*a forza o quasi*): **to p. a question**, insistere su una questione; **to p. a gift on sb.**, far accettare un dono a q. **5** stirare: **to p. clothes**, stirare vestiti **6** stampare (*un disco*). *B v. i.* **1** affollarsi; accalcarsi; premere; spingere; incalzare; urgere: **The rioters were pressing against the police**, i rivoltosi s'accalcavano contro la polizia; **Time presses**, il tempo incalza (*o stringe*) **2** stirarsi: **This material presses well**, questa stoffa si stira bene. ● **to p. action**, darsi da fare □ **to p. an argument home**, spingere a fondo un'argomentazione □ **to p. home an attack**, spingere a fondo un attacco □ **to p. back**, ricacciare, respingere (*il nemico, ecc.*) □ (*fig.*) **to p. the button**, dare il via; fare il primo passo □ **to p. down**, comprimere, schiacciare (*un pedale, ecc.*); (*fig.*) opprimere □ **to p. for an answer**, insistere per avere una risposta □ **to p. forward**, spingersi innanzi □ **to p. a march**, accelerare una marcia □ **to p. on**, affrettarsi; proseguire di buona lena □ **to p. one's opinion on sb.**, imporre la propria opinione a q. □ **to p. up**, accalcarsi; ammassarsi; affollarsi □ **Nothing remains that presses**, non resta nulla (da fare) d'urgente.
press (1) [pres], *n.* **1** pressione; stretta: **a p. of the hand**, una stretta di mano (*in segno d'affetto*) **2** (*mecc.*) pressa; torchio; pressoio: **a cider-p.**, una pressa per il sidro; **a wine p.**, un torchio per vino; **a trouser-p.**, una pressa per dar la piega ai calzoni; uno stiracalzoni **3** calca; folla; ressa: **The little girl was lost in the p.**, la bambina si perse nella ressa **4** pressione; urgenza; (l')incalzare: **the p. of events**, l'incalzare degli avvenimenti **5** armadio, credenza (*specialm. a muro*) **6** (*anche* **printing p.**) macchina da stampa; stampatrice; pressa a mano **7** stamperia; ti-

press (2)

pografia **8** stampa: *The book is now in the p.*, il libro è in corso di stampa **9** *– the p.*, la stampa; i giornalisti: **freedom of the p.**, libertà di stampa **10** (*legatoria*) torchio **11** (*sport*) distensione (lenta) (*nel sollevamento pesi*) **12** (*fam.*) passata (*del ferro da stiro*); stirata **13** casa editrice: *Oxford University P.*, la casa editrice dell'università di Oxford. ● **p. agency**, agenzia di stampa (*o* d'informazioni) □ **p. agent**, agente pubblicitario; addetto stampa □ **to p.-agent**, fare l'addetto stampa, fare l'agente pubblicitario; pubblicizzare □ **p. baron**, potente proprietario di giornali; barone della stampa (*sport*) **p.-box**, tribuna della stampa □ **a p. campaign**, una campagna giornalistica □ **p. conference**, conferenza stampa □ **p. corrector**, correttore di bozze □ **p.-cuttings** (*o* **p.-clippings**), ritagli di giornale □ (*metall.*) **p. forging**, fucinatura alla pressa □ (*polit.*) **p.-gallery**, galleria della stampa □ **p.-laws**, leggi sulla stampa □ **p.-lord**, grande proprietario di giornali □ (*naut.*) **p. of canvas** (*o* **of sail**), forza di vele □ **p.-photographer**, fotoreporter □ **p. proof**, ultima bozza □ **p. release**, comunicato stampa □ (*polit.*) **p. secretary**, addetto stampa (*di un personaggio politico*) □ **p.-stud**, bottone automatico; automatico □ (*specialm. ingl.*) **p.-up**, flessione, flessioni (*sulle braccia*) □ **copying p.**, copialettere □ **to correct the p.**, correggere le ultime bozze □ **to go to p.**, (*di libro*) andare in stampa; (*di giornale*) andare in macchina □ (*d'un libro*) **to have a good p.**, ricevere una buona accoglienza da parte della stampa; ottenere recensioni favorevoli □ **hydraulic p.**, pressa idraulica; torchio idraulico □ (*di libro, ecc.*) **off the p.**, appena stampato; fresco di stampa □ **to send to p.**, dare alle stampe.

to press (2) [pres], *v. t.* **1** (*stor.*) arruolare forzatamente (*specialm. nella marina*) **2** requisire (*cavalli, barche, ecc.*). ● **to p. st. into service**, fare uso di q.c. (*eccezionalmente, in mancanza di meglio*).

press (2) [pres], *n.* (*stor.*) arruolamento forzato. ● (*stor.*) **p.-gang**, corpo di soldati (*di solito, marinai*) che arruolava uomini forzatamente.

pressboard ['presbɔ:d], *n.* cartone pressato lucido.

pressed [prest], *a.* **1** compresso; pressato: **p. brick**, mattone pressato **2** (*mecc., metall.*) stampato: (*autom.*) **p. steel rims**, cerchi in acciaio stampato **3** (*d'abito*) stirato. ● **p. beef**, carne di bue pressata in scatola □ **to be p. for money** (**time, etc.**), avere poco denaro (tempo, ecc.).

presser ['presə*], *n.* **1** compressore; chi preme, spreme, ecc. (*V.* **press (1)**) **2** stiratore, stiratrice.

to pressgang ['presgæn], *v. t.* costringere; forzare. ● **to p. sb. into doing st.**, costringere con la forza q. a fare q.c.

pressing ['presiŋ], **A** *a.* **1** incalzante; urgente; imminente; pressante: **a p. matter**, un affare pressante; **p. need**, bisogno urgente; **p. danger**, pericolo imminente **2** insistente; caloroso; importuno: **a p. petitioner**, un postulante importuno; **a p. invitation**, un invito caloroso. **B** *n.* **1** (*metall.*) pressatura **2** stampaggio (*specialm. di dischi*); disco (*fonografico*) stampato **3** pressione; insistenza **4** stiratura: *clothes for p.*, abiti da stirare. ● *wine-p.*, pigiatura (*dell'uva*) □ *He doesn't need much p.*, non si fa davvero pregare.

pressman ['presmən], *n.* (*pl.* **pressmen**) **1** (*tipogr.*) macchinista; stampatore **2** giornalista; cronista.

pressmark ['presma:k], *n.* collocazione d'un libro; indicazione (*lettera, numero*) del posto assegnato a un libro in biblioteca.

pressroom ['presru(:)m], *n.* **1** (*tipogr.*) reparto delle presse (*o* delle macchine da stampa) **2** sala stampa.

to press-show ['pres,ʃou], *v. t.* (*cinem.*) presentare (*un film*) alla stampa in anteprima.

pressure ['preʃə*], *n.* **1** (*fis., mecc., med.*) pressione: **atmospheric p.**, pressione atmosferica; **blood p.**, pressione sanguigna **2** (*fis., mecc.*) compressione: **p. microphone**, microfono a compressione **3** (*fig.*) pressione; costrizione; insistenza; urgenza: **fiscal p.**, la pressione fiscale; **the p. of poverty**, la costrizione della miseria **4** afflizione; oppressione; difficoltà: **financial p.**, difficoltà finanziarie. ● (*mecc.*) **p. bar**, premilamiera □ (*aeron.*) **p. cabin**, cabina pressurizzata □ **p. cooker**, pentola a pressione □ (*autom.*) **p. feed**, alimentazione forzata □ **p. gauge**, misuratore di pressione; manometro □ (*polit., econ.*) **p. group**, gruppo di pressione □ (*mecc. dei fluidi*) **p. head**, altezza piezometrica □ **p. of business**, affari urgenti; cumulo di lavoro □ (*autom., mecc.*) **p. plate**, spingidisco □ (*fig.*) **to bring p. to bear on sb.**, esercitare (*o* fare) pressioni su q. □ **under p.**, sotto pressione (*fig.*); in modo assai impegnativo □ (*comm.*) **under the p. of competition**, sotto lo stimolo della concorrenza □ (*fig.*) **to work at high p.**, lavorare intensamente; essere sotto sforzo (*o* sotto pressione) □ **to yield under p.**, essere costretto a cedere (per le pressioni subite).

to pressure ['preʃə*], (*specialm. USA*) *V.* **to pressurize**.

pressurization [,preʃərai'zeiʃən], *n.* (*aeron., ing.*) pressurizzazione.

to pressurize ['preʃəraiz], *v. t.* **1** (*aeron., ing.*) pressurizzare: **pressurizzed cabin**, cabina pressurizzata **2** (*fig.*) fare (*o* esercitare) pressioni su (q.) (*perché faccia q.c.*). ● (*fis. nucl.*) **pressurized water reactor**, reattore ad acqua pressurizzata.

presswoman ['pres,wumən], *n.* (*pl.* **presswomen**) giornalista; cronista (*donna*).

presswork ['pres-wə:k], *n.* (*mecc.*) stampaggio.

prest [prest], *n.* (*anche* **p. money**) premio d'arruolamento.

Prester John ['prestə'dʒɔn], *n.* Prete Gianni (*personaggio leggendario*).

prestidigitation ['presti,didʒi'teiʃən], *n.* prestidigitazione.

prestidigitator [,presti'didʒiteitə*], *n.* prestidigitatore; prestigiatore.

prestige [pres'ti:ʒ], *n.* prestigio (*fig.*); autorità; fascino; rinomanza.

prestigious [pres'tidʒəs], *a.* prestigioso.

prestissimo [pres'tisimou] (*ital.*), (*mus.*) **A** *avv.* prestissimo. **B** *n.* (*pl.* **prestissimos**) prestissimo.

presto ['prestou] (*ital.*), (*mus.*) **A** *avv.* presto. **B** *n.* (*pl.* **prestos**) presto; brano da eseguire in tempo di presto. ● (*escl. di prestigiatore*) *Hey p.!*, oplà!

to prestress [,pri:'stres], *v. t.* (*ing.*) precomprimere.

prestressed [,pri:'strest], *a.* precompresso: **p. concrete**, cemento armato precompresso.

presumable [pri'zju:məbl], *a.* presumibile.

to presume [pri'zju:m], **A** *v. t.* **1** presumere; congetturare; immaginare; supporre **2** avere l'ardire (*o* la pretesa) di; prendersi la libertà di; osare: *I don't p. to correct you*, non so (*o* non mi sogno certo di) correggerti **3** far presumere; esser prova di: *A signed invoice presumes receipt of the shipment*, una fattura firmata fa presumere che la merce sia stata ricevuta **4** (*leg.*) contemplare. **B** *v. i.* **1** agire in modo presuntuoso; prendersi delle libertà **2** far congetture; fare supposizioni. ● **to p. on one's position**, credersi chi sa chi □ **to p. upon chance**, affidarsi al caso; riporre troppa fiducia nella buona sorte.

presumedly [pri'zju:midli], *avv.* presumibilmente; secondo le supposizioni.

presuming [pri'zju:miŋ], *a.* presuntuoso; arrogante.

presumption [pri'zʌmpʃən], *n.* **1** presunzione (*anche leg.*); congettura; supposizione: **a false p.**, una supposizione errata; (*leg.*) **p. of death**, presunzione di morte; *It was a mere p.*, non era che una congettura **2** presunzione; arroganza.

presumptive [pri'zʌmptiv], *a.* presuntivo; presunto: **the heir p.**, l'erede presuntivo; il presunto erede. ● (*leg.*) **p. evidence**, prova presuntiva.

presumptuous [pri'zʌmptjuəs], *a.* presuntuoso; arrogante.

presumptuousness [pri'zʌmptjuəsnis], *n.* presuntuosità; presunzione; arroganza.

to presuppose [,pri:sə'pouz], *v. t.* presupporre.

presupposition [,pri:sʌpə'ziʃən], *n.* presupposizione; presupposto.

pre(-)tax [,pri:'tæks], *a.* (*fin.*) al lordo delle imposte.

pre-teen ['pri:'ti:n], *n.* (*specialm. USA*) preadolescente.

pretence [pri'tens], *n.* **1** finzione; mostra; simulazione **2** pretesto; scusa: *He refuses to work on the slightest p.*, gli basta un minimo pretesto per rifiutarsi di lavorare **3** pretesa; pretese: *without p.*, senza pretese **4** (*leg.*) pretesa; richiesta di riconoscimento di un diritto. ● **devoid of all p.**, del tutto privo di pretese □ (*leg.*) **false pretences**, pretese infondate; frode; inganno; truffa □ **to make a p. of doing st.**, far finta (*o* fingere) di fare q.c. □ **under the p. of personal devotion**, fingendosi un amico devoto □ **under the p. of helping**, facendo mostra d'aiutare; con il pretesto di dare aiuto.

to pretend [pri'tend], *v. t. e i.* **1** fingere; far finta, far mostra (di); simulare; far le viste (di): **to p. sickness**, simulare una malattia; *I pretended that I was deaf* (*o* **to be deaf**), facevo finta d'essere sordo **2** pretendere; pretendere a; aspirare (a); accampare diritti su: *He does not p. to be a scholar*, non pretende d'essere un erudito; *He pretended to the throne of England*, pretendeva (*o* aspirava) al trono d'Inghilterra. ● **to p. to sb.** (**o sb.'s hand**), essere il pretendente di (*una donna*); aspirare alla mano di q. □ *We're only pretending*, facciamo per gioco; non facciamo sul serio.

pretend [pri'tend], *a.* (*voce infantile*) per finta; per gioco; immaginario.

pretended [pri'tendid], *a.* **1** finto; simulato **2** preteso; supposto.

pretender [pri'tendə*], *n.* **1** pretendente **2** chi finge; simulatore. ● **the Old P.**, Giacomo Stuart (*figlio di re Giacomo II*) □ **the Young P.**, Carlo Stuart (*nipote di re Giacomo II*).

pretense [pri'tens], (*USA*) *V.* **pretence**.

pretension [pri'tenʃən], *n.* **1** pretesa: *He makes* (*o* *he has*) *no pretensions to skill as a painter*, non ha la pretesa d'esser bravo come pittore **2** presunzione; vanità.

pretentious [pri'tenʃəs], *a.* pretenzioso, pretensioso; presuntuoso; vanitoso: **a p. writer**, uno scrittore pretenzioso.

pretentiousness [pri'tenʃəsnis], *n.* pretenziosità, pretensiosità; presunzione; vanità.
preterhuman [,pri:tə'hju:mən], *a.* sovrumano.
preterit(e) ['pretərit], *a.* e *n.* (*gramm.*) preterito.
preterition [,pri:tə'riʃən], *n.* omissione.
pretermission [,pri:tə'miʃən], *n.* 1 omissione 2 interruzione.
to pretermit [,pri:tə'mit], *v. t.* 1 omettere; tralasciare 2 sospendere; interrompere 3 trascurare.
preternatural [,pri:tə'nætʃrəl], *a.* 1 preternaturale; soprannaturale 2 straordinario.
pretext ['pri:tekst], *n.* pretesto; scusa: **to offer a p.**, fornire un pretesto; dare appiglio; **under** (*o* **on, upon**) **the p. of**, col pretesto di.
to pretext [pri:'tekst], *v. t.* (*raro*) addurre come pretesto.
pretor ['pri:tə*], e *deriv.* V. **praetor**, e *deriv.*
to prettify ['pritifai], A *v. t.* (*spesso spreg.*) abbellire, agghindare, illeggiadrire (*specialm. in modo lezioso*). **to prettify oneself** B *v. rifl.* farsi bello; agghindarsi; mettersi in ghingheri.
prettily ['pritili], *avv.* graziosamente, leggiadramente, elegantemente; bene: **p. dressed**, ben vestito. ● (*linguaggio infant.*) **to behave p.**, comportarsi bene; fare il buono □ (*parlando a un bambino*) **Eat p.!**, fa' il bravo e mangia!; mangia, da bravo!
prettiness ['pritinis], *n.* 1 grazia; graziosità; leggiadria; eleganza 2 (*di stile*) eleganza affettata; leziosità; ricercatezza.
pretty ['priti], A *a.* 1 grazioso; leggiadro; carino: **a p. girl**, una ragazza graziosa (*o* carina); **a p. cottage**, una graziosa villetta; **a p. scene**, una scena leggiadra 2 (*spesso iron.*) bello: **a p. picture**, un bel quadretto; **A p. mess you've made of it!**, hai combinato un bel pasticcio! 3 (*fam.*) considerevole; grande; grosso: **a p. sum**, una bella sommetta; **This car cost me a p. penny**, questa auto m'è costata una bella somma. B *n.* 1 (*raro*) carino; tesoruccio 2 (*pl.*) abiti graziosi ed eleganti; biancheria intima 3 (*sport: golf*) percorso. C *avv.* (*fam.*) abbastanza; discretamente; passabilmente; piuttosto: **p. good**, abbastanza buono; discreto; **p. late**, piuttosto tardi; **I am p. well**, sto abbastanza bene; sto benino; **p. difficult**, piuttosto difficile. ● **a p. bargain**, un buon affare □ **p.-p.**, affettato; lezioso; ricercato; sdolcinato □ **p.-pretties**, chincaglieria; cianfrusaglie; ninnoli □ **a p. distinction**, una distinzione sottile □ **p. much the same** (**thing**), quasi lo stesso; pressoché la stessa cosa: **It is p. much the same thing**, se non è zuppa, è pan bagnato □ **to fill a glass up to the p.**, riempire un bicchiere fino alla riga (*o* fin quasi all'orlo) □ **to have a p. wit**, essere molto spirito; essere un tipo spiritoso □ (*vocat.*) **my p.!**, mio caro; tesoruccio! □ (*fam.*) **sitting p.**, bello comodo; spaparacchiato (*pop.*).
prettyish ['pritiiʃ], *a.* abbastanza carino; piuttosto grazioso.
prettyism ['pritiizəm], *n.* eleganza affettata; leziosità; ricercatezza.
pretzel ['pretsl], *n.* ciambellina croccante salata (*a forma di nodo*).
to prevail [pri'veil], *v. i.* 1 prevalere; avere il meglio; aver successo; vincere: **Reason will p.**, la ragione prevarrà; **The King prevailed over the barons**, il re ebbe il meglio sui grandi feudatari 2 predominare; essere predominante; essere invalso (*o* assai diffuso): **Hot winds p. in this country**, i venti caldi predominano in questo paese; **The use of opium once prevailed in China**, un tempo l'uso dell'oppio era assai diffuso in Cina. ● **to p. upon**, convincere; indurre; persuadere: **I prevailed upon him to accept the invitation**, lo indussi ad accettare l'invito.
prevailing [pri'veiliŋ], *a.* 1 prevalente; predominante 2 assai diffuso; comune; invalso; generale: **a p. practice**, una pratica assai diffusa; un'abitudine comune. ● (*comm.*) **at the prices now p.**, ai prezzi correnti.
prevalence ['prevələns], *n.* larga diffusione; generalità; l'esser comune; prevalenza.
prevalent ['prevələnt], *a.* 1 assai diffuso; generalmente invalso; comune; generale: **p. customs**, costumanze assai diffuse 2 prevalente; predominante. ● (*meteorologia*) **p. winds**, venti dominanti.
to prevaricate [pri'værikeit], *v. i.* 1 parlare (*o* agire) in modo evasivo (*o* ambiguo); tergiversare; cavillare; sofisticare: **Instead of pleading guilty, he began to p.**, invece di ammettere la sua colpevolezza, si diede a tergiversare 2 mentire 3 (*leg.*) prevaricare (*nel diritto civile e nel diritto romano*).
prevarication [pri,væri'keiʃən], *n.* 1 tergiversazione; il cavillare, il sofisticare 2 cavillo; menzogna; sotterfugio 3 (*leg.*) prevaricazione (*V.* **to prevaricate**, *def.* 3).
prevaricator [pri'værikeitə*], *n.* 1 tergiversatore; cavillatore 2 (*leg.*) prevaricatore.
prevenient [pri'vi:niənt], *a.* 1 precedente; anteriore 2 che aspetta (*q.c. che deve avvenire*): che è in attesa. ● (*relig.*) **p. grace**, grazia divina che previene il pentimento.
to prevent [pri'vent], *v. t.* 1 prevenire; evitare; impedire; ostacolare; inceppare: **to p. aggression**, prevenire l'aggressione; **to p. a calamity**, prevenire una disgrazia; **to p. an accident**, evitare un incidente; **What prevented you from writing** (*o* **your writing**)?, che cosa t'impedì di scrivere? 2 (*arc.*) prevenire (*un desiderio, una domanda, ecc.*). ● (*med.*) **to p. a disease**, prevenire una malattia □ (*relig.*) **God prevents us with His grace**, Dio ci previene con la Sua grazia □ (*arc.*) **P. us, o Lord, in all our doings**, guidaci, o Signore, in ogni nostra azione.
preventable [pri'ventəbl], *a.* prevenibile; evitabile.
preventative [pri'ventətiv], V. **preventive**.
preventer [pri'ventə*], *n.* chi previene; chi evita.
preventible [pri'ventəbl], V. **preventable**.
prevention [pri'venʃən], *n.* prevenzione; misura preventiva; impedimento; ostacolo. ● (*prov.*) **P. is better than cure** (*o* **An ounce of p. is worth a pound of cure**), è meglio prevedere che provvedere.
preventive [pri'ventiv], A *a.* (*specialm. med.*) preventivo; profilattico: **p. treatment**, cura preventiva; **p. custody** (*o* **p. detention**), carcere preventivo. B *n.* 1 medicina preventiva 2 misura profilattica 3 provvedimento preventivo. ● (*leg.*) **p. attachment**, sequestro conservativo □ (*ing.*) **p. maintenance**, manutenzione preventiva □ **a p. officer**, un ufficiale delle guardie di finanza □ **P. Service**, servizio per la repressione del contrabbando.
preview ['pri:vju:], *n.* (*cinem.*) 1 anteprima 2 (*USA*) «prossimamente»; proiezione di scene d'un film di prossima programmazione.
to preview ['pri:vju:], *v. t.* 1 vedere (*un film, ecc.*) in anteprima; visionare 2 (*USA*) proiettare scene di (*un film*) per pubblicità (*V.* **preview**, *def.* 2).
previous ['pri:vjəs], *a.* 1 precedente; antecedente; anteriore: **during a p. encounter**, in un precedente incontro 2 (*fam.*) avventato; prematuro; in anticipo. ● (*leg.*) **p. convictions**, (condanne) precedenti; recidività □ (*leg.*) **p. offender**, pregiudicato □ (*polit.*) **p. question**, pregiudiziale; questione pregiudiziale (*in Parlamento*) □ **p. to**, prima di: **p. to his departure**, prima della sua partenza.
previously ['pri:vjəsli], *avv.* precedentemente; in precedenza.
to previse [pri'vaiz], *v. t.* (*raro*) 1 prevedere; aspettarsi 2 preavvisare; preavvertire.
prevision [pri(:)'viʒən], *n.* previsione.
previsional [pri'viʒənl], *a.* di (*o* pertinente a) previsione; previsionale.
prewar ['pri:'wɔ:*], *a. attr.* dell'anteguerra; prebellico: **p. Italy**, l'Italia dell'anteguerra.
prey [prei], *n.* 1 preda; rapina; (*fig.*) vittima: **The lion was eating up its p.**, il leone stava divorando la sua preda; **to fall a p. to**, cadere in preda a (*un nemico, un sentimento, ecc.*) 2 (*arc.*) preda (*di guerra, ecc.*); bottino. ● **to be a p. to a nightmare**, essere in preda a un incubo □ (*zool.*) **a beast of p.**, un predatore □ (*zool.*) **a bird of p.**, un uccello rapace; un rapace.
to prey [prei], *v. i.* — **to p. on** (*o* **upon**) 1 predare; depredare; far preda di; saccheggiare: **Cats p. on mice**, i gatti fan preda dei topi; **The enemy preyed upon the village**, il nemico saccheggiò il villaggio 2 devastare; consumare; logorare; rodere: **His failure preyed upon his mind**, l'insuccesso gli rodeva l'animo.
Priam ['praiəm], *n.* (*letter.*) Priamo.
priapism ['praiəpizəm], *n.* (*med.*) priapismo.
Priapus [prai'eipəs], *n.* (*mitol.*) Priapo.
price [prais], *n.* 1 (*comm.*) prezzo (*anche fig.*): **high** (**low**) **prices**, prezzi alti (bassi); **Prices and incomes are closely linked**, i prezzi e i redditi sono strettamente correlati; **It must be done at any p.**, bisogna farlo a qualunque prezzo (*o* ad ogni costo) 2 valore: **a jewel of great p.**, un gioiello di grande valore 3 ricompensa; taglia: **to have a p. on one's head**, avere una taglia sulla testa 4 (*ippica*) quotazione. ● **p. control**, controllo dei prezzi □ **prices current**, listino dei prezzi correnti □ **p. fall**, crollo dei prezzi □ **p. freeze**, congelamento (*o* blocco) dei prezzi □ **p.-list**, listino (dei) prezzi □ (*autom.*) **p. on the road**, prezzo chiavi in mano (*o* su strada) □ **p.-tag**, cartellino del prezzo □ **at a p.**, a caro prezzo □ **below cost p.**, sottocosto □ **beyond** (*o* **above**) **p.**, inapprezzabile; inestimabile □ **bottom p.**, prezzo minimo □ **cost p.**, prezzo di costo □ **market p.**, prezzo del mercato; prezzo corrente □ (*anche fig.*) **not at any p.**, a nessun prezzo □ (*di due articoli*) **to be of a p.**, avere lo stesso prezzo □ **to put a p. on st.**, fare il prezzo di q.c. □ **to put** (*o* **to set**) **a p. on sb.'s head**, mettere una taglia su q. □ **to put a p. to st.**, fare (*o* indovinare) il prezzo di q.c.; valutare q.c. □ **retail p.**, prezzo al minuto □ **rise of** (*o* **in**) **prices**, rincaro □ (*sport*) **the starting-p. of a horse**, la quotazione d'un cavallo all'inizio della corsa □ **top p.**, prezzo massimo □ **trade p.**, prezzo di fabbrica (*o* di grossista) □ **under p.**, sottocosto □ **without p.**, che non ha prezzo; inestimabile □ **wholesale p.**, prezzo all'ingrosso □ (*pop.*) **What p. a holiday tomorrow?**, che probabilità ci sono di far vacanza domani? □ (*pop.*) **What p. peaceful**

price

coexistence?, le azioni della coesistenza pacifica sono un po' in ribasso, eh? □ (*prov.*) **Every man has his p.**, ogni uomo ha il suo prezzo.

to price [prais], *v. t.* **1** fissare il prezzo di (q.c.); fare il prezzo di (q.c.): **Their goods are priced very high**, la loro merce si vende a un prezzo molto alto **2** (*fig.*) stimare; valutare **3** indicare (*o* segnare) il prezzo su (*merce*); prezzare: **Our articles are all priced according to the law**, i nostri articoli hanno tutti il prezzo indicato a norma delle disposizioni di legge **4** (*fam.*) chiedere il prezzo di (*un articolo*); sentire i prezzi di (*un prodotto, ecc.*). ● **to p.-mark**, segnare il prezzo (*al dettaglio*) su (*merce*) □ **to p. oneself out of the market**, praticare prezzi esagerati (*o* proibitivi), così da escludersi dal mercato.

priced [praist], *a.* che ha un prezzo (*specialm. nei composti, per es.*): **high-p.**, che ha un prezzo elevato; caro; **low-p.**, che ha un prezzo basso; a buon mercato. ● **p. catalogue**, catalogo coi prezzi.

priceless ['praislis], *a.* **1** senza prezzo; inapprezzabile; inestimabile; impagabile: **a p. pearl**, una perla d'inestimabile valore **2** (*fam.*) divertente; buffo; ridicolo; strambo: **a p. chap**, un tipo buffo (*o* impagabile); **a p. story**, una storiella divertente.

pricey ['praisi], *a.* (*fam.*) costoso; caro; salato (*pop.*); esoso.

priciness ['praisinis], *n.* (*fam.*) esosità (*del prezzo*); l'esser costoso.

pricing ['praisiŋ], *n.* determinazione del prezzo. ● (*econ.*) **p. policy**, la politica dei prezzi.

prick [prik], *n.* **1** spina: **I've got a p. in my finger**, ho una spina in un dito **2** puntura (*anche fig.*); punzecchiatura; (*fig.*) morso; rimorso: **a pin-p.**, una puntura di spillo; (*fig.*) una piccolezza fastidiosa (*o* irritante); **a p. of conscience**, un rimorso di coscienza **3** (*arc.*) pungolo (*per i buoi*) **4** (*volg.*) cazzo (*volg.*); pene **5** (*volg.*) cazzone (*volg.*); (testa di) rapa (*fig., fam.*); tipo che non vale una cicca (*pop.*). ● **p.-ears**, orecchie ritte, appuntite (*come quelle di certi cani*) □ (*mecc.*) **p.-punch**, punteruolo; punzone □ **to feel the p.**, sentire una fitta, il dolore d'una trafittura □ (*fig.*) **to kick against the pricks**, dar la testa nel muro; opporsi all'inevitabile.

to prick [prik], **A** *v. t.* **1** pungere; punzecchiare; forare; trafiggere: **I pricked my finger with a needle**, mi punsi un dito con l'ago **2** (*fig.*) pungere (*raro*); rimordere: **Remorse pricked my conscience**, il rimorso mi pungeva la coscienza **3** (*spesso* **to p. up**) rizzare, drizzare, tendere (*le orecchie, come un cane*): **The stranger pricked up his ears**, il forestiero rizzò gli orecchi **4** (*arc.*) pungolare, spronare (*il cavallo*). **B** *v. i.* **1** pungere; forare **2** dare fitte; formicolare; pizzicare: **My fingers are pricking**, sento delle fitte alle dita; mi formicolano le dita **3** (*arc.*) spronare il cavallo; andare a spron battuto. ● **to p. holes in the ground (in paper, etc.)**, far buchi nel terreno (nella carta, ecc.: *con uno strumento appuntito*) □ **to p. sb.'s name**, segnare il nome di q. (*in una lista*) con un forellino (*o* con un punto) □ **to p. off** (*o* **out**), tracciare con forellini (*un disegno, la rotta d'una nave sulla carta, ecc.*) □ **to p. out** (*o* **off**) **seedlings**, trapiantare piantine □ **to p. up**, rizzare; drizzare (*di un animale*) drizzarsi (*anche fig.*) □ **to p. up one's ears**, drizzare le orecchie.

pricker ['prikə*], *n.* **1** chi fora, chi punge, ecc. (*V.* **to prick**) **2** strumento appuntito; lesina; punteruolo; bulino **3** (*metall.*) ago; spillo.

pricket ['prikit], *n.* **1** (candelabro con) punta su cui infilare la candela **2** (*zool.*) cerbiatto (*o* daino) nel secondo anno.

pricking ['prikiŋ], **A** *n.* **1** puntura; punzecchiatura **2** il sentirsi pungere; formicolio; pizzicore. **B** *a.* pungente; che fora.

prickle ['prikl], *n.* **1** spina; aculeo; pungiglione **2** formicolio; pizzicore.

to prickle ['prikl], **A** *v. t.* **1** pungere; forare; punzecchiare **2** dare il pizzicore (*o* il formicolio) a (q.). **B** *v. i.* formicolare; pizzicare.

prickliness ['priklinis], *n.* l'esser pungente (*o* spinoso).

prickling ['prikliŋ], **A** *n.* **1** il punzecchiare; punzecchiatura **2** pizzicore; formicolio. **B** *a.* pungente; che punzecchia.

prickly ['prikli], *a.* **1** pungente; spinoso **2** (*fig.*) scabroso **2** (*fig.*) permaloso; suscettibile. ● (*med.*) **p. heat**, miliaria; infiammazione delle ghiandole sudorifere □ (*bot.*) **p. pear** (*Opuntia ficus-indica*), fico d'India.

pricy ['praisi], *V.* **pricey**.

pride [praid], *n.* **1** orgoglio; alterigia; superbia; fierezza; gloria; vanto: **false p.**, falso orgoglio; **proper p.**, fierezza; amor proprio; **Johnny is the p. of his parents**, Gianni è l'orgoglio (*o* il vanto) dei suoi genitori; **parental p.**, orgoglio di padre (*o* di madre) **2** pienezza; colmo; fiore (*fig.*): **in the p. of one's life (of youth)**, nel fior degli anni (della giovinezza) **3** parte scelta; (il) fior fiore: **the p. of the Yankees**, il fior fiore degli Yankee **4** branco, gruppo (*di leoni*). ● (*fam.*) **p. of the morning**, nebbia (*o* pioggerella) all'alba □ **p. of place**, la posizione più elevata; il più alto grado; superbia del proprio grado, arroganza □ **to take (a) p. in st.**, andare orgoglioso di q.c.; esser fiero di q.c. □ **to swallow** **one's p.**, abbassare la cresta (*fig.*) □ (*prov.*) **P. goes before a fall**, la superbia andò a cavallo e tornò a piedi.

prideful ['praidful], *a.* (*specialm. scozz.*) orgoglioso; altero; altezzoso; superbo.

prideless ['praidlis], *a.* senza orgoglio; privo d'orgoglio.

to pride oneself ['praid wʌn'self], *v. rifl.* farsi gloria; gloriarsi; inorgoglirsi; vantarsi: **He prided himself on his courage**, si gloriava del suo coraggio.

prie-dieu ['pri:'djə:] (*franc.*), *n.* (*pl.* **prie-dieux, prie-dieu**) (*relig.*) inginocchiatoio.

priest [pri:st], *n.* **1** prete; sacerdote **2** (*specialm.*) prete cattolico **3** (*specialm. irl.*) maglio usato per dare il colpo di grazia ai pesci. ● (*stor.*) **p.'s hole**, nascondiglio di un prete cattolico □ (*spreg.*) **a p.-ridden country**, un paese dominato dai preti □ (*relig.*) **p. vicar**, canonico minore (*in certe cattedrali*) □ **high p.**, sommo sacerdote □ **parish p.**, parroco.

priestcraft ['pri:stkra:ft], *n.* l'esercizio delle funzioni sacerdotali **2** (*spreg.*) arte pretina; clericalismo.

priestess ['pri:stis], *n.* sacerdotessa.

priesthood ['pri:sthud], *n.* **1** sacerdozio **2** (*collett.*) clero; preti.

priestlike ['pri:stlaik], *a.* **1** sacerdotale **2** (*spreg.*) pretesco.

priestliness ['pri:stlinis], *n.* **1** l'esser sacerdotale **2** (*spreg.*) l'esser pretesco.

priestling ['pri:stliŋ], *n.* pretino; (*spreg.*) pretonzolo.

priestly ['pri:stli], *a.* **1** sacerdotale **2** (*spreg.*) pretesco.

prig [prig], *n.* **1** pedante; presuntuoso; persona pretenziosa; saccente **2** (*pop.*) ladro; ladruncolo.

to prig [prig], *v. t.* (*pop.*) rubare; rubacchiare.

priggery ['prigəri], *n.* pedanteria; pretenziosità; saccenteria.

priggish ['prigiʃ], *a.* pedantesco; presuntuoso; saccente; saputo.

priggishness ['prigiʃnis], **priggism** ['prigizəm], *n.* pedanteria; presunzione; pretenziosità; saccenteria.

prim [prim], *a.* affettato; cerimonioso; compito; compassato; che tiene alle formalità; «perbene»: **a very p. old gentleman**, un signore anziano, molto compassato.

to prim [prim], **A** *v. t.* atteggiare (*il viso, le labbra*) a compostezza cerimoniosa. **B** *v. i.* assumere un'aria cerimoniosa; darsi un atteggiamento compito.

prima ballerina [,pri:mə bælə'ri:nə] (*ital.*), *n.* (*pl.* **prima ballerinas**) prima ballerina.

primacy ['praiməsi], *n.* **1** primato; supremazia **2** (*relig.*) primazia **3** (*relig. cattolica*) supremazia del Sommo Pontefice.

prima donna ['pri:mə'dɔnə] (*ital.*), *n.* (*pl.* **prima donnas, prime donne**) prima donna (*anche fig.*); diva.

primaeval [prai'mi:vəl], *V.* **primeval**.

prima facie ['praimə'feiʃi:] (*lat.*), **A** *avv.* prima facie; a prima vista. **B** *a.* che deriva dalla (*o* basato sulla) prima impressione. ● (*leg.*) **prima facie evidence**, prova inconfutabile.

primage ['praimidʒ], *n.* **1** acqua d'adescamento **2** (*naut.*) cappa; soprannolo.

primal ['praiməl], *a.* **1** primitivo; originale **2** primario; principale.

primarily ['praimərili], *avv.* **1** primariamente; principalmente; soprattutto: **England is a p. industrial country**, l'Inghilterra è soprattutto un paese industriale **2** originariamente; in origine.

primary ['praiməri], **A** *a.* **1** primario (*anche chim., fis., elettr., geol.*); principale; fondamentale; elementare: **a p. atom**, un atomo primario; **p. rocks**, rocce primarie; **p. education**, istruzione primaria (*o* elementare); **p. planets**, pianeti principali; **p. school**, scuola elementare (*o* primaria); (*gramm.*) **p. tenses**, tempi fondamentali **2** primitivo; primordiale: **p. instinct**, un istinto primitivo (*o* primordiale. **B** *n.* **1** cosa di primaria importanza; cosa fondamentale; fondamento **2** (*fis., anche* **p. colour**) colore fondamentale **3** (*astron.*) corpo primario (*satellite*); (*anche*) primaria; stella primaria **4** (*elettr., anche* **p. winding**) avvolgimento primario (*di un trasformatore*) **5** (*elettr.*) conduttore primario **6** (*metall.*) metallo primario **7** (*zool.*) remigante primaria **8** (*polit.*) riunione preparatoria **9** (*polit. USA, spesso al pl.*) primaria; elezione preliminare (*per la scelta dei candidati*). ● (*fon.*) **p. accent**, accento principale □ (*leg.*) **p. evidence**, prova incontestabile □ (*polit.*) **p. meeting**, riunione preparatoria (*per la scelta dei candidati*) □ (*econ.*) **p. products**, prodotti di base □ (*fon.*) **p. stress**, *V.* **p. accent**.

primate (*def. 1* ['praimit], *def. 2* ['praimeit]), *n.* **1** (*relig.*) primate (*arcivescovo*) **2** (*zool.*) primate (*pl., zool., Primates*) primati. ● **P. of All England**, (titolo dell') arcivescovo di Canterbury □ **P. of England**, (titolo dell') arcivescovo di York.

primateship ['praimitʃip], *n.* (*relig.*) primazia.

primatial [prai'meiʃəl], *a.* (*relig.*) primaziale **2** (*zool.*) dei primati.

prime [praim], **A** *a.* **1** primo; primario; principale; fondamentale: **the p. cause**, la causa prima; (*polit.*) **p. minister**, primo ministro; (*mat.*) **p. number**, numero primo; **a matter of p. importance**, una faccenda di primaria importanza; **p. motive**, motivo fondame**n**tale; (*geogr.*) **p. meridian**, meridiano primario **2** (*comm.*) di prima qualità; eccellente; ottimo: **p. beef**, carne di manzo di prima qualità. **B** *n.* **1** principio; primavera (*fig.*): **the p. of life**, la primavera della vita; la giovinezza **2** colmo; fiore; pieno rigoglio: **in the p. of manhood**, nel pieno rigoglio della virilità **3** (il) meglio, (la) parte migliore (di q.c.); apice: **the p. of one's career**, l'apice della propria carriera **4** (*relig.*) prima; prima ora canonica; ufficio della prima ora canonica **5** (*mat.*) numero primo **6** minuto primo; segno di minuto primo o di «pollice» (*per es.:* 25') **7** (*scherma*) prima (*posizione*). ● (*filos.*) **p. agent**, primo agente ◻ (*econ.*) **p. cost**, costo primo ◻ **p. entry**, bolletta d'entrata (*doganale*) ◻ **p. mover**, (*filos., teologia*) primo motore; (*econ.*) fonte prima d'energia; (*ing., mecc.*) motore primo; (*fig.*) motore (*fig.*), causa, movente ◻ (*fin., banca*) **p. rate**, prime rate (*tasso minimo d'interesse per clienti di primaria importanza*) ◻ **in one's p.**, nel fiore degli anni; nel pieno rigoglio delle forze.

to prime [praim], **A** *v. t.* **1** (*stor.*) caricare (*un fucile, un cannone*) con la polvere da sparo **2** innescare (*un'arma da fuoco*) **3** adescare (*una pompa*) **4** (*fig., fam.*) imbottire, rimpinzare (*q. di cibo*); saturare: *He was well primed with beer*, era saturo di birra **5** istruire; preparare, imbeccare (*fam.*): *The witness had been primed by the counsel for the defence*, il testimone era stato imbeccato dall'avvocato difensore **6** mesticare, applicare l'imprimitura a, dare una prima mano a (*una tavola, una tela*) **7** (*mecc.*) iniettare benzina in (*un cilindro, un carburatore*) per avviare il motore; dare un cicchetto a (*pop.*). **B** *v. i.* (*mecc.: della caldaia d'una macchina*) lasciar passare l'acqua nel cilindro in forma di gocciolinge sospese nel vapore. ● **to p. the pump**, adescare la pompa; (*fig., fin.*) ricapitalizzare un'azienda.

primer (1) ['praimə*], (*USA*) ['primə*], *n.* **1** primo libro (*di lettura*); sillabario **2** manualetto elementare; primo libro (*d'una materia*): **a p. of physics**, un manualetto di fisica **3** (*stor.*) libro di preghiere. ● (*tipogr.*) ['primə*] **great p.**, corpo 18 ◻ (*tipogr.*) **long p.**, corpo 10.

primer (2) ['praimə*], *n.* **1** chi innesca (*un fucile*), chi adesca (*una pompa*), ecc. (*V.* **to prime**) **2** innesco (*di cannone, di mina*); fulminante (*di cartuccia*) **3** (*mecc., aeron.*) iniettore (*di motore d'aeroplano, ecc.*) **4** imprimitura; mano di fondo, prima mano (*di vernice*). ● **p. case**, capsula (*di cartuccia*) ◻ **p. mixture**, miscela innescante.

primeval [prai'mi:vəl], *a.* primordiale; primitivo; antichissimo: **p. forests**, foreste antichissime.

primigenial [,praimi'dʒi:njəl], *a.* primitivo; primigenio.

priming ['praimiŋ], *n.* **1** innescare (*un'arma da fuoco*); l'imbeccare (*un testimone, ecc.*) (*V.* **to prime**) **2** (*stor.*) polverino; polvere da sparo messa nello scodellino **3** innesco; fulminante (*di cartuccia*) **4** adescamento (*di una pompa*) **5** imprimitura; mestica; mano di fondo, prima mano (*di vernice*) **6** (*ind., autom.*) applicazione dei fondi: **p. shop**, reparto d'applicazione dei fondi **7** (*mecc.*) iniezione; cicchetto (*pop.*). ● **p. coat**, mano di fondo, prima mano (*di vernice*) ◻ (*mecc.*) **p. pump**, pompa d'adescamento (*o* d'avviamento) ◻ (*geogr.*) **p. of the tides**, anticipo (*o* accelerazione) delle maree.

primipara [prai'mipərə], *n.* (*pl.* **primiparas, primiparae**) primipara.

primiparous [prai'mipərəs], *a.* (*biol.*) primiparo.

primitive ['primitiv], **A** *a.* **1** primitivo; originale; antico: **p. man**, l'uomo primitivo; **p. cultures**, civiltà primitive; **p. tools**, attrezzi primitivi **2** primario; basilare; fondamentale: **p. colours**, colori fondamentali. **B** *n.* **1** (*arte*) primitivo (*pittore o scultore operante tra il Duecento e i primi del Quattrocento*) **2** opera (*quadro, ecc.*) di tale artista **3** (*gramm.*) voce primitiva; vocabolo non derivato.

primitiveness ['primitivnis], *n.* primitività.

primness ['primnis], *n.* compostezza cerimoniosa; affettazione; formalità; compitezza.

primogenital [,praimou'dʒenitl], **primogenitary** [,praimou-'dʒenitəri], *a.* di primogenitura.

primogenitor [,praimou'dʒenitə*], *n.* primogenitore.

primogeniture [,praimou'dʒenitʃə*], *n.* primogenitura.

primordial [prai'mɔ:djəl], *a.* primordiale; primitivo **2** originale.

to primp [primp], **A** *v. t.* agghindare; azzimare. **B** *v. i.* agghindarsi; azzimarsi (*spesso* **to p. and preen**).

primrose ['primrouz], *n.* **1** (*bot., Primula veris*) primavera odorosa **2** color giallo pallido. ● (*stor.*) **the P. League**, la Lega della Primula (*associazione politica di conservatori seguaci di Disraeli*) ◻ (*fig.*) **the p. path**, la via del piacere ◻ (*bot.*) **evening p.** (*Oenothera biennis*), enagra; rapunzia.

primula ['primjulə], *n.*, (*bot., Primula*) primula.

primulaceous [,primju'leiʃəs], *a.* (*bot.*) delle primulacee. ● **p. plants** (*Primulaceae*), primulacee.

primus (1) ['praiməs], **A** *a.* (*nelle scuole maschili*) primo d'età e d'iscrizione (*fra omonimi; per es.*, **Smith p.**). **B** *n.* (*relig.*) vescovo che è a capo della Chiesa episcopale scozzese. ● (*lat.*) **p. inter pares**, primus inter pares; primo fra pari.

primus (2) ['praiməs], *n.* (*marchio: anche* **p. stove**) fornello «primus»; fornello a petrolio.

prince [prins], *n.* principe: **princes of the blood**, principi del sangue; **the Princes of the Church**, i Principi della Chiesa (*i cardinali*). ● (*fam. USA*) **P. Albert**, lunga giacca a doppio petto ◻ (*fam.*) **P. Charming**, principe azzurro ◻ **P. Consort**, principe consorte ◻ **p.'s metal**, lega di rame e di zinco ◻ **the P. of Darkness**, il principe delle tenebre; Satana ◻ (*fig.*) **the p. of liars**, il più gran mentitore sulla terra ◻ (*fig.*) **the p. of novelists**, il principe dei romanzieri ◻ **the P. of Peace**, Gesù Cristo ◻ **the P. of Wales**, il principe di Galles (*l'erede al trono ingl.*) ◻ **P. Regent**, principe reggente ◻ (*fig.*) **Hamlet without the P. of Denmark**, una cosa svuotata della sua essenza; una cosa senza più alcun valore.

princedom ['prinsdəm], *n.* principato (*in ogni senso*).

princekin ['prinskin], **princelet** ['prinslit], *V.* **princeling**.

princelike ['prinslaik], *a.* principesco; da principe.

princeliness ['prinslinis], *n.* l'essere principesco; generosità; liberalità; magnificenza; sontuosità.

princeling ['prinsliŋ], *n.* **1** principino **2** (*spreg.*) principotto; principuccio.

princely ['prinsli], *a.* principesco; generoso; liberale; magnifico; sontuoso; splendido: **a p. gift** (**palace, etc.**), un dono (un palazzo, ecc.) principesco.

princeps ['prinseps], *n.* (*pl.* **principes**) (*stor.*) principe.

princess [prin'ses], *n.* principessa. ● **p. dress**, princesse (*abito da donna in cui corpetto e gonna formano un pezzo solo*) ◻ **P. Regent**, principessa reggente; moglie del principe reggente ◻ **P. Royal**, principessa reale (*la primogenita del sovrano di G.B.*).

principal ['prinsəpəl], **A** *a.* principale; primario; precipuo: **the p. towns**, le città principali; (*gramm.*) **a p. sentence**, una proposizione principale. **B** *n.* **1** capo; direttore; padrone; principale (*fam.*) **2** (*specialm. USA*) preside (*di scuola*; *cfr. ingl.* **headmaster**) **3** (*comm.*) principale (*fam.*); datore di lavoro **4** (*fin., rag.*) capitale (*contrapposto a «interessi»*) **5** (*nei duelli*) primo **6** (*costr.*) trave maestra **7** (*leg.*) committente; mandante; rappresentato **8** (*leg.*) imputato principale. ● (*teatr.*) **the p. boy**, il protagonista di una pantomima (*in G.B., è una fanciulla in vesti maschili*) ◻ (*leg.*) **p. challenge**, ricusazione di un giurato ◻ (*gramm.*) **the p. parts of a verb**, i tempi primitivi d'un verbo; il paradigma (*di un verbo*) ◻ **a lady p.**, una preside (*di scuola*).

principality [,prinsi'pæliti], *n.* (*anche relig.*) principato. ● (*in G.B.*) **the P.**, il Galles.

principalship ['prinsəpəlʃip], *n.* **1** direzione; comando **2** (*specialm. USA*) presidenza (*d'una scuola*).

principate ['prinsipit], *n.* (*specialm. stor. romana*) principato.

principle ['prinsipl], *n.* **1** principio; massima; norma; regola: **the first principles of chemistry**, i primi principî della chimica; **moral principles**, principî morali; (*fig.*) **Pascal's p.**, il principio di Pascal; **the active p. of a medicine**, il principio attivo d'una medicina; **God, first p. of all things**, Dio, principio dell'universo **2** (*pl.*) principî; elementi: **the principles of music**, gli elementi della musica. ● **in p.**, in teoria; generalmente ◻ **a man of no p.**, un uomo senza principî ◻ **a man of p.**, un uomo che ha principî morali; un uomo retto ◻ **on p.**, per principio; per convinzione ◻ **to live up to** (*o* **to stick to**) **one's principles**, vivere secondo i propri convincimenti.

principled ['prinsipld], *a.* che ha principî (*nei composti; per es.*): **well-p.**, di buoni (*o* di sani) principî; **loose-p.**, che non ha principî; di dubbia moralità.

to prink [priŋk], **A** *v. t.* **1** (*d'uccello*) lisciarsi (*le penne*) **2** (*spesso* **to p. up**) adornare; agghindare. **B** *v. i.* (*anche, v. rifl.*, **to prink oneself up**) adornarsi; agghindarsi; mettersi in ghingheri.

print [print], *n.* **1** impronta; (*fig.*) segno, traccia: **the p. of a heel**, l'impronta d'un tallone (*o* d'un tacco di scarpa); **finger p.**, impronta digitale; **the p. of suffering on his face**, le tracce impresse dal dolore sul suo volto **2** stampa; caratteri tipografici: **clear p.**, stampa chiara; **in large** (**in small**) **p.**, a caratteri grandi (piccoli) **3** stampatello: *Write your name in p.*, scrivete il vostro nome in stampatello! **4** stampa; riproduzione; (*fotogr.*) copia: **old prints**, vecchie stampe **5** (*cinem., fotogr.*) positivo **6** stampo; forma; conio: **a butter-p.**, uno stampo per il burro **7** (*pl.*) stampati; pubblicazioni; opuscoli stampati; giornali e riviste **8** (*anche* **newsprint**) carta per giornali **9** (*ind. tessile*) tela stampata; stampato: **a p. dress**, un abito di tela stampata; un abito fantasia. ● **p.-seller**, venditore di stampe ◻ **p. shop**, negozio di stampe ◻ **p. works**, fabbrica di tessuti stampati ◻ **foot-p.**, orma; pesta; pedata ◻ (*d'un libro*) **in p.**, stampato; in circolazione: *The book is not yet in p.*, il volume non è ancora stampato;

print

The book is still in p., il libro è ancora in circolazione (o si stampa ancora) □ **off-p.**, estratto (di rivista, ecc.) □ (d'un libro) **out of p.**, esaurito; fuori commercio □ (d'uno scrittore) **to rush into p.**, dare q.c. alle stampe in gran fretta □ **small p.**, caratteri piccoli (di stampa); (fig.) clausole aggiuntive svantaggiose (di contratto, polizza, ecc.).

to print [print], A v. t. **1** imprimere (anche fig.); lasciare un'impronta su; stampare: **The scene was printed in his mind**, la scena gli s'era impressa nella mente **2** stampare (copie fotografiche, tessuti): **to p. (off) copies from a negative**, stampare copie da una negativa **3** (tipogr.) stampare; pubblicare; dare alle stampe: **to p. a book**, stampare un libro; **to p. one's opinions on st.**, dare alle stampe le proprie idee su q.c. **4** scrivere in stampatello: **P. your name**, scrivi il tuo nome in stampatello! B v. i. **1** fare il tipografo **2** (di pellicola, incisione, e sim.) riuscire (bene, male) alla stampa. ● (fin.) **to p. money**, stampare moneta □ (fotogr., elab.) **to p. out** (o off), stampare □ **The book is printing**, il libro è in corso di stampa.

printable ['printəbl], a. **1** stampabile **2** pubblicabile: **This story isn't p.**, questa storia non è pubblicabile.

printed ['printid], a. **1** stampato; a stampa: **p. patterns**, disegni stampati (su stoffe, ecc.); **p. form**, modulo a stampa **2** dato alle stampe; stampato; pubblicato. ● (elettron.) **p. circuit**, circuito stampato □ **p. matter**, stampe; stampati □ **p. publications**, stampati □ **p. wallpaper**, carta da parati a disegni stampati.

printer ['printə*], n. **1** tipografo; stampatore; poligrafico (tecnico) **2** (cinem., fotogr.) stampatrice (macchina) **3** (elab.) stampante; stampatrice **4** (ind. tessile) stampatore di tessuti di cotone. ● **p.'s devil**, apprendista tipografo □ **p.'s ink**, inchiostro tipografico (o da stampa); (fig.) (il) giornalismo, la stampa □ **p.'s pie**, (tipogr.) caratteri in disordine; (fig.) confusione, pasticcio □ **p.'s reader**, correttore di bozze.

printing ['printin], n. **1** stampa; stampatura; pubblicazione **2** tiratura; numero di copie stampate **3** (fotogr.) stampa (il procedimento) **4** stampatello. ● (editoria) **p. and engraving expert**, grafico (tecnico) □ (elab.) **p. block**, cliché □ (elab.) **p. calculator**, calcolatore a stampante □ **p. frame**, torchietto da stampa □ **p. ink**, inchiostro da stampa □ **p. paper**, carta da stampa □ **p. plant**, officina poligrafica; poligrafico □ **p. press**, macchina tipografica; torchio tipografico □ **p. telegraphy**, telegrafia con telescriventi □ **p. works**, stabilimento tipografico; stamperia.

printless ['printlis], a. **1** senza impronte; senza segni **2** che non lascia impronte.

printout ['print,aut], n. (elab.) stampato; tabulato.

prior (1) ['praiə*], A a. **1** antecedente; anteriore; precedente: **a p. marriage**, un precedente matrimonio **2** primo; più importante. B avv. ● **p. to**, prima di: **It happened p. to my appointment**, accadde prima della mia nomina.

prior (2) ['praiə*], n. **1** (relig.) (padre) priore **2** (stor. ital.) priore.

priorate ['praiərit], n. priorato; priora.

prioress ['praiəris], n. (relig.) priora; madre priora; badessa.

to prioritize [prai'ɔritaiz], v. t. elencare (o mettere) in ordine di priorità.

priority [prai'ɔriti], n. priorità; precedenza: **p. of claim**, priorità di diritto; **p. over others**, precedenza sugli altri. ● (elab.) **p. phase**, fase a priorità □ **p. objectives**, obiettivi prioritari □ **first** (o **top**) **p.**, precedenza assoluta.

priorship ['praiəʃip], n. priorato; priora.

priory ['praiəri], n. (relig.) convento; monastero.

prise, to prise [praiz], V. **prize (3)**; **to prize (3)**.

prism ['prizəm], n. (geom., fis.) prisma. ● **p. binoculars** (o **p.-glasses**), binocolo a prismi □ **p. diopter**, diottro del prisma.

prismal ['prizməl], a. (geom., fis.) prismatico.

prismatic(al) [priz'mætik(əl)], a. (geom., fis., miner.) prismatico: **p. compass**, bussola prismatica □ **p. colours**, colori del prisma; colori fondamentali □ (fotogr.) **p. eye**, mirino a prisma.

prismoid ['prizmɔid], n. (geom.) prismoide.

prison ['prizn], n. **1** prigione; carcere: **to go to p.**, andare in prigione; **to lie** (o **to be**) **in p.**, essere in carcere **2** prigionia. ● **p.-bird**, galeotto; avanzo di galera □ **p.-breaker**, fuggiasco; evaso □ **p.-breaking**, evasione (dal carcere) □ **p.-van**, (furgone) cellulare.

prisoner ['priznə*], n. prigioniero; prigioniera; carcerato; carcerata; detenuto; detenuta: **p. of war**, prigioniero di guerra; **p. of conscience** (o **political p.**, **p. of State**, **State p.**), detenuto politico. ● (leg.) **p. at the bar**, imputato □ **prisoners' bars** (o **base**), gioco dei prigionieri (fatto da ragazzi) □ **to take sb. p.**, far prigioniero q.

pristine ['pristain], a. **1** pristino (raro); originario (raro); puro; incorrotto.

prithee ['priði:], inter. (arc.) deh!; di grazia!

privacy ['praivəsi], n. **1** vita privata; intimità; isolamento; ritiro; solitudine; privacy: **They live in absolute p.**, vivono in completo isolamento; **to disturb sb.'s p.**, turbare la vita privata (o la tranquillità) altrui **2** segretezza; riserbo.

private ['praivit], A a. privato; particolare; personale; confidenziale; nascosto; segreto: **a p. house**, una casa privata; **a p. school**, una scuola privata; **a p. letter**, una lettera personale; **p. reasons**, motivi personali; **a p. conversation**, un colloquio confidenziale (o a quattr'occhi); **The matter was kept p.**, la faccenda fu tenuta nascosta. B n. **1** (mil.) soldato semplice **2** (pl.) genitali. ● (su una porta) **«private»**, «privato»; vietato l'ingresso □ (leg.) **p. act**, scrittura privata □ (polit.) **a p. (member's) bill**, un disegno di legge d'iniziativa parlamentare (cioè, presentato da un semplice deputato); (anche) leggina □ **p. boarding-house**, pensione □ **a p. citizen**, un semplice cittadino; un privato □ (fin.) **p. company**, società di capitali a ristretta base azionaria (e le cui azioni non sono quotate in Borsa) □ **p. detective** (o **p. investigator**), investigatore privato □ (fam.) **p. eye**, V. **p. detective** □ (mil. USA) **p. first class**, soldato scelto □ **p. goods**, oggetti di proprietà personale □ **p. hospital**, casa di cura; clinica privata □ (leg.) **a p. individual**, una persona fisica □ **p. means** (o **p. income**), rendita: **to live on p. means**, vivere di rendita □ (polit.) **p. member (of the House of Commons)**, semplice deputato (non membro del governo) □ (eufemistico) **p. parts** □ **a p. place**, un luogo solitario □ **p. practice**, libera professione □ **p. secretary**, segretario particolare (o privato) □ (mil.) **a p. soldier**, un soldato semplice □ **p. theatricals**, rappresentazioni private □ **to do st. in one's p. capacity**, fare q.c. in veste di privato cittadino (non in veste ufficiale) □ **in p.**, in privato, in confidenza; in segreto; a quattr'occhi.

privateer [,praivə'tiə*], n. (naut., stor.) **1** nave corsara (armata da un privato, ma autorizzata dal governo ad attaccare le navi nemiche) **2** corsaro; capitano (o marinaio) di nave corsara.

to privateer [,praivə'tiə*], v. i. (naut., stor.) **1** fare il corsaro **2** navigare come nave corsara.

privateering [,praivə'tiəriŋ], n. guerra di corsa; il corseggiare.

privation [prai'veiʃən], n. privazione; assenza, mancanza; disagio, stento: **Cold is the p. of heat**, il freddo è l'assenza del caldo; **to die of privations**, morire di stenti.

privatisation [,praivətai'zeiʃən], n. (econ.) privatizzazione.

to privatise ['praivə,taiz], v. t. (econ.) privatizzare.

privatism ['praivətizəm], n. (polit.) **1** ritiro a vita privata **2** culto del «privato».

privatistic [,praivə'tistik], a. **1** schivo; ritroso; poco socievole **2** (econ.) privatistico **3** che ha cura del «privato».

privative ['praivətiv], A a. (specialm. gramm.) privativo. B n. (gramm.) prefisso (o suffisso) privativo.

privet ['privit], n. (bot., Ligustrum vulgare) ligustro.

privilege ['prividʒ], n. **1** privilegio (anche fig.); prerogativa: **the privileges of the diplomatic corps**, i privilegi del corpo diplomatico; (leg.) **breach of p.**, infrazione d'un privilegio; **p. of Parliament**, prerogativa parlamentare **2** diritto (civile, politico): **the p. of equality for all**, il diritto di tutti all'eguaglianza **3** (leg.) (diritto al) segreto professionale (specialm. di un avvocato). ● (stor.) **p. of clergy**, prerogativa del clero (d'esser giudicato da un tribunale ecclesiastico) □ (polit.) **breach of p.**, violazione della prerogativa parlamentare □ (leg.) **writ of p.**, procedimento di scarcerazione in favore d'una persona che gode particolari privilegi.

to privilege ['prividʒ], v. t. privilegiare; accordare un privilegio a (q.). ● **to p. sb. from st.**, esonerare q. da q.c., in via di privilegio □ **to p. sb. to do st.**, concedere a q. il privilegio di fare q.c.

privileged ['prividʒd], a. privilegiato: **the p. classes**, le classi privilegiate. ● (leg.) **p. communication**, comunicazione tutelata dal segreto professionale.

privity ['priviti], n. **1** l'essere (o il venir messo) a parte d'un segreto; comunicazione confidenziale **2** (leg.) rapporto giuridico.

privy ['privi], A a. (anche leg.) privato; segreto: **p. chambers**, appartamento privato. B n. (arc.; pop. USA) latrina; ritirata; cesso (pop.). ● (stor.) **P. Council**, Consiglio della Corona □ (stor.) **P. Counsellor** (o **Councillor**), membro del Consiglio della Corona (ora titolo puramente onorifico) □ (eufemistico) **P. parts**, genitali □ **P. Purse**, appannaggio reale; lista civile del sovrano (in G.B.) □ **P. Seal**, Sigillo Privato (in G.B.) □ **to be p. to st.**, aver cognizione (o essere al corrente) di q.c. (un segreto, ecc.) □ **Lord P. Seal**, Lord Depositario del Sigillo Privato (in G.B.).

prize (1) [praiz], n. **1** premio (sportivo, di lotteria, ecc.); ricompensa: **to win a p.**, ottenere (o vincere) un premio **2** (fig.) dono; gioiello (fig.): **Fame is the greatest p. in life to him**, per lui la fama è il più grande dono nella vita. ● (spesso iron.) **a p. answer**, una risposta eccellente (o degna di un premio); una bella risposta □ (fin.) **p. bond**, obbligazione a premio □ **a p. cattle**, bestiame che è stato premiato (in un concorso) □ **a p. competition**, una gara a premi □ (a scuola) **p. day**, giorno della premiazione □ **p. fellowship**, titolo di «fellow» di una università, conferito

con premio a chi ha sostenuto un brillante esame □ (sport) **p.-fight**, incontro di pugilato (tra professionisti) □ (sport) **p.-fighter**, pugile professionista □ (sport) **p.-fighting**, pugilato (professionistico) □ **p.-giving**, premiazione □ (fam.) **a p. idiot**, un perfetto idiota □ (fig.) **the prizes of life**, le gioie della vita; le soddisfazioni: **He has missed all the prizes of life**, non ha avuto alcuna soddisfazione in vita sua □ **p. money**, monte premi □ **a p. poem**, un componimento poetico premiato □ (sport) **the p.-ring**, il ring; il quadrato □ **a p. scholarship**, una borsa di studio (ottenuta per merito).
to prize (1) [praiz], v. t. apprezzare; stimare; aver caro: **We p. liberty more than life**, abbiamo più cara la libertà che la vita.
prize (2) [praiz], n. (naut., mil.) bottino, preda. ● (naut.) **p.-court**, tribunale delle prede □ (naut.) **p.-money** (o **p.-bounty**), denaro ricavato dalla vendita della preda; decima di preda □ (naut.) **to become p.**, cader preda; venir catturato □ **to make p. of (a ship, a cargo, etc.)**, catturare (o far bottino di) (una nave, il suo carico, ecc.) □ (fig.) **See what a p. I have found!**, guarda un po' quel che ho trovato!
to prize (2) [praiz], v. t. (naut., mil.) catturare (una nave nemica, ecc.) come preda.
prize (3) [praiz], n. 1 leva 2 potenza d'una leva.
to prize (3) [praiz], v. t. far leva su; aprire, forzare (facendo leva): **to p. a box open**, aprire (o scoperchiare) una cassetta (forzando il coperchio). ● **to p. the lid up (o out)**, far saltare il coperchio □ **to p. information out of sb.**, carpire informazioni a q.
prizeman ['praizmən], n. (pl. **prizemen**) 1 vincitore d'un premio; premiato 2 detentore d'una borsa di studio
pro (1) [prou], prefisso lat. pro (in sostituzione di, in favore di); vice, che fa le veci di; in favore di; filo-: **prorector**, prorettore, vice rettore (nelle università, ecc.); **procathedral**, chiesa che fa le veci della cattedrale; **pro-American**, filoamericano; **pro-European**, europeistico; europeista (anche sost.); **prolabour**, in favore della classe lavoratrice.
pro (2) [prou] (lat.), **A** prep. pro; per; in favore di: **pro forma**, proforma; per la forma; **pro hac vice**, per questa volta; solamente in questo caso. **B** a. attr. favorevole; in favore: **to consider the pro and con arguments**, considerare gli argomenti in favore e quelli in contrario. **C** n. (pl. **pros**) 1 chi è favorevole; chi vota a favore 2 pro; ragione in favore (di q.c.) 3 voto favorevole. ● **pro and con**, (avv.) pro e contro; sotto l'aspetto positivo e sotto quello negativo; (sost.) (il) pro e (il) contro: **Much has been said on the subject pro and con**, molto è stato detto sull'argomento sia sotto l'aspetto positivo sia sotto quello negativo; **the pros and cons**, il pro e il contro; le ragioni pro e contro □ **to pro-and-con**, dibattere, discutere (q.c.) □ (comm.) **pro forma invoice**, fattura pro forma □ **pro rata**, in proporzione; nella dose esatta □ (fam.) **pro tem**, V. **pro tempore** □ **pro tempore**, (avv.) pro tempore, temporaneamente □ (agg.) temporaneo, interino □ **pro tempore office**, interinato.
pro (3) [prou], n. (pl. **pros**) (abbr. fam. di **professional**) professionista. (specialm. sport) giocatore professionista. **B** a. attr. (specialm. sport) di (o da) professionista; professionistico: (tennis) **pro championships**, campionati professionistici.
PRO [pi: a:r 'ou], n. (acronimo di **public relations officer**) addetto alle pubbliche relazioni.
probabiliorism [,prɔbə'biliərizəm], n. (relig.) probabiliorismo.
probabiliorist [,prɔbə'biliərist], n. (relig.) probabiliorista.
probabilism ['prɔbəbilizəm], n. (filos., relig.) probabilismo.
probabilist ['prɔbəbilist], n. (filos., relig.) probabilista.
probability [,prɔbə'biliti], n. (anche stat.) probabilità: **There is no p. of his coming**, non c'è nessuna probabilità ch'egli venga; **calculus of p.**, calcolo delle probabilità. ● **in all p.**, con tutta probabilità; quasi certamente □ **The p. is that he will go**, è probabile ch'egli vada.
probable ['prɔbəbl], **A** a. probabile (anche stat.); verosimile; accettabile: **p. error**, errore probabile; **a p. result**, un risultato probabile; **It is p. that it will snow before nightfall**, è probabile che nevichi prima di notte; **a p. account of the matter**, un resoconto verosimile della faccenda. **B** n. (fam.) 1 candidato probabile 2 (sport) probabile vincitore; favorito.
probate ['proubit], n. (leg.) 1 verifica dell'autenticità di un testamento 2 (leg.; anche **p. copy**) copia autenticata (di testamento). ● **p. duty**, tassa di successione □ **p. judge**, giudice addetto all'autenticazione dei testamenti □ **to grant p.**, omologare un testamento.
to probate ['proubeit], v. t. (leg. USA) autenticare, omologare (un testamento).
probation [prə'beiʃən], n. 1 prova; periodo di prova; noviziato; tirocinio: **to be on p.**, essere in prova; (di religioso) fare il noviziato 2 (leg.) sospensione condizionale della pena; condanna con il beneficio della condizionale; libertà vigilata: **to be on p.**, essere in libertà vigilata; **three years' p.**, tre anni di sospensione condizionale della pena. ● (leg.) **p. officer**, funzionario (assi-stente sociale, ecc.) che vigila la condotta di coloro (di solito giovani e incensurati) che sono posti in libertà vigilata □ **p. year**, anno di (o in) prova (per es., di un insegnante, in G.B.).
probational [prə'beiʃənl], **probationary** [prə'beiʃnəri], a. 1 di prova; di tirocinio: **p. period**, periodo di prova 2 in prova: **p. employees**, impiegati in prova.
probationer [prə'beiʃnə*], n. 1 persona in prova; praticante; tirocinante 2 infermiera (o infermiere) tirocinante 3 (leg.) colpevole in libertà condizionale 4 (relig.) novizio, novizia.
probative ['proubətiv], a. probativo; probatorio (specialm. leg.); che prova; che serve a provare.
probatory ['proubətəri], a. (specialm. leg.) probatorio.
probe [proub], n. 1 (med.) sonda; specillo 2 (aeron., miss., radio) sonda: **moon p.**, sonda lunare 3 (fig.) indagine; investigazione; ricerca. ● (elettr.) **p. coil**, bobina di sonda.
to probe [proub], v. t. 1 sondare (anche fig.); esplorare (una ferita, ecc.) 2 indagare; investigare.
probity ['proubiti], n. probità; integrità; onestà.
problem ['prɔbləm], n. problema (anche fig.); questione (complicata): **to solve (to face, etc.) a p.**, risolvere (affrontare, ecc.) un problema; **the problems of youth**, i problemi dei giovani. ● (elab.) **p. check**, controllo del problema □ **a p. child**, un bambino difficile □ (letter.) **a p. play (novel, etc.)**, un dramma (un romanzo, ecc.) a tesi.
problematic(al) [,prɔbli'mætik(əl)], a. problematico; dubbio; incerto: **The success of our plan is p.**, la riuscita del nostro piano è problematica.
problematist [prə'blemətist], n. chi studia (o compone) problemi (specialm. di scacchi).
proboscidean, proboscidian [,prɔbə'sidjən], (zool.) **A** a. proboscidato. **B** n. 1 proboscidato 2 (pl., Proboscidea) proboscidati.
proboscidiform [,prɔbə'sidifɔ:m], a. (zool.) a forma di proboscide.
proboscis [prə'bɔsis], n. (pl. **proboscises, proboscides**) 1 (zool.) proboscide 2 (scherz.) naso (dell'uomo).
procaine ['proukein], n. (chim.) procaina.
procedural [prə'si:dʒərəl], a. (leg., elab.) procedurale.
procedure [prə'si:dʒə*], n. 1 procedimento 2 (leg., elab.) procedura. ● (aeron.) **p. track**, percorso di procedura.
to proceed [prə'si:d], v. i. 1 procedere (anche fig.); andare avanti; avanzare; camminare; continuare; seguitare; provenire; derivare: **The story proceeds as follows**, la storia (il racconto) continua così...; **P. with what you were doing**, continua a fare quello che stavi facendo; **I heard sobs p. from the next room**, udii dei singhiozzi provenire dalla stanza accanto; **Their joy proceeds from a false hope**, la loro gioia deriva da una speranza fallace 2 procedere nel discorso; continuare a parlare; riprendere (a dire) 3 agire; fare; comportarsi: **How shall we p.?**, in che modo dobbiamo agire? 4 mettersi a (fare q.c.): **The old man proceeded to eat his meal**, il vecchio si mise a consumare il suo pasto 5 (leg.) procedere; condurre un'azione legale; agire: **to p. against sb.**, procedere contro q. ● **to p. to another subject**, passare a un altro argomento □ **to p. to blows**, venire a vie di fatto □ **to p. to extremities**, andare agli estremi □ **to p. with (o in) st.**, procedere in (o continuare a fare) q.c.
proceeding [prə'si:diŋ], n. 1 procedimento; azione; condotta; modo d'agire: **Theirs has been a reckless p.**, il loro modo d'agire è stato avventato 2 (pl., leg.) procedimento; azione giudiziaria: **to institute (o to take) legal proceedings against sb.**, iniziare un procedimento legale (o intentare un'azione giudiziaria) contro q. 3 (pl., leg.) procedura: **proceedings at law**, procedura legale 4 (pl., specialm. comm.) atti; rendiconti; verbali: **Proceedings of the Royal Society**, atti della Royal Society. ● (leg.) **divorce proceedings**, una causa di divorzio.
proceeds ['prousi:dz], n. pl. 1 (specialm. comm.) profitto; incassi; proventi; ricavo: **The p. will be devoted to charity**, l'incasso sarà devoluto a opere di beneficenza 2 (fin.) gettito. ● (comm.) **p. of sales**, fatturato □ **net p.**, guadagno netto; ricavo.
process ['prouses], n. 1 processo; procedimento; (ind.) metodo, sistema (di lavorazione, ecc.): **the p. of digestion**, il processo digestivo; **a chemical p.**, un processo chimico; (metall.) **Thomas p.**, processo Thomas 2 operazione: **Advertising and marketing the new product were a long p.**, la pubblicità e la commercializzazione del nuovo prodotto sono state un'operazione lunga 3 (leg.) azione (o procedimento) legale 4 (leg.) mandato di comparizione; citazione: **p. server**, ufficiale giudiziario (che notifica la citazione al convenuto) 5 (anat.) processo; apofisi; (zool., bot.) processo, appendice: **the alveolar p. of the jaw**, il processo alveolare della mascella 6 (tipogr.) processo fotomeccanico. ● (rag.) **p. cost**, costo di produzione □ (tipogr.) **p. engraving**, fotoincisione □ (ind.) **p. rules** (o **p. standards**), norme di lavorazione □ (ind.) **p. time**, tempo di lavorazione (o di produzione) □ **in p. of completion**, in fase di completamento □ **in p.**

process (1)

of construction, in costruzione □ **in the p. of time**, con l'andar del tempo.

to process (1) ['prouses], *v. t.* **1** (*ind.*) sottoporre (*una sostanza*) a un processo (*o* a un procedimento); lavorare; trattare; trasformare; conservare (*alimenti*) mediante trattamento: **to p. leather**, trattare il cuoio **2** (*leg.*) procedere contro (q.); citare (q.) in giudizio **3** (*tipogr.*) riprodurre (*un disegno ecc.*) mediante un processo fotomeccanico **4** (*elab.*) elaborare (*dati*). ● (*ind.*) **processed commodities**, prodotti trasformati.

to process (2) [prə'ses], *v. i.* (*fam.*) andare in processione; sfilare in corteo.

processing ['prousesiŋ], *n.* **1** (*ind.*) lavorazione; trattamento; trasformazione; metodo di lavorazione: **continuous p. line**, linea di lavorazione continua **2** (*elab.*) elaborazione (*di dati*). ● **p. industries**, industrie trasformative □ (*ind.*) **p. plant**, stabilimento di lavorazione □ **p. times**, tempi di lavorazione.

procession [prə'seʃən], *n.* (*anche relig.*) corteo; processione: **to walk in p.**, sfilare in corteo; andare in processione.

to procession [prə'seʃən], **A** *v. i.* sfilare in corteo; andare in processione. **B** *v. t.* percorrere (*una via, ecc.*) in processione; sfilare per (*una strada*).

processional [prə'seʃənl], **A** *a.* processionale; di (*o* per) una processione: **a p. hymn**, un inno processionale. **B** *n.* (*relig.*) **1** canto processionale **2** raccolta di canti processionali. ● **at a p. pace**, a passo di processione.

processionary moth [prəˈseʃənəri 'mɔθ], *a.* (*zool., Thaumatopoea processionea*) processionaria delle querce.

processionist [prə'seʃənist], *n.* chi va in processione.

processor ['prouseso*], *n.* (*elab.*) **1** processore; elaboratore **2** programma processore.

to proclaim [prə'kleim], *v. t.* **1** proclamare; dichiarare: **to p. the new king**, proclamare il nuovo re; **to p. peace**, proclamare la pace; **to p. the state of war**, proclamare lo stato di guerra; **to p. the country a republic**, proclamare la repubblica in un paese **2** dimostrare; rivelare: **His way of speaking proclaimed the actor in him**, il suo modo di parlare rivelava ch'egli era un attore **3** bandire; mettere al bando; proscrivere; proibire (*una riunione, un comizio*) **4** lodare; esaltare **5** (*stor.*) proclamare lo stato d'emergenza in (*una regione, ecc.*); imporre misure restrittive in (*una città, ecc.*): **The whole county was proclaimed**, tutta la contea fu posta in stato d'emergenza.

proclamation [ˌprɔkləˈmeiʃən], *n.* **1** proclamazione; dichiarazione **2** proclama; bando.

proclamatory [prə'klæmətəri], *a.* di proclamazione; che serve a proclamare.

proclitic [prou'klitik], (*gramm.*) **A** *a.* proclitico. **B** *n.* proclitica.

proclivity [prə'kliviti], *n.* inclinazione; propensione.

proconsul [prou'kɔnsəl], *n.* **1** (*stor. romana*) proconsole **2** governatore di una colonia.

proconsular [prou'kɔnsjulə*], *a.* proconsolare.

proconsulate [prou'kɔnsjulit], **proconsulship** [prou'kɔnsəlʃip], *n.* proconsolato.

to procrastinate [prou'kræstineit], **A** *v. i.* indugiare; temporeggiare. **B** *v. t.* procrastinare; differire; rinviare.

procrastination [prouˌkræstiˈneiʃən], *n.* temporeggiamento; indugio; rinvio. ● (*prov.*) **P. is the thief of time**, non rimandare a domani quello che puoi fare oggi; chi ha tempo non aspetti tempo.

procrastinative [prou'kræstineitiv], **procrastinatory** [prou-'kræstinətəri], *a.* che temporeggia; che indugia.

procrastinator [prou'kræstineitə*], *n.* temporeggiatore.

procreant ['proukriənt], *a.* che procrea; fertile; fecondo.

to procreate ['proukrieit], *v. t.* procreare; generare.

procreation [ˌproukri'eiʃən], *n.* procreazione.

procreative ['proukrieitiv], *a.* procreativo; generativo.

procreator ['proukrieitə*], *n.* procreatore.

Procrustean [prou'krʌstiən], *a.* **1** (*mitol.*) di Procuste: (*fig.*) **a P. bed**, un letto di Procuste **2** (*fig.: d'un metodo, ecc.*) drastico.

Procrustes [prou'krʌsti:z], *n.* (*mitol.*) Procuste.

proctor ['prɔktə*], *n.* **1** (*diritto ecclesiastico*) procuratore **2** (*nelle università di Oxford e di Cambridge*) censore; funzionario incaricato della disciplina **3** (*USA*) addetto alla vigilanza (*agli esami*). ● (*in G.B.*) **Queen's** (*o* **King's**) **P.**, magistrato con funzioni particolari di controllo (*in cause di divorzio, ecc.*).

proctorial [prɔk'tɔ:riəl], *a.* (*nelle università*) di (*o* da) censore.

to proctorize ['prɔktəraiz], **A** *v. t.* sorvegliare la condotta di (*uno studente universitario*) in qualità di censore. **B** *v. i.* fare vigilanza (*agli esami*).

proctorship ['prɔktəʃip], *n.* ufficio di censore (*o* di addetto alla vigilanza) (*nelle università*).

procumbent [prou'kʌmbənt], *a.* procombente (*anche bot.*); prostrato; prono.

procurable [prəˈkjuərəbl], *a.* che si può procurare; ottenibile.

procurance [prə'kjuərəns], *n.* il procurare; l'ottenere; il procacciarsi.

procuration [ˌprɔkjuə'reiʃən], *n.* **1** il procurare; l'ottenere; il procacciarsi **2** (*leg.*) l'agire per procura **3** (*leg.*) procura **4** (*relig.*) procurazione **5** (*leg.*) lenocinio; reato di lenocinio. ● **p. fee** (*o* **p. money**), mediazione pagata per un prestito.

procurator ['prɔkjuəreitə*], *n.* (*leg.*) procuratore (*in ogni senso*). ● (*in Scozia*) **p. fiscal**, procuratore generale (*che promuove la pubblica accusa*); pubblico ministero.

procuratorial [ˌprɔkjuərə'tɔ:riəl], *a.* procuratorio.

procuratorship ['prɔkjuəreitəʃip], *n.* (*leg.*) procuratorato.

to procure [prə'kjuə*], **A** *v. t.* **1** procurare, procurarsi; procacciare, procacciarsi; ottenere: **You must p. a copy of the letter**, dovete procurarvi una copia della lettera **2** (*arc.*) causare; cagionare: **to p. sb.'s death**, cagionare la morte di q. **3** (*ind.*) far provvista di; approvvigionare **4** indurre alla prostituzione. **B** *v. i.* fare il lenone; fare il mezzano (*o* la mezzana).

procurement [prə'kjuəmənt], *n.* **1** il procurare; il procacciare **2** approvvigionamento (*di materie per l'industria, di materiali per l'esercito, ecc.*) **3** (*leg.*) lenocinio.

procurer [prə'kjuərə*], *n.* **1** procacciatore **2** (*specialm.*) lenone; mezzano; prosseneta (*lett.*).

procuress [prə'kjuəris], *n.* **1** procacciatrice **2** (*specialm.*) mezzana.

procuring [prə'kjuriŋ], *n.* lenocinio; prossenetismo (*lett.*).

to prod [prɔd], *v. t.* **1** pungolare, punzecchiare (*anche fig.*); incitare; spronare; stimolare. ● **to p. at sb.**, pungolare q. □ **to p. sb. on**, incitare q.; stimolare q.

prod [prɔd], *n.* **1** atto di pungolare; punzecchiatura **2** pungolo (*fig.*); sprone, stimolo.

Prod [prɔd], *n.* (*irl., spreg.*) protestante.

prodigal ['prɔdigəl], **A** *a.* prodigo (*anche fig.*); generoso; liberale; munifico: **the p. son**, il figliol prodigo; **to be p. of praise**, esser prodigo d'elogi. **B** *n.* persona prodiga; scialacquatore. ● (*scherz.*) **The p. has returned**, è tornato il figliol prodigo.

prodigality [ˌprɔdi'gæliti], *n.* prodigalità; generosità; liberalità.

to prodigalize ['prɔdigəlaiz], *v. t.* prodigare; scialacquare.

prodigious [prə'didʒəs], *a.* **1** prodigioso; miracoloso; portentoso **2** enorme: **a p. amount of work**, una mole enorme di lavoro.

prodigiousness [prə'didʒəsnis], *n.* **1** prodigiosità **2** enormità.

prodigy ['prɔdidʒi], *n.* prodigio (*anche fig.*); miracolo; portento: **He is a p. of learning**, è un prodigio di cultura. ● **the prodigies of nature**, le meraviglie della natura □ **an infant p.** (*o* **a child p.**), un bambino prodigio.

prodromal [prɔdrəməl], *a.* (*med.*) prodromico; sintomatico.

prodrome ['prɔdrəm], *n.* (*med.*) prodromo.

prodromic [prə'drɔmik], *a.* (*med.*) prodromico.

to produce [prə'dju:s], **A** *v. t.* **1** produrre; presentare, esibire, mostrare; dare (*un frutto, un prodotto*); causare, cagionare; fabbricare; mettere in scena, rappresentare: **to p. one's driving licence**, esibire la patente di guida; **to p. cotton goods**, fabbricare tessuti di cotone; **to p. evidence**, produrre (*o* presentare) prove: **These fields p. the best cotton in the USA**, questi campi danno il miglior raccolto di cotone degli Stati Uniti; **to p. a play** (**a film**), mettere in scena un dramma (produrre un film) **2** (*geom.*) prolungare (*una linea*) **3** pubblicare (*un libro e sim.*) **4** (*leg.*) repertare (*prove*). **B** *v. i.* rendere; essere produttivo; produrre. ● **to p. a performer**, presentare al pubblico un attore (*o* un esecutore musicale) □ **to p. a sensation**, fare scalpore.

produce ['prɔdju:s], *n.* **1** prodotto, produzione (*specialm. della terra o d'una miniera*); prodotti agricoli **2** frutto, risultato (*del lavoro, d'uno sforzo*). ● (*econ.*) **p.-broker**, mediatore di prodotti □ (*fin.*) **p. exchange**, borsa merci □ **agricultural p.**, prodotti agricoli □ **garden p.**, ortaggi □ **home p.**, prodotto nazionale.

producer [prə'dju:sə*], *n.* **1** (*econ., cinem., ecc.*) produttore: **goods sold directly by the p. to the consumer**, merce venduta direttamente dal produttore al consumatore **2** (*teatr.*) impresario; produttore **3** (*ind.*) gasogeno **4** (*ecologia*) produttore. ● (*econ.*) **p. country**, paese produttore □ (*ind.*) **p. gas**, gas di gasogeno □ (*econ.*) **p. goods** (*o* **p.'s goods**), beni capitali; beni strumentali □ (*cinem.*) **executive p.**, direttore di produzione.

producibility [prəˌdju:sə'biliti], *n.* producibilità.

producible [prə'dju:səbl], *a.* **1** producibile **2** (*geom.*) prolungabile.

product ['prɔdəkt], *n.* prodotto (*econ., chim., mat.*); frutto (*fig.*); risultato: **the products of industry**, i prodotti dell'industria; **the p. of my labours**, il frutto delle mie fatiche. ● (*mecc.*) **p. design**, progettazione □ (*ind.*) **p. diversification**, diversificazione produttiva □ (*econ.*) **p. sector**, settore economico; settore merceologico □ **by-p.**, (*ind.*) sottoprodotto □ **garden products**, ortaggi □ (*ind.*) **secondary p.**, prodotto secondario □ (*ind.*) **unfinished p.**, prodotto non finito; semilavorato.

production [prə'dʌkʃən], *n.* **1** (*ind., cinem., teatr.*) produzione **2** prodotto; opera d'arte; opera letteraria **3** (*teatr.*) messa in scena; allestimento 4 (*geom.*) prolungamento (*d'una linea*). ● (*ind.*) **p. line**, linea di lavorazione (*o* di montaggio) □ (*ind.*, *cinem.*) **p. manager**, direttore di produzione □ (*econ.*) **p. recovery**, ripresa produttiva □ (*ind.*) **p. run**, fase di fabbricazione □ (*ind.*) **belt p.** (*o* **line p.**), produzione a catena □ (*ind.*) **mass p.**, produzione in serie □ **unit p.**, produzione in piccola serie.

productive [prəˈdʌktiv], *a.* produttivo (*anche econ.*); fecondo; fertile; fruttifero: **a p. mind**, un ingegno produttivo; **p. labour**, lavoro produttivo; manodopera diretta; **p. soil**, terreno produttivo (*o* fertile); **a p. mine**, una miniera fruttifera; **p. fields**, campi fecondi. ● (*econ.*, *ind.*) **p. cycle**, ciclo produttivo □ **to be p. of**, essere causa di; cagionare; produrre: **Waste is p. of many evils**, lo spreco è causa di molti mali; **p. of carrots**, che produce carote.

productiveness [prəˈdʌktivnis], **productivity** [ˌprɒdʌkˈtiviti], *n.* (*anche econ.*) produttività; rendimento.

proem [ˈprouem], *n.* proemio; esordio; introduzione; preludio.

proemial [prouˈiːmjəl], *a.* proemiale; di (*o* da) proemio.

prof [prɒf], *n.* (*abbr. fam. di* **professor**) professore; prof (*fam.*).

profanation [ˌprɒfəˈneiʃən], *n.* profanazione; sacrilegio.

profane [prəˈfein], *a.* **1** profano (*in ogni senso*): **p. history**, storia profana **2** pagano: **p. rites**, riti pagani **3** empio; blasfemo; irreligioso; irriverente: **p. language**, parole irriverenti; bestemmie. ● (*collett.*) **the p.**, i profani; la gente profana.

to profane [prəˈfein], *v. t.* profanare (*anche fig.*); violare.

profaneness [prəˈfeinnis], **profanity** [prəˈfæniti], *n.* **1** profanità **2** empietà; irreligiosità; irriverenza **3** (*pl.*) parole irriverenti; bestemmie.

to profess [prəˈfes], A *v. t. e i.* **1** professare (*anche relig.*); dichiarare; esprimere; manifestare; protestare; far professione di: **to p. one's admiration**, professare la propria ammirazione; **to p. one's regret**, esprimere il proprio rammarico; **They p. a gratitude they don't feel**, protestano una gratitudine che non sentono; **to p. Christianity**, professare la religione cristiana; **to p. medicine** (**law**, **etc.**), professare la medicina (l'avvocatura, ecc.); **to p. friendship**, far professione d'amicizia **2** pretendere, far mostra di: **He doesn't p. to be a scholar**, non pretende d'essere un erudito **3** insegnare (*a livello universitario*): **to p. Italian literature**, insegnare letteratura italiana **4** esercitare la (propria) professione **5** fare il professore (*specialm. universitario*). **to profess oneself** B *v. rifl.* professarsi; dichiararsi: **We p. ourselves quite content**, ci dichiariamo pienamente soddisfatti. ● **to p. the flute**, suonare il flauto □ **to p. God**, far professione di fede in Dio.

professed [prəˈfest], *a.* **1** dichiarato; riconosciuto: **a p. atheist**, un ateo dichiarato **2** falso; finto; preteso: **p. neutrality**, finta neutralità **3** (*relig.*) professo: **a p. nun**, una monaca professa.

professedly [prəˈfesidli], *avv.* dichiaratamente; apertamente.

profession [prəˈfeʃən], *n.* **1** professione (*in ogni senso*); dichiarazione; mestiere: **p. of faith**, professione di fede; **professions of regard**, professioni (*o* dichiarazioni) di stima **2** — **the p.**, i membri d'una professione; la classe: **the teaching p.**, la classe docente **3** (*gergo teatr.*) gli attori **4** (*relig.*) professione; professione dei voti solenni. ● **by p.**, di professione; di mestiere □ **in practice if not in p.**, in pratica se non dichiaratamente □ **the learned professions**, le professioni dotte (*l'avvocatura, la teologia, la medicina*) □ **the military p.**, la carriera militare.

professional [prəˈfeʃənl], A *a.* **1** professionale; di (una) professione; di (un) mestiere: **p. skill**, abilità professionale; **p. jealousy**, gelosia professionale **2** professionista; professionistico; di professione: **a p. tennis player**, un giocatore di tennis professionista **3** da professionista; professionistico: **p. tennis**, tennis giocato dai professionisti **4** intenzionale (*sport*) **a p. fault**, un fallo intenzionale. B *n.* (*anche sport*) professionista. ● (*fin.*) **p. earnings**, redditi derivanti da un'attività professionale □ **p. men**, (i) professionisti □ **a p. writer**, uno scrittore di professione □ **He's a p. complainer**, è uno che si lamenta sempre.

professionalism [prəˈfeʃənəlizəm], *n.* **1** professionalità **2** professionismo (*anche sport*) **3** (*sport*) fallosità intenzionale.

to professionalize [prəˈfeʃənəlaiz], *v. t.* professionalizzare; rendere professionale; fare di (q.c.) una professione.

professionally [prəˈfeʃənəli], *avv.* **1** professionalmente; da professionista **2** (*fig.*) abilmente; efficacemente; con efficacia.

professor [prəˈfesə*], *n.* professore (*specialm. universitario*). ● **p. of Christianity**, chi fa professione di fede nel Cristianesimo.

professorate [prəˈfesərit], *n.* professorato; dignità (*o* ufficio) di professore; cattedra universitaria.

professoress [prəˈfesəris], *n.* professoressa.

professorial [ˌprɒfeˈsɔːriəl], *a.* professorale; cattedratico.

professoriate [ˌprɒfeˈsɔːriit], *n.* **1** (*collett.*) corpo insegnante; docenti **2** professorato; ufficio di professore; cattedra universitaria.

professorship [prəˈfesəʃip], *n.* professorato; ufficio di professore; cattedra universitaria.

to proffer [ˈprɒfə*], *v. t.* offrire.

proffer [ˈprɒfə*], *n.* offerta.

proficiency [prəˈfiʃənsi], *n.* abilità; capacità; competenza; efficienza. ● **p. test**, test di proficiency.

proficient [prəˈfiʃənt], A *a.* abile; bravo; capace; competente; efficiente; esperto; provetto: **to be p. in driving (a car)**, essere esperto nella guida (dell'automobile); **to be p. in English**, essere bravo in inglese. B *n.* persona capace; esperto; competente; perito.

profile [ˈproufail], *n.* **1** profilo; sagoma; contorno: **her handsome p.**, il suo bel profilo; **the clear-cut p. of a distant hill**, il netto profilo d'un monte lontano **2** (*fig.*) profilo; (rapido) schizzo: **a p. of contemporary India**, un profilo dell'India contemporanea **3** (*archit.*, *geol.*, *ecc.*) profilo; sezione.

to profile [ˈproufail], *v. t.* **1** disegnare il profilo di; sagomare **2** (*fig.*) scrivere (*o* tracciare) un profilo di **3** (*ing. meccanica*) profilare. ● **to be profiled**, profilarsi: **The snow-capped peaks were profiled against the sky**, le vette innevate si profilavano contro il cielo.

profiling [ˈproufailiŋ], *n.* (*ing. meccanica*) profilatura. ● **p. machine**, macchina (*o* tornio) a copiare.

profilist [ˈproufailist], *n.* disegnatore di profili.

profit [ˈprɒfit], *n.* profitto; beneficio; frutto; giovamento; guadagno; lucro; utile; vantaggio: **to study a language to one's p.**, studiare una lingua con profitto; **taxable profits**, guadagni soggetti a tassazione; **to do st. for p.**, fare q.c. per lucro; **to turn st. to p.**, mettere a profitto q.c.; **net p.**, utile netto; **There is no p. in such pursuits**, non c'è alcun vantaggio in simili imprese. ● (*comm.*) **p. and loss account**, conto profitti e perdite □ **p.-making**, lucrativo; proficuo □ (*econ.*) **p. margin**, margine di profitto □ (*fin.*) **p.-sharing**, (*agg.*) che partecipa agli utili, cointeressato; (*sost.*) compartecipazione agli utili, cointeressenza □ **to make a p. on st.**, avere (*o* trarre) un profitto da q.c. □ **non-p.**, che non ha fini di lucro □ **an office of p.**, un posto ben remunerato □ **to turn st. to p.**, mettere a profitto q.c.

to profit [ˈprɒfit], A *v. i.* profittare (di); approfittare (di); trarre profitto (da): **He profited by my perplexity to make his escape**, approfittò della mia incertezza per fuggire; **We hope to p. by your help**, confidiamo di trarre profitto dal tuo aiuto. B *v. t.* giovare a (q.); esser di profitto a (q.); servire: **What can it p. us?**, di che profitto può esserci?

profitability [ˌprɒfitəˈbiliti], *n.* (*econ.*) redditività; profitto.

profitable [ˈprɒfitəbl], *a.* proficuo; lucroso; utile; (*econ.*) redditizio, remunerativo: **a p. treatment**, una cura proficua; **p. advice**, consigli utili; **a p. undertaking**, un'impresa redditizia.

profitableness [ˈprɒfitəblnis], *n.* l'essere proficuo; utilità; vantaggio.

profiteer [ˌprɒfiˈtiə*], *n.* profittatore; affarista; pescecane (*fig.*).

to profiteer [ˌprɒfiˈtiə*], *v. i.* essere un profittatore (*o* un affarista); fare guadagni esorbitanti.

profiteering [ˌprɒfiˈtiəriŋ], *n.* affarismo.

profitless [ˈprɒfitlis], *a.* senza profitto; inutile; non vantaggioso.

profitlessness [ˈprɒfitlisnis], *n.* inutilità.

profligacy [ˈprɒfligəsi], *n.* **1** dissolutezza; libertinaggio; licenziosità; immoralità **2** dissipatezza; dissipazione; prodigalità.

profligate [ˈprɒfligit], A *a.* **1** dissoluto; licenzioso; immorale; sfrenato **2** dissipato; prodigo. B *n.* **1** persona dissoluta; libertino **2** dissipatore; scialacquatore.

profound [prəˈfaund], A *a.* profondo (*anche fig.*); assoluto; completo; intenso; radicale: **I fell into a p. sleep**, caddi in un sonno profondo; **a p. sigh**, un profondo sospiro; **a p. poem**, un poema profondo; **a p. bow**, un profondo inchino; **p. silence**, assoluto silenzio; **p. changes**, mutamenti radicali; **p. grief**, intenso dolore. B *n.* (*poet.*) **the p.**, il profondo (*del mare, dell'animo, ecc.*).

profoundness [prəˈfaundnis], **profundity** [prəˈfʌnditi], (*specialm. fig.*) *n.* profondità: **the p. of his thought**, la profondità del suo pensiero.

profuse [prəˈfjuːs], *a.* **1** profuso (*raro*); abbondante; copioso: **p. thanks**, profusi ringraziamenti **2** prodigo; generoso: **p. in promises**, prodigo di promesse.

profuseness [prəˈfjuːsnis], **profusion** [prəˈfjuːʒən], *n.* **1** profusione; abbondanza; copia (*lett.*): **flowers growing in p.**, fiori che crescono a profusione **2** lo spendere a profusione; prodigalità.

prog (1) [prɒg], (*gergo studentesco*) *V.* **proctor**, *def.* 2.

to prog [prɒg], (*gergo studentesco*) *V.* **to proctorize**.

prog (2) [prɒg], *n.* (*abbr. fam. di* **progressive**) progressista (*anche polit.*).

progenitive [prouˈdʒenitiv], *a.* capace di generare; riproduttivo.

progenitor [prouˈdʒenitə*], *n.* **1** progenitore; antenato; avo; capostipite **2** (*fig.*) predecessore; precursore.

progenitorial [prouˌdʒeniˈtɔːriəl], *a.* **1** di progenitore; ancestrale; atavico **2** da precursore.

progenitorship [prouˈdʒenitəʃip], *n.* l'essere il progenitore.

progenitress [prouˈdʒenitris], *n.* progenitrice; antenata; ava.

progeniture [prouˈdʒenitʃə*], *n.* **1** il generare; generazione; pro-

progeny creazione 2 progenie; discendenza.
progeny ['prɔdʒini], *n.* 1 (*biol.*) progenie 2 progenie; generazione; stirpe; figliolanza; prole 3 (*fig.*) esito; risultato.
progesterone [prou'dʒestəroun], *n.* (*biol.*) progesterone.
prognathic [prɔg'næθik], *a.* (*anat.*) prognato.
prognathism ['prɔgnəθizəm], *n.* (*anat.*) prognatismo.
prognathous [prɔg'neiθəs], *a.* (*med.*) prognato.
prognosis [prɔg'nousis], *n.* (*pl.* **prognoses**) 1 (*med.*) prognosi 2 pronostico; previsione.
prognostic [prɔg'nɔstik], **A** *a.* (*med.*) prognostico: **p. symptoms**, sintomi prognostici. **B** *n.* 1 pronostico; previsione 2 segno premonitore; presagio: **a p. of success**, un presagio di successo.
prognosticable [prɔg'nɔstikəbl], *a.* pronosticabile.
to prognosticate [prɔg'nɔstikeit], *v. t.* 1 pronosticare; predire; prevedere 2 far prevedere; essere presagio di (q.c.).
prognostication [prɔg,nɔsti'keiʃən], *n.* 1 pronostico; predizione 2 segno premonitore; presagio.
prognosticative [prɔg'nɔstikətiv], *a.* 1 di pronostico; di predizione 2 premonitore.
prognosticator [prɔg'nɔstikeitə*], *n.* chi pronostica.
program, to program ['prougræm], (*USA*) V. **programme, to programme.**
programmability [,prougræmə'biliti], *n.* programmabilità.
programmable [prou'græməbl], *a.* (*anche elab.*) programmabile.
programmatic ['prougrə'mætik], *a.* programmatico.
programme ['prougræm], *n.* programma (*anche elab.*); progetto; piano: **a political p.**, un programma politico; (*econ.*) **a p. of budgetary austerity**, un programma d'austerità di bilancio. ● (*radio*) **p. parade**, annuncio dei programmi della giornata □ (*cinem.*) **p. picture**, cortometraggio □ (*elab.*) **p. storage**, area di memorizzazione del programma □ (*radio*) **transcribed p.**, programma riprodotto.
to programme ['prougræm], **A** *v. t.* 1 progettare; mettere in programma; programmare 2 (*il*) programmare; pianificare 2 (*elab.*, *cinem.*, *elab.*) programmare. **B** *v. i.* 1 seguire un programma (*o* un piano) 2 (*elab.*) programmare un calcolatore elettronico. ● **programmed instruction**, istruzione programmata.
programmer ['prougræmə*], *n.* 1 programmista 2 programmatore (*di elaboratore*).
programming ['prougræmiŋ], *n.* (*econ.*, *cinem.*, *elab.*) programmazione.
progress ['prougres], *n.* 1 progresso; progressi: **the p. of science**, i progressi della scienza 2 (*il*) procedere; (*il*) progredire; avanzamento; progressione 3 (*arc. o scherz.*) viaggio ufficiale: **The king was on one of his progresses**, il re era, al solito, in viaggio ufficiale. ● (*med.*) **the p. of a disease**, l'evoluzione di una malattia □ **in p.**, in corso, in via d'esecuzione □ **to make p.**, far progressi; progredire; procedere □ **to report on p.**, riferire sull'andamento (*di un lavoro, ecc.*).
to progress [prə'gres], *v. i.* 1 procedere; avanzare; essere in corso: **How is your work progressing?**, come va (*o* procede) il tuo lavoro?; **The controversy still progresses**, la controversia è ancora in corso 2 progredire; far progressi: **Japanese economy is progressing steadily**, l'economia giapponese fa costanti progressi.
progression [prə'greʃən], *n.* 1 (il) procedere; (il) progredire; avanzamento: **different modes of p.**, modi diversi di procedere (*camminando, strisciando, ecc.*) 2 (*anche mat., mus.*) progressione: **arithmetical (geometrical) p.**, progressione aritmetica (geometrica); **harmonic p.**, progressione armonica.
progressional [prə'greʃənl], *a.* di progressione; progressivo.
progressionist [prə'greʃnist], **progressist** [prə'gresist], *n.* progressista.
progressive [prə'gresiv], **A** *a.* 1 progressivo: **p. method**, metodo progressivo; (*fin.*) **a p. tax**, un'imposta progressiva 2 che avanza regolarmente; in avanti: **p. motion**, moto in avanti 3 favorevole al progresso; progressista: **a p. policy**, una politica favorevole al progresso; **a p. party**, un partito progressista. **B** *n.* (*polit.*) progressista. ● **a p. nation**, una nazione in continuo progresso □ (*polit.*) **p. people**, progressisti.
progressiveness [prə'gresivnis], *n.* progressività.
progressivism [prə'gresivizəm], *n.* progressivismo; politica progressista.
to prohibit [prə'hibit], *v. t.* proibire; vietare; impedire: **Motorists should be prohibited from driving too fast**, bisognerebbe impedire agli automobilisti di guidare a velocità eccessiva. ● (*autom.*) **All vehicles prohibited**, divieto d'accesso a tutti i veicoli (*cartello*).
prohibiter [prə'hibitə*], *n.* chi proibisce; proibitore (*raro*).
prohibition [,proui'biʃən], *n.* 1 proibizione; divieto 2 – (*stor. USA*) Proibizionismo. ● (*stor. USA*) **P. Party**, partito proibizionista.
prohibitionism [,proui'biʃənizəm], *n.* proibizionismo.
prohibitionist [,proui'biʃənist], *n.* proibizionista.
prohibitive [prə'hibitiv], *a.* proibitivo: **p. prices**, prezzi proibitivi.
prohibitiveness [prə'hibitivnis], *n.* l'essere proibitivo.
prohibitor [prə'hibitə*], *n.* chi proibisce; proibitore (*raro*)
prohibitory [prə'hibitəri], *a.* proibitorio (*raro*); proibitivo.
project ['prɔdʒekt], *n.* progetto; piano; programma: **preliminary p.**, progetto di massima; **redevelopment p.**, piano di ristrutturazione urbanistica.
to project [prə'dʒekt], **A** *v. t.* 1 (*anche fis., geom.*) proiettare; gettare: **to p. a beam of light (one's shadow, an image)**, proiettare un raggio di luce (la propria ombra, un'immagine) 2 (*fig.*) indirizzare, rivolgere (*la mente, il pensiero, a q.c.*) 3 progettare; programmare: **to p. new plants**, progettare nuove fabbriche; **to p. a new aqueduct**, progettare un nuovo acquedotto 4 concretare; dar corpo a (*un'idea, ecc.*) 5 (*polit., pubblicità*) dare una buona immagine di (*un candidato, un prodotto, ecc.*). **B** *v. i.* 1 (*archit., mecc.*) aggettare; sporgere: **projecting dormer**, abbaino sporgente 2 (*psic.*) fare proiezioni (*o* una proiezione). ● **to project oneself** *v. rifl.* proiettarsi; (*fig.*) trasferirsi (*nel futuro, col pensiero, ecc.*). ● (*mil.*) **to p. missiles**, lanciare missili.
projectile [prə'dʒektail], **A** *n.* (*mil.*) proiettile; proietto. **B** *a.* 1 impellente; che dà impulso: **p. force**, forza impellente 2 (*mil.*) missile; un'arma missile. ● **a p. missile**, un missile □ **a p. torpedo**, un siluro.
projection [prə'dʒekʃən], *n.* 1 (*geom., geogr., cinem., psic., ecc.*) proiezione: **Mercator's p.**, la proiezione di Mercatore; **the p. of a film**, la proiezione di un film 2 progettazione; il progettare 3 lo sporgere; sporgenza (*anche alpinismo*); prominenza; (*archit.*) aggetto: **the p. of the eaves**, lo sporgere delle grondaie. ● (*cinem.*) **p. machine**, macchina da proiezione; proiettore □ (*fis.*) **p. microscope**, microscopio a proiezione □ (*cinem.*) **p. room** (*o* **p. booth**), cabina di proiezione.
projectionist [prə'dʒekʃənist], *n.* (*cinem., telev.*) proiezionista; operatore.
projective [prə'dʒektiv], *a.* (*geom., psic.*) proiettivo: **p. test**, test proiettivo.
projector [prə'dʒektə*], *n.* 1 (*cinem., ecc.*) proiettore 2 progettista 3 (*mil.*) lanciatore; lanciarazzi.
prolapse ['proulæps], *n.* (*med.*) prolasso.
to prolapse ['proulæps], *v. i.* (*med.: d'un organo*) abbassarsi e fuoriuscire (*attraverso un'apertura naturale*). ● **to have a prolapsed uterus**, avere un prolasso uterino.
prolapsus [prou'læpsəs], *n.* (*med.*) prolasso.
prole [proul], *n.* (*abbr. fam. di* **proletarian**) proletario.
prolegomena [,proule'gɔmina], *n. pl.* prolegomeni.
prolegomenary [,proule'gɔminəri], **prolegomenous** [,proule'gɔminəs], *a.* proemiale; introduttivo.
prolepsis [prou'lepsis], *n.* (*pl.* **prolepses**) (*retor.*) prolessi.
proleptic [prou'leptik], *a.* (*retor.*) prolettico.
proletarian [,proule'tɛəriən], *a. e n.* proletario. ● (*polit.*) **p. dictatorship**, dittatura del proletariato.
proletarianism [,proule'tɛəriənizəm], *n.* proletariato (*la condizione del proletario*).
proletariat [,proule'tɛəriət], *n.* (*polit.*) proletariato (*i proletari*).
proletary ['proulitəri], *a. e n.* (*raro*) proletario.
prolicide ['proulisaid], *n.* (*leg.*) infanticidio.
to proliferate [prou'lifəreit], **A** *v. i.* proliferare; prolificare. **B** *v. t.* far prolificare, riprodurre (*cellule, ecc.*).
proliferation [prou,lifə'reiʃən], *n.* proliferazione; prolificazione.
proliferous [prou'lifərəs], *a.* (*bot., zool.*) prolifero.
prolific [prə'lifik], *a.* prolifico (*anche fig.*); fecondo; fertile: **p. animals**, animali prolifici; **a p. writer**, uno scrittore prolifico.
prolificacy [,prə'lifikəsi], **prolificalness** [,prə'lifikəlnis], *n.* prolificità.
prolification [prou,lifi'keiʃən], *n.* prolificazione; fecondità; fertilità.
prolificity [,prouli'fisiti], **prolificness** [prə'lifiknis], *n.* prolificità.
prolix ['prouliks], *a.* prolisso.
prolixity [prou'liksiti], *n.* prolissità.
prolocutor [prou'lɔkjutə*], *n.* 1 chi parla in nome di altri; portavoce 2 presidente di un'assemblea (*specialm. del clero anglicano*).
prolog ['proulɔg], (*USA*) V. **prologue.**
to prologize ['proulɔgaiz], *v. i.* pronunciare (*o* scrivere) un prologo.
prologue ['proulɔg], *n.* prologo (*anche fig.*); preludio.
to prologue ['proulɔg], *v. t.* introdurre; fare il prologo a.
to prologuize ['proulɔgaiz], *V.* **to prologize.**
to prolong [prə'lɔŋ], *v. t.* prolungare: (*geom.*) **to p. a line**, prolungare una linea; **to p. one's stay**, prolungare la propria permanenza. ● (*comm.*) **to p. a bill**, prorogare la scadenza d'una cambiale □ **to p. matters**, tirar le cose in lungo.
prolongable [prə'lɔŋəbl], *a.* prolungabile.

to prolongate ['proulɔŋgeit], *v. t.* prolungare.
prolongation [,proulɔŋ'geiʃən], *n.* prolungamento.
prolusion [prou'ljuːʒən], *n.* prolusione; saggio introduttivo.
prolusory [prou'ljuːzəri], *a.* introduttivo; preliminare.
prom [prɔm], *n.* (*fam.*) **1** V. **promenade concert**, sotto **promenade 2** passeggiata; corso; (*specialm.*) lungomare **3** (*USA*) ballo studentesco.
promenade [,prɔmi'naːd], *n.* **1** passeggiata; cavalcata **2** passeggiata; corso; (*specialm.*) lungomare **3** danza con cui si apre un ballo ufficiale **4** (*USA*) ballo studentesco **5** (*teatr.*) ridotto. ● **p. concert**, concerto popolare (*con parte del pubblico in piedi*) □ (*naut.*) **p. deck**, ponte di passeggiata.
to promenade [,prɔmi'naːd], A *v. i.* **1** passeggiare; andare a spasso **2** cavalcare (*per diletto*); fare una cavalcata **3** scarrozzarsi. B *v. t.* **1** passeggiare (*o* camminare, ecc.) lungo (*il corso, il lungomare*, ecc.) **2** condurre a passeggio **3** scarrozzare (q.).
promenader [,prɔmi'naːdə*], *n.* **1** passeggiatore; gitante **2** frequentatore assiduo di concerti popolari.
Promethean [prə'miːθjən], *a.* **1** di (*o simile a*) Prometeo; prometèo, prometeico (*lett.*): **P. fire**, il fuoco di Prometeo **2** prometeico; originale.
Prometheus [prə'miːθjuːs], *n.* (*mitol.*) Prometeo.
promethium [prə'miːθjəm], *n.* (*chim.*) promezio.
prominence ['prɔminəns], **prominency** ['prɔminənsi], *n.* **1** prominenza; sporgenza; protuberanza; rilievo **2** (*fig.*) rilievo; importanza: **a person of p.**, una persona di rilievo.
prominent ['prɔminənt], *a.* **1** prominente; sporgente; protuberante: **a p. chin**, un mento sporgente **2** (*fig.*) importante; cospicuo; distinto; notevole: **a p. artist**, un artista importante.
promiscuity [,prɔmis'kjuː(ː)iti], *n.* **1** promiscuità; confusione; mescolanza.
promiscuous [prə'miskjuəs], *a.* **1** promiscuo; confuso; disordinato: **a p. crowd of people**, una folla promiscua; **a p. collection of objects**, un insieme confuso d'oggetti **2** che pratica la promiscuità sessuale **3** indiscriminato: **a p. massacre**, un massacro indiscriminato **4** (*fam.*) casuale; occasionale: **a p. stroll**, una passeggiatina occasionale (*senza meta o scopo*) **5** (*fam.*) che s'adatta (a tutto); di bocca buona (*fam.*). ● **p. hospitality**, ospitalità generosa, concessa a tutti □ (*volg., scherz.*) **p.-like**, per caso; senza un motivo particolare □ **a p. school**, una scuola mista.
promiscuousness [prə'miskjuəsnis], V. **promiscuity**.
promise ['prɔmis], *n.* **1** promessa: **broken promises**, promesse non mantenute **2** (*fig.*) speranze: **a youth of great p.**, un giovane di belle speranze. ● (*comm.*) **a p. to sell**, un preliminare di vendita □ **to break a p.**, mancare a una promessa □ **to claim sb.'s p.**, esigere che q. tenga fede alla promessa fatta □ **to keep** (*o* **to carry out**) **a p.**, mantenere (*o* adempiere, osservare) una promessa □ **the land of p.**, la terra promessa □ **to make** (*o* **to give**) **a p.**, fare una promessa □ **to show great p.**, promettere bene, dare a sperare □ **a poet of p.**, un poeta promettente, che promette bene □ **There isn't much p. of good weather**, il tempo non promette nulla di buono.
to promise ['prɔmis], A *v. t. e i.* **1** promettere; fare una promessa; dare a sperare: **The black sky promised a storm**, il cielo nero prometteva un temporale; **I p. to go** (*o* **that I will go**), promettto di andarci **2** (*fam.*) assicurare: **I p. you that it won't be easy**, t'assicuro che non sarà facile **3** promettere (*una ragazza*) in moglie. **to promise oneself** B *v. rifl.* ripromettersi: **I promised myself a long holiday**, mi ripromettevo di fare una lunga vacanza. ● **to p. a girl one's name**, promettere a una ragazza di darle il proprio nome (*cioè, di sposarla*) □ **to p. well** (*o* **fair**), prometter bene □ (*stor., relig. e fig.*) **the Promised Land**, la terra promessa.
promisee [,prɔmi'siː], *n.* (*leg.*) promissario; chi riceve una promessa.
promising ['prɔmisiŋ], *a.* promettente; che fa sperare: **a p. boy**, un ragazzo promettente. ● **a p. sky**, un cielo che promette bene (*o* bel tempo).
promisor [,prɔmi'sɔː*], *n.* (*leg.*) promettitore; chi fa una promessa.
promissory ['prɔmisəri], *a.* che ha carattere di promessa; (*leg.*) promissorio. ● (*comm., leg.*) **p. note**, pagherò; vaglia cambiario.
promo ['proumou], *a.* (*abbr. fam. di* **promotional**) promozionale.
promontory ['prɔməntri], *n.* (*geogr., anat.*) promontorio.
to promote [prə'mout], *v. t.* **1** promuovere; far progredire; favorire; incoraggiare; provocare; stimolare: **He was promoted (to the rank of) captain**, fu promosso capitano; **to p. a bill in Parliament**, promuovere un disegno di legge in Parlamento; **to p. sb.'s interests**, favorire gli interessi di q. **2** (*comm.*) lanciare (*un prodotto*) **3** (*negli scacchi*) mandare a regina (*o q.c.*, *un pedone*). ● (*fin.*) **to p. a new company**, farsi promotore di una nuova società □ **Milk promotes health**, il latte fa bene (alla salute).
promoter [prə'moutə*], *n.* **1** promotore; fautore; iniziatore **2** (*anche* **company p.**) fondatore di una società commerciale **3** (*chim.*) promotore; attivatore.
promotion [prə'mouʃən], *n.* **1** promozione; avanzamento: **to get one's p.**, avere una promozione **2** il favorire; l'incoraggiare; il promuovere **3** (*comm.*) promozione (*delle vendite*); «promotion»; sviluppo **4** (*fin.*) fondazione (*d'una società commerciale*) **5** (*fam., comm.*) articolo (*o* prodotto) che viene lanciato. ● (*fin.*) **p. money**, spese di fondazione (*o* di costituzione) □ (*comm.*) **sales p.**, promozione delle vendite.
promotional [prə'mouʃənl], *a.* **1** di promozione; d'avanzamento: **p. possibilities**, prospettive d'avanzamento **2** (*comm.*) promozionale: **p. campaign**, campagna promozionale. ● **p. sale**, vendita di propaganda.
promotive [prə'moutiv], *a.* che promuove; promotore.
prompt [prɔmpt], A *a.* **1** pronto; sollecito; alacre; svelto: **a p. answer**, una risposta pronta; **a p. assistant**, un assistente alacre, svelto **2** (*comm.*) immediato: **p. delivery**, consegna immediata; **p. payment**, pagamento immediato. B *n.* **1** (*comm.*) termine di tempo per il saldo (*di un conto*) **2** (*comm., anche* **p.-note**) promemoria di pagamento (*con specificata la data di scadenza*) **3** (*teatr.*) suggerimento. C *avv.* (*fam.*) esatto; preciso: **at 9 o'clock p.**, alle (ore) 9 precise. ● (*teatr.*) **p.-book**, copione del suggeritore □ (*teatr.*) **p.-box**, buca del suggeritore □ (*comm.*) **p. goods**, merci pronte per la consegna □ (*comm.*) **for p. cash**, a pronta cassa; in contanti.
to prompt [prɔmpt], *v. t.* **1** incitare; indurre; stimolare; spingere: **He was prompted by selfish motives**, era spinto da motivi egoistici **2** ispirare; provocare **3** (*a teatro, a scuola*) suggerire: **No prompting!**, non si suggerisca!; niente suggerimenti!
prompter ['prɔmptə*], *n.* (*teatr.*) suggeritore.
prompting ['prɔmptiŋ], *n.* (*anche fig.*) suggerimento: **the promptings of conscience**, i suggerimenti della coscienza.
promptitude ['prɔmptitjuːd], **promptness** ['prɔmptnis], *n.* prontezza; sollecitudine; alacrità; sveltezza.
to promulgate ['prɔməlgeit], *v. t.* **1** promulgare: **to p. a decree**, promulgare un decreto **2** (*fig.*) diffondere; propagare; divulgare: **to p. a new theory**, propagare una nuova teoria.
promulgation [,prɔməl'geiʃən], *n.* promulgazione.
promulgator ['prɔməlgeitə*], *n.* promulgatore.
pronaos [prou'neios], *n.* (*pl.* **pronaoi**) (*archit.*) pronao.
pronation [prou'neiʃən], *n.* (*med.*) pronazione.
pronator [prou'neitə*], *n.* (*anat.*) (*muscolo*) pronatore.
prone [proun], *a.* **1** prono (*anche fig.*); prostrato: **to lie p. on the ground**, giacere prono a terra; **p. before tyranny**, prono al volere della tirannide **2** incline; propenso; disposto: **p. to anger**, incline all'ira. ● **Man is p. to error**, l'uomo è fallibile □ (*autom., ecc.*) **accident-p.**, soggetto a incidenti; (*ass.*) che rappresenta un forte rischio assicurativo □ **to fall p.**, cadere bocconi; gettarsi per terra a faccia in giù.
pronely ['prounli], *avv.* bocconi.
proneness ['prounnis], *n.* **1** l'esser prono **2** inclinazione; propensione.
prong [prɔŋ], *n.* **1** rebbio; dente; punta (*di forcone, di forchetta*) **2** (*agric.*) forcone; forca (*per il fieno*) **3** (*mecc.*) dente; sottile sporgenza: **p. key**, chiave a denti (*per dadi circolari*) **4** (*zool.*) ramo, ramificazione (*delle corna d'un cervo, ecc.*).
to prong [prɔŋ], *v. t.* **1** infilzare (*o* colpire) con un forcone **2** sollevare con un forcone **3** caricare (*fieno, ecc.*) con un forcone.
pronged [prɔŋd], *a.* che ha denti; che ha rebbi: **a two-p. fork**, un forcone a due denti.
pronghorn ['prɔŋhɔːn], *n.* (*pl.* **pronghorn, pronghorns**) (*zool., Antilocapra americana; anche* **p. antelope**) antilocapra.
pronominal [prə'nɔminl], *a.* (*gramm.*) pronominale.
pronoun ['prounaun], *n.* (*gramm.*) pronome.
to pronounce [prə'nauns], *v. t. e i.* **1** pronunciare, pronunziare: **to p. English well**, pronunciare bene l'inglese; **The judge will p. the sentence**, il giudice pronunzierà la sentenza **2** dichiarare; asserire; esprimere: **The doctor pronounced him fit to resume work**, il dottore lo dichiarò abile al lavoro; **to p. one's opinion**, esprimere la propria opinione; pronunciarsi. ● **to p. against**, dichiararsi (*o* prendere posizione) contro (q. *o* q.c.); (*leg.*) pronunziarsi contro, emettere una sentenza sfavorevole a (q.) □ **p. for** (*o* **in favour of**) **sb.** (**st.**), pronunziarsi (*o* dichiararsi) a favore di q. (q.c.); (*leg.*) emettere una sentenza favorevole a q.
pronounceable [prə'naunsəbl], *a.* pronunciabile, pronunziabile.
pronounced [prə'naunst], *a.* **1** pronunziato; marcato; rilevato: **p. cheekbones**, zigomi pronunciati **2** chiaro; deciso; spiccato: **p. ideas**, idee chiare; **a p. tendency**, una spiccata tendenza.
pronouncement [prə'naunsmənt], *n.* dichiarazione; asserzione.
pronouncing [prə'naunsiŋ], *n.* il pronunziare; pronunzia. ● **an English p. dictionary**, un dizionario fonetico (*o* di pronunzia) inglese.
pronto ['prɔntou] (*spagn.*), *avv.* (*pop.*) prontamente; subito; immediatamente.

pronuba ['prɔnjubə], *n.* (*pl.* **pronubae**) (*stor. romana*) pronuba.
pronubus ['prɔnjubəs], *n.* (*pl.* **pronubi**) (*stor. romana*) pronubo.
pronunciamento [prəˌnʌnsiə'mentou] (*spagn.*), *n.* (*pl.* **pronunciamentos, pronunciamentoes**) 1 pronunciamento 2 proclama rivoluzionario.
pronunciation [prəˌnʌnsi'eiʃən], *n.* pronuncia, pronunzia.
proof (1) [pru:f], *n.* 1 prova; saggio; dimostrazione; verifica; (*mat.*) riprova: **to put a theory to the p.**, mettere alla prova una teoria; **I gave him a present as (a) p. of my esteem**, gli feci un dono come dimostrazione della mia stima; **He was put to the p.**, fu messo alla prova 2 (*tipogr.*) prova di stampa; bozza 3 gradazione alcolica, grado (*di un liquore*): **Most imported whisky is above p.**, per lo più il whisky d'importazione ha una gradazione alcolica superiore a quella del **p. spirit** (*q.V.*) 4 (*ing.*) positivo di uno stampo 5 (*mil.*) prova delle armi da fuoco; terreno per i tiri di prova. ● (*tipogr.*) **p. press**, tirabozze □ **p.-pulling**, tiratura delle bozze □ **p.-reader**, correttore di bozze □ **p.-reading**, correzione delle bozze □ **p.-sheet**, bozza di prova; stampone □ **p. spirit**, alcol a gradazione regolamentare □ **p. whisky**, whisky a gradazione regolamentare □ (*arte*) **artist's** (*o* **engraver's**) **p.**, prova (di un'incisione) □ **What you state is not capable of p.**, è impossibile provare ciò che tu affermi □ (*prov.*) **The proof of the pudding is in the eating**, quello che conta sono i fatti, non le parole.
proof (2) [pru:f], *a.* impenetrabile; inattaccabile; resistente; tetragono (*fig.*): **p. armour**, armatura (*o* corazza) impenetrabile; **p. against criticism**, inattaccabile dalle critiche; **to be p. against bribes**, essere tetragono ai tentativi di corruzione. ● **a bomb-p. shelter**, un rifugio a prova di bomba □ **theft-p.**, antifurto (*agg.*) □ **water-p.**, impermeabile (*agg.*).
to proof [pru:f], *v. t.* 1 (*ind.*) rendere impermeabile; impermeabilizzare 2 (*tipogr.*) tirare una bozza di; correggere le bozze di.
proofing ['pru:fiŋ], *n.* (*ind.*) 1 impermeabilizzazione 2 sostanza impermeabilizzante.
to proofread ['pru:fˌri:d] (*pass.* e *p. p.* **proofread**), A *v. i.* correggere bozze. B *v. t.* correggere le bozze di.
prop (1) [prɔp], *n.* sostegno (*anche fig.*); puntello; appoggio: **the p. and stay of the family**, il sostegno della famiglia. ● (*bot.*) **p. root**, radice di sostegno □ **a clothes-p.**, un bastone (*o* un palo) per sostenere la corda del bucato □ **pit-p.**, trave di sostegno (*della volta, in una miniera*).
to prop [prɔp], A *v. t.* 1 (*anche fig.*) sostenere; puntellare; sorreggere 2 appoggiare; addossare: **to p. a ladder against the wall**, appoggiare una scala contro il muro. B *v. i.* (*del cavallo*) arrestarsi improvvisamente irrigidendo le zampe anteriori; impuntarsi. ● **to p. one's eyelids**, morire dal sonno (*fig.*) □ (*costr.*) **propped cantilever**, trave a sbalzo appoggiata.
prop (2) [prɔp], *n.* (*abbr. fam. di* **propeller**) elica (*d'aeroplano*).
prop (3) [prɔp], *n.* (*teatr., abbr. di* **stage property**) arredi scenici.
propaedeutic [ˌproupi:'dju:tik], A *a.* propedeutico. B *n.* argomento (*o* studio) propedeutico.
propaedeutical [ˌproupi:'dju:tikəl], *a.* propedeutico.
propaedeutics [ˌproupi:'dju:tiks], *n. pl.* (*col verbo al sing.*) propedeutica.
propagable ['prɔpəgəbl], *a.* propagabile.
propaganda [ˌprɔpə'gændə], *n.* propaganda. ● **p. organization**, organizzazione propagandistica □ (*relig.*) **the Congregation of the P.**, la Sacra Congregazione di Propaganda Fide.
propagandism [ˌprɔpə'gændizəm], *n.* arte (*o* esercizio) della propaganda; metodi propagandistici.
propagandist [ˌprɔpə'gændist], *n.* 1 propagandista 2 (*relig.*) missionario.
propagandistic [ˌprɔpəgæn'distik], *a.* propagandistico.
to propagandize [ˌprɔpə'gændaiz], A *v. t.* propagandare. B *v. i.* far propaganda.
to propagate ['prɔpəgeit], A *v. t.* 1 propagare; moltiplicare; (*fig.*) diffondere, spargere: **to p. the Gospel**, propagare il Vangelo; **to p. heat**, propagare il calore 2 (*biol.*) moltiplicare; propagare; propaginare 3 trasmettere (*un carattere ereditario*). B *v. i.* (*anche, v. rifl.*, **to propagate oneself**) (*di piante, animali*) propagarsi, moltiplicarsi; (*di pianta*) riprodursi per propagginazione.
propagation [ˌprɔpə'geiʃən], *n.* 1 propagazione (*anche scient.*); moltiplicazione; (*fig.*) propagazione, diffusione: **p. of faith (of light, etc.)**, la propagazione della fede (della luce, ecc.) 2 (*delle piante*) propagginazione.
propagative ['prɔpəgeitiv], *a.* atto (*o* che tende) a propagare.
propagator ['prɔpəgeitə*], *n.* propagatore.
propane ['proupein], *n.* (*chim.*) propano.
proparoxytone [ˌproupə'rɔksitoun], A *a.* (*gramm. greca*) proparossitono. B *n.* parola proparossitona; proparossitona.
to propel [prə'pel], *v. t.* 1 muovere; spingere; propellere (*raro*) 2 (*mecc.*) azionare. ● (*aeron.*) **a jet-propelled plane**, un aeroplano a reazione; un aviogetto.
propellant [prə'pelənt], **propellent** [prə'pelənt], A *a.* (*mecc., fis.*) propulsore; motore: **p. force**, forza motrice. B *n.* 1 (*aeron., miss.*) propellente 2 (*mil.*) carica esplosiva.
propeller [prə'pelə*], *n.* 1 (*mecc.*) propulsore 2 (*naut., aeron.*) elica. ● **p. blades**, pale dell'elica □ **p. shaft**, (*aeron., naut.*) albero portaelica; (*autom.*) albero di trasmissione (*aeron.*) **p. pitch**, passo dell'elica □ (*aeron.*) **lifting p.**, elica portante.
propelling [prə'peliŋ], *a.* (*mecc.*) propulsore; motore: **p. force**, forza motrice. ● **p. pencil**, matita a scatto.
propensity [prə'pensiti], *n.* inclinazione; tendenza; propensione: **a p. to do** (*o* **for doing**) **st.**, una tendenza a fare q.c.
proper ['prɔpə*], A *a.* 1 proprio (*gramm., mat., relig.*); particolare; speciale; pertinente; corretto; esatto: **a p. noun** (*o* **name**), un nome proprio; (*relig.*) **p. rites**, uffici propri (*o* speciali); **in the p. sense of the word**, nel senso proprio della parola; **p. fraction**, frazione propria 2 appropriato; adatto; conveniente; giusto; equo; opportuno: **the p. implement for this job**, l'arnese adatto a questo lavoro; **a p. punishment**, una punizione appropriata; **a p. price**, un prezzo equo; **at the p. time**, al momento opportuno; **It was p. for him to decline the offer**, fu giusto che rifiutasse (*o* fece bene a rifiutare) l'offerta 3 convenevole (*lett.*); decente; decoroso; rispettabile; perbene: **p. behaviour**, comportamento decoroso; **Would it be quite p.?**, sarebbe proprio decoroso?; starebbe davvero bene? 4 adeguato; esauriente; serio: **a p. investigation of st.**, serie indagini su q.c. 5 (*posposto*) propriamente detto: **the population of New York p.**, la popolazione di New York propriamente detta (*escludendo i sobborghi*) 6 (*fam.*) vero; vero e proprio; bell'e buono: **I want a p. cat, not a toy cat**, voglio un gatto vero, non un giocattolo; **a p. man**, un vero uomo; un uomo come si deve; **He is a p. scoundrel**, è una vera e propria canaglia 7 (*araldica*) al naturale: **a peacock p.**, un pavone (*rappresentato sullo scudo*) al naturale. B *n.* (*relig.*) ufficio proprio. C *avv.* (*pop., dial.*) assai; molto; proprio: **He was p. fed up**, era proprio scocciato. ● **to do the p. thing by sb.**, comportarsi correttamente con q. □ **a prim and p. person**, una persona fin troppo rispettabile □ **Do it the p. way**, fallo come si deve; fallo nel modo giusto.
properispomenon [ˌprouˌperi'spouminən], (*gramm. greca*) A *a.* properispomeno. B *n.* (*pl.* **properispomena**) parola properispomena; properispomena.
properly ['prɔpəli], *avv.* 1 propriamente; con proprietà: **p. dressed**, vestito con proprietà 2 giustamente; opportunamente: **He very p. refused**, molto giustamente egli rifiutò 3 correttamente; decentemente; decorosamente; bene: **Behave p.!**, comportati bene! 4 (*fam.*) completamente; del tutto; proprio: **I was p. puzzled**, ero proprio perplesso (*o* imbarazzato). ● **p. speaking**, a dire il vero; per l'esattezza, a rigor di termini.
propertied ['prɔpətid], *a.* possidente; che possiede terreni.
property ['prɔpəti], *n.* 1 proprietà; possesso; possedimento; patrimonio; tenuta; avere; beni: **This book is his p.**, questo libro è di sua proprietà; **I have a large p. in Devon**, ho una grossa proprietà nel Devon 2 proprietà; qualità peculiare; caratteristica: **the chemical properties of copper**, le proprietà chimiche del rame 3 (*pl., teatr.*) costumi; materiale scenico. ● (*leg.*) **p. abroad**, beni all'estero □ (*fin.*) **p.-increment tax**, imposta sull'incremento di valore dei beni immobili □ (*cinem., teatr.*) **p. man**, attrezzista, trovarobe □ (*cinem., telev.*) **p. master**, attrezzista, trovarobe □ (*nei titoli*) **i vestiti indossati da** (*il nome della protagonista femminile*) **sono di** (*seguito dal nome*) □ (*leg.*) **p. right**, diritto di proprietà □ (*fin.*) **p. tax**, imposta sul patrimonio (*o* patrimoniale); imposta fondiaria; imposta sul reddito dominicale □ (*d'un segreto, ecc.*) **to become common p.**, divenire di dominio pubblico □ **lost p.**, oggetti smarriti □ **a man of p.**, un possidente □ **personal p.**, beni mobili □ **real p.**, beni immobili; proprietà immobiliare.
prophecy ['prɔfisi], *n.* 1 profezia; predizione: **the gift of p.**, il dono della profezia 2 capacità profetica; spirito profetico.
to prophesy ['prɔfisai], *v. t.* e *i.* 1 profetare; predire; profetizzare 2 (*arc.*) predicare.
prophet ['prɔfit], *n.* 1 (*anche fig.*) profeta: **the p. Jeremiah**, il profeta Geremia; **Meteorologists are no weather prophets**, i meteorologi non sono profeti del tempo (non possono predire con assoluta certezza il tempo che farà) 2 (*fig.*) apostolo; fautore; promotore: **a p. of freedom**, un apostolo della libertà 3 (*pl., relig.*) **i (libri dei) Profeti** (*nella Bibbia*). ● **the P.**, il Profeta (*Maometto*); il fondatore della setta dei Mormoni (*Joseph Smith*) □ **to be a p. of doom**, fare la Cassandra □ (*fig.*) **Saul among the prophets**, Saul fra i profeti; una persona dotata di qualità insospettate.
prophetess ['prɔfitis], *n.* profetessa.
prophethood ['prɔfithud], *n.* dignità (*o* condizione) di profeta.
prophetic(al) [prə'fetik(əl)], *a.* profetico.
prophylactic [ˌprɔfi'læktik], A *a.* (*med.*) profilattico. B *n.*

1 medicamento (*o* trattamento) profilattico **2** (*farm.*) profilattico; preservativo.

prophylaxis [ˌprɔfiˈlæksis], *n.* (*pl.* **prophylaxes**) (*med.*) profilassi.

propinquity [prəˈpiŋkwiti] *n.* **1** vicinanza **2** (*fig.*) affinità; somiglianza.

to propitiate [prəˈpiʃieit], *v. t.* **1** propiziare, propiziarsi **2** placare; pacificare; rabbonire; rappacificare.

propitiation [prəˌpiʃiˈeiʃən], *n.* **1** propiziazione **2** il placare; pacificazione **3** espiazione.

propitiative [prəˈpiʃieitiv], *a.* (*lett.*) propiziativo (*raro*) propiziatorio.

propitiator [prəˈpiʃieitə*], *n.* propiziatore.

propitiatory [prəˈpiʃiətəri], **A** *a.* propiziatorio; espiatorio; conciliante: **a p. gesture**, un gesto propiziatorio; **a p. sacrifice**, un sacrificio espiatorio. **B** *n.* (*relig. ebraica*) propiziatorio.

propitious [prəˈpiʃəs], *a.* propizio; benigno; favorevole: **The rain was p. to the fields**, la pioggia fu propizia alla campagna.

propjet [ˈprɔpdʒet], *n.* (*fam.*) turbogetto; turboreattore. ● **p. engine**, motore a turboelica.

propman [ˈprɔpmən], *n.* (*pl.* **propmen**) (*cinem., teatr.*) attrezzista; trovarobe.

propolis [ˈprɔpəlis], *n.* (*biol.*) propoli.

proponent [prəˈpounənt], *a. e n.* proponente.

proportion [prəˈpɔːʃən], *n.* **1** (*anche mat.*) proporzione: **Your results are out of (all) p. to your efforts**, i risultati da te conseguiti non sono in proporzione con i tuoi sforzi; **the proportions of a palace**, le proporzioni di un palazzo **2** parte; percentuale: **A high p. of young people are leaving the countryside**, un'alta percentuale di giovani abbandona le campagne **3** (*pl., anche scherz.*) dimensioni: **ample proportions**, grandi dimensioni; mole. ● **to bear no p. to**, non essere in proporzione con □ **out of p.**, sproporzionato; smisurato □ **sense of p.**, senso delle proporzioni.

to proportion [prəˈpɔːʃən], *v. t.* **1** proporzionare; adeguare; commisurare: **to p. direct taxation to income brackets**, proporzionare l'imposizione diretta agli scaglioni di reddito; **We must p. punishment to the crime**, dobbiamo commisurare la pena al delitto **2** rendere proporzionato (*o* armonioso) **3** dividere in parti eque; spartire **4** (*chim.*) dosare (*ingredienti*).

proportionable [prəˈpɔːʃnəbl], *a.* proporzionabile (*raro*); proporzionale.

proportional [prəˈpɔːʃənl], **A** *a.* **1** (*anche mat., fis., mecc.*) proporzionale: (*polit.*) **p. representation**, rappresentanza proporzionale; la proporzionale (*fam.*) **2** proporzionato; adeguato; in proporzione (a); commisurato (a): **My expenditure is p. to my income**, le mie spese sono commisurate al mio reddito. **B** *n.* (*mat.*) medio proporzionale. ● (*disegno*) **p. dividers**, compasso rapportatore □ (*grafica*) **p. reducer**, bagno riduttore.

proportionality [prəˌpɔːʃəˈnæliti], *n.* proporzionalità.

proportionate [prəˈpɔːʃnit], *a.* proporzionato; adeguato; conforme.

to proportionate [prəˈpɔːʃəneit], *v. t.* proporzionare; adeguare; commisurare: **to p. punishments to crimes**, proporzionare le pene ai reati.

proportioned [prəˈpɔːʃənd], *a.* proporzionato.

proportionment [prəˈpɔːʃənmənt], *n.* **1** il proporzionare; adeguamento **2** l'essere proporzionato; proporzionalità.

proposal [prəˈpouzəl], *n.* **1** proposta; offerta **2** proposta di matrimonio: **She had had many proposals**, aveva avuto molte proposte di matrimonio.

to propose [prəˈpouz], *v. t. e i.* **1** proporre; offrire; suggerire: **to p. sb. as a member of one's club**, proporre q. come membro del proprio circolo; **to p. a change**, suggerire un mutamento **2** proporsi; progettare; prefiggersi; intendere: **the object I p. to myself**, lo scopo che mi prefiggo; **I proposed to leave (*o* leaving) soon**, mi proponevo di partire presto **3** dichiararsi; fare una proposta di matrimonio; chiedere la mano (di q.): **He wanted to p. to her**, voleva chiedere la sua mano **4** (*polit., ecc.*) presentare: **to p. a motion**, presentare una mozione. ● **to p. a toast**, (*o* **sb.'s health**), proporre un brindisi (*o* di brindare alla salute di q.) □ (*prov.*) **Man proposes, God disposes**, l'uomo propone e Dio dispone.

proposer [prəˈpouzə*], *n.* chi propone; proponente.

proposition [ˌprɔpəˈziʃən], *n.* **1** proposizione; affermazione; asserzione; giudizio; (*mat.*) problema, teorema: **This is a false p.**, questa è un'affermazione falsa **2** proposta; progetto; suggerimento: **propositions of peace**, proposte di pace **3** (*fam.*) affare; faccenda; impresa; progetto: (*fam.*) **That's a tough p.**, è una brutta faccenda; **That's a risky p.**, è un'impresa rischiosa **4** (*fam.*) profferta amorosa; proposta indecente (*o* oscena) **5** (*fam.*) tipo difficile; osso duro (*fig.*). ● **to make sb. a p.**, (*comm., ecc.*) fare una proposta a q.; (*fam.*) fare una profferta amorosa a q.

to proposition [ˌprɔpəˈziʃən], *v. t.* (*fam.*) fare una proposta (specialm. una profferta amorosa) a (q.).

propositional [ˌprɔpəˈziʃənl], *a.* di (*o* che ha l'aspetto di) una proposizione (*o* una proposta, ecc.) (*V.* **proposition**).

to propound [prəˈpaund], *v. t.* **1** proporre (*una questione, un problema*); avanzare, mettere innanzi (*un esempio, un dubbio*) **2** presentare (*un documento*) **3** (*leg.*) produrre (*un testamento*) per l'autenticazione.

propraetor [prouˈpriːtə*], *n.* (*stor. romana*) propretore.

proprietary [prəˈpraiətəri], **A** *a.* **1** di proprietà riservata: **p. rights**, diritti di proprietà riservata; brevetti **2** possidente; abbiente: **the p. classes**, le classi abbienti **3** (*di un prodotto*) brevettato: **p. medicines**, medicine brevettate; specialità medicinali **4** di proprietà; padronale. **B** *n.* **1** proprietario; padrone; titolare **2** proprietà: **exclusive p.**, proprietà esclusiva **3** (*collett.*) proprietari: **the landed p.**, i proprietari terrieri **4** specialità medicinale. ● (*comm.*) **p. articles**, articoli in esclusiva □ (*leg.*) **p. name**, marchio di fabbrica; denominazione controllata.

proprietor [prəˈpraiətə*], *n.* proprietario; padrone; titolare.

proprietorial [prəˌpraiəˈtɔːriəl], *a.* di proprietà; padronale.

proprietorship [prəˈpraiətəʃip], *n.* **1** condizione di proprietario **2** proprietà: (*leg.*) **the p. of a copyright**, la proprietà di un diritto d'autore.

proprietress [prəˈpraiətris], *n.* proprietaria; padrona; titolare.

propriety [prəˈpraiəti], *n.* **1** convenienza; correttezza; giustezza; opportunità **2** decenza (*di condotta, parola, ecc.*); decoro: **a breach of p.**, un'offesa al decoro; una sconvenienza **3** (*pl.*) convenienze sociali; norme di buona creanza: **You must observe (*o* satisfy) the proprieties**, devi rispettare le convenienze sociali.

props [prɔps], *n. pl.* (*gergo teatr.*) costumi; materiale scenico.

propulsion [prəˈpʌlʃən], *n.* **1** (*mecc.*) propulsione: (*aeron.*) **jet p.**, propulsione a reazione **2** (*fig.*) impulso; forza impellente. ● (*mecc.*) **p. system**, propulsore.

propulsive [prəˈpʌlsiv], *a.* (*mecc.*) propulsivo; di propulsione: (*aeron.*) **p. efficiency**, rendimento di propulsione.

propylaeum [ˌprɔpiˈliːəm], *n.* (*pl.* **propylaea**) (*archit.*) propileo.

propylene [ˈproupiliːn], *n.* (*chim.*) propilene; propene.

propylite [ˈprɔpilait], *n.* (*miner.*) propilite.

propylon [ˈprɔpilɔn], *n.* (*pl.* **propyla**) *V.* **propylaeum**.

to prorate [prouˈreit], *v. t.* (*USA*) ripartire; distribuire proporzionalmente.

prorogation [ˌprourəˈgeiʃən], *n.* rinvio (*dei lavori parlamentari*).

to prorogue [prəˈroug], *v. t.* rinviare, aggiornare (*i lavori di un'assemblea legislativa*).

prosage [ˈprousidʒ], *n.* (*composto da* **protein** *e* **sausage**) salsiccia vegetale.

prosaic [prouˈzeiik], *a.* prosaico (*anche fig.*); banale; comune.

prosaicness [prouˈzeiiknis], *n.* prosaicità; banalità.

prosaism [ˈprouzeiizəm], *n.* prosaicismo.

prosaist [ˈprouzeiist], *n.* **1** prosatore **2** persona prosaica.

proscenium [prouˈsiːnjəm], *n.* (*pl.* **prosceniums, proscenia**) (*teatr.*) proscenio.

to proscribe [prousˈkraib], *v. t.* **1** proscrivere; bandire; esiliare **2** vietare; condannare; proibire.

proscription [prousˈkripʃən], *n.* **1** proscrizione; bando; esilio **2** divieto; proibizione.

proscriptive [prousˈkriptiv], *a.* **1** proscrittivo (*raro*) **2** che proibisce.

prose [prouz], *n.* **1** prosa **2** (*fig.*) prosaicità: **the p. of existence**, la prosaicità della vita **3** (*fig.*) discorso monotono (*o* noioso) **4** (*fam.*) brano (*o* passo) da tradurre. ● **p. works** (*o* **p. writings**), opere in prosa □ **p. writer**, prosatore.

to prose [prouz], **A** *v. i.* **1** scrivere prosa **2** parlare in modo prosaico. **B** *v. t.* **1** esprimere (*i propri pensieri*) in prosa **2** volgere (*una poesia*) in prosa.

prosector [prouˈsektə*], *n.* (*med.*) prosettore; dissettore.

prosecutable [ˈprɔsikjuːtəbl], *a.* (*leg.*) perseguibile.

to prosecute [ˈprɔsikjuːt], **A** *v. t.* **1** proseguire; continuare; seguitare; portare avanti; esercitare: **to p. one's studies**, proseguire gli studi; **to p. an investigation**, portare avanti un'inchiesta; **to p. a trade**, esercitare un commercio (*o* un mestiere) **2** (*leg.*) perseguire (a termini di legge): **Bootleggers will be prosecuted**, i contrabbandieri di liquori saranno perseguiti a termini di legge. **B** *v. i.* (*leg.*) far causa; intentare giudizio. ● (*leg.*) **to p. the charge**, sostenere l'accusa □ **to p. one's claims**, rivendicare i propri diritti (*facendo ricorso alla legge*) □ (*leg.*) **to p. a crime**, perseguire un reato □ (*leg.*) **to p. in a civil case**, costituirsi parte civile □ (*leg. USA*) **prosecuting attorney**, pubblico ministero.

prosecution [ˌprɔsiˈkjuːʃən], *n.* **1** prosecuzione; continuazione; esercizio; esecuzione: **in the p. of one's duties**, nell'esercizio delle proprie funzioni **2** (*leg.*) processo; procedimento giudiziario **3** — (*leg.*) **the p.**, l'accusa: **witness for the p.**, testimone d'accusa. ● (*leg.*) **director of public prosecutions**, pubblico ministero.

prosecutor ['prɔsikju:tə*], *n.* (*leg.*) **1** accusatore **2** attore; querelante. ● **public p.**, pubblico ministero.
prosecutrix [,prɔsi,kju:triks], *n.* (*leg.*) **1** accusatrice **2** querelante.
proselyte ['prɔsilait], *n.* proselito; neofita.
proselytism ['prɔsilitizəm], *n.* proselitismo.
to proselytize ['prɔsilitaiz], **A** *v. t.* convertire. **B** *v. i.* far proseliti.
proselytizer ['prɔsilitaizə*], *n.* chi fa proseliti; proselitista (*raro*).
prosenchyma [prɔs'eŋkimə], *n.* (*pl.* **prosenchymata, prosenchymas**) (*bot.*) prosenchima.
prosenchymatous [,prɔsen'kimətəs], *a.* (*bot.*) prosenchimatico.
proser ['prouzə*], *n.* **1** prosatore; chi scrive in prosa **2** (*specialm.*) chi scrive (*o* parla) in modo prosaico (*o* noioso).
Proserpina [prə'sə:pinə], **Proserpine** ['prɔsəpain], *n.* (*mitol.*) Proserpina.
to prosify ['prouzifai], **A** *v. t.* **1** volgere (*una poesia*) in prosa **2** rendere prosaico. **B** *v. i.* scrivere in prosa.
prosiness ['prouzinis], *n.* **1** prosaicità; prosaicismo **2** (*fig.*) prosaicità; banalità, monotonia; tediosità.
prosit ['prouzit] (*ted.*), *inter.* cin-cin!; alla tua!; alla vostra! (*brindisi*).
prosodiacal [,prɔsə'daiəkəl], **prosodial** [prə'soudjəl], **prosodic(al)** [prə'sɔdik(əl)], *a.* prosodico.
prosodist ['prɔsədist], *n.* prosodista.
prosody ['prɔsədi], *n.* prosodia; metrica: **Dryden's p.**, la metrica di Dryden.
prosopopoeia [prɔ,soupə'pi:ə], *n.* (*retor.*) prosopopea.
prospect ['prɔspekt], *n.* **1** prospettiva, veduta; vista; panorama: **a fine p.**, una bella vista **2** (*fig.*) orizzonte: **That opened new prospects to my mind**, ciò apriva nuovi orizzonti alla mia mente **3** prospettiva; aspettativa; previsione; speranza; possibilità: **The boy has good prospects**, il ragazzo ha buone prospettive (*di far carriera, di far fortuna*); **I see no p. of success**, non vedo possibilità alcuna di riuscita **4** (*specialm. USA*) probabile cliente (*o* candidato, sottoscrittore, ecc.) **5** (*ind. min.*) terreno che si suppone contenga minerali; area da sottoporre a prospezione (*anche*) campione di minerale. ● **to have st. in p.**, avere q.c. in vista; avere delle prospettive (*di lavoro, d'impiego, ecc.*).
to prospect [prəs'pekt], **A** *v. i.* **1** (*ind. min.*) prospettare; fare prospezioni; fare assaggi; fare ricerche minerarie **2** (*di miniera*) promettere: **This mine prospects well**, questa miniera promette bene. **B** *v. t.* **1** fare ricerche minerarie, fare prospezioni in (*una regione, ecc.*) **2** gestire (*una miniera*) in via sperimentale **3** (*d'una miniera*) promettere di dare (*una certa quantità di minerale*). ● (*comm.*) **to p. for customers**, cercare di farsi dei clienti □ **to p. for gold**, fare prospezioni per trovare oro.
prospecting [prəs'pektiŋ], *n.* (*ind. min.*) prospezione.
prospective [prəs'pektiv], *a.* eventuale; probabile; sperato: **a p. customer**, un probabile cliente; un cliente potenziale; **p. profits**, eventuali profitti **2** futuro: **his p. wife**, la sua futura sposa. ● **a p. doctor**, uno che aspira a diventare medico □ **a p. mother**, una gestante.
prospectiveness [prəs'pektivnis], *n.* l'esser prevedibile (*o* atteso, sperato); probabilità.
prospector [prəs'pektə*], *n.* (*ind. min.*) cercatore (*specialm. d'oro*); prospettore.
prospectus [prəs'pektəs], *n.* **1** prospetto, programma (*d'una nuova impresa, d'una scuola, ecc.*) **2** presentazione (*di un libro*).
to prosper ['prɔspə*], **A** *v. i.* **1** prosperare; fiorire (*fig.*); essere fiorente **2** riuscire; aver successo: **Cheats never p.**, gli ingannatori non hanno mai successo (*cfr. il prov. ital.* «Il diavolo fa le pentole ma non i coperchi»); **At long last he began to p.**, finalmente cominciò ad avere successo. **B** *v. t.* (*arc.*) far prosperare; rendere prospero.
prosperity [prɔs'periti], *n.* prosperità; benessere; successo.
prosperous ['prɔspərəs], *a.* prospero; prosperoso; fiorente; favorevole; propizio; fortunato; ricco: **a p. merchant**, un ricco mercante; **a p. country**, una nazione prospera; un paese prospero; **a p. gale**, un vento favorevole; **a p. enterprise**, un'impresa fortunata.
prostaglandin [,prɔstə'glændin], *n.* (*biol., chim.*) prostaglandina.
prostate ['prɔsteit], *n.* (*anat., anche* **p. gland**) prostata.
prostatic [prɔs'tætik], *a.* e *n.* (*anat., med.*) prostatico.
prostatitis [,prɔstə'taitis], *n.* (*med.*) prostatite.
prosthesis ['prɔsθisis], *n.* (*pl.* **prostheses**) (*gramm., med.*) protesi.
prosthetic [prɔs'θetik], *a.* **1** (*gramm.*) prostetico, protetico **2** (*med.*) protesico.
prostitute ['prɔstitju:t], *n.* (*anche fig.*) prostituta. ● **a male p.**, un uomo che si prostituisce.
to prostitute ['prɔstitju:t], **A** *v. t.* (*anche fig.*) prostituire: **to p. one's talents**, prostituire il proprio ingegno. **to prostitute oneself B** *v. rifl.* (*anche fig.*) prostituirsi.

prostitution [,prɔsti'tju:ʃən], *n.* prostituzione (*anche fig.*); meretricio.
prostrate ['prɔstreit], *a.* prostrato (*anche bot.*); prosternato; abbattuto; affranto; fiaccato. ● **to lay sb. p.**, fiaccare q.
to prostrate [prɔs'treit], **A** *v. t.* prostrare; prosternare; abbattere; accasciare; infiacchire; soggiogare: **He was prostrated by a flu attack (by the loss of his mother, etc.)**, era prostrato (*o* abbattuto) per un attacco d'influenza (per la perdita della madre, ecc.); **a country prostrated by the enemy**, un paese soggiogato dal nemico. **to prostrate oneself B** *v. rifl.* prostrarsi; prosternarsi: **He prostrated himself before the king**, si prostrò ai piedi del re; si prosternò davanti al re.
prostration [prɔs'treiʃən], *n.* **1** prostrazione; il prostrarsi, il prosternarsi (*davanti a q.*) **2** prostrazione; abbattimento.
prostyle ['proustail], *a.* e *n.* (*archit.*) prostilo.
prosy ['prouzi], *a.* **1** prosastico **2** prosaico; banale; monotono; noioso; tedioso: **a p. talker**, un parlatore noioso.
protactinium [,proutæk'tiniəm], *n.* (*chim.*) protoattinio.
protagonist [prou'tægənist], *n.* (*anche fig.*) protagonista.
Protagoras [prou'tægəræs], *n.* (*filos.*) Protagora.
protasis ['prɔtəsis], *n.* (*pl.* **protases**) (*gramm., letter.*) protasi.
protean [prou'ti:ən], *a.* proteiforme; versatile; mutevole.
to protect [prə'tekt], *v. t.* **1** proteggere; difendere; tutelare; salvaguardare: **to p. sb. from danger**, difendere q. da un pericolo; **to p. one's interest**, tutelare (*o* salvaguardare) i propri interessi; **to p. domestic industries**, proteggere le industrie nazionali **2** (*comm.*) far fronte a (*una cambiale, ecc.*); preparare i fondi per il pagamento di (*una tratta, ecc.*). ● (*comm.*) **to p. a bill**, curare il pagamento d'una cambiale □ (*ind.*) **protected machinery**, macchinario provvisto di protezione.
protection [prə'tekʃən], *n.* **1** protezione; difesa; tutela; guardia; scorta: **under the p. of the police**, sotto la protezione della polizia; **A police dog is a great p. against criminals**, un (cane) alsaziano è una buona difesa contro i delinquenti **2** lasciapassare; salvacondotto **3** (*econ.*) protezionismo **4** (*anche p. money*) denaro pagato (*a banditi, ecc.*) per ricevere protezione; tangente. ● (*pop.*) **p. racket**, il racket dei protettori □ (*di una donna*) **to live under Mr X's p.**, essere la mantenuta del Sig. X □ **The book was indebted to his p.**, il libro fu pubblicato sotto il suo patrocinio.
protectionism [prə'tekʃənizəm], *n.* (*econ.*) protezionismo.
protectionist [prə'tekʃənist], **A** *n.* **1** (*econ.*) protezionista **2** (*ecologia*) conservazionista; protezionista; sostenitore della conservazione della natura. **B** *a. attr.* (*econ.*) protezionistico; protezionista: **p. measures**, misure protezionistiche.
protective [prə'tektiv], *a.* **1** protettivo; di protezione; di difesa: **a p. mask**, una maschera di protezione; **a p. gesture**, un gesto di difesa **2** (*econ.*) protezionistico: (*econ.*) **p. tariffs**, tariffe protezionistiche. ● (*biol.*) **p. colouring**, mimetismo difensivo □ (*leg.*) **p. custody**, carcere preventivo □ (*mil.*) **p. fire**, fuoco d'interdizione □ (*elettr.*) **p. relay**, relè di protezione.
protectiveness [prə'tektivnis], *n.* **1** l'esser protettivo **2** (*econ.*) l'esser protezionistico.
protector [prə'tektə*], *n.* **1** protettore; difensore; patrono **2** (*elettr., mecc.*) protettore; dispositivo di protezione **3** (*stor.*) reggente. ● (*elettron.*) **p. tube**, tubo di protezione □ **boot-p.**, salvatacco (*di scarpa*) □ **chest-p.**, pettino (*o* pettorina) per riparare dal freddo □ (*stor.*) **Lord P. of the Commonwealth**, Lord Protettore della Repubblica (*Oliver Cromwell*).
protectoral [prə'tektərəl], *a.* **1** di (*o* da) protettore **2** (*stor.*) di (*o* da) reggente.
protectorate [prə'tektərit], *n.* (*polit.*) protettorato. ● (*stor.*) **the P.**, il Protettorato (*il governo della G.B. sotto Oliver Cromwell*).
protectorship [prə'tektəʃip], *n.* (*stor.*) (il) Protettorato (*V.* **protectorate**).
protectory [prə'tektəri], *n.* patronato, casa di rieducazione (*per adolescenti poveri o traviati*).
protectress [prə'tektris], *n.* protettrice.
protégé ['prouteʒei] (*franc.*), *n.* protetto; pupillo.
protégée ['prouteʒei] (*franc.*), *n.* protetta; pupilla.
proteid(e) ['prouti:d], *n.* (*chim., biol.*) protide; proteina.
proteiform ['prouti:fɔ:m], *a.* proteiforme.
protein ['prouti:n], *n.* (*chim., biol.*) proteina.
proteinic [,prouti'inik], **proteinous** [prou'ti:nəs], *a.* (*chim., biol.*) proteico. ● **p. substances**, sostanze proteiche.
Proterozoic [,prɔtərə'zouik], *a.* e *n.* (*geol.*) Archeano; Proterozoico.
to protest [prə'test], *v. t.* e *i.* **1** protestare; affermare, dichiarare solennemente: **to p. one's innocence**, protestare la propria innocenza **2** protestare; fare proteste **3** (*leg., comm.*) protestare: **to p. a bill**, protestare una cambiale **4** (*USA*) protestare contro: **to p. rearmament**, protestare contro il riarmo.
protest ['proutest], *n.* **1** (*anche polit.*) protesta: **to make** (*o* **to lodge**) **a p.**, fare (*o* presentare) una protesta **2** (*leg., comm.*)

protesto; protesto cambiario **3** (*leg.*) riserva (*di far valere un diritto*). ● (*ass., naut.*) **ship's p.**, dichiarazione d'avaria □ **under p.**, malvolentieri; contro la propria volontà; (*leg.*) con riserva.
protestant ['prɔtistənt], **A** *a.* che protesta, protestatario. **B** *n.* chi protesta.
Protestant ['prɔtistənt], *a.* e *n.* (*relig.*) protestante.
Protestantism ['prɔtistəntizəm], *n.* (*relig.*) protestantesimo.
to Protestantize ['prɔtistəntaiz], **A** *v. t.* rendere protestante. **B** *v. i.* aderire al protestantesimo.
protestation [,proutes'teiʃən], *n.* **1** protesta **2** affermazione solenne.
protester, protestor [prə'testə*], *n.* **1** chi protesta; contestatore **2** (*leg., comm.*) creditore che fa eseguire il protesto.
Proteus ['proutjuːs], *n.* **1** (*mitol.*) Proteo **2** (*fig.*) persona mutevole; proteo (*raro*).
prothalamion [,prouθə'leimjən], **prothalamium** [,prouθə'leimjəm], *n.* (*pl.* **prothalamia**) (*letter.*) protalamio; inno nuziale.
prothesis ['prɔθisis], *n.* (*pl.* **protheses**) (*gramm., relig.*) protesi.
prothetic [prou'θetik], *a.* (*gramm.*) protetico, prostetico.
prothonotarial [,prouθənou'tɛəriəl], *a.* (*relig., stor.*) protonotarile.
prothonotary [,prouθə'noutəri], *n.* (*relig., stor.*) protonotario.
prothorax [prou'θɔːræks], *n.* (*pl.* **prothoraxes, prothoraces**) (*zool.*) protorace.
protium ['proutjəm], *n.* (*chim.*) protio.
protoactinium [,proutouæk'tinjəm], *n.* (*chim.*) protoattinio.
protocol ['proutəkɔl], *n.* (*specialm. in diplomazia*) protocollo.
to protocol ['proutəkɔl], **A** *v. t.* protocollare. **B** *v. i.* redigere protocolli.
protogine ['proutədʒin], *n.* (*miner.*) protogino.
protomartyr [,proutouˌmaːtə*], *n.* (*relig.*) protomartire.
proton ['proutɔn], *n.* (*fis.*) protone. ● (*fis. nucl.*) **p. accelerator**, acceleratore di protoni □ **p.-synchrotron**, protosincrotrone.
protonium [prou'tounjəm], *n.* (*fis. nucl.*) protonio.
protonotary [,proutə'noutəri], *n.* (*relig., stor.*) protonotario.
protoplasm ['proutəplæzəm], *n.* (*biol.*) protoplasma.
protoplasmatic ['proutouˌplæz'mætik], **protoplasmic** ['proutou'plæzmik], *a.* (*biol.*) protoplasmico.
protoplast ['proutouplæst], *n.* (*biol.*) protoplasto.
protoplastic [,proutou'plæstik], *a.* (*biol.*) protoplastico.
protostar ['proutəstaː*], *n.* (*astron.*) protostella.
prototypal ['proutətaipl], *a.* prototipo.
prototype ['proutətaip], *n.* (*scient.* e *fig.*) prototipo.
prototypic(al) [,proutə'tipik(əl)], *a.* prototipico.
protoxide [prou'tɔksaid], *n.* (*chim.*) protossido.
protozoa [,proutou'zouə], *n. pl.* (*zool.*) protozoi.
protozoan [,proutou'zouən], *V.* **protozoon**.
protozoon [,proutou'zouən], *n.* (*pl.* **protozoa**) (*zool.*) protozoo.
to protract [prə'trækt], *v. t.* **1** protrarre; prolungare; tirare innanzi; tirare per le lunghe: **a protracted meeting**, una riunione tirata (*o* che va) per le lunghe **2** (*disegno*) riprodurre in scala; rapportare.
protractedly [prə'træktidli], *avv.* prolungatamente (*raro*); a lungo.
protractile [prə'træktail], *a.* (*zool.*) protrattile.
protraction [prə'trækʃən], *n.* **1** protrazione; prolungamento **2** (*disegno*) riproduzione in scala.
protractive [prə'træktiv], *a.* dilatorio.
protractor [prə'træktə*], *n.* **1** (*ing.*) goniometro; rapportatore **2** (*anat.*) (muscolo) attrattore.
to protrude [prə'truːd], **A** *v. t.* **1** far sporgere; spingere avanti **2** mettere fuori; tirar fuori: **to p. one's tongue**, tirar fuori la lingua **3** (*med.*) protrudere. **B** *v. i.* **1** sporgere in fuori **2** (*med.*) protrudere.
protrudent [prə'truːdənt], *a.* che sporge; sporgente.
protruding [prə'truːdiŋ], *a.* **1** (*anche anat.*) sporgente **2** (*archit.*) in aggetto; aggettante.
protrusile [prə'truːsail], **protrusible** [prou'truːzibl], *a.* (*specialm. zool.*) che si può spingere avanti; protrattile.
protrusion [prə'truːʒən], *n.* **1** lo sporgere; prominenza; sporgenza **2** (*med.*) protrusione.
protrusive [prə'truːsiv], *a.* **1** prominente; sporgente **2** (*med.*) protruso.
protuberance [prə'tjuːbərəns], *n.* protuberanza; prominenza; sporgenza.
protuberant [prə'tjuːbərənt], *a.* protuberante; prominente; sporgente.
proud [praud], *a.* **1** orgoglioso; altero; altezzoso; arrogante; fiero; superbo: **She is too p. to apologize**, è troppo altera per chiedere scusa; **He was p. to have such disciples**, era fiero d'avere tali discepoli; **I am p. of knowing him** (*o* **to know him**), sono orgoglioso di conoscerlo **2** (*fig.*) superbo; bello; grandioso; magnifico; splendido: **a p. fleet**, una flotta grandiosa (*o* superba); **a p. stallion**, un magnifico stallone **3** (*specialm. ingl.*) sporgente; che fa aggetto. ● **a p. day**, un giorno di gloria □ (*med.*) **p. flesh**, granulazione □ **p.-hearted**, altero; altezzoso; arrogante; superbo □ **a p. heritage**, un retaggio glorioso (*da far inorgoglire*) □ **p. waters**, acque di fiume in piena; acque alluvionali □ **to become p.**, inorgoglirsi; insuperbire □ (*fam.*) **You do me p.**, mi fai troppo onore; mi tratti troppo bene.
provable ['pruːvəbl], *a.* provabile; dimostrabile.
provableness ['pruːvəblnis], *n.* provabilità (*raro*); dimostrabilità.
to prove [pruːv] (*p. p. arc.* **proven**), **A** *v. t.* **1** provare; mettere alla prova; sperimentare; fare la prova di; verificare; dimostrare: **No charge was proved against him**, contro di lui non fu provata alcuna accusa; **to p. sb.'s guilt**, dimostrare la colpevolezza di q.; (*mat.*) **to p. a calculation**, fare la prova d'un calcolo; (*tipogr.*) **to p. a type**, fare la prova d'un carattere; **to p. a fact**, dimostrare un fatto **2** (*leg.*) dimostrare l'autenticità di: **to p. a will**, dimostrare l'autenticità di un testamento. **B** *v. i.* dimostrarsi; rivelarsi: **The operation proved fatal**, l'operazione si dimostrò fatale; **The information proved (to be) false**, le informazioni si rivelarono false. **to prove oneself** **C** *v. rifl.* dimostrarsi; rivelarsi: **He proved himself (to be) a reliable witness**, si dimostrò un testimone attendibile. ● (*leg.*) **to p. by documents**, documentare □ **a man of proved honour**, un uomo di provata onestà □ (*prov.*) **The exception proves the rule**, l'eccezione conferma la regola.
proveditor [prou'veditə*], *n.* **1** (*stor.*) provveditore (*nella Repubblica veneta*) **2** (*raro*) fornitore.
proven ['pruːvən], *p. p. arc. o USA* di **to prove**. ● (*leg. scozz.*) **a not-p. verdict**, un verdetto d'assoluzione per insufficienza di prove □ **He was found not p.**, fu assolto per insufficienza di prove (*in Scozia, ecc.; ma non in Inghilterra*).
provenance ['prɔvinəns], *n.* provenienza; origine.
Provençal [,prɔvãːˈnsaːl], *a.* e *n.* provenzale: **P. poetry**, la poesia provenzale.
Provence [prɔ'vãːns], *n.* (*geogr.*) Provenza.
provender ['prɔvində*], *n.* **1** biada; foraggio **2** (*fam., scherz.*) alimenti; cibo; vettovaglie.
provenience [prɔ'viːnjəns], *n.* provenienza; origine.
proverb ['prɔvəb], *n.* **1** proverbio **2** (*anche pl.*) gioco dei proverbi. ● (*relig.*) **Proverbs**, il libro dei Proverbi (*nel Vecchio Testamento*) □ **He is a p. for laziness**, la sua pigrizia è proverbiale.
proverbial [prə'vəːbjəl], *a.* (*anche fig.*) proverbiale: **a p. phrase**, un'espressione proverbiale; **p. wisdom**, saggezza proverbiale.
to provide [prə'vaid], **A** *v. t.* e *i.* **1** provvedere; procacciare; procurare; fornire: **to p. bread for one's family**, provvedere il vitto alla famiglia; **to p. one's son with money**, fornire di denaro il proprio figliolo; **Our agent will be provided with all the necessary information**, al nostro agente saranno fornite tutte le informazioni necessarie **2** (*stor., relig.*) nominare, chiamare (q.) a succedere (*in un beneficio ecclesiastico non ancora vacante*) **3** (*leg.*) stabilire; contemplare; prevedere: **a clause which provides that...**, una clausola la quale stabilisce che... **to provide oneself (with)** **B** *v. rifl.* provvedersi, fornirsi (di); procacciarsi. ● **to p. against**, prendere provvedimenti in vista di; prepararsi a; premunirsi contro: **We must p. against a shortage of meat**, dobbiamo prepararci a un'eventuale scarsità di carne; **to p. against old age**, premunirsi contro la vecchiaia □ **to p. against a fall (a rise)**, prepararsi a un ribasso (a un rialzo; *in Borsa*) □ **to p. for**, provvedere a; badare a; occuparsi di; (*econ.*) provvedere al mantenimento di (q.) □ (*stor.*) **provided school**, scuola elementare pubblica (*alle cui necessità si provvede con fondi pubblici*) □ (*leg.*) **unless otherwise provided**, salvo convenzione contraria.
provided [prə'vaidid], *cong.* (*spesso* **p. that**) purché; a condizione che; a patto che.
providence ['prɔvidəns], *n.* provvidenza. ● **special p.**, miracolo.
Providence ['prɔvidəns], *n.* (*relig.*) la Provvidenza.
provident ['prɔvidənt], *a.* **1** provvido; previdente; prudente **2** parsimonioso; economo. ● **p. fund**, fondo di previdenza □ **p. society**, società di mutuo soccorso.
providential [,prɔvi'denʃəl], *a.* provvidenziale; (*enfat.*) felice, fortunato, opportuno: **a p. reform**, una riforma provvidenziale.
provider [prə'vaidə*], *n.* **1** provveditore (*raro*); chi provvede (*specialm. ai bisogni della sua famiglia*) **2** fornitore. ● **a lion's p.**, uno sciacallo (*anche fig.*) □ (*comm.*) **universal p.**, commerciante in ogni sorta di articoli; venditore di merci varie.
providing [prə'vaidiŋ], *V.* **provided**.
province ['prɔvins], *n.* **1** provincia; distretto; regione: **the provinces of the Roman Empire**, le provincie dell'Impero Romano; **The Italian territory is divided into over ninety provinces**, il territorio italiano è diviso in oltre novanta provincie **2** (*relig.*) provincia ecclesiastica **3** (*fig.*) affare; competenza; campo; sfera d'azione: **This is outside my p.**, non è cosa di mia com-

provincial

petenza; **It is not within my p.**, non è affar mio; **in the p. of polite letters**, nel campo delle belle lettere (*o* della letteratura raffinata).
provincial [prə'vinʃəl], **A** *a.* provinciale; da provinciale; (*spreg.*) limitato, ristretto, rozzo: **p. roads**, strade provinciali; **a p. outlook**, un modo di vedere le cose da provinciale. **B** *n.* **1** (*anche spreg.*) provinciale **2** (*relig.*) (padre) provinciale.
provincialism [prə'vinʃəlizəm], *n.* provincialismo.
provincialist [prə'vinʃəlist], *n.* provinciale.
provinciality [prə,vinʃi'æliti], *n.* provincialismo.
to provincialize [prə'vinʃəlaiz], *v. t.* rendere provinciale.
proving ['pru:viŋ], *n.* **1** sperimentazione; verifica **2** (*leg.*) dichiarazione d'autenticità **3** (*elab.*) controllo. ● **p. ground**, terreno (*o* percorso) di prova; (*fig.*) banco di prova □ (*ing., mecc.*) **p. ring**, anello dinamometrico.
provision [prə'viʒən], *n.* **1** il provvedere; provvedimento; misura **2** (*leg.*) clausola; disposizione; norma: **one of the provisions in the will**, una delle disposizioni testamentarie **3** rifornimento; scorta **4** (*pl.*) provviste; vettovaglie; viveri: **to run out of provisions**, restare a corto di provviste (*o* di viveri) **5** (*stor., relig.*) designazione del nuovo beneficiato (*prima che il beneficio ecclesiastico sia vacante*). ● **to make p. against**, premunirsi contro □ **to make p. for**, provvedere a □ **a p. merchant**, un negoziante di generi alimentari; (*specialm.*) un droghiere (*grossista*).
to provision [prə'viʒən], *v. t.* approvvigionare.
provisional [prə'viʒənəl], *a.* provvisorio: **a p. appointment**, una nomina provvisoria; (*leg.*) **a p. contract**, un contratto provvisorio; **p. data**, dati provvisori; (*leg.*) **p. liquidator**, liquidatore provvisorio. **B** *n.* (*in Irlanda*) «provisional»; membro dell'ala estremista dell'IRA (*Irish Republican Army*). ● (*leg.*) **p. arrest**, fermo di polizia.
provisionality [prə,viʒə'næliti], **provisionalness** [prə'viʒənəlnis], *n.* provvisorietà.
provisionary [prə'viʒənəri], *a.* provvisorio.
provisioner [prə'viʒənə*], *n.* approvvigionatore.
provisionment [prə'viʒənmənt], *n.* approvvigionamento.
proviso [prə'vaizou], *n.* (*pl.* **provisos, provisoes**) (*leg.*) clausola condizionale; condizione. ● **with the p. that...**, a condizione che...
provisor [prə'vaizə*], *n.* **1** (*stor., relig.*) detentore del diritto di successione a un beneficio ecclesiastico non ancora vacante **2** (*relig. cattolica*) vicario generale.
provisory [prə'vaizəri], *a.* **1** (*leg.*) condizionale **2** provvisorio.
provocation [,prəvə'keiʃən], *n.* provocazione. ● **He did it under severe p.**, fu gravemente provocato (*a fare ciò*).
provocative [prə'vɔkətiv], *a.* provocatorio; provocante; provocatorio; provocante: **a p. act**, un atto provocatorio; **a p. glance**, uno sguardo provocante. ● **p. of curiosity**, che stimola la curiosità □ **p. criticism**, critiche stimolanti.
to provoke [prə'vouk], *v. t.* provocare; eccitare; irritare; stimolare; stuzzicare; causare: **to p. laughter** (**indignation**, etc.), provocare il riso (lo sdegno, ecc.); **Don't p. me!**, non provocarmi! ● **to p. a riot**, sollevare un tumulto □ **to p. sb. into doing st.**, spingere q. a fare q.c.
provoking [prə'voukiŋ], *a.* provocante; irritante; fastidioso; noioso; seccante. ● **thought-p.**, che stimola il pensiero.
provost ['prɔvəst], *n.* **1** (*in Scozia*) sindaco **2** (*nelle università*) rettore di un college **3** (*relig.*) prevosto; preposto. ● (*mil.*) **p. marshal**, capo della polizia militare □ (*mil.*) **p. sergeant**, sergente della polizia militare.
provostship ['prɔvəst-ʃip], *n.* **1** (*in Scozia*) ufficio (*o* carica) di sindaco; l'essere sindaco **2** (*nelle università*) direzione di un college **3** (*relig.*) prevostura; prepositura.
prow [prau], *n.* (*naut., aeron.*) prora; prua.
prowess ['prauis], *n.* **1** prodezza; valore; coraggio **2** abilità; bravura; capacità.
prowl [praul], *n.* — **to be** (**to go**) **on the p.**, essere (andare) in cerca di preda. ● (*USA*) **p. car**, automobile della polizia (*in servizio di pattuglia*); pantera, gazzella, volante (*fam.*).
to prowl [praul], **A** *v. i.* **1** vagare in cerca di preda: **Tigers p. by night**, le tigri escono la notte in cerca di preda **2** andare furtivamente; gironzolare; aggirarsi (*specialm. in cerca di q.c.*): **He is always prowling about here**, s'aggira sempre nelle vicinanze. **B** *v. t.* aggirarsi in (*un luogo*) in cerca di preda.
prowler ['praulə*], *n.* **1** chi va in cerca di preda; predone **2** chi s'aggira in un luogo **3** animale da preda; predator **4** (*USA*) ladruncolo.
prox [prɔks], *abbr. fam.* di **proximo**.
proxemics [prɔk'semiks], *n. pl.* (*col verbo al sing.*) prossemica.
proximal ['prɔksiməl], *a.* (*anat., geol.*) prossimale.
proximate ['prɔksimit], *a.* **1** vicino; prossimo; immediato: **the p. cause**, la causa immediata **2** approssimato.
proximity [prɔk'simiti], *n.* prossimità; vicinanza. ● **p. of blood**, consanguineità.

proximo ['prɔksimou] (*lat.*), *a.* (*comm., di solito abbr. in* **prox**) del mese venturo; prossimo (venturo): **on the 20th prox.**, il venti del mese prossimo.
proxy ['prɔksi], *n.* (*leg.*) **1** procura; delega; mandato: **to vote by p.**, votare per procura; **marriage by p.**, matrimonio per procura **2** procuratore; mandatario: **He made me his p.**, mi fece suo procuratore; **to stand p. for sb.**, fungere da procuratore per q.
prude [pru:d], *n.* persona troppo modesta e pudica; chi affetta pudore; (*di donna, anche*) santarellina.
prudence ['pru:dəns], *n.* prudenza; cautela; avvedutezza; saggezza.
prudent ['pru:dənt], *a.* prudente; cauto; avveduto; giudizioso; saggio: **a p. housewife**, una donna di casa avveduta (*o* giudiziosa). ● (*leg.*) **p. man rule**, diligenza del buon padre di famiglia.
prudential [pru:'denʃəl], *a.* prudenziale.
prudery ['pru:dəri], *n.* pudore estremo e affettato; modestia eccessiva; santimonia; santocchieria (*raro*); pruderie (*franc.*).
prudish ['pru:diʃ], *a.* che affetta pudore; pudibondo; timorato; prude (*franc.*).
prudishness ['pru:diʃnis], *V.* **prudery**.
pruinose ['pru:inous], *a.* (*bot.*) pruinoso.
prune [pru:n], *n.* **1** prugna, susina secca **2** color prugna **3** (*fam.*) tipo noioso, barboso (*fam.*); stupido; fesso (*fam.*). ● (*di modo di parlare*) **prunes and prisms**, affettato; lezioso.
to prune [pru:n], *v. t.* **1** potare; mondare; sfrondare; sfoltire **2** (*fig.*) sfrondare; far tagli in: **to p. a speech**, sfrondare un discorso. □ **to p. down a tree**, potare un albero □ **to p. expenses**, ridurre le spese □ **to p. off** (*o* **away**) **branches**, tagliare rami.
prunelle [pru:'nelə], *n.* (*ind. tessile*) prunella.
prunelle [pru:'nel] (*franc.*), *n.* **1** prugna secca pelata **2** prunella (*liquore*).
pruners ['pru:nəz], *n. pl.* forbici da giardino.
pruning ['pru:niŋ], *n.* potatura. ● **p. hook**, ronca, roncola; potatoio □ **p. shears** (*o* **p. scissors**), forbici da giardino.
prurience ['pruəriəns], **pruriency** ['pruəriənsi], *n.* lascivia; bidine; lubricità (*raro*).
prurient ['pruəriənt], *a.* lascivo; libidinoso; lubrico; pruriginoso.
pruriginous [pru'ridʒinəs], *a.* (*med.*) pruriginoso.
prurigo [pru'raigou], *n.* (*pl.* **prurigos**) (*med.*) prurigine.
pruritus [pru'raitəs], *n.* (*med.*) prurito (*specialm. anale*).
Prussian ['prʌʃən], *a. e n.* prussiano. ● **P. blue**, blu di Prussia.
to prussianize ['prʌʃənaiz], *v. t.* rendere prussiano; dare un carattere prussiano a (q.c.).
prussiate ['prʌʃiit], *n.* (*chim.*) prussiato.
prussic ['prʌsik], *a.* (*chim.*) prussico: **p. acid**, acido prussico.
to pry (1) [prai], *v. i.* curiosare; indagare; rovistare; scrutare; spiare. ● **to pry about**, ficcare il naso dappertutto □ **to pry into**, frugare in; rovistare □ **to pry into sb.'s affairs**, ficcare il naso negli affari di q. □ **a Paul Pry**, un ficcanaso.
to pry (2) [prai], *v. t.* aprire (*o* forzare, sollevare) con una leva. ● (*fig.*) **to p. a secret out of sb.**, carpire un segreto a q.
pry [prai], *n.* leva; piede di porco (*arnese*).
prying ['praiiŋ], *a.* curioso; indagatore; indiscreto; inquisitivo: **a p. look**, uno sguardo indiscreto.
prytaneum [,pritə'ni:əm], *n.* (*stor.*) pritaneo.
P.S. [,pi:'es], *n.* **1** (*acronimo di* **postscript**) poscritto: **to add a P.S.**, aggiungere un poscritto **2** (*acronimo USA di* **public school**) scuola elementare statale (*dai 6 ai 12 anni d'età*).
psalm [sa:m], *n.* salmo; cantico. ● **Psalms**, il Libro dei Salmi (*nella Bibbia*) □ **p. book**, libro dei salmi.
psalmist ['sa:mist], *n.* salmista. ● (*Bibbia*) **the P.**, Davide.
psalmodic [sæl'mɔdik], *a.* salmodico.
psalmodist ['sælmədist], *n.* salmeggiatore, salmeggiatrice.
to psalmodize ['sælmədaiz], *v. i.* salmodiare; salmeggiare.
psalmody ['sælmədi], *n.* salmodia.
psalter ['sɔ:ltə*], *n.* (*relig.*) salterio; raccolta di salmi.
psaltery ['sɔ:ltəri], *n.* (*mus.*) salterio (*strumento a corde*).
psephologist [se'fɔlədʒist], *n.* (*polit.*) studioso del comportamento elettorale.
psephology [se'fɔlədʒi], *n.* studio del comportamento elettorale.
pseudo ['sju:dou], (*fam.*) **A** *a.* falso; finto. **B** *n.* (*pl.* **pseudos**) simulatore; impostore.
pseudoclassic ['sju:dou'klæsik], *a.* pseudoclassico.
pseudomorph ['sju:doumɔ(:)f], *n.* (*miner.*) cristallo pseudomorfo.
pseudomorphic ['sju:dou'mɔ:fik], *a.* (*miner.*) pseudomorfo.
pseudomorphism ['sju:dou'mɔ:fizəm], *n.* (*miner.*) pseudomorfismo.
pseudomorphous ['sju:dou'mɔ:fəs], *a.* (*miner.*) pseudomorfo.
pseudonym ['sju:dənim], *n.* pseudonimo.
pseudonymity [,sju:də'nimiti], *n.* lo scrivere sotto falso nome.
pseudonymous [sju:'dɔniməs], *a.* **1** che scrive con uno pseudonimo **2** scritto sotto falso nome; pseudonimo (*raro*).
pseudopodium [,sju:dou'poudiəm], *n.* (*pl.* **pseudopodia**

(*biol.*) pseudopodio.
pshaw [pʃɔ:], *inter.* (*lett.*: di disgusto, impazienza, ecc.) puh!; puah!; uff!; ohibò!
to pshaw [pʃɔ:], **A** *v. i.* (spesso **to p. at**) esprimere disgusto (*o* impazienza). **B** *v. t.* respingere (q.c.) con disgusto.
psi [psai], *n.* (*pl.* **psis**) psi (ventitreesima lettera dell'alfabeto greco).
psittacosis [ˌpsitəˈkousis], *n.* (*pl.* **psittacoses**) (*med.*) psittacosi.
psoriasis [psɔˈraiəsis], *n.* (*med.*, *pl.* **psoriases**) psoriasi.
psoriatic [ˌpsɔriˈætik], *a.* (*med.*) psorico.
psst [ps], *inter.* (per imporre silenzio o richiamare l'attenzione) pss.
to psych(e) [saik], (*fam.*) **A** *v. t.* **1** psicanalizzare **2** (*specialm.* **to p. up**) stimolare; incoraggiare; tirare su di morale (*fam.*); dare la carica a (q.). **B** *v. i.* (*specialm.* **to p. down**) crollare; smontarsi. ● **to p. out**, impaurire, intimidire, spaventare; analizzare, capire, indovinare (le intenzioni di q., ecc.).
psyche [ˈsaiki:], *n.* (*psic.*) psiche.
Psyche [ˈsaiki], *n.* (*mitol.*) Psiche.
psychedelic [ˌsaikəˈdelik], **A** *a.* psichedelico: **p. drugs**, droghe psichedeliche; **p. music**, musica psichedelica. **B** *n.* **1** droga psichedelica **2** (*med.*) consumatore di droghe psichedeliche.
to psychedelicize [ˌsaikəˈdelisaiz], *v. t.* rendere psichedelico.
psychiatric(al) [ˌsaikiˈætrik(əl)], *a.* (*med.*) psichiatrico.
psychiatrist [saiˈkai-ətrist], *n.* (*med.*) psichiatra; alienista.
psychiatry [saiˈkaiətri], *n.* (*med.*) psichiatria.
psychic [ˈsaikik], **A** *a.* **1** psichico: **p. trauma**, trauma psichico; **p. forces**, forze psichiche **2** medianico; telepatico. **B** *n.* (*pop.*) **1** medium **2** sensitivo. ● (*farm.*) **p. energizer**, antidepressivo □ **a p. person**, una persona dotata di qualità medianiche (*o* telepatiche).
psychical [ˈsaikikəl], *a.* **1** psichico **2** dei fenomeni psichici.
psychicism [ˈsaikisizəm], *n.* studio dei fenomeni psichici.
psychicist [ˈsaikisist], **psychist** [ˈsaikist], *n.* studioso di fenomeni psichici.
psychics [ˈsaikiks], *n. pl.* (col verbo al sing.) psicologia.
psycho [ˈsaikou], *n.* (*pl.* **psychos**) (*pop.*) psicopatico; malato di mente (*fam.*).
psychoactive [ˌsaikouˈæktiv], *a.* psicoattivo.
psychoactivity [ˌsaikouækˈtiviti], *n.* capacità di produrre effetti psicoattivi.
to psychoanalyse [ˌsaikouˈænəlaiz], *v. t.* psicanalizzare.
psychoanalysis [ˌsaikouəˈnæləsis], *n.* (*pl.* **psychoanalyses**) psicanalisi.
psychoanalyst [ˌsaikouˈænəlist], *n.* psicanalista.
psychoanalytic(al) [ˈsaikouˌænəˈlitik(əl)], *a.* psicanalitico.
to psychoanalyze [ˌsaikouˈænəlaiz], (*USA*) *V.* **to psychoanalyse**.
psychograph [ˈsaikougra:f], *n.* psicografo (*strumento*).
psychokinesis [ˌsaikoukaiˈni:sis], *n.* (*pl.* **psychokineses**) psicocinesi.
psycholinguist [ˌsaikouˈliŋgwist], *n.* psicolinguista.
psycholinguistic(al) [ˌsaikouliŋˈgwistik(əl)], *a.* psicolinguistico.
psycholinguistics [ˌsaikouliŋˈgwistiks], *n. pl.* (col verbo al sing.) psicolinguistica.
psychologic(al) [ˌsaikəˈlɔdʒik(əl)], *a.* psicologico: **p. warfare**, guerra psicologica.
psychologist [saiˈkɔlədʒist], *n.* psicologo.
to psychologize [saiˈkɔlədʒaiz], **A** *v. i.* studiare (*o* fare della) psicologia. **B** *v. t.* analizzare psicologicamente.
psychology [saiˈkɔlədʒi], *n.* psicologia.
psychometrics [ˌsaikouˈmetriks], *n. pl.* (col verbo al sing.) psicometria.
psychometry [saiˈkɔmitri], *V.* **psychometrics**.
psychopath [ˈsaikoupæθ], *n.* (*med.*) psicopatico.
psychopathic [ˌsaikouˈpæθik], *a.* (*med.*) psicopatico.
psychopathist [saiˈkɔpəθist], *n.* (*med.*) psichiatra; alienista.
psychopathologist [ˌsaikoupəˈθɔlədʒist], *n.* psicopatologo.
psychopathology [ˌsaikoupəˈθɔlədʒi], *n.* (*med.*) psicopatologia.
psychopharmaceutical [ˈsaikouˌfɑ:məˈsju:tikəl], *n.* (*farm.*) psicofarmaco.
psychosis [saiˈkousis], *n.* (*pl.* **psychoses**) (*med.*) psicosi.
psychosomatic [ˌsaikouˈsouˈmætik], *a.* (*med.*) psicosomatico.
psychosomatry [ˌsaikouˈsomətri], *n.* (*med.*) psicosomatica.
psychotherapy [ˌsaikouˈθerəpi], *n.* (*med.*) psicoterapia.
psychotic [saiˈkɔtik], *a. e n.* (*med.*) psicotico.
psychotoxic [ˌsaikouˈtɔksik], *a.* psicotossico.
psychrometer [saiˈkrɔmitə*], *n.* (*fis.*) psicrometro.
ptarmigan [ˈtɑ:migən], *n.* (*zool.*, *Lagopus mutus*) pernice bianca.
pterodactyl [ˌpterouˈdæktil], *n.* (*paleontologia*, *Pterodactylus*) pterodattilo.
pteropod [ˈpterəpɔd], *n.* (*zool.*) pteropode.
pterosaur [ˈpterəsɔ:*], *n.* (*paleontologia*) pterosauro.
ptisan [tiˈzæn], *n.* tisana (*specialm.* d'orzo).

pto [ˌpi:ti:ˈou], *locuz. verb.* (acronimo di **please turn over**) (in fondo a una pagina) vedi retro.
Ptolemaic [ˌtɔliˈmeiik], *a.* (*stor.*, *astron.*) tolemaico: **P. system**, sistema tolemaico.
Ptolemy [ˈtɔlimi], *n.* (*stor.*) Tolomeo.
ptomaine [ˈtoumein], *n.* (*chim.*) ptomaina.
ptosis [ˈptousis], *n.* (*pl.* **ptoses**) (*med.*) ptosi.
ptyalin [ˈptaiəlin], *n.* (*chim.*, *biol.*) ptialina.
pub [pʌb], *n.* (abbr. fam. di **public house**) «pub»; spaccio di alcolici. ● **pub-keeper**, proprietario di pub; oste □ (*fam.*) **to go on a pub-crawl**, fare il giro dei pub.
to pub-crawl [ˈpʌb.krɔ:l], *v. i.* (*fam.*, *anche* **to go pub-crawling**) fare il giro dei pub.
puberal [ˈpju:bərəl], *a.* puberale.
pubertal [ˈpju:bərtəl], *a.* puberale.
puberty [ˈpju:bəti], *n.* pubertà.
pubes [ˈpju:bi:z], *n.* (invar. al pl.) (anat.) pube; regione pubica.
pubescence [pju(:)ˈbesns], *n.* pubescenza.
pubescent [pju(:)ˈbesənt], **A** *a.* pubescente; pubere. **B** *n.* pubere.
pubic [ˈpju:bik], *a.* (anat.) pubico.
pubis [ˈpju:bis], *n.* (*pl.* **pubes**) (anat.) osso pelvico; pube.
public [ˈpʌblik], **A** *a.* pubblico (in ogni senso): **a p. building**, un edificio pubblico; **p. law**, diritto pubblico; **a p. protest**, una protesta pubblica; **p. relations**, relazioni pubbliche; **p. education**, pubblica istruzione; (*fin.*) **the p. debt**, il debito pubblico. **B** *n.* **1** pubblico; clientela; spettatori, lettori, ascoltatori **2** pubblico; gente; popolo: **The museum is open to the p.**, il museo è aperto al pubblico; **the British p.**, il popolo britannico. ● **p. accountant**, ragioniere professionista (iscritto all'albo) □ **p.-address system**, sistema d'amplificazione del suono □ (*edil.*, *leg.*) **p. area**, parti comuni (di un condominio) □ (*USA*) **p. assistance**, assistenza sociale □ (in G.B.) **p. bar**, sala esterna (di un pub: meno elegante e meno cara; *cfr.* **saloon bar**, *sotto* **saloon**) □ (*polit.*) **p. bill**, disegno di legge d'iniziativa governativa; (anche) proposta di legge d'interesse pubblico □ (*fin.*) **p. company**, società di capitali le cui azioni possono essere quotate in Borsa □ **p. conveniences**, gabinetti (di decenza); latrine pubbliche □ (*fin.*) **p. corporation**, (in G.B.) ente di diritto pubblico (come la B.B.C.); (*USA*) società (*o* azienda) statale; (anche) comunità urbana □ (*leg. USA*) **p. defender**, difensore d'ufficio □ (*leg. USA*) **p. domain**, pubblico dominio; (anche) demanio, proprietà demaniali □ **p. holiday**, festa nazionale; pubblica festività □ **p. house**, pub; spaccio d'alcolici □ **p. housing**, edilizia popolare □ **p. life**, vita politica; politica □ **a p. man**, un uomo che ricopre cariche pubbliche □ **p.-minded**, animato da senso civico; che ha una coscienza sociale □ **p. nuisance**, (*leg.*) turbativa dell'ordine pubblico; (*fam.*) seccatore; scocciatore, rompiscatole (*fam.*) □ **p. opinion**, opinione pubblica □ **p.-opinion poll**, sondaggio d'opinione; indagine demoscopica □ (*leg.*) **p. orator**, oratore ufficiale □ (*leg.*) **p. prosecutor**, pubblico ministero □ **p. relations officer**, addetto alle pubbliche relazioni □ (*leg.*) **p. safety**, sicurezza pubblica □ **p. school**, (in G.B.) scuola privata (residenziale, a livello secondario); (in U.S.A. e Scozia) scuola pubblica (a livello elementare) □ (*econ.*) **the p. sector**, il settore pubblico □ **p. servant**, impiegato statale □ **p. spirit**, senso civico; civismo □ **p.-spirited**, *V.* **p.-minded** □ **p. utility**, servizio pubblico; impresa pubblica (*o* d'interesse pubblico) □ **p. works**, lavori pubblici; opere pubbliche □ (*fin.*: d'una società anonima privata) **to go p.**, trasformarsi in una **p. company** (*q.V.*) □ **holder of a p. office**, pubblico ufficiale □ **in p.**, in pubblico □ (di notizia) **to be in the p. domain**, essere di dominio pubblico □ (di persona) **to be in the p. eye**, essere molto in vista □ **to make p.**, pubblicare, rendere di pubblico dominio □ **notary p.**, pubblico notaio; notaio □ **the reading p.**, il pubblico che legge; i lettori □ **the sporting p.**, gli sportivi (in quanto spettatori) □ **the television p.**, il pubblico televisivo; i telespettatori.
publican [ˈpʌblikən], *n.* **1** (*stor.*) pubblicano; appaltatore, gabelliere; **2** bettoliere; oste; locandiere.
publication [ˌpʌbliˈkeiʃən], *n.* pubblicazione (in ogni senso).
publicist [ˈpʌblisist], *n.* **1** giornalista; pubblicista **2** addetto stampa **3** agente pubblicitario **4** pubblicista (esperto di diritto pubblico o internazionale).
publicity [pʌbˈlisiti], *n.* pubblicità: **to seek** (*o* **to court**) **p.**, andare in cerca di pubblicità (*o* di notorietà). ● **p. agent**, agente pubblicitario □ **p. stunt** (*o* **p. gimmick**), trovata (*o* montatura) pubblicitaria.
to publicize [ˈpʌblisaiz], *v. t.* **1** pubblicare; rendere di pubblico dominio **2** pubblicizzare; dare (*o* fare) pubblicità a (q.c.).
to publish [ˈpʌbliʃ], *v. t.* **1** pubblicare; stampare: **to p. the news (a book**, **etc.)**, pubblicare le notizie (un libro, ecc.) **2** promulgare; proclamare: **to p. an edict**, promulgare un editto **3** pubblicizzare; dare (*o* fare) pubblicità a (q.c.). ● **to p. the banns of marriage**, fare le pubblicazioni matrimoniali.

publishable ['pʌbliʃəbl], *a.* pubblicabile.
publisher ['pʌbliʃə*], *n.* **1** editore; casa editrice **2** direttore della diffusione (*di un giornale*) **3** divulgatore; promulgatore.
publishing ['pʌbliʃiŋ], *n.* editoria; attività editoriale. ● **p. house**, casa editrice.
puce [pju:s], *n.* color pulce.
puck (1) [pʌk], *n.* folletto (*anche fig.*); spiritello maligno.
puck (2) [pʌk], *n.* (*sport*) disco di gomma dura (*usato nel gioco dell'hockey su ghiaccio*).
pucka ['pʌkə], *V.* **pukka(h).**
to pucker ['pʌkə*], **A** *v. t.* (*spesso* **to p. up**) corrugare; increspare (*stoffa, ecc.*); raggrinzare. **B** *v. i.* corrugarsi; incresparsi; raggrinzarsi. ● **to p. one's brows**, aggrottare le ciglia; corrugare la fronte.
pucker ['pʌkə*], *n.* crespa; grinza; piega; ruga.
puckery ['pʌkəri], *a.* corrugato; increspato; raggrinzato: **a p. skin**, pelle raggrinzata.
puckish ['pʌkiʃ], *a.* da folletto; birichino; maliziosetto.
pud (1) [pud], *n.* (*abbr. fam. di* **pudding**) budino.
pud (2) [pʌd], *n.* (*parola infant.*) zampina; manina.
pudden ['pudin], *n.* — (*fam.*) **p.-head**, stupido; testone.
pudding ['pudiŋ], *n.* (*cucina*) **1** budino: **rice p.**, budino di riso **2** «pudding»; pasticcio di carne (*con pastella*): **steak-and-kidney p.**, pudding di manzo e rognone tritati **3** specie di salame di carne (*tritata*), mista a farina d'avena, ecc. **4** dolce; dessert (*in genere*) **5** (*pop.*) boccone avvelenato (*gettato dai ladri ai cani da guardia*). ● **p.-cloth**, tela entro la quale si fa cuocere il **pudding** (*def. 3*) □ (*fig.*) **p.-face**, faccione tondo □ (*fam.*) **p.-head**, stupido; testone □ **p.-heart**, vigliacco; vile □ (*cucina*) **p. pie**, crostata; pasticcio di carne □ (*geol.*) **p.-stone**, puddinga; conglomerato di ciottoli multicolori □ (*cucina*) **black p.**, sanguinaccio □ (*fig.*) **to get more praise than p.**, avere più elogi che ricompense □ (*pop.*) **to be in the p. club**, avere il pancione (*o* la pancia); essere incinta.
puddle ['pʌdl], *n.* **1** pozza; pozzanghera **2** malta **3** (*fam.*) imbroglio; pasticcio.
to puddle ['pʌdl], **A** *v. t.* **1** ricoprire (*o* rivestire) (*un muro, ecc.*) di malta; intonacare **2** impastare, rimescolare (*argilla, sabbia e acqua*) **3** (*metall.*) puddellare; affinare **4** intorbidare (*l'acqua*). **B** *v. i.* sguazzare nel fango.
puddler ['pʌdlə*], *n.* **1** impastatore (*di malta*) **2** (*metall.*) affinatore.
puddling ['pʌdliŋ], *n.* **1** l'impastar malta **2** (*metall.*) puddellaggio; affinatura: **p. furnace**, forno di puddellaggio.
puddly ['pʌdli], *a.* **1** pieno di pozzanghere **2** fangoso; melmoso.
pudency ['pju:dnsi], *n.* pudicizia; modestia; timidezza; vergogna.
pudenda [pju(:)'dendə] (*lat.*), *n. pl.* (le) pudende.
pudge [pʌdʒ], *n.* (*fam.*) persona bassotta e tonda; tombolo (*pop.*); tappetto (*pop.*).
pudginess ['pʌdʒinis], *n.* l'essere basso e tondo; l'essere tozzo.
pudgy ['pʌdʒi], *a.* bassotto e tondo; tozzo.
pudsy ['pʌdzi], *a.* grassoccio; grassottello; paffuto.
pueblo [pu'eblou] (*spagn.*), *n.* (*pl.* **pueblos**) **1** villaggio indiano (*nel Messico e nel sud degli USA*) **2** — **P.**, indiano Pueblo **3** (*nell'America latina*) villaggio; paese.
puerile ['pjuəraɪl], *a.* puerile; fanciullesco.
puerility [pjuə'riliti], *n.* puerilità; fanciullaggine.
puerperal [pju(:)'ə:pərəl], *a.* puerperale: (*med.*) **p. fever**, febbre puerperale.
puerperium [,pju:ə'pi:riəm], *n.* (*pl.* **puerperia**) (*fisiologia*) puerperio.
Puerto Rican ['pwə:tou'ri:kən], *a. e n.* portoricano.
Puerto Rico ['pwə:tou'ri:kou], *n.* (*geogr.*) Portorico.
puff [pʌf], *n.* **1** soffio; sbuffo (*di vento, di fumo o d'abito*); folata (*di vento*); buffo; sboffo: **a p. of wind**, un soffio (*o* una folata) di vento; **puffs of smoke**, sbuffi di fumo; **sleeves with puffs**, maniche a sbuffo **2** ciuffo di capelli (*sulla fronte*) **3** piumino: **powder-p.**, piumino per la cipria **4** (*cucina*) bignè: **jam p.**, bignè alla marmellata **5** gonfiatura; montatura pubblicitaria; soffietto (*fam.*). ● (*parola infant.*) **the p.-p.**, il tu-tù; il treno; la locomotiva □ (*zool.*) **p.-adder** (*Bitis arietans*), vipera soffiante □ (*bot.*) **p.-ball** (*Lycoperdon*), vescia di lupo □ **p.-box**, portacipria □ (*cucina*) **p. pastry**, pasta sfoglia □ (*fam.*) **to be short of p.**, essere senza fiato.
to puff [pʌf], **A** *v. i.* **1** sbuffare; ansare; ansimare; (*del fumo*) uscire a sbuffi: **Smoke puffed up out of the chimneypot**, il fumo usciva a sbuffi dal comignolo; **The long run made me p.**, la lunga corsa mi fece sbuffare **2** soffiare; (*del vento*) spirare; arrivare a sbuffi (*o* a folate) **3** tirar boccate di fumo (*da una sigaretta, ecc.*); tirare (*fam.*) **4** (*comm.*) fare offerte per far salire i prezzi (*a un'asta pubblica*). **B** *v. t.* **1** soffiar via; emettere (*fumo, ecc.*) sbuffando (*o* a sbuffi) **2** (*spesso* **to p. out**) gonfiare, distendere: **The toads puffed out their throats**, i rospi gonfiavano la gola; **He puffed out his chest**, gonfiò il petto **3** cantar le lodi di (q.); portare alle stelle; decantare (*merci per la loro bontà, ecc.*); scrivere un soffietto per (*un libro, ecc.*) **4** fumare (*una sigaretta, la pipa, ecc.*) **5** acconciare (*i capelli*) in ciocche morbide. ● **to p. and blow**, ansare; ansimare; sbuffare □ **to p. away**, soffiar via; (*di treno, ecc.*) allontanarsi (*o* muoversi, passare) sbuffando □ **to p. (away) at a cigarette**, tirar boccate da una sigaretta □ **to p. out**, spegnere (*una candela, ecc.*) soffiando; gonfiare (*il petto, ecc.*); dire (*parole*) sbuffando □ (*fig.*) **to p. up**, gonfiare d'orgoglio (*o* di boria); insuperbire: **Don't be puffed up**, non gonfiarti di boria □ (*stor.*) **Puffing Billy**, nomignolo dato alla prima locomotiva a vapore □ (*fam.: di persona*) **to be puffed**, essere rimasto senza fiato □ **The paddle steamer puffed out of sight**, il piroscafo a ruote sbuffando scomparve alla vista.
puffed [pʌft], *a.* **1** (*di manica, ecc.*) a sbuffo **2** (*di cereale*) soffiato: **p. rice**, riso soffiato **3** (*fam.*) sfiatato; senza fiato **4** (*fig., di solito* **p. up**) tronfio; borioso.
puffer ['pʌfə*], *n.* **1** chi soffia; chi sbuffa; chi ansima **2** borioso; fanfarone **3** (*parola infant.*) tu-tù; locomotiva; treno **4** (*zool., Tetrodon cutcutia*) pesce palla.
puffery ['pʌfəri], *n.* **1** gonfiatura; montatura pubblicitaria; soffietto (*fam.*) **2** sbuffi (*in un vestito*); trine a sbuffo.
puffin ['pʌfin], *n.* (*zool., Fratercula arctica*) pulcinella di mare.
puffiness ['pʌfinis], *n.* **1** sbuffamento (*raro*); l'ansimare; l'esser senza fiato **2** gonfiore; enfiagione **3** l'aver il fiato corto; bolsaggine **4** (*fig.*) boria; pomposità.
puffy ['pʌfi], *a.* **1** che arriva a sbuffi (*o* a folate): **a p. wind**, un vento che arriva a folate **2** ansante; ansimante; sbuffante; senza fiato **3** dal fiato corto; bolso **4** gonfio; tumido; turgido **5** (*fig.*) tronfio; borioso.
pug (1) [pʌg], *n.* **1** (*zool., anche* **pug-dog**) carlino **2** (*anche* **pug--nose**) naso rincagnato (*o* schiacciato) **3** (*gergo dei domestici*) domestico di grado più elevato; capocameriere **4** volpe; animale astuto (*in genere*) **5** (*ferr.*) piccola locomotiva di manovra. ● **pug-nosed**, dal naso rincagnato; dal naso schiacciato.
pug (2) [pʌg], *n.* (*ind.*) impasto di creta e argilla. ● **pug mill**, impastatrice di argilla (*macchina*).
to pug (1) [pʌg], *v. t.* **1** (*ind.*) impastare (*argilla e creta*) **2** (*costr.*) riempire (*giunti*) d'argilla (*o* di materiale insonorizzante).
pug (3) [pʌg], *n.* (*anglo-indiano*) traccia (*di selvaggina*).
to pug (2) [pʌg], *v. t.* (*anglo-indiano*) seguir le tracce di (*selvaggina*).
pug (4) [pʌg], *n.* (*abbr. pop. di* **pugilist**) pugile; pugilatore (*raro*).
pugging ['pʌgiŋ], *n.* **1** (*ind.*) l'impastare (*argilla*) **2** (*costr.*) impasto d'argilla, segatura, ecc. (*specialm. per isolamento acustico*).
pugh [pju:], *int.* (*di disprezzo, disgusto*) puh!; puah!
pugilism ['pju:dʒilizəm], *n.* (*sport*) pugilato.
pugilist ['pju:dʒilist], *n.* (*sport*) pugile; pugilatore, pugilista (*raro*).
pugilistic [,pju:dʒi'listik], *a.* (*sport*) pugilistico.
pugnacious [pʌg'neiʃəs], *a.* pugnace; battagliero; combattivo.
pugnacity [pʌg'næsiti], *n.* combattività.
puisne ['pju:ni], (*leg.*) **A** *a.* (*di grado*) inferiore; meno anziano: **p. judge**, giudice di grado inferiore (*o* meno anziano). **B** *n.* *V.* **p. judge.**
puissance ['pju:isns], *n.* (*poet.*) possa, possanza (*lett.*); forza; vigore.
puissant ['pju:isənt], *a.* (*poet.*) possente; forte; vigoroso.
to puke [pju:k], *v. i. e t.* (*pop.*) vomitare; rigettare.
puke [pju:k], *n.* (*pop.*) vomito.
pukka(h) ['pʌkə], *a.* (*anglo-indiano*) **1** autentico; vero; genuino: **a p. sahib**, un vero signore **2** ben fatto; di prim'ordine.
pulchritude ['pʌlkritju:d], *n.* (*lett.*) bellezza (*fisica*); leggiadria.
pulchritudinous [,pʌlkri'tju:dinəs], *a.* (*lett.*) bello; avvenente; leggiadro.
to pule [pju:l], *v. i.* piagnucolare; frignare.
puling ['pju:liŋ], *a.* piagnucolante; piagnucoloso.
to pull [pul], **A** *v. t.* **1** tirare; trarre; trascinare; tirare a sé: **Don't p. my hair**, non tirarmi i capelli; **P. your cap over your ears**, tirati il cappello sulle orecchie!; **to p. a heavy weight**, trascinare un grosso peso; **P. the chair nearer to you**, tirati la sedia più vicino! **2** estrarre; cavare; togliere: **I had two teeth pulled**, mi sono fatto cavare due denti **3** cogliere; strappare: **We pulled a lot of flowers**, cogliemmo molti fiori **4** (*med.*) stirarsi: **The boy pulled a muscle while playing football**, il ragazzo si stirò un muscolo (*o* si fece uno strappo muscolare) giocando al pallone **5** attirare (*la clientela*); assicurarsi (*l'appoggio di q.*) **6** spillare (*birra*) **7** (*tipogr.*) tirare; stampare: **to p. a copy (a proof)**, tirare una copia (una bozza) **8** (*pop.*) rapinare; rubare: **to p. a bank**, rapinare una banca **9** (*naut.*) spingere coi remi (*una barca*) **10** (*sport*) frenare, trattenere (*un cavallo*; *specialm.* per non fargli vincere una corsa). **B** *v. i.* **1** dare strappi (*o* strattoni) **2** lasciarsi tirare; muoversi; spostarsi, aprirsi (*quando si tira*): **This drawer won't p. out**, questo cassetto non vuole aprirsi **3** tirare una boccata di fumo (*da una sigaretta, ecc.*)

4 bere un gran sorso (*di birra, vino, ecc.*) 5 (*del cavallo*) tirare il morso; mordere il freno 6 (*naut.*) remare; vogare. C *verbi composti* 1 **to p. about**, trascinare di qua e di là; maltrattare; bistrattare. 2 **to p. apart**, staccare (*o separare*) tirando; (*fig.*) criticare aspramente, stroncare. 3 **to p. at**, tirare; tirare una boccata; bere un gran sorso: **to p. at a bell-rope**, tirare la corda d'una campana □ **to p. at one's pipe**, tirar boccate di fumo dalla pipa □ **to p. at a tankard**, attaccarsi a (bere in) un boccale. 4 (*anche fig.*) **to p. back**, tirarsi indietro □ **to p. st.** (**sb.**) **back**, tirare indietro q.c. (q.). 5 **to p. down**, tirar giù; abbattere; demolire; indebolire; (*fig.*) criticare aspramente: **to p. down one's stockings**, tirarsi giù (*o* togliersi) le calze; **to p. down a house**, demolire una casa; **Diarrhoea pulls you down in no time**, la diarrea fa presto a indebolirti (*fam.*: a buttarti giù) □ **to p. down prices**, far crollare i prezzi. 6 **to p. in**, (*di treno*) entrare in stazione; (*d'autoveicolo*) arrivare; (*anche*) accostarsi al marciapiede; (*di conducente*) fermarsi, fare una sosta; (*di barca*) accostare, approdare □ **to p.** (**st.**) **in**, attirare, attrarre; tirare, guadagnare (*denaro*); (*naut.*) alare a bordo □ (*pop.*) **to p.** (**sb.**) **in**, arrestare, mettere in carcere (*o* dentro) □ **to p. in one's horns**, ritrarre le corna (*per es., di una lumaca*); (*fig.*) tirarsi indietro □ **to p. in the crowds**, attirare folle (*di spettatori, ammiratori, ecc.*). 7 **to p. off**, (*di veicolo o imbarcazione*) allontanarsi; (*di persona*) andarsene, partire (*a bordo di un veicolo*) □ **to p. st. off**, togliere, togliersi q.c.; (*fig., fam.*) portare a termine (*o* a compimento) q.c., farcela: **Our plan was difficult, but we pulled it off**, il nostro piano era difficile, ma lo portammo a compimento (*o* ce la facemmo) □ **to p. off one's hat**, togliersi il cappello (*per salutare*); scappellarsi □ **to p. off a prize** (**a contest**), vincere un premio (una gara). 8 **to p. on**, mettersi, indossare; infilarsi; calzare: **to p. on one's socks**, mettersi i calzini. 9 **to p. out**, (*di veicolo*) partire; (*anche*) staccarsi dal marciapiede; (*di treno*) uscire; (*di barca*) staccarsi (*anche mil.*) sganciarsi, disimpegnarsi; (*autom.*) cominciare un sorpasso: **The engine pulled out of the station**, il locomotore uscì dalla stazione; **The boat pulled out from the bank**, la barca si staccò dalla riva (del fiume) □ (*aeron.*) **to p. out of a dive**, richiamare (l'aeroplano) dopo una picchiata □ **to p. a game out of the fire**, salvare (*o* riuscire a vincere) una partita in extremis). 10 (*autom.*) **to p. over**, accostare; (*di veicolo*) mettere (*o* mettersi) da parte; (*di conducente*) fermarsi, fare una sosta. 11 (*fig.*) **to p. round**, riaversi; ristabilirsi, guarire □ (*fig.*) **to p. sb. round**, far ristabilire q.; rimettere q. in salute. 12 (*fig.*) **to p. through**, farcela; riuscirci; cavarsela □ (*fig.*) **to p.** (**sb., st.**) **through**, guarire, far ristabilire (q.); salvare, portare in porto (q.c.): **I must p. the business through somehow**, in un modo o nell'altro devo portare l'affare in porto (*o* salvare l'azienda) □ **to p. through an illness**, superare una malattia. 13 **to p. together**, collaborare; cooperare; lavorare d'amore e d'accordo □ (*fam.*) **to p. oneself together**, riaversi, riprendersi; farsi coraggio; farsi forza. 14 **to p. up**, arrestarsi; fermarsi □ **to p.** (**sb., st.**) **up**, tirare su, mettersi; sradicare, strappare; arrestare, fermare; richiamare all'ordine, rimproverare, sgridare: **She pulled up her stockings**, si tirò su le calze; **Don't p. up the flowers**, non strappare i fiori!; **I pulled up the car at the street-door**, arrestai l'automobile presso la porta; **He was pulled up for being naughty**, fu sgridato per aver fatto il cattivo □ **to p. uphill**, arrancare (*o* procedere faticosamente) per un pendio □ **to p. oneself up short**, cambiare discorso; smettere di parlare □ **to p. up to** (*o* **with**), raggiungere, riprendere: **His car soon pulled up with the others**, la sua automobile raggiunse presto le altre. ● (*fig.*) **to p. caps** (*o* **to p. wigs**), prendersi per i capelli; venire alle mani; azzuffarsi □ **to p. the door open** (**shut**), aprire (chiudere) la porta (tirando) □ **to p. sb.'s ears**, tirare le orecchie a q. □ **to p. faces**, far boccacce; fare smorfie □ **to p. a face**, fare la faccia lunga; fare una boccaccia (*o* una smorfia) □ **to p. a fast one on sb.**, giocare un brutto tiro a q. □ (*fig., fam.*) **to p. sb.'s leg**, prendere in giro q.; farsi beffe di q., fare uno scherzo a q. □ **to p. open a zipper**, aprire una (chiusura) lampo □ (*naut.*) **to p. oars**, remare; vogare □ **to p. a sad face**, fare la faccia triste; assumere un'aria rattristata □ (*di veicolo, dei freni, ecc.*) **to p. to one side**, tirare da una parte; tendere ad andare da un lato □ **to p. to pieces**, fare a pezzi, rompere, spezzare; (*fig.*) criticare aspramente, stroncare □ **to p. one's weight**, mettercela tutta; fare la propria parte (*di lavoro*) □ (*fig.*) **to p. strings for sb.**, usare la propria influenza a favore di q. □ (*fig.*) **to p. the wires** (*o* **the strings**), tenere in mano le fila; manovrare.

pull [pul], *n.* 1 tirata (*anche fig.*); strappo; strattone: **I gave a p. at the rope**, diedi uno strattone alla corda; **It was a long p. from the valley up here**, è stata una bella tirata dalla valle fin quassù; **He gave a p. at the chain**, diede uno strattone alla catena 2 tirata di fumo (*di pipa, di sigaro, ecc.*) 3 tirata di briglia (*data al cavallo*) 4 (*naut.*) remata, vogata 5 (*fis.*) trazione: **drawbar p.**, sforzo di trazione alla barra 6 (*tipogr.*) prima bozza 7 sorso; sorsata: **He took a long p. at his tankard of beer**, bevve una lunga sorsata dal suo boccale di birra 8 cordone; maniglia; pomello 9 (*fig.*) autorità; influsso; influenza; entratura (*fig.*): **That cardinal has a strong p. with the Pope**, quel cardinale ha molta influenza presso il Papa 10 forza d'attrazione (*p. es., della luna sulla terra*); (*fig.*) attrazione pubblicitaria; capacità di attrarre il pubblico; richiamo: **an actor** (**a play**) **with great box-office p.**, un attore che richiama molto pubblico (un dramma di cassetta). ● **p.-back**, ostacolo; impedimento; remora; (*mil.*) ripiegamento □ (*metall.*) **p. crack**, cricca trasversale □ **p.-in**, luogo di ristoro (*per viaggiatori*); autogrill □ (*d'indumento*) **p.-on**, che s'infila dal collo □ **p.-out**, (*aeron.*) richiamata; (*giornalismo*) fascicolo estraibile, inserto □ **p.-out basket**, cestello estraibile (*di elettrodomestico, ecc.*) □ **p. rope**, fune di alaggio; fune traente □ (*mil., stor.*) **p.-through**, sorta di scovolo; cordone con straccio per pulire l'anima del fucile □ **p.-up**, luogo di ristoro, autogrill (*per viaggiatori*); (*ginnastica*) sollevamento sulle braccia (*alla sbarra*) □ (*aeron.*) cabrata □ **bell-p.**, cordone di campanello □ **beer p.**, leva della spina della birra □ **a slogan with tremendous p.**, uno slogan efficacissimo □ **to have the p. of sb.**, essere in vantaggio su q.; avere la meglio su q.

puller ['pulə*], *n.* 1 chi tira, trascina, rema, ecc. (*V.* **to pull**) 2 (*mecc.*) argano a mano 3 (*ind. tessile*) tiratoio; strappatore 4 cavallo da tiro. ● **cork-p.**, cavaturaccioli □ **tack-p.**, estrattore per bullette □ (*comm.*) **This advertisement is a good p.**, questo annuncio pubblicitario è davvero efficacissimo.

pullet ['pulit], *n.* pollastra; pollastrella.

pulley ['puli], *n.* (*mecc.*) puleggia; carrucola. ● (*naut.*) **p.-block**, paranco □ (*edil.*) **p. stile**, montante verticale porta puleggia.

Pullman ['pulmən], *n.* (*ferr.*) 1 carrozza pullman; carrozza di lusso 2 (*USA*) vagone letto; wagon lit.

pullover ['pul,ouvə*], *n.* pullover; maglione di lana.

to pullulate ['pʌljuleit], *v. i.* 1 pullulare; (*fig.*) diffondersi rapidamente 2 (*di pianta*) germogliare; gemmare.

pullulation [,pʌlju'leiʃən], *n.* 1 il pullulare; (*fig.*) rapida diffusione 2 (*bot.*) gemmazione.

pulmonary ['pʌlmənəri], *a.* (*anat., med.*) polmonare.

pulmonate ['pʌlmənit], *a.* (*zool.*) polmonato; fornito di polmoni.

pulmonic [pʌl'mɔnik], *a.* (*anat., med.*) polmonare.

Pulmotor [pul'moutə*], *n.* (*marchio: med.*) respiratore meccanico.

pulp [pʌlp], *n.* 1 polpa 2 (*ind.*) pasta di legno (*per fare la carta*) 3 (*ind. min.*) torbida. ● (*ind.*) **p.-board**, cartone di pastalegno □ **p. magazine**, rivista popolare (*e, spesso, scandalistica*) stampata su carta scadente □ **to reduce** (*o* **to crush**) **to** (**a**) **p.**, ridurre in polpa; spappolare; (*fig.*) ridurre male (*o* ai minimi termini) □ **wood-p.**, pasta di legno (*o* di cellulosa).

to pulp [pʌlp], A *v. t.* 1 ridurre in polpa (*o* in pasta); spappolare 2 estrarre la polpa da (*chicchi di caffè, ecc.*). B *v. i.* ridursi in polpa; diventare polposo. ● **to p. old books**, mandare al macero libri vecchi.

pulper ['pʌlpə*], *n.* (*ind., mecc.*) spappolatore.

to pulpify ['pʌlpifai], *v. t.* ridurre in polpa (*o* in pasta).

pulpiness ['pʌlpinis], *n.* l'esser polposo; pastosità.

pulpit ['pulpit], *n.* (*relig.*) 1 pulpito 2 – (*fig.*) **the p.**, la professione del predicatore 3 – (*collett.*) **the p.**, i predicatori. ● **p. eloquence**, oratoria sacra □ **p. orator**, predicatore.

pulpiteer [,pulpi'tiə*], *n.* (*di solito spreg.*) predicatore.

to pulpiteer [,pulpi'tiə*], *v. i.* (*di solito spreg.*) predicare.

pulpiteering [,pulpi'tiəriŋ], *n.* (*spreg.*) predicazione (*dal pulpito*).

pulpless ['pʌlplis], *a.* senza polpa.

pulpous ['pʌlpəs], **pulpy** ['pʌlpi], *a.* polposo.

pulsar ['pʌlsa:*], *n.* (*astron.*) pulsar.

to pulsate [pʌl'seit], *A v. i.* 1 pulsare; battere: **The heart pulsates**, il cuore pulsa 2 (*anche fig.*) palpitare; vibrare; sussultare. B *v. t.* 1 far vibrare 2 (*ind. min.*) scuotere (*i diamanti*) per separarli dal terriccio.

pulsatile ['pʌlsətail], *a.* 1 pulsante; che batte 2 (*di strumento musicale*) a percussione.

pulsatilla [,pʌlsə'tilə], *n.* (*bot.*, *Anemone pulsatilla*) pulsatilla.

pulsating [pʌl'seitiŋ], *a.* (*astron., elettr.*) pulsante.

pulsation [pʌl'seiʃən], *n.* 1 pulsazione; battito 2 palpitazione; vibrazione; sussulto.

pulsative ['pʌlsətiv], *a.* pulsante; che batte.

pulsator [pʌl'seitə*], *n.* (*ind. min.*) vaglio a scosse; macchina per separare i diamanti dal terriccio.

pulsatory ['pʌlsətəri], *V.* pulsative.

pulse (1) [pʌls], *n.* 1 (*fisiologia*) polso: (*med.*) **to have a quick** (**a weak**) **p.**, avere il polso frequente (debole) 2 (*fis.*) impulso. ● (*elettron.*) **p. circuit**, circuito a impulsi □ **p. counter**, contatore d'impulsi □ (*med.*) **p. pressure**, pressione differenziale □ (*med.*) **p. rate**, frequenza del polso □ (*anche fig.*) **to feel sb.'s p.**, tastare il polso a q.: **to feel the p. of the nation**, tastare il polso al

pulse

popolo; sondare i sentimenti (*o* l'umore) del popolo □ **the measured p. of oars**, il ritmico battere dei remi □ **to stir sb.'s pulses**, commuovere q.; emozionare q.
to pulse [pʌls], *v. i.* pulsare; battere; vibrare. ● **to p. in**, immettere (*sangue, ecc.*) con le pulsazioni □ **to p. out**, emettere (*sangue, ecc.*) con battiti ritmici.
pulse (2) [pʌls], *n.* **1** (*collett.*) legumi; leguminose **2** (*bot.*) (pianta) leguminosa.
pulse-jet engine ['pʌls-dʒet 'endʒin], *n.* (*aeron., mecc.*) pulsoreattore.
pulseless ['pʌlslis], *a.* (*med.*) che ha perso il polso; privo di vita.
pulsimeter [pʌl'simitə*], *n.* (*med.*) pulsimetro.
pulsion ['pʌlʃən], *n.* (*scient.*) pulsione.
pulsive ['pʌlsiv], *a.* (*scient.*) pulsivo.
pulsometer [pʌl'sɔmitə*], *n.* **1** (*mecc., anche* **p. pump**) pulsometro; pompa a pressione di vapore **2** *V.* **pulsimeter.**
pultaceous [pʌl'teiʃəs], *a.* polposo; pastoso.
pulverable ['pʌlvərəbl], *a.*, **pulverizable** ['pʌlvəraizəbl], *a.* polverizzabile.
pulverization [,pʌlvərai'zeiʃən], *n.* polverizzazione.
to pulverize ['pʌlvəraiz], **A** *v. t.* polverizzare (*anche fig.*); ridurre in polvere; vaporizzare. **B** *v. i.* polverizzarsi; vaporizzarsi.
pulverizer ['pʌlvəraizə*], *n.* **1** polverizzatore; vaporizzatore **2** (*mecc.*) polverizzatore **3** (*agric.*) erpice frangizolle.
pulverulent [pʌl'verjulənt], *a.* **1** polverulento; polveroso **2** (*miner.: di roccia*) friabile.
pulvinate ['pʌlvinit], *a.*, **pulvinated** ['pʌlvineitid], *a.* **1** (*archit.*) a faccia convessa **2** (*bot.: di gambo*) pulvinato.
puma ['pju:mə], *n.* (*pl.* **pumas, puma**) (*zool., Felis concolor*) puma; coguaro.
pumice ['pʌmis], *n.* (*anche* **p. stone**) pomice.
to pumice ['pʌmis], *v. t.* pulire (*o* lucidare) con la pomice.
pumiceous [pju:'miʃəs], *a.* simile alla pomice.
to pummel ['pʌml], *V. to* **pommel.**
pump (1) [pʌmp], *n.* **1** (*mecc.*) pompa: **hand p.**, pompa a mano; **bicycle p.**, pompa da bicicletta; **double-acting p.**, pompa a doppio effetto; pompa aspirante e premente; (*autom.*) **fuel p.**, pompa di alimentazione; pompa della benzina (*o* del gasolio) *fam.* **2** (*autom.*) distributore di benzina **3** (*elettron.*) pompa; sorgente pompa. ● **p. handle**, manovella di pompa (*fam.*) **to p.-handle**, stringere con grande effusione (*la mano a q.*) □ **p. priming**, descamento della pompa; (*fig., econ.*) stanziamenti statali per la ripresa economica □ **p.-room**, locale delle pompe, sala pompe; (*in uno stabilimento termale*) sala in cui si bevono le acque □ **to give sb.'s hand a p.**, *V. to* **p.-handle** □ **motor-driven p.**, elettropompa □ **suction p.**, pompa aspirante □ **village p.**, pompa dell'acqua (*o* fontana) del villaggio □ **All hands to the pumps!**, (*naut.*) tutti alle pompe!; (*fig.*) dateci sotto tutti!
to pump [pʌmp], **A** *v. t.* **1** (*spesso* **to p. out**, **to p. up**, *ecc.*) pompare (*acqua, ecc.*): **to p. out the boat**, pompare l'acqua dalla barca; **to p. petrol into the tank**, pompare la benzina nel serbatoio **2** (*spesso* **to p. up**) gonfiare (*con la pompa*): **to p. up a tyre**, gonfiare un pneumatico **3** (*fig.*) cavare, strappare, carpire (*informazioni a q.*): **to p. news out of sb.**, strappare notizie a q. **4** (*fig.*) far restare senza fiato; spremere (*fam.*): **He was quite pumped after the long run**, dopo la lunga corsa, era proprio spremuto (*pop.:* spompato) **5** (*fam.*) torchiare (*q., per averne informazioni*) **6** (*fam.*) far entrare; ficcare: **to p. a difficult theory into sb.'s head**, far entrare in testa a q. una teoria difficile. **B** *v. i.* **1** pompare; azionare una pompa **2** andare su e giù in fretta (*come la manopola della pompa*) **3** (*di liquido*) sgorgare; uscire a fiotti. ● (*fig.*) **to p. abuse on sb.**, coprire q. d'insulti □ (*autom.*) **to p. air into a tyre**, gonfiare un pneumatico □ (*fig., fam.*) **to p. sb. full of lead**, riempire (la pancia di) q. di piombo; scaricare la pistola addosso a q. □ **to p. a ship** (**a well**) **dry**, prosciugare la stiva d'una nave (un pozzo) con le pompe □ **He pumped my hand**, mi strinse calorosamente la mano (*muovendola su e giù*) □ **My heart pumped wildly**, il cuore mi batteva all'impazzata.
pump (2) [pʌmp], *n.* scarpetta di vernice (*da sera o da ballo*).
pumper ['pʌmpə*], *n.* chi pompa, gonfia, ecc. (*V. to* **pump**).
pumpernickel ['pumpənikl] (*ted.*), *n.* pane integrale di segala.
pumping ['pʌmpiŋ], *n.* (*mecc.*) pompaggio (*di un fluido*) **2** gonfiaggio (*di un pneumatico*). ● (*ind. petrolifera*) **p. pressure**, pressione d'iniezione.
pumpkin ['pʌmpkin], *n.* (*bot., Cucurbita pepo*) zucca.
pun [pʌn], *n.* bisticcio, gioco di parole; freddura.
to pun (1) [pʌn], *v. i.* fare giochi di parole; fare dei bisticci. ● **to pun on** (**o upon**) **words**, giocare con le parole.
to pun (2) [pʌn], *v. t.* comprimere, rassodare (*la terra smossa, ecc.*) battendo con un arnese apposito (*V.* **punner (1)**).
punch (1) [pʌntʃ], *n.* **1** (*mecc.*) punzone (*arnese*); punzonatrice (*macchina*); (*metall.*) stampo **2** (*falegnameria, anche* **driving p., nail-p.**) punzone per incassare chiodi **3** (*elab.*) perforatore; punzone **4** (*elab.*) perforazione. ● **p. card**, scheda perforata □ (*ferr.*) **bell p.**, pinze da bigliettaio □ (*mecc.*) **hand metal-p.**, punzonatrice a mano.
to punch (1) [pʌntʃ], *v. t.* **1** (*mecc.*) punzonare; forare, perforare: **to p. a ticket**, forare un biglietto **2** (*elab.*) perforare: **punched cards**, schede perforate. ● **to p. a hole**, fare un buco col punzone □ **to p. in**, timbrare il cartellino di presenza all'entrata □ **to p. a nail in**, incassare un chiodo □ **to p. out**, timbrare il cartellino di presenza all'uscita.
punch (2) [pʌntʃ], *n.* **1** pugno; colpo (*dato col pugno*) **2** (*fam.*) energia; forza; vigore. ● **p.-drunk**, (*di un pugile*) stordito (*per i pugni ricevuti*); suonato; (*fig.*) stordito, confuso □ **p.-line**, battuta finale, il più bello (*di una barzelletta, ecc.*) □ (*fam. ingl.*) **p.-up**, baruffa; lite; zuffa □ **to pull one's punches**, (*pugilato*) colpire con pugni volutamente inefficaci; (*fig.*) attaccare (*o* criticare) debolmente □ **to beat sb. to the p.**, (*pugilato*) battere q. sull'anticipo (*fig.*) giocare d'anticipo □ (*di pugile*) **to pack quite a p.**, essere un picchiatore □ (*pugilato*) **to roll with the p.**, assorbire il colpo con un arretramento o uno spostamento.
to punch (2) [pʌntʃ], *v. t.* **1** colpire col pugno; dar pugni a (q.) **2** (*USA*) pungolare, spingere innanzi (*bestiame*). ● (*pugilato*) **punching ball** (*o* **punching bag**), pallone elastico (*per gli allenamenti*); sacco; punching-ball.
punch (3) [pʌntʃ], *n.* **1** punch; ponce: **rum p.**, ponce al rum **2** (*USA*) analcolico aromatizzato con frutta, e che si serve freddo. ● **p.-bowl**, grande caraffa da ponce; (*fig.*) buca tonda (*nel fianco d'un colle*).
punch (4) [pʌntʃ], *n.* (*anche* **Suffolk p.**) cavallo da tiro, basso ma robusto.
Punch [pʌntʃ], *n.* Pulcinella. ● **P.-and-Judy show**, teatro delle marionette; (i) burattini □ **to be as pleased as P.**, esser contento come una pasqua □ **to be as proud as P.**, essere tronfio come un pavone.
punchbag ['pʌntʃbæg], *n.* (*pugilato*) incassatore.
puncheon (1) ['pʌntʃən], *n.* **1** palo di sostegno (*specialm. nelle miniere di carbone*) **2** punzone.
puncheon (2) ['pʌntʃən], *n.* (*stor.*) grossa botte (*della capacità di 70-120 galloni*).
puncher (1) ['pʌntʃə*], *n.* **1** (*ind.*) punzonatore **2** (*mecc.*) punzone.
puncher (2) ['pʌntʃə*], *n.* **1** (*pugilato*) picchiatore **2** (*USA, anche* **cowpuncher**) bovaro; mandriano.
Punchinello [,pʌntʃi'neləu], *n.* (*pl.* **Punchinellos, Punchinelloes**) Pulcinella.
punching ['pʌntʃiŋ], *n.* **1** (*mecc.*) punzonatura; perforazione (*metall.*) stampaggio **2** (*elab.*) perforazione. ● (*mecc.*) **p. machine**, punzonatrice.
punchy ['pʌntʃi], *a.* (*pop.*) **1** (*di un pugile*) stordito (*dai pugni*); suonato (*fig.*) **2** (*fig.*) stordito; confuso.
punctate ['pʌŋkteit], *a.* (*zool., bot.*) punteggiato; macchiettato.
punctation [pʌŋk'teiʃən], *n.* (*zool., bot.*) punteggiamento (*raro*); macchiettatura.
punctilio [pʌŋk'tiliou], *n.* (*pl.* **punctilios**) **1** formalità; cerimonia; punto d'onore **2** formalismo; cerimoniosità; meticolosità; pignoleria; scrupolo.
punctilious [pʌŋk'tiliəs], *a.* formalistico; cerimonioso; meticoloso; minuzioso; pignolo; scrupoloso. ● **a p. man**, un formalista.
punctiliousness [pʌŋk'tiliəsnis], *n.* formalismo; cerimoniosità; esattezza eccessiva; meticolosità; pignoleria; scrupolo.
punctual ['pʌŋktjuəl], *a.* **1** puntuale: **He is always p.**, è sempre puntuale **2** (*geom.*) di un punto.
punctuality [,pʌŋktju'æliti], *n.* puntualità.
to punctuate ['pʌŋktjueit], *v. t.* **1** punteggiare; mettere i segni d'interpunzione a (*uno scritto*) **2** (*fig.*) costellare; punteggiare: **to p. a long tirade with exclamations**, costellare una lunga tirata d'esclamazioni **3** accentuare; dar forza a; dare risalto a: **He repeatedly shook his head to p. his refusal**, scosse il capo più volte per dar forza al suo rifiuto.
punctuation [,pʌŋktju'eiʃən], *n.* **1** punteggiatura; interpunzione **2** interruzione continua di un discorso (*per applausi, ecc.*) **3** rilievo; risalto. ● **p. marks**, segni d'interpunzione.
punctuative ['pʌŋktjuətiv], *a.* d'interpunzione.
punctuator ['pʌŋktjueitə*], *n.* chi punteggia.
punctulate ['pʌŋktjulit], *a.* punteggiato; macchiettato.
punctulation [,pʌŋktju'leiʃən], *n.* punteggiamento (*raro*); macchiettatura.
punctum ['pʌŋktəm], *n.* (*pl.* **puncta**) punto, macchiolina; macchiolina.
puncture ['pʌŋktʃə*], *n.* **1** (*autom. ciclismo, ecc.*) foratura; bucatura (*d'una gomma*) **2** puntura (*d'insetto, ecc.*). ● (*autom., ciclismo, ecc.*) **to get a p.**, bucare; forare □ (*autom., ecc.*) **to have a p.**, avere una gomma a terra.
to puncture ['pʌŋktʃə*], **A** *v. t.* **1** pungere **2** bucare; forare. **B**

v. i. **1** (*di ciclista, automobilista*) bucare; forare **2** (*di pneumatico*) bucarsi; forarsi. ● (*fig.*) **His pride was punctured**, perse tutta la prosopopea; si sgonfiò come un pallone bucato.
pundit ['pʌndit], *n.* **1** (*in India*) «pandit»; bramino molto erudito **2** (*fig., spesso scherz.*) esperto, erudito; dotto; (*spreg.*) sapientone.
pungency ['pʌndʒənsi], *n.* **1** l'essere pungente (*anche fig.*); acrimonia; asprezza **2** sapore piccante.
pungent ['pʌndʒənt], *a.* **1** pungente; acre; aspro; frizzante; mordente: **p. smoke**, fumo acre; **p. language**, parole aspre **2** (*di sapore*) piccante.
Punic ['pju:nik], **A** *a.* (*stor.*) punico: **the P. Wars**, le guerre puniche. **B** *n.* lingua punica. ● (*fig.*) **P. faith**, fede punica; slealtà; tradimento.
puniness ['pju:ninis], *n.* piccolezza; gracilità; debolezza; meschinità.
to **punish** ['pʌniʃ], *v. t.* **1** punire; castigare **2** (*fam., sport*) infliggere una (severa) punizione a (*un avversario*) **3** (*fam.: di corsa, gara*) mettere a dura prova (*i concorrenti*) **4** (*fam.*) mangiarsi quasi per intero (*una pietanza*); far piazza pulita di; far fuori (*pop.*).
punishability [,pʌniʃə'biliti], *n.* punibilità.
punishable ['pʌniʃəbl], *a.* punibile.
punisher ['pʌniʃə*], *n.* punitore; castigatore.
punishing ['pʌniʃiŋ], **A** *a.* **1** che punisce; punitore **2** (*fam.*) estenuante; faticosissimo **3** (*sport*) che colpisce forte. **B** *n.* (*fam.*) severa punizione; grave sconfitta.
punishment ['pʌniʃmənt], *n.* **1** punizione; castigo **2** (*leg.*) pena: **capital p.**, pena capitale **3** (*fam.*) trattamento duro; batosta; gravi danni **4** (*fam. sport*) punizione.
punitive ['pju:nitiv], **punitory** ['pju:nitəri], *a.* punitivo: (*mil.*) **p. expedition**, spedizione punitiva.
punk (1) [pʌŋk], **A** *n.* **1** robaccia; cose senza valore; cianfrusaglie **2** nullità; verme (*fig.*); persona senza valore **3** (*pop.*) giovinastro; teppista; punk **4** (*anche* **p. rock**) musica punk. **B** *a.* **1** (*pop.*), pessimo; orribile; da due soldi **2** (*pop.*) giù di forma; giù di corda; in cattiva salute.
punk (2) [pʌŋk], **A** *n.* **1** (*USA*) legno marcio; muschio secco (*usati come combustibili* **2** (*USA*) esca (*di solito in forma di bastoncino*) per fuochi d'artificio. **B** *a.* marcio; putrido.
punka(h) ['pʌŋkə], *n.* (*in India*) grande ventaglio (*spesso appeso al soffitto e mosso da un cordone con carrucola*).
punner (1) ['pʌnə*], *n.* arnese per pressare la terra; mazzapicchio.
punner (2) ['pʌnə*], *V.* **punster.**
punnet ['pʌnit], *n.* cestello tondo (*per frutta o verdura*).
punster ['pʌnstə*], *n.* freddurista; chi si diletta di giochi di parole.
punt (1) [pʌnt], *n.* barchino; barca piatta. ● **p.-pole**, pertica.
to **punt (1)** [pʌnt], **A** *v. t.* **1** spingere (*un barchino*) con una pertica **2** portare (*o trasportare*) su un barchino. **B** *v. i.* andare in barchino.
punt (2) [pʌnt], *n.* (*sport*) calcio dato al pallone lasciandolo cadere dalle mani (*e prima che tocchi terra*).
to **punt (2)** [pʌnt], *v. t. e i.* (*sport*) calciare (il pallone) lasciandolo cadere dalle mani (*e prima che tocchi terra*).
punt (3) [pʌnt], *n.* **1** puntata; scommessa **2** giocatore che punta contro il banco.
to **punt (3)** [pʌnt], *v. i.* **1** (*a faraone o in altri giochi di carte*) puntare contro il banco **2** giocare d'azzardo **3** (*alle corse*) puntare forte su un cavallo.
punter (1) ['pʌntə*], *n.* chi va per diporto in un barchino (*spingendolo con una pertica*).
punter (2) ['pʌntə*], *n.* (*sport*) chi dà un calcio al pallone prima che tocchi terra.
punter (3) ['pʌntə*], *n.* **1** (*nei giochi di carte*) chi punta contro il banco **2** puntatore; giocatore d'azzardo.
punting ['pʌntiŋ], *n.* l'andare in un barchino spinto da una pertica (*sport praticato a Oxford, Cambridge, ecc.*).
punty ['pʌnti], *n.* (*ind.*) pontello; asta di ferro per soffiatore di vetro.
puny ['pju:ni], *a.* piccolo; debole; gracile; meschino; dappoco.
pup [pʌp], *n.* **1** (*zool.*) cucciolo **2** (*fig.*) giovincello; ragazzetto: **He is a conceited pup**, è un giovincello presuntuoso. ● **pup tent**, tenda canadese □ (*di cagna*) **to be in** (*o* **with**) **pup**, essere gravida □ (*fig.*) **to sell sb. a pup**, imbrogliare q.; raggirare q.; bidonare q. (*pop.*).
to **pup** [pʌp], **A** *v. i.* (*specialm. di cagna*) figliare. **B** *v. t.* partorire (*cuccioli*).
pupa ['pju:pə], *n.* (*pl.* **pupae, pupas**) (*zool.*) pupa; crisalide.
pupal ['pju:pəl], *a.* (*zool.*) di pupa; di crisalide.
to **pupate** ['pju:peit], *v. i.* (*zool.*) impuparsi; trasformarsi in pupa (*o in crisalide*).
pupation [pju:'peiʃən], *n.* (*zool.*) trasformazione in pupa.

pupil (1) ['pju:pl], *n.* **1** alunno, alunna; scolaro, scolara; allievo, allieva **2** (*leg.*) pupillo, pupilla **3** (*leg. scozz.*) minorenne.
pupil (2) ['pju:pl], *n.* (*anat.*) pupilla (*dell'occhio*).
pupillage ['pju:pilidʒ], *n.* (*leg.*) minorità.
pupillary (1) ['pju:piləri], *a.* (*leg.*) di pupillo; pupillare.
pupillary (2) ['pju:piləri], *a.* (*anat.*) pupillare.
pupilship ['pju:pilʃip], *n.* l'essere scolaro (*o alunno*).
puppet ['pʌpit], *n.* (*anche fig.*) burattino; fantoccio; marionetta. ● **a p. government**, un governo fantoccio □ **p. show** (*o* **p. play**), teatro delle marionette; (*i*) burattini □ **glove p.**, burattino (*che s'infila come un guanto*).
puppeteer [,pʌpi'tiə*], *n.* burattinaio.
puppetry ['pʌpitri], *n.* **1** (*collett.*) (*i*) burattini; (*le*) marionette **2** (*anche fig.*) burattinata **3** arte del burattinaio.
puppy ['pʌpi], *n.* **1** cucciolo **2** (*fig.*) giovincello fatuo, presuntuoso; ragazzetto insolente. ● (*parola infant.*) **p.-dog**, cucciolo; cagnolino □ (*fig.*) **p. fat**, pinguedine infantile □ (*fam.*) **p. love**, cotta (*da adolescenti*).
puppyhood ['pʌpihud], *n.* l'essere un cucciolo.
puppyish ['pʌpiiʃ], *a.* **1** di (*o* da) cucciolo **2** (*fig.*) fatuo; insolente; presuntuoso.
puppyism ['pʌpiizm], *n.* **1** l'essere un cucciolo **2** (*fig.*) fatuità; insolenza; presunzione.
purblind ['pə:blaind], *a.* **1** quasi cieco; molto miope **2** (*fig.*) lento (a intendere); ottuso; tardo (di comprendonio).
purblindness ['pə:blaindnis], *n.* **1** semicecità; forte miopia **2** (*fig.*) ottusità; scarsa intelligenza.
purchasable ['pə:tʃəsəbl], *a.* **1** acquistabile; comperabile **2** (*di persona*) corruttibile; venale.
to **purchase** ['pə:tʃəs], *v. t.* **1** acquistare (*anche fig.*); comperare; comprare: **to p. freedom with one's blood**, acquistare la libertà a prezzo del proprio sangue **2** (*naut.*) sollevare (con paranchi); levare (*l'ancora, ecc.*). ● (*econ., fin.*) **purchasing power**, potere d'acquisto.
purchase ['pə:tʃəs], *n.* **1** acquisto; compera; compra **2** valore, prezzo (*specialm. d'immobili*): **The house was sold at twenty years' p.**, la casa fu venduta per un prezzo pari a vent'anni di canone d'affitto **3** (*naut.*) paranco **4** (*mecc.*) paranco; leva; mezzo meccanico per sollevar pesi (*in genere*) **5** appiglio; presa **6** (*fig.*) autorità; posizione di forza; controllo. ● (*comm.*) **p. money**, prezzo d'acquisto □ (*fin., stor.*) **p. tax**, imposta sugli acquisti (*in Italia, l'I.G.E.*) □ **His life isn't worth a day's p.**, ha ancora poco da vivere: è agli sgoccioli.
purchaser ['pə:tʃəsə*], *n.* acquirente; compratore, compratrice.
purdah ['pə:da:], *n.* (*specialm. in India*) **1** cortina (*o* tenda) che separa le donne nelle case **2** (*fig.*) sistema della separazione delle donne **3** (*ind. tessile*) stoffa a righe per tende.
pure [pjuə*], *a.* puro (*in ogni senso*); puro e semplice: **p. air** (**water, etc.**), aria (acqua, ecc.) pura; **p. mathematics**, matematica pura; **That's p. nonsense**, questa è una sciocchezza pura e semplice (*o* bell'e buona). ● **p. blood**, sangue puro; (*fig.*) razza pura □ **a p. consonant**, una consonante semplice □ (*ass.*) **p. premium**, premio netto □ **p. white**, bianco immacolato; bianchissimo.
purebred ['pjuəbred], **A** *a.* di razza pura. **B** *n.* purosangue.
purée ['pjuərei], (*franc.*), *n.* (*cucina*) purè; purea; passato (*di verdura, ecc.*)
to **purée** ['pjuərei], *v. t.* (*cucina*) ridurre in purè (*o* purea); passare (*verdure*).
pureness ['pjuənis], *n.* purezza: **the p. of the air**, la purezza dell'aria.
purfling ['pə:fliŋ], *n.* (*mus.*) listello ornamentale (*d'un violino*).
purgation [pə:'geiʃən], *n.* **1** (*anche relig.*) purgazione; purificazione **2** (*med.*) purga; il purgarsi **3** (*leg., stor.*) dimostrazione d'innocenza.
purgative ['pə:gətiv], **A** *a.* purgativo; purgante. **B** *n.* (*farm.*) purgante.
purgatorial [,pə:gə'tɔ:riəl], *a.* **1** purgatorio (*raro*); espiatorio **2** (*relig.*) del purgatorio.
purgatory ['pə:gətəri], **A** *n.* (*relig.*) purgatorio (*anche fig.*). **B** *a.* purgatorio (*raro*); espiatorio.
to **purge** [pə:dʒ], **A** *v. t.* **1** purgare (*anche med.*); purificare **2** spurgare (*una caldaia, sedimenti, ecc.*) **3** (*leg.*) prosciogliere (*da un'accusa*) **4** liberare (*da un sospetto*) **4** (*polit.*) epurare (*un partito, una nazione, ecc.*) **5** espiare (*una colpa, ecc.*); scontare (*una pena*). **B** *v. i.* purgarsi (*anche med.*); purificarsi. ● **to p. away** (*o* **off, out**), liberare; pulire; sgombrare □ **to p. oneself of a charge**, dimostrare la propria innocenza □ **to p. oneself of suspicion**, dimostrare l'infondatezza di ogni sospetto sul proprio conto; scagionarsi.
purge [pə:dʒ], *n.* **1** purga; purgante **2** (*polit.*) epurazione; purga.
purging ['pə:dʒiŋ], *n.* **1** purificazione; depurazione **2** (*leg.*) proscioglimento **3** (*polit.*) epurazione **4** espiazione (*di una colpa, ecc.*) **5** (*med.*) scarica (intestinale).

purification [ˌpjuərifiˈkeiʃən], *n.* purificazione; depurazione.
purificator [ˈpjuərifiˌkeitə*], *n.* (*relig.*) purificatoio.
purificatory [ˈpjuərifiˌkeitəri], *a.* purificativo (*raro*); depurativo.
purifier [ˈpjuərifaiə*], *n.* purificatore; purificatrice.
to **purify** [ˈpjuərifai], *v. t.* purificare; depurare.
purism [ˈpjuərizəm], *n.* purismo.
purist [ˈpjuərist], *n.* purista.
puristic(al) [pjuəˈristik(əl)], *a.* puristico.
Puritan [ˈpjuəritən], *n. e a.* **1** (*stor.*, *relig.*) puritano **2** – (*fig.*) **p.**, puritano.
puritanic(al) [ˌpjuəriˈtænik(əl)], *a.* **1** (*stor.*, *relig.*) puritano **2** (*per estens.*) rigido; severo.
Puritanism [ˈpjuəritənizəm], *n.* **1** (*stor.*, *relig.*) puritanesimo, puritanismo **2** – (*fig.*) **p.**, puritanesimo.
to **puritanize** [ˈpjuəritənaiz], **A** *v. i.* fare il puritano. **B** *v. t.* convertire al puritanesimo; rendere puritano.
purity [ˈpjuəriti], *n.* purezza (*anche scient.*, *tecn.*); purità.
purl (1) [pə:l], *n.* **1** (*lavoro a maglia*) punto rovescio **2** bordura (*o* filetto) di cordoni d'oro e d'argento **3** orlo (*di merletto*) a piccoli cappi. ● (*lavoro a maglia*) **two plain, two p.,** due diritti, due rovesci.
to **purl (1)** [pə:l], *v. t. e i.* **1** (*lavoro a maglia*) lavorare a punto rovescio **2** filettare; ornare (*un abito*) con filetti (*o* con orli ricamati) **3** orlare (*un merletto*) con piccoli cappi. ● **to p. a stitch**, fare un punto a rovescio.
purl (2) [pə:l], *n.* (*d'un ruscello, ecc.*) **1** borbottio; mormorio, sussurro **2** moto vorticoso; vortice; mulinello.
to **purl (2)** [pə:l], *v. i.* (*di ruscello, ecc.*) **1** borbottare; mormorare, sussurrare **2** scorrere vorticoso; turbinare; mulinare.
purl (3) [pə:l], *n.* (*fam.*) capitombolo; ruzzolone.
to **purl (3)** [pə:l], *v. i.* (*fam.*) rovesciarsi; fare un ruzzolone.
purl (4) [pə:l], *n.* (*stor.*) bevanda di ginepro e di birra.
purler [ˈpə:lə*], *n.* (*fam.*) colpo (*o* spinta) che manda a gambe levate. ● **to come** (*o* **to take**) **a p.**, fare un capitombolo (*o* un ruzzolone).
purlieu [ˈpə:lju:], *n.* **1** striscia di terra ai margini d'una foresta **2** (*pl.*) confini; limiti; margini; vicinanze **3** (*pl.*) dintorni; sobborghi **4** (*spesso al pl.*) luogo di ritrovo.
purlin [ˈpə:lin], **purline** [ˈpə:lain], *n.* (*edil.*) arcareccio; terzera; trave maestra.
to **purloin** [pə:ˈlɔin], *v. t.* rubare; involare (*lett.*); sottrarre; trafugare: **The Purloined Letter**, La lettera rubata (*racconto di E. A. Poe*)
purloiner [pə:ˈlɔinə*], *n.* ladro.
purple [ˈpə:pl], **A** *n.* **1** (*anche fig.*) porpora: **Tyrian p.**, porpora di Tiro **2** (*fig.*) veste regale (*o* nobiliare) di porpora; (la) porpora regia **3** – (*collett.*) **the p.**, i vescovi (*anglicani*). **B** *a.* **1** purpureo; violaceo; paonazzo; porporino; di porpora: **a p. sunset**, un tramonto di porpora **2** (*fig.*) reale; imperiale. ● (*fam.*) **p. heart**, compressa a base di amfetamina (*a forma di cuore*) □ (*USA*) **P. Heart**, medaglia al valore (*per ferite riportate in guerra*) □ **a p. passage** (*o* **a p. patch**) **in a book**, un passo elaborato (*o* ornato) in un libro □ **p.-red**, rosso porpora □ **to be born in the p.**, essere di sangue reale; esser nato principe □ **to become p.**, farsi di porpora; imporporarsi (*fig.*, *relig.*) □ **to be raised to the p.**, essere innalzato alla porpora (*cardinalizia*).
to **purple** [ˈpə:pl], **A** *v. t.* imporporare. **B** *v. i.* imporporarsi.
purplish [ˈpə:pliʃ], **purply** [ˈpə:pli], *a.* tendente al purpureo; alquanto porporino; violaceo.
purport [ˈpə:pə:t], *n.* **1** senso; significato; portata, valore (*d'una parola, ecc.*) **2** intenzione; proposito; scopo.
to **purport** [pəˈpɔ:t], *v. t.* **1** (*di documento, discorso, ecc.*) significare; voler dire; dichiarare, stabilire (*un fatto, ecc.*) **2** dare l'impressione di; dare a intendere; far apparire; pretendere; voler passare per: **The long poem purported to be a translation from the Swedish**, il lungo poema voleva passare per una traduzione dallo svedese.
purpose [ˈpə:pəs], *n.* **1** proposito; fine; scopo; intenzione; mira; disegno: **I will effect my p.**, porterò a compimento il mio proposito **2** decisione; fermezza; risolutezza: **He lacks p.**, manca di fermezza. ● (*edil.*) **p.-built**, costruito su commissione □ **p.-made**, (fatto) su ordinazione: **p.-made joinery**, lavori di falegnameria fatti su ordinazione □ **to answer** (*o* **to serve**) **one's p.**, giungere a proposito; fare al caso proprio □ **for all practical purposes**, a tutti gli effetti; praticamente □ **a man of p.**, un uomo risoluto □ **a novel with a p.**, un romanzo a tesi □ **on p.**, di proposito; apposta: **He did it on p.**, l'ha fatto apposta □ **to little p.**, con scarsi risultati □ **to no p.**, senza alcun risultato □ **to some p.**, con qualche (buon) risultato; non invano □ **to the p.**, a proposito; pertinente; utile □ **to be weak of p.**, essere indeciso (*o* irresoluto).
to **purpose** [ˈpə:pəs], *v. t.* proporsi; intendere; aver l'intenzione di; mirare a; volere: **He purposes to write** (*o* **writing**) **the story of his life**, si propone di scrivere la storia della sua vita.

purposeful [ˈpə:pəsful], *a.* **1** deciso; fermo; risoluto **2** pieno di significato; significativo **3** finalizzato (*a uno scopo*).
purposefulness [ˈpə:pəsfulnis], *n.* **1** decisione; fermezza; risolutezza **2** l'essere significativo **3** l'essere finalizzato (*a uno scopo*).
purposeless [ˈpə:pəslis], *a.* **1** indeciso; incerto; irresoluto **2** senza scopo; inutile.
purposelessness [ˈpə:pəslisnis], *n.* **1** indecisione; incertezza; irresolutezza **2** inutilità.
purposely [ˈpə:pəsli], *avv.* di proposito; apposta; intenzionalmente.
purposive [ˈpə:pəsiv], *a.* **1** fatto con uno scopo; intenzionale; voluto **2** finalizzato (*a uno scopo*).
purpura [ˈpə:pjuərə], *n.* (*med.*) porpora.
purpuric [pəˈpjuərik], *a.* (*chim.*, *med.*) purpurico: **p. acid**, acido purpurico; **p. fever**, febbre purpurica.
purpurin [ˈpə:pjuərin], *n.* (*chim.*) porporina.
to **purr** [pə:], **A** *v. i.* **1** (*del gatto*) fare le fusa **2** (*fig.*) essere soddisfatto; esprimere soddisfazione **3** (*per estens.: di motore*) ronzare sommessamente. **B** *v. t.* esprimere (*un sentimento*) **2** (*parole*) facendo le fusa come un gatto. ● (*fig.*) **to p. with delight**, fare le fusa per la gioia.
purr [pə:], **purring** [ˈpə:riŋ], *n.* **1** (*del gatto*) (le) fusa; (il) fare le fusa **2** (*per estens.*) ronzio.
purse [pə:s], *n.* **1** borsa (*anche fig.*); borsellino; (*fig.*) denaro, fondi: **a long** (*o* **a heavy**) **p.**, un borsellino pieno (*o* ben fornito); **a light p.**, un borsellino vuoto (*o* all'asciutto); **to have a common p.**, far cassa comune; **I've bought a leather p.**, ho comprato un borsellino di cuoio **2** (*USA*) borsa (*da donna*): borsetta **3** (*sport*) premio; (*pugilato*) borsa: **to put up a p.**, mettere in palio una borsa. ● **p.-bearer**, cassiere; tesoriere □ **p.-net**, rete a sacco per catturare conigli □ **p.-proud**, orgoglioso della propria ricchezza □ **p.-seine**, senna a sacco □ (*USA*) **p.-snatcher**, scippatore □ (*USA*) **p.-snatching**, scippo □ (*fig.*) **to hold the p.-strings**, tenere i cordoni della borsa □ **to live within one's p.**, vivere secondo le proprie possibilità; il passo secondo la gamba □ (*polit.*) **the privy p.**, la lista civile (*in G.B.*) □ **the public p.**, l'erario □ (*fig.*) **to tighten** (**to loosen**) **the p.-strings**, stringere (allargare) i cordoni della borsa □ **That fur coat is beyond my purse**, quella pelliccia non posso proprio permettermela.
to **purse** [pə:s], **A** *v. t.* (*spesso* **to p. up**) aggrottare; corrugare; increspare; raggrinzare: **to p. up one's brows**, aggrottare le ciglia; corrugare la fronte; **to p. up one's lips**, increspare le labbra; far boccuccia. **B** *v. i.* (*della fronte, delle labbra, ecc.*) aggrottarsi; corrugarsi; incresparsi; raggrinzarsi.
purseful [ˈpə:sful], *n.* quanto sta in una borsa (*o* in un borsellino).
purser [ˈpə:sə*], *n.* (*naut.*) commissario di bordo.
pursiness [ˈpə:sinis], *n.* **1** l'essere asmatico; bolsaggine **2** corpulenza; grassezza.
purslane [ˈpə:slin], *n.* (*bot.*, *Portulaca oleracea*) porcellana; portulaca.
pursuable [pəˈsju:əbl], *a.* inseguibile, perseguibile, ecc. (*V.* **to pursue**).
pursuance [pəˈsju:əns], *n.* **1** adempimento; esecuzione **2** proseguimento. ● (*leg.*) **the p. of truth**, la ricerca della verità □ (*bur.*) **in p. of**, in esecuzione di; conformemente a.
pursuant [pəˈsju:ənt], *a.* che segue; che consegue. ● **p. to**, in conformità con; aderendo a; facendo seguito a; (*leg.*) ai sensi di.
to **pursue** [pəˈsju:], *v. t. e i.* **1** inseguire; incalzare; perseguitare; dar la caccia a: **to p. the enemy**, inseguire il nemico; **Bad luck pursued him all the time**, la sfortuna lo perseguitava di continuo **2** seguire; cercare; andare in cerca di; perseguire: **to p. pleasure**, andare in cerca del piacere; **to p. one's object** (*o* **end**), perseguire il proprio scopo **3** continuare; proseguire; portare innanzi; attendere a: **to p. one's studies**, proseguire gli studi; **to p. a subject**, portare innanzi un argomento; **to p. one's task**, attendere al proprio compito. ● **to p. after**, andare a caccia (*o* in cerca) di; inseguire; perseguire □ **to p. a road**, proseguire per una strada.
pursuer [pəˈsju:ə*], *n.* **1** inseguitore, inseguitrice **2** (*leg. scozz.*) attore (*in giudizio*).
pursuit [pəˈsju:t], *n.* **1** inseguimento; caccia; ricerca: **the p. of game**, l'inseguimento della selvaggina; **the p. of knowledge**, la ricerca del sapere **2** occupazione; attività **3** passatempo; svago: **literary pursuits**, svaghi (*o* interessi) letterari. ● (*mil.*) **p. plane**, (aeroplano da) caccia □ **to be in p. of**, andare in cerca di; dar la caccia a; perseguire.
pursuivant [ˈpə:sivənt], *n.* **1** (*in G.B.*) messaggero di Stato; valletto d'arme **2** (*poet.*) accompagnatore; seguace.
pursy (1) [ˈpə:si], *a.* **1** asmatico; bolso **2** corpulento; grasso.
pursy (2) [ˈpə:si], *a.* corrugato; aggrottato; increspato.
purulence [ˈpjuərulens], **purulency** [ˈpjuərulənsi], *n.* (*med.*)

1 purulenza **2** pus.
purulent ['pjuərulənt], *a.* (*med.*) purulento.
to purvey [pə:'vei], **A** *v. t.* fornire; provvedere; approvvigionare. **B** *v. i.* – **to p. for**, approvvigionare; essere fornitore di: **Mr Brown and Sons p. for the army**, la ditta Brown e Figli è fornitrice dell'esercito.
purveyance [pə:'veiəns], *n.* **1** fornitura; approvvigionamento **2** provvigioni; provviste **3** (*stor.*) diritto della Corona inglese di acquistare provviste fissandone il prezzo.
purveyor [pə:'veiə*], *n.* fornitore; approvvigionatore: **P. to the Royal Household**, fornitore della Real Casa (*in G.B.*).
purview ['pə:vju:], *n.* **1** (*leg.*) testo (*o* disposizioni) (di una legge); volontà del legislatore, portata (d'una legge) **2** intento; intenzione; mira; scopo **3** ambito; campo (d'azione); portata; limite: **to lie within the p. of an inquiry**, rientrare nell'ambito di un'indagine **4** campo visivo; visuale (*anche fig.*).
pus [pʌs], *n.* (*med.*) pus.
to push [puʃ], **A** *v. t.* e *i.* **1** spingere, premere (*anche fig.*); pigiare; sospingere; urtare; spintonare (*fam.*); (*specialm. sport*) strattonare: **Stop pushing**, smettetela di spingere; **to p. a button**, premere un bottone; **My parents are pushing me to take up law**, i genitori mi spingono a studiare legge **2** (*anche fig.; anche* **to p. one's way**) farsi largo a spinte; farsi strada a forza **3** (*comm.*) fare pubblicità a (*merci*); propagandare; cercare d'imporre al pubblico **4** far pressione su; sottoporre a pressioni: **We don't want to p. him for payment**, non intendiamo far pressione su di lui perché paghi **5** (*fam.*) spacciare (*droga*). **B** *verbi composti* **1 to p. along** (*o* **on, forward**), tirare avanti, affrettarsi, continuare. **2** (*fam.*) **to p. sb. around**, farla da padrone con q.; comandare q. a bacchetta. **3 to p. aside**, spingere da parte; scostare. **4 to p. away**, respingere; allontanare. **5 to p. back**, indietreggiare □ **to p. sb. (st.) back**, spingere indietro q. (q.c.); respingere q. (q.c.). **6 to p. forth**, *V.* **to p. out**. **7 to p. forward**, *V.* **to p. along** □ **to p. sb. (st.) forward**, spingere innanzi q. (q.c.). **8 to p. off**, (*naut.*) spingersi al largo; (*fam.*) andarsene, partire: **It's getting late; we'd better p. off**, si sta facendo tardi; è meglio che ce ne andiamo. **9 to p. on**, *V.* **to p. along** □ **to p. sb. on to do st.**, incitare q. a fare q.c. **10 to p. out**, spingersi fuori; protendersi: **The headland pushes out into the sea**, il promontorio si protende sul mare □ (*di pianta*) **to p. out** (*o* **forth**) **new roots**, metter nuove radici. **11 to p. over**, far cadere con una spinta. **12 to p. through**, passare attraverso □ **to p. st. through**, portare a termine q.c.; far approvare (*una legge, ecc.*) □ **to p. a matter through**, andare al fondo d'una faccenda; sbrigare un affare. **13 to p. up**, alzare; far salire (*i prezzi*). **to p. one's claims**, far valere i propri diritti; far sentire le proprie ragioni □ **to p. one's conquests**, allargare (*o* estendere) le proprie conquiste □ **to p. the door open (shut)**, aprire (chiudere) la porta con una spinta □ **to p. the door to**, chiudere la porta con una spinta □ **to p. one's fortune**, darsi d'attorno (per far fortuna); farsi largo a gomitate (*fig.*) □ **to p. one's luck (too far)**, sfidare la fortuna (*o* la sorte) □ **to p. past sb.**, dare uno spintone a q. per passare; spingere q. da parte (*fig.*). **to p. (up) a friend**, aiutare un amico e far carriera; dare una spinta a un amico (*anche fig.*) □ **to p. one's way**, farsi largo a spinte (*o* a gomitate); farsi strada a viva forza (*pop.*). **to p. up the daisies**, essere morto □ **to be pushed for time (for money)**, essere alle strette per mancanza di tempo (di denaro) □ (*di età*) **to be pushing fifty (sixty, etc.)**, essere vicino ai cinquanta (ai sessanta, ecc.) □ (*ferr.*) **pushing-off**, manovra a spinta.
push [puʃ], *n.* **1** spinta (*anche fig.*); spintone; urto; impulso; sforzo: **Nuclear physics was given a tremendous p. by war**, la fisica nucleare ricevette un'enorme spinta dalla guerra **2** puntata; stoccata (*di spada, ecc.*) **3** cornata **4** (*fig.*) decisione: risolutezza; iniziativa; vigore; energia; aggressività: **After the reshuffle, the government acquired new p.**, dopo il rimpasto, il governo acquistò nuovo vigore **5** (*mil.*) offensiva **6** (*pop.*) banda di ladri; cricca. ● (*fam.*) **p.-bike**, bicicletta (*a pedali, non a motore*) □ **p. button**, (interruttore a) pulsante □ **p.-button**, a pulsante □ (*tel.*) **p.-button dialling**, selezione a pulsanti □ (*elettr.*) **p.-switch**, interruttore a pulsante □ (*radio, telev.*) **p.-button tuner**, sintonizzatore a pulsante □ **p.-button warfare**, guerra tecnologica (*o* dei bottoni) □ **p.-cart**, carretto a mano □ **p.-chair**, passeggino (*per portare a passeggio bambini*) □ **p.-over**, cosa oltremodo facile (*o* da poco), bazzecola; persona facile da persuadere (*o* da allettare), babbeo, gonzo □ (*elettron.*) **p.-pull**, «push-pull»; in controfase: **p.-pull amplifier**, amplificatore in controfase □ (*mecc.*) **p. rod**, asta di comando □ (*specialm. USA*) **p.-up**, flessione, flessioni (*sulle braccia*) □ **at a p.**, in caso d'emergenza; in un momento critico; al bisogno □ (*pop.*) **to get the p.**, farsi licenziare; farsi buttar fuori (*pop.*) **to give sb. the p.**, licenziare q.; buttar fuori q. □ **to make a p.**, fare un grande sforzo; mettercela tutta (*mil.*) sferrare un attacco in forze □ **when** (**until**) **it comes to the p.**, quando (finché non) arriva il momento critico.
pushed [puʃt], *a.* (*fam.*) **1** indaffarato; occupato; preso **2** in difficoltà; nei guai; a disagio.
pusher ['puʃə*], *n.* **1** chi spinge; chi si fa largo a spinte (*o* a gomitate) **2** (*fam.*) persona intraprendente; arrivista **3** (*aeron., anche* **p. aeroplane**) aeroplano con l'elica montata dietro l'ala **4** (*pop.*) spacciatore di droga. ● (*aeron.*) **p. engine**, motore a elica posteriore.
pushful ['puʃful], **pushing** ['puʃiŋ], **pushy** ['puʃi], *a.* **1** intraprendente; energico; aggressivo; che sa farsi largo (*nella vita*) **2** che sa imporsi, cha sa farsi valere (*anche in modo sfacciato*).
pusillanimity [,pju:silə'nimiti], *n.* pusillanimità; viltà.
pusillanimous [,pju:si'læniməs], *a.* pusillanime; vile.
puss [pus], *n.* **1** micio; micino **2** (*fam.*) ragazza; «gatta»: **a sly p.**, una ragazza che la sa lunga; una «gatta» **3** (*pop.*) faccia; muso (*fig.*). ● **p. in the corner**, (gioco dei) quattro cantoni.
pussy (1) ['pusi], *n.* **1** (*parola infant., anche* **pussycat**) micio; micino **2** (*bot., fam.*) gattino, amento (*del salice*).
pussy (2) ['pusi], *n.* (*volg.*) **1** fica, passera (*volg.*) **2** (*specialm. USA*) chiavata, scopata (*volg.*).
pussyfoot ['pusifut], *n.* (*pl.* **pussyfoots**) **1** (*fam.*) chi cammina a passi felpati **2** (*fam.*) chi non si compromette; chi è molto prudente **3** (*raro USA*) proibizionista.
to pussyfoot ['pusifut], *v. i.* (*fam.*) **1** camminare con passi felpati, furtivamente **2** agire con cautela; essere prudente; non compromettersi.
pussy willow ['pusi ,wilou], *n.* (*bot.*) **1** (*Salix*) salice **2** (*specialm.*) (*Salix discolor*) salice americano.
pustular ['pʌstjulə*], **pustulate** ['pʌstjulit], *a.* (*med.*) pustoloso.
to pustulate ['pʌstjuleit], *v. t.* e *i.* (*med.*) formar pustole; coprire (*o* ricoprirsi) di pustole.
pustulation [,pʌstju'leiʃən], *n.* (*med.*) formazione di pustole.
pustule ['pʌstju:l], *n.* **1** (*med.*) pustola **2** (*bot.*) gonfiore; escrescenza **3** (*zool.*) porro. ● (*med.*) **malignant p.**, antrace maligno; pustola maligna.
pustulous ['pʌstjuləs], *a.* (*med.*) pustoloso.
to put (1) [put] (*pass.* e *p. p.* **put**), **A** *v. t.* **1** mettere; porre; collocare; apporre; disporre; imporre; aggiungere: **Put the dictionary on the shelf, please**, metti il dizionario sullo scaffale, per favore!; **I'll put the car into the garage**, metterò l'auto in garage; **Let's put her at ease**, mettiamola a suo agio; **Put yourself in my place**, mettiti al mio posto (*o* nei miei panni); **He put the matter in(to) my hands**, mise la faccenda nelle mie mani; **to put one's signature to a document**, apporre la firma a un documento; **Put the papers in the right order**, disponi i documenti nel giusto ordine!; **A new tax was put on cattle**, fu imposta una nuova tassa sul bestiame; **Put water in your wine**, aggiungi acqua al vino! **2** (*specialm. sport*) lanciare; scagliare: **to put the weight**, lanciare il peso; fare il lancio del peso; **to put a stone**, scagliare una pietra (*appoggiando la mano alla spalla*) **3** esporre; esprimere; presentare; dire: **I put the matter to him**, gli esposi la faccenda; **I cannot put it into words**, non so esprimerlo a parole; **He has a strange way of putting things**, ha uno strano modo di presentare le cose; **How can I put it in French?**, come si dice in francese? **4** porre; proporre; presentare; sottoporre; fare: **to put a question**, porre un quesito; fare una domanda; **I put the case to the manager**, sottoposi il caso al direttore; **to put a question to the vote**, mettere (*o* porre) ai voti una questione **5** calcolare; stimare; valutare; fare il prezzo a; mettere (*fam.*): **The editor puts the circulation at one hundred thousand copies**, il direttore (del giornale) calcola la tiratura sia di centomila copie; **I put his age at forty**, gli do quarant'anni; **I should put this second-hand car at two thousand pounds**, valuterei duemila sterline questa automobile di seconda mano; **How much do you put these eggs?**, che prezzo fate per queste uova? **6** attribuire; ascrivere; dare: **You don't put the proper interpretation on the clauses of the contract**, non dai la giusta interpretazione alle clausole del contratto; **John always puts the blame on me**, Giovanni dà sempre la colpa a me **7** (*nelle corse*) puntare, scommettere (*denaro*) **8** piantare; conficcare; infiggere: **to put a knife into sb.**, conficcare un coltello in corpo a q.; accoltellare q.; **to put a bullet into sb.**, piantare una pallottola in corpo a q.; colpire q. con un proiettile. **B** *v. i.* (*specialm. naut.*) procedere; dirigersi; far rotta per: **The boat put to shore**, la barca si diresse verso la riva. **C** *verbi composti* **1** (*naut.*) **to put about**, virare di bordo □ **to put sb. about**, disturbare, incomodare, seccare (*fam.*) q. □ **to put about a rumour**, diffondere una diceria; spargere una voce □ **to be put about**, essere adirato, turbato, seccato (*fam.*). **2 to put sb. across a river**, far attraversare un fiume a q.; trasportare q. di là da un fiume □ **to put st. across**, comunicare, esprimere q.c.; (*fam.*) mandare a buon fine q.c. □ **to put one across sb.**, dare a bere una frottola (*fam.:* una balla) a q. (*fig.*). **3 to put aside**, mettere da parte; accantonare. **4 to**

put away, metter via, metter da parte, conservare; (*fam.*) sbarazzarsi di, far fuori, uccidere; (*fam.*) imprigionare, segregare, chiudere in manicomio; (*pop.*) far piazza pulita di, mangiare, bere; (*arc.*, *Bibbia*) ripudiare, divorziare da: **He's put away a lot of money**, ha messo da parte un sacco di quattrini; **Eventually they had to put her away**, alla fine dovettero chiuderla in manicomio; **Put away all ideas of going on to a university**, metti da parte ogni idea di andare all'università! □ (*naut.*) **to put away (from the shore)**, salpare. **5** (*naut.*) **to put back**, invertire la rotta □ **to put (st.) back**, rimettere, rimettere a posto; mettere indietro; (*fig.*) opporsi, resistere a; ritardare, ostacolare, rallentare: **Put back the hands of the clock**, metti indietro le lancette dell'orologio!; **The government is trying to put back progressive legislation**, il governo cerca di ritardare i provvedimenti di legge progressisti □ (*naut.*) **to put back (to the shore)**, tornare a riva, approdare; accostare a riva. **6 to put by**, mettere da parte, conservare; scartare: **to put by money for one's old age**, metter da parte denaro per la vecchiaia; **Our candidate was put by in favour of theirs**, il nostro candidato fu scartato per far luogo al loro □ **to put by a question** (**an argument**), eludere una domanda (evitare una discussione). **7 to put down**, metter giù, far scendere; buttar giù; mangiare, bere; scrivere, annotare; deporre, posare; sopprimere, reprimere; far tacere; abbassare, umiliare, diminuire, ribassare, ridurre; considerare, ritenere; sminuire; sgonfiare, smontare (*fig.*): **The lorry driver put me down at the new bridge**, il camionista mi fece scendere al ponte nuovo; **I put down their marks on my class-book**, scrissi i loro voti sul registro di classe; **to put down arms**, deporre le armi; **to put down gambling**, sopprimere il gioco d'azzardo; **to put down the students' revolt**, reprimere la contestazione studentesca; **to put down an interrupter**, far tacere un interruttore; **I put him down as** (*o* **for**) **a hypochondriac**, lo considero un ipocondriaco □ (*fig.*) **to put down one's foot**, puntare i piedi; impuntarsi; fare resistenza □ **to put down a good cellar of wine**, mettere in cantina dell'ottimo vino □ **to put down to**, metter in conto a; attribuire, ascrivere a: **Put the goods down to me** (*o* **to my account**), metti la merce in conto a me (*o* a mio carico); **The outbreak of the war was put down to Japan**, lo scoppio della guerra fu attribuito al Giappone □ **Put me down for a hundred dollars**, puoi segnarmi per cento dollari (*in una colletta, ecc.*). **8 to put forth**, emettere, mettere; esercitare, metterci; diffondere, proporre: **Now plants are putting forth buds**, le piante ora mettono le gemme; **You must put forth all your strength**, devi metterci tutta la forza; devi mettercela tutta; **to put forth a new theory of the origin of man**, proporre una nuova teoria sull'origine dell'uomo. **9 to put forward**, avanzare, proporre, mettere avanti: **to put forward a new hypothesis**, avanzare una nuova ipotesi; **to put the clock forward**, mettere avanti l'orologio □ **to put oneself forward**, mettersi in evidenza; farsi avanti (*come candidato, portavoce, e sim.*); presentare la propria candidatura. **10** (*naut.*) **to put in**, fare scalo; entrare in porto □ **to put (st.) in**, metter dentro, inserire, introdurre; presentare, sottoporre; dichiarare, dire; compiere, fare; (*ass., leg.*) **to put in a claim for damages**, presentare una richiesta di risarcimento per danni; **to put in a claim of guilty** (**not guilty**), dichiararsi colpevole (innocente); **to put in a defensive word for sb.**, dire una parola in difesa di q.; **to put in eight hours at the office**, fare otto ore (filate) di lavoro in ufficio; **to put in an appearance**, farsi vedere; fare atto di presenza; mostrarsi □ **to put in a blow** (**a right to the jaw, etc.**), assestare un colpo (un destro alla mascella, ecc.) □ (*leg.*) **to put in evidence**, fornire le prove □ **to put st. in hand**, intraprendere (*o* metter mano a) q.c. □ **to put in for a job**, aspirare a un posto; fare una domanda d'impiego □ (*fig.*) **to put in one's oar**, intromettersi; ficcare il naso (*pop.*) □ **to put in time**, dedicare tempo (*a un'attività*); passare il tempo; occupare il tempo □ **to put in a word for a friend**, mettere una buona parola per un amico. **11** (*naut.*) **to put into port**, entrare in porto □ **to put st. into shape**, formare, foggiare, plasmare q.c. □ **Put the matter into my hands!**, lascia fare a me!; ci penso io! **12 to put off**, rimandare, rinviare, differire; togliersi (*un abito*); spegnere (*la luce, la radio, ecc.*); far aspettare, tener sulla corda (*fig.*), tacitare; liberarsi di, sbarazzarsi di; (*specialm. naut.*) partire, salpare: **Further discussion of the agenda was put off until the next meeting**, il seguito della discussione dell'ordine del giorno fu rinviato alla riunione successiva; **He tried to put off the tax collector for another week**, cercò di far aspettare l'esattore delle tasse un'altra settimana; **You must put off your melancholy**, devi liberarti della tua malinconia; **We put off from the island**, salpammo dall'isola □ **to put off sb. from** (**from doing**) **st.**, distogliere, dissuadere, scoraggiare q. da (dal fare) q.c. **13 to put on**, mettersi, indossare; assumere, prendere; aumentare; aggiungere; mettere avanti; mettere in scena, metter su (*fam.*): **Put your raincoat on**, mettiti l'impermeabile; **My name should have been put on the programme**, il mio nome avrebbe dovuto essere messo in cartellone; **Don't put on that air of wounded dignity**, non assumere quell'aria di dignità ferita!; **to put on speed**, aumentare la velocità; **to put on extra flights**, aggiungere voli straordinari; **to put on the hands of the clock**, mettere avanti le lancette dell'orologio; **to put on a new play**, mettere in scena una nuova commedia □ (*fam.*) **to put it on**, esagerare, fingere, fare la commedia □ **to put on airs**, darsi delle arie; insuperbire □ **to put on flesh**, ingrassare □ (*fam., specialm. USA*) **to put sb. on**, prendere in giro q. □ **to put sb. on his mettle**, mettere q. alla prova; provare la tempra di q. □ **to put sb. on his oath**, chiedere a q. di giurare; vincolare q. a un giuramento □ **to put on weight**, aumentare di peso; ingrassare □ **Every insult was put on him**, non gli furono risparmiati gli insulti; gliene dissero d'ogni colore. **14 to put out**, mettere fuori; spegnere; cacciar fuori, espellere, slogare; irritare, sconcertare, turbare, seccare (*fam.*); (*fin.*) mettere (*denaro*) a interesse, investire; porgere, tendere; produrre; pubblicare (*un libro*); emettere (*un comunicato*); far perdere i sensi a (q.); slogarsi (*una spalla, ecc.*); (*naut.*) far vela, salpare (*all'improvviso*): **Put out the cat before going to bed**, prima d'andare a letto, metti fuori il gatto!; **to put out a candle** (**the fire, the gas, the light**), spegnere una candela (il fuoco, il gas, la luce); **The boy was put out of the classroom**, il ragazzo fu espulso dall'aula; **I put my shoulder out**, mi slogai la spalla; **I was very much put out by the loss of my passport**, ero assai seccato per aver perso il passaporto; **He put out his hand to shake mine**, tese la mano per stringere la mia; **We put out a hundred tons of goods weekly**, produciamo cento tonnellate di merce alla settimana □ (*mil.*) **to put out of action**, mettere fuori combattimento □ **to put st. out of court**, far sì che q.c. non sia presa in considerazione □ **to put out one's strength**, esercitare (*o* metterci) tutta la propria forza □ **to put sb. out of temper**, far uscire q. dai gangheri; irritare q.; far perdere la pazienza a q. □ **to put a baby out to nurse**, mettere a balia un bambino □ **to put the flags out**, imbandierare un paese; esporre tutte le bandiere □ **to put an idea out of one's head**, cavarsi (*o* togliersi) un'idea dalla testa □ **to put out a new edition of «Volpone» (**or **the Fox»**, pubblicare una nuova edizione di «Volpone» □ **to put work out**, dare del lavoro da fare a casa (*a lavoranti a domicilio*) □ **Don't put yourself out**, non disturbarti! **15** (*naut.*) **to put over**, spostarsi; andare ad attraccare (*da un'altra parte*) □ **to put (st.) over**, (*fam.*) comunicare, esprimere; (*USA*) rimandare, rinviare, differire (*cfr. ingl.* **to put off**): **to put over an idea**, comunicare un'idea; **to put one's thoughts over very well**, esprimere bene il proprio pensiero; (*di un oratore*) **to put oneself over to the audience**, imporsi all'uditorio; far colpo sul pubblico □ (*fam.*) **to put (a fast) one over on sb.**, dare a intendere (*fam.*: dare a bere) una frottola (*fam.*: una balla) a q. □ (*fam.*) **to put a film (a play, etc.) over**, assicurare il successo di un film (di un dramma, ecc.). **16 to put through**, portare a compimento (*o* a buon fine); eseguire; (*tel.*) mettere in comunicazione: **We succeeded in putting through that deal**, riuscimmo a portare a buon fine quell'affare; **Put me through to the police, please**, mi metta in comunicazione (*o* mi faccia parlare) con la polizia; (*detto dal centralinista*) **Putting you through**, La metto in linea □ (*fig.*) **to put sb. through his paces**, mettere alla prova q.; provare l'abilità di q. **17 to put together**, mettere insieme, combinare, costruire, fare; (*mecc.*) montare (*macchine*); rimontare (*un apparecchio, ecc.*); assemblare (*pezzi*): **He put together a description of what had happened**, fece una descrizione di quel che era accaduto; **Let's put the camp beds together**, montiamo le brande!; **to put together a gun**, rimontare una pistola □ (*fig.*) **to put heads together**, consultarsi; esaminare insieme una faccenda □ (*fig.*) **to put two and two together**, trarre le debite conclusioni; riuscire a farsi un'idea. **18 to put up**, alzare, levare, sollevare, innalzare, issare; aumentare; mettere, offrire (*in vendita, in premio*); metter da parte, deporre, riporre; imballare; proporre come candidato, presentare la candidatura di; alloggiare, ospitare, offrire (*o* prendere) alloggio; far levare (*selvaggina*); costruire, erigere, fabbricare; affiggere, attaccare, mettere: **He put up his hands**, alzò le mani; **to put up a flag (a sail)**, issare una bandiera (una vela); **to put up a fence**, innalzare (*o* costruire) uno steccato; **They put up a prayer to God**, innalzarono a Dio una preghiera; **The landlord wants to put up the rent**, il padrone di casa vuole aumentare l'affitto; **to put up one's goods for sale**, mettere in vendita la propria merce; **Put up your sword**, deponi (*o* rinfodera) la spada!; **to put up hay for the winter**, mettere da parte il fieno per l'inverno; **Will you put up for the chair?**, presenterai la tua candidatura alla presidenza?; **We can put him up for the summer**, possiamo ospitarlo per l'estate; **When I am in London, I put up in Kensington**, quando sono a Londra, prendo alloggio a Kensington; **I put up a pheasant**, feci levare un fagiano; **The boys put up a hut**, i ragazzi costruirono una capanna; **Let's put up a notice**, affiggiamo (*o* mettiamo) un manifesto! □ (*sport*) **to put sb. up**, far montare un cavallo a q.; scegliere q. come fantino ☐ **to put sb.'s back up**, far arrabbiare q. ☐ **to put up the banns**, fare le pubblicazioni (*di matrimonio*) ☐ **to put up a bluff**, fare un bluff ☐ **to put up a good fight**, battersi bene; combattere valorosamente ☐ (*comm.*) **to put goods up**, confezionare (*o* preparare, imballare, incartare) merce ☐ **to put up a petition**, presentare una petizione ☐ **to put up fruit preserves**, fare conserve di frutta ☐ **to put up the shutters**, metter su le imposte (*di un negozio*); abbassare le serrande (*per l'uso italiano*) (*fig.*) ritirarsi dagli affari ☐ **to put sb. up to st.**, informare q. di q.c.; metter su (*o* istigare, spingere) q. a fare q.c.: **The manager put me up to my new duties**, il direttore m'informò dei miei nuovi compiti; **Who put the boy up to this piece of mischief?**, chi ha spinto il ragazzo a fare questa bricconeria? ☐ **to put up with**, sopportare, tollerare, rassegnarsi: **You must put up with the situation**, devi sopportare questa situazione; devi rassegnartici ☐ (*pop.*) **to put the wind up sb.**, atterrire q.; spaventare q. **19 to put upon sb.**, imbrogliare, ingannare q. (*specialm. al passivo*) ☐ **to be put upon**, farsi mettere i piedi sul collo; farsi imbrogliare; subire prepotenze: **I don't want to be put upon by him**, non voglio farmi imbrogliare (*o* non voglio subire prepotenze) da lui. ● **to put a check on st.**, mettere un freno a q.c. ☐ **to put the clock ahead**, mettere avanti l'orologio ☐ **to put a cow to the bull** (*o* **a bull to the cow**), mandare una vacca al toro ☐ **to put a dog through his tricks**, fare eseguire a un cane giochi d'abilità (*o* le sue prodezze) ☐ **to put an end to**, por fine a; porre termine a: **That law put an end to gambling**, quella legge pose fine al gioco d'azzardo ☐ **to put an end to oneself** (*o* **to one's life**), porre fine ai propri giorni; togliersi la vita ☐ **to put a field into** (*o* **under**) **potatoes**, mettere un campo a patate ☐ (*comm.*) **to put goods on the market**, immettere merce in un mercato ☐ **to put a horse to the cart**, attaccare un cavallo al carro ☐ (*sport*) **to put a horse to** (*o* **at**) **a fence**, presentare un ostacolo a un cavallo; portare un cavallo sotto ostacolo (*per farlo saltare*) ☐ (*fig.*) **to put sb. in a hole**, metter q. con le spalle al muro ☐ **to put sb. in mind of st.**, ricordare q.c. a q. ☐ **to put sb. in possession of st.**, far entrare q. in possesso di q.c. ☐ **to put sb. in the wrong**, mettere q. dalla parte del torto ☐ **to put a knife into sb.'s ribs**, piantare un coltello nelle costole a q. ☐ **to put a law in force**, far entrare in vigore (*o* rendere esecutiva) una legge ☐ (*pop.*) **to put the make on a girl**, cercare di «farsi» una ragazza (*volg.*) ☐ **to put the matter right**, sistemare la faccenda ☐ **to put one's mind on** (*o* **to**) **a problem**, por mente a un problema; affrontare una questione ☐ (*fin.*) **to put one's money into land**, investire il proprio denaro in terreni ☐ **to put money to good use**, far buon uso del denaro ☐ **to put new life into**, infondere nuova vita in ☐ **to put a passage into Latin**, mettere (*o* volgere) un passo in latino ☐ (*autom.*) **to put petrol into one's tank**, fare benzina ☐ **to put sb. right**, correggere q. ☐ (*naut.*) **to put the rudder to port**, mettere la barra a (*virare a*) sinistra ☐ (*fig.*) **to put a spoke in sb.'s wheel**, mettere il bastone fra le ruote a q. ☐ **to put sb. to death**, mettere a morte q. ☐ **to put sb. to flight**, mettere in fuga q. ☐ **to put sb. to ransom**, imporre un riscatto a q. ☐ **to put sb. to school**, mettere q. a scuola (*o* in collegio) ☐ (*naut.*) **to put to sea**, salpare; prendere il mare ☐ **to p. to the sword**, passare a fil di spada ☐ **to p. st. to use**, fare uso di q.c.; servirsi di q.c. ☐ (*pop. USA*) **to put sb. wise**, aprire gli occhi a q. (*fig.*) ☐ **to be put to one's trumps**, essere costretto a giocarsi le carte migliori ☐ **to be hard put to it**, trovarsi in grande difficoltà; essere messo alle strette; volerci del bello e del buono: **I was hard put to it to finish my work in time**, mi ci volle del bello e del buono per finire in tempo il mio lavoro ☐ **I have been put to great expense**, ho dovuto sopportare gravi spese.

put (1) [put], *n.* **1** (*sport*) getto (*del peso*) **2** (*Borsa*) opzione di vendita (*di azioni*). ● (*Borsa*) **put and call option**, (*Borsa*) opzione doppia (*per acquisto o vendita, a scelta*) ☐ (*Borsa*) **put option**, vendita a premio.

put (2) [put], *a.* (*fam.*) fermo; immobile; irremovibile: **to stay put**, restare immobile; essere irremovibile.

put (3), to put (2) [pʌt], *V.* **putt**, **to putt**.

putative ['pjuːtətiv], *a.* putativo.

put-down ['put'daun], *n.* (*fam.*) critica; disapprovazione; smontatura, osservazione che smonta.

putlog ['pʌtlɒg], *n.* (*archit.*) traversa orizzontale; longarina, putrella (*di legno*).

put-off ['put'ɒf], *n.* **1** pretesto; scappatoia **2** differimento; rinvio.

put-on ['put'ɒn], **A** *a.* affettato; lezioso. **B** *n.* **1** messa in scena (*fig.*); finta **2** imitazione; parodia **3** (*USA*) scherzo.

putrefaction [ˌpjuːtrɪ'fækʃən], *n.* **1** putrefazione **2** putredine (*fig.*) corruzione, marciume.

putrefactive [ˌpjuːtrɪ'fæktɪv], *a.* putrefattivo.

putrefiable [ˌpjuːtrɪ'faɪəbl], *a.* putrefattibile (*raro*).

to putrefy ['pjuːtrɪfaɪ], **A** *v. i.* **1** putrefarsi; imputridire; marcire

2 (*fig.*) corrompersi. **B** *v. t.* **1** putrefare; decomporre; far imputridire **2** (*fig.*) corrompere.

putrescence [pjuː'tresns], *n.* **1** putrescenza (*arc.*) **2** putredine.

putrescent [pjuː'tresnt], *a.* putrescente.

putrescible [pjuː'tresəbl], *a.* putrescibile.

putrid ['pjuːtrɪd], *a.* **1** putrido (*anche fig.*); corrotto; imputridito; marcio; putrefatto **2** (*fam.*) sgradevole; orribile; schifoso: **a p. smell**, un odore schifoso. ● (*med.*) **p. fever**, tifo ☐ (*med.*) **p. sore throat**, difterite.

putridity [pjuː'trɪdɪti], **putridness** ['pjuːtrɪdnɪs], *n.* putridità (*raro*); putredine; marciume.

putsch [pʊtʃ] (*ted.*), *n.* putsch; colpo di mano; sommossa; rivolta.

to putt [pʌt], *v. i.* e *t.* (*golf*) colpire leggermente (*la palla*) per mandarla in buca.

putt [pʌt], *n.* (*golf*) colpo leggero (*V.* **to putt**).

puttee ['pʌti], *n.* (*mil.*) fascia (*di panno*); mollettiera.

putter (1) ['pʌtə*], *n.* chi mette, chi pone, ecc. (*V.* **put (1)**).

putter (2) ['pʌtə*], *n.* (*golf*) **1** giocatore che dà un leggero colpo alla palla **2** «putter»; mazza speciale (*V.* **to putt**).

to putter ['pʌtə*], (*USA*) *V.* **to potter**.

puttie ['pʌti], *V.* **puttee**.

puttier ['pʌtɪə*], *n.* stuccatore; vetraio stuccatore.

putting green ['pʌtɪŋ'griːn], *n.* (*golf*) tratto di prato vicino alla buca.

putto ['pʊtoʊ] (*ital.*), *n.* (*pl.* **putti**) (*arte*) putto; amorino.

putty (1) ['pʌti], *n.* **1** stucco per legno: **glaziers' p.**, stucco da vetraio **2** (*anche* **plasterers' p.**) intonaco a gesso. ● **p. knife**, spatola per stucco ☐ (*fig.*) **to be p. in sb.'s hands**, essere come la creta nelle mani di q. ☐ (*costr.*) **lime p.**, grassello ☐ (*fig.*) **You deserve a p. medal**, meriti una medaglia di cartone.

to putty ['pʌti], *v. t.* stuccare; dare lo stucco a. ● **to p. up**, riempire di stucco.

putty (2) ['pʌti], *V.* **puttee**.

put-up ['put'ʌp], *a.* (*fam.*) concertato; combinato; losco; poco chiaro: **a p. job**, un affare losco; un intrallazzo; un imbroglio; un tranello.

puzzle ['pʌzl], *n.* **1** enigma; indovinello; problema difficile; rompicapo **2** confusione; incertezza; dubbio; perplessità: **to be in a p. about st.**, essere in dubbio (*o* essere perplesso) circa q.c. ● **p.-headed** (*o* **p.-pated**), che ha le idee confuse; stordito; svampito, svanito (*fam.*) ☐ **Chinese p.**, gioco di pazienza ☐ **a crossword p.**, un cruciverba.

to puzzle ['pʌzl], **A** *v. t.* confondere; imbarazzare; rendere perplesso; sconcertare; sbalordire: **Your behaviour puzzles me**, il tuo modo di fare mi sconcerta. **B** *v. i.* spremersi le meningi; scervellarsi. ● **to p. one's brains**, scervellarsi ☐ **to p. (st.) out**, districare (*un imbroglio*); escogitare, indovinare (*una soluzione*); risolvere (*un problema difficile*) ☐ **to p. over st.**, scervellarsi su q.c.; rompersi la testa per capire q.c.

puzzlement ['pʌzlmənt], *n.* confusione; perplessità.

puzzler ['pʌzlə*], *n.* **1** enigma; problema difficile; questione complessa **2** tipo che sconcerta; individuo sbalorditivo. ● **That girl is a real p.**, quella ragazza non riesco proprio a capirla!

puzzling ['pʌzlɪŋ], *a.* sconcertante; che lascia perplessi; sbalorditivo.

PVC [ˌpiːviː'siː], *n.* (*abbr. di* **polyvinyl chloride**) (*chim., ind.*) cloruro di polivinile (*resina*).

PX [ˌpiː'eks], *n.* (*USA, abbr. di* **post exchange**) spaccio militare (*Cfr. ingl.* **NAAFI**).

pyaemia [paɪ'iːmjə], *n.* (*med.*) piemia.

pyaemic [paɪ'iːmɪk], *a.* (*med.*) piemico.

pyedog ['paɪdɒg], *n.* (*in India*) cane randagio.

pyelitis [ˌpaɪɪ'laɪtɪs], *n.* (*med.*) pielite.

pyemia [paɪ'iːmjə], **pyemic** [paɪ'iːmɪk], *V.* **pyaemia**, **pyaemic**.

pygm(a)ean [pɪg'miːən], *a.* pigmeo; nano.

Pygmalion [pɪg'meɪljən], *n.* (*mitol.*) Pigmalione.

pygmy ['pɪgmi], *n.* e *a.* pigmeo (*anche fig.*); nano.

pyjamas [pə'dʒɑːməz], *n. pl.* pigiama. ● **pyjama jacket**, giacca del pigiama ☐ **beach-p.**, pigiama da spiaggia.

Pylades ['pɪlədiːz], *n.* (*letter.*) Pilade.

pylon ['paɪlən], *n.* **1** (*elettr.*) pilone; (palo a) traliccio **2** (*costr.*) pilone **3** (*aeron.*) pilone **4** (*archit.*) porta, pilastro (*di tempio egiziano*).

pyloric [paɪ'lɒrɪk], *a.* (*anat.*) pilorico.

pylorus [paɪ'lɔːrəs], *n.* (*pl.* **pylori**, **pyloruses**) (*anat.*) piloro.

pyorrh(o)ea [ˌpaɪə'rɪə], *n.* (*med.*) piorrea.

pyramid ['pɪrəmɪd], *n.* **1** (*geom., archit.*) piramide: **the Pyramids**, le piramidi (*d'Egitto*) **2** albero (*o* mucchio) a piramide **3** (*econ., fin.*) gruppo di holding finanziarie a struttura piramidale **4** (*Borsa, fin.*) reinvestimento degli utili in nuovi titoli (*per speculazione*).

to pyramid ['pɪrəmɪd], **A** *v. t.* **1** disporre a piramide **2** (*Borsa, fin.*; *specialm. USA*) reinvestire (*gli utili*) in nuovi titoli (*per spe-

pyramidal

culazione). **B** *v. i.* disporsi a piramide.
pyramidal [pi'ræmidl], *a.* (*geom.*, *anat.*) piramidale.
pyramidist [pi'ræmidist], *n.* studioso della storia delle piramidi.
Pyramus ['pirəməs], *n.* (*mitol.*) Piramo.
pyrargyrite [pai'ra:dʒirait], *n.* (*miner.*) pirargirite.
pyre ['paiə*], *n.* pira; pira funeraria; rogo.
Pyrenean [,pirə'ni:ən], *a.* pirenaico.
Pyrenees [,pirə'ni:z], *n. pl.* (*geogr.*) Pirenei.
pyrethrum [pai'ri:θrəm], *n.* **1** (*bot.*, *Chrysanthemum cinerariae-folium*) piretro **2** (*chim.*) piretro.
pyretic [pai'retik], *a.* (*med.*) piretico; febbrile.
Pyrex ['paiəreks], **A** *n.* (*marchio*) Pyrex: **B** *a. attr.* di Pyrex: **a P. pan**, un tegame di Pyrex.
pyrexia [pai'reksiə], *n.* (*med.*) piressia; febbre.
pyrexial [pai'reksiəl], **pyrexic(al)** [pai'reksik(əl)], *a.* (*med.*) piretico; febbrile.
pyrheliometer [pə(:),hi:li'ɔmitə*], *n.* (*astrofisica*) pireliometro.
pyridine ['paiəridin], *n.* (*chim.*) piridina.
pyriform ['pirifɔ:m], *a.* (*specialm. anat.*) a forma di pera.
pyrite ['pairait], *n.* (*miner.*) pirite; bisolfuro di ferro.
pyrites [pai'raiti:z], *n.* (*invar. al pl.*) (*miner.*) bisolfuro: **copper p.**, bisolfuro di rame; cuprite; **iron p.**, bisolfuro di ferro; pirite.
pyritic(al) [pai'ritik(əl)], *a.* (*miner.*) piritico.
to pyritize ['pairitaiz], *v. t.* (*miner.*) trasformare in pirite.
pyroclastic [,pairou'klæstik], *a.* (*geol.*) piroclastico.
pyrogallic acid [,pairou'gælik 'æsid], **pyrogallol** [,pairou'gælɔl], *n.* (*chim.*) acido pirogallico; pirogallolo.
pyrogenic [,pairou'dʒenik], **pyrogenetic** [,pairoudʒi'netik], *a.* **1** (*miner.*) pirogenetico **2** (*med.*) pirogeno.
pyrographer [pai'rɔgrəfə*], *n.* (*arte*) pirografo.
pyrography [pai'rɔgrəfi], *n.* (*arte*) pirografia.
pyrolysis [pai'rɔlisis], *n.* (*chim.*) pirolisi; piroscissione.
pyromancy [,pairou,mænsi], *n.* piromanzia.
pyromania [,pairou'meinjə], *n.* (*psic.*) piromania.
pyromaniac [,pairou'meinjæk], *n.* (*psic.*) piromane.
pyrometallurgy [,pairoume'tælədʒi], *n.* (*metall.*) pirometallurgia.
pyrometer [pai'rɔmitə*], *n.* (*fis.*) pirometro.
pyrometric(al) [,pairou'metrik(əl)], *a.* (*fis.*) pirometrico.
pyrometry [pai'rɔmitri], *n.* (*fis.*) pirometria.
pyrope ['pairoup], *n.* (*miner.*) piropo.
pyrophoric [,pairou'fɔrik], *a.* (*chim.*, *metall.*) piroforico.
pyrophorus [pai'rɔfərəs], *n.* (*pl.* **pyrophori**) (*chim.*) piroforo.
pyrosis [pai'rousis], *n.* (*med.*) pirosi.
pyrotechnic(al) [,pairou'teknik(əl)], *a.* **1** pirotecnico: **a p. display**, uno spettacolo pirotecnico **2** (*fig.*) brillante; molto vivace.
pyrotechnics [,pairou'tekniks], *n. pl.* **1** (*col verbo al sing.*) pirotecnica **2** spettacolo pirotecnico; fuochi d'artificio **3** (*fig.*) sfoggio, sfavillio (*d'oratoria*, *di spirito*).
pyrotechnist [,pairou'teknist], *n.* pirotecnico.
pyrotechny ['pairou,tekni], *n.* pirotecnica; pirotecnia.
pyroxene ['pairɔksi:n], *n.* (*miner.*) pirosseno.
pyrrhic (1) ['pirik], *n.* (*stor.*, anche **p. dance**) pirrica; danza pirrica.
pyrrhic (2) ['pirik], **A** *a.* (*poesia*) **1** di pirrichio **2** (*di poema*) scritto in pirrichi. **B** *n.* (*poesia*) pirrichio.
Pyrrhic ['pirik], *a.* (*stor.*) pirrico; di Pirro: **a P. victory**, una vittoria di Pirro.
Pyrrho ['pirou], *n.* (*filos.*) Pirrone.
Pyrrhonian [pi'rounjən], *a.* (*filos.*) pirroniano.
Pyrrhonic [pi'rɔnik], *a.* (*filos.*) pirronico.
Pyrrhonism ['pirənizəm], *n.* (*filos.*) pirronismo; scetticismo.
Pyrrhonist ['pirənist], *n.* (*filos.*) pirronista; scettico.
Pyrrhus ['pirəs], *n.* (*stor.*) Pirro.
Pythagoras [pai'θægəræs], *n.* (*filos.*) Pitagora.
Pythagorean [pai,θægə'ri(:)ən], **A** *a.* pitagorico; di Pitagora: **P. theorem**, teorema di Pitagora. **B** *n.* pitagorico.
Pythagoreanism [pai,θægə'ri:ənizəm], *n.* (*filos.*) pitagorismo.
Pythia ['piθiə], *n.* (*mitol.*) Pitia, Pizia (delfica); Pitonessa.
Pythian ['piθiən], **A** *a.* pitico: **P. games**, giochi pitici. **B** *n.* Pitia, Pizia; Pitonessa. ● (*mitol.*) **the P.**, Apollo.
Pythias ['piθiæs], *n.* (*mitol.*) Pizia.
Pythic ['piθik], *a.* pitico.
python (1) ['paiθən], *n.* (*zool.*, *Python*) pitone.
python (2) ['paiθən], *n.* (*mitol.*) pitone (*spirito diabolico o uomo che prevede il futuro*); indovino.
pythoness ['paiθənes], *n.* (*mitol.*) pitonessa; maga; indovina.
pythonic (1) [pai'θɔnik], *a.* (*zool.*) di (*o simile a*) pitone.
pythonic (2) [pai'θɔnik], *a.* (*mitol.*) divinatorio; profetico; pitonico.
pyx [piks], *n.* **1** (*relig.*) pisside **2** cassetta che contiene i campioni delle monete d'oro e d'argento (*nella Zecca reale ingl.*).
to pyx [piks], *v. t.* **1** deporre (*monete*) nella cassetta della Zecca (*V.* **pyx**) **2** saggiare il peso e la purezza di (*monete metalliche*).
pyxidium [pik'sidiəm], *n.* (*pl.* **pyxidia**, **pyxidiums**) (*bot.*) pisside.
Pyxis ['piksis], *n.* (*astron.*) Bussola (*costellazione*).
pyxis ['piksis], *n.* (*pl.* **pyxides**) **1** (*stor.*) cofanetto cilindrico **2** (*bot.*) pisside.

q, Q

Q, q [kju:], *n.* (*pl.* **Q's, q's; Qs, qs**) Q, q (*diciassettesima lettera dell'alfabeto ingl.*). ● (*naut., mil.*) **Q-boat** (*o* **Q-ship**), nave civetta □ (*tel.*) **q for Queen**, q come Quarto □ (*pop.*) **on the q. t.**, *V.* **on the quiet**, *sotto* **quiet** (1).
Q.C. [,kju:'si:], *n.* (*acronimo di* **Queen's Counsel**) «patrocinante per la Regina» (*titolo onorifico di un «barrister»*).
qua [kwei] (*lat.*), *cong.* come; in qualità di; in quanto: **He will testify qua official**, testimonierà in qualità di pubblico funzionario.
quack (1) [kwæk], *n.* qua qua (*verso dell'anatra*). ● (*parola infant.*) **q.-q.**, anatroccolo.
to quack (1) [kwæk], *v. i.* fare qua qua; fare il verso dell'anatra.
quack (2) [kwæk], **A** *n.* **1** ciarlatano; gabbamondo; impostore **2** (*specialm.*) medico empirico (*ciarlatano*); guaritore. **B** *a. attr.* falso; finto; da ciarlatano. ● **q. doctor**, medicastro; guaritore □ **q. medicines**, rimedi empirici; panacee.
to quack (2) [kwæk], *v. i.* fare il ciarlatano. ● **to q. a cure**, vantare una cura come miracolosa.
quackery ['kwækəri], *n.* ciarlataneria; ciarlatanesimo; empirismo.
quackish ['kwækiʃ], *a.* ciarlatanesco; da ciarlatano; empirico.
quad (1) [kwɔd], *n.* (*fam.*) **1** quadrangolo; quadrilatero **2** corte quadrangolare interna (*di un college universitario*) **3** edifici che circondano una tale corte.
quad (2) [kwɔd], *n.* (*tipogr.*) quadrato.
quad (3) [kwɔd], (*fam.*) *V.* **quadruplet**.
quadrable ['kwɔdrəbl], *a.* **1** (*mat.*) elevabile al quadrato **2** (*geom.*) di cui si può fare la quadratura.
quadragenarian [,kwɔdridʒi'nɛəriən], **A** *a.* che ha quarant'anni. **B** *n.* persona di quarant'anni.
Quadragesima [,kwɔdrə'dʒesimə], *n.* (*relig., anche* **Q. Sunday**) domenica di Quadragesima.
quadragesimal [,kwɔdrə'dʒesiməl], *a.* (*relig.*) quadragesimale; quaresimale.
quadrangle ['kwɔ,dræŋgl], *n.* **1** (*geom.*) quadrangolo; quadrilatero **2** corte quadrangolare interna (*di un college*) **3** edifici costruiti intorno a una tale corte.
quadrangular [kwɔ'dræŋgjulə*], *a.* quadrangolare.
quadrant ['kwɔdrənt], *n.* **1** (*geom., anat., naut., astron.*) quadrante **2** (*mecc.*) leva a squadra **3** (*naut.*) settore (*del timone*)
quadrantal [kwɔ'dræntl], *a.* quadrantale; di quadrante.
quadrat ['kwɔdræt], *n.* (*tipogr.*) quadrato. ● **em q.**, quadrato di dodici punti; quadratone □ **en q.**, quadratino.
to quadrate [kwɔ'dreit], *v. t.* **1** quadrare; squadrare **2** fare la quadratura di (*un cerchio, ecc.*) **3** far corrispondere.
quadrate [kwɔdrit], **A** *n.* (*geom., anat.*) quadrato. **B** *a.* (*anat.*) quadrato: **q. bone**, osso quadrato; **q. muscle**, muscolo quadrato.
quadratic [kwɔ'drætik], (*mat.*) **A** *a.* quadratico; al quadrato; di secondo grado: **q. equation**, equazione di secondo grado. **B** *n.* equazione di secondo grado; equazione quadratica. ● (*ind.*) **q. programming**, programmazione non lineare.
quadratics [kwɔ'drætiks], *n. pl.* (*col verbo al sing.*) algebra delle equazioni quadratiche.
quadrature ['kwɔdrətʃə*], *n.* (*mat., astron.*) quadratura: **the q. of the circle**, la quadratura del cerchio.
quadrennial [kwɔ'drenjəl], *a.* quadriennale.
quadrennium [kwɔ'drenjəm], *n.* (*pl.* **quadrenniums, quadrennia**) quadriennio.
quadric ['kwɔdrik], (*geom.*) **A** *a.* quadrico. **B** *n.* quadrica.
quadriceps ['kwɔdriseps], *n.* (*pl.* **quadricepses, quadriceps**) (*anat.*) muscolo quadricipite femorale.
quadrifid ['kwɔdrifid], *a.* (*bot.*) quadrifido.
quadriga [kwɔ'dri:gə], *n.* (*pl.* **quadrigae**) (*stor.*) quadriga.
quadrilateral [,kwɔdri'lætərəl], *a. e n.* (*geom.*) quadrilatero.
quadrilingual ['kwɔdri'liŋwəl], *a.* quadrilingue.
quadrille (1) [kwə'dril] (*franc.*), *n.* (*mus.*) quadriglia (*danza*).
quadrille (2) [kwə'dril] (*franc.*), *n.* (*stor.*) quadriglio (*gioco di carte del '700*).

quadrillion [kwɔ'driljən], *n.* **1** (*in G.B.*) quarta potenza di un milione (*un 1 seguito da 24 zeri*) **2** (*USA*) quadrilione (*un 1 seguito da 15 zeri*).
quadrinomial ['kwɔdri'noumjəl], (*mat.*) **A** *n.* quadrinomio. **B** *a.* quadrinomiale.
quadripartite ['kwɔdri'pa:tait], *a.* quadripartito.
quadriplegia [,kwɔdri'pli:dʒiə], *n.* (*med.*) quadriplegia.
quadripole ['kwɔdripoul], *V.* **quadrupole**.
quadrireme ['kwɔdriri:m], *n.* (*stor.*) quadrireme.
quadrisyllabic ['kwɔdrisi'læbik], *a.* quadrisillabo.
quadrisyllable ['kwɔdri'siləbl], *n.* quadrisillabo.
quadrivalent [kwɔ'drivələnt], *a.* (*chim.*) tetravalente.
quadrivium [kwɔ'driviəm], *n.* (*stor.*) quadrivio (*delle arti medievali*).
quadroon [kwɔ'dru:n], *n.* quarterone; chi ha un quarto di sangue negro.
quadrumane ['kwɔdrumein], *n.* (*zool.*) quadrumane.
quadrumanous [kwɔ'dru:mənəs], *a.* (*zool.*) quadrumane.
quadruped ['kwɔdruped], *n. e a.* (*zool.*) quadrupede.
quadrupedal [kwɔ'dru:pedl], *a.* (*zool.*) quadrupede.
quadruple ['kwɔdrupl], *a. e n.* (*mat.*) quadruplo. ● (*stor.*) **the Q. Alliance**, la Quadruplice Alleanza.
to quadruple ['kwɔdrupl], **A** *v. t.* quadruplicare. **B** *v. i.* quadruplicarsi.
quadruplet ['kwɔdruplit], *n.* **1** uno di quattro gemelli. **2** (*pl.*) quattro nati da un parto; gemelli di un parto quadrigemino.
quadruplicate [kwɔ'dru:plikit], *a.* **1** quadruplo; quadruplicato **2** (*di documento*) in quattro copie **3** (*mat.*) alla quarta potenza. ● **in q.**, in quattro esemplari; in quattro copie.
to quadruplicate [kwɔ'dru:plikeit], *v. t.* **1** quadruplicare **2** fare quattro copie di (*un documento*).
quadruplication [kwɔ,dru:pli'keiʃən], *n.* **1** quadruplicazione **2** redazione (*di un documento*) in quattro copie.
quadruplicity [,kwɔdrə'plisiti], *n.* quadruplicità.
quadrupole ['kwɔdrupoul], *n.* (*elettr.*) quadripolo, quadrupolo.
quads [kwɔdz], (*fam.*) *V.* **quadruplet, def. 2**.
quaere ['kwiəri], (*lat.*), (*raro*) **A** *voce verb.* (*imper. di* **quaerere**) vorrei sapere; di grazia: **That's most interesting; but q., is it true?**, è una cosa interessantissima; ma, di grazia, è vera? **B** *n.* domanda; quesito.
quaestor ['kwi:stə*], *n.* (*stor. romana*) questore.
quaestorial [kwi(:)st'ɔ:riəl], *a.* (*stor. romana*) di (*o* da) questore; questorio.
quaestorship ['kwi:stəʃip], *n.* (*stor. romana*) questura.
to quaff [kwa:f], *v. t. e i.* bere a gran sorsi; trancannare.
quag [kwæg], *n.* palude; pantano; acquitrino.
quagga ['kwægə], *n.* (*pl.* **quaggas, quagga**) (*zool., Equus quagga*) quagga.
quaggy ['kwægi], *a.* **1** paludoso; pantanoso **2** molle; flaccido.
quagmire ['kwægmaiə*], *n.* **1** palude; pantano; acquitrino **2** (*fig.*) situazione difficile. ● **to be in a q.**, essere nei pasticci.
quaich, quaigh [kweik], *n.* (*scozz.*) coppa di legno (*o di peltro, o d'argento*) con due manici.
quail [kweil], *n.* (*pl.* **quail, quails**) (*zool., Coturnix*) quaglia. ● **q. call** (*o* **q. pipe**), quagliere.
to quail [kweil], *v. i.* sgomentarsi; aver paura; indietreggiare; perdersi d'animo; tremare; turbarsi: **He quailed before danger**, si sgomentò di fronte al pericolo; **His enemies quailed before him**, i suoi nemici tremavano davanti a lui.
quaint [kweint], *a.* **1** caratteristico (*d'altri tempi*); pittoresco: **a q. old fireplace**, un caminetto caratteristico (*d'altri tempi*); **a q. old custom**, una pittoresca usanza dei tempi passati **2** bizzarro; curioso; eccentrico; originale: **a q. method**, un metodo curioso (*o* originale).
quaintness ['kweintnis], *n.* **1** qualità pittoresca **2** bizzarria; eccentricità; originalità; singolarità; stranezza.
quake [kweik], *n.* **1** tremito; tremolio; brivido **2** (*fam.*) terremoto.

to quake [kweik], *v. i.* tremare; tremolare; rabbrividire; oscillare; scuotersi; vacillare: **The earth quaked**, la terra tremò; **My legs were quaking**, mi tremavano le gambe. ● (*bot.*) **quaking aspen** (*Populus tremula*), pioppo tremolo; tremolino □ (*geogr.*) **quaking bog**, palude mobile (*o* tremante).

Quaker ['kweikə*], *n.* (*relig.*) quacchero, quacquero. ● (*zool.*) **q.-bird** (*Diomedea fuliginosa*), albatro fuligginoso □ (*mil.*) **Q. gun**, cannone finto (*di legno, ecc.*) □ (*zool.*) **q. moth**, farfalla appartenente alla famiglia dei nottuidi □ **Quakers' meeting**, assemblea religiosa di quaccheri; (*fig., fam.*) riunione in cui si parla poco.

Quakerdom ['kweikədəm], *n.* (*relig.*) quaccherismo, quacquerismo.

Quakeress ['kweikəris], *n.* (*relig.*) quacchera, quacquera.

Quakerish ['kweikəriʃ], *a.* di (*o* da) quacchero; quacchero.

Quakerism ['kweikərizəm], *n.* (*relig.*) quaccherismo, quacquerismo.

Quakerly ['kweikəli], **A** *a.* di (*o* da) quacchero; quacchero. **B** *avv.* alla quacchera.

quakiness ['kweikinis], *n.* l'esser tremulo; l'esser tremebondo.

quaky ['kweiki], *a.* tremulo; tremebondo.

qualification [,kwɔlifi'keiʃən], *n.* **1** modificazione; precisazione; riserva; restrizione; limitazione: **This statement stands without q.**, questa affermazione è valida senza riserva **2** qualità; attributo; titolo; qualifica; condizione; requisito: **a teacher's qualifications**, le qualifiche professionali d'un insegnante; **q. for an office**, titolo per ricoprire una carica; **the q. for citizenship**, la condizione per ottenere la cittadinanza **3** qualificazione; attribuzione d'una qualità; descrizione **4** (*leg.*) abilitazione; qualificazione ● (*fin.*) **q. shares**, azioni depositate in garanzia □ **His delight had one q.**, una sola nube offuscava la sua gioia.

qualificatory ['kwɔlifikətəri], *a.* **1** limitativo, restrittivo **2** qualificativo.

qualified ['kwɔlifaid], *a.* **1** condizionale; condizionato; con riserva: **q. approval**, approvazione con riserva **2** qualificato; capace; competente: **a q. worker**, un operaio qualificato **3** (*leg.*) dotato dei requisiti necessari; abilitato; qualificato. ● **q. acceptance of a bill**, accettazione condizionata (*o* restrittiva) d'una cambiale.

qualifier ['kwɔlifaiə*], *n.* **1** (*gramm.*) aggettivo (*o* avverbio) qualificativo **2** (*sport*) eliminatoria; gara di selezione.

to qualify ['kwɔlifai], **A** *v. t.* **1** dare a (q.) i requisiti necessari (*per una carica, una professione, ecc.*) **2** abilitare, qualificare (*anche leg.*): **to q. sb. to teach French** (*o* **for teaching French**), abilitare q. all'insegnamento del francese **3** modificare; precisare; attenuare; restringere; limitare: **to q. one's opinion**, attenuare la propria opinione **4** condizionare; sottoporre (q.c.) a condizioni **5** qualificare (*anche gramm.*); dare una qualità a (q.); descrivere: **Adjectives q. nouns**, l'aggettivo qualifica il nome; **They q. him as a man of letters**, lo descrivono come un letterato. **B** *v. i.* (*anche, v. rifl.*, **to qualify oneself**) acquisire le qualità necessarie (*o* i titoli richiesti, i requisiti); abilitarsi; qualificarsi: **Have you qualified as a barrister?**, hai acquisito i requisiti necessari per esercitare la professione forense?; **You must q. yourself for a teacher's post**, devi abilitarti all'insegnamento □ **to q. for the bar**, prepararsi per la professione forense □ (*sport*) **qualifying competition**, competizione eliminatoria □ **qualifying examination**, esame d'abilitazione.

qualitative ['kwɔlitətiv], *a.* qualitativo: (*chim.*) **q. analysis**, analisi qualitativa.

quality ['kwɔliti], *n.* **1** qualità (*in ogni senso*); proprietà essenziale; carattere; pregio: **goods of high** (**of poor**) **q.**, merci d'ottima (di scadente) qualità; **That boy has many fine qualities**, quel ragazzo ha molte buone qualità **2** (*in G.B., anche* **q. newspaper**) giornale (*a bassa tiratura*) rivolto a un pubblico selezionato. ● **the q.**, le persone di qualità; i nobili; i titolati □ (*ind.*) **q. control**, controllo di qualità □ **to give a taste of one's q.**, dar saggio di sé; far vedere di che cosa si è capace □ **a man without qualities**, un uomo senza nessuna qualità □ **in the q. of a friend**, in qualità (*o* in veste) d'amico; (*meglio*) da amico □ **people of q.**, persone di qualità (*d'alto grado, di ceto elevato*).

qualm [kwɔ:m], *n.* **1** nausea; conato di vomito **2** dubbio improvviso; rimorso; scrupolo: **The boy had qualms about having told a lie**, il ragazzo sentiva il rimorso d'aver detto una bugia **3** emozione improvvisa (*specialm. dolore o paura*).

qualmish ['kwɔ:miʃ], *a.* **1** che ha la nausea **2** che sente rimorso; che ha scrupoli; inquieto **3** che dà la nausea; nauseabondo.

quandary ['kwɔndəri], *n.* difficoltà; dilemma; dubbio; perplessità; impaccio. ● **to be in a q.**, trovarsi in imbarazzo.

quango ['kwæŋgou], *n.* (*fam.*; *acronimo di* **quasi-autonomous national government organization**) ente parastatale; organizzazione quasi ufficiale.

quant [kwɔnt], *n.* pertica munita di disco (*applicato a un'estremità perché non affondi nel fango; usata dai barcaioli delle coste orientali ingl.*).

to quant [kwɔnt], *v. t.* e *i.* spingere (*una barca*) con una pertica (V. **quant**).

quantic ['kwɔntik], *a.* (*mat.*) quantico: **q. transition**, salto quantico.

quantifiable ['kwɔntifaiəbl], *a.* quantificabile.

quantification [,kwɔntifi'keiʃən], *n.* (*scient., tecn.*) quantificazione.

quantifier ['kwɔntifaiə*], *n.* (*logica e gramm.*) quantificatore.

to quantify ['kwɔntifai], *v. t.* determinare la quantità di (q.c.); misurare; quantificare.

quantitative ['kwɔntitətiv], *a.* quantitativo: (*chim.*) **q. analysis**, analisi quantitativa; (*poesia*) **q. scansion**, scansione quantitativa.

quantity ['kwɔntiti], *n.* quantità (*in ogni senso*); grandezza; abbondanza; gran numero; (*comm.*) quantitativo: **We grant a discount for large quantities of goods**, concediamo uno sconto per grossi quantitativi di merci; (*mat.*) **scalar q.**, grandezza scalare; (*mat.*) **incommensurable q.**, quantità incommensurabile; **We've had quantities of orders lately**, di recente abbiamo avuto ordinazioni in abbondanza. ● (*poesia*) **q. mark**, segno della quantità (*d'una vocale*); segno di lunga o di breve □ **q. meter**, contatore □ (*d'acque*) **q. per second**, portata al secondo □ (*ind.*) **q. production**, produzione in grande quantità □ (*edil.*) **q. surveyor**, chi fa il computo metrico ed estimativo (*dei materiali*); preventivista □ (*econ.*) **q. theory of money**, teoria quantitativa della moneta □ **negligible q.**, quantità trascurabile; (*fig.*) persona senza importanza □ **unknown q.**, (*mat.*) incognita; (*fig.*) persona imprevedibile.

quantization [,kwɔntai'zeiʃən], *n.* (*scient., tecn.*) quantizzazione.

quantum ['kwɔntəm], *n.* (*pl.* **quanta**) **1** (*fis.*) quanto: **light q.**, quanto di luce **2** quanto; quantità. ● **q. chemist**, esperto in chimica quantistica □ **q. chemistry**, chimica quantistica □ **q. jump**, (*fis.*) salto quantico; (*fig., anche* **q. leap**) enorme balzo, grande progresso □ (*fis.*) **q. number**, numero quantico □ (*med.*) **q. sufficit**, quanto basta □ (*fis.*) **q. theory**, teoria quantistica (*o* dei quanti).

quarantine ['kwɔrənti:n], *n.* (*med., naut., fig.*) quarantena. ● **to be in q.**, essere in quarantena □ **to be out of q.**, essere fuori quarantena.

to quarantine ['kwɔrənti:n], *v. t.* (*anche fig.*) mettere (*o* tenere) in quarantena.

quark [kwa:k], *n.* (*fis. nucl.*) quark (*da una parola «nonsensical» detta da un personaggio di James Joyce*).

quarrel (1) ['kwɔrəl], *n.* **1** lite; litigio; alterco; contesa; disputa **2** contrasto; dissidio; motivo di lite; lagnanza; questione: **I have no q. against** (*o* **with**) **James**, non ho motivi di contrasto con Giacomo; non ho niente contro Giacomo □ **to fight sb.'s q. for him**, dar man forte a q.; aiutare q. a ottenere giustizia □ **to find q. in a straw**, attaccar lite per un nonnulla; essere litigioso □ **a good q.**, una contesa per una causa giusta □ **to make up one's q.**, rappacificarsi; riconciliarsi □ **to pick a q. with sb.**, attaccar lite (*o* briga) con q. □ **to take up** (*o* **to espouse**) **sb.'s q.**, scendere in campo a fianco di q.; sposar la causa di q.

to quarrel ['kwɔrəl], *v. i.* **1** litigare; altercare; disputare; attaccar briga; questionare **2** lagnarsi; trovare a ridire; essere scontento: **I never q. with Providence**, non mi lagno mai della Provvidenza; **A bad workman quarrels with his tools**, chi non sa lavorare trova a ridire sui suoi arnesi di lavoro. ● (*fig.*) **to q. with one's bread and butter**, lasciare il lavoro che ci dà da vivere.

quarrel (2) ['kwɔrəl], *n.* **1** (*stor., mil.*) quadrello; dardo **2** losanga, rombo (*di vetrate a piombi*) **3** quadrello (*mattone quadrato da pavimento*); mattonella **4** diamante (*da vetraio*).

quarreller, (*USA*) **quarreler** ['kwɔrələ*], *n.* litigante.

quarrelsome ['kwɔrəlsəm], *a.* litigioso; attaccabrighe.

quarrelsomeness ['kwɔrəlsəmnis], *n.* l'essere litigioso; litigiosità.

quarrier ['kwɔriə*], *n.* cavatore (di marmo, ecc.); cavapietre.

quarry (1) ['kwɔri], *n.* cava; (*fig.*) miniera, fonte (*di notizie, ecc.*): **marble q.**, cava di marmo; **slate q.**, cava di lavagna. ● **stone q.**, cava di pietre; latomia (*lett.*).

to quarry ['kwɔri], **A** *v. t.* **1** scavare; estrarre: **to q. limestone**, estrarre calcare (pietre calcaree) **2** (*fig.*) cavar fuori, ricavare (*notizie, fatti, ecc.: da libri, manoscritti, ecc.*). **B** *v. i.* (*fig.*) fare ricerche (*o* indagini).

quarry (2) ['kwɔri], *n.* preda (*anche fig.*); selvaggina.

quarry (3) ['kwɔri], *n.* **1** losanga, rombo (*di vetrate a piombi*) **2** (*anche* **q. tile**) quadrello (*mattone quadrato da pavimento*); mattonella.

quarryman ['kwɔrimən], *n.* (*pl.* **quarrymen**) cavatore.

quart (1) [kwɔ:t], *n.* **1** quarto di «gallone» (*misura per liquidi, pari a litri 1,14 circa in G.B., o a 1 litro circa in USA*); due pinte; recipiente di tale capacità **2** ottavo di «peck» (*misura per cereali, pari a litri 1,14 circa in G.B., o a litri 1,1 circa in USA*). ● **to try to put a q. into a pint pot**, cercare di far entrare due pinte (*di un liquido*) in un boccale da una pinta; (*fig.*) tentare l'impossibile □ **The old man still takes his q.**, il vecchio beve ancora il suo bravo boccale di birra.

quart (2) [ka:t], *n.* **1** (*scherma, anche* **quarte**) quarta **2** (*nei giochi di carte*) sequenza di quattro carte dello stesso seme. ● **q. major**, asso, re, regina e fante dello stesso seme.

to quart [ka:t], *v. i.* (*scherma*) mettersi in posizione di quarta.

quartan ['kwɔ:tn], *a.* e *n.* (*med.*) (febbre) quartana.

quartation [kwɔ(:)'teiʃən], *n.* (*metall.*) inquartazione (*dell'oro*).

quarte [ka:t], *V.* **quart (2)**, *def. 1*.

quarter ['kwɔ:tə*], *n.* **1** (*mat., astron., araldica, ecc.*) quarto: **a q. of a mile**, un quarto di miglio; **It's a q. to** (*USA:* **of**) **four**, sono le quattro meno un quarto; **The moon is at** (*o* **in**) **q.**, la luna è al primo quarto; **a q. of beef**, un quarto di bue; **hind-quarters**, quarti posteriori **2** trimestre; (*specialm. scozz. e USA*) trimestre scolastico (*cfr. ingl.* **term**): **A q. is a school term of about twelve weeks**, il trimestre scolastico è di circa dodici settimane **3** (*USA*) quarto di dollaro; moneta da 25 centesimi **4** quadrante della bussola; punto cardinale; (*per estens.*) direzione, località, parte: **Which q. is the wind in?**, in che direzione soffia il vento?; **He has travelled in every q. of the globe**, ha viaggiato in ogni parte del mondo; **There was no help to be looked for in that q.**, da quella parte non c'era da aspettarsi alcun aiuto **5** (*fig.*) ambiente; circolo; fonte (*d'informazione*); settore (*della pubblica opinione*); (*pl.*) sfere: **This information comes from a good q.**, questa informazione viene da fonte sicura **6** quartiere; parte d'una città: **the Italian q.**, il quartiere italiano; **the residential q.**, il quartiere residenziale; **the manufacturing q.**, la zona industriale della città **7** (*pl.*) alloggio: **I found quarters for my friends**, trovai alloggio per i miei amici **8** (*pl., mil.*) alloggiamento; luogo di guarnigione; caserme: **Caesar's legions were in winter quarters**, le legioni di Cesare erano nei loro quartieri d'inverno **9** (*pl., naut. mil.*) posti di combattimento: **The crew took up their quarters**, l'equipaggio occupò i posti di combattimento **10** (*naut.*) giardinetto; anca **11** «quarter» (*misura per cereali, pari a ettolitri 2,90 circa*) **12** «quarter»; quarto di «hundredweight» (*misura di peso, pari a kg 12,70 in G.B. e a kg 11,34 in USA*). ● (*fam., sport*) **the q.**, il quarto di miglio (*402 m circa*): **He has done the q. in a minute**, ha fatto il quarto di miglio in un minuto □ **a q. of a century**, un quarto di secolo; 25 anni □ **q. bell**, campana che suona i quarti □ (*di ingl.*) **q.-bound**, rilegato in cuoio solo sul dorso □ (*biliardo*) **q. butt**, stecca corta □ (*in G.B.*) **q. days**, giorni di scadenza dei pagamenti trimestrali (*25 marzo, 24 giugno, 29 settembre e 25 dicembre*) □ (*naut.*) **q.-deck**, casseretto □ (*USA*) **q. dollar**, quarto di dollaro (*25 cent*) □ (*sport*) **q.-final**, quarto di finale □ (*mil.*) **q. left** (**q. right**), ad angolo retto a sinistra (a destra) □ **q.-light**, finestrino laterale (*di carro chiuso, di carrozzone*); (*autom.*) deflettore □ (*sport*) **q. mile**, quarto di miglio □ (*sport*) **q.-miler**, podista che corre il quarto di miglio □ (*mus. USA*) **q. note**, semiminima □ (*elettr.*) **q.-phase**, bifase □ (*fotogr.*) **q. plate**, lastra di 3¼ x 4¼ pollici (*cm 8,3 x 10,8 circa*) □ (*falegnameria*) **q. round**, quartabuono; quartabono (*pop.*) □ (*leg.*) **q. sessions**, sessioni trimestrali; udienze trimestrali □ (*mus.*) **q. tone**, quarto di tono; mezzo semitono □ (*naut.*) **q. wind**, vento al giardinetto □ **to ask for q.**, chieder quartiere; chiedere salva la vita □ **a bad q. of an hour**, un brutto quarto d'ora □ (*naut.*) **to beat to quarters**, chiamare l'equipaggio ai posti di combattimento □ **at close quarters**, dappresso, vicino; (*mil.*) corpo a corpo □ (*naut.*) **fire quarters**, posto d'incendio □ **from every q.** (*o* **from all quarters**), da ogni parte; da tutte le direzioni □ (*naut.*) **general quarters**, posti di combattimento □ **to give no q.**, non dar quartiere; non usare misericordia □ **to live in close quarters**, vivere in un ambiente ristretto □ (*naut.*) **officers' quarters**, quadrato degli ufficiali; alloggi degli ufficiali □ **to receive q.**, aver salva la vita □ **to take up one's quarters with sb.**, andare ad abitare con q. □ **It has gone the q.**, è suonato il quarto (*rif. a un orologio*) □ **It's not a q. as good as it should be**, è tutt'altro che soddisfacente; non va bene affatto.

to quarter ['kwɔ:tə*], *A v. t.* **1** dividere in quarti; dividere in quattro parti: **to q. a watermelon**, dividere in quattro un cocomero **2** (*stor.*) fare in quarti; squartare: **The traitor was hanged and quartered**, il traditore fu impiccato e squartato **3** (*araldica*) inquartare; disporre (*l'arme*) a quarti; dividere (*lo scudo, lo stemma*) in quarti **4** (*mecc.*) mettere (*gomiti*) ad angolo retto **5** (*mil.*) alloggiare (*truppe*); acquartierare **6** battere (*un terreno*) in ogni direzione; perlustrare. *B v. i.* **1** alloggiare; essere alloggiato; (*mil.*) acquartierarsi **2** battere un terreno in ogni direzione **3** (*di nave*) navigare col vento al giardinetto **4** (*di vento*) soffiare in direzione del giardinetto.

quarterage ['kwɔ:təridʒ], *n.* **1** pagamento trimestrale **2** (*mil.*) quartieri; alloggiamento; alloggio per truppe **3** (*mil.*) acquartieramento.

quarterback ['kwɔ:tə:bæk], *n.* (*football americano*) giocatore in posizione centrale, che dirige l'azione.

to quarterback ['kwɔ:tə:bæk], *v. i. e t.* **1** (*sport*) essere il «quarterback»; comandare (una squadra) come «quarterback» **2** (*fig. USA*) dirigere; organizzare.

quarterfinal [,kwɔ:tə'fainl], *n.* (*sport*) **1** (*anche* **q. match**) incontro dei quarti di finale **2** (*pl.*) quarti di finale.

quartering ['kwɔ:təriŋ], *n.* **1** divisione in quattro parti **2** (*stor.*) squartamento **3** (*mil.*) acquartieramento **4** (*araldica*) inquartamento.

quarterly ['kwɔ:təli], *A a.* trimestrale: **q. payments**, pagamenti trimestrali. *B avv.* trimestralmente. *C n.* pubblicazione trimestrale.

quartermaster ['kwɔ:tə,ma:stə*], *n.* **1** (*mil.*) quartiermastro (*un tempo*), commissario; maresciallo d'alloggio; furiere **2** (*naut.: un tempo*) quartiermastro **3** (*naut.: oggi*) timoniere **4** (*naut., mil.*) secondo capo timoniere **5** (*USA*) soldato del Commissariato. ● (*USA*) **Q. Corps** (*abbr.* **Q.M.C.**), Commissariato militare □ (*USA*) **Q. General** (*abbr.* **Q.M.G.**), generale del Commissariato □ (*naut., mil.*) **chief q.**, capo timoniere □ (*naut.*) **iron q.**, giropilota.

quartern ['kwɔ:tən], *n.* **1** (*anche* **q. loaf**) pagnotta di quattro libbre circa **2** quarto di pinta (*o di libbra, ecc.*).

quarterstaff ['kwɔ:təsta:f], *n.* (*pl.* **quarterstaves**) lunga asta di legno dalla punta ferrata (*usata un tempo in combattimento*).

quartet, quartette [kwɔ:'tet], *n.* (*mus., fig.*) quartetto.

quartic ['kwɔ:tik], *a.* (*mat.*) quartico; di quarto grado.

quarto ['kwɔ:tou], (*tipogr.*) *A a.* in quarto. *B n.* (*pl.* **quartos**) (volume) in quarto.

quartz [kwɔ:ts], *n.* (*miner.*) quarzo. ● (*elettron.*) **q. crystal**, cristallo di quarzo □ (*elettron., med.*) **q. lamp**, lampada al quarzo □ **a q. watch**, un orologio al quarzo.

quartziferous [kwɔ(:)'tsifərəs], *a.* (*miner.*) quarzifero.

quartzite ['kwɔ:tsait], *n.* (*miner.*) quarzite.

quartzose ['kwɔ:tsous], **quartzous** ['kwɔ:tsəs], *a.* (*miner.*) quarzoso.

quasar ['kweisa:], *n.* (*acronimo di* **quasi-stellar radio source**) (*astron.*) quasar; radiosorgente quasi stellare.

to quash (1) [kwɔʃ], *v. t.* (*leg.*) annullare; cassare; invalidare: **to q. a verdict**, annullare un verdetto.

to quash (2) [kwɔʃ], *v. t.* schiacciare; soggiogare; sottomettere; domare: **to q. an uprising**, domare una rivolta.

quasi ['kwa:zi], *a. e avv.* quasi; pressoché; come se; poco meno che; come a dire: **a q.-historical novel**, un romanzo poco meno che storico; **q.-officially**, in modo quasi ufficiale; **The two countries are engaged in a q.-war**, le due nazioni sono poco meno che in guerra; **Mr Witwould, q. would-be witty**, Mr Witwould, come a dire il Signore che-la-pretende-a-spiritoso.

quassia ['kwɔʃə], *n.* (*bot., Quassia amara*) quassia.

quatercentenary [,kwætəsen'ti:nəri], *n.* quarto centenario; quattrocentesimo anniversario.

quaternary [kwə'tə:nəri], *A a.* **1** quaternario; che si compone di quattro elementi **2** (*geol.*) Q., quaternario: **the Q. period**, l'era quaternaria **3** (*chim., metall.*) quaternario. *B n.* **1** quattro (*il numero*) **2** quartetto; serie di quattro cose **3** − (*geol.*) **the Q.**, il Quaternario; l'era quaternaria.

quaternion [kwə'tə:njən], *n.* **1** serie di quattro cose (*o* persone) **2** (*mat.*) quaternione; numero ipercomplesso.

quaternity [kwə'tə:niti], *n.* serie di quattro persone.

quatorzain [kə'tɔ:zein], *n.* (*poesia*) sonetto irregolare.

quatrain ['kwɔtrein], *n.* (*poesia*) quartina.

quatre ['ka:tə*], *n.* carta da gioco (*o* dado, ecc.) segnato con il numero quattro.

quatrefoil ['kætrəfɔil], *n.* **1** (*specialm. archit.*) quadrifoglio **2** (*araldica*) quattrofoglie.

quattrocentist [,kwa:trou'tʃentist], *n.* (*letter., arte*) quattrocentista.

to quaver ['kweivə*], *A v. i.* **1** tremolare; tremare; vibrare: **His voice quavered and broke**, la voce gli tremò e poi si spezzò **2** (*mus.*) trillare; far trilli. *B v. t.* (*di solito* **to q. out**) dire (*o* cantare) con voce tremula. ● (*mus.*) **to q. a note**, trillare su una nota; eseguire una nota trillata.

quaver ['kweivə*], *n.* **1** (*nel canto*) trillo **2** tremolio (*della voce*) **3** (*mus.*) croma.

quavery ['kweivəri], *a.* **1** tremulo; tremante; tremolante **2** trillante.

quay [ki:], *n.* (*naut.*) banchina (d'attracco); molo; calata. ● **q. trial**, prova agli ormeggi.

quayage ['ki:idʒ], *n.* (*comm., naut.*) diritti di banchina.

queasiness ['kwi:zinis], *n.* **1** (*di cibo*) l'esser nauseabondo (*o* disgustoso) **2** (*di persona*) delicatezza di stomaco; l'essere schizzinoso (*o* schifiltoso) **3** (*fig.*) eccessiva scrupolosità.

queasy ['kwi:zi], *a.* **1** nauseabondo; disgustoso; nauseante: **a q. mixture**, un miscuglio disgustoso **2** nauseato **3** delicato (*di stomaco*); schizzinoso; schifiltoso **4** (*fig.*) ansioso; a disagio: (*anche*) troppo scrupoloso: **a q. conscience**, una coscienza troppo scrupolosa.

queen [kwi:n], *n.* **1** regina (*in ogni senso*); regina, donna (*nei giochi di carte, ecc.*): **the Q. of England**, la regina d'Inghilterra; **the Q. Mother**, la regina madre; **Q. Victoria**, la regina Vittoria; **Venice, the q. of the seas**, Venezia, la regina del mare; **q. of hearts**, donna di cuori **2** (*zool.*) regina (*delle api, ecc.*) **3** (*pop.*) omossessuale maschile; checca (*pop.*). ● **Q. Anne furniture**, mobili nello stile del tempo della regina Anna (*1702-1714*) □ (*zool.*) **the q. bee**, l'ape regina □ (*leg.*) **Q.'s Bench**, la Corte Suprema della «Common Law» (*in G.B.*) □ **q.-cake**, torta con ribes □ **q. consort**, regina (*moglie del re*) □ **q. dowager**, vedova del re □ **Q.'s English**, l'inglese puro (*con riferimento al linguaggio*) □ (*fam.*) **the Q. Mum**, la regina madre (*V. queenmother*) □ **q. of beauty**, regina di bellezza; reginetta □ **the Q. of grace**, la Regina del cielo; la Madonna □ (*fig.*) **the q. of the night**, Diana; la luna □ (*fig., stor.*) **the q. of the seas**, la regina dei mari; l'Inghilterra □ (*edil.*) **q. post**, monaco □ **q.'s ware**, ceramiche (*o* vasellame) color crema □ **beauty q.**, *V.* **q. of beauty** □ **Q. Anne is dead!**, questa (notizia) ha la barba!

to queen [kwi:n], **A** *v. t.* **1** fare (*una donna*) regina **2** (*gioco degli scacchi*) fare (*un pedone*) regina. **B** *v. i.* **1** (*gioco degli scacchi*) andare a regina **2** (*gioco della dama*) andare a dama. ● (*fam., spreg.*) **to q. it**, farla da regina □ **to q. it over sb.**, spadroneggiare su q.

queendom ['kwi:ndəm], *n.* **1** Stato sotto la sovranità d'una regina; regno **2** *V.* **queenhood**.

queenhood ['kwi:nhud], *n.* condizione (*o* dignità) di regina; regalità.

queening ['kwi:niŋ], *n.* (*bot.*) mela che matura d'inverno.

queenlike ['kwi:nlaik], *a.* di (*o* da) regina; regale.

queenliness ['kwi:nlinis], *n.* regalità; maestà; dignità di regina.

queenly ['kwi:nli], *a.* di (*o* da) regina; degno d'una regina; regale.

queenship ['kwi:nʃip], *V.* **queenhood**.

to queer [kwiə*], *v. t.* (*pop.*) guastare; rovinare; sciupare. ● (*fig.*) **to q. sb.'s pitch**, rompere le uova nel paniere a q.

queer [kwiə*], **A** *a.* **1** strano; bizzarro; curioso; singolare; eccentrico: **a q. way of pronouncing English**, uno strano modo di pronunciare l'inglese **2** dubbio; di dubbia moralità; sospetto; poco chiaro: **a q. fellow**, un tipo di dubbia moralità **3** indisposto; che ha la nausea (*o* le vertigini) **4** (*fam.*) omosessuale. **B** *n.* (*fam.*) omosessuale; finocchio (*pop.*). ● (*fam.*) **q. in the head**, matto da legare; pazzo □ **to feel q.**, sentirsi indisposto; star poco bene □ (*pop.*) **to find oneself in Q. Street**, essere inguaiato (*pop.*); essere pieno di debiti.

queerish ['kwiəriʃ], *a.* **1** alquanto strano; piuttosto bizzarro **2** piuttosto dubbio; sospetto.

queerness ['kwiənis], *n.* **1** stranezza; bizzarria; singolarità; eccentricità **2** l'essere sospetto (*o* di dubbia moralità) **3** indisposizione; senso di nausea.

to quell [kwel], *v. t.* **1** reprimere; domare; soffocare: **to q. a rebellion**, domare una rivolta **2** acquietare; calmare; lenire: **to q. sb.'s fears**, calmare le apprensioni di q.

to quench [kwentʃ], *v. t.* **1** estinguere; spegnere; smorzare; soffocare: **to q. a fire**, spegnere un fuoco; **to q. the light**, smorzare la luce **2** (*fig.*) reprimere; soffocare (*una speranza, un desiderio, ecc.*) **3** (*metall.*) raffreddare; temprare in acqua **4** (*pop.*) far tacere; ridurre al silenzio (*un avversario*). ● **to q. one's thirst**, dissetarsi.

quenchable ['kwentʃəbl], *a.* **1** estinguibile **2** (*fig.*) soffocabile.

quench bath ['kwentʃ 'ba:θ], *n.* (*metall.*) bagno di tempra.

quencher ['kwentʃə*], *n.* **1** spegnitore **2** qualcosa da bere; bevanda. ● **a modest q.**, una bevutina.

quench hardening ['kwentʃ 'ha:dniŋ], *n.* (*metall.*) indurimento per tempra.

quenching ['kwentʃiŋ], *n.* **1** (*anche elettron.*) spegnimento; estinzione **2** (*fig.*) soffocamento; repressione **3** (*metall.*) raffreddamento rapido; tempra: **q. bath**, bagno di tempra **4** (*fis. nucl.*) quenching.

quenchless ['kwentʃlis], *a.* **1** inestinguibile; perenne **2** (*fig.*) irreprimibile; non soffocabile.

quenelle [kə'nel], *n.* polpetta di carne; crocchetta di pesce.

querist ['kwiərist], *n.* chi indaga; investigatore.

quern [kwə:n], *n.* **1** macina a mano; macinatoio (*per cereali*) **2** macinino (*per il pepe, ecc.*). ● **q.-stone**, macina di mulino.

querulous ['kwerulas], *a.* querulo; lamentoso; piagnucoloso.

querulousness ['kweruləsnis], *n.* l'essere lamentoso; lamentosità (*raro*).

query ['kwiəri], *n.* **1** domanda; quesito; questione: **to raise a q.**, sollevare una questione **2** (*tipogr.*) punto interrogativo. ● **Q., what can we do to prevent that?**, di grazia, che cosa possiamo fare per impedirlo?

to query ['kwiəri], *v. t.* **1** indagare; investigare; chiedersi; sondare (*fig.*): **to q. sb.'s intentions**, sondare le intenzioni di q.; **I q. whether we can trust him or not**, mi chiedo se ci possiamo fidare di lui o no **2** discutere; mettere in dubbio (*o* in discussione): **to q. an order**, discutere un ordine **3** fare domande a (q.); interrogare **4** segnare (*parole scritte o stampate*) con un punto interrogativo.

quest [kwest], *n.* **1** cerca; ricerca: **in q. of the Golden Fleece**, alla ricerca del Vello d'Oro; **They went off in q. of a hidden treasure**, andarono alla ricerca di un tesoro nascosto **2** (*poet.*) cosa di cui si va alla ricerca; meta; obiettivo **3** (*leg., raro*) inchiesta: **coroner's q.**, inchiesta del «coroner» (*q.v.*).

to quest [kwest], *v. t. e i.* **1** (*specialm. di cani da caccia*) cercare *o* abbaiare: **The dogs were questing on the broken trail**, i cani abbaiavano avendo perduto le tracce. ● (*lett.*) **to q. after** (*o* **for**) **st.**, andare in cerca di q.c.

question ['kwestʃən], *n.* **1** domanda; interrogazione; quesito: **Stop asking me questions**, smettila di farmi domande; (*gramm.*) **indirect q.**, interrogazione indiretta **2** questione; discussione; problema; disputa; controversia; obiezione: **a difficult q.**, una questione difficile; **the Middle East q.**, la questione del Medio Oriente; **It's not a q. of money**, non si fa questione di denaro; **They granted my claim without q.**, accolsero il mio reclamo senza far questioni **3** (*arc.*) tortura: **The prisoner was put to the q.**, il prigioniero fu messo alla tortura. ● (*nelle pubbliche riunioni*) **Q.!**, niente digressioni! □ (*leg.*) **q. of fact (of law)**, questione di fatto (di diritto) □ **q. mark**, punto interrogativo □ **q. master**, *V.* **quizmaster** □ (*gramm. ingl.*) **q. tag**, «question tag»; breve domanda in coda a una frase (*cfr. ital.* «è vero?», «non è vero?»): **In the sentence «He likes his job, doesn't he?», «doesn't he» is a question tag**, nella frase «He likes his job, doesn't he?», «doesn't he» è una «question tag» □ (*polit. e fig.*) **q. time**, ora stabilita per le interrogazioni □ **to beg the q.**, evitare una domanda ponendone un'altra; postulare una tesi; dare per dimostrata una proposizione ancora da dimostrare □ **beside the q.**, non pertinente; fuori tema □ **beyond (all) q.** (*o* **out of q.**), fuor di dubbio; senza dubbio; certamente □ **to call st. in q.**, mettere in dubbio q.c. □ **to come into q.**, venire in discussione; essere discusso; acquistare importanza □ **an open q.**, una questione pendente; un problema insoluto □ **out of the q.**, fuori discussione; impossibile □ (*fam.*) **to pop the q.**, fare una proposta di matrimonio □ (*polit.*) **to put the q.**, mettere (una questione controversa) ai voti; passare alla votazione □ **It's only a q. of putting more sugar in it**, si tratta solo di metterci più zucchero □ **That is not the q.**, non si tratta di ciò; l'argomento è un altro; l'osservazione non è pertinente □ **There is no q. about** (*o* **of**) **his being honest**, non c'è alcun dubbio sulla sua onestà □ **That's begging the q.!**, questa è una petizione di principio!

to question ['kwestʃən], **A** *v. t.* **1** interrogare; far domande a (q.); esaminare: **They were questioned by the immigration officer**, furono interrogati dal funzionario dell'ufficio immigrazione **2** mettere in questione; mettere in dubbio; dubitare di (q.c.): **I q. the accuracy of the report**, dubito dell'accuratezza della relazione; **I q. whether his plan will be successful**, dubito che il suo piano riesca **3** indagare; investigare (*fenomeni, fatti, ecc.*). **B** *v. i.* far domande. ● **to q. a statement**, negare la validità di un'asserzione □ **It cannot be questioned that** (*lett.*: **but that**)..., è fuori dubbio che...

questionable ['kwestʃənəbl], *a.* **1** discutibile; dubbio; incerto; insoluto: **a q. statement**, un'affermazione discutibile **2** di dubbia moralità; poco rispettabile; ambiguo; equivoco.

questionary ['kwestʃənəri], *n.* questionario.

questioner ['kwestʃənə*], *n.* interrogante.

questioning ['kwestʃəniŋ], **A** *n.* interrogatorio. **B** *a.* interrogativo; di domanda; interrogante: **a q. look**, uno sguardo interrogativo.

questionnaire [,kwestiə'nɛə*] (*franc.*), *n.* questionario.

questor ['kwestə*], e *deriv. V.* **quaestor**, e *deriv.*
quetzal ['ketsəl], *n.* (*pl.* **quetzals, quetzales**) **1** (*zool.*, *Pharomacrus mocinno*) quetzal **2** quetzal (*moneta del Guatemala*).
queue [kju:], *n.* **1** coda (di capelli); treccia **2** coda (di gente); fila: **to stand in a q.**, stare in fila; fare la coda; **to form a q.**, mettersi in fila; formare una fila. ● (*fam.*) **q.-jumper**, chi passa davanti scavalcando gli altri (*in una coda*) □ **to jump the q.**, passare davanti agli altri (*che fanno la coda*).
to queue [kju:], *v. i.* (*spesso* **to q. up**) fare la fila; fare la coda: **to q. up for a bus**, fare la fila per prendere un autobus. ● (*mat.*) **queuing theory**, teoria delle code.
quibble ['kwibl], *n.* **1** (*arc.*) gioco di parole; bisticcio **2** cavillo; arzigogolo; sofisma.
to quibble ['kwibl], *v. i.* cavillare; arzigogolare; sofisticare; usare sofismi; sottilizzare.
quibbler ['kwiblə*], *n.* cavillatore; sofista.
quibbling ['kwibliŋ], *a.* cavilloso; sofistico.
quick [kwik], **A** *a.* **1** celere; lesto; rapido; svelto; veloce; frettoloso: **in q. succession**, in rapida successione; **a q. bus**, un autobus veloce; **a q. worker**, un lavoratore svelto; **a q. look**, un'occhiata frettolosa **2** pronto; acuto; desto; sveglio (*fig.*); intelligente; vivace; vivo: **a q. reply**, una pronta risposta; **to have a q. eye**, avere la vista acuta; **a q. sense of smell**, un acuto senso dell'olfatto; un odorato acutissimo; **a q. mind**, una mente acuta; un'intelligenza pronta; **a q. wit**, uno spirito vivace; **a q. child**, un ragazzo sveglio (*o* intelligente); **q. to anger**, pronto all'ira; **q. to take offense**, pronto a offendersi; permaloso **3** impaziente; focoso: **a q. temper**, un temperamento focoso. **B** *avv.* **1** (*fam.*) rapidamente; velocemente; in fretta: **You are talking too q.**, parli troppo in fretta. **C** *n.* – **the q.**, il vivo; la carne viva: **He bites his nails to the q.**, si morde le unghie fino alla carne viva (*o* sangue); **The insult stung him to the q.**, l'insulto lo toccò sul vivo. ● (*farm.*, *med.*) **q.-acting**, a effetto immediato; ad azione rapida □ (*arc.*) **the q. and the dead**, i vivi e i morti □ (*pop. USA*) **q.-and-dirty**, (*sost.*) cosa fatta alla carlona; (*anche*) tavola calda □ **q.-change**, di (*o* da) trasformista □ (*teatr.*) **a q.-change artist**, un trasformista □ (*geol.*) **q. clay**, argilla fluidificata □ **q.-eared**, dall'udito acuto; fine d'orecchio □ **q.-eyed**, dalla vista acuta □ (*mil.*) **q.-firer** (*o* **q.-firing gun**), fucile a ripetizione □ **q.-forgotten**, presto dimenticato; fugace □ **a q. hedge**, una siepe viva □ **a q. kiss**, un bacio dato in fretta □ **q.-lunch bar** (*o* **q.-lunch counter**), tavola calda □ (*mil.*) **Q. march!**, avanti, march! □ **a q. meal**, un pasto alla svelta □ **q.-setting cement**, cemento a presa rapida □ **q. sight**, vista acuta; pronto discernimento □ **q.-sighted**, dalla vista acuta; che ha pronto discernimento □ **q.-tempered**, impulsivo; focoso; irascibile □ (*mil.*) **q. time**, velocità normale di marcia □ **q.-witted**, acuto; perspicace; sagace □ (*arc.*) **to be q. with child**, essere avanti nella gravidanza □ **to do a q. mile**, fare (*o* coprire) un miglio rapidamente □ (*fam.*, *di ragazzo*) **not very q.**, lento; poco intelligente □ **Be q.!**, fa' presto; spicciati! □ **He is a Tory to the q.**, è conservatore fino al midollo.
to quicken ['kwikən], *A v. t.* **1** affrettare; accelerare: **We quickened our steps**, affrettammo il passo **2** animare; accendere (*fig.*); rinvigorire; stimolare; vivificare: **His vivid description quickened my interest**, la sua vivace descrizione accese il mio interesse. **B** *v. i.* **1** affrettarsi; accelerare; farsi più rapido: **My pulse quickened**, il polso mi si fece più rapido **2** animarsi; ravvivarsi **3** (*del feto*) muoversi.
quickening ['kwikəniŋ], *a.* che anima; stimolante; vivificante.
to quick-freeze ['kwikfri:z] (*pass.* **quick-froze**, *p. p.* **quick-frozen**), *v. t.* surgelare. ● **quick-frozen foods**, (alimenti) surgelati.
quickie ['kwiki], **A** *n.* (*fam.*) **1** cosa fatta alla svelta; cosa da quattro soldi **2** film da quattro soldi **3** (*anche* **quick one**) alcolico bevuto in fretta. **B** *a.* (*fam.*) fatto (ottenuto, ecc.) alla svelta: **to get a q. divorce**, ottenere il divorzio (*o* divorziare) alla svelta. ● **q. strike**, sciopero a gatto selvaggio; sciopero illegale.
quicklime ['kwik‚laim], *n.* (*edil.*) calce viva.
quickness ['kwiknis], *n.* **1** prontezza; acutezza; acume; intelligenza; sagacia; sveltezza; vivacità **2** (*raro*) rapidità; celerità; velocità. ● **q. of temper**, impulsività; irascibilità.
quicksand ['kwiksænd], *n.* (*spesso al pl.*) **1** (*geol.*) sabbia fluidificata; sabbia mobile **2** (*edil.*) malta liquida. ● **a bed of q.**, una buca di sabbie mobili.
quickset ['kwikset], **A** *n.* **1** talea (*o* pianta) viva (*per siepi*) **2** siepe viva (*specialm. di biancospino*). **B** *a.* di talee (*o* piante) vive (*da siepe*): **a q. hedge**, una siepe viva (*specialm. di biancospino*).
quicksilver ['kwik‚silvə*], *n.* (*chim.*) mercurio; argento vivo (*anche fig.*).

to quicksilver ['kwik‚silvə*], *v. t.* rivestire (*uno specchio*) di amalgama di mercurio.
quickstep ['kwikstep], *n.* **1** (*mus.*) «quickstep» (*danza*) **2** (*mil.*, *mus.*) vivace marcia militare.
quid (1) [kwid], *n.* pezzo di tabacco da masticare; cicca.
quid (2) [kwid], *n.* (*fam.*, *invar. al pl.*) sterlina: **seventy q. a week**, settanta sterline la settimana.
quiddity ['kwiditi], *n.* **1** (*filos.*) quiddità; essenza **2** cavillo; sofisma.
quidnunc ['kwidnʌŋk], *n.* ficcanaso, curioso; chiacchierone, chiacchierona; pettegolo, pettegola.
quid pro quo ['kwidprou'kwou] (*lat.*), *n.* (*pl.* **quid pro quos**) **1** compenso; ricompensa **2** contropartita; qualsiasi cosa data in scambio (*un colpo, ecc.*) **3** equivalente; sostituto **4** (*raro*) qui pro quo; equivoco; svista.
quiescence [kwai'esns], **quiescency** [kwai'esnsi], *n.* quiescenza; inerzia; immobilità; riposo.
quiescent [kwai'esnt], *a.* **1** quiescente; inerte; immobile; inattivo **2** (*med.*) latente **3** (*elettron.*) a riposo; in assenza di segnale. ● (*elettron.*) **q. value**, valore di riposo.
quiet (1) ['kwaiət], *a.* **1** quieto; calmo; tranquillo; cheto; zitto; silenzioso; taciturno; pacifico; placido: **a q. den**, un quieto rifugio; **a q. street**, una strada quieta; **the q. waters of the lake**, le acque calme del lago; **a q. disposition**, un carattere pacifico; **a q. morning**, una mattinata tranquilla; Be q., sta' zitto!; **a q. man**, un uomo placido (*o* taciturno) **2** dimesso; modesto; semplice; sobrio; non chiassoso: **a q. dress**, un abito dimesso, semplice; **q. good taste**, sobrio buon gusto; **q. colours**, colori non chiassosi. ● (*elettron.*) **q. battery**, batteria telefonica (*a basso rumore*) □ **a q. cup of tea**, una tazza di tè bevuta in santa pace □ **a q. dinner party**, un pranzo alla buona □ **a q. laugh**, una risata sommessa; una risatina □ **a q. manner**, un modo di fare discreto (*o* riservato) □ **to harbour q. resentment**, nutrire un segreto rancore □ **to keep st. q.**, tener segreto q.c. □ **on the q.** (*pop.*: **on the q. t.** ['kju:'ti:]), di nascosto; alla chetichella; in confidenza.
quiet (2) ['kwaiət], *n.* quiete; calma; tranquillità; pace; riposo; silenzio: **a few hours of q.**, qualche ora di tranquillità; **a period of q.**, un periodo di pace (*o* di quiete pubblica). ● **to live in peace and q.**, vivere in santa pace.
to quiet ['kwaiət], **A** *v. t.* acquietare; chetare; calmare; pacificare; tranquillare: **The orator succeeded in quieting the crowd**, l'oratore riuscì a calmare la folla. **B** *v. i.* (*di solito* **to q. down**) acquietarsi; chetarsi; calmarsi; placarsi; rasserenarsi: **After a while the girl quieted down**, di lì a poco la fanciulla si calmò.
to quieten ['kwaiətn], *V.* **to quiet**.
quietism ['kwaiətizəm], *n.* **1** (*relig.*) quietismo **2** (*spreg.*, *polit.*) immobilismo.
quietist ['kwaiətist], *n.* **1** (*relig.*) quietista **2** (*spreg.*, *polit.*) immobilista.
quietistic [‚kwaiə'tistik], *a.* **1** (*relig.*) quietistico **2** (*spreg.*, *polit.*) immobilistico.
quietly ['kwaiətli], *avv.* **1** quietamente; tranquillamente; silenziosamente; pacificamente; placidamente **2** dimessamente, modestamente **3** senza strepito; senza fare storie; con le buone: (*detto di un poliziotto, ecc.*) **Better come along q.!**, (è) meglio venir via con le buone.
quietness ['kwaiətnis], **quietude** ['kwaiitju:d], *n.* quiete; calma; tranquillità; riposo; silenzio.
quietus [kwai'i:təs], *n.* (*lett.*) **1** liberazione finale; morte **2** colpo di grazia: **to give sb. his q.**, dare il colpo di grazia a q. **3** ricevuta (*di un pagamento*); quietanza; estinzione (*di un debito*).
quiff [kwif], *n.* ricciolo incollato sulla fronte; ciuffo alla brava.
quill [kwil], *n.* **1** (*anche* **q. feather**) calamo; penna dell'ala (*o* della coda) **2** (*anche* **q. pen**) penna d'oca **3** (*pesca*) galleggiante (*fatto con una penna*) **4** (*di porcospino*) aculeo; spina **5** stuzzicadenti (*di penna d'oca*) **6** (*mus.*) zufolo **7** (*ind. tessile*) tubetto **8** (*mecc.*) albero (*o* perno) cavo. ● (*mecc.*) **q. drive**, trasmissione tubolare □ **q.-driver**, imbrattacarte; scrittorello.
to quill [kwil], **A** *v. t.* pieghettare (*in forma di pieghe tubolari*). **B** *v. i.* (*ind. tessile*) avvolgere il filo sui fusi.
quillet ['kwilit], (*arc.*) *V.* **quibble**.
quilling ['kwiliŋ], *n.* nastro di stoffa pieghettata (*in forma tubolare*).
quilt [kwilt], *n.* coperta imbottita; trapunta; piumino.
to quilt [kwilt], *v. t.* **1** imbottire; impuntire; trapuntare **2** cucire (*documenti, monete, ecc.*) in un lembo di vestito **3** abborracciare, raffazzonare (*un'opera letteraria*) **4** (*dial.*) percuotere; picchiare.
quilted ['kwiltid], *a.* **1** trapunto; impuntito **2** trapuntato; imbottito: **a q. windcheater**, una giacca a vento imbottita. ●

quilting

(*moda*) **q. jacket**, giacca imbottita, giaccone imbottito; piumino (*fam.*).
quilting ['kwiltiŋ], *n.* **1** imbottitura; l'impuntire; il trapuntare **2** stoffa per imbottite (*o* trapunte).
quim [kwim], *n.* (*volg.*) fica (*volg.*); vulva.
quin [kwin], (*fam.*) *V.* **quintuplet**.
quinary ['kwainəri], *a.* (*mat.*) quinario: (*elab.*) **q. code**, codice quinario.
quince [kwins], *n.* (*bot.*) **1** mela cotogna **2** (*Cydonia oblonga*) cotogno. ● **q. jam**, cotognata.
quincentenary [ˌkwinsen'tiːnəri], *n.* quinto centenario; cinquecentesimo anniversario.
quincuncial [kwin'kʌnʃəl], *a.* (*geom.*, *bot.*) quinconciale.
quincunx ['kwinkʌŋks], *n.* (*geom.*, *bot.*) quinconce.
quindecagon [kwin'dekəgən], *n.* (*geom.*) poligono con quindici angoli.
quindecennial [ˌkwindi'seniəl], *a.* quindicennale.
quingentenary ['kwindʒen'tiːnəri], *V.* **quincentenary**.
quiniela [ki'njelə], *n.* (*ippica USA*) accoppiata invertibile (*o* reversibile).
quinine [kwi'niːn], *USA* ['kweinein], *n.* **1** (*chim.*) chinina **2** (*farm.*) chinino.
quinquagenarian [ˌkwiŋkwədʒi'nɛəriən], *a.* e *n.* cinquantenne.
quinquagenary [ˌkwiŋkwə'dʒi(ː)nəri], **A** *a.* cinquantenne. **B** *n.* cinquantenario.
Quinquagesima [ˌkwiŋkwə'dʒesimə], *n.* (*relig.* anche **Q. Sunday**) Quinquagesima; domenica di quinquagesima.
quinquennial [kwiŋ'kweniəl], *a.* quinquennale.
quinquennium [kwiŋ'kweniəm], *n.* (*pl.* **quinquenniums**, **quinquennia**) quinquennio; lustro.
quinquereme ['kwiŋkwiriːm], *n.* (*stor.*) quinquereme.
quinquina [kwiŋ'kwainə], *n.* (*arc.*) corteccia di china; chinchina (*arc.*).
quinquivalent [kwinkwi'veilənt], *a.* (*chim.*) pentavalente.
quins [kwinz], (*fam.*) *V.* **quintuplet**.
quinsy ['kwinzi] *n.* (*med.*) angina; tonsillite.
quint (1) [kwint], (*fam. USA*) *V.* **quintuplet**.
quint (2) [kwint], *n.* **1** (*mus.*) quinta **2** (*nei giochi di carte*) sequenza di cinque carte.
quintain ['kwintin], *n.* (*stor.*) quintana (*gioco medievale*).
quintal ['kwintl], *n.* **1** quintale (*100 Kg.*) **2** «hundredweight» (*100 libbre in USA, 112 libbre in G.B.*)
quintan ['kwintən], *n.* (*med.*) quintana (*febbre*).
quintessence [kwin'tesns], *n.* (*anche fig.*) quintessenza.
quintessential [ˌkwinti'senʃəl], *a.* (*anche fig.*) quintessenziale.
quintet(te) [kwin'tet], *n.* (*mus.*) quintetto.
Quintilian [kwin'tiljən], *n.* (*stor. letter.*) Quintiliano.
quintillion [kwin'tiljən], *n.* **1** (*in G.B.*) quinta potenza di un milione (*un 1 seguito da 30 zeri; uguale a un nostro nonilione*) **2** (*USA*) quintilione (*un 1 seguito da 18 zeri*).
Quintin ['kwintin], *n.* Quintino.
quintuple ['kwintjupl], *a.* e *n.* quintuplo.
to quintuple ['kwintjupl], **A** *v. t.* quintuplicare. **B** *v. i.* quintuplicarsi.
quintuplet ['kwintjuplit], *n.* **1** uno di cinque gemelli **2** (*pl.*) cinque nati da un parto.
quintuplicate [kwin'tjuːplikit], **A** *a.* quintuplice; quintuplicato. **B** *n.* uno di cinque esemplari; una di cinque copie. ● **in q.**, in cinque esemplari (*o* copie).
to quintuplicate [kwin'tjuːplikeit], *v. t.* **1** quintuplicare **2** fare cinque copie di (*un documento, ecc.*).
quintuplication [kwintjuːpli'keiʃn], *n.* **1** quintuplicazione **2** redazione (*di un documento, ecc.*) in cinque copie.
quip [kwip], *n.* **1** frizzo; motto arguto (*o* pungente); arguzia; bottata (*lett.*); boutade (*franc.*) **2** gioco di parole; bisticcio.
to quip [kwip], *v. i.* dire frizzi (*o* arguzie, battute di spirito); fare dello spirito.
quire (1) ['kwaiə], *n.* **1** mazzetta di ventiquattro (*o* venticinque) fogli di carta **2** (*legatoria*) quaderno; quattro fogli piegati (*16 pagine*). ● **a book in quires**, un libro non (ancora) rilegato.
quire (2) ['kwaiə], (*arc.*) *V.* **choir**.
to quire ['kwaiə], (*arc.*) *V.* **to choir**.
Quirinal ['kwirinəl], *n.* (il) Quirinale.
quirk [kwə:k], *n.* **1** cavillo; scappatoia; sotterfugio **2** arguzia; frizzo; motto pungente; battuta di spirito; bottata (*lett.*); boutade (*franc.*) **3** ghirigoro; svolazzo **4** ticchio; vezzo. ● **a q. of fancy**, un ghiribizzo.
quirky ['kwə:ki], *a.* **1** cavilloso **2** strambo; originale.
quirt [kwə:t], *n.* (*USA*) frustino di cuoio (*da cavaliere*).
to quirt [kwə:t], *v. t.* (*USA*) frustare; colpire col frustino.
quisling ['kwizliŋ], *n.* **1** (*polit.*) quisling; collaborazionista **2** (*pop.*) traditore (*in genere*).
quit [kwit], *a. pred.* **1** liberato; sbarazzato: **We are well q. of our fears**, finalmente ci siamo liberato dei nostri timori **2** disobbligato; sdebitato.
to quit [kwit] (*pass.* e *p. p.* **quitted** *o, specialm. USA,* **quit**), **A** *v. t.* **1** abbandonare; lasciare; partire da: **They quitted me in anger**, mi lasciarono adirati; **I quitted London at dawn**, partii da Londra all'alba; **to q. one's office**, abbandonare l'impiego (il posto di lavoro) **2** cessare; smettere: **Q. worrying**, smettila di preoccuparti; **We don't q. work till 6 p.m.**, non smettiamo di lavorare fino alle sei di sera **3** (*poet.*) compensare; ricambiare; ripagare: **to q. love with hatred**, ripagare l'amore con l'odio. **B** *v. i.* **1** andarsene; sloggiare **2** abbandonare un'impresa; cedere; rinunciare **3** dare le dimissioni; dimettersi; abbandonare un impiego. ● **to q. a debt**, pagare (*o* saldare) un debito □ **to q. hold of sb. (st.)**, lasciar andare q. (q.c.); abbandonare la presa su q. (q.c.) □ (*leg.*) **notice to q.**, disdetta (*di contratto di locazione*); escomio (*la notifica*); licenziamento, (gli) «otto giorni» (*fam.*) □ (*prov.*) **Death quits all scores**, la morte salda tutti i conti.
quitch [kwitʃ], *n.* (*bot.*, *Agropyron repens*; anche **q. grass**) gramigna.
quitclaim ['kwitkleim], *n.* (*leg.*) rinuncia a un diritto.
to quitclaim ['kwitkleim], *v. t.* (*leg.*) rinunciare a (*un diritto, ecc.*).
quite [kwait], **A** *avv.* **1** completamente; interamente; del tutto; affatto: **My work is not q. finished yet**, il mio lavoro non è ancora interamente finito; **He isn't q. a gentleman**, non è del tutto (*o* proprio quel che si dice) un gentiluomo **2** davvero; proprio: **It's q. cold today**, oggi fa davvero freddo; **He is q. a hero**, è proprio un eroe; «**He's a very clever boy**» «**Oh (Yes), q.!**», «è un ragazzo molto intelligente» «lo è davvero!» (*o* «oh, certo!») **3** abbastanza; piuttosto; più o meno. **B** *inter.* certo!; davvero!; proprio! ● **q. a** (*o* **an**, *o* **some**), (*davanti a un sost. sing.*, è idiom.): **That was q. a race**, quella sì che è stata una corsa; **He's q. a friend**, altroché se è un amico! □ **q. a few**, non pochi; molti □ **q. other**, del tutto diverso; tutt'altra cosa □ **q. right**, giustissimo; perfetto □ **q. so**, proprio così; davvero □ (*fam.*) **q. something**, non cosa da poco; mica male (*fam.*): **It's q. something to be knighted at twenty**, mica male essere fatto baronetto a vent'anni □ **I q. like her**, la trovo davvero assai simpatica □ **It took q. a long time**, ci volle un bel po' di tempo □ **I was q. alone** (*o* **q. by myself**), ero tutto solo; ero solo soletto □ **This hat is q. the thing**, questo cappellino è proprio quello che (mi) vuole.
quitrent ['kwit-rent], *n.* (*stor.*) canone enfiteutico (*pagato a un signore feudale*).
quits [kwits], *a. pred.* pari; pari e patta: **We're q. now**, ora siamo pari. ● **to call it q.**, considerarsi pari e patta; farla finita □ **to cry q.**, riconoscere che la partita è pari; rinunciare a una contesa; riconciliarsi □ (*nei giochi*) **double or q.**, doppio o pari e patta (*quando, all'ultimo colpo, chi perde punta l'intera somma perduta*).
quittance ['kwitəns], *n.* **1** (*leg., comm.*) quietanza; ricevuta **2** (*poet.*) proscioglimento, dispensa (*da un debito, un obbligo*) **3** (*poet.*) ricompensa. ● **to give sb. his q.**, mettere q. alla porta; mandare via q. □ (*prov.*) **Omittance is no q.**, la mancata richiesta di pagamento non annulla il debito.
quitter ['kwitə], *n.* (*fam.*) chi si arrende (*o* si scoraggia) facilmente; rinunciatario; disertore, traditore (*anche scherz.*).
quiver (1) ['kwivə], *n.* faretra; turcasso. ● (*fig.*) **to have an arrow** (*o* **a shaft**) **left in one's q.**, avere ancora una freccia al proprio arco; avere ancora una carta da giocare □ (*scherz.*) **to have a q. full of children**, avere una nidiata di bambini.
to quiver ['kwivə], **A** *v. i.* tremare; tremolare; fremere; rabbrividire: **Her voice quivered**, le tremava la voce; **The leaves were quivering in the wind**, le foglie tremolavano al vento. **B** *v. t.* agitare; far vibrare; scuotere.
quiver (2) ['kwivə], *n.* tremito; tremolio; brivido.
quivering ['kwivəriŋ], *a.* tremante; tremolante; fremente.
qui vive [kiː'viːv] (*franc.*), *n.* (*mil.*) chi va là. ● **to be on the qui vive**, stare sul chi vive; stare all'erta.
Quixote ['kwiksət], *n.* (*letter.*) Chisciotte.
quixotic(al) [kwik'sɔtik(əl)], *a.* donchisciottesco; chisciottesco (*raro*).
quixotism ['kwiksətizəm], **quixotry** ['kwiksətri], *n.* donchisciottismo.
quiz [kwiz], *n.* (*pl.* **quizzes**) **1** quiz; questionario; serie di domande (*o* di quesiti); (*specialm. USA*) interrogazione, breve esame (*a scuola*) **2** (*radio, telev.*) quiz **3** (*raro*) beffa; burla **4** (*raro*) eccentrico; tipo buffo (*o* ridicolo). ● (*telev.*) **q. show**, quiz; gioco a premi.

to quiz [kwiz], *v. t.* **1** porre domande (*o* quesiti) a (q.); (*specialm. USA*) esaminare **2** (*raro*) burlarsi di (q.); canzonare **3** (*raro*) sbirciare (*attraverso una lente o un monocolo*).

quizmaster ['kwiz,ma:stə*], *n.* (*radio, telev.*) chi dirige un quiz; presentatore di quiz.

quizzical ['kwizikəl], *a.* **1** beffardo; canzonatorio; satirico **2** buffo; comico; ridicolo **3** interrogativo; interrogatorio: **a q. look**, un'occhiata interrogativa.

quod [kwɔd], *n.* (*pop.*) prigione; carcere; gattabuia (*pop.*).

to quod [kwɔd], *v. t.* (*pop.*) imprigionare; incarcerare.

quoin [kɔin], *n.* **1** (*archit., edil.*) immorsatura; concio d'angolo **2** (*archit.*) concio rastremato (*per archi*) **3** cuneo; bietta; zeppa **4** (*tipogr.*) serraforme. ● (*ing., naut.*) **q. post**, montante centrale (*di chiusa*).

to quoin [kɔin], *v. t.* **1** fissare (*o* sollevare) con un cuneo (*o* con una bietta) **2** (*tipogr.*) serrare a cunei.

quoit [kɔit], *n.* **1** anello (*di ferro, corda o gomma*) per il gioco del lancio degli anelli **2** (*pl.*) gioco del lancio degli anelli (*da infilare in un paletto*).

to quoit [kɔit], (*raro*) **A** *v. i.* giocare agli anelli. **B** *v. t.* scagliare come un anello (*nel gioco detto* **quoits**; *q.V.*).

quondam ['kwɔndæm] (*lat.*), *a.* quondam (*scherz.*); una volta; un tempo: **Mr Smith, a q. friend of mine**, Mr Smith, un tempo mio amico.

Quonset hut ['kwɔnsit hʌt], *n.* (*marchio: mil. USA*) baracca (*di lamiera ondulata*).

quorum ['kwɔ:rəm] (*lat.*), *n.* (*leg., polit.*) quorum; numero legale: **to form a q.**, raggiungere il numero legale.

quota ['kwoutə], *n.* **1** quota; aliquota; parte; porzione; rata: **immigration q.**, quota d'immigrazione **2** (*econ.*) contingente **3** (*fin.*) tangente. ● (*comm., stat.*) **q. sample**, campione stratificato □ (*econ.*) **q. system**, (sistema del) contingentamento.

quotability [,kwoutə'biliti], *n.* **1** l'essere citabile; citabilità **2** (*fin.*) l'essere quotabile.

quotable ['kwoutəbl], *a.* **1** citabile **2** (*fin.*) quotabile.

quotation [kwou'teiʃən], *n.* **1** citazione; passo citato: **a q. from Milton**, una citazione da Milton **2** (*comm., fin.*) quotazione; prezzo corrente **3** (*comm.*) preventivo (*del costo di un lavoro*). ● (*naut.*) **a q. for freight**, una quotazione di nolo □ **q. marks**, virgolette (*di citazione*) □ (*comm.*) **the q. of prices**, la quotazione dei prezzi.

quotative ['kwoutətiv], *a.* **1** di citazione **2** che ama le citazioni.

to quote [kwout], *v. t.* **1** citare; addurre (*un esempio*): **The teacher quoted Milton**, l'insegnante citò Milton **2** (*comm., fin.*) quotare; indicare il prezzo corrente di (*un titolo, merci, ecc.*): **We have quoted our best prices**, vi abbiamo quotato i nostri prezzi minimi; **These shares are not quoted on the Stock Exchange**, queste azioni non sono quotate alla Borsa Valori **3** (*tipogr.*) mettere fra virgolette; virgolettare. ● (*dettando*) **Q.!**, (aprire le) virgolette!

quote [kwout], *n.* (*fam.*) **1** citazione; passo citato **2** (*pl.*) virgolette: **in quotes**, fra virgolette.

quoth [kwouθ], *voce verb. di 1ª e 3ª pers. sing.* (*arc.; seguito o preceduto dal discorso diretto*) **1** — **q. I**, dissi **2** — **q. he** (*o* **q. she**), disse.

quotidian [kwɔ'tidiən], **A** *a.* quotidiano; giornaliero. **B** *n.* (*med.*) febbre quotidiana (*nella malaria*).

quotient ['kwouʃənt], *n.* (*mat.*) quoziente. ● **q. set**, insieme quoziente.

r, R

R, r [aː*], *n.* (*pl.* **Rs, rs; R's, r's**) R, r (*diciottesima lettera dell'alfabeto ingl.*). ● (*tel.*) **r for Robert** (*USA*: **r for Roger**), r come Roma □ **the «r» months**, i mesi con la erre (*da settembre ad aprile*) □ **the three R's**, leggere, scrivere e far di conto (**reading, 'riting, 'rithmetic**; *grafia scherzosa dei tre elementi dell'istruzione*).

rabbet ['ræbit], *n.* **1** gola; incastro; scanalatura **2** (*anche* **r. joint**) giunto a maschio e femmina. ● **r. plane**, pialletto per scanalare.

to rabbet ['ræbit], **A** *v. t.* **1** fare un incastro in (*un legno*); scanalare **2** unire con un giunto a maschio e femmina. **B** *v. i.* essere unito a incastro.

rabbi ['ræbai], *n.* (*pl.* **rabbis**) **1** rabbino **2** (*titolo*) rabbi **3** rabbinista; studioso delle leggi ebraiche.

rabbin ['ræbin], V. **rabbi**, *def.* 3.

rabbinate ['ræbinit], *n.* **1** rabbinato **2** (*collett.*) (i) rabbini.

Rabbinic [ræ'binik], *n.* lingua rabbinica.

rabbinic(al) [ræ'binik(ə)l], *a.* rabbinico.

rabbinism ['ræbinizəm], *n.* rabbinismo.

rabbinist ['ræbinist], *n.* rabbinista.

rabbit ['ræbit], *n.* **1** (*zool., Oryctolagus cuniculus*) coniglio **2** pelliccia di coniglio **3** (*fam., sport*) giocatore di scarso valore; schiappa (*fam.*). ● **r. breeder**, allevatore di conigli; cunicoltore □ **r. breeding**, allevamento di conigli; cunicoltura □ **r.-burrow** (*o* **r.-hole**), tana di coniglio □ (*fig., telev.*) **r. ears**, antenna incorporata □ **r.-hutch**, conigliera □ **r.-punch**, colpo (*di taglio*) alla nuca □ **r.-shooting**, caccia al coniglio □ **r.-warren**, covo di conigli; (*fig.*) casa (*o zona*) sovraffollata; alveare (*fig.*) □ **Welsh r.**, V. **rarebit**.

to rabbit (1) ['ræbit], *v. i.* **1** (*di solito* **to go rabbiting**) andare a caccia di conigli **2** (*fam.*) lagnarsi; brontolare; frignare (*fig.*).

to rabbit (2) ['ræbit], *v. t.* (*pop.*, *usato in imprecazioni, per es.:*) **Odd r. it!**, alla malora!; il diavolo se lo porti!

rabbitry ['ræbitri], *n.* **1** allevamento di conigli **2** conigliera.

rabbity ['ræbiti], *a.* **1** di (*o da*) coniglio **2** pieno di conigli.

rabble (1) ['ræbl], *n.* **1** folla tumultuante; calca; ressa **2** — (*spreg.*) **the r.**, la canaglia; la plebaglia; la marmaglia; la feccia (*del popolo*). ● **r.-rouser**, arruffapopoli; agitatore; demagogo □ **r.-rousing**, (*agg.*) che incita alla rivolta; (*sost.*) istigazione alla rivolta.

rabble (2) ['ræbl], *n.* (*metall.*) **1** raschiatoio **2** agitatore, mescolatore (*strumento*).

to rabble ['ræbl], *v. t.* (*metall.*) agitare; rimescolare.

Rabelaisian [,ræbə'leiziən], **A** *a.* (*letter.*) rabelesiano. **B** *n.* ammiratore (*o studioso*) di Rabelais.

rabid ['ræbid], *a.* **1** (*di cane, volpe, ecc.*) rabbioso; idrofobo **2** arrabbiato; furioso; furibondo; furente: **r. hatred**, odio furibondo **3** caparbio; ostinato; fanatico; arrabbiato: **a r. republican**, un fanatico repubblicano; **a r. basketball fan**, un tifoso arrabbiato di pallacanestro.

rabidity [rə'biditi], **rabidness** ['ræbidnis], *n.* **1** rabbia; furia; furore **2** caparbietà; fanatismo **3** l'essere idrofobo.

rabies ['reibiːz], *n.* (*med.*) rabbia; idrofobia.

RAC [,aːr ei 'siː], *n.* (*acronimo di* **Royal Automobile Club**) associazione degli automobilisti (*Cfr. ital. A.C.I.*).

raccoon [ræ'kuːn], V. **racoon**.

race (1) [reis], *n.* **1** (*specialm. sport*) corsa; gara (*di velocità*): **to attend the races**, andare alle corse (*dei cavalli*); (*fig.*) **a r. against time**, una corsa contro il tempo; **a horse-r.**, una corsa di cavalli; una corsa ippica; **a boat-r.**, una gara di canottaggio; una regata; **a r. for power**, una corsa al potere **2** (*pl.*) corse dei cavalli; ippica **3** corso (*di un astro, della vita*); cammino (*poet.*): vita: **ere he had run half his r.**, prima del mezzo del cammino di sua vita; (*fig.*) **The old man's r. was nearly run**, la vita del vecchio era ormai giunta al suo termine **4** corrente (*in un fiume o nel mare*) **5** (*anche* **mill r.**) canale di condotta, gora (*di mulino*) **6** (*mecc.*) guida (*o gola*) di scorrimento **7** (*mecc.*) anello (*di un cuscinetto a sfere*). ● **r.-card**, programma delle corse □ **r.-course**, ippodromo; (*USA*) marcialonga; marcia non competitiva □ (*polit.*) **the r. for mayor**, la lotta per l'elezione a sindaco □ **r.-horse**, cavallo da corsa □ **r. meeting**, concorso ippico □ **r.-track**, (*USA*) pista; ippodromo □ (*ciclismo*) **massed-start r.**, corsa in linea □ (*sport*) **road r.**, corsa su strada □ (*sport*) **to run a r.**, fare una corsa □ (*ciclismo*) **timed r.**, corsa a cronometro.

to race [reis], **A** *v. i.* **1** (*specialm. sport*) correre; partecipare a una gara; gareggiare; andare a tutta velocità: **My horse will r. for the cup**, il mio cavallo parteciperà alla gara per la coppa **2** occuparsi di ippica; andare alle corse **3** (*di motore*) girare a vuoto; imballarsi. **B** *v. t.* **1** gareggiare (*in corsa*) con (q.); correre contro (q.); cercar di superare (q.) nella corsa **2** far correre (*un cavallo*); iscrivere alle corse; far partecipare a una gara (*un aeroplano, ecc.*) **3** far correre (*una persona*); portare di corsa: **He raced me home on his motorbike**, mi portò di corsa a casa sulla sua moto **4** accelerare; affrettare: **to r. a bill through the Commons**, accelerare la discussione (*o* affrettare l'approvazione) di un disegno di legge ai Comuni **5** (*mecc.*) far girare a vuoto, imballare (*un motore*). ● **to r. a fortune away**, sperperare un patrimonio alle corse dei cavalli □ **to r. with sb.**, gareggiare in corsa con q.; correre contro q.

race (2) [reis], *n.* **1** razza; schiatta; stirpe; gruppo etnico; progenie; discendenza: **the human r.**, la razza umana; **the white r.**, la razza bianca; (*fig.*) **the r. of heroes**, la stirpe degli eroi; **a man of noble r.**, un uomo di nobile discendenza. ● **r. riot**, sommossa di carattere razziale □ **r. squad**, squadra (*della polizia*) per i disordini razziali □ (*lett.*) **the four-footed r.**, la moltitudine dei quadrupedi.

race (3) [reis], *n.* (*bot.*) radice (*di zenzero*).

raceme [rə'siːm], *n.* (*bot.*) racemo.

racemic [rei'siːmik], *a.* (*chim.*) racemico.

racemiferous [,ræsi'mifərəs], *a.* (*bot.*) racemifero.

racemose ['ræsimous], *a.* (*bot.*) racemoso.

racer ['reisə*], *n.* **1** (*sport*) corridore **2** (*sport*) automobile da corsa; bicicletta da corsa; aeroplano (*o* imbarcazione) da gara **3** (*sport*) cavallo da corsa **4** (*ind. tessile*) aspo **5** (*zool., Coluber constrictor*) serpente corridore **6** (*mil.*) piattaforma girevole (*di cannone*) **7** (*mecc.*) elemento di macchina a scorrimento veloce.

Rachel ['reitʃəl], *n.* Rachele.

rachis ['reikis], *n.* (*pl.* **rachises, rachides**) (*bot., anat.*) rachide.

rachitic [ræ'kitik], *a.* (*med.*) rachitico.

rachitis [ræ'kaitis], *n.* (*pl.* **rachitedes**) (*med.*) rachitismo.

racial ['reiʃəl], *a.* razziale: **r. prejudices**, pregiudizi razziali; **r. discrimination**, discriminazione razziale. ● **r. attacks**, disordini razziali.

racialism ['reiʃəlizəm], *n.* razzismo.

racialist ['reiʃəlist], *n. e a.* razzista: **That film is r.**, quello è un film razzista.

racialistic [,reiʃə'listik], *a.* razzistico; razzista.

raciness ['reisinis], *n.* **1** genuinità **2** asprezza; forza; vigore **3** brio; vivacità; mordacità **4** salacità.

racing ['reisiŋ], (*sport*) **A** *n.* **1** corsa **2** corse dei cavalli. **B** *a. attr.* da corsa; da competizione: **r.-car**, automobile da corsa; **r.-craft**, imbarcazione da competizione. ● **r. colours**, colori di scuderia □ **r.-cyclist**, corridore ciclista □ **r. stable**, allevamento di cavalli da corsa; scuderia □ **the r. world**, l'ambiente delle corse dei cavalli; il mondo ippico □ **horse r.**, l'ippica □ **a r. man**, un appassionato d'ippica □ **road r.**, corse su strada □ **track r.**, corse su pista.

racism ['reisizəm], *n.* (*specialm. USA*) razzismo.

racist ['reisist], *n. e a.* razzista.

rack (1) [ræk], *n.* **1** rastrelliera (*per fieno, armi, stoviglie, ecc.*); cavalletto: **a plate-r.**, una rastrelliera per le stoviglie; uno scolapiatti **2** piccolo scaffale a più piani **3** (*di solito* **hat-r.**) attaccapanni a pioli **4** (*anche* **luggage-r.**) portabagagli, rete, reticella (*su treno, corriera, ecc.*) **5** (*mecc.*) cremagliera; rotaia dentata: **a r.-railway**, una ferrovia a cremagliera **6** (*stor.*) ruota, cavalletto

(*per la tortura*): **to be on the r.**, essere messo alla ruota; essere torturato; (*fig.*) essere sulle spine. ● (*ferr. USA*) **r. car**, vagone merci per trasporto di autovetture □ (*fig.*) **the r. of gout**, il tormento della gotta □ **r.-rent**, affitto esoso □ (*mecc.*) **r.-wheel**, ruota dentata □ **bottle-r.**, scolabottiglie □ **card-r.**, portacarte; portabiglietti □ **pipe-r.**, portapipe.
to **rack (1)** [ræk], *v. t.* **1** collocare (*o* disporre) su una rastrelliera **2** (*stor.*) mettere alla ruota; torturare, tormentare (*anche fig.*): **I was racked with jealousy**, ero tormentato dalla gelosia **3** angariare; opprimere; sfruttare; strozzare (*fig.*): **That landlord racks his tenants**, quel padrone di casa sfrutta i suoi inquilini **4** (*naut.*) legare (alla portoghese); strangolare. ● (*fig.*) **to r. one's brains**, scervellarsi; lambiccarsi il cervello □ **to r. up**, riempire la rastrelliera di fieno (*o* di paglia); (*fam.*) assegnare punti a (*un giocatore*) □ **to r. up points**, fare molti punti (*al gioco*) □ **a racking headache**, un tremendo mal di capo.
rack (2) [ræk], *n.* meteorologia) nembi; nuvolaglia.
to **rack (2)** [ræk], *v. i.* (*di nembo*) essere spinto dal vento.
rack (3) [ræk], *n.* (*di cavallo*) andatura fra il trotto e il piccolo galoppo; ambio.
to **rack (3)** [ræk], *v. i.* (*di cavallo*) ambiare; andare all'ambio.
rack (4) [ræk], *n.* distruzione; rovina (*solo nelle locuz.*): **to be in r. and ruin**, essere in rovina; **to go to r. and ruin**, andare in rovina; andare in malora.
to **rack (4)** [ræk], *v. t.* (*spesso* **to r. off**) travasare (*vino, sidro, ecc.*) per liberarlo dalla feccia; far decantare.
rack (5) [ræk], *n.* «arak» (*bevanda fermentata orientale*).
racket (1) ['rækit], *n.* **1** chiasso; baccano; fracasso; frastuono: **to kick up no end of a r.**, fare un baccano del diavolo **2** baldoria; allegria; eccitazione **3** racket; attività illegale; organizzazione di gangster: **the narcotics r.**, il racket della droga **4** (*fam.*) imbroglio; truffa; frode: **a r. to avoid taxes**, un imbroglio per evadere il fisco **5** (*pop., scherz.*) lavoro; occupazione: **Selling is a good r.**, fare il venditore (*o* il commerciante) è un buon lavoro (*o* un'occupazione redditizia). ● **to be** (*o* **to go**) **on the r.**, darsi ai bagordi; far baldoria □ **to stand the r.** (**of st.**), far le spese (di q.c.), pagare il conto; prendersi la colpa; (*anche*) superare una prova; farcela (*fam.*) □ (*scherz.*) **What r. are you in?**, che mestiere fai? □ **What a r.!**, che casino! (*pop.*).
to **racket** ['rækit], *v. i.* **1** far chiasso; far baccano **2** (*spesso* **to r. about**) far baldoria; far vita allegra; gozzovigliare.
racket (2) ['rækit], *n.* **1** (*sport*) racchetta (*da tennis, da neve, ecc.*) **2** (*pl.*) le racchette (*gioco simile al tennis, ma giocato al chiuso*). ● **r.-ball**, palla di sughero ricoperta di cuoio □ **r.-press**, pressa per racchette.
racketeer [ˌreki'tiə*], *n.* (*fam.*) chi estorce denaro con intimidazioni (*scritte o verbali*); truffatore, ricattatore.
racketeering [ˌræki'tiəriŋ], *n.* (*fam.*) attività illegali per estorcere denaro; truffe; ricatti.
rackety ['rækiti], *a.* **1** chiassoso; rumoroso **2** festaiolo; dedito alle baldorie; che ama far baldoria.
to **rack-rent** ['ræk,rent], *v. t.* far pagare un affitto esoso a (*un inquilino o un affittuario*).
raconteur [ˌrækɔn'tɜə*] (*franc.*), *n.* raccontatore.
racoon [rə'kuːn], *n.* (*pl.* **racoon, racoons**) (*zool., Procyon lotor*) procione; orso lavatore.
racquet ['rækit], *V.* **racket (2)**.
racy ['reisi], *a.* **1** genuino; naturale; originale: **a r. way of talking**, un modo di parlare naturale **2** con un sapore caratteristico (*o* particolare); forte; vigoroso: **a r. wine**, un vino vigoroso **3** brioso; frizzante; mordace; vivace: **r. humour**, umorismo frizzante **4** salace; scabroso (*fig.*): **a r. novel**, un romanzo scabroso.
Rad [ræd], *n.* (*polit., abbr. di* **Radical**) radicale.
radar ['reidaː*], *n.* radar; radiocalizzatore. ● (*aeron.*) **r. altimeter**, radaraltimetro □ **r. beacon**, radarfaro; radiofaro a impulsi □ **r. detection**, radarlocalizzazione □ (*naut.*) **r.-fitted**, munito di radar □ **r. operator**, radarista □ **r. scanning**, esplorazione radar (*astron.*) **r. telescope**, radar-telescopio.
raddle ['rædl], *n.* ocra rossa.
to **raddle** ['rædl], *v. t.* **1** tingere con ocra rossa **2** dare il rossetto a; imbellettare: **a raddled face**, una faccia imbellettata.
radial ['reidjəl], **A** *a.* **1** (*geom., mecc., anat.*) radiale: **r. axle**, asse radiale; **r. artery**, arteria radiale **2** (*autom.: di pneumatico*) radiale. **B** *n.* **1** (*anat.*) nervo (*o* nervo) radiale **2** pneumatico (a struttura) radiale. ● (*mecc.*) **r. engine**, motore stellare □ **r.-ply tyre**, pneumatico radiale; cinturato □ **r. rotor**, rotore a pale radiali (*di elicottero*).
radian ['reidjən], *n.* (*geom.*) radiante.
radiance ['reidjəns], **radiancy** ['reidjənsi], *n.* **1** radiosità; fulgore; splendore **2** (*fis.*) radianza.
radiant ['reidjənt], **A** *a.* radiante, raggiante (*anche fis.*); brillante; fulgido; fulgente; sfolgorante; splendido; (*fis.*) **r. energy**, energia raggiante; **r. heat**, calore radiante; **a r. smile**, un sorriso raggiante; **r. beauty**, fulgida bellezza; **a r. morning**, uno splendido mattino. **B** *n.* (*fis., astron.*) punto radiante. ● **r. heating**, riscaldamento per irraggiamento (*o* a pannelli radianti).
to **radiate** ['reidieit], *v. t. e i.* irradiare; irraggiare; raggiare; (*fig.*) diffondere, diffondersi; emanare; permeare: **Heat and light r.**, il calore e la luce s'irradiano; **Five roads r. from the town**, cinque strade s'irraggiano dalla città. ● **to r. joy**, essere raggiante di gioia.
radiate ['reidiit], *a.* **1** a raggi; provvisto di raggi **2** radiale.
radiation [ˌreidi'eiʃən], *n.* **1** (*scient.*) radiazione; irradiazione; irraggiamento **2** disposizione radiale (*o* a raggi). ● (*fis. nucl.*) **r. protection**, radioprotezione □ (*med.*) **r. sickness**, male (*o* malattia) da raggi.
radiative ['reidietiv], *a.* (*scient.*) **1** radiante; che irradia **2** relativo alle radiazioni; radiativo.
radiator ['reidieitə*], *n.* **1** radiatore (*d'automobile o di termosifone*) **2** (*radio*) antenna trasmittente; trasmettitore. ● (*autom.*) **r.-cap**, tappo del radiatore □ (*autom.*) **r.-hose**, manicotto □ **panel r.**, radiatore a pannelli.
radical ['rædikəl], **A** *n.* **1** (*chim., mat., polit.*) radicale **2** (*gramm., anche* **r. word**) radice; (*mat., anche* **r. sign**) segno di radice. **B** *a.* **1** radicale; (*fig.*) integrale, profondo: **a r. change**, un mutamento radicale; (*polit.*) **the R. Party**, il partito radicale **2** fondamentale; essenziale; connaturato: **a r. principle**, un principio fondamentale; **the r. rottenness of human nature**, la corruttela connaturata nell'uomo. ● **r. chic**, sinistrismo di moda □ (*polit.*) **r. left**, nuova sinistra.
radicalism ['rædikəlizəm], *n.* (*polit.*) radicalismo.
radicalization [ˌrædikəlai'zeiʃən], *n.* (*polit.*) radicalizzazione.
to **radicalize** ['rædikəlaiz], (*polit.*) **A** *v. t.* radicalizzare. **B** *v. i.* radicalizzarsi.
radicle ['rædikl], *n.* **1** (*bot.*) radichetta **2** (*anat.*) radicicola **3** (*chim.*) radicale.
radic-lib ['rædik'lib], *n.* (*polit. USA*) liberale sinistroide.
radiesthesia [ˌreidies'θiːzjə], *n.* radioestesia.
radii ['reidiai], *pl. di* **radius**.
radio ['reidiou], **A** *n.* (*pl.* **radios**) **1** radio; radiofonia; radiotelegrafia; apparecchio radio: **to broadcast by r.**, trasmettere per radio; **I heard it on the r.**, l'ho sentito alla radio **2** radiomessaggio; marconigramma; radiogramma. **B** *a. attr.* radiofonico; radio: **r. programmes**, programmi radiofonici **2** radiocomandato. ● **r. amateur**, radioamatore □ (*aeron., naut.*) **r. beacon**, radiofaro □ **r. bearing**, radiorilevamento □ (*naut.*) **r. compass**, radiogoniometro automatico; radiobussola □ **r. control**, radiocomando □ **r. controlled**, radiocomandato; radioguidato □ **r. engineer**, radiotecnico □ **r. engineering**, radiotecnica □ **r. frequency**, radiofrequenza □ **r.-gramophone**, radiogrammofono □ (*fam.*) **r. ham**, radioamatore □ **r. link**, collegamento radio; ponte radio (*aeron., naut.*) **r. operator**, radiotelegrafista; marconista □ **r. receiver**, radioricevitore □ **r. repeater**, radioripetitore □ **r.-set**, radio; apparecchio radio □ (*astron.*) **r. telescope**, radiotelescopio □ **r.-transmitter**, radiotrasmettitore □ **r. tube**, tubo elettronico; valvola termoionica □ **r.-wave**, radioonda; onda radio □ **on the r.**, alla radio; (*di persona*) in trasmissione, in onda.
to **radio** ['reidiou], **A** *v. t.* **1** radiotrasmettere (*un messaggio*) **2** mettersi in contatto radiofonico con (q.). **B** *v. i.* trasmettere per radio.
to **radioactivate** ['reidiou'æktiveit], *v. t.* (*fis.*) radioattivare.
radioactive ['reidiou'æktiv], *a.* (*chim., fis.*) radioattivo: **r. fallout**, ricaduta radioattiva; fallout.
radioactivity ['reidiouæk'tiviti], *n.* (*chim., fis.*) radioattività.
radiobiologist [ˌreidioubai'ɔlədʒist], *n.* radiobiologo.
radiobiology [ˌreidioubai'ɔlədʒi], *n.* (*biol.*) radiobiologia.
to **radiobroadcast** ['reidio'brɔːdkɑːst], *v. t.* radiotrasmettere; radiodiffondere.
radiobroadcast ['reidiou'brɔːdkɑːst], *n.* radiotrasmissione; radiodiffusione.
radiochemist [ˌreidiou'kemist], *n.* radiochimico.
radiochemistry [ˌreidiou'kemistri], *n.* (*chim.*) radiochimica.
radiochromatographic ['reidioukrəˌmatə'græfik], *a.* radiocromatografico.
radiochromatography ['reidiou,kroumə'tɔgrəfi], *n.* radiocromatografia.
radiodust ['reidiouˌdʌst], *n.* polvere radioattiva.
radioecological ['reidiouˌiːkə'lɔdʒikl], *a.* radioecologico.
radioecologist [ˌreidiouiː'kɔlədʒist], *n.* radioecologo.
radioecology [ˌreidioui'kɔlədʒi], *n.* radioecologia.
radiogenic ['reidiou'dʒenik], *a.* (*scient.*) radiogenico.
radiogoniometer ['reidiouˌgouni'ɔmitə*], *n.* (*elettron.*) radiogoniometro.
radiogoniometric ['reidiou,gouniou'metrik], *a.* (*elettron.*) radiogoniometrico.
radiogoniometry ['reidiouˌgouni'ɔmətri], *n.* (*ing.*) radiogoniometria.

radiogram ['reidiougræm], *n.* **1** (*med.*) radiografia (*lastra*); radiogramma **2** radiomessaggio; marconigramma; radiogramma **3** (*abbr. di* **radio-gramophone**) radiogrammofono.
radiograph ['reidiougra:f], *n.* (*specialm. med.*) radiografia (*lastra*).
to radiograph ['reidiougra:f], *v. t.* radiografare.
radiographer [,reidi'ɔgrəfə*], *n.* (*med.*) radiologo.
radiographic [,reidiou'græfik], *a.* (*specialm. med.*) radiografico.
radiography [,reidi'ɔgrəfi], *n.* (*specialm. med.*) radiografia (*il procedimento*).
radioisotope ['reidiou'aisoutoup], *n.* (*chim., fis.*) radioisotopo.
radiole ['reidioul], *n.* (*zool.*) aculeo (*di riccio di mare*).
to radiolocate ['reidiou'loukeit], *v. t.* radiolocalizzare.
radiolocation ['reidioulou'keiʃən], *n.* (*ing.*) radiolocalizzazione.
radiolocator ['reidioulou'keitə*], *n.* radiolocalizzatore.
radiological [,reidiou'lɔdʒikəl], *a.* (*med.*) radiologico. ● (*mil.*) **r. defence**, difesa antiradiazioni □ (*mil.*) **r. warfare**, guerra di radiazioni.
radiologist [,reidi'ɔlədʒist], *n.* (*med.*) radiologo.
radiology [,reidi'ɔlədʒi], *n.* (*med.*) radiologia.
radiolucent [,reidiou'lu:sənt], *a.* (*elettr.*) radiotrasparente.
radiometer [,reidi'ɔmitə*], *n.* (*eletton.*) radiometro.
radiometric [,reidiou'metrik], *a.* (*scient.*) radiometrico.
radiometry [,reidi'ɔmitri], *n.* (*fis.*) radiometria.
radionuclide [,reidiou'nju:klaid], *n.* (*fis. nucl.*) radionuclide.
radiopacity [,reidiou'pæsiti], *n.* radiopacità.
radiopaque [,reidiou'peik], *a.* (*elettr.*) radiopaco.
radiopharmaceutical ['reidiou,fa:mə'sju:tikəl], *n.* (*farm.*) farmaco radioattivo.
radiophone ['reidiou'foun], *V.* **radiotelephone.**
radiophony [,reidi'ɔfəni], *n.* (*fis.*) radiofonia.
radioprotection ['reidioupra'tekʃən], *n.* radioprotezione.
radioprotective ['reidioupra'tektiv], *a.* radioprotettivo.
radioscopic [,reidiou'skɔpik], *a.* radioscopico.
radioscopy [,reidi'ɔskəpi], *n.* (*specialm. med.*) radioscopia.
radiosensitive [,reidiou'sensitiv], *a.* (*scient., tecn.*) radiosensibile.
radiosonde ['reidiousɔnd], *n.* (*meteorologia, astron.*) radiosonda.
radiosterilization ['reidiou,sterilai'zeiʃən], *n.* sterilizzazione mediante radiazioni.
radiosterilize ['reidiou'sterilaiz], *v. t.* sterilizzare (q.c.) mediante radiazioni.
radiotelegram ['reidiou'teligræm], *n.* radiotelegramma; radiogramma; marconigramma.
radiotelegraph ['reidiou'teligra:f], *n.* radiotelegrafo. ● **r. operator**, radiotelegrafista; marconista.
to radiotelegraph ['reidiou'teligra:f], *v. t. e i.* radiotelegrafare.
radiotelegraphic ['reidiou,teli'græfik], *a.* radiotelegrafico.
radiotelegraphist [,reidiouti'legrəfist], *n.* radiotelegrafista.
radiotelegraphy [,reidiouti'legrəfi], *n.* radiotelegrafia.
radiotelemetry [,reidioute'lemitri], *n.* radiotelemetria; telemetria via radio.
radiotelephone ['reidiou'telifoun], **A** *n.* radiotelefono. **B** *a. attr.* radiotelefonico. ● **r. operator**, radiotelefonista.
radiotelephony ['reidiouti'lefəni], *n.* radiotelefonia.
radioteleprinter ['reidiou'teli,printə*], *n.* radiotelescrivente.
radiotherapeutic ['reidiou,θerə'pju:tik], *a.* (*med.*) radioterapico.
radiotherapeutics ['reidiou,θerə'pju:tiks], *n. pl.* (*med., col verbo al sing.*) radioterapia.
radiotherapist [,reidiou'θerəpist], *n.* radioterapista.
radiotherapy [,reidiou'θerəpi], *n.* (*med.*) radioterapia.
radish ['rædiʃ], *n.* (*bot., Raphanus sativus*) ravanello; rafano.
radium ['reidjəm], *n.* (*chim.*) radio: **r. emanation**, emanazione di radio. ● (*med.*) **r.-therapy**, radioterapia, radiumterapia.
radius ['reidjəs], *n.* (*pl.* **radii**, **radiuses**) **1** (*geom.*) raggio (*anche fig.*): **r. vector**, raggio vettore; (*mil.*) **r. of action**, raggio d'azione; **He knows everyone within a r. of ten miles**, conosce tutti entro un raggio di dieci miglia **2** (*anat.*) radio **3** (*mecc., anche* **r. rod**) raggio di ruota **4** (*fig.*) ambito; campo: **within the r. of my experience**, nell'ambito della mia esperienza. ● (*a Londra*) **the four-mile r.**, il cerchio (*con raggio di quattro miglia*) al cui centro sta Charing Cross.
radix ['reidiks], *n.* (*pl.* **radices**, **radixes**) **1** (*bot.*) radice **2** (*gramm.*) radice; radicale **3** (*mat.*) numero base; radice: **Ten is the r. of decimal numeration**, il dieci è il numero base del sistema decimale.
radon ['reidɔn], *n.* (*chim.*) radon.
R.A.F. [,a:r ei 'ef; *fam.* ræf], *n.* (*acronimo di* **Royal Air Force**) Aeronautica Militare (*in G.B.*).
raff [ræf], *V.* **riff-raff.**
Raffaelesque [,ræfiə'lesk], *V.* **Raphaelesque.**
raffia ['ræfiə], *n.* (*bot., Raphia ruffia*) raffia, rafia (*l'albero e la fibra*).
raffish ['ræfiʃ], *a.* **1** disinvolto; noncurante; non convenzionale **2** corrotto; dissipato; vizioso **3** vistoso; volgare.
raffishness ['ræfiʃnis], *n.* **1** disinvoltura; noncuranza **2** corruzione; dissipazione; vizio **3** vistosità; volgarità.
raffle (1) ['ræfl], *n.* riffa; lotteria.
to raffle ['ræfl], **A** *v. t.* (*spesso* **to r. off**) mettere in lotteria; estrarre a sorte (*un premio*). **B** *v. i.* fare una riffa; partecipare a una lotteria. ● **to r. for**, concorrere a (*un premio di lotteria*).
raffle (2) ['ræfl], *n.* rifiuti; resti; detriti.
raft [ra:ft], *n.* **1** zattera (*di tronchi d'albero, barili, ecc.*) **2** massa di tronchi galleggianti (*legati insieme per farli fluitare*) **3** gommone; battello di gomma **4** piattaforma galleggiante. ● (*fam. USA*) **a r. of**, un mucchio di.
to raft [ra:ft], **A** *v. t.* **1** trasportare su una zattera **2** fare fluitare (*tronchi, ecc.*) **3** attraversare (*un fiume, ecc.*) su zattere. **B** *v. i.* **1** navigare su una zattera **2** andare in gommone.
rafter (1) ['ra:ftə*], *V.* **raftsman.**
rafter (2) ['ra:ftə*], *n.* (*edil.*) travetto; travicello; falso puntone.
raftered ['ræftəd], *a.* (*edil.*) **1** provvisto di travetti **2** a travi a vista: **a r. ceiling**, un soffitto a travi a vista.
raftsman ['ra:ftsmən], *n.* (*pl.* **raftsmen**) zatteriere.
rag (1) [ræg], *n.* **1** cencio; brandello; straccio: **He had not a rag to cover himself**, non aveva un cencio da coprirsi **2** lembo; pezzo: **We swept every rag of sail**, issammo ogni lembo di vela (*o* tutta la velatura); **This book has been torn to rags**, questo libro è stato ridotto a brandelli **3** (*pl.*) abiti vecchi; stracci **4** (*spreg.*) bandiera; fazzoletto; tendina; giornalaccio. ● **rag-and--bone man**, straccivendolo; cenciaiolo □ **rag-bag**, sacco degli stracci; (*fig.*) miscuglio, guazzabuglio □ **rag day**, giornata di cortei goliardici (*con questua a scopo di beneficenza*) □ **a rag doll** (*o* **a rag baby**), una bambola di pezza □ **rag fair**, mercato di abiti usati □ **rag-paper**, carta di stracci □ (*pop.*) **rag trade**, industria della confezione (*o* dell'abbigliamento) □ (*pop.*) **rag trader**, commerciante d'abiti; chi ha un negozio di abbigliamento □ **in rags**, in brandelli; sbrindellato, stracciato; (*di persona*) vestito di stracci, cencioso □ **worn to rags**, logoro; stracciato.
to rag [ræg], *v. t.* (*pop.*) **1** molestare; stuzzicare; tormentare **2** prendere in giro; fare tiri mancini a (q.) **3** (*USA*) rimproverare (*o* sgridare) severamente; strapazzare. **B** *v. i.* far chiasso; far baccano; far scherzi chiassosi; far casino (*pop.*).
rag (2) [ræg], *n.* (*pop.*) **1** chiasso; baccano; baldoria; scherzi chiassosi **2** tiro mancino; scherzo.
rag (3) [ræg], *n.* **1** ardesia ruvida (*per ricoprire tetti*) **2** roccia che si sfalda in grosse lastre.
rag (4) [ræg], *n.* (*mus., abbr. fam. di* **ragtime**) pezzo di ragtime.
ragamuffin ['rægə,mʌfin], *n.* **1** pezzente; straccione **2** monello; ragazzaccio.
rage [reidʒ], *n.* **1** collera; furia; furore; ira; rabbia; stizza: **to be in a r. with sb.**, essere in collera con q.; **to fly into a r.**, montare in collera; andare su tutte le furie; **eyes sparkling with r.**, occhi scintillanti di collera; **the r. of the wind**, la furia del vento **2** desiderio smodato; passione; mania: **He has a r. for hunting**, ha la mania della caccia **3** moda passeggera; cosa alla moda; persona assai popolare **4** (*poet.*) ardore; entusiasmo; passione; violenza: **the r. of your grief**, la violenza del tuo dolore. ● **to be** (**all**) **the r.**, esser di gran moda; essere assai popolare; far furore, furoreggiare (*fig.*): **That actress was all the r. a few years ago**, quell'attrice faceva furore alcuni anni fa.
to rage [reidʒ], *v. i.* essere in collera; andare su tutte le furie; infuriare; essere infuriato; infierire; imperversare: **The sea raged**, il mare era infuriato; **The plague raged throughout the city**, la peste infuriò per tutta la città. ● **to r. at** (*o* **against**) **sb.**, inveire contro q. □ **to r. oneself out**, sfogarsi.
ragee ['rægi:], *V.* **raggee.**
ragged ['rægid], *a.* **1** logoro; sbrindellato; stracciato; sfilacciato: **a r. shirt**, una camicia logora (*o* stracciata); **r. clothes**, abiti sbrindellati; **r. edges**, orli sfilacciati **2** cencioso; lacero; pezzente; vestito di stracci: **r. flags** (**sails**), bandiere (vele) lacere; **a r. old man**, un vecchio pezzente **3** frastagliato; scabroso: **r. rocks**, rocce frastagliate **4** irsuto; ispido; irto: **r. hair**, capelli ispidi **5** aspro; ruvido; stridente: **a r. voice**, una voce stridente **6** imperfetto; malfatto; rozzo: **r. verses**, versi imperfetti; **r. style**, uno stile rozzo. ● (*bot.*) **r. robin** (*Lychnis flos-cuculi*), fior di cuculo □ (*stor.*) **r. school**, scuola gratuita per bambini poveri □ **a r. wound**, una ferita lacera.
raggedness ['rægidnis], *n.* **1** l'esser logoro (*o* stracciato, sfilacciato) **2** l'esser cencioso (*o* lacero, pezzente) **3** l'essere frastagliato; scabrosità **4** l'essere irsuto; ispidezza **5** asprezza; ruvidezza **6** imperfezione; incompiutezza; rozzezza.
raggee ['rægi:], *n.* (*bot., Eleusine coracana*) dagussà.
ragging ['rægiŋ], *n.* **1** molestia; tormento **2** presa in giro **3** (*USA*) rimprovero; strapazzata.
raging ['reidʒiŋ], *a.* furioso; furibondo; infuriato; violento: **the r. sea**, il mare infuriato; **a r. fever**, una febbre violenta (*pop.*: **a r. fever**): **r. cavallo**. ● (*econ.*) **r. inflation**, inflazione che imperversa.

raglan ['ræglən], (*moda*) **A** *a.* a raglan; alla raglan: **r. sleeves**, maniche a raglan. **B** *n.* (*anche* **r. coat**) raglan; cappotto a raglan.
ragman ['rægmən], *n.* (*pl.* **ragmen**) straccivendolo; cenciaiolo.
ragout [ræ'gu:], *n.* (*cucina*) ragù.
ragpicker ['rægpikə*], *n.* straccivendolo; cenciaiolo.
ragtag ['rægtæg], *n.* (*di solito* **r. and bobtail**) canaglia; plebaglia; marmaglia.
ragtime ['rægtaim], *n.* (*mus.*) ragtime (*tipo di musica sincopata*). ● (*fig.*) **a r. army**, un esercito da operetta.
ragwort ['rægwə:t], *n.* (*bot.*, *Senecio Jacobaea*) erba di San Giacomo.
raid [reid], *n.* **1** incursione; irruzione; razzia; scorreria; scorribanda: **an air-r.**, un'incursione aerea; **a r. by the police**, un'irruzione della polizia **2** rapina: **a r. on a bank**, una rapina a una banca **3** (*comm.*) aggiotaggio; tentativo di far crollare i prezzi (*alla Borsa Valori*). ● **a r. on the reserves of a company**, un grosso prelievo (*sia legale sia fraudolento*) dai fondi d'una società □ **air-r. warning**, allarme aereo □ (*fig.*, *fin.*) **to make a r. on**, appropriarsi di (*una somma di denaro, stornandola dalla sua destinazione originaria*).
to raid [reid], **A** *v. t.* **1** fare un'incursione in; assalire; razziare; saccheggiare **2** depredare; rapinare; assaltare (*una banca, ecc.*). **B** *v. i.* fare incursioni (*o* scorrerie).
raider ['reidə*], *n.* **1** razziatore; predone **2** (*mil.*) aeroplano (*o* nave) da incursione **3** guastatore; soldato di corpi speciali impiegato negli sbarchi o in azioni pericolose **4** (*naut.*) corsaro; nave corsara.
rail (1) [reil], *n.* **1** asta; sbarra: **to put rails round a garden**, mettere sbarre attorno a un giardino **2** (*pl.*) cancellata; ringhiera; parapetto **3** (*ferr.*) rotaia **4** (*abbr. di* **railway**, *USA* **railroad**) ferrovia: **to send** (*USA*: **to ship**) **goods by r.**, spedire merci per ferrovia; **to travel by r.**, viaggiare in treno **5** (*anche* **handrail**) corrimano **6** (*naut.*) battagliola **7** (*naut.*) capodibanda; paragambe **8** (*pl.*, *Borsa*) titoli ferroviari; azioni ferroviarie. ● (*ferr.*) **r.-car**, automotrice; elettromotrice □ **r. fence**, cancellata; inferriata □ (*ferr.*) **r. gauge**, scartamento □ **r. link**, collegamento ferroviario □ (*metall.*) **r. steel**, acciaio per rotaie □ **r. strike**, sciopero dei ferrovieri □ **r. transport**, trasporto ferroviario □ **r. union**, sindacato (dei) ferrovieri □ **to force to the rails**, (*sport*) stringere (*un cavallo, ecc.*) verso la siepe; (*fig.*) ostacolare slealmente (q.) □ **to go off the rails**, (*di treno, tram*) uscire dalle rotaie, deragliare; (*fig.*) andar fuori strada, sviarsi; uscire dalla carreggiata (*fig.*); non funzionare; (*fam.*) impazzire, diventare matto □ **to jump the rail**, deragliare.
to rail (1) [reil], *v. t.* **1** (*spesso* **to r. in**) chiudere con una ringhiera; recingere con una cancellata **2** fornire di rotaie **3** spedire per ferrovia. ● **to r. off**, separare con una cancellata.
rail (2) [reil], *n.* (*zool., Rallus*) rallo. ● **water-r.** (*Rallus aquaticus*), porciglione.
to rail (2) [reil], *v. i.* inveire; lamentarsi; protestare; prendersela con: **They always r. at** (*o* **against**) **him**, inveiscono sempre contro di lui.
railer ['reilə*], *n.* brontolone, brontolona.
railhead ['reilhed], *n.* **1** punto estremo di una ferrovia in costruzione **2** (*ferr.*) stazione terminale **3** (*ferr.*) fungo (della rotaia) **4** (*mil.*) punto di smistamento dei rifornimenti.
railing (1) ['reiliŋ], *n.* ringhiera; parapetto; cancellata; inferriata.
railing (2) ['reiliŋ], **A** *n.* **1** l'inveire **2** (*pl.*) invettive; rimproveri; brontolio. **B** *a.* che invesce **2** ingiurioso; offensivo.
raillery ['reiləri], *n.* burla; motteggio; bonaria presa in giro.
railman ['reilmən], *V.* **railwayman**.
railroad ['reilroud], *n.* (*USA*) **1** binario **2** ferrovia; strada ferrata **3** (*fin.*) società ferroviaria **4** (*pl., Borsa*) titoli ferroviari; azioni ferroviarie. ● (*USA*) **r.-car**, vagone ferroviario □ (*USA*) **r. ferry**, nave traghetto □ (*USA*) **r. jack**, *V.* **railway jack**, *sotto* **railway** □ **r.-truck**, carrello portabagagli.
to railroad ['reilroud], *v. t.* (*USA*) **1** trasportare per ferrovia **2** provvedere (*un paese, ecc.*) di ferrovie **3** (*fam.*) far passare (*o* far approvare) in fretta (q.c.) **4** (*fam.*) mandare (q.) in prigione con false accuse.
railroader ['reilroudə*], *n.* (*USA*) ferroviere.
railway ['reilwei], *n.* **1** binario **2** ferrovia; strada ferrata. ● **a r. accident**, un incidente ferroviario □ (*fin.*) **r. act**, legge sulle società ferroviarie □ **r.-car**, automotrice; elettromotrice □ **r.-carriage**, carrozza; vettura; vagone □ **r.-coach**, carrozza ferroviaria □ **r. company**, società ferroviaria □ **r. engine**, locomotiva □ (*mecc.*) **r. jack**, binda; cricco (*o* martinetto) idraulico; carropotente for locomotive □ **r. journey**, viaggio in ferrovia □ **r. line**, linea ferroviaria □ **r. rates**, tariffe ferroviarie □ **r. section**, tronco ferroviario □ (*fin.*) **r. shares**, titoli ferroviari; azioni ferroviarie □ **r. siding**, raccordo ferroviario □ **r. sleeper**, traversina (*di binario*) □ **r. station**, stazione ferroviaria □ **r. system**, rete ferroviaria □ **r. terminus**, capolinea □ **r. track**, binario □ **r. worker**, ferroviere □ **at r. speed**, a tutta velocità □ **cable-r.**, funicolare □ **narrow-gauge r.**, ferrovia a scartamento ridotto □ **rack-r.**, ferrovia a cremagliera □ **scenic r.**, montagne russe (*di luna park*) □ **single-line r.**, linea a un solo binario □ **underground r.**, ferrovia sotterranea □ **to work on the r.**, lavorare in ferrovia.
railwayman ['reilweimən], *n.* (*pl.* **railwaymen**) ferroviere.
raiment ['reimənt], *n.* (*poet.*) abbigliamento; vestimenti.
rain [rein], *n.* **1** pioggia (*anche fig.*): **a r. of petals**, una pioggia di petali; **a r. of kisses**, un diluvio di baci; **to go out in the r.**, uscire sotto la pioggia; **to be drenched with r.**, essere inzuppato di pioggia **2** (*pl.*) – **the rains**, le grandi piogge; la stagione delle piogge. ● (*USA*) **r. check**, (*sport, ecc.*) contromarca; (*fig., fam.*) riserva d'accettare (q.c.) □ **r. forest**, foresta tropicale □ **r.-gauge**, pluviometro □ **r.-glass**, barometro □ **r. or shine**, col bello e col cattivo tempo; piova o faccia bello □ **r. squall**, piovasco □ (*fam.*) **to be as right as r.**, stare benissimo (*di salute*) □ **r.-water**, acqua piovana □ (*zool.*) **r.-worm** (*Lumbricus*), lombrico □ **It looks like r.**, sembra voglia piovere.
to rain [rein], **A** *v. i.* **1** piovere (*anche fig.*); cadere, fioccare: **It's raining**, piove; **Blond hair rained down over her shoulders**, i capelli biondi le piovevano sulle spalle; **Bullets rained about him**, le pallottole gli cadevano intorno; **It rained invitations**, fioccavano gli inviti **2** dare la pioggia; far piovere: **God rains**, Dio dà la pioggia. **B** *v. t.* (*di solito*, **to r. down**) spargere; versare; dare a piene mani; colmare di: **They rained praises on him**, lo colmarono d'elogi. ● (*fam.*) **to r. down curses on sb.**, maledire (q. a stramaledire) q. □ (*di spettacolo, ecc.*) **to be rained off** (*USA*: **out**), essere sospeso per la pioggia □ (*fam.*) **to get rained**, prendere la pioggia; bagnarsi □ (*fam.*) **It's raining cats and dogs**, piove a dirotto (*o* a catinelle); diluvia □ **It has rained** (*itself*) **out**, ha smesso di piovere; è spiovuto □ **It rained large drops**, pioveva a goccioloni □ **It rains in** (**through the roof, etc.**), piove in casa (dal tetto, ecc.) □ (*prov.*) **It never rains but it pours**, non c'è due senza tre; le disgrazie non vengono mai sole; piove sul bagnato.
rainbow ['reinbou], *n.* arcobaleno. ● (*zool.*) **r. trout** (*Salmo gairdneri*), trota arcobaleno □ (*astron.*) **lunar r.**, arcobaleno lunare.
raincoat ['reinkout], *n.* impermeabile.
raindrop ['reindrɔp], *n.* goccia di pioggia.
rainfall ['reinfɔ:l], *n.* **1** pioggia; acquazzone; scroscio **2** caduta di pioggia; piovosità; precipitazione atmosferica.
raininess ['reininis], *n.* piovosità.
rainproof ['reinpru:f], **A** *a.* impermeabile; a tenuta d'acqua: **r. material**, stoffa impermeabile; **a r. roof.**, un tetto che tiene la pioggia. **B** *n.* impermeabile.
to rainproof ['reinpru:f], *v. t.* (*ind.*) rendere impermeabile; impermeabilizzare.
rainstorm ['reinstɔ:m], *n.* temporale (*con pioggia forte*).
raintight ['reintait], *a.* impermeabile.
rainy ['reini], *a.* piovoso; umido; carico di pioggia: **r. weather**, tempo piovoso; **r. days**, giornate piovose; **r. winds**, venti umidi. ● **the r. season**, la stagione delle piogge □ (*fig.*) **to save up** (*o* **to put away**) **for a r. day**, risparmiare (*o* mettere da parte) per i tempi difficili.
to raise [reiz], *v. t.* **1** alzare; drizzare; innalzare; rialzare; elevare; sollevare; erigere: **to r. a weight**, sollevare un peso; **to r. one's voice**, alzare la voce; (*naut.*) **to r. anchor**, alzare l'ancora; **to r. a monument**, innalzare (*o* erigere) un monumento; **to r. a wall**, alzare un muro; **to r. a revolt**, sollevare una rivolta; **to r. the country**, sollevare il paese (*farlo rivoltare*); **to r. a question**, sollevare una questione **2** aumentare; accrescere; elevare; alimentare: **to r. retail prices**, aumentare i prezzi al minuto; **to r. the temperature**, aumentare la temperatura; **to r. sb.'s hopes**, alimentare le speranze di q.; (*mat.*) **to r. to the third power**, elevare alla terza potenza **3** elevare; innalzare; promuovere: **to r. sb. to the peerage**, elevare q. al grado di pari d'Inghilterra **4** evocare; suscitare: **to r. the ghosts of the dead**, evocare le anime dei morti; **to r. a laugh**, suscitare una risata **5** (*agric.*) far crescere; coltivare; produrre: **to r. corn**, coltivare il granturco; **to r. one's own vegetables**, produrre in proprio gli ortaggi per uso domestico **6** allevare; tirar su (*fam.*); fare l'allevatore di: **to r. rabbits as a hobby**, allevare conigli per diletto; **to r. a large family**, tirar su una famiglia numerosa; **to r. cattle**, fare l'allevatore di bestiame **7** raccogliere; radunare; procurare, procurarsi; creare: **to r. a sum of money**, raccogliere (*o* procurarsi) una somma di denaro; **to r. an army**, radunare un esercito **8** (*poker*) rilanciare; aumentare (*la posta*) rilanciare su (*un altro giocatore*) **9** (*ind. tessile*) garzare. ● (*naut.*) **to r. the blockade**, togliere il blocco □ **to r. bread**, far crescere il pane; farlo lievitare □ **to r. a claim** (**a demand**), presentare un reclamo (una richiesta) □ **to r. a colour**, ravvivare un colore □ **to r. a disturbance**,

raise

provocare una sommossa (un tumulto) ◻ (*fig.*, *fam.*) **to r. a dust about st.**, fare chiasso (*o* una chiassata) per q.c.; fare un gran casino per q.c. (*pop.*) ◻ **to r. one's eyebrows**, inarcare le ciglia (*in atto di meraviglia o con aria interrogativa*) ◻ **to r. a flag**, issare una bandiera ◻ **to r. sb. from the dead**, risuscitare q. ◻ (*mil.*) **to r. sb. from the ranks**, promuovere q. ufficiale ◻ **to r. one's glass to sb.**, levare il bicchiere in onore di q.; brindare a q. ◻ **to r. one's hand to sb.**, alzare le mani su q.; percuotere q. ◻ **to r. one's hat** (*o* togliersi) il cappello (*per salutare q.*) ◻ **to r. one's head**, apparire; fare la comparsa: **Plague raised its head in the country**, la peste fece la sua comparsa nel paese ◻ (*pop.*) **to r. hell** (*o* **Cain, the devil**), fare il diavolo a quattro; scatenare un pandemonio ◻ (*naut.*) **to r. land**, avvistare terra ◻ **to r. a loan**, ottenere un prestito ◻ **to r. an objection**, sollevare (*o* muovere) un'obiezione; (*leg.*) sollevare un'eccezione ◻ **to r. a shout**, lanciare (*o* levare) un grido ◻ (*mil.*) **to r. the siege**, levare l'assedio, far levare l'assedio ◻ **to r. the standard of living**, migliorare il tenore di vita ◻ **to r. a tax**, decretare un'imposta, esigere un tributo; (*anche*) aumentare una tassa ◻ **to r. one's voice against sb.**, inveire (*o* protestare) contro q. ◻ (*pop.*) **to r. the wind**, procurarsi i quattrini; trovare il denaro che occorre ◻ **Danger raised his spirits**, il pericolo gli infuse energia.

raise [reiz], *n.* 1 (*specialm. USA*) aumento; aumento di stipendio 2 (*poker*) rilancio; aumento della posta (*o* della puntata, *o* del piatto) 3 (*ind. min.*) scavo in rimonta; fornello.

raised [reizd], *a.* 1 (*arte*) in rilievo; rilevato 2 (*di pane, dolci*) ben lievitato; gonfio.

raiser ['reizə*], *n.* 1 (*agric.*) coltivatore: **a r. of wheat**, un coltivatore di frumento 2 allevatore: **a r. of cattle**, un allevatore di bestiame.

raisin ['reizin], *n.* uva secca; uva passa.

raising ['reiziŋ], *n.* 1 alzata; innalzamento; sollevamento; elevamento 2 (*agric.*) coltivazione 3 allevamento (*di bestiame*) 4 (*poker*) rilancio 5 (*ind. tessile*) garzatura.

raison d'être [,reizɔn 'detrə] (*franc.*), *n.* (*pl.* **raisons d'être**) ragion d'essere.

raja, rajah ['ra:dʒə], *n.* ragià.

rajahship ['ra:dʒəʃip], *n.* dignità (*o* titolo) di ragià.

rake (1) [reik], *n.* (*agric.*) rastrello. ● **a croupier's r.**, un rastrello da «croupier» (*al tavolo da gioco*) ◻ **as lean as a r.**, magro come un chiodo.

to rake (1) [reik], *v. t. e i.* 1 (*anche* **to r. up**) rastrellare; raccogliere; raggranellare: **to r. the gravel from the courtyard** (**the grass from the lawn**, **etc.**), rastrellare la ghiaia dal cortile (l'erba falciata dal prato, ecc.); **to r. up some spare cash**, raggranellare un po' di spiccioli sparsi qua e là 2 frugare; rovistare: **Don't r. among my papers**, non frugare tra le mie carte 3 (*mil.*) colpire d'infilata; spazzare 4 esaminare attentamente; scrutare 5 raschiare; grattare 6 (*di finestra, ecc.*) dare su; dominare. ● **to r. the fire**, attizzare il fuoco ◻ **to r. level** (*o* **smooth**), spianare col rastrello ◻ **to r. off the dead leaves**, rastrellare le foglie morte ◻ (*fam.*) **to r. in**, guadagnare ◻ (*fam.*) **to r. it in**, fare un mucchio di soldi ◻ (*fam.*) **to r. out**, scovare, tirar fuori, trovare ◻ (*di barca, ecc.*) **to r. the side of the quay**, strisciare contro il fianco del molo ◻ **to r. out the fire**, spegnere il fuoco (*sparpagliando le braci*) ◻ **to r. up**, rastrellare (*fieno, ecc.*); (*fig.*) mettere insieme, raffazzonare; rivangare, resumare ◻ **to r. up an old charge against sb.**, riesumare una vecchia accusa contro q.

to rake (2) [reik], *A v. i.* (*specialm. naut.*) essere inclinato; avere un'inclinazione. *B v. t.* inclinare; dare un'inclinazione a; incurvare: **The front forks of a bicycle are raked**, le forcelle anteriori di una bicicletta sono incurvate.

rake (2) [reik], *n.* 1 inclinazione; angolo d'inclinazione: **the r. of the masts of a ship**, l'inclinazione degli alberi di una nave 2 (*archit.*, *edil.*) pendenza; scarpa; (*anche*) copertina, scossalina 3 (*aeron.*) inclinazione 4 (*mecc.*) angolo di spoglia (*di un utensile*) 5 (*mecc.*, *autom.*) angolo d'inclinazione (*di uno sterzo, ecc.*) 6 (*naut.*) slancio; inclinazione: **the r. of the stem**, lo slancio del dritto di prua.

rake (3) [reik], *n.* (*arc.*) libertino; individuo dissoluto.

rake-off ['reik-ɔf], *n.* (*fam.*) 1 quota; parte; fetta (*fig.*) 2 ribasso, sconto (*specialm. ottenuti illegalmente*) 3 tangente (*compenso estorto*).

raking ['reikiŋ], *a.* inclinato; obliquo.

rakish (1) ['reikiʃ], *a.* (*arc.*) dissoluto; licenzioso.

rakish (2) ['reikiʃ], *a.* 1 (*di battello, ecc.*) slanciato; agile; dall'aspetto piratesco 2 ardito; sbarazzino: **a hat worn at a r. angle**, un cappello portato con un'inclinazione sbarazzina (*fam.*: sulle ventitré).

rakishness ['reikiʃnis], *n.* dissolutezza; licenziosità.

râle [ra:l] (*franc.*), *n.* (*med.*) rantolo.

rallentando [,rælən'tændou] (*ital.*, *mus.*) **A** *avv.* rallentando. **B** *n.* (*pl.* **rallentandos**) rallentando.

to rally (1) ['ræli], **A** *v. t.* 1 raccogliere; chiamare a raccolta; radunare; adunare; riunire: **The general rallied his troops after the defeat**, il generale radunò le sue truppe dopo la sconfitta; **The trade-unionist rallied the workers**, il sindacalista chiamò a raccolta gli operai 2 rianimare; ravvivare; fare appello a: **He rallied all his energy**, fece appello a tutte le sue energie 3 (*fin.*) favorire la ripresa di (*un mercato, ecc.*). **B** *v. i.* 1 raccogliersi; radunarsi; adunarsi; stringersi: **The soldiers rallied**, i soldati si adunarono; **The party rallied round him**, il partito si strinse intorno a lui 2 rianimarsi; riaversi; rimettersi; riprendersi; ristabilirsi: **The patient rallied from the coma**, il paziente si riebbe dal coma 3 (*fin.*) essere in ripresa; (*di titoli*) essere in rialzo: **The market has rallied**, il mercato è in ripresa 4 correre in aiuto; soccorrere: **He rallied to his friend in danger**, corse in aiuto del suo amico in pericolo 5 (*sport*) fare uno scambio di colpi (*per allenamento, ecc.*); palleggiare.

rally ['ræli], *n.* 1 adunanza; riunione; raduno: **a political r.**, una riunione politica 2 il rianimarsi; il riaversi; ricupero di forze; ripresa 3 (*autom.*) rally 4 (*sport*) scambio di colpi; palleggio 5 (*fin.*) ripresa (*del mercato*); rialzo (*dei titoli*).

to rally (2) ['ræli], **A** *v. t.* burlarsi di; canzonare; prendere in giro bonariamente. **B** *v. i.* motteggiare.

Ralph [rælf, ra:f], *n.* Rodolfo.

ram [ræm], *n.* 1 (*zool.*, *stor. mil.*) ariete; montone 2 (*stor. naut.*) rostro; nave rostrata 3 (*mecc.*, *anche* **battering ram**) mazza battente; mazzapicchio; maglio 4 (*mecc.*) pistone (*di presa idraulica*); slittone 5 (*anche* **hydraulic ram**) ariete idraulico. ● (*aeron.*) **ram rocket**, razzo d'avviamento (*di pulsoreattore*); (*anche*) endostatoreattore, endoautoreattore 3 (*astron.*, *astrologia*) **the Ram**, l'Ariete (*costellazione e I segno dello Zodiaco*).

to ram [ræm], *v. t.* 1 cozzare, sbattere; urtare: **to ram one's head against the wall**, sbattere la testa contro il muro 2 (*naut.*) speronare (*una nave*, *un sottomarino*) 3 battere; calcare; pigiare; cacciar dentro; piantare; conficcare: **to ram the earth**, battere (*o* pigiare) la terra; **to ram a post** (**into the ground**), battere un palo (piantare un palo nel terreno); **to ram one's hat down on one's head**, piantarsi (*o* cacciarsi) il cappello in testa; **to ram clothes into a bag**, pigiare vestiti in una borsa da viaggio. ● **to ram one's argument home**, dar forza alle (*o* mettere a segno le) proprie parole; battere (*o* insistere) su un argomento ◻ (*fig.*) **to ram st. down sb.'s throat**, costringere q. ad accettare q.c. (di sgradevole); far ingoiare q.c. a q. (*fig.*) ◻ (*mil.*) **to ram a gun**, caricare un'arma da fuoco (*con il calcatoio*) ◻ **to ram one's horse at a fence**, mandare il proprio cavallo a sbattere contro un ostacolo.

Ramadan ['ræmədæn], *n.* (*relig.*) ramadan; digiuno di ramadan.

ramal ['reiməl], *a.* (*bot.*) di ramo; appartenente a un ramo.

ramate ['reimeit], *a.* (*biol.*) ramificato.

to ramble ['ræmbl], *v. i.* 1 errare; vagare; vagabondare; andare a zonzo 2 (*anche* **to r. on**) divagare; saltare di palo in frasca 3 vaneggiare; delirare 4 (*di piante*) crescere da ogni parte. ● **Vines rambled over the wall**, piante rampicanti rivestivano il muro.

ramble ['ræmbl], *n.* 1 giro; escursione; passeggiata 2 digressione; divagazione.

rambler ['ræmblə*], *n.* 1 chi va a zonzo; gitante 2 divagatore; chi salta di palo in frasca 3 (*bot.*, *anche* **r. rose**) rosa rampicante 4 (*sport*) podista.

rambling ['ræmbliŋ], **A** *a.* 1 errante; girovago 2 incoerente; sconnesso: **a r. speech**, un discorso sconnesso 3 (*di pianta*) rampicante 4 (*di casa*, *edificio*) mal costruito; mal progettato 5 (*di strade*) tortuoso. **B** *n.* (*sport*) podismo turistico; (il) fare lunghe gite a piedi.

rambunctious [ræm'bʌŋkʃəs], *a.* (*fam.*) chiassoso; rumoroso; vivace; turbolento.

ramekin, ramequin ['ræmkin], *n.* (*cucina*) pasticcio di formaggio, uova e pangrattato, cotto al forno in uno stampo.

ramie ['ræmi], *n.* (*ind. tessile*) ramia; ramiè.

ramification [,ræmifi'keiʃən], *n.* 1 (*bot. e fig.*) ramificazione; diramazione: **the ramifications of a river**, la ramificazioni di un fiume; (*anat.*) **nervous r.**, ramificazione nervosa 2 (*fig.*) conseguenza; risultato: **the ramifications of an inquiry**, i risultati di una inchiesta.

to ramify ['ræmifai], **A** *v. i.* 1 (*bot.*) ramificare 2 (*fig.*) ramificarsi; diramarsi. **B** *v. t.* 1 far ramificare 2 (*fig.*) distribuire; suddividere. ● **to be ramified**, ramificarsi; diramarsi: **Railways were ramified over the country**, le ferrovie si diramavano in ogni parte del paese.

ramjet (engine) ['ræmdʒet ('endʒin)], *n.* (*aeron.*) statoreattore; autoreattore.

rammer ['ræmə*], *n.* 1 battipalo; berta 2 pestello 3 (*mil.*) calcatoio 4 (*mil.*) cacciaproietti.

rammish ['ræmiʃ], *a.* 1 che puzza di montone; puzzolente; fetido 2 rancido; stantio.

ramose [ræˈmous], **ramous** [ˈreiməs], *a.* ramoso; ramificato.
ramp (1) [ræmp], *n.* **1** rampa; pendio; salita **2** rampa, rampante (*nelle scale*) **3** scaletta mobile (*d'aereo*); scaletta d'imbarco (*o di sbarco*) **4** (*autom. USA*) rampa d'accesso (*d'autostrada, ecc.*; *cfr. ingl.* **slip-in**) **5** (*fam.*) scatto d'ira. ● (*d'arma da fuoco*) **r. sight**, alzo a rampa.
to ramp (1) [ræmp], **A** *v. i.* **1** (*di animali e in araldica*) rampare **2** (*di solito* **to r. and rage**) andare su tutte le furie; imperversare; infuriare; tempestare **3** (*di piante*) arrampicarsi. **B** *v. t.* provvedere di rampe. ● **to r. about**, scatenarsi; scalpitare.
ramp (2) [ræmp], *n.* (*pop.*) scandaloso aumento dei prezzi; truffa; raggiro.
to ramp (2) [ræmp], *v. t.* (*pop.*) truffare; raggirare.
to rampage [ræmˈpeidʒ], *v. i.* **1** andare su tutte le furie; imperversare; infuriare; smaniare; tempestare **2** (*di belve, ecc.*) aggirarsi (*o correre*) infuriato.
rampage [ræmˈpeidʒ], *n.* furia; scalmana; smania: **to go on the r.**, andare su tutte le furie; sfrenarsi; sfogarsi. ● **to be on the r.**, essere infuriato (*o* scatenato); scatenarsi; smaniare.
rampageous [ræmˈpeidʒəs], *a.* furioso; furibondo; sfrenato.
rampageousness [ræmˈpeidʒəsnis], *n.* furia; sfrenatezza.
rampancy [ˈræmpənsi], *n.* **1** l'imperversare; il dilagare **2** sfrenatezza; violenza; aggressività; esuberanza **3** rigogliosità.
rampant [ˈræmpənt], *a.* **1** (*specialm. araldica e archit.*) rampante: **a lion r.**, un leone rampante **2** (*fig.*) imperversante; dilagante; predominante: **r. heresy**, eresia dilagante; **Corruption is r. among us**, la corruzione dilaga tra noi **3** (*fig.*) sfrenato; violento; aggressivo; esuberante **4** (*di vegetazione*) lussureggiante; rigoglioso.
rampart [ˈræmpaːt], *n.* **1** bastione; baluardo: **ramparts of rock**, bastioni di rocce **2** (*fig.*) difesa; protezione; riparo; baluardo.
to rampart [ˈræmpaːt], *v. t.* fortificare con bastioni.
rampion [ˈræmpjən], *n.* (*bot., Campanula rapunculus*) raperonzolo.
ramrod [ˈræmrɔd], *n.* (*mil.*) **1** (*stor.*) bacchetta **2** calcatoio (*per arma da fuoco ad avancarica*) **3** (*fig.*) chi impone una severa disciplina. ● (*fig.*) **a r. training discipline**, una disciplina di addestramento severa e dura □ (*fig.*) **as stiff as a r.**, impalato; dritto come un fuso.
Ramses [ˈræmsiːz], *n.* (*stor.*) Ramsete.
ramshackle [ˈræmˌʃækl], *a.* sgangherato; sconquassato; traballante; vacillante; sul punto di crollare: **a r. coach**, una carrozza sgangherata; **a r. old building**, un vecchio edificio sul punto di crollare; **a r. dictatorship**, una dittatura traballante (*o* vacillante).
ramson [ˈræmsən], *n.* (*bot., Allium ursinum*) aglio orsino.
ran (1) [ræn], *pass.* di **to run**. ● **also-ran**, (*ippica*) cavallo non piazzato; (*fig.*) concorrente (*o* candidato) perdente.
ran (2) [ræn], *n.* (*ind. tessile*) matassa di filato (*di misura variabile*).
rance [ræns], *n.* marmo rosso del Belgio (*con striature azzurre e bianche*).
ranch [raːntʃ], *n.* (*in USA*) ranch, fattoria (*specialm. per l'allevamento del bestiame*); podere. ● (*USA*) **r. house**, (*agric.*) edificio principale (*di un ranch*); fattoria (*edil.*) casa a un piano, col tetto quasi piatto.
to ranch [raːntʃ], *v. i.* (*in USA*) **1** possedere (*o* condurre) un ranch **2** lavorare in un ranch.
rancher [ˈraːntʃə*], *n.* (*in USA*) **1** chi possiede (*o* lavora in) un ranch **2** allevatore (*di bestiame*).
ranchette [raːnˈtʃet], *n.* (*USA*) piccolo ranch (*q.V.*).
rancid [ˈrænsid], *a.* rancido; stantio.
rancidity [rænˈsiditi], **rancidness** [ˈrænsidnis], *n.* rancidezza; rancidità.
rancorous [ˈræŋkərəs], *a.* pieno di rancore; acrimonioso; astioso.
rancour, (*USA*) **rancor** [ˈræŋkə*], *n.* rancore; risentimento; acredine; astio.
rand (1) [rænd], *n.* **1** striscia di cuoio (*fra la suola e il tacco*) **2** bordo, margine (*specialm. di campo o prato*) **3** (*in Sudafrica*) terreno elevato sul fianco d'una valle. ● **the R.**, la zona di Johannesburg (*distretto aurifero*).
rand (2) [rænd], *n.* «rand» (*unità monetaria in Sudafrica*).
randan (1) [ˈrændæn], *n.* **1** imbarcazione a tre rematori (*quello di mezzo usa due pagaie*) **2** voga a tre (*su tale imbarcazione*).
randan (2) [ˈrændæn], *n.* baldoria: **to be on the r.**, far baldoria.
randem [ˈrændəm], **A** *avv.* con tre cavalli attaccati in fila. **B** *n.* **1** tiro a tre cavalli attaccati in fila **2** carrozza così tirata.
randiness [ˈrændinis], *n.* chiassosità; rumorosità; volgarità.
Randolph [ˈrændɔlf], *n.* Randolfo.
random [ˈrændəm], *a.* **1** casuale; fortuito; accidentale; fatto (*o* detto) a caso (*o* a casaccio): **r. selection**, scelta fatta a caso; **a r. shot**, un colpo sparato a casaccio. **2** (*d'opera muraria*) irrego-

lare **3** (*stat.*) casuale: **a r. sample**, un campione casuale. ● (*elab.*) **r. access**, accesso casuale □ (*mat.*) **r. function**, funzione aleatoria □ (*stat.*) **r. sampling**, campionamento aleatorio □ **at r.**, a casaccio; alla cieca; alla rinfusa: **to shoot at r.**, sparare alla cieca.
randomization [ˌrændəmaiˈzeiʃən], *n.* (*stat.*) casualizzazione; randomizzazione.
to randomize [ˈrændəmaiz], *v. t.* (*stat.*) casualizzare; randomizzare.
randy [ˈrændi], *a.* **1** (*fam.*) lascivo; libidinoso **2** (*scozz.*) chiassoso; rumoroso; volgare.
ranee [raːˈniː], *n.* (*in India*) moglie di un ragià.
rang [ræŋ], *pass.* di **to ring**.
to range [reindʒ], **A** *v. t.* **1** disporre; mettere in ordine; allineare; schierare: **The colonel ranged his troops along the street**, il colonnello schierò le sue truppe lungo la strada **2** classificare; ordinare **3** (*mil.*) dare l'alzo a; correggere il tiro di: **to r. a gun on a target**, correggere il tiro di un cannone sparando su un bersaglio **4** puntare (*un telescopio, un fucile, ecc.*) **5** percorrere; vagare per; attraversare (*naut.*) navigare in: **They ranged the woods**, vagarono per i boschi; **We ranged the hills**, attraversammo le colline; **The ship ranged the South Seas**, la nave navigò nei mari del Sud **6** (*specialm. USA*) tenere (*bestiame*) al pascolo libero **7** (*naut.*) abbisciare (*un cavo*). **B** *v. i.* **1** estendersi; trovarsi: **The mountains r. to the north**, i monti si estendono a nord **2** errare; vagare; vagabondare: **Wolves r. through the woods in search of food**, i lupi vagano nelle foreste in cerca di cibo **3** estendersi; andare (*da...a*); variare; oscillare: **Discounts ranged between ten per cent and fifty per cent** (*o* **from ten per cent to fifty per cent**), gli sconti andavano dal dieci al cinquanta per cento **4** essere allo stesso livello (di); essere nel numero (di); poter essere annoverato (fra): **He ranges with the great novelists**, può essere annoverato fra i grandi romanzieri **5** (*d'arma da fuoco*) avere una portata (*o* una gittata) (di): **Our guns ranged four miles**, i nostri cannoni avevano una portata di quattro miglia **6** (*bot., zool.*) avere il proprio habitat; esser diffuso; trovarsi: **Nightingales r. from the Channel to Warwickshire**, gli usignoli si trovano in tutto il territorio dal Canale della Manica alla contea di Warwick **7** (*mil.*) effettuare tiri (d'artiglieria) per interpolazione. **to range oneself C** *v. rifl.* disporsi; schierarsi; mettersi in una categoria, ritenere di far parte di (*una classe, un gruppo*): **They ranged themselves on each side of the road**, si disposero su ambo i lati della strada; **They ranged themselves with the barons**, si schierarono con i grandi feudatari. ● (*naut.*) **to r. the coast**, costeggiare □ (*fig.*) **to r. far and wide**, trattare argomenti disparati; diffondersi a parlare di ogni sorta di cose □ **to r. over**, errare, vagabondare per (*un territorio*); (*d'animali*) avere l'habitat in (*una zona*); (*fig.*) avere come soggetto, coprire (*un argomento*) □ **to r. soldiers in line**, allineare soldati □ **a ranging fancy**, un amore passeggero; una passioncella.
range [reindʒ], *n.* **1** fila; serie; catena (*di montagne*): **a r. of buildings**, una fila di edifici; **a r. of mountains**, una catena di montagne **2** linea; direzione: **The two buoys are in r. with the lighthouse**, le due boe sono in linea con il faro; **The r. of the strata is north and south**, la direzione degli strati è da nord a sud **3** (*d'arma da fuoco*) portata; gittata: **The enemy ship was out of r.**, la nave nemica era fuori portata **4** campo; gamma; raggio d'azione; sfera; (*fig.*) **The r. of colours was narrow**, la gamma dei colori era ristretta; **the whole r. of literature**, l'intero campo delle lettere; **studies of very wide r.**, studi di vastissima portata **5** (*comm.*) assortimento; gamma (*di prodotti*) **6** (*mus.*) estensione (*della voce*); gamma; registro **7** (*meteorologia*) escursione (termica) **8** (*aeron., naut.*) autonomia **9** distesa; tratto (*di terreno*): **a wide r. of meadows**, un'ampia distesa di prati **10** (*USA*) prateria; terreno di pascolo libero **11** (*anche* **rifle-r.**) poligono (*di tiro*): **police pistol range**, poligono della polizia per il tiro con la pistola **12** (*anche* **kitchen r.**) fornello; cucina economica **13** (*bot., zool.*) habitat; ambiente naturale **14** (*tecn.*) raggio d'azione; portata (*d'aereo, cannone, missile, radar, emittente radio, ecc.*) **15** (*naut.*) rilevamento radio **16** (*mat.*) campo di variabilità **17** (*stat.*) campo di variazione **18** (*miss.*) poligono sperimentale **19** (*fis. nucl.*) percorso; portata **20** (*mecc.*) escursione; campo **21** (*USA*) serie di agglomerati urbani. ● (*mil.*) **r. adjustment**, correzione del tiro; (*specialm. USA*) **r. cattle**, bestiame al pascolo libero □ (*mil., elettron.*) **r.-finder**, radar telemetrico, radiotelemetro □ (*mil., elettron.*) **r.-finding**, telemetria □ (*comm.*) **the r. of prices**, la scala dei prezzi □ (*naut.*) **r. of tide**, intervallo di marea □ (*naut.*) **r. of visibility**, campo di visibilità □ **r. oil**, cherosene per riscaldamento □ (*mar.*) **r. table**, tavola d'alzo □ **at close r.**, a breve distanza □ (*mil.*) **to find the r.**, correggere il tiro □ **to give free r. to one's imagination**, dare libero corso alla propria fantasia □ **out of r.** (*o* **beyond r.**), fuori portata; fuori del raggio d'azione □ **the upper ranges of society**, gli strati più alti della

ranger

società □ **within r.**, nel raggio d'azione; (*mil.*) a tiro □ **Chinese is out of my r. (of knowledge)**, il cinese non rientra nelle mie conoscenze linguistiche □ **Technical terms are a little outside my r.**, la terminologia tecnica mi è un po' ostica □ **His reading is of wide r.**, è uomo di ampie letture.

ranger ['reindʒə*], n. 1 (*in G.B.*) guardiano d'un parco (*o d'una foresta*) reale 2 (*USA*) guardia forestale; guardaboschi 3 (*specialm. USA*) soldato a cavallo; poliziotto a cavallo 4 (*mil. USA*) soldato d'un reparto di truppe d'assalto 5 (*nelle organizzazioni giovanili*) ranger (*delle Guide*).

ranging ['reindʒiŋ], n. 1 allineamento; schieramento 2 classificazione; ordinamento 3 (*mil.*) determinazione dell'angolo d'elevazione (*d'un cannone*) 4 (*mil.*) misura della distanza; telemetria 5 (*mil.*) ricerca dell'obiettivo.

Rangoon [ræŋ'gu:n], n. (*geogr.*) Rangun.

rani [ra:'ni:], V. **ranee**.

rank (1) [ræŋk], n. 1 (*anche mil.*) fila; riga; schiera: **the front r.**, la prima fila; **the rear r.**, l'ultima fila; **to break r.** (*o* **ranks**), romper le righe; **to keep r.**, stare in riga; restare allineati; **to fall into r.**, formare le righe; allinearsi 2 (*negli scacchi*) linea orizzontale di «case» (*della scacchiera*) 3 posteggio; posto di stazionamento: **a taxi r.**, un posteggio di taxi 4 ceto, condizione sociale; grado (*anche mil.*); rango, posizione; classe, ordine: **people of all ranks and classes**, gente d'ogni ceto e classe sociale; **the r. of major**, il grado di maggiore; **a poet of the first r.**, un poeta di prim'ordine 5 (*pl.*) **the ranks** (*o* **the r. and file**), i militari di truppa; (*fig.*) la «truppa», i gregari, gli operai, le maestranze; la base (*di un partito politico, ecc.*). ● **the r. and fashion**, l'alta società; la nobiltà □ **the ranks of organized labour**, le file dei lavoratori organizzati (*in sindacati*) □ (*anche fig.*) **to close ranks**, serrare le file □ **a man of (high) r.**, un uomo d'elevata condizione sociale; un uomo d'alto rango □ **the pride of r.**, l'orgoglio della propria condizione sociale; l'alterigia della nobiltà □ **to pull one's r. on sb.**, far pesare il proprio grado (*o* la propria autorità) a q. □ (*mil.*) **to reduce sb. to the ranks**, degradare q. a soldato semplice □ (*mil. e fig.*) **to rise from the ranks**, venire dalla gavetta.

to rank [ræŋk], A *v. t.* 1 mettere in riga; schierare 2 classificare; ordinare; assegnare un posto a; collocare; mettere (q.) nel numero (*o* nel novero) di; reputare, stimare: **We can r. D.H. Lawrence as a great novelist**, possiamo mettere D.H. Lawrence nel numero dei grandi romanzieri; **I r. association football above rugby**, reputo il gioco del calcio superiore al rugby 3 (*USA*) precedere (*in grado*); venir prima di: **A general ranks** (*ingl.*: **ranks above**) **a colonel**, generale viene prima del colonnello. B *v. i.* 1 occupare un certo posto; collocarsi; essere (*il primo, il secondo, ecc.*): **China will probably r. among the Great Powers**, probabilmente la Cina sarà in futuro una delle grandi potenze; **He ranks third on the list**, occupa il terzo posto nella lista; è il terzo in elenco 2 esser considerato (*o* reputato); passare per: **That man ranks among the failures**, quell'uomo passa per un fallito 3 (*mil. USA*) avere il grado più alto: **The major ranked at Fort Laramie**, a Fort Laramie, l'ufficiale di grado più alto era il maggiore. ● **to r. above**, venir prima di (*per grado, importanza*) □ **to r. after** (*next to*), venir (subito) dopo (*per grado, importanza*): **The hereditary prince ranks next to the king**, il principe ereditario viene subito dopo il re □ **to r. with**, essere alla pari con, corrispondere a: **A naval captain ranks with a colonel in the army**, un capitano di vascello corrisponde a un colonnello dell'esercito □ (*USA*) **I wonder who ranks whom in this firm**, mi chiedo quale sia l'ordine gerarchico in questa azienda.

rank (2) [ræŋk], *a.* 1 (*di vegetazione*) lussureggiante; rigoglioso; che fa troppe foglie: **r. weeds**, erbacce rigogliose 2 (*di terreno*) troppo fertile; ricoperto (*d'erbacce*); infestato: **r. soil**, terreno troppo fertile; **land r. with poppies**, terra infestata da papaveri 3 maleodorante; rancido; stantio 4 grossolano; indecente; volgare; di cattivo gusto 5 (*spreg.*) grande; bell'e buono; vero e proprio: **the rankest idiot I know**, il più grande idiota che io conosca; **r. treason**, un tradimento bell'e buono. ● **r. deceit**, il peggiore inganno □ **r. pedantry**, gretta pedanteria □ (*di pianta ornamentale*) **to grow r.**, fare troppe foglie.

ranker ['ræŋkə*], n. 1 militare di truppa; soldato; caporale 2 ufficiale che viene dalla gavetta.

ranking ['ræŋkiŋ], *a.* (*mil. USA*) più elevato in grado; che ha il grado più alto: **Who's the r. officer here?**, chi ha il comando qui?

to rankle [ræŋkl], *v. i.* (*fig.*) bruciare; far soffrire: **Defeat still rankled in his mind**, il ricordo della sconfitta lo faceva ancora soffrire. ● **Envy rankles in his breast**, si rode d'invidia.

rankness ['ræŋknis], n. 1 esuberanza; rigoglio 2 eccessiva fertilità, ricchezza (*d'un terreno*) 3 cattivo odore; rancidità 4 grossolanità; indecenza; volgarità.

to ransack ['rænsæk], *v. t.* 1 frugare; rovistare: **to r. sb.'s pockets**, rovistare nelle tasche di q. 2 depredare; saccheggiare. ● **to r. one's conscience**, fare un accurato esame di coscienza. ●

ransom ['rænsəm], n. (*anche leg.*) riscatto; prezzo del riscatto. ● (*leg., naut.*) **r.-bill**, promessa (*del proprietario di una nave catturata*) di pagare il riscatto □ **r. money**, denaro del riscatto □ **r. note**, richiesta (scritta) (di pagamento) del riscatto □ **to hold sb. to r.**, chiedere il riscatto per q.; tenere q. in ostaggio per ottenere un riscatto □ (*fig.*) **a king's r.**, una grossa somma; un mucchio di soldi (*fam.*).

to ransom ['rænsəm], *v. t.* 1 (*anche leg.*) riscattare; (*fig.*) redimere: **Jesus ransomed mankind**, Gesù riscattò il genere umano 2 tenere in ostaggio; chiedere un riscatto per (q.).

to rant [rænt], A *v. i.* 1 concionare; declamare 2 sbraitare; inveire; scalmanarsi. B *v. t.* (*spesso* **to r. out**) declamare; dire (*o* recitare) in modo ampolloso.

rant [rænt], n. concione; declamazione; discorso vuoto e ampolloso; lunga tirata.

ranter ['ræntə*], n. declamatore; parlatore vuoto e ampolloso.

ranunculaceous [rə‚nʌŋkju'leiʃəs], *a.* (*bot.*) delle ranuncolacee. ● **a r. plant**, una ranuncolacea.

ranunculus [rə'nʌŋkjuləs], n. (*pl.* **ranunculuses, ranunculi**) (*bot., Ranunculus*) ranuncolo.

rap (1) [ræp], n. colpo (*secco e lieve*); colpetto; (il) bussare: **There was a rap at the door**, bussarono alla porta. ● (*pop. USA*) **to beat the rap**, evitare la condanna; cavarsela □ **to give sb. a rap on the knuckles**, dare a q. un colpo sulle nocche delle dita; (*fig.*) rimproverare q. □ (*pop.*) **to take the rap (for st.)**, prendersi la colpa (di q.c.); essere rimproverato (per q.c.; essere condannato.

to rap (1) [ræp], A *v. t.* 1 colpire; battere; picchiare 2 criticare; inveire contro (q.). B *v. i.* 1 bussare; picchiare: **to rap at the door**, picchiare all'uscio; bussare 2 usare un linguaggio violento; inveire. ● **to rap sb. awake**, svegliare q. bussando □ **to rap out**, trasmettere (*battendo*); lanciare, uscire in: **The spirit rapped out his answer to my question**, lo spirito rispose alla mia domanda con colpi sul tavolino; **He rapped out a series of commands**, lanciò una sfilza d'ordini □ **to rap out a tune**, strimpellare un motivo □ **to rap sb. over** (*o* **on**) **the knuckles**, (*un tempo*) dare le righettate sulle mani a q.; (*fig.*) dare una grossa sgridata (*o* lavata di capo*) a q. □ **spirit-rapping**, il dar colpi sul tavolino (*degli spiritisti*).

rap (2) [ræp], n. 1 (*stor.*) mezzo penny falso (*in Irlanda*) 2 (*fam.*) nonnulla; nulla: **I don't care a rap**, non me ne importa nulla (*o* un fico secco).

rap (3) [ræp], n. matassa di centoventi iarde di filato (*110 metri circa*).

to rap (2) [ræp], *v. i.* (*pop. USA*) 1 fare quattro chiacchiere; conversare 2 andare d'accordo; intendersela.

rap (4) [ræp], n. (*pop. USA*) chiacchierata; conversazione. ● **rap group**, gruppo di discussione □ **rap session**, discussione di gruppo.

rapacious [rə'peiʃəs], *a.* rapace; avido.

rapacity [rə'pæsiti], n. rapacità; avidità.

to rape [reip], *v. t.* 1 (*leg.*) stuprare; violentare 2 (*arc., poet.*) rapire 3 (*raro*) saccheggiare (*una città, ecc.*) 4 (*fig.*) offendere, violare (*la giustizia, ecc.*).

rape (1) [reip], n. 1 (*leg.*) stupro; violenza carnale 2 (*poet.*) rapimento; ratto 3 (*fig.*) violazione; offesa: (*fig.*) **the r. of Austria**, la violazione dell'indipendenza dell'Austria; un'offesa alla giustizia; un abuso legale. ● (*fig.*) **the r. of a city**, il saccheggio d'una città □ (*stor.*) **the r. of the Sabine women**, il ratto delle Sabine □ (*leg. USA*) **statutory r.**, corruzione di minorenne.

rape (2) [reip], n. (*bot.*) 1 (*Brassica napus oleifera*) ravizzone 2 (*Brassica napus arvensis*) colza. ● **r.-cake**, panello di ravizzone □ **r.-oil**, olio di ravizzone; olio di colza □ (*bot.*) **wild r.** (*Raphanus raphanistrum*), ravanello.

rape (3) [reip], n. 1 (*generalm. al pl.*) vinaccia 2 recipiente per fare l'aceto.

Raphael ['ræfeiəl], n. 1 Raffaello 2 Raffaele.

Raphaelesque [‚ræfeiə'lesk], *a.* (*arte*) raffaellesco.

raphia ['reifiə], V. **raffia**.

rapid ['ræpid], A *a.* 1 rapido; celere; lesto; veloce: **a r. river**, un fiume che scorre veloce 2 (*di pendio*) ripido; erto; scosceso 3 (*del polso*) frequente. B *n.* (*di solito al pl.*) rapida (*di fiume*): **to shoot the rapids**, scendere (*o* superare) le rapide. ● (*mil.*) **a r.-fire gun**, un cannone a tiro rapido □ **r.-fire questions**, un fuoco di fila di domande.

rapidity [rə'piditi], **rapidness** ['ræpidnis], n. 1 rapidità; celerità; lestezza; velocità 2 ripidità.

rapier ['reipjə*], n. spada; spadino; stocco. ● **r.-thrust**, colpo di spada; (*anche fig.*) stoccata.

rapine ['ræpain], n. (*poet., retor.*) rapina; saccheggio.

rapist ['reipist], n. (*leg.*) violentatore; stupratore.

rapparee [‚ræpə'ri:], n. 1 (*stor.*) bandito irlandese (*del secolo XVII*) 2 bandito; brigante.

rappee [ræ'pi:], n. tabacco rapé.

to rappel [ræ'pel], *v. i.* (*alpinismo*) calarsi.
rapper (1) ['ræpə*], *n.* **1** chi batte; chi bussa **2** (*specialm.*) bataccchio; battente (*di porta*).
rapper (2) ['ræpə*], *n.* (*pop. USA*) chi chiacchiera (*o* conversa).
rapport [ræ'pɔ:*], *n.* rapporto (*specialm. d'amicizia*); relazione. ● **to be in r. with sb.**, essere in rapporti amichevoli con q.
rapprochement [rapɾɔʃ'mãŋ] (*franc.*), *n.* (*anche polit.*) riavvicinamento; riconciliazione.
rapscallion [ræp'skæljən], *n.* (*arc. o scherz.*) canaglia; furfante; mascalzone.
rapt [ræpt], *a.* rapito (in estasi); assorto; estatico: **r. to heaven**, rapito in cielo; **to be r. in study**, essere assorto nello studio; **a r. look**, uno sguardo estatico.
raptor ['ræptə*], *n.* (*zool.*) uccello rapace; rapace.
raptorial [ræp'tɔ:riəl], *a.* (*zool.*) rapace; predatore.
rapture ['ræptʃə*], *n.* **1** rapimento; rapimento estatico; estasi **2** (*pl.*) entusiasmo; trasporto. ● **r. of the deep**, male del palombaro ☐ (*relig.*) **r. to heaven**, assunzione in cielo ☐ **to look with r. at sb.**, guardare rapito (*o* estatico) q. ☐ **to send sb. into raptures**, mandare q. in estasi ☐ **to be in** (**to go into**) **raptures**, essere (andare) in estasi.
raptured ['ræptʃəd], *a.* rapito; estasiato.
rapturous ['ræptʃərəs], *a.* **1** rapito; estasiato; estatico; entusiastico; frenetico: **r. applause**, applausi frenetici **2** entusiasmante.
raptus ['ræptəs], *n.* (*med., anche fig.*) raptus.
rare (1) [rɛə*], *a.* **1** raro; infrequente; insolito: **a r. event**, un avvenimento insolito; **r. beauty**, rara bellezza; **a r. gem**, una gemma rara **2** (*dell'aria, di un gas*) rado, rarefatto **3** eccezionale; straordinario; eccellente; ottimo: **a r. artist**, un artista eccellente; **r. fruit**, frutta ottima (*o* di prima qualità). ● (*chim.*) **r. earths**, terre rare ☐ (*fam.*) **r. fun**, un gran (*o* bel) divertimento ☐ (*metall.*) **r. metal**, metallo raro.
rare (2) [rɛə*], *a.* (*cucina*) poco cotto; al sangue: **r. beef**, manzo poco cotto.
rarebit ['rɛəbit], *n.* pane tostato ricoperto di formaggio fuso.
raree-show ['rɛəriːʃou], *n.* **1** apparecchio con foro munito di lente per diapositive **2** spettacolo (*in genere*).
rarefaction [ˌrɛəriˈfækʃən], *n.* (*fis.*) rarefazione.
rarefactive [ˌrɛəriˈfæktiv], *n.* rarefattivo.
rarefied ['rɛərifaid], *a.* **1** (*fis.*) rarefatto **2** (*fig.*) rarefatto; elevato; sublime.
to rarefy ['rɛərifai], **A** *v. t.* **1** (*fis.*) rarefare **2** purificare; affinare; raffinare. **B** *v. i.* **1** rarefarsi **2** purificarsi; affinarsi; raffinarsi.
rareness ['rɛənis], *n.* **1** rarità **2** (*dell'aria, di un gas*) rarefazione **3** (*fig.*) eccellenza; eccezionalità.
raring ['rɛəriŋ], *a.* (*fam.*) impaziente; ansioso: **to be r. to do st.**, essere impaziente di fare q.c.
rarity ['rɛəriti], *n.* **1** rarità **2** rarità; cosa rara (*o* singolare): **Rain is a r. in this region**, la pioggia è una rarità in questa regione **3** (*dell'aria, di un gas*) rarefazione **4** (*fig.*) eccellenza; eccezionalità.
ras [ræs], *n.* (*anche fig.*) ras.
rascal ['raːskəl], *n.* canaglia; briccone; farabutto; furfante; mascalzone. ● (*scherz., di bambino*) **You little r.!**, birba!; birichino!; birconcello!
rascality [raːsˈkæliti], *n.* birbanteria; briccconeria; furfanteria.
rascally ['raːskəli], *a.* da canaglia; briccconesco; furfantesco; birbone.
to rase [reiz], *V.* **to raze**.
rash (1) [ræʃ], *n.* **1** (*med.*) eruzione cutanea **2** (*fig.*) fioritura (*fig.*). ● **to come** (*o* **to break**) **out in a r.**, ricoprirsi di bollicine (*o* di chiazze) rosse ☐ (*med.*) **heat-r.**, calore (*pop.*); infiammazione cutanea.
rash (2) [ræʃ], *a.* avventato; sconsiderato; impetuoso; imprudente; precipitoso: **a r. act**, un atto avventato; un colpo di testa (*fig.*).
rasher ['ræʃə*], *n.* (*cucina*) fetta di pancetta (*o* di prosciutto).
rashness ['ræʃnis], *n.* avventatezza; sconsideratezza; impetuosità; imprudenza; precipitazione.
rasp [raːsp], *n.* **1** (*mecc.*) raspa; raschietto **2** suono aspro, stridente. ● **horse-r.**, raspa da maniscalco ☐ **shoe-r.**, raspa da calzolaio.
to rasp [raːsp], **A** *v. t.* **1** raspare; raschiare; limare con la raspa; grattare **2** (*fig.*) irritare; urtare: **The baby's crying rasped my nerves**, il pianto del bambino mi urtava i nervi. **B** *v. i.* **1** raschiare; essere ruvido **2** stridere; dare un suono aspro, stridulo.
raspatory ['raːspətəri], *n.* raschiatoio.
raspberry ['raːzbəri], *n.* **1** (*bot., Rubus idaeus*) lampone **2** (*pop.*) pernacchia: **to give sb. a r.** (*o* **to blow a r. at sb.**), fare una pernacchia a q. ● (*pop.*) **to get a r.**, essere spernacchiato ☐ **r. wine**, sciroppo di lamponi.
rasper ['raːspə*], *n.* **1** raschino; raschiatoio **2** (*caccia alla volpe*) ostacolo difficile da saltare.
rasping ['raːspiŋ], *a.* **1** aspro; stridulo **2** (*fig.*) fastidioso; irri-

tante **3** lesto; svelto; veloce: **at a r. pace**, a passi veloci **4** (*caccia: di ostacolo*) difficile (da saltare).
rasse [ræs], *n.* (*zool., Viverricula indica*) viverricola indiana.
rat [ræt], **A** *n.* **1** (*zool., Rattus*) ratto **2** (*fam.*) girella; banderuola **3** (*fam.*) crumiro; rinnegato **4** (*al vocat.*) miserabile; verme: **You rat!**, verme! **5** (*pop. USA*) spia; informatore; talpa (*fig.*). **B** *inter.* (*pop.*) **Rats!**, sciocchezze!; balle!; fesserie! ● **rat--catcher**, acchiappatopi; (*pop.*) abito da caccia non convenzionale, raffazzonato ☐ (*fig.*) **rat race**, concorrenza (*o* rivalità) accanita; ritmo frenetico (*di vita, del traffico, ecc.*) ☐ **rat-racer**, *V.* **ratracer** ☐ **rat-tail**, (cavallo con la) coda spelata; (*metall.*) coda di topo ☐ **a rat-tailed horse**, un cavallo dalla coda spelata ☐ **rat-trap**, trappola per topi; pedale da bicicletta seghettato ☐ **to look like a drowned rat**, sembrare un pulcino bagnato ☐ (*fig.*) **to see rats**, avere allucinazioni; aver le traveggole ☐ (*fig.*) **to smell a rat**, sospettare un tranello; mangiare la foglia: **I smell a r.!**, gatta ci cova! ☐ **water-rat**, topo di fogna; (*fam.*) marinaio, pirata.
to rat [ræt], *v. i.* **1** (*specialm.* **to go ratting**) cacciare topi; andare a caccia di topi **2** (*polit.*) fare una voltafaccia; cambiare bandiera; abbandonare il proprio partito **3** (*pop.*) fare il crumiro **4** (*pop. USA*) far la spia.
ratability [ˌreitəˈbiliti], *n.* **1** l'essere valutabile **2** (*fin.*) imponibilità (*in rapporto con le imposte comunali*).
ratable ['reitəbl], *a.* **1** valutabile; stimabile **2** (*fin.*) imponibile: **r. property**, proprietà imponibile (*V.* **ratability**) **3** proporzionale: **r. share**, parte proporzionale. ● (*di edificio*) **r. value**, valore locativo.
ratafee [ˌrætəˈfiː], **ratafia** [ˌrætəˈfiə], *n.* **1** ratafià (*liquore*) **2** (*anche* **r. biscuit**) biscotto al ratafià.
ratal ['reitl], *n.* (*fin.*) imponibile; reddito imponibile.
ratan [rəˈtæn], *V.* **rattan**.
rataplan [ˌrætəˈplæn], *n.* rataplan; rullar di tamburi.
to rataplan [ˌrætəˈplæn], *v. i.* (*di tamburi*) rullare.
rat-a-tat ['rætə'tæt], *V.* **rat-tat**.
ratch [rætʃ], *V.* **ratchet**.
ratchet ['rætʃit], *n.* (*mecc.*) **1** dente d'arresto; nottolino d'arresto; fermo **2** (*anche* **r.-wheel**) ruota di arpionismo **3** (*anche* **r.-gear**) arpionismo; ruota dentata e fermo. ● **r. drill**, trapano a cricco ☐ **r. jack**, martinetto a cricco ☐ **r. tool**, utensile a cricchetto.
to ratchet ['rætʃit], *v. t.* provvedere (*una ruota*) di denti d'arresto.
rate [reit], *n.* **1** (*anche stat.*) ammontare; aliquota; percentuale; indice: **the r. of pay per month**, l'ammontare della retribuzione mensile; **the birth r.**, l'indice di natalità; **the death r.**, l'indice di mortalità; **the marriage r.**, la percentuale di matrimoni **2** (*anche* **r. of speed**) velocità; ritmo; rapidità: **The train was going at a** (*o* **the**) **r. of sixty miles an hour**, il treno andava a una velocità di sessanta miglia all'ora; **Poverty increases at a fearful r.**, la miseria aumenta con un ritmo spaventoso; **the r. of price increases**, il ritmo di rialzo dei prezzi **3** costo; prezzo; tariffa: **railway rates**, tariffe ferroviarie; **at a cheap r.**, a basso prezzo; a buon mercato; **the r. for printed matter**, la tariffa per (la spedizione degli) stampati; **the electricity rates**, le tariffe dell'energia elettrica; **subscription rates**, prezzi d'abbonamento **4** (*fin.*) corso: **the r. of exchange**, il corso del cambio **5** (*fin.*) saggio; tasso: (*banca*) **r. of interest**, tasso d'interesse; **the r. of inflation**, il tasso inflazionistico; **r. of discount**, saggio di sconto **6** (*pl.*) imposta comunale (*o* locale); imposta locale sugli immobili (*cfr. ital.* I.L.O.R.): **rates and taxes**, imposte comunali e nazionali **7** classe; categoria; ordine: **a writer of the first r.** (*o* **a first-r. writer**), uno scrittore di prim'ordine. ● **r.-collector**, esattore comunale ☐ (*aeron.*) **r. of climb**, velocità ascensionale ☐ (*aeron.*) **r.-of-climb indicator**, variometro ☐ **r.-payer**, chi paga le imposte comunali; contribuente (*locale*) ☐ (*econ.*) **r. war**, guerra tariffaria ☐ **at any r.**, a ogni modo, comunque; a ogni caso; almeno, per lo meno ☐ **at that r.**, di quel passo; in quel caso; se è così ☐ **at this r.**, di questo passo; in questo caso; se va così ☐ (*med.*) **pulse r.**, frequenza del polso ☐ **He won success at an easy r.**, ottenne il successo a buon mercato.
to rate (1) [reit], **A** *v. t.* **1** valutare; stimare; apprezzare; fare il prezzo a; quotare: **What do you r. his estate at?**, a quanto valuti il suo patrimonio? **2** considerare; giudicare; reputare: **He is rated as a remarkable statesman**, è giudicato un notevole statista **3** annoverare: **I r. him among my benefactors**, lo annovero tra i miei benefattori **4** valutare (*ai fini fiscali*); tassare: **We are highly rated for education**, siamo fortemente tassati per le spese della pubblica istruzione **5** (*naut.*) classificare (*una nave*); assegnare la categoria (*o* il grado) a (*un marinaio*) **6** (*fam. USA*) meritare: **He rates the best**, merita quanto c'è di meglio. **B** *v. i.* essere classificato; essere considerato (*o* reputato): **He rates among** (*o* **with**) **the best**, è considerato tra i migliori. ● **to r. a clock**, regolare un orologio ☐ **to r. goods**, fissare le tariffe per il trasporto delle merci ☐ (*ass.*) **to r. up**, far pagare (*a un*

rate (2) *contraente, un assicurato*) un soprapprezzo □ (*mecc.*) **rated horsepower**, potenza caratteristica (*di un motore, ecc.*).

to rate (2) [reit], *v. t.* rampognare (*lett.*); rimproverare; sgridare.

rateability [,reitə'biliti], **rateable** ['reitəbl], *V.* **ratability, ratable.**

ratel ['reitel], *n.* (*zool., Mellivora capensis*) ratele; ratelo; mellivora.

rater ['reitə*], *n.* (*nei composti, per es.*:) **a first-r.**, una persona di prim'ordine; **He's only a second-r.**, non è che una persona di second'ordine. ● (*naut.*) **a ten-r.**, un panfilo di dieci tonnellate.

ratfink ['rætfiŋk], *n.* (*pop.*) individuo meschino; verme (*fig.*).

rathe [reið], *a.* (*poet.*) **1** mattutino; mattiniero **2** (*anche* **r.-ripe**) precoce; primaticcio.

rather ['ra:ðə*], **A** *avv.* **1** piuttosto; alquanto; abbastanza; discretamente; un po': **I am r. tired**, sono piuttosto (*o* alquanto) stanco; **I would r. die than fail**, vorrei morire piuttosto che far fiasco; **It's r. hot today**, fa abbastanza caldo oggi **2** anzi; meglio; piuttosto: **We have not lost; r., we have won**, non abbiamo perso; anzi, abbiamo vinto. **B** *inter.* (*fam.*) certamente; certo; sicuro; e come; altroché: «**Would you like to go?**» «**R.!**», «ti piacerebbe andarci?» «altroché!» ● **r. pretty than beautiful**, più grazioso che veramente bello □ **the r. that...**, tanto più che... □ **anything r. than...**, tutto piuttosto che...; tutto fuorché... □ **I (you, etc.) had r.**, preferirei (preferiresti, ecc.): **He had r. go than stay**, preferirebbe andarsene (piuttosto che rimanere) □ **I r. enjoy singing**, non mi dispiace affatto cantare □ **I r. think**, ho l'impressione (che); immagino (che) □ **I would** (*o* **I'd**) **r. not**, preferirei di no □ **It's r. a pity**, è proprio un peccato.

ratification [,rætifi'keiʃən], *n.* ratificazione; ratifica; sanzione.

ratifier ['rætifaiə*], *n.* ratificatore, ratificatrice.

to ratify ['rætifai], *v. t.* ratificare; sanzionare.

ratine [rə'ti:n], *n.* (*ind. tessile*) ratina.

rating (1) ['reitiŋ], *n.* **1** stima; valutazione **2** (*fin.*) ripartizione delle imposte **3** (*fin.*) imponibile; reddito imponibile **4** (*naut.*) classificazione, categoria, classe (*dei panfili, ecc.*) **5** (*anche mil.*) grado; rango **6** (*naut.*) marinaio semplice **7** (*di macchina*) prestazioni di esercizio; limiti d'impiego. ● (*fin.*) **r. officer**, perito, stimatore (*del fisco*) □ (*fin.*) **credit r.**, credito (*di cui gode un'azienda*) □ (*mus., radio, telev.*) **to get good ratings**, piazzarsi bene (*o* ai primi posti della classifica).

rating (2) ['reitiŋ], *n.* rimprovero; sgridata; lavata di capo.

ratio ['reiʃiou], *n.* (*pl.* **ratios**) **1** (*mat., mecc.*) rapporto; proporzione: **in the r. of three to two**, in proporzione di tre a due; **compression r.**, rapporto di compressione **2** (*fis., chim.*) titolo: **steam r.**, titolo di vapore acqueo (*nell'aria*). ● (*elettron.*) **r. detector**, demodulatore a rapporto □ (*tecn.*) **r. print**, copia in scala □ (*stat.*) **r. scale**, scala di rapporti.

to ratiocinate [,ræti'ɔsineit], *v. i.* raziocinare (*lett.*); ragionare.

ratiocination [,rætiosi'neiʃən], *n.* raziocinio; ragionamento.

ratiocinative [,ræti'ɔsinətiv], *a.* raziocinante.

ration ['ræʃən], *n.* **1** razione **2** (*pl.*) razioni; viveri. ● **r.-card** (*o* **r.-book**), carta (*o* tessera) annonaria □ **an iron r.**, una riserva di viveri in scatola □ **to put on rations**, mettere a razione; razionare □ **to be on short rations**, essere a corto di viveri; stare a stecchetto.

to ration ['ræʃən], *v. t.* **1** razionare (*alimenti, benzina, ecc.*) **2** mettere (q.) a razione; imporre il razionamento a (*persone*). ● **to r. out**, distribuire (*viveri*) in razioni; razionare (*l'acqua, ecc.*).

rational ['ræʃənl], *a.* razionale; ragionevole: **Man is a r. creature**, l'uomo è una creatura razionale; **a r. decision**, una decisione ragionevole; **r. behaviour**, comportamento ragionevole; (*mat.*) **r. number**, numero razionale. ● **r. leanings in religion**, tendenze razionalistiche in religione □ **r. powers**, capacità intellettive; raziocinio.

rationale [,ræʃiə'na:l], *n.* base razionale; giustificazione logica (*di q.c.*).

rationalism ['ræʃnəlizəm], *n.* (*filos., relig.*) razionalismo.

rationalist ['ræʃnəlist], *n.* (*filos., relig.*) razionalista.

rationalistic [,ræʃnə'listik], *a.* (*filos., relig.*) razionalistico.

rationality [,ræʃə'næliti], *n.* razionalità.

rationalization [,ræʃnəlai'zeiʃən], *n.* **1** razionalizzazione (*anche mat.*) **2** (*ind.*) organizzazione razionale (*del lavoro*).

to rationalize ['ræʃnəlaiz], **A** *v. t.* **1** razionalizzare (*anche mat.*) **2** (*ind.*) razionalizzare, organizzare razionalmente (*il lavoro*). **B** *v. i.* diventare razionale.

rationing ['ræʃəniŋ], *n.* razionamento: **petrol r.**, il razionamento della benzina.

ratlin(e)s ['rætlinz], *n. pl.* (*naut.*) griselle.

rato ['reitou], *n.* (*acronimo di* **rocket-assisted take-off**) (*aeron.*) decollo con l'ausilio di razzi.

ratoon [rə'tu:n], *n.* germoglio nuovo (*di canna da zucchero*).

to ratoon [rə'tu:n], *v. i.* (*di canna da zucchero*) germogliare di nuovo.

ratracer ['ræt'reisə*], *n.* (*fig.*) **1** concorrente (*o* rivale) accanito **2** chi è intrappolato nel traffico (*o* nel ritmo di vita) cittadino.

ratsbane ['rætsbein], *n.* veleno per topi.

rattan [rə'tæn], *n.* **1** (*bot., Calamus rotang*) canna d'India **2** fusto della canna d'India (*usato per fare sedie, canne da pesca e bastoni da passeggio*).

rat-tat ['ræt'tæt], *n.* toc-toc; colpi (*alla porta*).

to ratten ['rætn], *v. t.* (*pop.*) sabotare (*specialm. un datore di lavoro, in una controversia sindacale*).

ratter ['rætə*], *n.* **1** cacciatore di topi **2** cane (*o* gatto) da topi **3** (*fam.*) disertore; traditore; rinnegato **4** (*fam.*) crumiro.

ratting ['rætiŋ], *n.* **1** caccia ai topi **2** (*fam.*) tradimento; voltafaccia.

to rattle ['rætl], **A** *v. i.* **1** sbattere; risuonare; rumoreggiare; strepitare; sferragliare: **The old shutters rattled in the wind**, le vecchie persiane sbattevano al vento **2** procedere con frastuono; avanzare rotolando; andare di carriera: **The wagon rattled over the stones**, il carro avanzava rotolando sull'acciottolato **3** (*spesso* **to r. on, along, away**) chiacchierare; ciarlare; cianciare **4** rantolare **5** (*di altoparlante*) raschiare **6** (*di motore*) battere. **B** *v. t.* **1** sbattere; sbatacchiare; far risuonare; far tintinnare: **The stranger rattled the handle**, lo sconosciuto sbatté la maniglia; **The wind is rattling the door**, il vento sbatacchia la porta; **to r. a box full of pebbles**, far risuonare una scatola piena di sassolini **2** (*di solito* **to r. off, out, away, over**) sciorinare; recitare rapidamente; snocciolare: **The little girl rattled off the speech she had learnt by heart**, la bambina snocciolò il discorso che aveva imparato a memoria **3** (*di solito*, **to r. through**) fare (*o* dire) in fretta; far passare (*o* approvare) in tutta fretta: **to r. through one's work**, fare in fretta il proprio lavoro; **The government rattled the bill through the House**, il governo fece rapidamente approvare il disegno di legge in Parlamento **4** (*fam.*) confondere; sconcertare; innervosire: **The whistling rattled the speaker**, i fischi sconcertarono l'oratore. ● **to r. at the door**, bussare insistentemente; picchiar gran colpi alla porta □ **to r. a fox**, inseguire una volpe dappresso □ **to r. the sabre**, agitare la spada; (*fig.*) minacciare guerra □ **to r. sb. up**, scuotere q. (*dal torpore*).

rattle ['rætl], *n.* **1** sonaglio (*giocattolo, o di serpente*) **2** rumore secco; fracasso; strepito: **the r. of the drums**, il rumore dei tamburi; **the r. of hail on the roof of the hut**, lo strepito della grandine sul tetto della capanna **3** rantolo: **the death-r.**, il rantolo dell'agonia **4** ciarle; cicaleccio: **chiacchiericcio 5** (*mecc.*) battito (*del motore*) **6** (*mus.*) raganella. ● (*med., arc.*) **the rattles**, il crup; la laringite difterica □ **r.-brain** (*o* **r.-head, r.--pate**), zucca vuota (*fig.*); persona insulsa e chiacchierona □ **r.-brained** (*o* **r.-headed, r.-pated**), scervellato; scriteriato; che parla a vanvera □ **r.-box**, (*bot.*) *Crotalaria*; (*raro*) sonaglio (*giocattolo*).

rattler ['rætlə*], *n.* **1** chi sbatte, sbatacchia, ecc.; chiacchierone (*V.* **to rattle**) **2** (*fam.*) persona (*o* cosa) eccezionale; cannonata (*fig., fam.*) **3** (*zool.*) serpente a sonagli.

rattlesnake ['rætlsneik], *n.* (*zool.*) **1** (*Crotalus*) serpente a sonagli; crotalo **2** (*Sistrurus*) sistruro.

rattletrap ['rætltræp], **A** *n.* **1** cosa sgangherata; vecchia automobile; macinino (*fig., fam.*) **2** (*fam.*) chiacchierone **3** (*fam.*) bocca **4** (*pl.*) cianfrusaglie. **B** *a. attr.* sconquassato; sganherato.

rattling ['rætliŋ], **A** *n.* **1** frastuono; strepito; sferragliamento **2** rantolio **3** (*di motore*) battito. **B** *a.* **1** rapido; veloce **2** (*fam.*) eccellente; formidabile; ottimo. **C** *avv.* (*fam.*) assai; molto. ● **r. good**, ottimo □ (*fam.*) **a r. party**, una gran bella festa □ (*fam.*) **a r. wind**, un vento impetuoso □ (*fam.*) **at a r. pace**, di buon passo; di corsa □ **to do a r. trade**, fare affari d'oro.

ratty ['ræti], *a.* **1** di (*o* da) topo **2** pieno di topi **3** (*fam.*) bisbetico; irritabile; permaloso **4** (*fam. USA*) scadente; sganherato. ● (*fam.*) **to get r.**, scocciarsi (*fam.*); seccarsi.

raucity ['rɔ:siti], *n.* raucedine.

raucous ['rɔ:kəs], *a.* rauco.

raucousness ['rɔ:kəsnis], *n.* raucedine.

raunch [rɔ:ntʃ], *V.* **raunchiness.**

raunchiness ['rɔ:ntʃinis], *n.* (*pop. USA*) **1** libidine, lussuria; oscenità, indecenza **2** pessima qualità.

raunchy ['rɔ:ntʃi], *a.* (*pop. USA*) **1** libidinoso; lussurioso; arrapato (*pop.*); osceno, indecente **2** scadente; sgangherato.

to ravage ['rævidʒ], *v. t. e i.* devastare (*anche fig.*); depredare; saccheggiare: **a face ravaged by smallpox**, un viso devastato dal vaiolo.

ravage ['rævidʒ], *n.* **1** devastazione; saccheggio; rovina **2** (*pl.*) danni; offese: **the ravages of time**, le offese del tempo.

to rave [reiv], *v. i.* **1** delirare; farneticare; vaneggiare: **The dying man went on raving**, il morente continuava a delirare **2** (*del vento, del mare*) ruggire; rumoreggiare; infuriare. ● (*fam.*) **to r. about**, andare in estasi per; andar pazzo per: **They r. about the**

colours of this painting, vanno in estasi per i colori di questo quadro □ **to r. oneself hoarse**, diventare roco a furia di gridare (*per manifestare il proprio entusiasmo*) □ **to r. oneself to sleep**, addormentarsi dopo lunghi vaneggiamenti.

rave (1) [reiv], *n.* **1** delirio; vaneggiamento **2** urlo, furia (*del vento, del mare*) **3** (*fam.*) infatuazione **4** orgia (*fig.*): **a r. of colours**, un'orgia di colori **5** (*pop.*) elogio sperticato **6** (*pop.*) baldoria; bisboccia. ● **a r. review**, una recensione entusiastica □ (*pop.*) **r.-up**, festa grandiosa; (*anche*) cosa di sogno; fatto (*o evento*) emozionante; servizio (giornalistico, ecc.) straordinario □ (*pop.*) **to be in a r. about**, andare pazzo per.

rave (2) [reiv], *n.* sponda (*di carro*).

to ravel [ˈrævəl], **A** *v. t.* **1** (*in origine*) aggrovigliare; avviluppare; intricare **2** (*fig.*) imbrogliare; complicare; confondere: **Don't r. the question**, non complicare la questione! **3** (*di solito* **to r. out**) districare; sbrogliare; sciogliere (*il capo d'una fune, ecc.*). **B** *v. i.* **1** (*in origine*) aggrovigliarsi; avvilupparsi; intricarsi **2** (*fig.*) imbrogliarsi; complicarsi; confondersi **3** (*di solito* **to r. out**) districarsi; sbrogliarsi; sciogliersi **4** sfilacciarsi. ● **to r. up**, aggrovigliare, attorcigliare (*un gomitolo, ecc.*); attorcigliarsi, aggrovigliarsi □ (*fig.*) **the ravelled skein of life**, l'intricata matassa della vita.

ravel [ˈrævəl], *n.* **1** groviglio; intrico; nodo; viluppo **2** (*fig.*) complicazione; difficoltà **3** sfilacciatura; lembo sfilacciato.

ravelling [ˈrævəliŋ], *n.* **1** lo sbrogliare; il districare **2** sfilacciamento **3** sfilacciatura; filo tirato.

to raven [ˈrævn], **A** *v. i.* **1** far bottino; predare; saccheggiare **2** mangiare avidamente. **B** *v. t.* divorare. ● **to r. about**, andar predando; cercar preda □ **to r. after**, andare in cerca di (*preda o bottino*) □ **to r. for**, essere affamato di.

raven [ˈreivn], **A** *n.* (*zool.*) **1** (*Corvus corax*) corvo imperiale **2** (*Corvus*) corvo. **B** *a.* corvino: **r. hair**, capelli corvini.

ravening [ˈrævniŋ], *a.* affamato; feroce; vorace.

ravenous [ˈrævinəs], *a.* **1** affamato; feroce; vorace: **a r. wolf**, un lupo vorace **2** (*anche fig.*) avido; ingordo; insaziabile: **r. for praise**, avido di lodi; **a r. hunger**, una fame insaziabile (*o da lupi*).

raver [ˈrævə*], *n.* (*fam.*) playboy; libertino; donnaiolo.

ravine [rəˈviːn], *n.* ravina; burrone; gola; forra; borro (*lett.*).

raving [ˈreiviŋ], **A** *a.* **1** delirante; farneticante; frenetico; furioso **2** (*fam.*) eccezionale; straordinario; da far girare la testa: **a r. beauty**, una bellezza da far girare la testa. **B** *n.* (*spesso al pl.*) vaneggiamento. ● **r. mad**, pazzo furioso; matto da legare.

ravioli [ˌræviˈouli], (*ital.*), *n. collett.* (*cucina*) ravioli.

to ravish [ˈræviʃ], *v. t.* **1** (*poet.*) rapire; (*fig.*) rapire in estasi, affascinare, incantare: **I was ravished by her beauty**, fui affascinato dalla sua bellezza; **ravished by sweet music**, rapito dalla musica soave **2** (*leg.*) stuprare; violentare.

ravisher [ˈræviʃə*], *n.* (*leg.*) stupratore; violentatore.

ravishing [ˈræviʃiŋ], *a.* affascinante; incantevole: **a r. sight**, una vista incantevole. ● **a r. music**, una musica che rapisce l'anima.

ravishment [ˈræviʃmənt], *n.* **1** (*poet.*) rapimento; (*leg.*) ratto (*specialm. di donna sposata o di minorenne*) **2** (*fig.*) rapimento; estasi; incanto **3** (*leg.*) violenza carnale; stupro.

raw [rɔː], **A** *a.* **1** crudo; (*fig., dell'aria, del tempo*) freddo, rigido: **This steak is nearly raw**, questa bistecca è quasi cruda; **a raw brick**, un mattone crudo; **a raw wind**, un vento freddo **2** greggio; grezzo; naturale; non raffinato: **raw wool**, lana greggia; **raw silk**, seta greggia; **raw whisky**, whisky naturale (*o liscio*); **raw sugar**, zucchero non raffinato; **raw hides**, pelli grezze; **raw material**, materiale grezzo; materia prima **3** (*fig.*) inesperto; immaturo; rozzo: **a raw recruit**, una recluta inesperta, ancora da istruire; **a raw lad**, un ragazzo immaturo **4** escoriato; scorticato **5** (*pop.*) imbranato (*pop.*) **6** aperto; infiammato; sanguinante; vivo: **a raw wound**, una ferita sanguinante; **a raw sore**, una piaga viva; **a raw throat**, una gola infiammata. **B** *n.* — **the raw**, il vivo; il punto scoperto, dolente: **to touch sb. on the raw**, toccare q. sul vivo. ● **raw-boned**, ossuto; scarno □ **raw cloth**, stoffa prima della follatura □ (*fam.*) **a raw deal**, un trattamento ingiusto (*o duro*) □ **raw head and bloody bones**, il teschio con le tibie incrociate; spauracchio (*dei bambini*); babau □ (*ind.*) **raw materials**, materie prime □ **raw recruit**, marmitta, marmittone (*recluta*) □ **raw sludge**, fango non trattato □ **raw spirit**, alcol puro □ **raw water**, acqua non depurata □ **in the raw**, allo stato grezzo (*o naturale*); nudo, svestito.

to raw [rɔː], *v. t.* sfregare fino a produrre escoriazioni.

rawhide [ˈrɔːhaid], **A** *n.* **1** pelle non conciata; cuoio greggio **2** corda (*o frusta*) di pelle non conciata. **B** *a. attr.* di cuoio greggio; di pelle non conciata.

rawish [ˈrɔːiʃ], *a.* piuttosto crudo (*o freddo, inesperto, rozzo*) *V.* **raw**.

rawness [ˈrɔːnis], *n.* **1** l'esser crudo **2** l'esser grezzo; stato naturale (*di una sostanza*) **3** inesperienza; immaturità; rozzezza (*V.* **raw**).

ray (1) [rei], *n.* **1** (*fis., bot., zool.*) raggio (*anche fig.*): **a ray of light**, un raggio di luce; **X-rays**, raggi X; **heat rays**, raggi termici; **There isn't a ray of hope**, non c'è un raggio di speranza **2** (*geom.*) raggio; semiretta. ● **ray gun**, pistola a raggi.

to ray [rei], **A** *v. i.* **1** raggiare; splendere **2** irradiarsi; irraggiarsi. **B** *v. t.* **1** irradiare; irraggiare **2** ornare di raggi.

ray (2) [rei], *n.* (*zool., Raja*) razza.

Ray [rei], *n. dim.* di **Raymond**.

rayed [reid], *a.* raggiato; a raggi; che ha raggi.

rayless [ˈreilis], *a.* **1** senza raggi **2** (*specialm.*) senza un raggio di luce; oscuro; tetro.

raylet [ˈreilit], *n.* piccolo raggio.

Raymond [ˈreimənd], *n.* Raimondo.

rayon [ˈreiɔn], *n.* (*ind. tessile*) rayon; seta artificiale.

to raze [reiz], *v. t.* distruggere; radere al suolo; spianare: **The fortress was razed (to the ground) by the invaders**, la fortezza fu rasa al suolo dagli invasori. ● (*raro*) **to r. out**, cancellare □ (*fig.*) **to r. out sb.'s name from remembrance**, cancellare dalla memoria il nome di q.

razee [rəˈziː], *n.* (*stor.*) nave rasa (*priva del ponte superiore*).

to razee [rəˈziː], *v. t.* (*stor.*) togliere il ponte superiore a (*una nave*).

razon [ˈreizɔn], *n.* (*mil.*) bomba planante teleguidata.

razor [ˈreizə*], *n.* rasoio: **safety r.**, rasoio di sicurezza. ● (*zool.*) **r.-back**, (*Balaenoptera*) balenottera; (*USA*) maiale semiselvatico □ **r.-backed**, dal dorso affilato (*o a lama di rasoio*) □ **r.-bill**, becco a lama di rasoio; (*zool., Alca torda*) gazza marina; pinguino tordo □ **r.-billed**, dal becco a lama di rasoio □ **r. blade**, lametta da barba □ (*zool.*) **r.-shell** (*USA* **r. clam**) (*Solen vagina*), cannolicchio; cappellonga; cannello □ **r. haircut**, taglio (*di capelli*) scolpito □ **r.-strop**, cuoio per affilare rasoi; coramella □ (*fig.*) **to keep on the r.-edge of orthodoxy**, sfiorare l'eresia □ (*fig.*) **to be on a r.-edge** (*o* **r.'s edge**), camminare sul filo del rasoio.

to razor [ˈreizə*], *v. t.* radere; rasare. ● **a well-razored beard**, una barba ben fatta.

to razz [ræz], *v. t.* (*pop. USA*) stuzzicare; prendere in giro.

razzle [ˈræzl], *V.* **razzle-dazzle**.

razzle-dazzle [ˈræzlˌdæzl], *n.* (*pop.*) confusione; baldoria; eccitazione. ● **to be (o to go) on the r.**, far baldoria; folleggiare; darsi alla pazza gioia.

re (1) [riː], *n.* (*mus.*) re (*nota*).

re (2) [riː], *prep.* (*leg., comm.*) in relazione a; in riferimento a.

re (3) [ˈriː], *pref.* ri-; di nuovo (*si trova col trattino per ragioni fonetiche, per es. in* **to re-elect**, «rieleggere»; *o per evitare confusione, come fra* **to re-cover**, «ricoprire» *e* **to recover**, «guarire»).

're [ə*], *voce verb. abbr. fam.* di **are** (*per es., in:*) **they're**, essi (*o esse*) sono.

to reabsorb [ˈriːəbˈsɔːb], *v. t.* riassorbire.

reabsorption [ˈriːəbˈsɔːpʃən], *n.* riassorbimento.

to reach [riːtʃ], **A** *v. t.* **1** (*spesso* **to r. out**) allungare; stendere: **I reached out my hand for the book**, allungai la mano per prendere il libro; **The tree reaches its branches over the river**, l'albero stende i suoi rami sul fiume **2** raggiungere; giungere a; arrivare a; pervenire a: **Can you r. the window?**, ci arrivi alla finestra?; **We reached the town by night**, giungemmo nella città di notte; **She has reached old age**, è arrivata alla vecchiaia; **Your letter reached me yesterday**, la tua lettera mi pervenne ieri; **The water reached his knees**, l'acqua gli arrivava alle ginocchia **3** (*fam.*) allungare; porgere: **R. me the salt, please**, allungami il sale, per favore **4** mettersi in contatto con (*q., per telefono, ecc.*): **We tried to r. them by cable**, cercammo di metterci in contatto con loro con un cablogramma. **B** *v. i.* **1** — **to r. for**, allungare la mano per prendere; cercar di prendere; cercar d'arrivare a: **I reached for the revolver but couldn't get hold of it**, cercai di prendere la rivoltella ma non ci riuscii **2** stendersi; estendersi; andare; arrivare: **The Roman empire reached from Gibraltar to Asia Minor**, l'impero romano si stendeva da Gibilterra all'Asia Minore; **His power reaches into other lands**, il suo potere si estende ad altri territori; **You must r. out further**, devi andare oltre (devi progredire, mirare più in alto); **My property reaches as far as the river**, la mia proprietà arriva fino al fiume. ● **to r. after** (*o* **for**) **st.**, aspirare a q.c. □ **to r. ahead**, portarsi in testa □ **to reach down a suitcase**, tirar giù una valigia □ **as far as the eye can r.**, fin dove giunge lo sguardo □ **I cannot r. so high** (*o* **up to it**), non ci arrivo (fin lassù).

reach [riːtʃ], *n.* **1** l'allungar la mano; lo stendersi: **to get st. by a long r.**, arrivare a prender q.c. allungando molto la mano **2** distanza; portata di mano; accesso: **The farm is within easy r. of Bristol**, la fattoria è a poca distanza da Bristol; **No help was within r.**, non c'era alcun aiuto a portata di mano; **The top is quite near, but not within easy r.**, la cima è vicinissima, ma di non facile accesso **3** campo d'azione; raggio d'azione; capacità; portata: (*mecc.*) **the r. of a crane**, il campo d'azione d'una gru; **That's above** (*o* **beyond, out of**) **my r.**, ciò è al di sopra

reachable

(*o* fuori) delle mie capacità 4 (*geogr.*) tratto (*specialm. di fiume, tra due anse*); tronco (*di canale*); braccio (*di mare*); distesa d'acqua 5 (*mil.*) portata; tiro: **to be within r.**, essere a tiro (*di fucile, di cannone, ecc.*) 6 (*pugilato*) allungo. ● (*fam.*) **r.-me-down**, abito confezionato (*o* bell'e fatto); abito vecchio, vestito usato.

reachable ['ri:tʃəbl], *a.* raggiungibile.

to react (1) [ri(:)'ækt], *v. i.* **1** (*chim., ecc.*) reagire; (*di persona*) rispondere (*a uno stimolo*), ribellarsi: **The patient doesn't r. to the medicines**, il paziente non reagisce alle medicine; **The citizens reacted against dictatorship**, i cittadini si ribellarono alla dittatura **2** ricadere sul capo di: **Tyranny reacts upon the tyrant**, la tirannia ricade sul capo del tiranno. ● **to r. upon**, avere un certo effetto su: **Overwork inevitably reacts on everyone**, l'eccesso di lavoro ha inevitabilmente un cattivo effetto su chiunque □ **to r. upon each other**, avere una reazione reciproca □ (*chim.*) **to r. with**, reagire con: **Acids react with bases to form salts**, gli acidi reagiscono con le basi per formare i sali.

to re-act (2) ['ri:'ækt], *v. t.* rappresentare (*o* recitare) di nuovo; ridare (*un dramma*); replicare: **to r. a scene**, recitare di nuovo una scena.

reactance [ri:'æktəns], *n.* (*elettr.*) reattanza.

reactant [ri:'æktənt], *n.* (*chim.*) reagente.

reaction [ri(:)'ækʃən], *n.* (*chim., fis., polit., med.*) reazione: **chain r.**, reazione a catena; **the forces of r.**, le forze della reazione; **a r. against repression**, una reazione alla repressione; **anxiety r.**, reazione ansiosa; **myastenic r.**, reazione miastenica. ● (*aeron.*) **r. engine**, motore (*o* propulsore) a reazione □ (*radio, telev.*) **r. index**, indice di gradimento □ (*fisiologia*) **r. time**, tempo di reazione.

reactionary [ri:'ækʃnəri], *a. e n.* (*polit.*) reazionario.

reactionist [ri:'ækʃnist], *n.* (*polit.*) reazionario.

reactive [ri:'æktiv], *a.* (*chim., elettr.*) reattivo: **r. dye**, colorante reattivo; **r. power**, potenza reattiva.

reactivity [,ri:æk'tiviti], *n.* (*chim.*) reattività.

reactor [ri:'æktə*], *n.* **1** (*fis. nucl.*; *anche* **nuclear r.**) reattore nucleare; pila atomica **2** (*elettr.*) reattore.

to read [ri:d] (*pass.* e *p. p.* **read**, A *v. t.* e *i.* **1** leggere (*in ogni senso*); (*fig.*) interpretare, indovinare, spiegare: **R. it aloud, please**, leggilo a voce alta, per favore!; **to r. a book (a letter, music, etc.)**, leggere un libro (una lettera, la musica, ecc.); **to r. French**, leggere il francese; **to r. futurity**, leggere nel libro del futuro; **to r. sb.'s hand**, leggere la mano a q.; **to r. a dream (an omen)**, interpretare un sogno (un presagio); **I can r.** him **like a book**, leggo in lui come in un libro aperto; **to r. men's hearts**, leggere nel cuore degli uomini **2** studiare (*all'università*): **to r. law (chemistry, etc.)**, studiar legge (chimica, ecc.); **to r. for the Bar**, studiare per diventare un avvocato patrocinante **3** (*di strumento*) registrare; segnare: **The speedometer reads sixty miles per hour**, il tachimetro segna sessanta miglia all'ora **4** essere, suonare (*alla lettura*); dire: **His answer reads like a threat**, la sua risposta suona come una minaccia; **The sentence reads as follows...**, la frase dice come segue...; **This codex reads «show», not «shew»**, la lezione di questo codice è «show» e non «shew». B *verbi composti* **1 to r. about st.**, leggere di q.c.; apprendere q.c. leggendo. **2 to r. on**, continuare a leggere; leggere avanti (*o* oltre). **3 to r. out**, leggere a voce alta; (*USA*) espellere (*da un partito politico, ecc.*); (*elab.*) leggere e trasferire dalla memoria. **4 to r. st. over**, leggere attentamente q.c.; rileggere q.c. (*teatr.*) V. **to r. through**. **5 to r. st. through**, leggere q.c. da cima a fondo; (*teatr.*) leggere (*un dramma, ecc.*) come prova. **6 to r. up**, leggere a fondo; ripassare, studiare: **to r. a subject up**, ripassare una materia (*di studio*). ● (*fig.*) **to r. between the lines**, leggere fra le righe □ **to r. sb.'s character in his face**, leggere il carattere di q. sul suo viso □ **to r. deeply**, leggere molto □ **to r. sb.'s fortune**, leggere la fortuna a q. □ **to r. hieroglyphs**, decifrare geroglifici □ **to r. oneself hoarse**, perdere la voce a forza di leggere; leggere fino ad arrocchire □ (*stor.*) **to r. oneself in office**, prendere possesso d'una carica leggendo pubblicamente i 39 articoli del Credo anglicano □ (*fig.*) **to r. sb. a lesson**, dare una lezione a q.; redarguire q. aspramente □ **to r. music at sight**, legger la musica a prima vista □ (*di libro, autore, ecc.*) **to r. poorly**, essere noioso alla lettura □ **to r. the sky**, scrutare il cielo □ **to r. to oneself**, leggere in silenzio □ **to r. oneself to sleep**, leggere fino ad addormentarsi □ **to r. sb. to sleep**, addormentare q. leggendogli (ad alta voce) □ **to r. too much into sb.'s words**, attribuire un significato in più (*o* dare un peso eccessivo) alle parole di q. □ (*di libro, autore, ecc.*) **to r. well**, essere interessante alla lettura; farsi leggere, leggersi bene □ **to be read to**, avere q. che fa la lettura ad alta voce: **The invalid is read to for several hours a day**, l'invalido ha qualcuno che gli fa la lettura ad alta voce per molte ore al giorno □ **This book reads like a translation**, alla lettura, questo libro ha l'aria d'essere una traduzione.

read (1) [ri:d], *n.* (tempo dedicato alla) lettura: **We had a long r.**, facemmo una lunga lettura; **a quick r.**, una lettura frettolosa; una letta; una scorsa. ● (*elab.*) **r.-out**, V. **readout** □ (*fam.*) **a good (a bad) r.**, un libro interessante (noioso).

read (2) [red], A *pass.* e *p. p.* di **to read**. B *a.* (*di solito nei composti*) colto; dotto; istruito: **a well-r. man**, un uomo di vasta cultura. ● **to be deeply r. in contemporary poetry**, essere un profondo conoscitore della poesia contemporanea □ **to take st. as r.**, dare q.c. per letto; (*fig.*) dare q.c. per scontato □ **widely r.**, (*di autore*) assai noto; molto letto.

readability [,ri:də'biliti], *n.* leggibilità (*specialm. fig.*).

readable ['ri:dəbl], *a.* **1** piacevole a leggersi; interessante: **Is this book r.?**, è interessante questo libro? **2** leggibile; chiaro; decifrabile.

readableness ['ri:dəblnis], *n.* leggibilità (*fig.*).

to re(-)address ['ri:ə'dres], *v. t.* **1** rifare l'indirizzo di (*una lettera, ecc.*); rispedire (*q.c. a un nuovo indirizzo*) **2** rivolgersi di nuovo a (q.).

reader ['ri:də*], *n.* **1** lettore, lettrice **2** (*anche* **publisher's r.**) consulente editoriale; chi legge manoscritti per un editore **3** (*anche* **lay r.**) laico che legge parti dell'ufficio in chiesa **4** (*tipogr.*, *anche* **proof-r.**) correttore di bozze **5** libro di lettura (*a scuola*) **6** (*nelle università ingl.*) «reader» (*professore non cattedratico*, *anche* **senior lecturer**, *q.V.*) **7** (*nelle università USA*) assistente **8** (*elab.*) lettore **9** (*grafica*) microlettore; lettore. ● **the first r.**, il sillabario.

readership ['ri:dəʃip], *n.* **1** i lettori, il numero di lettori (*di una rivista, ecc.*) **2** (*nelle università*) posto di «reader» (V. **reader** *def.* 6 e 7).

readiness ['redinis], *n.* prontezza; premura; buona volontà; sollecitudine: **r. of wit**, prontezza di mente (*o* di spirito). ● **r. of conversation**, facilità di parola □ **to have st. in r.**, avere già pronto q.c. □ **to hold st. in r.**, tener pronto q.c.

reading ['ri:diŋ], *n.* **1** (*anche polit.*) lettura; lettura pubblica: **first, second, third r.**, prima, seconda, terza lettura (*di un disegno di legge*); **readings from Shakespeare**, letture di Shakespeare; (*tecn.*) **meter r.**, lettura del contatore **2** studio; cultura: **a man of vast r.**, un uomo di vasta cultura **3** materia di lettura; materia da leggere: **There's plenty of r. in this magazine**, c'è molto da leggere in questa rivista **4** (*di codice*) lezione; variante; versione: **This is the right r. of the passage**, questa è la lezione giusta del brano **5** interpretazione: **What is your r. of the facts?**, qual è la tua interpretazione dei fatti? ● **r. desk**, leggio □ **r. glass**, lente per leggere; lente biconvessa □ **r. lamp**, lampada da tavolo □ **r. room**, sala di lettura □ **This book is good (dull) r.**, questo libro è interessante (noioso) da leggere.

to readjourn ['ri:ə'dʒə:n], *v. t.* rimandare (*o* rinviare) di nuovo (*o* per la seconda volta).

to readjust ['ri:ə'dʒʌst], A *v. t.* **1** aggiustare di nuovo; riadattare; riordinare; riassestare **2** (*fin., comm.*) ritoccare (*tariffe, ecc.*). B *v. i.* riadattarsi; riassestarsi.

readjustment ['ri:ə'dʒʌstmənt], *n.* **1** riadattamento; riordinamento; riassestamento: **a r. in the accounts**, un riordinamento dei conti **2** (*fin., comm.*) ritocco (*di tariffe, ecc.*).

readmission ['ri:əd'miʃən], *n.* riammissione.

to readmit ['ri:əd'mit], *v. t.* riammettere.

readout ['ri:d-aut], *n.* (*elab.*) lettura e trasferimento dalla memoria.

read-through ['ri:d-θru:], *n.* (*teatr.*) lettura (*di un dramma, ecc.*) come prova.

ready ['redi], A *a.* **1** pronto; disposto; preparato; rapido; sollecito; svelto: **I am r. to leave**, sono pronto per il viaggio; (*oppure*) sono disposto a partire; **Dinner is r.**, il pranzo è pronto; **I am r. to risk my life**, sono pronto a rischiare la vita; **You shouldn't be so r. to suspect**, non devi essere così pronto a sospettare; **a r. reply**, una risposta pronta; **to sell goods for r. money**, vendere merce per pronti contanti; **He has a r. wit**, ha la mente pronta; **This is the readiest way to do it**, questo è il modo più rapido di farlo **2** (*mil.*) pronto al fuoco. B *n.* **1** (*mil.*) posizione di «pronti» (*del fucile, prima di puntarlo*) **2** — (*pop.*) **the r.**, i denari contanti; il contante; il liquido. ● (*rag.*) **r. assets**, disponibilità liquide □ (*edil.*) **r.-built houses**, case prefabbricate □ (*comm.*) **r. cash**, a pronta cassa □ **r.-made**, abito bell'e fatto □ (*d'abito*) **r.-made**, confezionato; bell'e fatto; «prêt-à-porter» □ **r.-made clothes** (*o* **r.-made clothing**), abiti confezionati; confezioni □ **r.-made opinions**, opinioni prefabbricate; luoghi comuni □ **r.-made shop**, negozio di abiti confezionati □ **r.-made situations**, situazioni banali (*o* trite) □ (*edil.*) **r.-mixed concrete**, cemento già preparato; calcestruzzo pronto per la gettata □ **r. money**, contanti; denaro contante: **to pay r. money**, pagare in contanti □ (*mil.*) **R., present, fire!**, pronti, puntate, fuoco! □ **r. reckoner**, prontuario di calcoli (*anche sport*) **R., steady, go!**, pronti..., via!; un, due, tre... via! □ **r. to hand**, a portata di mano □ (*d'abito*) **r.-to-wear**, confezionato; bell'e fatto; «prêt-à-porter» □ **r.-witted**, di mente pronta; dallo spirito pronto; dall'ingegno vivace □ **a r. workman**, un operaio abile (*o* esperto) □ **the boy that answers readiest**, il ragazzo che risponde per primo □ **to buy food r. cooked**, comprare cibi bell'e cotti (*in scatola*, *ecc.*) □ **to get r.**, prepararsi □ **to make r.**, prepararsi: **They made r. to fight**, si prepararono al combattimento □ **We made everything r.**, preparammo ogni cosa □ (*anche sport*) **(Are you) r.?... Go!**, pronti?... via!

to ready ['redi], (*USA*) **A** *v. t.* preparare; approntare. **B** *v. i.* prepararsi.

to reaffirm [ri:ə'fə:m], *v. t.* riaffermare; riconfermare.

reaffirmation [ri,æfə'meiʃən], *n.* riaffermazione; riconferma.

to reafforest [ri:æ'fɔrist], *v. t.* rimboschire; rimboscare.

reafforestation [ri:æ,fɔristei'ʃən], *n.* rimboschimento.

reagency [ri:'eidʒənsi], *n.* (*scient.*) capacità di reazione.

reagent [ri:'eidʒənt], *n.* (*chim.*) reagente; reattivo.

to reaggregate [ri:'ægrigeit], **A** *v. t.* (*specialm. scient.*) riaggregare. **B** *v. i.* riaggregarsi.

reaggregation ['ri:,ægri'geiʃən], *n.* (*specialm. scient.*) riaggregazione.

real (1) [riəl], **A** *a.* **1** reale; concreto; effettivo; genuino; autentico; schietto; naturale; sincero; vero: **a r. object**, un oggetto reale; **a r. thing**, una cosa concreta; **r. silk**, seta genuina; seta pura; (*mat.*) **r. numbers**, numeri reali; **a r. man**, un vero uomo; un uomo schietto; un uomo in carne e ossa; (*fin.*) **r. partner**, socio effettivo **2** (*leg.*) immobile; immobiliare: **r. estate**, beni immobili; **r. property**, proprietà immobiliare. **B** *n.* – **the r.**, il reale. **C** *avv.* davvero; veramente; realmente; vero e proprio: **a r. fine day**, una giornata veramente bella; **I'm r. sorry**, mi dispiace davvero. – (*USA*) **r.-estate agent**, agente immobiliare (*cfr. ingl.* **estate agent**) □ **r. life**, vita vissuta; la vita com'è nella realtà (*non nei romanzi*) □ **r. money**, moneta corrente; contanti □ **the r. thing**, proprio quello che ci vuole (*non un surrogato*) □ **r. wages**, salario effettivo (*o* reale) (*tenuto conto del potere d'acquisto della moneta*) □ (*fam.*) **for r.**, sul serio; fatto (*o* detto) sul serio □ **in r. earnest**, proprio sul serio.

real (2) [rei'a:l], *n.* (*stor.*) reale (*antica moneta spagnola*).

realgar [ri'ælgə*], *n.* (*miner.*) realgar (*solfuro d'arsenico*).

to realign ['ri:ə'lain], **A** *v. t.* riallineare. **B** *v. i.* riallinearsi.

realignment ['ri:ə'lainmənt], *n.* **1** riallineamento **2** (*econ., fin.*) riassetto: **economic r.**, riassetto economico.

to realise ['ri:əlaiz], *V.* **to realize**.

realism ['riəlizəm], *n.* (*anche filos., arte, polit.*) realismo.

realist ['riəlist], *n.* (*anche filos. arte, polit.*) realista.

realistic ['riə'listik], *a.* realistico.

reality [ri:'æliti], *n.* **1** realtà: **One cannot escape from r.**, non si può sfuggire alla realtà **2** (*arte*) realismo: **The scene is reproduced with startling r.**, la scena è riprodotta con impressionante realismo. – **in r.**, in realtà; in verità.

realizability [,riəlaizə'biliti], *n.* **1** comprensibilità **2** realizzabilità; attuabilità (*di un progetto, ecc.*).

realizable [,riə'laizəbl], *a.* **1** comprensibile; di cui ci si può rendere conto **2** realizzabile; attuabile; effettuabile **3** (*fin.*) realizzabile.

realization [,riəlai'zeiʃən], *n.* **1** comprensione; percezione; riconoscimento: **the r. of the difficulties**, il riconoscimento delle difficoltà **2** realizzazione; attuazione; avveramento; effettuazione; compimento: **the r. of one's hopes**, la realizzazione delle proprie speranze **3** (*fin.*) realizzazione; realizzo.

to realize ['riəlaiz], **A** *v. t.* **1** comprendere; capire; rendersi conto di; realizzare: **He doesn't r. the risks he is running**, non capisce i rischi che corre; **I r. the difficulties**, mi rendo conto delle difficoltà **2** dare realtà a; far apparire reale: **These details help to r. the scene**, questi particolari contribuiscono a dare realtà alla scena **3** attuare; avverare; realizzare; effettuare; soddisfare: **to r. one's ambitions**, soddisfare le proprie ambizioni **4** (*fin.*) realizzare; convertire in (denaro) contante; ottenere: **to r. a credit**, realizzare un credito; **to r. a profit**, ottenere un profitto **5** (*comm.: di una proprietà*) dare, procurare (*un profitto*); realizzare (*un prezzo*). **B** *v. i.* (*comm.*) realizzare; convertire proprietà (*o* crediti, *ecc.*) in contanti.

really ['riəli], *avv.* realmente; veramente; davvero; proprio: **a r. hot day**, una giornata veramente calda; **«I'm flying to New York tomorrow». «Oh, r.?»**, «domani prendo l'aereo per New York» «Davvero?» («Ah, sì?»).

realm [relm], *n.* reame; regno: **the laws of the r.**, le leggi del regno; **the r. of fancy**, il regno della fantasia.

Realpolitik [rei'a:lpoliti:k] (*ted.*), *n.* (*stor., polit.*) Realpolitik.

realtor ['ri:əltɔ:*], *n.* (*USA*) agente immobiliare; agente fondiario; mediatore di case e terreni.

realty ['riəlti], *n.* (*leg.*) beni immobili; proprietà immobiliare.

ream [ri:m], *n.* risma (*480 o 500 fogli di carta da scrivere*). ● **printer's r.**, 516 fogli □ **He writes reams and reams of verse**, scrive versi in grande quantità (*o* a getto continuo).

to ream [ri:m], *v. t.* **1** (*mecc.*) alesare; svasare **2** (*USA*) spremere (*arance, limoni, ecc.*).

reamer ['ri:mə*], *n.* **1** (*mecc.*) alesatore **2** (*USA*) spremifrutta.

reaming ['ri:miŋ], *n.* (*mecc.*) alesatura; svasatura. ● **r. bit**, allargatore (*utensile*).

to reanimate [ri:'ænimeit], *v. t.* rianimare; ravvivare.

reanimation ['ri:,æni'meiʃən], *n.* rianimazione; ravvivamento.

to reannex ['ri:ə'neks], *v. t.* riannettere.

to reap [ri:p], *v. t. e i.* **1** mietere; falciare: **to r. a field of wheat**, mietere un campo di grano **2** (*fig.*) raccogliere; cogliere: **to r. the fruits of one's industry**, raccogliere i frutti della propria operosità. ● **to r. a crop** (*o* **a harvest**), fare un raccolto □ **to r. laurels**, mietere allori □ (*fig.*) **to r. where one has not sown**, mietere l'altrui campo; trarre profitto dal lavoro altrui □ (*prov.*) **He that sows the wind will r. the whirlwind**, chi semina vento, raccoglie tempesta.

reaper ['ri:pə*], *n.* (*agric.*) **1** mietitore, mietitrice **2** mietitrice (*macchina*). ● **r. and binder**, mietilegatrice; mietilega □ (*fig.*) **the grim r.**, la morte (*personificata*)

reap hook ['ri:p huk], *n.* (*agric.*) falce corta; falcetto.

reaping ['ri:piŋ], *n.* (*agric.*) mietitura; falciatura; raccolto. ● **r. hook**, falce corta; falcetto □ **r. machine**, mietitrice (*macchina*).

to reapparel ['ri:ə'pærəl], *v. t.* rivestire; vestire di nuovo.

to reappear ['ri:ə'piə*], *v. i.* **1** riapparire; ricomparire **2** (*med.: di malattia*) recidivare.

reappearance ['ri:ə'piərəns], *n.* **1** riapparizione; ricomparsa **2** (*med.: di malattia*) recidivazione.

to reappoint ['ri:ə'pɔint], *v. t.* rinominare; rieleggere.

reappointment ['ri:ə'pɔintmənt], *n.* nuova nomina; rielezione.

reappraisal ['ri:ə'preizəl], *n.* rivalutazione.

to reappraise ['ri:ə'preiz], *v. t.* rivalutare.

rear [riə*], **A** *n.* **1** (il) dietro, didietro; tergo; parte posteriore; retro: **the r. of the church**, il retro della chiesa; **the r. of the wardrobe**, il didietro dell'armadio **2** (*mil.*) retroguardia; retrovie: **The wounded were sent to the r. for safety**, i feriti furono mandati in salvo nelle retrovie **3** (*fam.*) deretano; sedere; didietro **4** (*fam.*) gabinetto; latrina. **B** *attr.* posteriore; di dietro; sul retro: **the r. entrance**, l'entrata posteriore. ● (*naut.*) **r.-admiral**, contrammiraglio □ (*archit.*) **r.-arch**, arco interno (*di finestra o di porta*) □ (*mil.*) **r. area**, retrovia □ (*autom.*) **r. drive**, trazione posteriore □ (*autom.*) **r.-driven**, a trazione posteriore □ (*autom.*) **r. light**, fanale posteriore (*o* di coda) □ (*autom.*) **the r. rank**, l'ultima fila; la fila dei dietro □ (*autom.*) **r. reflector**, catarifrangente □ (*autom.*) **the r. seats**, i sedili posteriori □ (*d'arma da fuoco*) **r. sight**, alzo □ (*autom.*) **r. stop lamp**, luce posteriore di stop □ **r. view**, una vista della parte posteriore □ (*autom.*) **r.-view mirror**, specchio retrovisore □ (*autom.*) **r. window**, lunotto (*posteriore*) □ (*autom.*) **r.-window washer**, tergilunotto; lavatergilunotto □ **to be at the r.**, essere in coda □ **to bring up** (*o* **to close up**) **the r.**, formare la retroguardia; essere in coda □ (*mil.*) **to hang on the r. of the enemy**, stare alle calcagna del nemico □ **to keep in the r.**, rimanere indietro.

to rear ['riə*], **A** *v. t.* **1** alzare; drizzare; sollevare: **to r. one's hand** (**voice, etc.**), alzar la mano (la voce, ecc.); **The animal reared its head**, la bestia sollevò la testa **2** elevare; innalzare; costruire: **to r. a huge temple**, costruire un tempio enorme; **to r. a cathedral**, costruire una cattedrale **3** allevare; educare: **to r. dogs**, allevare cani **4** coltivare; far crescere (*prodotti agricoli*). **B** *v. i.* **1** (*di un cavallo, anche* **to r. up**) impennarsi **2** (*lett.*) alzarsi; ergersi; elevarsi.

rearer ['riərə*], *n.* **1** allevatore: **cattle r.**, allevatore di bestiame **2** coltivatore.

rearguard ['riəga:d], *n.* (*mil. e fig.*) retroguardia. ● **r. action**, azione di retroguardia (*anche polit.*).

to rearm ['ri:'a:m], **A** *v. t.* **1** riarmare **2** (*mil.*) rifornire **3** (*mil.*) riattivare (*una bomba*). **B** *v. i.* **1** riarmarsi **2** (*mil.*) rifornirsi.

rearmament ['ri:'a:məmənt], *n.* riarmamento; riarmo.

rearming ['ri:'a:miŋ], *n.* (*mil.*) **1** rifornimento (*di munizioni, ecc.*) **2** riattivazione (*di una bomba, ecc.*).

rearmost ['riəmoust], *a.* (il) più indietro; (l')ultimo.

to rearrange ['ri:ə'reindʒ], *v. t.* riordinare; riassettare (*anche econ.*).

rearrangement ['ri:ə'reindʒmənt], *n.* riordinamento; nuovo ordine; riassetto (*anche econ.*).

rearward (1) ['riəwəd], *n.* **1** (*raro*) posizione arretrata; fondo; coda **2** (*specialm.*) retroguardia; retrovie. ● **in the r.**, in fondo; in coda □ **to the r. of**, dietro a; alle spalle di.

rearward (2) ['riəwəd], **A** *a.* posteriore; di dietro. **B** *avv.* di dietro; verso il fondo; in coda.

rearwards ['riəwədz], *avv.* indietro; verso il fondo; verso la retroguardia.

to reascend [,ri:ə'send], *v. t. e i.* risalire.

reason ['ri:zən], *n.* **1** ragione; causa; motivo; intelletto; ragionevolezza; buon senso: **We are afraid she may lose her r.**, temiamo che ella perda la ragione; **There is no r. to believe that he lied**, non c'è motivo di credere che abbia mentito; **He always complains, with or without r.**, si lamenta sempre, a torto o a ragione; **He doesn't want to hear r.**, non vuol sentire ragione **2** *(filos.)* premessa *(di sillogismo)*; premessa minore. ● **All the more r. for going**, una ragione di più per andare! □ **as r. was**, secondo i dettami della ragione; come ragion comandava □ **to bring sb. to r.**, ridurre q. alla ragione; fare ragionare q. □ **by r. of**, a causa di; a motivo di □ **to give reasons for st.**, render ragione di q.c. □ **to listen to r.**, ascoltare la voce della ragione; lasciarsi persuadere □ **out of all r.**, del tutto irragionevole □ **to be restored to r.**, riacquistare l'uso della ragione □ **to see r. to do st.**, aver motivo di far q.c. □ **to state the r. for st.**, motivare q.c. □ **It stands to r. that...**, non si può negare che...; è ovvio che... □ **There is r. in what you say**, quel che dici è ragionevole; c'è del vero in ciò che dici.

to **reason** ['ri:zn], **A** *v. i.* ragionare; argomentare; discutere; inferire: **to r. about politics**, ragionar di politica; **to r. from premises**, inferire *(o* concludere) dalle premesse. **B** *v. t.* **1** ragionare; spiegare *(o* sostenere) con ragioni *(specialm. al p.p.)*: **a reasoned exposition**, una esposizione ragionata **2** discutere: **We reasoned what to do next**, discutemmo che cosa si dovesse fare. ● **to r. sb. into belief**, convincere q. della verità di q.c. *(adducendo ragioni valide)* □ **to r. sb. into doing st.**, convincere a fare q.c. *(adducendo ragioni valide)* □ **to r. st. out**, ragionare (a fondo) su q.c.; escogitare q.c. □ **to r. out the consequences of st.**, meditare sulle conseguenze di q.c. □ **to r. with the children**, far ragionare i bambini.

reasonable ['ri:znəbl], *a.* **1** ragionevole; conforme alla ragione; discreto; giusto; conveniente: **Be r.**, siate ragionevoli; **a r. explanation**, una spiegazione ragionevole; **a r. price**, un prezzo ragionevole **2** *(comm.: di un articolo)* venduto a un prezzo ragionevole.

reasonableness ['ri:znəblnis], *n.* ragionevolezza.

reasoned ['ri:znd], *a. (anche* **well-r.**) ragionato; logico.

reasoner ['ri:znə*], *n.* chi ragiona; ragionatore, ragionatrice *(lett.)*. ● **a clever r.**, uno che ragiona bene.

reasoning ['ri:zniŋ], **A** *n.* **1** ragionamento; argomentazione **2** ragione; raziocinio. **B** *a.* ragionevole; razionale: **a r. being**, una creatura razionale.

reasonless ['ri:znlis], *a.* irragionevole; irrazionale.

to **reassemble** ['ri:ə'sembl], **A** *v. t.* **1** radunare *(o* riunire) di nuovo **2** *(mecc.)* rimontare; montare di nuovo. **B** *v. i.* adunarsi *(o* riunirsi) nuovamente.

to **reassert** ['ri:ə'sə:t], *v. t.* riaffermare; riasserire.

reassertion ['ri:ə'sə:ʃən], *n.* riasserzione.

to **reassess** ['ri:ə'ses], *v. t.* **1** *(fin.)* imporre nuovamente *(un tributo)* **2** *(fin.)* fissare di nuovo *(un'imposta o un imponibile)*; riaggiudicare *(l'imponibile)* **3** *(ass.)* valutare nuovamente *(un danno, ecc.)*.

reassessment ['ri:ə'sesmənt], *n.* **1** *(fin.)* nuova determinazione d'imposta; riaggiudicamento *(dell'imponibile)* **2** *(ass.)* nuova valutazione *(di un danno, ecc.)*.

to **reassign** ['ri:ə'sain], *v. t.* riassegnare.

to **reassume** ['ri:ə'sju:m], *v. t.* riassumere; riprendere.

reassurance [,ri:ə'ʃuərəns], *n.* **1** *(ass.)* riassicurazione **2** rassicurazione.

to **reassure** [,ri:ə'ʃuə*], *v. t.* **1** *(ass.)* riassicurare **2** rassicurare.

reassuring [,ri:ə'ʃuəriŋ], *a.* rassicurante.

to **reave** [ri:v] *(pass.* e *p. p.* **reft**, USA *anche* **reaved**), *(poet.)* **A** *v. t.* rapire; portar via. **B** *v. i.* predare; saccheggiare; darsi al saccheggio. ● **to r. sb. of st.**, privare *(o* derubare) q. di q.c.

rebaptism ['ri:'bæptizəm], *n.* secondo battesimo.

to **rebaptize** ['ri:bæp'taiz], *v. t.* ribattezzare.

to **rebarbarize** ['ri:'ba:bəraiz], *v. t.* rimbarbarire.

rebarbative [ri'ba:bətiv], *a.* repellente; ripugnante; scostante.

rebate (1) ['ri:beit], *n.* **1** *(comm.)* riduzione; ribasso; sconto **2** *(fin.)* rimborso: **a r. of the income tax**, un rimborso dell'imposta sul reddito.

to **rebate** (1) [ri'beit], **A** *v. t.* **1** *(comm.)* concedere uno sconto di; praticare un ribasso di **2** *(fin.)* rimborsare. **B** *v. i. (comm.)* concedere sconti; praticare ribassi.

rebate (2) ['ri:beit], *V.* **rabbet**.

to **rebate** (2) [ri'beit], *V.* **to rabbet**.

rebec(k) ['ri:bek], *n. (mus.)* ribecca, ribeca *(antico strumento)*.

rebel ['rebl], *n.* ribelle; rivoltoso. ● *(mil.)* **the r. army**, l'esercito dei rivoltosi.

to **rebel** [ri'bel], *v. i.* ribellarsi; rivoltarsi; insorgere: **The army rebelled against their leaders**, l'esercito si ribellò ai suoi capi.

rebellion [ri'beljən], *n.* **1** ribellione; rivolta; insurrezione; sedizione **2** insubordinazione; riottosità. ● *(stor.)* **the Great R.**, la Grande Rivolta *(di Oliver Cromwell contro la monarchia inglese: 1642-1660)*.

rebellious [ri'beljəs], *a.* ribelle; rivoltoso; riottoso; insubordinato; sedizioso: **a r. pupil**, uno studente ribelle; **a r. disease**, una malattia ribelle *(alle cure)*; **a r. meeting**, un'adunata sediziosa.

rebelliousness [ri'beljəsnis], *n.* insubordinazione; riottosità; sediziosità.

to **rebind** ['ri:'baind] *(pass.* e *p. p.* **rebound**), *v. t.* legare di nuovo; rilegare di nuovo *(un libro)*.

rebirth ['ri:'bə:θ], *n.* **1** rinascita; rinascimento **2** *(relig.)* rigenerazione.

reboant ['rebouənt], *a. (poet.)* reboante; rimbombante.

reborn ['ri:'bɔ:n], *a.* **1** rinato; nato a nuova vita **2** *(relig.)* rigenerato.

rebound (1) ['ri:'baund], **A** *pass.* e *p. p.* di **to rebind**. **B** *a. (di libro)* legato *(o* rilegato) di nuovo.

to **rebound** [ri'baund], *v. i.* **1** rimbalzare **2** *(fig.)* ricadere, ripercuotersi *(su* q.); tornare a danno (di q.): **His bad action will r. upon him**, la sua cattiva azione ricadrà sul suo capo.

rebound (2) [ri'baund], *n.* rimbalzo; contraccolpo: **to hit a ball on the r.**, colpire la palla di rimbalzo. ● **on the r.**, di rimbalzo; *(fig.)* per reazione, per rifarsi *(o* risarcirsi), per ripicca □ *(fig.)* **to take** *(o* **to catch) sb. on** *(o* **at) the r.**, far leva sulle reazioni emotive di q. *(per indurlo a fare q.c.)*.

rebounder [ri'baundə*], *n.* *(pallacanestro)* rimbalzista.

rebroadcast ['ri:'brɔ:dka:st], *n. (radio, telev.)* ritrasmissione.

to **rebroadcast** ['ri:'brɔ:dka:st] *(pass.* e *p. p.* **rebroadcast**), *v. t. (radio, telev.)* ritrasmettere.

rebuff [ri'bʌf], *n.* ripulsa; secco rifiuto.

to **rebuff** [ri'bʌf], *v. t.* rifiutare seccamente; respingere sdegnosamente; snobbare *(un'offerta, ecc.)*.

to **rebuild** ['ri:'bild] *(pass.* e *p. p.* **rebuilt**), *v. t.* **1** *(edil.)* ricostruire; riedificare; restaurare **2** *(fig.)* ricostruire; rimodellare; riorganizzare *(la società, ecc.)*. ● **to r. one's hopes**, ricominciare a sperare.

rebuilding ['ri:'bildiŋ], *n.* **1** *(edil.)* ricostruzione; riedificazione; restauro (conservativo) **2** *(fig.)* ricostruzione; riorganizzazione.

to **rebuke** [ri'bju:k], *v. t.* rimproverare; sgridare aspramente; rimbrottare; biasimare.

rebuke [ri'bju:k], *n.* rimprovero; rabbuffo; sgridata; rimbrotto; biasimo: **without r.**, senza biasimo.

rebukingly [ri'bju:kiŋli], *avv.* in tono d'aspro rimprovero.

rebus ['ri:bəs], *n. (enigmistica)* rebus.

to **rebut** [ri'bʌt], *v. t.* **1** rifiutare; respingere: **to r. sb.'s offers**, respingere le offerte di q. **2** *(leg.)* respingere; rigettare: **to r. a charge**, respingere un'accusa **3** *(anche leg.)* contraddire; confutare: **to r. evidence**, confutare le prove.

rebuttal [ri'bʌtl], *n.* **1** rifiuto; ripulsa **2** *(leg.)* rigetto **3** *(anche leg.)* confutazione *(di prove, ecc.)*.

rebutter [ri'bʌtə*], *n.* **1** chi rifiuta; chi respinge **2** *(anche leg.)* chi confuta **3** *(leg.)* replica della difesa.

recalcitrance [ri'kælsitrəns], **recalcitrancy** [ri'kælsitrənsi], *n.* recalcitramento; opposizione; ostinazione; resistenza; renitenza.

recalcitrant [ri'kælsitrənt], *a.* recalcitrante; ostinato; restio; renitente.

to **recalcitrate** [ri'kælsitreit], *v. i.* recalcitrare; essere restio; opporsi ostinatamente; far resistenza.

recalcitration [ri,kælsi'treiʃən], *V.* **recalcitrance**.

to **recalesce** ['ri:kə'les], *v. i. (metall.)* riscaldarsi di nuovo.

recalescence ['ri:kə'lesəns], *n. (metall.)* recalescenza.

recall [ri'kɔ:l], *n.* **1** richiamo *(specialm. d'un funzionario)* **2** *(mil., naut.)* ritirata: **to sound the r.**, suonare la ritirata **3** revoca; annullamento **4** *(ind., comm.)* ritiro *(di prodotti deteriorati o difettosi)* **5** *(tel.)* richiamo; segnalatore. ● **beyond** *(o* **past) r.**, *(avv.)* irrevocabilmente; *(agg.)* irrevocabile; che non si può ricordare, dimenticato.

to **recall** [ri'kɔ:l], *v. t.* **1** richiamare; far ritornare *(in patria, ecc.)*: **to r. an ambassador**, richiamare un ambasciatore; **to r. sb. to a sense of his responsibility**, richiamare q. al senso della responsabilità **2** richiamare alla mente; rievocare; ricordare: **to r. the days of one's youth**, rievocare i giorni della giovinezza **3** revocare; annullare: **to r. a decision**, revocare una decisione **4** richiamare in vita; far rivivere; rianimare *(anche fig.)* **5** *(ind., comm.)* ritirare *(prodotti deteriorati o difettosi)*. ● **to r. a gift**, farsi restituire *(o* riprendersi) un dono.

recallable [ri'kɔ:ləbl], *a.* **1** che può essere richiamato; richiamabile *(in patria, ecc.)* **2** che può essere ricordato **3** revocabile; annullabile.

to **recant** [ri'kænt], *v. t.* e *i.* **1** ritrattare; ripudiare; ritirare *(un'affermazione, ecc.)* **2** abiurare.

recantation [,ri:kæn'teiʃən], *n.* **1** ritrattazione **2** abiura.

to **recap** (1) ['ri:'kæp], *v. t. (ind. USA)* ricostruire; rigenerare *(un pneumatico)*.

recap (1) ['ri:'kæp], *n. (autom. USA)* gomma ricostruita *(o* rigenerata)*; pneumatico ricostruito.

to recap (2) ['ri:'kæp], *v. t. e i. (fam.)* ricapitolare; riassumere.
recap (2) ['ri:'kæp], *n. (fam.)* ricapitolazione; riassunto.
to recapitulate [,ri:kə'pitjuleit], *v. t. e i. (fam.)* ricapitolare; riassumere.
recapitulation ['ri:kə,pitju'leiʃən], *n.* ricapitolazione; riassunto.
recapping ['ri:kæpiŋ], *n. (ind. USA)* ricostruzione, rigenerazione *(di pneumatici).*
recaption [ri:'kæpʃən], *n. (leg.)* reintegrazione nel possesso *(in casi determinati)* di beni illecitamente sottratti.
to recapture ['ri:'kæptʃə*], *v. t.* 1 *(specialm. mil.)* riprendere; riconquistare 2 *(fig.)* ritrovare; riacquistare 3 *(fig.)* richiamare alla mente; raffigurarsi.
recapture ['ri:'kæptʃə*], *n.* ripresa; riconquista.
to recast [ri:'ka:st] *(pass. e p. p.* **recast**), *v. t.* 1 *(metall.)* rifondere; fondere di nuovo: **to r. a bronze statue**, rifondere una statua di bronzo 2 *(fig.)* ricomporre; rimaneggiare; rifare; riscrivere: **to r. a writing**, rimaneggiare uno scritto; **to r. a chapter**, riscrivere un capitolo 3 *(teatr.)* ridistribuire le parti di *(un dramma).* ● *(mat., rag.)* **to r. a column of figures**, rifare l'addizione di una colonna di cifre.
recast ['ri:'ka:st], *n.* 1 *(metall.)* rifusione; il rifondere 2 *(fig.)* rifacimento; ricomposizione; rimaneggiamento.
recce ['reki], *n. (gergo mil., abbr. di* **reconnaissance***)* ricognizione.
to recede [ri:'si:d], *v. i.* 1 recedere; indietreggiare; ritirarsi *(dico):* **The high water receded**, l'acqua alta *(dell'inondazione, della marea)* si ritirò; **He receded from his engagement**, si ritirò dall'impegno assunto; **to r. from an undertaking**, rinunziare a un'impresa 2 allontanarsi *(dalla vista, dalla memoria):* **Memories of childhood r.**, i ricordi dell'infanzia si perdono *(o* si allontanano*)* 3 *(di prezzi, ecc.)* calare; diminuire; ribassare; essere in ribasso *(econ.)* rallentare. ● *(fig.)* **to r. in the background**, perdere importanza; perdere interesse ● **a receding chin**, un mento sfuggente □ **Our hopes receded**, le nostre speranze si affievolirono.
receipt [ri'si:t], *n.* 1 ricezione; ricevimento; ricevuta: *(comm.)* **upon r. of the goods**, al ricevimento della merce; **Please acknowledge r.**, favorite accusare ricevuta 2 ricevuta; quietanza: **to sign a r.**, firmare una ricevuta; **a r. in full**, una ricevuta a saldo; **a r. on account**, una ricevuta in conto 3 *(pl.)* introiti; entrate 4 *(arc., cucina e fig.)* ricetta 5 *(arc.)* ricevitoria: **r. of custom**, ricevitoria della dogana. ● **r.-book**, *(comm.)* registro delle ricevute; bollettario; *(arc., cucina)* ricettario □ **r. stamp**, marca da bollo; bollo per ricevuta □ *(comm.)* **to be in r. of**, aver ricevuto: **We are in r. of your letter dated the 3rd of March**, abbiamo ricevuto la vostra lettera del 3 marzo □ **to make out a r.**, compilare *(o* fare, rilasciare*)* una ricevuta □ *(comm.)* **warehouse r.**, fede di deposito.
to receipt [ri'si:t], *v. t. (comm.)* 1 quietanzare *(una fattura, un conto)* 2 accusare ricevuta di *(merce).*
receivable [ri'si:vəbl], *A a.* 1 ricevibile 2 *(comm.)* esigibile: **bills r.**, effetti esigibili; cambiali attive. *B n. pl. (rag.)* effetti *(o* conti, ecc.*)* attivi; *(collett.:* di un'azienda*)* esposizione. ● *(leg.)* **r. evidence**, prova ammissibile.
to receive [ri'si:v], *v. t. e i.* 1 ricevere; accogliere; riscuotere *(denaro):* **to r. a confession**, ricevere una confessione; **to r. a letter (a telegram, etc.)**, ricevere una lettera *(un telegramma, ecc.)*; **Lord, r. my soul**, accogli la mia anima, o Signore; **He received a favourable impression**, ricevette *(o* ebbe*)* un'impressione favorevole; **They received their early education in a voluntary school**, hanno ricevuto la loro prima istruzione in una scuola privata; **How did she r. your offer?**, come accolse la tua offerta? 2 sostenere *(un peso):* **This arch receives the weight of the roof**, quest'arco sostiene il peso del tetto 3 accettare *(come vero);* considerare; giudicare; reputare; stimare: **I receive it as a prophecy**, l'accetto come profezia; **I receive it as certain**, la giudico cosa certa 4 contenere; accogliere; ospitare: **The hole was large enough to r. two men**, la buca bastava a contenere due uomini; **The town received a French garrison**, la città ospitò una guarnigione francese 5 *(leg.)* ricettare: **to r. stolen goods**, ricettare merci rubate 6 *(relig.)* comunicarsi; fare la comunione: **to attend without receiving**, andare in chiesa senza comunicarsi 7 *(tennis)* ricevere la battuta. ● **to r. a broken jaw**, farsi rompere la mascella □ **to r. the contents of a pistol**, vedersi scaricare una pistola addosso □ **to be received into the Church**, essere accolto come membro della Chiesa; convertirsi.
received [ri'si:vd], *a.* 1 ricevuto *(V.* **to receive***)* 2 generalmente accettato *(per vero);* comune; generale; invalso: **the r. version**, la versione generalmente accettata. ● *(fon.)* **r. pronunciation**, pronuncia standard.
receiver [ri'si:və*], *n.* 1 chi riceve; *(specialm.)* ricevitore, destinatario 2 cassiere; tesoriere 3 *(leg., anche* **r. of stolen goods***)* ricettatore 4 *(leg.)* amministratore fiduciario; curatore *(di beni di un minore, ecc.)* 5 *(leg., anche* **official r.***)* custode giudiziario di beni; liquidatore, curatore *(di fallimento)* 6 *(radio)* apparecchio ricevitore; ricevitore *(anche tel.)*; apparecchio radioricevente 7 *(chim.)* recipiente *(per raccolta di gas o di liquidi distillati);* serbatoio 8 *(sport)* chi riceve; ricevitore 9 *(tennis)* ribattitore, ribattitrice 10 amplificatore *(di impianto stereo).*
receivership [ri'si:vəʃip], *n. (leg.)* 1 curatela *(di beni di un minore, ecc.)* 2 curatela *(fallimentare).*
receiving [ri'si:viŋ], *A a.* ricevente; che riceve. *B n.* 1 *(leg.)* ricettazione 2 *(sport)* ricezione. ● *(mil.)* **r. barracks**, caserma per le reclute *(di un recruit depot, q.V.)* □ *(leg.)* **r. order**, mandato di curatela fallimentare; nomina di un curatore fallimentare □ **r.-set**, apparecchio radioricevente □ *(leg.)* **r. stolen goods**, ricettazione □ *(pallavolo)* **the r. team**, la squadra che riceve *(o* che è in ricezione*)* □ *(fig., fam.)* **to be on the r. end of claims (complaints, etc.)**, essere il destinatario di reclami (lagnanze, ecc.).
recency ['ri:snsi], *n.* l'esser recente; data recente.
recension [ri'senʃən], *n.* 1 revisione (critica) *(di un testo;* cfr. **review***)* 2 testo riveduto *(d'autore antico).*
recent ['ri:snt], *a.* recente.
recentness ['ri:sntnis], *V.* **recency**.
receptacle [ri'septəkl], *n.* 1 ricettacolo *(anche bot.)* 2 contenitore.
reception [ri'sepʃən], *n.* 1 ricevimento; il ricevere: **There will be a r. in honour of the new director**, ci sarà un ricevimento in onore del nuovo direttore; **after the r. of the goods**, dopo il ricevimento della merce 2 accoglienza: **a warm r.**, una calorosa accoglienza 3 *(radio, telev.)* ricezione: **R. was poor**, la ricezione era mediocre 4 *(in albergo)* ricezione 5 *(raro)* accettazione; approvazione: **the general r. of his theories**, l'accettazione delle sue teorie da parte di tutti. ● **r. centre**, centro di raccolta □ *(USA)* **r. clerk**, *V.* **receptionist** □ **r. desk**, bureau, ricevimento, ricezione *(in albergo)* □ **r. office**, (ufficio) ricezione □ *(med.)* **r. order**, ordine d'internamento in manicomio □ **r.-room**, salone, sala di ricevimento; sala d'attesa *(di medico, ecc.);* salotto *(di casa privata)* □ **faculty of r.**, capacità di assimilazione *(di idee, ecc.)* □ **to have** *(o* **to get) a bad** *(***a good, a mixed***)* **r.**, essere accolto male (bene, così e così) □ **His latest novel has had a favourable r.**, il suo ultimo romanzo ha incontrato il favore del pubblico *(o* della critica*)* □ **The proposal had a favourable r.**, la proposta fu accolta favorevolmente.
receptionist [ri'sepʃənist], *n.* 1 receptionist; chi riceve i clienti *(in un albergo, ecc.)* 2 *(di dentista)* assistente di studio; infermiera *(che risponde al telefono, prende appuntamenti, ecc.).*
receptive [ri'septiv], *a.* 1 ricettivo; dotato di capacità d'assimilazione 2 favorevole, ben disposto *(verso una nuova idea, ecc.);* disponibile, aperto 3.
receptiveness [ri'septivnis], **receptivity** [risep'tiviti], *n.* 1 ricettività 2 disposizione favorevole *(verso idee nuove, ecc.);* disponibilità.
receptor [ri'septə*], *n. (biol., fisiologia)* recettore.
recess [ri'ses], *n.* 1 interruzione *(del lavoro, dello studio, ecc.);* intervallo; vacanza *(specialm. parlamentare)* 2 recesso *(anche fig.):* **in the inmost recess of one's soul**, nei più segreti recessi dell'anima 3 rientranza; cavità; nicchia; vano: **a curtained r.**, una nicchia chiusa da una tenda 4 *(USA)* ricreazione *(a scuola).* ● **r. bed**, letto a scomparsa; letto che s'incassa nel muro □ *(specialm. del Parlamento)* **to be in r.**, essere in vacanza: **The court was in r.**, il tribunale era chiuso; i giudici erano in vacanza.
to recess [ri'ses], *A v. t.* 1 fare una nicchia *(o* un vano*)* in *(un muro, ecc.)* 2 *(edil.)* incassare. *B v. i. (USA)* interrompere l'attività *(o* il lavoro, lo studio*)*; andare in vacanza *(specialm. del Congresso USA).*
recession [ri'seʃən], *n.* 1 (il) recedere; indietreggiamento; (il) ritirarsi; ritiro 2 rientranza; incasso; nicchia; vano 3 *(astron.)* recessione 4 *(biol.)* recessione *(dei caratteri)* 5 *(econ.)* recessione; congiuntura negativa; ristagno: **a mild r.**, un lieve ristagno 6 *(geol.)* ritiro glaciale.
recessional [ri'seʃnl], *A n. (relig., anche* **r. hymn***)* inno cantato al termine dell'ufficio *(mentre il sacerdote e il coro si ritirano).* *B a.* 1 di *(o* da, per*)* «recessional»: **r. music**, musica per «recessional» 2 pertinente alle vacanze parlamentari. ● *(geol.)* **r. moraine**, morena di ritiro glaciale.
recessionary [ri'seʃənəri], *a. (econ.)* recessivo.
recessive [ri'sesiv], *a. (biol.)* recessivo: **r. characters**, caratteri recessivi.
recessiveness [ri'sesivnis], *n. (biol.)* recessività.
Rechabite ['ri:kæbait], *n.* astemio *(dal personaggio biblico Rechab).*
recharge ['ri:'tʃa:dʒ], *n.* 1 ricarica; nuova carica 2 *(idrologia)* ricarica; ravvenamento: **r. well**, pozzo di ricarica.
to recharge ['ri:'tʃa:dʒ], *v. t. e i. (mil., elettr., ecc.)* ricaricare; caricare di nuovo: **to r. a battery**, ricaricare una batteria.
rechargeable ['ri:'tʃa:dʒəbl], *a. (mil., elettr., ecc.)* ricaricabile.
réchauffé [,reʃou'fei] *(franc.)*, *n.* 1 piatto riscaldato 2 *(fig.)* materiale rielaborato; rimaneggiamento.

recherché [rəˈʃɛəʃei] (franc.), a. ricercato; troppo studiato.
to rechristen [ˈriːˈkrisn], v. t. ribattezzare.
recidivism [riˈsidivizəm], n. (leg.) recidiva; recidività.
recidivist [riˈsidivist], n. (leg.) recidivo.
recipe [ˈresipi], n. ricetta (medica, di cucina e fig.); prescrizione medica; (fig.) chiave: **the r. for success**, la chiave del successo.
recipience [riˈsipiəns], **recipiency** [riˈsipiənsi], n. **1** ricevimento; il ricevere **2** capacità di ricezione; ricettività.
recipient [riˈsipiənt], **A** a. ricettivo; capace di (o pronto a) ricevere. **B** n. **1** ricevente; destinatario; chi riceve; chi ha ricevuto: **the r. of a gift**, chi ha ricevuto un dono **2** recipiente **3** (comm.) beneficiario.
reciprocal [riˈsiprəkəl], **A** a. **1** reciproco; scambievole; vicendevole; mutuo: **r. love (hatred, etc.)**, amore (odio, ecc.) reciproco; (gramm.) **r. pronouns**, pronomi reciproci **2** stesso; fatto (o dato) in cambio; ricambiato: **a r. benefit**, un beneficio fatto in cambio (di un altro); **a r. mistake**, lo stesso errore (fatto da due persone, l'una sul conto dell'altra) **3** (comm.) bilaterale: **r. trade agreements**, accordi commerciali bilaterali. **B** n. (mat.) reciproco; inverso. ● (geom.) **r. pole**, antipolo □ (mat.) **r. ratio**, rapporto inverso.
reciprocality [ri,siprəˈkæliti], n. reciprocità.
to reciprocate [riˈsiprəkeit], v. t. e i. **1** (mecc.) muovere (muoversi) avanti e indietro; alternare, alternarsi **2** contraccambiare; ricambiare: **to r. sb.'s wishes**, ricambiare gli auguri di q.; **I r. her affection**, contraccambio il suo affetto **3** scambiare, scambiarsi. ● **to r. enmity**, essere nemici; odiarsi a vicenda.
reciprocating [riˈsiprəkeitiŋ], a. (mecc.) alternativo; a moto alternativo: **r. motion**, moto alternativo; **a r. engine**, un motore alternativo (a pistoni, a stantuffi); **r. compressor**, compressore alternativo. ● **r.-plate feeder**, alimentatore a scosse.
reciprocation [ri,siprəˈkeiʃən], n. **1** contraccambio; ricambio; scambio; restituzione: **the r. of kindnesses (of wishes, etc.)**, il ricambio di gentilezze (degli auguri, ecc.) **2** (mecc.) moto alternativo.
reciprocity [,resiˈprɔsiti], n. **1** (anche comm., polit., scient.) reciprocità (di trattamento, ecc.) **2** scambio: **a r. of deep affection**, uno scambio di profondo affetto.
recital [riˈsaitl], n. **1** racconto; relazione; narrazione; resoconto; rapporto **2** recitazione (di un passo) **3** (mus.) recital; spettacolo musicale (di solista o di opere di un solo compositore).
recitation [,resiˈteiʃən], n. **1** racconto; narrazione; resoconto: **the r. of his woes**, il racconto delle sue pene **2** recitazione; recita **3** brano imparato (o da imparare) a memoria **4** (USA) ripetizione della lezione (da parte degli alunni).
recitative [,resitəˈtiːv], n. (mus.) recitativo.
to recite [riˈsait], v. t. e i. **1** recitare a memoria; declamare (poesie, ecc.) **2** enumerare; fare l'elenco di; raccontare; dire: **to r. a long catalogue of troubles**, fare un lungo elenco dei propri guai.
reciter [riˈsaitə*], n. **1** recitatore, recitatrice; declamatore, declamatrice **2** raccolta di brani da recitare.
to reck [rek], v. t. e i. (poet.: solo in frasi interr. e neg. o con little) **1** curarsi (di); far caso (a); preoccuparsi (di): **They recked little of the future**, si curavano ben poco del futuro; **He recks not of the peril**, non fa caso ai pericoli **2** riguardare; interessare: **It recks him not**, non è cosa che lo riguardi; non è affar suo.
reckless [ˈreklis], a. incurante; avventato; incauto; imprudente; sconsiderato; spericolato: **r. of consequences**, incurante delle conseguenze; **a r. driver**, un guidatore temerario (o spericolato); **r. exploitation of the soil**, sconsiderato sfruttamento del suolo.
recklessness [ˈreklisnis], n. incuranza; avventatezza; imprudenza.
to reckon [ˈrekən], v. t. e i. **1** calcolare; computare; contare: **to r. the cost of st.**, calcolare il costo di q.c.; **I reckoned twenty-two (of them)**, ne contai ventidue **2** considerare; giudicare; reputare; stimare: **I r. him as (o to be) an enemy**, lo considero un nemico; **This play is reckoned as the best of the year**, questo dramma è giudicato il migliore dell'anno **3** (fam., specialm. USA) credere; supporre; pensare: **They don't want me, I r.**, non mi vogliono, credo. ● **to r. for**, tener conto di; considerare □ (mat., rag.) **to r. in**, includere, aggiungere (a una somma, a un conto) □ **to r. in the number of (o among)**, annoverare, includere in (fra) □ **to r. on (o upon)**, contare su; fare affidamento su; contare di (fare o avere q.c.) □ **to r. up the bill**, fare il conto; fare la somma (delle spese, ecc.) □ **to r. with**, fare i conti con; tener conto di, considerare: **He'll have to r. with me**, dovrà fare i conti con me; dovrà vedersela con me □ (fig.) **to r. without one's host**, fare i conti senza l'oste □ (di persona, situazione, ecc.) **to be reckoned with**, con cui bisogna fare i conti (fig.) □ **reckoning from today**, a contare (o a partire) da oggi.
reckoner [ˈrekənə*], n. **1** chi conta; chi fa di conto; contabile; computista **2** (anche **ready r.**) prontuario dei calcoli. ● **a quick r.**, uno svelto a far di conto.
reckoning [ˈrekəniŋ], n. **1** (il) far di conto; calcoli; computo: **by my r.**, secondo i miei calcoli **2** (arc. o fig.) conto (da pagare): **to pay one's r.**, (arc.) pagare il conto; (fig.) pagare il fio (o lo scotto) **3** (aeron., naut.) determinazione della posizione. ● **the day of r.**, il giorno della resa dei conti; (fig.) il giorno del giudizio universale □ (aeron., naut.) **dead r.**, stima della posizione; posizione stimata □ **to be out in one's r.**, far male i propri conti; sbagliare i propri calcoli □ (prov.) **Short reckonings make long friends**, patti chiari, amicizia lunga.
to reclaim (1) [riˈkleim], **A** v. t. **1** ricuperare (alla civiltà, alla virtù, ecc.); redimere; riscattare; riabilitare; correggere: **to r. a man from a life of sinfulness**, redimere un uomo da una vita peccaminosa; **to r. a people from savagery**, riscattare un popolo dalla barbarie **2** (ind.) ricuperare, rigenerare (gomma, ecc.): **reclaimed rubber**, gomma rigenerata **3** (agric.) bonificare; prosciugare; risanare: **to r. marshes**, bonificare terreni paludosi. **B** v. i. (raro) reclamare; protestare.
reclaim [riˈkleim], n. ricupero; redenzione (raro, eccetto nella locuz.:) **past (o beyond) r.**, irrecuperabile; incorreggibile.
to re-claim (2) [ˈriːˈkleim], v. t. chiedere la restituzione di; rivendicare: **to r. one's territories**, chiedere la restituzione dei propri territori.
reclaimable [riˈkleiməbl], a. **1** recuperabile; correggibile **2** (ind.) ricuperabile, rigenerabile **3** (agric.) bonificabile.
reclamation [,rekləˈmeiʃən], n. **1** ricupero; redenzione; correzione **2** (ind.) ricupero, rigenerazione (della gomma, ecc.) **3** (agric.) bonifica; prosciugamento; risanamento **4** (raro) reclamo; protesta.
reclinate [ˈreklineit], a. (bot.) reclinato.
to recline [riˈklain], **A** v. t. reclinare (specialm. il capo, le membra); piegare; appoggiare. **B** v. i. adagiarsi; appoggiarsi; giacere; sdraiarsi.
recluse [riˈkluːs], **A** a. appartato; solitario. **B** n. chi vive in solitudine; (specialm.) eremita, anacoreta.
reclusion [riˈkluːʒən], n. vita appartata; solitudine.
to recoal [ˈriːˈkoul], **A** v. t. rifornire (una nave, ecc.) di carbone. **B** v. i. (di nave, ecc.) rifornirsi di carbone.
recognition [,rekəgˈniʃən], n. **1** riconoscimento; atto di riconoscenza; identificazione; accettazione: (polit.) **the r. of the former French colonies in Africa**, il riconoscimento delle ex colonie francesi in Africa; **in r. of your services**, in riconoscimento dei tuoi servigi; **the r. of danger**, il riconoscimento (o la consapevolezza) del pericolo **2** (teatr.) agnizione. ● **to be beyond r. (o out of all r.)**, essere irriconoscibile.
recognizability [ˈrekəg,naizəˈbiliti], n. l'essere riconoscibile.
recognizable [ˈrekəgnaizəbl], a. riconoscibile.
recognizance [riˈkɔgnizəns], n. (leg.) **1** impegno formale assunto di fronte a un magistrato **2** cauzione; garanzia.
recognizant [riˈkɔgnizənt], a. (raro) riconoscente; grato.
to recognize [ˈrekəgnaiz], v. t. **1** riconoscere; ravvisare; ammettere; accorgersi di (q.c.): **to r. a long-lost friend**, riconoscere un vecchio amico che s'era perso di vista; **to r. sb. as one's heir**, riconoscere q. come proprio erede; **to r. defeat**, ammettere d'esser stato sconfitto; **to r. danger**, accorgersi del pericolo; **His services to the country have been recognized**, i servizi da lui resi al paese sono stati riconosciuti **2** riconoscere la giustizia di (q.c.); accogliere; accettare: **to r. a claim**, accettare (o riconoscere la validità di) un reclamo **3** riconoscere come amico; salutare: **The Joneses now refuse to r. the Clarks**, i Jones si rifiutano di salutare (o non salutano più) i Clark.
recoil [riˈkɔil], n. **1** balzo indietro **2** (mil.) rinculo: **the r. of a gun**, il rinculo d'un cannone **3** (mecc.) contraccolpo **4** ripugnanza; disgusto. ● (d'arma da fuoco) **r. pull**, contraccolpo.
to recoil [riˈkɔil], v. i. **1** balzare indietro; indietreggiare (per disgusto, sorpresa, timore, ecc.); rinculare (anche d'armi da fuoco): **She recoiled in horror**, indietreggiò inorridita **2** (fig.) rifugirre da: **I r. from the thought**, rifuggo da questo pensiero, il solo pensiero (di ciò) mi ripugna **3** (fig.) ricadere (su); ritorcersi (contro): **His slanderous attacks recoiled on himself**, i suoi attacchi diffamatori ricaddero su di lui (o sul suo capo).
recoilless [riˈkɔillis], a. (mil.: d'arma da fuoco) senza rinculo.
to recoin [ˈriːˈkɔin], v. t. ricuperare; coniare di nuovo.
to recollect (1) [,rekəˈlekt], **A** v. t. e i. ricordare; ricordarsi di; rammentarsi di; richiamare alla mente: **I cannot r. their names**, non riesco a ricordare i loro nomi; **as far as I r.**, se ben ricordo. **to recollect oneself B** v. rifl. rammentarsi; ricordarsi.
to re-collect (2) [ˈriːkəˈlekt], **A** v. t. rimettere insieme; radunare nuovamente: **The boy re-collected his sheep**, il ragazzo radunò nuovamente le sue pecore. **to re-collect oneself B** v. rifl. ricomporsi; riaversi; tornare in sé. ● **to r. one's courage**, riprendere coraggio; farsi animo □ **to r. one's strength**, riprender forza; farsi forza.
recollection [,rekəˈlekʃən], n. ricordo; rimembranza (lett.); memoria; reminiscenza: **recollections of youth**, ricordi di gioventù;

a slight r., una vaga reminiscenza. ● **to the best of my r.**, per quel che ricordo io; se ben ricordo □ **I have no r. of it**, non me ne ricordo.

recollective [ˌrekəˈlektiv], *a.* del ricordo; della memoria.
recolonization [ˈriːˌkɔlənaiˈzeiʃən], *n.* nuova colonizzazione.
to recolonize [ˈriːˈkɔlənaiz], *v. t.* colonizzare di nuovo.
to recolour [ˈriːˈkʌlə*], *v. t.* ricolorare; tingere di nuovo.
recombinant [riːˈkɔmbinənt], *a.* e *n.* (*biol.*) ricombinante: **r. DNA**, DNA ricombinante.
recombination [ˈriːˌkɔmbiˈneiʃən], *n.* (*anche scient.*) ricombinazione.
to recombine [ˈriːkəmˈbain], *v. t.* ricombinare; combinare di nuovo.
to recomfort [ˈriːˈkʌmfət], *v. t.* (*arc.*) riconfortare; confortare di nuovo.
to recommence [ˈriːkəˈmens], *v. t.* e *i.* ricominciare.
recommencement [ˈriːkəˈmensmənt], *n.* il ricominciare; nuovo inizio.
to recommend [ˌrekəˈmend], **A** *v. t.* 1 raccomandare; consigliare; esortare: **to r. sb. for a good position**, raccomandare q. per un buon impiego; **Which wine would you r.?**, che vino mi consigli?; **I r. you to do what he says**, ti esorto a fare quel che dice lui 2 (*arc.*) raccomandare; affidare: **to r. one's soul to God**, raccomandare l'anima a Dio; **I r. him to your care**, lo raccomando a te; lo affido alle tue cure 3 (*polit.*) proporre (*un provvedimento*). **B** *v. rifl.* raccomandarsi. ● **to recommend oneself as sb. a cook**, consigliare a q. di assumere una persona come cuoco (*o cuoca*) □ **His diligence recommends him**, si raccomanda da sé per la sua diligenza; la sua diligenza lo rende bene accetto.
recommendable [ˌrekəˈmendəbl], *a.* raccomandabile.
recommendation [ˌrekəmenˈdeiʃən], *n.* 1 raccomandazione; consiglio; esortazione: **letter of r.**, lettera di raccomandazione; **to do st. on sb.'s r.**, fare q.c. su consiglio di q. 2 qualità (*o* capacità) che rende bene accetto.
recommendatory [ˌrekəˈmendətəri], *a.* raccomandatorio; di raccomandazione; commendatizio.
recommender [ˌrekəˈmendə*], *n.* chi raccomanda; raccomandante.
to recommit [ˈriːkəˈmit], *v. t.* 1 commettere di nuovo 2 riaffidare; riconsegnare (*un progetto di legge, ecc.*) a una commissione.
recommitment [ˈriːkəˈmitmənt], **recommittal** [ˈriːkəˈmitl], *n.* rinvio (*di un progetto di legge, ecc.*) a una commissione.
recompense [ˈrekəmpens], *n.* 1 compenso; ricompensa; rimunerazione 2 riparazione (*di un torto*); risarcimento (*di un danno*).
to recompense [ˈrekəmpens], *v. t.* 1 ricompensare; rimunerare; retribuire 2 ricambiare: **to r. love with hatred**, ricambiare l'amore con l'odio 3 riparare (*un torto*); risarcire (*un danno*).
to recompose [ˈriːkəmˈpouz], *v. t.* ricomporre.
recomposition [ˈriːkɔmpəˈziʃən], *n.* ricomposizione.
to recompound [ˈriːkəmˈpaund], *v. t.* ricomporre; comporre (*o* combinare) di nuovo.
reconcilability [ˌrekənˌsailəˈbiliti], *n.* 1 riconciliabilità 2 conciliabilità.
reconcilable [ˈrekənsailəbl], *a.* 1 riconciliabile 2 conciliabile.
to reconcile [ˈrekənsail], **A** *v. t.* 1 riconciliare 2 conciliare 3 comporre, appianare (*una lite, una divergenza*) 4 accordare; far quadrare: **I cannot r. these figures with those of my account**, non riesco a far quadrare queste cifre con quelle del mio conto 5 restituire (*un luogo sacro profanato*) al culto. **to reconcile oneself B** *v. rifl.* rassegnarsi: **You must r. yourself to your fate**, devi rassegnarti al tuo destino. ● **to be** (*o* **to become**) **reconciled to**, rassegnarsi a: **They became reconciled to their lot**, si rassegnarono alla loro sorte.
reconcilement [ˈrekənˌsailmənt], *n.* riconciliamento (*raro*); riconciliazione.
reconciliation [ˌrekənsiliˈeiʃən], *n.* 1 riconciliazione; conciliazione 2 composizione (*d'una vertenza*) 3 rassegnazione.
recondite [riˈkɔndait], *a.* recondito; oscuro; astruso: **r. thoughts**, pensieri reconditi; **a r. subject**, un argomento astruso; **a r. author**, un autore oscuro (*o* ermetico).
reconditeness [riˈkɔndaitnis], *n.* astrusità; oscurità.
to recondition [ˌriːkənˈdiʃən], *v. t.* 1 riparare; ripristinare; rimettere in efficienza 2 (*mecc.*) rialesare; ripassare 3 (*autom.*) rifare, revisionare (*un motore*). ● (*ind., comm.*) **reconditioned model**, modello (*d'auto, ecc.*) che ha subito modifiche.
reconditioning [ˌriːkənˈdiʃəniŋ], *n.* 1 riparazione; ripristino 2 (*mecc.*) ripassata 3 (*autom.*) revisione (*di un motore*).
to reconduct [ˈriːkənˈdʌkt], *v. t.* ricondurre; condurre (*o* guidare) di nuovo.
reconnaissance [riˈkɔnisəns], *n.* 1 (*mil.*) ricognizione; esplorazione; perlustrazione: **r. in force**, ricognizione in forze 2 (*mil.*) pattuglia in ricognizione 3 accertamento; esame preliminare: **to make a r. of the market conditions**, fare un accertamento sulla situazione del mercato. ● (*aeron.*) **r. aircraft**, aeroplano da ricognizione; ricognitore □ (*mil.*) **r. car**, veicolo da ricognizione.
to reconnoiter [ˌrekəˈnɔitə*], **reconnoiterer** [ˌrekəˈnɔitərə*], (*USA*) V. **to reconnoitre, reconnoitrer**.
to reconnoitre [ˌrekəˈnɔitə*], **A** *v. t.* fare una ricognizione di (*una posizione nemica*); esplorare; perlustrare: **to r. the ground**, perlustrare il terreno. **B** *v. i.* fare una ricognizione; andare in ricognizione. ● **reconnoitring patrol**, pattuglia di ricognizione.
reconnoitrer [ˌrekəˈnɔitrə*], *n.* (*mil.*) ricognitore; esploratore; perlustratore.
to reconquer [ˈriːˈkɔŋkə*], *v. t.* riconquistare.
reconquest [ˈriːˈkɔŋkwest], *n.* riconquista.
to reconsider [ˈriːkənˈsidə*], **A** *v. t.* riconsiderare; riesaminare; rivedere; riprendere in esame: **to r. a measure**, riprendere in esame un provvedimento. **B** *v. i.* riflettere di nuovo; ripensarci (su).
reconsideration [ˈriːkənˌsidəˈreiʃən], *n.* riesame; revisione; ripresa in esame.
reconstituent [ˈriːkənˈstitjuənt], *n.* (*farm.*) ricostituente.
to reconstitute [ˈriːˈkɔnstitjuːt], *v. t.* ricostituire.
to reconstruct [ˈriːkənsˈtrʌkt], *v. t.* (*anche fig.*) ricostruire. ● **reconstructed coal**, agglomerato di carbone; mattonella di polverino.
reconstruction [ˈriːkənsˈtrʌkʃən], *n.* (*anche fig.*) ricostruzione.
reconstructive [ˈriːkənˈstrʌktiv], *a.* ricostruttivo.
reconvention [ˈriːkənˈvenʃən], *n.* (*leg.*) azione riconvenzionale; riconvenzione.
reconversion [ˈriːkənˈvəːʃən], *n.* (*anche ind.*) riconversione.
to reconvert [ˈriːkənˈvəːt], *v. t.* (*anche ind.*) riconvertire.
to reconvey [ˈriːkənˈvei], *v. t.* rispedire; portare indietro.
reconveyance [ˈriːkənˈveiəns], *n.* rispedizione.
to record [riˈkɔːd], *v. t.* 1 registrare; tenere memoria di; prender nota di; incidere; segnare; mettere a verbale; verbalizzare; tramandare (*per iscritto*): **to r. the day's events**, prender nota degli avvenimenti del giorno; **A seismograph records earthquakes**, il sismografo registra i terremoti; **to r. one's voice** (**a speech, etc.**), incidere (*su disco, ecc.*) la propria voce (*un discorso, ecc.*); (*radio, telev.*) **to r. a programme**, registrare un programma; **The thermometer recorded 10 °C below zero**, il termometro segnava 10 °C sotto zero; **to r. a vote**, mettere a verbale una votazione 2 indicare; testimoniare: **The marks on the houses r. the height of the flood waters**, i segni sulle case indicano l'altezza raggiunta dalle acque dell'inondazione. ● (*relig.*) **the Recording Angel**, l'angelo che tiene nota delle nostre azioni.
record [ˈrekɔːd], **A** *n.* 1 ricordo (*scritto*); documento; documentazione; registrazione; testimonianza; verbale: **records of early peoples** (**of past civilizations, etc.**), testimonianze di popoli primitivi (*di civiltà passate, ecc.*); **a family r.**, un ricordo di famiglia; **the records of the court of law**, i verbali del tribunale 2 stato di servizio; curriculum; (il) passato (*di q.*); cose fatte, risultati ottenuti; pagella (*fig.*): **Murphy's r. is against him**, il passato di Murphy gioca a suo sfavore; **to fight an election on one's own r.**, sostenere una battaglia elettorale sulla base delle cose fatte (*stando al governo o al potere*) 3 (*mus.*) disco (*fonografico*): **a microgroove r.**, un (disco) microsolco; **a long-playing r.**, un (disco) «long-playing» 4 (*sport*) primato; record: **to break** (*o* **to beat**) **a r.**, battere (*o* superare) un primato 5 (*pl.*) atti ufficiali; archivi: **in the Army Records**, negli archivi delle Forze Armate; **the** (**Public**) **Records Office**, l'Archivio di Stato. **B** *a. attr.* di (*o da*) primato; imbattibile; insuperabile: **r. speed**, a velocità di primato; **a r. score**, un punteggio record; **r. prices**, prezzi imbattibili. ● (*sport*) **r. breaker**, primatista **r.-breaking**, di (*o da*) primato; imbattibile; insuperabile; record □ **r. centre**, archivio □ **r.-changer**, cambiadischi □ **r. company**, casa discografica □ **a r. crop**, un raccolto abbondantissimo (*o* eccezionale) □ (*sport*) **r.-holder**, primatista; detentore di un primato □ **r. library**, discoteca (*la raccolta di dischi*) □ **r. player**, giradischi □ **to bear r. to**, testimoniare; garantire: **I can bear r. to his good character**, posso testimoniare della sua onestà □ (*leg.*) **court of r.**, tribunale le cui conclusioni procedurali sono verbalizzate e hanno valore di prova □ (*leg.*) **criminal r.**, fedina penale □ **for the r.**, per la precisione; per l'esattezza □ (*USA*) **to go on r.**, esprimere pubblicamente le proprie opinioni □ **to have a good** (**a bad**) **r.**, avere un buon (*un cattivo*) stato di servizio; godere di buona (*di cattiva*) fama □ (*leg.*) **to keep to the r.**, attenersi al verbale □ **a matter of r.**, un fatto documentato (*o* provato) □ (*fam.*) **off the r.**, da non pubblicarsi; non ufficiale: **This interview** (**statement, etc.**) **is off the r.**, questa intervista (dichiarazione, ecc.) non è da pubblicarsi (*o* non è ufficiale) □ **on r.**, agli atti; registrato: **to place st. on r.**, mettere q.c. agli atti; verbalizzare q.c.; **the hottest summer on r.**, l'estate più calda che si sia mai registrata □ **school r.**, carriera scolastica (*di un alunno*) □ **to speak off the r.**, parlare ufficiosamente □ (*cinem.*) **sound r.**, fonogramma; incisione sulla colonna sonora □ **It is**

recordable

on r. that..., risulta che...; è documentato che...; è noto (o risaputo) che...
recordable [ri'kɔdəbl], *a.* **1** registrabile **2** degno d'essere annotato.
recorded [ri'kɔ:did], *a.* **1** registrato; verbalizzato **2** tramandato **3** (*mus.*) registrato **4** (*radio, telev.*; *anche*: **as a r. show**) in differita.
recorder [ri'kɔ:də*], *n.* **1** chi registra; chi prende nota; chi mette a verbale; impiegato addetto alla registrazione; archivista; cancelliere **2** (*leg.*) magistrato, giudice (*in certe città*) **3** (*ing.*) strumento registratore **4** (*generalm.* **tape r.**) registratore a nastro magnetico; magnetofono **5** (*mus.*) flauto dolce.
recording [ri'kɔ:diŋ], *n.* **1** il registrare; l'annotare; il mettere a verbale, ecc. (*V.* **to record**) **2** registrazione, incisione (*su dischi, nastri, ecc.*): **sound r.**, registrazione del suono **3** (*radio, telev.*) programma registrato; registrazione. ● **r. head**, testina di registrazione □ (*ing.*) **r. rain gauge**, pluviografo □ **r. instrument**, strumento registratore ● **r. room**, cabina di registrazione.
recordist [ri'kɔ:dist], *n.* (*cinem.*) recordista.
to recount (1) [ri'kaunt], *v. t.* **1** narrare; raccontare; riferire **2** elencare; enumerare: **He recounted his sins**, elencò i suoi peccati.
to re-count (2) [ˌriː'kaunt], *v. t.* ricontare; contare di nuovo.
re-count [ˌriː'kaunt], *n.* nuovo computo (*specialm. dei voti in un'elezione*).
to recoup [ri'kuːp], **A** *v. t.* **1** ricuperare: **to r. one's strength**, ricuperare le forze (*leg.*) dedurre, trattenere (*parte di una somma dovuta*) **3** rimborsare; risarcire: **to r. sb. for damages**, risarcire q. per i danni subiti **4** ricuperare; farsi risarcire: **to r. a loss**, farsi risarcire una perdita. ● **to recoup oneself B** *v. rifl.* ripagarsi; rifarsi; ricuperare quel che s'è perso.
recoupment [ri'kuːpmənt], *n.* **1** ricupero **2** (*leg*) deduzione, trattenuta (*di parte d'una somma dovuta*) **3** rimborso; risarcimento; indennizzo.
recourse [ri'kɔ:s], *n.* **1** ricorso: **to have r. to sb.** (*st.*), far ricorso a, ricorrere a q. (q.c.) **2** (*raro*) persona (*o* cosa) cui si ricorre; risorsa (*fig.*) **3** (*leg., comm.*) regresso; azione di regresso o di rivalsa. ● **to have r. to the law**, ricorrere alla legge; adire le vie legali □ (*comm.*) **legal r.**, azione cambiaria □ (*leg., comm.*: *su una cambiale, ecc.*) **without r.**, senza rivalsa; senza regresso.
to recover (1) [riˈkʌvə*], **A** *v. t.* **1** ricuperare; compensare; riacquistare; riguadagnare; riottenere; riprendere; ritrovare: **to r. one's strength**, ricuperare le forze; **to r. one's gambling losses**, compensare le (*o* rifarsi delle) perdite subite al tavolo da gioco; **to r. sb.'s affection**, riacquistare l'affetto di q.; **to r. one's balance**, ritrovare l'equilibrio; **to r. one's breath**, riprendere fiato; **to r. consciousness**, riprendere coscienza **2** guarire; far riavere; far tornare in sé: **The doctor recovered me from a long illness**, il medico mi guarì da una lunga malattia **3** (*leg.*) ottenere (*dal tribunale*): **to r. judgment against sb.**, ottenere una sentenza contro q.; aver causa vinta contro q.; **to r. damages**, ottenere il risarcimento dei danni. **B** *v. i.* **1** rimettersi (*in salute*); ristabilirsi; riaversi; riprendersi; guarire: **He recovered slowly after a difficult operation**, si ristabilì lentamente dopo una difficile operazione; **to r. from a cold**, guarire da un raffreddore; **to r. from a slip**, riprendersi da uno scivolone **2** (*leg.*) ottenere una sentenza favorevole; vincere una causa; ottenere un risarcimento **3** (*fin., econ.*) essere in ripresa **4** (*sport, anche* **to r. the position of guard**) rimettersi in guardia. ● **to recover oneself C** *v. rifl.* ristabilirsi, rimettersi, guarire; riaversi, riprendersi, tornare in sé, tornare padrone di sé. ● **to r. land from the sea**, bonificare terreni strappandoli al mare □ **to r. one's legs**, rimettersi in piedi (*dopo una caduta*) □ (*arc.*) **to r. sb. to life**, richiamare q. in vita (*scherma*) **to r. the sword**, riportare la spada in linea (*dopo una stoccata*) □ **to r. one's voice**, riuscire a parlare di nuovo (*dopo aver perso la voce*).
to re-cover (2) [ˌriː'kʌvə*], *v. t.* ricoprire; coprire di nuovo.
recovery [ri'kʌvəri], *n.* **1** ricupero; riacquisto; ritrovamento: **the r. of a credit**, il ricupero di un credito; **the r. of a hidden treasure**, il ritrovamento di un tesoro nascosto **2** il ritrovare l'equilibrio **3** (*aeron.*) ripresa d'assetto; rimessa **4** ristabilimento (*in salute*); ripresa; guarigione: **to make a slow r.**, avere una guarigione lenta **5** (*fin., econ.*) ripresa: **a r. in production**, una ripresa produttiva **6** (*leg.*) ottenimento (*di q.c. dal tribunale*) **7** (*mecc.*) ritorno; corsa di ritorno (*di pistone, ecc.*) **8** (*miss.*) ricupero **9** (*sport*) il rimettersi in guardia. ● (*miss.*) **r. capsule**, capsula (spaziale) da ricupero □ (*med.*) **r. room**, sala di risveglio □ (*naut.*) **r. ship**, nave di ricupero □ (*autom.*) **r. vehicle**, veicolo di soccorso; autogru □ **to be past r.**, essere incurabile.
recreance ['rekriəns], **recreancy** ['rekriənsi], *n.* (*poet., retor.*) **1** codardia; viltà **2** slealtà; tradimento.
recreant ['rekriənt], *a. e n.* (*poet., retor.*) **1** codardo, vigliacco, vile **2** rinnegato; traditore.
to recreate (1) ['rekrieit], **A** *v. t.* ricreare; divertire, svagare. **B** *v. i.* (*anche, v. rifl.*, **to recreate oneself**) ricrearsi; divertirsi; svagarsi.
to re-create (2) [ˌriː'krieit], *v. t.* ricreare; creare di nuovo.
recreation [ˌrekri'eiʃən], *n.* ricreazione; divertimento; passatempo; svago. ● **a r. ground**, un campo da gioco □ (*USA*) **r. room**, stanza dei giochi (*per i bambini*)
recreational [ˌrekri'eiʃənl], *a.* ricreativo. ● **r. facilities**, attrezzature sportive.
recreative ['rekrieitiv], *a.* ricreativo.
to recriminate [ri'krimineit], *v. i.* recriminare.
recrimination [reˌkrimi'neiʃən], *n.* recriminazione.
recriminative [ri'kriminətiv], **recriminatory** [ri'kriminətəri], *a.* recriminatorio.
to recross [ˌriː'krɔs], *v. t.* riattraversare; ritraversare.
to recrudesce [ˌriːkruː'des], *v. i.* **1** rincrudire (*fig.*) **2** (*di malattia, ecc.*) essere in recrudescenza; manifestarsi di nuovo in forma grave.
recrudescence [ˌriːkruː'desns], **recrudescency** [ˌriːkruː'desnsi], *n.* recrudescenza: **the r. of organized crime**, la recrudescenza del crimine organizzato.
recrudescent [ˌriːkruː'desnt], *a.* **1** in recrudescenza; che rincrudisce **2** (*di malattia*) che ha una grave recrudescenza.
recruit [ri'kruːt], *n.* **1** (*mil.*) coscritto; recluta **2** (*fig.*) adepto, nuovo socio **3** (*spesso* **raw r.**) novellino; novizio; principiante. ● (*mil. USA*) **r. depot**, centro di addestramento reclute (*abbr.* C.A.R.).
to recruit [ri'kruːt], **A** *v. t.* **1** (*mil.*) arruolare; coscrivere; reclutare **2** fare di (q.) un adepto (*o* un nuovo socio) **3** (*per estens.*) assumere; reclutare: **to r. workers**, assumere manodopera **4** riacquistare; ricuperare: **to r. strength**, ricuperare le forze. **B** *v. i.* **1** (*mil.*) arruolare, reclutare uomini **2** rimettersi in salute; rinvigorirsi. ● **to r. one's finances**, rimpinguare le proprie casse (*fig.*).
recruiting [ri'kruːtiŋ], *n.* **1** (*mil.*) arruolamento; coscrizione; reclutamento **2** (*per estens.*) assunzione; reclutamento: **the r. of personnel**, il reclutamento di personale. ● **r. office**, ufficio assunzioni □ (*mil.*) **r.-sergeant**, sottufficiale di reclutamento.
recruitment [ri'kruːtmənt], *V.* **recruiting**.
rectal ['rektəl], *a.* (*anat., med.*) rettale; del retto.
rectangle ['rekˌtæŋgl], *n.* (*geom.*) rettangolo.
rectangular [rek'tæŋgjulə*], *a.* (*geom.*) rettangolare.
rectangularity [rekˌtæŋguˈlæriti], *n.* l'essere rettangolare.
rectifiable ['rektifaiəbl], *a.* rettificabile; correggibile.
rectification [ˌrektifi'keiʃən], *n.* **1** rettificazione; correzione; rettifica (*anche mecc.*): **the r. of alcohol**, la rettificazione dell'alcol; **the r. of mistakes**, la correzione degli errori; **the r. of a curve**, (*geom.*) la rettificazione di una curva; (*di strada*) la rettifica d'una curva **2** (*elettr., radio*) raddrizzamento: **the r. of the current**, il raddrizzamento della corrente. ● (*chim.*) **r. distillation**, rettifica.
rectifier ['rektifaiə*], *n.* **1** chi rettifica; chi corregge **2** (*elettr., radio*) raddrizzatore.
to rectify ['rektifai], *v. t.* **1** rettificare (*anche mecc.*); correggere: **to r. a figure (a mistake, etc.)**, rettificare una cifra (un errore, ecc.) **2** (*fis., radio*) raddrizzare. ● **to r. one's life**, emendarsi; tornare sulla retta via (*fig.*).
rectilineal [ˌrekti'liniəl], **rectilinear** [ˌrekti'liniə*], *a.* (*geom.*) rettilineo. ● (*mecc.*) **r. motion**, moto rettilineo.
rectilinearity ['rektiˌlini'æriti], *n.* (*geom.*) l'essere rettilineo.
rectitude ['rektitjuːd], *n.* rettitudine; onestà; probità.
recto ['rektou], *n.* (*pl.* **rectos**) (*tipogr.*) recto; pagina dispari: **the r. and the verso**, il recto e il verso.
rector ['rektə*], *n.* **1** (*relig.: Chiesa anglicana*) parroco cui sono devolute le decime **2** (*relig.: Chiesa cattolica*) rettore (*di seminario, ecc.*) **3** rettore (*d'università, di college*) **4** preside (*di talune scuole*). ● **Lord R.**, Magnifico Rettore (*nelle università scozzesi*).
rectorate ['rektərit], *n.* rettorato; l'incarico del **rector** (*q.V.*).
rectorial [rek'tɔːriəl], *a.* rettorale; di rettore (*V.* **rector**).
rectorship ['rektəʃip], *n.* rettorato; l'incarico del **rector** (*q.V.*).
rectory ['rektəri], *n.* (*relig.*) **1** canonica; presbiterio **2** beneficio; prebenda.
rectum ['rektəm], *n.* (*pl.* **rectums, recta**) (*anat.*) retto; intestino retto.
recumbency [ri'kʌmbənsi], *n.* il giacere; giacitura; lo stare supino.
recumbent [ri'kʌmbənt], *a.* **1** disteso; sdraiato; supino **2** (*bot.*) reclinato.
to recuperate [ri'kjuːpəreit], **A** *v. t.* ricuperare; riacquistare: **to r. health and strength after a long illness**, ricuperare salute e forze dopo una lunga malattia. **B** *v. i.* **1** ristabilirsi; riaversi; rimettersi in salute; riprendersi **2** (*comm.*) rifarsi; riprendersi.
recuperation [riˌkjuːpəˈreiʃən], *n.* **1** (*anche comm.*) ricupero; ripresa **2** ricupero della salute; ristabilimento.

recuperative [ri'kju:pərətiv], *a.* **1** che favorisce il ricupero **2** (*mecc.*) a ricupero: **r. air heater**, riscaldatore d'aria a ricupero.

to recur [ri'kə:*], *v. i.* **1** riandare; tornare, ritornare (*col pensiero*): Let's **r.** to what was said before, torniamo a quel che si diceva prima **2** tornare alla mente; ripresentarsi: The long-forgotten accident now recurred to him, ora gli tornava alla mente quell'incidente da tanto dimenticato **3** ricorrere (*lett.*); riaccadere; (*di un fatto*) ripetersi; (*di un'occasione*) ripresentarsi **4** (*mat.*) (*di un numero*) essere periodico. ● (*mat.*) **recurring decimal**, numero decimale periodico.

recurrence [ri'kʌrəns], *n.* **1** il riandare; il ritornare (*col pensiero*) **2** ricorrenza; riapparizione; ritorno periodico; ricorso. ● **to have a r. of one's illness**, avere una ricaduta (di una malattia).

recurrent [ri'kʌrənt], **A** *a.* ricorrente; periodico: **r. events**, fatti ricorrenti; (*med.*) **r. fevers**, febbri periodiche; (*anat.*) **r. nerve**, nervo ricorrente. **B** *n.* (*anat.*) nervo (*o* arteria) ricorrente.

recurvate [ri:'kə:vit], *a.* (*bot.*) ricurvo.

to recurve [ri:'kə:v], **A** *v. t.* ricurvare; curvare all'indietro. **B** *v. i.* ricurvarsi; essere ricurvo.

recurved [ri:'kə:vd], *a.* (*scient., tecn.*) ricurvo.

recusance ['rekjuzəns], **recusancy** ['rekjuzənsi], *n.* **1** ricusa; rifiuto d'obbedienza **2** (*stor.*) rifiuto di aderire alla religione ufficiale.

recusant ['rekjuzənt], *n. e a.* **1** chi (*o* che) si rifiuta (*d'obbedire*); dissidente **2** (*stor., relig.*) dissenziente.

to recuse [ri'kju:z], *v. t.* (*raro*) **1** rifiutare obbedienza a (q.) **2** (*leg.*) ricusare, rifiutare (*un giudice, un giurato*).

to recut ['ri:'kʌt] (*pass. e p. p.* **recut**), *v. t.* ritagliare; tagliare di nuovo.

recyclable ['ri:'saikləbl], *a.* (*econ., ind.*) riciclabile.

to recycle [ri:'saikl], *v. t. e i.* (*econ., ind.*) riciclare (*rifiuti, ecc.*): **to r. black money**, riciclare denaro sporco.

recycling [ri:'saikliŋ], *n.* (*econ., ind.*) riciclaggio.

red [red], **A** *a.* rosso: **red lips**, labbra rosse; **red hair**, capelli rossi **2** (*polit., spesso* Red) rosso; comunista; sovietico; di sinistra: **the Red Army**, l'Armata Rossa. **B** *n.* **1** rosso; colore rosso: **deep red**, rosso cupo; rosso scuro **2** – (*polit.*) **the Reds**, i rossi; i comunisti; i sovietici; gli uomini di sinistra **3** (*biliardo*) pallino rosso. ● **red alert**, stato di preallarme; stato d'emergenza □ (*zool.*) **red ant** (*Formica rufa*), formica rossa □ **a red battle**, una battaglia sanguinosa □ (*med.*) **red-blind**, affetto da protanopia □ (*med.*) **red-blindness**, protanopia □ (*biol.*) **red blood cell**, globulo rosso □ **red-blooded**, (*di persona*) vigoroso, gagliardo; (*di romanzo, ecc.*) emozionante, pieno d'azione □ (*edil.*) **red-brick houses**, case (fatte) di mattoni rossi □ **a red-brick university**, un'università nuova (*o* di recente istituzione) (*in G.B.*) □ (*USA*) **red cent**, centesimo di dollaro (*di rame*): **I don't care a red cent**, non me ne importa nulla (*o* un fico) (*fam.*) **Red China**, la Cina popolare □ **red cross**, croce di San Giorgio (*rossa su campo bianco; emblema della G.B.*) □ **the Red Cross**, la Croce Rossa □ (*zool.*) **red deer** (*Cervus elaphus*), cervo europeo □ **the red ensign**, la bandiera rossa (*della marina mercantile britannica*) □ **red eyes**, occhi rossi (*o* arrossati, iniettati di sangue) □ (*zool.*) **red-fish**, salmone maschio (*nel periodo della riproduzione*); (*Onchorhyncus nerka*) salmone rosso □ **red flag**, bandiera rossa (*segno di pericolo; stendardo della rivoluzione*); (*fig.*) drappo rosso, cosa che mette paura □ **the Red Flag**, Bandiera Rossa (*l'inno*) □ (*astron.*) **red giant** (star), (stella) gigante rossa □ (*polit.*) **Red Guard**, guardia rossa □ **red hat**, berretta rossa (*da cardinale*); ufficiale superiore inglese (*nomignolo*) □ (*metall.*) **red heat**, calor rosso □ **red herring**, aringa affumicata; (*fig.*) falsa pista, falsa traccia: **to draw a red herring across the track**, mettere gli inseguitori (la polizia, ecc.) su una falsa pista □ **red-hot**, incandescente; arroventato; rovente; (*fig.*) ardente, bruciante; acceso, fanatico; rosso d'ira, furioso, infuriato □ **Red Indian**, indiano d'America; pellerossa □ **the (little) red lane**, la gola (*nel linguaggio infantile*) □ (*miner.*) **red lead**, minio □ (*miner.*) **red-lead ore**, crocoite □ **a red-letter day**, un giorno di festa, di vacanza (*dal colore usato nei calendari*); (*fig.*) un giorno memorabile □ **red light**, luce rossa, segnale di pericolo; semaforo rosso, segno di fermarsi □ (*autom.*) **the red light**, il rosso: **to jump the red light**, «bruciare» il rosso □ **red-light district**, zona delle case di tolleranza □ (*USA*) **red-lining**, acquisto di aree urbane decadute e deprezzate (*come speculazione edilizia*) □ **red man**, *V.* **Red Indian** □ **red meat**, carne rossa (*special. di bue*) □ (*zool.*) **red mullet** (*Mullus surmuletus*), triglia di scoglio □ (*miner.*) **red ochre**, ocra rossa; rosso inglese □ **red pepper**, pepe di Caienna □ **a red rag**, un cencio rosso; (*fig.*) una cosa irritante, una provocazione □ (*autom.*) **red rear light**, (faro) retronebbia □ **red ribbon**, nastro rosso (*dell'Ordine di Bath*) □ **the Red Sea**, il Mar Rosso □ **red-streak**, mela da sidro □ **red tail-lights**, (*autom.*) fanali posteriori, fanalini di coda; (*aeron.*) luci di coda □ **red tape**, nastro rosso (*fig.*) burocrazia; lungaggine burocratica □ **red-tapist**, burocrate □ (*bot.*) **red weed**, (*Papaver rhoeas*) rosolaccio; (*Phytolacca americana*) fitolacca □ **red worm**, lombrico rosso (*usato come esca*) □ (*stor.*) **an all-red route**, un itinerario che attraversa esclusivamente territori sotto il dominio britannico □ **to become** (*o* **to go**) **red in the face**, farsi rosso in viso; diventar rosso □ **blood red**, rosso sangue □ **to be caught red-handed**, esser colto in flagrante; esser preso con le mani nel sacco □ **fiery red**, rosso fuoco □ (*banca*) **to get in the red**, andare in rosso; andare in debito; andare allo scoperto □ (*banca*) **to get out of the red**, tornare in credito; tornare a galla (*fig., fam.*) □ (*fig.*) **to have red hands**, avere le mani insanguinate (*o* sporche di sangue) □ **to have red ideas**, essere rosso (*in polit.*); essere comunista (*o* di sinistra) □ (*banca*) **to be in the red**, essere in rosso; essere in debito; avere il conto scoperto; essere allo scoperto (*fig., stor.*) **to paint the map red**, ingrandire l'impero britannico (*pop.*) **to paint the town red**, farne di tutti i colori; far baldoria □ (*fig.*) **to see red**, veder rosso □ (*fig.*) **to see the red light**, accorgersi di un pericolo imminente.

to redact [ri'dækt], *v. t.* **1** redigere **2** revisionare; rivedere (*per la stampa*).

redaction [ri'dækʃən], *n.* **1** redazione; il redigere **2** preparazione per la stampa; revisione **3** nuova edizione; ristampa.

redactor [ri'dæktə*], *n.* **1** redattore; chi redige (*un documento, ecc.*) **2** chi rivede un'edizione (*o* una pubblicazione); revisore.

redan [ri'dæn], *n.* (*mil.*) fortificazione ad angolo saliente.

redbreast ['redbrest], *n.* (*zool.*) **1** (*Erithacus rubecola*, anche **robin y**) pettirosso **2** (*Calidris canutus*) piovanello maggiore.

redbrick ['redbrik], *V.* **red-brick**, *sotto* **red**.

redcap ['redkæp], *n.* **1** (*fam.*) soldato della polizia militare **2** (*USA*) facchino, portabagagli (*di stazione*).

redcoat ['redkout], *n.* (*stor.*) «giubba rossa»; soldato inglese.

to redden ['redn], **A** *v. t.* arrossare. **B** *v. i.* arrossire.

reddish ['rediʃ], *a.* rossastro.

reddle ['redl], *n.* (*miner.*) ocra rossa; rosso inglese.

to reddle ['redl], *v. t.* colorare (*o* tingere) con ocra rossa.

to redeem [ri'di:m], *v. t.* **1** redimere; riscattare; liberare: **to r. a prisoner**, riscattare un prigioniero; **to r. a slave**, affrancare uno schiavo; redimere uno schiavo dalla schiavitù **2** ricuperare; riacquistare: **to r. one's position**, riacquistare la propria posizione; **to r. one's rights**, ricuperare i (*o* essere reintegrato nei) propri diritti **3** adempiere (*un obbligo*); mantenere (*una promessa*) **4** fare ammenda di; compensare; riparare: **to r. a fault**, fare ammenda di una colpa; **Her eyes r. her face from ugliness**, gli occhi riscattano la bruttezza del suo viso **5** (*fin., leg.*) riscattare; affrancare; estinguere (*un'ipoteca, ecc.*): **to r. mortgaged land**, riscattare terreni ipotecati; **to r. a property**, affrancare una proprietà **6** (*fin.*) convertire in contanti, rimborsare (*obbligazioni, titoli*). ● **to r. pledged goods**, ritirare oggetti dati in pegno.

redeemable [ri'di:məbl], *a.* (*anche fin., leg.*) redimibile; riscattabile; ricuperabile: **r. stocks**, titoli redimibili.

redeemer [ri'di:mə*], *n.* redentore. ● (*relig.*) **the R.**, il Redentore.

redeeming [ri'di:miŋ], *a.* che redime. ● **r. feature**, cosa positiva (*o* che salva q.): **Her only r. feature is her kindness**, si salva solo perché è gentile.

to redeliver ['ri:di'livə*], *v. t.* riconsegnare; consegnare di nuovo.

redemption [ri'dempʃən], *n.* **1** redenzione; riscatto **2** ricupero, disimpegno, ritiro (*di q.c. dato in pegno*) **3** (*fin., leg.*) liberazione, affrancamento (*da un impegno*); ammortamento, estinzione (*di un'ipoteca*) **4** (*fin.*) rimborso (*d'obbligazioni, di titoli*). ● (*comm.*) **r. coupon**, buono omaggio (*o* sconto) □ (*fin.*) **r. fund**, fondo d'ammortamento □ **in the year of our r. 1850**, nell'anno del Signore 1850 □ **to be past (o beyond) r.**, essere irredimibile (*o* incorreggibile).

redemptive [ri'demptiv], *a.* **1** che redime **2** di redenzione.

to redeploy ['ri:di'plɔi], *v. t.* reimpiegare, ridistribuire (*soldati, operai, ecc.*); trasferire (*ad altre mansioni, ad altro settore, ecc.*).

redeployment ['ri:di'plɔimənt], *n.* reimpiego, ridistribuzione, trasferimento (*V.* **to redeploy**).

to redescend ['ri:di'send], *v. t. e i.* ridiscendere.

to redevelop [,ri:di'veləp], *v. t.* **1** sviluppare di nuovo **2** (*edil., urbanistica*) ricostruire: **to r. a slum district**, ricostruire un quartiere di catapecchie.

redevelopment [,ri:di'veləpmənt], *n.* **1** nuovo sviluppo **2** (*edil., urbanistica*) ricostruzione. ● **r. site**, lotto (di edifici) da ricostruire □ **urban r.**, rinnovamento urbanistico (*cfr. ital.* P.E.E.P.).

redhead ['redhed], *n.* (*fam.*) rossa; donna dai capelli rossi.

redhibition [,redhi'biʃən], *n.* (*leg.*) redibizione; azione redibitoria.

redhibitory [red'hibitəri], *a.* (*leg.*) redibitorio.

rediffusion [,ri:di'fju:ʒən], *n.* **1** (*radio, telev.*) ridiffusione **2** (*tel., radio*) filodiffusione.

to redimension [,ri:dai'menʃən], *v. t.* (*econ. e fig.*) ridimensionare.

redingote ['rediŋgout] (*franc.*), *n.* (*moda*) redingote.
to **redintegrate** [re'dintigreit], *v. t.* reintegrare.
redintegration [re,dinti'greiʃən], *n.* reintegrazione.
to **redirect** ['ri:di'rekt], *v. t.* riindirizzare; rispedire (*una lettera*) a un nuovo indirizzo.
rediscount ['ri:'diskaunt], *n.* (*banca*) risconto. • **r. rate**, tasso di risconto.
to **rediscount** ['ri:'diskaunt], *v. t.* (*banca*) riscontare; scontare di nuovo.
to **rediscover** ['ri:dis'kʌvə*], *v. t.* riscoprire; ritrovare.
rediscovery ['ri:dis'kʌvəri], *n.* riscoperta.
to **redistribute** ['ri:dis'tribju:t], *v. t.* ridistribuire.
redistribution ['ri:,distri'bju:ʃən], *n.* ridistribuzione.
to **redivide** ['ri:di'vaid], *v. t.* ridividere.
redneck ['rednek], *n.* (*spreg. USA*) **1** contadino meridionale **2** (*per estens.*) reazionario; (*specialm.*) razzista.
redness ['rednis], *n.* rossore.
to **re(-)do** ['ri:'du:] (*pass.* **redid**, *p. p.* **redone**), *v. t.* rifare; fare di nuovo; ridipingere, riverniciare: **to r. one's work**, rifare il lavoro; **to r. the kitchen in white**, ridipingere la cucina di bianco. • **to r. one's hair**, rifarsi la pettinatura.
redolence ['redoulǝns], **redolency** ['redoulǝnsi], *n.* olezzo; profumo; fragranza.
redolent ['redoulǝnt], *a.* olezzante; profumato; fragrante: **r. wine**, vino profumato. • (*fig.*) **r. of**, che sa di; che ricorda; che richiama alla mente.
to **redouble** [ri'dʌbl], *v. t. e i.* **1** raddoppiare, raddoppiarsi; aumentare: **to r. one's efforts**, raddoppiare gli sforzi **2** (*nel gioco del «bridge»*) surcontrare.
redouble [ri'dʌbl], *n.* (*nel bridge*) surcontre.
redoubt [ri'daut], *n.* (*mil.*) ridotta.
redoubtable [ri'dautǝbl], *a.* (*lett.*) formidabile; temibile; terribile.
to **redound** [ri'daund], *v. i.* ridondare (*fig.*); riuscire, tornare (*a vantaggio, a danno, ecc.*): **This procedure will r. to our advantage**, questa procedura tornerà a nostro favore **2** ricadere, riversarsi (*su*): **The disgrace will r. upon his family**, l'onta ricadrà sulla sua famiglia **3** provenire, derivare (*da*): **benefits that r. to us from his sacrifice**, benefici che ci derivano dal suo sacrificio.
redpoll ['redpol], *n.* (*zool.*) **1** (*Carduelis flammea*) organetto **2** (*Carduelis cannabina*) fanello; montanello.
redraft ['ri:'drɑ:ft], *n.* (*leg., comm.*) **1** rivalsa **2** cambiale di rivalsa.
to **redraft** ['ri:'drɑ:ft], *v. t.* redigere di nuovo.
to **redress (1)** [ri'dres], *v. t.* **1** raddrizzare; riaggiustare; ristabilire: **to r. the balance**, ristabilire l'equilibrio **2** compensare; correggere; riparare; fare ammenda; risarcire: **to r. a wrong**, riparare un torto; **to r. a grievance**, riparare un'ingiustizia; **to r. a damage**, risarcire un danno; **to r. a fault**, fare ammenda di una colpa.
to **re-dress (2)** [ri:'dres], *v. t.* rivestire; vestire di nuovo.
redress [ri'dres], *n.* compensazione; riparazione (*di torti, ecc.*); risarcimento; rimedio. • (*leg.*) **to seek r. in a court of law**, cercare di ottenere per vie legali un risarcimento di danni.
redshank ['redʃæŋk], *n.* (*zool., Tringa totanus*) pettegola.
redskin ['redskin], *n.* (*arc.*) pellerossa; indiano d'America.
redstart ['redstɑ:t], *n.* (*zool., Phoenicurus phoenicurus*) codirosso.
to **reduce** [ri'dju:s], **A** *v. t.* **1** ridurre (*anche med.*); ricondurre; convertire; diminuire; restringere; scemare: **to r. sb. to discipline (obedience, etc.)**, ridurre q. alla disciplina (all'obbedienza, ecc.); **to r. speed (expenses, the staff, etc.)**, ridurre la velocità (le spese, il personale, ecc.); **He had his broken shoulder reduced**, si fece ridurre la frattura alla spalla; **to r. prices**, ridurre i prezzi; **to r. powder (to a pulp, etc.)**, ridurre in polvere (in polpa, in poltiglia, ecc.); **to r. ore to metal**, convertire il minerale in metallo; **to r. fractions to their lowest terms**, ridurre frazioni ai minimi termini; **He is reduced to skin and bones**, s'è ridotto pelle e ossa **2** (*chim., metall.*) ridurre **3** sottomettere, soggiogare: **He reduced the revolted towns (to submission)**, soggiogò le città ribelli **4** (*pitt.*) diluire (*un colore*) **5** (*fotogr.*) indebolire (*una negativa*). **B** *v. i.* (*fam.*) dimagrire; cercar di dimagrire (*specialm. stando a dieta*): **Mrs Brown has been reducing for a month**, la signora Brown segue una cura dimagrante da un mese. • **to r. st. to an absurdity**, dimostrare l'assurdità di q.c. □ (*mil.*) **to r. sb. to the ranks**, degradare q. □ **to r. sb. to silence**, far tacere q. □ **to r. one's weight**, perdere peso; dimagrire □ **reduced rates**, tariffe ridotte □ (*ferr.*) **reduced-rate ticket**, biglietto a tariffa ridotta □ **at reduced prices**, a prezzi ridotti □ (*arc.*) **to be in reduced circumstances**, trovarsi in ristrettezze; essere decaduto □ **to be in a very reduced state**, essere assai debole (*o* deperito) □ **He is reduced almost to nothing**, s'è ridotto pelle e ossa.
reducer [ri'dju:sǝ*], *n.* **1** riduttore, riduttrice **2** (*fam.*) sostanza riducente (*o* dimagrante) **3** (*mecc.*) riduttore; dispositivo di riduzione: **speed r.**, riduttore di velocità **4** (*mecc.*) giunto di riduzione (*di tubature*) **5** (*chim.*) agente deossidante (*o* riducente) **6** (*fotogr.*) bagno d'indebolimento.
reducibility [ri,dju:sǝ'biliti], *n.* riducibilità.
reducible [ri'dju:sǝbl], *a.* riducibile.
reduction [ri'dʌkʃǝn], *n.* riduzione (*in ogni senso*); ribasso (*dei prezzi*); diminuzione; copia ridotta (*di una cartina, d'una fotografia, ecc.*): **a r. in working hours**, una riduzione delle ore di lavoro; **a great r. in customs duties**, un gran taglio ai (*o* una notevole diminuzione dei) dazi doganali. • **r. to absurdity**, dimostrazione dell'assurdità (*di un principio, ecc.*).
redundance [ri'dʌndǝns], *V.* **redundancy**, def. 1.
redundancy [ri'dʌndǝnsi], *n.* **1** ridondanza; sovrabbondanza **2** (*scient., tecn.*) ridondanza **3** (*miss.: di strumento*) l'essere di riserva **4** (*econ.*) esuberanza (*di manodopera, ecc.*); l'essere in soprannumero. • (*econ.*) **r. fund**, fondo per la «redundancy pay» (*V.* **redundant**) □ (*econ.*) **r. money** (*o* **pay**), liquidazione, indennità di licenziamento pagata a un **redundant worker** (*V. sotto* **redundant**).
redundant [ri'dʌndǝnt], *a.* **1** ridondante; sovrabbondante: **a r. style**, uno stile ridondante **2** (*scient., tecn.*) ridondante **3** (*miss.: di strumento*) doppio; secondo; di riserva **4** (*econ., di manodopera*) esuberante; in soprannumero. • (*econ.*) **r. worker**, operaio (*licenziato perché*) in soprannumero □ (*econ.: d'operaio, ecc.*) **to be made r.**, essere dichiarato in soprannumero (*o* esuberante); essere licenziato (*senza colpa, e col pagamento di una indennità, in G.B. non esiste la Cassa integrazione*).
to **reduplicate** [ri'dju:plikeit], *v. t.* **1** raddoppiare; duplicare; ripetere; replicare **2** (*gramm.*) reduplicare; raddoppiare.
reduplication [ri,dju:pli'keiʃǝn], *n.* **1** raddoppiamento; raddoppio; ripetizione **2** (*gramm.*) reduplicazione; raddoppiamento.
reduplicative [ri'dju:plikǝtiv], *a.* **1** che raddoppia; che tende a raddoppiare **2** (*gramm.*) reduplicativo.
redwing ['redwiŋ], *n.* (*zool.*) **1** (*Turdus musicus*) tordo sassello **2** (*Agelaeus phoeniceus; anche* **red-winged blackbird**) alarossa orientabile.
redwood ['redwud], *n.* **1** (*bot., Sequoia sempervirens; anche* **r. tree**) sequoia **2** (*comm.*) legno rosso di California; legno di sequoia.
to **re(-)dye** [ri:'dai], *v. t.* ritingere; tingere di nuovo.
to **re-echo** [ri:'ekou], *v. t. e i.* riecheggiare.
re-echo [ri:'ekou], *n.* eco di rimando.
reed [ri:d], *n.* **1** (*bot., Arundo donax*) canna **2** (*collett.*) canneto **3** (*collett.*) canniccio; cannucce (*specialm. se usate come copertura di tetti*) **4** (*poet.*) siringa; zampogna **5** (*poet.*) freccia; dardo; saetta; strale **6** (*mus.*) ancia; linguetta **7** (*pl., mus.*) strumenti a fiato muniti di ancia (*clarinetto, oboe, ecc.; distinti dagli ottoni*) **8** (*ind. tessile*) pettine (*di telaio*) **9** (*archit*) modanatura a cordoncino. • (*mus.*) **r. instruments**, *V. sopra, def.* 7 □ (*bot.*) **r.-mace**, (*Typha latifolia*) sala, mazza di palude; (*Typha angustifolia*) stiancia □ (*mus.*) **r. organ**, armonium □ (*zool.*) **r.-pheasant** (*Panurus biarmicus*), basettino □ (*mus.*) **r. pipe**, zampogna; canna d'organo munita d'ancia □ (*mus.*) **r. stop**, registro d'organo □ (*zool.*) **r.-warbler** (*o* **r.-wren**) (*Acrocephalus scirpaceus*), cannaiola □ (*fig., fam.*) **a broken r.**, una persona infida; una cosa su cui non si può contare □ (*bot.*) **ditch r.** (*Phragmites communis*), cannuccia; canna di palude □ (*fig.*) **to lean on a r.**, fare un assegnamento su una cosa assai incerta (*o* su una persona debole, incostante).
to **reed** [ri:d], *v. t.* **1** ricoprire (*un tetto*) di canniccio **2** (*archit.*) decorare con modanature a cordoncino **3** (*mus.*) munire (*uno strumento a fiato, una canna d'organo*) di ancia **4** (*ind. tessile*) pettinare.
reedification ['ri:,edifi'keiʃǝn], *n.* riedificazione; ricostruzione.
to **reedify** ['ri:'edifai], *v. t.* riedificare; ricostruire.
reediness ['ri:dinis], *n.* **1** abbondanza di canne **2** esilità; debolezza **3** (*della voce*) stridore; acutezza.
to **re-edit** ['ri:'edit], *v. t.* pubblicare di nuovo; ripubblicare; curare una nuova edizione di (*un libro*).
reedling ['ri:dliŋ], *n.* (*zool., Panurus biarnicus*) basettino.
to **re(-)educate** ['ri:'edju:keit], *v. t.* rieducare.
re(-)education ['ri:,edju'keiʃǝn], *n.* rieducazione.
reedy ['ri:di], *a.* **1** pieno di canne **2** fatto di canne; di canna **3** (*fig.*) esile; debole **4** (*della voce*) sottile; stridulo; acuto.
reef (1) [ri:f], *n.* (*naut.*) terzarolo. • **r.-knot**, nodo piano □ **r.-point**, matafione di terzarolo □ **to take in a r.**, (*naut.*) prendere un terzarolo; (*fig.*) procedere con cautela.
to **reef** [ri:f], *v. t.* terzarolare (*una vela*).
reef (2) [ri:f], *n.* **1** (*geogr.*) scogliera; banco di scogli a fior d'acqua **2** (*ind. min.*) filone tabulare; filone-strato.
reefer ['ri:fǝ*], *n.* **1** (*naut.*) marinaio che fa terzaroli **2** (*gergo naut.*) aspirante (*o* cadetto) di marina **3** (*anche* **reefing jacket**) giubbotto corto a doppio petto (*da marinaio*) **4** (*naut.*) nodo piano **5** (*pop.*) sigaretta alla marijuana **6** (*USA*) autocarro (*o* carro, vagone) frigorifero.

reefing jacket ['ri:fiŋˌdʒækit], V. **reefer**, def. 3.
reek [ri:k], n. 1 (lett. o scozz.) fumo 2 odore acre; puzzo; esalazione fetida: **the r. of snuff**, l'odore acre del tabacco da fiuto; **the r. of the sewers**, il puzzo delle fogne 3 vapore, foschia: **sea r.**, foschia sul mare.
to reek [ri:k], **A** v. i. 1 trasudare; fumare; emettere fumo (o vapori) 2 puzzare; (fig.) saper di: **He reeks of garlic**, puzza d'aglio; **It reeks of affectation**, sa d'affettazione. **B** v. t. 1 affumicare 2 emettere, esalare (fumo, vapori). ● (fig.) **to r. with corruption**, puzzare di corruzione □ (raro) **to r. with sweat**, grondare di sudore.
reeky ['ri:ki], a. 1 (lett. o scozz.) fumoso 2 fetido; puzzolente. ● (scozz.) **Auld R.**, la vecchia fumosa Edimburgo.
reel (1) [ri:l], n. 1 (ind. tessile) aspo; bobina 2 rocchetto; bobina: **a r. of cotton**, un rocchetto di cotone; **a r. of magnetic tape**, una bobina di nastro magnetico 3 (fotogr.) rotolo; (cinem.) bobina, rotolo, pizza 4 (sport) mulinello (di canna da pesca). ● (fig., fam.) **off the r.**, senza posa; tutto d'un fiato.
to reel (1) [ri:l], v. t. (ind. tessile, anche **to r. in**) annaspare; avvolgere (filo) sull'aspo. ● (sport) **to r. in a fish**, tirar su un pesce col mulinello □ **to r. off**, dipanare (filo); dire d'un fiato, snocciolare (una storiella, date, versi, ecc.) □ **to r. out**, dipanare.
reel (2) [ri:l], n. (mus.) «reel» (vivace danza scozz. o irl.).
to reel (2) [ri:l], v. i. ballare il «reel» (V. **reel (2)**).
to reel (3) [ri:l], v. i. 1 avere il capogiro (o le vertigini) 2 (della testa) girare: **My head reeled**, mi girava la testa; **to make sb.'s head r.**, far girare la testa a q. 3 barcollare; ondeggiare; traballare; vacillare; scuotersi; esser scosso: **The front ranks reeled under the onslaught**, le prime schiere vacillarono sotto l'urto; **They went off reeling**, se ne andarono barcollando (o traballando); **The State was reeling to its foundations**, lo Stato era scosso (o vacillava) dalle fondamenta 4 girare; turbinare; far mulinello; vorticare: **The square reeled before him**, la piazza gli faceva mulinello sotto gli occhi. ● **to r. back in horror**, arretrare inorridito (vacillando).
reel (3) [ri:l], n. 1 barcollamento; ondeggiamento; traballo; vacillamento 2 mulinello; giro vorticoso; vortice: (fig.) **the r. of vice and folly around us**, il vortice del vizio e della follia intorno a noi.
to re-elect ['ri:i'lekt], v. t. rieleggere.
re-election ['ri:i'lekʃən], n. rielezione.
re-eligibility ['ri:ˌelidʒə'biliti], n. rieleggibilità.
re-eligible ['ri:'elidʒəbl], a. rieleggibile.
to re-embark ['ri:im'ba:k], v. t. e i. rimbarcare, rimbarcarsi.
re-embarkation ['ri:ˌemba:'keiʃən], n. rimbarco.
to re-emerge ['ri:i'mə:dʒ], v. i. riemergere.
to re-employ ['ri:m'plɔi], v. t. 1 reimpiegare, rimpiegare; impiegare di nuovo 2 assumere di nuovo; riassumere (manodopera, ecc.).
re-employment ['ri:im'plɔimənt], n. 1 reimpiego 2 riassunzione (di lavoratori).
to re-enact ['ri:i'nækt], v. t. 1 rimettere (una legge) in vigore; promulgare di nuovo (una legge) 2 compiere di nuovo; ricommettere 3 (teatr.) recitare di nuovo.
re-enactment ['ri:i'næktmənt], n. 1 rimessa in vigore (d'una legge) 2 ripetizione (di un'azione) 3 (teatr.) nuova recita (V. **to re-enact**).
to re-enforce ['ri:in'fɔ:s], e deriv. V. **to reinforce**, e deriv.
to re-engage ['ri:in'geidʒ], v. t. 1 rimpegnare; impegnare di nuovo 2 (mil.) rafferrmare.
re-engagement ['ri:in'geidʒmənt], n. 1 nuovo impegno; riconferma (di q. in servizio) 2 (mil.) rafferma.
to re-enlist ['ri:in'list], v. i. (mil.) riarruolarsi; arruolarsi di nuovo.
to re-enter ['ri:'entə*], **A** v. t. 1 rientrare in; entrare di nuovo in. 2 (rag.) registrare di nuovo. **B** v. i. rientrare; entrare di nuovo.
re-entrance ['ri:'entrəns], n. rientranza.
re-entrant ['ri:'entrənt], **A** a. rientrante. **B** n. angolo (o parte) rientrante.
re-entry [ri:'entri], n. 1 rientrata; rientro (anche di navicella spaziale) 2 (leg.) il rientrare in possesso (di q.c.) 3 (rag.) nuova registrazione. ● (miss.) **r. vehicle**, veicolo per rientro □ (miss.) **r. window**, finestra di rientro □ (miss.) **to make a successful r.**, rientrare felicemente (dallo spazio); fare un rientro perfetto.
to re-establish ['ri:is'tæbliʃ], v. t. ristabilire; restaurare.
re-establishment ['ri:is'tæbliʃmənt], n. ristabilimento, restaurazione.
reeve [ri:v], n. (stor.) 1 primo magistrato (di città o distretto medievale) 2 sovrintendente (di un castello feudale) 3 (nel Canada) presidente di un consiglio comunale.
to reeve [ri:v] (pass. e p. p. **reeved, rove**), v. t. (naut.) 1 infilare, passare (una cima attraverso un anello, ecc.) 2 assicurare, legare (passando una cima in un anello) 3 superare (le secche, ecc.).
reeve (2) [ri:v], n. (zool.) femmina della pavoncella combattente (cfr. **ruff**, def. 1).

re-examination ['ri:igˌzæmi'neiʃən], n. 1 riesame; nuovo esame 2 (leg.) nuovo interrogatorio (del testimone, da parte di colui che l'ha citato).
to re-examine ['ri:ig'zæmin], v. t. 1 riesaminare 2 (leg.) sottoporre (un testimone) a nuovo interrogatorio (dopo l'interrogatorio in contraddittorio).
to re-exist ['ri:ig'zist], v. i. esistere di nuovo.
to re-export ['ri:'eksˌpɔ:t], v. t. (comm.) riesportare.
re-export ['ri:'ekspɔ:t], **re-exportation** ['ri:ˌekspɔ:'teiʃən], n. (comm.) 1 riesportazione 2 merce riesportata.
ref [ref], n. (sport, abbr. fam. di **referee**) arbitro.
to reface ['ri:'feis], v. t. 1 rifare la facciata di (un edificio, ecc.) 2 (mecc.) rettificare; ripassare.
to refashion ['ri:'fæʃən], v. t. 1 riadattare; rifare 2 rimodernare.
refection [ri'fekʃən], n. 1 refezione; pasto leggero 2 rifocillamento.
refectory [ri'fektəri], n. refettorio.
to refer [ri'fə:*], **A** v. t. 1 attribuire; assegnare; ascrivere; imputare: **to r. famine to the war**, attribuire la causa della carestia alla guerra; **They referred their defeat to him**, imputavano a lui la loro sconfitta; **to r. the subclass of barnacles to the molluscs**, assegnare la sottoclasse dei cirripedi ai molluschi 2 indirizzare; mandare; dire (a q.) di rivolgersi (a): **My doctor referred me to a specialist**, il mio medico mi mandò da uno specialista; **The waiter referred me to the landlord**, il cameriere mi disse di rivolgermi al padrone 3 affidare; deferire; rimettere; rinviare: **Let's r. the question to arbitration**, deferiamo la questione a un arbitro!; (polit.) **to r. a bill to a committee**, rinviare un disegno di legge a una commissione (per ulteriore esame) 4 dire a (q.) di consultare: **to r. a student to an encyclopaedia**, dire a uno studente di consultare un'enciclopedia 5 (comm.) indirizzare per referenze; dare a (q.) il nome (di q. altro) come referenza: **The applicant has referred us to you**, il candidato ci ha dato (o ha fatto) il Vostro nome come referenza 6 (in G.B.) rimandare, riprovare (uno studente). **B** v. i. 1 riferirsi (a); concernere; trattare (di); rapportarsi, rifarsi (a); alludere; accennare; aver relazione (con): **This book deals only with fish; it does not r. to crustaceans**, questo libro si occupa solo dei pesci; non tratta i crostacei; **His remark refers only indirectly to you**, la sua osservazione si riferisce a te soltanto indirettamente; **Don't r. to the accident again**, non alludere più all'incidente (o non menzionarlo, non farne più parola)!; **referring to what I said just now**, rifacendomi a quanto ho detto or ora 2 appellarsi; rivolgersi (a q. per informazioni, aiuto, ecc.); consultare: **R. to the office**, rivolgetevi all'ufficio; **to r. to a map (a dictionary, one's watch, etc.)**, consultare una carta geografica (un dizionario, l'orologio, ecc.).
to refer oneself **C** v. rifl. affidarsi, rimettersi: **I r. myself to your sense of justice**, mi rimetto al tuo senso di giustizia. ● (comm.) **r. to drawer**, rivolgersi al traente (abbr. **R.D.**; formula con cui una banca rifiuta il pagamento di un assegno scoperto) □ anche comm.) r., in riferimento a; riguardo a.
referable [ri'fə:rəbl], a. riferibile; attribuibile; assegnabile.
referee [ˌrefə'ri:], n. 1 (leg., sport) arbitro; giudice (di gara) 2 (comm., anche **r. in case of need**) bisognatario 3 chi dà referenze (su q.). ● (leg.) **r. in bankruptcy**, giudice fallimentare □ (boxe) **r. stop count**, knockout tecnico (decretato dall'arbitro, in seguito ad atterramento).
to referee [ˌrefə'ri:], v. t. e i. (sport) arbitrare; fare da arbitro.
refereeing [ˌrefə'ri:iŋ], n. (sport) arbitraggio.
reference ['refrəns], n. 1 riferimento; rimando, rinvio; accenno; allusione; menzione; relazione; rapporto: **The novel is full of historical references**, il romanzo è pieno di riferimenti storici; **No r. to a previous meeting was made**, non si fece allusione a un precedente incontro; **His success seems to have little r. to merit**, sembra che il suo successo non sia in relazione coi suoi meriti 2 consultazione: **r. books** (o **works of r.**), libri (o opere) di consultazione; **r. library**, biblioteca di consultazione (che non fa prestiti); **r. to a dictionary**, consultazione di un dizionario 3 referenza; attestato; benservito: **What are your references?**, quali sono le vostre referenze?; **trade references**, referenze commerciali 4 (lettera di) raccomandazione 5 chi dà referenze (su q.) 6 (leg.) compromesso arbitrale 7 (leg.) deferimento (di una controversia) a un arbitro 8 (anche **r.-mark**) segno di rimando (asterisco, ecc.). ● **r. Bible**, Bibbia con richiami marginali □ (in un libro) **References (Cited)**, bibliografia □ (mecc.) **r. gauge**, calibro di riscontro; calibro campione □ **r. number**, numero di riferimento □ (comm.) **to ask for references**, chiedere referenze □ (comm.) **banker's r.**, referenze bancarie □ **cross--r.**, richiamo, rimando (a pagina o nota dello stesso libro) □ **in** (o **with**) **r. to**, in rapporto a, rispetto a; in relazione a, in riferimento a □ **to make r. to**, consultare; menzionare, fare il nome di; chiedere referenze a: **You should make r. to a good encyclopaedia**, dovresti consultare una buona enciclopedia; **I**

reference

should like to make r. to your last employer, vorrei domandare Sue referenze (*o* informazioni sul Suo conto) al Suo ultimo datore di lavoro □ **without r. to**, astraendo da; senza tener conto di; a prescindere da □ **The peerage was allowed without r. to the House of Lords**, la nomina del (*o* dei) Pari d'Inghilterra fu fatta senza sentire il parere della Camera dei Lord □ **The r. of the committee is very wide**, i poteri attribuiti alla commissione sono assai ampi.

to reference ['refrəns], *v. t.* **1** provvedere (*un libro*) di rimandi **2** fare la bibliografia per (*una tesi, ecc.*) **3** citare, fare riferimento a (*una fonte*) **4** fornire (q.) di referenze; referenziare.

referendary [ˌrefə'rendəri], *n.* **1** (*relig.*) referendario **2** arbitro.

referendum [ˌrefə'rendəm], *n.* (*pl.* **referenda, referendums**) (*polit.*) referendum.

referential [ˌrefə'renʃəl], *a.* **1** di riferimento; di rimando **2** di referenza; informativo.

to refill [ri:'fil], *v. t.* riempire di nuovo; ricaricare (*un accendisigaro, una biro, ecc.*).

refill ['ri:fil], *n.* **1** ricambio; ricarica (*di un accendisigaro, di una biro, e sim.*) **2** (*med.*) rifornimento **3** replica (*di una portata*); bis (*di una bevanda*).

to refine [ri'fain], **A** *v. t.* **1** (*ind.*) raffinare; affinare; purificare: **to r. sugar**, raffinare lo zucchero; **to r. gold**, affinare l'oro **2** (*fig.*) raffinare; dirozzare; affinare; ingentilire: **to r. sb.'s taste (manners, etc.)**, raffinare i gusti (le maniere, ecc.) di q.; **to r. one's style**, affinare il proprio stile. **B** *v. i.* raffinarsi; affinarsi; dirozzarsi; ingentilirsi. ● **to r. out** (*o away*), togliere (*impurità*) □ **to r. upon** (*o on*), migliorare, perfezionare; sottilizzare, disquisire sottilmente di.

refined [ri'faind], *a.* **1** (*ind.*) raffinato; purificato: **r. sugar**, zucchero raffinato **2** (*fig.*) raffinato; ricercato; fine; delicato: **r. feelings**, sentimenti delicati; **a r. style**, uno stile raffinato.

refinement [ri'fainmənt], *n.* **1** (*ind.*) raffinatura; raffinazione (*dello zucchero, ecc.*) **2** raffinatezza; ricercatezza; finezza; sottigliezza; squisitezza: **r. of taste**, raffinatezza di gusti; **That was a r. beyond their skill**, era quella una sottigliezza superiore alle loro capacità; **the refinements of luxury**, le ricercatezze del lusso.

refiner [ri'fainə*], *n.* raffinatore (*uomo o apparecchio*). ● **a big oil r.**, un grosso industriale della raffinazione (del petrolio); un grande proprietario di raffinerie.

refinery [ri'fainəri], *n.* raffineria: **an oil r.**, una raffineria di petrolio. ● **r. gas**, gas di raffineria.

refit ['ri:'fit], *n.* **1** riparazione **2** (*naut.*) raddobbo.

to refit ['ri:'fit], **A** *v. t.* **1** riattare; riaggiustare; riparare **2** (*naut.*) raddobbare. **B** *v. i.* **1** essere riattato **2** (*naut.*) essere raddobbato: **to put a ship into port to r.**, mettere una nave in porto per essere raddobbata. ● (*naut.*) **refitting yard**, cantiere di raddobbo.

to reflate [ri'fleit], (*econ.*) **A** *v. t.* reflazionare. **B** *v. i.* provocare una reflazione; adottare misure reflazionistiche.

reflation [ri'fleiʃən], *n.* (*econ.*) reflazione.

reflationary [ri'fleiʃənəri], *a.* (*econ.*) reflazionistico.

to reflect [ri'flekt], **A** *v. t.* **1** riflettere; rimandare; riverberare: **A mirror reflects images**, lo specchio riflette le immagini **2** rispecchiare, rifletterre (*fig.*): **Their actions r. their thoughts**, le loro azioni rispecchiano i loro pensieri **3** gettare (*discredito, ecc.*): **This scandal reflects discredit on the government**, questo scandalo getta discredito sul governo **4** (*raro*) ripiegare; piegare all'indietro. **B** *v. i.* **1** rifletttersi; esser riflesso: **The light reflected from the water into her eyes**, la luce si rifletteva dall'acqua nei suoi occhi **2** riflettere; considerare; meditare: **I need more time to r. on the matter**, mi occorre più tempo per riflettere sulla faccenda **3** fare insinuazioni; sollevare dubbi: **to r. upon sb.'s integrity**, mettere in dubbio l'onestà di q. **4** gettar discredito (su); screditare; mettere in cattiva luce. ● **to r. little credit on sb.**, non fare troppo onore a q.

reflectance [ri'flektəns], *n.* (*fis.*) fattore (*o* coefficiente) di riflessione; riflettenza.

reflecting [ri'flektiŋ], *a.* **1** che riflette **2** (*fis.*) riflettente: **r. sign**, segnale riflettente (*nella segnaletica orizzontale*). ● (*ottica*) **r. microscope**, microscopio a riflessione □ **r. telescope**, (telescopio) riflettore.

reflection [ri'flekʃən], *n.* **1** (*fis.*) riflessione; il riflettere; il riflettersi: **the r. of light (of heat, of sound)**, la riflessione della luce (del calore, del suono) **2** immagine riflessa; riflesso **3** riflessione; meditazione; considerazione: **I was lost in r.**, ero assorto in meditazione; **philosophical reflections**, riflessioni filosofiche **4** (*fisiologia*) riflesso. **5** (*fig.*) persona (*o* cosa) del tutto simile (*a un'altra*); ritratto (*fig.*) **6** biasimo; critica; discredito; insinuazione; riprovazione: **to cast reflections upon sb.'s honesty**, fare insinuazioni sull'onestà di q. ● (*fis.*) **r. coefficient** (*o* **r. factor**), fattore (*o* coefficiente) di riflessione; riflettenza □ (*elettr.*) **r. loss**, perdita per riflessione □ **on r.**, riflettendoci; pensandoci sopra.

reflectional [ri'flekʃənəl], *a.* di (*o* relativo a) riflessione.

reflective [ri'flektiv], *a.* **1** riflessivo; cogitabondo; meditabondo; pensoso: **a r. mind**, un ingegno riflessivo **2** (*fis.*) riflettente: **r. paint**, vernice riflettente.

reflectiveness [ri'flektivnis], **reflectivity** [ˌri:ˌflek'tiviti], *n.* **1** riflessività; pensosità **2** (*fis.*) capacità di riflettere; riflettività.

reflector [ri'flektə*], *n.* **1** (*elettr., autom.*) riflettore **2** catarifrangente **3** (*astron.; anche* **r. telescope**) (telescopio) riflettore. ● (*fig.: di persona, libro, ecc.*) **to be a r. of**, rispecchiare.

reflex ['ri:fleks], **A** *n.* **1** riflesso (*anche fig.*): **Their glory is but a r. of ours**, la loro gloria non è che un riflesso della nostra **2** immagine riflessa (*in uno specchio, ecc.*) **3** (*fig.*) conseguenza; risultato; cosa che rispecchia: **Legislation should be the r. of public opinion**, le leggi dovrebbero rispecchiare l'opinione pubblica **4** (*fisiologia*) riflesso: **The patient's reflexes were normal**, i riflessi del paziente erano normali **5** (*fig.*) reazione automatica (*non cosciente né voluta*). **B** *a.* (*fis., fisiologia*) riflesso: **r. light**, luce riflessa; **r. actions**, atti riflessi. ● (*geom.*) **r. angle**, angolo concavo □ (*fotogr.*) **r. camera**, reflex; macchina fotografica reflex □ **r. influence**, un influsso che si ripercuote (*su chi ne è l'origine*) □ **a r. thought**, un pensiero introspettivo □ **to have quick reflexes**, avere i riflessi pronti; essere pronto di riflesso.

reflexed [ri'flekst], *a.* (*bot.*) riflesso; ricurvo.

reflexibility [riˌfleksə'biliti], *n.* (*fis.*) riflessibilità.

reflexible [ri'fleksəbl], *a.* (*fis.*) riflessibile.

reflexion [ri'flekʃən], *V.* **reflection**.

reflexive [ri'fleksiv], (*gramm.*) **A** *a.* riflessivo: **a r. pronoun (verb)**, un pronome (un verbo) riflessivo. **B** *n.* pronome (*o* verbo) riflessivo.

to refloat [ri:'flout], **A** *v. t.* **1** (*naut.*) disincagliare (*una nave*); ricuperare, rimettere a galla (*una nave affondata*) **2** (*econ.*) rilanciare (*un prestito, ecc.*). **B** *v. i.* (*naut.*) tornare a galla; galleggiare di nuovo.

to reflow [ri:'flou], *v. i.* rifluire.

reflow ['ri:flou], *n.* riflusso.

refluence ['refluəns], *n.* riflusso; il rifluire.

refluent ['refluənt], *a.* che rifluisce; in riflusso; refluo (*lett.*): **r. tide**, marea in riflusso.

reflux ['ri:flʌks], *n.* (*anche chim.*) riflusso.

refolding [ˌri:'fouldiŋ], *n.* (*geol.*) ripiegamento.

to reforest [ri:'forist], *v. t.* rimboschire, rimboscare.

reforestation [ˌri:foris'teiʃən], *n.* rimboschimento, rimboscamento.

to reform (1) [ri'fo:m], **A** *v. t.* **1** riformare; correggere; emendare; migliorare **2** eliminare; reprimere: **to r. abuses**, reprimere gli abusi. **B** *v. i.* (*anche, v. rifl.*, **to reform oneself**) correggersi; emendarsi; migliorare.

reform [ri'fo:m], *n.* **1** riforma: **Students and workers were demonstrating for social r.**, studenti e lavoratori facevano dimostrazioni per le riforme sociali **2** l'emendarsi; emendamento; miglioramento. ● (*stor.*) **the R. Bill**, la legge della riforma elettorale del 1832 (*in G.B.*) □ **r. school**, riformatorio; casa di correzione.

to re(-)form (2) ['ri:'fo:m], **A** *v. t.* riformare; formare di nuovo; ricostituire: (*econ.*) **to r. a trust**, ricostituire un trust. **B** *v. i.* **1** riformarsi; formarsi di nuovo; ricostituirsi **2** (*mil.*) rimettersi in formazione (serrata); serrare i ranghi.

reformable [ri'fo:məbl], *a.* riformabile; correggibile; emendabile.

reformate [ri'fo:meit], *n.* (*chim., ind.*) prodotto di reforming.

reformation (1) [ˌrefə'meiʃən], *n.* **1** riforma **2** l'emendarsi; emendamento; miglioramento **3** – (*stor., relig.*) **the R.**, la Riforma.

re(-)formation (2) ['ri:fo:'meiʃən], *n.* riformazione; nuova formazione.

reformational [ˌrefə'meiʃənəl], *a.* di riforma; riformatore.

reformative [ri'fo:mətiv], *a.* riformativo.

reformatory [ri'fo:mətəri], **A** *n.* riformatorio; casa di correzione. **B** *a.* riformativo; riformatore.

reformed [ri'fo:md], *a.* **1** riformato **2** emendato; migliorato; tornato sulla retta via **3** (*chim., ind.*) di reforming: **r. petrol**, benzina di reforming. ● (*relig.*) **the R. Church**, la Chiesa Protestante; (*specialm.*) la Chiesa Calvinista.

reformer [ri'fo:mə*], *n.* **1** riformatore, riformatrice **2** (*stor., relig.*) uno dei capi della Riforma **3** (*stor.*) fautore del «Reform Bill» (*V. sotto* **reform**).

reforming [ri'fo:miŋ], *n.* **1** il riformare, ecc. (*V.* **to reform**) **2** (*chim., ind.*) reforming.

reformism [ri'fo:mizəm], *n.* (*polit., ecc.*) riformismo.

reformist [ri'fo:mist], (*polit.*) **A** *n.* riformista. **B** *a.* riformistico.

to refract [ri'frækt], *v. t.* (*fis.*) **1** rinfrangere; far deviare (*raggi di luce, ecc.*): **refracted light**, luce rifratta; **refracted ray**, raggio rifratto **2** misurare il grado di rifrazione di (*una lente, ecc.*).

refracting [ri'fræktiŋ], *a.* (*fis.*) rifrangente. ● **r. telescope**, telescopio rifrattore (*o* diottrico).
refraction [ri'frækʃən], *n.* (*fis.*) rifrazione: **atmospheric r.**, rifrazione atmosferica. ● (*elettr.*) **r. loss**, perdita per rifrazione.
refractional [ri'frækʃənl], *a.* di (*o* concernente la) rifrazione.
refractive [ri'fræktiv], *a.* (*fis.*) **1** rifrangente **2** di rifrazione; concernente la rifrazione: **r. index**, indice di rifrazione.
refractivity [ˌrifræk'tiviti], *n.* (*elettr.*) rifrattività; rifrangenza.
refractor [ri'fræktə*], *n.* (*fis.*) rifrattore. ● **r. telescope**, *V.* **refracting telescope**.
refractoriness [ri'fræktərinis], *n.* **1** (*fis., med.*) refrattarietà **2** (*fig.*) indocilità; ostinazione; caparbietà.
refractory [ri'fræktəri], **A** *a.* **1** (*fis., med.*) refrattario: **r. lining**, rivestimento refrattario **2** (*fig.*) indocile; ostinato; caparbio. **B** *n.* **1** (*fis.*) refrattarietà **2** (*ind.*) materiale refrattario. ● (*costr.*) **r. cement**, cemento refrattario.
refrain [ri'frein], *n.* **1** (*mus.*) ritornello; refrain **2** (*poesia*) ripresa **3** (*fig.*) cosa (*o* frase) ripetuta. ● (*fig.*) **It's always the same old r.!**, è sempre la stessa musica!
to refrain [ri'frein], *v. i.* frenarsi; trattenersi; astenersi: **I refrained from answering**, mi trattenni dal rispondere.
refrangibility [riˌfrændʒi'biliti], *n.* (*fis.*) rifrangibilità.
refrangible [ri'frændʒibl], *a.* (*fis.*) rifrangibile.
to refresh [ri'freʃ], **A** *v. t.* **1** rinfrescare; ristorare; rianimare; rinvigorire: **Rest refreshes the body and the mind**, il riposo ristora il corpo e la mente; **Let me r. your memory of what happened**, lascia che ti rinfreschi la memoria su quel che accadde! **2** riformire; rinnovare; ricaricare; riattivare: **to r. the fire**, riattivare il fuoco; **to r. an electric battery**, ricaricare una batteria elettrica **3** (*raro*) rinfrescare; far ritornare fresco. **B** *v. i.* (*anche, v. rifl.,* **to refresh oneself**) rinfrescarsi; rifocillarsi; ristorarsi; rianimarsi: **to r. oneself with a cold shower**, rinfrescarsi con una doccia fredda.
refresher [ri'freʃə*], *n.* **1** (*leg.*) parcella supplementare (*in una causa lunga*) **2** (*fam.*) bibita. ● **r. course**, corso di aggiornamento.
refreshing [ri'freʃiŋ], *a.* **1** rinfrescante; ristoratore; che rianima: **a r. drink**, una bibita rinfrescante; **r. sleep**, sonno ristoratore **2** gradevole; piacevole: **a r. informality**, una piacevole mancanza di cerimonie. ● **a r. breeze**, una brezza che dà refrigerio.
refreshment [ri'freʃmənt], *n.* **1** rinfresco; ristoro; riposo; sollievo **2** spuntino. ● (*ferr.*) **r.-car**, carrozza ristorante **2** «Refreshments provided», «saranno offerti rinfreschi» (*scritto su un invito, ecc.*) □ (*ferr.*) **r.-room**, buffet; posto di ristoro.
refrigerant [ri'fridʒərənt], **A** *a.* **1** refrigerante; fluido frigorigeno **2** (*farm.*) antifebbrile. **B** *n.* **1** sostanza (*o* miscela) refrigerante **2** (*farm.*) medicamento antifebbrile.
to refrigerate [ri'fridʒəreit], *v. t.* refrigerare; raffreddare; mettere (q.c.) in frigorifero.
refrigerated [ri'fridʒəreitid], *a.* refrigerato. ● **r. lorry** (*USA* **truck**), autocarro refrigerato.
refrigeration [riˌfridʒə'reiʃən], *n.* refrigerazione. ● **r. industry**, industria del freddo.
refrigerative [ri'fridʒərətiv], *a.* refrigerativo; refrigerante.
refrigerator [ri'fridʒəreitə*], *n.* refrigeratore; (*armadio*) frigorifero; cella frigorifera. ● (*ferr.*) **r. car**, carro frigorifero, vagone frigorifero □ **r. van**, autocarro frigorifero.
refrigeratory [ri'fridʒərətəri], *a. e n.* refrigerante.
reft [reft], **A** *pass.* e *p. p.* di **reave**. **B** *a.* (*lett.*) – **r. of**, privo di; privato di (*più comune* **beref**t).
to refuel ['ri:'fjuəl], (*autom., aeron., naut.*) **A** *v. t.* rifornire di carburante. **B** *v. i.* rifornirsi di carburante; fare rifornimento.
refuelling ['ri:'fjuəliŋ], *n.* (*autom., aeron., naut.*) rifornimento (*di carburante*).
refuge ['refju:dʒ], *n.* **1** rifugio (*anche fig.*); asilo; ricovero: **to take r.**, trovare rifugio; rifugiarsi; **to seek r.**, cercare rifugio **2** (*anche* **street-r.**) salvagente (*stradale*). ● (*fig.*) **to take r. in silence**, rifugiarsi nel silenzio □ **He took r. in lying**, ricorse a una bugia.
refugee [ˌrefju:'dʒi:], *n.* rifugiato (*specialm. politico*): esule; profugo. ● **a r. camp**, un campo di profughi □ (*econ.*) **r. capitals**, capitali vaganti □ **r. government**, governo in esilio.
refulgence [ri'fʌldʒəns], **refulgency** [ri'fʌldʒənsi], *n.* (*lett.*) fulgore; splendore.
refulgent [ri'fʌldʒənt], *a.* (*lett.*) rifulgente; fulgido; splendente.
to refund [ri:'fʌnd], **A** *v. t.* rimborsare; restituire; rifondere; risarcire: **to r. expenses**, rimborsare le spese; **to r. a person**, risarcire una persona. **B** *v. i.* fare un rimborso.
refund ['ri:fʌnd], **refundment** [ri'fʌndmənt], *n.* rimborso; restituzione; risarcimento; rifusione (*delle spese, dei danni, ecc.*).
to refurbish ['ri:'fə:biʃ], *v. t.* mettere a nuovo.
to refurnish ['ri:'fə:niʃ], *v. t.* **1** rifornire; provvedere di nuovo **2** riammobiliare; ammobiliare di nuovo.
refusable [ri'fju:zəbl], *a.* rifiutabile; ricusabile.
refusal [ri'fju:zəl], *n.* **1** rifiuto; diniego: **to meet with a r.**, ricevere un rifiuto **2** (*comm., di solito* **first r.**) opzione; diritto d'opzione; scelta: **to give sb. the first r.**, dare a q. il diritto d'opzione. ● **to take no r.**, non accettare un rifiuto; insistere; essere insistente.
to refuse (1) [ri'fju:z], **A** *v. t.* **1** rifiutare (*in ogni senso*); ricusare; respingere: **He refused me satisfaction**, rifiutò di (*o* non volle) darmi soddisfazione; **He refused my request**, respinse la mia richiesta **2** rifiutare di sposare (q.). **B** *v. i.* rifiutare; rifiutarsi; dire di no; (*nei giochi di carte*) non rispondere a colore). ● **to r. compliance**, rifiutare di aderire a una richiesta (*o* di attenersi alle istruzioni) □ **to r. obedience**, rifiutarsi di obbedire □ **to r. orders**, non accettare ordini □ **I have never been refused**, non ho mai avuto un rifiuto.
refuse ['refju:s], **A** *n.* **1** scarto; rifiuti; avanzi **2** immondizia; spazzatura; rifiuti. **B** *a.* di scarto; di rifiuto. ● **r. collector**, netturbino; spazzino □ **r. dump**, luogo di scarico di rifiuti; discarica.
to re-fuse (2) ['ri:'fju:z], *v. t.* rifondere; fondere di nuovo.
refuser [ri'fju:zə*], *n.* **1** chi rifiuta **2** (*sport*) cavallo che rifiuta l'ostacolo.
refutable ['refjutəbl], *a.* confutabile.
refutal [ri'fju:təl], **refutation** [ˌrefju:'teiʃən], *n.* confutazione.
to refute [ri'fju:t], *v. t.* confutare; dimostrare (q.c.) falso: **to r. a charge (a testimony, etc.)**, confutare un'accusa (una testimonianza, ecc.).
to regain [ri'gein], *v. t.* riguadagnare; riacquistare; ricuperare; riprendere; raggiungere di nuovo: **to r. health**, riacquistare la salute; **to r. consciousness**, riprendere coscienza; tornare in sé. ● **to r. one's footing** (*o* **feet**), rimettersi in piedi (*dopo una caduta* e *fig.*) □ (*leg.*) **to r. possession of st.**, tornare in possesso di q.c.
regal ['ri:gəl], *a.* regio; regale; reale.
to regale [ri'geil], **A** *v. t.* **1** intrattenere piacevolmente (q., specialm. conversando) **2** deliziare; dilettare. **B** *v. i.* (*anche, v. rifl.,* **to regale oneself**) deliziarsi; dilettarsi. ● **to r. oneself on choice food**, mangiare cibi prelibati; trattarsi bene.
regalia [ri'geiljə], *n. pl.* **1** insegne regie **2** insegne; decorazioni; distintivi: **the mayor in his full r.**, il sindaco con tutte le insegne della sua carica **3** abiti da cerimonia **4** (*stor.*) prerogative del sovrano.
regalism ['ri:gəlizəm], *n.* (*polit.*) teoria della supremazia del sovrano anche in fatto di religione.
regality [ri'gæliti], *n.* **1** regalità; sovranità **2** prerogativa del sovrano **3** (*raro*) regno; monarchia.
to regard [ri'ga:d], *v. t.* **1** riguardare; guardare; osservare; considerare; giudicare; concernere: **What you say does not r. our problem at all**, quello che dici non riguarda affatto il nostro problema (*o* è del tutto irrilevante); **They r. him as a brave soldier**, lo considerano un soldato valoroso **2** tenere in considerazione; stimare; apprezzare: **I still r. them highly**, li stimo ancora molto **3** (*specialm. nelle frasi neg. e interr.*) prestare attenzione a; prendere in considerazione; tener conto di: **He does not r. my suggestions**, non prende in considerazione i miei suggerimenti. ● **to r. sb. kindly**, aver caro q.; voler bene a q. □ **regarding**, riguardo a; quanto a; intorno a; su: **considerations regarding peace**, considerazioni sulla pace □ **as regards**, per quanto riguarda; riguardo a; in quanto a.
regard [ri'ga:d], *n.* **1** riguardo; attenzione; considerazione; cura; rispetto; stima: **He has no r. for other people's wishes**, non ha riguardo per i desideri degli altri; **They hold you in high r.**, hanno molta stima di te **2** (*pl.*) saluti; complimenti; ossequi: **Please give my kind regards to Your mother**, La prego di porgere i miei ossequi a Sua madre **3** sguardo; sguardo attento; occhiata. ● **in this r.**, a questo riguardo; a questo proposito □ **in r. to** (*o* **with r. to**), riguardo a; in quanto a □ **a man of great r.**, un uomo di riguardo □ **a man of small r.**, un uomo da poco (*o* tenuto in scarsa considerazione) □ **out of r. for**, per riguardo a; per rispetto di □ **without r. to**, senza prendere in considerazione; senza tener conto di; a prescindere da.
regardant [ri'ga:dənt], *a.* (*araldica*) volto a guardare indietro; col viso di profilo.
regardful [ri'ga:dful], *a.* riguardoso; attento; rispettoso.
regardfulness [ri'ga:dfulnis], *n.* l'essere riguardoso; riguardo; attenzione; rispetto.
regardless [ri'ga:dlis], **A** *a.* incurante; indifferente; negligente; noncurante; sbadato. **B** *avv.* malgrado tutto; senza badare alle difficoltà (ai pericoli, ecc.): **to continue the talks r.**, continuare le trattative malgrado tutto. ● (*fam.*) **r. of**, a dispetto di; nonostante: **She loves him, r. of his faults**, ella lo ama, a dispetto dei suoi difetti □ **to be r. of**, non curarsi di; non badare a: **He is r. of expenses**, non bada a spese □ **She was dressed r. of expenses** (*pop.*: **She was got up r.**), vestiva senza badare a spese.
regardlessness [ri'ga:dlisnis], *n.* indifferenza; noncuranza, sbadataggine.
regatta [ri'gætə], *n.* (*sport*) regata: **yachting r.**, regata di panfili.
to regelate ['ri:dʒəleit], *v. i.* rigelare; gelare di nuovo (*V.*

regelation

regelation).
regelation [ˌriːdʒəˈleɪʃən], n. rigelo (del ghiaccio, dopo temporanea fusione dovuta all'aumento di pressione).
regency [ˈriːdʒənsɪ], A n. (polit.) reggenza. B a. attr. (di mobili, ecc.) in stile reggenza. ● (stor.) **the R.**, il periodo della Reggenza (in G.B.: 1810-1820; in Francia: 1715-1723) □ **the R. style**, lo stile d'arredamento sorto in Francia tra il 1715 e il 1723 (o in G.B. fra il 1810 e il 1830).
to **regenerate** [rɪˈdʒɛnəreɪt], A v. t. 1 rigenerare (anche fig.); riprodurre; recuperare; riacquistare: **He must** r. **his self-respect**, deve riacquistare il rispetto di se stesso 2 rigenerare spiritualmente; emendare; redimere 3 (chim., ind., elettron.) rigenerare: **regenerated cellulose**, cellulosa rigenerata. B v. i. 1 rigenerarsi; riprodursi: **Cancer regenerates after extraction**, il cancro, anche estirpato, si riproduce 2 rinascere spiritualmente; rigenerarsi; emendarsi; redimersi.
regenerate [rɪˈdʒɛnərɪt], a. rigenerato; rinato a nuova vita (fig.).
regeneration [rɪˌdʒɛnəˈreɪʃən], n. rigenerazione (anche biol., fis. nucl., elettron., ind.); ricupero.
regenerative [rɪˈdʒɛnərətɪv], a. 1 rigenerativo 2 (ind.) a ricupero: r. **furnace**, forno a ricupero (del calore). ● (mecc.) r. **pump**, turbopompa □ (fis. nucl.) r. **reactor**, reattore rigeneratore.
regenerator [rɪˈdʒɛnəreɪtə*], n. 1 rigeneratore (anche fig.) 2 (ind.) preriscaldatore a ricupero; ricuperatore di calore.
regent [ˈriːdʒənt], A n. 1 (polit.) reggente; principe reggente 2 (USA) membro del consiglio d'amministrazione d'una università. B a. (posposto al sost.) reggente: **the Prince R.**, il Principe Reggente (di G.B.).
to **regerminate** [ˈriːdʒəmɪneɪt], v. i. rigerminare.
regermination [riːˌdʒəmɪˈneɪʃən], n. rigerminazione.
reggae [ˈrɛgeɪ], n. (mus.) reggae (musica popolare delle Indie Occidentali).
regicidal [ˌrɛdʒɪˈsaɪdl], a. regicida.
regicide [ˈrɛdʒɪsaɪd], n. 1 regicida 2 regicidio.
to **regild** [riːˈgɪld], v. t. ridorare; dorare di nuovo.
régime, regime [reɪˈʒiːm] (franc.), n. 1 (polit.) regime; sistema politico (o sociale) 2 (med.) regime; dieta: **a strict r. of diet**, un rigido regime dietetico; una dieta stretta.
regimen [ˈrɛdʒɪmɛn], n. 1 (med.) regime (di vita, igienico); dieta: **a strict r.**, una dieta stretta 2 (idrologia) regime 3 (raro, polit.) regime 4 (raro, gramm.) reggenza (di un verbo, ecc.).
regiment [ˈrɛdʒɪmənt], n. 1 (mil.) reggimento 2 (fig.) reggimento; moltitudine; gran numero.
to **regiment** [ˈrɛdʒɪment], v. t. (mil. e fig.) irreggimentare.
regimental [ˌrɛdʒɪˈmɛntl], a. (mil.) reggimentale.
regimentals [ˌrɛdʒɪˈmɛntlz], n. pl. (mil.) 1 uniforme (o mostrine) del reggimento 2 uniforme; divisa militare (in genere).
regimentation [ˌrɛdʒɪmɛnˈteɪʃən], n. irreggimentazione.
Regina [rɪˈdʒaɪnə] (lat.), n. 1 Regina (nome proprio) 2 (titolo: pl. **Reginae**) Regina: **Elizabeth R.**, Elisabetta Regina 3 (leg.) (la) Corona; lo Stato (nelle cause contro privati cittadini britannici).
Reginald [ˈrɛdʒɪnld], n. Reginaldo.
region [ˈriːdʒən], n. 1 regione; contrada; zona: **a fertile r.**, una regione fertile; (anat.) **the lumbar r.**, la regione lombare 2 (fig.) campo; sfera: **in the r. of higher mathematics**, nel campo della matematica superiore. ● **the r. beyond the grave**, l'oltretomba □ (seguito da una cifra tonda) **in the r. of**, circa; all'incirca □ **the lower regions**, gl'inferi; il regno dei morti □ **the upper regions**, il cielo; il paradiso.
regional [ˈriːdʒənl], a. regionale; zonale: r. **policy**, politica regionale. ● (scient.) r. **anatomy**, anatomia topografica.
regionalism [ˈriːdʒənəlɪzəm], n. regionalismo.
regionalist [ˈriːdʒənəlɪst], A n. regionalista. B a. attr. regionalistico.
regionalistic [ˌriːdʒənəˈlɪstɪk], a. regionalistico.
to **regionalize** [ˈriːdʒənəlaɪz], v. t. regionalizzare.
register [ˈrɛdʒɪstə*], n. 1 (rag.) registro; libro contabile: **the r. of births**, il registro delle nascite; **Lloyd's r.**, il registro del Lloyd di Londra 2 (mus.) registro; estensione della voce (di cantante) 3 (mecc.) registro; registro del tiraggio, valvola di regolazione (di stufa, ecc.) 4 (linguistica) registro 5 (polit., anche **electoral r.**) lista elettorale. ● (fotogr.) r. **glass**, pressapellicole □ r. **of voters**, lista elettorale □ r. **office**, ufficio dello Stato Civile; anagrafe □ (naut.) r. **tonnage**, tonnellaggio di registro (o di stazza) □ **cash r.**, registratore di cassa.
to **register** [ˈrɛdʒɪstə*], A v. t. 1 registrare; iscrivere; immatricolare: **to r. one's car**, immatricolare l'automobile; (leg.) **to r. a deed**, registrare un atto 2 segnare; indicare; registrare: **The thermometer registered 40 °C.**, il termometro segnava 40 °C 3 (fig.) dimostrare; mostrare; indicare: **John's attitude registered uncontrollable fear**, l'atteggiamento di Giovanni mostrava una paura incontrollabile 4 raccomandare (una lettera) 5 spedire (lettere, pacchi, bagaglio) assicurato 6 (leg.) registrare, depositare (un brevetto, un marchio di fabbrica). B v. i. 1 firmare un registro (specialm. all'arrivo in un albergo) 2 iscriversi (all'università, ecc.) 3 (polit.) iscriversi nelle liste elettorali 4 (fam.) fare effetto; fare impressione; colpire (fig.). ● (leg.) **to r. a law**, trascrivere una legge.
registered [ˈrɛdʒɪstəd], a. 1 registrato; immatricolato 2 (di lettera, ecc.) raccomandato: r. **parcels**, pacchi raccomandati 3 (fin.: di titoli, ecc.) nominativo: r. **shares**, azioni nominative 4 (leg.) registrato; depositato: r. **trademark**, marchio depositato (o registrato). ● (fin., leg.) r. **holder**, intestatario (di titoli ecc.) □ (USA) r. **nurse**, infermiera abilitata □ (fin.) r. **office**, sede legale (di una società) □ (naut.) r. **tonnage**, tonnellaggio di registro (o di stazza).
registrable [ˈrɛdʒɪstrəbl], a. registrabile.
registrant [ˈrɛdʒɪstrənt], n. 1 chi registra 2 chi deposita (un brevetto).
registrar [ˌrɛdʒɪsˈtrɑː*], n. 1 segretario; archivista (leg.); cancelliere 2 ufficiale di Stato Civile (o dell'anagrafe) 3 (ingl.) medico (o chirurgo) ospedaliero 4 (USA) conservatore del registro delle obbligazioni (di un'azienda).
registrarship [ˈrɛdʒɪstrɑːʃɪp], n. 1 ufficio di segretario (o archivista, cancelliere) 2 funzioni di ufficiale di Stato Civile.
registrary [ˈrɛdʒɪstrərɪ], n. segretario o archivista dell'università di Cambridge.
registration [ˌrɛdʒɪsˈtreɪʃən], n. 1 registrazione; iscrizione; immatricolazione (di automobili, ecc.) 2 (di lettere) raccomandazione 3 (leg.) registrazione, deposito (di brevetti, marchi di fabbrica). ● (autom.) r. **book**, libretto di circolazione □ r. **fee**, tassa per (lettera) raccomandata □ (autom.) r. **number**, numero d'immatricolazione (o di targa).
registry [ˈrɛdʒɪstrɪ], n. 1 (anche r. **office**) ufficio di Stato Civile; anagrafe 2 (anche **servant's r. office**) ufficio di collocamento (per domestici) 3 registrazione; iscrizione; immatricolazione. ● **land r.**, (ufficio del) catasto □ **to be married at a r. office**, sposarsi civilmente; sposarsi in municipio (o in Comune).
Regius [ˈriːdʒəs], a. (di professore) regio: R. **Professor of Latin**, regio professore di latino (nelle università di Oxford e Cambridge).
regnal [ˈrɛgnl], a. di regno; dell'inizio di un regno: r. **day**, anniversario del regno; r. **year**, anno dell'inizio del regno.
regnant [ˈrɛgnənt], a. 1 regnante: **Queen r.**, la regina regnante (non la consorte del re) 2 (fig.) predominante; prevalente: **the r. fashion**, la moda prevalente.
regolith [ˈrɛgəlɪθ], n. (geol.) regolite.
to **regorge** [riːˈgɔːdʒ], A v. t. rigettare; vomitare. B v. i. sgorgare di nuovo; rifluire; rigurgitare.
to **regrate** [riːˈgreɪt], v. t. accaparrare, incettare (specialm. generi alimentari).
regrater, regrator [rɪˈgreɪtə*], n. accaparratore, accaparratrice; incettatore, incettatrice.
regress [ˈriːgrɛs], n. regresso; declino; retrocessione.
to **regress** [rɪˈgrɛs], v. i. regredire (anche psic.); declinare; retrocedere.
regression [rɪˈgrɛʃən], n. (psic., stat., ecc.) regressione; regresso; retrocessione.
regressive [rɪˈgrɛsɪv], a. (psic.) regressivo.
regressiveness [rɪˈgrɛsɪvnɪs], n. (psic.) regressività.
to **regret** [rɪˈgrɛt], v. t. deplorare; dolersi di; rimpiangere; piangere; rammaricarsi di; pentirsi di; dolere, dispiacere, rincrescere (impers.): **I r. being unable (o my inability) to attend the meeting (o that I cannot attend the meeting)**, mi duole (o mi rincresce, mi rammarico) di non poter presenziare alla riunione; **It is to be regretted that...**, è da deplorarsi (o è deplorevole) che...; **to r. the loss of a friend**, piangere la perdita di un amico. ● **I r. to say**, dispiace doverlo dire □ **to die regretted by all**, lasciare un gran rimpianto dietro di sé (dopo la morte).
regret [rɪˈgrɛt], n. rammarico; rincrescimento; rimpianto; dispiacere: **He has no regrets**, non ha rimpianti; **to express r. for st.**, esprimere il proprio rammarico per q.c. ● **to send one's regrets**, scusarsi per iscritto di non potere accettare un invito □ (su un biglietto d'invito) «**Regrets only**», «Si prega di rispondere soltanto in caso d'impossibilità d'intervenire» □ **Please accept my regrets**, voglia (o La prego di) accettare le mie scuse.
regretful [rɪˈgrɛtful], a. 1 addolorato; dolente; spiacente 2 pieno di rammarico (o di rimpianto). ● r. **tears**, lacrime di rammarico.
regrettable [rɪˈgrɛtəbl], a. deplorevole; increscioso; spiacevole.
regrettably [rɪˈgrɛtəblɪ], avv. 1 spiacevolmente; in modo deplorevole 2 purtroppo; malauguratamente.
to **regroup** [riːˈgruːp], v. t. e i. 1 raggruppare; radunare; riunire di nuovo 2 riorganizzare (specialm. truppe, prima di una nuova offensiva, ecc.).
regulable [ˈrɛgjʊləbl], a. regolabile.

regular ['regjulə*], A a. 1 regolare (*in ogni senso*); normale; ordinario; regolato: **r. crystals**, cristalli regolari; **a r. polygon**, un poligono regolare; **r. pulse**, polso regolare; **r. army**, esercito regolare; **r. clergy**, clero regolare; **a r. attitude**, un atteggiamento normale; **to lead a r. life**, condurre una vita regolare 2 fisso; solito; usuale: **r. habits**, abitudini fisse; **a r. income**, un reddito fisso (*o* sicuro); **a r. customer**, un cliente fisso (*o* abituale); **He sat in his r. place**, era seduto al suo solito posto 3 autentico; qualificato; con le carte in regola: **a r. butler**, un maggiordomo con le carte in regola 4 (*fam.*) completo; perfetto; bell'e buono; matricolato: **a r. humbug**, un perfetto cialtrone; **a r. scoundrel**, un furfante matricolato 5 (*autom.*: *di benzina*) normale 6 (*specialm. USA*: *di taglia, misura, ecc.*) normale. B *n.* 1 soldato dell'esercito regolare 2 (*relig.*) chierico regolare; religioso di un ordine monastico 3 (*fam.*) cliente abituale. ● **r. people**, gente che fa una vita regolare, ordinata; gente quieta, gente per bene □ **a r. soldier**, un soldato dell'esercito regolare □ **r. stop**, fermata obbligatoria (*di mezzo pubblico*) □ **r. work**, lavoro fisso (*o* stabile) □ **as r. as clockwork**, regolare (*o* preciso, puntuale) come un orologio □ **to keep r. hours**, stare all'orario, rispettare un orario regolare (*andare al lavoro, tornare a casa, andar a letto, ecc. sempre alle stesse ore*) □ **on the r. staff**, in pianta stabile, effettivo (*rif. a personale*).
regularity [,regju'læriti], *n.* regolarità.
regularization [,regjulərai'zeiʃən], *n.* regolarizzazione.
to regularize ['regjuləraiz], *v. t.* rendere regolare; regolarizzare: **to r. the position**, regolarizzare la situazione; (*di due amanti*) sposarsi.
regularly ['regjuləli], *avv.* 1 regolarmente; con regolarità 2 usualmente; abitualmente 3 in modo regolare. ● (*del naso, mento, ecc.*) **r. shaped**, di forma regolare; regolare.
to regulate ['regjuleit], *v. t.* 1 regolare; moderare; ordinare: **to r. one's habits**, regolare le proprie abitudini; **to r. the pressure of the tyres**, regolare la pressione delle gomme; **to r. a watch**, regolare un orologio 2 regimare (*un corso d'acqua*).
regulating ['regjuleitiŋ], *a.* (*tecn.*) di regola; di regolazione: (*elettr.*) **r. transformer**, trasformatore di regolazione. ● (*idraulica*) **r. reservoir**, bacino compensatore □ (*mil.*) **r. station**, stazione di controllo.
regulation [,regju'leiʃən], A *n.* 1 disposizione; ordinamento; regolamentazione (*bur.*): **the excessive r. of business**, l'eccessiva regolamentazione degli affari 2 (*tecn.*) regolazione 3 regolamento; regola: **New regulations have been enacted**, sono stati adottati nuovi regolamenti 4 regimazione (*di un corso d'acqua*). B *a. attr.* 1 conforme a regolamento; consentito; regolamentare (*bur.*): **a r. uniform**, una divisa regolamentare; **r. dress**, abito prescritto (*adatto alla circostanza*); **to exceed the r. speed**, superare la velocità consentita 2 regolare; normale; consueto; vero e proprio: **a r. sword**, una spada regolare; **the r. mourning**, il lutto normale. ● (*leg.*) **the regulations in force**, le vigenti disposizioni □ (*autom.*) **at r. speed**, alla velocità consentita (*dai regolamenti*).
regulative ['regjulətiv], *a.* che regola; che tende a regolare.
regulator ['regjuleitə*], *n.* 1 chi regola; moderatore 2 (*tecn.*) regolatore 3 (*autom., mecc.*) correttore (*di frenata, ecc.*). ● (*d'orologio*) **r. pin**, copiglia di regolazione.
regulus ['regjuləs], *n.* (*pl.* **reguluses, reguli**) (*metall.*; *zool., Regulus*) regolo.
Regulus ['regjuləs], *n.* (*stor., astron.*) Regolo.
to regurgitate [ri'gə:dʒiteit], A *v. i.* rigurgitare. B *v. t.* 1 rigettare; ributtare 2 (*fig.*) ripetere pedissequamente.
regurgitation [ri,gə:dʒi'teiʃən], *n.* (*med.*) rigurgito.
to rehabilitate [,ri:ə'biliteit], *v. t.* 1 (*leg.*) riabilitare; reintegrare (q.) in un ufficio (*o* in una carica, ecc.) 2 (*anche med.*) riabilitare; rieducare 3 restaurare (*una casa*).
rehabilitation ['ri:ə,bili'teiʃən], *n.* 1 (*leg.*) riabilitazione 2 restauro, ripristino (*di un edificio*) 3 (*anche med.*) riabilitazione, rieducazione.
to rehandle ['ri:'hændl], *v. t.* rimaneggiare; maneggiare di nuovo.
to rehash ['ri:'hæʃ], *v. t.* rifare; rimaneggiare; rifriggere, rimasticare (*fig.*).
rehash ['ri:'hæʃ], *n.* rifacimento; rimaneggiamento.
to rehear ['ri:'hiə*], (*pass. e p. p.* **reheard**), *v. t.* 1 riudire; udire di nuovo 2 (*leg.*) riesaminare, giudicare di nuovo (*una causa*).
rehearing ['ri:'hiəriŋ], *n.* (*leg.*) riesame (*di una causa*); nuova udienza. ● **the r. of a trial**, la revisione d'un processo.
rehearsal [ri'hə:səl], *n.* 1 (*teatr., cinem.*) prova: **to attend rehearsals**, assistere alle prove; **dress r.**, prova generale 2 narrazione; enumerazione; ripetizione: **r. of one's troubles**, l'enumerazione dei propri guai.
to rehearse [ri'hə:s], *v. t. e i.* 1 (*teatr., cinem.*) provare (*un dramma, ecc.*) fare le prove 2 narrare; enumerare; ripetere per esteso 3 far prove di fare le prove a (q.).
to reheat [ri:'hi:t], *v. t.* riscaldare (*avanzi, ecc.*).

to rehouse [ri:'hauz], *v. t.* provvedere di un alloggio nuovo (*specialm. inquilini di case demolite, espropriate*); rialloggiare.
reification [,ri:ifi'keiʃən], *n.* (*filos.*) reificazione.
to reify ['ri:ifai], *v. t.* (*filos.*) reificare.
reign [rein], *n.* (*anche fig.*) regno: **Queen Victoria's r. was a glorious one**, il regno della regina Vittoria fu glorioso; **the R. of Terror**, il regno del Terrore (*in Francia e fig.*); **the r. of law**, il regno della legge; **in the r. of King Alfred**, sotto il regno di Re Alfredo.
to reign [rein], *v. i.* regnare (*anche fig.*); dominare, predominare: **A complete silence reigned in the castle**, il silenzio assoluto regnava nel castello. ● **the reigning Queen**, l'attuale regina.
to reignite [ri:ig'nait], *v. t.* riaccendere.
to reillusion [,ri:i'lu:ʒən], *v. t.* credere di nuovo in (q.c.); tornare a credere in (q.c.).
reimbursable [,ri:im'bə:səbl], *a.* rimborsabile; risarcibile.
to reimburse [,ri:im'bə:s], *v. t.* rimborsare; rifondere; risarcire.
reimbursement ['ri:im'bə:smənt], *n.* rimborso; risarcimento.
to reimport ['ri:im'pɔ:t], *v. t.* (*comm.*) reimportare; importare di nuovo.
reimport ['ri:impɔ:t], **reimportation** ['ri:,impɔ:'teiʃən], *n.* (*comm.*) 1 reimportazione 2 merce reimportata.
to reimpose ['ri:im'pouz], *v. t.* 1 imporre di nuovo 2 (*raro, tipogr.*) ristampare.
reimposition ['ri:impɔ'ziʃən], *n.* 1 nuova imposizione 2 (*raro, tipogr.*) ristampa.
rein [rein], *n.* redine (*anche fig.*); briglia: **a pair of reins**, un paio di redini; **to assume (to drop) the reins of government**, prendere (lasciare) le redini del governo. ● **to draw r.**, tirare le redini; (*fig.*) allentare lo sforzo, rallentare □ **to give a horse the r.** (*o* **reins**), dar la briglia al cavallo, allentargliela; lasciarlo andare dove vuole □ **to give free** (*o* **full**) **r. to one's exasperation** (**imagination**), sfogare la propria esasperazione (sbrigliare la fantasia) □ **to hold the reins**, tenere le redini; (*fig.*) avere il comando □ **to keep a tight r. on sb.**, tenere q. in briglia (*o* a freno) □ (*fig.*) **to take the reins**, prendere in mano le redini □ (*fig.*) **to throw the reins to sb.**, lasciare la briglia sul collo a q.
to rein [rein], *v. t.* 1 imbrigliare; mettere le redini a (*un cavallo*) 2 (*fig.*) frenare, tenere a freno. ● **to r. back**, fermare (*il cavallo*) tirando le redini □ **to r. in**, frenare (*il cavallo*); (*fig.*) frenare, tenere a freno (q. *o* q.c.) □ **to r. up** fermare (*il cavallo*) tirando le redini; (*fig.*) frenare, tenere a freno (q. *o* q.c.).
reincarnate ['ri:in'ka:nit], *a.* (*relig.*) reincarnato.
to reincarnate ['ri:in'ka:neit], *v. t.* (*relig.*) reincarnare.
reincarnation ['ri:inka:'neiʃən], *n.* (*relig.*) reincarnazione.
reindeer ['reindiə*], *n.* (*pl.* **reindeer, reindeers**) (*zool., Rangifer tarandus*) renna.
to reinforce [,ri:in'fɔ:s], *v. t.* 1 rinforzare; rafforzare; rinvigorire: **to r. the army**, rinforzare l'esercito; **to r. one's argument**, rinforzare l'argomento; **to r. one's health**, rinforzarsi la salute 2 (*costr.*) armare; fare l'armatura a; rinforzare 3 (*biol.*) rinforzare (*la risposta a uno stimolo*). ● (*costr.*) **reinforcing rod**, ferro d'armatura.
reinforce [,ri:in'fɔ:s], *n.* rinforzo; pezzo di rinforzo.
reinforceable [,ri:in'fɔ:səbl], *a.* rinforzabile; rafforzabile.
reinforced [,ri:in'fɔ:st], *a.* (*costr.*) 1 rinforzato: **r. beam**, trave rinforzata 2 armato: **r. concrete**, cemento armato; conglomerato cementizio armato.
reinforcement [,ri:in'fɔ:smənt], *n.* 1 rinforzamento; rafforzamento; rinforzo 2 (*costr.*) armatura: **r. bars**, ferri da armatura 3 (*pl., mil.*) rinforzi 4 (*med.*) **r. therapy**, terapia di rinforzo.
reinless ['reinlis], *a.* 1 senza redini 2 (*fig.*) sfrenato.
to reinstate ['ri:in'steit], *v. t.* reintegrare (q.) in un ufficio (*o* in una carica, ecc.); riabilitare; ripristinare.
reinstatement ['ri:in'steitmənt], *n.* reintegrazione; riabilitazione; ripristino.
reinsurance ['ri:in'ʃuərəns], *n.* (*ass.*) riassicurazione.
to reinsure ['ri:in'ʃuə*], *v. t.* (*ass.*) riassicurare.
to reinter ['ri:in'tə:*], *v. t.* riseppellire; risotterrare.
to reinvest ['ri:in'vest], A *v. t.* 1 (*fin.*) reinvestire, rimpiegare (*capitali*) 2 (*mil.*) investire di nuovo. B *v. i.* (*fin.*) fare un reinvestimento.
reinvestment ['ri:in'vestmənt], *n.* (*fin.*) reinvestimento; reimpiego (*di capitali*).
to reinvigorate ['ri:in'vigəreit], *v. t.* rinvigorire.
reinvigoration ['ri:in,vigə'reiʃən], *n.* rinvigorimento.
to reissue ['ri:'isju:], *v. t.* 1 (*anche fin.*) emettere di nuovo (*azioni, francobolli*) 2 ripubblicare, ristampare (*libri, ecc.*).
reissue ['ri:'isju:], *n.* 1 (*anche fin.*) nuova emissione (*di azioni, francobolli, ecc.*) 2 nuova edizione; ripubblicazione; ristampa.
to reiterate [ri:'itəreit], *v. t.* reiterare; ripetere; rifare.
reiteration [ri:,itə'reiʃən], *n.* reiterazione; ripetizione.
to reive [ri:v], *v. i.* (*specialm. scozz.*) fare incursioni (*o* scorrerie).
reiver ['ri:və*], *n.* (*specialm. scozz.*) razziatore; predone.

rejaser [ri:'dʒeisə*], *n.* (*pop. USA*) chi utilizza oggetti (*o materiale*) di scarto.

to **reject** [ri'dʒekt], *v. t.* **1** (*anche biol., med.*) rigettare; respingere; rifiutare: **to r. a claim (a proposal, etc.)**, respingere un reclamo (rifiutare una proposta, ecc.); (*comm.*) **to r. goods**, rifiutare merci **2** gettar via; buttar via; scartare: **to r. all defective specimens**, scartare tutti gli esemplari difettosi **3** (*mil.*) riformare **4** ributtare; vomitare. ● (*comm.*) **rejected material**, scarto.

reject ['ri:dʒekt], *n.* **1** rifiuto; scarto; oggetto di scarto; (*comm.*) articolo con qualche lieve difetto di fabbricazione (*e perciò venduto sotto costo*) **2** (*mil.*) riformato; persona inabile al servizio militare **3** (*biol., med.*) rigetto (*di un trapianto, ecc.*).

rejectable [ri'dʒektəbl], *a.* **1** rigettabile; rifiutabile **2** (*mil.*) riformabile.

rejectamenta [ri,dʒektə'mentə], *n. pl.* (*raro*) rifiuti; scarti.

rejection [ri'dʒekʃən], *n.* **1** rifiuto; rigetto (*bur.*); ripulsa: **a feeling of r.**, un sentimento di ripulsa **2** rifiuto; scarto **3** (*med.*) rigetto **4** (*tecn.*) reiezione. ● **r. slip**, lettera di rifiuto (*di un manoscritto; da parte di un editore*).

to **rejoice** [ri'dʒɔis], **A** *v. t.* allietare; rallegrare; far contento: **The good news rejoiced me**, la buona notizia mi rallegrò. **B** *v. i.* allietarsi; rallegrarsi; gioire: **to r. in (o at) one's children's success**, rallegrarsi del successo dei propri figli. ● (*scherz.*) **He rejoices in the name of Burley**, si chiama Burley; ha il buffo cognome «Burley» (*cfr. l'agg. burly*).

rejoicing [ri'dʒɔisiŋ], *n.* **1** allegrezza; gioia; giubilo; letizia **2** (*pl.*) festeggiamenti; feste; celebrazioni.

rejoicingly [ri'dʒɔisiŋli], *avv.* con grande gioia; lietamente.

to **rejoin (1)** [ri'dʒɔin], *v. t. e i.* **1** replicare; ribattere; rispondere **2** (*leg.*) controreplicare.

to **rejoin (2)** ['ri:'dʒɔin], **A** *v. t.* **1** ricongiungere; riunire **2** ricongiungersi con; raggiungere, tornare al (*reggimento, alla base, alla propria nave*) **3** (*polit.*) iscriversi di nuovo a (*un partito*). **B** *v. i.* ricongiungersi; riunirsi; tornare insieme.

rejoinder [ri'dʒɔində*], *n.* **1** replica; risposta (*specialm. pronta e spiritosa*) **2** (*leg.*) controreplica; replica della difesa **3** (*leg.*) replica del convenuto.

to **rejuvenate** [ri'dʒu:vineit], *v. t. e i.* (*anche fig.*) ringiovanire.

rejuvenation [ri,dʒu:vi'neiʃən], *n.* (*anche fig.*) ringiovanimento.

rejuvenator [ri'dʒu:vineitə*], *n.* persona (*o cosa*) che ridà la giovinezza.

rejuvenescence [,ri:dʒu:vi'nesns], *n.* (*anche biol.*) ringiovanimento.

rejuvenescent [,ri:dzu:vi'nesənt], *a.* che ringiovanisce.

to **rejuvenize** [ri'dʒu:vinaiz], *v. t. e i.* (*anche fig.*) ringiovanire.

to **rekindle** ['ri:'kindl], *v. t. e i.* (*anche fig.*) riaccendere, riaccendersi: **to r. a fire (a hope, etc.)**, riaccendere un fuoco (una speranza, ecc.).

to **relabel** ['ri:'leibl], *v. t.* mettere una nuova etichetta a (q.c.).

re-laid ['ri:'leid], *pass. e p. p.* di **to re-lay**.

to **relapse** [ri'læps], *v. i.* **1** (*di persona già guarita*) avere una ricaduta; riammalarsi; (*med.*) recidivare **2** ricadere (in); ricascare (in): **to r. into error (heresy, etc.)**, ricadere nell'errore (nell'eresia, ecc.). ● **to r. into sleep**, riaddormentarsi □ **to r. into weakness**, ridiventar debole □ (*med.*) **relapsing fever**, febbre ricorrente.

relapse [ri'læps], *n.* **1** ricaduta **2** (*med.*) ricaduta; recidiva.

to **relate** [ri'leit], **A** *v. t.* **1** riferire; riportare; narrare; raccontare: **The old champion used to r. the deeds of his youth**, il vecchio campione soleva raccontare le imprese della sua giovinezza **2** mettere in relazione; collegare; connettere: **It is easy to r. unemployment and crime**, è facile collegare la disoccupazione con la delinquenza. **B** *v. i.* riferirsi (a); riguardare; concernere: **He takes interest only in what relates to his profession**, s'interessa soltanto di ciò che riguarda la sua professione. ● **to be related to**, essere collegato (*o* connesso) con; essere imparentato con: **These subjects are strictly related**, questi argomenti sono strettamente connessi; **He is related to the Prime Minister by marriage**, è imparentato con il primo ministro per parte di moglie □ (*leg.*) **relating to procedure**, procedurale □ **strange to r.**, strano a dirsi.

relatedness [ri'leitidnis], *n.* **1** relazione; connessione; rapporto **2** l'essere imparentato; parentela.

relater [ri'leitə*], *n.* narratore, narratrice.

relation [ri'leiʃən], *n.* **1** relazione; rapporto; connessione; nesso: **There is no r. between the two events**, non c'è rapporto alcuno tra i due fatti **2** (*pl.*) relazioni; rapporti: **trade relations**, rapporti commerciali; **foreign relations**, relazioni con l'estero; **the relations between husband and wife**, i rapporti fra marito e moglie; **My relations with your friends are good**, sono in buone relazioni coi tuoi amici; **business relations**, rapporti d'affari; **human relations**, relazioni umane **3** (*anche* **relationship**) parentela **4** parente; consanguineo; congiunto: **Is he any r. to you?**, è un tuo parente?; **distant relations**, parenti lontani; **near relations**, parenti stretti **5** racconto; resoconto: **the r. of one's voyages**, il racconto dei propri viaggi di mare **6** (*leg.*) esposto **7** (*med.*) referto. ● **to bear no r. to** (*o* **to be out of all r. to**), non essere affatto in rapporto con; non aver nulla a vedere con □ **to have (sexual) relations with sb.**, avere una relazione (*o* rapporti sessuali) con q. □ **in** (*o* **with**) **r. to**, rispetto a; riferendosi a; in quanto a.

relational [ri'leiʃənl], *a.* (*gramm.*) di relazione; che indica una relazione (*specialm. sintattica*).

relationship [ri'leiʃənʃip], *n.* **1** parentela **2** relazione; rapporto; connessione; nesso **3** relazione; rapporto sessuale.

relative ['relətiv], **A** *a.* **1** relativo (*anche gramm.*); in relazione (con); connesso (con); attinente (a): (*fis.*) **r. humidity**, umidità relativa; (*mecc.*) **r. motion**, moto relativo; (*naut.*) **r. wind**, vento relativo; **a r. pronoun**, un pronome relativo; **a r. clause**, una proposizione relativa; **Beauty is r.**, la bellezza è relativa; **the details r. to the matter**, i particolari relativi alla (*o* connessi con la) faccenda; **Supply is r. to demand**, l'offerta è in relazione con la domanda (*di merci o prodotti*) **2** correlativo; reciproco; rispettivo: **the r. responsibilities of a ruler and his people**, le reciproche responsabilità d'un governante e del suo popolo **3** comparato; rispettivo: **r. merit**, merito comparato; **the r. advantages of petrol and natural gas as a means of propulsion**, i rispettivi vantaggi della benzina e del gas naturale come mezzi di propulsione. **B** *n.* **1** (*gramm.*) (pronome) relativo **2** parente; congiunto: **She is a r. of mine**, è una mia parente **3** – (*filos.*) **the r.**, il relativo. ● (*naut.*) **r. bearing**, rilevamento polare □ **r. to**, relativo a, attinente a, che si riferisce a, connesso con: **matters r. to economic growth**, cose connesse con lo sviluppo economico □ **«Cold» is a r. term**, «freddo» è una parola che ha un valore relativo.

relatively ['relətivli], *avv.* relativamente: **r. cheap (new, etc.)**, relativamente poco costoso (nuovo, ecc.); **Trade is r. slack**, gli scambi sono relativamente deboli. ● **r. speaking**, parlando non in senso assoluto; relativamente.

relativeness ['relətivnis], *n.* relatività.

relativism ['relətivizəm], *n.* (*filos., mat.*) relativismo.

relativist ['relətivist], *n.* (*filos.*) relativista.

relativistic [,relətivistik], *a.* (*filos., mat., fis.*) relativistico.

relativity [,relə'tiviti], *n.* (*anche filos., mat., fis.*) relatività: **the theory of r.**, la teoria della relatività (*di A. Einstein*).

to **relax** [ri'læks], **A** *v. t.* **1** rilassare; allentare; diminuire; ridurre: **to r. one's muscles**, rilassare i muscoli; **to r. one's hold** (*o* **grip**), allentare la presa; **to r. one's effort**, ridurre i propri sforzi; **to r. one's attention**, diminuire l'attenzione; **to r. the tension**, ridurre la tensione **2** indebolire; infiacchire; snervare: **a relaxing climate**, un clima snervante. **B** *v. i.* **1** rilassarsi; rilassarsi; allentarsi; attenuarsi; diminuire: **to r. on the beach**, rilassarsi sulla spiaggia; **Then discipline relaxed**, allora la disciplina s'allentò **2** (*di persona*) aprirsi, sciogliersi (*fig.*) **3** riposarsi; prender fiato; distrarsi. ● **to r. in one's efforts**, rallentare gli sforzi □ **to r. one's mind**, ricrearsi; distrarsi □ **to r. the pace**, rallentare il passo (*o* l'andatura) □ (*farm.*) **relaxing medicine**, *V.* **relaxant**.

relaxant [ri'læksənt], *n.* (*farm.*) (farmaco) rilassante.

relaxation [,ri:læk'seiʃən], *n.* **1** rilassamento (*dei muscoli, ecc.*); rilassamento; rilassatezza **2** allentamento; attenuazione; infiacchimento **3** modo di rilassarsi; distensione; ricreazione; riposo; svago; distrazione **4** remissione (*di un'ammenda, ecc.*) **5** (*scient., tecn.*) rilassamento.

relay [ri'lei], *n.* **1** cavalli di ricambio; cavalli di posta **2** muta (*di cani*) di ricambio **3** squadra (*di lavoratori*) di ricambio **4** materiale di scorta **5** (*elettr., radio*) ['ri:'lei] relè; relais; ripetitore: **directional r.**, relè direzionale; (*ferr.*) **block r.**, relè di blocco **6** (*radio; anche* **r. broadcast**) ritrasmissione; ripetizione **7** (*sport, di solito* **r. race**) corsa a staffetta; staffetta. ● (*autom.*) **r. membership card**, tessera per il servizio di traino □ (*autom.*) **r. service**, servizio di traino (*fino all'officina*) □ (*radio*) **r. station**, stazione ripetitrice; stazione relè; ripetitore (*fam.*) □ (*sport*) **four-man r.**, staffetta di quattro frazioni.

to **relay (1)** [ri'lei], *v. t.* **1** dare il cambio a; sostituire (*cavalli, lavoratori, ecc.*) **2** (*elettr.*) fornire di relè **3** (*radio e fig.*) ritrasmettere: **to r. broadcast music**, ritrasmettere musica riprodotta; **to r. a message to an outpost**, ritrasmettere un messaggio a un avamposto **4** (*elettr.*) comandare (*un circuito, ecc.*) a mezzo di relè **5** comunicare: **Please r. that news to my family**, per favore, comunica quella notizia alla mia famiglia.

to **re-lay (2)** ['ri:'lei] (*pass. e p. p.* **re-laid**), *v. t.* **1** ricollocare; rideporre; posare di nuovo (*un cavo, ecc.*) **2** (*edil.*) posare di nuovo, rifare (*un pavimento, una moquette*) **3** (*ferr.*) posare di nuovo (*un tratto di binario*).

releasable [ri'li:səbl], *a.* **1** liberabile; rilasciabile **2** (*leg.*) rinunciabile; cedibile; che può esser rimesso **3** (*di film*) rappresentabile **4** (*di notizia*) pubblicabile **5** (*di un paziente*) che può essere dimesso (*V.* **to release (1)**).

to **release (1)** [ri'li:s], *v. t.* **1** liberare; mettere in libertà; rilasciare;

sciogliere; lanciare: **to r. a prisoner**, rilasciare un prigioniero; **to r. sb. from a promise**, liberare (*o* sciogliere) q. da una promessa; **to r. pigeons**, lanciare i piccioni **2** allentare; lasciare; mollare: **to r. one's hold**, mollare la presa. **3** (*aeron. mil.*) sganciare (*bombe*) **4** (*leg.*) liberare (*da un obbligo*) **5** (*leg.*) cedere (*una proprietà*); abbandonare (*un diritto*); rimettere (*un debito*) **6** (*cinem.*) permettere la presentazione al pubblico di (*un film*); distribuire **7** dare alla stampa, rendere pubblica (*una notizia*) **8** (*med.*) dimettere (*un paziente*) **9** (*fotogr.*) far scattare (*l'obiettivo*) ● **to r. an arrow**, scoccare una freccia □ (*autom.*) **to r. the handbrake**, togliere il freno a mano □ (*leg.*) **to r. from seizure**, dissequestrare □ (*mecc.*) **to r. a spring**, scaricare una molla.

release [ri'li:s], *n.* **1** liberazione, rilascio (*di un prigioniero*); lancio (*di piccioni*); (*fig.*) sollievo **2** allentamento di presa; il lasciare andare; il mollare **3** (*aeron. mil.*) sganciamento (*di bombe*) **4** (*fig.*) liberazione (*da un obbligo*); dispensa; esenzione **5** (*leg.*) cessione (*di proprietà*); atto di cessione, abbandono (*di un diritto*); remissione (*di un debito*) **6** (*cinem.*) noleggio; permesso di noleggio, distribuzione (*di un film*) **7** pubblicazione, permesso di pubblicazione (*d'una notizia*) **8** disco, film (*specialm. appena messo in circolazione*) **9** (*mecc.*) disinnesto; scatto: **the r. of a spring**, lo scatto d'una molla **10** (*mecc.*) dispositivo di scatto; dispositivo di sgancio **11** (*mecc.*) scarico (*di vapore, ecc.*) **12** (*fotogr.*) scatto (*di macchina fotografica*) ● (*fotogr.*) **r. trigger**, levetta dello scatto; scatto □ (*di un film*) **on general r.**, distribuito a tutte le sale cinematografiche di una zona.
to re-lease (2) [,ri:'li:s], *v. t.* riaffittare.
releasee [,rili:'si:], *n.* (*leg.*) chi ottiene la cessione d'una proprietà; cessionario.
releaser [ri'li:sə*], *n.* **1** chi libera, rilascia, ecc. (*V.* **to release** (1)) **2** distributore di film **3** (*mecc.*) dispositivo di scatto (*o di sgancio*). ● (*fotogr.*) **automatic r.**, scatto automatico (*dell'otturatore*).
releasor [ri'li:sə*], *n.* (*leg.*) **1** chi cede una proprietà (*o un diritto*) **2** chi rimette un debito.
relegable ['religəbl], *a.* **1** relegabile **2** deferibile; delegabile.
to relegate ['religeit], *v. t.* **1** relegare; confinare **2** relegare (*fig.*); mettere in disparte; retrocedere **3** deferire; delegare; rimettere: **The matter was relegated to him**, la faccenda fu rimessa alle sue decisioni **4** (*sport*) retrocedere: **to r. a team to the second division**, retrocedere una squadra in serie B. ● **to r. an article to the wastepaper basket**, gettare nel cestino (*o* cestinare) un articolo □ (*sport*) **to be relegated**, essere retrocesso (*in serie B, ecc.*).
relegation [,reli'geiʃən], *n.* **1** relegazione; relegamento **2** relegazione (*fig.*); retrocessione **3** deferimento; il rimettere (*una questione, ecc. a q.*) **4** (*sport*) retrocessione.
to relent [ri'lent], *v. i.* **1** addolcirsi; cedere (alla compassione); placarsi; venire a più mite consiglio **2** (*del vento, della pioggia, ecc.*) attenuarsi; calmarsi; placarsi.
relentingly [ri'lentiŋli], *avv.* cedendo; placandosi; venendo a più mite consiglio.
relentless [ri'lentlis], *a.* implacabile; inflessibile; inesorabile.
relentlessness [ri'lentlisnis], *n.* implacabilità; inesorabilità.
to re(-)let ['ri:'let] (*pass. e p. p.* **re(-)let**), *v. t.* **1** ridare in affitto; riaffittare **2** subaffittare.
re(-)letting ['ri:'letiŋ], *n.* **1** riaffitto **2** subaffitto.
relevance ['relivəns], **relevancy** ['relivənsi], *n.* **1** attinenza; pertinenza **2** attualità; validità **3** interesse per i problemi di attualità (*o* del momento).
relevant ['relivənt], *a.* **1** attinente; pertinente; che fa al caso; del caso: **the r. details**, i particolari pertinenti; **to examine all the r. documents**, esaminare tutti i documenti del caso **2** d'attualità; (ancora) valido **3** interessato ai problemi di attualità (*o* del momento).
reliability [ri,laiə'biliti], *n.* **1** attendibilità; affidabilità; credibilità; sicurezza; esattezza **2** resistenza; robustezza; saldezza; solidità **3** (*stat.*) affidabilità; attendibilità. ● (*mecc.*) **r. of service**, sicurezza di servizio (*di uno strumento*) **r. test**, prova d'esattezza □ (*autom., sport*) **r. trial**, gara di regolarità □ (*autom.*) **r. trials**, prove di collaudo (*o* di resistenza).
reliable [ri'laiəbl], *a.* **1** attendibile; degno di fiducia; fidato; affidabile; credibile; sicuro; esatto; che dà affidamento: **a r. assistant**, un aiutante degno di fiducia; **He is a r. man**, è un uomo che dà affidamento; **a r. instrument**, uno strumento esatto (*o* di cui ci si può fidare) **2** resistente; solido: **a r. engine**, un motore resistente **3** (*stat.*) affidabile; attendibile.
reliableness [ri'laiəblnis], *V.* **reliability**.
reliance [ri'laiəns], *n.* **1** affidamento; assegnamento; fiducia; fede: **to place r. in** (*o* **on, upon**) **sb.**, aver fiducia in q.; fare assegnamento su q.; **My r. is upon God**, la mia fiducia è riposta in Dio **2** cosa (*o* persona) che dà affidamento; sostegno; appoggio; risorsa.
reliant [ri'laiənt], *a.* **1** fiducioso; fidente; che fa assegnamento (*su q. o* cosa) **2** (*anche* **self-r.**) che ha fiducia in sé stesso; sicuro

di sé. ● **to be r. on physical strength**, contare sulla forza fisica.
relic ['relik], *n.* **1** (*relig.*) reliquia: **a holy r.**, una sacra reliquia **2** cimelio: **a glorious r.**, un glorioso cimelio **3** (*pl.*) avanzi; resti; vestigia: **the relics of an ancient civilization**, le vestigia di un'antica civiltà **4** (*pl., poet.*) spoglie mortali **5** (*geol.*) relitto.
relict ['relikt], **A** *n.* **1** (*arc.*) (*di solito, preceduto da un possessivo*) vedova: **His r. lives on a scanty pension**, la sua vedova vive di una misera pensione **2** (*biol.*) relitto. **B** *a. attr.* (*geol.*) relitto: **r. rock**, roccia relitta.
relief (1) [ri'li:f], *n.* **1** sollievo; conforto; ristoro: **The medicine gave me some r. from pain**, la medicina mi diede un po' di sollievo dal dolore **2** assistenza; aiuto; soccorso; sussidio: **r. for the flooded areas**, assistenza per le zone alluvionate; **r. funds for those in need**, fondi per l'assistenza ai bisognosi; **indoor r.**, sussidi assegnati ai ricoverati in una casa di riposo; **outdoor r.**, sussidi esterni; assistenza a domicilio **3** (*mil.*) liberazione (*di città assediata*) **4** (*mil.*) soccorso (*a città assediata*); truppe di soccorso **5** (*anche mil.*) cambio; sostituzione: **the r. of a sentry**, il cambio d'una sentinella; **the r. given to a policeman**, il cambio dato a un poliziotto **6** chi dà il cambio (*a una sentinella, a q. che è in servizio*); squadra che dà il cambio **7** diversivo, variante: **by way of r.**, a mo' di diversivo; tanto per cambiare; (*teatr.*) **comic r.**, diversivo comico (*scene comiche intercalate in un dramma serio*) **8** rimedio (*a un male*); riparazione (*di un torto*) **9** (*fin.*) sgravio, esenzione (*dalle tasse, ecc.*) **10** (*leg.*) condono **11** (*mecc.*) scarico **12** (*sport*) alleggerimento; disimpegno. ● **a r. bus (coach, etc.)**, un autobus (un torpedone, ecc.) straordinario □ **a r. driver**, un secondo autista □ (*mil.*) **r. party**, colonna di soccorso; truppe di ricambio (*o* di rincalzo) □ **r. road**, strada d'alleggerimento del traffico; strada alternativa □ (*ferr.*) **r. train**, treno supplementare; treno straordinario □ (*mecc.*) **r. valve**, valvola limitatrice di pressione □ **r. works**, lavori pubblici intrapresi per alleviare la disoccupazione; cantieri di lavoro per l'impiego della manodopera □ (*di lavoratore*) **to be on r.**, percepire il sussidio di disoccupazione □ **a sigh of r.**, un sospiro di sollievo □ (*fin.*) **tax r.**, sgravio fiscale.
relief (2) [ri'li:f], *n.* (*arte, geogr.*) rilievo; (*fig.*) evidenza; risalto: **high r.**, altorilievo; **low r.**, bassorilievo; **a r. map**, una carta (*topografica*) del rilievo. ● **r. model**, modello del rilievo; plastico □ (*tipogr.*) **r. printing**, stampa a rilievo; rilievografia □ **to bring out st. in r.**, mettere in rilievo q.c.; dar risalto a q.c.; far risaltare q.c. □ **to stand out in r.**, risaltare; essere in contrasto: **His actions stand out in strong r. against his family background**, le sue azioni sono in forte contrasto col suo ambiente familiare.
relievable [ri'li:vəbl], *a.* **1** confortabile; alleviabile; mitigabile **2** assistibile; che si può aiutare **3** liberabile **4** sostituibile.
to relieve [ri'li:v], **A** *v. t.* **1** sollevare (*anche eufemistico*); dar sollievo a; confortare; alleviare; mitigare: **I was much relieved to hear it**, a quella notizia mi sentii assai sollevato; **He was relieved of his task**, fu sollevato dal suo incarico; **to r. the distressed**, confortare gli afflitti; **to r. pain**, alleviare il dolore **2** assistere; aiutare; soccorrere: **to r. the poor**, soccorrere i bisognosi **3** (*mil.*) liberare; disimpegnare: **to r. a besieged town**, liberare una città assediata **4** alleggerire; eliminare; togliere: **to r. sb. of a load**, alleggerire q. di un peso; (*scherz.*) **A pickpocket relieved him of his purse**, un borsaiolo lo alleggerì della borsa **5** (*anche mil.*) dare il cambio a; rilevare: **to r. a sentry**, rilevare una sentinella; **He relieved the nurse**, diede il cambio all'infermiera **6** ravvivare; rendere piacevolmente vario: **a black bodice relieved with white lace**, un corpetto nero ravvivato da merletti bianchi **7** (*specialm. al p.p.*) dar risalto a; dar spicco a; far risaltare; mettere in rilievo: **He painted tall trees relieved against the sky**, dipinse alti alberi in rilievo contro lo sfondo del cielo **8** dispensare; esimere; esonerare; (*fin.*) esentare, sgravare **9** (*mecc.*) togliere il carico a (*una molla, ecc.*) **10** (*sport*) disimpegnare; alleggerire. **to relieve onself B** *v. rifl.* (*eufemistico*) andare di corpo; orinare. ● **to r. one's feelings**, dare sfogo ai propri sentimenti; sfogarsi **2** (*mil.*) **to r. guard**, dare il cambio al corpo di guardia; fare il cambio della guardia □ **to r. sb.'s mind**, rassicurare q.; tranquillizzare q. □ **to r. the monotony of the journey**, rompere la monotonia del viaggio □ (*archit.*) **relieving arch**, arco di scarico □ (*sport*) **relieving manoeuvre**, manovra di alleggerimento □ **relieving officer**, funzionario preposto all'assistenza dei poveri □ (*sport*) **relieving pass**, passaggio di disimpegno; disimpegno.
relieved [ri'li:vd], *a.* **1** sollevato; confortato: **I'm very r.**, mi sento assai sollevato **2** esentato; esonerato **3** che ha spicco; in risalto. ● **a r. smile**, un sorriso di sollievo.
relievo [ri'li:vou], *n.* (*pl.* **relievos**) (*arte*) rilievo. ● **alto-r.**, altorilievo □ **basso-r.**, bassorilievo.
to relight ['ri:'lait], *v. t.* **1** riaccendere **2** (*aeron.*) riaccendere, riavviare (*il motore*).
religion [ri'lidʒən], *n.* **1** religione (*anche fig.*): **the Christian r.**, la religione cristiana; **Patriotism was his r.**, il patriottismo era la

sua religione **2** pratica conventuale (monastica); vita religiosa (*o* monastica); ordine e regola di religiosi: **to enter into a r.**, abbracciare la vita religiosa. ● (*spreg. o scherz.*) **to get r.**, diventare religioso; convertirsi alla fede □ **to make a r. of doing st.**, sentire il dovere sacrosanto (*o* farsi scrupolo) di fare q.c.

religioner [ri'lidʒənə*], *n.* **1** religioso, religiosa; monaco, monaca **2** (*spreg.*) bigotto, santocchio.

religionism [ri'lidʒənizəm], *n.* fanatismo religioso; bigotteria; santocchieria.

religionist [ri'lidʒənist], *n.* bigotto; baciapile; santocchio.

to religionize [ri'lidʒənaiz], **A** *v. t.* **1** convertire alla fede **2** dare un'educazione religiosa a (q.). **B** *v. i.* **1** spiegare molto zelo religioso **2** (*spreg.*) fare mostra di religiosità; essere un bigotto.

religiose [ri'lidʒi,ous], *a.* affetto da religiosità morbosa; bigotto, santocchio.

religiosity [ri,lidʒi'ositi], *n.* **1** religiosità **2** (*spreg.*) bigotteria; santocchieria.

religious [ri'lidʒəs], **A** *a.* **1** religioso; devoto; pio: **r. books**, libri religiosi; **a r. man**, un uomo religioso **2** (*fig.*) coscienzioso; scrupoloso; religioso: **to be r. in the exercise of one's duty**, essere coscienzioso nel fare il proprio dovere; **with r. care**, con religiosa attenzione. **B** *n.* **1** religioso, religiosa **2** —(*pl.*, *collett.*) **the r.**, i religiosi; la gente religiosa. ● **a r. house**, una casa di religiosi (*o* di religiose); una comunità monastica □ **r. liberty**, libertà di religione.

religiously [ri'lidʒəsli], *avv.* **1** religiosamente **2** coscienziosamente; scrupolosamente **3** ardentemente; sul serio; davvero; proprio: **I r. hope to get rid of her**, spero proprio di liberarmi di lei.

religiousness [ri'lidʒəsnis], *n.* religiosità; devozione.

to reline ['ri:'lain], *v. t.* **1** rifoderare; rivestire di nuovo **2** (*autom.*) sostituire gli spessori (*o* le pastiglie) dei (*freni*) **3** (*mil.*) ritubare (*un cannone*). ● **to r. the brakes**, fare i freni (*fam.*).

relining [ri:'lainiŋ], *n.* (il) rifoderare; nuovo rivestimento **2** (*autom.*) sostituzione degli spessori (*o* delle pastiglie): **brake r.**, sostituzione delle pastiglie dei freni.

to relinquish [ri'liŋkwiʃ], *v. t.* abbandonare; lasciare; cedere; rinunciare a (q.c.): **to r. all hope**, lasciare ogni speranza; **to r. one's hold**, lasciar la presa; **to r. a plan**, abbandonare un progetto; **to r. a right**, cedere un diritto; **to r. one's advantage**, rinunciare al proprio vantaggio.

relinquishment [ri'liŋkwiʃmənt], *n.* abbandono; cessione; rinuncia.

reliquary ['relikwəri], *n.* (*relig.*) reliquiario.

relish ['reliʃ], *n.* **1** gusto (*anche fig.*); sapore; piacere; attrattiva; inclinazione; passione: **The boy eats with great r.**, il ragazzo mangia proprio di gusto (*o* di buon appetito); **There's a r. of garlic in the stew**, si sente il sapore dell'aglio nello stufato; **Food has no r. when one is ill**, il cibo perde il sapore quando si è malati; **Life has lost its r. for him**, la vita non gli offre più alcuna attrattiva; **He has no r. for poetry**, non ha gusto per la poesia; **I have no r. for study**, non ho affatto la passione dello studio (*fam.*: lo studio non mi va) **2** (*fig.*) traccia; tocco; pizzico; punta: **There was a r. of malice in his actions**, c'era un pizzico di malizia nei suoi atti **3** condimento; salsa (piccante); sottaceti.

to relish ['reliʃ], **A** *v. t.* **1** gustare; gradire; trovare di proprio gusto; piacere (*impers.*): **I thought you would r. Spanish wine**, pensavo che ti sarebbe gradito il vino spagnolo; **I don't r. the prospect at all**, non trovo davvero di mio gusto (*o* non mi piace affatto) questa prospettiva **2** insaporire; dar sapore a (*un cibo*); condire. **B** *v. i.* **1** (*anche fig.*) sapere (di); avere il sapore (di): **The soup relished of onion**, la zuppa sapeva di cipolle **2** avere un buon sapore.

to relive ['ri:'liv], *v. t. e i.* rivivere; vivere di nuovo (*un'esperienza, ecc.*).

to reload ['ri:'loud], **A** *v. t.* (*mil., elab.*) ricaricare: **to r. a rifle**, ricaricare un fucile. **B** *v. i.* ricaricarsi: **He's quick at reloading**, è svelto a ricaricare.

reloadable [ri:'loudəbl], *a.* (*mil., elab.*) ricaricabile.

reloading [ri:'loudiŋ], *n.* ricarica (*di un'arma da fuoco*).

to relocate [,ri:lou'keit], *v. t.* **1** trasferire; spostare: **to r. an oil refinery**, spostare una raffineria di petrolio **2** (*mil.*) dislocare **3** (*elab.*) rilocare.

relocation [,ri:lou'keiʃən], *n.* **1** trasferimento; spostamento **2** (*mil.*) dislocamento **3** (*elab.*) rilocazione.

relogging ['ri:'lɔgiŋ], *n.* (*agric., ind.*) ricupero di legname.

reluctance [ri'lʌktəns], **reluctancy** [ri'lʌktənsi], *n.* **1** riluttanza; avversione; ripugnanza **2** (*elettr., anche* **magnetic r.**) riluttanza magnetica; riluttanza.

reluctant [ri'lʌktənt], *a.* **1** riluttante; restio; ritroso; alieno: **I am r. to accept**, sono riluttante ad accettare; **She was r. to marry**, era restia al matrimonio **2** (*specialm. poet.*) resistente; refrattario: **a soil r. to the plough**, un terreno resistente all'aratro. ● **r. answer**, una risposta data di mala voglia.

reluctantly [ri'lʌktəntli], *avv.* di mala voglia; a malincuore.

to relume [ri'lju:m], *v. t.* (*poet.*) riaccendere; illuminare di nuovo: **ridar splendore** (*agli occhi, al volto, ecc.*).

to rely [ri'lai], *v. i.* confidare (in); contare (su); fare affidamento (su); fare assegnamento (sopra); star certo: **You can r. on him**, puoi contare su di lui; puoi fare affidamento su di lui; **He can be relied on to keep a secret**, si può contare sulla sua segretezza; **You may r. upon it that he will come**, puoi star certo che verrà; verrà, stanne certo.

remade [ri'meid], *pass.* e *p. p.* di **to remake**.

to remain [ri'mein], *v. i.* **1** rimanere; restare; trattenersi; stare: **They remained at home**, rimasero a casa; **Nothing remains (for us) but to leave**, non ci resta che andarcene; **It remains to be seen whether it is true**, resta da vedere se è vero; **We remained two weeks in Paris**, ci trattenemmo due settimane a Parigi; **to r. faithful**, restar fedele; **It only remains for you to decide**, resta soltanto che tu decida **2** (*di un edificio*) restare (*o* essere ancora) in piedi: **The old house still remains**, la vecchia casa è ancora in piedi. ● **to r. hungry**, non cavarsi la fame; restare a pancia vuota □ **to r. standing**, restare in piedi □ (*nelle lettere formali*) **I r. Yours truly**, Suo devotissimo (*abbr.* dev.mo) □ (*nelle lettere commerciali*) **We r. Yours faithfully**, distinti saluti □ One thing remains certain, una cosa è certa □ **You can't let your bedroom r. like this!**, non puoi lasciare la tua camera in questo stato! □ **Victory remained with the English**, (alla fine) vinsero gli inglesi.

remainder [ri'meində*], *n.* **1** resto (*anche mat.*); rimanente; residuo; avanzo; avanzi: **the r. of one's life**, il resto della propria vita; **the r. of a meal**, gli avanzi di un pasto; **Ten people were killed and four were injured**, dieci persone furono uccise e le rimanenti (*o* le altre) furono ferite; **I ate the r. of the cake**, mangiai gli avanzi (*o* quel che avanzava) della torta **2** (*comm.*) rimanenza; giacenza **3** remainder; copia invenduta (*di un libro*) **4** (*leg.*) diritto reale subordinato a un prevalente diritto altrui. ● (*leg.*) **r. man**, nudo proprietario; erede di una proprietà nuda (*di cui q. altro ha l'usufrutto*) □ **a publisher's r.**, un fondo di magazzino; un libro di rimanenza; un remainder.

to remainder [ri'meində*], *v. t.* (*comm.*) disfarsi di, liquidare, svendere (*libri di rimanenza, fondi di magazzino*).

remains [ri'meinz], *n. pl.* **1** resti; avanzi; cimeli; resti mortali; spoglie mortali; ceneri (*fig.*); rovine, ruderi: **the r. of my dinner**, gli avanzi del mio pranzo; **the r. of a temple**, i resti di un tempio; **the r. of ancient Ostia**, le rovine di Ostia antica **2** opere postume (*di uno scrittore*). ● **the r. of a family**, quel che resta d'una famiglia □ **the r. of one's strength**, il residuo delle proprie forze.

to remake [ri:'meik], *pass.* e *p. p.* **remade**), *v. t.* rifare; fare di nuovo (*specialm. un film*) **2** rifare, rivedere (*piani, progetti*).

remake [ri:'meik], *n.* (*cinem.*) nuova versione; rifacimento (*di un vecchio film*).

to reman [ri:'mæn], *v. t.* **1** fornire (*un'imbarcazione, ecc.*) di un nuovo equipaggio **2** provvedere (*una fabbrica, ecc.*) di nuova manodopera (*o* di personale nuovo) **3** (*mil.*) rinnovare gli effettivi di (*un reparto*) **4** (*raro*) infondere nuovo coraggio a (q.); ridare dignità d'uomo a (q.).

remand [ri'ma:nd], *n.* (*leg.*) **1** rinvio in carcere (*per un supplemento d'istruttoria*) **2** carcerazione preventiva. ● (*leg.*) **r. centre** (*o* **r. home**), luogo di custodia preventiva per minorenni (*in G.B.*) □ (*di un imputato*) **to be on r.**, esser trattenuto in carcere (*in attesa di processo*).

to remand [ri'ma:nd], *v. t.* **1** mandare indietro; rimandare **2** (*leg.*) rinviare (*un imputato in carcere, una causa a un tribunale inferiore*). ● **to be remanded in custody**, essere rimandato in carcere (*in attesa di processo*).

remanent ['remənənt], *a.* (*anche fis.*) rimanente; residuo: **r. magnetism**, magnetismo residuo.

remanet ['remənet], *n.* **1** (*leg.*) causa rinviata (*a nuova udienza*) **2** (*polit.*) disegno di legge rinviato (*ad altra sessione*).

to remargin [ri:'ma:dʒin], *v. t.* rifare i margini di (*un libro*).

to remark (1) [ri'ma:k], *v. t. e i.* (*far*) osservare, notare, rilevare; fare osservazioni; fare commenti: **Did you r. the paleness in his face?**, hai notato il pallore del suo viso?; **He remarked that it was a fine day**, osservò (*o disse*) che era una bella giornata; **This point has been already remarked upon**, questo punto è già stato fatto rilevare; **to r. on sb.'s behaviour**, fare commenti sul comportamento di q.; **to r. loudly on st.**, fare osservazioni ad alta voce su q.c.

remark [ri'ma:k], *n.* osservazione; nota; commento: **I saw nothing worthy of special r.**, non vidi niente degno di particolare nota; **an interesting r.**, un'osservazione interessante; **to pass remarks at** (*o* **about**) **sb.**, fare commenti sul conto di q.; **Let it pass without r.**, non fare commenti! ● **witty r.**, osservazione spiritosa; battuta di spirito.

to remark (2) ['ri:'ma:k], *v. t.* rimarcare; marcare, segnare di nuovo.

remarkable [ri'ma:kəbl], *a.* notevole; cospicuo; ragguardevole;

eccezionale; straordinario. ● **r. beauty**, bellezza fuori del comune.
remarkableness [ri'ma:kəblnis], *n*. l'essere notevole; ragguardevolezza; eccezionalità; straordinarietà.
remarriage ['ri:'mæridʒ], *n*. nuovo matrimonio; seconde nozze.
to remarry ['ri:'mæri], **A** *v. t.* sposare di nuovo; unire di nuovo in matrimonio. **B** *v. i.* risposarsi.
rematch ['ri:,mætʃ], *n.* (*fam., sport*) partita (*o* incontro) di ritorno.
remediable [ri'mi:djəbl], *a.* **1** rimediabile; riparabile **2** (*med.*) curabile; sanabile.
remedial [ri'mi:djəl], *a.* **1** che porta rimedio; atto a porre rimedio; riparatore: **r. legislation**, leggi atte a porre rimedio **2** (*med.*) correttivo: **r. surgery**, chirurgia correttiva. ● **r. gymnast**, insegnante di (ginnastica) correttiva □ **r. gymanstics**, ginnastica correttiva.
remediless ['remidilis], *a.* irrimediabile; irreparabile.
remedy ['remidi], *n.* **1** rimedio; cura; medicamento; provvedimento; riparo: **a good headache r.**, un buon rimedio per il mal di testa; **a r. for social evils**, un rimedio per i mali della società **2** (*leg.*) azione giudiziaria; mezzo di tutela di un diritto accordato dalla legge **3** margine di tolleranza di peso (*nel conio delle monete*). ● **beyond** (*o* **past**) **r.**, senza rimedio; irrimediabile, irreparabile.
to remedy ['remidi], *v. t.* porre rimedio a (q.c.); rimediare (a): riparare; curare: **to r. an evil**, porre rimedio a un male; **to r. a defect**, rimediare a un difetto.
to remember [ri'membə*], **A** *v. t. e i.* **1** ricordare; ricordarsi di; rammentare; rammentarsi di; rimembrare (*lett.*); sovvenire (*impers., lett.*): **I can't r. his telephone number**, non riesco a ricordare (*o* non ricordo) il suo numero telefonico; **I r. him quite well**, mi ricordo benissimo di lui; **He remembered his friend in his will**, si ricordò del suo amico nel testamento (*gli lasciò q.c.*); **if I r. rightly**, se ben ricordo **2** non scordarsi (*di fare un regalo, dare la mancia, ecc.*): **Please r. the waiter**, non scordarti del cameriere! **to remember oneself B** *v. rifl.* tornare in sé, tornare a comportarsi bene; riprendersi (*da un errore, ecc.*). ● **Please r. me to your mother**, saluta tua madre da parte mia; porga i miei ossequi a Sua madre □ **Mr X begs to be remembered to you**, Mr X ti manda i suoi saluti.
remembrance [ri'membrəns], *n.* **1** ricordo; memoria; rimembranza (*lett.*): **to call st. to r.**, richiamare q.c. alla memoria; **It has escaped my r.**, m'è sfuggito (dalla memoria); **in r. of**, in ricordo di; in memoria di **2** ricordo; piccolo dono: **He gave me a small r. when he left**, mi diede un ricordino quando partì **3** (*pl., nelle lettere*) saluti: **Give my remembrances to all at home**, porgi i miei saluti a tutti i tuoi familiari. ● **R. Day** (*o* **R. Sunday**), il giorno dei caduti in guerra (*in G.B., la domenica più vicina all'11 novembre*) □ **I have no r. of it**, non me ne rammento affatto.
remembrancer [ri'membrənsə*], *n.* **1** – (*in G.B.*) **R.** funzionario che riscuote le somme dovute alla Corona **2** (*arc.*) promemoria; ricordo; ricordino. ● **City R.**, rappresentante del Consiglio Comunale di Londra davanti alle commissioni parlamentari.
remilitarization ['ri:,militərai'zeiʃən], *n.* (*mil.*) riarmo.
to remilitarize [,ri:'militəraiz], *v. t.* (*mil.*) riarmare.
to remind [ri'maind], *v. t.* (far) ricordare a (q.); rammentare; richiamare alla mente: **R. me to send a wire**, ricordami di mandare un telegramma; **May I r. you that you promised to come?**, posso rammentarti che avevi promesso di venire?; **Joan reminds me of my dead sister**, Giovanna mi ricorda la mia povera sorella.
reminder [ri'maində*], *n.* **1** memento; promemoria **2** cosa che ne richiama alla mente un'altra **3** (*comm.*) lettera di sollecitazione; sollecito; sollecitatoria. ● **She forgot her promise; I must send her a r.**, ha dimenticato la sua promessa; devo mandarle una lettera per ricordargliela.
remindful [ri'maindful], *a.* **1** che richiama alla mente; che fa ricordare **2** che ricorda; memore.
to reminisce [,remi'nis], *v. i.* **1** abbandonarsi ai ricordi; riandare al passato **2** parlare del passato (*fra amici*).
reminiscence [,remi'nisns], *n.* **1** reminiscenza; ricordo; rimembranza (*lett.*) **2** (*pl.*) memorie (*specialm. scritte*); ricordi **3** qualcosa che ricorda: **There is a r. of his mother in the way she speaks**, c'è qualcosa nel suo modo di parlare che ricorda sua madre.
reminiscent [,remi'nisnt], *a.* **1** che ricorda; memore **2** – **r. of**, che rammenta; che richiama alla mente **3** che si abbandona ai ricordi: **The old man became r.**, il vecchio si abbandonò ai ricordi. ● **a r. smile**, il sorriso di chi ricorda (*q.c. di piacevole*).
to remint [ri:'mint], *v. t.* coniare di nuovo (*monete*).
remise (1) [rə'mi:z], *n.* (*scherma*) rimessa.
to remise (1) [rə'mi:z], *v. i.* (*scherma*) fare una rimessa.
to remise (2) [ri'maiz], *v. t.* (*leg.*) cedere, rinunciare a (*un diritto, ecc.*).
remise (2) [ri'maiz], *n.* (*leg.*) **1** cessione (*di proprietà*) **2** rinuncia (*a un diritto*).
remiss [ri'mis], *a.* **1** negligente; trascurato: **to be r. in one's duties**, essere trascurato nel fare il proprio dovere **2** fiacco; pigro; svogliato.
remissible [ri'misəbl], *a.* remissibile; condonabile; perdonabile.
remission [ri'miʃən], *n.* **1** remissione; condono; perdono: **the r. of sins**, la remissione dei peccati; (*comm.*) **the r. of a debt**, la remissione d'un debito **2** diminuzione; remissione; abbassamento; riduzione, rallentamento (*degli sforzi, ecc.*): (*med.*) **the r. of a fever**, la remissione di una febbre; **the r. of cold (of heat)**, la diminuzione del freddo (del caldo) **3** (*leg.*) cessione (*di proprietà*) **4** (*leg.*) riduzione (*di pena*). ● (*leg.*) **the r. of a case**, il rinvio di una causa (*a un altro tribunale*) □ (*leg.*) **the r. of a claim**, la rinuncia a far valere un diritto □ (*leg.*) **the r. of an offence**, la remissione di un reato □ (*leg.*) **r. of one third of the sentence**, riduzione di un terzo della pena (*in G.B.: per tutte le condanne superiori a un mese di detenzione, salvo per gli ergastolani*).
remissive [ri'misiv], *a.* remissivo: **a r. clause**, una clausola remissiva.
remissness [ri'misnis], *n.* **1** disattenzione; negligenza; trascuratezza **2** fiacchezza; pigrizia, svogliatezza.
to remit [ri'mit], **A** *v. t.* **1** (*anche leg.*) rimettere; condonare; perdonare: **God will r. your sin**, Dio rimetterà (*o* perdonerà) il tuo peccato; **to r. a debt**, rimettere un debito; **to r. a penalty**, condonare una pena **2** rimettere; demandare; affidare: **to r. a matter to sb.**, rimettere (*o* demandare) una faccenda a q. **3** rimandare; differire; rinviare: **to r. a matter to a future date**, differire (*o* rinviare) una questione ad altro tempo **4** rimettere; inviare; spedire; mandare: (*comm.*) **to r. money (bonds, stocks)**, rimettere (*o* spedire) denaro (titoli) **5** sospendere; annullare: **to r. a punishment**, sospendere una punizione; **to r. a sentence**, sospendere una sentenza **6** diminuire; ridurre; scemare; smorzare: **They remitted their efforts**, ridussero i loro sforzi; **He remitted his anger**, smorzò l'ira **7** abbandonare; rinunziare a; togliere: **The enemy remitted the siege of the town**, il nemico tolse l'assedio alla città **8** (*leg.*) rinviare (*una causa: a un altro tribunale*). **B** *v. i.* **1** rimettere (*lett.*); diminuire; scemare; smorzarsi; calare: **The fever remits in the morning**, la febbre rimette (*o* scema) la mattina; **Enthusiasm began to r.**, l'entusiasmo cominciò a smorzarsi **2** (*comm.*) fare una rimessa; spedire denaro: **Kindly r. by return of mail**, vogliate fare una rimessa a giro di posta; **He remits home every month**, spedisce denaro a casa tutti i mesi.
remittable [ri'mitəbl], *V.* **remissible**.
remittal [ri'mitl], *V.* **remission**.
remittance [ri'mitəns], *n.* (*comm.*) rimessa; invio (*di denaro o di titoli*); denaro spedito. ● (*un tempo*) **r. man**, persona che vive all'estero col denaro che riceve da casa.
remittee [,rimi'ti:], *n.* (*comm.*) destinatario di una rimessa (*di denaro*).
remittent [ri'mitənt], (*med.*) **A** *a.* remittente: **a r. fever**, una febbre remittente. **B** *n.* febbre remittente.
remitter [ri'mitə*], *n.* **1** (*comm.*) chi effettua una rimessa (*di denaro*) **2** (*leg.*) rinvio a un titolo d'acquisto (*di un diritto o titolo di proprietà anteriore*).
remittor [ri'mitə*], *V.* **remitter**, *def. 1*.
to remix [ri:'miks], *v. t.* mescolare di nuovo; rimescolare.
remixing [ri:'miksiŋ], *n.* rimescolamento (*V.* **to remix**).
remnant ['remnənt], *n.* **1** resto; avanzo; residuo; rimasuglio: **the remnants of a feast**, gli avanzi di un banchetto **2** orma; traccia; vestigio: **a r. of his former pride**, una traccia del suo antico orgoglio; **remnants of her former beauty**, vestigia dell'antica bellezza **3** (*pl.*) (*comm.*) rimanenze (*di magazzino*); giacenze **4** ritaglio (*di stoffa*); scampolo. ● (*collett.*) **the r.**, i rimanenti □ (*comm.*) **a r. sale**, una vendita delle rimanenze; (*specialm.*) una vendita di scampoli.
to remodel [ri:'mɔdl], *v. t.* **1** rimodellare; riplasmare **2** rifare; ricostruire **3** (*edil.*) ristrutturare **4** (*med.*) rifare: **to have one's nose remodelled**, farsi rifare il naso.
remodelling ['ri:'mɔdliŋ], *n.* **1** ricostruzione; rifacimento **2** (*edil.*) ristrutturazione **3** (*med.*) rifacimento.
remonetization [,ri:,mʌnitai'zeiʃən], *n.* (*econ.*) restituzione del valore monetario (*a un metallo*).
to remonetize [ri:'mʌnitaiz], *v. t.* (*econ.*) restituire il valore monetario (*a un metallo*): **Silver was remonetized**, si restituì all'argento il suo valore monetario.
remonstrance [ri'mɔnstrəns], *n.* rimostranza; protesta. ● (*stor.*) **the Grand R.**, la Grande Protesta (*dei Comuni al sovrano, nel 1641*).
remonstrant [ri'mɔnstrənt], **A** *a.* che protesta; di protesta. **B** *n.* chi protesta.
to remonstrate [ri'mɔnstreit], *v. i.* fare rimostranze; protestare: **to**

remonstration

r. with sb., fare rimostranze a q.; protestare con q.; **to r. against pollution**, protestare contro l'inquinamento.
remonstration [ˌremənˈstreiʃən], n. rimostranza; protesta.
remonstrative [riˈmɔnstrətiv], a. di rimostranza; di protesta.
remonstrator [ˈremənstreitə*], n. chi protesta.
remontant [riˈmɔntənt], a. e n. (bot.) (pianta) rifiorente.
remora [ˈremərə], n. (zool., Echeneis remora) remora.
remorse [riˈmɔːs], n. rimorso; contrizione; pentimento. ● **without r.**, senza rimorso; (anche) senza pietà, spietatamente.
remorseful [riˈmɔːsful], a. **1** preso dal rimorso; pieno di rimorsi; contrito; pentito **2** che esprime rimorso; dovuto al rimorso.
remorseless [riˈmɔːslis], a. **1** senza rimorso; sordo ai rimorsi **2** inesorabile; spietato.
remorselessness [riˈmɔːslisnis], n. **1** mancanza di rimorsi; incapacità di provar rimorso **2** spietatezza.
remote [riˈmout], a. **1** remoto; lontano, distante (anche fig.); fuori (di) mano; **in a r. village**, in un remoto villaggio; **in the r. past**, nel lontano passato; **in the remotest ages**, nella più remota antichità; **a r. cousin**, un lontano cugino; **a r. resemblance**, una lontana somiglianza; **r. causes**, cause remote **2** (fig.) distaccato; distante; indifferente: **He is r. and cold in his manner**, ha un modo di fare distaccato e freddo **3** (fig.) lontano; avulso; estraneo: **r. from reality**, avulso dalla realtà; **a question r. from the subject**, una questione estranea all'argomento **4** lieve; piccolo; vago: **There's only a r. possibility**, non c'è che una vaga possibilità; **I haven't the remotest idea of what he means**, non ho la minima (o la più pallida, la più lontana) idea di che cosa intenda (dire). ● **r. control**, (radio, tel., telev., ecc.) comando a distanza, telecomando, telecontrollo; (miss.) teleguida; (mil.) puntamento a distanza (di un cannone) ◻ **r.-control** (o **r.-controlled**), comandato a distanza, telecomandato, (miss.) teleguidato ◻ (naut.) **r.-indicating compass**, telebussola ◻ (elettron.) **r. indicator**, teleindicatore ◻ **to live r.**, vivere appartato (o in solitudine).
remotely [riˈmoutli], avv. **1** di lontano; a distanza: **controlled r.**, comandato a distanza **2** vagamente; alla lontana: **to know sb. r.**, conoscere q. alla lontana **3** lontanamente; minimamente; **He isn't r. interested in the matter**, non ha il ben che minimo interesse nella faccenda. ● (aeron.) **r. piloted vehicle**, veicolo teleguidato ◻ **to smile r.**, sorridere con distacco.
remoteness [riˈmoutnis], n. **1** distanza; lontananza **2** (fig.) distacco; freddezza.
remotion [riˈmouʃən], n. rimozione (più comune **removal**).
to remould [ˈriːˈmould], v. t. **1** rimodellare; riplasmare **2** (ind.) ricostruire, rigenerare (un pneumatico).
remould [ˈriːmould], n. (autom.) gomma rigenerata; pneumatico ricostruito.
remoulding [ˈriːˈmouldiŋ], n. **1** rimodellamento **2** (ind.) ricostruzione, rigenerazione (di pneumatici).
to remount [riːˈmaunt], **A** v. t. **1** rimontare a (cavallo); risalire in (bicicletta); risalire (un colle, ecc.) **2** (mil.) rifornire (un reggimento, ecc.) di cavalli nuovi **3** (fotogr.) rimontare; fare una montatura nuova a (una fotografia). **B** v. i. **1** rimontare in sella; risalire in bicicletta **2** rifare un'ascensione (o una scalata); risalire in vetta **3** — (fig.) **to r. to**, risalire a; riandare a (una data, una fonte, un'età passata, ecc.).
remount [ˈriːmaunt], n. (mil.) cavallo di rimonta; nuova cavalcatura.
removability [riˌmuːvəˈbiliti], n. amovibilità; l'essere rimovibile (o trasferibile).
removable [riˈmuːvəbl], **A** a. amovibile; rimovibile; trasferibile. **B** n. (in Irlanda) magistrato amovibile.
removal [riˈmuːvəl], n. **1** rimozione (dal grado, ecc.); revoca; destituzione; allontanamento (da un ufficio): **the r. of an official**, la destituzione di un funzionario **2** spostamento; trasferimento; trasloco; sgombero: «**Removals**», «traslochi» (cartello o scritta su un furgone) **3** eliminazione; abolizione; soppressione: **the r. of customs barriers**, l'abolizione delle barriere doganali; **the r. of the causes of discontent**, l'eliminazione delle cause del malcontento **4** (med.) rimozione; estirpazione. ● **r. agency**, agenzia di traslochi ◻ (leg.) **r. of a cause**, rinvio di una causa (a un altro giudice) ◻ **r. van**, furgone per traslochi.
to remove [riˈmuːv], **A** v. t. **1** rimuovere; levare; spostare; togliere; trasferire; destituire; allontanare; ritirare; espellere; eliminare; togliere di mezzo: **to r. a magistrate from office**, rimuovere un magistrato dalla carica; destituire un magistrato; **to r. a book from the shelf**, togliere un libro dallo scaffale; **to r. one's hat**, levarsi il cappello; far di cappello, scappellarsi; **to r. the causes of suffering**, eliminare le cause della sofferenza; **The tyrant was removed by poison**, il tiranno fu tolto di mezzo col veleno **2** (med.) estirpare; sciogliere; rimuovere. **B** v. i. **1** (poet.) allontanarsi; andar via; dipartirsi; partire: **Truth has removed from earth**, la verità s'è dipartita da (o ha abbandonato) questo mondo **2** trasferirsi, traslocare; sgomberare; spostare; cambiar residenza; cambiare ufficio: **My family is removing from Chester to London**, la mia famiglia sta traslocando da Chester a Londra. **to remove oneself C** v. rifl. togliersi di mezzo; andar via; andarsene. ● **to r. one's family to the seaside**, mandare la famiglia al mare ◻ **to r. sb. from school**, ritirare q. da scuola; espellere q. dalla scuola ◻ **to r. furniture**, traslocare; fare i traslochi (come mestiere) ◻ **to r. one's gaze**, distogliere lo sguardo; abbassare gli occhi ◻ **to r. one's make-up**, struccarsi ◻ (fig.) **to r. mountains**, spostare le montagne; far miracoli.
remove [riˈmuːv], n. **1** distanza; intervallo; passo (fig.): **We were but one short r. from war**, eravamo a un passo dalla guerra **2** pietanza che viene dopo un'altra (a tavola) **3** (a scuola) promozione (alla classe superiore) **4** (in talune scuole) classe speciale **5** grado di parentela. ● **a second cousin at one r.**, un cugino di terzo grado; un terzo cugino ◻ **Genius is often only one r. from eccentricity**, spesso ci corre poco fra il genio e l'eccentricità.
removed [riˈmuːvd], a. **1** remoto; lontano; discosto; estraneo: **considerations quite r. from morals**, considerazioni ben lontane dalla morale (o del tutto estranee alla morale) **2** (di parente) lontano. ● **a first cousin once (twice) r.**, un cugino di secondo (di terzo) grado; un secondo (un terzo) cugino.
remover [riˈmuːvə*], n. **1** chi rimuove; toglie, trasferisce, sgombera, ecc. (V. **to remove**) **2** (specialm. **furniture-r.**) titolare di un'agenzia di traslochi. ● **hair-r.**, depilatore ◻ **paint-r.**, preparato per togliere la vernice ◻ **stain-r.**, smacchiatore (preparato chimico).
to remunerate [riˈmjuːnəreit], v. t. rimunerare; ricompensare; retribuire.
remuneration [riˌmjuːnəˈreiʃən], n. rimunerazione; ricompensa; retribuzione.
remunerative [riˈmjuːnərətiv], a. rimunerativo; rimuneratorio; redditizio: **r. jobs**, lavori rimunerativi; **a r. business**, un'azienda redditizia.
remunerativeness [riˈmjuːnərətivnis], n. l'essere rimunerativo.
Remus [ˈriːməs], n. (stor.) Remo.
renaissance [rəˈneisəns], (USA) [ˈrenəˌsɑːns], n. rinascita; rinascimento.
Renaissance [rəˈneisəns], (USA) [ˈrenəˌsɑːns], **A** n. (arte, letter.) Rinascita; Rinascenza; Rinascimento. **B** a. attr. del Rinascimento; rinascimentale: **R. painting**, la pittura del Rinascimento; **a R. church**, una chiesa rinascimentale. ● **R. furniture**, mobili (stile) rinascimentale ◻ (fig.) **R. man**, uomo colto, che ha molti interessi.
renal [ˈriːnl], a. (anat.) renale: **r. artery**, arteria renale; **r. tubule**, tubulo renale. ● (med.) **r. calculus**, calcolo renale ◻ (med.) **r. failure**, insufficienza renale.
to rename [ˈriːˈneim], v. t. **1** rinominare; nominare di nuovo **2** ribattezzare (fig.); dare un nuovo nome a (q.).
renascence [riˈnæsns], n. rinascita; rinascimento.
Renascence [riˈnæsns], n. (arte, letter.) Rinascenza; Rinascita; Rinascimento.
renascent [riˈnæsnt], a. rinascente: **r. hopes**, speranze rinascenti.
to rend [rend] (pass. e p. p. **rent**), **A** v. t. **1** lacerare; squarciare; stracciare; straziare: **to r. one's garments**, lacerarsi gli abiti; **The stillness of the air was rent by a shot**, l'aria immota fu squarciata da uno sparo; **to r. sb.'s heart**, straziare il cuore a q. **2** fendere; dividere; spaccare: **The country was rent in two by the question of slavery**, la nazione fu divisa in due dalla questione dello schiavismo **3** strappare; sradicare: **to r. one's hair**, strapparsi i capelli. **B** v. i. **1** lacerarsi; strapparsi **2** fendersi; spaccarsi. ● **to r. asunder**, tagliare in due **□ to r. away**, strappare **□ to r. laths**, fare listelli spaccando il legno **□** (fig.) **to turn and r. sb.**, dare addosso a q. all'improvviso; mangiarsi vivo q.
to render [ˈrendə*], v. t. **1** rendere (quasi in ogni senso); restituire; contraccambiare; ricambiare; prestare; tributare; far diventare; ridurre; esprimere; rappresentare; riprodurre; tradurre: **to r. thanks**, rendere grazie; **to r. good for evil**, rendere il bene per il male; ricambiare il male col bene; **to r. blow for blow**, restituire colpo per colpo; **to r. a service**, rendere un servizio; fare un favore; **I have to r. an account of my actions**, devo rendere conto delle mie azioni; **to r. obedience**, tributare obbedienza; **Hot weather renders me helpless**, il caldo mi rende inetto; **to r. sb.'s conception**, esprimere (o rendere) un concetto altrui; **Can you r. it into French?**, puoi tradurlo in francese? **2** (comm.) presentare (un conto, una cambiale); sottoporre (un documento, ecc.): **We r. accounts once a month**, presentiamo i conti una volta al mese **3** (arte) rendere, raffigurare, rappresentare; (mus.) eseguire; (teatr.) recitare, interpretare (una parte): **The quartet was well rendered**, il quartetto fu eseguito bene **4** (di solito **to r. down**) fondere; struggere; sciogliere: **to r. down lard**, struggere il lardo **5** raffinare (l'olio) **6** (edil.) rinzaffare **7** (leg.) effettuare (un pagamento) in denaro (o in natura, con un servizio) **8** (naut.) abbisciare (un cavo). ● **to r. help**, prestare aiuto; aiutare **□** (leg.) **to r. judgement**, pronunciare una sentenza **□**

render (2)

(*lett.*) **to r. up**, cedere (*al nemico*); restituire: **They rendered up the city to the enemy**, cedettero la città al nemico □ (*lett.*) **to r. up a prayer**, dire una preghiera □ **to r. up a secret**, rivelare (*o* svelare) un segreto □ (*comm.*) **to be rendered**, a rendere = (*comm.*) **account rendered**, conto presentato (*ma non ancora saldato*) □ (*Bibbia*) **R. to Caesar the things that are Caesar's**, date a Cesare quel che è di Cesare!
render ['rendə*], *n.* (*edil.*) prima mano d'intonaco; rinzaffo.
rendering ['rendəriŋ], *n.* **1** traduzione; versione **2** (*arte, mus., teatr.*) rappresentazione; esecuzione; interpretazione **3** (*edil., anche* **r. coat**) prima mano d'intonaco; rinzaffatura; rinzaffo **4** fusione (*del grasso*) **5** (*archit.*) prospettiva (*di un edificio, ecc.*); disegno prospettico. ● **r. of accounts**, rendimento dei conti; rendiconto.
rendezvous ['rɔndivu:], *n.* (*invar. al pl.*) **1** appuntamento **2** convegno; incontro; riunione **3** ritrovo; luogo di ritrovo **4** (*mil.*) luogo di adunata (*o* di raduno) **5** (*miss.*) rendez-vous, appuntamento (*nello spazio*). ● **place of r.**, luogo di ritrovo.
to rendezvous ['rɔndivu:], *A v. i.* **1** incontrarsi; riunirsi; trovarsi **2** (*miss.: di due astronavi, ecc.*) incontrarsi (*nello spazio*). *B v. t.* (*mil., naut.*) adunare; radunare. ● (*miss.*) **to r. in space**, effettuare un appuntamento nello spazio (*o* in orbita).
rendition [ren'diʃən], *n.* (*mus., teatr., ecc.*) interpretazione: **an excellent r. of Hamlet**, un'eccellente interpretazione di Amleto.
renegade ['renigeid], *n.* **1** rinnegato; disertore; traditore **2** (*relig.*) apostata **3** fuorilegge; ribelle.
to renegade ['renigeid], *v. i.* disertare; diventare un rinnegato **2** (*relig.*) abiurare.
to renegotiate ['ri:ni'gouʃieit], *v. t.* rinegoziare.
to reneg(u)e [ri'ni:g], *v. i.* **1** (*nei giochi di carte*) rifiutare; non rispondere a colore **2** tirarsi indietro (*fig.*) **3** − **to r. on**, rimangiarsi: **to r. on a promise**, rimangiarsi una promessa.
to renew [ri'nju:], *v. t.* **1** rinnovare; ripristinare; ripetere; rimettere a nuovo; sostituire: (*mil.*) **to r. an attack**, rinnovare un attacco; **to r. a sorrow**, rinnovare un dolore; **to r. the golden age**, ripristinare l'età dell'oro; **to r. one's supplies**, rinnovare le provviste; **to r. a contract**, rinnovare un contratto; **a coat renewed in places**, un soprabito rimesso a nuovo qua e là; **to r. a garrison (the tyres, etc.)**, sostituire una guarnigione (i pneumatici, ecc.) **2** (*fig.*) rinvigorire; rianimare; ravvivare; rigenerare: **He was renewed by baptism**, fu rigenerato dal battesimo. ● (*comm.*) **to r. a bill**, rinnovare una cambiale □ **to r. sb.'s life**, dar nuova vita a q. □ **to r. one's strength**, ricuperare le forze; ricuperare (*fam.*); rinvigorirsi □ **with renewed strength**, con rinnovato vigore; avendo ricuperato (le forze).
renewable [ri'nju:əbl], *a.* rinnovabile: **a r. ticket**, un tesserino rinnovabile.
renewal [ri'nju:əl], *n.* rinnovamento; ripristino; ripresa; sostituzione; (*comm.*) rinnovo: **the r. of a country**, il rinnovamento d'una nazione; **the r. of a bill (of exchange)**, il rinnovo d'una cambiale; **r. of peace talks**, ripresa dei negoziati di pace.
reniform ['ri:nifɔ:m], *a.* (*scient.*) reniforme; a forma di rene.
renin ['ri:nin], *n.* (*biol.*) renina.
renitency [ri'naitənsi], *n.* renitenza; riluttanza.
renitent [ri'naitənt], *a.* renitente; riluttante; restio.
rennet (1) ['renit], *n.* **1** (*zool.*) abomaso **2** caglio; presame.
rennet (2) ['renit], *n.* (*bot.*) mela renetta; renetta.
to renounce [ri'nauns], *A v. t.* **1** rinunciare a; cedere; abbandonare: (*leg.*) **to r. a claim**, abbandonare una pretesa; **to r. a right (a privilege, a title)**, rinunciare a un diritto (un privilegio, un titolo); **to r. the world**, rinunciare al mondo; **to r. the crown**, rinunciare alla corona **2** ripudiare; rinnegare; disconoscere; sconfessare; (*polit.*) denunciare: **to r. a friend**, ripudiare un amico; **to r. a son**, disconoscere un figlio; **to r. one's principles**, rinnegare i propri principi; **to r. a treaty**, denunciare un trattato. *B v. i.* (*nei giochi di carte*) rifiutare; non rispondere a colore. ● **to r. one's religion**, abiurare.
renounce [ri'nauns], *n.* (*nei giochi di carte*) rifiuto. ● **I have a r. in hearts**, non ho cuori; ho il fallo a cuori (*fam.*).
renouncement [ri'naunsmənt], *n.* **1** rinuncia, rinunzia; cessione; abbandono **2** ripudio; disconoscimento; sconfessione **3** (*polit.*) denuncia (*di un accordo, ecc.*).
renouncer [ri'naunsə*], *n.* **1** chi rinuncia **2** (*leg.*) rinunciatario.
to renovate ['renouveit], *v. t.* rinnovare; ripristinare; riparare; restaurare.
renovation [,renou'veiʃən], *n.* rinnovamento; rinnovo; ripristino; riparazione; restauro.
renovator ['renouveitə*], *n.* rinnovatore; ripristinatore; restauratore.
renown [ri'naun], *n.* rinomanza; fama; celebrità; notorietà.
renowned [ri'naund], *a.* rinomato; famoso; celebre.
rent (1) [rent], *pass.* e *p. p.* di **to rend**.
rent (2) [rent], *n.* **1** lacerazione; spaccatura; squarcio; strappo **2** (*fig.*) frattura, divisione, scissione (*in un partito politico, ecc.*).

rent (3) [rent], *n.* **1** affitto; pigione; canone d'affitto; prezzo della locazione: **I must pay the r.**, devo pagare l'affitto; **r. in advance**, affitto anticipato; **r. in arrears**, affitto arretrato **2** (*per macchinario, ecc.*) nolo **3** (*econ., anche* **economic r.**; *termine dell'economia classica*; *cfr.* **rente** e **unearned income**) rendita. ● **r. collector**, esattore; chi riscuote affitti □ (*leg., econ.*) **r. control**, blocco degli affitti □ **r.-free**, senza pagare l'affitto; gratuitamente; (*d'alloggio*) gratuito □ (*leg., econ.*) **r. freeze**, blocco degli affitti □ (*stor.*) **r. roll**, lista dei poderi col nome degli affittuari; ammontare delle rendite dei propri terreni; ruolo dei censi □ (*stor.*) **r. service**, servizi resi in luogo del canone d'affitto □ (*USA*) **r. strike**, rifiuto di pagare l'affitto (*come protesta per gli aumenti, la cattiva conduzione, ecc.*); autoriduzione (*del canone*) □ (*USA*) **for r.**, da affittare; affittasi (*cartello*).
to rent [rent], *A v. t.* **1** prendere in affitto; avere in affitto **2** affittare; dare in affitto; locare; appigionare; dare a pigione **3** (*USA*) prendere a nolo; noleggiare (*cfr. ingl.* **to hire**). *B v. i.* essere affittato: **The flat rents for one thousand five hundred pounds a year**, l'appartamento è affittato a mille e cinquecento sterline l'anno. ● (*USA*) **to r. out**, dare a nolo; noleggiare □ **to r. one's tenants low**, far pagare una pigione modesta ai propri inquilini □ **a high-rented (low-rented) farm**, un podere dato in affitto per un prezzo alto (basso).
rentable ['rentəbl], *a.* affittabile.
rental ['rentl], *n.* **1** canone d'affitto **2** reddito di fabbricati; reddito dominicale **3** valore locativo **4** (*prezzo del*) noleggio: **I must pay the TV r.**, devo pagare il noleggio del televisore. ● **r. car**, auto da noleggio □ **r. library**, biblioteca circolante □ **car r.**, noleggio d'automobili; noleggio auto (*fam.*).
rente [rent] (*franc.*), *n.* (*econ.*) rendita.
renter ['rentə*], *n.* **1** affittuario; inquilino; fittavolo **2** locatore; locatario **3** fittavolo **4** (*USA*) noleggiatore **5** noleggiatore, distributore (*di film*).
rentier ['rɔntiei] (*franc.*), *n.* persona (*specialm. anziana*) che vive di rendita; redditiere, redditiera.
to renumber ['ri:'nʌmbə*], *v. t.* **1** numerare di nuovo **2** ricontare.
renunciant [ri'nʌnʃiənt], *a.* e *n.* rinunciatario, rinunziatario.
renunciation [ri,nʌnsi'eiʃən], *n.* **1** rinuncia, rinunzia; cessione; abbandono **2** rinuncia; sacrificio **3** ripudio. ● **r. on oath**, abiura.
renunciative [ri'nʌnʃiətiv], **renunciatory** [ri'nʌnʃiətəri], *a.* di rinuncia; rinunciatorio.
reoccupation ['ri:,ɔkju'peiʃən], *n.* rioccupazione.
to reoccupy ['ri:'ɔkjupai], *v. t.* rioccupare.
to reopen [ri'oupən], *A v. t.* **1** riaprire: **to r. a factory**, riaprire una fabbrica **2** riprendere; riaprire; ricominciare: **to r. the peace talks**, riprendere le trattative per la pace; **to r. hostilities**, riprendere le ostilità. *B v. i.* riaprirsi; riaprire: **My office reopens at 2.30 P.M.**, il mio ufficio riapre alle 14 e 30.
reopening ['ri:'oupniŋ], *n.* **1** riapertura **2** ripresa, riapertura (*di una discussione, di trattative, ecc.*).
to reorder ['ri:'ɔ:də*], *A v. t.* **1** (*comm.*) ordinare (*merce*) di nuovo **2** riordinare; rimettere in ordine. *B v. i.* (*comm.*) fare nuove ordinazioni.
reorder ['ri:'ɔ:də*], *n.* (*comm.*) nuova ordinazione (*di merce già ordinata*).
reorganization ['ri:,ɔ:gənai'zeiʃən], *n.* riorganizzazione.
to reorganize ['ri:'ɔ:gənaiz], *v. t.* e *i.* riorganizzare, riorganizzarsi.
rep (1) [rep], *n.* (*ind. tessile*) reps.
rep (2) [rep], *n.* (*abbr. fam. USA di* **reputation**) reputazione; buon nome.
rep (3) [rep], *n.* (*abbr. fam. di* **repertory**) teatro (*o* compagnia) di repertorio.
rep (4) [rep], *n.* (*comm., abbr. pop. di* **representative**) rappresentante; agente di commercio; commesso viaggiatore.
repaid (1) [ri:'peid], *pass.* e *p. p.* di **to repay (1)**.
re(-)paid (2) [ri:'peid], *pass.* e *p. p.* di **to re(-)pay (2)**.
to repaint ['ri:'peint], *v. t.* ridipingere; riverniciare.
repaint ['ri:peint], *n.* (*sport*) palla da golf riverniciata.
repainting ['ri:'peintiŋ], *n.* riverniciatura.
repair (1) [ri'pɛə*], *n.* (*arc.*) ritrovo; luogo di ritrovo.
to repair (1) [ri'pɛə*], *v. i.* **1** riparare; rifugiarsi: **The nomads r. to the caves in the rainy season**, nella stagione delle piogge, i nomadi si rifugiano nelle caverne **2** recarsi; andare (*di solito*): **to r. to a café**, andare al caffè.
repair (2) [ri'pɛə*], *n.* **1** riparazione; restauro; (*pl.*) lavori di restauro: **The museum is closed during repairs**, il museo è chiuso durante i lavori di restauro **2** (*naut.*) raddobbo **3** ristabilimento (*della salute*) **4** condizione; stato; buone condizioni: **My car is kept in (good) r.**, la mia automobile è tenuta in buone condizioni; **The house is in bad (o poor) r.**, la casa è in cattivo stato **5** (*pitt.*) ritocco. ● (*naut.*) **r. dock**, bacino di riparazione □ (*naut.*) **r. ship**, nave officina □ **r. shop**, officina di riparazioni □ (*naut.*) **r. yard**, cantiere da raddobbo □ **to be in (good) r.**,

repair (2)

essere in buone condizioni (*o* in buono stato) □ **to be out of r.**, essere in cattivo stato; essere guasto: **The lift is out of r.**, l'ascensore è guasto □ **under r.**, in riparazione: **The road is under r.**, la strada è in riparazione □ (*naut.*) **to undergo repairs**, essere ai lavori (*o* in raddobbo) □ **Road under r.**, lavori in corso (*cartello stradale*) □ **My shoes need r.**, le mie scarpe hanno bisogno d'essere accomodate.

to **repair (2)** [ri'pɛə*], *v. t.* **1** riparare; accomodare; aggiustare; rammendare; metter riparo a; rimediare; risarcire: **to r. a house (an engine, a pair of shoes, a railway track)**, riparare una casa (un motore, un paio di scarpe, un binario ferroviario); **to r. a wrong (an injury)**, riparare un torto (un'offesa); **to r. a mistake**, rimediare un errore; **to r. a loss**, risarcire una perdita **2** (*naut.*) raddobbare: **to r. a ship**, raddobbare una nave **3** restaurare (*un edificio*) **4** ristorare (*le forze*); ristabilire (*la salute*).

repairable [ri'pɛərəbl], *a.* riparabile; aggiustabile; accomodabile.

repairer [ri'pɛərə*], *n.* aggiustatore; accomodatore; riparatore. ● **bicycle r.**, ciclista (*meccanico*) □ **shoe r.**, calzolaio; ciabattino.

repairing [ri'pɛəriŋ], *n.* **1** riparazione (*anche di un torto*) **2** (*mecc.*) riparazioni: (*USA*) **auto r.**, riparazione auto **3** (*naut.*) raddobbo: **r. basin**, bacino di raddobbo (*o* di carenaggio).

repairman [ri'pɛəmən], *n.* (*pl.* **repairmen**) aggiustatore; riparatore. ● **radio r.**, radiotecnico.

repand [ri'pænd], *a.* (*bot.*: *di foglia*) col margine ondulato.

to **repaper** ['ri:'peipə*], *v. t.* cambiare la carta da parati a (*una stanza*).

reparable ['rəpərəbl], *a.* riparabile; rimediabile; risarcibile.

reparation [,repə'reiʃən], *n.* **1** riparazione (*di danni, offese, ecc.*); risarcimento: **to ask r. for the damage one has suffered**, chiedere riparazione dei danni subiti **2** (*pl.*) riparazioni; lavori di restauro (*più comune* **repairs**) **3** (*pl.*, *anche* **war reparations**) riparazioni di guerra. ● **to make r. for st.**, fare ammenda di q.c.; riparare a q.c. (*un torto, ecc.*).

reparative [ri'pærətiv], *a.* di riparazione; riparatore.

repartee [,repa:'ti:], *n.* **1** replica pronta; risposta mordace **2** conversazione serrata, spiritosa; botta e risposta **3** l'avere la battuta pronta; prontezza di spirito; abilità nel fare a botta e risposta.

repartition [,ri:pa:'tiʃən], *n.* **1** ripartizione; divisione; distribuzione **2** ridistribuzione.

to **repartition** [,ri:pa:'tiʃən], *v. t.* **1** ripartire; dividere; distribuire **2** ridistribuire.

repast [ri'pa:st], *n.* pasto (*più comune* **meal**): **a light r.**, un pasto leggero; **a rich r.**, un pasto abbondante.

to **repatriate** [ri:'pætrieit], *v. t.* e *i.* rimpatriare.

repatriate [ri:'pætrieit], *n.* rimpatriato.

repatriation ['ri:pætri'eiʃən], *n.* rimpatrio.

to **repay (1)** [ri:'pei] (*pass.* e *p. p.* **repaid**), *A v. t.* ripagare; restituire, rendere; rimborsare, ricompensare; ricambiare: **to r. money**, restituire denaro; **to r. a favour**, ricambiare un favore; **to r. a blow**, rendere un colpo; **to r. a visit**, restituire una visita; **to r. sb. for a service**, ricompensare q. per un servizio; **to r. a creditor**, rimborsare un creditore. *B v. i.* **1** contraccambiare; ricambiare **2** punire **3** ricompensare.

to **re(-)pay (2)** ['ri:'pei] (*pass.* e *p. p.* **re(-)paid**), *v. t.* pagare di nuovo.

repayable [ri:'peiəbl], *a.* rimborsabile; restituibile. ● (*fin.*) **non--r.**, a fondo perduto: **non-r. capital grants**, sovvenzioni di capitali a fondo perduto.

repayment [ri:'peimənt], *n.* restituzione, rimborso, ricompensa.

to **repeal** [ri'pi:l], *v. t.* (*leg.*) abrogare; annullare; revocare: **The law was repealed**, la legge fu abrogata.

repeal [ri'pi:l], *n.* (*leg.*) abrogazione; annullamento; revoca. ● – (*stor.*) **R.**, la progettata separazione dell'Irlanda dalla Gran Bretagna (*durante il secolo XIX*).

repealable [ri:'pi:ləbl], *a.* (*leg.*) abrogabile; annullabile; revocabile.

repealer [ri'pi:lə*], *n.* **1** chi abroga **2** provvedimento abrogatorio **3** – (*stor.*) **R.**, fautore della separazione dell'Irlanda dalla Gran Bretagna.

to **repeat** [ri'pi:t], *A v. t.* **1** ripetere; reiterare; replicare; ridire; rifare; ripetere a memoria, recitare: **R. that**, ripetilo!; **to r. an attempt (a mistake, etc.)**, ripetere un tentativo (un errore, ecc.); **R. after me:...**, ripeti con me:...; **to r. verses**, recitare dei versi **2** (andare a) raccontare; ridire; spiattellare, spifferare (*fam.*); svelare: **to r. a secret**, svelare un segreto **3** rivivere: **to r. an adventure**, rivivere un'avventura. *B v. i.* **1** ripetersi; ricorrere; accadere più volte: **Experiences r.**, le esperienze si ripetono **2** (*del cibo*) tornare in gola; venire su (*fam.*) **3** (*USA*) votare (*illegalmente*) più d'una volta. **to repeat oneself** *C v. rifl.* ripetersi: **This writer does nothing but r. himself**, questo scrittore non fa che ripetersi. ● (*elettr.*) **repeating coil**, bobina ripetitrice (*o* traslatrice) □ (*mat.*) **a repeating decimal**, un (numero) decimale periodico □ (*mil.*) **a repeating rifle**, un fucile a ripetizione □ **a repeating watch**, un orologio a ripetizione.

repeat [ri'pi:t], *n.* **1** ripetizione; rinnovazione; rinnovo (*anche comm.*): **the r. of an order**, il rinnovo di un'ordinazione **2** (*mus., radio, telev.*) replica **3** (*mus.*) segno di replica. ● (*comm.*) **a r. order**, un'ordinazione replicata (*o* successiva) □ (*teatr.*) **r. performance**, replica.

repeatable [ri'pi:təbl], *a.* ripetibile.

repeated [ri'pi:tid], *a.* ripetuto; reiterato: **after r. efforts**, dopo ripetuti sforzi.

repeater [ri'pi:tə*], *n.* **1** ripetitore, ripetitrice; chi ripete **2** orologio a ripetizione **3** arma da fuoco (*fucile, pistola*) a ripetizione **4** (*a scuola*) ripetente **5** (*mat.*) numero periodico **6** (*tel., radio, telev.*) ripetitore; amplificatore **7** (*USA*) chi vota più volte (*illegalmente*). ● (*radio*) **r. station**, stazione ripetitrice; stazione relè; ripetitore (*fam.*).

to **repel** [ri'pel], *v. t.* **1** respingere (*anche chim.*); cacciare indietro; ricacciare; rifiutare; non accettare: **Two breakwaters r. the waves**, due frangiflutti respingono le onde; **to r. the invading army**, respingere l'esercito invasore; **to r. a suitor**, rifiutare un pretendente; **to r. an offer**, non accettare un'offerta **2** ripugnare a; essere repellente a: **This odour repels me**, quest'odore mi ripugna. ● **to r. a blow**, parare un colpo □ (*comm.*) **to r. competition**, combattere la concorrenza □ **Water repels oil**, l'acqua non può combinarsi con l'olio □ **His Cockney accent repels me**, il suo accento Cockney mi disgusta (*o* non mi piace affatto).

repellency [ri'pelənsi], *n.* **1** ripugnanza; ripulsione **2** (*chim.*) repellenza.

repellent [ri'pelənt], *A a.* repellente; ripugnante; ripulsivo. *B n.* sostanza (*o* soluzione) repellente; insettifugo. ● **mosquito r.**, unguento (*o* spray) contro le zanzare.

repeller [ri'pelə*], *n.* **1** chi respinge **2** (*elettron.*) riflettore.

to **repent** [ri'pent], *v. t.* e *i.* pentirsi; essere pentito; pentirsi di; rammaricarsi di: **You shall r. (of) this**, te ne pentirai; **I have nothing to r. of**, non ho nulla di cui pentirmi; **They repented their generosity**, si pentirono della loro generosità; **We repented setting off late**, ci rammaricammo d'esser partiti tardi; **You won't r. it**, non avrai a pentirtene.

repent ['ri:pənt], *a.* (*bot.*) repente; strisciante.

repentance [ri'pentəns], *n.* pentimento; contrizione.

repentant [ri'pentənt], *A a.* pentito; penitente; contrito. *B n.* (*specialm. relig.*) penitente.

to **repeople** ['ri:'pi:pl], *v. t.* ripopolare.

repercussion [,ri:pə:'kʌʃən], *n.* ripercussione (*anche fig.*); contraccolpo.

repercussive [,ri:pə:'kʌsiv], *a.* ripercussivo.

repertoire ['repətwa:*] (*franc.*), *n.* (*mus., teatr.*) repertorio (*anche fig.*): **a r. of jokes**, un repertorio di barzellette.

repertory ['repətəri], *n.* **1** repertorio (*in ogni senso*); raccolta **2** (*mus., teatr.*) repertorio. ● **r. company**, compagnia di repertorio □ **r. theatre**, teatro di repertorio.

to **reperuse** ['ri:pə'ru:z], *v. t.* riesaminare; rileggere attentamente.

repetend ['repitend], *n.* **1** (*mat.*) periodo (*di decimale periodico*) **2** (*mus.*) motivo ricorrente; ritornello.

repetition [,repi'tiʃən], *n.* **1** ripetizione; reiterazione; replica (*arte*) replica; copia; riproduzione: **It's a mere r.**, non è che una copia **3** recitazione a memoria **4** passo da imparare a memoria. ● **Let there be no r. (of this behaviour)!**, che non si ripeta mai più!

repetitious [,repi'tiʃəs], *a.* pieno di ripetizioni; noioso.

repetitive [ri'petitiv], *a.* **1** ripetitivo; reiterativo **2** pieno di ripetizioni; che si ripete; noioso.

to **repine** [ri'pain], *v. i.* affliggersi; dolersi; lagnarsi; lamentarsi: **to r. at one's lot**, affliggersi della propria sorte.

repique [ri'pi:k], *n.* (*nel gioco del picchetto*) il fare trenta punti di mano (*prima di cominciare a giocare le carte*).

to **repique** ['ri:'pi:k], *A v. i.* (*nel gioco del picchetto*) segnare trenta punti di mano. *B v. t.* fare trenta punti di mano contro (*un avversario*) (*V.* **repique**).

to **replace** [ri'pleis], *v. t.* **1** ricollocare; rimettere a posto; riporre; restituire: **You must r. the stolen money**, devi restituire il denaro rubato **2** soppiantare; sostituire; rimpiazzare: **to r. a worn tyre**, sostituire un pneumatico logoro; **No article shall be replaced after it has been taken out of the shop**, la merce non viene sostituita dopo aver lasciato il negozio **3** subentrare a, succedere a: **Mr A. Jones has become general manager, thus replacing Mr J. Martin**, Mr A. Jones è diventato direttore generale, e pertanto subentra a Mr J. Martin.

replaceable [ri'pleisəbl], *a.* **1** ricollocabile; restituibile **2** soppiantabile; sostituibile **3** (*econ.*) fungibile; surrogabile: **r. goods**, beni fungibili.

replacement [ri'pleismənt], *n.* **1** ricollocamento; restituzione **2**

sostituzione; rimpiazzo: **the r. of obsolete machinery**, la sostituzione del macchinario obsoleto **3** successione, subentro (*in una carica, in una mansione, ecc.*) **4** rimpiazzo; sostituto; chi subentra **5** (*ind., mecc.*) sostituzione, ricambio (*di pezzi e sim.*) **6** (*ind., mecc.*) ricambio; pezzo di ricambio **7** (*geol.*) sostituzione. ● (*polit.*) **r. party**, partito di ricambio (*o* di alternativa).

to replant ['ri:'pla:nt], *v. t.* **1** ripiantare (*alberi, ecc.*) **2** trapiantare.

replantation [ˌri:plɑ:n'teiʃən], *n.* **1** nuova piantagione **2** trapianto (*d'alberi, di piante*).

to replay ['ri:'plei], **A** *v. t.* **1** (*sport*) giocare di nuovo, ripetere (*una partita, un incontro*) **2** (*mus.*) suonare di nuovo; riascoltare **3** (*radio, telev.*) ripetere (*parte di una trasmissione, una scena, alcune sequenze*). **B** *v. i.* (*sport*) ripetere la partita.

replay ['ri:plei], *n.* **1** (*sport*) partita ripetuta; incontro ripetuto **2** (*radio, telev.; anche* **action r.**) ripetizione; «replay».

repleader [ri:'pli:də*], *n.* (*leg.*) **1** replica (*nella discussione d'una causa*) **2** diritto di replica (*anche dopo la sentenza*) **3** riapertura di un processo (*a causa della scoperta di un vizio di forma*).

to replenish [ri'pleniʃ], *v. t.* riempire; rifornire; completare: **I must r. my wine-cellar**, devo rifornire la cantina; **to r. one's stock of goods**, completare le scorte di merce. ● (*di persona*) **replenished with**, pieno di; ben fornito di.

replenishment [ri'pleniʃmənt], *n.* **1** riempimento; rifornimento; completamento (*delle scorte*) **2** nuova provvista.

replete [ri'pli:t], *a.* **1** pieno; (ben) fornito; (ben) provveduto: **to be r. with charm (with humour, etc.)**, essere pieno di fascino (d'umorismo, ecc.) **2** sazio; satollo.

repletion [ri'pli:ʃən], *n.* **1** pienezza; l'esser ben fornito **2** sazietà: **to eat to r.**, mangiare a sazietà **3** (*med.*) pletora. ● **The theatre was filled to r.**, il teatro era pieno zeppo (*o* stracolmo).

replevin [ri'plevin], *n.* (*leg.*) ricupero di beni mobili, contro cauzione.

to replevy [ri'plevi], *v. t.* (*leg.*) ricuperare (*beni mobili*) contro cauzione.

replica ['replikə] (*ital.*), *n.* (*arte*) **1** replica; riproduzione **2** (*per estens.*) copia; facsimile.

replicable ['replikəbl], *a.* replicabile; ripetibile.

replicate (1) ['replikit], *n.* (*mus.*) motivo ripetuto un'ottava più alta (*o* più bassa).

replicate (2) ['replikit], *a.* (*bot.*) ripiegato su se stesso.

replication [ˌrepli'keiʃən], *n.* **1** replica; risposta **2** eco (*di un suono*) **3** copia; riproduzione **4** (*leg., un tempo*) replica dell'attore.

to reply [ri'plai], *v. i. e t.* rispondere (a); replicare; ribattere: **to r. to a question**, rispondere a una domanda; **to r. in writing**, rispondere per iscritto; **We replied to the enemy's fire**, rispondemmo al fuoco del nemico. ● **to r. for sb.**, rispondere per (*o* a nome di) q.

reply [ri'plai], *n.* risposta; replica: **r. card**, cartolina con risposta pagata □ **r.-paid telegram**, telegramma con risposta pagata □ **r. sheet**, foglio per le risposte (*in un questionario, ecc.*) □ **in r. to**, in risposta a.

to repolish ['ri:'poliʃ], *v. t.* riforbire; levigare (*o* lucidare) di nuovo.

to repopulate ['ri:'pɔpjuleit], *v. t.* ripopolare.

repopulation ['ri:ˌpɔpju'leiʃən], *n.* ripopolamento.

to report [ri'pɔ:t], **A** *v. t.* **1** riportare; riferire; relazionare; narrare; raccontare: **I reported what I had seen**, riferii quel che avevo visto; **to r. a message**, riferire un messaggio; **He reported all the details of the scene to me**, mi raccontò tutti i particolari della scena **2** annunziare; comunicare: **The chairman of the board has reported a sales total of one million pounds**, il presidente del consiglio d'amministrazione ha dichiarato un fatturato di un milione di sterline **3** riportare (*raro*); fare una relazione su; relazionare su (*bur.*); fare la cronaca di: **to r. a speech**, riportare un discorso (*stenografarlo, riassumerlo*); **to r. an event**, fare la cronaca di un avvenimento **4** fare rapporto contro (q.); deferire, denunciare: **to r. a pupil**, fare rapporto a uno studente; **to r. a clerk to the manager**, fare rapporto al direttore contro un impiegato; **to r. sb.'s rude behaviour**, denunciare il comportamento sgarbato di q.; **to r. an accident**, denunciare un incidente. **B** *v. i.* **1** fare una relazione (*o* un rapporto) **2** fare il cronista: **He reports for the «Manchester Guardian»**, fa il cronista per il «Manchester Guardian» **3** presentarsi (*a rapporto, alla polizia, ecc.*): **R. to the manager at once**, presentati subito al direttore!; **to r. to the police**, presentarsi alla polizia **4** presentarsi a rapporto: **You must r. immediately**, devi presentarti subito a rapporto **5** dare notizie di sé. ● **to r. back**, tornare e riferire; riferire al ritorno □ **to r. for duty**, presentarsi a rapporto; riprendere servizio □ (*fin.*) **to r. one's income**, dichiarare i propri redditi □ **to r. out**, riferire su; ripresentare: **The committee reported the bill out**, la commissione parlamentare riferì sul disegno di legge □ **to r. the proceedings of a meeting**, verbalizzare gli atti di una riunione □ **to r. progress**, riferire sull'andamento (*o* lo stato d'avanzamento) dei lavori □ **to r. progress to sb.**, tenere al corrente q. sull'andamento (*di un lavoro, ecc.*) □ **to r. weekly by letter**, dar notizie di sé ogni settimana a mezzo di lettera □ (*polit.*) **to move to r. progress**, presentare una mozione per il rinvio del dibattito (*spesso per fare ostruzionismo*) □ (*gramm.*) **reported speech**, discorso indiretto □ **It is reported**, si dice; corre voce □ **He is badly reported of**, si parla male di lui; ha una cattiva reputazione.

report [ri'pɔ:t], *n.* **1** diceria; pettegolezzo; voce: **The r. goes (o R. has it) that you are married**, corre voce che tu sia sposato; **idle reports**, notizie infondate; voci **2** rapporto; relazione; resoconto; descrizione; cronaca; verbale: **to make (to draw up) a r.**, fare (stendere) un rapporto; **the r. of a battle**, la descrizione d'una battaglia; **He moved the adoption of the r.**, propose l'approvazione del verbale **3** servizio (giornalistico); pezzo di cronaca **4** reputazione; fama: **a man of good (of ill) r.**, un uomo che gode buona (cattiva) reputazione **5** (*anche* **school r.**) rapporto scolastico (*alla fine del trimestre*); pagella: **a schoolboy's r.**, la pagella di un alunno **6** colpo (*d'arma da fuoco*); scoppio; detonazione: **the r. of a gun**, un colpo di fucile; uno sparo. ● (*USA*) **r. card**, *V. sopra, def. 5*.

reportable [ri'pɔ:təbl], *a.* **1** riportabile; riferibile; degno di menzione **2** (*fin.*) da dichiarare: **one's r. income**, il reddito da dichiarare (*al fisco*).

reportage [ˌrepɔ:'tɑ:ʒ] (*franc.*), *n.* **1** cronaca giornalistica; servizio giornalistico; reportage **2** stile giornalistico.

reportedly [ri'pɔ:tidli], *avv.* a quanto viene riferito; a quel che si dice.

reporter [ri'pɔ:tə*], *n.* **1** chi riferisce; rapportatore (*raro*) **2** (*specialm.*) cronista; redattore, reporter (*di giornale*) **3** stenografo (*al Parlamento*). ● (*in Parlamento*) **reporters' gallery**, tribuna della stampa.

reporting [ri'pɔ:tiŋ], *n.* cronaca (*anche radio, telev.*); giornalismo; servizio d'informazioni.

reportorial [ˌri:pɔ:'tɔ:riəl], *a.* (*specialm. USA*) di (*o* da) cronista.

to repose (1) [ri'pouz], *v. t.* riporre, nutrire (*fiducia, speranza, ecc.*): **to r. full confidence in sb. (st.)**, nutrire piena fiducia in q. (q.c.).

to repose (2) [ri'pouz], **A** *v. i.* **1** (*anche, v. rifl.*, **to repose oneself**) riposare, riposarsi: **R. yourself on the bed**, riposati sul letto! **2** (*fig.*) fidare (in q.); esser riposto: **His faith reposed in God**, la sua fede era riposta in Dio **3** basarsi; fondarsi; esser basato (*o* fondato): **The whole system reposes on credit**, l'intero sistema è basato sul credito **4** (*eufemistico*) riposare (in pace); giacere **5** giacere; essere disteso **6** (*geol.*) poggiare: **The shale reposes on a bed of limestone**, lo scisto argilloso poggia su uno strato di calcare. **B** *v. t.* posare; appoggiare; far riposare: **to r. one's head on sb.'s shoulder**, appoggiare (*o* posare) il capo sulla spalla di q.

repose [ri'pouz], *n.* **1** riposo; pace; quiete; tranquillità **2** compostezza; calma; dignità **3** armonia (*di forme, di colori; per es. in un quadro*).

reposeful [ri'pouzful], *a.* calmo; riposante; tranquillo.

to reposit [ri'pozit], *v. t.* riporre; mettere via (al sicuro).

repository [ri'pɔzitəri], *n.* **1** ricettacolo; ripostiglio **2** deposito; magazzino **3** sepolcro; tomba **4** (*fig.*) miniera; pozzo **5** (*fig.*) depositario (*di segreti, ecc.*); confidente. ● **to be the r. of sb.'s wildest dreams**, conoscere i sogni più sfrenati di q. □ **This book is a r. of curious information**, questo libro è un repertorio di notizie curiose.

to repossess ['ri:pə'zes], *v. t.* **1** rientrare in possesso di (q.c.); riacquistare; (*specialm.*) riprendersi (*una merce per inadempienza del compratore*) **2** rimettere (q.) in possesso; restituire a (q.): **They repossessed him of his house**, gli restituirono la casa.

repossession ['ri:pə'zeʃən], *n.* il rientrare (*o* il rimettere) in possesso; riacquisto; ripresa di possesso (*specialm. di una merce, per mancato pagamento del compratore*).

repost ['ri:'poust], *V.* **riposte**.

to repot ['ri:'pot], *v. t.* rinvasare; trapiantare in un vaso più grande.

repp [rep], *V.* **rep (1)**.

repped [rept], *a.* (*di tessuto*) a coste.

to reprehend [ˌrepri'hend], *v. t.* riprendere; ammonire; rimproverare; biasimare; riprovare.

reprehensibility [ˌrepriˌhensə'biliti], *n.* l'essere riprovevole.

reprehensible [ˌrepri'hensəbl], *a.* biasimevole; riprovevole.

reprehension [ˌrepri'henʃən], *n.* biasimo; riprovazione.

reprehensive [ˌrepri'hensiv], *a.* di biasimo; di riprovazione.

to represent (1) [ˌrepri'zent], **A** *v. t.* **1** rappresentare (*in ogni senso*); descrivere; dipingere; raffigurare; simboleggiare; significare; far presente; recitare: **The picture represents the murder of Abel**, il quadro rappresenta l'uccisione di Abele; **The scene represents a middle-class sitting-room**, la scena rappresenta il salotto di una casa borghese; (*mat.*) **«x» represents the unknown**, l'«x» rappresenta l'incognita; **I represented to him the absolute necessity to see to it at once**, gli feci presente l'assoluta necessità di provvedere immediatamente; (*teatr.*) **to r. «Hamlet»**, rappresentare l'«Amleto»; **Diplomats r. their country abroad**, i diplomatici rappresentano il loro paese all'estero **2** presentare alla mente; dimostrare; illustrare: **I can only r. it to you by metaphors**, posso illustrartelo soltanto per mezzo di metafore **3** (*teatr.*) impersonare; fare la parte di; interpretare: **to r. Hamlet**, fare la parte d'Amleto **4** fungere da; essere l'equivalente di: **A cave represented home to primitive peoples**, per i popoli primitivi, una caverna fungeva da casa **5** far osservare; asserire; dichiarare; affermare: **He represented that the war was already lost**, asserì che la guerra era ormai persa; **He represents that he has been** (*o* **himself to have been**) **to the Pole**, asserisce d'essere stato al Polo. **6** significare; voler dire; aver valore: **Such excuses r. nothing at all to me**, siffatte scuse non hanno per me alcun valore **7** (*leg.*) rappresentare (*parti in causa, ecc.*) **8** (*comm.*) fare il rappresentante per (*una ditta*). **to represent oneself** B *v. rifl.* asserire, dichiarare d'essere; farsi passare per; protestarsi: **He likes to r. himself as a famous healer**, ama farsi passare per un famoso guaritore. ● **to r. to oneself**, farsi un'idea di (q.c.); immaginare: **Can you r. infinity to yourself?**, riesci a farti un'idea dell'infinito?

to re-present (2) ['re:pri'zent], *v. t.* ripresentare; presentare di nuovo: (*comm.*) **to r. a bill for payment**, ripresentare una cambiale al pagamento.

representable [ˌrepri'zentəbl], *a.* **1** rappresentabile; descrivibile; raffigurabile **2** dimostrabile; illustrabile.

representation [ˌreprizen'teiʃən], *n.* **1** rappresentazione (*anche nel diritto di successione*); descrizione; raffigurazione; immagine; quadro (*fig.*) **2** (*teatr.*) rappresentazione; interpretazione **3** (*comm., polit.*) rappresentanza: **proportional r.**, rappresentanza proporzionale **4** argomentazione; asserzione; dichiarazione; dimostrazione; illustrazione: **according to his own representations**, secondo le sue asserzioni (*o* dichiarazioni); stando a quel che dice lui **5** (*spesso al pl.*) osservazione; rimostranza; protesta: **to make representations**, fare osservazioni (*o* rimostranze) **6** (*pl., ass.*) dichiarazioni dell'assicurato (*alla compagnia d'assicurazione: sul rischio da assicurare*).

representational [ˌreprizen'teiʃənl], *a.* **1** rappresentativo; di rappresentazione, ecc. (*V.* **representation**) **2** (*arte*) figurativo.

representationalism [ˌreprizen'teiʃənlizəm], *n.* (*arte*) figurativismo.

representationalist [ˌreprizen'teiʃənlist], *n.* (*arte*) artista figurativo; seguace del figurativismo.

representative [ˌrepri'zentətiv], **A** *a.* rappresentativo; che rappresenta; basato sulla rappresentanza; tipico: **a meeting of r. men**, una riunione di uomini rappresentativi; **r. government**, sistema (di governo) rappresentativo; **Detroit is a r. American city**, Detroit è una tipica città americana; **a r. selection of English poets**, una scelta rappresentativa di poeti inglesi. **B** *n.* **1** uomo rappresentativo; cosa (*o* persona) tipica; esempio tipico **2** (*comm., anche* **r. agent**) rappresentante **3** (*polit.*) rappresentante del popolo; deputato: **Our State has sent four Democratic representatives to Congress**, il nostro Stato ha mandato quattro rappresentanti democratici al Congresso; (*USA*) **the House of Representatives**, la Camera dei Deputati. ● **a r. assembly**, un'assemblea di rappresentanti del popolo □ **a r. body**, un organo rappresentativo; una rappresentanza □ **a r. firm**, un'azienda tipo □ **to be r. of**, rappresentare; riffigurare: **a group r. of the theological virtues**, un gruppo che rappresenta le virtù teologali □ **the Chinese r. at the U.N.O.**, il rappresentante della Cina all'O.N.U.

representativeness [ˌrepri'zentətivnis], *n.* l'essere rappresentativo; aspetto tipico; carattere rappresentativo (*V.* **representative**).

to repress [ri'pres], *v. t.* **1** reprimere; frenare; trattenere; domare: **to r. one's feelings**, reprimere i propri sentimenti; **to r. a sigh**, trattenere un sospiro; **to r. an uprising**, reprimere (*o* domare) una sollevazione **2** opprimere: **Parents shouldn't r. their children**, i genitori non dovrebbero opprimere i figli.

repressed [ri'prest], *a.* (*anche psic.*) represso; oppresso. ● **a r. feeling**, un sentimento represso □ (*econ.*) **r. inflation**, inflazione controllata.

repressibility [riˌpresə'biliti], *n.* (*scient.*) reprimibilità.

repressible [ri'presəbl], *a.* (*scient.*) reprimibile.

repression [ri'preʃən], *n.* **1** repressione **2** oppressione **3** (*psic.*) repressione; rimozione: **sexual r.**, repressione sessuale **4** (*psic.*) repressione; sentimento represso.

repressive [ri'presiv], *a.* **1** repressivo **2** oppressivo **3** (*psic.*) repressivo; di rimozione.

reprieve [ri'pri:v], *n.* **1** (*leg.*) rinvio (*o* sospensione) dell'esecuzione di una sentenza (*specialm. di una condanna a morte*) **2** (*fig.*) dilazione; tregua **3** (*fig.*) notizia confortante; sollievo.

to reprieve [ri'pri:v], *v. t.* **1** (*leg.*) rinviare (*o* sospendere) l'esecuzione di (*una condanna a morte*) **2** (*fig.*) dar tregua, dar sollievo a (q.) **3** dare una notizia confortante a (q.). ● (*fin.*) **to r. a company with a low-interest loan**, concedere a una società un mutuo a basso interesse □ **The medicine reprieved me from pain**, la medicina mi alleviò il dolore.

reprimand ['reprima:nd], *n.* **1** rabbuffo; rampogna; rimprovero **2** (*rif. a impiegati, ecc.*) ammonimento; censura.

to reprimand ['reprima:nd], *v. t.* **1** rampognare; rimproverare **2** ammonire, censurare (*un impiegato, ecc.*).

to reprint [ri:'print], *v. t.* ristampare. ● (*di un libro e sim.*) **to be reprinting**, essere in ristampa.

reprint ['ri:print], *n.* ristampa.

reprisal [ri'praizəl], *n.* (*leg.*) rappresaglia: **to make** (*o* **to take**) **reprisals**, compiere rappresaglie. ● **as a r.** (*o* **in r., by way of r.**), per rappresaglia.

reprise [ri'praiz], *n.* **1** (*leg.*) detrazione annuale (*sul reddito agrario: per pagamento di imposte, annualità, ecc.*) **2** (*mus.*) ripresa; ritornello.

repro ['ri:prou], **A** *n.* (*abbr. fam. di* **reproduction**) **1** riproduzione; copia **2** *V.* **reproduction proof**. **B** *a. attr.* (*di mobili, ecc.*) di stile: **r. furniture**, mobili di stile.

to reproach [ri'proutʃ], *v. t.* **1** rimproverare; sgridare; rimbrottare; biasimare: **I'll r. him for being late**, lo sgriderò perché arriva in ritardo **2** accusare; incolpare: **They r. him with negligence**, lo incolpano d'essere negligente **3** (*arc.*) recare onta a; disonorare; screditare: **This crime will r. him**, questo crimine lo screditerà. ● **She has nothing to r. herself with**, ella non ha nulla da rimproverarsi.

reproach [ri'proutʃ], *n.* **1** rimprovero; sgridata; rabbuffo; rimbrotto; biasimo: **a term of r.**, una parola di biasimo **2** onta; disonore; discredito; vergogna: **to bring r. upon sb.**, arrecare disonore a q.; **The state of the streets is a r. to the whole township**, lo stato delle strade è una vergogna per tutta la cittadinanza. ● **above** (*o* **beyond**) **r.**, irreprensibile □ **to abstain from r.**, astenersi dal biasimare □ **to lead a life without r.**, condurre una vita irreprensibile.

reproachful [ri'proutʃful], *a.* **1** di rimprovero; di biasimo: **r. words**, parole di rimprovero **2** (*arc.*) riprovevole; vergognoso.

reproachfully [ri'proutʃfuli], *avv.* in tono di rimprovero.

reproachfulness [ri'proutʃfulnis], *n.* tono di rimprovero.

to reprobate ['reproubeit], *v. t.* (*raro*) **1** riprovare; disapprovare; condannare; biasimare **2** respingere; rifiutare **3** (*relig.*) dannare.

reprobate ['reproubeit], *a. e n.* **1** reprobo **2** (*relig.*) dannato.

reprobation [ˌreprou'beiʃən], *n.* (*raro*) **1** riprovazione; disapprovazione; biasimo **2** rifiuto; ricusa **3** (*relig.*) dannazione.

to reprocess [ri:'prouses], *v. t.* (*ind.*) **1** rilavorare **2** rigenerare.

reprocessing [ri:'prousesiŋ], *n.* (*ind.*) **1** rilavorazione **2** rigenerazione.

to reproduce [ˌri:prə'dju:s], **A** *v. t.* riprodurre; rigenerare; rappresentare di nuovo; ripetere: (*biol.*) **to r. one's kind**, riprodurre la specie; **to r. a play**, riprodurre un dramma; **to r. sounds on a tape**, riprodurre suoni su un nastro; **There are animals, like lizards, that can r. a lost part**, vi sono animali, come le lucertole, che possono rigenerare una parte del corpo perduta. **B** *v. i.* **1** (*biol.*) riprodursi **2** poter essere riprodotto (*o* copiato).

reproducer [ˌri:prə'dju:sə*], *n.* **1** (*biol.*) riproduttore **2** riproduttore (*del suono, ecc.*) **3** (*elab.*) riproduttore.

reproducible [ˌri:prə'dju:səbl], *a.* riproducibile.

reproduction [ˌri:prə'dʌkʃən], *n.* riproduzione (*in ogni senso*). ● **a r. portrait**, la copia di un ritratto □ (*grafica*) **r. proof**, bozza in carta fotografica □ (*stat.*) **r. rate**, tasso di riproduzione (demografica).

reproductive [ˌri:prə'dʌktiv], *a.* riproduttivo; di riproduzione, ecc. (*anat.*) **r. system**, apparato riproduttore.

reprographer [ri'prɔgrəfə*], *n.* riprografo.

reprographic [ˌri:prə'græfik], *a.* riprografico.

reprography [ri'prɔgrəfi], *n.* riprografia.

reproof [ri'pru:f], *n.* riprovazione; biasimo; rimprovero: **a word of r.**, una parola di biasimo; **She is very sensitive: she cannot bear r.**, è molto sensibile: non riesce a sopportare i rimproveri. ● **to speak in r. of st.**, avere parole di riprovazione per q.c.

to reproof [ˌri:'pru:f], *v. t.* (*ind.*) rendere (*un tessuto, ecc.*) nuovamente impermeabile; impermeabilizzare di nuovo.

reprovable [ri'pru:vəbl], *a.* riprovevole.

reproval [ri'pru:vəl], *V.* **reproof**.

to reprove [ri'pru:v], *v. t.* riprovare; biasimare; rimproverare; riprendere; rimbrottare: **The boy was reproved for being lazy**, il ragazzo fu rimproverato per la sua pigrizia.

reproving [ri'pru:viŋ], *a.* di riprovazione; di biasimo. ● **in a r. voice**, in tono di rimprovero.

reprovingly [ri'pru:viŋli], *avv.* **1** con aria di riprovazione **2** in tono di rimprovero.

reptant ['reptənt], *a.* (*bot., zool.*) reptante; strisciante.

reptation [rep'teiʃən], *n.* (*zool.*) reptazione.

reptile ['reptail], (*zool.*) **A** *n.* rettile (*anche fig.*). **B** *a.* strisciante. ● (*fig.*) **the r. press**, la stampa prezzolata.

reptilian [rep'tiliən], **A** *a.* **1** di (*o* simile a) rettile **2** (*fig.*) abietto; insidioso; malfido. **B** *n.* (*zool.*) rettile. ● (*geol.*) **r. age**, (periodo) mesozoico □ **a queer-looking r. fellow**, un tipo dall'aspetto strano, simile a un serpente.

republic [ri'pʌblik], *n.* repubblica. ● (*fig.*) **the r. of letters**, la repubblica delle lettere; i letterati; la letteratura.

republican [ri'pʌblikən], *a.* e *n.* repubblicano. ● (*USA*) **the R. Party**, il partito repubblicano.

republicanism [ri'pʌblikənizəm], *n.* repubblicanesimo.

to republicanize [ri'pʌblikənaiz], *v. t.* rendere repubblicano.

republication ['ri:ˌpʌbli'keiʃən], *n.* **1** ripubblicazione **2** nuova edizione; ristampa.

to republish [ri:'pʌbliʃ], *v. t.* ripubblicare.

to repudiate [ri'pju:dieit], *v. t.* **1** ripudiare; sconfessare; rinnegare: **to r. one's wife (friends**, etc.**)**, ripudiare la moglie (gli amici, ecc.) **2** rifiutare; ricusare; respingere: **to r. an offer**, respingere un'offerta; **to r. a gift**, ricusare un dono **3** rifiutare di riconoscere; misconoscere: **to r. a debt**, rifiutare di riconoscere un debito.

repudiation [riˌpju:di'eiʃən], *n.* **1** ripudio; sconfessione **2** rifiuto **3** rifiuto di riconoscere (*un debito*, ecc.); misconoscimento.

repudiator [ri'pju:dieitə*], *n.* ripudiatore.

to repugn [ri'pju:n], (*arc.*). **A** *v. t.* avversare; opporsi a; far resistenza a; combattere; ostacolare. **B** *v. i.* ripugnare; essere repellente.

repugnance [ri'pʌgnəns], **repugnancy** [ri'pʌgnənsi], *n.* **1** ripugnanza; avversione; disgusto; repulsione **2** incompatibilità; inconciliabilità.

repugnant [ri'pʌgnənt], *a.* **1** ripugnante; disgustoso; ributtante; schifoso: **r. food**, cibo ripugnante **2** incompatibile; inconciliabile: **actions r. to his words**, atti incompatibili (*o* in contrasto) con le sue parole **3** (*poet.*) contrario; avverso; ostile: **r. forces**, forze avverse. ● **a mind r. to knowledge**, una mente refrattaria alla conoscenza □ **It is r. to me**, mi ripugna...

to repulse [ri'pʌls], *v. t.* respingere; ricacciare; rifiutare; rigettare; ricusare: **to r. the enemy**, ricacciare il nemico; **to r. an attack**, respingere un assalto; **to r. an accusation**, respingere un'accusa; **to r. an offer**, rifiutare (*o* respingere) un'offerta.

repulse [ri'pʌls], *n.* **1** ripulsa; diniego; rifiuto: **to meet with a r.**, ricevere un rifiuto **2** (*mil.*) il respingere; l'essere respinto **3** (*fig.*) sconfitta; scacco.

repulsion [ri'pʌlʃən], *n.* **1** repulsione, ripulsione (*anche fis.*); ripugnanza; avversione; disgusto: **capillary r.**, repulsione capillare (*di certi liquidi*) **2** (*mecc.*) forza repulsiva. ● (*elettr.*) **r. motor**, motore a repulsione.

repulsive [ri'pʌlsiv], *a.* repulsivo, ripulsivo (*anche fis.*); ripugnante; disgustoso; ributtante; schifoso: **a r. disease**, una malattia ripugnante. ● (*mecc.*) **r. force**, forza repulsiva.

repulsiveness [ri'pʌlsivnis], *n.* l'esser ripulsivo (*o* ripugnante).

to repurchase ['ri:'pə:tʃəs], *v. t.* riacquistare; ricomprare; riscattare.

repurchase ['ri:'pə:ʃəs], *n.* riacquisto; ricompera; riscatto.

reputable ['repjutəbl], *a.* onorevole; rispettabile; stimabile.

reputation [ˌrepju:'teiʃən], *n.* **1** reputazione; fama; nome: **Jones has a good r.** (*o* **is a man of good r.**), Jones gode buona reputazione; **He has the r. of being a competent teacher**, ha fama d'essere un insegnante di valore; **She has a bad r.**, è donna di dubbia fama **2** onorabilità; rispettabilità; buon nome; stima: **That was a serious blow to his r.**, quello fu un grave colpo per il suo buon nome. ● **to live up to one's r.**, non venir meno al proprio buon nome.

to repute [ri'pju:t], *v. t.* (*generalm. al passivo*) reputare; credere; giudicare; considerare; ritenere; stimare: **People r. him (to be) the best doctor in the town**, la gente lo reputa il miglior medico della città; **He is reputed (to be) a hard worker**, lo ritengono un gran lavoratore; **They are well** (*o* **highly**) **reputed**, sono assai stimati. ● **to be ill reputed**, avere un cattivo nome (*o* una brutta nomea).

repute [ri'pju:t], *n.* **1** reputazione; fama; nome: **ill r.**, dubbia fama; **good r.**, buona reputazione; buon nome **2** onorabilità; rispettabilità; buon nome: **a hotel of (some) r.**, un albergo (abbastanza) rinomato. ● **to be held in high r.**, essere tenuto in grande considerazione □ **to know sb. by r.**, conoscere q. per fama (*o* soltanto di nome) □ **a place of ill r.**, un luogo malfamato; un luogo di malaffare □ **a wine of little r.**, un vino poco rinomato.

reputed [ri'pju:tid], *a.* **1** onorato; rinomato; stimato **2** supposto; presunto; putativo; ritenuto: (*leg.*) **r. father**, padre putativo; (*leg.*) **r. owner**, proprietario presunto.

reputedly [ri'pju:tidli], *avv.* **1** a quel che si suppone; secondo l'opinione generale **2** (*leg.*) putativamente.

request [ri'kwest], *n.* **1** richiesta; domanda: **We did it at his r.**, lo facemmo a sua richiesta; **Your r. has been granted**, la tua richiesta è stata accolta; **sender's return r.**, richiesta di restituzione (*di una lettera*, ecc.) al mittente; pretesa **3** (*radio*, *telev.*) disco (canzone, ecc.) a richiesta. ● **r. stop**, fermata a richiesta □ **by r.**, a richiesta; su invito □ **on r.**, su richiesta: **The catalogue is available on r.**, il catalogo è disponibile su richiesta □ **These goods are in great r.**, c'è molta richiesta di questa merce.

to request [ri'kwest], *v. t.* **1** chiedere; richiedere; domandare; sollecitare: **Contributions are requested for the war refugees**, si sollecitano offerte in denaro per i profughi di guerra **2** invitare; pregare: **Guests are kindly requested to leave their keys with the porter**, i clienti sono pregati di consegnare la chiave al portiere. ● **to r. sb.'s presence**, invitare q. (*a un ricevimento*, ecc.).

to requicken ['ri:'kwikən], *v. t.* ravvivare; rianimare.

requiem ['rekwiem], *n.* (*relig.*, *mus.*) **1** requiem **2** (anche **r. mass**) messa di requiem.

to require [ri'kwaiə*], *v. t.* **1** richiedere; esigere; volere; volerci (*impers.*): **to r. obedience**, esigere obbedienza; **This job requires a lot of patience**, questo lavoro richiede molta pazienza; **It required all my authority to keep them in hand**, ci volle tutta la mia autorità per tenerli a freno; **The tailor requires payment**, il sarto vuole essere pagato **2** comandare; ordinare: **They required me not to leave the town**, mi ordinarono di non lasciare la città; **Do what is required of you**, fa' quel che ti si comanda **3** abbisognare, aver bisogno di: **We r. your assistance**, abbiamo bisogno del tuo aiuto. ● **to be required**, essere necessario (*o* richiesto); occorrere; volerci; (*di persona*) essere invitato a, dovere: **All candidates are required to hold a university degree**, tutti i candidati devono essere in possesso di laurea.

required [ri'kwaiəd], *a.* richiesto; necessario; che serve: **the r. spanner**, la chiave inglese che serve. ● **the r. exams**, gli esami che si devono sostenere □ **when r.**, se del caso; all'occorrenza.

requirement [ri'kwaiəmənt], *n.* **1** bisogno; esigenza; fabbisogno; necessità: **to meet the requirements of one's customers**, soddisfare le esigenze della clientela **2** requisito: **the requirements for university entrance**, i requisiti per l'ammissione all'università.

requisite ['rekwizit], **A** *a.* richiesto; necessario; indispensabile: **everything r. for a long journey**, tutte le cose necessarie a un lungo viaggio. **B** *n.* **1** requisito **2** fabbisogno; (l') occorrente; (il) necessario **3** (*pl.*, *comm.*) articoli: **sports requisites**, articoli sportivi.

requisition [ˌrekwi'ziʃən], *n.* **1** richiesta scritta; domanda; istanza **2** condizione (*o* qualità) richiesta; requisito: **the requisitions for a university degree**, i requisiti per conseguire una laurea **3** (*specialm. mil.*) requisizione. ● **to call st. into r.**, richiedere q.c.; far richiesta di q.c. □ **to put st. in r.**, ricorrere a q.c.; far uso di q.c.

to requisition [ˌrekwi'ziʃən], *v. t.* **1** requisire: **Several hotels were requisitioned to accommodate the earthquake refugees**, diversi alberghi furono requisiti per alloggiare i terremotati **2** imporre una requisizione a: **They requisitioned the town for cars**, imposero alla città una requisizione d'automobili.

requital [ri'kwaitl], *n.* **1** cambio; contraccambio; ricambio; compenso; ricompensa: **the r. of evil**, il contraccambio del male ricevuto; **to receive benefits in r. for one's services**, ricevere benefici in cambio dei propri servigi **2** rappresaglia; vendetta. ● **to make full r.**, ricambiare a usura; ricompensare ampiamente.

to requite [ri'kwait], *v. t.* **1** contraccambiare; ricambiare; restituire; ricompensare; ripagare: **to r. a favour (an injury**, etc.**)**, ricambiare un favore (un'offesa, ecc.); **to r. evil with good**, ricambiare il male col bene; rendere bene per male; **to r. like for like**, restituire pan per focaccia; **to r. sb. for his services**, ricompensare q. per i servizi resi **2** vendicare; vendicarsi di; punire: **to r. a wrong**, vendicare un torto; **to r. a traitor with death**, punire un traditore con la morte.

to re-read [ri:'ri:d] (*pass.* e *p. p.* **re-read**), *v. t.* rileggere.

reredos ['riədɔs], *n.* (*archit.*) dossale.

reroofing ['ri:'ru:fiŋ], *n.* (*edil.*) rifacimento (dei) tetti.

to reroute ['ri:'ru:t], *v. t.* **1** avviare (*o* instradare) di nuovo **2** dirottare (*anche econ.*): **to r. investments**, dirottare gli investimenti.

to rerun ['ri:'rʌn] (*pass.* **reran**, *p. p.* **rerun**), *v. t.* **1** presentare (*un film*) in seconda visione **2** (*sport*) rifare, ripetere (*una corsa*) **3** (*elab.*) rieseguire (*un programma*)

rerun ['ri:'rʌn], *n.* **1** (film presentato in) seconda visione **2** (*elab.*) riesecuzione.

to resaddle ['ri:'sædl], *v. t.* sellare di nuovo.

resale ['ri:seil], *n.* (*comm.*) rivendita; il rivendere.

to rescind [ri'sind], *v. t.* **1** (*leg.*) rescindere; annullare; abrogare: **to r. a contract**, rescindere un contratto; **to r. a law**, abrogare una legge **2** (*comm.*) disdettare; disdire.

rescission [ri'siʒən], *n.* **1** rescissione, annullamento, risoluzione (*di un contratto*); abrogazione (*di una legge*) **2** (*comm.*) disdetta.

rescript [ri:'skript], *n.* **1** (*stor.*) rescritto (*d'imperatore romano, di papa, di principe*) **2** editto; decreto (*in genere*).

rescue ['reskju:], *n.* **1** liberazione; aiuto; soccorso; salvamento; salvataggio: **A tug came to our r.**, un rimorchiatore venne in

rescue

nostro soccorso; **He has tens of rescues to his credit**, ha decine di salvataggi al suo attivo **2** (*leg.*) liberazione (*di un detenuto*) con la forza. ● (*alla spiaggia, al mare*) **«Rescue»**, «Bagnino» (*di salvataggio*: *cartello*) □ **a r. team**, una squadra di soccorso (*o di soccorritori*) □ (*naut.*) **r. vessel**, nave di soccorso.

to rescue ['reskju:], *v. t.* **1** liberare; salvare; soccorrere: **He rescued the old woman from the fire**, salvò la vecchia dall'incendio; **to r. a child from his kidnappers**, liberare un bambino dai suoi rapitori **2** (*leg.*) liberare con la forza; far evadere.

rescuer ['reskjuə*], *n.* salvatore; soccorritore, soccorritrice.

research [ri'sə:tʃ], *n.* ricerca; indagine; inchiesta; studio (*scient.*). ● (*naut.*) **r. ship**, nave oceanografica □ **a r. worker**, un ricercatore □ **to be engaged in r.** (**in r. work**), essere impegnato in ricerche (in lavoro di ricerca) □ **a piece of r.**, una ricerca (scientifica).

to research [ri'sə:tʃ], **A** *v. i.* fare ricerche; indagare; investigare: **to r. into the causes of st.**, far ricerche sulle cause di q.c. **B** *v. t.* fare ricerche su, indagare su (*un argomento*).

researcher [ri'sə:tʃə*], *n.* ricercatore, ricercatrice.

to reseat ['ri:'si:t], *v. t.* **1** rimettere a sedere **2** rifornire di sedie (*o di poltrone*) nuove **3** rifare il fondo a (*una sedia, ecc.*). ● **when you're all reseated**, quando vi sarete riseduti tutti.

to resect [ri:'sekt], *v. t.* (*med.*) resecare.

resection [ri:'sekʃən], *n.* (*med.*) resezione.

reseda [ri'si:də, 'residə], *n.* **1** (*bot., Reseda*) reseda **2** color reseda; verde pallido.

to reseek ['ri:'si:k] (*pass.* e *p. p.* **resought**), *v. t.* ricercare; cercare di nuovo.

to reseize ['ri:'si:z], *v. t.* **1** riacciuffare; riafferrare; ricatturare; riprendere **2** sequestrare per la seconda volta.

to resell ['ri:'sel] (*pass.* e *p. p.* **resold**), *v. t.* rivendere.

reseller ['ri:'selə*], *n.* rivenditore; chi vende per la seconda volta.

resemblance [ri'zembləns], *n.* somiglianza; rassomiglianza.

resemblant [ri'zemblənt], *a.* (*raro*) somigliante, simile (*a*).

to resemble [ri'zembl], *v. t.* assomigliare a; rassomigliare a.

to resent [ri'zent], *v. t.* risentirsi di; dolersi di; offendersi per; prendersela per: **He resents groundless accusations**, si risente delle accuse gratuite.

resentful [ri'zentful], *a.* **1** pieno di risentimento; risentito; sdegnato **2** che si risente facilmente; permaloso.

resentment [ri'zentmənt], *n.* risentimento; rancore; sdegno: **I bear no r. against her**, non le serbo alcun rancore.

reservation [,rezə'veiʃən], *n.* riserva; restrizione; eccezione: **He agreed, but with some reservations**, fu d'accordo, ma con qualche riserva; (*leg., relig.*) **mental r.**, riserva mentale **2** (*USA e Canada*) riserva: **an Indian r.**, una riserva di indiani **3** (*specialm. USA*) prenotazione (*in albergo, piroscafo, ecc.*; cfr. *ingl.* **booking**).

to reserve [ri'zə:v], **A** *v. t.* **1** riservare; riservarsi: **I r. the right to come and go freely**, mi riservo il diritto di passaggio (di andare e venire liberamente); **The umpire reserved his decision**, l'arbitro si riservò di decidere **2** serbare; conservare; tenere in serbo: **R. your energy**, tieni in serbo le tue energie! **3** (*specialm. USA*) prenotare; riservare (cfr. *ingl.* **to book**): **to r. a seat on a train** (at the theatre, etc.), prenotare un posto in treno (una poltrona a teatro, ecc.). ● **to reserve oneself B** *v. rifl.* serbare le forze, risparmiarsi. ● **to r. for oneself**, riservare per sé; riservarsi (*un diritto, ecc.*).

reserve [ri'zə:v], *n.* **1** riserva; scorta; serbo: **a r. of fuel**, una riserva di combustibile; (*fin.*) **the gold r.**, la riserva aurea; **a game r.**, una riserva di caccia; **I accept your conditions without r.**, accetto le tue condizioni senz'alcuna riserva; (*mil.*) **to be in** (*o* **to be on**) **the r.**, appartenere alla riserva; **to have other arguments in r.**, avere altri argomenti in serbo **2** riserbo; riservatezza, riserbatezza; discrezione; reticenza: **I appreciate his r. of manner**, apprezzo il suo riserbo **3** (*sport*) riserva **4** riserva; parco naturale **5** (*pl., econ.*) riserve **6** − (*pl., mil.*) **the reserves**, le riserve; le truppe di riserva. (*fin.*) **r. fund**, fondo di riserva □ **r. price**, prezzo minimo (*a un'asta*) □ **r. strength**, forza tenuta in serbo □ (*comm.*) **to put a r. on st.**, fissare un prezzo minimo per q.c. □ **sale (auction) without r.**, vendita (vendita all'asta) senza (che venga previamente fissato un) prezzo minimo □ **with all (due) reserves**, con tutte le (dovute) riserve □ **without r.**, senza riserve; (*leg.*) senza condizioni, incondizionatamente; (*comm.*) senza fissare il prezzo minimo (*a un'asta, ecc.*).

reserved [ri'zə:vd], *a.* **1** riservato; prenotato: **r. seats**, posti riservati **2** riservato; pieno di riserbo; poco espansivo: **He is too r. to be liked by everyone**, è troppo riservato per riuscire simpatico a tutti. ● (*mil.*) **r. list**, lista degli ufficiali della riserva navale.

reservist [ri'zə:vist], *n.* (*mil.*) riservista; soldato (*o* marinaio) della riserva.

reservoir ['rezəvwa:*], *n.* **1** serbatoio; cisterna: **the r. of an oil lamp**, il serbatoio d'una lampada a petrolio **2** bacino idrico (*o* idroelettrico); lago artificiale **3** (*fig.*) miniera, repertorio.

riserva (*di fatti, notizie, ecc.*).

to reset (1) [ri:'set], (*leg. scozz.*) **A** *v. t.* ricettare. **B** *v. i.* fare il ricettatore.

to reset (2) ['ri:'set] (*pass.* e *p. p.* **reset**), *v. t.* **1** ricollocare; rimettere a posto; risistemare; ripristinare: **to r. a broken arm**, rimettere a posto un braccio rotto **2** (*tipogr.*) ricomporre **3** rimettere a zero (*o* a punto): **to r. an instrument**, rimettere a zero uno strumento **4** incastonare (*una pietra preziosa*) di nuovo **5** riaffilare (*una sega, ecc.*) **6** (*autom., elettr., mecc.*) registrare; regolare: **to r. the gap of the distributor points**, regolare l'apertura delle puntine dello spinterogeno.

reset (1) ['ri:'set], *n.* (*leg. scozz.*) ricettazione.

reset (2) ['ri:'set], *n.* **1** ricollocamento; nuova sistemazione; ripristino **2** (*tipogr.*) ricomposizione **3** rimessa a zero (*o* a punto: *d'uno strumento*) **4** (*autom., elettr., mecc.*) registrazione; regolazione.

to resettle ['ri:'setl], **A** *v. t.* **1** ristabilire; riassettare; risistemare **2** colonizzare di nuovo **3** insediare (*profughi, stranieri, ecc.*: in un Paese nuovo). **B** *v. i.* ristabilirsi (*in un luogo*).

resettlement ['ri:'setlmənt], *n.* **1** ristabilimento; riassetto **2** nuova colonizzazione **3** insediamento (*V.* **to resettle**).

to reshape ['ri:'ʃeip], *v. t.* rifoggiare; dare nuova forma a.

to reship ['ri:'ʃip], **A** *v. t.* **1** (*naut.*) rimbarcare; spedire di nuovo (*via mare*) **2** (*naut.*) trasbordare **3** (*per estens.*) spedire di nuovo; rispedire. **B** *v. i.* rimbarcarsi (*anche come marinaio*).

reshipment ['ri:'ʃipmənt], *n.* **1** (*naut.*) rimbarco; rispedizione (*via mare*) **2** (*naut.*) trasbordo **3** (*per estens.*) rispedizione (*di merci, ecc.*).

to reshuffle ['ri:'ʃʌfl], *v. t.* **1** rimescolare; mescolare di nuovo (*le carte, ecc.*) **2** (*fig.*) rimaneggiare **3** (*specialm. polit.*) fare un rimpasto di; rimpastare.

reshuffle ['ri:'ʃʌfl], *n.* **1** il rimescolare (*le carte, ecc.*); rimescolamento **2** (*fig.*) rimaneggiamento; rimescolamento delle carte (*fig., fam.*) **3** (*specialm. polit.*) rimpasto: **a Cabinet r.**, un rimpasto del governo.

to reside [ri'zaid], *v. i.* risiedere (*anche fig.*); abitare; vivere; trovarsi: **to r. abroad**, risiedere all'estero; **The power of decision resides in him**, in lui risiede il potere decisionale.

residence ['rezidəns], *n.* **1** residenza; soggiorno; dimora: **her r. in Europe**, il suo soggiorno in Europa **2** residenza; villa; casa signorile **3** (*spesso scherz.*) casa; abitazione: **my humble r.**, la mia umile casa **4** (*leg.*) domicilio fiscale. ● **r. permit**, permesso di soggiorno □ **to be in r.**, (*di funzionario*) essere in sede; (*di professore*) risiedere presso l'università; (*di studenti*) essere in sede □ **R. is required**, la residenza è obbligatoria; c'è l'obbligo di residenza.

residency ['rezidənsi], *n.* **1** (*stor.*) residenza ufficiale del rappresentante del governo inglese (*nelle colonie*) **2** residenza; abitazione.

resident ['rezidənt], **A** *a.* **1** residente; del luogo; locale: **the r. population**, la popolazione locale **2** interno: **a r. doctor**, un medico interno (*di un ospedale*) **3** (*di animale*) stanziale **4** (*fig.*) inerente; insito: **powers of sensation r. in the nerves**, facoltà sensorie insite nei nervi. **B** *n.* **1** residente; abitante: **the residents of the suburbs**, gli abitanti della periferia **2** − (*stor.*) **R.**, «Residente» **3** cliente fisso (*di un albergo, ecc.*) **4** medico interno.

residential [,rezi'denʃəl], *a.* residenziale; fatto di sole case d'abitazione (*o di ville*) (*non di negozi o uffici*); (*per estens.*) elegante, signorile: **a r. quarter**, un quartiere residenziale; **a r. street**, una strada signorile. ● (*polit.*) **r. qualifications**, requisito della residenza (*per poter votare*) □ (*leg.*) **r. requirement**, obbligo della residenza.

residentiary [,rezi'denʃiəri], **A** *n.* **1** (*relig.*) ecclesiastico che ha l'obbligo della residenza **2** residente; abitante. **B** *a.* **1** (*spesso di carica, beneficio, ecc.*) residenziale **2** (*d'ecclesiastico*) residente.

residual [ri'zidjuəl], **A** *a.* **1** residuo; rimanente; residuale: **r. magnetism**, magnetismo residuo **2** (*geol.*) residuale. **B** *n.* **1** residuo; sostanza residua **2** (*mat.*) resto (*di una sottrazione*); differenza. ● **r. error**, (*mat.*) errore (di calcolo) non ancora trovato (*o corretto*); (*stat.*) errore residuale □ (*ind.*) **r. oil**, asfalto (*o bitume*) di petrolio; residuo (di raffinazione) □ (*ind.*) **r. product**, sottoprodotto.

residuary [ri'zidjuəri], **A** *a.* residuo; rimanente. **B** *n.* (*leg., anche* **r. legatee**) erede di ciò che rimane dopo il pagamento dei debiti e dei legati.

residue ['rezidju:], *n.* **1** residuo (*anche chim., geol.*); resto; rimanente **2** (*mat.*) residuo (integrale) **3** (*leg.*) parte residua (*di un patrimonio ereditario*: dopo aver pagato i debiti e i legati).

residuum [ri'zidjuəm], *n.* (*pl.* **residua, residuums**) (*specialm. chim.*) residuo; sostanza residua.

to resign (1) [ri'zain], **A** *v. t.* **1** abbandonare; cedere; lasciare; rinunciare a: **to r. the managership**, lasciare la direzione; **to r. a right**, rinunciare a un diritto; **to r. hope (life, etc.)**, abbandonare la speranza (la vita, ecc.) **2** consegnare; affidare: **The dying man resigned his children to the care of his brother**, il morente affidò i figli alle cure del fratello. **B** *v. i.* **1** rassegnarsi: **We all must r. to our fate**, tutti dobbiamo rassegnarci al nostro destino **2** rassegnare le dimissioni; dimettersi: **He resigned from the post he had occupied for ten years**, si dimise dal posto che teneva da dieci anni. **to resign oneself C** *v. rifl.* rassegnarsi, adattarsi; abbandonarsi, cedere a: **They don't want to r. themselves to anybody's control**, non vogliono adattarsi a essere controllati da chicchessia; **to r. oneself to sleep**, abbandonarsi al sonno. ● **to r. one's mind**, mettersi il cuore in pace ◻ **to r. one's post**, dare le dimissioni, dimettersi (*dall'impiego*).

to **re(-)sign (2)** ['riːˈsain], *v. t.* firmare di nuovo.
resignation [ˌrezigˈneiʃən], *n.* **1** abbandono; cessione; rinuncia **2** dimissioni: **to give** (*o* **to send**) **in one's r.**, dare (*o* presentare) le dimissioni **3** rassegnazione.
resigned [riˈzaind], *a.* rassegnato.
to **resile** [riˈzail], *v. i.* **1** (*fis.*) essere resiliente; avere elasticità **2** (*fig.*) avere elasticità mentale **3** (*fig.*) essere dotato di capacità di ricupero.
resilience [riˈziliəns], **resiliency** [riˈziliənsi], *n.* **1** (*fis., costr., mecc.*) resilienza; elasticità (*anche fig.*): **the r. of rubber**, l'elasticità della gomma **2** (*fig.*) capacità di ricupero (*o* di ripresa).
resilient [riˈziliənt], *a.* **1** (*fis., costr., mecc.*) resiliente; elastico (*anche fig.*): **to have a r. mind**, avere una mente elastica **2** (*fig.*) che ha capacità di ricupero (*o* di ripresa).
resin ['rezin], *n.* (*chim.*) resina. ● **r. emulsion**, emulsione resinosa ◻ (*ind. tessile*) **r. finish**, resinatura.
to **resin** ['rezin], *v. t.* trattare con resina; impregnare di resina; resinare.
resinate ['rezineit], *n.* (*chim.*) resinato.
resinated ['rezineitid], *a.* resinato: **r. wine**, vino resinato.
resiniferous [ˌreziˈnifərəs], *a.* resinifero.
resinification [reˌzinifiˈkeiʃən], *n.* (*chim.*) resinificazione.
to **resinify** ['rezinifai], *v. t.* e *i.* (*chim.*) resinificare, resinificarsi.
resinous ['rezinəs], *a.* resinoso: **r. cement**, adesivo resinoso.
resipiscence [ˌresiˈpisəns], *n.* (*lett.*) resipiscenza; ravvedimento.
resipiscent [ˌresiˈpisənt], *a.* (*lett.*) resipiscente; che rinsavisce.
to **resist** [riˈzist], **A** *v. t.* **1** resistere a; opporsi a; respingere: **to r. an attack (disease, old age, temptations, etc.)**, resistere a un attacco (a una malattia, alla vecchiaia, alle tentazioni, ecc.); **to r. God's will**, opporsi alla volontà del Signore; **to r. the enemy**, respingere il nemico **2** rinunciare a; resistere a; trattenersi da; fare a meno di: **I cannot r. a cigarette**, non so rinunciare a una sigaretta. **B** *v. i.* **1** resistere; opporre resistenza **2** reggere; farcela (*fam.*): **I can r. no longer**, non ce la faccio più. ● **to r. laughing**, trattenere il riso; riuscire a restare serio.
resist [riˈzist], *n.* **2** (*ind.*) sostanza che rende resistente agli agenti chimici; riserva **2** (*grafica*) riserva **3** (*metall.*) rivestimento isolante.
resistance [riˈzistəns], *n.* **1** (*elettr., mecc., polit., mil.*) resistenza: **to offer r.**, opporre resistenza; **to make no r. to the enemy**, non offrire resistenza al nemico **2** – (*stor.*) **the R.**, la Resistenza. ● (*elettr.*) **r. coil**, bobina di resistenza ◻ (*mil.*) **r. movement**, resistenza; movimento di resistenza ◻ (*metall.*) **r. welding**, saldatura per resistenza ◻ (*elettr.*) **r. wire**, filo resistivo (*o* per resistori) ◻ (*anche fig.*) **the line of least r.**, la linea di minor resistenza.
resistant [riˈzistənt], *a.* resistente: **heat r.**, resistente al calore.
resister [riˈzistə*], *n.* chi fa resistenza; oppositore: (*polit.*) **passive r.**, oppositore passivo.
resistibility [riˌzistiˈbiliti], *n.* **1** possibilità di resistere **2** capacità di resistenza.
resistible [riˈzistibl], *a.* **1** cui si può resistere **2** capace di resistere.
resistive [riˈzistiv], *a.* **1** che resiste; capace di resistere; resistente **2** (*tecn.*) resistivo.
resistivity [ˌriziˈstiviti], *n.* resistività.
resistless [riˈzistlis], *a.* (*arc.*) **1** irresistibile; cui non si può resistere: **a r. impulse**, un impulso irresistibile **2** incapace di far resistenza.
resistojet [riˈzistouˌdʒet], *n.* (*miss.*) reattore a resistenza.
resistor [riˈzistə*], *n.* (*elettr.*) resistore; resistenza. ● (*elettr.*) **r. element**, elemento resistivo ◻ **r. furnace**, forno a resistenza ◻ (*elettr.*) **r. network**, rete resistiva.
to **resit** [riːˈsit, ˈriːsit] (*pass.* e *p. p.* **resat**), *v. t.* (*nelle università inglesi*) ripetere (*un esame scritto*); fare (*un esame*) per la seconda volta.
resold ['riːˈsould], *pass.* e *p. p.* di **resell**.
to **resole** ['riːˈsoul], *v. t.* risolare.
resoling ['riːˈsoulin], *n.* risolatura.
resolubility [riˌzɔljuˈbiliti], *n.* **1** risolvibilità **2** (*ottica*) scomponibilità; risolubilità.
resoluble [riˈzɔljubl], *a.* **1** risolubile; risolvibile **2** (*ottica*) scomponibile; risolubile.

resolute [ˌrezəluːt], *a.* risoluto; deciso; deliberato; fermo; sicuro.
resoluteness ['rezəluːtnis], *n.* risolutezza; decisione; fermezza.
resolution [ˌrezəˈluːʃən], *n.* **1** risoluzione (*anche med., mus.*); determinazione; deliberazione; decisione; proposito; soluzione: **to make good resolutions**, fare buoni propositi; **to pass a r.**, approvare una deliberazione (*o* una delibera); **the r. of a doubt (of a problem, etc.)**, la soluzione di un dubbio (di un problema, ecc.) **2** risolutezza; decisione; fermezza **3** (*ottica*) decomposizione; scomposizione **4** (*fis., ottica, elettron.*) risoluzione; potere risolvente **5** (*leg.*) risoluzione (*di un contratto*). ● **to come to a r.**, prendere una decisione.
resolutive ['rezəljutiv], *a.* **1** (*med.*) risolvente **2** (*leg.*) risolutivo.
resolvability [riˌzɔlvəˈbiliti], *n.* **1** risolvibilità; risolubilità **2** (*ottica*) l'essere scomponibile.
resolvable [riˈzɔlvəbl], *a.* **1** risolvibile; risolubile **2** (*ottica*) scomponibile; risolubile.
to **resolve** [riˈzɔlv], **A** *v. t.* **1** risolvere (*quasi in ogni senso*); sciogliere; chiarire; decidere; deliberare: **The problem of its origin has not yet been resolved**, il problema della sua origine non è ancora stato risolto; **The discussion resolved itself into a quarrel**, la discussione si risolse in una lite; **to r. doubts (difficulties)**, risolvere (*o* chiarire) dubbi (difficoltà); **He resolved not to go** (*o* **that he wouldn't go**), decise di non andare **2** indurre; convincere; far decidere: **That discovery resolved us on staying** (*o* **to stay**) **at home**, quella scoperta c'indusse a restare a casa **3** scomporre; dividere; separare: **to r. st. into its components**, scomporre q.c. nei suoi componenti **4** (*ottica*) decomporre; scomporre; risolvere. **B** *v. i.* **1** risolversi; decidersi; prendere una risoluzione (*o* una decisione) **2** dissolversi; sciogliersi; disintegrarsi **3** (*ottica*) scomporsi **4** (*med.*) risolversi. **to resolve oneself C** *v. rifl.* **1** trasformarsi; diventare **2** (*polit.*) costituirsi in: **The House resolved itself into a committee**, la Camera (Bassa) si costituì in commissione. ● **to r. against doing st.**, decidere di non fare q.c. ◻ **to r. Christianity into a system of morality**, ridurre il Cristianesimo a un sistema filosofico-morale ◻ **to r. on** (*o* **upon**) **doing st.**, decidere (*o* deliberare, stabilire) di fare q.c.: **He resolved on buying the painting**, decise di acquistare il quadro ◻ (*nelle deliberazioni*) **resolved that...**, (avendo) deliberato che... ◻ (*fis., ottica, elettron.*) **resolving power**, potere risolvente.
resolve [riˈzɔlv], *n.* **1** risoluzione; decisione; proposito: **to keep one's r.**, mantenere la propria decisione **2** risolutezza; fermezza.
resolved [riˈzɔlvd], *a.* **1** risoluto; deciso; fermo; deliberato **2** convinto; persuaso **3** (*di un problema, ecc.*) risolto.
resolvent [riˈzɔlvənt], *a.* e *n.* **1** (*farm.*) (rimedio) risolvente **2** (*mat.*) risolvente: **r. kernel**, nucleo risolvente.
resonance ['rezənəns], *n.* (*anche fis., elettr., mecc.*) risonanza. ● (*elettr.*) **r. bridge**, ponte a risonanza ◻ (*mecc.*) **r. vibration**, vibrazione di risonanza.
resonant ['rezənənt], *a.* **1** (*anche fis., elettr., mecc.*) risonante **2** sonoro: **a r. voice**, una voce sonora **3** che rimanda (*un suono*); rieccheggiante. ● (*elettr.*) **r. capacitor**, condensatore autorisonante ◻ (*fis.*) **r. detector**, rivelatore a risonanza ◻ (*aeron.*) **r. jet**, pulsoreattore risonante ◻ **to be r. with**, risuonare di (*grida, rumori, ecc.*).
resonator ['rezəneitə*], *n.* **1** (*fis.*) risonatore **2** (*radio*) circuito di risonanza **3** (*mus.*) cassa di risonanza.
to **resorb** [riˈzɔːb], **A** *v. t.* (*anche fis.*) riassorbire. **B** *v. i.* riassorbirsi.
resorbence [riˈzɔːbəns], *n.* capacità di riassorbimento.
resorbent [ˌriˈzɔːbənt], *a.* riassorbente.
resorcin [riˈzɔːsin], **resorcinol** [riˈzɔːsinɔl], *n.* (*chim.*) resorcina; resorcinolo.
resorption [riˈzɔːpʃən], *n.* (*fis.*) riadsorbimento, riassorbimento.
to **resort (1)** [riˈzɔːt], *v. i.* **1** ricorrere (*a*); far ricorso: **to r. to violence**, fare ricorso alla violenza; **I shall have to r. to a stratagem**, dovrò ricorrere a uno stratagemma **2** recarsi (*a*); andare (*a*); frequentare: **People r. to the seaside in summer**, la gente va al mare d'estate. ● **to r. to drink**, darsi al bere ◻ **to r. to plundering**, darsi al saccheggio.
resort [riˈzɔːt], *n.* **1** ricorso; il ricorrere: **without r. to violence**, senza far ricorso alla violenza; **I had r. to my brother**, feci ricorso a mio fratello (*per aiuto, ecc.*) **2** risorsa; espediente; ripiego: **I tried to repeat the experiment as a last r.**, come ultimo espediente, cercai di ripetere l'esperimento **3** svago; passatempo: **TV watching is my only r.**, il mio unico svago è la televisione **4** affluenza; afflusso; ritrovo; concorso (*di gente, di folla*): **We encourage the r. of tourists**, noi favoriamo l'afflusso dei turisti; **a place of r.**, un luogo di ritrovo **5** luogo di vacanza; luogo di soggiorno; stazione: **holiday resorts**, luoghi di villeggiatura; **a health r.**, una stazione climatica; **a seaside r.**, una stazione balneare. ● **without r. to cheating**, senza imbrogliare (*o* barare, *o* copiare all'esame).
to **re-sort (2)** ['riːˈsɔːt], *v. t.* selezionare di nuovo.
resought ['riːˈsɔːt], *pass.* e *p. p.* di **reseek**.

to resound (1) [ri'zaund], **A** v. i. **1** (di suono, ecc.) risuonare; echeggiare; rimbombare; ripercuotersi: **Roland's horn resounded at Roncevaux**, il corno di Orlando risuonò a Roncisvalle; **The hall resounded with applause**, la sala risuonò di applausi **2** (fig.) aver risonanza: **The event will r. through Europe**, l'avvenimento avrà risonanza in tutta l'Europa. **B** v. t. **1** riecheggiare; far risuonare **2** (fig.) celebrare; cantare: **They will r. his praises**, ne canteranno le lodi.

to re-sound (2) ['ri:'saund], **A** v. t. **1** suonare di nuovo (uno strumento) **2** scandagliare (o sondare) di nuovo. **B** v. i. risuonare; suonare di nuovo.

resounding [ri'zaundiŋ], a. risonante; sonoro. ● **a r. success**, un successo clamoroso.

resource [ri'sɔ:s], n. **1** risorsa (anche econ.); mezzo; espediente; ripiego: **natural resources**, risorse naturali: **I have exhausted all my pecuniary resources**, ho esaurito tutte le mie risorse finanziarie; **He is a man of great r.**, è uomo di molte risorse **2** occupazione dilettevole; passatempo; svago: **Reading is a great r.**, la lettura è un'occupazione assai dilettevole. ● **to leave sb. to his own resources**, lasciare che ve. se la cavi (o passi il tempo, si organizzi) per conto suo □ **His only r. was flight**, non gli restava che la fuga.

resourceful [ri'sɔ:sful], a. pieno di risorse; intraprendente; ingegnoso: **a r. man**, un uomo intraprendente; **a r. thing**, una trovata ingegnosa.

resourcefulness [ri'sɔ:sfulnis], n. intraprendenza; ingegnosità.

resourceless [ri'sɔ:slis], a. senza risorse; privo di risorse.

resourcelessness [ri'sɔ:slisnis], n. mancanza di risorse.

respect [ris'pekt], n. **1** rispetto; riguardo; considerazione; conto; stima: **to have (to show) r. for sb.**, avere (mostrare) rispetto per q.; **He was held in great r. by everybody**, era tenuto in gran conto da tutti; **He enjoyed the r. of everybody**, godeva la stima di tutti; **One must have r. for the feelings of others**, bisogna aver riguardo per i sentimenti altrui **2** aspetto; rispetto: **He is dangerous in many respects**, è pericoloso sotto molti aspetti **3** (pl.) rispetti; ossequi; omaggi: **Please give my respects to your mother**, porga i miei rispetti (o ossequi) a Sua madre. ● **in r. of** (o to), riguardo a; in quanto a □ **to pay r. to**, portar rispetto a □ **to pay one's respects to sb.**, presentare i propri rispetti a q.; ossequiare q. □ **self-r.**, rispetto di sé; dignità □ **to show r. of persons**, fare delle parzialità □ **to win the r. of sb.**, guadagnarsi la stima di q. □ (bur. e comm.) **with r. to**, rispetto a, riguardo a, quanto a; con (o facendo) riferimento a □ **with (all) due r.**, col dovuto rispetto; con tutti i riguardi □ **without r. of persons**, senza guardare in faccia nessuno; senza parzialità □ **without r. to**, senza riguardo a; senza curarsi di; a prescindere da: **He did it quite without r. to the results**, lo fece senza curarsi per niente delle conseguenze □ **In this r. you are wrong**, riguardo a ciò, hai torto.

to respect [ris'pekt], **A** v. t. **1** rispettare (in ogni senso); stimare; tenere in considerazione; osservare: **We should r. other people's feelings**, dobbiamo rispettare i sentimenti degli altri; **to r. the law (a boundary, etc.)**, rispettare la legge (un confine, ecc.) **2** (raro, salvo nel part. pres.) riguardare; concernere: **laws respecting racial integration**, leggi concernenti l'integrazione razziale. **to respect oneself B** v. rifl. aver rispetto di sé; non venir meno al rispetto di sé.

respectability [ri,spektə'biliti], n. **1** rispettabilità; onorabilità **2** (pl.) convenienze sociali.

respectable [ris'pektəbl], a. **1** rispettabile; onorabile; onorevole; onesto: **a r. hotel**, un albergo rispettabile; **to act from r. motives**, agire per motivi onorevoli (o onesti); **a r. merchant**, un mercante onesto **2** (iron.) pieno di rispetto umano; amante delle convenzioni **3** conveniente; decoroso; dignitoso; riguardoso: **r. behaviour**, condotta decorosa **4** considerevole; notevole; ragguardevole; discreto: **His work was r. but not outstanding**, la sua opera fu ragguardevole ma non eccezionale; **a r. amount**, una somma ragguardevole. ● **a r. hill**, un colle di considerevole altezza □ **a r. suit of clothes**, un abito decente (o presentabile).

respecter [ris'pektə*], n. chi rispetta; chi è rispettoso (specialm. nella frase): **He is no r. of persons**, non guarda in faccia nessuno; non fa parzialità. ● (prov.) **Death is no r. of preachers** (o persons), la morte è uguale per tutti (o non risparmia nessuno).

respectful [ris'pektful], a. rispettoso; deferente.

respectfulness [ris'pektfulnis], n. rispetto; deferenza.

respecting [ris'pektiŋ], prep. rispetto a; riguardo a; quanto a; circa; su: **We don't agree r. the price**, non siamo d'accordo sul prezzo.

respective [ris'pektiv], a. rispettivo; relativo: **They were chosen according to their r. qualifications**, furono scelti secondo le rispettive qualifiche. ● **Put them back in their r. places**, riponili ciascuno al suo posto.

respectively [ris'pektivli], avv. rispettivamente: **The boys you've met are my brother and cousin, r.**, i ragazzi che hai conosciuto sono rispettivamente mio fratello e mio cugino.

to respell ['ri:'spel], v. t. **1** riscrivere (una parola) con diversa ortografia (di solito, con simboli fonetici) **2** sillabare di nuovo.

respirable ['respirəbl], a. respirabile.

respiration [,respə'reiʃən], n. **1** (fisiologia) respirazione **2** respiro.

respirator ['respəreitə*], n. **1** (anche med.) respiratore **2** (mil.) maschera antigas.

respiratory [ris'paiərətəri], a. respiratorio: (anat.) **r. organs**, organi respiratori; (med.) **r. arrest**, arresto respiratorio.

to respire [ris'paiə*], v. t. e i. **1** (fisiologia) respirare **2** (fig.) respirare; prender fiato.

to respite ['respait], v. t. **1** dare respiro a (q.); dar tregua a (q.) **2** (comm.) concedere una dilazione a (un debitore, ecc.) **3** (comm.) differire (un pagamento) **4** (leg.) sospendere (una condanna).

respite ['respait], n. **1** respiro (fig.); momento di riposo; sollievo; tregua: **a r. from toil**, un momento di riposo da un lavoro faticoso; **a r. from pain**, un po' di sollievo dal dolore **2** (comm.) proroga; dilazione; rinvio **3** (leg.) sospensione (di una sentenza). ● **without a moment's r.**, senza un attimo di respiro.

resplendence [ris'plendəns], **resplendency** [ris'plendənsi], n. splendore; fulgore.

resplendent [ris'plendənt], a. risplendente; splendido; fulgido.

to respond [ris'pɔnd], v. i. **1** rispondere; reagire: **The congregation responded to the priest**, i fedeli rispondevano al sacerdote; **He responded to the insult with a blow**, rispose all'insulto con un colpo; **He responded with rage**, reagì con rabbia; **Nerves r. to a stimulus**, i nervi rispondono a uno stimolo; (med.) **to r. to treatment**, rispondere al trattamento; reagire a una cura **2** essere (o mostrarsi) sensibile a: **They don't r. to kindness**, non si mostrano sensibili alla gentilezza. ● **to r. negatively (positively) to a question**, rispondere di no (di sì) a una domanda.

respond [ris'pɔnd], n. **1** (relig.) responsorio **2** (relig.) risposta (data dai fedeli all'officiante) **3** (archit.) pilastro portante (alle due estremità di un portico, di una navata, ecc.).

respondence [ris'pɔndəns], **respondency** [ris'pɔndənsi], n. rispondenza; corrispondenza.

respondent [ris'pɔndənt], **A** a. rispondente; che risponde; che reagisce (a). **B** n. **1** chi risponde; chi reagisce **2** (leg.) convenuto, convenuta (specialm. in una causa di divorzio).

response [ris'pɔns], n. **1** reazione; risposta: **Their r. was the declaration of war**, la loro reazione fu di dichiarare la guerra; per tutta risposta, dichiararono guerra **2** responso: **the r. of the oracle**, il responso dell'oracolo **3** (relig.) risposta; responsorio. ● **to bring** (o **meet with**) **no r.**, non suscitare reazioni □ **in r. to**, come reazione a; (raro) in risposta a (una richiesta, ecc.) □ **to make no r.**, non reagire.

responsibility [ris,pɔnsə'biliti], n. responsabilità: **I'll take the r. of doing it**, mi assumerò io la responsabilità di farlo; **heavy (great) responsibilities**, gravi (grandi) responsabilità. ● (specialm. polit.) **to claim r. for**, rivendicare (un attentato, ecc.) □ **on one's own r.**, sotto la propria responsabilità □ **to take full r.**, assumersi tutta la responsabilità □ **He lacks r.**, è un irresponsabile.

responsible [ris'pɔnsəbl], a. **1** responsabile; che deve render ragione; dotato di senso della responsabilità; fidato: **The captain is r. for the safety of the passengers and cargo**, il capitano è responsabile della salvezza dei passeggeri e del carico; **He is a r. person**, è persona fidata **2** di responsabilità: **He has a r. position**, occupa una posizione di (grande) responsabilità **3** che ha la colpa: **Who's r. for spilling the milk?**, di chi è la colpa d'aver versato il latte? **4** che è la causa di; che ha il merito di; cui va attribuito (q.c.): **The U.S.A. is r. for most manufactured goods that cross national frontiers**, agli U.S.A. va attribuito il primo posto nell'esportazione di prodotti finiti (in tutto il mondo). ● **The author of the music is also r. for the lyrics**, l'autore della musica è anche l'autore dei versi.

responsions [ris'pɔnʃənz], n. pl. il primo dei tre esami per conseguire il titolo di «Bachelor of Arts» (primo grado accademico) a Oxford.

responsive [ris'pɔnsiv], a. **1** di risposta: **a r. glance**, un'occhiata di risposta (o d'intesa) **2** che reagisce; sensibile; comprensivo; pronto a simpatizzare: **a r. audience**, un uditorio comprensivo (o pronto a simpatizzare) **3** (relig.) **r. reading**, lettura di passi liturgici, con risposte dei fedeli.

responsiveness [ris'pɔnsivnis], n. sensibilità; comprensione; simpatia (V. **responsive**).

responsory [ris'pɔnsəri], n. (relig.) responsorio.

to re-spray ['ri:'sprei], v. t. (autom.) riverniciare (a spruzzo).

re-spraying ['ri:'spreiiŋ], n. (autom.) riverniciatura (a spruzzo).

rest (1) [rest], n. **1** riposo; pace; quiete: **Never deprive yourself of r.**, non rinunciare mai al riposo!; (anche med.) **complete r.**, riposo assoluto; **a day of r.**, un giorno di riposo; un giorno di festa **2** pausa; posa; sosta: **Shall we have a r. now or later?**, facciamo una pausa adesso o più tardi?; **without r.**, senza posa **3** ricovero; rifugio; asilo; casa di riposo: **a seamen's r.**, una casa di riposo per marinai **4** appoggio; sostegno; (*mecc.*) supporto **5** (*mus.*) pausa **6** (*biliardo*) bilancino (*per la stecca*) **7** (*poesia*) cesura **8** (*autom.*) (posizione di) fermo: **acceleration from r.**, accelerazione da fermo. ● (*med.*) **r. cure**, cura del riposo □ **r. day**, giorno di riposo □ **r. home**, ricovero; asilo; casa di riposo □ **r.-house**, ostello; locanda presso una stazione di posta (*in India*) □ (*USA*) **r. room**, toeletta, gabinetto, ritirata (*in un albergo, ristorante, ecc.*) □ **an arm-r.**, un bracciolo □ **at r.**, in riposo, quieto; immobile; che sta riposando, che dorme; (*fig.*) morto □ **to come to r.**, arrestarsi; fermarsi □ **a foot-r.**, un appoggia-piedi □ **to go** (*o* **to retire**) **to r.**, andare a letto (*o* a dormire, a riposare) □ **to have a good night's r.**, fare una bella dormita; riposare bene □ **to lay sb. to r.**, seppellire q. □ **to set sb.'s mind at r.**, mettere in pace l'animo a q.; rassicurare q.; tranquillizzare q. □ **to set a question at r.**, definire una questione □ **to take one's r.**, riposare, riposarsi □ **to take a short r.**, riposare un poco □ **I never have a moment's r.**, non ho un minuto di riposo; non ho mai tregua.

to rest (1) [rest], **A** *v. i.* **1** (*anche fig.*) riposare, riposarsi; dormire; aver pace (*o* riposo): **Let's r. for five minutes**, riposiamoci dieci minuti!; **Let him r. in peace**, lasciale riposare in pace!; **He is resting from his labours**, si riposa dalle sue fatiche; **They r. in a war cemetery**, riposano (*o* sono sepolti) in un cimitero di guerra; **She could not r. till she got her wish**, non ebbe pace finché non ottenne quel che voleva **2** appoggiarsi; poggiarsi; poggiare; posarsi; sostenersi; basarsi: **The bridge rests on six piers**, il ponte poggia su sei piloni; **a hand resting on the table**, una mano appoggiata sulla tavola; **Science rests on the observation of phenomena**, la scienza si basa sull'osservazione di fenomeni; **My eyes rested on the picture**, il mio sguardo si posò sul quadro **3** confidare; fidarsi: **to r. in God**, confidare in Dio; **We r. in your promise**, ci fidiamo della tua promessa **4** (*agric.*) essere a riposo (*o a maggese*). **B** *v. t.* **1** far riposare; dar riposo a; riposare: **I stopped to r. my mule**, mi fermai per far riposare il mulo; **I should r. my eyes from excessive reading**, dovrei (*far*) riposare gli occhi stanchi per il troppo leggere **2** appoggiare; poggiare; posare; basare; fondare: **R. your head on the pillow**, appoggia la testa sul guanciale!; **He rested his argument on trivialities**, basò la sua tesi su argomenti futili; **I r. my hopes in you**, fondo le mie speranze su di te; **to r. one's gaze** (*o* **one's eyes**) **on st.**, posare lo sguardo su q.c. **3** (*agric.*) lasciare a riposo; lasciare a maggese. ● **to r. after dinner**, fare un riposino dopo pranzo □ **to r. against st.**, appoggiarsi a q.c. □ (*fig.*) **to r. on one's laurels**, dormire sugli allori □ **to r. on one's oars**, smettere di remare; (*fig.*) prendersi un po' di riposo, tirare i remi in barca □ (*biol.*) **resting cell**, cellula in riposo □ **resting place**, luogo di riposo □ **the last resting place**, l'ultimo (*o* l'estremo) riposo; la tomba □ **Never let your enemy r.**, non dar mai tregua al nemico! □ **God r. his soul**, Dio l'abbia in grazia!

rest (2) [rest], *n.* (*con l'art. def.*) **1** resto; residuo; rimanente; avanzo; (il) restante: **The r. of the cake belongs to Charles**, il resto della torta è di Carlo; **Throw the r. to the dogs**, butta gli avanzi ai cani! **2** (*col verbo al pl.*) (i) rimanenti; (gli) altri **3** (*banca, fin.*) riserva **4** (*rag.*) saldo passivo **5** (*tennis*) serie di ribattute. ● **and (all) the r. (of it)**, e così via; e via dicendo; eccetera eccetera □ **for the r.**, per il resto; in quanto al resto.

to rest (2) [rest], *v. i.* restare; rimanere; stare; essere: **You may r. assured that we shall come**, puoi star certo che verremo. ● **to r. with**, essere affidato a; essere di competenza di; spettare a: **The management rests with him**, la direzione è affidata a lui; **It rests with you to see to it**, spetta a te (*o* è compito tuo) provvedere.

rest (3) [rest], *n.* (*stor.*) resta: **to lay** (*o* **to set**) **one's lance in r.**, mettere la lancia in resta.

to re-stage [ri:'steidʒ], *v. t.* (*teatr.*) rimettere in scena.
to restamp ['ri:'stæmp], *v. t.* bollare (*o* affrancare, timbrare) di nuovo.
to restart ['ri:'stɑ:t], **A** *v. t.* **1** riavviare; ricominciare; ridare inizio a **2** levare di nuovo (*la selvaggina*) **3** (*mecc.*) rimettere in moto (*o* in marcia) (*un motore*). **B** *v. i.* riavviarsi; ripartire; riprendere.
restart ['ri:'stɑ:t], *n.* **1** nuovo inizio; ripresa **2** nuova partenza **3** (*mecc.*) rimessa in marcia; nuova messa in moto.
to restate ['ri:'steit], *v. t.* dichiarare di nuovo; riaffermare; riesporre **2** esporre in modo diverso.
restatement ['ri:'steitmənt], *n.* **1** nuova dichiarazione; riaffermazione; riesposizione **2** dichiarazione diversa (*dalla prima*).
restaurant ['restɔrɔ:ŋ], *n.* ristorante. ● (*ferr.*) **r. car**, carrozza (*o* vettura) ristorante.
restaurateur [ˌrestɔrə'tə:*], (*franc.*), *n.* padrone di ristorante.
restful ['restful], *a.* calmo; quieto; tranquillo; riposante; di riposo: **a r. life**, una vita di riposo (*o* tranquilla).

restfulness ['restfulnis], *n.* calma; quiete; tranquillità.
rest(-)harrow ['rest'hærou], *n.* (*bot., Ononis repens*) ononide; restabue.
restitution [ˌresti'tju:ʃən], *n.* **1** restituzione; riparazione; rimborso; risarcimento **2** (*fis.*) restituzione: (*mecc.*) **r. coefficient**, coefficiente di restituzione. ● **to make r.**, riparare un torto; risarcire un danno.
restive ['restiv], *a.* **1** recalcitrante; restio: **a r. horse**, un cavallo recalcitrante **2** caparbio; cocciuto; indocile; indisciplinato; riottoso: **a r. boy**, un ragazzo riottoso **3** impaziente; irrequieto.
restiveness ['restivnis], *n.* **1** caparbia; cocciutaggine; indocilità **2** impazienza; irrequietezza.
restless ['restlis], *a.* **1** senza riposo; inquieto; irrequieto; agitato; turbato: **the r. sea**, il mare inquieto (*o* agitato); **a r. boy**, un ragazzo irrequieto **2** insonne: **a r. night**, una notte insonne **3** senza tregua; incessante.
restlessness ['restlisnis], *n.* inquietudine; irrequietezza; agitazione.
to restock ['ri:'stɔk], **A** *v. t.* **1** (*comm.*) rifornire **2** ripopolare (*di fauna: un parco, ecc.*). **B** *v. i.* (*anche comm.*) rifornirsi; fare provviste.
restocking ['ri:'stɔkiŋ], *n.* **1** rifornimento; il rifare provviste **2** ripopolamento (*di un parco, ecc.: con fauna*).
restorable [ri'stɔ:rəbl], *a.* **1** restituibile **2** restaurabile; ricostruibile; ripristinabile (*V.* **to restore**).
restoration [ˌrestə'reiʃən], *n.* **1** restituzione **2** restaurazione; ristabilimento; reintegrazione; ripristino; ristabilimento: **the r. of the monarchy**, la restaurazione della monarchia; **the r. of peace**, il ristabilimento della pace **3** ricostruzione (*di un castello, di un fossile ecc.*) **4** restauro; lavoro di restauro: **closed during restoration**, chiuso per lavori di restauro **5** – (*stor.*) **the R.**, la Restaurazione (*della monarchia degli Stuart, dopo il 1660*). ● (*letter.*) **R. plays**, commedie del periodo della Restaurazione (*1660-1688*) □ **r. to health** (*o* **from sickness**), risanamento; ristabilimento in salute.
restorative [ris'tɔrətiv], **A** *a.* ristorativo; ristoratore; che ristora: **a r. drink**, una bevanda ristoratrice; **r. food**, cibo ristoratore. **B** *n.* **1** bevanda ristoratrice; cibo ristoratore **2** (*farm.*) ricostituente; corroborante.
to restore [ris'tɔ:*], *v. t.* **1** restituire; rendere **2** restaurare; ristabilire; ripristinare: **to r. a church (a picture, etc.)**, restaurare una chiesa (un quadro, ecc.); **to r. the monarchy**, restaurare la monarchia **3** rimettere (*sul trono, ecc.*); reintegrare: **to r. a king (to the throne)**, rimettere un re sul trono; **to r. sb. to his rights**, reintegrare q. nei suoi diritti **4** ricostruire: **to r. a text**, ricostruire un testo **5** ristorare; risanare. ● **to r. to health**, risanare.
restorer [ri'stɔ:rə*], *n.* **1** restauratore: **a picture r.**, un restauratore di quadri **2** ripristinatore; ricostruttore. ● **hair-r.**, lozione per rigenerare (*o* per rinvigorire) i capelli; rigeneratore per capelli.
to restrain (1) [ris'trein], *v. t.* **1** contenere; frenare; dominare; limitare; reprimere; trattenere: **Try to r. your zeal**, cerca di limitare il tuo zelo!; **to r. one's indignation**, contenere l'indignazione; **to r. one's tears**, trattenere le lacrime; **He restrained the frightened horse**, trattenne il cavallo imbizzarrito **2** imprigionare; rinchiudere in manicomio. ● **to r. sb. from doing st.**, impedire a q. di fare q.c.
to re-strain (2) ['ri:'strein], *v. t.* **1** forzare di nuovo **2** colare (*o* filtrare) di nuovo.
restrainable [ris'treinəbl], *a.* contenibile; raffrenabile; reprimibile.
restrained [ris'treind], *a.* **1** pieno di ritegno; riservato; controllato **2** non vistoso; sobrio: **r. colours**, colori sobri; sobrie tinte.
restraint [ris'treint], *n.* **1** restrizione; freno (*fig.*); limitazione; contenimento: **to submit sb. to r.**, porre freni (*o* limitazioni) a q.; (*econ.*) **wage r.**, contenimento (*o* compressione) dei salari; **without r.**, senza restrizioni; liberamente **2** riserbo; riservatezza; ritegno: **He has no r. at all**, non ha alcun ritegno. ● (*econ., leg.*) **r. of trade**, limitazione della concorrenza □ (*leg.*) **r. on alienation**, limitazione del potere di alienazione □ **to keep one's emotions under r.**, dominare le proprie passioni □ **to be put** (*o* **placed**) **under r.**, essere privato della libertà; (*specialm.*) esser rinchiuso in manicomio.
to restrict [ris'trikt], *v. t.* restringere (*fig.*); limitare; ridurre: **I'll r. my son's allowance**, ridurrò l'assegno che passo a mio figlio. ● **to r. oneself to (drinking) a glass of wine**, limitarsi a (bere) un bicchiere di vino.
restricted [ris'triktid], *a.* **1** limitato; ristretto **2** (*di documento, ecc.*) riservato. ● (*naut.*) **r. waters**, acque ristrette □ **I am r. to advising**, tutto quello che posso fare è dare consigli.
restriction [ris'trikʃən], *n.* restrizione; limitazione: **restrictions on exportation** (**on foreign capital, etc.**), restrizioni alle esportazioni (all'afflusso di capitali esteri, ecc.). ● (*econ.*) **r. scheme**, regime vincolistico □ **to smoke without r.**, non limitarsi nel fumo; fu-

restrictive

mare di continuo.
restrictive [ris'triktiv], *a.* restrittivo; limitativo: **r. regulations** **(tariffs, etc.),** norme (tariffe, ecc.) restrittive.
to restring ['ri:'strin] (*pass.* e *p. p.* **restrung**), *v. t.* (*mus.*) rimettere le corde a (*un violino, ecc.*).
to restructure ['ri:'strʌktʃə*], *v. t.* (*anche econ.*) ristrutturare.
restructuring ['ri:'strʌktʃəriŋ], *n.* (*anche econ.*) ristrutturazione.
to restuff ['ri:'stʌf], *v. t.* **1** rimpinzare di nuovo **2** imbottire (*o impagliare*) di nuovo.
result [ri'zʌlt], *n.* risultato (*anche mat.*); esito; conclusione; conseguenza; effetto: **the uncertain r. of the general elections**, il risultato (*o* l'esito) incerto delle elezioni politiche; **Have you seen the football results?**, hai visto i risultati delle partite di calcio? ● (*pop., sport*) **to get a r.**, fare risultato; vincere la partita; (*anche*) fare un pareggio □ **without r.**, senza alcun risultato; senza frutto; infruttuoso: **The advertising campaign was without r.**, la campagna pubblicitaria fu infruttuosa □ **What is the r.?**, qual è il risultato?; con che risultato?
to result [ri'zʌlt], *v. i.* **1** derivare; conseguire; seguire: **Learning results from study**, la cultura deriva dallo studio **2** riuscire (*lett.*); risolversi; finire: **to r. badly**, riuscir male; **Their promises resulted in nothing**, le loro promesse si risolsero in nulla **3** — **to r. in**, portare (a); causare; provocare: **Overwork resulted in illness**, l'eccessivo lavoro fu la causa della malattia ● **to r. in good**, dare buoni frutti; dare un risultato soddisfacente □ **The undertaking resulted in a large profit**, l'impresa diede alla fine un grosso profitto.
resultant [ri'zʌltənt], **A** *a.* risultante; che si ha come conseguenza; conseguente. **B** *n.* (*specialm. mecc.*) risultante.
resultful [ri'zʌltful], *a.* fecondo di conseguenze; che dà un buon esito; fruttuoso.
resultless [ri'zʌltlis], *a.* senza risultato; infruttuoso; inutile; vano.
to resume [ri'zju:m], **A** *v. t.* riassumere; riprendere, ripigliare, rioccupare; ricapitolare: **to r. one's office**, riassumere l'ufficio (*o* le funzioni); **to r. what sb. said**, riassumere quello che ha detto q.; **to r. work (the conversation, etc.)**, riprendere il lavoro (la conversazione, ecc.); **He resumed his seat**, riprese (*o* rioccupò) il suo posto (a sedere). **B** *v. i.* ricominciare; riprendere a dire; soggiungere: **«No, it's too late»** he resumed, «no, è troppo tardi» soggiunse. ● **to r. the pipe**, riprendere a fumar la pipa □ (*leg.*) **to r. possession of st.**, rientrare in possesso di q.c. □ **to r. where one left off**, riattaccare (*o* ripigliare) da dove ci si è interrotti.
résumé ['rezju:mei] (*franc.*), *n.* **1** riassunto; sunto; sommario **2** (*specialm. USA*) curriculum vitae.
resummons ['ri:'sʌmənz], *n.* (*pl.* **resummonses, resummons**) (*leg.*) nuova convocazione; nuova citazione.
resumption [ri'zʌmpʃən], *n.* riassunzione; ripresa; il ricominciare: **the r. of one's duties**, la riassunzione delle proprie responsabilità; **the r. of diplomatic relations**, la ripresa delle relazioni diplomatiche.
resumptive [ri'zʌmptiv], *a.* **1** di riassunzione; di ripresa **2** riassuntivo; di riepilogo.
resupinate [ri'sju:pineit], *a.* (*bot.*) resupinato; capovolto; invertito.
to resurface [,ri:'sə:fis], *v. i.* **1** (*naut.: di sommergibile*) riemergere; tornare in superficie **2** (*fig., specialm. fin.*) tornare a galla; riprendersi; tornare in attivo **3** (*fig.*) ricomparire; riemergere.
resurfacing [,ri:'sə:fisiŋ], *n.* (*naut.*) riemersione **2** (*fig.*) ritorno a galla **3** (*fig.*) ricomparsa.
resurgence [ri'sə:dʒəns], *n.* risorgimento; rinascita; rinascenza.
resurgent [ri'sə:dʒənt], **A** *a.* risorgente; rinascente. **B** *n.* chi risorge.
to resurrect [,rezə'rekt], *v. t.* e *i.* **1** far rivivere; riesumare: **to r. an old world**, far rivivere un mondo passato **2** (*fam.*) dissotterrare; cavar fuori **3** (*raro*) risuscitare.
resurrection [,rezə'rekʃən], *n.* risurrezione; (*fig.*) rinascita. ● (*relig.*) **the R.**, la Resurrezione (*di Cristo*); la resurrezione dei morti □ **r.-man**, disseppellitore di cadaveri.
resurrectional [,rezə'rekʃənl], *a.* di risurrezione.
resurrectionist [,rezə'rekʃənist], *n.* **1** disseppellitore di cadaveri **2** chi ridona vita (a q.c.) **3** chi crede nella resurrezione.
to resurvey ['ri:'sə:vei], *v. t.* riesaminare; riconsiderare.
resurvey ['ri:'sə:vei], *n.* riesame.
to resuscitate [ri'sʌsiteit], *v. t.* e *i.* **1** risuscitare (*anche fig.*); riportare (*o* tornare) in vita: **He was nearly drowned, but they managed to r. him**, era quasi annegato, ma riuscirono a riportarlo in vita **2** (*med.*) rianimare.
resuscitation [ri,sʌsi'teiʃən], *n.* **1** il risuscitare; richiamo (*o* ritorno) in vita **2** (*med.*) rianimazione.
resuscitative [ri'sʌsitətiv], *a.* che rianima; che richiama in vita.
resuscitator [ri'sʌsiteitə*], *n.* **1** chi richiama in vita; rianimatore **2** (*med.*) apparecchio per la rianimazione.
to ret [ret], *v. t.* (*ind.*) macerare (*canapa, lino, ecc.*).

retable [ri'teibl], *n.* (*relig.*) postergale (*dell'altare*).
retail ['ri:teil], (*comm.*) **A** *n.* minuto; dettaglio: **to sell by r.**, vendere al minuto; **r. prices**, prezzi al minuto; **a r. dealer**, un venditore al minuto. **B** *avv.* al minuto; al dettaglio: **to sell (to buy) r.**, vendere (comprare) al minuto. ● **r. department**, reparto vendite al minuto □ **r. merchant**, dettagliante □ **r. sale**, vendita al dettaglio □ **r. trade**, commercio al dettaglio □ **at r.**, al minuto.
to retail [ri'teil], **A** *v. t.* **1** vendere al minuto (*o* al dettaglio) **2** (*fig.*) particolareggiare; raccontare dettagliatamente; riferire (per filo e per segno): **to r. gossip**, riferire maldicenze (*o* pettegolezzi). **B** *v. i.* (*di merce*) vendersi al minuto: **These articles r. at twenty dollars a dozen**, questi articoli si vendono al minuto per venti dollari la dozzina.
retailer [ri'teilə*], *n.* (*comm.*) commerciante al minuto; dettagliante; rivenditore. ● **a r. of gossip**, una persona pettegola; una malalingua.
to retain [ri'tein], *v. t.* **1** trattenere; non far passare: **A dam is a structure built across a river to r. water**, le dighe sono opere costruite attraverso un fiume per trattenerne le acque **2** conservare; mantenere; serbare: **He retained his seat in Parliament**, mantenne il suo seggio in parlamento; **to r. the use of one's faculties**, serbare l'uso delle proprie facoltà mentali **3** tenere a mente; ritenere a memoria; ricordare **4** (*edil.*) sostenere, trattenere (*terriccio, ecc.*) **5** tenere (q.) alle proprie dipendenze (*o* al proprio servizio) **6** (*leg.*) impegnare (*un avvocato*) pagando un anticipo sull'onorario **7** (*specialm. med.*) ritenere (la bile, l'urina, ecc.). ● (*leg.*) **retaining fee**, anticipo sull'onorario (*a un avvocato*) □ (*mil.*) **retaining force**, truppe di contenimento (*o* d'appoggio) □ (*mecc.*) **retaining ring**, anello di ritenuta (*edil.*) **retaining wall**, muro di contenimento (*o* di sostegno).
retainer [ri'teinə*], *n.* **1** (*stor.*) seguace (*di un signore*) **2** (*lett.*) dipendente; servitore **3** assunzione; ingaggio **4** (*leg.*) onorario versato in anticipo (*a un avvocato, come impegno*) **5** (*ing.*) gabbia; fermo. ● (*costr.*) **r. wall**, muro di contenimento (*o* di raccolta).
to retake ['ri:'teik] (*pass.* **retook**, *p. p.* **retaken**), *v. t.* **1** riprendere; ripigliare; (*mil.*) riconquistare **2** (*cinem., fotogr.*) girare (*o* fotografare) di nuovo; riprendere per la seconda volta.
retake ['ri:'teik], *n.* **1** ripresa **2** (*cinem., fotogr.*) nuova ripresa.
to retaliate [ri'tælieit], **A** *v. i.* rivalersi; far rappresaglie; rendere la pariglia; reagire: **to r. upon one's opponent**, far rappresaglie su di un avversario; **He retaliated quickly**, reagì rapidamente. **B** *v. t.* **1** contraccambiare, ricambiare, restituire (*un'offesa, un torto, ecc.*) **2** ritorcere, ribattere (*un'accusa*). ● (*leg.*) **to r. against a transgressor**, rivalersi su un trasgressore.
retaliation [ri,tæli'eiʃən], *n.* ritorsione; rappresaglia; rivalsa. ● **by way of r.**, per ritorsione; per rappresaglia □ (*stor.*) **the law of r.**, la legge del taglione.
retaliative [ri'tæliətiv], **retaliatory** [ri'tæliətəri], *a.* di ritorsione; di rappresaglia. ● (*comm. estero*) **r. duties (tariffs)**, dazi adottati (tariffe adottate) per ritorsione.
to retard [ri'ta:d], *v. t.* e *i.* **1** ritardare; rallentare; tardare: **to r. the progress of science**, rallentare il progresso della scienza; **The tide retards**, la marea ritarda **2** (*mecc.*) ritardare. ● (*comm.*) **to r. payment**, rimandare il pagamento.
retard [ri'ta:d], *n.* **1** ritardo: **r. of the tide**, ritardo della marea **2** (*pop. USA*) ['ri:'ta:d] (*psic.*) ritardato (mentale).
retardation [,ri:ta:'deiʃən], *n.* **1** ritardo; rallentamento **2** (*psic.*) ritardo mentale.
retarded [ri'ta:did], *a.* (*anche psic.*) ritardato.
retardee [ri'ta:di:], *n.* (*psic. USA*) ritardato (mentale).
retarder [ri'ta:də*], *n.* **1** (*tecn.*) ritardante; ritardatore **2** (*ferr.*) freno sul binario; staffa di frenatura.
retardive [ri'ta:div], **retardatory** [ri'ta:dətəri], *a.* che causa ritardo; atto a ritardare.
retardment [ri'ta:dmənt], *V.* **retardation**.
to retch [ri:tʃ], *v. i.* aver conati di vomito.
retch [ri:tʃ], *n.* conato di vomito.
to retell ['ri:'tel] (*pass.* e *p. p.* **retold**), *v. t.* ridire; raccontare di nuovo.
retention [ri'tenʃən], *n.* **1** ritenuta (*raro*); il trattenere, l'essere trattenuto, ecc. (*V.* **to retain**) **2** ritentiva; memoria **3** (*med.*) ritenzione (*dell'urina, ecc.*). ● (*med.*) **r. cyst**, cisti da ritenzione.
retentive [ri'tentiv], *a.* **1** che trattiene; non lascia passare: **Peat is r. of water**, la torba trattiene l'acqua **2** ritentivo; che fa ricordare: **r. faculty**, facoltà ritentiva. ● **a r. memory**, un'ottima memoria □ **a r. person**, una persona dotata di ottima memoria (*o* di ritentiva).
retentiveness [ri'tentivnis], *n.* **1** capacità di trattenere (*V.* **retentive**) **2** ritentività (*della memoria*).
retentivity [,ri:ten'tiviti], *n.* **1** capacità di trattenere (*del terreno*): **moisture r.**, capacità di trattenere l'umidità **2** (*elettr.*) induzione residua (*massima*); ritentiva **3** *V.* **retentiveness**, *def. 2*.
rethink ['ri:'θiŋk], *n.* (*fam.*) ripensamento.

to rethink ['ri:'θiŋk] (*pass.* e *p. p.* **retought**), *v. t.* e *i.* ripensare; riconsiderare.
retiarius [,ri:ti'ɛəriəs] (*lat.*), *n.* (*pl.* **retiarii**) (*stor.*) reziario.
retiary ['ri:ʃiəri], *n.* (*zool.*) ragno tessitore.
reticence ['retisəns], **reticency** ['retisənsi], *n.* reticenza; evasività; riserbo; riservatezza.
reticent ['retisənt], *a.* reticente; evasivo; riservato.
reticle ['retikl], *n.* (*ottica*) reticolo.
reticular [ri'tikjulə*], *a.* reticolare.
reticulate [ri'tikjulit], *a.* (*biol.*) reticolato; retiforme.
to reticulate [ri'tikjuleit], *v. t.* e *i.* formare un reticolo (su).
reticulation [ri,tikju'leiʃən], *n.* **1** reticolazione **2** (*grafica*) reticolatura **3** (*fotogr.*) retinatura.
reticule ['retikju:l], *n.* **1** (*ottica*) reticolo **2** borsetta a rete.
reticulose [ri'tikjulous], *a.* reticolare.
reticulum [ri'tikjuləm], *n.* (*pl.* **reticula**) (*anat., biol.*) reticolo.
retiform ['ri:tifɔ:m], *a.* retiforme.
retina ['retine], *n.* (*pl.* **retinas, retinae**) **1** (*anat.*) retina **2** (*elab.*) analizzatore ottico; retina.
retinal ['retinəl], *a.* (*anat.*) retinico.
retinitis [,reti'naitis], *n.* (*pl.* **retinitides**) (*med.*) retinite.
retinue ['retinju:], *n.* seguito; persone del seguito; scorta (*anche armata*).
to retire [ri'taiə*], A *v. i.* **1** ritirarsi; indietreggiare; andarsene; (*sport*) uscire dal campo; rientrare (*in casa*): **He retired to his room**, si ritirò in camera sua; **Our forces retired in good order**, i nostri si sono ritirati in buon ordine; **We always r. before midnight**, ci ritiriamo sempre prima di mezzanotte **2 to r. from business**, ritirarsi dagli affari **2** ritirarsi dall'impiego (*o* dagli affari); andare in pensione; dimettersi: **Most workers must r. (on a pension) at sixty**, la maggior parte dei lavoratori deve andare in pensione a sessant'anni. B *v. t.* **1** (*fin., mil.*) ritirare: **to r. one's troops**, ritirare le proprie truppe; **to r. banknotes from circulation**, ritirare biglietti di banca dalla circolazione; **to r. stocks (bonds, bills)**, ritirare azioni (titoli, cambiali) **2** congedare; far dimettere; collocare (*o* mettere) a riposo; mandare in pensione; pensionare: **They retired several generals**, misero a riposo diversi generali. ● **to r. from the sea**, smettere di fare il marinaio □ **to r. from the world**, entrare in convento □ **to r. into oneself**, chiudersi in sé □ **to r. to bed**, ritirarsi; andare a letto □ **to r. to rest**, andare a riposare □ **retiring room**, ritirata; gabinetto.
retire [ri'taiə*], *n.* (*mil.*) ritirata: **to sound the r.**, suonare la ritirata.
retired [ri'taiəd], *a.* **1** ritirato; appartato; nascosto; solitario: **to lead a r. life**, fare una vita ritirata; **in a r. valley**, in una valle appartata (*o* nascosta); **He lives r.**, vive appartato (*o* in solitudine) **2** (collocato) a riposo; pensionato; in pensione; in ritiro: **a r. general**, un generale a riposo; **a r. public officer**, un funzionario statale in pensione. ● **a r. grocer**, un droghiere che s'è ritirato dagli affari; un ex-droghiere □ (*mil.*) **the r. list**, la lista degli ufficiali a riposo □ **r. pay**, pensione; trattamento di quiescenza □ **the r. personnel**, i pensionati.
retiredness [ri'taiədnis], *n.* isolamento; solitudine.
retirement [ri'taiəmənt], *n.* **1** ritiro; riposo; luogo appartato: **r. into a monastery**, ritiro a vita monastica **2** andata a riposo, in pensione; collocamento a riposo; pensionamento: **He has reached the age of r.**, ha raggiunto l'età del collocamento a riposo; **early r.**, pensionamento anticipato **3** periodo in cui si è in pensione; vita di pensionato **4** vita appartata; solitudine: **to live in r.**, vivere in solitudine; fare vita ritirata **5** (*mil.*) ritirata: **the r. of our troops**, la ritirata delle nostre truppe. ● **r. date (plan)**, data (piano) di pensionamento □ **r. pension**, pensione ordinaria (*per raggiunti limiti d'età*) □ **during one's r.**, quando si è (*o* si sarà) in pensione; da pensionato.
retiring [ri'taiəriŋ], *a.* **1** ritirato; appartato; riservato; solitario; schivo; timido **2** che va in pensione; uscente **3** (*mil.*) in ritirata. ● **r. age**, età pensionabile □ **r. allowance**, premio di buon'uscita □ **r. pension**, pensione ordinaria.
retiringness [ri'taiəriŋnis], *n.* modestia; riserbo; riservatezza; solitudine; timidezza.
retold [ri'tould], *pass.* e *p. p.* di **to retell**.
retook [ri'tuk], *pass.* di **to retake**.
retorsion [ri'tɔ:ʃən], V. **retortion**, *def.* 2.
to retort (1) [ri'tɔ:t], A *v. t.* **1** ritorcere (*fig.*); ribattere: **to r. an argument**, ritorcere un argomento; **to r. a charge**, ribattere un'accusa **2** contraccambiare; ricambiare; restituire; rendere: **to r. an incivility**, ricambiare una scortesia (*o* una villania); **to r. an offence upon sb.**, restituire un'offesa a q. B *v. i.* replicare; ribattere; rispondere per le rime.
retort (1) [ri'tɔ:t], *n.* **1** replica; rimbecco; risposta per le rime **2** ritorsione; rappresaglia. ● **to say in r.**, rimbeccare; replicare.
retort (2) [ri'tɔ:t], *n.* (*chim.*) storta.
to retort (2) [ri'tɔ:t], *v. t.* **1** (*chim.*) distillare (*argilliti petrolifera, ecc.*) riscandaldola in una storta **2** (*ind.*) sterilizzare (*alimenti in scatola, ecc.*) in autoclave.
retorted [ri'tɔ:tid], *a.* ritorto; piegato indietro.
retortion [ri'tɔ:ʃən], *n.* **1** ritorcere; il piegare indietro **2** il cambiare (*un'offesa, ecc.*) **3** il rispondere per le rime **4** ritorsione; rappresaglia.
to retouch [ri:'tʌtʃ], *v. t.* (*arte, fotogr.*) ritoccare.
retouch ['ri:'tʌtʃ], *n.* (*arte, fotogr.*) ritocco: **r. colours**, colori da ritocco.
retoucher [ri:'tʌtʃə*], *n.* (*arte, fotogr.*) ritoccatore.
to retrace (1) [ri'treis], *v. t.* riconsiderare; riandare a (*lett.*); tornar con la mente su; rievocare; ripercorrere (*fig.*): **to r. the history of one's life**, rievocare la storia della propria vita. ● (*anche fig.*) **to r. one's steps**, tornare sui propri passi; tornare indietro.
to re-trace (2) ['ri:'treis], *v. t.* ritracciare; tracciare di nuovo.
to retract [ri'trækt], *v. t.* e *i.* **1** ritirare; tirare indietro; ritrarre: **After taking off, the pilot retracted the undercarriage**, dopo il decollo, il pilota ritirò il carrello; **The surgeon retracted the patient's skin**, il chirurgo tirò indietro la pelle del paziente **2** ritirare; ritrattare; revocare: **to r. a statement**, ritrattare una dichiarazione; **to r. an offer**, revocare un'offerta; **to r. a promise**, ritirare la parola data **3** (*fisiologia*) ritirare; contrarre.
retractable [ri'træktəbl], *a.* **1** retrattile (*aeron.*) **r. undercarriage**, carrello retrattile **2** ritrattabile; revocabile.
retractation [,ri:træk'teiʃən], *n.* ritrattazione; revoca.
retractile [ri'træktail], *a.* (*specialm. zool.*) retrattile: **r. claws**, artigli retrattili.
retractility [,ri:træk'tiliti], *n.* (*specialm. zool.*) retrattilità.
retraction [ri'trækʃən], *n.* **1** contrazione; ritrazione; ritiro **2** ritrattazione; revoca.
retractive [ri'træktiv], *a.* atto a ritirare; che contrae.
retractor [ri'træktə*], *n.* **1** (*anat.*) retrattore (*muscolo*) **2** (*med.*) divaricatore (*strumento*).
retral ['ri:trəl], *a.* (*scient.*) posteriore.
to retransfer [ri:'trænsfə:*], *v. t.* trasferire di nuovo.
retransfer ['ri:'trænsfə:*], *n.* nuovo trasferimento.
to retransform ['ri:træns'fɔ:m], *v. t.* ritrasformare; trasformare di nuovo.
to retranslate ['ri:træns'leit], *v. t.* **1** ritradurre; tradurre di nuovo **2** fare la retroversione di (*un passo, ecc.*).
retranslation ['ri:træns'leiʃən], *n.* **1** nuova traduzione **2** retroversione (*dalla traduzione all'originale*).
to retread ['ri:'tred], *v. t.* (*ind.*) ricostruire, rigenerare (*una gomma, un pneumatico*).
retread ['ri:tred], *n.* (*autom.*) gomma rigenerata; pneumatico ricostruito.
retreading ['ri:'tredin], *n.* (*ind.*) ricostruzione, rigenerazione (*di pneumatici*).
to retreat [ri'tri:t], A *v. i.* **1** ritirarsi; indietreggiare; (*mil.*) ripiegare **2** (*fig.*: *in una discussione, ecc.*) cedere; recedere. B *v. t.* (*specialm. negli scacchi*) ritirare, spostare (*un pezzo in pericolo*).
retreat [ri'tri:t], *n.* **1** (*mil.*) ritirata: **to sound the r.**, suonare la ritirata **2** ritiro; luogo appartato; ricovero; rifugio: **a country r.**, un ritiro campestre **3** (*relig.*) ritiro (spirituale): **to go into r.**, andare in ritiro. ● (*mil.*) **to beat a r.**, battere in ritirata (*anche fig.*) □ **full r.**, rotta: **The enemy was in full r.**, il nemico era in rotta □ **to intercept sb.'s r.**, tagliare la ritirata a q. □ **to make good one's r.**, ritirarsi senza perdite (*o* senza danno).
retreating [ri'tri:tiŋ], *a.* **1** in ritirata; che ripiega: **a r. army**, un esercito in ritirata **2** sfuggente: **a r. chin**, un mento sfuggente.
to retrench (1) [ri'trentʃ], A *v. t.* **1** limitare; ridurre; diminuire: **to r. expenses**, limitare le spese; **to r. privileges**, ridurre i privilegi **2** omettere; tralasciare; tagliare: **to r. passages in a literary work**, omettere passi di un'opera letteraria **3** accorciare; fare tagli in: **to r. a book**, fare tagli in un libro. B *v. i.* fare economie; ridurre le spese.
to retrench (2) [ri'trentʃ], *v. t.* (*mil.*) fortificare (*una posizione*) con una seconda linea di difesa.
retrenchment (1) [ri'trentʃmənt], *n.* **1** riduzione delle spese; economia; risparmio **2** accorciamento; omissione; taglio (*in un libro, ecc.*). ● **a policy of economic r.**, una politica di restrizioni economiche.
retrenchment (2) [ri'trentʃmənt], *n.* (*mil.*) linea di difesa interna.
retrial ['ri:'traiəl], *n.* (*leg.*) nuovo processo.
retribution [,retri'bju:ʃən], *n.* castigo; punizione; pena: **to suffer a terrible r.**, subire un tremendo castigo. ● (*relig.*) **the day of r.**, il giorno del giudizio universale.
retributive [ri'tribjutiv], *a.* punitivo; di castigo. ● **r. action**, azione di rappresaglia; azione punitiva.
retributivism [ri'tribjutivizəm], *n.* (*leg.*) concezione retributiva della punizione dei crimini.
retributory [ri'tribjutəri], V. **retributive**.
retrievable [ri'tri:vəbl], *a.* **1** ricuperabile **2** riparabile.

retrieval [ri'tri:vl], *n.* **1** ricupero, riacquisto (*di beni, ecc.*). **2** riparazione (*a un errore*) **3** (*elab.*) reperimento; recupero: **r. system**, metodo di reperimento. ● **beyond** (*o* **past**) **r.**, irrecuperabile.

to retrieve [ri'tri:v], **A** *v. t.* **1** ricuperare; riacquistare; riprendere; ritrovare: **to r. one's spirits**, riprendere coraggio **2** riparare; correggere (*l'errore*): **to r. sb. from disaster**, salvare q. da un disastro **4** richiamare alla mente **5** (*di cani da caccia*) riportare (*la selvaggina*) **6** (*elab.*) reperire; recuperare. **B** *v. i.* (*di cani*) riportare; rintracciare e riportare la selvaggina. ● (*fig.*) **to r. one's fortunes**, tornare in auge; rifarsi (*di una perdita, ecc.*).

retrieve [ri'tri:v], *V.* **retrieval**.

retriever [ri'tri:və*], *n.* (*caccia*) cane da riporto. ● **That dog is a good r.**, quel cane è bravo a riportare.

retro ['retrou], *n.* (*miss., abbr. di* **retro-rocket**) retrorazzo; razzo frenante.

to retroact [,retrou'ækt], *v. i.* **1** reagire **2** agire in senso contrario **3** essere retroattivo; avere effetto retroattivo.

retroaction [,retrou'ækʃən], *n.* **1** reazione **2** (*tecn.*) retroazione positiva.

retroactive [,retrou'æktiv], *a.* retroattivo: **a r. law**, una legge retroattiva. ● **r. pay**, arretrati (*di stipendio*).

retroactivity [,retrouæk'tiviti], *n.* retroattività.

to retrocede (1) [,retrou'si:d], *v. i.* retrocedere; arretrare; indietreggiare.

to retrocede (2) [,retrou'si:d], *v. t.* cedere di nuovo, restituire (*al nemico un territorio già occupato*).

retrocedence [,retrou'si:dəns], *n.* retrocessione; indietreggiamento.

retrocedent [,retrou'si:dənt], *a.* che retrocede; che indietreggia.

retrocession (1) [,retrou'seʃən], *n.* retrocessione; indietreggiamento.

retrocession (2) [,retrou'seʃən], *n.* restituzione (*di un territorio*).

retrochoir ['retrou,kwaiə*], *n.* (*archit.*) coro secondario (*di chiesa*).

retro-engine [,retrou 'endʒin], *n.* (*miss.*) retromotore.

retrofire [,retrou'faiə*], *n.* (*miss.*) accensione di un retrorazzo (*o* dei retrorazzi). ● **r. time**, tempo d'accensione dei retrorazzi.

to retrofire [,retrou'faiə*], (*miss.*) **A** *v. i.* (*di retrorazzo, ecc.*) accendersi. **B** *v. t.* accendere (*un retrorazzo, ecc.*).

retroflex(ed) ['retroufleks(t)], *a.* (*scient., fon.*) retroflesso.

retroflexion [,retrou'flekʃən], *n.* **1** (*scient., fon.*) retroflessione **2** (*med.*) retroflessione uterina.

retrogradation [,retrougrə'deiʃən], *n.* **1** (*specialm. astron.*) retrogradazione; moto retrogrado **2** (*chim.*) retrogradazione **3** retrogressione; regressione; regresso.

retrograde ['retrougreid], *a.* **1** (*specialm. astron. e chim.*) retrogrado: **r. motion**, moto retrogrado; **r. evaporation**, evaporazione retrograda **2** (*polit.*) retrogrado; reazionario: **r. ideas**, idee retrograde **3** contrario; inverso: **in r. order**, in ordine inverso. ● (*psic.*) **r. amnesia**, amnesia retrograda.

to retrograde ['retrougreid], *v. i.* **1** (*specialm. astron.*) retrogradare; aver moto retrogrado **2** regredire; decadere; peggiorare.

to retrogress [,retrou,gres], *v. i.* (*anche med. e psic.*) regredire.

retrogression [,retrou'greʃən], *n.* **1** (*specialm. astron.*) retrogradazione; moto retrogrado **2** (*meteorologia*) retrogressione **3** regressione (*anche med. e psic.*); regresso.

retrogressive [,retrou'gresiv], *a.* regressivo; degenerativo.

to retroject ['retrou,dʒekt], *v. t.* proiettare (q.c.) nel passato.

retropack [,retrou'pæk], *n.* (*miss.*) gruppo di retrorazzi.

retrorocket [,retrou'rɔkit], *n.* (*miss.*) retrorazzo; razzo frenante.

retrorse [ri'trɔ:s], *a.* (*biol.*) retrorso.

retrospect ['retrou,spekt], *n.* sguardo (*o* esame) retrospettivo; visione retrospettiva: **A short r. is now necessary**, è ora necessario un breve esame retrospettivo. ● **in r.**, guardando indietro; riandando al passato; in retrospettiva (*fam.*).

retrospection [,retrou'spekʃən], *n.* retrospezione; sguardo (*o* esame) retrospettivo; abitudine (*o* facoltà) di riandare le cose passate.

retrospective [retrou'spektiv], **A** *a.* **1** retrospettivo **2** (*leg.*) retroattivo: **a r. law**, una legge retroattiva. **B** *n.* (*arte, mus., ecc.*) retrospettiva.

retrostalsis [,retrou'stælsis], *n.* (*pl.* **retrostalses**) (*fisiologia*) retrostalsi.

retroussé [rə'tru:sei] (*franc.*), *a.* (*di naso*) (*volto*) all'insù.

retroversion [,retrou'və:ʃən], *n.* (*anche med.*) retroversione: **r. of the uterus**, retroversione dell'utero (*o* uterina).

retroverted ['retrouvə:tid], *a.* (*med.*) retroverso.

to retry [ri'trai], *v. t.* **1** riprovare; ritentare; provare di nuovo **2** (*leg.*) processare (q.) di nuovo **3** (*leg.*) discutere di nuovo (*una causa*).

retsina [ret'si:nə] (*greco*), *n.* vino resinato.

rettery ['retəri], *n.* (*ind. tessile*) macero; maceratoio.

retting ['retiŋ], *n.* (*ind. tessile*) macerazione.

to returf [ri:'tə:f], *v. t.* ricoprire nuovamente di zolle erbose.

to return [ri'tə:n], **A** *v. i.* **1** ritornare; tornare: **Let's r. home**, torniamo a casa!; **Let's r. to the subject**, torniamo all'argomento!; torniamo a bomba! (*fam.*); **The estate has returned to the original owner**, la proprietà è ritornata nelle mani del primo padrone **2** replicare; ribattere; rispondere: «**I won't come**», **he returned**, «io non ci vengo», rispose. **B** *v. t.* **1** rendere; restituire; ridare; ricambiare; rimandare, rinviare, rispedire, respingere: **to r. a blow**, rendere (*o* restituire) un colpo; (*fin.*) **to r. a loan**, restituire un prestito; pagare un mutuo; **How much did your investment r.?**, quanto ti ha reso il tuo investimento?; **to r. a borrowed book (a visit, etc.)**, restituire un libro preso a prestito (una visita, ecc.); **to r. love (greetings, etc.)**, ricambiare l'affetto (i saluti, ecc.); **In case of non-delivery, please r. to the sender**, in caso di mancata consegna, si prega di respingere al mittente **2** rimettere; gettar di nuovo; **He returned the knife to his pocket**, si rimise in tasca il coltello; **Small fish must be returned to the water**, i pesci piccoli devono essere rimessi in acqua **3** (*anche leg.*) dichiarare (ufficialmente); giudicare; emettere (*una sentenza, un verdetto*): **He was returned guilty (unfit for work, etc.)**, fu dichiarato colpevole (inabile al lavoro, ecc.) **4** (*fin., fiscale*) dichiarare; fare una denuncia di: **to r. all the sources of one's income**, fare una denuncia di tutti i cespiti del proprio reddito **5** (*polit.*) eleggere; mandare: **Each constituency returns a member to Parliament**, ogni collegio elettorale manda un deputato in Parlamento (*in G.B.*) **6** (*fin.*) dare (*un utile*); rendere (*un interesse*) **7** (*tennis*) ribattere; rimandare **8** (*nei giochi di carte*) rispondere a: **My partner returned hearts**, il mio compagno rispose a cuori. ● **to r. an answer**, dare una risposta □ **to r. goods of poor quality**, respingere merci di qualità scadente □ **to r. land to forest**, riafforestare un terreno □ **to r. like for like**, rendere la pariglia; rendere pan per focaccia (*leg.*) **to r. a list of jurors**, comunicare ufficialmente un elenco di giurati □ (*fin.*) **to r. a profit**, dar (un) frutto; fruttare □ (*mil.*) **to r. swords (to their scabbards)**, rinfoderare le spade □ **to r. thanks**, ringraziare (*in un brindisi, ecc.*); (*specialm.*) rendere grazia (*o* grazie) a Dio (*nella preghiera prima del pasto*) (*leg.*) **to r. a verdict**, emettere un verdetto □ (*comm.*) **returned empties**, vuoti di ritorno □ **Empties to be returned**, vuoti a rendere □ (*polit.*) **returning officer**, scrutatore, scrutinatore (*nelle elezioni*) □ (*Bibbia*) **Unto dust shalt thou r.**, polvere sei e polvere ritornerai.

return [ri'tə:n], **A** *n.* **1** ritorno; viaggio di ritorno: **on my r.**, al mio ritorno; **a r. to power**, un ritorno al potere; **the r. of summer**, il ritorno dell'estate **2** contraccambio; cambio; restituzione; compenso; ricompensa: **in r. for**, in cambio di; in compenso di; **That was a poor r. for our kindness**, fu una magra ricompensa per le nostre gentilezze; **I must ask for the r. of the loan**, devo chiedere la restituzione del prestito **3** (*comm.*) profitto; ricavo; guadagno; provento; incasso: **He got a good cash r. from his novels**, ricavò un buon provento finanziario dai suoi romanzi; **box-office returns**, incassi di botteghino; **the r. on capital**, il profitto (*o* il frutto, il reddito) del capitale (*investito*) **4** dichiarazione; (*leg.*) relazione; (*in particolare*) relazione di notifica, rapporto; (*comm.*) prospetto, rendiconto; **I have already made my tax r.**, ho già fatto la mia dichiarazione dei redditi; **bank returns**, prospetti della situazione bancaria (*estratti conto, ecc.*) **5** (*pl.; polit., stat.*) risultato: **the census returns**, i risultati del censimento; **the election returns**, i risultati delle elezioni **6** (*polit.*) rielezione: **He secured his r. for Colchester**, si assicurò la rielezione per il collegio di Colchester **7** (*anche* **r. ticket**) biglietto d'andata e ritorno: **He took a first-class r. to London**, prese un biglietto d'andata e ritorno in prima classe per Londra **8** (*pl.*) resa (*all'editore: di libri invenduti*) **9** (*pl.*) tabacco dolce da pipa **10** (*tennis, cricket*) ribattuta; rimando **11** (*ferr., ecc.*) andata e ritorno: **The price is £ 2 r.**, costa due sterline andata e ritorno **12** (*comm.*) merce restituita (*o* respinta). **B** *a.* **1** di ritorno: **r. journey**, viaggio di ritorno **2** di andata e ritorno: **r. trip**, viaggio d'andata e ritorno **3** (*sport*) di ritorno **4** (*sport*) di rimando; di rinvio **5** (*elettr., mecc.*) di ritorno: **r. idler**, puleggia folle di ritorno; **r. wire**, filo di ritorno. ● **r. address**, indirizzo del mittente □ (*archit.*) **r. angle**, angolo di ritorno □ (*mecc.*) **r. bend**, curva a 180 gradi; tubo a gomito (*di 180 gradi*) □ **r. half**, tagliando del ritorno □ (*mecc.*) **r. idler**, puleggia folle di rinvio □ (*di macchina da scrivere*) **r. key**, tasto di ritorno □ (*sport*) **a r. match** (*o* **game**), una rivincita □ (*mecc.*) **r. of income**, denuncia dei redditi □ (*mecc.*) **r. of a piston**, (corsa di) ritorno d'un pistone □ (*ass.*) **the r. of premium**, la restituzione del premio □ (*fin.*) **r. of taxes**, il rimborso delle imposte (*pagate in eccesso*) □ (*archit.*) **r. side**, parte rientrante □ (*mecc.*) **r. spring**, molla di richiamo □ **a r. visit**, una visita di ricambio □ **r. voyage**, viaggio di ritorno (*per mare*) □ (*elettr.*) **r. wire**, filo di ritorno □ **by r. of mail** (*o* **of post**), a volta di corriere; a giro di posta □ (*ferr.*) **day r.**, biglietto di andata e ritorno, valido per un giorno □ (*scherma*) **a fencer's r.**, una risposta (*di schermidore*) □ (*di contenitore*) **no r.**, a perdere □ (*comm.: di merce*) **on sale or r.**, da vendere o restituire; in conto deposito □ **Many happy returns (of the day)!**, cento di questi giorni!; tanti auguri! □ «**Small profits and big returns» is our motto**, il nostro motto è: piccoli guadagni e grandi incassi.

returnable [ri'tɔːnəbl], **A** *a.* **1** restituibile **2** da rendere; da restituire. **B** *n.* (*USA*) recipiente (*o* contenitore) a rendere. ● (*comm.*) **non-r.**, (*di contenitore*) a perdere.

returning [ri'tɔːnɪŋ], *a.* **1** che ritorna; (*di persona*) di ritorno **2** ricorrente. ● (*polit.*) **r. officer**, funzionario dell'ufficio elettorale.

retuse [ri'tjuːs], *a.* (*bot.*) retuso; intaccato.

reunion [ˌriː'juːnjən], *n.* riunione; adunanza. ● **a college r.**, una riunione di ex-studenti (*della stessa università*).

reunionism [ˌriː'juːnjənɪzəm], *n.* movimento in favore della riunione della Chiesa cattolica e di quella d'Inghilterra.

reunionist [ˌriː'juːnjənɪst], *n.* fautore della riunione della Chiesa cattolica e di quella d'Inghilterra.

to reunite [ˌriː'juːˈnaɪt], *v. t. e i.* riunire; riunirsi.

reusable [ˌriː'juːzəbl], *a.* usabile di nuovo; riutilizzabile.

to reuse [ˌriː'juːz], *v. t.* riusare; riutilizzare.

to rev [rev], (*fam.*, *spesso* **to rev up**) **A** *v. t.* **1** (*mecc.*) mandare su di giri (*il motore*) **2** (*USA*) infiammare; entusiasmare. **B** *v. i.* (*mecc.: del motore*) andare su di giri.

rev [rev], *n.* (*mecc.: abbr. fam. di* **revolution**) giro (*di motore*). ● **rev counter**, contagiri.

Rev [rev], *n.* **1** (*pop.*) reverendo; prete; sacerdote **2** (*seguito dal nome*) Reverendo: **the Rev. G. Clark**, il Reverendo G. Clark.

to revaccinate [ˌriː'væksɪneɪt], *v. t.* (*med.*) rivaccinare.

revaccination [ˌriːˌvæksɪ'neɪʃən], *n.* (*med.*) rivaccinazione.

revalenta [ˌrevə'lentə], *n.* polenta di farina d'orzo e lenticchie.

revalorization [ˌriːˌvælərai'zeɪʃən], *n.* (*fin.*, *econ.*) rivalutazione monetaria.

to revalorize [ˌriːˈvæləraɪz], *v. t.* (*fin.*, *econ.*) rivalutare; valutare di nuovo.

revaluation [ˌriːˌvæljuː'eɪʃən], *n.* (*anche fin.*, *econ.*) rivalutazione: **the r. of our currency**, la rivalutazione della nostra moneta.

to revalue [ˌriːˈvæljuː], *v. t.* (*anche fin.*, *econ.*) rivalutare; valutare di nuovo.

to revamp [ˌriːˈvæmp], *v. t.* **1** rifar la tomaia a (*una scarpa*) **2** (*fig.*) rabberciare: **to r. an old play**, rabberciare un vecchio dramma.

revanchism [rɪ'vɑːnʃɪzəm], *n.* (*polit.*) revanscismo.

revanchist [rɪ'vɑːnʃɪst], (*polit.*) **A** *n.* revanscista. **B** *a.* revanscistico.

to reveal [rɪ'viːl], **A** *v. t.* rivelare; svelare; manifestare; palesare: **to r. one's identity**, rivelare il proprio nome; **to r. a secret**, svelare un segreto. **to reveal oneself B** *v. rifl.* rivelarsi; mostrarsi; apparire. ● **revealed religion**, religione rivelata.

reveal [rɪ'viːl], *n.* (*archit.*) mazzetta (*di porta o finestra*).

revealable [rɪ'viːləbl], *a.* rivelabile; svelabile.

revealer [rɪ'viːlə*], *n.* rivelatore, rivelatrice.

revealing [rɪ'viːlɪŋ], *a.* **1** rivelatore; sintomatico (*fig.*); significativo: **a r. tic**, un tic sintomatico; **a r. remark**, un'osservazione significativa **2** (*d'abito*, *ecc.*) che rivela (*o* che fa intravedere) le forme (del corpo); trasparente.

reveille [rɪ'vælɪ], *n.* (*mil.*) sveglia: **to sound the r.**, suonare la sveglia. ● (*mil.*) **r. gun**, cannone del mattino.

to revel ['revl], *v. i.* divertirsi; far festa; far baldoria; far bagordi; gozzovigliare. ● **to r. away one's money (time)**, sciupare il denaro (il tempo) in bagordi (*o* in gozzoviglie) □ **to r. in**, dilettarsi di; trovar diletto in: **He revels in sports**, si diletta di sport.

revel ['revl], *n.* festa; festeggiamento; baldoria; gozzoviglia. ● **r. rout**, comitiva di festaioli □ (*stor.*) **Master of the Revels**, Maestro (incaricato) dei festeggiamenti (*o* delle feste: *a* Corte).

revelation [ˌrevɪ'leɪʃən], *n.* **1** (*specialm. relig.*) rivelazione: **It was a r. to me**, per me fu una rivelazione **2** – **R.** (*o* **Revelations**), l'Apocalisse. ● **What a r.!**, che portento!

revelational [ˌrevɪ'leɪʃənl], *a.* (*relig.*) della rivelazione.

revelationist [ˌrevɪ'leɪʃənɪst], *n.* (*relig.*) chi crede nella rivelazione divina. ● **the R.**, l'autore dell'Apocalisse; San Giovanni.

reveller ['revlə*], *n.* festaiolo; gozzovigliatore; crapulone.

revelry ['revlrɪ], *n.* festeggiamento; baldoria; crapula; gozzoviglia.

revendication [rɪˌvendɪ'keɪʃən], *n.* (*leg.*, *polit.*) rivendicazione.

to revenge [rɪ'vendʒ], *v. t.* vendicare; vendicarsi di: **to r. an injustice**, vendicarsi di un'ingiustizia; **to r. one's father**, vendicare il proprio padre; **to r. an offence (an insult)**, vendicare un'offesa (vendicarsi di un'ingiuria). **to revenge oneself B** *v. rifl.* vendicarsi. ● **to r. on sb.**, vendicarsi di q. □ **to be revenged on sb. for st.**, vendicarsi di q. per q.c.

revenge [rɪ'vendʒ], *n.* **1** vendetta: **to take r. on sb.**, far vendetta su q.; **He did it in** (*o* **out of**) **r.**, lo fece per vendetta **2** desiderio di vendetta; spirito vendicativo **3** (*sport*) rivincita: **to give sb. his r.**, dar la rivincita a q. ● **to have one's r.**, prendersi la rivincita.

revengeful [rɪ'vendʒful], *a.* vendicativo.

revengefulness [rɪ'vendʒfulnɪs], *n.* spirito vendicativo.

revenger [rɪ'vendʒə*], *n.* vendicatore, vendicatrice.

revenue ['revɪnjuː], *n.* **1** (*fin.*) entrata; reddito; rendita; ricavo: **the balance between costs and revenues**, l'equilibrio fra costi e ricavi **2** (*in G.B.*, *anche* **Inland R.**) erario; fisco **3** (*pl.*) introiti erariali (*o* fiscali). ● **a r. cutter**, un'imbarcazione doganiera; una lancia della Finanza □ **a r. officer**, un funzionario della dogana □ **r. stamp**, marca da bollo □ **r. tariff**, tariffa (doganale) fiscale; dazio fiscale □ **r. tax**, imposta fiscale; imposta erariale.

reverberant [rɪ'vɜːbərənt], *a.* (*poet.*) **1** riverberante **2** riecheggiante; rimbombante; risonante.

to reverberate [rɪ'vɜːbəreɪt], *v. t. e i.* **1** riverberare, riverberarsi **2** riecheggiare; rimbombare; risuonare: **We heard their calls reverberating in the cellar**, udimmo le loro grida riecheggiare nella cantina. ● (*ind.*) **reverberating furnace**, forno a riverbero.

reverberation [rɪˌvɜːbə'reɪʃən], *n.* **1** (*acustica*) riverberazione; riverbero **2** (*pl.*) eco (*anche fig.*); risonanza: **His act was followed by reverberations throughout the world**, la sua azione ha avuto risonanza in tutto il mondo.

reverberative [rɪ'vɜːbərətɪv], *a.* (*poet.*) **1** riverberante **2** riecheggiante; risonante.

reverberator [rɪ'vɜːbəreɪtə*], *n.* **1** lampada a riverbero **2** (*ind.*) forno a riverbero.

reverberatory [rɪ'vɜːbərətərɪ], **A** *a.* (*fis.*, *ind.*) a riverbero; di riverbero: **r. furnace**, forno a riverbero. **B** *n.* forno a riverbero.

to revere [rɪ'vɪə*], *v. t.* riverire, onorare; venerare: **a poet revered by all**, un poeta onorato da tutti.

reverence ['revərəns], *n.* **1** riverenza; gran rispetto; venerazione: **to hold sb. (st.) in r.**, avere un gran rispetto per q. (per q.c.); **to feel r. for sb.**, sentire (*o* nutrire) riverenza per q. **2** – (*relig.*) **R.**, Reverendo (*talora usato per i preti cattolici*, *preceduto da un agg. poss.*): **Your R.!**, Reverendo!; **His R.**, il Reverendo. ● (*scherz.*) **his R. the bishop**, Sua Riverenza, il vescovo □ **to pay r. to sb.**, riverire q.; onorare q.

to reverence ['revərəns], *v. t.* riverire; onorare; venerare.

reverend ['revərənd], *a.* **1** reverendo; venerabile **2** del clero: **r. utterances**, dichiarazioni del clero. ● **reverends and right reverends**, ministri del culto e vescovi protestanti □ **the r. gentleman**, il reverendo; il ministro del culto di cui si parla □ **The Rev. Peter Miles**, il reverendo pastore Peter Miles □ (*vocat.*) **r. sir**, reverendo (*a un ministro del culto anglicano o protestante*) □ (*d'arcivescovo*) **most r.**, reverendissimo □ (*di vescovo*) **right r.**, molto reverendo □ (*di decano*) **very r.**, molto reverendo.

reverent ['revərənt], *a.* riverente, reverente.

reverential [ˌrevə'renʃəl], *a.* reverenziale, riverenziale; riverente.

reverie ['revərɪ], *n.* fantasticheria; sogno a occhi aperti: **to be lost in r.**, essere assorto in fantasticherie; fantasticare.

revers [rɪ'vɪə*] (*franc.*), *n.* (*invar. al pl.*) rovescia, risvolto (*d'abito*).

reversal [rɪ'vɜːsəl], *n.* **1** inversione; rovesciamento; capovolgimento: **the r. of a trend**, l'inversione di una tendenza **2** (*leg.*) riforma, revoca (*d'una sentenza*) **3** (*rag.*) storno (*di scritture a partita doppia*).

reverse [rɪ'vɜːs], **A** *a.* inverso; contrario; opposto; invertito; a rovescio; rovesciato: **the r. side of a coin**, il lato opposto (*o* il rovescio) d'una moneta; **in r. order**, in ordine inverso; a rovescio; facendosi dal fondo; **in the r. direction**, nella direzione opposta; (*elettr.*) **r. current**, corrente inversa; (*mecc.*) **r. rotation**, rotazione invertita; **a r. «T»**, una «T» rovesciata. **B** *n.* **1** rovescio; contrario; opposto: **Quite the r.!**, tutto l'opposto!; **the r. of the medal**, il rovescio della medaglia; **The r. (of this) happened**, accadde il contrario **2** rovescio (di fortuna); sfortuna; disgrazia; disfatta; sconfitta: **They suffered a r.**, subirono un rovescio **3** (*mecc.*) marcia indietro; retromarcia: **The car was in r.**, l'automobile era in retromarcia. ● (*elettron.*) **r. bias**, polarizzazione inversa □ (*tel.*) **r.-charge call**, telefonata a carico della persona chiamata □ (*mil.*) **r. fire**, fuoco sulla retroguardia; fuoco alle spalle □ (*autom.*, *mecc.*) **r. gear**, marcia indietro; retromarcia □ (*elettr.*) **r. key**, tasto d'inversione □ (*mecc.*) **r. motion**, marcia indietro; retromarcia □ (*grafica*) **r. process**, inversione □ (*USA*) **r. racism**, razzismo inverso (*contro i bianchi*) □ (*autom.*) **to go in r.**, andare in retromarcia □ (*autom.*) **to put the car into r.**, mettere l'auto in retromarcia □ (*autom.*) **to swing the car into r.**, mettere (*o* sbattere dentro) la retromarcia □ (*fig.*) **to swing st. into r.**, rovesciare q.c. (*una tendenza*, *ecc.*).

to reverse [rɪ'vɜːs], **A** *v. t.* **1** invertire; rovesciare; capovolgere; rivoltare: **to r. the order**, invertire l'ordine; (*elettr.*) **to r. the current**, invertire la corrente; **to r. a cup (a glass**, *etc.*), capovolgere una tazza (un bicchiere, ecc.); **to r. a coat**, rivoltare una

reverser

giacca; **to r. a policy**, invertire una linea (politica, ecc.) **2** (*mecc.*) invertire il movimento di; far andare in senso contrario: **to r. machinery**, invertire il movimento d'un macchinario **3** (*leg.*) riformare; cassare; revocare: **The judges of the higher court reversed the judgement**, i giudici del tribunale superiore riformarono la sentenza **4** (*autom.*) far fare la retromarcia a (*un veicolo*) **5** (*tel.*) addebitare al destinatario. **B** *v. i.* **1** (*specialm. nelle danze*) girare in senso inverso **2** invertire il movimento **3** (*mecc., autom.*) ingranare la retromarcia **4** (*autom.*) fare retromarcia: **to r. into the garage**, entrare in garage a retromarcia. ● (*tel.*) **to r. the charges**, fare una telefonata con addebito alla persona chiamata □ (*mil.*) **R. arms!**, rovesciat'arm!

reverser [ri'və:sə*], *n.* (*elettr.*) inversore.

reversibility [ri,və:sə'biliti], *n.* **1** invertibilità; reversibilità **2** (*leg.*) revocabilità **3** (*chim., leg.*) reversibilità.

reversible [ri'və:səbl], *a.* **1** invertibile, rovesciabile; rivoltabile **2** (*di stoffa*) reversibile; a due diritti; double-face **3** (*leg.*) cassabile, revocabile **4** (*chim., fis., leg.*) reversibile. ● (*elettr.*) **r. booster**, survoltore-devoltore □ (*elab.*) **r. counter**, contatore reversibile □ (*autom., mecc.*) **r. steering gear**, sterzo reversibile.

reversing [ri'və:siŋ], *a.* **1** (*scient., tecn.*) che inverte; invertente **2** (*elettr., metall.*) reversibile **3** (*autom.*) in retromarcia. ● (*mecc.*) **r. gear**, invertitore di marcia □ (*autom.*) **r. light**, luce (*o* fanale posteriore) di retromarcia.

reversion [ri'və:ʃən], *n.* **1** (*leg.*) reversione **2** (*leg.*) beni reversibili; proprietà reversibile **3** (*ass.*) capitale assicurato (*da pagarsi in caso di morte*) **4** (*biol.*) reversione **5** ritorno (*a una credenza, a un costume, ecc.*) **6** (*chim.*) ritorno allo stato precedente.

reversionary [ri'və:ʃnəri], *a.* **1** (*leg., chim.*) reversibile: **r. annuity**, pensione reversibile **2** (*biol.*) atavico; regressivo **3** che segna un ritorno (*a una credenza, a costumi, ecc.*).

reversioner [ri'və:ʃnə*], *n.* (*leg.*) chi ha un diritto reversibile.

to revert [ri'və:t], *v. i.* **1** (*leg.*) andare (*o* spettare) (a q.) per reversione **2** (*biol.*) regredire **3** tornare; ritornare: **reverting to my original assumption...**, tornando al mio primo assunto...; **The fields have reverted to a desert waste**, i campi (*già coltivati*) sono tornati allo stato di una distesa desertica.

revert [ri'və:t], *n.* (*relig.*) chi torna alla fede primitiva; riconvertito.

revertant [ri'və:tənt], *a. e n.* (*biol.*) (individuo) che ha subito una reversione.

reverter [ri'və:tə*], *n.* (*leg.*) **1** reversione **2** proprietà reversibile; beni reversibili **3** diritto di reversione.

revery ['revəri], *V.* reverie.

to revet [ri'vet], *v. t.* (*archit., mil.*) rivestire, rinforzare (*un muro, un bastione*).

revetment [ri'vetmənt], *n.* (*archit., mil.*) **1** rivestimento (*di rinforzo*) **2** muro di sostegno.

to revictual ['ri:'vitl], *v. t. e i.* rifornire, rifornirsi di viveri.

review [ri'vju:], *n.* **1** rivista; rassegna; parata: **to pass soldiers in r.**, passare in rivista soldati **2** esame; sguardo retrospettivo; rassegna: **to pass one's career in r.**, dare uno sguardo retrospettivo alla propria carriera **3** rivista, pubblicazione periodica; periodico: **a scientific r.**, una rivista scientifica **4** recensione (*d'un libro, d'un dramma, ecc.*); critica **5** (*leg.*) revisione; riesame **6** *V.* **revue**. ● **r. copy**, copia (*di un libro, ecc.*) per recensione □ (*mil.*) **r. order**, alta uniforme; ordine di parata □ (*di un problema, di un libro, ecc.*) **to come under r.**, esser preso in esame; esser fatto oggetto di critiche.

to review [ri'vju:], **A** *v. t.* **1** rivedere; riesaminare; riandare a; dare uno sguardo retrospettivo a; passare in rassegna (*il passato, ecc.*) **2** (*mil.*) passare in rivista; passare in rassegna **3** recensire, fare la recensione di (*un libro, ecc.*) **4** (*leg.*) riesaminare; sottoporre a revisione. **B** *v. i.* fare il recensore; fare il critico (*letterario, ecc.*).

reviewable [ri'vju:əbl], *a.* **1** rivedibile; riesaminabile **2** (*di libro e sim.*) recensibile.

reviewal [ri'vjuəl], *n.* **1** recensione; critica **2** (*leg.*) revisione; riesame.

reviewer [ri'vjuə*], *n.* recensore; critico.

to revile [ri'vail], **A** *v. t.* ingiuriare; insultare; oltraggiare; svillaneggiare; vituperare. **B** *v. i.* lanciare ingiurie (*o* insulti).

reviler [ri'vailə*], *n.* chi ingiuria; chi insulta; oltraggiatore.

reviling [ri'vailiŋ], **A** *n.* ingiurie; insulti; oltraggi; vituperi. **B** *a.* ingiurioso; oltraggioso.

revisable [ri'vaizəbl], *a.* rivedibile; correggibile.

revisal [ri'vaizəl], *V.* **revision**.

to revise [ri'vaiz], **A** *v. t.* **1** rivedere; correggere; revisionare: **to r. a manuscript (a printer's proof, etc.)**, rivedere un manoscritto (una bozza di stampa, ecc.); **to r. an estimate**, rivedere un preventivo **2** modificare; ritoccare: **to r. tariffs**, ritoccare le tariffe **3** ripassare (*q.c. per un esame*). **B** *v. i.* ripassare; fare il ripasso.

revise [ri'vaiz], *n.* (*tipogr.*) bozza corretta; seconda bozza. ● **second r.**, terza bozza (*di stampa*).

revised [ri'vaizd], *a.* **1** riveduto; emendato; corretto **2** ripassato. ● (*relig.*) **the R. Version**, la Versione Riveduta (*della Bibbia*).

reviser [ri'vaizə*], *n.* revisore; correttore, correttrice (*di bozze*).

revision [ri'viʒən], *n.* **1** revisione; correzione (*di bozze*) **2** modifica; ritocco **3** ripasso (*per gli esami*): **to do some r.**, fare un po' di ripasso.

revisional [ri'viʒənl], **revisionary** [ri'viʒənəri], *a.* di revisione.

revisionism [ri'viʒənizm], *n.* (*polit.*) revisionismo.

revisionist [ri'viʒənist], (*polit.*) **A** *n.* revisionista. **B** *a.* revisionistico.

to revisit ['ri:'vizit], *v. t.* rivisitare; visitare di nuovo.

revisor [ri'vaizə*], *V.* **reviser**.

revisory [ri'vaizəri], *a.* di revisione; di revisori: **a r. committee**, un comitato di revisori.

revitalization ['ri:,vaitəlai'zeiʃən], *n.* ravvivamento; vivificazione.

to revitalize ['ri:'vaitəlaiz], *v. t.* dar nuova vita a; ravvivare; vivificare.

revivable [ri'vaivəbl], *a.* ravvivabile; rinnovabile (*V.* **to revive**).

revival [ri'vaivəl], *n.* **1** revival; rinascenza; rinascita; rinnovamento; risorgimento; risveglio: **the r. of folk music**, la rinascita della musica folk **2** rimessa in auge; ritorno in uso; ripresa; riesumazione (*fig.*): **the r. of an ancient custom**, il ritorno in onore di un'antica costumanza; **the r. of a word**, il ritorno in uso d'una parola; **the r. of an old comedy**, la riesumazione di una vecchia commedia **3** (*di leggi, ecc.*) ritorno in vigore; ripresa di validità **4** risveglio religioso **5** (*relig.*) revivalismo. ● (*stor.*) **the R. of Learning** (*o* **of Letters**), il Rinascimento; la Rinascenza □ (*econ.*) **economic r.**, la rinascita economica.

revivalism [ri'vaivəlizm], *n.* (*relig.*) revivalismo.

revivalist [ri'vaivəlist], *n.* (*relig.*) revivalista.

to revive [ri'vaiv], **A** *v. i.* **1** rianimarsi; riaversi; riprendersi: **Withered flowers r. in the rain**, i fiori avvizziti si riprendono sotto la pioggia **2** ravvivarsi; tornare in vita: **My hopes revived**, le mie speranze si ravvivarono **3** (*di costumanze e sim.*) rivivere; tornare in uso **4** (*di leggi, ecc.*) tornare in vigore; riacquistare validità. **B** *v. t.* **1** rianimare; ravvivare; riportare in vita: **to r. a person who has lost consciousness**, rianimare una persona che ha perso i sensi **2** far rivivere; ristabilire: **to r. an ancient custom**, far rivivere un'antica usanza **3** rimettere in vigore; ridare validità a (*una legge, ecc.*) **4** (*teatr.*) riesumare, riportare sulle scene (*un vecchio dramma*) **5** richiamare alla mente **6** riattizzare, rinfocolare (*dissidi, liti, ecc.*).

reviver [ri'vaivə*], *n.* **1** rianimatore; ravvivatore; chi fa rivivere, ecc. (*V.* **to revive**) **2** (*pop.*) bevanda ristoratrice **3** sostanza che ridà il colore (*ad abiti stinti, ecc.*).

revivification [ri:,vivifi'keiʃən], *n.* **1** ravvivamento; rinvigorimento; vivificazione **2** (*chim.*) riattivazione.

to revivify [ri:'vivifai], *v. t.* **1** ravvivare; rinvigorire; vivificare **2** (*chim.*) riattivare.

reviviscence [,revi'visns], **reviviscency** [,revi'visnsi], *n.* (*lett.*) reviviscenza.

reviviscent [,revi'visnt], *a.* (*lett.*) reviviscente.

revocability [,revəkə'biliti], *n.* revocabilità; abrogabilità; annullabilità.

revocable ['revəkəbl], *a.* revocabile; abrogabile; annullabile.

revocation [,revə'keiʃən], *n.* revoca; abrogazione; annullamento.

revocatory ['revəkətəri], *a.* revocatorio; abrogatorio.

to revoke [ri'vouk], **A** *v. t.* revocare; abrogare; annullare. **B** *v. i.* (*nei giochi di carte*) rifiutare; non rispondere a colore (*pur avendo carte del seme richiesto*). ● **to r. a promise**, venir meno a una promessa.

revoke [ri'vouk], *n.* **1** (*nei giochi di carte*) rifiuto (*V.* **to revoke**) **2** (*raro*) *V.* **revocation**. ● **beyond r.**, (*agg.*) irrevocabile; (*avv.*) irrevocabilmente.

revolt [ri'voult], *n.* rivolta; ribellione; insurrezione; sommossa. ● **to break out in r.**, ribellarsi; rivoltarsi; sollevarsi □ **to turn away in r. from sb.** (**st.**), sentirsi rivoltato da q. (q.c.); trovare q. (q.c.) rivoltante.

to revolt [ri'voult], **A** *v. i.* **1** rivoltarsi; ribellarsi; insorgere; sollevarsi: **My stomach revolted at the sight of the carnage**, mi si rivoltò lo stomaco alla vista della carneficina; **The students revolted against the tyrant**, gli studenti si sollevarono contro il tiranno **2** ribellarsi (*fig.*); disgustarsi; nausearsi; sentir ripugnanza: **His nature revolts against such bad treatment**, la sua natura si ribella contro un trattamento così cattivo **3** provare orrore (per); inorridire (a): **I r. from scenes of racial discrimination**, inorridisco di fronte a episodi di discriminazione razziale. **B** *v. t.* disgustare; nauseare; riempire di disgusto; rivoltare (*fig.*); ripugnare a: **What they saw revolted them**, quello che videro lo riempì di disgusto; **His actions r. my conscience**, i suoi atti ripugnano alla mia coscienza.

revolted [ri'voultid], *a.* rivoltoso; ribelle: **r. subjects**, sudditi ribelli.

revolting [riˈvoultiŋ], *a.* **1** disgustoso; nauseabondo; rivoltante; ripugnante **2** in rivolta; che si ribella **3** (*fam.*) schifoso; orrendo.
revolute [ˈrevəljuːt], *a.* (*bot.*) revoluto; accartocciato.
revolution [ˌrevəˈluːʃən], *n.* **1** (*astron., polit.*) rivoluzione (*anche fig.*); movimento di rivoluzione: **the r. of the artificial satellite round the earth**, il movimento di rivoluzione del satellite artificiale intorno alla terra; **a r. in modern physics**, una rivoluzione nella fisica moderna; **the industrial R.**, la rivoluzione industriale **2** (*mecc.*) giro (*di motore*): **4,000 revolutions** (*abbr.* **revs**) **per minute**, 4.000 giri al minuto. ● (*stor.*) **the (Glorious) R.**, la rivoluzione del 1688 (*la cacciata di re Giacomo II*) ☐ (*mecc.*) **r. counter**, contagiri ☐ **the r. of the seasons**, il ciclo delle stagioni.
revolutionary [ˌrevəˈluːʃnəri], **A** *a.* **1** rivoluzionario **2** (*mecc.*) rotante; rotatorio. **B** *n.* rivoluzionario. ● (*stor.*) **the R. War**, la guerra d'indipendenza americana (1775-1783).
revolutionism [ˌrevəˈluːʃnizəm], *n.* rivoluzionarismo.
revolutionist [ˌrevəˈluːʃnist], *n.* rivoluzionario.
to revolutionize [ˌrevəˈluːʃnaiz], *v. t.* **1** rinnovare radicalmente; rivoluzionare; sovvertire **2** agitare (*fig.*); inculcare idee rivoluzionarie in (*operai, lavoratori, ecc.*).
to revolve [riˈvɔlv], **A** *v. i.* **1** (*mecc., astron.*) girare; ruotare: **The planets r. round the sun**, i pianeti ruotano intorno al sole **2** tornare periodicamente; ricorrere: **the revolving seasons**, le ricorrenti stagioni; il volger delle stagioni **3** (*fig.*) girare; frullare; mulinare: **God knows what ideas r. in her mind**, Dio sa che cosa le frulla in capo. **B** *v. t.* **1** far girare; far ruotare; roteare **2** rivolgere (*nella mente*); considerare; ponderare: **He was revolving this thought in his mind**, rivolgeva nella mente questo pensiero.
revolver [riˈvɔlvə*], *n.* rivoltella; revolver.
revolving [riˈvɔlviŋ], *a.* **1** rotante; roteante **2** girevole: **a r. chair**, una sedia girevole; **a r. door**, una porta girevole. ● (*mecc.*) **r.-block engine**, motore a cilindri rotanti ☐ (*comm.*) **r. credit**, credito rotativo ☐ (*ind. tessile*) **a r. drier**, un asciugatoio a tamburo rotante ☐ (*mecc.*) **r. shovel**, escavatore girevole.
revue [riˈvjuː] (*franc.*), *n.* (*teatr.*) rivista; spettacolo di varietà.
revulsion [riˈvʌlʃən], *n.* **1** (*med.*) revulsione **2** improvviso mutamento (*dei propri sentimenti, dell'opinione pubblica, ecc.*); reazione violenta **3** (*special.m.*) repulsione; ripugnanza; avversione.
revulsive [riˈvʌlsiv], *a. e n.* (*farm.*) revulsivo.
reward [riˈwɔːd], *n.* ricompensa; compenso; premio; (*leg.*) taglia: **the r. for the capture of a criminal**, il premio per la cattura d'un criminale; **to expect some r.**, aspettarsi una ricompensa.
to reward [riˈwɔːd], *v. t.* **1** ricompensare; compensare; rimunerare; premiare **2** contraccambiare; ripagare (*fig.*).
rewarding [riˈwɔːdiŋ], *a.* rimunerativo; gratificante; che dà soddisfazioni: **a r. job**, un lavoro gratificante. ● **a r. novel**, un romanzo che merita d'essere letto.
rewardless [riˈwɔːdlis], *a.* **1** senza remunerazione; non pagato **2** senza ricompensa; che non vale la pena di fare. ● **a r. job**, un lavoro ingrato.
to rewin [riːˈwin] (*pass. e p. p.* **rewon**), *v. t.* vincere di nuovo; riconquistare.
to rewind [riːˈwaind] (*pass. e p. p.* **rewound**), *v. t.* **1** riavvolgere (*un nastro magnetico, ecc.*) **2** ricaricare (*un orologio, un giocattolo, ecc.*).
rewind [riːˈwaind], *n.* (*tecn.*) dispositivo di riavvolgimento.
rewinding [riːˈwaindiŋ], *n.* **1** riavvolgimento **2** ricarica (*di un orologio, di un giocattolo a molla, ecc.*).
to rewire [ˈriːˈwaiə*], *v. t.* **1** rifare l'impianto elettrico di (*una casa, ecc.*) **2** ritelegrafare (*una notizia*) **3** ritelegrafare a (q.).
to reword [riːˈwɔːd], *v. t.* esprimere (*o formulare*) con altre parole; modificare (*uno scritto, un discorso*).
to rewrite [riːˈrait] (*pass.* **rewrote**, *p. p.* **rewritten**), *v. t.* riscrivere; rimaneggiare.
rewrite [ˈriːrait], *n.* rimaneggiamento; versione: **a modern r. of an old novel**, una versione moderna di un romanzo vecchio.
Rex [reks] (*lat.*), *n.* **1** Re: **George Rex**, Giorgio Re (*regnante*) **2** (*leg., in G.B.*) (la) Corona; lo Stato (*nelle cause contro privati cittadini*). ● **Rex v.** (*o versus*) **Smith**, (intestazione di una) causa legale della Corona contro Mr Smith.
Reynard [ˈrenəd], *n.* (*letter.*) la Volpe (*nome proprio usato nelle favole*).
rhabdomancer [ˈræbdəˌmænsə*], *n.* rabdomante.
rhabdomancy [ˈræbdəˌmænsi], *n.* rabdomanzia.
rhachis [ˈreikis], *V.* **rachis**.
Rhadamanthine [ˌrædəˈmænθain], *a.* (*fig.*) incorruttibile; inflessibile.
Rhadamanthus [ˌrædəˈmænθəs], *n.* **1** (*mitol.*) Radamante **2** (*fig.*) giudice incorruttibile (*o* inflessibile, severo).
Rhaetia [ˈriːʃə], *n.* (*geogr., stor.*) Rezia.
Rhaetian [ˈriːʃən], **A** *a.* retico: (*geogr.*) **R. Alps**, alpi retiche. **B** *n.* (*stor.*) abitante della Rezia.
Rhaetic [ˈriːtik], *a.* (*geol.*) retico.

Rhaeto-Romance [ˈriːtouərəˈmæns], **Rhaeto-Romanic** [ˈriːtouərəˈmænik], *a. e n.* (*glottologia*) reto-romanzo.
rhagades [ˈrægədiːz], *n. pl.* (*med.*) ragadi.
rhapsode [ˈræpsoud], *n.* (*stor., letter.*) rapsodo.
rhapsodic(al) [ræpˈsɔdik(əl)], *a.* **1** (*stor., letter.*) rapsodico **2** (*fam.*) entusiastico.
rhapsodist [ˈræpsədist], *n.* **1** (*stor., letter.*) rapsodo **2** (*fam.*) chi parla (*o* scrive) in modo entusiastico.
to rhapsodize [ˈræpsədaiz], **A** *v. i.* **1** declamare (*o* scrivere) rapsodie **2** (*fam.*) parlare (*o* scrivere) in modo entusiastico: **to r. about** (*o* **over**) **one's children**, parlare in modo entusiastico dei propri figli. **B** *v. t.* declamare; recitare.
rhapsody [ˈræpsədi], *n.* **1** (*letter., mus.*) rapsodia **2** (*fig.*) discorso (*o* scritto) ampolloso (*o* entusiastico, retorico). ● **to go into rhapsodies over st.**, mostrare grande entusiasmo (*o andare in sollucchero*) per q.c.
rhea [riə], *n.* **1** (*zool., Rhea*) nandù **2** – (*mitol., astron.*) R., Rea.
Rheims [riːmz], *n.* (*geogr.*) Reims.
Rhenish [ˈriːniʃ], **A** *a.* (*geogr.*) del Reno, renano: **R. wine**, vino del Reno. **B** *n.* (*arc.*) vino del Reno.
rhenium [ˈriːnjəm], *n.* (*chim.*) renio.
rheometer [riˈɔmitə*], *n.* (*elettr.*) reometro.
rheophore [ˈriːəfɔ*], *n.* (*elettr.*) reoforo.
rheoscope [ˈriːəskoup], *n.* (*elettr.*) galvanoscopio; reoscopio.
rheostat [ˈriːəstæt], *n.* (*elettr.*) reostato.
rheostatic [ˌriːəˈstætik], *a.* (*tecn., scient.*) reostatico. ● (*ing.*) **r. braking**, frenatura reostatica.
rhesus [ˈriːsəs], *n.* (*zool., Macaca mulata; anche* **r. monkey**) reso. ● (*biol.*) **r. factor** (*più spesso* **Rh factor**), fattore Rh; fattore Rhesus.
rhetor [ˈriːtə*], *n.* (*anche fig.*) retore.
rhetoric [ˈretərik], *n.* retorica (*in ogni senso*).
rhetorical [riˈtɔrikəl], *a.* retorico (*in ogni senso*): **a r. question**, una domanda retorica; **a r. style**, uno stile retorico.
rhetorically [riˈtɔrikli], *avv.* **1** retoricamente; in modo retorico; in tono retorico **2** (*fam.*) tanto per chiedere (*o per parlare*); non sul serio. ● **I was only asking r.**, facevo tanto per chiedere; era una domanda retorica!
rhetorician [ˌretəˈriʃən], *n.* (*anche fig.*) retore.
rheum [ruːm], *n.* (*med.*) **1** catarro; muco **2** (*pl.*) reumatismi.
rheumatic [ruːˈmætik], (*med.*) **A** *a.* **1** reumatico: **a r. fever**, una febbre reumatica **2** affetto da reumatismo; reumatizzato: **a r. joint**, una giuntura affetta da reumatismo. **B** *n.* **1** persona affetta da reumatismo; reumatico **2** (*pl., fam.*) reumatismi. ● **r. walk**, andatura caratteristica di chi soffre di dolori reumatici.
rheumaticky [ruːˈmætiki], *a.* (*fam.*) affetto da reumatismo; reumatizzato.
rheumatism [ˈruːmətizəm], *n.* (*med.*) reumatismo.
rheumatoid [ˈruːmətɔid], *a.* (*med.*) reumatoide: **r. arthritis**, artrite reumatoide.
rheumy [ˈruːmi], *a.* (*med.*) catarrale; catarroso; mucoso.
rhinal [ˈrainəl], *a.* (*anat.*) nasale.
Rhine [rain], *n.* (*geogr.*) Reno. ● **R. wine**, vino del Reno.
Rhineland [ˈrainlænd], *n.* (*geogr.*) Renania.
rhinestone [ˈrainstoun], *n.* (*miner.*) varietà di cristallo di rocca (*usata anche per fare diamanti artificiali*); strass.
rhinitis [raiˈnaitis], *n.* (*pl.* **rhinitides**) (*med.*) rinite: **allergic r.**, rinite allergica.
rhino (1) [ˈrainou], *n.* (*pl.* **rhino, rhinos**) (*abbr. fam. di* **rhinoceros**) rinoceronte.
rhino (2) [ˈrainou], *n.* (*invar. al pl.*) (*pop.*) denaro; quattrini; grana (*pop.*). ● **ready r.**, contanti; soldi sull'unghia (*pop.*).
rhinoceros [raiˈnɔsərəs], *n.* (*pl.* **rhinoceroses**, **rhinoceros**, **rhinoceri**, **rhinocerotes**) (*zool., Rhinoceros*) rinoceronte.
rhinocerotic [ˌrainousəˈrɔtik], *a.* di (*o* da) rinoceronte.
rhinoplastic [ˌrainəˈplæstik], *a.* (*med.*) rinoplastico.
rhinoplasty [ˈrainəˌplæsti], *n.* (*med.*) rinoplastica.
rhinoscope [ˈrainəskoup], *n.* (*med.*) rinoscopio.
rhinoscopic [ˌrainəˈskɔpik], *a.* (*med.*) rinoscopico.
rhinoscopy [raiˈnɔskəpi], *n.* (*med.*) rinoscopia.
rhizome [ˈraizoum], *n.* (*bot.*) rizoma.
rho [rou], *n.* ro (*diciassettesima lettera dell'alfabeto greco*).
Rhodes [roudz], *n.* (*geogr.*) Rodi.
Rhodesia [rouˈdiːzjə], *n.* (*geogr.*) Rodesia.
Rhodesian [rouˈdiːzjən], *a. e n.* rodesiano.
Rhodian [ˈroudjən], **A** *a.* rodio; di Rodi. **B** *n.* rodiota; abitante di Rodi.
rhodic [ˈroudik], *a.* (*chim.*) rodico.
rhodinol [ˈroudinɔl], *n.* (*profumeria, ecc.*) rodinolo.
rhodium (1) [ˈroudjəm], *n.* (*chim.*) rodio.
rhodium (2) [ˈroudjəm], *n.* (*anche* **r.-wood**) legno rodio.
rhododendron [ˌroudəˈdendrən], *n.* (*bot., Rhododendron*) ro-

rhomb

dodendro.
rhomb [rɔm], *n.* (*geom.*) rombo.
rhombic(al) ['rɔmbik(əl)], *a.* (*geom.*) rombico.
rhombohedral [,rɔmbou'hi:drəl], *a.* (*geom.*) romboedrico.
rhombohedron [,rɔmbou'hi:drən], *n.* (*pl.* **rhombohedrons, rhombohedra**) (*geom.*) romboedro.
rhomboid ['rɔmbɔid], **A** *a.* **1** (*geom.*) romboidale; romboide **2** (*anat.*) romboide: **r. muscle**, muscolo romboide. **B** *n.* **1** (*geom.*) romboide; parallelogramma (*più comune*) **2** (*anat.*) muscolo romboide.
rhomboidal [rɔm'bɔidl], *a.* (*geom.*) romboidale.
rhombus ['rɔmbəs], *n.* (*pl.* **rhombuses, rhombi**) **1** (*geom.*) rombo **2** (*zool., Rhombus*) rombo.
Rhone [roun], *n.* (*geogr.*) Rodano.
rhotacism ['routəsizm], *n.* (*linguistica*) rotacismo.
rhotacization [,routəsi'zeiʃən], *n.* (*linguistica*) rotacizzazione.
to rhotacize ['routəsaiz], (*linguistica*) **A** *v. t.* rotacizzare. **B** *v. i.* modificarsi per rotacismo; subire la rotacizzazione.
rhubarb ['ru:ba:b], *n.* **1** (*bot., Rheum*) rabarbaro **2** (*pop. USA*) lite; rissa.
rhumb [rʌm], *n.* (*naut.*) rombo: **r. line**, linea di rombo; linea (*o* retta) lossodromica. (*naut.*) **r.-line course**, rotta lossodromica.
rhyme [raim], *n.* **1** rima **2** poesia; componimento in rima **3** (*pl.*) rime; versi. ● **r. royal**, stanza di sette pentapodie giambiche (ababbcc) □ **double** (*o* **female**) **r.**, rima di due sillabe □ **nursery rhymes**, poesiole per bambini; filastrocche □ **without r. or reason**, senza capo né coda; senza senso □ **I prefer blank verse to r.**, preferisco il verso sciolto al verso rimato.
to rhyme [raim], **A** *v. i.* **1** rimare: «**More**» **and** «**door**» **r.** perfectly, «more» e «door» rimano perfettamente **2** fare versi; verseggiare; scrivere poesie. **B** *v. t.* **1** rimare, far rimare (*una parola con un'altra*) **2** mettere in versi; versificare; verseggiare: **to r. a story**, verseggiare una novella. ● (*letter.*) **rhyming couplets**, distici rimati □ **rhyming dictionary**, rimario □ **rhyming slang**, gergo in cui alcune parole sono sostituite con altre che rimano con esse (*per es.*, «**struggle and strife**» *invece di* «**wife**»).
rhymed [raimd], *a.* rimato; in rima.
rhymeless ['raimlis], *a.* senza rima.
rhymelessness ['raimlisnis], *n.* mancanza di rima.
rhymer ['raimə*], *n.* rimatore; verseggiatore; poeta.
rhymester ['raimstə*], *n.* (*arc., spreg.*) rimatore; poetastro; poetucolo.
rhymist ['raimist], *V.* **rhymer**.
rhythm ['riðəm], *n.* ritmo (*in ogni senso*). ● **r. method**, metodo Ogino-Knaus.
rhythmic(al) ['riðmik(əl)], *a.* ritmico.
rhythmicity [rið'misiti], *n.* ritmicità.
rhythmics ['riðmiks], *n. pl.* (*col verbo al sing.*) ritmica; ritmologia.
rhythmist ['riðmist], *n.* **1** compositore di ritmi **2** chi ha un buon senso del ritmo.
rhythmless ['riðəmlis], *a.* senza ritmo.
riant ['raiənt], *a.* (*lett.*) ridente; lieto: **a r. landscape**, un ridente paesaggio.
rib [rib], *n.* **1** (*anat.*) costa; costola: **false** (**floating**) **ribs**, costole false (fluttuanti); **true** (**sternal**) **ribs**, costole vere (sternali) **2** (*di stoffa, di lavoro a uncinetto*) costa: **a sweater in rib**, un maglione a costa **3** (*cucina*) costoletta: **ribs of beef**, costolette di bue **4** (*archit.*) costolone; nervatura **5** (*bot., zool.*) nervatura (principale): **the rib of a leave**, la nervatura d'una foglia **6** (*aeron.*) centina (*di ala*) **7** (*naut.*) ordinata; corba; costa **8** (*geol.*) vena (*di minerale*) **9** (*d'ombrello*) stecca **10** nervatura, rialzo ornamentale (*sul dorso di un libro*) **11** porca (*fra solco e solco*) **12** segno lasciato dall'onda sulla spiaggia **13** (*scherz.*) donna; moglie (*dal racconto della Genesi*). ● (*anat.*) **rib cage**, gabbia toracica □ **to dig** (*o* **to poke**) **sb. in the ribs**, dar di gomito a q.; dare una gomitatina nelle costole a q. (*per richiamare l'attenzione, ecc.*) □ (*Bibbia*) **to smite sb. under the fifth rib**, pugnalare q.
to rib [rib], *v. t.* **1** fornire di coste; rafforzare con nervature **2** provvedere (*un ombrello*) di stecche **3** (*archit.*) munire di costoloni **4** (*mecc.*) scanalare **5** (*agric.*) arare lasciando le porche fra solco e solco **6** (*fam.*) molestare; prendere in giro; burlare; sfottere (*fam.*). ● **to rib a cloth**, rigare una stoffa con rilievi a costa.
ribald ['ribəld], **A** *a.* licenzioso; osceno; scurrile; volgare: **a r. joke**, una barzelletta licenziosa. **B** *n.* individuo volgare; chi usa un linguaggio osceno (*o* scurrile); persona sboccata.
ribaldry ['ribəldri], *n.* licenziosità; oscenità; scurrilità; volgarità.
riband ['ribənd], *n.* *V.* **ribbon**.
ribband ['ribənd], *n.* (*naut.*) **1** longarina, longherina **2** lista.
ribbed [ribd], *a.* **1** munito di coste; fornito di costole **2** (*mecc., bot.*) nervato **3** (*archit.*) con nervature; cordonato **4** rigato; con rigatura a coste: (*autom.*) **r. tyre**, pneumatico rigato. ● **a r. sweater**, un maglione a costa.

ribbon ['ribən], *n.* **1** nastro **2** (*anche mil.*) nastrino **3** (*fig.*) lembo; striscia: **a r. of blue sky**, un lembo di sereno **4** (*pl.*) brandelli; pezzi: **to tear st. to ribbons**, fare a brandelli q.c.; lacerare q.c. **5** (*pl., fam.*) redini: **to take the ribbons**, prendere le redini **6** (*edil.*) banchina (*di pavimento*). ● (*mecc.*) **r. brake**, freno a nastro □ **r. building** (*o* **r. development**), costruzione di case lungo i lati delle vie suburbane (*con danno del paesaggio*) □ (*elettr.*) **r. cable**, cavo a nastro; cavo piatto; piattina (*fam.*) □ (*mecc.*) **r. conveyor**, coclea a nastro □ (*bot.*) **r.-grass** (*Phalaris arundinacea picta*), nastro di pastorella □ (*stor.*) **r.-man**, membro della «Ribbon Society» □ (*fig.*) **a r. of land**, una striscia di terra □ (*aeron.*) **r. parachute**, paracadute a nastri □ **r.-saw**, sega a nastro □ (*stor.*) **R. Society**, società segreta di cattolici irlandesi (*fondata ai primi dell'800*) □ (*USA*) **blue-r.**, di prim'ordine □ (*d'abito e sim.*) **to hang in ribbons**, esser tutto lacero (*o* a brandelli) □ **typewriter r.**, nastro per macchina da scrivere.
ribboned ['ribənd], *a.* ornato di nastri; decorato di nastrini.
Ribbonism ['ribənizm], *n.* (*stor.*) ideali politici della «Ribbon Society» (*V. sotto* **ribbon**).
ribes ['raibi:z], *n.* (*solo sing.*) (*bot., Ribes*) ribes.
ribonucleic [,raibounju:'kli:ik], *a.* (*chim.*) ribonucleico.
ribose ['raibouz], *n.* (*chim.*) ribosio, riboso.
rice [rais], *n.* (*invar. al pl.*) **1** (*bot., Oryza sativa*) riso **2** (*anche* **brown r.**) risone. ● (*zool.*) **r.-bird**, (*Padda oryzivora*) padda; (*USA, Dolichonix oryzivorus*) bobolink; doliconice □ **r. field** (*o* **r. paddy**), risaia □ **r. meal**, farina di riso □ **r. paper**, carta di riso □ **r. pudding**, budino di riso □ **polished r.**, riso brillato.
ricer ['raisə*], *n.* (*cucina*) passaverdura; schiacciapatate.
rich [ritʃ], *a.* **1** ricco (*in ogni senso*); costoso, sfarzoso, sontuoso; abbondante, fertile, opulento; ben condito, ben guarnito; nutriente; succulento: **r. gifts**, ricchi doni; **a r. country**, un paese ricco; **a region in natural resources**, una regione ricca di risorse naturali; **a r. banquet**, un banchetto sontuoso; **r. prizes**, ricchi premi; **a r. harvest**, un raccolto abbondante; **a r. land**, un terreno fertile; **r. pastries**, pasticcini ben guarniti **2** (*di colore*) brillante; vivo; intenso: **r. colouring**, colori vivi **3** (*di suono*) pieno; profondo **4** (*di odore*) intenso; fragrante **5** (*di vino*) potente; robusto; spiritoso; che ha corpo, corposo **6** (*fam.*) divertente; spassoso: **r. humour**, umorismo divertente **7** (*fam.*) assurdo; incredibile: **Oh, that's too r.!**, ma no! è incredibile! (*o* questa è bella!; questa è grossa!) ● (*collett.*) **the r.**, i ricchi □ (*di libro*) **r.-bound**, con una rilegatura costosa □ **r.-clad**, riccamente vestito □ (*edil.*) **r. concrete**, calcestruzzo grasso □ (*autom.*) **r. mixture**, miscela ricca (*o* grassa) □ **to grow** (*o* **to get**) **r.**, arricchire; arricchirsi.
Richard ['ritʃəd], *n.* Riccardo.
riches ['ritʃiz], *n. pl.* ricchezza; ricchezze.
richly ['ritʃli], *avv.* **1** riccamente; abbondantemente; costosamente **2** pienamente; del tutto; proprio; davvero: **He r. deserves to succeed**, merita davvero di riuscire (*o* d'aver successo).
richness ['ritʃnis], *n.* **1** ricchezza (*in ogni senso*); abbondanza; opulenza; fertilità (*del suolo*); sfarzosità, sontuosità **2** vivacità, intensità (*di colore*) **3** pienezza, profondità (*di suono*) **4** (*del vino*) l'aver corpo; l'esser corposo.
ricinoleic [,risinou'li:ik], *a.* (*chim.*) ricinoleico.
rick (1) [rik], *n.* **1** cumulo, mucchio (*di fieno, paglia, ecc.*) **2** (*anche* **hayrick**) pagliaio. ● **r.-cloth**, telone da pagliaio □ **r.-yard** (*o* **r.-barton**), spiazzo per i pagliai; aia.
to rick (1) [rik], *v. t.* ammucchiare, fare mucchi di (*fieno, paglia*).
rick (2) [rik], *V.* **wrick**.
to rick (2) [rik], *V.* **to wrick**.
ricketiness ['rikitinis], *n.* **1** (*med.*) rachitismo **2** (*fig.*) l'esser malfermo *o* traballante.
rickets ['rikits], *n.* (*col verbo al sing. o al pl.*) (*med.*) rachitismo.
rickety ['rikiti], *a.* **1** (*med.*) rachitico **2** (*fig.*) malfermo; sgangherato; sconquassato; traballante: **a r. barn**, un granaio sgangherato; **a r. table**, una tavola traballante. ● **a r. chair**, una sedia zoppa.
ricksha(w) ['rikʃɔ:], *n.* risciò.
ricochet ['rikəʃet], *n.* **1** rimbalzo (*specialm. di proiettile o di sasso lanciato sull'acqua*) **2** (*anche* **r. shot**) colpo di rimbalzo.
to ricochet ['rikəʃet], **A** *v. i.* rimbalzare: **The bullet ricocheted from the wall**, la pallottola rimbalzò sul muro. **B** *v. t.* colpire di rimbalzo.
to rid [rid] (*pass.* **ridded** *e* **rid**, *p. p.* **rid**), **A** *v. t.* liberare; sbarazzare: **to r. the road of fallen rocks**, sbarazzare la strada dai massi caduti. **to rid oneself** **B** *v. rifl.* liberarsi; sbarazzarsi: **He succeeded in ridding himself of his debts**, riuscì a liberarsi dei debiti. ● **to be rid of sb.** (**st.**), essersi liberato (*o* sbarazzato) di q. (q.c.) □ **to get rid of sb.** (**st.**), liberarsi (*o* sbarazzarsi, disfarsi) di q. (q.c.).
ridable ['raidəbl], *a.* **1** (*di cavallo*) cavalcabile; che si lascia montare **2** (*di sentiero, ecc.*) che si può percorrere a cavallo; cavalcabile.

riddance ['ridəns], *n.* liberazione: **Good r.!**, una bella liberazione!
rid(d)el ['ridl], *n.* (*relig.*) tendina d'altare.
ridden ['ridn], *A p. p.* di **to ride**. *B a.* **1** dominato; oppresso; tormentato: **fear-r.**, tormentato dalla paura **2** infestato: **flea-r.**, infestato dalle pulci. ● **a police-r. State**, uno Stato di polizia □ **a priest-r. country**, un paese dominato dai preti.
riddle (1) ['ridl], *n.* indovinello; enigma: **the r. of the universe**, l'enigma dell'universo; **to speak in riddles**, parlare per enigmi. ● **to read a r.**, risolvere un indovinello; indovinare.
to riddle (1) ['ridl], *A v. i.* **1** parlare per enigmi (*o* in modo enigmatico) **2** proporre indovinelli. *B v. t.* risolvere (*un enigma*); spiegare (*un indovinello*). ● **R. me this**, risolvi questo indovinello! (*cfr. ital. fam.* «indovina indovinello»).
riddle (2) ['ridl], *n.* (*ind. min., metall.*) crivello; setaccio; vaglio.
to riddle (2) ['ridl], *v. t.* **1** (*anche fig.*) passare al crivello; setacciare; vagliare: **to r. the soil**, passare il terriccio al crivello; **to r. the evidence**, vagliare le prove **2** crivellare; bucare come un crivello; bucherellare: **His car was riddled with bullets**, gli crivellarono l'automobile di pallottole **3** (*fig.*) criticare (*una teoria*); confutare (*un'argomentazione*).
riddling ['ridliŋ], *n.* crivellatura; setacciatura; vagliatura.
to ride [raid] (*pass.* **rode**, *p. p.* **ridden**), *A v. i. e t.* **1** cavalcare; andare a cavallo (di); montare: **They were riding along the canal**, cavalcavano lungo il canale; **Our cavalry rode at the enemy**, la nostra cavalleria cavalcò contro il nemico; **I'm very keen on riding**, mi piace moltissimo andare a cavallo; **to r. a horse**, montare un cavallo **2** andare, viaggiare (*in bicicletta, in motocicletta, ecc.; e in treno o anche in automobile e in aereo, ma come passeggero*; *cfr.* **to drive**): **to r. in a coach**, andare in torpedone; **to r. in** (*o on*) **a cart**, viaggiare su un carro; **to r. a bicycle**, andare in bicicletta; **The children rode the merry-go-round**, i bambini andarono in giostra **3** (*di mezzo di trasporto*) andare; muoversi; spostarsi; viaggiare: **The car rode on the rims**, l'automobile viaggiava sui cerchioni (*le gomme erano a terra*) **4** (*naut.*) galleggiare; essere alla fonda: **The ship rode close to the shore**, la nave era alla fonda presso la spiaggia **5** scorrazzare (*specialm. a cavallo*) attraversare (*un territorio*); scorrere: **to r. the prairies of the Mississippi**, scorrere le praterie del Mississippi **6** (*di fantino*) pesare (*alle corse*): **The jockey rode ten stone**, il fantino pesava dieci «stone» (*kg 63,500*) **7** portare a cavalluccio: **He rode his little girl home on his shoulders**, portò a casa la sua bambina a cavalluccio (sulle spalle) **8** (*specialm. al p.p.*) dominare; opprimere; tormentare: **I was ridden by doubts**, ero tormentato da dubbi **9** (*di un osso fratturato, ecc.*) sovrapporsi; accavallarsi **10** (*fam.*) infastidire; stuzzicare; prendere in giro **11** (*pugilato*) assorbire (*un colpo*) indietreggiando **12** (*autom.: di auto*) andare (*bene, male, ecc.*) **13** (*mus.*) improvvisare liberamente (*su un tema di jazz*). *B* verbi composti **1 to r. away** (*o* **off**), partire a cavallo (*o* in bicicletta, ecc.). **2 to r. down**, calpestare col cavallo; raggiungere (a cavallo) e arrestare; (*naut.*) alare in basso: **They rode down the outlaw**, raggiunsero il fuorilegge e lo catturarono. **3** (*fig.*) **to r. off on st.**, evitare di parlare di q.c.; scantonare su un argomento. **4 to r. out a storm**, (*di nave*) reggere bene a una tempesta; (*fig.: di persona*) cavarsela, uscirne indenne □ **to r. out a financial crisis**, superare una crisi finanziaria. **5 to r. over** (**a territory**), percorrere (un territorio) a cavallo. **6 to r. up**, (*di persona*) arrivare a cavallo; (*di capo di vestiario*) salire: **a skirt that tends to r. up**, una gonna che tende a salire (*o* ad andare su). ● (*fam.*) **to r. again**, ritornare sulle scene □ (*stor.*) **to r. and tie**, viaggiare usando un cavallo in due (*uno va avanti a cavallo e lo lascia, legato, per l'altro che sopraggiunge a piedi*) □ (*naut.*) **to r. at anchor**, essere alla fonda (*o* all'ancora) □ **to r. at full gallop**, andare di gran galoppo □ **to r. for a fall**, cavalcare a rompicollo; (*fig.*) andare in cerca di guai □ **to r. a ford**, passare un guado a cavallo □ (*fig.*) **to r. the high horse**, darsi grandi arie □ (*fig.*) **to r. a hobby**, insistere troppo in un passatempo; avere un pallino (*fam.*) □ **to r. a horse to death**, sfiancare un cavallo; cavalcare fino a sfiancarlo □ (*fig.*) **to r. a joke to death**, ripetere una barzelletta fino alla noia □ **to r. in a bus**, andare in autobus □ **to r. on sb.'s back** (*o* **shoulders**), stare a cavalcioni su q.; farsi portare a cavalluccio da q. □ **to r. on sb.'s knees**, stare a cavalcioni sulle ginocchia di q. □ **to r. a race**, fare una corsa a cavallo: **He rode a race with me**, facemmo una corsa a cavallo □ (*fig.*) **to r. roughshod over**, *V. sotto* **roughshod** □ **to r. side-saddle**, cavalcare all'amazzone □ **to r. to hounds**, dar la caccia alla volpe (*a cavallo*); partecipare a una caccia alla volpe □ **to r. the waves**, farsi portare dalle onde □ (*fam.*) **to let something r.**, lasciar correre (*fig.*) □ **A full moon was riding high** (*o* **rode in the sky**), la luna piena era alta in cielo.
ride [raid], *n.* **1** cavalcata; corsa (*o* passeggiata, viaggio) a cavallo **2** corsa, passeggiata, viaggio (*in bicicletta, in motocicletta, anche in automobile come passeggero, ecc.*) **3** corsa, tragitto (*su un mezzo pubblico*): **a bus r.**, una corsa in autobus **4** vialet-

to, sentiero per cavalli (*specialm. attraverso un bosco*) **5** (*mil.*) gruppo di reclute a cavallo. ● (*pop. USA*) **to give sb. a r.**, imbrogliare, ingannare q. □ **to give sb. a r. on one's shoulders**, portare q. a cavalluccio □ **to go for a r.**, andare a fare una cavalcata (*o* una gita in bicicletta, una corsa in motocicletta, una gita in auto, ecc.) □ **to steal a r.**, viaggiare abusivamente (*su un mezzo pubblico*) □ (*fam.*) **to take sb. for a r.**, imbrogliare, ingannare q.; fare fesso q. (*pop.*); far fuori q. (*portandolo via in auto*) □ (*autom.*) **to take sb. out for a r.** (*o* **for little rides**), portare q. a fare un giretto (*o* dei giretti) in auto.
rider ['raidə*], *n.* **1** cavaliere; cavalcatore; cavalcatrice; cavallerizzo, cavallerizza: **John is no r.**, Giovanni è un pessimo cavaliere **2** (*sport*) fantino **3** ciclista **4** motociclista **5** (*leg.*) clausola addizionale; codicillo; poscritto **6** (*leg.*) raccomandazione della giuria (*aggiunta al verdetto*) **7** (*di bilancia*) cavaliere **8** (*costr. navali*) rinforzo diagonale per ordinate; ordinata supplementare **9** (*mat.*) esercizio di applicazione.
riderless ['raidəlis], *a.* (*di cavallo*) **1** senza cavaliere **2** (*sport*) senza fantino.
to ridge [ridʒ], *v. t. e i.* **1** (*agric.*) rincalzare (*il terreno*) **2** (*specialm. del mare*) incresparsi **3** segnare (*specialm. di rughe*): **ridged with care and sorrow**, segnato dagli affanni e dal dolore.
ridge [ridʒ], *n.* **1** (*geogr.*) cresta; crinale; linea di displuvio; spartiacque: **the r. of a wave**, la cresta di un'onda; **the r. of a mountain**, la cresta di un monte **2** (*edil.*) colmo: **the r. of the roof**, il colmo del tetto **3** (*geogr.*) catena (*di monti*), giogaia; dorsale **4** (*anat.*) cresta (*di un osso, di un dente, ecc.*) **5** (*agric.*) porca **6** riga in rilievo, costa (*su stoffa, ecc.*) **7** (*geol.*) dorsale (*anche sottomarina*) **8** (*zool.*) dorso, spina dorsale (*specialm. di una balena*) **9** (*meteorologia*) promontorio. ● (*edil.*) **r. board** (*o* **r. pole**), trave di colmo □ **r. bone**, spina dorsale; prominenze vertebrali lungo la spina dorsale (*edil.*) **r. cap**, scossalina di colmo □ **the r. of the nose**, il setto nasale □ **r. pole**, traversa (*di una tenda*); (*edil.*) *V.* **r. board** □ (*edil.*) **r.-tile**, tegola di colmo.
ridger ['ridʒə*], *n.* (*agric.*) rincalzatore (*arnese*).
ridging ['ridʒiŋ], *n.* (*agric.*) aratura a porche. ● **r. plough**, aratro rincalzatore.
ridgy ['ridʒi], *a.* **1** (*del terreno*) pieno di creste; collinoso; montuoso **2** (*agric.*) a porche; solcato **3** (*del mare*) increspato.
ridicule ['ridikju:l], *n.* ridicolo; scherno; canzonatura. ● **to hold up sb.** (**st.**) **to r.**, mettere in ridicolo q. (q.c.) □ **to pour r. on sb.** (**st.**), gettare il ridicolo su q. (q.c.).
to ridicule ['ridikju:l], *v. t.* mettere in ridicolo; schernire; canzonare.
ridiculous [ri'dikjuləs], *a.* ridicolo; assurdo.
ridiculousness [ri'dikjuləsnis], *n.* ridicolaggine; assurdità.
riding (1) ['raidiŋ], *n.* **1** equitazione **2** gita (*o* viaggio) a cavallo **3** (il) viaggiare (*su un mezzo pubblico, ecc.*) **4** (*di solito con un agg.*) percorribilità a cavallo: **This trail is easy r.**, questo sentiero è cavalcabile senza alcuna difficoltà. ● **r. boots**, stivali da equitazione □ **r. breeches**, calzoni da cavallerizzo □ **r. crop**, frustino □ **r. ground**, maneggio □ **r. habit**, (*o* **r. costume**), abito da cavallerizza; amazzone □ **r. horse**, cavallo da sella □ **r. kit**, corredo da cavallerizzo; «tutto per l'equitazione» □ (*naut.*) **r. lamp** (*o* **r. light**), fanale di fonda □ **r. master**, maestro d'equitazione; cavallerizzo □ **r. school**, scuola d'equitazione; maneggio □ **r. track**, galoppatoio □ **r. whip**, frustino □ **Little Red R. Hood**, Cappuccetto Rosso.
riding (2) ['raidiŋ], *n.* «riding» (*una delle tre divisioni amministrative dello Yorkshire; sta per «thriding» o terza parte*).
Riesling ['ri:sliŋ], *n.* Riesling (*vino*).
rife [raif], *a. pred.* **1** comune; corrente; diffuso; prevalente: **Famine is still r. in some regions of Africa**, la carestia è ancora diffusa in talune regioni dell'Africa **2** abbondante; pieno; ricco: **a language r. with idioms**, una lingua ricca d'espressioni idiomatiche. ● **to be r.**, imperversare: **Rebellion is r. all over the country**, la rivolta imperversa in tutto il paese □ **to be r. with**, abbondare di □ **to grow r.**, diffondersi; (*di piante*) crescere rigoglioso.
riff [rif], *n.* (*mus.*) motivo ripetuto (*di jazz*).
riffle ['rifəl], *n.* (*USA*) **1** bassofondo; barra **2** piccola rapida **3** increspatura; piccola onda **4** lieve suono (*di risate*); mormorio (*di conversazione*) **5** dispositivo per il lavaggio delle sabbie aurifere.
to riffle ['rifəl], *v. t.* (*di solito* **to r. through**) scorrere (*pagine*); sfogliare (*un giornale*).
riff-raff ['rifræf], *n.* **1** canaglia; marmaglia; plebaglia **2** robaccia; scarti; materiale di scarto.
to rifle (1) ['raifl], *v. t.* **1** depredare; saccheggiare; svaligiare; frugare, rovistare (*per rubare*); svuotare: **to r. sb.'s papers**, rovistare fra i documenti di q. sottraendone alcuni; **to r. a captured city**, saccheggiare una città conquistata; **The thieves rifled the safe,**

rifle (2)

i ladri svuotarono la cassaforte **2** rubare; portar via (*bottino, ecc.*).

to rifle (2) ['raifl], *v. t.* rigare (*la canna di un'arma da fuoco*): **a rifled gun barrel**, una canna di fucile rigata.

rifle ['raifl], *n.* **1** fucile; carabina **2** (*pl.*) fucilieri: **the King's Royal Rifles**, i Fucilieri del Re (*in G.B.*) **3** (*raro*) cannone rigato **4** (*mecc.*) foro spiralato **5** (*mecc.*) spiralato. ● **r. bracket**, portafucile (*per motocicletta, ecc.*) □ **r. green**, verde scuro (*dalla divisa dei fucilieri*) □ (*mil.*) **r. grenade**, granata per fucile □ **r. pit**, trincea per fucilieri □ **r. range**, poligono di tiro; portata, tiro di fucile: **within r. range**, a tiro di fucile □ **r. shot**, colpo di fucile, fucilata; portata, tiro di fucile □ **He is a good r. shot** (*o* **a good shot with a r.**), è un bravo tiratore (*col fucile*).

rifleman ['raiflmən], *n.* (*pl.* **riflemen**) **1** (*mil.*) fuciliere tiratore: **He's a good r.**, è un bravo tiratore (*col fucile*).

rifler ['raiflə*], *n.* bandito; ladro; predone.

rifling ['raifliŋ], *n.* (*d'arma da fuoco*) rigatura: **uniform-twist r.**, rigatura a passo costante.

rift [rift], *n.* **1** fessura (*anche geol.*); fenditura; spaccatura; spacco; squarcio **2** (*fig.*) dissenso; contrasto; divergenza; screzio. ● **a r. in the thick foliage of the jungle**, uno spiraglio nel fitto fogliame della giungla □ **a r. of blue**, uno squarcio di sereno □ (*geol.*) **r. valley**, valle (*o* fossa) tettonica □ (*fig.*) **r. within the lute**, incrinatura (*fra amici, ecc.*).

to rift [rift], **A** *v. t.* fendere; spaccare; squarciare. **B** *v. i.* fendersi; spaccarsi; squarciarsi.

rift-saw ['rift-sɔ:], *n.* (*mecc.*) **1** sega per (fare a pezzi) tronchi **2** sega multilame (*per tavolette da parquet*).

rifty ['rifti], *a.* pieno di crepe (*di fessure*); spaccato; squarciato.

to rig (1) [rig], *v. t.* **1** (*naut.*) armare; attrezzare, equipaggiare (*una nave, un albero*) **2** (*aeron.*) montare (*o* comporre) le parti di (*un aeroplano*) **3** (*spesso* **to rig up, to rig out**) attrezzare; equipaggiare; (*fam.*) provvedere d'abiti; vestire: **The boy was rigged out as a little sailor**, il ragazzo era vestito da marinaretto **4** (*spesso* **to rig up**) costruire in fretta; allestire; impiantare; installare; costruire (*una nave, un aereo*): **They rigged up a bed for the night**, allestirono un letto per la notte.

rig (1) [rig], *n.* **1** (*naut.*) attrezzatura **2** (*anche ind.*) attrezzamento; equipaggiamento **3** impianto (*di sondaggio, di trivellazione, ecc.*) **4** (*fam., spesso* **rig-out**) abbigliamento; modo di vestire (*specialm. se strano, vistoso*) **5** attacco; cavalli e carrozza **6** (*autom. USA*) autotreno. ● **to be in full rig**, (*di imbarcazione a vela*) essere completamente attrezzata (*o* armata); (*di persona*) essere in alta uniforme, essere in ghingheri □ **to be dressed in festive rig**, portare l'abito della festa □ (*ind. petrolifera*) **oil rig**, piattaforma per ricerche petrolifere in mare □ **You can't go out in that rig-out**, non puoi uscire così conciato.

to rig (2) [rig], *v. t.* **1** manomettere: **to rig the scales**, manomettere la bilancia **2** manipolare; truccare: **to rig a local election**, truccare un'elezione amministrativa **3** (*comm., fin.*) maneggiare; manovrare; controllare: **Speculators rigged the stock market**, gli speculatori manovrarono il mercato azionario.

rig (2) [rig], *n.* **1** imbroglio; inganno; raggiro **2** (*comm., fin.*) manovra per far salire i prezzi; maneggiamento **3** (*leg.: in Borsa*) aggiotaggio.

rigadoon [,rigə'du:n], *n.* rigodone; rigolone (*antico ballo e aria musicale*).

rigger (1) ['rigə*], *n.* **1** (*naut.*) operaio allestitore; attrezzatore **2** (*aeron.*) montatore **3** (*costr.*) impalcatura protettiva. ● (*naut.*) **a full-r.**, un'imbarcazione a vela completamente attrezzata □ (*naut.*) **a square-r.**, una nave a vela quadra.

rigger (2) ['rigə*], *n.* **1** maneggione **2** (*leg.*) aggiotatore.

rigging (1) ['rigiŋ], *n.* **1** (*naut.*) attrezzatura; cordame; sartiame; manovre **2** (*aeron.*) montaggio **3** (*anche ind.*) equipaggiamento; arnesi; attrezzi **4** (*fam.*) abbigliamento. ● **r.-loft**, (*naut.*) reparto d'arsenale per l'attrezzatura; (*teatr.*) impalcatura per allestire e cambiare le scene.

rigging (2) ['rigiŋ], *n.* manipolazione; broglio (*specialm. elettorale*).

right (1) [rait], *a.* **1** destro; (*anche polit.*) di destra: **one's r. hand**, la mano destra; la destra; **the top r. drawer of a desk**, il cassetto superiore di destra in uno scrittoio; **a r. glove**, un guanto destro; **the r. side of the house**, il lato destro della casa; (*pugilato*) **a r. hook**, un gancio destro **2** retto (*anche geom.*); corretto, giusto, esatto, onesto; preciso; in linea retta; diritto, dritto, adatto, conveniente, appropriato, opportuno: **a r. line**, una linea retta; una retta; **a r. conscience**, una coscienza retta; **a r. man**, un uomo retto; **It's only r. to let him know**, è più che giusto farglielo sapere; **Your answer is quite r.**, la tua risposta è giusta (*o* è esatta); **Is this the r. train to Chester?**, è il treno giusto per Chester, questo?; va bene questo treno per Chester?; **What is the r. time?**, qual è l'ora esatta (*o* precisa)?; **at the r. moment**, al momento giusto (*o* opportuno); **He is the r. man in the r. place**, è l'uomo giusto al posto giusto; è l'uomo che ci vuole **3** sano sta bene (*di salute*); sano (*di corpo e di mente*): **Do you feel all r.?**, ti senti bene?; **She doesn't look quite r.**, ella non ha l'aria di star bene **4** (*fam.*) che ha ragione; che fa bene, che va bene (*fam.*): **You were r. in refusing his offer**, hai fatto bene a rifiutare la sua offerta; **Time will prove me r.**, il tempo mi darà ragione; (*fam.*) **Am I r. for Oxford Circus?**, vado bene per Oxford Circus? ● (*mecc.*) **r.-and-left screw**, doppia vite □ (*sport*) **a r.-and-left shot**, una doppietta (*due fucilate dalle due canne*) □ (*geom.*) **r. angle**, angolo retto □ (*geom.*) **a r.-angled triangle**, un triangolo rettangolo □ (*anche fig.*) **one's r. arm**, il proprio braccio destro: **My son is my r. arm**, mio figlio è il mio braccio destro □ (*fam.*) **r. as rain**, in perfetta salute; che sta benissimo □ (*raro*) **r. a trivet**, *V.* **r. as rain** □ **r. enough**, discreto; soddisfacente (*avv.*) naturalmente, ovviamente □ **r.-hand**, di destra; (che sta) a destra; (*mecc.*) destrorso: (*autom.*) **r.-hand drive**, guida a destra □ **r.-hand man**, uomo di destra (*di soldati in riga, ecc.*); braccio destro (*fig.*), aiutante prezioso (*o* insostituibile) □ **a r.-hand screw**, una vite con filettatura destra □ **r.-handed**, che si serve della mano destra; (*di colpo, ecc.*) dato (*o* assestato) con la destra; (*mecc.*) destrorso; in senso orario: **r.-handed rotation**, rotazione in senso orario □ **r.-hander**, persona che si serve della destra (*non mancino*); (*fam.*) destro, pugno assestato con la destra □ **the r. heir**, l'erede legittimo □ (*fam.*) **r. in the** (*o* **in one's**) **head**, sano di mente; che ha la testa a posto (*fam.*) □ (*geom.*) **r.-lined**, a linee rette □ **r.-minded**, equanime; onesto; giusto; ragionevole; retto □ **r.-mindedness**, equanimità; onestà; ragionevolezza; rettitudine □ (*pop.*) **r. on**, giusto, esatto, aggiornato, moderno □ **the r. side**, il diritto (*di una stoffa, ecc.*) □ (*USA*) **r. triangle**, *V.* **r.-angled triangle** □ **a r. turn**, una svolta a destra; una curva ad angolo retto □ **the r. way**, il modo giusto; il modo buono; il modo: **He took the r. way to offend us**, trovò il modo di offenderci □ **r.-wing**, (*polit.*) di destra, ultra; (*sport*) di ala destra □ **the r. wing**, l'ala destra (*di un esercito, di un partito, di una squadra di calcio, ecc.*) □ (*polit.*) **r.-wing extremist**, estremista (*o* oltranzista) di destra □ (*polit.*) **r.-winger**, (*polit.*) uomo della destra; persona di destra; oltranzista (*o* estremista) di destra, ultra; (*sport*) ala destra □ **all r.**, d'accordo; certamente; bene, benino; bene (*di salute*): **Is he feeling all r. now?**, sta bene ora? □ **All r.!**, benissimo! □ **at** (*o* **on, to**) **one's r. hand**, a destra; a dritta □ **to give the r. hand of fellowship**, tendere una mano amichevole □ **to be in one's r. mind** (*o* **r. senses**), esser sano di mente; essere dell'umore normale (*o* del solito umore) □ (*fig.*) **to get on the r. side of sb.**, entrare nelle grazie di q. □ **to keep on the r. side of the law**, rispettare la legge □ (*autom.*) **to keep to the r. side**, tenere la destra □ (*fam.*) **Mr R.**, l'uomo giusto; (il mio, tuo, ecc.) «lui» □ (*fam.*) **Miss R.**, la donna giusta; (la mia, tua, ecc.) «lei» □ **on the r. side**, a destra □ **to be on the r. side of fifty**, essere al di qua dei cinquant'anni □ **to put r.**, aggiustare; rimettere a posto; rimettere in salute; risanare; correggere; dimostrare a (q.) che aveva torto: **Put the tape-recorder r.!**, aggiusta il mangianastri!; **Five days' rest will put you r.**, cinque giorni di riposo ti rimetteranno in salute; **Put the clock r.!**, rimetti l'orologio! □ (*fig.*) **to put one's r. hand to work**, mettersi al lavoro di buona lena; lavorare sodo □ **to put a pupil r.**, mettere a posto (*o* richiamare all'ordine) uno studente □ **to set r.**, *V.* **to put r.** □ **to set** (*o* **to put**) **oneself r. with sb.**, giustificarsi, spiegarsi con q. □ **R. you are!**, (*fam.*) **R. oh!**, va bene!; d'accordo!; senz'altro! □ **All's r. with the world**, tutto va nel migliore dei modi.

right (2) [rait], *n.* **1** lato destro; (la) destra: **to keep to the r.**, tenere la destra; **to turn to the r.**, voltare a destra **2** (il) diritto; (la) ragione; (il) bene: **to know r. from wrong**, distinguere il bene dal male; **r. and wrong**, il bene e il male; la ragione e il torto; **rights and duties**, diritti e doveri; **He has no r. to bully you like that**, non ha il diritto di fare il prepotente con te a questo modo **3** (*pugilato*) destro **4** (*mil.*) ala destra; fianco destro: **Our soldiers attacked the enemy's r.**, i nostri attaccarono il fianco destro del nemico **5** – **the r.**, il diritto (*di un tessuto, ecc.*) **6** – (*polit.*) **the R.**, la Destra: **a member of the R.**, un uomo della destra; un conservatore; (*USA*) **the New R.**, la Nuova Destra. ● (*pugilato*) **r.-and-left**, un destro doppiato da un sinistro □ (*leg.*) **r. in action**, diritto di credito □ (*leg.*) **r. of action**, diritto di agire in giudizio □ (*leg.*) **r. of common**, diritto di far uso di un terreno della comunità □ (*fam.*) **the r. to hire and fire**, il diritto d'assumere e di licenziare □ (*leg.*) **r. of redemption**, diritto di riscatto □ (*leg.*) **r. of search**, diritto di perquisizione (*di una nave in alto mare*) □ **r. of way**, terreno del demanio stradale; (*ferr.*) terreno di proprietà delle Ferrovie; strada pubblica, passaggio pubblico; (*leg.*) diritto (*o* servitù) di passaggio; (*autom.*) diritto di precedenza □ **to assert one's rights**, sostenere (*o* difendere) il proprio buon diritto □ **by r.** (*o* **by rights**), a rigore, a rigor di logica; secondo giustizia; (*leg.*) in via di diritto, di diritto □ **by r. of**, a causa di; per merito di □ (*stor.*) **the Bill of Rights**, la Dichiarazione dei diritti del cittadino (*del 1689*); (*USA*) i primi dieci emendamenti alla Costituzione (*che garantiscono i diritti civili*) □ **to do sb. r.**, render giustizia a q. □ **in one's own r.**, di diritto; per diritto di nascita: **She is a countess in her own r.**, è contessa per diritto di nascita (*non per matrimonio*) □ **to be in the r.**, essere nel giusto; aver ragione; essere dalla parte della giustizia □ **to set** (*o* **to put**) **st. to rights**, aggiustare q.c.; mettere a posto q.c.: **He'll put the country to rights**, rimetterà a posto il Paese □ **to set** (*o* **to put**) **sb. to rights**, rimettere in sesto q. □ **to stand on one's rights**, *V.* **to assert one's rights** □ **women's rights**, i diritti delle donne.

right (3) [rait], *avv.* **1** (*anche polit.*) a destra; a dritta (*lett.*): **to turn** (**to look**) **r.**, voltare (guardare) a destra; **The voters have moved r.**, l'elettorato s'è spostato a destra **2** correttamente; giustamente; esattamente; bene; proprio: **Everything seems to go r. with him**, sembra che tutto gli vada bene; **It serves you r.**, ti sta bene!; te lo meriti!; **if I remember r.**, se ben ricordo; **Put it r. in the middle**, mettilo esattamente nel centro (*o* proprio nel mezzo) **3** dritto: **Go r. on until you see the station**, va' dritto fin che arrivi alla stazione **4** (*di solito*, **r. away**) immediatamente; subito: **I'll be r. over**, arrivo subito; **I'll come r. away**, vengo subito **5** completamente; del tutto: **He turned r. round**, si girò completamente; si voltò del tutto; fece dietro front **6** rettamente; onestamente: **to act r.**, agire rettamente; **to live r.**, vivere onestamente. ● **r. along**, *V.* **r. on** ○ **r. and left**, a destra e a sinistra; a dritta e a manca; da tutte le parti □ (*fam.*) **r.-down clever**, bravissimo □ (*fam.*) **a r.-down rascal**, un furfante matricolato ○ **r. here**, proprio qui: **My favourite oak stood r. here**, la mia quercia prediletta stava proprio qui □ **r., left and centre**, *V.* **r. and left** □ **r. now**, subito; immediatamente ○ **r. on**, senza interruzione; continuamente □ (*pop.*) **R. on!**, bravo!; giusto! □ (*fam.*) **r. off** (*o* **r. off the bat**), subito; immediatamente; per primo □ **r. or wrong**, bene o male; giusto o sbagliato; a ragione o a torto □ (*di vescovo*) **R. Reverend**, reverendissimo □ **r. through**, da cima a fondo □ **r. well**, benissimo; perfettamente □ (*fam.*) **to get sb. r.**, capire bene q. (q.c.): **Let me get this r.: do you want to join us or not?**, fammi capire (bene): vuoi venire con noi o no? □ **to guess r.**, indovinare: **He guessed r. the first time**, ha indovinato subito □ (*fam.*) **too r.!**, hai ragione; sono d'accordo! □ (*mil.*) **R. turn!**, fianco destr! □ **I'm going r. home**, vado dritto a casa □ (*USA*) **Let me tell you r. here that...**, lascia che ti dica subito che...; ti dico subito che... □ **The apple is rotten r. through**, la mela è tutta marcia □ (*USA*) **Come r. in**, avanti!; entra pure! □ (*di soldati in parata*) **Eyes r.!**, attenti a destr!.

to right [rait], *A v. t.* **1** raddrizzare (*anche fig.*); correggere; rettificare; rimediare; riparare: **We righted the boat and started rowing**, raddrizzammo la barca e cominciammo a remare; **to r. a wrong**, raddrizzare un torto; **to r. an injustice**, riparare un'ingiustizia; **to r. a mistake**, correggere un errore **2** render giustizia a; riabilitare; risarcire (*una persona danneggiata, un'offesa*) **3** riassettare; mettere in ordine; riordinare: **The maid righted the room**, la cameriera riordinò la stanza. *B v. i.* raddrizzarsi; ritrovare l'equilibrio; **The canoe righted after the rapids**, dopo le rapide la canoa si raddrizzò. ○ **to right oneself** *C v. rifl.* raddrizzarsi, riprendere la posizione verticale; correggersi da sé, aggiustarsi: **Let's hope things will r. themselves in the end**, speriamo che tutto s'aggiusti (da sé) alla fine!

rightable ['raitəbl], *a.* correggibile; rimediabile; riparabile.

right-about ['raitəbaut], *A n.* **1** (*mil.*) dietro front **2** (*fig.*) voltafaccia **3** direzione opposta. *B avv.* in direzione opposta.

to right-about-face [,raitəbaut'feis], *V.* **to right-about-turn.**

right-about-turn [,raitəbaut'tə:n], *n.* **1** (*mil.*) dietrofront **2** (*fig.*) voltafaccia.

to right-about-turn [,raitəbaut'tə:n], *v. i.* **1** (*mil.*) fare dietrofront **2** (*fig.*) fare un voltafaccia. ● **Right-about-turn!**, dietro front!

righteous ['raitʃəs], *a.* retto; giusto; onesto; virtuoso: **a r. man**, un uomo retto, virtuoso; **a r. act**, un'azione retta, onesta; **a r. cause**, una causa giusta, santa; **r. anger**, ira giustificabile.

righteousness ['raitʃəsnis], *n.* rettitudine, giustizia; onestà; virtù.

rightful ['raitful], *a.* **1** giusto; equo; onesto; retto: **a r. act**, un'azione onesta, retta **2** (*leg.*) legittimo: **a r. heir**, l'erede legittimo; **r. claims**, richieste legittime. ● **one's r. rank**, il grado che compete.

rightfulness ['raitfulnis], *n.* **1** giustizia; equità; onestà; rettitudine **2** (*leg.*) legittimità.

rightist ['raitist], (*polit.*) *A n.* uomo di destra. *B a.* di destra; della destra: **r. sympathizers**, simpatizzanti della destra.

rightly ['raitli], *avv.* **1** esattamente; correttamente; bene: **if I am r. informed**, se sono bene informato **2** giustamente; a buon diritto; a ragione **3** (*fam.*) con esattezza; con precisione: **I can't r. say whether he was there yesterday**, non so dire con esattezza se ieri si trovasse là **4** rettamente; onestamente.

rightness ['raitnis], *n.* **1** correttezza; esattezza; giustezza **2** integrità (morale); onestà; rettitudine.

rightward ['raitwəd], *A a.* **1** volto a destra **2** a destra: **a r. turn**, una svolta a destra. *B avv.* (*anche* **rightwards**) verso destra.

righty ['raiti], *a. e n.* **1** che (*o* chi) si serve della mano destra (*non mancino*) **2** (*polit.*) reazionario; oltranzista di destra; ultra.

rigid ['ridʒid], *a.* rigido; duro; (*fig.*) inflessibile, rigoroso, severo: **a r. iron bar**, una sbarra di ferro rigida; **a r. teacher**, un insegnante rigoroso; **r. regulations**, norme rigide, severe. ● (*aeron.*) **r. airship**, dirigibile rigido □ (*edil.*) **r. frame**, telaio rigido □ (*fin.*) **r. parity**, parità rigida □ **to be r. with terror**, essere irrigidito dal terrore □ (*fam.*) **to shake sb. r.**, raggelare q. per la paura; (*anche*) fare restare q. di stucco.

rigidity [ri'dʒiditi], *n.* rigidità; rigidezza; durezza; (*fig.*) inflessibilità, severità: **r. of principles**, rigidezza di principi. ● (*leg.*) **the r. of their constitution**, la rigidità della loro costituzione □ (*econ.*) **price** (**wage**) **r.**, la rigidità dei prezzi (dei salari).

rigmarole ['rigməroul], *n.* **1** filastrocca; cantilena; tiritera **2** discorso prolisso (senza capo né coda) **3** procedura lunga e complicata; trafila.

rigor ['raigɔ:*], (*lat.*), *n.* (*med.*) **1** rigidità: **r. mortis**, rigidità cadaverica; rigor mortis **2** brivido febbrile.

rigorism ['rigərizəm], *n.* rigorismo.

rigorist ['rigərist], *n.* rigorista.

rigorous ['rigərəs], *a.* **1** rigido; (*fig.*) inflessibile, severo: **a r. climate**, un clima rigido; **r. discipline**, disciplina severa **2** rigoroso; accurato; preciso: **a r. inquiry**, un'indagine rigorosa.

rigour ['rigə*], *n.* **1** rigore; severità; austerità: **the r. of the law**, il rigore della legge; **the rigours of the weather**, i rigori della stagione; **the r. of the hermit's life**, l'austerità della vita eremitica **2** asperità; difficoltà; strettezza: **the rigours of life**, le asperità della vita **3** rigore; coerenza; esattezza; precisione.

to rile [rail], *v. t.* **1** (*fam.*) infastidire; irritare; seccare; tormentare **2** (*USA*) agitare; intorbidare.

rill [ril], *n.* **1** ruscello; rivolo **2** *V.* **rille**.

to rill [ril], *v. i.* sgorgare, scorrere (come un rivolo).

rille [ril], *n.* (*astron.*) valle (della superficie lunare).

rillet ['rilit], *n.* ruscelletto.

rim [rim], *n.* **1** orlo; margine: **the rim of a bowl**, l'orlo d'una tazza **2** (*mecc., autom.*) cerchio; cerchione. ● (*mecc.*) **rim brake**, freno sul cerchione □ (*poet.*) **golden rim**, corona aurea □ (*poet.*) **the sea's rim**, la linea dell'orizzonte (*sul mare*).

to rim [rim], *v. t.* **1** (*mecc.*) cerchiare; munire (*una ruota*) di cerchione. ● **red-rimmed eyes**, occhi cerchiati di rosso □ **gold-rimmed spectacles**, occhiali dalla montatura d'oro.

rime (1) [raim], *n.* **1** (*poet.*) brina **2** galaverna. ● (*meteorologia*) **r. frost**, brina di condensazione.

rime (2) [raim], *V.* **rhyme.**

to rime (1) [raim], *v. t.* (*poet.*) coprire di brina.

to rime (2) [raim], *V.* **to rhyme.**

rimless ['rimlis], *a.* senz'orlo; senza margine. ● **r. spectacles**, occhiali (con montatura) a giorno.

rimose [rai'mous], **rimous** ['raiməs], *a.* (*bot.*) pieno di crepe (*o* fessure).

rimy ['raimi], *a.* coperto di brina; brinato.

rind [raind], *n.* **1** scorza; buccia (*di frutta*); corteccia (*di pianta*) **2** (*del formaggio*) crosta **3** (*di pancetta*) cotenna; cotica (*dial.*) **4** (*fig.*) scorza; aspetto esteriore; apparenza.

to rind [raind], *v. t.* scortecciare; sbucciare.

rinded ['raindid], *a.* (*nei composti*) dalla corteccia; dalla scorza: **a rough-r. oak**, una quercia dalla corteccia dura; **green-r.**, dalla scorza verde.

rinderpest ['rindəpest], *n.* (*vet.*) peste bovina.

ring (1) [riŋ], *n.* **1** anello; cerchio; cerchietto; circolo; (*mecc.*) ghiera, anello: **a gold r.**, un anello d'oro; **a r. of smoke**, un anello di fumo; **The girls danced in a r.**, le ragazze danzavano in circolo; **rings in the water**, cerchi nell'acqua; **the rings of a tree**, gli anelli d'un albero **2** alone (*di una macchia, della luna, ecc.*) **3** collare, collarino (*di uccelli*) **4** rotella, disco (*di racchetta da sci*) **5** (*pugilato*) ring; quadrato **6** (*ippica*) recinto degli allibratori; (*collett.*) (gli) allibratori **7** recinto per cavalli (*o bovini*) (in esposizione *o* in vendita) **8** (*comm. e polit.*) cricca, combriccola; sindacato (*di speculatori*) **9** (*anche* **circus r.**) arena, pista (*di un circo equestre*) **10** (*naut.*) maniglione (*dell'ancora*) **11** (*mecc., anche* **piston r.**) anello di pistone; fascia elastica; segmento. ● **r.-a-r. of roses**, girotondo (*gioco infantile*) □ **r. binder**, taccuino a fogli mobili □ (*mecc.*) **r.-bolt**, bullone a occhio con anello □ (*zool.*) **r.-dove**, (**Columba palumbus**) colombaccio; (**Streptopelia risoria**) tortora domestica □ **r.-fence**, steccato di cinta □ **r.-finger**, (dito) anulare □ (*mecc.*) **r.-gear**, corona dentata □ **r.-hunt**, caccia fatta chiudendo la selvaggina in un cerchio di fiamme □ (*stor.*) **r.-mail**, maglia di

ring (1)

ferro; armatura a maglia □ (*sport*) **r.-man**, pugile □ **r.-master**, direttore di circo equestre □ (*zool.*) **r.-neck**, uccello dal collare □ (*zool.*) **r.-necked**, dal collare □ (*mecc.*) **r.-nut**, ghiera filettata □ (*astron.*) **the rings of Saturn**, gli anelli di Saturno □ **r.-pull can**, una lattina con apertura a strappo □ (*autom.*) **r.-road**, (strada di) circonvallazione; raccordo anulare □ **r.-side seat**, posto di prima fila (*vicino al quadrato pugilistico o alla pista del circo*); (*fig.*) ottima posizione (*di uno spettatore*) □ (*zool.*) **r. snake** (*Natrix natrix*), biscia dal collare □ **r.-stand**, mensola ad anelli □ (*d'uccello*) **r.-tailed**, dalla coda ad anelli colorati □ **r.-wall**, muro di cinta □ (*bot.*) **annual rings**, anelli annuali (*di crescita delle piante*) □ **arm r.**, braccialetto □ **curtain rings**, anelli per tendine (*o per tende*) □ **ear-r.**, orecchino □ **to have rings round one's eyes**, avere gli occhi cerchiati □ **key r.**, (anello) portachiavi □ (*fig.*) **to hold the r.**, stare o guardare □ **napkin-r.**, (anello) portatovagliolo □ **nose-r.**, anello infilato attraverso il naso (*del toro, ecc.*) □ (*pugilato*) **prize-r.**, ring; quadrato □ (*fig.*, *fam.*) **to run rings round sb.**, essere superiore di gran lunga a q.; surclassare q. □ (*fig.*) **to throw one's hat into the r.**, entrare in lizza (*o in gara*) □ **wedding-r.**, fede; anello nuziale; vera.

to ring (1) [riŋ], A *v. t.* **1** accerchiare; circondare: **We were ringed about with warlike natives**, eravamo circondati da indigeni bellicosi **2** radunare; far entrare (*il bestiame*) nel recinto **3** mettere un anello al naso di (*un toro, ecc.*) **4** mettere un anello al piede di (*un piccione, ecc.*) **5** tagliare (*mele, cipolle*) a fette rotonde. B *v. i.* **1** formare anelli (*o cerchi*); raccogliersi in spire **2** (*di uccelli*) alzarsi a spirale **3** (*della volpe*) fuggire correndo in cerchio.

ring (2) [riŋ], *n.* **1** suono (*di campana, moneta, ecc.*); suonata; squillo; tintinnio: **This coin has a bad r.**, questa moneta dà un brutto suono; **There was a r. at the door**, ci fu uno squillo di campanello (*o una scampanellata*) alla porta; **Every r. of the telephone made me start**, ogni squillo del telefono mi faceva sobbalzare; **the r. of laughter**, lo squillare delle risa **2** eco; risonanza **3** (*fig.*) accento; timbro; tono: **There was a r. of sincerity in his voice**, c'era un accento di sincerità nella sua voce; le sue parole suonavano sincere; **a r. of arrogance**, un tono d'arroganza **4** (*fam.*) colpo di telefono; telefonata: **Give me a r.**, fammi una telefonata; dammi un colpo di telefono.

to ring (2) [riŋ] (*pass.* **rang**, *p. p.* **rung**), A *v. i.* **1** suonare (*anche fig.*); scampanellare; squillare; tintinnare; suonare il campanello: **The bells are ringing**, suonano le campane; **His promises rang false**, le sue promesse suonavano false; **The doorbell rang**, squillò il campanello (della porta); **Coins r.**, le monete tintinnano **2** scampanellare; chiamare (*suonando il campanello*); telefonare: **Did you r., sir?**, ha chiamato, signore?; **to r. for the maid**, chiamare la cameriera (*suonando*); suonare per la cameriera; **When did you r.?**, quando hai telefonato? **3** risuonare (*anche fig.*); echeggiare: **The garden rang with the joyous cries of children**, il giardino risuonava delle grida di gioia dei bambini; **The whole town rang with his fame**, tutta la città echeggiava della sua fama **4** (*degli orecchi*) fischiare; ronzare. B *v. t.* **1** suonare (*campane, ecc.*): **to r. the bell**, suonare il campanello; **to r. the bells**, suonar le campane; **The chimes rang the hours**, il carillon suonava le ore **2** far risuonare; far tintinnare: **to r. a coin**, far tintinnare una moneta; batterla (*per accertarne la bontà*) **3** (*fam.*) telefonare a (q.); chiamare (*fam.*): **R. me tomorrow**, chiamami domani. C *verbi composti* **1** (*a teatro*) **to r. down** (**to r. up**) **the curtain**, annunciare la fine (l'inizio) di un dramma (*o di un atto*) suonando un campanello; calare (alzare) la tela. **2** (*ind.*) **to r. in**, segnare l'ora d'entrata (*in una fabbrica, ecc.*); marcare l'ora (*per mezzo d'un apposito orologio*) □ **to r. in** (**to r. out**), celebrare l'arrivo (*la partenza*) di; festeggiare l'inizio (la fine) di: **to r. in the new year and r. out the old**, suonare a festa per la fine dell'anno vecchio e l'inizio di quello nuovo. **3** (*tel.*) **to r. off**, interrompere la comunicazione; abbassare il ricevitore, riagganciare, riattaccare (*fam.*). **4** **to r. out**, (*di campane*) suonare a distesa; (*fig.*) rimbombare, risuonare, echeggiare; (*ind.*) segnare l'ora d'uscita (*da una fabbrica, ecc.*, *su un apposito orologio*); *V.* **anche sotto to r. in**: **Suddenly a shot rang out**, improvvisamente echeggiò uno sparo. **5** **to r. sb. up**, chiamare q. al telefono □ **to r. up the curtain**, *V.* **to r. down the curtain**. ● **to r. the alarm**, suonare (*o dare*) l'allarme □ (*fig.*) **to r. a bell**, richiamare q.c. alla memoria; dare uno svegliarino □ (*fig.*, *fam.*) **to r. the bell**, aver successo; riuscire □ (*mus.* e *fig.*) **to r. the changes on**, fare variazioni su (*un tema*) □ **to r. false**, (*di moneta*) sembrare falsa (*al suono*) □ suonare falso □ **to r. for coffee**, suonare per (farsi portare) il caffè □ **to r. for dinner**, suonare per il pranzo □ **to r. for prayers**, chiamare alla preghiera (*suonando campane o un campanello*) □ (*fig.*) **to r. hollow**, suonare falso; (*di promessa, ecc.*) essere vano □ **to r. the knell of**, suonare a morto per (q.) □ (*fig.*) annunziare (*col suono di campana*) la fine di (q.c.): **The bells seem to r. the knell of parting day**, le campane sembrano annunziare col loro suono la fine del giorno □ **to r. sb.'s praises**, cantare le lodi di q. □ **to r. true**, (*di moneta*) sembrar buona (*al suono*); (*fig.*) avere un accento di verità □ **to make sb.'s head r.**, intronare il capo a q. □ **The song rings in my head**, la canzone mi ronza nel capo □ **His voice rang with indignation**, la sua voce vibrava di sdegno.

ringed [riŋd], *a.* **1** che ha (*o* che porta) l'anello (*specialm. nuziale*); sposato; fidanzato **2** ornato d'anelli; inanellato **3** (*anche* **ring-shaped**) ad anello; anulare; circolare.

ringent ['rindʒənt], *a.* **1** aperto; spalancato **2** (*bot.*) labiato.

ringer (1) ['riŋə*], *n.* **1** chi accerchia; cosa che fa cerchio intorno (*a un'altra*; *V.* **ring (1)**) **2** (*specialm.*) anello di metallo gettato in modo che s'infili su un piolo (*V.* **gioco dei quoits**, *sotto* **quoit**).

ringer (2) ['riŋə*], *n.* **1** (*anche* **bell-r.**) campanaro **2** suoneria: **telephone r.**, suoneria telefonica **3** (*pop. USA*) concorrente (*o* cavallo) iscritto sotto falso nome. ● (*pop. USA*) **He is a dead r. for his brother**, è suo fratello nato e sputato.

ringing [riŋiŋ], A *n.* **1** suono squillante; tintinnio **2** scampanio; scampanellata. B *a.* sonoro; squillante: **a r. laugh**, una risata sonora (*o squillante*); **a r. voice**, una voce sonora. ● **a r. frost**, un gelo che fa scricchiolare il terreno (*sotto i piedi*) □ **a r. in the ears**, un ronzio (*o un fischio*) negli orecchi □ (*tel.*) **r. tone**, segnale di linea libera.

ringleader ['riŋˌliːdə*], *n.* agitatore; capobanda; caporione.

ringlet ['riŋlit], *n.* **1** anellino; cerchietto **2** ricciolo; ricciolino: **Yellow ringlets hung down to her shoulders**, riccioli biondi le scendevano sulle spalle.

ringleted ['riŋlitid], **ringlety** ['riŋliti], *a.* ricciuto; riccioluto.

ringmaster ['riŋˌmɑːstə*], *n.* direttore di circo (equestre).

ringroad ['riŋroud], *n.* (strada di) circonvallazione; raccordo anulare.

ringster ['riŋstə*], *n.* (*fam. USA*) membro di una cricca (*specialm. politica*).

ring-the-bull ['riŋ ðə 'bul], *n.* lancio di anelli da infilare intorno a un gancio (*gioco*).

ringworm ['riŋwə:m], *n.* (*med.*) tricofizia; tricofitosi.

rink [riŋk], *n.* (*sport*) **1** pattinatoio; pista di pattinaggio (*su ghiaccio o a rotelle*) **2** campo per il gioco del curling.

to rink [riŋk], *v. i.* (*sport*) pattinare (*su ghiaccio o a rotelle*).

rinker ['riŋkə*], *n.* (*sport*) pattinatore (*su ghiaccio o a rotelle*).

to rinse [rins], *v. t.* **1** (*anche* **to r. out**) sciacquare; risciacquare: **to r. clothes**, risciacquar panni; **to r. one's mouth**, sciacquarsi la bocca **2** lavare sommariamente (*specialm. senza sapone*) **3** (*fam.*, *anche* **to r. down**) inghiottire, mandar giù (*bevendo*).

rinse [rins], *n.* **1** risciacquata: **I've given the glasses a r.**, ho dato una risciacquata ai bicchieri **2** (*ind.*) risciacquatura **3** lavatura sommaria **4** tintura leggera per capelli (*che si asporta sciacquandoli*).

rinsing ['rinsiŋ], *n.* risciacquatura; acqua di risciacquatura.

riot ['raiət], *n.* **1** insurrezione; sommossa; sedizione; rivolta; tumulto; sollevazione: **There were bad riots at Lewesham a few years ago**, qualche anno fa ci furono gravi tumulti a Lewesham **2** baccano; chiasso; fracasso; frastuono **3** gozzoviglia; orgia (*anche fig.*): **a r. of colour**, un'orgia di colori **4** (*fam.*) cannonata (*fig.*, *fam.*); grande successo; colpo (*fig.*) **5** (*fam.*) spasso: **Her hat was a r.**, il suo cappellino è uno spasso (*o* fa morire dal ridere). ● (*stor.*) **the R. Act**, la legge contro le sommosse (*o i tumulti popolari: del 1715*) □ **r. gear**, equipaggiamento della polizia usato specialm. nei tumulti (*elmetti, scudi, ecc.*) □ **r. gun**, fucile a canna corta (*per l'ordine pubblico*) □ **r. shield**, scudo per poliziotti; scudo di plastica □ (*fig.*) **to read the R. Act**, (*della polizia*) leggere l'ordine di scioglimento a una folla (*prima della carica*); (*per estens.*) dare un severo avvertimento; richiamare all'ordine; sgridare, dare una lavata di capo (a q.) □ **to run r.**, dare in eccessi; scatenarsi; sfrenarsi; (*di piante*) crescere con eccessivo rigoglio, lussureggiare.

to riot ['raiət], *v. i.* **1** insorgere; sollevarsi; tumultuare **2** far baccano; far chiasso **3** fare orge; gozzovigliare. ● **to r. in**, indulgere (*o abbandonarsi, darsi*) a: **The African dictator rioted in unrestrained cruelty**, il dittatore africano si abbandonò alla crudeltà più sfrenata □ **to r. one's life out**, sciupare la propria vita in bagordi □ **to r. one's money (time) away**, sprecare il denaro (il tempo) in bagordi.

rioter ['raiətə*], *n.* **1** ribelle; rivoltoso; sedizioso **2** gaudente.

riotous ['raiətəs], *a.* **1** rivoltoso; sedizioso; tumultuante **2** indocile; recalcitrante; ribelle; riottoso **3** dissoluto; libertino; licenzioso; sfrenato: **He leads a r. life**, conduce una vita dissoluta; **r. laughter**, risa sfrenate **4** (*di piante*) rigoglioso; lussureggiante.

riotousness ['raiətəsnis], *n.* **1** sediziosità; turbolenza **2** indocilità; riottosità **3** dissolutezza; licenziosità; sfrenatezza.

to rip [rip], A *v. t.* **1** lacerare; strappare; scucire; sdrucire; tirar via;

Rip out the lining, strappa (*o* scuci) la fodera!; **to rip off the old wallpaper**, strappare (*o* tirar via) la vecchia carta da parati **2** (*spesso* **to rip up**) fendere; spaccare; squarciare: **I ripped up his sleeve to disinfect his wound**, gli strappai la manica per disinfettargli la ferita **3** (*spesso* **to rip off**) staccare; tagliare netto; tranciare; troncare: **He had his arm ripped off by a hand-grenade**, ebbe il braccio troncato da una bomba a mano **4** (*falegnameria*) segare (*il legno*) secondo la fibra **5** scoperchiare (*un tetto d'ardesia, di scandole*). B *v. i.* **1** lacerarsi; strapparsi; scucirsi **2** fendersi; spaccarsi; squarciarsi **3** (*fam.*) andare a grande velocità (*o* a tutta birra); filar via; (*di una barca, un'automobile, ecc.*) **Let her** (*o* **it**) **rip**, lasciala filare; mandala a tutta birra. ● (*aeron.*) **rip-cord**, cavo di spiegamento (*di aerostati*) □ **to rip a fissure** (**a passage**), aprire una fessura (un passaggio) □ (*fam.*) **to rip into sb.**, attaccare violentemente q. (*spesso a parole*) □ **to rip off**, derubare (*fig.*); sfruttare; far pagare salato; (*USA*) rubare □ **to rip open**, sventrare; aprire: **to rip a letter open**, aprire una lettera (*stracciando la busta*) □ (*fam.*) **to rip out**, esclamare; gridare (*con ira*); prorompere in: **He ripped out an oath**, proruppe in una bestemmia □ **to rip up**, fare a pezzi, stracciare; fare lavori di scavo in (*una strada, ecc.: per riparare tubature, ecc.*); mettere sottosopra, buttare all'aria (*una strada e sim.*) □ (*fig.*) **to rip up a wound** (**a quarrel**), aprire una ferita (riattaccar lite) □ (*fig., fam.*) **to let things rip**, lasciare che le cose vadano a modo loro; lasciar perdere.

rip (1) [rip], *n.* **1** lacerazione; strappo; squarcio **2** (*falegnameria*) taglio secondo la fibra. ● (*pop.*) **rip-off**, furto (*fig.*); conto salato; (*USA*) furto; (*USA*) plagio.

rip (2) [rip], *n.* (*naut., anche* **riptide, tiderip**) tratto di mare o di fiume, con onde tumultuose (*per l'incontro di maree o correnti*). ● **rip current**, corrente di risucchio.

rip (3) [rip], *n.* (*pop., raro*) **1** cavallaccio; ronzino; rozza **2** individuo dissoluto; debosciato **3** cosa senza valore.

R.I.P. [ˌɑːr ai 'piː], *n.* (*acronimo di*) requiescat in pace; requiescant in pace.

riparian [raiˈpɛəriən], *a.* rivierasco; ripario. ● **r. proprietor**, proprietario della riva (*di un fiume, ecc.*) □ (*leg.*) **r. rights**, diritti connessi con la proprietà della riva (*quali la pesca, l'uso delle acque, ecc.*); diritti di ripaggio; ripatico.

ripe [raip], *a.* **1** maturo; (*fig.*) compiuto, completo, perfetto: **r. apples**, mele mature; **r. experience**, esperienza matura; **of r. age**, in età matura; **a man of r. years**, un uomo maturo (d'anni); **r. wisdom**, saggezza perfetta **2** atto; idoneo; pronto: **r. for treatment**, pronto a ricever le cure; **r. for trouble**, pronto a combinar guai **3** stagionato; maturo: **r. cheese**, formaggio stagionato. ● **The time is r. for action**, è giunta l'ora d'agire.

to ripen ['raipən], A *v. t.* **1** maturare; far maturare **2** far stagionare. B *v. i.* **1** maturare; maturarsi **2** stagionarsi.

ripeness ['raipnis], *n.* maturità; (*fig.*) compiutezza, perfezione.

ripost(e) [ri'poust], *n.* **1** (*scherma*) risposta **2** (*fig.*) replica, risposta (*spiritosa o incisiva*).

to ripost(e) [ri'poust], *v. i.* **1** (*scherma*) eseguire una risposta **2** (*fig.*) replicare; rispondere per le rime.

ripper ['ripə*], *n.* **1** chi lacera, squarcia, ecc. (*V.* **to rip**) **2** arnese per scoperchiare tetti (*d'ardesia o di scandole*) **3** (*falegnameria*) *V.* **ripsaw** **4** *V.* **riptide** **5** estrattore per chiodi; cacciachiodi **6** (*pop.*) persona (*o* cosa) straordinaria; cannonata (*fig., fam.*). ● **Jack the R.**, Jack lo Squartatore.

ripping ['ripiŋ], A *n.* **1** lacerazione; strappo **2** tranciatura **3** (*falegnameria*) il segare secondo la fibra. B *a.* **1** che lacera, strappa, squarcia (*V.* **to rip**) **2** (*pop.*) eccellente; magnifico; ottimo; straordinario. ● **r. bar**, estrattore per chiodi; cacciachiodi □ **to have a r. good time**, spassarsela; divertirsi un mondo.

ripple (1) ['ripl], *n.* **1** increspatura; ondulazione; piccola onda **2** mormorio di voci; lieve suono (*di risa*) **3** (*elettr.*) ondulazione. ● **r.-cloth**, tessuto crespo; crespo □ **r. marks**, righe rilevate, crespe (*sulla sabbia, nel fango, ecc.*).

to ripple (1) ['ripl], A *v. i.* **1** incresparsi; formare piccole onde **2** (*del grano, ecc.*) ondeggiare (*al vento*). B *v. t.* **1** increspare, ondulare: **A light wind was rippling the lake**, un venticello increspava le acque del lago **2** segnare; rigare.

ripple (2) ['ripl], *n.* (*ind. tessile*) pettine di ferro; gramola.

to ripple (2) ['ripl], *v. t.* (*ind. tessile*) pettinare; gramolare.

ripplet ['riplit], *n.* lieve increspatura; piccolissima onda.

ripply ['ripli], *a.* crespo; increspato; ondulato.

riprap ['ripræp], *n.* (*costr.*) **1** fondazione subacquea di pietrame alla rinfusa **2** pietrame per tali fondazioni.

rip-roaring [ˌripˈrɔːriŋ], *a.* (*fam.*) **1** chiassoso; scatenato; sfrenato **2** eccezionale; enorme. ● **to have a r. time**, darsi alla pazza gioia; fare bagordi.

ripsaw ['ripsɔː], *n.* (*falegnameria*) segatrice per taglio (*del legno*) secondo la fibra.

riptide ['riptaid], *n.* (*naut.*) **1** corrente di risucchio **2** tratto di mare o di fiume con onde tumultuose (*per l'incontro di maree o correnti*) **3** (*fig.*) vortice.

Ripuarian [ˌripjuːˈɛəriən], *a.* (*stor.*) Ripuario: **R. Franks**, i Franchi Ripuari.

to rise [raiz] (*pass.* **rose**, *p. p.* **risen**), A *v. i.* **1** alzarsi; levarsi; rizzarsi; ergersi; sorgere; spuntare; scaturire; nascere: **He rose from the chair**, si alzò dalla sedia; **We rose from the table**, ci alzammo da tavola; **They r. at dawn**, si alzano all'alba; **The tide is rising**, si alza la marea; **The dough has risen**, la pasta s'è alzata (ha lievitato); **The sun was rising**, il sole sorgeva; **The wind rose suddenly**, improvvisamente si levò il vento; **A snow-capped mountain rose on our left**, un monte incappucciato di neve si ergeva alla nostra sinistra; **The Tiber rises from Mount Fumaiolo**, il Tevere sorge (o nasce) dal monte Fumaiolo; **The hair rose on my head**, mi si rizzarono i capelli (in testa) **2** (*di solito* **to r. from the dead, from the grave**) risorgere; risuscitare: **Christ is risen!**, Cristo è risorto! **3** aumentare; crescere; (*di fiume, ecc.*) gonfiarsi; (*di prezzi, ecc.*) salire: **In the flood the river rose three feet**, con l'inondazione il fiume crebbe di tre piedi; **Prices are rising**, i prezzi aumentano; **Blisters r.**, le vesciche si gonfiano; **The barometer (the mercury) is rising steadily**, il barometro (il mercurio) continua a salire; **The road rises in a gentle curve**, la strada sale facendo una lieve curva **4** (*del pane, ecc.*) crescere; lievitare **5** venire a galla; salire a fior d'acqua; (*di pesce che viene alla superficie per cibarsi*) bollare: **Trout were rising one after the other**, le trote bollavano una dopo l'altra. **6** (*fig.*) elevarsi; far carriera; far progressi; farsi una posizione; farsi strada: **a man likely to r.**, un uomo che farà carriera; **to r. in the world**, farsi strada (nel mondo) **7** insorgere; sollevarsi; ribellarsi: **The people rose against the tyrant**, il popolo insorse contro il tiranno; **The village people rose against their oppressors**, gli abitanti del villaggio si sollevarono contro gli oppressori **8** (*di riunione, ecc.*) sciogliersi; sospendere la seduta **9** derivare; provenire; scaturire; scoppiare; essere causato da; esser dovuto a: **The war rose out of a border incident**, la guerra scoppiò per un incidente di frontiera **10** (*fig.*) essere all'altezza di: **to r. to the occasion**, essere all'altezza della situazione **11** (*fam.*) reagire (*se stuzzicati da q.*). B *v. t.* (*sport*) levare, scovare, stanare (*selvaggina*); prendere (*pesci*): **We didn't r. a quail all day**, non riuscimmo a levare una quaglia in tutta la giornata; **We didn't r. a single fish**, non riuscimmo a prendere nemmeno un pesce. ● **to r. above**, sovrastare, superare in altezza; essere superiore a, essere al di sopra di: **You should r. above these petty jealousies**, dovresti essere superiore a queste meschine gelosie □ **to r. again**, risorgere □ (*di merce*) **to r. in price**, rincarare □ **to r. in rebellion**, ribellarsi □ **to r. to power**, salire al potere □ **a tree that rises twenty feet**, un albero alto venti piedi (*più di sei metri*) □ (*teatr.*) **The house rose**, il pubblico si levò in piedi □ **My gorge** (*o* **my stomach**) **rises against it**, mi si rivolta lo stomaco; ciò mi disgusta □ **He doesn't r. above mediocrity**, non esce dalla mediocrità □ **The girl's colour rose**, il viso della ragazza s'imporporò □ **An idea rose from my mind**, mi venne in mente un'idea.

rise [raiz], *n.* **1** altura; elevazione; rialzo (*del terreno*): **The house stands on a r.**, la casa è situata su un'altura **2** salita; ascesa: **a steep r.**, una salita ripida; **the r. of a politician**, l'ascesa di un uomo politico **3** (*raro*) (il) levarsi, (la) levata (*del sole*) **4** aumento; crescita; rialzo; (*di un fiume*) innalzamento di livello: **Prices are on the r.**, i prezzi sono in aumento; **a r. in temperature**, un aumento della temperatura; **a r. in prices**, un rialzo dei prezzi; **a r. in salary**, un aumento di stipendio **5** avanzamento; progresso; promozione; aumento (*di paga*): **He has had a r. in rank**, ha avuto una promozione (di grado); **I asked my employer for a r.**, chiesi un aumento di stipendio al principale **6** sorgente; origine: **The river has** (*o* **takes**) **its r. at the foothills**, la sorgente del fiume è nelle colline pedemontane **7** (*di pesce*) il salire a fior d'acqua per cibarsi; il bollare **8** altezza; livello; crescita: **The tidal r. is twenty feet**, l'altezza della marea è di venti piedi (*sei metri*) **9** (*di gradino*) alzata **10** (*archit.*) freccia (*di un arco, di un ponte*). ● (*naut.*) **the r. of the tide**, il flusso della marea □ **to give r. to**, dare origine a; far nascere (*fig.*), causare □ (*fam.*) **to take** (*o* **to get**) **a r. out of sb.**, far reagire q. a forza di stuzzicarlo; fare uscire dai gangheri q. □ **I fished all day but didn't get a r.**, ho pescato tutto il giorno senza che bollasse neanche un pesce.

risen ['rizn], A *p. p.* di **to rise**. B *a.* sorto; risorto: **the r. Christ**, Cristo risorto.

riser ['raizə*], *n.* **1** chi si alza (*a un certa ora*): **an early r.**, uno che si alza presto; un tipo mattiniero; **a late r.**, uno che si alza tardi; un dormiglione **2** (*di gradino*) alzata **3** (*edil.*) colonna montante (*dell'acqua, del gas, ecc.*) **4** (*geol.*) scarpata ripida **5** (*ind. min.*) fornello.

risibility [ˌriziˈbiliti], *n.* **1** inclinazione al riso; senso del ridicolo **2** riso; ilarità.

risible ['rizibl], *a.* **1** incline al riso; ridanciano **2** (*fisiologia*) del riso: **r. muscle**, muscolo del riso **3** risibile; ridicolo; comico. ● **r. wages**, salario risibile.

rising ['raiziŋ], **A** *a.* **1** (*del sole, ecc.*) sorgente; nascente: **the r. sun**, il sole nascente; il sol levante **2** crescente; in sviluppo; in aumento: **r. tide**, marea crescente; **in a r. series**, in successione crescente; **r. prices**, prezzi in aumento **3** ascendente; in salita: **r. ground**, terreno in salita **4** promettente; che si fa strada: **a r. young man**, un giovane promettente. **B** *n.* **1** insurrezione; sollevamento; rivolta **2** (*anche* **r. again**) risurrezione **3** (*fam.*) lievito **4** (*polit.*) sospensione (*dei lavori: in Parlamento*). **C** *prep.* vicino a (*negli anni*): (*fam.*) **to be r. forty**, essere vicino ai quarant'anni. ● (*edil.*) **r. damp**, umidità dal basso □ **the r. generation**, la nuova generazione □ **a r. politician (lawyer, etc.)**, un uomo politico (un avvocato, ecc.) che promette bene.

risk [risk], *n.* rischio; azzardo; pericolo: **fire r.**, rischio d'incendio; **to take** (*o* **to run**) **a r.**, correre un rischio; **There is the r. of your being run over**, c'è pericolo che tu ti faccia investire. ● **at r.**, in forse; in pericolo □ **at the r. of one's life**, a rischio della vita □ **at one's own r.**, a proprio rischio e pericolo □ (*comm.*) **at owner's r.**, a rischio (e pericolo) del committente □ (*polit.*) **security r.**, rischio per la sicurezza nazionale.

to risk [risk], *v. t. e i.* rischiare; arrischiare; azzardare; mettere a rischio: **to r. one's neck**, rischiare di rompersi l'osso del collo; **to r. a battle**, arrischiar battaglia; **to r. failure**, rischiare di far fiasco; **to r. one's life**, mettere a rischio la propria vita. ● **to r. a jump**, tentare un salto.

riskful ['riskful], *a.* rischioso; arrischiato.

riskiness ['riskinis], *n.* arrischiatezza; avventatezza; pericolosità.

riskless ['risklis], *a.* senza rischio.

risky ['riski], *a.* **1** rischioso; arrischiato; azzardoso; pericoloso: **a r. venture**, un'impresa rischiosa **2** *V.* **risqué**.

risotto [ri'zɔtou] (*ital.*), *n.* (*pl.* **risottos**) (*cucina*) risotto.

risqué [,ri:s'kei] (*franc.*), *a.* azzardato; audace; scabroso; spinto: **a r. dress**, un abito audace; **a r. joke**, una barzelletta spinta.

rissole ['risoul], *n.* (*cucina*) polpetta; crocchetta.

rite [rait], *n.* rito; cerimonia; osservanza: **burial rites**, riti funebri.

ritual ['ritjuəl], **A** *a.* rituale: **r. dances of the Solomon islands**, danze rituali delle isole Solomone. **B** *n.* rituale: **the rain r.**, il rituale per invocare la pioggia.

ritualism ['ritjuəlizəm], *n.* **1** (*relig.*) ritualismo **2** eccessiva cerimoniosità **3** studio di riti magici o religiosi.

ritualist ['ritjuəlist], *n.* **1** (*relig.*) ritualista **2** persona troppo attaccata a riti e cerimonie **3** studioso di riti magici o religiosi.

ritualistic [,ritjuə'listik], *a.* **1** rituale; ritualistico **2** (*relig.*) che segue il ritualismo.

ritualization [,ritjuəlai'zeiʃən], *n.* ritualizzazione.

to ritualize ['ritjuəlaiz], **A** *v. t.* ritualizzare; rendere rituale. **B** *v. i.* diventar rituale.

ritzy ['ritsi], *a.* (*pop., raro*) costoso; magnifico; splendido; favoloso (*fam.*).

rival ['raivəl], **A** *n.* rivale: **rivals for the presidency**, rivali per la presidenza. **B** *a.* rivale: **r. factions**, fazioni rivali. ● **r. companies**, compagnie rivali □ **business rivals**, concorrenti; rivali in affari □ **without a r.**, senza pari.

to rival ['raivəl], *v. t.* rivaleggiare con; competere con; eguagliare; emulare: **He rivals his father in intelligence**, eguaglia il padre per intelligenza.

rivalry ['raivəlri], **rivalship** ['raivəlʃip], *n.* rivalità; emulazione; (*comm.*) concorrenza: **friendly r.**, emulazione amichevole.

to rive [raiv] (*pass.* **rived**, *p. p.* **riven, rived**), **A** *v. t.* **1** lacerare; strappare: **to r. off the bark of a tree**, strappare la corteccia di un albero; scortecciare un albero **2** fendere; spaccare; spezzare: **to r. wood (stones, etc.)**, spaccare legna (pietre, ecc.); (*fig.*) **to r. sb.'s heart**, spezzare il cuore a q. **3** fare (*listelli*) spaccando il legno. **B** *v. i.* (*specialm. del legno*) fendersi; spaccarsi; spezzarsi.

river (1) ['rivə*], *n.* (*anche fig.*) fiume: **the r. Thames**, il fiume Tamigi; **the Hudson r.**, il fiume Hudson; **a r. of lava**, un fiume di lava. ● **r. bank**, argine (*di fiume*) □ **r. basin**, bacino fluviale □ **r.-bed**, alveo fluviale □ (*zool.*) **r. crawfish**, gambero di fiume □ **r. god**, divinità fluviale □ **r. head**, sorgente (*di fiume*) □ (*zool.*) **r. horse**, ippopotamo □ **down r.**, a valle □ (*fig.*) **to sell sb. down the r.**, tradire q.; vendere q. □ **up r.**, a monte □ (*pop.*) **up the r.**, in galera; al fresco.

river (2) ['raivə*], *n.* chi spacca (*legna, ecc.*); chi lacera.

riverain ['rivərein], **A** *a.* fluviale. **B** *n.* territorio fluviale.

riverine ['rivərain], *a.* fluviale.

riverside ['rivəsaid], **A** *n.* sponda, riva (*di fiume*). **B** *a. attr.* della (*o* sulla) riva di un fiume; lungo il fiume: **a r. cottage**, una villetta sulla riva di un fiume.

rivet ['rivit], *n.* (*mecc.*) chiodo (*da ribadire*); rivetto, ribattino. ● (*mecc.*) **r. gun**, martello per ribadire; ribaditrice (*macchina*) □ (*mecc.*) **split r.**, rivetto spaccato.

to rivet ['rivit], *v. t.* **1** inchiodare (*anche fig.*); (*mecc.*) chiodare, ribadire, ribattere, rivettare; fissare: **to r. a nail**, ribadire (*o* ribattere) un chiodo; **to r. a bolt**, ribadire un bullone; **The onlookers were riveted on the spot**, gli astanti rimasero inchiodati sul posto; (*fig.*) **to r. an error**, ribadire un errore; **to r. one's eyes upon st.**, fissare lo sguardo su q.c.; **to r. one's attention upon st.**, fissare la propria attenzione su q.c. **2** fermare (*l'attenzione di q.*).

riveter ['rivitə*], *n.* **1** ribaditore **2** ribaditrice (*macchina*).

riveting ['rivitiŋ], **A** *n.* ribaditura; ribadimento; chiodatura. **B** *a.* (*fig.*) affascinante; incantevole. ● **r. hammer**, martello per ribadire □ (*mecc.*) **r. machine**, ribaditrice.

Riviera [,rivi'ɛərə], *n.* (*geogr.*) Riviera (*da Cannes a La Spezia*). ● **the French R.**, la Costa Azzurra.

rivière [,rivi'ɛə*] (*franc.*), *n.* collana di gemme (*specialm. a più giri*).

rivulet ['rivjulit], *n.* (*lett.*) ruscelletto; rivoletto.

rix-dollar ['riks'dɔlə*], *n.* (*stor.*) tallero d'argento

roach (1) [routʃ], *n.* (*pl.* **roach, roaches**) (*zool.*, *Leuciscus rutilus*) leucisco. ● **as sound as a r.**, sano come un pesce.

roach (2) [routʃ], *n.* (*zool.*, *specialm. USA*; *abbr. di* **cockroach**) (*Blatta*) blatta; scarafaggio.

road [roud], *n.* **1** strada; via (*anche fig.*): **the r. to London**, la strada per Londra; **the r. to success**, la via del successo; **the r. to ruin**, la via della perdizione **2** (*pl., naut.*) rada: **The ship was lying in the roads**, la nave era ancorata nella rada **3** (*USA, anche* **railroad**) ferrovia **4** (*teatr.*) giro di rappresentazioni; tournée **5** (*sport*) tournée: **The soccer team was on the r.**, la squadra di calcio era in tournée. ● **r. accident**, incidente stradale; investimento □ **r.-bed**, fondo stradale, massicciata □ **r. block**, blocco stradale □ **r.-book**, guida stradale □ **r.-bump**, cunetta □ (*autom.*) **r. closed**, strada interrotta (*cartello*) □ **r. condition**, viabilità □ **r. contractor**, (titolare d') impresa di costruzioni stradali □ **r. crossing**, crocevia; crocicchio □ **r. crown**, colmo della strada □ **r. fork**, bivio stradale □ **r. foundation**, massicciata □ **r. grade**, pendenza (di una strada) □ **r. haulage**, trasporto stradale □ **r. haulier**, trasportatore su strada; vettore □ (*fam.*) **r. hog**, pirata della strada □ **r.-house**, posto di ristoro sulla strada; ristorante; locale □ (*autom.*) **r. link-up**, punto di raccordo (stradale) □ **r. manager**, accompagnatore (di un gruppo di turisti) □ (*autom., mecc.*) **r. manners**, comportamento (*di un veicolo*) su strada □ **r. map**, carta stradale □ **r.-mender**, cantoniere; stradino □ **r. metal**, brecciame; pietrisco □ (*autom.*) **r. narrows**, strozzatura (*cartello*) □ **r.-roller**, compressore stradale □ (*autom.*) **r. sense**, «senso della strada»; capacità di guida anche con traffico intenso □ **r. sign**, segnale stradale (*verticale*; *cfr.* **marker**); cartello stradale; indicatore stradale □ **r. signal**, segnale stradale □ (*collett.*) **r. signs**, segnaletica (*verticale*) □ (*autom.*) **r. test**, prova su strada □ (*autom.*) **r. under repair** (*o* **r. up**), strada in riparazione (*cartello*) □ (*sport*) **r.-walker**, marciatore □ **r. works**, lavori stradali; (*autom.: cartello*) lavori in corso □ **cross-roads**, crocevia; crocicchio; (*fig.*) bivio □ (*fig., fam.*) **the first man going the roads**, il primo che passa, il primo venuto (*fig.*) □ (*fig.*) **to get in sb.'s r.**, mettere il bastone fra le ruote a q.; ostacolare q. □ **high-r.**, strada maestra □ (*fam.*) **to hit the r.**, *V.* **to take** (*to*) **the r.** □ (*autom., fam.*) **to hog the r.**, guidare in modo spericolato □ **on the r.**, in cammino; lungo la strada; in viaggio □ **Oxford Rd**, via Oxford (*come prolungamento suburbano di una Oxford St.*) □ **the Oxford r.**, la strada per Oxford □ **the rules of the r.**, il codice della strada; (*naut.*) le regole per evitare collisioni □ (*comm.*) **to send goods by r.**, spedire merci con automezzi (autocarri, ecc.) □ **to take** (*to*) **the r.**, mettersi in cammino; mettersi in viaggio □ **to take to the r.**, (*stor.*) darsi alla macchia (*o* al brigantaggio); (*ora*) darsi al vagabondaggio □ (*fig.*) **Get out of my r.!**, togliti di mezzo (*o* dai piedi).

to road [roud], *v. t.* (*del cane da caccia*) seguire la traccia della (*selvaggina*).

roadcraft ['roudkra:ft], *n.* (*autom.*) abilità (*o* capacità) nella guida.

roadie ['roudi], *n.* (*fam.*) accompagnatore; guida turistica «group leader».

roadless ['roudlis], *a.* senza (*o* privo di) strade.

roadman ['roudmən], *n.* (*pl.* **roadmen**) cantoniere; stradino.

roadside ['roudsaid], **A** *n.* margine della strada; banchina. **B** *a. attr.* (posto) sulla strada: **a r. inn**, una locanda sulla strada. ● (*autom.*) **r. repair**, riparazione di fortuna (*non in officina*).

roadstead ['roudstəd], *n.* (*naut.*) rada.

roadster ['roudstə*], *n.* **1** (*autom., arc.*) spider; automobile scoperta a due posti **2** bicicletta da turismo **3** cavallo da tiro **4** chi è abituato a viaggiare **5** (*USA*) bandito di strada **6** (*USA*) vagabondo.

roadway ['roudwei], *n.* **1** manto stradale **2** carreggiata (*di una strada*); corsia di marcia **3** piano stradale (*di ponte*).

roadwork ['roudwə:k], *n.* (*sport*) footing: **to do** (*o* **to engage in**)

r., fare del footing.
roadworthiness ['roud,wə:ðinis], *n.* (*di veicolo*) tenuta di strada.
roadworthy ['roud,wə:ði], *a.* (*di veicolo*) che tiene bene la strada; sicuro.
to roam [roum], **A** *v. i.* errare; girovagare; vagare; andar ramingo (*lett.*). **B** *v. t.* vagare per; percorrere: **to r. the woods**, vagare per i boschi.
roam [roum], *n.* (*raro*) giro (*senza meta precisa*); passeggiata; vagabondaggio: **a half-hour's r.**, un giro di mezz'ora.
roan (1) [roun], **A** *a.* roano. **B** *n.* cavallo roano.
roan (2) [roun], (*calzoleria, legatoria*) **A** *a.* pelle ovina di finto marocchino. **B** *a.* di finto marocchino: **r. binding**, legatura di finto marocchino.
roar [rɔ:*], *n.* **1** ruggito: **the roars of a lion**, i ruggiti di un leone **2** muggito; mugghio; rombo (*del vento, ecc.*); scoppio (*di tuono*); scroscio (*di risa*); urlo: **the r. of a bull**, il muggito di un toro; **the r. of the waves on the beach**, il mugghiare delle onde sulla spiaggia; **roars of laughter**, scrosci di risa; **a r. of pain**, un urlo di dolore. ● **to set the room in a r.**, far scoppiare dalle risa tutti (i presenti nella stanza).
to roar [rɔ:*], **A** *v. i.* **1** ruggire; (*per estens.*) mugghiare; muggire; rombare; scrosciare; urlare: **Lions r.**, i leoni ruggiscono; **The sea was roaring**, il mare ruggiva; **The waves are roaring**, le onde mugghiano; **The wind was roaring among the trees**, il vento urlava fra gli alberi; **The guns were roaring**, rombava il cannone; **to r. with pain**, urlare dal dolore **2** scoppiare a ridere; ridere rumorosamente: **Everybody roared at his jokes**, tutti scoppiavano a ridere a sentire le sue barzellette **3** (*specialm. di cavallo bolso*) respirare rumorosamente **4** (*autom.: del motore*) ruggire; rombare **5** correre rombando: **The racing car roared by**, la macchina da corsa passò rombando. **B** *v. t.* (*spesso* **to r. out**) gridare; urlare; dire (*o* manifestare) a gran voce: **He roared out a threat**, urlò una minaccia; **to r. defiance**, gridare parole di sfida; **to r. approval**, manifestare a gran voce la propria approvazione. ● **to r. sb. deaf**, assordare q. con urli □ (*autom.*) **to r. the engine**, far ruggire (*o* rombare) il motore □ **to r. out**, vociare; vociferare □ **to r. through**, passare rombando: **The express train roared through**, l'espresso passò rombando □ **to r. with laughter**, ridere fragorosamente □ **You need not r.**, non c'è bisogno di gridare.
roarer ['rɔ:rə*], *n.* **1** chi ruggisce, chi mugghia, ecc. (*V.* **to roar**) **2** cavallo bolso (*dal respiro rumoroso*).
roaring ['rɔ:riŋ], *a.* **1** ruggente; mugghiante; scrosciante; sonante (*lett.*): **the r. sea**, il mare ruggente **2** tempestoso; (*fig.*) chiassoso **3** florido; vigoroso; prospero. ● **r. applause**, applausi scroscianti □ **r. drunk**, ubriaco fradicio □ (*geogr.*) **the r. forties**, la zona tempestosa dell'Atlantico fra il 40° e il 50° parallelo di latitudine nord □ (*fig.*) **a r. night**, una notte di bagordi □ **a r. success**, un successone □ **to do a r. trade**, fare affari d'oro □ (*fam.*) **to be in r. (good) health**, scoppiare di salute.
roast [roust], **A** *n.* **1** arrosto: **cold r.**, arrosto freddo; **pork r.**, arrosto di maiale **2** (*anche metall.*) arrostimento **3** tostatura (*del caffè*). **B** *a. attr.* arrosto; arrostito: **r. beef**, manzo arrosto; **r. pork**, carne di maiale arrosto; arrosto di maiale. ● **r. chestnut**, caldarrosta □ **r. mutton**, arrosto di castrato □ **to give st. a good r.**, arrostire per benino q.c. □ (*fig.*) **to rule the r.** (*o* **the roost**), farla da padrone; spadroneggiare.
to roast [roust], **A** *v. t.* **1** (*anche metall.*) arrostire: **to r. meat on a spit**, arrostire carne allo spiedo; **to r. chestnuts**, arrostire le castagne; fare le caldarroste **2** tostare, torrefare (*caffè*): **to r. coffee-beans**, tostare i chicchi del caffè **3** (*fig., fam.*) beffare; criticare; prendere in giro. **B** *v. i.* **1** fare l'arrosto **2** arrostirsi: **This meat roasts well**, questa carne si arrostisce bene **3** (*del caffè*) tostarsi **4** (*fam.*) crepare dal caldo. **to roast oneself C** *v. rifl.* arrostirsi (*fig.*): **She likes to r. (herself) in the sun**, le piace arrostirsi al sole.
roaster ['roustə*], *n.* **1** chi arrostisce, chi tosta (*V.* **to roast**) **2** rosticceria **2** (*cucina*) casseruola per l'arrosto; forno per arrosto; girarrosto **3** (*metall.*) forno di arrostimento; roaster **4** tostacaffè; tostatrice **5** pollo (*o* maialino, coniglio, ecc.) da fare arrosto.
roasting ['roustiŋ], *n.* **1** (*anche metall.*) arrostimento **2** torrefazione (*del caffè*) **3** (*fam.*) lavata di capo (*fig.*); ramanzina; sgridata: **to give sb. a good** (*o* **a real**) **r.**, dare a q. una bella lavata di capo. ● (*metall.*) **r. furnace**, forno di arrostimento □ (*cucina*) **r. jack**, girarrosto.
Rob [rɔb], *n. dim.* di **Robert**.
to rob [rɔb], *v. t.* **1** rubare; derubare; svaligiare: **The thief robbed me of my wallet**, il ladro mi rubò il portafoglio; **I was robbed of my money**, fui derubato dei miei soldi; **to rob a house** (**a bank**, **a safe**), svaligiare una casa (una banca, una cassaforte) **2** (*fig.*) privare; spogliare; saccheggiare (*fig.*): **to rob sb. of his rights**, privare (*o* spogliare) q. dei suoi diritti; **Bears like to rob hives of honey**, agli orsi piace saccheggiare gli alveari **3** (*fig.*) defraudare; derubare (*fig.*).

robber ['rɔbə*], *n.* ladro; ladrone; predone; rapinatore. ● (*zool.*) **r. fly** (*Asilus*), assillo.
robbery ['rɔbəri], *n.* furto; ladrocinio; rapina (*leg.*); ruberia: **That's downright r.!**, questo è un furto bell'e buono! ● **r. with violence**, rapina con ricorso alla violenza □ (*leg.*) **armed r.**, rapina a mano armata □ (*fig.*) **daylight r.**, rapina, ruberia; il far pagare troppo □ **highway r.**, brigantaggio; (*fig., fam.*) il far pagare troppo.
robe [roub], *n.* **1** veste lunga e ampia **2** toga (*da magistrato, professore, avvocato, ecc.*) **3** (*di sacerdote*) abito talare **4** (*anche* **bathrobe**) accappatoio **5** (*USA*) veste da camera. ● **r.-de-chambre** (*franc.*), veste da camera □ **gentlemen of the r.**, professionisti togati; avvocati □ **long r.**, toga da avvocato □ **royal robes**, abiti regali.
to robe [roub], **A** *v. t.* **1** vestire; rivestire **2** mettere la toga a (q.). **B** *v. i.* vestire la toga.
Robert ['rɔbət], *n.* Roberto.
robin ['rɔbin], *n.* (*zool.*) **1** (*anche* **r. redbreast**, *Erithacus rubecula*) pettirosso **2** (*USA, anche* **American r.**, *Turdus migratorius*) tordo americano. ● (*mitol.*) **R. Goodfellow**, folletto □ (*bot.*) **r.-run-the-hedge** (*Glechoma hederacea*), edera terrestre.
roborant ['roubərənt], *a. e n.* (*med.*) corroborante.
robot ['roubɔt], *n.* **1** automa (*anche fig.*); robot **2** (*mil., anche* **r. bomb**) bomba volante. ● (*aeron.*) **r. pilot**, pilota automatico.
robotics [rou'bɔtiks], *n. pl.* (*col verbo al sing.*) robotica.
roburite ['roubərait], *n.* (*ind. min.*) roburite.
robust [rə'bʌst], *a.* **1** robusto (*anche fig.*); forte; gagliardo; vigoroso: **a r. farmer**, un contadino robusto; **r. intellect**, ingegno robusto **2** faticoso; duro; pesante: **r. work**, lavoro faticoso. ● **r. economy**, economia fiorente (*o* sana).
robustious [rə'bʌstʃəs], *a.* (*arc. o USA*) robusto; vigoroso.
robustness [rə'bʌstnis], *n.* (*arc. o USA*) robustezza; forza; gagliardia; vigore, vigorosità.
roc [rɔk], *n.* (*mitol.*) roc (*enorme uccello da preda, nelle leggende arabe*).
rocambole ['rɔkəmboul], *n.* (*bot., Allium scorodoprasum*) aglio di Spagna.
rochet ['rɔtʃit], *n.* (*relig.*) rocchetto (*veste di lino bianco, da cerimonia*).
rock (1) [rɔk], *n.* **1** (*geol.*) roccia; pietra (*in genere*); rupe; scoglio; masso; macigno; (*USA*) sasso: **a mass of r.**, una massa di roccia; **Dartmouth castle is built upon r.**, il castello di Dartmouth è costruito sulla roccia; **as firm as r.**, saldo come la roccia; **living r.**, roccia viva; **The ship ran upon the rocks**, la nave s'incagliò sugli scogli; (*autom.*) **Falling rocks**, caduta massi (*cartello*) **2** (*USA, anche* **r. candy**) (bastoncino di) zucchero candito **3** (*specialm. almond r.*) varietà di torrone a strisce colorate (*venduto nell'Inghilterra sett.*) **4** (*pop.*) (*USA*) diamante; gemma; gioiello **5** (*pl., volg.*) palle (*volg.*); testicoli. ● (*geogr., fam.*) **the R.**, Gibilterra □ **r. bed**, fondo roccioso □ (*zool.*) **r.-bird** (*Rupicola rupicola*), rupicola □ (*comm.*) **r.-bottom prices**, prezzi ridottissimi □ **r.-bound**, circondato da rocce □ **r. cake** (*o* **r. bun**), dolce (*o* tortina) dalla crosta dura □ (*sport*) **r.-climber**, rocciatore □ (*sport*) **r.-climbing**, (scalate su) roccia □ (*miner.*) **r. crystal**, cristallo di rocca; quarzo ialino □ (*mecc.*) **r. drill**, perforatrice da roccia □ **R. English**, l'inglese parlato a Gibilterra □ (*zool.*) **r.-fish** (*Scorpaena; Helicolenus, ecc.*), scorfano; scorpena □ **r. garden**, giardino alla giapponese (*con rocce*) □ (*zool.*) **r.-goat** (*Capra hibex*), stambecco delle Alpi □ **r.-hewn**, scavato (*o* tagliato) nella roccia □ (*fig.*) **the R. of ages**, Gesù Cristo □ (*miner.*) **r.-oil**, petrolio grezzo □ (*bot.*) **r. plants**, piante rupestri (*o* rupicole) □ (*zool.*) **r.-rabbit** (*Hirax*), irace □ (*bot.*) **r.-rose**, (*Helianthemum vulgare*) eliantemo; (*Cistus*) cisto □ (*comm.*) **r. salmon**, «falso» salmone; palombo; squalo; gatto di mare □ (*min.*) **r. salt**, salgemma □ (*nomignolo*) **R. scorpion**, persona nata a Gibilterra □ (*zool.*) **r.-whistler** (*Arctomys marmota*), marmotta delle Alpi □ **r.-work**, rocce artificiali (*per es., in giardini*) □ **to be on the rocks**, (*di nave*) essersi arenata sugli scogli; (*fig., fam.: di persona*) essere al verde (*o* in bolletta); essere sull'orlo del fallimento; (*fig.*) essere in crisi: **Their marriage was on the rocks**, il loro matrimonio era in crisi □ **to reach r. bottom**, toccare il fondo □ **to run upon the rocks**, (*naut.*) urtare negli scogli, naufragare; (*fig.*) andare in malora, far fiasco □ (*USA*) **to throw rocks at each other**, tirarsi sassi; fare a sassate □ **whisky on the rocks**, whisky con (cubetti di) ghiaccio.
to rock [rɔk], **A** *v. t.* **1** cullare; dondolare: **to r. a baby**, cullare un bambino; **to r. a cradle**, dondolare una culla **2** scuotere; scrollare; far tremare: **The explosion rocked the house**, l'esplosione fece tremare la casa. **B** *v. i.* **1** dondolare, dondolarsi; oscillare **2** tremare; vacillare: **The house rocked under the earthquake**, la casa tremò per il terremoto. **to rock oneself** (**to and fro, from side to side**) **C** *v. rifl.* dondolarsi. ● **to r. a baby asleep**, far addormentare un bambino cullandolo; ninnare un bambino □ (*fig.*) **to r. the boat**, fare di tutto per ostacolare (*o* far fallire)

rock (2)

un'impresa; dare fastidio agli altri (*in un gruppo*); sabotare uno sforzo comune.

rock (2) [rɔk], **A** *n.* **1** dondolio; oscillazione **2** (*per* **r. and roll**, **rock'n'roll**) rock, rock and roll (*musica e ballo importati dall'America*). **B** *a.* (*mus.*) rock: **a r. singer**, un cantante rock.

rocker (1) ['rɔkə*], *n.* **1** chi culla, ecc. (*V.* **to rock**) **2** asse ricurva (*di sedia o cavallo a dondolo*) **3** (*USA*) sedia a dondolo **4** (*ing. civile*) appoggio articolato **5** pattino dalla lama molto ricurva **6** (*ind. min.*) canale concentratore oscillante. ● (*mecc.*) **r. arm**, bilanciere □ (*mecc.*) **r. shaft**, albero oscillante □ (*fam.*) **to be off one's r.**, esser matto (da legare); essere svitato (*fig., fam.*).

rocker (2) ['rɔkə*], *n.* (*mus.*) **1** cantante (*o* musicista) rock **2** canzone rock **3** fanatico di rock.

rockery ['rɔkəri], *n.* giardino alla giapponese (*con rocce*).

rocket (1) ['rɔkit], *n.* **1** razzo (*da segnalazioni militari e fuoco artificiale*) **2** (*mil., miss.*) razzo; missile. ● **r. base**, base missilistica □ **r.-bomb**, bomba volante; missile a razzo □ (*aeron.*) **r.-engine**, motore a razzo; endoreattore □ (*mil.*) **r.-gun**, cannone a razzi □ (*mil.*) **r.-launcher**, lanciarazzi; lanciamissili □ **r.-propelled**, con propulsione a razzo □ (*aeron.*) **r. propulsion**, propulsione a razzo □ (*aeron.*) **r. ramjet**, autoreattore a razzo; endostatoreattore □ (*miss.*) **r. carrier**, razzo vettore □ (*pop.*) **to get a r.**, prendersi una ramanzina □ (*miss.*) **thrusting r.**, razzo di spinta (*di capsula spaziale*).

rocket (2) ['rɔkit], *n.* (*bot.*) **1** (*Eruca sativa*) ruchetta; rucola (*dial.*) **2** (*Hesperis matronalis*) viola matronale **3** (*Barbarea vulgaris*) barbarea.

to rocket ['rɔkit], **A** *v. i.* **1** salire (arrivare, ecc.) come un razzo; salire (arrivare, ecc.) a razzo; balzare: **In a week the record rocketed to the top of the charts**, in una sola settimana il disco è balzato in testa alla hit-parade **2** (*dei prezzi*) salire alle stelle **3** (*di solito* **to r. off** *o* **away**) partire a razzo. **B** *v. t.* **1** bombardare con razzi **2** portare con (*o* in) un razzo.

rocketdrome ['rɔkitdroum], *n.* base per il lancio di missili.

rocketry ['rɔkitri], *n.* **1** tecnica dei razzi; razzotecnica **2** missilistica.

Rockies (the) ['rɔkiz], *n. pl.* (*geogr., fam.*) le Montagne Rocciose.

rockiness ['rɔkinis], *n.* l'essere roccioso.

rocking ['rɔkiŋ], *a.* dondolante; oscillante: **a r. gait**, un'andatura dondolante; (*mecc.*) **r. lever**, leva oscillante. ● **r.-chair**, sedia a dondolo □ **r.-horse**, cavallo a dondolo □ **r. stone**, roccia in bilico.

rocky (1) ['rɔki], *a.* **1** roccioso; pieno di rocce; sassoso; scoglioso: **the R. Mountains**, le Montagne Rocciose **2** (*fig.*) duro come la roccia; di pietra; saldo; irremovibile: **a r. heart**, un cuore di pietra.

rocky (2) ['rɔki], *a.* **1** instabile; malfermo; traballante: **This stool is quite r.**, questo sgabello è tutto traballante **2** (*fam.*) alticcio **3** intontito; stordito; giù di corda **4** (*fam.*) difficile; faticoso; travagliato.

rococo [rə'koukou], *a. e n.* (*arte, archit.*) rococò: **r. furniture**, mobili rococò.

rod [rɔd], *n.* **1** verga; bastoncino (*anche anat.*); bacchetta: **glass rod**, bacchetta di vetro; **the rods and cones of the retina**, i coni e i bastoncini della retina **2** (*mecc.*) asta; barra; ferro (tondo *o* quadro); tondino: **a curtain-rod**, un'asta per tendine **3** (*sport, anche* **fishing rod**) canna da pesca **4** (*mecc., anche* **connecting rod**) biella: **a piston rod**, una biella di pistone **5** (*misura di lunghezza*) pertica (*pari a cinque iarde e mezza, cioè a cinque metri circa*) **6** (*fis. nucl.*) barra **7** (*pop. USA*) pistola **8** (*volg.*) cazzo (*volg.*); verga (*pop.*); pene. ● **divining rod** (*o* **dowsing rod**), bacchetta di rabdomante (*fig.*) □ **to have a rod in pickle for sb.**, tenere in serbo una grossa punizione per q. □ (*pop. USA*) **hot rod**, automobile con motore maggiorato □ (*fig.*) **to kiss the rod**, accettare umilmente una punizione □ **lightning-rod**, (asta di) parafulmine □ (*fig.*) **to make a rod for one's own back**, darsi la zappa sui piedi (*fig.*); scavarsi la fossa (*fig.*) □ **to spare the rod**, risparmiare le botte; astenersi dal punire □ (*prov.*) **Spare the rod and spoil the child**, il medico pietoso fa la piaga cancrenosa.

rode [roud], *pass.* di **to ride**.

rodent ['roudənt], *a. e n.* (*zool.*) roditore. ● (*med.*) **r. ulcer**, epitelioma basocellulare.

rodenticide [rou'dentisaid], *n.* rodenticida; topicida.

rodeo [rou'deiou], *n.* (*pl.* **rodeos**) (*specialm. USA*) **1** rodeo **2** raduno del bestiame (*per la marcatura, ecc.*).

Roderic(k) ['rɔdərik], *n.* Rodrigo.

rodomontade [,rɔdəmɔn'teid], **A** *n.* rodomontata; spacconata. **B** *a. attr.* rodomontesco; da rodomonte; da spaccone.

to rodomontade [,rɔdəmɔn'teid], *v. i.* fare il rodomonte; dire spacconate.

rodomontader [,rɔdəmɔn'teidə*], *n.* rodomonte; spaccone.

roe (1) [rou], *n.* uova di pesce. ● (*miner.*) **roe-stone**, oolite □ **hard roe**, uova di pesce □ **soft roe**, latte di pesce.

roe (2) [rou], *n.* (*pl.* **roe**, **roes**) (*zool., Capreolus capreolus*; *anche* **roe deer**) capriolo.

roebuck ['roubʌk], *n.* (*zool.*) capriolo (*maschio*).

roentgen ['rɔntgən], *V.* **röntgen**.

rogation [rou'geiʃən], *n.* **1** (*stor., romana*) rogazione **2** (*pl., relig.*) rogazioni. ● (*relig.*) **R. days**, giorni delle rogazioni (*i tre giorni precedenti l'Ascensione*).

rogatory ['rɔgətəri], *a.* (*leg.*) rogatorio. ● (*leg.*) **r. letter**, rogatoria.

roger ['rɔdʒə*], *inter.* **1** (*radio, tel.*) ricevuto! (*dal nome proprio* **Roger** *la cui iniziale sta per* **received**) **2** (*fam.*) d'accordo!

Roger ['rɔdʒə*], *n.* Ruggero. ● **R.** (*o* **Sir R. de Coverley**), danza campestre inglese □ **the jolly R.**, la bandiera nera dei pirati.

rogue [roug], *n.* **1** (*arc.*) vagabondo **2** birbante; briccone; canaglia; farabutto; furfante; mascalzone **3** (*scherz.*) birba; bricconcello; furfantello; birichino **4** (*agric.*) erbaccia; malerba. ● (*zool.*) **r. elephant**, elefante solitario (*che vive appartato dal branco*) □ **rogues' gallery**, schedario fotografico dei criminali; (*fig.*) gruppo d'individui dalla faccia patibolare.

to rogue [roug], *v. t.* **1** estirpare le erbacce da (*un terreno*); liberare dalla malerba **2** imbrogliare; truffare.

roguery ['rougəri], *n.* **1** birbanteria; bricconeria; bricconata; furfanteria; mascalzonata **2** (*scherz.*) birichinata; maracheIIa.

roguish ['rougiʃ], *a.* **1** bricconesco; furfantesco (*scherz.*) birichino; furbo; malizioso.

roguishness ['rougiʃnis], *n.* **1** bricconeria; birbanteria; furfanteria **2** (*scherz.*) furberia; malizia.

to roil [rɔil], *v. t.* **1** intorbidare **2** (*fig.*) irritare; seccare.

roily ['rɔili], *a.* **1** torbido; fangoso **2** (*fig.*) irascibile; irritabile.

to roister ['rɔistə*], *v. i.* **1** far baccano; far chiasso; far baldoria; schiamazzare **2** fare lo spaccone; millantarsi; vantarsi.

roisterer ['rɔistərə*], *n.* **1** schiamazzatore; chiassone **2** millantatore; spaccone.

roistering ['rɔistəriŋ], **A** *a.* chiassoso; rumoroso. **B** *n.* baccano; baldoria; schiamazzo.

Roland ['roulənd], *n.* (*anche letter.*) Rolando, Orlando. ● (*fig.*) **to give a R. for an Oliver**, rendere colpo per colpo.

role, rôle [roul], *n.* (*teatr.*) ruolo; parte (*anche fig.*). ● **advisory r.**, funzione consultiva □ **to play the leading r.**, fare la parte del protagonista; avere il ruolo principale □ **the title r.**, la parte del personaggio che dà il nome al dramma (*per es., Amleto*).

to roll [roul], **A** *v. t. e i.* **1** rotolare; far rotolare; rotolarsi; ruzzolare, far ruzzolare: **A man was rolling a boulder**, un uomo faceva rotolare un macigno; **The hoop was rolling down the street**, il cerchio rotolava giù per la strada; **The waves were rolling against the boat**, le onde rotolavano contro la barca; **to r. a hoop**, far ruzzolare un cerchio **2** ruotare; girare in tondo; far ruotare: **Planets r. on their courses**, i pianeti ruotano seguendo le loro orbite **3** (*degli occhi*) roteare; girare; stralunare; (*per la paura*) sbarrare: **His eyes rolled with fear**, aveva gli occhi sbarrati dalla paura; **She rolled her eyes on us**, ella girò gli occhi su di noi **4** (*anche* **to r. up**) arrotolare, arrotolarsi; avvolgere, avvolgersi; avvoltolare, avvoltolarsi: **to r. (up) a cigarette**, arrotolare una sigaretta; **R. up the child in the blanket**, avvolgi il bambino nella coperta!; **The wool rolled into a ball**, la lana si arrotolò in un gomitolo; **The children are rolling on the grass**, i bambini si rotolano sull'erba; **Pigs like to r. in the mud**, ai maiali piace avvoltolarsi nel fango **5** dondolare; ondeggiare; camminare dondolandosi **6** (*naut.*) rollare; rullare: **The ship rolled badly**, la nave rollava maledettamente **7** (*di tamburo*) rullare; far rullare (*i tamburi*) **8** (*del tuono*) rombare **9** cilindrare, rullare (*una strada*) **10** (*anche* **to r. flat**) spianare con rulli (*anche mecc.*): **to r. a lawn**, spianare un prato col rullo **11** (*anche* **to r. out**) spianare (*la pasta*) col matterello **12** (*tipogr.*) inchiostrare col rullo **13** (*specialm.* **to r. out**) dire (*o* cantare, pronunciare) a gran voce: **to r. out a song**, cantare una canzone a gola spiegata; **He rolled out his words so that we could hear**, pronunciò a gran voce le sue parole per farsi sentire da noi **14** arrotare (*la erre*): **He rolls his r's**, arrota la erre **15** andare avanti; far progressi; progredire: **Now we're rolling**, adesso progrediamo (*le cose vanno avanti a dovere*) **16** (*del terreno*) essere ondulato: **The plains r. (and dip) for miles**, la pianura è tutta ondulata per miglia e miglia **17** (*metall.*) laminare: **rolled gold**, oro laminato **18** (*fam.*: *di apparecchi, di macchine, ecc.*) entrare in azione; cominciare a ronzare **19** (*fam.*) andare, andarsene; muoversi: **It's time to r.**, è ora di muoversi **20** (*pop. USA*) derubare (*un ubriaco, uno che dorme, ecc.*): **to r. a sleeping traveler**, derubare un viaggiatore che dorme. **B** *verbi composti* **1 to r. along**, (*di veicolo*) passare (*o* avanzare) rotolando; far rotolare (*una palla, ecc.*); trasportare (q.) su di un veicolo (a ruote): **The cart rolled along**, il carro passò rotolando. **2** (*di nubi, ecc.*) **to r. away**, allontanarsi (*rotolando*); disperdersi: **The cloud of**

Romance

poison gas rolled away, la nube di gas tossico si disperse. **3 to r. back**, ritirarsi, ritrarsi; (*fig.*) tirarsi indietro; far ritirare, respingere (*il nemico, ecc.*); (*econ.*) calmierare (*prezzi*). **4 to r. by**, passare (*rotolando, o fig.*): **The years rolled by**, gli anni passavano. **5 to r. down**, rotolare giù; far rotolare giù □ (*autom.*) **to r. down the window**, abbassare il vetro (*del finestrino*). **6 to r. in**, (*delle onde*) frangersi, giungere a riva; (*fig.*) affluire, arrivare in gran numero (*o in quantità*): **Application forms are rolling in**, pervengono moduli d'iscrizione in gran numero. **7 to r. on**, (*di fiume*) scorrere; (*della primavera, dell'estate, ecc.*) venire in fretta; indossare (*un capo di vestiario*) dalla testa (*arrotolandolo*); *V*. **to r. by**. **8 to r. out**, srotolare, srotolarsi; stendere, stendersi; rotolare fuori, portare fuori (*rotolando*); alzarsi, tirarsi su (*dal letto*); (*ind.*) produrre a getto continuo (*o in massa*); (*aeron.*) varare (*un aeroplano*), esporre al pubblico (*un prototipo*): **R. out the carpets!**, srotola i tappeti!; **R. out the map!**, stendi la mappa!; **He rolled the barrel out of the cellar**, portò (*o tirò*) fuori la botte dalla cantina (*facendola rotolare*) □ (*cucina*) **to r. out the pastry**, stendere la pasta; fare la sfoglia. **9 to r. over**, girarsi, rivoltarsi; rivoltare, rovesciare: **to r. over in bed**, girarsi nel letto; girarsi dall'altra parte. **10 to r. up**, arrotolare, arrotolarsi; aggomitolare, aggomitolarsi; avvolgere, avvolgersi; (*mil.*) aggirare; (*fam.*) accumulare, accumularsi; ingrossare, gonfiarsi (*fig.*); (*fam.*) arrivare (*di un veicolo o su un veicolo*); (*fam.*) radunarsi, riunirsi; (*di solito all'imper.*) entrare (*in un circo equestre*): **R. up the carpet!**, arrotola il tappeto!; **to r. up the enemy flank**, aggirare il nemico sul fianco; **The manuscript rolls up day by day**, il manoscritto si gonfia giorno per giorno; **A truck rolled up to the filling station**, un camion arrivò al distributore (*di carburante*); **He finally rolled up an hour late**, alla fine arrivò con un'ora di ritardo □ **to r. up one's sleeves**, rimboccarsi le maniche □ **to r. up one's umbrella**, chiudere l'ombrello □ (*autom.*) **to r. up the window**, alzare il vetro (*del finestrino*). ● **to r. a huge snowball**, fare un'enorme palla di neve □ **to r. st. into a ball**, fare un gomitolo di q.c.; aggomitolare q.c. □ **to r. on one's back**, rotolarsi; fare il capriole □ (*di cose o persone*) **rolled into one**, combinate (*o* fuse) in una (sola) □ **to be rolling in wealth** (**in luxury, etc.**), sguazzare nell'oro (nel lusso, ecc.) □ **The royal family rolled past in their state carriage**, la famiglia reale passò (con fragore di ruote) nella carrozza di gala □ **The hedgehog rolls itself into a ball**, il porcospino si raggomitola (formando una palla) □ (*fig., fam.*) **to start** (*o* **to set**) **the ball rolling**, dare l'avvio (*a un progetto, un lavoro*); dare inizio a q.c.; iniziare q.c. □ **The waves rolled the ship along**, i flutti spingevano avanti la nave facendola rollare.

roll [roul], *n.* **1** rotolo: **a r. of cloth** (**of wallpaper, etc.**), un rotolo di tela (di carta da parati, ecc.); **a r. of film**, un rotolo di pellicola **2** rocchio; crocchia (*di capelli*); **a sausage r.**, un rocchio di salsiccia **3** elenco; lista; registro; albo; (*leg.*) ruolo (*ad es., di cause*), verbale: **a long r. of heroes**, una lunga lista di eroi; **the r. of honour**, il ruolo d'onore; **the r. of saints**, la lista dei santi **4** (*anche* **bread r.**) panino (*tondo*) **5** (*anche* **sweet r.**; con marmellata, **jam r.**) pasta, tortina (*di forma tonda o arrotolata*): **a cup of coffee and a r. for breakfast**, una tazza di caffè e una pasta per colazione **6** (*mecc., anche* **roller**) rullo; cilindro **7** (*di giacca*) risvolta; risvolto **8** (*archit.*) cartoccio (*di capitello ionico*) **9** (*di tamburi*) rullo; rullio **10** (*di parole, suoni*) flusso continuo; mormorio **11** (*naut., aeron.*) rollio; rullio; rollata: **The Channel was choppy and the r. of the hovercraft made me sick**, c'era mare corto nella Manica e il rollio dell'hovercraft mi diede la nausea **12** (*di tuono, cannone*) rombo **13** (*aeron.*) frullo; vite orizzontale **14** ruzzolata: **a r. on the lawn**, una ruzzolata sul prato **15** andatura dondolante; dondolio **16** ondulazione (*del terreno, ecc.*) **17** (*tipogr., anche* **printing r.**) cilindro per stampa **18** (*pl., mecc.*) laminatoio; **breaking-down rolls**, laminatoio sbozzatore. ● **the Rolls**, (*un tempo*) l'Archivio di Stato; (*ora*) l'Albo degli avvocati □ (*autom.*) **r.-bar**, barra di protezione (*sopra l'abitacolo delle automobili*) □ **r. call**, (chiamata per) appello: **to have a r. call** (*o* **to call the r.**), fare l'appello (*nominale*) □ **a r. of butter**, un panetto (cilindrico) di burro □ **r. film**, pellicola in rotolo □ (*archit.*) **r. moulding**, modanatura convessa □ (*moda*) **r.-neck**, a collo alto □ **r.-neck collar**, colletto a risvolto □ **a r. of soap**, un pezzo (cilindrico) di sapone; una saponetta □ (*fam.*) **r.-on**, guaina; panciera □ **r.-on deodorant**, deodorante a sfera (che si applica con movimento rotatorio) □ (*naut.*) **r. on/r. off ferry**, traghetto RO-RO; traghetto a caricamento (*d'automezzi*) orizzontale □ (*aeron.*) **r.-out**, uscita (*di un aeroplano*) dalla fabbrica; esposizione al pubblico (*di un prototipo*) □ **a r.-top desk**, uno scrittoio con serranda avvolgibile □ **to call the r.**, fare l'appello □ (*stor.*) **Master of the Rolls**, magistrato preposto all'Archivio di Stato □ (*rif. a personale*) **to be on the r.**, essere in organico □ (*fam.*) **to be on the rolls of fame**, essere famoso (*o* celebre) □ **to strike sb. off the rolls**, radiare q. dall'albo (professionale); (*per estens.*) espellere q. da un'associazione.

rollable ['roulǝbl], *a.* **1** arrotolabile; rotolabile; avvolgibile **2** spianabile (*con un rullo, ecc.*) **3** (*metall.*) laminabile.

rollaway ['roulǝwei], **A** *n.* (*anche* **r. bed**) rete pieghevole, munita di rotelle. **B** *a.* con rotelle; su rotelle.

rollback ['roulbæk], *n.* **1** (*mil.*) il respingere (*il nemico*); controffensiva **2** (*econ.*) riduzione (*dei prezzi*: ottenuta mediante intervento statale); calmiere: **a r. of the prices of necessaries**, un calmiere per i generi di prima necessità.

rolled ['rould], *a.* **1** arrotolato **2** (*metall.*) laminato: **r. gold**, oro laminato **3** (*ind. vetro*) cilindrato; rullato.

roller ['roulǝ*], *n.* **1** chi arrotola, chi rotola, ecc. (*V.* **to roll**) **2** rullo (*di legno, di metallo, ecc.*); (*mecc.*) cilindro; (*metall.*) laminatoio: **a garden r.**, un rullo per giardino; **a blind-r.**, un rullo di persiana avvolgibile; **r. gear**, ingranaggio a rulli **3** compressore; rullo compressore: **a road-r.**, un compressore stradale; **a steam-r.**, un compressore stradale a vapore **4** (*di solito* **r. bandage**) benda arrotolata; rotolo di garza **5** (*naut.*) onda lunga **6** (*zool.*) piccione tomboliere **7** (*zool., Coracias garrulus*) ghiandaia marina. ● (*mecc.*) **r. bearing**, cuscinetto a rulli □ **r. blind**, tendina avvolgibile; avvolgibile □ **r.-coaster**, montagne russe (*in un parco divertimenti*) □ (*mecc.*) **r. conveyor**, trasportatore a rulli □ **r.-skate**, pattinare (con i pattini a rotelle); schettinare □ **r.-skater**, schettinatore □ **r.-skates**, pattini a rotelle; schettini □ **r.-skating**, schettinaggio □ **r. towel**, asciugamano a rullo; bandinella.

to rollick ['rɔlik], *v. i.* essere allegro; divertirsi; far festa; scatenarsi (*fig.*); far baldoria.

rollick ['rɔlik], *n.* allegria; brio; gaiezza.

rollicking ['rɔlikiŋ], *a.* allegro; brioso; gaio, spensierato. ● **a r. fellow**, un buontempone.

rolling (1) ['rouliŋ], *n.* **1** rotolamento; arrotolamento; avvolgimento; arrotolatura **2** (*naut., aeron.; anche* **r. motion**) rollio; rullio; rollata **3** cilindratura (*d'una strada*) **4** (*ind. tessile*) laminatura; cilindratura **5** (*metall.*) laminazione **6** (*di tamburi*) rullo; rullio **7** (*del tuono, del cannone*) rombo. ● (*cucina*) **r. board**, spianatoia □ (*mecc.*) **r. mill**, cilindraia; laminatoio □ **r. pin**, matterello □ (*ind.*) **r. press**, calandra; pressa a cilindri; mangano.

rolling (2) ['rouliŋ], *a.* **1** rotolante; che rotola **2** rotante; girevole; roteante **3** dondolante, oscillante: **a r. gait**, un'andatura dondolante **4** (*di onde, di mare*) agitato; tumultuoso: **r. waters**, acque tumultuose **5** (*di nebbia, fumo, ecc.*) a spirali; a volute **6** ondulato: **r. land**, terreno ondulato. ● **r. door**, porta scorrevole □ **r. in wealth**, stracricco; ricco sfondato (*pop.*) □ (*mus.*) **a r. note**, una nota trillata □ (*ferr.*) **r. stock**, materiale rotabile □ **the r. thunder**, il tuono che brontola □ (*prov.*) **A r. stone gathers no moss**, pietra mossa non fa muschio; chi cambia continuamente attività non fa fortuna.

roly-poly ['rouli'pouli], **A** *n.* (*pl.* **roly-polys, roly-polies**) **1** (*anche* **roly-poly pudding**) budino di sfoglia arrotolata, spalmata di marmellata, uva passa, ecc. **2** (*fam.*) tipo grasso e tozzo; tombolo (*fam.*); bambino paffuto. **B** *a.* (*fam.*) ciccotto; paffuto; grassottello.

Romaic [rou'meiik], *a.* e *n.* romaico; (della) lingua greca moderna; (del) neogreco.

Roman ['roumǝn], **A** *a.* **1** romano: **the R. Empire**, l'impero romano; **R. law**, diritto romano; **a R. road**, una strada romana; (*tipogr.*) **R. letters**, caratteri romani; **R. numerals**, numeri romani; **R. history**, storia romana **2** romanesco: **the R. dialect**, il dialetto romanesco **3** (*relig., per* **R. Catholic**) cattolico. **B** *n.* **1** romano; romana **2** (*relig.*) cattolico romano, cattolica romana **3** (*tipogr.*) carattere romano **4** dialetto romanesco. ● (*archit.*) **R. arch**, arco a tutto sesto □ **R. candle**, candela romana (*fuoco d'artificio*) □ **R. Catholic**, cattolico romano □ **R. Catholicism**, cattolicesimo romano □ **R. nose**, naso aquilino □ **R.-nosed**, dal naso aquilino □ **R. numeral**, numero romano □ (*tipogr.*) **R. type**, carattere tondo.

romance [rǝ'mæns], *n.* **1** (*stor.*) romanzo cavalleresco medievale **2** romanzo avventuroso, fantastico o sentimentale; racconto favoloso, romanzesco **3** romanzo (*fig.*); cosa romanzesca; favola; storia incredibile: **Her life is like a r.**, la sua vita pare un romanzo; **I'll tell you the r. of their meeting**, ti racconterò il romanzo del loro incontro **4** fascino; alone di leggenda; romanticheria (*spreg.*) romanticume: **the r. of whaling**, il fascino della caccia alle balene; **a girl full of r.**, una ragazza piena di romanticherie **5** idillio; romantica storia d'amore; romanzetto (*fam.*) **6** (*mus.*) romanza. ● **the r. of pioneer life**, il lato romanzesco della vita dei pionieri □ **r.-writer**, romanziere; autore di storie romanzesche.

to romance [rǝ'mæns], **A** *v. i.* favoleggiare; esagerare; romanzeggiare. **B** *v. t.* **1** romanzare **2** (*fam. USA*) fare la corte a; amoreggiare con.

Romance [rǝ'mæns], **A** *a.* romanzo; neolatino: **R. languages**,

romancer

lingue romanze. **B** *n.* lingua romanza.
romancer [rə'mænsə*], *n.* **1** romanziere; autore di storie romanzesche **2** chi inventa storie fantastiche.
Romanesque [,roumə'nɛsk], **A** *a.* **1** (*arte*) romanico: **R. architecture**, architettura romanica **2** (*linguistica*) romanzo; neolatino. **B** *n.* arte (*specialm.* architettura romanica; (il) romanico.
Romanic [rou'mænik], **A** *a.* **1** (*linguistica*) romanzo; neolatino **2** romanico. **B** *n. pl.* lingue romanze.
Romanism ['roumənizəm], *n.* **1** (*relig.*) romanismo; (*spreg.*) cattolicesimo **2** romanesimo; romanità.
Romanist ['roumənist], *n.* **1** (*spreg.*) cattolico; fautore del cattolicesimo **2** romanista.
romanization [,roumənai'zeiʃən], *n.* **1** latinizzazione **2** conversione al cattolicesimo romano **3** trascrizione in caratteri latini.
to romanize ['roumənaiz], **A** *v. t.* **1** latinizzare; rendere romano; romanizzare **2** convertire al cattolicesimo romano **3** trascrivere in caratteri latini. **B** *v. i.* **1** latineggiare **2** convertirsi al cattolicesimo romano.
Romansh, Romansch [rou'mænʃ], *a.* e *n.* (*linguistica*) romancio.
romantic [rə'mæntik], **A** *a.* **1** (*arte, letter.*) romantico (*anche nel senso pop.*): **a r. poet**, un poeta romantico; **a r. place**, un luogo romantico; **a r. adventure**, un'avventura romantica; **a r. figure**, una figura romantica **2** romanzesco; fantastico: **a r. story**, una storia romanzesca; **a r. scheme**, un progetto fantastico. **B** *n.* **1** romantico, romantica **2** scrittore (*o* musicista, ecc.) romantico **3** (*pl.*) idee romantiche.
romantically [rə'mæntikəli], *avv.* romanticamente.
romanticism [rə'mæntisizəm], *n.* (*arte, letter.*) romanticismo.
romanticist [rə'mæntisist], *n.* (*arte, letter.*) romantico; scrittore (*o* pittore, musicista, ecc.) romantico.
to romanticize [rə'mæntisaiz], **A** *v. i.* fare il romantico; scrivere in modo romantico. **B** *v. t.* rendere romantico; trattare romanticamente.
Romany ['rɔməni], **A** *n.* **1** zingaro **2** (*collett.*) zingari **3** lingua zingaresca; zingaresco. **B** *a.* zingaresco; di (*o* da) zingaro.
Rome [roum], *n.* (*geogr.*) Roma. ● (*prov.*) **R. was not built in a day**, Roma non fu fatta in un giorno □ (*prov.*) **When in R., do as the Romans do**, paese che vai, usanza che trovi.
Romeward ['roumwəd], **A** *a.* volto verso Roma; (*specialm.*) incline al cattolicesimo romano. **B** *avv.* **V. Romewards**.
Romewards ['roumwədz], *avv.* verso Roma; (*specialm.*) verso il cattolicesimo romano.
Romish ['roumiʃ], *a.* (*spreg.*) cattolico romano; papista (*spreg.*).
to romp [rɔmp], **A** *v. i.* **1** far chiasso; giocare; ruzzare **2** amoreggiare; spassarsela **3** (*di solito,* **to r. through**) fare (q.c.) in modo allegro e spensierato; (*mus.*) suonare con brio (*improvvisando,* ecc.); (*teatr.*) recitare sciolamente, con brio: **to r. through a song**, suonare una canzone con molto brio. **B** *v. t.* far fare (q.c.) in modo allegro o chiassoso: **R. the children to bed!**, via, andare a letto i bambini (*giocando, ridendo,* ecc.)! ● (*sport, polit.,* ecc.) **to r. home**, vincere facilmente; fare una passeggiata (*fig., fam.*) □ **to r. through one's homework**, fare il compito di casa come niente fosse.
romp [rɔmp], *n.* **1** (*spesso* **a game of romps**) gioco chiassoso; trambusto **2** birichino, birichina; monello, monella; (*di ragazza*) maschiaccio **3** (*ippica e fig.*) finale bruciante; scatto veloce.
romper ['rɔmpə*], *n.* **1** (*arc.*) chi fa chiasso; bambino che ruzza **2** (*pl.,* anche **r. suit, pair of rompers**) pagliaccetto; vestitino (*o* tuta) per giocare **3** (*sport, polit.,* ecc.) vittoria facile; passeggiata (*fig.*).
rompish ['rɔmpiʃ], *a.* chiassoso (*nel giocare*); giocherellone; birichino: **a r. boy**, un ragazzo birichino.
rondeau ['rɔndou] (*franc.*), *n.* (*pl.* **rondeaux**) (*poesia*) rondò.
rondo ['rɔndou], *n.* (*pl.* **rondos**) (*mus.*) rondò.
rondure ['rɔndjuə*], *n.* (*poet.*) **1** globo; sfera **2** rotondità.
roneo ['rouniou], *n.* (*pl.* **roneos**) ciclostilato. ● **R. machine**, (*marchio*), ciclostile.
to roneo ['rouniou], *v. t.* ciclostilare (*V.* **roneo**).
röntgen ['rɔntgən], *a.* e *n.* (*fis.*) röntgen. ● (*med.*) **r. rays**, raggi X; raggi röntgen.
röntgenogram [rɔnt'genəgræm], *n.* (*med.*) röntgenogramma; radiografia; lastra (*pop.*).
röntgenotherapy [rɔnt,genə'θerəpi], *n.* (*med.*) röntgenterapia.
rood [ru:d], *n.* **1** (*arc., anche* **r.-tree**) croce (*su cui fu crocifisso Gesù*) **2** crocifisso (*specialm. se collocato su una* **r.-screen**) **3** (*raro*) «rood» (*misura di superficie, pari a un quarto di acro e cioè a m 1 000 circa*). ● (*relig.*) **r.-cloth**, velo che ricopre il crocifisso durante la quaresima □ (*relig.*) **r.-loft**, galleria sovrastante la «r.-screen» □ (*archit.*) **r.-screen**, parete divisoria in legno o marmo scolpiti, posta fra la navata e il coro; jubé (*franc.*) □ (*fig.*) **Not a r. remained to him**, non gli restava più neanche un palmo di terra.

roof [ru:f], *n.* (*pl.* **roofs,** *raro USA* **rooves**) **1** tetto (*anche fig.*): **Mount Everest is sometimes called the r. of the world**, il monte Everest è talvolta chiamato il tetto del mondo; **the r. of a car**, il tetto di un'automobile; **to be under sb.'s r.**, essere sotto il tetto di q.; essere ospite in casa di q. **2** (*di autobus*) imperiale **3** (*della bocca*) palato **4** (*ind. min.*) cielo (*in galleria*). ● **r. garden**, giardino pensile □ (*fig.*) **the r. of heaven**, la volta del cielo □ **r.-rack**, portabagagli (*sul tetto di un'automobile*) □ **r.-top**, tetto □ **r.-tree**, trave di colmo; (*fig.*) casa, alloggio, tetto: **to be under one's r.-tree**, essere a casa (propria) □ **cantilever r.**, pensilina, tettoia a sbalzo □ (*fam.*) **to hit the r.**, andare su tutte le furie □ **penthouse r.**, tetto a uno spiovente □ (*fam.*) **to raise the r.**, fare il diavolo a quattro □ (*fig.*) **to shout st. from the r.-tops**, gridare q.c. ai quattro venti □ (*autom.*) **sliding** (*o* **sunshine**) **r.**, tetto apribile.
to roof [ru:f], *v. t.* coprire (*con un tetto*); mettere il tetto a: **a hut roofed** (**over**) **with branches**, una capanna coperta di rami.
roofage ['ru:fidʒ], *n.* (*edil.*) materiale di copertura.
roofer ['ru:fə*], *n.* conciatetti; chi costruisce (*o* ripara) tetti.
roofing ['ru:fiŋ], *n.* (*edil.*) **1** copertura con tetto **2** riparazione dei tetti **3** (*anche* **r. material**) materiale di copertura. ● **r. contractor**, (titolare d') impresa di costruzione (e riparazione) dei tetti.
roofless ['ru:flis], *a.* **1** senza tetto **2** (*fig.*) senza casa; senza un rifugio.
to rook [ruk], *v. t.* **1** truffare (q.) barando; spennare (*fig., pop.*) **2** far pagare prezzi esorbitanti a (q.); pelare (*fig., pop.*).
rook (1) [ruk], *n.* **1** (*zool., Corvus frugilegus*) corvo nero **2** imbroglione; (*specialm.*) baro.
rook (2) [ruk], *n.* (*nel gioco degli scacchi*) torre.
rookery ['rukəri], *n.* **1** (gruppo d'alberi con) nidi di corvi neri; colonia di corvi neri **2** colonia di foche (*o* di pinguini, di aironi) **3** (*fig.*) casupole, catapecchie.
rookie ['ruki], *n.* **1** (*gergo mil. USA*) recluta; coscritto; tuba; marmittone (*gergo*) **2** (*fam.*) novellino; principiante.
rooky ['ruki], *a.* abitato da (*o* pieno di) corvi neri.
room [ru:m], *n.* **1** stanza; camera; sala; (*edil.*) ambiente, vano: **bed-r.**, camera da letto; **dining-r.**, sala da pranzo; **He lives in a furnished r.**, vive in una camera ammobiliata; **The whole r. was silent**, tutta la sala taceva **2** spazio; posto: **This wardrobe takes up too much r.**, questo armadio occupa troppo spazio; **Is there r. for me in the coach?**, c'è posto per me nel pullman?; **We have no r. here for idlers**, non c'è posto qui per gli oziosi **3** (*fig.*) adito; luogo; motivo; occasione; possibilità: **r. for doubt**, adito al dubbio; **There's r. to hope for the better**, c'è motivo di sperare che la situazione migliori; **There is no r. for dispute**, non c'è alcun motivo di lite **4** (*pl.*) camere, stanze; alloggio, appartamento. ● (*USA*) **r. and board**, vitto e alloggio □ **r.-mate**, compagno di stanza □ **r. service**, servizio in camera (*in albergo*) □ **r. temperature**, temperatura ambiente □ **a back r.**, una camera sul retro □ **dressing r.**, spogliatoio □ (*specialm.*) **engine-r.**, sala macchine □ **a front r.**, una camera (che dà) sulla strada □ **in the r. of**, in luogo di; al posto di □ **to make r. for sb.** (**st.**), fare posto per q. (q.c.) □ **standing r. only!**, (a teatro, al cinema) posti a sedere esauriti; solo posti in piedi!; (in autobus) completo! □ **waiting r.**, sala d'aspetto □ **Make r.!**, fate largo! □ (anche mil.) **mess-r.**, mensa □ **There isn't r. to swing a cat in**, non c'è spazio per rigirarsi.
to room [ru:m], *v. i.* alloggiare; abitare (*specialm. in camera o appartamento mobiliato*). ● (*USA*) **rooming house**, casa in cui si affittano camere ammobiliate.
roomed [ru:md], *a.* (*solo nei composti, per es. in:*) **a four-roomed flat**, un appartamento di quattro camere (*o* di quattro vani).
roomer ['ru:mə*], *n.* affittuario d'appartamento (*o* di camera ammobiliata); pigionante.
roomful ['ru:mful], *n.* **1** stanza piena: **a r. of people**, una stanza piena di gente **2** quanto sta in una stanza; gente contenuta in una stanza.
roominess ['ru:minis], *n.* ampiezza; spaziosità.
roomy ['ru:mi], *a.* ampio; spazioso; vasto.
roost [ru:st], *n.* **1** (d'uccelli) posatoio **2** pollaio **3** (*fam.*) giaciglio; letto. ● **to be at r.**, essere appollaiato; (*fam.*) essere a letto; essere a pollaio (*fig., pop.*); □ **to go to r.**, appollaiarsi (*fam.*) andare a letto (*o* a nanna); andare a pollaio (*fig., pop.*) □ **to rule the r.**, fare il gallo del pollaio; spadroneggiare □ (*prov.*) **Curses (like chickens) come home to r.**, le maledizioni ricadono sul capo di chi le scaglia.
to roost [ru:st], *v. i.* **1** (d'uccelli) appollaiarsi; (di galline) essere a pollaio (*per la notte*) **2** (*fam.*) andare a dormire; fare la nanna.
rooster ['ru:stə*], *n.* (*specialm. USA*) (*zool., Gallus domesticus*) gallo.
root [ru:t], *n.* **1** radice (*in ogni senso*); (*fig.*) origine, causa, fonte: **the r. of a tooth** (**of the tongue, ecc.**), la radice di un dente (della lingua, ecc.); **Love of money is the r. of all evil**, l'avidità di

denaro è la fonte d'ogni male; **a r. of bitterness**, una causa (*o* fonte) d'amarezza **2** (*pl.*) radici commestibili **3** (*mus.*) nota fondamentale. ● (*fig.*) **r. and branch**, radicalmente; totalmente; **del tutto** □ (*USA*) **r. beer**, bibita fatta di varie radici ed erbe □ (*anat.*) **r. canal**, canale radicolare (*di un dente*) □ (*agric.*) **r. crop**, radice commestibile (*barbabietola, rapa, ecc.*) □ (*bot.*) **r. hair**, pelo radicale □ **r. idea**, idea basilare (*o* fondamentale) □ (*mat.*) **r. sign**, segno di radice; radicale □ **r.-stock**, (*bot.*) rizoma; portainnesto, soggetto; (*fig.*) origine, fonte □ (*mat.*) **cube r.**, radice cubica □ **to get to** (*o* **at**) **the r. of the matter**, andare al fondo della faccenda □ (*bot.* e *fig.*) **to grow roots**, mettere radici □ *anche fig.*) **to pull up by the roots**, sradicare; estirpare □ (*fig.*) **to put down (new) roots**, mettere radici (*o* ambientarsi) in un posto nuovo □ (*mat.*) **square r.**, radice quadrata □ (*anche fig.*) **to strike at the r.**, colpire alla radice □ (*anche fig.*) **to take** (*o* **to strike**) **r.**, radicarsi; mettere radice; attecchire □ **a verb r.**, la radice di un verbo.

to root (1) ['ru:t], **A** *v. t.* radicare (*anche fig.*); piantare; fissare. **B** *v. i.* (*anche fig.*) radicarsi; attecchire; metter radice: **These plants r. freely**, queste piante attecchiscono facilmente dovunque. ● (*anche fig.*) **to r. out** (*o* **up**), sradicare; estirpare: **to r. out prejudice**, sradicare i pregiudizi □ **Their devotion was deeply rooted**, la loro devozione aveva profonde radici.

to root (2) [ru:t], (*del maiale*) **A** *v. t.* (*anche* **to r. up**) cavare (*o* scavare) col grugno. **B** *v. i.* **1** grufolare **2** — (*fam., specialm. USA*) **to r. for**, tifare, fare il tifo per, parteggiare per (*una squadra, un giocatore*). ● **to r. about** (*o* **around**), frugare; frugacchiare.

rootage ['ru:tidʒ], *n.* **1** radicamento; (il) radicarsi **2** (*collett.*) radici (*d'una pianta*).

rooted ['ru:tid], *a.* **1** radicato; saldo; profondo: **a r. belief**, un convincimento ben radicato; **a r. dislike**, una profonda avversione **2** basato; fondato: **obedience r. in fear**, obbedienza fondata sul timore. ● **I stood r. to the spot**, restai inchiodato sul posto.

rootedness ['ru:tidnis], *n.* (*anche fig.*) l'esser radicato.

rooter ['ru:tə*], *n.* (*agric.*) estirpatore, sradicatore (*attrezzo*).

rootery ['ru:təri], *n.* (*agric.*) terra di bosco.

to rootle ['ru:tl], *v. i.* **1** grufolare **2** scavare; frugare.

rootless ['ru:tlis], *a.* **1** privo di (*o* senza) radice **2** infondato; privo di fondamento: **a r. theory**, una teoria infondata **3** (*di persona*) sradicato; che non ha radici.

rootlet ['ru:tlit], *n.* (*bot.*) radichetta; radicetta.

rooty (1) ['ru:ti], *a.* **1** provvisto di molte radici **2** simile a radice.

rooty (2) ['ru:ti], *n.* (*gergo mil.*) pane.

rope [roup], *n.* **1** corda; fune; canapo; (*naut., anche* **bolt-r.**) cavo, cima, gomena, ralinga: **Throw him a r.**, gettagli una fune (*o* una cima) **2** filo; filza: **a r. of pearls**, un filo di perle **3** (*di cipolle, ecc.*) resta **4** (*di birra, vino, ecc.*) filamento; sedimento filamentoso **5** (*alpinismo*) cordata **6** (*USA*) «lazo»; laccio. ● **r.-dancer**, funambolo □ **r.-dancing**, funambolismo □ **r.'s end** (*o* **r.-end**), pezzo di corda; (*stor.*) sferza (*soprattutto per punizioni inflitte a marinai*) □ **r.-ladder**, scala di corda □ **r.-maker**, cordaio; funaio □ **r.-making**, fabbricazione di funi □ (*fig.*) **a r. of sand**, un legame fragile □ **r.-walk** (*o* **r.-yard**), corderia □ **r.-walker**, *V.* **r.-dancer** □ **r.-walking**, *V.* **r.-dancing** □ **r.-yarn**, filato per funi; filaccia; (*fig.*) inezia, nonnulla □ (*fig.*) **to be at the end of one's r.**, essere allo stremo; essere alle strette; (*anche*) aver esaurito la pazienza □ **braided r.**, fune intrecciata □ (*fam.*) **to give sb. r.** (*o* **plenty of r.**), dar corda (*o* spago) a q.; lasciar fare q. □ **to give sb. r. enough to hang himself**, lasciare che q. faccia a modo suo (*che si rovini con le sue mani*); lasciar cuocere q. nel suo brodo □ (*fig.*) **to know the ropes**, essere pratico del mestiere; saperla lunga □ (*fig.*) **money for old r.**, denaro (*o* guadagno) facile □ (*naut.*) **mooring r.**, cavo d'ormeggio □ (*d'alpinisti*) **to be on the r.**, essere in cordata □ **to be on the ropes**, (*pugilato*) essere alle corde; (*fig., fam.*) essere con le spalle al muro, essere alle strette □ (*fig.*) **to put sb. up to the ropes**, insegnare a q. i segreti del mestiere □ (*naut.*) **tow r.**, cavo di rimorchio □ (*prov.*) **Give sb. r. enough and he'll hang himself**, dai abbastanza corda a q. (*o* uno sciocco) e s'impiccherà.

to rope [roup], **A** *v. t.* **1** (*spesso* **to r. up**) legare con corde; assicurare con funi: **to r. up a trunk**, legare un baule **2** (*alpinismo*) incordare; ralingare (*le vele*) **3** (*alpinismo*) legare in cordata **4** (*di solito* **to r. in, to r. out**) cingere con corda; delimitare con funi **5** prendere (*un cavallo ecc.*) al laccio. **B** *v. i.* (*di un liquido*) formare un filamento; diventare vischioso. ● (*fam.*) **to r. sb. in**, ingaggiare q.; irretire q. □ (*alpinismo*) **to r. up** (*o* **together**), mettere (*o* mettersi) in cordata.

ropery ['roupəri], *n.* corderia.

ropeway ['roupwei], *n.* funivia; teleferica.

ropey ['roupi], *a.* (*pop.*) (*di qualità*) scadente; scalcagnato; scalcinato.

ropiness ['roupinis], *n.* **1** (*di liquido*) l'esser filamentoso; vischiosità **2** (*di dolce, ecc.*) appiccicosità.

roping ['roupiŋ], *n.* (*ind.*) cordame.

ropy ['roupi], *a.* **1** (*di liquido*) filamentoso; vischioso **2** (*di dolce, ecc.*) appiccicaticcio; ispessito **3** simile a corda; a corde: (*geol.*) **r. lava**, lava a corde **4** (*pop.*) (*di qualità*) scadente; scalcagnato; scalcinato.

Roquefort ['rɔkfɔ:*], *n.* Roquefort (*formaggio piccante francese*).

to roquet ['rouki], *v. t.* e *i.* (*croquet*) colpire (la palla dell'avversario) con la propria.

roquet ['rouki], *n.* (*croquet*) colpo dato alla palla dell'avversario.

rorqual ['rɔ:kwəl], *n.* (*zool., Balaenoptera*) balenottera.

rorty ['rɔ:ti], *a.* (*pop.*) **1** spassoso **2** festaiolo. ● **to have a r. time**, spassarsela; divertirsi un mondo.

rosace ['rouzeis], *n.* (*archit.*) rosone.

rosaceous [rouˈzeiʃəs], *a.* (*bot.*) rosaceo.

Rosalie ['rɔzəli], *n.* Rosalia.

Rosalind ['rɔzəlind], *n.* Rosalinda.

Rosaline ['rɔzəlain], *n.* (*letter.*) Rosalina.

Rosamond ['rɔzəmənd], *n.* Rosmunda.

rosaniline [rouˈzæniliːn], *n.* (*chim.*) rosanilina.

rosarian [rouˈzɛəriən], *n.* amante delle rose; coltivatore di rose; rosicoltore.

rosary ['rouzəri], *n.* **1** (*relig.*) rosario; corona **2** (*bot.*) rosaio; roseto.

rose (1) [rouz], **A** *n.* **1** (*bot., Rosa*) rosa **2** color rosa; rosa **3** (*gioielleria, ecc.*) rosetta **4** cipolla bucherellata (*d'annaffiatoio*) **5** (*pl.*) colorito roseo **6** (*med.*) erisipela; risipola (*pop.*) **7** (*archit., anche* **r. window**) rosone. **B** *a. attr.* rosa; color rosa. ● (*bot.*) **r.-apple** (*Eugenia jambos*), melarosa; giambo □ (*bot.*) **r.-bay**, (*Nerium oleander*) oleandro; (*Rhododendron*) rododendro □ **r.-bed**, rosaio □ (*zool.*) **r.-beetle** (*o* **r.-chafer**), (*Cetonia*) cetonia; (*Cetonia aurata*) cetonia dorata □ (*mecc.*) **r. bit**, punta a rosetta □ **r.-bush** (*o* **r.-tree**), pianta di rose; rosaio □ (*bot.*) **r.-campion** (*Lychnis coronaria*), coronaria □ **r. colour**, rosa □ **r.-coloured**, roseo □ **a r.-cut diamond**, un diamante tagliato a rosetta □ **r.-gall**, galla di rosa canina □ **r.-garden**, rosaio; roseto □ (*bot.*) **r.-hip**, falso frutto della rosa □ **r.-leaf**, petalo di rosa; foglia di rosa □ **r.-lipped**, dalle labbra color di rosa □ **r.** (*o* **r.-head**) **nail**, chiodo dalla capocchia a rosetta □ (*stor.*) **r. noble**, moneta d'oro con su impressa una rosa (*del secolo XV o XVI*) □ **r. pink**, rosa; color rosa □ (*mecc.*) **r. reamer**, allargatore a punta; svasatore □ **r.-red**, rosso come una rosa; vermiglio □ **r. vinegar**, aceto rosato; infuso di rose in aceto (*per il mal di testa*) □ **r. water**, acqua di rose □ (*fig.*) **a r.-water revolution**, una rivoluzione all'acqua di rose □ (*archit.*) **r. window**, rosone □ **a bed of roses**, un'aiuola di rose, un rosaio; (*fig.*) un letto di rose, rose e fiori □ (*naut.*) **compass r.**, rosa della bussola □ (*fig.*) **a crumpled r.-leaf**, un piccolo inconveniente che guasta tutto; un neo (*fig.*) □ **damask-r.**, rosa damascena □ **dog-r.** (*o* **brier-r.**) (*Rosa canina*), rosa canina □ (*fig.*) **to gather (life's) roses**, godersi la vita; darsi ai piaceri della vita □ **musk-r.**, rosa muschiata □ (*fig.*) **a path strewn with roses**, una vita dedita ai piaceri □ (*fig.*) **to see the world through r.-coloured glasses**, vedere tutto rosa □ (*fig.*) **to take a r.-coloured view of things**, veder tutto rosa □ (*fig.*) **under the r.**, in confidenza; in gran segreto □ (*stor.*) **the Wars of the Roses**, la Guerra delle due Rose (*rosa bianca e rosa rossa, rispettivamente emblemi delle case di York e Lancaster*) □ (*prov.*) **There's no r. without a thorn**, non c'è rosa senza spine.

rose (2) [rouz], *pass.* di **to rise**.

to rose [rouz], *v. t.* (*raro*) colorare (*o* colorire) di rosa: **The sun roses the snowy slopes**, il sole colora di rosa le pendici nevose.

Rose [rouz], *n.* Rosa.

rosé ['rouzei] (*franc.*), *n.* (*vino*) rosé.

roseate ['rouziit], *a.* roseo; rosa; color di rosa; (*fig.*) ottimistico.

rosebud ['rouzbʌd], *n.* **1** (*bot.*) bocciolo di rosa **2** (*fig.*) bocciolo di rosa; bella ragazza. ● **a r. mouth**, una bocca che è un bocciolo di rosa; una boccuccia di rosa.

roselike ['rouzlaik], *a.* di (*o* da, simile a una) rosa.

rosemary ['rouzməri], *n.* (*bot.*) **1** (*Rosmarinus officinalis*) rosmarino **2** (*Crysanthemum balsamita*) erba amara.

Rosemary ['rouzməri], *n.* Rosamaria.

roseola [rouˈziːoulə], *n.* (*med.*) rosolia.

roseolar [rouˈziːoulə*], *a.* (*med.*) di rosolia.

rosery ['rouzəri], *n.* rosaio; roseto.

rosette [rouˈzet], *n.* **1** rosetta; nastrino; coccarda **2** (*archit.*) rosone **3** (*turismo*) stella: **This restaurant was awarded two rosettes by the R.A.C. in 1979**, questo ristorante ha ricevuto due stelle dal R.A.C. (*l'A.C.I. britannico*) nel 1979.

rosewood ['rouzwud], *n.* (*legno di*) palissandro.

Rosicrucian [ˌrouziˈkruːʃiən], (*stor.*) **A** *n.* Rosacroce; Rosacrociano. **B** *a.* dei Rosacroce; dei Rosacrociani.

Rosicrucianism [ˌrouziˈkruːʃiənizəm], *n.* (*stor.*) movimento mi-

stico dei Rosacroce, dei Rosacrociani (*che si dice fondato nel 1484 da C. Rosenkreuz*).
rosin ['rɔzin], *n.* resina; (*specialm.*) colofonia, pece greca.
to rosin ['rɔzin], *v. t.* strofinare con la colofonia; impeciare (*specialm. corde e archetti di strumenti musicali*).
Rosinante [,rɔzi'nænti], *n.* **1** Ronzinante (*il cavallo di Don Chisciotte*) **2** (*fig.*) ronzino; ronzinante.
rosiness ['rouzinis], *n.* l'esser roseo (*o* rosato) (*anche fig.*); color roseo.
rosiny ['rɔzini], *a.* resinoso; coperto di colofonia.
roster ['rɔstə*], *n.* **1** elenco; lista; registro **2** (*mil.*) ruolino (*o* lista) dei turni di servizio. ● **promotion r.**, ruolo di promozione.
rostral ['rɔstrəl], *a.* rostrale; rostrato: **r. column**, colonna rostrata.
rostrate ['rɔstrit], **rostrated** ['rɔstreitid], *a.* rostrato.
rostriform ['rɔstrifɔ:m], *a.* rostriforme.
rostrum ['rɔstrəm], *n.* (*pl.* **rostrums, rostra**) rostro (*in ogni senso*); tribuna (*del Foro Romano*): **the r. of a ship**, il rostro di una nave; **the r. of an eagle**, il rostro di un'aquila.
rosy ['rouzi], *a.* **1** roseo (*anche fig.*); rosato: **r. cheeks**, gote rosee; **a r. future**, un futuro roseo; **r. expectations**, rosee speranze **2** (*raro*) fatto (*o* coperto) di rose.
rot [rɔt], *A n.* **1** decomposizione; putrefazione **2** marciume; putredine; putridume **3** (*fig.*) corruzione; depravazione **4** (*bot.*) carie **5** (*vet.*) moria (*delle pecore*) **6** (*pop., anche* **tommy rot**) assurdità; sciocchezze: **Don't talk rot!**, non dire sciocchezze! **7** (*cricket*) serie d'insuccessi, di sbagli (*specialm. nella battuta*) **8** (*mil.*) serie di disfatte, di rovesci. *B inter.* (*fam.*) che schifo!, che robaccia!; sciocchezze! ● (*bot.*) **dry-rot**, carie del legno; marciume secco □ (*fig.*) **The rot sets in**, le cose si guastano; la situazione si deteriora.
to rot [rɔt], *A v. i.* **1** decomporsi; imputridire; marcire (*anche fig.*): **The prisoner was left to rot in jail**, il prigioniero fu lasciato a marcire in carcere **2** (*fig.*) corrompersi; degenerare; guastarsi **3** (*pop.*) dire sciocchezze. *B v. t.* **1** far marcire; far imputridire **2** (*ind.*) macerare (*il lino, ecc.*) **3** (*pop.*) guastare; rovinare; sciupare: **He has rotted the whole plan**, ha rovinato tutto. ● **to rot away**, putrefarsi e cadere; (*di denti*) staccarsi per carie avanzata □ (*di foglia, ecc.*). **to rot off**, putrefarsi e cadere; cadere per il marciume.
rota ['routə], *n.* **1** lista dei turni di servizio; persone di turno **2** – (*relig.*) **the R.**, la Sacra Rota (*tribunale ecclesiastico*). ● **the housework r. for the month**, i turni (*dei componenti la famiglia*) dei lavori domestici per il mese in corso.
Rotarian [rou'tɛəriən], *n. e a.* rotariano; (membro) di un Rotary Club.
rotary ['routəri], *A a.* (*scient., tecn.*) **1** rotante; girevole: **a r. engine**, un motore rotante **2** rotatorio: **r. motion**, moto rotatorio **3** a rotazione; rotativo: **r. drill**, sonda a rotazione; **r. valve**, valvola rotativa. *B n.* **1** motore rotante **2** macchina a rotazione **3** (*USA, anche* **r. intersection**; *cfr. ingl.* **roundabout**) rotatoria; rondò (*per il traffico*) ● – **R.**, Rotary (*associazione internazionale fra professionisti e uomini d'affari*) ● **R. Club**, Rotary Club □ (*tipogr.*) **r. press**, rotativa □ **r.-vane meter**, contatore a turbina (*per fluidi*).
rotatable [rou'teitəbl], *a.* (*agric.*) avvicendabile.
to rotate [rou'teit], *A v. i.* **1** ruotare; roteare **2** succedersi regolarmente; avvicendarsi: **The seasons r.**, le stagioni si succedono regolarmente. *B v. t.* (*agric.*) avvicendare, fare la rotazione di (*colture, raccolti*).
rotate ['routeit], *n.* (*bot.*) rotato.
rotation [rou'teiʃən], *n.* **1** (*mecc., astron.*) (movimento di) rotazione: **the r. of the earth**, il movimento di rotazione della terra **2** (*mecc.*) giro; rotazione: **ten rotations a minute**, dieci rotazioni al minuto **3** avvicendamento; successione; rotazione (*delle cariche, delle sedi, ecc.*): **the r. of the seasons**, la successione delle stagioni **4** (*agric.*) rotazione agraria. ● (*agric.*) **r. of crops**, avvicendamento delle colture □ (*USA*) **counter-clockwise r.**, rotazione in senso antiorario □ **in** (*o* **by**) **r.**, in successione; a turno; a rotazione.
rotational [rou'teiʃənl], *a.* **1** di rotazione; in rotazione; rotatorio **2** (*mat., fis.*) rotazionale; di rotazione.
rotative ['routətiv], *a.* (*mecc.*) rotativo; rotatorio.
rotator [rou'teitə*], *n.* **1** (*anat.*) muscolo rotatorio **2** (*elettr., mecc.*) rotatore.
rotch(e) [rɔtʃ], *n.* (*zool., Plautus alle*) gazza marina minore.
rote [rout], *n.* **– by r.**, a memoria; meccanicamente.
rotgut ['rɔtgʌt], *n.* (*pop., scherz.*) liquore pessimo (*che brucia lo stomaco*); vetriolo (*fig.*).
rotifers ['routifəz], *n. pl.* (*zool., Rotifera*) rotiferi.
rotiform ['routifɔ:m], *a.* a forma di ruota.
rotisserie [rou'tisəri], (*franc.*), *n.* **1** rosticceria **2** (*cucina*) girarrosto.

rotogravure [,routougrə'vjuə*], *n.* (*tipogr.*) rotocalcografia; rotocalco (*il procedimento*).
rotor ['routə*], *n.* **1** (*mecc.*) rotore; ventola **2** (*elettr., aeron.*) rotore **3** (*autom., elettr.; anche* **r. arm**) distributore; spazzola rotante; spazzola (*fam.*). ● (*aeron.*) **r.-craft**, aereo ad ala rotante □ (*naut.*) **r.-ship**, rotonave.
rotten [rɔtn], *a.* **1** marcio; fradicio; putrido; putrefatto; in decomposizione: **a r. egg**, un uovo marcio; **a r. tomato**, un pomodoro marcio; **r. timber**, legno fradicio **2** (*fam.: di dente*) cariato **3** (*fig.*) corrotto; marcio: **r. to the core**, marcio fino alle midolla **4** (*pop.*) disgustoso; seccante; sgradevole; pessimo: **a r. book**, un libro pessimo; un libraccio. ● **a r. child**, un bambino viziato □ (*pop.*) **r. luck**, una sfortuna maledetta □ (*geol.*) **r.-stone**, polvere di Tripoli.
rottenness ['rɔtnnis], *n.* **1** marciume; imputridimento; putrefazione **2** (*fig.*) corruzione; pestilenza; marciume.
rotter ['rɔtə*], *n.* (*pop.*) cialtrone; mascalzone.
rotula ['rɔtjulə], *n.* (*pl.* **rotulas, rotulae**) (*anat.*) rotula.
rotund [rou'tʌnd], *a.* **1** rotondo; tondo; paffuto; grassoccio: **a r. little man**, un omino tutto tondo **2** (*fig.*) altisonante; magniloquente; pomposo: **r. style**, stile altisonante **3** (*di voce, di tono*) profondo; pieno.
rotunda [rou'tʌndə], *n.* (*archit.*) rotonda.
rotundate [rou'tʌndit], *a.* arrotondato.
rotundity [rou'tʌnditi], *n.* **1** rotondità; l'esser grasso **2** (*fig.*) magniloquenza; pomposità **3** (*della voce*) profondità; pienezza.
rouble ['ru:bl], *n.* rublo (*moneta russa*).
roué [ru:'ei] (*franc.*), *n.* (*arc. o scherz.*) gaudente; libertino; dissoluto.
rouge (1) [ru:ʒ], *n.* **1** rossetto (*per le labbra e per il viso*); belletto **2** (*anche* **jeweller's r.**) ossido di ferro (*per pulire metalli, ecc.*).
to rouge [ru:ʒ], *A v. t.* imbellettare; dare il rossetto alle (*labbra o guance*). *B v. i.* imbellettarsi; darsi il rossetto.
rouge (2) [ru:dʒ], *n.* (*rugby*) mischia.
rough [rʌf], *A a.* **1** ruvido; rozzo; rude; scabro; scabroso; accidentato; (*fig.*) aspro, sgarbato, zotico; grossolano, approssimativo, alla buona: **Cats have r. tongues**, i gatti hanno la lingua ruvida; **a r. surface**, una superficie scabra; **a r. road**, una strada accidentata; **r. hair**, capelli ruvidi; **a r. reply**, una risposta sgarbata; **r. words**, parole aspre; **a r. voice**, una voce aspra; **r. country people**, gente rozza di campagna; **r. manners**, maniere rudi; **a r. sketch**, uno schizzo grossolano; un disegno schematico; **a r. rendering of a passage**, una traduzione approssimativa di un brano; **r. accommodation**, sistemazione alla buona; **a r. man**, un uomo ruvido, rozzo, sgarbato; uno zoticone **2** irsuto; ispido; villoso: **r. sheep**, pecore villose; **His face was r. with three days' beard**, aveva la faccia ispida, con la barba di tre giorni **3** agitato; ventoso: **r. seas**, mari agitati; **r. winds**, venti tempestosi; **a r. day**, una giornata ventosa (e fredda); **a r. crossing**, una traversata tempestosa (con mare agitato) **4** grezzo; greggio; allo stato naturale; non tagliato: **r. jewels**, gioielli non tagliati; **a r. stone**, una pietra grezza **5** chiassoso; rumoroso; violento; turbolento: **a r. boy**, un ragazzo turbolento; **a r. child**, un bambino chiassoso. *B n.* **1** terreno accidentato **2** stato grezzo; stato naturale: **I have seen the diamond only in the r.**, ho visto il diamante soltanto allo stato grezzo **3** (*fam.*) giovinastro; scavezzacollo; teppista **4** (*golf*) erba lunga **5** (*fig.*) situazione difficile; difficoltà. *C avv.* (*fam.*) rudemente; duramente; con asprezza; in malo modo: **to treat sb. r.**, trattare q. duramente. ● **r. and ready**, semplice, elementare, sommario; approssimativo, grossolano, empirico; brusco, sbrigativo, spicciativo: **r. and ready calculations**, calcoli approssimativi; **r. and ready methods**, metodi empirici; **a r. and ready fellow**, un tipo brusco (*o* sbrigativo, che va per le spicce) □ **r.-and-tumble**, (*agg.*) disordinato, irregolare; violento, turbolento; (*sost.*) baruffa, rissa, tumulto, zuffa □ (*gramm. greca*) **r. breathing**, spirito aspro □ **r. coat**, (*edil.*) prima mano d'intonaco; rinzaffo; (*d'animale*) mantello (*o* pelame) irsuto □ (*edil.*) **r. coating**, materiale da rinzaffo □ **r. copy**, mala copia; brutta copia; minuta □ **r. country**, terreno impervio, malagevole □ (*fig.*) **a r. customer**, un osso duro (*fig.*); un duro, un tipaccio □ (*stat.*) **r. data**, dati grezzi (non ancora elaborati) □ **a r. diamond**, un diamante greggio; (*fig.*) un cuor d'oro sotto una ruvida scorza, un burbero benefico □ **r. draft**, abbozzo; minuta □ (*d'uccello*) **r.-footed**, dalle zampe coperte di penne □ (*pastorizia*) **r. grazings**, pascoli naturali; terreni da pascolo (*o* pascolativi) □ **r. handling**, maltrattamenti; violenza □ **r. justice**, giustizia sommaria □ (*di cavallo*) **r.-legged**, dalle zampe pelose □ **r. luck**, sfortuna; mala sorte; scalogna (*fam.*) □ (*fam.*) **r.-neck**, attacabrighe, scavezzacollo; teppista, tipaccio, bullo; (*ind. petrolifera*) operaio addetto alla trivellazione □ **r. passage**, traversata tempestosa (con mare agitato) □ **r. play**, scherzi villani; sgarberie; gioco pesante (*sport e fig.*) □ (*tipogr.*) **r. proof**, bozza a mano □ **r. remedies**, rimedi drastici □ **r. rice**, riso con la buccia; risone □ **r.-rider**,

domatore di cavalli, scozzone; (*mil.*) soldato irregolare di cavalleria □ **r.-spoken**, aspro, sgarbato, volgare, sboccato, villano (*nel parlare*) □ (*fam.*) **r. stuff**, maniere forti; violenza; forza bruta □ (*fig.*) **a r. tongue**, un individuo linguacciuto □ **r. usage**, maltrattamento; violenza □ **r. weather**, tempo cattivo, freddo e ventoso; tempo inclemente □ **r. wine**, vino aspro □ **to be r. with sb.**, trattare q. duramente; maltrattare q. □ **r. work**, lavoro pesante, faticoso; lavoro incompleto, mal fatto □ (*ind.*) **r.-wrought**, sgrossato; sbozzato □ **at a r. estimate**, a un calcolo approssimativo; all'ingrosso □ **r. a r. guess**, grosso modo; ad occhio e croce □ (*fig.*) **to cut up r.**, arrabbiarsi; mostrare risentimento □ (*fig.*) **to give sb. a lick with the r. side of one's tongue**, fare una ramanzina a q. □ **to have a r. time**, passarsela male; far vita grama □ **in** (*o* **on**) **r.**, in brutta, in mala; in malacopia □ **in the r.**, (*specialm. di gemma*) grezzo, non lavorato; (*di un progetto e sim.*) (*appena*) abbozzato □ (*di piante*) **to be in the r. leaf**, mettere le prime foglie □ **to lead a r. life**, condurre una vita disagiata (*o* dura) □ **to play r.**, fare scherzi villani; fare un gioco pesante (*sport e fig.*) □ **to plough the land r.**, arare il terreno alla meglio □ **to take the r. with the smooth**, accettare il buono e il cattivo (*di una situazione, ecc.*); prendere la vita come viene □ **It was r. on him losing his wife**, è stato duro per lui perdere la moglie.

to rough [rʌf], *v. t.* **1** rendere ruvido; irruvidire **2** (*spesso* **to r. up**) maltrattare, malmenare; (*sport*) fare un gioco pesante contro (*un avversario*) **3** (*mecc.*), falegnameria; *spesso* **to r. off**) sbozzare; sgrossare **4** (*di solito* **to r. in**, **to r. out**) abbozzare; delineare; schizzare (*o* tracciare) alla meglio: **R. out a scheme**, abbozza uno schema!; **R. them in with a pencil**, schizzali alla meglio con la matita! **5** domare (*un cavallo*). ● **to r. in**, *V.* **to r. out**; (*edil.*) incassare sotto traccia □ **to r. it**, far vita dura; vivere senza alcuna comodità □ **to r. out**, abbozzare, delineare, schizzare □ **to r. up**, sciupare, rovinare; maltrattare, malmenare; (*fam.*) attaccare, picchiare, minacciare □ **to r. up one's feathers** (hair), arruffare le penne (i capelli) □ (*fig.*) **to r. sb. up the wrong way**, far arrabbiare q.; irritare q.; contropelo.

roughage ['rʌfidʒ], *n.* **1** fibra alimentare **2** alimenti ricchi di fibre **3** crusca; paglia tritata (*come foraggio*).

roughcast ['rʌfkɑ:st], *n.* **1** (*edil.*) intonaco rustico **2** (*fig.*) abbozzo; minuta.

to roughcast ['rʌfkɑ:st] (*pass. e p. p.* **roughcast**), *v. t.* **1** (*edil.*) intonacare (*muri*) a rustico **2** (*fig.*) abbozzare; fare lo schema di: **to r. a novel**, abbozzare un romanzo.

to rough-dry ['rʌfdrai], *v. t.* asciugare (*panni*) senza stirarli.

to roughen ['rʌfən], *v. t.* **1** rendere ruvido; irruvidire **2** (*fig.*) rendere grossolano (*o* rozzo) **3** arruffare (*i capelli, le onde, ecc.*). B *v. i.* **1** irruvidirsi **2** (*fig.*) diventar grossolano (*o* rozzo) **3** arruffarsi **4** (*del mare*) agitarsi; ingrossarsi.

to rough-grind ['rʌfgraind] (*pass. e p. p.* **rough-ground**), *v. t.* (*mecc.*) sgrossare (*o* sbozzare) alla mola.

rough-grinding ['rʌfˌgraindiŋ], *n.* (*mecc.*) sgrossatura (*o* sbozzatura) alla mola.

to rough-hew ['rʌf'hju:], *v. t.* **1** digrossare, sgrossare (*legno*) **2** (*arte*) abbozzare; sbozzare **3** (*fig.*) dirozzare.

rough-hewn ['rʌf'hju:n], A *p. p. di* **to rough-hew**. B *a.* **1** appena abbozzato; informe **2** (*fig.*) grossolano; incolto; rozzo.

rough-house ['rʌf'hauz], *n.* (*fam.*) rissa; baruffa; tafferuglio.

to rough-house ['rʌf'hauz], (*fam.*) A *v. t.* **1** malmenare; maltrattare **2** fare scherzi pesanti a (q.); essere manesco con (q.). B *v. i.* prendere parte a una rissa.

roughing ['rʌfiŋ], *n.* **1** (*edil.*) rinzaffatura **2** (*mecc.*) sbozzatura; sgrossatura. ● (*edil.*) **r.-in**, incassatura sotto traccia □ (*mecc.*) **r. mill**, treno sbozzatore □ (*metall.*) **r. rolls**, laminatoi □ (*mecc.*) **r. tool**, utensile per sbozzare.

roughish ['rʌfiʃ], *a.* **1** piuttosto ruvido, rozzo, rude **2** (*del mare*) alquanto agitato; mosso (*V.* **rough**).

to rough-mill ['rʌfmil], *v. t.* (*mecc.*) sbozzare (*o* sgrossare) alla fresa.

roughness ['rʌfnis], *n.* **1** ruvidità; rozzezza; rudezza; scabrosità; (*fig.*) asprezza (*della voce, di parole, del clima, ecc.*); sgarbatezza, villania **2** (*del mare*) l'essere agitato (*o* burrascoso) **3** (*del tempo*) inclemenza **4** stato grezzo; stato naturale **5** violenza; turbolenza (*V.* **rough**) **6** (*mecc. dei fluidi*) scabrezza.

rough-shod ['rʌfʃɔd], *a.* (*di cavallo*) ferrato a ghiaccio. ● (*fig.*) **to ride r. over sb.** (*st.*), calpestare; far il prepotente con q.; bistrattare q.; non tenere conto di, mettersi sotto i piedi (q.c.).

to rough-turn ['rʌftə:n], *v. t.* (*mecc.*) sbozzare (*o* sgrossare) al tornio.

rough-turning ['rʌftə:niŋ] (*franc.*), *n.* (*mecc.*) sbozzatura (*o* sgrossatura) al tornio.

roulade [ru:'lɑ:d], *n.* (*mus.*) gorgheggio, trillo.

roulette [ru:'let], *n.* **1** (*gioco d'azzardo*) roulette **2** rotellina dentata (*per incidere francobolli, ecc.*) **3** (*geom.*) rolletta, rulletta **4** (*legatoria*) bulino. ● **Russian r.**, roulette russa.

Roumania [ru:'meinjə], *n.* (*geogr.*) Romania.
Roumanian [ru:'meinjən], *a. e n.* rumeno (*anche la lingua*).
Roumansh [rou'mænʃ], *V.* **Romansh**.

round (1) [raund], *a.* **1** rotondo; tondo; circolare; sferico; rotondeggiante; tondeggiante: **a r. table**, una tavola rotonda; **as r. as a ball**, tondo come una palla; **r. cheeks**, gote tonde (*o* paffute); **r. brackets**, parentesi tonde; **r. dance**, ballo tondo (*o* in circolo); **in r. figures** (*o* **numbers**), in cifra tonda; **a r. tour** (**trip, voyage**), un viaggio circolare; una gita (una crociera) fatta descrivendo più o meno un circolo **2** completo; intero; bello; buono: **a r. dozen**, un'intera dozzina; **a** (**good**) **r. sum**, una bella somma; **at a r. pace**, di buon passo **3** chiaro e tondo; bell'e buono; franco; schietto: **a r. oath**, un'imprecazione bell'e buona; **a r. statement**, una franca dichiarazione **4** (*della voce, di suono*) pieno; sonoro **5** (*di stile*) fluente; scorrevole; ben tornito. ● (*geom.*) **r. angle**, angolo giro □ (*archit.*) **r. arch**, arco a tutto sesto □ (*sport*) **r.-arm**, roteando il braccio □ **to bowl r.-arm**, lanciare la palla roteando il braccio □ **r.-backed**, dalla schiena ricurva □ **a r. estimate**, un preventivo approssimativo; un calcolo approssimativo □ **r.-eyed**, con gli occhi spalancati □ **r. figure**, figura tondeggiante; (*mat.*) cifra tonda □ **a r. game**, un gioco che si fa stando in circolo □ **r.-hand**, carattere rotondo; rotondo in calligrafia □ (*sport*) **r.-hand bowling**, il lanciare la palla roteando il braccio □ **r.-house**, (*ferr.*) deposito locomotive; (*naut.*) tuga; (*stor.*) carcere, guardina; (*fam., pugilato*) sventola □ **a r. jacket**, una giacca senza falde □ **r. robin**, (*stor.*) petizione con le firme poste in cerchio (*in modo che nessuna risulti la prima*); (*ora*) denuncia ufficiale a più firme; (*sport USA*) torneo all'italiana □ **r.-shot**, palla di cannone □ **r.-shouldered**, dalle spalle tonde (*o* spioventi) □ (*leggenda*) **the R. Table**, la Tavola Rotonda □ **a r.-table conference**, una tavola rotonda (*senza che vi sia il posto d'onore, come nel caso dei Cavalieri di Re Artù*) □ **r. trip**, viaggio di andata e ritorno □ (*USA*) **r.-trip ticket**, biglietto di andata e ritorno □ (*fon.*) **r. vowel**, vocale arrotondata (*come la «u» italiana*) □ **I gave the boy a r. hiding** (scolding, etc.), diedi al ragazzo una bella bastonatura (*fam.*: suonata) (*o* una bella sgridata, ecc.).

to round [raund], A *v. t.* **1** (*mecc., mat., ecc.*) arrotondare: **to r. (off) a grinding wheel**, arrotondare una mola; **to r. a figure**, arrotondare una cifra **2** arricciare, sporgere (*le labbra*) **3** girare (intorno a); (*naut.*) doppiare: **to r. the corner**, girare l'angolo; scantonare; **The ship rounded the island**, la nave doppiò l'isola **4** (*spesso* **to r. off**) completare; coronare; finire: **to r. off one's career**, coronare la propria carriera **5** circondare; accerchiare **6** far girare, far ruotare **7** (*mat., ecc.*) prendere, fare (*una curva*). B *v. i.* **1** (*anche* **to r. out**) arrotondarsi; ingrassare: **Her form is rounding**, le sue forme si stanno arrotondando; ella sta ingrassando **2** girarsi; voltarsi; far dietro front: **The fleeing cat suddenly rounded**, improvvisamente il gatto in fuga si voltò **3** girare; ruotare **4** (*fam., autom.*) curvare; prendere una curva. ● **to r. the angles**, smussare gli angoli □ **to r. a dog's ears**, mozzare (*o* tagliare) le orecchie a un cane (*nella forma voluta*) □ **to r. down**, arrotondare (*una cifra*) per difetto □ **to r. off**, (*mat.*) arrotondare; (*fig.*) completare, concludere, coronare (*fig.*) □ **to r. off a speech with a rare quotation**, terminare un discorso con una citazione rara □ (*fam.*) **to r. on sb.**, attaccare improvvisamente q.; saltare addosso a q. □ **to r. out**, arrotondare, arrotondarsi; completare, coronare, finire □ (*naut.*) **to r. to**, orzare; venire al vento □ **to r. up**, radunare, riunire (*il bestiame, ecc.*); (*della polizia*) fare una retata di (*delinquenti, persone sospette*); (*mat.*) arrotondare (*una cifra*) per eccesso □ **to r. a vowel**, pronunciare una vocale (*per es., la «u»*) con le labbra arrotondate □ **rounded eyes**, occhi tondi.

round (2) [raund], *n.* **1** tondo; tondello, tondino; cerchio; circolo; globo; sfera; **rounds of paper**, tondini di carta; (*poet.*) **this earthly r.**, il globo terrestre, la terra; **to dance in a r.**, danzare in cerchio **2** giro (*in tondo, d'ispezione, di bevute, ecc.*); ronda: **the milkman's r.**, il giro del lattaio; **The policeman makes** (*o* **goes**) **his rounds every hour**, il poliziotto fa il suo giro ogni ora; **to go for a r. of the nightclubs**, andare a fare il giro dei locali notturni; **This r. is on me**, questo giro è mio (*pago io*); **He's doing the usual paper r.**, fa il solito giro delle consegne dei giornali (a domicilio) **3** (*sport*) turno; (*golf*) percorso; giro; (*pugilato e fig.*) ripresa, round: (*pugilato*) **a match of fifteen rounds** (**world championship**), un combattimento in quindici riprese (campionato del mondo) **4** (*mil.*) colpo; salva; scarica; sparo: **We didn't fire a single r.**, non sparammo un sol colpo; **a blank r.**, un colpo in bianco; uno sparo a salve; **a live r.**, un colpo con proiettile (*non a salve*); una scarica a palla **5** scroscio; scoppio; salva (*fig.*): **a r. of applause**, uno scroscio di applausi **6** ballo in tondo; danza in cerchio **7** (*mus.*) canone **8** (*ind. min.*) volata (*di mine*) **9** (*macelleria*) girello; controcnecce (*di bue*) **10** giro, serie (*di colloqui, d'incontri, ecc.*): **a long r. of talks**, una lunga serie di colloqui **11** (*a carte*) giro; mano; smazzata **12**

piolo (di scala) **13** fetta (*di pane*); sandwich semplice (*non doppio*). ● **a r. of bread**, una fetta di pane □ **the rounds of a chair**, i braccioli di una sedia □ **a r. of days**, una successione di giorni □ **the rounds of a ladder**, i pioli d'una scala □ **a r. of parties**, una serie di trattenimenti □ **a r. of poker**, una partita (*o una mano, un giro*) di poker □ **the r. of the seasons**, il ciclo delle stagioni □ **a r. of visits**, un giro (*o una serie*) di visite □ **the daily r.**, le occupazioni quotidiane; il lavoro (*di cucina, le pulizie, ecc.*) di tutti i giorni □ (*astron., lett.*) **the earth's daily r.**, la rotazione (quotidiana) della terra □ (*astron. lett.*) **the earth's yearly r.**, la rivoluzione (annuale) della terra □ **in all the r. of Nature**, in tutto il regno della natura □ (*scultura e fig.*) **in the r.**, a tutto tondo: **This character is drawn in the r.**, questo personaggio è rappresentato a tutto tondo □ **to make the r. of st.**, fare il giro di q.c.; girare intorno a q.c. □ (*di diceria, notizia, ecc.*) **to make** (*o to go*) **the rounds**, essere in giro; girare; diffondersi □ (*mecc., di cilindro*) **out of r.**, ovalizzato □ (*falegnameria*) **quarter r.**, quartabono □ **to serve out a r. of whisky**, offrire agli ospiti del whisky □ **The doctor is on his rounds**, il dottore è fuori in visita (*o sta facendo il giro delle visite*) □ **The news goes the rounds**, la notizia passa di bocca in bocca.

round (3) [raund], *avv.* **1** in tondo; in cerchio; in giro; attorno; intorno; all'intorno: **The earth goes r.**, la terra gira in tondo; **The news got r. quickly**, la notizia fu tosto messa in giro; **The headmaster showed the foreign visitors r.**, il preside accompagnò gli ospiti stranieri nel giro di visita (della scuola); **The fields extended all r.**, i campi si stendevano tutt'intorno a vicino; nelle vicinanze: **He knew all the people r.**, conosceva tutti nelle vicinanze (*o tutti i vicini*) **3** di ritorno: **Easter will soon be r. again**, la Pasqua tornerà presto; presto sarà di nuovo Pasqua **4** durante l'intero; per tutto: **the year r.**, per tutto l'anno. ● **r. about**, nella direzione opposta; tutt'intorno; circa, all'incirca: **It will cost r. about ten dollars**, costerà dieci dollari all'incirca □ **r. and r.**, più volte intorno; in giro, in tondo □ **all** (*o right*) **r.**, con un giro completo; tutt'in tondo □ **an all-r. man**, un uomo versatile □ **to ask sb. r.**, invitare q. a casa propria □ **to bring st. r.**, portare q.c. (*facendo un giro, una deviazione*) □ **to bring sb. r.**, far rinvenire q. (*che è svenuto, ecc.*); (*fam.*) convincere q. □ **to come r.**, ritornare, tornare, far ritorno; riprendere conoscenza; (*fam.*) cambiare idea □ **for a mile r.**, nel raggio di un miglio □ **to go r. a museum**, visitare un museo □ **to hand st. r.**, distribuire (*o offrire, far girare*) q.c. □ **to have a look r.**, dare un'occhiata in giro □ **the opposite** (*o the other*) **way r.**, dall'altra parte; in senso opposto; al contrario □ **to show sb. r.**, accompagnare q. in giro; fare da guida a q. □ **to sleep the clock r.**, dormire dodici (*o ventiquattro*) ore □ **somewhere r. about**, da qualche parte; non lontano □ **taking it all r.**, nell'insieme; tutto considerato □ (*di cosa*) **to be ten feet r.**, avere dieci piedi (*3 m circa*) di circonferenza □ (*di persona*) **to be thirty inches r.**, misurare trenta pollici (*75 cm circa*) alla vita □ **to turn r.**, girare (in tondo); voltarsi, girarsi: **The wheel turns r.**, la ruota gira; **I turned r. to look at her**, mi girai per guardarla □ **to turn r. and r.**, girare su se stessi; continuare a girare in tondo □ **to win sb. r.**, far mutare parere a q.; convincere q. □ **the wrong way r.**, nel senso sbagliato; a rovescio: **You've got your cap on the wrong way r.**, hai il berretto alla rovescia □ **Don't look r.!**, non voltarti a guardare! □ **Have you enough cigarettes to go r.?**, hai abbastanza sigarette per offrirne a tutti? □ **Come r. and see me**, vieni a trovarmi! □ **Order the car r.**, fatti portare l'auto alla porta (*dalla rimessa*)! □ (*fam.*) **What are you hanging r. for?**, che fai qui in giro (*o qui intorno*)? □ **The room was hung r. with portraits**, nella stanza c'erano ritratti appesi tutt'intorno.

round (4) [raund], *prep.* **1** intorno a; tutt'intorno a; nelle vicinanze di: **a rope r. a tree**, una corda intorno a un albero; **a wall r. a town**, un muro tutt'intorno a una città; **to travel r. the world**, viaggiare intorno al mondo; fare il giro del mondo; **Shells were bursting (all) r. me**, le granate mi esplodevano intorno da ogni parte; **They farm r. Cleveland**, fanno gli agricoltori nelle vicinanze di Cleveland **2** verso; intorno a; circa; all'incirca: **He'll be back r.** (about) **midnight**, sarà di ritorno verso mezzanotte. ● **r. the clock**, per (tutte le) ventiquattro ore; tutto il giorno e la notte □ **r. the corner**, girato l'angolo; dietro l'angolo; (*fig.*) vicino, a portata di mano, dietro l'angolo □ **to argue r. and r. a subject**, discutere senza fine intorno a un argomento □ **to work r. the day**, lavorare tutto il (santo) giorno □ **The little boy played r. the room**, il bambino giocava qua e là nella stanza □ **We went r. the park**, facemmo il giro del parco.

roundabout ['raundəbaut], *A a.* **1** indiretto; obliquo; storto; traverso; tortuoso: **r. methods**, metodi indiretti; **to go by a r. way**, prendere una via traversa **2** paffuto; tondo. *B n.* **1** giro in tondo; giro tortuoso (*o vizioso*) **2** circonlocuzione **3** giostra (*divertimento da luna park*) **4** (*autom.*) aiuola (*o rotonda*) spartitraffico con senso rotatorio; rotatoria; rondò. ●

(*autom.*) **r. circulation**, rotatoria (*senso rotatorio*) □ **a r. way of saying st.**, una circonlocuzione □ **to take a r. course**, fare una deviazione □ **to be told st. in a r. way**, apprendere q.c. dopo un lungo giro di frasi □ **His approach (to the subject, etc.) was a r. one**, la prese alla larga (*o alla lontana*).

roundel ['raundl], *n.* **1** (*archit.*) pannello di forma circolare; medaglione decorativo; tondo **2** (*letter., mus.*) rondò.

roundelay ['raundilei], *n.* canzonetta con ritornello.

rounder ['raundə*], *n.* **1** (*arc.*) chi fa un giro d'ispezione; chi fa la ronda **2** chi arrotonda; arnese che serve ad arrotondare **3** (*fam. USA*) dissoluto; libertino; gozzovigliatore; festaiolo **4** (*fam.*) guardiano; custode **5** (*pl., sport*) «rounders» (*gioco simile al baseball, giocato in G.B.*).

Roundheads ['raundhedz], *n.* (*stor.*) teste rotonde; puritani; seguaci di Cromwell (*nella guerra civile del 1642-49; così detti per i capelli tagliati corti*).

rounding ['raundiŋ], *A a.* **1** tondeggiante **2** che gira intorno. *B n.* (*mecc., mat., ecc.*) arrotondamento. ● **r. tool**, arnese per arrotondare.

roundish ['raundiʃ], *a.* rotondetto; tondetto; rotondeggiante.

roundly ['raundli], *avv.* **1** in forma rotondeggiante; a sfera; in modo circolare **2** di buona lena; vigorosamente: **to go r. to work**, mettersi al lavoro di buona lena **3** energicamente; severamente: **He was r. rebuked**, fu severamente sgridato **4** chiaro e tondo; esplicitamente; francamente: **I'll tell him r. he had better keep clear of us**, gli dirò chiaro e tondo che farebbe bene a girare alla larga.

roundness ['raundnis], *n.* **1** rotondità; tondezza; sfericità **2** (*di voce*) pienezza; sonorità **3** (*di stile*) l'esser tornito; scorrevolezza.

roundsman ['raundzmən], *n.* (*pl.* **roundsmen**) **1** (*comm.*) commesso (*che prende ordinazioni e consegna merci*); fattorino (*di negozio*) **2** chi fa la ronda; chi fa giri d'ispezione; (*specialm.*) ispettore di polizia.

round-up ['raundʌp], *n.* **1** raccolta, raduno (*del bestiame*) **2** (*fam.*) riunione, adunata **3** (*specialm. della polizia*) retata.

to roup [raup], *v. t.* (*scozz.*) vendere all'asta.

roup (1) [raup], *n.* (*scozz.*) vendita all'asta.

roup (2) [ru:p], *n.* (*vet.*) difterite contagiosa aviaria (*malattia dei polli*).

roupy ['ru:pi], *a.* (*di pollo*) affetto da difterite.

to rouse (1) [rauz], *A v. t.* **1** levare, far alzare, stanare (*la selvaggina*) **2** destare, svegliare; risvegliare (*sentimenti*); (*fig.*) svegliare, scuotere: **I was roused by a knock at the door**, fui svegliato da q. che bussava alla porta; **to r. one's audience**, scuotere il proprio uditorio **3** incitare; spingere; spronare; stimolare: **to r. sb. to action**, spronare q. ad agire **4** eccitare; provocare; irritare **5** agitare; mescolar bene; rimestare: **to r. a cask**, agitare un barile; **to r. spirits in a vat**, rimestare bevande alcoliche in un recipiente **6** (*naut.*) alare con forza. *B v. i.* **1** (*della selvaggina*) alzarsi; uscire allo scoperto **2** (*di solito* **to r. up**) destarsi; svegliarsi **3** (*fig., anche v.rifl.* **to rouse oneself**) ridiventare attivo; scuotersi; svegliarsi. ● **to r. sb. to anger**, fare arrabbiare q. □ **He wants rousing**, ha bisogno d'essere scosso; è indolente.

rouse [rauz], *n.* (*mil.*) sveglia.

to rouse (2) [rauz], *v. t.* mettere sotto sale, salare (*specialm. aringhe*).

rouser ['rauzə*], *n.* **1** animatore; incitatore **2** (*fam.*) bugia sfacciata; fandonia.

rousing ['rauziŋ], *a.* **1** eccitante; stimolante; d'incitamento: **a r. speech**, un discorso d'incitamento **2** (*fam.*) sorprendente; straordinario; fenomenale; eccezionale. ● **a r. cheer**, un'ovazione travolgente □ **a r. lie**, una menzogna sfacciata.

roustabout ['raustəbaut], *n.* (*USA*) **1** scaricatore di porto **2** manovale **3** (*ind. petrolifera*) operaio non qualificato.

rout [raut], *n.* **1** rotta; disfatta, sconfitta: **The army was put to r.**, l'esercito fu messo in rotta **2** (*leg.*) moltitudine tumultuante; assembramento sedizioso; sommossa; tumulto **3** (*arc., poet.*) riunione; festa; party: **a jovial r. of country folk**, una festosa riunione di campagnoli.

to rout (1) [raut], *v. t.* mettere in rotta; sbaragliare; sgominare.

to rout (2) [raut], *v. i. e t.* (*spesso* **to r. out**, **to r. up**) buttar fuori; scovare; snidare; stanare: **They were routed out of their hiding place**, furono stanati dal loro nascondiglio **2** *V.* **to root (2)**. ● **to r. sb. out of bed**, strappare q. dal letto; buttar q. giù dal letto.

route [ru:t], *n.* **1** itinerario; percorso; strada: **Which r. did you take?**, che strada prendesti? **2** (*naut., aeron.*) rotta: **air r.**, rotta aerea **3** (*med.*) via: **oral r.**, via orale **4** (*comm.*) itinerario di vendita; giro **5** (*specialm. USA*) (strada) statale: **«Georgia r. 75»**, «statale N° 75 della Georgia» (*cartello*) **6** (*mil.*) ordini di marcia. ● (*autom.*) **r. chart** (*o* **r. map**), carta stradale □ (*mil.*) **r. march**, marcia d'addestramento □ (*costr.*) **r. survey**, rilievo del tracciato (*d'una strada, ecc.*) □ (*mil.*) **column of r.**, formazione di marcia □ **en r.**, in cammino; in viaggio □ (*au-*

tom. USA) **large-scale r.**, strada d'interesse nazionale; autostrada □ (*naut.*) **open-sea r.**, rotta d'altura.
to route [ru:t], *v. t.* **1** avviare, instradare; dirigere; far passare (*merci, truppe, ecc.*) per **2** inoltrare, spedire (*documenti, ecc.*) **3** progettare l'itinerario di (*viaggi, ecc.*).
routine [ru:'ti:n], **A** *n.* routine; monotonia; trantran; procedura solita; ordinaria amministrazione (*fig.*): **I dislike r.**, non mi piace la monotonia (nel lavoro, nella vita); **parliamentary r.**, la solita procedura parlamentare; **a matter of r.**, un affare d'ordinaria amministrazione. **B** *a. attr.* **1** abituale; solito; ordinario: **r. duties**, doveri (*o* compiti) abituali; (*autom., mecc.*) **r. maintenance**, manutenzione ordinaria **2** corrente; d'ordinaria amministrazione: **r. procedures**, procedure correnti; **a r. job**, un lavoro d'ordinaria amministrazione.
routinism [ru:'ti:nizəm], *n.* il seguire una routine.
routinist [ru:'ti:nist], *n.* chi segue una routine; abitudinario.
to rove (1) [rouv], *v. i.* **1** vagare; errare; girovagare; vagabondare: **to r. over sea and land**, vagare per mare e per terra **2** (*degli occhi, dello sguardo, degli affetti*) vagare; posarsi qua e là **3** (*fam., specialm. dell'uomo*) correre la cavallina; essere infedele. **B** *v. t.* errare per (*le strade, ecc.*); attraversare (*boschi, ecc.*) vagando.
rove (1) [rouv], *n.* vagabondaggio. ● **to be on the r.**, andare ramingo.
to rove (2) [rouv], *v. t.* (*ind. tessile*) infilare, stirare e torcere (*il filo*); torcere (*il filo*) per filare.
rove (2) [rouv], *n.* (*ind. tessile*) lucignolo; stoppino.
rove (3) [rouv], *n.* **1** (*naut.*) doppino **2** (*mecc.*) rondella; rosetta; riparella.
rove (4) [rouv], *pass. e p. p.* di **to reeve**.
rover (1) ['rouvə*], *n.* **1** girovago; vagabondo **2** (*tiro con l'arco*) bersaglio a grande distanza (scelto a caso) **3** «rover» (*capo di giovani esploratori*) **4** (*fam.*) donnaiolo; vagheggino **5** (*miss., anche* **lunar r.**) veicolo lunare. ● (*stor.*) **sea-r.**, pirata; corsaro.
rover (2) ['rouvə*], *n.* (*ind. tessile*) banco per lucignolo.
roving ['rouviŋ], *a.* **1** errante; vagante; nomade: **a r. shepherd**, un pastore errante; **a r. tribe of gypsies**, una tribù nomade di zingari **2** itinerante: **a r. judge**, un giudice itinerante **3** (*della fantasia, della mente, ecc.*) che divaga; instabile **4** (*fam.: di un uomo*) che corre la cavallina; che corre dietro alle sottane; infedele. ● **r. assignment**, destinazione (*di funzionario, ecc.*) in trasferta; missione (ufficiale) □ **r. commission**, commissione itinerante; missione; (*fam.*) lavoro che fa viaggiare di continuo □ (*mil.*) **r. gun**, cannone a spostamento continuo □ (*fig.*) **to have a r. eye**, essere incostante in amore.
row (1) [rou], *n.* **1** fila; riga: **a row of houses**, una fila di case; **a row of seats**, una fila di posti (a sedere) **2** filare (*di piante*) **3** via, strada (*con case da ambo i lati*). ● **the Row**, Rotten Row (*a Hyde Park, Londra*) □ (*fig.*) **a hard row to hoe**, un compito assai difficile; una (brutta) gatta da pelare (*fig.*) □ **in a row**, in fila □ **in rows**, in file; a file.
to row (1) [rou], (*naut., sport*) **A** *v. i.* **1** remare; vogare **2** (*di barca*) andare a remi **3** (*sport*) far parte di un equipaggio (*o* di un'arma): **He rows on the university eight**, fa parte dell'otto universitario. **B** *v. t.* **1** spingere coi remi; manovrare (*una barca a remi*): **Sir John Norman's barge was rowed by watermen with silver oars**, la barca di Sir John Norman era sospinta da barcaioli con remi d'argento **2** trasportare (*o* attraversare) in barca (a remi): **I rowed him across the river**, lo trasportai dall'altra parte del fiume (*o* lo traghettai) in una barca a remi **3** (*di barca*) avere, essere equipaggiata con (*un certo numero di remi*) **4** (*sport*) gareggiare contro (*un altro armo*). ● **to row down**, raggiungere e superare (*in una gara di canottaggio*) □ **to row a fast stroke**, vogare a ritmo accelerato □ **to row a high (a low) stroke**, remare con una voga veloce (con una voga lenta) □ **to row over**, vincere con facilità (*una gara di canottaggio*) □ **to row a race**, fare (*o* disputare) una gara di canottaggio □ **to row stroke**, essere il capovoga □ (*di un armo*) **to be rowed out**, essere esausto a forza di remare.
row (2) [rou], *n.* **1** remata; vogata **2** gita in barca a remi. ● **to go for a row**, andare a fare una vogata (*o* un giro in barca).
row (3) [rau], *n.* (*fam.*) **1** baccano; chiasso; rumore; strepito: **There is too much row going on**, c'è troppo baccano **2** baruffa; lite; litigio; tafferuglio: **to have a row with sb.**, attaccar lite con q. ● **to get into a row**, cacciarsi nei guai; buscarsi un rimprovero □ **to kick up (o to make) a row**, fare un gran chiasso; fare il diavolo a quattro; strepitare; protestare □ **What's the row?**, che diamine succede?; che c'è?
to row (2) [rau], **A** *v. i.* (*fam.*) far chiasso; strepitare; litigare; altercare. **B** *v. t.* rimproverare severamente; sgridare aspramente.
rowan ['rauən], *n.* (*bot.*) **1** (*Sorbus aucuparia, anche* **r.-tree**) sorbo rosso; sorbo degli uccellatori **2** (*anche* **r.-berry**) sorba selvatica.

rowboat ['rouboUt], *n.* (*specialm. USA*) barca a remi; (*sport*) canotto.
row-de-dow ['raudi'dau], *n.* (*raro*) baccano; chiasso; fracasso.
rowdiness ['raudinis], *n.* litigiosità; turbolenza.
rowdy ['raudi], **A** *a.* (*fam.*) litigioso; facinoroso; turbolento; violento. **B** *n.* (*pop.*) attaccabrighe; scalmanato; teppista.
rowdyish ['raudiiʃ], *a.* piuttosto litigioso; alquanto turbolento.
rowdyism ['raudiizəm], *n.* condotta turbolenta; teppismo.
rowel ['rauəl], *n.* **1** rotella (*di sperone*) **2** (*vet.*) setone.
to rowel ['rauəl], *v. t.* **1** spronare (*un cavallo*) **2** (*vet.*) applicare un setone a (*un cavallo*).
rower ['rouə*], *n.* rematore; vogatore; (*sport*) canottiere.
rowing ['rouiŋ], *n.* **1** voga; il vogare **2** (*sport*) canottaggio. ● **r. boat**, barca (*o* imbarcazione) a remi; (*sport*) canotto □ **r. club**, circolo dei canottieri □ **r. machine**, vogatore (*attrezzo ginnico*).
rowlock ['rɔlək], *n.* (*naut.*) scalmo, scalmiera.
Roxana [rɔk'sa:nə], *n.* Rossana.
royal ['rɔiəl], **A** *a.* reale; regale; regio; (*fig.*) maestoso, splendido, grandioso: **the r. family**, la famiglia reale; **of the blood r.**, di sangue reale; **His R. Highness**, Sua Altezza Reale; **the R. Navy**, la Regia Marina; **r. robes**, vestimenti regali, splendidi; **a r. welcome**, un'accoglienza splendida (*o* degna di un re). **B** *n.* **1** (*fam.*) membro della famiglia reale **2** (*di carta*) formato reale **3** (*zool., anche* **r. stag**) cervo maschio di otto o più anni di età **4** (*naut.*) controvelaccio. ● **the Royals**, (*fam.*) i reali, la famiglia reale (*della G.B.*); (*mil.*) fanteria scozzese; fanteria da sbarco (*dell'esercito ingl.*) □ **r. blue**, blu reale; blu savoia □ **r. charter**, carta istitutiva (*di un'associazione, di una società*) concessa dal sovrano □ (*nel poker*) **r. flush**, scala reale massima □ (*chim.*) **r. gases**, gas nobili □ **the R. Household**, la Casa Reale (*in G.B.*) □ **r. jelly**, pappa reale □ **r. magnanimity**, magnanimità degna d'un re □ **R. Marines**, fanteria da sbarco (*in G.B.*) □ (*naut.*) **r. mast**, albero di controvelaccio □ (*stor.*) **the r. oak**, la quercia entro la quale trovò rifugio re Carlo II dopo la battaglia di Worcester (1651) □ (*naut.*) **r. sail**, controvelaccio □ **r. standard**, stendardo quadrato, con le insegne del sovrano □ **a battle r.**, una battaglia campale; (*fig.*) una violenta lite □ **to be in r. spirits**, essere d'ottimo umore □ (*naut.*) **main r.**, velaccio volante □ (*naut.*) **mizzen r.**, alberetto di controbelvedere.
royalism ['rɔiəlizəm], *n.* (*polit.*) realismo; fede monarchica; attaccamento alla monarchia.
royalist ['rɔiəlist], *n.* (*polit.*) **1** realista; monarchico; fautore della monarchia **2** (*stor. USA e fig.*) conservatore; membro dell'ala destra. ● (*stor.*) **the Royalists**, i seguaci di re Carlo I (*nella guerra civile del 1642-49*).
royalistic [,rɔiə'listik], *a.* (*polit.*) realista; monarchico; favorevole alla monarchia.
royalty ['rɔiəlti], *n.* **1** regalità; sovranità; dignità (*o* autorità) reale **2** (*collett.*) i reali; la famiglia reale **3** (*pl.*) prerogative (*o* privilegi) reali **4** (*pl.*) diritti di sfruttamento (*d'una miniera*) **5** (*pl.*) diritti di brevetto; diritti d'autore.
to rub [rʌb], **A** *v. t. e i.* **1** fregare; sfregare; strofinare; stropicciare; strusciare: **to rub one's hands in glee**, fregarsi le mani per la contentezza; **The tyre rubs against the fender**, la gomma sfrega contro il parafanghi; **He rubbed his sore elbow**, si strofinò il gomito che gli doleva; **to rub one's hands (together)**, stropicciarsi (*o* fregarsi) le mani; **The bear was rubbing itself against the tree trunk**, l'orso si strusciava contro il tronco dell'albero **2** fare frizioni a (q.); massaggiare; frizionare **3** riprodurre (*figure rilevate*) su carta mediante sfregamento (*con grafite e sim.*) **4** spalmare, stendere (*vernice, ecc.*) strofinando **5** levigare, lucidare (*strofinando*) **6** togliere (*strofinando*): **She rubbed the rust from the scissors**, tolse la ruggine alle forbici **7** (*di stoffa, pelle*) consumarsi, logorarsi (*per l'attrito*). **B** *verbi composti* **1** (*fam.*) **to rub along**, tirare avanti, arrangiarsi, farcela, campare alla meglio; andare d'accordo (con q.). **2 to rub away**, togliere sfregando; cancellare. **3 to rub down**, massaggiare; consumare (*o* levigare, pulire) strofinando □ **to rub down a horse**, asciugare il sudore a un cavallo (*strofinandolo con paglia, ecc.*). **4 to rub in**, far penetrare (*fregando*), frizionare con; (*fig.*) imprimere nella mente, far entrare in testa: **Rub the oil well in**, friziona in modo che l'olio penetri bene □ (*fam.*) **to rub it in**, insistere; farla lunga. **5 to rub off**, abradere; asportare strofinando. **6 to rub out**, cancellare (*specialm. con la gomma*); (*pop.*) uccidere, eliminare, far fuori. **7 to rub up**, levigare, pulire, lucidare; (*fig.*) rinfrescare, ripassare: **Rub up your shoes**, lucidati le scarpe!; **My Greek needs to be rubbed up**, il mio greco ha bisogno d'essere rinfrescato (*o* d'una ripassatina). ● **to rub st. dry**, asciugare q.c. strofinando □ (*fig.*) **to rub shoulders (o elbows) with sb.**, aver rapporti (*o* contatti) familiari con q. □ **to rub st. through a sieve**, passar q.c. al setaccio (*sfregando*) □ **to rub two sticks (together) to make fire**, strofinare due bacchetti per accendere il fuoco □ (*fig.*) **to rub sb. (up) the wrong way**, lisciar q. con-

rub (1) tropelo; prendere q. per il verso sbagliato □ **This stain won't rub out**, questa macchia non se ne vuole andare (*o non va via*).
rub (1) [rʌb], *n.* **1** (*anche* **rub-up**, **rub-down**) fregamento; strofinamento; fregata; fregatina; strofinata; stropicciata; lucidata: **Give the knives a good rub**, da' una bella strofinata ai coltelli; **Give the silver a quick rub!**, da' una lucidatina all'argenteria! **2** frizione; massaggio **3** (*nel gioco delle bocce*) asperità (*o irregolarità*) del terreno **4** (*fig.*) difficoltà; ostacolo; impedimento **5** (*fig.*) critica; sarcasmo; scherno; rimprovero **6** (*dial.*) pietra pomice; cote. ● **rub-stone**, pietra pomice; cote □ **There's the rub!**, qui sta il guaio; qui sta il punto.
rub (2) [rʌb], *V.* **rubber** (2).
rub-a-dub [ˈrʌbəˈdʌb], *n.* rataplan; rullo di tamburo.
to **rub-a-dub** [ˈrʌbəˈdʌb], *v. i.* (*di tamburi*) fare rataplan; rullare.
rubber (1) [ˈrʌbə*], *n.* **1** chi sfrega; chi strofina; strofinatore; lucidatore **2** massaggiatore; chi fa frizioni **3** (*anche* **India r.**) gomma; caucciù **4** gomma da cancellare; cancellino (*di lavagna*); (girello di) cimosa **5** (*anche* **r. band**) elastico **6** (*pl.*) soprascarpe di gomma; galosce **7** (*pl.*) scarpe da roccia **8** (*fam.*) preservativo. ● **r. boat**, canotto di gomma; gommone □ **r. cement**, soluzione di gomma; mastice □ (*fam. USA*) **r. check**, assegno a vuoto □ **r.-coated fabric**, stoffa gommata □ **r. dinghy**, *V.* **r. boat** □ (*bot.*) **r. plant** (*Ficus elastica*), ficus **r. sheath**, preservativo □ **r. sponge**, gomma espansa □ **r. stamp**, timbro di gomma; (*fig.*) (chi dà la sua) approvazione a occhi chiusi □ (*bot.*) **r. tree** (*Hevea brasiliensis*), albero della gomma □ **r. tyre**, pneumatico □ (*ind.*) **adhesive r.**, para.
to **rubber** [ˈrʌbə*], *v. t.* ricoprire (*o rivestire*) di gomma; gommare.
rubber (2) [ˈrʌbə*], *n.* **1** partita di tre (talora cinque) giochi a carte (*vinta da chi ne vince due o tre*) **2** vincita di tale partita **3** partita decisiva; (la) bella. ● **Game and r.!**, abbiamo vinto la bella!
to **rubberize** [ˈrʌbəraiz], *v. t.* rivestire di uno strato di gomma; gommare.
rubberized [ˈrʌbəraizd], *a.* gommato; rivestito di gomma.
rubberneck [ˈrʌbənek], *n.* (*fam.*) **1** ficcanaso; curiosone **2** turista che allunga il collo da tutte le parti (*secondo le indicazioni della guida*).
to **rubberneck** [ˈrʌbənek], *v. i.* (*fam.*) **1** allungare il collo (*per vedere q.c.*); curiosare **2** fare parte di un gruppo di turisti; andare (*o essere*) in gita turistica (*V.* **rubberneck**).
to **rubber-stamp** [ˌrʌbəˈstæmp], *v. t.* **1** bollare; timbrare **2** (*fig.*) approvare (*un progetto, ecc.*) a occhi chiusi; passare lo spolverino su (q.c.).
rubbery [ˈrʌbəri], *a.* gommoso; duro come la gomma; tiglioso.
rubbing [ˈrʌbiŋ], *n.* **1** fregamento; sfregamento **2** (*anche* **r. down**) frizione; massaggio **3** riproduzione (*su carta*) ottenuta mediante sfregamento. ● **r.-off**, abrasione □ **r. paper**, carta abrasiva.
rubbish [ˈrʌbiʃ], *n.* **1** materiale di scarto; rifiuti; immondizie; spazzatura **2** merce di scarto; robaccia; cosa senza valore **3** (*fig.*) sciocchezze; corbellerie: **This film is all r.**, questo film è un cumulo di sciocchezze. ● **r. bin**, bidone della spazzatura □ **the r. cart**, il carro della spazzatura □ **r. collection**, la raccolta delle immondizie □ **good riddance to bad r.!**, un bel repulisti!; una bella pulizia!
rubbishing [ˈrʌbiʃiŋ], (*fam.*) *V.* **rubbishy**.
rubbishy [ˈrʌbiʃi], *a.* **1** senza valore; di scarto; infimo **2** (*fig.*) pieno di sciocchezze; stupido.
rubble [ˈrʌbl], *n.* **1** breccia; pietrisco; pietrame grezzo **2** pietra da sbozzare **3** (*geol.*) breccione; detriti grossolani **4** macerie: **a heap of r.**, un cumulo di macerie. ● **r.-work**, muratura a secco.
rubbly [ˈrʌbli], *a.* di (*o simile a*) breccia (*o a pietrisco*).
rub(-)down [ˈrʌbdaun], *n.* **1** strofinata energica; massaggio (*dopo il bagno, ecc.*) **2** strigliata (*di cavallo*).
rube [ru:b], *n.* (*pop. USA*) campagnolo; zoticone.
rubefacient [ˌru:biˈfeiʃənt], *a.* e *n.* (*med.*) rubefacente.
rubefaction [ˌru:biˈfækʃən], *n.* (*med.*) **1** arrossamento **2** rossore (*della pelle*).
rubella [ru:ˈbelə], *n.* (*med.*) rubeola; rosolia.
Rubicon [ˈru:bikən], *n.* (*geogr., stor.*) Rubicone. ● (*fig.*) **to cross** (*o* **to pass**) **the R.**, passare il Rubicone.
rubicund [ˈru:bikənd], *a.* rubicondo.
rubicundity [ˌru:biˈkʌndəti], *n.* aspetto rubicondo.
rubidium [ru:ˈbidiəm], *n.* (*chim.*) rubidio.
rubied [ˈru:bid], *a.* color rubino.
to **rubify** [ˈru:bifai], *v. t.* (*specialm. med.*) far arrossare; arrossare.
rubiginous [ru:ˈbidʒinəs], *a.* color ruggine.
ruble [ˈru:bl], *n.* rublo.
rubric [ˈru:brik], *n.* (*anche relig.*) rubrica.
rubrical [ˈru:brikəl], *a.* **1** di rubrica **2** (*relig.*) prescritto dalle rubriche liturgiche.
to **rubricate** [ˈru:brikeit], *v. t.* **1** provvedere di rubriche **2** scrivere in lettere rosse. ● **to r. a book**, miniare un libro in rosso.

rubrication [ˌru:briˈkeiʃən], *n.* rubricazione.
rubricator [ˈru:brikeitə*], *n.* rubricatore.
rubrician [ru:ˈbriʃən], **rubricist** [ˈru:brisist], *n.* (*relig.*) rubricista.
ruby [ˈru:bi], **A** *n.* **1** (*miner.*) rubino (*anche d'orologio*) **2** color rubino; rosso cupo **3** (*fig.*) vino rosso cupo **4** bitorzolo rosso (*sul viso*) **5** (*tipogr.*) corpo 5 e mezzo. **B** *a.* color rubino; vermiglio: **r. lips**, labbra vermiglie. ● **a r. necklace**, una collana di rubini □ (*fig.*) **above rubies**, inestimabile □ (*miner.*) **balas r.**, balascio □ **spinel r.**, rubino spinello.
to **ruby** [ˈru:bi], *v. t.* tingere di rosso; invermigliare (*lett.*).
ruche [ru:ʃ] (*franc.*), *n.* gala (*d'abito femminile*).
ruched [ru:ʃt], *a.* ornato di gale.
ruck (1) [rʌk], *n.* **1** – **the r.**, la massa (anonima); la folla; il gregge (*fig.*) **2** – (*in una gara*) **the r.**, il gruppo (rimasto in dietro) **3** (*sport*) mischia. ● (*fig.*) **to get out of the r.**, farsi un nome; emergere dalla massa.
ruck (2) [rʌk], **ruckle (1)** [ˈrʌkl], *n.* (*raro*) grinza; piega (*specialm. di stoffa*).
to **ruck** [rʌk], *to* **ruckle (1)** [ˈrʌkl], **A** *v. t.* raggrinzare; sgualcire; spiegazzare. **B** *v. i.* (*di solito* **to r. up**) raggrinzarsi; sgualcirsi; spiegazzarsi: **Your trousers are all rucked up**, hai i calzoni tutti spiegazzati.
to **ruckle (2)** [ˈrʌkl], *v. i.* rantolare.
ruckle (2) [ˈrʌkl], *n.* rantolo.
rucksack [ˈruksæk], *n.* (*sport*) sacco da montagna; zaino.
ruckus [ˈrʌkəs], *n.* (*pop.*) chiasso; proteste; storie (*fam.*): **to raise a r.**, far delle storie; fare un gran casino (*pop.*).
ruction [ˈrʌkʃən], *n.* protesta; scompiglio; tumulto; lite.
rudd [rʌd], *n.* (*zool.*, *Scardinius erythrophthalmus*) scardola.
rudder [ˈrʌdə*], *n.* **1** (*naut., aeron.*) timone **2** (*fig.*) guida; timone; governo **3** (*scherz.*) coda (*di pesce o uccello*). ● (*zool.*) **r.-fish**, pesce che segue una nave; (*Naucrates ductor*) pesce pilota □ (*naut.*) **r.-post** (*o* **r.-stock**), dritto del timone □ (*naut.*) **r. tiller**, barra del timone □ (*aeron.*) **horizontal r.**, timone di profondità □ (*aeron.*) **vertical r.**, timone di direzione.
ruddiness [ˈrʌdinis], *n.* **1** color vermiglio; colorito roseo **2** (*fig.*) floridezza.
ruddle [ˈrʌdl], *n.* ocra rossa (*specialm. quella usata per marcare le pecore*).
to **ruddle** [ˈrʌdl], *n.* tingere (*o marcare*) con ocra rossa (*V.* **ruddle**).
ruddock [ˈrʌdək], *n.* (*zool.*, *Erithacus rubecola*) pettirosso.
ruddy [ˈrʌdi], *a.* **1** rosso; roseo; rubicondo; fiorente; florido; rubizzo; vermiglio: **a r. sky**, un cielo rosso; **r. cheeks**, gote rubiconde; **r. health**, fiorente salute; **a r. country girl**, una florida ragazza di campagna; **r. lips**, labbra vermiglie **2** (*pop.*) dannato; maledetto; odioso: **a r. liar**, un maledetto bugiardo.
to **ruddy** [ˈrʌdi], **A** *v. t.* arrossare; imporporare; invermigliare. **B** *v. i.* imporporarsi; diventar rubicondo (*o rubizzo*).
rude [ru:d], *a.* **1** maleducato; sgarbato; scortese; villano: **It's r. to chew gum at table**, è maleducato masticare gomma a tavola; **a r. boy**, un ragazzo sgarbato; **a r. answer**, una risposta scortese (*o brusca*); **Don't be r. to me!**, non essere villano con me! **2** (*meno comune*; *cfr.* **rough**) grossolano; rozzo; rude (*lett.*): **a r. mountaineer**, un rozzo montanaro; **r. people**, gente rozza (*o incolta*); **r. drawings**, disegni grossolani **3** rozzo; rudimentale; informe: **a r. shelter**, un rozzo rifugio; **a r. steam engine**, una macchina a vapore rudimentale; **a r. plan**, un progetto informe; **a r. estimate**, un rozzo preventivo; un preventivo alla buona **4** aspro; duro; severo: **a r. path**, un aspro sentiero; **a r. shock**, un duro colpo (*fig.*); **r. tones**, toni aspri **5** violento; tempestoso: **r. winds**, venti violenti; **r. passions**, passioni violente; **r. seas**, mari tempestosi **6** grezzo; greggio: **rubber in its r. state**, la gomma allo stato greggio **7** (*di persona*) forte; rude; robusto **8** (*arc.*, *poet.*) semplice; umile. ● **a r. awakening**, un brusco risveglio; (*fig.*) un crudele disinganno □ **r. health**, salute di ferro □ **r. remarks**, osservazioni insolenti, offensive □ **to be in r. health**, essere forte; essere robusto □ **to say r. things**, dire cose offensive; dire insolenze □ **to speak the r. truth**, dire la verità nuda e cruda.
rudeness [ˈru:dnis], *n.* **1** inciviltà; scortesia; maleducazione; villania **2** rudezza; rozzezza; grossolanità **3** asprezza; durezza **4** severità; violenza (*V.* **rude**).
rudiment [ˈru:dimənt], *n.* **1** (*pl.*) rudimenti; primi elementi: **the rudiments of art**, i (primi) rudimenti dell'arte **2** (*biol.*) organo (*o parte*) rudimentale; rudimento **3** (*pl.*) abbozzo; rudimento. ● (*biol.*) **the r. of a tail**, una coda rudimentale.
rudimental [ˌru:diˈmentl], **rudimentary** [ˌru:diˈmentəri], *a.* rudimentale (*anche biol.*); elementare.
Rudolph [ˈru:dəlf], *n.* Rodolfo.
rue (1) [ru:], *n.* (*bot.*, *Ruta graveolens*) ruta.
rue (2) [ru:], *n.* (*lett.*) **1** pentimento; rammarico; rimpianto **2** compassione; pietà.
to **rue** [ru:], *v. t.* (*lett.*) rammaricarsi, pentirsi di; deplorare: **You**

shall rue it, te ne pentirai; **to rue an agreement**, deplorare un accordo; pentirsi d'avere raggiunto (*o* accettato) un accordo; **She will live to rue it**, verrà giorno che se ne pentirà. ● **I rue the day I met him**, vorrei non averlo mai conosciuto.

rueful ['ru:ful], *a.* **1** addolorato; afflitto; dolente; mesto; triste: **a r. grin**, un mesto sorriso **2** deplorevole; pietoso. ● (*letter.*) **the Knight of the r. countenance**, il Cavaliere dalla triste figura (*Don Chisciotte*).

ruefulness ['ru:fulnis], *n.* afflizione; dolore; malinconia; mestizia.

rufescent [ru'fesənt], *a.* rossastro; rosso.

ruff (1) [rʌf], *n.* **1** collarino elisabettiano; gorgiera **2** (*zool.*) collare (*di piume o di pelo*) **3** (*zool.*) piccione dal collare **4** (*zool.*, *Philomachus pugnax*) maschio della pavoncella combattente; gambetta (*V.* **reeve**).

ruff (2) [rʌf], *n.* (*zool.*) (*Acerina cernua*) acerina.

to ruff [rʌf], *v. t.* e *i.* (*nei giochi di carte*) tagliare (*con una briscola*).

ruff (3) [rʌf], *n.* (*nei giochi di carte*) il tagliare (*con una briscola*).

ruffed [rʌft], *a.* **1** (*di persona*) che porta la gorgiera **2** (*d'uccello o altro animale*) che ha un collare, dal collare (*di piume, di pelo*).

ruffian ['rʌfjən], *n.* briccone; canaglia; furfante; ribaldo; teppista.

ruffianism ['rʌfjənizəm], *n.* bricconeria; furfanteria; malvagità; ribalderia; scelleratezza; teppismo.

ruffianly ['rʌfjənli], *a.* brutale; ribaldo; scellerato.

to ruffle (1) ['rʌfl], A *v. t.* **1** increspare; agitare: **The wind ruffles the surface of the water**, il vento increspa la superficie dell'acqua; **to r. cloth**, increspare stoffa **2** arruffare; scompigliare: **The eagle ruffled up its feathers**, l'aquila arruffò le penne; **Don't r. my hair**, non scompigliarmi i capelli **3** (*fig.*) agitare; scomporre; turbare: **Nothing ruffles her**, niente la scompone **4** sfogliare (*rapidamente*) (*un libro, ecc.*) **5** mescolare (*velocemente*) (*le carte*). B *v. i.* **1** (*dell'acqua, del mare, ecc.*) incresparsi; agitarsi **2** (*fig.*) agitarsi; scomporsi; turbarsi **3** attaccar briga; fare il prepotente; fare lo spaccone. ● (*di una persona*) **impossible to r.**, imperturbabile.

ruffle (1) ['rʌfl], *n.* **1** (*di vestito*) gala; manicotto **2** crespa; increspatura (*dell'acqua*) **3** (*d'uccello, d'animale*) collarino, collare (*di piume, di pelo*).

ruffle (2) ['rʌfl], *n.* (*mil.*) sommesso rullio di tamburi.

to ruffle (2) ['rʌfl], *v. i.* (*di tamburi*) rullare sommessamente.

ruffler ['rʌflə*], *n.* **1** chi increspa, arruffa, scompiglia, ecc. (*V.* **to ruffle**) **2** attaccabrighe; fanfarone; rodomonte; spaccone **3** (*tecn.*) piedino per fare le gale.

rufous ['ru:fəs], *a.* (*specialm. zool.*) rossastro; rossobruno.

rug [rʌg], *n.* **1** tappeto; tappetino **2** coperta (*da viaggio, per un cavallo, ecc.*) **3** scendiletto. ● **hearth-rug**, tappeto steso davanti al focolare □ **travelling rug**, coperta da viaggio □ (*fig., fam.*) **to pull the rug out from under sb.**, tradire q.; lasciare scoperto (*o* indifeso) q.

rugate ['ru:git], *a.* (*anche bot.*) rugoso.

Rugbeian [rʌg'bi:ən], *n.* e *a.* (*alunno*) della scuola di Rugby.

Rugby ['rʌgbi], *n.* **1** (*geogr.*) Rugby (*città inglese, sede d'una scuola famosa*) **2** — (*sport*) **r.** (*anche* **r. football**), rugby; palla ovale, pallovale. ● **r. league**, il rugby a tredici □ **r. union**, il rugby a quindici.

rugged ['rʌgid], *a.* **1** accidentato; aspro; frastagliato; irregolare; rugoso; ruvido; scabro; scabroso: **r. mountains**, aspre montagne; **r. ground**, terreno accidentato; **a r. coastline**, una costa frastagliata; **a r. profile**, un profilo irregolare; **r. bark**, corteccia rugosa; **a r. surface**, una superficie scabrosa **2** rozzo; rude: **r. verse**, versi rozzi; **a r. countryman**, un rozzo contadino; **r. manners**, modi rudi; **r. honesty**, rozza onestà **3** irsuto; ispido: **a big r. bear**, un grosso orso irsuto **4** aspro; duro; rigido; severo: **r. tones**, toni aspri; **r. life**, vita dura; **a r. climate**, un clima rigido **5** burrascoso; tempestoso: **r. weather**, tempo burrascoso **6** (*di persona*) forte; rude; robusto. ● **a r. beard**, una barba incolta, ispida □ **a r. exam**, un esame duro, difficile □ **r. grandeur**, austera maestosità (*del paesaggio e sim.*).

ruggedness ['rʌgidnis], *n.* **1** asperità (*del terreno, ecc.*); irregolarità; rugosità; ruvidità; scabrosità **2** rozzezza; rudezza **3** irsutezza; ispidità **4** asprezza; durezza; rigidità; severità **5** l'esser irsuto; ispido.

rugger ['rʌgə*], *n.* (*sport, fam.*) rugby; palla ovale, pallovale.

rugose ['ru:gous], **rugous** ['ru:gəs], *a.* (*bot.*) rugoso.

rugosity [ru'gɔsiti], *n.* (*bot.*) rugosità.

ruin [ruin], *n.* rovina (*anche fig.*); crollo; disastro; disgrazia; rudere: **The cathedral has gone to r.**, la cattedrale è andata in rovina; **Ambition was his r.** (*o* **the r. of him**), l'ambizione fu la sua rovina; **The tower is now a r.**, la torre è ora un rudere; **the ruins of Bath**, i ruderi di Bath antica. ● **the r. of all my hopes**, la fine di tutte le mie speranze □ **to bring to r.**, mandare in rovina; rovinare □ **to fall into r.**, cadere in rovina □ **to lay in ruins**, abbattere; distruggere □ **to lie (to tumble) in ruins**, essere (cadere) in rovina □ **He is but the r. of what he was**, non è che l'ombra di se stesso.

to ruin [ruin], A *v. t.* **1** rovinare; diroccare; mandare in rovina; distruggere, guastare; sciupare: **The storm has ruined the crops**, la tempesta ha rovinato i raccolti; **His extravagance ruined him**, la sua prodigalità lo mandò in rovina; **to r. one's hopes**, distruggere le proprie speranze; **to r. one's new suit**, sciupare l'abito nuovo **2** rovinare, sedurre (*una ragazza*). B *v. i.* (*poet.*) andare in rovina; rovinare.

ruination [rui'neiʃən], *n.* (*fam.*) rovina: **You'll be the r. of the boy**, tu sarai la rovina del ragazzo.

ruinous ['ruinəs], *a.* **1** rovinoso; disastroso; dannoso: **r. floods**, inondazioni rovinose; **r. expenditure**, spese rovinose; **r. proposals**, proposte dannose **2** rovinato; diroccato; in rovina.

ruinousness ['ruinəsnis], *n.* l'essere rovinoso; dannosità.

rule [ru:l], *n.* **1** regola; norma; legge; regolamento; massima; precetto; principio informatore: **grammar rules**, regole di grammatica; (*mat.*) **the r. of three**, la regola del tre semplice; **rules of action**, norme di vita; precetti morali; principi informatori delle proprie azioni; **the r. of force**, la legge della forza; **the Benedictine r.**, la regola (*monastica*) di San Benedetto; **to keep the rules**, osservare le regole; attenersi alle regole **2** costume; norma; regola; consuetudine; abitudine: **Large families are the r. here**, le famiglie numerose sono la norma (*o* sono comuni) qui; **My r. is to get up early**, è mia consuetudine alzarmi di buon'ora; **He makes it a r. to go for a walk every day**, è sua regola (*o* abitudine) fare una passeggiata tutti i giorni **3** dominio; governo; amministrazione; impero; regime; regno: **under British r.**, sotto il dominio britannico; (*polit.*) **direct r.**, amministrazione diretta (*in Irlanda del Nord: da parte di Londra*); (*stor.*) **the r. of Elizabeth**, il regno di Elisabetta **4** riga (*da disegno*); regolo (*calcolatore*): **a foot-r.**, un regolo di un piede (*circa trenta centimetri*) **5** (*leg.*) decisione; ordine; ordinanza **6** (*tipogr.*) filetto: **dotted r.**, filetto punteggiato. ● (*falegnameria*) **r. joint**, giunto a regolo □ **the rules of the road**, il codice della strada (*naut.*) le regole per evitare collisioni □ **r. of thumb**, regola empirica; regola pratica □ **r.-of-thumb**, approssimativo; empirico; pratico □ **as a r.**, generalmente; di regola; di solito □ **to bear r.**, esercitare il potere; avere il dominio □ **to bend** (*o* **to stretch**) **the rules for sb.**, fare uno strappo alle regole (*o* un'eccezione) per q. □ **by r.**, secondo le regole □ **by r. of thumb**, empiricamente; a lume di naso (*fam.*) □ **hard and fast r.**, formula prescritta □ (*costr.*) **plumb r.**, archipenzolo; archipendolo □ **slide r.**, regolo calcolatore □ **standing r.**, regola fissa; norma inalterabile □ (*di operai*) **to work to r.**, lavorare facendo ostruzionismo (*applicando rigidamente i regolamenti*); fare uno sciopero bianco.

to rule [ru:l], *v. t.* e *i.* **1** dominare (*anche fig.*); governare; regnare; reggere (*una nazione*); tenere saldamente; tenere in pugno: **R., Britannia, over the waves**, domina i mari, o Britannia!; **The Queen reigns but does not r.**, la regina regna ma non governa; **to r. a country**, governare un paese; **James II ruled as an absolute monarch**, Giacomo II regnò da monarca assoluto; **Don't be ruled by envy**, non lasciarti dominare dall'invidia; **Mrs Black rules her children**, Mrs Black tiene in pugno i figli (*li comanda a bacchetta*) **2** guidare; regolare; moderare; frenare (*fig.*); tenere a freno: **He was ruled by his friends**, si lasciava guidare dagli amici; **to r. one's appetite**, regolare l'appetito; **to r. a horse**, tenere a freno un cavallo; **to r. one's passions**, moderare le proprie passioni **3** (*leg.*) decidere; dichiarare; decretare; ordinare; riconoscere: **The court ruled the validity of the deed**, il tribunale riconobbe la validità dell'atto; **The judge ruled that the question was out of order**, il giudice dichiarò che la domanda non era ammissibile; **The court will r. on the matter**, la corte deciderà in merito **4** rigare (*carta, ecc.*) tracciar righe su (*un foglio, ecc.*) **5** tracciare (*una riga*) col regolo. **6** (*comm.: dei prezzi*) mantenersi (*a un certo livello*): **Prices ruled low**, i prezzi si mantenevano bassi **7** avere la meglio su; prevalere su; (*anche sport*) vincere. ● **to r. off**, tirare una riga sotto (*una colonna di numeri*); separare con una riga; escludere, squalificare; (*comm.*) regolare (*un conto*) □ **to r. st. out**, escludere q.c.; dichiarare q.c. inaccettabile (*o* inammissibile) □ **to r. over**, governare (*o* regnare) su; reggere le sorti di: **King Alfred ruled wisely over his people**, re Alfredo resse saggiamente le sorti del suo popolo.

rulebook ['ru:lbuk], *n.* (*specialm. ind.*) regolamento (*di fabbrica, ecc.*).

ruled ['ru:ld], *a.* rigato (*anche mat.*); a righe: **r. paper**, carta rigata.

ruler ['ru:lə*], *n.* **1** dominatore; governante; re; sovrano: **a constitutional r.**, un sovrano costituzionale; **a ruthless r.**, un re spietato **2** riga (*da disegno*); regolo **3** (*tipogr.*) rigatrice; macchina rigatrice.

rulership ['ru:ləʃip], *n.* dominio; autorità suprema; sovranità.

ruling ['ru:liŋ], A *a.* **1** dominante; regnante; predominante; prevalente: **r. passion**, passione predominante **2** (*comm.*) corrente: **r. prices**, prezzi correnti. B *n.* **1** dominio; governo **2** (*leg.*) de-

cisione; decreto; ordinanza 3 rigatura (*di un foglio, ecc.*). ● **the r. class**, la classe dirigente □ (*grafica, disegno*) **r. pen**, tiralinee.
rum (1) [rʌm], *n.* **1** rum (*liquore estratto dalla canna da zucchero*) **2** (*USA*) liquore forte (*in genere*). ● (*fam. USA*) **rum-runner**, contrabbandiere di liquori; nave per il contrabbando di liquori.
rum (2) [rʌm], *a.* (*pop.*) **1** bizzarro; strano; strambo; originale: **a rum customer**, un tipo strambo; un originale **2** cattivo; che vale poco: **a rum joke**, una barzelletta che vale poco. ● (*pop.*) **a rum business** (*o* **go**), un fatto strano □ **to have a rum time**, passarsela male.
Rumania [ruːˈmeɪnjə], *n.* (*geogr.*) Romania.
Rumanian [ruːˈmeɪnjən], *a.* e *n.* rumeno (*anche la lingua*).
Rumansh [ruːˈmænʃ], *V.* **Romansh**.
rumba, rhumba [ˈrʌmbə], *n.* rumba (*la musica e la danza*).
to rumble (1) [ˈrʌmbl], A *v. i.* **1** (*del tuono, dell'intestino*) brontolare; rimbombare; (*del cannone*) rombare **2** (*di carri, ecc.*) rintronare; rumoreggiare **3** procedere con fracasso, con frastuono; rotolare con gran rumore: **The tank rumbled down the slope**, il carro armato procedeva per la discesa con grande fracasso **4** (*pop. USA*) partecipare a una rissa. B *v. t.* far rimbombare; far rintronare. ● **to r. out** (*o* **forth**), dire brontolando; borbottare; dire con voce tonante; tuonare.
rumble [ˈrʌmbl], *n.* **1** rimbombo; rombo; brontolio (*del tuono, ecc.*); fracasso; frastuono **2** mormorio; brontolio: **a r. of discontent**, un mormorio di malcontento **3** (*di carrozza*) sedile posteriore (*per i servitori, per il bagaglio*) **4** (*USA, anche* **r. seat**) sedile (esterno) posteriore ribaltabile (*di vecchia automobile o di carrozza*) **5** (*pop. USA*) rissa; tafferuglio; scontro, battaglia (*fra bande di teppisti*) **6** (*USA*) pettorina; pettino. ● **r.-tumble**, veicolo pesante (*che si muove rumorosamente*).
to rumble (2) [ˈrʌmbl], *v. t.* (*pop.*) **1** andare al fondo di, vedere chiaro in (*una questione*) **2** annusare (*fig.*); subodorare; scoprire.
rumbling [ˈrʌmblɪŋ], A *a.* rimbombante; risonante; rombante. B *n.* **1** rimbombo; brontolio; frastuono; rotolio rumoroso **2** (*pl.*) lagnanze; lamentele **3** (*pl.*) dicerie; voci.
rumbly [ˈrʌmbli], *a.* rimbombante; risonante; rombante.
rumbustious [rʌmˈbʌstʃəs], *a.* (*fam.*) chiassoso; rumoroso; turbolento.
rumen [ˈruːmen], *n.* (*pl.* **rumina, rumens**) (*zool.*) rumine.
ruminant [ˈruːmɪnənt], A *n.* (*zool.*) ruminante. B *a.* **1** (*zool.*) dei ruminanti **2** (*fig.*) che rumina; cogitabondo; meditabondo; pensieroso.
ruminants [ˈruːmɪnənts], *n. pl.* (*zool.*, *Ruminantia*) ruminanti.
to ruminate [ˈruːmɪneɪt], A *v. i.* **1** (*zool.*) ruminare **2** (*fig.*) ruminare; cogitare; meditare: **to r. on** (*o* **over, about**) **the future**, meditare sull'avvenire. B *v. t.* ruminare (*anche fig.*); (*fig.*) meditare, rimuginare: **to r. revenge**, meditare vendetta.
rumination [ˌruːmɪˈneɪʃən], *n.* **1** (*zool.*) ruminazione **2** (*fig.*) meditazione; elucubrazione.
ruminative [ˈruːmɪnətɪv], *a.* **1** (*zool.*) ruminante **2** (*fig.*) meditabondo; cogitabondo; pensieroso.
ruminator [ˈruːmɪneɪtə*], *n.* chi rumina (*fig.*); persona cogitabonda.
to rummage [ˈrʌmɪdʒ], *v. t.* e *i.* frugare; rovistare; perquisire: **to r. through the garret**, rovistare in soffitta; **to r. one's pockets**, frugarsi in tasca; **to r. the whole house**, rovistare tutta la casa; **to r. a ship**, perquisire una nave. ● **to r. about**, mettere sossopra; scompigliare □ **to r. out**, trovare (*o scoprire*) rovistando.
rummage [ˈrʌmɪdʒ], *n.* **1** il frugare; il rovistare; perquisizione **2** roba usata; oggetti spaiati; fondi di magazzino **3** (*USA, anche* **r. sale**), vendita di roba usata; vendita di beneficenza; vendita di fondi di magazzino.
rummer [ˈrʌmə*], *n.* bicchierone (*specialm. da vino*); tazza.
rummy (1) [ˈrʌmi], *V.* **rum (2)**.
rummy (2) [ˈrʌmi], *n.* gioco di carte simile al ramino.
rumour, (*USA*) **rumor** [ˈruːmə*], *n.* diceria; voce (*o notizia*) incontrollata; chiacchiera: **R. has it that there will be peace**, corre voce che si farà la pace. ● **r.-monger**, chi sparge voci (*o dicerie*); malalingua.
to rumour, (*USA*) **to rumor** [ˈruːmə*], *v. t.* (*di solito, al passivo*) far correr voce; riferire come diceria: **It is rumoured that there will be a Cabinet reshuffle**, corre voce che vi sarà un rimpasto governativo. ● **a rumoured event**, un avvenimento di cui si fa un gran parlare □ **He is rumoured to have run away**, si dice in giro che sia fuggito.
rump [rʌmp], *n.* **1** culatta (*di bestia*); groppa; parte posteriore **2** (*d'uccello*) codione **3** (*scherz.*) deretano; sedere **4** (*macelleria*) culaccio **5** (*fig.*) avanzo; rimasuglio. ● (*stor.*) **the R. (Parliament)**, quello che rimase del «Lungo Parlamento» dopo l'epurazione dei moderati (*operata dal colonnello Pride nel 1648*) □ **r. steak**, bistecca di culaccio.
to rumple [ˈrʌmpl], *v. t.* **1** raggrinzare; spiegazzare **2** arruffare; scompigliare (*i capelli*).
rumpus [ˈrʌmpəs], *n.* (*fam.*, *solo al sing.*) chiasso; baccano; fracasso; baruffa; lite; tafferuglio. ● (*USA*) **r. room**, stanza (*nel seminterrato*) per giochi e feste; tavernetta □ **to kick up a r.**, far il diavolo a quattro; fare un (gran) casino (*fam.*).
rumpy [ˈrʌmpi], *n.* (*zool.*, *Felis catus ecaudatus*) gatto (*dell'isola*) di Man.
to run [rʌn] (*pass.* **ran**, *p. p.* **run**), A *v. i.* **1** correre; fare una corsa; accorrere; trascorrere; passare; scorrere: **A man came running along the street**, un uomo venne correndo (*o di corsa*) per la strada; **Let's run down to the beach**, facciamo una corsa a un salto alla spiaggia!; **She is always running to her psychiatrist**, corre sempre dallo psichiatra; **They ran to my aid**, corsero (*o accorsero*) in mio aiuto; **I used to run when I was at Eton**, da studente correvo nella squadra di Eton; **Trains run on rails**, i treni corrono su rotaie; **A gentle breeze ran through the trees**, una lieve brezza passava (*o spirava*) fra gli alberi; **Rumours ran through the village**, correvano (*o circolavano*) dicerie per il paese; **The days ran swiftly**, i giorni trascorrevano veloci; **The road runs along a ridge**, la strada corre lungo un crinale; **A cold shiver ran down his back**, un brivido di freddo gli corse lungo la schiena; **Wait till the water runs hot**, aspetta che scorra l'acqua calda; **The story ran that the bank would close**, correva voce che la banca avrebbe chiuso i battenti **2** ricorrere; ritornare (*alla mente*): **That tune runs in my head**, quel motivo mi torna in mente; **The idea kept running through my mind**, quell'idea mi ricorreva (*o mi si presentava*) sempre alla mente **3** decorrere; essere pagabile da: **Interest runs from January 1st**, gli interessi decorrono dal 1° di gennaio; **Your salary will run from tomorrow**, il tuo stipendio decorrerà da domani **4** correr via; fuggire; scappare: **The enemy ran**, il nemico fuggì; **I had to run for my life**, dovetti scappare per aver salva la vita; (*fig.*) **to run for one's life**, correre a più non posso **5** (*di veicoli, di navi*) passare; transitare; fare servizio; far la spola: **The trains of the Piccadilly line, which connects the heart of London to Heathrow Airport, run every four minutes in peak hours**, i treni della linea Piccadilly (*della sotterranea*), che collega il centro di Londra all'aeroporto di Heathrow, passano ogni quattro minuti nelle ore di punta; **The ferry runs between the two towns**, il traghetto fa la spola fra le due città **6** (*sport*) arrivare (*primo, secondo, ecc.*): **He ran second**, arrivò secondo (*nella corsa*); **My horse ran last**, il mio cavallo arrivò ultimo **7** (*di macchine, ecc.*) funzionare, andare; (*di motori*) girare, essere in moto (*o acceso*): **The engine of my car won't run properly**, il motore della mia auto non funziona bene; **The sink isn't running**, il lavandino non funziona (*o non scarica*) **8** fondersi; sciogliersi; struggersi; spandere; diluirsi; stemperarsi; sbiadire; stingere: **The butter ran**, il burro si sciolse; **The colour ran when the material was washed**, il colore sbiadì quando la stoffa fu lavata **9** (*delle calze*) smagliarsi; sfilarsi **10** concorrere; (*polit.*) presentarsi candidato: **He will run for Parliament**, si presenterà candidato alla Camera dei Comuni **11** gocciolare; perdere (*acqua, ecc.*): **This tap runs**, questo rubinetto perde **12** sgocciolare: **The candle runs**, la candela sgocciola **13** colare; gocciolare: **The boy's nose is running**, il bambino ha il naso che gocciola **14** durare; (*leg.*) essere valido (*o in vigore*); (*teatr.*) tenere il cartellone: **The film runs for three hours**, il film dura tre ore; **The lease has ten years to run**, il contratto d'affitto ha una durata (*o una validità*) di dieci anni; **Agatha Christie's «The Mouse Trap» ran for years and years in London**, la «Trappola per i topi» di Agata Christie tenne il cartellone per molti anni a Londra **15** (*fig.*) correre; filare: **His reasoning ran like this...**, il suo ragionamento filava così... **16** (*di fiume*) sboccare; sfociare: **The Po runs into the Adriatic**, il Po sfocia nell'Adriatico **17** farsi; diventare: **Our food supplies are running low**, le nostre provviste di viveri si fanno scarse **18** (*di una malattia, di una caratteristica, ecc.*) essere ereditaria (*in una famiglia, ecc.*) **19** essere concepito (*o stilato*); dire: **The document runs in these legal terms**, il documento è concepito in questi termini giuridici; **The proverb runs like this**, il proverbio dice così. B *v. t.* **1** far passare; conficcare; ficcare; infilare; infilzare; trafiggere: **to run a thorn into one's finger**, conficcarsi uno spino in un dito; **to run one's sword into sb.** (*o* **to run sb. through with one's sword**), trafiggere q. con la spada; **to run a rope through an eyelet**, infilare una corda in un anello **2** far funzionare; condurre; dirigere; tenere; (*comm.*) gestire, esercire: **to run a machine**, far funzionare (*o azionare*) una macchina; **to run a business**, condurre un'azienda; **to run a shop**, gestire un negozio; **Mary runs the household**, Maria dirige la casa (*o ha la direzione della casa*); **to run a truck-line**, esercire un servizio di autocarri **3** correre: **to run risks** (*o* **hazards**), correre rischi; **He runs a chance of being plucked**, corre il rischio di farsi bocciare **4** far correre; (*sport*) iscrivere a una corsa: **to run a horse**, far correre un cavallo (*o farlo sgambare*); **to run a horse in the Derby**, iscrivere un cavallo al Derby **5** inseguire (*selvag-*

gina): **Wolves ran the reindeer**, i lupi inseguivano le renne **6** far scorrere: **to run water into the bath-tub**, far scorrere l'acqua nella vasca da bagno **7** colare; versare: **to run water into a glass**, versare acqua in un bicchiere **8** (*fam.*) portare (*in automobile, ecc.*): **I'll run you to the station**, ti porterò alla stazione (in automobile) **9** contrabbandare: **to run arms (liquor)**, contrabbandare armi (liquori) **10** smagliare; sfilare: **She ran her stocking on a nail**, le si smagliò una calza con un chiodo **11** cucire a punti lenti; imbastire **12** percorrere (*una distanza*) **13** cacciare, espellere: **They ran the stranger out of town**, cacciarono lo straniero dalla città **14** presentare come candidato: **We ran him for mayor**, lo candidammo come sindaco **15** (*di fonte o sorgente*) gettare; dare: **The fountain ran wine**, la fontana dava vino **16** (*cinem., teatr.*) rappresentare; proiettare; dare: **to run a film for two months**, dare un film per due mesi di seguito **17** (*di solito, al passivo*) **to be run by sb.**, essere dominato da q. **C** *verbi composti* **1 to run about**, correre intorno; correr di qua e di là; (*di bambini*) giocare liberamente, scorrazzare. **2 to run across**, attraversare di corsa (*la strada, ecc.*); trovare, per caso; incontrare, imbattersi in (q.). **3 to run after sb.** (*st.*), correr dietro a q. (q.c.); inseguire, perseguire (q. o q.c.): **She runs after every young man she is introduced to**, corre dietro a tutti i giovanotti che le vengono presentati. **4 to run against**, entrare in collisione (*o* scontrarsi) con; imbattersi in, incontrare per caso; (*del tempo, delle circostanze*) essere sfavorevole a (q.); andare contro (*i principi morali, ecc.*); (*sport*) gareggiare contro. **5 to run around**, correre intorno (a); aggirare (*un giocatore avversario*); andare in giro (*anche fig.*); fare delle scappatelle, correre la cavallina, andare a donne (*pop.*) □ **to run around with**, avere una relazione con, intendersela con; andare in giro con (*una gang, ecc.*); frequentare (*amici*). **6 to run at**, correre contro; assalire; attaccare. **7 to run away**, correr via; fuggire, scappare, andar via di casa; (*di un cavallo*) prendere la mano, imbizzarrirsi; (*autom.: di un veicolo*) sfuggire al controllo □ **to run away from the facts**, chiudere gli occhi alla realtà □ (*sport*) **to run away from one's competitors**, staccare gli avversari (*in una corsa*) □ **to run away with**, scappare con (q.c.), rubare (q.c.); scappare con (q.), rapire (*una donna o un uomo, col suo consenso*); portar via, conquistare (*premi*); vincere facilmente, senza sforzo (*una partita*) □ **Don't run away with the idea that...**, non metterti in testa che... □ **His imagination ran away with him**, si lasciò trasportare dalla fantasia. **8 to run back**, tornare (indietro) di corsa; (*di un fatto*) risalire (*a un tempo, a una data*); (*ind. min.*) ritirare (*l'utensile*) dal foro □ **to run back over the past**, riandare il passato, rivangare il passato. **9 to run down**, scendere di corsa; colar giù, scorrere; (*di macchine, motori*) arrestarsi, fermarsi, esaurirsi, scaricarsi; (*di persona*) indebolirsi, stancarsi: **Bitter tears ran down the poor girl's cheeks**, amare lacrime scorrevano lungo le guance della povera ragazza; **The clock has run down**, l'orologio s'è fermato; **The battery has (o is) run down**, la batteria s'è scaricata (*o* è scarica); **He is (feels, looks) run down**, è (si sente, appare) esausto, depresso □ **to run (sb., st.) down**, inseguire e raggiungere; catturare; rintracciare, trovare; investire, travolgere, mettere sotto (*fam.*); denigrare, sparlare di: **to run down a fugitive**, catturare un evaso; **to run down a quotation**, rintracciare una citazione; **He ran down a man on a bicycle**, investì un ciclista; **At long last the military police ran him down**, dopo molto tempo la polizia militare lo catturò □ **to run down a military base**, rallentare l'attività di una base militare □ (*naut.*) **to run down a ship**, abbordare, investire di prora (*e spesso*) affondare una nave. **10 to run in**, entrare di corsa; (*di un combattente*) accorrere, farsi sotto, venire alle prese (*col nemico*) □ (*mecc., autom.*) **to run in a car**, rodare (fare il rodaggio di) un'automobile □ (*polit.*) **to run in a candidate**, assicurarsi l'elezione di un candidato □ (*fam.*) **to be run in** (**for stealing, etc.**), essere arrestato (per furto, ecc.) □ **Run in and see me tomorrow**, fa' una capatina da me domani. **11 to run into**, imbattersi in; incorrere in, fare (*debiti, ecc.*); (*autom.*) scontrarsi con (*un altro mezzo*); cozzare contro (*un ostacolo*): **to run into an old classmate**, imbattersi in un vecchio compagno di classe; **to run into debts**, fare debiti, indebitarsi □ **to run oneself into**, ridursi in (*miseria, ecc.*) □ **to run into difficulties**, trovarsi in difficoltà; avere dei guai □ (*di nave*) **to run into port**, entrare in porto □ (*metall.*) **to run metal into a mould**, colare metallo in una forma □ **The book ran into** (*o* **through**) **five editions**, il libro raggiunse la quinta edizione; il libro ebbe cinque edizioni □ **The days ran into weeks**, i giorni si fecero settimane □ **His attitude ran us into difficulties**, il suo atteggiamento ci mise in difficoltà (*o* ci cacciò nei guai) □ (*fin.*) **to run two companies into one**, fondere (*o* unificare) due società. **12 to run off**, correr via, fuggire, scappare; (*d'acqua, ecc.*) scorrer via, scaricarsi, svuotarsi □ **to run (st.) off**, leggere (*o* scrivere) correntemente (*una lista, ecc.*); recitare scorrevolmente (*una poesia, ecc.*); far scaricare, far scorrer via; battere, scrivere a macchina; (*tipogr.*) tirare, stampare; (*sport*) superare, decidere con lo spareggio: **He ran off the bath water**, fece scorrere l'acqua usata per il bagno; lasciò svuotare la vasca; **We ran off five hundred copies on the mimeograph**, tirammo cinquecento copie col ciclostile; **They ran off the preliminary heats**, superarono le eliminatorie (*nelle gare di corsa*) □ (*ferr.*) **to run off the rails**, uscir dalle rotaie; deragliare □ (*autom.*) **to run off the road**, uscire di strada. **13 to run on**, continuare a correre, a girare, a funzionare; parlare incessantemente; (*del tempo*) passare; (*di caratteri a stampa, di lettere scritte a mano*) essere molto stretto (*o* attaccato); (*tipogr.*) essere stampato (*o* stampare) di seguito: **The engine ran on after I'd taken off the ignition key**, il motore continuò a girare dopo che ebbi tolto la chiave dell'accensione; **He will run on for hours about his troubles**, è capace di parlare dei suoi guai per ore e ore □ **to run on** (*st.*), vertere su; trattare di; (*di un autoveicolo*) funzionare con, andare a: **My car runs on premium petrol**, la mia macchina va a benzina super **14 to run out**, correre fuori, uscire correndo; (*leg.*) scadere; esaurirsi, finire; inoltrarsi, spingersi, sporgere; defluire, scorrere, venir fuori; (*della marea*) rifluire; **Our lease has run out**, il nostro contratto d'affitto è scaduto; **My patience has run out**, la mia pazienza si è esaurita; **The landing strip runs out into the sea**, la pista d'atterraggio si spinge nel mare; **The cable ran out smoothly**, il cavo venne fuori (*o* si srotolò) facilmente □ **to run** (*st.*) **out**, svolgere, srotolare (*una fune, una manica da incendio, ecc.*) □ **to run** (*sb.*) **out**, (*cricket*) mandare fuori gioco □ **to run oneself out**, correre fino a esser esausto □ **to run out of**, finire, esaurire, rimanere sprovvisto di, restar senza q.c.: **We have run out of stock** (**of the goods**), abbiamo finito le scorte; siamo rimasti sprovvisti di merce □ **to run out of control**, sfuggire di mano; diventare ingovernabile: **Our economy had run out of control**, la nostra economia era diventata ingovernabile □ (*pop.*) **to run out on sb.**, piantare in asso q.; abbandonare (*la moglie, ecc.*) □ **to have run out of st.**, aver finito q.c.; essere senza (*soldi, sigarette, ecc.*). **15 to run over**, (*di liquido*) traboccare, scorrere: **The milk has run over**, il latte è traboccato □ **to run** (*st., sb.*) **over**, leggere rapidamente; ripassare, rivedere; investire, mettere sotto (*fam.*): **to run over a newspaper**, scorrere un giornale; **Let's run over these songs**, ripassiamo queste canzoni!; **My dog was run over by a car**, il mio cane fu investito da un'automobile □ (*fam.*) **to run over to see sb.**, fare un salto (*o* una scappata) da q.; andare a trovare q. □ **to run over the time limit**, superare il tempo massimo □ **The vine runs over the porch**, il rampicante ricopre la veranda. **16 to run round**, correre in tondo (*o* in cerchio); fare il giro; fare un salto (*fig.*): **to run round** (*o* **over**) **to the chemist's**, fare una corsa (*o* un salto) in farmacia. **17 to run through**, scorrere, dare un'occhiata (*o* una scorsa) a; sbrigare, trattare in fretta (*una faccenda, un lavoro, ecc.*); scialacquare, sperperare (*un patrimonio, ecc.*); tirare un frego su (*una parola, una riga*); pervadere; ripassare (*una lezione e sim.*); (*teatr.*) provare: **to run through one's mail**, dare una scorsa alla corrispondenza; **to run through one's engagements**, sbrigare le proprie faccende; **This feeling runs through the poem**, questo sentimento pervade tutto il poema. **18 to run to**, arrivare a, ammontare a; aver denaro; permettersi (*una spesa*); (*di denaro*) essere sufficiente a, bastare per; indulgere in, propendere per, tendere a: **The crowd ran to thousands**, la folla arrivava a qualche migliaio di persone; **I can't run to a holiday this year**, non posso permettermi una vacanza quest'anno; **Most women run to romance**, le donne per lo più tendono a essere romantiche □ **to run to earth**, inseguire (*la volpe*) fino alla tana (*o* fino a farla rintanare); (*fig.*) inseguire fino nel covo, trovare; stanare (*fig.*): **At last I ran him to earth in a cheap motel**, alla fine lo trovai in un motel da quattro soldi □ **to run to extremes**, andar troppo oltre □ **to run to ruin**, andare in rovina. **19 to run up**, correre su, salire di corsa; (*di prezzi*) salire, balzare, impennarsi; (*di debiti*) aumentare; alzare, issare (*una bandiera, ecc.*); costruire in fretta, metter su (*una tettoia, ecc.*); cucire in fretta (*un abito*); sommare (*una colonna di cifre*); accumulare (*debiti*); rincarare, far salire (*i prezzi*); (*comm.*) costringere (*gli altri offerenti a un'asta*) ad aumentare le offerte □ **to run up against sb.**, imbattersi in q.; incontrare q. per caso; scontrarsi con q. □ **to run up against difficulties**, incontrare serie difficoltà □ **to run up a score**, fare un debito; piantare un chiodo (*fig., pop.*). **20 to run upon**, urtare, andare a sbattere contro; parlare incessantemente (*V.* **to run on**); imbattersi in, incontrare per caso: **The trawler ran upon a rock**, il peschereccio urtò contro uno scoglio. **21 to run with**, essere inondato di; grondare: **to run with blood**, essere inondato (*o* coperto) di sangue; grondar sangue; **to run with sweat**, grondare sudore □ (*fam.*) **to run with sb.**, frequentare q. □ (*degli occhi*) **to run with tears**, lacrimare; piangere. ● **to run an advertisement**, far pubblicare un annuncio pubblicitario □ **to run afoul**, *V.* **to run foul** □ (*naut.*) **to run ashore** (*o* **aground**, **on the rocks**), incagliarsi, andare in secca; in-

run

cagliare, mandar nelle secche □ **to run at the nose**, avere il naso che gocciola □ (*naut.*) **to run before the storm**, fuggire la tempesta □ (*naut.*) **to run before the wind**, navigare col vento in poppa □ **to run a bill at a shop**, avere un conto corrente con un negozio; pagare ogni settimana (*o* ogni mese) □ (*mil.*) **to run a blockade**, forzare un blocco □ **to run a boat down to the water**, calare in acqua una barca □ **to run a car**, guidare un'automobile; tenere l'automobile: **I can't afford to run a Bentley**, non posso permettermi (di tenere) una Bentley □ **to run a car into the garage**, mandare un'automobile nella rimessa □ **to run cattle**, mandare bestiame al pascolo □ (*dell'acqua corrente*) **to run cold**, venire fredda (*a forza di scorrere*) □ **to run sb. close** (*o* **hard**), (*sport*) incalzare q. alle spalle, tallonare q.; (*fig.*) non essere da meno di q. □ **to run dry**, esaurirsi; prosciugarsi; seccarsi: **The rills are running dry**, i ruscelli si stanno prosciugando (*o* vanno in secca) □ **to run errands** (**messages**), fare commissioni; fare ambasciate; fare il fattorino □ (*ferr.*) **to run extra trains**, far viaggiare treni straordinari; effettuare corse straordinarie (*di metropolitana*) □ **to run one's eyes over st.**, dare un'occhiata (*o* una scorsa) a q.c. □ **to run one's fingers on the keyboard**, far scorrere le dita sulla tastiera (*di un pianoforte*) □ **to run one's fingers (a comb) through one's hair**, passarsi le dita (il pettine) fra i capelli; ravviarsi i capelli (con le mani, col pettine) □ **to run for dear** (*o* **for one's**) **life**, darsi alla fuga: **Run for your lives**, si salvi chi può! □ **to run for it**, darsela a gambe: **fare una corsa** (*per non bagnarsi, per prendere il treno, ecc.*) □ **to run foul**, impigliarsi; (*fig.*) impegolarsi; (*naut.*) entrare in collisione: **The ships ran foul of each other**, le due navi entrarono in collisione □ (*mecc.: di motore*) **to run free**, girare in folle □ **to run one's head against the wall**, dare col capo nel muro; sbattere la testa contro il muro; (*fig.*) tentare l'impossibile □ **to run high**, (*di fiume*) gonfiarsi, ingrossarsi, raggiungere il colmo (di piena); (*di prezzi, emozioni, ecc.*) crescere, salire, raggiungere il culmine: **Prices are running high**, i prezzi salgono; **Racial hatred ran high**, l'odio razziale giunse al colmo □ **to run sb. a hot bath**, preparare un bagno caldo (*nella vasca*) per q. □ **to run it fine**, farcela a stento (*o* per un soffio, per un pelo) □ **to run low**, scarseggiare; esaurirsi; (*comm.*) essere in ribasso □ **to run to meet one's troubles**, fasciarsi la testa prima del tempo; essere pessimista, esser troppo timoroso □ (*sport*) **to run a race**, fare una corsa; partecipare a una corsa; □ **to run the rapids**, discendere le rapide (*in barca*) □ (*naut.: di capitano*) **to run a ship to Boston**, portare una nave a Boston □ **to run short** (**of**), rimanere a corto (di q.c.), restar senza; rimanere a secco; finire: **I have run short of ammunition**, sono rimasto a corto di munizioni; **The money has run short**, i quattrini sono finiti □ (*fam.*) **to run the show**, essere il padrone; comandare □ **to run smoothly**, (*mecc.: di motore*) andare (*o* funzionare) bene; essere scorrevole; procedere senza scosse □ (*ferr.*) **to run a special train**, fare un treno straordinario □ **to run the streets**, giocare nella strada; essere un monello □ (*fam.*) **to run a temperature**, avere la febbre □ **to run wild**, inselvatichire: **The orchard has run wild**, l'orto è inselvatichito □ **to be running fat**, ingrassare; metter su peso □ (*pop.*) **to cut and run**, tagliare la corda; darsela a gambe □ **to leave the tap running**, lasciare aperto il rubinetto (*dell'acqua*) □ **to turn and run**, alzare le calcagna (*o* i tacchi); battersela (*fam.*); filare via □ **He who runs may read**, basta dare una scorsa per capire; si capisce al volo □ **His blood ran cold**, gli si gelò il sangue nelle vene □ **His life has only a few hours to run**, ha poche ore di vita; è agli sgoccioli □ **Inquisitiveness runs in the family**, la curiosità è una caratteristica della famiglia □ **So the story runs**, così dicono □ **Salmon run every year**, i salmoni risalgono i fiumi (*dal mare*) ogni anno □ **Wild horses are running the plain**, cavalli selvaggi scorrazzano per la pianura □ **He ran me breathless**, (*fam.*) **He ran me** (**clean**) **off my feet** (*o* **legs**), a forza di farmi correre, mi sfiancò □ **The illness must run its course**, la malattia deve fare il suo corso □ (*modo prov.*) **Things must run their course**, bisogna lasciar correre l'acqua alla sua china; bisogna lasciar che le cose seguano il loro corso.

run [rʌn], *n.* **1** corsa (*anche sport e mecc.*); percorso; tragitto; traversata; gita; scappata; passeggiata; breve viaggio; rapida visita: **to take a run** (**up**) **to London**, fare una scappata (*o* un viaggetto) a Londra; **The bus has been taken off its usual run**, la corsa dell'autobus è stata modificata; l'autobus segue un altro percorso; **a cross-country run**, una corsa campestre; **Let's go for a run in the car**, andiamo a fare una gita in macchina! **2** corso; andamento; direzione: **The run of the market is against us**, l'andamento del mercato ci è sfavorevole; **The run of the range is northeast**, la catena montuosa si estende in direzione di (*o* verso) nordest **3** (*poesia*) ritmo: **I cannot get the run of the metre**, non riesco a sentire il ritmo del verso **4** giro (*d'ispezione, di servizio, ecc.*): **The postman has finished his run**, il postino ha terminato il suo giro **5** periodo; serie; seguito; sequela; successione; (*teatr.*) serie di rappresentazioni: **a run of ill luck**, un periodo di sfortuna; una serie sfortunata; **a long run of successes**, un lungo seguito di successi **6** durata; permanenza; voga; successo: **a long run of power**, una lunga permanenza al potere; **There is quite a run on fur coats**, le pellicce sono in gran voga; c'è una gran richiesta di pellicce; **The book had a considerable run**, il libro ebbe un notevole successo (*o* una forte tiratura) **7** tratto (*di terreno, ecc.*); zona cintata; recinto: **a cattle run**, un tratto di terreno riservato al bestiame; **a chicken run**, un recinto per polli; un pollaio; **a sheep run**, un recinto per le pecore; un ovile **8** lunghezza; tratto: **a five-hundred-foot run of pipe**, un tratto di tubatura di cinquecento piedi (*circa 150 metri*); cinquecento piedi di tubatura **9** classe; categoria; qualità: **Your father is above the ordinary run of mankind**, tuo padre è un uomo (di qualità) superiore alla media **10** (*zool.*) branco (*di pesci che risalgono un fiume*); (*di pesci*) il risalire un fiume: **a run of salmon**, un branco di salmoni **11** abbeveratoio; vasca **12** libero accesso; adito: **He has the run of my house**, ha libero accesso alla mia casa **13** (*di calza*) smagliatura **14** (*ind.*) produzione; prodotto **15** (*elab.*) esecuzione; (*anche*) ciclo di operazioni **16** (*mus.*) volata **17** (*aeron., naut.*) distanza percorsa **18** (*aeron. mil.*) missione; (*anche* **run-in**, **run-up**) rotta d'approccio, volo d'avvicinamento al bersaglio (*di bombardiere*) **19** (*costr. navali*) stellato di poppa **20** (*geogr. USA*) corso d'acqua; torrente **21** (*fin.*) corsa; domanda forte e insistente; assalto (*fig.*): **a run on the Swiss franc**, una corsa al franco svizzero; **a run on the bank**, un assalto alla banca (*da parte dei clienti*) **22** (*tipogr.*) tiratura **23** (*nei giochi di carte*) sequenza di carte dello stesso seme (*di solito, più di cinque*; *cfr.* **straight**) **24** (*sport*) pista (*di sci, di bob*) **25** (*baseball*) «run»; giro delle basi **26** — (*pl., fam.*) **the runs**, la diarrea. ● (*fam.*) **run-around**, anticamera (*fig.*); inutile attesa; evasività; (*ind. min.*) lunetta; tradimento; corna (*volg.*): **to get** (**to give**) **the run-around**, fare (far fare) anticamera; essere tradito (tradire) □ **run-down**, (*ind.*) rallentamento (*della produzione*); riduzione (degli effettivi); rapporto dettagliato □ (*ind. min.*) **run-of-mill**, preconcentrato (*sost.*) □ **run-of-the-mill**, ordinario; comune □ **a run of stairs**, una rampa di scale □ **run-off**, (*sport*) corsa decisiva, corsa finale; liquido traboccato (*da un recipiente*) □ **run-through**, occhiata, scorsa; rassegna, resoconto; ripassata; (*teatr.*) prova □ **run-up**, (*sport*) rincorsa; (*comm.*) balzo, impennata (*dei prezzi*); (*polit.*) periodo preelettorale □ **at a run**, di corsa; a passo di corsa: **The soldiers went past at a run**, i soldati sfilarono a passo di corsa □ **to break into a run**, mettersi a correre □ **a buffalo run**, una pista di bufali □ (*sport*) **circular run**, circuito □ **to have a run for one's money**, spendere bene i propri quattrini; aver qualche soddisfazione dalle proprie fatiche; vedere il frutto dei propri sforzi □ **in the day's run**, nel corso della giornata □ **in the long run**, a lungo andare; nel lungo periodo □ **in the short run**, a breve scadenza; a breve termine □ (*aeron.*) **landing run**, corsa d'atterraggio □ **on the run**, in fuga; in moto; in attività, in faccende: **The invaders are on the run now**, gli invasori sono ora in fuga; **I have been on the run all day**, sono stato in movimento (*o* affaccendato) tutto il giorno □ **to take a run**, fare una corsa □ (*aeron.*) **take-off run**, corsa di decollo □ **with a run**, improvvisamente; rapidamente; di colpo: **Temperature came down with a run**, la temperatura s'abbassò di colpo □ **This doctrine has had its run**, questa teoria ha fatto il suo tempo.

runabout ['rʌnəbaut], *n.* **1** girandolone; girellone; vagabondo **2** vettura leggera; calesse **3** (*autom.*) spider; automobile scoperta a due posti **4** (*naut.*) piccolo motoscafo da diporto.

runaway ['rʌnəwei], **A** *n.* **1** fuggiasco; fuggitivo; disertore; evaso **2** cavallo che ha preso la mano; cavallo in fuga. **B** *a.* **1** fuggiasco; evaso **2** galoppante; sfrenato; scatenato. ● **a r. couple**, una coppia d'innamorati scappati per sposarsi di nascosto □ (*mil.*) **r. gun**, arma a raffica spontanea □ **a r. horse**, un cavallo in fuga □ (*econ.*) **r. inflation**, inflazione galoppante □ **a r. match** (*o* **marriage**), un matrimonio clandestino □ (*comm.*) **r. prices**, prezzi in rapido aumento □ (*sport*) **a r. race**, una corsa vinta facilmente □ **a r. ring**, una scampanellata alla porta data da qualcuno che poi se la dà a gambe □ **a r. victory**, una vittoria facilissima; una passeggiata (*fig.*).

runback ['rʌnbæk], *n.* (*chim., ind.*) tubo di ritorno.

runcible spoon ['rʌnsibl'spu:n], *n.* forchetta che serve anche da coltello e cucchiaio (*avendo tre grossi rebbi concavi, di cui uno tagliente*).

runcinate ['rʌnsinit], *a.* (*bot.*) roncinato, runcinato.

rundle ['rʌndl], *n.* **1** piolo (*di scala*) **2** rotella **3** ruota (*di carriola*).

run-down ['rʌndaun], **A** *a.* **1** (*d'orologio, di batteria, ecc.*) scarico **2** (*di edificio*) cadente; diroccato; in rovina **3** (*di persona*) esaurito; debilitato; a terra (*fam.*). **B** *n. V sotto* **run**.

rune [ru:n], *n.* **1** runa; carattere runico **2** iscrizione runica **3** (*fig.*) segno misterioso; simbolo magico **4** antico poema finlandese (*o* scandinavo). ● **r.-staff**, bacchetta magica (*con scritte*

runiche); antico calendario scandinavo o inglese.
rung (1) [rʌŋ], *n.* **1** piolo (*di scala, di sedia, ecc.*) **2** (*di ruota*) raggio. ● (*fig.*) **to start at the bottom r. of the ladder**, cominciare dal primo gradino (*della carriera*); cominciare dalla gavetta □ (*fig.*) **the topmost r. of Fortune's ladder**, il gradino più alto nella scala della fortuna; il colmo della fortuna.
rung (2) [rʌŋ], *p. p.* di **to ring (2)**.
runic ['ru:nik], **A** *a.* **1** runico **2** simile alle rune; a mo' di rune. **B** *n.* (*tipogr.*) carattere di stampa modellato sul runico.
runlet (1) ['rʌnlit], *n.* (*USA*) ruscelletto; torrentello.
runlet (2) ['rʌnlit], *n.* (*arc.*) barile; botte.
runnel ['rʌnl], *n.* **1** (*lett.*) rivo; ruscelletto; rigagnolo **2** canaletto di scolo **3** (*geol.*) canale di drenaggio.
runner ['rʌnə*], *n.* **1** chi corre; (*sport*) corridore; podista **2** fattorino; messaggero; messo (*specialm. di una banca*) **3** (*comm.*) piazzista; propagandista; sollecitatore (*d'ordinazioni, ecc.*) **4** chi fugge; chi scappa; fuggiasco **5** (*mil.*) staffetta; portaordini **6** contrabbandiere; nave contrabbandiera (*specialm. nei composti*): **a gun r.**, un contrabbandiere di armi **7** (*di slitta, d'aliante*) pattino; (*di pattino*) lama **8** tovaglia decorativa (*da porre su una tavola, una credenza*) **9** striscia di tappeto (*in un corridoio, in un salone*); guida; passatoia; corsia **10** (*bot.*) stolone: **strawberry runners**, stoloni di fragole **11** (*mecc.*) guida di scorrimento; scanalatura **12** (*metall.*) canale di colata **13** rullo di legno (*per spostare oggetti pesanti*) **14** anello (*di corda, cinghia, ecc.*) **15** (*di un mulino*) macina superiore **16** (*zool.*) uccello corridore (*in genere*); (*specialm.*, *Rallus aquaticus*) porciglione **17** (*ferr. USA*) macchinista **18** (*USA*) smagliatura (*di calza*; *cfr. ingl.* **ladder**). ● (*bot.*) **r. bean** (*o* **scarlet r.**) (*Phaseolus coccineus*), fagiolo di Spagna □ **r.-up**, (*specialm. sport*) secondo arrivato, secondo in classifica; (*comm.*) chi rilancia a un'asta; (*fig.*, *anche polit.*) (l') eterno secondo: **He's a r.-up**, è l'eterno secondo □ **blockade r.**, (*mil.*) violatore di un blocco; (*naut.*) nave che forza un blocco.
running (1) ['rʌniŋ], *a.* **1** che corre; in corsa **2** corrente: **r. water**, acqua corrente; **r. account**, conto corrente, conto aperto (*in un negozio*; *non in banca*) **3** corsivo: **a r. hand** (*o* handwriting), un carattere corsivo; un carattere a mano (*non stampatello*) **4** scorsoio: **a r. knot**, un nodo scorsoio **5** (*di motore*) in marcia; che funziona; acceso **6** (*di ferita, ecc.*) purulento; in suppurazione **7** (*del naso*) che cola; gocciolante. ● **r. battle**, battaglia ininterrotta; (*fig.*) discussione a non finire, continuo litigio □ (*zool.*) **r. bird**, V. **runner**, def. 16 □ (*autom.*) **r. board**, montatoio; predellino □ (*radio*, *telev.*) **a r. commentary**, una radiocronaca (*o* telecronaca) diretta □ **r. design**, un disegno (*o* un ornamento) ricorrente □ (*fig.*) **r. dog**, lacché; servo □ (*rag.*) **r. expenses**, spese di esercizio; spese correnti □ (*mil.*, *naut.*) **r. fight**, combattimento fra chi insegue e chi si ritira □ (*mil.*) **r. fire**, fuoco di fila; fuoco a volontà □ (*fig.*) **a r. fire of questions**, un fuoco di fila di domande □ (*poker*) **r. flush**, scala reale □ **r. a foot**, un piede lineare (*30 cm circa*) □ (*mecc.*) **r. gear**, rodiggio □ (*ind. min.*) **r. ground**, terreno franoso □ **r. head(line)** (*o* **r. title**), testatina, testata di pagina (*di giornale*) □ (*sport*) **r. jump**, salto con rincorsa □ **a r. race**, una corsa veloce □ **r. stitch**, punto filza □ **r. story**, articolo a puntate (*di giornale*) □ (*di treni, ecc.*) **The r. time is two hours**, la durata della corsa è di due ore □ (**for**) **five days r.**, per cinque giorni consecutivi □ **six times r.**, sei volte di seguito □ (*di meccanismo, ecc.*) **smooth-r.**, scorrevole □ (*pop.*) **Take a r. jump!**, vattene!; fila!; smamma!
running (2) ['rʌniŋ], *n.* **1** corsa; (*sport*) podismo **2** (*mecc.*) marcia; funzionamento, manutenzione (*di macchinario*): **ahead r.**, marcia avanti; **reverse r.**, marcia indietro **3** corso; flusso; scorrimento **4** (*sport*) rincorsa **5** direzione, gestione, conduzione (*di un'azienda, ecc.*) **6** (*autom.*) percorso: **mixed r.**, percorso misto (*in città e su strada*) **7** (*di ferita*) suppurazione **8** (*leg.*, *comm.*) decorrenza (*d'un termine, ecc.*) ● (*naut.*) **r. aground** (*o* **r. ashore**), incaglio □ (*autom.*) **r.-in**, rodaggio □ **r. mate**, cavallo di un tiro a due; (*ippica*) cavallo che fa l'andatura al favorito; (*polit.*) candidato alla meno importante di due cariche abbinate; (*USA*) candidato alla Vicepresidenza □ (*sport*) **r. shoes**, scarpe (*o* scarpette) da corsa (*o* da podismo) □ (*sport*) **r. track**, pista (*per atletica leggera*) (*sport* e *fig.*) **to be in the r.**, essere (ancora) in corsa (*o* in gara) □ **to make** (*o* **to take up**) **the r.**, (*sport*) fare l'andatura; condurre la corsa; (*fig.*) essere in testa, imporre agli altri il proprio ritmo □ **to be out of the r.**, (*sport*: *di concorrente*) essere fuori gara; (*fig.*) non aver probabilità di vittoria □ (*mecc.*, *autom.*) **slow r.**, minimo.
runny ['rʌni], *a.* **1** semiliquido **2** (*del naso*) che cola; gocciolante.
runt [rʌnt], *n.* **1** bovino di razza piccola (*specialm. della Scozia o del Galles*) **2** animale (*o* pianta) di misura inferiore al normale **3** il più piccolo di una figliata (*specialm. di maiali*) **4** (*spreg.*) omuncolo; nanerottolo **5** grosso piccione domestico.

runway ['rʌnwei], *n.* **1** (*mecc.*) piano di scorrimento **2** rampa (*di carico, ecc.*) **3** (*di fiume*) alveo; letto **4** (*di bestie selvatiche*) pista **5** scivolo (*per tronchi d'albero*) **6** (*aeron.*) pista (*d'atterraggio o di decollo*).
rupee [ru:'pi:], *n.* rupia.
rupture ['rʌptʃə*], *n.* **1** (*anche fig.*) rottura **2** (*med.*) ernia.
to rupture ['rʌptʃə*], **A** *v. t.* **1** rompere; provocare la rottura di (*una vena, un matrimonio, ecc.*) **2** provocare un'ernia a (q.). **B** *v. i.* rompersi. ● (*med.*) **to be ruptured**, avere un'ernia.
rural ['ruərəl], *a.* rurale; agreste; campagnolo; campestre: **r. schools**, scuole rurali; **a r. landscape**, un paesaggio agreste; (*econ.*) **r. housing**, edilizia rurale; **r. customs**, usanze campagnole; **a r. policeman**, una guardia campestre. ● (*ecologia*) **the preservation of r. amenities**, la conservazione delle bellezze della natura.
rurality [,ruə'ræliti], *n.* l'esser rurale; carattere agreste.
ruralization [,ruərəlai'zeiʃən], *n.* ruralizzazione.
to ruralize ['ruərəlaiz], **A** *v. t.* ruralizzare. **B** *v. i.* **1** ruralizzarsi; diventare rurale **2** (*fam.*) (andare a) vivere in campagna.
ruse [ru:z], *n.* artificio; astuzia; inganno; stratagemma; trucco.
rush (1) [rʌʃ], *n.* **1** (*bot.*, *Juncus*, *Scirpus*) giunco **2** (*collett.*) vimini (*per lavori in vimini*). ● **r. bearing**, festa dei giunchi (*con cui s'adornano le chiese nell'Inghilterra sett.*) □ **r. candle** (*o* **r. light**), lumicino (*candela col lo stoppino di midollo di giunco*) □ **I don't care a r.**, non me ne importa un fico (secco) □ **It is not worth a r.**, non vale nulla; non vale una cicca.
to rush (1) [rʌʃ], **A** *v. t.* **1** rivestire di vimini (*il fondo d'una sedia*); impagliare **2** coprire (*un pavimento*) di giunchi. **B** *v. i.* **1** di solito, **to go rushing**) raccogliere giunchi.
to rush (2) [rʌʃ], **A** *v. i.* **1** andare di gran carriera; correre a precipizio; passare a tutta velocità; scorrere (*o* fluire) veloce: **A car rushed by**, un'automobile passò (*davanti*, *accanto a noi*, *ecc.*) a tutta velocità; **The river rushes past**, il fiume scorre veloce **2** affrettarsi; accorrere; precipitarsi; lanciarsi; slanciarsi; avventarsi: **I rushed to meet him**, m'affrettai ad andargli incontro; **He rushed to help me**, accorse in mio aiuto; **I rushed out of the room**, mi precipitai fuori della stanza; uscii precipitosamente; **The soldiers rushed to the attack**, i soldati si lanciarono all'attacco; **The tiger rushed at him**, la tigre gli si avventò contro. **B** *v. t.* **1** spingere; portare (*o* trascinare) d'urgenza: **They rushed him out of the bar**, lo spinsero (*o* lo buttarono) fuori dal caffè; **She rushed the child to the doctor**, portò il bambino d'urgenza dal dottore **2** mandare (*o* spedire) in tutta fretta; far affluire rapidamente: **Fresh troops were rushed up to the front**, truppe fresche furono rapidamente fatte affluire al fronte **3** fare (q.c.) in fretta; affrettare; accelerare; far fretta a (q.): **I don't like to r. my work**, non mi piace fare il mio lavoro in fretta; **I refuse to be rushed**, non voglio che mi si faccia fretta **4** (*fam.*) far pagare, chiedere (*un prezzo esorbitante*): **They rushed us ten pound each**, ci fecero pagare dieci sterline a testa **5** (*mil.*) prender d'assalto; catturare; conquistare: **to r. the enemy's positions**, conquistare le posizioni nemiche. ● **to r. at**, attaccare; assalire; caricare: **The buffalo rushed at the hunter**, il bufalo caricò il cacciatore □ **to r. back**, tornare indietro in tutta fretta □ **to r. a barrier**, superare d'un balzo una barriera □ (*polit.*) **to r. a bill through the House of Commons**, fare approvare in fretta e furia (*o* con procedura d'urgenza) una legge ai Comuni □ **to r. down the stairs**, scendere le scale a precipizio □ (*fig.*) **to r. one's fences**, essere precipitoso; essere avventato □ **to r. the gates**, forzare i cancelli (*con un'automobile, ecc.*) □ **to r. into print**, dare alle stampe (*un libro*) in fretta e furia □ **to r. into an undertaking**, lanciarsi a capofitto in un'impresa □ (*fig.*) **to r. sb. off his feet**, fare fuoco sotto i piedi a q. (*fig.*); costringere q. ad agire senza riflettere; obbligare q. a prendere una decisione avventata □ **to r. out 10,000 copies of a book**, pubblicare in fretta e furia 10 000 copie di un libro □ (*comm.*) **to r. (through) an order in a few days**, sbrigare un'ordinazione in pochi giorni □ **to r. to a conclusion**, giungere a una conclusione affrettata □ **to r. up the stairs**, salire di corsa le scale □ **a rushing mighty wind**, un vento di estrema violenza □ **Don't r. through your work**, non lavorare troppo in fretta! □ **The stars rushed out**, le stelle s'accesero all'improvviso □ **A terrible thought rushed into his mind**, un pensiero terribile gli si presentò d'un tratto alla mente □ **Blood rushed to my face**, mi salì il sangue al viso.
rush (2) [rʌʃ], *n.* **1** fretta; furia; eccitazione; traffico; trambusto: **I don't like the r. of big cities**, non mi piace il trambusto delle grandi città; **What is all this r.?**, perché tutta questa fretta? **2** assalto; attacco; corsa impetuosa; impeto; forza; slancio: **When the fire broke out, there was a r. for the emergency exits**, quando scoppiò l'incendio, le uscite di sicurezza furono prese d'assalto; **The citadel was carried with a r.**, la cittadella fu conquistata di slancio; **Whole families were swept away by the r. of the river**, intere famiglie furono spazzate via dalla forza impetuosa delle acque **3** affollamento; ressa: **the Christmas**

rushlight

r., l'affollamento delle feste natalizie (*nei negozi*) **4** grande richiesta; grande ricerca: **There is a r. for second-hand cars**, c'è una grande richiesta di automobili usate **5** (*cinem.*) copia rapida **6** (*ippica*) «rush». ● **the r. hours**, le ore di punta (*del traffico*) □ (*med.*) **a r. of blood to the head**, un'ondata di sangue alla testa; una congestione cerebrale □ **a r. of tenderness**, un'impeto di tenerezza □ (*comm.*) **a r. order**, un'ordinazione urgente □ (*comm., turismo, ecc.*) **the r. season**, l'alta stagione □ (*pop. USA*) **to give sb. the bum's r.**, buttare q. fuori (*da un locale*) □ **the Gold R.**, la febbre dell'oro (*in California, nel 1848*) □ (*comm.*) **a great r. of business**, una grande quantità d'affari □ **a great r. of population to the West**, un grande movimento migratorio verso l'Ovest ● **with a r.**, di slancio; d'impeto.
rushlight ['rʌʃlait], *V*. **rush light**, *sotto* **rush (1)**.
rushlike ['rʌʃlaik], *a*. simile a un giunco; flessibile (come un giunco).
rushy ['rʌʃi], *a*. **1** coperto (*o* folto, pieno) di giunchi **2** fatto di vimini **3** simile a un giunco; flessibile (come un giunco).
rusk [rʌsk], *n*. fetta di pane biscottato; biscotto croccante.
russet ['rʌsit], **A** *n*. **1** color rossastro (*o* rossiccio); color ruggine **2** (*bot.*) mela ruggine. **B** *a*. rossastro; rossiccio; color ruggine.
Russia ['rʌʃə], *n*. **1** (*geogr.*) Russia **2** (*anche* **R. leather**) cuoio di Russia.
Russian ['rʌʃən], *a. e n*. russo (*anche la lingua*).
to **Russianize** ['rʌʃənaiz], *v. t*. russificare.
Russification [ˌrʌsifi'keiʃən], *n*. russificazione.
to **Russify** ['rʌsifai], *v. t*. russificare.
Russo-American [ˌrʌsouə'merikən], *a*. russo-americano: **R. trade**, il commercio russo-americano.
Russophil ['rʌsoufil], **Russophile** ['rʌsoufail], *n*. russofilo.
Russophilism [rʌ'sɔfilizəm], *n*. russofilia.
Russophobe ['rʌsoufoub], *n*. russofobo.
Russophobia [ˌrʌsou'foubjə], *n*. russofobia.
rust [rʌst], *n*. **1** (*anche bot.*) ruggine **2** (*fig.*) inerzia; torpore mentale **3** color ruggine. ● **r.-coloured**, color ruggine □ **r.-eaten**, roso dalla ruggine □ **r. preventer**, (sostanza) antiruggine □ **r. prevention**, trattamento antiruggine □ **r. preventive**, *V*. **r. preventer** □ **r.-proof** (*o* **r.-resistant**), inossidabile.
to **rust** [rʌst], **A** *v. i*. **1** arrugginire; far la ruggine, arrugginirsi (*anche fig.*); indebolirsi: **My memory has rusted**, mi s'è arrugginita la memoria **2** (*bot.: delle piante*) avere la ruggine **3** diventare color ruggine. **B** *v. t*. fare arrugginire (*anche fig.*).
to **r. away**, essere distrutto dalla ruggine.
rustic ['rʌstik], **A** *a*. rustico; agreste; campagnolo; grossolano; rozzo; semplice; schietto; rusticano (*lett.*): **r. hospitality**, rustica ospitalità; **r. furniture**, mobili rustici; **r. dress**, abito campagnolo; **r. manners**, modi rustici e sinceri. **B** *n*. campagnolo; contadino. ● **a r. bridge**, un ponticello rustico; una passerella di legno (*o* di pietra) □ **r. charm**, fascino della campagna; fascino agreste □ **a r. seat**, un sedile alla rustica (*di rozze pietre o di grossi rami*) □ (*edil.*) **r. work**, opera muraria (*muro, facciata, ecc.*) rustica.
rustically ['rʌstikəli], *avv*. rusticamente; rozzamente.
to **rusticate** ['rʌstikeit], **A** *v. i*. vivere in campagna; condurre vita rustica. **B** *v. t*. **1** mandare (q.) in campagna; far vivere (q.) in campagna **2** sospendere (*uno studente*) dall'università **3** rendere rustico **4** (*edil.*) costruire (*un muro, ecc.*) alla rustica; bugnare. ● (*archit.*) **rusticated ashlar**, bugna; bozza.
rustication [ˌrʌsti'keiʃən], *n*. **1** soggiorno in campagna; vita rurale **2** sospensione temporanea (*dall'università*) **3** (*archit.*) rustico; bugnato; bugna.
rusticity [rʌs'tisiti], *n*. rusticità; rustichezza.
rustiness ['rʌstinis], *n*. rugginosità; l'esser arrugginito (*anche fig.*).

rusting ['rʌstiŋ], *n*. (*metall.*) arrugginimento.
to **rustle** ['rʌsl], **A** *v. i*. **1** (*di vesti, carta*) frusciare; (*di foglie*) stormire **2** (*della pioggia*) picchiettare; picchierellare **3** passare frusciando: **The girls rustled along**, le ragazze passarono con un fruscio di gonnelle **4** (*fam. USA*) essere attivo (*o* energico); darsi da fare **5** (*USA*) rubare bestiame. **B** *v. t*. **1** far frusciare; far stormire **2** (*fam. USA, spesso* **to r. up**) ottenere (*o* procurarsi) (q.c.) agendo energicamente **3** (*USA*) rubare (*bestiame*). ● (*di belva*) **to r. through the jungle**, strisciare nella giungla (*facendo frusciare le piante*) □ (*fam. USA*) **to r. up some food**, preparare da mangiare alla meglio; tirar fuori qualcosa da mangiare.
rustle ['rʌsl], *n*. **1** fruscio (*di vesti, di carta, ecc.*); lo stormire (*delle fronde*); mormorio **2** (*della pioggia*) picchiettio.
rustler ['rʌslə*], *n*. (*USA*) **1** (*fam.*) persona energica, attiva **2** ladro di bestiame.
rustless ['rʌstlis], *a*. **1** senza ruggine **2** (*metall.*) inossidabile: **r. steel**, acciaio inossidabile.
rustling ['rʌstliŋ], **A** *a*. frusciante; che stormisce. **B** *n*. **1** fruscio; lo stormire (*delle fronde*); mormorio **2** (*della pioggia*) picchiettio **3** (*USA*) abigeato; furto di bestiame.
rustproof ['rʌstpru:f], *a*. (*metall.*) inossidabile.
to **rustproof** ['rʌstpru:f], *v. t*. (*metall.*) rendere inossidabile.
rusty ['rʌsti], *a*. **1** rugginoso; arrugginito: **a r. sword**, una spada rugginosa; **a r. key**, una chiave arrugginita **2** (*di pianta*) affetto dalla ruggine **3** (*fig.*) arrugginito; antiquato: **His geometry is r.**, le sue nozioni di geometria sono antiquate; **My French is very r.**, il mio francese è proprio arrugginito **4** (*fig.: di persona*) non allenato; fuori esercizio; arrugginito: **I am a little r. in chess**, sono un po' fuori esercizio nel gioco degli scacchi **5** color ruggine **6** (*d'abito nero*) scolorito; stinto **7** (*della voce, di tono*) roco; rauco. ● **to become** (*o* **to get**) **r.**, arrugginire, arrugginirsi.
rut (1) [rʌt], *n*. **1** solco (*lasciato dalle ruote*); carreggiata; rotaia **2** (*fig.*) abitudine inveterata; consuetudine; tran-tran: **to get into a rut**, farsi prendere dal tran-tran (*o* dalla routine); fossilizzarsi (*fig.*).
to **rut (1)** [rʌt], *v. t*. solcare; far solchi in: **a deeply rutted road**, una strada profondamente solcata (*dal passaggio di veicoli*).
rut (2) [rʌt], *n*. (*d'animale maschio*) fregola; calore.
to **rut (2)** [rʌt], *v. i*. (*d'animale maschio*) essere in fregola; essere in calore.
Ruth [ru:θ], *n*. (*anche Bibbia*) Ruth.
Ruthenian [ru:'θi:njən], *a. e n*. ruteno (*anche la lingua*).
ruthenic [ru:'θi:nik], *a*. (*chim.*) rutenico.
ruthenium [ru:'θi:njəm], *n*. (*chim.*) rutenio.
ruthless ['ru:θlis], *a*. **1** spietato; crudele; implacabile; inesorabile **2** fermo; deciso; risoluto.
ruthlessness ['ru:θlisnis], *n*. **1** spietatezza; crudeltà; inesorabilità **2** fermezza; risolutezza.
rutilant ['ru:tilənt], *a*. **1** (*lett.*) rutilante; fulgido; splendente **2** (*raro*) rossastro; che dà un bagliore rossastro.
rutile ['ru:ti:l], *n*. (*miner.*) rutilo.
rutting ['rʌtiŋ], *a*. (*d'animale maschio*) in calore; in fregola.
ruttish ['rʌtiʃ], *a*. **1** (*d'animale maschio*) in fregola; in calore **2** (*di uomo*) libidinoso; lascivo; osceno; sboccato.
rutty ['rʌti], *a*. (*di strada, ecc.*) pieno di solchi; solcato dalle ruote.
rye (1) [rai], *n*. **1** (*bot., Secale cereale*) segale, segala **2** (*anche* **rye whiskey**) whisky di segale **3** (*USA*) pane di segale **4** (*USA*) bicchiere di whisky di segale. ● **rye bread**, pane di segale □ (*bot.*) **rye-grass** (*Lolium perenne*), loglierella.
rye (2) [rai], *n*. (*zingaresco*) gentiluomo; signore.
ryot ['raiət], *n*. (*anglo-ind.*) contadino.

S, s

S, s [es], *n.* (*pl.* **S's, s's; Ss, ss**) **1** S, s (*diciannovesima lettera dell'alfabeto ingl.*) **2** esse; oggetto a forma di S; curva a S: **The river makes a great S**, il fiume fa una grande esse. ● (*tel.*) **s for Sugar**, s come Salerno.

's (1) [-z], *desinenza del caso possessivo* (*dei nomi al sing.*; *dei nomi pl.*, *con pl. non uscente in «s»*; *di taluni pronomi*, *per es.*:) **the girl's father**, il padre della ragazza; **the children's toys**, i giocattoli dei bambini; **one's relatives**, i propri parenti.

's (2) [-z], *contraz. fam. di:* **1 is**: **He's here**, è qui **2 has**: **He's gone away**, se n'è andato **3 us**: **Let's go**, andiamo!; andiamocene! **4 does** (*dopo un pron. o un avv. interr.*): **How's he play it?**, e come lo suona?

Sabaean [sə'bi:ən], *a. e n.* sabeo (*di Saba*, *abitante di Saba*).

Sabaoth [sae'beiɔθ], *n. pl.* (*Bibbia*) eserciti (*soltanto nella locuz.*:) **the Lord of S.**, il Dio degli eserciti.

sabbatarian [ˌsæbə'tɛəriən], (*relig.*) **A** *a.* dei sabbatari. **B** *n.* sabbatario.

sabbatarianism [ˌsæbə'tɛəriənizəm], *n.* (*relig.*) dottrina dei sabbatari.

Sabbath ['sæbəθ], *n.* **1** (*relig.*) giorno di riposo; sabato (*per gli ebrei*); domenica (*per i cristiani*) **2** – **s.** (*anche* **witches' S.**) sabba; tregenda di streghe e demoni. ● **S.-breaker**, violatore del precetto del riposo festivo □ **S.-day's journey**, viaggio consentito agli ebrei nel giorno di sabato (*poco più di un chilometro*) □ **to keep (to break) the S.**, osservare (non osservare) le feste comandate.

sabbatical [sə'bætikəl], **A** *a.* **1** (*relig.*) sabbatico: **s. year**, anno sabbatico **2** sabbatico (*relativo al congedo retribuito di docenti universitari*). **B** *n.* **1** (*relig.*) anno sabbatico **2** anno (*o semestre*) di congedo (*concesso circa ogni sette anni a professori universitari per compiere ricerche*, *studi*, *viaggi*).

to sabbatize ['sæbətaiz], (*relig.*) **A** *v. i.* osservare le feste comandate (*o il riposo festivo*). **B** *v. t.* considerare (*un giorno*) festivo.

saber ['seibə*] *e deriv.*, (*USA*) *V.* **sabre** *e deriv.*

Sabine ['sæbain], *a. e n.* (*stor. romana*) sabino.

sable (1) ['seibl], *n.* **1** (*zool.*, *Martes zibellina*) zibellino **2** pelliccia di zibellino **3** pennello (*da pittore*) di peli di zibellino.

sable (2) ['seibl], **A** *n.* **1** (*araldica*) color nero; nero **2** (*pl.*) abito da lutto; lutto; gramaglie. **B** *a.* (*poet.*, *retor.*) nero; fosco; scuro; tetro. ● (*zool.*) **s. antelope** (*Hippotragus niger*), antilope nera.

sabot ['sæbou], *n.* **1** zoccolo **2** scarpa con la suola di legno.

sabotage ['sæbətɑːʒ], *n.* sabotaggio.

to sabotage ['sæbətɑːʒ], *v. t.* sabotare. ● **to s. sb.'s plans**, guastare i piani di q.

saboteur [ˌsæbə'tə:*], *n.* sabotatore.

sabra ['sa:brə] (*ebraico*), *n.* sabra; cittadino nato in Israele.

sabre ['seibə*], *n.* **1** (*mil.*, *sport*) sciabola **2** (*pl.*) cavalleggeri; soldati di cavalleria: **The general had five thousand sabres**, il generale aveva cinquemila cavalleggeri. ● **s.-cut**, sciabolata □ **s. rattling**, l'agitare la spada; (*fig.*) minacce di guerra □ (*mecc.*) **s. saw**, sega alternativa (*portatile*) □ (*paleontologia*) **s.-toothed tiger** (*Smilodon*), tigre dai denti a sciabola.

to sabre ['seibə*], *v. t.* sciabolare; colpire con la sciabola.

sabretache ['sæbətæʃ], *n.* (*mil.*) giberna (*d'ufficiale di cavalleria*).

sabulous ['sæbjuləs], *a.* **1** sabbioso; granuloso **2** (*med.*) sabbioso.

sac [sæk], *n.* (*anat.*) sacco.

saccate(d) ['sækeit(id)], *a.* (*bot.*) a forma di sacco; saccato.

saccharate ['sækəreit], *n.* (*chim.*) saccarato.

sacchariferous [ˌsækə'rifərəs], *a.* saccarifero.

saccharification [səˌkærifi'keiʃən], *n.* (*chim.*) saccarificazione.

to saccharify [sə'kærifai], *v. t.* (*chim.*) saccarificare.

saccharimeter [ˌsækə'rimitə*], *n.* (*chim.*) saccarimetro.

saccharin(e) (1) ['sækərin], *n.* (*chim.*) saccarina.

saccharine (2) ['sækərain], *a.* **1** (*chim.*) saccaroso; zuccherino **2** (*fig.*) zuccheroso; zuccherato; melato: **a s. voice**, una voce melata.

saccharoid ['sækərɔid], *a.* (*geol.*) saccaroide.

saccharoidal [ˌsækə'rɔidəl], *V.* **saccharoid**.

saccharometer [ˌsækə'rɔmitə*], *n.* (*chim.*) saccarometro.

saccharose ['sækərous], *n.* (*chim.*) saccarosio.

sacciform ['sæksifɔ:m], *a.* (*scient.*) sacciforme.

saccular ['sækjulə*], **sacculate** ['sækjulit], **sacculated** ['sækjuleitid], *a.* (*scient.*) sacculato; formato da (*o diviso in*) piccoli sacchi.

saccule ['sækju:l], *n.* (*scient.*) sacculo.

sacerdotage [ˌsæsə'doutidʒ], *n.* (*scherz.*, *spreg.*) clericalismo; governo pretesco.

sacerdotal [ˌsæsə'doutl], *a.* sacerdotale.

sacerdotalism [ˌsæsə'doutlizəm], *n.* (*spesso spreg.*) clericalismo; governo pretesco.

sachem ['seitʃəm], *n.* **1** «sachem»; capo indiano (*d'America*) **2** (*fam. USA*) capopartito.

sachet ['sæʃei] (*franc.*), *n.* **1** sacchetto profumato (*specialm. per la biancheria*) **2** (*anche* **s.-powder**) polvere profumata (*in sacchetti*).

sack (1) [sæk], *n.* **1** sacco: **a jute s.**, un sacco di juta; **a s. of coal**, un sacco di carbone **2** vestito a sacco (*da donna*) **3** (*pop.*) letto: **to hit the s.**, andare a letto; andare a dormire. ● **s.-coat**, giacca a sacco □ **s.-race**, corsa nei sacchi □ (*fam.*) **to get the s.**, farsi licenziare; essere licenziato □ (*fam.*) **to give sb. the s.**, licenziare q.; mandare q. a spasso (*fig.*).

to sack (1) [sæk], *v. t.* **1** metter in sacchi; insaccare **2** (*fam.*) licenziare; mandare a spasso (*fig.*) **3** (*USA*, *spesso* **to s. up**) incassare; fare (*profitti*, *ecc.*). ● (*pop. USA*) **to s. out**, andare a dormire (*o a letto*).

sack (2) [sæk], *n.* sacco (*lett.*); saccheggio: **the s. of Rome in 1527**, il saccheggio di Roma nel 1527; **to put a city to the s.**, mettere a sacco una città.

to sack (2) [sæk], *v. t.* **1** (*di soldati*, *ecc.*) saccheggiare; mettere a sacco **2** (*di ladri*) svaligiare; saccheggiare.

sack (3) [sæk], *n.* (*stor.*) vino bianco secco.

sackbut ['sækbʌt], *n.* (*stor.*, *mus.*) sorta di trombone (*in uso nel Medioevo*).

sackcloth ['sækklɔθ], *n.* tela da sacchi. ● **in s. and ashes**, vestito di sacco e col capo cosparso di cenere; (*fig.*) col capo cosparso di cenere, con aria contrita.

sacker ['sækə*], *n.* saccheggiatore.

sackful ['sækful], *n.* quanto sta in un sacco; saccata; sacco: **a s. of flour**, un sacco di farina.

sacking ['sækiŋ], *n.* **1** tela da sacchi **2** (*fam.*) licenziamento.

sacque [sæk], *n.* vestito a sacco (*da donna*).

sacral (1) ['seikrəl], *a.* (*relig.*) sacrale.

sacral (2) ['seikrəl], (*anat.*) **A** *a.* sacrale. **B** *n.* nervo (*o vertebra*) sacrale.

sacrament ['sækrəmənt], *n.* **1** (*relig.*) sacramento: **the seven sacraments**, i sette sacramenti; **the Blessed (the Holy) S.**, il Santo (il Divin) Sacramento **2** sacramento (*lett.*); giuramento (*o promessa*) solenne: **to take the s. to do st.**, far sacramento (*o solenne promessa*) di fare q.c. **3** cosa sacra (*o misteriosa*); simbolo sacro.

to sacrament ['sækrəmənt], *v. t.* consacrare; rendere sacro.

sacramental [ˌsækrə'mentl], (*relig.*) **A** *a.* sacramentale; dei sacramenti; dell'Eucaristia: **s. wine**, il vino dell'Eucaristia. **B** *n.* sacramentale; rito sacramentale (*per es.*, *l'uso dell'acqua santa*).

sacramentality [ˌsækrəmən'tæliti], *n.* (*relig.*) l'essere sacramentale.

sacramentarian [ˌsækrəmən'tɛəriən], **A** *a.* (*relig.*) sacramentale; dei sacramenti. **B** *n.* (*stor.*) *V.* **sacramentary**.

sacramentary [ˌsækrə'mentəri], *n.* (*stor.*) sacramentario.

sacrarium [sæ'krɛəriəm], *n.* (*pl.* **sacraria**) sacrario.

sacred ['seikrid], *a.* **1** sacro; santo; inviolabile; solenne; venerato: **a s. place**, un luogo sacro; **s. history**, storia sacra; **s. music**, musica sacra; **a s. right**, un diritto inviolabile; **a s. memory**, una

memoria venerata **2** consacrato; dedicato: **s. to the memory of**, dedicato alla memoria di. ● (*relig.* e *fig.*) **a s. cow**, una vacca sacra.
sacredness ['seikridnis], *n.* carattere sacro; sacralità; santità.
sacrifice ['sækrifais], *n.* **1** sacrificio; (*fig.*) rinuncia; privazione; scapito: **They killed an ox as a s.**, immolarono un bue in sacrificio; **to make sacrifices for one's children**, far sacrifici (*o* sopportare privazioni) per i (propri) figli; **at some s. of accuracy**, a scapito della precisione **2** (*relig.*) santo sacrificio (*la crocifissione di Gesù*); sacrificio incruento (*l'Eucaristia*) **3** (*relig.*) fioretto **4** (*comm.*) perdita; scapito: **to sell at a s.**, vendere in perdita; **to sell goods at a large s.**, vendere merci con grave scapito. ● **to give one's life as a s.**, fare olocausto della vita □ **the great** (*o* **the last**) **s.**, il supremo sacrificio; il sacrificio della propria vita □ **self-s.**, sacrificio di sé; abnegazione.
to sacrifice ['sækrifais], **A** *v. t.* **1** sacrificare; offrire in sacrificio; immolare; (*fig.*) sacrificare, rinunciare a: **to s. a lamb**, sacrificare un agnello (*agli dei*); **to s. one's life**, immolare la vita; **to s. one's holidays to get a promotion**, rinunciare alle vacanze per avere una promozione **2** (*comm.*) vendere (*merce*) sottocosto (*o* in perdita); svendere. **B** *v. i.* sacrificare; offrire sacrifici (*agli dei*). **to sacrifice oneself C** *v. rifl.* sacrificarsi; immolarsi.
sacrificial [,sækri'fiʃəl], *a.* **1** sacrificale; del sacrificio; espiatorio; propiziatorio **2** (*comm.*: *di vendita*) sottocosto.
sacrilege ['sækrilidʒ], *n.* sacrilegio.
sacrilegious [,sækri'lidʒəs], *a.* sacrilego.
sacring ['seikriŋ], *n.* (*relig.*) consacrazione.
sacrist ['seikrist], *n.* (*relig.*) sagrista, sacrista.
sacristan ['sækristən], *n.* (*relig.*) sagrista, sacrista; sagrestano.
sacristy ['sækristi], *n.* (*relig.*) sagrestia, sacrestia.
sacroiliac [,sækrou'iliæk], *a.* (*anat.*) sacroiliaco.
sacrosanct ['sækrousæŋkt], *a.* sacrosanto; inviolabile.
sacrosanctity [,sækrou'sæŋktiti], *n.* l'esser sacrosanto.
sacrum ['seikrəm], *n.* (*pl.* **sacra**) (*anat.*) osso sacro.
sad [sæd], *a.* **1** triste; malinconico; mesto; addolorato; afflitto; dolente; doloroso: **Don't be so sad**, non esser così triste!; **a sad experience**, una dolorosa esperienza **2** (*di colore*) spento; neutro **3** senza valore; cattivo; scadente; misero: **The interest they pay on deposits is a sad 3%**, l'interesse che danno sui depositi è un misero 3%; **4** (*di pane, pasta, ecc.*); mal lievitato; pesante; mal cotto. ● **a sad coward**, un abominevole vigliacco □ **a sad day**, una giornata triste; un giorno di dolore □ (*fig.*) **a sad dog**, una canaglia □ **a sad fellow**, un poveraccio □ **sad iron**, pesante ferro da stiro □ **sad to say**, doloroso a dirsi; dispiace dirlo □ (*fam.*) **to be sadder but wiser**, aver imparato a proprie spese □ **to grow sad**, rattristarsi □ **in sad earnest**, proprio sul serio □ **He writes sad stuff**, scrive cose senza valore; i suoi scritti sono illeggibili.
to sadden ['sædn], *v. t.* e *i.* rattristare, rattristarsi.
saddle ['sædl], *n.* **1** (*del cavallo, della bicicletta, ecc.*) sella **2** (*del cavallo*) sellino (*parte del finimento da tiro*) **3** (*geogr.*) sella; valico (montano) **4** (*mecc.*) slitta, carrello (*di tornio, ecc.*). ● **s.-bag**, bisaccia, tasca (*per la sella*); borsa (*per biciclette o motociclette*) □ **s.-bow**, arcione □ **s.-cloth**, gualdrappa □ (*di bicicletta*) **s.-cover**, coprisella □ **s.-girth**, sottopancia □ **s.-horse**, cavallo da sella □ (*macelleria*) **s. of mutton**, sella di castrato □ (*mecc.: di bicicletta*) **s.-pin**, tubo reggisella □ **s.-room**, selleria; bottega di sellaio □ **s.-sore**, piaga causata (*al cavallo*) dalla sella □ **s.-sore**, col sedere indolenzito dalla sella; (*fig.*) col sedere indolenzito a forza di stare seduto □ **s.-tree**, fusto della sella □ **in the s.**, in sella, a cavallo; (*fig.*) in posizione di comando, al potere □ (*fig.*) **to put the s. on the wrong horse**, dar la colpa a chi è innocente.
to saddle ['sædl], *v. t.* **1** (*anche* **to s. up**) sellare (*un cavallo*) **2** (*fig.*) caricare; addossare; imporre; accollare, appioppare a: **to s. sb. with a responsibility**, accollare una responsabilità a q.; **Tax-payers were saddled with the additional burden of surtax**, ai contribuenti fu imposto il carico addizionale della sovrattassa. ● **He saddled up and rode away**, sellò il cavallo e si allontanò.
saddlebacked ['sædlbækt], *a.* **1** (*di cavallo*) sellato **2** concavo; fatto a sella (*di tetto*) a due spioventi.
saddler ['sædlə*], *n.* sellaio.
saddlery ['sædləri], *n.* selleria (*arte, bottega di sellaio*); finimenti, ecc.).
Sadducean [,sædju'si:ən], *a.* (*stor.*) sadduceo.
Sadducee ['sædjusi:], *n.* (*stor.*) sadduceo.
sadism ['sædizəm], *n.* (*psic.*) sadismo.
sadist ['sædist], *n.* (*psic.*) sadico; persona sadica.
sadistic [sæ'distik], *a.* (*psic.*) sadico.
sadly ['sædli], *avv.* **1** tristemente; mestamente **2** gravemente; molto: **s. damaged**, gravemente danneggiato. ● **He's s. mistaken**, si sbaglia di grosso.
sadness ['sædnis], *n.* tristezza; malinconia; mestizia.
sadomasochism [,seidou'mæsəkizəm], *n.* (*psic.*) sadoma-
sochismo.
sadomasochist [,seidou'mæsəkist], *n.* (*psic.*) sadomasochista.
sadomasochistic ['seidou,mæsə'kistik], *a.* (*psic.*) sadomasochistico.
safari [sə'fɑ:ri], *n.* (*pl.* **safaris**) **1** safari; spedizione di caccia grossa **2** (*per estens.*) gita turistica in riserve di caccia; safari fotografico. ● **s. park**, parco con selvatici in libertà; zoo naturale; zoo safari.
safe (1) [seif], *a.* **1** sicuro; salvo; fuor di pericolo; al sicuro: in salvo: **Now we are s.**, ora siamo salvi, al sicuro; **to put st. in a s. place**, metter q.c. al sicuro, in un posto sicuro; **a s. method**, un metodo sicuro; **a s. seat**, un seggio sicuro in parlamento; **Our candidate is s. to win the elction**, il nostro candidato è sicuro di vincere l'elezione **2** cauto; prudente; che non fa correre rischi: **a s. economic policy**, una cauta politica economica; **a s. driver**, un guidatore prudente (*o* di cui ci si può fidare) **3** intatto; intero; incolume: **The parcel came s.**, il pacco arrivò intatto; **I saw her s. home**, l'accompagnai a casa incolume (*o* senza incidenti) **4** (*fin.*) sicuro: **a s. investment**, un investimento sicuro **5** accurato; preciso; prudenziale: **a s. estimate**, un preventivo prudenziale **6** (*d'animale, ecc.*) innocuo; inoffensivo; non mordace; non pericoloso. ● **s. and sound**, sano e salvo □ **s.-conduct**, salvacondotto □ (*banca*) **s.-deposit box**, cassetta di sicurezza □ **s.-deposit service**, servizio di cassaforte (*negli alberghi, ecc.*) □ (*di strumento*) **s. edge**, lato privo di taglio □ **s. in jail**, al sicuro; in carcere □ **s.-keeping**, custodia □ **to be as s. as houses** (*o* **the Bank of England**), essere in una botte di ferro □ **in s. keeping**, al sicuro; in buone mani □ (*fig.*) **to be on the s. side**, andare sul sicuro; non correre rischi □ (*fam.*) **to play it s.**, essere cauto; stare sul sicuro; non rischiare affatto □ **He is a s. first**, arriverà certamente primo; ha il primo posto assicurato □ **They have got him s.**, l'hanno messo al sicuro (nell'impossibilità di nuocere, in carcere) □ **It is s. to say that...**, si può dire con sicurezza che...
safe (2) [seif], *n.* **1** cassaforte **2** (*anche* **meat-s.**) moscaiola; armadietto arieggiato per cibi. ● **s.-breaker** (*o* **s.-cracker**), scassinatore di casseforti.
safeguard ['seifgɑ:d], *n.* **1** salvaguardia; custodia; difesa; protezione; tutela **2** salvacondotto.
to safeguard ['seifgɑ:d], *v. t.* salvaguardare; custodire; difendere; proteggere; tutelare.
safely ['seifli], *avv.* **1** in salvo; al sicuro; felicemente **2** con sicurezza, senza pericolo; senza correre rischi.
safety ['seifti], *n.* **1** sicurezza; salvezza; incolumità; scampo: **s. appliance**, dispositivo di sicurezza; **coefficient** (*o* **factor**) **of s.**, coefficiente di sicurezza; **He sought s. in flight**, cercò scampo nella fuga **2** (*mecc., anche* **s. catch**) dispositivo di sicurezza; sicura (*anche d'arma da fuoco*). ● (*aeron., autom., ecc.*) **s. belt**, cintura di sicurezza □ **s. bolt**, catenaccio di sicurezza; chiavistello di sicurezza □ **s. catch**, (*mecc.*) arresto di sicurezza; (*d'arma*) sicura □ (*ind.*) **s. engineer**, tecnico d'antinfortunistica □ (*cinem.*) **s. film**, pellicola ininfiammabile □ **s.-first**, cauto; guardingo; prudente □ (*ind. min.*) **s. fuse**, miccia di sicurezza □ **s. glass**, vetro di sicurezza (*o* retinato, *o* temperato) □ (*USA*) **s. island**, salvagente (*per i pedoni*; *cfr. ingl.* **refuge**) □ (*ind. min.*) **s. lamp**, lampada di sicurezza □ **s. lock**, serratura di sicurezza □ **s. match**, fiammifero di sicurezza (*o* svedese) □ **s. pin**, spilla di sicurezza; spillo da balia □ **s.-rail**, guardavia; guardrail □ **s. razor**, rasoio di sicurezza □ **s. valve**, valvola di sicurezza (*anche fig.*) □ **committee of public s.**, comitato di salute pubblica □ **lezioni in «s. first»**, lezioni di circolazione stradale; lezioni di «strada sicura» (*a ragazzi, studenti, ecc.*) □ **to play for s.**, giocare sul sicuro, camminare sul sicuro (*fig.*); non voler correre rischi □ **road s.**, sicurezza stradale □ **It cannot be done with s.**, non lo si può fare senza correre rischi (*o* senza pericolo) □ (*prov.*) **There is s. in numbers**, l'unione fa la forza.
safflower ['sæflauə*], *n.* **1** (*bot., Carthamus tinctorius*) cartamo; zafferanone; zafferano falso **2** (*chim.*) cartamina.
saffron ['sæfrən], **A** *n.* **1** (*bot., Crocus sativus*) zafferano **2** (*anche* **s. yellow**) colore dello zafferano. **B** *a.* color zafferano. ● **s. cake**, torta profumata con lo zafferano □ (*bot.*) **bastard s.** (*Carthamus tinctorius*), cartamo; zafferanone; zafferano falso.
saffrony ['sæfrəni], *a.* color zafferano; giallastro.
sag [sæg], *n.* **1** abbassamento; incurvatura; cedimento; avvallamento (*di strada*); insellamento, insellatura (*di nave, d'aeroplano*); assestamento (*di un edificio*) **2** inclinazione; piegamento **3** (*econ., fin.*) cedimento, flessione, calo, diminuzione (*dei prezzi, ecc.*) **4** (*naut.*) deriva; scarroccio **5** (*teoria delle costruzioni*) freccia apparente.
to sag [sæg], **A** *v. i.* **1** abbassarsi; incurvarsi; cedere (*specialm. nel mezzo*); (*di strada*) avvallarsi; insellarsi; (*archit.*) assestarsi: **The damaged bridge is sagging**, il ponte lesionato cede (*o* s'incurva); **The building has sagged**, l'edificio ha ceduto **2** inclinarsi; piegarsi: **The bridge has sagged**, il ponte s'è inclinato **3**

(*econ.*, *fin.*) calare; diminuire; cedere; subire una flessione: **Both output and prices are sagging**, cala la produzione e diminuiscono i prezzi; **Finance shares have sagged**, le azioni finanziarie hanno subito una flessione **4** (*naut.*: *di nave*) andare alla deriva; scarrocciare **5** (*delle guance*, *ecc.*) afflosciarsi **6** (*fig.*) afflosciarsi; perdere interesse. ● (*naut.*) **to sag to leeward**, scarrocciare sottovento. **B** *v. t.* far piegare; far cedere; avvallare; insellare. ● (*naut.*) **to sag to leeward**, scarrocciare sottovento.
saga [ˈsɑːgə], *n.* **1** (*anche fig.*) saga **2** (*letter.*, *anche* **s. novel**) romanzo fiume.
sagacious [səˈgeɪʃəs], *a.* sagace; accorto; avveduto; scaltro.
sagacity [səˈgæsɪtɪ], *n.* sagacia; accortezza; avvedutezza; scaltrezza.
sagamore [ˈsægəmɔː*], *n.* capotribù indiano (*in America*).
sage (1) [seɪdʒ], *n.* (*bot.*, *Salvia officinalis*) salvia. ● (*bot.*) **s.-brush** (*Artemisia tridentata*), artemisia tridentata □ **s. cheese**, cacio aromatizzato con salvia □ **s.-green**, verde salvia; grigio-verde □ **s.-tea**, infuso di salvia.
sage (2) [seɪdʒ], **A** *a.* **1** saggio; savio; assennato: **s. advice**, saggi consigli **2** (*spesso iron.*) dall'aspetto saggio; dall'aria solenne: **The owl is a s. bird**, il gufo è un uccello dall'aria solenne. **B** *n.* saggio: **the seven sages**, i sette saggi (*dell'antica Grecia*).
sageness [ˈseɪdʒnɪs], *n.* saggezza.
sagging [ˈsægɪŋ], *n.* **1** abbassamento; incurvatura; cedimento; avvallamento; insellatura **2** inclinazione; piegamento **3** (*naut.*) scarroccio **4** (*anche fig.*) afflosciamento.
saggy [ˈsægɪ], *a.* cascante; cedevole; che si piega; che s'incurva.
Sagittarian [ˌsædʒɪˈtɛərɪən], (*astrologia*) **A** *n.* persona nata sotto il segno del Sagittario. **B** *a.* del Sagittario.
Sagittarius [ˌsædʒɪˈtɛərɪəs], **A** *n.* **1** (*astron.*, *astrologia*) Sagittario (*costellazione e IX segno dello Zodiaco*) **2** (*astrologia: pl.* **Sagittarii**) (un) sagittario; individuo nato sotto il segno del Sagittario. **B** *a.* (*astrologia*) del Sagittario.
sagittary [ˈsædʒɪtərɪ], *n.* (*mitol.*) centauro.
sagittate [ˈsædʒɪteɪt], *a.* (*bot.*) sagittato.
sago [ˈseɪgəʊ], *n.* (*pl.* **sagos**) **1** (*cucina*) sago; sagù **2** (*bot.*, *Metroxylon rumphii*; *anche* **s. palm**) palma da sagù.
sagy [ˈseɪdʒɪ], *a.* **1** (*bot.*) di salvia **2** aromatizzato con salvia.
Sahara [səˈhɑːrə], *n.* (*geogr.*) Sahara. ● (*fig.*) **a S. of ice and snow**, un deserto di ghiaccio e neve.
Saharan [səˈhɑːrən], **Saharian** [səˈhɑːrɪən], *a.* sahariano.
sahib [sɑːˈhiːb], *n.* (*in India*) sahib; signore; padrone.
said [sed], **A** *pass.* e *p. p.* di **to say**. **B** *a. attr.* predetto; suddetto.
sail [seɪl], *n.* **1** (*naut.*) vela: **to hoist (to lower) the sails**, issare (calare) le vele; **There were several sails on the lake**, c'erano parecchie vele sul lago **2** (*naut.*, *collett.*) velatura **3** (*di mulino a vento*) pala; ala **4** gita in mare; breve viaggio per mare; navigazione: **a five days' s. from Genoa**, un viaggio (per mare) di cinque giorni da Genova **5** (*invar. al pl.*) veliero; nave: **a fleet of fifty s.**, una flotta di cinquanta velieri **6** (*zool.*) pinna dorsale. ● **s.-cloth**, tela per vele □ (*zool.*) **s.-fish** (*Istiophorus*), istioforo □ (*naut.*) **s.-loft**, veleria □ **s.-maker**, velaio □ **fore-and-aft s.**, vela aurica; vela di taglio □ **fore s.**, vela di trinchetto □ **fore topgallant s.**, velaccino; pappafico □ **fore top-mast studding-s.**, coltellaccino di trinchetto □ **fore topgallant studding--s.**, coltellaccio di parrocchetto (*anche fig*) □ **full s.**, a vele spiegate □ **to go for a s.**, andare in gita sull'acqua □ **in full s.**, con tutte le vele spiegate □ (*naut.*) **lateen s.**, vela latina □ **lower sails**, vele maggiori □ **lower studding-s.**, coltellaccio di basso parrocchetto; scopamare □ **main s.**, vela di maestra □ **main topgallant s.**, gran velaccio □ **main topmast studding-s.**, coltellaccio di gabbia □ **to make s.**, spiegare le vele; far vela, salpare □ **mizzen s.**, (vela di) mezzana □ **mizzen topgallant s.**, belvedere □ **to set s.**, far vela; salpare □ **to shorten s.**, terzarolare □ **spare sails**, vele di ricambio, di rispetto □ **storm s.**, velatura di cappa □ **to strike s.**, ammainare le vele; salutare ammainando le vele □ **studding-s.**, coltellaccio □ **to take in s.**, raccogliere le vele; ridurre la velatura; (*fig.*) mettere un freno alle proprie ambizioni □ (*fig.*) **to take the wind out of sb.'s sails**, cogliere q. alla sprovvista □ **top sails**, vele di gabbia □ (*di nave*) **to be under s.**, essere alla vela □ **to unfurl the sails**, spiegare le vele □ **S. ho!**, nave in vista!
to sail [seɪl], **A** *v. i.* **1** veleggiare; navigare **2** far vela (*verso un luogo*); salpare; imbarcarsi: **We s. next week**, salpiamo la settimana prossima **3** (*fig.*) veleggiare; volare; scivolare; (*specialm. di donna*) incedere lievemente, muoversi con grazia: **White clouds are sailing in the sky**, bianche nubi veleggiano in cielo. **B** *v. t.* **1** navigare; correre; percorrere; solcare: **to s. the Adriatic Sea**, navigare l'Adriatico; **to s. the Atlantic Ocean**, solcare l'oceano Atlantico **2** far navigare; governare (*una nave*, *una barca*). ● **to s. against the wind**, (*naut.*) navigare contro vento, bordeggiare; (*fig.*) andare contro corrente □ **to s. along the coast**, costeggiare □ **to s. before the wind**, avere il vento in poppa □ **to s. down a river**, discendere un fiume (*a vela o a motore*) □ (*fam.*) **to s. into sb.**, attaccare q.c.; inveire contro q.

□ (*fam.*) **to s. into st.**, mettersi a fare q.c. di buona lena; intraprender q.c. con grande slancio □ **to s. near** (*o* **close to**) **the wind**, (*naut.*) andare di bolina; (*fig.*) sfiorare il pericolo, rasentare l'illegalità □ **to s. up a river**, risalire un fiume (*navigando a vela o a motore*) □ **to go sailing**, andare in barca a vela; (*sport*) fare della vela (*fam.*).
sailable [ˈseɪləbl], *a.* navigabile.
sailboat [ˈseɪlbəʊt], *n.* (*USA*) barca a vela.
sailer [ˈseɪlə*], *n.* (*naut.*) veliero; nave a vela. ● **a swift s.**, una nave (che naviga) veloce.
sailing [ˈseɪlɪŋ], *n.* (*naut.*) **1** navigazione: **plain s.**, navigazione agevole; (*fig.*) compito facile, gioco (*fig.*) **2** partenza (*di nave*); imbarco: **the list of sailings from Naples**, la lista delle partenze da Napoli **3** (*sport*) vela. ● **a s. boat**, una barca a vela □ **s. cruise**, crociera (*o* viaggio) su nave a vela; (*sport*) crociera di navigatore solitario □ **s. master**, capitano di un panfilo □ **a s. ship** (*o* **a s. vessel**), una nave a vela; un veliero.
sailor [ˈseɪlə*], *n.* marinaio; navigatore; navigante. ● **s. hat**, cappello alla marinara □ **s. suit**, vestito alla marinara □ **sailors' home**, casa del marinaio; albergo a poco prezzo per marinai □ **s.-like**, marinaresco ● **I am a bad (a good) s.**, soffro (non soffro) il mal di mare.
sailoring [ˈseɪlərɪŋ], *n.* lavoro di marinaio; vita da marinaio.
sailorly [ˈseɪləlɪ], *a.* **1** di (*o* da) marinaio **2** abile; destro; bravo.
sailplane [ˈseɪlpleɪn], *n.* (*aeron.*) veleggiatore.
sainfoin [ˈseɪnfɔɪn], *n.* (*bot.*, *Onobrychis sativa*) lupinella; fieno santo.
saint [seɪnt], *n.* **1** (*relig.*) santo, santa; beato, beata **2** (*fig.*) persona molto virtuosa; santo, sant'uomo; santa, santa donna: **Our grandmother was a real s.**, nostra nonna era proprio una santa. ● **St Bernard** (*dog*), cane di San Bernardo; sambernardo (*fam.*) □ (*bot.*) **St John's wort** (*Hypericum*), erba di San Giovanni □ **s.'s day**, giorno in cui si celebra un santo □ **one's s.'s day**, festa del proprio santo; (giorno) onomastico □ **St James's** (*o* **the Court of St James's**), la corte di San Giacomo; la Corte inglese □ **St Paul's**, la cattedrale di San Paolo (*a Londra*) □ **All Saints' Day**, Ognissanti □ **departed s.**, anima santa di defunto □ **patron s.**, santo patrono □ **He would try the patience of a s.**, farebbe perdere la pazienza a un santo □ (*prov.*) **Young saints, old devils** (*o* **sinners**), santi da giovani, diavoli da vecchi.
to saint [seɪnt], *v. t.* **1** (*relig.*) santificare; beatificare; canonizzare **2** chiamare (*o* giudicare, stimare) santo; venerare.
saintdom [ˈseɪntdəm], *n.* santità; l'essere santo.
sainted [ˈseɪntɪd], *a.* **1** santo; pio **2** (*di luogo*) consacrato; sacro **3** (*relig.*) beatificato; (*di un beato*) canonizzato.
sainthood [ˈseɪnthʊd], *n.* santità.
saintliness [ˈseɪntlɪnɪs], *n.* santità.
saintly [ˈseɪntlɪ], *a.* da santo; santo; pio.
saintship [ˈseɪntʃɪp], *n.* santità.
saith [seθ], (*arc.*) 3ª *pers. sing. del pres. indic.* di **to say**.
sake (1) [seɪk], *n.* (*soltanto in certe locuz.: per es.*:) **for God's (o goodness') s.**, per amor di Dio; **for my s.**, per amor mio; per me; **for my own s. as well as yours**, nell'interesse mio e vostro; **for all our sakes**, nell'interesse di noi tutti; nell'interesse comune; **for pity's s.**, per pietà; **for mercy's s.**, per misericordia; **for the s. of freedom**, per la libertà; **for the s. of money**, per amor del denaro; a scopo di lucro; **for his name's s.**, per il suo buon nome; **for form's s.**, per la forma; per salvare le apparenze; **for conscience' s.**, per scrupolo di coscienza; **for old times' s.**, in memoria dei tempi passati; **to do st. for its own s.**, fare q.c. per il gusto di farlo.
sake (2), saké [ˈsɑːkɪ], *n.* saké (*liquore giapponese*).
saker [ˈseɪkə*], *n.* **1** (*zool.*, *Falco cherrug*) sacro (*specialm. la femmina*) **2** (*mil.*) falconetto (*cannone dei secoli scorsi*).
sakeret [ˈseɪkərɪt], *n.* (*zool.*) sacro maschio.
saki (1) [ˈsɑːkɪ], *n.* (*pl.* **sakis**) (*zool.*, *Pithecia*) piteciá.
saki (2) [ˈsɑːkɪ], *V.* **sake (2)**.
sal [sæl], *n.* (*chim.*, *farm.*) sale: **sal volatile**, sale volatile. ● **sal ammoniac**, sale ammoniaco; cloruro d'ammonio; clorammonio.
salaam [səˈlɑːm], *n.* **1** salaam; saluto mussulmano («Pace!») **2**
to salaam [səˈlɑːm], *v. t.* e *i.* salutare (*V.* **salaam**); far salamelecchi.
salability [ˌseɪləˈbɪlɪtɪ], *n.* (*comm.*) vendibilità.
salable [ˈseɪləbl], *a.* (*comm.*) vendibile; smerciabile.
salacious [səˈleɪʃəs], *a.* lascivo; osceno.
salaciousness [səˈleɪʃəsnɪs], **salacity** [səˈlæsɪtɪ], *n.* lascivia; oscenità.
salad [ˈsæləd], *n.* (*cucina*) **1** (*anche fig.*) insalata: **mixed s.**, insalata mista; **chicken s.**, insalata di pollo **2** (*USA*) cibo (*pollo, tonno, uovo, ecc.*) tritato (*per sandwich*) **3** lattuga (*più comune,* **lettuce**). ● **s.-bowl**, insalatiera □ (*fig.*) **s. days**, anni verdi; anni d'inesperienza; giovinezza □ **s. dressing**, condimento per l'insalata □ **s. oil**, olio da tavola □ **fruit s.**, macedonia di frutta □ **green s.**, insalata (verde) □ **vegetable s.**, insalata mista.

salamander ['sælə,mændə*], *n.* **1** (*mitol., zool., Salamandra*) salamandra **2** (*fig.*) persona freddolosa, cui piace stare vicino al fuoco **3** fornello portatile **4** piastra di ferro che, arroventata, serve a rosolare frittate, ecc.
salamandrine [,sælə'mændrin], *a.* **1** simile a una salamandra **2** (*fig.*) insensibile (*o* resistente) al fuoco.
salami [sə'la:mi], *n.* (*pl.* **salamis**) salame.
Salamis ['sæləmis], *n.* (*geogr., stor.*) Salamina.
salangane [sæləŋgein], *n.* (*zool., Collocalia*) salangana.
salaried ['sælərid], *a.* stipendiato: **a s. position**, un posto stipendiato. ● **a s. worker**, uno stipendiato.
salary ['sæləri], *n.* stipendio; retribuzione.
to salary ['sæləri], *v. t.* stipendiare.
sale [seil], *n.* **1** (*comm.*) vendita; smercio **2** (*comm.*) liquidazione; svendita; saldo **3** (*pl., rag.*) vendite; fatturato: **Our sales have slumped badly**, le nostre vendite hanno subito una forte flessione; **Sales are off (up) 5% this year**, quest'anno le vendite sono in regresso (in ripresa) del 5%. ● (*di merce*) **s. and** (*o* **or) return**, retrovendita □ **s. by auction**, vendita all'asta □ **sales department**, servizio (*o* ufficio) vendite □ **sales manager**, direttore commerciale □ **sales pitch**, *V.* **sales talk** □ **sales register**, registratore di cassa □ **s.-ring**, cricca di compratori (*a una vendita all'asta*) □ **sales slip**, scontrino di ricevuta (*specialm. USA*) □ **sales talk**, imbonimento; (*fig.*) argomenti persuasivi □ (*fin.*) **sales tax**, imposta sulle vendite □ **auction s.**, vendita all'asta □ **cash s.**, vendita per contanti □ **clearance s.**, liquidazione; svendita □ **credit s.**, vendita a credito □ **on s.** (*o* **for s.**), in vendita □ **to be on s.**, essere in vendita; essere in commercio □ **on s. and** (*o* **or) return**, salvo vista e verifica; (*di merce*) in (conto) deposito □ **to be out of s.**, essere fuori commercio □ **to put up for s.**, mettere in vendita □ (*comm.*) **subject to s.**, salvo (il) venduto □ **white s.**, fiera del bianco.
saleability [,seilə'biliti], *n.* vendibilità.
saleable ['seiləbl], *a.* vendibile; smerciabile.
salep ['sæləp], *n.* «salep» (*farina di tuberi di orchidee*).
saleratus [,sælə'reitəs], *n.* (*chim.*) bicarbonato di potassio (*o* di sodio).
saleroom ['seilrum], *n.* sala delle vendite all'asta; sala aste.
salesclerk ['seilzklɑ:k], *n.* (*USA*) commesso, commessa (*di negozio*).
salesgirl ['seilzgə:l], **saleslady** ['seilz,leidi], *V.* **saleswoman**.
Salesian [sə'li:ʒən], *a.* e *n.* (*relig.*) salesiano.
salesman ['seilzmən], *n.* (*pl.* **salesmen**) **1** commesso (*di negozio*) **2** viaggiatore di commercio; commesso viaggiatore; piazzista.
salesmanship ['seilzmənʃip], *n.* (*comm.*) arte del vendere; abilità nel vendere.
salespeople ['seilz,pi:pl], *n.* (*collett.*) personale addetto alle vendite; venditori.
salesroom ['seilzrum], (*USA*) *V.* **saleroom**.
saleswoman ['seilz,wumən], *n.* (*pl.* **saleswomen**) **1** commessa (*di negozio*) **2** viaggiatrice di commercio; addetta alle vendite; propagandista.
Salian (1) ['seiljən], *a.* (*stor. romana*) saliare (*dei Salii, sacerdoti di Marte*).
Salian (2) ['seiljən], (*stor.*) **A** *a.* salico. **B** *n.* Franco salico.
Salic ['sælik], *a.* (*stor.*) salico: **the S. law**, la legge salica.
salicin ['sælisin], *n.* (*chim.*) salicina.
salicylate [sæ'lisileit], *n.* (*chim.*) salicilato.
salicylic [,sæli'silik], *a.* (*chim.*) salicilico: **s. acid**, acido salicilico.
salience ['seiliəns], **saliency** ['seiliənsi], *n.* **1** l'esser saliente (*anche fig.*) **2** parte sporgente; sporgenza; prominenza.
salient ['seiljənt], **A** *a.* **1** saliente; sporgente; (*fig.*) importante, notevole, prominente: **a s. point**, un punto saliente; **a s. feature**, un aspetto notevole; **the s. note**, la nota prominente **2** (*di animale*) che salta; saltatore: **Salmon is a s. fish**, il salmone è un pesce saltatore **3** (*poet.: d'acqua, ecc.*) zampillante. **B** *n.* (*mil.*) saliente.
saliferous [sə'lifərəs], *a.* (*geol.*) salifero.
to salify ['sælifai], *v. t.* **1** (*chim.*) salificare **2** (*ind. chim.*) salare.
salina [sə'li:nə], *n.* **1** (*geol.*) salina **2** lago (*o* stagno) salato (*non collegato col mare*).
saline ['seilain], **A** *a.* **1** (*chim.*) salino: **a s. solution**, una soluzione salina **2** salato. **B** *n.* **1** sorgente d'acqua salsa **2** (*geogr.*) lago (*o* stagno) salato (*non collegato col mare*) **3** (*geol.*) salina; giacimento di sale **4** (*chim., med.*) soluzione salina.
salinity [sə'liniti], *n.* **1** (*chim.*) salinità **2** (*dell'acqua, di sapore, ecc.*) salsedine.
salinometer [,sælin'ɔmitə*], *n.* (*chim.*) salinometro.
Salique ['sælik], *V.* **Salic**.
saliva [sə'laivə], *n.* (*fisiologia*) saliva.
salivary ['sælivəri], *a.* (*fisiologia*) salivale; salivare: **s. gland**, ghiandola salivare.
to salivate ['sæliveit], **A** *v. t.* causare una salivazione eccessiva in (*q.*). **B** *v. i.* salivare; produrre saliva.
salivation [,sæli'veiʃən], *n.* **1** (*fisiologia*) salivazione **2** (*med.*) ipersalivazione.
sallenders ['sæləndəz], *n. pl.* (*vet.*) solandre.
sallet ['sælit], *n.* (*stor.*) celata.
sallow (1) ['sælou], **A** *a.* giallastro; giallìccio; olivastro: **s. complexion**, colorito giallastro. **B** *n.* colore giallastro; colore olivastro.
to sallow ['sælou], **A** *v. t.* rendere giallastro. **B** *v. i.* diventar giallastro.
sallow (2) ['sælou], *n.* (*bot., Salix caprea*) salice.
sallowish ['sælouiʃ], *a.* tendente all'olivastro.
sallowness ['sælounis], *n.* colore olivastro; tinta giallastra.
sallowy ['sæloui], *a.* coperto di salici.
Sallust ['sæləst], *n.* (*stor., letter.*) Sallustio.
sally ['sæli], *n.* **1** (*mil.*) sortita **2** escursione; gita; scappata **3** (*fig.*) botta; frecciata; frizzo **4** scoppio: **a s. of anger**, uno scoppio d'ira.
to sally ['sæli], *v. i.* **1** (*mil.*) balzar fuori; fare una sortita **2** (*fam.: di solito* **to s. forth**) andarsene, partire **3** (*fam.: di solito* **to s. out**) andarsene, uscire: **We sallied out into the country**, ce ne andammo in campagna.
Sally ['sæli], *n. dim.* di **Sarah**. ● (*cucina*) **S. Lunn**, focaccina imburrata (*servita calda*).
salmagundi [,sælmə'gʌndi], *n.* (*pl.* **salmagundies**) **1** (*cucina*) piatto di carne tritata, acciughe, uova, cipolle, ecc. **2** (*fig.*) guazzabuglio; miscuglio.
salmi ['sælmi(:)], *n.* (*pl.* **salmis**) (*cucina*) salmì; cacciagione in salmì.
salmon ['sæmən], **A** *n.* (*pl.* **salmon, salmons**) (*zool., Salmo salar*) salmone. **B** *a.* (*anche* **s. pink**) color salmone. ● **s.-coloured**, color salmone □ (*o* **s.-leap, s.-pass, s.-stair**), gradinata (*o* scalinata) per consentire ai salmoni di superare una diga □ (*zool.*) **s. trout**, trota salmonata.
salmonella [,sælmə'nelə], *n.* (*microbiologia, med.*) salmonella.
salmonellosis [,sælmənə'lousis], *n.* (*med.*) salmonellosi.
salmonoid ['sælmənɔid], (*zool.*) **A** *a.* di (*o* simile a) salmone. **B** *n.* salmonide.
Salome [sə'loumi], *n.* (*Bibbia*) Salomé.
salon ['sælɔ:ŋ], *n.* **1** salone; sala da ricevimenti (*o* per mostre d'arte) **2** (*fig.*) salone; esposizione; mostra **3** salotto (*letterario o mondano*). ● **a beauty s.**, un salone di bellezza.
Salonica [sə'lɔnikə], *n.* (*geogr.*) Salonicco.
salonist [sə'lɔnist], *V.* **salonnard**.
salonnard [sə'lɔnəd] (*franc.*), *n.* frequentatore dei salotti «bene»; persona salottiera; salottiere.
saloon [sə'lu:n], *n.* **1** sala (*d'albergo, ecc.*); salone (*naut.*) sala di prima classe **2** (*di teatro*) ridotto **3** (*USA*) bar; caffè; saloon **4** (*autom., anche* **s. car**) berlina **5** (*anche* **s. bar**) sala interna (*più elegante e costosa*) di un pub (*cfr.* **public bar** *sotto* **public**). ● (*ferr.*) **s. car** (*o* **s. carriage**), vettura salone; vagone salotto □ (*naut.*) **s. deck**, ponte di prima classe □ (*USA*) **s. keeper**, proprietario (*o* gestore) di saloon □ (*ferr.*) **s.-passenger**, viaggiatore di prima classe □ **s.-pistol**, pistola da tiro a segno □ **dancing s.**, sala da ballo □ **dining s.**, (*ferr.*) vagone ristorante; (*su un transatlantico*) sala da pranzo □ (*USA*) **shaving s.**, bottega di barbiere; salone □ **shooting s.**, tiro a segno; poligono coperto □ (*ferr.*) **sleeping s.**, vagone letto.
saloop [sə'lu:p], *n.* infuso caldo a base di «salep» (*q.V.*).
Salopian [sə'loupjən], *n.* e *a.* **1** (abitante) dello Shropshire **2** (membro) della scuola di Shrewsbury; salopiano.
salpingitis [,sælpin'dʒaitis], *n.* (*med.*) salpingite.
salpinx ['sælpiŋks], *n.* (*pl.* **salpinges**) (*anat.*) salpinge.
salsify ['sælsifai], *n.* (*bot., Tragopogon porrifolius*) salsefica; barba di becco.
salt [sɔ:lt], **A** *n.* **1** (*chim., farm.*) sale; sale marino (*o* di cucina) (*fig.*) criterio, senno; (*fig.*) sapore, succo: **table s.**, sale da tavola; **smelling salts**, sali da fiuto; **Epsom salts**, sale inglese (*purgativo*); **Risk is the s. of life**, il rischio dà sapore alla vita **2** (*fam.*) marinaio: **an old s.**, un vecchio marinaio; un lupo di mare. **B** *a. attr.* salato; salso: **s. pork**, carne salata di maiale. ● (*fam.*) **a s. bill**, un conto salato □ **s.-cellar**, saliera (*vasetto*); spargisale (*saliera bucherellata*) □ (*geol.*) **s. dome**, duomo di sale □ **s.-lick**, luogo ricco di salgemma (*dove gli animali selvatici vanno a leccare il terreno*) □ **s.-marsh**, stagno salmastro □ **s.-mine**, miniera di salgemma □ (*Bibbia*) **the s. of the earth**, il sale della terra; gli eletti; i migliori □ (*farm.*) **salts of lemon**, acido citrico □ **s.-pan**, salina (*artificiale*); bacino salino; recipiente per l'evaporazione dell'acqua di mare □ **s.-pit**, cava di salgemma □ **s.-pond**, *V.* **s.-marsh** □ **s.-spoon**, cucchiaino per il sale □ **s. story**, una storiella piccante □ **s. tears**, lacrime amare □ **s.-water**, acqua salata; acqua di mare □ **s.-water fish**, pesce d'acqua salata; pesce di mare □ **s.-well**, pozzo d'acqua salata □ **s. wit**, spirito salato (*o* arguto, mordace) □ **s.-works**, salina;

raffineria di sale □ (*fig.*) **Attic s.**, sale attico; arguzia □ **common s.**, sale comune (*cloruro di sodio*) □ (*scherz.*) **to drop a pinch of s. on a bird's tail**, mettere il sale sulla coda (*di un uccello*) □ (*fig.*) **to eat sb.'s s.**, mangiare il pane di q.; essere ospite di q. □ (*fig.*) **to eat s. with sb.**, essere ospite di q., pranzare con q.; mangiare un boccone con q. □ **not to be worth one's s.**, non valere il pane che si mangia; non valere nulla □ (*miner.*) **rock-s.**, sale comune (*cloruro di sodio*) □ (*stor.*) **to sit above the s.**, sedere a tavola con il padrone di casa e i suoi familiari □ (*stor.*) **to sit below the s.**, sedere in fondo alla tavola coi servi □ **table s.**, sale da tavola □ (*fig.*) **to take st. with a grain** (*o* **a pinch**) **of s.**, intendere q.c. con discernimento e avvedutezza (*o cum grano salis*) □ **white s.**, sale raffinato □ **I am not made of s.**, non sono mica di sale! (*posso uscire anche se piove, non temo la pioggia, ecc.*) □ **There is no s. in such tears**, queste lacrime non sono sincere; il suo dolore (*o il suo pentimento*) non è sincero □ (*fig.*) **His talk is full of s.**, c'è molto acume (*o molta arguzia*) in quel che dice.

to salt [sɔːlt], *v. t.* **1** salare; aspergere (*o cospargere*) di sale; conservare sotto sale; mettere in salamoia: **to s. (down) the hams**, salare i prosciutti; **to s. (down) cod**, salare il merluzzo **2** (*fig.*) dar sapore a; rendere sapido: **He salted his conversation with wit**, rendeva sapida la sua conversazione con l'arguzia. ● (*comm., fam.*) **to s. an account**, calcar la mano su un conto; presentare un conto salato □ (*fam.*) **to s. away**, *V.* **to s. down** □ (*comm., fam.*) **to s. the books**, falsare i conti; alterare (esagerando) le cifre della contabilità □ (*fam.*) **to s. down**, risparmiare; mettere da parte; metter via: **to s. down money**, mettere da parte denaro □ (*fam.*) **to s. a mine (an oil-well, etc.)**, mettere minerale in una miniera (petrolio in un pozzo, ecc.) per farli apparire più ricchi; (*gergo*) salare una miniera (un pozzo di petrolio, ecc.).

SALT [sɔːlt], *n.* (*acronimo di* **strategic arms limitation talks**) (*mil., polit.*) trattative per la limitazione delle armi strategiche; S.A.L.T.

saltation [sælˈteɪʃən], *n.* **1** salto; saltellamento; danza **2** (*biol.*) mutazione genetica.

saltatorial [ˌsæltəˈtɔːrɪəl], **saltatory** [ˈsæltətərɪ], *a.* saltatorio; (*zool.*) saltatore: **a s. animal**, un animale saltatore.

salted [ˈsɔːltɪd], *a.* **1** salato; conservato sotto (*o* col) sale: **s. peanuts**, noccioline salate **2** (*fam.*) esperto; pratico (*di un lavoro, ecc.*). ● **to be s. against disease**, essere refrattario alle malattie.

salter [ˈsɔːltə*], *n.* **1** produttore di sale **2** venditore di sale **3** operaio di salina; salinaio **4** salatore.

saltern [ˈsɔːltən], *n.* salina; raffineria di sale.

saltiness [ˈsɔːltɪnɪs], *n.* salsedine; l'essere salato; salinità.

salting [ˈsɔːltɪŋ], *n.* **1** salatura **2** palude costiera; salina.

saltire [ˈsæltaɪə*], *n.* (*araldica*) decusse; croce di Sant'Andrea.

saltish [ˈsɔːltɪʃ], *a.* salmastro.

saltless [ˈsɔːltlɪs], *a.* senza sale; insipido.

saltness [ˈsɔːltnɪs], *V.* **saltiness**.

saltpeter, (*USA*) **saltpetre** [ˈsɔːltˌpiːtə*], *n.* (*chim.*) **1** salnitro; nitrato di potassio **2** (*anche* **Chile s.**) nitrato del Cile; nitrato di sodio. ● **s. rot**, incrostazione di salnitro.

saltshaker [ˈsɔːltˌʃeɪkə*], *n.* (*USA*) spargisale; saliera (*bucherellata*).

saltwort [ˈsɔːltwɔːt], *n.* (*bot.*) **1** (*Salsola*) salsola **2** (*Salicornia herbacea*) salicornia.

salty [ˈsɔːltɪ], *a.* **1** salato; salino; salso **2** (*fig.*) arguto; mordace; pungente **3** (*fig.*) piccante; spinto.

salubrious [səˈluːbrɪəs], *a.* salubre, sano: **This climate is very s.**, questo clima è molto sano.

salubriousness [səˈluːbrɪəsnɪs], **salubrity** [səˈluːbrɪtɪ], *n.* salubrità.

salutary [ˈsæljʊtərɪ], *a.* salutare; benefico.

salutation [ˌsæljʊ(ː)ˈteɪʃən], *n.* **1** saluto **2** (*nelle lettere*) formula iniziale; vocativo (*per es.*, **Dear Sir**). ● (*relig.*) **the Angelic S.**, la salutazione angelica; l'Ave Maria □ **to raise one's hat to s.**, togliersi il cappello in segno di saluto.

salutatory [səˈljuːtətərɪ], **A** *a.* di saluto; di benvenuto: **s. address**, parole di benvenuto. **B** *n.* (*USA*) orazione, discorso (*della cerimonia di laurea*).

salute [səˈluːt], *n.* **1** saluto; saluto militare **2** (*mil.*) salva (*di cannone*) **3** (*mil.*) saluto fatto abbassando la bandiera ● (*arc., scherz.*) **a s.** (*o* **a chaste s.**), un bacio di saluto □ (*mil.*) **s. with cheers**, saluto alla voce □ (*mil.*) **to fire a s.**, sparare una salva □ **in s.**, a mo' di saluto; per salutare □ (*mil.*) **a royal** (*o* **twenty-one-gun**) **s.**, una salva di ventun colpi di cannone □ (*mil.*) **to stand at the s.**, fare il saluto militare □ (*mil.*: *di un personaggio importante*) **to take the s.**, stare sull'attenti (*ricevendo il saluto di truppe che sfilano, ecc.*).

to salute [səˈluːt], *v. t.* e *i.* **1** salutare (*anche fig.*); fare il saluto militare; rendere gli onori a: **Laughter saluted us**, fummo salutati (*o* accolti) da uno scoppio di risa **2** festeggiare (*un personaggio illustre*); omaggiare, rendere onore a (q.) **3** (*arc.*) baciare in segno di saluto. ● **to s. each other**, salutarsi □ (*mil.*) **to s. sb. striking colours**, salutare q. abbassando la bandiera □ (*mil.*) **to s. with cheers**, salutare alla voce □ (*mil.*) **saluting gun**, cannone per salve d'onore.

salvable [ˈsælvəbl], *a.* (*di nave, carico, ecc.*) salvabile; ricuperabile.

Salvador(i)an [ˌsælvəˈdɔːr(ɪ)ən], *a.* e *n.* salvadoregno.

to salvage [ˈsælvɪdʒ], *v. t.* **1** (*naut.* e *fig.*) salvare (*da naufragio, incendio, ecc.*): (*fig.*) **There's little to s. from this article**, c'è poco da salvare in quest'articolo **2** (*naut.* e *fig.*) ricuperare (*un carico marittimo, ecc.*): (*fig.*) **to s. wayward youths**, ricuperare giovani traviati **3** (*med.*) salvare (*un arto leso, ecc., senza amputarlo*). ● **salvaged materials**, materiali di ricupero.

salvage [ˈsælvɪdʒ], *n.* **1** (*naut.*) salvataggio (*della nave, della ciurma, del carico*) **2** (*naut.*) ricupero; operazioni di ricupero: **s. company**, società di ricuperi marittimi **3** (*comm., naut.*) materiale ricuperato (*da un naufragio, da un rottame*) **4** (*comm., naut.; anche* **s.-money**) compenso pagato per il ricupero marittimo **5** (*ind.*) materiale di ricupero: **s. dealer**, commerciante in materiale di ricupero. ● **s. corps**, uomini addetti (*per conto di società d'assicurazioni*) al salvataggio di beni minacciati dal fuoco □ (*naut.*) **s. vessel**, nave di salvataggio.

salvation [sælˈveɪʃən], *n.* **1** salvezza; salvazione (*specialm. dell'anima*); salute (*in senso relig.*) **2** salvamento; salvataggio. ● (*relig.*) **the S. Army**, l'Esercito della Salvezza □ (*relig.*) **to find s.**, salvarsi.

Salvationist [sælˈveɪʃnɪst], *n.* (*relig.*) membro dell'Esercito della Salvezza.

salve (1) [saːv], *n.* **1** balsamo (*anche fig.*); pomata; unguento **2** (*fig.*) lenimento; rimedio. ● **lip-s.**, pomata per le labbra.

to salve (1) [saːv], *v. t.* **1** lenire; placare; acquietare **2** (*arc.*) applicare un unguento su (*una ferita*). ● **to try to s. one's conscience**, cercare di mettere in pace la coscienza.

salve (2) [ˈsælvɪ] (*lat.*), **A** *n.* (*relig., anche* **S. regina**) salveregina. **B** *inter.* salve!

to salve (2) [sælv], (*arc.*) *V.* **to salvage**.

salver [ˈsælvə*], *n.* vassoio.

salvia [ˈsælvɪə], *n.* (*bot., Salvia*) salvia.

salvo [ˈsælvoʊ], *n.* (*pl.* **salvos, salvoes**) **1** (*mil.*) salva (*d'artiglieria e fig.*): **There was a s. of applause**, ci fu una salva d'applausi **2** (*aeron., mil.*) salva; grappolo (*di bombe*) **3** (*aeron., mil.*) gruppo di bombe sganciate contemporaneamente.

Sam [sæm], *n.* (*abbr. di* **Samuel**) Samuele. ● (*pop.*) **to stand Sam**, pagare il conto; offrir da bere □ (*fig.*) **Uncle Sam**, «Zio Sam»; gli Stati Uniti □ (*pop.*) **upon my Sam**, parola mia!; parola d'onore!

SAM [sæm], *n.* (*acronimo di* **surface-to-air missile**) (*mil.*) missile terrra-aria.

Samaritan [səˈmærɪtn], *a.* e *n.* samaritano. ● **good S.**, buon samaritano (*nel Vangelo*); (*fig.*) persona caritatevole.

samarium [səˈmɛərɪəm], *n.* (*chim.*) samario.

samba [ˈsæmbə], *n.* (*mus.*) samba.

sambar [ˈsæmbə*], *V.* **sambur**.

sambo [ˈsæmboʊ], *n.* (*pl.* **sambos, samboes**) **1** zambo (*figlio di un genitore indio e di un genitore negro di origine africana*) **2** (*soprannome offensivo*) negro.

Sam Browne (belt) [ˈsæmˌbraʊn], *n.* (*mil.*) cinturone da ufficiale.

sambur [ˈsæmbə*], *n.* (*zool., Cervus unicolor*) sambar; cervo unicolore.

same [seɪm], **A** *a.* **1** stesso; medesimo; identico: **They died on the s. day**, morirono lo stesso giorno; **We went to the s. school**, frequentammo la medesima scuola; **that s. day**, lo stesso giorno; **He gave me the s. answer as before**, mi diede la stessa risposta di prima **2** solito; stesso; sempre uguale: **It's the s. old story**, è sempre la stessa storia (*o* la solita storia). **B** *pron.* **1** (lo) stesso; (la) stessa cosa: **Whatever I do, the boy tries to do the s.**, qualsiasi cosa io faccia, il bambino cerca di fare lo stesso; **Life can't ever stay the same**, la vita non può essere sempre la stessa cosa (*purtroppo, le cose cambiano*) **2** (*comm., senza l'articolo def.*) lo stesso; il medesimo: **To repairing table, £ 35; to polishing s., £ 10**, per riparazione della tavola, trentacinque sterline; per lucidatura della stessa, dieci sterline. **C** *avv.* **1** allo stesso modo; nella medesima maniera: **to feel the s. about st.**, pensarla (sempre) allo stesso modo su q.c. **2** (*fam.*) né più né meno; proprio (come): **I have my rights, s. as my husband**, ho i miei diritti anch'io, proprio come mio marito. ● **all** (*o* **just**) **the s.**, lo stesso; nondimeno; ugualmente: **It's a rainy day but I'll go for a walk all the s.**, è una giornata piovosa, ma farò lo stesso una passeggiata □ **at the s. time**, a un tempo, insieme; ciononostante, tuttavia, pure □ **to come to the s. thing**, equivalere; non fare differenza alcuna □ **much the s.**, quasi (*o* su per giù) lo stesso; pressoché uguale □ **not to feel the s.**, non provare gli stessi sentimenti □ **the very s.** (*o* **one and the s.**), proprio lo stesso, il medesimo: **This is the very s. man I met yesterday**, è proprio lo stesso uomo che incontrai ieri; **They belong to one and the s. class**, appartengono esattamente alla medesima categoria □ **It is all the s.** (*o* **just the s.**) **to me**, per me fa lo stesso; mi è del tutto indifferente □ **The patient is much the s.**, le condizioni del malato sono su per giù stazionarie □ **The s. to you!**, altrettanto! □ **She is the s. as ever**, è sempre la stessa; è quella di sempre □ **She looks the s. as ever**, all'aspetto non è affatto cambiata □ **We behaved about the s. as you** (**did**), ci comportammo press'a poco come voi.

samel ['sæməl], *a.* (*di mattone, tegola*) poco cotto; dolce: **a s. brick**, un mattone dolce.

samely ['seimli], *a.* sempre lo stesso; uniforme; monotono.

sameness ['seimnis], *n.* **1** identità; identicità; somiglianza assoluta **2** monotonia; uniformità **3** (*di lavoro, ecc.*) tran-tran, routine.

Samian ['seimiən], *a. e n.* (abitante) di Samo: **S. ware**, vasi di Samo.

samite ['sæmait], *n.* (*stor.*) sciamito (*pesante drappo di seta*).

samizdat ['sæmizdæt] (*russo*), *n.* samizdat.

samlet ['sæmlit], *n.* (*zool.*) salmone giovane.

Sammy ['sæmi], *n.* **1** (*dim. di* **Samuel**) Samuele **2** (*pop.*) soldato americano (*durante la prima guerra mondiale*).

Samnite ['sæmnait], (*stor.*) **A** *n.* sannita. **B** *a.* sannitico.

Samoan [sə'mouən], *a. e n.* samoano; (abitante) delle isole Samoa.

Samos ['seimɔs], *n.* (*geogr.*) Samo.

Samothrace ['sæmouθreis], *n.* (*geogr.*) Samotracia.

samovar ['sæmou'va:*], (*russo*), *n.* samovar.

Samoyed [,sæmɔi'ed], *a. e n.* samoiedo (*anche la lingua* e *il cane*).

Samoyedic [,sæmɔi'edik], *a. e n.* samoiedo (*la lingua*).

sampan ['sæmpæn], *n.* (*naut.*) sampan (*piccola imbarcazione cinese*).

samphire ['sæmfaiə*], *n.* (*bot.*) **1** (*Crithmum maritimum*) finocchio marino **2** (*Salicornia europea*) salicornia.

sample ['sa:mpl], *n.* **1** (*anche comm., stat.*) campione **2** (*metall.*) saggio **3** (*fig.*) esempio; esemplare; modello; saggio: **Give us a s. of your ability**, dateci un saggio delle vostre capacità. □ **s.-card**, cartella di campioni □ **s. collection**, campionario □ **s.-fair**, fiera campionaria □ (*comm.*) **samples on collection**, campioni su richiesta □ (*comm.*) «**samples only**», «campione senza valore» □ (*stat.*) **s. survey**, indagine campionaria □ (*comm.*) **as per s.**, come da campione □ (*di vendita*) **by s.**, su campione □ **to send st. by s. post**, spedire q.c. come campione senza valore □ **a set of samples**, un campionario □ (*metall.*) **test s.**, provino □ (*comm.*) **The goods are not up to s.**, la merce non è conforme (*o* è di qualità inferiore) al campione.

to sample ['sa:mpl], *v. t.* **1** (*comm., stat.*) campionare **2** assaggiare; gustare; degustare (*vini, ecc.*): **S. this cake**, assaggia questa torta!

sampler ['sa:mplə*], *n.* **1** (*comm., stat.*) campionatore; campionarista **2** (*un tempo*) modello (*o* saggio) di ricamo **3** (*ind. min., anche* **soil-s.**) sonda campionatrice.

sampling ['sa:mpliŋ], *n.* **1** (*comm., stat.*) campionatura; campionamento **2** assaggio; (*di vini, ecc.*) degustazione **3** campione (*della popolazione*); gruppo di persone prese a caso. ● **s. bottle**, bottiglia per il prelievo di campioni □ (*stat.*) **s. error**, errore campionario □ (*comm.*) **s. order**, ordine di prova; ordine di saggio.

Sampson ['sæmpsn], **Samson** ['sæmsn], *n.* (*Bibbia*) Sansone (*anche fig.*).

Samuel ['sæmjuel], *n.* Samuele.

samurai ['sæmurai] (*giapponese*), *n.* (*pl.* **samurai, samurais**) samurai.

sanative ['sænətiv], *a.* curativo; che risana; sanativo (*raro*).

sanatorium [,sænə'tɔ:riəm], *n.* (*pl.* **sanatoriums, sanatoria**) sanatorio; casa di salute.

sanatory ['sænətəri], *V.* **sanative**.

sanbenito [,sænbi'ni:to], *n.* (*pl.* **sanbenitos**) (*stor.*) sanbenito (*indumento di penitenza indossato da un eretico alla condanna*).

sanctification [,sæŋktifi'keiʃən], *n.* santificazione.

sanctified ['sæŋktifaid], *a.* **1** santificato; consacrato **2** bigotto; santocchio. ● **s. airs**, santimonia; bigottismo; santocchieria (*raro*) arie di santità.

sanctifier ['sæŋktifaiə*], *n.* santificatore, santificatrice.

to sanctify ['sæŋktifai], *v. t.* **1** santificare; consacrare **2** sancire; sanzionare.

sanctimonious [,sæŋkti'mounjəs], *a.* santocchio; ipocrita; bigotto; untuoso (*fig.*).

sanctimoniousness [,sæŋkti'mounjəsnis], **sanctimony** [,sæŋkti'mouni], *n.* santimonia (*spreg.*); santocchieria (*raro*) ipocrisia; untuosità (*fig.*).

sanction ['sæŋkʃən], *n.* **1** (*anche polit.*) sanzione; approvazione; ratifica **2** (*leg.*) pena; punizione. ● **punitive** (*o* **vindicatory**) **s.**, sanzione punitiva; punizione □ **remuneratory s.**, compenso; ricompensa.

to sanction ['sæŋkʃən], *v. t.* **1** sanzionare; approvare; ratificare; sancire **2** (*leg.*) punire.

sanctitude ['sæŋktitju:d], *n.* santità.

sanctity ['sæŋktiti], *n.* **1** santità (*in ogni senso*) **2** (*pl.*) affetti (diritti, doveri, principi, ecc.) sacri (*o* sacrosanti).

sanctuary ['sæŋktjuəri], *n.* **1** (*relig.*) santuario (*anche fig.*); luogo sacro; chiesa; tempio; tabernacolo **2** asilo; rifugio **3** riserva forestale; parco nazionale: **a wildlife s.**, una riserva per (la protezione degli) animali selvatici. ● (*stor.*) **to claim s.**, invocare il diritto d'asilo □ (*stor.*) **right of s.**, diritto d'asilo □ **to seek s.**, cercar rifugio; cercare asilo □ **to take s.**, rifugiarsi; trovare asilo (*in origine, in un santuario*).

sanctum ['sæŋktəm], *n.* (*pl.* **sanctums, sancta**) **1** santuario; luogo sacro **2** (*fig.*) stanza privata; studio. ● (*relig., fig.*) **s. sanctorum**, sancta sanctorum.

sand [sænd], *n.* **1** sabbia; rena; arena **2** (*pl.*) granelli di sabbia; terreno sabbioso; spiaggia: **on the sands**, sulla spiaggia **3** (*pl., ind. min.*) sabbie; frazione sabbiosa **4** (*pop. USA*) coraggio; fermezza di carattere; tenacia. ● **s.-bank**, banco di sabbia □ **s.-bar**, barra di sabbia; secca (*alla foce d'un fiume, all'entrata di un porto*) □ **s.-bath**, (*chim.*) bagno di sabbia; (*med.*) sabbiatura ra □ **s.-bed**, strato di sabbia □ (*tecn.*) **s.-blast**, getto di sabbia □ (*tecn.*) **to s.-blast**, sabbiare; granigliare □ (*mecc.*) **s.-blasting machine**, sabbiatrice □ **s.-blast operator**, sabbiatore (*operaio*) □ **s.-blasting**, (*tecn.*) sabbiatura; granigliatura; (*geol.*) abrasione da sabbia eolica □ **s.-box**, (*ferr.*) sabbiera; (*stor.*) recipiente per la sabbia (*o* lo spolvero) con cui asciugare l'inchiostro; buca piena di sabbia (*per i giochi dei bambini*) □ **s. castle**, castello di sabbia □ (*vet.*) **s.-crack**, malattia dello zoccolo dei cavalli □ **s.-flea**, *V.* **sandhopper** □ (*edil.*) **s. finish**, frattazzatura □ (*edil.*) **to s.-finish**, frattazzare □ (*zool.*) **s.-fly** (*Phlebothomus*), flebotomo; pappataci □ **s.-glass**, clessidra □ **s.-hill**, duna □ (*zool.*) **s.-martin** (*Riparia riparia*), rondine riparia; topino □ (*mecc.*) **s. mill**, mulino a sabbia □ **s.-pit**, cava di rena; buca piena di sabbia (*per i giochi dei bambini*) □ **s.-shoes**, scarpe di gomma e tela □ **s.-spout**, tromba di sabbia □ **s.-storm**, tempesta di sabbia □ **s. trap**, (*ing.*) fermasabbia, separatore di sabbia; (*golf*) bunker □ **as happy as a s.-boy**, contento come una pasqua □ (*fig.*) **built on s.**, costruito sulla sabbia (*fig.*) □ **to make ropes of s.**, voler fare l'impossibile □ (*fig.*) **to plough the sands**, fare un lavoro inutile □ (*geol.*) **sharp s.**, sabbia a spigoli vivi; sabbia grossolana.

to sand [sænd], *v. t.* **1** cospargere di sabbia (*strade ghiacciate, ecc.*) **2** insabbiare; seppellire sotto la sabbia; coprire di sabbia **3** levigare (*o* pulire) con la sabbia; sabbiare **4** levigare con la cartavetrata; carteggiare; scartavetrare (*fam.*) **5** levigare (*un pavimento, ecc.*) con abrasivo; smerigliare.

sandal (1) ['sændl], *n.* sandalo (*calzatura*).

sandal (2) ['sændl], *n.* **1** (*anche* **sandlewood**) sandalo (*legno prezioso*) **2** (*bot., Santalum*) sandalo.

sandalled ['sændəld], *a.* calzato di sandali.

sandarac ['sændəræk], *n.* **1** (*anche* **gum s.**) sandracca (*resina*) **2** (*miner.*) realgar; solfuro d'arsenico.

sandbag ['sændbæg], *n.* (*anche mil.*) sacchetto di sabbia.

to sandbag ['sændbæg], *v. t.* **1** proteggere (*o* rinforzare) con sacchetti di sabbia **2** colpire (*o* abbattere) con un sacchetto di sabbia **3** (*fam. USA*) costringere, forzare: **to s. sb. into doing st.**, costringere q. a fare q.c.

sander ['sændə*], *n.* (*tecn.*) **1** levigatore (*operaio*) **2** chi smeriglia; smerigliatore **3** levigatrice (*macchina*) **4** (*anche* **disk s.**) smerigliatrice a nastro **5** (*ferr.*) lanciasabbia.

sanderling ['sændəliŋ], *n.* (*zool., Crocethia alba*) piovanello tridattilo.

sandhopper ['sænd,hɔpə*], *n.* (*zool., Talitrus locusta*) pulce di mare.

sandiness ['sændinis], *n.* l'essere sabbioso; arenosità.

sanding ['sændiŋ], *n.* **1** spargimento di sabbia **2** insabbiamento; copertura con sabbia **3** levigatura con abrasivo; carteggiatura; smerigliatura. ● (*tecn.*) **s. machine**, levigatrice (*per marmi, parquet, ecc.*).

sandiver ['sændivə*], *n.* (*ind.*) schiuma che si forma sul vetro in fusione.

sandman ['sændmæn], *n.* (*pl.* **sandmen**) (*infant.*) omino del sonno (*che sparge sabbia sugli occhi*).

sandpaper ['sænd,peipə*], *n.* carta smerigliata.

to sandpaper ['sænd,peipə*], *v. t.* carteggiare; levigare con la carta smerigliata; scartavetrare (*fam.*).

sandpiper ['sænd,paipə*], *n.* (*zool., Actitis, Tringa, Erolia, ecc.*) uccello dei Caradriformi (*in genere*); piovanello, piro piro; gambecchio.

sandshoe ['sænd,ʃu:], *n.* scarpa di tela.

sandstone ['sændstoun], *n.* arenaria: **chalky s.**, arenaria calcarea.

sandwich ['sænwidʒ], *n.* sandwich; panino imbottito; tramezzino. ● **s. bar**, *V.* **sandwicheria** ☐ **s.-board**, cartellone pubblicitario appaiato a un altro (*portato sulle spalle da un uomo sandwich*) ☐ (*ind.*) **s. course**, tirocinio; stage ☐ (*stor.*) **S. Islands**, (le) Isole Hawai ☐ **s.-man**, uomo sandwich (*stretto fra due cartelloni pubblicitari che porta in giro*).

to sandwich ['sænwidʒ], *v. t.* serrare (*fra due persone o cose*); stringere in mezzo; inserire.

sandwicheria [ˌsænwi'dʒɪərɪə], *n.* tavola calda in cui si servono tramezzini.

sandy ['sændi], *a.* **1** sabbioso; arenoso **2** (*di capelli*) color sabbia; biondo rossiccio. ● (*di persona*) **s.-haired**, biondo rossiccio.

Sandy ['sændi], *n.* (*nomignolo*; *abbr. scozz. di* Alexander, Alessandro) scozzese.

sane [sein], *a.* **1** sano di mente; equilibrato; posato **2** assennato; ragionevole; sensato; sano (*fig.*): **a s. economic policy**, una sana politica economica.

sang [sæŋ], *pass.* di **to sing**.

sangaree [ˌsæŋgə'ri:], *n.* bibita simile alla sangria.

sang-froid ['sɑ:ŋ'frwɑ:] (*franc.*), *n.* sangue freddo; imperturbabilità.

Sangraal, Sangrail, Sangreal [ˌsæŋ'greil], *n.* (*leggenda*) Sacro Graal.

sangria [sæŋ'griːə] (*spagn.*), *n.* sangria (*bevanda*).

sanguiferous [sæŋ'gwifərəs], *a.* (*fisiologia*) sanguifero.

sanguification [ˌsæŋgwifi'keiʃən], *n.* (*fisiologia*) sanguificazione.

sanguinaria [ˌsæŋgwi'nɛərɪə], *n.* (*bot., Sanguinaria*) sanguinaria.

sanguinariness ['sæŋgwinərinis], *n.* l'esser sanguinario.

sanguinary ['sæŋgwinəri], *a.* **1** sanguinoso; cruento: **a s. war**, una guerra cruenta **2** sanguinario; assetato di sangue: **a s. tyrant**, un tiranno sanguinario. ● (*fig.*) **s. laws**, leggi crudeli.

sanguine ['sæŋgwin], **A** *a.* **1** sanguigno; rubicondo; che ha molto sangue: **a s. man**, un uomo sanguigno **2** fiducioso; ottimistico; speranzoso: **He is too s. about success**, è troppo fiducioso di farcela; **beyond one's s. hopes**, oltre le speranze più ottimistiche **3** rosso sangue **4** (*raro*) sanguinario; assetato di sangue. **B** *n.* sanguigna (*matita o disegno*). ● **s. hopes**, vive speranze.

sanguineous [sæŋ'gwiniəs], *a.* **1** (*fisiologia*) sanguigno; del sangue **2** (*specialm. bot.*) rosso sangue **3** *V.* **sanguine**.

sanguinolent [sæŋ'gwinələnt], *a.* sanguinolente; sanguinolento.

Sanhedrim ['sænidrim], **Sanhedrin** ['sænidrin], *n.* (*stor.*) Sinedrio.

sanicle ['sænikəl], *n.* (*bot., Sanicula*) sanicola.

to sanify ['sænifei], *v. t.* risanare; rendere salubre; bonificare.

sanitarian [ˌsæni'tɛərɪən], **A** *a.* sanitario; igienico; che concerne la sanità. **B** *n.* sanitario; igienista.

sanitariness ['sænitərinis], *n.* l'essere igienico; salubrità.

sanitarium [ˌsæni'tɛərɪəm], *n.* (*pl.* **sanitariums, sanitaria**) (*USA*) sanatorio; casa di salute.

sanitary ['sænitəri], *a.* sanitario; igienico: **a s. inspector**, un ispettore sanitario; **a s. towel**, un assorbente igienico. ● **s. cotton**, cotone idrofilo ☐ **s. engineer**, ingegnere sanitario; installatore d'impianti igienico-sanitari; idraulico ☐ **s. engineering**, ingegneria sanitaria ☐ **s. fittings**, apparecchi igienico-sanitari ☐ **s. sewer**, fogna per acque nere.

sanitation [ˌsæni'teiʃən], *n.* **1** igiene; misure sanitarie **2** servizi igienici **3** fognature.

sanitationman [ˌsæni'teiʃənmən], *n.* (*pl.* **sanitationmen**) (*USA*) spazzino; netturbino.

to sanitize ['sænitaiz], *v. t.* **1** rendere igienico (*sterilizzando o disinfettando*) **2** (*fig.*) dare un aspetto sano a (q.c.); rendere più accettabile; ritoccare.

sanitizer ['sænitaizə*], *n.* prodotto disinfettante (*o* sterilizzante).

sanity ['sæniti], *n.* **1** sanità mentale **2** equilibrio; discernimento; giudizio (*fam.*). ● (*med.*) **s. test**, esame psichiatrico.

sank [sæŋk], *pass.* di **to sink**.

sans(-)culotte [ˌsænzkju'lɔt] (*franc.*), *n.* (*stor.*) sanculotto.

Sanskrit ['sænskrit], *n.* e *a.* sanscrito.

Sanskritic [sæns'kritik], *a.* sanscrito.

Sanskritist ['sænskritist], *n.* sanscritista; conoscitore del sanscrito.

Santa Claus, Santa Klaus [ˌsæntə'klɔ:z], *n.* «Santa Claus»; Babbo Natale.

santonica [sæn'tɔnikə], *n.* (*bot.*) *Artemisia pauciflora*.

santonin ['sæntənin], **santonine** ['sæntəni:n], *n.* (*chim.*) santonina.

sap (1) [sæp], *n.* **1** (*bot.*) linfa **2** (*fig.*) energia; forza; vigore: **the sap of youth**, il vigore della giovinezza **3** (*anche* **sapwood**) alburno.

to sap (1) [sæp], *v. t.* **1** privare della linfa **2** (*fig.*) indebolire; fiaccare; svigorire: **Overwork sapped his strength**, l'eccesso di lavoro indebolì le sue forze.

sap (2) [sæp], *n.* **1** (*mil.*) scavo d'approccio; trincea d'approccio; galleria sotterranea **2** (*fig.*) modo d'agire insidioso; subdolo.

● **sap-head**, testa di trincea.

to sap (2) [sæp], (*mil.*) **A** *v. t.* **1** scalzare; minare (*anche fig.*): **The besiegers sapped a wall of the city**, gli assedianti scalzarono un muro della città; **Science was sapping old beliefs**, la scienza minava le antiche credenze **2** (*fig.*) fiaccare; logorare; indebolire: **health sapped by hardships**, salute logorata dalle privazioni. **B** *v. i.* **1** scavare trincee **2** avvicinarsi (*al nemico*) scavando gallerie sotterranee.

to sap (3) [sæp], *v. i.* (*gergo studentesco*) sgobbare.

sap (3) [sæp], *n.* **1** (*gergo studentesco*) sgobbone **2** (*fam.*) imbecille; semplicciotto; stupido.

sapajou [ˈsæpədʒuː], *n.* (*zool., Cebus*) cebo.

sapan-wood ['sæpən-'wud], *n.* **1** (*ind.*) legno di «sapan» (*pianta delle Indie*) **2** (*bot.*) *Caesalpinia sappan*.

saphead ['sæphed], *n.* (*fam.*) imbecille; semplicciotto; stupido.

saphena [sə'fi:nə], *n.* (*pl.* **saphenae**) (*anat.*) safena.

sapid ['sæpid], *a.* sapido; saporoso.

sapidity [sə'piditi], *n.* sapidità.

sapience ['seipiəns], **sapiency** ['seipjənsi], *n.* **1** (*lett. o iron.*) sapienza; saggezza **2** (*spreg.*) saccenteria.

sapient ['seipjənt], **A** *a.* **1** (*lett. o iron.*) sapiente; saggio **2** saccente. **B** *n.* uomo preistorico.

sapiential [ˌseipi'enʃəl], *a.* (*relig.*) sapienziale: **s. books**, libri sapienziali.

sapless ['sæplis], *a.* **1** (*d'albero*) senza linfa; avvizzito; secco **2** (*fig.*) indebolito; senza vigore; fiacco.

sapling ['sæpliŋ], *n.* **1** (*bot.*) alberello; arboscello **2** (*fig.*) giovane; giovinetto **3** levriero di un anno.

sapodilla [ˌsæpou'dilə], *n.* (*bot.*) **1** (*Achras sapota*) sapota **2** (*anche* **s. plum**) sapotiglia.

saponaceous [ˌsæpou'neiʃəs], *a.* saponaceo; saponoso.

saponifiable [səˌpɒni'faiəbl], *a.* (*ind.*) saponificabile.

saponification [səˌpɒnifi'keiʃən], *n.* (*ind.*) saponificazione.

to saponify [sə'pɒnifai], (*ind.*) **A** *v. t.* saponificare. **B** *v. i.* subire il processo di saponificazione.

saponin ['sæpənin], *n.* (*chim.*) saponina.

saporous ['sæpərəs], *a.* saporoso.

sapo(u)r ['seipə*], *n.* (*raro*) sapore.

sapper ['sæpə*], *n.* (*mil.*) **1** zappatore; soldato del Genio; geniere **2** (*USA*) esploratore; perlustratore; chi va in avanscoperta. ● **the Sappers**, l'arma del Genio; i genieri.

Sapphic ['sæfik], **A** *a.* (*stor.*) saffico; di Saffo. **B** *n.* (*poesia*) verso saffico.

sapphire ['sæfaɪə*], **A** *n.* **1** (*miner.*) zaffiro **2** color dello zaffiro; azzurro vivo. **B** *a.* del color dello zaffiro.

sapphirine ['sæfirain], *a.* simile allo zaffiro; del color dello zaffiro.

Sappho ['sæfou], *n.* (*stor., letter.*) Saffo.

sappiness ['sæpinis], *n.* **1** abbondanza di linfa; succosità **2** (*fig.*) energia; forza; vigore **3** (*pop.*) fatuità; stoltezza.

sappy ['sæpi], *a.* **1** ricco di linfa; succoso **2** (*fig.*) energico; forte; vigoroso **3** (*pop.*) fatuo; sciocco; stupido.

saprophyte ['sæproufait], *n.* (*bot.*) saprofito; saprofita.

saprophytic [ˌsæprou'fitik], *a.* (*bot.*) saprofitico; saprofita.

sapwood ['sæpwud], *n.* (*bot.*) alburno.

saraband(e) ['særəbænd], *n.* (*stor., mus.*) sarabanda.

Saracen ['særəsn], *n.* e *a.* saraceno. ● (*agric.*) **S. corn**, grano saraceno ☐ (*araldica*) **S.'s head**, testa di moro.

Saracenic [ˌsærə'senik], *a.* (*stor.*) saraceno.

Sarah ['sɛərə], *n.* Sara.

sarcasm ['sɑːkæzəm], *n.* sarcasmo.

sarcastic [sɑː'kæstik], *a.* sarcastico.

sarcoma [sɑː'koumə], *n.* (*pl.* **sarcomas, sarcomata**) (*med.*) sarcoma.

sarcomatous [sɑː'koumətəs], *a.* (*med.*) sarcomatoso.

sarcophagus [sɑː'kɒfəgəs], *n.* (*pl.* **sarcophagi, sarcophaguses**) (*archeol.*) sarcofago.

sarcous ['sɑːkəs], *a.* (*anat.*) carnoso.

sard [sɑːd], *n.* (*miner.*) sarda.

Sardanapalian [ˌsɑːdənə'peiliən], *a.* degno di Sardanapalo; lussuoso; opulento.

Sardanapalus [ˌsɑːdə'næpələs], *n.* (*stor.*) Sardanapalo.

sardelle [sɑː'del], *n.* (*zool., Sardinella aurita*) sardella.

sardine (1) [sɑː'di:n], *n.* (*pl.* **sardines, sardine**) (*zool., Clupea pilchardus*) sardina; sarda. ● (*fig.*) **packed like sardines**, stretti come acciughe (*o* sardine).

to sardine [sɑː'di:n], *v. t.* stipare; pigiare come sardine.

sardine (2) [sɑː'dain], *n.* (*miner.*) sarda.

Sardinia [sɑː'diniə], *n.* (*geogr.*) Sardegna.

Sardinian [sɑː'diniən], *a.* e *n.* sardo.

sardonic [sɑː'dɒnik], *a.* sardonico: **s. laugh**, riso sardonico.

sardonyx [sɑː'dɒniks], *n.* (*miner.*) sardonice; sardonica.

sargasso [sɑː'gæsou], *n.* (*pl.* **sargassos**) (*bot., Sargassum bacciferum*) sargasso; uva di mare. ● (*geogr.*) **S. Sea**, Mar

dei Sargassi.
sarge [sa:dʒ], *n. (gergo mil.)* sergente.
sari ['sa:ri:], *n. (pl.* **saris**) sari *(veste delle donne indiane).*
sarking ['sa:kiŋ], *n. (edil.)* strato d'assicelle (*o* feltro bituminoso) posto sotto il manto di copertura.
sarky ['sa:ki], *a. (pop.)* sarcastico.
Sarmatia [sa:'meiʃjə], *n. (geogr., stor.)* Sarmazia.
Sarmatian [sa:'meiʃjən], **A** *n.* sarmata; della Sarmazia. **B** *a.* sarmatico.
sarmentose ['sa:mentous], **sarmentous** [sa:'mentəs], *a. (bot.)* sarmentoso.
sarong [sə'rɔŋ], *n.* sarong *(veste dell'arcipelago malese).*
sarsaparilla [,sa:səpə'rilə], *n.* **1** *(bot., Smilax)* salsapariglia **2** *(med.)* radice secca di salsapariglia **3** gassosa aromatizzata con salsapariglia.
sartorial [sa:'tɔriəl], *a.* di sarto; di sartoria. ● *(scherz.:* d'abito) **a s. triumph**, un capolavoro d'eleganza.
sash (1) [sæʃ], *n.* sciarpa, fascia *(a tracolla o alla vita).*
sash (2) [sæʃ], *n.* **1** telaio *(di finestra o porta a vetri)*; telaio scorrevole **2** parte mobile *(di telaio scorrevole).* ● **s. bar**, listello fermavetro □ **s. cord** (*o* **s. line**), corda del contrappeso □ **s. pocket**, scanalatura del saliscendi □ **s. weight**, contrappeso per finestra a ghigliottina; saliscendi □ **s. window**, finestra a ghigliottina; finestra all'inglese.
to sashay [sæ'ʃei], *v. i. (USA)* camminare; andare; avanzare piano piano; muoversi agilmente (*o* delicatamente).
sashed (1) [sæʃt], *a.* che indossa una sciarpa (*o* una fascia).
sashed (2) [sæʃt], *a. (di finestra)* provvista di telaio scorrevole.
sasin ['sæsin], *n. (zool., Antilope cervicapra)* antilope cervicapra.
sass, to sass [sæs], *(pop. USA) V.* **sauce, to sauce**.
sassaby ['sæsəbi], *n. (zool., Damaliscus lunatus)* damalisco di Sassaby.
sassafras ['sæsəfræs], *n. (bot., Sassafras officinale)* sassofrasso.
Sassanian [sæ'seinjən], **Sassanid** [sə'sænid], *n. e a. (stor.)* sasanide, sassanide.
Sassenach ['sæsənæk], *n. e a. (scozz., irl.)* (anglo)sassone; *(per estens.)* inglese.
sassy ['sæsi], *(USA) V.* **saucy**.
sat [sæt], *pass. e p. p.* di **to sit**.
Satan ['seitən], *n.* Satana.
Satanic [sə'tænik], *a.* satanico; diabolico; infernale. ● *(letter.)* **the S. poets**, i poeti satanici □ *(scherz.)* **His S. Majesty**, Satana.
Satanism ['seitənizəm], *n.* culto di Satana; satanismo *(anche letter.).*
Satanist ['seitənist], *n.* adoratore (*o* adoratrice) di Satana.
satchel ['sætʃəl], *n.* cartella; borsa *(specialm. di scolaro).*
to sate [seit], *v. t.* **1** saziare; satollare; disgustare **2** *(fig.)* appagare, soddisfare *(un desiderio, ecc.).*
sateen [sæ'ti:n], *n. (ind. tessile)* raso di cotone; rasatello; rasato.
sateless ['seitlis], *a. (poet.)* insaziabile; mai satollo.
satellite ['sætəlait], *n.* **1** *(astron.)* satellite *(anche fig.)* **2** sobborgo, borgata **3** *(miss.)* satellite: **unmanned s.**, satellite senza equipaggio umano. ● *(polit.)* **s. state**, Stato satellite □ **s. town**, città satellite □ *(radio, telev.)* **by s.**, via satellite.
satellitic [,sætə'litik], *a. (astron.)* di satellite.
satellization [,sætəlai'zeiʃən], *n. (polit.)* satellizzazione.
satiability [,seiʃiə'biliti], *n.* saziabilità.
satiable ['seiʃjəbl], *a.* saziabile.
to satiate ['seiʃieit], *v. t.* saziare; satollare; disgustare.
satiate(d) ['seiʃieit(id)], *a.* sazio; satollo; disgustato.
satiety [sə'taiəti], *n.* sazietà: **to eat to (the point of) s.**, mangiare a sazietà.
satin ['sætin], *n.* **1** *(ind. tessile)* raso; satin **2** *(pop., anche* **white s.**) gin *(liquore).* ● **s. cloth**, tessuto di lana rasata □ *(mecc.)* **s. finish**, finitura satinata □ *(bot.)* **s.-flower** *(Lunaria annua)*, medaglia; lunaria □ *(miner.)* **s. gypsum**, gesso fibroso e lucido □ **s. paper**, carta satinata □ *(miner.)* **s. spar** (*o* **s. stone**), spato satinato □ *(cucito)* **s.-stitch**, punto raso.
satinet(te) [,sæti'net], *n. (ind. tessile)* rasatello.
satiny ['sætini], *a.* satinato; rasato **2** *(fig.)* lucido; lustro.
satire ['sætaiə*], *n. (anche letter.)* satira.
satiric(al) [sə'tirik(əl)], *a.* satirico.
satirist ['sætərist], *n.* satirico; scrittore di satire.
to satirize ['sætəraiz], *v. t.* satireggiare.
satisfaction [,sætis'fækʃən], *n.* **1** soddisfazione; soddisfacimento; appagamento; contentezza; gioia; piacere: **much to our s.**, con nostra grande soddisfazione **2** soddisfazione; riparazione: **to demand s.**, chiedere soddisfazione; **to give s.**, dar soddisfazione; riparare un torto; **to obtain s.**, avere (*o* ricevere) soddisfazione **3** *(relig.)* espiazione, riparazione *(dei peccati dell'uomo)* **4** *(leg.)* esecuzione, adempimento *(di un'obbligazione).* ● *(leg.)* **to enter s.**, dichiararsi soddisfatto d'ogni proprio avere □ **in s. of**, a risarcimento di; in riparazione di □ **to make s.**, riparare, risarcire □ **I can prove it to your s.**, posso dimostrartelo in modo che tu rimanga convinto.
satisfactoriness [,sætis'fæktərinis], *n.* l'esser soddisfacente.
satisfactory [,sætis'fæktəri], *a.* **1** soddisfacente; convincente; esauriente; buono; riuscito: **a s. result**, un risultato soddisfacente; **a s. proof**, una prova soddisfacente; **a s. answer**, una risposta esauriente; **a s. marriage**, un buon matrimonio; **a s. pair of boots**, un buon paio di scarpe; **a s. expedition**, una spedizione riuscita **2** *(relig.)* riparatorio; espiatorio.
satisfiable [,sætis'faiəbl], *a.* che si può soddisfare.
to satisfy ['sætisfai], **A** *v. t.* **1** soddisfare; soddisfare a; adempiere; appagare; contentare: **It's rather difficult to s. all the clients**, è alquanto difficile soddisfare tutti i clienti; **to s. an urgent need**, soddisfare a un bisogno urgente; **to s. an obligation**, soddisfare un impegno; adempiere (a) un dovere; **to s. sb.'s desires**, appagare i desideri di q.; **to s. one's creditors**, soddisfare (*o* tacitare) i creditori **2** saziare; soddisfare: **to s. one's appetite**, saziare l'appetito; sfamarsi **3** *(relig.:* di Cristo) espiare, riparare *(i peccati dell'uomo)* **4** essere conforme a, rispondere a *(condizioni, regole, requisiti)* **5** convincere; persuadere: **He satisfied us that he could not accept our offer**, ci convinse che non era in grado di accettare la nostra offerta **6** rispondere in modo esauriente a *(un'obiezione)*; risolvere, dissipare *(un dubbio).* **B** *v. i.* **1** dar soddisfazione; essere soddisfacente **2** dar soddisfazione; fare ammenda. **to satisfy oneself C** *v. rifl.* convincersi; persuadersi. ● **to s. a debt**, pagare un debito □ **to s. the examiners**, superare un esame con un risultato mediocre; ottenere la sufficienza □ **to s. sb.'s hopes**, non venir meno alle speranze di q. □ **to be satisfied of**, esser convinto (*o* persuaso) di □ **to be satisfied with**, essere soddisfatto (*o* contento) di; contentarsi di □ **hard to s.**, di difficile contentatura □ **to rest satisfied**, essere soddisfatto; non chiedere di meglio; non chiedere altro.
satisfying ['sætisfaiiŋ], *a.* soddisfacente; convincente; esauriente.
satrap ['sætrəp], *n. (stor.)* satrapo *(anche fig.).*
satrapy ['sætrəpi], *n. (stor.)* satrapia.
satsuma [sæt'su:mə], *n.* **1** *(bot., Citrus nobilis)* «satsuma» *(giapponese)* **2** *(specialm. ingl.: il frutto)* mandarino *(senza semi).*
saturability [,sætʃərə'biliti], *n.* saturabilità.
saturable ['sætʃərəbl], *a.* saturabile.
to saturate ['sætʃəreit], *v. t.* **1** impregnare; inzuppare **2** rendere saturo; saturare: **to s. a market with orders**, saturare un mercato di ordinazioni **3** *(chim., fis.)* saturare: **saturated solution**, soluzione satura.
saturate ['sætʃərit], *a.* **1** *(poet.)* saturo; impregnato; inzuppato **2** *(di colore)* intenso.
saturation [,sætʃə'reiʃən], *n.* **1** saturazione *(anche chim., fis.):* **s. point**, punto di saturazione; **the s. of the domestic market**, la saturazione del mercato interno **2** *(del colore)* grado d'intensità. ● *(mil.)* **s. bombing**, bombardamento a tappeto.
Saturday ['sætədi], *n.* sabato: **on Saturdays** *(USA:* **Saturdays**), di (*o* il) sabato; **on a S.**, un sabato; di sabato. ● **S.-to-Monday**, il fine settimana □ *(relig.)* **Holy S.**, Sabato Santo.
Saturn ['sætən], *n. (mitol., astron.)* Saturno.
Saturnalia [,sætə'neiljə], *n. pl.* **1** *(stor.)* saturnali **2** – *(fig.)* **s.**, orgia.
Saturnalian [,sætə'neiljən], *a.* **1** *(stor.)* saturnale **2** – *(fig.)* **s.**, orgiastico.
Saturnalias [,sætə'neiljəz], *V.* **Saturnalia**.
Saturnian [sæ'tə:njən], **A** *a.* **1** *(mitol.)* saturnio; di Saturno: **the S. age**, l'età di Saturno; l'età dell'oro **2** *(astron.)* saturniano; di Saturno *(il pianeta).* **B** *n.* **1** *(poesia)* verso saturnio; saturnio **2** *(astron.)* saturniano.
saturnine ['sætə:nain], *a.* saturnino *(anche med.);* cupo; malinconico; tetro: **a s. fellow**, un tipo malinconico; **s. disease**, malattie saturnine. ● **a s. patient**, un paziente affetto da saturnismo.
saturnism ['sætənizəm], *n. (med.)* saturnismo.
satyr ['sætə*], *n. (mitol.)* satiro *(anche fig.).*
satyric(al) [sə'tirik(əl)], *a.* satiresco: **s. drama**, dramma satiresco.
sauce [sɔ:s], *n.* **1** salsa; intingolo: **tomato s.**, salsa di pomodoro **2** *(fig.)* cosa che dà sapore; gusto; condimento: **without the s. of danger**, senza il gusto del pericolo **3** *(fam.)* impertinenza; sfacciataggine: **I'm fed up with your s.!**, sono stufo delle tue impertinenze! ● **s.-boat**, salsiera □ **apple s.**, mele tagliate e cotte in tegame □ *(fig.)* **to serve sb. with the same s.**, rendere a q. pan per focaccia □ *(prov.)* **Hunger is the best s.**, il primo condimento è l'appetito □ *(prov.)* **What is s. for the goose is s. for the gander**, ciò che vale per l'uno vale anche per l'altro.
to sauce [sɔ:s], *v. t.* **1** *(raro)* condire con salsa **2** *(fig.)* dare gusto (*o* sapore) a (q.c.); condire *(fig.)* **3** *(fam.)* fare l'impertinente con (q.); dire impertinenze a (q.).
saucebox ['sɔ:sbɔks], *n. (fam.)* impertinente; sfacciatello, sfacciatella.
saucepan ['sɔ:spən], *n.* casseruola; tegame.
saucer ['sɔ:sə*], *n.* sottocoppa; piattino. ● **s.-eyed**, dagli occhi grandi e tondi □ *(fantascienza)* **flying s.**, disco volante.

saucerman ['sɔːsəmən], *n.* (*pl.* **saucermen**) (*fantascienza*) extraterrestre.

sauciness ['sɔːsinis], *n.* **1** impertinenza; sfacciataggine **2** (*fam.*) eleganza; sciccheria (*fam.*) **3** (*fam.*) salacità.

saucy ['sɔːsi], *a.* **1** impertinente; sfacciato **2** birichino; sbarazzino; vivace: **a s. smile**, un sorriso sbarazzino **3** (*fam.*) elegante; chic: **a s. little hat**, un cappellino elegante **4** (*fam.*) piccante; salace.

sauerkraut ['sauəkraut], *n.* (*cucina*) crauti; salcrauti; sarcrauti; cavolo all'agro.

sauna ['saunə], *n.* (*anche* **s. bath**) sauna. ● **s. bath**, sauna (*il locale*).

saunarium [sɔːˈnɛəriəm], *n.* stabilimento per la sauna.

to saunter ['sɔːntə*], *v. i.* andare a zonzo; bighellonare; girovagare; gironzolare. ● (*fig.*) **to s. through life**, prendere la vita come viene.

saunter ['sɔːntə*], *n.* **1** passeggiatina; giretto; quattro passi (*fam.*) **2** andatura comoda; passo lento.

saunterer ['sɔːntərə*], *n.* chi va a zonzo; bighellone; girandolone.

saurian ['sɔːriən], (*zool.*) **A** *a.* dei sauri. **B** *n.* **1** sauro **2** (*pl.*, *Sauria*) sauri.

saury ['sɔːri], *n.* (*zool.*, *Scomberesox saurus*) costardella; luccio sauro.

sausage ['sɔsidʒ], *n.* **1** salsiccia **2** (*pl.*) salsicce; salumi **3** (*aeron.*, *anche* **s. balloon**) pallone frenato (*da osservazione*). ● (*fam.*) **s. dog**, bassotto tedesco □ **s. factory**, salumificio □ **s.-filler**, insaccatrice (*per salsicce*) □ **s.-grinder**, tritacarne (*per salsicce*) □ **s.-meat**, carne tritata per salsicce (*o* per ripieni) □ **s.-roll**, salsicciotto cotto entro un involucro di pasta □ **Bologna s.**, mortadella.

sauté ['soutei] (*franc.*), *a.* (*cucina*) saltato; al salto; sauté: rosolato in padella. ● **a s. of onions**, cipolle al salto.

to sauté ['soutei] (*pass.* e *p. p.* **sautéed, sautéd**), *v. t.* (*cucina*) saltare; rosolare in padella (*a fuoco vivo*).

savable ['seivəbl], *a.* salvabile.

savage ['sævidʒ], **A** *a.* **1** selvaggio; barbaro; incivile; crudele; atroce; feroce; orrido: **s. tribes**, tribù selvagge; **s. revenge**, vendetta crudele; **a s. dog**, un cane feroce; **a s. landscape**, un paesaggio selvaggio; **a s. murder**, un atroce assassinio **2** (*fam.*) adirato; fuori di sé; furibondo. **B** *n.* **1** selvaggio; barbaro **2** individuo brutale. ● (*fam.*) **to make sb. s.**, fare infuriare q.; far montare q. su tutte le furie; fare uscire q. dai gangheri.

to savage ['sævidʒ], *v. t.* **1** (*di cane idrofobo, ecc. o fig.*) attaccare con ferocia **2** (*di cavallo imbizzarrito*) mordere e calpestare.

savagedom ['sævidʒdəm], *n.* **1** stato selvaggio; vita selvaggia; barbarie **2** (*collett.*) (i) selvaggi.

savageness ['sævidʒnis], **savagery** ['sævidʒəri], *n.* **1** selvatichezza; barbarie; stato selvaggio **2** crudeltà; ferocia; atto di ferocia.

savanna(h) [səˈvænə], *n.* (*geogr.*) savana.

savant ['sævənt] (*franc.*), *n.* (*lett.*) sapiente; dotto; erudito.

to save [seiv], **A** *v. t.* **1** salvare; scampare; preservare: **to s. sb. from a fire**, salvare q. da un incendio; **He saved my life**, mi salvò la vita; **God s. me from my friends**, Dio mi scampi dagli amici! **2** serbare; tenere in serbo; conservare: **Let's s. our best dishes for our friends**, teniamo in serbo le pietanze migliori per i nostri amici! **3** risparmiare; far risparmiare: **to s. (up) a lot of money**, risparmiare molto denaro; **It saves me time**, mi fa risparmiare tempo **4** evitare: **to s. expenses**, evitare le spese; **There overnight saved me the trouble of driving in the dark**, fermandomi là per la notte evitai il fastidio di guidare al buio. **B** *v. i.* **1** risparmiare; fare economie; economizzare **2** (*gioco del calcio*) fare una salvataggio. **to save oneself C** *v. rifl.* salvarsi. ● **s.-all**, piattello (*di candela*); grembiulino; tuta □ **to s. appearances**, salvare le apparenze □ **to s. one's breath**, risparmiare il fiato; tacere □ (*fig.*) **to s. one's face**, salvare la faccia □ **to s. sb. from himself**, salvare q. da se stesso (*impedendogli di fare sciocchezze*) □ **to s. the situation**, salvare la situazione □ **to s. one's strength**, risparmiare le forze, risparmiarsi □ **God s. the King (the Queen)!**, Dio salvi il Re (la Regina)! □ **You may s. your pains (your trouble)**, puoi risparmiarti la fatica (il disturbo) □ (*naut.*) **Shall we s. the tide?**, faremo a tempo ad approfittare della marea favorevole? □ **I wrote in a hurry to s. the post**, scrissi in fretta per non perdere la posta (*o* l'ora della levata della posta) □ (*prov.*) **A stitch in time saves nine**, un punto in tempo ne salva cento; chi ha tempo non aspetti tempo.

save (1) [seiv], *n.* (*gioco del calcio, hockey*) salvataggio; parata.

save (2) [seiv], *prep.* eccetto; eccettuato; salvo; fuorché; tranne: **s. one**, tutti tranne uno; **all s. me**, tutti eccetto me. ● **s. and except**, eccetto; tranne; salvo □ **s. that**, eccetto che; salvo che.

saveloy ['sævilɔi], *n.* (*cucina*) cervellata.

saver ['seivə*], *n.* **1** salvatore; liberatore **2** risparmiatore; economizzatore **3** cosa che fa risparmiare: **Machines are both labour-savers and time-savers**, le macchine fanno risparmiare non solo il lavoro dell'uomo ma anche il suo tempo.

savin ['sævin], *n.* (*bot.*) **1** (*Juniperus sabina*) sabina **2** (*Juniperus virginiana*) ginepro della Virginia.

saving (1) ['seiviŋ], *a.* **1** che salva; che redime **2** parsimonioso; economo; frugale: **a s. housekeeper**, una massaia parsimoniosa **3** che fa risparmiare: **labour-s.**, che fa risparmiare lavoro. ● (*leg.*) **a s. clause**, una riserva di legge; un'eccezione □ (*relig.*) **the s. grace of God**, la grazia divina (*che salva l'anima*) □ **He has the s. grace of honesty**, se non altro, è una persona onesta.

saving (2) ['seiviŋ], *n.* **1** salvamento; salvataggio; salvezza: **the s. of souls**, la salvezza delle anime **2** economia; risparmio: **a 10% s.**, un risparmio del 10%; **to invest one's savings**, investire i propri risparmi. ● (*banca*) **savings account**, conto di deposito fruttifero; (*USA*) deposito vincolato □ (*banca*) **savings bank**, cassa di risparmio □ (*fin. USA*) **savings bond**, buono del tesoro (*non trasferibile*).

saving (3) ['seiviŋ], *prep.* eccetto; tranne; salvo. ● **s. your presence** (*o* **your reverence**), con rispetto parlando.

saviour, (*USA*) **savior** ['seivjə*], *n.* salvatore; liberatore. ● (*relig.*) **the S.**, il (divin) Salvatore; il Redentore.

savoir-faire [ˌsævwɑːˈfɛə*] (*franc.*), *n.* savoir-faire; tatto; (il) saperci fare (*fam.*).

savor ['seivə*] e *deriv.*, (*USA*) *V.* **savour** e *deriv.*

savory ['seivəri], *n.* (*bot.*, *Satureja hortensis*) satureia; santoreggia.

savour ['seivə*], *n.* **1** sapore (*anche fig.*); gusto **2** (*raro*) aroma; profumo.

to savour ['seivə*], **A** *v. t.* **1** assaporare (*anche fig.*); assaggiare; gustare: **He savoured the melon**, assaporò il melone; **to s. the pleasure of liberty**, assaporare il piacere della libertà **2** (*raro*) insaporire; dar sapore a. **B** *v. i.* — **to s. of**, sapere di; aver sapore di: **His words s. of cynicism**, le sue parole sanno di cinismo.

savouriness ['seivərinis], *n.* saporosità.

savourless ['seivəlis], *a.* insipido; scipito.

savoury ['seivəri], **A** *a.* sapido; saporito; gustoso; appetitoso. **B** *n.* piatto piccante (*servito al principio o alla fine d'un pranzo*). ● **It isn't a very s. affair**, non è una faccenda molto edificante.

savoy [səˈvɔi], *n.* (*bot.*, *Brassica oleracea sabauda*) cavolo verzotto; cavolo verza.

Savoy [səˈvɔi], *n.* (*stor.*, *geogr.*) Savoia.

Savoyard [səˈvɔiɑːd], *n.* e *a.* (*stor.*, *geogr.*) savoiardo.

to savvy ['sævi], *v. i.* (*pop.*) capire; comprendere: **no s.**, non capisco, non capisce, ecc. (*cfr. ital. storpiato «niente capire»*); **S.?**, capisci?; hai capito?

savvy ['sævi], **A** *n.* (*fam.*) **1** comprendonio; buon senso; «sale in zucca» (*pop.*): **He's got s.**, ha sale in zucca; ci sa fare **2** (il) saper fare; pratica; praticaccia (*fam.*). **B** *a.* (*specialm. USA*) che ci sa fare; astuto; furbo.

saw (1) [sɔː], *n.* sega. ● (*zool.*) **saw-fly** (*Tenthredo*), tentredine □ **saw-frame** (*o* **saw-gate**), telaio di sega □ **saw-gin**, sgranatrice di cotone con denti a sega □ **saw-horse**, cavalletto (*per segare la legna*) □ **saw-pit**, fossa del segatore □ **saw-set**, licciaiola □ **saw-toothed**, a denti di sega; seghettato □ **band-saw** (*o* **belt-saw**), sega a nastro □ **cylinder saw**, sega cilindrica □ **cross-cut saw**, sega per taglio trasversale; segone □ **fret-saw**, sega da traforo □ **hand-saw**, seghetto □ **pad-saw**, gattuccio □ **pit-saw**, sega per tronchi; segone.

to saw [sɔː] (*pass.* **sawed**, *p. p.* **sawn**, *USA* **sawed**), **A** *v. t.* segare: **to saw a log in two**, segare in due un tronco; **to saw wood for the fire**, segare legna da ardere; **to saw boards**, segare assi. **B** *v. i.* **1** segare; usare la sega: **You saw well**, sai usare la sega **2** segarsi: **This log saws smoothly**, questo tronco si sega bene **3** muoversi avanti e indietro (*come una sega*). ● (*fig.*) **to saw the air**, gesticolare □ **to saw off a piece of wood**, staccare un pezzo di legno, segandolo □ **to saw up**, segare in più pezzi; fare a pezzi con la sega.

saw (2) [sɔː], *n.* detto; proverbio; massima: **an old saw**, un antico detto; un vecchio proverbio.

saw (3) [sɔː], *pass.* di **to see**.

sawbones ['sɔːbounz], *n.* (*invar. al pl.*) (*pop.*, *scherz.*) chirurgo; scorticagatti (*scherz.*).

sawbuck ['sɔːbʌk], *n.* (*USA*) **1** cavalletto (*per segare la legna*) **2** (*pop.*) biglietto da dieci dollari.

sawder ['sɔːdə*], *n.* — **soft s.**, adulazione; lisciata; complimenti; parole lusinghiere; saponata (*fig.*, *fam.*).

sawdust ['sɔːdʌst], *n.* segatura (*polvere di legno*). ● (*fig.*) **to let the s. out of sb.**, mostrare l'inconsistenza d'una persona pretenziosa; sgonfiare q. che si dà arie.

sawfish ['sɔːfiʃ], *n.* (*invar. al pl.*) (*zool.*, *Pristis*) pesce sega.

sawing ['sɔːiŋ], *n.* il segare; segatura. ● **s. machine**, sega

sawmill

meccanica.
sawmill ['sɔ:mil], *n.* segheria.
sawn [sɔ:n], *p. p.* di **to saw.** ● **a s.-off** (*USA:* **sawed-off**) **shotgun**, un fucile a canne mozze.
Sawney ['sɔ:ni], *n.* (*nomignolo*) **1** scozzese **2** sempliciotto; babbeo.
sawyer ['sɔ:jə*], *n.* **1** segatore; segantino; operaio di segheria **2** (*USA*) tronco sradicato, caduto nell'acqua di un fiume.
sax (1) [sæks], *n.* (*edil.*) utensile per pareggiare e forare tegole d'ardesia.
sax (2) [sæks], *n.* (*fam.*) sassofono.
saxatile ['sæksətail], *a.* (*bot., zool.*) che vive sulle rocce; sassatile; sassicolo, saxicolo.
saxhorn ['sækshɔ:n], *n.* (*mus.*) saxhorn.
saxicoline [,sæk'sikəlain], **saxicolous** [,sæk'sikələs], *V.* **saxatile.**
saxifrage ['sæksifridʒ], *n.* (*bot., Saxifraga*) sassifraga.
Saxon ['sæksn], **A** *n.* sassone (*anche la lingua*). **B** *a.* **1** sassone **2** anglosassone: **S. words,** parole anglosassoni. ● **S. architecture,** rozza architettura romanica (*in Inghilterra, prima dei Normanni*) □ **S. blue,** blu di Sassonia □ (*stor.*) **Anglo-S.,** anglosassone.
Saxondom ['sæksndəm], *n.* (*stor.*) territorio occupato dagli anglosassoni.
Saxonism ['sæksənizəm], *n.* parola (*o* espressione idiomatica) d'origine anglosassone.
Saxonist ['sæksənist], *n.* studioso della lingua anglosassone (*o* della storia e della civiltà sassoni).
to Saxonize ['sæksənaiz], *v. t.* dare un carattere anglosassone a.
saxony ['sæksni], *n.* (*ind. tessile*) (stoffa di) lana di Sassonia.
Saxony ['sæksni], *n.* (*geogr.*) Sassonia. ● **S. wool,** lana di Sassonia.
saxophone ['sæksəfoun], *n.* (*mus.*) sassofono.
saxophonist [sæk'sɔfənist], *n.* (*mus.*) sassofonista.
saxtuba ['sæks,tju:bə], *n.* (*mus.*) bombardone; flicorno basso grave.
to say [sei] (*pass.* e *p. p.* **said**), *v. t.* e *i.* **1** dire; dichiarare; asserire; affermare; recitare: **to say «Good morning»,** dire «buongiorno»; dare il buongiorno; **to say yes (no),** dire di sì (di no); **People say** (*o* **they say**) **he is very wealthy,** dicono che sia molto ricco; **He is said to be the best hunter in the county,** si dice sia il miglior cacciatore della contea; **Say your prayers,** di' (*o recita*) le preghiere!; **He said that he would join the army,** dichiarò che si sarebbe arruolato; **John was saying his history lesson,** Giovanni diceva (*o* recitava, esponeva all'insegnante) la lezione di storia **2** dire; essere scritto: **It says: «Drive slowly»,** sta scritto «Prudenza!»; **It is said in the Bible,** la Bibbia dice; sta scritto nella Bibbia **3** indicare; segnare; fare: **The tower clock says ten past four,** l'orologio della torre segna le 4 e 10 **4** supporre; ammettere: **Let us say he is innocent,** supponiamo che sia innocente! ● **to say a good word for sb.,** dire (*o* mettere) una buona parola per q. □ **to say sb. nay,** dir di no a q. □ **to say nothing of,** per non parlare di; senza parlare di □ **to say out,** dichiarare apertamente; dire chiaro e tondo □ **to say one's say,** dire la propria; dare il proprio parere □ **to say to oneself,** dire fra sé; pensare: **He said to himself that something was wrong,** pensò che c'era qualcosa che non andava □ **to say the word,** dare l'ordine; dare il via □ **to be said or sung,** per essere recitato *o* cantato; da dirsi *o* da cantarsi □ **saying and doing,** il dire e il fare; le parole e i fatti □ (*fam.*) **says I,** dico io; dissi io □ **a few of them, say a dozen or so,** alcuni di loro, una dozzina o giù di lì □ **no sooner said than done,** detto fatto □ **So you say!,** ah sì?; davvero?; cosa mi dici! □ (*fam., specialm. USA*) **You said it,** sì, certo; hai ragione; l'hai detto (*pop.*) □ **You may well say so!,** puoi ben dirlo!; altroché!; sfido! □ **You don't say so!,** ma no!; non è possibile!; ma scherzi? □ **It goes without saying that...,** va da sé che...; è ovvio che... □ (*fam.*) **I say!,** senti; di' un po'; ascolta; ehi!; ma no!; davvero? □ **I dare say,** oso dire; credo bene ● (*a un'offerta*) **I wouldn't say no,** grazie, sì; volentieri □ (*fam.*) **What do you say?,** che ne dici? che ne pensi?; che te ne pare? □ **There is no saying how he will react,** non si può sapere come la prenderà; la sua reazione è imprevedibile □ **I've heard say that...,** ho sentito dire che... □ (*fam.*) **Say no more,** non dire altro!; non aggiunger altro!; basta così!; ho (già) capito! □ **£ 1,000, say one thousand pounds,** £ 1 000, diconsi mille, sterline □ **Say away,** di' pure!; di' tutto quel che hai da dire! □ **that is to say,** vale a dire; cioè; in altre parole □ **There is much to be said on both sides,** c'è molto da dire in favore dell'una e dell'altra parte □ **Have you nothing to say for yourself?,** non hai nulla da dire a tua discolpa (*o* in tua difesa)? □ **It is hard to say,** è difficile a dirsi □ **What do you say to a glass of wine?,** che ne diresti (*o* che ne dici) d'un bicchiere di vino? □ **when all is said and done,** a conti fatti; tutto considerato.
say (1) [sei], *n.* **1** quel che si ha da dire; opinione **2** diritto di parlare (*o* di decidere); voce in capitolo. ● **to have a say (in the matter),** aver voce in capitolo (nella faccenda) □ **to have** (*o* **to say**) **one's say,** dire la propria; dare il proprio parere: **I will have my say,** voglio dire la mia □ **He has no say in the matter,** non tocca a lui decidere la questione; lui non c'entra per niente.
say (2) [sei], *inter.* (*fam. USA*) ehi!; di' un po'! senti (un po')!
saying ['seiiŋ], *n.* detto; adagio; motto; massima; proverbio; sentenza. ● **as the s. is** (*o* **goes**), come dice l'adagio; come si suol dire.
say-so ['sei,sou], *n.* (*fam.*) **1** diceria; voce corrente **2** diritto di parlare (*o* di decidere); voce in capitolo **3** permesso; autorizzazione: **on the teacher's s.,** col permesso dell'insegnante.
scab [skæb], *n.* **1** escara; crosta (*di ferita in via di guarigione*) **2** (*bot.*) scabbia; rogna **3** crumiro **4** (*metall.*) sfoglia (*difetto*).
to scab [skæb], *v. i.* **1** (*di ferita*) fare la crosta; cicatrizzarsi **2** fare il crumiro.
scabbard ['skæbəd], *n.* (*mil.*) fodero; guaina. ● (*fig.*) **to fling** (*o* **to throw**) **away the s.,** battersi all'ultimo sangue.
scabbiness ['skæbinis], *n.* **1** l'esser coperto di croste **2** l'essere scabbioso (*o* rognoso).
to scabble ['skæbl], *v. t.* sbozzare (*pietre*).
scabby ['skæbi], *a.* **1** coperto di croste **2** (*med.*) rognoso; scabbioso.
scabies ['skeibii:z], *n.* (*med.*) scabbia.
scabious (1) ['skeibjəs], *a.* (*med.*) rognoso; scabbioso.
scabious (2) ['skeibjəs], *n.* (*bot., Scabiosa*) scabiosa.
scabrous ['skeibrəs], *a.* **1** scabroso (*anche fig.*); scabro: **a s. situation,** una situazione scabrosa **2** osceno; lascivo.
scabrousness ['skeibrəsnis], *n.* (*anche fig.*) scabrosità **2** oscenità; lascivia.
scad [skæd], *n.* (*pl.* **scad, scads**) (*zool., Trachurus trachurus*) sugherello; sgombro bastardo.
scads [skædz], *n. pl.* (*fam. USA*) (un) mucchio, (una) quantità; (un) sacco (*di cose*).
scaffold ['skæfəld], *n.* **1** (*edil.*) ponteggio; impalcatura; plancia: **iron s.,** ponteggio di ferro **2** (*metall.*) ponte; volta **3** patibolo; forca: **to ascend the s.,** salire il patibolo. ● **That'll lead you to the s.,** finirai sulla forca.
to scaffold ['skæfəld], *v. t.* innalzare un'impalcatura intorno a (*una casa*).
scaffolder ['skæfəldə*], *n.* (*edil.*) ponteggiatore.
scaffolding ['skæfəldiŋ], *n.* (*edil.*) **1** ponteggio; impalcatura; armatura **2** materiale da impalcature. ● **s. erector,** (titolare d') impresa per il montaggio d'impalcature ● **s.-pole,** palo principale; antenna (*di ponteggio*).
scagliola [skæl'joulə], *n.* (*edil.*) **1** scagliola **2** imitazione di marmo screziato, a base di scagliola.
scalable (1) ['skeiləbl], *a.* squamabile; scrostabile.
scalable (2) ['skeiləbl], *a.* **1** scalabile; salibile (*raro*) **2** graduabile **3** rappresentabile su scala.
scalar ['skeilə*], *a.* (*mat.*) scalare: **s. product,** prodotto scalare.
scalariform [skə'lærifɔ:m], *a.* (*bot., zool.*) scalariforme.
scalawag ['skæləwæg], *n.* **1** (*fam.*) buono a nulla; briccone; scapestrato **2** (*stor. USA*) sudista rinnegato.
to scald [skɔ:ld], *v. t.* **1** scottare; ustionare **2** scaldare (*latte, ecc.*); portare quasi a bollore **3** (*spesso* **to s. up**) lavare (*piatti*) in acqua molto calda.
scald (1) [skɔ:ld], *n.* scottatura; ustione.
scald (2) [skɔ:ld], *n.* (*stor., letter.*) scaldo (*poeta di corte*).
scalding ['skɔ:ldiŋ], **A** *n.* **1** (*ind. tessile*) cottura; lisciviazione **2** scottatura. **B** *a.* bollente; che scotta; scottante (*anche fig.*). ● **s. hot,** rovente; (*del tempo*) torrido; (*d'acqua*) bollente □ (*fig.*) **a s. report,** un giudizio del tutto negativo □ **s. tears,** lacrime cocenti.
scale (1) [skeil], *n.* **1** piatto della bilancia **2** (*pl., anche* **pair of scales**) bilancia; bascula: (*fig.*) **the scales of justice,** la bilancia della giustizia. ● (*astron.*) **the Scales,** la Bilancia; la Libra (*fig.*) **to hold the scales even,** essere giudice imparziale □ **to tip** (*o* **to turn**) **the scale(s),** dare il crollo alla bilancia; far pendere la bilancia (*anche fig.*); essere decisivo □ **to tip the s. at,** raggiungere il peso di (*un certo numero di libbre, ecc.*).
scale (2) [skeil], *n.* **1** scaglia; squama: **the scales of a snake,** le scaglie d'un serpente; **the scales of a fish,** le squame d'un pesce **2** (*bot.*) squama; brattea **3** (*di metallo*) scoria; scaglia **4** incrostazione (*di caldaia, ecc.*) **5** tartaro (*dei denti*). ● **s.-armour,** armatura a piastre □ **s.-board,** piallaccio (*per impiallacciatura, ecc.*) □ (*zool.*) **s. insect,** cocciniglia □ **s.-work,** disposizione (*o* sovrapposizione) a squame □ (*fig.*) **to remove the scales from sb.'s eyes,** aprire gli occhi a q. (*fig.*).
scale (3) [skeil], *n.* **1** (*mus., geogr., mat., ecc.*) scala; gamma; gradazione: **chromatic s.,** scala cromatica; **This map is on the s. of one inch to a mile,** questa cartina è su scala di un pollice a miglio; **the decimal s.,** la scala decimale; **to practise scales on the piano,** eseguire le scale sul pianoforte (*econ.*) **s. of preference,**

gamma delle preferenze; **The s. on this ruler is in centimetres**, la gradazione di questo regolo è in centimetri **2** regolo graduato; righello graduato **3** tariffa: **union s.**, tariffa sindacale. ● **s.-down**, riduzione progressiva □ **s. drawing** (**model**), disegno (modello) in scala □ **s.-up**, aumento progressivo: **a s.-up of wages**, un aumento progressivo dei salari □ **a building of small s. but fine proportions**, un edificio di piccole dimensioni ma ben proporzionato (*o* armonioso) □ **to draw st. to s.**, disegnare qc. in scala □ **drawn to s.**, (disegnato) in scala □ **on a large s.**, su larga scala; (*se fig.*, meglio) in grande □ **out of s.**, non in scala; (*fig.*) sproporzionato □ (*mus.*) **to run through a series of scales**, eseguire una serie di scale (*al pianoforte*) □ (*econ.*) **sliding s.**, scala mobile (*dei salari*) □ **a small-s. map**, una cartina in scala ridotta □ **the social s.**, la scala dei valori sociali.

to scale (1) [skeil], *v. t. e i.* (*specialm. di pugile*) pesare: **He scales ten stone(s)**, pesa sessantatré chili e mezzo.

to scale (2) [skeil], **A** *v. t.* **1** togliere le scaglie a; squamare: **to s. a fish**, squamare un pesce **2** disincrostare; scrostare: **to s. a boiler**, disincrostare una caldaia **3** sgranare; sbucciare: **to s. peas**, sgranare piselli; **to s. almonds**, sbucciare mandorle. **B** *v. i.* **1** coprirsi di scaglie (*o* di squame) **2** incrostarsi **3** (*spesso* **to s. off**) sfaldarsi; disfarsi in scaglie; scrostarsi: **The plaster is scaling off**, l'intonaco si scrosta.

to scale (3) [skeil], **A** *v. t.* **1** scalare; arrampicarsi su; scavalcare: **to s. a wall**, scalare un muro **2** disegnare in scala; rappresentare su scala: **to s. a map**, disegnare una cartina in scala **3** (*mecc., fis.*) graduare; tarare (*uno strumento*). **B** *v. i.* **1** arrampicarsi; salire **2** (*mat.: di quantità, ecc.*) aumentare con un rapporto costante; essere commensurabile. ● **to s. down**, ridurre progressivamente; scalare □ **to s. up**, aumentare progressivamente: **The income tax was scaled up by 6%**, l'imposta sul reddito fu aumentata del 6% □ **scaling ladder**, (*dei vigili del fuoco*) scala aerea (*o* retrattile); (*stor.*) scala da assedio (*o* da scalata).

scaled [skeild], *a.* **1** (*zool.*) squamoso; squamato; coperto di squame **2** scrostato; privato delle squame **3** incrostato: **a heavily s. radiator**, un radiatore tutto incrostato. ● (*zool.*) **s. partridge** (*o* **s. quail**) (*Callipepla squamata*), quaglia squamosa.

scalene ['skeili:n], (*geom.*) **A** *a.* scaleno. **B** *n.* triangolo scaleno.

scaliness ['skeilinis], *n.* squamosità; scagliosità.

scaling ['skeiliŋ], *n.* **1** incrostazione (*di caldaia, ecc.*) **2** disincrostazione; scrostamento **3** desquamazione **4** (*tecn.*) misurazione in scala.

scall [skɔ:l], *n.* (*med.*) dermatosi desquamante.

scallawag ['skæləwæg], *V.* **scalawag**.

scallion ['skæljən], *n.* (*bot.*) **1** (*Allium ascalonicum*) scalogno; scalogna **2** (*Allium porrum*) porro.

scallop ['skɔləp], *n.* **1** (*zool., Pecten*) pettine **2** (*anche* **s.-shell**) conchiglia di pettine **3** (*cucina*) cappa santa **4** piattino; tegamino (*soprattutto per pesce*) **5** (*su stoffa*) dentellatura; smerlo.

to scallop ['skɔləp], *v. t.* **1** cuocere (*ostriche, ecc.*) in conchiglie di pettine (*o* cappe sante) **2** dentellare; smerlare: **a scalloped cuff**, un polsino smerlato.

scalloping ['skɔləpiŋ], *n.* dentellatura; smerlatura.

scallywag ['skæliwæg], *V.* **scalawag**.

scalp [skælp], *n.* **1** (*anat.*) cuoio capelluto; cotenna (*del cranio dell'uomo*) **2** scalpo; (*fig.*) trofeo **3** (*fig.*) cima di un monte) tondeggiante e brulla. ● **s.-lock**, ciocca di capelli sul cranio rasato di un pellerossa (*lasciata come sfida al nemico*) □ **s.--wound**, ferita al cuoio capelluto □ (*fam.*) **to call for sb.'s s.**, chiedere la testa di q. (*fig.*) □ (*fig.*) **to be out for scalps**, andare a caccia di nemici (*o* di rivali); mettersi sul sentiero di guerra; avere intenzioni bellicose.

to scalp [skælp], **A** *v. t.* **1** scotennare (*i nemici*); privare dello scalpo; scalpare **2** (*fig.*) attaccare; criticare senza pietà; demolire; sconfiggere **3** (*fam. USA*) comprare e rivendere (*merce, titoli, ecc.*) per un piccolo margine di guadagno **4** (*fam.*) incettare (*biglietti*). **B** *v. i.* **1** (*fam. USA*) fare piccole speculazioni (*in Borsa, ecc.*) **2** (*fam.*) fare del bagarinaggio; fare il bagarino.

scalpel ['skælpəl], *n.* (*med.*) scalpello; bisturi per dissezione.

scalper (1) ['skælpə*], *n.* (*arte*) scalpello da incisore.

scalper (2) ['skælpə*], *n.* **1** scotennatore **2** (*fam. USA*) piccolo speculatore **3** (*fam.*) bagarino.

scalping ['skælpiŋ], *n.* scotennamento.

scaly ['skeili], *a.* **1** scaglioso; squamoso **2** incrostato; coperto d'incrostazioni. ● (*zool.*) **s. anteater** (*Manis*), pangolino.

scammony ['skæməni], *n.* (*farm., bot., Convulvulus scammonia*) scamonea, scammonea.

scamp [skæmp], *n.* **1** birbante; briccone; furfante **2** (*scherz.*) bricconcello; birichino.

to scamp [skæmp], *v. t.* abborracciare; acciarpare; raffazzonare.

to scamper ['skæmpə*], *v. i.* **1** correre; correr via; scappare; sgattaiolare: **The rabbit scampered off** (*o* **away**), il coniglio scappò via **2** (*spesso* **to s. about**) scorrazzare; gambettare; saltellare.

scamper ['skæmpə*], *n.* **1** corsa rapida (*o* precipitosa) **2** giterella: **a s. through Lombardy**, una giterella attraverso la Lombardia.

scampi ['skæmpi] (*ital.*), *n. pl.* (*cucina*) scampi.

scampish ['skæmpiʃ], *a.* **1** birbantesco; furfantesco **2** (*scherz.*) birichino; sbarazzino.

scan [skæn], *n.* **1** (*poesia*) scansione **2** (*telev.*) traccia luminosa **3** (*elettron.*) scansione **4** (*radar, ecc.*) scansione; esplorazione **5** (*fam.*) sguardo indagatore.

to scan [skæn], **A** *v. t.* **1** scandire (*versi*) **2** esaminare; scrutare: **We closely scanned their faces**, scrutammo attentamente i loro volti **3** scorrere; dare un'occhiata (*o* una scorsa) a: **I scanned the want ads while waiting for the train**, in attesa del treno, diedi una scorsa alla piccola pubblicità **4** (*telev.*) scandire, analizzare, esplorare (*l'immagine*) **5** (*del radar*) esplorare (*una determinata zona*). **B** *v. i.* **1** scandire **2** (*di versi*) potersi scandire; ammettere la scansione: **This line doesn't s.**, questo verso non si può scandire (*o* non torna).

scandal ['skændl], *n.* **1** scandalo: **A grave s. occurred**, accadde un grave scandalo **2** vergogna; obbrobrio; onta: **Those slums are a s.**, quelle catapecchie sono un obbrobrio **3** indignazione; ribellione (*o* reazione) morale; sdegno **4** maldicenza; pettegolezzi: **to talk s.**, fare della maldicenza; **to be the object of s.**, essere oggetto di pettegolezzi **5** scandalo; individuo (discorso, ecc.) scandaloso **6** (*leg.*) diffamazione. ● **to give rise to s.**, fare scandalo; sollevare (*o* provocare) uno scandalo □ **to hush down a s.**, soffocare uno scandalo □ (*letter.*) «**The School for S.**», «La scuola della maldicenza» (*commedia di R. Sheridan*).

to scandalize ['skændəlaiz], *v. t.* scandalizzare; dare scandalo a. ● **to be scandalized at st.**, scandalizzarsi per q.c.

scandalmonger ['skændl,mʌŋgə*], *n.* chi suscita scandali; malalingua.

scandalmongering ['skændl,mʌŋgəriŋ], *n.* maldicenza.

scandalous ['skændələs], *a.* **1** scandaloso; vergognoso **2** diffamatorio; denigratorio: **a s. rumour**, una voce diffamatoria.

scandalousness ['skændələsnis], *n.* **1** l'essere scandaloso; comportamento vergognoso **2** l'essere diffamatorio.

Scandinavian [,skændi'neivjən], *n. e a.* scandinavo.

scandium ['skændiəm], *n.* (*chim.*) scandio.

scanner ['skænə*], *n.* **1** chi scandisce versi **2** (*elab.*) analizzatore **3** (*telev., radar*) analizzatore d'immagini; esploratore.

scanning ['skæniŋ], *n.* **1** (*poesia*) scansione **2** (*elab.*) scansione **3** (*telev., radar*) esplorazione, scansione (*dell'immagine*). ● **s. electron microscope**, microscopio elettronico a scansione □ (*elettron.*) **s. head**, testina d'esplorazione □ **s. sonar**, sonar esplorante (*o* oscillante).

scansion ['skænʃən], *n.* (*poesia*) scansione.

scansorial [skæn'sɔ:riəl], *a.* (*zool.*) scansorio; rampicante (*detto del piede di taluni uccelli*).

scant [skænt], *a.* scarso; inadeguato; insufficiente; limitato; magro: **to give s. attention**, prestare scarsa attenzione; **a s. allowance**, un assegno insufficiente; **s. consolation**, magra consolazione. ● **s. of breath**, dal fiato corto; bolso □ **to be s. of st.**, essere a corto di q.c.

to scant [skænt], *v. t.* **1** limitare; risparmiare; lesinare su (q.c.) **2** trattare (*un argomento, ecc.*) in modo sbrigativo.

scantiness ['skæntinis], *n.* scarsezza; inadeguatezza; insufficienza.

scantling ['skæntliŋ], *n.* **1** piccola quantità; (il) necessario; quanto basta **2** (*edil.*) travicello **3** (*costr.*) dimensioni, misure (*di materiale da costruzione*) **4** (*naut.*) dimensioni (*delle parti strutturali di una nave*) **5** (*per barile o botte*) cavalletto.

scanty ['skænti], *a.* scarso; inadeguato; insufficiente; magro; manchevole; limitato: **a s. supply of food**, una scarsa provvista di cibo; **a s. crop**, un magro raccolto. ● **a s. dress**, un abito che copre a malapena; un vestito succinto □ **s. hair**, capelli radi.

scape (1) [skeip], *n.* (*bot., archit.*) scapo.

scape (2) [skeip], *n.* (*arc.*) fuga; scampo (*V.* **escape**). ● (*d'orologio*) **s. wheel**, ruota dentata di scappamento.

scapegoat ['skeipgout], *n.* capro espiatorio.

scapegrace ['skeipgreis], *n.* (*anche scherz.*) scapestrato; scavezzacollo; birichino; monello.

scaphoid ['skæfɔid], (*anat.*) **A** *a.* scafoide. **B** *n.* (*osso*) scafoide.

scapula ['skæpjulə] (*lat.*), *n.* (*pl.* **scapulae, scapulas**) (*anat.*) scapola.

scapular ['skæpjulə*], **A** *n.* **1** (*relig.*) scapolare **2** (*med.*) benda per la spalla. **B** *a.* (*anat.*) scapolare: **s. arch**, arco scapolare.

scapulary ['skæpjuləri], *n.* **1** (*relig.*) scapolare **2** (*di volatile*) penna scapolare.

scar (1) [ska:*], *n.* cicatrice (*anche fig.*); sfregio.

to scar [ska:*], **A** *v. t.* **1** sfregiare **2** (*fig.*) ferire. **B** *v. i.* cicatrizzare, cicatrizzarsi.

scar (2) [skɑ:*], *n.* **1** balza; rupe scoscesa **2** scoglio isolato (*sommerso*) **3** (*geol.*) cicatrice.
scarab ['skærəb], (*zool.*, *Scarabaeus sacer*) scarabeo sacro (*l'animale e anche l'amuleto egizio*). ● (*zool.*) **s. beetle**, scarabeo.
scarabaeid [ˌskærə'bi:id], *n.* (*zool.*) scarabeide.
scarabaeoid [ˌskærə'bi:ɔid], **A** *a.* (*zool.*) simile a scarabeo; di scarabeo. **B** *n.* scaraboide; finto scarabeo (*amuleto*).
scaramouch ['skærəmautʃ], *n.* (*scherz.*) cialtrone; buono a nulla.
scarce [skɛəs], **A** *a.* **1** scarso; inadeguato; insufficiente; poco: **Food is s.**, il cibo è scarso **2** infrequente; raro: **a s. print**, una stampa rara. **B** *avv.* (*poet.*) *V.* **scarcely**. ● (*fam.*) **to make oneself s.**, andarsene, tagliare la corda, svignarsela; stare alla larga, farsi desiderare, non farsi vedere.
scarcely ['skɛəsli], *avv.* **1** appena; a mala pena; a stento; si e no: **I s. know her**, la conosco appena; **He can s. speak his native tongue**, a malapena sa parlare la sua lingua madre; **There were s. twenty articles in the shop window**, c'erano si e no venti oggetti in vetrina **2** quasi: **s. ever**, quasi mai; □ **s. anybody**, quasi nessuno. ● **s. true**, incredibile; inverosimile □ **He can s. have said so**, è quasi impossibile (*o* è incredibile) che abbia detto questo.
scarcement ['skɛəsmənt], *n.* (*archit.*) riduzione di spessore; risega.
scarceness ['skɛəsnis], *n.* scarsezza; scarsità; carenza; penuria.
scarcity ['skɛəsiti], *n.* **1** scarsezza; scarsità; carenza; penuria **2** scarsità di viveri; carestia; periodo di carestia **3** rarità.
to scare [skɛə*], *v. t.* spaventare; atterrire; sbigottire; sgomentare; impaurire. ● **to s. away (off)**, far fuggire (dallo spavento) mettere in fuga (spaventando): **The police scared away the kidnappers**, la polizia mise in fuga i rapitori □ (*fam.*) **to s. sb. stiff**, spaventare a morte q. □ **to be scared to death**, essere spaventato a morte □ **to get scared**, impaurirsi; spaventarsi.
scare [skɛə*], *n.* spavento; sgomento; sbigottimento; panico; spaghetto (*fam.*). ● **s.-heading** (*o* **s. headline**), titolo allarmistico (*di giornale*) □ **war scares**, (diffusi) timori di una guerra.
scarecrow ['skɛə-krou], *n.* **1** spaventapasseri (*anche fig.*) **2** (*fig.*) spauracchio **3** (*fig.*) straccione.
scaremonger ['skɛəˌmʌŋgə*], *n.* (*specialm. rif. a giornalista*) allarmista.
scaremongering ['skɛəˌmʌŋgəriŋ], *n.* allarmismo.
scarf (1) [skɑ:f], *n.* (*pl.* **scarfs**, **scarves**) **1** sciarpa; (*mil.*) fascia **2** cravatta; foulard. ● **s.-loom**, telaio per tessuti lunghi e stretti □ **s.-pin**, spillo per cravatta □ **s.-ring**, anello per sciarpa □ **s.-wise**, a tracolla.
scarf (2) [skɑ:f], *n.* **1** (*falegnameria*) ammorsatura **2** (*anche* **s.-joint**) giunto ad ammorsatura **3** solco (*specialm. se inciso nella pelle d'una balena*).
to scarf [skɑ:f], *v. t.* **1** (*falegnameria*) fare un giunto ad ammorsatura (*in un pezzo di legno*) **2** scuoiare (*una balena*) incidendo solchi nella pelle **3** (*metall.*) scriccare alla fiamma (*o col cannello*).
scarfing ['skɑ:fiŋ], *n.* **1** (*falegnameria*) ammorsatura **2** scuoiamento (*d'una balena*) **3** (*metall.*) scriccatura alla fiamma (*o col cannello*).
scarification [ˌskɛərifi'keiʃən], *n.* (*med.*, *agric.*) scarificazione.
scarificator ['skɛərifikeitə*], **scarifier** ['skɛərifaiə*], *n.* (*med.*, *agric.*) scarificatore.
to scarify ['skɛərifai], *v. t.* **1** (*med.*, *agric.*, *ecc.*) scarificare **2** (*fig.*) biasimare aspramente; criticare severamente.
scarious ['skɛəriəs], *a.* (*bot.*) scarioso.
scarlatina [ˌskɑ:lə'ti:nə], *n.* (*med.*) scarlattina.
scarlet ['skɑ:lit], **A** *a.* **1** colore scarlatto **2** stoffa scarlatta. **B** *a.* scarlatto. ● (*med.*) **s. fever**, scarlattina □ **s. hat**, cappello da cardinale; (*fig.*) la porpora □ **s. the s. letter**, un' «A» scarlatta (*marchio imposto un tempo alle adultere come segno di colpa*) □ (*bot.*) **s. pimpernel** (*Anagallis arvensis*), anagallide, mordigallina (a fiori rossi) □ (*letter.*, *teatr.*) **the S. Pimpernel**, la Primula Rossa □ (*med.*) **s. rash**, rosolia □ (*bot.*) **s. runner** (*Phaseolus coccineus*), fagiolo di Spagna □ (*spesso scherz.*) **s. woman**, pubblica peccatrice; passeggiatrice; prostituta □ **dressed in s.**, vestito di scarlatto.
scaroid ['skɛərɔid], (*zool.*) **A** *a.* simile a scaride. **B** *n.* scaride.
scarp [skɑ:p], *n.* **1** scarpa, scarpata (*anche geol.*); pendio ripido **2** muraglia (*o* terrapieno *o* muro) a scarpa; sperone (*di muro*).
to scarp [skɑ:p], *v. t.* **1** tagliare (*un pendio*) a scarpata **2** munire (*un fosso*) di terrapieno a scarpa **3** (*costr.*) rinforzare (*un muro*) con uno sperone.
to scarper ['skɑ:pə*], *v. i.* (*pop.*) darsela a gambe; battersela; filare (via).
scarred [skɑ:d], *a.* **1** segnato di cicatrici; sfregiato **2** (*fig.*) ferito (*da un dolore*, *ecc.*).
scarus ['skɛərəs], *n.* (*zool.*) **1** (*Sparisoma cretense*) scaro di Creta **2** (*Scarus*) scaride.
scarves [skɑ:vz], *pl.* di **scarf (1)**.

scary ['skɛəri], *a.* (*fam.*) **1** pauroso; timido **2** che incute paura; pauroso.
scat [skæt], *inter.* (*fam.*) va via!; passa via!; fuori!
scathe [skeið], *n.* (*poet.*) danno; ferita; offesa. ● **without s.**, illeso.
to scathe [skeið], *v. t.* **1** criticare aspramente; stroncare **2** (*arc.*) danneggiare; ferire; offendere.
scatheless ['skeiðlis], *a.* incolume; indenne; illeso.
scathing ['skeiðiŋ], *a.* aspro; feroce; mordace; rovente (*fig.*); scottante; severo: **s. sarcasm**, sarcasmo feroce; **s. remarks**, osservazioni aspre (*o* mordaci). ● **s. criticism**, critiche aspre; stroncatura.
scatological [ˌskætə'lɔdʒikəl], *a.* scatologico.
scatology [skə'tɔlədʒi], *n.* scatologia.
to scatter ['skætə*], **A** *v. t.* **1** cospargere; spargere; gettare; diffondere; disseminare: **to s. salt on a road in winter**, spargere sale su una strada d'inverno; **to s. seed**, gettare il seme; **to s. light**, diffondere la luce **2** disperdere; sbaragliare; sparpagliare: **The mounted police scattered the demonstrators**, la polizia a cavallo disperse i dimostranti. **B** *v. i.* disperdersi; sparpagliarsi: **The threatening clouds are scattering**, le nubi minacciose si disperdono.
scatter ['skætə*], *n.* **1** spargimento **2** dispersione, sparpagliamento. ● (*radio*, *telev.*) **s. band**, banda di dispersione.
scatterbrain ['skætəˌbrein], *n.* individuo scervellato (*o* sventato).
scatterbrained ['skætəˌbreind], *a.* scervellato; sventato; sbadato.
scattered ['skætəd], *a.* **1** sparso; disseminato: **s. hamlets**, villaggi sparsi qua e là **2** sporadico: **s. instances**, casi sporadici **3** (*del cielo*) poco nuvoloso. ● **s. showers**, piogge sparse.
scattering ['skætəriŋ], **A** *n.* **1** spargimento **2** dispersione; sparpagliamento **3** piccola quantità; numero ridotto **4** (*fis.*, *elettr.*) diffusione **5** (*anche stat.*) dispersione. **B** *a.* **1** sparso; disseminato **3** disperso (*per es.*, *di voti distribuiti fra vari candidati*).
scatty ['skæti], *a.* (*fam.*) matto; pazzo: **to drive sb. s.**, far diventare pazzo q.; fare ammattire q.
scaup [skɔ:p], **scaup-duck** ['skɔ:pdʌk], *n.* (*zool.*, *Aythya*) aitia.
to scavenge ['skævindʒ], **A** *v. t.* **1** spazzare; scopare **2** (*mecc.*) lavare, fare il lavaggio a (*un motore*) **3** (*metall.*) degassare (*il metallo fuso*). **B** *v. i.* **1** fare lo spazzino **2** (*d'animali*) cercar cibo (*fra i rifiuti*).
scavenger ['skævindʒə*], *n.* **1** spazzino; netturbino **2** (*zool.*) animale che si ciba d'immondizie (*o* di carogne); animale saprofago **3** (*mecc.*) apparecchio per lavaggi **4** (*chim.*) (sostanza) decontaminante. ● (*zool.*) **s.-beetle** (*Hydrophilus*), idrofilo.
to scavenger ['skævindʒə*], *v. i.* fare lo spazzino.
scazon ['skeizɔn], *n.* (*poesia*) scazonte; coliambo.
scenario [si'nɑ:riou] (*ital.*), *n.* (*pl.* **scenarios**, **scenari**) **1** (*teatr.*, *cinem.*) sceneggiatura; scenario; canovaccio **2** piano d'azione; programma. ● **s. writer**, sceneggiatore.
scenarist ['si:nərist], *n.* (*teatr.*, *cinem.*) sceneggiatore.
to scend [send], *V.* **send (2)**.
scene [si:n], *n.* **1** scena (*anche teatr.*); luogo; teatro (*fig.*): **Othello, Act I, s. II**, Otello, atto I, scena II; **the balcony s. in «Romeo and Juliet»**, la scena del balcone in «Giulietta e Romeo»; **distressing scenes**, scene strazianti; **The s. is laid in Rome**, la scena è posta a Roma; **on the s. of the disaster**, sul luogo del disastro; **Waterloo was the s. of a famous battle**, Waterloo fu teatro d'una famosa battaglia **2** spettacolo; vista; veduta; panorama: **a famously magnifica**, una veduta magnifica **3** scena: **Now don't make a s.**, via, non fare una scenata! **4** (*fam.*) ambiente; mondo: **the drug s.**, l'ambiente (*o* il mondo) della droga; **change of s.**, cambiamento d'ambiente **5** (*arc.*) palcoscenico (*anche fig.*). ● (*teatr.*) **s.-cloth**, sipario; tela □ (*teatr.*) **s.-dock**, deposito degli scenari □ **s. paint**, pittura per scenari □ **s.-painter**, pittore di scene; scenografo □ **s.-painting**, scenografia □ (*teatr.*) **s.-shifter**, macchinista □ (*teatr.*) **s.-shifting**, cambiamento di scena □ (*teatr.*) **scenes painted by X.Y.**, scenografia di X.Y. □ (*spesso fig.*) **behind the scenes**, dietro le scene; dietro le quinte □ (*spesso fig.*) **to come on the s.**, entrare in scena; comparire □ **to keep behind the scenes**, stare dietro le quinte; (*fig.*) tenersi in disparte □ (*pop.*) **to make the s.**, fare la propria comparsa; essere presente, esserci □ (*di cronista*, *inviato*, *ecc.*) **on the s.**, sul luogo (*di un avvenimento*) □ (*fig.*) **to quit the s.**, morire □ **to set the s.**, (*teatr.*) montare la scena; (*fig.*) preparare la messinscena, creare le premesse (*per q.c.*) □ (*teatr.*) **set s.**, scenario □ (*fig.*) **to steal the s. from sb.**, distogliere l'attenzione del pubblico (*o* dei presenti) da q.
scenery ['si:nəri], *n.* (*teatr.*) scenario; (*fig.*) paesaggio, panorama, veduta: **lake s.**, paesaggio lacustre; **The s. is imposing**, il panorama è maestoso.
scenic ['si:nik], *a.* **1** (*teatr.*) scenico: **s. performances**, rappresentazioni sceniche **2** del paesaggio; del panorama; panoramico;

naturale; pittoresco: s. beauty, bellezza del paesaggio; **bellezze naturali; a s. road**, una strada panoramica **3** (*d'un quadro, di un racconto, ecc.*) drammatico; icastico **4** (*di sentimento*) teatrale; affettato; melodrammatico. ● **s. railway**, trenino della fiera (*che passa attraverso paesaggi di cartapesta*) ☐ **s. wallpaper**, carta da parati istoriata (*con scene di boschi, ecc.*).

scenographer [si'nɔgrəfə*], *n.* (*teatr.*) scenografo.
scenographic(al) [ˌsi:nou'græfik(əl)], *a.* (*teatr.*) scenografico.
scenography [si'nɔgrəfi], *n.* **1** (*teatr.*) scenografia **2** (*disegno*) riproduzione prospettica.
scent [sent], *n.* **1** profumo; odore; fragranza; aroma; olezzo: **the s. of flowers**, il profumo dei fiori; **a s. of stale smoke**, un odore di fumo stantio **2** profumo: **a bottle of s.**, una boccetta di profumo; **Put some s. on your handkerchief**, metti un po' di profumo sul fazzoletto! **3** (*caccia*) odore della selvaggina; (*anche fig.*) pista; traccia: **The s. was weak**, l'odore della selvaggina era debole; **to lose the s.**, perdere le tracce; **The s. is hot**, la pista è calda (*anche fig.*) **4** (*anche fig.*) fiuto; odorato: **Some dogs have practically no s.**, certi cani sono quasi privi di fiuto; **He has a s. for young talent**, ha molto fiuto per scoprire giovani dotati **5** (*gioco della «caccia alla volpe»*) pezzetti di carta lasciati cadere in terra; traccia. ● **s.-bag**, sacchetto profumato; (*zool.*) ghiandola odorifera ☐ **s.-bottle**, boccetta per il profumo ☐ (*zool.*) **s.-gland**, ghiandola odorifera ☐ (*anche fig.*) **to follow a false s.**, seguire una pista sbagliata; essere fuori strada (*fig.*) ☐ **to get s. of st.**, aver sentore di q.c. ☐ **to be off the s.** (*o* **on a false s.**), seguire una falsa pista ☐ **to be on the s. of**, essere sulle tracce di; (*fig.*) essere sul punto di ☐ **to put** (*o* **to throw**) **sb. off the s.**, far perdere le tracce a q.; mettere q. su una falsa pista.
to scent [sent], **A** *v. t.* **1** (*d'animali*) fiutare; (*fig.*) aver sentore di; subodorare: **The dogs had scented a hare**, i cani avevano fiutato una lepre; **to s. danger** (**a snare, etc.**), fiutare il pericolo (*subodorare un'insidia, ecc.*) **2** profumare; olezzare: **Flowers s. the air**, i fiori profumano l'aria. **B** *v. i.* **1** (*d'animali, anche* **to s. the air**) fiutare; annusare **2** sapere, sentire (*all'olfatto*): **This cellar scents of mould**, questa cantina sa di muffa. ● **to s. out**, scoprire (*selvaggina, ecc.*) col fiuto ☐ **The very air scents of treason**, il sentore di tradimento impregna l'aria stessa.
scented [sentid], *a.* profumato; odoroso: **s. flowers**, fiori odorosi.
scentless ['sentlis], *a.* **1** inodoro; senza profumo: **a s. rose**, una rosa senza profumo **2** (*d'animale*) privo di fiuto.
scepsis ['skepsis], *n.* (*filos.*) scepsi.
scepter ['septə*], (*USA*) *V.* **sceptre.**
sceptic ['skeptik], *n.* (*anche filos.*) scettico.
sceptical ['skeptikəl], *a.* (*anche filos.*) scettico.
scepticism ['skeptisizəm], *n.* (*anche filos.*) scetticismo.
sceptre ['septə*], *n.* (*anche fig.*) scettro.
sceptred ['septəd], *a.* scettrato (*poet.*); munito di scettro.
schedule ['ʃedju:l], (*USA*) ['skedju:l], *n.* **1** elenco; lista; distinta; prospetto; specchietto; tabella **2** orario (*dei treni, ecc.*): **on s.**, in orario **3** (*ind.*) programma (*di lavoro, delle consegne*); piano **4** (*comm.*) inventario fallimentare. ● (*ass.*) **s. rate**, tariffa tabellare ☐ **s. time**, tempo segnato sull'orario ☐ (*according*) **to s.**, secondo i piani **3 behind s.**, in ritardo sul previsto (*col lavoro, con le consegne, ecc.*) ☐ **train s.**, orario ferroviario.
to schedule ['ʃedju:l], (*USA*) ['skedju:l], *v. t.* **1** elencare; includere; notare; registrare **2** fissare; prevedere; mettere in programma; stabilire: **The meeting of the creditors is scheduled for tomorrow**, l'assemblea dei creditori è fissata per domani. ● (*ferr.*) **to s. a new train**, istituire un nuovo treno.
scheduled ['ʃedjuld], (*USA*) ['skedju:ld], *a.* **1** fissato; in programma **2** (*aeron.*) di linea: **to travel by a s. flight**, viaggiare con un volo (*o un aereo*) di linea; **s. service**, servizio di linea.
schema ['ski:mə], *n.* (*pl.* **schemata**) schema; diagramma; sinossi.
schematic [ski'mætik], *a.* schematico.
schematically [ski'mætikəli], *avv.* schematicamente.
schematism ['ski:mətizəm], *n.* schematismo.
to schematize ['ski:mətaiz], *v. t.* schematizzare; rendere schematico.
scheme [ski:m], *n.* **1** piano; progetto; programma; disegno; combinazione; disposizione; schema: **a s. of work**, un piano di lavoro; **a colour s.**, una combinazione di colori; **a furnishing s.**, una particolare disposizione dei mobili; uno schema d'arredamento **2** trucco; stratagemma: **a s. to dodge taxation**, un trucco per non pagare le tasse **3** intrigo; macchinazione; trama; congiura; complotto: **the schemes of the courtiers**, gli intrighi dei cortigiani **4** (*specialm. ingl.*) piano governativo (*o aziendale*): **a hydroelectric s.**, un piano (*governativo*) idroelettrico **5** progetto impossibile (*o illusorio*).
to scheme [ski:m], *v. t. e i.* **1** progettare; far progetti; disegnare; pianificare **2** intrigare; macchinare; ordire; tramare; complottare: **They were scheming (a plot) against the queen**, tramavano contro la regina.
scheme arch ['ski:m ˌa:tʃ], *n.* (*archit.*) arco scemo.
schemer ['ski:mə*], *n.* **1** chi fa progetti; progettatore **2** macchinatore; intrigante; chi complotta.
scheming ['ski:miŋ], *a.* intrigante; astuto; che trama. ● **a s. fellow**, un intrigante.
scherzo ['skeətsou] (*ital.*), *n.* (*pl.* **scherzos, scherzi**) (*mus.*) scherzo.
schilling ['ʃiliŋ] (*ted.*), *n.* scellino austriaco.
schism ['sizəm], *n.* **1** scisma (*anche relig.*) **2** (*relig.*) gruppo scismatico; setta.
schismatic [siz'mætik], *a. e n.* scismatico.
schismatical [siz'mætikəl], *a.* scismatico.
schist [ʃist], *n.* (*geol.*) scisto (*roccia*).
schistose ['ʃistous], **schistous** ['ʃistəs], *a.* (*geol.*) scistoso.
schizo ['skitsou], (*fam.*) *V.* **schizophrenic.**
schizoid ['skitsɔid], *a.* (*psic.*) schizoide.
schizomycete [ˌskitsoumai'si:t], *n.* (*biol.*) schizomicete; batterio.
schizophrenia [ˌskitsou'fri:njə], *n.* (*psic.*) schizofrenia.
schizophrenic [ˌskitsou'frenik], *a. e n.* (*psic.*) schizofrenico.
schlepp [ʃlep], *V.* **shlepp.**
schlock [ʃlɔk], *V.* **shlock.**
schmaltz [ʃmɔ:lts] (*ted.*), *n.* (*fam.*) sdolcinatezza; svenevolezza.
schmuck [ʃmʌk], *V.* **shmuck.**
schnitzel ['ʃnitsəl] (*ted.*), *n.* (*cucina*) cotoletta (*di vitello*).
schnorkel ['ʃnɔ:kl], *V.* **snorkel.**
schnozzle ['ʃnɔzəl], *n.* (*pop. USA*) naso.
scholar ['skɔlə*], *n.* **1** studioso; dotto; erudito **2** borsista; vincitore di una borsa di studio **3** (*dial.*) scolaro, scolara. ● **a classical s.**, un umanista; un classicista ☐ (*pop.*) **He's not much of a s.**, non è un gran letterato; sa appena leggere e scrivere ☐ **At 80 he was still a s.**, all'età di ottant'anni si dedicava ancora allo studio.
scholarly ['skɔləli], *a.* **1** dotto; erudito **2** dedito agli studi; studioso.
scholarship ['skɔləʃip], *n.* **1** dottrina; erudizione; cultura; sapere **2** borsa di studio. ● **s. holder**, borsista.
scholastic [skə'læstik], **A** *a.* **1** (*anche filos.*) scolastico: **s. life**, vita scolastica; **s. theology**, teologia scolastica **2** (*fig.*) pedantesco. **B** *n.* **1** (*filos.*) scolastico **2** (*fig.*) pedante. ● **s. attire**, divisa della scuola ☐ **a s. post**, un posto d'insegnante ☐ **the s. profession**, la professione dell'insegnante; l'insegnamento.
scholastically [skə'læstikəli], *avv.* scolasticamente.
scholasticism [skə'læstisizəm], *n.* **1** (*filos.*) scolastica **2** (*in didattica*) pedanteria; (*spreg.*) scolasticume.
scholiast ['skouliæst], *n.* scoliaste; chiosatore; commentatore.
scholium ['skouljəm], *n.* (*pl.* **scholia, scholiums**) scolio; chiosa; commento.
school (1) [sku:l], *n.* **1** scuola (*in ogni senso*): **to go to s.**, andare a scuola; **You are late again for s.**, sei di nuovo in ritardo per la scuola; **I am in favour of the comprehensive schools**, sono favorevole alle scuole onnicomprensive; **All the s. knows**, tutta la scuola lo sa; (*fig.*) **the hard s. of life** (*fam.*: **the s. of hard knocks**), la dura scuola della vita; **the Flemish s. of painting**, la scuola fiamminga (*di pittura*) **2** scuola di perfezionamento: **a s. of oculistics**, una scuola di perfezionamento in oculistica **3** (*specialm. USA*) facoltà (*universitaria*); (*anche*) università: **a law s.**, una facoltà di giurisprudenza; (*USA*) **the s. of liberal arts**, la facoltà di lettere **4** corso di studi; istituto universitario: **the history s.**, il corso di studi storici; **the mathematical s.**, l'istituto di matematica **5** (*pl.*) esami di laurea (*a Oxford*) **6** (*pl., stor.*) – **the schools**, le università medioevali **7** aula (*universitaria*) (*specialm. a Oxford*): **the chemistry s.**, l'aula di chimica **8** (*australiano*) combriccola; banda; ghenga. ● **s. age**, età scolare (*o scolastica*) ☐ **s. board**, comitato scolastico locale (*in USA*; *non più in G.B.*) ☐ **s. books**, libri scolastici ☐ **s. bus**, scuolabus ☐ **s. day**, giorno di scuola ☐ **s. days**, i giorni di scuola; (*specialm.*) il tempo in cui s'andava a scuola ☐ **s. district**, distretto scolastico ☐ **s. doctor**, medico scolastico (*filos.*) (*filosofo*) scolastico; (*stor.*) professore d'università medioevale ☐ **s. fees**, tasse scolastiche ☐ **s.-house**, edificio scolastico; scuola (*specialm. di paese*) ☐ **s. inspector**, ispettore scolastico ☐ **s.-leaving age**, età dell'adempimento dell'obbligo scolastico (*16 anni in G.B.*) ☐ **s.-marm**, *V.* **schoolmarm** ☐ (*arc.*) **s. miss**, educanda; ragazzina inesperta e timida ☐ **s. of dancing**, scuola di ballo ☐ (*stor.*) **s. pence**, denaro portato a scuola ogni settimana dagli alunni delle elementari (*come tassa*) ☐ **s. report**, rapporto su un alunno; pagella (*scolastica*) ☐ (*naut.*) **s.-ship**, nave scuola ☐ **s.-teacher**, insegnante; (*specialm.*) maestro (*o* maestra) elementare ☐ **s.-teaching**, insegnamento; ammaestramento; istruzione ☐ **s.-time**, ore di lezione (*o di studio*) ☐ **s. year**, anno scolastico ☐ **boarding s.**, collegio; convitto ☐ **coeducational schools**, scuole miste ☐ (*USA*) **commercial high s.**, istituto tecnico commerciale ☐ **comprehensive s.**, scuola onni-

school (1)

comprensiva (*non selettiva: con sezione classica, tecnica, ecc.*) □ **free s.**, scuola gratuita □ **a gentleman of the old s.**, un signore di vecchio stampo □ (*USA*) **graduate s.**, facoltà che concede la «laurea di secondo grado» (*il* **master's degree**) □ **grammar schools**, scuole classiche; ginnasi; licei □ **high s.**, scuola superiore; scuola secondaria; istituto superiore □ (*fig.*) **to be hot from s.**, essere fresco di studi □ (*USA*) **junior high s.**, scuola media inferiore □ **to keep a s.**, gestire una scuola privata □ **to leave s.**, lasciare la scuola; finire gli studi □ (*in G.B.*, *ma in via d'esaurimento*) **modern s.**, scuola secondaria d'indirizzo moderno □ **night-s.** (*o* **evening-s.**), scuola serale □ **the old s. tie**, la cravatta della scuola (*portata dagli ex-alunni*); (*fig.*) lo spirito di corpo □ **primary** (*o* **elementary**)**s.**, scuola elementare; scuola primaria □ **public schools**, (*in G.B.*) scuole private d'antica tradizione (*di solito* **grammar schools**; *quali Eton*, *Harrow*, *ecc.*); (*in USA*) scuole pubbliche □ **secondary s.**, scuola secondaria; scuola media □ (*USA*) **senior high s.**, scuola media superiore □ **state schools**, scuole statali □ **Sunday s.**, scuola di catechismo; scuola per l'insegnamento religioso; (*stor.*) scuola festiva □ (*specialm. a Oxford*) **to take schools**, sostenere gli esami finali □ (*USA*) **to teach s.**, insegnare; essere un insegnante □ **technical schools**, scuole tecniche (*o istituti tecnici*) industriali □ (*stor.*) **the theology of the schools**, la teologia scolastica □ **vocational s.**, scuola professionale □ (*in G.B.*) **voluntary schools**, scuole private (*spesso tenute da religiosi*) □ **That artist left no s. behind him**, quell'artista non ha fatto scuola.

to school (1) [sku:l], *v. t.* **1** istruire; ammaestrare; insegnare a **2** alfabetizzare; scolarizzare **3** disciplinare; dominare; frenare; tenere a freno: **to s. one's feelings**, dominare i propri sentimenti **4** coltivare (*la mente*); esercitare (*una dote naturale*) **5** addestrare, ammaestrare (*anche un cavallo*) **6** allenare, istruire (*un atleta*) **7** (*arc.*) mandare a scuola. ● **to s. oneself in forbearance**, abituarsi all'esercizio della sopportazione □ **He will not be schooled**, non si vuol sottomettere alla disciplina □ **He has been schooled by hardships**, s'è formato alla scuola dei duri sacrifici.

school (2) [sku:l], *n.* (*di pesci*, *delfini*, *balene*) banco; frotta: **a s. of mackerel**, un banco di sgombri.

to school (2) [sku:l], *v. i.* (*di pesci*, *delfini*, *balene*) formare banchi; nuotare in frotte.

schoolable ['sku:ləbl], *a.* in età scolare.

schoolbook ['sku:lbuk], **A** *n.* testo scolastico. **B** *a. attr.* (*specialm. USA*) da testo scolastico; semplificato al massimo; ridotto all'osso (*fig.*).

schoolboy ['sku:lbɔi], *n.* scolaro; scolaretto; studente. ● **s. slang**, gergo studentesco.

schoolfellow ['sku:lˌfeloʊ], *n.* compagno (*o* compagna) di scuola.

schoolgirl ['sku:lgə:l], *n.* scolara; scolaretta; studentessa.

schooliganism ['sku:ligənizəm], *n.* teppismo (*o* vandalismo) scolastico (*ai danni di edifici scolastici*).

schooling ['sku:liŋ], *n.* **1** istruzione; educazione (scolastica) **2** alfabetizzazione; scolarizzazione.

schoolman ['sku:lmən], *n.* (*pl.* **schoolmen**) **1** (*filos.*) scolastico; filosofo scolastico **2** (*stor.*) professore d'università medioevale.

schoolmarm ['sku:lˌma:m], *n.* **1** professoressa, maestra (*spesso spreg.*) **2** donna all'antica; passatista **3** donna autoritaria (*o* pedante).

schoolmaster ['sku:lˌma:stə*], *n.* **1** insegnante; docente; professore **2** gestore di scuola (privata).

schoolmastering ['sku:lˌma:stəriŋ], *n.* professione d'insegnante; insegnamento.

schoolmate ['sku:lmeit], *n.* compagno (*o* compagna) di scuola.

schoolmistress ['sku:lˌmistris], *n.* **1** insegnante; docente; professoressa **2** gestrice di scuola (privata).

schoolroom ['sku:lrum], *n.* aula; classe.

schoolwork ['sku:lwə:k], *n.* lavoro (*o* compito) in classe (*cfr.* **homework**).

schooner ['sku:nə*], *n.* **1** (*naut.*) goletta **2** (*USA*) boccale da birra (*di solito*, *della capacità di una pinta*). ● (*USA*) **prairie s.**, carro coperto (*usato dai pionieri nelle migrazioni*).

schorl [ʃɔ:l], *n.* (*miner.*) tormalina nera; sciorlo.

schwa [ʃwa:], *n.* (*fon. ingl.*) «schwa»; e rovesciata.

sciagram ['saiəgræm], **sciagraph** ['saiəgra:f], *n.* **1** (*scient.*) radiografia (*la lastra*); radiogramma **2** (*archit.*) sezione verticale (*d'un edificio*).

to sciagraph ['saiəgra:f], *v. t.* **1** (*scient.*) radiografare **2** (*archit.*) rappresentare (*un edificio*) in sezione verticale.

sciagrapher [sai'ægrəfə*], *n.* (*scient.*) radiologo.

sciagraphic [ˌsaiə'græfik], *a.* (*scient.*) radiografico.

sciagraphy [sai'ægrəfi], *n.* **1** (*scient.*) radiografia (*il processo*) **2** (*astron.*) sciografia.

scialytic [ˌsaiə'litik], *a.* scialitico: **s. lamp**, lampada scialitica.

sciatic [sai'ætik], *a.* **1** (*anat.*) sciatico: **s. nerve**, nervo sciatico **2** (*med.*) affetto da sciatica.

sciatica [sai'ætikə], *n.* (*med.*) sciatica.

science ['saiəns], *n.* **1** scienza: **the progress of s.**, il progresso della scienza; **pure s.**, la scienza pura **2** arte: **culinary s.**, l'arte culinaria **3** tecnica; abilità: **In boxing, s. is more important than strength**, nel pugilato la tecnica vale più della forza. ● **s. fiction**, fantascienza □ **the s. of boxing**, l'arte del pugilato □ **s. of nutrition**, scienza dell'alimentazione □ (*scherz.*) **the dismal s.**, l'economia politica □ **exact s.**, le scienze esatte □ (*fam.*) **to have st. down to a s.**, saper fare q.c. alla perfezione □ **a man of s.**, un uomo di scienza; uno scienziato □ **natural s.**, le scienze naturali □ **social s.**, le scienze sociali.

scienter [sai'entə*], (*lat.*), *avv.* (*leg.*) scientemente; intenzionalmente.

sciential [sai'enʃəl], *a.* **1** conoscitivo; che produce conoscenza **2** esperto; che possiede conoscenza.

scientific [ˌsaiən'tifik], *a.* **1** scientifico: **s. method**, metodo scientifico; **s. instruments**, strumenti scientifici **2** tecnico; esperto; dotato di buona tecnica: **a s. boxer**, un pugile dotato di buona tecnica. ● **s. books**, libri di scienze □ **s. men**, gli scienziati □ **a s. thinker**, uno che pensa in termini scientifici.

scientifically [ˌsaiən'tifikəli], *avv.* scientificamente.

scientifiction [sai'entiˌfikʃən], *n.* (*USA*) fantascienza.

scientism ['saiəntizəm], *n.* **1** metodi scientifici; vedute caratteristiche degli scienziati **2** (*relig.*) scientismo.

scientist ['saiəntist], *n.* **1** scienziato **2** (*relig.*) seguace dello scientismo.

scientologist [ˌsaiən'tɔlədʒist], *n.* membro della scientology (*q.V.*).

scientology [ˌsaiən'tɔlədʒi], *n.* (*relig.*) «scientologia» (*setta d'origine americana*, *introdotta in G.B. nel 1968*).

sci-fi ['sai,fai], *a.* (*specialm. USA*; *acronimo fam. di* **science fiction**) fantascientifico. ● (*mus.*, *radio*, *telev.*) **s. effect**, effetto (sonoro) fantascientifico.

scilicet ['sailiset] (*lat.*), *avv.* cioè; vale a dire.

Scillonian [si'loʊnjən], *a. e n.* (abitante, nativo) delle isole Scilly.

scimitar, scimiter ['simitə*], *n.* scimitarra.

scintilla [sin'tilə], *n.* (*pl.* **scintillas, scintillae**) **1** (*scient.*) scintilla **2** (*fig.*) barlume; briciolo: **There's not a s. of truth**, non c'è un briciolo di verità.

scintillant [sin'tilənt], *a.* scintillante.

to scintillate ['sintileit], *v. i.* (*specialm. scient.*) scintillare.

scintillating ['sintileitiŋ], *a.* scintillante.

scintillation [ˌsinti'leiʃən], *n.* **1** (*scient.*) scintillamento **2** (*astron.*) scintillazione.

sciolism ['saiəlizəm], *n.* conoscenza superficiale; infarinatura (*fig.*); saccenteria.

sciolist ['saiəlist], *n.* persona che ha una cultura superficiale; saccente.

sciolistic [ˌsaiə'listik], *a.* saccente; saputo.

scion ['saiən], *n.* **1** (*agric.*) marza; nesto **2** (*fig.*) rampollo, discendente (*di famiglia nobile*).

scirrhoid ['sirɔid], *a.* (*med.*) scirroide.

scirrhosity [si'rɔsiti], *n.* (*med.*) scirrosità.

scirrhous ['sirəs], *a.* (*med.*) scirroso.

scirrhus ['sirəs], *n.* (*pl.* **scirrhi, scirrhuses**) (*med.*) scirro.

scissel ['sisəl], *n.* (*ind.*) ritagli metallici; sbavatura.

scissile ['sisail], *a.* (*ind.*) scissile; laminabile; tagliabile.

scission ['siʒən], *n.* scissione.

to scissor ['sizə*], *v. t.* tagliare con le forbici; sforbiciare; ritagliare. ● **to s. out**, ritagliare.

scissoring ['sizəriŋ], *n.* sforbiciatura.

scissors ['sizəz], *n. pl.* **1** forbici: **a pair of s.**, un paio di forbici **2** (*ginnastica*; *col verbo al sing.*) forbice; (*lotta*) presa a forbice. ● (*fig.*) **s.-and-paste job**, lavoro copiato (*o* abborracciato); lavoro di forbici e colla □ **s.-case**, astuccio per forbici □ **s. cut**, forbiciata □ (*lotta*) **s. hold**, presa a forbice □ (*nuoto*) **s. kick**, sforbiciata □ **buttonhole s.**, forbici con l'occhiello (*con un incavo vicino al perno*) □ **nail s.**, forbici per le unghie.

scissure ['siʒə*], *n.* (*raro*) **1** fessura; taglio **2** (*anat.*) scissura; fessura.

sciurine ['saijurain], (*zool.*) **A** *a.* della famiglia dello scoiattolo. **B** *n.* scoiattolo.

sciuroid ['saijurɔid], *a.* (*zool.*) simile allo scoiattolo; della famiglia dello scoiattolo.

sclera ['skliərə*], *n.* (*pl.* **scleras, sclerae**) (*anat.*) sclera, sclerotica.

sclerenchyma [skliər'enkimə], *n.* (*pl.* **scherenchymas, sclerenchymata**) (*bot.*) sclerenchima.

scleritis [skliə'raitis], *n.* (*med.*) sclerite.

scleroma [skliə'roumə], *n.* (*pl.* **scleromas, scleromata**) (*med.*) scleroma.

sclerometer [skliə'rɔmitə*], *n.* (*fis.*) sclerometro.

scleroscope ['sklıərəskoup], *n.* (*fis.*) scleroscopio.
sclerosed [sklıə'rouzd], *a.* (*med.*) affetto da sclerosi; sclerotico.
sclerosis [sklıə'rousis], *n.* (*pl.* **scleroses**) (*med.*) sclerosi.
sclerotic [sklıə'rɔtik], **A** *a.* (*med.*) sclerotico. **B** *n.* (*anat.*) sclerotica.
sclerotitis [sklıərə'taitis], *n.* (*med.*) sclerite.
sclerotomy [sklıə'rɔtəmi], *n.* (*med.*) sclerotomia.
sclerous ['sklıərəs], *a.* (*anat., bot., med.*) duro; ispessito.
scobs [skɔbz], *n.* segatura; limatura; trucioli.
scoff (1) [skɔf], *n.* **1** beffa; derisione; dileggio; scherno **2** oggetto di scherno; zimbello.
to scoff (1) [skɔf], *v. i.* farsi beffe; deridere; dileggiare; schernire: **to s. at sb.**, farsi beffe di q.; deridere q.
scoff (2) [skɔf], *n.* (*pop.*) cibo; roba da mangiare (*fam.*).
to scoff (2) [skɔf], *v. t.* e *i.* (*pop.*) mangiare avidamente; divorare, abbuffarsi; pappare, papparsi (*pop.*); ingozzare, ingozzarsi.
scoffer ['skɔfə*], *n.* derisore; dileggiatore; schernitore.
scoffing ['skɔfiŋ], **A** *a.* beffardo; derisorio. **B** *n.* derisione; dileggio; scherno.
scofflaw ['skɔf-lɔ:], *n.* (*USA*) chi si fa beffe delle leggi; trasgressore. ● **a traffic s.**, un automobilista indisciplinato.
to scold [skould], *v. t.* e *i.* sgridare; rimproverare, rimbrottare (*specialm. bambini*).
scold [skould], *n.* donna bisbetica; brontolona.
scolding ['skouldiŋ], *n.* sgridata; rimprovero; rimbrotto.
scolex ['skouleks], *n.* (*pl.* **scolices, scoleces, scolexes**) (*zool.*) scolice.
scoliosis [,skɔli'ousis], *n.* (*pl.* **scolioses**) (*med.*) scoliosi.
scoliotic [,skɔli'ɔtik], *a.* (*med.*) affetto da scoliosi; scoliotico.
scollop, to scollop ['skɔləp], *V.* **scallop, to scallop**.
scolopender [,skɔlə'pəndə*], **scolopendra** [,skɔlə'pendrə], *n.* (*zool.*) **1** (*Scolopendra*) scolopendra **2** (*Scolopendra, Scutigera, ecc.*) centopiedi.
scolopendrine [,skɔlə'pəndrin], *a.* (*zool.*) di (*o* simile a) un centopiedi.
scomber ['skɔmbə*], *n.* (*invar. al pl.*) (*zool., Scomber*) scombro.
scombrid ['skɔmbrid], *n.* (*zool.*) pesce degli scombridi.
scon [skɔn], *V.* **scone**.
sconce [skɔns], *n.* **1** candeliere col manico **2** candelabro a muro; applique (*franc.*).
sconce (2) [skɔns], *n.* **1** (*mil.*) fortino; bastione; terrapieno **2** (*arc.*) rifugio; riparo.
to sconce [skɔns], *v. t.* (*nelle università di Oxford e Cambridge*) sfidare (*uno studente*) a bere una gran quantità di birra tutta d'un fiato (*per un'infrazione delle usanze studentesche*).
sconce (3) [skɔns], *n.* sfida a tracannare birra (*V.* **to sconce**).
scone [skɔn], *n.* (*cucina*) focaccina (*talora dolce*) per il tè.
scoop [sku:p], *n.* **1** cucchiaione; ramaiolo; mestolo **2** paletta (*per zucchero, farina, ecc.*) **3** (*mecc.*) cucchiaia; secchia; tazza **4** ramaiolata; palettata **5** (*fam.*) scoop; colpo giornalistico; notizia (*in*) esclusiva **6** (*fam.: specialm. in affari*) colpo di fortuna; buon colpo; speculazione vantaggiosa; grosso affare: **to make a s.**, fare un buon colpo (*o* un grosso affare); **He earned one thousand dollars at one s.**, guadagnò mille dollari in un sol colpo **7** (*autom., mecc.*) presa (*d'aria, ecc.*) a imbuto. ● **s.-dredger**, draga a secchie (*o* a tazze) (*moda*) **s. neck**, ampia scollatura; scollatura rotonda e profonda □ **s.-net**, giacchio □ (*mecc.*) **s.-wheel**, bindolo; noria □ **to make a s. with one's hand and pick up st.**, raccogliere q.c. con la mano a mo' di mestolo □ **measuring s.**, cucchiaio dosatore.
to scoop [sku:p], *v. t.* **1** (*di solito* **to s. up**) cavare (*col ramaiolo, ecc.*); tirar su; raccogliere: **He scooped up three balls of ice cream**, tirò su tre palline di gelato **2** (*di solito* **to s. out**) scavare (*con una paletta, ecc.*): **The water had scooped (out) a channel in the sand**, l'acqua aveva scavato un canale nella sabbia **3** (*giornalismo*) procurarsi (*una notizia*) prima degli altri (*e pubblicarla*) **4** battere (*un altro giornale*); farla in barba a (*un giornalista rivale*) **5** (*fam., spesso* **to s. in**) fare (*un grosso affare*); assicurarsi (*un forte guadagno*) **6** (*comm., fam.*) battere sul tempo (*la concorrenza, ecc.*). ● **to s. out the soup**, scodellare la zuppa.
scooper ['sku:pə*], *n.* **1** chi usa un mestolo; chi tira su (*liquidi*) **2** (*arte*) scalpello da intagliatore **3** (*zool., Recurvirostra avocetta*) avocetta; monachina.
scoopful ['sku:pful], *n.* ramaiolata; mestolata; ramaiolo, mestolo (*pieno di q.c.*).
to scoot [sku:t], *v. i.* (*fam.*) **1** correre; fare in fretta; filare **2** correr via; filar via; battersela; darsela a gambe; scappare; svignarsela.
scoot [sku:t], *n.* (*fam.*) corsa (*o* fuga) precipitosa.
scooter ['sku:tə*], *n.* **1** monopattino **2** (*anche* **motor s.**) scooter; motoretta **3** (*USA*) scooter; barca a vela (*anche su ghiaccio*).
scop [skɔp], *n.* (*stor., letter.*) bardo; menestrello.
scope (1) [skoup], *n.* **1** ambito; attribuzioni; campo (*d'azione*); portata, sfera (*fig.*): **That is beyond the s. of the inquiry**, ciò esula dall'ambito (*o* dal campo) dell'indagine; **That is outside my s.**, ciò è al di fuori delle mie attribuzioni; ciò non è di mia competenza; **an undertaking of wide s.**, un'impresa di grande portata **2** libertà d'azione; opportunità; sfogo; sbocco: **to give no s., non dare opportunità alcuna; He seeks s. for his energies**, cerca uno sfogo alle sue energie **3** lunghezza (*di un cavo*); (*naut.*) lunghezza del cavo d'ormeggio **4** (*arc.*) scopo; fine. ● **the s. of a missile**, la gittata d'un missile ○ **to give full s. to**, dar campo libero a; dar libero sfogo a □ **a mind of wide s.**, una mente di larghe vedute □ **within the s. of**, entro i limiti di □ **This job gives no s. to ability**, le capacità personali non sono chiamate in causa (*o* non entrano in gioco) in questo lavoro.
scope (2) [skoup], *n.* (*abbr. fam. di*) **1** microscope **2** periscope **3** telescope.
scorbutic(al) [skɔ:'bju:tik(əl)], *a.* (*med.*) scorbutico.
scorch [skɔ:tʃ], *n.* **1** bruciatura superficiale; bruciacchiatura; scottatura **2** (*fam.*) corsa pazza; volata **3** (*agric.*) imbrunimento dei tessuti vegetali (*per malattia, parassiti, insetticidi*).
to scorch [skɔ:tʃ], **A** *v. t.* **1** ardere; bruciare; bruciacchiare; abbrustolire; scottare; seccare; inaridire: **His face was scorched by the sun**, aveva il viso arso (*o* bruciato) dal sole **2** (*fig.*) ferire; offendere; urtare; (*specialm.*) criticare aspramente: **He has a wit that scorches**, il suo spirito ferisce (*o* è offensivo). **B** *v. i.* **1** bruciarsi; bruciacchiarsi; scottarsi **2** (*fam.*) andare a tutta velocità; correre da matti; fare una volata (*in bicicletta, motocicletta, ecc.*): **To s. down the road**, sfrecciare (giù) per la strada □ (*mil.*) **scorched-earth policy**, tattica della terra bruciata.
scorcher ['skɔ:tʃə*], *n.* **1** chi brucia, scotta, ecc. (*V.* **to scorch**) **2** (*fam.*) giornata caldissima (*o* torrida) **3** (*fam.*) severo rimprovero; osservazione pungente **4** (*fam.*) automobilista (*o* motociclista, ciclista*) troppo veloce; chi va a velocità eccessiva **5** (*fam.*) cosa straordinaria; tipo in gamba; cannonata (*fig.*) **6** (*sport*) tiro imparabile.
scorching ['skɔ:tʃiŋ], **A** *a.* **1** bruciante; scottante; cocente: **a s. sun**, un sole cocente **2** (*fig.*) pungente; caustico; scottante: **a s. remark**, un'osservazione pungente. **B** *n.* **1** bruciatura superficiale; bruciacchiatura; scottatura **2** (*agric.*) imbrunimento dei tessuti vegetali. **C** *avv.* terribilmente; estremamente: **s. hot**, terribilmente caldo.
score [skɔ:*], *n.* **1** frego; linea; segno; tacca; tratto (*di penna*); rigatura; (*geol.*) striatura: **to make a s. through a name with a pen**, tirare un frego con la penna su un nome; **the scores of the whip**, i segni delle frustate; **to make a s. in the tally**, fare una tacca sulla taglia (*o* sul legnetto); **The rock was covered with scores**, la roccia era coperta di striature **2** (*raro*) conto; debito; scotto: **to run up a s.**, far debiti; indebitarsi; **to pay** (*o* **to wipe off**) **scores**, pagare i debiti; saldare i conti (*anche fig.*) **3** (*sport*) score; punteggio; segnatura; punti: **to make a good s.**, fare una buona segnatura; ottenere un buon punteggio; **The s. was 4 to 1**, il punteggio fu di 4 a 1; **to keep** (**the**) **s.**, segnare i punti **4** (*d'un esame*) votazione **5** ventina; gruppo di venti (*cose o persone*): **four s. men**, un'ottantina di uomini **6** (*mus.*) partitura; spartito **7** (*fam.*) punto a favore; stoccata (*fig.*): **That speaker is a devil at making scores off interrupters**, quell'oratore è abilissimo nel segnare punti a suo favore a spese di chi lo interrompono; **a debater given to making cheap scores**, un polemista che suol dare facili stoccate; uno che nelle discussioni s'accontenta di ottenere un successo apparente. **8** (*fam.*) conto in sospeso (*fig.*): **He's got a s. to settle with her**, ha un (vecchio) conto in sospeso con lei **9** (*pop.*) colpo di fortuna; fortuna: **What a s.!**, che fortuna! ● **s.-board**, tabellone (*segnaponti*) □ **s.-book** (**s.-card, s.-sheet**), libretto (cartoncino, foglio) per segnare i punti; segnapunti □ **s. mark**, frego, striscione (*fisherm.*): **s. marks on the floor**, striscioni (*segni di mobili spostati, ecc.*) sul pavimento □ **scores of people**, centinaia di persone; una gran folla □ (*elab.*) **s. storage** (*o* **store**), memoria di transito □ **to go off at s.**, cominciare con grande foga; partire in quarta (*fam.*) □ **half a s.**, una decina □ (*fam.*) **to know the s.**, sapere come stanno (realmente) le cose; non farsi illusioni □ **on the s. of**, a causa di; a motivo di □ **on more scores than one**, per più di un motivo □ **on that s.**, per quel motivo; sul quel punto, al riguardo: **You may be** (*o* **rest**) **easy on that s.**, puoi stare tranquillo al riguardo □ (*fig.*) **to quit scores with sb.**, fare i conti con q. □ (*Bibbia*) **three s. and ten**, settant'anni; il corso normale della vita umana □ **On what s.?**, per quale motivo? a che titolo?
to score [skɔ:*], **A** *v. t.* **1** segnare; solcare; intaccare; far tacche in; graffiare; marcare; rigare; (*geol.*) striare: **The translation had been scored with a red ball-point pen**, la traduzione era stata segnata (*o* corretta) con una biro rossa; **His forehead was scored with anxiety**, aveva la fronte solcata dall'ansia **2** (*spesso* **to s. up**) annotare; mettere in conto; registrare; tenere a mente (*un'offesa, ecc.*) **3** (*sport*) segnare (*una rete, ecc.*); fare (*un punto*): **The outside left scored two goals**, l'ala sinistra segnò due reti **4** (*sport*) assegnare (*un certo numero di*) punti a (*un pugile, ecc.*)

The Russian judge scored him 21 (*o* 21 to him), il giudice russo gli assegnò ventuno punti 5 (*fig.*) ottenere; riportare: **to s. an advantage** (**a success**), ottenere un vantaggio (riportare un successo) 6 (*mus.*) orchestrare; comporre la musica per (*un film, ecc.*) 7 (*geol.*) erodere 8 (*USA*) correggere, valutare (*elaborati, compiti, ecc.*; *cfr. ingl.* to mark) 9 (*fam. USA*) criticare; biasimare; rimproverare. B *v. i.* 1 (*sport*) segnare; fare punti: **Our team failed to s.**, la nostra squadra non riuscì a segnare; **Will you s.?**, vuoi segnare tu i punti? 2 (*sport*) segnare i punti (*o* il punteggio); fare (*o* realizzare) il segnapunti 3 ottenere un punteggio; riportare un voto (*o* una votazione): **to s. high** (*o* **well**), riportare voti alti; ottenere un buon punteggio 4 (*fam.*) aver successo; riuscire; fare centro (*fig.*): **That is where he scores**, è lì che ha successo 5 (*pop.*) farsi una donna (*volg.*) 6 (*pop.*) comprare narcotici. ● **to s. a hit on the target**, colpire in pieno il bersaglio □ (*fam.*) **to s. off sb.**, aver la meglio su q. (*in una discussione, ecc.*); mettere nel sacco q.; averla vinta con q.; umiliare q. □ **to s. out** (**words, etc.**), cancellare, tirare con un frego su (parole, ecc.) □ **to s. over sb.**, essere superiore a q.; avere la meglio su q. □ **to s. under**, sottolineare □ **to s. up st. to sb.**, addebitare (*o* mettere in conto) q.c. a q. □ (*pop.*) **to s. with a girl**, farsi una ragazza (*volg.*) □ (*sport*) **a chance to s.**, un'occasione da goal, di segnare un goal □ (*mecc.*) **scored cylinder**, cilindro rigato.
scorekeeper ['skɔ:ˌki:pə*], *n.* (*sport*) segnapunti.
scoreless ['skɔːlɪs], *a.* (*sport*) a reti inviolate; zero a zero.
scorer ['skɔːrə*], *n.* (*sport*) 1 chi segna i punti; segnapunti 2 chi segna; chi fa un punto (una rete, ecc.); marcatore.
scoria ['skɔːrɪə], *n.* (*pl.* **scoriae**), (*metall., geol.*) scoria.
scoriaceous [ˌskɔːrɪˈeɪʃəs], *a.* (*scient.*) scoriaceo.
scorification [ˌskɔːrɪfɪˈkeɪʃən], *n.* (*metall.*) scorificazione.
scorifier ['skɔːrɪfaɪə*], *n.* (*metall.*) scorificatore.
to scorify ['skɔːrɪfaɪ], *v. t.* (*metall.*) scorificare; ridurre in scorie.
scoring ['skɔːrɪŋ], *n.* 1 (*sport*) segnatura; punteggio; punti 2 (*mus.*) orchestrazione 3 (*mecc.*) rigatura 4 (*geol.*) abrasioni; striature 5 (*USA*) correzione, valutazione (*di compiti, temi, ecc.*) 6 (*fam. USA*) critiche; rimproveri. ● **s. board**, tabellone dei risultati □ **s. card**, foglio del punteggio.
scorn [skɔːn], *n.* 1 disprezzo; disdegno; sprezzo; spregio 2 oggetto di disprezzo; ludibrio 3 oggetto di dileggio; zimbello. ● **to laugh to s.**, deridere; dileggiare; schernire □ (*lett.*) **to pour s. on sb.**, trattare q. in modo sprezzante □ **to think s. of sb.**, disprezzare q.
to scorn [skɔːn], *v. t.* 1 disprezzare; disdegnare; sprezzare; spregiare; sdegnare: **I would s. to do it**, sdegnerei di farlo 2 respingere sdegnosamente (*proposte, ecc.*).
scorner ['skɔːnə*], *n.* spregiatore; derisore; schernitore.
scornful ['skɔːnfʊl], *a.* sdegnoso; sprezzante.
scornfulness ['skɔːnfʊlnɪs], *n.* sdegnosità.
Scorpio ['skɔːpɪoʊ], A *n.* 1 (*astron., astrologia*) Scorpione (*costellazione e VIII segno dello Zodiaco*) 2 (*astrologia:* pl. **Scorpios**) (uno) scorpione; individuo nato sotto il segno dello Scorpione. B *a.* (*astrologia*) dello Scorpione.
scorpion ['skɔːpjən], *n.* 1 (*zool.*, *Scorpio, Buthus, ecc.*) scorpione 2 – (*astron., astrologia*) **the S.**, lo Scorpione (*costellazione e VIII segno dello Zodiaco*) 3 (*Bibbia*) staffile con punte metalliche. ● (*zool.*) **s.-fish** (*Scorpaena*), scorpena; scorfano.
Scorpionic [ˌskɔːpɪˈɒnɪk], (*astrologia*) A *n.* persona nata sotto il segno dello Scorpione. B *a.* dello Scorpione.
scorzonera [ˌskɔːzoʊˈnɪərə], *n.* (*bot., Scorzonera hispanica*) scorzonera.
scot [skɒt], *n.* (*stor.*) scotto; tassa. ● **to go** (*o* **to get off**) **s.-free**, andarsene senza pagare lo scotto; cavarsela senza danno; passarla liscia □ **to pay s. and lot**, (*stor.*) pagare i balzelli (*o* tributi); pagare lo scotto.
Scot [skɒt], *n.* scozzese. ● (*stor.*) **the Scots**, gli Scoti □ (*stor.*) **Mary, Queen of Scots**, Maria (Stuarda), regina di Scozia.
scotch [skɒtʃ], *n.* cuneo; bietta; zeppa.
to scotch (1) [skɒtʃ], *v. t.* bloccare (*una ruota, ecc.*) con un cuneo.
to scotch (2) [skɒtʃ], *v. t.* 1 ferire in modo da rendere innocuo (*o* inoffensivo) 2 sopprimere; soffocare; far cessare: **to s. a rumour**, soffocare una voce (*o* una diceria).
Scotch [skɒtʃ], A *a.* scozzese (**Scottish** e **Scots** sono termini preferiti, salvo per cose e prodotti della Scozia, dagli scozzesi stessi): **S. terrier**, terrier scozzese (*cane da caccia*) □ **S. whisky**, whisky scozzese. B *n.* 1 – (*collett., parola sgradita agli scozzesi*) gli Scozzesi 2 dialetto scozzese 3 whisky scozzese; scotch: **S. and soda**, whisky scozzese e acqua di selz. ● **S. barley**, orzo mondato □ **S. broth**, zuppa di brodo di pecora, orzo mondato e legumi □ **S. collops**, bistecca con cipolle □ **S. egg**, uovo sodo, cotto entro un involucro di mollica, carne tritata, ecc. □ (*bot.*) **S. fir** (*Pinus sylvestris*), pino silvestre □ **S. kale**, cavolo di Scozia □ **S. mist**, nebbia fitta e piovigginosa □ **S. pine**, *V.* **S. fir** □ (*marchio*) **S. tape**, nastro adesivo

(*o* autodesivo); scotch □ (*USA*) **to s.-tape**, accomodare (*o* attaccare) con lo scotch □ **S. thistle**, cardo di Scozia (*emblema nazionale*) □ **S. woodcock**, pane tostato, spalmato di pasta d'acciughe e ricoperto di uovo strapazzato.
Scotchman ['skɒtʃmən], *n.* (*pl.* **Scotchmen**) (*parola sgradita agli scozzesi*) scozzese (*uomo*).
Scotchwoman ['skɒtʃˌwʊmən], *n.* (*pl.* **Scotchwomen**) (*parola sgradita agli scozzesi*) scozzese (*donna*).
scoter ['skoʊtə*], *n.* (*pl.* **scoters, scoter**) (*zool., Melanitta nigra*) orchetto marino.
scotia ['skoʊʃə], *n.* (*archit.*) scozia (*modanatura concava*).
Scoticism ['skɒtɪsɪzəm], *V.* **Scotticism**.
Scotism ['skoʊtɪzəm], *n.* (*filos.*) scotismo.
Scotland ['skɒtlənd], *n.* (*geogr.*) Scozia. ● (**New**) **S. Yard**, (sede centrale della) polizia metropolitana di Londra; (*fig.*) polizia investigativa.
scotoma [skəˈtoʊmə], *n.* (*pl.* **scotomas, scotomata**) (*med.*) scotoma.
Scots [skɒts], A *a.* (*per lo più di persone*) scozzese. B *n.* dialetto scozzese. ● (*mil.*) **S. Greys**, reggimento di dragoni scozzesi.
Scotsman ['skɒtsmən], *n.* (*pl.* **Scotsmen**) scozzese (*uomo*). ● **the Flying S.**, il treno espresso Londra-Edimburgo.
Scotswoman ['skɒtsˌwʊmən], *n.* (*pl.* **Scotswomen**) scozzese (*donna*).
Scotticism ['skɒtɪsɪzəm], *n.* idiotismo scozzese.
to Scotticize ['skɒtɪsaɪz], *v. t.* rendere scozzese; dare un carattere scozzese a.
Scottish ['skɒtɪʃ], *a.* 1 scozzese 2 (*scherz., ma da evitare*) di (*o* da) strozzino; spilorcio; taccagno: **How s. of him!**, che taccagneria! ● (*collett.*) **the S.**, gli scozzesi.
scoundrel ['skaʊndrəl], *n.* canaglia; briccone; farabutto; furfante; mascalzone.
scoundreldom ['skaʊndrəldəm], *n.* (*collett.*) canagliume; canaglie; furfanti; teppaglia.
scoundrelism ['skaʊndrəlɪzəm], *n.* bricconeria; furfanteria; ribalderia; malvagità.
scoundrelly ['skaʊndrəlɪ], *a.* (*lett.*) furfantesco; infame; malvagio.
scour ['skaʊə*], *n.* 1 lavatura; lavaggio; pulizia; lucidata, lucidatura (*di metalli*) 2 detersivo 3 (*pl., vet.*) dissenteria del bestiame. ● **the s. of the tide**, l'azione ripulitrice della marea.
to scour (1) ['skaʊə*], *v. t.* 1 pulire; lavare; fregare; strofinare; sfregare; smacchiare: **to s. clothes**, lavare panni col sapone (*o* con detersivi); **to s. the saucepans**, strofinare i tegami 2 lucidare con abrasivo: **to s. metal**, lucidare un metallo con abrasivo 3 svuotare (*una tubazione, ecc.*); purgare drasticamente (*l'intestino*) 4 (*ind. tessile*) sgrassare 5 (*anche mil., naut.*) ripulire; sgombrare (*un territorio, il mare, ecc.*). ● **to s. away rust**, togliere la ruggine □ **to s. off a stain**, togliere una macchia □ **to s. out**, pulire (*tegami, ecc.*) strofinando; (*dell'acqua*) aprirsi un varco in □ (*agric.*) **to s. wheat**, svecciare il grano □ (*ind.*) **to s. wool**, sgrassare la lana.
to scour (2) ['skaʊə*], A *v. t.* 1 percorrere; perlustrare: **The marshal scoured the whole county for the bandit**, lo sceriffo perlustrò tutta la contea in cerca del bandito 2 mettere sossopra; rovistare: **I scoured the library for the book**, rovistai la biblioteca per trovare il libro. B *v. i.* correre qua e là; girovagare; vagare; vagabondare. ● **to s. the country**, battere la campagna; correre il paese.
scourer ['skaʊərə*], *n.* 1 detersivo; smacchiatore 2 paglietta (*metallica o di plastica*) 3 (*ind. tessile*) lavatore (*di lana*).
scourge [skɜːdʒ], *n.* flagello (*anche fig.*); sferza; frusta: **the s. of war**, il flagello della guerra.
to scourge [skɜːdʒ], *v. t.* 1 flagellare; sferzare; frustare 2 (*fig.*) castigare; punire; opprimere; tormentare.
scourging ['skɜːdʒɪŋ], *n.* flagellazione.
scouring ['skaʊərɪŋ], *n.* 1 lavaggio; strofinatura; smacchiatura 2 lucidatura con abrasivo 3 svuotamento; purga 4 (*ind. tessile*) sgrassaggio; purga. ● (*ind. tessile*) **s. agent**, purgante.
scout [skaʊt], *n.* 1 (*mil.*) esploratore 2 (*aeron.*) aeroplano da ricognizione; ricognitore 3 (*naut.*) nave vedetta; nave esploratrice; esploratore 4 (*anche* **boy s.**) giovane esploratore 5 (*USA*) *V.* **girl s.** 6 atto di cercare; sguardo; occhiata: **to take a s. round**, dare un'occhiata in giro 7 (*mus., cinem., anche* **talent s.**) scopritore di talenti 8 (*in G.B.*) addetto al soccorso stradale (*per gli automobilisti in viaggio*) 9 (*a Oxford*) domestico di un college. ● **s.-master**, capo di un gruppo di esploratori (*nell'organizzazione giovanile*) □ (*USA*) **girl s.**, guida; giovane esploratrice (*cfr. ingl.* **girl guide**, *sotto* **girl**) □ (*fam.*) **a good s.**, un brav'uomo; una persona servizievole □ (*mil.*) **on the s.**, in ricognizione.
to scout (1) [skaʊt], A *v. t.* (*mil.*) esplorare; perlustrare; fare una ricognizione in. B *v. i.* (*mil.*) andare in ricognizione (*o* in esplorazione). ● **to s. about** (*o* **around**), andare in cerca: **They**

scouted around for some firewood, andarono in cerca di legna da ardere.
to **scout (2)** [skaut], *v. t.* respingere; scartare; sdegnare; ridicolizzare: **to s. an idea**, scartare un'idea; **to s. a proposal**, respingere (*o* sdegnare) un'offerta. ● **to s. the notion of st.**, rifiutarsi di credere a q.c.
scouting ['skautiŋ], *n.* **1** (*mil.*) esplorazione; ricognizione **2** scoutismo, scautismo.
scow [skau], *n.* (*naut.*) barcone a fondo piatto; chiatta.
scowl [skaul], *n.* cipiglio; sguardo corrucciato (*o* torvo).
to **scowl** [skaul], *v. i.* aggrottare le ciglia; accigliarsi; imbronciarsi. ● **to s. at sb.**, guardar torvo q. □ **to s. sb. down**, intimidire (*o* far tacere) q. con un fiero cipiglio □ **to s. one's repugnance**, manifestare la propria ripugnanza aggrottando le ciglia.
scowling ['skauliŋ], *a.* accigliato; imbronciato; minaccioso; torvo.
to **scrabble** ['skæbl], *v. i.* **1** grattare; raspare **2** scarabocchiare; scribacchiare **3** (*fam.*) V. **to scramble**, *def. A* ● **to s. about for st.**, cercare a tentoni q.c.
scrabble ['skræbl], *n.* **1** grattata; raspata **2** scarabocchio **3** (*fam.*) V. **scramble 4** (*marchio*) scarabeo (*gioco da tavolo*).
scrag [skræg], *n.* **1** persona (*o* bestia) molto magra; individuo allampanato; animale ossuto **2** (*macelleria, anche* **s.-end**) collo, collottola (*di montone*) **3** (*fam.: di persona*) collottola; collo.
to **scrag** [skræg], *v. t.* **1** (*fam.*) torcere il collo a **2** (*rugby*) afferrare per il collo **3** (*gergo studentesco*) serrare col braccio il collo a (*un ragazzo; per picchiarlo*) **4** impiccare.
scragginess ['skræginis], *n.* **1** magrezza; l'essere ossuto **2** ruvidezza; scabrosità.
scraggly ['skrægli], *a.* **1** frastagliato; ispido; incolto: **a s. beard**, una barba incolta; **s. rocks**, rocce frastagliate **2** disordinato; trasandato; malformato.
scraggy ['skrægi], *a.* **1** magro; ossuto; scheletrico: **a s. neck**, un collo ossuto **2** ruvido; scabro; scabroso.
to **scram** [skræm], *v. i.* (*pop.*) andarsene; filare; tagliare la corda (*fig., fam.*); smammare (*pop.*).
scram [skræm], *inter.* (*pop.*) vattene!; fila!; battitela!; via!
to **scramble** ['skræmbl], **A** *v. i.* **1** arrampicarsi; strisciare; andare carponi **2** (*di solito* **s. for**) fare una mischia; accapigliarsi; azzuffarsi; pigiarsi; urtarsi: **The fans scrambled for the front seats**, i tifosi si accapigliarono per occupare i primi posti; **The urchins scrambled for the pennies**, i monelli si azzuffarono per afferrare le monetine **3** (*fig.*) agitarsi; darsi da fare: **He scrambles for office**, si dà da fare per ottenere una carica. **B** *v. t.* **1** mescolare senz'ordine; confondere **2** strapazzare (*uova*) **3** (*radio*) disturbare (con interferenza intenzionale) (*una trasmissione*). ● **to s. for a living**, arrabattarsi per guadagnarsi il pane □ **to s. one's feet**, balzare in piedi □ **to s. up**, arrampicarsi; inerpicarsi (*cucina*) **scrambled eggs**, uova strapazzate □ (*sport*) **scrambling motorbike**, moto da cross; scrambler.
scramble ['skræmbl], *n.* **1** arrampicata; cammino difficile; scalata **2** mischia; zuffa; parapiglia; tafferuglio **3** (*fig.*) lotta, gara (*per ottenere q.c.*) **4** (*sport*) gara di motocross.
scrambler ['skræmblə*], *n.* **1** (*radio*) dispositivo per disturbare (*trasmissioni, segnali, ecc.*) mediante interferenza **2** (*elettron.*) rimescolatore.
scramjet ['skræmdʒet], *n.* (*aeron.*) autoreattore supersonico.
scran [skræn], *n.* **1** (*fam.*) avanzi (*di cibo*); rimasugli. ● (*anglo-ind.*) **Bad s. to him!**, vada alla malora!; al diavolo!
scrap (1) [skræp], *n.* **1** pezzo; pezzetto; frammento; brano; (*ind.*) rottame; sfrido: **It's only a s. of paper**, non è che un pezzo di carta (*anche fig.*) **2** (*fig.*) briciolo, briciola; (un) po'; (un) poco: **not a s. of honesty**, neanche un briciolo di onestà **3** (*collett.*) cascami; rottami; scarti: **to collect s.**, raccogliere rottami **4** (*pl.*) avanzi (*di cibo*); rimasugli **5** (*pl.*) ritagli (*di giornale*); fotografie ritagliate **6** (*pl.*) ciccioli. ● **s.-book**, album per (*o* di) fotografie ritagliate; album per ritagli di giornale □ **s.-cake**, tavoletta di scarti di pesce pressati □ **s.-heap**, mucchio di rottami; roba di scarto □ **s.-iron** (*o* **s.-metal**), rottami di ferro □ **scraps of news**, notizie frammentarie □ **s. paper**, carta straccia; foglietti (già scritti su un lato) per appunti □ **s. recovery**, ricupero degli scarti □ (*fig.*) **to put a plan on the s. heap**, scartare un progetto □ (*fam.*) **I don't care a s.**, non me ne importa (un bel) niente.
to **scrap (1)** [skræp], *v. t.* **1** gettar via; buttar fra i rottami; scartare **2** fare a pezzi; demolire; smantellare; rottamare: **to s. a ship**, demolire una nave.
scrap (2) [skræp], *n.* (*fam.*) baruffa; alterco; rissa; zuffa.
to **scrap (2)** [skræp], *v. i.* (*fam.*) azzuffarsi; altercare; rissare.
scrape [skreip], *n.* **1** raschiata; raschiatura **2** rumore stridulo; stridore; raschio: **the s. of chalk on the blackboard**, lo stridere del gesso sulla lavagna **3** scorticatura; spellatura; sbucciatura: **How did you get that nasty s. on your knee?**, come ti sei fatto quella brutta scorticatura sul ginocchio? **4** inchino goffo (*fatto strisciando i piedi*) **5** difficoltà; guaio; imbarazzo; imbroglio;

impaccio **6** tratto (*di penna*); scarabocchio; firma. ● (*fam.*) **bread and s.**, pane con pochissimo burro sopra □ **to get into a s.**, mettersi in un guaio (*o* nei pasticci) □ **to get into scrapes**, combinar guai; mettersi nei pasticci □ **to get out of a s.**, uscire da una situazione difficile; trarsi d'impaccio; cavarsela □ **I've only suffered a few scrapes**, mi sono fatto solo qualche graffio.
to **scrape** [skreip], *v. t. e i.* **1** raschiare; raspare; grattare; scrostare: **to s. the bottom of a boat**, raschiare il fondo d'una barca; **to s. the plaster from the wall**, scrostare l'intonaco dalla parete **2** scorticare: **The child has scraped his elbow**, il bambino s'è scorticato il gomito **3** sfregare; fregare; strofinare; strisciare (contro q.c.): **The ship scraped (against) a rock**, la nave sfregò contro uno scoglio; **to s. a greasy saucepan**, fregare un tegame sporco di grasso **4** scricchiolare; stridere; grattare: **My pen scrapes (over) the paper**, la mia penna scricchiola sulla carta; **The chalk scrapes on the blackboard**, il gesso stride sulla lavagna **5** (*spesso* **s. up, to s. together**) racimolare; raggranellare: **to s. together a few dollars for a trip**, raggranellare un po' di dollari per fare una gita **6** fare economia; mettere da parte; risparmiare: **to s. and save**, risparmiare e mettere da parte **7** fare (*un buco, ecc.*) raspando: **to s. out a hole**, fare un buco raspando **8** (*mecc.*) raschiettare; raschinare. ● **to s. along**, tirare avanti; cavarsela; vivacchiare □ **to s. along the walls**, strisciare lungo il muro (*camminando*) □ **to s. one's boots**, pulirsi i piedi; fregare le scarpe (*o gli stivali*) sul raschietto (*fig., fam.*) □ **to s. the bottom of the barrel**, raschiare il fondo della pentola; prendere quel che c'è di peggio (*o* gli avanzi, ecc.) □ (*fam.*) **to s. one's chin**, radersi □ **to s. down a speaker**, obbligare al silenzio un oratore a forza di stropicciare i piedi (*in G.B.*) □ **to s. one's feet**, stropicciare i piedi; scalpitare □ **to s. (on) the fiddle**, strimpellare il violino □ **to s. (out) a living**, sbarcare il lunario; guadagnarsi da vivere a stento □ **to s. off** (*o* **out**), togliere raschiando; raschiar via: **S. the mud off your boots!**, raschia via il fango dagli stivali! □ **to s. one's plate**, pulire il piatto (*senza lasciarvi traccia di cibo*) □ (*fig.*) **to s. through**, farcela a mala pena; cavarsela (per il rotto della cuffia) □ (*fig.*) **to s. through an examination**, superare a stento (*o* per un pelo) un esame □ **to s. up** (*o* **together**), mettere insieme a fatica (*a stento: specialm. una somma di denaro*) □ **to s. (up) an acquaintance with sb.**, riuscire a fare la conoscenza di q.; insinuarsi presso q. □ **to bow and s.**, inchinarsi strisciando i piedi; (*fig.*) far salamelecchi; essere troppo cerimonioso; essere servile.
scraper [skreipə*], *n.* **1** chi raschia **2** (*mecc.*) raschietto; raschino; raschiatoio **3** (*anche* **shoe-s.**) raschietto; puliscipiedi **4** (*agric.*) ruspa **5** (*fam.*) strimpellatore di violino. ● (*autom., mecc.*) **s. ring**, anello raschiaolio.
scraping ['skreipiŋ], *n.* **1** raschiatura; raschiata; raschiamento **2** suono stridulo; stridore; raschio **3** (*pl.*) raschiature; ritagli **4** (*pl., fig.*) risparmi; economie.
scrapper ['skræpə*], *n.* (*fam.*) **1** individuo rissoso; attaccabrighe **2** (*sport*) pugile combattivo.
scrappiness ['skræpinis], *n.* frammentarietà; incoerenza.
scrapping ['skræpiŋ], *n.* (*ind.*) rottamazione; rottamaggio.
scrappy (1) ['skræpi], *a.* frammentario; sconnesso; incoerente.
scrappy (2) ['skræpi], *a.* (*fam.*) rissoso; litigioso.
scrapyard ['skræpja:d], *n.* (*naut.*) cantiere di demolizione.
to **scratch** [skrætʃ], **A** *v. t.* **1** graffiare; grattare; sgraffiare; raspare; scorticare: **Be careful, or the monkey will s. you**, stà attento che la scimmia non ti graffi!; **to s. one's head**, grattarsi la testa; **I have scratched my knees badly**, mi sono scorticato malamente le ginocchia **2** sfregare; strofinare: **He scratched a match on the wall**, strofinò un fiammifero contro il muro **3** scribacchiare; scrivere in gran fretta; buttar giù: **He just scratched a few lines**, scribacchiò alcune righe; buttò giù poche parole **4** (*anche sport*) ritirare (*un candidato, un concorrente, un cavallo, da una corsa*) **5** fare (*un buco*) raspando. **B** *v. i.* **1** grattare; graffiare; grattarsi; raspare: **Fido is scratching at the door**, Fido gratta alla porta; **Don't s. (yourself)!**, non grattarti! **2** scricchiolare; stridere; grattare: **This nib scratches**, questo pennino scricchiola **3** (*sport*) ritirarsi (*da una gara*) **4** (*fig.*) ritirarsi; squagliarsela **5** (*anche* **s. about, to s. around**) razzolare: **The hens were scratching (about) for worms**, le galline razzolavano in cerca di vermi **6** (*al gioco del biliardo*) perdere punti agli falli. ● (*fig.*) **to s. about for evidence**, andare in giro in cerca di prove testimoniali □ **to s. along**, tirare avanti; campare a stento; vivacchiare □ (*fig., fam.*) **to s. sb.'s back**, grattare dove prude □ **to s. off**, grattar via; raschiare, scrostare; cancellare, togliere (*da una lista*) □ **to s. on**, incidere □ **to s. out** (*o* **through**), tirar un frego su; cancellare: **S. his name out**, cancella il suo nome (dalla lista)! □ (*USA*) **s.-pad**, blocco per appunti; taccuino □ (*USA*) **s.-paper**, carta per appunti □ **to s. the surface**, (*agric.*) arare, zappare, ecc. in superficie; (*fig.*) sfiorare, toccare appena (*un argomento, ecc.*) □ **to s. up**, mettere insieme a fatica: raggra-

scratch (1) nellare; racimolare □ (*modo prov.*) **You s. my back and I will s. yours**, una mano lava l'altra.
scratch (1) [skrætʃ], *n.* **1** graffio; graffiatura; scalfittura: **It's just a s. on your arm**, non è che un graffio sul braccio **2** grattata: **My cat gave himself a good s.**, il mio gatto si diede una bella grattata **3** suono stridulo, stridio; scricchiolio; stridore: **the s. of the pens**, lo scricchiolio delle penne **4** segno frettoloso (*con la penna*); scarabocchio **5** (*sport*) linea di partenza **6** (*al biliardo*) punti assegnati all'avversario **7** (*pop. USA*) grano, grana (*pop.*); quattrini; soldi. ● (*grafica*) **s.-board**, tavoletta per disegni artistici □ (*fig.*) **s.-cat**, bambino dispettoso; donna bisbetica □ (*edil.*) **s. coat**, rinzaffo □ **s. knife**, sgarzino (*arnese*) □ (*sport*) **s.-line**, linea di partenza; linea di battuta □ **s. man** concorrente che prende il via dalla linea di partenza □ **a s. of the pen**, poche parole scritte in fretta; una firma □ (*sport*) **s.-race**, corsa senza abbuoni (*o* senza penalizzazioni); corsa a pari condizioni per tutti i concorrenti □ **s.-wig**, parrucca che copre solo parte della testa; parrucchino □ (*arte*) **s.-work**, disegno artistico; graffito □ **to come up to s.**, disporsi sulla linea di partenza; (*fig.*) essere all'altezza della situazione □ **to start from s.**, (*sport*) prendere il via dalla linea di partenza; (*fig.*) cominciare da zero, venire dalla gavetta □ (*fam.*) **up to s.**, inecepibile; ottimo; perfetto □ **without a s.**, senza una scalfittura; indenne.
scratch (2) [skrætʃ], *a.* raccogliticcio; raffazzonato; eterogeneo; improvvisato; (fatto) alla meglio: **a s. collection**, una raccolta eterogenea; **a s. team**, una squadra raccogliticcia; **a s. meal**, un pasto improvvisato.
Scratch [skrætʃ], *n.* (*di solito* **Old S.**) il diavolo; il demonio.
scratchiness ['skrætʃinis], *n.* l'essere scarabocchiato; raffazzonato, stridulo, ecc. (*V.* **scratchy**).
scratching ['skrætʃiŋ], *n.* **1** graffiatura; scalfittura **2** strofinamento **3** rumore stridulo; vibrazione fastidiosa (*d'altoparlante, ecc.*).
scratchy ['skrætʃi], *a.* **1** (*di uno scritto*) scarabocchiato; mal fatto **2** stridulo; che scricchiola; stridente: **a s. pen**, una penna che scricchiola **3** raffazzonato; improvvisato; male assortito: **a s. crew**, un equipaggio male assortito **4** ruvido; scabroso; che fora (*fam.*). ● **s. cloth**, stoffa ruvida. ● **a s. signature**, uno scarabocchio di firma.
to scrawl [skrɔ:l], *v. t.* e *i.* scarabocchiare; fare scarabocchi; scrivere in fretta (*o* in modo illeggibile).
scrawl [skrɔ:l], *n.* **1** scarabocchio; sgorbio; scrittura illeggibile **2** biglietto (*o* appunto) buttato giù in fretta.
scrawly ['skrɔ:li], *a.* pieno di scarabocchi; (*di scrittura*) illeggibile.
scrawny ['skrɔ:ni], *a.* (*fam.*) scheletrico; pelle e ossa.
scray [skrei], *n.* (*zool., Sterna hirundo*) rondine di mare.
to scream [skri:m], *v. i.* e *t.* **1** gridare; strillare; urlare: **to s. in fright**, gridare di paura; **The baby screamed all night**, il bimbo strillò tutta la notte; **to s. out an order (a curse)**, urlare un ordine (un'imprecazione) **2** (*di vento, macchine a vapore, ecc.*) stridere; sibilare; fischiare. ● **to s. out**, gridare; urlare; (*fig.*) dare rilievo a (*una notizia*); mettere in evidenza □ **to s. with laughter**, sbellicarsi dalle risa.
scream [skri:m], *n.* **1** grido; strillo; urlo: **a s. of terror**, un grido di terrore **2** (*di vento, locomotiva, ecc.*) stridio; sibilo; fischio **3** (*di sirena*) urlo **4** (*fam.*) persona (*o* cosa spassosa; spasso: **That film is a s.**, quel film è uno spasso.
screamer ['skri:mə*], *n.* **1** chi grida; chi strilla; strillone **2** (*zool.*) uccello della famiglia degli animidi **3** (*fam.*) cosa (*o* persona) spassosa; spasso **4** (*fam.*) persona (*o* cosa) straordinaria; cannonata (*fam.*) **5** (*fam.*) titolo sensazionale (*di giornale*).
screaming ['skri:miŋ], *a.* **1** strillante; stridulo **2** assai divertente; buffissimo: **a s. farce**, una farsa assai divertente. ● **s. colours**, colori chiassosi □ **s. headlines**, titoli sensazionali □ **s. tyres**, pneumatici che stridono.
screamingly ['skri:miŋli], *a.* straordinariamente; terribilmente: **s. funny**, straordinariamente buffo; buffissimo.
scree [skri:], *n.* **1** breccia; pietrisco **2** (*geol.*) detrito di falda **3** pendio sassoso (*di monte*).
screech [skri:tʃ], *n.* **1** strillo; grido acuto **2** stridio; stridore: **the s. of brakes**, lo stridore dei freni. ● (*zool.*) **s.-owl** (*Strix flammea alba*), barbagianni.
to screech [skri:tʃ], *A v. i.* strillare; stridere: **The swallows are screeching**, le rondini stridono; **The tyres screeched**, le gomme stridettero. *B v. t.* dire con voce stridula. ● **to s. to a halt (o to a stop, to a standstill)**, (*autom.*) arrestarsi (*o* fermarsi) con stridore di gomme; (*fig.*) fermarsi di colpo (*o* di botto).
screeching ['skri:tʃiŋ], *A a.* **1** che stride; che strilla **2** stridente; stridulo. *B n.* **1** strillo **2** stridio; stridore **3** (*aeron.*) rumore da instabilità di combustione. ● **to come to a s. halt**, (*autom.*) fermarsi con stridore di gomme; (*fig.*) fermarsi di colpo (*o* di botto).

screechy ['skri:tʃi], *a.* stridulo; stridente.
screed [skri:d], *n.* **1** discorso (*o* scritto) lungo e noioso; tirata **2** (*edil.*) guida dell'intonaco.
screen [skri:n], *n.* **1** paravento: **a folding s.**, un paravento pieghevole **2** (*anche* **fire-s.**) parafuoco **3** riparo; schermo; copertura: **a s. of pines**, uno schermo di pini; **to advance under a s. of tanks**, avanzare al riparo dei carri armati; **The club is a s. for a gambling house**, il circolo serve da copertura a una bisca **4** parete divisoria; tramezzo **5** (*relig.*) balaustra (*fra la navata e il coro*) **6** (*cinem., telev.*) schermo: **a magnetic s.**, uno schermo magnetico **7** (*fig.*) schermo; cinematografo; cinema: **a s. star**, una stella del cinema; **a s. actor**, un attore cinematografico **8** (*naut.*) scorta; schermo; naviglio di scorta **9** crivello; vaglio: **a coal s.**, un vaglio per il carbone **10** (*fotogr., tipogr.*) retino **11** zanzariera (*alle finestre*) **12** cartellone per avvisi *(sopra ricoperto da una reticella protettiva)*. ● (*cinem.*) **s. 1** (2, 3, *etc.*), sala A (B, C, ecc.) □ **s. door** (*o* **s. window**), zanzariera □ **screens of trees**, quinte di verde □ (*grafica*) **s. printing**, serigrafia □ (*grafica*) **s. process**, processo additivo (*o* per addizione) □ (*cinem., telev.*) **s. test**, provino □ **to put on a s. of indifference**, trincerarsi dietro un'aria d'indifferenza □ **the small s.**, il piccolo schermo; la televisione □ (*mil.* e *fig.*) **a smoke s.**, una cortina fumogena.
to screen [skri:n], *A v. t.* **1** difendere; proteggere; nascondere; riparare; (*anche* elettr., fotogr. mecc., ecc.) schermare: **to s. the doors and windows to keep out insects**, difendere (con schermi) le porte e le finestre dagli insetti; **to s. a villa with a row of cypresses**, nascondere una villa dietro un filare di cipressi; **to s. a valve (a plug)**, schermare una valvola (una candela di motore) **2** (*fig.*) far da schermo a (q.); sottrarre (*q. al biasimo, ecc.*): **to s. sb. from punishment**, sottrarre q. alla punizione **3** (*cinem.*) adattare per lo schermo; sceneggiare (*un romanzo, ecc.*) **4** proiettare, programmare, visionare (*una pellicola*) **5** fotografare, filmare, riprendere (*con la macchina da presa*) **6** vagliare, passare al vaglio (*anche fig.*); fare una cernita di, selezionare: **to s. coal**, passare carbone al vaglio; **to s. refugees before admitting them into the country**, fare una cernita dei profughi prima di ammetterli nel territorio nazionale **7** (*sport*) contrastare (*un avversario*). *B v. i.* (*cinem.*) adattarsi allo schermo; essere proiettabile: **This story screens well**, questo racconto s'adatta bene allo schermo. ● **to s. off**, separare con un paravento (*o* con un tramezzo) □ **to s. out**, escludere, riparare da (*luce, sole, ecc.*); escludere, scartare (*candidati e sim.*).
screening ['skri:niŋ], *n.* **1** (*elettr., fotogr., mecc.*) schermatura; schermaggio **2** (*cinem.*) proiezione **3** crivellatura, vagliatura **4** (*pl.*) materiale vagliato **5** (*pl.*) residui (*o* scarti) di vagliatura; mondiglia **6** (*biol., med., ecc.*) screening **7** (*fig.*) vaglio; cernita.
screenplay ['skri:n,plei], *n.* **1** (*cinem., telev.*) sceneggiatura **2** (*telev.*) sceneggiato; sceneggiata.
screenwasher ['skri:n,wɔʃə*], *n.* (*autom.*) lavacristallo (automatico).
screenwriter ['skri:n,raitə*], *n.* (*cinem., telev.*) sceneggiatore.
to screeve [skri:v], *v. i.* (*fam.*) far disegni col gesso sui marciapiedi (*per ottenere offerte in denaro dai passanti*).
screever ['skri:və*], *n.* (*fam.*) chi fa disegni col gesso sui marciapiedi.
screw [skru:], *n.* **1** (*mecc., falegnameria*) vite: **a turn of the s.**, un giro di vite (*anche fig.*) **2** (*aeron., naut.*) elica **3** avvitata; giro (*di vite*) **4** (*biliardo*) effetto: **to put a s. on a ball**, dare l'effetto a una palla **5** cartoccio, cartoccetto a cono (*di tè, di tabacco*) **6** (*fam.*) avaro; spilorcio; taccagno; tirchio; strozzino **7** (*pop.*) paga; salario; stipendio **8** (*pop.*) ronzino; rozza **9** (*pop.*) secondino **10** (*volg.*) coito. ● (*pop. USA*) **s.-ball**, svitato; pazzo; testa matta □ **s. blade**, pala dell'elica □ **s.-bolt**, bullone a vite □ **s. boss** (*o* **s. hub**), mozzo dell'elica □ **s. cap**, coperchio a vite; tappo metallico □ (*mecc.*) **s. coupling**, accoppiamento a vite; giunto a vite □ (*mecc.*) **s.-cutter** (*o* **s.-cutting machine**), filettatrice □ **s.-eye**, vite a occhiello □ (*mecc.*) **s. gear**, ingranaggio a vite senza fine □ **s.-hook**, gancio a vite □ **s.-jack**, cricco (*o* martinetto) a vite □ (*mecc.*) **s. machine**, tornio (automatico) da viteria □ (*costr.*) **s.-pile**, palo metallico a vite □ **s. pitch**, passo di una vite □ **s. plug**, tappo a vite □ (*tipogr.*) **s. press**, torchio a vite □ (*naut., aeron.*) **s.-propeller**, elica; propulsore a elica □ (*ferr.*) **s. spike**, caviglia □ (*costr.*) **s. stair**, scala a chiocciola □ (*mecc.*) **s.-tap**, maschio per filettare (*arnese per far viti femmine*) □ (*mecc.*) **s. thread**, filettatura; filetto (*della vite*) □ **s. top**, tappo (*o* coperchio) a vite □ **s.-topped**, con coperchio (*o* tappo) a vite □ (*mecc.*) **s.-wheel**, ruota azionata da una vite senza fine □ (*mecc.*) **s. wrench**, chiave inglese □ (*aeron.*) **air s.**, elica □ **Archimedean s.**, coclea (*di* **Archimede**) □ **cork s.**, cavaturaccioli □ (*mecc.*) **differential s.**, vite differenziale □ **endless s.** (*o* **perpetual s.**), vite senza fine □ **female s.** (*o* **internal s.**), vite femmina □ (*fig.*) **to give another turn to the s.**,

dare un altro giro di vite □ (*fam.*) **to have a s. loose**, essere un po' tocco; avere una rotella fuori posto; essere un po' svitato □ **left-handed s.**, vite (con filettatura) sinistra □ **male s.** (*o* **external s.**), vite maschio □ **to put the screw's on sb.** (*o* **to sb.**), sottoporre q. a forti pressioni; costringere q. a fare q.c. □ (*mecc.*) **winded s.**, vite ad alette; galletto □ **wood s.**, vite da legno.
to screw [skru:], **A** *v. t.* **1** avvitare: **to s. a lid on**, avvitare un coperchio; **to s. a lock on a door**, avvitare una serratura su una porta **2** fissare, chiudere (*con viti o avvitando*): **She screwed the jar tight**, chiuse bene il barattolo **3** (*fig.*) opprimere; costringere; far pressioni su (q.) **4** (*fig.*) estorcere; strappare: **to s. money out of sb.** (*o* **sb. out of money**), estorcere denaro a q.; **to s. consent out of sb.**, strappare il consenso di q. **5** (*fig.*) torcere; storcere: **to s. up one's face**, storcere il viso **6** (*pop.*) buggerare; fregare; fottere (*volg.*) **7** (*nel biliardo*) dare l'effetto a **8** (*volg.*) avere rapporti sessuali con (*una donna*). **B** *v. i.* **1** avvitarsi; girare (a mo' di vite): **The lid screws on**, il coperchio s'avvita **2** (*fam.*) essere avaro (*o* spilorcio) **3** (*specialm. di palla*) deviare; scartare; voltare: **to s. to the right**, deviare a destra. ● **to s. one's forehead into wrinkles**, corrugare la fronte □ **to s. one's head round**, girare il capo; voltare la testa (*per guardare*) □ **to s. a nut tight**, avvitare a fondo un dado □ **to s. off**, svitare, svitarsi □ **to s. on**, avvitare, avvitarsi □ **to s. on a nut**, stringere un bullone (*o* un dado) □ **to s. out**, svitare, svitarsi; (*pop.*) estorcere, derubare, strappare □ **to s. up**, stringere avvitando; accartocciare; (*pop.*) mettere in disordine; incasinare (*pop.*) □ **to s. up one's courage**, farsi coraggio; farsi animo □ **to s. up one's eyes** (*o* **to s. one's eyes tight**), strizzare gli occhi □ **to s. up one's lips**, storcere la bocca □ **to s. water out of a sponge**, strizzare una spugna; farne uscire l'acqua □ (*fig.*) **to have one's head screwed on** (*o* **screwed on right**), avere la testa sulle spalle; avere il cervello a posto □ **He wants screwing up**, ha bisogno di farsi animo.
screwable ['skru:əbl], *a.* avvitabile.
screwdriver ['skru:ˌdraɪvə*], *n.* (*mecc.*) cacciavite; giravite.
screwed [skru:d], **A** *p. p.* di **to screw**. **B** *a.* **1** avvitato **2** (*mecc.*) filettato **3** (*fam.*) brillo; ubriaco; sbronzo, sborniato (*fam.*). ● (*fam.*) **s. up**, nervoso; preoccupato; teso (*fig.*); incasinato (*pop.*).
screwing ['skru:ɪŋ], *n.* (*mecc.*) avvitamento; avvitatura.
screwy ['skru:i], *a.* **1** (*di cavallo*) bizzoso, capriccioso **2** (*fam.*) un po' tocco; pazzerello; un po' svitato.
scribal ['skraɪbəl], *a.* di scriba; di scrivano. ● **a s. error**, un errore di scrittura; un lapsus calami.
to scribble (1) ['skrɪbl], *v. t. e i.* scribacchiare; scarabocchiare; fare lo scribacchino; imbrattar carta; scrivere in modo illeggibile. ● **scribbling block** (*o* **scribbling pad**), taccuino; blocchetto per appunti.
scribble ['skrɪbl], *n.* **1** scarabocchio; sgorbio; scritturaccia **2** (*fig., spreg.*) scritto frettoloso; opera da due soldi.
to scribble (2) ['skrɪbl], *v. t.* (*ind. tessile*) cardare in grosso.
scribbler (1) ['skrɪblə*], *n.* **1** chi scribacchia; chi scarabocchia **2** scribacchino; scrittorello; imbrattacarte.
scribbler (2) ['skrɪblə*], *n.* (*ind. tessile*) **1** cardatore in grosso **2** carda in grosso (*macchina*).
scribe [skraɪb], *n.* **1** scriba (*anche Bibbia*); scrivano; copista; amanuense **2** (*spesso scherz.*) scribacchino; scrittore; autore **3** (*mecc.*) punta per tracciare; segnatoio.
to scribe [skraɪb], *v. t.* **1** incidere (*legno, mattoni, metalli, ecc.*) con una punta metallica **2** tracciare (*una linea*) con un segnatoio. ● **scribing compass**, compasso da tracciatore.
scriber ['skraɪbə*], *n.* punta per tracciare; segnatoio.
scrim [skrɪm], *n.* (*ind. tessile*) tela rada (*di cotone o di lino, per tende, ecc.*).
scrimmage ['skrɪmɪdʒ], *n.* **1** parapiglia; rissa; tafferuglio; zuffa **2** (*sport: rugby*) mischia **3** (*sport: calcio americano*) tempo (*in cui la palla è in gioco*). ● (*sport*) **line of s.**, linea d'inizio del gioco.
to scrimmage ['skrɪmɪdʒ], **A** *v. i.* **1** azzuffarsi; rissare **2** (*sport*) prendere parte a una mischia. **B** *v. t.* (*sport*) mettere (*la palla*) in una mischia.
to scrimp [skrɪmp], *V.* **to skimp**.
scrimpy ['skrɪmpi], *V.* **skimpy**.
scrimshank ['skrɪmʃæŋk], *v. i.* (*gergo mil.*) fare il lavativo.
scrimshanker ['skrɪmʃæŋkə*], *n.* (*gergo mil.*) lavativo.
scrimshaw ['skrɪmʃɔ:], *n.* lavoro d'intaglio e di decorazione (*di conchiglie, pezzi d'avorio, ecc.*) fatto da marinai durante i viaggi.
to scrimshaw ['skrɪmʃɔ:], *v. t. e i.* (*di marinai*) intagliare e decorare (*conchiglie, avorio, ecc.*); fare lavori d'intaglio (*V.* **scrimshaw**).
scrip (1) [skrɪp], *n.* bisaccia; tascapane (*raro, salvo nella locuz.*): **a pilgrim's s.**, una bisaccia da pellegrino.
scrip (2) [skrɪp], *n.* (*fin.*) **1** certificato provvisorio (*comprovante l'acquisto, il possesso d'azioni, ecc.*) **2** (*collett.*) certificati provvisori **3** cartamoneta provvisoria (*emessa da truppe d'occupazione, ecc.*) **4** buono (*d'acquisto*).
script [skrɪpt], *n.* **1** scrittura (a mano) **2** (*tipogr.*) corsivo inglese **3** carattere; scrittura: **Cyrillic s.**, carattere cirillico **4** (*radio, telev.*) copione; testo (*dell'annunciatore*) **5** (*cinem.*) sceneggiatura; copione **6** (*leg.*) documento originale **7** scaletta (*fig.*); abbozzo; schema **8** compito (*di un esaminando*). ● (*cinem. telev.*) **s. girl**, (*fam.*) «script girl», segretaria di edizione (*o* di produzione) □ **s.-writer**, sceneggiatore; soggettista.
scripted ['skrɪptɪd], *a.* (*radio, telev.: di conferenze, ecc.*) non improvvisato; letto da un testo; scritto; preparato.
scripter ['skrɪptə*], *n.* sceneggiatore; soggettista; «scripter».
scriptorium [skrɪpˈtɔ:riəm], *n.* (*pl.* **scriptoria, scriptoriums**) sala di scrittura (*specialm. in un monastero*); scrittorio.
scriptural ['skrɪptʃərəl], *a.* scritturale; scritturistico; della Sacra Scrittura; biblico; della Bibbia.
scripturalism [ˌskrɪptʃərəlɪzəm], *n.* (*relig.*) scritturalismo.
scripturalist ['skrɪptʃərəlɪst], *n.* (*relig.*) **1** scritturale **2** scritturista.
scripture ['skrɪptʃə*], *n.* **1** – (*relig.*) **the S.** (*anche* **the Holy Scriptures**) la Scrittura; le Sacre Scritture **2** testo sacro (*d'altra religione*) **3** (*raro*) passo della Bibbia **4** (*fig.*) vangelo; testo autorevole. ● **a s. lesson**, una lezione sulla Bibbia □ (*stor.*) **s.-reader**, lettore della Bibbia (*nelle case dei poveri*) □ **a s. text**, un testo delle Sacre Scritture.
scrivener ['skrɪvnə*], *n.* (*arc.*) **1** scrivano; copista; scritturale **2** notaio. ● (*med.*) **s.'s palsy**, crampo degli scrittori.
scrofula ['skrɒfjʊlə], *n.* (*med.*) scrofola; scrofolosi.
scrofulous ['skrɒfjʊləs], *a.* (*med.*) scrofoloso.
scroll [skroʊl], *n.* **1** rotolo di carta (*o* di pergamena) **2** (*archit.*) spira ornamentale, voluta (*specialm. di capitello ionico*) **3** arabesco; ghirigoro; svolazzo **4** (*araldica*) cartiglio **5** (*di violino*) riccio; chiocciola **6** (*mecc.*) chiocciola; coclea. ● (*naut.*) **s.-head**, voluta del tagliamare □ (*mecc.*) **s.-saw**, sega a svolgere □ **s.-work**, volute ornamentali; ricci; lavoro (in legno) fatto con una sega a svolgere.
to scroll [skroʊl], **A** *v. t.* **1** arrotolare; arricciare **2** ornare di arabeschi, di svolazzi, di volute. **B** *v. i.* (*raro*) arricciarsi; arrotolarsi.
scrooge [skru:dʒ], *n.* taccagno; spilorcio; arpagone (*dal nome di un personaggio di una novella di C. Dickens*).
to scroop [skru:p], *v. i.* stridere; cigolare.
scroop [skru:p], *n.* suono stridulo; stridio; stridore.
scrotal ['skroʊtəl], *a.* (*anat.*) scrotale.
scrotum ['skroʊtəm], *n.* (*pl.* **scrota, scrotums**) (*anat.*) scroto.
to scrounge [skraʊndʒ], *v. i.* (*fam.*) scroccare; sbafare.
scrounger ['skraʊndʒə*], *n.* (*fam.*) scroccone.
scrub (1) [skrʌb], *n.* **1** terreno coperto da arbusti; boscaglia; macchia **2** arbusto atrofico; pianta stentata **3** persona (*o* cosa) più bassa del normale; nanerottolo; tappo (*scherz.*) **4** (*fam. USA*) giocatore (*specialm. di baseball*) di riserva; riserva. ● (*sport USA*) **a s. game**, una partita improvvisata (*con giocatori di riserva*) □ (*bot.*) **s. pine**, pino nano □ (*sport USA*) **s.-team**, squadra di ripiego; squadra raffazzonata alla meglio (*con i giocatori di riserva*).
scrub (2) [skrʌb], *n.* **1** lavata; strofinata: **He gave his face a good s.**, si diede una bella lavata alla faccia **2** uomo (*o* donna) di fatica **3** (*ind. chim.*) lavaggio (*di un gas*) **4** (*med., anche* **s.-up**) lavaggio antisettico **5** (*naut.*) frettazzo, frettazza. ● (*USA*) **s. brush**, *V.* **scrubbing brush**, *sotto* **scrubbing**.
to scrub [skrʌb], **A** *v. t.* **1** lavare (*pavimenti, ecc.*) fregando; pulire strofinando; strofinare; (*naut.*) frettare **2** (*ind. chim.*) lavare (*un gas*) **3** (*fam.*) annullare; interrompere: **to s. the countdown**, interrompere il conteggio alla rovescia. **B** *v. i.* lavare pavimenti; fare lavori di fatica. ● **to s. the floor clean**, pulire il pavimento (*strofinando*) □ **to s. out**, togliere fregando (*o* strofinando); (*fam.*) annullare (*un'ordinazione, un incontro sportivo, ecc.*) □ (*fam.*) **to s. round st.**, passare sopra a q.c.; aggirare (*un regolamento, un ostacolo, ecc.*) □ (*med.: di chirurgo*) **to s. up**, lavarsi mani e avambracci prima di un intervento.
scrubber ['skrʌbə*], *n.* **1** chi lava i pavimenti; uomo (*o* donna) di fatica **2** spazzola dura; spazzolone; (*naut.*) frettazza **3** (*ind. chim.*) gorgogliatore di lavaggio (*per i gas*); lavatore; «scrubber» **4** (*pop.*) ninfomane; donnaccia; prostituta.
scrubbing ['skrʌbɪŋ], *n.* lavatura (*di pavimenti*); strofinatura. ● **s. brush**, spazzola dura; spazzolone; (*naut.*) frettazzo, frettazza.
scrubby ['skrʌbi], *a.* **1** (*di pianta, arbusto*) cresciuto male; stentato **2** meschino; misero **3** (*di terreno*) coperto da arbusti; a macchia **4** (*del mento, ecc.*) irsuto, ispido.
scrubwoman ['skrʌbˌwʊmən], *n.* (*pl.* **scrubwomen**) (*USA*) donna delle pulizie.
scruff [skrʌf], *n.* (*di solito* **s. of the neck**) nuca; collottola: **to take sb. by the s. of the neck**, prendere q. per la collottola.
scruffy ['skrʌfi], *a.* (*fam.*) sciatto; trasandato; sporco.

scrum [skrʌm], *n.* **1** (*rugby*, abbr. di **scrummage**) mischia **2** (*fam.*) pigia pigia; calca; ressa.
scrumhalf [ˌskrʌm'ha:lf], *n.* (*rugby*) mediano di mischia.
scrummage ['skrʌmidʒ], *n.* (*rugby*) mischia.
to scrummage ['skrʌmidʒ], *v. i.* (*rugby*) **1** (di un giocatore) entrare in una mischia **2** (di un gruppo) fare una mischia.
scrumptious ['skrʌmpʃəs], *a.* (*fam.*) delizioso; eccezionale; ottimo; splendido: **a s. meal**, un pasto eccezionale.
to scrunch [skrʌntʃ], *v. t.* **1** far scricchiolare; schiacciare (rumorosamente) **2** masticare rumorosamente; sgranocchiare **3** accartocciare; appallottolare.
scrunch [skrʌntʃ], *n.* **1** scricchiolio; sgretolio **2** masticazione rumorosa; sgranocchiamento **3** accartocciamento; l'appallottolare.
scruple ['skru:pl], *n.* **1** scrupolo (*24ª parte di un'oncia, pari a g. 1,29*) **2** scrupolo; dubbio; esitazione; timore: **I make no s. to tell him**, non ho scrupolo a dirglielo; **He has scruples about gambling**, si fa scrupolo di giocare d'azzardo. ● **a man of no scruples**, un uomo senza scrupoli.
to scruple ['skru:pl], *v. i.* aver scrupoli; farsi scrupolo; esitare: **He would not s. to tell a lie**, non esiterebbe a mentire. ● **to s. about**, farsi scrupolo di.
scrupulosity [ˌskru:pju'lɔsiti], *n.* scrupolosità; meticolosità; precisione.
scrupulous ['skru:pjuləs], *a.* scrupoloso; meticoloso; preciso.
scrutator [skru:'teitə*], *n.* scrutatore; osservatore (*termine usato specialm. in lettere inviate ai giornali*: **a s.**, un osservatore).
scrutineer [ˌskru:ti'niə*], *n.* (*specialm. polit.*) scrutatore.
to scrutinize ['skru:tinaiz], *v. t.* scrutare; investigare; esaminare (*o osservare*) attentamente; vagliare: **He scrutinized the banknote**, esaminò attentamente la banconota.
scrutinizer ['skru:tinaizə*], *n.* scrutinatore.
scrutiny ['skru:tini], *n.* **1** esame minuzioso; indagine accurata **2** (*polit.*) verifica di uno scrutinio; riscontro (*delle schede elettorali*).
scuba ['skju:bə], *n.* (*acronimo di* **self-contained underwater breathing apparatus**) (*sport*) **1** autorespiratore **2** subacqueo (con autorespiratore).
scud [skʌd], *n.* **1** corsa rapida **2** nebbia (*o* nuvola) spinta dal vento **3** (*pl.*) spruzzi di schiuma. ● **scuds of rain**, scrosci di pioggia (*spinti dal vento*).
to scud [skʌd], *v. i.* **1** correr via; fuggire: **The wind sent the white clouds scudding across the sky**, il vento faceva correre le bianche nubi per il cielo **2** (*naut.*) fuggire la tempesta.
scudo ['sku:dou], (*ital.*), *n.* (*pl.* **scudi**) scudo (*moneta antica*).
to scuff [skʌf], **A** *v. i.* **1** camminare strascicando i piedi **2** (*di scarpe*) consumarsi sfregando per terra. **B** *v. t.* **1** strascicare (*i piedi*) **2** stropicciare i piedi sopra (*il pavimento*); lasciare (*o fare*) freghi (*o* strisciони) su (*un pavimento, ecc.*) **3** consumare (*scarpe*) strascicando i piedi. ● **a floor badly scuffed up**, un pavimento tutto segnato.
to scuffle ['skʌfl], *v. i.* **1** azzuffarsi; accapigliarsi; far baruffa; rissare **2** strascicare i piedi.
scuffle ['skʌfl], *n.* **1** baruffa; mischia; rissa; tafferuglio; zuffa **2** strascichio; stropiccio: **a s. of feet**, uno stropiccio di piedi.
scug [skʌg], *n.* (*gergo studentesco*) ragazzo privo di spirito, poco socievole; pappa molle (*fig.*).
scull [skʌl], *n.* (*naut.*) **1** palella; remo a palelle **2** remo da bratto (*o di coda*) **3** imbarcazione a palelle **4** remata a palelle **5** (*per estens.*) gita in barca.
to scull [skʌl], *v. i.* (*naut.*) **1** vogare (con remi a palelle); usare le palelle **2** vogare con remo da bratto; brattare.
sculler ['skʌlə*], *n.* (*naut.*) **1** rematore a palelle **2** vogatore con remo da bratto.
scullery ['skʌləri], *n.* retrocucina; acquaio. ● **s.-boy**, sguattero □ **s.-maid**, sguattera.
scullion ['skʌliən], *n.* (*arc.*) sguattero.
sculpin ['skʌlpin], *n.* (*pl.* **sculpins, sculpin**) (*zool.*) **1** scorpione **2** (*Callionymus lyra*) dragoncello **3** (*Scorpaena guttata*) scorpena californiana.
to sculpt [skʌlpt], *v. t.* (*abbr. fam. di* **to sculpture**) scolpire.
sculptor ['skʌlptə*], *n.* scultore.
sculptress ['skʌlptris], *n.* scultrice.
sculptural ['skʌlptʃərəl], *a.* scultorio; di (*o* simile a) scultura.
sculpture ['skʌlptʃə*], *n.* scultura.
to sculpture ['skʌlptʃə*], **A** *v. t.* scolpire. **B** *v. i.* fare lo scultore. ● (*archit.*) **sculptured columns**, colonne scolpite □ **sculpturing in wood**, lavoro di scultura del legno.
sculpturesque [ˌskʌlptʃə'resk], *a.* scultorio; statuario.
scum [skʌm], *n.* **1** strato di sporco, pellicola d'impurità (*su un liquido*); pellicola vischiosa (*su un solido*) **2** (*metall.*) scoria **3** (*fig.*, *spreg.*) feccia; rifiuti (umani) gentaglia: **the s. of the earth**, i rifiuti della società: la teppaglia.

to scum [skʌm], **A** *v. t.* togliere lo sporco a (q.c.); levar via la pellicola vischiosa da (*V.* **scum**, *def. 1*). **B** *v. i.* **1** (di liquido) coprirsi di una pellicola d'impurità **2** (*metall.*) produrre scorie.
to scumble ['skʌmbl], *v. t.* (*arte*) attenuare le tinte di (*una pittura a olio*) con un velo di colore opaco.
scumble ['skʌmbl], *n.* (*arte*) smorzatura delle tinte.
scummy ['skʌmi], *a.* **1** simile a una pellicola d'impurità **2** coperto di una pellicola d'impurità **3** (*fig.*) abietto; basso; meschino; spregevole.
scupper ['skʌpə*], *n.* (di solito al pl.) (*naut.*) ombrinale.
to scupper ['skʌpə*], *v. t.* **1** affondare deliberatamente (*la propria nave*): (*mil., naut.*) **to s. one's ship**, autoaffondarsi **2** (*fam.*) mettere nei guai (*o* in difficoltà).
scurf [skə:f], *n.* **1** scaglia; squama; crosta (*della pelle*) **2** forfora.
scurfiness ['skə:finis], *n.* **1** l'essere squamoso **2** forfora.
scurfy ['skə:fi], *a.* **1** scaglioso; squamoso **2** forforoso.
scurrility [skə'riliti], *n.* scurrilità; trivialità; volgarità.
scurrilous ['skʌriləs], *a.* scurrile; triviale; volgare.
to scurry ['skʌri], *v. i.* affrettarsi; correre velocemente; scappare; sgambare; sgambettare. ● **a scurrying rabbit**, un coniglio in fuga.
scurry ['skʌri], *n.* **1** corsa veloce; fuga precipitosa **2** rumore di passi frettolosi; tramestio **3** (*sport*) corsa breve **4** folata, raffica (*di pioggia, nevischio*) **5** nuvola (*di polvere*).
scurviness ['skə:vinis], *n.* bassezza; grettezza; meschinità.
scurvy (1) ['skə:vi], *a.* abietto; basso; gretto; meschino; spregevole; vile: **a s. scoundrel**, un'abietta canaglia. ● **a s. trick**, un tiro mancino.
scurvy (2) ['skə:vi], *n.* (*med.*) scorbuto. ● (*bot.*) **s. grass** (*Cochlearia officinalis*), coclearia.
scut [skʌt], *n.* coda corta; codino (di coniglio, lepre, ecc.).
scutage ['skju:tidʒ], *n.* (*stor.*, diritto feudale) «scutagium» (*imposta pagata dal vassallo per l'esonero da prestazioni militari*).
scutch [skʌtʃ], *n.* (*ind. tessile*) gramola; scotola.
to scutch [skʌtʃ], *v. t.* (*ind. tessile*) gramolare; scotolare (*lino, canapa, ecc.*).
scutcheon ['skʌtʃən], *n.* **1** stemma; scudo; arme gentilizia; blasone **2** bocchetta (*di serratura*) **3** targa metallica (*per il nome*) **4** (*naut.*) quadro (*o* scudo) di poppa. ● (*fig.*) **a blot on the s.**, una macchia sul proprio onore.
scutcher ['skʌtʃə*], *n.* (*ind. tessile*) gramola; scotola.
scutching ['skʌtʃiŋ], *n.* (*ind. tessile*) gramolatura; scotolatura.
scute ['skju:t], *n.* (*zool.*) scudo, scuto.
scutellum [skju:'teləm], *n.* (*pl.* **scutella**) (*zool., bot.*) scutello.
scutter, to scutter ['skʌtə*], *V.* **scurry, to scurry.**
scuttle (1) ['skʌtl], *n.* **1** (di solito **coal-s.**) recipiente (secchio, cassetta, ecc.) per il carbone **2** cesta, cesto (per cereali *o* verdura).
to scuttle (1) ['skʌtl], *v. t.* **1** (*naut.*) affondare deliberatamente (*una nave*) aprendo i portelli (*o* delle falle) **2** (*fig.*) abbandonare, costringere (q.) ad abbandonare (*speranze, progetti, ecc.*).
scuttle (2) ['skʌtl], *n.* **1** apertura, finestrino, botola (*munito di coperchio, in un muro o sul tetto*) **2** (*naut.*) portellino; portello.
to scuttle (2) ['skʌtl], *v. i.* (*anche* **to s. off, to s. away**) affrettarsi; correr via; scappare; squagliarsela (*pop.*).
scuttle (3) ['skʌtl], *n.* corsa precipitosa; fuga.
scuttling ['skʌtliŋ], *n.* (*mil., naut.*) autoaffondamento.
scutum ['skju:təm], *n.* (*pl.* **scuta**) **1** (*stor. romana*) scudo (*di legionario*) **2** (*zool.*) scudo (*anche d'insetti*); scuto.
Scylla ['silə], *n.* (*geogr., mitol.*) Scilla. ● (*fig.*) **between S. and Charybdis**, tra Scilla e Cariddi.
scyphus ['saifəs], *n.* (*pl.* **scyphi**) (*stor.*) scifo (*anche bot.*); coppa; cratere.
scythe [saið], *n.* (*agric.*) falce (fienaia).
to scythe [saið], *v. t. e i.* **1** (*agric.*) falciare **2** (*fig., spesso* **to s. down**) falciare; abbattere. ● (*stor.*) **a scythed chariot**, un carro falcato (*o* armato di falci).
Scythia ['siðiə], *n.* (*geogr., stor.*) Scizia.
Scythian ['siðiən], **A** *n.* (*stor.*) scita. **B** *a.* scitico; della Scizia.
scything ['saiðiŋ], *a.* a mo' di falciata; ampio; largo: **to aim a s. blow at sb.**, tirare una larga sventola a q.
sea [si:], *n.* **1** mare (*anche fig.*): **The sea was smooth (rough)**, il mare era calmo (agitato); **He jumped into the sea**, si gettò in mare; **the Mediterranean Sea**, il Mare Mediterraneo; (*astron.*) **the Sea of Tranquillity**, il Mare della Tranquillità; **a sea of troubles**, un mare d'affanni (*o* di guai) **2** mare; colpo di mare; maroso: **A high sea swept me overboard**, un grosso maroso mi trascinò in mare (dal ponte della nave). ● (*naut.*) **sea abeam**, mare di traverso □ (*zool.*) **sea acorn** (*Balanus*), balano □ **sea air**, aria di mare; aria marina □ (*naut.*) **sea anchor**, ancora galleggiante □ (*zool.*) **sea anemone** (*Actinia*), attinia; anemone di mare □ **sea-bathing**, bagni di mare □ (*zool.*) **sea bear**, (*Thalarctos maritimus*) orso polare; (*Arctocephalus*) arctocefalo; (*Callorhinus alascanus*) callorino dell'Alasca □ **sea-bed**, fondo marino □ **sea bird**, uccello marino □ **sea biscuit**, galletta; biscotto

□ (*mitol.*) **the sea-born goddess**, la dea nata dal mare; Afrodite □ **sea-borne**, marittimo: **sea-borne trade**, commercio marittimo; traffici marittimi □ (*mil.*) **a sea-borne attack**, un attacco dal mare □ **sea-bow**, iridescenza negli spruzzi dell'acqua del mare □ **sea breeze**, brezza marina; brezza di mare □ (*zool.*) **sea-calf** (*Phoca vitulina*), foca comune; vitello marino □ (*zool.*) **sea canary** (*Delphinapterus leucas*), balena bianca □ (*naut.*) **sea captain**, capitano marittimo (*di un mercantile*) □ **sea change**, metamorfosi marina; (*fig.*, *lett.*) trasformazione improvvista (*o* radicale) □ **sea cliff**, scarpata costiera; scogliera □ (*teatr.*) **sea cloth**, scena che rappresenta il mare □ **sea(-)coast**, costa marina; litorale □ (*mil.*) **sea-coast artillery**, artiglieria costiera □ (*zool.*) **sea(-)cow**, (*Odobenus rosmarus*) tricheco; (*Dugong dugong*) dugongo; vacca marina (*o* di mare); (*Trichechus manatus*) manato, lamantino, vacca di mare; (*Hippopotamus amphibius*) ippopotamo □ (*zool.*) **sea crow**, (*Pyrrhocorax pyrrhocorax*) gracchio corallino; (*Phalacrocorax carbo*) cormorano, marangone □ (*zool.*) **sea cucumber** (*Holothuria*), cetriolo di mare; oloturia □ (*zool.*) **sea-devil** (*Manta birostris*), manta; diavolo di mare; razza cornuta □ **sea dog**, (*scherz.*) lupo di mare; (*stor.*) pirata, corsaro □ (*zool.*) **sea-dog**, (*Phoca vitulina*) foca comune, vitello marino; (*Zalophus californianus*) leone marino della California □ (*zool.*) **sea eagle** (*Haliaetus*), aquila di mare □ (*zool.*) **sea-ear** (*Haliotis*), orecchia di mare □ (*zool.*) **sea elephant** (*Mirounga leonina*), elefante marino □ (*zool.*) **sea-fan** (*Gorgonia*), gorgonia □ (*bot.*) **sea fennel** (*Crithmum maritimum*), finocchio marino □ **sea-fight**, battaglia navale □ **sea floor**, fondo marino □ (*zool.*) **sea-flower** (*Actinia*), attinia; anemone di mare □ **sea foam**, schiuma di mare; (*miner.*) sepiolite □ **sea fog**, foschia; nebbia marina □ (*cucina*) **sea food**, frutti di mare (*molluschi*); pesci di mare commestibili □ (*zool.*) **sea-fowl**, uccello marino □ (*zool.*) **sea-fox** (*Alopias vulpinus*), volpe di mare; pesce volpe □ **sea-front**, fronte marino; litorale; lungomare □ (*naut.*) **sea-gauge**, pescaggio (*della nave*); scandaglio □ (*lett.*) **sea-girt**, circondato dal mare □ **sea-going**, d'alto mare; di lungo cabotaggio; *V.* **seafaring** (*agg.*): **sea-going vessels** (*o* **craft**), navi di lungo cabotaggio; naviglio d'alto mare □ **sea-green**, colore verde mare; verdazzurro □ (*zool.*) **sea-gull** (*Larus*), gabbiano □ (*zool.*) **sea hedgehog** (*Echinus*), riccio di mare □ (*zool.*) **sea-hog**, (*Phocaena phocaena*) focena comune; (*Cephalorhynchus*) celaforinco □ (*zool.*) **sea-horse** (*Hippocampus*), cavalluccio marino; ippocampo (*anche mitol.*) □ (*ind. tessile*) **sea island** (**cotton**), cotone peruviano □ (*zool.*) **sea jelly** (*Medusa*), medusa □ (*bot.*) **sea-kale** (*Crambe maritima*), cavolo marino □ (*stor.*) **sea-king**, capo di pirati scandinavi □ (*naut.*) **sea kindliness**, *V.* **seakeeping** (*sost.*) □ (*naut.*) **sea kit**, corredo di bordo (*di marinaio*) □ (*naut.*) **sea ladder**, biscaglina □ (*gergo naut.*) **sea lawyer**, marinaio polemico e litigioso □ (*fam.*) **sea legs**, capacità di stare in equilibrio su una nave; il non soffrire di mal di mare; l'avere il piede marino □ (*geol.*) **sea level**, livello del mare □ (*zool.*) **sea lemon** (*Doris*), doride □ (*zool.*) **sea leopard**, (*Hydrurga leptonyx*) foca leopardo; (*Leptonychotes weddelli*) foca di Weddell □ **sea-line**, linea dell'orizzonte (*sul mare*) □ (*zool.*) **sea-lion**, (*Zalophus*) zalofo; (*Otaria*) otaria □ (*naut.*) **Sea Lord**, alto ufficiale dell'Ammiragliato britannico □ (*poet.*) **sea-maid**, sirena; naiade (*fig.*) □ (*naut.*) **sea-mark**, meda; segnale marittimo □ (*naut.*) **sea marker**, segnale con colorante (*per gli aerei di soccorso*, *ecc.*) □ (*zool.*) **sea melon** (*Holothuria*), cetriolo di mare; oloturia □ (*zool.*) **sea(-)mew** (*Larus canus*), gavina □ **sea mile**, miglio marittimo □ **sea monster**, mostro marino □ (*zool.*) **sea-mouse** (*Aphrodite aculeata*), afrodite □ (*zool.*) **sea nettle**, medusa □ (*mitol.*) **sea-nymph**, ninfa marina; nereide □ (*fig.*) **seas of blood**, grande spargimento di sangue □ (*zool.*) **sea otter** (*Enhydra lutris*), lontra marina □ (*zool.*) **sea parrot** (*Fratercula arctica*), pulcinella di mare □ (*zool.*) **sea-pen** (*Pennatula*), penna di mare; pennatula □ **sea pie**, pasticcio di pesce e carne salata; (*zool.*, *Haematopus ostralegus*) beccaccia di mare □ (*arte*) **sea-piece**, marina (*quadro*) □ (*zool.*) **sea-pig**, (*Phocaena phocaena*) focena comune; (*Dugong*) dugongo; (*Delphinus delphis*) delfino comune □ (*naut.*) **sea pilot**, pilota marittimo □ (*polit.*) **sea power**, potenza navale (*o* marittima); nazione che ha una forte flotta □ (*zool.*) **sea pumpkin** (*Holothuria*), cetriolo di mare; oloturia □ **sea-quake**, maremoto □ (*zool.*) **sea road**, rotta navale □ (*zool.*) **sea(-)rover**, corsaro, pirata; nave corsara □ **sea-salt**, sale marino □ (*zool.*) **sea-scape**, aspetto (*o* panorama) del mare; (*arte*) marina (*quadro*) □ (*zool.*, *mitol.*) **sea serpent**, (*Pelamydrus*) serpente marino; (*Hydrophis*) idrofide □ **sea shell**, conchiglia marina □ (*zool.*) **sea-sleeve** (*Sepia officinalis*), seppia □ (*zool.*) **sea snipe** (*Centriscus scolapax*), pesce trombetta □ (*zool.*) **sea squirt** (*Ciona*, *Phallusia*, *ecc.*), ascidia semplice; ascidia solitaria □ **sea storm**, tempesta di mare; mareggiata □ (*zool.*) **sea swallow** (*Sterna hirundo*), rondine di mare □ (*zool.*) **sea-toad** (*Lophius piscatorius*), rana pescatrice □ (*zool.*) **sea-trout** (*Salmo trutta*), trota □ (*zool.*) **sea urchin** (*Echinus*), riccio di mare □ **sea wall**, diga marittima; diga foranea □ **sea-ware**, alghe gettate dal mare sulla spiaggia (*usate come concime*, *ecc.*) □ **sea-water**, acqua di mare; acqua salata □ **sea-wind**, brezza di mare; vento dal mare □ **sea-wolf**, (*zool.*, *Zalophus*) zalofo; (*Anarrhichas lupus*) pesce lupo; (*fig.*) corsaro, pirata □ (*geogr.*) **arm of the sea**, braccio di mare □ **to be at sea**, (*naut.*) essere in mare (*o* in navigazione); (*fig.*) essere confuso, imbarazzato, perplesso, in alto mare: **I was at sea as to where to apply for information**, ero perplesso su dove rivolgermi per avere informazioni; **He was all at sea as a practitioner**, era in alto mare (non sapeva da che parte cominciare) quando iniziò la professione □ **at the bottom of the sea**, in fondo al mare □ **beyond** (*o* **across**) **the sea(s)**, di là del mare; oltremare □ **by sea**, per mare; via mare □ **choppy sea**, mare corto; maretta □ **to follow the sea**, fare il marinaio □ (*naut.*) **following sea**, mare di poppa □ **the four seas**, i quattro mari che circondano la Gran Bretagna □ **freedom of the seas**, libertà dei mari (*o* dei traffici marittimi) □ **to get** (*o* **to find**) **one's sea-legs**, mantenere l'equilibrio a bordo di una nave; non soffrir più il mal di mare □ **to go to sea**, farsi marinaio; imbarcarsi □ (*fig.*) **to be half seas over**, essere mezzo ubriaco; essere brillo □ (*naut.*) **head sea**, mare di prua □ **heavy sea**, mare grosso □ **the high seas**, l'alto mare; il mare aperto □ (*naut.*) **to hold out at sea**, tenere il mare □ (*geogr.*) **inland sea**, mare interno □ (*naut.*) **long sea**, mare lungo □ (*fig.*) **to be lost in a sea of debt**, esser sommerso in un mare di debiti □ (**mean**) **sea(-)level**, livello del mare □ (*d'una nazione*) **mistress of the sea(s)**, signora dei mari □ **on the sea**, sul mare; nel mare; in mare: **Boats were sailing on the sea**, barche veleggiavano nel mare; **We were on the sea**, eravamo in mare (*su una nave*); **Viareggio is on the sea**, Viareggio è sul mare (*in riva al mare*) □ (*naut.*) **to be on sea-pay**, ricevere la paga d'imbarco □ (*naut.*) **to put** (**out**) **to sea**, salpare; prendere il mare □ **the seven seas**, i sette oceani □ **short sea**, mare corto; maretta □ **to travel by land and sea**, viaggiare per mari e per monti □ (*naut.*) **very rough sea**, mare grosso □ (*fig.*) **when the sea gives up its dead**, il giorno della risurrezione dei morti.

seaboard ['si:bɔːd], *n.* costa; costiera; litorale; riviera; lido.

seacraft ['siːkraːft], *n.* (*naut.*) **1** arte navigatoria **2** (*collett.*) naviglio d'alto mare.

seadrome ['siːdrəum], *n.* (*aeron.*) **1** idroscalo; idroaeroporto **2** aeroporto galleggiante.

seafarer ['siːˌfɛərə*], *n.* (*lett.*) navigante; navigatore.

seafaring ['siːˌfɛərɪŋ], **A** *a.* **1** che viaggia per mare; che fa vita di mare **2** di mare; da marinaio: **s. life**, vita di mare. **B** *n.* **1** mestiere del marinaio **2** navigazione; viaggi di mare. ● **s. man**, marinaio; navigatore.

seakeeping ['siːˌkiːpɪŋ], **A** *a.* (*di nave*) che tiene bene il mare. **B** *n.* tenuta (*o* attitudine) al mare.

seal (1) [siːl], *n.* **1** (*zool.*, *Phoca*: pl. **seal, seals**) foca **2** (*anche* **sealskin**) pelle di foca. ● **s.-fishery**, (luogo di) caccia alle foche □ **s.-rookery**, colonia di foche □ (*zool.*) **eared s.** (*Otaria*), otaria.

to seal (1) [siːl], *v. i.* cacciar le foche; andare a caccia di foche.

seal (2) [siːl], *n.* **1** sigillo; bollo; (*fig.*) suggello, garanzia, pegno, promessa: **to affix the seals**, apporre i sigilli; **to set one's s. to st.**, mettere il proprio sigillo a q.c.; (*fig.*) approvare q.c.; (*relig.*) **under the s. of confession**, sotto il sigillo della confessione; **His fear was a s. of secrecy**, la sua paura era una garanzia di segretezza; **Our handshake was a s. of friendship**, la nostra stretta di mano fu una promessa d'amicizia; **s. of love**, pegno d'amore **2** (*fig.*) impronta; marchio; segno: **He has the s. of death in his face**, ha sul volto il marchio (*o* il segno premonitore) della morte **3** (*mecc.*) guarnizione; dispositivo di tenuta; giunto a tenuta **4** (*nelle tubazioni*) sifone a tenuta idraulica. ● **s.-ring**, anello munito di sigillo □ (*leg.*) **deed under s.**, atto solenne, recante la firma e il sigillo di chi lo redige; (*spesso*) atto notarile □ (*leg.*: *in calce a un documento*) **given under my hand and s.**, da me sottoscritto e sigillato □ **the Great S.**, il sigillo dello Stato; (*in G.B.*) il Sigillo della Corona □ **leaden s.** (*o* **lead s.**), piombino (*di sigillo*) □ (*in G.B.*) **Lord Keeper of the Seals**, Lord Guardasigilli □ (*fig.*) **to put the s. of one's approval**, dare la propria approvazione □ (*fig.*, *lett.*) **to set the s. on**, dire l'ultima parola su (q.c.); sigillare (*una questione*, *ecc.*).

to seal (2) [siːl], *v. t.* **1** sigillare; apporre i sigilli a (*anche leg.*); (*fig.*) suggellare, approvare, sancire; chiudere (ermeticamente): **to s.** (**up**) **an envelope** (**a door**), sigillare (apporre i sigilli a) una busta (una porta); **Windows must be sealed up**, bisogna chiudere ermeticamente le finestre; **Sleep sealed his eyes**, il sonno gli chiuse le palpebre; **to s. a pact**, suggellare un patto **2** decidere irrevocabilmente; segnare: **This decision sealed our fate**, questa decisione segnò il nostro destino **3** (*anche* **to s. with lead**) piombare; sigillare con piombini **4** lasciare un'impronta; mettere un marchio; segnare: **Death has sealed him for his own**, la morte l'ha ormai segnato come cosa sua **5** fissare: **to s. a staple into**

Sealab

the wall, fissare una grappa nel muro. ● to s. a bargain, concludere un affare □ (fig.) to s. sb.'s doom (o fate), decidere la sorte di q.; firmare la condanna di q. □ (fig.) to s. sb.'s lips, mettere il sigillo alle labbra di q.; fare tacere q. □ to s. off, chiudere a tenuta; rendere stagno; (della polizia) isolare (una zona) □ to s. a pipe, provvedere di sifone una tubatura □ to s. up a tin, saldare ermeticamente un recipiente di latta □ (fig.) a sealed book, un libro chiuso; una cosa incomprensibile □ (aeron.) sealed cabin, cabina stagna □ (specialm. mil.) sealed orders, ordini sigillati (da aprire in un momento specificato) □ sealed scales, bilancia bollata (tarata e approvata).

Sealab ['si:læb], n. (USA) laboratorio sottomarino.
sealer (1) ['si:lə*], n. 1 cacciatore di foche 2 nave attrezzata per la caccia alle foche; fochiera.
sealer (2) ['si:lə*], n. 1 sigillatore; chi sigilla 2 funzionario preposto al controllo e all'approvazione di pesi e misure 3 turapori (mano isolante).
sealery ['si:ləri], n. 1 caccia alle foche 2 luogo di caccia alle foche.
sealing (1) ['si:liŋ], n. caccia alle foche. ● to go s., andare a caccia di foche.
sealing (2) ['si:liŋ], n. 1 sigillatura; chiusura dei pori; piombatura 2 sigillo (l'impronta). ● s.-tape, nastro adesivo □ s.--wax, ceralacca.
sealskin ['si:l-skin], A n. 1 pelle di foca 2 indumento di pelle di foca. B a. attr. di pelle di foca; di foca.
seam [si:m], n. 1 linea (o segno) di giunzione; cucitura, costura (di stoffa, cuoio, ecc.) 2 (anat.) sutura 3 (naut.) comento 4 cicatrice; ruga; segno (sul volto, ecc.) 5 (geol.) livello; orizzonte 6 (ind. min.) filone; strato: a s. of coal, uno strato di carbone 7 (metall.) giunto; giunzione; giunto freddo; ripresa 8 (mecc.) aggraffatura. ● s. lace, gala (che nasconde una cucitura) □ s.--presser, grosso ferro da stiro □ s. rent, scucitura □ (metall.) s. weld, saldatura continua □ (metall.) s. welding, saldatura continua (l'azione) □ to burst at the seams, (d'abito) scucirsi; (fig.: di persona) scoppiare, essere pieno zeppo.
to seam [si:m], v. t. 1 fare una costura a; cucire 2 (specialm. al p.p.) segnare: His face is seamed with scars, ha il viso segnato da cicatrici 3 (mecc.) aggraffare. ● seaming-lace, gala (che nasconde una cucitura).
seaman ['si:mən], n. (pl. **seamen**) 1 marinaio 2 (pl.) marittimi; gente di mare. ● able s., marinaio scelto ● ordinary s., marinaio semplice.
seamanlike ['si:mənlaik], **seamanly** ['si:mənli], a. marinaresco.
seamanship ['si:mənʃip], n. (naut.) arte marinaresca. ● a fine piece of s., una bella manovra; una manovra ben riuscita.
seamer ['si:mə*], n. (mecc.) aggrafatrice.
seaming ['si:miŋ], n. (mecc.) aggraffatura.
seamless ['si:mlis], a. 1 senza giunzioni; senza cuciture; senza costure 2 (metall.) senza saldatura.
seamstress ['semstris], n. cucitrice.
to seam-weld ['si:m-weld], v. t. (metall.) unire con saldatura continua.
seamy ['si:mi], a. provvisto di cuciture; che mostra le cuciture. ● the s. side, il rovescio (di un abito); (fig.) il lato brutto (della vita, ecc.).
séance ['seiã:ns] (franc.), n. 1 seduta; riunione 2 seduta spiritica.
seaplane ['si:-plein], n. (aeron.) idrovolante; idroplano.
seaport ['si:-pɔ:t], n. porto di mare; porto marittimo.
to sear [siə*], A v. t. 1 disseccare; far appassire; far avvizzire: The hot wind had seared the seedlings, il vento caldo aveva disseccato i germogli 2 bruciare; ustionare 3 (fig.) inaridire; indurire (l'animo, ecc.) 4 (med.) cauterizzare. B v. i. appassire; avvizzire. ● seared conscience, coscienza incallita □ (med.) searing iron, ferro per cauterizzare; cauterio.
sear (1) [siə*], a. (lett.) appassito; avvizzito; secco: s. flowers, fiori appassiti; s. leaves, foglie secche.
sear (2) [siə*], n. (d'arma da fuoco) dente d'arresto (del cane).
to search [sə:tʃ], A v. t. 1 perquisire; ispezionare: The detectives searched the prisoner for weapons, i poliziotti perquisirono l'arrestato per vedere se avesse armi 2 perlustrare; rastrellare (fig.): The police searched the city for the murderer, la polizia perlustrò la città in cerca dell'assassino 3 frugare; rovistare; cercare in (o fra): to s. one's memory, frugare nella memoria (o fra i ricordi); to s. one's records, rovistare il proprio archivio 4 penetrare in; frugare; insinuarsi in: The wind searched every corner of the old house, il vento frugava ogni angolo della vecchia casa 5 esplorare (col radar) 6 (elab.) ricercare. B v. i. (spesso to s. for) cercare; andare in cerca di; fare ricerche. ● to s. about, frugare; cercare qua e là □ to s. after, indagare su; fare ricerche su □ to s. one's conscience, fare un esame di coscienza □ to s. one's heart, mettersi una mano sul cuore (fig.); fare un'esame di

coscienza □ to s. into a subject, approfondire un argomento □ to s. men's hearts, cercar di penetrare il cuore degli uomini □ to s. out, rintracciare; scoprire; scovare □ (med.) to s. a wound, sondare (o esplorare) una ferita □ (fam.) S. me!, non lo so; non ne ho la più pallida idea!
search [sə:tʃ], n. 1 cerca; ricerca; indagine: the s. for a missing person, la ricerca di una persona scomparsa; (specialm. naut.) s. and rescue, ricerca e soccorso 2 perquisizione; ispezione 3 visita doganale; (naut.) visita di controllo 4 (elettron.) ricerca. ● (radar) s. antenna, antenna di ricerca □ (elettron.) s. gate, impulso di ricerca □ s. party, squadra per le ricerche; squadra di soccorso □ (naut.) s. periscope, periscopio d'esplorazione □ (leg.) s. warrant, mandato di perquisizione □ to be in s. of, andare in cerca di □ (polit., naut.) right of s., diritto di perquisizione (delle navi dei paesi neutrali).
searcher ['sə:tʃə*], n. 1 ricercatore; indagatore 2 investigatore 3 perquisitore 4 doganiere 5 (med.) sonda.
searching ['sə:tʃiŋ], A a. 1 penetrante; scrutatore: a s. wind, un vento penetrante; a s. look, uno sguardo scrutatore 2 minuzioso; rigoroso: a s. examination, un esame minuzioso. B n. 1 ricerca; indagine 2 perquisizione; perlustrazione 3 (med.) sondaggio (anche fig.). ● searchings of the heart, esame di coscienza; apprensioni; rimorsi.
searchlight ['sə:tʃ-lait], n. 1 (specialm. mil.) proiettore; riflettore 2 fotoelettrica (sost.). ● (mil.) s. station, stazione fotoelettrica.
searing ['siəriŋ], a. 1 che scotta; che brucia; scottante 2 (fig., fam.) ardente, bruciante (di passione); conturbante.
seashore ['si:'ʃɔ:*], n. spiaggia; lido: on the s., sulla spiaggia.
seasick ['si:-sik], a. che soffre il mal di mare. ● to be s.,, avere il mal di mare.
seasickness ['si:-siknis], n. mal di mare.
seaside ['si:'said], n. spiaggia; lido; marina. ● a s. holiday, una vacanza al mare □ s. resort, luogo di villeggiatura marina; stazione balneare □ at (o by) the s., alla spiaggia; al mare □ to go to the s., andare al mare (per fare bagni, in villeggiatura).
season ['si:zn], n. 1 stagione; tempo adatto (per q.c.); tempo; periodo di tempo; epoca: the four seasons, le quattro stagioni; the strawberry s., la stagione delle fragole; the soccer s., la stagione calcistica; the rainy s., la stagione delle piogge; the nesting s., la stagione dei nidi; l'epoca della nidificazione; (fig.) the dead s. (o the off s.), la stagione morta; the London s., la stagione (di Londra; il periodo delle feste, dei concerti, ecc. (al principio dell'estate); the theatrical s., la stagione teatrale; the harvest s., il periodo dei raccolti; la stagione delle messi 2 (anche s. ticket) abbonamento (ferroviario o teatrale); tessera. ● s.-ticket holder, abbonato □ (sport) the close s., il periodo in cui la caccia (la pesca, ecc.) è proibita □ the holiday s., il periodo delle vacanze; le feste (Natale, Pasqua, Pentecoste) □ in s., (turismo) in alta stagione; (d'animale) in calore, nella stagione degli amori □ (di frutta, ecc.) to be in s., essere di stagione □ in s. and out of s., in tutte le stagioni; (fig.) in ogni momento; a proposito e a sproposito □ in good s., per tempo; al momento giusto □ (sport) the open s., la stagione della caccia (della pesca, ecc.) □ to be out of s., (di frutta, ecc.) essere fuori stagione; (turismo) essere in bassa stagione □ wishes for the s., auguri di buone feste □ (fig.) a word in s., una parola opportuna; un consiglio tempestivo.
to season ['si:zn], A v. t. 1 stagionare; maturare: to s. timber (wine, etc.), stagionare il legname (il vino, ecc.) 2 (fig.) allenare; acclimatare; addestrare, assuefare; avvezzare; temprare: seasoned travellers, persone abituate a viaggiare; He was seasoned to the hard life of pioneers, era avvezzo (o temprato) alla dura vita dei pionieri; to s. an athlete, allenare un atleta 3 mitigare; moderare; temperare: S. your remarks with discretion, modera (con la discrezione) le tue osservazioni! 4 condire; insaporire; dar sapore a (cibi, conversazione, ecc.). B v. i. 1 (del legno) stagionarsi 2 (del vino) maturarsi; invecchiare.
seasonable ['si:znəbl], a. 1 di stagione; normale; usuale: s. weather, tempo normale (per la stagione in cui ci si trova) 2 tempestivo: opportuno; a proposito; provvidenziale: s. aid, aiuto tempestivo; s. advice, consigli opportuni; the s. arrival of our allies, il provvidenziale arrivo dei nostri alleati.
seasonableness ['si:znəblnis], n. tempestività; opportunità.
seasonal ['si:zənl], a. stagionale; di stagione; periodico: s. employment, impiego stagionale; s. occupations, lavori stagionali. ● (econ.) s. worker, (lavoratore) stagionale.
seasoned ['si:zənd], a. 1 stagionato; maturato: s. lumber, legname stagionato 2 (fig.) consumato; avvezzo; esperto 3 (di cibo) (ben) condito; insaporito.
seasoner ['si:znə*], n. 1 chi stagiona (legno o altro) 2 chi condisce; chi usa condimenti 3 condimento.
seasoning ['si:zniŋ], n. 1 stagionatura; invecchiamento (del vino) 2 (fig.) allenamento; acclimatazione; assuefazione 3 (cucina) condimento (anche fig.) 4 (elettron.) rodaggio.

seat [si:t], *n.* **1** sedile; sedia; posto (*a sedere*); stallo: **I want a comfortable s.**, voglio un sedile comodo; **I couldn't find a s.**, non trovai un posto per sedermi; **to book seats**, prenotare posti (*a teatro, ecc.*); **folding s.**, sedia pieghevole; **He has a s. on the committee**, occupa un posto nella commissione (ne fa parte) **2** (*di una sedia, dei calzoni, ecc.*) fondo **3** (*d'una persona*) sedere **4** (*med., mecc., ecc.*) sede: **the s. of government**, la sede del governo; **The liver is the s. of his disease**, il fegato è la sede della sua malattia; **to regrind the valve seats**, ripassare le sedi delle valvole **5** (*polit.*) seggio (*in parlamento*): **to give up** (*o* **to resign**) **one's s. in Parliament**, rinunciare al seggio parlamentare; dimettersi da deputato **6** (*specialm.* **country s.**) villa; residenza (di campagna) **7** modo di stare in sella **8** (*mecc.*) alloggiamento **9** (*mecc.*) battuta (*di una valvola*). ● (*aeron., autom.*) **s. belt**, cintura di sicurezza: **to fasten the seat belts**, allacciare le cinture di sicurezza; **to wear one's s. belts**, avere le cinture di sicurezza (allacciate) □ **the s. of a king** (**of a bishop, etc.**), la residenza d'un sovrano (d'un vescovo, ecc.) □ **a s. of learning**, un centro culturale; un ateneo □ (*mil.*) **the s. of war**, il teatro delle operazioni belliche □ **the chief s. of commerce**, il principale centro commerciale □ **the driver's s.**, (*autom.*) il posto di guida; (*fig.*) il posto di comando, il timone (*fig.*) □ (*autom.*) **folding s.**, strapuntino □ (*fig.*) **to be in the driver's s.**, essere il capo; avere il comando □ **to keep one's s.**, rimanere al proprio posto; rimanere seduto □ (*polit., in G.B. e USA*) **to lose a s.**, perdere un seggio (*alla Camera, al Senato*) □ **to lose one's s.**, perdere il posto (*a sedere*); (*polit.*) perdere il seggio in parlamento □ **to take a s.**, prender posto a sedere; mettersi a sedere □ **to take one's s.**, occupare il proprio posto (*a teatro, ecc.*); mettersi a sedere □ (*fam.*) **to take a back s.** (**to sb.**), accontentarsi di un posto in sottordine (lasciando il comando a q.) □ (*polit.*) **to win a s.**, conquistare un seggio (*alla Camera, al Senato*) □ (*teatr.*) **I've taken two seats for «Macbeth»**, ho comprato due biglietti per il «Macbeth» □ **What graceful s. he has on horseback!**, come sta elegantemente in sella! □ (*ferr.*) **Take your seats!**, in vettura!

to seat [si:t], *v. t.* **1** mettere (*o* porre) a sedere; far sedere: **He seated the child on the table**, mise il bambino a sedere sulla tavola **2** avere (*o* offrire) (*un certo numero di*) posti a sedere: **The stadium seats** (*o* **can s.**) **80,000 people**, lo stadio ha posti a sedere per 80 000 spettatori **3** mettere il fondo a (*una sedia, ecc.*); riparare il fondo dei (*pantaloni*) **4** (*mecc.*) collocare in sede; alloggiare; installare: **to s. a machine**, collocare una macchina in sede; installare un macchinario **5** (*mecc.*) mettere in sede (*una valvola*) **6** insediare; mettere (q.) in un ufficio. ● (*polit.*) **to s. a candidate**, mandare un candidato in parlamento □ **to s. oneself**, sedersi; mettersi a sedere, accomodarsi; insediarsi, stabilirsi: **Please, s. yourself**, prego, s'accomodi!; **The Turks seated themselves on the Bosphorus**, i Turchi si stabilirono sul Bosforo □ **to be seated**, essere seduto; sedersi; accomodarsi: **I found him seated on a step**, lo trovai seduto su un gradino; **Please be seated**, prego, si accomodi! □ **a cane-seated chair**, una sedia dal fondo di canna □ (*med.*) **a deep-seated disease**, un male profondamente radicato □ **This saloon car seats six**, questa berlina ha sei posti (*o* è a sei posti).

seater ['si:tə*], *n.* (*d'automobile, aeroplano, ecc.; solo nei composti*) che ha (*un certo numero di*) posti a sedere: **a six-s.**, un'automobile a sei posti; una sei posti (*fam.*). ● (*aeron.*) **a single-s.**, un monoposto.

seating ['si:tiŋ], *n.* **1** (il) provvedere di posti a sedere: **The s. of 10,000 people is not an easy matter**, il provvedere posti a sedere per 10 000 persone non è cosa facile **2** materiale di tappezzeria per sedili **3** (*anche* **s. room**) posti a sedere **4** (*mecc.*) sede (*di valvole, ecc.*). ● (*autom.*) **s. accommodation**, numero dei posti.

seaward ['si:wəd], **A** *a.* **1** diretto (*o* rivolto, situato) verso il mare **2** (*di vento*) proveniente dal mare. **B** *V.* **seawards**.

seawards ['si:wədz], *avv.* **1** verso il mare **2** al largo.

seaway ['si:wei], *n.* (*naut.*) **1** rotta oceanica **2** canale navigabile; via fluviale. ● (*di nave*) **to make good s.**, procedere a una buona velocità.

seaweed ['si:wi:d], *n.* (*bot.*) alga marina.

seaworthiness ['si:ˌwə:ðinis], *n.* (*naut.*) capacità di tenere il mare; qualità nautiche; navigabilità (*di una nave*).

seaworthy ['si:ˌwə:ði], *a.* (*naut.*) atto a tenere il mare; idoneo alla navigazione; navigabile.

sebaceous [si'beiʃəs], *a.* (*anat.*) sebaceo: **s. glands**, ghiandole sebacee.

sebacic [si'bæsik], *a.* (*chim.*) sebacico.

Sebastian [si'bæstjən], *n.* Sebastiano.

seborrh(o)ea [ˌsebou'ri:ə], *n.* (*med.*) seborrea.

sebum ['si:bəm], *n.* (*fisiologia*) sebo.

sec [sek], *n.* (*abbr. fam. di* **second**) (*fig.*) attimo: **Wait a sec**, aspetta un attimo!

secant ['si:kənt], *a. e n.* (*geom.*) secante.

secateurs ['sekətə:z], *n. pl.* cesoie (*da giardino*).

to secede [si'si:d], *v. i.* separarsi, staccarsi (*da un partito, ecc.*); fare una secessione.

seceder [si'si:də*], *n.* separatista; secessionista.

to secern [si'sə:n], **A** *v. t.* discriminare; distinguere. **B** *v. i.* (*biol.*) secernere.

secernent [si'sə:nənt], *a.* (*biol.*) secretorio; che secerne.

secernment [si'sə:nmənt], *n.* (*biol.*) secrezione.

secession [si'seʃən], *n.* secessione; separazione. ● (*stor. USA*) **the War of S.**, la guerra di Secessione (*1861-1865*).

secessionism [si'seʃnizm], *n.* secessionismo; separatismo.

secessionist [si'seʃnist], *n.* secessionista; separatista.

to seclude [si'klu:d], **A** *v. t.* isolare; segregare; separare. **to seclude oneself B** *v. rifl.* isolarsi; appartarsi; ritirarsi; far vita solitaria.

secluded [si'klu:did], *a.* appartato; luogo isolato; remoto; solitario: **in a s. valley**, in una valle remota; **a s. spot**, un luogo isolato; **a s. life**, una vita solitaria. ● (*relig.*) **s. nuns**, suore di clausura.

seclusion [si'klu:ʒən], *n.* **1** isolamento; solitudine; ritiro **2** luogo appartato; luogo isolato **3** (*relig.*) clausura. ● **to live in s.**, far vita ritirata; vivere in solitudine.

seclusionist [si'klu:ʒənist], *n.* **1** chi vive appartato **2** (*relig.*) fautore del monachesimo.

seclusive [si'klu:siv], *a.* che ama l'isolamento; che vive in solitudine (*o* isolato, appartato).

seclusiveness [si'klu:sivnis], *n.* **1** amore della solitudine; il vivere appartato (*o* isolato) **2** solitudine; isolamento; pace; tranquillità.

second ['sekənd], **A** *a.* **1** secondo; altro; nuovo; novello; supplementare: **the s. house in the row**, la seconda casa della fila; **the s. day of the week**, il secondo giorno della settimana; **I took a s. helping**, presi un'altra porzione; **There has been no s. Shakespeare**, il mondo non ha avuto un altro Shakespeare; **He thinks he is a s. Solomon**, crede d'essere un novello Salomone **2** secondo; secondario; inferiore; di seconda qualità; subordinato: **s. cause**, causa secondaria; **He was s. to none as a novelist**, non fu secondo (*o* inferiore) a nessuno come romanziere. **B** *n.* **1** secondo (*in ogni senso*); secondo arrivato; padrino (*nei duelli*); minuto secondo: **the s.-hand**, la lancetta dei secondi; (*fig.*) **Wait a s.**, aspetta un secondo!; aspetta un momento! **2** (*in G.B.*) votazione buona (*o* discreta) **3** (*mus.*) seconda; intervallo di seconda **4** (*fam., pl.*) seconda porzione; (un') altra porzione **5** (*pl.*) merci di seconda qualità; articoli con piccoli difetti, venduti sottoprezzo. **C** *avv.* **1** in secondo luogo **2** (*seguito da un superl.*) secondo; di riserva: **the s.-largest city in the world**, la seconda città del mondo (*per grandezza*); **my s.-best pair of shoes**, il mio paio di scarpe di riserva. ● (*relig.*) **S. Advent**, secondo avvento (di Cristo) □ (*relig.*) **S.-Adventist**, avventista □ (*polit.*) **s. ballot**, ballottaggio □ **s. best**, cosa (o soluzione) di ripiego □ **s.-best**, secondo (per qualità) □ (*naut.*) **s. cabin**, sistemazione in seconda classe □ (*polit.*) **s. chamber**, Camera alta □ **s. childhood**, la seconda infanzia; la senilità □ **a s.-class hotel**, un albergo di seconda categoria □ **a s.-class passenger** (**ticket**), un viaggiatore (un biglietto) di seconda classe □ (*relig.*) **S. Coming**, secondo avvento (di Cristo) □ **s. cousin**, secondo cugino; cugino di secondo grado □ **s.-degree**, di secondo grado: (*med.*) **s.-degree burns**, bruciature di secondo grado □ (*in un paesaggio, un quadro*) **s. distance**, secondo piano □ (*edil.*) **s. floor**, (*in G.B.*) secondo piano; (*in USA*) primo piano (*sopra il piano terreno*) □ (*autom.*) **s. gear**, seconda (marcia) □ **s.-hand**, di seconda mano, usato; non originale; per sentito dire: **s.-hand books**, libri usati; **s.-hand opinions**, opinioni non originali; **I got this information s.-hand**, ho avuto questa informazione di seconda mano; **I know of his marriage s.-hand**, so del suo matrimonio per sentito dire □ **s.-in command**, (*mil.*) comandante in seconda, vicecomandante; (*naut.*) secondo □ (*mil.*) **s. lieutenant**, sottotenente □ **the s.-mark**, il segno dei minuti secondi □ (*leg.*) **s. mortgage**, ipoteca di secondo grado □ (*fin.*) **s. of exchange**, seconda di cambio □ (*ind. tessile*) **the s. of March**, il 2 marzo □ (*ind. tessile*) **s. pieces**, pezze di seconda scelta □ **s.-rate**, di seconda qualità □ **s. shift**, turno pomeridiano (*del personale*) □ **s. sight**, prescienza □ (*USA*) **s-story man**, ladro acrobata □ (*sport*) **s-string player**, (giocatore di) riserva □ **s. teeth**, denti permanenti □ **to come in** (*o* **to finish**) **s.**, arrivare secondo (*in una gara*) □ **to come in a good s.**, arrivare buon secondo; arrivare a spalla (*o* a ruota) □ **to come off s.-best**, avere la peggio □ **in the s. place**, in secondo luogo □ **my s. self**, un altro me stesso; il mio alter ego □ **on s. thoughts** (*USA* **on s. thought**), ripensandoci bene; dopo matura riflessione □ **to play s. fiddle**, (*mus.*) fare da secondo violino; (*fig.*) avere una parte di secondaria importanza, essere in secondo piano □ **to settle for s.-best**, contentarsi (di quello che si trova: *in un negozio, ecc.*) □ (*ferr.*) **to travel s.-class**, viaggiare in seconda (classe).

to second (['sekənd], *def.* **4** [si'kɔnd]), *v. t.* **1** far da secondo (*o* da padrino) a (q., *in un duello, ecc.*); assistere **2** assecondare; se-

secondary

condare; aiutare; appoggiare; sostenere: **to s. a motion (a resolution)**, appoggiare una mozione (una risoluzione); **Will you s. me if I ask him?**, mi seconderai (mi sosterrai) se glielo chiedo? **3** essere secondo a; seguire (*nell'ordine*) **4** (*mil.*) comandare; distaccare: **He was seconded to headquarters**, fu distaccato presso il quartier generale.

secondary ['sekəndəri], **A** *a.* secondario (*in molti sensi*); accessorio; derivato; subordinato; subalterno: **a s. school**, una scuola secondaria; **s. colours**, colori secondari; (*astron.*) **s. planet**, pianeta secondario; (*fon.*) **s. accent**, accento secondario. **B** *n.* **1** subordinato; subalterno **2** (*elettr.*) avvolgimento (*o* circuito, *o* conduttore) secondario **3** (*zool.*) penna secondaria **4** (*astron.*) pianeta secondario. ● (*metall.*) **s. ingot**, lingotto di seconda fusione □ (*fam.*) **s. mod**, *V.* **s. modern school** □ (*in G.B.*; *in via d'estinzione*) **s. modern** (**school**), scuola secondaria d'indirizzo moderno □ (*econ.*) **s. strike**, sciopero di solidarietà □ (*mil.*) **s. target**, obiettivo secondario.

seconde [si'kɔnd], *n.* (*scherma*) (parata di) seconda.

seconder ['sekəndə*], *n.* (*in un'assemblea*) secondatore; chi appoggia una mozione; sostenitore.

secondly ['sekəndli], *avv.* in secondo luogo.

secondment [si'kɔndmənt], *n.* (*mil.*) (il) distaccare (q.); (l') essere distaccato; destinazione.

secrecy ['si:krisi], *n.* **1** segretezza; discrezione; riserbo: **You can rely on his s.**, puoi contare sulla sua segretezza; **the gift of s.**, il dono della discrezione **2** segreto: **The peace talks were held in great s.**, le trattative di pace avvennero in gran segreto.

secret ['si:krit], **A** *a.* **1** segreto; nascosto; occulto: **a s. marriage**, un matrimonio segreto; **a s. door**, una porta segreta; **a s. society**, una società segreta; (*fin.*) **s. partner**, socio occulto; (*rag.*) **s. profits**, profitti occulti **2** isolato; appartato; tranquillo: **a s. place**, un luogo isolato **3** (*di persona*) riservato; discreto. **B** *n.* **1** segreto (*anche fig.*): **to keep a s.**, mantenere (*o* serbare) un segreto; **the secrets of nature**, i segreti della natura; **the s. of success**, il segreto del successo **2** (*relig.*) segreta. ● **s. agent**, agente segreto □ **s. service**, servizio segreto □ **to have no secrets from sb.**, non avere segreti per q. □ **in s.**, in segreto; in confidenza □ **to be in the s.**, essere a parte di un segreto □ **to let sb. into a s.**, mettere q. a parte di un segreto; confidare un segreto a q. □ **an open s.**, il segreto di Pulcinella □ **Keep it s.!**, acqua in bocca!

secretaire [ˌsekrə'tɛə*] (*franc.*), *n.* scrittoio; secrétaire.

secretarial [ˌsekrə'tɛəriəl], *a.* di (*o* da) segretario; di segreteria: **s. work**, lavoro di segreteria.

secretariat [ˌsekrə'tɛəriət], *n.* segretariato; segreteria.

secretary ['sekrətri], *n.* **1** segretario, segretaria: **private s.**, segretario privato; segretario particolare **2** (*anche* **s. of embassy**) segretario d'ambasciata **3** — (*polit.*) **S.**, Segretario di Stato; Ministro: **Education S.**, Ministro della Pubblica Istruzione **4** scrivania; scrittoio. ● (*zool.*) **s.-bird** (*Sagittarius serpentarius*), serpentario □ **s.-general**, segretario generale □ **S. of State**, (*USA e Vaticano*) Segretario di Stato; Ministro degli Esteri; (*in G.B.*) Ministro □ **s.'s office**, segreteria □ (*in G.B.*) **Foreign S.**, Ministro degli Esteri □ (*in G.B.*) **Home S.**, Ministro degli Interni □ **honorary s.**, segretario onorario □ (*polit.*) **Permanent S.**, Sottosegretario permanente (*in G.B.*: *alto funzionario, che non cambia col mutar dei governi*).

secretaryship ['sekrətriʃip], *n.* segretariato.

to secrete [si'kri:t], **A** *v. t.* celare; nascondere; occultare; segregare **2** (*biol.*) secernere. **to secrete oneself B** *v. rifl.* nascondersi.

secreted [si'kri:tid], *a.* (*biol.*) secreto.

secretion [si'kri:ʃən], *n.* **1** occultamento **2** (*biol.*) secrezione.

secretionary [si'kri:ʃənəri], *a.* (*biol.*) secretivo; secretorio.

secretive [si'kri:tiv], *a.* **1** segreto; riservato; poco comunicativo; reticente **2** (*biol.*) secretorio; secretivo.

secretiveness [si'kri:tivnəs], *n.* segretezza; riserbo; reticenza.

secretor [si'kri:tə*], *n.* (*biol.*) ghiandola secretoria; dotto secretorio; secretivo.

secretory [si'kri:təri], *a.* (*biol.*) secretorio; secretivo.

sect [sekt], *n.* setta; (*specialm.*) setta religiosa.

sectarian [sek'tɛəriən], **A** *a.* settario; fazioso; partigiano. **B** *n.* **1** (*relig.*) membro di una setta **2** settario; fazioso; partigiano.

sectarianism [sek'tɛəriənizəm], *n.* settarismo; fazioità.

to sectarianize [sek'tɛəriənaiz], *v. t.* rendere settario (*o* fazioso).

sectary ['sektəri], *n.* (*relig.*) **1** settario **2** dissidente.

sectile ['sektil], *a.* (*specialm. di minerale*) settile.

section ['sekʃən], *n.* **1** sezione; divisione; spaccato; taglio; parte; riparto; scomparto; scompartimento: (*geom.*) **conic s.**, sezione conica; (*scient.*) **microscopic s.**, sezione microscopica; **a bookcase in four sections**, una libreria in quattro scomparti; **The subject falls into five sections**, l'argomento si divide in cinque parti **2** gruppo (*di persone*); categoria; classe: **the various sections of society**, le diverse classi sociali **3** quartiere (*di città*); distretto;

zona: **postal s.**, distretto postale **4** (*giornalismo*) rubrica: **the sports s. of a paper**, la rubrica sportiva di un giornale **5** (*leg.*, *tipogr.*) paragrafo **6** tronco (*di ferrovia*); tratto; tappa (*fig.*): **the last s. of the journey**, l'ultimo tratto del viaggio **7** (*ferr.*) scompartimento di vagone letto **8** (*USA*) miglio quadrato (*di terreno*). ● (*metall.*) **s. bar**, profilato □ (*ferr. USA*) **s. gang**, squadra dei lavori di manutenzione □ (*USA*) **s. house**, casello ferroviario □ (*grafica*) **s. line**, linea di tratteggio □ (*comm.*) **s. manager**, ispettore di reparto (*di grande magazzino, ecc.*) □ (*tipogr.*) **s.-mark**, segno di paragrafo □ **s. plane**, piano di sezione; sezione orizzontale □ (*med.*) **Caesarean s.**, taglio cesareo □ **cross-s.**, sezione trasversale □ (*fig.*) **a cross-s. of society**, i gruppi rappresentativi di tutta una società; uno spaccato della struttura sociale □ **in s.**, in sezione □ **in sections**, sezionato; (*di macchinario*) smontato.

to section ['sekʃən], *v. t.* **1** sezionare; dividere in sezioni **2** (*disegno industriale*) tratteggiare.

sectional ['sekʃənl], **A** *a.* **1** settoriale; locale; di una classe; di un gruppo; di una regione; campanilistico: **s. interests**, interessi settoriali (*o* locali, campanilistici) **2** a sezioni: **a s. boiler**, una caldaia a sezioni **3** (*di mobili, ecc.*) componibile; scomponibile: **a s. sofa**, un divano componibile. **B** *n.* mobile componibile. ● (*med.*) **s. radiography**, stratigrafia.

sectionalism ['sekʃənlizəm], *n.* spirito di classe; faziosità; campanilismo.

to sectionalize ['sekʃənəlaiz], *v. t.* **1** dare un carattere locale (*o* particolare) a (q.c.); rendere campanilistico **2** dividere in sezioni; sezionare.

sector ['sektə*], *n.* **1** settore (*in molti sensi*): **the private sectors of industry**, i settori privati dell'industria; (*geom.*) **s. of sphere**, settore di sfera **2** (*strumento*) compasso di proporzione. ● (*econ.*) **s.-by-s. negotiations**, negoziati settoriali □ (*fis.*) **s. disk**, settore rotante □ (*mecc.*) **s. gear**, settore dentato.

sectorial [sek'tɔ:riəl], **A** *a.* **1** di settore; settoriale **2** (*zool.*) premolare. **B** *n.* (*zool.*) (dente) premolare (*dei carnivori*).

secular ['sekjulə*], **A** *a.* **1** secolare; laico; terreno; mondano: **s. affairs**, affari secolari; **s. schools**, scuole laiche; (*stor.*) **the s. arm**, il braccio secolare; la magistratura civile; **the s. power**, il potere secolare (*dello Stato*) **2** secolare; di lunga durata: **s. fame**, fama secolare. **B** *n.* secolare; laico. ● (*mitol.*) **the s. bird**, l'araba fenice □ **s. change**, trasformazione lenta ma continua □ (*stor. romana*) **the s. hymn**, il carme secolare □ **s. music** (**art**), musica (arte) profana (*non religiosa*) □ (*econ.*) **the s. trend of prices**, l'andamento a lungo termine dei prezzi.

secularism ['sekjuləriəm], *n.* laicismo.

secularist ['sekjulərist], **A** *n.* laicista. **B** *a.* laicistico.

secularity [ˌsekju'læriti], *n.* **1** mondanità **2** laicismo.

secularization [ˌsekjulərai'zeiʃən], *n.* secolarizzazione.

to secularize ['sekjuləraiz], *v. t.* **1** secolarizzare; laicizzare **2** incamerare (*beni della Chiesa*) **3** rendere profano.

secund [si'kʌnd], *a.* (*bot.*, *zool.*) unilaterale.

securable [si'kjuərəbl], *a.* **1** assicurabile **2** garantibile **3** conseguibile; ottenibile.

secure [si'kjuə*], *a.* sicuro; certo; al sicuro; fiducioso; tranquillo; saldo; salvo: **to be s. in one's beliefs**, essere sicuro delle proprie idee; **a s. belief**, una fede salda; **a s. job**, un lavoro sicuro; **to feel s. against attack**, sentirsi al sicuro dagli attacchi; **His success is s.**, la sua riuscita è certa; **They are s. of victory**, sono sicuri di vincere; **a quiet, s. existence**, una vita calma, tranquilla; **We have got him s.**, l'abbiamo messo al sicuro; **Is this lock s.?**, è sicura questa serratura?; **a s. grasp**, una salda presa. ● **to be s. against assault** (**from surprise, etc.**), essere al riparo dagli assalti (dalle sorprese, ecc.) □ (*comm.*) **a s. debt**, un debito garantito □ **to make st. s.**, assicurare q.c.; fissare q.c.

to secure [si'kjuə*], **A** *v. t.* **1** assicurare; mettere al sicuro; fissare; chiudere; serrare; rinchiudere; rafforzare; fortificare: **to s. labourers** (**in**) **the fruits of their labour**, assicurare ai lavoratori il frutto del loro lavoro; **to s. a city from floods**, mettere una città al sicuro dalle alluvioni; **S. the catch on the window**, fissa il gancio alla finestra!; **He secured all the entrances to the shelter**, serrò tutte le entrate del rifugio; **to s. a prisoner**, rinchiudere un prigioniero; **to s. a position against attack**, fortificare una posizione contro gli attacchi **2** (*fin.*) garantire: **a loan secured on real property**, un prestito garantito da beni immobili **3** assicurarsi; procurarsi; riuscire a ottenere; ottenere: **to s. front seats at the theatre**, procurarsi posti di prima fila a teatro; **to s. a good job**, ottenere un buon impiego; (*eccl.*) **to s. orders**, riuscire a ottenere ordinazioni **4** (*naut.*) ormeggiare; andare all'ormeggio. **to secure oneself C** *v. rifl.* assicurarsi; garantirsi; premunirsi: **to s. oneself against damages**, assicurarsi contro i danni; **to s. oneself against the consequences**, premunirsi contro le conseguenze. ● (*mil.*) **to s. arms**, tenere i fucili con l'otturatore sotto l'ascella (*per ripararlo dalla pioggia*) □ **to s. one's ends**, raggiungere i propri fini; conseguire il proprio

scopo □ (*naut.*) **to s.** a rope, dar volta (a un cavo).
securely [si'kjuəli], *avv.* sicuramente; fiduciosamente; al sicuro.
security [si'kjuəriti], *n.* **1** sicurezza; certezza: **Britain's s. depended on her navy**, la sicurezza della Gran Bretagna dipendeva dalla flotta **2** eccessiva fiducia; temerità **3** protezione; difesa: **Pride should be a s. against meanness**, l'orgoglio dovrebbe essere una difesa contro la meschinità **4** (*leg.*) garanzia; cauzione; pegno **5** (*leg.*) garante **6** (*pl.*; *Borsa, fin.*) obbligazioni; titoli; valori: **government securities**, titoli dello Stato; **gilt-edged securities**, titoli sicurissimi (*o* di prim'ordine). ● (*in G.B.*) **S. Commission**, Comitato per la Sicurezza Nazionale □ (*polit.*) **the S. Council**, il Consiglio di Sicurezza (*dell'ONU*) □ (*autom.*) **s. device**, (sistema di) antifurto □ (*mil.*) **the s. forces**, le forze di sicurezza □ (*fin.*) **the securities market**, il mercato mobiliare □ **s. risk**, chi costituisce un pericolo per la sicurezza dello Stato □ (*in G.B.*) **the S. Service**, il Servizio di sicurezza □ **s. van**, furgone blindato (*per il trasporto di denaro o preziosi*) □ **in s.**, al sicuro; in salvo □ **in s. of**, a garanzia di; in pegno di □ **social s.**, sicurezza sociale.
sedan [si'dæn], *n.* **1** (*anche* **s.-chair**) portantina **2** (*autom., specialm. USA*) automobile chiusa (*a due o quattro porte*); berlina.
sedate [si'deit], *a.* composto; contegnoso; calmo; posato.
to sedate [si'deit], *v. t.* **1** calmare; acquietare **2** (*med.*) dare un sedativo a (q.).
sedateness [si'deitnis], *n.* compostezza; dignità; calma; posatezza.
sedation [si'deiʃən], *n.* il calmare (*specialm.* con sedativi). ● **to be under s.**, essere sotto l'effetto di un sedativo.
sedative ['sedətiv], *a. e n.* sedativo; calmante; tranquillante.
sedentariness ['sedəntərinis], *n.* l'esser sedentario; vita sedentaria; sedentarietà.
sedentary ['sedntəri], *a.* **1** sedentario: **s. work**, lavoro sedentario; **s. tribes**, tribù sedentarie **2** (*zool.*) stanziale **3** (*ormai*) sistemato; che ha messo radici (*fig.*). ● **s. posture**, posizione (*o* positura) a sedere □ **s. statue**, statua di persona seduta.
sedge [sedʒ], *n.* (*bot.*) **1** (*Carex*) falasco **2** (*Acorus calamus*) calamo aromatico. ● (*zool.*) **s.-warbler** (*Acrocephalus shoenobaenus*), forapaglie; forasiepe.
sedgy ['sedʒi], *a.* coperto di (*o* fiancheggiato da) falaschi.
sediment ['sedimənt], *n.* sedimento; deposito; fondo (*di un liquido*).
sedimentary [,sedi'mentəri], *a.* sedimentario: (*geol.*) **s. rocks**, rocce sedimentarie.
sedimentation [,sedimən'teiʃən], *n.* (*anche geol.*) sedimentazione.
sedimentology [,sedimən'tɔlədʒi], *n.* (*geol.*) sedimentologia.
sedition [si'diʃən], *n.* sedizione.
seditious [si'diʃəs], *a.* sedizioso: **s. speeches**, discorsi sediziosi.
seditiousness [si'diʃəsnis], *n.* l'esser sedizioso; carattere sedizioso.
to seduce [si'djuːs], *v. t.* **1** sedurre; allettare **2** corrompere; sviare; fuorviare **3** allontanare; distogliere: **They tried to s. him from his duty of allegiance**, cercarono di distogliergli dal suo dovere di fedeltà. ● **to be seduced into doing st.**, essere indotto, con allettamenti, a fare q.c.
seducement [si'djuːsmənt], *V.* **seduction**.
seducer [si'djuːsə*], *n.* **1** seduttore, seduttrice **2** corruttore, corruttrice.
seducible [si'djuːsəbl], *a.* seducibile.
seduction [si'dʌkʃən], *n.* seduzione; allettamento; attrazione.
seductive [si'dʌktiv], *a.* seducente; allettante; attraente.
seductiveness [si'dʌktivnis], *n.* l'esser seducente.
sedulity [si'djuːliti], *n.* assiduità; diligenza.
sedulous ['sedjuləs], *a.* assiduo; diligente: **with s. care**, con assidue cure. ● **to play the s. ape**, farsi uno stile letterario imitando gli altri.
sedulousness ['sedjuləsnis], *V.* **sedulity**.
to see [siː] (*pass.* **saw**, *p. p.* **seen**), **A** *v. t. e i.* **1** vedere; vederci (*fig.*) accorgersi di; capire, comprendere, intendere; andare a trovare, visitare; ricevere; fare in modo di, procurare, provvedere, pensarci (*fam.*): **Can you** (*o* **do you**) **see that bird?**, vedi quell'uccello?; **Can't you see he is pulling your leg?**, non vedi (*o* non t'accorgi) che ti canzona?; **if you see what I mean**, se comprendi quel che voglio dire; **I saw him leave**, lo vidi partire; **I have seen this trick performed successfully only once**, ho visto eseguire con successo questo trucco una sola volta; **Can you see anything in this poor light?**, vedi niente con così poca luce?; **She cannot see anyone today**, non può vedere (*o* non è in grado di ricevere) nessuno oggi; **I must see my lawyer**, devo vedere il mio avvocato; **I'll be seeing you tomorrow**, ti vedrò (*o* verrò a trovarti) domani; **You'd better see to it yourself**, veditela tu!; faresti bene a provvedere tu stesso; **I cannot promise, but I'll see about it**, non prometto nulla, ma vedrò (*o* ci penserò); **See who's at the door, will you?**, vuoi vedere chi c'è (alla porta)?; **I see life differently now**, vedo la vita in modo diverso, ora **2** accompagnare: **I'll see you to the door**, t'accompagno alla porta; **I saw her home**, l'accompagnai a casa; **I'll see them to the station**, li accompagnerò alla stazione. **3** fare in modo (che): **See that the soldiers are ready in ten minutes**, fa' in modo che i soldati siano pronti in dieci minuti; **See that it is done at once!**, a te fare in modo che sia fatto subito! **4** (*fam.*) immaginare; vederci: **Can you see him marrying her?**, ce lo vedi a sposarla? **5** (*fam.*) vedere; apprezzare (*un'idea*); essere d'accordo con: **The boss doesn't see it that way**, il capo non la vede così; **I can't see this new system of the boss'**, non sono d'accordo con questo nuovo sistema del capo. **B** *verbi composti* **1 to see about st.**, occuparsi di q.c.; prendersi cura di q.c.; prendere in considerazione (*o* in esame) q.c.; pensare a q.c.: **I'll see about that when the time comes**, me ne occuperò io a tempo debito; **He'll see about doing what you want**, ci penserà lui a fare quello che tu vuoi sia fatto □ **to see sb. about st.**, abboccarsi con, incontrare q. per q.c.: **He wanted to see you about the plan for the new university**, voleva incontrarsi con te per discutere il progetto della nuova università □ **We'll see about that!**, staremo a vedere!; ti faccio vedere io!; ci penso io! **2 to see after**, occuparsi di; prendersi cura di; badare a (*più comune* **to look after**). **3 to see into**, esaminare; indagare; studiare: **The lawyer will see into your claim**, l'avvocato esaminerà la validità delle tue pretese □ (*fig.*) **to see into a millstone**, essere assai perspicace; avere buon fiuto. **4 to see sb. off**, accompagnare q. che parte; salutare q. alla stazione, al porto, all'aeroporto (*anche mil.*) respingere, rintuzzare (*attaccanti, ecc.*): **He flew to Rome last week and I saw him off at Heathrow**, andò a Roma in aereo la settimana scorsa e io lo accompagnai a Heathrow. **5 to see sb. out** (*o* **off the premises**), accompagnare q. alla porta □ **to see the show out**, restare sino alla fine dello spettacolo. **6 to see over**, veder bene; esaminare; ispezionare: **We want to see over the house before we rent it**, vogliamo veder bene la casa prima di prenderla in affitto. **7 to see through st.**, vedere attraverso q.c.; penetrare, capire q.c.: **to see through his real motives**, i suoi veri motivi, li capisco (benissimo) □ (*fig.*) **to see through a brick wall**, essere molto perspicace; avere buon fiuto □ **to see sb. through a difficulty**, aiutare q. a superare una difficoltà □ **to see sb. through a scrape**, aiutare q. a trarsi d'impaccio □ **to see the struggle through**, non abbandonare la lotta; non cedere; tener duro. **8 to see to**, occuparsi di; provvedere a; pensare a (*fam.*): **The car is run down; will you see to it?**, l'automobile è guasta (*o* non va); vuoi occupartene tu?; **I will see to it**, ci penso io; lascia fare a me! □ **to see to one's business**, badare ai fatti propri; occuparsi dei propri affari. ● **to see the back of sb.**, liberarsi (*o* sbarazzarsi) di q.; farla finita con q. □ **to see eye to eye**, vedere le cose allo stesso modo □ **to see the funny side of st.**, vedere il lato (*o* l'aspetto) buffo (*o* divertente) di q.c. □ **to see good to do st.**, giudicare conveniente (*o* reputare opportuno) fare q.c. □ (*fig.*) **to see how the cat jumps**, stare a vedere come si mettono le cose □ **to see the last of st.**, mettere la parola fine a q.c.; farla finita con q.c. □ **to see life**, acquistare esperienza della vita; conoscere il mondo e gli uomini □ **to see the light**, vedere la luce; nascere; essere al mondo, esser vivo □ (*fig.*) **to see red**, veder rosso; infuriarsi □ **to see the sights**, fare il giro turistico d'una città; visitare una città da turista □ (*fig.*) **to see stars**, vedere le stelle (*per un dolore lancinante e improvviso*) □ **to see things**, soffrire di allucinazioni □ **to see a thing done**, veder fare una cosa; (*anche*) vedere che una cosa sia fatta □ **to see the town**, visitare la città □ **to see visions**, avere visioni; essere un veggente □ **to see one's way to do** (*o* **to doing**) **st.**, trovare il modo di fare q.c. □ **seeing that**, visto che; considerato che □ **as I see it**, come la vedo io; come la penso io □ **as far as I can see**, a mio modo di vedere □ **to have seen service**, (*di una persona*) aver un lungo stato di servizio, esser esperto; (*di un oggetto*) esser stato usato a lungo, essere consunto (*o* logoro) □ **not to see the use** (**the good, the advantage**) **of doing st.**, non vedere l'utilità (l'opportunità, il vantaggio) di fare q.c.; dubitare dell'utilità, ecc., di fare q.c. □ **to refuse to see sb.**, non voler vedere q.; rifiutare di ricevere q. □ **to be worth seeing**, meritare d'esser visto □ **I see**, vedo; capisco; sì □ **You see**, vedi, capisci; ascolta, senti un po' (*parentetico, molto usato*) □ (*fam.*) **See?**, (hai) capito?; (è) chiaro? □ **See page 45**, vedi pag. 45 □ (*fam.*) **See you soon!**, a presto!; arrivederci! □ **See you later!**, arrivederci!; a fra poco! □ (*fam.*) **Be seeing you, Tom**, ci vediamo, Maso □ **He cannot see a joke**, non apprezza (non capisce) gli scherzi; non sa stare agli scherzi □ **He will never see forty** (**fifty, etc.**) **again**, ha passato da un pezzo i quaranta (i cinquanta, ecc.) anni □ **I can't understand what you see in that girl**, non riesco a capire che cosa tu ci trovi in quella ragazza □ **I must see into it**, voglio vederci chiaro □ **Let me see**, fammi vedere; (*esitando prima di rispondere*) vediamo un po', lasciami pensare! □ **Let me see (now), what can I do for**

see

you?, vediamo (un po'), che cosa posso fare per te? □ **The poor old man has seen better days**, il povero vecchio ha visto tempi migliori □ **Wait and see**, chi vivrà vedrà; stiamo a vedere □ **We have seen the day** (*o* **the time**) **when...**, è passato il tempo che... □ **You can see it at a glance**, si vede a occhi chiusi □ **You had better see your solicitor**, dovresti consultare il tuo avvocato □ (*prov.*) **Seeing is believing**, vedere per credere.

see [si:], *n*. (*relig.*) sede vescovile (*o* arcivescovile); diocesi; vescovado; arcivescovado. ● **the Holy See** (*o* **the See of Rome**), la Santa Sede.

seed [si:d], *n*. (*pl*. **seeds, seed**) **1** seme; semenza; semente; (*fig.*) causa, germe, origine; progenie, stirpe: **to sow the seeds of discord**, gettare il seme della discordia; **the s. of Adam**, la stirpe (*o* la progenie) d'Adamo; **to plant the s. of suspicion in sb.**, insinuare il germe del sospetto in q.; **the seeds of revolt**, il germe della rivolta **2** (*biol.*) seme; sperma **3** (*sport, fam.*) V. **seeded player**, *sotto* to seed. ● **s.-bed**, semenzaio; (*fig.*) vivaio □ **s.-cake**, torta che contiene semi aromatici □ (*bot.*) **s. coat**, tegumento seminale □ **s.-corn**, grano (*USA* granturco) da semina; semente □ (*agric.*) **s.-drill**, seminatrice (*macchina*) □ (*zool.*) **s.-eater**, uccello granivoro □ **s.-leaf**, foglia seminale; germoglio □ (*bot.*) **s.-lobe**, cotiledone □ **s. money**, stanziamento iniziale; capitale (*o* fondi) d'avviamento di un'impresa □ **the s. of Abraham**, il seme d'Abramo; gli ebrei □ **s.-oysters**, ostriche da coltivazione □ **s.-pearl**, perla minuta; perlina □ **s.-plot**, semenzaio □ **s. potatoes**, patate per seme □ **s.-time**, tempo della semina □ (*bot.*) **s.-vessel** (*o* **s.-case**), pericarpo □ **s.-wool**, cotone grezzo (*prima che sian tolti i semi*) □ **to go** (*o* **to run**) **to s.**, far seme, produrre seme, sementire; (*fig.*) andare in malora, guastarsi, sciuparsi □ (*Bibbia*) **to raise up s.**, procreare figlioli.

to seed [si:d], **A** *v. i.* **1** (*di pianta*) produrre seme, sementire **2** seminare. **B** *v. t.* **1** piantare il seme di (*una pianta*); seminare **2** togliere i semi a; sgranare **3** disseminare **4** (*sport*) selezionare, designare (*i concorrenti in un torneo*). ● (*sport*) **seeded player**, concorrente selezionato; testa di serie.

seeder [si:də*], *n*. **1** seminatore, seminatrice **2** (*agric.*) seminatrice (*macchina*) **3** sgranatrice (*macchina*) **4** pesce che depone le uova.

seediness ['si:dinis], *n*. **1** l'esser pieno di semi **2** l'essere consunto (*o* logoro) **3** (*fam.*) indisposizione; depressione.

seeding ['si:diŋ], *n*. (*agric.*) semina; seminagione. ● **s. machine**, seminatrice (*macchina*).

seedless ['si:dlis], *a*. senza semi: **s. tangerines**, mandarini senza semi.

seedling ['si:dliŋ], *n*. **1** giovane pianta; pianticella **2** piantina di semenzaio. ● (*agric.*) **s. nursery**, vivaio forestale.

seedsman ['si:dzmən], *n*. (*pl*. **seedsmen**) venditore di sementi; commerciante di semi.

seedy ['si:di], *a*. **1** pieno di semi; che contiene semi: **This orange is too s.**, quest'arancia ha troppi semi **2** consunto; logoro; malandato; in cattivo stato; squallido: **s. clothes**, abiti logori **3** (*fam.*) indisposto; depresso; abbattuto; giù di morale: **to feel s.**, sentirsi indisposto; star poco bene; essere depresso. ● **a s.-looking man**, un uomo male in arnese □ **s. wool**, lana con impurità vegetali.

seeing ['si:iŋ], **A** *n*. vista; capacità di vedere. **B** *cong.* – **s. that**, visto che; dato che; considerato che (*anche, fam.*: **s. as, s. as how**).

to seek [si:k] (*pass.* e *p. p.* **sought**), *v. t.* e *i.* **1** cercare; andare in cerca (*o* alla ricerca) di; ricercare; tentare: **He sought shelter from the snowstorm**, cercò riparo dalla bufera di neve; **to s. a situation**, cercare un impiego; **to s. one's fortune**, andare in cerca di fortuna; tentare la sorte; **They sought to climb Mount Blanc**, tentarono la scalata del Monte Bianco **2** chiedere; richiedere: **to s. sb.'s aid**, chiedere aiuto a q.; **I'll s. my lawyer's opinion** (*o* **advice from my lawyer**), chiederò parere al (*o* consulterò il) mio avvocato **3** andare a; darsi a: **to s. one's bed**, andare a letto; **He sought the woods for safety**, si diede alla macchia per salvarsi **4** (*d'elemento naturale, di strumento*) rivolgersi; tendere a: **Liquids s. their own level**, i liquidi tendono a livellarsi; **The compass needle seeks the magnetic north**, l'ago della bussola si rivolge al nord magnetico **5** (*elab.*) posizionare **6** (*mil.: di missile*) cercare, dirigersi verso (*il bersaglio*). ● **to s. after**, cercare la compagnia di (q.); ricercare; tentare di ottenere, aspirare a (q.c.) □ **to s. for**, cercare; andare in cerca di; ricercare □ **to s. sb.'s life**, voler la morte di q. □ **to s. out**, scovare; trovare □ **to s. a quarrel**, cercare d'attaccar lite □ (*naut.*) **to s. the shore**, volgersi a riva □ **to s. through**, perquisire; perlustrare □ **to s. troubles**, andare in cerca di guai □ **little** (**much**) **sought--after**, poco (assai) ricercato (*o* richiesto) □ **An efficient leader is yet to s.**, manca ancora un capo capace □ **Politeness is much to s. among them**, lasciano molto a desiderare in fatto di buone maniere □ **The reason for his success is not far to s.**, i motivi del suo successo sono ovvi □ (*caccia*) **S. dead!**, cerca! (*la preda*).

detto al cane da riporto) □ (*Bibbia*) **S. and you shall find**, chi cerca trova (*prov.*).

seeker ['si:kə*], *n*. **1** cercatore, cercatrice; ricercatore, ricercatrice **2** (*miss.*) ordigno (*o* congegno) autocercante.

to seem [si:m], *v. i.* sembrare; parere: **He seems glad to see us**, sembra contento di vederci; **It seems to me that it will rain**, mi pare che voglia piovere; **So we are to get nothing, it seems**, a quanto pare, non riceveremo nulla; **I s. to hear voices**, mi sembra di udire voci; **I s. (to be) deaf today**, mi pare d'essere sordo, oggi. ● **as it seems**, a quanto pare □ **It would s. so**, pare di sì □ **It would s. not**, pare di no □ (*fam.*) **I do not s. to like him**, non so perché, ma mi è antipatico □ **It seemed good to him to leave at once**, gli sembrò opportuno partire subito □ **That's how it seems to me**, io lo vedo così.

seeming ['si:miŋ], **A** *a*. apparente; finto; preteso: **s. indifference**, apparente indifferenza; **a s. friend**, un finto amico. **B** *n*. apparenza; sembianza: **the s. and the real**, l'apparenza e la realtà. ● **s. virtuous**, virtuoso in apparenza □ **with s. truth**, sotto sembianza di verità.

seemingly ['si:miŋli], *avv*. **1** apparentemente; in apparenza **2** evidentemente; a quanto pare; ovviamente.

seemliness ['si:mlinis], *n*. convenienza; decenza; decoro.

seemly ['si:mli], *a*. conveniente; decente; decoroso: **s. behaviour**, comportamento decoroso.

seen [si:n], *p. p.* di **to see**.

to seep [si:p], *v. i.* **1** (*di liquidi*) colare; gocciolare; filtrare; infiltrarsi; trasudare **2** (*fig.*) penetrare; diffondersi. ● (*fig.*) **to s. away**, svanire; dileguarsi; sfumare.

seepage ['si:pidʒ], *n*. gocciolamento; infiltrazione; trasudamento.

seer ['si:ə*], *n*. veggente; profeta.

seeress ['si:ɔris], *n*. profetessa.

seersucker ['si:ˌsʌkə*], *n*. tela indiana a strisce bianche e blu.

seesaw ['si:-sɔ:], *n*. **1** altalena (*asse in bilico su un fulcro*) **2** (*fig.*) movimento su e giù (*o* di va e vieni); fasi alterne: **the s. of a pitched battle**, le fasi alterne d'una battaglia all'ultimo sangue. ● **s. motion**, moto alternativo; va e vieni □ **to go s.**, andare e venire, alternarsi; (*fig.*) vacillare, titubare, barcamenarsi.

to seesaw ['si:-sɔ:], *v. i.* **1** fare l'altalena **2** (*fig.*) vacillare; titubare; barcamenarsi **3** (*mecc.*) muoversi con moto alternativo (*o* di va e vieni).

to seethe [si:ð], **A** *v. i.* **1** bollire (*anche fig.*); ribollire: **to s. with rage**, bollire (*o* fremere) di rabbia; **the seething waters**, le onde ribollenti **2** (*fig.*) essere in fermento (*o* in subbuglio): **The country was seething with unrest**, il paese era in fermento (di ribellione). **B** *v. t.* (*far*) bollire; lessare.

see(-)through ['si:θru:], **A** *a.* (*d'indumento, ecc.*) trasparente. **B** *n*. indumento (*o* capo) trasparente **2** moda del trasparente.

segment ['segmənt], *n*. **1** (*geom., zool.*) segmento: **a s. of a line**, un segmento di retta; **a s. of a sphere**, un segmento sferico **2** settore; parte; fetta; sezione **3** (*di taluni frutti*) spicchio: **a s. of an orange**, uno spicchio d'arancia. ● (*metall.*) **s. die**, filiera scomponibile.

to segment ['segmənt], (*scient.*) **A** *v. t.* **1** segmentare; dividere in segmenti **2** dividere (*un frutto*) in spicchi. **B** *v. i.* **1** segmentarsi; dividersi in segmenti **2** (*biol.*) riprodursi per segmentazione **3** (*di un frutto*) dividersi in spicchi.

segmental [seg'mentl], **segmentary** [seg'mentəri], *a*. (*scient.*) **1** di segmento; segmentale **2** costituito da segmenti **3** ad arco di cerchio. ● (*archit.*) **s. arch**, arco scemo (*o* a sesto ribassato).

segmentation [ˌsegmən'teiʃən], *n*. segmentazione.

segregate ['segrigit], *a*. (*specialm. scient.*) segregato; separato; isolato.

to segregate ['segrigeit], **A** *v. t.* segregare; isolare; separare. **B** *v. i.* segregarsi; isolarsi.

segregated ['segrigeitid], *a*. **1** segregato **2** che applica la segregazione (razziale); segregazionista: (*stor. USA*) **s. schools**, scuole che applicavano la segregazione razziale.

segregation [ˌsegri'geiʃən], *n*. **1** segregazione; isolamento; separazione **2** segregazione razziale.

segregationist [ˌsegri'geiʃənist], *n*. (*polit.*) segregazionista.

segregative ['segrigeitiv], *a*. che segrega; che tende a segregare.

seigneur [se'njɔ:*], **seignior** ['seinjə*], *n*. (*stor.*) signore feudale; feudatario. ● **grand s.**, gran signore.

seign(i)orage ['seinjəridʒ], *n*. (*stor., econ.*) diritti della Corona (*o* d'un signore feudale) sulla moneta coniata; signoraggio.

seign(i)orial ['seinjəriəl], *a*. (*stor.*) di signore feudale; di feudatario.

seigniory ['seinjəri], *n*. (*stor.*) signoria; possesso feudale.

seine [sein], *n*. (*anche* **s. net**) senna.

to seine [sein], *v. t.* e *i.* pescare con la senna.

Seine [sein], *n*. (*geogr.*) Senna.

seiner ['seinə*], *n*. pescatore con la senna.

to seise [si:z], (*leg.*) V. **to seize**, *def*. **A 4**.

seisin ['si:zin], *n.* (*leg.*) proprietà assoluta; possesso incondizionato.
seismal ['saizməl], **seismic(al)** ['saizmik(əl)], *a.* (*geol.*) sismico: **seismic belt**, zona sismica.
seismogram ['saizməgræm], *n.* (*scient.*) sismogramma.
seismograph ['saizməgra:f], *n.* (*scient.*) sismografo.
seismographic(al) [,saizmə'græfik(əl)], *a.* (*scient.*) sismografico.
seismography [saiz'mɔgrəfi], *n.* (*scient.*) sismografia.
seismologic(al) ['saizmə'lɔdʒik(əl)], *a.* (*scient.*) sismologico.
seismologist [saiz'mɔlədʒist], *n.* (*scient.*) sismologo.
seismology [saiz'mɔlədʒi], *n.* (*scient.*) sismologia.
seismometer [saiz'mɔmitə*], *n.* (*scient.*) sismometro.
seismometric(al) ['saizmə'metrik(əl)], *a.* (*scient.*) sismometrico.
seismoscope ['saizməskoup], *n.* (*scient.*) sismoscopio.
seizable ['si:zəbl], *a.* **1** afferrabile; che si può prendere **2** (*leg.*) confiscabile; pignorabile; sequestrabile: **s. chattels**, beni pignorabili.
to seize [si:z], **A** *v. t.* **1** afferrare (*anche fig.*); prendere; cogliere; pigliare; acciuffare; arrestare: **to s. a concept**, afferrare un concetto; **to s. (upon) an opportunity** (*o* **a chance**), cogliere un'occasione; **He was seized by panic**, fu preso dal panico; **The policeman seized the pickpocket**, il poliziotto acciuffò il borsaiolo; **to s. sb. by the neck**, prendere q. per il collo **2** impadronirsi di; impossessarsi di; conquistare: **to s. power**, impadronirsi del potere; (*mil.*) **to s. a fortress**, impossessarsi d'una fortezza **3** (*leg.*) confiscare; sequestrare; pignorare: **His property was seized**, le sue proprietà furono messe sotto sequestro; **to s. contraband goods**, confiscare merce di contrabbando **4** (*leg.*) entrare in possesso di (q.c.) **5** (*naut.*) legare; allacciare. **B** *v. i.* (*mecc.*, *spesso* **to s. up**) grippare, gripparsi; bloccarsi. ● **to s. a distinction**, afferrare una distinzione; capire una differenza □ **to s. on** (*o* **upon**), afferrare, cogliere al volo, accettare subito; appigliarsi, fare ricorso a: **to s. on a good offer**, cogliere al volo un'offerta favorevole □ **to s. the point**, afferrare l'idea; capire il punto essenziale; **to s. upon a pretext**, appigliarsi a un pretesto □ (*mecc.: di motore*) **to s. up**, grippare; gripparsi □ (*stor., naut.*) **to s. sb. up**, legare q. all'alberatura per frustarlo □ **to be seized by apoplexy**, essere colpito dall'apoplessia □ **to be seized of st.**, (*leg.*) essere in possesso di q.c.; (*fig.*) essere al corrente (*o* informato) di q.c. □ (*leg.*) **to stand seized of st.**, essere in possesso di q.c.
seizin ['si:zin], (*USA*) *V.* **seisin**.
seizing ['si:ziŋ], *n.* **1** l'afferrare; il prendere; cattura **2** (*leg.*) confisca; sequestro **3** (*mecc.*) grippaggio **4** (*naut.*) legatura.
seizure ['si:ʒə*], *n.* **1** il prendere; presa; cattura **2** (*leg.*) confisca; sequestro; pignoramento **3** (*leg.*) entrata in possesso di (q.c.) **4** (*med.*) attacco (*specialm.* apoplettico); accesso; crisi **5** (*mecc.*) grippaggio.
sejant, sejeant ['si:dʒənt], *a.* (*araldica*) seduto (*con le zampe anteriori ritte*).
Sejanus [si'dʒeinəs], *n.* (*stor.*) Seiano.
selachians [si'leikjənz], *n. pl.* (*zool., Selachii*) selaci.
seldom ['seldəm], *avv.* raramente; di rado; rare volte: **I s. go to the theatre**, vado a teatro di rado. ● **s. or never**, quasi mai □ **not s.**, non di rado; spesso.
to select [si'lekt], *v. t.* scegliere; selezionare (*anche sport*) **2** scegliere (*con votazione*); eleggere: **to s. a candidate**, scegliere un candidato.
select [si'lekt], *a.* **1** scelto; selezionato; eletto; distinto: **s. company**, eletta compagnia **2** esigente; di difficile contentatura **3** esclusivo: **a s. club**, un circolo esclusivo. ● (*elab.*) **s. bit**, bit di scelta □ (*polit.*) **s. committee**, comitato ristretto; commissione (ristretta) d'inchiesta.
selectee [,selek'ti:], *n.* (*mil. USA, un tempo*) coscritto; recluta.
selection [si'lekʃən], *n.* **1** selezione; scelta; raccolta: **natural** (**artificial**) **s.**, selezione naturale (artificiale) **2** assortimento: **We can offer you a wide s. of first-rate articles**, possiamo mettere a vostra disposizione un vasto assortimento d'articoli di prima qualità **3** (*pl.*) brani (*o* passi) scelti (*di un autore*).
selective [si'lektiv], *a.* **1** (*anche scient.*) selettivo **2** (*comm.: di cliente*) esigente; che sa scegliere. ● (*USA, un tempo*) **s. service**, coscrizione; servizio militare obbligatorio □ (*econ.*) **s. strike**, sciopero a scacchiera.
selectivity [silek'tiviti], *n.* (*anche scient.*) selettività.
selectman [si'lektmən], *n.* (*pl.* **selectmen**) (*USA*) consigliere comunale (*in talune città della Nuova Inghilterra*).
selector [si'lektə*], *n.* **1** chi sceglie **2** (*specialm. elettr., elab., radio, telev.*) selettore **3** (*ferr.*) preselettore **4** (*autom.*) commando per la selezione (*delle marce*) **5** (*autom.*) selettore manuale (*di cambio automatico*) **6** (*ing.*) macchina cernitrice **7** (*sport*) selezionatore.
selenic [si'lenik], *a.* (*chim.*) selenico: **s. acid**, acido selenico
selenious [si'li:niəs], *a.* (*chim.*) selenioso.
selenite ['selinait], *n.* (*miner.*) selenite.
selenium [si'li:njəm], *n.* (*chim.*) selenio.
selenographer [,seli'nɔgrəfə*], *n.* (*scient.*) selenografo.
selenographic [si,li:nou'græfik], *a.* (*scient.*) selenografico.
selenography [,seli'nɔgrəfi], *n.* (*scient.*) selenografia.
Seleucid [si'lju:sid], *n.* (*pl.* **Seleucids, Seleucidae**) (*stor.*) seleucide.
self (1) [self], *n.* (*pl.* **selves**) **1** sé; se stesso; io: **the consciousness of s.**, la coscienza di sé; **He is too conscious of s.**, è tutto compreso di sé; **He cares for nothing but s.**, non si cura che di se stesso; è un egoista; **He puts his s. before everything else**, mette il suo io davanti a tutto **2** interesse personale; egoismo; egocentrismo: **S. is a bad guide to happiness**, l'egoismo non può condurre alla felicità **3** personificazione: **pride's s.**, la personificazione dell'orgoglio **4** (*filos.*) io. ● **one's better s.**, la parte migliore di sé; i sentimenti migliori, gli impulsi più nobili □ (*retor.*) **Caesar's own s.**, Cesare stesso; Cesare in persona □ (*comm.*) **a cheque drawn to s.**, un assegno pagabile al proprio nome □ **to have lost one's former s.**, non esser più quello di prima (*o* d'una volta) □ (*poet.*) **her fair s.**, la sua bella persona □ (*scherz., comm.*) **come brindisi) our noble selves!**, a noi; alla nostra salute! □ (*comm.: su un assegno*) **pay to s.**, pagate a me medesimo (*abbr. M.M.*) □ **one's second s.**, il proprio alter ego; l'anima gemella; l'amico del cuore; il proprio braccio destro (*fig.*) □ **the thought of s.**, il pensare solo a se stessi; l'egoismo; l'egocentrismo □ **one's worse s.**, il lato peggiore di sé; i sentimenti peggiori; gli istinti più malvagi □ (*arc., comm.*) **your good s.**, Lei; Ella □ (*arc., comm.*) **your good selves**, Voi □ **You are the same s.**, sei sempre lo stesso; sei tale e quale □ **Mother never thinks of s.**, la mamma non pensa mai a sé (*cioè, è altruista*).
self (2) [self], *a.* **1** (di colore) uniforme; uguale; monocromo; di tinta unita: **a s. flower**, un fiore monocromo, d'un solo colore **2** della stessa qualità (*o* specie). ● **a s. lining**, una fodera della stessa stoffa (*dell'abito*).
self- [self], *pref.* auto-; di sé, in sé; di se stesso, in se stesso; personale; automatico; autonomo; naturale; spontaneo. ● **s.-abasement**, umiliazione; svilimento di se stesso □ **s.-abnegation**, abnegazione; altruismo □ **s.-absorbed**, che pensa solo a se stesso; assorbito dai propri affari; egocentrico, egoista □ **s.-absorption**, l'essere assorbito dai propri affari; egocentrismo, egoismo; (*fis. nucl.*) autoassorbimento □ **s.-abuse**, uso cattivo delle proprie capacità; (*anche, eufemistico*) masturbazione □ **s.-accusation**, autoaccusa □ **s.-acting**, automatico; a manovra automatica: **a s.-acting door**, una porta (a manovra) automatica □ **s.-action**, automatismo □ (*di congegno esplosivo*) **s.-activating**, a innesco automatico □ (*psic.*) **s.-actualization**, autorealizzazione □ **s.-adapting**, autoadattante: (*ing.*) **s.-adapting system**, sistema autoadattante □ **s.-addressed**, col proprio indirizzo; con l'indirizzo del mittente: **Please enclose a s.-addressed envelope**, siete pregati di allegare una busta col vostro indirizzo □ **s.-admiration**, narcisismo □ (*psic.*) **s.-analysis**, autoanalisi □ **s.-appointed**, deciso (*o* scelto, stabilito di propria iniziativa; autonominato □ **s.-asserting** (*o* **s.-assertive**), che si fa valere; autoritario; arrogante; invadente □ **s.-assertion**, il farsi valere; il far valere i propri diritti; (*psic.*) autoaffermazione □ (*di titolo, ecc.*) **s.-assumed**, assunto senz'averne il diritto □ **s.-assurance**, sicurezza di sé; fiducia nelle proprie capacità □ **s.-assured**, sicuro di sé □ **s.-betrayal**, il tradirsi da solo □ (*agric.*) **s.-binder**, mietitrice legatrice automatica □ **s.-catering**, con uso di cucina: **s.-catering accommodation**, sistemazione (*senza pasti*) con uso di cucina □ (*mecc.*) **s.-centering chuck**, mandrino autocentrante □ (*autom., mecc.*) **s.-centering shoes**, ganasce autocentranti (*di freno a tamburo*) □ **s.-centred**, egocentrico; egoistico □ **s.-centredness**, egocentrismo; egoismo □ **s.-cleaning**, autopulente □ **s.-closing**, che si chiude da sé; a chiusura automatica □ **s.-collected**, calmo, padrone di sé □ **s.-coloured**, a tinta unita; di colore naturale □ **s.-combustion**, autocombustione □ **s.-command**, autocontrollo □ **s.-complacency**, autocompiacimento □ **s.-complacent**, che si compiace di sé; borioso; vanitoso □ **s.-composed**, calmo; padrone di sé □ **s.-conceit**, presunzione □ **s.-conceited**, presuntuoso; pieno di sé □ **s.-condemnation**, autocondanna □ **s.-confessed**, dichiarato: **a s.-confessed intellectual**, un intellettuale dichiarato □ **a s.-confessed drug addict**, uno che ammette di drogarsi □ **s.-confidence**, *V.* **s.-assurance** □ **s.-confident**, *V.* **s.-assured** □ **s.-conscious**, imbarazzato; timido, impacciato; (*filos.*) cosciente di sé, autocosciente □ **s.-consciousness**, timidezza, imbarazzo, impaccio; (*filos.*) autocoscienza □ **s.-consistency**, coerenza □ **s.-consistent**, coerente □ **a s.-constituted judge**, una persona che s'arroga il diritto di giudicare □ **s.-contained**, riservato, discreto; padrone di sé, calmo; completo, autonomo, indipendente; (*mecc.*) autonomo: **a s.-contained community**, una comunità autonoma; **a s.-contained flat**, un appartamento indipendente □ **a s.-contained electric lamp**, una lampada elettrica (*portatile*) a batteria □ **s.-contempt**, disprezzo di sé □ **s.-content**, il conten-

selfhood

tarsi ☐ **s.-contented**, che s'accontenta della sua condizione ☐ **s.--contradiction**, contraddizione in termini ☐ **s.-contradictory**, che si contraddice da solo; contraddittorio ☐ **s.-control**, autocontrollo; padronanza (*o* dominio) di sé; imperturbabilità ☐ **s.--controlled**, padrone di sé; imperturbabile (*anche polit.*) **s.--criticism**, autocritica ☐ **s.-deceit** (*o* **s.-deception**), l'illudersi; il lusingarsi; l'ingannare se stesso; illusione ☐ **s.-defeating**, autolesionistico (*fig.*) ☐ **s.-defence**, autodifesa; difesa di sé, dei propri interessi e beni; (*leg.*) legittima difesa: **in s.-defence**, per legittima difesa ☐ **s.-delusion**, *V.* **s.-deceit** ☐ **s.-denial**, abnegazione; rinuncia ☐ **s.-denying**, pieno di spirito d'abnegazione; che si sacrifica per gli altri ☐ (*mil.*) **s.-destroying**, autodistruggente ☐ **s.-destruction**, autodistruzione (*anche mil.*); suicidio ☐ **s.--destructive**, che tende a distruggersi; suicida ☐ **s.-determination**, (*polit.*) autodeterminazione; (*filos.*) libero arbitrio ☐ **s.-devotion**, abnegazione; dedizione ☐ (*tel.*) **s.-dialled call**, telefonata in teleselezione ☐ **s.-discipline**, autodisciplina ☐ **s.-distrust**, mancanza di fiducia in se stesso ☐ **s.-doubting**, irresoluto; incerto ☐ (*autom.*) **s.-drive hire**, noleggio senza autista ☐ (*mecc.*) **s.-driven**, semovente ☐ (*ind. min.*) **s.-dumping car**, vagone a cassa inclinabile ☐ **a s.-educated man**, un autodidatta ☐ **s.-effacement**, il tenersi nell'ombra; modestia ☐ **s.-effacing**, che si tiene in disparte; che resta (*o* vive) nell'ombra ☐ **s.-employed**, indipendente; per conto proprio; che lavora in proprio; autonomo ☐ **s.-esteem**, stima di sé; presunzione ☐ **s.-evident**, chiaro di per sé; ovvio; assiomatico; lapalissiano ☐ **s.-examination**, esame di coscienza; introspezione ☐ (*elettr.*) **s.-excited**, autoeccitato ☐ (*leg.*) **s.-executing**, automatico ☐ **s.-explaining** (*o* **s.--explanatory**), che si spiega da sé; ovvio ☐ (*arte, pedagogia*) **s.-expression**, libera espressione della propria personalità ☐ **s.--feeding**, (*mecc.*) alimentazione automatica; (*elab.*) autoavanzamento ☐ (*bot., zool.*) **s.-fertilization**, autofecondazione; autofertilizzazione ☐ (*ottica*) **s.-focusing**, autofocalizzante ☐ **s.-forgetful**, dimentico di sé; disinteressato; altruista ☐ **s.--forgetfulness**, disinteresse; altruismo ☐ (*polit.*) **s.-governing**, indipendente; autonomo ☐ (*polit.*) **s.-government**, autonomia; autogoverno ☐ (*med.*) **s.-graft**, autotrapianto ☐ **s.-help**, il fare da sé; il contare solo sulle proprie forze ☐ (*med.*) **s.-hypnosis**, autoipnosi ☐ **s.-ignition**, (*mecc.*) autoaccensione; (*fis., chim.*) accensione spontanea ☐ **s.-importance**, boria; presunzione ☐ **s.--important**, borioso; presuntuoso ☐ **a s.-imposed task**, un compito assunto volontariamente ☐ (*elettr., mecc.*) **s.-induced**, autoindotto ☐ (*elettr.*) **s.-inductance**, autoinduttanza ☐ (*elettr.*) **s.-induction**, autoinduzione ☐ **s.-indulgence**, indulgenza verso se stesso ☐ **s.-indulgent**, indulgente con se stesso ☐ **s.-inflicted**, inflitto da sé ☐ **s.-inflicted injury** (*o* **s.-injury**), autolesione ☐ **s.-interest**, interesse personale; egoismo ☐ **s.-interested**, egoistico ☐ **a s.-interested man**, un egoista ☐ **s.-invited**, che s'è invitato da solo; autoinvitatosi ☐ **s.-knowledge**, il conoscersi; conoscenza di se stesso ☐ (*mecc.*) **s.-loading**, a caricamento automatico ☐ **s.-locking**, che si chiude da sé; autobloccante ☐ **s.-love**, amore di sé; egoismo; egocentrismo ☐ **s.-made**, (che si è) fatto da sé: **a s.-made man**, un uomo che s'è fatto da sé; uno che è figlio delle proprie opere ☐ (*di stampato, ecc.*) **s.-mailer**, pieghevole ☐ **s.-mastery**, *V.* **s.-control** ☐ (*mecc.*) **s.-moving**, semovente ☐ **s.-neglect**, trascuratezza; trasandatezza ☐ **s.-opinion**, boria; presunzione, arroganza; caparbietà; testardaggine ☐ **s.--opinionated**, borioso, presuntuoso, arrogante; caparbio, testardo ☐ **s.-pity**, compassione di sé; autocommiserazione ☐ (*bot.*) **s.-pollination**, impollinazione diretta; autogamia ☐ **s.-portrait**, autoritratto ☐ **s.-possessed**, calmo; composto; padrone di sé ☐ **s.-possession**, calma; compostezza; padronanza di sé: **to lose one's s.-possession**, perdere la calma ☐ **s.-praise**, lode (*o* elogio) di sé; autoincensamento ☐ **s.-preservation**, istinto (*o* spirito) di conservazione ☐ (*mecc.*) **s.-propelled**, a propulsione autonoma; semovente: (*mil.*) **s.-propelled artillery**, artiglieria semovente ☐ (*mecc.*) **s.-propulsion**, autopropulsione ☐ **s.-protection**, *V.* **s.--defence** ☐ (*cucina*) **s.-raising flour**, farina che lievita da sola; farina con lievito in polvere; miscela (*per pizze, ecc.*) (*scient.*) **s.-recording**, autoregistratore ☐ **s.-regard**, considerazione di sé e dei propri interessi; ☐ **s.-registering**, a registrazione automatica ☐ (*mecc.*) **s.-regulating**, a regolazione automatica; autoregolatore ☐ **s.-reliance**, fiducia in sé ☐ **s.-reliant**, che ha fiducia in sé ☐ **s.-renunciation**, *V.* **s.-sacrifice** ☐ **s.-reproach**, senso di colpa ☐ (*elettr.*) **s.-reset**, ripristino automatico ☐ **s.-respect**, rispetto di sé; amor proprio; dignità ☐ **s.-respecting** (*o* **s.--respectful**), che ha amor proprio; dignitoso ☐ **s.-restraint**, riserbo, riservatezza; dominio di sé; autocontrollo ☐ **s.-restrained**, riservato; padrone di sé ☐ **s.-righteous**, farisaico; ipocrita ☐ **s.-righteousness**, fariseismo; ipocrisia ☐ (*USA*) **s.-rising flour**, *V.* **s.-raising flour** ☐ (*polit.*) **s.-rule**, *V.* **s.-government** ☐ **s.-sacrifice**, sacrificio di sé; abnegazione; altruismo ☐ **s.-sacrificing**, pieno d'abnegazione; altruista ☐ **s.-satisfied**, compiaciuto di sé; tronfio; borioso ☐ **s.-satisfaction**, autocompiacimento; boria ☐

(*elettron.*) **s.-saturation**, autosaturazione ☐ (*ing.*) **s.-sealing**, autostagnante ☐ (*tecn.*) **s.-selection**, autoselezione ☐ (*fis. nucl.*) **s.-shielding**, autoschermo ☐ **s.-seeker**, egoista; chi cerca solo il proprio interesse ☐ **s.-seeking**, (*sost.*) egoismo; (*agg.*) egoistico ☐ (*comm.*) **s.-service**, (*sost.*) servizio fatto per sé dal cliente stesso; self-service; (*agg.*) self-service: **a s.-service restaurant** (**shop**), un ristorante (un negozio) self-service ☐ (*di pianta, albero*) **s.-sown**, cresciuto spontaneamente; spontaneo (*bot.*) **s.--sown vegetation**, vegetazione spontanea ☐ (*mecc.*) **s.-starter**, avviatore automatico; motorino di avviamento ☐ **s.-styled**, sedicente ☐ **s.-sufficiency**, autosufficienza; autarchia; sicurezza di sé; aria di sufficienza ☐ **s.-sufficient (s.-sufficing)**, autosufficiente; autarchico; sicuro di sé; che si dà arie di sufficienza: **a s.--sufficient nation**, una nazione autosufficiente ☐ **s.-suggestion**, autosuggestione ☐ **s.-support**, il mantenersi da solo; indipendenza economica ☐ **s.-supporting**, in grado di mantenersi da solo; (economicamente) indipendente ☐ **s.-surrender**, arrendevolezza; acondiscendenza ☐ **s.-sustaining**, *V.* **s.-supporting** ☐ (*mecc.*) **s.-tapping**, autofilettante: **a s.-tapping screw**, una vite autofilettante ☐ **a s.-taught man**, un autodidatta ☐ (*elettr.*) **s.--taxation**, autotassazione ☐ (*fotogr.*) **s.-timer**, autoscatto ☐ (*naut.*) **s.-trimmer**, (nave) autostivante ☐ (*naut.*) **s.-unloader**, (nave) autoscaricante ☐ **s.-will**, caparbietà; ostinazione ☐ **s.--willed**, caparbio; ostinato ☐ (*d'orologio*) **s.-winding**, a carica automatica ☐ **s.-worship**, egolatria; egotismo ☐ **s.-worshipper**, egolatra; egotista.

selfhood ['selfhud], *n.* **1** personalità; individualità **2** egocentrismo; egoismo.

selfish ['selfiʃ], *a.* egoista; egoistico; interessato.

selfishness ['selfiʃnis], *n.* egoismo.

selfless ['selflis], *a.* altruista; altruistico; disinteressato.

selflessness ['selflisnis], *n.* altruismo; disinteresse.

selfsame ['selfseim], *a.* (proprio) lo stesso; identico.

to sell [sel] (*pass.* e *p. p.* **sold**), **A** *v. t.* **1** vendere (*anche fig.*); smerciare; spacciare; alienare; cedere; (*fig.*) tradire: **Do you s. candles?**, vendete candele?; **to s. one's honour**, vendere l'onore; vendersi; **to s. one's country**, vendersi al nemico; tradire la patria; **to s. an estate**, alienare una proprietà; **He would s. his soul for success**, venderebbe l'anima al diavolo pur d'aver successo; **to s. one's life dearly**, vender cara la vita (*fam.*: la pelle) **2** far vendere: **It's scientific advertising that sells our goods**, è la pubblicità raffinata che fa vendere la nostra merce **3** (*fam.*) far propaganda a; esaltare i meriti di; far accettare; rendere bene accetto: **He couldn't s. his plan even to his friends**, non riuscì a far accettare il progetto neanche ai suoi amici **4** (*fam.*) ingannare; imbrogliare; fregare (*pop.*) **B** *v. i.* **1** vendersi; trovare smercio: **Musicassettes s. better than tapes**, le musicassette si vendono meglio dei nastri; **These goods s. well**, questi articoli hanno facile smercio **2** (*fam.*) essere accettato (*o* accolto); trovar credito: **Do you think the idea will s.?**, pensi che l'idea troverà credito? **to sell oneself C** *v. rifl.* vendersi; prostituirsi (*fig.*); (*fam.*) saper vendere la propria merce (*fig.*). ● (*comm.*) **to s. at any price**, vendere per vendere ☐ **to s. by auction**, vendere all'asta; vendere all'incanto ☐ **to s. by retail**, vendere al minuto ☐ **to s. cash on delivery**, vendere contro assegno ☐ **to s. one's chastity**, prostituirsi ☐ (*fam.*) **to s. sb. down the river**, denunciare q.; tradire q. (*specialm.* un complice) ☐ **to s. for**, costare; avere il prezzo di; vendersi a: **These knives s. for five pounds each**, questi coltelli costano cinque sterline l'uno ☐ **to s. for cash**, vendere per contanti ☐ **to s. off**, liquidare; svendere ☐ **to s. on easy terms**, vendere con facilitazioni di pagamento ☐ **to s. out**, vendere, cedere, alienare; liquidare, svendere; (*fam.*) vendersi (*fig.*), tradire: **He sold out (his business) and invested the money in a farm**, vendette la sua azienda e investì il denaro in una fattoria ☐ (*stor.*) **to s. out**, lasciare l'esercito vendendo il grado d'ufficiale (*fig.*); **to s. the pass**, tradire (la patria, il partito, la fiducia di q.); vendere documenti segreti (il voto, un segreto, ecc.) ☐ (*pop.*) **to s. sb. a pup**, darla a bere a q.; ingannare q.; raggirare q. ☐ **to s. one's self-respect**, perdere il rispetto di sé ☐ (*fig.*) **to s. sb. (st.) short**, sottovalutare q. (q.c.) ☐ **to s. one's soul to the devil**, vendere l'anima al diavolo ☐ (*leg.*) **to s. up**, vendere forzatamente; mettere in vendita (*i beni di un debitore insolvente*) ☐ (*leg.*) **to s. sb. up**, mettere in liquidazione i beni di q. (*che è fallito*); liquidare un fallimento ☐ **to s. wholesale**, vendere all'ingrosso ☐ (*pop.*) **Sold again!**, me (*o* te) l'han fatta di nuovo!; ci sono (*o* ci sei) cascato di nuovo ☐ **to be sold**, da vendere; in vendita (*avviso o cartello*) ☐ (*fam.*) **to be sold on** (*o* **about**) **st.**, essere convinto (*o* entusiasta) di q.c. ☐ **to be sold out**, (*di un articolo*) essere esaurito ☐ (*di negoziante*) **to be sold out of st.**, avere esaurito q.c.: **There are no oranges left; we are sold out of them**, non ci sono più arance: le abbiamo vendute tutte.

sell [sel], *n.* **1** (*comm.*) metodo di vendita; tecnica di vendita (*cfr.* **hard s.**, *sotto* **hard**; **soft s.**, *sotto* **soft**) **2** (*fam.*) imbroglio; turlu-

pinatura; bidone, fregatura, fregata (*pop.*).
sellanders ['sləndəz], *V.* **sallenders**.
seller ['selə*], *n.* venditore; negoziante. ● (*comm.*) **sellers'** (*o* **s.'s**) **market**, mercato favorevole alle vendite □ **a best-s.**, un libro (*o* uno scrittore) di successo; un best seller □ **a good (a bad) s.**, un articolo che si vende bene (male).
selling ['seliŋ], *n.* vendita. ● **s.-agent**, commissionario □ **s.-off** (*o* **s.-out**), liquidazione; vendita totale; svendita □ (*comm.*) **s. point**, qualità (*di un prodotto*) che lo rende appetibile □ **s.-price**, (*comm.*) prezzo di vendita; (*rag.*) valore venale □ (*leg.*) **s.-up**, vendita forzosa (*dei beni d'un debitore insolvente*).
Sellotape ['seləteip], *n.* (*marchio*) nastro autoadesivo; scotch (*marchio*).
to Sellotape ['seləteip], *v. t.* accomodare (*o* attaccare) con lo scotch (*V.* **Sellotape**).
sell(-)out ['selaut], *n.* **1** (*comm.*) esaurimento delle scorte **2** liquidazione; svendita **3** (*fam.*) tradimento **4** (*sport, teatr.*) spettacolo (incontro, partita) che ha fatto segnare il tutto esaurito.
Seltzer ['seltsə*], *n.* (*anche* **S. water**) acqua di seltz.
selvage, selvedge ['selvidʒ], *n.* **1** cimosa; vivagno **2** (*mecc.*) bocchetta.
selves [selvz], *pl.* di **self**.
semantic [si'mæntik], *a.* (*linguistica*) semantico.
semantics [si'mæntiks], *n. pl.* (*col verbo al sing.*) semantica.
semaphore ['seməfɔ:*], *n.* **1** (*ferr.*) semaforo **2** (*mil.*) sistema di segnalazione a mano per mezzo di due bandierine. ● (*ferr.*) **s. arm** (*o* **s. blade**), braccio (*o* ala) del semaforo.
to semaphore ['seməfɔ:*], **A** *v. i.* (*mil.*) segnalare con bandierine. **B** *v. t.* trasmettere (*un segnale, un messaggio*) col semaforo (*per mezzo di bandierine*).
semaphoric [,semə'fɔrik], *a.* semaforico.
semasiological [si,meisiə'lɔdʒikəl], *a.* (*linguistica*) semasiologico.
semasiology [si,meisi'ɔlədʒi], *n.* (*linguistica*) semasiologia.
sematic [si'mætik], *a.* (*biol.*) sematico.
sematology [,semə'tɔlədʒi], *n.* (*linguistica*) semantica.
semblance ['sembləns], *n.* **1** sembianze (*lett.*); aspetto; espressione; aria: **the s. of an angel**, angeliche sembianze; **to put on a s. of anger**, assumere un'espressione irata **2** somiglianza; rassomiglianza **3** copia; immagine **4** apparenza; finzione. ● **in s.**, apparentemente.
semeiologic(al) [,semiou'lɔdʒik(əl)], *a.* **1** (*linguistica*) semiologico **2** (*med.*) semeiotico.
semeiologist [,semi'ɔlədʒist], *n.* (*med.*) semeiologo; semiologo.
semeiology [,semi'ɔlədʒi], *n.* **1** (*ling.*) semiologia; semiotica **2** (*med.*) semeiotica.
semeiotic(al) [,semi'ɔtik(əl)], *a.* (*med.*) semeiotico.
semeiotics [,semi'ɔtiks], *n. pl.* (*col verbo al sing.*) **1** (*ling.*) semiologia; semiotica **2** (*med.*) semeiotica.
semen ['si:mən], *n.* (*pl.* **semina, semens**) (*fisiologia*) sperma; seme.
semester [si'mestə*], *n.* semestre accademico (*nelle università tedesche o statunitensi*).
semi- ['semi-], *pref.* semi-; mezzo; a metà. ● **s.-annual**, semestrale: **a s.-annual magazine**, una rivista semestrale □ **s.--annually**, semestralmente □ (*mecc.*) **s.-automatic**, semiautomatico □ **s.-barbarian**, semibarbaro □ **s.-barbarism**, semibarbarie □ **s.-centennial**, cinquantenario □ (*mus.*) **s.-chorus**, semicoro □ **s.-conscious**, non del tutto cosciente; consapevole a metà □ (*archit.*) **s.-dome**, semicupola □ **s.-fluid**, semifluido; viscoso □ **s.--monthly**, quindicinale: **a s.-monthly magazine**, una rivista quindicinale □ **s.-official**, semiufficiale, ufficioso □ **s.-public**, semipubblico □ (*ind.*) **s.-refined**, semiraffinato □ **s.-rigid**, semirigido □ **s.-smile**, un mezzo sorriso □ **s.-weekly**, bisettimanale: **a s.-weekly publication**, una pubblicazione bisettimanale □ **s.--yearly**, semestrale.
semi ['semi], *n.* (*abbr. fam. di*) **1** semidetached **2** semifinal **3** (*USA*) semitrailer.
semiautomated [,semi'ɔ:təmeitid], *a.* semiautomatizzato.
semiaxis [,semi'æksis], *n.* (*geom., mecc.*) semiasse.
semibreve ['semibri:v], *n.* (*mus.*) semibreve.
semicircle ['semi,sə:kəl], *n.* (*geom.*) semicerchio.
semicircular ['semi'sə:kjulə*], *a.* (*geom.*) semicircolare.
semicivilized ['semi'sivilaizd], *a.* semicivilizzato.
semicolon ['semi'koulən], *n.* punto e virgola.
semiconductor [,semikən'dʌktə*], *n.* (*elettr., elettron., fis.*) semiconduttore.
semicylinder ['semi,silində*], *n.* (*geom.*) semicilindro.
semicylindrical ['semisi'lindrikəl], *a.* (*geom.*) semicilindrico.
semidetached [,semidi'tætʃt], (*edil.*) **A** *a.* (*di casa*) con un muro divisorio in comune con un'altra. **B** *n.* casa attaccata a un'altra (con un muro divisorio).
semidiameter ['semidai'æmitə*], *n.* (*geom.*) semidiametro.

semifinal ['semi'fainl], *a.* e *n.* (*sport*) semifinale.
semifinalist ['semi'fainəlist], *n.* (*sport*) semifinalista.
semifinished ['semi'finiʃt], *a.* (*mecc., ind.*) semilavorato: **s. products**, prodotti semilavorati; semilavorati.
semigroup ['semigru:p], *n.* (*mat.*) semigruppo.
semiliteracy ['semi'litərəsi], *n.* semianalfabetismo.
semiliterate ['semi'litərit], *n.* semianalfabeta.
semilunar ['semi'lu:nə*], *a.* semilunare; che ha forma di mezzaluna: (*anat.*) **s. valve**, valvola semilunare.
semimanufactured ['semi,mænju'fæktʃəd], *V.* **semifinished**.
semimanufactures ['semi,mænju'fæktʃəz], *n. pl.* (*ind.*) (prodotti) semilavorati.
seminal ['si:minl], *a.* (*scient.*) **1** seminale **2** riproduttivo: **s. power**, capacità riproduttiva **3** embrionale (*anche fig.*): **in the s. state**, allo stato embrionale. ● (*fisiologia*) **s. fluid**, sperma; seme.
seminar ['semina:*], *n.* seminario (*d'università*).
seminarian [,semi'neəriən], *V.* **seminarist**.
seminarist ['seminərist], *n.* (*relig.*) seminarista.
seminary ['seminəri], *n.* **1** (*relig.*) seminario **2** scuola superiore; istituto: **a s. for young women**, un istituto per giovinette **3** (*fig.*) semenzaio, vivaio (*fig.*). ● (*fig.*) **a s. of vice**, un covo del vizio.
semination [,semi'neiʃən], *n.* (*bot.*) disseminazione.
seminiferous [,semi'nifərəs], *a.* (*bot.*) seminifero.
seminivorous [,semi'nivərəs], *a.* (*zool.*) granivoro.
semiologic(al) [,semiə'lɔdʒik(əl)], *V.* **semeiologic(al)**.
semiology [,si:mi'ɔlədʒi], *V.* **semeiology**.
semiotic(al) [,si:mai'ɔtik(əl)], *V.* **semeiotic(al)**.
semiotics [,si:mai'ɔtiks], *V.* **semeiotics**.
semiprecious ['semi,preʃəs], *a.* (*di pietra preziosa*) duro; semiprezioso.
semipro [,semi'prou], *n.* (*fam., sport*) semiprofessionista.
semiprofessional [,semiprə'feʃnl], (*sport*) **A** *n.* semiprofessionista. **B** *a.* semiprofessionistico.
semiprofessionalism [,semipre'feʃnəlizəm], *n.* (*sport*) semiprofessionismo.
semiquaver ['semi,kweivə*], *n.* (*mus.*) semicroma. ● **demi-s.**, biscroma □ **semi-demi-s.**, semibiscroma.
Semiramis [se'mirəmis], *n.* (*stor.*) Semiramide.
Semite ['si:mait], *n.* semita.
Semitic [si'mitik], *a.* semitico.
Semitism ['semitizəm], *n.* semitismo.
Semitist ['semitist], *n.* semitista.
semitone ['semitoun], *n.* (*mus.*) semitono.
semitonic [,semi'tɔnik], *a.* (*mus.*) che procede per semitoni; semitonato.
semitrailer ['semi'treilə*], *n.* (*autom.*) **1** autoarticolato **2** semirimorchio.
semitropical ['semi'trɔpikəl], *a.* (*geogr.*) subtropicale.
semivocalic [,semi'voukəl], *a.* (*fon.*) semivocalico.
semivowel ['smi'vauəl], *n.* (*fon.*) semivocale.
semmit ['semit], *n.* (*scozz.*) camiciola.
semolina [,semə'li:nə], *n.* semolino (*di frumento*). ● (*cucina*) **s. pudding**, semolino (*la minestra*).
sempiternal [,sempi'tə:nl], *a.* (*retor.*) sempiterno.
sempstress ['sem*p*stris], *V.* **seamstress**.
sems [semz], *n.* (*mecc.*) vite con rondella (*fissata prima della filettatura*).
SEN [,es i: 'en], *n.* (*acronimo di* **State Enrolled Nurse**) (*med.*) infermiera (*o* infermiere) con qualificazione parziale (*in G.B.*; *cfr.* **SRN**).
senarius [si'neəriəs], *n.* (*pl.* **senarii**) (*poesia*) verso senario; senario; (*specialm.*) trimetro giambico.
senary ['si:nəri], *a.* senario (*letter.*); composto di sei elementi.
senate ['senit], *n.* **1** (*stor., polit.*) senato **2** (*università*) senato accademico. ● **S. House**, palazzo del senato.
senator ['senətə*], *n.* (*stor., polit.*) senatore.
senatorial [,senə'tɔ:riəl], *a.* **1** (*polit.*) senatoriale **2** (*stor.*) senatorio: **s. rank**, dignità senatoria. ● (*USA*) **s. district**, collegio elettorale che elegge un senatore.
senatorship ['senətəʃip], *n.* dignità (*o* ufficio) di senatore.
senatus [se'neitəs] (*lat.*), *n.* (*stor.*) senato romano. ● **s. academicus**, senato accademico □ **s.-consultum**, senato-consulto.
to send (1) [send] (*pass.* e *p. p.* **sent**), **A** *v. t.* **1** mandare; inviare; spedire; rimettere; trasmettere; lanciare: **We sent the goods by rail**, spedimmo la merce per ferrovia; **S. help at once!**, inviate subito soccorsi!; **The boy sent the ball over the fence**, il ragazzo lanciò la palla oltre la staccionata; **to s. a message**, trasmettere un messaggio **2** costringere; obbligare: **The breakdown sent him looking for help**, il guasto meccanico lo costrinse a cercare aiuto **3** far diventare: **She'll s. me mad!**, mi farà diventare matto; mi farà impazzire! **4** (*fam.*) mandare in visibilio **5** (*radio*) trasmettere. **B** *v. i.* inviare un messaggio; mandare a dire: **He sent to me to take care of the boy**, mi mandò a dire

send 842

d'aver cura del ragazzo. **C** *verbi composti* **1 to s. after sb.**, mandare a cercare q. **2 to s. sb. along**, mandare q. (da q. altro); dire a q. d'andare (da q. altro). **3 to s. away**, inviare, mandare, spedire; congedare, mandar via; licenziare (*un domestico*, ecc.): **S. away your application at once**, spedisci subito la tua domanda!; **He was sent away for misconduct**, fu licenziato per comportamento indegno □ **to s. away for st.**, mandare a prendere (*o far venire*) q.c. **4 to s. down**, far calare, far scendere; inviare (*dalla città in provincia*); espellere (*uno studente*) dall'università; (*fam.*) mandare in galera: **to s. down prices (the temperature)**, far calare i prezzi (la temperatura). **5 to s. for**, mandare per; mandare a chiamare; far venire; mandare a prendere, far ritirare: **I sent for the village doctor**, mandai a chiamare il medico del paese; **Please, s. (out) for coffee**, per favore, manda a prendere il caffè! (*comm.*) **to s. for a book**, mandare a prendere un libro; ordinare un libro; **to s. for a catalogue**, richiedere un catalogo; **to s. for goods on approval**, ordinare merce in esame. **6 to s. forth**, mandar fuori, mettere fuori; emettere, emanare; produrre, dare (*frutti*); (*comm.*) esportare, mandare all'estero; pubblicare (*libri*): **to s. forth steam (an odour)**, emettere vapore (emanare un odore) □ (*di pianta*) **to s. forth buds**, mettere i germogli. **7 to s. in**, mandare, presentare; farsi precedere da: **to s. in one's card** (*o* **name**), farsi precedere dal proprio biglietto di visita; farsi annunziare; **to s. in one's resignation**, presentare (*pop.* dare) le dimissioni □ (*comm.*) **to s. in an order**, fare un'ordinazione. **8 to s. off**, inviare, spedire (*lettere, merci, ecc.*); salutare (*q. alla partenza*); accomiatarsi da; espellere (*un giocatore, ecc.*). **9 to s. on**, spedire prima, farsi precedere da; inoltrare, far proseguire, trasmettere: **I've already sent on my luggage**, ho già spedito il bagaglio; **Please s. the message on**, per favore, trasmetti il messaggio. **10 to s. out**, mandar fuori; distribuire, far circolare, diramare, inviare; emanare, dare; emettere: **to s. out pamphlets**, far circolare opuscoli; **to s. out invitations**, diramare gli inviti; **The radiator sends out heat**, il radiatore emette calore □ **to s. sb. out of his mind**, far uscire q. di senno. **11 to s. round**, far circolare, passare; divulgare; (*fam.*) mandare, inviare: **A circular has been sent round to all customers**, è stata inviata una circolare a tutti i clienti. **12 to s. through**, trasmettere (*un telegramma, ecc.*). **13 to s. up**, far salire, far crescere; mandare, spedire (*dalla provincia alla città*); rinviare (*a un'autorità superiore*); prendere in giro; far la parodia di (q.); (*fam.*) mandare in galera: **to s. up prices (the temperature)**, far salire i prezzi (la temperatura). ● **to s. by book-post**, spedire in busta aperta (come stampe) □ **to s. by sample-post**, spedire come campione □ **to s. sb. flying**, mandar q. a gambe levate; mettere in fuga q. □ (*sport, fig.*) **to s. sb. for an early shower**, mandare q. agli spogliatoi (*espellerlo*) □ (*fig.*) **to s. sb. packing** (*o* **flying**), mandar q. a farsi benedire; mandare q. a quel paese □ **to s. sb. sprawling**, mandare q. a gambe levate (*naut.*) **to s. to the bottom**, colare a picco; affondare □ **to s. sb. to the electric chair**, mandare q. sulla sedia elettrica □ **to s. under cover**, spedire sotto fascia ● **to s. word**, mandare a dire; far sapere: **Please s. (me) word as soon as possible**, ti prego di farmelo sapere al più presto □ **to be sent about one's business**, esser mandato fuori dai piedi □ **a crop sent to reward our toil**, una messe mandata da Dio a ricompensare le nostre fatiche □ (*arc.*) «**S. him victorious**», fa' che sia vittorioso, fa' che trionfi dei nemici (*nell'inno nazionale inglese; invocazione a Dio in favore del sovrano*) □ **God send it may not be so!**, voglia Iddio che non sia così! □ (*fam.*) **This song sends me**, questa canzone mi manda in estasi.

send [send], *n.* (*naut.*) **1** spinta dell'onda **2** beccheggio.
to send (2) [send] (*pass. e p.p.* **sent**), *v. i.* (*naut.*) beccheggiare; essere sollevato e sbattuto dalle onde: **Our ship sent violently**, la nostra nave beccheggiava violentemente.
sendal ['sendəl], *n.* (*stor.*) zendado (*ricco drappo di seta*).
sender ['sendə*], *n.* **1** (*comm.*) mittente; speditore **2** (*radio, tel.*) apparecchio trasmettente; trasmettitore.
sending ['sendiŋ], *n.* (*specialm. comm.*) invio; spedizione; rimessa **2** (*radio, tel.*) trasmissione. ● **s. station**, stazione trasmittente.
send(-)off ['send'ɔ:f], *n.* **1** commiato; saluto; omaggio reso a chi parte: **His friends gave him a fine s.**, gli amici gli fecero un caloroso saluto alla partenza **2** avvio; impulso, spinta (*fig.*). **3** (*giornalismo*) recensione favorevole; soffietto.
send-up ['sendʌp], *n.* (*pop.*) parodia; imitazione.
senega ['senigə], *n.* (*med., bot., Polygala senega*) poligala.
Senegalese ['senigə'li:z], *a. e n.* (*invar. al pl.*) senegalese (*anche la lingua*).
senescence [si'nesəns], *n.* senescenza.
senescent [si'nesənt], *a.* senescente.
seneschal ['seniʃəl], *n.* (*stor.*) siniscalco: **High S.**, Gran Siniscalco.
sengreen ['sengri:n], *n.* (*bot.*) **1** (*Sedum*) sedo **2** (*Sempervivum*

tectorum) semprevivo **3** (*Vinca minor*) pervinca.
senile ['si:nail], *a.* **1** senile: **s. apathy**, apatia senile **2** (*rif. a persone*) dall'aspetto senile; decrepito; rimbambito. ● **s. decay**, decrepitezza; senilità.
senility [si'niliti], *n.* senilità.
senior ['si:niə*], **A** *a.* seniore; anziano; più anziano; maggiore (*d'età o di grado*); più vecchio: **He is s. to me by two years**, è di due anni più vecchio di me; **a s. student**, uno studente anziano (*di un corso superiore*); **a s. officer**, un ufficiale di grado più elevato (*rispetto a un altro*); (*comm.*) **the s. partner**, il socio più anziano (*d'una ditta*). **B** *n.* **1** seniore; anziano; maggiore **2** superiore **3** (*USA*) studente dell'ultimo corso; diplomando; laureando. ● (*mil.*) **s. army officers**, ufficiali superiori □ (*eufemistico*) **s. citizen**, anziano; pensionato □ (*USA*) **s. high school**, scuola media superiore □ **the S. Service**, la Marina □ **the French s. master**, il titolare della cattedra di francese □ **Thomas Jones, S.**, Thomas Jones, senior; il signor Jones padre.
seniority [,si:ni'ɔriti], *n.* **1** maggiore età; maggiore anzianità **2** anzianità di servizio: **advancement through s.**, promozione per anzianità di servizio. ● **s. list**, ruolo d'anzianità.
senna ['senə], *n.* (*med., bot., Cassia*) sena.
sennight ['senait], *n.* (*arc.*) settimana. ● **Monday s.**, lunedì (a) otto.
sensation [sen'seiʃən], *n.* **1** sensazione; senso; sensibilità (fisica): **a s. of cold**, una sensazione di freddo; **He lost all s. in his right hand**, perse la sensibilità della mano destra **2** sensazione; scalpore; impressione; colpo (*fig.*): **to make a s.**, far impressione; far scalpore; far sensazione; **to create a s.**, far colpo; **to cause a s.**, destare scalpore **3** avvenimento sbalorditivo; fatto sensazionale: **What is the latest s.?**, qual è l'ultimo fatto sensazionale? ● **Melodrama deals largely in s.**, il melodramma per lo più fa appello al sentimentalismo (*o* tende a essere a sensazione).
sensational [sen'seiʃənl], *a.* **1** sbalorditivo; che fa colpo; sensazionale; emozionante; impressionante; raccapricciante: **s. happening**, avvenimento sensazionale; **a s. story**, un racconto impressionante; **a s. crime**, un delitto raccapricciante **2** (*fam.*) fantastico; eccezionale **3** (*filos.*) sensistico. ● **a s. play**, un dramma a sensazione.
sensationalism [sen'seiʃnəlizm], *n.* **1** ricerca del sensazionale; tendenza a far colpo (*o* a sbalordire); sensazionalismo (*raro*): **the s. of certain novels**, la tendenza di certi romanzi a far colpo **2** (*filos.*) sensismo.
sensationalist [sen'seiʃnəlist], *n.* **1** chi vuol far colpo; chi tende a impressionare (*o* a sbalordire) **2** (*filos.*) sensista.
sensationalistic [sen,seiʃnə'listik], *a.* **1** sbalorditivo; che vuol far colpo **2** (*filos.*) sensistico.
sense [sens], *n.* **1** senso; sensazione; sentimento: **the five senses**, i cinque sensi; **the s. of hearing (of sight)**, il senso dell'udito (della vista); **the s. of humour**, il senso dell'umorismo; **a s. of shame**, un senso di vergogna; **the moral s.**, il senso morale **2** senso; buon senso; senso comune; criterio; discernimento; giudizio: **He's a man of s.**, è una persona dotata di buon senso; **What's the s. of talking like that?**, che senso c'è a parlare così?; **That boy hasn't s. enough**, quel ragazzo non ha abbastanza giudizio **3** senso; significato: **a word with several senses**, una parola con vari significati; **I didn't grasp the s. of his remarks**, non afferrai il senso delle sue osservazioni **4** sentimento generale; polso (*fig.*): **The speaker tried to take the s. of the audience**, l'oratore cercò di tastare il polso all'uditorio. ● (*fisiologia*) **s. organ**, organo di senso, organo sensorio □ **s. perception**, percezione sensoria □ (*elab.*) **s. signal**, segnale di lettura □ **to bring sb. to his senses**, far tornare in sé q.; far rinsavire q. □ **to come to one's senses**, tornare in sé; riaversi; riprendersi; rinsavire □ **common s.**, senso comune □ **to frighten sb. out of his senses**, terrorizzare q. (così da farlo uscire di senno) □ **good s.** (*o* **sound s.**), buon senso □ (*anche sport*) **good s. of timing**, tempismo □ **in a s.**, in un certo senso □ **in the best (in the full) s. of the word**, nel miglior (nel vero) senso della parola □ **to make s.**, aver senso □ **This sentence doesn't make s.**, questa frase non ha senso □ **to make s. (out) of st.**, trovare un senso in, capire il senso di q.c. □ **to be out of one's senses**, essere fuori di sé; esser matto □ **the sixth s.**, il sesto senso; l'intuizione □ **to take leave of one's senses**, uscire di senno; ammattire □ (*fam.*) **to talk s.**, parlare assennatamente; dire cose sensate; ragionare bene.
to sense [sens], *v. t.* **1** sentire; accorgersi di; percepire; intuire; avvertire: **I sensed that he was hiding something**, sentii che mi nascondeva qualcosa; **John sensed our hostility**, Giovanni intuì la nostra ostilità; **to s. danger**, sentire il pericolo **2** (*di apparecchio*) rilevare; scoprire **3** (*elab.*) rilevare la perforazione di (*schede o nastri*).
senseless ['senslis], *a.* **1** inanimato; privo di sensi; senza conoscenza; tramortito: **to fall s. to the ground**, cadere a terra privo di sensi **2** insensato; assurdo; irragionevole; privo di buon senso; sciocco; stupido: **a s. idea**, un'idea insensata; (*fam.*) **a s.**

chap, uno stupido. • **to knock sb. s.**, tramortire q. (*con uno o più colpi*).

senselessness ['senslisnis], *n.* **1** insensibilità; l'esser privo di sensi **2** insensatezza; irragionevolezza; mancanza di buon senso.

sensibility [,sensi'biliti], *n.* **1** sensibilità (*in ogni senso*); impressionabilità: **s. to pain** (**to praise, etc.**), sensibilità al dolore (alle lodi, ecc.) **2** (*pl.*) suscettibilità **3** l'esser sensibile a (q.c.); sensitività; emotività.

sensible ['sensəbl], *a.* **1** assennato; ragionevole; saggio; sensato: **That's very s. of him**, è una cosa molto assennata da parte sua; **a s. compromise**, un compromesso ragionevole; **It's a s. idea**, è un'idea saggia; **She is a s. woman**, è una donna sensata **2** percepibile; notevole; ragguardevole; sensibile: **a s. impression**, un'impressione (chiaramente) percepibile; **a s. drop in the prices of foodstuffs**, un sensibile calo dei prezzi dei generi alimentari; **s. phenomena**, fenomeni percepibili; **a s. difference**, una notevole differenza **3** (*raro*) conscio; consapevole: **I am s. of my shortcomings**, sono conscio dei miei difetti; **I am s. of his danger**, sono consapevole del pericolo che corre **4** (*raro*) grato; riconoscente: **I am very s. of your good words**, ti sono assai grato delle tue buone parole. • **a s. headgear**, un copricapo pratico □ **a s. smell**, un odore che si sente.

sensibleness ['sensəblnis], *n.* assennatezza; buon senso; ragionevolezza; giudizio.

sensism ['sensizəm], *n.* (*filos.*) sensismo.

sensist ['sensist], *n.* (*filos.*) sensista.

sensitive ['sensitiv], **A** *a.* **1** sensibile: **s. skin**, pelle sensibile, delicata; **to be s. to beauty**, essere sensibile alla bellezza; **s. film**, pellicola sensibile; **The thermometer is s. to heat**, il termometro è sensibile al calore **2** sensitivo; emotivo **3** sensibile alla pietà; pietoso; tenero: **He is s. to the sufferings of animals**, si muove facilmente a pietà per le sofferenze degli animali **4** ombroso; permaloso; suscettibile; sensibile **5** (*di documento, ecc.*) delicato; segreto. **B** *n.* sensitivo. • (*comm.*) **a s. market**, un mercato fluttuante, soggetto a improvvisi mutamenti dei prezzi □ (*fotogr.*) **s. paper**, carta sensibile (*o* impressionabile) □ **s. plant**, (*bot., Mimosa pudica*) sensitiva; (*fig.*) persona troppo sensibile.

sensitiveness ['sensitivnis], **sensitivity** [,sensi'tiviti], *n.* **1** sensibilità **2** sensitività; emotività **3** permalosità; ombrosità; suscettibilità.

sensitization [,sensitai'zeiʃən], *n.* (*specialm. fotogr., med.*) sensibilizzazione.

to sensitize ['sensitaiz], *v. t.* (*specialm. fotogr., med.*) sensibilizzare. • (*di persona*) **to become sensitized**, sensibilizzarsi.

sensitometer [,sensi'tɔmitə*], *n.* (*fotogr.*) sensitometro.

sensor ['sensə*], *n.* (*tecn.*) sensore.

sensorial [sen'sɔ:riəl], *a.* sensoriale; sensorio: **s. organs**, organi sensori.

sensorium [sen'sɔ:riəm], *n.* (*pl.* **sensoriums, sensoria**) (*fisiologia*) **1** sensorio **2** centro sensitivo.

sensory ['sensəri], *V.* **sensorial**.

sensual ['sensjuəl], *a.* **1** sensuale; carnale; voluttuoso: **s. pleasures**, piaceri sensuali **2** (*filos.*) sensualistico **3** sensoriale.

sensualism ['sensjuəlizəm], *n.* **1** sensualismo; carnalità; voluttuosità **2** (*filos.*) sensualismo.

sensualist ['sensjuəlist], *n.* **1** persona sensuale **2** (*filos.*) sensualista **3** (*filos.*) sensista.

sensuality [,sensju'æliti], *n.* sensualità.

to sensualize ['sensjuəlaiz], *v. t.* rendere sensuale.

sensuous ['sensjuəs], *a.* **1** piacevole ai sensi; sensuoso: **s. poetry**, poesia sensuosa **2** sensoriale; sensorio; sensitivo **3** (*talora*) sensuale; voluttuoso.

sent [sent], *pass.* e *p. p.* di **to send**.

sentence ['sentəns], *n.* **1** (*leg.*) sentenza; giudizio: **a s. of the Court**, una sentenza del tribunale **2** (*leg.*) condanna: **a heavy s.**, una grave condanna; **s. of death**, condanna a morte **3** (*gramm.*) frase; proposizione; periodo: **a simple** (**compound, complex**) **s.**, una proposizione semplice (composta, complessa). • **capital s.**, condanna a morte; pena capitale □ **life s.**, (condanna all') ergastolo □ **to pass** (*o* **to pronounce**) **s.**, emettere una sentenza; condannare □ **to serve a s.**, scontare una condanna; scontare una pena detentiva □ **to be under s. of death**, essere stato condannato a morte.

to sentence ['sentəns], (*leg.*) **A** *v. t.* emettere una sentenza contro (q.c.); condannare (*anche fig.*): **to s. sb. in default**, condannare q. in contumacia; **He was sentenced to death**, fu condannato a morte. **B** *v. i.* emettere la sentenza.

sententious [sen'tenʃəs], *a.* sentenzioso; aforistico; pomposo: **a s. writer**, uno scrittore sentenzioso; **a s. style**, uno stile sentenzioso (*o* pomposo). • (*spreg.*) **a s. man**, uno sputasentenze.

sententiousness [sen'tenʃəsnis], *n.* sentenziosità; pomposità.

sentience ['senʃəns], **sentiency** ['senʃənsi], *n.* facoltà di sentire; l'esser senziente; sensibilità.

sentient ['senʃənt], *a.* senziente; dotato di senso; sensibile.

sentiment ['sentimənt], *n.* **1** sentimento; senso: **a noble s.**, un nobile sentimento; **the s. of mercy**, il senso della misericordia **2** (*pl.*) avviso; opinione; parere; modo di pensare (*o* di sentire): **I share your sentiments**, sono dello stesso avviso; **These are my sentiments**, questi sono i miei sentimenti **3** sentimentalismo. • (*fam.*) **My sentiments exactly!**, sono perfettamente d'accordo!

sentimental [,senti'mentl], *a.* **1** sentimentale: **a s. girl**, una ragazza sentimentale **2** delicato; romantico; tenero: **s. poems**, poesie delicate, tenere; **s. music**, musica romantica **3** (*spreg.*) sentimentale; sdolcinato; patetico: **a s. story**, un racconto patetico, sdolcinato. • (*comm.*) **s. value**, valore di affezione.

sentimentalism [,senti'mentəlizəm], *n.* sentimentalismo.

sentimentalist [,senti'mentəlist], *n.* sentimentalista.

sentimentality [,sentimen'tæliti], *n.* sentimentalità.

to sentimentalize [,senti'mentəlaiz], **A** *v. i.* fare il sentimentale. **B** *v. t.* **1** rendere sentimentale **2** fare del sentimentalismo (*o* del romanticismo) su (q.c.).

sentinel ['sentinl], *n.* sentinella. • **to stand s.** (**over st.**), far la sentinella (a q.c.).

sentry ['sentri], *n.* (*mil.*) sentinella; (soldato di) guardia. • **s.-box**, garitta □ **to be on s.-duty**, far la sentinella □ **to be on s.-go**, far la sentinella camminando su e giù □ **to keep s.**, far la sentinella; montare la guardia □ **to relieve a s.**, dare il cambio a una sentinella.

sepal ['sepəl], *n.* (*bot.*) sepalo.

separability [,sepərə'biliti], *n.* separabilità.

separable ['sepərəbl], *a.* separabile.

separate ['seprit], **A** *a.* **1** separato; disgiunto; diviso; distinto: **s. tables**, tavole separate; **Keep it s. from the others**, tienlo separato (*o* distinto) dagli altri; (*rag.*) **s. accounts**, conti distinti **2** diverso; vario; singolo: **the s. parts of the body**, le diverse parti del corpo; **the s. volumes**, i singoli volumi. **B** *n.* **1** estratto (*di un articolo, ecc.*) **2** (*pl.*) capi di vestiario (*gonne, camicette, ecc.*) che si possono indossare combinati o separatamente. • (*leg.*) **s. estate**, proprietà personale della moglie; beni parafernali □ (*leg.*) **s. maintenance**, alimenti (*a un coniuge divorziato*) □ (*bur., comm.*) **under s. cover**, in plico a parte.

to separate ['sepəreit], **A** *v. t.* **1** separare; disgiungere; dividere; suddividere; scindere; distinguere: **A wall separates the two gardens**, un muro separa i due giardini; **The estate was separated into small lots**, la proprietà fu suddivisa in piccoli appezzamenti **2** smistare: **to s. the mail**, smistare la corrispondenza **3** scegliere; fare la cernita di (*cereali, frutta, ecc.*) **4** licenziare (*dipendenti*). **B** *v. i.* separarsi; disgiungersi; dividersi; staccarsi; scindersi: **He has separated from the party**, s'è staccato dal partito; **We separated at noon**, ci separammo a mezzogiorno. • (*fis.*) **to s. light**, scomporre la luce □ **to s. milk**, scremare il latte □ **a legally separated husband**, un marito legalmente separato □ (*ind.*) **separated milk**, latte scremato □ **How long have they been separated?**, da quanto tempo vivono separati?

separateness ['sepritnis], *n.* l'essere separato (*o* diviso); separazione.

separation [,sepə'reiʃən], *n.* **1** separazione; disgiunzione; distacco **2** scomposizione; divisione: **the s. of powers**, la divisione dei poteri **3** (*leg.*) separazione (*tra coniugi*): **judicial s.**, separazione legale **4** smistamento (*della corrispondenza*) **5** licenziamento: **s. from employment**, licenziamento dall'impiego. • (*mecc.*) **s. into parts**, scomposizione, smontaggio (*di una macchina*).

separatism ['sepərətizəm], *n.* (*polit., relig.*) separatismo.

separatist ['sepərətist], *n.* (*polit., relig.*) separatista.

separative ['sepərətiv], *V.* **separatory**.

separator ['sepəreitə*], *n.* **1** separatore (*l'uomo e la macchina*) **2** (*anche cream-s.*) scrematrice.

separatory ['sepərətəri], *a.* separatorio; divisorio.

sepia ['si:pjə], *n.* (*arte, fotogr., tipogr.*) color seppia; nero di seppia. • **s.-drawing**, disegno in nero di seppia □ **s.-print**, copia (in) seppia □ **warm s.**, mescolanza di nero di seppia e rosso.

sepiolite ['si:pioulait], *n.* (*miner.*) sepiolite; schiuma di mare.

sepoy ['si:poi], *n.* (*stor., mil.*) sepoy (*soldato indiano dell'esercito britannico*). • (*stor.*) **the s. mutiny**, la rivolta dei sepoy.

seps [seps], *n.* (*zool., Chalcides*) calcide.

sepsis ['sepsis], *n.* (*pl.* **sepses**) (*med.*) sepsi.

sept [sept], *n.* (*stor.*) gruppo di famiglie irlandesi; clan; tribù.

septa ['septə], *pl.* di **septum**.

septal ['septəl], *a.* (*zool.*) del setto; settale.

septate ['septeit], *a.* (*biol.*) provvisto di setti; settato.

September [səp'tembə*], **A** *n.* settembre. **B** *a. attr.* di settembre; settembrino: **in a clear S. day**, in una serena giornata settembrina.

Septembrist [səp'tembrist], *n.* (*stor.*) settembrista.

septempartite ['septəm'pa:tait], *a.* diviso in sette parti.

septemvir [sep'temvə*], *n.* (*stor.*) settenviro, settemviro.

septemvirate [sep'temvirit], *n.* (*stor.*) settenvirato.
septenarius [ˌsepti'nɛəriəs], *n.* (*pl.* **septenarii**) (*poesia latina*) settenario.
septenary ['septinəri], **A** *a.* **1** del numero sette **2** (*poesia*) settenario. **B** *n.* (*poesia*) (verso) settenario.
septennial [sep'tenjəl], *a.* settennale.
septet(te) [sep'tet], *n.* **1** (*mus.*) composizione per sette strumenti (*o* sette voci) **2** (*fig.*) gruppo di sette cose (*o* persone).
septfoil ['setfoil], *n.* (*bot.*, *Potentilla tormentilla*) tormentilla.
septic ['septik], *a.* (*med.*) settico. • (*costr.*) **s. tank**, fossa settica □ (*med.: di ferita, ecc.*) **to go s.**, infettarsi.
septicaemia, septicemia [ˌsepti'si:mjə], *n.* (*med.*) setticemia.
septicaemic, septicemic [ˌsepti'si:mik], *a.* (*med.*) setticemico.
septicidal [ˌsepti'saidəl], *a.* (*bot.*) setticida.
septicity [sep'tisiti], *n.* (*med.*) l'essere settico.
septillion [sep'tiljən], *n.* (*mat.*) **1** (*in G. B.*) (un) sestilione di sestilioni (*un 1 seguito da 42 zeri*) **2** (*in USA*) settilione (*un 1 seguito da 24 zeri*).
septimal ['septiməl], *a.* del (*o* pertinente al) numero sette.
septime ['septi:m], *n.* (*scherma*) posizione di settima.
septuagenarian [ˌseptjuədʒi'nɛəriən], *a.* e *n.* settuagenario; settantenne.
Septuagesima [ˌseptjuə'dʒesimə], *n.* (*relig.*, *anche* **S. Sunday**) (domenica di) settuagesima.
Septuagint ['septjuədʒint], *n.* (*relig.*) versione del Vecchio Testamento dei Settanta (*in greco*).
septum ['septəm], *n.* (*pl.* **septa, septums**) (*scient.*) setto.
septuple ['septjupl], *a.* e *n.* settuplo.
sepulchral [si'pʌlkrəl], *a.* sepolcrale (*anche fig.*): **in a s. voice**, con voce sepolcrale. • **s. customs**, usanze funebri.
sepulchre ['sepəlkə*], *n.* sepolcro; tomba. • **the Holy S.**, il Santo Sepolcro □ (*fig.*) **a whited s.**, un sepolcro imbiancato; un ipocrita.
sepulture ['sepəltʃə*], *n.* sepoltura; seppellimento.
sequacious [si'kweiʃəs], *a.* **1** seguace (*poet.*); pedissequo; poco originale; servile **2** conseguente; coerente.
sequacity [si'kwæsiti], *n.* **1** mancanza di originalità; servilità; servilismo **2** coerenza.
sequel ['si:kwəl], *n.* **1** seguito; continuazione **2** conseguenza; effetto: **Higher production costs are a s. to rising prices of raw materials**, i maggiori costi di produzione sono una conseguenza dei crescenti prezzi delle materie prime. • **in the s.**, in seguito; successivamente.
sequela [si'kwi:lə], *n.* (*pl.* **sequelae**) (*med.*) postumo (*di una malattia*).
sequence ['si:kwəns], *n.* **1** sequela; serie (ininterrotta); successione; ordine; il susseguirsi: **the s. of events**, il susseguirsi degli avvenimenti; **to give the facts in historical s.**, dare i fatti in ordine cronologico; **a s. of calamities**, una sequela di disgrazie **2** (*mus.*, *relig.*, *cinem.*, *in certi giochi di carte*, *ecc.*) sequenza: **transitional s.**, sequenza di passaggio; **a s. of diamonds**, una sequenza di quadri (*carte da gioco*); (*elab.*) **s. check**, controllo di sequenza **3** (*mat.*) successione **4** (*geol.*) serie; sequenza **5** (*cinem.*) episodio. • (*gramm.*) **the s. of tenses**, la consecutio temporum; la sintassi dei tempi □ (*letter.*) **a sonnet s.**, una raccolta di sonetti; un canzoniere.
sequencer ['si:kwənsə*], *n.* (*elab.*) ordinatore in sequenza.
sequencing ['si:kwənsiŋ], *n.* **1** (*ind.*) il fissare l'ordine d'esecuzione (*dei lavori*) **2** (*ferr.*) il fissare l'ordine di precedenza (*dei treni*).
sequent ['si:kwənt], *a.* **1** seguente; successivo **2** conseguente; consequenziale.
sequential [si'kwenʃəl], *a.* **1** seguente; successivo **2** in successione; in serie ininterrotta **3** conseguente; derivante; risultante **4** (*mat.*, *stat.*, *elab.*) sequenziale: **s. analysis**, analisi sequenziale; **s. computer**, calcolatore sequenziale.
to **sequester** [si'kwestə*], **A** *v. t.* **1** (*leg.*) sequestrare; mettere sotto sequestro; confiscare **2** appartare; isolare; segregare. to **sequester oneself B** *v. rifl.* appartarsi; isolarsi; ritirarsi. • **a sequestered cottage**, una casetta isolata □ **a sequestered spot**, un luogo appartato □ (*chim.*) **sequestering agent**, agente sequestrante.
to **sequestrate** [si'kwestreit], *v. t.* (*leg.*) **1** sequestrare; metter sotto sequestro; confiscare **2** (*scozz.*) porre (*beni*) sotto curatela fallimentare **3** (*scozz.*) dichiarare (q.) fallito.
sequestration [ˌsi:kwes'treiʃən], *n.* **1** (*leg.*) sequestro; confisca **2** (*raro*) isolamento; segregazione.
sequestrator ['si:kwestreitə*], *n.* (*leg.*) **1** sequestrante **2** sequestratario.
sequin ['si:kwin], *n.* **1** (*moda*) lustrino **2** (*stor.*) zecchino (*moneta*).
sequoia [si'kwɔiə], *n.* (*bot.*, *Sequoia*) sequoia. • (*bot.*) **giant s.** (*Sequoia gigantea*), sequoia gigante.
sérac ['seræk] (*franc.*), *n.* seracco (*di ghiacciaio*).

seraglio [sə'ra:liou], *n.* (*pl.* **seraglios, seragli**) serraglio; harem.
serai [se'rai], *n.* (*pl.* **serais**) caravanserraglio.
seraph ['seræf], *n.* (*pl.* **seraphim, seraphs**) (*relig.*) serafino.
seraphic(al) [se'ræfik(əl)], *a.* (*relig.*) serafico (*anche fig.*): **a s. smile**, un sorriso serafico.
Serb [sə:b], **Serbian** ['sə:bjən], *a.* e *n.* serbo (*anche la lingua*).
Serbo-Croatian [ˌsə:boukrou'eiʃən], *a.* e *n.* serbo-croato (*anche la lingua*).
sere (1) [siə*], *V.* **sear (1)**.
sere (2) [siə*], *V.* **sear (2)**.
serenade [ˌseri'neid], *n.* (*anche mus.*) serenata.
to **serenade** [ˌseri'neid], **A** *v. t.* cantare (*o* fare) una serenata a (q.). **B** *v. i.* cantare (*o* fare) serenate.
serenader [ˌseri'neidə*], *n.* chi fa serenate.
serenata [ˌseri'na:tə] (*ital.*), *n.* (*pl.* **serenatas, serenate**) (*mus.*) serenata.
serendipity [ˌserən'dipiti], *n.* capacità di fare felici scoperte, di trovar tesori (*parola coniata da H. Walpole ne «I tre principi di Serendip»*); serendipità.
serene [si'ri:n], **A** *a.* sereno (*anche fig.*); limpido; calmo; quieto; tranquillo: **a s. sky**, un cielo sereno, limpido; **a s. life**, una vita serena; **to have a s. expression on one's face**, avere un'aria serena (in volto); **a s. temper**, un temperamento tranquillo. **B** *n.* (*poet.*) **1** cielo sereno; (il) sereno **2** mare calmo. • (*stor.*) **Your S. Highness**, Vostra Serenità; Vostra Altezza Serenissima.
to **serene** [si'ri:n], *v. t.* (*poet.*) rasserenare.
serenity [si'reniti], *n.* serenità (*anche fig.*). • (*stor.*) **Your S.**, Vostra Serenità.
serf [sə:f], *n.* **1** (*stor.*) servo della gleba **2** (*fig.*) servo; schiavo.
serfage ['sə:fidʒ], **serfdom** ['sə:fdəm], **serfhood** ['sə:fhud], *n.* **1** (*stor.*) servitù della gleba **2** (*fig.*) servitù; schiavitù.
serge [sə:dʒ], *n.* (*ind. tessile*) saia.
sergeant ['sa:dʒənt], *n.* **1** (*mil.*) sergente **2** (*di polizia*) sergente; brigadiere **3** *V.* **serjeant**. • (*zool.*) **s.-fish**, Rachycentron canadus; Centropomus undecimalis • **s.-major**, sergente maggiore □ **lance-s.**, caporal maggiore; caporale che fa le veci di sergente.
sergeantship ['sa:dʒəntʃip], *n.* (*mil.*) grado (*o* ufficio) di sergente.
serial ['siəriəl], **A** *a.* **1** di serie; in serie; (*elab.*) seriale: **s. number**, numero di serie (*di banconote*, *ecc.*); (*ind.*) **s. production**, produzione in serie **2** (*di racconto*, *servizio*, *ecc.*) pubblicato a puntate **3** (*di pubblicazione*, *opuscolo*, *ecc.*) periodico. **B** *n.* **1** racconto (*o* romanzo, servizio, ecc.) a puntate **2** (*cinem.*, *radio*, *telev.*) serial; film (racconto, teleromanzo) a episodi **3** pubblicazione periodica; periodico. • (*elab.*) **s. processor**, elaboratore seriale □ **s. rights**, diritti esclusivi per la pubblicazione a puntate: **The magazine has the s. rights to the story**, la rivista ha il diritto esclusivo di pubblicare il racconto a puntate.
serialization [ˌsiəriəlai'zeiʃən], *n.* **1** pubblicazione a puntate **2** (*radio*, *telev.*) trasmissione (*o* messa in onda) a puntate.
to **serialize** ['siəriəlaiz], *v. t.* **1** pubblicare (*un racconto*, *un servizio*, *ecc.*) a puntate **2** (*radio*, *telev.*) trasmettere a puntate.
serially ['siəriəli], *avv.* **1** in serie **2** a puntate; a dispense.
seriate ['siəriit], *a.* **1** disposto (*o* ordinato) in serie **2** (*geol.*) seriato.
to **seriate** ['siərieit], *v. t.* **1** disporre (*o* ordinare) in serie **2** (*stat.*) seriare.
seriatim [ˌsiəri'eitim], *avv.* in serie; successivamente.
seriation [ˌsiəri'eiʃən], *n.* **1** disposizione (*o* ordinamento) in serie **2** (*stat.*) seriazione.
sericeous [si'riʃəs], *a.* **1** di seta; simile a seta **2** (*bot.*) sericeo; setoso.
sericultural [ˌseriˌkʌltʃərəl], *a.* sericolo; della bachicoltura.
sericulture [ˌseriˌkʌltʃə*], *n.* sericoltura; bachicoltura.
sericulturist [ˌseriˌkʌltʃərist], *n.* sericoltore; bachicoltore.
seriema [ˌseri'i:mə], *n.* (*zool.*, *Cariama cristata*) seriema.
series ['siəri:z], *n.* (*invar. al pl.*) **1** serie; successione: **a s. of victories**, una serie di vittorie; **a new s. of documentaries**, una nuova serie di documentari **2** collana (*di libri*); serie: **a TV s.**, una serie televisiva **3** (*elettr.*) serie; collegamento in serie **4** (*geol.*, *mat.*) serie **5** (*sport*) serie d'incontri (*o* di partite). • (*elettr.*, *radio*) **s. connection**, collegamento in serie □ (*elettron.*) **s. feed**, alimentazione in serie □ (*anche elettr.*) **in s.**, in serie.
serif ['serif], *n.* (*tipogr.*) grazia; terminazione.
serin ['serin], *n.* (*zool.*, *Serinus canarius*) crespolino; verzellino.
serio(-)comic(al) [ˌsiəriou'kɔmik(əl)], *a.* semiserio; tra il serio e il faceto.
serious ['siəriəs], *a.* serio (*in ogni senso*); grave; importante; preoccupante: **a s. air** (**look**), un'aria seria (un aspetto grave); **a s. illness**, una malattia grave; **a s. situation**, una situazione preoccupante. • (*di persona*) **s.-minded**, serio; serio di carattere □ **to give st. a s. thought**, pensare a q.c. sul serio □ **Are you s.?**, dici (*o* fai) sul serio?

seriously ['siəriəsli], *avv.* seriamente; sul serio; gravemente: **to take st. s.**, prendere q.c. sul serio; **s. wounded**, gravemente ferito.
seriousness ['siəriəsnis], *n.* serietà; gravità; importanza: **the s. of the situation**, la gravità della situazione. ● **in all s.**, molto seriamente; in tutta serietà.
seriph ['serif], *V.* **serif**.
serjeant ['sɑ:dʒənt], *n.* (*soltanto nelle locuz.*) **s.-at-arms**, (*stor.*) cortigiano armato, uomo d'armi; (*ora*) questore d'assemblea legislativa; (*stor.*) **s.-at-law**, avvocato di prima classe.
sermon ['sə:mən], *n.* (*relig.*) sermone, predica (*anche fig.*); predicozzo; paternale. ● (*dal Vangelo*) **the S. on the Mount**, il Sermone della Montagna.
sermonet(te) [,sə:mə'net], *n.* sermoncino.
sermonic ['sə:'mɔnik], *a.* sermoneggiante; moraleggiante.
to sermonize ['sə:mənaiz], **A** *v. i.* sermoneggiare; moraleggiare. **B** *v. t.* fare la predica a (q.); ammonire.
sermonizer ['sə:mənaizə*], *n.* **1** predicatore **2** (*spreg.*) chi fa predicozzi.
serology [si'rɔlədʒi], *n.* (*med.*) sierologia.
seronegative [,siərou'negətiv], *a.* (*med.*) sieronegativo.
seropositive [,siərou'pɔzətiv], *a.* (*med.*) sieropositivo.
serosity [si'rɔsiti], *n.* (*fisiologia*) sierosità.
serotherapy [,siərou'θerəpi], *n.* (*med.*) sieroterapia.
serotine (1) ['serətain], *a.* (*di frutto, ecc.*) serotino; tardivo.
serotine (2) ['serətain], *n.* (*zool., Eptesicus serotinus*) pipistrello serotino.
serotinous [si'rɔtinəs], *V.* **serotine (1)**.
serotonin [,siərou'tounin], *n.* (*biol.*) serotonina.
serous ['siərəs], *a.* sieroso. ● **s. fluid**, liquido sieroso.
serpent ['sə:pənt], *n.* **1** (*zool.*) serpente; serpe (*anche fig.*) **2** (*stor., mus.*) serpentone. ● **s. charmer**, incantatore di serpenti □ (*zool.*) **s.-eater** (*Sagittarius serpentarius*), serpentario; sagittario □ (*zool.*) **s. lizard** (*Chalcides tridactylus*), luscengola □ (*bot.*) **s.'s-tongue** (*Ophioglossum*), ofioglossa □ **the (old) S.**, il Serpente; il Diavolo.
serpentiform [sə'pentifɔ:m], *a.* serpentiforme.
serpentine ['sə:pəntain], **A** *a.* **1** serpentino; di (*o* da) serpe **2** serpeggiante; sinuoso: **a s. road** (*river, etc.*), una strada (un fiume, ecc.) serpeggiante **3** (*fig.*) astuto; infido; maligno; perfido. **B** *n.* (*miner.*) serpentino. ● **the S.**, la Serpentina (*laghetto in Hyde Park, a Londra*) □ (*mat.*) **s. curve**, serpentino □ **s. dance**, danza con movenze sinuose □ (*poesia*) **s. verse**, verso che comincia e finisce con la stessa parola □ **s. windings**, serpentine (*tubi a spire*; *strada a svolte*) □ (*dal Vangelo*) **s. wisdom**, saggezza profonda.
to serpentine ['sə:pəntain], *v. i.* (*raro*) serpeggiare.
serpentlike ['sə:pəntlaik], *a.* di (*o* da) serpente; serpentino.
serpiginous [sə'pidʒinəs], *a.* (*med.*) serpiginoso.
serpigo [sə'paigou], *n.* (*pl.* **serpigoes, serpigines**) (*med.*) serpigine.
serrate ['serit], **serrated** [se'reitid], *a.* (*bot., zool., mecc.*) dentellato; seghettato.
serration [se'reiʃən], **serrature** ['serətjuə*], *n.* (*bot., zool., mecc.*) dentellatura; seghettatura. ● (*mecc.*) **serrations**, denti.
serried ['serid], *a.* serrato; compatto; folto; fitto: **s. ranks of soldiers**, schiere serrate di soldati.
serrulate(d) ['serjuleit(id)], *a.* (*bot., zool.*) finemente dentellato (*o* seghettato).
serrulation [,serju'leiʃən], *n.* (*bot., zool.*) fine dentellatura (*o* seghettatura).
serum ['siərəm], *n.* (*pl.* **serums, sera**) **1** (*fisiologia, med.*) siero **2** (*bot.*) linfa. ● (*med.*) **s. accident**, accidente da siero; sieroanafilassi; shock da siero.
serval ['sə:vəl], *n.* (*zool., Felis serval*) servalo; gattopardo africano.
servant ['sə:vənt], *n.* **1** (*spesso* **domestic s.**) servitore; servo (*anche fig.*); domestico, domestica **2** chi è al servizio (*dello Stato, di un Sovrano, ecc.*); dipendente statale: **A civil s. is as of the Crown employed in a civil capacity**, un membro del «Civil Service» (*in G.B.*) è una persona al servizio della Corona con mansioni amministrative (*e non politiche o giudiziarie*). ● **s.-girl** (*o* **s.-maid**), domestica; fantesca □ **servants' hall**, stanza della servitù □ (*fig.*) **a s. of God**, un servo di Dio □ **the s. question**, il problema delle persone di servizio □ **a civil s.**, un impiegato statale; un pubblico dipendente □ **general s.**, domestico (*o* domestica) tuttofare □ **indoor servants**, servi di casa □ **outdoor servants**, giardinieri, stallieri, ecc. □ **a public s.**, un pubblico funzionario □ (*arc., scherz.*) **your humble s.!**, servo Vostro! □ (*prov.*) **Fire is a good s. but a bad master**, il fuoco è buon servitore, ma cattivo padrone.
to serve [sə:v], *v. t. e i.* **1** servire (*in ogni senso*); essere a servizio (di); servire (da); fare (da); servire (di); giovare; servire (*o* portare) in tavola; bastare: **He served in the navy**, ha servito (ha prestato servizio) in marina; **She has served the Joneses since she was a girl**, è al servizio dei Jones fin da ragazzina; **This box will s. as a table**, questa cassetta farà da tavola; **Are you being served, madam?**, La stanno servendo, signora?; **Dinner is served!**, il pranzo è servito (*o* è in tavola); **This explanation will s. to make my theory clearer**, questa spiegazione servirà a rendere più chiara la mia teoria; **One pound of butter serves him for a week**, una libbra di burro gli basta per una settimana **2** trattare: **He served me badly**, mi trattò malissimo **3** fare; prestare: **He has served his apprenticeship**, ha fatto il suo tirocinio **4** (*leg.*) intimare; notificare; presentare: **to s. a summons on sb.** (*o* **to s. sb. with a summons**), intimare a q. un mandato di comparizione; citare q. in giudizio; **to s. a warrant of arrest**, presentare un mandato di cattura; **to s. a paper**, notificare un atto **5** (*leg.*) espiare (*una pena*); scontare (*una condanna*) **6** (*tennis, pallavolo, ecc.*) battere; servire; effettuare il servizio: **to s. a ball**, battere una palla; servire; **to s. well (badly)**, avere un buon (un cattivo) servizio. **7** (*naut.*) fasciare: **to s. a rope**, fasciare un cavo **8** servire a tavola **9** (*di bestiame*) montare; coprire: **to s. a mare**, coprire una cavalla. ● **to s. at table**, servire a tavola □ (*mil.*) **to s. a battery**, servire una batteria □ (*relig.*) **to s. the devil**, servire il demonio; (*fig.*) essere malvagio (*o* vizioso) □ **to s. as an excuse**, servire di scusa □ **to s. as guidance**, servire di norma □ **to s. in the Armed Forces**, fare parte delle Forze Armate; essere un militare □ **to s. in Parliament**, essere un membro del Parlamento □ (*relig.*) **to s. mass**, servire la messa □ **to s. an office**, tenere una carica fino alla scadenza □ **to s. on a committee**, fare parte di una commissione; essere membro di un comitato □ **to s. out**, distribuire (*razioni*); servire (*cibi*) □ (*polit.*) **to s. out one's term**, restare in carica fino al termine □ **to s. sb. out**, servire q. a dovere; rendere la pariglia a q. □ **to serve a purpose**, servire a uno scopo □ **to s. some private ends**, avere qualche fine particolare; fare il proprio interesse personale □ **to s. sb. right**, trattare q. come si merita; (*impers.*) meritarsi: **It served him right to lose his job**: he was always taking time off for no reason, il licenziamento se l'è meritato: faveva sempre assenze ingiustificate □ (*fig.*) **to s. the tables**, anteporre i bisogni materiali alle cose dello spirito □ (*fam.*) **to s. time**, essere in carcere; stare al fresco (*fam.*) □ **to s. one's time**, restare in carica fino alla fine; espiare una pena sino in fondo □ **to s. to show**, servire a dimostrare □ (*spesso fig.*) **to s. two masters**, servire due padroni □ **to s. sb. a trick** (*o* **to s. a trick on sb.**), fare uno scherzo a q.; giocare un tiro a q. □ **to s. up**, servire in tavola (*cibi*); distribuire (*razioni*) □ **to s. sb.'s wants**, soddisfare le necessità di q. □ (*fig.*) **to s. sb. with the same soup**, rendere a q. pan per focaccia □ **serving man**, domestico; servitore □ **as occasion serves**, quando si presenta l'occasione; al momento opportuno □ **to have served out one's time**, (*di soldato*) aver finito la ferma; (*di detenuto*) aver scontato la pena □ **It serves my turn** (*o* **my need**), fa al caso mio; serve al mio scopo □ (*naut.*) **The tide serves**, la marea è favorevole □ **This nail is too short to s.**, questo chiodo è troppo corto; non serve (*o* non va bene).
serve [sə:v], **A** *n.* (*tennis, pallavolo, ecc.*) servizio: **He has an accurate s.**, ha un servizio preciso; **What a powerful s.!**, che servizio potente! **B** *inter.* — (*tennis*) **S.!**, palla!
server ['sə:və*], *n.* **1** (*relig.*) chi serve la messa; chierico **2** servitore; cameriere **3** (*tennis, pallavolo, ecc.*) chi batte; chi ha la battuta (*o* il servizio) **4** vassoio **5** carrello (*portavivande*). ● **salad servers**, posate da insalata.
servery ['sə:vəri], *n.* banco delle vivande (*di trattoria, self-service, ecc.*).
Servian (1) ['sə:vjən], *a. e n.* Serbo.
Servian (2) ['sə:vjən], *a.* (*stor. romana*) di Servio Tullio; serviano: **the S. wall**, le mura serviane.
service (1) ['sə:vis], *n.* **1** servizio (*in ogni senso*); impiego (*anche fig.*); servigio; favore; atto utile; prestazione professionale; funzione ecclesiastica; rito religioso; ufficio; culto: **She entered the s. of a rich family**, andò a servizio presso una famiglia di gente ricca; **His services to the Country have been invaluable**, i servigi da lui resi alla patria sono stati preziosi; **You will need a lawyer's services**, avrai bisogno (delle prestazioni) di un avvocato; **The food is excellent but the s. is not so good**, il cibo è eccellente ma il servizio non è molto buono; **a silver tea s.**, un servizio da tè d'argento; **divine s.**, servizio divino; **the burial s.**, il rito (*o* il servizio) funebre; (*tennis*) **His s. is not very accurate**, il suo servizio è alquanto impreciso **2** (*comm., ind.*) servizio; assistenza; manutenzione; (*autom.*) **s. station**, stazione di servizio; (*ind.*) **s. engineer**, capo della manutenzione; (*comm.*) **s. department**, ufficio assistenza (*ai clienti*); **We provide s. to our customers**, prestiamo assistenza ai nostri clienti **3** (*leg.*) citazione; notificazione; notifica: **s. by publication**, citazione mediante pubblicazione (*sulla stampa*) **4** (*naut.*) fasciatura (*di un cavo, ecc.*) **5** (*pl., econ.*) servizi: **goods and services**, beni e servizi **6** (*pl., fam.*) **the Services**, le Forze Armate **7** (*di bestiame*)

service

monta. ● (*relig.*) **s.-book**, rituale □ (*autom.*) **s. brake**, freno a pedale; freno di stazionamento □ (*tel.*) **s. call**, chiamata di controllo □ **s. charge**, percentuale per un dato servizio; servizio; (*banca*) commissione, competenza: **S. charge: 10%**, servizio: 10%; **No s. charge**, servizio incluso (*in un albergo, ecc.*) □ (*mil.*) **s. dress** (*USA*: **s. uniform**), divisa d'ordinanza; uniforme di servizio □ **s. entrance**, entrata di servizio □ **s. flat**, appartamento ammobiliato, con servizio compreso (*nel prezzo*); casa albergo □ **s. hatch**, passavivande □ **s. life**, vita militare □ **s.-lift** (*USA*: **s. elevator**), ascensore di servizio; montacarichi □ (*tennis*) **s. line**, linea di servizio □ (*miss.*) **s. module**, modulo di servizio □ **s.-pipe**, tubo d'alimentazione; condotto dell'acqua (*o del gas*) (*dalla tubatura stradale all'utente*) □ (*mil.*) **s. rifle**, fucile d'ordinanza □ **s. road**, controviale □ (*edil.*) **s. stairs**, scale di servizio □ (*econ.*) **the s. trades**, il settore terziario (*o dei servizi*) □ **the Armed Services**, le Forze Armate □ **church s.**, funzione religiosa □ **the Civil S.**, la pubblica amministrazione; la burocrazia statale (*in G.B.*) □ **the Diplomatic S.**, la Diplomazia □ **to do sb. a s.**, rendere un servigio (fare un favore) a q. □ **the Fighting Services**, le Forze Armate □ (*relig.*) **full s.**, funzione solenne (*con musica e canto del coro*) □ **to go out to** (**o to go into**) **s.**, andare a servizio □ **to go to the ten o'clock s.**, andare al servizio divino delle dieci □ **to have seen s.**, (*di persona*) essere stato al servizio dello Stato; (*specialm.*) aver prestato servizio nelle forze armate; (*di cosa, indumento*) essere stato indossato a lungo, esser logoro □ **to be in the Services**, essere sotto le armi; essere nelle Forze Armate □ (*arc.*) **my s. to your mother**, i miei rispetti in Sua madre □ **to be of s. to sb.**, essere utile (*o giovevole*) a q. □ (*mil.*) **to be on active s.**, essere in zona operazioni □ **on His** (*o* **Her**) **Majesty's S.** (*abbr.* **O.H.M.S.**), al servizio di Sua Maestà; (*stampato sulle buste della corrispondenza governativa*) in franchigia postale □ **personal s.**, (*leg.*) notificazione personale (*fatta direttamente all'interessato*); (*stor.*) prestazioni personali (*del vassallo*) □ (*relig.*) **plain s.**, servizio divino normale (*cfr. ital. «messa piana»*) □ **the public services**, i servizi pubblici □ **the Secret S.**, il Servizio Segreto □ **the Senior S.**, la Marina Militare (*in G.B.*) □ (*leg.*) **substituted s.**, ogni forma di notificazione diversa dal **personal s.** (*V. sopra*) □ (*autom.*) **to take one's car for (a) s.**, portare l'automobile in officina (*per riparazioni*) □ (*autom.*) **to take one's car for regular services**, portare la macchina (*o* l'auto) a fare i tagliandi (*o* i lavori di manutenzione normale) □ **to take a girl into one's s.**, prendere una ragazza a servizio □ **train s.**, servizio di treni; servizio ferroviario □ **Can I be of s. to you?**, posso esserLe utile?; posso fare qualcosa per Lei? □ **I am at your s.!**, sono al tuo servizio!; sono a tua disposizione □ (*tennis*) **It's my s.!**, ho la battuta io!; tocca a me servire! □ (*mil.*) **Which s. were you in?**, in quale arma (*o* corpo) hai prestato servizio?

to service ['sə:vis], *v. t.* **1** mantenere in ordine, provvedere alla manutenzione di, riparare (*un'automobile, un televisore, ecc.*) **2** servire; fornire d'energia, ecc.: **One power company services the whole region**, una sola società elettrica serve tutta la regione.

service (2) ['sə:vis], *n.* (*bot.*, *Sorbus domestica*; *anche* **s.-tree**) sorbo. ● **s.-berry**, sorba.

serviceability [,sə:visə'biliti], *n.* **1** utilità; praticità; funzionalità; (*ind.*) utilizzabilità **2** (*di stoffa, ecc.*) durata, resistenza (*all'uso*) **3** l'essere servizievole; premurosità **4** (*mecc.*) stato di efficienza.

serviceable ['sə:visəbl], *a.* **1** utile; pratico; funzionale; (*ind.*) utilizzabile: **a s. instrument**, uno strumento utile **2** (*di stoffa, ecc.*) durevole; resistente **3** (*di persona*) servizievole; premuroso **4** (*mecc.*) efficiente.

serviceableness ['sə:visəblnis], *V.* **serviceability**.

serviceman ['sə:vismən], *n.* (*pl.* **servicemen**) **1** membro delle Forze Armate; soldato; marinaio; aviere **2** tecnico; addetto alla manutenzione (*o* alle riparazioni).

servicing ['sə:visiŋ], *n.* **1** assistenza; manutenzione: (*autom.*) **cost of s.** (*o* **s. cost**), costo di manutenzione **2** (*autom., comm.*) servizio d'assistenza; assistenza ai clienti.

serviette [,sə:vi'et] (*franc.*), *n.* tovagliolo.

servile ['sə:vail], *a.* **1** servile; di servo; di schiavo: **s. condition**, condizione servile; **s. war**, guerra servile; **s. revolt**, rivolta degli schiavi **2** servile; abietto; basso: **s. spirit**, animo servile; **s. imitation**, imitazione servile (*o* pedissequa). ● (*relig.*) **s. works**, lavori manuali (*vietati la domenica*).

servilism ['sə:vilizəm], *n.* servilismo; servilità.

servility [sə:'viliti], *n.* **1** servilità; servilismo **2** servitù; schiavitù.

serving ['sə:viŋ], *n.* **1** arte (*o* modo) di servire (*i pasti, ecc.*); servizio **2** porzione (*di cibo*).

Servite ['sə:vait], *n.* (*relig.*) servita.

servitor ['sə:vitə*], *n.* **1** (*arc. o poet.*) servitore; domestico; seguace **2** (*stor., all'università di Oxford*) studente che prestava servizio in cambio d'un sussidio del suo college.

servitude ['sə:vitju:d], *n.* **1** servitù; schiavitù; soggezione **2** (*leg.*) servitù. ● (*leg.*) **penal s.**, lavori forzati.

to servo ['sə:vou], *v. t.* (*mecc.*) azionare con un servomeccanismo.

servo-assisted ['sə:və-ə'sistid], *a.* (*mecc.*) servoassistito: (*autom.*) **servo-assisted disc brakes on all four wheels**, freni a disco servoassistiti sulle quattro ruote.

servo-brake ['sə:və'breik], *n.* (*autom.*) servofreno.

servo-control ['sə:vəkən'troul], *n.* (*mecc., aeron.*) servocomando.

servo-mechanism ['sə:vou'mekənizəm], *n.* (*mecc.*) servomeccanismo.

servomotor ['sə:və'moutə*], *n.* (*mecc., naut.*) servomotore.

sesame ['sesəmi], *n.* (*bot., Sesamum indicum*) sesamo: **s. oil**, olio di sesamo. ● **Open S.!**, apriti Sesamo! (*formula magica*).

sesamoid ['sesəmɔid], *a. e n.* (*anat.*) (osso) sesamoide.

sesquicentennial [,seskwisen'teniəl], *n.* centocinquantesimo anniversario.

sesquioxide [,seskwi'ɔksaid], *n.* (*chim.*) sesquiossido.

sesquipedal [ses'kwipidl], **sesquipedalian** ['seskwipi'deiliən], *a.* sesquipedale; plurisillabo; lunghissimo: **s. words**, parole sesquipedali.

sessile ['sesil], *a.* (*bot., zool.*) sessile.

session ['seʃən], *n.* **1** sessione; seduta (*del parlamento, di un tribunale, di una commissione*); (*leg.*) udienza; riunione: **to be in s.**, essere in seduta; **Parliament had a long s.**, la sessione parlamentare durò a lungo **2** (*specialm. scozz. e USA*) trimestre; semestre: **The summer s. of our university is from April to July**, il trimestre estivo della nostra università va da aprile a luglio **3** sessione, «session»; seduta; riunione: **a jazz s.**, una jazz session; **a recording s.**, una seduta di registrazione; **a dancing s.**, una riunione per ballare. ● (*in Scozia*) **the Court of S.**, la Corte Suprema □ (*leg.*) **in closed s.**, a porte chiuse □ (*leg.*) **petty sessions**, udienze per reati minori □ (*leg.*) **quarter sessions** sessioni (*o* udienze) trimestrali.

sessional ['seʃənl], *a.* **1** di sessione; di seduta **2** che avviene a ogni seduta (*o* sessione). ● (*polit.*) **s. order**, ordinanza parlamentare valevole per una sessione.

sesterce ['sestə:s], *V.* **sestertius**.

sestertius [ses'tə:ʃəs], *n.* (*pl.* **sestertii**) (*stor. romana*) sesterzio.

sestet [ses'tet], *n.* **1** (*mus.*) sestetto **2** (*poesia*) le due terzine finali di un sonetto (*di tipo italiano*)

to set [set] (*pass. e p. p.* **set**), **A** *v. t.* **1** mettere; porre; posare; disporre; collocare; conficcare; fissare; piantare; stabilire: **She set the bowl of milk before the kitten**, mise la ciotola di latte davanti al gattino; **He set his hand on my shoulder**, mi posò la mano sulla spalla; **to set a trap**, collocare (*o* preparare) una trappola; **to set a wheel on the axle**, collocare una ruota sull'asse; **Set your mind at ease**, mettiti l'animo in pace; **He set the men to dig a ditch**, mise gli uomini a scavare un fossato; **They set the pretender on the throne**, misero sul trono il pretendente; **We set pickets around the factory**, mettemmo picchetti intorno alla fabbrica; **They set a price on his head** (*o* **on his life**), misero una taglia sulla sua testa; **I set the pole in the ground**, piantai (*o* conficcai) il palo nel terreno; **to set potatoes**, piantar patate; **Set the glass in the window**, fissa il vetro alla finestra!; **to set no limit to one's ambitions**, non porre limiti alle proprie ambizioni; **The time and date of the meeting have not yet been set**, la data e l'ora della riunione non sono state ancora stabilite **2** (*mecc.*) regolare; registrare; tarare, mettere a punto; sistemare; preparare (*per l'uso*); inserire, attaccare: **to set a clock** (*o* **a watch**), regolare un orologio; rimettere un orologio (all'ora giusta); **to set an alarm clock**, regolare (*o* mettere) una sveglia; **to set an antitheft alarm system**, inserire un antifurto **3** assegnare; dare; proporre: **The teacher set us two chapters of history to study for the next day**, l'insegnante ci diede due capitoli di storia da studiare per il giorno dopo **4** indurire; rendere solido; seccare; solidificare; rassodare: **to set varnish**, seccare la vernice; **Warm weather sets cement**, il caldo solidifica il cemento **5** (*tecn.*) fissare (*un colore*) **6** incastonare; montare (*gioielli, pietre preziose*) **7** affilare (*un coltello, ecc.*) **8** allicciare (*una sega*) **9** (*tipogr.*) comporre: **This dictionary has been set (up) by machine**, questo dizionario è stato composto a macchina **10** (*mus.*) adattare (*musica a un testo, parole a una musica*): **to set piano music for the violin**, adattare al violino musica scritta per pianoforte **11** (*letter., cinem., teatr., ecc.*) ambientare (*una storia, un racconto, ecc.*): **The (action of the) film is set in Venice**, il film è ambientato a Venezia; l'azione del film si svolge a Venezia **12** (*med.*) aggiustare, mettere a posto (*un osso rotto, ecc.*): **to set a (broken) leg**, aggiustare una gamba rotta **13** (*leg.*) apporre (*un sigillo a un documento, ecc.*) **14** accostare; avvicinare; applicare: **to set a match to the gas ring**, accostare un fiammifero al fornello a gas (portatile). **15** (*sport*) stabilire (*un nuovo record*) **16** (*teatr.*) allestire, attrezzare (*il palcoscenico*); montare (*una scena*) **17** (*naut.*) issare (*le vele*) **18** (*naut.: del vento, ecc.*) portare, spingere (*una nave*): **The tide set us towards the island**, la corrente della marea ci spinse verso l'isola **19** (*naut.*) dirigere, volgere (*un'imbarcazione*): **They set the trawler for shore**, dressero il peschereccio a riva **20** mettere (*una gallina, ecc.*) a covare (*o alla cova*) **21** far covare (*uova*) **22** (*caccia: del cane*) puntare (*la selvaggina*) in ferma **23** mettere in piega (*i capelli*). **B** *v. i.* **1** (*di un astro o pianeta*) tramontare; calare: **The sun sets in the west**, il sole tramonta a occidente; **The moon is setting**, sta calando la luna **2** (*fig.*) tramontare; essere in declino: **Male supremacy is slowly setting**, la supremazia del maschio sta lentamente tramontando **3** (*edil.*) fare presa; solidificare; seccarsi; rassodarsi; rapprendersi: **The mortar hasn't set yet**, la malta non ha ancora fatto presa; **This jam has set at last**, questa marmellata s'è finalmente rassodata; **The milk has set**, il latte s'è rappreso (*o s'è coagulato*) **4** (*fig.*) indurirsi; assumere un'espressione dura: **His face set and he hit back**, la faccia gli s'induri ed egli colpì a sua volta **5** volgersi (*o voltarsi, orientarsi*) verso (*o contro*); muoversi, fluire, spirare (*in una data direzione*): **The Gulf Stream sets eastwards**, la Corrente del Golfo fluisce verso est; **The wind was setting from the mountain tops to the valley below**, il vento spirava dalle cime dei monti verso la valle sottostante; **Public opinion has set against him**, l'opinione pubblica gli si è voltata contro; **Even left-wing parties are setting against terrorism**, anche i partiti di sinistra si orientano contro il terrorismo **6** mettersi di buona lena (*o di buzzo buono, con impegno: al lavoro, a fare q.c.*) **7** (*med.: di un osso rotto*) saldarsi **8** (*di un colore*) fissarsi **9** (*di piante*) attecchire **10** (*di fiori*) allegare. **11** (*di gallina*) covare **12** (*di cane da caccia*) cadere in ferma **13** (*dei capelli*) prendere la piega. **C** verbi composti **1** to **set about** (**st.**, **sb.**), mettersi a, accingersi a, cominciare a fare; (*fam.*) attaccarsi, azzuffarsi (con): **I must set about looking for a job**, devo mettermi a cercare lavoro □ **to set a rumour about**, diffondere una diceria; mettere in giro una voce □ (*naut.*) **to set a ship about**, far virare una nave. **2 to set afloat** □, far galleggiare; (*fig.*) varare, lanciare (*un'impresa*). **3 to set sb. against st.**, influenzare q. contro q.c., instillare in q. avversione per q.c. □ **to set sb. against sb. else**, aizzare (*o istigare*) q. contro q. altro; mettere q. contro q. altro □ **to s. (off) one thing against another**, considerare una cosa come contropartita di un'altra □ **Some expenses can be set (off) against taxes**, talune spese possono essere detratte dalle imposte (*in compensazione*). **4 to set apart**, mettere da parte (*o in serbo*); stanziare (*una somma, per uso particolare*). **5** (*naut.*) **to set ashore**, sbarcare (*passeggeri, merci*). **6 to set aside**, metter da parte, porre in serbo, accantonare; fare a meno di; rifiutare, scartare; (*leg.*) annullare: **I want to set aside some money for my future**, voglio mettere da parte un gruzzolo per il futuro; **I set all his offers aside**, rifiutai tutte le sue offerte □ **setting aside**, astraendo da; prescindendo da. **7 to set back**, mettere indietro; respingere; ritardare (*un progetto, ecc.*); (*edil.*) arretrare (*una costruzione, una casa, ecc.*); ostacolare, impedire; (*fam.*) costare: **to set sb. back**, respingere q.; **to set the clock back**, mettere indietro l'orologio; **The harvest was set back by bad weather**, il raccolto fu ostacolato dal cattivo tempo. **8 to set down**, deporre, posare; scaricare, far scendere; mettere per iscritto, scrivere; classificare, considerare, reputare; attribuire, ascrivere; fissare, stabilire; (*fam.*) umiliare, snobbare: **I set my case down**, posai la valigia; **The lorry stopped to set down a hitchhiker**, il camion si fermò per far scendere un autostoppista; **We soon set him down as a swindler**, ben presto lo classificammo come un imbroglione; **You can set your success down to perseverance**, puoi attribuire il tuo successo alla costanza; **Let's set down a few rules**, fissiamo alcune regole! **9 to set forth**, mettersi in viaggio, partire: **We set forth on our journey**, partimmo per il nostro viaggio □ **to set (st.) forth**, esporre, esprimere, manifestare: **We set forth our reasons for opposing his plan**, esponemmo i motivi per i quali eravamo contrari al suo progetto. **10 to set forward**, promuovere, favorire; enunciare, proporre (*una teoria, ecc.*); partire, avviarsi. **11 to set in**, incominciare; stabilirsi, aversi, insorgere; (*della marea*) avanzare; (*del vento*) soffiare verso terra: **It set in to drizzle** (*o **Drizzle set in***), cominciò a piovigginare; **A violent reaction set in**, si ebbe una violenta reazione; **Caries has already set in**, è già insorta la carie □ **to set (st.) in**, inserire, introdurre; (*sartoria*) applicare, attaccare, riportare: **a set-in pocket**, una tasca riportata. **12 to set off**, partire (*per un viaggio, in una corsa, ecc.*) □ **to set (sb., st.) off**, sparare, far esplodere; far partire; far cominciare, indurre a (*parlare, ecc.*); far risaltare, mettere in risalto; separare, staccare, controbilanciare, compensare: **to set off a gun**, sparare un colpo di cannone; **to set off a mine**, far esplodere una mina; **to set off a rocket**, far partire un razzo; **I set him off on his hobby-horse**, lo indussi a parlare del suo argomento preferito; **The girl wore hot pants to set off her beautiful legs**, la ragazza indossava pantaloncini cortissimi per far risaltare le sue belle gambe; **You should set off your debts**, devi compensare i tuoi debiti □ **to set off against**, *V.* **to set against**. **13 to set on**, buttarsi avanti; attaccare, assalire; aizzare, istigare, spingere, stimolare: **The tiger set on** (*o* **upon**) **him and killed him**, la tigre l'assalì e l'uccise; **He set the crowd on to acts of violence**, istigò la folla a compiere atti di violenza (*o alla violenza*) □ **to set on fire**, dare alle fiamme; appiccare il fuoco; incendiare: **He set his house on fire**, appiccò il fuoco alla sua casa □ **to set sb. on his feet**, rimettere in piedi q.; (*fig.*) rimettere q. in sesto □ (*dial.*) **to set sb. on his way**, accompagnare q. per un tratto di strada. **14 to set out**, partire; avviarsi □ **to set (sb., st.) out**, dichiarare, esporre, spiegare; adornare, abbellire, ornare; piantare (*a intervalli regolari*); collocare, disporre; mettere in mostra, esporre (*merce in vendita*): **He set out his political programme in an election speech**, espose il suo programma politico in un discorso elettorale; **The young plants must be set out at regular intervals of six inches**, le pianticelle devono essere piantate a intervalli regolari di sei pollici; **The vases were set out in the exhibition halls**, i vasi furono disposti nelle sale della mostra □ (*edil.*) **to set a stone out**, mettere una pietra in risalto (*collocarla nel muro in modo che sporga su quella che sta sotto*). **15 to set to**, mettersi all'opera, mettersi di buona lena; cominciare a mangiare; (*mil.*) attaccar battaglia; azzuffarsi, fare baruffa; litigare. **16 to set (sb., st.) up**, mettere su, erigere, alzare, innalzare; mettere al di sopra (di), anteporre (a); allestire, installare; istituire; costituire, impiantare, fondare, mettere su (*fam.*); causare, determinare, provocare; (*tipogr.*) comporre; (*naut.*) serrare, stringere; arridare, tesare (*le sartie*): **They set up a statue**, eressero una statua; **Let's set up the tent**, alziamo la tenda!; **He was set up over his rivals**, fu anteposto ai suoi rivali; **He'll set up the wiring in the new flat**, installerà l'impianto elettrico nell'appartamento nuovo; (*della polizia*) **to set up a roadblock**, istituire un blocco stradale; (*polit.*) **to set up a new government**, costituire un nuovo governo; **to set up a new firm** (**school, etc.**), fondare una ditta (una scuola, ecc.) nuova; **to set up house**, mettere su casa; **to set up shop**, mettere su negozio; aprire bottega; **The snowstorm set up dangerous driving conditions**, la nevicata ha causato difficoltà nel traffico automobilistico □ **to set up as**, mettersi in affari, iniziare un'attività; farsi passare per, darsi arie di: **He has set (himself) up as a lawyer**, ha cominciato a esercitare l'avvocatura; **He sets (himself) up as a conoisseur**, si dà arie di (*o* la pretende a) intenditore □ **to set oneself up as**, *V.* **to set up as** □ **to set up a shrill cry**, lanciare un grido acutissimo □ **to be set up (for, with)**, essere ben fornito (di), essere provvisto (di); avere (q.c.) a sufficienza: **We're well set up for** (*o* **with**) **wine**, abbiamo buone provviste di vino; **I'm well set up with clothes**, sono ben fornito d'abiti; ho un ricco guardaroba □ **to have a well set up figure**, avere forme ben proporzionate; avere un fisico da atleta □ (*fig.*) **to be set up**, essersi montato la testa; essere pieno di boria. **17 to set on**. ● **to set one's affairs in order**, mettere in ordine i propri affari □ **to set sb. (the law, etc.) at defiance**, sfidare q. (la legge, ecc.) □ **to set (sb., st.) at naught**, non fare alcun conto di, non stimare affatto (q., q.c.) □ (*anche fig.*) **to set the axe to**, cominciare ad abbattere (*o* a distruggere) □ **to set sb. a bad (a good) example**, dare a q. il cattivo (il buon) esempio □ **to set a bugle to one's lips**, portarsi una tromba alla bocca; imboccare una tromba □ **to set a butterfly**, fissare una farfalla (*con uno spillo, per collezione*) □ **to set by**, mettere q.c. da parte; tenere q.c. in serbo □ (*fig.*) **to set one's cap at sb.**, cercar d'accalappiare q.; prender q. di mira: **That girl is setting her cap at you**, quella ragazza cerca d'accalappiarti □ (*tipogr.*) **to set close** (**wide**), comporre con poca (con molta) spaziatura □ **to set sb.'s doubts at rest**, quietare i dubbi di q. □ **to set eggs**, far covare le uova □ **to set eyes on**, metter l'occhio su; scorgere; vedere □ **to set one's face against**, opporsi tenacemente a; combattere; avversare □ **to set one's face homeward**, prendere la via del ritorno □ **to set the fashion**, fare la moda □ **to set fire to st.**, dar fuoco a (*o* incendiare) q.c.: **The stove burst and set fire to the house**, la stufa scoppiò e diede fuoco alla casa □ **to set foot on**, calpestare □ (*fig.*) **to set the fox to keep the geese**, mettere il lupo nell'ovile □ **to set sb. free**, mettere in libertà; lasciar libero, liberare q.; (*leg.*) rilasciare (*un detenuto*) □ (*mecc.*) **to set going**, mettere in moto; avviare □ **to set great (little) store by sb. (st.)**, dare grande (poca) importanza a q. (q.c.); dar grande (scarso) peso a q. (q.c.) □ **to set one's hand (name, signature) to a document**, apporre la propria firma a un documento □ (*fig., retor.*) **to set one's hand to the plough**, mettere mano a q.c.; promettere e dare aiuto □ **to set one's hand to a task**, por mano a (o cominciare) un lavoro □ **to set one's hat straight**, raddrizzare il cappello □ **to set sb.'s heart** (*o* **mind**) **at rest**, tranquillare (*o* tranquillizzare) q. □ **to set one's heart on**, avere una gran voglia di; decidere: **He has set his heart on money-making**, ha deciso di (*o* è intento a) far quattrini □ **to set one's hopes on sb. (st.)**, riporre le proprie speranze in q. (q.c.) □ (*fig.*) **to set one's house**

set (1)

in order, fare ordine nella propria vita ◻ **to set one's life on a chance**, mettere a repentaglio la vita ◻ (*topografia*) **to set a map**, orientare una carta ◻ **to set a match on fire**, accendere un fiammifero ◻ **to set one's mind on st.**, decidere q.c. in modo irrevocabile ◻ **to set sb. on the way**, metter q. sulla giusta via; mostrare (*o* additare) il cammino a q. ◻ **to set sb. laughing**, far ridere q. ◻ **to set the pace**, fare il passo; (*sport*) fare l'andatura; (*fig.*) fare da esempio, servir da modello ◻ **to set the papers**, preparare (*o* proporre) i temi d'esame ◻ **to set pen to paper**, metter mano alla penna; cominciare a scrivere ◻ **to set people by the ears** (*o* **at variance**, **at loggerheads**), metter lite (*o* seminare zizzania) fra la gente ◻ (*comm.*) **to set a price on an article**, fare il prezzo a un articolo ◻ **to set right**, mettere a posto, correggere; rimettere a posto (*o* in sesto); rinvigorire: **Set everything right again**, rimetti tutto a posto!; **to set a boy right**, mettere a posto (*o* correggere, raddrizzare) un ragazzo; **A short holiday will set you right**, una breve vacanza ti rimetterà in sesto ◻ (*naut.*) **to set sail**, far vela; salpare ◻ **to set seed**(s), piantar semi; seminare ◻ **to set spurs to a horse**, dar di sprone a (*o* spronare) un cavallo ◻ (*fig.*) **to set a stone rolling**, suscitare un vespaio ◻ (*canottaggio*) **to set the stroke**, battere il tempo della voga; stabilire la vogata ◻ **to set the table**, apparecchiare (la tavola) ◻ **to set one's teeth**, serrare (*o* stringere) i denti; (*fig.*) tener duro ◻ **to set sb.'s teeth on edge**, allegare i denti a q.; (*fig.*) dare ai nervi a q. ◻ (*fig.*) **to set the Thames on fire**, fare una cosa inaudita; compiere un'impresa straordinaria ◻ **to set sb. thinking**, fare pensare (*o* fare riflettere) q.; dare da pensare a q. ◻ **to set things going**, dare l'avvio; mettere le cose in moto ◻ **to set things to rights**, mettere le cose a posto ◻ **to set to work**, mettersi al lavoro; mettersi all'opera ◻ (*mil.*) **to set a watch**, piazzare le sentinelle ◻ **to set one's wits to another's**, mettersi a discutere (*o* polemizzare) con q. ◻ **to set one's wits to a question**, prendere in esame un problema ◻ (*sport*) **The batsman was set**, il battitore era in buona posizione ◻ **His eyes set**, sbarrò gli occhi (*per uno svenimento o in punto di morte*) ◻ **His character (his body) has not yet set**, il suo carattere (il suo fisico) non si è ancora formato ◻ **The sky was set with stars**, il cielo era trapunto di stelle.

set (1) [set], *n.* **1** assortimento; collezione; complesso; insieme (*di cose affini*); serie; servizio (*di piatti, ecc.*); set; coordinato: **a set of medical instruments**, un assortimento di strumenti medicali; **a carpentry set**, un complesso di arnesi da falegname; **a set of lectures**, una serie di conferenze; **a china set**, un servizio di porcellana; **a tea-set**, un servizio da tè **2** gruppo (*di persone*); consorteria; cricca; squadra; ambiente, mondo (*fig.*): **a set of politicians**, una consorteria di politicanti; **a set of smugglers**, una cricca di contrabbandieri; **the political set**, gli ambienti politici; **the racing set**, l'ambiente delle corse ippiche; **the literary set in a town**, gli ambienti letterari di una città; **the smart set**, il bel mondo; **a fine set of players**, una bella squadra (di giocatori) **3** (*radio, telev.*) apparecchio; radio; televisore: **a radio set**, un apparecchio radio; **a television set**, un televisore **4** (*solo al sing.*) conformazione; struttura; portamento; positura (*geogr.*) **the set of the hills**, la conformazione delle colline; **the set of one's head**, il modo di tenere la testa (*china, china, ecc.*); **the set of one's shoulders**, la positura delle spalle **5** (*solo al sing.*) direzione; corso; moto; tendenza; inclinazione; propensione: **the set of the current**, la direzione della corrente; **the set of public opinion**, la tendenza dell'opinione pubblica; **The set of his mind is towards intolerance**, l'inclinazione del suo animo è verso l'intolleranza; tende a essere intollerante **6** (*teatr., cinem.*) set; scenario; allestimento scenico **7** (*costr. stradali*) blocchetto (*da pavimentazione*); quadrello **8** (*tennis*) partita; set **9** (*agric.*) pianticella (*da trapianto*); talea **10** (*caccia, spesso* **dead set**) punta, ferma (*di cane*) **11** (*edil., mecc.*) concussione **12** (*edil.*) deformazione permanente **13** (*costr.*) presa (*della malta o del cemento*) **14** (*di sega*) allicciatura **15** (*ind. min.*) quadro; struttura di supporto (*d'una galleria*) **16** (*tipogr.*) spessore (*dei caratteri*) **17** (*zool.*) covata (*d'uova*) **18** (*zool.*) tana del tasso **19** (*mat.*) insieme **20** (*cucina*) il rapprendersi; coagulamento **21** (*dei capelli*) messa in piega (*il risultato*) **22** (*poet.*) tramonto; occaso (*poet.*). ● **set-back**, intoppo, ostacolo, scacco (*fig.*), rovescio; (*di malattia*) ricaduta; (*sport*) sconfitta; (*econ.*) recessione; (*mil., mecc.*) concussione ◻ (*cinem.*) **set decorator**, scenografo ◻ **set-down**, rimbrotto, rampogna; affronto, offesa ◻ **the set of a jacket**, il taglio d'una giacca; il modo in cui cade una giacca ◻ (*comm., fin.*) **set of exchange**, prima, seconda e terza di cambio ◻ **a set of horses**, un attacco (*di cavalli*); un tiro (a due, a quattro) ◻ **a set of pearls**, un vezzo di perle ◻ **set of quadrilles**, figure della quadriglia ◻ **a set of ribbons**, un assortimento di nastri; una guarnizione di nastri ◻ (*leg.*) **set of rules**, normativa ◻ (*comm.*) **set of samples**, campionario ◻ **a set of (artificial) teeth**, una dentiera ◻ **a set of (natural) teeth**, una dentatura ◻ (*autom.*) **a set of tyres**, un treno di gomme ◻ **set-off**, compenso, contrappeso, contropartita; (*leg.*) compensazione (*di debito*); (*fig.*) contrasto, cosa che mette in risalto (*la bellezza di q. o q.c.*), ornamento; (*archit.*) aggetto, sporto ◻ **set-out**, inizio, principio; esposizione, mostra (*di merci*) ◻ (*tennis*) **set point**, punto che può decidere un set; «set point» ◻ (*mat.*) **set theory**, teoria degli insiemi ◻ (*fam.*) **set-to**, baruffa; lite; zuffa ◻ **set-up**, portamento (*del corpo*), positura (*delle membra*); (*fam.*) sistemazione; messa a punto (*di macchine*); organizzazione (*di un'azienda*); impianto, fondazione, progettazione (*di un'impresa*); situazione; assetto; (*pop.*) cosa combinata (*o* studiata, fatta ad arte), manovra: **the political set-up of the country**, l'assetto politico del paese ◻ (*poet.*) **at set of sun**, al tramonto ◻ **at the first set-out**, fin dall'inizio ◻ (*fig.*) **to make a dead set at sb.**, attaccare (*o* criticare) a fondo q.; sferrare un attacco contro q.; fare uno sforzo deciso (*o* mettercela tutta) per conquistare q. ◻ **a toilet-set**, un set da bagno (*pettine, specchietto, ecc.*).

set (2) [set], *a.* **1** fisso; fermo; saldo: **a set stare (smile)**, uno sguardo (un sorriso) fisso; **a set salary**, uno stipendio fisso; **a man of set opinions**, un uomo di fermi principi; **a set purpose**, un saldo proposito **2** fissato; determinato; stabilito; prestabilito: **at the set time**, all'ora fissata, prestabilita **3** preparato; studiato: **a set speech**, un discorso preparato **4** (*elettr., mecc., ecc.*) messo a punto, regolato; tarato; inserito; attaccato: «antitheft device set», «antifurto inserito» (*avviso*) **5** (*di pranzo, ecc.*) a prezzo fisso. ● **a set battle**, una battaglia campale (*del tempo*) **set fair**, messo al bello; bello stabile ◻ **to be dead set on st.**, impuntarsi su q.c. ◻ **to be set for an exam**, essere pronto (*o* preparato) per un esame ◻ (*mecc.*) **set hammer**, martello piano (*da fabbro ferraio*); butteruola (*per rivetti*) ◻ **to be set in one's ways**, essere abitudinario ◻ **to be set on doing st.**, essere ben deciso a fare q.c. ◻ **a set phrase**, una frase fatta; un luogo comune ◻ **set piece**, (*arte, letter.*) pezzo forte; colpo finale (*di fuochi d'artificio*); (*sport*) tiro da fermo (*corner, rigore, ecc.*) ◻ (*elettron.*) **set pulse**, impulso di eccitazione ◻ (*mecc.*) **set screw**, vite d'arresto ◻ **set square**, squadra fissa (*da disegno*) ◻ **close set**, inserito a breve distanza; (*di alberi*) piantati a brevi intervalli; (*di caratteri tipografici*) con poca spaziatura ◻ **deep-set eyes**, occhi infossati ◻ **of set purpose**, (*avv.*) di proposito, apposta; intenzionalmente ◻ (*sport*) **Get set!**, pronti!

setaceous [si'teiʃəs], *a.* **1** setoloso **2** simile a una setola.

setiferous [si'tifərəs], **setigerous** [si'tidʒərəs], *a.* setoloso.

seton ['si:tn], *n.* (*vet.*) setone.

setose ['si:tous], *a.* setoloso.

sett [set], *n.* (*costr. stradali*) blocchetto (*da pavimentazione*); quadrello.

settee [se'ti:], *n.* divano; sofà (*per due o tre persone*).

setter ['setə*], *n.* **1** chi mette, fissa, stabilisce, ecc. (*V.* **to set**): **a s. of traps**, chi mette trappole (*per animali*); **a s. of fashions**, uno che stabilisce (*o* detta) la moda **2** (*zool.*) setter; cane da ferma: **an Irish s.**, un setter irlandese **3** (*mecc.*) macchina per allicciare lame da sega **4** (*ind.*) montatore, incastonatore (*di pietre preziose*). ● **a s. of rules**, uno che fissa regole (*o* regolamenti) ◻ **bone s.**, conciaossa; ortopedico ◻ (*tipogr.*) **type-s.**, compositore.

setterwort ['setəwɔːt], *n.* (*bot., Helleborus foetidus*) elleboro puzzolente.

setting ['setiŋ], *n.* **1** collocazione; installazione; messa in opera; posa; sistemazione **2** incastonatura, montatura (*d'un gioiello*) **3** sfondo; cornice (*fig.*); ambiente; scenario: **the exotic s. of the novel**, lo sfondo esotico del romanzo; i luoghi remoti in cui si svolge la storia; **in a beautiful mountain s.**, in uno scenario incantevole di montagne **4** (*teatr.*) messa in scena; scenario **5** (*mus.*) il musicare (*un testo*); adattamento musicale (*di un canto, d'una poesia*) **6** (*di una chioccia*) covata **7** affilatura (*di strumenti da taglio*); allicciatura (*di una lama da sega*) **8** (*mecc.*) regolazione; messa a punto; registrazione **9** (*mecc.: di un apparecchio, ecc.*) posizione **10** (*costr.*) indurimento; presa (*di malta, di cemento*) **11** (*chim.*) coagulazione **12** (*tipogr.*) composizione **13** (*dei capelli*) messa in piega (*l'azione*). ● **s. board**, tavoletta da entomologo ◻ **s. box**, cassetta da entomologo ◻ (*edil.*) **s. coat**, ultima mano d'intonaco ◻ **s.-free**, liberazione ◻ **s.-in**, inizio; principio ◻ (*cosmesi*) **s. lotion**, fissatore per capelli ◻ **s.-needle**, spillo per insetti (*da entomologo*) ◻ **s.-off**, partenza ◻ **s.-out**, impostazione (*d'un problema, ecc.*) ◻ (*tipogr.*) **s.-rule** (*o* **s.-stick**), compositoio ◻ **s.-up**, costruzione, messa in opera, erezione; (*mecc.*) montaggio, messa a punto, registrazione ◻ **to change the s. of a thermostat**, regolare un termostato in modo diverso ◻ **page-s.**, impaginazione.

settle ['setl], *n.* panca (*con schienale alto*); cassapanca.

to settle ['setl], **A** *v. t.* **1** decidere; determinare; fissare; stabilire; sistemare; risolvere; definire (*una faccenda*); appianare, comporre (*una vertenza*); regolare (*una questione*); aggiustare; riordinare: **to s. an argument**, decidere una controversia; **That settles the matter for good**, ciò risolve la questione una volta per tutte;

severally

to s. the day, fissare la data; **The firm has settled its employees in nearby houses**, l'azienda ha sistemato i suoi dipendenti in case vicine (alla fabbrica); **The dispute has been settled in a friendly manner**, la vertenza è stata composta in via amichevole; **to s. a room**, riordinare una stanza **2** (*comm.*) pagare; regolare; saldare; estinguere: **to s. a bill (an account)**, pagare un conto; saldare un debito; **to s. sb.'s debts**, pagare i debiti di q. **3** stabilirsi (*in un luogo*); colonizzare: **Canada was settled by the French**, il Canada fu colonizzato dai Francesi **4** acquietare; calmare: **to s. one's nerves**, calmarsi i nervi **5** far sedimentare (*il caffè, ecc.*) **6** decantare (*un liquido*) **7** (*della pioggia*) ammorzare (*la polvere*) **8** (*leg.*) assegnare; intestare: **He settled an annuity on her**, le assegnò un vitalizio; **He settled his property on his son**, intestò i suoi beni al figlio **9** (*rag.*) conguagliare, chiudere (*conti, ecc.*) **10** (*fam.*) mettere a posto, sistemare (*q., sgridandolo, battendolo*); conciare per le feste; sbarazzarsi di (*q.*); liquidare, far fuori (*pop.*). B *v. i.* **1** (*spesso* **s. down**) sistemarsi; stabilirsi; andare a stare; domiciliarsi; metter su casa; mettersi al lavoro (*o all'opera*): **When he retired, he settled in his native village**, quando andò in pensione, si stabilì nel suo paese natale; **It's time for you to marry and s. down**, è ora che ti sposi e ti sistemi; **to s. down in Cornwall**, andare a stare in Cornovaglia; **The French settled in Canada**, i francesi si stabilirono nel Canada; **He is now married and settled down**, s'è sposato e ha messo su casa; **to s. down to study**, mettersi sotto a studiare (*fam.*) **2** posarsi; fermarsi: **A fly had settled on the face of the sleeping baby**, una mosca s'era posata sul viso del bimbo addormentato; **Dust has settled on the furniture**, la polvere s'è posata sui mobili **3** (*della nebbia, delle tenebre*) calare; scendere **4** (*del terreno*) avvallarsi; (*anche di edificio*) abbassarsi, assestarsi **5** piantarsi, sprofondare (*naut.*) immergersi, cominciare ad affondare: **The car settled in the soft ground**, l'automobile si piantò nel terreno molle **6** (*del tempo*) diventare stabile; stabilizzarsi **7** (*di liquido*) decantare; sedimentare **8** (*di sedimento*) depositarsi **9** acquietarsi; calmarsi; tranquillizzarsi: **The baby has settled down**, il bimbo s'è acquietato; **Let the unrest s. down**, lascia che l'agitazione si calmi! **10** (*comm.*) pagare; saldare un conto (*o un debito*); giungere a un accomodamento: **Will you s. for me?**, vuoi pagare per me?; **Let's s. up**, saldiamo il conto!; **It won't be easy to s. with our creditors**, non sarà facile giungere a un accomodamento con i creditori. **to settle oneself (down)** C *v. rifl.* accomodarsi; adagiarsi, sistemarsi; applicarsi, mettersi; assuefarsi, abituarsi, impratichirsi: **I settled myself down in an easy-chair**, m'accomodai in poltrona; **S. (yourself) down to work**, mettiti al lavoro; **He is settling down to his new job**, si sta impratichendo nel suo lavoro. ● **to s. one's affairs**, sistemare i propri affari; far testamento □ **to s. down**, V. to s., B, def. 1, 9 □ (*leg.*) **to s. a fine out of court**, conciliare una multa □ **to s. for**, adattarsi a, contentarsi di; accettare (*una certa somma*): **He's settled for life in the country**, s'è adattato a vivere in campagna; **They won't s. for less than ten thousand pounds**, non accetteranno meno di diecimila sterline □ (*fin.*) **to s. one's foreign debts**, liquidare i propri debiti nei confronti dell'estero □ **to s. in**, fare il trasloco; sistemarsi in una casa nuova □ **to s. sb. in business**, avviare q. negli affari □ **to s. a matter**, sistemare una faccenda; evadere una pratica (*bur.*) □ **to s. on (*o* upon) doing st.**, decidere di fare q.c. □ **to s. the succession to the throne**, regolare la successione al trono □ **to s. up**, pagare, saldare, liquidare; fare i conti, regolare i conti □ **to s. up with the waiter**, pagare il (*o* il conto al) cameriere □ (*spesso fig.*) **to have an account to s. with sb.**, avere un conto da regolare con q. □ **a liqueur to s. one's dinner**, un bicchierino di liquore come digestivo □ **His promotion is as good as settled**, la sua promozione è sicura □ **He can't s. to anything**, è perennemente irrequieto; è insoddisfatto di tutto □ **That settles it!**, ciò risolve la faccenda; (*fam.*) siamo sistemati (*iron.*); è fatta!

settled ['setld], *a.* **1** fisso; sicuro; fermo; saldo; radicato; inveterato: **s. price**, prezzo fisso (*stabilito dal fabbricante*); **a s. income**, un reddito sicuro; **s. opinions**, ferme convinzioni; **s. principles**, saldi principi; **a s. habit**, un'abitudine radicata; **s. indolence**, indolenza inveterata **2** (*del tempo*) stabile; (*specialm.*) messo al bello **3** (*comm.*) pagato; regolato; saldato: **settled in full**, pagato a saldo; saldato **4** (*di persona*) calmo; posato **5** (*di luogo*) abitato; popolato **6** (*di popolo*) sedentario. ● **a s. government**, un governo stabile □ **s. habitation**, residenza stabile □ **s. order**, ordine costituito.

settlement ['setlmənt], *n.* **1** sistemazione; composizione (*di una disputa, ecc.*); (*leg.*) accordo, compromesso, transazione; accomodamento; soluzione; risoluzione: **The terms of the s. are not clear**, le condizioni dell'accordo non sono chiare; **The labour dispute does not seem to be nearing a s.**, la vertenza sindacale non sembra vicina a una composizione **2** (*comm.*) pagamento; regolamento; estinzione; saldo: **full s.**, pagamento a saldo; **partial s.**, pagamento in conto; **the s. of tax arrears**, il pagamento delle imposte arretrate **3** (*Borsa*) liquidazione periodica (*quindicinale o mensile*) **4** (*rag.*) conguaglio, chiusura (di conti) **5** colonizzazione; insediamento (*di coloni*): **the s. of new lands**, la colonizzazione di nuovi territori **6** colonia; stabilimento coloniale: **Virginia was the first English s. to survive in the New World**, la Virginia fu la prima colonia inglese destinata a sopravvivere nel Nuovo Mondo **7** nuovo centro urbano; città satellite (*nei piani urbanistici di sfollamento*) **8** centro (*o comitato*) d'assistenza sociale **9** (*del terreno*) assestamento; sistemazione **10** (*d'un edificio*) cedimento (di assestamento) **11** (*leg.*) assegnazione, costituzione (*di rendita, ecc.*); assegno personale; rendita; vitalizio. ● (*Borsa*) **s. day**, giorno di liquidazione □ (*leg.*) **s. out of court**, transazione stragiudiziale □ **s. worker**, assistente sociale □ (*stor.*) **the Act of S.**, la Legge sulla Successione al Trono (1701) □ (*comm.*) **in full (in part) s. of your account**, a saldo (in conto) del vostro avere □ (*leg.*) **marriage s.**, contratto di matrimonio.

settler ['setlə*], *n.* **1** chi sistema, decide, stabilisce, ecc. (*V.* to settle) **2** (*specialm.*) colono; colonizzatore **3** (*fam.*) argomento decisivo; discorso che non ammette replica; fatto che taglia la testa al toro **4** (*ing.*) decantatore.

settling ['setliŋ], *n.* **1** sistemazione; accomodamento **2** (*fin.*) liquidazione **3** (*rag.*) chiusura; conguaglio **4** colonizzazione **5** (*edil., geol.*) assestamento (*del terreno*); cedimento **6** (*anche ind.*) decantazione; sedimentazione **7** (*pl.*) deposito; sedimenti; feccia. ● (*Borsa*) **s.-day**, giorno di liquidazione □ **s. tank**, vasca di sedimentazione □ (*fin.*) **s.-up**, liquidazione, regolamento dei conti.

setwall ['setwɔ:l], *n.* (*bot., Valeriana officinalis*) valeriana.

seven ['sevn], *a.* e *n.* sette. ● **the s.-league boots**, gli stivali delle sette leghe □ **the s. seas**, i sette mari; gli oceani □ **the S. Sleepers**, i Sette Dormienti (*della leggenda cristiana*) □ (*astron.*) **the S. Stars**, le Pleiadi □ (*scherz.*) **the s.-year itch**, la crisi del settimo anno (*di matrimonio*) □ **at sixes and sevens**, in gran disordine; sottosopra □ **by sevens**, sette alla volta □ **in sevens**, a gruppi di sette □ **It's s. o'clock**, sono le sette.

sevenfold ['sevnfould], A *a.* settuplo. B *avv.* sette volte (tanto).

seventeen ['sevn'ti:n], *a.* e *n.* diciassette. ● **sweet s.**, la bella età dei diciassette anni; l'età più bella (*delle ragazze*) □ **She was s. last birthday**, ha compiuto i diciassette anni.

seventeenth ['sevn'ti:nθ], *a.* e *n.* diciassettesimo; decimo settimo. ● **the s. of June**, il 17 giugno □ **one s.**, un diciassettesimo.

seventh ['sevnθ], A *a.* settimo. B *n.* **1** (*mat.*) settimo **2** (*mus.*) (intervallo di) settima. ● (*relig.*) **the s. day**, la domenica (*nel linguaggio dei quaccueri*); il sabato (*per altre sette protestanti*) □ (*relig.*) **S.-Day Adventists**, Avventisti del settimo giorno, Sabbatari (*setta religiosa*) □ **the s. of May**, il 7 maggio □ (*fig.*) **to be in the s. heaven**, essere al settimo cielo □ (*mat.*) **one s.**, un settimo.

seventhly ['sevnθli], *avv.* in settimo luogo; settimo.

seventieth ['sevntiiθ], *a.* e *n.* settantesimo.

seventy ['sevnti], *a.* e *n.* settanta. ● (*mus.*) **a s.-eight** (*o* **78**), un (disco a) 78 giri (*non più in uso*) □ (*stor., mil.*) **a s.-five**, un cannone francese da 75 mm □ (*stor., mil.*) **a s.-four**, una nave armata di 74 cannoni □ **in the seventies**, negli anni fra i 70 e gli 80 (*nella vita d'una persona*); negli anni 70, fra il '70 e l'80 (*in un secolo*) □ **a man of s.**, un settantenne.

to sever ['sevə*], A *v. t.* separare; dividere; staccare; disgiungere; recidere; tagliare; troncare: **The Rhine severs France from Germany**, il Reno separa la Francia dalla Germania; **to s. husband and wife**, dividere la moglie dal marito; **to s. sb.'s head**, recidere il capo a q.; decapitare q.; **to s. a rope with a knife**, tagliare una corda con un coltello; **to s. a connection (a friendship)**, troncare una relazione (un'amicizia). B *v. i.* **1** separarsi; dividersi; staccarsi **2** spezzarsi; rompersi **3** (*leg.*) condurre un'azione legale separatamente (*in una causa comune*).

severable ['sevərəbl], *a.* separabile; divisibile; staccabile.

several ['sevrəl], A *a.* e *pron.* alcuni; diversi; vari; parecchi: **S. of you have seen him**, alcuni di voi l'hanno visto; **S. boxes were broken**, diverse casse erano rotte; **I already have s.**, ne ho già parecchi. B *a.* **1** separato; distinto; diverso; vario: **the s. opinions of different people**, i diversi pareri di più persone; **indictment on three s. charges**, incriminazione per tre distinti capi d'accusa **2** individuale; particolare; personale; singolo: **collective and s. responsibility**, responsabilità collettiva e individuale; **the s. members of the committee**, i singoli membri del comitato **3** (*leg.*) solidale: **joint and s. liability**, responsabilità congiunta e solidale. ● (*leg.*) **s. estate**, proprietà personale, indivisa □ **s. times**, diverse volte; più d'una volta □ (*leg.*) **joint and s. bond**, impegno sottoscritto da più persone, ciascuna delle quali risponde dell'intera somma.

severally ['sevrəli], *avv.* **1** separatamente; uno alla volta **2** individualmente; singolarmente; ognuno per conto suo.

severalty ['sevrəlti], *n.* **1** (*leg.*) proprietà individuale di beni (*non condivisi con altri*) **2** l'essere distinto; individualità.
severance ['sevərəns], *n.* **1** separazione; disgiunzione; distacco; divisione; taglio **2** rottura (*di rapporti, ecc.*) **3** (*leg.*) rescissione, termine (*d'un contratto di lavoro, ecc.*). ● **s. pay**, indennità di licenziamento (*o* di buonuscita); liquidazione (*non è, come in Italia, una forma differita di retribuzione*).
severe [si'viə*], *a.* severo, austero; rigoroso; duro: **a s. teacher**, un insegnante severo; **a s. style**, uno stile severo; **a s. test**, una dura prova; **s. beauty**, austera bellezza; **a s. inspection**, un'ispezione rigorosa **2** (*di tempo*) duro; rigido: **a s. winter**, un inverno rigido **3** (*meteorologia*) intenso: **a s. storm**, una perturbazione intensa **4** (*di dolore, ecc.*) acuto; vivo; violento: **a s. pain**, un acuto dolore; **a s. attack of gout**, un violento attacco di gotta **5** (*di malattia*) grave **6** sarcastico; satirico: **s. remarks**, osservazioni sarcastiche. ● (*fig.*) **a s. blow**, un duro colpo □ (*sport*) **a s. competition**, una gara impegnativa □ (*leg.*) **a s. punishment**, una condanna severa.
severity [si'veriti], *n.* **1** severità; austerità; rigore; rigorosità; durezza; rigidezza: **the s. of an examination**, la severità di un esame; **the s. of a climate**, il rigore d'un clima **2** acutezza; gravità; violenza: **the s. of an illness**, la gravità d'una malattia; **the s. of the storm**, la violenza della tempesta **3** (*pl.*) trattamento severo; punizione.
Seville ['sevil], *n.* (*geogr.*) Siviglia. ● **S. orange**, arancia amara.
Sèvres [seivr], *n.* **1** (*geogr.*) Sèvres **2** (*anche* **S. ware**) porcellana di Sèvres.
to sew [sou] (*pass.* **sewed**, *p. p.* **sewn, sewed**), *v. t. e i.* **1** cucire: **to sew a dress**, cucire un vestito; **to sew linen**, cucir tela; cucire in bianco **2** attaccare, rammendare (*cucendo*): **If you stand still, I'll sew your button on**, se stai fermo, ti attacco il bottone. ● **to sew back on**, ricucire, riattaccare (*un bottone staccato, un arto tranciato, ecc.*) □ **to sew in a band**, attaccare un nastro □ **to sew in a patch**, fare un rammendo □ **to sew up**, cucire, rammendare; (*pop.*) portare a termine, concludere (*un affare, ecc.*); (*pop.*) stancare a morte, sfinire (q.); (*pop. USA*) accaparrarsi, monopolizzare: **to sew up a wound**, cucire una ferita; **to sew up a hole** (**a tear, etc.**), rammendare un buco (uno strappo, ecc.) □ (*fam.*) **to be sewed up**, essere ubriaco fradicio.
sewage ['sju:idʒ], *n.* acque di scolo; acque luride; acque di rifiuto; liquame. ● **s. disposal**, trattamento delle acque luride □ (*agric.*) **s.-farm**, azienda agricola che pratica la fertilizzazione con liquame □ (*costr.*) **s. system**, (sistema di) fognatura □ **raw s.**, acque luride non trattate.
sewer (1) ['souə*], *n.* cucitore, cucitrice.
sewer (2) ['sju:ə*], *n.* fogna; cloaca. ● **s.-gas**, gas mefitico (di fognatura) □ **s.-rat**, topo di fogna.
to sewer ['sju:ə*], *v. t.* provvedere (*una città, ecc.*) di fogne.
sewer (3) ['sju:ə*], *n.* (*stor.*) cerimoniere (*nei banchetti medievali*).
sewerage ['sju:əridʒ], *n.* **1** fognatura; sistema di fognature; rete fognante **2** rimozione (*o* scarico) delle acque luride **3** *V.* **sewage**.
sewing ['souiŋ], *n.* **1** il cucire; cucitura **2** cucito; lavori di cucito. ● **s. awl**, punteruolo per cucire (*cuoio, tende, vele, ecc.*) □ **s. cotton**, cotone da cucire □ **s. machine**, macchina da cucire □ (*legatoria*) **s. press**, cucitrice □ **s. thread**, filo da cucire; (filato) cucirino.
sewn [soun], *p. p.* di **sew**. ● **s.-off shotgun**, fucile a canne mozze.
sex [seks], **A** *n.* **1** (*biol.*) sesso: **Sex does not matter**, non si fa distinzione di sesso; **both sexes**, ambo i sessi **2** rapporti sessuali; **to have sex with sb.**, avere rapporti sessuali con q. **B** *a. attr.* sessuale: (*anat.*) **sex organs**, organi sessuali. ● (*scherz.*) **the sex**, il gentil sesso; la donna □ **sex antagonism**, antagonismo fra i due sessi □ **sex appeal**, sex appeal; fascino sessuale; attrattiva fisica □ **sex assesser**, sessatore □ **sex change**, cambiamento di sesso □ **sex discrimination**, discriminazione in base al sesso □ **s. drive** (*o* **s. urge**), impulso sessuale □ **sex maniac**, maniaco sessuale □ **sex romps**, orge; giochi audaci (*eufemistico*) □ (*fam.*) **sex swap**, *V.* **sex change** □ **the fair sex**, il gentil sesso □ **the sterner sex**, il sesso forte □ **the weaker sex**, il sesso debole □ **She is the fairest of her sex**, è la più bella donna del mondo.
to sex [seks], *v. t.* (*tecn.*) stabilire il sesso di (*pulcini, ecc.*); sessare.
sexagenarian [,seksədʒi'nɛəriən], *a. e n.* sessagenario (*lett.*); sessantenne.
sexagenary [sek'sædʒinəri], *a.* **1** sessagenario; sessantenne **2** (*mat.*) sessagesimale.
Sexagesima [,seksə'dʒesimə], *n.* (*relig.*, *anche* **S. Sunday**) sessagesima; domenica di sessagesima.
sexagesimal [,seksə'dʒesiməl], (*mat.*) **A** *a.* sessagesimale: **s. fractions**, frazioni sessagesimali. **B** *n.* frazione sessagesimale.
sexangular [seks'æŋgjulə*], *a.* (*geom.*) esagonale.
sexcentenary ['sek,sen'ti:nəri], *n.* sesto centenario.

sexed [sekst], *a.* (*biol.*) sessuato.
sexennial [seks'eniəl], *a.* sessennale (*lett.*); che dura sei anni.
sexing ['seksiŋ], *n.* (*tecn.*) sessaggio (*V.* **to sex**).
sexism ['seksizəm], *n.* discriminazione (*o* pregiudizio) sessuale; maschilismo; maschismo.
sexist ['seksist], *a. e n.* maschilista; maschista.
sexless ['seksləs], *a.* **1** (*biol.*) asessuato; neutro **2** (*med.*) frigido; impotente **3** (*fam.*) per niente sexy; privo di attrattiva sessuale.
sexpartite [seks'pa:tait], *a.* (*scient.*) diviso in sei parti; sestuplice.
sexploitation ['seks-plɔi'teiʃən], *n.* (*cinem., arte, ecc.*) sfruttamento del sesso; erotismo deteriore.
sexpot ['seks-pɔt], *n.* (*pop.*) donna tutta sesso; donna conturbante.
sext [sekst], *n.* (*relig.*) sesta (*ora canonica*; *uffizio*).
sextain ['sekstein], *n.* (*poesia*) sestina.
sextan ['sekstən], *a. e n.* (*med.*) (febbre) ricorrente ogni sei giorni.
sextant ['sekstənt], *n.* **1** (*naut., aeron.*) sestante **2** (*geom.*) sesta parte del cerchio.
sexte [sekst], *V.* **sext**.
sextet(te) [seks'tet], *n.* (*mus., sport*) sestetto.
sextillion [seks'tiljən], *n.* (*mat.*) **1** (un) quintilione di quintilioni (*un 1 seguito da 36 zeri, in G.B.*) **2** sestilione (*un 1 seguito da 21 zeri, in USA*).
sexto ['sekstou], *n.* (*pl.* **sextos**) (*tipogr.*) (libro in) sesto.
sextodecimo ['sekstou'desimou], *n.* (*pl.* **sextodecimos**) (*tipogr.*) (libro in) sedicesimo.
sexton ['sekstən], *n.* **1** sagrestano **2** becchino; necroforo. ● (*zool.*) **s.-beetle** (*Necrophorus*), necroforo.
sextuple ['sekstjupl], *a. e n.* sestuplo.
to sextuple ['sekstjupl], *v. t. e i.* sestuplicare, sestuplicarsi.
sextuplet ['sekstjuplit], *n.* **1** uno di sei gemelli **2** (*pl.*) sei gemelli (*a un parto*).
sexual ['seksjuəl], *a.* sessuale: **s. intercourse**, rapporti sessuali (*o* carnali); **s. revolution**, rivoluzione sessuale.
sexuality [,seksju'æliti], *n.* sessualità.
sexy ['seksi], *a.* (*fam.*) provocante; erotico; eroticamente conturbante; sexy.
sforzando [sfɔ:'tsændou] (*ital.*), (*mus.*), **A** *n.* (*pl.* **sforzandos, sforzandi**) sforzando. **B** *a. e avv.* (cantato) sforzando.
sh [ʃ], *V.* **ssh**.
shabbiness ['ʃæbinis], *n.* **1** cattivo stato; trasandatezza; straccioneria **2** grettezza; meschinità.
shabby ['ʃæbi], *a.* **1** in cattivo stato; frusto; logoro; malconcio; misero; sciupato; stracciato: **s. clothes**, abiti frusti, sciupati; **s. surroundings**, miseri dintorni **2** male in arnese; trasandato; malvestito; scalcagnato **3** gretto; meschino: **a s. offering**, un'offerta meschina. ● (*specialm. d'abito*) **s.-genteel**, malconcio e misero, ma non senza pretese; pretenzioso, ma logoro e frusto □ **s. treatment**, trattamento ignobile (*o* vergognoso).
shabrack ['ʃæbræk], *n.* (*stor.*) gualdrappa.
shack [ʃæk], *n.* capanna; baracca; tugurio. ● (*volg.*) **s.-up**, chiavata; scopata.
to shack [ʃæk], *v. i.* – (*pop.*) **to s. up with sb.**, convivere con q.; vivere more uxorio con q. ● (*volg.*) **to s. up**, chiavare; scopare.
shackle ['ʃækl], *n.* **1** (*mecc.*) grillo; maniglia; anello di trazione **2** (*naut.*) maniglia, maniglione (*della catena dell'ancora*) **3** (*pl.*) ceppi; ferri; manette; catene **4** (*pl., fig.*) legami; impedimenti; pastoie; restrizioni: **the shackles of habit** (**of superstition**) le pastoie dell'abitudine (della superstizione). ● (*mecc.*) **s.-bolt**, perno di anello di trazione.
to shackle ['ʃækl], *v. t.* **1** mettere in ceppi; incatenare **2** (*fig.*) ceppare; impedire; ostacolare **3** (*naut.*) ammanigliare.
shad [ʃæd], *n.* (*pl.* **shad, shads**) (*zool., Alosa*) alosa.
shaddock ['ʃædək], *n.* (*bot., Citrus maxima*) pummelo (*varietà di pompelmo*).
shade [ʃeid], *n.* **1** ombra (*anche fig.*); oscurità, buio, tenebre; fantasma, spettro, spirito: **in the s.**, all'ombra; **the shades of twilight**, le ombre del crepuscolo; **the s. of Virgil**, l'ombra di Virgilio; **to throw** (*o* **to put**) **sb. into the s.**, mettere in ombra q.; eclissare q. **2** gradazione; sfumatura; tinta; tonalità: **different shades of green**, diverse tonalità di verde; **delicate shades of meaning**, lievi sfumature di significato; **a lighter s.**, una tinta più chiara **3** schermo; (*specialm.*) paralume **4** (*pl.*) luogo ombroso; recesso **5** (*pl., pop.*) occhiali da sole. ● **a s.**, un po'; leggermente; un tantino: **I feel a s. better today**, sto leggermente meglio oggi □ **eye-s.**, visiera □ **to go down to the shades**, andare nel regno delle ombre; scendere nell'Ade; morire □ **to keep in the s.**, restare all'ombra; (*fig.*) restare nell'ombra □ **lamp-s.**, paralume □ **the shadow of a s.**, l'ombra d'un sogno; una cosa illusoria, irreale □ **sun-s.**, ombrellino; parasole □ **window s.**, tendina; tapparella; scuro □ **without light and s.**, (*di disegno*) senza sfumature; (*fig.*) monotono, noioso, tetro.
to shade [ʃeid], **A** *v. t.* **1** ombreggiare; far ombra a; fare schermo

a; proteggere (*dalla luce, dal sole*); riparare: **trees that s. the road**, alberi che ombreggiano la strada; **a hat that shades one's eyes**, un cappello per proteggere gli occhi dal sole; **I shaded my eyes with my hand**, mi feci schermo dal sole con la mano **2** offuscare; oscurare; ottenebrare: **A sullen look shaded his face**, un'aria tetra gli offuscava il volto **3** (*far*) sfumare (*un colore in un altro*) **4** (*disegno*) ombreggiare; ombrare **5** (*mus.*) variare il tono di (*una canna d'organo*). B *v. i.* **1** (*di colore*) sfumare (*in un altro*): **yellow shading off into green**, giallo che sfuma nel verde **2** (*fig.*) cambiare per gradi; mutare lentamente **3** (*comm.: di prezzi*) diminuire leggermente.

shaded ['ʃeidid], *a.* **1** ombreggiato; ombroso **2** (*di disegno*) ombreggiato; ombrato; sfumato.

shadeless ['ʃeidlis], *a.* senz'ombra; privo d'ombra.

shadiness ['ʃeidinis], *n.* **1** ombrosità; l'essere in ombra **2** (*fig., fam.*) disonestà; dubbia fama; ambiguità.

shading ['ʃeidiŋ], *n.* **1** ombreggiatura; ombreggiamento; (*disegno, anche*) sfumatura **2** riparo contro la luce **3** gradazione; tonalità; sfumatura **4** (*fig.*) sfumatura; lieve differenza.

shadoof [ʃɔ'du:f], *n.* mazzacavallo (*per estrarre acqua dai pozzi*).

shadow ['ʃædou], *n.* **1** ombra (*anche fig.*); oscurità, buio, tenebre; fantasma, spettro, spirito (*astron.*) **the earth's s.**, l'ombra della terra; **The valley was already in s.**, la valle era già in ombra; **The tall trees cast long shadows**, gli alti alberi gettavano lunghe ombre; **to sit in the s.**, essere seduto all'ombra; **He is the s. of his former self**, è diventato l'ombra di se stesso; **There is not a s. of suspicion (justification, etc.)**, non c'è ombra di sospetto (di giustificazione, ecc.) **2** (*fig.*) ombra; compagno inseparabile; pedinatore. ● **a s. army**, un esercito ombra ◻ (*sport*) **s.-boxing**, allenamento con l'ombra ◻ (*polit.*) **S. Cabinet**, Gabinetto Ombra (*in G.B.*) ◻ (*ind.*) **s. factories**, fabbriche facilmente convertibili alla produzione bellica ◻ **the s. of freedom**, la parvenza della libertà ◻ (*fam.*) **to be afraid of one's own s.**, avere paura della propria ombra ◻ **beyond the s. of a doubt**, senza ombra di dubbio ◻ (*fig.*) **to catch at shadows**, voler afferrare le ombre; correre dietro ai fantasmi ◻ **to have shadows round the eyes**, avere gli occhi cerchiati ◻ **to live in the s.**, vivere nell'ombra; far vita ritirata ◻ (*fig.*) **to live in the s. of**, vivere all'ombra di q. (*più importante*) ◻ **under the s. of the Almighty**, all'ombra dell'Onnipotente; con la protezione di Dio ◻ **under the s. of misfortune**, sotto il segno della sfortuna ◻ (*arc., lett.*) **May your s. never grow less!**, possa tu rimanere florido; Dio ti conservi in salute.

to shadow ['ʃædou], *v. t.* **1** ombreggiare; far ombra **2** offuscare; oscurare; ottenebrare **3** pedinare; seguire le mosse di; spiare; tener d'occhio: **The private detective shadowed the suspected blackmailer**, l'investigatore privato pedinava l'uomo che sospettava essere il ricattatore. ● **to s. forth**, adombrare; preannunciare; prefigurare; simboleggiare.

to shadow(-)box ['ʃædouboks], *v. i.* **1** (*pugilato*) allenarsi contro l'ombra **2** (*fig.*) fare per finta; non fare (*o* non dire) sul serio, (*anche*) fare finta, fingere **3** (*fig.*) andarci piano, agire con prudenza (con q.).

shadowiness ['ʃædouinis], *n.* **1** ombreggiatura; ombrosità **2** illusorietà; irrealtà **3** vaghezza; nebulosità; oscurità.

shadowless ['ʃædoulis], *a.* **1** (*di corpo*) che non getta ombra; senz'ombra (*di superficie*) senza ombre; privo di ombre.

shadowy ['ʃædoui], *a.* **1** ombroso; ombreggiato: **s. forests**, foreste ombrose **2** illusorio; irreale; chimerico: **a s. hope**, una speranza illusoria **3** vago; nebuloso; confuso; indistinto; oscuro: **a s. human form**, una forma umana indistinta **4** (*fig.*) confuso; nebuloso; vago; incerto: **the s. line between right and wrong**, l'incerta linea che separa il torto dalla ragione.

shady ['ʃeidi], *a.* **1** ombroso; ombreggiato; in ombra: **s. leaves**, ombrose fronde; **a s. lawn**, un prato ombreggiato **2** (*fig.*) ambiguo; dubbio; disonesto; di dubbia fama; equivoco; losco; sospetto: **a man of s. reputation**, un uomo di dubbia fama; **a s. fellow**, un losco figuro; **a s. transaction**, un affare sospetto; **to be on the s. side of fifty**, aver passato la cinquantina.

shaft [ʃa:ft], *n.* **1** asta (*di lancia*); asticciola (*di freccia*) **2** (*arc.*) freccia; (*poet.*) dardo, saetta, strale (*anche fig.*): **the shafts of satire**, gli strali della satira **3** manico lungo (*d'arnese o strumento*) **4** (*archit.*) fusto (*d'una colonna*) **5** (*di carro*) stanga **6** (*mecc.*) albero; asse: **driving s.**, albero motore; (*autom.*) **gear s.**, albero del cambio (*di velocità*) **7** (*ind. min.*) pozzo: **ventilating s.**, pozzo d'aerazione **8** (*mecc.*) asta; gambo **9** (*archit.*) stele; colonnina; obelisco **10** (*metall.*) **s. d'altoforno**) tino: **s. furnace**, forno a tino. ● (*mecc.*) **s. drive**, trasmissione ad alberi ◻ **s. horse**, cavallo da tiro ◻ (*mecc.*) **s. horsepower**, potenza all'asse ◻ **a s. of light**, un raggio di luce ◻ **a s. of lightning**, un fulmine ◻ (*autom.*) **axle s.**, semiasse ◻ (*mecc.*) **connecting s.**, albero di trasmissione ◻ (*edil.*) **elevator s.** (*o* **lift s.**), pozzo dell'ascensore ◻ (*pop. USA*) **to get the s.**, essere trattato male; farsi fregare (*pop.*) ◻ (*pop. USA*) **to give sb. the s.**, trattare male (*pop.: fregare*) q.

to shaft [ʃa:ft], *v. t.* (*pop. USA*) trattare male; fregare (*pop.*).

shafting ['ʃa:ftiŋ], *n.* (*mecc.*) (sistema di) trasmissione ad alberi.

shag (1) [ʃæg], *n.* **1** intreccio, viluppo, intrico (*di capelli, erbacce, ecc.*) **2** tessuto peloso e ruvido (*specialm. di lana*) **3** tabacco grossolano; trinciato.

shag (2) [ʃæg], *n.* (*zool., Phalacrocorax aristotelis*) marangone dal ciuffo.

to shag [ʃæg], *v. t.* (*volg.*) avere rapporti sessuali con.

shagged [ʃægd], *V.* **shaggy**. ● (*pop.*) **s. out**, stanco morto; spompato (*pop.*).

shagginess ['ʃæginis], *n.* **1** pelosità; ispidezza; villosità **2** asprezza; ruvidezza; scabrosità.

shaggy ['ʃægi], *a.* **1** peloso; irsuto; ispido; velloso; villoso: **a s. beard**, una barba ispida **2** aspro; ruvido; scabro: **s. wool**, lana ruvida **3** (*di terreno*) coperto di erbacce; sterposo. ● **a s.--dog story**, una lunga storiella comica, con finale paradossale.

shagreen [ʃæ'gri:n], *n.* **1** zigrino; cuoio grezzo, ruvido **2** pelle di zigrino.

shah [ʃa:], *n.* (*stor.*) scià.

to shake [ʃeik] (*pass.* **shook**, *p. p.* **shaken**), A *v. t.* **1** scuotere; agitare; scrollare; sbattere; far tremare; (*fig.*) turbare, commuovere, impressionare; (*fig.*) indebolire, infiacchire: **to s. one's head**, scuotere (*o* scrollare) il capo; **The wind shook the branches**, il vento scuoteva i rami; **to s. one's fist (stick) at sb.**, agitare il pugno (il bastone) contro q.; **to s. a carpet**, sbattere un tappeto; **to s. chestnuts (apples, etc.) from the tree**, scrollare (*o* far cadere) castagne (mele, ecc.) dall'albero; **The wind shook the window--shutters**, il vento sbatteva le imposte; **to s. sb.'s faith**, scuotere la fede di q.; **He was much shaken when he heard of the horrible accident**, rimase molto scosso quando seppe dell'orribile incidente **2** (*pop., USA*) liberarsi di; distanziare: **He succeeded in shaking his pursuers**, riuscì a liberarsi degli inseguitori. B *v. i.* **1** tremare; tremolare; barcollare; traballare; vibrare: **The earth was shaking**, la terra tremava; **He was shaking with rage**, tremava dalla rabbia; **Our house shakes whenever a tram passes by**, la nostra casa vibra ogni volta che passa il tram; **His hands are shaking**, gli tremano le mani **2** (*mus.*) trillare **3** darsi (*o* stringersi) la mano; **Shake!**, datevi la mano!; **Let's s. on it!**, qua la mano! **to shake oneself** C *v. rifl.* scuotersi; agitarsi. D *verbi composti* **1 to s. down**, addattarsi, assestarsi; ambientarsi; inserirsi (*in un ambiente*) ◻ (*fam. USA*) **to s. (sb.) down**, spillare denaro a (q.); mungere (*fig., pop.*); perquisire (q.) ◻ **to s. (st.) down**, far cadere (*scuotendo*), scrollare (*frutta da un albero, ecc.*); gettare (*o* stendere) per terra: **to s. down straw (blankets)**, gettar paglia (stendere coperte) per terra; preparare un giaciglio ◻ **to s. a sack down**, scuotere un sacco in modo che il contenuto (*per es. grano, fagioli, ecc.*) occupi meno posto. **2 to s. off**, scuotere; scuotersi di dosso; liberarsi, disfarsi, sbarazzarsi di: **to s. off the yoke**, scuotere il giogo; **to s. off the dust**, scuotersi di dosso la polvere; **to s. off a bad habit**, liberarsi di una brutta abitudine; **to s. off a cold**, liberarsi di un raffreddore; **to s. off an undesirable companion**, sbarazzarsi di un compagno indesiderato. **3 to s. out**, scuotere; scuotersi; cavare, vuotare (*scuotendo*); spargere; (*naut.*) spiegare, mollare; (*Borsa*) eliminare dal mercato (*gli investitori più deboli*): **to s. out salt water from one's ears**, togliersi, scuotendo il capo; l'acqua salata dalle orecchie; **to s. out salt from a shaker**, spargere sale dalla saliera; **to s. out a sail (a flag)**, spiegare una vela (una bandiera); **to s. out a reef**, mollare un terzarolo. **4 to s. up**, agitare, scuotere; mescolare; (*fig.*) destare, scuotere, risvegliare; riorganizzare, ristrutturare (*un'azienda*); fare un rimpasto di, rimpastare (*il personale*): **to s. up ingredients**, mescolare ingredienti ◻ **to s. up a pillow**, sprimacciare un guanciale ◻ (*fam.*) **S. it up!**, sbrigati!; spicciati! ● **to s. sb. by the hand**, dare (*o* stringere) la mano a q. ◻ **to s. sb.'s composure**, scuotere q.; far perdere la calma a q. ◻ **to s. one's finger at sb.**, agitare il dito contro q.; minacciare (*o* rimproverare) q. scuotendo l'indice ◻ **to s. hands**, darsi (*o* stringersi) la mano: **We shook hands**, ci stringemmo la mano; **They reached an agreement and shook hands on it**, si misero d'accordo e suggellarono l'intesa con una stretta di mano ◻ **to s. hands with sb.**, stringere (*o* dare) la mano a q. ◻ (*fam.*) **to s. a leg**, far quattro salti; ballare; sbrigarsi: **Shake a leg!**, sbrigati! ◻ (*mecc.: di dado, ecc.*) **to s. loose**, allentarsi per effetto delle vibrazioni ◻ **to s. one's sides with laughing**, sbellicarsi dalle risa ◻ **to be shaking in one's shoes** (*o* **boots**), essere morto dalla paura.

shake [ʃeik], *n.* **1** scossa; scrollata; scrollo; urto; scossone: **Give it a s.**, dagli una scossa; **a s. of the head**, una scrollata di capo; un cenno di diniego **2** (*anche* **handshake**) stretta di mano **3** (*fam.*) scossa di terremoto; terremoto **4** fenditura; screpolatura (*nel legno, nella roccia*) **5** (*fam.*) attimo; momento; istante: **I'll be back in half a s.** (*o* **in two shakes**), torno in un attimo; vado e vengo **6** (*pl.*) — **the shakes**, febbre con brividi;

tremito convulso; tremarella: **to get the shakes**, farsi venire la tremarella **7** frullato: **milk-s.**, frullato di latte; frappé **8** (*mus.*) trillo **9** shake (*ballo*). ● **s.-out**, (*Borsa Valori*) eliminazione dal mercato (*degli investitori più deboli*); (*metall.*) sformatura □ **s.-up**, scuotimento, rimescolamento, sconvolgimento; movimento (*di funzionari*); riorganizzazione (*di un'azienda*); rimpasto (*del personale, del governo, ecc.*) □ **all of a s.**, tremolante; barcollante (*fam. USA*) **to get a fair s.**, essere trattato con giustizia □ (*fam.*) **to give sb. (st.) the s.**, disfarsi, sbarazzarsi di q. (di q.c.) □ (*fam.*) **He's no great shakes**, è persona di poco conto; non è niente di straordinario.

shakeable ['ʃeikəbl], *a.* agitabile; che si può scuotere (*o* scrollare).

shakedown ['ʃeik'daun], *n.* **1** letto improvvisato; giaciglio **2** (*fig.*) assestamento: **economic s.**, assestamento economico **3** (*fam. USA*) perquisizione (accurata). ● (*aeron.*) **s. flight**, ultimo volo di prova.

shaken ['ʃeikən], *p. p.* di **to shake**.

shaker ['ʃeikə*], *n.* **1** chi scuote, chi agita, ecc. (*V.* **to shake**) **2** (*ind.*) scuotitoio **3** (*ind.*) trasportatore a scosse **4** (*agric.*) scuotipaglia (*di trebbiatrice*) **5** shaker; scuotighiaccio; sbattighiaccio (*per cocktail*).

Shakespearian [ʃeiks'piəriən], *a.* shakespeariano; scespiriano.

shakiness ['ʃeikinis], *n.* **1** l'essere malfermo (*o* barcollante, traballante); instabilità **2** scarso affidamento; inattendibilità, incertezza; indecisione.

shaking ['ʃeikiŋ], **A** *a.* tremante; tremulo; vacillante. **B** *n.* **1** scuotimento; scrollata; scossone; scossa: **He deserves a good s.**, si merita una buona scrollata (*o* strigliata) **2** tremito; tremore **3** sbattuta: **Give these clothes a good s.**, da' una bella sbattuta a questi panni.

shako ['ʃækou], *n.* (*pl.* **shakos, shakoes**) (*mil.*) sciaccò.

shaky ['ʃeiki], *a.* **1** malfermo; barcollante; traballante; tremante; tremolante; debole; vacillante: **a s. table**, una tavola traballante; **a s. old man**, un vecchio tremolante; **a s. hand**, una mano malferma (*o* tremante); **He looks very s.**, pare assai debole; **a s. house**, una casa vacillante **2** infido; dubbio; inattendibile; incerto; indeciso; insicuro: **a s. character**, un carattere infido; **a s. fellow**, un tipo inaffidabile; **a s. voters**, elettori indecisi; **He is rather s. in Greek**, è piuttosto insicuro in greco.

shale [ʃeil], *n.* (*geol.*) argillite. ● **s. clay**, argilla scistosa □ **s. oil**, olio di scisto.

shall [ʃæl,ʃəl] (*pass.* **should**), *voce verb. difett.* **1** (*idiom.*; ausiliare per la formazione del futuro, semplice o volitivo, promissorio, minatorio): **I s.** (we s.) **do it tomorrow**, lo farò (lo faremo) domani; **S. we be late?**, arriveremo tardi?; **What s. you tell him when you see him?**, che cosa gli dirai quando lo vedrai?; **If you are a clever boy, you s. have a prize**, se sarai bravo, avrai un premio; **He told me not to do it, but I s.**, m'ha detto di non farlo, ma io lo farò (lo stesso); **The traitor s. be hanged**, il traditore sarà impiccato (*così voglio, ordino, ecc.*); **Blessed are the pure in heart: for they s. see God**, beati i puri di cuore, perché essi vedranno Dio **2** (*in frasi interr.*) devo; deve; dobbiamo; devono: **S. I switch on the television?**, devo accendere la televisione? (vuoi che, volete che accenda la televisione?); **S. the students be punished?**, devono essere puniti gli studenti? (vuoi che li faccia punire?); **What s. I answer?**, che cosa devo rispondere? (che cosa vuoi che risponda?); **What s. we do?**, che cosa dobbiamo fare?; che cosa volete che si faccia?; **S. they come tomorrow?**, devono (*o* devo farli) venire domani?; vuoi che vengano domani? **3** (*idiom.*; ausiliare per la formazione del cong. perifrastico): **I request that it s.** (*o* **should**) **be done at once**, voglio che sia fatto subito; **The principle that the rich s. contribute part of their wealth through taxes for the benefit of the less fortunate is now generally accepted**, è ormai accettato da tutti il principio che i ricchi diano, sotto forma d'imposta, il contributo di una parte della loro ricchezza a beneficio dei meno abbienti. ● **S. we leave at once?**, vogliamo partire subito? (*alla lettera* vuoi, volete che partiamo subito?) □ **Let's go for a walk, s. we?**, andiamo a fare una passeggiata, volete (*o* vuoi)?

shalloon [ʃə'lu:n], *n.* tessuto leggero di lana (*per fodere*); saia.

shallop ['ʃæləp], *n.* (*naut.*) scialuppa.

shallot [ʃə'lɔt], *n.* (*bot., Allium ascalonicum*) scalogno.

shallow ['ʃælou], **A** *a.* **1** poco profondo; basso: **s. water**, acqua bassa; **a s. river**, un fiume poco profondo **2** poco fondo; piano: **a s. dish**, un piatto piano **3** (*fig.*) frivolo, futile; leggero; superficiale: **a s. debate**, un dibattito futile; **a s. mind**, una mente superficiale. **B** *n.* (*generalm. al pl.*) bassofondo; secca (*di fiume, ecc.*). ● **s.-brained** (*o* **s.-pated**), frivolo, scervellato; vuoto (*fig.*) □ (*mil.*) **a s. bridgehead**, una testa di ponte poco profonda.

to shallow ['ʃælou], **A** *v. i.* (*d'acqua, di fiume*) abbassarsi; diventare meno profondo. **B** *v. t.* ridurre la profondità di (*un corso d'acqua, ecc.*).

shallowness ['ʃælounis], *n.* **1** poca profondità **2** (*fig.*) frivolità

futilità; leggerezza; superficialità.

shalom [ʃæ'lɔm] (*ebraico*), *inter.* shalom!; pace! (*saluto*).

shalt [ʃælt], *voce verb.* (2ª *pers. sing. pres. arc. di* **shall**). ● (*Bibbia*) **Thou s. not steal**, non rubare!

shaly ['ʃeili], *a.* (*geol.*) argillitico; argilloso.

sham [ʃæm], **A** *n.* **1** imitazione; mistificazione: **Are those real diamonds or only shams?**, sono diamanti veri o imitazioni? **2** finzione; simulazione; finta; inganno; frode **3** ciarlatano; impostore; simulatore. **B** *a.* finto; simulato; fittizio; falso; posticcio: **s. pearls**, perle finte (*o* false); (*fin.*) **s. dividends**, dividendi fittizi; **a s. fight**, una battaglia simulata. ● (*leg.*) **a s. plea**, un pretesto, un cavillo (*per guadagnar tempo*).

to sham [ʃæm], **A** *v. t.* fingere; simulare; mistificare: **to s. illness**, simulare una malattia; fingersi malato. **B** *v. i.* fingere; far finta; fingersi; finger d'essere: **He is not ill; he is just shamming**, non è malato, fa solo finta; **to s. dead** (**asleep, etc.**), fingersi morto (addormentato, ecc.); finger d'esser morto (di dormire, ecc.).

shaman ['ʃæmən], *n.* sciamano (*sacerdote, stregone di tribù asiatiche e nordamericane*).

shamanic [ʃæ'mænik], *V.* **shamanistic**.

shamanism ['ʃæmənizm], *n.* sciamanismo.

shamanistic [,ʃæmə'nistik], *a.* sciamanico.

to shamble ['ʃæmbl], *v. i.* camminare dinoccolato (*o* strascicando i piedi).

shamble [ʃæmbl], *n.* (*anche* **shambling gait**) andatura dinoccolata (*o* con passo strascicato).

shambles ['ʃæmblz], *n. pl.* (*spesso col verbo al sing.*) **1** (*un tempo*) macello; mattatoio **2** (*fig.*) carneficina; macello; strage **3** (*fig., fam.*) confusione; gran disordine; macello, casino (*fam.*). ● **The children left the whole house a s.**, i bambini misero a soqquadro tutta la casa.

shambolic [ʃæm'bɔlik], *a.* molto disordinato; (che è) sottosopra.

shame [ʃeim], *n.* vergogna; pudore; ritegno; ignominia; infamia; obbrobrio; onta; vituperio: **to feel s. at having done st. wrong**, sentir vergogna per aver fatto q.c. di male; **to blush** (*o* **to flush**) **with s.**, arrossire per la vergogna; **He has** (*o* **he feels**) **no s. at all**, non ha (*o* non sente) vergogna; ha perduto il pudore; **He is a s. to his parents** è un'onta per i suoi genitori; **What a s. to treat you in that way!**, che infamia trattarti in quel modo! ● **to bring s. upon oneself** (**one's family**), disonorarsi (disonorare la propria famiglia) □ **to cry s. on sb.**, coprire q. di vergogna □ **out of s.**, per pudore □ **to put sb. (st.) to s.**, svergognare q. (q.c.) □ **To my s., I couldn't answer**, con mia vergogna non seppi rispondere □ **S. on you!**, vergognati!; vergogna! □ **For s.!**, vergogna!

to shame [ʃeim], *v. t.* **1** svergognare; umiliare; far arrossire (*di vergogna*) **2** disonorare; recar onta a: **to s. one's family**, disonorare la propria famiglia **3** far sfigurare; eclissare; oscurare. ● **to s. sb. into reacting to an offence**, svergognare q. costringendolo a reagire a un'offesa □ **to s. sb. out of a prejudice**, liberare q. da un pregiudizio facendogliene provare vergogna □ **A dog's fidelity shames us**, la fedeltà del cane dovrebbe farci vergognare.

shamefaced ['ʃeimfeist], *a.* **1** pudico; modesto; timido **2** vergognoso (*della propria colpa*); confuso; imbarazzato. ● **in a s. way**, con grande imbarazzo.

shamefacedness ['ʃeimfeistnis], *n.* **1** pudicizia; modestia; timidezza **2** vergogna; aria contrita; imbarazzo.

shameful ['ʃeimful], *a.* vergognoso; ignominioso; infame; obbrobrioso; disonorevole: **s. behaviour**, condotta vergognosa.

shamefulness ['ʃeimfulnis], *n.* ignominia; infamia; obbrobrio.

shameless ['ʃeimlis], *a.* spudorato; impudente; sfacciato; sfrontato; svergognato.

shamelessness ['ʃeimlisnis], *n.* spudoratezza; impudenza; sfacciataggine; sfrontatezza.

shammer ['ʃæmə*], *n.* simulatore; impostore.

shammy ['ʃæmi], **A** *n.* (*anche* **s. leather**) pelle di camoscio. **B** *a.* scamosciato.

shamoy ['ʃæmɔi], *V.* **shammy**.

shampoo [ʃæm'pu:], *n.* (*pl.* **shampoos**) **1** shampoo; sciampo; lavatura dei capelli: **to give oneself a s.**, farsi lo sciampo **2** miscela per lavare i capelli.

to shampoo [ʃæm'pu:], *v. t.* lavare con uno sciampo (*capelli, tappeti, ecc.*).

shampooing [ʃæm'pu:iŋ], *n.* shampooing; lavatura e frizione (*dei capelli*) con lo shampoo.

shamrock ['ʃæmrɔk], *n.* (*bot.*) **1** (*Trifolium pratense*) trifoglio **2** (*Trifolium repens*) trifoglio bianco **3** (*Oxalis acetosella*) trifoglio acetoso; acetosella. ● **the S. Isle**, l'Irlanda.

shandrydan ['ʃændridæn], *n.* **1** calesse **2** carrozza decrepita; veicolo sgangherato; trabiccolo (*scherz.*).

shandy ['ʃændi], (*USA*) **shandygaff** ['ʃændigæf], *n.* bibita che è per metà birra e per metà gazzosa o limonata.

Shanghai [ʃæŋ'hai], *n.* (*geogr.*) Sciangai.

to shanghai [ʃæŋ'hai], *v. t.* (*gergo naut.*) imbarcare (q.) come marinaio, drogandolo e portandolo a bordo a forza. ● (*pop.*) **to s. sb. into doing st.**, costringere q. (con l'inganno) a fare q.c. (*di sgradito o rischioso*).

shank [ʃæŋk], *n.* **1** (*anat., arc.*) stinco; gamba; tibia **2** (*bot.*) gambo; stelo; peduncolo **3** (*mecc.*) gambo; codolo **4** manico (*di cucchiaio*) **5** (*archit.*) fusto (*di colonna*) **6** (*naut.*) fuso (*di ancora*) **7** (*cucina*) stinco: **veal shanks**, stinchi di vitello. ● (*mecc.*) **s.-cutter**, fresa frontale a codolo ▢ (*fam.*) **the s. of the journey**, l'ultimo tratto del viaggio ▢ **the s. of a key**, il fusto (*o* il cannello) d'una chiave ▢ **to go on S.'s mare** (*o* **pony**), andare sul caval di San Francesco; andare a piedi ▢ (*mecc.*) **rivet s.**, gambo del rivetto.

to shank [ʃæŋk], *v. i.* (*bot., di solito* **to s. off**) cadere per malattia del gambo (*o* del peduncolo).

shan't [ʃɑːnt], *contraz.* di **shall not**.

shantey [ˈʃænti], *n.* **V. shanty (2)**.

shantung [ʃænˈtʌŋ], *n.* (*ind. tessile*) sciantung; seta grezza cinese.

shanty (1) [ˈʃænti], *n.* casupola; capanna; baracca; tugurio. ● **s.-town**, quartiere di baracche; bidonville.

shanty (2) [ˈʃænti], *n.* canzone marinaresca; coro di marinai.

shapable [ˈʃeipəbl], *a.* formabile; foggiabile; adattabile; plasmabile.

shape [ʃeip], *n.* **1** forma; foggia; fattezza; figura, sagoma; aspetto; veste (*fig.*); modello; stampo; taglio (*d'abito*): **spherical in s.**, di forma sferica; **pebbles of different shapes**, ciottoli di fogge diverse; **The blurred s. of a liner appeared in the fog**, nella nebbia apparve la sagoma confusa di un transatlantico; **an enemy in the s. of a friend**, un nemico in veste di amico; **I don't like the s. of this dress**, non mi piace il taglio di questo vestito **2** specie; sorta; genere; qualità: **dangers of every s.**, pericoli d'ogni sorta; **He made no offer in any s. or form**, non fece offerte d'alcun genere **3** (*fam.*) forma; condizione; stato: **to stay in s.**, tenersi in forma; **The injured man was in bad s.**, il ferito era in cattive condizioni **4** figura; fattezza; personale: **to show one's shapes**, mostrare le proprie fattezze **5** (*sport*) forma: **to be in s.**, essere in forma; **to be out of s.**, essere giù di forma. ● **to cut st. to s.**, tagliare q.c. su misura ▢ **to get** (*o* **to put**) **into s.**, allestire; disporre; ordinare; riordinare: **to get one's ideas into s.**, riordinare le idee ▢ **to get out of s.**, perdere la forma; deformarsi; sformarsi ▢ **a hat-s.**, una forma (*o* uno stampo) per cappelli ▢ **in the s. of**, sotto forma di ▢ **out of s.**, deformato; sformato; (*sport*) giù di forma ▢ **to take s.**, (*di progetto, ecc.*) concretarsi, essere attuato; (*d'idee, ecc.*) concretarsi, esprimersi, tradursi (in q.c.).

to shape [ʃeip], **A** *v. t.* **1** formare; foggiare; modellare; plasmare; sagomare **2** adattare; regolare: **to s. one's plans according to one's abilities**, adattare i propri progetti alle proprie capacità; **to s. one's life**, regolare la propria vita **3** concepire; immaginare; farsi un'idea di **4** (*fig.*) lasciare un'impronta profonda (*o* un'orma indelebile) su (q.c.); incidere profondamente su: **President Kennedy shaped the XX century**, il Presidente Kennedy ha lasciato un'orma indelebile sul XX secolo. **B** *v. i.* prender forma; concretarsi; svilupparsi; andare, mettersi (*bene, male*): **Things are shaping right**, le cose si mettono bene. ● **to s. one's course for**, (*naut.*) far rotta per; (*fig.*) seguire una direzione (*o* un indirizzo) ▢ **to s. up**, prepararsi, disporsi; (*fig.*) rigare diritto, filare: (*della situazione, delle cose, ecc.*) ▢ **to s. up well**, mettersi (*o* andare) bene; **You'd better s. up!**, bisogna rigare diritto!

shaped [ʃeipt], *a.* **1** (*mecc.*) sagomato; modellato **2** (*nei composti*) a foggia di; a forma di: **pear-s.**, a forma di pera. ● **ill-s.**, deforme; mal formato.

shapeless [ˈʃeiplis], *a.* **1** informe; confuso **2** deforme; sgraziato.

shapeliness [ˈʃeiplinis], *n.* bellezza di forma; grazia; armonia.

shapely [ˈʃeipli], *a.* (*specialm. di donna*) ben fatto; proporzionato; aggraziato; armonioso.

shaper [ˈʃeipə*], *n.* **1** foggiatore; modellatore; plasmatore; sagomatore **2** (*mecc.*) piallatrice; limatrice. ● (*mecc.*) **gear-s.**, dentatrice.

shaping [ˈʃeipiŋ], *n.* **1** formazione; foggiatura; modellatura **2** (*mecc.*) sagomatura; piallatura; limatura.

shard [ʃɑːd], *n.* **1** coccio; pezzo di coccio; frammento (*di vaso, ecc.*) **2** (*archeol.*) frammento **3** (*zool.*) elitra.

share (1) [ʃɛə*], *n.* **1** parte; porzione; quota; contributo: **a s. of the plunder**, una parte del bottino; **I have paid my s.**, ho pagato la mia quota; **a fair s.**, una giusta porzione; una parte equa; **He had a notable s. in the success of their enterprise**, egli ebbe una parte considerevole nella riuscita della loro impresa **2** (*fin.*) partecipazione; azione; titolo azionario: **I have a s. in the concern**, ho una partecipazione nell'azienda; **s. in the profits**, partecipazione agli utili; **a new issue of 20,000 shares**, una nuova emissione di ventimila azioni. ● **s. and s. alike**, con equa spartizione ▢ (*fin.*) **s. capital**, capitale azionario ▢ (*fin.*) **s. certificate**, certificato azionario ▢ (*fin., stat.*) **s. index**, indice finanziario ▢ (*Borsa*) **s.-list**, listino valori (*quotazioni delle azioni*) ▢ **s.-out**, distribuzione (*di sussidi*); ripartizione; spartizione (*del bottino*) ▢ (*fin.*) **s. premium**, plusvalore (azionario) ▢ (*spreg.*) **s.-pusher**, piazzista di azioni di scarso valore ▢ (*fin.*) **deferred s.**, azione postergata ▢ (*fin.*) **founders' shares**, azioni devolute ai promotori ▢ **to go shares**, fare le parti giuste; dividersi le spese; fare alla romana (*fam.*) ▢ **to go shares in st.**, dividere q.c. (equamente): **Let's go shares in the travelling expenses**, dividiamo le spese di viaggio! ▢ (*fig.*) **the lion's s.**, la parte del leone ▢ (*fin.*) **ordinary s.**, azione ordinaria ▢ (*fin.*) **preference s.** (*o* **preferred s.**), azione preferenziale (*o* privilegiata) ▢ **We had our s. of laughs**, ci facemmo delle belle risate.

to share [ʃɛə*], *v. t.* **1** (*spesso* **to s. out**) dividere (*equamente*); distribuire (*in parti uguali*); ripartire; spartire: **to s. expenses**, dividersi le spese; **to s. (out) a hundred dollars among four persons**, ripartire cento dollari fra quattro persone; **to s. one's meal with a beggar**, spartire il proprio pasto con un mendicante **2** avere in comune; condividere; sostenere insieme: **The two boys shared the bedroom**, i due ragazzi avevano la camera in comune; **to s. losses**, sostenere insieme le perdite **3** condividere; partecipare a: **I s. your opinion**, condivido la tua opinione; **to s. (in) sb.'s joy**, partecipare alla gioia di q. (*condividerla*). ● **to s. and s. alike**, prendere parti uguali; usare in comune; godere insieme; dividere le spese ▢ (*fin.*) **to s. profits**, partecipare agli utili ▢ **I will s. with you in the petrol costs**, ci divideremo le spese della benzina ▢ **I will s. with you in the undertaking**, parteciperò con te all'impresa.

share (2) [ʃɛə*], *n.* (*agric., anche* **ploughshare**, *USA* **plowshare**) vomere.

sharebroker [ˈʃɛəˌbrəʊkə*], *n.* (*fin.*) agente di cambio.

to sharecrop [ˈʃɛəkrɒp], *v. i.* (*USA*) fare il mezzadro.

sharecropper [ˈʃɛəˌkrɒpə*], *n.* (*USA*) mezzadro.

sharecropping [ˈʃɛəˌkrɒpiŋ], *n.* (*USA*) mezzadria.

shareholder [ˈʃɛəˌhəʊldə*], *n.* (*fin.*) azionista.

shareholding [ˈʃɛəˌhəʊldiŋ], *n.* (*fin.*) azionariato.

sharer [ˈʃɛərə*], *n.* **1** partecipante; compartecipe **2** chi spartisce; chi fa le parti **3** distributore; chi distribuisce. ● **to be a s. in st.**, partecipare a q.c.; condividere q.c.

sharing [ˈʃɛəriŋ], *n.* **1** compartecipazione; partecipazione: **s. of profits**, partecipazione agli utili **2** distribuzione; ripartizione. ● (*prov.*) **S. is caring**, la compartecipazione è coinvolgimento (*crea affezione, attaccamento, ecc.*).

shark [ʃɑːk], *n.* **1** (*zool.*) squalo **2** (*zool., Carcharodon*) pescecane **3** (*fig.*) imbroglione; avventuriero; truffatore; persona avida, rapace **4** (*pop. USA*) persona molto abile; tipo in gamba; fenomeno (*fig., fam.*). ● **s.-oil**, olio di fegato di pescecane.

to shark [ʃɑːk], *v. i.* fare l'avventuriero; fare il truffatore; imbrogliare il prossimo. ● **to s. for a living**, vivere di truffe (*o* d'espedienti) ▢ **to s. up a fortune**, accumulare un patrimonio con mezzi disonesti.

sharkskin [ˈʃɑːkskin], *n.* (*ind. tessile*) tessuto rigido e squamoso.

sharp (1) [ʃɑːp], *a.* **1** acuto; acuminato; aguzzo; affilato; pungente; tagliente; penetrante; sottile; perspicace; scaltro; fine; piccante; aspro; mordace; sarcastico: **a s. knife**, un coltello affilato; **a s. pin**, uno spillo acuminato; **a s. pain**, un acuto dolore; **a s. frost**, un freddo pungente; **s. sight**, vista acuta; **a s. sense of hearing**, un fine senso dell'udito; **a s. cry**, un grido acuto; **a s. child**, un bambino perspicace, intelligente; **s. words**, parole pungenti; **a s. tongue**, una lingua tagliente; **a s. taste**, un sapore piccante; **a s. flavour**, un aroma aspro **2** brusco; improvviso; scosceso: **a s. bend**, una curva brusca; un tornante; **a s. incline**, una discesa improvvisa; un pendio scosceso **3** chiaro; distinto; marcato; netto; preciso; nitido: **the s. outline of the mountains**, il nitido profilo dei monti; **s. features**, lineamenti marcati; **a s. distinction**, una netta distinzione; **a s. rise (fall) in prices**, un marcato aumento (una netta caduta) dei prezzi **4** astuto; malizioso; disonesto; privo di scrupoli: **a s. deal**, un'azione disonesta; **a s. politician**, un politicante privo di scrupoli **5** grave; duro; energico; forte; gagliardo: **a s. fight**, una dura lotta; **a s. blow**, un forte colpo; **a s. appetite**, un gagliardo appetito; **a s. attack of flu**, un violento attacco d'influenza **6** (*fon.*) sordo: **a s. consonant**, una consonante sorda **7** (*mus.*) in diesis; diesis: **C sharp**, do diesis; **key of F s.**, chiave di fa diesis **8** (*pop. USA*) elegante; raffinato **9** (*cucina: di formaggio*) piccante. ● **s.-cut**, aguzzo; affilato, tagliente; chiaro, distinto, netto, preciso: **a s.-cut difference**, una netta differenza ▢ **s. cut**, un taglio netto ▢ **s.-eared**, dalle orecchie aguzze; dall'udito acuto ▢ **s.-edged**, affilato, tagliente ▢ **s.-eyed**, *V.* **s.-sighted** ▢ **s.-featured**, dal profilo marcato; dalla faccia angolosa ▢ **a s. flash of light**, un vivido lampo di luce ▢ **a s. impression**, una viva impressione ▢ **s. practice**, disonestà; mancanza di scrupoli ▢ **a s. run**, una corsa veloce ▢ (*di cavallo*) **s.-shod**, ferrato a ghiaccio ▢ (*specialm. mil.*) **s.-shooter**, tiratore scelto; franco tiratore; cecchino ▢ **s.-sighted**, dalla vista acuta; sveglio, perspicace □ **a s. stick**, un bastone puntuto □ **a s. temper**, un temperamento collerico □ **s.-tongued**, dalla lingua tagliente; linguacciuto □ (*radio*) **s. tuning**, sintonia acuta □ **s. wit**, mente acuta; intelligenza viva □ **s.-witted**, di mente acuta; sveglio; perspicace □ **to be s. at physics**, essere tagliato per la fisica □ **to keep a s. look-out**, star bene in guardia; stare all'erta.

sharp (2) [ʃɑːp], *n.* **1** (*mus.*) diesis: **sharps and flats**, diesis e bemolle **2** (*spesso al pl.*) ago sottile (*da cucire*) **3** (*fam.*) imbroglione; truffatore; baro **4** (*fam. USA*) persona abilissima; competente; perito; esperto: **a mining s.**, un perito minerario; uno che s'intende molto di miniere **5** (*pl.*) cruschello; tritello.

sharp (3) [ʃɑːp], *avv.* **1** bruscamente; all'improvviso; di colpo; di botto: **The car in front of me pulled up s. and I bumped into it**, la macchina davanti (a me) si fermò di botto e io ci andai a sbattere contro **2** puntualmente; in punto: **at ten (o'clock) s.**, alle dieci precise; alle dieci in punto ● **s.-set**, affamato; famelico □ (*fam.*) **to look s.**, stare all'erta, tenere gli occhi aperti (*fig.*); affrettarsi, sbrigarsi, fare in fretta: **Look s.!**, presto!; sbrigatevi! ● **She is singing s.**, canta in una tonalità troppo alta (*o* più alta di quella indicata).

to sharp [ʃɑːp], **A** *v. t.* **1** *V.* **to sharpen 2** (*mus., USA*) alzare (*una nota*) di un semitono **3** (*mus.*) apporre un segno di diesis a; diesare; diesizzare. **B** *v. i.* **1** (*mus.*) cantare in una tonalità troppo alta (*o* più alta di quella indicata) **2** (*fam.*) imbrogliare; truffare; barare.

to sharpen [ˈʃɑːpən], **A** *v. t.* **1** aguzzare; affilare; arrotare; far la punta a; appuntire: **to s. a knife**, affilare un coltello; **to s. a pencil**, far la punta a (*o* temperare) una matita **2** (*fig.*) acuire; aguzzare (*l'appetito, l'ingegno*); inasprire (*una pena*) **3** (*mus.*) alzare (*una nota*) di un semitono. **B** *v. i.* **1** aguzzarsi; affilarsi; diventare acuminato (*o* appuntito) **2** (*fig.*) acuirsi; inasprirsi **3** (*mus.*) cantare in una tonalità troppo alta (*o* più alta di quella indicata).

sharpener [ˈʃɑːpnə*], *n.* **1** (*mecc.*) affilatrice; affilatoio **2** arrotino. ● **a blade-s.**, un affilalame □ **a knife-s.**, un affilatoio per coltelli □ **a pencil s.**, un temperamatite.

sharper [ˈʃɑːpə*], *n.* imbroglione; truffatore; baro.

sharpness [ˈʃɑːpnɪs], *n.* **1** acutezza; acume; affilatezza; finezza; penetrazione; sottigliezza; perspicacia: **the s. of your sight**, l'acutezza della tua vista **2** bruschezza: **the s. of the curve**, la bruschezza della curva **3** chiarezza; nettezza; nitidezza; precisione: **the s. of the image**, la nitidezza dell'immagine **4** acredine; asprezza; mordacità; sarcasticità: **the s. of his words**, l'asprezza delle sue parole **5** astuzia; malizia; disonestà; mancanza di scrupoli **6** gravità; durezza; forza; intensità: **the s. of the pain**, l'intensità del dolore.

to shatter [ˈʃætə*], **A** *v. t.* **1** fracassare; fare a pezzi; frantumare; spaccare; mandare in frantumi: **The explosion shattered tens of windowpanes**, l'esplosione mandò in frantumi decine di vetri di finestre **2** (*fig.*) distruggere; rovinare: **to s. sb.'s hopes**, distruggere le speranze di q.; **shattered health**, salute rovinata. **B** *v. i.* andare in pezzi; farsi in pezzi; frantumarsi; spaccarsi; rompersi in frammenti; frammentarsi. ● **shattered nerves**, nervi scossi; nervi a pezzi.

shatterproof [ˈʃætəpruːf], *a.* infrangibile.

shatters [ˈʃætəz], *n. pl.* frammenti; frantumi.

to shave [ʃeɪv], (*p. p.* **shaved, shaven**) **A** *v. t.* **1** radere; sbarbare; fare la barba a; rasare: **to s. one's face**, radersi la faccia; **to s. a patient for surgery**, rasare un paziente per un'operazione chirurgica **2** piallare; lisciare (*col rasichetto*) **3** sfiorare; rasentare: **The car shaved the wall**, l'automobile rasentò il muro **4** (*mecc.*) sbavare (*pezzi fucinati o stampati, tubi, ecc.*) **5** (*mecc.*) sbarbare (*ingranaggi*). **B** *v. i.* **1** (*anche, v. rifl.*, **to shave oneself**) radersi; sbarbarsi; farsi la barba: **You should s. every day**, dovresti raderti tutti i giorni **2** (*di rasoio, ecc.*) radere; tagliare. ● **to s. off**, radere, rasare; tagliare; eliminare; raschiare, scrostare; tagliare (*burro, ghiaccio, ecc.*) a scaglie (*o* a riccioli): **She got him to s. off his beard**, lo convinse a tagliarsi la barba; **She shaved the hair off her legs**, ella si depilò le gambe; **You must s. off the old paint from the table**, devi raschiare via la vernice vecchia dal tavolo □ **to get shaved**, farsi sbarbare; farsi fare la barba.

shave [ʃeɪv], *n.* **1** rasatura; il radere; il radersi **2** (*mecc., anche* **s. hook**) raschietto (*da idraulico e metallurgico*) **3** (*fam.*) **to have a close s.**, scamparla bella; cavarsela per un pelo (*o* per un soffio) □ **I need a s.**, ho bisogno di farmi (*o* farmi fare) la barba □ **It takes a double-edge razor to get a clean** (*o* **a close**) **s.**, ci vuole un rasoio a doppia lama per radersi bene.

shaven [ˈʃeɪvn], **A** *p. p.* di **to shave**. **B** *a.* rasato; sbarbato; senza barba: **a s. chin**, un mento rasato. ● **well-s.**, ben rasato.

shaver [ˈʃeɪvə*], *n.* **1** chi rade; barbiere **2** rasoio: **electric s.**, rasoio elettrico **3** (*fam., di solito* **young s.**) sbarbatello.

Shavian [ˈʃeɪvjən], (*letter.*) **A** *a.* caratteristico di (*o* alla maniera di) G.B. Shaw. **B** *n.* ammiratore di G. B. Shaw.

shaving [ˈʃeɪvɪŋ], *n.* **1** rasatura; il radere; il radersi **2** (*mecc.*) sbavatura (*V.* **to shave**, *v. t., def.* 4) **3** (*mecc.*) sbarbatura (*d'ingranaggi*) **4** (*pl.*) trucioli (*di legno o di metallo*). ● **s. brush**, pennello da barba □ **s. cream**, crema da barba □ **s. horse**, cavalletto per piallare il legno □ **s. lather**, schiuma da barba □ (*mecc.*) **s. machine**, sbarbatrice (*per ingranaggi*) □ **s. stick**, sapone da barba (*a forma di bastoncino*).

shaw [ʃɔː], *n.* (*poet.*) boschetto; bosco ceduo.

shawl [ʃɔːl], *n.* scialle. ● (*moda*) **s. collar**, collo sciallato (*o* a scialle).

to shawl [ʃɔːl], *v. t.* avvolgere (q.) in uno scialle.

shawm [ʃɔːm], *n.* (*stor., mus.*) chiarina; cennamella.

shay [ʃeɪ], *n.* **1** (*sherz.*) carrozza **2** (*fam. USA*) calesse.

she [ʃiː, ʃɪ], **A** *pron. pers.* 3ª *pers. sing. f.* (*rif. a persone, ma anche a macchine, aerei, navi e paesi*) ella; essa; lei (*fam.*): **Where is she?**, dov'è (lei?); **Here she is**, eccola; **It's she who did it**, è stata lei (a farlo). **B** *n.* **1** donna; ragazza: **that not impossible she**, la donna che si potrebbe amare **2** femmina: **Is the baby a he or a she?**, (il bambino) è un maschio o una femmina? ● **she-ass**, asina □ **she-bear**, orsa □ **she-cat**, gatta □ **she-devil**, diavolessa; (*fig.*) donna malvagia e maligna □ **she-goat**, capra □ **she-wolf**, lupa.

shea [ʃɪə], *n.* (*bot., Butyrospermum parkii*) albero del burro.

sheading [ˈʃiːdɪŋ], *n.* uno dei sei distretti amministrativi dell'Isola di Man.

sheaf [ʃiːf], *n.* (*pl.* **sheaves**) **1** covone: **a s. of wheat**, un covone di grano **2** fascio; fastello: **a s. of documents**, un fascio di documenti. ● **s.-binder**, macchina per legare il grano in covoni.

to sheaf [ʃiːf], *v. t.* **1** abbarcare, accovonare (*il grano*) **2** affastellare; ammucchiare.

shealing [ˈʃiːlɪŋ], *V.* **shieling**.

to shear [ʃɪə*] (*pass.* **sheared**, *p. p.* **shorn, sheared**), **A** *v. t.* **1** tosare: **to s. sheep (a hedge)**, tosare le pecore (una siepe) **2** cimare (*stoffa, panno*) **3** (*mecc.*) tagliare; tranciare **4** (*fig.*) spogliare; privare: **The king was shorn of all his powers**, il re fu privato di ogni potere **5** (*di pressione*) spezzare, spezzarsi (*materiali*) **6** (*poet.*) fendere; tagliare (*con la spada*). **B** *v. i.* **1** (*di materiali*) spezzarsi, torcersi (*sotto la sollecitazione di taglio*) **2** (*poet.: della spada*) entrare (*con un fendente*): **The sword shore through the bone**, la spada penetrò dentro l'osso. ● **a closely shorn head**, una testa rasata a zero (*o* rapata) □ **a shorn lamb**, un agnello tosato; (*fig.*) un gonzo, uno che s'è fatto gabbare.

shear [ʃɪə*], *n.* (*mecc.*) **1** cesoia **2** (*anche* **s. strain**) deformazione di taglio. ● (*bot.*) **s.-grass** (*Agropyron repens*), dente canino □ (*mecc.*) **s. plane**, piano di taglio □ (*metall.*) **s. steel**, ferro (da puddellaggio) saldato a pacchetto □ **s. stress**, forza di taglio □ (*geol.*) **s. zone**, zona di faglia □ (*mecc.*) **power s.**, cesoia meccanica.

shearbill [ˈʃɪəbɪl], *n.* (*zool., Rhynchops nigra*) rincope nero.

shearer [ˈʃɪərə*], *n.* **1** tosatore (*di pecore*) **2** (*macchina*) tosatrice.

shearing [ˈʃɪərɪŋ], *n.* **1** tosatura (*delle pecore*) **2** cimatura (*di stoffa*) **3** (*mecc.*) tranciatura. ● **s. machine**, (macchina) tosatrice; (*mecc.*) cesoia meccanica, trancia □ (*mecc.*) **s. punch**, tagliolo □ (*mecc.*) **s. stress**, sforzo di taglio □ **the shearings of cloth**, le cimature del panno.

shearling [ˈʃɪəlɪŋ], *n.* **1** pecora tosata una sola volta **2** montone (*la pelle e il cappotto*).

shears [ʃɪəz], *n. pl.* **1** cesoie; forbici per giardinaggio **2** forbici per tosare le pecore **3** (*mecc.*) taglierina; trancia.

shearwater [ˈʃɪəwɔːtə*], *n.* (*zool.*) **1** (*Puffinus*) puffino; berta **2** (*USA, Rhynchops nigra*) rincope nero.

sheat-fish [ˈʃiːtfɪʃ], *n.* (*zool., Silurus glanis*) siluro d'Europa.

sheath [ʃiːθ], *n.* **1** fodero (*anche bot.*) guaina; (*zool.*) guaina, elitra **2** (*in genere*) astuccio; rivestimento; custodia **3** preservativo; contraccettivo. ● **s.-dress**, abito aderente □ **s.-knife**, coltello a lama fissa, con fodero □ (*zool.*) **s.-winged**, munito di elitre.

to sheathe [ʃiːð], *v. t.* **1** rinfoderare; ringuainare: **to s. one's sword**, rinfoderare la spada (*anche fig.*) **2** foderare; rivestire; inguainare: **wood sheathed with tin**, legno rivestito di lamiera.

sheathing [ˈʃiːðɪŋ], *n.* rivestimento; copertura.

sheave [ʃiːv], *n.* (*mecc.*) puleggia a gola.

to sheave [ʃiːv], *V.* **to sheaf**.

sheaves [ʃiːvz], *pl.* di **sheaf**.

Sheba [ˈʃiːbə], *n.* (*Bibbia*) Saba: **the Queen of S.**, la Regina di Saba.

shebang [ʃɪˈbæŋ], *n.* (*pop. USA*) affare; baracca; faccenda; cosa: **the whole s.**, tutta la faccenda; tutta la baracca.

shed [ʃed], *n.* **1** capannone; tettoia **2** baracca; capanna **3** (*aeron.*) aviorimessa; hangar. ● **a bicycle-s.**, una rimessa per biciclette □ **a cattle-s.**, un capannone per il bestiame □ **a tool-s.**, una baracca per gli attrezzi.

to shed [ʃed] (*pass.* e *p. p.* **shed**), **A** *v. t.* **1** spargere; versare: **to s.**

tears (blood), versare lacrime (spargere sangue); **to s. one's blood for a noble cause**, versare il sangue per una nobile causa **2** essere impermeabile a: **Oilskin sheds water**, la tela incerata è impermeabile all'acqua **3** perdere; lasciar cadere: **The tree has shed its leaves**, l'albero ha perso le foglie; **The snake has shed its skin**, il serpente ha perso (*o* ha mutato) la pelle **4** diffondere; effondere; emanare; ispirare: **The sun sheds light and warmth**, il sole emana luce e calore; **He sheds confidence wherever he goes**, dovunque vada, ispira fiducia. **B** *v. i.* perdere le foglie (*o* la pelle, il pelo, ecc.): **My dog is shedding badly**, il mio cane perde pelo a tutto andare. ● **to s. one's clothes**, togliersi gli abiti; spogliarsi □ **to s. light**, diffondere luce; dare luce □ (*specialm. fig.*) **to s. light on st.**, gettare (*o* fare) luce su q.c. □ (*di un veicolo*) **to s. one's load**, perdere (*o* rovesciare) il carico.

she'd [ʃiːd], *contraz. di:* **1 she had 2 she would**.

shedder [ˈʃedə*], *n*. **1** chi versa; spargitore **2** salmone che ha deposto le uova.

shedding [ˈʃediŋ], *n*. **1** spargimento; versamento: **without blood s.**, senza spargimento di sangue **2** effusione; perdita.

sheebeen [ʃiˈbiːn], *n*. (*specialm. irl., scozz.*) taverna; osteria.

sheen [ʃiːn], *n*. lucentezza; splendore.

sheeny (1) [ˈʃiːni], *a*. lucente; lustro; splendente.

sheeny (2) [ˈʃiːni], *n*. (*pop., spreg.*) ebreo.

sheep [ʃiːp], *n*. **1** (*invar. al pl.; zool.*, *Ovis aries*) pecora (*anche fig.*): **a flock of s.**, un gregge di pecore **2** – (*col verbo al pl.*) **the sheep**, il gregge; i parrocchiani; i fedeli **3** *V.* **sheepskin**. ● (*fig.*) **the s. and the goats**, le pecore bianche e le pecore nere; i buoni e i cattivi □ (*poet.*) **s.-cot(e)**, ovile; chiuso □ **s.-dip**, liquido antiparassitario per pecore; bagno disinfettante □ **s.-dog**, cane da pastore; pastore scozzese □ **s.-farm**, allevamento di pecore □ **s.-farmer**, allevatore di pecore □ **s.-farming**, allevamento di pecore; pastorizia □ **s.-fold**, ovile; chiuso □ **s.-herder**, pecoraio; pastore □ **s.-hook**, bastone da pastore; vincastro □ **s.-run**, pascolo; pastura □ **s.-shearing**, tosatura delle pecore □ **s. that have no shepherd**, gregge senza pastore (*anche fig.*) □ **s.-walk**, *V*. **s.-run** □ **s.-wash**, *V*. **s.-dip** □ **a black s.**, una pecora nera (*anche fig.*) □ (*fig.*) **to cast s.'s eyes at sb.**, fare l'occhio di triglia a q. □ (*fig.*) **a lost s.**, una pecorella smarrita □ (*fig.*) **a wolf in s.'s clothing**, un lupo in veste d'agnello.

sheepish [ˈʃiːpiʃ], *a*. timido; imbarazzato; confuso; impacciato.

sheepishness [ˈʃiːpiʃnis], *n*. timidezza; imbarazzo; impaccio.

sheepman [ˈʃiːpmən], *n*. (*USA*, *pl.* **sheepmen**) **1** allevatore di pecore **2** pecoraio; pastore.

sheepshank [ˈʃiːpʃæŋk], *n*. **1** (*naut.*) nodo margherita **2** (*fig., scozz.*) cosa da nulla; bazzecola; inezia.

sheepskin [ˈʃiːp-skin], *n*. **1** pelle di pecora (*o* di montone) **2** carta-pecora; pergamena **3** (*fam.*) documento su pergamena **4** (*scherz., specialm. USA*) laurea.

sheer (1) [ʃiə*], **A** *a*. **1** puro e semplice; vero e proprio; bell'e buono; mero (*lett.*): **s. selfishness**, egoismo puro e semplice; **It's s. folly**, è una vera follia; **s. nonsense**, una sciocchezza bell'e buona **2** perpendicolare; a picco: **a s. cliff**, una scogliera a picco; una falesia **3** (*di tessuto o capo di vestiario*) sottile; diafano; trasparente: **a s. blouse**, una camicetta trasparente **4** (*di liquore*) liscio. **B** *avv*. **1** completamente; affatto **2** a picco; a perpendicolo: **The hill rises s. from the water**, il colle sorge a picco dalle acque. ● **a s. drop**, uno strapiombo □ **s. impossibility**, assoluta impossibilità.

sheer (2) [ʃiə*], *n*. (*naut.*) **1** cambio di rotta; deviazione in sellatura; curvatura del ponte **3** (*pl., anche* **s.-legs**) biga; grosso arganc. ● **s.-hulk**, pontone a biga.

to sheer [ʃiə*], **A** *v. i.* **1** (*naut.*) deviare; cambiare rotta **2** (*in genere*) deviare; scartare; fare uno scarto. **B** *v. t.* far deviare. ● **to s. off**, (*naut.*) allargare, scostarsi (*fig., fam.*) scappare, svignarsela, tagliare la corda (*fig.*).

sheet [ʃiːt], *n*. **1** lenzuolo **2** foglio (*di carta, ecc.*) **3** pubblicazione; giornale **4** lastra; lastrone: **a s. of glass**, una lastra di vetro; **a s. of ice**, un lastrone di ghiaccio **5** (*metall.*) lamiera; lamina, foglio; lamierino: **corrugated s.**, lamiera ondulata; **a s. of tin**, una lamina di latta **6** (*naut.*) scotta **7** distesa; specchio d'acqua **8** (*geol.*) coltre; falda; tappeto **9** (*geol.*) crosta di calcite. ● (*naut.*) **s.-anchor**, ancora di tonneggio (*o* di speranza); (*fig.*) ancora di salvezza □ **s.-brass**, lamierino d'ottone □ **s.-copper**, lamierino di rame □ **s.-glass**, lastra di vetro; cristallo in lastra □ **s.-iron**, lamiera nera □ **s.-lightning**, lampeggio (*o fulmine*) diffuso □ **s.-metal**, lamiera sottile; lamierino □ **s.-metal worker**, lattoniere □ **s.-music**, musica stampata in fogli sciolti (*o volanti*) □ **a s. of colour**, uno strato di colore □ **a s. of fire**, una cortina di fuoco □ (*edil.*) **s. piling**, palancolata □ **s.-rubber**, gomma in fogli □ **s.-steel**, lamiera d'acciaio □ (*fin., rag.*) **balance s.**, bilancio; foglietto volante; volantino □ **to get between the sheets**, mettersi fra le lenzuola (*fig.*) andare a letto □ (*fam.*) **to have a s. in the wind**, esser brillo □ (*naut.*) **to let a s. fly**, mollare una scotta □ (*fig.*) **to stand in a white s.**, fare pubblica ammenda □ (*fam.*) **to be three sheets in the wind**, essere ubriaco fradicio □ **winding s.**, sudario □ **The rain is coming down in sheets**, cade una pioggia torrenziale.

to sheet [ʃiːt], *v. t.* **1** avvolgere in un lenzuolo **2** (*metall.*) foderare di lamiera; blindare. ● (*naut.*) **to s. home**, assicurare (*una vela*) con la scotta □ **sheeted rain**, pioggia torrenziale.

sheeting [ˈʃiːtiŋ], *n*. **1** tela per lenzuola **2** (*ind.*) materiale in fogli **3** (*metall.*) copertura con lamiera; blindatura; blindaggio. ● **copper-s.**, rivestimento di rame; lamierino di rame per rivestimenti.

Sheffield plate [ˈʃefiːldˈpleit], *n*. (*metall.*) rame argentato.

sheik(h) [ʃeik], *n*. **1** sceicco **2** (*pop.*) rubacuore; dongiovanni.

sheik(h)dom [ˈʃeikdəm], *n*. sceiccato.

sheila [ˈʃiːlə], *n*. (*pop., specialm. in Australia*) ragazza.

shekel [ˈʃekl], *n*. **1** (*stor.*) siclo (*moneta e misura di peso ebraica*) **2** (*pl., fam.*) denaro; quattrini; ricchezza.

sheldrake [ˈʃel-dreik], *n*. (*pl.* **sheldrakes, sheldrake**) (*zool.*, *Tadorna tadorna*) volpoca (*il maschio; per la femmina,* **shelduck**.)

shelduck [ˈʃeldʌk], *n*. (*zool.*) volpoca (*la femmina; cfr.* **sheldrake**.)

shelf [ʃelf], *n*. (*pl.* **shelves**) **1** scaffale a muro; mensola **2** piano di scaffale (*di legno*); palchetto (*di libreria*) **3** (*di roccia*) ripiano; sporgenza **4** banco di sabbia; scogliera. **5** (*geol.*) **continental s.**, piattaforma (*o* platea) continentale □ (*fig.*) **to be on the s.**, essere tenuto in disparte (*o* in un canto); (*di donna*) essere ancora nubile □ (*fig.*) **to be put on the s.**, essere messo in disparte (*o* a riposo) □ **a set of shelves**, una scaffalatura, una libreria.

shell [ʃel], *n*. **1** guscio; involucro; baccello (*di pianta*); conchiglia, corazza (*d'animale*) **2** (*d'edificio, nave, ecc.*) carcassa; ossatura; struttura **3** (*fig.*) aspetto esteriore; apparenza; forma vuota **4** schema; schizzo (*d'un piano, d'un progetto*) **5** cassa interna (*di feretro*) **6** (*sport*) leggero battello da competizione **7** (*mil.*) proiettile; granata; bomba; obice **8** (*mil.*) cartuccia **9** (*archit.*) struttura a guscio; volta sottile **10** (*mecc.*) cassa; cilindro cavo; parete esterna (*di contenitore*) **11** (*geol.*) crosta (*terrestre*) **12** (*metall.*) conchiglia **13** (*metall.*) guscio: **s. core**, anima a guscio **14** (*metall.*) sbozzo cavo fucinato. ● (*mecc.*) **s.-bit**, punta elicoidale; punta a sgorbia □ **s.-button**, bottone ricoperto (*di stoffa o altro*) □ **s.-case**, bossolo di proiettile □ **s.-hole**, cratere di granata □ (*mil.*) **s.-jacket**, giubba corta di bassa tenuta □ **s.-marble**, marmo che contiene conchiglie fossili □ (*naut.*) **s. plating**, fasciame esterno in ferro □ **s.-proof**, a prova di bomba □ (*med.*) **s.-shock**, psicosi traumatica (*specialm. dovuta a bombardamento*) □ **s.-work**, decorazione di conchiglie su legno (*o* altro materiale) □ **to come out of one's s.**, uscire dal proprio guscio (*anche fig.*) □ (*fig.*) **empty s.**, zucca vuota; zuccone; babbeo □ **to go into one's s.**, chiudersi nel proprio guscio (*anche fig.*) □ **sea-shells**, conchiglie marine.

to shell [ʃel], **A** *v. t.* **1** sgusciare; sbaccellare; sgranare; aprire (*ostriche, ecc.*): **It is easier to s. peas than oysters**, è più facile sbaccellare piselli che aprire ostriche; **to s. corn**, sgranare il granturco **2** ricoprire di conchiglie **3** (*mil.*) bombardare; cannoneggiare. **B** *v. i.* sgranarsi; sgusciarsi; sbaccellarsi; (*d'ostriche, ecc.*) aprirsi: **Peanuts s. easily**, le noccioline americane si sgusciano bene. ● **to s. off**, squamarsi; ridursi in scaglie □ (*fam.*) **to s. out**, pagare, sborsare, sganciare, tirar fuori (*denaro*) □ (*fam.*) **as easy as shelling peas**, facile come bere un bicchier d'acqua.

she'll [ʃiːl], *contraz. di:* **1 she will 2 she shall**.

shellac [ʃəˈlæk], *n*. gommalacca in scaglie.

to shellac [ʃəˈlæk], *v. t.* **1** verniciare con gommalacca **2** (*USA*) battere; sconfiggere; mettere in rotta **3** (*USA*) battere; picchiare.

shellback [ˈʃelbæk], *n*. (*gergo naut.*) vecchio marinaio; lupo di mare.

shelled [ʃeld], *a*. (*nei composti; per es. in:*) **soft-s.**, dal guscio tenero.

sheller [ˈʃelə*], *n*. (*agric.*) sgranatoio; sgusciatrice (*macchina*).

shellfire [ˈʃelˌfaiə*], *n*. (*mil.*) bombardamento; cannoneggiamento.

shellfish [ˈʃel-fiʃ], *n*. (*invar. al pl.*) **1** (*zool.*) mollusco; crostaceo **2** (*cucina*) frutti di mare.

shelling [ˈʃeliŋ], *n*. **1** sgusciatura; sgranatura **2** (*mil.*) bombardamento; cannoneggiamento; fuoco d'artiglieria.

shelly [ˈʃeli], *a*. **1** coperto di conchiglie **2** simile a una (*o* fatto a) conchiglia.

shelter [ˈʃeltə*], *n*. **1** ricovero; rifugio; riparo; asilo; difesa; protezione: **an air-raid s.**, un rifugio antiaereo **2** tettoia; pensilina: **a bus s.**, una pensilina alla fermata di un autobus. ● (*mil., USA*) **s. tent**, tenda a due teli □ **to find s.**, trovare asilo □ **to give s.**, riparare; proteggere □ **to take s.**, (*o* **to seek s.**), rifugiarsi; cercare riparo □ **under s.**, al coperto; al riparo.

to shelter [ˈʃeltə*], **A** *v. t.* dare asilo a; ricoverare; riparare; proteggere; difendere: **to s. a wounded partisan**, dare asilo a un par-

sheltie tigiano ferito; **to s. from the sun**, riparare dal sole. **B** *v. i.* (*anche*, *v. rifl.*, **to shelter oneself**) ricoverarsi; rifugiarsi; ripararsi; mettersi al coperto. ● (*econ.*) **sheltered industries**, industrie protette □ **a sheltered life**, una vita ritirata.

sheltie [ˈʃelti], **shelty** [ˈʃelti], *n.* **1** (*abbr. fam. di* **Shetland pony**) cavallino delle isole Shetland **2** (*abbr. fam. di* **Shetland sheepdog**) piccolo cane da pastore delle Shetland.

to shelve (1) [ʃelv], *v. t.* **1** porre su una mensola; mettere su uno scaffale **2** provvedere (*una credenza, ecc.*) di ripiani **3** (*fig.*) mettere da parte, accantonare, rimandare (*un problema, una discussione*); insabbiare (*fig.*) **4** (*fig.*) collocare a riposo, congedare, licenziare (*una persona*).

to shelve (2) [ʃelv], *v. i.* essere in declivio; digradare.

shelved [ʃelvd], *a.* provvisto di mensole; fornito di scaffali.

shelves [ʃelvz], *pl.* di **shelf**.

shelving (1) [ˈʃelviŋ], *n.* (*collett.*) scaffalatura; scaffali.

shelving (2) [ˈʃelviŋ], **A** *n.* declivio; pendenza. **B** *a.* in declivio; digradante.

Shem [ʃem], *n.* (*Bibbia*) Sem.

shenanigan [ʃiˈnænigən], *n.* (*fam.*) **1** (*di solito al pl.*) lazzo; numero comico; gag **2** tiro mancino; scherzo gobbo; birbonata **3** (*di solito al pl.*) ciarlataneria; disonestà.

shepherd [ˈʃepəd], *n.* pastore (*anche fig.*); pecoraio. ● (*bot.*) **s.'s-club** (*Verbascum thapsus*), tassobarbasso; barbasso □ **s.'s crook**, bastone da pastore; vincastro □ **s. dog**, cane da pastore □ (*cucina*) **s.'s pie**, pasticcio di carne tritata, ricoperto di purè □ **s.'s pipe**, zampogna □ **s.'s-plaid**, tessuto a quadretti bianchi e neri □ (*bot.*) **s.'s-purse** (*Capsella bursa-pastoris*), borsa da pastore; borsacchina □ (*relig.*) **the good S.**, il buon Pastore; Gesù.

to shepherd [ˈʃepəd], *v. t.* condurre, guidare, custodire (*pecore; ma anche fig.*).

shepherdess [ˈʃepədis], *n.* pastora; pastorella.

sherbet [ˈʃəːbət], *n.* **1** bibita ghiacciata a base di succo di frutta zuccherato **2** (*specialm. USA*) sorbetto; gelato di frutta. ● (*USA*) **s. glass**, coppa da gelato □ **s. powder**, polverina per fare la detta bibita ghiacciata.

sherd [ʃəːd], *V.* **shard**.

shereef, sherif [ʃəˈriːf], *n.* sceriffo (*discendente di Maometto; primo magistrato della Mecca*).

sheriff [ˈʃerif], *n.* (*leg.*) sceriffo (*primo magistrato di una contea; nominato dalla Corona in G.B., eletto dal popolo in USA*). ● **under-s.**, vice-sceriffo.

sheriffalty [ˈʃerifəlti], **sheriffdom** [ˈʃerifdəm], **sheriffhood** [ˈʃerifhud], **sheriffship** [ˈʃerifʃip], *n.* carica (*o* dignità, ufficio) di sceriffo.

Sherpa [ˈʃəːpə], *n.* Sherpa (*portatore imalaiano*).

sherry [ˈʃeri], *n.* **1** sherry; vino di Xeres (*bianco o rosa*) **2** vino secco (*in genere*).

she's [ʃiːz], *contraz.* di: **1 she is 2 she has**.

Shetland [ˈʃetlənd], *n.* (*geogr.*, ·spesso **the Shetlands**) isole Shetland. ● **S. pony**, cavallino delle Shetland □ **S. wool**, lana Shetland.

Shetlander [ˈʃetləndə*], *n.* abitante (*o* nativo) delle isole Shetland.

to shew [ʃou], (*raro*) *V.* **to show**.

shh [ʃ], *inter.* sss, sssh, st; zitto!; zitti!

shibboleth [ˈʃibəleθ], *n.* **1** (*stor.*) contrassegno di razza (*specialm., capacità o incapacità di pronunciare determinati suoni*) **2** modo di dire (*parola, ecc.*) che distingue un gruppo **3** slogan; motto **4** luogo comune; frase fatta (*o* stereotipa); detto stantio.

shield [ʃiːld], *n.* **1** (*stor., mil., zool., geol.*) scudo (*fig.*) protezione, riparo, difesa **2** (*ind., mecc.*) riparo; schermo **3** (*araldica*) scudo; stemma **4** (*sport*) scudetto **5** (*fis. nucl.*) schermo **6** (*mil.*) scudo (*di cannone*). ● (*stor.*) **s.-bearer**, scudiero (*arc.*) **s.-hand**, mano sinistra □ (*ind.*) **face-s.**, visiera protettiva (*per saldatore*) □ (*autom.*) **glare s.**, visiera parasole □ (*fig.*) **the other side of the s.**, il rovescio (*o* l'altra faccia) della medaglia □ (*di poliziotto*) **to turn in one's s.**, consegnare il distintivo (*dimettersi*).

to shield [ʃiːld], *v. t.* **1** difendere; proteggere; riparare; far scudo a (q.); **to s. one's eyes from the sun**, riparasi gli occhi dal sole **2** (*elettr., radio, telev.*) schermare.

shielding [ˈʃiːldiŋ], *n.* **1** il proteggersi (*o* ripararsi) **2** (*tecn.*) schermatura; schermaggio.

shieling [ˈʃiːliŋ], *n.* (*scozz.*) **1** pascolo **2** capanna (*per pastori o cacciatori*) **3** ricovero per le pecore.

to shift [ʃift], **A** *v. t.* spostare; trasferire; cambiare; mutare; sostituire: **to s. the cargo on the deck of a ship**, spostare il carico sul ponte di una nave; **to s. the scene**, cambiar la scena (*a teatro, in un romanzo, ecc.*); **to s. gears**, (*autom.*) cambiare (marcia) (*fig.*) cambiare tono (*o* atteggiamento, ecc.) all'improvviso; **to s. one's lodging**, mutar residenza; cambiare casa. **B** *v. i.* **1** spostarsi; muoversi; viaggiare continuamente; trasferirsi: **He shifted in his chair**, si spostò sulla sedia; **They shifted about for several years**, si trasferirono da una città all'altra per alcuni anni **2** (*del vento*) cambiar direzione, voltarsi; (*naut.*) girare: **The wind has shifted to the south**, il vento ha girato verso sud **3** (*di solito* **to s. for oneself**) arrangiarsi; ingegnarsi: **I must s. as I can**, devo arrangiarmi alla meglio; **You must s. for yourself now**, devi ingegnarti da solo, ora **4** (*naut.: del carico*) spostarsi; scorrere **5** (*raro*) usar sotterfugi; ingannare; truffare. ● **to s. about**, spostarsi continuamente (da un luogo all'altro); trasferirsi □ (*naut.*) **to s. berth**, cambiare ormeggio □ **to s. the blame on to sb. else**, riversare la colpa su q. altro □ (*autom. USA*) **to s. down**, scalare (una marcia) □ **to s. for oneself**, fare da sé; cavarsela da solo; arrangiarsi □ (*fig.*) **to s. one's ground**, portare la questione su un terreno diverso □ (*naut.*) **to s. the helm**, cambiare la barra □ (*autom. USA*) **to s. into second** (*third, etc.*), inserire (*o* mettere) la seconda (la terza, ecc.) □ **to s. off**, sbarazzarsi di (*un fardello, ecc.*) □ **to s. the responsibility**, scaricare la responsabilità; fare a scaricabarile (*fam.*) □ (*autom. USA*) **to s. up**, inserire (*o* mettere) una marcia più alta □ **This car shifts automatically**, questa automobile ha il cambio automatico.

shift [ʃift], *n.* **1** cambiamento; mutamento; avvicendamento; sostituzione; spostamento: **a s. in public opinion**, un cambiamento dell'opinione pubblica **2** turno (*di lavoro*); squadra di turno: **the night s.**, il turno di notte; **to work in shifts**, lavorare a turni **3** espediente; risorsa; ritrovato; stratagemma **4** sotterfugio; inganno; trucco **5** (*del vento*) salto **6** (*agric.*) rotazione; avvicendamento: **the s. of crops**, la rotazione dei raccolti **7** (*autom. USA, anche* **gearshift**) (leva del) cambio **8** (*fis.*) effetto: **Doppler s.**, effetto Doppler **9** (*geol.*) rigetto orizzontale **10** (*elab.*) scorrimento. ● (*di macchina da scrivere*) **s.-key**, tasto delle maiuscole □ **s.-lock**, arresto delle maiuscole □ **s. work**, lavoro in turni □ **s. worker**, turnista □ **to make s.**, ingegnarsi; arrabattarsi: **We must make s. without him**, dobbiamo ingegnarci senza di lui (*o* fare da soli) □ **to make s. with st.**, contentarsi di q.c.; adattarsi con q.c.

shifter [ˈʃiftə*], *n.* **1** chi sposta, cambia, ecc. (*V.* **to shift**) **2** (*mecc.*) dispositivo spostatore. ● (*teatr.*) **scene-s.**, macchinista.

shiftiness [ˈʃiftinis], *n.* **1** astuzia; furberia; scaltrezza **2** disonestà **3** accortezza; avvedutezza; ricchezza di risorse **4** mutevolezza.

shifting [ˈʃiftiŋ], **A** *n.* **1** cambiamento; mutamento; spostamento; sostituzione **2** (*autom.*) cambio: **synchronized s.**, cambio sincronizzato **3** (*naut.*) spostamento, scorrimento (*del carico*). **B** *a.* incostante; instabile; mutevole. ● **s. wind**, vento variabile.

shiftless [ˈʃiftlis], *a.* incapace; inconcludente; inefficiente; inetto.

shiftlessness [ˈʃiftlisnis], *n.* incapacità; inefficienza; inettitudine.

shifty [ˈʃifti], *a.* **1** astuto; furbo; scaltro **2** disonesto; ingannevole **3** accorto; avveduto; pieno di risorse **4** mutevole; variabile; incostante. ● **a s. customer**, un tipo ambiguo □ **s.-eyed**, dallo sguardo sfuggente □ **s. eyes**, occhi sfuggenti.

shiksa [ˈʃiksə], *n.* (*iron. o spreg.*) ragazza non ebrea (*detto da un ebreo*).

shillalah, shillelagh [ʃiˈleilə], *n.* (*irl.*) bastone; randello.

shilling [ˈʃiliŋ], *n.* **1** (*stor.*) scellino (*moneta inglese*) **2** scellino (*moneta somala, keniota, ugandese, ecc.*). ● **a s.'s-worth of peanuts**, uno scellino di noccioline □ **to cut sb. off with a s.**, diseredare q. □ (*un tempo*) **to pay one shilling in the pound**, pagare il 5% □ **to take the King's** (*o* **the Queen's**) **s.**, arruolarsi nell'esercito.

shilly(-)shally [ˈʃili ˌʃæli], **A** *n.* (*fam., spesso al pl.*) esitazione; indecisione; incertezza; titubanza. **B** *a.* esitante; indeciso; incerto; irresoluto; titubante.

to shilly(-)shally [ˈʃili ˌʃæli], *v. i.* (*fam.*) esitare; titubare; nicchiare.

shim [ʃim], *n.* **1** piccolo cuneo; zeppa; spessore **2** (*ind. legno*) listello (*per fare il compensato*).

to shim [ʃim], *v. t.* (*costr., mecc.*) mettere una zeppa a.

to shimmer [ˈʃimə*], *v. i.* brillare; luccicare; scintillare (*di luce tremula*).

shimmer [ˈʃimə*], *n.* **1** bagliore; barlume; luccichio; scintillio **2** riflesso (*di luce, di calore, ecc.*) **3** (*meteorologia*) scintillazione terrestre.

shimmering [ˈʃiməriŋ], **shimmery** [ˈʃiməri], *a.* brillante; luccicante; scintillante.

shimmy [ˈʃimi], *n.* **1** (*autom.*) shimmy; farfallamento; sfarfallamento (*fam.*) **2** (*mus.*) shimmy (*ballo di moda fra il 1920 e il 1930*).

to shimmy [ˈʃimi], *v. i.* **1** (*autom.*) vibrare; fare lo shimmy; sfarfallare **2** ballare lo shimmy (*V.* **shimmy**).

shin [ʃin], *n.* (*anat.*) cresta tibiale; stinco. ● (*anat.*) **s.-bone**, tibia □ (*sport*) **s.-guard**, parastinchi; gambale di protezione □ (*cucina*) **s. of beef**, stinco di bue □ (*ind. tessile*) **s. wool**, lana degli stinchi.

to shin [ʃin], *v. t. e i.* **1** arrampicarsi; arrampicarsi su (*un albero; di solito* **to s. up**) **2** dare un calcio negli stinchi a (q.). ● **to s. down**, scendere, venire giù (*da un albero, ecc.*).

shindig ['ʃin‚dig], **shindy** ['ʃindi], *n.* (*fam.*) **1** baccano; chiasso; confusione; schiamazzo; strepito **2** baruffa; alterco. ● **to kick up a s.**, fare un gran baccano; far baruffa; far casino (*pop.*).

to shine [ʃain] (*pass.* e *p. p.* **shone**), **A** *v. i.* brillare (*anche fig.*); splendere; risplendere; rifulgere: **The sun is shining bright**, splende un sole luminoso; **He doesn't s. at official dinner parties**, non brilla nella conversazione ai pranzi ufficiali; **Her eyes shone with happiness**, le splendevano gli occhi di felicità. **B** *v. t.* **1** far luce con: **S. your flashlight over there**, fa' luce laggiù con la lampadina tascabile! **2** (*fam., p. p.* **shined**) lucidare; lustrare; pulire: **to s. shoes**, lustrare le scarpe. ● (*pop. USA*) **to s. up to sb.**, ingraziarsi q.; insaponare q. (*pop.*).

shine [ʃain], *n.* **1** splendore; fulgore; lustro **2** (*fam.*) lucidata; lustrata; pulita: **The silver needs a good s.**, ci vuole una bella lucidata all'argenteria **3** bel tempo (*soltanto nella locuz.*): **rain or s.**, piova o faccia bel tempo; con qualunque tempo; (*fig.*) qualunque cosa accada **4** (*pop.*) *V.* **shindy 5** (*pl., pop.*) burle; scherzi. ● **to take the s. out of** (**sb., st.**), eclissare, oscurare (q.); far perdere lo splendore a, far passare in second'ordine (q.c.) □ (*fam.*) **to take a s. to sb.**, prendere q. in simpatia; invaghirsi di q.

shiner ['ʃainə*], *n.* (*fam.*) **1** moneta; (*specialm.*) moneta d'oro **2** (*pl.*) denaro; quattrini **3** occhio nero; occhio pesto **4** (*pop.*; *zool., Scomber scombrus*) scombro **5** (*zool.*) *Notropis.*

shingle (1) ['ʃiŋgl], *n.* **1** ghiaia; ciottoli (*di spiaggia*) **2** (*anche* **s. beach**) spiaggia di ciottoli. ● (*mecc.*) **s. lap**, embricatura.

shingle (2) ['ʃiŋgl], *n.* **1** assicella, scandola (*per copertura di tetti*) **2** (*fam. USA*) targa (*di legno*); insegna: **to hang out one's s.**, appendere l'insegna; metter fuori la targa (*di dottore, d'avvocato*) **3** (taglio di) capelli alla garçonne (*o* alla maschietta).

to shingle ['ʃiŋgl], *v. t.* **1** ricoprire (*un tetto*) d'assicelle **2** tagliare (*i capelli*) alla garçonne (*o* alla maschietta).

shingles ['ʃiŋglz], *n. pl.* (*col verbo al sing.*) (*med.*) herpes zoster; fuoco di Sant'Antonio.

shingly ['ʃiŋgli], *a.* ghiaioso; coperto di ciottoli; ciottoloso.

shininess ['ʃaininis], *n.* splendore; lucentezza; lustro.

shining ['ʃainiŋ], *a.* brillante; lucente; splendente; risplendente; fulgido: **a s. example of generosity**, un fulgido esempio di generosità.

to shinny ['ʃini], (*fam. USA*) *V.* **to shin**.

shinny ['ʃini], (*USA*) *V.* **shinty**.

Shinto ['ʃintou], **Shintoism** ['ʃintouizəm], *n.* (*relig.*) scintoismo.

Shintoist ['ʃintouist], *n.* (*relig.*) scintoista.

shinty ['ʃinti], *n.* (*sport*) varietà di hockey.

shiny ['ʃaini], **A** *a.* **1** brillante; lucente; luccicante; splendente; splendido; fulgido **2** lucido; lustro: **s. boots**, scarpe lucide; **a s. nose**, naso lucido **3** lucido; frusto; logoro; liso: **a s. jacket**, una giacca lucida (*o* frusta). **B** *n.* − (*pop.*) **the s.**, il denaro; i quattrini; la grana (*pop.*).

ship [ʃip], *n.* (*naut.*) nave; bastimento; vascello; naviglio: **a sailing s.**, una nave a vela; un veliero; **a battle s.**, una nave da guerra; **a merchant s.**, una nave mercantile **2** (*naut., anche* **steamship**) piroscafo **3** (*miss., anche* **spaceship**) astronave; nave spaziale **4** (*specialm. USA, anche* **airship**) dirigibile; aeroplano: **A B-29 is a large s.**, il «B 29» è un grosso aeroplano **5** (*fam.*) barca; battello. ● **s.'s agent**, raccomandatario □ **s.'s articles**, contratto d'imbarco; clausola d'ingaggio □ (*stor.*) **s.('s) biscuit**, pan biscotto; galletta □ **s.-breaker**, demolitore navale; chi acquista navi vecchie per smantellarle □ (*comm.*) **s.-broker**, agente (*o* sensale) marittimo □ **s. canal**, canale navigabile □ **s.-chandler**, fornitore marittimo □ (*med.*) **s.-fever**, tifo □ **s.'s husband**, raccomandatario; capitano d'armamento □ (*poet. fig.*) **the s. of state**, la nave dello Stato □ **s.'s papers**, carte (*o* documenti) di bordo □ **s. repairs**, riparazioni navali; raddobbi □ (*zool.*) **s.-worm**, teredine □ **cargo-s.**, nave da carico □ **coast-defence s.**, nave guardacoste □ **decoy s.**, nave civetta □ (*stor.*) **fire-s.**, brulotto □ **to fit out a s.**, armare (*o* allestire) una nave □ **flag-s.**, nave ammiraglia □ **His (o Her) Majesty's S.** (*abbr.* **H.M.S.**), nave da guerra britannica □ **leading s.**, nave capofila □ **mother s.** (*o* **parent s.**), nave appoggio □ **motor-s.**, motonave □ **on board s.**, a bordo □ **repair s.**, nave officina □ **sister s.**, nave gemella □ **surveying s.**, nave idrografica □ **to take s.**, imbarcarsi □ **training s.**, nave scuola □ **turbine s.**, turbonave □ (*fig., fam.*) **When my ship comes home** (*o* **in**), quando farò fortuna; quando i miei sogni s'avvereranno; quando sarò ricco.

to ship [ʃip], **A** *v. t.* **1** (*comm.*) spedire, inviare, trasportare (*merci su nave, per mare*) **2** (*comm.*) spedire, inviare, trasportare (*con qualsiasi mezzo*): **We'll s. the cattle by rail**, spediremo il bestiame per ferrovia **3** armare, montare, fissare (*l'albero, il timone, ecc.*) sulla nave **4** imbarcare, mettere a bordo (*una ciurma, ecc.*). **B** *v. i.* imbarcarsi (*specialm. come marinaio*); viaggiare per nave: **He shipped as a purser**, s'è imbarcato come commissario di bordo. ● **to s. oars**, disarmare i remi □ (*fam.*) **to s. off**, mandare, spedire, trasferire (*su nave o con altro mezzo*): **We must s. off fresh troops to the front**, dobbiamo mandare al fronte truppe fresche □ (*di nave*) **to s. water** (*o* **a heavy sea**), imbarcare acqua.

shipboard ['ʃipbɔːd], *n.* − (*naut.*) **on s.**, a bordo.

shipbuilder ['ʃip‚bildə*], *n.* costruttore navale; ingegnere navale.

shipbuilding ['ʃip‚bildiŋ], *n.* costruzioni navali; ingegneria navale.

shipload ['ʃip-loud], *n.* (*naut.*) carico completo (*di una nave*).

shipmaster ['ʃip‚maːstə*], *n.* (*naut.*) capitano (*di mercantile*).

shipmate ['ʃipmeit], *n.* (*naut.*) compagno di bordo.

shipment ['ʃipmənt], *n.* (*comm.*) **1** imbarco (*di merci*); operazioni di carico **2** spedizione (*di merce via mare*; *la merce così spedita*) **3** spedizione (*di merce in genere*; *la merce così spedita*)

shipowner ['ʃip‚ounə*], *n.* (*naut.*) armatore. ● **shipowners' company**, società armatrice.

shipper ['ʃipə*], *n.* (*comm.*) **1** spedizioniere marittimo **2** consegnatario, destinatario (*del carico, via mare*) **3** merce spedita (*via mare*) **4** spedizioniere (*in genere*).

shipping ['ʃipiŋ], *n.* **1** (*comm.*) spedizione marittima **2** (*comm.*) spedizione (*di merce, in genere*) **3** (*naut.*) naviglio; marina mercantile **4** traffico marittimo; navigazione. ● **s. agent**, agente di compagnia di navigazione; spedizioniere marittimo; spedizioniere (*in genere*) □ **s. articles**, contratto d'imbarco; clausole d'ingaggio □ **s. bill**, bolletta di sortita □ **s. charges**, spese (*o* diritti) d'imbarco; (*anche*) spese di spedizione □ **s. clerk**, addetto alle spedizioni □ **s. company**, società di navigazione □ **S. Exchange**, Borsa dei Noli □ **s. line**, compagnia (*o* linea) di navigazione □ **s. master**, commissario di bordo □ **s. office**, agenzia di navigazione; agenzia di spedizione □ **s. trade**, commercio marittimo; (*anche*) armamento, industria dell'armamento.

shipshape ['ʃipʃeip], *a. pred.* e *avv.* (*anche*: **s. and Bristol fashion**) ben assettato; in perfetto ordine.

shipway ['ʃipwei], *n.* (*naut.*) **1** scalo di costruzione **2** puntelli (*sotto la nave*) **3** canale navigabile.

shipwreck ['ʃip-rek], *n.* **1** naufragio; (*fig.*) rovina, fallimento: **to make s.**, far naufragio; andare in rovina **2** relitto (*di nave*). ● **to suffer the s. of one's hopes**, assistere al naufragio delle proprie speranze.

to shipwreck ['ʃip-rek], **A** *v. i.* naufragare; far naufragio. **B** *v. t.* far naufragare (*per lo più fig.*); mandare in rovina; far fallire. ● **to be shipwrecked**, far naufragio □ **a shipwrecked person**, un naufrago.

shipwright ['ʃip-rait], *n.* (*naut.*) maestro d'ascia; carpentiere navale.

shipyard ['ʃip-jaːd], *n.* (*naut.*) **1** cantiere navale **2** (*anche* **naval s.**) arsenale.

shire ['ʃaiə*], *n.* **1** (*arc.; stor.*) contea (*divisione amministrativa ingl.*) **2** *V.* **s.-bred horse**. ● **the Shires**, le contee dell'Inghilterra centrale; la regione della caccia alla volpe □ **s.-bred horse** (*o* **s.-horse**), grosso cavallo da tiro.

to shirk [ʃəːk], **A** *v. t.* evitare; scansare; schivare; sottrarsi a (*un dovere, una responsabilità, ecc.*). **B** *v. i.* tirarsi indietro; sottrarsi agli obblighi; (*mil.*) imboscarsi. ● **to s. a question**, eludere una domanda □ **to s. school**, marinare la scuola.

shirk [ʃəːk], **shirker** ['ʃəːkə*], *n.* scansafatiche; (*mil.*) imboscato.

shirr [ʃəː*], *n.* filo elastico (*inserito in un tessuto*); increspatura; filze increspate.

to shirr [ʃəː*], *v. t.* increspare (*stoffa*) con filze parallele.

shirring ['ʃəːriŋ], *V.* **shirr**.

shirt [ʃəːt], *n.* **1** camicia (*da uomo*) **2** camicetta (*da donna*; *spesso* **shirtwaist** *in USA*). ● **s.-collar**, collo di camicia; colletto □ **s.-front**, sparato (*della camicia*) □ (*fig.*) **s.-sleeve philosophy**, filosofia spicciola, volgarizzata □ (*pop.*) **to get sb.'s s. off** (*o* **out**), far arrabbiare q.; far perdere le staffe a q. □ **to give sb. a wet s.**, far fare una bella sudata a q.; ammazzare q. di lavoro □ **to be in one's s.-sleeves**, essere in maniche di camicia □ (*pop.*) **to keep one's s. on**, dominarsi; mantenere la calma; non perdere le staffe □ (*pop.*) **to lose one's s.**, perdere ogni avere; rimetterci anche la camicia □ **night-s.**, camicia da notte (*da uomo*) □ (*pop.*) **to put one's s. on st.**, scommettere fino all'ultima lira (*o* giocarsi la camicia) su q.c. □ (*prov.*) **Near is my s., but nearer is my skin**, di nulla m'importa più di me stesso.

shirtdress ['ʃəːt‚dres], *n.* (*moda*) chemisier (*franc.*).

shirting ['ʃəːtiŋ], *n.* stoffa per camicie.

shirttail ['ʃəːt-teil], *n.* falde della camicia.

shirtwaist ['ʃəːt‚weist], *n.* (*USA*) **1** camicetta (*da donna*) **2** *V.* **shirtwaister**.

shirtwaister ['ʃəːt‚weistə*], *n.* (*moda*) chemisier (*franc.*).

shirty ['ʃəːti], *a.* (*pop.*) arrabbiato; irascibile; incollerito; seccato.

shit [ʃit], **A** *n.* (*volg.*) **1** cacca, merda (*volg.*) **2** cacata (*volg.*): **to take a s.**, fare una cacata **3** − **the shits**, la diarrea; la cacarella (*pop.*). **B** *inter.* (*volg.*) merda! ● (*fig., pop.*) **to be in the s.**, essere nella merda (*pop.*); essere nei guai □ (*pop.*) **not to be worth a s.**, non valere un accidenti (*o* un fico secco) □ (*pop.*) **to take s. from sb.**, accettare (*o* sopportare) tutto da q. (*insulti, ecc.*); essere

shit

preso a pesci in faccia da q. (*pop.*) □ (*pop.*) **I don't give a s.**, non me ne frega un accidente (*o niente*).
to shit [ʃit] (*pass. e p. p.* **shit**), (*volg.*) **A** *v. i.* cacare (*volg.*). **B** *v. t.* **1** cacare (*volg.*); defecare **2** cacarsi in (*volg.*); farsela in (*pop.*): **You've shit your pants**, ti sei cacato (*o* te la sei fatta) nei calzoni. **to shit oneself C** *v. rifl.* (*anche fig.*) cacarsi sotto; farsela addosso.
shitless [ˈʃitlis], *a.* (*volg.*) di merda (*volg.*): **to be scared s.**, restare di merda (per lo spavento).
shitty [ˈʃiti], *a.* (*volg.*) merdoso (*volg.*); disgustoso; schifoso.
to shiver (1) [ˈʃivə*], *v. i.* rabbrividire; tremare; battere i denti: **to s. with cold (with fear)**, tremare di freddo (di paura). ● (*fam.*) **to be shivering in one's shoes**, avere la tremarella; tremare dalla paura.
shiver (1) [ˈʃivə*], *n.* **1** brivido; tremore; tremito **2** (*pl.*) brividi, tremarella (*fam.*): **to get** (*o* **to have**) **the shivers**, avere i brividi; rabbrividire; **to give sb. the shivers**, far venire la tremarella a q.; fare rabbrividire q.
shiver (2) [ˈʃivə*], *n.* (*generalm. al pl.*) frammento; pezzetto: **shivers of glass**, frammenti di vetro. ● **to break into shivers**, andare in frantumi.
to shiver (2) [ˈʃivə*], (*raro*) **A** *v. t.* fare a pezzi; frantumare; fracassare. **B** *v. i.* andare in pezzi; frantumarsi. ● (*arc. o scherz.*) **S. my timbers!**, accidenti!; maledizione!
shivering [ˈʃivəriŋ], **A** *a.* tremante. **B** *n.* tremito; tremore; brivido. ● **s. fit**, (accesso di) brivido.
shivery (1) [ˈʃivəri], *a.* **1** che ha i brividi; tremante **2** che dà i brividi; agghiacciante; spaventoso **3** (*del tempo*) gelido; assai freddo.
shivery (2) [ˈʃivəri], *a.* (*raro*) fragile.
shlepp [ʃlep], *n.* (*fam. USA*) buono a nulla; fannullone.
shlepper [ˈʃlepə*], *V.* **shlepp**.
shlock [ʃlɔk], **A** *a.* (*fam. USA*) a buon mercato; da due soldi. **B** *n.* robaccia; cosa da due soldi.
shmuck [ʃmʌk], *n.* (*fam. USA*) **1** babbeo; sciocco **2** puzzone (*pop.*); individuo gretto, meschino.
shoal (1) [ʃoul], *n.* **1** (*di pesci*) banco; frotta **2** folla; moltitudine; gran quantità: **He gets letters in shoals**, riceve lettere in gran quantità.
to shoal (1) [ʃoul], *v. i.* (*dei pesci*) **1** raggrupparsi; formar banchi **2** nuotare a frotte.
shoal (2) [ʃoul], **A** *n.* (*naut.*) bassofondo; secca; banco di sabbia. **B** *a.* (*dell'acqua*) bassa; poco profonda. ● **the shoals**, le secche; (*fig.*) le insidie, i pericoli, gli ostacoli □ (*naut.*) **s.-mark**, segnale che indica una secca.
to shoal (2) [ʃoul], *v. i.* (*dell'acqua*) abbassarsi; diminuire di profondità.
shoaliness [ˈʃoulinis], *n.* **1** scarsa profondità (*dell'acqua*) **2** abbondanza di secche.
shoaly [ˈʃouli], *a.* **1** poco profondo **2** pieno di secche.
shock (1) [ʃɔk], *n.* **1** urto; cozzo; scossa (*anche di terremoto*); (*fig.*) colpo, shock, choc, impressione, sorpresa: **the s. of the billows against the cliffs**, l'urto dei marosi contro lo scogliere; **electric s.**, scossa elettrica; **The verdict of «guilty» was a terrible s. to him**, il verdetto di colpevolezza fu per lui un colpo terribile **2** (*med.*) collasso; shock; choc **3** disastro, crollo (*finanziario, ecc.*) **4** (*fam.*) *V.* **s. absorber**. ● (*mecc.*) **s. absorber**, ammortizzatore □ (*mil.*) **s. tactics**, tattica d'urto (*cariche di cavalleria, impiego di carri armati, ecc.*) □ (*psic.*) **s. therapy** (*o* **s. treatment**), shockterapia □ (*mil.*) **s.-troops**, truppe d'assalto; arditi □ **s. wave**, onda d'urto (*d'esplosione, di terremoto, ecc.*) □ **s.-workers**, lavoratori d'assalto; stacanovisti □ (*med.*) **to die of s.**, morire in seguito a un collasso □ (*med.*) **to be in s.**, essere in stato di choc □ (*fig.*) **to send s. waves through**, gettare lo scompiglio in; mettere a soqquadro.
to shock (1) [ʃɔk], **A** *v. t.* **1** urtare; scuotere; impressionare; offendere; sciocare, shoccare, shockare; indignare; scandalizzare; sconvolgere: **I was shocked by his behaviour**, rimasi sciocato dal suo comportamento; **The news of the riots shocked the financial world**, la notizia dei tumulti sconvolse il mondo della finanza **2** dare la scossa (elettrica) a (q.). **B** *v. i.* **1** scontrarsi; urtarsi; collidere **2** (*fig.*) scandalizzarsi; rimanere scioccato; essere sconvolto. ● **to get shocked**, prendere la scossa (elettrica).
shock (2) [ʃɔk], *n.* bica (*di covoni di grano*).
to shock (2) [ʃɔk], *v. t.* abbicare (*il grano*).
shock (3) [ʃɔk], *n.* (*generalm.* **s. of hair**) massa di capelli arruffati; zazzera. ● **s.-head**, testa dai capelli arruffati □ **s.-headed**, zazzeruto; dai capelli arruffati.
shocker [ˈʃɔkə*], *n.* (*spesso scherz.*) **1** persona (*o* cosa) che scuote, sconvolge, offende, ecc. (*V.* **to shock (1)**) **2** (*fam.*) racconto (*o* romanzo) scandalistico, sensazionale.
shocking [ˈʃɔkiŋ], **A** *a.* **1** disgustoso; indecente; irritante; scandaloso; sconveniente: **s. conduct**, comportamento disgustoso, sconveniente **2** scioccante; sconvolgente; terribile; spaventoso; traumatizzante: **the s. news of his death**, la terribile (*o* sconvolgente) notizia della sua morte **3** (*fam.*) pessimo; orribile; infame: **a s. meal**, un pasto pessimo. **B** *avv.* (*fam.*) assai; molto; estremamente: **s. bad**, molto cattivo; pessimo.
shockingly [ˈʃɔkiŋli], *avv.* **1** scandalosamente; (*per estens.*) esageratamente, eccessivamente: **s. expensive**, eccessivamente costoso **2** (*fam.*) malissimo; in maniera infame: **You sing s.**, canti malissimo.
shockingness [ˈʃɔkiŋnis], *n.* **1** indecenza; sconvenienza **2** orrore; terribilità; spaventosità.
shod [ʃɔd], **A** *pass. e p. p.* di **to shoe**. **B** *a.* **1** (*di cavallo*) ferrato **2** (*d'uomo*) calzato; provvisto di scarpe.
shoddy [ˈʃɔdi], **A** *n.* **1** (*ind. tessile*) lana rigenerata; cascame **2** (*fig.*) roba di scarto; articolo scadente. **B** *a.* **1** (*ind. tessile*) fatto di lana rigenerata **2** (*fig.*) scadente; di scarto: **a s. piece of furniture**, un mobile scadente **3** (*fig.*) meschino; gretto.
shoe [ʃuː], *n.* **1** scarpa: **shoes down at heel**, scarpe scalcagnate **2** ferro di cavallo **3** (*di legno*) zoccolo **4** (*mecc.*) ceppo; ganascia: **brake s.**, ceppo (*o* ganascia) del freno (*a tamburo*) **5** (*di bastone o canna*) puntale **6** (*di slitta, treno elettrico*) pattino **7** (*costr.*) scarpa di appoggio (*di un ponte*) **8** (*autom.*) copertone (*di pneumatico*) **9** cuneo; zeppa; fermo: **a ladder s.**, un fermo per una scala a pioli **10** (*mecc.*) sagoma (di piegatrice). ● (*mecc.*) **s. brake**, freno a ceppo □ **s. brush**, spazzola per scarpe □ **s. buckle**, fibbia di scarpa □ **s. cupboard**, scarpiera (*armadietto*) □ **s.-knife**, trincetto (*di calzolaio*) □ **s.-lace**, stringa (*o* laccio) per scarpe □ **s.-leather**, cuoio per scarpe; (*fig.*) scarpe □ **s.-lift**, corno (da scarpe); calzatoio; calzascarpe □ **s. rack**, scarpiera (*aperta*) □ **s. repairer**, calzolaio; ciabattino □ **s. shop**, calzoleria; negozio di calzature □ **s.-tree**, forma per scarpe □ **as good a man as ever trod s.-leather**, il più buon uomo che sia mai esistito □ (*fig.*) **dead men's shoes**, patrimonio agognato da un presunto erede; posto cui aspira un successore impaziente □ **to die in one's shoes**, morire con le scarpe ai piedi; morire di morte violenta □ (*fam.*) **to fill sb.'s shoes**, occupare il posto di q.; fare le scarpe a q. (*pop.*) □ (*fig.*) **to be in sb.'s shoes**, essere nei panni di q. (*fig.*) □ (*fig.*) **to know where the s. pinches**, sapere cos'è che non va; conoscere la causa dei guai (*o* delle difficoltà) □ (*fig.*) **to put the s. on the right foot**, mettere il dito sulla piaga □ (*fig.*) **to shake in one's shoes**, tremare; aver la tremarella □ **square-toed shoes**, scarpe a punta quadra □ **to take off one's shoes and socks** (*o* **and stockings**), scalzarsi; mettersi a piedi nudi □ (*fig.*) **That's another pair of shoes**, è un altro paio di maniche; è tutt'altra cosa! □ (*fam.*) **The s. is on the other foot**, la situazione si è capovolta □ (*fam. USA*) **If the s. fits, wear it**, se l'osservazione è calzante, non te la devi prendere! (devi accettarla!); prendi su e porta a casa (*fam.*)!
to shoe [ʃuː] (*pass. e p. p.* **shod**), *v. t.* **1** ferrare (*un cavallo*) **2** (*specialm. al p.p.*) provvedere di scarpe; calzare: **neatly shod feet**, piedi ben calzati. ● **an iron-shod stick**, un bastone ferrato (*con un puntale di ferro*).
shoeblack [ˈʃuːblæk], *n.* lustrascarpe.
shoehorn [ˈʃuːhɔːn], *n.* corno (da scarpe); calzatoio; calzascarpe.
shoeing [ˈʃuːiŋ], *n.* ferratura (*dei cavalli*). ● **s.-forge**, fucina (*o* bottega) di maniscalco; mascalcia □ **s.-smith**, maniscalco.
shoeless [ˈʃuːlis], *a.* **1** senza scarpe; scalzo **2** (*di cavallo*) non ferrato.
shoemaker [ˈʃuːˌmeikə*], *n.* calzolaio. ● **s.'s shop**, bottega di calzolaio; calzoleria.
shoemaking [ˈʃuːˌmeikiŋ], *n.* arte del calzolaio.
shoer [ˈʃuːə*], *n.* maniscalco.
shoeshine [ˈʃuːʃain], *n.* **1** lustratura, lucidatura (*di scarpe*) **2** (*fam.*) lustrascarpe.
shoestring [ˈʃuːˌstriŋ], **A** *n.* **1** stringa da scarpe; laccio; laccetto (*fam.*) **2** (*fam.*) piccola somma; pochi soldi (*fam.*); piccolo gruzzolo, gruzzoletto. **B** *a. attr.* (*USA*) **1** lungo e sottile **2** risicato; stentato **3** limitato; ristretto **4** (*geol.*) filiforme. ● (*USA*) **s. potatoes**, patatine alla francese □ (*fam.*) **to start a business on a s.**, avviare un'azienda con scarsi capitali.
shone [ʃɔn], *pass. e p. p.* di **to shine**.
shoo [ʃuː], *inter.* sciò; via!
to shoo [ʃuː], **A** *v. i.* far sciò. **B** *v. t.* (*spesso* **to s. away**, **to s. off**) allontanare (*galline, uccelli, ecc.*) facendo sciò.
shook (1) [ʃuk], *pass.* di **to shake**.
shook (2) [ʃuk], *n.* **1** fascio di doghe e assicelle (*per fare un barile*) **2** bica (*di covoni di grano*).
to shoot [ʃuːt] (*pass. e p. p.* **shot**), **A** *v. t.* **1** lanciare; gettare; scagliare; scoccare; sparare; tirare; scaricare: **to s. a stone from a sling**, lanciare una pietra con la fionda; **to s. an arrow from a bow**, scoccare una freccia dall'arco; **to s. a glance at sb.**, lanciare un'occhiata a q.; **to s. dice**, gettare i dadi; **to s. a bullet from a rifle**, sparare un colpo col fucile; **to s. (off) a rifle**, sparare col fucile; scaricare un fucile; **to s. the anchor (a net, etc.)**, gettar l'ancora (una rete, ecc.); **He was shot over the fence**, fu scagliato

(*o* sbalzato) oltre la siepe **2** abbattere; sparare a; andare a caccia di: **He's in Kenya shooting buffaloes**, è nel Kenia a caccia di bufali **3** colpire, ferire, uccidere (*con un'arma da fuoco*): **The soldier was shot in his leg**, il soldato fu ferito a una gamba; **He shot a deer**, uccise un daino **4** fucilare: **He was shot for a spy**, fu fucilato come spia **5** (*mil.*) far detonare **6** (*spesso* **to s. out**, **to s. forth**) cacciar fuori; metter fuori; far guizzare: **The adder shot out its forked tongue**, la vipera fece guizzare la lingua biforcuta; **to s. forth leaves**, metter (fuori) le foglie **7** superare, scendere velocemente: **to s. a bridge**, superare un ponte (*passandovi sotto in barca*); **The canoe shot the rapids safely**, la canoa scese le rapide senza danno. **8** attraversare velocemente; bruciare (*fam.*): **to s. the traffic lights**, bruciare i semafori; passare col rosso (*in auto*) **9** (*cinem.*) girare; filmare; riprendere: **to s. a motion picture**, girare un film; **to s. a scene**, riprendere una scena **10** (*falegnameria*) piallare con grande cura: **shot edges**, margini ben piallati **11** maculare; variegare; rendere cangiante: **a blue sky shot with white clouds**, un cielo blu maculato di nubi bianche **12** (*astron.*) determinare l'altezza di: **to s. the sun**, determinare l'altezza del sole (*col sestante*) **13** (*sport*) tirare (*una palla*) in porta **14** (*sport*) fare, segnare (*una rete, punti, ecc.*): **He shot the winning goal**, segnò il goal della vittoria; **to s. a basket**, fare un canestro **15** (*pop.*) iniettare (*droga*): **to s. heroin**, iniettarsi eroina; bucarsi (*pop.*). B *v. i.* **1** (*spesso* **to s. off, out, up**) passare velocemente; saettare; balzare avanti; guizzar fuori; alzarsi; levarsi: **The rocket shot across the sky**, il razzo passò velocemente attraverso il cielo; **An ambulance shot past**, un'ambulanza passò sfrecciando; **Flames shot up at once from the tanks after the crash**, dai serbatoi, dopo lo scontro, si levò una grande fiammata **2** sparare; tirare; andare a caccia: **This gun won't s.**, questo fucile non vuole sparare; **He shoots indifferently**, non spara né bene né male; è un tiratore mediocre **3** dar fitte; dare un dolore lancinante: **My decayed tooth shoots**, il mio dente cariato mi dà fitte continue; **shooting pains**, dolori lancinanti **4** (*di pianta*) mettere; germogliare; (*di germogli*) spuntare **5** (*spesso* **to s. out**) sporgere; essere sporgente; protendersi: **a cape that shoots out into the sea**, un capo che si protende nel mare; un promontorio **6** (*cinem.*) girare; fare le riprese di un film: **Silence, we're shooting**, silenzio, si gira **7** (*sport*) tirare in porta **8** (*sport*) tirare, giocare (*a golf, cricket, ecc.*): **He's been shooting poorly for some time**, è un po' di tempo che gioca male. C *verbi composti* **1 to s. ahead**, balzare avanti; (*sport*) balzare in testa. **2 to s. at**, sparare a; sparare contro; far fuoco su; (*anche* **to s. for**) (*fam.*) mirare a, sforzarsi di fare, di ottenere; avere come obiettivo. **3 to s. away**, continuare a sparare, far fuoco a volontà; esaurire (*le munizioni, sparando*). **4 to s. down**, abbattere (*sparando*); (*fam.*) annullare, sopprimere; respingere (*una proposta*): **to s. down a partridge**, abbattere una pernice; **to s. down an aeroplane**, abbattere un aeroplano. **5 to s. forth**, emettere, cacciar fuori (*fumo, ecc.*); (*di pianta*) mettere (*le foglie*). **6 to s. off**, mozzare, troncare, asportare (*con un colpo di cannone, ecc.*); sparare con, scaricare (*un fucile, ecc.*); saettare, sfrecciare via: **He had two fingers shot off**, un colpo gli asportò due dita □ (*fam.*) **to s. one's mouth off**, parlare a vanvera (*o* a ruota libera). **7 to s. out**, spegnere con un colpo (*d'arma da fuoco*); cacciar fuori, tirar fuori; guizzar fuori; balzar fuori; far guizzare: **He shot out all the lights in the saloon**, a colpi di pistola spense tutte le luci del saloon; **The passengers were shot out of the coach**, i passeggeri furono sbalzati dalla carrozza □ (*fam.*) **to s. it out**, regolare i conti con una sparatoria. **8 to s. up**, balzar fuori; crescere rapidamente; (*di prezzi*) salire di colpo; sparare su, crivellare di colpi; (*pop.*) iniettare (*una droga*) in vena, bucarsi (*pop.*); (*fam.*) mettere a soqquadro, terrorizzare (*un villaggio, ecc.*) sparando all'impazzata: **The boy is shooting up**, il ragazzo cresce a vista d'occhio; **Petrol shot up to two pounds a gallon**, la benzina balzò a due sterline il gallone; **The police shot up the demonstrators**, la polizia fece fuoco sui dimostranti; **They shot him up**, lo crivellarono di colpi □ **Napoleon shot up to general**, Napoleone diventò generale in un baleno. ● **to s. a bolt**, tirare un catenaccio □ (*fam.*) **to s. one's bolt** (*USA:* **one's wad**), sparare tutte le cartucce (*fig.*) □ (*fam.*) **to s. the bull**, parlare del più e del meno; fare delle chiacchiere □ (*pop.*) **to s. the cat**, vomitare □ **to s. a covert** (*an estate*), cacciare la selvaggina in una macchia (*di una tenuta*) □ (*fam.*) andare a caccia in una macchia (*in una tenuta*) □ (*fam.*) **to s. from the hip**, sparare a zero (*fig.*); agire (*o* parlare) avventatamente □ **to s. a match**, fare una gara di tiro a segno □ (*pop.*) **to s. the moon**, fare un trasloco di notte (*per non pagare l'affitto*) □ (*fig.*) **to s. Niagara**, cimentarsi in un'impresa disperata; voler fare l'impossibile □ (*fig., fam.*) **to s. oneself in the foot**, darsi su i propri piedi (*fig.*) □ (*Bibbia*) **to s. out one's lips**, arricciare le labbra (*per sdegno*) □ (*fam.*) **to s. rubbish**, scaricare l'immondizia (*dall'apposito veicolo, ecc.*) □ (*fam. USA*) **to s. the works**, puntare tutto su una carta (*sola*); darci sotto; metterela tutta (*pop. USA*) **S.!**, fuori!; di' quel che hai da dire!; butta (*o* sputa) fuori quel che hai in corpo!; sputa il rospo! (*pop.*); (*anche*) porca miseria! □ **I'll be shot if...**, ch'io possa essere impiccato se.... □ **The pain shoots through my nerves**, il dolore mi lacera i nervi □ **The sun is shooting its rays on the plain**, il sole dardeggia la pianura.

shoot [ʃuːt], *n.* **1** (*bot.*) germoglio; pollone; (*anche*) parte aerea (*di una pianta*) **2** partita di caccia; battuta; riserva di caccia **3** gara di tiro (al bersaglio) **4** rapida; cascata (*d'acqua*) **5** getto d'acqua; zampillo **6** scivolo: **a coal s.**, uno scivolo per il carbone **7** fitta; puntura (*di dolore*) **8** (*specialm. USA*) (*miss.*) lancio: **a moon s.**, un lancio sulla luna. ● **s.-out**, conflitto (*o* scontro) a fuoco; sparatoria □ (*pop.*) **s.-up**, buco (*pop.*); iniezione di droga.

shooter [ˈʃuːtə*], *n.* **1** chi spara, tira, ecc. (*V.* **to shoot**) **2** (*specialm.*) tiratore. ● **a six-s.**, una pistola a sei colpi.

shooting [ˈʃuːtɪŋ], *n.* **1** caccia: **to go s.**, andare a caccia **2** lo sparare; sparatoria; tiro (*con arma da fuoco*) **3** fucilazione; (*specialm.*) assassinio, attentato (*con un'arma da fuoco*) **4** riserva di caccia **5** terreno di caccia; bandita **6** (*cinem.*) il girare (*una scena*); ripresa. ● **s. boots**, stivali da caccia □ **s. box** (*o* **s. lodge**), casino di caccia □ (*autom.*) **s. brake**, giardinetta □ **s. butt**, bersaglio; sagoma □ **s. coat**, abito da caccia □ **s. contest**, gara di tiro al bersaglio (o di tiro a segno) □ **s. gallery**, tiro a segno (*nei baracconi delle fiere*) □ (*pop. USA*) **s. iron**, arma da fuoco (*fucile, rivoltella, ecc.*) □ **s. jacket**, giacca da caccia; giacca alla cacciatora □ **s. match**, gara di tiro □ **s. party**, partita di caccia □ **s. range** (*o* **s. ground**), tiro a segno; poligono di tiro □ (*cinem.*) **s. script**, sceneggiatura □ (*astron.*) **s. star**, stella cadente □ **s. stick**, bastone trasformabile in sedile □ (*pop.*) **s.-up**, iniezione di droga in vena; buco (*pop.*) □ (*fam.*) **s. war**, guerra calda □ (*fig., fam.*) **the whole s. match**, tutta la faccenda □ (*sport*) **wing s.**, tiro a volo.

shop [ʃɒp], *n.* **1** bottega; negozio; esercizio; spaccio (*cfr. USA* **store**): **to set up s.**, metter su bottega; aprire un negozio; **to shut up s.**, chiuder bottega; (*fig.*) smettere di far qualcosa, cessare un'attività; **to keep a s.**, avere un negozio; fare il bottegaio **2** (*anche* **workshop**) officina; stabilimento; reparto (*di fabbrica*): **assembling s.**, officina di montaggio; (*autom.*) **body s.**, reparto carrozzeria; **pattern s.**, reparto modellisti **3** (*fam.*) azienda; ufficio **4** (*fam.*) scuola; istituto; ufficio (*e sim.*; *specialm. in*): **the other s.**, l'altra scuola; la scuola rivale; l'istituto che ci fa concorrenza. ● **s. assistant**, commesso, commessa □ **s. bell**, campanello di bottega □ **s. boy**, giovane (*o* ragazzo) di negozio □ (*ind.*) **s. committee**, commissione interna (*d'una fabbrica*) □ (*fam.*) **the s. floor**, la base operaia; gli operai □ **s. foreman**, capo officina □ **s. girl**, commessa (*di negozio*) □ **to s.-lift**, taccheggiare □ **s.-lifter**, taccheggiatore, taccheggiatrice □ **s.-lifting**, taccheggiamento; taccheggio □ (*di merce, d'un articolo*) **s.-soiled**, sciupato, logoro, stinto (*per esser in negozio da troppo tempo*) □ (*ind.*) **s. steward**, membro d'una commissione interna; rappresentante dei sindacati in un reparto di fabbrica; delegato sindacale □ (*ind.*) **s. supplies**, materiali di consumo □ **s. window**, vetrina (*di negozio*) □ (*USA*) **s.-worn**, *V.* **s.-soiled** □ (*fig.*) stantio, vieto, trito □ (*pop.*) **all over the s.**, dappertutto; sottosopra; a soqquadro □ **barber s.**, negozio di barbiere; barbieria (*raro*) □ **a beauty s.**, un salone (*o* istituto) di bellezza □ **butcher's s.**, macelleria □ **chemist's s.**, farmacia □ (*fam.*) **to come** (*o* **to go**) **to the wrong s.**, rivolgersi alla persona meno adatta (*per aiuto, informazioni, ecc.*); aver sbagliato porta □ **fruit s.**, negozio di frutta; frutteria (*raro*) □ **to hit all over the s.**, menar botte da orbi; colpire all'impazzata (*fig.*) □ **on the s. floor**, a livello aziendale □ (*fig.*) **the right** (**the wrong**) **s.**, il posto (*o* l'individuo) giusto (sbagliato: *per avere informazioni e sim.*) □ **to sink the s.**, non parlare dei propri affari; astenersi dal parlare del proprio lavoro □ **to talk s.**, parlare dei propri affari; parlare del proprio lavoro; tenere una conversazione di carattere professionale □ **wine s.**, spaccio di vini; fiaschetteria.

to shop [ʃɒp], A *v. i.* far compere; fare acquisti (*nei negozi*). B *v. t.* **1** arrestare; incarcerare; mettere dentro **2** (*pop., anche* **to s. on**) far la spia a (q.); tradire; denunziare. ● **to s. around**, fare il giro dei negozi, facendo il confronto dei prezzi □ **to s. around for information**, chiedere informazioni in giro □ (*USA*) **to s. the main shops**, fare il giro dei negozi principali.

shopfitter [ˈʃɒpˌfɪtə*], *n.* arredatore di negozi.
shopfitting [ˈʃɒpˌfɪtɪŋ], *n.* arredamento di negozi.
shopfront [ˈʃɒpfrʌnt], *n.* vetrine (anteriori) di negozio.
shopkeeper [ˈʃɒpˌkiːpə*], *n.* bottegaio; negoziante; esercente. ● **a nation of shopkeepers**, una nazione di bottegai; l'Inghilterra (*secondo Napoleone*).
shopman [ˈʃɒpmən], *n.* (*pl.* **shopmen**) **1** bottegaio; negoziante **2** commesso (*di negozio*) **3** operaio (*d'officina*).
shoppe [ʃɒp], *n.* (*USA, arc. o pretenzioso*) **1** negozio: **a gift s.**,

shopper

un negozio di articoli da regalo **2** salone: **a beauty s.**, un salone di bellezza.

shopper ['ʃɔpə*], *n.* chi va in giro a far compere; chi fa la spesa; acquirente; compratore, compratrice; cliente.

shopping ['ʃɔpiŋ], *n.* acquisti; compere (fatte nei negozi); spesa: **I have some s. to do today**, oggi devo fare delle compere; **to go s.**, far compere; fare la spesa. ● **s. bag**, borsa per le compere; (*USA*) sacchetto di carta (*o* di plastica: **nei negozi**); (*fam., fig.*) spesa: **a very expensive s. bag**, il caro spesa □ **s. centre**, centro (degli) acquisti; zona dei negozi □ (*USA*) **s. center**, centro di vendita al dettaglio; shopping center □ **s. precinct**, centro commerciale pedonalizzato □ **to go window-s.**, guardare le vetrine.

shopwalker ['ʃɔpˌwɔːkə*], *n.* (*comm.*) capo reparto; ispettore di reparto (*in un grande negozio*).

SHORAN ['ʃouran], *n.* (*naut.*, acronimo di **short-range navigation**) shoran; sistema di radarnavigazione a breve raggio.

shore (1) [ʃɔː*], *n.* spiaggia; riva; lido, sponda (*anche di lago*). ● (*zool.*) **s. bird**, uccello di ripa; piviere □ (*naut.*) **s. fast**, cima d'ormeggio □ **s. line**, battigia; costa; litorale □ (*mil.*) **s. party**, squadra controllo della testa di sbarco □ (*geol.*) **s. platform**, piattaforma costiera □ (*naut.*) **to go on s.**, andare a riva; sbarcare □ (*naut.*) **to hug the s.**, tenersi a riva; costeggiare □ (*naut.*) **in s.**, vicino alla riva □ (*naut.*) **off s.**, al largo; in acque profonde.

shore (2) [ʃɔː*], *n.* (*costr., specialm. navali*) puntello.

to shore [ʃɔː*], *v. t.* (*di solito* **to s. up**) **1** (*edil., costr. navali*) puntellare: **to s. up a wall (a ship, etc.)**, puntellare un muro (una nave, ecc.) **2** (*fig.*) sostenere, tenere alto: (*econ.*) **to s. up livestock prices**, sostenere i prezzi delle scorte vive.

shoreless ['ʃɔːlis], *a.* (*poet., di mare, ecc.*) sconfinato; immenso.

shoreward ['ʃɔːwəd], **A** *a.* che si muove (*o* volto) verso la spiaggia. **B** *avv.* verso la spiaggia; verso riva.

shoring ['ʃɔːriŋ], *n.* **1** (*edil., costr. navali*) puntellamento **2** (*fig.*) sostegno (*di prezzi, ecc.*).

shorn [ʃɔːn], *p. p.* di **to shear**.

short (1) [ʃɔːt], *a.* **1** corto; breve; conciso: **He has s. legs**, ha le gambe corte; **This jacket is s. on you**, questa giacca ti è corta; **a s. journey**, un viaggio breve; **s. sight**, vista corta; **s. wind**, fiato corto; **a s. way off**, a breve distanza; (*elettr.*) **a s. circuit**, un corto circuito; (*radio*) **s. waves**, onde corte; **a s. speech (style, etc.)**, un discorso (uno stile, ecc.) conciso **2** basso; piccolo (*di statura*): **a s. man**, un uomo piccolo **3** scarso; insufficiente: **s. weight**, peso scarso; **s. measure**, misura insufficiente **4** brusco; rude; secco; sgarbato: **a s. reply**, una brusca risposta **5** friabile; frollo: **s. coal**, carbone friabile; **s. pastry**, pasta frolla **6** (*metall.*) fragile: **s. iron**, ferro fragile **7** (*comm.*) a breve scadenza: **a s. bill**, una cambiale a breve scadenza **8** (*rag.: di somma, ecc.*) parziale **9** (*fam.: di liquore*) liscio. ● (*d'oratore, di un discorso*) **to be s. and to the point**, essere conciso e pertinente □ (*fam.*) **to be s. and sweet**, dire pane al pane e vino al vino □ **s.-armed**, dalle braccia corte □ (*elettr.*) **s.-contact switch**, interruttore cortocircuitante □ **a s. cut**, una scorciatoia; (*fig.*) un mezzo rapido, spiccio (*d'ottenere q.c.*) □ (*comm.: di cambiale, ecc.*) **s.-dated**, a breve scadenza □ **a s. drink**, una bevanda (*o* una bibita) servita in un bicchiere piccolo; un bicchierino (*di liquore*); (*specialm.*) un aperitivo □ (*cinem.*) **a s. film**, un cortometraggio □ **s. for**, abbreviazione di; diminutivo di: **Sam, is for Samuel**, Sam, diminutivo di Samuele □ **s. fuse**, miccia corta; (*fig. USA*) irascibilità, eccitabilità □ **s.-haired**, dai capelli corti; (*d'animale*) dal pelo corto □ **to be s.-handed**, essere a corto di mano d'opera, non avere abbastanza operai; (*naut.: di nave*) avere l'equipaggio incompleto □ (*ippica*) **a s. head**, meno d'una incollatura □ (*comm.*) **to be s. in one's payments**, essere in arretrato coi pagamenti; essere un debitore moroso □ **s.-legged**, dalle gambe corte □ **s. list**, lista ristretta (*o* dei favoriti); rosa dei candidati □ **s.-lived**, che ha breve vita; (*biol.*) che ha la vita corta; (*fig.*) di breve durata, passeggero: **s.-lived enthusiasm**, entusiasmo passeggero □ (*poesia*) **s. metre**, strofe di quattro versi; quartina □ **to be s. of**, essere a corto di; aver scarsità di; mancare di: **I'm s. of money**, sono a corto di quattrini **We are s. of hands**, abbiamo scarsità di mano d'opera; **They are a mile s. of their goal**, manca loro un miglio alla meta □ **to be s. of breath**, avere il fiato corto; avere l'affanno; ansimare □ (*fam.*) **to be s. on brains**, essere a corto di cervello □ (*meteorologia*) **s.-range forecast**, previsione a breve termine □ **a s.-range rifle**, un fucile a corta gittata (*o* portata) □ (*anat.*) **s. ribs**, costole mobili □ (*fin.*) **s. sale**, vendita (*di titoli*) allo scoperto □ (*naut.*) **a s. sea**, mare corto; maretta □ **a s. sight**, vista corta, miopia; (*fig.*) improvvidenza, miopia mentale □ **s.-sighted**, corto di vista, miope; (*fig.*) miope, improvvidente □ **s.-sightedness**, vista corta, miopia; (*fig.*) improvvidenza, miopia mentale □ **s.-spoken**, di poche parole, laconico □ **s.-staffed**, a corto di personale □ **a s. story**, un racconto, una novella □ (*nei giochi di carte*) **s. suit**, sequela corta; meno di quattro carte dello stesso seme □ (*aeron.*) **s. take-off and landing** (*abbr.* **STOL**), decollo e atterraggio corto □ **s.-tempered**, collerico; irascibile; stizzoso □ **a s. ten miles**, dieci miglia scarse □ (*fin.*) **a s.-term loan**, un prestito a breve termine □ (*ind.*) **s. time**, orario ridotto: **to be on s. time** (*o* **to work s. time**), lavorare a orario ridotto □ **a s. time ago**, poco tempo fa □ **s. ton**, tonnellata americana (*pari a 2 000 libbre, cioè a 907 kg circa*) □ **s. waist**, vita troppo alta (*in un vestito*) □ **s.-waisted**, che ha la vita troppo alta □ **a s.-wave radioset**, un apparecchio radio a onde corte □ **s.-winded**, dal fiato corto, bolso, sfiatato; (*fig.*) conciso, stringato □ **s.-windedness**, fiato corto; bolsaggine; (*fig.*) concisione, stringatezza □ **s.-witted**, di poco cervello; stupido; tonto □ **at s. notice**, con breve preavviso; entro breve termine □ **at s. range**, a breve distanza □ **to get s.**, abbreviarsi, accorciarsi: **Days are getting shorter and shorter**, le giornate si accorciano sempre più □ **to give s. weight**, dare il peso scarso; rubare sul peso □ **to have a s. temper**, essere collerico, irascibile, insofferente □ (*di merce, ecc.*) **in s. supply**, scarseggiante; scarso □ **to make s. work of sb.**, averla vinta su q. facilmente; sbarazzarsi di q. con facilità □ **to make s. work of st.**, consumare (*o* finire, distruggere) q.c. rapidamente; liquidare (*o* sbrigare, spacciare, divorare) q.c. in quattro e quattr'otto □ **to make a long story s.**, per farla breve; per tagliar corto □ **nothing s. of**, a dir poco; addirittura; senz'altro: **a victory nothing s. of marvellous**, una vittoria a dir poco miracolosa □ (*fam.*) **something s.**, un bicchierino (*di liquore*); un aperitivo □ **to take s. views**, guardare solo al presente; non pensare al futuro; vivere alla giornata □ **I am ten dollars s.**, mi mancano dieci dollari □ (*fam.*) **He is a bit s.**, è a corto di denaro.

short (2) [ʃɔːt], *n.* **1** vocale (*o* sillaba) breve; (una) breve **2** (*prosodia*) segno di breve **3** (*cinem., telev.*) short; cortometraggio **4** (*telev.*) carosello **5** (*pl.*) shorts; calzoncini **6** (*pl. USA*) mutandine, slip (*da uomo*) **7** (*Borsa, fin.*) speculatore al ribasso; ribassista **8** (*rag.*) somma (*o* totale) parziale **9** (*pl., ind.*) sfridi; ritagli **10** (*pl., ind.*) cruschello **11** (*pl., ing.*) sopravaglio **12** (*fam.*) corto circuito; corto (*fam.*) **13** (*fam.*) bicchierino di liquore. ● **for s.**, per amore di brevità: **They call him Sam for s.**, lo chiamano Sam (*abbr. di Samuel*) per (amore di) brevità □ **in s.**, in breve; in poche parole □ **the long and the s. of it**, tutto quel che c'è da dire.

short (3) [ʃɔːt], *avv.* **1** bruscamente; di botto; improvvisamente; tutt'a un tratto: **The car stopped s.**, l'automobile s'arrestò bruscamente **2** brevemente; concisamente. ● **s. of**, fuorché; ad esclusione di; eccetto: **s. of actually stealing**, pur senz'arrivare al furto vero e proprio □ (*fam.*) **to be caught s.**, V. **to be taken s.** □ **to cut s.**, farla corta, tagliar corto; abbreviare (*la procedura, ecc.*); interrompere (*uno che parla*) □ **to cut the matter** (*o* **it**) **s.**, (per) farla corta; (per) tagliar corto; alle corte □ **to fall** (*o* **come**) **s. of**, non raggiungere, restare indietro a; rimanere al di sotto di, essere inadeguato (*o* insufficiente); venir meno a, deludere: **It falls s. of perfection**, non raggiunge la perfezione; **His action fell s. of the occasion**, la sua azione fu inadeguata al caso; **The result has come s. of our expectations**, il risultato ha deluso le nostre speranze □ (*fam.*) **to go s. of st.**, restare a corto di q.c. □ **to let sb. go s.**, lasciare q. senza (q.c.); far mancare (q.c.) a q.: **I never let my family go s.**, non faccio mancare nulla alla mia famiglia □ **to pull up s.**, fermarsi di botto; arrestarsi bruscamente □ **to run s.**, venir meno; scarseggiare; esaurirsi: **Our supplies ran s.**, ci vennero meno le provviste □ **to run s. of st.**, restare a corto di q.c., rimanere senza q.c.: **We've run s. of bread**, siamo rimasti senza pane □ (*Borsa*) **to sell s.**, vendere (*titoli, ecc.*) allo scoperto □ **to sell a crop s.**, vendere un raccolto anzitempo; vendere il grano in erba □ **a shot that falls s.**, un tiro corto (*di fucile, ecc.*) □ **to stop s.**, arrestarsi di colpo; fermarsi su due piedi □ **to take sb. up s.**, interrompere bruscamente q. □ (*fam.*) **to be taken s.**, sentire un improvviso bisogno corporale; (sentire d') avere un bisognino (*fam.*) □ **I stopped him s. of disaster**, lo fermai (che era) sull'orlo del disastro.

to short [ʃɔːt], (*fam.*) **A** *v. t.* **1** causare un corto circuito in (*un impianto*); mettere in corto circuito; cortocircuitare **2** (*USA, anche* **to shortchange**) dare il resto sbagliato a (q.) **3** (*USA*) privare, defraudare; far mancare q.c. a (q.). **B** *v. i.* andare in corto (circuito): **Mind that the battery connections don't s.**, bada che i collegamenti della batteria non vadano in corto! □ (*USA*) **to s. sb. at the scales**, rubare a q. sul peso.

shortage ['ʃɔːtidʒ], *n.* **1** deficienza; scarsità; carenza; insufficienza; mancanza: **a s. of raw materials**, scarsità di materie prime **2** (*comm.*) ammanco; deficit: **a s. in cash**, un ammanco di cassa.

shortbread ['ʃɔːtbred], *n.* biscotto di pasta frolla.

shortcake ['ʃɔːtkeik], *n.* **1** pasticcino di pasta frolla **2** (*USA*) torta (*o* tortino) ricoperto di frutta: **strawberry s.**, tortino ricoperto di fragole.

to short-change ['ʃɔːt,tʃeɪndʒ], v. t. **1** dare il resto sbagliato a (q.). **2** (pop.) imbrogliare; truffare.

short-changer ['ʃɔːt,tʃeɪndʒə*], n. (pop.) imbroglione; truffatore.

to short-circuit ['ʃɔːt'səːkɪt], **A** v. t. **1** (elettr.) causare un corto circuito in (un impianto); mettere in corto circuito; cortocircuitare **2** (fig.) aggirare (una difficoltà, un ostacolo); fare a meno di, passare sopra a (formalità, regole, ecc.) **3** (fig.) guastare; frustrare; ostacolare. **B** v. i. (elettr.) andare in corto circuito; andare in corto (fam.).

shortcoming ['ʃɔːt'kʌmɪŋ], n. **1** deficienza; difetto; manchevolezza; scarsità **2** (pl.) difetti; manchevolezze; imperfezioni; limiti.

to shorten ['ʃɔːtn], **A** v. t. **1** accorciare; abbreviare; scorciare: **to s. one's life**, accorciarsi la vita; **to s. a visit**, abbreviare una visita; **to s. a rope**, scorciare una corda **2** (comm.) diminuire, ribassare, ridurre (i prezzi) **3** (naut.) serrare (le vele); ridurre (la velatura) **4** rendere frollo (o friabile). **B** v. i. accorciarsi; abbreviarsi; contrarsi; scorciarsi: **Days begin to s. in autumn**, le giornate cominciano ad accorciarsi in autunno.

shortening ['ʃɔːtnɪŋ], n. **1** accorciamento; accorciatura; abbreviamento **2** (comm.) diminuzione, contrazione, riduzione (di prezzi) **3** (cucina) ingredienti per rendere la pasta frolla (grasso, burro, ecc.); grasso (usato in pasticceria).

shortfall ['ʃɔːtfɔːl], n. **1** (il) non essere all'altezza di; inadeguatezza **2** difetto; manchevolezza **3** (comm., rag.) ammanco; deficit.

shorthand ['ʃɔːthænd], **A** n. stenografia. **B** a. attr. stenografico: **a s. record**, un verbale stenografico. ● **s. typist**, stenodattilografo, stenodattilografa □ **s. writer**, stenografo, stenografa □ **to take down in s.**, stenografare.

to shorthand ['ʃɔːthænd], v. t. stenografare.

shorthorn ['ʃɔːthɔːn], n. (zootecnia) bue dalle corna corte.

shortie ['ʃɔːtɪ], V. **shorty**.

to short-list ['ʃɔːtlɪst], v. t. **1** mettere (q.) nella rosa dei candidati **2** (leg.) includere (q.) nella lista dei favoriti.

shortly ['ʃɔːtlɪ], avv. **1** presto; in breve tempo; tosto **2** in breve; in poche parole; concisamente **3** bruscamente; seccamente. ● **s. after**, poco dopo; di lì a poco □ **s. before**, poco prima.

shortness ['ʃɔːtnɪs], n. **1** brevità; cortezza (raro) **2** piccolezza; bassa statura **3** bruschezza; rudezza **4** mancanza; scarsità; deficienza. ● **s. of memory**, mancanza di memoria **5** (metall.) fragilità. ● **s. of breath**, respiro affannoso; mancanza di fiato; bolsaggine.

shorty ['ʃɔːtɪ], **A** a. (d'indumento) corto: **a s. nightdress**, una camicia da notte corta. **B** n. (fam.) piccolino; piccoletto; persona (o cosa) più bassa (o più piccola) del normale; tappo, tappetto (fig., pop.).

shot (1) [ʃɔt], n. **1** colpo (d'arma da fuoco); sparo; tiro; tentativo di colpire: **I heard three shots in quick succession**, udii tre spari in rapida successione; **Let's take one more s. at the target**, facciamo un altro tentativo di colpire il bersaglio **2** (fig.) tentativo (di cogliere nel segno, ecc.); congettura; supposizione: **He had several shots at it, but all in vain**, fece parecchi tentativi (di riuscirci, d'indovinare, ecc.), ma invano **3** (fig.) stoccata; frecciata; osservazione sarcastica **4** (sport) tiro; calcio: **a lucky s. at goal**, un fortunato tiro a rete; **a penalty s.**, un calcio di rigore **5** tiratore: **He's the best s. in the county**, è il miglior tiratore della contea **6** tiro; portata (di fucile): **The quail was within rifle-s.**, la quaglia era a tiro (o a portata di fucile) **7** (stor.) palla (di cannone); pallottola; proiettile (non esplosivo; cfr. **shell**) **8** (invar. al pl.) pallino (pallini di piombo); munizione da caccia: **About a dozen s. were extracted from his arm**, gli furono estratti dal braccio una dozzina di pallini **9** (sport) peso (palla di metallo): **putting the s.**, getto (o lancio) del peso **10** scoppio (di una mina); carica (di una mina) **11** (fotogr., cinem.) fotografia; inquadratura; ripresa. **12** (fam.) iniezione (anche di droga); buco (pop.): **s. in the arm**, iniezione nel braccio; (fig.) iniezione (d'ottimismo, ecc.), spinta, aiuto, incoraggiamento **13** (fam.) dose di cocaina (o d'altra droga) **14** (fam.) cicchetto; bicchierino (o correzione) di liquore **15** (ind. tessile) battuta (dell'ala trama) **16** (miss.) lancio: **a moon s.**, un lancio sulla luna **17** (mecc.) granaglia (sferica) d'acciaio **18** (fonderia) iniezione. ● (metall.) **s. blasting**, pallinatura; sabbiatura metallica □ **s.-gun wedding**, matrimonio riparatore □ **s.-hole**, foro da mina □ (fam.) **a s. in the dark**, un'ipotesi azzardata □ **s.-proof**, a prova di proiettile; impenetrabile; invulnerabile □ (sport) **s. put**, getto del peso □ **s. tower**, (un tempo) torre per la fabbricazione di pallini da caccia □ **at a s.**, con un sol colpo □ **blank s.**, colpo a salve; salva □ (fam. USA) **to call one's s.**, dire la propria; dare la propria opinione □ (fam.) **to call the shots**, dare gli ordini, essere il capo □ **a crack s.**, un ottimo tiratore □ (cinem.) **distance s.**, campo lungo □ (cinem.) **exterior shots**, esterni □ **flying s.**, tiro al volo; colpo a un bersaglio mobile □ **gun-s.**,

colpo, sparo, fucilata; cannonata □ **to have** (o **to take**) **a s. at**, sparare un colpo a; (fig.) fare un tentativo di □ **to have a good s. at winning**, avere buone possibilità di vincere □ **like a s.**, immediatamente, all'istante, subito; come un fulmine, di volata: **to do st. like a s.**, fare q.c. immediatamente; **He was off like a s.**, scappò come un fulmine □ **long s.**, tiro da lontano; (cinem.) campo lungo; (fig.) tentativo disperato, impresa impossibile □ (fig.) **to make a bad s.**, non saper indovinare; sbagliare □ (fig.) **to make a good s.**, cogliere nel segno; azzeccare la risposta; indovinare □ (fam.) **to pay one's shot**, pagare da bere, offrire (quand'è il proprio turno) □ **random s.**, colpo tirato a casaccio □ **snap s.**, tiro veloce □ (cinem.) **tracking s.** (o **travel s.**), carrellata □ **within ear-s.**, a portata d'orecchio.

to shot [ʃɔt], v. t. **1** caricare (un fucile) a pallini da caccia **2** appesantire (q.c.) con pallini di piombo.

shot (2) [ʃɔt], **A** pass. e p. p. di **to shoot**. **B** a. **1** striato: **s. sky**, cielo striato **2** (di tessuto) cangiante; screziato: **s. silk**, seta cangiante. ● (di film) **s. on location**, girato in esterni (o sul luogo) □ (fam.) **to be s. of**, essersi sbarazzato di; essere libero da □ (fam. USA) **My nerves are s.**, ho i nervi a pezzi.

shot (3) [ʃɔt], n. scotto; parte; quota: **to pay one's s.**, pagare lo scotto; pagare la propria parte.

shotgun ['ʃɔtgʌn], n. schioppo (per lo più a due canne); doppietta; fucile da caccia. ● **sawn-off s.**, fucile a canne mozze; lupara.

shotting ['ʃɔtɪŋ], n. (metall.) **1** granaglia (di acciaio) **2** fabbricazione di pallini.

should [ʃʊd, ʃəd] (pres. **shall**), voce verb. difett. **1** (idiom.; ausiliare per la formazione del condiz. pres. e pass.): **I s. go to the party if they asked me**, andrei alla festa, se mi invitassero; **I s. have gone to the party, if they had invited me**, sarei andato alla festa, se m'avessero invitato; **I supposed we s. go there the next day**, supponevo che ci saremmo andati il giorno dopo; **I told him that if he was a good boy he s. have a prize**, gli dissi che se fosse stato buono avrebbe avuto un premio **2** dovrei, dovresti, ecc.; (se) dovessi, dovesse, ecc.; (nel discorso indiretto) dovevo, doveva, ecc.: **I asked him whether the shares s. be sold**, gli chiesi se si dovevano vendere le azioni; **S. I switch on the television?**, I asked, chiesi se dovevo accendere la televisione; **You s. be more attentive**, dovresti stare più attento; **You shouldn't behave like that**, non dovresti comportarti in questo modo; **in case it s. rain**, se dovesse piovere; caso mai piovesse; **They s. have arrived by now, I think**, dovrebbero essere già arrivati, mi pare **3** (idiom.; ausiliare per la formazione del cong. perifrastico): **It's not necessary that I s. be there**, non è necessario che io ci vada (o che io sia presente); **It's strange that you s. say that**, è strano che tu dica ciò; **It's astonishing that he s. have come in first**, è sorprendente ch'egli sia arrivato primo; **They hid so that we shouldn't see them**, si nascosero in modo che noi non li vedessimo. ● **S. I be free tomorrow, I will come**, se sarò libero domani, verrò □ **How s. I know?**, (e) come potrei saperlo?; come faccio a saperlo? □ **It s. seem**, parrebbe, pare, sembra (che le cose stiano così).

shoulder ['ʃəʊldə*], n. **1** (anat.) spalla (anche fig.): **to dislocate one's s.**, slogarsi una spalla; **broad shoulders**, spalle larghe; **round shoulders**, spalle curve; (fig.) **the s. of a bastion**, la spalla d'un bastione **2** (pl.) spalle (anche fig.): **to carry st. on one's shoulders**, portare q.c. sulle spalle; **to shift the responsibility to other shoulders**, gettare la responsabilità sulle spalle di un altro **3** (mecc.) spallamento: **s. gear**, ingranaggio con spallamento **4** (di strada) margine; bordo; banchina. ● **s.-belt**, bandoliera, tracolla; cintura di sicurezza trasversale □ (anat.) **s.-blade**, scapola □ **s.-brace**, busto per raddrizzare la schiena (a un bambino, ecc.) □ **s. flash**, mostrina (di divisa militare) □ **s.-knot**, spallina (di militare o di servo in livrea); cinghia (di zaino, ecc.) □ (USA, di esercito e aeron.) **s. loop**, spallina (USA, della marina) **s. mark**, spallina □ (sartoria) **s. pad**, spallina (imbottitura) □ (di cavallo) **s.-pegged**, rigido di spalle □ **s. strap**, spallina (di divisa militare, d'abito femminile) □ **s. to s.**, spalla a spalla; (fig.) aiutandosi reciprocamente □ **across the s.**, a spalla; a tracolla □ (fam.) **from** (o **straight from**) **the s.**, (detto) a muso duro (o fuori dai denti) □ (fig.) **to give sb. the cold s.**, trattare q. con freddezza □ **to lay the blame on the right shoulders**, addossare la colpa a chi ce l'ha □ (fig.) **an old head on young shoulders**, una saggezza non comune in un giovane; un giovane più saggio di quanto l'età comporti □ (fig.) **to put (to set) one's s. to the wheel**, dare il proprio contributo a un'impresa; aiutare la baracca □ **to shrug one's shoulders**, alzare le spalle; stringersi nelle spalle; fare spallucce □ (fig.) **to stand head and shoulders above sb.**, superare q. di gran lunga; valere assai più di q. □ **straight from the s.**, (di pugno) diretto, ben assestato; (di critica, consiglio, ecc.) franco, esplicito, leale □ **He has broad shoulders**, ha le spalle larghe (anche fig.).

to shoulder ['ʃəʊldə*], v. t. e i. **1** prendere sulle spalle; caricarsi di; (fig.) accollarsi, addossarsi, assumersi, sobbarcarsi a: **He**

shouldered all the liabilities of the firm, si addossò tutto il passivo dell'azienda; **to s. the responsibility**, assumersi la responsabilità **2** spingere; lavorare di spalle; farsi largo a spallate. ● (*mil.*) **to s. arms**, mettere il fucile in posizione di bracci'arm (*USA*: di spall'arm): **S. arms!**, bracci'arm!; (*USA*) spall'arm! ● **to s. one's way through a crowd of demonstrators (of strikers, etc.)**, farsi largo a spallate fra una folla di dimostranti (di scioperanti, ecc.).

shouldn't ['ʃudnt], *voce verb.* (*contraz. di*) **should not**.

shouldst ['ʃudst], *voce verb.* 2ª *pers. sing. pass. arc. di* **should**.

shout [ʃaut], *n.* grido; urlo; strillo: **The poor girl gave a s.**, la povera ragazza cacciò un urlo; **shouts of joy**, grida di gioia. ● **shouts of laughter**, scrosci di risa □ (*fam.*) **It's my s.**, tocca a me ordinare da bere; sta a me offrire.

to shout [ʃaut], *v. i. e t.* gridare; urlare; strillare; parlare ad alta voce; schiamazzare; vociare: **to s. with pain**, gridare dal dolore; **Don't s.!**, non urlare!; **to s. at sb.**, gridare a q.; chiamare q. a gran voce. ● **to s. one's approbation**, esprimere la propria approvazione con alte grida; acclamare □ **to s. at sb.**, parlare ad alta voce con q. □ **to s. sb. down**, far tacere q. a forza di grida □ **to s. fire**, gridare al fuoco □ **to s. for joy**, esultare di gioia □ **to s. one's orders**, dare ordini gridando (o a gran voce, a squarciagola) □ **to s. with laughter**, ridere rumorosamente □ **He shouted to** (o **for**) **me to go**, mi gridò di andare.

shouting ['ʃautɪŋ], *n.* grida; gridio; clamore; acclamazione; schiamazzo. ● **within s. distance**, a portata di voce □ (*fam.*, *sport*) **It's all over bar** (o **but**) **the s.**, la partita (o la gara, ecc.) è praticamente finita; hanno già vinto!

to shove [ʃʌv], **A** *v. t.* **1** spingere; sospingere; urtare: **The hunted man shoved the furniture against the door**, l'uomo braccato spinse i mobili contro la porta **2** (*fam.*) gettare; mettere; ficcare: **S. it in the drawer**, mettilo nel cassetto **3** (*specialm. sport*) strattonare. **B** *v. i.* (*di solito* **to s. along, past, through**) spingere; dare spinte; farsi largo a spintoni. ● (*fam.*) **to s. sb. around**, mandare in giro q.; dare a q. ordini di continuo (*di fare questo e quello*); tiranneggiare q. □ **to s. off**, scostare (*una barca*) dalla riva; scostarsi dalla riva; (*fam.*) allontanarsi, andare via: **S. off!**, vattene!; smamma (*pop.*)! □ (*fam.*) **to s. over**, spostarsi; muoversi: **S. over!**, fatti in là! □ **S. along** (o **up**)!, avanti!; farsi avanti!; (*su un autobus*, ecc.) avanti c'è posto!

shove [ʃʌv], *n.* spinta; urto; spintone: **to give sb. a s. off**, dare una spinta a q. (*aiutarlo a partire*).

shove-ha'penny [ˌʃʌv'heɪpnɪ], *n.* (*un tempo*) gioco consistente nello spingere monetine dentro apposite caselle disegnate su un tavolo (*nelle locande e nei pub, in G. B.*).

shovel ['ʃʌvl], *n.* **1** badile; pala **2** paletta **3** (*mecc.*) escavatore a cucchiaia **4** *V.* **shovelful**. ● **s.-board**, *V.* **shuffleboard** □ **s. hat**, cappello a larghe tese (*portato dal clero anglicano*) □ (*mecc.*) **s. loader**, pala caricatrice; caricatore □ **snow s.**, pala da neve; badile da spalatore.

to shovel ['ʃʌvl], *v. t.* **1** spalare: **to s. the snow**, spalare la neve **2** aprire con la pala (o col badile): **to s. a tunnel into a snowslide**, aprire col badile una galleria entro una valanga. ● **to s. food into one's mouth**, ingozzarsi; mangiare a quattro palmenti.

shovelful ['ʃʌvlful], *n.* palata, badilata (*quanto sta in una pala o in un badile*).

shoveller ['ʃʌvlə*], *n.* **1** spalatore; chi adopera la pala **2** (*zool.*, *Anas clypeata*) mestolone. ● **mechanical s.**, spalatrice meccanica.

shovelling ['ʃʌvlɪŋ], *n.* spalatura.

to show [ʃou] (*pass.* **showed**, *p. p.* **shown**, *raro* **showed**), **A** *v. t.* **1** mostrare; far vedere; esibire; mettere in mostra; esporre; presentare a una mostra; dimostrare; palesare; provare; rivelare; indicare; additare; segnare: **S. us the garden**, mostraci il giardino; **I was shown a specimen**, mi mostrarono un esemplare; **All passengers are to s. their passports**, tutti i passeggeri devono esibire i passaporti; **to s. one's goods**, mettere in mostra (o esporre) la propria merce; **to s. paintings**, esporre quadri (a un mostra); **We are going to s. the new spring dresses**, esporremo i nuovi abiti primaverili; **He showed neither joy nor sorrow**, non dimostrò né gioia né dolore; **Please s. me the way**, per favore, indicami la strada!; **A barometer shows the air pressure**, il barometro segna la pressione atmosferica **2** accompagnare; condurre; guidare; portare: **to s. sb. to the door**, accompagnare q. alla porta; **The bellboy showed me to my room**, il ragazzo dell'albergo mi guidò alla mia camera; **He showed us round the house**, ci condusse a fare un giro di tutta la casa **3** (*lett.*) concedere; fare: **to s. sb. a grace**, concedere una grazia a q.; **to s. sb. a favour**, fare un favore a q. **4** (*cinem.*) programmare; dare (*fam.*): **to s. a famous film of the 1920s**, dare un famoso film degli Anni Venti. **B** *v. i.* **1** apparire; mostrarsi: **Buds are just showing**, appaiono i primi germogli **2** (*fam.*) farsi vedere; fare atto di presenza; comparire: **Her husband never shows at her at-homes**, il marito non si fa mai vedere ai ricevimenti della moglie **3** vedersi: essere visibile: **Does the scar still s.?**, si vede ancora la cicatrice? **4** (*cinema*) essere in programma; essere proiettato: **What's showing tonight?**, che cosa danno stasera? **5** essere in mostra; (*anche arte*) fare una mostra; partecipare (*a una mostra, un concorso*, ecc.). ● **to show oneself C** *v. rifl.* mostrarsi in pubblico, farsi vedere; dimostrarsi, dar prova d'essere: **He showed himself to be clever** (**a clever student**, etc.), dimostrò d'essere bravo (un bravo studente, ecc.). **D** *verbi composti* **1** (*specialm. USA*) **to s. around**, *V.* **to s. round**. **2 to s. sb. in**, introdurre q.; far entrare q.; far accomodare q. **3 to s. off**, mettere in risalto, valorizzare; mettere in mostra, ostentare; mettersi in mostra, pavoneggiarsi: **The horse was well groomed to s. off its sleek coat**, il cavallo era stato strigliato a dovere per valorizzare il suo lucido mantello. **4 to s. sb. out**, accompagnare q. alla porta; far uscire q. **5 to s. sb. round**, accompagnare (o guidare) q. in una visita. **6 to s. up**, mostrarsi, farsi vedere, comparire; risaltare, vedersi bene: **He didn't s. up at the meeting**, non si fece vedere alla riunione; **Her paleness showed up in the neon light**, il suo pallore risaltava alla luce del neon □ **to s.** (*st.*) **up**, rendere visibile, rivelare; denunciare, mettere a nudo, smascherare; (*fam.*) fare vergognare: **The headlights showed up the cat's eyes beside the road**, i fari rivelavano i catarifrangenti al margine della strada; **His bad manners s. him up in polite company**, la sua maleducazione, quando è in compagnia di persone bene educate, mette a nudo la sua vera natura □ **to s. up a fraud** (**a swindler**), mettere a nudo una frode (smascherare un imbroglione). ● **to s. the cloven hoof**, rivelare un'indole malvagia □ **to s. sb. the door**, mostrare la porta a q.; mettere q. alla porta □ **to s. one's face** (o **head**), mostrare la faccia; farsi vedere □ **to s. fight**, mostrarsi bellicoso; accettare il combattimento; opporre resistenza □ **to s. st. the fire**, scaldare appena q.c. □ **to s. one's hand**, scoprire il gioco; (*fig.*) rivelare le proprie intenzioni □ **to s. a leg**, metter giù una gamba dal letto; alzarsi □ (*lett.*) **to s. mercy on** (o **upon**) **sb.**, aver pietà di q. □ **to s. sb. over a house**, far visitare a q. una casa □ **to s. the sights**, far vedere a q. le cose più notevoli (*monumenti*, ecc.) d'una città (o d'un luogo); fare da cicerone a q. □ **to s. signs of**, dar segno di; dimostrare di (*anche fig.*) □ **to s. one's teeth**, mostrare i denti (*fig.*, *lett.*) □ **to s. the way**, indicare il cammino; aprire la strada (*fig.*) □ (*fam.*) **It goes to s. that...**, ciò sta a dimostrare che... □ **to have nothing to s. for all one's efforts (for one's life's work, etc.)**, non avere niente in mano dopo tutti gli sforzi compiuti (dopo una vita di lavoro, ecc.) □ **That dress shows your underwear**, con quel vestito ti si vede il sottabito (o quello che porti sotto) □ (*in treno*, ecc.) **S. your tickets, please**, biglietti, prego!

show [ʃou], *n.* **1** mostra (*quasi in ogni senso*); dimostrazione; apparenza; aspetto esteriore; esposizione, fiera; esibizione, ostentazione; pompa, esteriorità, finta, commedia, parvenza: **a s. of love**, una dimostrazione d'affetto; **a flower s.**, una mostra di fiori; **a cattle s.**, una mostra di bovini; **a sample s.**, una fiera campionaria; **the s. of things**, l'aspetto esteriore delle cose; **He is too concerned with s.**, si preoccupa troppo delle apparenze; è ossessionato dall'esteriorità; **a request with some s. of reasonableness**, una richiesta che ha qualche parvenza di ragionevolezza; **Her contrition was mere s.**, il suo pentimento era tutta una finta (o una commedia) **2** (*teatr.*) spettacolo, rappresentazione, rivista; (*cinem.*, *radio*, *telev.*) proiezione, programma: **The s. begins at nine o'clock**, lo spettacolo comincia alle nove; **television s.**, programma televisivo; spettacolo televisivo **3** (*fam.*) azienda; impresa; organizzazione; baracca (*fam.*): **He wants to run** (o **to boss**) **the s.**, vuole essere a capo dell'azienda; vuole comandare lui; **You're in charge of the whole s.**, sei tu il capo della baracca! **4** (*fam.*) affare; cosa; faccenda: **a disgraceful s.**, un brutt'affare; una cosa vergognosa; **to give the (whole) s. away**, mettere a nudo la faccenda; svelare le magagne; scoprire gli altarini. **5** (*fam.*) occasione; opportunità: **Give him a fair s.**, dategli l'occasione di mostrare quel che vale (o quel che sa fare). ● **s.-bill** (o **s.-card**), avviso; (*teatr.*) cartellone, manifesto □ **s. business** (*abbr. fam.*: **s. biz**), industria dello spettacolo □ **s.-case**, bacheca (*di museo*, *negozio*, ecc.) □ **s.-down**, show-down; (*poker*) (il metter le) carte in tavola; (*fig.*) resa dei conti, prova di forza: **to force a s.-down**, costringere l'avversario a mettere le carte in tavola; **if it comes to a s.-down**, se si verrà al «dunque»; se ci sarà una prova di forza; se si dovranno mettere le carte in tavola □ **s.-girl**, ballerina (o cantante) di rivista; attricetta □ (*comm.*) **s.-how**, dimostrazione (*di un metodo*, ecc.) □ (*nelle votazioni*) **s. of hands**, alzata di mano □ (*sport*) **s. jumper**, cavaliere di concorso ippico □ (*sport*) **s. jumping**, concorso ippico (*a ostacoli, a siepi*) □ (*fam.*) **s.-off**, ostentazione, esibizionismo; (*fam.*) esibizionista, mattatore □ **s.-place**, luogo (o edificio) d'interesse turistico; (*fig.*) modello □ (*comm.*) **s.-room**, sala d'esposizione □ (*a Oxford*) **S. Sunday**,

la domenica prima della cerimonia commemorativa in onore dei fondatori dell'università □ **s.-window**, vetrina, mostra (*di negozio*) □ **dumb s.**, pantomima □ (*cinem.*) **first s.**, prima visione □ **for s.**, per mostra; per far figura □ (*fam.*) **Good s.!**, bravo!; benissimo! □ **the Lord Mayor's s.**, il corteo per celebrare l'entrata in carica del sindaco di Londra (*con carri allegorici, ecc.*) □ **to make a s. of**, far mostra di; mettere in mostra; ostentare; vantare □ **to make a fine s.**, fare un bell'effetto; far figura □ **to be on s.**, essere in mostra; essere esposto; (*di merce*) essere in vetrina □ **outward s.**, aspetto esteriore; apparenza □ (*fam.*) **to put up a good (a poor) s.**, fare una bella (una misera) figura □ (*fam.*) **to steal the s.**, monopolizzare l'attenzione di tutti; essere al centro dell'interesse generale □ **a travelling s.**, un circo; un carro di Tespi □ **to vote by s. of hands**, votare per alzata di mano.
showbiz [ˈʃoubiz], *n.* (*pop.*) industria dello spettacolo.
showboat [ˈʃoubout], *n.* (*specialm. USA*) showboat; battello fluviale adibito a locale di spettacolo.
shower (1) [ˈʃouə*], *n.* **1** chi mostra, indica, ecc. (*V.* **to show**) **2** (*comm.*) espositore.
shower (2) [ˈʃauə*], *n.* **1** acquazzone; rovescio, scroscio (*di pioggia*) **2** (*fig.*) pioggia, gragnuola; nugolo; scarica, tempesta, valanga: **a s. of gifts**, una pioggia di doni; **a s. of snowballs**, una gragnuola (*o* una tempesta) di palle di neve; **a s. of insults**, una tempesta d'insulti; **a s. of arrows**, un nugolo di frecce; **a s. of letters**, una valanga di lettere **3** (*USA*) festa (*in onore d'una futura sposa o madre*) con consegna di doni **4** (*anche* **s.-bath**) doccia **5** (*fis. nucl.*) sciame **6** (*fam., spreg.*) banda; combriccola; cricca. ● **a s. of dust**, una nube di polvere; un polverone □ **a s. of hail**, una grandinata □ **a s. of honours**, un cumulo d'onori; onori in quantità □ **a heavy s.**, un forte acquazzone; un diluvio.
to shower [ˈʃauə*], **A** *v. t.* **1** inondare (*anche fig.*); coprire, riempire di: **to s. gifts on sb.**, riempire q. di doni; **to s. blessings upon sb.**, coprire q. di benedizioni **2** lanciare (*o* rovesciare, scagliare) in gran quantità: **to s. stones on the besiegers**, rovesciare una grandinata di pietre sugli assediati. **B** *v. i.* **1** piovere a rovesci; diluviare **2** fare la doccia.
showery [ˈʃauəri], *a.* (*del tempo*) piovoso; temporalesco; a piovaschi.
showiness [ˈʃouinis], *n.* fasto; ostentazione; pompa; sfarzo; vistosità; appariscenza (*raro*).
showing [ˈʃouiŋ], *n.* **1** esposizione; presentazione: **the s. of a new car model**, la presentazione di un nuovo modello d'automobile **2** spettacolo; rappresentazione; (*cinem.*) proiezione **3** (*comm.*) stato; situazione **4** (*anche sport*) prestazione: **a poor s.**, una cattiva prestazione. ● (*leg.*) **s. of evidence**, esibizione delle prove □ **s.-off**, esibizionismo; ostentazione □ **to make a poor s. beside sb.**, fare una brutta figura a confronto di q. □ **on any s.**, sotto ogni aspetto; da tutti i punti di vista □ **on your own s.**, per tua stessa ammissione.
showman [ˈʃoumən], *n.* (*pl.* **showmen**) **1** (*in genere*) organizzatore di spettacoli; (*di un circo, ecc.*) impresario **2** uomo di spettacolo; showman.
showmanship [ˈʃoumənʃip], *n.* **1** abilità d'impresario; bravura nell'organizzare spettacoli; arte dello showman **2** (*fig.*) capacità propagandistica; (il) saper vendere la propria merce.
shown [ʃoun], *p. p.* di **to show**.
showpiece [ˈʃoupi:s], *n.* **1** oggetto in mostra; pezzo (esposto) **2** esempio; modello; oggetto d'ammirazione generale.
showy [ˈʃoui], *a.* appariscente; fastoso; pomposo; sfarzoso; vistoso: **a s. furcoat**, una pelliccia vistosa; **a s. present**, un dono appariscente.
shrank [ʃræŋk], *pass.* di **to shrink**.
shrapnel [ˈʃræpnl], *n.* (*invar. al pl.*) (*mil.*) **1** granata a pallette; shrapnel **2** frammenti di proiettile esploso.
shred [ʃred], *n.* brandello; brindello; briciolo; frammento; pezzetto; straccio: **without a s. of clothing on him**, senza neanche uno straccio addosso; **There's not a s. of horse sense in it**, non c'è neanche un briciolo di elementare buon senso. ● (*fig.*) **to tear an argument to shreds**, fare a pezzi un argomento; confutare (*o* stroncare) un argomento.
to shred [ʃred], *v. t.* fare a brandelli; sbrindellare; stracciare; tagliuzzare.
shredder [ˈʃredə*], *n.* **1** chi sbrindella, straccia, ecc. **2** (*ind.*) spezzettatrice; trinciatrice (*macchina*) **3** grattugia (*per verdure, ecc.*) **4** macchina per fare a brandelli documenti segreti.
shrew [ʃru:], *n.* **1** bisbetica; brontolona **2** (*zool.*, *Sorex*; *anche* **s.-mouse**) toporagno; sorcide (*in genere*). ● «The Taming of the S.», «La bisbetica domata» (*di W. Shakespeare*).
shrewd [ʃru:d], *a.* **1** accorto; acuto; perspicace; avveduto; sagace; scaltro: **a s. politician**, un accorto uomo politico; **a s. business sense**, un acuto senso degli affari; **a s. observer**, un acuto osservatore; **a s. comment**, un commento sagace **2** (*lett.*) penetrante; pungente: **a s. wind**, un vento penetrante; **s. cold**, freddo pungente. ● **a s. guess**, un'ipotesi valida (e forse azzeccata) □ **a s. knock**, un duro colpo □ **a s. plan**, un piano abile.
shrewdness [ˈʃru:dnis], *n.* accortezza; acume; perspicacia; avvedutezza; sagacia; scaltrezza.
shrewish [ˈʃru:iʃ], *a.* bisbetico; brontolone; petulante.
shrewishness [ˈʃru:iʃnis], *n.* indole bisbetica; acredine; petulanza.
to shriek [ʃri:k], *v. i.* e *t.* gridare; strillare; urlare. ● **to s. out**, gridare; strillare; dire con voce alta e stridula □ **to s. with laughter**, fare una risata stridula; ridere in tono stridulo.
shriek [ʃri:k], *n.* **1** grido; strillo; urlo **2** (*di treno*) fischio.
shrievalty [ˈʃri:vəlti], *n.* carica (*o* giurisdizione, ufficio) di sceriffo.
shrift [ʃrift], *n.* **1** (*arc.*) confessione (*specialm. in punto di morte*) **2** (*arc.*) assoluzione. ● **to get short s.**, (*stor.*) essere processato per direttissima; (*fig.*) essere trattato bruscamente, essere liquidato in fretta □ **to give sb. short s.**, trattare q. in modo spiccio; essere brusco (*o* sbrigativo) con q. □ **Consumption is getting short s.**, i consumi fanno la parte di Cenerentola (*fig.*).
shrike [ʃraik], *n.* (*zool.*, *Lanius*) averla.
shrill [ʃril], *a.* **1** acuto; lacerante; stridulo: **a s. complaint**, un acuto lamento; **a s. laugh**, una risata stridula **2** irascibile; petulante **3** (*poet.*) acuto; lancinante; pungente: **a s. pain**, un dolore lancinante.
to shrill [ʃril], *v. i.* emettere un suono stridulo; stridere; strillare. ● **to s. out**, dire (*o* cantare) con voce stridula □ **to s. out a complaint**, lagnarsi con voce stridula.
shrillness [ˈʃrilnis], *n.* acutezza (*d'un suono*); stridore.
shrimp [ʃrimp], *n.* (*zool.*, *Crangon*: *pl.* **shrimps**, **shrimp**) gamberetto **2** (*fig.*) nanerottolo; omiciattolo; tappo (*fig.*).
to shrimp [ʃrimp], *v. i.* (*specialm.* **to go shrimping**) pescare gamberetti; andare a pesca di gamberetti.
shrine [ʃrain], *n.* **1** reliquiario; teca **2** sacrario; santuario **3** luogo sacro; tempio.
to shrine [ʃrain], (*poet.*) *V.* **to enshrine**.
to shrink [ʃriŋk] (*pass.* **shrank**, *p. p.* **shrunk**), **A** *v. i.* **1** restringersi; contrarsi; accorciarsi; diminuire; rimpicciolire, ritirarsi: **This cloth won't s. in the wash**, questa stoffa non si restringe al lavaggio; **This jacket has shrunk**, questa giacca s'è accorciata; **Alice began to s. again**, Alice cominciò a rimpicciolire di nuovo (*nella famosa fiaba*); **The number of the unemployed is shrinking**, il numero dei disoccupati si sta contraendo **2** indietreggiare; rinculare; ritrarsi; tirarsi (*o* farsi) indietro; essere riluttante; rifuggire: **I shrank from the heat of the fire**, indietreggiai davanti al calore del fuoco; **He shrinks from any kind of show**, rifugge da ogni ostentazione **3** ridursi; diminuire: **Our earnings have shrunk**, le nostre entrate sono diminuite. **B** *v. t.* **1** far restringere; far ritirare: **This soap won't s. woollen clothes**, questo sapone non fa restringere gli abiti di lana **2** (*ind. tessile*) rendere (*un tessuto*) irrestringibile. ● **to s. away**, restringersi, ritirarsi; sgusciar via, scomparire, svanire □ **to s. into a corner**, rincantucciarsi □ **to s. into oneself**, chiudersi in sé; chiudersi nel riserbo □ (*mecc.*) **to s. on**, calettare a caldo □ **to s. up**, accartocciarsi □ **to s. a wheel-tyre on**, mettere su una gomma (*o* un pneumatico) facendolo aderire (*al cerchione*).
shrink [ʃriŋk], *n.* (*pop.*) psichiatra; strizzacervelli (*pop.*).
shrinkable [ˈʃriŋkəbl], *a.* restringibile.
shrinkage [ˈʃriŋkidʒ], *n.* **1** contrazione; restringimento: **a s. in prices**, una contrazione dei prezzi; **the s. of cloth**, il restringimento della stoffa **2** diminuzione; riduzione: **a s. in sales**, una diminuzione delle vendite. (*fin.*) **a s. in the public budget**, una riduzione del bilancio statale **3** (*comm.*) calo: **The goods have suffered a 10 per cent s. in transit**, la merce ha subìto un calo del 10% durante il trasporto **4** (*mecc., ing.*) ritiro.
shrinking [ˈʃriŋkiŋ], *n.* **1** contrazione; diminuzione; restringimento **2** (*ing., mecc.*) ritiro. ● (*mecc.*) **s.-on**, calettamento a caldo.
shrinkingly [ˈʃriŋkiŋli], *avv.* con esitazione; con riluttanza; con ritrosia; timidamente.
to shrive [ʃraiv] (*arc.*) (*pass.* **shrived**, **shrove**, *p. p.* **shrived**, **shriven**), **A** *v. t.* (*arc.*) confessare; assolvere. **to shrive oneself B** *v. rifl.* confessarsi.
to shrivel [ˈʃrivl], **A** *v. i.* contrarsi; aggrinzarsi; raggrinzarsi; accartocciarsi; avvizzire. **B** *v. t.* **1** aggrinzare; raggrinzare; accartocciare **2** bruciacchiare; disseccare; inaridire: **The hot wind shrivelled up the plants**, il vento caldo inaridì le piante **3** (*fig.*) guastare; rovinare; sciupare.
shriven [ˈʃrivn], *p. p.* di **to shrive**.
shroff [ʃrɔf], *n.* (*in Estremo Oriente*) **1** banchiere **2** cambiavalute **3** saggiatore di monete.
to shroff [ʃrɔf], *v. t.* (*in Estremo Oriente*) saggiare (*monete*).
shroud [ʃraud], *n.* **1** sudario; lenzuolo funebre **2** (*fig.*) velo; mantello: **a s. of dust (of secrecy)**, un velo di polvere (di miste-

shroud

ro) **3** (*naut.*) sartia; sartiola **4** (*ing.*) copertura protettiva.
to shroud [ʃraud], *v. t.* **1** avvolgere (*un cadavere*) nel sudario **2** (*fig.*) avvolgere; coprire; celare; nascondere: **Her past was shrouded in mystery**, il suo passato era avvolto nel mistero; **The mountains were shrouded in mist**, i monti erano nascosti dalla nebbia.
shrove [ʃrouv], *pass.* di **to shrive**.
Shrovetide [ˈʃrouvˌtaid], *n.* gli ultimi tre giorni di carnevale.
Shrove Tuesday [ˈʃrouvˈtju:zdi], *n.* martedì grasso.
shrub (1) [ʃrʌb], *n.* (*bot.*) arbusto; arboscello.
shrub (2) [ʃrʌb], *n.* bevanda fatta di succo di agrumi e liquore.
shrubbery [ˈʃrʌbəri], *n.* piantagione d'arbusti; boschetto.
shrubby [ˈʃrʌbi], *a.* **1** coperto d'arbusti; cespuglioso **2** simile a un arbusto; arbustivo.
to shrug [ʃrʌg], *v. i.* (*di solito, v.t.*, **to s. one's shoulders**) alzar le spalle; stringersi nelle spalle; far spallucce. ● (*fig.*) **to s. st. off**, prendere alla leggera q.c.; non curarsi di q.c.; infischiarsi di q.c. □ **to s. off one's troubles**, non dar peso ai propri guai.
shrug [ʃrʌg], *n.* alzata di spalle; (il) far spallucce; spallucciata: **He answered with a s.**, rispose con un'alzata di spalle.
shrunk [ʃrʌŋk], *p. p.* di **to shrink**.
shrunken [ˈʃrʌŋkən], *a.* avvizzito; accartocciato; contratto; rattrappito; rinsecchito: **s. leaves**, foglie accartocciate; **s. limbs**, membra rattrappite; **to have a s. look on one's face**, avere il viso avvizzito.
shuck [ʃʌk], *n.* **1** guscio; baccello; buccia **2** conchiglia (*d'ostrica, ecc.*) **3** (*pl., fam.*) bazzecola; nonnulla **4** (*fam.*) imbroglio; truffa; fregatura (*fam.*). ● (*fam.*) **It isn't worth shucks**, non vale un fico secco.
to shuck [ʃʌk], *v. t.* **1** sgusciare; sbaccellare; sbucciare; sgranare: **to s. peanuts**, sgusciare le noccioline **2** (*USA, spesso* **to s. off**) levare; togliere: **He shucked his clothes**, si tolse gli abiti; si svestì **3** (*USA, fam.*) imbrogliare; truffare; fregare (*fam.*).
shucks [ʃʌks], *inter.* (*fam. USA*) uffa!; puah!; accidenti!
to shudder [ˈʃʌdə*], *v. i.* rabbrividire; raccapricciare; fremere (*d'orrore, di disgusto*): **I s. to think what might happen**, rabbrividisco al pensiero di quel che potrebbe accadere; **to s. at the sight of a ghost**, raccapricciare alla vista di uno spettro.
shudder [ˈʃʌdə*], *n.* brivido; fremito d'orrore (*o di disgusto*).
shudderingly [ˈʃʌdəriŋli], *avv.* rabbrividendo; con raccapriccio.
to shuffle [ˈʃʌfl], **A** *v. i.* **1** (*spesso* **to s. along**) muoversi a fatica; trascinarsi a stento; strascinarsi **2** strisciare i piedi per terra; strascicare i piedi **3** ballare con lo striscio **4** (*fig.*) cavillare; polemizzare; usare sotterfugi; essere evasivo; tergiversare; nicchiare: **The more you s.**, **the angrier he will get**, più polemizzi, più la farai arrabbiare. **B** *v. t.* **1** strascicare (*i piedi*) **2** mescolare, rimescolare (*le carte da gioco*) **3** mescolare, mischiare (*in genere*); gettare (*o* mettere) alla rinfusa; scompigliare: **He shuffled his belongings into the suitcase**, gettò i suoi effetti personali alla rinfusa nella valigia. ● (*fig.*) **to s. the cards**, invertire le parti; mutar registro; cambiar tattica □ **to s. one's clothes off**, togliersi (*o* sfilarsi) i vestiti □ **to s. one's clothes on**, buttarsi addosso (*o* infilarsi) i vestiti □ **to s. a dance**, fare un ballo con lo striscio □ **to s. in**, introdursi; insinuarsi □ **to s. off**, sbarazzarsi di; spogliarsi di; mettere via □ **to s. out of a difficulty** (**a scrape, etc.**), trarsi d'impaccio (cavarsi dai guai, ecc.) alla meno peggio.
shuffle [ˈʃʌfl], *n.* **1** strascicamento (*o* stropiccio) dei piedi; andatura strascicata **2** (*ballo*) striscio; passo strisciato **3** mescolata (*di carte da gioco*) **4** rimescolamento; rimpasto (*polit.*) **a Cabinet s.**, un rimpasto ministeriale **5** scompiglio; miscuglio; guazzabuglio **6** (*fig.*) equivoco; inganno; cavillo; sotterfugio; tergiversazione; trucco. ● (*ballo*) **double s.**, passo doppio.
shuffleboard [ˈʃʌflˌbɔ:d], *n.* «shuffleboard» (*gioco, in origine americano, spesso giocato a bordo di una nave in crociera, consistente nello spingere, con apposite stecche, dischi di legno entro figure geometriche numerate*).
shuffler [ˈʃʌflə*], *n.* **1** chi si trascina a stento; chi strascica i piedi, ecc. (*V.* **to shuffle**) **2** chi mescola le carte (*fig.*) cavillatore; imbroglione; gabbamondo; furbacchione; tergiversatore.
shuffling [ˈʃʌfliŋ], **A** *a.* **1** (*di passo*) strascicato; (*d'andatura*) dinoccolata, trasandata **2** (*fig.*) evasivo; ingannevole. **B** *n.* **1** strascichio (*di piedi*) **2** (*delle carte*) rimescolamento; mescolata.
shufty [ˈʃufti], *n.* (*pop.*) occhiata; scorsa: **to have** (*o* **to take**) **a s. at st.**, dare un'occhiata a q.c.
to shun [ʃʌn], *v. t.* evitare; fuggire; scansare; schivare; rifugiarsi da: **to s. wordly pleasures**, rifuggire dai piaceri mondani.
shun [ʃʌn], *inter.* (*mil., abbr.* di **attention**) attenti!
to shunpike [ˈʃʌnpaik], *v. i.* (*autom. USA*) preferire le strade ordinarie (*alle autostrade*); preferire i percorsi alternativi.
shunpiking [ˈʃʌnˌpaikiŋ], *n.* (*autom. USA*) guida su strada ordinaria; preferenza data alle strade ordinarie.
shunt [ʃʌnt], **A** *n.* **1** deviazione; (*ferr.*) deviazione, smistamento, instradamento (*di un treno*) **2** (*ferr.*) scambio **3** (*elettr.*) derivatore; shunt: **magnetic s.**, derivatore magnetico. **B** *a. attr.* (*elettr.*) **1** shunt; in derivazione; in parallelo: **s. reactor**, reattore in derivazione **2** shunt; eccitato in derivazione: **s. motor**, motore shunt (*o* eccitato in derivazione).
to shunt [ʃʌnt], **A** *v. t.* **1** deviare; (*ferr.*) deviare, instradare, smistare (*un treno, un vagone*) **2** (*elettr., radio*) shuntare; collegare (*o* inserire) in derivazione (*o* in parallelo) **3** (*fam.*) mettere da parte, accantonare, abbandonare; scartare (*un progetto*) **4** (*fam.*) mettere in disparte (q.); trasferire **5** (*fam.*) licenziare; congedare; liberarsi di (q.). **B** *v. i.* **1** (*ferr.: di treno, vagone*) essere smistato; cambiare binario **2** (*fig.*) fare la spola; andare avanti e indietro.
shunter [ˈʃʌntə*], *n.* (*ferr.*) **1** deviatore; manovratore di scambi; scambista **2** locomotiva da manovra.
shunting [ˈʃʌntiŋ], *n.* **1** (*ferr.*) smistamento; instradamento; manovra **2** (*elettr.*) derivazione; inserzione in parallelo: **field s.**, derivazione di campo. ● (*ferr.*) **s. engine**, locomotiva da manovra □ (*ferr.*) **s. station**, stazione di smistamento.
to shush [ʃʌʃ], *v. t.* e *i.* zittire (*facendo «st»*).
to shut [ʃʌt] (*pass.* e *p. p.* **shut**), **A** *v. t.* chiudere; serrare: **to s. a door** (**a window, a drawer, etc.**), chiudere una porta (una finestra, un cassetto, ecc.); **to s. one's eyes**, chiudere gli occhi; **to s. one's teeth**, serrare i denti; **to s. a knife**, chiudere un coltello (*a serramanico*); **S. your books!**, chiudete i libri! **B** *v. i.* chiudersi: **The door shut with a bang**, la porta si chiuse fragorosamente. **C** *verbi composti* **1 to s. away**, segregare; rinchiudere; chiudere; confinare: **If I don't s. myself away in my cottage in the country, I'll never finish this dictionary**, se non mi rinchiudo nella mia casetta in campagna, questo dizionario non lo finirò mai. **2 to s. down**, chiudere, chiudere bottega; chiudere (*un'officina, ecc.*); (*di finestra*) abbassare, abbassarsi: **Some plants cut down the number of their employees**, **others shut down entirely**, alcuni stabilimenti ridussero il numero dei dipendenti, altri chiusero addirittura □ **to s. down a factory**, chiudere una fabbrica; **to s. down a window-sash**, abbassare il telaio (*mobile*) d'una finestra; chiudere una finestra a ghigliottina (*o* all'inglese). **3 to s. in**, rinchiudere; circondare, racchiudere: **I shut him in**, lo rinchiusi dentro; **a house shut in by trees**, una casa circondata da alberi. **4 to s. off**, chiudere (*il gas, l'acqua, ecc.*); chiudere fuori; escludere, allontanare; spegnere (*la luce elettrica*), staccare (*la corrente*): **He was shut off from society**, fu escluso dalla società; gli fu dato l'ostracismo □ **to s. off the radio**, spegnere la radio; chiudere la radio. **5 to s. out**, chiudere fuori; escludere, vietare l'accesso a; proibire, vietare; impedire la vista di: **I shut him out**, lo chiusi fuori (*della stanza, di casa*); **The National Front wants to s. out coloured immigrants**, il Fronte Nazionale vuole vietare l'accesso agli immigrati di colore; **The tall building in front of the house shuts out the view**, l'alto edificio davanti alla casa impedisce la vista (del paesaggio) □ (*fig.*) **to s. sb. out of hope**, precludere a q. ogni speranza. **6 to s. sb. up**, rinchiudere q., imprigionare q., mettere q. in gattabuia (*fam.*); far tacere q.; ridurre q. al silenzio: **He kept interrupting, but we soon shut him up**, interrompeva di continuo, ma lo facemmo tacere ben presto □ **to s. up one's house**, chiuder casa; sprangare porte e finestre □ **to s. up one's valuables in a strongbox**, rinchiudere gli oggetti di valore in una cassaforte □ **to s. up shop**, chiudere bottega (*temporaneamente o per sempre*). ● (*fig.*) **to s. the door upon an offer**, rifiutare un'offerta □ **to s. one's ears to st.**, non voler ascoltare q.c.; fingere di non sentire q.c.; tapparsi le orecchie (*fig.*) □ **to s. one's eyes to st.**, chiudere gli occhi (*alla realtà, ecc.*); non voler vedere q.c.; fingere di non vedere q.c.; chiudere un occhio su q.c. □ **to s. sb.'s mouth**, chiuder la bocca a q.; far tacere q. □ (*pop.*) **to be shut of sb.**, essersi sbarazzato di q. □ **S. the door to**, chiudi bene la porta!; assicura la porta! □ (*fam.*) **S. up!**, tappati la bocca; zitto!; zitti!; piantala!
shut [ʃʌt], **A** *a.* chiuso; serrato. **B** *n.* (*mecc.*) linea della saldatura; saldatura. ● **s.-down**, *V.* **shutdown** ● (*pop.*) **s.-eye**, sonno; sonnellino; pisolino; dormitina □ **s.-in**, (*psic.*) introverso; schizoide; (*USA*) malato che non può uscire.
shutdown [ˈʃʌtdaun], *n.* **1** (*econ., ind.*) arresto del lavoro (*in fabbrica, ecc.*); sospensione dell'attività **2** (*elettr., elettron., ecc.*) arresto: **s. circuit**, circuito d'arresto.
shutoff [ˈʃʌtɔf], *n.* **1** arresto; cessazione **2** (*aeron., miss.*) arresto della combustione.
shutout [ˈʃʌtaut], *n.* (*econ.*) serrata (*più comune* **lock-out**, *V. sotto* **lock (2)**).
shutter [ˈʃʌtə*], *n.* **1** chi chiude (*V.* **to shut**) **2** imposta; persiana; scuretto **3** (*naut.*) portello **4** (*fotogr.*) otturatore **5** (*mil.*) sicura (*di spoletta*). ● **to put up the shutters**, mettere su gli scuretti (*cfr. ital.* **tirare le serrande**); (*fig.*) chiudere bottega; chiuder i battenti □ **roll-up s.**, saracinesca (*di negozio, ecc.*); serranda avvolgibile; tapparella.
to shutter [ˈʃʌtə*], *v. t.* **1** provvedere d'imposte; munire di persiane **2** chiudere le imposte di (*una finestra*); abbassare la saracinesca di (*un negozio*) **3** chiudere (*un negozio*): **The shops were**

all shuttered, i negozi erano tutti chiusi.
shuttle ['ʃʌtl], *n*. **1** moto di va e vieni **2** autobus (*o* treno, aereo) che fa la spola fra due punti **3** (*ind. tessile*) spola; spoletta; navetta **4** (*miss., anche* **space** *s*.) shuttle; navetta (*o* traghetto, navicella) spaziale (*V. anche sotto* **space**) **5** *V.* **shuttlecock**. ● (*mecc.*) **s. box**, cassetta per navetta □ (*mecc.*) **s. conveyor**, trasportatore a rue e vieni □ (*ferr.*) **s. service**, servizio locale (*fra due stazioni*); servizio di navetta; spola □ (*ferr.*) **s. train**, treno che fa la spola tra due stazioni.
to shuttle ['ʃʌtl], **A** *v. i.* far la spola; andare avanti e indietro. **B** *v. t.* far fare la spola a; muovere avanti e indietro.
shuttlecock ['ʃʌtlkɔk], *n*. **1** volano **2** gioco del volano.
shuttling ['ʃʌtliŋ], **A** *n*. (*di veicoli*) spola; navetta. **B** *a*. (*di passeggero*) che fa la spola.
shy (1) [ʃai], *a*. **1** pauroso; ombroso; timoroso; schivo; timido: **a shy horse**, un cavallo ombroso; **a shy little girl**, una ragazzina timorosa; **a shy approach**, un timido approccio **2** cauto; diffidente; guardingo: **a shy beast**, una bestia diffidente. ● (*fam. USA*) **to be shy of** (*o* **on**), essere a corto di (*quattrini, ecc.*) □ **to be shy of doing st.**, esitare (*o* essere riluttante) a far q.c. □ **camera-shy**, che non vuole essere fotografato □ **to fight shy of**, evitare; scansare; schivare □ **to be gun-shy**, aver paura di toccare (*o* di sparare con, del numore di) un fucile □ **to make sb. shy**, intimidire q. □ (*fam. USA*) **I'm shy three bucks**, mi mancano tre dollari (*per pagare un debito, una scommessa, ecc.*) □ (*fam. USA*) **We are ten votes shy**, ci mancano dieci voti (*per vincere*).
to shy (1) [ʃai], *v. i.* **1** (*di cavallo*) adombrarsi; fare uno scarto **2** (*fig.*) essere riluttante; esitare; tirarsi indietro: **to shy at a proposal**, esitare di fronte a una proposta. ● **to shy away from st.**, rifuggire da q.c.; guardarsi (bene) dal fare q.c. □ **to shy off**, schivare; scansare.
shy (2) [ʃai], *n*. scarto, scartata (*di un cavallo*).
to shy (2) [ʃai], (*fam.*) *v. t.* gettare; lanciare; tirare; scagliare: **The boy shied a stone over the fence**, il ragazzo tirò un sasso oltre lo steccato.
shy (3) [ʃai], *n*. (*fam.*) **1** lancio; getto; colpo; tiro **2** tentativo; prova **3** frecciata; stoccata; motto pungente: **to have a shy at sb.**, lanciare una frecciata a q.; schernire q. ● **to have a shy at st.**, tentare (d'ottenere) q.c.
shyer ['ʃaiə*], *n*. cavallo ombroso.
Shylock ['ʃailɔk], *n*. (*fig.*) creditore esoso; strozzino, usuraio (*dal nome del protagonista del «Mercante di Venezia» di W. Shakespeare*).
shyness ['ʃainis], *n*. **1** ombrosità; ritrosia; timidezza; vergogna **2** diffidenza; cautela.
shyster ['ʃaistə*], *n*. (*fam. USA*) **1** imbroglione; gabbamondo; truffatore **2** (*specialm.*) avvocato privo di scrupoli; azzeccacagarbugli.
si [si:], *n*. (*pl.* **sis**) (*mus.*) si (*nota*).
Siamese [ˌsaiəˈmiːz], *a*. e *n*. (*invar. al pl.*) siamese (*anche la lingua*). ● **S. cat**, gatto siamese □ **S. twins**, fratelli siamesi.
Siberian [saiˈbiəriən], *a*. e *n*. siberiano: **S. husky**, cane siberiano (*da slitta*).
sibilance ['sibiləns], **sibilancy** ['sibilənsi], *n*. sibilo **2** (*fon.*) l'essere sibilante **3** (*fon.*) suono sibilante.
sibilant ['sibilənt], **A** *a*. sibilante (*anche fon.*). **B** *n*. (*fon.*) sibilante.
to sibilate ['sibileit], *v. t.* e *i.* (*fon.*) sibilare; pronunziare (*una lettera*) come sibilante.
sibilation [ˌsibiˈleiʃən], *n*. (*fon.*) **1** il pronunziare come sibilante **2** suono sibilante.
sibling ['sibliŋ], *n*. **1** fratello germano **2** (*fam.*) fratello, sorella (*in genere*). ● (*psic.*) **s. rivalry**, rivalità tra fratelli.
sibyl ['sibil], *n*. (*anche fig.*) sibilla: **the Cumaean S.**, la Sibilla cumana.
Sibyl ['sibil], *n*. Sibilla.
sibylline [siˈbilain], *a*. sibillino; (*fig.*) misterioso, profetico.
sic [sik] (*lat.*), *avv.* sic (*di solito, fra parentesi tonde*).
siccative ['sikətiv], *a*. e *n*. (*ind.*) essiccativo; (sostanza) essiccante.
sice (1) [sais], *n*. (*arc.*) sei (*al gioco dei dadi*).
sice (2) [sais], *n*. (*anglo-ind.*) mozzo di stalla; stalliere; servo.
Sicel ['sikəl], *n*. (*stor.*) siculo.
Sicilian [siˈsiljən], *a*. e *n*. siciliano.
Sicily ['sisili], *n*. (*geogr.*) Sicilia.
sick [sik], *a*. **1** (*attr. in G.B., anche pred. in USA*) ammalato; malato; infermo; indisposto; sofferente: **a s. man**, un uomo malato; un malato; (*USA*) **He has been s. since he was a child**, è malato da quand'era bambino; (*fig.*) **a s. economy**, un'economia malata (*anche, Bibbia*) **He was s. of a fever**, era malato di febbre; era febbricitante **2** (*pred.*) con la nausea; sul punto di vomitare: **I am feeling s.**, ho la nausea; sono sul punto di vomitare **3** (*pred., fam.*) disgustato; seccato; stanco; stufo di: **I am s. of all this**

flattery, sono disgustato di tutta questa adulazione; **I am s. of waiting**, sono stanco d'aspettare; **We were s. of their complaints**, eravamo stufi delle loro lamentele. ● (*collett.*) **the s.**, i malati; gli infermi □ **to be s.**, aver la nausea; aver conati di vomito; vomitare; (*USA*) essere malato □ (*fam.*) **to be s. at** (*o* **about**) **st.**, essere dispiaciuto (*o* amareggiato) a causa di q.c.: **I'm s. at having to say «no»**, mi spiace dover dire di no □ **to be s. at heart**, essere amareggiato; essere deluso (*o* rattristato) □ (*naut.*) **s.-bay**, infermeria di bordo □ **s. bed**, letto d'ammalato □ **s. benefit**, sussidio per malattia □ (*mil. USA*) **s. call**, chiamata dei soldati che marcano visita; segnale della visita medica □ (*agric.*) **a s. field**, un campo infestato da parassiti □ (*naut.*) **s. flag**, bandiera di quarantena □ (*fam.*) **to be s. for**, sentir nostalgia per; desiderare ardentemente; non veder l'ora di: **I am s. for my native country**, desidero ardentemente rivedere il mio paese natio; non vedo l'ora di tornare in patria □ **s. headache**, emicrania; (*specialm.*) mal di testa accompagnato da nausea □ **s. humour**, umore nero □ **s. insurance**, assicurazione contro le malattie □ **s. jokes**, barzellette macabre □ **s. leave**, congedo (*o* licenza) per malattia □ (*anche mil.*) **s. list**, elenco degli ammalati: **to be on the s. list**, essere assente (*o* in congedo) per malattia □ **s.-nurse**, infermiera □ (*ind.*) **s.-out**, assenteismo di protesta □ (*mil.*) **s. parade**, (locale della) visita medica: **to go on s. parade**, marcare visita □ **s. pay**, retribuzione per il periodo di congedo per malattia □ **s. room**, camera di malato □ **s. thoughts**, pensieri neri □ (*USA*) **to be s. to one's stomach**, avere la nausea □ (*USA*) **to be s. with flu**, aver l'influenza □ **to fall s.**, ammalarsi □ (*anche mil.*) **to go** (*o* **to report**) **s.**, darsi ammalato; marcare visita □ **to make sb. s.**, dar la nausea a q.; disgustare q.: **It makes me s. to think of it**, solo a pensarci mi vien la nausea; il solo pensiero mi disgusta □ **to make sb. look s.**, far fare una brutta figura a q. (*al confronto di q. altro*) □ **to take s.**, ammalarsi □ **to turn s.**, sentirsi venire la nausea; aver conati di vomito □ **I am s. and tired** (*o* **I am s. to death**) **of him**, sono arcistufo (*o* non ne posso più*) di lui.

to sick (1) [sik], *v. t.* – (*pop.*) **to s. st. up**, vomitare q.c.; rigettare q.c.
to sick (2) [sik], *v. t.* **1** assalire; attaccare: (*specialm. a un cane*) **S. the burglar!**, attacca il ladro!; dai addosso al ladro! **2** aizzare; incitare (*specialm. un cane*).
to sicken ['sikn], **A** *v. i.* **1** ammalarsi **2** sentir nausea; essere disgustato: **I sickened at the sight of the blood**, mi sentii prendere dalla nausea alla vista del sangue **3** seccarsi, stancarsi, stufarsi (*di q.c.*). **B** *v. t.* dar la nausea a; nauseare; disgustare: **The sight of blood sickens me**, la vista del sangue mi dà la nausea. ● **to be sickened of doing st.**, essere stufo di fare q.c. □ (*med.*) **to be sickening for an illness**, avere i sintomi d'una malattia; covare un malanno.
sickener ['siknə*], *n*. cosa noiosa, seccante, disgustosa; oggetto d'avversione, di ripugnanza.
sickening ['siknin], *a*. **1** nauseabondo; nauseante; che fa vomitare: **a s. stink**, un puzzo nauseabondo **2** (*fam.*) disgustoso; ripugnante; sgradevole: **a s. sight**, uno spettacolo disgustoso.
sickish [sikiʃ], *a*. **1** indisposto; malaticcio **2** alquanto nauseato **3** *V*. **sickening**.
sickle ['sikl], *n*. (*agric.*) falce (*corta*); falcetto. ● **s.-feather**, penna falciforme (*per es., della coda del gallo*).
sickliness ['siklinis], *n*. **1** salute cagionevole, malferma **2** aspetto malaticcio; pallore **3** (*del clima, ecc.*) insalubrità **4** sentimentalismo; sdolcinatezza; svenevolezza.
sickly ['sikli], *a*. **1** di salute malferma; malaticcio; debole; delicato: **a s. child**, un fanciullo delicato, malaticcio **2** **a s. look**, un aspetto malaticcio; **a s. smile**, un debole sorriso **2** pallido; malsano: **a s. complexion**, una carnagione pallida (*o* malsana) **3** insalubre; malsano: **a s. climate**, un clima insalubre **4** nauseabondo; nauseante: **s. food**, cibo nauseabondo **5** sentimentalistico; sdolcinato; svenevole.
sickness ['siknis], *n*. **1** malattia; male; malanno **2** nausea; conati di vomito. ● **s. benefit**, sussidio di malattia (*o* di invalidità; *pagabile in G.B. per 28 settimane*) □ (*med.*) **falling s.**, epilessia; mal caduco (*pop.*) □ **home-s.**, nostalgia (*di casa, della patria*) □ **sea-s.**, mal di mare.
Siculian [siˈkjulən], *n*. e *a*. (*stor.*) siculo.
side [said], **A** *n*. **1** lato; fianco; banda; canto; parte; aspetto; faccia (*fig.*): **the four sides of a box**, i quattro lati di una cassa; **the sides of a house**, i lati (*o* i fianchi) di una casa; **He was hit in the left s.**, fu colpito al fianco sinistro; **the s. of a hill**, il fianco d'un colle; **s. by s.**, fianco a fianco; **on this s.**, da questa parte; per di qua; **on** (*o* **from**) **every s.**, da ogni lato; sotto ogni aspetto (*o* rispetto); **great-grandfather on my mother's s.**, il bisnonno dalla parte (*o* dal lato) di mia madre; **the other s. of the moon**, l'altra faccia della luna; **to study all sides of a matter**, studiare tutti gli aspetti di una questione **2** parte; fazione; squadra (*anche sport*): **the winning s.**, il partito vincitore; la squa-

dra vittoriosa; **the losing s.**, la parte soccombente; la squadra che ha perso **3** margine; orlo; sponda; riva: **by the s. of the river**, in riva al fiume; sulla sponda del fiume; **by the roadside**, al margine della strada **4** (*raro*) alterigia; boria; arie **5** (*biliardo*) effetto dato alla palla colpendola di lato **6** metà (*di animale macellato*): **a s. of beef**, un mezzo bue. **B** *a. attr.* **1** laterale; di fianco: **s. door**, porta laterale **2** collaterale; aggiuntivo; secondario: **s. dishes**, portate secondarie. ● (*mil.*) **s. arms**, armi da fianco □ **s. bet**, puntata, scommessa (*specialm. su uno di due che giocano a carte*) □ **s. bone**, forchetta, forcella (*di un pollo*) □ **s. chapel**, cappella laterale □ **s.-drum**, piccolo tamburo □ **s. effect**, (*farm.*, *med.*) effetto collaterale; (*fig.*) effetto secondario (*specialm.* indesiderato) □ **a s. entrance**, un'entrata laterale □ **s.-face**, di profilo □ (*mecc.*) **s.-facing tool**, utensile per sfacciare □ **s. frame** (*o* **s. panel**), fiancata (*d'automobile*, *ecc.*) □ **s. glance**, sguardo di traverso □ (*ginnastica*) **s. horse**, cavallo □ **s. issue**, questione marginale; punto di secondaria importanza □ (*autom.*) **s.-light**, luce d'ingombro □ **s.-line**, secondo lavoro; occupazione (*o* attività) secondaria; (*comm.*) linea di prodotti secondaria; attività collaterale (*o* sussidiaria), ramo d'affari meno importante □ (*sport*) **s.-lines**, bordi, margini (*del campo di gioco*): **to be on the s.-lines**, (*sport*) essere in panchina; (*fig.*) essere relegato a fare la parte dello spettatore □ (*fam. USA*) **s. meat**, carne di maiale salata; bacon □ **s. note**, nota marginale □ **s. road**, strada secondaria □ **s.-saddle**, (*sost.*) sella da donna, sella da amazzone; (*avv.*) all'amazzone □ **to ride s.-saddle**, cavalcare all'amazzone □ **s. seat**, sedile laterale □ **s.-show**, spettacolo secondario; avvenimento di minore importanza □ **s.-slip**, (*autom.*) sbandata, sbandamento (*anche fig.*); (*aeron.*) scivolata d'ala □ **s.-splitting**, che fa sbellicare dalle risa; divertentissimo □ **s.-step**, passo laterale, passo di fianco; (*sport*) schivata laterale; (*fig.*) schivata □ **s. street**, via trasversale □ **s.-stroke**, colpo dato di fianco; (*sport*) nuotata sul fianco □ **s.-swipe**, colpo (*o* urto) laterale; (*fig.*) critica buttata là □ **s.-track**, (*ferr. USA*) binario di deposito; (*fig.*) digressione □ **s. whiskers**, basette; fedine □ **s. view**, vista laterale; veduta di profilo □ **s. wind**, (*naut.*) vento di traverso; (*fig.*) influsso indiretto □ **by sb.'s s.**, a fianco di; a petto di, al confronto di: **The king looked a dwarf by the s. of the queen**, mi sembrava un nano al confronto della regina (*comm.*) **credit s.**, avere □ (*comm.*) **debit s.**, dare □ **to do st. on the s.**, fare q.c. in aggiunta al lavoro normale; esercitare un'attività accessoria □ **the east s. of New York**, il quartiere orientale di New York □ **the far s.**, il lato più lontano, il lato opposto (*di un oggetto*) □ **from s. to s.**, da un capo all'altro; da un'estremità all'altra □ **to join the winning s.**, mettersi dalla parte del vincitore □ (*fig.*) **to look on the bright s. of things** (*o* **of life**), veder tutto rosa; essere ottimista □ (*fig.*) **to look on the dark** (*o* **gloomy**) **s. of things** (*o* **of life**), veder tutto nero; essere pessimista □ **the near s.**, il lato più vicino, il lato in vista (*di un oggetto*); il lato sinistro (*in origine*, *di cavallo o veicolo*, *rispetto alla strada*) □ (*sport*) **off s.**, (posizione di) fuori gioco □ **the on s.**, la parte opposta; il lato destro (*in origine*, *di cavallo o veicolo*, *rispetto alla strada*) □ (*sport*) **on s.**, in gioco; in posizione regolare □ (*comm.*) **on the credit s.**, a credito □ (*comm.*) **on the debit s.**, a debito □ (*fam.*) **to be on the high** (**long**, **low**, **short**) **s.**, essere piuttosto alto (lungo, basso, corto): **The price he offers for the car is on the low s.**, il prezzo che offre per l'automobile è un po' troppo basso □ **on one's**, da una parte, in disparte □ **on the right s. of forty**, essere sotto la quarantina □ **on the south s. of**, a sud di □ (*fig.*) **on the spindle s.**, da parte di madre; in linea femminile □ **to be on this s. of the grave**, essere ancora in vita □ **to be on the wrong s. of the door**, esser chiuso fuori □ **to be on the wrong s. of forty**, aver passato (*o* essere sopra) la quarantina □ (*naut.*) **port s.**, sinistra; (*un tempo*) babordo □ **the right s. of the cloth**, il diritto della stoffa □ **the shady s. of the courtyard**, il lato in ombra del cortile □ (*fig.*) **to shake** (*o* **to split**) **one's sides**, sbellicarsi dalle risa; ridere a crepapelle □ **to stand by sb.'s s.**, stare a lato (*o* a fianco) di q.; (*fig.*) appoggiare q., sostenere q. □ (*naut.*) **starboard s.**, fianco destro; dritta; (*un tempo*) tribordo □ (*fig.*) **to take sides**, prendere posizione; prender partito □ (*fig.*) **to take sides with sb.**, parteggiare per q.; prendere le difese di q. □ (*fam.*) **this s. of**, senza arrivare a; prima di: **this s. of next month**, prima del mese prossimo □ **the wrong s. of the cloth**, il rovescio della stoffa □ **Which s. of the coin is up?**, è venuta testa o croce? □ (*su una cassa*, *un collo*, *ecc.*) **This s. up**, Alto! □ **That's the worse s. of him**, questo è il suo lato peggiore □ **The Lord is on our s.**, il Signore è dalla nostra parte; Dio è con noi.

to side [said], *v. i.* prendere le parti (di q.); prender partito; parteggiare (per); appoggiare, sostenere: **John always sides with his mother**, Giovanni prende sempre le parti di sua madre; **I don't want to s. with either of them**, non voglio parteggiare né per l'uno né per l'altro.

sideboard ['saidbɔ:d], *n.* credenza; buffè; buffet.

sideboards ['saidbɔ:dz], *n. pl.* basette; basettoni.
sideburns ['saidbə:nz], (*USA*) *V.* **sideboards**.
sidecar ['saidka:*], *n.* motocarrozzino; sidecar.
sided ['saidid], *a.* (*nei composti*; *per es. in:*) **many-s.**, che ha molti lati; che ha molte facce; poliedrico; **one-s.**, unilaterale; (*geom.*) a **four-s. figure**, un quadrilatero.
sidekick ['saidkik], *n.* (*fam.*, *specialm. USA*) amico intimo; compagno; seguace fedele.
sidelight ['saidlait], *n.* **1** (*autom.*) fanalino laterale; luce d'ingombro **2** (*naut.*, *aeron.*) fanale di via **3** luce proveniente di lato; illuminazione laterale **4** (*fig.*) informazione aggiuntiva. ● (*naut.*) **green s.**, fanale (di via) verde □ (*naut.*) **red s.**, fanale (di via) rosso □ **to throw s. on a question**, chiarire ulteriormente una questione; farla apparire sotto un particolare riflesso.
sideling ['saidliŋ], (*USA*) *V.* **sidelong**.
sidelong ['saidlɔŋ], **A** *avv.* **1** obliquamente; a sghembo; di traverso: **to move s.**, camminare a sghembo **2** di traverso: **to look s. at sb.**, guardar q. di sottecchi. **B** *a.* **1** obliquo; laterale; di fianco; di traverso **2** furtivo: **a s. glance**, uno sguardo furtivo **3** indiretto: **a s. remark**, un'osservazione indiretta.
sidereal [sai'diəriəl], *a.* (*astron.*) sidereo, siderale: **s. day** (**year**), giorno (anno) siderale.
siderite ['saidərait], *n.* (*miner.*) siderite.
to sideslip ['saidslip], *v. i.* **1** (*autom.*) sbandare **2** (*aeron.*) scivolare d'ala.
sidesman ['saidzmən], *n.* (*pl.* **sidesmen**) (*relig.*) **1** fabbriciere aggiunto **2** aiuto sagrestano (*che fa la raccolta delle offerte in chiesa*).
to sidestep ['saidstep], **A** *v. i.* fare un passo obliquo; tirarsi in disparte. **B** *v. t.* **1** schivare, scansare (*un colpo*, *ecc.*) **2** (*sport*) driblare (q.) con un passo laterale **3** (*fig.*) eludere, sottrarsi a, evitare (*una domanda*, *ecc.*).
to sideswipe ['said-swaip], *v. t.* (*fam. USA*) colpire (*o* urtare) di striscio.
to sidetrack ['saidtræk], *v. t.* **1** (*ferr. USA*) smistare, instradare (*un treno*) su un binario di deposito **2** (*fig.*) distogliere (q.) dal suo proposito; sviare (q.) dall'argomento principale **3** rinviare l'esame di (*una proposta*, *ecc.*).
sidewalk ['said-wɔ:k], *n.* (*USA*) marciapiede (*cfr. ingl.* **pavement**).
sideward ['saidwəd], **A** *avv. V.* **sidewards**. **B** *a.* di lato; a lato; (in direzione) laterale; obliquo: **a s. look**, un'occhiata a lato; **s. motion**, moto laterale.
sidewards ['saidwədz], *avv.* lateralmente; obliquamente; di fianco; di traverso.
sideways ['said-weiz], **A** *avv.* lateralmente; obliquamente; di fianco; di traverso; a sghembo: **to look s.**, guardar di traverso; **to walk s.**, camminare a sghembo. **B** *a.* di fianco; di lato; laterale; obliquo; diretto a lato: **a s. jump**, un balzo di lato; un salto laterale.
siding ['saidiŋ], *n.* **1** (*ferr.*) binario di deposito **2** (*edil.*) rivestimento (*di legno o metallo*). ● **dead-end s.**, binario morto □ **private s.**, raccordo privato.
to sidle ['saidl], *v. i.* **1** camminare a sghembo; andare storto (*come un granchio*) **2** camminare furtivamente; procedere con timore. ● **to s. away from sb.**, allontanarsi furtivamente da q. □ **to s. up to sb.**, avvicinarsi timorosamente a q.
Sidon ['saidn], *n.* (*stor.*) Sidone.
Sidonian [sai'dounjən], *a. e n.* (*stor.*) (abitante) di Sidone.
siege [si:dʒ], *n.* **1** (*mil.*) assedio **2** (*fig.*) insistenza; pressioni **3** (*fig.*) lungo periodo (*di degenza*, *malattia*, *ecc.*). ● **s. artillery**, artiglieria da assedio □ **s. gun**, pezzo (*o* cannone) da assedio □ **s. train**, parco d'assedio □ (*mil.*) **s. warfare**, guerra di assedio □ (*fig.*) **to lay s. to sb.**, assediare q.; importunare q. □ **to lay s. to a town**, stringere d'assedio una città □ **to push the s.**, rafforzare l'assedio; (*fig.*) farsi più insistente (*o* pressante) □ **to raise the s. of a place**, levar l'assedio da un luogo □ **to stand a long s.**, subire (*o* resistere a) un lungo assedio.
siemens ['si:mənz], *n.* (*elettr.*) siemens.
sienna [si'enə], *n.* (*arte*) **1** terra di Siena **2** color terra di Siena. ● **burnt s.**, terra di Siena bruciata; ocra bruciata.
Sien(n)ese [ˌsie'ni:z], *a. e n.* (*invar. al pl.*) senese. ● (*pitt.*) **the S. school**, la Scuola senese.
sierra [si'erə], *n.* (*geogr.*) sierra; catena di monti.
siesta [si'estə], *n.* siesta. ● **to take a s.**, fare la siesta.
sieve [siv], *n.* **1** setaccio, staccio; crivello; buratto; vaglio **2** (*fig.*) persona che non sa tenere un segreto; chiacchierone. ● (*bot.*) **s. cell**, cellula cribrosa □ (*ind.*, *chim.*) **s. plate**, piatto forato □ **s. shaker**, apparecchio stacciatore □ **to have a memory** (*o* **a head**, **a mind**) **like a s.**, non avere memoria; essere uno smemorato.
to sieve [siv], *v. t.* setacciare, stacciare; passare al crivello; abburattare (*la farina*).
to sift [sift], **A** *v. t.* **1** setacciare, stacciare; passare al crivello; abburattare (*farina*); vagliare (*anche fig.*); passare allo staccio, al

vaglio: **The candidates were sifted out**, i candidati furono setacciati (*o* selezionati); **to s. the evidence**, vagliare le prove **2** cospargere; spolverare; spolverizzare (*zucchero e sim.*) **3** (*fig.*) distinguere; separare; cernere: **to s. fact from fable**, separare i fatti reali da quelli leggendari. **B** *v. i.* **1** usare un setaccio **2** passare attraverso un setaccio: **The flour has sifted through**, la farina è passata (attraverso il setaccio) **3** (*fig.*) infiltrarsi; filtrare.
sifter ['siftə*], *n.* **1** setaccio; staccio; crivello; buratto; vaglio **2** spolverizzatore.
sifting ['siftiŋ], *n.* **1** setacciatura; stacciatura; vagliatura; crivellatura **2** (*fig.*) attento esame; vaglio, cernita (*fig.*) **3** (*pl.*) mondiglia. ● **siftings of snow beside the door**, uno spolverio di neve accanto alla porta.
sigh [sai], *n.* sospiro; (*fig.*) soffio; lamento: **a s. of relief**, un sospiro di sollievo; **the s. of the wind**, il lamento del vento; **to draw a deep s.**, fare (*lett.:* mandare) un profondo sospiro.
to sigh [sai], **A** *v. i.* **1** sospirare; (*fig.*) dolersi, lamentarsi: **to s. for a lost friend**, sospirare per la morte d'un amico; **The trees were sighing in the wind**, gli alberi si lamentavano al vento **2** (*del vento*) gemere. **B** *v. t.* (*di solito* **to s. out**) esprimere (*o* dire) con un sospiro. ● **to s. for**, sospirare; rimpiangere; avere nostalgia di; desiderare ardentemente □ **to s. one's youth away**, passar la giovinezza sospirando (*o* struggendosi di languore).
sighingly ['saiiŋli], *avv.* sospirando.
sight [sait], *n.* **1** vista: **to have good (bad) s.**, aver la vista buona (cattiva); **long s.**, vista lunga; **short** (*o* **near**) **s.**, vista corta **2** vista; veduta; spettacolo: **A wonderful s.**, una magnifica veduta; **a sad s.**, un triste spettacolo; **There was nobody in s.**, non c'era nessuno in vista; **Victory is in s.**, la vittoria è in vista **3** giudizio; opinione; parere: **He can do no wrong in your s.**, a parer tuo (*o* ai tuoi occhi), è incapace di far del male **4** (*pl.*) curiosità di un luogo; cose da vedere; luoghi d'interesse turistico; monumenti: **the sights of Rome**, le cose da vedere a Roma; **We went to see the sights**, andammo a fare il giro turistico della città (a visitare i monumenti, ecc.) **5** (*al sing. con l'art. indef.*) (*fam.*) cosa ridicola; spettacolo (comico); orrore (*scherz.*): **What a s. you are in that old nightgown!**, con quella vecchia camicia da notte sei un orrore! **6** (*al sing. con l'art. indef.*) (*fam.*) mucchio; quantità; sacco **7** (*d'arma da fuoco, di strumento ottico*) mirino; (*mil.*) congegno di mira: **I forgot to put up the leaf of the back s.**, dimenticai di tirar su l'alzo del mirino (posteriore) **8** mira: **He fired without taking s.**, sparò senza prendere la mira **9** (*topogr.*) traguardo. ● (*anche mil.*) **s. aperture**, diottra □ (*comm.*) **s. bill**, cambiale a vista □ (*comm.*) **s. draft**, tratta a vista □ **a s. for sore eyes**, una cosa molto gradita; un ospite desiderato □ (*mil.*) **s. leaf**, alzo a foglia □ **s.-reading** il suonare (*musica*) a prima vista □ **a s. to see** (*o* **to behold**), una cosa da vedere; uno spettacolo meraviglioso □ (*mil.*) **s. setter**, graduatore d'alzo □ **s.-singing**, canto (*di musica*) a prima vista □ (*mil.*) **s. standard**, congegno di mira □ (*med.*) **s. test**, esame della vista □ **s. unseen**, senza averci potuto dare un'occhiata □ **at s.**, a vista; a prima vista: **to shoot at s.**, sparare a vista; (*fin.*) **a draft payable at s.**, una tratta pagabile a vista; **She plays music at s.**, suona (musica) a prima vista □ **at the s. of**, alla vista di; al vedere; vedendo □ **at first s.**, a prima vista; immediatamente: **love at first s.**, amore a prima vista □ (*naut.*) **at our first s. of land**, appena avvistammo terra □ **to catch** (*o* **to get, to have**) **s. of**, scorgere; avvistare; vedere per un momento; intravedere □ **to come in s.** (*o* **within s.**) **of**, giungere in vista di (*una città, un luogo*) □ **to come into s.**, presentarsi alla vista, apparire: **A destroyer came into s. on the horizon**, all'orizzonte apparve un cacciatorpediniere □ **to find favour in sb.'s s.**, riuscir gradito (*o* bene accetto) a q.; acquistar favore agli occhi di q. □ (*mil.*) **front s.**, mirino anteriore □ (*anche mil.*) **to have sb. in one's sights**, avere q. nel mirino; tenere q. sotto tiro □ **to heave in s.**, *V.* **to come into s.** □ **to keep out of s.**, tenersi nascosto □ **to know sb. by s.**, conoscere q. di vista □ (*mil.*) **leaf s.**, mirino con alzo a foglia □ **to lose s. of**, non vedere più; perdere di vista: **I have lost s. of him**, l'ho perso di vista □ **to lose one's s.**, perdere la vista □ **to make a s. of oneself**, rendersi ridicolo; vestire in modo stravagante, ecc. □ (*fam.*) **not by a long s.**, nient'affatto; neanche un po' □ **on s.**, *V.* **at s.** □ **out of s.**, fuori di vista; lontano; (*fam.*) in alto, alle stelle; (*pop.*) eccezionale, favoloso: **The plane was soon out of s. among the clouds**, l'aereo ben presto scomparve (alla vista) fra le nuvole; **Oil prices have gone out of s.**, i prezzi dei prodotti petroliferi sono andati alle stelle □ **to put out of s.**, celare, nascondere; (*fam.*) far come se q. (o q.c.) non esistesse □ (*mil.*) **rear s.**, alzo □ (*naut.*) **to take a s. at the sun**, misurare la posizione del sole col sestante □ (*pop.*) **to take a s. of** (*o* **a s. at**) **sb.**, fare un gesto di scherno a q. □ **telescope s.**, collimatore (*strumento*) □ **I hate the s. of him**, non posso vederlo; non posso soffrirlo; lo detesto □ (*fam.*) **He's a long s. better**, è assai migliorato (*di salute*) □ **Out of my s.!**, ch'io non ti veda più!; sparisci! □ (*prov.*) **Out of s., out**

of mind, lontano dagli occhi, lontano dal cuore.
to sight [sait], **A** *v. t.* **1** avvistare; giungere in vista di: **to s. land**, avvistare terra; **to s. the enemy fleet**, avvistare la flotta nemica **2** scorgere: **Suddenly I sighted her face in the crowd**, improvvisamente scorsi il suo viso tra la folla **3** (*astron., naut.*) traguardare: **to s. a star**, traguardare un astro **4** aggiustare la mira di; prender la mira con; mirare a: **to s. a gun**, prendere la mira col fucile; **to s. a target**, mirare a un bersaglio **5** provvedere (*un fucile, ecc.*) di mira e di alzo. **B** *v. i.* prendere la mira; puntare. ● **sighting shot**, colpo sparato per aggiustare la mira.
sighted ['saitid], *a.* (*nei composti; per es. in:*) **far-s.**, lungimirante; **long-s.**, che ha la vista lunga; (*med.*) presbite; (*fig.*) oculato, previdente, preveggente; **short-s.**, che ha la vista corta; (*med.*) miope; (*fig.*) imprevidente, improvvido, miope (*fig.*).
sighting ['saitiŋ], *n.* **1** avvistamento: **eye s.**, avvistamento a occhio nudo **2** (*d'arma da fuoco*) puntamento **3** (*astron., naut.*) rilevamento. ● (*mil.*) **s. station**, centrale di tiro.
sightless ['saitlis], *a.* **1** non vedente; cieco **2** (*poet.*) invisibile.
sightlessness ['saitlisnis], *n.* cecità.
sightliness ['saitlinis], *n.* avvenenza; bellezza; grazia.
sightly ['saitli], *a.* **1** avvenente; attraente; di bell'aspetto; piacevole a vedersi **2** (*USA: di posizione, punto*) che offre una bella vista; panoramico.
to sight-read ['sait-ri:d], *v. t.* (*mus.*) suonare a prima vista.
sight-reader ['sait,ri:də*], *n.* (*mus.*) chi suona a prima vista.
to sightsee ['sait,si:] (*pass.* **sightsaw**, *p. p.* **sightseen**), (*fam.*) **A** *v. i.* fare il turista; essere un turista. **B** *v. t.* fare il giro turistico di (*un luogo, una città*).
sightseeing ['sait,si:iŋ], *n.* giro turistico; visita alle curiosità d'un luogo, ai monumenti. ● **s. tour**, giro turistico □ **to go s.**, visitare un luogo, una città; vederne le bellezze artistiche (*o* naturali), i monumenti, ecc.
sightseer ['sait,si:ə*], *n.* visitatore (*d'un luogo, d'una città*); turista.
sightworthy ['sait,wə:ði], *a.* degno d'esser visto.
sigillate ['sidʒilit], *a.* **1** (*arte: di ceramica*) a disegni sovraimpressi **2** (*bot.*) con segni a forma di sigillo.
Sigismund ['sigismənd], *n.* Sigismondo.
sigma ['sigmə], *n.* **1** sigma (*diciottesima lettera dell'alfabeto greco*) **2** (*zool.*) spicola tipo sigma.
sigmate ['sigmit], *a.* a forma di sigma (*o* di «s»); sigmoide.
to sigmate ['sigmeit], *v. t.* aggiungere un sigma (*o* una «s») a (*una parola*).
sigmatic [sig'mætik], *a.* (*gramm. greca*) sigmatico: **s. aorist**, aoristo sigmatico.
sigmoid ['sigmɔid], *a. e n.* (*anat.*) sigmoideo: **s. colon**, colon sigmoideo.
sigmoiditis [,sigmɔi'daitis], *n.* (*med.*) sigmoidite.
Sigmund ['sigmənd], *n.* Sigismondo.
sign [sain], *n.* **1** segno; cenno; contrassegno; indizio; simbolo; presagio; sintomo: **the s. of the cross**, il segno della croce; **the signs of the zodiac**, i segni dello zodiaco; **a s. of approval**, un cenno d'approvazione; (*mat.*) **positive (negative) s.**, segno positivo (negativo); **a s. of the times**, un segno dei tempi; **The dove is a s. of peace**, la colomba è segno di pace (è il simbolo della pace); **a s. of spring**, un presagio di primavera **2** impronta; traccia: **Deer signs were plentiful**, c'erano molte impronte di cervi **3** (*arc.*) miracolo; portento: (*Bibbia*) **He did signs and wonders**, operò segni e portenti **4** cartello (*stradale, ecc.*); insegna (*di negozio, ecc.*): **at the s. of the White Hart**, all'insegna del Cervo Bianco **5** (*autom.*) segnale: **road signs**, segnali stradali (*verticali; cfr.* **markers**); (*collett.*) segnaletica (*verticale*); **warning signs**, segnali di pericolo (*per lo più triangolari*); **signs giving orders**, segnali di prescrizione (*o* di divieto: *per lo più circolari*) **6** (*pl., autom.*) segnaletica (*verticale*). ● **s. and countersign**, parola d'ordine (*domanda e risposta*) □ **s.-in**, registrazione (*in un albergo, ecc.*); raccolta di firme (*per petizioni, ecc.*) □ **s. language**, linguaggio mimico dei sordomuti □ **s. maker** fabbricante d'insegne □ (*leg.*) **s. manual**, firma autografa □ **a s. of good will**, una prova di buona volontà □ **s.-painter** (*o* **s.-writer**), pittore d'insegne (*di scritte su negozi, ecc.*) □ **s.-up**, di adesione; di arruolamento; (*sport*) d'ingaggio: **s.-up money**, premio d'ingaggio □ **deaf-and-dumb signs**, segni usati dai sordomuti □ **to give sb. a s. to withdraw**, far cenno a q. di ritirarsi □ **inn s.**, insegna di locanda □ **traffic signs**, segnaletica stradale (*verticale; cfr.* **road markings**, *sotto* **marking**) □ (*astron.*) **zodiac s.**, segno dello zodiaco.
to sign [sain], **A** *v. t.* **1** firmare; ratificare; sanzionare; sottoscrivere: **to s. a letter (a contract, a will, etc.)**, firmare una lettera (un contratto, un testamento, ecc.); **to s. a treaty**, ratificare un trattato **2** far cenno di; far segno di: **He signed me to come**, mi fece cenno d'andare da lui **3** segnare; contrassegnare **4** (*relig.*) fare il segno della croce su (*q., specialm. un battezzando*). **B** *v. i.* **1** firmare **2** fare un cenno; accennare. **to sign**

signable

oneself C *v. rifl.* **1** firmarsi **2** (*relig.*) segnarsi; farsi il segno della croce. ● **to s. assent**, fare un cenno d'assenso □ (*leg.*) **to s. away**, alienare, vendere, trasferire (*proprietà, diritti, ecc.*) firmando un documento □ **to s. in**, timbrare il cartellino (*arrivando al lavoro*); registrarsi (*arrivando in albergo*); (*sport*) firmare per l'ingaggio □ **to s. off**, (*radio, telev.*) dare il segnale della fine delle trasmissioni; (*di un medico*) dichiarare (q.) inabile al lavoro, rilasciare a (q.) un certificato di malattia; (*fam.*) concludere, terminare □ **to s. on**, assumere; arruolare, assoldare; (*sport*) ingaggiare; (*sport*) firmare per l'ingaggio; (*mil.*) fare la firma, arruolarsi; (*naut.*) imbarcarsi; (*radio, telev.*) dare il segnale dell'inizio delle trasmissioni: **We are going to s. on only two thirds of the applicants**, assumeremo soltanto i due terzi degli aspiranti □ (*fig.*) **to s. on the dotted line**, attenersi alle istruzioni; legare l'asino dove vuole il padrone (*fig.*) □ **to s. out**, timbrare il cartellino (*alla fine del lavoro*); registrarsi (*alla partenza da un albergo*) □ **to s. out a book**, prendere in prestito un libro (da una biblioteca) firmando per garanzia □ **to s. over**, *V.* **to s. away** □ **to s. up**, assumere; arruolare, assoldare; (*sport*) ingaggiare; (*sport*) firmare per l'ingaggio; (*mil.*) fare la firma, arruolarsi; (*naut.*) imbarcarsi: **The sailor signed up for a voyage to the Far East**, il marinaio s'imbarcò per un viaggio in Estremo Oriente.

signable ['sainəbl], *a.* **1** che si può firmare **2** da firmare; alla firma.

signal (1) ['signl], *n.* **1** segnale (*anche fig.*); segno d'intesa: **Signals are made with flags or lights**, i segnali si fanno con bandierine o con luci; **a danger s.**, un segnale di pericolo; **He gave the s. for advance**, diede il segnale dell'avanzata; **stop s.**, segnale d'arresto **2** (*pl., autom.*) segnaletica (*verticale*) **3** semaforo (*stradale*) **4** (*radio., telev.*) segnale. ● (*autom.*) **signals above lanes**, segnaletica verticale (*d'autostrada*) □ (*mil., naut.*) **s. book**, codice dei segnali □ (*ferr.*) **s. box**, cabina di comando dei segnali □ (*mil. USA*) **S. Corps**, Genio Radiotelegrafisti e Segnalatori □ (*naut.*) **s. lamp**, fanale di segnalazione □ (*ferr., mil.*) **s.-man**, segnalatore; addetto ai segnali; (*ferr.*) casellante □ **s. rocket**, razzo di segnalazione □ (*naut.*) **s. station**, semaforo □ (*radio, telev.*) **s. strength**, potenza del segnale □ (*ferr. USA*) **s. tower**, *V.* **s. box** □ (*ferr.*) **disk s.**, segnale a disco; disco □ **to display signals**, fare segnalazioni □ **storm s.**, segnale di tempesta □ (*radio*) **time s.**, segnale orario □ **traffic s.**, semaforo □ (*autom.*) **traffic signals**, segnaletica (*verticale*) □ (*ferr.*) **The s. is up**, il segnale è alzato; il disco segna rosso.

to signal ['signl], A *v. t.* **1** segnalare; fare segnalazioni, fare segnali a (q.) **2** trasmettere (*un messaggio*) mediante segnali **3** (*fig.*) essere il segno di; segnare (*la fine di q.c., ecc.*). B *v. i.* fare segnali; fare segnalazioni.

signal (2) ['signl], *a.* **1** segnalato; cospicuo; famoso; insigne; notevole; esemplare: **s. virtue**, segnalata virtù; **a s. success**, un notevole successo; **a s. punishment**, una punizione esemplare **2** (*usato*) per segnalazioni: **s. fires**, fuochi (di segnalazione).

to signalize ['signəlaiz], A *v. t.* **1** segnalare, rendere illustre **2** mettere in evidenza; celebrare. ● **to signalize oneself** B *v. rifl.* distinguersi.

signaller ['signələ*], *n.* (*mil., naut.*) segnalatore.

signalling ['signəliŋ], *n.* **1** (*mil., ferr., naut.*) segnalazione; sistema di segnalazioni: **visual s.**, segnalazione ottica **2** segnaletica.

signally ['signəli], *avv.* segnatamente; cospicuamente; notevolmente. ● **to fail s.**, fare un notevole fiasco (*fig.*); fallire clamorosamente.

signalment ['signəlmənt], *n.* (*USA*) (descrizione dei) dati segnaletici (*per es., di un ricercato dalla polizia*).

signatory ['signətəri], *a.* e *n.* (*leg., comm., polit.*) firmatario.

signature ['signitʃə*], *n.* **1** firma: **to affix one's s.**, apporre la propria firma; firmare **2** (*radio, telev., anche* **s. tune**) sigla musicale; motivo iniziale (*o* finale) d'una trasmissione **3** (*tipogr.*) segnatura **4** (*leg.*) vidimazione **5** (*mus.*) segnatura **6** (*arc.*) segno; marchio. ● (*leg.*) **s. by mark**, firma col segno di croce □ **to honour one's s.**, far onore alla propria firma □ (*mus.*) **key s.**, segnatura in chiave □ **to put one's s. to st.**, firmare q.c.; (*fig.*) accettare volentieri (*o* subito) q.c.; mettere la firma a q.c. (*fam.*) □ (*mus.*) **time s.**, indicazione del tempo.

signboard ['sainbɔ:d], *n.* cartello; insegna (*di negozio, ditta, ecc.*).

signer ['sainə*], *n.* chi firma; firmatario, firmataria.

signet ['signit], *n.* sigillo. ● (*stor.*) **the s.**, il sigillo reale □ **s.-ring**, anello con sigillo □ (*in Scozia*) **writer to the s.**, avvocato patrocinante nella «Court of Session» (*la più alta corte civile*).

significance [sig'nifikəns], **significancy** [sig'nifikənsi], *n.* **1** significato; senso **2** importanza; peso; portata, rilievo (*fig.*): **a decision of great s.**, una decisione di grande importanza; **The true s. of the new economic measures cannot be overestimated**, non si può sopravvalutare la reale portata dei nuovi provvedimenti economici. ● **with a glance of deep s.**, con un'occhiata assai espressiva (*o* significativa) □ **There is no s. in his eyes**, ha uno sguardo inespressivo (*o* che non dice niente).

significant [sig'nifikənt], *a.* **1** significativo: **a s. remark**, un'osservazione significativa **2** significante; eloquente; espressivo: **a s. look**, uno sguardo espressivo **3** importante: **a s. event**, un avvenimento importante.

signification [,signifi'keiʃən], *n.* significato; senso.

significative [sig'nifikətiv], *a.* significativo.

to signify ['signifai], *v. t.* e *i.* **1** significare; voler dire; annunziare; comunicare; esprimere: **What does that s.?**, che cosa significa ciò?; **The chairman signified his intention to resign**, il presidente annunziò la sua intenzione di dimettersi; **to s. one's consent**, esprimere il proprio consenso **2** avere importanza; importare: **It doesn't s.**, non ha importanza; non importa **3** essere un segno di; dimostrare; denotare; rivelare: **His rags s. his poverty**, gli stracci di cui va vestito sono un segno della sua miseria.

signing ['sainiŋ], *n.* firma; atto della firma. ● (*specialm. sport*) **s.-on**, ingaggio; firma d'ingaggio: **s.-on fee**, premio d'ingaggio.

signpost ['sain-poust], *n.* (*autom.*) cartello indicatore; indicatore (*o* indicazione) stradale.

to signpost ['sain-poust], *v. t.* fornire (*una strada*) di segnaletica (verticale). ● (*di strada*) **signposted**, munita di segnaletica verticale.

silage ['sailidʒ], *n.* (*agric.*) **1** silaggio; insilamento **2** foraggio conservato in un silo.

to silage ['sailidʒ], *v. t.* (*agric.*) insilare.

silence ['sailəns], *n.* silenzio; calma; quiete; taciturnità: **in the s. of night**, nel silenzio della notte; **He listened in s.**, ascoltò in silenzio; **to keep (to break) the s.**, mantenere (rompere) il silenzio. ● **dead s.**, silenzio di tomba □ **to pass into s.**, esser passato sotto silenzio; cadere in oblio □ **to pass over st. in s.**, passare q.c. sotto silenzio □ **to put sb. to s.**, far tacere q.; ridurre al silenzio q. confutandone gli argomenti □ (*prov.*) **S. gives consent**, chi tace acconsente.

to silence ['sailəns], *v. t.* far tacere; ridurre al silenzio; (*fig.*) far cessare, reprimere, metter fine a: **to s. one's opposers**, ridurre i propri oppositori al silenzio; **to s. a nest of machine-guns**, ridurre al silenzio un nido di mitragliatrici; **to s. the voice of conscience**, far tacere la voce della coscienza; **to s. complaints**, metter fine alle lagnanze.

silencer ['sailənsə*], *n.* **1** silenziatore (*di arma da fuoco, di motocicletta, ecc.*) **2** (*autom.*) marmitta.

silent ['sailənt], A *a.* silenzioso; silente (*poet.*); taciturno; tacito; muto (*fig.*): **He is always s.**, è sempre silenzioso; **s. longing**, tacito desiderio; **a s. prayer**, una muta preghiera; **a s. film**, un film muto; **a s. letter**, una lettera muta (*che non si pronunzia*); (*polit.*) **the s. majority**, la maggioranza silenziosa. B *n.* (*fam.*) film muto. ● **to be s.**, tacere; far silenzio □ **to be s. about** (*o* **on, upon**), passare sotto silenzio; non parlare di; non toccare (*fig.*): **History is s. upon this fact**, la storia non ne parla; **The report was s. on this matter**, la relazione non toccò (*o* sorvolò su) questo argomento □ (*fin., specialm. USA*) **s. partner**, socio di capitali (*che dà soltanto un apporto di capitale*); (*anche*) socio occulto □ (*fam.*) **the s. service**, la Marina □ **the s. system**, il sistema di obbligare al silenzio i carcerati □ (*leg.*) **s. vote**, voto segreto □ **to keep s.**, tacere; stare zitto □ **Keep s.!**, silenzio!; zitti!

silents ['sailənts], *n. pl.* film muti.

Silenus [sai'li:nəs], *n.* (*pl.* **Sileni**) **1** (*mitol.*) Sileno **2** – (*fig.*) **s.**, vecchio beone.

silesia [sai'li:zjə], *n.* (*ind. tessile*) silesia (*tessuto per fodere*).

Silesia [sai'li:zjə], *n.* (*geogr.*) Slesia.

silex ['saileks], *n.* **1** vetro di silice (*o* di quarzo) **2** (*miner.*) silice.

silhouette [,silu(:)'et], *n.* silhouette; siluetta; contorno; profilo; sagoma: **a car with a low s.**, un'automobile dal profilo basso. ● **in s.**, di profilo, in controluce.

to silhouette [,silu(:)'et], A *v. t.* **1** (*anche fot.*) disegnare (*o* rappresentare, ritrarre) di profilo e controluce **2** proiettare su uno sfondo. B *v. i.* stagliarsi; profilarsi.

silica ['silikə], *n.* (*chim., miner.*) silice; anidride silicica. ● (*chim.*) **s. gel**, gel di silice; silicagel □ **s. glass**, vetro di silice.

silicate ['silikit], *n.* (*chim.*) silicato.

siliceous [si'liʃəs], *a.* (*petrografia*) siliceo.

silicic [si'lisik], *a.* (*chim., petrografia*) silicico: **s. acid**, acido silicico.

siliciferous [,sili'sifərəs], *a.* (*miner.*) silicifero.

silicification [si,lisifi'keiʃən], *n.* (*geol.*) silicizzazione.

to silicify [si'lisifai], *v. t.* e *i.* (*geol.*) silicizzarsi.

silicious [si'liʃəs], *a.* (*chim.*) siliceo.

silicium [sil'liʃiəm], *V.* **silicon**.

silicle ['silikl], *n.* (*bot.*) siliquetta.

silicon ['silikən], *n.* (*chim.*) silicio. ● **s. dioxide**, anidride silicica.

silicone ['silikoun], *n.* (*chim., ind.*) silicone (*resina sintetica*). ● **s. cosmetic**, cosmetico al silicone □ (*ind. della gomma*) **s. rubber**,

gomma siliconica.
silicosis [ˌsiliˈkousis], *n.* (*pl.* **silicoses**) (*med.*) silicosi.
siliqua [ˈsilikwə], *n.* (*pl.* **siliquae**) *V.* **silique**.
silique [siˈli(:)k], *n.* (*bot.*) siliqua.
siliquose [ˈsilikwous], **siliquous** [ˈsilikwəs], *a.* (*bot.*) siliquiforme.
silk [silk], **A** *n.* **1** seta **2** tessuto di seta **3** (*pl.*) abiti di seta; sete **4** (*pl.*) (*ippica*) colori di un fantino. **B** *a. attr.* di seta: **s. stockings**, calze di seta. ● **s. district**, regione sericola □ **s. goods**, seterie □ **s. hat**, cappello a cilindro; cilindro □ **s. mill**, setificio; **filanda** □ **s. moth**, farfalla del baco da seta □ **s. reeling**, filatura della seta □ **s. spinner**, filatore di seta; setaiolo □ **s. thrower**, torcitore (del filato) di seta □ **s. waste**, cascami di seta □ **s. weaver**, tessitore di seta; setaiolo □ **artificial s.**, seta artificiale □ **raw s.**, seta greggia □ **shot s.**, seta cangiante □ **spun s.**, seta filata □ (*leg.*) **to take s.**, diventare **King's** (*o* **Queen's**) **Counsel** (*titolo onorifico di avvocati patrocinanti, che indossano una toga di seta*) □ (*prov.*) **You can't make a s. purse out of a sow's ear**, non si può cavar sangue da una rapa.
silken [ˈsilkən], *a.* **1** serico; di seta: **a s. veil**, un velo di seta **2** (*fig.*) di seta; soffice; delicato; morbido; insinuante; suadente: **s. hair**, capelli di seta; **a s. caress**, una carezza delicata; **a s. touch**, un tocco delicato; **s. flattery**, adulazione insinuante.
silkiness [ˈsilkinis], *n.* **1** aspetto serico; apparenza di seta **2** (*fig.*) delicatezza; lucentezza; morbidezza **3** (*fig., spreg.*) mellifluità; insincerità.
silkworm [ˈsilk-wə:m], *n.* (*zool., Bombyx mori*) baco da seta; filugello (*pop.*). ● **s. breeder**, bachicoltore; sericoltore □ **s. breeding**, bachicoltura; sericoltura □ **s.-house** (*o* **s.-nursery**), bigattiera.
silky [ˈsilki], *a.* **1** di seta; serico: **s. wisps**, ciocche di seta **2** (*fig.*) delicato; liscio; lucente morbido; soave: **s. manners**, maniere delicate; delicatezza di modi **3** (*fig., spreg.*) insinuante; melliflluo; insincero: **a s. voice**, una voce mellifllua. ● **s. wool**, lana setosa.
sill [sil], *n.* **1** (*di finestra*) davanzale **2** (*di porta*) soglia **3** (*edil.*) soglia; soletta (*di cemento, ecc.*) **4** (*geol.*) sill; filone-strato **5** (*geol.*) soglia sottomarina **6** (*ind. min.*) suola (*della galleria o del quadro*).
sillabub [ˈsiləbʌb], *n.* latte rappreso con vino e zucchero.
siller [ˈsilə*], *n.* (*scozz.*) argento.
silliness [ˈsilinis], *n.* sciocchezza; stupidità; imbecillità; scempiaggine.
silly [ˈsili], **A** *a.* **1** sciocco; stupido; imbecille; scemo: **a s. remark**, un'osservazione sciocca **2** futile; frivolo; fatuo **3** (*fam.*) fuori di sé; stordito: **to knock sb. s.**, stordire q. **4** (*raro*) matto; pazzo. **B** *n.* (*fam.*) sciocco; sciocchino (*specialm. se detto ai bambini*): **You s.!**, sciocchino! ● **the s. season**, la stagione morta (*per i giornali: agosto e settembre*) □ **Don't be s.!**, non dire scemenze!; non fare lo stupido!
silo [ˈsailou], *n.* (*pl.* **silos**) **1** (*agric.*) silo **2** (*mil.*) base sotterranea (*di missili teleguidati*).
to silo [ˈsailou], *v. t.* (*agric.*) insilare.
silt [silt], *n.* (*geol.*) limo; sedimento di sabbia (*o* fango).
to silt [silt], **A** *v. t.* (*di solito* **to s. up**) insabbiare; ostruire. **B** *v. i.* (*di un porto, ecc.*) insabbiarsi; ostruirsi.
silting [ˈsiltiŋ], *n.* **1** (*geol.*) deposizione di limo **2** (*costr.*) interramento. ● **s.-up**, insabbiamento; ostruzione (*di un porto, ecc.*).
silty [ˈsilti], *a.* limaccioso; melmoso.
Silurian [saiˈljuəriən], *a.* (*geol.*) siluriano. ● **the S.**, il Siluriano.
silvan [ˈsilvən], *a.* (*lett.*) silvano; silvestre.
silver [ˈsilvə*], **A** *n.* **1** (*chim.*) argento **2** argenteria: **table s.**, argenteria da tavola **3** monete d'argento: **a bag of s.**, un sacchetto di monete d'argento **4** color argento **5** (*fotogr.*) sale d'argento. **B** *a. attr.* d'argento; argenteo; argentino: **a s. coin**, una moneta d'argento; **the s. moon**, l'argentea luna; **the s. age**, l'età argentea (*della letteratura latina*); **a s. voice**, una voce argentina. ● (*fotogr.*) **s. bath**, bagno di nitrato d'argento □ (*bot.*) **s. birch** (*Betula verrucosa*), betulla bianca □ (*econ.*) **s. bullion**, argento monetabile □ (*bot.*) **s. fir** (*Abies alba*), abete bianco □ (*zool.*) **s.-fish** (*Carassius auratus*) carassio dorato; (*Tarpon atlanticus*) tarpone atlantico (*pesci*); pesciolino d'argento (*insetto dell'ordine Thysanura*) □ **s. foil**, foglia (*o* lamina) d'argento; (*anche*) stagnola □ (*zool.*) **s. fox** (*Vulpes fulva*), volpe argentata □ **s. frost**, *V.* **s. thaw** □ **s. gilt**, argento dorato □ **s.-grey**, grigio argento □ **s. hair**, capelli argentei □ **s.-haired**, dai capelli argentei □ (*metall.*) **s. iron**, ghisa grigia □ **s. leaf**, foglia (*o* lamina) d'argento □ **s. paper**, stagnola □ **s. plate**, silver plate; oggetti (*vasellame, ecc.*) placcati in argento □ **s.-plated**, placcato in argento □ **s.-plating**, argentatura; placcatura in argento □ (*arte*) **s.-point**, punta secca (*tecnica in uso nel '400 e '500*) □ **s. sand**, sabbia bianca (*usata per il giardinaggio*) □ (*macelleria*) **s. side**, girello di manzo □ (*econ.*) **s. standard**, standard argenteo; circolazione (monetaria) argentea □ (*fig.*) **the S. Streak**, la Manica □ **s. thaw**, ghiaccio vetroso argenteo □ (*fig.*) **s.**-

tongue, eloquenza □ **s.-tongued**, assai eloquente □ **s. wedding**, nozze d'argento □ (*bot.*) **s. weed** (*Potentilla anserina*), argentina; anserina □ (*fig.*) **to be born with a s. spoon in one's mouth**, essere nato con la camicia □ **quick s.**, argento vivo; mercurio □ **wrought s.**, argento battuto.
to silver [ˈsilvə*], **A** *v. t.* **1** argentare **2** (*fig.*) inargentare: **trees silvered with snow**, alberi inargentati di neve. **B** *v. i.* inargentarsi (*anche dei capelli*).
silveriness [ˈsilvərinis], *n.* aspetto argenteo.
silvering [ˈsilvəriŋ], *n.* **1** argentatura **2** (*fig.*) inargentatura.
silversmith [ˈsilvə-smiθ], *n.* argentiere.
silverware [ˈsilvəwɛə*], *n.* argenteria; vasellame d'argento.
silvery [ˈsilvəri], *a.* **1** argenteo: **the s. light of the moon**, l'argenteo raggio della luna **2** argentino: **a s. voice**, una voce argentina.
silviculture [ˈsilviˌkʌltʃə*], *n.* silvicoltura, selvicoltura.
silviculturist [ˌsilviˈkʌltʃərist], *n.* silvicoltore, selvicoltore.
simian [ˈsimiən], (*zool.*) **A** *a.* scimmiesco; simile a scimmia. **B** *n.* scimmia.
similar [ˈsimilə*], **A** *a.* simile; similare; analogo. **B** *n.* simile.
similarity [ˌsimiˈlæriti], *n.* somiglianza; rassomiglianza; similarità; analogia: **s. of tastes**, somiglianza di gusti.
simile [ˈsimili], *n.* (*retor.*) similitudine.
similitude [siˈmilitju:d], *n.* **1** somiglianza; rassomiglianza; similarità **2** (*retor.*) similitudine.
to similize [ˈsimilaiz], *v. t.* (*raro*) **1** illustrare con similitudini **2** paragonare; assomigliare.
to simmer [ˈsimə*], **A** *v. i.* **1** bollire lentamente; sobbollire **2** (*fig.*) ribollire; fremere: **to s. with anger**, ribollire di rabbia. **B** *v. t.* far bollire lentamente. ● **to s. down**, smettere di bollire; (*fig.*) sbollire, calmarsi.
simmer [ˈsimə*], *n.* (*solo al sing.*) lenta ebollizione. ● **to keep the water at a s.**, far bollire l'acqua lentamente.
simnel(-cake) [ˈsimnlˌkeik], *n.* ricca torta di frutta (*di Natale, Pasqua, ecc.*).
Simon [ˈsaimən], *n.* Simone.
simoniac [siˈmouniæk], *n.* simoniaco.
simoniacal [ˌsaiməˈnaiəkəl], *a.* simoniaco.
simonist [ˈsaimənist], *V.* **simoniac**.
simony [ˈsaiməni], *n.* (*relig., stor.*) simonia.
simoom [siˈmu:m], **simoon** [siˈmu:n], *n.* simun (*vento del deserto caldo e secco*).
simp [simp], *n.* (*fam.*) semplicotto; babbeo; tonto.
to simper [ˈsimpə*], *v. i.* sorridere affettatamente (*o* in modo melenso, sciocamente). ● **to s. one's consent**, acconsentire (*o* annuire) con un sorriso sciocco.
simper [ˈsimpə*], *n.* sorriso affettato (*o* melenso, sciocco).
simple [ˈsimpl], **A** *a.* **1** semplice; sincero; schietto; ingenuo; spontaneo; naturale; facile; alla buona; umile: **a s. problem**, un problema semplice; **a s. soldier**, un soldato semplice; **s. tastes**, gusti semplici; (*gramm.*) **a s. sentence**, un periodo semplice; (*mat.*) **a s. fraction**, una frazione semplice; (*fis., mecc.*) **s. machines**, macchine semplici; **by a s. majority**, a maggioranza semplice **2** (*spreg.*) semplice; poco accorto; credulone; sciocco; stolto: **He's so s. that he believes everything he is told**, è così sciocco da creder tutto quello che gli si dice **3** (*anche* **pure and s.**) puro e semplice; vero e proprio: **It's s. madness!**, è pura e semplice follia. **B** *n.* (*arc.*) semplice; erba medicinale. ● (*mat.*) **s. equation**, equazione lineare (*o* di primo grado) □ (*med.*) **a s. fracture**, una frattura semplice □ **s.-hearted**, candido; schietto; sincero □ (*fin., rag.*) **s. interest**, interesse semplice □ **the s. life**, il viver semplice □ (*fam.*) **a s. lifer**, chi cerca di vivere con semplicità □ (*mecc.*) **s. machine**, macchina semplice □ **s. manners**, modo di fare semplice; maniere alla buona □ **s.-minded**, credulone, ingenuo, semplicotto; *V.* **s.-hearted** □ **s.-mindedness**, credulità, ingenuità semplicioneria; candore, schiettezza, sincerità □ **a s. soul**, un'anima candida; uno spirito semplice.
simpleton [ˈsimpltən], *n.* semplicione; semplicotto; credulone.
simplex [ˈsimpleks], **A** *n.* (*mat.*) simplesso. **B** *a. attr.* (*tecn., scient.*) simplex: **s. channel**, canale simplex.
simplicity [simˈplisiti], *n.* **1** semplicità; candore; schiettezza; ingenuità; naturalezza **2** (*spreg.*) credulità, stoltezza. ● (*fam.*) **It is s. itself**, è la cosa più semplice del mondo.
simplification [ˌsimplifiˈkeiʃən], *n.* semplificazione.
to simplify [ˈsimplifai], *v. t.* semplificare.
simplism [ˈsimplizəm], *n.* semplicismo.
simplistic [simˈplistik], *a.* semplicistico.
simply [ˈsimpli], *avv.* **1** semplicemente; con semplicità; schiettamente **2** proprio; veramente: **His English is s. awful**, il suo inglese è veramente pessimo.
simulacrum [ˌsimjuˈleikrəm], *n.* (*arc.*) (*pl.* **simulacra**, **simulacrums**) simulacro (*anche fig.*): **a s. of virtue**, un simulacro di virtù.
simulant [ˈsimjulənt], *a.* (*biol.*) simile (a): **stamens s. of petals**, stami simili a petali (*o* petaliformi).

to simulate ['simjuleit], *v. t.* **1** simulare; fingere **2** imitare; assumere l'aspetto di; mimetizzarsi con: **The insect simulated a twig**, l'insetto assunse l'aspetto di un ramoscello; **The chameleon simulates its surroundings**, il camaleonte si mimetizza con l'ambiente **3** (*tecn.*) simulare.

simulated ['simjuleitid], *a.* simulato; finto.

simulation [ˌsimju'leiʃən], *n.* simulazione; finzione; finta: (*leg.*) **s. of offence**, simulazione di reato. ● (*elab.*) **s. language**, linguaggio di simulazione.

simulator ['simjuleitə*], *n.* **1** (*aeron., miss.*) simulatore (*di volo*) **2** (*autom.*) simulatore (*del traffico*).

simulcast ['siməlˌkɑːst], *n.* (*radio, telev.*) trasmissione simultanea.

to simulcast ['siməlˌkɑːst] (*pass.* e *p. p.* **simulcast** o **simulcasted**), *v. t.* (*radio, telev.*) trasmettere in simultanea.

simultaneity [ˌsiməltə'niəti], *n.* simultaneità.

simultaneous [ˌsiməl'teinjəs], *a.* simultaneo: **s. translation**, traduzione simultanea. ● (*radio, telev.*) **s. broadcast**, trasmissione simultanea.

simultaneousness [ˌsiməl'teinjəsnis], *V.* **simultaneity**.

sin [sin], *n.* **1** peccato (*anche fig.*); fallo, colpa, errore: **the seven deadly sins**, i sette peccati capitali; **It's a sin having to watch without taking part in the game**, è un peccato dover stare a guardare senza poter prendere parte al gioco **2** (*fig., a volte iron.*) reato; colpa grave. ● **a sin against good taste**, un'offesa al buon gusto □ **sin-offering**, sacrificio espiatorio □ **sb.'s besetting sin**, il peccato in cui q. incorre più spesso □ (*scherz.*) **for my sins!**, parola mia! □ (*pop.*) **like sin**, a tutta forza, a tutto spiano; (*di pioggia*) a dirotto □ **to live in sin**, vivere nel peccato (*in concubinaggio*); essere pubblici peccatori □ (*arc. o scherz.*) **man of sin**, peccatore; reprobo.

to sin [sin], *v. i.* peccare; macchiarsi d'una colpa. ● **to sin against God**, peccare contro Dio □ **to sin against good taste**, offendere il buon gusto □ (*arc.*) **to sin one's mercies**, non riconoscere la propria buona fortuna.

Sinaitic [ˌsainə'itik], *a.* (*geogr., relig.*) sinaitico; del monte Sinai.

sinapism ['sinəpizəm], *n.* (*med.*) senapismo.

since [sins], **A** *avv.* **1** da allora; dopo; di poi: **He left last Monday and I haven't seen him s.**, partì lunedì scorso e non l'ho rivisto da allora; **He was injured a year ago but he's s. fully recovered**, rimase ferito un anno fa ma si è poi completamente ristabilito **2** (*raro*) fa; or sono: **He disappeared many years s.**, scomparve molti anni fa. **B** *prep.* (*di tempo*) da; da quando: **I've been working s. six o'clock**, lavoro dalle sei; **I've eaten nothing s. yesterday**, non ho mangiato (nulla) da ieri; non mangio da ieri; **s. Sunday**, da domenica; **s. your last letter**, dalla tua ultima lettera; **s. seeing you**, da quando ti vidi; dall'ultima volta che ti vidi. **C** *cong.* **1** da quando; dacché: **What have you been doing s. we met?**, che cosa hai fatto de quando (o dall'ultima volta che) c'incontrammo?; **s. we parted**, da quando ci siamo lasciati **2** poiché; dacché; giacché; siccome: **S. you have come late, you'll have to wait longer**, poiché sei arrivato in ritardo, dovrai aspettare di più; **S. he was king, he could do no wrong**, siccome era il re, non si ammetteva che potesse sbagliare. ● **s. that is so**, stando così le cose □ **ever s.**, da allora; da allora in poi □ **long s.**, molto tempo fa; da molto tempo □ **a more dangerous, s. unknown, foe**, un nemico pericoloso tanto più perché ignoto □ **not long s.**, non molto tempo fa; poc'anzi □ **How long is it s. I last saw you?**, quant'è che non ti vedo? □ (*iron.*) **S. when have you been a moralist?**, da quando in qua sei un moralista?

sincere [sin'siə*], *a.* sincero; schietto; franco; genuino: **s. affection**, affetto sincero; **a s. statement**, una dichiarazione franca.

sincerely [sin'siəli], *avv.* sinceramente; francamente; onestamente. ● (*nelle lettere*) **Yours s.**, cordiali saluti.

sincerity [sin'seriti], *n.* sincerità; schiettezza; franchezza; onestà.

sine [sain], *n.* (*mat.*) seno. ● (*mat.*) **s. function**, funzione sinusoidale □ **s.-shaped**, sinusoidale □ (*fis.*) **s. wave**, onda sinusoidale.

sine (2) ['saini] (*lat.*), *avv.* senza. ● **s. die**, a tempo indeterminato; a data da determinarsi □ **s. qua non**, condizione essenziale.

sinecure ['sainikjuə*], *n.* sinecura.

sinecurism ['sainiˌkjuərizəm], *n.* consuetudine (*o* pratica, sistema) di conferire sinecure.

sinecurist ['sainiˌkjuərist], *n.* chi gode di una sinecura.

sinew ['sinju:], *n.* **1** (*anat.*) tendine **2** (*spesso pl., fig.*) nerbo; nervo; energia; forza; vigore; gagliardia: **moral s.**, vigore **2** morale **3** (*di carne d'animale macellato*) muscolo; parte fibrosa.

to sinew ['sinju:], *v. t.* (*poet.*) rafforzare; fortificare.

sinewiness ['sinju:inis], *n.* **1** muscolosità; forza; vigore **2** fibrosità (*di carne d'animale macellato*).

sinewless ['sinju:lis], *a.* **1** senza tendini **2** (*fig.*) senza nerbo; debole.

sinewy ['sinju:i], *a.* **1** nerboruto; muscoloso; gagliardo; forte; vigoroso: **s. shoulders**, spalle muscolose; **a s. style**, uno stile vigoroso **2** (*di carne d'animale macellato*) fibroso; tiglioso.

sinful ['sinful], *a.* peccaminoso; colpevole; immorale.

sinfulness ['sinfulnis], *n.* colpevolezza; immoralità; nequizia (*lett.*).

to sing [siŋ] (*pass.* **sang**, *p. p.* **sung**), *v. t.* e *i.* **1** cantare; celebrare; descrivere in versi: **to s. a song**, cantare una canzone; **Parrots cannot s.: they talk**, i pappagalli non cantano: parlano; **The crickets (the frogs, etc.) were singing**, i grilli (le rane, ecc.) cantavano; **to s. sb.'s praises**, cantare le lodi di q. **2** (*pop. USA*) far la spia; soffiare, cantare (*gergo*) **3** (*di un bricco, ecc.*) borbottare, brontolare **4** ronzare (*del vento, ecc.*) fischiare: **My ears are singing**, mi ronzano le orecchie; **The bullet sang past my head**, la pallottola mi fischiò vicino alla testa **5** (*relig.*) cantare: **to s. mass**, cantare messa. ● (*fig.*) **to s. another song** (*o* **tune**), cambiar registro; abbassare la cresta □ **to s. a baby to sleep**, addormentare un bambino cantando □ **to s. by ear**, cantare a orecchio □ **to s. in tune (out of tune)**, cantare intonato (stonato) □ **to s. out**, cantare ad alta voce; annunciare (dire, ecc.) ad alta voce; gridare: **The butler sang out the names of the guests**, il maggiordomo annunciava a gran voce i nomi degli ospiti □ (*fig., raro*) **to s. small**, diventare umile □ **to s. up**, alzare la voce cantando; cantare più forte □ **to make sb.'s heart s.**, far esultare q.

singable ['siŋəbl], *a.* cantabile.

to singe [sindʒ] (*p. pres.* **singeing**), **A** *v. t.* bruciacchiare; bruciare (superficialmente); strinare: **to s. a fowl**, strinare un pollo; **to have one's hair singed**, farsi bruciare le punte dei capelli (*per eliminare le doppie punte*). **B** *v. i.* bruciarsi (*superficialmente*); bruciacchiarsi; strinarsi: **Your dress is singeing**, ti si strina il vestito. ● (*fig.*) **to s. one's feathers** (*o* **wings**), scottarsi; lasciarci le penne.

singe [sindʒ], *n.* bruciacchiatura; bruciatura superficiale; strinatura.

singer ['siŋə*], *n.* **1** cantante; cantore; cantatore, cantatrice **2** uccello canoro **3** (*arc.*) cantore; poeta.

Singhalese [ˌsiŋhə'li:z], (*invar. al pl.*) *V.* **Sinhalese**.

singing ['siŋiŋ], *n.* **1** canto; il cantare: **to study s.**, studiare canto **2** ronzio: **I have a s. in my ears**, sento un ronzio nelle orecchie **3** (*di vento, ecc.*) fischio. ● **s. bird**, uccello canoro □ **s. lesson**, lezione di canto □ **s. teacher**, maestro di canto.

single ['siŋgl], **A** *a.* **1** singolo; solo; semplice; individuale; unico; solitario. (*bot.*) **s. flower**, fiore semplice; **a s. tree**, un solo albero; un albero solitario; **They were inspired by a s. purpose**, erano ispirati da un unico proposito; **a s.-track railway**, una ferrovia a binario unico (*o* a un solo binario) **2** celibe; scapolo: **a s. man**, un uomo celibe; uno scapolo; **to remain s.**, rimanere celibe **3** nubile: **a s. woman**, una donna nubile; una zitella **4** (*fig., raro*) schietto; sincero; leale; onesto **5** (*fig.*) deciso; determinato; saldo; sicuro: **a man of s. purpose**, un uomo di saldi propositi; **a man of s. mind**, un uomo che sa quello che vuole **6** (*ferr.: di biglietto*) d'andata. **B** *n.* **1** (*tennis, ecc.*) singolo **2** (*ferr., ecc.*) biglietto d'andata **3** (*in G.B.*) banconota da una sterlina **4** (*USA*) banconota da un dollaro **5** (*mus.*) singolo (*disco a 45 giri, del diametro di 18 cm*) **6** (*fam.*) uomo (che vive da) solo; scapolo; divorziato **7** (*fam.*) donna sola; nubile; divorziata **8** (*fam.*) singola (*camera*). ● (*mecc.*) **s.-acting**, (*di motore*) a semplice effetto □ **singles bar**, bar dove s'incontrano giovani (*d'ambo i sessi*); ritrovo per uomini soli (*o* per donne sole): **in cerca di compagnia** □ (*di fucile*) **s.-barrelled**, a una canna □ **a s. bed**, un letto a una piazza; un letto a un posto (*scherz.*) □ **s. blessedness**, vita da scapolo; celibato □ (*di giacca*) **s.-breasted**, a un petto; monopetto □ (*autom.*) **s.-carriageway road**, strada ordinaria (a una sola carreggiata) □ **s. combat**, singolar tenzone; duello □ (*aeron.*) **s.-control**, a un solo comando; monocomando □ (*agric.*) **s.-crop farming**, monocoltura □ (*di lima*) **s.-cut**, a taglio semplice □ (*mecc.: di motore*) **s.-cylinder**, monocilindrico □ **s.-deck bus**, autobus a un (solo) piano □ **s.-decker**, autobus a un piano; (*naut.*) nave a un ponte □ (*mecc.*) **s.-engined**, monomotore: **a s.-engined aircraft**, un aeroplano monomotore □ (*rag.*) **s. entry**, partita semplice □ **s.-eye glass**, monocolo □ **s.-eyed**, monocolo, guercio; (*fig.*) equanime, leale □ (*tennis, ecc.*) **s. game**, singolo □ (*fig.*) **s.-handed**, (fatto) da solo; da sé; senz'aiuto: **by his s.-handed efforts** con gli sforzi compiuti da lui solo □ **s.-hearted**, sincero; schietto; devoto; leale □ **s.-heartedness**, sincerità; schiettezza; devozione; lealtà □ **s. life**, vita da scapolo, celibato; vita da nubile, nubilato (*raro*) □ (*autom.*) **s.-line traffic**, (traffico a) corsia unica □ **s. loader**, arma da fuoco (*specialm.* fucile) a un solo colpo □ (*polit.*) **s.-member constituency**, collegio uninominale □ **s.-minded**, che mira a un solo scopo; determinato, deciso, risoluto □ **s. oar**, remo corto □ (*polit.*) **s.-party government**, (governo) monocolore □ (*elettr.*) **s.-phase system**, sistema monofase □ (*autom., mecc.*) **s.-plate clutch**, frizione monodisco □ **a s. room**, una camera a un letto; una camera singola □ *(autom., aeron.)* **s.-seater**, monoposto □ **s.-sex**, unisessuale: **a s.-sex school**, una scuola unisessuale (*e non mista*) □ *(econ.)* **s. standard**, monometallismo □ **s. state**, *(d'uomo)* celibato; *(di donna)* l'esser nubile □ **a s. ticket**, un biglietto d'andata □ *(fig.)* **a s.-track mind**, una mente ristretta (*o* limitata) □ *(sport)* **s. wicket**, forma rudimentale di cricket □ *(fig.)* **to judge with a s. eye**, dare un giudizio equo (*o* leale); essere equanime □ **not a s. one**, non uno; nemmeno uno □ **to pay in a s. sum**, pagare per contanti (*o* in un'unica soluzione) □ **to walk in s. file**, andare in fila indiana.

to single ['siŋgl], **to single out** ['siŋgl,aut], *v. t.* **1** scegliere; selezionare; distinguere **2** sfrondare (*ramoscelli, ecc.*).

singleness ['siŋglnis], *n.* **1** semplicità; singolarità; unicità **2** *(fig., raro)* sincerità; schiettezza; onestà; lealtà **3** *(d'uomo)* celibato **4** *(di donna)* l'esser nubile.

singles ['siŋgəlz], *n. (invar. al pl.) (tennis)* singolo.

singlestick ['siŋgəl,stik], *n. (stor.)* **1** bastone **2** combattimento con bastoni (*usati a mo' di spade*).

singlet ['siŋglit], *n.* **1** maglietta; camiciola **2** *(sport)* maglietta.

singleton ['siŋgltən], *n.* **1** *(nei giochi di carte)* singleton; carta unica (*di un dato seme; in mano a un giocatore*) **2** individuo (*o* oggetto) singolo; persona (*o* cosa) unica nel suo genere **3** *(biol.)* figlio unico.

singly ['siŋgli], *avv.* **1** singolarmente; individualmente; separatamente; a uno a uno **2** da solo; da sé; senz'aiuto.

singsong ['siŋ-sɔŋ], **A** *n.* **1** cantilena; canto monotono **2** *(fam.)* concerto vocale improvvisato; riunione canora. **B** *a. attr.* monotono; cantilenante.

to singsong ['siŋ-sɔŋ], **A** *v. i.* cantilenare; parlare (cantare, ecc.) in modo monotono. **B** *v. t.* dire, recitare (*versi, ecc.*) in modo monotono.

singular ['siŋgjulə*], **A** *a.* **1** singolare; unico; solo; straordinario; insolito; bizzarro; strano: **a man of s. tastes**, un uomo di gusti singolari; **a s. specimen**, un solo esemplare; **s. clothes**, abiti bizzarri; vestiti strani **2** *(gramm.)* singolare. **B** *n. (gramm.)* singolare: **in the s.**, al singolare.

singularity [,siŋgiu'læriti], *n.* singolarità; stranezza; particolarità.

to singularize ['siŋgjuləraiz], *v. t.* **1** singolarizzare (*lett.*); ridurre (*una parola*) al singolare **2** mettere in risalto (*o* in evidenza).

Sinhalese [,sinhə'li:z], *a. e n. (invar. al pl.) (un tempo)* singalese; (abitante, lingua) di Ceylon (*ora Sri Lanka*).

sinister ['sinistə*], *a.* sinistro; di cattivo augurio; funesto; bieco; minaccioso; cattivo; malvagio: **a s. smile**, un sorriso sinistro; **a s. man**, un uomo sinistro; **a s. omen**, un presagio funesto; **a s. design**, un disegno malvagio. ● **s.-looking**, *(di persona)* dall'aspetto sinistro; *(di cosa)* minaccioso; pauroso □ *(araldica)* **bar s.**, bastone scorciato (*segno di bastardigia, cioè di nascita illegittima*).

sinistral ['sinistrəl], *a.* **1** *(raro)* sinistro; a (*o* sulla) sinistra **2** *(geol.)* sinistrorso: **s. fold**, piega sinistrorsa **3** *(di conchiglia)* con spire sinistrorse.

sinistrorse ['sinistrɔ:s], *a.* **1** *(biol.)* sinistrorso **2** *(di conchiglia)* con spire sinistrorse.

sink [siŋk], *n.* **1** acquaio; secchiaio; lavello **2** *(USA)* lavandino; lavabo **3** *(raro)* scarico; scolo **4** *(fig.)* sentina; ricettacolo: **a s. of vice**, una sentina di vizi **5** *(geogr.)* foiba; dolina **6** *(edil.)* pozzo nero **7** *(geogr.)* avvallamento; *(spesso)* lago salato **8** *(fis.)* pozzo. ● *(fig.)* **the s. contract**, il matrimonio (*per la vessata casalinga*) □ *(geogr.)* **s.-hole**, dolina; foiba □ **heat s.**, *(aeron., propulsione nucleare)* pozzo di calore; *(elettr.)* dissipatore.

to sink [siŋk] *(pass.* **sank**, *p. p.* **sunk**), **A** *v. i.* **1** affondare; andare (*o* colare) a picco; sommergersi: **The Titanic sank after striking an iceberg**, il Titanic affondò dopo aver urtato un iceberg; **We sank knee-deep in the snow**, affondavamo nella neve fino alle ginocchia **2** sprofondare; cedere; avvallarsi: **Whole villages have sunk into the earth**, interi villaggi sono sprofondati nelle viscere della terra; **The ceiling has sunk**, il soffitto ha ceduto **3** abbassarsi; calare; digradare; scendere; tramontare; scomparire: **The lake has sunk four inches**, il lago s'è abbassato di quattro pollici (*10 cm circa*); **The wind has sunk**, è calato il vento; **The land sinks gradually to the salt lake**, il terreno digrada verso il lago salato; **The moon sank behind a cloud**, la luna scomparve dietro una nuvola; **The sun is sinking**, il sole tramonta; **The balloon sank to earth**, il pallone (aerostatico) scese al suolo **4** cadere; lasciarsi cadere: **to s. to one's knees**, cadere in ginocchio; **The arrow sank to earth**, la freccia cadde a terra; **to s. into deep sleep**, cadere in un sonno profondo; **to s. into oblivion**, cadere nell'oblio; **She sank into the chair**, si lasciò cadere sulla sedia **5** penetrare; internarsi; filtrare; imprimersi: **Water sinks rapidly through topsoil**, l'acqua filtra rapidamente attraverso lo strato superficiale del suolo; **The words of the dying man sank into my soul**, le parole del morente s'impressero nel mio animo **6** incavarsi; infossarsi: **His cheeks (his eyes) have sunk** (*o* **sunk in**), gli si sono incavate le guance (infossati gli occhi) **7** decadere; peggiorare; deperire; indebolirsi: **He sank in social prestige**, decadde in prestigio sociale; **The patient is sinking fast**, il malato peggiora rapidamente **8** calare; diminuire; ridursi; scendere: **The population has sunk**, la popolazione è calata; *(econ.)* **Output has sunk to a new low**, la produzione è scesa a un nuovo minimo. **B** *v. t.* **1** affondare; *(mil., naut.)* colare a picco: **to s. a ship**, affondare una nave; **He sank the spade in the ground**, affondò la vanga nel terreno **2** chinare; calare; ribassare; ridurre; far calare: **to s. one's voice**, abbassare la voce; **to s. one's head on one's chest**, chinare il capo sul petto; **to s. prices**, calare (*o* ribassare) i prezzi; **The drought has sunk the rivers**, la siccità ha fatto calare il livello dei fiumi **3** scavare; perforare: **to s. a mine**, scavare una miniera; **to s. a well**, perforare un pozzo **4** affondare; piantare: **to s. a pole in the ground**, piantare un palo nel terreno **5** celare; nascondere; dimenticare; affogare *(fig.)*; seppellire *(fig.)*; passar sopra a; passar sotto silenzio: **to s. one's identity**, celare la propria identità; **She sank her head in her hands**, si nascose il capo tra le mani; **to s. one's worries in whisky**, affogare nel whisky i propri guai; **Let's s. our quarrels in the face of common danger**, seppelliamo le nostre liti di fronte al pericolo comune! **6** *(mecc.)* incidere (*un conio, un punzone*) **7** *(fin.)* investire (*denaro*); perdere (*denaro*) in investimenti azzardati; dilapidare (*un patrimonio*) **8** *(fin.)* ammortare, ammortizzare (*un debito, un mutuo*) **9** *(fig.)* guastare; rovinare **10** *(biliardo)* mettere in buca (*una palla*). ● **to s. in**, *(di un liquido, ecc.)* penetrare; *(fig.)* essere recepito, andare a segno □ **to s. into decay** (*o* **into ruin**), cadere in sfacelo (*o* in rovina) □ **to s. low**, abbassarsi; calare; *(fig.)* cadere in basso, degenerare □ *(fig.)* **to s. oneself** (*o* **one's own interests**), non badare al proprio interesse; essere altruista □ **to leave sb. to s. or swim**, lasciar che q. si tragga d'impaccio da solo □ **My courage is sinking**, mi viene meno il coraggio □ **My heart sank**, mi sentii mancare (il cuore) □ **His life is sinking**, è agli estremi □ **His eyes sank**, abbassò gli occhi (*per imbarazzo o vergogna*) □ **It is a case of s. or swim**, o bere o affogare; ne va della vita (*o* della riuscita, ecc.) □ **to be left to s. or swim by oneself**, essere lasciato nelle peste, a cavarsela da solo □ **The lesson sank into our memory**, la lezione ci rimase (bene) impressa nella mente.

sinkable ['siŋkəbl], *a.* **1** affondabile **2** *(fin.)* ammortabile; ammortizzabile.

sinker ['siŋkə*], *n.* **1** *(mecc., anche* **die-s.***)* incisore (*di coni o punzoni*) **2** scavatore; perforatore (*di pozzi, ecc.*) **3** *(ind. min.)* pompa per prosciugare cantieri di scavo **4** *(naut., sport)* peso, piombo (*di scandaglio o lenza*) **5** *(fam. USA)* ciambellina fritta.

sinkhole ['siŋkhoul], *n.* **1** pozzo di scarico; pozzo nero **2** *(geogr.)* foiba; dolina **3** *(fig.)* pozzo di San Patrizio; pozzo senza fondo **4** *(geogr.)* avvallamento; *(spesso)* lago salato.

sinking ['siŋkiŋ], *n.* **1** affondamento (*di una nave*) **2** abbassamento; calo; diminuzione **3** scavo, trivellazione (*d'un pozzo*) **4** *(geol.)* affondamento **5** *(ottica)* sprofondamento **6** *(mecc.)* incisione (*di punzoni*) **7** *(fin.)* investimento (*di denaro, specialm. se azzardato*) **8** *(fin.)* ammortamento (*di un debito*): **s. fund**, fondo di ammortamento; **s. plan**, piano di ammortamento. ● **to have a s. feeling**, avere un senso di vuoto allo stomaco (*per fame, paura, ecc.*).

sinless ['sinlis], *a.* senza peccato; innocente; puro.

sinlessness ['sinlisnis], *n.* innocenza; purezza.

sinner ['sinə*], *n.* **1** peccatore, peccatrice **2** *(fam.)* chi infrange una regola; trasgressore.

Sinn Fein ['ʃin'fein], *n. (stor.)* Sinn Fein; movimento indipendentista irlandese (*fondato verso il 1905*).

Sino- ['sainou-], *pref.* cino-: **the Sino-Japanese war**, la guerra cino-giapponese.

sinologist [si'nɔlədʒist], **sinologue** ['sinələg], *n.* sinologo.

sinology [si'nɔlədʒi], *n.* sinologia.

sinopia [si'noupiə], *n. (arte)* sinopia.

sinopite ['sinəpait], *n. (miner.)* sinopite.

to sinter ['sintə*], *v. t. (metall.)* sinterizzare.

sinter ['sintə*], *n.* **1** *(geol.)* sedimento di precipitazione chimica **2** *(miner.)* geyserite **3** *(metall.)* agglomerato per sinterizzazione.

sintered ['sintəd], *n. (metall.)* sinterizzato.

sintering ['sintəriŋ], *n. (metall.)* sinterizzazione.

sinuate ['sinjuit], *a.* **1** sinuoso **2** *(bot.)* sinuato.

sinuation [,sinju'eiʃən], *V.* **sinuosity**.

sinuosity [,sinju'ɔsiti], *n.* **1** sinuosità **2** agilità; snellezza **3** curva; svolta **4** *(di fiume)* meandro.

sinuous ['sinjuəs], *a.* **1** sinuoso; serpeggiante; tortuoso **2** agile; snello.

sinus ['sainəs], *n. (pl.* **sinuses**, **sinus**) **1** *(anat.)* seno; cavità **2** *(med.)* fistola **3** *(bot.)* seno (*fra due lobi di foglia*).

sinusitis [,sainə'saitis], *n. (med.)* sinusite.

sinusoid ['sainəsɔid], *n.* **1** (*mat.*) curva sinusoide; sinusoide **2** (*anat.*) sinusoide.
sinusoidal [ˌsainə'sɔidl], *a.* (*mat.*) sinusoidale.
Sion ['saiən], *n.* Sion (*lett.*); Gerusalemme.
to sip [sip], *v. t.* e *i.* centellinare; sorseggiare; bere a sorsi.
sip [sip], *n.* sorso; centellino.
siphon ['saifən], *n.* sifone (*in ogni senso*). ● **s. barometer**, barometro a sifone □ **s. bottle**, sifone; sifone da seltz □ **s. gauge**, manometro a sifone.
to siphon ['saifən], **A** *v. t.* (*di solito* **to s. out, off**) **1** travasare per mezzo di un sifone **2** (*fig.*) deviare; smistare; sviare: **to s. off the traffic from the centre**, deviare il traffico dal centro cittadino. **B** *v. i.* **1** sgorgar fuori da un sifone **2** (*per estens.*) sgorgare.
siphonage ['saifənidʒ], *n.* azione di un sifone; travaso per mezzo di un sifone.
siphonal ['saifənəl], **siphonic** [ˌsai'fɔnik], *a.* di sifone; a forma di sifone.
siphuncle ['saifʌŋkəl], *n.* (*zool.*) **1** sifoncino **2** sifone, nettario (*degli afidi*).
sipper ['sipə*], *n.* **1** chi sorseggia **2** beone **3** (*USA*) cannuccia.
sippet ['sipit], *n.* crostino di pane (*inzuppato o da inzuppare*).
sir [sə:*], *n.* **1** (*al vocat.*) signore: **May I leave now, sir?**, posso andare, signore?; **Yes, sir**, sì, signore (*nelle lettere*) **Dear Sir**, Egregio Signore **2** (*titolo di baronetto o cavaliere*) Sir: **Sir Walter Scott**, Sir Walter Scott. ● (*fam. USA*) **No, Sir!**, certo che no!; no e poi no!
to sir [sə:*], *v. t.* chiamare (q.) signore; dare del sir a (q.): **Don't sir me**, non darmi del sir!
sire ['saiə*], *n.* **1** (*al vocat.*) sire; maestà **2** (*poet.*) antenato; padre **3** (*specialm. di stallone*) progenitore.
to sire ['saiə*], *v. t.* (*specialm. di stallone*) generare; essere il progenitore di (*un cavallo*).
siren ['saiərin], **A** *n.* **1** (*mitol.*) sirena (*anche fig.*) **2** sirena (*apparecchio acustico*): **a ship's s.**, la sirena d'una nave **3** (*zool.*, *Siren lacertina*) sirena. **B** *a. attr.* di (*o* da) sirena; allettante; tentatore.
sirenian [sai'ri:njən], (*zool.*) **A** *a.* dell'ordine dei Sirenia. **B** *n.* (*pl.* **Sirenians**) individuo dei Sirenia (*dugongo*, *tricheco*, *ecc.*).
siriasis [si'raiəsis], *n.* (*pl.* **siriases**) (*med.*) colpo di sole; insolazione.
Sirius ['siriəs], *n.* (*astron.*) Sirio.
sirloin ['sə:lɔin], *n.* lombo di manzo; filetto.
sirocco [si'rɔkou], *m* (*pl.* **siroccos**) scirocco.
sirrah ['sirə], *n.* (*arc.*, *spreg.*) messere (*usato al vocat.*).
sirree [si'ri:], *inter.* – (*fam. USA*) **No, s.!**, no e poi no!; **Yes, s.!**, sì, eccome!
sirup ['sirəp], *n.* sciroppo.
sirvente [ˌsir'va:nt] (*franc.*), *n.* (*stor.*, *letter.*) sirventese.
sis [sis], *n.* (*abbr. fam. di* **sister**) sorella.
sisal ['saisəl], *n.* (*bot.*, *Agave sisalana*) agave sisalana; sisal. ● **s. hemp**, fibra di agave; sisal.
siskin ['siskin], *n.* (*zool.*, *Carduelis spinus*) lucherino.
sissified ['sisifaid], *V.* **sissyish**.
sissy ['sisi], **A** *n.* (*fam.*) donnicciola; ragazzo (*o* uomo) effeminato. **B** *a.* di (*o* da) donnicciola; effeminato. ● (*motociclismo*) **s. bar**, maniglia per la persona trasportata.
sissyish ['sisiiʃ], *a.* (*fam.*) di (*o* da) donnicciola; effeminato.
sister ['sistə*], *n.* **1** sorella (*anche fig.*) **2** suora; sorella; monaca **3** (infermiera) caposala **4** (*pop. USA*) ragazza; donna. ● (*fig.*) **S. Anne**, persona messa di guardia per annunciar l'arrivo dei soccorritori (*dalla favola di Barbablù*) (*mecc.*) **s.-hook**, gancio doppio □ **s.-in-law**, cognata □ **the Sisters of Mercy**, le Sorelle della Misericordia □ (*naut.*) **s. ships**, navi gemelle □ (*mitol.*) **the Fatal Sisters** (*o* **the three Sisters**), le tre sorelle; le Parche □ **half-s.**, sorellastra □ **step-s.**, sorellastra.
sisterhood ['sistəhud], *n.* **1** sorellanza; l'essere sorelle **2** associazione femminile **3** comunità di suore; congregazione religiosa **4** (*fig.*) fratellanza: **the s. of emerging countries**, la fratellanza dei paesi emergenti.
sisterliness ['sistəlinis], *n.* atteggiamento (*o* affetto) di (*o* da) sorella.
sisterly ['sistəli], *a.* di sorella; sororale (*lett.*); fraterno: **s. love**, amor di sorella; amore fraterno.
Sistine Chapel ['sistain 'tʃæpəl], *n.* (*arte*, *relig.*) Cappella Sistina.
sistrum ['sistrəm], *n.* (*pl.* **sistrums, sistra**) (*stor.*) sistro.
Sisyphean [ˌsisi'fi:ən], *a.* di Sisifo: **a S. task**, una fatica di Sisifo.
Sisyphus ['sisifəs], *n.* (*mitol.*) Sisifo.
to sit [sit] (*pass.* e *p. p.* **sat**), **A** *v. i.* **1** sedere; essere (*o* stare) seduto: **I was sitting on a chair**, ero seduto su una sedia; **to sit at table**, sedere a tavola **2** (*di volatili*) appollaiarsi, essere appollaiato; (*di animali*) accucciarsi, accovacciarsi; (*specialm. di galline*) covare: **The thrush was sitting on the tallest branch**, il merlo era appollaiato sul ramo più alto; **a sitting hen**, una gallina che cova; una chioccia **3** (*arte*) posare: **to sit to an artist**, posare per un artista **4** (*anche polit.*) aver un seggio; essere membro di; far parte di: **to sit in Parliament**, avere un seggio in Parlamento (*essere deputato*); **to sit on a committee (on a jury, etc.)**, far parte di un comitato (di una giuria, ecc.) **5** essere in seduta; tener seduta; tenere udienza; riunirsi: **Parliament is sitting**, il Parlamento è in seduta (*o* è aperto); (*leg.*) **The court is now sitting**, il tribunale tiene udienza **6** (*d'abito e sim.*) stare; tornare; cadere: **How does my overcoat sit behind?**, come sta di dietro il mio soprabito?; **This jacket sits well**, questa giacca cade bene **7** addirsi; confarsi: **His new office sits well on him**, la sua nuova carica gli si addice **8** (*fig.*) pesare; gravare: **The eel sits heavily on my stomach**, l'anguilla mi pesa sullo stomaco (*o* mi è restata sullo stomaco); **The years sit lightly on me**, gli anni non mi pesano. **9** (*poet.*) sedere; essere; risiedere; stare; trovarsi: **In what quarter sits the wind?**, da che parte spira il vento? **B** *v. t.* **1** far sedere; mettere a sedere **2** stare in sella a; cavalcare: **He could not sit his horse properly**, non riusciva a stare bene in sella al cavallo **3** (*di gallina*) covare (*uova*) **4** (*di un locale, un'auto, ecc.*) avere posti a sedere per (*un certo numero di persone*): **The bus can sit forty people**, l'autobus ha posti a sedere per quaranta persone **5** sostenere, dare (*un esame*): **to s. one's Spanish exam**, sostenere l'esame (scritto) di spagnolo. **to sit oneself C** *v. rifl.* sedersi; accomodarsi, **D** *verbi composti* **1 to sit back**, mettersi comodamente seduto, rilassarsi (*fig.*) andare a riposo, in pensione. **2 to sit down**, sedersi; mettersi a sedere; accomodarsi: **He sat down in the armchair in front of the fire**, si sedette in poltrona davanti al fuoco □ (*mil.*) **to sit down before a town** (**a fort, etc.**), accamparsi davanti a una città (un forte, ecc.) per assediarla □ **to sit down under an insult**, lasciarsi insultare senza reagire. **3** (*polit.*) **to sit for a constituency**, rappresentare in Parlamento un (certo) collegio elettorale □ **to sit for an examination**, fare (*o* sostenere) un esame □ **to sit for a scholarship**, concorrere per una borsa di studio. **4 to sit in**, (*di ragazza*, *ecc.*) fare la baby-sitter; (*polit.*) partecipare a un sit-in (*q.V.*) □ **to sit in for sb.**, sostituire q. (*in un comitato*, *ecc.*). **5 to sit on**, indagare; investigare; discutere; (*fam.*) tenere nel cassetto (*una lettera*, *ecc.*), trascurare (*una faccenda*): **The committee is sitting on that matter**, il comitato sta discutendo quella faccenda □ **a care that sits on the mind**, una preoccupazione (*o* un affanno) che opprime l'animo □ **His principles sit loosely on him**, i suoi principi non gli s'attagliano; predica bene, ma razzola male □ (*fig.*, *fam.*) **to s. on one's hands**, stare con le mani in mano; tenere le mani alla cintola (*fig.*). **6 to sit out**, star seduto all'aperto; non prender parte a, fare tappezzeria durante (*una danza*, *ecc.*); rimanere sino alla fine di (*uno spettacolo*, *una conferenza*, *specialm. se noiosi*); restare finché (*gli altri ospiti*) non se ne siano andati. **7** (*nei giochi di carte inglesi*) **to sit over a player**, star sopra (*o* alla sinistra di) un altro giocatore. **8 to sit under a player**, stare sotto (*o* alla destra di) un altro giocatore (*a carte*). **9 to sit up**, star seduto con la schiena eretta; tirarsi su a sedere (*da sdraiato*); rimanere alzato fino a tardi, vegliare □ (*fam.*) **to sit up and take notice**, farsi improvvisamente attento; farsi tutt'orecchie □ **to sit up for sb.**, stare alzato per aspettare (*o* vegliare) q. □ (*fam.*) **to make sb. sit up**, far sobbalzare q. (*per la sorpresa*, *per il dolore*); spaventare q.; scuotere q. (*dall'inerzia*). **10 to sit upon**, *V.* **to sit on. 11** (*med.*) **to sit with**, assistere (*un malato*). ● **to sit at home**, starsene (a casa) in ozio; essere disoccupato □ (*fig.*) **to sit in judgment**, impancarsi a giudice □ (*fam.*) **to sit pretty**, passarsela bene; (*di una ditta*, *ecc.*) essere fiorente, prosperare □ **to sit tight**, star seduto senza muoversi; star fermo al proprio posto; star saldo in sella; (*fam.*) tener duro □ (*fam.*) **to be sitting pretty**, avere tutti gli assi nella manica; essere ben piazzato.
sit-down meal ['sitdaun'mi:l], *n.* pasto consumato a sedere (*non in piedi*); pasto a tavola.
sit-down strike ['sitˌdaun'straik], *n.* (*econ.*) sciopero con occupazione del posto di lavoro.
site [sait], *n.* sito; luogo; posto: **a good s. for a picnic**, un luogo adatto a una merenda all'aperto. ● **the s. of a battle**, il luogo in cui si combatté una battaglia; un campo di battaglia □ (*edil.*) **a building s.**, un terreno edificabile.
to site [sait], *v. t.* situare; collocare.
sitfast ['sitfa:st], *n.* (*vet.*) piaga sul dorso (*di un cavallo*).
sith [siθ], (*arc.*) *V.* **since**.
sit-in ['sitˌin], *n.* **1** sit-in; raduno di protesta (*occupando*, *seduti*, *un luogo pubblico*) **2** (*econ.*) *V.* **sit-down strike**.
sitology [sai'tɔlədʒi], *n.* sitologia; scienza dell'alimentazione.
sitter ['sitə*], *n.* **1** chi siede; chi sta seduto **2** (*arte*) chi posa; modello, modella **3** chioccia; gallina che cova: **This hen is a good s.**, questa gallina è una buona chioccia **4** *V.* **s.-in. 5** (*pop.*) colpo facile (*a caccia*); cosa facile (*in genere*). ● **s.-in** (*o* **baby-s.**),

baby-sitter (*chi, dietro compenso, sorveglia bambini in assenza dei genitori*).
sitting ['sitiŋ], **A** *n*. **1** seduta; adunanza; tornata (*di lavori*); (*leg.*) udienza: **an all-night s. of the House of Commons**, una seduta della Camera dei Comuni che è durata tutta la notte **2** (*arte*) posa; seduta: **He made my portrait in ten sittings**, mi fece il ritratto in dieci sedute **3** covata; cova (*di gallina*) **4** (*al ristorante*) turno (*per i pasti*). **B** *a*. **1** che occupa (*un posto, ecc.*) **2** (*polit.*) in carica: **the s. M.P.**, il deputato in carica. ● **s. accommodation**, (disponibilità di) posti a sedere □ (*stor. USA*) **S. Bull**, Toro Seduto (*capo indiano*) □ (*fig.*) **s. duck**, facile bersaglio □ **s. hen**, chioccia; gallina che cova □ **s. room** (stanza di) soggiorno; salotto (*fam.*) □ (*leg.*) **the s. tenant**, l'attuale affittuario (*o* inquilino); l'occupante □ **baby-s.** (*o* **s.-in**), baby-sitteraggio; sorveglianza dei bambini in assenza dei genitori: **Many students now earn money by s.-in**, molti studenti oggigiorno guadagnano soldi andando nelle case a custodire i bambini (*per lo più, la sera*) □ **to give a s. to a painter**, posare per un pittore □ **to write a poem at a s.**, scrivere una poesia di getto (*o* in una sola tirata).
situate ['sitjueit], *V*. **situated**.
situated ['sitjueitid], *a*. **1** situato; collocato; posto: **The fort is s. on a hilltop**, il forte è situato in cima a un colle **2** (*di persona*) sistemato (*bene, male, ecc.*).
situation [,sitju'eiʃən], *n*. **1** situazione; posizione; sito; luogo: **The house stands in a fine s.**, la casa si trova in un bel sito (è ben situata) **2** condizione; stato delle cose; complesso di circostanze; situazione: **the political s.**, la situazione politica **3** posto (*di lavoro*); impiego: **to apply for a s.**, fare una domanda d'impiego; **to have a good s.**, avere un buon posto. ● (*radio, telev.*) **s. comedy**, sceneggiato, serial; serie radiofonica (*o* televisiva) □ (*mil. USA*) **s. room**, sala operativa (*nel sottosuolo della Casa Bianca*) □ (*nei giornali*) «**situations vacant**», offerte d'impiego; «offresi» □ «**situations wanted**», domande d'impiego; «cercasi» □ **to come out of a difficult s.**, cavarsi da un imbroglio; trarsi d'impaccio □ (*econ.*) **to find a s.**, trovar lavoro □ (*econ.*) **to be in (out of) a s.**, avere lavoro (essere disoccupato).
sit-up ['sitʌp], *n*. (*ginnastica*) flessione in avanti (*da supino*).
sit-upon ['sitə,pɒn], *n*. (*fam., scherz.*) sedere; deretano; sederino.
sitz-bath ['sits-ba:θ], *n*. semicupio.
six [siks], *a*. e *n*. sei: **He is not six yet**, non ha ancora sei anni; **the six of spades**, il sei di picche (*carta da gioco*). ● (*fam.*) **six-footer**, persona (*o cosa*) alta sei piedi (*m 1,83 circa*); stanga, stangone (*fig.*) □ (*naut.*) **six-master**, (nave a) sei alberi □ **six-pack**, confezione da sei (bottiglie, ecc.) □ (*fam. USA*) **six-shooter**, rivoltella a sei colpi □ (*fam.*) **at sixes and sevens**, in disordine, sottosopra; in disaccordo □ **by** (*o* **in**) **six**, a sei a sei □ **It's six o'clock**, sono le sei □ (*fig.*) **It is six of one and half a dozen of the other**, è praticamente la stessa cosa; se non è zuppa è pan bagnato □ (*mat.*) **Twice six is twelve**, sei per due fa dodici.
sixain [siksein], *n*. (*poesia*) sestina.
sixfold ['siksfould], **A** *a*. **1** sestuplo **2** sestuplice. **B** *avv*. sei volte (tanto).
sixpence ['sikspəns], *n*. (*stor.*) sei penny; mezzo scellino (*moneta inglese fino al 1971*).
sixpenny ['sikspəni], *a*. **1** che vale sei penny; da sei penny: **a s. stamp**, un francobollo da sei penny **2** (*fig.*) di poco prezzo; da pochi soldi.
sixte [sikst], *n*. (*scherma*) posizione di sesta.
sixteen ['siks'ti:n], *a*. e *n*. sedici.
sixteenmo [siks'ti:nmou], *n*. (*pl*. **sixteenmos**) (*tipogr.*) formato in sedicesimo.
sixteenth ['siks'ti:nθ], *a*. e *n*. sedicesimo. ● **on the s. of October**, il sedici ottobre □ (*mat.*) **one s.**, un sedicesimo (1/16).
sixth [siksθ], **A** *a*. e *n*. sesto: **He came in s.**, arrivò sesto; (*mat.*) **one s.**, un sesto (1/6). **B** *n*. **1** (*mus.*) sesta **2** (*a scuola, anche s. form*) classe sesta. ● **s. sense**, sesto senso; intuito □ **on the s. of May**, il sei maggio.
sixthly ['siksθli], *avv*. in sesto luogo (*nelle enumerazioni*).
sixtieth ['sikstiiθ], *a*. e *n*. sessantesimo.
sixty ['siksti], *a*. e *n*. sessanta. ● **in the sixties**, negli anni fra i 60 e i 69 (*della vita di un uomo o in un secolo*) □ (*fam. USA*) **like s.**, a gran velocità; a tutta birra (*fam.*); con grande forza; a più non posso □ **a man of s.**, un sessantenne.
sixty-four [,siksti'fɔː*], *a*. e *n*. sessantaquattro. ● (*fam.*) **It's the sixty-four (-thousand)-dollar question**, è una domanda da cinque milioni!
sizable ['saizəbl], *a*. di considerevoli dimensioni; piuttosto grande.
sizar ['saizə*], *n*. (*a Cambridge o al Trinity College di Dublino*) detentore di borsa di studio; borsista.
sizarship ['saizəʃip], *n*. borsa di studio universitaria (*V*. **sizar**).
size (1) [saiz], *n*. **1** dimensione, grandezza; misura; numero (*di scarpe, ecc.*); formato; statura: taglia: **The new town hall is of vast s.**, il nuovo municipio è di ampie dimensioni; **It was about the s. of a pill**, era all'incirca della grandezza d'una pillola; **s. eight shoes**, scarpe numero otto; **a man of his s.**, un uomo della sua taglia; **all sizes of pullovers**, pullover di tutte le misure; **commercial s.**, formato commerciale **2** (*comm.: del carbone, ecc.*) pezzatura. ● **the s. of a bank account**, l'ammontare di un conto in banca □ (*tipogr.*) **s. of type**, corpo del carattere □ **s.-stick**, arnese di calzolaio per prendere la misura del piede □ **to cut sb. down to s.**, ridimensionare q. □ (*d'abito, ecc.*) **a s. too big**, di una taglia in più; che sta (*o* va) largo di una misura □ (*di sigarette, ecc.*) **king s.**, formato maggiore (*o* grande) □ **a life-s. portrait**, un ritratto di grandezza naturale □ **I take s. eight in gloves**, porto guanti del numero otto □ (*fam.*) **That's about the s. of it**, così, a un dipresso, stanno le cose; le cose sono andate più o meno così.
to size (1) [saiz], *v*. *t*. **1** raggruppare (*o* classificare, graduare) secondo la misura; fare la cernita di **2** (*mecc.*) ridurre a misura; ridimensionare. ● **to s. st.** (**sb.**) **up**, calcolare la grandezza, prendere le misure di q.c. (q.); (*fam.*) giudicare, farsi un'idea di q.c. (q.) □ **large-sized**, grande □ **medium-sized**, di mezza taglia; di formato medio.
size (2) [saiz], *n*. (*ind.*) colla; bozzima. ● (*pittura*) **s.-colour**, tinta a colla.
to size (2) [saiz], *v*. *t*. (*ind.*) imbozzimare; incollare (*tessili, cuoio, carta*).
sizeable ['saizəbl], *V*. **sizable**.
sizer ['saizə*], *n*. **1** chi fa la cernita; cernitore **2** (*ind.*) imbozzimatrice (*macchina*) **3** (*ind. min.*) pezzatore (*di minerali*).
sizing ['saiziŋ], *n*. **1** (*ind. tessile*) imbozzimatura, incollatura **2** (*ind.*) dimensionamento **3** (*ing.*) classificazione granulometrica (*o* volumetrica).
sizzle [sizl], *n*. sfrigolio; friggio.
to sizzle ['sizl], *v*. *i*. **1** sfrigolare, sfriggere **2** (*fig.*) friggere (*per la rabbia*).
sizzler ['sizlə*], *n*. (*fam.*) giornata caldissima; giorno afoso (*o* soffocante).
sizzling ['sizliŋ], *a*. **1** sfrigolante **2** caldissimo; bollente.
skald [skɔːld], *n*. (*stor., letter.*) scaldo.
skate (1) [skeit], *n*. (*pl*. **skates, skate**) (*zool., Raja*) razza.
skate (2) [skeit], *n*. (*sport*) pattino. ● (*fig., fam.*) **to get** (*o* **to put**) **one's skates on**, affrettarsi; andare di gran fretta □ **roller-s.**, pattino a rotelle.
to skate [skeit], *v*. *i*. (*sport*) pattinare. ● (*fam.*) **to s. over** (*o* **round**) **st.**, prendere q.c. alla leggera □ (*fig.*) **to s. on thin ice**, camminare su terreno infido; trattare un argomento pericoloso □ **to roller-s.**, pattinare con pattini a rotelle; schettinare.
skateboard ['skeitbɔːd], *n*. pattino a quattro rotelle; skateboard.
skateboarder ['skeit,bɔːdə*], *n*. chi pratica lo skateboarding (*q.V*.).
skateboarding ['skeit,bɔːdiŋ], *n*. (il) correre su uno skateboard (*q.V*.).
skater ['skeitə*], *n*. (*sport*) pattinatore, pattinatrice.
skating ['skeitiŋ], *n*. (*sport*) pattinaggio. ● **s. rink**, pista di pattinaggio (*anche a rotelle*); pattinatoio.
skean ['skiːən], *n*. pugnale irlandese (*o* scozzese). ● **s.-dhu**, pugnale del costume nazionale scozzese (*infilato in una calza*).
to skedaddle [ski'dædl], *v*. *i*. (*fam.*) scappare; svignarsela; darsela a gambe; filare (*fam.*); smammare (*pop.*).
skedaddle [ski'dædl], *n*. (*fam.*) fuga precipitosa.
skeet [skiːt], *n*. (*sport, anche* **s. shooting**) tiro al piattello.
skein [skein], *n*. **1** matassa **2** stormo d'anatre (*o* d'oche) selvatiche. ● **tangled s.**, matassa arruffata; (*fig.*) confusione, pasticcio.
skeletal ['skelitl], *a*. **1** (*anat.*) scheletrico; dello scheletro **2** (*fig.*) magrissimo; scheletrico **3** (*fig.*) schematico, scheletrico; ridotto all'essenziale.
skeleton ['skelitn], *n*. **1** (*anat.*) scheletro; (*fig.*) individuo magrissimo (*o* pelle e ossa) **2** ossatura; intelaiatura; scheletro: **building s.**, ossatura muraria; **steel s.**, intelaiatura d'acciaio **3** schema; schizzo; abbozzo; progetto schematico **4** (*sport*) skeleton; slittino monoposto. ● **a s. army**, un esercito con effettivi ridotti □ (*fig.*) **a s. at the feast**, uno spettro al banchetto; un guastafeste □ **a s. crew**, un equipaggio ridotto al minimo □ (*edil.*) **s. framing**, ossatura a scheletro □ (*fig.*) **a s. in the cupboard** (*USA*: **in the closet**), un segreto imbarazzante (*o* vergognoso); la vergogna della famiglia (*di cui nessuno parla*); lo scheletro nell'armadio (*fig.*) □ **s. key**, chiave universale; comunella; passe-partout □ (*ferr., ecc.*) **a s. service**, un servizio ridottissimo (*o* all'osso).
to skeletonize ['skelitnaiz], *v*. *t*. **1** scheletrire; ridurre (*un corpo*) a uno scheletro **2** (*fig.*) schematizzare; abbozzare; ridurre all'essenziale **3** (*fig.*) ridurre al minimo; ridurre all'osso (*il personale d'ufficio, ecc.*).
skene ['skiːn], *V*. **skean**.

skep [skep], *n.* **1** cesta di vimini **2** alveare (*di paglia o vimini*).
skepsis ['skepsis], **skeptic** ['skeptik], e *deriv.* (*USA*) *V.* **scepsis**, **sceptic**, e *deriv.*
sketch [sketʃ], *n.* **1** schizzo; disegno; abbozzo; schema; breve e rapida trattazione **2** bozzetto; scenetta (*di teatro di varietà*); sketch **3** (*fam.*) tipo ridicolo; macchietta. ● **s.-book**, album per schizzi; (*letter.*) raccolta di bozzetti □ **s. map**, carta muta (*geografica*) □ **s.-pad**, taccuino per schizzi □ **to draw a s.**, buttar giù uno schizzo □ **a rough s.**, un primo abbozzo.
to sketch [sketʃ], **A** *v. t.* (*spesso* **to s. in, to s. out**) schizzare; disegnare; abbozzare; tratteggiare: **to s. a plan**, abbozzare un piano. **B** *v. i.* far schizzi. ● **to go out sketching**, andare a fare degli schizzi (*specialm. del paesaggio*).
sketcher ['sketʃə*], *n.* disegnatore di schizzi; bozzettista.
sketchiness ['sketʃinis], *n.* approssimazione; incompiutezza; incompletezza.
sketchy ['sketʃi], *a.* abbozzato; approssimativo; incompiuto; incompleto; vago.
skew [skju:], **A** *a.* **1** obliquo; sghembo; sbilenco; storto; fuori squadra: **s. bridge**, ponte fuori squadra; **s. chisel**, scalpello storto; **s. wheel**, ruota a denti obliqui **2** (*stat.*) asimmetrico; anormale. **B** *n.* **1** direzione (*o* posizione) obliqua **2** (*archit.*) cimasa; copertina **3** (*elab.*) disallineamento **4** (*elettron.*) inclinazione; obliquità **5** (*mecc.*) ingranaggio sghembo. ● (*fam.*) **s.-eyed**, strabico □ (*fam.*) **s.-whiff**, di sghembo; (*di cappello*) sulle ventitré □ **on the s.**, di sghembo; obliquamente.
to skew [skju:], *v. t.* **1** rendere obliquo; far deviare **2** (*stat.*) togliere simmetria a (*una distribuzione, ecc.*).
skewback ['skju:bæk], *n.* (*archit.*) cuscinetto d'imposta (*di un arco*).
skewbald ['skju:bɔ:ld], *a.* (*di cavallo*) pomellato.
skewer ['skjuə*], *n.* **1** schidione; spiedo; spiedino **2** (*scherz.*) spada; spadone.
to skewer ['skjuə*], *v. t.* **1** infilzare (*carne, ecc.*) in uno spiedo (*o* spiedino) **2** (*fam.*) infilzare; trafiggere; forare.
skewness ['skju:nis], *n.* l'essere obliquo; asimmetria (*anche stat.*).
ski [ski:], *n.* (*pl.* **skis, ski, skies, skiis**) (*sport*) sci. ● **ski boots**, scarponi da sci □ **ski jacket**, giacca da sci □ **ski jump**, salto con gli sci; trampolino □ **ski-lift**, seggiovia, ski-lift □ **ski plane**, aeroplano provvisto di sci □ **ski-pole** (*o* **ski-stick**), racchetta da sci □ **ski run**, pista di sci □ **ski-scooter**, gatto delle nevi (*veicolo*) □ **ski slide**, pista di sci □ **ski slope**, campo di sci □ **ski touring**, sci-alpinismo □ **ski-tow**, sciovia.
to ski [ski:] (*pass.* e *p. p.* **ski'd, skied**), *v. i.* (*sport*) sciare. ● **to go skiing**, andare a sciare.
skiagraph ['skaiəgra:f], e *deriv. V.* **sciagraph**, e *deriv.*
skibob ['ski:bɔb], *n.* (*sport*) skibob.
to skid [skid], *v. i.* **1** scivolare; slittare; sbandare: **The car skidded on the wet road**, l'automobile slittò sulla strada bagnata **2** (*aeron., autom.* e *sci*) derapare. **B** *v. t.* **1** provvedere (*una ruota*) di freno a scarpa (*o* di martinicca) **2** (*aeron.*) provvedere di pattini **3** (*specialm. autom.*) far derapare **4** (*USA*) trascinare. ● (*autom.*) **to side-s.**, sbandare.
skid [skid], *n.* **1** slittata; slittamento; sbandata: **to go into a s.**, fare una slittata; slittare **2** freno a scarpa; martinicca **3** (*aeron.*) pattino **4** asse (*o* trave) usata come piano inclinato (*o* sostegno) **5** (*ind. min.*) slitta (*di macchina*) **6** (*aeron., autom.* e *sci*) derapata; sbandata controllata; dérapage **7** (*pl., naut.*) parabordi d'accosto. ● (*autom.*) **s. chain**, catena da neve □ (*pop. USA*) **to be on the skids**, andare in rovina; essere in declino □ (*pop.*) **to put the skids under sb.**, metter fretta a q. □ (*autom.*) **side-s.**, sbandamento; sbandata □ (*aeron.*) **tail s.**, pattino di coda.
skidding ['skidiŋ], *n.* **1** (*specialm. autom.*) slittamento **2** (*aeron., autom.* e *sci*) derapaggio; dérapage **3** trascinamento (*di tronchi, ecc.*).
skidlid ['skid,lid], *n.* (*fam.*) casco da motociclista.
skidoo [ski'du:], *n.* (*pl.* **skidoos**) gatto delle nevi (*veicolo*).
skidpan ['skidpæn], *n.* (*autom., sport*) pista scivolosa (*per le sbandate controllate*).
skid row [,skid 'rou], *n.* (*fam. USA*) quartiere povero.
skidway ['skidwei], *n.* **1** piano inclinato; scivolo (*per tronchi d'albero*) **2** (*naut.*) scivolo.
skier ['ski:ə*], *n.* (*sport*) sciatore, sciatrice.
skiff [skif], *n.* **1** barca a remi; barchetta **2** (*canottaggio*) skiff; singolo.
skiing ['ski:iŋ], *n.* (*sport*) (lo) sciare; lo (sport dello) sci.
skilful ['skilful], *a.* abile; bravo; destro; esperto; pratico; provetto: **He is very s. at** (*o* **in**) **maths**, è molto bravo in matematica.
skilfulness ['skilfulnis], *n.* abilità; bravura; destrezza; perizia.
skill [skil], *n.* **1** *V.* **skilfulness 2** (*econ., collett.*) manodopera qualificata. ● **s. centre**, centro di riqualificazione professionale (*in G.B.*).

skilled [skild], *a.* **1** *V.* **skilful 2** (*ind.*) qualificato; specializzato: **a s. workman**, un operaio specializzato; **s. labour**, manodopera qualificata; **s. work**, lavoro specializzato. ● (*econ.*) **s. jobs**, posti di lavoro specializzato.
skillet ['skilit], *n.* (*cucina*) **1** casseruola col manico lungo **2** (*USA*) padella.
skilly ['skili], *n.* (*cucina*) brodo lungo; brodaglia; zuppa diluita (*di farina d'avena*).
to skim [skim], **A** *v. t.* **1** schiumare; scremare; spannare (*il latte*): **He skimmed the milk (of its cream)**, scremò il latte **2** sfiorare; rasentare: **Our plane was skimming the roofs**, il nostro aereo sfiorava i tetti **3** (*anche* **to s. through**) leggere rapidamente; scorrere: **to s. (through) a book**, scorrere un libro. **B** *v. i.* **1** (*generalm.* **to s. over, to s. along**) passare sopra; sfiorare; rasentare: **to s. over the ground**, sfiorare il terreno **2** coprirsi di un velo (*di schiuma, ecc.*). ● **to s. the cream off**, togliere la panna (*dal latte*); (*fig.*) prendere il meglio (*di q.c.*) □ **to s. stones over a pond**, lanciare sassi facendoli balzellare sulla superficie d'uno stagno □ **skimmed milk**, latte scremato □ (*pop.*) **skimming dish**, motoscafo veloce; panfilo dal fondo piatto.
skim [skim], *n.* **1** (*anche* **s. milk**) latte scremato **2** strato sottile; pellicola.
skimmer ['skimə*], *n.* **1** scrematrice; spannatoia **2** schiumaiola **3** (*USA*) cappello con cocuzzolo basso e tesa larga. ● (*zool.*) **black s.** (*Rhynchops nigra*), rincope nero.
skimming ['skimiŋ], *n.* **1** scrematura; spannatura **2** lo sfiorare; il rasentare. ● **s.-through**, scorsa (*data a un libro, ecc.*).
to skimp [skimp], **A** *v. t.* **1** lesinare; fare economia di: **Don't spoil the cocktail by skimping gin**, non sciupare il cocktail lesinando il gin **2** tenere (q.) a stecchetto. **B** *v. i.* essere tirchio; lesinare; fare economie: **to s. on health and education budgets**, fare economie sui bilanci della sanità e dell'istruzione.
skimpy ['skimpi], *a.* **1** insufficiente; scarso **2** avaro; spilorcio; tirchio **3** (*di abito*) striminzito; (*per estens.*) succinto.
skin [skin], *n.* **1** pelle; cute; epidermide; (*fig.*) vita: **He is only s. and bone(s)**, è tutto pelle e ossa; **to save one's s.**, salvare la pelle; aver salva la vita; **fair (dark) s.**, pelle chiara (scura); **to change one's s.**, mutar pelle; (*fig.*) fare un cambiamento radicale **2** pelle (*d'animale*); pellame; cuoio: **calf s.**, pelle (*o* cuoio) di vitello **3** otre (*di pelle*) **4** buccia; scorza: **the s. of a banana**, la buccia d'una banana **5** (*metall.*) crosta (*di metallo fuso*) **6** (*naut.*) fasciame **7** (*aeron.*: *di un'ala*) rivestimento **8** (*del latte, ecc.*) pellicola; tela. ● **s.-deep**, a fior di pelle; superficiale; epidermico: **a s.-deep wound (impression)**, una ferita (un'impressione) superficiale □ (*med.*) **s. disease**, malattia cutanea □ **s.-diver**, apneista; (*anche*) subacqueo □ **s.-diving**, subacqueo (*specialm.* in apnea); (*anche*) pesca subacquea (*in apnea*) □ (*elettr.*) **s. effect**, effetto pelle □ (*fam.*) **s. flick**, film con molti nudi; film porno; pornofilm □ (*aeron., naut.*) **s.-friction**, resistenza di attrito □ (*fam.*) **s. game**, gioco di destrezza; imbroglio; truffa □ (*med.*) **s. graft**, innesto epidermico; trapianto cutaneo □ **s.-tight**, molto aderente; attillato □ **to escape by the s. of one's teeth**, uscirne per il rotto della cuffia; salvarsi per miracolo; scamparla per un pelo (*o* per un soffio) □ (*fam.*) **to get under sb.'s s.**, far presa su q., colpire (*o* commuovere) profondamente q.; irritare (*o* infastidire) moltissimo q. □ (*anche fig.*) **to have a thick s.**, aver la pelle dura □ (*fig.*) **to have a thin s.**, esser troppo delicato (*o* ipersensibile, suscettibile) □ (*anat.*) **inner s.** (*o* **true s.**), derma □ (*anat.*) **outer s.**, epidermide □ **tanned s.**, pelle conciata; cuoio □ (*fig.*) **under the s.**, sotto pelle (*fig.*); in fondo; nell'animo □ (*fig.*) **to be wet to the s.**, essere bagnato fino all'osso □ (*fig.*) **with** (*o* **in**) **a whole s.**, illeso; senza nemmeno un graffio.
to skin [skin], **A** *v. t.* **1** scorticare; scuoiare; spellare: **to s. an ox**, scuoiare un bue **2** sbucciare; pelare **3** (*fam.*) strappare, togliere (*un abito aderente*) **4** (*fam.*) imbrogliare; truffare; pelare. **B** *v. i.* (*spesso* **to s. over**) **1** ricoprirsi di una pellicola. **2** (*di ferita*) cicatrizzarsi. ● **to s. alive**, scorticare vivo; (*fig., fam.*) mangiarsi vivo; punire (*o* sgridare) severamente □ (*fam.*) **to s. a flint**, essere tirchio □ (*fam.*) **to s. oneself**, spogliarsi □ **dark-skinned**, dalla pelle scura □ (*fam.*) **to get skinned at cards**, farsi pelare al gioco (*delle carte*) □ (*fam.*) **to keep one's eyes skinned**, tener gli occhi aperti; stare in guardia.
to skin-dive ['skindaiv], *v. i.* (*sport*) immergersi in apnea (*o* con l'autorespiratore); fare l'apneista; fare il subacqueo; pescare in apnea (*o* con l'autorespiratore).
skinflint ['skin-flint], *n.* avaro; spilorcio; taccagno; tirchio.
skinful ['skinful], *n.* **1** quanto sta in un otre di pelle; otre: **a s. of wine**, un otre di vino **2** (*fam.*) scorpacciata **3** (*fam.*) grossa bevuta. ● (*fam.*) **to have had a s.**, avere fatto il pieno (*fig.*).
skinhead ['skinhed], *n.* teppista dalla testa rapata; skinhead (*in G.B., negli anni Settanta*).
skink [skiŋk], *n.* (*zool., Scincus*) scinco.
skinless ['skinlis], *a.* **1** senza pelle **2** senza buccia.

skinner ['skinə*], *n.* **1** conciatore di pelli; conciapelli **2** pellaio.
skinniness ['skininis], *n.* **1** macilenza; magrezza **2** (*fig.*) grettezza; meschinità.
skinny ['skini], *a.* **1** macilento; magro; scarno; pelle e ossa **2** di (*o simile*) a pelle **3** (*fig.*) gretto; meschino. ● **s.-dip**, bagno fatto senza indumenti □ (*fam.*) **s.-dipper**, chi fa il bagno nudo.
to skinny-dip ['skinidip], *v. i.* (*fam.*) fare il bagno (*o* nuotare) nudo.
skint [skint], *a.* (*pop.*) senza una lira; al verde.
skip (1) [skip], *n.* **1** salto; saltello; balzo **2** omissione **3** (*elab.*) salto. ● (*radio*) **s. distance**, lunghezza della zona di silenzio.
to skip [skip], **A** *v. i.* **1** saltare; saltellare; balzare: **The little girls skipped gaily by**, le ragazzine passarono saltellando allegramente; **He skipped out of the way**, si scostò con un balzo (*dal centro della strada, dal cammino altrui, ecc.*) **2** (*di solito* **to s. rope**) saltare alla corda **3** saltare di palo in frasca (*fig.*); cambiare discorso (*o* argomento) **4** (*fam.*) fare un salto; fare un viaggetto: **to s. over** (*o* **across**) **to Calais by hovercraft to do a bit of shopping**, fare un salto a Calais con l'hovercraft per fare qualche acquisto **5** (*fam., di solito* **to s. off**) scappare; svignarsela; tagliar la corda **6** saltare una classe (*a scuola*). **B** *v. t.* saltare; omettere; tralasciare: **I skipped the sports pages of the paper**, saltai le pagine sportive del giornale. ● **to s. (with) a rope**, saltare alla corda □ **skipping rope**, corda per saltare.
skip (2) [skip], *n.* (*gioco delle bocce, ecc.*) capitano (*d'una squadra*).
skip (3) [skip], *n.* **1** (*ind. min.*) benna; secchia; tazza **2** (*edil.*) cassone per materiali di rifiuto. ● (*mecc.*) **s. hoist**, elevatore a secchia.
skipjack ['skipdʒæk], *n.* (*zool.*) **1** pesce che balza fuor d'acqua; (*specialm., Temnodon saltator*) pesce blu **2** (*Katsuwonus pelamis*) tonno striato; bonita **3** (*Elater*) elatere.
skipper (1) ['skipə*], *n.* (*zool.*) **1** (*Hesperia*) esperia; esperidio **2** (*Scomberesox saurus*) luccio sauro.
skipper (2) ['skipə*], *n.* **1** (*naut.*) capitano (*specialm. di piccolo mercantile o di peschereccio*) **2** (*sport*) capitano (*d'una squadra*) **3** (*sport*) direttore tecnico, manager (*d'una squadra*). ● (*scherz.*) **s.'s daughters**, grandi cavalloni; onde dalla cresta bianca.
to skirl [skə:l], *v. i.* (*di cornamusa*) suonare; mandare un suono acuto e stridulo.
skirl [skə:l], *n.* suono di cornamuse; suono acuto e stridulo.
skirmish ['skə:miʃ], *n.* **1** (*mil. e fig.*) scaramuccia **2** (*fig.*) schermaglia.
to skirmish ['skə:miʃ], *v. i.* far scaramucce.
skirmisher ['skə:miʃə*], *n.* (*mil.*) **1** chi prende parte a una scaramuccia **2** (*specialm.*) soldato di pattuglia; esploratore.
skirret ['skirit], *n.* (*bot., Sium sisarum*) sisaro.
skirt [skə:t], *n.* **1** sottana; gonna **2** falda (*di vestito*); lembo; orlo; margine: **on the skirts of the desert**, ai margini del deserto **3** (*pop.*) sottana (*fam.*); donna; ragazza: **to chase after a bit** (*o* **a piece**) **of s.**, correre dietro a una sottana. ● **s. of beef**, frattaglie di bue (*diaframma, ecc.*) □ (*edil.*) **s. roof**, marcapiano (*falso tetto a pensilina*).
to skirt [skə:t], *v. t. e i.* costeggiare; rasentare: **The path skirts (along) the edge of the pond**, il sentiero costeggia l'orlo dello stagno.
skirting ['skə:tiŋ], *n.* **1** stoffa per sottane **2** orlatura; bordo. ● (*edil.*) **s. board**, zoccolo, zoccolatura; battiscopa.
skit [skit], *n.* burla; parodia; presa in giro; bozzetto comico; scenetta (*di teatro di varietà*): **a s. on sb.**, una parodia di q.
to skitter ['skitə*], *v. i.* **1** (*d'uccello*) svolazzare sull'acqua **2** (*di pescatore*) pescare trascinando l'esca a fior d'acqua.
skittish ['skitiʃ], *a.* **1** (*di cavallo*) ombroso **2** civettuolo; lezioso; smorfioso **3** capriccioso; incostante; volubile.
skittishness ['skitiʃnis], *n.* **1** ombrosità **2** civetteria; leziosaggine; leziosità **3** capricciosità; incostanza; volubilità.
skittle ['skitl], *n.* **1** birillo **2** (*pl., col verbo al sing.*) gioco dei birilli. ● **s.-alley** (*o* **s.-ground**), pista per giocare ai birilli □ **s.-pins**, birilli □ (*fam.*) **Skittles!**, sciocchezze!; storie! □ (*fig.*) **Life is not all beer and skittles**, la vita non è un letto di rose.
to skittle ['skitl], **A** *v. i.* giocare ai birilli. **B** *v. t.* **1** (*fam.*, **to s. away**) sciupare; sprecare **2** (*cricket*, **to s. out**) eliminare in rapida successione (*i battitori*).
to skive (1) [skaiv], *v. t.* **1** tagliare (*cuoio, gomma, ecc.*) in strati sottili **2** radere il pelo a, raschiare (*pelli, ecc.*) **3** molare (*una gemma*).
to skive (2) [skaiv], *v. i.* (*pop.*) fare il lavativo; fare lo scansafatiche.
skiver (1) ['skaivə*], *n.* **1** trucciolo di cuoio **2** trincetto.
skiver (2) ['skaivə*], *n.* (*pop.*) lavativo; scansafatiche.
skivvy ['skivi], *n.* **1** (*pop.*) domestica; serva **2** (*fam. USA*) camiciola; maglietta (*specialm. di marinaio*) **3** (*pl., fam. USA*) maglietta e mutande.

to skivvy ['skivi], *v. i.* (*pop.*) stare a servizio; fare la domestica.
skiwear ['ski:wɛə*], *n.* (*sport*) abbigliamento da sci; indumenti (*o* scarponi) da sci.
skua ['skju:ə], *n.* (*zool., Stercorarius*) skua; stercorario.
to skulk [skʌlk], *v. i.* **1** muoversi furtivamente **2** appiattarsi; nascondersi; rintanarsi **3** (*fig.*) sottrarsi al proprio dovere; tirarsi indietro; fare lo scansafatiche.
skulk [skʌlk], **skulker** ['skʌlkə*], *n.* **1** tipo sospetto **2** scansafatiche; lavativo.
skull [skʌl], *n.* **1** (*anat.*) cranio; teschio **2** (*fig.*) testa; zucca: **an empty s.**, una zucca vuota (*fig.*); **Get it into your s.!**, ficcatelo in testa! ● **s. and crossbones**, teschio e tibie incrociate (*emblema dei pirati*) □ **s.-cap**, papalina, zucchetto □ (*edil.*) **s. cracker**, berta per demolizioni □ (*fig.*) **to have a thick s.**, essere uno zuccone.
skullduggery [,skʌl'dʌɡəri], *n.* (*fam. USA*) imbroglio; furfanteria; disonestà.
skunk [skʌŋk], *n.* **1** (*zool., Mephitis pl.* **skunks, skunk**) moffetta **2** pelliccia di moffetta **3** (*fam.*) individuo spregevole; furfante; canaglia.
to skunk [skʌŋk], *v. t.* (*fam. USA*) dare cappotto a (*q.*); lasciare (*q.*) a zero punti.
sky [skai], *n.* **1** cielo: **clear sky**, cielo sereno; **overcast sky**, cielo coperto; **starry sky**, cielo stellato **2** (*pl.*) cieli; clima; tempo: **warmer skies**, un clima più caldo; **the grey skies of Britain**, i cieli grigi dell'Inghilterra. ● **sky-blue**, celeste; turchino □ (*poet.*) **sky-born**, di celesti natali □ (*scherz.*) **sky-clad**, nudo □ **sky-high**, (*agg.*) altissimo, che arriva al cielo, fino al cielo; (*avv.*) molto in alto □ (*USA*) **sky marshal**, agente speciale per la repressione della pirateria aerea □ **sky pilot**, (*aeron.*) pilota con brevetto; (*gergo naut.*) prete; cappellano di bordo □ **sky-rocket**, razzo (*fuoco d'artificio*) □ **sky-sign**, insegna (*pubblicitaria, luminosa*) su un edificio □ **to blow st. sky-high**, far saltare q.c. in aria □ **out of a clear sky**, a ciel sereno; all'improvviso □ **to praise sb. to the skies**, portare q. alle stelle (*o* al settimo cielo) □ **to be raised to the skies**, essere portato alle stelle (*o* al settimo cielo) □ **under the open sky**, all'aperto; all'aria libera □ (*fam.*) **The sky's the limit**, non c'è limite (*alla spesa, alle puntate, ecc.*) □ (*prov.*) **If the sky falls, we shall catch larks**, se il cielo rovinerà, piglieremo molte allodole; non tutto il male viene per nuocere.
to sky [skai], *v. t.* (*fam.*) **1** lanciare, scagliare (*una palla*) molto in alto **2** appendere (*un quadro*) molto in alto.
to skydive ['skaidaiv], *v. i.* fare del paracadutismo acrobatico.
skydiver ['skai,daivə*], *n.* paracadutista acrobatico.
skydiving ['skai,daiviŋ], *n.* paracadutismo acrobatico.
skyer ['skaiə*], *n.* (*sport*) colpo alto; tiro a campanile (*o* a candela).
Skye terrier ['skai 'teriə*], *n.* terrier dell'isola di Skye.
skyey ['skaii], *a.* (*poet.*) **1** celeste; azzurro **2** sublime; etereo.
to skyjack ['skaidʒæk], *v. t.* dirottare (*un aereo*).
skyjack ['skaidʒæk], *n.* **1** *V.* **skyjacking 2** *V.* **skyjacker**.
skyjacker ['skai,dʒækə*], *n.* dirottatore; pirata dell'aria.
skyjacking ['skai,dʒækiŋ], *n.* dirottamento; pirateria aerea.
Skylab ['skailæb], *n.* (*miss.*) laboratorio spaziale (*lanciato dagli USA nel 1973*).
skylark ['skaila:k], *n.* (*zool., Alauda arvensis*) allodola.
to skylark ['skaila:k], *v. i.* far chiasso; ruzzare; scherzare.
skylight ['skailait], *n.* **1** lucernario **2** (*naut.*) osteriggio; spiraglio.
skyline ['skailain], *n.* **1** orizzonte; linea dell'orizzonte **2** profilo; sagoma (*contro il cielo*): **the s. of New York**, il profilo di New York (*quale appare dalla nave a chi arriva*); **the misty s. of the mountains**, la sagoma annebbiata delle montagne.
to sky-rocket ['skai,rɔkit], *v. i.* (*specialm. di prezzi*) andare alle stelle; salire all'improvviso; aumentare a dismisura.
skysail ['skaiseil], *n.* (*naut.*) pappafico; velaccino.
skyscape ['skai-skeip], *n.* (*arte*) paesaggio in cui il cielo ha parte prevalente.
skyscraper ['skai,skreipə*], *n.* (*edil.*) grattacielo.
skyward ['skaiwəd], **A** *a.* volto (*o* diretto) verso il cielo. **B** *avv.* verso il cielo.
skywards ['skaiwədz], *avv.* verso il cielo.
skyway ['skaiwei], *n.* **1** (*aeron.*) rotta aerea **2** (*costr. stradali*) autostrada elevata.
skywriting ['skai,raitiŋ], *n.* pubblicità mediante scritte tracciate da un aeroplano.
slab [slæb], *n.* **1** lastra; lastrone; piastra **2** fetta: **a s. of cheese**, una fetta di formaggio **3** (*edil.*) soletta: **a concrete s.**, una soletta di cemento **4** (*di tronco d'albero*) fetta esterna (*tolta per squadrarlo*); sciavero **5** – (*fam.*) **the s.**, *V.* **the mortuary s.** ● (*fam.*) **s.-sided**, lungo e sottile; alto e magro □ **s.-stone**, pietra da lastre □ **the mortuary s.**, il tavolo mortuario.
to slab [slæb], *v. t.* **1** spaccare (*una pietra*) in lastre **2** squadrare (*tronchi d'albero*) **3** lastricare. ● **slabbing gang**, gruppo di segantini addetti a squadrar tronchi.

slabber, to **slabber** ['slæbə*], V. **slobber, to slobber**.
slack (1) [slæk], a. **1** lento; allentato: **a s. rope**, una corda lenta **2** fiacco; debole; indolente; inerte; negligente; pigro; trasandato; trascurato: **The market is s.**, il mercato è fiacco; **Domestic demand is still rather s.**, la domanda interna è tuttora alquanto debole; **a s. man**, un uomo debole, inerte; **a s. workman**, un operaio indolente, pigro; **s. bookkeeping**, contabilità trasandata **3** (mecc.) lasco **4** (naut.) lasco; non tesato. ● **s.-baked bread**, pane cotto male □ **s.-dried hops**, luppoli essiccati male □ **s. lime**, calce spenta □ (econ.) **a s. period**, un periodo d'inattività (o di ristagno) □ (comm.) **the s. season**, la stagione morta □ (ind. tessile) **s. silk**, seta floscia; seta da ricamo □ (naut.) **s. water**, acqua ferma (fra le due maree); stanca di marea □ (anche fig.) **to keep a s. hand** (o **rein**), allentare le redini.
slack (2) [slæk], n. **1** lentezza; mollezza **2** (naut.) imbando (di una cima, di una fune) **3** (econ., fin.) periodo d'inattività (o di ristagno) **4** (mecc.) gioco **5** (dial.) impertinenza; sfacciataggine **6** (ind. min.) polvere di carbone **7** (pl.) calzoni larghi (specialm. da donna). ● (naut.) **s. of high water**, stanca d'alta marea □ (naut.) **s. of low water**, stanca di bassa marea □ (naut.) **to pull in the s. of a rope**, tendere una cima; tesare un cavo □ **There's too much s. in the wire**, il filo (elettrico) è troppo lento.
to **slack** [slæk], A v. t. **1** (spesso **to s. off**) allentare **2** spegnere (calce). B v. i. **1** (spesso **to s. off, to s. up**) rallentare; diminuire la velocità; rallentare il ritmo di lavoro (o di studio); rilassarsi **2** (fam.) essere pigro (o indolente); poltrire. ● **to s. away**, allentare (una fune, ecc.); tesare (un cavo).
to **slacken** ['slækən], A v. t. **1** diminuire; ridurre; calare; scemare: **to s. one's efforts**, diminuire gli sforzi; **to s. speed**, ridurre la velocità; rallentare **2** allentare (una corda, la disciplina, ecc.) **3** (naut.) allascare; mollare. B v. i. **1** diminuire; calare; scemare; ridursi: **Trade has slackened**, il volume degli affari s'è ridotto **2** rilassarsi; rallentare il ritmo; impigrire **3** (di corda, ecc.) allentarsi **4** (mecc.) diventare lasco.
slackening ['slækəniŋ], n. **1** diminuzione, riduzione (d'intensità, ecc.); rallentamento; calo **2** allentamento **3** (naut.) allascamento.
slacker ['slækə*], n. scansafatiche; fannullone; poltrone.
slackness ['slæknis], n. **1** lentezza (d'una fune) **2** fiacchezza; debolezza; indolenza; inerzia; negligenza; rilassatezza; trasandatezza; trascuratezza **3** (econ.: anche **s. in business**) ristagno degli affari; inattività.
slag [slæg], n. **1** (metall.) scoria; loppa **2** (geol.) scoria vulcanica **3** (pop., spreg.) donnaccia; donna di malaffare. ● (ind. min.) **s. heap**, cumulo di scorie; collinetta formatasi per accumulo delle scorie □ (ind. tessile) **s.-wool**, lana di scorie; cotone silicato.
to **slag** [slæg], (metall.) A v. i. formare scorie; scorificarsi. B v. t. trasformare in scorie; scorificare.
slagging ['slægiŋ], n. (metall.) formazione di scorie; scorificazione.
slaggy ['slægi], a. di scoria; simile a scoria.
slain [slein], p. p. di **to slay**.
to **slake** [sleik], v. t. spegnere; estinguere; smorzare; (fig.) appagare, soddisfare; **to s. lime**, spegnere la calce; **to s. one's thirst**, estinguere la sete; dissetarsi; **to s. one's desire for revenge**, appagare il proprio desiderio di vendetta; **to s. a fire**, spegnere un fuoco. ● (chim.) **slaked lime**, idrato di calce; calce spenta.
slalom ['sleiləm], n. (sport) slalom; discesa obbligata (con gli sci). ● **s. racer**, slalomista.
to **slam** [slæm], A v. t. **1** sbattere; sbatacchiare; chiudere con forza: **Don't s. the door**, non sbattere la porta! **2** gettare (o lanciare) con forza; scagliare; scaraventare: **The batter slammed the ball into the river**, il battitore scaraventò la palla nel fiume **3** (fam.) criticare aspramente; stroncare. B v. i. (di porta, ecc.) chiudersi fragorosamente; sbattere. ● (autom.) **to s. the brakes on**, frenare bruscamente □ (anche fig.) **to s. the door in sb.'s face**, sbattere la porta in faccia a q. □ **to s. the door on a proposal**, respingere con decisione una proposta □ **to s. down**, mettere giù con violenza, sbattere, sbattere con forza (un oggetto per terra, su un tavolo, ecc.) □ (autom.) **to s. down on the brake pedal**, schiacciare il pedale del freno.
slam (1) [slæm], n. **1** sbattuta; sbatacchiamento **2** forte colpo (di porta sbattuta, ecc.) **3** critica aspra **4** (nei giochi di carte: bridge, ecc.) slam; cappotto: **grand s.**, grande slam; cappotto; **little s.**, piccolo slam ● (fam. USA) **s.-bang**, d'impeto, di colpo; avventatamente, sprovvedutamente; proprio, esattamente: **s.-bang in the middle**, proprio nel centro.
slam (2) [slæm], A avv. **1** con un colpo secco; sbattendo: **S. went the front door**, la porta di casa si chiuse con un colpo secco **2** del tutto; proprio; esattamente. B inter. slam! ● **The blow got him s. across the face**, la botta lo prese in pieno viso.
slammer ['slæmə*], n. (pop. USA) carcere; prigione; gattabuia (pop.).

slander ['sla:ndə*], n. **1** calunnia; maldicenza **2** (leg.) diffamazione (cfr. **libel**): **an action for s.**, una querela per diffamazione.
to **slander** ['sla:ndə*], v. t. calunniare; diffamare.
slanderer ['sla:ndərə*], n. calunniatore; diffamatore.
slanderous ['sla:ndərəs], a. **1** calunnioso; diffamatorio: **a s. statement**, un'affermazione calunniosa **2** maldicente.
slang [slæŋ], A n. slang; gergo; linguaggio convenzionale: **soldiers' s.**, gergo militare; **thieves' s.**, gergo dei ladri; lingua furbesca. B a. attr. gergale: **s. words**, parole gergali.
to **slang** [slæŋ], A v. i. **1** parlare in gergo **2** usare un linguaggio ingiurioso. B v. t. ingiuriare; insultare; vituperare. ● **slanging match**, scambio d'insulti.
slanginess ['slæŋinis], n. carattere gergale (di un'espressione, ecc.).
slangism ['slæŋizəm], n. gergalismo.
slangster ['slæŋstə*], n. gergante.
slangy ['slæŋi], a. **1** gergale; di gergo **2** che parla il gergo; che usa il gergo.
to **slant** [sla:nt], A v. i. **1** inclinarsi; deviare **2** pendere; essere in pendenza **3** propendere; avere disposizione (o attitudine: per q.c.). B v. t. **1** inclinare; far pendere; rendere obliquo; dare una pendenza a **2** presentare (notizie) in modo tendenzioso; svisare: **Some papers s. their news**, taluni giornali presentano le notizie in modo tendenzioso **3** dare un taglio particolare a (una notizia); adattare.
slant (1) [sla:nt], n. **1** inclinazione; pendenza; pendio; declivio **2** punto di vista; modo di vedere; angolazione; taglio (fig.): **a new s. on the matter**, un modo nuovo di vedere la faccenda **3** occhiata; rapido sguardo **4** (ind. min.) discenderia; traversa di collegamento. ● (naut.) **a s. of wind**, una brezza favorevole □ **on the s.**, obliquamente; di traverso.
slant (2) [sla:nt], a. inclinato; obliquo. ● (spreg.) **s.-eyed**, dagli occhi a mandorla; (specialm.) mongoloide.
slanting ['sla:ntiŋ], a. inclinato; obliquo; in pendenza: **a s. roof**, un tetto inclinato (o in pendenza). ● **s. eyes**, occhi a mandorla.
slantingly ['sla:ntiŋli], **slantwise** ['sla:nt-waiz], avv. obliquamente; a sghembo; di traverso.
slap (1) [slæp], n. **1** schiaffo; ceffone; pacca (fam.) **2** (fig.) schiaffo; smacco; umiliazione. ● (fam.) **a s. in the face**, uno schiaffo (sulla faccia); (fig.) un bello schiaffo, uno smacco □ (fig.) **a s. on the back**, una pacca sulla spalla (per congratularsi) □ (fig.) **a s. on the wrist**, una sgridatina; una tiratina d'orecchi.
to **slap** [slæp], v. t. **1** schiaffeggiare; prendere a ceffoni; dare una pacca a **2** (spesso **to s. down**) mettere giù con violenza e rumorosamente; sbattere: **He slapped the briefcase down on the desk**, sbatté la cartella sulla scrivania **3** (fig., spesso **to s. down**) soffocare, stroncare (l'opposizione, ecc.). ● **to s. sb.'s face**, dare uno schiaffo a q.
slap (2) [slæp], avv. (fam.) **1** improvvisamente; di colpo: **He hit me s. in the eye**, improvvisamente mi colpì nell'occhio **2** dritto; in pieno; proprio; a capofitto: **The thief ran s. into the policeman**, il ladro andò a sbattere proprio contro il poliziotto. ● (fam.) **s.-bang**, d'impeto; di colpo; violentemente; a capofitto; (anche) proprio, esattamente □ (fam.) **s.-happy**, spensierato; (allegramente) irresponsabile □ (fam.) **s.-up**, eccellente; ottimo; di prim'ordine; coi fiocchi: **a s.-up dinner**, un pranzo coi fiocchi.
slap and tickle [,slæp ənd 'tikl], n. (fam.) amoreggiamento; pomiciata, pomiciatina (fam.).
slapdash ['slæpdæʃ], A a. **1** precipitoso; sventato; avventato; frettoloso **2** (di lavoro) abborracciato; fatto in fretta; mal fatto. B avv. frettolosamente; avventatamente; a casaccio; sventatamente.
slapjack ['slæpdʒæk], n. (USA) focaccia; frittella; tortina.
slapping ['slæpiŋ], a. (fam.) eccellente; ottimo; buono: **at a s. pace**, di buon passo; a tutta velocità.
slapstick ['slæpstik], n. **1** (teatr.) spatola (del costume) di Arlecchino **2** (fig.) comicità grossolana; scherzi maneschi. ● **a s. comedy**, una commedia grossolana; una farsa manesca.
to **slash** [slæʃ], v. t. **1** tagliare; squarciare; sfregiare; fare un taglio (o uno squarcio) a (o in): **to s. the undergrowth with a big knife**, tagliare gli arbusti del sottobosco con un coltellaccio; **I fell on the broken glass and slashed my arm**, caddi sul vetro rotto e mi feci un taglio al braccio; **to s. sb.'s throat**, tagliare la gola a q. **2** frustare; fustigare; sferzare **3** far schioccare (la frusta) **4** (fig.) tagliare; apportare tagli a; ridurre drasticamente: **Our budget has been slashed**, il nostro preventivo ha subito tagli considerevoli **5** (fig.) criticare aspramente; stroncare. B v. i. (di solito **to s. at**) menar colpi (col coltello, la spada, ecc.); dar frustate. ● **to s. about**, menar colpi all'impazzata; a casaccio □ **a slashing attack on sb.**, un violento attacco a q. □ **a slashing review of a book**, la stroncatura di un libro □ (fam.) **a slashing success**, un successo strepitoso □ «**Prices slashed**», «prezzi im-

slash [slæʃ], *n.* **1** colpo (*di coltello, di spada, ecc.*); fendente **2** frustata; sferzata **3** taglio (*anche fig.*); squarcio; sfregio **4** (*in un abito*) apertura; spacco; taglio ornamentale **5** (*econ., fin.*) riduzione drastica (*di fondi, spese, ecc.*) **6** (*mat., anche* **s. mark**) segno di frazione **7** (*USA e Canada*) radura coperta di detriti d'alberi abbattuti **8** (*volg.*) pisciata (*volg.*).
slat [slæt], *n.* **1** assicella; stecca (*anche metallica o di plastica; specialm. di veneziana*) **2** (*aeron.*) alula; aletta ipersostentatrice.
to slat (1) [slæt], *v. t.* munire di stecche (*o di assicelle*).
to slat (2) [slæt], **A** *v. i.* (*di vele, panni stesi, ecc.*) sbattere; sbatacchiare. **B** *v. t.* battere; colpire; percuotere.
slate [sleit], **A** *n.* **1** (*geol.*) argilloscisto; ardesia; lavagna **2** tegola d'ardesia **3** lavagna portatile; lavagnetta **4** (*USA*) lista di candidati. **B** *a. attr.* **1** d'ardesia: **s. roofs**, tetti d'ardesia **2** (*anche* **s.-coloured**) del colore dell'ardesia; color ardesia. ● **s. black**, nero ardesia □ **s. club**, associazione di mutuo soccorso □ **s. grey**, grigio ardesia □ **s. pencil**, matita d'ardesia □ **s. quarry**, cava d'ardesia □ (*fig.*) **to clean the s.**, passare una spugna sul passato; far piazza pulita □ (*fam.*) **to have a s. loose**, non avere tutte le rotelle a posto; essere un po' tocco □ (*fig.*) **to have a clean s.**, aver la fedina penale pulita □ **Let's wipe the s. clean**, mettiamoci sopra una pietra (*fig.*)!
to slate (1) [sleit], *v. t.* **1** (*edil.*) coprire (*un tetto*) di tegole d'ardesia **2** (*USA*) mettere in lista; portare candidato; proporre per una carica **3** (*USA*) mettere in programma (*uno spettacolo, ecc.*).
to slate (2) [sleit], *v. t.* (*fam.*) **1** criticare aspramente; stroncare **2** rimproverare aspramente; sgridare; dare una lavata di capo a (q.).
slater (1) ['sleitə*], *n.* **1** (*edil.*) conciatetti (*che usa tegole d'ardesia*) **2** (*ind.*) fabbricante di tegole d'ardesia.
slater (2) ['sleitə*], *n.* (*fam.*) critico molto severo; stroncatore.
slathers ['slæðəz], *n. pl.* (*fam.*) grande quantità: (un) sacco (*fam.*): **s. of friends**, un sacco d'amici.
slating (1) ['sleitiŋ], *n.* **1** (*edil.*) copertura (*di tetti*) con tegole d'ardesia; posa in opera di tegole d'ardesia **2** lastre d'ardesia.
slating (2) ['sleitiŋ], *n.* **1** (*anche* **s. criticism**) aspra critica; stroncatura **2** lavata di capo; sgridata.
slattern ['slætə:n], *n.* (*lett.*) sciattona; sudiciona; donna trasandata.
slatternliness ['slætənlinis], *n.* (*lett.*) sciatteria; sudiceria; trasandatezza.
slatternly ['slætənli], *a.* (*lett.*) sciatto; sudicio; trasandato.
slaty ['sleiti], *a.* **1** simile all'ardesia; color ardesia; ardesiaco **2** (*geol.*) che contiene ardesia. ● **s. soil**, terreno che contiene ardesia.
slaughter ['slɔ:tə*], *n.* **1** macellazione; mattazione **2** (*fig.*) macello; carneficina; massacro: strage: **the s. of the innocents**, la strage degli innocenti. ● **s.-house**, macello, mattatoio; (*fig.*) luogo d'una carneficina □ (*fig.*) **the s. on the roads**, la strage dovuta agli incidenti stradali.
to slaughter ['slɔ:tə*], *v. t.* **1** macellare (*buoi, ecc.*) **2** (*fig.*) far macello di; far strage di; massacrare; trucidare.
slaughterer ['slɔ:tərə*], *n.* **1** macellatore; macellaio **2** (*fig.*) massacratore; trucidatore.
slaughterous ['slɔ:tərəs], *a.* distruttivo; micidiale; mortale.
Slav [sla:v], *n. e a.* slavo.
slave [sleiv], *n.* (*anche fig.*) schiavo, schiava: **He is a s. to tobacco**, è schiavo del fumo. ● **s.-born**, nato in schiavitù □ **s. driver**, sorvegliante di schiavi; (*fig.*) aguzzino, negriero (*fig.*) □ **s. holder**, padrone di schiavi; schiavista □ **s. labour**, lavoro fatto da schiavi; (*fig.*) lavoro ingrato □ (*stor., naut.*) **s. ship**, nave negriera □ (*stor. USA*) **S. States**, Stati schiavisti □ **to be a s. to duty**, essere schiavo del dovere □ (*stor.*) **s. trade** (*o* **traffic**), tratta degli schiavi □ (*stor.*) **s. trader**, mercante di schiavi; negriero □ (*fig.*) **to be an office s.**, essere un travèt (*o* un passacarte) □ **white-s. traffic**, tratta delle bianche.
to slave [sleiv], *v. i.* (*spesso* **to s. away**) lavorare come uno schiavo; sgobbare.
slaver (1) ['sleivə*], *n.* (*stor.*) **1** mercante di schiavi; negriero **2** nave negriera.
to slaver ['sleivə*], **A** *v. i.* sbavare; fare la bava. **B** *v. t.* bagnare di saliva; sbavare.
slaver (2) ['sleivə*], *n.* **1** bava; saliva **2** (*fam.*) sciocchezze; stupidaggini.
slavery ['sleivəri], *n.* **1** schiavitù (*anche fig.*); servaggio (*lett.*): **They were reduced to s. by the Romans**, furono ridotti in schiavitù dai Romani **2** schiavismo **3** lavoro da schiavo; lavoro pesante e mal retribuito. ● **to sell sb. into s.**, vendere q. come schiavo.
slavey ['sleivi], *n.* **1** (*spreg.*) schiavetta (*fig.*) **2** (*fam.*) cameriera, servetta (*specialm. in una pensione*).
Slavic ['sla:vik], *a. e n.* slavo.
Slavicism ['sla:visizəm], *n.* slavismo.

slavish ['sleiviʃ], *a.* **1** servile; abietto; basso **2** (*fig.*) pedissequo: **Art cannot be a s. imitation of nature**, l'arte non può essere un'imitazione pedissequa della natura **3** faticoso; da schiavo; duro; pesante (*fig.*).
slavishness ['sleiviʃnis], *n.* **1** servilità; abiezione; bassezza **2** (*fig.*) imitazione pedissequa; mancanza di originalità.
Slavism ['sla:vizəm], *n.* slavismo.
Slavonian [slə'vounjən], **Slavonic** [slə'vɔnik], *a. e n.* slavo.
Slavophil ['sla:voufil], **Slavophile** ['sla:voufail], *a. e n.* (*polit.*) slavofilo.
Slavophobe ['sla:voufoub], **Slavophobist** ['sla:voufoubist], *a. e n.* (*polit.*) slavofobo.
slaw [slɔ:], *n.* (*cucina, specialm. USA; abbr. di* **coleslaw**) insalata di cavoli; cavoli in insalata.
to slay [slei] (*pass.* **slew**, *p. p.* **slain**), *v. t.* **1** (*lett. o arc.*) uccidere; trucidare; ammazzare: **They went forth slaying and spoiling**, si diedero a uccidere e a saccheggiare **2** (*fam.*) far colpo su (*una persona dell'altro sesso*).
slayer ['sleiə*], *n.* uccisore; assassino; omicida.
sleazy ['sli:zi], *a.* **1** (*specialm. di tessuto*) sottile; privo di consistenza **2** (*fam.*) sporco; sciatto; sudicio; trasandato; squallido **3** (*fam.*) losco; equivoco. ● **a s. excuse**, una magra scusa.
sled [sled], **sledge** [sledʒ], *n.* **1** slitta; slittino **2** (*agric.*) treggia; traino.
to sled [sled], **to sledge** [sledʒ], **A** *v. t.* trasportare su slitta. **B** *v. i.* andare in slitta.
sledge-hammer ['sledʒhæmə*], *n.* martello da fabbro; mazza; maglio. ● **s.-hammer blow**, colpo di mazza; mazzata; (*fig.*) fattaccio violento □ (*letter.*) **s.-hammer style**, stile violento.
sledging ['sledʒiŋ], *n.* l'andare in slitta; (lo) sport della slitta.
sleek [sli:k], *a.* **1** (*dei capelli, del pelo*) liscio; lucente; lucido; lustro **2** (*fig.*) untuoso; mellifluo; insincero; strisciante.
to sleek [sli:k], *v. t.* lisciare; pettinare (*i capelli*) lisci.
sleeker ['sli:kə*], *n.* **1** lisciatoio **2** bussetto; bisegolo.
sleekness ['sli:knis], *n.* **1** levigatezza; lucentezza **2** (*fig.*) untuosità.
sleep [sli:p], *n.* **1** sonno; dormita: **He talks in his s.**, parla nel sonno; **a long s.**, una lunga dormita **2** (*fig.*) quiete, riposo, morte. ● **s.-in**, occupazione di luogo pubblico per passarvi la notte (*in segno di protesta*) □ **s.-learning** (*o* **s.-teaching**), ipnopedia □ **the s. of the just**, il sonno del giusto □ **s.-walker**, sonnambulo □ **s.-walking**, sonnambulismo □ **broken s.**, sonno interrotto □ **to get little s.**, dormire poco □ **to get some s.**, fare una dormitina (*o* un sonnellino) □ **to get to s.**, prender sonno: **I cannot get to s.**, non riesco a prender sonno □ **to go to s.**, addormentarsi, prendere sonno; intorpidirsi, addormentarsi: **My foot has gone to s.**, mi si è addormentato un piede □ **the last s.**, l'ultimo sonno; la morte □ **overcome with s.**, preso (*o* vinto) dal sonno □ **to put sb. to sleep**, far dormire q.; addormentare q.; (*fam.*) addormentare (*un paziente prima di un intervento*); uccidere (*una bestia*) senza farla soffrire □ **I have not had a wink of s. all night**, non ho chiuso occhio tutta la notte □ (*fig.*) **I could do it in my s.**, lo potrei fare ad occhi chiusi.
to sleep [sli:p] (*pass. e p. p.* **slept**), **A** *v. i.* dormire (*anche fig.*); riposare: **I've slept very well**, ho dormito benissimo; **He sleeps under this stone**, dorme (*o* riposa, è sepolto) sotto questa pietra. **B** *v. t.* **1** dormire: **He slept a deep sleep**, dormiva un sonno profondo **2** (*fam.*) dar da dormire a; potere ospitare: **The new motel sleeps two hundred people**, il nuovo motel può ospitare duecento persone (*o* ha duecento letti). ● (*fam.*) **to s. around**, passare da un letto all'altro; passare da una donna all'altra (*o* da un uomo all'altro) □ **to s. the clock round**, dormire dodici ore di fila □ **to s. in**, dormire fino a tardi; (*di domestici*) alloggiare in casa del padrone, dormire dove si è a servizio □ **to s. like a log** (*o* **a top**), dormire come un ghiro (*o* un macigno); avere il sonno duro □ **to s. off a headache** (**a hangover, etc.**), farsi passare un mal di testa (i postumi di una sbornia, ecc.) dormendocisi sopra □ (*fam.*) **to s. it off**, dormirci sopra □ **to s. on**, continuare a dormire; dormirsela □ **to s. on** (*o* **upon**) **a question**, rimandare una questione al giorno dopo; dormirci sopra □ **to s. out**, dormire all'aperto; dormire fuori casa; passare fuori la notte; (*di domestici*) non alloggiare in casa del padrone, non dormire dove si è a servizio □ **to s. right through the night**, fare tutto un sonno □ **to s. soundly**, dormire profondamente □ **to s. one's time away**, passare il tempo dormendo; dormirsela □ (*eufemistico*) **to s. together**, andare a letto insieme, fare l'amore □ (*eufemistico*) **to s. with sb.**, andare a letto con q.
sleeper ['sli:pə*], *n.* **1** chi dorme; dormiente **2** (*comm.*) articolo che si vende con difficoltà **3** (*ferr., anche* **sleeping car**) vagone letto **4** (*edil.*) dormiente **5** (*falegnameria*) travetto **6** (*ferr.*) traversina (*di binario*) **7** (*pop. USA*) sedativo **8** (*pop. USA*) opera (libro, film, ecc.) che ha un successo tardivo o inaspettato. ● **a bad s.**, uno che dorme male □ **a good s.** (*o* **a sound s.**), uno

sleepiness

che dorme bene □ **a heavy s.**, uno che dorme sodo; uno che ha il sonno duro; un dormiglione □ **a light s.**, uno che ha il sonno leggero.

sleepiness ['sli:pinis], *n.* sonnolenza; sopore.

sleeping ['sli:piŋ], **A** *n.* sonno; riposo. **B** *a.* dormiente; addormentato. ● **s. bag**, sacco a pelo □ **S. Beauty**, la Bella Addormentata □ **s.-berth**, cuccetta □ (*ferr.*) **s. car** (*o* **s. carriage**), vagone letto □ (*farm.*) **s. draught**, sonnifero (*pozione*) □ (*fin.*) **s. partner**, socio di capitali (*che dà soltanto un apporto di capitale*) □ **s. pill**, pillola per dormire; sonnifero (*in pillola*) □ (*autom.*) **s. policeman**, cordolo rallentatraffico □ **s. quarters**, dormitori, camerate □ (*econ.*) **s. rent**, rendita fissa □ **s. room**, dormitorio; camerata □ (*med.*) **s. sickness**, encefalite letargica; (*anche*) tripanosomiasi □ **s. suit**, pigiama (a tuta) □ **s. tablet**, *V.* **s. pill** □ (*prov.*) **Let s. dogs lie**, non stuzzicare il can che dorme!

sleepless ['sli:plis], *a.* **1** insonne; in bianco: **a s. night**, una notte insonne (*o* in bianco) **2** senza riposo; senza sosta; febbrile (*fig.*): **s. activity**, attività febbrile **3** senza posa; irrequieto: **the s. wind**, il vento che non ha mai posa.

sleeplessness ['sli:plisnis], *n.* insonnia.

sleepy ['sli:pi], *a.* **1** sonnolento; assonnato; soporifero; soporifico; indolente; pigro; monotono: **I was s.**, ero assonnato; **a s. song**, una canzone sonnolenta, monotona **2** tranquillo; quieto: **a s. little town**, una tranquilla cittadina **3** (*raro, di frutto*) vicino a marcire; mezzo. ● **s.-head**, dormiglione □ (*med.*) **s. sickness**, encefalite letargica; (*anche*) tripanosomiasi □ **to feel s.**, aver sonno.

sleet [sli:t], *n.* pioggia ghiacciata (*o* mista a grandine); nevischio.

to sleet [sli:t], *v. i.* (*impers.*) venir giù nevischio: **It is sleeting**, vien giù nevischio.

sleety ['sli:ti], *a.* (in forma) di nevischio.

sleeve [sli:v], *n.* **1** manica (*d'abito*): **to roll up** (*o* **to turn up**) **one's sleeves**, rimboccarsi (*o* tirarsi su) le maniche (*anche fig.*) **2** (*mecc.*) manicotto **3** (*mus.*) copertina, custodia (*di disco*) **4** cofanetto, custodia (*di un libro*) **5** (*aeron.*) manica a vento **6** (*elettr.*) tubetto isolante. ● (*mecc.*) **s. bearing**, cuscinetto a manicotto □ **s.-board**, asse per stirare le maniche, stiramaniche □ (*mecc.*) **s. coupling**, giunto a manicotto □ **s.-links**, gemelli; bottoni da polso □ (*mecc.*) **s. valve**, valvola a fodero □ (*fig.*) **to have a card** (**a plan**, etc.) **up one's s.**, avere un asso nella manica (un progetto, ecc. di riserva) □ (*fig.*) **to laugh up one's s.**, ridere sotto i baffi □ (*anche fig.*) **to roll up one's sleeves**, rimboccarsi le maniche □ (*fig.*) **to wear one's heart on one's s.**, parlare col cuore in mano.

sleeved [sli:vd], *a.* (*specialm. nei composti*) con le maniche; dalle maniche: **a short-s. dress**, un abito con le maniche corte.

sleeveless ['sli:vlis], *a.* senza maniche: **a s. sweater**, una maglietta senza maniche.

sleigh [slei], *n.* slitta (*specialm.* tirata da cavalli). ● **s. bells**, campanelli di slitta; bubboli; sonagli □ **s. ride**, corsa in slitta.

to sleigh [slei], **A** *v. i.* andare in slitta. **B** *v. t.* trasportare su una slitta.

sleighing ['sleiiŋ], *n.* l'andare in slitta.

sleight [slait], *n.* **1** abilità; destrezza **2** stratagemma; trucco. ● **s.(-)of(-)hand**, destrezza di mano; gioco di destrezza (*o* di prestigio); gioco di mano; (*fig.*) inganno, trucco, truffa all'americana.

slender ['slendə*], *a.* **1** esile; snello; sottile; magro; smilzo: **a s. girl**, una ragazza esile; **a s. waist**, una vita snella; **s. legs**, gambe snelle (*o* sottili); **a man of s. build**, un uomo smilzo **2** fragile; esiguo; scarso; tenue; magro (*fig.*): **s. hopes**, tenui speranze; **s. health**, salute fragile; **a s. salary**, uno stipendio esiguo; **s. means**, mezzi scarsi; scarsezza di mezzi; **a s. acquaintance with a subject**, una scarsa conoscenza di un argomento; **a s. repast**, un pasto magro.

to slenderize ['slendəraiz], **A** *v. t.* far dimagrire. **to slenderize oneself B** *v. rifl.* dimagrire (*volutamente*); fare la linea (*fam.*).

slenderness ['slendənis], *n.* esilità; snellezza; sottigliezza; magrezza **2** esiguità; scarsezza; tenuità.

slept [slept], *pass.* e *p. p.* di **to sleep**.

sleuth [slu:θ], **sleuth-hound** ['slu:θˈhaund], *n.* **1** segugio; cane poliziotto **2** (*fig., fam.*) investigatore; detective; segugio (*fam.*).

slew (1) [slu:], *pass.* di **to slay**.

to slew [slu:], (*generalm.* **to s. round**) **A** *v. t.* girare; torcere. **B** *v. i.* **1** girare; girarsi; ruotare rapidamente **2** (*autom.*) fare un testa-coda. ● (*mecc.*) **slewing crane**, gru girevole.

slew (2) [slu:], *n.* **1** giro; torsione **2** (*autom.*) testa-coda. ● (*elettron.*) **s. rate**, velocità di variazione; «slew rate».

slewed [slu:d], *a.* (*pop.*) ubriaco; sbronzo (*pop.*).

slewing ['slu:iŋ], *n.* (*tecn.*) rotazione rapida.

slice [slais], *n.* **1** fetta; (*fig.*) porzione, parte, trancia: **a s. of bread**, una fetta di pane; **a large s. of territory**, una grossa fetta di territorio; **a s. of the profits**, una parte dei profitti **2** spatola; paletta **3** (*ind. min.*) fetta **4** (*geol.*) scaglia, lamina **5** (*sport*) colpo che taglia la palla. ● **s.-bar**, attizzatoio (*per forno*) □

a s. of good luck, un pizzico di fortuna □ (*fig.*) **a s. of life**, una «tranche de vie» (*franc.*).

to slice [slais], **A** *v. t.* **1** (*spesso* **to s. up**) affettare; fare a fette; tagliare a fette **2** incidere; tagliare; fendere: **The plough sliced the ground**, l'aratro tagliava le zolle **3** (*sport*) tagliare, colpire di taglio (*una palla*) **4** (*ind. min.*) coltivare per fette. **B** *v. i.* (*sport*) tagliare (*o* colpire di taglio) la palla. ● (*fam. USA*) **any way you s. it...**, girala come vuoi.

slicer ['slaisə*], *n.* affettatrice (*macchina*).

slick (1) [slik], **A** *a.* **1** liscio; lucido; levigato **2** scivoloso; sdrucciolevole: **a s. road**, una strada sdrucciolevole **3** untuoso; falso; insincero; viscido: **s. manners**, modo di fare untuoso; ipocrisia **4** (*fam.*) abile; ingegnoso; furbo; astuto; ben congegnato; ben costruito; collaudato (*fig.*): **a s. alibi**, un alibi ingegnoso; (*comm.*) **a s. sales trick**, un collaudato trucco da venditore **5** (*fam.: di linguaggio, stile, ecc.*) agile; scorrevole; sciolto **6** (*fam.*) eccellente; ottimo; superlativo: **a s. dinner**, un ottimo pranzo **7** (*autom., sport*) liscio: **a s. tyre**, un pneumatico liscio. **B** *avv.* (*fam.*) **1** con precisione; esattamente; dritto; proprio: **He hit me s. in the eye**, mi colpì proprio nell'occhio **2** abilmente; ingegnosamente; astutamente.

to slick [slik], *v. t.* lisciare; lucidare; lustrare: **to s. down one's hair**, lisciarsi (*o* impomatarsi) i capelli. ● (*fam. USA*) **to s. up**, agghindare; azzimare.

slick (2) [slik], *n.* **1** (*naut.*) zona priva di onde capillari **2** (*anche* **oil s.**) macchia di petrolio grezzo sul mare (*per collisione o incaglio di petroliere*) **3** (*fam. USA*) rivista su carta patinata (*con belle foto, ecc.*).

slicker ['slikə*], *n.* **1** lisciatoio **2** bussetto; bisegolo **3** (*fam. USA*) impermeabile di gomma (*o* di plastica) **4** (*USA, spesso* **city s.**) furbacchione; imbroglione dalla parola facile; truffatore ben vestito (*o* azzimato).

to slide [slaid] (*pass.* e *p. p.* **slid**), **A** *v. i.* scivolare (*anche fig.*); sdrucciolare; (*mecc.*) scorrere; (*econ., polit.*) slittare: **Mr Pickwick's friends were sliding on the ice**, gli amici di Mr Pickwick scivolavano sul ghiaccio; **The sword slid from his hand**, la spada gli scivolò di mano; **The piston slides up and down**, il pistone scorre su e giù; **The cat slid into the pantry**, il gatto scivolò (*o* entrò furtivo) nella dispensa; (*fig.*) **to s. into sin**, scivolare nel peccato. **B** *v. t.* **1** far scivolare; far scorrere; tirare: **to s. a coin into sb.'s hand**, far scivolare una moneta in mano a q.; **I slid the drawer out of the cabinet**, tirai il cassetto fuori dallo stipo **2** infilare (*furtivamente*): **She slid the key into her bag**, s'infilò la chiave nella borsetta. ● (*mus.*) **to s. from one note to another**, eseguire note scivolate □ **to s. over a subject**, sorvolare su un argomento □ **to let things s.**, lasciar correre; lasciare che le cose vadano per il loro verso.

slide [slaid], *n.* **1** scivolata; scivolone; sdrucciolone **2** scivolo; sdrucciolo (*su ghiaccio, ecc.*); piano inclinato; pista di discesa (*per sci*) **3** (*mecc.*) scorrimento **4** (*scient.*) vetrino (*da microscopio*) **5** (*fotogr., cinem.*) diapositiva **6** (*anche* **landslide**) frana; lavina; slavina **7** (*anche* **snow-slide**) valanga **8** (*mecc., anche* **s.-way**) guida (*o* piano di scorrimento **9** (*di strumento*) corsoio; cursore **10** (*mecc.*) slitta; parte scorrevole; corsoio **11** (*mil.*) carrello (*d'arma automatica*) **12** (*per capelli, anche* **hair s.**) forcina; molletta. ● (*mecc.*) **s.-bar**, asta di guida □ **s.-caliper**, calibro a corsoio □ **s.-fastener**, chiusura lampo □ **s.-film**, filmina □ **s.-knot**, nodo scorsoio □ **s.-rule**, regolo calcolatore □ (*mecc.*) **s.-track**, piano di scorrimento □ (*mecc.*) **s.-valve**, valvola a cassetto; valvola a saracinesca □ (*autom.*) **to go into a s.**, prendere una sbandata; sbandare (*sul bagnato, ecc.*) □ **a lecture with slides**, una conferenza con proiezione di diapositive.

slider ['slaidə*], *n.* **1** chi scivola; chi sdruccia **2** (*elettr.*) contatto scorrevole; cursore **3** (*mil.*) sicura a slitta.

sliding ['slaidiŋ], **A** *n.* **1** lo scivolare; lo sdrucciolare **2** (*mecc.*) scorrimento **3** (*econ., polit.*) slittamento. **B** *a.* scorrevole; mobile. ● **s. door**, porta scorrevole □ (*mecc.*) **s. fit**, collegamento scorrevole □ (*autom.*) **s. glass**, vetro scorrevole (*o* abbassabile) □ **s. roof**, tetto apribile □ **s. rule**, regolo calcolatore □ (*econ.*) **s. scale**, scala mobile (*dei salari, ecc.*) □ **s. seat**, sedile scorrevole (*di canotto, ecc.*) □ **s. surface**, piano di scorrimento □ (*mecc.*) **s. vector**, cursore □ (*econ.*) **s. wage-scale**, scala mobile dei salari.

slight (1) [slait], *a.* **1** esile; snello; smilzo; sottile; magro: **a s. figure**, una figurina esile **2** debole; delicato; fragile: **on s. foundations**, su deboli fondamenta **3** esiguo; leggero; lieve; scarso; tenue; piccolo; bava di vento: **a s. cold**, un lieve raffreddore; **a s. wound**, una leggera ferita; **to pay s. attention**, prestare scarsa attenzione; **There isn't the slightest excuse for it**, non c'è al riguardo la minima giustificazione. ● **s. breeze**, lieve brezza; bava di vento □ **in the slightest**, minimamente; affatto: **I didn't take it amiss in the slightest**, non me la sono presa affatto! □ **Not in the slightest!**, neanche a dirlo!; nemmeno per sogno!

to slight [slait], *v. t.* **1** disdegnare; sdegnare; sprezzare **2** far poco conto di; mancar di rispetto a; ingiuriare; offendere **3** trascurare; negligere (*lett.*): **to s. one's duties**, trascurare i propri doveri.
slight (2) [slait], *n.* **1** affronto; ingiuria; offesa; mancanza di rispetto: **to put a s. upon sb.**, far un affronto a q. **2** negligenza; trascuratezza.
slighting ['slaitiŋ], *a.* offensivo; scortese; sprezzante.
slightish ['slaitiʃ], *a.* alquanto esile; piuttosto sottile; ecc. (*V.* **slight** (1)).
slightly ['slaitli], *avv.* **1** esilmente; sottilmente; debolmente **2** leggermente; lievemente; un po': **s. drunk**, un po' brillo. ● (*di persona*) **s. built**, di costituzione delicata; esile.
slightness ['slaitnis], *n.* **1** esilità; snellezza; sottigliezza; magrezza **2** debolezza; fragilità **3** leggerezza; tenuità.
slim [slim], *a.* **1** esile; magro; smilzo; snello; sottile **2** scarso; tenue; magro (*fig.*): **s. pickings**, scarsi guadagni; **a s. excuse**, una magra scusa **3** (*fam.*) astuto; furbo; scaltro; senza scrupoli.
to slim [slim], **A** *v. i.* dimagrire; smagrire, smagrirsi. **B** *v. t.* **1** (far) dimagrire; snellire **2** far sembrare snello; snellire. ● (*fig.*) **to s. down**, calare, ridurre (*le proprie richieste, ecc.*) □ **slimming diet**, dieta dimagrante.
slime [slaim], *n.* **1** limo; fanghiglia; melma **2** poltiglia; viscidume **3** bava; mucillagine. ● (*zool.*) **s. gland**, ghiandola mucosa □ (*miner.*) **s. pit**, cava di bitume liquido.
to slime [slaim], *v. t.* **1** coprire di limo, di melma **2** (*specialm. di serpente*) ricoprire di bava (*la preda*).
sliminess ['slaiminis], *n.* **1** melmosità **2** vischiosità; viscosità; viscidità **3** (*fig.*) untuosità; viscidità; servilità.
slimmer ['slimə*], *n.* chi cerca di dimagrire; chi fa una cura dimagrante.
slimming ['slimiŋ], *a.* (*di prodotto*) che fa dimagrire; dietetico.
slimmish ['slimiʃ], *a.* alquanto esile; magrolino; ecc. (*V.* **slim**).
slimness ['slimnis], *n.* **1** esilità; snellezza; sottigliezza **2** esiguità; scarsezza; tenuità **3** (*fam., raro*) astuzia; furberia; scaltrezza.
slimy ['slaimi], *a.* **1** limaccioso; fangoso; melmoso: **s. water**, acqua limacciosa **2** vischioso; viscoso; viscido **3** (*fig.*) untuoso; viscido; servile **4** (*fig.*) disgustoso; ripugnante.
sling (1) [sliŋ], *n.* **1** (*anche stor., mil.*) fionda; frombola **2** colpo (*o* tiro) di fionda **3** braca; imbraca; imbracatura (*per sollevar pesi*) **4** (*med.*) fascia, benda (*ad armacollo, per sospendere un braccio ferito*) **5** (*del fucile, ecc.*) cinghia. ● **s.-hook** (*o* **s.-dog**), gancio di sollevamento □ **to place a barrel in a s.**, imbracare un barile (*per sollevarlo*) □ **to wear one's arm in a s.**, portare un braccio al collo.
to sling [sliŋ] (*pass. e p. p.* **slung**), *v. t. e i.* **1** gettare; scagliare; tirare: **Don't s. stones at the cat**, non tirar sassi al gatto! **2** lanciare (*o* scagliare) con la fionda; frombolare **3** sospendere; attaccare: **to s. a hammock**, sospendere un'amaca **4** imbracare; issare (*con una braca*): **to s. (up) a barrel**, imbracare un barile. ● (*pop.*) **to s. one's hook**, tagliare la corda, fare tela, filare (*fig., fam.*) □ (*fam.*) **to s. ink**, scrivere; fare lo scrittore (*o* il giornalista) □ (*fam.*) **to s. mud at sb.**, gettare fango su q. (*fig.*) □ **to s. over one's shoulders**, gettare (*o* portare) q.c. ad armacollo □ **slung shot**, palla di metallo attaccata al polso (*usata come arma dai teppisti*).
sling (2) [sliŋ], *n.* bevanda composta di liquore (*specialm. gin*), zucchero, acqua e limone.
slinger ['sliŋə*], *n.* **1** (*stor.*) fromboliere; frombolatore (*raro*) **2** imbracatore (*operaio*).
slingshot ['sliŋʃɔt], *n.* **1** (*anche stor.*) colpo di frombola; colpo di fionda **2** (*USA*) fionda.
to slink [sliŋk] (*pass. e p. p.* **slunk**), **A** *v. i.* camminare furtivamente; strisciare; sgattaiolare. **B** *v. t.* (*di animali*) figliare prematuramente; abortire. ● **to s. about**, aggirarsi furtivo; strisciare □ **to s. away** (*o* **off, out**), filar via; squagliarsela; svignarsela.
slink [sliŋk], *n.* animale (*specialm.* vitello) nato prematuramente.
slip [slip], *n.* **1** scivolata; scivolone; sdrucciolone: **a s. on a banana-skin (on the ice, etc.)**, uno scivolone su una buccia di banana (sul ghiaccio, ecc.) **2** errore; sbaglio; svista: **a mere s.**, una semplice svista **3** federa (*di guanciale*) **4** sottabito; sottoveste **5** grembiule **6** (*bot.*) pollone (*per innesto*) marza **7** striscia (*di carta*); stecca (*di legno*) **8** (*comm.*) scontrino; talloncino: **an order s.**, un talloncino d'ordinazione **9** (*banca*) distinta: **paying-in s.**, distinta di versamento **10** (*aeron., anche* **slipway**) scivolo (*per idroplani*) **11** (*naut., anche* **slipway**) scalo di alaggio (*o* di costruzione) **12** (*naut., anche* **slipway**) scivolo di carico (*di baleniera*) **13** (*elettr., mecc.*) slittamento; scorrimento **14** guinzaglio (*per cani*) **15** (*pugilato*) schivata **16** (*pl., teatr.*) quinte **17** (*ind. ceramica*) argilla semiliquida **18** (*pl.*) slip; mutandine da bagno **19** (*tipogr.*) colonna (*di bozze di stampa*) **20** (*elettron.*) distorsione da scorrimento **21** (*vet.*) aborto. ● (*ferr.*) **s.-carriage**, vagone sganciabile in corsa □ (*di libro*) **s.-case**, custodia (*di solito, di cartone*); cofanetto □ (*USA*) **s.-cover**, rivestimento protettivo, fodera (*per poltrone, divani, ecc.*) (*cfr. ingl.* **loose cover**); sopraccoperta (*di libro*) (*cfr. ingl.* **jacket**) □ **s.-hook**, gancio di facile apertura □ **s.-knot**, nodo scorsoio □ **a s. of the pen**, un «lapsus calami»; un errore di scrittura □ **a s. of the tongue**, un «lapsus linguae»; una parola sfuggita per errore □ (*d'abito*) **s.-on**, da infilare □ **s.-over**, maglietta di lana (*che s'infila su un vestito, su una camicia*) □ (*tipogr.*) **s.-proof**, bozza in colonna □ **s.-road**, strada traversa; scorciatoia; (*autom.*) rampa d'accesso, raccordo (*di una autostrada*) □ (*ind.*) **s.-sole**, tramezza (*di scarpa*) □ (*fam.*) **s.-up**, sbaglio; svista □ **to give sb. the s.**, evitare q.; sfuggire a q.; svignarsela (*fig.*) □ **a (mere) s. of a boy (of a girl)**, un ragazzetto (*o* una ragazzetta) esile; un soldo di cacio (*fig.*) □ (*prov.*) **There's many a s. 'twixt the cup and the lip**, tra il dire e il fare c'è di mezzo il mare.
to slip [slip], **A** *v. i.* **1** scivolare; sdrucciolare: **The child slipped off my knee**, il bambino mi scivolò dalle ginocchia; **I slipped in the mud and fell**, sdrucciolai nel fango e caddi **2** sgusciare (via); (*anche fig.*) sfuggire: **Here is a chance you mustn't allow to s.**, ecco un'occasione che non ti devi lasciar sfuggire; **His telephone number has slipped my mind**, il suo numero telefonico m'è sfuggito dalla mente; **The eel slipped through** (*o* **out of**) **my fingers**, l'anguilla mi sgusciò di fra le dita **3** andare furtivamente; passare inosservato (*o* a poco a poco); scivolare: **The days slipped past** (*o* **by, away**), a poco a poco i giorni passavano; **The gondola slipped over the still waters of the lagoon**, la gondola scivolava sulle immote acque della laguna **4** scivolare (*via, fuori*); svignarsela: **He slipped out of the room**, scivolò fuori della stanza **5** (*spesso* **to s. up**) sbagliare; sbagliarsi; commettere un errore: **You slipped up badly**, ti sei sbagliato di grosso; **He slips now and then in his pronunciation**, di quando in quando commette errori di pronuncia **6** (*fam.*) essere in declino; decadere; peggiorare: **The market has slipped**, il mercato è peggiorato **7** (*comm.: delle vendite*) calare; diminuire **8** (*mecc.*) slittare. **B** *v. t.* **1** far scivolare; far scorrere; infilare; sfilare: **He slipped the bolt through the hole**, fece scorrere il catenaccio entro il foro; **to s. a coin into sb.'s pocket**, infilare una moneta in tasca a q.; **to s. on (off) clothes**, infilarsi (sfilarsi) i vestiti **2** sciogliere; liberare; liberarsi di: **The slave has slipped his chains**, lo schiavo s'è liberato delle catene; **to s. the greyhounds**, sciogliere i levrieri; liberare i levrieri dal guinzaglio (*alle corse, ecc.*) **3** sfuggire a; sottrarsi a; seminare (*anche*): **This matter has slipped my notice**, questa faccenda m'è sfuggita; **The prisoner slipped his guards**, l'arrestato si sottrasse alle guardie; **I slipped my pursuers**, seminai i miei inseguitori **4** (*d'animali*) figliare prematuramente; abortire. ● (*fam.*) **to s. along**, andare a tutta velocità; correre a tutto spiano □ (*naut.*) **to s. the anchor**, mollare (*o* filar per occhio) l'ancora □ **to s. away**, *V.* **to s. off** □ (*di un cane*) **to s. one's collar**, perdere il collare □ **to s. into a dress**, infilarsi un vestito □ **to s. off**, squagliarsela; svignarsela; andarsene alla chetichella □ **to s. off one's ring**, sfilarsi l'anello □ **to s. out of a dress**, sfilarsi un vestito □ (*fam.*) **to s. st.** (*o* **it**) **over sb.**, imbrogliare q.; farla a q. □ (*cucito*) **to s. a stitch**, saltare una maglia; perdere un punto □ **to let s.**, lasciarsi sfuggire; lasciarsi scappare; (*lett.*) sciogliere, liberare: **to let s.** (*o* **to s. in**) **a cutting remark**, lasciarsi scappare un'osservazione pungente (*poet.*) **to let s. the dogs of war**, scatenare la guerra □ **My foot slipped**, mi mancò il piede; misi il piede in fallo; scivolai □ **Just s. across to the shop!**, fa' un salto fino al negozio! □ **How time slips away!**, come passa presto il tempo! □ **She has slipped in my opinion**, ho perso stima in lei; mi è andata giù (*fam.*) □ (*fig.*) **Money slips through his fingers**, ha le mani bucate.
slipped disc [,slipt 'disk], *n.* (*med.*) ernia del disco.
slipper ['slipə*], *n.* **1** pantofola; ciabatta; pianella **2** freno a scarpa; martinicca **3** (*mecc.*) pattino **4** chi scioglie i levrieri (*alle corse*). ● **s. brake**, (*mecc.*) rallentatore; (*ferr.*) freno sulla rotaia □ **s. chair**, poltroncina da camera da letto.
to slipper ['slipə*], *v. t.* picchiare (q.) con una pantofola; prendere (q.) a ciabattate.
slippered ['slipəd], *a.* in pantofole; che porta le pantofole.
slipperiness ['slipərinis], *n.* **1** l'essere sdrucciolevole; scivolosità; viscidità **2** (*fam.*) evasività; disonestà; ingannevolezza; mancanza di scrupoli.
slippering ['slipəriŋ], *n.* colpi di ciabatta; (il) prendere a ciabattate: **The boy got a sound s.**, il bambino si buscò una bella scarica di ciabattate.
slipperwort ['slipəwɔ:t], *n.* (*bot., Calceolaria*) calceolaria.
slippery ['slipəri], *a.* **1** sdrucciolevole; scivoloso; viscido (*anche fig.*): **a s. pavement**, un marciapiedi sdrucciolevole; **as s. as an eel**, viscido come un'anguilla **2** (*fam.*) evasivo; disonesto; ingannevole; infido; privo di scrupoli: **a s. customer**, un tipo infido. ● **s. dip**, scivolo (*gioco infantile*) □ **a s. situation**, una situazione incerta (*o* precaria) □ **a s. subject**, un argomento scabroso □ (*scherz.*) **What a s. slope you are on!**, su che brutta strada ti sei messo (*fig.*)!

slippy ['slipi], *a.* (*fam.* o *dial.*) V. **slippery**. ● (*pop.*) **Be s. about it!** (o **Look s.!**), sbrigati!; spicciati!
slipshod ['slipʃɔd], *a.* **1** (*di persona*) scalcagnato **2** trascurato; trasandato; disordinato; sciatto: **a s. woman**, una donna sciatta; una sciattona; **a s. speech**, un discorso disordinato.
slipstream ['slipstri:m], *n.* **1** (*aeron.*) flusso (*o* scia) dell'elica **2** (*autom.*, *sport*) scia (*sfruttata da un concorrente*).
slipway ['slipwei], *n.* **1** (*naut.*) scalo di costruzione (*o* di alaggio) **2** scivolo di carico (*di baleniera*) **3** (*aeron.*) scivolo (*di idrovolante*).
to slit [slit] (*pass.* e *p. p.* **slit**), A *v. t.* tagliare (*per il lungo*); fendere; spaccare: **to s. st. into strips**, tagliare q.c. a strisce. B *v. i.* fendersi; spaccarsi: **If you strain it too hard it will s.**, se lo tiri troppo si spacca. ● (*mecc.*) **slitting machine**, macchina tagliatrice; cesoia per taglio a strisce.
slit [slit], A *n.* **1** taglio longitudinale; fenditura **2** fessura; fenditura; apertura (*lunga e stretta*): **The s. under the door lets in light**, la fessura sotto la porta lascia filtrare la luce **3** feritoia **4** (*moda*) spacco. B *a.* **1** spaccato; fenduto **2** (*moda*) con lo spacco. ● **s. eyes**, occhi stretti come fessure □ (*sartoria*) **s. pocket**, tasca tagliata □ (*moda*) **s. skirt**, gonna con lo spacco.
to slither ['sliðə*], *v. i.* **1** scivolare; sdrucciolare **2** strisciare.
slither ['sliðə*], *n.* **1** scivolata; scivolone **2** lo strisciare; striscio **3** rumore smorzato; fruscio (*delle onde, ecc.*); chiaccherìccio (*di una fontana*).
slithery ['sliðəri], *a.* scivoloso; sdrucciolevole: **a s. path**, un sentiero sdrucciolevole.
slitter ['slitə*], *n.* (*mecc.*) taglierina longitudinale.
sliver ['slivə*], *n.* **1** frammento; pezzetto; scheggia **2** (*pesca*) pezzetto di pesce usato come esca **3** residuo incombusto **4** (*ind. tessile*) nastro; stoppino; teletta.
to sliver ['slivə*], A *v. t.* spezzare; fare a pezzi; scheggiare. B *v. i.* spezzarsi; scheggiarsi; andare in pezzi.
slivovitz ['slivəvits], *n.* slivovitz (*liquore*).
slob [slɔb], *n.* (*pop.*) persona rozza; zoticone; villanzone; sudicione.
to slobber ['slɔbə*], *v. i.* e *t.* **1** sbavare, sbavarsi; bagnare di saliva: **The old man has slobbered his napkin**, il vecchio ha sbavato il tovagliolo **2** sbavare; dare baci pieni di saliva a (q.) **3** (*fig.*) fare il sentimentale; fare lo svenevole: **to s. over sb.** (**st.**), fare lo svenevole con q.; profondersi in manifestazioni d'affetto (*o* d'ammirazione) per q. (q.c.) ● **to s. water all over the floor**, fare del bagnato sul pavimento.
slobber ['slɔbə*], *n.* **1** bava; sbavatura **2** (*fig.*) sentimentalismo; svenevolezza.
slobbery ['slɔbəri], *a.* **1** bavoso **2** (*fig.*) sentimentale; svenevole.
slob-ice ['slɔb-ais], *n.* (*Canada*) ghiaccio galleggiante misto a neve.
sloe [slou], *n.* (*bot.*) **1** prugnola; susina di macchia **2** (*Prunus spinosa*) prugnolo; susino di macchia. ● **s.-eyed**, dagli occhi scuri e a mandorla □ **s. gin**, liquore di prugnolo; prunella.
to slog [slɔg], *v. i.* e *t.* (*fam.*) **1** picchiar forte; colpire con violenza **2** procedere a fatica; arrancare **3** (*spesso* **to s. on**, **to s. away**) faticare; sgobbare.
slog [slɔg], *n.* (*fam.*) **1** colpo violento **2** procedere faticoso; andatura arrancante **3** duro lavoro; faticata; sgobbata: **That was a hard s.!**, è stata una bella sgobbata!
slogan ['slougən], *n.* **1** slogan; motto pubblicitario (*o* propagandistico) **2** (*stor.*) grido di guerra (*in Scozia*).
sloganeer [,slougə'niə*], *n.* (*USA*) ideatore di slogan.
slogger ['slɔgə*], *n.* (*fam.*) **1** (*sport*) chi colpisce forte (*specialm. nel cricket*); picchiatore (*nel pugilato*) **2** lavoratore accanito; sgobbone.
sloop [slu:p], *n.* (*naut.*) **1** sloop (*imbarcazione da diporto*) **2** (*mil.*, *anche* **s. of war**) corvetta.
to slop [slɔp], A *v. i.* **1** (*di liquido*; *spesso* **to s. over**) traboccare; spandersi; versarsi **2** (*spesso* **to s. about**, **to s. around**) sguazzare; diguazzare: **The boys were slopping about in the pond**, i ragazzi sguazzavano nello stagno. B *v. t.* **1** spandere; versare; rovesciare: **to s. tea on the tablecloth**, versare il tè sulla tovaglia **2** bagnare, sporcare, imbrattare (*il pavimento, il vestito, ecc.*) **3** alimentare (*o* nutrire) con brodaglia. ● (*di carcerato*) **to s. out the room**, vuotare il bugliolo □ (*fam.*) **to s. over sb.**, fare lo svenevole con q.
slop (1) [slɔp], *n.* **1** (*pl.*) acqua sporca; risciacquatura di piatti **2** (*pl.*) liquido poco sostanzioso; brodaglia; sbobba (*pop.*) **3** (*pl.*) avanzi (*o* fondi) di tè **4** beverone, pastone, broda (*per maiali*). ● **s. basin** (*o* **s. bowl**), recipiente per gli avanzi di tè *o* del caffè □ **s. pail**, secchio per l'acqua sporca.
slop (2) [slɔp], *n.* (*pl.*) abiti bell'e fatti, di poco prezzo; (*naut.*) corredo di marinaio. ● (*naut.*) **s. room**, deposito del vestiario; guardaroba □ **s. seller**, rigattiere □ **s. shop**, bottega da rigattiere.
slop (3) [slɔp], *n.* (*pop.*) poliziotto; sbirro (*spreg.*); piedipiatti (*fam.*).

slope [sloup], *n.* **1** pendio; china; declivio; pendice; rampa; scarpata: **a gentle s.**, un leggero pendio; **a steep s.**, una china ripida; un forte pendio; **on the mountain slopes**, sulle pendici del monte **2** pendenza; inclinazione; grado d'inclinazione **3** (*mat.*) pendenza **4** (*aeron.*) inclinazione **5** (*econ.*) recessione **6** (*mil.*) posizione inclinata (*del fucile*). ● (*mil.*) **at the s.**, in posizione di spall'arm □ (*mil.*) **to come to the s.**, inclinare il fucile; mettere il fucile a spall'arm □ **a downward s.**, una discesa □ (*sport*) **ski slopes**, campi di sci □ **an upward s.**, una salita.
to slope [sloup], A *v. i.* **1** essere inclinato; pendere **2** inclinarsi; prendere una direzione obliqua. B *v. t.* inclinare; far pendere; dare una pendenza a. ● (*mil.*) **to s. arms**, mettere il fucile a spall'arm □ (*mil.*) **S. arms!**, (*fam.*) **to s. off**, scappare; svignarsela □ (*di strada, ecc.*) **to s. up**, salire.
sloping ['sloupiŋ], *a.* inclinato; in pendenza: **a s. road**, una strada in pendenza.
sloppiness ['slɔpinis], *n.* **1** l'essere sdrucciolevole; viscidità; fangosità **2** (*fam.*) sciatteria; trasandatezza; trascuratezza; sudiceria **3** (*fam.*) sentimentalismo; svenevolezza; sdolcinatezza.
sloppy ['slɔpi], *a.* **1** bagnato (*d'acqua sporca, ecc.*); fangoso, coperto di fanghiglia; sdrucciolevole; viscido; umido: **a s. road**, una strada coperta di fanghiglia; **s. weather**, tempo umido (*o* piovoso); **a s. floor**, un pavimento bagnato (d'acqua sporca), viscido **2** (*fam.*) sciatto; trasandato; trascurato; sudicio: **a s. dresser**, un individuo sciatto, trasandato nel vestire **3** (*fam.*) sentimentale; svenevole; sdolcinato: **s. affection**, affetto svenevole, sdolcinato **4** (*di cibo*) brodoso. ● **s. food**, brodaglia, sbobba (*pop.*) □ (*fam.*) **a s. joe**, un maglione a sacco.
slosh [slɔʃ], **1** *V.* **slush 2** (*pop.*) colpo forte; botta; percossa **3** sciabordio; sciacquio.
to slosh [slɔʃ], A *v. t.* **1** (*pop.*) percuotere; picchiare; colpire **2** (*di solito* **to s. about**) agitare, mescolare (*un liquido o ciò che vi è immerso*) **3** spruzzare; bagnare; gettare acqua (*o altro liquido*) su. B *v. i.* (*spesso* **to s. about**, **around**) **1** (*di liquido*) sguazzare; sciabordare **2** (*di una persona o di un animale*) sguazzare.
sloshed [slɔʃt], *a.* (*pop.*) ubriaco; sbronzo (*fam.*).
slot (1) [slɔt], *n.* **1** apertura (*lunga e stretta*); fessura; fenditura **2** (*mecc.*) scanalatura; guida **3** (*elab.*) tacca **4** (*fig.*) posto adatto (*in un'organizzazione, ecc.*) **5** (*radio, telev.*) spazio (*per un programma, uno stacco pubblicitario, ecc.*). ● **s. car**, automobilina elettrica (*su pista*) □ **s. machine**, slot machine; distributore automatico (*a gettoni o a monete*) (*USA*) macchina mangiasoldi □ **s.-meter**, contatore (*del gas, ecc.*) a gettoni (*o* a monete) □ **s. racing**, (il) far correre automobiline elettriche (*su pista: gioco*).
to slot [slɔt], *v. t.* **1** introdurre (*o* inserire) in una fessura **2** fare un'apertura in; aprire una fessura in; fare un taglio in **3** (*mecc.*) scanalare (*fig.*) **to s. in**, trovare tempo (*fam.*: un buco) per (*fare q.c.*) □ (*mecc.*) **slotting machine**, stozzatrice.
slot (2) [slɔt], *n.* (*caccia*) pesta, traccia (*specialm. di cervo*).
sloth [slouθ], *n.* **1** accidia; indolenza; ignavia; infingardaggine; pigrizia **2** (*zool.*, *Bradypus*) bradipo. ● (*zool.*) **s.-bear** (*Melursus ursinus*), orso giociolere □ (*zool.*) **s.-monkey** (*Loris gracilis*), lori gracile.
slothful ['slouθful], *a.* accidioso; indolente; ignavo; infingardo; pigro.
slothfulness ['slouθfulnis], *n.* accidia; indolenza; ignavia; infingardaggine; pigrizia; poltroneria.
to slouch [slautʃ], A *v. i.* **1** stare scomposto (*o* dinoccolato) **2** penzolare **3** camminare (*o* muoversi) dinoccolato. B *v. t.* **1** piegare la tesa del (*cappello*) **2** piegare, curvare (*le spalle*). ● **to s. about**, gironzolare □ **to s. one's hat over one's eyes**, tirarsi il cappello sugli occhi.
slouch [slautʃ], *n.* **1** atteggiamento dinoccolato; andatura goffa (*o* dinoccolata) **2** inclinazione (*della tesa del cappello*) **3** (*fam.*) ciondolone; fannullone **4** (*fam.*) incompetente; scalzacane; schiappa: **He is no s. at tennis**, non è davvero una schiappa a tennis. ● **s. hat**, cappello a cencio; cappello floscio □ (*fam.*) **The show was no s.**, lo spettacolo era passabile.
slouchiness ['slautʃinis], *n.* scompostezza; trasandatezza.
slouching ['slautʃiŋ], *a.* scomposto; dinoccolato; trasandato.
slouchy ['slautʃi], *a.* scomposto; dinoccolato; trasandato.
slough (1) [slau], *n.* **1** pantano; palude **2** (*USA*: [slu:]) acqua stagnante (*separata dalla corrente di un fiume o dal mare*); depressione, avvallamento (*del terreno, spesso con acqua stagnante*) **3** (*fig.*) abisso; fondo; pozzo: (*fig.*) **the s. of self-pity**, il pozzo dell'autocommiserazione.
slough (2) [slʌf], *n.* **1** spoglia, scaglia (*specialm. delle serpi*) **2** (*med.*) escara; crosta; squama (*di pelle, ecc.*) **3** (*bridge*) scarto.
to slough [slʌf], A *v. t.* **1** (*delle serpi, ecc.*) mutare (*la pelle*) **2** sbarazzarsi di; abbandonare; smettere; perdere: **The retreating platoon sloughed (off) their knapsacks**, i soldati del plotone in ritirata abbandonarono gli zaini **3** (*bridge*) scartare. B *v. i.* **1** (*med.*: *di*

tessuto, ecc.) staccarsi; distaccarsi; squamarsi 2 (*di serpi*) mutar pelle; fare la muta; spogliarsi.
sloughy (1) ['slaui], *a.* pantanoso; melmoso; fangoso.
sloughy (2) ['slʌfi], *a.* squamoso.
Slovak ['slouvæk], *a.* e *n.* slovacco (*anche la lingua*).
Slovakia [slou'vækiə], *n.* (*geogr.*) Slovacchia.
Slovakian [slou'vækiən], *V.* **Slovak.**
sloven ['slʌvn], *n.* sciattone, sciattona; sudicione, sudiciona.
Slovene ['slouvi:n], *a.* e *n.* sloveno (*anche la lingua*).
Slovenia [slou'vi:njə], *n.* (*geogr.*) Slovenia.
Slovenian [slou'vi:njən], *V.* **Slovene.**
slovenliness ['slʌvnlinis], *n.* sciatteria; sudiceria; trasandatezza.
slovenly ['slʌvnli], *a.* sciatto; sudicio; trascurato.
slow [slou], A *a.* 1 lento; tardo; pigro; indolente; (*fig.*) tardo di mente, ottuso: **a s. journey**, un viaggio lento; **a s. fire**, fuoco lento; **He is s. of comprehension**, è tardo di comprendonio; **s. of speech**, lento nel parlare 2 (*pred.*) indietro; in ritardo: **My watch is two minutes s.**, il mio orologio è in ritardo (*o* è indietro) di due minuti 3 monotono; noioso: **a s. afternoon (party)**, un pomeriggio (un trattenimento) noioso 4 (*del terreno, ecc.*) pesante; poco scorrevole: **a s. track**, una pista pesante; **a s. billiard-table**, un biliardo poco scorrevole 5 (*econ.*) fiacco: **Business is s.**, gli affari sono fiacchi. B *avv.* (*fam.*) lentamente; piano; adagio: **Please, read s.**, leggi adagio, per favore! • **a s. answer**, una risposta che tarda a venire □ **s.-combustion stove**, parigina (*vecchio tipo di stufa*) □ (*autom.*) **s. lane**, corsia per veicoli lenti □ **a s. match**, una miccia a lenta combustione □ (*comm.*) **a s. month**, un mese morto (*per gli affari*) □ (*cinem.*) **a s.-motion film**, una pellicola al rallentatore □ **s.-moving**, lento □ **to be s. off the mark**, essere lento a capire (*una barzelletta, ecc.*) □ (*autom.*) **s. running**, marcia lenta; minimo □ **s.-spoken**, che parla lentamente □ **to be s. to anger** (**enthusiasm, etc.**), non arrabbiarsi (entusiasmarsi, ecc.) tanto facilmente □ (*ferr.*) **s. train**, treno accelerato □ **a s. village**, un paese in cui la vita procede a ritmo lento □ **s.-witted**, tardo di mente; ottuso □ **to go s.**, andar piano; (*fig.*) essere (*o* andare) cauto; (*ind.*) lavorare a rilento, rallentare il lavoro (*per protesta*) □ (*cartello stradale*) **Go s.!**, rallentare! □ (*naut.*) **S. speed ahead!**, avanti adagio □ (*prov.*) **S. but sure**, lento ma sicuro □ (*prov.*) **S. and steady wins the race**, chi va piano va sano e va lontano.
to slow [slou], A *v. i.* (*di solito* **to s. down, to s. up**) rallentare; ridurre la velocità: **The train slowed up**, il treno rallentò. B *v. t.* 1 ridurre la velocità di (*un veicolo, ecc.*) 2 (*fig.*) rallentare, frenare: **The numerous strikes will s. down production**, i molti scioperi rallenteranno la produzione; (*fin.*) **Investors are slowing the market**, i risparmiatori stanno frenando il mercato.
slowcoach ['slou-koutʃ], *n.* (*fam.*) 1 posapiano; lumacone; pigrone 2 individuo tardo di mente; testone; zuccone 3 persona d'idee arretrate; retrogrado.
slowdown ['slou-daun], *n.* 1 rallentamento (*specialm. dell'attività, del ritmo di lavoro*) 2 sciopero bianco (*con rallentamento del lavoro*). • (*econ.*) **a s. in economic activity**, un rallentamento congiunturale.
slowness ['slou-nis], *n.* 1 lentezza; indolenza; pigrizia 2 (*fig.*) ottusità 3 monotonia; noiosità 4 (*dell'orologio*) l'essere in ritardo.
slowpoke ['sloupouk], (*USA*) *V.* **slowcoach.**
slow-worm ['slouwə:m], *n.* (*zool., Anguis fragilis*) orbettino.
slub [slʌb], *n.* (*ind. tessile*) ringrosso (*del filo*).
to slub [slʌb], *v. t.* (*ind. tessile*) torcere leggermente (*lana, ecc.*).
slubber ['slʌbə*], *n.* (*ind. tessile*) torcitoio.
sludge [slʌdʒ], *n.* 1 fango; fanghiglia; limo 2 acque di scolo; detriti di fogna 3 (*mecc.*) morchia; feccia dell'olio 4 (*chim., ind.*) melme; residui. • (*chim.*) **s. acid**, melme acide.
sludgy ['slʌdʒi], *a.* 1 fangoso; limaccioso 2 morchioso; viscido.
slue, to slue [slu:], *V.* **slew (2), to slew.**
slug (1) [slʌg], *n.* (*zool.*) limaccia; lumacone (*senza guscio*).
slug (2) [slʌg], *n.* 1 (*metall.*) pezzo tondeggiante di metallo; spezzone; sfrido 2 (*ind. min.*) pepita (*ind. min.*) massa di minerale arrostito a metà 4 (*pop.*) pallottola; proiettile 5 (*USA*) oggetto tondo (*disco metallico, ecc.*) inserito in luogo di una moneta (*in una slot-machine*) 6 (*tipogr.*) interlinea 7 (*giornalismo*) tappabuco; zeppa.
to slug (1) [slʌg], *v. i.* (*fam.*) poltrire a letto.
slug (3), to slug (2) [slʌg], *V.* **slog, to slog.**
sluggard ['slʌgəd], *n.* fannullone, fannullona; dormiglione, dormigliona; pigrone, pigrona; poltrone, poltrona (*fam.*).
sluggish ['slʌgiʃ], *a.* indolente; infingardo; inerte; pigro; lento: **s. temper**, carattere indolente; **a s. stream**, un corso d'acqua pigro (*o* lento).
sluggishness ['slʌgiʃnis], *n.* indolenza; inerzia; pigrizia; lentezza.
sluice [slu:s], *n.* 1 paratoia piana; saracinesca 2 massa d'acqua controllata da una chiusa 3 (*anche* **s.-gate, s.-valve**) lente di paratoia piana 4 (*ind. min.*) canale di lavaggio (*per lavare sabbie aurifere, ecc.*) 5 canale di scarico 6 (*fam.*) risciacquata. • **s.-way**, canale di chiusa; (*ind. min.*) canale di lavaggio.
to sluice [slu:s], A *v. t.* 1 munire di paratoie (*o* di saracinesche) 2 inondare (*aprendo le paratoie*); allagare 3 lavare; risciacquare: **The sailors sluiced the deck with hoses**, i marinai lavarono il ponte della nave con le pompe. B *v. i.* (*dell'acqua, spesso* **to s. out**) erompere; sgorgare da (*o* come da) una chiusa.
sluit [slu:t], *n.* (*in Africa*) stretto canale (*naturale*).
slum [slʌm], *n.* 1 (*anche* **s. dwelling**) casupola; catapecchia; tugurio 2 viuzza sudicia; vicolo; angiporto 3 quartiere povero e squallido; corea (*fam.*); slum 4 (*pl.*) bassifondi (*d'una città*). • (*urbanistica*) **s. clearance**, bonifica dei bassifondi □ **s. dwellers**, abitanti dei quartieri poveri.
to slum [slʌm], *v. i.* 1 (*di solito* **to go slumming**) visitare i quartieri poveri (*per beneficenza, ecc.*) 2 (*fam.*) vivere facendo economie. • **to s. it**, fare una vita misera; vivere negli stenti.
to slumber ['slʌmbə*], *v. i.* 1 dormire; dormire beatamente; dormirsela 2 sonnecchiare (*anche fig.*); assopirsi; poltrire. • **to s. away one's time**, passare il tempo sonnecchiando.
slumber ['slʌmbə*], *n.* (*spesso pl.*) sonno; dormita; sonnellino. • (*USA*) **s. party**, notte passata in compagnia di amici mangiando, chiacchierando, ecc.
slumberer ['slʌmbərə*], *n.* chi dorme; chi è assopito.
slumberous ['slʌmbərəs], **slumbrous** ['slʌmbrəs], *a.* 1 assonnato; sonnolento; preso da torpore: **a s. little town**, una cittadina sonnolenta 2 soporifero; che fa dormire.
slumism ['slʌmizəm], *n.* (*USA*) proliferazione dei bassifondi.
slumlord ['slʌmlo:d], *n.* esoso padrone d'abitazioni indecenti (*o* di tuguri).
slummer ['slʌmə*], *n.* visitatore (*o* abitante) dei quartieri poveri.
slummy ['slʌmi], *a.* 1 dei bassifondi; dei quartieri poveri; squallido 2 (*fig.*) in disordine; sporco.
slump [slʌmp], *n.* 1 (*econ.*) caduta dei prezzi; ribasso improvviso; crollo: **a s. in prices**, (*comm.*) un crollo dei prezzi; (*Borsa*) una flessione delle quotazioni 2 (*econ.*) crisi; recessione; depressione; congiuntura bassa: **the booms and slumps of the business cycle**, i boom e le recessioni del ciclo economico 3 (*fig.*) calo d'interesse; apatia; disinteresse improvviso 4 (*geol.*) frana sottomarina. • (*econ.*) **s. symptoms**, sintomi recessivi; nodi congiunturali.
to slump [slʌmp], *v. i.* 1 (*econ.: dei prezzi*) ribassare all'improvviso; subire una forte flessione; crollare 2 (*econ.: dei traffici, ecc.*) contrarsi (*o* ridursi) d'un tratto; entrare in crisi 3 abbandonarsi; lasciarsi cadere: **He slumped (down) onto the sofa**, si lasciò cadere sul divano 4 cadere pesantemente; crollare: **I slipped on the parquet and slumped backwards**, scivolai sul parquet e caddi pesantemente all'indietro 5 (*di interesse, energia, ecc.*) calare fortemente.
slung [slʌŋ], *pass.* e *p. p.* di **to sling.**
slunk [slʌŋk], *pass.* e *p. p.* di **to slink.**
to slur [slə:*], *v. t.* e *i.* 1 (*fon.*) pronunciare in modo indistinto; articolare male (*un suono*) 2 (*mus.*) legare (*note*); (*di note*) legarsi 3 denigrare. • (*fig.*) **to s. over**, passar sopra a; sorvolar su.
slur [slə:*], *n.* 1 macchia (*fig.*); onta, taccia 2 (*fon.*) pronuncia indistinta; dizione difettosa 3 (*mus.*) legatura 4 denigrazione; ingiuria; osservazione offensiva. • **to cast a s. on sb.**, denigrare q.; macchiare la reputazione di q.
slurb [slə:b], *n.* (*urbanistica*) zona di edilizia popolare.
to slurp [slə:p], *v. t.* e *i.* (*fam.*) mangiare (*o* bere) rumorosamente.
slurry ['slʌri], *n.* (*edil.*) impasto refrattario semiliquido.
slush [slʌʃ], *n.* 1 fanghiglia mista a neve; neve sciolta; fango di neve 2 (*fig.*) sentimentalismo; svenevolezza; romanticume (*spreg.*). • (*polit. USA*) **s. fund**, fondo segreto.
slushy ['slʌʃi], *a.* 1 fangoso; coperto di fanghiglia; melmoso; viscido 2 (*fig.*) sentimentale; svenevole; sdolcinato.
slut [slʌt], *n.* 1 donna sciatta (*o* sporca); sciattona; sudiciona 2 donnaccia; sgualdrina 3 ragazza sfacciata; sfacciatella 4 (*arc.*) cagna.
sluttish ['slʌtiʃ], *a.* 1 sciatto; trasandato; sporco; sudicio 2 (*di persona*) immorale; disonesto.
sluttishness ['slʌtiʃnis], *n.* 1 sciatteria; trasandatezza; sporcizia 2 dubbia moralità; immoralità.
sly [slai], *a.* 1 astuto; furbo; scaltro; malizioso 2 furtivo; sornione; doppio 3 birichino; sbarazzino; scherzoso. • (*fig.*) **a sly dog**, un furbacchione; un sornione □ **on the sly**, alla cheticella; di nascosto; in segreto.
slyboots ['slaibu:ts], *n. pl.* (*col verbo al sing.*) (*scherz.*) furbacchione; birichino.
slyness ['slainis], *n.* 1 astuzia; furberia; scaltrezza; malizia 2 furtività; sornioneria; doppiezza 3 birichineria.
smack (1) [smæk], *n.* 1 sapore; aroma 2 (*fig.*) pizzico; traccia: **He has a s. of recklessness in him**, c'è un pizzico d'avventatezza in lui. • **This wine has a s. of the cask in it**, questo vino sa di botte.

to smack (1) [smæk], *v. i.* saper (di); sentire (di): **This jam smacks of preservatives**, questa marmellata sa di conservanti. ● **His manner smacks of the dictator**, i suoi modi hanno un che di dittatoriale.

smack (2) [smæk], *n.* **1** ceffone; sventola; scapaccione; scappellotto; schiaffo; pacca (*fam.*) **2** schiocco (*della frusta, delle labbra*) **3** bacio con lo schiocco; bacione: **a s. on the cheek**, un bacione sulla guancia. ● (*fig.*) **a s. in the eye**, uno smacco □ (*sport*) **to give the ball a hard s.**, colpire forte la palla □ (*fam.*) **to have a s. at st.**, provare a fare q.c.; provarcisi.

to smack (2) [smæk], **A** *v. t.* **1** dare un ceffone a; schiaffeggiare: **to s. a naughty boy**, dare un ceffone a un ragazzo cattivo **2** (*far*) schioccare (*le labbra*); far schioccare (*la frusta*) **3** sbattere; sbatacchiare: **to s. the shopping bag on the table**, sbattere la borsa della spesa sulla tavola. **B** *v. i.* (*delle labbra, della frusta*) schioccare.

smack (3) [smæk], *avv.* (*fam.*) dritto; in pieno: **The car went s. into the pylon**, l'automobile andò a sbattere (in pieno) contro il traliccio; **He ran s. into trouble**, si cacciò dritto nei guai. ● (*USA*) **s.-dab**, proprio; giusto; esattamente.

smack (4) [smæk], *n.* (*naut.*) barca da pesca; peschereccio.

smacker ['smækə*], *n.* **1** (*fam.*) bacio con lo schiocco; bacione **2** (*fam.*) schiaffo sonoro; schiaffone **3** (*pop.*) sterlina **4** (*pop. USA*) dollaro.

smacking (1) ['smækiŋ], *n.* percosse; botte; busse; strigliata (*fig.*).

smacking (2) ['smækiŋ], *a.* **1** schioccante; sonoro **2** (*del vento*) vivace; teso.

smacksman ['smæksmən], *n.* (*pl.* **smacksmen**) marinaio di un peschereccio.

small (1) [smɔːl], *a.* **1** piccolo, piccino, esiguo; minuto; ristretto; scarso; basso, umile; insignificante; gretto, meschino: **a s. man**, un uomo piccolo; un uomo basso (*o* insignificante, umile, meschino); (*econ.*) **a s. business**, una piccola azienda (*o* industria); **a s. tax**, un'imposta esigua; **s. rain**, pioggia minuta; pioggerella; **a s. audience**, scarso pubblico; **a s. matter**, una faccenda insignificante; una cosa da poco **2** (*di suono, voce*) basso; sommesso **3** (*arc.*: *della birra*) leggero. ● **s. and early**, trattenimento intimo; festicciola familiare ● (*mil.*) **s. arms**, armi leggere (*o* portatili) □ (*fig.*) **s. beer**, inezie; piccolezze; banalità □ **to be s. beer**, non avere importanza; essere senza importanza □ (*tipogr.*) **s. capitals**, maiuscoletto □ **a s. car**, un'automobile piccola □ **s. utilitaria** □ **s. change**, moneta spicciola, spiccioli (*fig.*) roba da poco, insulsaggini □ **s. coal**, carbone minuto □ (*naut.*) **s. craft**, naviglio leggero; barche □ (*mecc., autom.*) **a s.-engined car**, un'automobile di piccola cilindrata □ (*agric., econ.*) **s. farmer**, un piccolo proprietario; un colono; un coltivatore diretto □ **s. fry**, pesci minuti, pesciolini; (*fig.*) bambini; persone di nessun conto, gente dappoco □ **s. gross**, dieci dozzine □ **s. hand**, scrittura ordinaria □ **the s. hours**, le ore piccole □ (*anat.*) **s. intestine**, intestino tenue □ (*tipogr.*) **s. letters**, lettere minuscole; minuscole □ **a s. mind**, una mente gretta (*o* meschina, ristretta) □ **s.-minded**, gretto; meschino; piccino (*fig.*) □ **s.-mindedness**, grettezza; meschinità; piccineria □ **s. people**, gente di bassa condizione; gente comune (*o* ordinaria); gli umili □ **s. print**, clausole (*di un contratto, ecc.*) stampate in caratteri minutissimi (*o* poco leggibili) □ (*grafica*) **s. scale**, scala ridotta □ **s.-scale**, piccolo; modesto; su piccola scala: **s.-scale industry**, piccola industria □ (*fam.*) **s. screen**, piccolo schermo; televisione □ (*stor.*) **s. sword**, spadino □ **s. talk**, chiacchiere; insulsaggini □ (*fam.*) **s.-time**, di minore importanza; banale □ **a s.-time criminal**, un piccolo delinquente □ **and s. wonder!**, e non c'è da stupirsene □ **to carry on business in a s. way**, esercitare il commercio in piccolo □ **to feel (to look) s.**, sentirsi (apparire) insignificante; essere umiliato; fare una brutta figura □ **great and s.**, grandi e piccoli; potenti e umili □ (*fig.*) **in a s. way**, in piccolo; nel proprio piccolo (*fam.*) □ **to live in a s. way**, far vita semplice; vivere modestamente □ **on the s. side**, piuttosto piccolo; modesto: **My income is on the s. side**, il mio reddito è piuttosto modesto □ (*fig.*) **the still s. voice**, la voce della coscienza □ **to think no s. beer of oneself**, avere un alto concetto di sé; essere presuntuoso □ **It was s. of him to tell you**, è stato meschino da parte sua dirtelo.

small (2) [smɔːl], *n.* **1** la parte (più) sottile (di q.c.): **the s. of the leg**, la parte sottile della gamba; la parte posteriore della caviglia **2** (*pl.*) biancheria minuta (*o* intima). ● (*fam.*) **the s. of the back**, il fondo della schiena.

small (3) [smɔːl], *avv.* **1** piccolo; minutamente **2** (*fig.*) modestamente. ● (*fig.*) **to sing s.**, diventar umile; abbassare la cresta □ **to write s.**, scrivere a caratteri minuti; scrivere piccolo.

smallage ['smɔːlidʒ], *n.* (*bot.*, *Apium graveolens*) sedano (selvatico).

smallholder ['smɔːlˌhouldə*], *n.* (*agric., econ.*) piccolo proprietario (*o* affittuario).

smallholding ['smɔːlˌhouldiŋ], *n.* (*agric., econ.*) piccola azienda agricola.

smallish ['smɔːliʃ], *a.* piuttosto piccolo; piccoletto; piccolino.

smallness ['smɔːlnis], *n.* **1** piccolezza; esiguità; scarsezza **2** bassa condizione; umiltà **3** piccineria; grettezza, bassezza; meschinità (*V.* **small (1)**).

smallpox ['smɔːlpɔks], *n.* (*med.*) vaiolo.

smallware ['smɔːlwɛə*], *n.* (*collett.*) minuteria: **metal s.**, minuteria metallica.

smalt [smɔːlt], *n.* (*ind.*) **1** vetro blu scuro (*al cobalto*) **2** smaltino (*pigmento e colore*); azzurro di cobalto.

smaltine ['smɔːltiːn], **smaltite** ['smɔːltait], *n.* (*miner.*) smaltina.

smarmy ['smaːmi], *a.* (*fam.*) untuoso; servile; strisciante.

to smart [smaːt], *v. i.* **1** bruciare; far male; dolere: **Alcohol smarts when it is applied to a wound**, l'alcol brucia quando lo si mette su di una ferita; **My hand smarts**, mi fa male una mano; ho un dolore a una mano **2** soffrire; provar dolore: **She is still smarting under that disappointment**, soffre ancora per quella delusione. ● **to s. for**, pagare il fio di; scontarla: **You shall s. for this**, pagherai il fio (di ciò); te ne pentirai; me la pagherai cara □ **to s. under the lash of a cruel master**, patire sotto i colpi della sferza di un padrone crudele □ **to s. under a sense of fault**, soffrire per un senso di colpa □ **to make sb. s. for it**, farla pagare cara a q.; vendicarsi di q.

smart (1) [smaːt], *n.* dolore acuto; acuta sofferenza; bruciore (*fig.*): **The s. of the defeat still rankles in their hearts**, il dolore della sconfitta è ancora cocente nei loro cuori. ● (*leg. USA*) **s. money**, indennizzo a un dipendente infortunato.

smart (2) [smaːt], *a.* **1** forte; acuto; aspro; doloroso; cocente; pungente; severo: **a s. blow**, un forte colpo; **a s. pain**, un acuto dolore; **at a s. pace**, a forte andatura; di buon passo; **a s. bout of toothache**, un forte mal di denti; **a s. punishment**, una severa punizione **2** bravo; intelligente; sveglio (*fig.*): **a s. boy**, un ragazzo bravo, intelligente; **a s. child**, un bambino sveglio, precoce; **a s. fellow**, un tipo sveglio **3** abile; accorto; astuto; destro; scaltro; dritto (*fam.*). **a s. move**, una mossa abile (*o* scaltra); **a s. talker**, un abile parlatore; **a s. answer**, una risposta abile, accorta; **a s. businessman**, un astuto affarista; **a s. fellow**, un drittone (*fam.*); un furbo di tre cotte; un furbacchione **4** arguto; brioso; mordace; frizzante; impertinente: **to say s. things**, dire cose argute, briose; parlare con arguzia, con brio; **The boy was punished for being s.**, il ragazzo fu punito per essere stato impertinente **5** elegante; attillato; alla moda; bello: **s. clothes**, abiti eleganti; **a s. car**, una bella automobile; **a s. garden**, un bel giardino; un giardino ben tenuto. ● (*fam.*) **a s. alec(k)**, un presuntuoso; un saccente; uno sputasentenze; uno sputasentenze □ (*fam.*) **s.-alecky**, saccente; presuntuoso □ **a s. deal**, un buon affare; un affarone; un affare vantaggioso ma non del tutto onesto □ (*fam.*) **a s. distance**, una lunga distanza; una bella distanza □ (*fam.*) **a s. earthquake**, un grosso terremoto □ **a s. invention**, una bella invenzione; un'invenzione intelligente □ (*fam.*) **a s. price**, un prezzo alto; un bel prezzo □ **the s. set**, il bel mondo; la gente elegante; la buona società □ **a s. walk**, una bella passeggiata; una camminata di buon passo □ **to make oneself s.**, farsi bello; mettersi in ghingheri □ (*fam.*) **to play it s.**, portarsi bene; mettere giudizio; fare il bravo (*fam.*).

to smarten ['smaːtn], **A** *v. t.* (*spesso* **to s. up**) **1** abbellire; rendere elegante; adornare; azzimare **2** ravvivare; rendere brioso (*o* vivace). **B** *v. i.* (*di solito* **to s. up**) **1** farsi bello; adornarsi; attillarsi; azzimarsi; mettersi in ghingheri **2** ravvivarsi; diventar brioso (*o* vivace).

smartie ['smaːti], *n.* (*fam. australiano*) furbacchione; drittone (*fam.*).

smarting ['smaːtiŋ], *a.* acuto; doloroso; cocente; pungente; vivo.

smartness ['smaːtnis], *n.* **1** bravura; intelligenza **2** abilità; accortezza; astuzia; destrezza; scaltrezza **3** arguzia; brio; mordacità; impertinenza **4** eleganza (*V.* **smart (2)**).

smartweed ['smaːtwiːd], *n.* (*bot., Polygonum hydropiper*) pepe d'acqua; erba pepe.

to smash [smæʃ], **A** *v. t.* **1** fracassare; frantumare; mandare in frantumi; spezzare; rompere: **The furniture and equipment have been smashed by hooligans**, i mobili e le attrezzature sono stati fracassati da teppisti; **to s. the china**, rompere la porcellana **2** (*fam.*) assestare un forte colpo a; percuotere; picchiare **3** scagliare; scaraventare: **He smashed a stone into the room**, scagliò un sasso entro la stanza **4** annientare; battere; sconfiggere: **to s. the opposition**, annientare l'opposizione **5** (*mil.*) stroncare; respingere: **to s. the enemy's attack**, stroncare l'attacco (del) nemico **6** (*fin.*) far fallire; mandare in rovina **7** (*tennis, ecc.*) schiacciare (*la palla*) **8** (*fig.*) sconfiggere; annientare **9** (*USA*) spacciare (*moneta falsa*). **B** *v. i.* **1** fracassarsi; frantumarsi; andare in pezzi; rompersi **2** (*fig.*) andare in rovina; far bancarotta; fallire **3** (*tennis*) fare una schiacciata. ● (*fis. nucl.*) **to s. the atom**, spaccare (*o* scindere) l'atomo □ **to s. down**, abbattere; buttar giù; sfondare: **The police smashed down the door**, la polizia sfondò la porta □ **to s. sb.'s face in**, spaccare la faccia a q. □ **to s. in**, fare irruzione (*abbattendo la porta, ecc.*) □ **to s. into**, sbattere contro; urtare con forza; andare a sbattere: **The coach smashed into the guardrail**, il torpedone andò a sbattere contro il guard rail □ (*sport*) **to s. a record**, battere un primato □ **to s. up**, fracassare; distruggere: **My car was smashed up in the accident**, nell'incidente la mia auto rimase distrutta □ (*econ.*) **to s. (up) a monopoly**, distruggere un monopolio.

smash [smæʃ], *n.* **1** fracasso; l'andare in frantumi; sconquasso; schianto **2** (*anche* **s.-up**) collisione; scontro **3** (*fig.*) disastro; crollo; rovina; catastrofe **4** (*fin.*) crollo; tracollo; fallimento; bancarotta **5** (*fam.*) *V.* **s. hit 6** (*tennis, ecc.*) smash; schiacciata **7** (*USA*) moneta falsa. ● **the s.-and-grab gang**, la «banda del mattone» □ **s.-and-grab raid**, spaccata (*furto con effrazione di vetrina, ecc.*) □ (*fam.*) **a s. hit**, un successo strepitoso; un successone □ **s.-up**, crollo, rovina; (*autom.*) collisione, scontro; (*ferr.*) disastro, scontro □ **to go s.**, andare a sbattere in pieno contro; scontrarsi violentemente con: **The locomotive went s. into a goods train**, la locomotiva si scontrò violentemente con un treno merci □ **to go** (*o* **to come**) **to s.**, andare in frantumi; fracassarsi; (*fig., fam.*) andare in rovina, andare in malora.

smashed [smæʃt], *a.* (*fam.*) ubriaco; sbronzo (*fam.*).

smasher [ˈsmæʃə*], *n.* **1** chi fracassa, frantuma, ecc. (*V.* **to smash**) **2** forte colpo **3** (*fam.*) cosa (*o* persona) straordinaria; cannonata (*fam.*); (*di ragazza*) schianto **4** (*USA*) spacciatore di monete false.

smashing [ˈsmæʃɪŋ], *a.* (*fam.*) eccellente; straordinario; favoloso; fantastico.

smatterer [ˈsmætərə*], *n.* saccente; saputello.

smattering [ˈsmætərɪŋ], *n.* conoscenza superficiale; infarinatura (*fig.*): **a s. of French**, un'infarinatura di francese.

to smear [smɪə*], **A** *v. t.* **1** imbrattare; macchiare; ungere **2** spalmare; strofinare **3** (*fig.*) calunniare; diffamare; denigrare **4** (*pop. USA*) sconfiggere; stracciare (*fig.*). **B** *v. i.* **1** imbrattarsi; macchiarsi **2** spalmarsi: **This ointment smears easily**, questo unguento si spalma bene.

smear [smɪə*], *n.* **1** macchia (*d'unto e sim.*); patacca (*fam.*) **2** (*fig.*) calunnia; diffamazione; denigrazione **3** (*med.*) striscio (*il campione prelevato*). ● **a s. campaign**, una campagna diffamatoria □ (*med.*) **s. test**, citodiagnosi; striscio (*fam.*): **to have a s. test**, farsi (fare) lo striscio □ **s. word**, parola denigratoria.

smeariness [ˈsmɪərɪnɪs], *n.* **1** l'essere macchiato **2** untuosità.

smeary [ˈsmɪərɪ], *a.* **1** imbrattato; macchiato **2** untuoso; che imbratta.

to smell [smel] (*pass. e p. p.* **smelt**, *o* **smelled**), **A** *v. t.* **1** odorare; sentire: **S. this: what is it?**, odora questa roba; che cos'è?; **I don't** (*o* **I can't**) **s. anything**, non sento nessun odore; non sento nulla **2** annusare; fiutare (*anche fig.*); sentire l'odore di; subodorare: **They smelled trouble and ran**, fiutarono il pericolo e fuggirono; **S. the milk and tell me if it's sour**, senti l'odore del latte e dimmi se è acido! **B** *v. i.* **1** (*seguito da un agg., non da un avv.*) odorare; mandar odore; avere un certo odore; sapere di: **This cake smells good**, questa torta manda un buon odore; **This milk smells sour**, questo latte sa di acido; **It smells nice**, ha un odore gradevole **2** aver l'odorato; sentire gli odori: **With this terrible cold, I can't s. at all**, con questo tremendo raffreddore, non sento proprio nulla (*in senso assoluto, o seguito da un avv.*) mandare cattivo odore; puzzare: **This fish smells**, questo pesce puzza **4** (*fig.*) puzzare (d'imbroglio): **His proposals s.**, le sue proposte puzzano d'imbroglio. **C** *verbi composti* **1** *to s. about*, annusare in giro; fiutare qua e là; (*fig.*) andare in cerca d'informazioni. **2 to s. at**, annusare; fiutare: **The dog came up and smelt at my calves**, il cane mi si avvicinò e m'annusò i polpacci. **3 to s. of**, odorare di; sapere di; sentire di: **His offer smells of treachery**, la sua offerta sa di truffa □ **to s. of garlic**, puzzar d'aglio □ (*fig., raro*) **to s. of the lamp**, saper di lucerna (*o* di tavolino); esser fuori di lunghi studi; essere libresco □ (*fig.: del linguaggio, di un discorso*) **to s. of the shop**, esser troppo tecnico □ **The air smelled of the sea**, nell'aria si sentiva l'odore del mare. **4 to s. out**, scoprire col fiuto; (*fig.*) scoprire dopo accurate ricerche; (*anche*) appuzzare, appestare. **5 to s. round**, *V.* **to s. about**. **6 to s. up**, appuzzare; appestare. ● **to s. nasty**, puzzare □ (*fam.*) **to s. a rat**, fiutare un imbroglio □ (*di una stanza, ecc.*) **to s. stuffy**, sapere di chiuso □ **This bread smells fresh**, a giudicar dall'odore, questo pane deve essere fresco □ **I s. gas**, sento odore di gas □ (*fam.*) **I s. a rat!**, gatta ci cova!

smell [smel], *n.* **1** odorato; olfatto; fiuto: **S. is keener in most animals than in man**, la maggioranza degli animali ha un olfatto più fine di quello dell'uomo; **to have a quick s.**, aver buon fiuto **2** odore; olezzo; fragranza; profumo: **the s. of gas (of petrol, etc.)**, l'odore del gas (della benzina, ecc.); **a sweet s.**, un buon profumo; **a s. of cooking**, un odore di cucina **3** cattivo odore; fetore; puzzo: **s. of burning**, puzzo di bruciato **4** annusata; fiutata: **Take a s. of this wine: it's sour!**, da' una fiutatina a (annusa, fiuta) questo vino: è acido! **5** (*fig.*) sentore; indizio; puzzo: **s. of corruption**, puzzo di corruzione. ● **sense of s.**, senso dell'odorato; olfatto.

smeller [ˈsmelə*], *n.* **1** chi odora, annusa, fiuta (*V.* **to smell**) **2** (*pop.*) naso **3** (*pop.*) forte colpo (*specialm. sul naso*).

smelling-bottle [ˈsmelɪŋ ˌbɒtl], *n.* boccetta dei sali.

smelling salts [ˈsmelɪŋ ˌsɔːlts], *n. pl.* sali (*da fiutare*).

smell-less [ˈsmellɪs], *a.* **1** inodoro **2** privo d'olfatto.

smelly [ˈsmelɪ], *a.* (*fam.*) puzzolente; fetente.

to smelt [smelt], *v. t.* (*metall.*) **1** fondere (*un metallo*) **2** separare (*il metallo*) dalle scorie; ridurre; affinare.

smelt (1) [smelt], *n.* (*pl.* **smelts**, **smelt**) (*zool.*) **1** (*Osmerus eperlanus*) sperlano **2** (*Osmerus mordax*) osmero americano.

smelt (2) [smelt], *pass. e p. p.* di **to smell**.

smelter [ˈsmeltə*], *n.* (*metall.*) **1** fonditore **2** forno fusorio **3** fonderia.

smeltery [ˈsmeltərɪ], *n.* fonderia.

smelting [ˈsmeltɪŋ], *n.* (*metall.*) fusione. ● **s. furnace**, forno fusorio □ **s. works**, fonderia.

smew [smjuː], *n.* (*zool., Mergus albellus*) smergo bianco; pesciaiola; monaca.

smilax [ˈsmaɪlæks], *n.* (*bot., Smilax*) smilace; salsapariglia.

to smile [smaɪl], **A** *v. i.* sorridere: **He smiled at me**, mi sorrise; **He smiled bitterly**, sorrise amaramente; **She smiled indulgently at her son's escapades**, ella sorrideva con indulgenza delle scappatelle del figlio. **B** *v. t.* **1** esprimere con un sorriso: **to s. one's thanks**, esprimere la propria gratitudine con un sorriso; ringraziare con un sorriso **2** fare (*un sorriso*): **to s. a significant smile**, fare un sorriso d'intesa; sorridere con l'aria di saperla lunga. ● **to s. at sb.'s claims**, ridere delle pretese di q. □ **to s. at a joke**, sorridere d'una facezia □ **to s. away sb.'s grief**, alleviare con un sorriso il dolore di q. □ **to s. one's consent**, dare il proprio consenso sorridendo □ **to s. an ironical smile**, fare un sorriso ironico □ **to s. on** (*o* **upon**), arridere a: **Fortune smiled on him**, gli arrideva la fortuna □ **to s. a sickly smile**, sorridere d'un sorriso forzato □ **to s. sweetly**, avere un sorriso dolce; sorridere con dolcezza □ **to s. one's welcome**, dare il benvenuto con un sorriso.

smile [smaɪl], *n.* sorriso (*anche fig.*); aspetto ridente. ● **to be all smiles**, essere tutto sorridente ⊡ **He enjoys the smiles of fortune**, gli arride la fortuna.

smiling [ˈsmaɪlɪŋ], *a.* sorridente; ridente: **s. eyes**, occhi sorridenti; **a s. landscape**, un paesaggio ridente.

to smirch [smɜːtʃ], *v. t.* macchiare (*anche fig.*); insozzare; imbrattare; sporcare: **to s. one's good name**, macchiare il proprio buon nome.

smirch [smɜːtʃ], *n.* macchia (*specialm. fig.*); onta; disonore.

to smirk [smɜːk], *v. i.* **1** sorridere con affettazione (*o* sciocccamente) **2** sorridere furbescamente; fare un sorrisetto compiaciuto.

smirk [smɜːk], *n.* **1** sorriso affettato (*o* sciocco) **2** sorriso furbesco; sorrisetto compiaciuto.

to smite [smaɪt] (*pass.* **smote**, *p. p.* **smitten**), *v. t. e i.* (*lett. o scherz.*) **1** battere; colpire, percuotere; picchiare: **He smote the golf ball out of sight**, colpì la palla da golf facendola scomparire alla vista; **She smote the harp strings**, ella percosse le corde dell'arpa **2** castigare; punire: **God shall s. thee**, Dio ti castigherà **3** far soffrire; tormentare: **She was smitten with remorse**, era tormentata dal rimorso **4** sconfiggere; sbaragliare; debellare; sgominare: **We hope to s. our enemies**, confidiamo di sconfiggere i nostri nemici. ● (*lett.*) **to s. one's breast**, battersi il petto □ (*fig.*) **to s. sb.'s ear**, percuotere (*o* ferire) l'orecchio di q. □ (*fig.*) **to s. sb. hip and thigh**, sbaragliare q. □ **to s. off**, tagliare, recidere (*con un colpo di spada, ecc.*): **He smote off his head**, gli recise il capo con un colpo □ (*fam.*) **to be smitten by** (*o* **with**) **a girl**, essere innamorato cotto d'una ragazza □ **to be smitten with sb.'s charms**, essere preso dal fascino di q.; essere affascinato da q. □ **to be smitten with dread**, esser preso dal terrore □ **to be smitten with the plague**, essere colpito dalla peste □ **My conscience smote me**, mi rimordeva la coscienza ⊡ **I was smitten with a desire to run away**, fui preso dal desiderio di fuggire.

smite [smaɪt], *n.* (*lett. o scherz.*) forte colpo; percossa.

smith [smɪθ], *n.* fabbro (*specialm.*) fabbro ferraio.

smithereens [ˌsmɪðəˈriːnz], **smithers** [ˈsmɪðəz], *n. pl.* (*fam.*) frammenti; frantumi; pezzetti: **to smash st. to** (*o* **into**) **s.**, mandare in frantumi q.c.; frantumare q.c.

smithery [ˈsmɪθərɪ], *n.* **1** fucina; officina del fabbro **2** arte del fabbro.

smithy [ˈsmɪðɪ], *n.* fucina; officina del fabbro.

smitten [ˈsmɪtn], *p. p.* di **to smite**.

smock [smɒk], *n.* **1** grembiule **2** (*arc.*) camicetta; camiciola. ● **s.-frock**, camiciotto da contadino.

smock

to smock [smɔk], *v. t.* ornare con un ricamo pieghettato.
smocking ['smɔkiŋ], *n.* ricamo pieghettato.
smog [smɔg], *n.* (*da* smoke+fog) smog; nebbia commista a fumi di fabbrica e residui di combustione.
smogbound ['smɔgbaund], *a.* coperto dallo smog; avvolto da una cappa di smog.
smogless ['smɔglis], *a.* **1** senza smog **2** che non inquina l'ambiente; pulito: **a s. car**, un'automobile pulita.
smokable ['smoukəbl], *a.* che si può fumare; fumabile.
smoke [smouk], *n.* **1** fumo; vapore (*in genere*): **a column (a cloud) of s.**, una colonna (una nuvola) di fumo **2** fumata; fumatina; pipata: **I must have a s.**, devo fare una fumatina **3** (*pl., fam.*) sigarette; sigari. ● (*mil.*) **s. bomb**, bomba fumogena □ (*mil.*) **s. candle**, candelotto fumogeno □ (*ecologia*) **s. control**, controllo dei fumi industriali e domestici (*in G.B.*) □ **s.-dried**, affumicato (*rif. ad alimenti*) □ (*geol.*) **s. hole**, fumarola □ **s.-house**, affumicatoio (*per alimenti*); camera di fumigazione (*di conceria*) □ **s.-in**, raduno pubblico in cui si fuma la marijuana (*per chiederne la legalizzazione*) □ **s.-jack**, girarrosto azionato dalla corrente d'aria calda del camino □ **s.-pipe**, tubo da stufa □ **s. ring**, anello di fumo: **to blow s. rings**, fare anelli in aria (*fumando*) □ (*mil.*) **s. screen**, cortina di fumo (*anche fig.*); cortina fumogena □ **s. signal**, segnale di fumo; fumata □ **s. stack**, fumaiolo; ciminiera □ (*miner.*) **s.-stone**, quarzo affumicato □ **a s. trail**, un fil di fumo □ (*fig.*) **to end up in s.**, finire in niente; andare in fumo; sfumare □ **to go up in s.**, bruciarsi completamente; (*fig.*) andare in fumo, finire in niente: **Our plans went up in s.**, i nostri progetti andarono in fumo □ (*pop.*) **like s.**, rapidamente; in un baleno □ (*prov.*) **No s. without fire**, non c'è fumo senza arrosto.
to smoke [smouk], **A** *v. i.* **1** fumare; far fumo; emettere fumo: **Does he s.?**, fuma?; **The chimney-tops were smoking**, i comignoli fumavano; **The camp stove smokes awfully**, la cucina da campo fa un fumo maledetto **2** (*di pipa, ecc.*) tirare (*bene, male, ecc.*) **3** (*fig.*) emettere vapore; fumare: **The horse's sides smoked after the race**, dopo la corsa i fianchi del cavallo fumavano **4** (*fam.*) fumare (*la droga*). **B** *v. t.* fumare: **I used to s. a pipe**, fumavo la pipa **2** affumicare; conservare col fumo; riempire (*o tingere*) di fumo: **to s. fish**, affumicare il pesce; **a smoked ham**, un prosciutto affumicato; **a smoked ceiling**, un soffitto affumicato **3** (*spesso* **to s. out**) cacciare (*o distruggere*) col fumo: **to s. out rats from a hole**, cacciare topi da un buco riempendolo di fumo; **to s. insects**, distruggere insetti col fumo. ● **to s. bees**, affumicare un alveare □ **to s. heavily**, essere un forte fumatore □ **to s. oneself ill**, ammalarsi per eccesso di fumo, per il troppo fumare □ **to s. out**, snidare col fumo; (*fig.*) costringere (q.) a uscire allo scoperto, a scoprirsi; scoprire (q.c.) dopo lunghe ricerche; (*chim.*) sottoporre (*una sostanza*) all'azione del fumo (*o del vapore*) □ (*fig.*) **Put that in your pipe and s. it**, prendi e porta a casa! □ **This soup is smoked**, questa minestra sa di fumo.
smokeless ['smouklis], *a.* senza fumo; che non fa fumo; infume (*tecn.*): **s. coal**, carbone che non fa fumo. ● **a s. city**, una città senza i fumi delle fabbriche.
smokelessness ['smouklisnis], *n.* **1** mancanza di fumo **2** (*dell'aria*) purezza.
smoker ['smoukə*], *n.* **1** fumatore, fumatrice: **a heavy s.**, un forte fumatore **2** (*ferr.*) carrozza (*o* compartimento) per fumatori **3** *V.* **smoking concert**, *sotto* **smoking 4** (*fam., raro*) festicciola per soli uomini. ● (*med.*) **s.'s heart**, cardiopatia dei fumatori.
smokiness ['smoukinis], *n.* fumosità.
smoking ['smoukiŋ], *n.* (il) fumo; il fumare. ● (*ferr.*) **s. car** (*o* **s. carriage**), carrozza fumatori □ (*ferr.*) **s. compartment**, compartimento per fumatori □ **s. concert**, concerto in cui è permesso fumare □ **a s. fireplace**, un camino che fa (troppo) fumo □ **s. jacket**, giacca da casa □ **s. mixture**, miscela di tabacco da pipa □ **s. room**, sala per fumatori □ **s. tobacco**, tabacco da fumo (*specialm. da pipa*) □ **No s. (allowed)**, vietato fumare (*cartello*).
smoky ['smouki], *a.* **1** fumoso; che fa fumo; che è pieno di fumo: **a s. room**, una stanza fumosa; **a s. fire**, un fuoco che fa fumo **2** affumicato; sporco di fumo: **a s. ceiling**, un soffitto sporco di fumo; (*geol.*) **s. quartz**, quarzo affumicato **3** del colore del fumo **4** che sa di fumo.
smolder, to smolder ['smouldə*], (*USA*) *V.* **smoulder, to smoulder**.
smolt [smoult], *n.* (*zool.*) salmone di circa due anni che scende dal fiume al mare.
to smooch [smu:tʃ], *v. i.* (*fam.*) sbaciucchiarsi; pomiciare (*fam.*).
smooch [smu:tʃ], *n.* (*fam.*) sbaciucchiamento; pomiciata (*fam.*).
smoocher ['smu:tʃə*], *n.* (*fam.*) pomicione, pomiciona (*fam.*).
smooth (1) [smu:ð], *a.* **1** liscio; levigato; piano: **s. skin**, pelle liscia; **a s. tyre**, un copertone liscio, consumato; **a s. surface**, superficie levigata; **a s. road**, una strada piana **2** scorrevole;

facile; calmo; tranquillo: **s. verse**, versi scorrevoli; **We had a s. crossing**, avemmo una traversata (*di mare*) facile; **s. sea**, mare calmo; **a s. disposition**, un carattere tranquillo **3** sdolcinato; melliflufo; insinuante; insincero; untuoso: **to have a s. tongue**, parlare in modo mellifluo, insinuante; **a s. manner**, un modo di fare sdolcinato, untuoso; **s. words**, parole mellifflue, insincere **4** (*cucina*) omogeneo; bene amalgamato: **Beat until s.**, amalgamare bene! (*q.c. che si sta sbattendo*) **5** glabro; liscio; senza peli **6** (*fig.*) monotono; uniforme **7** (*del vino*) amabile **8** (*di tabacco*) dolce. ● (*mil.*) **s. bore**, anima (*o* canna) liscia □ **a s.-bore (gun)**, un fucile a canna liscia □ (*gramm. greca*) **s. breathing**, spirito dolce □ **a s. chin**, un mento imberbe □ **a s. dancer**, uno che balla con scioltezza □ **a s. face**, una faccia liscia, glabra, imberbe; (*fig.*) un viso ipocritamente amichevole □ **s.-faced**, liscio in faccia; glabro, imberbe; (*fig.*) ipocrita, untuoso □ **a s.-faced tile**, una tegola dalla superficie liscia □ (*cucina*) **s. paste**, pasta bene amalgamata □ (*mecc.*) **s. running**, marcia regolare (*di un motore*) □ (*mecc.*) **s.-running**, che funziona regolarmente □ **s.-spoken** (*o* **s.-tongued**), insinuante; mellifluo □ (*costr.*) **s. stones**, ciottoli di fiume □ (*Bibbia*) **s. talk**, parole mellifflue, insinuanti □ **s.-tempered**, conciliante; bonario □ (*fig.*) **s. things**, adulazione; parole insinuanti, lusinghiere, melate □ **to make things s. for sb.**, spianare la via a q. □ **to run s.**, andar liscio; non incontrare difficoltà □ (*fig.*) **I am now in s. water**, l'ho passata liscia; la burrasca è passata.
smooth (2) [smu:ð], *n.* **1** liscio; lisciatura; lisciatina: **He gave his hair a s.**, si diede una lisciata ai capelli **2** parte liscia; spianata **3** (*tennis*) diritto (*della racchetta*). ● (*fig.*) **to take the rough with the s.**, prendere il mondo come viene.
to smooth [smu:ð], **A** *v. t.* **1** lisciare; spianare: **to s. (down) one's hair**, lisciarsi i capelli **2** appianare; spianare: **to s. away** (*o* **over**) **differences**, appianare le divergenze; **to s. sb.'s way**, spianare la strada a q. **3** mettere in sesto; dare un'aggiustatina a: **to s. (down) one's dress**, mettersi in sesto il vestito **4** agevolare; facilitare **5** calmare; confortare; tranquillizzare: **That will s. his old age**, ciò gli sarà di conforto nella vecchiaia **6** limare (*anche fig.*); rifinire. **B** *v. i.* (*di solito,* **to s. down**) appianarsi; calmarsi: **Everything will s. down**, si appianerà tutto; **The waves smoothed down**, le onde si calmarono. ● **to s. away hindrances (obstacles, obstructions, etc.)**, rimuovere (*o* appianare) ostacoli (impedimenti, ostruzioni, ecc.) □ **to s. over a fault**, minimizzare una colpa; passarci sopra □ **smoothing iron**, ferro da stiro □ **smoothing plane**, pialla; pialletto.
smoothie, smoothy ['smu:ði], *n.* (*fam.*) individuo troppo gentile (*o* untuoso).
smoothness ['smu:ðnis], *n.* **1** levigatezza **2** agevolezza; facilità; scorrevolezza **3** (*del mare, ecc.*) calma **4** (*del carattere*) dolcezza.
smote [smout], *pass.* di **to smite**.
to smother ['smʌðə*], **A** *v. t.* **1** soffocare (*anche fig.*); asfissiare: **We were smothered by smoke**, eravamo soffocati dal fumo; **He smothered the girl with passionate kisses**, soffocò la ragazza di baci appassionati; **to s. a yawn**, soffocare uno sbadiglio **2** spegnere; estinguere: **to s. a fire with sand**, estinguere un incendio con la sabbia **3** celare; nascondere; reprimere; mettere a tacere: **to s. one's rage**, reprimere l'ira; **The facts were smothered up**, la cosa fu messa a tacere **4** coprire; ricoprire; colmare: **The steak was smothered with mushrooms**, la bistecca era coperta di funghi; **They smothered me with gifts**, mi colmarono di doni. **B** *v. i.* **1** soffocare; respirare a fatica **2** soffocare; morire asfissiato. ● **to s. the fire**, spegnere (*o* coprire di cenere) il fuoco □ (*agli scacchi*) **smothered mate**, scacco matto affogato (*con il solo cavallo*) □ (*cucina*) **strawberries smothered in cream**, fragole ricoperte di panna (*o* affogate nella panna).
smother ['smʌðə*], *n.* **1** fumo (*o* vapore) soffocante **2** nuvolo di polvere; polverone.
smothery ['smʌðəri], *a.* soffocante; asfissiante.
to smoulder ['smouldə*], *v. i.* **1** bruciare senza fiamma **2** (*fig.*) covare sotto la cenere; covare (*fig.*): **Hatred was smouldering in his heart**, nel suo cuore covava l'odio. ● **smouldering passions**, passioni represse □ **smouldering revolt**, rivolta che serpeggia (*fra il popolo*) □ **His eyes smouldered with indignation**, i suoi occhi erano accesi d'indignazione repressa.
smoulder ['smouldə*], *n.* fuoco che cova sotto la cenere.
smudge [smʌdʒ], *n.* **1** macchia (*anche fig.*); chiazza; macchia d'inchiostro, sgorbio; (*di rossetto*) macchia, sbavatura, sbaffo (*fam.*) **2** (*fig.*) ombra; sagoma indistinta **3** (*specialm. USA*) zampirone; fuoco all'aperto; falò con fumo soffocante (*per tener lontani gli insetti, ecc.*) **4** (*agric.*) fumo di protezione dal gelo (*nei frutteti*) **5** (*bot.*) antracnosi. ● **s. oil**, olio fumogeno.
to smudge [smʌdʒ], **A** *v. t.* **1** macchiare (*anche fig.*); imbrattare; scarabocchiare; sgorbiare: **to s. sb.'s reputation**, macchiare il buon nome di q.; **to s. one's face with wet paint**, imbrattarsi il viso di vernice fresca; **Don't s. your copybook**, non scaraboc-

chiare il quaderno! **2** impiastrare; spalmare: **The child smudged the paint on the wall**, il bambino spalmò la vernice sul muro **3** (*specialm. USA*) affumicare (*piante, ecc.*) contro gli insetti (*o contro il gelo*). **B** *v. i.* **1** macchiarsi; imbrattarsi; sporcarsi **2** sbavare; macchiare; spandersi: **This lipstick doesn't s. at all**, questo rossetto non si spande affatto (*fam.*: non fa sbaffi).

smudginess ['smʌdʒinis], *n.* l'esser imbrattato; sporcizia.

smudgy ['smʌdʒi], *a.* macchiato; imbrattato; sporco.

smug [smʌg], **A** *a.* **1** compiaciuto; soddisfatto di sé: **a s. smile**, un sorrisetto compiaciuto **2** (*arc.*) compito; lindo; rispettabile; affettato: **a s. little town**, una cittadina linda; **a s. lady**, una signora compita. **B** *n.* (*gergo studentesco*) individuo poco socievole; musone; sgobbone.

to smuggle ['smʌgl], **A** *v. t.* contrabbandare; esportare (*o importare*) di contrabbando: **to s. arms (liquors, drugs, etc.)**, contrabbandare armi (liquori, droghe, ecc.). **B** *v. i.* fare il contrabbando; fare il contrabbandiere. ● **to s. in**, importare di contrabbando; introdurre di frodo □ **to s. out**, esportare di contrabbando; fare uscire illegalmente: **He smuggled unskilled labourers out of the country**, fece espatriare operai non qualificati in violazione delle leggi □ **smuggled goods**, merce di contrabbando.

smuggler ['smʌglə*], *n.* **1** contrabbandiere **2** nave contrabbandiera.

smuggling ['smʌgliŋ], *n.* contrabbando.

smugness ['smʌgnis], *n.* mediocrità soddisfatta di sé; sciocca vanità.

smut [smʌt], *n.* **1** macchia (*specialm. di fuliggine*) **2** granellino di fuliggine **3** (*bot.*) carbone (*malattia*); fuliggine; golpe **4** (*fig.*) oscenità; linguaggio turpe; sconcezze; materiale pornografico.

to smut [smʌt], **A** *v. t.* **1** sporcar di fuliggine; annerire **2** infettare (*cereali*) col carbone. **B** *v. i.* (*di cereali*) esser colpito dal carbone.

smuttiness ['smʌtinis], *n.* **1** l'essere fuligginoso; nerume; sporcizia **2** (*fig.*) oscenità; sconcezza; indecenza.

smutty ['smʌti], *a.* **1** fuligginoso; nero; sporco **2** (*di cereale*) colpito dal carbone **3** (*fig.*) osceno; sconcio; indecente; pornografico.

Smyrna ['smə:nə], *n.* (*geogr.*) Smirne.

Smyrnaean ['smə:niən], *a.* e *n.* (abitante) di Smirne.

snack [snæk], *n.* spuntino; boccone (*fig.*): **to have a s.**, fare uno spuntino; mangiare un boccone. ● **s. bar** (*o* **s. counter**), snack bar; tavola calda □ (*fam.*) **to go snacks**, fare a metà; dividere equamente.

to snack [snæk], *v. i.* fare spuntini; mangiare qualche panino.

snaffle ['snæfl], *n.* (*di cavallo, anche* **s.-bit**) morso snodato. ● (*fig.*) **to ride sb. on the s.**, allentar le redini a q.; tenere a freno q. con le buone.

to snaffle ['snæfl], *v. t.* **1** tenere a freno (*un cavallo*) col morso snodato **2** (*fam.*) arraffare; rubare; grattare (*pop.*) **3** (*sport*) prendere, impossessarsi di (*una palla*).

snafu ['sna:'fu:], (*acronimo di* **situation normal all fouled up**) (*pop. USA*) **A** *a. pred.* in gran disordine; caotico. **B** *n.* **1** confusione; disordine; caos; casino (*pop.*) **2** grosso sbaglio; fiasco (*fig.*).

snag [snæg], *n.* **1** protuberanza; spuntone; troncone **2** pezzo: **to break a s. of bread**, staccare un pezzo di pane **3** ceppo; radice puntuta; tronco d'albero, trave spezzata (*anche sommersi in un fiume*) **4** filo tirato (*in una calza, ecc.*) **5** (*med.*) dente sporgente (*o rotto*); radice **6** (*fig.*) impedimento; intoppo; insidia nascosta; ostacolo imprevisto.

to snag [snæg], *v. t.* **1** spingere (*un'imbarcazione*) contro un ostacolo sommerso **2** liberare di travi (*o tronchi, ecc.*) sommersi (*un canale navigabile, ecc.*) **3** ripulire (*un tronco*) dai mozziconi di rami **4** impigliare (*q.c., in una sporgenza*); tirare un filo (*di una calza, ecc.*) **5** (*USA*) prendere al volo (*un tassì, ecc.*) **6** (*sport*) intercettare, prendere (*il passaggio di un avversario*) **7** (*fig.*) impedire; ostacolare. ● (*fam. USA*) **to s. a nice profit**, ricavare un bell'utile.

snaggy ['snægi], *a.* **1** pieno di protuberanze **2** che è d'intoppo (*o d'ostacolo*).

snail [sneil], *n.* **1** (*zool.*) lumaca; chiocciola **2** (*fig.*) persona lenta (*o pigra*); lumaca; lumacone. ● (*fig.*) **s.-paced** (*o* **s.-slow**), lento come una lumaca; lentissimo □ **at a s.'s pace**, a passo di lumaca.

to snail [sneil], *v. i.* (*raro*) andare a passo di lumaca.

snake [sneik], *n.* **1** (*zool.*) serpente, serpe (*anche fig.*); biscia **2** (*mecc.*) mandrino flessibile piegatubi. ● **snakes and ladders**, il gioco dell'oca □ (*zool.*) **s.-bird** (*Anhinga*), uccello serpente □ **s. bite**, morso di serpente □ **s. charmer**, incantatore di serpenti □ **s.-fence**, staccionata di tronchi d'albero disposti a zig-zag □ **a s. in the grass**, un serpente fra l'erba; (*fig.*) un tranello (*o un nemico*) in agguato □ (*fig.*) **s. pit**, manicomio; fossa dei serpenti (*fig.*) □ (*bot.*) **s.(-)root**, (*Aristolochia, serpentaria*) radice colubrina; (*Polygala senega*) poligala virginiana; (*Polygonum bistorta*) bistorta, serpentaria □ **s.-stone**, sasso poroso, ritenuto curativo dei morsi di serpente; pietra per affilare □ (*bot.*) **s.-weed** (*Polygonum bistorta*), bistorta; serpentaria □ (*fig.*) **to cherish a s. in one's bosom**, allevare una serpe in seno □ (*fig.*) **to raise** (*o* **to wake**) **snakes**, fare il diavolo a quattro □ (*fig.*) **to see snakes**, farneticare □ (*arc.*) **Snakes!**, accidenti!; maledizione!

to snake [sneik], *v. i.* **1** serpeggiare: **The path snakes up the mountain**, il sentiero s'inerpica serpeggiando sul fianco del monte **2** strisciare: **The patrol snaked through the undergrowth**, la pattuglia avanzava strisciando nel sottobosco **3** (*di veicolo*) procedere a zig-zag. ● **to s. one's way**, (*di veicolo*) procedere a zig-zag; (*di persona*) insinuarsi (*tra la folla, ecc.*).

snakeshead ['sneikshed], *n.* (*bot., Fritillaria meleagris*) meleagride.

snakiness ['sneikinis], *n.* **1** l'essere serpentino; tortuosità **2** l'essere infestato dai serpenti **3** (*fig.*) malignità; perfidia.

snaky ['sneiki], *a.* **1** serpentino; sinuoso; lungo e tortuoso **2** infestato dai serpenti **3** (*fig.*) malefico; maligno; perfido.

to snap [snæp], *v. t.* e *i.* **1** afferrare coi denti; addentare; azzannare; mordere; morsicare; tentare di mordere: **Your dog is vicious: he snarls and snaps**, il tuo cane è cattivo: ringhia e tenta di azzannare; **The Alsatian snapped the burglar's forearm**, il pastore tedesco addentò l'avambraccio del ladro **2** afferrare; agguantare; ghermire: **The cat snapped at the meat**, il gatto ghermì la carne **3** rompere, rompersi; spezzare, spezzarsi (*con uno schiocco*): **He pulled at the rusty handle until he snapped it**, tirò la maniglia arrugginita finché la ruppe; **The branch snapped and I fell**, il ramo si spezzò e io caddi **4** schioccare; far schioccare: **to s. a finger** (*o* **one's fingers**), schioccare le dita; **to s. a whip**, far schioccare una frusta **5** scoppiettare: **The fire is snapping**, il fuoco scoppietta **6** chiudere (*o chiudersi*) di scatto; scattare; serrare: **to s. a clasp**, chiudere una fibbia; **The door snapped to**, la porta si chiuse di scatto **7** battere; colpire: **to s. one's teeth together**, battere i denti; **Tom snapped the girl with a rubber band**, Maso colpì la ragazza con un elastico (*tendendolo e poi lasciandolo andare*) **8** (*fam.*) fare (*o* scattare) un'istantanea di (*q.c.*); fotografare. ● (*fig.*) **to s. at sb.**, parlare con asprezza a q.; trattare q. in modo brusco; rispondere male a q. □ (*di pesci*) **to s. at the bait**, mordere l'esca voracemente; abboccare all'amo □ (*fig.*) **to s. at a chance**, cogliere al volo un'occasione; afferrare un'opportunità □ **to s. at an invitation**, non farsi ripetere un invito due volte □ **to s. down**, abbassare di colpo, sbattere (*chiudendo*): **He snapped down the trapdoor**, sbatté giù la botola (*la chiuse di botto*) □ **to s. one's fingers at sb.**, schernire q. (*schioccando le dita*); (*fig.*) infischiarsi di q.; fregarsene di q. (*pop.*) □ (*fig.*) **to s. one's fingers at st.**, infischiarsi di q.c. □ (*fig.*) **to s. off sb.'s head**, interrompere sgarbatamente q.; trattare q. in modo brusco (*o aspro*); mangiarsi vivo q. (*fig.*) □ **to s. off sb.'s nose**, staccare il naso a q. con un morso; (*specialm. fig.*) interrompere sgarbatamente q.; trattare q. in modo brusco (*o aspro*) □ **to s. out of**, scuotersi da (*sonnolenza, torpore, ecc.*) □ (*fam.*) **to s. out of it**, riaversi (*o* rifarsi, riprendersi) rapidamente □ **to s. out one's orders** dare ordini in modo brusco, con voce irata □ **to s. a pistol**, sparare un colpo di pistola □ **to s. sb. up**, interrompere sgarbatamente q. □ **to s. st. up**, non lasciarsi scappare (*o* sfuggire) q.c.; **to s. up a bargain**, non lasciarsi scappare un buon affare □ **to s. up scraps**, arraffare gli avanzi (*o i rimasugli*) □ (*zool.*) **snapping turtle** (*Chelydra serpentina*), tartaruga azzannatrice □ **The lock snapped shut**, la serratura si chiuse di scatto □ **S. the safety before putting the revolver away**, metti la sicura prima di riporre la rivoltella! □ **The pistol snapped**, la pistola lasciò partire un colpo; (*anche*) la pistola fece cilecca □ **The soldiers snapped to attention**, i soldati scattarono sull'attenti □ (*fam.*) **S. to it!** (*USA anche*: **S. it up!**), sbrigati!; spicciati!

snap [snæp], **A** *n.* **1** scatto; schiocco; scoppio: **I heard the s. of a whip**, udii lo schiocco di una frusta **2** brusca rottura; lo spezzarsi **3** morso; tentativo di mordere (*o d'azzannare*): **to make a s. at sb.**, tentare d'azzannare q. **4** fermaglio; fibbia; gancio: **the s. of a necklace**, il fermaglio d'una collana **5** (*fig., fam.*) brio; vivacità: **He lacks s.**, manca di brio, di vivacità **6** (*gioco di carte*) rubamazzo **7** (*abbr. fam. di* **snapshot**) fotografia istantanea; istantanea **8** biscotto croccante; croccantino: **ginger snaps**, croccantini aromatizzati con zenzero **9** *V.* **s. fastener 10** (*fam.*) energia; spinta (*fig.*) **11** (*fam. USA*) cosa facilissima; bazzecola **12** (*ingl. sett.*) pasto nel paniermino; pasto in fabbrica. **B** *a. attr.* **1** (*di congegno, fermaglio*) a scatto; a molla; automatico **2** improvviso; repentino: **a s. decision**, una decisione improvvisa (*o repentina*); (*polit.*) **a s. division**, una votazione improvvisa. ● (*elettr.*) **s.-action switch**, interruttore a scatto rapido □ **s. fastener**, bottone automatico; automatico □ **s. hook**, gancio a molla □ **s. judgement**, giudizio dato su due piedi □ **a s. lock**, una serratura a scatto □ (*mecc.*) **s. ring**, anello elastico □ **s. shot**, colpo sparato senza prendere la mira □ (*elettr.*) **s.-switch**, *V.* **s.-action switch** □ **a cold s.**, un'ondata di

snapback

freddo intenso □ *(fam. USA)* **a soft s.**, un lavoro facilissimo; una cosa da nulla; uno scherzetto *(fig.)* □ *(polit.)* **to win a s. vote**, ottenere di sorpresa un voto favorevole □ **I don't care a s.**, non me ne importa un fico secco.

snapback ['snæpbæk], *n.* **1** svolta repentina *(fig.)* **2** *(econ.)* ripresa *(improvvisa)*: **a s. of the market**, una ripresa del mercato.

snapdragon ['snæp,drægən], *n.* **1** *(bot., Antirrhinum majus)* bocca di leone; antirrino **2** gioco natalizio che consiste nell'afferrare chicchi d'uva passita da un vassoio di brandy acceso.

snapper ['snæpə*], *n. (ind. min.)* carotatore.

snappish ['snæpiʃ], *a.* **1** *(di un cane, ecc.)* mordace **2** *(fig.)* aspro; brusco; rude; sgarbato **3** *(fig.)* arcigno; bisbetico; irritabile.

snappishness ['snæpiʃnis], *n.* **1** mordacità **2** *(fig.)* asprezza; bruschezza; sgarbatezza **3** umore bisbetico; irritabilità.

snappy ['snæpi], *a.* **1** *V.* **snappish 2** *(fam.)* energico; brioso; vivace; vigoroso **3** *(fam.)* elegante; alla moda. ● *(fam.)* **Look s.!**, *(USA anche:* **Make it s.!**), sbrigati!; spicciati!

snapshot ['snæpʃɔt], *n.* fotografia istantanea; istantanea.

to snapshot ['snæpʃɔt], *v. t.* fare *(o* scattare) un'istantanea a.

snare [snɛə*], *n.* **1** laccio *(d'uccellatore)*; trappola; *(fig.)* insidia, tranello **2** *(mus.)* timbro *(di tamburo)*. ● **s. drum**, tamburo militare □ *(anche fig.)* **to fall into a s.**, cadere nel laccio *(o* in trappola) □ **to lay a s.**, tendere un laccio *(o* un'insidia).

to snare [snɛə*], *v. t.* prendere al laccio, intrappolare *(anche fig.)*. ● *(fig.)* **to s. a good job**, procurarsi un buon posto *(di lavoro)*.

snark [sna:k], *n.* animale immaginario *(parola coniata da L. Carroll, nella poesia «La caccia allo snark»; da* **snake** + **shark**).

to snarl (1) [sna:l], *A v. i.* **1** *(del cane)* ringhiare **2** parlare con acredine *(o* rabbiosamente); ringhiare *(fig.)*. **B** *v. t. (di solito con* **s. out**) esprimere *(o* manifestare, sfogare) con parole aspre, stizzose: **to s. (out) one's contempt (discontent,** etc.**)**, manifestare il proprio disprezzo (sfogare la propria scontentezza) con parole aspre, stizzose.

snarl (1) [sna:l], *n.* **1** ringhio *(del cane)* **2** parole aspre; osservazione stizzosa.

to snarl (2) [sna:l], **A** *v. t.* **1** aggrovigliare; arruffare; ingarbugliare: **a snarled skein**, una matassa arruffata **2** *(spesso* **to s. up)** mettere in disordine; intasare; ingorgare: **The chain of collisions snarled up traffic on the M 6**, i tamponamenti a catena intasarono il traffico sull'autostrada M 6. **B** *v. i.* **1** aggrovigliarsi; arruffarsi; ingarbugliarsi **2** *(del traffico, spesso* **to s. up)** ingorgarsi; intasarsi.

snarl (2) [sna:l], *n.* **1** groviglio; garbuglio **2** confusione; disordine **3** *(del traffico, anche* **s.-up**) ingorgo; intasamento. ● **My hair is full of snarls**, ho i capelli tutti aggrovigliati.

snarler ['sna:lə*], *n.* **1** cane che ringhia; cane ringhioso **2** persona ringhiosa *(o* stizzosa).

snarling ['sna:liŋ], **snarly (1)** ['sna:li], *a.* ringhioso *(fig.)* stizzoso, collerico.

snarly (2) ['sna:li], *a.* aggrovigliato; confuso; ingarbugliato.

snatch [snætʃ], *n.* **1** atto del ghermire; tentativo d'afferrare; strappo; presa; stretta: **to make a s. at st.**, cercar d'afferrare q.c. **2** breve periodo *(di lavoro, ecc.)* **3** frammento; brano; pezzetto; squarcio: **snatches of a tale**, frammenti di un racconto; **snatches of folk music**, brani di musica popolare **4** *(pop.)* rapimento; sequestro di persona **5** *(pop.)* scippo. ● *(naut.)* **s. block**, pasteca □ **a s. of sleep**, una dormitina □ *(in G.B.)* **s. squad**, reparto militare per la repressione dei tumulti □ **to sleep in snatches**, dormire a intervalli □ **to work in snatches**, lavorare a strappi.

to snatch [snætʃ], *v. t.* **1** afferrare; agguantare; carpire; ghermire; dar di piglio a: **to s. the opportunity**, afferrare l'occasione; **The thug snatched up a knife**, il delinquente afferrò un coltello; **to s. a kiss**, carpire *(o* rubare) un bacio **2** strappare; portar via; cogliere a stento: **The wind snatched my hat off**, il vento mi portò via il cappello; **to s. victory**, strappare *(cogliere a stento)* la vittoria **3** *(pop.)* rapire, sequestrare *(un bambino, ecc.)*. ● **to s. at**, fare l'atto d'afferrare, cercar di strappare; afferrare, agguantare; *(fig.)* accettare con entusiasmo: **The drowning man snatched at a floating board**, l'uomo sul punto d'annegare cercò d'afferrarsi un'asse che galleggiava; **The pickpocket snatched at my purse**, il borsaiolo cercò di strapparmi la borsa; **Don't s. at your food like that!**, non agguantare il cibo a quel modo!; **They snatched at the offer**, accettarono al volo l'offerta □ **to s. at the chance**, cogliere al volo il destro; non farsi sfuggire l'occasione □ **to s. sb. from the jaws of death**, strappare q. alla morte □ **to s. a meal**, rimediare un pasto □ **snatched away by premature death**, rapito da morte prematura.

snatcher ['snætʃə*], *n.* **1** chi afferra; chi agguanta **2** *(pop.)* rapitore **3** *(pop.)* scippatore. ● *(stor.)* **body s.**, esumatore di cadaveri.

snatchy ['snætʃi], *a. (di lavoro, ecc.)* fatto a strappi *(o* a balzi); frammentario; discontinuo.

snazzy ['snæzi], *a. (fam.)* elegantissimo; azzimato; tirato a lucido *(fig., fam.)*.

to sneak [sni:k], **A** *v. i.* **1** muoversi furtivamente; strisciare: **The burglar sneaked into the house**, il ladro s'introdusse furtivamente nella casa **2** *(gergo studentesco)* fare la spia **3** usare inganni; agire *(o* lavorare) sott'acqua. **B** *v. t.* **1** portare di nascosto; trasportare di frodo; contrabbandare: **He sneaked the jewels across the border**, portò i gioielli di frodo oltre il confine **2** *(fam.)* rubare; rubacchiare. ● **to s. away**, andarsene di soppiatto; svignarsela □ **to s. a look at st.**, dare un'occhiata di nascosto a q.c. □ **to s. off**, *V.* **to s. away** □ **to s. up on sb.**, arrivare di soppiatto alle spalle di q.

sneak [sni:k], *n.* **1** individuo doppio *(o* spregevole); sornione; trappolone *(pop.)* **2** *(gergo studentesco)* spia; spione. ● *(cinem. USA)* **s. preview**, anteprima non preannunciata □ **s.-thief**, ladruncolo.

sneaker ['sni:kə*], *n.* **1** chi si muove furtivamente; chi striscia **2** individuo doppio *(o* spregevole) **3** *(pl., fam.)* scarpe di tela, con la suola di gomma; scarpe da ginnastica *(o* da tennis).

sneaking ['sni:kiŋ], *a.* **1** abietto; basso; meschino; spregevole; strisciante; vile: **He has a s. manner**, ha un modo di fare abietto, strisciante **2** inconfessato; furtivo; celato; nascosto; segreto: **He has a s. liking for her**, ha una simpatia inconfessata per lei; **I have a s. fondness for jazz**, ho una passioncella segreta per il jazz. ● **a s. suspicion**, un lieve sospetto.

sneaky ['sni:ki], *a.* abietto; basso; meschino; spregevole; strisciante; vile.

to sneer [sniə*], *v. i.* ghignare; sogghignare; sghignazzare. ● **to s. at**, deridere; dileggiare; schernire □ **to s. away sb.'s happiness (reputation,** etc.**)**, distruggere con lo scherno la felicità (il buon nome, ecc.) di q. □ **to s. one's contempt**, manifestare con un ghigno il proprio disprezzo □ **to s. sb. down**, umiliare q. schernendolo □ **to s. sb. out of countenance**, confondere *(o* sconcertare) q. dileggiandolo □ **The proposal was sneered down**, la proposta fu respinta fra lo scherno generale.

sneer [sniə*], *n.* **1** ghigno; sogghigno; riso di scherno **2** dileggio; espressione beffarda; parola derisoria; sarcasmo.

sneerer ['sniərə*], *n.* beffatore; dileggiatore; derisore; schernitore.

sneering ['sniəriŋ], *a.* beffardo; derisorio; di scherno.

to sneeze [sni:z], *v. i.* starnutire, starnutare; sternutire; fare uno starnuto. ● *(fig., stor.)* **to s. into a basket**, essere ghigliottinato □ *(fam.)* **not to be sneezed at**, non disprezzabile; degno di considerazione; da non prendere sotto gamba *(fam.)*.

sneeze [sni:z], *n.* starnuto, sternuto.

snick [snik], *n.* **1** tacca; incisione; piccolo taglio **2** *(cricket)* colpo che fa deviare la palla; *(anche)* palla deviata.

to snick [snik], *v. t.* **1** intaccare; incidere; fare un piccolo taglio in **2** *(cricket)* colpire *(la palla)* in modo da farla deviare.

to snicker ['snikə*], *v. i.* **1** nitrire **2** *(USA)* ridacchiare; ridere sotto i baffi; reprimere una risatina.

snicker ['snikə*], *n.* **1** nitrito **2** risatina repressa.

snickersnee ['snikə'sni:], *n. (arc. o scherz.)* coltello *(da usare come arma)*.

snide [snaid], **A** *a.* **1** contraffatto; falso; fasullo **2** malizioso; maligno: **a s. remark**, un'osservazione maliziosa **3** sprezzante; beffardo. **B** *n. (pop.)* gioielli falsi.

to sniff [snif], *v. i. e t.* annusare; aspirare; fiutare; sniffare *(pop.)*; inalare; respirare rumorosamente *(o* tirar su) col naso: **Don't s.!**, non tirar su col naso!; **to s. medicine**, inalare una medicina; **to s. cocaine**, fiutare *(o* sniffare) cocaina; **to s. the sea-air**, aspirare *(o* fiutare) l'aria marina **2** *(fig., anche* **to s. out)** fiutare; subodorare: **to s. danger**, fiutare il pericolo. ● **to s. at st.**, annusare, fiutare q.c.; *(fig.)* arricciare il naso per q.c.; dimostrar disprezzo per q.c., disapprovare q.c. □ **to s. up**, tirar su col naso, aspirare; annusare, fiutare □ **That sum of money is nothing to s. at**, quella somma di denaro non è affatto disprezzabile *(o* da disprezzare).

sniff [snif], *n.* **1** annusata; fiutata; sniffata *(pop.: specialm. di droga)* **2** ciò che si fiuta *(o* si annusa) **3** quantità d'aria aspirata col naso.

sniffer ['snifə*], *n.* annusatore; fiutatore; sniffatore *(pop.: specialm. di droga)*. ● **s.-dog**, cane da fiuto; cane antidroga *(della polizia)*.

to sniffle ['snifl], *v. i.* tirar su col naso; aspirare rumorosamente.

sniffle ['snifl], *n.* **1** respiro rumoroso **2** – **the sniffles**, raffreddore *(di testa)*; muco dal naso; moccio.

sniffy ['snifi], *a.* *(fam.)* **1** sdegnoso; sprezzante; superbo; altezzoso **2** maleodorante; puzzolente.

snifter ['sniftə*], *n.* **1** napoleone; bicchiere da cognac **2** *(fam.)* bicchierino *(o* goccio) di liquore; cicchetto.

snifting-valve ['sniftiŋ,vælv], *n. (mecc.)* valvola di scappamento.

to snigger ['snigə*], *v. i.* ridacchiare; ridere sotto i baffi.

snigger ['snigə*], *n.* risatina repressa *(o* irrispettosa).

to sniggle ['snigl], *v. i.* e *t.* (*anche* **to s. for eels**) pescare (anguille) infilando l'amo nelle tane.
to snip [snip], *v. t.* e *i.* **1** tagliare con le forbici; tagliuzzare: **to s. paperboard**, tagliuzzare del cartone **2** (*spesso* **to s. off**) tagliare; recidere: **to s. off the thread after sewing on a button**, recidere il filo dopo aver attaccato un bottone **3** (*fig.*) tagliare; ridurre: **to s. one's budget**, fare dei tagli nel proprio bilancio. ● **to s. at st.**, far l'atto di tagliuzzare q.c. □ **to s. off the ends**, tagliare le estremità; spuntare (*i capelli, ecc.*).
snip [snip], *n.* **1** taglio; forbiciata **2** ritaglio; pezzetto; scampolo **3** (*arc.*) sarto **4** (*gergo ippico, anche* **dead s.**) cavallo vincente (*o sicuro*) **5** (*fam.*) (buon) affare; occasione **6** (*fam.*) cosa facile; passeggiata (*fig.*) **7** (*fam. USA*) persona (*o cosa*) da poco; nonnulla **8** (*fam. USA*) sfacciato; persona sfacciata.
snipe [snaip], *n.* **1** (*invar. al pl.*; *zool.*, *Capella gallinago*) beccaccino **2** colpo sparato da un nascondiglio; colpo di cecchino **3** (*pop. USA*) cicca; mozziccone di sigaro (*o di* sigaretta).
to snipe [snaip], **A** *v. i.* **1** andare a caccia di beccaccini **2** (*mil.*, **to s. at**) sparare da un nascondiglio, da un riparo; (*fig.*) criticare da una posizione di sicurezza. **B** *v. t.* (*mil.*) colpire (q.) sparando da un nascondiglio.
sniper ['snaipə*], *n.* **1** (*mil.*) tiratore scelto che spara da un nascondiglio; cecchino **2** criminale (*o pazzo*) che spara da un nascondiglio.
snippet ['snipit], *n.* **1** frammento; pezzetto; ritaglio **2** (*pl.*) informazioni frammentarie; zibaldone **3** (*fam. USA*) individuo insignificante; mezza cartuccia (*fam.*).
snippety ['snipiti], **snippy** ['snipi], *a.* **1** frammentario **2** (*fam.*) sprezzante; brusco; secco.
snipping ['snipiŋ], *n.* frammento; pezzetto; ritaglio.
snips [snips], *n. pl.* (*metall., anche* **tin s.**, **pair of s.**) cesoie (*per lamiere*); forbici da lattoniere.
snipy ['snaipi], *a.* (*d'animale*) dal collo lungo; dal muso appuntito.
to snitch [snitʃ], (*pop.*) **A** *v. t.* rubare; rubacchiare. **B** *v. i.* fare la spia.
snitch (1) [snitʃ], *n.* (*pop.*) spia; informatore.
snitch (2) [snitʃ], *n.* (*fam., scherz.*) naso; becco (*fig., fam.*).
to snivel ['snivl], *v. i.* **1** avere il moccio al naso; moccicare **2** frignare; piagnucolare.
snivel ['snivl], *n.* **1** moccio **2** frigno; piagnisteo; piagnucolamento.
sniveller ['snivlə*], *n.* **1** moccione; moccioso **2** frignone; piagnucolone; piagnone.
snob [snɔb], *n.* snob; grande ammiratore (*o imitatore servile*) delle persone di classe sociale superiore; chi affetta distinzione e gusti raffinati; chi disprezza gli umili; amante dell'esteriorità. ● **an intellectual s.**, un intellettualoide.
snobbery ['snɔbəri], *n.* snobismo.
snobbish ['snɔbiʃ], *a.* snobistico.
snobbishness ['snɔbiʃnis], *n.* snobismo.
Sno-Cat, ['snou͵kæt], *n.* (*marchio: sport*) gatto delle nevi (*veicolo*).
snofari [snou'fari:], *n.* spedizione sui ghiacci.
to snog [snɔg], *v. i.* (*fam.*) baciarsi; sbaciucchiarsi.
snog [snɔg], *n.* (*fam.*) sbaciucchiamento.
snood [snu:d], *n.* **1** rete (*o retina*) per capelli **2** (*pesca*) setale, finale (*di lenza*).
snook (2) [snu:k], *n.* – (*fam.*) **to cock a s.** (**at sb.**), far marameo a q.).
snooker ['snu:kə*], *n.* (*biliardo*) gioco (*o partita*) a sei buche e con 21 palle colorate.
to snooker ['snu:kə*], *v. t.* **1** (*biliardo*) ostacolare (q.) coprendo la palla **2** (*fig.*) ostacolare; danneggiare; intralciare. ● **to be snookered**, avere la palla cui si mira coperta (da un'altra); (*fig., fam.*) trovarsi in una posizione difficile, essere in difficoltà.
to snoop [snu:p], *v. i.* (*fam.*) curiosare; indagare; ficcare il naso nei fatti altrui; spiare. ● **to s. around**, andare in giro a spiare □ **to s. on U.S. military installations in Germany**, spiare le istallazioni militari americane in Germania.
snoop [snu:p], **snooper** ['snu:pə*], *n.* (*fam.*) **1** curiosone; ficcanaso; spione **2** detective privato **3** spia; informatore.
snoot [snu:t], *n.* (*fam.*) **1** naso; becco (*fam.*) **2** faccia; grugno; muso.
snooty ['snu:ti], *a.* (*fam.*) altezzoso; sprezzante; sdegnoso.
to snooze [snu:z], *v. i.* (*fam.*) dormicchiare; sonnecchiare; fare un pisolino. ● **to s. away one's time**, sciupare il tempo sonnecchiando.
snooze [snu:z], *n.* (*fam.*) dormitina; pisolino; sonnellino: **to have a s.**, fare un pisolino.
to snore [snɔ:*], *v. i.* russare. ● **to s. one's time away**, passare il tempo russando (*o dormendo*) □ **He snored himself awake**, fu svegliato dal rumore che egli stesso faceva russando.
snore [snɔ:*], *n.* il russare; russo; russamento (*raro*).

snorer ['snɔ:rə*], *n.* chi russa.
snorkel ['snɔ:kəl], *n.* **1** (*naut. mil.*) presa d'aria per sommergibili **2** tubo di respirazione (*per subacquei*).
to snort [snɔ:t], **A** *v. i.* sbuffare; soffiare: **snorting horses**, cavalli che sbuffano; **The steam engine suddenly snorted and stopped**, all'improvviso la macchina a vapore sbuffò e si fermò. **B** *v. t.* **1** (*spesso* **to s. out**) esprimere (*o manifestare, dire*) sbuffando **2** (*pop.*) fiutare, inalare (*droga*).
snort [snɔ:t], *n.* **1** sbuffo; sbuffata; lo sbuffare **2** (*naut. mil.*) V. **snorkel**, *def.* *1*.
snorter ['snɔ:tə*], *n.* **1** chi sbuffa **2** (*fam.*) vento impetuoso **3** (*fam.*) cosa eccezionale; fatto straordinario **4** (*fam.*) grossa difficoltà; rompicapo **5** (*fam.*) lavata di capo; ramanzina.
snorty ['snɔ:ti], *a.* (*fam.*) impaziente; irascibile; collerico.
snot [snɔt], *n.* (*volg.*) **1** moccio; muco nasale **2** individuo sprezzante. ● **s. rag**, moccichino; fazzoletto da naso.
snotty ['snɔti], **A** *a.* (*volg.*) moccioso; moccioloso: **s. nose**, naso moccioso (*o che goccia*) **2** (*pop., anche* **s.-nosed**) sprezzante; altezzoso; sdegnoso. **B** *n.* (*gergo naut.*) aspirante di marina.
snout [snaut], *n.* **1** (*d'animale*) muso; grugno; grifo **2** (*volg.: di persona*) naso **3** beccuccio; cannello **4** (*geol.*) lingua glaciale. ● (*zool.*) **s. beetle** (*Curculio*), curculione □ **the s. of a battleship's ram**, la punta del rostro di una nave da guerra □ (*geol.*) **the s. of a glacier**, la lingua d'un ghiacciaio.
snout (2) [snaut], *n.* (*pop.*) **1** tabacco **2** sigaretta; cicca (*pop.*).
snow [snou], *n.* **1** neve; (*fig., poet.*) bianchezza, candore: **We were knee-deep in s.**, la neve ci arrivava alle ginocchia **2** nevicata **3** (*chim.*) neve carbonica; ghiaccio secco **4** (*elettron.*) effetto neve **5** (*pop.*) neve; cocaina; (*anche*) eroina. ● (*bot.*) **s.-berry**, *Symphoricarpos albus*; *Chiococca alba*; *Gaultheria hispidula* □ (*zool.*) **s.-bird** (*Plectrophenax nivalis*) zigolo delle nevi; (*Junco*) passero cantore □ **s.-blind**, accecato dal riflesso della neve □ **s.-blindness**, cecità (temporanea) da neve □ **s. blink**, riflesso della neve; cielo da neve □ **s.-boots**, stivali da neve □ **s.-bound**, bloccato dalla neve □ (*zool.*) **s.-bunting** (*Plectrophenax nivalis*), zigolo delle nevi □ **s.-capped**, incappucciato di neve □ (*autom.*) **s. chains**, catene da neve □ **s.-clad** (*o* **s.-covered**), coperto (*o ammantato*) di neve □ **s.-drift**, cumulo di neve ammucchiata dal vento □ **s. fence**, steccato antineve □ (*geogr.*) **s.-field**, campo di neve; nevaio □ **s.-flake**, fiocco (*o falda*) di neve □ **s.-gauge**, nivometro □ **s.-goggles**, occhiali da neve □ (*zool.*) **s.-goose** (*Chen hyperboreus*), oca delle nevi □ (*zool.*) **s.-grouse** (*Lagopus mutus*), pernice bianca □ **s. havoc**, disastri provocati dalla neve □ **s.-ice**, neve ghiacciata □ (*fam. USA*) **s. job**, balla; frottola □ (*zool.*) **s.-leopard** (*Felis uncia*), leopardo delle nevi □ **s.-line**, linea delle nevi, limite delle nevi perenni □ (*fig.*) **the s. of the seventy years**, la canizie dei settant'anni □ (*zool.*) **s.-owl** (*Nyctea nyctea*), civetta delle nevi □ (*bot.*) **s.-plant** (*Sarcodes sanguinea*), sarcode □ **s.-plough** (*USA* **s.-plow**), spazzaneve (*anche sport*); spartineve: (*mecc.*) **rotary s.-plough**, spazzaneve a turbina □ **s.-shoes**, racchette da neve □ **s. shovel**, badile (*o pala*) da spalatore □ **s.-slide**, valanga; slavina □ (*autom.*) **s. tyre**, pneumatico antineve; gomma da neve □ **s.-white**, bianco come la neve; niveo: **a s.-white neck**, un collo niveo □ (*nella favola*) **S.-White**, Biancaneve □ **fall of s.**, nevicata.
to snow [snou], **A** *v. i.* (*impers.*) nevicare; cader la neve: **It is snowing**, nevica; sta nevicando. **B** *v. t.* **1** (*fig.*) dare (*o distribuire*) a piene mani; gettare (*o spargere*) in abbondanza **2** (*pop. USA*) impressionare, fare colpo su (q.) (*raccontandogli balle*). ● (*fig.*) **to s. in**, piovere da ogni parte: **Telegrams snowed in on her wedding day**, piovvero telegrammi da ogni parte il giorno del suo matrimonio □ (*USA*) **to s. under**, coprire di (*o sommergere sotto*) la neve; (*fig.*) sopraffare, sbaragliare, sconfiggere □ **to be snowed in** (*o* **up**), essere coperto (*o bloccato, sommerso*) dalla neve □ **to be snowed under**, essere sommerso (*da inviti, ecc.*); essere sopraffatto (*dal lavoro, ecc.*); (*USA*) essere clamorosamente battuto.
snowball ['snoubɔ:l], *n.* **1** palla di neve **2** (*bot., Viburnum opulus*; *anche* **s.-tree**) palla di neve; pallone di maggio **3** budino di mele (*o altra frutta*) e riso **4** sottoscrizione a catena. ● (*fam.*) **a s.'s chance in hell**, nessuna probabilità.
to snowball ['snoubɔ:l], **A** *v. i.* **1** lanciar palle di neve, far a pallate **2** (*fig.*) aumentare vorticosamente; crescere come una valanga. **B** *v. t.* **1** colpire (q.) con una palla di neve; prendere (q.) a pallate **2** (*fig.*) far aumentare vorticosamente.
snowblower ['snou͵blouə*], *n.* spartineve (*o sgombraneve*) a turbina.
snowdrop ['snoudrɔp], *n.* (*bot.*) **1** (*Galanthus nivalis*) bucaneve **2** *Anemone quinquefolia*.
snowfall ['snoufɔ:l], *n.* nevicata; precipitazione nevosa.
snowiness ['snouinis], *n.* **1** nevosità **2** (*fig.*) candore.
snowmaker ['snou͵meikə*], *n.* (*sport*) macchina per fare la neve artificiale.
snowmaking ['snou͵meikiŋ], *a. attr.* per fare la neve: **a s.**

snowman

machine, una macchina per fare la neve artificiale.
snowman ['snoʊmæn], *n.* (*pl.* **snowmen**) pupazzo (*o* fantoccio) di neve (*fatto dai bambini per gioco*). ● the Abominable S., l'abominevole Uomo delle nevi (*creatura favolosa della catena dell'Himalaya*).
snowmobile ['snoʊməˌbiːl], *n.* (*sport*) cingolato munito di sci.
snowshed ['snoʊʃed], *n.* (*autom.*, *ferr.*) paraneve.
snowstorm ['snoʊstɔːm], *n.* **1** tempesta di neve; tormenta **2** (*telev.*, *radar*) effetto neve.
Snow-White ['snoʊ'waɪt], *n.* (*nella favola*) Biancaneve.
snowy ['snoʊɪ], *a.* **1** nevoso; coperto di neve: **a s. valley**, una vallata coperta di neve; **s. weather**, tempo nevoso **2** niveo; candido come neve; immacolato: **a s. handkerchief**, un fazzoletto immacolato.
snub (1) [snʌb], A *n.* **1** affronto; offesa; rampogna umiliazione: **to suffer a s.**, subire un affronto **2** (*naut.*) arresto di una nave (*specialm. con un cavo*). ● (*naut.*) **s.-post**, palo di ormeggio.
snub (2) [snʌb], *a.* volto all'insù; camuso; rincagnato: **s. nose**, naso camuso. ● **s.-nosed**, dal naso camuso.
to snub [snʌb], *v. t.* **1** fare un affronto a (q.); trattare con mala grazia; rampognare; umiliare **2** (*naut.*) arrestare, fermare (*una nave, specialm. con un cavo*). ● (*naut.*) **snubbing post**, palo d'ormeggio.
to snuff (1) [snʌf], A *v. t.* V. **to sniff**. B *v. i.* **1** V. **to sniff 2** fiutare tabacco.
snuff (1) [snʌf], *n.* **1** V. **sniff 2** tabacco da fiuto: **a pinch of s.**, una presa di tabacco. ● **s.-and-butter**, giallo-marrone □ **s.-box**, tabacchiera □ **s.-coloured**, color tabacco □ **s.-mill**, macinino per tabacco da fiuto □ **s.-taker**, chi fiuta tabacco □ **s.-taking**, il prendere (*o* fiutare) tabacco □ (*fig.*) **to give sb. a s.**, trattare q. con durezza □ **to take s.**, prendere (*o* fiutare) tabacco □ (*fam.*) **to be up to s.**, aver buon fiuto; non essere ingenuo, saperla lunga.
to snuff (2) [snʌf], A *v. t.* **1** smoccolare (*una candela*) **2** (*spesso* **to s. out**) spegnere (*una candela*): **He can s. a candle with a pistol**, riesce a spegnere una candela con un colpo di pistola. B *v. i.* (*fam.*, **to s. out**) spegnersi; morire. ● (*pop.*) **to s. it**, morire; tirare le cuoia □ (*fig.*) **to s. out**, estinguere; por fine a; reprimere; domare: **The rebellion was snuffed out**, la rivolta fu domata.
snuff (2) [snʌf], *n.* moccolaia; fungo (*di candela che arde*).
snuffer (1) ['snʌfə*], *n.* **1** spegnitoio **2** (*pl.*, *anche* **a pair of snuffers**) smoccolatoio.
snuffer (2) ['snʌfə*], *n.* chi fiuta tabacco (*spreg.*) tabaccone, tabaccona.
to snuffle ['snʌfl], *v. i.* **1** respirare rumorosamente; tirar su col naso **2** parlare col naso; parlare in tono lamentoso **3** (*arc.*) biascicare preghiere. ● **to s. out**, dire (*o* pronunciare) con voce nasale.
snuffle ['snʌfl], *n.* **1** respiro rumoroso; il tirar su col naso **2** voce nasale **3** (*pl.*) **the snuffles**, raffreddore (*di testa*); catarro nasale.
snuffler ['snʌflə*], *n.* **1** chi tira su col naso **2** chi parla con voce nasale **3** biascicone; bacchettone; baciapile; bigotto.
snuffy ['snʌfɪ], *a.* **1** tabaccoso; sporco di tabacco **2** che fiuta tabacco **3** color. tabacco **4** (*fig.*) scontroso; stizzoso **5** sgradevole.
snug [snʌg], *a.* **1** comodo; accogliente, confortevole; intimo; raccolto; riparato; sicuro: **in a s. corner**, in un comodo cantuccio; **a s. cottage**, una villetta confortevole; una bella casetta **2** (*d'abito*) aderente; attillato: **Is this dress too s.?**, è troppo attillato questo vestito? **3** celato; nascosto: **The burglar kept s. behind the curtains**, il ladro se ne stava nascosto dietro le tende. ● **a s. dinner**, un buon pranzetto □ **a s. fortune**, un bel gruzzolo; un discreto patrimonio □ (*fig.*) **to be as s. as a bug in a rug**, stare comodissimo; essere sistemato magnificamente; stare da papa.
snuggery ['snʌgərɪ], *n.* **1** stanzetta accogliente, tranquilla; cantuccio appartato; posto comodo **2** salottino privato (*di bar, alberghi, ecc.*).
to snuggle ['snʌgl], *v. i.* star accoccolato; star accucciato; accoccolarsi; rannicchiarsi; mettersi comodo (*fam.*): **to s. up to the fire**, rannicchiarsi vicino al fuoco. B *v. t.* stringere a sé (*un bambino, ecc.*); tener vicino; tener stretto a sé; coccolare; vezzeggiare.
snugness ['snʌgnɪs], *n.* agio, comodità; intimità; ecc. (V. **snug**).
so (1) [soʊ], A *avv.* **1** così; in questo modo; in questa maniera; tanto; talmente: **I didn't know it was so far**, non sapevo che fosse così lontano; **You mustn't behave so**, non ti devi comportare in questa maniera; **It is not so cold today as yesterday**, oggi non fa tanto freddo quanto ieri (è meno freddo di ieri); **He was so fortunate as to escape**, fu così fortunato da salvarsi; **I am not so deaf but I can hear thunder**, non sono così sordo da non udire il tuono **2** (*sta per so much*) tanto: **Why did you laugh so?**, perché ridevi tanto?; **She talks so!**, chiacchiera tanto!; è una tale chiacchierona! **3** (*fam.*) assai; molto; davvero: **I'm so happy to hear the good news**, sono davvero felice di appren-

dere la buona notizia **4** anche; pure: **Yes, I denied it, but so did you**, è vero, io lo negai, ma anche tu (ma pure tu): «**I'm fed up**» «**So am I**», «Sono stufo» «Anch'io» **5** (*idiom.*) **Do you really think so?**, lo credi davvero?; **Why do you say so?**, perché dici questo?; **I told you so**, te l'avevo detto!; **I think (am afraid, hope, etc.) so**, credo (temo, spero, ecc.) di sì; «**I didn't know about it**» «**So you did**», «non ne sapevo niente» «lo sapevi, eccome!» (*o* «altro che se lo sapevi»); **I am not a child, and should not be so treated**, non sono un bambino, e non dovreste trattarmi come tale. B *cong.* **1** perciò; di conseguenza; quindi; e così: **It was late, so I went home**, era tardi, perciò andai a casa; **So you are back again**, e così, sei di ritorno (*o* sei di nuovo qui) **2** (*sta per so that*) cosicché; affinché; perché: **They died so (that) we might live**, sono morti affinché noi potessimo vivere; hanno dato la vita per noi. ● **so and so**, così e cosà: **Tell him to do so and so**, digli di far così e cosà □ (*fam.*) **so-and-so**, (*sost.*: *pl.* **so-and-sos**), qualcuno, un tizio, un tale; (*eufemistico*) tipo odioso, sgarbato, villano: **Don't be afraid so-and-so may laugh at you**, non temere che qualcuno rida di te □ **so as**, così da; in modo (tale) da: **Put it so as not to offend him**, esprimiti (*o* metti la cosa) in modo (tale) da non offenderlo □ **so-called**, cosiddetto □ **so far**, finora; fin qui; fino a questo punto: **Business has been good so far**, finora gli affari sono andati bene; **So far you're right**, fin qui, hai ragione; **Did they go so far?**, sono arrivati fino a questo punto (*o* a tanto)? □ **so far as**, per quanto: **so far as I know**, per quanto io sappia □ **so far from**, lungi da; invece di □ **so far so good**, fin qui, tutto (va) bene □ **S. kind of you!**, molto gentile da parte tua! □ (*fam.*) **So long!**, arrivederci; ciao! □ **so long as**, purché; a condizione che □ **so much (so many)**, tanto, tanta (tanti, tante) □ **so much the better**, tanto meglio! □ **so much for this matter**, e di ciò, basta; questo è tutto (*cfr. lat.* «*de hoc satis*») □ **so much the worse**, tanto peggio! □ (*fam.*) **so so**, così così; mediocre; passabile; passabilmente: «**How is business?**» «**Oh, only so so**», «come vanno gli affari?» «Mah! così così» □ **so that**, affinché; cosicché; acciocché; poiché; perché □ **so that... not**, affinché... non □ **so to say** (*o* **to speak**), per così dire □ (*fam.*) **So what?**, e con ciò?; e allora? ● **and so on** (*o* **and so forth**), e così via; eccetera □ **at so much a week**, a un tanto la settimana □ (*fam.*) **ever so**, molto; assai; tanto: **She's ever so nice**, è tanto graziosa □ (*fam.*) **ever so many**, altrettanti, altrettante: **I have two boys and ever so many girls**, ho due figli maschi, e altrettante femmine; □ **how so?**, ma come? □ **if so**, se è così; se le cose stanno così □ **just so**, (*avv.*) (*di oggetti*) al suo (al loro) posto, in ordine; (*cong.*, *fam.*) purché; basta che (*fam.*) □ **just so!** (*o* **quite so!**), proprio così!; davvero! □ (*fam.*) **like so**, così; in questa maniera □ **Mr So-and-So**, il Signor Tal dei Tali □ **not so much as**, neanche; nemmeno; neppure: **He didn't so much as thank me**, non mi ringraziò neppure □ **not so much... as**, non tanto... quanto: **I was not so much tired as fed up**, non ero tanto stanco quanto stufo □ **or so**, circa; a un dipresso; giù di lì: **Give me a dozen or so**, me ne dia una dozzina o giù di lì □ **Why so?**, perché?; e perché mai? □ **Be it so!**, e sia; e sia pure; così sia, amen □ **But it's so!**, ma è così; le cose stanno così, te l'assicuro □ **I consider it so much lost time**, a mio avviso è tutto tempo perso □ **I regard it as so much nonsense**, mi sembra tutto un mucchio di sciocchezze □ (*arc.*) **And so to bed**, dopo di che andai (andammo, ecc.) a letto □ (*anche relig.*) **So be it**, così sia; amen □ **So help me God!** (*nelle formule di giuramento*), così m'assista Iddio! □ **So many men, so many minds**, tante teste, tanti pareri (*cfr. lat. Tot capita, tot sententiae*) □ (*fam.*) **So that's that**, così è; ecco tutto; così stan le cose; è andata appunto così □ (**I had**) **told you so!**, te l'avevo detto (, io)! □ **You don't say so!**, davvero?; ma no!; è incredibile!
so (2) [soʊ], *n.* (*mus.*) sol (*nota*).
soak [soʊk], *n.* **1** bagnata; bagno (*anche ind.*); inzuppata **2** ammollamento; immersione; ammollo **3** (*fam.*) baldoria; bevuta **4** (*fam.*) beone; ubriacone; spugna (*fam.*).
to soak [soʊk], A *v. t.* **1** bagnare; infradiciare; ammollare; mettere a mollo (*o* in bagno); inzuppare; tuffare: **The sudden downpour soaked us**, l'improvviso acquazzone c'infradiciò; **to s. bread in wine**, inzuppare il pane nel vino; **to s. biscuits in white coffee**, tuffare biscotti nel caffelatte **2** (*di solito* **to s. up**) assorbire; imbevere: **A sponge soaks up water**, la spugna assorbe l'acqua **3** (*fis.*) saturare **4** (*fam.*) colpire; percuotere; picchiare **5** (*fam.*) tartassare; bistrattare; gravare (*con prezzi o imposte esorbitanti*); pelare (*pop.*): **to s. the rich**, tartassare (d'imposte) i ricchi; **to s. the tourists**, pelare i turisti. B *v. i.* **1** imbeversi; ammollarsi; impregnarsi; inzupparsi **2** (*fis.*) saturarsi **3** filtrare; infiltrarsi; penetrare; (*fig.*) entrare: **Blood has soaked through his shirt**, il sangue è filtrato attraverso la camicia; **Water soaks into the earth**, l'acqua penetra nel terreno; **The idea soaked into his head at last**, finalmente l'idea gli entrò in testa **4** (*fam.*) bere smodatamente; bere come una spugna. **to soak oneself** C *v.*

rifl. **1** immergersi; mettersi a mollo; fare il bagno **2** (*fig.*) imbeversi; fare studi profondi: **to s. oneself in a doctrine**, imbeversi d'una dottrina; **to s. oneself in philosophy**, fare studi profondi di filosofia. ● (*di liquido*) **to s. one's way**, filtrare; infiltrarsi; penetrare □ **to be soaked to the skin**, esser tutto bagnato; esser fradicio (*o* zuppo) □ **to let the linen s. in warm water**, ammollare (*o* mettere a mollo) la biancheria nell'acqua calda.
soakage ['soukidʒ], *n.* **1** ammollamento; inzuppamento **2** assorbimento; (*scient.*) imbibizione **3** infiltrazione; liquido assorbito (*o* filtrato).
soaked [soukt], *a.* **1** bagnato fradicio **2** (*pop.*) ubriaco; sbronzo (*pop.*) ● (*fig.*) **a house s. in childhood memories**, una casa piena di ricordi dell'infanzia.
soaker ['soukə*], *n.* **1** chi ammolla; chi inzuppa **2** (*fam.*) acquazzone; rovescio di pioggia **3** (*fam.*) beone; ubriacone; spugna (*fam.*).
soaking (1) ['soukiŋ], *n.* **1** ammollamento; immersione; inzuppamento; bagnata; (*ind.*) bagno **2** assorbimento; (*scient.*) imbibizione **3** (*ind.*) macerazione (*della gomma*); rinverdimento (*del cuoio*) **4** (*fam.*) acquazzone; rovescio di pioggia. ● (*metall.*) **s. pit**, fossa di permanenza (*di lingotti*) □ **s. vat**, vasca di macerazione (*o* di rinverdimento).
soaking (2) ['soukiŋ], *a.* (*di pioggia, ecc.*) dirotto; scrosciante. ● (*di persona*) **s. wet**, zuppo; bagnato fradicio.
soap [soup], *n.* **1** sapone: **a bar of s.**, un pezzo di sapone; una saponetta; **scented s.**, sapone profumato; **mottled s.**, sapone marezzato; (*chim.*) **insoluble soaps**, saponi insolubili **2** (*pop. USA*) denaro che serve per corrompere; bustarella. ● **s. boiler**, saponaio; fabbricante di sapone □ **s. box**, cassa da imballaggio per sapone; podio improvvisato per oratori da strada □ **s.-box orator**, oratore da strada □ (*anche fig.*) **s. bubble**, bolla di sapone □ **s. dish**, portasapone □ (*miner.*) **s.-earth**, *V.* **s.-stone** □ **s. flakes**, sapone in scaglie; scaglie di sapone □ (*radio, telev., fam.*) **s. opera**, telenovela; sceneggiato sentimentale a puntate; serie radiofonica (*o* televisiva) sulla storia di una famiglia e le sue traversie □ **s. powder**, sapone in polvere □ (*miner.*) **s.-stone**, steatite; pietra saponaria □ **s.-suds**, saponata □ **s.-works**, saponificio; saponeria □ (*bot.*) **s.-wort** (*o* **s.-plant**) (*Saponaria officinalis*), saponaria rossa □ **a cake of s.**, una saponetta □ (*fam. USA*) **no s.!**, niente da fare!; non attacca (*fig.*)! □ **shaving s.**, sapone da barba □ **soft s.**, sapone liquido; (*fig.*) adulazione, lusinghe.
to soap [soup], *v. t.* **1** (*spesso* **to s. down**) insaponare **2** (*fig., anche* **to soft-s.**) adulare; lisciare; lusingare; lusingarsi **3** (*pop. USA*) corrompere.
soapiness ['soupinis], *n.* **1** l'essere saponaceo (*o* saponoso) **2** (*fig.*) l'essere adulatorio; untuosità.
soapy ['soupi], *a.* **1** insaponato: **s. hands**, mani insaponate **2** saponaceo; saponoso; di sapone **3** (*fig.*) adulatorio; insinuante; untuoso: **a s. appeal to brotherhood**, un untuoso appello alla fratellanza **4** (*fig.*) sentimentale. ● **s. water**, acqua saponata.
to soar [sɔ:*], *v. i.* **1** volare in alto; alzarsi in volo; levarsi in alto; librarsi (*anche fig.*) **2** (*aeron.*) veleggiare; librarsi in aria **3** (*fig.: di pensieri, ecc.*) elevarsi **4** (*fig.*) aumentare (*o* crescere, salire) vertiginosamente; andare alle stelle: **When oil prices soared the boom died down**, quando i prezzi del petrolio andarono alle stelle, il boom finì.
soaring ['sɔ:riŋ], *A* **a.** **1** che vola; che si leva in alto; che si libra **2** (*fig.*) altissimo; eccelso; elevato; sublime: **a s. spire**, una guglia altissima; **s. ideals**, ideali sublimi. *B* **n.** **1** l'alzarsi (in volo) **2** (*fig.*) aumento vertiginoso **3** (*aeron.*) il veleggiare, volo librato (*d'aliante*). ● **s. ambition**, ambizione sconfinata.
to sob [sɔb], *v. i.* **1** singhiozzare **2** (*fig.: del vento, ecc.*) lamentarsi; gemere. ● **to sob one's heart out**, piangere dirottamente; scoppiare in singhiozzi disperati □ **to sob oneself to sleep**, addormentarsi stremato dai singhiozzi □ **to sob out**, dire (*o* raccontare) tra i singhiozzi.
sob [sɔb], *n.* singhiozzo; singulto. ● (*fam. USA*) **sob-sister**, cronista che fa servizi su casi patetici (*o* pietosi) □ (*fam.*) **sob story**, storia patetica (*o* sentimentale); strappalacrime (*fam.*) □ (*fam.*) **sob stuff**, sentimentalismo eccessivo; discorso (*o* scritto, film, ecc.) sentimentale (*o* melodrammatico).
s.o.b. [,es ou 'bi:], *n.* (*acronimo di* **son of a bitch**) (*volg. USA*) figlio di puttana (*volg.*); figlio di cane; figlio di buona donna (*eufemistico*).
sobbingly ['sɔbiŋli], *avv.* singhiozzando; fra i singhiozzi.
sober ['soubə*], *a.* **1** non ubriaco; sobrio; con la mente lucida: **I never met him s.**, non l'ho mai incontrato che non fosse ubriaco; **He was still perfectly s.**, era ancora completamente sobrio (*pur avendo bevuto molto*) **2** sobrio, parco, temperante; moderato (*specialm. nel bere, nel mangiare*): **a s. man**, un uomo sobrio; **a s. colour**, una tinta sobria, seria **3** assennato; equilibrato; savio; serio; composto; calmo; tranquillo; sereno: **a s. youth**, un giovane assennato (*o* serio, tranquillo); **I spent many s. hours in reading**, passai molte ore calme (*o* serene) nella lettura.

● **a s. estimate**, un preventivo ragionevole □ **s.-minded**, serio; ragionevole; saggio □ (*scherz.*) **s.-sides**, persona molto seria e contegnosa □ (*poet.*) **s.-suited**, vestito con abiti di tinta sobria (*o* di tono dimesso) □ **the s. truth**, la pura verità □ **to be as s. as a judge**, non essere affatto ubriaco; avere la mente lucida □ **to get s.**, calmarsi, rinsavire; smaltire la sbornia □ **in s. fact**, in realtà; in effetti; stando ai fatti □ (*fam.*) **He's in s. earnest**, fa (proprio) sul serio.
to sober ['soubə*], *A v. t.* **1** (*spesso* **to s. down**) calmare; moderare; far rinsavire; rendere sobrio **2** (*spesso* **to s. up**) far passare la sbornia a (q.). *B v. i.* **1** (*di solito* **to s. down**) calmarsi; moderarsi; metter giudizio; rinsavire **2** (*di solito* **to s. up**) smaltire la sbornia.
soberness ['soubənis], *V.* **sobriety**.
sobriety [sou'braiəti], *n.* **1** l'essere sobrio (*non ubriaco*) **2** sobrietà; moderazione; temperanza **3** assennatezza; equilibrio; calma; serietà.
sobriquet ['soubrikei] (*franc.*), *n.* **1** nomignolo; soprannome **2** pseudonimo.
socage, 'soccage ['sɔkidʒ], *n.* (*stor.*) possesso di beni feudali soggetto a canone d'affitto o a prestazione di servizi.
soccer ['sɔkə*], *n.* (*sport*) (gioco del) calcio (*deriva, per contraz., dal termine ufficiale* **Association Football**). ● **s. fan**, tifoso di calcio □ **s. match**, incontro (*o* partita) di calcio □ **s. player**, calciatore □ **s. star**, campione del calcio (*fam.: della pedata*); pedatore (*scherz.*) □ **s. tournament**, torneo calcistico.
sociability [,souʃə'biliti], *n.* **1** socievolezza; sociabilità (*lett.*) **2** affabilità; cordialità.
sociable ['souʃəbl], *A a.* **1** socievole; sociabile (*lett.*) **2** affabile; cordiale; socievole; amichevole **3** piacevole; passato in buona compagnia: **a s. evening**, una serata piacevole. *B n.* **1** (*stor.*) giardiniera (*carrozza*) **2** (*stor.*) triciclo a due posti **3** amorino (*divano settecentesco a due dorsi, a forma di «S»*).
social ['souʃəl], *A a.* **1** sociale: **s. reforms**, riforme sociali; **s. science**, scienze sociali; **s. progress**, progresso sociale; **the s. contract**, (*filos.*) il contratto sociale; (*polit., econ.*) il patto sociale; **s. problems**, problemi sociali; **s. insurance**, previdenza sociale **2** socievole; affabile; amichevole; cordiale: **a s. nature**, un carattere socievole **3** (*zool., bot.*) gregario: **The ant is a s. creature**, le formiche sono animali gregari. *B n.* festa pubblica; trattenimento; raduno sociale. ● **s. anthropology**, antropologia sociale □ **a s. climber**, un arrivista; un arrampicatore sociale □ **s. climbing**, arrivismo □ **s. club**, un circolo; una società □ **s. customs**, usanze sociali; comportamento in società □ **s. dancing**, danze in sale pubbliche □ (*polit.*) **s. democracy**, socialdemocrazia □ (*polit.*) **s. democrat**, un socialdemocratico □ (*polit.*) **s.-democratic**, socialdemocratico (*agg.*) □ **one's s. equal**, una persona del proprio ceto □ **a s. evening**, una serata; un trattenimento □ **s. happenings**, avvenimenti mondani; mondanità □ **s. intercourse**, rapporti sociali □ **s. kissing**, il baciarsi come forma di saluto □ **s.-security agencies**, enti di assistenza sociale; istituti di previdenza sociale □ **s.-security plan**, sistema previdenziale □ **s. scientist**, sociologo □ **s. students**, studiosi di scienze sociali □ **s. studies**, (studi di) scienze sociali □ (*econ., stat.*) **s. survey**, indagine sociologica □ **s. work**, servizio sociale □ **a s. worker**, un assistente sociale □ **to have s. tastes**, essere socievole; aver gusti mondani; essere un uomo (*o* una donna) di mondo.
socialism ['souʃəlizəm], *n.* (*polit.*) socialismo.
socialist ['souʃəlist], *n. e a.* (*polit.*) socialista. ● (*arte, lett., mus.*) **s. realism**, realismo socialista.
socialistic [,souʃə'listik], *a.* (*polit.*) socialistico.
socialite ['souʃəlait], *n.* (*fam.*) **1** persona mondana; uomo di mondo **2** (*USA*) personaggio noto (*o* in vista) dell'alta società.
sociality [,souʃi'æliti], *n.* socialità; socievolezza.
socialization [,souʃəlai'zeiʃən], *n.* **1** (*polit.*) socializzazione **2** (*psic.*) integrazione (*specialm. di un bambino*) nella società; socializzazione.
to socialize, to socialise ['souʃəlaiz], *A v. t.* **1** (*polit.*) socializzare **2** (*psic.*) adattare alla società e alle sue norme; socializzare. *B v. i.* intrattenere rapporti sociali; socializzare. ● (*USA*) **socialized medicine**, assistenza medica da parte dello Stato.
society [sə'saiəti], *n.* **1** società: **a danger to s.**, un pericolo per la società **2** comunità sociale; associazione (*anche leg.*); istituzione; compagnia: **a charitable s.**, un'associazione di beneficenza; **a learned s.**, un'associazione culturale; **the S. of Jesus**, la Compagnia di Gesù; i Gesuiti **3** compagnia: **He avoids s.**, fugge la compagnia (dei suoi simili); **I do not seek his s.**, non cerco la sua compagnia **4** (*anche* **high s.**) (l') alta società; (il) bel mondo **5** (*ecologia*) società. ● **s. column**, rubrica di cronaca mondana □ **s. gossip**, pettegolezzi del bel mondo □ **a s. man (woman)**, un uomo (una donna) di mondo □ **s. verse**, versi di circostanza; poesia giocosa, leggera □ (*leg., econ.*) **a cooperative s.**, una (società) cooperativa □ **to go a great deal into s.**, andare spesso

in società; frequentare spesso il bel mondo □ **in polite s.**, nella buona società; fra la gente su (*fam.*).
Socinian [sou'siniən], *a.* e *n.* (*stor.*, *relig.*) sociniano.
Socinianism [sou'siniənizəm], *n.* (*stor.*, *relig.*) socinianismo.
sociobiological [,sousjə,baiə'lɔdʒikəl], *a.* sociobiologico.
sociobiologist [,sousjəbai'ɔlədʒist], *n.* sociobiologo.
sociobiology [,sousjəbai'ɔlədʒi], *n.* sociobiologia.
sociodynamic [,sousioudai'næmik], *a.* sociodinamico.
socioeconomic ['sousiou,i:kə'nɔmik], *a.* socioeconomico.
sociolinguistic [,sousiəliŋ'gwistik], *a.* sociolinguistico.
sociolinguistics [,sousiəliŋ'gwistiks], *n. pl.* (*col verbo al sing.*) sociolinguistica.
sociological [,sousiə'lɔdʒikəl], *a.* sociologico.
sociologist [,sousi'ɔlədʒist], *n.* sociologo.
sociology [,sousi'ɔlədʒi], *n.* sociologia.
sociometric [,sousiə'metrik], *a.* sociometrico: **s. test**, test sociometrico.
sociotherapy [,sousjə'θerəpi], *n.* (*psic.*) socioterapia.
sock (1) [sɔk], *n.* **1** calza corta (*da uomo*); calzino **2** (*anche* **shoe-s.**) soletta **3** (*aeron.*, *anche* **windsock**) manica a vento **4** (*letter.*) socco; calzare basso (*usato dai comici antichi*); (*fig.*) la commedia. ● **s. suspenders**, giarrettiere (*da uomo*) □ (*pop. USA*) **to pull one's socks up**, rimboccarsi le maniche (*fig.*); darci sotto (*fam.*) □ (*fam.*) **to put a s. in it**, stare zitto; zittirsi.
to sock [sɔk], *v. t.* (*pop.*) **1** gettare, lanciare, scagliare (*un sasso*, *una palla*) **2** colpire; percuotere; dare un pugno a (q.). ● (*fam.*, *USA*) **to s. it to sb.**, fare vedere i sorci verdi a q. (*fig.*).
sock (2) [sɔk], **A** *n.* (*pop.*) colpo (*di pietra*, *ecc.*); percossa; pugno; cazzotto. **B** *avv.* (*pop.*) dritto; in pieno; proprio: **He hit me s. in the chin**, mi colpì dritto al mento.
sockdolager, sockdologer [sɔk'dɔlədʒə*], *n.* (*pop.*, *specialm. USA*) **1** colpo decisivo; argomento che taglia la testa al toro **2** cosa straordinaria; cannonata (*fig.*).
socker ['sɔkə*], *V.* **soccer**.
socket ['sɔkit], *n.* **1** (*in genere*) incavatura; incavo; cavità: **the s. of the hip**, l'incavo dell'anca **2** (*anche* **eye-s.**) orbita (*dell'occhio*); occhiaia **3** (*dei denti*) alveolo **4** (*di candelabro*) bocciolo: **The candle is too large for this s.**, la candela è troppo grossa per questo bocciolo **5** (*elettr.*) portalampada; zoccolo: **bayonet s.**, portalampada a baionetta **6** (*elettr.*) presa (*di corrente*) **7** (*di tubo*) estremità; bicchiere: **a s.-pipe**, un tubo (*di conduttura*) ad estremità allargata (*o* a bicchiere). □ (*mecc.*) **s. joint**, giunto a incastro; manicotto □ (*mecc.*) **s. wrench**, chiave fissa a tubo.
to socket ['sɔkit], *v. t.* mettere in un incavo; incassare; provvedere di un incavo.
sockeye ['sɔkai], *n.* (*zool.*, *Onchorhynchus nerka*) salmone rosso.
socle ['sɔkl], *n.* (*archit.*) zoccolo; plinto.
Socrates ['sɔkrəti:z], *n.* (*stor.*) Socrate.
Socratic [sɔ'krætik], *a.* e *n.* (*filos.*) socratico: **S. method**, metodo socratico.
sod (1) [sɔd], *n.* **1** zolla erbosa; piota **2** soprassuolo; terreno erboso. ● (*fig.*) **to be under the sod**, essere nella tomba; esser morto e sepolto.
to sod [sɔd], *v. t.* ricoprire (*il terreno*) con zolle erbose; piotare.
sod (2) [sɔd], *n.* (*pop.*) **1** (*usato come insulto*) bastardo; villano; scocciatore **2** seccatura; scocciatura; rottura (*pop.*) **3** (*scherz.*) tipo; tale; tizio. ● **I don't care** (*o* **give**) **a sod**, non me ne frega niente (*pop.*).
soda ['soudə], *n.* **1** (*chim.*) soda (*carbonato*, *bicarbonato o idrato di sodio*) **2** (*anche* **s. water**) acqua di selz; soda: **whisky and s.**, whisky e soda **3** (*anche* **ice-cream s.**) un gelato con sciroppo e soda **4** (*fam.*, *improprio*) sodio: **bicarbonate of s.**, bicarbonato di sodio **5** (*USA*) bibita. ● **s. biscuit** (*o* **s. cracker**), biscotto fatto lievitare col bicarbonato □ (*USA*) **s. fountain**, banco (*o mescita*) di bevande non alcoliche □ (*pop. USA*) **s. jerk**, chi lavora in un **s. fountain** (*q.V.*) □ **s. lime**, calce sodata □ **s.-siphon**, sifone (*per acqua di selz*) □ **baking s.**, bicarbonato di sodio □ **caustic s.**, soda caustica; idrossido di sodio □ **washing s.**, soda (*per lavare*); carbonato di sodio.
sodality [sou'dæliti], *n.* sodalizio; confraternita.
sodden ['sɔdn], *a.* **1** bagnato fradicio; inzuppato; zuppo **2** (*di pane*, *ecc.*) molle e umido; pastoso **3** (*fig.*) abbrutito, reso ottuso, istupidito (*specialm. per il troppo bere*).
to sodden ['sɔdn], **A** *v. t.* impregnare d'acqua; inzuppare; infradiciare. **B** *v. i.* impregnarsi d'acqua; inzupparsi; infradiciarsi.
soddenness ['sɔdnnis], *n.* **1** l'esser fradicio (*o zuppo*) **2** (*del pane*) l'essere molle e umido; pastosità **3** (*fig.*) stato di abbrutimento (*per il troppo bere*).
soddy ['sɔdi], *a.* coperto di zolle; erboso.
sodic ['soudik], *a.* (*chim.*) sodico.
sodium ['soudjəm], *n.* (*chim.*) sodio. ● **s. bicarbonate**, bicarbonato di sodio □ **s. carbonate**, carbonato di sodio; soda (*per lavare*) □ **s. chloride**, cloruro di sodio; sale da cucina □ **s. hydroxide**, idrossido di sodio; soda caustica.
Sodom ['sɔdəm], *n.* (*stor.*, *geogr.*) Sodoma.
sodomite ['sɔdəmait], *n.* sodomita.
sodomitical [,sɔdə'mitikəl], *a.* sodomitico.
sodomization [,sɔdəmai'zeiʃən], *n.* sodomizzazione.
to sodomize ['sɔdəmaiz], *v. t.* sodomizzare.
sodomy ['sɔdəmi], *n.* sodomia.
soever [sou'evə*], *suff.* (*talvolta a sé stante*, *di solito apposto a pron. e agg. relat.*) che sia; -unque: **whosoever**, chiunque; **whatsoever**, checchessia; **wheresoever**, dovunque. ● **how great s. it may be**, per quanto grande esso sia □ **no help s.**, nessuna sorta d'aiuto.
sofa ['soufə], *n.* sofà; divano; canapè. ● **s.-bed**, divano letto.
soffione [sofi'ouni] (*ital.*), *n.* (*pl.* **soffioni**) (*geol.*) soffione.
soffit ['sɔfit], *n.* (*archit.*) intradosso (*parte superiore interna di arco o architrave*). ● **archway s.**, intradosso.
soft [sɔft], **A** *a.* **1** molle; soffice; morbido; cedevole; tenero; (*fig.*) debole; fiacco: **s. ground**, terreno molle (*anat.*) **the s. palate**, il palato molle; **s. skin**, pelle morbida; **s. muscles**, muscoli molli, fiacchi; **He has a s. heart**, ha il cuore tenero **2** mite; dolce; delicato; soave; tenue: **s. air**, aria dolce, mite; **a s. winter**, un inverno mite; **a s. breeze**, una dolce brezza; **a s. voice** (**music**, **etc.**), una voce (una musica, ecc.) dolce (o delicata, soave); **s. colours**, colori tenui; tinte delicate **3** conciliante; gentile; blando; tenero (*fig.*): **a s. answer**, una risposta conciliante; **He was accused of being s. on Neo-Fascism**, fu accusato d'essere troppo tenero con i neofascisti **4** (*di suono*) basso; quieto; sommesso: **a s. murmur**, un mormorio sommesso **5** (*anche* **s.-headed**) sciocco; scemo; stupido **6** (*fam.*) facile; agevole; leggero: **a s. job**, un lavoro facile; un compito agevole **7** (*fon.*) dolce; palatalizzato, molle; sonoro: «**G**» **is s. in** «**gentle**», **but hard in** «**gift**», la «g» è dolce nella parola «gentle», ma dura in «gift» **8** (*autom.*: *di pneumatico*) poco gonfio; sgonfio; basso **9** (*di detersivo*) biodegradabile **10** (*di stupefacente*) leggero. **B** *n.* **1** (il) molle; (le) parti molli **2** sempliciotto; stolto; stupido. **C** *avv.* adagio; molle; delicatamente; sommessamente: **s.-whispering**, che sussurra sommessamente. ● **s.-boiled eggs**, uova alla coque □ (*gramm. greca*) **s. breathing**, spirito dolce □ **s. coal**, carbone bituminoso □ **s.-core film**, film spinto; film erotico (*ma non pornografico*) □ (*med.*) **s. corn**, durone □ (*econ.*) **s. currency**, valuta debole; moneta non convertibile (*in oro*) □ **a s. day**, una giornata piovosa □ (*fam.*) **s. drinks**, bevande non alcoliche (*specialm.*) bibite □ **s. drug**, droga leggera (*marijuana*, *ecc.*) □ **s. fruit**, frutta «leggera» (*fragole*, *mirtilli*, *ecc.*) □ **s. furnishings**, articoli di tappezzeria (*tende*, *copertine*, *tappeti*, *ecc.*) □ **s. goods**, (*econ.*) beni non durevoli; (*comm.*) stoffe, tessuti □ **s.-headed**, sciocco; scemo; stupido □ **s.-hearted**, dal cuore tenero; compassionevole; sensibile; pietoso □ **s.-heartedness**, tenerezza; sensibilità; pietà □ (*miss.*) **s. land** (*o* **s. landing**), atterraggio morbido □ (*miss.*) **s.-lander**, astronave (razzo, ecc.) che fa un atterraggio morbido □ **s. lens**, lente a contatto morbida □ **s. light**, luce smorzata □ (*polit.*) **s. line**, atteggiamento moderato; linea morbida □ (*polit.*) **s.-liner**, moderato □ (*econ.*) **s. money**, moneta cartacea (*non metallica*) □ **s. nothings**, paroline dolci □ **s. outline**, un profilo confuso, incerto □ (*mus.*) **s. pedal**, sordina (*di pianoforte*) □ **s. rain**, pioggerella □ **s. roe**, latte di pesce □ **s. sawder**, adulazione; lusinghe □ (*comm.*) **s. sell**, tecnica di vendita che usa la persuasione (*o* la suggestione) □ **s. slumbers**, sonni tranquilli □ **s. soap**, sapone liquido; (*fig.*) adulazione, lusinghe □ **the softer sex**, il sesso debole □ (*metall.*) **s. solder**, lega per brasatura dolce □ (*metall.*) **s. soldering**, brasatura dolce □ **s.-spoken**, dalla voce dolce; affabile; cordiale □ (*metall.*) **s. steel**, acciaio dolce □ **s. stone**, pietra tenera □ (*autom.*) **s. verge**, banchina non transitabile (*cartello*) □ **s. water**, acqua dolce (*o* piovana) □ **s. weather**, tempo piovoso □ (*cricket*) **s. wicket**, campo di gioco pesante □ **s. wine**, vino pastoso □ **s.-witted**, sciocco; scemo; stupido □ **s. wood**, legno dolce, legno di conifera □ (*fam.*) **to get s.**, rammollire, rammollirsi; (*fig.*) rimbecillire, rimbecillirsi □ (*fam.*) **to have a s. spot for sb.**, avere un debole per q. □ (*fam.*) **to have a s. time of it**, passarsela bene □ **to have a s. tongue**, parlare con dolcezza □ (*fam.*) **He's s. about his cousin**, è innamorato cotto di sua cugina.
softbound ['sɔftbaund], *a.* (*di libro*) in brossura.
to soften ['sɔfn], **A** *v. t.* **1** ammollire; ammorbidire; infiacchire; indebolire; rammollire: **to s. one's moral code**, ammorbidire il proprio codice morale **2** addolcire; intenerire; lenire; calmare; mitigare; placare; alleviare; attenuare: **The Venetian blinds softened the sunlight**, le tende alla veneziana attenuano la luce del sole; **to s. sb.'s grief**, alleviare il dolore di q.; **to s. one's claims**, mitigare le proprie pretese **3** (*ind.*) ammorbidire (*una sostanza*) **4** (*metall.*) stemperare (*un metallo*). **B** *v. i.* **1** ammollirsi; ammorbidirsi; infiacchirsi; indebolirsi; rammollirsi **2** addolcirsi; intenerirsi; attenuarsi; placarsi; calmarsi. ● (*fig.*) to

s. sb. up, ammorbidire q.; rendere q. docile, malleabile □ (*mil.*) **to s. up the enemy's defences**, indebolire le difese del nemico (*con bombardamenti, ecc.*) □ **to s. one's voice**, abbassare la voce □ **to s. water**, addolcire (*o* rendere dolce, potabile) l'acqua.

softener ['sɔfnə*], *n.* **1** chi (*o* cosa che) attenua, infiacchisce, addolcisce, ecc. (*V.* **to soften**) **2** (*specialm.*) addolcitore dell'acqua (*per renderla potabile*).

softening ['sɔfniŋ], *n.* **1** ammollimento; ammorbidimento; indebolimento **2** addolcimento; mitigazione; alleviamento. ● (*ind.*) **s. agent**, ammorbidente □ **s. of the brain**, (*med.*) encefalomalacia, rammollimento cerebrale; (*fam.*) rimbambimento □ **the s. of water** l'addolcimento dell'acqua.

softie ['sɔfti], *V.* **softy**.

softish ['sɔftiʃ], *a.* molliccio; piuttosto soffice; ecc. (*V.* **soft**).

to soft-land ['sɔft'lænd], (*miss.*) **A** *v. t.* far compiere un atterraggio morbido a (*un'astronave, ecc.*). **B** *v. i.* fare un atterraggio morbido.

softness ['sɔftnis], *n.* **1** mollezza, morbidezza; tenerezza; debolezza; fiacchezza; **2** mitezza; dolcezza; delicatezza; soavità **3** imbecillità; stupidità.

to soft-pedal ['sɔft'pedl], *v. t.* **1** (*mus.*) suonare in sordina; mettere la sordina a (*uno strumento*) **2** (*fam.*) smorzare; attutire; minimizzare; sminuire.

to soft-soap ['sɔft'soup], *v. t.* (*fam.*) adulare; lisciare; lusingare; insaponare (*fig.*).

to soft-solder ['sɔft'sɔldə*], *v. t.* (*mecc.*) saldare a dolce (*o* a stagno).

software ['sɔftwɛə*], *n.* (*elab.*) software (*corredo di linguaggi e programmi*); componenti di programmazione.

softy ['sɔfti], *n.* (*fam.*) **1** persona debole; rammollito **2** sciocco; tonto **3** persona scioccamente sentimentale; romantico.

sogginess ['sɔginis], *n.* **1** l'essere fradicio (*o* zuppo) **2** (*del pane, ecc.*) l'essere molle e umido; pesantezza.

soggy ['sɔgi], *a.* **1** bagnato; fradicio; inzuppato; zuppo **2** (*di pane, ecc.*) molle e umido; pesante **3** (*fin.*) debole; fiacco: **the s. dollar**, il dollaro fiacco.

Soho ['souhou], *n.* Soho (*quartiere di Londra, famoso per i suoi ristoranti francesi, italiani, greci e per i suoi ritrovi, ecc.*; *quartiere di New York abitato da artisti e famoso per le sue gallerie*).

soigné ['swa:njei] (*franc.*), *a.* «soigné»; elegante; alla moda.

soil (1) [sɔil], *n.* suolo; terreno (*anche fig.*); terra: **one's native s.**, il patrio suolo; il suolo natio; **foreign s.**, terra straniera; **barren s.**, suolo sterile; **rich s.**, terreno ricco; suolo fertile; (*fig.*) terreno fertile.

to soil (1) [sɔil], **A** *v. t.* sporcare; insudiciare; imbrattare; lordare; insozzare; macchiare (*anche fig.*): **to s. one's name** (*o* **reputation**), sporcarsi il nome (la reputazione); **I don't want to s. my hands with it**, non mi ci voglio sporcare le mani. **B** *v. i.* **1** sporcarsi; insudiciarsi; imbrattarsi; insozzarsi; macchiarsi; lordarsi: **It soils easily**, si sporca facilmente **2** (*med.*: *di malato*) sporcare il letto. ● (*comm.*) **soiled goods**, merci deteriorate □ **soiled clothes**, panni sporchi.

soil (2) [sɔil], *n.* **1** sporco *o* sporcizia sudiciume **3** sterco; escrementi (*umani*); bottino: **night s.**, bottino che viene (*o* veniva) portato via di notte **4** (*agric.*) concime naturale; letame. ● (*edil.*) **s.-pipe**, tubo di scarico (*dei gabinetti*).

to soil (2) [sɔil], *v. t.* (*agric.*) nutrire (*bestiame*) con foraggio fresco (*in origine, per purgarlo*).

soilage ['sɔilidʒ], *n.* (*agric.*) foraggio fresco.

soirée ['swa:rei] (*franc.*), *n.* serata; trattenimento; festa mondana.

to sojourn ['sɔdʒə:n], *v. i.* (*lett.*) soggiornare; dimorare.

sojourn ['sɔdʒə:n], *n.* (*lett.*) soggiorno; dimora.

sojourner ['sɔdʒə:nə*], *n.* (*lett.*) ospite (*o* residente) temporaneo.

sol [sɔl], *n.* (*mus.*) sol (*nota*).

Sol [sɔl], *n.* (*scherz.*, *spesso* **old Sol**) (il) sole.

solace ['sɔləs], *n.* conforto; consolazione; sollievo.

to solace ['sɔləs], *v. t.* confortare; consolare; recare sollievo a. ● **to s. oneself with st.** (**sb.**), consolarsi con q.c.; trovar conforto in q.

solan ['soulən], *n.* (*anche* **s.-goose**; *zool.*, *Sula bassana*) sula bassana.

solanaceous [,sɔlə'neiʃəs], *a.* (*bot.*) solanaceo.

solanum [sou'leinəm], *n.* (*bot.*, *Solanum*) solanum (*qualunque pianta delle Solanacee: patata, melanzana, ecc.*).

solar ['soulə*], *a.* (*astron.*, *fis.*, *anat.*) solare: **the s. year** (**day**), l'anno (il giorno) solare; **the s. system**, il sistema solare; **s. cell**, cella solare; **s. collector**, collettore solare; **s. energy**, energia solare; (*anche miss.*) **s. panel**, pannello solare; **s. plexus**, plesso solare; (*geofisica*) **s. wind**, vento solare. ● (*mecc.*) **s. engine**, eliomotore; motore a energia solare □ (*edil.*) **s. house**, casa solare.

solarium [sou'lɛəriəm], *n.* (*pl.* **solaria**, **solariums**) solario; solarium.

solarization [,soulərai'zeiʃən], *n.* (*fotogr.*, *fis.*) solarizzazione.

to solarize, to solarise ['soulǝraiz], *v. t. e i.* (*fotogr.*, *fis.*) sottoporre a (*o* subire) solarizzazione; sciupare (sciuparsi) per eccessiva esposizione alla luce del sole.

solatium [sou'leiʃjəm], *n.* (*pl.* **solatia**) (*leg.*, *specialm.* *USA*) compenso, risarcimento (*per danni morali*).

sold [sould], **A** *pass.* e *p. p.* di **to sell**. **B** *a.* venduto. ● (*comm.*) **s. note**, conto vendite (*a provvigione*) □ (*comm.*) **s. out**, esaurito.

soldanella [,sɔldə'nelə], *n.* (*bot.*, *Soldanella alpina*) soldanella.

solder ['sɔldə*], *n.* **1** (*mecc.*) lega per saldatore **2** (*fig.*) cemento; legame; vincolo. ● **hard s.**, lega per brasatura forte (*con rame*) □ **soft s.**, lega per brasatura dolce (*con stagno*).

to solder ['sɔldə*], *v. t.* (*mecc.*) brasare; saldare **2** (*fig.*) cementare; unire.

soldering ['sɔldəriŋ], *n.* (*mecc.*) brasatura; saldatura. ● **s. gun**, saldatore a pistola □ **s. iron**, saldatoio.

soldier ['souldʒə*], *n.* **1** soldato (*anche fig.*); militare; milite: (*stor.* e *fig.*) **soldiers of fortune**, soldati di ventura; **a s. of Christ**, un soldato di Cristo; **Napoleon was a great s.**, Napoleone fu un grande soldato; **the Unknown S.**, il Milite Ignoto **2** (*zool.*, *anche* **s.-ant**) formica soldato (*in una colonia di formiche o termiti*). ● (*zool.*) **s. crab** (*Pagurus*), paguro □ **to come the old s. over**, darsi arie di veterano; darsi l'aria di saperla lunga □ (*mil.*) **common s.** (*o* **private s.**), soldato semplice □ **to enlist for a s.**, arruolarsi nell'esercito □ **fellow s.**, commilitone □ **to go for a s.**, andar soldato □ **an old s.**, un vecchio soldato; (*fig.*) un uomo di grande esperienza; (*fam.*) una bottiglia vuota; un mozzicone di sigaro □ **to play at soldiers**, giocare ai soldati □ **tin soldiers** (*o* **toy soldiers**), soldatini di piombo.

to soldier ['souldʒə*], *v. i.* **1** fare il soldato **2** (*fam.*) lavorare di malavoglia; fare il lavativo (*fam.*). ● (*fig.*) **to s. on**, persistere nonostante le difficoltà; continuare a darci dentro (*o* sotto; *fam.*) □ **to go soldiering**, andar soldato.

soldierlike ['souldʒəlaik], **soldierly** ['souldʒəli], *a.* **1** soldatesco; marziale; militaresco **2** coraggioso; valoroso.

soldiery ['souldʒəri], *n.* **1** (*collett.*) soldatesca; truppa; soldati (*collett.*) **2** arte militare.

sole (1) [soul], *n.* **1** (*anat.*) pianta (*del piede*) **2** (*di scarpa, ecc.*) suola **3** (*in genere*) base; fondo **4** (*edil.*) suola **5** (*elettron.*) base; suola **6** (*geogr.*) fondovalle. ● **s. leather**, cuoio per suole □ **s. plate**, (*edil.*) piastra di fondazione; (*mecc.*) basamento, piastra di supporto; incastellatura (*di una macchina, ecc.*).

to sole [soul], *v. t.* mettere le suole a (*un paio di scarpe*); risuolare.

sole (2) [soul], *n.* (*zool.*, *Solea*) sogliola.

sole (3) [soul], *a.* solo; singolo; unico; esclusivo: **the s. culprit**, il solo colpevole; **on my own s. responsibility**, sotto la mia esclusiva responsabilità; (*comm.*) **s. agent**, rappresentante esclusivo. ● (*comm.*) **s. distributor**, concessionario □ (*leg.*) **s. heir**, erede universale □ (*comm.*) **s. trader**, commerciante in proprio □ (*leg.*) **femme s.** (*o* **woman s.**), donna nubile.

solecism ['sɔlisizəm], *n.* **1** solecismo; barbarismo; sgrammaticatura **2** atto (*o* comportamento) scorretto, scorrettezza

solecist ['sɔlisist], *n.* chi commette solecismi.

solecistic [,sɔli'sistik], *a.* scorretto; sgrammaticato.

to solecize ['sɔlisaiz], *v. i.* **1** solecizzare **2** comportarsi in modo scorretto.

solely ['soulli], *avv.* solamente; soltanto; unicamente; esclusivamente. ● **s. because of...**, per il solo motivo che...

solemn ['sɔləm], *a.* solenne; importante; grave; serio: **a s. feast-day**, una festa solenne; **a s. oath**, un solenne giuramento; **s. looks**, aria solenne; **a s. quiet**, una quiete solenne. ● **a s. fool**, un grande imbecille □ (*leg.*) **a s. will**, un testamento pubblico □ **to put on a s. face**, assumere un'aria solenne (*o* sussiegosa).

solemnity [sɔ'lemniti], *n.* **1** solennità; importanza; gravità; serietà; pompa; sussiego **2** cerimonia solenne.

solemnization [,sɔləmni'zeiʃən], *n.* celebrazione solenne.

to solemnize ['sɔləmnaiz], *v. t.* **1** solennizzare; celebrare solennemente **2** celebrare (*coi dovuti riti*): **The marriage was solemnized**, il matrimonio fu celebrato (secondo il rito) **3** rendere grave (*o* serio, solenne).

solemnness ['sɔləmnis], *n.* solennità; gravità; serietà.

solen ['soulən], *n.* (*zool.*, *Solen ensis*) cannolicchio.

solenoid ['soulinɔid], *n.* (*elettr.*) solenoide. ● (*autom.*) **starter s.**, starter del motorino d'avviamento.

solenoidal [,souli'nɔidəl], *a.* (*mat.*) solenoidale.

sol-fa [sɔl'fa:], *n.* (*mus.* *USA*) solfeggio.

to sol-fa [sɔl'fa:], *v. t. e i.* (*mus.*) solfeggiare.

sol-faist [sɔl'fa:ist], *n.* (*mus.*) solfeggiatore, solfeggiatrice.

solfatara [,sɔlfə'ta:rə] (*ital.*), *n.* (*geol.*) solfatara.

solfeggio [sɔl'fedʒiou] (*ital.*), *n.* (*pl.* **solfeggi**, **solfeggios**) (*mus.*) solfeggio.

solferino [,sɔlfə'ri:nou], **A** *n.* (*pl.* **solferinos**) solferino; color solferino. **B** *a.* *attr.* color solferino.

to solicit [sə'lisit], **A** *v. t.* **1** sollecitare; chiedere (con insistenza): **to s. favours**, sollecitare favori; **He solicited them for (their) help**, sollecitò il loro aiuto **2** tentar di corrompere: **He was known to**

solicitation

have **solicited the judges**, si sapeva che aveva tentato di corrompere i giudici **3** importunare; adescare **4** (*leg.*) agire come procuratore legale di (q.). **B** *v. i.* **1** usare sollecitazioni; fare richieste insistenti **2** (*di prostituta*) offrirsi **3** (*leg.*) fare il procuratore legale.

solicitation [səˌlisiˈteiʃən], *n.* **1** sollecitazione; richiesta insistente **2** tentativo di corruzione **3** invito; adescamento.

solicitor [səˈlisitə*], *n.* **1** (*leg.*) procuratore legale; avvocato (*che tratta coi clienti, ma di norma non discute in tribunale*; *cfr.* **barrister**) **2** (*comm. USA*) procacciatore d'affari **3** (*USA*) questuante **4** (*USA*) venditore a domicilio; propagandista (*fam.*) **5** (*USA*) galoppino elettorale. ● (*leg.*) **S. General**, Vice Procuratore Generale □ **s.'s office**, studio legale.

solicitous [səˈlisitəs], *a.* **1** sollecito; premuroso **2** ansioso; preoccupato: **He was s. to make friends**, era ansioso di fare amicizia. ● **to be s. about sb.'s health**, preoccuparsi della salute di q.

solicitude [səˈlisitjuːd], *n.* **1** sollecitudine; premura **2** ansia; preoccupazione.

solid [ˈsɔlid], **A** *a.* **1** solido; forte; resistente; stabile; massiccio; (*fig.*) ben fondato, concreto, serio: **s. geometry**, geometria solida; **s. learning**, solida cultura; **furniture made of s. English oak**, mobili di massiccia quercia inglese; **a man of s. build**, un uomo di corporatura forte (*o* massiccia); (*comm.*) **a s. firm**, una ditta solida; **s. reasoning**, ragionamenti concreti; **s. gold**, oro massiccio; **a s. gold watch**, un orologio d'oro massiccio **2** compatto; uniforme; unanime; unito: (*USA*) **the s. South**, il Sud compatto (*che vota compatto per i democratici*); **s. colours**, colori uniformi; tinte unite; **a s. vote**, un voto unanime **3** pieno (*non cavo*); (*autom.*) **s. tyre**, gomma piena; (*mecc.*) **a s. shaft**, un albero pieno **4** (*fam.*) ininterrotto; di fila; di seguito: **I've been waiting for two s. hours**, ho aspettato due ore di fila; aspetto da ben due ore **5** (*geom.*) solido: **a s. figure**, una figura solida **6** a tinta unita; di un solo colore: **a s. red dress**, un vestito tutto rosso. **B** *n.* **1** (*geom.*) solido **2** (*fis.*) sostanza solida **3** (*pl.*) alimenti solidi; cibo solido **4** tessuto (*o* vestito) a tinta unita. ● (*mecc.*) **s. box**, bussola **5** (*di persone*) **to be s. against** (for) **st.**, essere solidali (prendere la stessa posizione) contro (in favore di) q.c. □ **a s. citizen**, un buon cittadino; un sicuro patriota □ (*comm.*) **s. consideration**, garanzia solida; contropartita di valore concreto □ (*metall.*) **s.-drawn**, trafilato da massello □ **s. foot**, piede cubico (*misura*) □ **to be** (*o* **to go**) **s. for**, essere concordi per; votare all'unanimità per; essere tutti per: **We are s. for the liberation of women**, siamo tutte per la liberazione della donna □ **a s. man**, un uomo di buon senso; un uomo con una solida posizione finanziaria □ **s. measures**, misure per solidi; misure cubiche □ (*tipogr.*) **s. printing**, stampa compatta; composizione senza interlineatura □ (*miss.*) **s. propellant**, propellente solido □ **s. reasons**, motivi concreti (*o* validi); **the s. rock**, la roccia viva □ **a s. satisfaction**, una bella soddisfazione □ **s. sense**, buon senso □ (*mil.*) **s. square**, quadrato □ (*fis., elettron.*) **s.--state**, a stato solido: (*fis. nucl.*) **s.-state counter**, contatore a stato solido □ **s.-state computer**, elaboratore con componenti allo stato solido □ (*metall.*) **s.-state welding**, saldatura a freddo □ **a s. word**, una parola (*inglese*) scritta di seguito (*senza lineetta*) □ **to become s.**, solidificarsi □ **to have s. grounds for supposing that...**, avere buoni (*o* fondati) motivi di supporre che... □ **to be on s. ground**, essere sulla terra ferma; (*fig.*) tenere i piedi in terra, non pensare ad argomenti concreti.

solidarity [ˌsɔliˈdæriti], *n.* **1** solidarietà **2** – (*polit., stor.*) **S.**, Solidarnosc (*in Polonia*).

solidary [ˈsɔlidəri], *a.* solidale.

solidifiable [səˈlidifaiəbl], *a.* solidificabile.

solidification [səˌlidifiˈkeiʃən], *n.* (*fis.*) solidificazione.

to solidify [səˈlidifai], **A** *v. t.* solidificare; indurire. **B** *v. i.* (*fis.*) solidificarsi.

solidity [səˈliditi], **solidness** [ˈsɔlidnis], *n.* **1** solidità; (*fig.*) fondatezza, concretezza **2** compattezza; uniformità.

solidungular [ˌsɔliˈdʌŋgjulə*], **solidungulate** [ˌsɔliˈdʌŋgjulit], *a. e n.* (*zool.*) solipede.

solidus [ˈsɔlidəs] (*lat.*), *n.* (*pl.* **solidi**) (*mat.*) segno di frazione.

soliloquist [səˈliləkwist], *n.* chi fa un soliloquio.

to soliloquize [səˈliləkwaiz], *v. i.* fare un soliloquio; monologare; parlare tra sé e sé.

soliloquy [səˈliləkwi], *n.* soliloquio; monologo.

soliped [ˈsɔlipəd], *a. e n.* (*zool.*) solipede.

solipsism [ˈsɔlipsizəm], *n.* **1** (*filos.*) solipsismo **2** (*fam.*) egocentrismo.

solipsist [ˈsɔlipsist], *n.* **1** (*filos.*) solipsista **2** (*fam.*) egocentrista.

solipsistic [ˌsɔlipˈsistik], *a.* **1** (*filos.*) solipsistico **2** (*fam.*) egocentrico; che pensa solo a sé.

solitaire [ˌsɔliˈtɛə*] (*franc.*), *n.* **1** solitario (*gemma*) **2** (*USA*) solitario (*gioco di carte*).

solitariness [ˈsɔlitərinis], *n.* solitudine; isolamento.

solitary [ˈsɔlitəri], **A** *a.* **1** solitario; solingo; appartato: **a s. existence**, un'esistenza solitaria; **a s. place**, un luogo solitario **2** che ama la solitudine; solitario **3** solo; singolo; unico; isolato: **a s. case of typhus**, un caso isolato di tifo. **B** *n.* **1** eremita; anacoreta **2** (*pop.*) segregazione cellulare; cella di rigore. ● (*leg.*) **s. confinement**, segregazione cellulare.

solitude [ˈsɔlitjuːd], *n.* **1** solitudine; isolamento **2** luogo solitario.

solmization [ˌsɔlmiˈzeiʃən], *n.* (*mus.*) solmisazione; solfeggio.

solo [ˈsoulou] (*ital.*), **A** *n.* (*pl.* **solos, soli**) **1** (*mus.*) assolo; a solo **2** (*aeron.*) volo compiuto da solo **3** (*nei giochi di carte*) varietà di whist. **B** *a.* (*mus.*) solista; da (o per) solista: **a s. violin**, un violino solista; **a s. voice**, una voce da solista. **C** *avv.* **1** da solo **2** (*mus.*) senza accompagnamento. ● (*aeron.*) **a s. flight**, un volo da solo (*senza istruttore*) □ (*mus.*) **a s. pianist**, un solista di pianoforte □ (*aeron.*) **to fly s.**, fare un volo da solo (*senza istruttore*).

to solo [ˈsoulou], *v. i.* **1** (*mus.*) fare un assolo **2** (*aeron.*) volare da solo (*senza l'istruttore*).

soloist [ˈsoulouist], *n.* (*mus.*) solista.

Solomon [ˈsɔləmən], *n.* (*Bibbia*) Salomone (*anche fig.*): **He is no S.**, non è davvero un Salomone. ● (*bot.*) **S.'s seal** (*Polygonatum multiflorum*), sigillo di Salomone.

Solomonic [ˌsɔləˈmɔnik], *a.* (*Bibbia*) salomonico (*anche fig.*).

Solomon Islands [ˈsɔləmən ˈailəndz], *n. pl.* (*geogr.*) Isole Salomone.

Solon [ˈsoulən], *n.* (*stor.*) Solone (*anche fig.*).

solstice [ˈsɔlstis], *n.* (*astron.*) solstizio: **summer s.**, solstizio d'estate; **winter s.**, solstizio d'inverno.

solstitial [sɔlˈstiʃəl], *a.* (*astron.*) solstiziale: **s. point**, punto solstiziale.

solubility [ˌsɔljuˈbiliti], *n.* **1** (*fis., chim.*) solubilità **2** (*anche mat.*) risolvibilità.

to solubilize [ˈsɔljubilaiz], *v. t.* solubilizzare.

soluble [ˈsɔljubl], *a.* **1** (*fis., chim.*) solubile **2** (*anche mat.*) risolvibile.

solute [ˈsɔljuːt], *n.* (*fis., chim.*) soluto; sostanza sciolta.

solution [səˈluːʃən], *n.* soluzione (*in ogni senso*): **a chemical s.**, una soluzione chimica; **the s. of a problem**, la soluzione di un problema. ● (*ind. petrolifera*) **s. gas**, gas disciolto □ (*med.*) **s. of continuity**, soluzione di continuità (*anche fig.*) □ (*mat.*) **s. set**, formula risolutiva □ (*fig.*) **His ideas are in s.**, le sue idee sono ancora fluide (*o* si stanno formando).

solutionist [səˈluːʃənist], *n.* enigmista; chi risolve enigmi.

solvability [ˌsɔlvəˈbiliti], *n.* **1** solubilità **2** (*anche mat.*) risolvibilità.

solvable [ˈsɔlvəbl], *a.* **1** solubile **2** (*anche mat.*) risolvibile **3** (*mat.*) risolubile.

to solve [sɔlv], *v. t.* risolvere; sciogliere; spiegare.

solvency [ˈsɔlvənsi], *n.* (*leg., comm.*) solvibilità.

solvent [ˈsɔlvənt], **A** *a.* **1** (*leg., comm.*) solvibile; solvente: **a s. debtor**, un debitore solvibile **2** (*chim.*) solvente; capace di sciogliere: **s. naphta**, solvente. **B** *n.* (*chim.*) solvente. ● (*chim., ind.*) **s. refining**, raffinazione con solventi.

solver [ˈsɔlvə*], *n.* chi risolve; risolutore (*di enigmi, problemi, ecc.*).

Somali [souˈmaːli], *n.* (*pl.* **Somali, Somalis**) somalo (*anche la lingua*).

Somaliland [souˈmaːlilænd], *n.* (*geogr.*) Somalia.

somatic [souˈmætik], *a.* (*scient.*) somatico.

somatization [ˌsoumətaiˈzeiʃən], *n.* (*psic.*) somatizzazione.

to somatize [ˈsoumətaiz], *v. i.* (*psic.*) somatizzare.

somatological [ˌsoumətəˈlɔdʒikəl], *a.* (*scient.*) somatologico.

somatology [ˌsouməˈtɔlədʒi], *n.* (*scient.*) somatologia.

somber [ˈsɔmbə*], **somberly** [ˈsɔmbəli], **somberness** [ˈsɔmbənis], (*USA*) V. **sombre, sombrely, sombreness**.

sombre [ˈsɔmbə*], *a.* cupo; fosco; oscuro; scuro; tetro; tenebroso; triste: **a s. sky**, un cielo scuro; **a man of s. character**, un uomo di carattere cupo (*o* tetro); **s. alleys**, vicoli oscuri.

sombrely [ˈsɔmbəli], *avv.* **1** cupamente; oscuramente **2** di scuro: **to dress s.**, vestire di scuro **3** tetramente; tristemente: **to look at sb. s.**, guardare tristemente q.

sombreness [ˈsɔmbənis], *n.* l'essere cupo; oscurità; tenebrosità; tetraggine.

sombrero [sɔmˈbrɛərou] (*spagn.*), *n.* (*pl.* **sombreros**) sombrero (*cappello di feltro a tesa larga*).

some [sʌm, səm], **A** *a. e pron.* **1** qualche; del, dello, degli, dei; della, delle; un po'; ne; alcuni, alcune; certuni, certune; taluni, talune; certi, certe; diversi, diverse; parecchi, parecchie: **S. boys were reading**, qualche ragazzo leggeva; alcuni ragazzi leggevano; **S. money will be needed**, ci vorrà del denaro; **I took s., but not all**, ne presi un po' (*o* alcuni), non tutto (*o* non tutti); **I like it, but s. don't**, a me piace, ma a certuni no; **I stayed there for s. time** (**s. weeks**), rimasi là un certo tempo (diverse settimane) **2** uno, una; un certo, una certa; una specie, una sorta di: **s. boy in my class**, un ragazzo della mia classe; **Give me s. idea of her looks**, dammi un'idea del suo aspetto; **We'll do that s. other time**, lo faremo un'altra (*o* qualche altra) volta; **It seemed to be s. inn or hotel**, aveva l'aria d'essere una (specie di) locanda o un albergo; **s. day or other**, un giorno o l'altro; **I read it in s. paper (or other)**, l'ho letto in un (qualche) giornale 3 (*fam.*) grande; considerevole; ragguardevole; grosso; notevole: **That was s. battle**, fu una grossa battaglia, quella; quella sì fu una battaglia! 4 (*fam., iron., in frase escl.*) bello: **S. friend you are!**, bell'amico che sei! **S.** (*fam., idiom., per es., in*): **S. car!**, accidenti che automobile!; **S. party!**, che festa! B *avv.* 1 circa; press'a poco; all'incirca; a un dipresso: **s. fifty miles away**, a circa cinquanta miglia di distanza 2 (*fam. USA*) alquanto; piuttosto; un po': **The snow is s. deeper than yesterday**, la neve è alquanto più alta di ieri; **I'm feeling s. better now**, adesso sto un po' meglio 3 (*fam. USA*) molto; un bel po': **You'll have to travel s. to get there**, dovrai viaggiare un bel po' per arrivarci. ● **s. day**, un giorno (*o* l'altro) □ **s. days**, alcuni giorni; qualche giorno □ **s. more**, dell'altro; degli altri; ancora: **Have s. more biscuits**, prendi degli altri biscotti! □ **s. people**, alcuni; taluni; certuni □ **s. time**, per un po'; un po' di tempo □ **s. time around noon**, verso mezzogiorno □ (*fam.*) **and then s.**, e molti altri ancora; e più ancora □ **I had s. trouble in arranging the furniture**, mi ci volle del bello e del buono a sistemare i mobili.

somebody ['sʌmbədi], A *pron.* qualcuno; qualcheduno; uno: **S. is ringing the door bell**, qualcuno sta suonando il campanello; **It wants s. younger to do this work**, ci vuole uno più giovane per fare questo lavoro. B *n.* qualcuno; (una) persona importante: **He thinks he's (a) s.**, but **he's (a) nobody**, crede di essere qualcuno, ma è una nullità. ● **s. else**, qualcun altro □ **This sort of work needs a mechanic or s.**, per questo genere di lavoro ci vuole un meccanico *o* qualcosa di simile □ **There's s. on the phone for you**, sei desiderato (*o* ti vogliono) al telefono.

someday ['sʌmdei], *avv.* un giorno o l'altro; in futuro; prima o poi.

somehow ['sʌmhau], *avv.* 1 in qualche modo; in un modo o nell'altro; per qualche motivo; per un motivo o per l'altro (*anche* **s. or other**): **S. they have solved the problem**, in qualche modo hanno risolto il problema; **He always seems on the point of succeeding, but s. he never succeeds**, sembra sempre sul punto di riuscire, ma, per un motivo o per l'altro, non riesce mai 2 a ogni modo; a tutti i costi: **I shall make it s.**, ce la farò a tutti i costi; **I must get it finished s.**, a ogni modo, devo finirlo.

someone ['sʌmwʌn], *pron.* qualcuno; qualcheduno; uno. ● **s. else**, qualcun altro.

someplace ['sʌmpleis], (*USA*) V. **somewhere**.

somersault ['sʌməsɔːlt], **somerset** ['sʌməsit], *n.* capriola; salto mortale: **to turn** (*o* **to throw**) **a s.**, fare una capriola; **double s.**, doppio salto mortale.

to somersault ['sʌməsɔːlt], **to somerset** ['sʌməsit], *v. i.* fare una capriola; fare un salto mortale.

something ['sʌmθiŋ], A *pron.* 1 qualche cosa; qualcosa: **I have s. to tell you**, ho qualcosa da dirti; **Have s. before you leave**, mangia qualcosa prima di partire!; **Ask me s. easier**, chiedimi qualcosa di più facile; **There is s. nice about him**, c'è qualcosa di simpatico in lui; **It is s. to have scraped through your exam**, è già qualcosa aver superato l'esame, sia pure a stento 2 qualcosa d'interessante (*o* di vero, di giusto): **There is s. in what he says**, c'è del vero in quel che dice 3 e qualcosa; e rotti: **the nine s. bus**, l'autobus delle nove e rotti 4 cosa (*o* persona) eccezionale; cannonata; schianto (*fam.*): **He's really s.!**, è una cannonata! B *n.* qualcosa; (un) non so che: **His poems have a certain s.**, le sue poesie hanno un certo non so che. C *avv.* 1 alquanto; piuttosto: **He was s. troubled**, era piuttosto turbato 2 un po': **s. under ten miles**, un po' meno di dieci miglia 3 (*fam.*) molto; tremendamente: **It hurt s. terrible**, mi faceva un gran male. ● **s. else**, qualchecos'altro; qualche altra cosa □ **s. like**, circa, a un dipresso, pressa poco; (*fam.*) grande, eccellente, magnifico, ottimo; straordinario: **The U.F.O. was shaped s. like a saucer**, il disco volante aveva a un dipresso la forma d'un piatto (*o* somigliava a un piatto); **s. like six weeks**, circa (*o* qualcosa come) sei settimane; (*fam.*) **That was s. like a dinner!**, fu davvero un pranzo eccellente!; quello fu un pranzo!; **That's s. like!**, è una cosa magnifica, straordinaria! □ **s. the matter** (*o* **s. wrong**), qualcosa che non va (*o* qualcosa di storto): **The engine makes odd noises: there must be s. the matter with it**, il motore fa degli strani rumori: ci dev'essere qualcosa che non va □ **s. or other**, qualcosa; non so che cosa (*di persona o cosa*) □ **to be s. to do with**, avere (q.c.) a che fare con (*un fatto, ecc.*), essere collegato con (q.c.) □ (*di cosa*) **to have s. to do with**, avere a che fare con □ (*pop.*) **to make s. of it**, fare a botte (*o* a pugni) □ **to see s. of sb.**, vedere q. ogni tanto □ **S. tells me that...**, qualcosa mi dice che... □ **He's s. in the City**, ha un impiego nella «City» □ **He thinks himself s.**, crede d'essere qualcuno; si crede importante □ **I am s. of a mechanic**, m'intendo un po' di meccanica; non sono proprio un meccanico, ma insomma! □ **I think he has s. to do with insurance**, credo che faccia l'assicuratore *o* qualcosa del genere □ **It must be s. of importance**, deve trattarsi d'una cosa importante □ **S. or other prevented him from coming**, una cosa o l'altra gli impedì di venire □ **Let's hope to see s. of each other**, speriamo di vederci di quando in quando! □ **You should use a knife or a chisel or s.**, dovresti usare un coltello o uno scalpello o qualcosa del genere □ (*avanzando una proposta, ecc.*) **Do you know s.?**, sai una cosa?; senti un po'!

sometime ['sʌmtaim], A *avv.* 1 una volta o l'altra; presto o tardi; prima o poi: **I'll be seeing you s.** (*or other*), ti verrò a trovare una volta o l'altra 2 un (qualche) giorno: **I saw her s. last week**, la vidi un giorno della scorsa settimana 3 una volta; un tempo: **He was s. mayor of X**, fu un tempo il sindaco di X. B *a. attr.* 1 antico; ex-; già: **my s. teacher**, il mio antico insegnante; **the s. sheriff**, l'ex-sceriffo 2 (*arc. o USA*) saltuario; occasionale.

sometimes ['sʌmtaimz], *avv.* qualche volta; talvolta; talora; di quando in quando: **We go there s.**, di quando in quando, ci andiamo; **He s. needs the spur**, qualche volta ha bisogno d'esser spronato.

someway ['sʌmwei], *avv.* (*fam. USA*) in qualche modo; in qualche maniera.

somewhat ['sʌmwɔt], *avv.* alquanto; piuttosto; un po': **s. difficult**, alquanto difficile; **He is s. lazy**, è piuttosto pigro. ● **s. of**, piuttosto; più che altro: **The party was s. of a failure**, la festa riuscì piuttosto male □ **more than s.**, oltremodo; assai □ **Isn't he s. of a swindler?**, non ti pare che sia un po' imbroglione?

somewhere ['sʌmwɛə*], *avv.* in qualche luogo; in qualche posto; in qualche parte: **I've seen it s.**, l'ho visto in qualche posto; **He is s. about the house**, è in qualche parte della casa; è in giro per la casa. ● **s. about ten o'clock**, verso le dieci □ **s. else**, in qualche altro posto; in qualche altra parte □ (*fig.*) **to be getting s.**, fare qualche passo avanti; (*d'indagine, della polizia*) fare qualche progresso □ **I will see him s. first** (s. *è qui eufemistico per* hell, «inferno»), vorrei vederlo sulla forca piuttosto (*che fare quello che mi chiede, e sim.*).

somnambulant [sɔm'næmbjulənt], *a.* sonnambulo.

to somnambulate [sɔm'næmbjuleit], *v. i.* camminare nel sonno.

somnambulism [sɔm'næmbjulizəm], *n.* sonnambulismo.

somnambulist [sɔm'næmbjulist], *n.* sonnambulo, sonnambula.

somnambulistic [sɔm,næmbju'listik], *a.* sonnambolico.

somniferous [sɔm'nifərəs], *a.* soporifero; sonnifero.

somniloquist [sɔm'niləkwist], *n.* sonniloquo.

somniloquy [sɔm'niləkwi], *n.* sonniloquio.

somnolence ['sɔmnələns], **somnolency** ['sɔmnələnsi], *n.* sonnolenza.

somnolent ['sɔmnələnt], *a.* 1 sonnolento; assonnato 2 che dà il sonno; che fa venire sonno; soporifero.

son [sʌn], *n.* 1 figlio (*anche fig.*); figliolo: **I have a son and a daughter**, ho un figlio e una figlia; **the sons of freedom**, i figli della libertà 2 (*fam., al vocat.*) ragazzo. ● (*relig.*) **the Son**, il Figlio (*Gesù Cristo, la seconda persona della Trinità*) □ **son-in-law**, genero □ (*fig.*) **the sons of Abraham**, i figli d'Abramo; gli ebrei □ (*volg. USA*) **son of a bitch**, figlio di puttana (*volg.*); figlio di un cane; figlio di buona donna (*eufemistico*) □ (*relig.*) **the Son of God** (*o* **of Man**), il figlio di Dio; il Figlio dell'Uomo; Gesù Cristo □ (*fam.*) **son of a gun**, (*di solito scherz.*) briccone, furfante; (*anche*) bricconcello, drittone, tipo in gamba □ (*fig.*) **a son of Mars**, un guerriero □ (*fig.*) **the sons of men**, gli uomini; l'umanità □ (*fig.*) **Britain's sons**, gli inglesi □ **He is his father's son**, è proprio figlio di suo padre; è tutto suo padre.

sonance ['sounəns], **sonancy** ['sounənsi], *n.* (*specialm. fon.*) sonorità.

sonant ['sounənt], A *a.* (*specialm. fon.*) sonoro. B *n.* consonante sonora.

sonar ['souna:*], *n.* (*acronimo di* **sound navigation and ranging**) (*naut.*) sonar; (*anche* **echoranging s.**) ecogoniometro.

sonata [sə'na:tə] (*ital.*), *n.* (*mus.*) sonata.

sonatina [,sɔnə'ti:nə] (*ital.*), *n.* (*mus.*) suonatina.

sonde [sɔnd] (*franc.*), *n.* (*meteorologia*) pallone sonda.

song [sɔŋ], *n.* 1 canto; canzone; cantico; aria; romanza; (*fig.*) poesia: **a love s.**, una canzone d'amore; **the S. of Songs**, il Cantico dei Cantici; **the s. of the lark**, il canto dell'allodola; **celebrated in s.**, celebrato in poesia; cantato dai poeti. ● (*fam., fig.*) **s. and dance**, agitazione; eccitazione; trambusto; casino (*pop.*); (*USA*) balla, discorso lungo ed evasivo □ **s.-birds**, uccelli canori □ **s.-book**, canzoniere □ (*zool.*) **s.-thrush** (*Turdus erycetorum*), tordo (bottaccio) □ **s.-writer**, autore di canzoni □ **to burst into s.**, mettersi a cantare □ (*fig.*) **to buy** (**to sell**) **st. for a s.** (*o* **for an old s.**), comprare (vendere) q.c. per niente (*o* per quattro soldi) □ (*fig.*) **It's nothing to make a s. (and dance) about**, non c'è

songster ['sɔŋs-tə*], *n.* **1** cantante **2** autore di canzoni **3** (*fig.*) cantore; poeta **4** uccello canoro.
songstress ['sɔŋs-tris], *n.* **1** cantante (*donna*) **2** autrice di canzoni **3** (*fig.*) poetessa.
sonic ['sɔnik], *a.* **1** (*fis.*) del suono; sonico **2** (*aeron.*) sonico: **s. boom**, scoppio sonico. ● (*aeron.*) **s. barrier**, muro del suono; barriera del suono □ (*mecc.*) **s. cleaning**, pulitura ultrasonica (*o* con ultrasuoni) □ (*naut.*) **s. mine**, mina acustica □ (*naut.*) **s. depth finder**, scandaglio acustico; ecoscandaglio.
soniferous [sə'nifərəs], *a.* sonoro; conduttore del suono.
sonnet ['sɔnit], *n.* (*letter.*) sonetto. ● **s. sequence**, raccolta di sonetti; canzoniere.
sonneteer [ˌsɔni'tiə*], *n.* sonettista; scrittore di sonetti.
to sonneteer [ˌsɔni'tiə*], *v. i.* scrivere sonetti.
sonny ['sʌni], *n.* (*fam., al vocat.*) figlio mio; ragazzo mio.
sonobuoy ['sounouˌbɔi], *n.* (*naut., aeron.*) boa sonar; boa radioacustica (*per scoprire i sommergibili*).
sonometer [sou'nɔmitə*], *n.* **1** (*geol.*) sonometro **2** (*fis., med.*) audiometro.
sonority [sə'nɔriti], *n.* sonorità.
sonorous [sə'nɔːrəs], *a.* sonoro: **s. metal**, metallo sonoro; **a s. voice**, una voce sonora; **s. verse**, versi sonori. ● **s. rhetoric**, retorica altisonante □ **a s. sound**, un suono pieno, profondo □ **a s. waterfall**, una cascata rumorosa.
sonorousness [sə'nɔːrəsnis], *n.* sonorità.
sonsy ['sɔnsi], *a.* (*scozz., irl. e dial.*) (*di donna*) **1** fiorente, prosperosa; bene in carne **2** allegra; graziosa.
soon [suːn], *avv.* presto; fra breve; fra poco; di lì a poco; di buon'ora: **It will s. be Christmas**, presto sarà Natale; **He will be back s.**, sarà di ritorno fra poco; **What makes you come so s.?**, come mai arrivi così di buon'ora (*o* anzitempo)?; **We were s. to know the result**, di lì a poco avremmo conosciuto il risultato. ● **s. after**, subito dopo; poco dopo □ **sooner**, più presto; prima: **He got there sooner than we expected**, arrivò là prima di quel che credevamo □ **the sooner the better**, quanto prima, tanto meglio; più presto è, meglio è □ **sooner or later**, presto o tardi; prima o poi □ **as s. as**, appena; non appena; (così presto come: **Please let me know as s. as you arrive**, favorisci informarmi appena arriverai; **The goods haven't arrived as s. as I hoped**, la merce non è arrivata presto come speravo □ **as s. as not**, di preferenza: **I'd come with you as s. as not**, io preferirei venire con te □ **as s. as possible**, non appena possibile □ **as s. as you can**, appena puoi; appena potrai □ **at the soonest**, al più presto □ **how s.?**, fra quanto tempo?; quando? □ **just as s.**, volentieri: **I'd just as s. fly there**, ci vado volentieri anche in aereo □ **no sooner... than**, appena; non appena: **No sooner had he received my wire than he left by car**, aveva appena ricevuto il mio telegramma che partì in auto □ **none too soon**, appena in tempo □ **too s.**, troppo presto; anzitempo; in anticipo: **to speak too s.**, parlare troppo presto; dire gatto prima che sia nel sacco □ **I would sooner** (*o* **I had sooner**) **die than surrender**, preferirei la morte alla resa □ **No sooner said than done**, detto fatto □ **What would you soonest do?**, che cosa preferiresti fare? □ (*prov.*) **Least said, soonest mended**, meno si parla, meglio è.
soot [sut], *n.* fuliggine; nerofumo.
to soot [sut], *v. t.* (*spesso* **to s. up**) coprire (*o* sporcare) di fuliggine.
sooth [suːθ], *n.* (*arc. o lett.*) verità. ● **in** (**good**) **s.**, davvero; veramente.
to soothe [suːð], *v. t.* **1** calmare; lenire; consolare; mitigare; placare; attenuare: **to s. a frightened child**, calmare un bambino spaventato; **to s. a pain**, lenire un dolore **2** blandire; lusingare: **to s. sb.'s vanity**, lusingare la vanità di q.
soothing ['suːðiŋ], *a.* **1** calmante; consolante; lenitivo **2** che fa piacere; lusinghiero.
to soothsay ['suːθsei] (*pass. e p. p.* **soothsaid**), *v. i.* (*arc. o lett.*) predire il futuro; profetare; fare l'indovino.
soothsayer ['suːθˌseiə*], *n.* (*arc. o lett.*) indovino; divinatore.
soothsaying ['suːθˌseiiŋ], *n.* divinazione; predizione; profezia.
sootiness ['sutinis], *n.* **1** l'essere fuligginoso **2** (*fig.*) nerezza; oscurità.
sooty ['suti], *a.* **1** fuligginoso **2** (*fig.*) nero; oscuro. ● **s. mould**, muffa nera.
sop [sɔp], *n.* **1** pezzo di pane (*o* biscotto) inzuppato (*nel latte, nel brodo, ecc.*); boccone **2** (*fig.*) offa; concessione; dono propiziatorio. ● **sop in the pan**, pane fritto.
to sop [sɔp], **A** *v. t.* inzuppare; immergere; intingere (*pane o altro, nel latte, ecc.*). **B** *v. i.* inzupparsi; infradiciarsi; diventar fradicio: **We are sopping with rain**, ci siamo inzuppati di pioggia. ● **to sop up**, assorbire; asciugare; tirar su (*fam.*): **I sopped up the water with a sponge**, asciugai l'acqua con una spugna.
soph [sɔf], *n. abbr.* di **sophomore**.
Sophia [sə'faiə], *n.* Sofia.
sophism ['sɔfizəm], *n.* sofisma.

sophist ['sɔfist], *n.* sofista.
sophister ['sɔfistə*], *n.* **1** (*stor.*) studente del secondo (*o* terzo) anno (*nelle università inglesi*) **2** (*raro*) V. **sophist**.
sophistic(al) (sə'fistik(əl)], *a.* sofistico: **a s. argument**, un argomento sofistico. ● (*stor.*) **s. teaching**, l'insegnamento dei sofisti.
to sophisticate [sə'fistikeit], **A** *v. t.* **1** rendere sofisticato; privare della naturalezza **2** complicare; rendere complesso **3** sofisticare; adulterare; falsificare. **B** *v. i.* sofisticare; cavillare; usare sofismi.
sophisticated [sə'fistikeitid], *a.* **1** sofisticato; raffinato: **s. cuisine**, cucina raffinata **2** artefatto; affettato; innaturale; sofisticato **3** complicato; complesso: **s. machines**, macchine complicate **4** sofisticato; adulterato; falsificato.
sophistication [səˌfistiˈkeiʃən], *n.* **1** sofisticazione; raffinatezza **2** affettazione; mancanza di naturalezza **3** sofisticazione; adulterazione; falsificazione **4** sofisticheria.
sophisticator [səˌfistiˈkeitə*], *n.* sofisticatore; adulteratore.
sophistry ['sɔfistri], *n.* sofisticheria.
Sophocles ['sɔfəkliːz], *n.* (*stor., letter.*) Sofocle.
sophomore ['sɔfəmɔː*], *n.* (*USA*) studente del secondo anno (*di università*, «college» *o* «high school»); fagiolo (*gergo studentesco*).
soporiferous [ˌsɔpə'rifərəs], *a.* soporifero.
soporific [ˌsɔpə'rifik], **A** *a.* soporifero. **B** *n.* (*farm., anche* **s. drug**) sonnifero.
sopping ['sɔpiŋ], *a.* (*fam., anche* **s. wet**), bagnato fradicio.
soppy ['sɔpi], *a.* **1** bagnato fradicio; inzuppato; zuppo **2** (*fam.*) sentimentale; lacrimoso; svenevole.
sopranist [sə'praːnist], *n.* (*mus.*) sopranista.
soprano [sə'praːnou] (*ital.*), **A** *n.* (*pl.* **sopranos**) (*mus.*) **1** voce di soprano **2** soprano. **B** *a. attr.* di (*o* da, per) soprano: **a s. voice**, una voce di soprano.
sora ['sɔːrə], *n.* (*zool., Porzana carolina*) rallide dal becco corto (*in USA*).
sorb [sɔːb], *n.* (*bot.*) **1** (*Sorbus*) sorbo; (*Sorbus domestica*) sorbo (domestico); (*Sorbus aucuparia*) sorbo selvatico (*o* degli uccellatori) **3** (*anche* **s.-apple**) sorba.
sorbefacient [ˌsɔːbi'feiʃiənt], *a. e n.* (*med.*) (sostanza) che favorisce l'assorbimento.
sorbet ['sɔːbət] (*franc.*), *n.* **1** sorbetto; gelato alla frutta **2** (*arc. o USA*) V. **sherbet**, *def. 1*.
sorbic ['sɔːbik], *a.* (*chim.*) sorbico: **s. acid**, acido sorbico.
sorbite ['sɔːbait], *n.* (*chim., metall.*) sorbite.
sorbitic [sɔːˈbitik], *a.* (*chim., metall.*) sorbitico.
sorbitol ['sɔːbitɔl], *n.* (*chim.*) sorbitolo; sorbite.
sorcerer ['sɔːsərə*], *n.* mago; stregone; (*fig.*) incantatore.
sorceress ['sɔːsəris], *n.* strega; fattucchiera; (*fig.*) maliarda.
sorcery ['sɔːsəri], *n.* magia; stregoneria; (*fig.*) malia.
sordid ['sɔːdid], *a.* sordido; basso; gretto; meschino; sporco; sozzo; squallido: **s. blue**, blu sporco; **a s. background**, un ambiente sordido.
sordidness ['sɔːdidnis], *n.* sordidezza; bassezza; grettezza; meschinità; squallore.
sordine ['sɔːdiːn], *n.* (*mus.*) sordina.
sore [sɔː*], **A** *a.* **1** (*di parte del corpo*) dolente; infiammato; che fa male: **a s. finger**, un dito che fa male **2** addolorato; dolente; rattristato; triste: **He has a s. heart**, è triste in cuor suo; **He is very s. about his failure**, è molto addolorato dal suo insuccesso **3** adirato; irritato; seccato: **to feel s. about st.**, essere irritato per q.c. **4** permaloso; suscettibile **5** doloroso; sgradito: **a s. subject**, un argomento delicato (*o* sgradito) **6** (*poet.*) grave; duro; crudele; severo; estremo: **a s. struggle**, una dura lotta; **to be in s. straits**, trovarsi in una situazione grave; **to be in s. need of financial aid**, avere estremo bisogno di un aiuto finanziario. **B** *n.* **1** piaga; ferita; infiammazione; male; ulcera **2** (*fig.*) ricordo doloroso; motivo di dolore; cosa spiacevole. **C** *avv.* (*lett.*) gravemente; dolorosamente; severamente; assai; molto: **s. afflicted**, molto afflitto. ● **to be s. at sb.**, avercela con q. □ **to be s. at heart**, essere desolato □ (*fam. USA*) **to get s.**, avversela a male; prendersela □ **to have a s. arm**, aver male a un braccio □ **to have a s. throat**, avere mal di gola □ **to be like a bear with a s. head**, essere collerico (*o* irascibile, di cattivo umore) □ **to make sb. s.**, fare male a q.; addolorare q.; irritare q. □ (*fig.*) **to reopen old sores**, riaprire vecchie ferite □ **a sight for s. eyes**, una cosa molto gradita da vedere; un ospite desiderato □ (*fig.*) **to touch on a s. point**, toccare (*o* pungere) sul vivo; mettere il dito sulla piaga □ **My heart is s. for him**, mi piange il cuore per lui.
sorehead ['sɔːhed], *n.* (*fam. USA*) tipo irritabile; individuo irascibile.
sorely ['sɔːli], *avv.* **1** gravemente; dolorosamente; duramente; severamente **2** assai; molto. ● **to feel s. tired**, sentirsi stanco morto □ **Help was s. needed**, c'era urgente bisogno d'aiuto □ **My patience was s. tried**, la mia pazienza fu messa a dura prova.

soreness ['sɔ:nis], n. 1 dolore; male 2 rammarico; tristezza 3 irritazione; rancore.
sorghum ['sɔ:gəm], n. (bot., Sorghum vulgare) sorgo; saggina.
soricine ['sɔ:risain], a. (zool.) del (o simile al) toporagno.
sorites [sə'raiti:z], n. (filos.) sorite.
soroptimist [sɔ:'rɔptimist], n. soroptimist; aderente a un'associazione internazionale di circoli femminili.
sororicide [sə'rɔrisaid], n. 1 sororicidio 2 sororicida.
sorority [sə'rɔriti], n. 1 comunità di donne (specialm. per fini religiosi) 2 (USA) associazione di studentesse universitarie.
sorrel (1) ['sɔrəl], n. (bot.) 1 (Rumex acetosa) acetosa 2 (Oxalis acetosella) acetosella.
sorrel (2) ['sɔrəl], A a. 1 (di cavallo) sauro 2 rosso-castagno. B n. cavallo sauro.
sorriness ['sɔrinis], n. 1 afflizione; tristezza 2 meschinità.
sorrow ['sɔrou], n. 1 dolore; affanno; afflizione; cordoglio; pena; travaglio: **a life-long s.**, il dolore di tutta una vita; **a secret s.**, una pena segreta 2 rammarico; rincrescimento; pentimento: **He expressed s. for what he had done**, espresse il suo rammarico per quel che aveva fatto 3 doglianza; lamentela; lamento: **The woman's s. was loud and long**, la donna uscì in alti, prolungati lamenti. ● **s.-stricken**, addolorato; afflitto □ (relig.) **the Man of Sorrows**, Gesù Cristo; il Crocifisso □ **to my great s.**, con mio grande dolore; con mio vivo rammarico.
to sorrow ['sɔrou], v. i. addolorarsi; affliggersi; dolersi; rattristarsi: **to s. at** (o **over, for**) **a misfortune**, affliggersi per una sventura.
sorrowful ['sɔrəful], a. 1 addolorato; afflitto; abbattuto; triste; infelice 2 doloroso; penoso: **a s. sight**, uno spettacolo doloroso.
sorrowfulness ['sɔrəfulnis], n. 1 dolore; afflizione; tristezza; infelicità 2 dolorosità; penosità.
sorrowing ['sɔrouiŋ], a. dolente; afflitto; addolorato.
sorry ['sɔri], a. 1 (pred.) addolorato; dolente; afflitto; spiacente: **I feel very s. for the widow**, sono assai addolorato per la vedova; **(I'm so) s., but I can't help you**, spiacente (o mi dispiace tanto), ma non posso aiutarti 2 (pred.) pentito; rammaricato: **If you're s. for your negligence, I'll forgive you**, se sei pentito della tua negligenza, ti perdonerò 3 (attr.) meschino; misero; pietoso; sgradevole; scadente: **a s. excuse**, una misera scusa, (fam.) **a s. excuse for a husband**, un pessimo marito; **a s. place**, un luogo sgradevole; **a s. sight**, una scena pietosa. ● **S.**, scusa!; scusate!; scusi! □ **S.?**, come?; che cosa? Le spiace ripetere? □ **I'm s.**, scusa (o scusate!; scusi!); (anche) mi dispiace davvero!; condoglianze! □ **to be** (o **to feel**) **s.**, dolersi, rammaricarsi (di q.c., per q.); dispiacere, rincrescere (impers.); pentirsi (di q.c.): **I am s. for you**, mi rincresce per te; **I felt s. to have missed him**, mi rammaricai di non averlo incontrato; **You will be s. for this some day**, te ne pentirai, un giorno □ (arc. o lett.) **a s. fellow**, un disgraziato; un miserabile □ (fam.) **to feel s. for oneself**, essere abbattuto (o depresso) □ **a s. meal**, un magro pasto; un pasto ben misero □ **to cut a s. figure**, fare una magra figura □ **to be in s. clothes**, essere male in arnese □ **to be in a s. plight**, essere nei guai; essere conciato male □ **to make sb. s. for st.**, fare pentire q. di q.c. □ **to say one is s.** (o **how s. one is**), chiedere scusa; scusarsi □ **We were s. to hear it**, la notizia ci addolorò (o ci rattristò).
sort [sɔ:t], n. 1 sorta; genere; specie; classe; categoria; tipo: **What s. of book is this?**, che genere di libro è questo?; **people of every s.**, gente d'ogni sorta; **biscuits of all sorts**, biscotti di tutti i tipi (o assortiti); **a new s. of bicycle**, un nuovo tipo di bicicletta; **John is the s. of man you cannot rely on**, Giovanni è quel genere di persona su cui non si può fare affidamento 2 maniera; modo 3 (fam.) individuo; persona: **He's not such a bad s.**, non è poi così cattivo 4 (pl., tipogr.) assortimento (di caratteri) 5 (elab.) ordinamento; programma di ordinamento: **s. key**, chiave di ordinamento. ● (fam.) **s. of**, alquanto, piuttosto; un po', quasi; in un certo modo: **I was s. of tired**, ero piuttosto stanco; **I s. of expected it**, in un certo modo me l'aspettavo □ **s.-out**, rimessa in ordine; riordinata □ **after a s.**, in un certo modo; fino a un certo punto □ (fam.) **a good s.** (**of man**), una buona pasta d'uomo; un bonaccione □ **in a s.**, V. **after a s.** □ **nothing of the s.**, niente del genere; niente di simile □ (spreg.) **of a s.** (o **of sorts**), per così dire; cosiddetto; una specie di: **his kindness of a s.**, la sua cosiddetta gentilezza; **He's a writer of sorts**, è, per così dire, uno scrittore □ (comm.) **of sorts**, assortito; misto □ (fam.) **out of the right s.**, un brav'uomo □ **to be out of sorts**, (tipogr.) aver finito l'assortimento, essere a corto di caratteri; (fig.) essere indisposto (o depresso, abbattuto, di malumore) □ (fam.) **That's your s.**, ecco come si fa; così si fa □ (prov.) **It takes all sorts (to make a world)**, il mondo è bello perché è vario.
to sort [sɔ:t], A v. t. 1 classificare; ordinare; assortire; cernere; scegliere; selezionare: **to s. (out) books according to their size**, assortire i libri secondo la loro grandezza; **to s. colours**, classificare le tinte; **S. out those of the largest size**, scegli i più grossi 2 smistare (lettere, pacchi, ecc.) 3 – (fam.) **to s. out**, risolvere, sistemare (un problema, ecc.) 4 (pop.) aggiustare; riparare 5 (elab.) ordinare. B v. i. (arc. o dial., **to s. with**) fare lega (con q.c.); frequentare. ● (arc.) **to s. ill**, non essere in armonia; essere in contrasto (con q.c.) □ **to s. out**, selezionare, scegliere; (fam.) riordinare, (fam.) appianare, comporre (una lite); (pop.) sistemare (q.) per le feste □ (arc.) **to s. well**, essere in armonia; accordarsi (con q.c.).
sorta ['sɔ:tə], (pop. USA) V. **sort of**, sotto **sort**.
sortable ['sɔ:təbl], a. classificabile; ordinabile; selezionabile.
sorter ['sɔ:tə*], n. 1 classificatore; selezionatore; cernitore 2 chi smista lettere (pacchi, ecc.).
sortie ['sɔ:ti:], n. 1 (mil.) sortita 2 (aeron.) volo (o missione) di un solo apparecchio 3 (fig.) sortita (fig.); primo tentativo (o viaggio, ecc.): **a s. abroad**, un viaggio all'estero.
sortilege ['sɔ:tilidʒ], n. sortilegio.
sorting ['sɔ:tiŋ], n. 1 classificazione; selezione; cernita 2 (comm.) assortimento; smistamento 3 smistamento (di lettere, pacchi, ecc.). ● (ind.) **s. machine**, classificatrice, selezionatrice (macchina) □ **s. table**, tavolo (o banco) di cernita.
sortition [sɔ:'tiʃən], n. sorteggio; il tirare a sorte.
sorus ['sɔ:rəs], n. (pl. **sori**) (bot.) soro.
SOS [,es ou 'es], n. (naut., ecc.) S.O.S.; richiesta di soccorso.
so-so [,sou'sou], a. e avv. (fam.) così così; mediocre; passabile: **Business is just so-so**, gli affari vanno così così.
sot [sɔt], n. ubriacone, ubriacona; beone, beona.
to sot [sɔt], v. i. ubriacarsi; essere un beone.
sottish ['sɔtiʃ], a. 1 inebetito, istupidito (dal bere) 2 stupido.
sottishness ['sɔtiʃnis], n. 1 ubriachezza abituale 2 stupidità.
sotto voce [,sotou'voutʃi] (ital.), avv. (mus. e fig.) sotto voce.
sou [su:] (franc.), n. soldo. ● (fam.) **He hasn't got a sou**, non ha il becco di un quattrino; è uno squattrinato.
soubrette [su:'bret] (franc.), n. 1 (teatr.) «soubrette» 2 (fig.) ragazza sfacciata o civetta.
soubriquet ['su:brikei], V. **sobriquet**.
Soudan [su'da:n], n. (geogr.) Sudan.
Soudanese [,su:də'ni:z], a. e n. (invar. al pl.) sudanese.
souffle ['su:fl] (franc.), n. (med.) soffio.
soufflé ['su:flei] (franc.), (cucina) A a. gonfio; montato; rigonfio: **omelette s.**, frittata rigonfia. B n. soufflé.
sough [sau], n. mormorio, sussurro, fremito, gemito (del vento, ecc.).
to sough [sau], v. i. mormorare; sussurrare; fremere; gemere.
sought [sɔ:t], pass. e p. p. to **seek**. ● **s.-after**, richiesto; ricercato.
soul [soul], A n. 1 anima; spirito; essenza; creatura; persona; uomo: **the souls in paradise**, le anime dei beati; **the departed souls**, le anime dei defunti; **That boy has no s.**, quel ragazzo è senz'anima; **He was the (life and) s. of the enterprise**, egli era l'anima dell'impresa; **There was not a s. in the street**, nella strada non c'era anima viva; **a village of three hundred souls**, un villaggio di trecento anime; **the greatest souls of antiquity**, i grandi spiriti dell'antichità 2 calore umano; umanità 3 (mus.) V. **music**. B a. attr. 1 negro; dei negri (d'America): **s. food**, cibo tipico dei negri (del Sud degli USA) 2 (mus.) soul: **a s. singer**, un cantante soul. ● (pop. USA) **s. brother**, («fratello») negro □ **a dear old s.**, un caro vecchietto, una cara vecchietta □ **s.-destroying**, che abbrutisce □ **s.-felt**, profondamente sentito □ **s. music**, musica soul (che fonde elementi di blues, jazz e pop con canti dal Vangelo) □ **s.-searching**, (sost.) esame di coscienza; (agg.) che va in fondo all'anima □ (pop. USA) **s. sister**, («sorella») negra □ **s.-stirring**, commovente; toccante □ (relig.) **All Souls' Day**, il giorno dei Morti □ **a good s.**, una buona creatura □ **a high-souled man**, un uomo di nobile animo; un'anima nobile □ **to keep body and s. together**, mantenersi in vita; tirare avanti □ (al vocat.) **my good s.**, buon'uomo; buona donna □ **poor little s.!**, poverina, poverino! □ **to sell one's s.**, vendere l'anima □ **a simple s.**, un'anima semplice □ **upon my s.!**, in fede mia!; perbacco! □ **He cannot call his s. his own**, non è padrone di sé; si fa dominare dagli altri □ **He is the s. of courage**, egli è il coraggio fatto persona □ **Brevity is the s. of wit**, la concisione è l'essenza dell'arguzia □ **God bless my s.!**, Dio m'aiuti! □ **His pictures lack s.**, non c'è anima nei suoi quadri.
soulful ['soulful], a. 1 appassionato; pieno di sentimento; profondo (fig.) 2 (spreg.) sentimentale.
soulfulness ['soulfulnis], n. 1 passione; sentimento 2 (spreg.) sentimentalismo.
soulless ['soullis], a. senz'anima; egoista; crudele; privo d'ispirazione; senza sentimento.
soullessness ['soullisnis], n. mancanza d'anima; egoismo; crudeltà; mancanza d'ispirazione.
sound (1) [saund], a. 1 sano (anche fig.); buono; in buone condizioni; solido; valido; efficace; fondato (fig.): **a s. mind in a s. body**, mente sana in corpo sano; **s. peaches**, pesche sane (non

guaste); **s. lungs**, polmoni sani; **a s. economic policy**, una sana politica economica; **s. advice**, buoni consigli; **a s. football player**, un buon giocatore di calcio; **a s. ship**, una nave in buone condizioni; **a s. bank**, una banca solida; **a s. method**, un metodo valido; **s. criticism**, critiche efficaci, fondate **2** accurato; completo: **a s. investigation**, un'accurata indagine **3** (*del sonno*) profondo; tranquillo **4** (*comm.*) solvibile **5** (*di persona*) integro; onesto; fidato: **a s. friend**, un amico fidato **6** (*fam.*) forte; sonoro; bello (*fam.*): **a s. slap**, un sonoro ceffone, un bello schiaffo. ● **to be s. asleep**, dormir della grossa; dormire profondamente □ **s.-headed**, equilibrato (*fig.*) □ (*fam.*) **s. in life and limb**, in buona salute; in forma □ (*fin.*) **a s. investment**, un investimento sicuro □ **s.-minded**, dotato di buon senso □ (*fin.*) **s. money**, moneta stabile □ **a s. thrashing**, una bella bastonatura; un fracco di legnate □ **s. views**, vedute giuste; idee sane □ (*fam.*) **as s. as a bell**, sano come un pesce □ **safe and s.**, sano e salvo.

sound (2) [saund], **A** *n*. suono (*anche fig.*); rumore; rombo; rimbombo; rintocco: (*fon.*) **vowel sounds**, suoni vocalici; **What was that s.?**, cosa è stato quel rumore?; **We heard the s. of aircraft overhead**, udimmo il rombo degli aeroplani sopra di noi; **the s. of bells**, il rintocco delle campane. **B** *a. attr.* (*mus., cinem.*) sonoro. ● (*fig.*) **s. and fury**, parole senza senso □ (*aeron.*) **s. barrier**, muro del suono □ (*mus.*) **s.-box**, fonorivelatore, cassa di risonanza (*di grammofono*) □ (*cinem., telev.*) **s. by...**, tecnico del suono... (*seguito dal nome*) □ (*ind.*) **s.-deadener**, materiale per isolamento acustico □ (*cinem.*) **s. effects**, effetti sonori □ **s. film**, film sonoro □ (*mus.*) **s.-hole**, «esse» (*di violino, ecc.*) □ (*mus.*) **s.-post**, anima (*di violino, ecc.*) □ **s.-proof**, insonorizzato; isolato acusticamente □ (*ing.*) **s. ranging**, fonotelemetria (*cinem., telev.*) **s. technician**, fonico (*tecnico*) □ (*cinem.*) **s. track**, colonna sonora □ (*USA*) **s. truck**, autofurgone con altoparlante (*fis.*) **s. wave**, onda sonora □ (*di discorso, ecc.*) **to have a sinister s.**, suonare sinistramente □ **out of s.**, fuori del campo uditivo □ **within s. of st.**, in grado di udire q.c. □ **We liked the s. of his report**, il tenore della sua relazione ci fece piacere.

to sound (1) [saund], **A** *v. i.* **1** suonare (*anche fig.*); dar suono; risuonare; squillare: **His last words sounded in my ears**, le sue ultime parole mi risuonavano nelle orecchie; **The bugles sounded**, squillarono le trombe; **This sentence doesn't s. well**, questo periodo suona male **2** sembrare; apparire; parere: **His idea sounds like a good one**, la sua idea pare buona; **His voice sounded troubled**, la sua voce appariva turbata. **B** *v. t.* **1** suonare; (*dell'orologio*) battere: **She sounded the gong for dinner**, ella suonò il gong per annunciare il pranzo; **to s. the alarm (the retreat, etc.)**, suonare l'allarme (la ritirata, ecc.); **The clock sounds the hour**, l'orologio batte l'ora **2** far risuonare; battere su (*q.c. per controllarne il suono*); auscultare: **to s. the wheels of a railway carriage**, battere sulle ruote di una carrozza ferroviaria; **The doctor sounded his lungs**, il medico gli auscultò i polmoni **3** (*fon.*) pronunciare: **The «h» in «heir» is not sounded**, l' «h» nella parola «heir» non si pronuncia (*o* è muta) **4** celebrare; proclamare; cantare (*fig.*): **to s. sb.'s praises**, cantar le lodi di q. ● **to s. as if** (*o* **as though**), sembrare che: **It sounds as if the economic situation is getting worse and worse**, sembra che la congiuntura peggiori sempre più □ **to s. hollow**, dare un suono cupo (*o* sordo); (*di scusa, pretesto, ecc.*) suonare falso □ (*autom.*) **to s. one's horn**, suonare (il clacson) □ (*fig.*) **to s. a note of warning**, suonare il campanello d'allarme □ (*fam.*) **to s. off**, parlare apertamente; non avere peli sulla lingua □ **to s. sb.'s praises far and wide**, fare lodi spericolate a q.; portare q. alle stelle □ **It sounds incredible** (**ridiculous, etc.**), è (o sembra) incredibile (ridicolo, ecc.).

to sound (2) [saund], **A** *v. t.* **1** sondare; (*naut.*) scandagliare; (*med.*) esaminare con la sonda: **to s. to the bottom of the sea**, scandagliare il fondo del mare; **to s. the depth of a channel**, sondare la profondità d'un canale marittimo; (*med.*) **to s. the bladder**, esaminare la vescica con la sonda **2** (*fig., spesso* **to s. out**) scandagliare; sondare; indagare su; sondare l'animo di, tastare il terreno (*fig.*): **to s. sb.'s feelings**, sondare i sentimenti di q.; **Did you s. him out on the subject?**, hai tastato il terreno con lui in proposito? **B** *v. i.* **1** (*naut.*) affondare lo scandaglio; misurare la profondità **2** (*dei pesci; e specialm. delle balene*) tuffarsi verso il fondo.

sound (3) [saund], *n*. sonda (*anche med.*); scandaglio.
sound (4) [saund], *n*. (*geogr.*) braccio di mare; stretto.
sound (5) [saund], *n*. (*zool.*) vescica natatoria (*dei pesci*).
sounder ['saundə*], *n*. **1** chi suona, fa risuonare, ecc. (*V.* **sound (1)**) **2** (*tel.*) ricevitore acustico. ● (*naut.*) **echo s.**, scandaglio acustico.
sounding (1) ['saundiŋ], *a*. **1** sonante; risonante; sonoro **2** altisonante; reboante: **s. rhetoric**, retorica reboante; **s. titles**, titoli altisonanti. ● **s.-board**, paracielo; (*mus.*) tavola armonica; (*fig.*) cassa di risonanza □ (*fig.*) **s. brass**, parole vuote, senza senso.

sounding (2) ['saundiŋ], *n*. **1** (*naut.*) scandaglio: **supersonic s.**, scandaglio ultrasonico **2** profondità misurata con lo scandaglio; fondale **3** (*pl.*) fondali scandagliabili. ● (*aeron.*) **s. balloon**, pallone sonda □ (*naut.*) **s. line**, sagola dello scandaglio; sonda □ **s. machine**, scandaglio meccanico □ (*miss.*) **s. rocket**, razzo sonda; missile sonda □ (*naut.*) **to be in soundings**, essere su fondali bassi □ (*naut.*) **to take soundings**, fare scandagli.
soundless (1) ['saundlis], *a*. senza suono; muto; silenzioso.
soundless (2) ['saundlis], *a*. (*naut.*) insondabile; non scandagliabile.
soundly ['saundli], *avv*. **1** sanamente; giustamente; efficacemente; bene: **The boy reasons s.**, il ragazzo ragiona bene **2** profondamente; della grossa: **He was sleeping s.**, dormiva della grossa **3** gravemente; severamente: **They were s. defeated**, furono severamente sconfitti; subirono una secca sconfitta.
soundness ['saundnis], *n*. **1** sanità; vigore; buono stato: **s. of body and mind**, sanità di corpo e di mente **2** completezza; accuratezza **3** efficacia; validità; bontà: **the s. of his arguments**, la validità (*o* bontà) dei suoi argomenti **4** integrità; onestà **5** (*comm.*) solidità (*di un commerciante, di un'azienda*).
to soundproof ['saund,pru:f], *v. t.* insonorizzare; isolare acusticamente.
soundproofing ['saund,pru:fiŋ], **A** *n*. insonorizzazione; isolamento acustico. **B** *a*. insonorizzante. ● (*tecn.*) **s. and lagging material**, isolante termoacustico.
soundscape ['saundskeip], *n*. panorama musicale.
soup [su:p], *n*. zuppa; minestra; brodo: **tomato s.**, minestra (*o* crema) di pomodoro; **vegetable s.**, zuppa di verdura; **chicken s.**, brodo di pollo; **thick s.**, minestra densa, sostanziosa; **clear s.**, brodo magro; minestrina brodosa. ● **s. kitchen**, mensa gratuita per i poveri; (*mil.*) cucina da campo □ **s. ladle**, cucchiaione; mestolo □ **s. maigre**, minestrina brodosa (*per lo più di verdura*) □ **s. plate**, piatto fondo; scodella □ **s.-ticket**, buono per una minestra presso una mensa per i poveri □ **s. tureen**, zuppiera □ (*fam.*) **from s. to nuts**, dall'A alla Z; da cima a fondo □ (*fam.*) **to be in the s.**, essere nei pasticci; trovarsi nei guai.
to soup [su:p], *v. t.* **1** (*di solito*, **to s. up**) truccare (*un motore*) **2** (*fig.*) ampliare; abbellire; migliorare.
soupçon ['su:psɔ̃:n] (*franc.*), *n*. pizzico; tantino; un po' (di q.c.).
soupy ['su:pi], *a*. **1** simile alla zuppa; (*spesso, di nebbia*) denso **2** (*fam. USA*) sentimentale; svenevole; lacrimevole.
sour [sauə*], **A** *a*. **1** acido (*anche fig.*); agro; aspro; acerbo; inacidito; bisbetico; scontroso; stizzoso: **s. milk**, latte acido; **s. wine**, vino agro (*o* acido); **s. apples**, mele acerbe; **a s. temper**, un carattere aspro, bisbetico **2** (*del terreno*) acido. **B** *n*. (*chim.*) soluzione acida **2** bevanda acida. ● **s. breath**, alito cattivo □ **s. cream**, panna fermentata □ (*bot.*) **s. dock** (*Rumex acetosa*), acetosa □ **s. grapes**, uva acerba; (*fig.*) cosa che si disprezza solo perché non la si può avere □ **s.-grapism**, atteggiamento di chi disprezza una cosa perché non può averla □ (*fin.*) **a s. investment**, un investimento sbagliato □ **a s. job**, un lavoro sgradevole □ (*bot.*) **s. orange** (*Citrus aurantium*), arancio amaro (*anche il frutto*) □ **s.-sweet**, agrodolce □ **to make s.**, inacidire (*fig.*) inacerbire, inasprire: **Failure made him s.**, l'insuccesso lo inasprì □ **to smell s.**, avere un odore acre, aspro; saper d'acido (*all'olfatto*) □ **to taste s.**, saper d'agro, d'acido (*al gusto*) □ **to turn** (*o* **to go**) **s.**, inacidire; (*fig.*) andare a rotoli, finire male; deludere.
to sour [sauə*], **A** *v. t.* **1** inacidire (*il latte, ecc.*) **2** (*fig.*) guastare; far andare a male **3** (*fig.*) inacerbire; inasprire. **B** *v. i.* **1** inacidirsi **2** (*fig.*) guastarsi: **The relations with our next-door neighbours have soured**, i rapporti con i nostri vicini di casa si sono guastati **3** (*fig.*) inacerbirsi; inasprirsi. ● (*USA*) **to s. sb. on st.**, far passare per sempre a q. la voglia di fare q.c.
source [sɔ:s], *n*. sorgente; fonte; (*fig.*) origine, causa: **the sources of the Tiber**, le sorgenti del Tevere; **the s. of all our woes**, la causa di tutti i nostri affanni. ● **s.-book**, raccolta di documenti originali (*su un argomento*) □ **s. material**, materiale originale (*documenti, ecc.*) □ (*econ.*) **the problem of the sources of power**, il problema energetico □ **a reliable s.**, una fonte sicura, attendibile.
sourdine [suə'di:n] (*franc.*), *n*. (*mus.*) sordina.
sourdough ['sauədou], *n*. (*USA*) **1** lievito naturale **2** (*un tempo*) pioniere (*o* cercatore d'oro) negli Stati dell'Ovest (*o* anche in Canada o in Alaska).
sourish ['sauəriʃ], *a*. **1** acidulo; acidino; aspretto **2** (*fig.*) piuttosto aspro; alquanto bisbetico.
sourness ['sauənis], *n*. acidità (*anche fig.*); acredine; asprezza.
sourpuss ['sauəpus], *n*. (*fam.*) **1** individuo tetro; imbronciato; musone (*fam.*) **2** tipo incontentabile; brontolone; (un) veneranda (*fam.*).
souse [saus], *n*. **1** salamoia **2** carne (*specialm. di maiale*) in salamoia **3** bagno; immersione; tuffo **4** (*fam.*) ubriacone; beone.
to souse [saus], **A** *v. t.* **1** mettere in salamoia **2** marinare (*nell'a*-

ceto) **3** bagnare; immergere; tuffare. **B** *v. i.* **1** tuffarsi **2** (*fam.*) ubriacarsi; sbronzarsi (*fam.*).

soused [saust], *a.* **1** in salamoia: **s. herrings**, aringhe in salamoia **2** (*fam.*) ubriaco; sbronzo (*fam.*).

soutache [su:'ta:ʃ], *n.* gallone ornamentale.

soutane [su:'ta:n] (*franc.*), *n.* (*relig.*) sottana, tonaca (*di prete cattolico*).

south [sauθ], **A** *n.* sud; mezzogiorno; parte meridionale: **Italy is in the s. of Europe**, l'Italia è nella parte meridionale dell'Europa; **Malta is to the s. of Italy**, Malta si trova a sud dell'Italia. **B** *a. attr.* del sud; del mezzogiorno; meridionale: **S. America**, l'America del Sud; **s. wind**, vento del sud; **the s. coast of France**, la costa meridionale della Francia. **C** *avv.* verso sud; verso (il) sud: **The swallows go s. in winter**, d'inverno le rondini migrano verso il sud. ● (*USA*) **the S.**, gli Stati del Sud; (*stor.*) gli Stati sudisti □ **S. Africa**, l'Africa del Sud; **il Sudafrica** □ **S. African**, sudafricano □ **S. American**, sudamericano □ **the S. Atlantic**, l'Atlantico meridionale □ (*in USA*) **S. Carolina**, la Carolina del Sud □ **South Dakota**, il Sud Dakota □ (*in Inghilterra*) **the S. Downs**, le colline erbose del sud (*nelle contee dello Hampshire e del Sussex*) □ **s.-east**, sud-est; a sud-est □ **the s.-east of Europe**, l'Europa sudorientale □ **s.-easter**, forte vento da sud-est; (*in Italia*) scirocco, sciroccata □ **s. easterly**, situato a sud-est; di (*o* da) sud-est: **s.-easterly wind** vento da sud-est; scirocco □ **s.-eastern**, di sud-est, sudorientale □ **S. Italy**, l'Italia meridionale □ **the S. Pole**, il polo Sud; il polo australe (*o* antartico) □ **the S. Seas**, l'Oceano Pacifico meridionale; i mari del Sud □ **S. Tyrol**, l'Alto Adige (*ted.*: Südtirol) □ **s.-west**, sud-ovest; a sud-ovest □ **s.-wester**, forte vento da sud-ovest; (*in Italia*) libeccio, libecciata □ **s.-westerly**, situato a sud-ovest; di (*o* da) sud-ovest: **s.-westerly wind**, vento da sud-ovest; libeccio □ **s.-western**, di sud-ovest, sudoccidentale □ (*fam.*) **down s.**, nel Sud.

southbound ['sauθbaund], *a.* diretto verso sud.

Southdown ['sauθdaun], *n.* pecora inglese dalla lana corta.

souther ['sauðə*], *n.* forte vento da sud.

southerly ['sʌðəli], **A** *a.* del sud; del mezzogiorno; meridionale; (*del vento*) dal sud: **a s. wind**, un vento da sud. **B** *avv.* **1** verso sud **2** dal sud: **The wind blew s.**, il vento soffiava dal sud. ● (*naut.*) **to sail in a s. direction**, far rotta verso sud.

southern ['sʌðən], **A** *a.* del sud; meridionale; australe: (*astron.*) **the S. Cross**, la Croce del Sud; **the s. states of the USA**, gli Stati meridionali degli USA; **the s. hemisphere**, l'emisfero australe; **the S. Lights**, l'aurora australe. **B** *n.* (*USA*) **1** abitante (*o* nativo) di uno Stato del Sud **2** dialetto del Sud. ● (*geogr.*) **s. Illinois**, la parte meridionale dell'Illinois.

southerner ['sʌðənə*], *n.* **1** meridionale **2** – (*specialm. in USA*) S., abitante (*o* nativo) di uno Stato del Sud.

southernmost ['sʌðənmoust], *a.* (il) più a sud; (il) più meridionale.

southernwood ['sʌðənwud], *n.* (*bot.*, *Artemisia abrotanum*) abrotano maschio.

southing ['sauðiŋ], *n.* **1** (*naut.*) spostamento a sud; differenza di latitudine dall'ultimo rilevamento procedendo verso sud; distanza coperta navigando verso sud **2** (*astron.*) declinazione sud.

southland ['sauθlænd], *n.* terra (*o* paese) meridionale; (il) Sud.

southmost ['sauθmoust], *V.* **southernmost**.

southpaw ['sauθpɔ:], (*fam.*) **A** *a.* mancino. **B** *n.* **1** (*sport*) giocatore *o* pugile mancino **2** (*pugilato*) (un) guardiadestra.

southward ['sauθwəd], **A** *a.* diretto (*o* volto) a sud. **B** *avv.* verso sud. **C** *n.* direzione sud. ● **The ship sailed to the s.**, la nave fece rotta verso sud.

southwardly ['sauθwədli], **A** *a.* diretto (*o* volto) a sud; che spira verso sud: **a s. wind**, un vento che spira verso sud. **B** *avv.* verso sud.

southwards ['sauθwədz], *avv.* verso sud.

souvenir ['su:vəniə*], *n.* ricordo; ricordino.

sou'wester [sau'westə*], *n.* (*naut.*) **1** burrasca da sud-ovest; libecciata (*in Italia*) **2** sudovest (*cappello da marinaio, di tela cerata, a gronda*).

sovereign ['sɔvrin], **A** *a.* sovrano; sommo; supremo: **a s. state**, uno stato sovrano; **s. power**, potere supremo; **a s. remedy**, un rimedio sovrano. **B** *n.* **1** sovrano, sovrana; re, regina **2** (*stor.*) sovrana (*sterlina d'oro*): **half s.**, mezza sovrana.

sovereignty ['sɔvrənti], *n.* sovranità; potere supremo.

soviet ['souviet], (*polit.*) **A** *n.* soviet (*consiglio rivoluzionario di operai, contadini e soldati russi*). **B** *a. attr.* sovietico: **the S. Union**, l'Unione Sovietica (U.S.S.R.; *in ital.* U.R.S.S.).

sovietism ['souviətizəm], *n.* (*polit.*) sistema sovietico; comunismo sovietico.

sovietization [,souviətai'zeiʃən], *n.* (*polit.*) sovietizzazione; bolscevizzazione.

to sovietize ['souviətaiz], *v. t.* (*polit.*) sovietizzare; bolscevizzare.

Sovietologist [,souviə'tɔlədʒist], *n.* (*polit.*) cremlinologo.

Sovietology [,souviə'tɔlədʒi], *n.* (*polit.*) cremlinologia.

to sow [sou] (*pass.* **sowed**, *p. p.* **sown, sowed**), *v. t.* e *i.* seminare (*anche fig.*); fare la semina; disseminare; spargere; cospargere: **to sow wheat**, seminare il grano; **to sow a field with wheat**, seminare un campo a grano; **to sow (the seeds of) suspicion**, seminare il sospetto; **to sow (the seeds of) dissension**, seminare discordia (*o* zizzania); **to sow the floor with playing-cards**, seminare carte da gioco sul pavimento. ● (*fig.*) **to sow one's wild oats**, correre la cavallina; sfogare i bollori giovanili □ (*prov.*) **As they sow, so let them reap**, quel che si semina si raccoglie □ (*prov.*) **He that sows the wind will reap the whirlwind**, chi semina vento, raccoglie tempesta.

sow [sau], *n.* **1** (*zool.*, *Sus*) scrofa; troia (*volg.*) **2** (*metall.*) canale di colata per lingotti. ● (*zool. USA*) **sow bug**, (*Oniscus*) onisco; (*Oniscus asellus*) asello □ (*bot.*) **sow thistle** (*Sonchus*), cicerbita □ **as drunk as a sow**, ubriaco fradicio □ (*fig.*) **to get the wrong sow by the ear**, prendere una cantonata (*o* un granchio).

sowback ['saubæk], *n.* (*geogr.*) stretta dorsale con pareti scoscese e burroncelli (*morfologia a dorso di suino*).

sowbread ['saubred], *n.* (*bot.*, *Cyclamen europaeum*) ciclamino.

sowcar ['saukα:], *n.* banchiere indiano (*in India*).

sower ['souə*], *n.* seminatore, seminatrice.

sowing ['souiŋ], *n.* (*agric.*) semina; seminagione. ● **s. machine**, seminatrice (*macchina*) □ **s. seed**, semente; semenza □ **s. time**, stagione della semina; sementa.

sown [soun], *p. p.* di **to sow**.

sox [sɔks], *n. pl.* (*specialm. USA*) calzini.

soy [sɔi], *n.* (*anche* **soy sauce**) salsa preparata con semi (fermentati) di soia (*usata specialm. nella cucina cinese*).

soya ['sɔiə], *V.* **soy-bean**.

soy-bean ['sɔi-bi:n], **soya-bean** ['sɔiə-bi:n], *n.* (*bot.*, *Glycine max*) soia (*la pianta e il seme*). ● **s. oil**, olio di soia.

soymilk ['sɔimilk], *n.* (*ind.*) latte di (semi di) soia.

sozzled ['sɔzld], *a.* (*pop.*) ubriaco fradicio; sbronzo (*pop.*).

spa [spα:], *n.* **1** sorgente termale; terme **2** stazione termale.

space [speis], *n.* **1** spazio: **time and s.**, tempo e spazio; **the conquest of s.**, la conquista dello spazio **2** spazio; spazio di tempo; intervallo: **in the s. of a month**, nello spazio di un mese; **after a short s.**, dopo un breve intervallo **3** spazio; area; posto: **Leave a wide s. between the rows**, lascia molto spazio fra una fila e l'altra!; **I couldn't find a parking s.**, non riuscii a trovare un posto per parcheggiare **4** (*tipogr.*) spaziatura. **B** *a. attr.* spaziale: **s. probe**, sonda spaziale; **s. research**, ricerche spaziali. ● **S. Age**, era spaziale □ **s.-bar** (*o* **s.-key**), barra spaziatrice (*di macchina da scrivere*) □ (*miss.*) **s. capsule**, capsula spaziale □ **s. fiction**, romanzo di fantascienza □ (*miss.*) **s. flight**, volo spaziale □ (*fam. USA*) **s. girl**, *V.* **spacewoman** □ **s. helmet**, casco spaziale □ **s. lab**, laboratorio spaziale □ **s. lattice**, reticolo spaziale (*di un cristallo*) □ (*tipogr.*) **s.-line**, interlinea □ **s. rocket**, missile spaziale □ **s. shuttle** shuttle; navetta (*o* navicella*) spaziale; (*anche*) aereo spaziale (*sorta di aereo-razzo, di cui il prototipo fu il «Columbia»: primo volo il 12 aprile 1981*) □ **s. sickness**, male dello spazio □ **s.-suit**, tuta spaziale □ (*fis., filos.*) **s.-time** (*o* **s.-time continuum**), spazio-tempo; spazio a quattro dimensioni □ **s. travel**, viaggi interplanetari □ **s. traveller**, astronauta □ (*mil.*) **s. weapon**, arma spaziale □ **s. writer**, pubblicista pagato a un tanto la riga □ **Let's rest (for) a s.**, riposiamoci un poco.

to space [speis], *v. t.* **1** distanziare; disporre a intervalli; scaglionare **2** (*tipogr.*) spaziare; spazieggiare. ● **to s. out**, diradare; aumentare lo spazio fra (*una lettera o una parola e l'altra*) □ (*pop. USA*) **spaced out**, «in viaggio»; sotto l'effetto della droga □ (*comm.*) **spaced payment**, pagamento frazionato (*o* rateale).

spaceborne ['speis-bɔ:n], *a.* (*miss.*) trasportato (*o* che viaggia) nello spazio: **s. a satellite**, nel satellite che viaggia nello spazio.

spacecraft ['speis-krα:ft], *n.* (*invar. al pl.*) (*miss.*) veicolo spaziale; astronave.

spacecrew ['speis-kru:], *n.* equipaggio di un'astronave.

Spacelab ['speis-,læb], *n.* (*abbr. di* **space laboratory**) (*miss. USA*) laboratorio spaziale (*messo in orbita da uno* **space shuttle**, *q.V.*).

spaceless ['speislis], *a.* **1** illimitato; infinito **2** senza spazio; che non occupa spazio.

spaceman ['speismən], *n.* (*pl.* **spacemen**) **1** astronauta; cosmonauta **2** extraterrestre.

spacer ['speisə*], *n.* **1** (*tipogr.*) spazieggiatore; spaziatore **2** (*mecc.*) distanziatore: **s. ring**, anello distanziatore **3** (*tel.*) invertitore di corrente.

spaceship ['speisʃip], *n.* (*specialm. nella fantascienza*) astronave; nave spaziale.

spacewalk ['speiswɔ:k], *n.* (*miss.*) passeggiata spaziale.

to spacewalk ['speiswɔ:k], *v. i.* (*miss.*) fare una passeggiata spaziale.

spacewalker ['speis,wɔ:kə*], *n.* (*miss.*) astronauta che fa una passeggiata spaziale.

spacewoman ['speis,wumən], *n.* (*pl.* **spacewomen**) **1** (*miss.*) astronauta, cosmonauta (*donna*) **2** extraterrestre (*donna*).
spacial ['speiʃəl], *V.* **spatial.**
spacing ['speisiŋ], *n.* **1** (*tipogr.*) spazieggiatura; spaziatura: **double s.**, spaziatura doppia; spaziatura due **2** distanza; intervallo. ● **s. bar** (*o* **s. key**), barra spaziatrice (*di macchina da scrivere*) □ (*mecc.*) **s. collar**, manicotto distanziatore.
spacious ['speiʃəs], *a.* spazioso; ampio; vasto.
spaciousness ['speiʃəsnis], *n.* spaziosità; ampiezza; vastità.
spade [speid], *n.* **1** (*agric.*) vanga **2** *V.* **spadeful 3** (*delle carte da gioco*) (*carta di*) picche; (*pl.*) (*seme di*) picche: **the five of spades**, il cinque di picche **4** (*spreg., specialm. USA*) negro. ● (*stor.*) **s. guinea**, ghinea di re Giorgio III □ **s.-work**, vangatura; (*fig.*) faticoso lavoro preparatorio □ (*fam.*) **to call a s. a s.**, dir pane al pane (e vino al vino).
to spade [speid], *v. t.* (*agric.*) vangare.
spadeful ['speidful], *n.* vangata; quanto sta in una vanga.
spadger ['spædʒə*], *n.* (*pop., forma corrotta di* **sparrow**) passero.
spadiceous [spei'diʃəs], *a.* (*bot.*) simile a uno spadice; spadiceo.
spadix ['speidiks], *n.* (*pl.* **spadices**) (*bot.*) spadice.
spaghetti [spə'geti] (*ital.*), *n. pl.* spaghetti. ● (*in G.B.*) **s. house**, spaghetteria □ (*fam., cinem.*) **s. western**, western all'italiana.
spahee ['spa:hi], *V.* **spahi.**
spahi ['spa:hi], *n.* (*pl.* **spahis**) (*stor.*) «spahi».
Spain [spein], *n.* (*geogr.*) Spagna.
spake [speik], (*poet.*) *pass. di* **to speak.**
spall [spɔ:l], *n.* frammento; scheggia (*specialm. di pietra*).
to spall [spɔ:l], **A** *v. t.* **1** sbozzare (*col martello*) **2** frantumare, scheggiare (*specialm. minerale metallifero*). **B** *v. i.* **1** frantumarsi; scheggiarsi **2** (*ind. min.*) frantumare il minerale.
spalpeen [spæl'pi:n] (*irl.*), *n.* briccone; canaglia; furfante.
spam [spæm], *n.* (*marchio; contraz. di* **spiced ham**) carne suina in scatola (*da mangiare fredda*).
span (1) [spæn], *n.* **1** spanna (*pari, come misura, a 23 cm circa*); palmo **2** (*di arco, ponte, ecc.*) luce; campata: **the s. of an arch**, la luce d'un arco; **a bridge of four spans**, un ponte a quattro campate **3** breve tratto; breve intervallo: **Our life is but a s.**, la vita dell'uomo ha breve durata **4** distanza fra due estremità; lunghezza; larghezza: **the s. of a bridge**, la lunghezza d'un ponte **5** (*aeron., anche* **wing s.**) apertura alare **6** pariglia di cavalli; coppia (*o giogo*) di buoi (*per l'aratro*). ● **s. dogs**, coppia di sbarre di ferro con artigli per afferrare legname □ (*edil.*) **s. roof**, tetto a due spioventi □ (*zool.*) **s.-worm**, geometride; bruco misuratore □ **our brief s.**, la vita breve dell'uomo □ (*fig.*) **in the whole s. of Roman history**, nell'intero arco della storia romana.
to span [spæn], *v. t.* **1** misurare a spanne; misurare **2** attraversare; stendersi attraverso: **A bridge spans the river at the mouth**, un ponte attraversa il fiume alla foce **3** (*fig.*) abbracciare: **The Roman Empire spanned five centuries**, l'Impero Romano abbracciò cinque secoli. ● *v. i.*, muoversi a scatti (*come certi bruchi*). ● **to s. a river with a bridge**, gettare un ponte su un fiume.
span (2) [spæn], *V.* **spick-and-span.**
spandrel ['spændrəl], *n.* (*edil.*) parapetto. ● **s. wall**, timpano di volta.
spangle ['spæŋgl], *n.* **1** lustrino; pagliuzza lucente **2** (*bot., anche* **oak-s.**) galla (*di quercia*).
to spangle ['spæŋgl], *v. t.* guarnire (*o* ornare) di lustrini. ● **The Star-Spangled Banner**, la bandiera degli Stati Uniti; l'inno nazionale degli Stati Uniti.
Spanglish ['spæŋgliʃ], *n.* spagnolo con molte parole inglesi.
spangly ['spæŋgli], *a.* luccicante; coperto di lustrini.
Spaniard ['spænjəd], *n.* spagnolo.
spaniel ['spænjəl], *n.* **1** (*zool.*) spaniel **2** (*fig.*) individuo servile, strisciante; adulatore.
Spanish ['spæniʃ], **A** *a.* spagnolo; di Spagna. **B** *n.* **1** spagnolo (*la lingua*) **2** – (*collett.*) **the S.**, gli spagnoli. ● (*geogr.*) **S. America**, America Latina □ (*stor.*) **the S. Armada**, l'Invincibile Armata (*la flotta spedita da Filippo II contro l'Inghilterra nel 1588*) □ **S. black**, nero di Spagna □ (*zool.*) **S. fly** (*Lytta vesicatoria*), cantaride □ (*bot.*) **S. grass** (*Stipa tenacissima*), sparto □ (*stor., geogr.*) **the S. Main**, il Mar del Caraibi □ (*bot.*) **S. onion**, cipolla dolce dal grosso bulbo □ **S. red**, rosso di Spagna; cinabro □ **S. wines**, vini di Spagna.
to spank [spæŋk], **A** *v. t.* sculacciare; battere (*con una pianella, ecc.*). **B** *v. i.* **1** muoversi con sveltezza **2** (*di cavallo*) andare di buon trotto; trottare serrato **3** (*di nave*) filare.
spank [spæŋk], *n.* sculacciata; sculaccione.
spanker ['spæŋkə*], *n.* **1** chi sculaccia **2** cavallo veloce **3** (*fam.*) persona (*o cosa*) eccezionale; cannonata (*fam.*) **4** (*naut.*) randa; randa di poppa.
spanking (1) ['spæŋkiŋ], *n.* (*solo al sing.*) dose di sculacciate.
spanking (2) ['spæŋkiŋ], *a.* **1** rapido; veloce **2** (*di vento*) forte: **a s. breeze**, una forte brezza **3** (*fam.*) eccellente; magnifico; ottimo; straordinario. ● (*fam.*) **a s. fine girl**, una ragazza bellissima □ **s. new**, nuovo di zecca □ **to go at a s. pace**, (*di cavallo*) trottare serrato; (*fig.*) camminare in fretta □ (*fam.*) **to have a s. time**, divertirsi un mondo.
spanner ['spænə*], *n.* **1** (*mecc.*) chiave; chiave fissa (*cfr. USA* **wrench**) **2** (*mecc. USA*) chiave a settore **3** (*ing.*) collegamento orizzontale **4** (*zool.*) bruco misuratore; geometride. ● **adjustable s.**, chiave registrabile; chiave inglese □ **open-ended s.**, chiave a bocca; chiave fissa semplice □ **ring s.**, chiave ad anello □ (*fig.*) **to throw a s. in the works**, mettere il bastone fra le ruote (*fig.*); sabotare.
spar (1) [spa:*], *n.* **1** (*naut.*) albero; pennone; asta **2** (*aeron.*) longherone. ● (*naut.*) **s. deck**, controcoperta.
to spar [spa:*], *v. i.* **1** (*sport*) allenarsi (*o* esercitarsi) nel pugilato; fare a pugni **2** (*di galli*) combattere (*con sproni alle zampe*) **3** (*fig.*) disputare; dibattere; litigare: **They're always sparring (at each other)**, non fanno che litigare. ● (*sport*) **sparring partner**, allenatore (*di un pugile*).
spar (2) [spa:*], *n.* **1** (*sport*) incontro (*o* allenamento) di pugilato **2** combattimento di galli **3** (*fig.*) disputa; diverbio; litigio.
spar (3) [spa:*], *n.* (*miner.*) spato: **Iceland s.**, spato d'Islanda. ● **fluor s.**, fluorite.
sparable ['spærəbl], *n.* chiodo senza capocchia (*usato dai calzolai*).
spare [spɛə*], **A** *a.* **1** di ricambio; di scorta; (*naut.*) di rispetto: **s. wheel**, ruota di scorta; **s. bow anchor**, ancora di rispetto **2** d'avanzo; libero; disponibile: **a s. room**, una camera disponibile; una camera in più (*per gli ospiti*) **3** frugale; magro; parco; scarso: **a s. breakfast**, una colazione frugale; **s. rations**, razioni scarse **4** scarno; sparuto; esile; smilzo. ● **B** (*mecc.*) pezzo (*o parte*) di ricambio; ricambio. ● **a s. bed**, un letto in più □ **s. cash**, denaro disponibile; riserva di denaro □ (*mecc.*) **s. engine**, motore di riserva □ **a s. pair of shoes**, scarpe di ricambio □ (*mecc.*) **s. parts**, pezzi di ricambio; ricambi □ (*fam.*) **s.-part surgery**, chirurgia sostitutiva (*trapianti, innesti*) □ **s.-rib**, costoletta di maiale □ **s. time**, tempo libero (*dal lavoro*) □ (*autom.*) **s. tyre**, ruota di scorta, pneumatico di ricambio; (*fig.*) pancia, pancione, trippa (*fam.*) □ (*pop.*) **to go s.**, arrabbiarsi; agitarsi; perdere le staffe (*fig.*) □ **in one's s. moments**, nei ritagli di tempo.
to spare [spɛə*], *v. t. e i.* **1** risparmiare; economizzare; lesinare; fare a meno di; far senza di; aver riguardo per; salvare; salvaguardare: **S. me** (*o* **s. my life!**), risparmiami (la vita)!; **I've spared you the trouble**, ti ho risparmiato il fastidio; **Don't s. your efforts!**, non risparmiare alcuno sforzo!; **I cannot s. him just now**, non posso fare a meno di lui proprio ora; **to s. sb.'s feelings**, aver riguardo per i sentimenti di q. **2** dare; offrire: **Can you s. me a cigarette?**, hai una sigaretta da darmi? (*senza che tu debba privartene o rimanere senza*) **3** dedicare (*tempo, ecc.*): **Can you s. me two minutes?**, puoi dedicarmi due minuti? ● **to s. no pains**, non badare a sacrifici; fare ogni sforzo □ **a moment to s.**, un momento di libertà; un ritaglio di tempo □ **not to s. oneself**, non risparmiarsi; mettercela tutta □ **to s.**, d'avanzo: **with two pounds to s.**, con due sterline d'avanzo (*o* in più) □ **I have no time to s.**, non ho tempo (libero); sono occupato □ **S. my blushes!**, non farmi arrossire! □ **We must not s. expense**, non bisogna badare a spese □ **We have paper enough and to s.**, abbiamo carta in abbondanza (*o* d'avanzo, a usura, da vendere) □ (*prov.*) **S. the rod and spoil the child**, il medico pietoso fa la piaga purulenta.
spareness ['spɛənis], *n.* **1** frugalità; scarsità; scarsezza **2** magrezza; sparutezza; esilità.
sparger ['spa:dʒə*], *n.* (*ind.*) spruzzatore, innaffiatore (*specialm., nella fabbricazione della birra*).
sparing ['spɛəriŋ], *a.* **1** frugale; parco; parsimonioso; economo **2** scarso; magro. ● **s. of speech**, parco di parole.
sparingness ['spɛəriŋnis], *n.* frugalità; parsimonia.
spark (1) [spa:k], *n.* **1** scintilla (*anche fig.*); favilla: **an electric s.**, una scintilla elettrica; **the s. of genius**, la scintilla del genio; **la sacra scintilla 2** (*fig.*) barlume; traccia; (un) po': **Not a s. of life remained in her**, non v'era più traccia di vita in lei; **if you had a s. of intelligence in you**, se ci fosse un barlume d'intelligenza in te **3** (*pl., fam.*) elettricista **4** (*pl., fam.*) radiotelegrafista; marconista. ● (*mecc.*) **s. arrester**, parascintille □ (*elettr., autom.*) **s. coil**, bobina d'accensione; rocchetto d'induzione □ (*elettr.*) **s. gap**, spinterometro □ (*mecc.*) **s. knock**, detonazione normale (*di motore*) □ (*autom., elettr.*) **s. lead**, anticipo dell'accensione □ (*autom., elettr., USA*) **s. plug**, candela (d'accensione) (*cfr. ingl.* **sparking plug**, *sotto* **sparking**) □ (*mecc.*) **to advance (to retard) the s.**, anticipare (ritardare) l'accensione □ (*fig.*) **as sparks fly upward**, quant'è vero Iddio □ **not a s.**, neanche un po'; neppure un pizzico □ (*fig.*) **to strike sparks out of sb.**, stimolare la conversazione spiritosa di q.
to spark (1) [spa:k], **A** *v. i.* scintillare; mandare (*o* sprizzare) scintille. **B** *v. t.* **1** incitare; stimolare; infiammare **2** (*USA*) *V.*

to s. off. ● *(fig.)* **to s. off**, scatenare; provocare; far esplodere.
spark (2) [spa:k], *n.* **1** *(raro)* bellimbusto; damerino; zerbinotto **2** *(arc.)* corteggiatore; innamorato **3** *(di solito,* **bright s.**; *spesso iron.)* tipo in gamba; furbacchione, furbo; drittone *(fam.).*
to spark (2) [spa:k], *(raro)* **A** *v. i.* fare il bellimbusto. **B** *v. t.* corteggiare; far la corte a.
sparking ['spa:kiŋ], *n. (elettr.)* scintillamento. ● *(autom., elettr.)* **s. plug**, candela (d'accensione) □ *(mecc.)* **s.-plug point**, puntina di candela.
sparkish ['spa:kiʃ], *a. (raro)* **1** azzimato; elegante **2** vivace; galante.
to sparkle ['spa:kl], *v. i.* **1** scintillare; sfavillare; luccicare: **The jewels sparkled in the moonlight**, i gioielli scintillavano al chiaro di luna; **Her eyes sparkled with joy**, gli suoi occhi le sfavillavano di gioia **2** *(di vino)* essere effervescente; spumeggiare **3** *(fig.)* essere brioso (*o* vivace).
sparkle ['spa:kl], *n.* **1** scintillio; sfavillio; luccichio; lustro; splendore **2** scintilla; favilla **3** *(di vino)* effervescenza **4** *(fig.)* brio; vivacità; animazione.
sparkler ['spa:klə*], *n.* **1** oggetto scintillante, luccicante **2** *(pop.)* diamante **3** stella filante *(fuoco d'artifizio)* **4** *(pl., fam.)* occhi sfavillanti.
sparklet ['spa:klit], *n.* piccola scintilla.
sparkling ['spa:kliŋ], *a.* **1** scintillante; sfavillante; che brilla; raggiante; splendente: **s. eyes**, occhi che brillano **2** *(di vino)* spumeggiante; spumante; effervescente **3** *(fig.)* brioso; vivace; animato. ● **s. water**, acqua di selz □ **s. wine**, spumante.
sparks [spa:ks], *n. (fam.)* **1** elettricista **2** radiotelegrafista; marconista.
sparling ['spa:liŋ], *n. (pl.* **sparling, sparlings)** *(zool., Osmerus eperlanus)* sperlano.
sparrow ['spærou], *n. (zool., Passer)* passero. ● *(arc.)* **s.-bill**, *V.* **sparable** □ *(dial.)* **s.-grass**, asparago □ *(zool.)* **s.-hawk** *(Accipiter nisus)*, sparviere □ **house-s.**, passero comune □ **young s.**, passerotto.
sparry ['spa:ri], *a. (miner.)* spatico; simile a spato; ricco di spato.
sparse [spa:s], *a.* **1** sparso; scarso: **s. population**, popolazione sparsa **2** rado: **a s. vegetation**, una vegetazione rada.
sparseness ['spa:snis], **sparsity** ['spa:siti], *n.* scarsità; radezza.
Spartacist ['spa:təsist], *n. (stor.)* spartachista.
Spartan ['spa:tən], *a. e n. (stor.)* spartano *(anche fig.):* **S. endurance**, resistenza *(o* forza di sopportazione) spartana.
spasm ['spæzəm], *n.* **1** *(med.)* spasmo **2** accesso; attacco: **a s. of rage**, un violento accesso d'ira. ● **a s. of fear**, un forte spavento □ **a s. of pain**, un dolore acuto.
spasmodic(al) [spæz'mɔdik(əl)], *a.* **1** *(med.)* spasmodico: **s. asthma**, asma spasmodica **2** convulso; intermittente: **s. efforts**, sforzi convulsi.
spasmolytic [,spæzmə'litik], *a. e n. (farm.)* spasmolitico.
spastic ['spæstik], *(med.)* **A** *a.* spastico; spasmodico. **B** *n.* spastico *(anche fig., pop. spreg.).*
spat (1) [spæt], *n. (collett.)* uova di molluschi *(specialm. di ostriche).*
to spat (1) [spæt], *v. i. (dei molluschi)* deporre le uova.
spat (2) [spæt], *n. (di solito al pl.)* ghetta; uosa corta.
spat (3) [spæt], *n.* **1** *(fam. USA)* bisticcio; battibecco; litigio **2** scappellotto; schiaffetto **3** spruzzo; schizzo **4** picchiettio.
to spat (2) [spæt], *v. i. e t.* **1** *(fam. USA)* bisticciare; battibeccare; litigare **2** schiaffeggiare; dare uno scappellotto (a q.) **3** picchiettare; crepitare.
spat (4) [spæt], *pass. e p. p.* di **to spit**.
spatchcock ['spætʃ-kɔk], *n. (cucina)* pollo *(o* volatile domestico) alla diavola.
to spatchcock ['spætʃ-kɔk], *v. t. (fam.)* inserire frettolosamente *(parole in un telegramma, ecc.);* interpolare *(specialm. a vanvera).*
spate [speit], *n.* **1** inondazione; piena: **The river is in s.**, il fiume è in piena **2** acquazzone **3** flusso; ondata: **a s. of words**, un flusso di parole **4** grande quantità; fiume *(fig.);* sacco *(fam.):* **a s. of road accidents**, un sacco d'incidenti stradali.
spathe [speið], *n. (bot.)* spata.
spathic ['spæθik], *a. (miner.)* spatico; sfaldabile; lamellare.
spatial ['speiʃəl], *a.* spaziale; di *(o* dello) spazio.
spatiality [,speiʃi'æliti], *n. (scient.)* spazialità.
to spatter ['spætə*], **A** *v. t.* **1** schizzare; spruzzare; cospargere; inzaccherare: **to s. paint over st.**, spruzzare vernice su q.c.; **A lorry spattered us with slush as it passed by**, un autocarro, passando, ci inzaccherò di neve mista a fango **2** macchiare *(fig.);* diffamare; denigrare. **B** *v. i.* **1** *(di liquido in ebollizione)* borbottare; schizzare (fuori) **2** gocciolare; cadere a gocce; *(di pioggia)* battere, picchiettare, scrosciare; *(di grandine, di pallottole, ecc.)* crepitare: **The rain was spattering down on my umbrella**, la pioggia batteva sul mio ombrello. ● **to s. sb. with slander**, gettare fango su q. *(fig.);* calunniare q.; diffamare q.
spatter ['spætə*], *n.* **1** schizzo; spruzzo: **a s. of mud**, uno schizzo di fango **2** pillacchera; zacchera **3** picchiettio: **the s. of the rain**, il picchiettio della pioggia. ● *(edil. USA)* **s. dash**, intonaco rustico □ **a s. of bullets**, una grandine di proiettili □ **a s. of rain**, due gocce d'acqua *(o* di pioggia).
spatterdashes ['spætə,dæʃiz], *n. (pl., stor.)* gambali; uose lunghe.
spatula ['spætjulə], *n. (arte, med., cucina, ecc.)* spatola.
spatular ['spætjulə*], **spatulate** ['spætjulit], *a. (biol.)* a forma di spatola; spatolato.
spavin ['spævin], *n. (vet.)* spavenio.
spavined ['spævind], *a. (di cavallo)* affetto da spavenio.
spawn [spɔ:n], *n.* **1** *(zool.: di pesci, di molluschi, ecc.)* uova **2** *(bot.: di funghi)* micelio **3** *(fig., spreg.)* discendenza; progenie; stirpe: **s. of the devil**, progenie del demonio.
to spawn [spɔ:n], **A** *v. t.* **1** *(zool., di pesci, molluschi, ecc.)* deporre *(le uova)* **2** *(spreg.)* generare; mettere al mondo **3** *(pop.)* produrre in gran quantità. **B** *v. i.* **1** *(zool., di pesci, ecc.)* deporre uova **2** *(spreg.)* figliare; procreare. ● **spawning time**, tempo della fregola *(per i pesci).*
to spay [spei], *v. t.* asportare le ovaie a; castrare *(una femmina d'animale).*
to speak [spi:k] *(pass.* **spoke**, *p. p.* **spoken**), **A** *v. i. e t.* **1** parlare; discorrere; conversare; tenere *(o* fare) un discorso: **He speaks Chinese fluently**, parla correntemente il cinese; **I will s. to him about it**, gliene parlerò io; **to s. on the telephone**, parlare al telefono; **They're not speaking to each other**, non si parlano (più) **2** dire; esprimere; pronunziare: **to s. the truth**, dire la verità; **to s. one's mind**, dire quel che si pensa; parlar chiaro; **He only spoke a few words**, pronunziò soltanto poche parole; **He speaks the sentiments of us all**, egli esprime i sentimenti di tutti noi **3** contare; valere; esser probante: **Actions s. louder than words**, i fatti contano più delle parole **4** dimostrare; esser prova di; testimoniare: **His friend spoke for him at the trial**, il suo amico testimoniò a suo favore al processo; **His conduct speaks him generous**, la sua condotta dimostra la sua generosità; **This speaks a little mind**, ciò è prova di piccolezza d'animo **5** *(di strumento musicale)* emettere un suono; suonare **6** *(di animali, armi da fuoco, ecc.)* far sentire la propria voce **7** *(naut.)* comunicare con; fare segnali a: **to s. a passing ship**, comunicare *(per mezzo di segnali)* con una nave che s'incrocia **8** *(teatr.)* recitare: **to s. a piece**, recitare una pièce (teatrale) **9** dire; significare: **Pop art doesn't really s. to me**, l'arte pop non mi dice niente. **B** *verbi composti* **1** **to s. for**, parlare a nome di (q.); testimoniare, esser prova di (q.c.) □ **to s. for oneself**, parlare a nome proprio *(o* per sé). **2** **to s. out**, parlare a voce alta, parlar forte; parlar chiaro *(o* franco, schietto, fuori dei denti). **3** **to s. to**, attestare, testimoniare che: **I can s. to his having been there**, posso testimoniare ch'egli era presente □ **to s. to sb.**, parlare con q.; conversare con q. □ **to s. to the point**, non uscire dal seminato; restare in argomento **4** **to s. up**, *V.* **to s. out** □ **to s. up against (for) sb.**, parlare a sfavore (in favore) di q. ● **to s. by the card**, essere preciso nel parlare; parlare in punta di forchetta □ **to s. highly of sb.**, parlar bene di q. □ **to s. like a book**, parlare come un libro stampato □ **to s. of**, degno del nome; vero e proprio: **No crisis to s. of, only a few quarrels**, non una crisi vera e propria; soltanto qualche lite □ **to s. sense**, parlare sensatamente □ **to s. to the subject**, restare in argomento □ **to s. well for (o to s. volumes for)**, tornare a credito di; testimoniare *(o* dimostrare) ampiamente □ **to s. without book**, citare *(fatti, cifre, ecc.)* a memoria □ **to s. words of wisdom**, dire parole di grande saggezzza □ **speaking of**, a proposito di □ **spoken English**, l'inglese parlato □ **English (is) spoken (here)**, qui si parla inglese □ **generally speaking**, in generale; in senso lato □ **a good speaking voice**, una bella voce; una voce piacevole □ **legally speaking**, dal punto di vista legale □ **nothing to s. of**, niente degno d'esser menzionato; nulla d'importante □ **roughly speaking**, all'incirca; press'a poco □ **so to s.**, per così dire □ **strictly speaking**, a rigore; per essere precisi; (parlando) in senso stretto □ **The girl's look spoke volumes**, lo sguardo della ragazza era assai eloquente.
speak-easy ['spi:k,i:zi], *n. (pop. USA; un tempo)* bettola illegale; spaccio d'alcolici clandestino *(durante il Proibizionismo).*
speaker ['spi:kə*], *n.* **1** chi parla; parlatore; dicitore; oratore; parlante: **a good s.**, un buon oratore; **a good s. of English**, un buon parlante inglese **2** – *(polit.)* **the S.**, il Presidente della Camera dei Comuni; *(USA)* il Presidente della Camera dei Rappresentanti *(al vocat.,* **Mr S.**, Signor Presidente) **3** *(anche* **loud s.)** altoparlante **4** cassa acustica.
speakership ['spi:kəʃip], *n. (polit.)* presidenza; carica *(o* ufficio) di presidente *(della Camera).*
speaking ['spi:kiŋ], **A** *n.* **1** il parlare; parola; discorso **2** eloquenza; oratoria. **B** *a.* parlante *(anche fig.):* **a s. portrait**, un ritratto parlante. ● **a s. acquaintance**, una persona con la quale si parla (che si conosce non soltanto di vista) □ **a s. appearance**

spear

of grief, un'eloquente dimostrazione di dolore □ (*tel.*) **the s. clock**, (il servizio dell') ora esatta (*in G.B.*) □ **s. trumpet**, cornetto acustico □ **s. tube**, portavoce (a tubo) □ **to have a s. aquaintance with sb.**, conoscere q. tanto da parlargli (non soltanto di vista) □ **not to be on speaking terms with sb.**, conoscere q. solo di vista; (*anche*) non essere più in buoni rapporti con q. □ **within s. range**, a portata di voce.

spear [spiə*], *n.* **1** lancia; asta; picca **2** (*anche* **fishing s.**) arpione; fiocina **3** (*pl.*, *bot.*) spine **4** (*poet.*) *V.* **spearman 5** (*zool.*) pungiglione; aculeo. ● (*fig.*, *lett.*) **s. side**, linea (genealogica) maschile: **on the s. side**, da parte di padre.

to spear [spiə*], **A** *v. t.* **1** colpire (*o* ferire, uccidere) con la lancia; trafiggere **2** fiocinare, arpionare (*un pesce*) **3** infilare, infilzare. **B** *v. i.* (*fam.*) procedere a grande velocità.

spearhead ['spiəhed], *n.* **1** punta della lancia **2** (*mil.*) reparto d'assalto **3** (*fig.*) gruppo d'assalto; punta avanzata. ● (*mil.*) **atomic s.**, testata atomica.

to spearhead ['spiəhed], *v. t.* **1** (*mil.*) essere in testa a; condurre; esser la testa di colonna di (*un esercito*): **The marines spearheaded the attack**, la fanteria da sbarco condusse l'attacco **2** (*fig.*) capeggiare; fare da punta avanzata a: **He spearheaded the opposition**, capeggiava l'opposizione.

spearman ['spiəmən], *n.* (*pl.* **spearmen**) (*stor.*) milite astato; soldato armato di picca; picca (*fig.*).

spearmint ['spiəmint], *n.* (*bot.*, *Mentha spicata*) menta verde.

spec [spek], *n.* (*abbr. fam. di* **speculation**) speculazione; affare: **on s.**, per fare una speculazione; per motivi speculativi.

special ['speʃəl], **A** *a.* speciale; particolare; straordinario: **a s. correspondent**, un inviato speciale; (*ferr.*) **a s. train**, un treno straordinario; **a s. favour**, un favore particolare; **s. edition**, edizione straordinaria; **my s. dislike**, la mia antipatia particolare (*o* più spiccata); **s. instructions**, istruzioni particolari. **B** *n.* **1** edizione straordinaria **2** (*ferr.*) treno speciale **3** tutore (volontario) dell'ordine **4** esame speciale **5** (*telev.*) speciale; special: **a TV s.**, uno speciale televisivo **6** (*fam. USA*) occasione: (*di un prodotto*) **to be on s.**, essere venduto a un prezzo d'occasione. ● **s. case**, caso speciale □ **s. constable**, tutore (volontario) dell'ordine □ (*posta*) **s.-delivery letter**, espresso □ **s.-delivery service**, servizio di consegna per espresso □ (*fin.*) **Special Drawing Rights** (*abbr.* **S. D. R.s**), diritti speciali di prelievo; oro-carta □ **a s. friend of mine**, uno dei miei amici più cari □ **s. hospital**, clinica □ **s. legislation**, leggi speciali □ (*relig.*) **s. licence**, licenza speciale □ (*giornalistico*) **s. number**, numero unico □ (*fin.*) **s. partner**, socio accomandante □ (*fin.*) **s. partnership**, società in accomandita semplice □ (*comm.*) **s. price**, prezzo di favore □ (*cinem.: nei titoli*) **s. star...**, con la partecipazione straordinaria di... (*segue il nome dell'attore o dell'attrice*) □ **as a s. favour**, in via del tutto eccezionale □ **to take s. trouble** (**to**), darsi un gran da fare (per); aver particolare cura (di) □ **Biology is my s. subject**, mi specializzo in biologia □ **Do you want any s. wine?**, c'è un vino particolare che tu voglia? □ **What is your s. work?**, che genere di lavoro fai?

specialism ['speʃəlizm], *n.* l'essere uno specialista; specializzazione.

specialist ['speʃəlist], *n.* specialista: (*med.*) **an ear s.**, uno specialista delle malattie delle orecchie; un otorinolaringoiatra. ● **a s. in gynecology**, un ginecologo □ **a heart s.**, un cardiologo.

specialistic [,speʃə'listik], *a.* specialistico.

speciality [,speʃi'æliti], *n.* **1** specialità; prodotto speciale **2** studio speciale; oggetto di specializzazione **3** specialità caratteristica; particolarità.

specialization [,speʃəlai'zeiʃən], *n.* (*anche biol.*) specializzazione.

to specialize ['speʃəlaiz], **A** *v. t.* **1** specializzare **2** specificare; esporre nei particolari; dettagliare: **S. your accusations!**, specificate le accuse! **3** (*anche biol.*) adattare, trasformare, modificare, specializzare (*per un uso particolare*): **A cock's spurs are toes specialized for fighting**, gli sproni del gallo sono dita trasformate e adattate al combattimento. **B** *v. i.* **1** specializzarsi, essere specializzato (in q.c.) **2** (*biol.*) adattarsi; differenziarsi.

specialized ['speʃəlaizd], *a.* **1** specializzato (*anche biol.*); specialistico **2** speciale; straordinario. ● (*tel.*) **s. services**, servizi ausiliari e speciali.

specially ['speʃəli], *avv.* **1** specialmente **2** appositamente; di proposito; apposta: **The President went to the airport s. to meet his guest**, il Presidente si recò all'aeroporto appositamente per ricevere l'ospite **3** (*nelle risposte*) in modo particolare: «**Do you want to watch TV?**» «**Not s.**», «vuoi guardare la tivù?» «non in modo particolare (*o* non proprio)».

specialty ['speʃəlti], *n.* **1** (*USA*) *V.* **speciality 2** (*leg.*) contratto solenne. ● **s. dealer**, rivenditore specializzato □ **s. goods**, specialità; prodotti speciali □ **s. shops**, negozi specializzati.

specie ['spi:ʃi:], *n.* (*fin.*) moneta metallica; numerario. ● **in s.**, (*fin.*) in moneta metallica; (*leg.*) in natura, (*anche*) nel modo specificato □ (*fin.*, *comm.*) **payment in s.**, pagamento in moneta metallica.

species ['spi:ʃi:z], *n.* (*invar. al pl.*) **1** (*biol.*, *filos.*, *reiig.*) specie **2** specie; sorta; genere; qualità; tipo: **various s. of people**, gente d'ogni qualità; **our s.**, il genere umano; **He had a s. of cunning**, c'era in lui una sorta d'astuzia; **Kidnapping is the most hateful s. of crime**, il sequestro di persona è il genere di delitto più odioso.

specifiable ['spesifaiəbl], *a.* specificabile.

specific [spi'sifik], **A** *a.* **1** specifico (*anche fis.*); preciso; esatto: **a s. statement**, una dichiarazione specifica; (*mecc.*) **s. weight**, peso specifico; **a s. remedy** (*o* **a s. medicine**), un rimedio specifico; **s. orders**, ordini precisi, tassativi; **for no s. reason**, senza un preciso motivo; **the s. name of a plant**, il nome esatto (*o* scientifico) di una pianta **2** caratteristico; peculiare; particolare: **That writer has a s. style**, quello scrittore ha uno stile caratteristico; **a style s. to that school of painters**, lo stile peculiare di quella scuola di pittura; (*leg.*) **s. legacy**, legato particolare. **B** *n.* **1** (*farm.*) (rimedio) specifico **2** (*pl.*) particolari; dettagli. ● (*biol.*) **s. difference**, caratteristica che differenzia una specie da un'altra □ **the s. forms of animals**, le varie specie animali □ (*mecc.*) **s. gravity**, densità relativa □ (*leg.*) **s. lien**, privilegio speciale □ (*ass.*) **s. rate**, tariffa tabellare □ **s. use of a word**, uso speciale d'una parola.

specification [,spesifi'keiʃən], *n.* **1** specificazione; descrizione particolareggiata **2** (*pl.*; *ind.*, *edil.*, *ecc.*) specifiche; norme; capitolato **3** (*leg.*) specificazione (*modo di acquisto della proprietà per trasformazione della materia per mezzo del lavoro*) **4** (*leg.*) descrizione dell'invenzione (*in un brevetto*) **5** (*pl.*) istruzioni, spiegazioni (*per costruire q.c.*, *ecc.*) **6** (*pl.*; *di macchinario*, *ecc.*) norme di funzionamento **7** (*pl.*, *di una macchina*) caratteristiche; dati caratteristici; scheda tecnica **8** (*naut.*) dichiarazione d'imbarco. ● **the s. of materials**, la distinta (*o* descrizione quantitativa) dei materiali.

specificity [,spesi'fisiti], **specificness** [spə'sifikni s], *n.* specificità.

to specify ['spesifai], *v. t.* **1** specificare; descrivere (*o* dichiarare, menzionare) nei particolari; particolareggiare; indicare esattamente: **He specified the reasons for their failure**, indicò esattamente le cause del loro insuccesso **2** (*edil.*) indicare (*o* includere) nel capitolato: **A hand-rail had not been specified**, la ringhiera non era stata inclusa nel capitolato **3** (*leg.*) fissare, stabilire (*come condizione*).

specimen ['spesimin], *n.* **1** campione; esemplare; modello; saggio; specimen: **specimens of iron ore**, campioni di minerale ferroso; **thousands of specimens of insects**, migliaia d'esemplari d'insetti; **a s. of his skill**, un saggio della sua abilità **2** (*fam.*) (tipo) originale **3** (*fam.*, *spreg.*) individuo; tipo: **He's a queer s.**, è un tipo strano **4** (*scient.*) provino. ● **s. copy**, copia (*di libro*) in saggio □ (*banca*) **the s. of a signature**, il facsimile d'una firma □ (*tipogr.*) **s. page**, pagina di prova.

speciosity [,spi:ʃi'ɔsiti], **speciousness** ['spi:ʃəsnis], *n.* speciosità; capziosità.

specious ['spi:ʃəs], *a.* specioso; capzioso: **a s. argument**, un argomento specioso.

speck [spek], *n.* **1** macchiolina; puntino; piccolo segno: **The stranger was a s. on the horizon**, il forestiero era una macchiolina all'orizzonte **2** corpuscolo; particella; granello: **a s. of dust**, un granello di polvere **3** (*fig.*) briciolo; pezzetto: **not a s. of truth**, non un briciolo di verità.

to speck [spek], *v. t.* macchiettare; segnare con puntini.

speckle ['spekl], *n.* **1** chiazza; macchietta; macchiolina; puntino **2** (*ottica*) granulosità.

to speckle ['spekl], *v. t.* chiazzare; macchiettare; picchiettare. ● **a speckled cat**, un gatto dal pelo maculato □ **speckled wood**, legno venato (*o* marezzato).

speckless ['spekli s], *a.* (*spesso fig.*) senza macchia; immacolato.

specs [speks], *n. pl.* (*abbr. fam. di:*) **1 spectacles**, occhiali **2 specifications**, *V. sotto* **specification**.

spectacle ['spektəkl], *n.* **1** spettacolo; vista; scena: **The northern lights made quite a s.**, l'aurora boreale era uno spettacolo magnifico; **a sad s.**, una vista dolorosa **2** (*pl.*) occhiali: **a pair of spectacles**, un paio di occhiali. ● **s. case**, astuccio per occhiali □ **to make a s. of oneself**, dare spettacolo; farsi ridere dietro □ **to put on one's spectacles**, inforcare gli occhiali □ (*fig.*) **to see everything through rose-coloured spectacles**, veder tutto rosa; essere ottimista.

spectacled ['spektəkld], *a.* che porta gli occhiali; occhialuto.

spectacular [spek'tækjulə*], **A** *a.* spettacoloso; spettacolare; straordinario. **B** *n.* **1** rappresentazione (*o* film, ecc.) spettacolare **2** grande tabellone pubblicitario.

spectator [spek'teitə*], *n.* spettatore; astante.

specter ['spektə*], (*USA*) *V.* **spectre**.

spectral ['spektrəl], *a.* **1** spettrale; di spettro **2** (*fis.*) dello spettro; spettrale: **s. analysis**, analisi spettrale.

spectre ['spektə*], *n.* **1** spettro; fantasma **2** (*fig.*) spettro: **the**

s. of atomic war, lo spettro della guerra atomica. ● (*zool.*) **s.--bat** (*Vampyrum spectrum*), vampiro □ (*zool.*) **s.-lemur** (*Tarsius*), tarsio.

spectrogram ['spektrougræm], *n.* (*fis.*) spettrogramma.
spectrograph ['spektrougra:f], *n.* (*fis.*) spettrografo (*strumento*).
spectrographic [,spektrou'græfik], *a.* (*fis.*) spettrografico.
spectrography [spek'trɔgrəfi], *n.* (*fis.*) spettrografia.
spectroheliograph [,spektrou'hi:liougra:f], *n.* (*astron.*) spettroeliografo.
spectrometer [spek'trɔmitə*], *n.* (*fis.*) spettrometro.
spectroscope ['spektrəskoup], *n.* (*fis.*) spettroscopio.
spectroscopic(al) [,spektrəs'kɔpik(əl)], *a.* (*fis.*) spettroscopico.
spectroscopist [spek'trɔskəpist], *n.* esperto di spettroscopia.
spectroscopy [spek'trɔskəpi], *n.* (*fis.*) spettroscopia.
spectrum ['spektrəm], *n.* (*pl.* **spectra, spectrums**) (*fis.*) spettro: **solar s.**, spettro solare. ● **s. analysis**, analisi spettrale □ **diffraction s.**, spettro di diffrazione □ **ocular s.**, spettro visibile.
specular ['spekjulə*], *a.* (*anche scient.*) speculare: **s. surface**, superficie speculare; (*ottica*) **s. reflector**, riflettore speculare.
to speculate ['spekjuleit], *v. i.* **1** (*fin.*) speculare; fare speculazioni: **to s. in stocks**, speculare in titoli; **to s. on the Stock Exchange**, fare speculazioni in Borsa **2** congetturare; fare ipotesi **3** speculare; considerare; meditare; riflettere: **to s. on** (*o* **about**) **a subject**, meditare su un argomento.
speculation [,spekju'leifən], *n.* **1** (*fin.*) speculazione: **He was ruined by an unlucky s.**, andò in rovina per una speculazione sbagliata **2** speculazione; meditazione; congettura; ipotesi: **philosophical speculations**, speculazioni filosofiche. ● **I bought the house as a s.**, comprai la casa per fare un affare.
speculative ['spekjulətiv], *a.* **1** (*fin.*) speculativo; speculatorio; (*d'affare*) rischioso: **s. manoeuvres**, manovre speculative **2** ipotetico; congetturale **3** speculativo; di speculazione; meditativo. ● (*filos.*) **s. philosophy**, filosofia teoretica □ (*fin.*) **a s. trader**, uno speculatore.
speculativeness ['spekjulətivnis], *n.* l'essere speculativo, ipotetico, meditativo (*V.* **speculative**).
speculator ['spekjuleitə*], *n.* speculatore (*specialm. nel senso fin.*).
speculum ['spekjuləm], *n.* (*pl.* **specula, speculums**) **1** (*med.*) specolo; speculum **2** (*astron.*) specchio (*specialm. per telescopi*) **3** (*zool.*) ocello. ● (*metall.*) **s. alloy**, bronzo per specchi.
sped [sped], *pass.* e *p. p.* di **to speed**.
speech [spi:tʃ], *n.* **1** (il) parlare: **S. was hardly possible with the noise from the one-arm bandits**, era quasi impossibile parlare per il rumore delle macchine mangiasoldi **2** favella; parola: **He lost his s.**, perse la parola **3** linguaggio; lingua; favella: **a musical s.**, una lingua musicale **4** modo di parlare; parlata: **a clear s.**, un modo chiaro (*o* ben comprensibile) di parlare; **Southern s.**, la parlata (*o* l'accento) del sud (*in USA*) **5** discorso; orazione; arringa: **a set s.**, un discorso preparato; **an extempore s.**, un discorso improvvisato; **to make** (*o* **to deliver**) **a s.**, fare (*o* tenere) un discorso; fare un'orazione (*o* un'arringa) **6** (*linguistica*) «parole» **7** (*teatr.*) monologo. ● **s. area**, area linguistica □ **s. community**, comunità linguistica □ (*nelle scuole inglesi*) **s. day**, giorno della distribuzione dei diplomi e dei premi □ (*med.*) **s. defect** (*o* **s. disorder**), difetto di pronunzia; disturbo del linguaggio (*balbuzie e simili*) □ (*fis., radio*) **s. frequency**, frequenza vocale (*o polit.*) **s. from the throne**, discorso della Corona □ (*elettron.*) **s. machine**, macchina parlante □ **s.-maker**, oratore □ (*anat.*) **s. organs**, organi della fonazione □ **s.-reading**, interpretazione delle parole dal movimento delle labbra (*da parte dei sordi*) □ **s. therapist**, fonoiatra □ (*med.*) **s. therapy**, cura dei disturbi del linguaggio □ **s. training**, esercizio di dizione □ **a college course in s.**, un corso universitario d'oratoria □ (*gramm.*) **figure of s.**, figura retorica □ **free s.**, libertà di parola □ **to be slow of s.**, essere lento nel parlare □ (*prov.*) **S. is silver; silence is golden**, la parola è d'argento, il silenzio è d'oro.
speechification [,spi:tʃifi'keiʃən], *n.* **1** (*per lo più iron.*) il fare discorsi in pubblico; concione; sproloquio.
speechifier ['spi:tʃifaiə*], *n.* chi ha la mania di far discorsi in pubblico; oratore da strapazzo.
to speechify ['spi:tʃifai], *v. i.* (*per lo più iron.*) far discorsi in pubblico; concionare; sproloquiare.
speechless ['spi:tʃlis], *a.* **1** che non ha il dono della favella; che non parla **2** senza parola; ammutolito; muto: **to be struck s.**, restare senza parola; ammutolire; **He was s. with fear**, era muto per il terrore **3** indicibile; inesprimibile: **s. terror**, terrore indicibile. ● **s. rage**, collera muta.
speechlessness ['spi:tʃlisnis], *n.* **1** l'essere senza la parola **2** il restare senza parola; l'ammutolire **3** mutismo.
speed [spi:d], *n.* **1** velocità; celerità; rapidità; destrezza; sveltezza: **What was your s.?**, che velocità tenevi?; **s. limit**, limite (*massimo*) di velocità; **We travelled at full s.**, viaggiavamo a tutta velocità

2 (*mecc.*) marcia: **This car has five forward speeds**, quest'automobile ha cinque marce avanti; **a six-s. bike**, una bicicletta con il cambio a sei marce **3** (*fotogr.*) tempo d'esposizione **4** (*gergo*) droga stimolante (*amfetamina, ecc.*). ● (*gergo*) **s.-ball**, miscela di cocaina ed eroina □ (*naut.*) **s.-boat**, motoscafo da corsa □ (*pop.*) **s. cop**, agente della polizia stradale □ (*mecc.*) **s.-counter**, contagiri □ (*gergo*) **s. freak**, chi fa abuso di amfetamine □ **s. indicator**, tachimetro □ **a s. maniac**, un maniaco della velocità □ (*sport*) **s. track**, pista, circuito (*specialm. per motociclette*) □ (*autom.*) **s. trap**, punto (della strada) soggetto a speciale controllo della polizia stradale □ (*autom.*) **s.-trap device**, apparecchio per scoprire le infrazioni per eccesso di velocità □ **a s.-up**, un'accelerazione; uno sveltimento (*nella lavorazione, nella produzione, ecc.*) □ **at top s.**, a rotta di collo; di gran carriera; di volata □ (*naut., aeron.*) **cruising s.**, velocità di crociera □ (*autom. USA*) «**End (of) s. zone**», «fine del limite di velocità» (*cartello*) □ (*mecc.*) **first** (**second, etc.**) **s.**, prima (seconda, ecc.) velocità □ (*autom.*) **five-s.**, a cinque marce; con la quinta (marcia) □ (*naut.*) **full s.**, tutta forza □ (*naut.*) **submerged s.**, velocità di navigazione in immersione □ **with all s.**, in tutta fretta □ (*prov.*) **More haste, less s.**, chi ha fretta vada adagio (*cfr. lat.* «*Festina lente*»).
to speed [spi:d] (*pass.* e *p. p.* **sped**, *nella def.* 6 **speeded**), *v. t.* e *i.* **1** andare a tutta velocità (*o* a velocità eccessiva) (*in automobile, ecc.*); superare il limite: **Was I really speeding?** ho davvero superato il limite (di velocità)? **2** affrettarsi, affrettare il passo: (*lett.*) **The traveller sped down the street**, il viandante affrettò il passo lungo la strada **3** (*anche* **to s. up**) accelerare; aumentare la velocità; sveltire: (*econ.*) **to s. up production**, accelerare la produzione; **to s. up the engine**, accelerare la velocità del motore; **to s. up traffic**, sveltire il traffico **4** (*arc.*) accomiatare; accomiatarsi da; salutare: **to s. a parting guest**, salutare un ospite che parte. **5** (*arc.*) aver fortuna (*o* successo); rendere felice (*o* prospero); assistere: **God s. you**, Dio t'assista! **6** (*mecc.*) regolare la velocità di (*un motore*); fare andare a velocità costante. ● **to s. away**, allontanarsi a tutta velocità.
speeder ['spi:də*], *n.* **1** chi guida a velocità eccessiva **2** (*mecc.*) regolatore della velocità **3** (*ferr.*) carrello di servizio.
speediness ['spi:dinis], *n.* **1** velocità; celerità; rapidità; sveltezza **2** prontezza; premura; sollecitudine.
speeding ['spi:diŋ], *n.* **1** (*autom.*) (l') andare forte; guida veloce **2** (*autom., leg.*) eccesso di velocità: **The motorist was fined for s.**, l'automobilista fu multato per eccesso di velocità. ● (*leg.*) **s. charge**, accusa d'infrazione dei limiti di velocità □ **a s.-up**, un'accelerazione; uno sveltimento (*della produzione, ecc.*) □ (*autom.*) **s. ticket**, multa per eccesso di velocità.
speedo ['spi:dou], (*fam.*) *V.* **speedometer**.
speedometer [spi'dɔmitə*], *n.* (*autom., mecc.*) **1** tachimetro **2** contachilometri.
speedster ['spi:dstə*], *n.* **1** chi guida a velocità eccessiva **2** veicolo da corsa; auto veloce (*o* sportiva).
speedway ['spi:d-wei], *n.* **1** (*sport, USA*) pista, circuito (*per corse automobilistiche*); autodromo **2** (*sport*) pista, circuito (*per corse motociclistiche*); motodromo **3** (*USA*) autostrada; superstrada.
speedwell ['spi:d-wel], *n.* (*bot., Veronica officinalis*) veronica.
speedy ['spi:di], *a.* **1** veloce; celere; rapido; svelto: **a s. close**, una rapida conclusione **2** pronto; sollecito; spiccio: **a s. reply**, una risposta sollecita; **a s. recovery**, una pronta guarigione.
spel(a)ean [spi'li:ən], *n.* **1** di caverna; speleo **2** cavernicolo.
spel(a)eological [,spi:liə'lɔdʒikəl], *a.* speleologico.
spel(a)eologist [,spi:li'ɔlədʒist], *n.* speleologo.
spel(a)eology [,spi:li'ɔlədʒi], *n.* speleologia.
spelican ['spelikən], *V.* **spillikin**.
spell (1) [spel], *n.* **1** formula magica; parola magica **2** influsso magico; incantesimo; sortilegio; (*anche fig.*) fascino, malia, incanto: **to be under a s.**, essere sotto un influsso magico; **to break the s.**, rompere l'incanto. ● **to cast a s. on sb.**, fare un incantesimo a q.; stregare q.
to spell (1) [spel] (*pass.* e *p. p.* **spelt**, *specialm. USA* **spelled**), **A** *v. t.* **1** compitare; pronunziare; scrivere (*lettera per lettera*): **How do you s. this difficult word?**, come si scrive questa parola difficile?; **I'll s. it for you**, te la compiterò; te la scomporrò in lettere **2** (*di lettere*) formare, dare (*una certa parola*): **D-O-G spells «dog»**, le lettere D-O-G danno la parola «dog» **3** (*fig.*) comportare; significare; voler dire; avere come risultato: **That change spelled ruin for him**, quel cambiamento significò (*o* fu) la sua rovina **4** (*di solito* **to s. out**) leggere con difficoltà; decifrare: **to s. out a page of Greek**, decifrare una pagina di greco. **B** *v. i.* scrivere (*lettera per lettera*); (*specialm.*) scrivere correttamente: **I wish you would learn to s.**, vorrei proprio che tu imparassi a scrivere correttamente (*senza errori ortografici*). ● **to s. backward**, compitare all'indietro, leggere a rovescio (*una parola*) lettera per lettera; (*fig.*) fraintendere, falsare il significato di □

spell (2)

to s. out, compitare; (*fig.*) spiegare nei dettagli più elementari: **to s. out a request**, spiegare per filo e per segno una richiesta □ **to s. over**, compitare; leggere con difficoltà; decifrare.
spell [spel], *n.* **1** turno (*di lavoro, di servizio, ecc.*): **His s. as a sentry was a short one**, il suo turno di sentinella fu breve **2** intervallo; periodo (di tempo): **a fine s.**, un periodo di bel tempo; **a long s. of unemployment**, un lungo periodo di disoccupazione **3** (*fam.*) accesso; attacco; indisposizione; malessere: **a s. of coughing**, un attacco di tosse. ● **a cold s.**, un'ondata di freddo □ **to do a s. of carpentering**, fare un lavoretto di falegnameria □ **Wait (for) a s.!**, aspetta un momento!
to spell (2) [spel], A *v. t.* **1** (*specialm. USA*) sostituire (*q. nel lavoro*); dare il cambio a (q.) **2** (*australiano*) dare un periodo di riposo a (q.). B *v. i.* **1** lavorare a turno **2** (*australiano*) riposare un poco.
to spellbind ['spelbaind], (*pass.* e *p. p.* **spellbound**), *v. t.* affascinare; incantare; ammaliare.
spellbinder ['spel‚baində*], *n.* (*fam.*) oratore che affascina l'uditorio; incantatore, incantatrice.
spellbound ['spelbaund], *a.* affascinato; incantato; ammaliato.
speller ['spelə*], *n.* **1** chi compita **2** sillabario. ● **a bad s.**, uno che fa molti errori d'ortografia.
spelling ['speliŋ], *n.* **1** scomposizione in lettere; compitazione **2** grafia; scrittura; ortografia. ● **s. bee**, gara d'ortografia □ **s. book**, sillabario; abbecedario □ **s. mistake**, errore d'ortografia □ **another s. of the same word**, una variante ortografica □ **I'll give you the s.**, ora vi detterò la parola pronunciando una lettera alla volta □ **His s. is rather weak**, è un po' debole in ortografia.
spelt (1) [spelt], *pass.* e *p. p.* di **to spell (1)**.
spelt (2) [spelt], *n.* (*bot.*, *Triticum spelta*) spelta; farro.
spelter ['speltə*], *n.* (*comm.*) zinco (*specialm. in lingotti*).
spelunker [spi'lʌŋkə], *n.* (*sport*) speleologo (dilettante).
spencer ['spensə*], *n.* giacchetta (*per lo più di lana*); giubbotto.
Spencerian [spen'siəriən], *a.* (*filos.*) spenceriano (V. **Spencerianism**).
Spencerianism [spen'siəriənizəm], **Spencerism** ['spensərizəm], *n.* filosofia spenceriana (*di H. Spencer: 1820-1903*).
to spend [spend] (*pass.* e *p. p.* **spent**), A *v. t.* e *i.* **1** spendere; (*fig.*) adoperare, consumare, impiegare; passare, trascorrere: **She spends all her money on clothes**, spende tutto il suo denaro in vestiti; **to s. one's breath** (**strength, etc.**), spendere il fiato (le proprie forze, ecc.); **I spent my holidays in Greece**, passai le vacanze in Grecia; **You could s. your time in a better way**, potresti spendere meglio il tuo tempo; **He spends his energy quickly**, consuma in fretta le sue energie **2** (*naut.*) perdere (*un albero, il timone, ecc.*). **to spend oneself** B *v. rifl.* consumarsi, esaurirsi; finire: **The tornado soon spent itself**, il tornado finì in breve tempo. ● (*del vento, ecc.*) **to s. one's force**, esaurire la propria violenza; placarsi □ **to s. one's holidays**, villeggiare □ (*fam.*) **to s. a penny** andare al gabinetto; fare pipì □ **to s. profusely**, spendere e spandere; sperperare □ (*fig.*) **to be spent**, (*di persona*) essere esausto, esausto; (*di cosa*) esaurirsi, finire, placarsi: **His fury was soon spent**, la sua furia non tardò a placarsi.
spendable ['spendəbl], *a.* spendibile.
spender ['spendə*], *n.* **1** chi spende **2** (*specialm.* **big s.**) spendaccione, spendacciona; scialacquatore, scialacquatrice.
spending ['spendiŋ], *n.* spesa; spese. ● **s. cut-backs**, riduzione nelle spese □ **s. money**, denaro per le piccole spese; paghetta (*fam.*).
spendthrift ['spendθrift], A *n.* spendaccione, spendaccione, scialacquatore, scialacquatrice. B *a.* spendereccio, prodigo; scialacquatore.
Spenserian [spen'siəriən], *a.* (*letter.*) spenseriano (*di E. Spenser*): **s. stanza**, strofe (di stanza) spenseriana (*un'ottava più un alessandrino: a b a b b c b c c*).
spent [spent], A *pass.* e *p. p.* di **to spend**. B *a.* **1** esausto; stremato; sfinito **2** esaurito; consumato **3** (*di proiettile*) esploso **4** (*zool.*) svuotato (*delle uova*). ● (*zool.*) **a s. herring**, un'aringa che ha deposto le uova □ (*sport*) **a s. runner**, un corridore esausto □ **The storm is s.**, la tempesta è passata.
sperm (1) [spə:m], *n.* (*pl.* **sperms, sperm**) (*biol.*) **1** sperma **2** spermatozoo; spermio.
sperm (2) [spə:m], *n.* **1** (*anche* **s.-whale**; *zool.*, *Physeter macrocephalus*) capodoglio **2** (*chim.*) spermaceti; bianco di balena. ● **s. oil**, olio di spermaceti.
spermaceti [‚spə:mə'seti], *n.* (*pl.* **spermacetis**) (*chim.*) spermaceti; bianco di balena.
spermary ['spə:məri], *n.* (*biol.*) organo produttore di sperma; gonade maschile.
spermatic [spə'mætik], *a.* (*biol.*) spermatico: **s. fluid**, fluido spermatico. ● (*anat.*) **s. cord**, funicolo spermatico.
spermatogenesis [‚spə:mətou'dʒenisis], *n.* (*biol.*) spermatogenesi.
spermatology [‚spə:mə'tɔlədʒi], *n.* (*biol.*) spermatologia.
spermatorrhoea [‚spə:mətə'ri:ə], *n.* (*med.*) spermatorrea.
spermatozoon [‚spə:mətou'zouən], *n.* (*pl.* **spermatozoa**) (*biol.*) spermatozoo; spermio.
to spew [spju:], A *v. i.* **1** sgorgare; fuoriuscire **2** scaturire; zampillare **3** (*pop.*, *di solito* **to s. up**) vomitare. B *v. t.* **1** (*di solito* **to s. out**) emettere; schizzare **2** (*to s. up**, *anche fig.*) vomitare; rigettare **3** (*fig.: di un vulcano, ecc.*) eruttare.
spew [spju:], *n.* vomito; cibo rigettato.
to sphacelate ['sfæsileit], (*med.*) A *v. i.* incancrenire; andare in cancrena. B *v. t.* far incancrenire.
sphacelation [‚sfæsi'leiʃən], *n.* (*med.*) incancrenimento.
sphagnum ['sfægnəm], *n.* (*pl.* **sphagna**) (*bot.*, *Sphagnum*) sfagno. ● (*bot.*) **s. bog**, sfagneto.
sphalerite ['sfælərait], *n.* (*miner.*) sfalerite; blenda.
sphenoid ['sfi:nɔid], (*anat.*) A *a.* sfenoidale. B *n.* (*anche* **s. bone**) sfenoide.
sphenoidal [sfi'nɔidl], *a.* (*anat.*) sfenoidale.
sphere [sfiə*], *n.* **1** (*geom.*) sfera; globo; (*fig.*) ambiente, ceto, mondo; campo, limite: (*astron. tolemaica*) **celestial s.**, sfera celeste; **in the British s. of influence**, nella sfera d'influenza britannica; **one's s. of life**, l'ambiente in cui si vive; il proprio mondo sociale; **He moves quite in another s.**, si muove in tutt'altro ambiente; **He has done much within his peculiar s.**, ha fatto grandi cose nel suo campo d'azione **2** (*poet.*) sfera celeste; astro; pianeta: **the harmony of the spheres**, l'armonia delle sfere celesti. ● (*geom.*) **great circle of s.**, cerchio massimo.
to sphere [sfiə*], *v. t.* **1** racchiudere in una sfera; inglobare **2** rendere sferico **3** (*poet.*) elevare alle sfere celesti; portare alle stelle.
spheric ['sferik], A *a.* **1** (*poet.*) delle sfere celesti; celestiale **2** (*raro*) V. **spherical**. B *n. pl.* geometria (*o* trigonometria) sferica.
spherical ['sferikəl], *a.* (*geom.*, *scient.*) sferico: **s. polygon**, poligono sferico; **s. trigonometry**, trigonometria sferica.
sphericity [sfə'risiti], *n.* (*geom.*, *scient.*) sfericità.
spheroid ['sfiərɔid], *n.* **1** (*geom.*) sferoide **2** (*mat.*) ellissoide di rotazione.
spheroidal [sfiə'rɔidl], *a.* (*geom.*) sferoidale.
spheroidicity [‚sfiərɔi'disiti], *n.* (*geom.*) forma sferoidale.
spherometer [sfiə'rɔmitə*], *n.* (*fis.*, *mecc.*) sferometro.
spherular ['sferjulə*], *a.* a forma di piccola sfera.
spherule ['sferju:l], *n.* piccola sfera.
sphery ['sfiəri], *a.* (*poet.*) delle sfere celesti; celestiale; celeste.
sphincter ['sfiŋktə*], *n.* (*anat.*) sfintere.
sphincteral ['sfiŋktərəl], **sphincterial** [sfiŋk'tiəriəl], **sphincteric** [sfiŋk'terik], *a.* (*anat.*) dello sfintere; sfinterico.
sphinx [sfiŋks], *n.* (*pl.* **sphinxes, sphinges**) (*mitol.* e *fig.*) sfinge.
sphragistics [sfrə'dʒistiks], *n. pl.* (*spesso col verbo al sing.*) sfragistica, sigillografia (*studio dei sigilli antichi*).
sphygmograph ['sfigmougra:f], *n.* (*med.*) sfigmografo.
sphygmography [sfig'mɔgrəfi], *n.* (*med.*) sfigmografia.
sphygmomanometer ['sfigmoumə'nɔmitə*], *n.* (*med.*) sfigmomanometro.
sphygmus ['sfigməs], *n.* (*med.*) pulsazione; polso.
spica ['spaikə] (*lat.*), *n.* (*pl.* **spicae, spicas**) **1** (*bot.*, *raro*) spiga **2** (*med.*) fasciatura a spiga.
spic-and-span ['spikən‚spæn], V. **spick(-)and(-)span**.
spicate ['spaikit], *a.* (*bot.*) a forma di spiga; spigato.
spice [spais], *n.* **1** spezie; droga: **a s. box**, una cassettina per le spezie **2** (*fig.*) gusto; sapore; interesse: **Variety is the s. of life**, la varietà dà sapore alla vita **3** (*fig.*) pizzico; punta; tantino; tocco: **a s. of humour**, un pizzico di umorismo; **There was a s. of envy in her tone**, c'era una punta d'invidia nel suo tono di voce. ● (*fig.*) **sugar and s. and all that's nice**, le cose che rendono piacevole la vita.
to spice [spais], *v. t.* **1** condire con spezie; aromatizzare; drogare **2** (*fig.*) rendere gustoso; dar sapore a (q.c.); rendere interessante (*o* piccante).
spicebush ['spais-buʃ], *n.* (*bot.*, *Lindera benzoin*) benzoino.
spicery ['spaisəri], *n.* **1** (*collett.*) spezie; droghe; spezierie **2** aroma; gusto piccante.
spicewood ['spais-wud], (*bot.*) V. **spicebush**.
spiciness ['spaisinis], *n.* **1** sapore piccante; aroma **2** (*fig.*) vivacità **3** (*fig.*) salacità.
spick [spik], *n.* (*spreg. USA*; *anche* **spic, spik**) spagnolo; chi parla spagnolo.
spick(-)and(-)span ['spikən'spæn], *a.* **1** nuovo di zecca; nuovo fiammante **2** attillato; azzimato; elegante **3** pulitissimo; lindo, splendente.
spicular ['spikjulə*], **spiculate** ['spikjulit], *a.* (*biol.*) che ha spicole; aghiforme; aguzzo.
spicule ['spaikju:l], *n.* **1** (*zool.*) spicola **2** (*bot.*) spiga secondaria; spighetta; spicola.
spicy ['spaisi], *a.* **1** drogato; pepato; aromatizzato; piccante **2**

(*fig.*) vivace **3** (*fig.*) piccante; salace; spinto: **a s. story**, una storiella piccante.
spider ['spaidə*], *n.* **1** (*zool.*) ragno **2** (*USA*) padella di ghisa (*in origine, con piedini*) **3** (*stor., anche* **s. phaeton**) phaeton; carrozza con grandi ruote **4** (*mecc.*) crociera **5** (*metall.*) comando degli espulsori (*dello stampo*); (*anche*) raggiera (*del mandrino*) **6** (*elettr.*) lanterna. ● **s. garden**, allevamento di ragni □ (*mil.*) **s. hole**, buca in cui si apposta un cecchino □ **s.-line**, V. **s.-silk** □ **s.-silk**, filo di ragno (*per strumenti ottici*) □ (*zool.*) **s.-wasp**, vespa che uccide i ragni (*per cibarne le sue larve*) □ **s.'s web** (*o* **s. web**), ragnatela.
spiderlike ['spaidəlaik], **spidery** ['spaidəri], *a.* simile a un ragno; di (*o* da) ragno. ● **s. handwriting**, grafia (*o* scrittura) filiforme.
spiderwort ['spaidəwə:t], *n.* (*bot., Tradescantia*) miseria.
spiegeleisen ['spi:gə,laizən], **spiegel iron** ['spi:gəl,aiən], *n.* (*metall.*) ghisa speculare.
spiel [spi:l], *n.* (*pop., specialm. USA*) discorso; racconto; (*specialm.*) imbonimento.
to spiel [spi:l], (*pop., specialm. USA*) **A** *v. i.* discorrere; parlare; fare un discorso; (*specialm.*) fare propaganda (*o* discorsi stravaganti). **B** *v. t.* dire; raccontare; snocciolare.
spier [spaiə*], *n.* spia; spione.
to spif(f)licate ['spiflikeit], *v. t.* (*pop.*) **1** bastonare; picchiare; malmenare **2** ridurre a mal partito; annientare; distruggere.
spif(f)lication [,spifli'keiʃən], *n.* (*pop.*) **1** bastonatura; botte; percosse **2** annientamento; distruzione.
spiffy ['spifi], *a.* (*pop. USA*) **1** attillato; azzimato; elegante **2** splendido; stupendo.
spigot ['spigət], *n.* **1** tappo; zaffo; zipolo **2** estremità di una tubatura (*da imboccare nel bicchiere di un altro tubo*) **3** (*USA*) rubinetto.
spike [spaik], *n.* **1** punta; chiodo; lancia: **the spikes of running shoes**, i chiodi delle scarpe da corsa; **the spikes of an iron fence**, le lance d'una cancellata **2** (*ferr.*) arpione (*per fissare le rotaie*) **3** (*bot.*) spiga (*di cereale*) **4** (*pl., fam.*) scarpe chiodate (*da corsa*) **5** (*di un grafico, un'onda, ecc.*) picco. ● **s. heels**, tacchi a spillo □ (*bot.*) **s. lavender** (*Lavandula latifolia*), spigo □ **s. oil**, essenza di spigo □ (*agric.*) **s.-tooth harrow**, erpice a denti rigidi.
to spike [spaik], *v. t.* **1** armare di punte; munire di chiodi; chiodare; ferrare **2** infilare; infilzare **3** (*ferr.*) arpionare **4** (*fig.*) frustrare; rendere vano **5** (*fam., specialm. USA*) correggere (*una bevanda*) **6** (*fam., giornalismo*) bocciare (*un articolo*) **7** (*pallavolo*) schiacciare. ● (*stor.*) **to s. a gun**, inchiodare un cannone □ (*fig.*) **to s. sb.'s guns**, frustrare (*o* mandare all'aria, *o* a monte) i piani di q. □ (*fig.*) **to s. a rumour**, porre fine a una diceria □ (*sport*) **spiked running shoes**, scarpe chiodate da corsa.
spikelet ['spaiklit], *n.* (*bot.*) spighetta.
spikenard ['spaikna:d], *n.* (*bot., Nardostachys jatamansi*) nardo indiano (*la pianta e l'olio*).
spiky ['spaiki], *a.* **1** armato di punte; munito di chiodi; chiodato **2** appuntito; a punta; acuminato **3** (*fig.*) intransigente; rigido: **a s. Anglican**, un anglicano intransigente **4** (*fig., fam.*) scontroso; intrattabile.
spile [spail], *n.* **1** piccolo tappo; zaffo; zipolo **2** (*costr.*) palo; palafitta **3** (*ind. min.*) palancola; marciavanti.
to spile [spail], *v. t.* **1** fare un foro per lo zipolo in (*una botte*) **2** spillare (*un liquido*) **3** turare (*un buco*) con un tappo.
spilikin ['spilikin], V. **spillikin**.
spiling ['spailiŋ], *n.* **1** (*collett., costr.*) pali; palafitte **2** (*ind. min.*) scavo con marciavanti.
to spill [spil] (*pass.* e *p. p.* **spilt, spilled**), **A** *v. t.* **1** versare; spargere; spandere; rovesciare: **to s. blood**, spargere sangue; **I've spilt the coffee**, ho rovesciato il caffè **2** far cadere; gettare a terra; disarcionare: **The horse spilt the rider**, il cavallo disarcionò il cavaliere **3** (*fam.*) dire (*alla polizia, ecc.*); spiattellare; spifferare (*fam.*) **4** (*di un veicolo*) scaricare, far scendere (*i passeggeri, ecc.*). **B** *v. i.* versarsi; spargersi; rovesciarsi (*anche fig.*: **la folla, ecc.**). ● (*fam.*) **to s. the beans**, svelare un segreto; spifferare (*o* spiattellare) tutto □ **to s. sb.'s blood**, versare il sangue di q.; uccidere q. □ **to s. over**, traboccare; (*fig.*) riversarsi in massa □ (*prov.*) **It's no use crying over spilt milk**, non serve piangere sul latte versato.
spill (1) [spil], *n.* **1** il versare o versarsi (*di un liquido*); spargimento **2** (*fam.*) caduta; capitombolo: **to have** (*o* **to take**) **a s.**, fare un capitombolo (*una caduta da cavallo, ecc.*) **3** (*tecn.*) perdita; fuoriuscita (*spesso accidentale*). ● (*stat.*) **a s. of population**, un travaso di popolazione □ **tea spills**, gocce (*o* macchie) di tè versato.
spill (2) [spil], *n.* **1** striscia di carta per appiccare il fuoco; legnetto **2** (*USA*) V. **spile**, *def. 1*.
spiller ['spilə*], *n.* (*pesca*) **1** rete a imbuto (*per nassa*) **2** lenza a più ami.
spillikin ['spilikin], *n.* **1** bastoncino; stecco; ossicino **2** (*pl.*)

sciangai (*gioco che si fa con appositi bastoncini*).
spillover [,spil'ouvə*], *n.* **1** traboccamento **2** il riversarsi **3** (*radio*) sfioramento **4** (*stat.*) eccesso (*di popolazione*). ● (*econ.*) **s. inflation**, inflazione dovuta a un eccesso della spesa pubblica.
spillway ['spilwei], *n.* canale di scarico (*di una chiusa*); sfioratore.
spilt [spilt], *pass.* e *p. p.* di **to spill**.
to spin [spin] (*pass.* **spun**, *o* **span**, *p. p.* **spun**), **A** *v. t.* **1** filare: **to s. wool** (**silk**, etc.), filare la lana (la seta, ecc.); **Not all spiders use their silk for spinning webs**, non tutti i ragni usano il loro filo per filare la tela **2** far girare; far roteare: **The boy was spinning the top**, il ragazzo faceva girare la trottola **3** (*mecc.*) imbutire su (*o* formare al) tornio **4** (*fig., spesso* **to s. out**) comporre (*un articolo*); scrivere (*un racconto*); raccontare (*una storia*) **5** (*sport*) pescare col cucchiaino (*o* col mulinello) in (*un fiume, uno stagno*) **6** (*pop.*) bocciare (*uno studente*). **B** *v. i.* **1** (*anche del filugello*) filare; (*del ragno*) fare la tela **2** girare; girare vorticosamente; ruotare: **My head was spinning**, mi girava la testa **3** (*sport*) pescare col cucchiaino (*o* col mulinello) **4** (*aeron.*) scendere in vite. ● **to s. along**, andare a tutta birra; correre; filare □ (*del filugello*) **to s. the cocoon**, fare il bozzolo □ **to s. a coin**, gettare in aria una moneta (*per fare a testa o croce*) □ **to s. a long yarn**, tessere un lungo racconto □ **to s. out**, allungare; prolungare; menar per le lunghe □ **to s. out one's time by discussion**, passare il tempo a discutere □ **to s. round**, girare vorticosamente; ruotare □ (*fig.*) **to send sb. spinning**, mandare q. a gambe all'aria.
spin [spin], *n.* **1** moto vorticoso; rotazione **2** (*aeron.*) vite; avvitamento: **to fall into a s.**, cadere in vite; avvitarsi; **to go into s.**, discendere in vite **3** (*sport*) effetto: **to put (a) s. on the ball**, dare un effetto alla palla **4** gita, giretto (*in automobile, in barca, ecc.*): **I went for a s.**, andai a fare un giretto **5** (*mecc.*) rotazione intorno al proprio asse **6** (*mecc.*) momento angolare intrinseco. ● (*fam.*) **to be in a flat s.**, essere in preda al panico.
spina bifida [,spainə'bifidə] (*lat.*), *n.* (*med.*) spina bifida; rachischisi.
spinach, spinage ['spinidʒ], *n.* **1** (*bot., Spinacia oleracea*) spinacio **2** (*collett.*) spinaci.
spinal ['spainl], *a.* (*anat.*) spinale; dorsale; vertebrale: **s. cord**, midollo spinale; **the s. column**, la colonna vertebrale; la spina dorsale; (*med.*) **s. curvature**, deviazione spinale.
spindle ['spindl], *n.* **1** fuso **2** (*mecc.*) asse; alberino; mandrino (*di tornio*) **3** idrometro (*strumento*) **4** (*fig.*) persona esile, smilza; spilungone; stanga (*fig., fam.*) **5** «spindle» (*misura di lunghezza, di circa 14 iarde e mezzo per il lino e di 15 iarde per il cotone*). ● **s.-shanked** (*o* **s.-legged**), dalle gambe lunghe e sottili □ **s.-shanks** (*o* **s.-legs**), persona dalle gambe lunghe e sottili □ **s.-shaped**, fusiforme; affusolato □ (*fig.*) **s. side**, linea (genealogica) femminile: **on the s. side**, da parte di madre □ (*bot.*) **s. tree** (*Evonymus europaeus*), fusaggine; berretta da prete □ (*mecc.*) **dead s.**, mandrino fisso □ (*mecc.*) **live s.**, mandrino girevole.
to spindle ['spindl], *v. i.* **1** affusolarsi **2** diventare esile e lungo.
spindly ['spindli], *a.* affusolato; lungo e sottile; malfermo.
spin-drier ['spin'draiə*], *n.* centrifuga (*per panni bagnati*).
spindrift ['spindrift], *n.* spruzzi delle onde; spruzzaglia. ● **s. clouds**, nuvolaglia.
to spin-dry ['spin'drai], *v. t.* centrifugare; asciugare con la centrifuga.
spin-dryer [,spin'draiə*], V. **spin-drier**.
spine [spain], *n.* **1** (*anat.*) spina dorsale; colonna vertebrale **2** (*di pianta*) spina **3** (*d'animale*) aculeo **4** (*di libro*) costola; dorso. ● **s.-chilling**, agghiacciante; terrificante □ (*med.*) **s. pad**, corsetto rigido; busto ortopedico.
spinel [spi'nel], *n.* (*miner.*) spinello.
spineless ['spainlis], *a.* **1** senza spina dorsale; (*fig.*) fiacco, debole, molle, smidollato **2** (*bot.*) senza spina **3** (*zool.*) senza aculei.
spinet [spi'net], *n.* (*mus.*) **1** spinetta **2** (*USA*) piccolo pianoforte.
spininess ['spaininis], *n.* spinosità.
spinnaker ['spinəkə*], *n.* (*naut.*) fiocco pallone; spinnaker.
spinner ['spinə*], *n.* **1** filatore, filatrice **2** (*ind. tessile*) filatoio **3** tornitore (*di vasi, ecc.*) **4** (*fig.*) narratore, narratrice **5** (*aeron.*) tavola rotante **6** (*radar*) antenna rotativa **7** (*pesca*) cucchiaino **8** (*cricket*) lanciatore che dà l'effetto alla palla; palla lanciata con effetto.
spinneret ['spinəret], *n.* **1** (*zool.*) filiera (*del ragno*); ghiandola della seta (*nel baco da seta*) **2** V. **spinnerette**.
spinnerette [,spinə'ret], *n.* (*ind. tessile*) filiera.
spinnery ['spinəri], *n.* filanda.
spinney ['spini], *n.* boschetto.
spinning (1) ['spiniŋ], *n.* **1** (*ind. tessile*) filatura **2** (*mecc.*) imbutitura su tornio; repussaggio. ● (*stor.*) **s. jenny**, filatoio multiplo □ **s. machine**, (*ind. tessile*) filatoio meccanico; (*mecc.*) tornio per imbutire □ **s. master**, caposala di filatura □ **s. mill**, filanda □ (*stor.*) **s. wheel**, filatoio a mano; filarello.

spinning (2) ['spiniŋ], *a.* girante; girevole. ● *s.* **top**, trottola.
spin-off ['spinɔf], *n.* 1 (*ind.*) prodotto secondario; derivato 2 (*fig.*) effetto; conseguenza.
spinose ['spainous], *a.* spinoso.
spinosity [spai'nositi], *n.* l'essere spinoso, spinosità.
spinous ['spainəs], *a.* 1 (*bot.*) spinoso 2 (*zool.*) aculeato.
spin-out ['spinaut], *n.* (*autom.*) testa-coda.
Spinozism [spi'nouzizəm], *n.* (*filos.*) spinozismo.
Spinozist [spi'nouzist], *n.* (*filos.*) spinozista (*seguace di B. Spinoza*).
spinozistic [,spinou'zistik], *a.* (*filos.*) spinoziano.
spinster ['spinstə*], *n.* 1 zitella 2 (*leg.*) nubile.
spinsterhood ['spinstəhud], *n.* 1 stato (*o* condizione) di zitella 2 (*leg.*) nubilato.
spinule ['spainju:l], *n.* (*bot., zool.*) piccola spina.
spiny ['spaini], *a.* spinoso; (*fig.*) difficile, fastidioso. ● (*zool.*) **s. anteater** (*Tachyglossus aculeatus*), echidna istrice □ (*zool.*) **s. lobster** (*Palinurus*), aragosta con spine.
spiracle ['spairəkl], *n.* (*zool.*) orifizio per la respirazione; (*dei cetacei*) sfiatatoio; (*degli insetti*) stimma, stigma, spiracolo.
spiracular [spai'rækjulə*], *a.* (*zool.*) di sfiatatoio; di stimma.
spiraea [spai'riə], *n.* (*bot., Spiraea*) spirea.
spiral ['spaiərəl], **A** *a.* 1 spirale; a spirale; a spire: **a s. spring**, una molla a spirale; (*astron.*) **s. nebula**, nebulosa a spirale 2 spiroidale; spiroide 3 (*mecc.*) elicoidale; a dentatura elicoidale: **s. gear**, ingranaggio a dentatura elicoidale. **B** *n.* 1 (*geom.*) spirale; spira; elica 2 (*fig.*: *econ., ecc.*) spirale: **the vicious s. of prices and wages**, la rovinosa spirale dei prezzi e dei salari. ● **s. balance**, bilancia a molla □ (*edil.*) **a s. staircase**, una scala a chiocciola □ (*zool.*) **s. valve**, valvola spirale.
to spiral ['spaiərəl], **A** *v. i.* 1 muoversi a spirale 2 (*aeron.*) scendere (*o* prendere quota) a spirale. **B** *v. t.* 1 far muovere a spirale 2 (*raro*) dar forma di spirale a (q.c.). ● (*econ.*: *di prezzi, salari, ecc.*) **to s. upwards**, salire in spirale; aumentare vertiginosamente □ **the spiralling oil prices**, i prezzi del petrolio, in vertiginosa ascesa.
spirant ['spaiərənt], *a. e n.* (*fon.*) spirante.
spire (1) ['spaiə*], *n.* 1 guglia; cuspide; pinnacolo 2 (*bot.*) stelo 3 lamina appuntita.
to spire ['spaiə*], **A** *v. i.* 1 innalzarsi a guglia; elevarsi a pinnacolo; svettare 2 germogliare; spuntare. **B** *v. t.* munire di guglie.
spire (2) ['spaiə*], *n.* spira; avvolgimento d'una spirale.
spirea [spai'riə], (*USA*) *V.* **spiraea**.
spirillum [spai'riləm], *n.* (*pl.* **spirilla**) (*biol.*) spirillo.
spirit ['spirit], *n.* 1 spirito; anima: **the Holy S.**, lo Spirito Santo; (*Bibbia*) **The s. is willing but the flesh is weak**, lo spirito è pronto ma la carne è debole; **I'll be with you in s. if not in body**, sarò con voi in ispirito se non fisicamente; **choice spirits**, spiriti eletti; **the poor in s.**, i poveri di spirito; **one of the leading spirits of the French Revolution**, uno degli spiriti animatori della rivoluzione francese; **He was the animating s. of the rebellion**, egli fu l'anima della rivolta 2 spirito; spettro; fantasma: **the abode of spirits**, la dimora degli spiriti; il regno delle ombre; **to raise a s.**, evocare uno spirito; **an evil s.**, uno spirito maligno 3 spirito; ardore; forza d'animo; vigore; brio: **Do show a spirit, s.!**, mostra un po' di forza d'animo!; fatti coraggio! 4 (*pl.*) condizione di spirito; stato d'animo; umore; morale: **to keep up one's spirits**, tenersi su di morale; non perdersi d'animo; **to be in high spirits**, essere su di morale; essere di buon umore (*o* pieno d'entusiasmo); **to be in poor** (*o* **low**) **spirits** (*o* **to be out of spirits**), essere giù di morale; essere abbattuto (*o* depresso) 5 (*pl.*) energia; vitalità; carica: **animal spirits**, carica vitale; vitalità 6 spirito; significato; intendimento; essenza; sostanza: **the s. of the law**, lo spirito della legge; **the s. of the times**, lo spirito del tempo 7 spirito; alcol 8 (*pl.*) superalcolici; liquori; bevande alcoliche: **wines and spirits**, vini e liquori. ● (*chim.*) **s. blue**, blu di anilina □ **s. lamp**, fornello a spirito □ (*edil., ecc.*) **s. level**, livella a bolla d'aria □ **spirits of camphor**, alcol (*o* essenziale) di canfora □ **spirits of hartshorn**, ammoniaca liquida □ **spirits of salt**, acido cloridrico □ **spirits of turpentine**, essenza di trementina; acquaragia □ **spirits of wine**, alcol □ **s. paint**, vernice a spirito □ **s. rapper**, evocatore di spiriti; spiritista □ **s. rapping**, spiritismo □ **s. stove**, fornello a spirito □ **the s. trade**, il commercio dei liquori □ **s. varnish**, V. **s. paint** □ **party s.**, spirito di parte; partigianeria □ **to raise sb.'s spirits**, confortare q.; incoraggiare q. □ **raw spirits**, liquori puri; superalcolici □ **to recover one's spirits**, rianimarsi; riprendere coraggio □ **to take st. in the wrong s.**, prendere q.c. in mala parte □ **team s.**, spirito di squadra (*o* di corpo).
to spirit ['spirit], *v. t.* (*di solito* **to s. up**) animare; incoraggiare; rallegrare; rianimare; ravvivare. ● **to s. off** (*o* **away**), far sparire per incanto; rapire; trafugare; portare via all'insaputa di tutti.
spirited ['spiritid], *a.* animato; brioso, vivace, vivo, coraggioso, focoso, pieno d'energia, di vita; vigoroso; **a s. answer**, una risposta vivace; **a s. translation**, una traduzione briosa (*o* spigliata); **a s. defence**, una difesa vigorosa. ● **evil-s.**, malvagio; maligno □ **high-s.**, ardente; focoso; brioso; vivace □ **low-s.**, abbattuto; accasciato; depresso; triste □ **mean-s.**, gretto; meschino □ **poor-s.**, abietto; fiacco; timido; vile □ **proud-s.**, altero; orgoglioso.
spiritedness ['spiritidnis], *n.* animazione; brio, vivacità; foga, coraggio; energia, vigore.
spiritism ['spiritizəm], *n.* spiritismo.
spiritist ['spiritist], *n.* spiritista.
spiritless ['spiritlis], *a.* 1 abbattuto; accasciato; avvilito; depresso 2 debole; fiacco 3 pusillanime; vile.
spiritual ['spiritjuəl], **A** *a.* spirituale: **s. life**, vita spirituale. **B** *n.* (*anche* **negro s.**) spiritual; canto religioso dei negri d'America. ● (*stor.*) **s. courts**, tribunali ecclesiastici □ **the s. man**, lo spirito; l'anima □ (*polit.*) **the Lords S.**, i vescovi e gli arcivescovi che fan parte della Camera dei Lord.
spiritualism ['spiritjuəlizəm], *n.* 1 (*filos.*) spiritualismo 2 spiritismo.
spiritualist ['spiritjuəlist], *n.* 1 (*filos.*) spiritualista 2 spiritista.
spiritualistic [,spiritjuə'listik], *a.* 1 (*filos.*) spiritualistico; dello spiritualismo 2 spiritistico.
spirituality [,spiritju'æliti], *n.* 1 spiritualità 2 (*pl., leg.*) beni spirituali; proprietà ecclesiastiche.
spiritualization [,spiritjuəlai'zeiʃən], *n.* spiritualizzazione.
to spiritualize ['spiritjuəlaiz], *v. t.* spiritualizzare.
spirituel [,spiritju'el], (*franc.*), *a.* (*f.* **spirituelle**) (*specialm.* di donna) delicato; fine; etereo; raffinato.
spirituous ['spiritjuəs], *a.* (*tecn.*) spiritoso (*raro*); alcolico: **s. liquors**, bevande alcoliche; alcolici; liquori.
spiritus ['spiritəs] (*lat.*), *n.* (*gramm. greca*) spirito.
spirketting ['spə:kitiŋ], *n.* (*naut.*) 1 serrette di trincarino; controtrincarino 2 fasciame tra due portelli 3 opera viva.
spirochaete [,spaiərou'ki:t], *n.* (*biol., Spirochaeta*) spirocheta.
spirograph ['spaiərougra:f], *n.* (*med.*) spirografo.
spirometer [,spaiə'rɔmitə*], *n.* (*med.*) spirometro.
spirometry [,spaiə'rɔmitri], *n.* (*med.*) spirometria.
spirt, to spirt [spə:t], *V.* **spurt, to spurt**.
spiry ['spaiəri], *a.* 1 simile a guglia; cuspidato; slanciato; sottile 2 pieno di guglie (*o* di pinnacoli).
to spit (1) [spit] (*pass. e p. p.* **spat**, *arc.* **spit**), *v. i. e t.* 1 sputare; mandare fuori dalla bocca: **Don't s. on the floor**, non sputare sul pavimento!; **to s. blood**, sputare sangue 2 (*del gatto*) soffiare minaccioso 3 (*del fuoco, d'una candela*) scoppiettare; mandar faville 4 (*di penna*) spruzzare inchiostro; spandere 5 (*della pioggia*) cadere leggera; pioviggninare. ● **to s. out**, sputare, sputar fuori; buttar fuori □ **to s. up**, sputare (*sangue e sim.*); (*fam.*) vomitare □ (*fig.*) **to s. upon** (*o* **at**) **sb.**, sputare addosso a q.; (*fig.*) trattare q. con grande disprezzo □ (*fam.*) **S. it out!**, sputa fuori!; parla!; di' quel che hai da dire!
spit (1) [spit], *n.* 1 sputo; saliva; lo sputare 2 (*d'insetti*) schiuma 3 (*fam.*: *di piante*) sputo. ● **s. and polish**, (*mil.*) pulizia accuratissima; (*mil., naut.*) mania dell'ordine e del tirare a lucido (*fig.*) □ (*fam.*) **She is the very s.** (*o* **the dead s., the s. and image**) **of her mother**, è tutta (*o* è tale e quale) sua madre; è sua madre nata e sputata.
to spit (2) [spit], *v. t.* 1 schidionare; infilzare sullo spiedo 2 (*fig.*) infilzare, trafiggere (*con la spada, ecc.*).
spit (2) [spit], *n.* 1 spiedo; schidione 2 (*geogr.*) punta; lingua di terra 3 (*nuat.*) banco di sabbia sommerso.
spit (3) [spit], *n.* 1 profondità raggiunta da un colpo di vanga 2 vangata; badilata. ● (*locuz. avv.*) **s. deep**, alla profondità cui può giungere un colpo di vanga.
spitchcock ['spitʃkɔk], *n.* (*cucina*) anguilla spaccata in due e arrostita sulla graticola (*o* fritta).
to spitchcock ['spitʃkɔk], *v. t.* arrostire (*anguille, ecc.*) sulla graticola.
spite [spait], *n.* 1 dispetto; picca; ripicca; disprezzo; spregio: **He did it from** (*o* **out of**) **s.**, lo fece per dispetto (*o* per picca) 2 rancore; livore; ruggine (*fig.*): **He has a s. against me**, ha della ruggine con me; nutre rancore verso di me. ● **from pure s.**, per pura cattiveria □ **in s. of**, a dispetto di; nonostante; malgrado.
to spite [spait], *v. t.* fare un dispetto a (q.); contrariare; tormentare; vessare: **He does it only to s. me**, lo fa apposta per contrariarmi. ● (*fig.*) **to cut off one's nose to s. one's face**, danneggiare se stessi per nuocere ad altri; tirare sassi in piccionaia (*fig.*).
spiteful ['spaitful], *a.* dispettoso; astioso; malevolo; maligno.
spitefulness ['spaitfulnis], *n.* astiosità; malignità; cattiveria; malvagità.
spitfire ['spitfaiə*], *n.* 1 persona irascibile (*o* stizzosa); persona (*specialm.* ragazza) focosa 2 (*aeron., stor.*) «spitfire» (*aeroplano da caccia della R.A.F.*).
spitter ['spitə*], *n.* chi sputa; sputatore (*raro*).
spitting ['spitiŋ], *n.* lo sputare. ● (*fig.*) **sb.'s s. image**, il ritratto

di q. (*fig.*); q. nato e sputato □ **No s.**, vietato sputare (*cartello*).
spittle ['spitl], *n.* **1** sputo; saliva **2** (*d'insetti*) schiuma.
spittoon [spi'tu:n], *n.* sputacchiera.
spitz [spits], *n.* (*zool.*, *anche* **s.-dog**) (*cane*) pomero.
spiv [spiv], *n.* (*pop.*) individuo che vive d'espedienti (*specialm. esercitando traffici illeciti*); chi si arrangia; intrallazzatore (*pop.*); borsaro nero (*pop.*).
splanchnic ['splæŋknik], *a.* (*anat.*) splancnico; intestinale.
to splash [splæʃ], *v. t. e i.* **1** schizzare; sprizzare; spruzzare; far spruzzare: **Stop splashing the water about**, smetti di schizzare acqua! **2** infangare; inzaccherare **3** diguazzare; sciabordare; sciaguattare: **We splashed through the mud**, procedevamo diguazzando nel fango **4** (*fam.*) dare (*una notizia*) con grande rilievo; sbattere (*fam.*): **to s. a report on page one**, sbattere un resoconto in prima pagina **5** (*di solito* **to s. out**) pagare; sborsare; spendere. ● (*miss.*) **to s. down**, ammarare (*di capsula spaziale*, *ecc.*) □ **to s. into the water**, gettarsi (*o* cadere) in acqua con un tonfo □ **to s. one's money about**, sperperare il proprio denaro □ **to s. a piece of news**, dare grande risalto a una notizia; riportare una notizia con titoli a caratteri cubitali □ **splashed all over**, tutto inzaccherato □ **a street splashed with sunlight**, una strada chiazzata di sole.
splash (1) [splæʃ], *n.* **1** schizzo; spruzzo **2** (*anche* **s. of mud**) zacchera; pillacchera **3** sciaguattio; sciabordio; tonfo **4** chiazza; macchia di colore **5** (*fam.*) colpo; grande effetto; sfoggio **6** (*fam.*) spruzzo d'acqua di seltz (*per diluire il whisky*, *ecc.*). ● (*autom.*) **s.-board**, parafango □ (*autom.*) **s. guard**, (schermo) paraspruzzi □ **s. headline**, titolo (di giornale) a caratteri cubitali □ (*USA*) **s. party**, festa (*o* ricevimento) che si tiene intorno a una piscina □ (*fig.*, *fam.*) **to make a s. (in society)**, far colpo; far furore, avere successo (in società).
splash (2) [splæʃ], *avv.* plaff; plaffete; con un (gran) tonfo.
splashdown ['splæʃdaun], *n.* (*miss.*) ammaraggio (*di capsula spaziale*, *ecc.*).
splasher ['splæʃə*], *n.* **1** chi schizza, spruzza, ecc. (*V.* **to splash**) **2** (*ferr.*) parafango (*di locomotiva*) **3** schermo paraspruzzi.
splashy ['splæʃi], *a.* **1** fangoso; limaccioso **2** pieno di pozzanghere **3** (*fig.*, *fam.*) sgargiante; vistoso; che vuole far colpo.
to splatter ['splætə*], *V.* **to spatter**, **to splash**.
to splay [splei], **A** *v. t.* **1** (*archit.*) sguanciare; strombare **2** slogare (*specialm. la spalla di un cavallo*); spallare (*un cavallo*). **B** *v. i.* (*archit.*) essere sguanciato (*o* strombato). ● **a splayed window**, una finestra strombata.
splay [splei], **A** *n.* (*archit.*) sguancio, strombo; strombatura. **B** *a.* largo e piatto; aperto verso l'esterno: **s. feet**, piedi piatti e volti all'infuori □ **s.-footed**, dai piedi piatti e volti all'infuori □ **s. mouth**, bocca spalancata (in una smorfia).
splayfoot ['spleifut], *n.* (*pl.* **splayfeet**) (*med.*) piede piatto, volto all'infuori.
spleen [spli:n], *n.* **1** (*anat.*) milza **2** (*fig.*) malumore; bile; fiele: **a fit of s.**, un accesso di malumore; **to vent one's s. on sb.**, sfogare il proprio malumore su q. **3** (*arc.*) ipocondria; malinconia; umor nero.
spleenful ['spli:nful], *a.* ipocondriaco; bilioso; malinconico.
spleenwort ['spli:nwə:t], *n.* (*bot.*, *Asplenium*) asplenio.
spleeny ['spli:ni], *V.* **spleenful**.
splendent ['splendənt], *a.* (*arc. o lett.*) splendente; lucente; brillante.
splendid ['splendid], *a.* splendido; magnifico; sontuoso; stupendo; (*fam.*) eccellente; ottimo: **s. decorations**, splendidi ornamenti; **a s. gift**, un dono splendido; **a s. victory**, una magnifica vittoria; **a s. opportunity**, un'ottima occasione. ● (*stor.*) **s. isolation**, splendido isolamento.
splendiferous [splen'difərəs], *a.* (*spesso iron. o scherz.*) splendido; magnifico; favoloso; stupendo.
splendour, (*USA*) **splendor** ['splendə*], *n.* **1** splendore; fulgore; magnificenza; sontuosità **2** (*spesso al pl.*) grandezza; gloria.
splenectomy [spli'nəktəmi], *n.* (*med.*) splenectomia.
splenetic [spli'netik], **A** *a.* **1** (*anat.*) splenico; della milza **2** (*med.*) splenetico; malato alla milza **3** ipocondriaco; bilioso; irritabile; stizzoso. **B** *n.* **1** (*med.*) persona splenetica; splenico **2** persona stizzosa.
splenetical [spli'netikəl], *V.* **splenetic**, **A**.
splenial ['spli:niəl], *a.* **1** (*anat.*) dello splenio **2** (*zool.*) spleniale.
splenic ['spli:nik], *a.* (*anat.*, *med.*) splenico: **s. vein**, vena splenica. ● (*vei.*, *med.*) **s. fever**, antrace maligno; carbonchio.
splenitis [spli'naitis], *n.* (*med.*) splenite; infiammazione della milza.
splenius ['spli:niəs], *n.* (*pl.* **splenii**) (*anat.*) splenio (*muscolo*).
splenotomy [spli'nɔtəmi], *n.* (*med.*) splenotomia.
to splice [splais], *v. t.* **1** impiombare; collegare, unire (*cime*, *cavi*) intrecciandone i capi **2** accoppiare; congiungere; fare un giunto a ganascia in (*pezzi di legno*, *rotaie*, *ecc.*) **3** giuntare (*un nastro magnetico*, *una pellicola*, *ecc.*) **4** (*arti grafiche*) incollare **5** (*fam.*) sposare; unire in matrimonio. ● (*fig.*, *pop.*) **to s. the main brace**, fare bisboccia; fare baldoria (*alla fine di una giornata di lavoro*) □ (*fam.*) **When did they get spliced?**, quando si sposarono?
splice [splais], *n.* **1** (*naut.*) impiombatura; congiunzione (*di due cavi*) mediante intreccio dei capi **2** (*costr.*) giunzione **3** (*di nastro magnetico*, *ecc.*) giuntura **4** (*elettr.*) impiombatura; giunto **5** (*fam.*) matrimonio; unione. ● (*costr.*) **s. plate**, piastra di giunzione □ (*naut.*) **eye s.**, impiombatura di gassa □ (*cricket*) **to sit on the s.**, chiudersi in difesa □ **splicing tape**, nastro per giunte.
splicer ['splaisə*], *n.* (*cinem.*, *mus.*) apparecchio per giuntare (*pellicola o nastro magnetico*).
spline [splain], *n.* **1** (*falegnameria*) listello **2** (*mecc.*) linguetta; chiavetta **3** (*mecc.*) scanalatura d'accoppiamento **4** (*disegno*) curvilineo flessibile.
to spline [splain], *v. t.* (*mecc.*) **1** montare una linguetta in (*un albero*, *ecc.*) **2** scanalare. ● (*mecc.*) **splined shaft**, albero scanalato.
splint [splint], *n.* **1** (*anche med.*) assicella, stecca (*per far canestri*, *immobilizzare ossa fratturate*, *ecc.*) **2** (*raro*: *anat.*, *anche* **s. bone**) fibula; perone **3** (*vet.*) soprosso.
to splint [splint], *v. t.* (*med.*) steccare; immobilizzare con stecche.
splinter ['splintə*], *n.* **1** scheggia; frammento (*di legno*, *pietra*, *metallo*, *osso*, *ecc.*) **2** *V.* **s. group**. ● (*di carrozza*, *calesse*) **s.-bar**, bilancino; (*polit.*) **s. group** (*o* **s. party**), ala scissionista (*di un partito*) □ (*di rifugio antiaereo*, *ecc.*) **s.-proof**, a prova di schegge.
to splinter ['splintə*], **A** *v. t.* scheggiare; frantumare; fare a pezzi. **B** *v. i.* scheggiarsi; frantumarsi; andare in pezzi.
splintery ['splintəri], *a.* **1** che si scheggia facilmente **2** simile a scheggia **3** scheggiato; pieno di schegge.
to split [split] (*pass. e p. p.* **split**), **A** *v. t.* **1** fendere; spaccare: **to s. logs**, spaccare tronchi d'albero **2** dividere; spaccare in due (*un gruppo*, *partito*, *ecc.*); scindere; separare: **to s. (up) a cake into parts**, dividere una torta facendo le parti; **The sum was split (up) among us**, ci dividemmo la somma; **We split the cost of the trip**, ci dividemmo le spese della gita; **The abdication split the country**, l'abdicazione divise il paese; (*fis. nucl.*) **to s. the atom**, scindere l'atomo **3** strappare; stracciare; lacerare (*l'aria*, *le orecchie*, *ecc.*). **B** *v. i.* **1** fendersi; spaccarsi: **Ash wood doesn't s. easily**, il legno di frassino non si spacca facilmente **2** dividersi; separarsi: **The party split (up) into several factions**, il partito si divise in varie fazioni **3** strapparsi; lacerarsi; stracciarsi **4** – (*pop.*) **to s. on**, fare la spia a, tradire (*un complice*, *ecc.*): **Don't s. (on me)!**, non fare (non farmi) la spia! **5** (*anche* **to s. one's sides**) sbellicarsi dalle risa **6** (*pop.*) andar via; filarsela; battersela. ● **to s. the difference**, fare un compromesso equo; fare a metà; tagliare a mezzo; (*anche comm.*) dividere la differenza (*fra il prezzo richiesto e la somma offerta*) □ (*fig.*) **to s. hairs**, spaccare in quattro un capello; cavillare; guardare per il sottile □ **to s. off**, staccare, staccarsi (*per rottura*); separare, scindere, dividere □ **to s. on a rock**, (*naut.*) infrangersi su uno scoglio; (*fig.*) trovarsi in gravi difficoltà, arenarsi □ **to s. open**, aprire, aprirsi (*mediante spaccatura*) □ (*ferr.*) **to s. up a train**, scomporre un treno □ (*polit.*) **to s. one's vote**, dividere il proprio voto fra due candidati □ **a splitting headache**, un mal di testa da impazzire □ **hair-splitting**, cavilloso; pignolo; sofistico □ **side-splitting**, che fa sbellicare dalle risa □ **My head is splitting**, mi scoppia la testa (*per il mal di capo*).
split [split], **A** *n.* **1** divisione; separazione; scissione; scisma **2** fessura, fenditura (*anche geol.*); crepa; spaccatura **3** spacco; strappo **4** divario; differenza **5** scheggia; frammento **6** assicella; listello **7** striscia di pelle (*tagliata nello spessore della pelle intera*) **8** (*fam.*) bottiglia piccola (*di acqua di seltz o d'acqua minerale*) **9** (*fam.*) bicchierino; mezza porzione (*di whisky*, *ecc.*) **10** (*pl.*, *atletica leggera*) spaccata: **to do the splits**, fare la spaccata **11** (*anche* **banana s.**) banana tagliata longitudinalmente e coperta di gelato, panna, ecc.; banana split **12** (*nel bowling*) split. **B** *a.* **1** fenduto; spaccato **2** diviso, spaccato in due; scisso; separato **3** strappato; stracciato; lacerato **4** (*fig.*) diviso; in disaccordo. ● (*med.*) **s. cloth**, benda (*o* fasce) per il viso e la testa □ (*pugilato*) **s. decision**, verdetto ai punti, emesso a maggioranza (*mecc.*) **s. hub**, mozzo diviso; semimozzo □ (*gramm. ingl.*) **s. infinitive**, infinito separato con un avverbio dalla particella «**to**» (*per es.*, **to gradually change**, «mutare per gradi») (*da evitare*) □ (*edil.*) **s.-level**, su quote diverse □ **s. peas**, piselli secchi spaccati □ (*psic.*) **s. personality**, sdoppiamento della personalità □ (*mecc.*) **s. pin**, copiglia □ **s. ring**, (*mecc.*) anello elastico; (*per chiavi*, *ecc.*) anello doppio (*di metallo*) □ **in a s. second**, in una frazione di secondo; in un attimo; in un baleno.
splitter ['splitə*], *n.* chi fende, spacca, ecc. (*V.* **to split**). ● **hair-s.**, cavillatore; sofista □ **side-s.**, persona (*o* barzelletta, ecc.) che

splitting

fa sbellicare dalle risa.
splitting ['splitiŋ], *n.* **1** divisione; separazione; scissione; scisma. **2** *(fis. nucl.)* fissione *(dell'atomo)* **3** *(elettron.)* sdoppiamento. ● *(ferr.)* **s.-up of trains**, scomposizione dei treni.
splodge [splɔdʒ], *V.* **splotch**.
splosh [splɔʃ], *n.* **1** *(fam.)* quantità d'acqua che cade improvvisamente; sciabordio; tonfo **2** *(pop.)* quattrini; soldi.
splotch [splɔtʃ], *n.* chiazza; macchia.
splotchy ['splɔtʃi], *a.* chiazzato; macchiato.
splurge [splə:dʒ], *n.* **1** esibizione; ostentazione; sfoggio *(specialm. di denaro)*: **to make a s.**, fare sfoggio **2** colpo di vita; pazzia *(fig.)*; spesa pazza; festa (pranzo, ecc.) eccezionale.
to splurge [splə:dʒ], *v. i.* *(fam.)* **1** mettersi in mostra; fare sfoggio *(specialm. spendendo denaro a palate)* **2** fare un colpo di vita *(o una spesa pazza)*.
to splutter ['splʌtə*], *v. i. e t.* **1** biascicare; borbottare; farfugliare: **to s. out an apology**, borbottare una scusa **2** schizzare; spruzzare **3** sputacchiare parlando.
splutter ['splʌtə*], *n.* **1** biascicamento; borbottamento; discorso confuso; farfuglio **2** rumore di schizzi *(o di spruzzi)*.
spoffish ['spɔfiʃ], *a. (raro)* che se la prende; che si affanna.
to spoil [spɔil] *(pass. e p. p.* **spoilt, spoiled)**, *A v. t.* **1** guastare; deteriorare; rovinare; sciupare: **to s. one's appetite**, guastarsi l'appetito; **The rain spoiled my holidays**, la pioggia mi guastò le vacanze **2** viziare: **Don't s. your children**, non viziare i figlioli! **3** coccolare; vezzeggiare; viziare **4** *(lett.)* spogliare; depredare; saccheggiare. *B v. i.* **1** guastarsi; deteriorarsi; andare a male; rovinarsi; sciuparsi **2** *(fam.)* morire dalla voglia, non vedere l'ora *(di fare q.c.)*: **They are spoiling for a scrap**, muoiono dalla voglia d'azzuffarsi *(o di menare le mani)* **3** *(lett.)* far bottino; predare; rubare. ● *(Bibbia)* **to s. the Egyptians**, spogliare il nemico vinto □ *(fam.)* **to be spoiling for a fight**, avere una gran voglia di menar le mani □ *(fam.)* **I'll s. his beauty for him**, gli cambio i connotati; gli rompo il muso; gli faccio una faccia così! □ **These eggs will not s. with keeping**, queste uova si mantengono bene.
spoil [spɔil], *n.* **1** *(di solito al pl.)* spoglie; bottino; preda; *(fig.)* guadagno, profitto, utile, vantaggio: **Robin Hood gave the spoils of his robberies to the poor**, Robin Hood distribuiva ai poveri il bottino delle sue rapine; **the spoils of war**, le prede di guerra **2** materiale di sterro **3** *(lett.)* saccheggio; spoliazione. ● *(polit.)* **the spoils of office**, le cariche *(o gli uffici, ecc.)* che si distribuiscono ai seguaci del partito che vince le elezioni □ *(polit., specialm. USA)* **the spoils system**, il sistema di distribuire cariche *(o uffici, ecc.)* ai seguaci del partito vincente □ *(polit.)* **to allot** *(o* **to bestow) as spoils**, lottizzare *(fig.)* □ *(polit.)* **bestowal of spoils**, lottizzazione *(fig.)*.
spoilage ['spɔilidʒ], *n.* **1** deterioramento; sciupio **2** *(lett.)* spoliazione; saccheggio **3** *(tipogr.)* carta sciupata nel processo della stampa; fogli di scarto; scarto.
spoiler ['spɔilə*], *n.* **1** *(lett.)* sciupatore, saccheggiatore **2** chi guasta, sciupa, ecc. (*V.* **to spoil**) **3** *(aeron.)* diruttore; spoiler **4** *(autom.)* spoiler **5** *(elettr.)* intercettatore **6** *(polit. USA)* candidato di minoranza che sottrae voti ai candidati principali; candidato «di disturbo».
spoilsman ['spɔilzmən], *n. (pl.* **spoilsmen)** *(polit. USA)* fautore dello «spoils system» *(V. sotto* **spoil**).
spoilsport ['spɔilspɔ:t], *n. (fam.)* guastafeste.
spoilt [spɔilt], *A pass. e p. p.* di **to spoil**. *B a.* **1** guasto; deteriorato; rovinato; sciupato **2** viziato: **s. children**, bambini viziati **3** *(lett.)* depredato; saccheggiato. ● **a s. child of fortune**, un figlio di papà.
spoke (1) [spouk], *n.* **1** raggio, razza *(di ruota)* **2** piolo *(di scala)* **3** *(naut.: del timone)* maniglia. ● *(fig.)* **to put a s. in sb.'s wheel**, mettere il bastone fra le ruote a q.
to spoke [spouk], *v. t.* provvedere *(una ruota)* di raggi.
spoke (2) [spouk], *pass.* di **to speak**.
spoken ['spoukən], *p. p.* di **to speak**.
spokeshave ['spoukʃeiv], *n. (falegnameria)* coltello *(o* raschietto*)* americano.
spokesman ['spouksmən], *n. (pl.* **spokesmen)** portavoce.
spokeswoman ['spouks,wumən], *n. (pl.* **spokeswomen)** portavoce *(donna)*.
to spoliate ['spoulieit], *v. t.* spogliare; depredare; saccheggiare.
spoliation [,spouli'eiʃən], *n.* **1** spoliazione; saccheggio *(specialm. di nave neutrale)* **2** *(leg.)* distruzione *(di un documento)*.
spoliator ['spoulieitə*], *n.* saccheggiatore; predatore.
spoliatory ['spouliətəri], *a.* di *(o da)* saccheggio; piratesco.
spondaic(al) [spɔn'deiik(əl)], *a. (poesia)* spondaico: **s. hexameter**, esametro spondaico.
spondee ['spɔndi:], *n. (poesia)* spondeo.
spondyl(e) ['spɔndil], *n. (anat.)* spondilo; vertebra.
spondylitis [,spɔndi'laitis], *n. (med.)* spondilite.
sponge [spʌndʒ], *n.* **1** *(zool.)* spugna *(anche lo scheletro, impie-gato per vari usi)* **2** *(med.)* tampone di garza **3** *(mil.)* scovolo **4** *V.* **s. cake 5** *(fig., fam.)* parassita; scroccone **6** *V.* **s. bath 7** *(fam.)* spugna *(fig.)*; beone, beona. ● **s. bag**, borsa per oggetti da toeletta □ **s. bath**, spugnatura □ **s. cake**, pan di Spagna; pasta Margherita □ **s. cloth**, tessuto di spugna; spugna □ **s.-diver** *(o* **s.-fisher)**, pescatore di spugne □ *(metall.)* **s. iron**, spugna di ferro □ **to have a s.-down**, fare una spugnatura □ *(anche fig.)* **to pass the s. over st.**, passar la spugna su q.c. □ **to throw in** *(o* **up) the s.**, *(pugilato)* gettare la spugna; *(fig.)* arrendersi, darsi per vinto.
to sponge [spʌndʒ], *A v. t.* **1** asciugare *(o* inumidire, pulire, ecc.) con una spugna; passare la spugna su (q.c.); spugnare *(coralli, ecc.)* **2** *(fam., di solito* **to s. off)** scroccare; sbafare: **to s. a drink from** *(o* **off) a stranger**, scroccare una bevuta a uno sconosciuto; bere a ufo. *B v. i.* **1** pescare spugne **2** *(fam.)* vivere a scrocco. ● **to s. sb. for st.**, scroccare q.c. a q. □ **to s. on sb.**, vivere alle spalle di q. □ **to s. out (off, away)**, passar la spugna su; *(fig.)* cancellare, condonare: **to s. out the stain of sb.'s bloody hands from the surface of the earth**, cancellare dalla faccia della terra la macchia delle mani insanguinate di q.; **to s. out an obligation**, condonare un debito □ **to s. up**, asciugare *(fam.:* tirare su*)* con la spugna: **to s. up water**, asciugare acqua con una spugna.
sponger ['spʌndʒə*], *n.* **1** pescatore di spugne **2** parassita; scroccone. ● **a s. on one's relatives**, uno che vive alle spalle dei parenti.
sponginess ['spʌndʒinis], *n.* spugnosità.
sponging ['spʌndʒiŋ], *n.* **1** spugnatura **2** parassitismo; lo scroccare. ● *(stor.)* **s. house**, prigione provvisoria per debitori.
spongiology [,spʌndʒi'ɔlədʒi], *n.* studio delle spugne.
spongy ['spʌndʒi], *a.* spugnoso; poroso; assorbente; morbido: soffice: **s. cheese**, formaggio poroso; **s. soil**, terreno soffice.
sponsion ['spɔnʃən], *n. (leg.)* garanzia; malleveria.
sponson ['spɔnsn], *n.* **1** *(naut.)* piattaforma sporgente *(specialm. per cannoni)* **2** *(aeron.)* cassa d'aria stabilizzatrice *(attaccata allo scafo di un idrovolante)*. ● *(mil.)* **s. mount**, torretta laterale fissa *(di carro armato)*.
sponsor ['spɔnsə*], *n.* **1** *(leg.)* garante; mallevadore **2** *(relig.)* padrino, madrina; compare, comare *(di battesimo)* **3** patrocinatore; fautore **4** *(radio, telev.)* ditta che finanzia un programma *(in parte dedicato alla pubblicità)*; finanziatore; sponsor. ● **Mr Jones is the s. of this suggestion**, dobbiamo questo suggerimento al Signor Jones.
to sponsor ['spɔnsə*], *v. t.* **1** garantire; far da mallevadore a (q.) **2** favorire; patrocinare; sostenere; pagar le spese di: **This scheme is sponsored by the British Council**, questo progetto è patrocinato dal *(o* è sotto gli auspici del) British Council **3** *(radio, telev.)* finanziare; patrocinare; sponsorizzare.
sponsorial [spɔn'sɔ:riəl], *a.* **1** *(leg.)* di *(o* da) garante; di malleveria **2** di *(o* da) padrino; di *(o* da) patrocinatore, ecc. *(V. sponsor)*.
sponsorship ['spɔnsəʃip], *n.* **1** garanzia; malleveria **2** ufficio di padrino *(o* di madrina) **3** patrocinio **4** *(radio, telev.)* sponsorizzazione; il patrocinare *(o* il finanziare) programmi.
spontaneity [,spɔntə'ni:iti], *n.* spontaneità.
spontaneous [spɔn'teinjəs], *a.* **1** spontaneo; istintivo: **a s. offer**, un'offerta spontanea **2** *(anche biol.)* automatico; involontario. ● *(chim.)* **s. combustion**, accensione spontanea □ *(stor., biol.)* **s. generation**, abiogenesi; generazione spontanea □ **s. ignition**, *V.* **s. combustion**.
spontaneousness [spɔn'teinjəsnis], *n.* spontaneità.
spontoon [spɔn'tu:n], *n. (stor.)* spuntone; grossa alabarda *(o* picca).
spoof [spu:f], *n. (fam.)* **1** imbroglio; inganno; truffa **2** presa in giro; parodia.
to spoof [spu:f], *v. t. (fam.)* **1** imbrogliare; ingannare; truffare **2** prendere in giro; parodiare.
spoofer ['spu:fə*], *n.* **1** imbroglione; truffatore **2** imitatore, parodista.
to spook [spu:k], *v. t. (fam. USA)* **1** spaventare; impaurire **2** fare adombrare, fare imbizzarrire *(un cavallo, ecc.)*.
spook [spu:k], *n.* **1** *(fam.)* fantasma; spettro **2** *(pop. USA)* spia; spione.
spookish ['spu:kiʃ], **spooky** ['spu:ki], *a. (fam.)* **1** di *(o* da) fantasma **2** spettrale; sinistro **3** *(USA: di cavallo, ecc.)* ombroso; nervoso. ● **a s. old castle**, un vecchio castello infestato dai fantasmi.
spool [spu:l], *n.* **1** *(ind. tessile)* rocchetto; bobina; spola **2** *(mecc.)* tamburo.
to spool [spu:l], *v. t.* **1** avvolgere **2** *(ind. tessile)* incannare. ● **s. off**, svolgere *(filo)*.
spoon (1) [spu:n], *n.* **1** cucchiaio **2** *(pesca; anche* **s.-bait)** cucchiaino **3** *(sport)* bastone da golf *(remo, ecc.)* a forma di cucchiaio **4** *(mecc.)* cucchiaia **5** *V.* **spoonful**. ● *(zool.)* **s.-bill** (Pla-

talea), spatola □ **s.-drift**, *V.* **spindrift** □ **s.-fed**, (*di bambino*) nutrito col cucchiaino, imboccato; (*di studente*) istruito per gradi, a poco a poco; (*d'industria, ecc.*) favorito (*o incoraggiato, sovvenzionato*) dallo Stato □ **s.-meat**, cibo liquido; pappa □ (*fig.*) **to be born with a silver s. in one's mouth**, esser nato con la camicia □ **dessert s.**, cucchiaio per dolci □ **table s.**, cucchiaio □ **tea-s.**, cucchiaino.

to spoon (1) [spu:n], **A** *v. t.* **1** (*anche* **to s. up**) pigliar su col cucchiaio **2** (*anche* **to s. out**) prendere (*o* versare, servire) col cucchiaio **3** (*sport*) colpire (*o* sollevare) debolmente (*la palla*). **B** *v. i.* (*pesca*) pescare col cucchiaino.

spoon (2) [spu:n], *n.* (*scherz., raro*) cascamorto.

to spoon (2) [spu:n], *v. i.* (*scherz.*) amoreggiare; sbaciucchiarsi; pomiciare.

spoonerism ['spu:nərizəm], *n.* papera; scambio delle iniziali di due parole (*per es.*, **blushing crow**, «*cornacchia che arrossisce*», *invece di* **crushing blow**, «*colpo tremendo*»).

to spoon-feed ['spu:nfi:d] (*pass.* e *p. p.* **spoon-fed**), *v. t.* **1** nutrire col cucchiaino; (*anche fig.*) imboccare **2** istruire per gradi, a poco a poco (*econ.*) favorire; incoraggiare; sovvenzionare (*un'industria, ecc.*).

spoonful ['spu:nful], *n.* cucchiaiata.

spooniness ['spu:ninis], *n.* (*pop., raro*) **1** dabbenaggine; minchioneria **2** sentimentalismo; svenevolezza.

spoony ['spu:ni], *a.* (*pop., raro*) sentimentale; svenevole. ● **to be s. on**, essere innamorato cotto di.

spoor [spuə*], *n.* (*caccia*) traccia; orma; pesta; sentore.

to spoor [spuə*], *v. t.* (*caccia*) seguir la traccia di.

sporadic [spə'rædik], *a.* sporadico; occasionale; isolato.

sporadicalness [spə'rædikəlnis], *n.* sporadicità.

sporangium [spə'rændʒiəm], *n.* (*pl.* **sporangia**) (*bot.*) sporangio.

spore [spɔ:*], *n.* **1** (*bot., zool.*) spora **2** (*fig.*) seme; germe; origine. ● (*bot.*) **s. case**, sporangio.

sporran ['spɔrən], *n.* borsa di cuoio (*di solito rivestita di pelo, portata dai montanari scozzesi*).

sport [spɔ:t], *n.* diporto; gioco; divertimento; passatempo; scherzo; svago; trastullo: **to make s. of sb.**, farsi gioco di q.; **to say st. in s.**, dire q.c. per scherzo; **It was great s. to play in the garden**, era un grande svago giocare in giardino **2** sport: **He's very fond of s.**, è un vero appassionato dello sport **3** (*fig.*) zimbello; trastullo **4** (*pl.*) gare atletiche; incontri sportivi: **inter-university sports**, gare sportive interuniversitarie **5** (*biol.*) animale anomalo; pianta anomala **6** (*fam., spesso* **good s.**) persona che sta agli scherzi; giocatore che sa perdere. ● (*autom.*) **a sports car**, un'automobile sportiva; una spider □ **sports editor**, redattore sportivo □ **sports field**, campo sportivo □ **a sports jacket** (*o* **a sports coat**), una giacca sportiva □ **sports shirt**, maglietta sportiva □ **a sports suit**, un completo sportivo □ **sports writer**, scrittore d'articoli sportivi □ **athletic sports**, atletica □ **to have good s.**, divertirsi, spassarsela; (*specialm.*) far buona caccia, far buona pesca □ (*fam.*) **Be a s.!**, sta' al gioco!; non prendertela! (*fam.*) **He's a good s.**, è un vero sportivo!

to sport [spɔ:t], **A** *v. i.* **1** divertirsi; giocare; scherzare; spassarsela; svagarsi **2** fare dello sport; praticare sport **3** (*biol.*) essere anomalo; subire una mutazione. **B** *v. t.* (*fam.*) mettere in mostra; sfoggiare; ostentare: **She was sporting a fox fur**, sfoggiava una pelliccia di volpe.

sporting ['spɔ:tiŋ], *a.* **1** sportivo **2** (*fig.*) leale; cavalleresco; equo; giusto; sportivo: **s. conduct**, condotta leale; **a s. proposal**, una proposta equa. ● **s. daily**, giornale sportivo □ **s. dog**, cane da caccia □ **s. editor**, redattore sportivo □ **s. gun**, fucile da caccia (*ad anima liscia*) □ **a s. man**, uno sportivo □ **the s. press**, la stampa sportiva □ **to give sb. a s. chance**, dare a q. una possibilità di successo (*o* di rivalsa, ecc.).

sportive ['spɔ:tiv], *a.* **1** allegro; gaio; gioviale; faceto; scherzoso **2** (*di bimbo, gattino, ecc.*) giocherellone.

sportiveness ['spɔ:tivnis], *n.* allegria; gaiezza; giovialità.

sportscast ['spɔ:tska:st], *n.* (*radio, telev. USA*) notizie sportive (*la trasmissione*).

sportsman ['spɔ:tsmən], *n.* (*pl.* **sportsmen**) **1** sportivo; chi pratica uno (*o* più) sport; cacciatore; pescatore **2** (*fig.*) uomo cavalleresco, generoso, leale.

sportsmanlike ['spɔ:tsmənlaik], **sportsmanly** ['spɔ:tsmənli], *a.* **1** sportivo; degno d'uno sportivo **2** (*fig.*) cavalleresco; leale.

sportsmanship ['spɔ:tsmənʃip], *n.* **1** amore dello sport **2** bravura (*o* abilità) nello sport **3** (*fig.*) cavalleria; generosità; lealtà.

sportswear ['spɔ:tswɛə*], *n.* (*collett.*) articoli d'abbigliamento per lo sport.

sportswoman ['spɔ:ts,wumən], *n.* (*pl.* **sportswomen**) donna sportiva.

sporty ['spɔ:ti], *a.* (*fam.*) **1** sportivo; amante dello sport **2** (*d'abito*) sportivo ma elegante.

sporule ['spɔrju:l], *n.* (*bot., zool.*) spórula; piccola spora.

spot [spɔt], *n.* **1** punto; posto; luogo: **This is the very s. where the accident happened**, questo è il punto esatto in cui accadde l'incidente; **a bald s. on one's head**, un punto della testa dove sono caduti i capelli; una chierica (*scherz.*) **2** chiazza; macchia; macchiolina; puntolino; pallino; picchiettatura: **the spots on a leopard**, le chiazze sul manto d'un leopardo; **There's a s. of grease on your tie**, hai una macchia d'unto sulla cravatta; **a blue tie with yellow spots**, una cravatta blu a pallini gialli **3** piccolo foruncolo; brufolo **4** (*fig.*) macchia; neo: **There is no s. on his character** (*o* **good name**, **reputation**), la sua reputazione è senza macchia **5** (*nel biliardo*) segno (*o* punto) d'acchito **6** (*fam.*) (un) po'; (una) piccola quantità; (un) sorso, (un) goccio: **Will you have a s. of whisky?**, volete un goccio di whisky?; **a s. of leave**, un po' di congedo **7** (*pl., comm.*) merce venduta a contanti **8** (*fam.*) locale (*notturno, ecc.*) **9** (*radio, telev.*) spazio pubblicitario **10** (*astron., di solito* **sunspot**) macchia solare **11** *V.* **spotlight 12** (*fam.*) guaio; pasticcio. ● (*radio, telev.*) **s. announcement**, spot; comunicato commerciale fra due trasmissioni (*o* nel corso di una trasmissione) □ (*radio, telev.*) **s. broadcast**, emissione locale □ (*comm.*) **s. cash**, pagamento a pronta cassa (*o* in contanti) □ **s. check**, controllo saltuario □ **s. coverage**, servizio speciale giornalistico (*redatto sul luogo di un avvenimento*) □ (*comm.*) **s. goods**, merce pronta per consegna immediata □ **s. news**, notizie recentissime; ultimissime □ **s. on time**, all'ora esatta; puntuale □ (*comm.*) **s. prices**, prezzi per contanti □ (*mecc.*) **s. welding**, saldatura a punti □ (*radio, telev.*) **a guest s.**, un'apparizione come ospite d'onore □ **to be in a s.**, essere nei guai □ **to be killed on the s.**, restare ucciso sul colpo □ **on the s.**, sul posto; subito, lì per lì, su due piedi; a tamburo battente; in difficoltà, in una posizione delicata □ **the people on the s.**, la gente del posto; quelli che sono al corrente dei fatti □ (*pop.*) **to put sb. on the s.**, mettere q. in difficoltà, cacciare q. nei guai; decidere di uccidere q. □ **s. soft s.**, debole (*sost.*) □ (*fig.*) **a tender** (*o* **sore**) **s.**, un punto debole; un tasto delicato □ **sb.'s weak spot**, il punto debole di q. □ (*fam.*) **Let's have a s. of lunch**, mangiamo qualcosa!; facciamo un po' di colazione!

to spot [spɔt], **A** *v. t.* **1** chiazzare; macchiare (*anche fig.*): **a bench spotted with paint**, una panchina macchiata di vernice; **to s. one's character**, macchiare il proprio buon nome **2** picchiettare; punteggiare; fare un segno su (q.c.) **3** (*fam.*) riconoscere; scoprire; distinguere; vedere; individuare: **I spotted him at once as an Irishman**, lo riconobbi subito per irlandese; **to s. the winner**, scoprire (*o* individuare) il vincitore d'una gara; **The policeman couldn't s. the pickpocket in the crowd**, il poliziotto non riuscì a individuare il borsaiolo tra la folla **4** determinare; localizzare; rilevare **5** (*mil.*) individuare (*il bersaglio*) **6** piazzare (*guardie, poliziotti, ecc.*) **7** (*USA, di solito* **to s. out**, **to s. up**) smacchiare **8** (*USA*) concedere un vantaggio a (*un avversario*). **B** *v. i.* **1** chiazzarsi; macchiarsi: **This material won't s. in the rain**, questa stoffa non si macchia con la pioggia **2** (*fam., impers.*; *di solito* **to be spotting with rain**) piovigginare.

to spot-check ['spɔt,tʃek], *v. t.* fare un controllo saltuario (*o* su campione casuale) di (*contribuenti, denunce di reddito, ecc.*).

spotless ['spɔtlis], *a.* senza macchia (*anche fig.*); immacolato.

spotlessness ['spɔtlisnis], *n.* purezza; candore.

spotlight ['spɔt-lait], *n.* **1** (*teatr.*) luce di proscenio; riflettore orientabile; proiettore (*in genere*) **2** (*autom.*) faro orientabile (*o* direzionale) **3** (*fig.*) luce, ribalta (*fig.*): **to be in the political s.**, essere alla ribalta nella politica. ● **to hold the s.**, trovarsi alla ribalta (*fig.*) □ **That year in Rome was his s.**, quell'anno a Roma fu il suo grande successo.

to spotlight ['spɔt-lait], *v. t.* **1** (*teatr.*) illuminare con un riflettore (*o* con un proiettore) **2** (*fig.*) mettere (q.) in luce; portare alla ribalta.

spotted ['spɔtid], *a.* chiazzato; maculato; picchiettato: **s. skin**, pelle maculata. ● **s. dog**, cane dalmata; (*cucina*) budino con uva passa □ (*med.*) **s. fever**, meningite cerebrospinale; (*anche*) tifo petecchiale.

spottedness ['spɔtidnis], *n.* chiazzatura; picchiettatura.

spotter ['spɔtə*], *n.* **1** agente investigatore (*in una banca, in un'azienda*) **2** (*mil.*) osservatore **3** (*aeron., anche* **s. plane**) ricognitore; aereo da ricognizione **4** (*autom.*) chi identifica targhe (*per hobby*) **5** (*chi* conta) i treni che passano (*o* le navi, ecc.; *per hobby*) **6** (*ferr.*) dispositivo che segnala le irregolarità del binario **7** (*in tempo di guerra*) volontario della difesa antiaerea **8** (*cinem.*) assistente di regia **9** *V.* **talent scout**, sotto **scout**. ● **bird s.**, chi osserva gli uccelli.

spottiness ['spɔtinis], *n.* **1** chiazzatura; picchiettatura **2** irregolarità (*del disegno, ecc.*) **3** (*elettron.*) immagine macchiata.

spotty ['spɔti], *a.* **1** chiazzato; maculato; coperto di macchioline; picchiettato: **s. skin**, pelle coperta di macchioline **2** ineguale; irregolare: **a s. piece of music**, un brano musicale ineguale **3** (*fam.*) foruncoloso; brufoloso; in età da avere i foruncoli.

spouse [spauz], *n.* (*lett.*) sposo, sposa; consorte.

spout [spaut], *n.* **1** becco; beccuccio; cannella: **the s. of a teapot**, il beccuccio d'una teiera **2** (*edil.*; *anche* **waterspout, downspout**) tubo di scarico; grondaia **3** getto (*d'acqua, di vapore*); zampillo **4** (*un tempo*) montacarichi (*al monte dei pegni*) **5** (*anche* **waterspout**) tromba marina **6** sorgente (*d'acqua*); fonte **7** (*zool.*) *V.* **s. hole**. ● **s. hole**, sfiatatoio, spiracolo (*d'una balena, ecc.*) □ (*fam.*) **to be up the s.**, (*di una cosa*) essere al monte dei pegni; (*di una persona*) essere rovinato □ **water-s.**, tromba marina.

to spout [spaut], **A** *v. i.* **1** scaturire; sgorgare; schizzare: **Blood spouted from the wound**, il sangue sgorgò dalla ferita **2** (*fam.*) concionare; declamare; parlare a getto continuo **3** (*della balena o altro cetaceo*) lanciare acqua dallo sfiatatoio. **B** *v. t.* **1** gettare; lanciare; schizzare; far sgorgare **2** (*fam.*) declamare; dire a getto continuo: **Stop spouting Homer!**, smettila di declamare Omero!

sprag [spræg], *n.* **1** (*di veicolo*) puntone d'arresto **2** (*di miniera*) puntello.

sprain [sprein], *n.* (*med.*) distorsione; storta; slogatura.

to sprain [sprein], *v. t.* (*med.*) storcere; slogare; prendere una storta a (*un polso, una caviglia, ecc.*): **to s. one's ankle**, slogarsi la caviglia.

sprang [spræŋ], *pass.* di **to spring**.

sprat [spræt], *n.* **1** (*zool.*, *Clupea sprattus*) spratto **2** (*scherz.*) bimbetto gracile; ragazzetto mingherlino. ● (*fig.*) **to throw a s. to catch a herring** (*o* **a mackerel, a whale**), dare un uovo per avere una gallina.

to sprat [spræt], *v. i.* pescare spratti.

to sprawl [sprɔːl], **A** *v. i.* **1** abbandonarsi; sedere (*o* sdraiarsi) in modo scomposto; stravaccarsi (*fam.*) **2** (*di città, ecc.*) crescere (*o* estendersi) disordinatamente: **New suburbs sprawled in all directions**, nuovi sobborghi si estendevano disordinatamente in ogni direzione **3** (*di scrittura*) essere grande e irregolare. **B** *v. t.* **1** distendere, allungare (*le braccia, le gambe*) in modo scomposto **2** buttare giù (*una firma, ecc.*); scarabocchiare **3** (*mil.*) spiegare (*truppe*) a ventaglio; disporre (*soldati*) in ordine sparso. ● **to s. one's limbs**, sdraiarsi, mettersi lungo disteso; sedersi in modo scomposto □ **to be sprawled out**, essere stravaccato (*fam.*) □ **to send sb. sprawling**, mandar q. a gambe levate.

sprawl [sprɔːl], *n.* **1** atteggiamento scomposto **2** movimento scomposto **3** massa disordinata; gruppo (*o* sviluppo) irregolare (*o* incontrollato): **the ugly urban s.**, l'orribile sviluppo incontrollato delle città.

spray (1) [sprei], *n.* **1** frasca; ramoscello **2** ornamento a forma di ramo; ramoscello, spiga (*di gioielli*). ● (*agric.*) **s. drain**, canale di scolo riempito di frasche.

spray (2) [sprei], *n.* **1** spruzzo; spruzzi; spruzzaglia; spruzzata: **the s. of a waterfall**, gli spruzzi d'una cascata; **sea s.**, spruzzaglia delle onde marine **2** liquido (*profumo, disinfettante, insetticida, ecc.*) da spruzzare (*o* vaporizzare) **3** getto vaporizzato; spray **4** (*anche* **sprayer**) spruzzatore; vaporizzatore; spray. ● (*mecc.*) **s. carburettor**, carburatore a getto (*o* a iniettore) □ **s. gun**, spruzzatore, vaporizzatore, (*ind.*) pistola (per verniciatura) a spruzzo □ (*mecc.*) **s. nozzle**, atomizzatore; nebulizzatore □ (*agric.*) **s. irrigation**, irrigazione a pioggia □ (*mil.*) **a s. of gunfire**, una sventagliata di fucileria (*di mitra, ecc.*) □ **s. paint**, vernice a spruzzo □ (*ind.*) **s. painting**, verniciatura a spruzzo □ **insect s.**, insetticida vaporizzabile; spray contro gli insetti.

to spray [sprei], *v. t.* e *i.* **1** spruzzare; irrorare; vaporizzare: **to s. paint**, spruzzare vernice; **to s. the vines**, irrorare le viti; **to s. flies**, spruzzare insetticida contro le mosche **2** (*ind.*) verniciare a spruzzo. ● (*mil.*) **to s. the attackers with machine-gun fire**, sottoporre gli attaccanti a un violento fuoco di mitragliatrice.

sprayer ['spreiə*], *n.* **1** spruzzatore; vaporizzatore; spray **2** (*agric.*) irroratore; irroratrice **3** (*ind.*) pistola a spruzzo.

sprayey (1) ['spreii], *a.* **1** a forma di ramoscello **2** fatto di ramoscelli.

sprayey (2) ['spreii], *a.* **1** simile a uno spruzzo **2** fatto di spruzzi.

to spread [spred] (*pass.* e *p. p.* **spread**), **A** *v. t.* **1** spargere; diffondere; disseminare; propagare; propalare; trasmettere: **to s. manure over a field**, spargere concime su un campo; **to s. knowledge**, diffondere la cultura; **The anopheles spreads malaria**, l'anofele trasmette la malaria; **to s. news**, propagare (*o* propalare) notizie **2** (*spesso* **to s. out**) stendere; spiegare; aprire: **to s. a carpet**, stendere un tappeto; **to s. the sails**, spiegare le vele; **to s. out a newspaper**, aprire (*o* spiegare) un giornale; **to s. one's hands to the fire**, stendere le mani al fuoco; **The eagle spread its wings for flight**, l'aquila aprì le ali per volar via **3** cospargere; spalmare: **to s. jam on a slice of bread**, spalmare marmellata su una fetta di pane; **fields spread with flowers**, campi cosparsi di fiori **4** distribuire; prolungare; protrarre: **The bank spread the payments over a year**, la banca distribuì i pagamenti entro il periodo di un anno **5** coprire; ricoprire: **to s. the table with a cloth**, coprire la tavola con una tovaglia. **B** *v. i.* **1** spargersi; diffondersi; disseminarsi; propagarsi; sparpagliarsi: **The news of the victory spread in no time**, la notizia della vittoria si sparse in un baleno; **The settlers spread over a vast territory**, i coloni si sparpagliarono su un vasto territorio **2** stendersi; estendersi; spaziare; aprirsi; spiegarsi: **On every side spread the lonely ocean**, da ogni lato si stendeva il mare deserto; **A wonderful view spread (out) before us**, davanti a noi s'apriva un magnifico paesaggio. **to spread oneself** **C** *v. rifl.* **1** distendersi; allungarsi; sdraiarsi **2** dilungarsi, diffondersi (*su un argomento*) **3** lasciarsi andare (*fig.*); larghegggiare; essere molto generoso **4** (*fam.*) darsi da fare; farsi in quattro (*fam.*). ● **to s. abroad**, divulgare, propalare; diffondersi, divulgarsi □ **to s. apart**, allontanare; allontanarsi □ **to s. the board**, apparecchiare (la tavola) □ (*fig.*) **to s. oneself thin**, mettere troppa carne al fuoco □ (*naut.*) **to s. a sail**, bordare (*o* distendere) una vela □ **to s. the table**, apparecchiare (la tavola).

spread (1) [spred], *n.* (*raramente al pl.*) **1** diffusione; espansione; propagazione; trasmissione: **the s. of Christianity**, la diffusione del Cristianesimo; **the ugly s. of a huge city**, la brutta espansione di una grande città **2** ampiezza; estensione; larghezza; (*anche aeron.*) apertura d'ala: **The bird's wings had a s. of over three feet**, le ali dell'uccello avevano un'apertura di quasi un metro **3** tovaglia; **a bed-s.**, una coperta da letto; un copriletto **4** pasta: **anchovy s.**, pasta d'acciughe **5** (*fam.*) banchetto; festino; desinare; tavola imbandita **6** (*comm.*, *econ.*) differenza fra il costo di produzione e il prezzo di vendita **7** (*Borsa, specialm. USA*) opzione doppia **8** (*giornalismo*) servizio (*o* intestazione, avviso pubblicitario, ecc.) su due pagine contigue (*o* su due *o* più colonne) **9** (*stat.*) intervallo di variabilità; scarto **10** (*fin.*) margine (*rispetto al tasso base d'interesse*). ● (*ind.*) **s.-over** (**system**), distribuzione delle ore lavorative (*in una fabbrica*) □ (*fam.*) **middle-age s.**, la pancetta della mezza età.

spread (2) [spred], **A** *pass.* e *p. p.* di **to spread**. **B** *a.* **1** sparso; diffuso **2** disteso; allungato **3** (*di vela*) spiegata: **with sails s.**, a vele spiegate **4** (*di mensa*) imbandita: **a table s. with every luxury**, una tavola imbandita con ogni ben di Dio. ● (*urbanistica USA*) **s. city**, città a sviluppo incontrollato.

spread eagle ['spred 'i:gl], *n.* **1** (*araldica*) aquila spiegata (*con le ali spiegate*) (*anche l'emblema degli USA*) **2** (*fam.*, *specialm. USA*) pollo alla diavola (*cfr. ingl.* **spatchcock**) **3** cosa che ricorda un'aquila con le ali spiegate; (*per es.*) persona a braccia e gambe divaricate **4** spaccata (*figura del pattinaggio artistico*). ● (*polit. USA*) **spread-eagle. patriotism**, patriottismo enfatico; sciovinismo.

spread-eagled ['spred'i:gld], *a.* a braccia e gambe divaricate: **to lie s. on the sand**, stare sdraiato a braccia e gambe divaricate sulla sabbia.

spread-eagleism ['spred'i:glizəm], *n.* (*polit. USA*) enfasi patriottica; sciovinismo.

spreader ['spredə*], *n.* **1** diffusore; divulgatore; propagatore **2** coltello per spalmare burro, marmellata, ecc.; spatola **3** (*mecc.*) spanditore **4** (*agric.*, *anche* **manure s.**) concimatrice; spandiletame **5** (*elettr.*) separatore.

spree [spriː], *n.* baldoria; festa; bisboccia; bagordo; gozzoviglia: **to go on a s.**, far baldoria; gozzovigliare.

to spree [spriː], *v. i.* far baldoria; gozzovigliare.

sprig [sprig], *n.* **1** ramoscello; rametto **2** (*agric.*) stolone **3** chiodo senza testa **4** ornamento (*o* disegno su stoffa) a forma di ramoscello **5** (*spreg.*, *raro*) giovanotto; giovinastro **6** (*fig.*, *scherz.*, *raro*) discendente; rampollo **7** (*sport*) chiodo senza testa (*di scarpetta*).

to sprig [sprig], *v. t.* **1** ornare (*una stoffa, ecc.*) con un disegno di ramoscelli **2** fissare con (*o* munire di) chiodi senza testa.

spriggy ['sprigi], *a.* **1** (*di pianta, albero*) pieno di ramoscelli; frondoso **2** simile a un ramoscello **3** ornato di ramoscelli.

sprightliness ['spraitlinis], *n.* allegria; animazione; gaiezza; brio.

sprightly ['spraitli], *a.* allegro; animato; gaio; brioso; vivace.

to spring [spriŋ] (*pass.* **sprang**, *p. p.* **sprung**), **A** *v. i.* **1** saltare; balzare; scattare: **I sprang to my feet**, scattai in piedi; **The leopard sprang on its prey**, il leopardo balzò sulla preda; **The watchdog sprang at his throat**, il cane da guardia gli saltò alla gola **2** (*spesso* **to s. up**) sorgere; nascere; alzarsi; spuntare; crescere: **Cities and towns sprang up**, sorsero città grandi e piccole; **A doubt sprang up in my mind**, un dubbio mi sorse nella mente; **A strong gale has sprung up**, s'è alzato un forte vento; **Mushrooms were springing up under the tall oaks**, i funghi stavano spuntando sotto le alte querce **3** (*fig.*) derivare; provenire; venire; discendere: **This error springs from a false conviction**, questo errore deriva da una convinzione sbagliata; **He springs from a very ancient family**, discende da una famiglia antichissima **4** (*d'acqua*) scaturire; sgorgare; zampillare **5** (*di legno, ecc.*) spaccarsi; fendersi; curvarsi; incrinarsi; storcersi **6** (*di selvaggina*) levarsi (in volo) **7** (*mil.*: *di*° *una mina*) esplodere; brillare. **B** *v. t.* **1** saltare: **The boy sprang the hedge**, il ragazzo saltò la siepe **2** (*caccia*) alzare, levare (*selvaggina*): **We sprang a covey of quail**, levammo un branco di quaglie **3** far scattare; azionare (*chiudere, aprire, ecc.*) con una molla; mettere in moto: **to s. a lock**, far scattare una serratura; **to s. a trap**, far scattare una trappola **4** spaccare; fendere; curvare; incrinare; storcere: **I've sprung my oar**, ho spaccato il remo **5** comunicare, dire (q.c. a q.) all'improvviso (*o* senza preavviso); dare notizia di (q.c. a q.): **How will she s. her marriage on her father?**, come farà a dare notizia del matrimonio a suo padre? **6** (*mil.*) far saltare (*una mina*) **7** (*fig.*) creare; produrre; lanciare; tirar fuori: **He has sprung a revolutionary doctrine**, ha lanciato una dottrina rivoluzionaria **8** provvedere di molle; molleggiare **9** (*pop.*) far evadere (*dal carcere*); (*anche*) rilasciare. **C** *verbi composti* **1 to s. back**, balzare indietro, rinculare; tornare a posto di scatto, ritornare (*per elasticità*): **The bolt sprang back**, il catenaccio tornò a posto di scatto. **2 to s. down**, balzare (*o* saltare) giù. **3 to s. forward**, balzare in avanti. **4 to s. to**, chiudersi di scatto: **The door sprang to**, la porta sbatté (*chiudendosi*). **5 to s. up**, saltar su; balzare su. ● (*archit.*) **to s. an arch**, impostare un arco □ **to s. into life**, nascere (*o* germogliare) all'improvviso; (*di motore*) accendersi, andare in moto □ **to s. a mast**, drizzare un albero □ (*fig.*) **to s. a mine**, sollevare un putiferio □ **to s. open** (**shut**), aprirsi (chiudersi) di scatto □ **to s. st. open** (**shut**), aprire (chiudere) q.c. di scatto (*o* azionando una molla, uno scatto) □ **to s. a surprise on sb.**, fare una sorpresa a q.; cogliere di sorpresa q. □ **Where did you s. from?**, da dove sei saltato fuori? □ **Blood sprang to my cheeks**, il sangue mi salì al viso □ **The tower springs high above the town**, la torre si leva alta sopra la città □ **A curse sprang to his lips**, un'imprecazione gli salì alle labbra □ **The ship** (**the roof**) **sprang a leak**, si aprì una falla nella nave (nel tetto).

spring (1) [sprɪŋ], *n.* **1** balzo; salto; scatto: **to make a s. at sb.**, fare un balzo contro q.; **to take a s.**, fare un salto; **He rose with a s.**, s'alzò di scatto **2** sorgente; fonte; (*fig.*) causa, motivo, origine: **hot springs**, sorgenti termali; **mineral springs**, sorgenti d'acqua minerale; **the springs of human behaviour**, i motivi del comportamento umano **3** (*mecc.*) molla (*anche fig.*): **the s. of a watch**, la molla di un orologio; **Greed is the s. of all his actions**, la cupidigia è la molla di ogni sua attività **4** (*mecc., autom.*) *V.* **leaf s. 5** (*anche fig.*) elasticità: **There's a new s. in the old colonel's step**, c'è una elasticità nuova nel passo del vecchio colonnello **6** il tornare a posto (*di q.c., per elasticità*); rinculo **7** (*archit.*) linea (*o* piano) d'imposta **8** (*nel legno*) fessura; incrinatura; spaccatura **9** falla (*dovuta a fessura, ecc.*) **10** (*naut.*) traversino; cavo d'ormeggio. ● (*metall.*) **s. back**, ritorno elastico □ **s. balance**, bilancia a molla □ **s. bed**, letto a molle □ **s. binder**, raccoglitore a molla (*sport*) **s.-board**, trampolino □ (*mecc.*) **s. bolt**, chiavistello a scatto □ **s. carriage**, carrozza molleggiata □ **s. gun**, fucile che spara quando è urtato (*dalla selvaggina o da cacciatori di frodo*) □ (*mecc.*) **s. hook**, gancio a molla □ **s. knife**, coltello a molla, a scatto □ (*mecc.*) **s.-loaded**, a molla; caricato a molla □ **s. mattress**, materasso a molle □ (*mecc.*) **s. rate**, flessibilità (*autom.*) **s. rate at wheel**, flessibilità della ruota □ (*USA*) **s. scale**, *V.* **s. balance** □ **s. water**, acqua sorgiva □ **coil s.**, molla a spirale piana □ (*mecc., autom.*) **leaf s.**, molla a balestra, balestra.

spring (2) [sprɪŋ], *n.* (*anche fig.*) primavera: **the s. of her life**, la primavera della sua vita. ● **s. chicken**, pollo giovane; pollastrino, pollastrella (*anche fig.*: *di donna giovane e ingenua*) □ **s.--clean** (*USA* **s.-cleaning**), le pulizie di Pasqua □ **a s. day**, un giorno di primavera □ (*bot.*) **s. onion** (*Allium fistulosum*), cipollina □ (*naut.*) **s. tide**, marea di plenilunio; marea equinoziale.

springbok [ˈsprɪŋbɒk], *n.* (*pl.* **springbock, springbocks**) (*zool., Antidorcas euchore*) antidorcade; antilope saltante. ● **the Springboks**, i Sudafricani (*nomignolo*); (*sport*) la squadra di rugby del Sudafrica.

to spring-clean [ˌsprɪŋˈkliːn], **A** *v. i.* fare le pulizie di Pasqua. **B** *v. t.* pulire a fondo.

springe [sprɪndʒ], *n.* trappola; laccio; cappio.

to springe [sprɪndʒ], *v. t.* accalappiare.

springer [ˈsprɪŋə*], *n.* **1** chi balza; chi salta; saltatore **2** (*archit.*) imposta **3** (*zool.*) «springer spaniel» **4** (*zool, Antidorcas euchore*) antidorcade; antilope saltante **5** (*zool., Orcinus orca*) orca **6** (*zool., Grampus griseus*) grampo grigio **7** *V.* **spring chicken**, *sotto* **spring 8** (*anche* **springing cow**) mucca che sta per figliare.

springiness [ˈsprɪŋɪnɪs], *n.* elasticità.

springing [ˈsprɪŋɪŋ], *n.* **1** (*mecc.*) molleggio **2** (*archit.*) linea (*o* piano) d'imposta.

springless [ˈsprɪŋlɪs], *a.* **1** senza fonti; senza sorgenti **2** (*mecc.*) senza molle.

springlet [ˈsprɪŋlɪt], *n.* piccola sorgente; polla.

springlike [ˈsprɪŋlaɪk], *a.* primaverile.

springtide [ˈsprɪŋtaɪd], **springtime** [ˈsprɪŋtaɪm], *n.* **1** (tempo di) primavera; stagione primaverile **2** (*fig.*) anni verdi; albori; principio.

springy [ˈsprɪŋɪ], *a.* **1** elastico; molleggiato: **s. step**, passo elastico **2** ricco di sorgenti.

to sprinkle [ˈsprɪŋkl], **A** *v. t.* **1** spruzzare; spargere; aspergere; cospargere; annaffiare: **to s. water**, spruzzare acqua; **to s. sugar over a plateful of strawberries**, spargere zucchero su un piatto di fragole; **to s. the road with water**, annaffiare la strada **2** sparpagliare; disseminare; spargere qua e là. **B** *v. i.* **1** (*di liquido*) cadere a piccole gocce **2** piovigginare.

sprinkle [ˈsprɪŋkl], *n.* **1** spruzzatina; aspersione **2** spruzzatina (*fig.*); pioggerella.

sprinkler [ˈsprɪŋklə*], *n.* **1** spruzzatore **2** annaffiatoio **3** innaffiatrice (*automezzo*) **4** (*relig.*) aspersorio **5** (*tecn.*) sprinkler (*valvola con fusibile, ugello e campanello d'allarme*: *V.* **s. system**). ● **s. system**, impianto antincendio a sprinkler; impianto per annaffiare (*il giardino; il prato*); (*agric.*) impianto d'irrigazione a pioggia □ (*mecc., costr. stradali*) **tar s.**, macchina catramatrice.

sprinkling [ˈsprɪŋklɪŋ], *n.* **1** spruzzo; spruzzatina; spruzzaglia: **a s. of snow**, una spruzzatina di neve **2** (*fig.*) infarinatura **3** (*fig.*) piccolo numero; piccola quantità; (un) po'; pizzico.

to sprint [sprɪnt], **A** *v. i.* (*sport*) fare una volata; fare uno scatto. **B** *v. t.* percorrere (*un tratto del percorso*) di volata.

sprint [sprɪnt], *n.* (*sport*) volata; scatto.

sprinter [ˈsprɪntə*], *n.* (*sport*) velocista; scattista.

sprite [spraɪt], *n.* folletto; genietto; spiritello.

spritsail [ˈspritseil], *n.* (*naut.*) vela a tarchia.

sprocket [ˈsprɒkɪt], *n.* dente (*di ruota*) **2** (*anche* **s. wheel**) ruota dentata (*collegata con una catena*).

to sprout [spraʊt], **A** *v. i.* **1** germogliare; germinare; rampollare **2** (*fig.*) spuntare; crescere all'improvviso (*o* in fretta). **B** *v. t.* far crescere; mettere (*la barba, i baffi*).

sprout [spraʊt], *n.* **1** germoglio; getto **2** (*pl.*, *anche* **Brussels sprouts**) cavoletti di Bruxelles **3** (*fam.*) rampollo; giovane discendente.

spruce (1) [spruːs], *a.* attillato; azzimato; elegante; lindo.

to spruce [spruːs], *v. t.* (*fam.*) attillare; azzimare; agghindare. ● **to s.** (**oneself**) **up**, agghindarsi; attillarsi; mettersi in ghingheri; farsi bello (*fam.*) □ **to get spruced**, *V.* **to s.** (**oneself**) **up**.

spruce (2) [spruːs], *n.* (*bot., Picea*) picea; abete rosso (*l'albero e il legno*). ● **s. beer**, bevanda fermentata fatta con un estratto di foglie e ramoscelli d'abete rosso (*usata come antiscorbutico*).

spruceness [ˈspruːsnɪs], *n.* attillatura; eleganza.

sprue (1) [spruː], *n.* (*metall.*) **1** canale di colata **2** colame (*metallo che si è solidificato nel canale*).

sprue (2) [spruː], *n.* (*med.*) sprue; diarrea di Cocincina.

spruit [spruːɪt], *n.* (*sudafricano*) *n.* ruscello; torrentello.

sprung [sprʌŋ], **A** *p. p.* di **to spring**. **B** *a.* molleggiato; a molle: **a s. mattress**, un materasso a molle. ● (*mecc., autom.*) **s. axle**, assale posteriore.

spry [spraɪ], *a.* animato; attivo; energico; vivace. ● **to look s.**, far presto; sbrigarsi; spicciarsi.

spud [spʌd], *n.* **1** (*agric.*) zappetta; sarchio; sarchiello **2** (*mecc.*) punta (*o* utensile) a lancia **3** (*fam.*) patata.

to spud [spʌd], *v. t.* (*spesso* **to s. up**, **to s. out**) sarchiare (*erbacce, ecc.*); estirpare col sarchiello.

to spue [spjuː], *V.* **to spew**.

spume [spjuːm], *n.* spuma; schiuma.

to spume [spjuːm], *v. i.* spumare; spumeggiare; schiumare.

spumescence [spjuːˈmesəns], *n.* spumosità; schiumosità.

spumescent [spjuːˈmesənt], *a.* **1** spumeggiante **2** spumoso.

spumone [spuːˈmoʊneɪ], **spumoni** [spuːˈmoʊni] (*ital.*), *n.* (*cucina*) spumone (*gelato o meringa*).

spumous [ˈspjuːməs], **spumy** [ˈspjuːmi], *a.* spumoso.

spun [spʌn], **A** *pass.* e *p. p.* di **to spin**. **B** *a.* **1** (*di seta, oro, ecc.*) filato **2** (*di lana, nylon*) filato **3** (*mecc.*) imbutito al tornio **4** (*pop., raro*) sfinito; stanco morto. ● **s. glass**, vetro filato □ **s. out**, tirato per le lunghe; prolisso.

spunk [spʌŋk], *n.* **1** (*fam.*) coraggio; ardimento; fegato (*fig.*) **2** esca (*di funghi o legno secco*); fungo da esca **3** (*volg.*) sperma; sborra (*volg.*).

spunky [ˈspʌŋki], *a.* (*fam.*) coraggioso; ardimentoso; di fegato.

spur [spɜː*], *n.* **1** sprone; sperone (*di gallo; di monte, ecc.*); contrafforte; (*fig.*) incitamento, stimolo, pungolo: **to put** (*o* **to set**) **the spurs to a horse**, dar di sprone a un cavallo; **the s. of need**, lo stimolo del bisogno **2** (*fis.*) traccia **3** (*bot.*) sperone; cornetto **4** (*ferr., anche* **s. track**) binario di raccordo; raccordo. ● (*mecc.*) **s. gear** (**s. wheel**), ruota dentata; ingranaggio cilindrico (*a denti diritti*) □ (*mecc.*) **s. gearing**, trasmissione con ingranaggi cilindrici □ (*stor.*) **s. royal**, moneta di re Giacomo I del valore di 15 scellini (*dallo sprone a rotella, in figura di sole_____re, che vi era impresso*) □ (*ferr.*) **s. track**, raccordo ferroviar_____ **on the s.**,

spur

of the moment, su due piedi; lì per lì; d'impulso: (fam.) s.-of-the--moment (agg.), estemporaneo, improvvisato; spontaneo ☐ to win one's spurs, (stor.) ottenere gli sproni di cavaliere; (fig.) affermarsi; acquistare fama (o rinomanza) ☐ That boy needs the s., quel ragazzo ha bisogno di essere spronato.

to spur [spəː*], A v. t. 1 spronare; (fig.) incitare, stimolare: Ambition spurred him on, lo spronava l'ambizione 2 munire (o provvedere) di speroni. B v. i. 1 spronare il cavallo; dar di sprone 2 (anche to s. on, to s. forward) andare a spron battuto; correre a tutta velocità. ● (fig.) to s. a willing horse, spronare chi non ne ha bisogno; stimolare chi già lavora.

spurge [spəːdʒ], n. (bot., Euphorbia) euforbia. ● s. laurel (Daphne laureola), erba laurina.

spurious [ˈspjuəriəs], a. 1 spurio; apocrifo; falso: a s. coin, una moneta falsa 2 (leg., raro) illegittimo; spurio; bastardo 3 (elettron., ottica, ecc.) spurio.

spuriousness [ˈspjuəriəsnis], n. 1 l'esser spurio; falsità 2 (leg., raro) illegittimità.

spurn [spəːn], n. 1 (arc.) spinta col piede, calcio (dato per allontanare q. o q.c. con sdegno) 2 rifiuto; ripulsa; disprezzo; disdegno.

to spurn [spəːn], v. t. 1 (arc.) respingere (col piede, a calci); spingere indietro 2 rigettare; rifiutare; respingere; sdegnare.

spurred [spəːd], a. 1 che porta gli sproni 2 (di gallo, ecc.) speronato.

spurrey [ˈspəːri], V. spurry.

spurrier [ˈspəːriə*], n. chi fabbrica (o vende) sproni.

spurry [ˈspəːri], n. (bot., Spergula arvensis) spergola renaiola.

to spurt [spəːt], A v. i. 1 sprizzare; zampillare; sgorgare 2 fare uno sforzo breve ma intenso 3 (sport) fare uno scatto (o una volata). B v. t. far sprizzare; far zampillare; far sgorgare.

spurt [spəːt], n. 1 sprizzo; zampillo; getto 2 sforzo breve e intenso; scatto; volata 3 impeto; scatto: to do st. in spurts, fare q.c. a scatti 4 (sport) scatto; volata. ● (comm.) a s. in sales, un'improvviso aumento delle vendite ☐ (tel.) s. tone, impulso di selezione ☐ (fam.) to put a s. on sb., far fretta a q.

sputnik [ˈsputnik] (russo), n. (miss.) 1 S., Sputnik (1° satellite artificiale nello spazio: 4 ottobre 1957) 2 (per estens.) sputnik; satellite artificiale.

to sputter [ˈspʌtə*], v. i. e t. 1 schizzare; spruzzare; sputacchiare 2 biascicare; borbottare; farfugliare 3 crepitare; scoppiettare; sfrigolare.

sputter [ˈspʌtə*], n. 1 schizzo; spruzzo (specialm. di saliva) 2 borbottio; farfugliamento 3 crepitio; scoppiettio; sfrigolio.

sputtering [ˈspʌtəriŋ], n. 1 spruzzamento 2 biascicamento; farfugliamento 3 crepitio; sfrigolio 4 (elettron.) spruzzamento catodico.

sputum [ˈspjuːtəm], n. (pl. sputa, sputums) (med.) sputo; espettorato; secreto.

spy [spai], n. spia; spione; agente segreto; delatore; informatore; confidente (della polizia). ● to be a spy on sb.'s conduct, spiare le mosse di q.

to spy [spai], A v. i. spiare; fare la spia. B v. t. scorgere; scoprire; vedere (guardando attentamente): I spied a rider approaching, scorsi un cavaliere che s'avvicinava. ● to spy into, investigare; indagare; scrutare: to spy into a secret, indagare su un segreto ☐ to spy out, esplorare, investigare; scoprire, trovare: A patrol was sent to spy out the land, fu mandata una pattuglia a esplorare il terreno ☐ to spy upon (o on) sb. (sb.'s movements, etc.), spiare q. (le mosse di q., ecc.) ☐ (alla Camera dei Comuni, quando si chiede un dibattito a porte chiuse) I spy strangers!, noto la presenza di estranei!

spyglass [ˈspaiglɑːs], n. cannocchiale.

spyhole [ˈspaihoul], n. (edil.) spia; spioncino.

squab [skwɔb], A a. 1 (di piccione, ecc.) implume 2 basso e grasso; grassoccio; grassottello; paffuto. B n. 1 piccione di nido; piccioncino 2 persona grassoccia; bombolotto 3 cuscino imbottito 4 divano; sofà. C avv. di peso; pesantemente (in schianto: The vase came down s. on the floor, il vaso cadde di schianto sul pavimento. ● (cucina) s. pie, pasticcio di piccione.

squabble [ˈskwɔbl], n. alterco; lite; battibecco; litigio; disputa.

to squabble [ˈskwɔbl], A v. i. altercare; litigare; bisticciare; disputare: to s. with sb. about st., litigare con q. su q.c. B v. t. (tipogr.) scomporre (righe già composte)

squabbler [ˈskwɔblə*], n. attaccabrighe; persona litigiosa.

squabby [ˈskwɔbi], a. tozzo; grassoccio; grassottello.

squad [skwɔd], n. 1 (mil.) squadra; drappello (di soldati) 2 squadra, gruppo (di operai, ecc.): una squadra (o un reparto) di artificieri (o contro gli ordigni esplosivi) ● s. car, automobile della polizia; pantera (fig.) ☐ the awkward s., (mil.) la squadra dei coscritti (fig.) gruppo di persone inesperte, incompetenti ☐ the flying s., la squadra volante (polizia).

squadron [ˈskwɔdrən], n. (mil.) squadrone (di cavalleria) 2 (naut.) squadra; flottiglia 3 (aeron.) squadriglia 4 gruppo organizzato (di persone); comitiva. ● (aeron.) s. leader, comandante di squadriglia.

to squadron [ˈskwɔdrən], v. t. (mil.) disporre in squadre (o in squadroni).

squalid [ˈskwɔlid], a. squallido; misero; povero; sordido; sudicio.

squalidity [skwɔˈliditi], **squalidness** [ˈskwɔlidnis], n. squallidezza; squallore; sordidezza; sudiciume.

to squall (1) [skwɔːl], v. i. e t. gridare; sbraitare; strillare; urlare; vociare: The baby squalled, il bambino strillava.

squall (1) [skwɔːl], n. 1 grido; strillo; urlo 2 verso sgradevole (o fastidioso): the s. of the seagulls, il verso sgradevole dei gabbiani.

squall (2) [skwɔːl], n. 1 raffica; groppo (di vento) 2 (fig.) burrasca; baruffa; lite. ● s. cloud, nube di groppo ☐ arched s., temporale delle zone equatoriali, con cumuli neri ☐ black s., temporale improvviso, con nubi nere ☐ (fig.) to look out for squalls, stare in guardia; tenere gli occhi aperti.

to squall (2) [skwɔːl], v. i. far tempesta; far burrasca.

squaller [ˈskwɔːlə*], n. strillone, strillona; urlatore; urlatrice.

squally [ˈskwɔːli], a. burrascoso; tempestoso.

squaloid [ˈskweiləid], a. (zool.) simile a uno squalo.

squalor [ˈskwɔlə*], n. squallore; squallidezza; sordidezza.

squama [ˈskweimə], n. (pl. squamae) (bot., zool.) squama.

squamose [ˈskweiməus], **squamous** [ˈskweiməs], a. (bot., zool.) squamoso.

squamule [ˈskweimjuːl], n. (bot., zool.) piccola squama.

to squander [ˈskwɔndə*], v. t. dissipare; dilapidare; sperperare; sprecare; scialacquare.

squanderer [ˈskwɔndərə*], n. dissipatore; dilapidatore; sperperatore; sprecone; scialacquatore.

squandering [ˈskwɔndəriŋ], n. dissipazione; dilapidazione; sperpero; spreco; scialacquamento.

squandermania [ˈskwɔndəˌmeiniə], n. mania di sprecar denaro.

square (1) [skweə*], n. 1 (geom., mat., mil., ecc.) quadrato: 9 is the s. of 3, 9 è il quadrato di tre 2 piazza (specialm. a quattro lati); piazzetta; piazzale; (anche) cortile 3 squadra (strumento da disegno) 4 isolato, blocco (di case); (USA) lunghezza di un intero isolato 5 (metall.) barra quadra 6 (in certi giochi) casella; (negli scacchi) scacco 7 fazzoletto da collo 8 (pop.) tradizionalista; conformista 9 (mil.) cortile, piazzale (di caserma). ● (gergo mil.) s.-bashing, esercitazione militare; esercizi di marcia ☐ by the s., con esattezza; con precisione ☐ (fig.) to go (to be) back to s. one, tornare (essere) al punto di partenza ☐ (mil.) hollow s., quadrato con spazio libero nel centro (per i bagagli, ecc.) ☐ on the s., (agg.) leale, equo, giusto, onesto; (avv.) lealmente, onestamente; (geom.) ad angolo retto: to act on the s., essere leale; comportarsi onestamente ☐ to cut st. on the s., tagliare q.c. ad angolo retto ☐ out of s., fuori di squadra; (fam.) in disaccordo (disegno) set s., squadra a triangolo ☐ (disegno) T s., riga a T ☐ (enigmistica) word s., quadrato magico.

square (2) [skweə*], a. 1 quadrato (anche geom., mat.); quadro: a s. jaw, una mascella quadrata; s. measures, misure quadrate (di superficie); (naut.) a s. sail, una vela quadra; (mat.) a s. root, una radice quadrata; s. yard, una iarda quadrata 2 tarchiato; tozzo: a man of s. frame, un uomo di corporatura tarchiata 3 assettato; a posto; in ordine; sistemato; pari e patta: to get things s., mettere a posto le cose; sistemare le cose; I am now s. with everybody, sono pari e patta con tutti 4 assoluto; completo; deciso; netto; secco: I got a s. refusal, ebbi un secco rifiuto 5 (fam.) giusto; equo; leale; onesto: His play is not always s., il suo gioco non è sempre leale; a s. deal, un affare onesto; un trattamento equo 6 (fam.) soddisfacente; buono; abbondante: a s. meal, un pasto abbondante 7 (pop.) tradizionalista; conformista. ● s. bracket, parentesi quadra ☐ s.-built, tarchiato; tozzo ☐ s. cap, tocco accademico ☐ s. dance, danza in quattro coppie (quadriglia, ecc.) ☐ «S. Deal», «All'Onestà» (insegna di negozio) ☐ (mecc.) s. engine, motore quadro ☐ (mecc.) s.-head bolt, bullone a testa quadra ☐ s. inch, pollice quadrato ☐ (sport) a s. pass, un passaggio longitudinale ☐ (fig.) a s. peg in a round hole, un pesce fuor d'acqua ☐ (naut.) s. port, portello ☐ (naut.) s.-rigged, a vele quadre ☐ (naut.) s.-rigger, nave con attrezzatura a vele quadre ☐ (fam. USA) s. shooter, tipo onesto (o leale); galantuomo ☐ s.-shouldered, dalle spalle quadrate ☐ s.-toed, (di scarpa) dalla punta quadrata; (fig.) pedante; pignolo; all'antica; tradizionalista ☐ (fig.) s.-toes, conservatore; formalista; tradizionalista; pignolo; pedante (a (golf) to be (all) s., essere pari ☐ to get s. with sb., fare i conti con q.; farsi pari (saldare la partita) con q. (anche fig.) ☐ to get s. with one's creditors, pagare i debiti; saldare i propri creditori ☐ a table with s. corners, una tavola ad angoli retti; una tavola quadrata.

square (3) [skweə*], avv. 1 ad angolo retto; a squadra 2 dritto: to look sb. s. in the eye, guardare q. dritto negli occhi 3

to square [skwɛə*], *v. t. e i.* **1** (*mat.*) quadrare (*anche fig.*); fare la quadratura di: **His version of the facts does not s. with yours,** la sua versione dei fatti non quadra con la tua; (*mat.*) **to s. the circle,** fare la quadratura del cerchio; (*fig.*) **to try to s. the circle,** cercare l'impossibile (*o* di fare la quadratura del cerchio); **Are you trying to s. the circle?,** stai cercando di fare la quadratura del cerchio? **2** squadrare: **to s. timber,** squadrare legname da costruzione **3** aggiustare; adattare; drizzare; far quadrare; regolare; mettere a punto: **S. your shoulders,** drizza le spalle!; **to s. an instrument,** regolare uno strumento; **I tried to s. the figures,** cercai di far quadrare le cifre **4** (*mat.*) quadrare; elevare al quadrato: **to s. a number,** elevare al quadrato un numero **5** (*comm.*) regolare; saldare; pagare; pareggiare; far quadrare: **We have squared our accounts,** abbiamo regolato i conti; **to s. figures,** far quadrare le cifre **6** (*fam.*) corrompere (*con denaro, mance, ecc.*); comprare; ungere (*fig.*): **Can't you s. the night porter?,** non puoi ungere il portiere di notte? **7** (*anche* **to s. off**) quadrettare; dividere (*una superficie*) in quadrati **8** (*golf, anche* **to s. the score**) pareggiare. ● (*anche fig.*) **to s. accounts with sb.,** regolare (*o* saldare) i conti con q.; fare i conti con q. □ (*fam. USA*) **to s. away,** riordinare; sistemare □ (*sport*) **to s. off,** mettersi in guardia (*nel pugilato, ecc.*) □ **to s. up,** (*mecc., falegnameria*) squadrare; (*comm.*) saldare □ **to s. up to sb.,** mettersi in guardia (*per fare a pugni con q.*); (*fig.*) assumere un atteggiamento bellicoso verso q. □ **to s. up to difficulties,** affrontare le difficoltà □ (*naut.*) **to s. the yards,** bracciare i pennoni ad angolo retto.

squared [skwɛəd], *a.* **1** squadrato **2** (*comm.*) pareggiato; saldato **3** (*di carta*) a quadri; a quadretti; quadrettato **4** (*mat.*) (elevato) al quadrato. ● (*fam., sport*) **the s. circle** (*o* **ring**), il quadrato.

squareface ['skwɛəfeis], *n.* (*pop., raro*) liquore di pessima qualità.

squarehead ['skwɛəhed], *n.* (*pop. USA*) «testa quadra»; persona di origine scandinava o tedesca (*nomignolo spreg.*).

squarely ['skwɛəli], *avv.* **1** ad angolo retto **2** lealmente; correttamente; onestamente: **to deal s.,** comportarsi correttamente **3** esattamente; in pieno; diritto: **The bullet hit him s. in the forehead,** il proiettile lo colpì in pieno fronte.

squareness ['skwɛənis], *n.* **1** forma quadrata **2** (*fig.*) lealtà; correttezza; onestà **3** (*mat.*) quadraticità.

squaring ['skwɛəriŋ], *n.* **1** (*mat.*) quadratura (*anche fig.*) **2** squadratura. ● (*mecc.*) **s. shear,** cesoiatrice a ghigliottina.

squarish ['skwɛəriʃ], *a.* quasi quadrato; più o meno quadro.

squarrose ['skwɛərous], **squarrous** ['skwærəs], *a.* (*bot., zool.*) scaglioso; squamoso.

squarson ['skwa:sn], *n.* (*scherz., da* **squire** + **parson**) parroco e al tempo stesso signorotto di campagna.

to squash [skwɔʃ], **A** *v. t.* **1** schiacciare; spremere; pigiare; pestare: **to s. an orange,** spremere un'arancia **2** (*fig.*) domare; soffocare: **to s. a rebellion,** domare una rivolta; **to s. a rumour,** soffocare una diceria **3** (*fig., fam.*) far tacere; ridurre al silenzio; zittire. **B** *v. i.* **1** schiacciarsi; spiaccicarsi; ridursi in poltiglia **2** pigiarsi; spingere; fare ressa **3** aprirsi un varco a forza. ● **to s. in,** entrare a forza; cacciarsi; infilarsi □ **to s. into a place,** entrare in un luogo a forza di spinte.

squash (1) [skwɔʃ], *n.* (*per lo più al sing.*) **1** poltiglia; cosa spiaccicata **2** spiaccichio; tonfo **3** calca; folla; pigia pigia; ressa **4** spremuta: **lemon s.,** spremuta di limone; limonata; **orange s.,** spremuta d'arancia; aranciata **5** (*sport, anche* **s. rackets**) gioco della palla elastica. ● (*sport*) **s. court,** terreno di gioco (al chiuso) per la palla elastica □ **s. hat,** cappello floscio.

squash (2) [skwɔʃ], *n.* (*invar. al pl.*; *bot., Cucurbita*) zucca; zucchina.

squashiness ['skwɔʃinis], *n.* l'essere floscio; mollezza.

squashy ['skwɔʃi], *a.* **1** floscio; molle; molliccio **2** acquitrinoso.

to squat [skwɔt], **A** *v. i.* **1** (*anche* **to s. down**) accosciarsi; accoccolarsi; accovacciarsi; rannicchiarsi; stare accovacciato (*o* rannicchiato) **2** (*d'animale*) accucciarsi; stare a cuccia **3** (*fam.*) sedersi; mettersi a sedere **4** occupare abusivamente suolo pubblico (*o* case altrui); essere uno «squatter» (*q. V.*). **to squat oneself B** *v. rifl.* accosciarsi; accoccolarsi; accovacciarsi.

squat [skwɔt], *a.* **1** (*pred.*) accosciato; accoccolato; accovacciato; rannicchiato **2** tarchiato; tozzo; atticciato: **a s. house,** una casa tozza.

squatter ['skwɔtə*], *n.* **1** uomo (*o* animale) accosciato, accovacciato, ecc. (*V.* **to squat**) **2** occupante abusivo di suolo pubblico (*o* di case destinate ad altri) **3** (*in Australia*) primo occupante di suolo pubblico (*con diritto d'acquisto a basso prezzo*) **4** (*australiano*) allevatore di bestiame.

squatty ['skwɔti], *V.* **squat**.

squaw [skwɔ:], *n.* **1** donna indiana; moglie di un pellerossa **2** (*scherz. USA*) moglie; (*donna*) vecchia. ● **s. man,** uomo bianco che ha sposato una pellerossa.

to squawk [skwɔ:k], *v. i.* **1** (*d'uccelli, ecc.*) fare un verso roco; emettere strida rauche **2** (*fam.*) lagnarsi (*o* lamentarsi) rumorosamente.

squawk [skwɔ:k], *n.* **1** strido rauco (*specialm. d'uccello*) **2** (*fam.*) lagnanza (*o* lamentela) rumorosa.

squawker ['skwɔ:kə*], *n.* **1** chi emette strida rauche **2** chi si lagna (*o* si lamenta) rumorosamente.

to squeak [skwi:k], **A** *v. i.* **1** (*d'animale*) squittire; stridere; guaire; pigolare; strillare **2** (*di cosa*) cigolare; scricchiolare **3** (*fam.*) fare la spia; cantare, soffiare, spifferare (*fam.*). **B** *v. t.* dire con voce stridula; strillare. ● (*fam. USA*) **to s. by** (*o* **through**), cavarsela per un soffio; scamparla per un pelo.

squeak [skwi:k], *n.* **1** squittio; stridio; guaito; pigolio; strillo: **the s. of a mouse,** lo squittio d'un topo; **the s. of a puppy,** il guaito d'un cucciolo; **the s. of a pigeon,** il pigolio d'un piccione **2** cigolio; scricchiolio: **the s. of an unoiled hinge,** il cigolio di un cardine non oliato. ● (*fam.*) **to have a narrow s.,** salvarsi per il rotto della cuffia; scamparla per un pelo.

squeaker ['skwi:kə*], *n.* **1** animale che squittisce **2** giocattolo (*orsacchiotto, pupazzo, ecc.*) che fa un verso stridulo **3** (*fam.*) spia; delatore; soffiatore, spifferone (*fam.*).

squeakiness ['skwi:kinis], *n.* l'essere stridulo, ecc. (*V.* **squeaky**).

squeaky ['skwi:ki], *a.* **1** stridulo **2** cigolante; scricchiolante. ● (*fam.*) **s. clean,** pulitissimo.

to squeal [skwi:l], **A** *v. i.* **1** strillare, stridere (*con un verso più forte e lungo di quello indicato da* **to squeak**); guaire; pigolare; squittire **2** (*fam.*) lagnarsi (*o* lamentarsi) rumorosamente **3** (*fam.*) fare la spia; cantare, soffiare, spifferare (*fam.*) **4** (*autom.: delle gomme*) stridere. **B** *v. t.* gridare con voce stridula. ● (*pop.*) **to make sb. s.,** ricattare q.

squeal [skwi:l], *n.* **1** strillo acuto; strido; squittio: **the squeals of a child,** gli strilli di un bambino; **the s. of a pig,** lo squittio di un maiale **2** (*autom.: delle gomme*) stridore.

squealer ['skwi:lə*], *n.* **1** animale che stride **2** uccello di nido; (*specialm.*) piccioncino **3** (*fam.*) piagnone; chi strilla sempre **4** (*fam.*) spia; delatore; soffiatore, spifferone (*fam.*).

squealing [skwi:liŋ], *n.* **1** stridio; pigolio; squittio **2** (*autom.*) stridore (*di gomme*) **3** (*elettron.*) fischio; sibilo.

squeamish ['skwi:miʃ], *a.* **1** schifiltoso, schizzinoso **2** troppo delicato; troppo scrupoloso.

squeamishness ['skwi:miʃnis], *n.* **1** schifiltosità; schizzinosità **2** l'essere troppo delicato (*o* scrupoloso).

squeegee ['skwi:'dʒi:], *n.* **1** (*autom., ecc.*) tergivetro (*manuale: a forma di T*) **2** (*naut., fotogr.*) seccatoio.

to squeegee ['skwi:'dʒi:], *v. t.* asciugare, pulire (*un parabrezza, ecc.*) con un tergivetro **2** (*fotogr.*) seccare, asciugare (*fotografie, ecc.*).

squeezability [,skwi:zə'biliti], *n.* compressibilità.

squeezable ['skwi:zəbl], *a.* compressibile; che si può premere (*o* spremere).

to squeeze [skwi:z], **A** *v. t.* **1** spremere (*anche fig.*); stringere; comprimere; pigiare; strizzare; (*fig.*) estorcere, spillare: **to s. two oranges,** spremere due arance; **to s. money out of sb.,** spremere denari da q.; **to s. sb.'s hand,** stringere vigorosamente la mano a q.; **to s. a wet cloth,** strizzare un panno bagnato; **to s. one's fingers,** strizzarsi le dita (*fra l'uscio e il muro, ecc.*) **2** far passare a forza; infilare: **I squeezed my hand through the bars,** infilai la mano fra le sbarre **3** comprimere; schiacciare; pigiare: **They squeezed their guests into a small room,** pigiarono i loro ospiti in una stanzetta; **The child was squeezed to death in the crowd,** il fanciullo morì schiacciato dalla folla **4** costringere; forzare; opprimere; esercitare (*o* fare) pressioni su: **to s. the government,** esercitare pressioni sul governo **5** prendere l'impronta (*o* il calco) di (*una moneta, ecc.*) **6** (*fig.*) mettere (q.) in difficoltà finanziarie **7** (*econ.*) far diminuire (*i profitti*). **B** *v. i.* **1** essere compressibile; lasciarsi spremere **2** (*di solito,* **to s. in**) farsi largo a forza; cacciarsi; infilarsi; aprirsi un varco: **Can I s. in?,** posso infilarmi anch'io? **3** (*econ.*) esercitare una pressione economica. ● **to s. in,** infilare, cacciare dentro; (*fig.*) trovare spazio (*o* tempo) per (*fare q.c.*) □ **to s. into a room,** pigiarsi per entrare in una stanza □ **to s. (out) a tear,** spremere una lacrimuccia □ **to s. through a hole in the hedge,** passare a stento attraverso un buco nella siepe □ **to s. wax into a ball,** fare una pallina di cera □ **to s. one's way through the demonstrators,** farsi avanti a spinte fra i dimostranti □ (*fig.*) **squeezed orange,** limone spremuto (*fig.*).

squeeze [skwi:z], *n.* **1** compressione (*anche fis.*); schiacciamento; pigiata; pressione (*anche fig.*); stretta **2** (*anche* **s. of the hand**) stretta di mano **3** abbraccio **4** spremuta; strizzata **5** (*spesso* **tight s.**) calca; folla; ressa; pigia pigia **6** (*fam.*) estorsione; denaro estorto (*o* sottratto) **7** calco, impronta (*di moneta,*

ecc.) **8** (*econ.*) blocco; difficoltà economica (*o finanziaria*) **9** (*econ., fin.*) restrizione; stretta; crisi: **the recent credit s.**, la recente stretta creditizia; **the everlasting housing s.**, l'eterna crisi degli alloggi **10** (*al giuoco del bridge*) «squeeze»; compressione. ● (*fam.*) **s.-box**, fisarmonica □ **s. roller**, (*fotogr.*) rullo asciugatore; (*ind. tessile*) cilindro spremitore □ **a close** (*o* **narrow**) **s.**, un brutto rischio (dal quale ci si è salvati per un pelo) □ (*fam.*) **to put the s. on sb.**, fare (*o* esercitare) forti pressioni su q. □ **to be in a tight s.**, essere pigiati come le sardine; (*fig.*) essere in un grosso guaio, essere alle strette.
squeezer ['skwi:zə*], *n.* **1** (*cucina*) spremitoio; spremilimoni; spremifrutta **2** chi spreme, strizza, pigia, ecc. (*V.* **to squeeze**) **3** (*mecc.*) strettoio; torchio **4** (*metall.*) formatrice a compressione **5** (*pl., fam.*) carte da poker.
to squelch [skwelt*ʃ*], *A v. t.* **1** schiacciare; spiaccicare **2** (*fam.*) far tacere; ridurre al silenzio. **B** *v. i.* **1** fare il rumore del fango appiccicaticcio (*dal quale si staccano a stento i piedi*); fare ciac ciac; fare splash **2** diguazzare nel fango.
squelch [skwelt*ʃ*], *n.* **1** rumore del fango appiccicaticcio (*quando vi si cammina sopra*); splash **2** poltiglia; cosa spiaccicata.
squib [skwib], *n.* **1** piccolo razzo; petardo **2** (*mil.*) carica d'accensione **3** libello; pasquinata; satira. ● (*fig.*) **a damp s.**, un fiasco (*fig.*); un fallimento.
to squib [skwib], *A v. t.* attaccare; satireggiare. **B** *v. i.* scrivere satire; far pasquinate.
squid (1) [skwid], *n.* **1** (*zool., Loligo: pl.* **squid, squids**) calamaro **2** (*pesca*) calamaro usato come esca; esca artificiale a forma di calamaro.
to squid [skwid], *v. i.* **1** andare a pesca di calamari **2** pescare usando calamari (*anche artificiali*) come esca.
squid (2) [skwid], *n.* **1** (*naut., mil.*) mortaio per lanciare cariche antisommergibili **2** (*cinem.*) piccola carica esplosiva (*che fa scoppiare una vescichetta di tinta rossa*).
squidgy ['skwidʒi], *a.* (*fam.*) molle; pastoso; umidiccio.
squiffer ['skwifə*], *n.* (*pop.*) piccola fisarmonica.
squiffy ['skwifi], *a.* (*pop.*) brillo; alticcio; un po' sbronzo.
to squiggle ['skwigəl], *A v. i.* **1** contorcersi; dimenarsi **2** fare ghirigori (*o* svolazzi) **3** fare scarabocchi; scrivere in modo illeggibile. **B** *v. t.* scarabocchiare; fare uno scarabocchio per (*firma*).
squiggle ['skwigəl], *n.* **1** ghirigoro; svolazzo **2** scarabocchi; scrittura indecifrabile.
squilgee ['skwil'dʒi:], *V.* **squeegee.**
squill [skwil], *n.* **1** (*bot., Urginea maritima*) scilla marittima **2** (*zool., Squilla mantis; anche* **s.-fish**) canocchia; cicala di mare; squilla.
squint [skwint], *n.* **1** (*med.*) strabismo **2** (*fam.*) rapida occhiata; sguardo furtivo: **Let's have** (*o* **take**) **a s. at it**, diamoci un'occhiata! **3** (*fig.*) inclinazione; propensione; tendenza. ● **s.-eyed**, strabico; (*fig.*) maligno, malevolo □ **He has a s.**, è affetto da strabismo; è strabico.
to squint [skwint], *A v. i.* **1** essere strabico **2** guardare di traverso; guardare socchiudendo gli occhi; dare uno sguardo furtivo: **to s. at sb.**, guardare q. di traverso **3** (*fig.*) tendere; inclinare: **to s. towards radicalism**, tendere al radicalismo; essere di tendenze radicali. **B** *v. t.* socchiudere, tener socchiusi (*gli occhi*).
squire ['skwaiə*], *n.* **1** gentiluomo di campagna, signorotto; possidente **2** (*stor.*) scudiero **3** cavaliere; chi accompagna una signora **4** (*USA*) giudice locale; giudice di pace **5** (*al vocat., poco rispettoso, nei negozi*) signore; Lei (*con freddezza*). ● (*speciali. stor.*) **the s.**, il più grosso proprietario terriero (*in un villaggio*).
to squire ['skwaiə*], *v. t.* far da cavaliere a (*una signora*).
squir(e)archy ['skwaiəra:ki], *n.* **1** ceto dei gentiluomini di campagna **2** (*stor.*) governo sostenuto (*o* influsso esercitato) dai possidenti (*prima della riforma elettorale del 1832*).
squireen [ˌskwaiə'ri:n], *n.* (*in Irlanda*) piccolo possidente.
squirehood ['skwaiəhud], *n.* condizione di gentiluomo di campagna, di possidente, ecc. (*V.* **squire**).
squirelet ['skwaiəlit], **squireling** ['skwaiəliŋ], *n.* (*raro*) piccolo possidente.
squireship ['skwaiəʃip], *V.* **squirehood.**
squirm [skwə:m], *n.* contorcimento; contorsione.
to squirm [skwə:m], *v. i.* **1** contorcersi; torcersi; dimenarsi **2** (*fig.*) essere imbarazzato; star sulle spine **3** (*fig.*) vergognarsi; sentirsi in colpa. ● **to s. out of st.**, liberarsi di q.c. (*un impegno, ecc.*).
squirrel ['skwirəl], *n.* (*pl.* **squirrels, squirrel**) (*zool., Sciurus*) scoiattolo. ● **s.-hawk**, falco predatore (*che si ciba di scoiattoli*) □ **s.-monkey**, uistiti (*o altra piccola scimmia*) □ **barking s.**, cane della prateria.
to squirt [skwə:t], *A v. t.* **1** schizzare; sprizzare; spruzzare **2** iniettare (*con uno schizzetto*). **B** *v. i.* schizzare; zampillare.
squirt [skwə:t], *n.* (*anche med.*) schizzetto; siringa **2** schizzo; zampillo; getto; spruzzo **3** (*fam.*) giovane di belle speranze (*iron.*); persona insignificante e boriosa. ● (*USA*) **s. can**, oliatore col fondo flessibile □ **s. gun**, (*mecc.*) spruzzatore; (*anche*) schizzetto (*giocattolo*); pistola ad acqua.
squirter ['skwə:tə*], *n.* **1** schizzetto; siringa **2** pistola ad acqua.
squish [skwiʃ], *n.* **1** splash; ciac; rumore di fango appiccicaticcio (*d'una pesca matura che cade, ecc.*) **2** (*fam.*) marmellata (*speciali. d'arance*).
to squish [skwiʃ], *A v. t.* schiacciare; spremere. **B** *v. i.* fare splash; fare il rumore del fango appiccicaticcio.
squit [skwit], *n.* (*pop.*) ometto insignificante; donnicciola, donnetta.
Sri Lankan [ˌsri:'læŋkən], *a. e n.* (abitante) dello Sri Lanka (*ex Ceylon*).
SRN [ˌes ar 'en], *n.* (*acronimo di* **State Registered Nurse**) infermiere diplomato; infermiera diplomata (*in G.B.*).
ssh [ʃ], *inter.* sss; st; zitti!
to stab [stæb], *A v. t.* **1** pugnalare; accoltellare; colpire con uno stiletto: **to s. sb. in the chest**, pugnalare q. al petto **2** infilzare **3** (*fig.*) dare una pugnalata a; ferire (*i sentimenti di q.*); (*della coscienza*) rimordere **4** (*edil.*) martellinare, scalpellare (*un muro, prima d'intonacarlo*). **B** *v. i.* **1** menar colpi di pugnale; tirare stilettate: **to s. at sb.**, menar colpi di pugnale contro q. **2** (*del dolore*) dare fitte. ● (*fig.*) **to s. at sb.'s reputation**, cercar di denigrare q. □ **a stabbing pain**, un dolore acuto (*o* lancinante); una fitta.
stab [stæb], *n.* **1** pugnalata; (*anche fig.*); coltellata; stilettata: (*anche fig.*) **a s. in the back**, una pugnalata alla schiena **2** ferita di pugnale, di coltello; (*fig.*) offesa **3** fitta di dolore **4** (*fig.*) fitta; sensazione dolorosa: **a s. of remorse**, una fitta di rimorso. ● (*fam.*) **I'll have** (*o* **make**) **a s. at it**, ci proverò; proverò a farlo.
stabber ['stæbə*], *n.* **1** pugnalatore; accoltellatore; sicario **2** pugnale; stiletto.
stability [stə'biliti], *n.* stabilità (*anche scient., tecn.*); fermezza; saldezza: (*aeron.*) **directional s.**, stabilità di rotta; **s. of character**, fermezza di carattere. ● (*elettron.*) **s. factor**, fattore di stabilità □ (*econ.*) **lack of s. in one's job**, precarietà nell'impiego; precariato.
stabilization [ˌsteibilai'zeiʃən], *n.* stabilizzazione (*anche scient., tecn.*); consolidamento.
to stabilize ['steibilaiz], *A v. t.* stabilizzare; rendere stabile; consolidare: (*naut.*) **to s. a ship**, stabilizzare una nave; (*econ., fin.*) **to s. a currency**, rendere stabile una moneta. **B** *v. i.* stabilizzarsi.
stabilizer ['steibilaizə*], *n.* **1** (*chim., ind., tecn.*) stabilizzatore **2** (*naut.*) stabilizzatore; pinna stabilizzatrice. ● (*aeron.*) **horizontal s.**, piano stabilizzatore □ (*aeron.*) **vertical s.**, deriva.
stable (1) ['steibl], *a.* **1** stabile; fermo; saldo; fisso; solido: (*fis.*) **s. equilibrium**, equilibrio stabile; **a s. economy**, un'economia solida; **a s. government**, un governo stabile; **This structure is not s.**, questa struttura non è solida **2** costante; stabile nei propositi; deciso **3** (*fin.: di prezzo, ecc.*) sostenuto.
stable (2) ['steibl], *n.* **1** stalla (*speciali. per cavalli*); scuderia (*di cavalli da corsa*); allevamento **2** (*pl., mil.*) governo dei cavalli **3** (*pl., mil.*) *V.* **s. call 4** (*autom., sport*) scuderia: **the Ferrari s.**, la scuderia della Ferrari **5** (*fig.*) catena (*di giornali, negozi, ecc.*); gruppo (*speciali. di artisti*) che presta la propria opera su richiesta. ● **s. boy**, mozzo di stalla □ (*mil.*) **s. call**, segnale (*di tromba*) per il governo dei cavalli □ **s. companion**, compagno di scuderia; (*fig.*) compagno di scuola, socio dello stesso circolo, ecc. □ **s. lad**, *V.* **s. boy** □ **s. man**, stalliere.
to stable ['steibl], *A v. t.* mettere nella stalla; tenere nella scuderia. **B** *v. i.* stare nella stalla; stare nella scuderia.
stabling ['steibliŋ], *n.* **1** stallaggio **2** (*collett.*) stalle; scuderie.
staccato [stə'ka:tou] (*ital.*), *a., avv. e n.* (*pl.* **staccatos, staccati**) (*mus.*) staccato.
stack [stæk], *n.* **1** (*di grano, ecc.*) bica **2** (*di fieno, paglia*) pagliaio **3** (*di legna, ecc.*) catasta; pila; mucchio, ammasso; (*fig.*) gran quantità: **a s. of dishes**, una pila di piatti; **He has stacks of money**, ha un mucchio di soldi **4** (*di fucili accatastati*) fascio **5** (*anche* **smoke-s.**) camino; ciminiera; fumaiolo **6** (*edil.*) gruppo di camini **7** (*spesso pl.*) scaffalatura (*o scansia*) per libri (*in una biblioteca*) **8** (*misura per legname e carbone, pari a 3 m³ circa*) **9** (*mecc.*) tubo di scappamento (*di scarico*) **10** (*geol.*) pila; faraglione **11** (*elab.*) pila **12** (*metall.*) tino. ● **s. stand**, base rialzata di bica (*o di pagliaio*) □ (*fam.*) **to make stacks of money**, far soldi a palate.
to stack [stæk], *A v. t.* **1** (*spesso* **to s. up**) accatastare; ammassare; ammucchiare **2** abbicare (*il grano*) **3** (*aeron.*) assegnare diverse altezze d'attesa a (*aeroplani in attesa di atterrare*) **4** (*autom.,* **to s. up**) arrestare (*il traffico*); fermare (*automezzi*) **5** (*fam.*) truccare (*le carte da gioco, ecc.*) **6** (*elab.*) impilare (*schede*). **B** *v. i.* (*aeron.,* **to s. up**) volare a diverse altezze (*in attesa d'atterrare*). ● (*mil.*) **to s. arms**, ammucchiare i fucili in fascio □ (*fig.*) **to have the cards stacked against one**, essere in condizioni di svantaggio.

stacker ['stækə*], *n.* **1** chi accatasta; chi ammucchia **2** (*mecc.*) carrello elevatore **3** (*elab.*) impilatore di schede.
stacking ['stækiŋ], *n.* **1** accatastamento; ammasso **2** (*autom.*) arresto (*del traffico*) **3** (*aeron.*) scaglionamento verticale **4** (*elab.*) impilamento (*di schede*).
stacte ['stæktiː], *n.* (*stor.*) mirra (*usata dagli ebrei per preparare l'incenso*).
stactometer [stæk'tɔmitə*], *V.* **stalagmometer**.
stadia ['steidjə], *n.* (*topografia, anche* **s. rod**) stadia graduata.
stadium ['steidjəm], *n.* (*pl.* **stadia, stadiums**) **1** (*sport*) stadio **2** (*stor.*) stadio (*misura di lunghezza pari a 185 m circa*) **3** (*med.*) stadio (*di una malattia*).
stad(t)holder [stæt'houldə*], *n.* (*stor.*) statolder (*governatore di città o provincia, supremo magistrato dei Paesi Bassi*).
staff (1) [staːf], *n.* (*pl.* **staffs, staves**) **1** asta; asta graduata (*da geometra*); bastone; (*di pellegrino*) bordone: **a flag-s.**, l'asta di una bandiera **2** (*fig.*) appoggio; sostegno; bastone: **Bread is the s. of life**, il pane è il sostegno della vita; **the s. of one's old age**, il bastone della propria vecchiaia. ● (*edil.*) **s. angle** (*o* **s. bead**), paraspigolo □ (*ing.*) **s. gauge**, asta idrometrica □ (*relig.*) **pastoral s.**, pastorale (*bastone di vescovo*).
staff (2) [staːf], *n.* (*collett.*) **1** personale; dipendenti; impiegati; funzionari; staff: **teaching s.**, personale insegnante; corpo insegnante (*d'una scuola*); **to be on the s.**, far parte del personale **2** (*mil.*) stato maggiore: **s. officer**, ufficiale di stato maggiore. ● **s. cards**, schede del personale □ **s. employee**, impiegato di concetto □ **s. secretary**, segretario di redazione (*di un giornale*) □ **diplomatic s.**, corpo diplomatico □ **editorial s.**, redazione, redattori, staff redazionale (*di un giornale, casa editrice, ecc.*) □ (*mil.*) **General S.**, Stato Maggiore □ **to be on the permanent s.**, essere di ruolo □ **those who are not on the regular s.**, i precari; il precariato.
staff (3) [staːf], *n.* (*pl.* **staffs, staves**) (*mus.*) pentagramma; rigo. ● **s. notation**, notazione musicale.
to staff [staːf], *v. t.* **1** provvedere (*un'azienda, ecc.*) di personale **2** assegnare insegnanti a (*una scuola*). ● **over-staffed**, con eccedenza di personale □ **under-staffed**, con personale insufficiente; carente di personale.
staff (4) [staːf], *n.* (*edil. USA*) materiale da decorazione, composto di gesso, cemento, sostanze fibrose, ecc.
staffer ['staːfə*], *n.* **1** membro del personale; chi fa parte di uno staff **2** membro dello staff redazionale, redattore (*di un giornale*).
stag [stæg], *n.* **1** (*zool.*: *pl.* **stags, stag**) cervo maschio (*specialm. che ha cinque o più anni*) **2** animale adulto castrato **3** (*Borsa*) speculatore che compra nuovi titoli per rivenderli subito; premista **4** (*fam.*) uomo solo (*a un trattenimento*). ● (*zool.*) **s.-beetle** (*Lucanus cervus*), cervo volante □ **s. books** (**films, etc.**), libri (film, ecc.) per soli adulti □ **s.-hound**, cane per la caccia al cervo □ (*fam.*) **one's s. night**, l'ultima serata da scapolo □ (*fam.*) **s. party**, riunione per soli uomini (*anche*) festa d'addio al celibato.
to stag [stæg], *v. i.* (*fin.*) speculare in Borsa (*V.* **stag**, *def. 3*).
stage [steidʒ], *n.* **1** piattaforma; palco; palchetto; impalcatura; ponteggio: **a hanging s.**, un'impalcatura volante (*per imbianchini*) **2** (*teatr.*) palcoscenico; scena; (*cinem.*) teatro di posa; (*fig.*) scena, teatro: **to go on the s.**, calcare le scene; fare del teatro; **to leave the s.**, abbandonare il teatro; **the French s.**, il teatro francese; **Europe has been the s. of many wars**, l'Europa è stata teatro di molte guerre **3** stadio; stato; fase; periodo; punto: **The insect is in the larval s.**, l'insetto è nello stadio larvale; **The situation has reached a critical s.**, la situazione ha raggiunto una fase critica; **a long s. of inactivity**, un lungo periodo d'inattività **4** luogo di sosta (*in un viaggio*); tappa; (*stor.*) posta: **by easy stages**, a piccole tappe; (*fig.*) per gradi **5** (*anche* **s.--coach**) diligenza **6** (*scient.*) piatto portaoggetti (*per esame al microscopio*) **7** (*miss.*) stadio: **a three-s. rocket**, un razzo a tre stadi **8** (*geol.*) fase, stadio; (*anche*) piano stratigrafico **9** (*idrologia*: *di un fiume*) livello **10** (*ind. min.*) venetta; filone sottile **11** (*elettron.*) stadio. ● **s.-box**, palco di proscenio □ **s. directions**, didascalie (*in un testo drammatico*) □ **the s. door**, la porta del palcoscenico (*riservata agli attori, ecc.*) □ **s. effects**, effetti scenici □ **s. fright**, paura del pubblico □ **s. hand**, macchinista (teatrale) □ **s. manager**, direttore di scena; direttore artistico □ (*fig.*) **the s. of politics**, la scena politica □ **s. properties**, arredi scenici □ (*leg.*) **s. right**, diritto di rappresentazione teatrale □ **s.-struck**, attratto verso il teatro; che ha il pallino di fare l'attore □ **s. whisper**, (*teatr.*) «a parte»; parole sussurrate, ma in modo udibile (*per estens.*) sussurro (volutamente) udibile □ **s. writer**, autore drammatico, drammaturgo □ (*naut.*) **floating s.**, pontone □ (*naut.*) **landing s.**, sbarcatoio; pontile □ (*miss.*) **a multi-s. rocket**, un razzo pluristadio □ **to speak in a s. whisper**, mormorare in modo da essere intesi.
to stage [steidʒ], *A v. t.* **1** mettere in scena (*un dramma*); rappresentare; inscenare (*anche fig.*): **to s. a public demonstration**, inscenare una manifestazione pubblica **2** effettuare; preparare (e mettere in atto): **The enemy staged a counter-attack**, il nemico effettuò un contrattacco; **to s. a come-back**, preparare un rilancio (*rif. a pugili, politici, ecc.*). *B v. i.* **1** (*di dramma*) essere adatto alla rappresentazione: **This tragedy stages well** (**badly**), questa tragedia è molto (poco) adatta alla rappresentazione **2** (*arc.*) viaggiare in diligenza. ● (*aeron.*) **staged crew**, equipaggio di rincalzo.
stagecraft ['steidʒkraːft], *n.* arte scenica; tecnica teatrale.
to stage-manage ['steidʒˌmænidʒ], *v. t.* **1** (*teatr.*) allestire, mettere in scena (*uno spettacolo*) **2** (*fig., fam.*) dirigere da dietro le quinte; essere il cervello di (*una rapina, ecc.*).
stager ['steidʒə*], *n.* (*fam.*) esperto del mestiere; praticone. ● (*fig.*) **an old s.**, una vecchia volpe (*fig.*).
stagey ['steidʒi], (*USA*) *V.* **stagy**.
stagflation [stæg'fleiʃən], *n.* (*econ.*) stagflazione; combinazione di stagnazione e inflazione.
stagflationary [stæg'fleiʃnəri], *a.* (*econ.*) recessivo e inflattivo a un tempo (*V.* **stagflation**).
staggard ['stægəd], **staggart** ['stægət], *n.* (*zool.*) cervo maschio di quattro anni.
to stagger ['stægə*], *A v. i.* **1** barcollare; traballare; vacillare: **He staggered out of the room**, uscì barcollando dalla stanza **2** esitare; ondeggiare; titubare. *B v. t.* **1** far vacillare; far vacillare: **a staggering blow**, un colpo da far vacillare **2** scuotere (*anche fig.*); far vibrare; commuovere; impressionare; sconcertare; mettere nell'imbarazzo: **to s. sb.'s resolution**, scuotere la risolutezza di q.; **The question staggered him**, la domanda lo sconcertò **3** (*fig.*) scaglionare; distribuire nel tempo: **The vacation periods have been staggered**, i periodi delle ferie sono stati scaglionati **4** (*mecc.*) sfalsare **5** (*aeron.*) scalare (*le ali di un biplano*). ● (*ind.*) **staggered shifts**, turni (*di lavoro*) a scacchi □ (*econ.*) **staggered strike**, sciopero a scacchiera.
stagger ['stægə*], *n.* **1** (*solo al sing.*) barcollamento; ondeggiamento; vacillamento **2** scaglionamento **3** (*pl., med.*) vertigini **4** (*vet., anche* **blind staggers**) vermocane; capostorno **5** (*mecc.*) sfalsamento **6** (*aeron.*) scalamento.
staggerer ['stægərə*], *n.* **1** chi scuote; sconcerta, ecc. (*V.* **to stagger**) **2** avvenimento sconcertante; domanda (*od obiezione*) imbarazzante.
staggering ['stægəriŋ], *a.* sbalorditivo; sconcertante; stupefacente: **s. news**, notizie sconcertanti.
staginess ['steidʒinis], *n.* **1** teatralità **2** (*spreg.*) artificiosità.
staging ['steidʒiŋ], *n.* **1** (*edil.*) impalcatura; ponteggio **2** (*teatr.*) messa in scena **3** (*miss.*) separazione di stadio **4** (*arc.*) il viaggiare in diligenza (*con cavalli di posta*). ● (*mil.*) **s. area**, *V.* **s. post** □ **s. base**, (*mil., aeron.*) base provvisoria (*mil., naut.*) ancoraggio □ **s. post**, tappa; scalo; (*mil.*) luogo (*o zona*) di attestamento □ (*fig.*) passaggio obbligato, fase preparatoria (indispensabile).
Stagirite ['stædʒirait], *n.* (*stor.*) stagirita (*abitante o nativo di Stagira*). ● **the S.**, lo Stagirita (*Aristotele*).
stagmometer [stæg'mɔmitə*], *n.* pipetta contagocce (*usata in farmacia*).
stagnancy ['stægnənsi], *n.* stagnamento; ristagno; stasi.
stagnant ['stægnənt], *a.* (*anche fig.*) stagnante; in ristagno; inattivo; fermo: **s. water**, acqua stagnante; (*econ., fin.*) **a s. market**, un mercato stagnante; **Trade is s.**, il commercio è in ristagno. ● (*fig.*) **a s. mind**, una mente pigra.
to stagnate ['stægneit], *A v. i.* stagnare; ristagnare; essere inattivo. *B v. t.* far ristagnare; rendere inattivo.
stagnation [stæg'neiʃən], *n.* **1** (*geol.*) stagnazione; ristagno **2** ristagno; inattività; stasi **3** (*econ.*) stagnazione.
stagnicolous [stæg'nikələs], *a.* (*zool.*) palustre.
stagy ['steidʒi], *a.* **1** teatrale **2** (*spreg.*) affettato; istrionico.
staid [steid], *a.* posato; serio; calmo; contegnoso; grave.
staidness ['steidnis], *n.* posatezza; serietà; gravità.
stain [stein], *n.* **1** macchia (*anche fig.*); chiazza; (*fig.*) onta, sfregio: **a blood s.**, una macchia di sangue; **without a s. on one's reputation** (**character, good name**), senza macchia sulla propria reputazione (onorabilità, buon nome) **2** colorante; colore; tinta **3** (*tecn.*) mordente.
to stain [stein], *A v. t.* **1** macchiare (*anche fig.*); disonorare; sfregiare **2** colorare; inscurire; tingere **3** (*tecn.*) trattare (*il legno*) con un mordente **4** stampare a colori (*stoffa*). *B v. i.* macchiarsi; tingersi: **This cloth won't s.**, questa stoffa non si macchia. ● **stained glass**, vetro colorato □ **a stained-glass window**, una vetrata dipinta (*o* istoriata) □ (*anche fig.*) **stained with blood**, macchiato di sangue.
stainable ['steinəbl], *a.* **1** macchiabile **2** colorabile.
stainer ['steinə*], *n.* **1** chi macchia **2** colorante; pigmento.
stainless ['steinlis], *a.* **1** senza macchia; candido; (*fig.*) immacolato: **a s. character**, una reputazione immacolata **2** antimac-

stair

chia; che non si macchia: **s. cloth**, stoffa antimacchia **3** (*metall.*) inossidabile: **s. steel**, acciaio inossidabile **4** (d'acciaio) inossidabile: **s. knives and forks**, posate d'acciaio inossidabile.

stair [stɛə*], *n.* **1** gradino; scalino: **on the top s. but one**, sul penultimo gradino (*salendo*) **2** (*pl., edil.*) scala; scalinata; gradinata: **to go up and down the stairs**, fare su e giù per le scale. ● **s. carpet**, guida; passatoia □ **s.-head**, capo di scala □ **s. rail**, ringhiera delle scale □ **s. rod**, asta metallica per fissare le passatoie □ **s.-well**, pozzo (*o* tromba) delle scale □ **at the head of the stairs**, in cima alle scale □ **back-s.**, scala di servizio □ **below stairs**, nel seminterrato; (*un tempo*) nei quartieri della servitù □ **a flight of stairs**, una rampa di scale; una scalinata □ **winding stairs**, scala a chiocciola.

staircase ['stɛəkeis], *n.* **1** (*edil.*) scala; scalone: **corkscrew s.** (*o* **spiral s., winding s.**), scala a chiocciola **2** (*edil.*) gabbia (*o* vano) delle scale **3** (*archit.*) scalea.

stairway ['stɛəwei], *n.* (*edil.*) scala; scalone; scalinata.

stake [steik], *n.* **1** palo; paletto; piolo; picchetto; palina (*tecn.*) **2** (*stor.*) (palo del) rogo: **to be condemned to the s.**, essere condannato al rogo: **St. Joan died at the s.**, Santa Giovanna morì sul rogo **3** posta; puntata; scommessa **4** (*pl., ippica*) premi; corse ippiche a premi. ● (*sport*) **s. boat**, boa di virata □ **s.-holder**, chi tiene le poste (*o* le scommesse); (*leg.*) curatore (*o* amministratore) giudiziario □ **s. net**, rete da pesca sospesa a pali □ (*pop. USA*) **s.-out**, controllo (*della polizia, ecc.*) □ **at s.**, (*sport*) in palio, in gioco; (*fig.*) a repentaglio, in ballo (*ant.*) □ (*fin.*) **to have a s. in an enterprise**, avere un interesse in un'impresa; esserVi cointeressato □ (*sport*) **maiden stakes**, corsa per cavalli che non abbiano mai vinto □ (*fam.*) **to pull up** (*one's*) **stakes**, andarsene; fare fagotto □ **to win all the stakes**, vincere tutte le poste; far saltare il banco □ **Life (itself) is at s.**, ne va della vita (stessa).

to stake [steik], *v. t.* **1** fissare (*o* sostenere) con pali; puntellare **2** legare a un palo **3** (*spesso* **to s. off, to s. out**) delimitare (*o* segnare) con picchetti; picchettare; palinare (*tecn.*): **to s. out an estate**, delimitare con picchetti una proprietà **4** puntare; scommettere; rischiare: **He staked his winnings on the next race**, puntò la vincita sulla corsa successiva **5** (*fin.*) sostenere (*q.*); finanziariamente; finanziare **6** (*stor.*) impalare. □ (*pop. USA*) **to s. out**, controllare, tenere sotto controllo (*di polizia*) □ **to s. out a** (*o* **one's**) **claim**, piantar picchetti in segno di possesso di un terreno; (*fig.*) accampare diritti, avanzare una pretesa □ (*USA*) **to s. sb. to st.**, comprare (*o* pagare, regalare) q.c. a q.

Stakhanovism [stə'ka:nəvizəm], *n.* (*in Unione Sovietica*) stacanovismo.

Stakhanovite [stə'ka:nəvait], *n.* stacanovista.

staking ['steikiŋ], *n.* (*tecn.*) picchettamento; palinatura.

stalactic(al) [stə'læktik(əl)], *a.* (*geol.*) stalattitico.

stalactiform [stə'læktifɔ:m], *a.* (*geol.*) stalattiforme.

stalactite ['stæləktait], *n.* (*geol.*) stalattite.

stalactitic(al) [,stælək'titik(əl)], *V.* **stalactic(al).**

stalagmite ['stæləgmait], *n.* (*geol.*) stalagmite.

stalagmitic(al) [,stæləg'mitik(əl)], *a.* (*geol.*) stalagmitico.

stalagmometer [,stæləg'mɔmitə*], *n.* (*chim., fis.*) stalagmometro.

stale (1) [steil], *a.* **1** stantio; passato; vecchio, vieto; vizzo; trito: **These biscuits are too s. to eat**, questi biscotti sono così stantii che non si riesce a mangiarli; **s. butter**, burro stantio; **s. news**, notizie vecchie, passate; **a s. phrase**, una locuzione trita **2** (*di atleta, musicista, ecc.*) spossato; in superallenamento **3** (*leg.*) scaduto; caduto in prescrizione: **a s. debt**, un debito caduto in prescrizione. ● **s. air**, aria viziata □ **s. water**, acqua stagnante □ (*fam.*) **I'm getting s. here!**, sto facendo la muffa qui!

to stale (1) [steil], **A** *v. t.* rendere stantio (*o* vieto, trito). **B** *v. i.* diventare stantio (*o* vieto, trito).

stale (2) [steil], *n.* urina (*di cavalli, di buoi*).

to stale (2) [steil], *v. i.* (*di cavalli e buoi*) orinare.

stalemate ['steil'meit], *n.* **1** (*scacchi*) stallo **2** (*fig.*) punto morto; stallo: **The negotiations have come to a s.**, le trattative sono giunte a un punto morto.

to stalemate ['steil'meit], *v. t.* **1** (*gioco degli scacchi*) mettere (*l'avversario*) in stallo **2** (*fig.*) portare a un punto morto; mettere in una situazione di stallo.

staleness ['steilnis], *n.* l'essere stantio; vecchiezza, insipidezza; banalità; l'esser vieto, trito (*V.* **stale**).

Stalinism [sta:'linizəm], *n.* (*polit.*) stalinismo.

Stalinist ['sta:linist], *n. e a.* (*polit.*) stalinista.

stalk (1) [stɔ:k], *n.* **1** (*bot.*) gambo; stelo; peduncolo; picciolo **2** (*di bicchiere a calice*) gambo; stelo **3** (*di fabbrica, ecc.*) ciminiera **4** (*zool.*) peduncolo. ● (*zool.*) **s.-eyed**, con gli occhi posti alla sommità dei peduncoli □ (*ind. tessile*) **s. fiber**, fibra di stelo.

to stalk [stɔ:k], **A** *v. i.* **1** camminare impettito; andare altezzoso; camminare a lunghi passi **2** avvicinarsi furtivamente **3** (*di malattia, ecc.*) propagarsi a poco a poco. **B** *v. t.* **1** avvicinarsi di soppiatto a (*selvaggina, nemici*) **2** (*anche fig.*) percorrere a gran passi; correre per: **Terror stalked (through) the country**, il terrore correva per tutto il paese. ● **stalking horse**, cavallo dietro il quale si nasconde il cacciatore; (*fig.*) pretesto, sotterfugio, paravento.

stalk (2) [stɔ:k], *n.* **1** andatura altezzosa, imponente **2** caccia all'agguato **3** (*per estens.*) pedinamento furtivo.

stalker ['stɔ:kə*], *n.* **1** cacciatore all'agguato **2** chi avanza furtivamente.

stalkless ['stɔ:klis], *a.* (*bot.*) senza gambo; senza stelo.

stalklet ['stɔ:klit], *n.* (*bot.*) stelo secondario.

stalky ['stɔ:ki], *a.* **1** (*bot.*) a forma di stelo **2** lungo e sottile; esile.

stall (1) [stɔ:l], *n.* **1** stalla; scuderia **2** posta (*spazio assegnato a un cavallo nella scuderia*); box **3** chiosco; edicola; bancarella; posteggio: **a flower-s.**, un chiosco di fioraio; **a book-s.**, una bancarella di libri; (*anche*) un'edicola di giornali **4** stallo; scanno: **canons' stalls**, stalli dei canonici **5** (*teatr., anche* **orchestra s.**) poltrona di platea **6** (*ind. min.*) reparto; recesso (*di miniera*) **7** (*anche* **finger s.**) ditale, salvadito (*per un dito malato*) **8** (*autom.*) posto macchina (*in un parcheggio*) **9** (*aeron.*) stallo **10** (*autom.*) perdita di potenza; piantata (*fam.*). ● (*d'animale*) **s.-fed**, ingrassato nella stalla □ **s.-holder**, posteggiatore; venditore con bancarella; bancarellista □ (*fig.*) **How long has he had his s.?**, da quanto tempo è canonico (*o* decano)?

to stall (1) [stɔ:l], **A** *v. t.* **1** mettere, tenere (*bestiame*) nella stalla (*specialm. per l'ingrasso*) **2** fornire di scanni (*un coro*). **B** *v. i.* **1** (*di cavallo, carro, ecc.*) piantarsi nel fango; impantanarsi **2** (*mecc.: di motore*) arrestarsi; fermarsi; piantarsi **3** (*aeron.*) andare in stallo; stallare. ● **a stalled ox**, un bue ingrassato nella stalla.

stall (2) [stɔ:l], *n.* **1** complice di ladro, di borsaiolo; palo (*gergo*) **2** (*fam*) sotterfugio; stratagemma; trucco; tattica temporeggiatrice.

to stall (2) [stɔ:l], (*fam.*) **A** *v. i.* cercare di guadagnar tempo; menare il can per l'aia; temporeggiare. **B** *v. t.* (*spesso* **to s. off**) **1** impedire; ostacolare; tirar per le lunghe; procrastinare **2** tenere a bada (*con sotterfugi, ecc.*); sbarazzarsi di (*con l'inganno*): **He could no longer s. off his creditors**, non riusciva più a tenere a bada i creditori. ● **to s. for time**, cercare di guadagnar tempo; temporeggiare.

stallage ['stɔ:lidʒ], *n.* **1** spazio per (*o* diritto di occupare suolo pubblico con) baracche, chioschi, bancarelle **2** (*fin.*) tassa che si paga per acquisire tale diritto; plateatico.

stall bar ['stɔ:l bɑ:*], *n.* (*ginnastica*) spalliera svedese; quadro svedese.

stallion ['stæljən], *n.* (*zool.*) stallone.

stalwart ['stɔ:lwət], **A** *a.* **1** forte; gagliardo; nerboruto; robusto; vigoroso **2** animoso; coraggioso; deciso; risoluto: **s. followers**, animosi seguaci. **B** *n.* **1** persona vigorosa (*o* coraggiosa, risoluta) **2** (*specialm. polit.*) aderente fidato; sostenitore di sicura fede; colonna (*fig.*).

stalwartness ['stɔ:lwətnis], *n.* **1** gagliardia, robustezza; vigoria **2** coraggio; decisione; risolutezza.

stamen ['steimen], *n.* (*bot.*) stame.

stamina ['stæminə], *n.* capacità di resistenza; capacità di sopportazione; fibra; robustezza; vigore. ● **to lose one's s.**, infiacchirsi; indebolirsi.

staminal ['stæminəl], *a.* (*bot.*) staminale; stamineo.

staminate ['stæminit], *a.* (*bot.*) **1** stamineo **2** staminifero.

stamineal [stə'miniəl], *V.* **staminal.**

staminiferous [,stæmi'nifərəs], *a.* (*bot.*) staminifero.

to stammer ['stæmə*], *v. t. e i.* balbettare; tartagliare; farfugliare: **The boy stammered out an excuse**, il ragazzo balbettò una scusa.

stammer ['stæmə*], *n.* **1** balbuzie **2** balbettamento.

stammerer ['stæmərə*], *n.* balbuziente; tartaglione.

stammeringly ['stæməriŋli], *avv.* balbettando; farfugliando.

to stamp [stæmp], **A** *v. t.* **1** bollare; imprimere (*anche fig.*); marcare; marchiare; timbrare; stampigliare: **to s. a document**, bollare un documento; **to s. metal (butter, paper)**, marcare metallo (burro, carta); **to s. one's initials on st.**, imprimere le proprie iniziali su q.c.; **stamped in gold**, impresso a lettere d'oro; **The incident was stamped in his memory**, l'incidente era impresso nella sua mente **2** (*mecc.*) punzonare **3** (*mecc.*) stampare (*lamiere, carrozzerie di veicoli, ecc.*) **4** affrancare (*una lettera, ecc.*) **5** macinare con pestello (*minerali, ecc.*) **6** pestare; battere (*i piedi*) su; calpestare: **He stamped the floor**, batté i piedi sul pavimento **7** caratterizzare, contrassegnare; contraddistinguere: **Ruthlessness stamps both the new extreme Left and the new extreme Right**, la spietatezza contraddistingue tanto la nuova estrema sinistra quanto la nuova estrema destra. **B** *v. i.* battere (*o* pestare) i piedi; scalpitare. ● **to s. about the courtyard in winter**, andare in giro per il cortile, d'inverno, battendo i piedi (*per scaldarsi, ecc.*) □ **to s. st. down** (*o* **flat**), schiacciare (*o* calpestare) q.c. □

to s. out, schiacciare; spegnere; distruggere, soffocare; (*mecc.*) stampare (*carrozzerie, ecc.*): **to s. out a cigarette**, schiacciare una sigaretta; **to s. out a fire**, spegnere un fuoco (coi piedi); **to s. out a rebellion**, soffocare una rivolta □ **to s. upstairs**, salire le scale con passo pesante □ **stamped paper**, carta bollata (*o* da bollo) □ **a face stamped with greed**, un viso segnato dall'avidità.

stamp [stæmp], *n.* **1** impressione; impronta; marchio; stampo; conio; (*fig.*) segno: **to leave one's s. on st.**, lasciare la propria impronta su q.c.; **I don't like men of his s.**, gli uomini del suo stampo non mi piacciono; **the s. of hunger**, i segni della fame **2** bollo (*anche fig.*); timbro; stampigliatura **3** (*comm.*) marchio di fabbrica; marca **4** (*anche* **postage s.**) francobollo: **a two--penny s.**, un francobollo da due penny **5** (*anche* **revenue s.**) marca da bollo **6** timbro, stampiglia, stampigliatore (*strumento*) **7** (*comm., anche* **trading s.**) bollo premio; bollino **8** (*ind. min.*) mazza battente (*per frantumare minerali*) **9** (*fam. ingl.*) marchetta (*da applicare sul libretto, ecc.*) **10** pestata; forte colpo di piede. ● (*stor.*) **S. Act**, legge parlamentare sulla tassa di bollo (*introdotta nel 1765 nelle colonie del Nordamerica*) □ **s. album**, album per francobolli □ **s. collecting**, filatelia □ **s. collector**, collezionista di francobolli; filatelico, filatelista □ **s. dealer**, commerciante di francobolli □ **s. duty**, tassa (*o* diritto) di bollo □ **s. mill**, mulino a pestelli (*per macinare minerali*) □ (*fig.*) **the s. of genius**, l'impronta del genio □ **s. office**, ufficio del bollo □ (*comm.*) **s. trading**, vendite fatte mediante bolli premio (*o* bollini) □ **s. date s.**, timbro a data; datario □ **receipt s.**, bollo di quietanza □ (*su una busta*) **No s. needed**, non affrancare! □ **Please affix a s.**, pregasi affrancare!

stampede [stæm'pi:d], *n.* **1** fuga precipitosa (*specialm. d'animali spaventati*); fuggi fuggi; serra serra; tumulto **2** (*polit.*) improvviso moto popolare; azione di massa: **There developed a s. to support the new candidate**, ci fu un improvviso moto popolare in favore del nuovo candidato.

to stampede [stæm'pi:d], **A** *v. i.* darsi a fuga precipitosa; fuggire in disordine; correre via tumultuosamente. **B** *v. t.* **1** mettere (*o* volgere) in fuga precipitosa; far fuggire in disordine **2** (*fig.*) atterrire; spaventare.

stamper ['stæmpə*], *n.* **1** bollatore; timbratore **2** (*ind.*) stampatore: **a metal s.**, uno stampatore di metalli **3** (*ind.*) matrice (*per incidere dischi*) **4** (*ind.*) frantumatrice (*macchina*) **5** (*in un ufficio*) macchina per bollare; bollatrice.

stamping ['stæmpiŋ], *n.* **1** impressione; bollatura; timbratura **2** affrancatura (*di lettere*) **3** (*mecc.*) punzonatura **4** (*ind. min.*) macinazione con pestello **5** (*mecc.*) stampaggio (*di lamiere, carrozzerie, ecc.*) **6** (*elettron.*) lamierino magnetico **7** calpestio; scalpitio. ● (*fam.*) **s. ground**, luogo di ritrovo, di raduno □ **s. machine**, affrancatrice postale; stampigliatrice; punzonatrice □ (*ind. min.*) **s. mill**, mulino (*o* impianto di macinazione) a pestelli □ (*metall.*) **drop-s.**, stampaggio al maglio.

stance [stæns], *n.* **1** (*golf, cricket, ecc.*) posizione (*del giocatore nell'atto di colpire la palla*) **2** atteggiamento; presa di posizione.

to stanch [sta:ntʃ], **A** *v. t.* **1** arrestare il flusso di (*un liquido*); stagnare: **to s. the blood of a wound**, stagnare il sangue d'una ferita **2** (*med.*) tamponare (*una ferita*). **B** *v. i.* (*del sangue*) stagnare.

stanch [sta:ntʃ], *V.* **staunch**.

stanchion ['sta:nʃən], *n.* **1** appoggio; puntello; pilastro; sostegno **2** (*costr.*) montante (in ferro) **3** (*costr. navali*) puntale **4** sbarra, coppia di sbarre (*per tenere una bestia ferma nella posta*).

to stanchion ['sta:nʃən], *v. t.* **1** provvedere di montanti; sostenere con puntelli **2** tener fermo (*un animale*) con sbarre, nella posta.

to stand [stænd] (*pass.* e *p. p.* **stood**), **A** *v. i.* **1** stare in piedi; star ritto; reggersi (*o* tenersi) in piedi: **He was so tired that he couldn't s.**, era così stanco che non riusciva a reggersi in piedi; **I had to s. during the whole trip**, dovetti stare in piedi per tutto il viaggio **2** (*di solito* **to s. up**) alzarsi; rizzarsi; alzarsi in piedi: **Everyone stood (up) when the teacher came in**, tutti si alzarono quando entrò l'insegnante; **S. up, please**, alzatevi, prego!; per favore, in piedi! **3** stare; essere; farsi; trovarsi; essere messo (*fam.*): **S. still!**, state fermi!; fermi!; **S. back!**, state (*o* fatevi) indietro!; indietro!; **The benches stood by the wall**, le panche stavano presso il (*o* erano addossate al) muro; **The matter stands thus**, la faccenda sta così; **How do we s. as regards money?**, come stiamo a quattrini?; **He stands five feet four**, è (alto) cinque piedi e quattro pollici; **John stands first on the list**, Giovanni è il primo in elenco; **How does Blackpool s. among soccer teams?**, com'è messo il Blackpool (*o* che posizione occupa) fra le squadre di calcio?; **Don't s. there fiddling**, non star lì a gingillarti!; **I s. prepared to dispute your statement**, sono pronto a discutere (*o* a confutare) la tua affermazione **4** durare; resistere; rimanere in piedi (*fig.*); essere (ancora) valido, essere solido; rimanere: **The castle has been standing for six centuries**, il castello resiste (*o* è in piedi) da sei secoli; **Our contract (order, etc.) stands**, il nostro contratto (la nostra ordinazione, ecc.) è ancora valido (valida); **This colour will s.**, questo colore è solido (*o* indelebile) **5** (*di liquido*) ristagnare; posare; riposare; depositarsi **6** (*polit.*) candidarsi; entrare in lizza (*fig.*) **7** (*autom. USA*) fermarsi; sostare. **B** *v. t.* **1** mettere (*in piedi, ritto*); collocare; appoggiare: **I'll s. you in the corner**, bada che ti metto (in castigo) nel cantuccio; **I stood the shotgun against the window sill**, appoggiai il fucile da caccia al davanzale **2** sopportare; soffrire; resistere a; tollerare: **I cannot s. the pain**, non riesco a sopportare il dolore; **I cannot s. that fellow** (*o* **the sight of that fellow**), non posso soffrire quell'individuo; **I won't s. your cheek!**, non intendo tollerare la tua sfacciataggine!; **My nerves could not s. the strain**, i miei nervi non resistettero alla tensione; **The suit has stood a lot of hard wear**, l'abito ha resistito a un uso prolungato e senza riguardi **3** sostenere; subire: **to s. a test**, sostenere una prova; (*mil.*) **to s. a siege**, sostenere un assedio; **to s. trial**, subire un processo **4** (*fam. ingl.*) sostenere la spesa di (*un pranzo, ecc.*); offrire: **He always stands drinks to his friends**, offre sempre da bere agli amici **5** (*di autobus, ecc.*) avere posti in piedi per (*un certo numero di persone*). **C** *verbi composti* **1 to s. back**, farsi (*o* tirarsi) indietro; indietreggiare **2 to s. by**, star vicino; star lì a guardare; star pronto, stare al fianco: **Please help instead of merely standing by**, dammi una mano invece di star lì a guardare □ **to s. by (sb., st.)**, assistere, aiutare, sostenere; osservare, mantenere, stare a: **The cruiser stood by the sinking cargo**, l'incrociatore rimase a fianco del mercantile che stava affondando; **Why don't you s. by the terms?**, perché non stai ai patti?; **He never stands by his word**, non mantiene mai la parola □ (*naut.*) **to s. by the anchor**, tenersi pronti a salpare **3 to s. down**, abbandonare il campo, ritirarsi; lasciare il comando; (*polit.*) ritirare la propria candidatura; (*mil.*) smontare (*di guardia*); (*leg.*) lasciare il banco dei testimoni; (*naut.*) salpare col vento in poppa □ **to s. sb. down**, far smontare q. (*di guardia, dal servizio, ecc.*) **4 to s. for**, stare per, significare, voler dire; appoggiare, sostenere, esser fautore di; (*polit.*) presentarsi come candidato a; (*fam.*) sopportare, soffrire, tollerare: **C.I.A. stands for Central Intelligence Agency**, C.I.A. sta per (sta a significare) «Central Intelligence Agency»; **He stands for free trade**, è un fautore del liberismo; **I don't think he will s. for Parliament**, non credo che si presenterà candidato al Parlamento; **I can't s. for that**, non posso sopportare ciò □ **The ship was standing for the harbour**, la nave si stava dirigendo verso il porto **5** (*fam.*) **to s. in**, costare: **This suit stood me in ninety pounds**, questo vestito m'è costato novanta sterline □ **to s. in for sb.**, sostituire q.; fare le veci di q.; (*teatr., cinem.*) fare la controfigura di q. □ (*naut.*) **to s. in for the shore**, far rotta (*o* tenere la prua, puntare) verso la spiaggia □ (*fam.*) **to s. in with (sb.)**, essere in buoni rapporti, far lega con (q.); dividere le spese con (q.); far parte di, essere seguace di, appoggiare, sostenere (*un movimento, ecc.*). **6 to s. off**, tenersi da parte, stare in disparte; (*fig.*) star sulle proprie, essere scostante □ **to s. sb. off**, allontanare q., tener lontano q.; tenere a bada q.; lasciare q. a casa (*dal lavoro*; *cfr. ital.* «mettere in Cassa Integrazione»): **to s. off an assailant (a creditor)**, tenere a bada un aggressore (un creditore); **to s. off an employee**, sospendere (*o* allontanare) un dipendente temporaneamente □ (*naut.*) **to s. off and on**, bordeggiare **7** (*naut.*) **to s. on**, mantenere la rotta □ **to s. on st.**, basarsi su, dipendere da q.c.; montare, salire su q.c.; insistere su (*o* in), voler fare q.c.: **The boy stood on a chair**, il ragazzo montò su una sedia; (*leg.*) **to s. on one's rights**, insistere sui propri diritti; **Don't s. on ceremony**, non fare complimenti! □ **to s. st. on its head**, rivoltare, mettere q.c. sottosopra; (*fig.*) rivoluzionare q.c. □ **to s. on one's own (two) legs (o feet)**, stare in piedi (*o* reggersi) da solo; (*fig.*) essere indipendente, fare da sé **8 to s. out**, risaltare, spiccare, distinguersi; star saldo, tener duro, resistere; (*naut.*) mettere la prua (*o* dirigersi) al largo; prendere il largo: **The tall trees stood out against the sky**, i grandi alberi spiccavano contro il cielo; **His poetical work stands out from that of lesser poets**, la sua opera poetica si distingue da quella dei poeti minori; **The soldiers stood out to the end**, i soldati resistettero sino alla fine □ **to s. out against sb.**, opporsi a q.; combattere q.; osteggiare q. □ (*naut.*) **to s. out a storm**, resistere a (*o* superare) una tempesta **9 to s. over**, esser rimandato, essere rinviato: **Payment can s. over until next month**, il pagamento può essere rinviato fino al mese prossimo □ **to s. over sb.**, controllare q.; tener d'occhio q.; star dietro a q. (*fig.*) **10** (*mil.*) **to s. to**, attestarsi □ **to s. to (sb., st.)**, stare a, mantenere, tener fede a; restare al fianco di, non abbandonare: **to s. to the terms**, stare ai patti; **to s. to one's promise**, mantenere la promessa; **to s. to one's ideals**, tener fede ai propri ideali; (*mil.*) **to s. to one's post (guns, etc.)**, rimanere al proprio posto (non abbandonare i cannoni, ecc.) □ **I s. to it that my story is true**, sostengo che ciò che dico è vero **11 to s. up**, alzarsi in piedi; rizzarsi; tenersi ritto □ **to s. up for sb.**, difendere q.; prendere le parti di q. □ **to s. up for a cause**, sostenere (*o* parteggiare per) una causa □ **to s. up to sb.**, far

stand (1)

fronte (o tener testa) a q.: **I hope they will s. up to the enemy bravely**, spero che terranno testa al nemico coraggiosamente □ **to s. up to st.**, resistere (o reggere) a q.c.: **This plant stands up well to cold weather**, questa pianta resiste bene al freddo (*comm.*) **to s. up to competition**, sostenere la concorrenza **12 to s. upon**, V. **to s. on**. ● **to s. alone**, essere solo, essere senza amici; essere unico, essere senza pari □ **to s. aloof (o s. apart)**, tenersi da parte, stare in disparte, non immischiarsi □ (*mil.*) **to s. and fight**, attestarsi e accettare il combattimento □ **to s. aside**, tenersi da parte, stare in disparte; farsi da parte, tirarsi a lato, scansarsi □ (*mil.*) **to s. at attention**, mettersi sull'attenti □ **to s. a chance**, avere una probabilità: **You s. a good chance of succeeding**, hai buone probabilità di successo □ (*leg.*) **to s. convicted of treason**, essere riconosciuto colpevole di tradimento □ **to s. corrected**, accettare una correzione; riconoscere il proprio errore □ **to s. fatigue**, reggere alla fatica □ (*mil.*) **to s. fire**, sostenere il fuoco nemico senza indietreggiare; resistere sotto il fuoco □ **to s. firm** (o **fast**), tener duro; non cedere; non cambiare idea □ **to s. godfather to sb.**, fare da padrino a q. □ **to s. good**, essere vero; valere; esser valido: **The same remark stands good**, la stessa osservazione vale in questo caso □ (*anche fig.*) **to s. one's ground**, star saldo, tener duro; non cedere terreno; rimanere sulle proprie posizioni □ (*mil.*) **to s. guard**, fare la guardia □ **to s. sb. in good stead**, essere assai utile a q.; rendere un buon servizio a q. □ **to s. in need of help**, aver bisogno d'aiuto □ **to s. opposed to**, essere contrario a; combattere; osteggiare □ **to s. pat**, (*poker*) essere servito; darsi servito; (*fig.*) non cambiare (*piano, parere, ecc.*), tener duro □ **to s. still**, non muoversi; (*USA*) sopportare, resistere alle provocazioni: **Stand still!**, fermo! □ (*leg.*) **to s. surety for sb.**, farsi garante per q. □ (*fig.*) **to s. to one's duty**, fare il proprio dovere □ **to s. treat**, offrire (o pagare) da bere (o da mangiare, ecc.) □ (*mil.*) **to s. watch**, essere di sentinella □ **to s. well with sb.**, essere in buoni rapporti con q.; godere il rispetto e la stima di q. □ **to s. to win (to lose) st.**, avere buone probabilità di vincere (correre serio rischio di perdere) q.c. □ **My hair stood on end**, mi si rizzarono i capelli (*dal terrore*) □ (*mil.*) **S. at ease!**, riposo! □ (*arc.*) **S. and deliver**, o la borsa o la vita! □ **It stands to reason that...**, va da sé che...; è logico (o è ovvio, è naturale) che... □ **S. clear!**, largo!; indietro!

stand (1) [stænd], *n.* **1** arresto; fermata; pausa; sosta: **to come to a s.**, fare una sosta; fermarsi; **Our work was brought to a s.**, il nostro lavoro subì una battuta d'arresto; **The company made a one-night s.**, la compagnia (teatrale) fece sosta (o si fermò) per una sola rappresentazione **2** resistenza; decisa opposizione: **Our troops made a s. on the Piave river against the invaders**, le nostre truppe opposero resistenza (o si fermarono per far fronte) all'invasore sul Piave **3** posto; posizione (*anche fig.*); presa di posizione: **He took his s. at the rear**, prese posto in coda (s'accodò); **to make a s. for justice**, prendere posizione per una causa giusta; schierarsi dalla parte della giustizia; **I have made my s. clear**, ho chiarito la mia posizione **4** posteggio (*per carrozze o tassi*) **5** palco; impalcatura; tavolato (*sport, ecc.; spesso al pl.*) tribuna: **grand-s.**, tribuna principale (*d'ippodromo, stadio, ecc.*); **a reviewing s.**, una tribuna per passare in rivista truppe, ecc. **6** (*comm.*) banco d'esposizione; stand **7** (*mecc.*) cavalletto; sostegno; supporto **8** baracca (*di mercato*); chiosco; edicola; bancarella: **a fruit-s.**, una bancarella di fruttivendolo; **a news-s.**, una edicola di giornalaio **9** mobile (*o oggetto*) fatto per posarvi (*o metterci dentro*) q.c. (*per lo più in parole composte*; V. oltre) **10** (*ecologia*) stazione **11** (*naut.*) livello stabile di marea. **12** (*leg. USA*) banco dei testimoni: **to take the s.**, presentarsi al banco dei testimoni; testimoniare **13** bosco; boschetto: **a s. of pines**, un pineto **14** (*agric.*) distesa; coltivazione; area coltivata: **a good s. of wheat**, una bella distesa di grano. ● **s.-camera**, macchina fotografica su cavalletto □ **s.-pipe**, (*mecc.*) tubo verticale; (*idraulica*) serbatoio piezometrico □ **s.-rest**, sgabello per pittori □ **cruet-s.**, ampolliera □ **flower-s.**, portafiori □ **hat-s.**, portacappelli □ **music-s.**, leggio per lo spartito □ **reading s.**, leggio □ (*fig.*) **to take a s.**, prendere posizione (*fig.*); prendere partito □ **to take one's s.**, alzarsi in piedi □ **to take one's s. on st.**, basare i propri argomenti (*o fondare il proprio ragionamento*) su q.c. □ (*mecc.*) **test-s.**, banco di prova (*o di collaudo*) □ (*chim.*) **tube s.**, portaprovette □ **umbrella s.**, portaombrelli □ **wash-s.**, lavabo; lavamano.

stand (2) [stænd], *n.* (in composti derivanti dal verbo:) **s.-by**, (*sost.*) persona (*o cosa*) su cui si può contare; appoggio; sostegno; (*agg.*) di sostegno, di riserva (*fin.*) **s.-by arrangements**, (accordi per) prestiti di sostegno; **s.-by credit**, credito di sostegno; **s.-by computer**, elaboratore di riserva; (*elettr.*) **s.-by battery**, batteria di riserva; batteria tampone; **to be on s.-by**, essere pronto ad accorrere; (*aeron.*) essere in lista d'attesa (*all'aeroporto*); **s.-in**, sostituto; (*teatr., cinem.*) controfigura; (*rugby*) **s.-off**, mediano d'apertura; **s.-offish**, riservato; freddo; sdegnoso, scostante; **s.-offishness**, riserbo; freddezza; distacco; (*fam. USA*) **s.-out**, individuo (*o fatto*) fuori del comune, persona (*o cosa*) di rilievo; (*anche*) chi si tira indietro, oppositore; (*mil.*) **s.-to**, all'erta; preallarme; **s.-up collar**, colletto rigido; **s.-up fight**, zuffa accanita; **a s.-up lunch**, una colazione in piedi.

standard ['stændəd], **A** *n.* **1** stendardo (*anche fig.*); bandiera; insegna; vessillo: **the s. of liberty**, il vessillo della libertà; **Caesar's standards**, le insegne di Cesare **2** campione; modello; misura; tipo: **standards of weight and measure**, pesi e' misure tipo; **standards of purity for drugs**, norme per stabilire la purezza dei prodotti medicinali **3** criterio; norma; principio, regola; (*fig.*) metro, parametro (*con cui giudicare*): **Everyone has his own s. of judgement**, ciascuno ha il suo criterio (*o metro*) di giudizio **4** grado; livello; qualità; tenore di vita: **Your goods are not up to s.**, la vostra merce non raggiunge il grado di bontà desiderato (*o il livello di qualità prestabilito*); **work of (a) low s.**, lavoro di qualità scadente; (*econ., stat.*) **a high (a low) s. of living** (o **of life**), un alto (un basso) tenore di vita **5** (*pl.*) principi, valori morali: **Traditional standards are under a cloud just now**, i valori tradizionali sono in discredito al momento **6** (*fis.*) campione di misura **7** (*mecc.*) sostegno; supporto; montante **8** (*di scuola elementare*) classe **9** tubo verticale (*dell'acqua o del gas*). **B** *a.* **1** standard; conforme alle norme **2** normale; comune. ● (*mil.*) **s. bearer**, alfiere (*anche fig.*); portabandiera □ **s. bread**, pane comune □ (*comm.*) **s. charge**, tariffa fissa (*o forfettaria*) □ (*stat.*) **s. deviation**, scarto quadratico medio □ **s. English**, l'inglese corrente e corretto □ (*stat.*) **s. error**, errore standard; errore quadratico medio della media □ (*ferr.*) **s. gauge**, scartamento normale □ (*econ.*) **s. gold**, oro al titolo legale □ **s. lamp**, lampada a piede (*o a stelo*) □ **the s. model of a motor car**, il modello di serie di un'automobile □ (*econ.*) **s. money**, valuta ufficiale (*o legale*) □ (*letter.*) **s. novels**, romanzi classici □ (*comm.*) **s. prices**, prezzi normali □ (*comm.*) **s.-quality products**, prodotti di qualità corrente □ (*giardinaggio*) **a s. rose**, una rosa tagliata ad alberello □ (*comm., ind.*) **s. sample**, campione unificato □ **s. sizes**, dimensioni normali □ **s. time**, ora media; ora del fuso (*secondo il meridiano di Greenwich*) □ **s. work**, opera che fa testo □ (*letter., scient.*) **a s. work on the subject**, un'opera classica sull'argomento □ **the (English) royal s.**, la bandiera reale inglese (*quadrata, con lo stemma nazionale*).

standardization [ˌstændədai'zeiʃən], *n.* **1** normalizzazione; tipificazione, unificazione; standardizzazione **2** (*ind.*) costruzione in serie **3** (*chim.*) ricerca del titolo (*di una soluzione*).

to standardize ['stændədaiz], *v. t.* **1** normalizzare; tipificare; unificare; standardizzare: (*econ.*) **to s. production**, standardizzare la produzione **2** (*ind.*) costruire in serie **3** (*chim.*) titolare, trovare il titolo di (*una soluzione*) **4** (*elab.*) standardizzare. ● (*autom.*) **standardized road signs**, segnaletica (verticale) unificata (*in Europa, ecc.*).

standee [stæn'di:], *n.* **1** spettatore in piedi (*a teatro, ecc.*) **2** viaggiatore (*che sta*) in piedi.

standfast ['stændfa:st], *n.* posizione solida (*o sicura*).

standing ['stændiŋ], **A** *n.* **1** posizione; condizione; situazione; grado; (*buona*) reputazione: **He is a man of high s.**, è una persona di condizione elevata; **financial s.**, situazione finanziaria; **to be in good s.**, godere buona reputazione **2** durata: **a record of long s.**, un primato di lunga durata. **B** *a.* **1** eretto; dritto; verticale: **in a s. position**, in posizione eretta **2** (*edil.*) in piedi; intatto: **The monastery is still s.**, il convento è ancora in piedi **3** fisso; permanente; stabile; stabilito: **a s. rule**, una regola fissa; **a s. army**, un esercito permanente **4** (*mecc.*) inoperoso; inattivo; fermo **5** (*tipogr.: di composizione*) in piedi **6** (*tecn., scient.*) stazionario: (*fis.*) **s. wave**, onda stazionaria. ● (*agric.*) **s. corn**, grano in erba (*non mietuto*) □ **a s. dish**, un piatto giornaliero; la pietanza di tutti i giorni □ **a s. invitation to dinner**, un invito a pranzo valido in qualunque occasione □ **a s. joke**, una barzelletta: **John's habit of being late is a s. joke**, il fatto che Gianni sia sempre in ritardo è diventato (ormai) una barzelletta □ (*sport*) **s. jump**, salto senza rincorsa (*a pié pari*) □ **s. order**, (*comm.*) ordinazione fatta una volta per sempre (*che si rinnova tacitamente*); (*fin. ingl.*) ordine (*o disposizione*) d'addebito (*in conto corrente*) □ **s. orders**, (*polit.*) norme permanenti (*di procedura parlamentare*); (*banca*) ordini permanenti; (*mil.*) disposizioni permanenti □ (*naut.*) **s. rigging**, manovre fisse □ **s. room**, posto in piedi (*in un autobus, ecc.*) □ **s. water**, acqua stagnante □ (*banca: di pagamento effettuato*) **by s. order**, per ordine e conto (*di un cliente*) □ **a habit of long s.**, un'abitudine inveterata (*di socio, iscritto, tesserato, ecc.*) **to be in good s.**, essere in regola □ **a long-s. account**, un conto di vecchia data □ (*autom. USA*) **No s.**, divieto di sosta (*cartello*).

standpatter ['stændˌpætə*], *n.* (*polit. USA*) chi segue la linea del proprio partito in modo intransigente; tradizionalista.

standpipe ['stændpaip], *n.* (*ing.*) **1** «standpipe»; tubo verticale (*dell'acqua, ecc.*) **2** serbatoio sopraelevato (*di forma cilindrica*).

standpoint ['stændpɔint], *n.* **1** posto d'osservazione **2** (*fig.*) punto di vista; visuale; angolazione; prospettiva: **from his own s.**, dal suo punto di vista.

standstill ['stændstil], *n.* **1** arresto; fermata; sosta **2** battuta d'arresto; inazione; ristagno; punto morto: **Trade is now at a s.**, il commercio adesso è in ristagno; **We have been brought to a s.**, siamo stati ridotti all'inazione. ● **to bring a vehicle to a s.**, arrestare (*o* fermare) un veicolo □ **to come to a s.**, arrestarsi, fermarsi; (*fig.*) giungere a un punto morto.

stanhope ['stænəp], *n.* (*stor.*) carrozza leggera (*a due o a quattro ruote*).

staniel ['stænjəl], *n.* (*zool.*, *Falco tinnunculus*) gheppio.

stank [stæŋk], *pass.* di **to stink**.

stannary ['stænəri], *n.* **1** (*ind. min.*) miniera di stagno **2** regione ricca di miniere di stagno; regione stannifera.

stannate ['stæneit], *n.* (*chim.*) stannato: **sodium s.**, stannato di sodio.

stannic ['stænik], *a.* (*chim.*) stannico: **s. acid**, acido stannico.

stanniferous [stæ'nifərəs], *a.* (*chim.*) stannifero; ricco di stagno.

stannite ['stænait], *n.* (*miner.*) stannite; stannina.

stannous ['stænəs], *a.* (*chim.*) stannoso.

stanza ['stænzə], *n.* (*poesia*) strofa; stanza.

stanzaic [stæn'zeik], *a.* (*poesia*) composto di (*o* diviso in) strofe.

staphylococcus [ˌstæfilou'kɔkəs], *n.* (*pl.* **staphylococci**) (*biol.*) stafilococco.

staple (1) ['steipl], *n.* **1** (*mecc.*) chiodo a U; grappa; gancio; forcella; (*falegnameria*) cambretta **2** (*di serratura*) staffa; toppa **3** (*per cucire fogli di carta*) graffa, graffetta; punto metallico.

to staple (1) ['steipl], *v. t.* **1** (*mecc.*) assicurare con una grappa (*o* un gancio, una forcella) **2** cucire (*fogli di carta*) con punti metallici; graffare.

staple (2) ['steipl], **A** *n.* **1** (*econ.*) prodotto principale (*di un luogo*): **the staples of British industry**, i prodotti principali dell'industria inglese **2** ingrediente (*o* alimento) base; (*fig.*) nutrimento principale (*fig.*) **3** (*econ.*) materia prima **4** (*ind. tessile*) fiocco (*della lana*); fibra (*del cotone*); qualità della fibra (*in genere*) **5** (*fig.*) argomento principale (*di conversazione, ecc.*); pezzo forte: **Sport is the s. of our TV programmes**, lo sport è il pezzo forte dei nostri programmi televisivi. **B** *a. attr.* **1** (*econ.*) principale; più importante: **Sugar is the s. product of Cuba**, lo zucchero è il prodotto principale di Cuba **2** (*ind. tessile*) di fiocco **3** (*fig.*) tipico; standard; solito. ● **s. commodities**, merci di prima necessità □ **a s. diet of rice**, una dieta alimentare (*o* un'alimentazione) a base di riso □ **s. foodstuffs**, prodotti alimentari principali □ (*econ.*) **s. industry**, industria di base; industria fondamentale.

to staple (2) ['steipl], *v. t.* (*ind. tessile*) classificare secondo la qualità della fibra (*o* del fiocco).

stapler (1) ['steiplə*], *n.* **1** cucitrice (*a punti metallici*) **2** (*ind.*) graffatrice; martello per graffette.

stapler (2) ['steiplə*], *n.* **1** commerciante in prodotti caratteristici (*di una regione*) **2** (*ind. tessile*) classificatore (*di cotone, lana, ecc.*).

stapling (1) ['steipliŋ], *n.* **1** cucitura (*a punti metallici*) **2** (*ind.*) graffatura. ● **s. machine**, cucitrice; (*ind.*) graffatrice.

stapling (2) ['steipliŋ], *n.* (*ind. tessile*) classificazione secondo la qualità della fibra (*o* del fiocco).

star [sta:*], **A** *n.* **1** (*astron.*) stella; astro: **fixed stars**, stelle fisse; **double stars**, stelle doppie; **shooting s.**, stella cadente (*o* filante) **2** (*fig.*) celebrità; stella, astro; (*cinem.*) diva, divo: **a rising film s.**, una stella del cinema in ascesa; **a literary s.**, una celebrità del mondo letterario **3** (*sport*) campione; asso; fuoriclasse: **a basketball s.**, un asso del basket **4** (*fis. nucl.*) stella nucleare **5** (*tipogr.*) stella; stelletta; asterisco. **B** *a. attr.* **1** (*astron.*) stellare; sidereo **2** (*elettr.*) a stella: **s. network**, rete (*o* connessione) a stella **3** di prim'ordine; ottimo; (*molto*) importante: **our s. player**, il nostro giocatore più importante. ● (*fig.*) **the Stars and Stripes** (*o* **the S.-Spangled banner**), la bandiera americana (*degli USA*) □ **s.-bright**, lucente come stella □ (*stor.*) **S. Chamber**, tribunale speciale della Corona inglese (*abolito nel 1641 dal Parlamento*); (*fig.*) tribunale speciale □ (*astron.*) **s. cluster**, ammasso stellare □ (*elettr.*) **s.-connected**, collegato a stella □ (*lett.*) **s.-crossed**, sfortunato □ (*astron.*) **s. drift**, corrente stellare □ **s.-gazer**, (*astron.*) astronomo; astrologo; indovino; (*fam.*) uno che ha la testa fra le nuvole □ **s. map**, carta celeste □ (*bot.*) **s. of Bethlehem** (*Ornithogalum umbellatum*), latte di gallina; cipollone bianco □ **the S. of India**, la Stella dell'India (*ordine cavalleresco ingl.*) □ (*cinem., teatr.*) **a s. performance**, un'interpretazione di prim'ordine □ **s. sapphire**, zaffiro asteria □ (*mil.*) **s. shell**, granata illuminante □ **s.-spangled**, trapunto di stelle; stellato □ **s.-stone**, *V.* **s. sapphire** □ (*fam.: di film o cast*) **s.-studded**, pieno zeppo di divi □ **s. system**, sistema stellare; (*fig.*) divismo □ (*teatr.*) **the s. turn**, il numero d'attrazione; il numero del mattatore □ **s.**

wheel, (*mecc.*) ruota di arpionismo; crociera; (*elab.*) ruota dentata di rilevazione (*di perforazione*) □ (*sport*) **an all-s. soccer team**, una squadra di calcio tutta di campioni □ **to be born under a lucky (an evil) s.**, esser nato sotto una buona (una cattiva) stella □ **to have stars in one's eyes**, essere ingenuo (*o* idealista) □ **North S.**, stella polare □ (*fig.*) **to see stars**, veder le stelle (*per un colpo ricevuto*).

to star [sta:*], **A** *v. t.* **1** ornare di stelle **2** (*per estens.*) costellare **3** apporre una stelletta (*o* un asterisco) a (*un nome, una parola*) **4** (*cinem., teatr., telev.*) dare una parte di primo piano a (*un'attore, un'attrice*). **B** *v. i.* (*cinem., teatr., telev.*) **1** essere una stella; fare il divo (*o* la diva) **2** essere fra gli interpreti principali: **to s. in a very good film**, essere il protagonista di un film eccellente. ● (*cinem., telev., ecc.*) **starring...**, con (*seguono i nomi degli attori principali*; *cfr.* **co-starring**, *sotto* **to co-star**).

starboard ['sta:bəd], (*naut.*) **A** *n.* dritta; destra; tribordo (*termine in disuso*). **B** *a.* di dritta; (*un tempo*) di tribordo. **C** *avv.* a dritta; (*un tempo*) a tribordo. ● **s. side**, dritta.

to starboard ['sta:bəd], *v. i. e t.* (*naut.*) mettere a dritta; (*un tempo*) virare a tribordo. ● **to s. the helm**, volgere il timone a dritta.

starch [sta:tʃ], *n.* **1** (*chim.*) amido: **You must avoid starches**, devi evitare gli amidi. **2** (*per inamidare*) amido; appretto; salda **3** (*fig.*) rigidezza; formalismo; sostenutezza **4** (*fam. USA*) energia; vigore. ● (*chim.*) **s. gum**, destrina □ **s. paste**, colla d'amido.

to starch [sta:tʃ], *v. t.* inamidare; insaldare; apprettare.

starched ['sta:tʃt], *a.* **1** (*fam.*) inamidato; insaldato; apprettato: **a s. collar**, un colletto inamidato **2** (*fig.*) rigido; sostenuto; impettito.

starcher ['sta:tʃə*], *n.* **1** chi inamida; apprettatore, apprettatrice **2** apprettatrice (*macchina*).

starchiness ['sta:tʃinis], *n.* **1** l'essere inamidato **2** (*fig.*) rigidità; formalismo; sostenutezza.

starching ['sta:tʃiŋ], *n.* inamidatura; insaldatura; apprettatura.

starchy ['sta:tʃi], *a.* **1** (*chim.*) amidaceo; amidoso **2** inamidato; insaldato; apprettato **3** (*fig.*) rigido; sostenuto; freddo.

stardom ['sta:dəm], *n.* (*teatr., cinem.*) **1** celebrità **2** (*collett.*) gruppo di stelle; dive, divi.

stardust ['sta:dʌst], *n.* (*fam.*) polvere cosmica **2** (*fig.*) polvere di stelle; atmosfera di sogno; senso magico.

to stare [stɛə*], **A** *v. i.* **1** guardar fisso; fissare: **to s. at sb.**, guardar fisso q. **2** sbarrare (*o* sgranare) gli occhi: **to make sb. s.**, far sbarrare gli occhi a q.; far restare q. a bocca aperta; sbalordire q. **B** *v. t.* fissare; squadrare: **He stared the stranger up and down**, squadrò ben bene lo sconosciuto. ● **to s. sb. down**, far abbassare lo sguardo a q. (*fissandolo*) □ **to s. sb. in the face**, guardar fisso q.; fissare in faccia q.; (*di un oggetto*) essere proprio sotto gli occhi (*o* sotto il naso) di q.; (*di una cosa*) saltare agli occhi di q.; essere imminente, apparire inevitabile, incombere, sovrastare: **Ruin stared us in the face**, il disastro appariva imminente (*o* incombeva su di noi) □ **to s. sb. into silence** (*o* **to s. sb. dumb**), far tacere q. con un'occhiataccia □ **to s. sb. out**, far abbassare lo sguardo a q. (*fissandolo*) □ **to s. sb. out of countenance**, sconcertare (*o* imbarazzare) q. a forza di fissarlo.

stare [stɛə*], *n.* sguardo fisso; il guardar fisso.

starfish ['sta:-fiʃ], *n.* (*pl.* **starfish, starfishes**) (*zool.*, *Asterias*) stella di mare.

staring ['stɛəriŋ], *a.* che dà nell'occhio; vistoso: **a s. yellow dress**, un vistoso abito giallo. ● **s. mad**, matto da legare.

stark [sta:k], *a.* **1** duro; nudo; crudo: **the s. truth**, la cruda verità **2** desolato; aspro; selvaggio: **the s. landscapes of the Highlands**, i desolati paesaggi delle Highlands **3** (*arc. o poet.*) rigido; stecchito: **to lie s. in death**, essere morto (stecchito) **4** (*poet.*) forte; gagliardo; robusto **5** (*poet.*) duro; inflessibile; risoluto **6** assoluto; completo; bell'e buono; puro e semplice; vero e proprio: **s. nonsense**, fesserie bell'e buone; **That's s. folly**, questa è pura follia! ● **s. mad**, matto da legare □ **s. naked**, completamente nudo.

starkers ['sta:kəz], *a. pred. e avv.* (*fam., scherz.*) completamente nudo; nudo come un verme; nudo nato.

starless ['sta:-lis], *a.* senza stelle.

starlet ['sta:-lit], *n.* **1** (*astron.*) piccola stella; stellina **2** (*cinem.*) stellina; starlet.

starlight ['sta:-lait], **A** *n.* luce delle stelle; chiarore stellare. **B** *a. attr.* illuminato dalle stelle; stellato: **a s. night**, una notte stellata.

starlike ['sta:laik], *a.* **1** luminoso come una stella; brillante; lucente **2** fatto a stella; stellato.

starling (1) ['sta:liŋ], *n.* (*zool.*, *Sturnus vulgaris*) storno.

starling (2) ['sta:liŋ], *n.* (*costr.*) palizzata di protezione (*intorno al pilone d'un ponte*).

starlit ['sta:-lit], *a.* illuminato dalle stelle; stellato.

starquake ['sta:kweik], *n.* (*astron.*) terremoto stellare (*su di un astro*).

starred [sta:d], *a.* **1** (*lett.*) ornato di stelle; (*fig.*) costellato **2** (*nei composti*) che ha la buona (*o* la mala) sorte: **ill-s.**, dalla sorte

starriness

starriness ['sta:rinis], *n.* fulgore di stelle; radiosità; splendore.
starry ['sta:ri], *a.* **1** stellato; fulgido di stelle; pieno di stelle: **s. sky**, cielo stellato **2** luminoso come una stella; brillante; fulgente; stellante: **s. eyes**, occhi stellanti. ● (*fam.*) **s.-eyed**, sognante; ingenuo; idealista; di (*o* da) sognatore.
to start [sta:t], **A** *v. i.* **1** balzare; fare un balzo; sobbalzare; sussultare; trasalire: **The cat started back**, il gatto fece un balzo indietro; **A hare started from the bush**, dal cespuglio balzò fuori una lepre; **They started at the roar of a lion**, trasalirono al ruggito di un leone **2** partire; avviarsi; mettersi in viaggio; prendere le mosse: **She started for Canada last month**, partì il mese scorso per il Canadà; **We are going to s. at dawn**, ci metteremo in viaggio all'alba **3** cominciare; aver inizio; mettersi a: **The child started crying** (*o* **to cry**), il fanciullo si mise a piangere; **How did the quarrel s.?**, come cominciò (*o* ebbe inizio) la lite? **4** (*di assi, fasciame, ecc.*) disgiungersi; staccarsi **5** (*mecc.*) (*di un motore*) avviarsi; mettersi in moto; partire (*fam.*): (*autom.*): **The engine won't s.**, il motore non parte. **B** *v. t.* **1** cominciare; principiare; iniziare; por mano a; intraprendere: **to s. a journey**, iniziare (*o* intraprendere) un viaggio; **We must s. work at once**, dobbiamo cominciare subito il lavoro **2** avviare; impostare; impiantare; fondare; (*mecc.*) mettere in moto, azionare; far partire (*fam.*): **to s. the fire**, avviare (*o* accendere) il fuoco; **to s. a shop**, avviare (*o* aprire) una bottega; **to s. sb. in business**, avviare q. negli affari; **to s. a new political party**, fondare un nuovo partito politico; **I couldn't s. (up) the engine**, non riuscii a mettere in moto il motore **3** (*caccia*) levare, scovare, stanare (*selvaggina*) **4** disgiungere, far staccare, allentare (*assi, fasciame, ecc.*): **The collision started a plank**, la collisione allentò un'asse del fasciame **5** (*sport*) dare la partenza (*o il via*) a (*cavalli, corridori, ecc.*) **6** sollevare (*una questione*); introdurre (*un argomento*); aprire: **to s. a controversy**, sollevare una controversia; **to s. a discussion**, aprire una discussione. ● **to s. again**, ricominciare; ripartire □ **to s. all over (again)**, ricominciare da capo; rifarsi da capo □ **to s. aside**, balzare di lato; fare uno scarto □ **to s. back in surprise**, fare un passo indietro per la sorpresa □ **to s. in business**, dare inizio a un'attività commerciale; mettersi in affari □ (*fam.*) **to s. in with st.**, cominciare (a far) cose □ **to s. off**, cominciare, principiare: **The dictionary starts off with the letter A**, il dizionario comincia con la lettera A □ **to s. on a new enterprise**, imbarcarsi in una nuova impresa □ (*fam.*) **to s. on with sb.**, attaccare lite con q. □ (*fam.*) **to s. out**, avere l'intenzione di, accingersi a; cominciare con l'idea di: **As a young man he had started out to reform the world**, da giovane aveva cominciato con l'idea di riformare il mondo □ **to s. out of one's sleep**, svegliarsi di soprassalto □ (*fam.*) **to s. something**, attaccare lite; cercare la rissa □ **to s. up**, balzare in piedi; sorgere; saltar fuori, venir fuori; mettere in moto, avviare (*un motore*): **Many settlements started up around the first colony**, molti insediamenti sorsero intorno alla prima colonia □ **to s. with**, tanto per cominciare, in primo luogo; per dirne una; all'inizio, in principio: **To s. with, I haven't the slightest idea what to do**, tanto per cominciare, non ho la più pallida idea di che cosa fare; **We had a capital of £ 1,000 to s. with**, all'inizio avevamo un capitale di mille sterline □ (*autom.: di motore*) **when starting**, in fase d'avviamento □ **The news started me thinking**, la notizia mi diede da pensare □ **The cold water started me shivering**, l'acqua fredda mi fece rabbrividire □ **His eyes were starting out of his head**, aveva gli occhi fuori dalla testa □ (*fam.*) **She has started a baby**, è incinta □ (*comm.*) **Prices s. at two pounds**, prezzi a partire da due sterline (*cartello*).
start [sta:t], *n.* **1** avvio; principio; primo passo; partenza; segnale di partenza: (*sport*) **to give the s.**, dare il segnale della partenza (*o il via*); **to make a false s.**, fare una partenza falsa; **at the s.**, all'inizio; in principio; **from s. to finish**, dal principio alla fine **2** (*specialm. sport*) vantaggio: **to get the s. of sb.**, prendere vantaggio su q.; avvantaggiarsi su q.; **The robbers have had (a) four hours' s.**, i rapinatori hanno un vantaggio di quattro ore **3** balzo; sobbalzo; scatto; sussulto; trasalimento: **The prisoner sprang up with a s.**, il prigioniero balzò in piedi di scatto (*o* con un sussulto) **4** (*mecc.*) avviamento: (*di motocicletta*) **kick s.**, avviamento a pedale. ● **s.-up**, avvio; avviamento (*di un motore, ecc.*); primi passi (*fin.*) **a s.-up company**, una società in fase di avviamento □ **by fits and starts**, a sbalzi; a intervalli; saltuariamente □ **a false s.**, (*sport*) una partenza falsa (*o irregolare*) (*fig.*) un passo falso, un cattivo inizio □ (*sport*) **flying s.**, partenza volante □ **for a s.**, tanto per cominciare; in primo luogo □ **to give a s.**, sussultare □ **to give sb. a s. in life**, avviare q. in una carriera (*o* in una professione) □ **to have a good s. in life**, partire avvantaggiato nella corsa della vita □ **to make an early s.**, partire di buon'ora □ **to make a good s.**, (*sport*) fare una partenza valida; (*fig.*) partire sul piede giusto, cominciare bene (*nella vita, negli affari, ecc.*) □ **to wake with a s.**, svegliarsi di soprassalto.
starter ['sta:tə*], *n.* **1** chi comincia; iniziatore **2** (*sport*) partente: **Of ten starters only four finished the race**, su dieci partenti, ne arrivarono solo quattro **3** (*sport*) starter; mossiere **4** (*elettr., elettron.*) avviatore; starter **5** (*autom., mecc.*) motore (*o* motorino) d'avviamento: **The s. is jammed**, il motorino d'avviamento s'è bloccato **6** (*fig.*) prima portata; primo piatto. ● (*autom., elettr.*) **s. battery**, batteria d'avviamento □ (*autom.*) **s. motor**, motorino d'avviamento □ (*autom.*) **s. shaft**, alberino (*del motore d'avviamento*) □ (*mecc.*) **self-s.**, avviatore automatico □ **a slow s.**, (*sport*) un concorrente (*cavallo, ecc.*) lento alla partenza □ (*fig.*) chi va piano all'inizio (*di un lavoro, ecc.*).
starting ['sta:tiŋ], **A** *n.* **1** inizio; avvio; partenza **2** (*mecc.*) avviamento (*anche fig.*); messa in moto. **B** *a.* **1** iniziale; d'inizio **2** (*sport*) che gioca (*fin*) dall'inizio: **the s. goalkeeper**, il portiere messo in campo all'inizio (*della partita*). ● (*sport*) **s. blocks**, blocchi di partenza (*fin., rag.*) **s. capital**, capitale iniziale □ (*autom.*) **s. device**, starter (*dispositivo d'avviamento di carburatore*) □ **s. gate**, barriera mobile (*per la partenza dei cavalli*) □ (*autom., sport*) **s. grid**, griglia di partenza □ (*mecc.*) **s. handle**, manovella di avviamento □ (*sport*) **s. line**, linea di partenza □ (*autom.*) **s. motor**, motorino d'avviamento □ **s. point**, punto di partenza □ (*sport*) **s. post**, palo di partenza □ (*sport*) **s. prices**, quotazioni di cavalli alla partenza.
to startle ['sta:tl], **A** *v. t.* **1** far sussultare; far trasalire; allarmare; sbigottire; spaventare; sgomentare: **The hare was startled by the hounds**, la lepre fu spaventata dai cani **2** svegliare (q.) di soprassalto. **B** *v. i.* sussultare; sobbalzare; trasalire: **to s. at a sudden noise**, trasalire a un rumore improvviso.
startler ['sta:tlə*], *n.* **1** chi spaventa; chi sgomenta; allarmista **2** notizia che mette in allarme; fatto allarmante.
startling ['sta:tliŋ], *a.* sorprendente; allarmante: **s. news**, notizie allarmanti; **a s. discovery**, una scoperta sorprendente.
starvation [sta:'veiʃən], *n.* inedia; fame: **to die of s.**, morire d'inedia. ● **s. wages**, salario da fame.
to starve [sta:v], **A** *v. i.* **1** (*anche* **s. to death**) morire di fame **2** essere affamato; languire; (*fam.*) avere una fame da lupo: **I am simply starving**, ho una fame da lupo. **B** *v. t.* affamare; far morire di fame. ● **to s. a city into submission**, costringere una città alla resa per fame; prendere una città per fame □ **to s. for**, avere un gran desiderio di; essere assetato di; struggersi di: **He is starving for friendship**, è assetato d'amicizia □ **to s. sb. out**, costringere q. alla resa per fame (*o anche*, rifiutando un aiuto finanziario); prendere q. per fame □ **to be starved**, morir di fame □ (*autom.*) **The engine is starved of petrol**, la benzina non arriva al motore.
starveling ['sta:vliŋ], *n.* (*lett.*) morto di fame (*fig.*); uomo (*o* animale) famelico (*o* mal nutrito).
starving ['sta:viŋ], *a.* affamato; famelico.
to stash [stæʃ], *v. t.* (*anche* **to s. away**) (*fam.*) mettere da parte; riporre; nascondere. ● **to s. money under the bed**, tenere i soldi sotto il materasso (*o* sotto un mattone).
stasis ['steisis], *n.* (*pl.* **stases**) (*med.* e *fig.*) stasi.
state [steit], **A** *n.* **1** (*solo al sing.*) stato; condizione; grado; situazione: **s. of health**, stato di salute; **mental s.**, stato di mente; **He was in a s. of melancholy**, era in uno stato d'animo malinconico; **She is in no s. to do the housework**, ella non è in grado di fare i lavori domestici **2** (*polit.*) stato: **affairs of s.**, affari di Stato; **Church and S.**, la Chiesa e lo Stato; **the United States of America**, gli Stati Uniti d'America **3** cerimonia; pompa; parata; gala: **in s.**, in pompa magna; **The Queen received the ambassador in s.**, la regina ricevette l'ambasciatore con grande pompa (*secondo il cerimoniale*); **robes of s.**, abiti da parata **4** (*polit. USA*) Esteri: **the Secretary of S.**, il Ministro degli Esteri **5** (*pl., fam. USA*) **the States**, gli Stati Uniti. **B** *a. attr.* **1** di (*o* dello) Stato; statale: **s. visit**, visita di Stato; **s. papers**, documenti di Stato; **s. schools**, scuole statali **2** di (*o* da) cerimonia; di gala; di lusso: **s. coach**, carrozza di gala **3** − (*USA*) **S.**, dello (*o* di uno) Stato (*dei 50 che formano l'Unione*): **the S. Senate**, il Senato dello Stato (*di cui si parla*). ● **s. apartment**, appartamento di rappresentanza (*per gli ospiti illustri*) □ **a s. ball**, un ballo di corte □ **a s. bank**, una banca dello Stato; (*USA, anche*) una banca di uno Stato (*non una* **national bank**) □ (*fam.*) **s. call**, visita ufficiale □ (*econ.*) **s. capitalism**, capitalismo di Stato □ (*USA*) **the S. Department**, il Dipartimento di Stato (*il Ministero degli Esteri*) □ (*stor.*) **States General**, Stati generali □ (*USA*) **S. line**, (*linea di*) confine di Stato □ **s.-of-the-art**, modernissimo; d'avanguardia □ (*stor.*) **the States of the Church** (*o* **the Papal States**), lo Stato pontificio □ (*econ.*) **s.-owned**, di proprietà dello Stato □ (*econ.*) **s.-owned agencies**, enti pubblici □ **a s. prisoner**, un prigioniero di Stato (*o* politico) □ **s. property**, demanio □ (*USA*) **States' Rights**, diritti dei singoli Stati (*distinti da quelli del governo federale*) □ **s. trial**, processo politico □ (*USA*) **S. trooper**, poliziotto (*della polizia di uno Stato*) □ (*stor.*)

statutory

USA) **free s.**, Stato antischiavista □ (fam.) **to get into a s.**, agitarsi; innervosirsi; turbarsi □ (fam.) **to be in a s.**, essere in cattivo stato, essere ridotto a mal partito; essere agitato, essere turbato: **He was quite in a s. about his dismissal**, era tutto agitato per il suo licenziamento; **What a s. you are in!**, in che stato sei (come ti sei ridotto)! □ **in the present s. of affairs**, nelle circostanze attuali □ **to keep one's s.**, mantenere la propria dignità; star sulle proprie □ (di un personaggio defunto) **to lie in s.**, essere esposto nella camera ardente □ (polit.) **matters of s.**, affari di Stato □ (stor. USA) **slave S.**, Stato schiavista □ (leg. USA) **to turn s.'s evidence**, testimoniare per l'accusa (contro i propri complici) □ **His affairs are in a bad s.**, gli vanno male gli affari.

to state [steit], v. t. **1** dichiarare; affermare; asserire; esprimere; esporre; formulare; spiegare; specificare: **I have stated my opinion**, ho espresso la mia opinione; **The witness stated the facts very clearly**, il teste espose i fatti con grande chiarezza; **You must s. full particulars**, devi spiegare tutto nei minimi particolari; **He did not s. why**, non specificò il motivo **2** determinare; fissare; stabilire: **No precise time had been stated**, non era stata fissata un'ora esatta; **to s. terms and conditions**, stabilire le condizioni **3** (mat.) esprimere in simboli (o con formule: **un problema, ecc.**); ● (bur.) **to s. one's name and address**, declinare le generalità e dare il proprio indirizzo □ (leg.) **to s. reasons for a judgment**, motivare una sentenza.

statecraft ['steitkra:ft], n. (polit.) arte di governare; abilità politica.

stated ['steitid], a. **1** determinato; fissato; stabilito; fisso: **The film will be shown at the s. times**, lo spettacolo (cinematografico) sarà presentato a ore fisse (o alle ore stabilite) **2** asserito; dichiarato; accampato: **his s. motive**, il motivo da lui accampato. ● (fin.) **s. capital**, capitale dichiarato.

statehood ['steithud], n. (polit.) **1** condizione di stato sovrano; indipendenza **2** entità statale; Stato (di una Federazione).

stateless ['steitlis], a. senza nazionalità; apolide. ● **a s. person**, un apolide.

stateliness ['steitlinis], n. grandiosità; importanza; maestà; nobiltà.

stately ['steitli], a. grandioso; imponente; nobile; solenne. ● (archit.) **s. home**, dimora signorile; villa (o palazzo) d'interesse storico e artistico.

statement ['steitmənt], n. **1** dichiarazione; affermazione; asserzione: **The s. is unfounded**, l'asserzione è infondata **2** esposizione (di un'opinione, ecc.) **3** formulazione: **A more precise s. is needed**, ci vuole una formulazione più precisa **4** (specialm. comm.) rendiconto; estratto conto: **quarterly statements**, rendiconti trimestrali; **annual s.** rendiconto di gestione **5** (elab.) istruzione; specifica. ● (comm.) **s. of account**, estratto conto □ (leg.) **s. of claim**, comparsa dell'attore □ (leg.) **s. of defence**, comparsa del convenuto □ (leg.) **to make false statements**, dichiarare il falso.

stater ['steitə*], n. (stor.) statere.

stateroom ['steit-rum], n. **1** salone per cerimonie **2** (naut.) cabina di lusso **3** (ferr. USA) scompartimento riservato.

stateside ['steitsaid], (pop. USA) **A** a. degli (o negli) Stati Uniti. **B** avv. negli (o verso gli) Stati Uniti.

statesman ['steitsmən], n. (pl. **statesmen**) uomo di stato; statista.

statesmanlike ['steitsmənlaik], **statesmanly** ['steitsmənli], a. di statista, da statista; da uomo di stato.

statesmanship ['steitsmənʃip], n. (polit.) arte di governare; saggezza politica.

stateswoman ['steitswumən], n. (pl. **stateswomen**) statista (donna).

static ['stætik], a. statico (anche scient.); stazionario: **s. electricity**, elettricità statica; (fis.) **s. balance**, equilibrio statico; (mecc.) **s. load**, carico statico. ● (mecc. dei fluidi) **s. head**, altezza piezometrica □ (stat.) **a s. population**, una popolazione stabile (o stazionaria).

statical ['stætikəl], V. **static**.

statics ['stætiks], n. pl. (col verbo al sing.) **1** (fis.) statica **2** (radio) disturbi atmosferici; scariche **3** (cinem., telev.) effluvi.

station ['steiʃən], n. **1** stazione (quasi in ogni senso); posto: **a railway s.**, una stazione ferroviaria; **a police s.**, un posto di polizia; un commissariato; **a naval s.**, una stazione navale; **a bus s.**, una stazione di autobus; **a first-aid s.**, un posto di pronto soccorso **2** (lett.) condizione; ceto; carica; stato: **men of (exalted) s.**, uomini d'elevata condizione sociale; **the duties of one's s.**, i doveri inerenti al proprio grado (o alla propria carica) **3** (pl., mil.; anche **action stations**) posti di combattimento **4** (biol.) ambiente (di vita); habitat **5** (elettr.) centrale **6** (radio, telev., ecc.) stazione **7** (naut.) posizione: **The ship was out of s.**, la nave era fuori posizione (nel convoglio) **8** (australiano) allevamento (fattoria): **a sheep s.**, un allevamen-

to di pecore **9** (relig., stor.; anche **s. day**) digiuno del mercoledì e del venerdì **10** (USA) ufficio postale. ● (mil.) **s. bill**, ruolo delle destinazioni □ (ferr.) **s. calendar**, tabella delle partenze dei treni □ **s. house**, stazione (o posto) di polizia; caserma dei pompieri □ (ferr.) **s.-master**, capostazione □ (relig.) **stations of the Cross**, stazioni della Via Crucis; stazioni del Calvario □ (topografia, naut.) **s. pointer**, staziografo; rapportatore a tre aste □ (ferr.) **s. roof**, pensilina □ (autom. USA) **s. wagon**, giardinetta; giardiniera; familiare □ (mil.) **to be at action stations**, essere sul piede di guerra □ **coastguard s.**, stazione della guardia costiera □ (sport) **control s.**, posto di controllo □ (autom.) **filling s.**, posto di rifornimento □ **fire s.**, caserma dei pompieri □ (naut.) **fire-control s.**, stazione di direzione del tiro □ (ferr.) **goods s.**, scalo merci □ **hydro-electric s.**, centrale idroelettrica □ **lifeboat s.**, stazione di salvataggio □ **military s.**, base militare; guarnigione □ **power s.**, centrale termoelettrica □ (miss.) **space s.**, stazione spaziale □ **to take up one's s.**, prendere il proprio posto; (mil.) montare di guardia.

to station ['steiʃən], **A** v. t. collocare; appostare; disporre; mettere: **The captain stationed his men by the river**, il capitano appostò i suoi uomini presso il fiume. **to station oneself B** v. rifl. collocarsi; appostarsi; mettersi. ● (mil.) **to s. sentries**, mettere sentinelle □ (mil.) **to be stationed at**, essere di guarnigione a.

stationariness ['steiʃnərinis], n. stazionarietà

stationary ['steiʃnəri], **A** a. **1** stazionario; fermo; fisso: (stat.) **s. population**, popolazione stazionaria; **The patient's condition is s.**, le condizioni del paziente sono stazionarie; (mil.) **a s. gun**, un cannone fisso; (ind.) **s. machinery**, macchinario fisso **2** (mil., arc.) di stanza: **s. troops**, truppe di stanza. **B** n. (arc.) persona sedentaria. ● (med.) **s. diseases**, malattie endemiche □ (astr.) **s. object**, un oggetto immobile □ (miss.) **s. orbit**, orbita stazionaria (o geostazionaria □ (miss.) **s. satellite**, satellite stazionario □ **to remain s.**, restar fermo (in un luogo); non muoversi.

stationer ['steiʃnə*], n. cartolaio. ● **Stationers' Hall**, palazzo della Corporazione dei Librai (con ufficio di tutela dei diritti d'autore) □ **s.'s shop**, cartoleria.

stationery ['steiʃnəri], n. **1** articoli di cancelleria; cancelleria **2** carta da lettere. ● **s. department**, reparto cancelleria □ **s. rack**, portacarte.

statism ['steitizəm], n. (polit.) statalismo.

statist ['steitist], n. **1** studioso di statistica **2** (polit.) statalista.

statistic (1) [stə'tistik], a. statistico.

statistic (2) [stə'tistik], n. dato statistico; statistica.

statistical [stə'tistikəl], a. statistico: **s. findings**, rilevazioni statistiche; **s. data**, dati statistici; statistiche.

statistician [ˌstætis'tiʃən], n. studioso di statistica; statistico.

statistics [stə'tistiks], n. pl. **1** (col verbo al sing.) statistica (la scienza) **2** statistiche: **s. on house ownership**, statistiche sul numero dei proprietari di case.

statolatry [stei'tɔlətri], n. (polit., raro) statolatria.

stator ['steitə*], n. (elettr.) statore (di un motore elettrico). ● **s. armature**, indotto fisso.

statoscope ['stætouskoup], n. (fis., aeron.) statoscopio.

statuary ['stætjuəri], **A** a. statuario: **s. art**, arte statuaria; **s. marble**, marmo statuario. **B** n. **1** arte statuaria; statuaria **2** (collett.) collezione di statue; statue.

statue ['stætju:], n. (arte) statua: **equestrian s.**, statua equestre.

statued ['stætju(:)d], a. (raro) ornato di statue.

statuesque [ˌstætju'esk], a. scultorio; di statua; statuario.

statuette [ˌstætju'et], (franc.), n. statuetta; statuina.

stature ['stætʃə*], n. statura (anche fig.); altezza: **moral s.**, statura morale. ● **to be short of s.**, essere basso (di statura).

status ['steitəs], n. **1** condizione sociale; classe; ceto; grado; posizione: **his s. among novelists**, la sua posizione fra i romanzieri **2** stato; punto; situazione: **What's the s. of the peace talks?**, a che punto sono le trattative di pace? **3** (leg.) stato giuridico. ● **the s. quo**, lo status quo □ **s. seeker**, chi cerca di migliorare la sua condizione sociale; arrampicatore sociale □ **s. symbol**, simbolo di successo; status symbol □ **to confer s. on sb.**, conferire prestigio a q.

statutable ['stætjutəbl], V. **statutory**.

statute ['stætju:t], n. (leg.) statuto, legge (del parlamento). ● **statutes at large**, leggi parlamentari nel testo integrale (leg.: **di un diritto**) **s.-barred**, caduto in prescrizione □ (leg.) **s. book** (o **s. roll**), raccolta di leggi; codice (anche fig.) □ (leg.) **s. law**, corpus delle leggi parlamentari (approvate dal Parlamento britannico dal 1832 in avanti; cfr. **common law**); diritto statutario □ **s. mile**, miglio ufficiale (pari a m 1610 circa) □ (leg.) **s. of limitations** (o **s. of repose**), legge sulla prescrizione.

statutory ['stætjutəri], a. (leg.) **1** statutario; fissato (o prescritto) dalla legge; legale: **s. provisions**, norme fissate dalla legge; **s. holiday**, giorno festivo legale **2** (di reato) punibile a norma di legge. ● **s. period**, periodo di tempo dopo il quale un diritto cade in prescrizione □ (USA) **s. rape**, corruzione di minorenne.

staunch

to staunch [stɔːntʃ], *V.* **to stanch**.
staunch [stɔːntʃ], *a.* **1** fedele; fidato; fido; devoto; leale: **a s. supporter**, un fido sostenitore; **a s. friend**, un amico devoto **2** solido; resistente; robusto **3** (*naut.*) solido; in buone condizioni: **a s. ship**, una nave solida. **4** (*fig.*) robusto.
staunchness ['stɔːntʃnis], *n.* **1** fedeltà; devozione; lealtà **2** solidità; robustezza.
stauroscope ['stɔːrouskoup], *n.* (*scient., miner.*) stauroscopio.
stave [steiv], *n.* **1** (*di botte*) doga **2** bastone; asta di legno **3** (*di scala di legno*) piolo **4** (*mus.*) rigo; pentagramma **5** (*poesia*) strofa; stanza. ● (*letter.*) **s.-rhyme**, allitterazione.
to stave [steiv] (*pass.* e *p. p.* **stove, staved**), *A v. t.* **1** (*di solito* **to s. in**) sfondare; schiacciare: **to s. in the top of a box**, sfondare il coperchio d'una scatola **2** fornire (*una botte, ecc.*) di doghe. *B v. i.* sfondarsi; schiacciarsi; deformarsi. ● **to s. in one's ribs**, rompersi le costole □ **to s. off**, allontanare; evitare; scansare; sottrarsi a: **to s. off a disaster**, evitare un disastro; **to s. off arrest**, sottrarsi all'arresto (*con la fuga*).
staves [steivz], *pl.* di **staff** (1) e (3).
stavesacre ['steiv,zeikə*], *n.* (*bot., Delphinium staphysagria*) stafisagria.
to stay (1) [stei], *A v. i.* **1** stare; restare; rimanere; soggiornare; dimorare; alloggiare; fermarsi; trattenersi: **to s. at home**, restare in casa; **S. here till I return**, rimani qui fino al mio ritorno!; **I'm in a hurry; I have no time to s.**, ho fretta; non posso trattenermi; **Won't you s. for** (*o* **to**) **tea?**, ti fermi per il tè?; **to s. at** (*o* **in**) **a hotel**, alloggiare in albergo; **to s. with distant relatives**, stare da (*o* essere ospite di) lontani parenti **2** aspettare; arrestarsi; fermarsi; indugiare: **Get him to s. a minute**, fallo aspettare un minuto; **S. a little before going on with your work**, fermati un attimo prima di procedere col tuo lavoro! **3** (*fam.*) resistere; reggere; farcela: **He doesn't s. well in the mile run**, non regge bene nella corsa del miglio. *B v. t.* **1** (*lett.*) arrestare; fermare: **to s. the bloodshed**, arrestare lo spargimento di sangue **2** (*specialm. leg.*) differire; rimandare; rinviare; ritardare; sospendere: **to s. a decision**, rimandare una decisione; **to s. an order** (*a meeting, sb.'s execution, etc.*), sospendere un'ordinanza (una riunione, l'esecuzione di q., ecc.) **3** calmare; soddisfare: **A glass of milk stayed me** (*o* **my hunger, my stomach**), un bicchiere di latte mi calmò la fame **4** reggere a; resistere a: **He couldn't s. the course**, non riuscì a resistere sino alla fine del percorso. *C verbi composti* **1 to s. in**, restare in casa; restare in classe dopo le lezioni; (*poker, ecc.*) giocare, starci (*fam.*); (*mil.*) essere consegnato □ (*poker*) **to s. in the pot**, giocare; starci (*fam.*). **2 to s. out**, restar fuori di casa, non rientrare; (*econ.*) continuare a scioperare, restare in sciopero. **3 to s. up**, rimanere alzato: **Don't s. up too late**, non restare alzato fino a tarda notte! ● **to s. one's hand**, astenersi (*o* trattenersi) dal fare q.c. □ (*fig.*) **to s. in the wings**, restare dietro le quinte □ (*fam.*) **to s. put**, restare al proprio posto; restar fermo; rimaner fisso; tenere: **This button won't s. put**, questo bottone non tiene □ **staying power**, resistenza; durata □ (*fig., fam.*) **to come to s.**, prendere piede; affermarsi □ **Get out and s. out!**, vai fuori e restaci!
stay (1) [stei], *n.* **1** soggiorno; permanenza; sosta; degenza: **a long s.**, una lunga permanenza; **a short s.**, un breve soggiorno; **He had a long s. in the hospital**, fece una lunga degenza in ospedale **2** (*leg.*) sospensione: **The offender was granted a s. of execution**, al colpevole fu concessa una sospensione dell'esecuzione della condanna **3** (*lett.*) freno; ostacolo; impedimento; remora: **He will endure no s.**, non sopporta alcun freno; **a s. upon my activity**, una remora alla mia attività **4** (*fam.*) resistenza; durata. ● (*econ.*) **a s.-in** (*o* **a s.-down**) **strike**, uno sciopero con occupazione del posto di lavoro.
stay (2) [stei], *n.* **1** (*anche fig.*) appoggio; sostegno; puntello: **This boy will be the s. of my old age**, questo ragazzo sarà il sostegno (*o* il bastone) della mia vecchiaia **2** (*naut.*) strallo **3** (*ing.*) tirante **4** (*pl.*) busto; corsetto (*indossato un tempo dalle donne*). ● (*mecc.*) **s.-bar** (*o* **s.-rod**), montante; tirante (*mecc.*) **s.-bolt**, bullone passante; bullone tenditore □ **s.-lace**, laccio per busto □ (*leg.*) **s. law**, legge moratoria; moratoria □ (*un tempo*) **s.-maker**, bustaia □ (*naut.*) **to miss stays**, non riuscire a virare; mancare una virata □ **The ship is in stays**, la nave è in ralinga (*in procinto di virare di bordo in prua*).
to stay (2) [stei], *v. t.* **1** (*spesso* **to s. up**) rinforzare; sostenere; puntellare **2** (*naut.*) rinforzare (*un albero, ecc.*) con stralli.
stay-at-home ['steiəthoum], *A a.* casalingo: **a s. sort of woman**, un tipo di donna casalinga. *B n.* persona casalinga; tipo sedentario.
stayer ['steiə*], *n.* **1** chi resta; chi rimane **2** persona (*o* animale) resistente alla fatica **3** (*sport*) fondista; chi ha doti di fondo.
stay-low ['stei'lou], *a.* (*fam., comm.*) basso: **s. prices**, pressi bassi (*o* tenuti bassi).
staysail ['stei-,seil], *n.* (*naut.*) vela di strallo: **main s.**, vela di strallo di maestra. ● **fore s.**, trinchettina.

St Bernard [,sənt'bəːnəd], *n.* San Bernardo (*cane*).
STD [,es ti 'diː], *n.* (*acronimo di* **subscriber trunk dialling**) (*tel.*) teleselezione: **STD code number**, prefisso per la teleselezione; **STD rate**, tariffa di chiamata in teleselezione.
stead [sted], *n.* **1** luogo; posto; vece: **I'll send him in my s.**, manderò lui in mia vece **2** utilità; vantaggio: **to stand sb. in good s.**, essere di gran vantaggio a q.; tornare assai utile a q.
steadfast ['stedfəst], *a.* costante; fermo; deciso; risoluto; saldo; tenace: **a s. gaze**, uno sguardo fermo; **a s. policy**, una politica risoluta.
steadfastness ['stedfəstnis], *n.* costanza; fermezza; decisione; risolutezza; saldezza; tenacia.
steadiness ['stedinis], *n.* **1** fermezza; stabilità; solidità **2** costanza; regolarità; uniformità **3** serietà; industriosità; sobrietà.
steading ['stediŋ], *n.* (*scozz., ingl. sett.*) casa colonica; fattoria.
steady ['stedi], *A a.* **1** fermo; fisso; saldo; stabile: **He isn't s. on his legs**, non è fermo sulle gambe; **to have a s. hand**, avere la mano ferma; **a s. job**, un lavoro fisso; un'occupazione stabile; **s. foundations**, solide fondamenta; **s. nerves**, nervi saldi; **to make a tottering chair s.**, rendere stabile una sedia traballante (*aggiustandone le gambe*) **2** costante; continuo; saldo (*fig.*); sicuro; affidabile; regolare; uniforme: **a s. breeze**, una brezza costante; **a s. rise in prices**, un continuo (*o* costante) aumento dei prezzi; **He is s. in his principles**, è costante nei suoi principi; è di saldi principi; **at a s. pace**, a passo regolare; di buon passo; **a s. light**, una luce uniforme **3** giudizioso; serio; sobrio; industrioso; posato: **a s. young man**, un giovane serio, posato **4** (*fis.*) stazionario: **s. state**, stato stazionario. *B inter.* **1** (*anche* **S. on!**) calma!; attenzione!; piano!; (*tieni la*) testa a posto! **2** (*naut., anche:* **Keep her s.!**) avanti così!; via!; alla via! **3** (*mil.*) fissi! *C n.* (*fam.*) ragazzo fisso, ragazza fissa; innamorato, innamorata. ● (*naut.*) **s. bearing**, rilevamento costante □ **a s. boyfriend**, un ragazzo fisso □ (*comm.*) **a s. customer**, un cliente abituale; un cliente fisso □ (*comm.*) **a s. market**, un mercato sostenuto □ (*astron.*) **s.-state theory**, teoria dello stato stazionario □ (*fam.*) **to go s.**, fare all'amore; fare coppia fissa.
to steady ['stedi], *A v. t.* consolidare; rinforzare; rafforzare; rendere fermo (*o* saldo); stabilizzare: **Adversity will s. him**, le avversità rafforzeranno il suo carattere. *B v. i.* consolidarsi; rafforzarsi; diventare fermo (*o* saldo); stabilizzarsi. **to steady oneself** *C v. rifl.* riprendersi; ritrovare l'equilibrio. ● **to s. down**, metter giudizio; metter la testa a segno.
steak [steik], *n.* **1** fetta di carne (*specialm. di manzo*); bistecca: **S. is too expensive for my scanty income**, le bistecche sono troppo care per la mia tasca **2** fetta (*o* trancia) di pesce (*specialm. di merluzzo*) **3** (*carne da*) spezzatino. ● **beef s.**, bistecca (*di manzo*) □ **fillet s.**, (bistecca di) filetto.
to steal [stiːl] (*pass.* **stole**, *p. p.* **stolen**), *A v. t.* **1** rubare (*anche fig.*); sottrarre; trafugare: **I have had my purse stolen**, mi hanno rubato il borsellino; **to s. a kiss**, rubare un bacio; **to s. a secret formula**, rubare (*o* sottrarre) una formula segreta; **to s. many hours from sleep**, rubare molte ore al sonno **2** (*fig., anche* **to s. away**) cattivarsi; guadagnare (*o* ottenere; procurarsi) con arte (*o* astuzia): **to s. sb.'s heart**, cattivarsi la simpatia (*o* l'affetto) di q. *B v. i.* **1** rubare; essere un ladro **2** (*di solito seguito da prep. che indica direzione*) muoversi furtivamente (*o* alla chetichella). ● **to s. along**, procedere quatto quatto; camminare furtivamente □ **to s. away**, andarsene di nascosto (*o* alla chetichella); togliere poco a poco; intaccare □ **to s. in**, entrare alla chetichella □ **to s. a look at sb.**, dare un'occhiata furtiva a q.; guardare q. di soppiatto □ **to s. a march on a rival**, avvantaggiarsi su un concorrente; prevenire un rivale □ **The boy stole out** (**of the room**), il ragazzo se ne andò (uscì dalla stanza) alla chetichella □ **Mist stole over the valley**, la nebbia scese furtiva sulla valle □ **The girl stole up to me**, la ragazza mi si avvicinò di soppiatto □ **Time steals on**, il tempo passa senza che ce ne accorgiamo.
steal [stiːl], *n.* (*fam.*) **1** furto **2** cosa rubata **3** (*fam. USA*) (buon) affare; occasione; bazza (*fam.*).
stealer ['stiːlə*], *n.* ladro. ● (*fig.*) **a s. of hearts**, un rubacuori.
stealing ['stiːliŋ], *n.* **1** furto; ruberia **2** (*pl.*) oggetti rubati; refurtiva. ● (*leg.*) **cattle s.**, abigeato.
stealth [stelθ], *n.* furtività. ● **by s.**, furtivamente; di nascosto; di soppiatto.
stealthiness ['stelθinis], *n.* clandestinità; furtività; segretezza.
stealthy ['stelθi], *a.* clandestino; furtivo; nascosto; segreto.
steam [stiːm], *n.* **1** vapore (*specialm.*) vapore acqueo: **dry s.**, vapore secco; **wet s.**, vapore umido; **saturated s.**, vapore saturo; **superheated s.**, vapore surriscaldato **2** (*fam.*) energia; forza; vigore; (*anche*) sentimenti repressi: **to let off** (*o* **to work off**) **s.**, dar sfogo alla propria energia; sfogarsi. ● **s. bath**, bagno di vapore; bagno turco; *V.* **s. room** □ **s. boiler**, caldaia a vapore □ (*mecc.*) **s.-box** (*o* **s.-chest**), camera (di distribuzione) del vapore □ **s. coal**, carbone per caldaie □ **s. colour**, colore impresso (*su*

stoffa) a vapore □ **s. crane**, gru a vapore □ **s. engine**, motore (*o* macchina) a vapore; (*ferr.*) locomotiva a vapore □ **s. gauge**, manometro (*di caldaia*) □ **s. hammer**, maglio a vapore □ **s.-heated**, riscaldato a vapore □ **s. heating**, riscaldamento a vapore □ **s. iron**, ferro (*da stiro*) a vapore □ (*mecc.*) **s. jacket**, camicia di vapore □ **s. plough**, aratro a vapore □ **s. power**, forza motrice del vapore □ (*mecc.*) **s. roller**, compressore stradale a vapore □ (*anche fig.*) rullo compressore □ **s. room**, stanza per bagno turco (*o* di vapore) □ **s. shovel**, escavatore (a cucchiaia) a vapore □ **s.-tight**, ermetico; a tenuta di vapore □ (*naut.*) **s. tug**, rimorchiatore a vapore □ (*mecc.*) **s. turbine**, turbina a vapore □ **s. whistle**, sirena a vapore □ **at full s.**, a tutto vapore □ **to blow off s.**, scaricare vapore; (*fig.*) sfogarsi □ **to get up s.**, aumentare la pressione (del vapore); (*fig.*) prendere l'abbrivo (*fig.*); (*anche*) raccogliere le proprie forze; infuriarsi, arrabbiarsi □ **under one's own s.**, (*naut.*) con i propri mezzi; (*fig.*) da solo, senz'aiuto □ (*naut.*) **Full s. ahead!**, avanti a tutto vapore!
to steam [sti:m], *A v. t.* **1** (*ind.*) esporre al vapore; vaporizzare; passare al vapore; trattare col vapore: **to s. timber**, trattare legname col vapore **2** (*cucina*) cuocere a vapore: **to s. a pudding**, cuocere a vapore un budino. *B v. i.* **1** fumare; fumigare; esalare (*o* emettere) vapore: **steaming broth**, brodo fumante **2** produrre vapore **3** (*mecc.*) essere azionato dal vapore; andare a vapore **4** (*naut.*: *di nave a vapore*) procedere, avanzare: **to s. into the harbour**, entrare in porto **5** (*fam.*) V. **to get steamed up**. ● (*fam.*) **to s. ahead**, (*di nave a vapore, ecc.*) avanzare; (*fig.*) lavorare sodo □ **to s. away**, evaporare; (*di nave a vapore, ecc.*) partire □ **to s. off**, staccare (*un francobollo, ecc.*) con il vapore □ **to s. open an envelope**, aprire una busta con il vapore □ **to s. up**, appannarsi; coprirsi di vapore □ (*fam.*) **to get steamed up**, infuriarsi; arrabbiarsi □ **steaming coffee**, caffè fumante □ **water steaming hot**, acqua calda fumante □ **The boat steamed down the river**, il vaporetto discese il fiume.
steamboat ['sti:mbout], *n.* (*naut.*) piroscafo; (battello a) vapore.
steamer ['sti:mə*], *n.* **1** (*naut.*) piroscafo; vapore **2** (*mecc.*) veicolo a vapore **3** (*cucina*) pentola a pressione **4** (*med.*) autoclave **5** pompa di incendio (*azionata a vapore*) **6** (*ind.*) generatore di vapore.
to steam-heat ['sti:mhi:t], *v. t.* riscaldare a vapore.
steaminess ['sti:minis], *n.* umidità di vapore.
to steam-roller ['sti:m'roulə*], *v. t.* **1** comprimere con un rullo a vapore; spianare **2** (*fig.*) schiacciare; distruggere; spianare al suolo.
steamship ['sti:m-ʃip], *n.* (*naut.*) piroscafo; nave a vapore. ● **s. line**, linea di navigazione a vapore □ **turbine s.**, turbonave.
steamy ['sti:mi], *a.* **1** coperto di vapore; pieno di vapore **2** fumigante; umido: **the s. heat in the jungle**, il calore umido della giungla. ● (*autom.*) **a s. windscreen**, un parabrezza appannato.
stearate ['stiəreit], *n.* (*chim.*) stearato.
stearic [sti'ærik], *a.* (*chim.*) stearico: **s. acid**, acido stearico.
stearin ['stiərin], **stearine** ['stiəri:n], *n.* (*chim.*) stearina.
steatite ['stiətait], *n.* (*miner.*) steatite; pietra da sarto (*fam.*).
steatitic [stiə'titik], *a.* (*miner.*) di (*o* simile a) steatite.
stedfast ['stedfəst], V. **steadfast**.
steed [sti:d], *n.* (*lett. o scherz.*) destriero; cavallo.
steel [sti:l], *n.* **1** (*metall.*) acciaio (*anche fig.*): **high** (*o* **hard**) **s.**, acciaio duro; **soft** (*o* **mild**, **low**) **s.**, acciaio dolce; **muscles of s.**, muscoli d'acciaio **2** acciaiolo (*arnese d'acciaio per affilare coltelli, ecc.*) **3** (*un tempo*) stecca d'acciaio (*per busto o sottana*) **4** (*poet.*) arma bianca; spada; pugnale, acciaro (*poet.*). ● (*mus.*) **s. band**, banda d'improvvisati strumenti a percussione □ **s. blue**, blu acciaio □ (*metall.*) **s. bronze**, bronzo navale □ **s. cap**, elmetto d'acciaio □ (*econ., ind.*) **s. centre**, centro siderurgico □ **s.-clad**, rivestito d'acciaio; corazzato □ (*grafica*) **s. engraving**, incisione su acciaio □ (*fig.*) **s.-hearted**, dal cuore di pietra □ (*metall.*) **s.-making**, fabbricazione dell'acciaio □ (*metall.*) **s. mill**, acciaieria □ **a s. pen**, un pennino d'acciaio □ **s.-plated**, ricoperto d'acciaio; corazzato □ (*metall.*) **s. wool**, lana d'acciaio □ (*ind.*) **s. workers**, (operai) metallurgici □ (*fig.*) **cold s.**, arma bianca; spada; pugnale □ **a heart of s.**, un cuore di pietra □ (*fig.*) **in a grip of s.**, in una morsa d'acciaio □ **silicon s.**, acciaio al silicio □ **stainless s.**, acciaio inossidabile.
to steel [sti:l], *A v. t.* **1** ricoprire (*o* rivestire) d'acciaio; corazzare; acciaiare **2** (*fig.*) fortificare; temprare; indurire; rendere spietato; corazzare: **to s. one's heart against compassion**, indurire il cuore contro la compassione. **to steel oneself** *B v. rifl.* **1** diventare insensibile (*o* spietato); indurirsi **2** farsi coraggio; farsi animo.
to steelify ['sti:lifai], *v. t.* acciaiare.
steeliness ['sti:linis], *n.* **1** l'essere d'acciaio **2** (*fig.*) durezza; inflessibilità.
steelwork ['sti:lwə:k], *n.* **1** oggetti d'acciaio **2** (*edil.*) struttura d'acciaio.
steelworks ['sti:lwə:ks], *n.* (*invar. al pl.*) acciaieria.

steely ['sti:li], *a.* **1** (fatto) d'acciaio **2** del colore dell'acciaio **3** (*fig.*) d'acciaio; duro; inflessibile; ferreo: **s. eyes**, occhi d'acciaio; **a s. glance**, uno sguardo duro.
steelyard ['sti:lja:d], *n.* stadera. ● **s.-maker**, stataraio.
to steen [sti:n], *v. t.* (*costr.*) rivestire internamente (*un pozzo*).
steenbok ['sti:nbok], *n.* (*pl.* **steenbok**, **steenboks**) (*zool.*, *Raphicerus campestris*) raficero campestre.
steening ['sti:niŋ], *n.* (*costr.*) rivestimento interno (*in pietra*) di un pozzo.
steep (1) [sti:p], *A a.* **1** erto; ripido; scosceso: **a s. hill**, un erto colle; **a s. descent**, una discesa ripida **2** (*fam.*) eccessivo; esorbitante: **His demands are rather s.**, le sue richieste sono piuttosto eccessive; **a s. price**, un prezzo esorbitante (*o* salato) **3** (*fam.*) assurdo; esagerato; illogico; inverosimile: **a s. statement**, un'affermazione esagerata; **It seems a bit s. that...**, mi sembra davvero assurdo (*fam.*: grossa) che...; **a s. tale**, un racconto inverosimile. *B n.* erta; china; pendio. ● **s. fall**, scoscendimento □ (*autom.*) **s. hill 15%**, pendenza del 15% (*cartello*) □ **a s. incline**, un'erta; una china; un pendio □ (*fin.*) **a s. rate of interest**, un altissimo tasso d'interesse.
to steep [sti:p], *A v. t.* **1** bagnare; immergere (*anche fig.*); inzuppare; tuffare: **S. the vegetables in water**, tuffa la verdura nell'acqua!; **The square was steeped in moonlight**, la piazza era immersa nel chiarore lunare; **steeped in slumber**, immerso nel sonno **2** imbevere (*anche fig.*); impregnare; saturare: **He was steeped in Indian philosophy**, era imbevuto di filosofia indiana **3** (*ind.*) macerare. *B v. i.* (*del tè*) essere in infusione.
steep (2) [sti:p], *n.* **1** bagno; immersione **2** (*del tè, ecc.*) infusione.
to steepen ['sti:pən], *A v. i.* diventare scosceso; farsi più ripido. *B v. t.* rendere più ripido; rendere scosceso.
steeper ['sti:pə*], *n.* **1** chi tuffa, immerge, macera, ecc. (V. **to steep**) **2** (*ind.*) recipiente (*o* vasca) di macerazione; maceratoio.
steeping ['sti:piŋ], *n.* **1** bagnatura; immersione; inzuppamento **2** infusione (*del tè, ecc.*) **3** (*ind.*) macerazione.
steeple ['sti:pl], *n.* **1** campanile; torre campanaria **2** guglia (*di torre*). ● **s.-crowned hat**, cappello a pan di zucchero.
steeplechase ['sti:pltʃeis], *n.* (*sport*) **1** steeplechase; corsa ippica a ostacoli **2** corsa campestre.
steeplechaser ['sti:pl,tʃeisə*], *n.* (*sport*) **1** fantino (*o* cavallo) che corre in uno steeplechase **2** podista.
steeplechasing ['sti:pl,tʃeisiŋ], *n.* (*sport*) **1** corse ippiche a ostacoli **2** corse campestri.
steepled ['sti:pld], *a.* **1** pieno di campanili; turrito **2** ornato di guglie.
steeplejack ['sti:pldʒæk], *n.* riparatore (*o* pulitore) di campanili (*o* di alti camini, ecc.).
steepness ['sti:pnis], *n.* ripidezza; ripidità.
steepy ['sti:pi], *a.* (*poet.*) erto; ripido; scosceso.
to steer [stiə*], *A v. t.* **1** (*naut.*) governare; manovrare; dirigere: **to s. a ship**, governare una nave (per mezzo del timone) **2** (*autom.*) guidare; condurre; pilotare: **to s. a car**, guidare un'automobile **3** (*fig.*) dirigere; indirizzare; rivolgere: **He steered my efforts in the right direction**, indirizzò i miei sforzi nella giusta direzione. *B v. i.* **1** governare una nave; stare al timone: **to s. by the wind**, governare una nave secondo il vento **2** (*autom.*) guidare; stare al volante **3** (*di nave, ecc.*) governarsi; manovrarsi; rispondere al timone: **This boat steers well**, questa barca risponde bene al timone **4** (*d'automobile, ecc.*) guidarsi; rispondere allo sterzo: **This car steers easily**, quest'automobile si guida bene **5** (*fig.*) dirigersi; andare verso; incamminarsi: **We steered for the pub**, c'incamminammo verso il pub. ● (*autom.*) **to s. one's car round a corner**, prendere una curva; fare una curva □ (*fig.*) **to s. clear of sb.** (*st.*), evitare, scansare q. (q.c.); tenersi alla larga da q. (q.c.) □ (*naut.*) **to s. for**, fare rotta per, dirigere verso □ **to s. one's course**, (*naut.*) fare rotta; (*fig.*) volgere il corso (*o* il cammino), dirigersi.
steer (1) [stiə*], *n.* (*fam.*) giovenco; manzo.
steer (2) [stiə*], *n.* (*fam.*) indicazione; dritta (*fam.*): **to give sb. a bum s.**, dare a q. una dritta sbagliata.
steerable ['stiərəbl], *a.* **1** (*naut.*) governabile; che risponde al timone **2** (*aeron.*) dirigibile: **s. balloon**, pallone dirigibile **3** (*elettr.*) orientabile: **s. antenna**, antenna orientabile.
steerage ['stiəridʒ], *n.* (*solo al sing., naut.*) **1** governo del timone; rispondenza della nave al timone **2** ponte di terza classe; quartieri di poppa; stirice, stiriggio. ● **s. passengers**, passeggeri di terza classe □ **s.-way**, velocità minima di governabilità; abbrivo sufficiente per governare con il timone.
steering ['stiəriŋ], *n.* **1** (*naut.*) governo (*della nave*) **2** (*autom.*) meccanismo di sterzo; sterzo: **hard s.**, sterzo duro. ● **s. committee**, comitato direttivo □ (*naut.*) **s. compartment**, timoniera □ (*naut.*) **s. compass**, bussola di governo (*o* di rotta) □ **s. gear**, (*naut.*) agghiaccio, dispositivo di comando del timone; (*autom.*) (comando) sterzo □ **s. wheel**, (*naut.*) ruota del timo-

ne; (*autom.*) volante □ (*autom., mecc.*) **power s.**, servosterzo.
steersman ['stɪəzmən], *n.* (*pl.* **steersmen**) (*naut.*) timoniere.
to steeve [sti:v], *v. t.* (*naut.*) stivare (*il carico*).
steeve [sti:v], *n.* (*naut.*) argano (*o barra*) di stivaggio.
stein [staɪn], *n.* boccale ornato (*per birra*).
steinbock ['staɪnbɒk] (*ted.*), *n.* (*pl.* **steinbock, steinbocks**) **1** (*zool., Capra ibex*) stambecco **2** *V.* **steenbok**.
steinbok ['staɪnbɒk], *V.* **steenbok**.
stele ['sti:li(:)], *n.* (*pl.* **stelae**) (*archit.*) stele.
stellar ['stelə*], *a.* **1** (*astron.*) stellare: **s. light**, luce stellare **2** *a* stella; fatto a stella; stellato **3** (*fam.*) di (*o da*) stella (*o diva*). ● (*fam.*) **the s. role in a play**, la parte principale di un dramma.
stellate ['stelɪt], **stellated** ['stelɪtɪd], *a.* (*scient.*) stellato; fatto a stella; radiale; radiato: **s. leaves**, foglie radiate.
stelliform ['stelɪfɔ:m], *a.* stellato; fatto a stella.
stellular ['steljʊlə*], *a.* **1** stellato; fatto a stella **2** cosparso di (*o* trapunto di) stelline.
stem (1) [stem], *n.* **1** (*bot.*) gambo; picciolo; peduncolo; stelo (*di pianta*) **2** (*bot.*) ceppo; fusto; tronco (*d'albero*) **3** (*di bicchiere*) gambo; stelo **4** (*mus.: di nota*) gamba; asta **5** (*di pipa*) cannuccia; cannello **6** (*lett.*) ceppo; stirpe; (*di famiglia*) ramo: **descended from an ancient s.**, discendente di un'antica stirpe; **a collateral s.**, un ramo collaterale **7** (*gramm.*) radice; radicale; tema **8** (*naut.*) dritto di prora; ruota di prora. ● (*naut.*) **s.-post**, ruota di prora □ (*cucito*) **s. stitch**, punto erba ● **s.-winder**, orologio che si carica a mano (*o a chiavetta*); (*fam. USA*) persona (*o cosa*) eccellente □ **s.-winding**, (*sost.; mecc.*) caricamento manuale (*o a chiavetta*); (*agg.; fam. USA*) eccellente, ottimo, di prima classe □ (*naut.*) **from s. to stern**, da prua a poppa; da un capo all'altro della nave □ (*mecc.*) **tappet s.**, asta della punteria (*di un motore*).
to stem (1) [stem], *A v. t.* **1** staccare il gambo a: **to s. tobacco leaves**, staccare il gambo alle foglie del tabacco **2** fornire di gambo (*fiori artificiali, ecc.*) **3** (*naut.*) procedere contro (*la corrente, il vento*) **4** (*fig.*) andare contro; contrastare il passo a: **to s. the tide of barbarism**, contrastare il passo alla marea della barbarie. *B v. i.* derivare; discendere; provenire; esser causato da: **Poverty often stems from war**, la miseria è spesso provocata dalla guerra.
to stem (2) [stem], *A v. t.* **1** arginare (*un fiume*) **2** arrestare; fermare; contenere: **to s. the enemy's attack**, contenere l'attacco del nemico. *B v. i.* (*sport*) fare il cristiania (*sciando*).
stem (2) [stem], *n.* (*sci., anche* **s. turn**) cristiania.
stemless ['stemlɪs], *a.* (*bot.*) senza gambo; senza stelo.
stemlet ['stemlɪt], *n.* (*bot.*) piccolo gambo; piccolo stelo.
stemma ['stemə], *n.* (*pl.* **stemmata, stemmas**) **1** albero genealogico **2** (*zool.*) ocello.
stemmed [stemd], *a.* (*bot.*) fornito (*o provvisto*) di gambo. ● **a thin-s. goblet**, un calice dal gambo sottile.
stemmer ['stemə*], *n.* operaio (*o operaia*) che stacca il gambo (*alla frutta, al tabacco*: **fruit s., tobacco s.**).
stemple ['stempl], *n.* (*ind. min.*) puntello.
stench [stentʃ], *n.* puzzo; fetore; tanfo. ● **s.-trap**, sifone (*di fogna*).
stencil ['stensɪl], *n.* **1** stampino, mascherina (*lastra con lettere o con disegno a traforo*) **2** disegno stampinato; stampinatura **3** matrice (*per ciclostile*). ● **s. cutter**, fabbricante di stampini □ **s. cutting**, fabbricazione di stampini.
to stencil ['stensɪl], *v. t.* **1** stampinare; riprodurre (*disegni, lettere*) con uno stampino **2** ciclostilare.
stenciller ['stensɪlə*], *n.* stampinatore.
stencilling ['stensɪlɪŋ], *n.* stampinatura.
Sten gun ['sten ɡʌn], *n.* (*mil.*) Sten (*fucile mitragliatore*): **mitra Sten**.
to stenograph ['stenəɡrɑ:f], *v. t.* stenografare.
stenograph ['stenəɡrɑ:f], *n.* **1** segno stenografico; stenogramma **2** macchina per stenografare.
stenographer [ste'nɒɡrəfə*], *n.* (*arc. o USA*) **1** stenografo, stenografa (*cfr. ingl.* **shorthand writer**) **2** stenodattilografo, stenodattilografa (*cfr. ingl.* **shorthand typist**).
stenographic(al) [ˌstenə'ɡræfɪk(əl)], *a.* stenografico.
stenography [ste'nɒɡrəfɪ], *n.* stenografia.
stenotypist ['stenəˌtaɪpɪst], *n.* stenotipista.
stenotypy ['stenəˌtaɪpɪ], *n.* stenotipia.
stentorian [sten'tɔ:rɪən], *a.* stentoreo: **in a s. voice**, con voce stentorea.
step [step], *n.* **1** passo (*anche fig.*); orma; pedata; andatura; (*fig.*) misura, provvedimento: **He took a s. forward (backward)**, fece un passo avanti (indietro); **to walk with quick s.**, andare di buon passo; camminare con passo spedito; **to retrace one's steps**, tornare sui propri passi; **s. by s.**, passo a passo; per gradi; **steps in the wet sand**, orme sulla sabbia bagnata; **to follow in sb.'s steps**, ricalcare le orme di q.; seguire l'esempio di q.; **I heard a heavy s.**, sentii un passo pesante; **The house is just a s. from here**, la

casa è qui a un passo; **We shall take the necessary steps**, faremo i passi (*o* le pratiche, ecc.) necessari; **These steps were taken to stop the flight of capital**, queste misure furono prese per fermare la fuga di capitali **2** gradino; scalino (*anche fig.*): **a staircase of thirty steps**, una scalinata di trenta gradini; **This is another s. in my career**, questo è un altro scalino della mia carriera **3** (*di scala di legno*) piolo **4** (*di veicolo*) montatoio; predellino **5** (*pl., anche* **s. ladder, pair of steps**) scala a libro (*o* a libretto) **6** (*fig.*) promozione; avanzamento: **I hope I'll get a s. at the end of the year**, spero d'avere una promozione alla fine dell'anno **7** (*anche* **doorstep**) soglia **8** (*pl.*) scalinata: **the Spanish steps**, la scalinata di piazza di Spagna **9** (*mecc., anche* **s. bearing**) supporto di spinta, reggispinta (*di un albero*) **10** (*mus.*) intervallo (*fra una nota e l'altra*) **11** (*geol.*) gradino **12** (*elab.*) passo **13** (*di termometro*) grado. ● **s.-down**, calo; riduzione; diminuzione: **a s.-down in production**, un calo della produzione □ (*elettr.*) **s.-down transformer**, trasformatore abbassatore (*di tensione*) □ (*fig.*) **a s. in the peerage**, una nomina a Pari d'Inghilterra □ (*pop.*) **s.-ins**, mutandine da donna □ (*archeol.*) **s. trench**, scavo a gradini ● **s.-up**, aumento; accrescimento □ (*elettr.*) **s.-up transformer**, trasformatore elevatore (*di tensione*) ● **to break s.**, cambiare (*o* perdere) il passo □ (*anche fig.*) **a false s.**, un passo falso □ **in s.**, al passo (*marciando*); (*fig.*) in armonia, in accordo; (*elettr.*) in fase □ (*mil.*) **to be in s.**, andare al passo □ **to keep s. with sb.**, andare di pari passo con q.; marciare al passo con q. □ (*naut.*) **landing steps**, scala d'approdo □ **one-s.**, one step (*ballo*) □ **to be out of s.**, (*anche mil.*) aver perso il passo; non andare al passo; (*fig.*) non essere in armonia, essere in disaccordo □ **a rash s.**, un'azione avventata □ (*leg.*) **to take legal steps**, adire le vie legali; procedere legalmente □ **to turn one's steps towards**, volgere il passo (*o* dirigersi) verso □ (*fam.*) **to watch one's s.**, comportarsi bene (*o* con cautela) ● **Mind** (*o* **watch**) **your s.!**, **Bada!**; sta' attento!; sii cauto!
to step [step], *A v. i.* fare un passo; camminare; andare; venire (*specialm.* seguito da prep. *o avv. che indicano direzione*): **to s. forward**, fare un passo avanti; **She stepped out of the room**, ella uscì dalla stanza. *B v. t.* **1** ballare (*una danza*) **2** misurare (*una distanza*) col passo **3** (*edil.*) provvedere di gradini **4** scavare (*o* intagliare) scalini in: **He stepped the slope leading to his cottage**, intagliò dei gradini nel pendio che portava alla sua villetta **5** (*naut.*) sistemare (*l'albero*) nella scassa; alberare. *C verbi composti* **1 to s. across the road**, attraversare la strada. **2 to s. aside**, farsi da lato, fare un passo di fianco, (*fig.*) tirarsi in disparte; (*fig.*) fare una digressione; (*polit.*) ritirare la propria candidatura. **3 to s. back**, fare un passo indietro; arretrare d'un passo. **4 to s. down**, discendere; dimettersi; ritirarsi, rinunciare, (*polit.*) ritirare la propria candidatura; abbassare, diminuire: **to s. down from an office**, dimettersi da un impiego; **to s. down from a position**, rinunciare a un posto; (*elettr.*) **to s. down the tension**, abbassare la tensione. **5 to s. forward**, fare un passo avanti; avanzare d'un passo. **6 to s. in**, entrare; (*fig.*) intromettersi, intervenire: **S. in, please!**, entra pure! □ **to s. in for sb.**, sostituire q.; fare le veci di q. **7 to s. into a car**, entrare (*o* salire) in un'automobile □ (*fig.*) **to s. into a good job**, ottenere un buon impiego □ (*fig.*) **to s. into a small fortune**, entrare in possesso di una piccola fortuna (*o* di un discreto patrimonio). **8 to s. off**, scendere (*da una scala a pioli, da un veicolo*); misurare (*una distanza*) a passi: **I stepped off the plane**, scesi dall'aereo. **9 to s. on**, posare il piede su (*una pietra, ecc.*); premere, schiacciare; calpestare, pestare: (*fam.*) **I stepped on the gas**, schiacciai l'acceleratore; **He stepped on my foot**, mi pestò un piede □ (*fig. fam.*) **to s. on the gas**, affrettare i tempi; andare a tutto vapore □ (*fam.*) **to s. on it**, affrettarsi; sbrigarsi □ (*anche fig.*) **to s. on sb.'s toes**, pestare i piedi a q. **10 to s. out**, scendere; uscire; fare quattro passi; affrettarsi, allungare il passo; (*fam. USA*) andare a divertirsi, uscire, fare vita di società; cavarsi (*o* tirarsi) fuori (*fig.*); scendere (*da un veicolo*) □ **to s. out of line**, (*mil.*) uscire dalle file; (*fig.*) fare a modo proprio, fare l'originale □ (*fam.*) **to s. out on sb.**, essere infedele (*fam.*: mettere le corna) a q. **11 to s. through a dance**, fare (*o* accennare) i passi di un ballo. **12 to s. up**, salire; aumentare, accrescere, intensificare; elevare; ricevere una promozione, essere promosso: **to s. up savings**, aumentare i risparmi; (*elettr.*) **S. up the tension!**, eleva la tensione!; **He has stepped up to the executive's chair**, è stato promosso alla carica direttiva. ● **to s. high**, alzare molto i piedi (*camminando*); (*di cavallo*) alzare bene gli zoccoli (*trottando*) □ (*fam.*) **to s. lively**, affrettarsi; fare in fretta; far presto □ **to s. short**, camminare a brevi passi; fare tre passi su un mattone □ (*fam. USA*) **stepping-out agency**, agenzia che procura accompagnatori (*o* accompagnatrici) per donne sole (*o* per uomini soli) □ **stepping stone**, passatoio, pietra di un guado (*in un fiume*); (*pl.*) passatoio; (*fig.*) gradino; passo: **the first stepping stone to victory**, il primo passo verso la vittoria □ **S. this way**, da questa parte!; vieni qua!; per di qua!

stepbrother ['step‚brʌðə*], *n.* fratellastro.
stepchild ['step‚tʃaild], *n.* (*pl.* **stepchildren**) figliastro, figliastra.
stepdaughter ['step‚dɔ:tə*], *n.* figliastra.
stepfather ['step‚fɑ:ðə*], *n.* patrigno.
Stephen ['sti:vn], *n.* Stefano.
stepladder ['step‚lædə*], *n.* scala a libro (*o* a libretto).
stepmother ['step‚mʌðə*], *n.* matrigna.
stepmotherly ['step‚mʌðəli], *a.* di (*o* da) matrigna.
stepparent ['step‚pɛərənt], *n.* patrigno, matrigna.
steppe [step], *n.* (*geogr.*) steppa.
stepped [stept], *a.* a gradini; a scalini.
stepsister ['step‚sistə*], *n.* sorellastra.
stepson ['step‚sʌn], *n.* figliastro.
stepwise ['stepwaiz], **A** *avv.* a guisa di scala; a mo' di scalinata. **B** *a. attr.* graduale: (*econ.*) **s. inflation**, inflazione graduale.
stercoraceous [‚stə:kə'reiʃəs], **stercoral** ['stə:kərəl], *a.* (*med.*) stercoraceo.
stere [stiə*], *n.* stero (*unità di misura della legna, pari a 1 metro cubo*).
stereo ['stiəriou], (*fam.*) **A** *a.* **1** stereofonico; stereo: **s. effect**, effetto stereofonico; **s. recorded tape**, registrazione stereofonica su nastro **2** stereoscopico **3** (*grafica*) **s. plate**, lastra stereotipa. **B** *n.* (*pl.* **stereos**) (*anche* **s. set**) impianto stereo.
stereochemistry [‚stiəriə'kemistri], *n.* stereochimica.
stereogram ['stiəriəgræm], *n.* **1** (*fis.*) stereogramma **2** (*grafica*) stereofotogramma **3** *V.* **stereograph**.
stereograph ['stiəriəgra:f], *n.* (*fis.*) stereografo.
stereographic(al) [‚stiəriə'græfik(əl)], *a.* (*geom.*) stereografico.
stereography [‚stiəri'ɔgrəfi], *n.* (*geom.*) stereografia.
stereological [‚stiəriə'lɔdʒik(əl)], *a.* (*scient.*) stereologico.
stereology [‚stiəri'ɔlədʒi], *n.* (*scient.*) stereologia.
stereometry [‚stiəri'ɔmitri], *n.* (*geom.*) stereometria.
stereophone ['stiəriəfoun], *n.* cuffia stereofonica.
stereophonic [‚stuəriə'fɔnik], *a.* (*acustica*) stereofonico.
stereophonics [‚stiəriə'fɔniks], *n. pl.* (*col verbo al sing.*) (*acustica*) stereofonia.
stereophony [‚stiəri'ɔfəni], *n.* (*acustica*) stereofonia.
stereoscope ['stiəriəskoup], *n.* (*ottica*) stereoscopio.
stereoscopic(al) [‚stiəriəs'kɔpik(əl)], *a.* (*ottica*) stereoscopico.
stereoscopy [‚stiəri'ɔskəpi], *n.* (*fisiologia*) stereoscopia; visione stereoscopica.
stereotape ['stiəriəteip], *n.* nastro (magnetico) stereofonico.
stereotype ['stiəriətaip], *n.* **1** (*tipogr.*) stereotipia; lastra stereotipica **2** (*linguistica, psic.*) stereotipo.
to stereotype ['stiəriətaip], *v. t.* **1** (*tipogr.*) stereotipare **2** (*fig.*) rendere stereotipato (*o* convenzionale).
stereotyped ['stiəriətaipt], *a.* (*anche fig.*) stereotipato; stereotipo: **s. ideas**, idee stereotipe.
stereotyper ['stuəriə‚taipə*], **stereotypist** [‚stiəriə‚taipist], *n.* stereotipista.
stereotypy ['stiəriə‚taipi], *n.* (*tipogr.*) stereotipia (*il processo*).
sterile ['sterail], *USA* ['sterəl], *a.* **1** sterile (*anche fig.*); infecondo: **a s. cow**, una vacca sterile; **s. land**, terreno sterile; **a s. debate**, un dibattito sterile **2** monotono; noioso; privo d'interesse: **a s. style**, uno stile monotono; **a s. lecture**, una conferenza priva d'interesse **3** (*med.*) sterile; asettico.
sterility [ste'riliti], *n.* sterilità; infecondità.
sterilization [‚sterilai'zeiʃən], *n.* **1** (*med., ind.*) sterilizzazione **2** (*fig.*) isterilimento.
to sterilize ['sterilaiz], *v. t.* **1** (*med., ind.*) sterilizzare **2** (*fig.*) isterilire; sterilire; rendere sterile; sterilizzare.
sterilizer ['sterilaizə*], *n.* (*med., ind.*) sterilizzatore.
sterlet ['stə:lit], *n.* (*zool., Acipenser ruthenus*) sterleto, sterlatto.
sterling ['stə:liŋ], **A** *a.* **1** genuino (*anche fig.*); puro; di buona lega: **of s. gold**, d'oro puro; **s. merit**, merito genuino **2** (*oreficeria*) «sterling»: **s. silver**, argento sterling; argento al (titolo del) 92,5%. **B** *n.* **1** (*fin.*) moneta inglese a corso legale **2** (£) (lira) sterlina: **What's the value of s. today?**, quanto vale la sterlina oggi? **3** (*collett.*) lire sterline; sterline **4** (*oreficeria*) titolo. ● (*oreficeria*) **s. gold**, oro a 22 carati □ (*econ.*) **the s. area** (*o* **the s. bloc**), l'area della sterlina □ **a s. character**, un carattere d'oro (*fig.*) □ **of s. worth**, che ha un valore intrinseco □ (*fin.*) **a pound s.**, una lira sterlina; una sterlina.
stern (1) [stə:n], *a.* **1** austero; severo; duro; rigido: **s. virtue**, austera virtù; **a s. father**, un padre severo; **s. reality**, la dura realtà; **s. measures**, provvedimenti rigidi **2** arcigno; aspro: **a s. look**, uno sguardo arcigno; **s. criticism**, critiche aspre **3** inflessibile; fermo; saldo: **a s. ruler**, un governante inflessibile; **a man of s. purpose**, un uomo di saldi propositi. ● **the sterner sex**, il sesso forte.
stern (2) [stə:n], *n.* **1** (*naut.*) poppa **2** (*per estens.*) parte posteriore; coda (*specialm.* di cane da caccia) **3** (*fam.*) deretano; sedere. ● (*mil.*) **s. chaser**, cannoncino di poppa □ **s. driver**, en-

trobordo con comando fuoribordo □ **s. end**, parte poppiera □ **s.-fast**, cima per ormeggio di poppa □ (*di bastimento*) **s.-heavy**, appoppato □ (*naut.*) **s. light**, fanale di poppa □ **s. post**, dritto di poppa □ **s. sheets**, spazio poppiero (*di barca a remi*) □ **s.-tube**, (*naut.*) tubo dell'elica; (*mil.*) tubo lanciasiluri poppiero □ **s.-way**, abbrivo indietro □ **s.-wheeler**, piroscafo con ruota poppiera a pale ● (*naut.*) **down by the s.**, appoppato □ **from stem to s.**, da prua a poppa.
sternal ['stə:nəl], *a.* (*anat.*) sternale.
sternness ['stə:nnis], *n.* **1** austerità; severità; durezza; rigidità **2** inflessibilità; fermezza; saldezza.
sternum ['stə:nəm], *n.* (*pl.* **sternums, sterna**) (*anat.*) sterno.
sternutation [‚stə:nju'teiʃən], *n.* starnutazione; starnuto.
sternutative [stə'nju:tətiv], **sternutatory** [stə'nju:tətəri], *a.* e *n.* starnutatorio.
sternward ['stə:nwəd], *a. e avv.* (*naut.*) a poppa; verso poppa.
sternwards ['stə:nwədz], *avv.* (*naut.*) verso poppa.
steroid ['steroid], *n.* (*chim.*) steroide.
sterol ['steroul], *n.* (*chim.*) sterolo.
stertorous ['stə:tərəs], *a.* (*med.*) stertoroso (*di respiro*) rumoroso; (*di malato*) dalla respirazione rumorosa.
stertorousness ['stə:tərəsnis], *n.* (*med.*) l'essere stertoroso.
stet [stet] (*lat.*), *voce verb.* (*tipogr.*) vive (*formula convenzionale per annullare una correzione*).
to stet [stet], *v. t.* (*tipogr.*) annullare la correzione di (*una parola*).
stethoscope ['steθəskoup], *n.* (*med.*) stetoscopio.
to stethoscope ['steθəskoup], *v. t.* (*med.*) ascoltare con lo stetoscopio.
stethoscopic(al) [‚steθəs'kɔpik(əl)], *a.* (*med.*) stetoscopico.
stethoscopy [ste'θɔskəpi], *n.* (*med.*) stetoscopia.
stetson ['stetsən], *n.* (*marchio USA*) cappello da cowboy; cappello a larghe tese (*e a cupola alta*).
stevedore ['sti:vidɔ:*], *n.* (*naut.*) stivatore.
to stew [stju:], *v. t. e i.* **1** (*cucina*) stufare; cuocere in umido **2** (*fig.*) soffrire per il caldo afoso; soffocare **3** (*fam.*) essere in ansia; preoccuparsi **4** (*gergo studentesco*) studiare sodo; sgobbare. ● **s.-pan** (*o* **s.-pot**), casseruola; tegame (basso) per stufato □ **stewing apples**, mele da cuocere □ (*fig.*) **to let sb. s. in his own juice**, lasciar cuocere q. nel suo brodo.
stew (1) [stju:], *n.* **1** (*cucina*) stufato: **Irish s.**, stufato irlandese (*di castrato, patate e cipolle*) **2** (*fam.*) ansia; apprensione; agitazione: **to be in a (fine) s.**, essere in grande agitazione; stare sulle spine (*fig.*).
stew (2) [stju:], *n.* **1** vivaio per pesci; peschiera **2** vivaio per la coltura delle ostriche.
steward [stjuəd], *n.* **1** maggiordomo **2** fattore agricolo **3** (*di collegio, ecc.*) dispensiere; economo; amministratore; soprintendente **4** (*naut.*) cambusiere **5** (*naut., aeron.*) assistente di bordo (*o* di volo); steward **6** cerimoniere; (*sport, festeggiamenti*) membro del comitato organizzatore. ● (*in G.B.*) **Lord High S. of England**, Gran Cerimoniere (dell'Incoronazione).
to steward ['stjuəd], *v. i.* fare lo steward (*q.V.*).
stewardess ['stjuədis], *n.* **1** economa; dispensiera **2** (*naut.*) assistente di bordo **3** (*aeron.*) hostess; assistente di volo.
stewardship ['stjuədʃip], *n.* ufficio (*o* grado, servizio) di steward (*q.V.*).
stewed [stju:d], *a.* **1** (*cucina*) stufato; in umido **2** (*di frutta*) cotta **3** (*di tè*) troppo carico **4** (*pop.*) ubriaco; sbronzo (*pop.*).
St Helena [‚senti'li:nə], *n.* (*geogr.*) Sant'Elena (*l'isola*).
sthenic ['sθenik], *a.* **1** (*med.*) stenico **2** forte; vigoroso.
stibial ['stibiəl], *a.* (*chim.*) antimoniale.
stibine ['stibain], *n.* (*chim.*) stibina.
stibium ['stibiəm], *n.* (*chim.*) antimonio.
stichomyth ['stikoumiθ], **stichomythia** [‚stikou'miθiə], *n.* (*letter.*) sticomitia.
stick [stik], *n.* **1** bastone; bastoncino; bacchetta; stecco: **the conductor's s.**, la bacchetta del direttore d'orchestra; **Let's look for dry sticks to start a fire**, cerchiamo stecchi secchi per accendere il fuoco!; **a s. of shaving soap**, un bastoncino (*o* uno stick) di sapone da barba **2** (*fam., spesso* **dry old s.**) allocco; sciocco; stupido; individuo contegnoso **3** (*gergo naut.*) albero; pennone **4** (*mus., anche* **fiddle s.**) archetto di violino **5** (*mil., anche* **drum-s.**) bacchetta di tamburo **6** (*tipogr., anche* **composing s.**) compositoio **7** (*aeron. mil.*) grappolo (*di bombe*) **8** (*aeron.*) barra di comando; cloche **9** (*mecc.*) braccio (*della benna*) **10** (*mecc.*) lima abrasiva (*o* a smeriglio) **11** — (*pl., fam. USA*) **the sticks**, le zone rurali; i boschi. ● (*autom., ecc.*) **s. gauge**, asta indicatrice di livello □ (*zool.*) **s. insect**, insetto stecco (*che si mimetizza fino a somigliare a uno stecco*) □ **a s. of chalk**, un pezzo di gesso □ **a s. of dynamite**, un candelotto di dinamite □ **a s. of sealing wax**, una stecca di ceralacca □ (*fam., autom.*) **s. shift**, cambio a mano (*o* manuale) □ **broom-s.**, manico di scopa □ **divining s.**, bacchetta da rabdomante □ (*fam.*) **to get (to give) the s.**, ricevere (dare) una sgridata (*o* una punizio-

stick (1)

ne) □ (*fig.*) **to get the wrong end of the s.**, prendere un abbaglio; prendere lucciole per lanterne □ **sword-s.**, bastone animato □ **umbrella-s.**, manico d'ombrello □ **walking s.**, bastone da passeggio; mazza; canna; (*zool.*, *USA*) *V*. **s. insect** ☐ **There were only a few tattered sticks of furniture**, c'erano soltanto quattro mobili sgangherati.

to stick (1) [stik] (*pass.* e *p. p.* **stuck**), **A** *v. t.* **1** conficcare; ficcare; cacciare; infilare; infilzare; piantare; pungere; trafiggere; trapassare; colpire (*con un pugnale, ecc.*): **to s. a pin under one's skin**, conficcarsi uno spillo sotto la pelle; **to s. a bayonet into sb.**, infilzare q. con la baionetta; **to s. insect specimens**, infilzare esemplari d'insetti (*o fissarli con spilli*); **He pulled out a knife and tried to s. my chest**, tirò fuori un coltello e tentò di piantarmelo in petto; **to s. a thumbtack in the board**, piantare una puntina da disegno sul cartellone!; **to s. sb. in the back**, colpire q. alla schiena (*con un coltello e sim.*) **2** attaccare; affiggere; appiccicare; incollare; ingommare: **to s. a stamp on a letter**, attaccare un francobollo a una lettera; **S. the poster on the wall**, affiggi il manifesto sul muro!; **to s. pictures in an album**, incollare fotografie su un album **3** (*fam.*) mettere; porre; cacciare; posare: **He stuck the rose in his buttonhole**, si mise la rosa all'occhiello; **He stuck the cigarette behind his ear**, si mise la sigaretta dietro l'orecchio; **S. it in your pocket**, cacciatelo in tasca! **4** (*fam.*) resistere a; sopportare: **I can't s. this darn job any longer**, non riesco più a sopportare questo maledetto lavoro; **S. (to) it!**, resisti!; forza!; tieni duro! **B** *v. i.* **1** conficcarsi; infilzarsi; piantarsi; restar ficcato (*o infisso*): **The pin stuck in my finger**, lo spillo mi si conficcò in un dito; **Arrows stuck in the target**, c'erano frecce piantate nel bersaglio; **The car stuck in the mud**, l'automobile si piantò nel fango **2** attaccarsi; aderire; appiccicarsi; restare attaccato (*o appiccicato*); tenere: **These stamps won't s.**, questi francobolli non si attaccano; **The nickname stuck to him**, il nomignolo gli restò appiccicato; **This glue won't s.**, questa colla non tiene (*fam.*) restare; rimanere: **They s. at home**, restano sempre a casa; non si muovono mai; **Friends should s. together**, gli amici dovrebbero restare uniti **4** (*mecc.*) incepparsi; bloccarsi: **The lid has stuck**, il coperchio s'è inceppato; **The door has stuck**, lo sportello s'è bloccato **5** (*in genere*) arrestarsi; fermarsi: **He got up to the third form, and there he stuck**, arrivò fino alla terza classe e poi si fermò. **C** *verbi composti* **1 to s. at**, perseverare, persistere, insistere in (q.c.): **to s. at one's work (studies, etc.)**, perseverare nel proprio lavoro (nei propri studi, ecc.) □ **to s. at nothing**, non indietreggiare davanti a nulla; esser privo di scrupoli. **2 to s. down**, chiudere, piegare incollando; incollare; buttar giù, posare, poggiare; buttar giù, annotare: **to s. down the flaps of a letter sheet**, incollare i lembi di un biglietto postale; **Just s. it down on the floor**, posalo per terra; poggialo sul pavimento. **3 to s. on**, incollare □ (*pop.*) **to s. it on**, far pagare salato; chiedere prezzi esorbitanti; raccontare fandonie, esagerare. **4 to s. out**, cacciar fuori, metter fuori; sporgere, protrudere; (*fig.*) perseverare, resistere, tener duro; (*di lavoratori*) scioperare: **The apprentice will only s. out a few days**, l'apprendista resisterà soltanto pochi giorni; **We must s. it out**, dobbiamo tener duro; **S. out your tongue**, caccia fuori la lingua!; **to s. out one's nose**, metter fuori il naso; **The back of the car was sticking out of the water**, il retro dell'auto sporgeva dal pelo dell'acqua □ **to s. out one's chest**, gonfiare il petto; stare impettito □ (*comm.*) **to s. out for a higher price (for better terms)**, cercare di strappare un prezzo più alto (condizioni migliori) □ (*fam.*) **This sticks out a mile**, è lampante; è evidente; salta subito agli occhi. **5 to s. to**, stare attaccato a (q., q.c.); restar fedele a; tener fede a, mantenere: **to s. to a friend (a resolve, etc.)**, restar fedele a un amico (a un proponimento, ecc.); **to s. to a promise (one's word)**, tener fede a una promessa (mantenere la parola data); **to s. to one's ideals**, restar fedele ai propri ideali □ **to s. to the point**, restare in argomento; non divagare □ **to s. to a subject**, dedicarsi a un argomento □ **to s. to one's work (task, business)**, lavorar sodo; darci sotto; attendere (*o badare*) assiduamente al proprio lavoro (al proprio compito, ai propri affari) □ **He sticks to it that it is true**, persiste a dire che è vero. **6 to s. together**, appiccicarsi, incollarsi, attaccarsi; (*fam.*) restare uniti (*o* insieme): **Two pages have stuck together**, si sono attaccate due pagine; **We must s. together or perish**, dobbiamo restare uniti o soccombere. **7 to s. up**, sporgere, spuntare; attaccare, affiggere; metter su, drizzare, rizzare; alzare, levare; assaltare, rapinare; fare una rapina (a mano armata); (*fig.*) sconcertare, rendere perplesso: **Only his head stuck up in the quicksand**, soltanto la testa spuntava dalle sabbie mobili; **to s. up a target**, rizzare un bersaglio; **to s. one's hand up**, alzare la mano; **to s. up a stagecoach**, assaltare una diligenza; **to s. up a bank**, rapinare una banca; **This problem sticks me up**; **I'll never be able to solve it**, questo problema mi sconcerta; non saprò mai risolverlo □ **His hair sticks straight up**, ha i capelli irti (sul capo) □ (*detto da un rapinatore*) **S. 'em up!**, mani in

alto! □ **to s. up for**, prendere le difese di; sostenere: **to s. up for a friend**, prendere le difese d'un amico; **to s. up for one's rights**, sostenere i propri diritti □ **to s. up to sb.**, tener testa a q.; non umiliarsi davanti a q. ● (*fig.*) **to s. in one's throat**, non andare giù; essere difficile da mandar giù □ **to s. indoors** (*o* **in the house**), restar sempre in casa; non uscire mai □ **to s. like a bur**, stare attaccato come una lappola; (*fig.*) stare appiccicato, essere appiccicaticcio □ **to s. a pig**, ammazzare un maiale (*trafiggendolo alla gola*) □ **to s. through thick and thin**, non cedere; resistere nella buona e nell'avversa sorte; tener duro □ **to s. with sb.**, stare alle costole di q. □ **sticking place** (*o* **sticking point**), punto d'arresto, fermo; (*mecc.*) punto d'arresto della vite □ **sticking plaster**, cerotto adesivo □ **a coat stuck with medals**, una giubba coperta di medaglie □ (*fig.*, *lett.*) **to screw one's courage to the sticking place**, rinsaldare il proprio coraggio; tendere al massimo l'arco del proprio animo (*cfr.* Macbeth, *I*, *VII*, 60) □ **S. no bills!**, divieto d'affissione! (*cartello*) □ **S. close to me!**, stammi attaccato!; tieni vicino! □ **She stuck a feather in his hat**, gli puntò una penna sul cappello.

to stick (2) [stik] (*pass.* e *p. p.* **sticked**), *v. t.* **1** provvedere di bastoni (*o* di pali di sostegno); puntellare: **to s. a vine**, puntellare una vite **2** (*tipogr.*) disporre (*i caratteri*) sul compositoio.

stick-at-nothing ['stikət'nʌθiŋ], *a.* (*fam.*) che non indietreggia davanti a nulla; privo di scrupoli.

sticker ['stikə*], *n.* **1** chi conficca, attacca, ecc. (*V*. **stick (1)**) **2** attacchino **3** persona tenace; chi tiene duro **4** ospite che si trattiene troppo a lungo; visitatore sgradito **5** etichetta adesiva; tagliando gommato; adesivo; patacchino (*pop.*) **6** (*bot.*) lappola **7** (*fig.*, *fam.*) cosa sconcertante; faccenda difficile.

stickful ['stikful], *n.* (*tipogr.*) insieme dei caratteri disposti sul compositoio.

stickiness ['stikinis], *n.* **1** viscosità; vischiosità **2** afosità; umidità (*del tempo*) **3** (*econ.*) vischiosità, rigidezza (*di domanda, prezzo, ecc.*).

stick-in-the-mud ['stikinðəmʌd], **A** *a.* lento; tardo; retrogrado. **B** *n.* **1** posapiano; trottapiano **2** individuo arretrato; retrogrado; passatista.

stickjaw ['stikdʒɔ:], *n.* (*pop.*) caramella dura da masticare (*che si attacca ai denti*).

stickleback ['stiklbæk], *n.* **1** (*zool.*, *Gasterosteus aculeatus*) spinarello **2** (*zool.*) gasterosteide (*in genere*).

stickler ['stiklə*], *n.* **1** individuo pedante, rigido; pignolo **2** strenuo fautore, accanito sostenitore (*di* q.c.). ● **to be a s. for discipline (propriety, etc.)**, tener molto alla disciplina (alle buone maniere, ecc.).

stick-on ['stikɔn], *a.* *attr.* adesivo; gommato; da incollare: **s. label**, etichetta adesiva.

stick-out ['stikaut], *n.* (*econ.*, *fam.*) sciopero.

stickpin ['stikpin], *n.* (*USA*) spilla da cravatta (*Cfr. ingl.* **tie-pin**).

stick-up ['stikʌp], *n.* rapina a mano armata.

sticky ['stiki], *a.* **1** attaccaticcio; appiccicaticcio; appiccicoso; colloso; viscoso: **This toffee is too s.**, questa caramella è troppo appiccicaticcia; **s. fingers**, dita appiccicose **2** (*fam.*) afoso; umido e caldo: **s. weather**, tempo umido e caldo **3** (*fam.*) brutto; spiacevole: **That boy will come to a s. end**, quel ragazzo farà una brutta fine **4** (*econ.*: *di domanda, prezzo, ecc.*) rigido; vischioso **5** (*fam.*) restio: **to be s. about st.**, essere restio a dare q.c. ● **a s. customer**, un cliente difficile; (*fig.*) un bastian contrario □ (*fam.*) **to be very s. about st.**, essere molto pignolo su q.c. □ (*fam.*) **He was very s. about giving me leave**, fece un sacco di storie per darmi il permesso.

stiff (1) [stif], *a.* **1** rigido; duro; irrigidito; indolenzito; (*fig.*) austero, freddo, rigoroso, severo: **He has a s. arm**, ha un braccio rigido; **a s. collar**, un colletto duro; **to feel s. after climbing a mountain**, sentirsi indolenzito dopo una scalata; **s. manners**, maniere rigide; modi sostenuti; **The steering gear is s.**, lo sterzo è duro; **a s. punishment**, una severa punizione **2** compatto; denso; spesso; sodo: **s. paste**, pasta densa, spessa; **s. soil**, terreno compatto, sodo **3** forte; gagliardo; violento: **a s. drink**, una bevanda forte (*o* molto alcolica); **a s. wind**, un vento gagliardo; **a s. dose of medicine**, una forte dose di medicina **4** difficile; arduo; erto; scosceso: **a s. assignment**, un compito difficile; **a s. climb**, un'ardua scalata; **a s. subject**, una disciplina difficile; **a s. slope**, un erto pendio **5** (*fam.*) eccessivo; assurdo: **It's a bit s. to expect him to apologize**, è un po' eccessivo pensare che chieda scusa **6** (*pop.*) ubriaco; sbronzo (*pop.*). ● (*di cavallo*) **s. bit**, morso rigido (*non snodato*) □ (*comm.*) **s. competition**, concorrenza dura □ **a s. denial**, un netto diniego; un secco rifiuto □ (*comm.*) **a s. market**, un mercato sostenuto, tendente al rialzo □ (*med.*) **s. neck**, torcicollo □ (*fig.*) **s.-necked**, cocciuto; ostinato; testardo □ (*fam.*) **a s. price**, un prezzo salato □ **a s. salute**, il saluto compassato □ **a s. shirt-front**, uno sparato inamidato □ **a s. smile**, un sorriso agro, a labbra strette □ (*pop.*) **a s. 'un**, un veterano; (*anche*) un cadavere □ (*fam.*) **s.-upper-lipped**, chiuso (*fig.*); riservato; introverso; che sta sulle sue (*fam.*) □ **a s. whisky**, un whisky liscio □ (*fam.*) **to bore sb. s.**, annoiare q. a morte □ **to drive a s. bargain**, fare un contratto difficile; (*fig.*) battersi con le unghie e con i denti □ (*fig.*) **to keep a s. upper lip**, stare saldo; tener duro; resistere alle difficoltà; stringere i denti; non perdersi di coraggio (*o* d'animo) □ (*fam.*) **to scare sb. s.**, far morire q. di spavento.

stiff (2) [stif], *n.* **1** (*fam.*) cadavere **2** (*fam.*) persona rigida, rigorosa **3** (*fam., anche* **big s.**) idiota; imbecille **4** (*pop. USA*) titolo di credito; cambiale falsa; assegno falso; banconota; denaro **5** (*pop. USA*) biglietto passato clandestinamente (*in carcere*) **6** (*gergo: ippica*) cavallo dato perdente.

to stiffen ['stifn], **A** *v. t.* **1** irrigidire; indolenzire; intirizzire; intorpidire **2** indurire; rassodare; consolidare; rinforzare **3** dare l'appretto a (*tessuti, ecc.*); inamidare. **B** *v. i.* **1** irrigidirsi; indolenzirsi; intirizzirsi; intorpidirsi: **She stiffened at his proposal**, ella s'irrigidì alla sua proposta **2** indurirsi; rassodarsi; consolidarsi; rinforzarsi. ● **to s. sb.'s morale**, sollevare il morale di q.

stiffener ['stifnə*], *n.* **1** chi inamida, chi dà l'appretto (*a tessuti, ecc.*) **2** sostanza che indurisce, rinforza (*V.* **stiffening**) **3** (*fam.*) stimolante; tonico **4** (*edil.*) elemento di rinforzo (*o* d'irrigidimento).

stiffening ['stifniŋ], *n.* **1** irrigidimento; indolenzimento; intirizzimento **2** induramento; rassodamento **3** elemento di rinforzo; rinforzo; imbottitura.

stiffish ['stifiʃ], *a.* alquanto rigido; piuttosto duro, ecc. (*V.* **stiff**).

stiffness ['stifnis], *n.* **1** rigidezza (*anche mecc.*); durezza **2** (*fig.*) austerità; freddezza; rigore; severità **3** compattezza; consistenza; densità; sodezza **4** forza, violenza (*del vento, ecc.*) **5** difficoltà (*di un argomento, ecc.*).

to stifle ['staifl], **A** *v. t.* soffocare (*anche fig.*); reprimere; spegnere; trattenere: **to s. a yawn (a rebellion, etc.)**, soffocare uno sbadiglio (una rivolta, ecc.); **to s. a fire**, soffocare un incendio; **to s. one's sobs**, reprimere (*o* trattenere) i singhiozzi. **B** *v. i.* soffocare (*anche fig.*); morir soffocato; sentirsi mancare il respiro.

stifle ['staifl], *n.* **1** (*zool., anche* **s. joint**) grassella (*articolazione della zampa posteriore dei quadrupedi*) **2** (*vet.*) malattia della grassella. ● **s.-bone**, rotula.

stifling ['staifliŋ], *a.* soffocante; afoso: **s. heat**, caldo soffocante.

stigma (1) ['stigmə], *n.* (*pl.* **stigmata, stigmas**) **1** (*bot., zool.*) stigma **2** (*fig.*) stigma; marchio (*d'infamia*).

stigma (2) ['stigmə], *n.* (*pl.* **stigmata**) (*med., relig.*) stigmata, stimmata: **St. Francis' stigmata**, le stigmate di San Francesco.

stigmatic [stig'mætik], *a.* **1** (*bot., zool.*) di stigma; provvisto di stigmi **2** (*med., relig.*) che ha le stigmate **3** (*ottica*) stigmatico.

stigmatism ['stigmətizəm], *n.* (*fisiologia*) stigmatismo.

stigmatist ['stigmətist], *n.* (*relig.*) persona che porta le stigmate.

stigmatization [,stigmətai'zeiʃən], *n.* **1** stigmatizzazione; biasimo **2** (*relig.*) stigmatizzazione.

to stigmatize ['stigmətaiz], *v. t.* **1** stigmatizzare; marchiare; bollare (*fig.*) **2** produrre le stigmate in (*una persona*).

stile (1) [stail], *n.* **1** cavalcasiepe; gradini (*o* scaletta) per superare un muretto, uno steccato (*per es., di campo, di recinto di bestiame*) **2** (*anche* **turnstile**) tornello; tornella. ● **to help a lame dog over a s.**, soccorrere q. in difficoltà.

stile (2) [stail], *n.* (*edil.*) montante verticale (*di porta, di finestra, ecc.*).

stiletto [sti'letou] (*ital.*), *n.* (*pl.* **stilettos, stilettoes**) **1** stiletto; pugnale **2** punteruolo **3** (*fam.*) scarpa (*da donna*) con tacco a spillo **4** (*elettron.*) stiletto. ● (*moda*) **s. heels**, tacchi a spillo ○ **s. thrust**, stilettata.

to stiletto [sti'letou], *v. t.* dare una stilettata a (q.); pugnalare.

still (1) [stil], **A** *a.* **1** calmo, quieto; cheto; immobile; fermo; silenzioso; tranquillo: **Keep** (*o* **Stand**) **s.!**, sta' fermo!; sta' quieto!; **s. air**, aria ferma; aria calma; **the s. water of the lake**, le chete acque del lago; **s. streets**, strade silenziose **2** (*di vino*) non spumante; non effervescente. **B** *n.* **1** (*poet.*) calma; silenzio; quiete: **in the s. of the night**, nella quiete notturna; nel silenzio della notte **2** (*fam.*) fotografia fissa; posa **3** (*di un film*) fotogramma (*pubblicitario*). ● (*med.*) **s.-birth**, parto di feto morto □ **s.-born**, nato morto; (*fig.*) fallito; mancato; non riuscito; abortito □ (*naut.*) **s. bugle**, squillo di attenti □ (*arte*) **s. life**, natura morta: **a s.-life painting**, una natura morta (*il quadro*) □ (*fig.*) **the s. small voice**, la voce della coscienza □ **as s. as the grave**, muto come una tomba □ **stock-s.**, immobile come un sasso; impietrito □ **All sounds are s.**, tutto è silenzio □ (*prov.*) **S. waters run deep**, le acque chete rovinano i ponti.

to still (1) [stil], **A** *v. t.* **1** calmare; chetare; acquietare; placare **2** far tacere; zittire. **B** *v. i.* calmarsi; acquietarsi; placarsi: **when the tempest stills**, quando la tempesta si placherà.

still (2) [stil], **A** *avv.* **1** ancora; tuttora: **He is s. in bed**, è ancora a letto; **Was he s. there when you came?**, c'era ancora quando sono arrivati tu? **2** (*con un compar.*) anche; persino; ancora: **It was hot yesterday, but today it's s. hotter**, faceva caldo ieri, ma oggi è anche più caldo. **B** *cong.* tuttavia; eppure; pure; nondimeno: **He was very tired, s. he did not want to stop**, era molto stanco, e tuttavia non voleva fermarsi. ● **s. less**, ancor meno □ **s. more**, ancor più.

to still (2) [stil], *v. t.* (*arc.*) distillare, fabbricare (*liquori*).

still (3) [stil], *n.* **1** (*chim., ind.*) alambicco; storta; distillatore **2** (*ind.*) distilleria. ● **s. room**, (*ind.*) sala di distillazione; cantina, dispensa.

stillage ['stilidʒ], *n.* **1** asse; mensola; sostegno; supporto; piattaforma **2** (*agric.*) trebbie (*pl., residuo di distillazione di cereali*).

stilling ['stiliŋ], **stillion** ['stiljən] *n.* cavalletto (*per botte*).

stillness ['stilnis], *n.* calma; quiete; immobilità; silenzio; tranquillità.

stilly ['stili], *a.* (*poet.*) calmo; cheto; silente.

stilt [stilt], *n.* **1** trampolo: **to walk on stilts**, camminare sui trampoli **2** (*anche* **s.-bird, s.-plover, s.-walker**; *zool., Himantopus himantopus*) cavaliere d'Italia. ● **on stilts**, sui trampoli; (*fig.*) affettato, ampolloso, pomposo, artefatto, innaturale.

stilted ['stiltid], *a.* **1** montato su trampoli **2** (*fig.*) affettato; ampolloso; pomposo; artefatto; innaturale: **His English is s.**, parla un inglese artefatto.

stiltedness ['stiltidnis], *n.* (*fig.*) affettazione; ampollosità; pomposità; artificiosità; innaturalezza.

Stilton ['stiltən], *n.* **1** (*geogr.*) Stilton (*località dello Huntingdonshire*) **2** (*anche* **S. cheese**) «stilton» (*formaggio piccante*).

stimulant ['stimjulənt], **A** *a.* stimolante; eccitante. **B** *n.* **1** (*sostanza*) stimolante; eccitante: **He never takes stimulants**, non fa uso di eccitanti (*alcol, ecc.*) **2** (*fig.*) stimolante; incentivo; incitamento.

to stimulate ['stimjuleit], *v. t.* stimolare (*anche scient.*); incitare; incentivare: (*econ.*) **to s. production**, incentivare la produzione.

stimulating ['stimjuleitiŋ], *a.* stimolante; eccitante.

stimulation [,stimju'leiʃən], *n.* **1** stimolazione; stimolo; incitamento; incentivazione **2** (*scient.*) stimolazione, eccitazione.

stimulative ['stimjulətiv], *V.* **stimulating**.

stimulator ['stimjuleitə*], *n.* **1** (*anche med.*) stimolatore **2** (*farm.*) sostanza eccitante.

stimulus ['stimjuləs] (*lat.*), *n.* (*pl.* **stimuli**) stimolo (*anche scient.*); pungolo; incitamento; incentivo: **the s. of hunger**, lo stimolo della fame; **a s. to competition**, un'incentivo alla concorrenza.

stimy *to* **stimi** ['staimi], *V.* **stymie, to stymie.**

sting [stiŋ], *n.* **1** (*zool.*) pungiglione; aculeo: **the s. of the bee**, il pungiglione dell'ape **2** (*bot.*) aculeo; pelo urticante: **the stings of the nettle**, i peli dell'ortica **3** puntura (*anche fig.*); morso; pungolo; pungiglione; tormento: **the s. of a snake**, il morso d'un serpente; **the s. of satire**, il pungiglione (il veleno) della satira; **the stings of conscience**, il pungolo della coscienza; **the stings of envy**, il tormento dell'invidia **4** fitta di dolore; dolore acuto, pungente: **the s. of a cut**, il dolore acuto di un taglio **5** (*fig.*) pungolo; stimolo; sprone **6** (*fam.*) mordente; vigore **7** (*fam.*) asprezza; acredine: **the s. of a reproach**, l'acredine di un rimbrotto. ● (*fig.*) **the s. of her tongue**, la sua lingua tagliente □ (*zool.*) **s.-ray**, *V.* **stingaree** □ **a jest with a s. in it**, uno scherzo pungente (*o* velenoso) □ **This air has no s. in it**, l'aria non è pungente qui □ **This bowling has no s. in it**, questo lancio della boccia è debole □ **He felt the s. of the wind**, sentiva il rigore (*o* il soffio gelido) del vento □ (*di consiglio, progetto, racconto, ecc.*) **It has a s. in its tail**, «in cauda venenum» (*lat.*).

to sting [stiŋ] (*pass. e p. p.* **stung**), **A** *v. t.* **1** pungere; (*fig.*) ferire; offendere, irritare, tormentare: **A bee has stung me on the neck**, un'ape mi ha punto sul collo; **The nettles stung her legs**, le ortiche le pungevano le gambe; **He has been stung to the quick**, è stato punto sul vivo; **to be stung with envy (desire)**, essere punto dall'invidia (dal desiderio); **His conscience stung him sharply**, la coscienza lo tormentava dolorosamente **2** (*di serpente*) mordere **3** pungolare; stimolare; spingere: **My words stung him into action**, le mie parole lo spinsero ad agire **4** (*pop.*) portar via; far pagare; fregare (*pop.*): **The seller stung me for 200 pounds**, il venditore mi ha fregato duecento sterline. **B** *v. i.* **1** pungere; avere il pungiglione: **Some bees don't s.**, certe api non pungono **2** dare fitte di dolore; dolere: **My tooth stings**, ho un dente che mi dà fitte di dolore. ● (*fam.*) **to be stung**, farsi imbrogliare (raggirare, fregare): **He got stung on that deal**, si fece raggirare in quell'affare □ **Pepper stings one's tongue**, il pepe pizzica sulla lingua.

stingaree ['stiŋə,ri:], *n.* (*zool., Dasyatis pastinaca*) pastinaca comune.

stinger ['stiŋə*], *n.* **1** (*zool.*) insetto provvisto di pungiglione **2** (*bot.*) pianta munita d'aculei **3** (*zool.*) organo pungitore; aculeo; pungiglione **4** (*fam.*) colpo doloroso; forte percossa **5** (*fam.*) osservazione pungente; risposta pepata.

stinginess ['stindʒinis], *n.* **1** avarizia; grettezza; spilorceria; taccagneria; tirchieria **2** scarsità; insufficienza.

stinging ['stiŋiŋ], *a.* **1** pungente (*anche fig.*); mordace: **a s. thorn**, una spina pungente; **a s. remark**, un'osservazione pungente **2** doloroso; forte; grave: **a s. blow**, un forte colpo; **a s. insult**, un grave insulto **3** (*bot.*) urticante: **s. hair**, pelo urticante (*per es., dell'ortica*). ● (*bot.*) **s. nettle** (*Urtica dioica*), ortica.
stingless ['stiŋlis], *a.* **1** senza pungiglione; senza aculeo **2** (*fam.*) privo di mordente; senza vigore.
stingo ['stiŋgou], *n.* (*senza pl.*) **1** birra forte **2** (*pop., fig.*) energia; vigore.
stingray ['stiŋˌrei], *V.* **stingaree**.
stingy ['stindʒi], *a.* **1** avaro; gretto; spilorcio; taccagno; tirchio **2** scarso; insufficiente; da poco: **a s. dinner**, un pranzo da poco.
stink [stiŋk], *n.* **1** fetore; cattivo odore; puzzo; tanfo **2** (*pl., gergo studentesco*) chimica. ● **s. bomb**, bomba (*giocattolo*) puzzolente □ (*bot.*) **s.-horn** (*Phallus impudicus*), satirione; pisciacane □ (*geol.*) **s.-stone**, roccia maleodorante □ **s.-trap**, sifone (*di fogna*) □ (*fam.*) **to raise a s.**, fare il diavolo a quattro; piantare una grana; fare un casino (*pop.*).
to stink [stiŋk] (*pass.* **stank**, **stunk**, *p. p.* **stunk**), *v. i.* **1** puzzare; essere fetido; mandare cattivo odore **2** fare schifo; essere uno schifo: **His proposal stinks**, la sua proposta fa schifo **3** (*pop.*: *di persona*) essere odioso; essere schifoso, fetente (*pop.*). ● (*fam.*) **to s. of money**, essere notoriamente ricco; essere ricco sfondato □ **to s. sb. out**, costringere q. a uscire all'aperto per via del fetore: **The vapours of burning sulphur stunk us out**, le esalazioni dello zolfo che bruciava ci costrinsero a uscire per il fetore □ **to s. out** (*o* **up**), riempire (*o* ammorbare) di puzzo; impuzzolire □ (*pop.*) **I can s. it a mile off**, ne sento il puzzo a un miglio di distanza.
stinker ['stiŋkə*], *n.* (*fam.*) **1** persona (*o* animale) puzzolente **2** (*fam.*) lettera offensiva; letteraccia **3** (*pop.*) individuo spregevole; fetente; carogna (*fig.*).
stinking ['stiŋkiŋ], *a.* **1** puzzolente; fetente; fetido **2** (*pop.*) disgustoso; sgradevole; spiacevole; che fa schifo; schifoso. ● (*fam.*) **a s. cold**, un terribile raffreddore □ (*fam.*) **s. rich**, ricco sfondato □ **to cry s. fish**, deprezzare la propria merce (*fig.*).
stinkpot ['stiŋkpɔt], *n.* **1** (*stor.*) pentola con zolfo acceso (*che veniva scagliata sul ponte d'una nave nemica*) **2** (*pop.*) fetente; carogna.
to stint [stint], **A** *v. t.* **1** tenere a stecchetto: **He stints his family in order to buy wine for himself**, tiene a stecchetto la famiglia per comprare il vino per sé **2** lesinare; limitare; misurare; dare a malincuore; fare a stento: **to s. money**, lesinare il denaro; **to s. service**, fare a stento il proprio servizio. **B** *v. i.* stare a stecchetto. **to stint oneself C** *v. rifl.* stare a stecchetto, tirare la cinghia; privarsi (*del cibo, del necessario, ecc.*). ● (*offrendo q.c.*) **Don't s. yourself!**, non fare (*o* non faccia) complimenti!; serviti (*o* si serva) pure!
stint (1) [stint], *n.* **1** limite; restrizione: **without s.**, senza limite, senza restrizione **2** compito prefisso; lavoro assegnato: **one's daily s.**, il proprio lavoro quotidiano **3** periodo di lavoro: **She did a s. as a door-to-door seller**, lavorò per un certo tempo per un'organizzazione di vendite a domicilio. ● (*lett.*) **to labour without s.**, lavorare senza risparmiarsi.
stint (2) [stint], *n.* (*zool., Erolia alpina*) piovanello panciranera.
stintless ['stintlis], *a.* abbondante, illimitato; senza risparmio.
stipe [staip], *n.* **1** (*bot.*) stipite; gambo **2** (*zool.*) peduncolo.
stipel ['staipəl], *n.* (*bot.*) stipola (*di fogliolina*).
stipellate ['staipəlit], *a.* (*bot.*) stipolato.
stipend ['staipend], *n.* **1** stipendio; retribuzione **2** (*specialm. relig.*) congrua.
stipendiary [stai'pendjəri], *a.* **1** stipendiato; retribuito **2** (*di prete*) che riceve la congrua. ● **s. magistrate**, giudice stipendiato (*nominato dal Ministro dell'Interno*; *la carica di magistrato è talora onoraria in G.B.*).
stipes ['staipi:z], *n.* (*pl.* **stipites**) (*zool.*) stipite.
stipiform ['stipifɔ:m], **stipitiform** ['stipitifɔ:m], *a.* (*bot.*) a forma di stipite.
to stipple ['stipl], *v. t.* **1** (*arte*) disegnare (*o* dipingere) a puntini; ombreggiare **2** (*tipogr.*) incidere a retino.
stipple ['stipl], *n.* **1** (*arte*) disegno (*o* dipinto) a puntini (*l'opera*) **2** (*arte*) puntinismo **3** (*tipogr.*) incisione a retino.
stippling ['stipliŋ], *n.* **1** (*arte*) disegno (incisione, ecc.) a puntini; ombreggiatura (*la tecnica*); puntinismo **2** (*tipogr.*) incisione a retino.
stipular ['stipjulə*], *a.* (*bot.*) stipolare.
to stipulate ['stipjuleit], *v. t. e i.* stipulare; pattuire; convenire; accordarsi su; esigere come condizione essenziale: **We stipulated for the management of the firm on a sound financial basis**, ci accordammo per una gestione dell'azienda su solide basi finanziarie.
stipulate ['stipjulit], *a.* (*bot.*) stipolato.
stipulated (1) ['stipjuleitid], *a.* (*leg.*) convenuto; pattuito; stabilito. ● (*ass.*) **s. damages**, danni liquidati.

stipulated (2) ['stipjuleitid], *a.* (*bot.*) stipolato.
stipulation [ˌstipju'leiʃən], *n.* (*leg.*) **1** stipulazione; stipula **2** condizione (*o* clausola) essenziale: **on the s. that...**, a condizione che...
stipulator ['stipjuleitə*], *n.* (*leg.*) stipulante.
stipule ['stipju:l], *n.* (*bot.*) stipola.
stipuliform ['stipjulifɔ:m], *a.* (*bot.*) stipoliforme.
to stir [stə:*], **A** *v. t.* **1** agitare; increspare; muovere; scuotere; rimescolare; rimestare: **A light breeze stirred the curtains**, una leggera brezza muoveva le tendine; **to s.** (**up**) **tea** (**the soup, etc.**), rimescolare il tè (rimestare la zuppa, ecc.); **Not a breath stirred the lake**, non un alito di vento increspava il lago; **He just stirred the log**, mosse appena (*o* spostò di poco) il ceppo **2** (*spesso* **to s. up**) eccitare; incitare; irritare; provocare; suscitare; scuotere (*fig.*): **to s. sb.'s imagination (interest, etc.)**, eccitare la fantasia (suscitare l'interesse, ecc.) di q.; **to s. sb. to action**, incitare q. ad agire; **to s. up a rebellion**, provocare una rivolta **3** attizzare (*il fuoco; anche fig.*); **He stirred up hatred in the natives for the colonialists**, attizzò l'odio degli indigeni per i colonialisti. **B** *v. i.* **1** agitarsi; muoversi; spostarsi; mutar di posto: **If you s., I shoot**, se ti muovi, sparo; **New forces are stirring in our society**, nuove forze si agitano nella nostra società **2** essere in piedi; esser già alzato; essere attivo: **He is not stirring yet**, non s'è ancora alzato (dal letto) **3** (*pop.*) seminare zizzania (*sparlando di q.*). ● **to s. abroad**, muoversi di casa; andar fuori; uscire □ **to s.'s blood**, far bollire (*o* rimescolare) il sangue a q.; eccitare q.; entusiasmare q. □ (*fam.*) **to s. one's stumps**, affrettarsi; sbrigarsi; spicciarsi; muovere le gambe □ **to s. up the mud in a stream**, sollevare il fango in un ruscello (*agitando l'acqua*) □ **to s. sb.'s wrath**, suscitare l'ira di q.; mandare q. in collera □ **not to s. an eyelid**, restare impassibile; non muover ciglio □ **not to s. a finger**, non muovere un dito (*per aiutare q.*) □ **There is no news stirring**, non c'è niente di nuovo in giro □ **Don't s.!**, non muoverti; non disturbarti!
stir (1) [stə:*], *n.* **1** rimescolata; rimestata **2** agitazione; confusione; eccitazione; scompiglio; subbuglio; trambusto: **The crowd was in a s.**, la folla era in agitazione; **There was a great s. in the town**, la città era tutta in subbuglio. ● **It** (*o* **he**) **has made a great s.**, ha fatto una gran sensazione; ha fatto colpo □ **Give the fire a s.**, attizza un po' il fuoco! □ **There was no s. in the air**, l'aria era immota.
stir (2) [stə:*], *n.* (*pop.*) carcere; prigione; gattabuia: **to be in s.**, essere in gattabuia.
stir-about ['stə:rəbaut], *n.* **1** persona indaffarata **2** porridge; farinata d'avena.
stirless ['stə:lis], *a.* fermo; immobile; immoto.
stirpiculture ['stə:piˌkʌltʃə*], *n.* selezione genetica (*del bestiame*).
stirps [stə:ps], *n.* (*pl.* **stirpes**) **1** (*leg.*) progenitore (*d'una famiglia*); capostipite **2** (*biol.*) famiglia.
stirrer ['stə:rə*], *n.* **1** chi agita; chi rimescola **2** eccitatore; incitatore; provocatore **3** agitatore (*arnese*) **4** (*pop.*) seminatore di zizzania.
stirring ['stə:riŋ], **A** *a.* **1** eccitante; emozionante; commovente; stimolante; che tocca l'anima: **s. events**, avvenimenti emozionanti; **s. music**, musica che tocca l'anima **2** attivo; energico: **to lead a s. life**, far vita attiva. **B** *n.* **1** agitazione; scuotimento **2** (*anche* **s. up**) rimescolamento. ● **a s. speech**, un discorso elettrizzante □ **s. times**, tempi agitati.
stirrup ['stirəp], *n.* **1** (*anche edil.*) staffa **2** (*ind. min.*) staffa d'arresto. ● (*anat.*) **s. bone**, staffa (*dell'orecchio*) □ (*anche fig.*) **s. cup**, bicchiere della staffa □ **s. iron**, occhio della staffa □ **s. leather** (*o* **s. strap**), staffile; cinghia della staffa □ **s. pump**, piccolo estintore portatile (*provvisto di staffa per infilarvi un piede con cui tenerlo fermo*) □ (*mecc.*) **flat iron s.**, staffa di ferro piatto.
stitch [stitʃ], *n.* **1** punto (*di cucito, di ricamo, ecc.*): **If one s. gives, the rest will**, se cede un punto, cedono anche gli altri; **She's learning a new s.**, sta imparando un punto nuovo; **The doctor is putting stitches in his leg**, il medico gli sta dando dei punti nella gamba **2** maglia (*fatta sferruzzando*): **to drop a s.**, lasciar cadere una maglia (*per errore*); diminuire (*o* scalare) una maglia; **to take up a s.**, riprendere una maglia **3** (*legatoria*) cucitura (*di un libro*): **thread s.**, cucitura a filo di refe **4** (*solo al sing.*) puntura al fianco; fitta di dolore al fianco: **I feel a s.**, sento una puntura al fianco. ● (*ing.*) **s. rivet**, chiodatura □ (*metall.*) **s. welding**, saldatura per punti □ **s.-wheel**, ruota da sellaio (*per aprire fori nel cuoio*) □ **button-hole s.**, punto a smerlo □ **cross s.**, punto in croce; punto a croce □ (*fam.*) **to have not** (*o* **not to have got**) **a s. on**, essere completamente nudo; non avere nulla addosso □ **herring-bone s.**, punto a spina □ (*fam.*) **to be in stitches**, ridere a crepapelle; sbellicarsi dal ridere □ **overcast s.**, punto a sopraggitto □ (*fam.*) **He hasn't done a s. of work**, non ha fatto neanche tanto cosi di lavoro □ **He has not a dry s. on him**, è bagnato fradicio; è bagnato fino alle

ossa □ (prov.) **A s. in time saves nine**, un punto in tempo ne salva cento.
to stitch [stitʃ], *v*. *t*. e *i*. cucire (*stoffa, ecc.*); impuntire (*materassi, cuoio, ecc.*); (*med.*) suturare. ● **to s. a button on a shirt**, attaccare un bottone a una camicia □ **to s. up**, cucire; rammendare.
stitcher ['stitʃə*], *n*. (*legatoria*) cucitrice (*macchina*).
stitching ['stitʃiŋ], *n*. **1** cucitura **2** (*med.*) sutura.
stitchwort ['stitʃwə:t], *n*. (*bot., Stellaria*) stellaria.
stithy ['stiði], *n*. (*poet.*) fucina; bottega di fabbro ferraio.
stiver ['staivə*], *n*. (*stor.*) «stuiver» (*antica moneta olandese, di scarso valore*). ● **without a s.**, senza un centesimo; senza un quattrino □ **I don't care a s.**, non me ne importa un fico (secco).
stoa [ˈstouə], *n*. (*pl*. **stoae, stoas**) (*stor., archit.*) stoa; portico d'Atene.
stoat [stout], *n*. (*zool., Mustela erminea*) ermellino.
stoating ['stoutiŋ], *n*. cucitura invisibile.
stochastic [stəˈkæstik], *a*. (*stat.*) stocastico; aleatorio; casuale.
stock [stɔk], **A** *n*. **1** ceppo; ciocco; fusto; tronco (*d'albero*) **2** (*agric.*) pianta che ha subito un innesto; pianta da cui si prelevano gli innesti **3** (*di fucile, ecc.*) calcio **4** (*di cannone*) affusto **5** (*dell'aratro, dell'ancora*) ceppo **6** (*in genere*) base; sostegno; supporto: **the s. of the anvil**, la base dell'incudine **7** (*della pialla*) corpo **8** (*di ruota*) mozzo **9** ceppo d'una famiglia; capostipite; (*leg.*) progenitore **10** famiglia; razza; schiatta; stirpe; origine: **He comes of good s.**, è di buona famiglia; **of Negroid s.**, di razza negroide; **of Roman Catholic s.**, d'origine cattolica; **of Scottish s.**, di stirpe scozzese **11** (*ind.*) materia prima; materiale grezzo: **paper s.**, materia prima per la fabbricazione della carta (*stracci, ecc.*) **12** brodo ristretto (*di carne o di verdura*): **chicken s.**, brodo di pollo; **s. pot**, pentola per brodo **13** (*comm.*) stock; assortimento; giacenza; provvista; scorta; merci in magazzino: **We don't have these goods in s.**, non abbiamo scorte di queste merci; **The articles you require are in s.**, gli articoli che richiedete sono in magazzino (*o* sono disponibili) **14** (*anche* **live s.**) scorte vive; bestiame: **fat s.**, bestie grasse; bestiame da macello **15** (*fin., specialm. ingl.; anche* **joint s.**) capitale azionario **16** (*fin.; collett. in ingl.; ma usato sia al sing. che al pl. in USA: cfr. ingl.* **share**) azioni, titoli, valori: **He invested his money in (a) safe s.**, investì il suo denaro in titoli solidi; (*USA*) **Government stocks**, titoli di Stato; (*USA*) **railway stocks**, azioni di società ferroviarie; (*USA*) **preferred s.**, azioni privilegiate **17** (*pl., fin.*) obbligazioni; titoli di Stato; buoni del Tesoro **18** (*pl., stor.*) ceppi; gogna: **He was put in the stocks**, fu messo in ceppi (*o* alla gogna) **19** (*pl., naut.*) taccate: **The ship was on the stocks**, la nave era sulle taccate (*in cantiere; in costruzione o in riparazione*) **20** (*stor., mil.*) colletto rigido (*di cuoio o altro materiale*); cravattone **21** (*mecc.*) portacuscinetti; portafiliere **22** (*bot., Matthiola*) violacciocca **23** (*teatr.*) repertorio. **B** *a*. **1** comune; usuale; abituale; standard: **a s. greeting**, un saluto usuale **2** banale; scontato; trito: **a s. remark**, un'osservazione scontata **3** (*comm.*) di formato (*o* misura) normale; di tipo corrente **4** (*fin.*) azionario. ● (*comm.*) **s.-account** (**s.--book**), conto (libro) di magazzino □ **stocks and stones**, cose inanimate; (*fig.*) gente ottusa, stupida, pigra □ **a s. answer**, una risposta di prammatica (*o* scontata) □ **s.-breeder**, allevatore di bestiame □ **s.-broker**, agente di cambio; scambista; operatore di Borsa □ (*fin.*) **s.-broking**, mediazione nella compravendita di titoli; lavoro d'agente di cambio □ **s. car**, (*ferr. USA*) carro bestiame; (*autom.*) automobile di serie; (*sport*) auto per gare su pista di terra battuta □ (*fin. USA*) **s. certificate**, certificato azionario □ (*teatr.*) **s. company**, compagnia di repertorio □ (*fin.*) **s. company** (*o* **joint-s. company**), società per azioni □ **s. cube**, dado da brodo □ (*zool.*) **s. dove** (*Columba oenas*), colombella □ (*fin.*) **S. Exchange**, Borsa Valori □ **s. farm**, fattoria per l'allevamento del bestiame □ **s. farmer**, allevatore di bestiame □ **s. farming**, allevamento del bestiame □ **s. gambling**, speculazione di Borsa; aggiotaggio □ (*bot.*) **s.-gilly flower** (*Matthiola incana*), violacciocca; viola garofanata □ **s. in trade**, (*comm.*) merce in magazzino; (*fin.*) capitale impiegato nell'attività commerciale; (*fig.*) ferri del mestiere □ (*fin.*) **s.-jobber**, (*in G.B.*) «jobber», operatore che fa da intermediario fra gli agenti di cambio (*e non ha contatti con il pubblico; non esiste in Italia*) □ (*spreg. USA*) agente di cambio disonesto, aggiotatore □ (*fin.*) **s.--jobbing**, attività (*o* lavoro) di **s.-jobber** (*q.v.*) □ (*spreg. USA*) aggiotaggio, speculazione di Borsa □ **a s. joke**, una barzelletta consueta, di repertorio □ (*fin.*) **s. list**, listino di Borsa □ **s. mare**, una cavalla da riproduzione □ (*fin.*) **s. market**, mercato azionario; mercato dei titoli finanziari □ **s.-market crash**, crollo della Borsa □ **a s. motor-car**, un'automobile di serie □ (*comm.*) **s. on hand**, giacenza; scorte □ **s. photo**, foto d'archivio (*o* di repertorio) □ (*ferr.*) **s. rail**, contrago □ **s.--raising**, allevamento del bestiame □ **a s. remark**, un'osservazione banale, di circostanza □ **s.-room**, magazzino, deposito (*specialm. di un negozio*) □ (*USA*) **s. saddle**, sella da cow-boy

□ (*comm.*) **s. sizes (of shoes, etc.)**, misure normali, correnti (di scarpe, ecc.) □ **a s. speech**, un discorso bell'e pronto; un discorso di circostanza □ **s.-still**, fermo; immobile; impalato □ (*comm.*) **s.-taking**, (*comm.*) (operazioni di) inventario; (*fig.*) attenta valutazione, (il fare il) punto (*di una situazione, ecc.*) □ (*Borsa, fin.*) **s. ticker**, teleborsa (*telescrivente*) □ **s. whip**, frusta dal manico corto □ (*agric.*) **dead s.**, scorte morte □ **gazing s.**, centro dell'attenzione; oggetto di curiosità □ **laughing s.**, zimbello □ (*fig.*) **to be on the stocks**, essere in allestimento; essere in preparazione □ **to be on the S. Exchange**, essere membro dell'associazione della Borsa Valori di Londra □ (*comm.*) **out of s.**, esaurito: **This article is out of s.**, questo articolo è esaurito □ **to take s.**, fare l'inventario □ **to take s. in**, (*fin.*) acquistare azioni di (*una società*); (*fig.*) aver fiducia in, interessarsi di □ (*fig.*) **to take s. of a person**, studiare il carattere di una persona □ (*fig.*) **to take s. of the situation**, ponderare (*o* valutare) attentamente la situazione; fare il punto della situazione.
to stock [stɔk], **A** *v*. *t*. **1** approvvigionare; fornire; rifornire; provvedere: **We must s. our shops in time with the latest fashions**, dobbiamo rifornire per tempo i nostri negozi degli ultimi modelli; **a well-stocked larder**, una dispensa ben fornita **2** (*comm.*) esser provvisto di, tenere, avere (*certa merce, ecc.*): **We do not s. the outsizes**, non teniamo le misure (*di scarpe, ecc.*) fuori del comune **3** (*fin.*) emettere azioni di (*una società*) **4** munire (*un cannone*) d'affusto; collocare (*il vomero*) sul ceppo; provvedere (*q.c. in genere*) di base (*o* di sostegno, di supporto) **5** provvedere (*una fattoria*) di bestiame **6** (*agric.*) seminare (*il terreno*) a erba (*o* a foraggio) **7** (*stor.*) mettere in ceppi (*o* alla gogna). **B** *v*. *i*. (*di pianta*) germogliare. ● **to s. up**, (*comm.*) fare provvista di, immagazzinare (*merce*); (*agric.*) ammassare, insilare (*il raccolto*) □ **to s. up on** (*o* **with**), fare provvista di (*viveri, birra, ecc.*).
stockade [stɔˈkeid], *n*. staccionata; palizzata; steccato; stecconata.
to stockade [stɔˈkeid], *v*. *t*. difendere (fortificare) con una palizzata; recingere con uno steccato; stecconare.
stockbroker ['stɔkˌbroukə*], e *deriv*. V. **stock-broker**, sotto **stock**.
stockfish ['stɔkfiʃ], *n*. (*pl*. **stockfish, stockfishes**) stoccafisso; baccalà.
stockholder ['stɔkˌhouldə*], *n*. **1** (*fin.*) azionista **2** (*australiano*) allevatore di bestiame. ● (*fin.*) **stockholders' committee**, comitato esecutivo.
Stockholm ['stɔkhoum], *n*. (*geogr.*) Stoccolma.
stockiness ['stɔkinis], *n*. robustezza; l'essere tarchiato (*o* tozzo).
stockinet(te) ['stɔkinet], *n*. (*ind. tessile*) tessuto elastico a maglia.
stocking ['stɔkiŋ], *n*. **1** calza (*lunga*): **a pair of stockings**, un paio di calze; **nylon stockings**, calze di nailon **2** (*del cavallo*) balzana. ● **s. cap**, berretto di lana a cono con pompon □ **s. filler**, regalo da mettere nella calzetta di Papà Natale (*cfr. la Befana ital.*) □ **s. foot**, piede della calza □ **s.-frame**, telaio per maglieria □ **s. mask**, maschera formata da una calza di nailon □ (*USA*) **s. stuffer**, V. **s. filler** □ (*fig., spreg.*) **blue s.**, donna intellettuale, intellettualoide □ (*med.*) **elastic s.**, calza elastica □ **He is** (*o* **stands**) **six feet in his stocking feet**, è alto sei «piedi» (*m 1,82 circa*) senza scarpe (*o* scalzo).
stockinged ['stɔkiŋd], *a*. che porta le calze. ● **in one's s. feet**, senza scarpe; scalzo.
stockingless ['stɔkiŋlis], *a*. senza calze; a piedi nudi.
stockish ['stɔkiʃ], *a*. ottuso; stupido; stolto.
stockist ['stɔkist], *n*. (*comm.*) grossista; depositario; fornitore.
stockless ['stɔklis], *a*. (*mil.*: di cannone) senz'affusto.
stockman ['stɔkmən], *n*. (*pl*. **stockmen**) **1** allevatore di bestiame **2** mandriano **3** (*comm. USA*) magazziniere.
stockpile ['stɔkpail], *n*. riserva, scorta (*di merci, di materie prime, ecc.*).
to stockpile ['stɔkpail], *v*. *t*. accumulare riserve di (*merci, materie prime, ecc.*).
stockpiling ['stɔkˌpailiŋ], *n*. l'accumulare riserve; accaparramento.
stocky ['stɔki], *a*. tarchiato; tozzo; robusto.
stockyard ['stɔkja:d], *n*. recinto per il bestiame.
stodge [stɔdʒ], *n*. (*fam.*) **1** cibo pesante e poco appetitoso **2** persona ottusa.
to stodge [stɔdʒ], *v*. *i*. (*fam.*) mangiare avidamente; rimpinzarsi.
stodginess ['stɔdʒinis], *n*. pesantezza (V. **stodgy**).
stodgy ['stɔdʒi], *a*. **1** pesante; grossolano; indigesto: **s. food**, cibo pesante, grossolano **2** noioso; tedioso; indigesto: **a s. book**, un libro noioso; **a s. style**, uno stile tedioso **3** convenzionale; senza spirito; ottuso.
stogie, stogy ['stougi], *n*. (*USA*) **1** sigaro ordinario (*lungo e sottile*) **2** scarpone.
stoic ['stouik], *n*. e *a*. (*filos.*) stoico (*anche fig.*): **s. philosophy**, fi-

stoical

losofia stoica; **That man is a s.**, quell'uomo è uno stoico.
stoical ['stouikəl], *a. (filos.)* stoico *(anche fig.)*.
stoicheiometry [ˌstɔikai'ɔmitri], *n. (chim.)* stechiometria.
stoicism ['stouisizəm], *n. (filos.)* stoicismo *(anche fig.)*.
to stoke [stouk], **A** *v. t.* **1** alimentare, attizzare *(il fuoco)*; tenere acceso, caricare *(un forno)* **2** attendere a, alimentare, caricare *(una caldaia, ecc.)*. **B** *v. i.* **1** fare il fuochista **2 (to s. up)** caricare la caldaia; mettere su la legna *(in una stufa, ecc.)* **3** *(fam., di solito* **to s. up)** ingozzarsi; rimpinzarsi.
stokehold ['stoukhould], *n. (naut.)* locale *(o* sala*)* delle caldaie.
stokehole ['stoukhoul], *n.* **1** *(anche naut.)* bocca del forno *(naut.)* locale *(o* sala*)* delle caldaie.
stoker ['stoukə*], *n.* **1** fuochista *(di locomotiva, nave, ecc.)* **2** *(anche* **mechanical s.**) griglia di focolaio; alimentatore automatico *(di combustibile, per caldaia)*.
STOL [stoul], *n. (acronimo di* **short take-off and landing**) *(aeron.)* decollo e atterraggio corto. • **S. aircraft**, aeromobile a decollo e atterraggio corto.
stole (1) [stoul], *n. (stor., relig., ecc.)* stola.
stole (2) [stoul], *pass.* di **to steal**.
stolen ['stoulən], *p. p.* di **to steal**.
stolid ['stɔlid], *a.* **1** flemmatico; impassibile; imperturbabile **2** stolido; stolto.
stolidity [stɔ'liditi], *n.* **1** flemma; impassibilità; imperturbabilità **2** stolidità; stoltezza.
stolon ['stoulən], *n. (bot.)* stolone.
stoma ['stoumə], *n. (pl.* **stomata, stomas**) *(scient.)* stoma.
stomach ['stʌmək], *n.* **1** *(anat.)* stomaco **2** *(fam., in senso lato)* pancia; ventre; addome: **What a s. he's got!**, che pancia ha messo! **3** *(fig.)* appetito; fame: **to stay one's s.**, calmare la fame **4** *(fig.)* animo; cuore; fegato; desiderio; voglia: **A coward has no s. for meeting a challenge**, un vile non ha il fegato di accettare una sfida. • **s.-ache**, mal di stomaco; mal di pancia □ *(med.)* **s. pump**, pompa gastrica; apparecchio per lavanda gastrica □ **s. tooth**, canino di latte *(inferiore; che, quando spunta, provoca disturbi intestinali)* □ *(med.)* **s. tube**, sonda gastrica □ **on an empty s.**, a stomaco vuoto; a digiuno □ **pit of the s.**, bocca dello stomaco □ **proud s.** *(o* **high s.**), alterigia; boria □ **to turn sb.'s s.**, rivoltare lo stomaco a q.; stomacare q.
to stomach ['stʌmək], *v. t.* **1** riuscire a mangiare; ritenere, tollerare *(un cibo)*: **I cannot s. this food**, non riesco a mangiare questo cibo; questo cibo non mi va giù **2** *(fig.)* digerire; tollerare; sopportare; ingoiare: **I cannot s. it**, questa non riesco a digerirla; non mi va giù; **I cannot s. cruelty to animals**, non tollero che gli animali siano fatti soffrire.
stomachal ['stʌməkəl], *a. (scient.)* stomacale; gastrico.
stomacher ['stʌmakə*], *n. (stor.)* pettorina; pettino.
stomachful ['stʌməkful], *n.* **1** quanto sta nello stomaco **2** *(fam.)* (il) pieno *(fig.)*: **I've had my s. of your cheek!**, ho fatto il pieno della tua insolenza!
stomachic [stə'mækik], *a.* **1** *(anat.)* stomacale; gastrico **2** *(farm.)* stomachico; digestivo.
stomatic [stou'mætik], *a. (bot.)* stomatico.
stomatitis [ˌstoumə'taitis], *n. (pl.* **stomatitides, stomatitises**) *(med.)* stomatite.
stomatologic(al) [ˌstoumətə'lɔdʒik(əl)], *a. (med.)* stomatologico.
stomatology [ˌstoumə'tɔlədʒi], *n. (med.)* stomatologia.
to stomp [stɔmp], **A** *v. i. (anche* **to s. about**) camminare *(o* ballare*)* a passi pesanti. **B** *v. t.* calpestare.
stomp [stɔmp], *n. (mus.)* danza fortemente ritmata.
stone [stoun], **A** *n.* **1** pietra; sasso; ciottolo: **as hard as a s.**, duro come la pietra; **He has a heart of s.**, ha il cuore di pietra; **worked s.**, pietra lavorata; **within a s.'s cast** *(o* **at a s.'s throw)**, a un tiro di sasso; a breve distanza **2** *(anche* **precious s.**) pietra preziosa; gemma **3** *(di frutta)* nocciolo; osso *(fam.)*: **to remove the stones from plums**, cavare il nocciolo alle prugne; **a cherry s.**, l'osso di una ciliegia **4** *(d'uva)* seme; vinacciolo **5** *(med.)* calcolo; calculi *(fic.)*: **He was operated on for s.**, fu operato di calcoli; **a gall-s.**, un calcolo biliare **6** *(anche* **hailstone**) chicco *(di grandine)* **7** *(anche* **gravestone**) pietra tombale **8** *(anche* **milestone**) pietra miliare **9** *(tipogr.)* pietra litografica **10** *(invar. al pl.)* «stone» *(misura di peso ingl., pari a 14 libbre o a Kg 6,350 circa)*: **He weighs 10 s.**, pesa 63 chilogrammi. **B** *a.* **1** di pietra; pietroso: **a s. surface**, una superficie di pietra **2** *(di frutta)* col nocciolo. • **the S. Age**, l'età della pietra □ **s.-axe**, mazza da spaccapietre □ **s.-blind**, cieco come una talpa □ *(zool.)* **s.-borer** *(Lithophaga lithophaga)*, litofaga □ *(bot.)* **s.-break** *(Saxifraga)*, sassifraga □ **s.-breaker**, spaccapietre; *(mecc.)* frantoio di pietre *(macchina)* □ *(fam. USA)* **s.-broke**, rovinato; spiantato □ *(zool.)* **s.-buck**, *V.* **steenbok** □ *(miner.)* **s.-butter**, varietà d'allume □ *(zool.)* **s.-chat** *(Saxicola torquata)*, saltimpalo □ *(miner.)* **s.-coal**, antracite □ **s.-cold**, freddo come il marmo □ *(zool.)* **s.-curlew** *(Burhinus oedicnemus)*, occhione □ **s.-cutter**, scalpellino; tagliapietre □ **s.-cutting**, lavorazione della pietra □ **s.-dead**, morto stecchito □ **s.-deaf**, sordo come una campana □ *(zool.)* **s.-eater**, *V.* **s.-borer** □ *(USA)* **s. fence**, miscela di whisky e cedrata □ **a s. jar**, una brocca di porcellana dura □ *(edil.)* **s.-mason**, muratore scalpellino; tagliapietre □ **s. merchant**, commerciante in pietre e massi *(per giardini, ecc.)* □ *(costr.)* **s. pavement**, lastrico; lastricato □ *(bot.)* **s.-pine**, *(Pinus pinea)* pino domestico *(o* da pinoli*)*; *(Pinus cembra)* *(pino)* cembro □ **s. pit** *(o* **s. quarry**), cava di pietre □ **s.-pitch**, pece dura □ *(zool.)* **s.-plover**, *V.* **s.-curlew** □ *(geol.)* **s. ring**, anello di pietre □ **s.-saw**, sega da pietre □ **s. wall**, *(edil.)* muro di pietra; *(fig.)* ostacolo insuperabile □ **s.(-)waller**, *(sport)* battitore di cricket che fa un gioco di difesa; *(polit.)* ostruzionista □ **s.(-)walling**, *(cricket)* gioco di difesa; *(polit.)* ostruzionismo □ *(costr.)* **broken s.**, pietrisco □ *(edil.)* **building s.**, pietra da costruzione □ *(fig.)* **to cast the first s.**, scagliare la prima pietra □ *(costr.)* **crushed s.**, breccia □ *(archit.)* **dressed** *(o* **hewed) s.**, pietra lavorata; concio □ *(anche fig.)* **to harden into s.**, pietrificare; pietrificarsi □ *(fig.)* **to leave no s. unturned**, non lasciar nulla d'intentato □ **philosopher's s.**, pietra filosofale □ *(fig.)* **to throw stones at sb.**, attaccare *(o* criticare*)* aspramente q. □ *(fig.)* **Stones will cry out**, si rivolteranno persino le pietre □ *(prov.)* **You can't get blood out of a s.**, non si può cavar sangue da una rapa □ *(prov.)* **Those who live in glass houses should not throw stones**, chi ha tegole di vetro non tiri sassi al vicino.
to stone [stoun], *v. t.* **1** prendere a sassate; scagliare pietre contro (q.) **2** lastricare; pavimentare; rivestire di pietre: **to s. a road**, lastricare una strada; **to s. a well**, rivestire di pietre un pozzo **3** togliere il nocciolo a; snocciolare: **to s. cherries**, togliere il nocciolo alle ciliege **4** affilare *(con una mola)*; molare; levigare. • **to s. sb. to death**, lapidare q.
stoneboat ['stounbout], *n. (ind. min.)* lizza.
stonecrop ['stoun-krɔp], *n. (bot., Sedum acre)* borraccina.
stoned [stound], *a.* **1** senza nocciolo; snocciolato **2** *(fam.)* sbronzo, sborniato **3** *(fam.)* sotto l'influsso della droga *(leggera: marijuana e sim.)*.
stoneless ['stounlis], *a.* **1** senza pietre **2** *(di frutto)* senza nocciolo **3** *(d'uva)* senza semi; senza vinaccioli.
stoner ['stounə], *n.* **1** scalpellino; tagliapietre **2** snocciolatoio *(arnese)* **3** *(ind. alimentare)* spietratore *(per chicchi di caffè, ecc.)*.
to stone(-)wall ['stoun-wɔ:l], *v. i.* **1** *(cricket)* fare un gioco di difesa **2** *(polit.)* fare dell'ostruzionismo.
stoneware ['stoun-wɛə*], *n. (ind.)* porcellane dure; articoli di gres.
stonework ['stoun-wə:k], *n.* **1** lavorazione della pietra **2** arte lapidaria **3** *(edil.)* muratura di pietra: **The first storey is in s.**, il primo piano è in muratura di pietra.
stonewort ['stoun-wə:t], *n. (bot.)* caroficea.
stoniness ['stouninis], *n.* **1** l'essere pietroso *(o* sassoso*)* **2** *(fig.)* durezza; insensibilità; crudeltà; spietatezza.
stony ['stouni], *a.* **1** pietroso; sassoso: **s. ground**, terreno sassoso **2** *(fig.)* di pietra; duro; impietrito; insensibile; gelido; crudele; spietato: **a s. heart**, un cuore di pietra; **a s. glance**, uno sguardo impietrito; un'occhiata gelida **3** *(pop., spesso* **s. broke**) rovinato; spiantato; in bolletta *(pop.)*. • **a s. face**, un volto inespressivo □ **s.-hearted**, dal cuore di pietra; crudele; insensibile; spietato.
stood [stud], *pass.* e *p. p.* di **to stand**.
stooge [stu:dʒ], *n.* **1** *(teatr.)* attore che fa da spalla; spalla **2** *(fam.)* tirapiedi; scagnozzo **3** *(fam.)* fantoccio; burattino; zimbello **4** *(aeron.)* allievo pilota.
to stooge [stu:dʒ], *v. i.* **1** *(teatr.)* fare da *(o* la*)* spalla **2** *(fam.)* fare lo scagnozzo *(o* il tirapiedi*)* **3** *(pop.)* girellare; gironzolare **4** *(pop., aeron.)* volare in tondo *(in attesa del nemico, ecc.)*.
stool [stu:l], *n.* **1** sgabello; scanno; seggiolino: **folding s.**, seggiolino pieghevole; **a three-legged s.**, uno sgabello a tre piedi **2** *(anche* **foot-s.**) poggiapiedi; sgabello per i piedi **3** *(relig.)* inginocchiatoio **4** *(archit.)* davanzale *(di finestra)* **5** *(fisiologia)* feci **6** *(caccia)* palo per il richiamo **7** *(bot.)* ceppo *(o* radice*)* che mette gemme. • **s.-pigeon**, piccione da richiamo; *(fam.)* spia, informatore, esca *(della polizia)* □ *(fig.)* **to fall between two stools**, fare la fine dell'asino di Buridano; avere due occasioni e perderle entrambe per non saper quale scegliere.
to stool [stu:l], *v. i.* **1** *(di ceppo, radice)* germogliare; mettere gemme **2** *(fisiologia)* evacuare; defecare; andar di corpo **3** *(fam.)* fare da esca; fare la spia, il confidente *(della polizia)*.
stoolie ['stu:li], *n. (pop. USA)* confidente *(o* spia*)* della polizia; informatore.
stoop (1) [stu:p], *n.* **1** curvatura; inclinazione *(del capo, del corpo)* **2** condiscendenza; umiliazione **3** il piombar giù; picchiata *(del falco, ecc.)*. • **to walk with a s.**, camminar curvo.
to stoop [stu:p], **A** *v. i.* **1** chinarsi; curvarsi; piegarsi **2** abbassarsi *(anche fig.)*; umiliarsi; acconsidere; adattarsi *(a q.c. di vile; di disonesto)*; darsi (a): **The old man stooped to begging**, il vecchio si abbassò a chiedere l'elemosina **3** andare a capo chino

stoop (2) [stu:p], *n.* (*USA*) **1** piccola veranda; portico **2** scaletta esterna (*di accesso alla porta di una casa*).

stoop (3) [stu:p], *V.* stoup.

stooping ['stu:piŋ], *a.* curvo; incurvato: **s. shoulders**, spalle incurvate.

to stop [stɔp], **A** *v. t.* **1** arrestare; fermare; far fermare: **to s. a thief**, arrestare un ladro; **to s. traffic (production, etc.)**, fermare il traffico (la produzione, ecc.); **The violent crash stopped the watch of the victim**, la violenza dello scontro fece fermare l'orologio della vittima; (*naut.*) **S. the engines!**, ferma le macchine!; (*comm.*) **to s. (the payment of) a cheque**, fermare (il pagamento di) un assegno **2** cessare; smettere; interrompere; sospendere; far cessare; metter fine a: **S. talking!**, smetti di parlare!; **The bank stopped payment**, la banca cessò i pagamenti (*o* chiuse gli sportelli); **to s. sb.'s salary**, sospendere q. dallo stipendio; trattenere lo stipendio a q.; **S. that noise!**, fa' cessare quel rumore! **3** impedire a; ostacolare; trattenere; bloccare: **Nothing shall s. me from doing it**, niente m'impedirà di farlo; nulla potrà trattenermi; **to s.** (*o* **to s. payment of**) **a check**, bloccare un assegno **4** chiudere; ostruire; otturare; sbarrare; turare; tappare: **to s. a leak in a roof**, chiudere una falla in un tetto; **to s. a passage (a road)**, ostruire un passaggio (sbarrare una strada); (*med.*) **to s. a decayed tooth**, otturare un dente guasto; **to s. a bottle**, tappare una bottiglia **5** (*med.*) stagnare (*una ferita*). **6** (*sport, mil.*) fermare (*un colpo*); arrestare (*una stoccata*) **7** (*mus.*) premere il tasto (*o* toccare la corda) di (*uno strumento*) **8** (*gramm.*) punteggiare; mettere la punteggiatura in (*una frase, ecc.*) **9** intercettare (*una lettera, un messaggio*) **10** (*gioco del calcio*) stoppare **11** (*naut.*) abbozzare (*un cavo*). **B** *v. i.* **1** arrestarsi; fermarsi: **The bus stopped**, l'autobus s'arrestò; **My watch has stopped**, mi s'è fermato l'orologio; **We stopped to admire the landscape**, ci fermammo per ammirare il paesaggio **2** cessare; smettere; finire; interrompersi: **He stopped to welcome me**, s'interruppe per salutarmi (*o* per darmi il benvenuto) **3** (*fam.*) restare; rimanere; stare; fermarsi; trattenersi: **I shall s. in bed**, me ne starò a letto; **I preferred to s. at home**, preferii rimanere a casa; **We'll s. at the next restaurant**, ci fermeremo al prossimo ristorante; **They didn't s. long**, non si trattennero molto **4** chiudersi; otturarsi; intasarsi: **The water-pipe has stopped**, la conduttura dell'acqua s'è intasata. **C** *verbi composti* (*specialm. USA*) **to s. by**, *V.* **to s. round**. **2** (*fotogr.*) **to s. down a lens**, ridurre l'apertura di un obiettivo. **3** **to s. off** (*o* **to s. over**), interrompere un viaggio; far tappa; fermarsi; fare una sosta. **4** (*USA*) **to s. round**, fermarsi (da q.); fare una visitina. **5** **to s. up**, chiudere; turare; tappare; otturare: **to s. up a hole**, tappare un buco □ **to s. up** (*late*), restare alzato (fino a tardi). □ (*scherz.*) **to s. a blow with one's head**, ricevere una botta in testa □ **to s. a bullet**, essere colpito da una pallottola □ **to s. one's ears**, turarsi le orecchie; (*fig.*) fare orecchie da mercante □ **to s. a gap**, turare una falla; (*fig.*) colmare una lacuna □ **to s. sb.'s holidays**, sospendere le ferie a q. □ (*naut.*) **to s. a leak**, turare una falla □ **to s. sb.'s mouth**, chiuder la bocca a q.; (*fig.*) comprare il silenzio di q.; corrompere q. perché taccia □ **to s. short** (*o* **to s. dead**), arrestarsi (*o* fermarsi) improvvisamente □ **to s. the way**, ostruire il passaggio; (*fig.*) sbarrare la strada, impedire il progresso □ **to s. work**, smettere di lavorare; smontare, staccare (*fam.*) □ **a badly stopped letter**, una lettera con errori di punteggiatura □ **Why has our gas (light, water) been stopped?**, perché ci han tolto (*o* tagliato) il gas (la luce, l'acqua)? □ (*inter.*) **S., thief!**, al ladro! □ **Even if the door is marked «private», don't let that s. you**, anche se sulla porta c'è scritto «privato», entra lo stesso!

stop [stɔp], *A n.* **1** arresto; fermata, interruzione; pausa; sosta; (*mecc.*) fermo, ritegno: **There are only two stops between London and Brighton**, ci sono solo due fermate fra Londra e Brighton; **the nearest request s.**, la fermata a richiesta più vicina; (*mecc.*) **s. valve**, valvola d'arresto; **to come to a s.**, fare una fermata (*o* un'interruzione); arrestarsi **2** (*gramm.*) segno di punteggiatura (*specialm.*) punto: **a full s.**, un punto; un punto fermo **3** (*mus.*) registro (*d'organo*); tasto di registro **4** (*fig.*) tono: **He can pull out the pathetic s. at will**, sa assumere il tono patetico a piacer suo (*ottica, fotogr.*) apertura; diaframma **6** (*di finestra*) fermacretti **7** (*edil.*) fermaporta **8** (*fon.*) consonante occlusiva; suono occlusivo («p, b, k, g, d, t») **9** (*sport*) stop; stoppata **10** (*nei telegrammi, nella segnaletica*) stop. **B** *inter.* – **S.!**, stop!; alt!; alto là! ● (*fotogr.*) **s.-bath**, bagno d'arresto □ (*edil.*) **s. bead**, battuta d'arresto (*di telaio di finestra*) □ (*mecc.*) **s.-collar**, collare di fermo □ (*mecc.*) **s.-drill**, trapano ad arresto □ (*autom.*) **s.-go lights**, semaforo □ (*econ.*) **s.-go policy**, politica alterna, di freni e stimoli □ (*mus.*) **s.-key** (*o* **s.-knob**), tasto di registro; tasto □ **s.-light**, luce rossa (*d'arresto*) (*autom.*) fanalino rosso; segnale d'arresto □ (*mecc.*) **s. nut**, dado di bloccaggio; dado autobloccante □ **s. on request**, fermata facoltativa (*o* a richiesta) □ **s.-press (news)**, recentissime; notizie dell'ultima ora □ (*nella segnaletica*) **s. sign**, segnale di stop □ **s. street**, strada con il segnale di stop □ (*sport*) **s.-watch**, cronometro (a scatto); contasecondi □ **to be at a s.**, essere fermo; non poter andare avanti □ **to bring to a s.**, arrestare; fermare □ (*fig.*) **to come to a full s.**, far punto e basta; arrestarsi; non saper proseguire □ (*fig.*) **to pull out all the stops**, fare l'impossibile (*per fare q.c.*) □ **to put a s. to st.**, metter fine (*o* por fine) a q.c.

stopcock ['stɔpkɔk], *n.* (*mecc.*) rubinetto d'arresto (*o* di regolazione).

to stope [stoup], *v. t. e i.* (*ind. min.*) coltivare (*un giacimento, un minerale*) in sotterraneo.

stope [stoup], *n.* (*ind. min.*) cantiere di coltivazione in sotterraneo. ● (*ind. min.*) **s. pillar**, pilastro abbandonato.

stopgap ['stɔpgæp], *n.* **1** ripiego; soluzione provvisoria **2** sostituto temporaneo; tappabuchi.

stoping ['stoupiŋ], *n.* (*ind. min.*) coltivazione in sotterraneo. ● **s. drill**, martello perforatore.

stopover ['stɔp,ouvə*], *n.* sosta; fermata. ● (*ferr.*) **s. ticket**, biglietto che consente fermate intermedie.

stoppage ['stɔpidʒ], *n.* **1** arresto; fermata; interruzione; sospensione; sosta **2** impedimento; ostacolo; ostruzione; intasatura **3** (*fin.*) trattenuta, ritenuta (*sulla paga*) **4** (*econ.*) sciopero; interruzione del lavoro **5** (*leg.*) fermo: **s. in transit**, fermo durante il viaggio. ● (*mil.*) **s. of leave**, consegna □ (*fin.*) **s. at source**, esazione alla fonte □ **s. of pay**, sospensione dallo stipendio.

stopper ['stɔpə*], *n.* **1** chi arresta, ferma, ostruisce, ecc. (*V.* **to stop**) **2** tappo; turacciolo; zaffo; zipolo: **Put the s. on the bottle**, metti il tappo alla bottiglia! **3** stucco (*per carrozzerie d'automobili, ecc.*) **4** (*naut.*) bozza **5** (*nel calcio*) mediano; stopper. ● (*fig.*) **to put the s. on st.**, mettere fine (*o* por fine) a q.c.

to stopper ['stɔpə*], *v. t.* **1** tappare; tamponare; turare: **to s. a bottle**, tappare una bottiglia **2** (*ind.*) stuccare; dare lo stucco a (*un'automobile, ecc.*).

stopping ['stɔpiŋ], *n.* **1** arresto; fermata; sosta **2** chiusura; ostruzione; intasamento **3** (*med.*) otturazione (*di denti*) **4** (*med.*) amalgama; cemento (*per denti*) **5** (*gramm.*) punteggiatura **6** (*comm., banca*) sospensione (*dei pagamenti*). ● (*autom.*) **No s.**, divieto di fermata (*cartello*).

stopple ['stɔpl], *n.* tappo; turacciolo; zaffo; zipolo.

to stopple ['stɔpl], *v. t.* tappare; tamponare; turare.

storable ['stɔ:rəbl], *a.* conservabile; che si può immagazzinare.

storage ['stɔ:ridʒ], *n.* **1** (*comm.*) immagazzinamento; magazzinaggio **2** ammasso; deposito **3** capienza di un magazzino **4** prezzo del magazzinaggio **5** (*elettr.*) carica (*di una batteria*); riserva, accumulazione (*di energia*) **6** (*elab.*) memorizzazione **7** (*elab. USA*) memoria (*cfr. ingl.* **store**). ● (*elettr.*) **s. battery**, batteria di accumulatori □ (*agric.*) **s. bin**, silo □ **s. tank**, serbatoio (*per gasolio, nafta, ecc.*) □ (*ferr. USA*) **s. track**, binario di deposito □ **s. vault**, deposito sotterraneo □ **in cold s.**, nelle celle frigorifere □ **to put goods in s.**, mettere merci in magazzino.

storax ['stɔ:ræks], *n.* (*bot., Styrax officinalis*) storace. ● **liquid s.**, storace; essenza di benzoino.

store [stɔ:*], *n.* **1** provvista; riserva; scorta: **Squirrels lay in stores of seeds and nuts for winter use**, gli scoiattoli fanno provviste di noci e semi per l'inverno; **a s. of food**, una riserva di cibo; **a good s. of wine**, una buona scorta di vino; (*fig.*) **a good s. of anecdotes**, una riserva inesauribile di aneddoti **2** (*anche* **storehouse**) deposito; magazzino **3** (*specialm. USA*) bottega; negozio (*cfr. ingl.* **shop**): **the village s.**, il negozio del villaggio **4** (*di solito* **chain s.**) grandi magazzini; grande negozio: **a furniture s.**, un grande negozio di mobili **5** (*pl.*) depositi di magazzino; rifornimenti; scorte di materie prime; (*naut.*) dotazioni (*o* provviste, scorte) di bordo: **military stores**, rifornimenti militari **6** (*pl.*) grandi magazzini: **I get most things at the stores**, compro quasi tutto ai grandi magazzini **7** (*elab. ingl.*) memoria (*cfr. USA* **storage**). ● (*comm.*) **s. card**, buono (d') acquisto □ **s. clothes**, abiti confezionati; vestiti bell'e fatti □ (*fig.*) **a s. of wisdom**, un pozzo di sapienza □ **s.-room**, dispensa; ripostiglio; (*naut.*) cambusa □ **in s.**, da parte, in serbo: **There is a surprise in s. for you**, c'è una sorpresa (in serbo) per te! □ **to set (great) s. by**, dar peso a; fare gran conto di; attribuire (grande) importanza a □ **to set no great s. by**, tenere in scarsa considerazione; attribuire poca importanza a □ **a small general store**, un negozio che vende di tutto (*in un paesino, ecc.*).

to store [stɔ:*], *v. t.* **1** mettere in magazzino; immagazzinare; depositare; riporre: **to s. furniture**, mettere mobili in un magazzino; **The harvest has been stored (up)**, il raccolto è stato immagaz-

storehouse

zinato (messo al coperto) **2** mettere via; accumulare; ammassare; far provvista di; metter da parte; conservare: **to s. one's summer clothes**, mettere via gli abiti estivi; **Farmers s. (up) fodder for the winter**, i contadini ammassano il foraggio per l'inverno **3** fornire; provvedere; riempire; (*fig.*) imbottire: **to s. one's mind with useful knowledge**, riempirsi la mente di cognizioni utili; **to s. one's memory with facts and dates**, imbottirsi la memoria di fatti e date **4** (*elab.*) memorizzare; archiviare (*dati, ecc.*). ● (*fig.*) **to s. up a saying in one's heart**, far tesoro d'una massima.
storehouse ['stɔːhaus], *n.* **1** magazzino; deposito **2** (*fig.*) miniera; pozzo: **An encyclopaedia is a s. of information**, un'enciclopedia è una miniera d'informazioni.
storekeeper ['stɔːˌkiːpə*], *n.* **1** (*specialm. mil.*) magazziniere **2** (*specialm. USA*) bottegaio; negoziante; esercente.
storeman ['stɔːmən], *n.* (*pl.* **storemen**) magazziniere.
storey ['stɔːri], *n.* (*edil.*) piano (*di casa vista in sezione*): **a house of four storeys**, una casa di quattro piani; **He fell from a third-s. window**, cadde da una finestra del terzo piano. ● (*edil.*) **s. post**, pilastro; colonna di sostegno □ (*scherz.*) **the upper s.** (*o* **the top s.**), il cervello □ (*scherz.*) **He is a little weak in the upper s.**, è un po' tocco; gli manca un venerdì.
storeyed ['stɔːrid], *a.* (*nei composti, per es.:*) **a forty-s. skyscraper**, un grattacielo di quaranta piani.
storiated ['stɔːrieitid], *a.* **1** istoriato **2** *V.* **storied** (2), *def. 1 e 2*.
storied (1) ['stɔːrid], (*USA*) *V.* **storeyed**.
storied (2) ['stɔːrid], *a.* **1** celebrato nella storia; storico **2** celebrato nella leggenda; leggendario; mitico **3** *V.* **storiated**, *def. 1*.
storing ['stɔːriŋ], *n.* **1** (*comm.*) magazzinaggio; ammasso **2** (*elab.*) memorizzazione; archiviazione. ● **s. charges** (*o* **s. expenses**), spese di magazzinaggio.
stork [stɔːk], *n.* (*pl.* **storks, stork**) (*zool., Ciconia*) cicogna. ● (*bot.*) **s.'s-bill**, (*Erodium cicutarium*) erba cicutaria; (*Pelargonium*) geranio □ (*nelle favole*) **King S.**, il Re Cicogna; (*fig.*) un re dispotico (*cfr.* **King Log**, *sotto* **king**).
storm [stɔːm], *n.* **1** perturbazione (atmosferica); tempesta; bufera; temporale; (*naut.*) burrasca: **a snow-s.**, una tempesta di neve; **a sand-s.**, una tempesta di sabbia; **a rain-s.**, un temporale; **a s. at sea**, una burrasca; un fortunale **2** (*fig.*) pioggia; scroscio; scoppio; esplosione; uragano: **a s. of bullets**, una pioggia di proiettili; **a s. of cheers**, uno scroscio d'applausi; **a s. of rage**, uno scoppio d'ira; **a s. of criticism**, un'esplosione di critiche; **a s. of protest**, un uragano di proteste **3** (*mil.*) assalto; attacco (improvviso e violento). ● **s.-beaten**, (*di litorale*) flagellato dalla bufera; (*di bastimento*) sbattuto dalla tempesta □ **s.-belt**, zona dei cicloni □ (*zool.*) **s.-bird** (*Hydrobates pelagious*), uccello delle tempeste, procellaria □ **s.-bound**, bloccato dalla tempesta □ (*USA*) **s. cellar**, rifugio contro i cicloni □ **s. centre**, centro della perturbazione; (*fig.*) focolaio dei disordini □ **s.-cloud**, nuvola temporalesca; nube tempestosa; nembo □ (*zool.*) **s.-cock**, (*Turdus viscivorus*) tordela; (*Turdus pilaris*) cesena □ **s.-cone** (*o* **s.-signal**), segnale di burrasca (*o* di tempesta) □ **s.-door**, controporta; porta doppia □ (*fig.*) **a s. in a teacup**, una tempesta in un bicchier d'acqua □ (*zool.*) **s. petrel**, *V.* **s.-bird** □ **s.-proof**, a prova di tempesta □ (*naut.*) **s.-sail**, vela di fortuna □ (*ing. civile*) **s. sewage**, acque bianche; acqua piovana □ **s. surge**, aumento del livello del mare da tempesta; mareggiata □ **s.-tossed**, sballottato dalla burrasca □ (*mil.*) **s. trooper**, soldato dei reparti d'assalto; (*stor.*) soldato delle «Sturmabteilungen» (*nella Germania nazista*) □ (*mil.*) **s. troops**, truppe d'assalto (*anche naut.*). **s. warning**, avviso di tempesta (*o* di burrasca) □ **s. wind**, vento di tempesta □ (*edil.*) **s. window**, controfinestra esterna □ **to take by s.**, (*mil.*) prendere d'assalto; (*fig.*) conquistare di colpo □ **thunder-s.**, temporale con lampi e tuoni □ **wind s.**, tempesta di vento.
to storm [stɔːm], **A** *v. t.* **1** (*mil.*) prendere d'assalto **2** (*fig.*) tempestare: **They stormed him with questions**, lo tempestarono di domande. **B** *v. i.* **1** (*del vento, della pioggia, ecc.*; *anche fig.*) scatenarsi; infuriare; imperversare **2** ire in escandescenze; inferire **3** (*fig.*) lanciarsi; precipitarsi: **He stormed into the office**, si precipitò in ufficio. ● **to s. at sb.**, fare una scenata a q. □ (*mil.*) **storming party**, reparto d'assalto.
stormer ['stɔːmə*], *n.* (*mil.*) soldato di un reparto d'assalto.
storminess ['stɔːminis], *n.* **1** tempestosità; burrascosità **2** (*fig.*) foga; furia; violenza.
stormless ['stɔːmlis], *a.* calmo; placido; senza tempeste.
stormy ['stɔːmi], *a.* **1** tempestoso, burrascoso (*anche fig.*); temporalesco: **s. seas**, mari tempestosi; **a s. night**, una notte tempestosa; **a s. debate**, una discussione burrascosa **2** (*fig.*) appassionato; focoso; furioso; violento: **a s. temper**, un temperamento focoso; **s. passions**, passioni violente. ● **a s. life**, una vita fortunosa □ **s. petrel**, (*zool., Hydrobates pelagious*), uccello delle tempeste, procellaria □ **a s. sunset**, un tramonto che minaccia tempesta.
story (1) ['stɔːri], *n.* **1** storia; storiella; racconto; narrazione; fiaba; favola; aneddoto; versione dei fatti: **The boy is reading the s. of the discovery of America**, il ragazzo sta leggendo la storia della scoperta dell'America; **a funny s.**, un aneddoto divertente; **a good s.**, una storiella divertente; **They all tell me the same s.**, mi raccontano tutti la stessa storia; **Tell me a s.!**, raccontami una favola!; **according to his own s.**, secondo la sua versione dei fatti **2** intreccio; trama: **The s. is the least part of this novel**, l'intreccio è quello che conta meno in questo romanzo **3** voce; diceria: **The s. goes that...**, corre voce che...; dicono (*o* raccontano) che... **4** (*fam.*) bugia; fandonia; frottola; storia: **Now, don't tell me stories!**, su, non raccontarmi fandonie (*o* storie)! **5** (*giornalismo*) servizio; articolo. ● **s.-book**, libro di racconti (*o* di fiabe) □ **a s.-book ending**, un lieto finale; un finale da favola □ **a s.-book romance**, una storia d'amore come nelle favole □ (*letter., cinem.*) **s. line**, trama, intreccio □ **s. teller**, narratore, novelliere; (*fam.*) chi racconta fandonie, bugiardo □ **to make a long s. short**, per farla breve; in poche parole □ (*letter.*) **short s.**, novella, racconto □ **That is (quite) another s.**, questa è un'altra storia; questo è un altro paio di maniche.
story (2) ['stɔːri], (*USA*) *V.* **storey**.
to story ['stɔːri], *v. t.* istoriare; decorare con scene storiche.
stoup [stuːp], *n.* (*relig.*) acquasantiera; pila dell'acqua santa.
stout [staut], **A** *a.* **1** forte; gagliardo; robusto; solido; resistente: **to make a s. resistance**, opporre una forte resistenza; **a s. man**, un uomo robusto; **a s. piece of string**, un pezzo di corda resistente; **a s. wall**, un solido muro **2** coraggioso; risoluto; valoroso: **a s. warrior**, un guerriero valoroso **3** corpulento; grasso; pingue. **B** *n.* birra forte, scura. ● **s.-hearted**, coraggioso; intrepido; risoluto □ **s.-heartedness**, coraggio; risolutezza □ **a s. opponent**, un fiero avversario □ **a s. stick**, un robusto bastone; un grosso bastone □ **to grow s.**, ingrassare; ingrossarsi.
stoutish ['stautiʃ], *a.* alquanto grasso; piuttosto corpulento.
stoutness ['stautnis], *n.* **1** forza; gagliardia; robustezza; solidità; resistenza **2** coraggio; risolutezza; valore **3** corpulenza; pinguedine.
stove (1) [stouv], *n.* **1** stufa; fornello **2** (*ind.*) essiccatoio **3** (*agric.*) serra riscaldata. ● **s.-pipe**, tubo da stufa; (*fam., spesso* **s. hat**) cappello a cilindro □ **s.-wood**, legna da ardere □ **gas s.**, cucina (*o* stufa) a gas.
to stove [stouv], *v. t.* coltivare (*piante*) in serra riscaldata.
stove (2) [stouv], *pass. e p. p.* di **stave**.
to stow [stou], *v. t.* **1** assettare; collocare; metter via; riporre; stipare: **to s. old papers into a drawer**, riporre (*o* stipare) vecchi documenti in un cassetto **2** (*naut.*) stivare: **to s. goods in bulk**, stivare merci alla rinfusa □ (*naut.*) **to s. the anchor**, traversare l'ancora □ **to s. away**, metter via; riporre; (*fam.*) rimpinzarsi di; (*naut.*) imbarcarsi clandestinamente □ (*fam.*) **S. the chatter (that nonsense, etc.)**, smettila di ciarlare (di dir sciocchezze, ecc.) □ (*fam.*) **S. it!**, chiudi il becco!
stowage ['stouidʒ], *n.* **1** assettatura; collocazione; il riporre **2** (*naut.*) stivaggio **3** (*naut.*) spese di stivaggio **4** (*naut.*) capacità di stivaggio.
stowaway ['stouəwei], *n.* (*naut.*) (passeggero) clandestino.
stower ['stouə*], *n.* (*naut.*) stivatore.
strabismal [strə'bizməl], **strabismic** [strə'bizmik], *a.* (*med.*) **1** dello strabismo **2** affetto da strabismo; strabico.
strabismus [strə'bizməs], *n.* (*med.*) strabismo.
strabotomy [strə'bɔtəmi], *n.* (*med.*) strabotomia.
Strad [stræd], *n.* (*mus., abbr. fam.* di **Stradivarius**) stradivario.
to straddle ['strædl], **A** *v. t.* **1** stare a gambe divaricate; stare a cavalcioni; camminare a gambe larghe **2** (*fig.*) essere incerto (*o* titubante); esitare (*fra due linee di condotta*); tentennare; barcamenarsi; tenere il piede in due staffe. **B** *v. t.* mettersi (*o* stare) a cavalcioni di; inforcare; calvalcare; montare (*un cavallo*): **to s. a chair**, stare a cavalcioni d'una sedia. ● (*fig.*) **to s. an issue**, non prendere partito; dare un colpo al cerchio e uno alla botte.
straddle ['strædl], *n.* (*solo al sing.*) **1** posizione di gambe divaricate; lo stare a cavalcioni **2** (*fig.*) esitazione; titubanza; tentennamento; il barcamenarsi **3** (*Borsa*) opzione; doppio privilegio **4** (*poker*) controbuio.
Stradivarius [ˌstrædi'vɛəriəs], *n.* (*pl.* **Stradivarii, Stradivariuses**) (*mus.*) stradivario.
to strafe [straːf], *v. t.* **1** (*mil., aeron.*) colpire (*con razzi, ecc.*); mitragliare a bassa quota (*da un aeroplano*) **2** (*fig.*) sgridare aspramente; rimproverare; punire.
strafe [straːf], *n.* (*mil., aeron.*) attacco a bassa quota con armamento di lancio (*mitragliatrici, razzi, e sim.*).
to straggle ['strægl], *v. i.* **1** disperdersi; sbandarsi; sparpagliarsi **2** rimanere indietro **3** errare; girovagare; vagabondare; muoversi in ordine sparso; andare alla spicciolata: **The crowd straggled along**, la folla avanzava alla spicciolata **4** crescere in modo disordinato; svilupparsi (*o* estendersi) disordinatamente: **This plant straggles**, questa pianta cresce in modo disordinato. ●

to s. over the fields, buttarsi (o tagliare) per i campi.
straggler ['stræglə*], *n.* chi è rimasto indietro; disperso; sbandato.
straggling ['stræglɪŋ], **straggly** ['strægli], *a.* **1** disperso; sbandato **2** sparpagliato; sparso: **s. houses**, case sparpagliate. ● **s. beard**, barba rada □ **s. weeds**, erbacce rigogliose.
straight [streit], *A a.* **1** diritto; dritto; ritto; retto; giusto; onesto: **a s. road**, una strada diritta; **s. legs**, gambe diritte; **a s. back**, una schiena dritta, eretta; *(geom.)* **s. line**, linea retta; **a s. man**, un uomo retto; **Your tie isn't s.**, la tua cravatta non è diritta (hai la cravatta storta); **s. thinking**, modo di pensare retto, giusto; **s. dealings**, affari onesti **2** diretto: **s. course**, itinerario diretto **3** franco; leale; schietto: **s. speaking**, parlar franco e leale; **He is well-known for his s. manner**, è noto a tutti per il suo leale modo di fare; **a s. answer**, una risposta franca, schietta **4** assettato; ordinato; in ordine; a posto: **The accounts are s.**, i conti sono in ordine; **Put your bedroom s.**, metti in ordine la tua camera! **5** *(fam.)* di fonte sicura; sicuro: **a s. tip**, un suggerimento sicuro *(circa un cavallo vincente, un investimento, ecc.)* **6** puro; schietto; liscio: **s. whisky**, whisky schietto (o liscio) **7** *(autom., mecc.)* in linea: **a s.-six (engine)**, un motore a sei cilindri in linea **8** *(del viso)* serio: **to keep a s. face**, fare la faccia seria; rimanere serio **9** *(fam.)* conformistico; che non devia dalla norma; «sano» *(eterosessuale, o che non si droga)*. *B n.* **1** l'esser dritto; linea retta **2** rettifilo; rettilineo; *(sport)* dirittura (d'arrivo): **They were even as they reached the s.**, entrarono in dirittura d'arrivo appaiati **3** *(poker)* scala; sequenza: **highest (lowest) s.**, scala massima (minima) **4** *(fam.)* conformista; chi non devia dalla norma; persona «sana» *(che non si droga, ecc.)*. *C avv.* **1** diritto; in linea retta; direttamente; dritto: **to go s. on**, andar sempre diritto; tirar diritto; **This hat comes s. from Paris**, questo cappellino viene direttamente da Parigi **2** dritto; ritto; in posizione eretta: **to stand s.**, star ritto; stare eretto **3** francamente; esplicitamente; chiaro e tondo: **I told him s. out**, glielo dissi chiaro e tondo. ● *(fam.)* **the s. and narrow**, *V.* **to keep** *(o* **to run) s.** *(v.)* **a s. angle**, un angolo piatto □ *(archit.)* **s. arch**, piattabanda □ *(fam. USA)* **s.-arrow**, che si attiene alle convenzioni; normale; «per bene» □ **s. away** *(o* **off, up)**, subito; senz'indugio; difilato; lì per lì; su due piedi: **I'll do it s. away**, lo farò subito; **I cannot tell you s. off**, non posso dirtelo su due piedi □ **a s. blow**, un colpo che va dritto al segno; un diretto □ *(di tabacco)* **s.-cut**, tagliato per il lungo □ *(mecc.)* **s.-edge**, regolo; riga □ *(mecc.)* **s.-eight (engine)**, (motore a) otto cilindri in linea □ *(fig.)* **s.-faced**, impassibile; serio □ **a s. fight**, una lotta accanita; *(polit.)* una competizione diretta *(fra due candidati)* □ *(poker)* **s. flush**, scala reale □ **s. hair**, capelli lisci □ **straight-jacket**, *V.* **strait-jacket**, *sotto* **strait (1)** □ *(aeron.)* **s. jet**, aeroplano a reazione senz'elica □ **straight-laced**, *V.* **strait-laced**, *sotto* **strait (1)** □ *(pugilato)* **a s. left**, un diretto sinistro □ **s.-lined**, rettilineo □ *(teatr.)* **s. man**, spalla □ **s. poker**, poker con una sola distribuzione di carte *(ora in disuso, salvo fra professionisti e con poste elevate)* □ *(sport)* **a s. race**, una corsa «tirata» □ *(pugilato)* **a s. right**, un diretto destro □ *(chim.)* **s. run**, distillato primario *(o vergine)* □ **s. time**, orario lavorativo normale *(esclusi gli straordinari, ecc.)* □ *(poker)* **bobtail s.**, scala aperta bilaterale □ **to come s. to the point**, venir subito al punto, al dunque; entrare subito in argomento □ *(fam.)* **to get s.**, rimettersi (rimettersi) in sesto □ *(fam.)* **to go s.**, rigare diritto □ **to have a s. eye**, avere «occhio»; saper distinguere una deviazione dalla linea retta □ *(fam.)* **to get st. s.**, capire bene q.c. □ **to hit s. from the shoulder**, *(pugilato)* colpire con un diretto; *(fig.)* essere molto franco, parlar chiaro □ *(fig.)* **to keep** *(o* **to run) s.** *(o* **on the s. and narrow**), vivere rettamente; condurre una vita onesta □ *(fig.)* **to keep a s. face**, rimanere impassibile; star serio; riuscire a trattenere il riso □ *(poker)* **open s.**, scala aperta □ *(mecc., edil.)* **out of the s.**, storto; fuori squadra □ **to put sb. s.**, chiarire le idee a q.; dire a q. come stanno le cose □ **to put st. s.**, raddrizzare q.c. □ **to put things s.**, metter le cose a posto; sistemare le cose □ **to ride s.**, cavalcare in linea retta *(saltando siepi, steccati, ecc.)* □ **to set the record s.**, mettere in chiaro le cose □ **to shoot s.**, sparar diritto; sparare bene; avere la mira buona □ *(USA)* **to vote a s. ticket**, votare scrupolosamente secondo le direttive del proprio partito □ **Keep s. on!**, andate sempre dritto! □ **He doesn't see s.**, non ci vede bene.
straightaway ['streitəwei], *A a.* **1** diritto; dritto; rettilineo **2** diretto: **a s. flight**, un volo diretto. *B n.* rettifilo; rettilineo; *(sport USA)* dirittura. *C avv.* **1** direttamente **2** immediatamente; subito.
to straighten ['streitn], *A v. t.* **1** drizzare; raddrizzare: **to s. a sheet of iron**, raddrizzare una lamiera **2** assettare; aggiustare; accomodare; sistemare; mettere in ordine: **to s. out one's accounts**, mettere in ordine i conti. *B v. i.* **1** *(spesso s. out)* drizzarsi; raddrizzarsi *(anche, v. rifl.* **to s. oneself up)* **2** accomodarsi; aggiustarsi: **I'm sure everything will s. up**, sono sicuro che tutto s'aggiusterà.
straightforward [streit'fɔ:wəd], *a.* **1** diritto; dritto; rettilineo **2** retto; onesto; franco; schietto; leale: **a s. report**, un franco resoconto **3** semplice; chiaro; facile: **s. responsibility**, responsabilità chiara.
straightforwardness [streit'fɔ:wədnis], *n.* **1** rettitudine; onestà; franchezza; schiettezza; lealtà **2** semplicità; chiarezza; facilità.
straightness ['streitnis], *n.* **1** l'esser diritto; linea retta; dirittura **2** rettitudine; onestà; lealtà; franchezza; schiettezza.
to strain [strein], *A v. t.* **1** tendere *(anche fig.)*; tirare; sforzare; forzare: **to s. the barbed wire of a fence**, tendere il filo spinato di un recinto; **to s. one's ears**, tendere le orecchie; **to s. one's eyes**, sforzare la vista; affaticarsi gli occhi. **2** distorcere; storcere; slogare; forzare; fare uno strappo a: **to s. the truth**, distorcere la verità; svisare i fatti; **He fell and strained his ankle**, cadde e si storse *(o* si slogò) la caviglia; **to s. the sense of a sentence (of other people's words)**, forzare il senso d'una frase *(delle parole altrui)*; **He strained the rules to his own advantage**, fece uno strappo al regolamento a suo vantaggio **3** eccedere; oltrepassare; andare oltre; violare; abusare di: **to s. one's rights**, oltrepassare i propri diritti; **to s. one's powers**, eccedere i propri poteri; **to s. the law**, violare la legge; fare uno strappo alla legge; **to s. one's authority**, abusare della propria autorità **4** danneggiare; deformare; sformare: **The wind has strained the roof**, il vento ha danneggiato il tetto **5** stringere; serrare; abbracciare: **to s. sb. to one's bosom (heart)**, stringere q. al seno (al cuore) **6** colare; filtrare: **to s. coffee**, filtrare il caffè **7** *(cucina)* passare: **to s. vegetables**, passare la verdura. *B v. i.* **1** sforzarsi; affaticarsi; arrancare; essere sotto sforzo: **He was straining to win**, si sforzava di vincere; **We strained at the oars**, arrancavamo ai remi; **straining horses**, cavalli sotto sforzo, affaticati **2** tirare; dare strattoni: **The dog was straining at the leash**, il cane tirava il guinzaglio **3** *(di liquido, spesso* **to s. off**, **to s. away)** colare; filtrare. ● **to s. after**, sforzarsi di; far di tutto per: **He strains too much after effect**, si sforza troppo di far colpo □ *(fig.)* **to s. at st.**, esitare di fronte a q.c.; aver scrupolo di fare q.c. □ *(fig.)* **to s. at the leash**, essere impaziente d'incominciare; mordere il freno *(fig.)* □ **to s. every nerve**, fare ogni sforzo; tendere (con) tutte le forze: **We must s. every nerve to win the war**, dobbiamo tendere alla vittoria con tutte le nostre forze □ *(med.)* **to s. a muscle**, prodursi uno strappo muscolare □ *(fig.)* **to s. a point in sb.'s favour**, fare uno strappo (alla regola) in favore di q. □ **to s. one's voice**, alzare *(o* sforzare) la voce □ **The ship has been strained by the storm**, la nave è stata messa a dura prova dalla burrasca.
strain (1) [strein], *n.* **1** sforzo; strappo; tensione *(anche fig.)*: **The chain broke under the s.**, la catena si spezzò sotto lo sforzo; **He gave a great s. and lifted the rock**, diede un gran strappo e sollevò la roccia; **We must combat the s. due to the pressure of home demand**, dobbiamo reprimere la tensione provocata dalla pressione della domanda interna **2** *(med.)* tensione nervosa; esaurimento **3** *(med.)* distorsione; slogatura; strappo muscolare: **I have a s. in my leg**, ho uno strappo muscolare alla gamba **4** *(costr.)* sollecitazione **5** *(costr., mecc.)* deformazione: **elastic s.**, deformazione elastica. ● *(ing.)* **s. gauge**, estensimetro □ *(metall.)* **s. hardening**, incrudimento ● **the s. of modern life**, il logorio della vita moderna □ **to be on the s.**, esser teso all'estremo □ **That is a great s. on my imagination**, è uno sforzo eccessivo per la mia fantasia □ **That's a great s. on my credulity**, per quanto mi sforzi, non riesco proprio a crederci.
strain (2) [strein], *n.* **1** discendenza; lignaggio; schiatta; stirpe; razza; famiglia: **He comes of a noble s.**, discende da una famiglia nobile; **This dog is of a good s.**, questo cane è di (buona) razza **2** inclinazione; tendenza; predisposizione; propensione: **There is a s. of ferocity (madness, etc.) in him**, c'è in lui una tendenza alla ferocia *(alla pazzia, ecc.)* **3** *(spesso al pl.; poet., retor.)* motivo musicale; ritmo; canto; melodia; poesia: **a martial s.**, un ritmo marziale; **the strains of the harp**, le melodie dell'arpa; **a pathetic s.**, un motivo patetico, sentimentale; **the strains of the Elizabethan poets**, le poesie *(o* le liriche, i canti) degli elisabettiani **4** tono; stile: **He spoke in an angry s.**, parlò in tono irato. ● **a s. of eloquence**, un volo oratorio □ **There is a s. of cruelty in her**, c'è qualche cosa di crudele in lei.
strainable ['streinəbl], *a.* che si può tendere, storcere, distorcere, ecc. *(V.* **to strain**).
strained [streind], *a.* **1** teso; difficile; sgradevole: **s. relations**, rapporti tesi **2** sforzato; stiracchiato; innaturale: **a s. interpretation**, un'interpretazione forzata; **a s. smile**, un sorriso forzato **3** teso; tirato: **a s. face**, un viso tirato *(o* stanco) **4** *(med.)* affaticato: **a s. heart**, un cuore affaticato.
strainer ['streinə*], *n.* **1** filtro; colino; passino: **a tea-s.**, un colino per il tè **2** *(mecc.)* dispositivo per stringere *(o* per tendere).
straining ['streinɪŋ], *n.* **1** sforzo; tensione **2** distorsione; travisamento **3** colatura; filtrazione. ● *(costr.)* **s. beam** *(o* **s. piece)**,

controcatena.
strait (1) [streit], *a.* (*arc.*) **1** stretto; angusto; ristretto **2** severo; rigido; inflessibile. ● **s.-handed**, spilorcio; tirchio □ **s.-jacket**, camicia di forza; (*fig.*) costrizione, impedimento □ **s.-laced**, austero; rigido; rigoroso; severo; troppo pudico □ **s. waistcoat**, camicia di forza.
strait (2) [streit], *n.* (*spesso al pl.*) **1** (*geogr.*) stretto; braccio di mare; canale: **the Straits of Messina**, lo stretto di Messina; **the Straits of Dover**, il canale della Manica **2** (*spesso pl.*; *anche* **dire straits, desperate straits**) strette; strettezze; difficoltà: **to be in straits**, essere alle strette; **That customer of ours is in financial straits**, quel nostro cliente si trova in difficoltà finanziarie. ● (*stor.*) **the Straits** (*o* **the Straits Settlements**), gli Stabilimenti della Malesia.
to straiten ['streitn], *v. t.* restringere; limitare. ● **to be straitened for st.**, essere scarsamente provvisto di q.c. □ **to be in straitened circumstances**, trovarsi in ristrettezze; essere caduto in miseria.
strake [streik], *n.* (*costr. navali*) corso di fasciame.
stramonium [strəˈmouniəm], **stramony** ['stræməni], *n.* (*farm.*; *bot.*, *Datura stramonium*) stramonio.
to strand (1) [strænd], **A** *v. t.* **1** (*naut.*) arenare; mandare in secca; incagliare **2** (*fig.*) mettere nei guai; (*specialm.*) lasciare a piedi. **B** *v. i.* (*di nave*) arenarsi; incagliarsi. ● **to be stranded**, (*naut.*) essere arenato (*o* incagliato); (*autom.*) essere bloccato (*dalla neve, ecc.*); (*fig.*) essere nei guai, trovarsi in difficoltà; essere lasciato senza mezzi di trasporto □ **stranded ice foot**, piattaforma di ghiaccio arenato.
strand (1) [strænd], *n.* **1** (*poet.*) lido; sponda; spiaggia; riva **2** (*geol.*) spiaggia marina.
strand (2) [strænd], *n.* **1** (*di fune o cavo*) primo elemento; trefolo **2** (*ind. tessile*) filo di base; capo singolo **3** tratta (*di cavo, ecc.*) **4** (*fig.*) elemento; filo (conduttore).
to strand (2) [strænd], *v. t.* **1** fare (*una fune*) intrecciando i capi **2** spezzare un capo (*o* più capi) di (*una fune*); scomporre (*una fune*). ● (*elettr.*) **stranded wire**, treccia; corda.
strange [streindʒ], *a.* strano; insolito; curioso; singolare; bizzarro; strambo; stravagante; straordinario: **a s. experience**, una strana esperienza; **He is very s. in his manner**, il suo contegno è assai strano; **a s. story**, una storia curiosa, singolare; **s. clothes**, abiti bizzarri, stravaganti; **with s. persistency**, con straordinaria tenacia **2** sconosciuto; estraneo; ignoto: **a s. face**, una faccia sconosciuta; **The place is s. to me**, il luogo mi è ignoto **3** (*raro*) forestiero; straniero: **s. gods**, divinità forestiere **4** non abituato; non pratico; nuovo: **He was s. to the job**, era nuovo a quel genere di lavoro; **The boy was quite s. there**, il ragazzo non era affatto pratico del luogo. ● **s. to say!**, cosa strana! □ **to feel s.**, sentirsi sperduto, essere come un pesce fuor d'acqua; non sentirsi bene, (*specialm.*) avere giramenti di testa □ **How s.!**, che strana combinazione! □ **It feels s. to fly for the first time**, è una sensazione curiosa volare per la prima volta.
strangeness ['streindʒnis], *n.* **1** stranezza; singolarità; bizzarria; stravaganza; straordinarietà **2** estraneità.
stranger ['streindʒə*], *n.* **1** estraneo; sconosciuto: **Country people are often suspicious of strangers**, i campagnoli guardano spesso con sospetto gli sconosciuti **2** forestiero; straniero: **There are many strangers here in summer**, vi sono molti forestieri qui d'estate. ● **to be a s. to court intrigues**, essere estraneo agli intrighi di corte □ **the little s.**, il neonato □ **to make a s. (no s.) of sb.**, trattare q. da estraneo (trattar q. amichevolmente) □ **He's no s. to love**, ha conosciuto l'amore □ **He is a s. to hate**, non conosce l'odio □ **I am a s. here**, non conosco il luogo (la città, ecc.); non riesco a orizzontarmi □ (*fam.*) **You are quite a s.**, non ti si vede mai □ **He is a s. to me**, non lo conosco affatto □ **He is no s. to me**, lo conosco; non mi è sconosciuto.
to strangle ['stræŋgl], **A** *v. t.* **1** strangolare; strozzare (*anche fig.*): **That collar is too tight: it will s. the dog**, quel collare è troppo stretto: strangolerà il cane; **to s. a country's foreign trade**, strangolare il commercio estero di un paese **2** (*anche fig.*) soffocare; reprimere: **The rioters were strangled by the tear gas**, i rivoltosi erano soffocanti dal gas lacrimogeno; **to s. an impulse**, soffocare un impulso. **B** *v. i.* soffocare; sentirsi soffocare.
stranglehold ['stræŋglhould], *n.* **1** stretta alla gola **2** (*lotta*) presa di gola **3** (*fig.*) stretta mortale. ● (*fig.*) **to put a s. on economic activity**, strangolare l'attività economica.
strangler ['stræŋglə*], *n.* strangolatore; strozzatore.
strangles ['stræŋglz], *n. pl.* (*vet.*) adenite equina; strangiglioni (*pop.*).
strangling ['stræŋgliŋ], *n.* strangolamento; strozzatura; soffocazione.
to strangulate ['stræŋgjuleit], *v. t.* **1** (*med.*) strozzare **2** strangolare. ● (*med.*) **strangulated hernia**, ernia strozzata.
strangulation [ˌstræŋgjuˈleiʃən], *n.* **1** (*specialm. med.*) strozzamento **2** strangolamento; strozzatura.

strangury ['stræŋgjuri], *n.* (*med.*) stranguria.
strap [stræp], *n.* **1** cinghia (*anche fig.*); correggia; nastro; striscia (*di cuoio o d'altro*): **a book s.**, una cinghia per i libri; **That boy needs the s.**, quel ragazzo ha bisogno d'assaggiare la cinghia **2** cinturino: **a watch s.**, un cinturino d'orologio **3** fascetta metallica (*per scarpe, ecc.*); reggetta; moietta; piattina **4** staffa (*dei pantaloni*) **5** maniglia a pendaglio (*d'autobus, ecc.*) **6** (*edil.*) staffa (*per grondaie, ecc.*) **7** (*naut.*) stroppo **8** *V.* **shoulder-s.**. ● (*mecc.*) **s. bolt**, bullone a staffa □ (*mecc.*) **s. brake**, freno a nastro □ (*di corda*) **s.-laid**, fatta a nastro (*coi capi accostati, non intrecciati*) □ (*fig.*) **s. oil**, cinghiate; percosse date con la cinghia; mezzi persuasivi (*iron.*) □ **chin-s.**, soggolo □ (*fig.*) **to get the s.**, assaggiare la cinghia □ **razor-s.**, coramella (*per affilare il rasoio*) □ **shoulder-s.**, spallina, bretella (*d'abito femminile*).
to strap [stræp], *v. t.* **1** legare (*o* assicurare) con una cinghia **2** fissare con una fascetta metallica; legare con una reggetta **3** battere con la cinghia; prendere a cinghiate; frustare **4** affilare (*un rasoio*) con la coramella **5** (*naut.*) stroppare. ● (*med.*) **to s. up**, incerottare; coprire con un cerotto; fasciare □ **strapped trousers**, calzoni da cavallerizzo.
straphanger ['stræpˌhæŋə*], *n.* (*fam.*) passeggero in piedi (*che si regge alle maniglie, in tram o in autobus*).
straphanging ['stræpˌhæŋiŋ], *n.* (*fam.*) il viaggiare in piedi (*su un mezzo pubblico*), reggendosi alla maniglia.
strapless ['stræplis], *a.* (*d'abito da donna*) senza spalline, senza bretelle.
strappado [stræˈpeidou], *n.* (*pl.* **strappados, strappadoes**) (*stor.*) **1** tortura della corda **2** corda per torturare.
to strappado [stræˈpeidou], *v. t.* (*stor.*) dar la corda a (q.); sottoporre (q.) alla tortura della corda.
strapped [stræpd], *a.* (*pop. USA*, *anche* **s. for money**) a corto di quattrini.
strapper ['stræpə*], *n.* **1** (*ind.*) macchina per legare (*casse, ecc.*) con reggette **2** (*fam.*) persona ben piantata. ● **He's a s.**, è un pezzo d'uomo.
strapping ['stræpiŋ], *a.* (*fam.*) forte; robusto; grande e grosso; ben piantato: **a s. fellow**, un omone grande e grosso; un tipo robusto. ● **a s. girl**, una ragazzona.
Strasb(o)urg ['stræzbə:g], *n.* (*geogr.*) Strasburgo.
strass [stræs], *n.* (*ind.*) strass; vetro per gioielli artificiali.
stratagem ['strætidʒəm], *n.* stratagemma.
strategic(al) [strəˈti:dʒik(əl)], *a.* (*mil.*) strategico (*anche fig.*): **a s. move**, una mossa strategica; **a s. position**, una posizione strategica; **a s. target**, un obiettivo strategico.
strategics [strəˈti:dʒiks], *n. pl.* (*mil.*, *col verbo al sing.*) strategia.
strategist ['strætidʒist], *n.* (*mil.*) stratego; stratega.
strategy ['strætidʒi], *n.* (*mil.*) strategia (*anche fig.*).
strath [stræθ], *n.* **1** (*scozz.*) ampia valle **2** (*geol.*) fondovalle degradato **3** (*geol.*) depressione nella scarpata continentale.
strathspey [stræθˈspei], *n.* (*mus.*) vivace danza scozzese.
straticulate [strəˈtikjuleit], *a.* (*geol.*) disposto a strati sottili.
stratification [ˌstrætifiˈkeiʃən], *n.* (*specialm. geol.*, *econ.*, *stat.*) stratificazione: **the s. of society**, la stratificazione della società.
stratiform ['strætifɔ:m], *a.* (*scient.*) stratiforme.
to stratify ['strætifai], *v. t. e i.* stratificare, stratificarsi: (*geol.*) **stratified rocks**, rocce stratificate; (*stat.*) **stratified sampling**, campionamento stratificato.
stratigrapher [strəˈtigrəfə*], *n.* (*geol.*) stratigrafo.
stratigraphic [ˌstrætiˈgræfik], *a.* (*geol.*) stratigrafico.
stratigraphy [strəˈtigrəfi], *n.* (*geol.*) stratigrafia.
stratocracy [strəˈtɔkrəsi], *n.* (*polit.*) stratocrazia; governo dei militari; dittatura militare.
strato-cumulus [ˌstrætouˈkju:mjuləs], *n.* (*pl.* **strato-cumuli**) (*meteorologia*) strato-cumulo.
stratopause ['strætoupɔ:z], *n.* stratopausa.
stratosphere ['strætousfiə*], *n.* stratosfera.
stratospheric(al) [ˌstrætouˈsferik(əl)], *a.* stratosferico.
stratum ['stra:təm], *n.* (*pl.* **strata, stratums**) **1** (*geol.*) strato; falda **2** (*anche econ.*, *stat.*) strato sociale; ceto; classe.
stratus ['streitəs], *n.* (*pl.* **strati**) (*meteorologia*) strato.
straw [strɔ:], **A** *n.* **1** paglia; pagliuzza; filo di paglia; fuscello; festuca: **a load of s.**, un carico di paglia **2** cannuccia (*per bere*) **3** (*anche* **s. hat**) cappello di paglia; paglietta **4** (*fig.*) inezia; nonnulla; cosa senza valore. **B** *a. attr.* **1** (*anche fig.*) di paglia: **a s. hat**, un cappello di paglia; una paglietta; **a s. rope**, una corda di paglia **2** (*anche* **s.-coloured**) color della paglia; paglierino: **s. oil**, olio paglierino. ● (*USA*) **s. ballot**, *V.* **s. vote** □ **s. board**, cartone rozzo, fatto di paglia □ **s. boss**, assistente di un caposquadra; vice caposquadra □ **s.-bottomed**, col fondo di paglia; impagliato: **s.-bottomed chairs**, sedie impagliate □ (*agric.*) **s. cutter**, trinciapaglia □ (*fig.*) **a s. in the wind**, un segno premonitore □ **s.-mat**, stuoia; stuoino □ **s. mattress**, pagliericcio □ **s. plait(ing)**, treccia di paglia □ **s.-stem**, bicchiere col piede tutto d'un pezzo □ (*polit. USA*) **s. vote**, votazione di

prova; sondaggio dell'opinione pubblica □ (*agric.*) **s.-walker**, scuotipaglia (*di mietitrebbia*) □ **to draw straws**, tirare a sorte (*usando pagliuzze di diversa lunghezza*) □ (*anche fig.*) **a man of s.**, un uomo di paglia □ (*di casa*) **thatched with s.**, col tetto di paglia □ **the last s. (that breaks the camel's back)**, il colmo; la goccia che fa traboccare il vaso □ (*fig.*) **to try to make bricks without s.**, tentare di far qualcosa senza avere il materiale (*o* l'aiuto) necessario □ **I don't care a s.**, non me ne importa nulla □ **It isn't worth a s.**, non vale nulla (*fam.* un fico) □ (*fig.*) **A drowning man will catch** (*o* **clutch, grasp**) **at a s.**, chi sta per affogare s'afferra anche a una paglia; la speranza è l'ultima a morire.

strawberry ['strɔːbəri], *n.* (*bot.*, *Fragaria*) fragola. ● **s.-bed**, fragoleto □ **s. blonde**, bionda tiziano (*o* tizianesca) □ **s.-mark**, neo angiomatoso; voglia di fragola (*fam.*) □ (*bot.*) **s.-tree** (*Arbutus unedo*), corbezzolo.

strawy ['strɔːi], *a.* di paglia; simile a paglia; fatto di paglia.

to stray [strei], *v. i.* **1** deviare; allontanarsi (da); forviare; disperdersi; smarrirsi; sviarsi; sbandarsi: **Don't s. from what is right**, non deviare dalla retta via! **2** (*del pensiero*) distrarsi. ● **to s. from the point**, divagare; uscire fuori tema.

stray [strei], **A** *a. attr.* **1** disperso; smarrito; randagio; sperso; vagante: **a s. cat**, un gatto randagio; **He was hit by a s. bullet**, fu colpito da un proiettile vagante **2** casuale; fortuito; sporadico; sparso: **a s. customer or two**, qualche cliente casuale; **in a few s. instances**, in qualche caso sporadico. **B** *n.* **1** animale randagio **2** persona derelitta; (*specialm.*) bambino smarrito **3** (*pl.*, *radio*) interferenza atmosferica; scariche **4** (*fam.*) cosa fuori posto: **This musicassette must be a s.**, questa musicassetta dev'essere fuori posto.

streak [striːk], *n.* **1** riga, stria; striscia (*specialm. irregolare*): **a s. of light above the horizon**, una striscia di luce all'orizzonte **2** strato (*anche di minerale*); vena; filone: **bacon with thick, red streaks of lean**, pancetta affumicata con spessi strati rossi di magro **3** (*fig.*) vena; traccia; tocco: **He has a s. of humour in him**, c'è una vena d'umorismo in lui **4** (*fam.*) momento; periodo: **a long s. of bad luck**, un lungo periodo di sfortuna; **a s. of good luck**, un periodo di fortuna; (*di un giocatore*) una serie positiva (*di puntate, ecc.*) **5** (*miner.*) striscio; colore di sfregamento **6** (*fam.*) streaking; corsa veloce fatta da nudi e in pubblico. ● **s. lightning**, fulmine dritto □ **a losing (a winning) s.**, una serie negativa (positiva); una serie di sconfitte (di vittorie) □ **like a s. (of lightning)**, come un lampo, in un baleno □ **He has a s. of superstition in him**, è un po' superstizioso.

to streak [striːk], **A** *v. t.* **1** striare; screziare; rigare **2** venare (*marmo, ecc.*). **B** *v. i.* **1** (*fam.*) andare come un lampo **2** (*fam.*) fare lo streaking; correre velocemente, e nudi, in pubblico (*specialm. per protesta*).

streaked [striːkt], *a.* **1** striato; screziato **2** (*di legno*) venato **3** (*di capello*) brizzolato.

streaker ['striːkə*], *n.* chi fa lo streaking (*V.* **to streak**, *def. B 2*).

streakiness ['striːkinis], *n.* l'essere striato; striatura.

streaking ['striːkiŋ], *n.* streaking (*V.* **to streak**, *def. B 2*).

streaky ['striːki], *a.* **1** striato; screziato; (*di marmo, ecc.*) venato **2** (*fig.*) di diverse qualità. ● **s. bacon**, pancetta affumicata a strisce (*di grasso e magro*); lardo venato; rigatino (*tosc.*).

stream [striːm], *n.* **1** corso d'acqua; ruscello; torrente; (*fig.*) **a s. of lava**, un torrente di lava **2** corrente; flusso: **the Gulf S.**, la Corrente del Golfo; **a s. of hot air**, una corrente d'aria calda; **a s. of neutrons**, una corrente di neutroni **3** (*fig.*) fiotto; fiume; flusso; profluvio; fiumana; mare; marea: **a s. of words**, un fiume di parole; **a s. of cars**, un flusso continuo d'automobili; **a s. of tears**, un profluvio di lacrime; **a s. of students**, una marea di studenti **4** (*fig.*) corso; serie; successione: **the s. of events**, il corso degli eventi **5** sezione scolastica; corso. ● (*naut.*) **s.-anchor**, ancora di corrente □ (*econ.*) **a s. of capital**, un afflusso di capitali □ (*psic., letter.*) **s. of consciousness**, monologo interiore □ **the s. of thought**, l'opinione corrente □ (*geol.*) **s. terrace**, terrazzo fluviale □ **down-s.**, secondo la corrente; in giù (*in un fiume*); verso la foce □ **to go with the s.**, andare secondo la corrente; (*fig.*) seguire la corrente □ **to be** (*o* **to have come**) **on s.**, essere in produzione □ (*naut.*) **tidal s.**, corrente di marea □ **up s.**, contro corrente; in su (*in un fiume*); verso la sorgente.

to stream [striːm], **A** *v. i.* **1** scorrere; fluire; inondare; grondare; gocciolare; colare: **Tears streamed down her cheeks**, le lacrime le inondavano le guance; **to s. with blood**, grondar sangue; **The horse's flanks were streaming with sweat**, i fianchi del cavallo colavano sudore **2** fluttuare; ondeggiare: **The skull and cross-bones was streaming from the main yard**, la bandiera della pirateria ondeggiava al vento dal pennone di maestra. **B** *v. t.* **1** far fluire; emettere; versare; grondare: **to s. blood**, grondar sangue; **to s. tears**, versare lacrime **2** spiegare (*una bandiera*) **3** assegnare (*alunni*) a una data sezione (*secondo il grado di preparazione*). ● **to s. out**, scaturire; sgorgare; uscire a fiotti □ **The flames streamed up the side of the wall**, le fiamme salivano lambendo il muro.

streamer ['striːmə*], *n.* **1** bandiera al vento; banderuola; pennone **2** stella filante; striscia di carta colorata **3** striscia di luce all'orizzonte **4** (*pl.*) aurora boreale **5** (*giornalismo; anche* **s. headline**) titolo a tutta pagina.

streaming ['striːmiŋ], *a.* grondante; bagnato: **a s. umbrella**, un ombrello grondante (di pioggia).

streamlet ['striːmlit], *n.* ruscelletto; torrentello.

streamline ['striːmlain], *n.* **1** (*fis.*) linea di corrente (*o* di flusso) **2** (*mecc.*) linea (*o* forma) aerodinamica.

to streamline ['striːmlain], *v. t.* **1** (*mecc.*) dare forma aerodinamica a (*un'automobile, ecc.*) **2** (*fig.*) semplificare; sveltire; rendere più efficiente: **to s. a manufacturing process**, sveltire un processo di fabbricazione.

streamlined ['striːmlaind], *a.* **1** aerodinamico; affusolato: **a s. car (boat)**, un'automobile (un'imbarcazione) aerodinamica **2** (*fig.*) svelto, semplificato, efficiente; dinamico: **a s. office**, un ufficio efficiente.

street [striːt], *n.* strada (*specialm. di città*); via: **main s.**, via principale; corso; **side s.**, via traversa; **a one-way s.**, una strada a senso unico; **to cross the s.**, attraversare la strada. ● **the S.** (*a Londra*: **Fleet Street**, *q.V.*; *a New York*: **Wall Street**, *q.V.*), strada che designa per antonomasia un'attività che in essa ha sede □ **s. arab**, ragazzo di strada; monello □ (*fin.*) **s. broker**, agente di cambio che lavora fuori della Borsa □ **s.-cleaner**, spazzino; netturbino □ **s. cries**, grida di venditori ambulanti □ **s. door**, porta di strada; portone □ **s. furniture**, arredo urbano □ **s. island**, isola pedonale; salvagente □ **s. lamp**, lampione □ (*fin.*) **s. market**, dopoborsa; fuori borsa; mercatino □ **s. orderly**, spazzino □ **s. sweeper**, spazzatrice (*macchina*); spazzino □ (*comm.*) **s. trader**, ambulante □ **s.-walker**, prostituta; donna di strada; passeggiatrice □ (*fig.*) **the man in the s.**, l'uomo della strada; l'uomo comune; il cittadino qualunque □ (*fam.*) **not in the same s. with**, di gran lunga inferiore a □ (*polit.*) **to take to the streets**, scendere in piazza □ **to turn sb. out into the streets**, gettare q. sul lastrico □ (*fam.*) **up my s.**, di mio gradimento; di mia competenza □ (*fig.*) **to walk the streets**, battere il marciapiede.

streetcar ['striːtkɑː*], *n.* (*USA*) tram; vettura tranviaria.

streetward ['striːtwəd], **A** *a.* che dà sulla strada. **B** *avv.* verso la strada.

streetworker ['striːtwəːkə*], *n.* (*USA*) assistente sociale minorile di quartiere.

strength [streŋθ], *n.* **1** forza; forze; energia; potenza; resistenza; robustezza; solidità; vigore: **That is beyond human s.**, ciò supera le forze umane; **The Japanese attacked in great s.**, i giapponesi attaccarono in forze; **the s. of a belt**, la resistenza (*o* la solidità) d'una cinghia; **s. of body**, forza fisica; **s. of mind**, forza d'animo; **the s. of a cup of coffee**, la forza d'una tazza di caffè **2** (*chim.*) concentrazione, titolo (*d'una soluzione*) **3** (*fis.*) intensità (*della luce, del suono, ecc.*) **4** (*econ.*) tendenza dei prezzi al rialzo **5** punto forte; cavallo di battaglia **6** (*mil.*) organico; effettivo; quadri: **The regiment is at full s.**, il reggimento ha gli effettivi al completo. ● (*mil.*) **below s.**, con gli effettivi ridotti □ (*bur., mil.*) **to be on the s.**, essere in forza (*in un luogo, ecc.*) □ **on the s. of**, in forza di; in base a; contando su: **I did it on the s. of your promise**, ho feci contando sulla tua promessa □ **to regain s.**, riacquistare le forze; rimettersi; ristabilirsi □ (*mil.*) **to be taken on the s.**, esser preso in forza □ (*mil.*) **up to s.**, con gli effettivi al completo.

to strengthen ['streŋθən], **A** *v. t.* **1** fortificare; rafforzare; rinforzare; potenziare; corroborare; rinvigorire **2** (*chim.*) rinforzare, concentrare di più (*una soluzione*). **B** *v. i.* **1** rafforzarsi; potenziarsi; corroborarsi; rinvigorirsi **2** (*del vento, ecc.*) rinforzare; aumentare. ● (*fig., raro*) **to s. sb.'s hands**, far coraggio a q.; incitare q. ad agire vigorosamente.

strengthening ['streŋθəniŋ], **A** *a.* fortificante; corroborante. **B** *n.* rafforzamento; rinforzo; potenziamento.

strengthless ['streŋθlis], *a.* senza forza; debole.

strenuous ['strenjuəs], *a.* **1** strenuo; energico; attivo; efficace; intenso; gagliardo; vigoroso: **a s. man**, un uomo energico, attivo; **a s. orator**, un oratore vigoroso, efficace **2** arduo; difficile; stancante; che richiede molta energia: **s. work**, lavoro duro; **a s. examination**, un esame difficile. ● **s. imagination**, immaginazione fertile.

strenuousness ['strenjuəsnis], *n.* **1** intensità; vigore; energia **2** durezza; difficoltà; l'essere stancante.

strep [strep], *n.* (*abbr. fam. di* **streptococcus**) streptococco.

streptococcal [,streptou'kɔkəl], *a.* (*biol.*) di (*o* da) streptococco.

streptococcus [,streptou'kɔkəs], *n.* (*pl.* **streptococci**) (*biol.*) streptococco.

streptomycin [,streptou'maisin], *n.* (*farm.*) streptomicina.

stress

stress [stres], *n.* **1** sforzo; spinta; tensione; stress; *(mecc.)* sforzo, tensione, sollecitazione: **under the s. of need**, sotto la spinta del bisogno; **The nation was subjected to the s. of war**, la nazione dovette sostenere lo sforzo bellico; **Continued s. is one of the causes of duodenal ulcer**, la tensione prolungata è una delle cause dell'ulcera duodenale; **impact s.**, sollecitazione d'urto **2** *(fon.)* accento tonico: **The s. is on the first syllable**, l'accento cade sulla prima sillaba **3** *(fig.)* accento; enfasi; rilievo; risalto: **to lay s. on st.**, porre l'accento su q.c.; mettere in risalto q.c.; sottolineare q.c. ● *(fon.)* **s.-mark**, segno grafico dell'accento; accento (grafico) □ *(naut.)* **s. of weather**, violenza del tempo; fortunale □ *(metall.)* **s. raiser**, intaglio □ *(costr.)* **maximum s.**, carico di rottura □ **to put s. on sb.**, stressare q. □ **times of s.**, tempi difficili (*o* duri) □ **under the s. of anger**, spinto dall'ira.

to stress [stres], *v. t.* **1** sottoporre (q.) a tensione (*o* a stress); stressare **2** metter l'accento su; accentuare; sottolineare; mettere in rilievo; evidenziare (*bur.*): **He stressed the importance of the new enterprise**, mise in rilievo l'importanza della nuova impresa **3** *(fon.)* accentare; mettere l'accento su (*una parola*) **4** *(costr., raro)* sottoporre (*una struttura*) a sollecitazione eccessiva.

to stretch [stretʃ], **A** *v. t.* **1** tendere; tirare; stirare; distendere; stendere; allargare; allungare (*tirando*): **to s. a wire across a yard**, tendere un filo metallico attraverso un cortile; **Don't s. the material or you'll rip it**, non tirare la stoffa se non vuoi lacerarla; **to s. a pair of trousers**, stirare (*o* tendere) un paio di calzoni (su uno stiracalzoni); **S. the carpet out to dry**, stendi il tappeto ad asciugare!; **to s. a pullover**, allargare un pullover (*tirandolo, per indossarlo*); **to s. one's neck**, allungare il collo **2** *(anche* **to s. out**) abbattere; gettare a terra; stendere **3** *(fig.)* forzare; sforzare; stiracchiare; fare uno strappo a; abusare di: **to s. the truth**, forzare la verità; svisare i fatti; **to s. the law**, fare uno strappo alla legge; **to s. one's powers**, abusare del proprio potere; **to s. one's principles**, fare uno strappo ai propri principi **4** *(fam.)* far bastare: **to s. one's salary to meet expenses**, far bastare il proprio stipendio; riuscire a far fronte alle spese **5** *(pop. o arc.)* impiccare. **B** *v. i.* **1** stendersi; estendersi; spaziare; spiegarsi; *(di strada)* snodarsi: **The desert stretched as far as the Atlas Mountains**, il deserto si stendeva fino alle montagne dell'Atlante **2** durare (*nel tempo*); protrarsi **3** allargarsi, allungarsi, cedere (*sotto tensione*); venire (*fam.*): **Rubber will s. but wood won't**, la gomma si allunga ma il legno no; **These gloves won't s.**, questi guanti non vengono **4** *(anche, v. rifl.* **to stretch oneself**) stirarsi; stiracchiarsi; **He yawned and stretched** (*himself*), fece uno sbadiglio e si stirò. ● **to s. one's arms**, distendere le braccia; stirarsi □ *(fin.)* **to s. a budget**, ampliare un bilancio □ **to s. one's credit**, abusare del credito di cui si gode □ *(fam.)* **to s. it a bit**, *V.* **to s. a point** (*anche fig.*) **to s. one's legs**, sgranchirsi le gambe □ *(med.)* **to s. a muscle**, prodursi uno strappo muscolare □ **to s. out one's hand**, stendere la mano (*per prendere q.c.*) □ **to s. a point**, fare uno strappo alla regola; fare un'eccezione; *(anche)* esagerare, fare la cosa più grande di quello che è.

stretch [stretʃ], *n.* **1** stiramento; allungamento; stiracchiamento; *(mecc.)* stiratura: **s. forming**, formatura (*di elementi, di lamiera*) mediante stiratura; stiro-imbutitura **2** stirata; stiratina: **The dog got up and had a good s.**, il cane si alzò e si stirò una stiratina **3** estensione; distesa; spazio; tratto: **a s. of rolling country**, una distesa di terreno ondulato; **a long s. of road**, un lungo tratto di strada **4** periodo ininterrotto; tempo di durata (*di tempo*): **over a s. of six months**, in un periodo di sei mesi **5** *(sport)* rettilineo; dirittura: **the final** (*o* **finishing**, *o* **home**) **s.**, la dirittura d'arrivo **6** periodo passato alle dipendenze (di q.) **7** *(pop.)* detenzione; periodo di tempo passato in prigione **8** *(naut.)* bordata **9** *(ferr.)* tratta. ● *(ind. tessile)* **s.-nylon**, filanca □ **a s. of the imagination**, uno sforzo d'immaginazione □ **at a s.**, di seguito; di fila: **to drive a car for five hours at a s.**, guidare l'automobile per cinque ore di seguito (*o* filate) □ **by a s. of language**, in senso lato □ **by no s. of the imagination**, neanche per sogno □ **with every faculty on the s.**, con ogni facoltà tesa.

stretched [stretʃt], *a.* **1** disteso; sdraiato; lungo disteso **2** allungato; forzato (*V.* **to stretch**). ● *(geol.)* **s. pebbles**, ciottoli deformati.

stretcher [stretʃə*], *n.* **1** chi tende, tira, stira, ecc. (*V.* **to stretch**) **2** barella; lettiga **3** *(mecc.)* dispositivo per allargare (*o* tendere); tenditore; stenditore; forma: **a glove-s.**, un allargaguanti; **a shoe-s.**, una forma per scarpe **4** *(edil.)* mattone per piano **5** *(naut.)* puntapiedi; pedana **6** *(fam.)* balla; esagerazione; bugia. ● **s.-bearer**, *(med.)* barelliere; *(mil.)* portaferiti; portantino *(fam.)* □ **canvas s.**, telaio di quadro (*per tendere la tela*) □ *(mecc.)* **chain s.**, tendicatena.

stretchiness [stretʃinis], *n.* **1** elasticità **2** deformabilità.

stretching [stretʃiŋ], *n.* **1** stiramento; allargamento; allungamento **2** deformazione; tensione **3** *(mecc.)* stiratura. ● *(leg.)* **s. of one's powers**, abuso di potere.

stretchy [stretʃi], *a.* **1** elastico **2** deformabile.

to strew [stru:] (*pass.* **strewed**, *p. p.* **strewn, strewed**), *v. t.* **1** spargere; sparpagliare; disseminare: **to s. the gravel**, spargere la ghiaia **2** cospargere; ricoprire: **The streets were strewn with flowers**, le strade erano ricoperte di fiori.

strewth [stru:θ], *V.* **struth**.

stria [straiə], *n.* (*pl.* **striae**) *(scient.)* stria.

to striate [straieit], *v. i.* striare.

striate [straiit], **striated** [straiˈeitid], *a.* striato.

striation [straiˈeiʃən], **striature** [straiətʃə*], *n.* striatura.

stricken [strikən], **A** *p. p. raro* di **to strike**. **B** *a.* **1** colpito; ferito **2** affranto; provato (*dal dolore, ecc.*); straziato: **a s. heart**, un cuore affranto (*o* straziato). ● **s. in years**, carico d'anni; debole e vecchio □ *(naut.)* **a s. ship**, una nave in disarmo □ **panic-s.**, atterrito; in preda al panico.

strickle [strikl], *n.* **1** rasiera (*con cui togliere il colmo d'una misura di cereali*) **2** pietra per affilare **3** *(metall.)* sagoma.

strict [strikt], *a.* **1** severo; rigoroso; rigido; austero: **a s. teacher**, un insegnante severo; **s. rules**, regole rigide; **s. discipline**, disciplina rigorosa; **s. morals**, morale austera **2** stretto; esatto; preciso: **in the s. sense**, in senso stretto; (*mus.*) **s. time**, tempo esatto; **to give s. orders**, dare ordini precisi (*o* rigorosi, severi). ● *(leg.)* **a s. construction**, un'interpretazione restrittiva (*della legge*) □ **the s. truth**, la pura verità □ **s. watch**, stretta sorveglianza □ **in s. confidence** (*o* **secret**), in confidenza; in gran segreto □ **to keep s. watch on sb. (st.)**, far buona guardia a q. (a q.c.).

strictly [striktli], *avv.* **1** severamente; rigorosamente **2** esattamente; con gran precisione. ● **s. speaking**, in senso stretto; a rigor di termini.

strictness [striktnis], *n.* **1** severità; rigore; rigidezza; austerità **2** esattezza; precisione.

stricture [striktʃə*], *n.* **1** *(med.)* restringimento; stenosi; strozzatura **2** critica; censura; biasimo; stroncatura. ● **to pass strictures on sb.**, trovare da ridire su q.

to stride [straid] (*pass.* **strode**, *p. p.*, **stridden**, *raro* **strid**), **A** *v. i.* **1** camminare a grandi passi **2** procedere a grandi passi: **The giant strode over mountains and plains**, il gigante scavalcò a grandi passi montagne e pianure. **B** *v. t.* **1** percorrere a gran passi: **They strode the streets**, percorrevano a gran passi le strade **2** scavalcare con un gran passo (*un ostacolo*) **3** *(arc. o poet.)* stare a cavalcioni di (q.c.).

stride [straid], *n.* **1** passo lungo; buon passo; andatura: **to walk a vigorous s.**, camminare di buon passo; **to make great strides**, procedere di buona andatura (*o* a gran passi); *(fig.)* far notevoli progressi **2** posizione divaricata delle gambe. ● *(fig.)* **to get into one's s.**, trovare il ritmo giusto (*di lavoro, ecc.*) □ *(fig.)* **to take st. in one's s.**, fare q.c. con grande facilità; adattarsi facilmente a q.c. □ **with giant strides**, a passi di gigante.

strident [straidnt], *a.* stridente; stridulo.

stridor [straidə*], *n.* (*anche med.*) stridore.

stridulant [stridjulənt], *a.* **1** (*di certi insetti*) stridulante **2** stridulo; stridente.

to stridulate [stridjuleit], *v. i.* (*di certi insetti*) stridulare.

stridulation [stridjuˈleiʃən], *n.* (*di certi insetti*) stridulazione.

stridulous [stridjuləs], *a.* stridulo; stridente.

strife [straif], *n.* **1** conflitto; contesa; lotta; lite; litigio **2** (*anche polit., sindacalismo*) conflittualità.

strigil [stridʒil], *n.* (*archeol.*) strigile.

strigose [straigous], *a.* (*bot., zool.*) setoloso; ispido.

to strike [straik] (*pass.* **struck**, *p. p.* **struck**, *raro* **stricken**), **A** *v. t.* **1** battere; colpire; percuotere; picchiare; suonare (*le ore*); impressionare: **to s. a nail with the hammer**, battere un chiodo col martello; **He struck me on the mouth**, mi colpì sulla bocca; **The ox was struck by lightning**, il bue fu colpito dal fulmine; **The tower clock was striking midnight**, l'orologio della torre batteva la mezzanotte; **What impresses me was the generosity of the offer**, ciò che mi colpì (*o* mi fece impressione) fu la generosità dell'offerta **2** assestare; appioppare; dare: **I struck him a violent blow**, gli assestai un forte colpo **3** sbattere; urtare: **to s. one's foot against a stone**, sbattere un piede contro un sasso; **I struck my elbow against the table**, urtai la tavola col gomito **4** *(metall.)* battere; stampare; *(fin.)* battere: **to s. a new coin** (*o* **a medal, etc.**), coniare una moneta nuova (una medaglia, ecc.); **The Royal Mint strikes coins**, la Zecca Reale batte moneta **5** accendere; strofinare; far sprizzare (*battendo o strofinando*): **to s. a match**, accendere (strofinare) un fiammifero; **to s. a light**, accendere una luce; far luce (*con una candela, lampada, ecc.*); **to s. fire out of flint**, accendere il fuoco battendo sulla pietra focaia **6** arrivare a; raggiungere: **I struck the highway late in the morning**, nel tardo mattino arrivai alla strada maestra **7** (*specialm. ind. min.*) imbattersi in; scoprire; trovare: **to s. a coal seam**, scoprire uno strato di carbone; **to s. gold** (**water, etc.**), trovare l'oro (l'acqua, ecc.) **8** (*mil., naut.*) abbassare; ammainare: **to s. one's flag**, ammainare la bandiera; *(fig.)* arrendersi; **to s. sails**, ammainare le vele **9** abbattere; levare; togliere: **to s. the tents**, levar le tende 10 investire; urtare contro: **The car struck a lamp-post**, l'automobile urtò contro un lampione; **The landing plane struck the tree-tops**, l'aereo in atterraggio urtò contro le cime degli alberi 11 configgere; conficcare; piantare: **He struck a knife into the trunk of the tree**, piantò il coltello nel tronco dell'albero 12 venire in mente, passare per la testa a (q.): **Suddenly it struck me that he had left no message for me**, all'improvviso mi venne fatto di pensare che non aveva lasciato alcun messaggio per me 13 sembrare, parere a (q.) (*impers.*): **The so-called «Metropolitan Indians» struck me as extremely funny**, i cosiddetti Indiani metropolitani mi sembravano assai buffi; **How does my scheme s. you?**, che te ne pare del mio progetto? 14 pareggiare (*cereali, ecc.*) con la rasiera; rasierare. **B** *v. i.* 1 assestar colpi; menar botte 2 (*mil.*) attaccare: **The enemy struck at dawn**, il nemico attaccò all'alba 3 batter le ore; suonare: **The clock is striking**, l'orologio batte l'ora; **Four o'clock had just struck**, erano appena suonate le quattro 4 colpire; cozzare; urtare; sbattere contro: **The ball struck against the wall**, la palla colpì il muro 5 (*di fiammiferi e sim.*) accendersi; prendere fuoco 6 (*econ.*) scioperare: **to s. for higher wages**, scioperare per ottenere un aumento di salario 7 filtrare; infiltrarsi; penetrare; inoltrarsi: **A dim light struck through the mist**, una luce fioca filtrava fra la nebbia; **The chill struck through my flesh**, il freddo mi penetrava nelle carne; **We struck into the forests of the interior**, ci inoltrammo nei boschi dell'interno 8 prendere (*una direzione*); dirigersi, volgere i passi; voltare; uscire: **to s. into a track**, prendere un sentiero; **to s. for the borderline**, dirigersi verso il confine; **Go straight on and then s. to the right**, va' dritto e poi volta a destra! 9 (*mil.*) ammainare la bandiera; (*fig.*) arrendersi 10 (*di pianta*) attecchire; metter radici 11 (*naut.*) andare in secco; incagliarsi 12 (*sport*) dare una bracciata (*o un colpo di gambe; nuotando*) 13 (*canottaggio*) fare (*un certo numero di battute*) al minuto 14 (*geol.*) essere orientato verso. **C** *verbi composti* 1 **to s. at**, tentare di colpire; mirare a, tendere a; attentare a: **I struck at the ball, but missed**, tentai di colpire la palla, ma fallii il colpo □ (*fig.*) **to s. at the root of st.**, cercar di distruggere q.c. dalle fondamenta; scuoter le basi di, cercare d'estirpare q.c. 2 **to s. back**, restituire un colpo; ribatter colpo su colpo; reagire (alle percosse). 3 **to s. down**, abbattere, gettare a terra, atterrare; (*fig.*) rovinare, mandare in rovina; (*naut.*) calare (*un carico*) nella stiva. 4 **to s. in**, interrompere; interporsi; interloquire; intervenire: **He struck in with the proposal that the meeting should be adjourned**, interloquì per proporre il rinvio della riunione 5 **to s. into a gallop**, mettersi al galoppo □ **to s. into a subject**, prendere a parlare di (*o attaccare*) un argomento. 6 **to s. off**, comporre (scrivere, ecc.) con grande facilità; mozzare con un colpo, tagliare; cancellare, tirare un frego su; stampare, tirare; radiare, espellere, estromettere; cancellare (*un professionista*) dall'albo: **to s. off sb.'s head**, tagliar la testa a q.; **to s. off a sentence**, tirare un frego su una frase; **We struck off ten thousand copies of the book**, tirammo diecimila copie del volume □ (*naut.*) **to s. off the list**, radiare (*una nave*) dalla lista □ (*nel gioco della tombola*) **to s. off a number**, segnare un numero. 7 **to s. on**, escogitare, scoprire: **to s. on a plan**, escogitare un piano. 8 **to s. out**, colpire, menar botte, tirar colpi; mettersi a nuotare vigorosamente, a forti bracciate; partire in fretta, di filato; filar via (*fam.*): **to s. out at random**, colpire alla cieca; menar botte a dritta e a manca; **The survivors struck out for the life-boats**, i superstiti si misero a nuotare per raggiungere i battelli di salvataggio; **We struck out at dawn**, filammo via all'alba □ **to s. st. out**, divisare, architettare, escogitare, progettare; cancellare, tirare un frego su: **He struck out an excellent plan**, escogitò un piano eccellente; **to s. out a name**, cancellare un nome □ **to s. out for oneself** (*o* **on one's own**), mettersi a vivere (a lavorare, ecc.) per conto proprio; rendersi indipendente; cavarsela da solo □ **to s. out a line of one's own**, essere originale; fare qualcosa di nuovo □ **to s. out of a track**, uscire di strada (*a piedi*); abbandonare un sentiero. 9 **to s. through**, cancellare, tirare un frego su (*una parola, ecc.*). 10 **to s. up**, attaccare (*a suonare, a cantare*): **Then the organ struck up**, poi attaccò l'organo; **A march struck up**, si udirono le prime note di una marcia □ **to s. st. up**, attaccare, intonare, cominciare q.c.: **to s. up a conversation with sb.**, attaccare discorso con q.; **The band struck up a shake**, l'orchestra attaccò uno shake □ **to s. up an acquaintance with sb.**, fare la conoscenza di q. □ **S. up the band!**, attacchi la banda!; via con l'orchestra! 11 **to s. upon an idea (a plan)**, avere un'idea (escogitare un piano) □ **to s. upon a solution**, trovare una soluzione. ● **to s. an attitude (a pose)**, darsi un atteggiamento (assumere una posa) □ **to s. an average**, fare una media □ (*rag.*) **to s. a balance**, fare il bilancio; far quadrare i conti □ (*tennis*) **to s. the ball out of the court**, lanciare la palla fuori campo □ **to s. a bargain**, concludere un affare; fare un buon affare □ **to s. sb. blind**, accecare q. (*con un colpo o fig.*) □ (*fig.*) **to s. (a blow)**

for freedom, combattere (una battaglia) per la libertà; battersi per la libertà □ (*mil., ecc.*) **to s. camp**, levare il campo □ (*agric.*) **to s. a cutting**, piantare una talea □ **to s. sb. dead**, fulminare q. □ **to s. sb. deaf**, assordare q. (*con un colpo o di colpo*) □ (*sport*) **to s. a fish**, dare uno strappo alla lenza perché l'amo faccia presa nel pesce □ **to s. sb. for his autograph**, chiedere un autografo a q. □ **to s. st. from sb.'s hand**, far saltar q.c. di mano a q. (con un sol colpo); strappare q.c. a q. □ **to s. one's hand on the table**, battere il pugno sulla tavola □ (*anche fig.*) **to s. home**, colpire nel segno □ (*fig.*) **to s. it rich**, arricchire di colpo; trovare l'America □ (*leg.*) **to s. a jury**, formare una giuria (*cancellando nomi, ecc.*) □ **to s. oil**, trovare il petrolio; (*fig.*) arricchire di colpo, trovare l'America □ (*bot.*) **to s. root**, attecchire; metter radici □ (*naut.*) **to s. soundings**, fare degli scandagli □ **to s. terror into sb.'s heart**, atterrire q. □ (*mus.*) **to s. a tone**, far vibrare una nota □ (*fig.*) **to s. a warning note**, far squillare il campanello d'allarme □ (*nei combattimenti all'arma bianca*) **to s. a weapon aside**, deviare un'arma con un colpo □ (*pesca*) **to s. a whale**, colpire (*o* arpionare) una balena □ (*raro*) **to s. work**, abbandonare il lavoro; scioperare □ **to be stricken with fever**, esser colto dalla febbre □ **to be stricken with paralysis**, esser colpito da paralisi □ **striking clock**, orologio a suoneria □ **within striking distance**, (*mil.*) sotto tiro; (*fig.*) a portata di mano □ (*fam.*) **to be struck all of a heap**, rimanere sbigottito; restar di sale □ **to be struck dumb**, ammutolire; restare senza parola □ (*fig.*) **to be struck with**, esser colpito da; ricevere una forte impressione da □ **to be struck with dizziness**, avere un improvviso capogiro □ **The light struck (upon) the door**, la luce cadde sulla porta □ **The wind struck cold**, tirava un vento freddo e tagliente □ (*anche fig.*) **The hour has struck**, l'ora è suonata □ (*pop.*) **S. me dead!**, peste mi colga; possa morire (*se non è vero, ecc.*) □ (*fam., arc.*) **S. a light!**, accidenti!; per la miseria! □ (*prov.*) **S. while the iron is hot**, bisogna battere il ferro finché è caldo.

strike [straik], *n.* 1 (*econ.*) sciopero: **general s.**, sciopero generale; **s. to the last**, sciopero a oltranza 2 rasiera; **s. measure**, misurazione di cereali mediante una rasiera (*V. anche* **strickle**) 3 (*ind. min.*) scoperta di un giacimento (*minerario*) 4 (*mil.*) attacco; (*specialm.*) attacco aereo, incursione 5 (*baseball, bowling*) strike 6 (*geol.*) direzione (*di uno strato, di una vena*) □ (*mil.*) **s. aircraft**, aereo da combattimento □ **s. ban**, proibizione di scioperare; precettazione □ **s. benefit**, *V.* **s. pay** □ **s.-breaker**, crumiro □ **s.-breaking**, crumiraggio □ **s. call**, proclamazione d'uno sciopero □ (*geol.*) **s. fault**, faglia longitudinale □ (*mil.*) **s. force**, forza d'urto □ **s. pay**, sussidio (*pagato dai sindacati*) durante uno sciopero □ (*geol.*) **s.-slip fault**, faglia trascorrente □ **to go on s.**, mettersi (*o* scendere) in sciopero □ (*fig.*) **a lucky s.**, un buon colpo, un colpo fortunato; una speculazione riuscita □ **a nationwide s.**, uno sciopero a carattere nazionale □ **to be on s.**, essere in sciopero □ **stay-in s.**, sciopero con occupazione della fabbrica □ **sympathetic s.** (*o* **sympathy s.**), sciopero di solidarietà □ **wild-cat s.**, sciopero a gatto selvaggio □ (*pesca*) **I just got a s.**, un pesce ha abboccato all'amo (ma non l'ho preso).

strikebound ['straikbaund], *a.* (*di stabilimento, ecc.*) fermo per sciopero; bloccato dallo sciopero.

striker ['straikə*], *n.* 1 scioperante 2 (*d'arma da fuoco*) percussore 3 (*di campana*) battaglio; batacchio 4 (*sport*) battitore; (*calcio*) attaccante, punta 5 orologio a suoneria.

striking ['straikiŋ], *a.* impressionante; sorprendente; singolare; sensazionale; straordinario; che fa colpo: **a s. woman**, una donna bella, che fa colpo. ● **s. contrast**, contrasto stridente.

strikingness ['straikiŋnis], *n.* l'esser sorprendente; singolarità; straordinarietà.

Strine [strain], (*pop.*) **A** *n.* inglese parlato in Australia. **B** *a.* australiano.

string [striŋ], *n.* 1 cordellina; stringa; cordoncino; spago; laccetto; legaccio: **shoe-strings**, stringhe per scarpe; **a ball of s.**, un gomitolo di spago; **the strings of a nightcap**, i cordoncini d'una cuffia da notte; **the apron strings**, i legacci del grembiule 2 filza; resta (*di cipolle, ecc.*); filo (*di perle, ecc.*) 3 (*fig.*) filza; sfilza; filza; sequela; serie: **a s. of oaths (lies, etc.)**, una filza d'imprecazioni (di menzogne, ecc.); **a s. of houses (cars, etc.)**, una fila di case (d'automobili, ecc.); **a long s. of failures**, una lunga sequela di fallimenti 4 (*mus.*) corda: **the strings of a violin**, le corde d'un violino 5 (*pl., mus.*) strumenti a corda; archi 6 filo: **nylon s.**, filo di nailon; **to work puppets by strings**, tirare i fili delle marionette 7 (*econ.*) catena (*di negozi, ecc.*) **a s. of newspapers**, una catena di giornali; **a s. of motels**, una catena di motel 8 (*elab.*) stringa; sequenza 9 (*geol.*) vena filiforme 10 (*biliardo*) tavoletta per segnare i punti (*fatta a mo' di pallottoliere*); punti segnati; tiro per stabilire l'ordine di gioco 11 (*pl., leg. USA*) condizioni accessorie; clausole restrittive 12 (*ippica*) cavalli da corsa d'una scuderia 13 (*archit.*) *V.* **s.-course**. ● **s.**

string

string alphabet, alfabeto per ciechi □ **s.-bag**, borsa a rete □ (*mus.*) **s.-band**, orchestrina d'archi □ **s.-bark**, *V.* **stringy-bark** □ (*USA*) **s. beans**, fagiolini □ (*edil.*) **s.-board**, montante delle scale □ (*giornalismo*) **s. correspondent**, corrispondente pagato a un tanto la riga □ (*archit.*) **s.-course**, marcapiano □ **s. orchestra**, orchestra d'archi (*o* di strumenti a corda) □ (*mus.*) **s. quartet**, quartetto d'archi □ (*fig.*) **to harp on one s.** (*o* **on the same s.**), insistere sullo stesso argomento; toccare sempre lo stesso tasto □ (*fig.*) **to have sb. on a s.**, tirare q. per i fili; tenere q. in pugno □ (*fig.*) **to have two strings** (*o* **a second s.**) **to one's bow**, aver due (*più spesso*: molte) corde al proprio arco □ (*fam.*) **no strings attached**, senza restrizioni, senza condizioni (*spesso rif. a offerta d'aiuto finanziario*) □ (*fig.*) **to play second s.**, avere una parte in sottordine □ (*fig.*) **to pull (a few) strings**, manovrare; darsi da fare, lavorare nell'ombra □ **to pull the strings**, (*del burattinaio*) tirare i fili (*stando nascosto, dietro le quinte*); (*fig.*) tirare le fila, manovrare dietro le quinte □ (*fig.*) **to be tied to one's mother's apron-strings**, essere attaccato alle gonne della mamma □ (*fig.*) **to touch a s.**, toccare un tasto; toccar le corde del cuore □ (*mus.*) **to touch the strings**, toccare le corde (*d'uno strumento*); suonare.

to string [striŋ] (*pass.* e *p. p.* **strung**), **A** *v. t.* **1** legare con spago **2** mettere la corda (*o* le corde) a; fornire di corda: **to s. a bow**, fornire un arco di corda **3** infilare; infilzare: **to s. beads**, infilzare perline **4** togliere il filo a (*fagiolini verdi, ecc.*) **5** tendere; appendere; attaccare; posare: **to s. Chinese lanterns across the lawn**, appendere palloncini colorati attraverso il prato; **to s. cables**, posar cavi **6** collegare, connettere, mettere insieme (*parole, ecc.*) **7** (*mus.*) incordare (*uno strumento*): **to s. a violin**, incordare un violino. **B** *v. i.* **1** diventare fibroso; viscoso **2** (*biliardo*) tirare per stabilire l'ordine di gioco. ● (*fam.*) **to s. sb. along**, tenere q. sulla corda; menare q. per il naso (*fig.*) □ (*fam.*) **to s. along with sb.**, andare (*o* viaggiare, essere d'accordo) con q. □ **to s. out**, stendersi in lunga fila; appendere; stendere (*biancheria, ecc.*); collocare (*o* disporre) a intervalli □ **to s. a tennis racket** fornire di corde di rete una racchetta da tennis □ **to s. together**, infilare, mettere insieme (*frasi, parole, ecc.*) □ **to s. up**, appendere, attaccare; (*fam.*) impiccare; (*fig.*) agitare, eccitare; mettere in agitazione, rendere teso: **The mob strung up the outlaw from the nearest oak**, la folla impiccò il bandito alla quercia più vicina.

stringed [striŋd], *a.* (*mus.*) a corda: **s. instruments**, strumenti a corda. ● **s. music**, musica di strumenti a corda.

stringency ['strindʒənsi], *n.* **1** severità; rigore **2** urgenza; impellenza **3** (*fin.*) penuria; scarsità: **s. of money**, penuria di denaro; scarsità di circolante **4** difficoltà; ristrettezza **5** (*raro*) forza di persuasione (*di un oratore, ecc.*).

stringent ['strindʒənt], *a.* **1** severo; rigido; rigoroso: **s. laws**, leggi severe; disposizioni rigide **2** urgente; impellente **3** (*fin.*) di mercato, ecc.) difficile, sostenuto (*per scarsità di denaro*) **4** (*raro: di oratore, ecc.*) convincente; persuasivo.

stringer ['striŋə*], *n.* **1** chi mette le corde (*a uno strumento musicale*); chi infila perle, ecc. (*V.* **to string**) **2** (*edil.*) traversa orizzontale di legno; corrente orizzontale **3** (*ferr.*) traversina **4** (*costr. navali*) corrente, trincarino **5** (*edil.*) montante delle scale **6** (*ind. min.*) vena filiforme **7** *V.* **string correspondent**, *sotto* **string**.

stringiness ['striŋinis], *n.* **1** fibrosità **2** viscosità.

stringy [striŋi], *a.* **1** fibroso; filamentoso; filaccioso; (*raro*): **s. meat**, carne fibrosa **2** viscoso: **s. molasses**, melassa viscosa **3** (*di muscolo*) allungato e floscio **4** (*di capelli*) lunghi e radi. ● (*bot.*) **s.-bark**, tipo di eucalipto con corteccia filamentosa.

to strip [strip], **A** *v. t.* **1** strappare; togliere: **He stripped the clothes from** (*o* **off**) **his body**, si tolse i vestiti di dosso; si spogliò; **I stripped the shirt from my back**, mi strappai la camicia di dosso; **to s. paper off a wall**, strappare la carta (da parati) da una parete **2** denudare; svestire; spogliare (*anche fig.*), privare, derubare: **They stripped him to the skin**, lo denudarono; **to s. sb. of all his property**, spogliare q. d'ogni suo avere **3** sbucciare, scartocciare; pelare: **to s. a banana**, sbucciare una banana; **to s. a chicken (of its feathers)**, pelare un pollo **4** (*comm., naut.*) vuotare (*un contenitore*) **5** (*mil.*) degradare **6** (*mecc., mil.*) smontare: **to s. a motor (a rifle, etc.)**, smontare un motore (un fucile, ecc.) **7** (*mecc., mil., naut.*) disarmare: **to s. a gun (a ship, etc.)**, smantellare un cannone (disarmare una nave, ecc.) **8** sfrondare, scortecciare (*un albero*) **9** (*elettr.*) spelare (*un filo elettrico*) **10** (*mecc.*) spanare (*una vite*) **11** (*ind. min.*) sbancare; scoprire. **B** *v. i.* (*anche* **to s. off**) **1** spogliarsi; svestirsi; denudarsi **2** (*mecc.: d'una vite*) spanarsi. ● **to s. the bark from a tree**, scortecciare un albero □ **to s. a bed**, disfare un letto □ **to s. a cow**, mungere l'ultimo latte d'una mucca □ **to s. a palace of all its valuables**, svuotare un palazzo di tutte le cose di valore che vi sono □ **to s. to one's bathing suit**, mettersi in costume da bagno □ **to s. tobacco**, togliere il gambo alle foglie del tabacco □ **The locusts stripped the fields**, le locuste lasciarono i campi spogli di vegetazione □ **Was your motorbike stolen or stripped?**, t'hanno rubato la moto o soltanto gli accessori?

strip [strip], *n.* **1** striscia; lista: **a s. of paper (of cloth, of land, etc.)**, una striscia di carta (di stoffa, di terra, ecc.) **2** assicella; listello **3** (*mecc.*) reggetta; nastro **4** (*fam.*) spogliarello: **to do a s.**, fare uno spogliarello **5** (*fam.*) maglia (*di calciatore*) **6** (*anche* **airstrip**) pista di atterraggio. ● **s. artist**, spogliarellista □ **s. cartoons**, fumetti; strisce □ **s. lighting**, illuminazione con tubi fluorescenti □ (*aeron.*) **s. lights**, luci di pista d'atterraggio □ (*ind. min.*) **s. mining**, coltivazione a cielo aperto previo sbancamento □ **s.-plays**, *V.* **s. cartoons** □ **s. poker**, poker in cui chi perde si toglie un capo di vestiario □ **s. show**, spogliarello □ **comic strips**, *V.* **s. cartoons**.

stripe [straip], *n.* **1** striscia; riga; stria; lista; banda: **red with black stripes**, rosso con bande nere **2** (*mil.*) gallone: **corporal's stripes**, i galloni da caporale; **to get one's stripes**, guadagnarsi i galloni; essere promosso; **to lose one's stripes**, perdere i galloni; essere degradato **3** (*fam.*) genere; tipo; specie: **people of every s.**, persone d'ogni genere **4** (*pl.*) divisa e strisce del carcerati **5** (*pl., fam.*) tigre **6** (*un tempo*) frustata; scudisciata (*come punizione*): **twenty stripes on the back**, venti frustate sulla schiena.

to stripe [straip], *v. t.* listare; rigare; striare.

striped [straipt], *a.* **1** rigato; listato; a strisce: **a s. tie**, una cravatta a strisce **2** (*mil.*) gallonato.

striper ['straipə*], *n.* (*gergo mil., specialm. naut.*) ufficiale. ● **a three-s.**, un ufficiale con tre galloni; un tenente di vascello.

stripling ['striplin], *n.* adolescente; giovinetto; ragazzo.

stripped [stript], *a.* spogliato; svestito; nudo. ● **S. of fine names, it's a swindle**, in parole povere, è una truffa.

stripper ['stripə*], *n.* **1** chi spoglia, sveste, sfronda, ecc. (*V.* **to strip**) **2** spogliarellista **3** sverniciatore **4** (*mecc., chim.*) estrattore **5** (*elettr.*) spelafili (*strumento*). ● (*metall.*) **s. punch**, estrattore.

stripping ['stripin], *n.* **1** spogliamento; spogliazione **2** (*mecc.*) smontaggio **3** (*mecc., mil.*) smantellamento **4** (*ind. min.*) sbancamento; scopertura **5** (*ind. petrolifera*) stripping; strippaggio. ● (*ind. tessile*) **s. agent**, decolorante □ (*ind. min.*) **s. shovel**, escavatore per sbancamento.

striptease ['strip,ti:z], *n.* spogliarello. ● **s. artist**, spogliarellista.

to striptease ['strip,ti:z], *v. i.* fare lo spogliarello.

stripteaser ['strip,ti:zə*], *n.* spogliarellista.

stripy ['straipi], *a.* rigato; listato; a strisce; zebrato.

to strive [straiv] (*pass.* **strove**, *p. p.* **striven**), *v. i.* **1** sforzarsi; fare sforzi; ingegnarsi: **They strove hard to win**, fecero ogni sforzo per vincere **2** battersi; lottare; combattere: **That people is striving against tyranny**, quel popolo è in lotta contro la tirannide. ● **to s. after an end**, cercar di conseguire uno scopo □ **to s. for st.**, sforzarsi d'ottenere q.c. □ (*arc.*) **to s. with sb.**, battersi (*con le armi*) con q.

striver ['straivə*], *n.* **1** chi si sforza, chi s'ingegna (*di fare q.c.*) **2** persona attiva, energica; lottatore (*fig.*).

strobe [stroub], *n.* **1** (*elettron.*) impulso (*o* traccia) di riferimento **2** (*abbr. fam. di* **stroboscope**) stroboscopio. ● **s. circuit**, circuito generatore d'impulsi □ **s. light**, luce intermittente; lampeggio.

strobile ['stroubail], *n.* (*bot.*) strobilo.

stroboscope ['stroubəskoup], *n.* (*ing.*) stroboscopio.

stroboscopic(al) [,stroubə'skopik(əl)], *a.* (*fis., tecn.*) stroboscopico.

stroboscopy [strou'boskəpi], *n.* (*fis.*) stroboscopia.

strode [stroud], *pass.* di **to stride**.

to stroke (1) [strouk], **A** *v. i.* (*naut., sport*) remare; vogare: **The crew was stroking at 30**, l'equipaggio vogava a trenta battute al minuto. **B** *v. t.* **1** (*naut., sport*) fare da capovoga per (*un'imbarcazione, un equipaggio*) **2** (*sport*) colpire, lanciare (*la palla, ecc.*).

stroke (1) [strouk], *n.* **1** colpo (*anche fig.*); botta; percossa; (*med.*) colpo apoplettico: **with a s. of (its) wing**, con un colpo d'ala; **the s. of a hammer**, un colpo di martello; **strokes of the birch**, colpi di verga; **sword s.**, colpo di spada; (*pitt.*) **a s. of the brush**, un colpo di pennello; una pennellata; **s. of luck**, colpo di fortuna; (*naut., sport*) **s. of oar**, colpo di remo; battuta **2** (*nuoto*) bracciata; (*anche*) stile: **to swim with quick strokes**, nuotare a bracciate veloci **3** tratto (*di penna, ecc.*); asta (*di scrittura*); battuta (*dattilografica*); pennellata: **with a s. of the pen**, con un tratto di penna; **thin strokes**, aste sottili; **He dashed off the portrait with a few strokes**, buttò giù il ritratto con poche pennellate; **strokes per minute**, battute (*dattilografiche*) al minuto **4** rintocco, tocco, il battere (*dell'orologio*); battito (*del cuore*): **He arrived on the s. of midnight**, arrivò al batter della mezzanotte; **It is on the s. of five**, stanno per battere le cinque **5** (*mecc.*) corsa (*dello stantuffo*); tempo (*di motore*): **a four-s. engine**, motore a quattro tempi; **s.-bore ratio**, rapporto corsa-

-alesaggio 6 (*naut.*) vogata; battuta (*di remo*) 7 (*sport*) capovoga 8 (*fig.*) quantità soddisfacente; (un) po' di: **He hasn't done a s. of work up to now**, finora non ha fatto neanche un po' di lavoro. ● (*sport*) **s. oar**, capovoga □ **a s. of genius**, un'idea geniale; un lampo di genio □ **a s. of lightning** (*o* **a lightning s.**), un fulmine □ **a s. of wit**, una battuta spiritosa □ **at a s.**, d'un tratto; di botto □ (*sport*) **back-s.**, (nuoto al) dorso □ (*sport*) **breast-s.**, (nuoto a) rana □ **down-s.**, parte inferiore, tratto discendente (*nella grafia manoscritta*); (*mecc.*) corsa discendente (*del pistone*) □ **finishing s.**, (*stor.*) colpo di grazia; (*pitt. e fig.*) ultimo tocco □ **a good s. of business**, un buon affare; un affarone; un bel colpo □ (*naut.*) **to keep s.**, vogare in cadenza; tenere il tempo □ **master s.**, colpo maestro; colpo da maestro □ **on the s.**, puntualmente; in perfetto orario □ (*fam.*) **to pull strokes**, fare brutti tiri; fare levate di capo; fare scherzi da prete (*fam.*) □ **side-s.**, nuoto alla marinara □ **up- -s.**, parte superiore; tratto ascendente (*nella grafia manoscritta*); (*mecc.*) corsa ascendente (*del pistone*) □ (*prov.*) **Little strokes fell great oaks**, la goccia scava la pietra.

to stroke (2) [strouk], *v. t.* lisciare; accarezzare; passare la mano su: **The girl was stroking the cat**, la ragazza accarezzava il gatto. ● (*fig.*) **to s. sb. down**, lisciare q.; cercare di rabbonire q. □ (*fig.*) **to s. sb. the wrong way**, prendere q. per il verso sbagliato.

stroke (2) [strouk], *n.* carezza; lisciata; lisciatina.

stroking ['stroukiŋ], *n.* 1 carezza; lisciata 2 (*mecc.*) movimento (*dello stantuffo*); funzionamento (*di motore*): **four-s.**, funzionamento a quattro tempi.

to stroll [stroul], A *v. i.* andare a zonzo; passeggiare; girellare; gironzolare; bighellonare. B *v. t.* andare a zonzo per; vagabondare per: **They strolled the countryside**, vagabondavano per la campagna.

stroll [stroul], *n.* giro; giretto; passeggiatina: **to go for a s.** (*o* **to take a s.**), andare a fare una passeggiatina; fare due passi.

stroller ['stroulə*], *n.* 1 girondolone; bighellone 2 attore girovago 3 vagabondo 4 (*per bambini, specialm. USA*) passeggino; girellino.

strolling ['strouliŋ], *a.* ambulante; errante; girovago; vagante: **s. players** (*o* **s. company**), attori girovaghi; comici ambulanti.

stroma ['stroumə], *n.* (*pl.* **stromata**) (*anat.*) stroma.

stromatic [strou'mætik], *a.* (*anat.*) stromatico.

strong [strɔŋ], A *a.* 1 forte; gagliardo; energico; robusto; vigoroso; solido; saldo; potente; valido; duro; resistente: **a s. man**, uomo forte; **a s. will**, una forte volontà; **an army 100,000 s.**, un esercito forte di centomila uomini; **a s. affection**, un forte amore; **a s. body**, un corpo robusto; **a s. handshake**, un'energica stretta di mano; **a s. smell of firedamp**, un forte odore di grisù; **s. tea**, tè forte; tè carico; **He has s. nerves**, ha i nervi solidi; **s. beliefs (opinions)**, salde credenze (opinioni); **a s. wind**, un forte vento; **a s. wall**, un muro solido (*o* resistente); **s. measures**, provvedimenti energici; **a s. army**, un potente esercito; **in a s. voice**, con forte voce; **s. advocate**, un valido patrono □ (*di liquore*) alcolico; **s. drinks**, bevande alcoliche 3 (*di cibo*) rancido; (*per estens.*) maleodorante: **s. butter**, burro rancido 4 (*di formaggio*) piccante 5 (*econ., comm.*) alto; sostenuto: **s. prices**, prezzi alti; **The market has not been particularly s. these days**, il mercato non è stato particolarmente sostenuto in questi giorni 6 (*econ.*) forte; solido: **a s. national economy**, una forte economia nazionale; **a s. balance of payments**, una solida bilancia dei pagamenti 7 (*idiom., nei composti*) di un certo numero: **an anticipated million-s. crowd**, una folla che si prevede sarà di un milione di persone. B *avv.* forte; energicamente; vigorosamente. ● **a s. argument**, un argomento convincente, persuasivo □ **s.- -arm methods**, metodi energici; la maniera forte: **to use s.-arm methods**, ricorrere alla maniera forte □ **s.-box**, cassaforte; forziere □ **s. breath**, alito cattivo □ **a s. candidate**, un candidato favorito; un concorrente temibile □ (*USA*) **a s. Democrat**, un democratico per la pelle □ (*anche leg.*) **s. evidence**, prove ben fondate □ **s. eyes**, vista acuta □ **s.-headed**, cocciuto; caparbio; ostinato; testardo □ **s. language**, parole grosse; ingiurie; imprecazioni; bestemmie □ **a s. light**, una luce vivida □ **s.-limbed**, tarchiato; membruto □ (*fig.*) **s. meat**, (*lett., arc.*) forti studi; studi severi e profondi; occupazione che richiede ingegno e animo forti; (*ora*) roba «pesante», vista (*o* spettacolo) che richiede uno stomaco forte □ **a s. memory**, una buona memoria; una memoria di ferro □ **a s. mind**, un forte ingegno; una mente acuta; un animo forte, virile □ **s.-minded**, di forte ingegno; intelligente; d'animo forte e virile; deciso, risoluto □ (*fig.*) **one's s. point**, il (punto) forte di q.: **Maths isn't his s. point**, la matematica non è il suo forte □ **s. reasons**, fondati motivi □ **s.- -room**, camera blindata; camera di sicurezza □ **a s. situation**, un episodio commovente; una situazione drammatica □ **a s. town**, una città fortificata □ (*gramm. ingl.*) **s. verbs**, verbi forti □ **s.-willed**, deciso; risoluto; tenace □ **to be as s. as a horse**, essere forte come un toro □ **by the s. hand**, con la forza; con

la violenza □ (*fam.*) **to come** (*o* **to go**) **it rather s.**, esagerare; passare il segno; strafare □ (*fam.*) **to be going s.**, essere ancora arzillo (*o* vigoroso); procedere bene; andar forte (*fam.*) □ (*fig.*) **to have a s. hold on sb.**, esercitare un forte ascendente su q. □ **to smell s.**, odorare di rancido □ **How many s. are you?**, in quanti siete? □ **He is s. in chemistry**, è forte in chimica; la chimica è il suo forte □ **It's a bit s. to send him off for such a small foul!**, mi pare troppo espellerlo per un fallo così lieve!

stronghold ['strɔŋhould], *n.* (*mil.*) fortezza; (*anche fig.*) roccaforte.

strongish ['strɔŋiʃ], *a.* alquanto forte; piuttosto robusto, ecc. (V. **strong**).

strongly ['strɔŋli], *avv.* 1 fortemente; forte; energicamente; vigorosamente 2 vivamente; saldamente; calorosamente: **I s. advise you not to accept the offer**, ti raccomando vivamente di non accettare l'offerta.

strongpoint ['strɔŋpɔint], *n.* (*mil.*) caposaldo.

strontia ['strɔnʃiə], *n.* (*miner.*) ossido di stronzio.

strontianite ['strɔnʃiənait], *n.* (*miner.*) stronzianite.

strontium ['strɔnʃiəm], *n.* (*chim.*) stronzio. ● (*fis. nucl.*) **s.-90**, stronzio 90.

strop [strɔp], *n.* coramella; cuoio per affilare il rasoio.

to strop [strɔp], *v. t.* affilare (*un rasoio*) sulla coramella.

strophanthin [strou'fænθin], *n.* (*med.*) strofantina.

strophanthus [strou'fænθəs], *n.* (*bot.*, **Strophantus**) strofanto.

strophe ['stroufi], *n.* (*poesia*) strofe; strofa.

strophic ['strɔfik], *a.* strofico.

strophulus ['strɔfjuləs], *n.* (*pl.* **strophuli**) (*med.*) strofulo.

stroppy ['strɔpi], *a.* (*fam.*) indisponente; dispettoso; riottoso.

strove [strouv], *pass.* di **to strive**.

struck [strʌk], *pass. e p. p.* di **to strike**.

structural ['strʌktʃərəl], *a.* strutturale: (*mecc.*) **s. deflections**, deformazioni strutturali; (*geol.*) **s. geology**, geologia strutturale; **s. linguistics**, linguistica strutturale. ● (*mecc.*) **s. arrangement**, schema costruttivo □ **s. engineering**, scienza (*o* tecnica) delle costruzioni □ (*edil.*) **s. fault**, difetto strutturale □ (*metall.*) **s. iron**, profilati di ferro □ (*edil.*) **s. steel**, acciaio da costruzione.

structuralism ['strʌktʃərəlizəm], *n.* strutturalismo.

structuralist ['strʌktʃərəlist], A *n.* strutturalista. B *a.* strutturalistico; strutturalista.

structure ['strʌktʃə*], *n.* 1 struttura, conformazione; (*fig.*) impalcatura, ossatura: **the s. of a house** (**of the atom, of society, etc.**), la struttura d'una casa (dell'atomo, della società, ecc.) 2 assetto: **the political s.**, l'assetto politico 3 (*edil.*) fabbricato; edificio 4 (*costr.*) opera d'arte; opera; costruzione.

to structure ['strʌktʃə*], *v. t.* strutturare; dare forma compiuta a (*idee, ecc.*).

structureless ['strʌktʃəlis], *a.* senza struttura; privo di struttura.

structurization [ˌstrʌktʃərai'zeiʃən], *n.* strutturazione.

to structurize ['strʌktʃəraiz], *v. t.* strutturare.

strudel ['struːdl], (*ted*), *n.* (*cucina*) torta di frutta. ● **apple s.**, strudel; torta di mele.

to struggle ['strʌgl], *v. i.* 1 lottare; combattere; battersi: **to s. with an illness**, lottare contro una malattia; **We struggled against superior numbers**, combattemmo contro forze preponderanti 2 dibattersi; dimenarsi; divincolarsi: **The boy struggled in the snake's coils**, il ragazzo si dibatteva fra le spire del serpente. 3 sforzarsi; fare ogni sforzo: **I struggled to control my feelings**, mi sforzavo di tenere a freno i miei sentimenti. ● **to s. in**, entrare a fatica; penetrare a stento: **Light struggled in through the dirty panes**, la luce penetrava a stento attraverso i vetri sporchi □ **to s. out of st.**, liberarsi a fatica di q.c.; uscire a stento da q.c. □ **to s. through**, farsi strada a fatica □ **to s. up**, arrancare; salire con difficoltà.

struggle ['strʌgl], *n.* 1 lotta; contesa: **the s. for existence**, la lotta per l'esistenza 2 grande sforzo: **with a s.**, con grande sforzo.

struggling ['strʌgliŋ], *a.* che lotta; in lotta: **s. factions**, fazioni in lotta. ● **s. artist**, un artista che fatica ad affermarsi.

strugglingly ['strʌgliŋli], *avv.* lottando; con grande sforzo.

to strum [strʌm], *v. i. e t.* 1 strimpellare: **to s. (on) a guitar**, strimpellare la chitarra 2 (*fig.*) ticchettare; tamburreggiare.

strum [strʌm], *n.* 1 strimpellamento; strimpellata; strimpellio (*di una chitarra, ecc.*) 2 (*fig.*) ticchettio: **the s. of the typewriter**, il ticchettio della macchina da scrivere.

struma ['struːmə], *n.* (*pl.* **strumae**) (*med.*) 1 scrofola; struma 2 gozzo.

strummer ['strʌmə*], *n.* strimpellatore, strimpellatrice.

strumming ['strʌmiŋ], *V.* **strum**.

strumose ['struːmous], **strumous** ['struːməs], *a.* (*med.*) scrofoloso.

strumpet ['strʌmpit], *n.* (*arc.*) meretrice; prostituta; sgualdrina.

strung [strʌŋ], A *pass. e p. p.* di **to string**. B *a.* 1 appeso 2 (*mus.*: *di strumento*) incordato. ● (*fam.*) **s. out**, che si droga; dedito alla droga; sotto l'effetto della droga □ **s. up**, eccita-

strut (1)

tissimo; dai nervi tesi; assai preoccupato, teso (*fig.*) □ (*USA*) **high-s.**, *V.* **highly s.** □ **highly s.**, dai nervi tesi; ipersensibile.

to strut (1) [strʌt], *v. i.* andare impettito; camminare con boriosa gravità; incedere tronfio; pavoneggiarsi; gigioneggiare (*fam.*).

strut (1) [strʌt], *n.* andatura impettita; incedere tronfio.

strut (2) [strʌt], *n.* **1** (*costr.*) puntone: **s. of truss**, puntone di capriata **2** (*ind. min.*) puntello **3** (*aeron.*) montante.

to strut (2) [strʌt], *v. t.* puntellare; rinforzare (*o* sostenere) con puntoni.

struth [struːθ], *inter.* (*pop.*, *arc.*) caspita!; per la miseria!; perdinci!

struthious ['struːθɪəs], *a.* (*zool.*) simile allo struzzo; della famiglia dello struzzo.

strutter ['strʌtə*], *n.* chi si pavoneggia; chi cammina impettito; gigione (*gergo teatr.*).

struttingly ['strʌtɪŋlɪ], *avv.* in modo tronfio; pavoneggiandosi: **He walked s. on**, incedeva in modo tronfio.

strychnine ['strɪkniːn], *n.* (*chim.*) stricnina.

strychninism ['strɪkninɪzəm], *n.* (*med.*) stricninismo.

Stuart [stjuət], *n.* (*stor.*) Stuardo.

stub [stʌb], *n.* **1** ceppo (*d'albero*); troncone; mozzicone: **a s. of a pencil**, un mozzicone di matita; **the s. of a cigar**, un mozzicone di sigaro **2** moccolo (*di candela*) **3** matrice; madre (*di biglietto e*, *USA*, *di libretto d'assegni bancari*) **4** (*elettr.*) stub; tronco di linea. ● (*mecc.*, *autom.*) **s. axle**, fuso a snodo.

to stub [stʌb], *v. t.* **1** sradicare, strappare, estirpare (*erbacce*, *ecc.*) **2** liberare (*il terreno*) dai ceppi **3** sbattere, urtare (*il piede*, *ecc.*) contro q.c. ● (*anche* **to s. out**) schiacciare; spegnere (*la sigaretta*, *il sigaro*): *schiacciandoli*. ● **to s. one's toe** (**against st.**), inciampare (in q.c.).

stubble ['stʌbl], *n.* **1** (*agric.*) stoppia **2** (*fig.*) capelli a spazzola **3** (*fig.*) barba ispida. ● (*agric.*) **s. plough**, aratro stoppiatore.

stubbly ['stʌblɪ], *a.* **1** coperto di stoppie **2** (*corto e*) ispido.

stubborn ['stʌbən], *a.* **1** caparbio; cocciuto; ostinato; testardo; pervicace: **a s. boy**, un ragazzo cocciuto **2** duro; inflessibile; pertinace; tenace; saldo: **s. resistance**, tenace resistenza; **s. opinions**, opinioni salde **3** refrattario; di difficile trattamento: **s. ore**, minerale difficile a trattarsi **4** (*med.*) persistente; cronico. ● **a s. fight**, un combattimento accanito (*o* all'ultimo sangue) □ **Facts are s. things**, i fatti non si discutono; sono i fatti che contano!

stubbornness ['stʌbənnɪs], *n.* **1** caparbietà; cocciutaggine; ostinatezza; ostinazione; testardaggine; pervicacia **2** durezza; inflessibilità; pertinacia; tenacia; saldezza **3** l'essere refrattario **4** (*med.*) persistenza, cronicità (*di una malattia*).

stubby ['stʌbɪ], *a.* **1** (*d'albero*, *ecc.*) troncato; mozzo **2** (*del terreno*) coperto di ceppi **3** corto e ispido; irsuto: **s. bristles**, setole corte e ispide **4** tozzo; tarchiato: **s. fingers**, dita tozze.

stucco ['stʌkoʊ] (*ital.*), *n.* (*pl.* **stuccos, stuccoes**) (*edil.*) stucco.

to stucco ['stʌkoʊ], *v. t.* stuccare; decorare a stucco.

stuccowork ['stʌkoʊwəːk], *n.* decorazione a stucco; stucco.

stuck [stʌk], *A pass.* e *p. p.* di **to stick**. *B a.* **1** bloccato; inceppato: **The lock is s.**, la serratura è inceppata **2** appiccicato; attaccato **3** (*fig.*) perplesso; confuso; imbarazzato **4** (*fam. USA*) nei guai; inguaiato. ● (*fam.*) **to be s. on sb.**, essere (innamorato) cotto di q. □ (*fam.*) **s.-up**, pieno di sé; borioso; presuntuoso ● (*fam.*) **to be s. with an old aunt**, rimanere incastrato con una vecchia zia □ **to get s.**, bloccarsi; incepparsi; (*autom.*) rimanere piantato (*nel fango*, *ecc.*) □ (*fam.*) **Get s. in!**, attacca! (*a mangiare*, *ecc.*).

stud (1) [stʌd], *n.* **1** (*anche* **collar-s.**) bottoncino da colletto **2** chiodo da tappezziere; borchia: **the studs of a door**, le borchie d'una porta **2** (*mecc.*) perno; colonnetta **4** (*mecc.*, *anche* **s.--bolt**) vite prigioniera; prigioniero **5** (*edil.*) montante; trave verticale. ● (*edil.*) **s. wall**, muro di montanti in legno.

to stud [stʌd], *v. t.* **1** ornare (*o* guarnire) di borchie **2** (*mecc.*) fissare con viti prigioniere **3** (*edil.*) provvedere (*un edificio*) di montanti **4** (*fig.*) costellare; punteggiare; tempestare.

stud (2) [stʌd], *n.* **1** (*collett.*) cavalli da allevamento (*o* da corsa); allevamento di cavalli; scuderia **2** (*anche* **studhorse**) stallone; cavallo da monta **3** (*volg.*) stallone (*fig.*); chiavatore, scopatore (*volg.*) **4** (*anche* **s. poker**) telesina; poker in cui le carte vengono distribuite una coperta (*detta* **hole card**, *q.V.*) e le restanti quattro scoperte. ● **s.-book**, libro genealogico, registro dei purosangue (*specialm. di cavalli da corsa*) □ **s.-farm**, stazione di monta (*per equini*); scuderia di allevamento (*di cavalli*) □ **s.--mare**, fattrice.

studbook ['stʌdbuk], *n.* libro genealogico, registro dei purosangue; registro di un allevamento di cavalli.

studded ['stʌdɪd], *a.* **1** coperto, guarnito, decorato (*di borchie*, *ecc.*): **a door s. with nails**, una porta coperta di borchie **2** costellato; punteggiato; tempestato; trapunto: **The wide, barren plain was s. with patches of vegetation**, l'ampia pianura sterile era punteggiata di ciuffi di vegetazione; **a translation s. with mistakes**, una traduzione costellata d'errori; **a star-studded sky** (*o* **a sky s. with stars**), un cielo trapunto di stelle. ● **s. crossing**, passaggio pedonale segnato da chiodi.

studding ['stʌdɪŋ], *n.* (*costr.*) montanti; legname per montanti.

studding-boom ['stʌdɪŋbuːm], *n.* (*naut.*) asta di coltellaccio (*o* di coltellaccino).

studding-sail ['stʌdɪŋseɪl], *n.* (*naut.*) (vela di) coltellaccio; (vela di) coltellaccino.

student ['stjuːdənt], *n.* **1** studente, studentessa: **a university s.**, uno studente universitario; **a s. of archaeology**, uno studente d'archeologia **2** studioso; indagatore, ricercatore: **a s. of wild life**, uno studioso della vita degli animali selvatici; **a s. of human behaviour**, un indagatore del comportamento dell'uomo **3** (*in talune Università*) borsista. ● **student council**, comitato studentesco; (*comitato*) interfacoltà □ (*arc.*) **s. interpreter**, funzionario che si prepara per la carriera consolare (*specialm. in Oriente*) □ **s. lamp**, lampada da tavolo (*o* a braccio mobile) □ **s. power**, potere studentesco □ **student union**, unione studentesca; (*anche*) centro studentesco, casa dello studente.

studentship ['stjuːdəntʃɪp], *n.* **1** borsa di studio **2** condizione di studente.

studied ['stʌdɪd], *a.* **1** studiato; calcolato; deliberato; meditato; voluto: **a s. insult**, un insulto deliberato; **with s. indifference**, con calcolata indifferenza **2** ricercato; affettato; manierato: **s. gestures**, gesti affettati.

studio ['stjuːdɪoʊ], *n.* (*pl.* **studios**) **1** studio (*d'artista o professionista*) **2** (*cinem.*) teatro di posa; studio (cinematografico) **3** (*radio*) auditorio **4** (*telev.*) studio (televisivo). ● (*USA*) **s. apartment**, monolocale □ (*radio*, *telev.*) **s. audience**, pubblico in sala □ **s. couch**, divano letto.

studious ['stjuːdjəs], *a.* **1** studioso: **a s. boy**, un ragazzo studioso **2** attento; diligente; premuroso; riguardoso; sollecito; zelante: **with s. care**, con diligente cura; **s. attention**, sollecita attenzione **3** (*raro*) studiato; calcolato; deliberato. ● (*lett.*) **being s. of brevity**, avendo a cuore la concisione; desiderando esser conciso.

studiousness ['stjuːdjəsnɪs], *n.* **1** l'essere studioso; applicazione allo studio **2** cura; premura; sollecitudine; zelo.

study ['stʌdɪ], *n.* **1** studio (*quasi in ogni senso*); esame, indagine, ricerca: **I have taken up the s. of philosophy**, ho intrapreso lo studio della filosofia; **after careful s. of the matter**, dopo attento esame della faccenda; **a s. of working conditions**, un'indagine sulle condizioni di lavoro; **humanistic studies**, studi umanistici; **a s. by sector**, una ricerca di carattere settoriale **2** bozzetto; schizzo; abbozzo **3** (*lett.*) studio (*lett.*); cura; premura: **It shall be my s. to please him**, sarà mia cura compiacerlo (*o* accontentarlo). ● (*teatr.*) **to be a good** (**a slow**) **s.**, essere bravo (lento) a imparare la parte □ **to be in a brown s.**, essere assorto nei propri pensieri □ **to make a s. of st.**, fare uno studio su (indagare attentamente) q.c.; darsi da fare per ottenere q.c. □ (*lett.*) **Their comfort was my s.**, il mio primo pensiero era che si trovassero a loro agio.

to study ['stʌdɪ], *A v. t.* **1** studiare; esaminare; indagare; investigare: **to s. Latin** (**English, chemistry, etc.**), studiare il latino (l'inglese, la chimica, ecc.); **to s. a book**, studiare un libro; leggere attentamente un libro; **to s. the violin**, studiare il violino; **He studied the inscription on the wall**, esaminò l'iscrizione sulla parete; **to s. a problem**, studiare un problema **2** attendere a; curarsi di; ricercare: **He studies only his family's welfare**, si cura soltanto del benessere della sua famiglia **3** studiarsi, ingegnarsi (di): **He studies to avoid disagreeable topics**, si studia di evitare gli argomenti spiacevoli. *B v. i.* **1** studiare; essere studente **2** (*arc.*) meditare; ponderare. ● **to s. economics**, studiare economia □ **to s. economy**, studiarsi di fare economia; tirare a far economie □ **to s. sb.'s face**, scrutare la faccia di q. □ **to s. for the bar**, studiare legge □ **to s. out**, scoprire dopo lungo studio, dopo attento esame; progettare □ (*teatr.*) **to s. one's part**, studiare la (propria) parte □ **to s. up**, studiare bene; approfondire.

stuff [stʌf], *n.* **1** materia; materiale; roba; sostanza: **the s. that dreams are made of**, la sostanza di cui son fatti i sogni; **What's this s.?**, che cos'è questa roba?; **This is poor s.**, questa è roba scadente **2** stoffa (*anche fig.*, *ma piuttosto arc. in senso concreto*); tessuto (*specialm. di lana*): **a s. gown**, una toga di lana (*indossata da avvocati che non vestono ancora la seta*); **I am made of a different s.**, io sono di tutt'altra stoffa **3** cosa senza valore; robaccia: (*fig.*) sciocchezze: **Take that s. away!**, porta via quella robaccia!; **What's he writes!**, che sciocchezze scrive! **4** (*falegnameria*) legname **5** (*ind. della carta*) pasta **6** (*fig.*) qualità fondamentale; essenza: **the s. of life**, l'essenza della vita **7** (*fam.*) campo; materia; ramo: **That man knows his s.**, quell'uomo conosce bene il suo ramo **8** (*gergo*) droga (*marijuana*, *eroina*); roba (*gergo*). ● (*fam.*) **to do one's s.**, esibirsi; far vedere quel che si sa fare □ (*fam.*) **doctor's s.**, medicine □ **to know one's s.**, sapere il fatto proprio □ (*fam.*) **to be short of s.**, essere a corto di quattrini □ **S. and nonsense!**, sciocchezze! □ **That's the s.!**, bravo!; proprio così!; ben fatto!; ben detto! □ **This book is good s.**, questo è un buon libro □ **This wine is sorry s.**, questo vino è una porcheria □ **That boy knows his s.**, quel ragazzo sa il fatto suo □ **He is made of sterner s. than his brother**, ha più forza di carattere che suo fratello □ (*fam.*) **Do your s.!**, fa' vedere quel che sai fare! □ (*fam.*) **That's the s. to give them!**, questo è quello che ci vuole per loro!

to stuff [stʌf], **A** *v. t.* **1** riempire; imbottire; turare: **to s. a bag with straw**, riempire di paglia un sacco; **to s. a cushion with down**, imbottire di piume un cuscino; **to s. one's ears with cotton wool**, turarsi le orecchie con la bambagia **2** impagliare; imbalsamare: **to s. owls**, impagliare gufi; **a stuffed eagle**, un'aquila imbalsamata **3** (*cucina*) farcire; infarcire: **a stuffed turkey**, un tacchino farcito **4** rimpinzare; ingrassare: **to s. a boy**, rimpinzare un ragazzo di cibo; **to s. a goose**, ingrassare un'oca **5** cacciare; ficcare; comprimere: **He stuffed a handkerchief into his pocket**, si cacciò un fazzoletto in tasca; **Don't s. the food into your mouth**, non ficcarti il cibo in bocca con le mani! **6** (*comm., naut.*) riempire (*un contenitore*) **7** (*polit. USA*) riempire (*un'urna*) di schede fasulle **8** (*pop.*) sopportare **9** (*volg.*) chiavare, fottere (*volg.*). **B** *v. i.* rimpinzarsi; ingozzarsi (*anche, v. rifl.*, **to stuff oneself*) ● **to s. dates into one's mind**, riempirsi la testa di date □ **to s. up**, intasare: **My throat is stuffed up**, ho la gola intasata □ **The drawer is stuffed with papers**, il cassetto è pieno zeppo di documenti □ (*pop.*) **Get stuffed!**, ma va'!; fatti fottere! (*volg.*).

stuffed [stʌft], *a.* **1** imbottito: **a head stuffed with nonsense**, un cervello imbottito di sciocchezze **2** (*cucina*) farcito; ripieno: **s. chicken**, pollo ripieno **3** impagliato: **s. owl**, un gufo impagliato. ● (*fig.*) **s. shirt**, pallone gonfiato (*fig.*); stupido borioso; formalista impettito □ (*del naso, ecc.*) **s.-up**, intasato □ (*fig.*) **a head stuffed with information**, una testa piena di nozioni.

stuffer [ˈstʌfə*], *n.* **1** imbalsamatore; impagliatore **2** (*fam.*) mangione; chi si rimpinza.

stuffiness [ˈstʌfinis], *n.* **1** mancanza d'aria fresca; odor di chiuso **2** (*fam.*) arretratezza; ottusità **3** (*fam.*) broncio; cattivo umore **4** (*fam.*) permalosità; sdegnosità.

stuffing [ˈstʌfiŋ], *n.* **1** imbottitura, borra; stoppa **2** (*cucina*) ripieno; farcia: **the s. for a fowl**, il ripieno per un pollo **3** impagliatura; imbalsamatura **4** (*mecc.*) tenuta a premistoppa. ● (*mecc.*) **s. box**, premistoppa □ (*mecc.*) **s. nut**, dado di premistoppa □ (*fam.*) **to knock the s. out of sb.**, bucare un pallone gonfiato (*fig.*); indebolire q., mettere a terra q.; sconcertare q.; stracciare q. (*pop.*).

stuffy [ˈstʌfi], *a.* **1** senz'aria; mal ventilato; che sa di rinchiuso; soffocante: **a s. room**, una stanza che sa di rinchiuso **2** raffreddato; col naso intasato **3** (*fam.*) antiquato; arretrato; ottuso; di mente ristretta **4** (*fam.*) borioso; pieno di sé imbronciato; di cattivo umore; indispettito. ● **to smell s.**, saper di rinchiuso □ **It is very s. in here**, qui dentro si soffoca.

stull [stʌl], *n.* (*ind. min.*) sbadacchio; piattaforma di legno; palchetto.

stultification [ˌstʌltifiˈkeiʃən], *n.* **1** il mettere in ridicolo; l'essere messo in ridicolo **2** vanificazione; invalidazione **3** (*leg.*) dichiarazione d'infermità mentale.

to stultify [ˈstʌltifai], **A** *v. t.* **1** mettere in ridicolo; dimostrare l'illogicità di **2** rendere vano (*o* inutile); vanificare; invalidare; infirmare: **His present behaviour stultifies his previous efforts**, la sua condotta attuale rende vani i suoi sforzi precedenti **3** (*leg.*) dichiarare (q.) infermo di mente. **to stultify oneself B** *v. rifl.* contraddirsi; cadere nel ridicolo.

stum [stʌm], *n.* (*agric.*) **1** mosto **2** vino conciato (*con aggiunta di mosto*).

to stum [stʌm], *v. t.* (*agric.*) conciare (*vino, con l'aggiunta di mosto*).

to stumble [ˈstʌmbl], *v. i.* **1** inciampare; incespicare (*anche fig.*): **to s. over a stone**, inciampare in un sasso; **He stumbled through his prayers**, incespicò (*o* s'impaperò) nel dire le preghiere **2** (*fig.*) fare un passo falso; errare; sbagliare **3** (*lett.*) cadere: **to s. into sin**, cadere nel peccato. ● **to s. across sb.**, imbattersi in q.; incontrare q. per caso □ **to s. along**, procedere incespicando; barcollare □ **to s. at st.**, esitare (*o* titubare) di fronte a q.c. □ **to s. in one's speech** (*o* **to s. over one's words**) impuntarsi nel parlare □ **to s. upon**, *V.* **to s. across**.

stumble [ˈstʌmbl], *n.* **1** l'incespicare; inciampata; passo falso **2** (*fig.*) errore; passo falso; sbaglio.

stumbling [ˈstʌmbliŋ], *n.* l'incespicare; inciampata. ● **s. block**, inciampo; intoppo; impedimento; ostacolo; scoglio (*fig.*); (*anche, fam.*) handicap, difetto fisico; croce (*fig.*).

stumer [ˈstjuːmə*], *n.* (*pop.*) **1** assegno falso; banconota (*o* moneta) falsa **2** (*sport*) cavallo perdente (*perché drogato, ecc.*) **3** oggetto senza valore; patacca **4** crac finanziario; fallimento. ● **seller of stumers**, pataccaro (*fam.*).

stump [stʌmp], *n.* **1** ceppo (*d'albero*); base tagliata; troncone **2** moncone; moncherino; mozzicone; radice (*di dente*); dente rotto: **the s. of a pencil**, il mozzicone d'una matita **3** individuo tozzo **4** (*polit.*) piattaforma (*o* tribuna) per comizi **5** (*sport*) paletto (*nel cricket*) **6** matrice (*di registro, libretto, ecc.*) **7** (*arte*) sfumino. ● **s. orator**, oratore da piazza □ **s. removal**, rimozione dei ceppi (*degli alberi*) □ **s. speeches**, discorsi da comizio □ (*fam.*) **to be on the s.**, tenere un comizio □ (*fam., scherz.*) **to stir one's stumps**, muovere le gambe; affrettarsi; spicciarsi □ (*fam. USA*) **to be up a s.**, essere imbarazzato, perplesso; non sapere che pesci pigliare.

to stump [stʌmp], **A** *v. t.* **1** ridurre a un mozzicone; mozzare; troncare **2** sgombrare (*il terreno*) dai ceppi d'albero **3** (*polit., specialm. USA*) tenere comizi in (*una regione*): **He stumped the whole district**, tenne comizi in tutta la regione **4** (*arte*) passare lo sfumino su (*un quadro, ecc.*) **5** (*fam.*) mettere in imbarazzo; sconcertare; imbarazzare; sbalordire **6** (*cricket*) mettere fuori gara (*un battitore*). **B** *v. i.* **1** (*di solito*, **to s. along**, **to s. about**) camminare pesantemente, con andatura rigida **2** (*polit., specialm. USA*) andare in giro a tenere comizi. ● (*fam.*) **to s. up**, sborsare, sganciare, tirar fuori (*una somma*) □ (*fam.*) **to be stumped**, essere imbarazzato, perplesso; non saper che pesci pigliare.

stumper [ˈstʌmpə*], *n.* (*fam.*) **1** domanda (*o* problema) difficile **2** (*cricket*) giocatore che sta dietro la porta (*per fermare le palle mancate*).

stumpiness [ˈstʌmpinis], *n.* l'esser tozzo (*o* tarchiato).

stumpy [ˈstʌmpi], *a.* **1** (*del terreno*) coperto di ceppi d'albero **2** corto; tozzo; tarchiato: **a s. tail**, una coda corta; un mozzicone di coda; **a s. pencil**, una matita corta, un mozzicone di matita; **a s. woodcutter**, un tozzo boscaiolo.

to stun [stʌn], *v. t.* **1** (*di suono*) assordare; intronare (*fam.*) **2** stordire; intontire; sbalordire; istupidire: **They were stunned by the sight**, rimasero sbalorditi a quella vista **3** tramortire; stordire; far perdere i sensi a (q.).

stung [stʌŋ], *pass.* e *p. p.* di **to sting**.

stunk [stʌŋk], *pass.* e *p. p.* di **to stink**.

stunned [stʌnd], *a.* **1** stordito; intontito; sbalordito; istupidito; intronato (*fam.*) **2** affascinato; incantato: **s. by the girl's beauty**, incantato dalla bellezza della ragazza.

stunner [ˈstʌnə*], *n.* **1** cosa che assorda, stordisce, ecc. (*V.* **to stun**) **2** (*fam.*) persona (*o* cosa) meravigliosa, che lascia a bocca aperta. ● **She's a real s.**, (quella ragazza) è proprio uno schianto.

stunning [ˈstʌniŋ], *a.* **1** (*di suono*) assordante **2** (*fam.*) sbalorditivo; meraviglioso; magnifico; splendido **3** che stordisce; che tramortisce: **a s. blow**, un colpo che stordisce **4** (*fam., di donna*) che è uno schianto (*fam.*); stupenda; favolosa (*pop.*).

stunsail [ˈstʌnseil], **stuns'l** [ˈstʌnsl], *n.* (*naut.*) (vela di) coltellaccio; (vela di) coltellaccino.

to stunt (1) [stʌnt], *v. t.* rendere stentato; arrestare lo sviluppo di.

stunt [stʌnt], *n.* (*fam.*) **1** bravata; esibizione; impresa rischiosa; numero pericoloso **2** montatura pubblicitaria (*aeron.*) acrobazia **4** (*bot., zool.*) nanismo **5** (*bot.*) pianta nana **6** (*zool.*) animale nano. ● **s. flying**, volo acrobatico □ (*cinem.*) **s. man**, controfigura; cascatore □ (*cinem.*) **s. woman**, controfigura (*donna*) □ (*fam.*) **to pull a s.**, fare uno scherzo gobbo (*o* un tiro mancino).

to stunt (2) [stʌnt], *v. i.* (*fam.*) **1** fare una bravata; eseguire un numero pericoloso **2** (*aeron.*) fare acrobazie aeree.

stunted [ˈstʌntid], *a.* (*bot., zool.*) stentato; striminzito; nano; rachitico: **s. pinetrees**, pini nani (*o* rachitici).

stupe (1) [stjuːp], *n.* (*med.*) panno per impacchi caldi (*o* per applicazione di liquidi medicamentosi).

to stupe [stjuːp], *v. t.* (*med.*) applicare impacchi caldi su.

stupe (2) [stjuːp], *n.* (*pop. USA*) stupido; imbecille; tonto.

stupefacient [ˌstjuːpiˈfeiʃənt], **A** *a.* stupefacente; che istupidisce. **B** *n.* (*farm.*) stupefacente.

stupefaction [ˌstjuːpiˈfækʃən], *n.* **1** stordimento; torpore; (*med.*) stupore **2** stupefazione; sbalordimento; stupore.

stupefier [ˈstjuːpifaiə*], *n.* chi (*o* cosa che) istupidisce; intontisce, stordisce, ecc. (*V.* **to stupefy**).

to stupefy [ˈstjuːpifai], *v. t.* **1** istupidire; intontire; stordire; intorpidire: **He was stupefied with narcotics (grief, etc.)**, era intontito dai narcotici (stordito dal dolore, ecc.) **2** stupefare; sbalordire.

stupefying [ˈstjuːpifaiiŋ], *a.* **1** che stordisce; che istupidisce **2** stupefacente; che sbalordisce.

stupendous [stjuːˈpendəs], *a.* **1** stupefacente; sorprendente; enorme; immenso: **a s. production**, una produzione enorme **2** sbalorditivo; stupendo; mirabile.

stupendousness [stjuːˈpendəsnis], *n.* **1** l'essere sorprendente (*o* enorme, immenso); grandiosità **2** l'essere sbalorditivo (*o* stupendo).

stupid [ˈstjuːpid], **A** *a.* **1** stupido; ottuso; sciocco; stolto; melenso; scimunito: **a s. person**, una persona ottusa; uno scimunito;

stupidity

What a s. idea!, che idea stupida!; **a s. joke**, uno scherzo sciocco 2 noioso; uggioso; seccante: **a s. party**, un trattenimento noioso; **a s. place**, un luogo uggioso. **B** *n.* (*fam.*) stupido; sciocco; scimunito. ● **a s. thing (to do, to say, etc.)**, una stupidaggine; una sciocchezza □ **to become s.**, istupidirsi.
stupidity [stju:'piditi], *n.* stupidità; ottusità (*fig.*); scemenza.
stupor ['stju:pə*], *n.* stupore (*anche med.*); stordimento; torpore.
stuporous ['stju:pərəs], *a.* (*med.*) in stato di stupore; stordito.
sturdiness ['stə:dinis], *n.* robustezza; resistenza; solidità; gagliardia; forza; vigore.
sturdy (1) ['stə:di], *a.* robusto; resistente; vigoroso; forte; gagliardo; solido; saldo: **a s. man**, un uomo robusto, vigoroso; **a s. plant**, una pianta robusta; **a s. race**, una razza forte; **s. courage**, saldo coraggio. ● (*metall.*) **s. bar**, lingotto □ (*ind. tessile*) **s. fabric**, tessuto sostenuto.
sturdy (2) ['stə:di], *n.* (*vet.*) capostorno; capogatto.
sturgeon ['stə:dʒən], *n.* (*zool.*, *Acipenser sturio*) storione.
to stutter ['stʌtə*], *v. i.* e *t.* balbettare; tartagliare; essere balbuziente. ● **to s. out**, balbettare; dire balbettando: **He stuttered out an excuse**, balbettò una scusa.
stutter ['stʌtə*], *n.* **1** balbuzie **2** balbettamento; tartagliamento.
stutterer ['stʌtərə*], *n.* balbuziente; tartaglione, tartagliona.
sty (1) [stai], *n.* **1** (*anche* **pigsty**) porcile **2** (*fig.*) porcile; tugurio.
to sty [stai], **A** *v. t.* **1** mettere in un porcile **2** (*fig.*) alloggiare (*o* sistemare) in un tugurio. **B** *v. i.* (*anche fig.*) stare in un porcile.
sty (2), stye [stai], *n.* (*med.*) orzaiolo.
Stygian ['stidʒiən], *a.* **1** (*mitol.*) stigio; dello Stige **2** (*fig.*, *lett.*) cupo; scuro; tetro **3** (*lett.: di giuramento*) inviolabile; sacro.
style [stail], *n.* **1** stile; maniera, modo: **This author lacks s.**, questo scrittore non ha stile; **Baroque (Renaissance**, etc.) **s.**, stile barocco (rinascimentale, ecc.); **There are different styles of rowing**, vi sono diverse maniere di remare; **in the s. of Shakespeare**, alla maniera di Shakespeare **2** eleganza; stile; distinzione: **to dress in s.**, vestire con eleganza; **There is no s. in her**, è priva di distinzione; non ha stile **3** genere; qualità; sorta; specie; tipo: **What s. of house do you require?**, che sorta di casa cerchi?; che tipo di casa ti occorre? **4** foggia; linea; taglio; stile: **the new spring styles**, la nuova linea (*della moda*) per la primavera **5** modello; capo di vestiario alla moda: **We are stocked with the latest styles in raincoats**, siamo forniti degli ultimi modelli d'impermeabili **6** titolo; nome; appellativo: **He is entitled to the s. of «Esquire»**, ha diritto al titolo di «Esquire»; **My s. is plain Mr John Smith**, il mio appellativo è semplicemente Mr John Smith (*non ho titoli da anteporre o aggiungere al nome*); **I didn't recognize him under his new s.**, il nuovo titolo fece sì che non capissi che era lui **7** (*comm.*: *di ditta*) ragione sociale; nome commerciale **8** gnomone (*di meridiana*) **9** puntina di giradischi **10** (*bot.*, *zool.*) stilo **11** (*stor.*) stile, stilo. ● **bad s.**, mancanza di stile; maleducazione □ **a gentleman of the old s.**, un gentiluomo di vecchio stampo, all'antica □ **good s.**, buone maniere □ **in s.**, in perfetto stile; come si deve □ **Let's do the thing in s.**, facciamo le cose come si deve □ **in the French s.**, secondo la moda francese; alla francese □ (*di calendario*) **old (new) s.**, stile giuliano (gregoriano) □ (*raro*) **to slash about in fine s.**, menar botte da orbi □ **She's a woman of s.**, quella donna ha molto stile.
to style [stail], *v. t.* **1** appellare; chiamare; designare; dare il titolo di: **He is styled king**, ha il titolo di re; **This is styled folly**, questa si chiama follia **2** (*ind.*) disegnare; progettare; modellare. ● **to s. oneself**, farsi chiamare (*specialm. con un appellativo fasullo, dandosi arie*).
stylebook ['stailbuk], *n.* manuale di uniformazione tipografica.
styleme ['staili:m], *n.* (*linguistica*) stilema.
stylet ['stailit], *n.* **1** stilo; stiletto **2** (*med.*) specillo; stiletto **3** (*grafica*) bulino.
styliform ['stailifɔ:m], *a.* stiliforme; a forma di stilo.
styling ['stailiŋ], *n.* (*ind.*) **1** progettazione; modellazione **2** (*di un'auto*, ecc.) linea; stile.
stylish ['stailiʃ], *a.* elegante; distinto; alla moda.
stylishness ['stailiʃnis], *n.* eleganza; distinzione; stile.
stylist ['stailist], *n.* **1** stilista **2** (*giornalismo*) figurinista **3** disegnatore di carrozzerie (*per automobili*). ● **hair s.**, stilista in capelli; parrucchiere (*o* parrucchiera) alla moda.
stylistic(al) [stai'listik(ə)l], *a.* stilistico.
stylite ['stailait], *n.* (*stor.*, *relig.*) stilita.
stylization [,stailai'zeiʃən], *n.* stilizzazione.
to stylize ['stailaiz], *v. t.* stilizzare.
stylized ['stailaizd], *a.* stilizzato.
stylo ['stailou], *n.* (*pl.* **stylos**) (*abbr. fam. di* **stylograph**) (penna) stilografica.
stylobate ['stailəbeit], *n.* (*archit.*) stilobate.
stylograph ['stailəgrɑ:f], *n.* (penna) stilografica.
stylographic [,stailə'græfik], *a.* stilografico.
stylus ['stailəs], *n.* (*pl.* **styli**, **styluses**) **1** stilo (*anche stor.*);

bulino **2** puntina di giradischi **3** punta di registrazione (*o* di incisione) (*per dischi*) **4** (*bot.*) stilo.
stymie ['staimi], *n.* **1** (*golf*) posizione in cui la palla di un giocatore sta fra quella dell'avversario e la buca **2** (*fig.*) ostacolo; difficoltà.
to stymie ['staimi], *v. t.* **1** (*golf*) ostacolare buche la (*un avversario*) **2** (*fig.*) ostacolare; mettere in imbarazzo.
styptic ['stiptik], *a.* e *n.* (*med.*) (sostanza) astringente, coagulante. ● **s. pencil**, matita emostatica.
styrax ['staiəræks], *n.* (*bot.*, *Styrax officinalis*) storace.
styrene ['stairi:n], *n.* (*chim.*) stirene; stirolo.
Styria ['stiriə], *n.* (*geogr.*) Stiria.
Styrian ['stiriən], *a.* e *n.* stiriano.
Styx [stiks], *n.* (*mitol.*) Stige. ● **to cross the S.**, attraversare lo Stige; (*fig.*) morire.
Suabian ['sweibjən], *a.* e *n.* (*stor.*) svevo.
suability [,sju:ə'biliti], *n.* (*leg.*) l'esser perseguibile (*o* processabile).
suable ['sju:əbl], *a.* (*leg.*) perseguibile; processabile.
suasion ['sweiʒən], *n.* (*lett.*, *spesso* **moral s.**) persuasione.
suasive ['sweiziv], *a.* (*lett.*) suasivo, suadente (*lett.*); persuasivo.
suave [swa:v], *a.* **1** soave; delicato e gentile; blando, garbato, cortese (*specialm. in modo superficiale*): **s. manners**, maniere soavi; **s. words**, parole blande, cortesi **2** soave; piacevole; gradevole: **a s. medicine**, una medicina gradevole.
suavity ['swæviti], *n.* **1** soavità; affabilità; garbo; cortesia **2** soavità; piacevolezza.
sub (1) [sʌb], *n.* (*abbr. fam.*) **1** (*mil.*) ufficiale subalterno; sottotenente **2** sussidio; anticipo (*sul salario*) **3** subordinato **4** (*naut.*) sottomarino **5** abbonamento; prenotazione; somma sottoscritta **6** sostituto; vice; supplente **7** (*di giornale*) vicedirettore; redattore aggiunto **8** (*sport*) sostituto; rimpiazzo.
to sub [sʌb], **A** *v. i.* (*fam.*) sostituire; fare le veci di; supplire: **to sub for sb.**, fare le veci di q. **B** *v. t.* essere il vicedirettore (*di un giornale*).
sub (2) [sʌb] (*lat.*), *prep.* sotto. ● (*leg.*) **sub judice**, in corso di giudizio; in discussione □ **sub rosa**, in confidenza; segretamente; di nascosto □ (*nei dizionari*) **sub voce** (*abbr.* **s.v.**), sotto la voce; cfr.; vedi.
subacid ['sʌb'æsid], *a.* **1** (*chim.*) subacido **2** leggermente acido; acidetto; acidulo.
subacute ['sʌbə'kju:t], *a.* (*med.*) subacuto.
subagency ['sʌb'eidʒənsi], *n.* (*comm.*) subagenzia.
subagent ['sʌb'eidʒənt], *n.* (*comm.*) subagente.
subalpine ['sʌb'ælpain], *a.* (*geogr.*) subalpino.
subaltern ['sʌbltən], **A** *a.* (*mil.*, *gramm.*, ecc.) subalterno: **a s. proposition**, una proposizione subalterna. **B** *n.* (*mil.*) ufficiale subalterno.
subaquatic ['sʌbə'kwætik], *a.* (*scient.*) **1** parzialmente acquatico **2** subacqueo.
subaqueous ['sʌb'eikwiəs], *a.* (*scient.*) subacqueo; sottomarino.
subarctic ['sʌb'ɑ:ktik], *a.* (*geogr.*) subartico.
subarid ['sʌb'ærid], *a.* (*geogr.*) subarido.
subastral ['sʌb'æstrəl], *a.* (*lett.*) sotto le stelle; terrestre.
subatomic ['sʌbə'tɔmik], *a.* (*fis.*) subatomico.
subaudition ['sʌbɔ:'diʃən], *n.* (*raro*) il capire ciò che è sottinteso; il leggere fra le righe.
subbase ['sʌb,beis], *n.* **1** (*archit.*) sottobase **2** (*costr.*, *edil.*) sottofondo.
subchannel ['sʌb'tʃænl], *n.* (*elab.*) sottocanale.
subclass ['sʌbklɑ:s], *n.* (*scient.*) sottoclasse.
subclinical [sʌb'klinikəl], *a.* (*med.*) che non manifesta ancora sintomi.
subcommission ['sʌbkə'miʃən], *n.* sottocommissione.
subcommissioner [,sʌbkə'miʃənə*], *n.* vicecommissario.
subcommittee ['sʌbkə,miti], *n.* sottocomitato; sottocommissione.
subcompact ['sʌb'kɔm'pækt], *n.* (*autom.*, *anche* **s. car**) utilitaria a due porte.
subcompany ['sʌb'kʌmpəni], *n.* (*leg.*) società sussidiaria; consociata.
subconscious ['sʌb'kɔnʃəs], *a.* e *n.* (*psic.*) subcosciente; subconscio.
subconsciousness ['sʌb'kɔnʃəsnis], *n.* (*psic.*) subcosciente.
subcontinent ['sʌb'kɔntinənt], *n.* (*geogr.*) subcontinente: **India is a s.**, l'India è un subcontinente.
subcontract ['sʌb'kɔntrækt], *n.* (*leg.*) subappalto.
to subcontract ['sʌbkən'trækt], *v. t.* (*leg.*) subappaltare.
subcontractor ['sʌbkən'træktə*], *n.* (*leg.*) subappaltatore.
subcontrary ['sʌb'kɔntrəri], *a.* (*filos.*) subcontrario.
subcortical ['sʌb'kɔ:tikəl], *a.* (*anat.*) subcorticale.
subcritical ['sʌb'kritikəl], *a.* (*fis. nucl.*) ipocritico, sottocritico.
subculture ['sʌb,kʌltʃə*], *n.* (*sociologia*) sottocultura.
subcutaneous ['sʌbkju:'teinjəs], *a.* (*anat.*, *med.*) sottocutaneo;

ipodermico. ● (*anat.*) **s. connective tissue**, tessuto sottocutaneo; ipoderma.
subdeacon ['sʌb'di:kən], *n.* (*relig.*) suddiacono (*prima del Concilio Ecumenico Vaticano Secondo*).
subdeaconate [sʌb'di:kənit], *V.* **subdiaconate.**
subdiaconate [,sʌbdai'ækənit], *n.* (*relig.*) suddiaconato.
to **subdivide** [,sʌbdi'vaid], *v. t.* e *i.* **1** suddividere, suddividersi **2** (*USA*) lottizzare (*un terreno*).
subdivision ['sʌbdi,viʒən], *n.* **1** suddivisione **2** (*USA*) lotto (*di terreno*) **3** (*USA*) terreno lottizzato.
subdominant ['sʌb'dɔminənt], *n.* (*mus.*) (nota) sottodominante.
subduable [,sʌb'dju:əbl], *a.* **1** soggiogabile; domabile; reprimibile; vincibile **2** attenuabile; riducibile.
subdual [səb'dju(:)əl], *n.* **1** soggiogamento; sottomissione; conquista; asservimento; repressione **2** attenuamento; riduzione.
to **subdue** [səb'dju:], *v. t.* **1** soggiogare; sottomettere; assoggettare; vincere; conquistare: **to s. a territory**, conquistare un territorio; **to s. one's enemies**, vincere i propri nemici; **to s. nature**, assoggettare le forze della natura **2** frenare; dominare; tenere a freno; reprimere; **to s. an unreasonable fear**, dominare un timore irragionevole; **to s. one's desires**, tenere a freno i propri desideri **3** attenuare; abbassare; mitigare; ridurre: **to s. the light**, attenuare la luce; **to s. the effect**, mitigare l'effetto; **to s. one's voice**, abbassare la voce. ● (*agric.*) **to s. rough land**, coltivare terra vergine.
subdued [səb'dju:d], *a.* **1** assoggettato; soggiogato; sottomesso; soggetto: **a s. people**, un popolo soggetto **2** (troppo) calmo; mogio; buono buono (*fam.*) **3** attenuato; mitigato; smorzato; tenue: **a s. colour**, un colore tenue **4** pacato; sommesso; smorzato: **in a s. tone**, in tono pacato (*o* sommesso).
subduedness [səb'dju:dnis], *n.* **1** sottomissione; asservimento **2** calma eccessiva; apatia **3** tenuità (*di colori, luci, ecc.*) **4** pacatezza (*di tono, voce, ecc.*).
to **subedit** ['sʌb'edit], *v. t.* **1** essere il vicedirettore di (*un giornale*) **2** revisionare; fare la revisione di (*scritti altrui*).
subeditor ['sʌb'editə*], *n.* (*di giornale*) vicedirettore; redattore aggiunto.
subemployed ['sʌbim'plɔid], *a.* (*econ.*) sottoccupato.
subemployment ['sʌbim'plɔimənt], *n.* (*econ.*) sottoccupazione.
suberin ['sju:bərin], *n.* (*chim.*) suberina.
suberous ['sju:bərəs], **suberose** ['sju:bərous], *a.* (*bot.*) sugheroso.
subfamily ['sʌb,fæmili], *n.* (*scient.*) sottofamiglia.
subfebrile ['sʌb'fi:brail], *a.* (*med.*) subfebbrile.
subfusc ['sʌbfʌsk], **A** *a.* **1** fosco; brunastro; opaco **2** (*fig.*) oscuro; misero; meschino. **B** *n.* (*a Oxford*) tenuta accademica (*toga, tocco, ecc.*).
subgenus ['sʌb,dʒi:nəs], *n.* (*pl.* **subgenera, subgenuses**) (*scient.*) sottogenere.
subglacial ['sʌb'gleisiəl], *a.* (*geol.*) subglaciale.
subgroup ['sʌbgru:p], *n.* (*chim., mat.*) sottogruppo.
subhead ['sʌbhed], *n.* **1** *V.* **subheading 2** (*nelle scuole*) vicedirettore; vicepreside.
subheading ['sʌb,hediŋ], *n.* (*giornalismo, tipogr.*) sottotitolo.
subhuman ['sʌb'hju:mən], *a.* inferiore all'umano; subumano; disumano; bestiale.
sub-hunter ['sʌb'hʌntə*], *a. attr.* (*mil.*) cacciasommergibili. ● **a s. airship**, un dirigibile antisommergibile.
subirrigation ['sʌb,iri'geiʃən], *n.* (*agric.*) subirrigazione.
subjacent [sʌb'dʒeisənt], *a.* **1** sottostante; inferiore **2** (*geol.*) soggiacente; non affiorante.
subject (1) ['sʌbdʒikt], *a.* soggetto; sottomesso; sottoposto; esposto: **s. nations**, nazioni soggette; **s. races**, razze sottomesse; **Even foreigners are s. to the laws of the country**, anche gli stranieri sono soggetti alle leggi del paese; **I am s. to tremendous headaches**, vado soggetto a tremende emicranie; **to be s. to envy**, essere esposto all'invidia. ● **the s. plains**, le pianure sottostanti □ **s.**, salvo: **S. to correction, these are the facts**, salvo errore, i fatti sono questi □ (*comm.*) **s. to availability**, se disponibile; salvo venduto □ (*comm.*) **s. to sale** (*o* **s. to goods being unsold**), salvo venduto □ (*comm.*) **to be held s.**, essere assoggettato; essere tenuto in sudditanza □ (*comm.*) **All prices (are) s. to alterations**, tutti i prezzi sono suscettibili di variazione □ **The treaty is s. to ratification**, il trattato è soggetto a ratifica.
subject (2) ['sʌbdʒikt], *n.* **1** soggetto (*in molti sensi*); argomento; oggetto: **the s. of the speech (of the book, etc.)**, il soggetto del discorso (del libro, ecc.); (*gramm.*) **Every verb has a s.**, ogni verbo ha un soggetto; **to change the s.**, cambiare argomento; **He is a s. for ridicule**, è oggetto di scherno; **He was made the s. of an experiment**, fu fatto oggetto d'esperimento **2** materia (*di studio*); disciplina: **Chemistry is my favourite s.**, la chimica è la mia materia preferita **3** suddito; cittadino: **rulers and subjects**, governanti e sudditi; **He is an Italian s.**, è cittadino italiano **4** causa; motivo; occasione: **a s. for great sorrow**, una causa

di grande dolore; **I'll give you no s. for complaint**, non vi darò motivo di lagnarvi di me **5** (*agric.*) esemplare **6** (*med.*) cadavere (*per sala anatomica*) **7** (*raro, med.*) soggetto: **a nervous s.**, un soggetto nervoso **8** (*mus.*) tema (*di una suonata, ecc.*). ● **s. catalogue**, catalogo per soggetto (*in una biblioteca*) □ **s.-heading**, titolo di indice □ **s. matter**, argomento; contenuto; materia □ **one's fellow-subjects**, i propri concittadini □ **on the s. of**, a proposito di.
to **subject** [səb'dʒekt], **A** *v. t.* **1** assoggettare; soggiogare; sottomettere; sottoporre; esporre: **to s. a nation to one's sway**, assoggettare una nazione al proprio potere; soggiogare una nazione; **Iron must be subjected to a special process to become steel**, il ferro deve essere sottoposto a un processo speciale per diventare acciaio; **to s. sb. to indignities**, sottoporre q. a maltrattamenti **2** (*med.*) predisporre: **His weakness subjected him to many diseases**, la sua debolezza lo predisponeva a molte malattie. **to subject oneself B** *v. rifl.* esporsi; sottomettersi: **Don't s. yourself to ridicule (criticism, etc.)**, non esporti al ridicolo (alle critiche, ecc.).
subjection [səb'dʒekʃən], *n.* soggezione; sottomissione; assoggettamento; sudditanza: **to be in a state of s.**, essere in stato di soggezione. ● **to bring into s.**, assoggettare; soggiogare.
subjective [sʌb'dʒektiv], *a.* **1** soggettivo; personale; individuale **2** (*gramm.*) del soggetto; soggettivo: **s. genitive**, genitivo soggettivo. ● (*gramm.*) **s. case**, nominativo.
subjectiveness [sʌb'dʒektivnis], *n.* soggettività.
subjectivism [səb'dʒektivizəm], *n.* (*filos.*) soggettivismo.
subjectivist [səb'dʒektivist], *n.* (*filos.*) soggettivista.
subjectivistic [səb,dʒekti'vistik], *a.* (*filos.*) soggettivistico.
subjectivity [,sʌbdʒek'tiviti], *n.* soggettività.
to **subjoin** ['sʌb'dʒɔin], *v. t.* soggiungere; aggiungere.
sub judice [,sʌb'dʒu:disi] (*lat.*), *a.* e *avv.* (*leg.*) subjudice; in discussione; in corso di giudizio.
to **subjugate** ['sʌbdʒugeit], *v. t.* soggiogare; assoggettare; domare; sottomettere; ridurre in soggezione.
subjugation [,sʌbdʒu'geiʃən], *n.* soggiogamento; assoggettamento; conquista; sottomissione.
subjugator ['sʌbdʒugeitə*], *n.* soggiogatore.
subjunctive [səb'dʒʌŋktiv], *a.* e *n.* (*gramm.*) congiuntivo; soggiuntivo (*meno comune*): **s. mood**, modo congiuntivo.
subkingdom ['sʌb,kiŋdəm], *n.* (*zool., bot.*) sottoregno.
sublease ['sʌb'li:s], *n.* subaffitto; sublocazione.
to **sublease** ['sʌb'li:s], *v. t.* subaffittare; sublocare; prendere (*un appartamento, ecc.*) in subaffitto.
sublessee ['sʌble'si:], *n.* subaffittuario; sublocatario.
sublessor ['sʌble'sɔ:], *n.* subaffittante.
to **sublet** ['sʌb'let], (*pass.* e *p. p.* **sublet**), *v. t.* **1** subaffittare; sublocare **2** subappaltare.
sublevel ['sʌb'levl], *n.* (*ind. min., fis. nucl., ecc.*) sottolivello.
sublibrarian ['sʌblai'brɛəriən], *n.* vicebibliotecario.
sublieutenancy ['sʌble'tenənsi], *n.* **1** (*mil.*) grado di sottotenente **2** (*naut.*) grado di sottotenente di vascello.
sublieutenant ['sʌble'tenənt], *n.* **1** (*mil.*) sottotenente **2** (*naut.*) sottotenente di vascello.
to **sublimate** ['sʌblimeit], *v. t.* (*chim., psic., ecc.*) sublimare; (*fig.*) elevare, idealizzare, purificare.
sublimate ['sʌblimit], **A** *a.* (*chim.*) sublimato; (*fig.*) elevato, idealizzato. **B** *n.* (*chim.*) sublimato: **corrosive s.**, sublimato corrosivo; bicloruro di mercurio.
sublimation [,sʌbli'meiʃən], *n.* (*chim., psic., ecc.*) sublimazione; (*fig.*) elevazione, idealizzazione.
sublime [sə'blaim], *a.* **1** sublime; altissimo; eccelso; elevato; maestoso; nobilissimo; sovrano: **with a s. spirit of sacrifice**, con sublime spirito di sacrificio; **a s. thought**, un pensiero sublime; (*iron.*) **a s. disregard of conventions**, con sovrano disprezzo delle convenzioni **2** (*fam.*) eccellente; ottimo; straordinario. ● **the s.**, il sublime □ (*stor.*) **the S. Porte**, la Sublime Porta; la Turchia.
to **sublime** [sə'blaim], **A** *v. t.* **1** rendere sublime; sublimare; elevare **2** (*chim.*) sublimare. **B** *v. i.* **1** diventare sublime; sublimarsi; elevarsi **2** (*chim.*) sublimare.
subliminal [sʌb'liminl], *a.* (*psic., fisiologia*) subliminale. ● **s. advertising**, pubblicità subliminale (*o* occulta) □ (*psic.*) **the s. self**, il subcosciente.
sublimity [sə'blimiti], *n.* sublimità; elevatezza; maestosità; nobiltà.
sublingual ['sʌb'liŋgwəl], *a.* (*anat.*) sublinguale; sottolinguale.
sublunar ['sʌb'lu:nə*], **sublunary** ['sʌb'lu:nəri], *a.* (*astron.*) sublunare.
submachine gun ['sʌbmə'ʃi:n gʌn], *n.* (*mil.*) fucile mitragliatore; mitra.
subman ['sʌb,mæn], *n.* (*pl.* **submen**) uomo minorato (*per sviluppo o capacità mentali*).
submarine ['sʌbməri:n], **A** *a.* sottomarino; subacqueo: **a s.**

cable, un cavo sottomarino; **a s. mine**, una mina subacquea. **B** *n.* **1** (*naut. mil.*) sottomarino; sommergibile **2** (*pop. USA*) immigrante clandestino. ● **s. base**, base per sommergibili ☐ **s.--chaser**, cacciasommergibili ☐ **s. pen**, base sotterranea per sommergibili ☐ **midget s.**, sommergibile tascabile ☐ **mine-laying s.**, sommergibile posamine ☐ **nuclear-powered s.**, sottomarino a propulsione nucleare.

submariner [sʌb'mærinə*], *n.* (*naut., mil.*) sommergibilista.

to **submerge** [səb'mə:dʒ], **A** *v. t.* **1** sommergere; immergere; inondare; far andare sott'acqua **2** (*fig.*) cancellare; reprimere: **to s. all sense of pity**, reprimere ogni senso di pietà. **B** *v. i.* (*specialm. di sottomarino*) sommergersi; immergersi.

submerged [səb'mə:dʒd], *a.* **1** (*geol.*) sommerso **2** (*bot.*) sommerso; subacqueo; che cresce sott'acqua **3** (*naut., mil.: di sottomarino*) in immersione: **s. navigation**, navigazione in immersione.

submergence [səb'mə:dʒəns], *n.* **1** (*geol.*) sommersione **2** (*naut.*) immersione.

submergible [səb'mə:dʒəbl], *a.* sommergibile.

submersible [səb'mə:səbl], *a.* e *n.* sommergibile. ● (*mecc.*) **s. pump**, pompa (*o* motopompa) sommersa.

submersion [səb'mə:ʃən], *n.* sommersione; immersione.

subminiaturize ['sʌb'minjətʃəraiz], *v. t.* microminiaturizzare.

submissile [sʌb'misail], *n.* (*miss.*) sottomissile.

submission [səb'miʃən], *n.* **1** sottomissione; assoggettamento; resa: **complete s.**, completa sottomissione; resa incondizionata **2** sottomissione; docilità; obbedienza; umiltà; deferenza; rispetto: **with all due s.**, con tutto il dovuto rispetto **3** presentazione (*di q.c. a q.*, *perché esamini*, *decida*, *ecc.*): **He demands the s. of the signature to an expert**, chiede che la firma sia sottoposta all'esame di un perito **4** (*lett.*) suggerimento; consiglio **5** (*leg.*) compromesso arbitrale.

submissive [səb'misiv], *a.* sottomesso; remissivo; obbediente; docile; deferente; umile; rispettoso.

submissiveness [səb'misivnis], *n.* sottomissione; remissività; obbedienza; docilità; deferenza; umiltà; rispetto.

to **submit** [səb'mit], **A** *v. t.* **1** sottoporre; presentare; affidare; rimettere; (*leg.*) demandare: **The architect submitted his plans to the city council**, l'architetto presentò i progetti al consiglio comunale; **to s. st. to sb.'s inspection**, sottoporre q.c. all'esame di q.; (*leg.*) **to s. a case to the court**, demandare (*o* deferire) una causa al tribunale; (*comm.*) **to s. samples (an offer, etc.)**, presentare campioni (fare un'offerta, ecc.) **2** affermare; far presente: **He submitted that there was another point of view**, fece presente che c'era un altro punto di vista. **B** *v. i.* **1** sottomettersi; fare atto di sottomissione; cedere; piegarsi: **They refused to to slavery**, non vollero sottomettersi alla schiavitù; **We must s. to God's will**, dobbiamo sottometterci alla volontà di Dio **2** rimettersi (*alla decisione, al giudizio altrui*); chinare il capo (*fig.*); ubbidire. to **submit oneself C** *v. rifl.* sottomettersi; cedere; piegarsi.

submontane ['sʌb'montein], *a.* (*geogr.*) pedemontano.

submultiple ['sʌb'mʌltipl], *n.* (*mat.*) sottomultiplo.

subnormal ['sʌb'nɔ:məl], *a.* **1** inferiore al normale **2** (*med., psic.*) subnormale.

suboceanic ['sʌb,ouʃi'ænik], *a.* (*geogr.*) suboceanico.

suborbital [sʌb'ɔ:bitl], *a.* (*aeron., miss.*) suborbitale.

suborder ['sʌb'ɔ:də*], *n.* (*zool., bot.*) sottordine.

subordinate [sə'bɔ:dinit], **A** *a.* subordinato; soggetto; dipendente; subalterno; sottoposto: (*gramm.*) **a s. clause**, una proposizione subordinata; **to be s. to sb.**, esser soggetto a q.; dipendere da q. **B** *n.* subordinato; dipendente; subalterno; sottoposto.

to **subordinate** [sə'bɔ:dineit], *v. t.* **1** subordinare; mettere su un piano secondario: **to s. amusements to study**, subordinare i divertimenti allo studio **2** assoggettare; tenere in sottordine.

subordinating [sə'bɔ:(:)dineitiŋ], *a.* subordinativo: (*gramm.*) **a s. conjunction**, una congiunzione subordinativa.

subordination [sə,bɔ:di'neiʃən], *n.* **1** secondarietà; minore importanza **2** subordinazione; dipendenza; sottomissione.

subordinative [sə'bɔ:dinətiv], *a.* subordinativo.

to **suborn** [sʌ'bɔ:n], *v. t.* **1** (*leg.*) subornare; corrompere (*testimoni, ecc.*) **2** (*per estens.*) istigare; sobillare.

subornation [,sʌbɔ:'neiʃən], *n.* **1** (*leg.*) subornazione **2** (*per estens.*) istigazione; sobillazione.

subpoena [səb'pi:nə], *n.* (*leg.*) citazione in giudizio; mandato di comparizione. ● **to be served a s.**, essere citato a comparire.

to **subpoena** [səb'pi:nə], *v. t.* (*leg.*) citare (*q.*, come testimone, ecc.) (a comparire) in giudizio.

subprefect ['sʌb'pri:fekt], *n.* sottoprefetto; viceprefetto.

subprefecture ['sʌb'pri:fektjuə*], *n.* sottoprefettura.

subprior ['sʌb'praiə*], *n.* (*relig.*) sottopriore; vicepriore.

subprogram ['sʌb'prougræm], *n.* (*elettron.*) sottoprogramma.

subquality ['sʌb'qwɔliti], **A** *n.* (*comm.*) qualità inferiore. **B** *a. attr.* di qualità inferiore: **s. products**, prodotti di qualità inferiore.

subrector ['sʌb'rektə*], *n.* vicerettore.

subreptitious [,sʌbrep'tiʃəs], *a.* (*leg.*) surrettizio.

to **subrogate** ['sʌbrougeit], *v. t.* surrogare.

subrogation [,sʌbrə'geiʃən], *n.* (*specialm. leg.*) surrogazione.

subroutine ['sʌbru:'ti:n], *n.* (*elab.*) sottoprogramma.

subsample ['sʌb'sa:mpl], *n.* (*stat.*) sottocampione.

to **subsample** ['sʌb'sa:mpl], *v. t.* (*stat.*) sottocampionare.

subsatellite ['sʌb'sætəlait], *n.* **1** (*miss.*) oggetto messo in orbita da un satellite **2** (*polit.*) satellite di un satellite.

to **subscribe** [səb'skraib], **A** *v. t.* **1** sottoscrivere; firmare: **to s. a document**, sottoscrivere un documento; **to s. a picture**, firmare un quadro; **to s. a loan**, sottoscrivere un prestito **2** contribuire; accettar di pagare; dare come contributo: **They s. large sums to charities**, contribuiscono grosse somme per opere di beneficenza. **B** *v. i.* **1** sottoscrivere (*fig.*); aderire a; approvare; condividere: **I cannot s. to this opinion**, non posso condividere questa opinione; **I don't s. to such measures**, non approvo siffatti provvedimenti **2** abbonarsi; prenotarsi: **to s. to a newspaper (a periodical, etc.)**, abbonarsi a un giornale (a un periodico, ecc.); **to s. for a book**, prenotarsi per acquistare copie di un libro. to **subscribe oneself C** *v. rifl.* firmarsi. ● (*fin.*) **to s. for shares**, sottoscrivere azioni ☐ **to s. to a charity**, aderire a una sottoscrizione di beneficenza ☐ **the subscribed names**, i nomi scritti in calce; le firme apposte ☐ **He subscribed (for) ten pounds**, sottoscrisse per dieci sterline.

subscriber [səb'skraibə*], *n.* **1** sottoscrittore, sottoscrittrice **2** abbonato, abbonata: **telephone s.**, abbonato al telefono. ● **the s.**, il sottoscritto; (*comm.*) il contraente ☐ (*tel.*; *G.B.*) **s. trunk dialling**, teleselezione.

subscript ['sʌbskript], **A** *a.* (*gramm. greca, mat.*) sottoscritto; scritto sotto: **iota s.**, iota sottoscritto. **B** *n.* (*mat., scient.*) deponente; pedice.

subscription [səb'skripʃən], *n.* **1** sottoscrizione; firma; contribuzione **2** quota versata (*o* da versare) **3** abbonamento (*a un giornale, al teatro, ecc.*). ● **a s. concert**, un concerto in abbonamento ☐ **s. edition**, edizione (*di giornale*) riservata agli abbonati ☐ **s. rates**, quote d'abbonamento.

subsection ['sʌb,sekʃən], *n.* sottosezione.

subsequence ['sʌbsikwəns], **subsequency** ['sʌbsikwənsi], *n.* susseguenza.

subsequent ['sʌbsikwənt], *a.* susseguente; seguente; successivo; ulteriore: **the s. events**, gli avvenimenti successivi. ● (*leg.*) **s. buyer**, terzo acquirente ☐ **s. to**, in seguito a; (*comm.*) facendo seguito a (*una lettera, ecc.*).

to **subserve** [səb'sə:v], *v. t.* giovare a; servire a; contribuire a; favorire; promuovere: **to s. a purpose (an end, etc.)**, servire a uno scopo (un fine, ecc).

subservience [səb'sə:vjəns], **subserviency** [səb'sə:vjənsi], *n.* **1** giovamento; utilità **2** eccessiva sottomissione; arrendevolezza; ossequiosità; remissività; servilismo.

subservient [səb'sə:vjənt], *a.* **1** giovevole; utile **2** arrendevole; remissivo; ossequioso; servizievole; servile.

subset ['sʌbset], *n.* **1** (*mat.*) sottoinsieme **2** (*tel.*: *abbr. di* **subscriber set**) telefono d'abbonato.

to **subside** [səb'said], *v. i.* **1** (*dell'acqua, di un'alluvione*) abbassarsi; calare; decrescere **2** (*del terreno, di un edificio*) abbassarsi; avvallarsi; sprofondare **3** (*di nave*) affondare **4** calmarsi; diminuire; calare; cessare; placarsi: **The wind subsided**, il vento calò; **The sea (the tumult) subsided**, il mare (il tumulto) si placò **5** (*di una soluzione*) precipitare **6** (*fam.*) lasciarsi andare; sprofondarsi: **He subsided into the sofa**, si lasciò andare sul divano.

subsidence [səb'saidəns], *n.* **1** abbassamento; calo; decrescita **2** abbassamento; cedimento; avvallamento; sprofondamento del suolo; (*edil.*) subsidenza **3** diminuzione; cessazione **4** il calmarsi; il placarsi **5** (*di una soluzione*) precipitazione.

subsidiary [səb'sidjəri], **A** *a.* **1** sussidiario; ausiliario; accessorio; supplementare: (*fin.*) **a s. company**, una società sussidiaria; una consociata **2** sussidiato; sovvenzionato. **B** *n.* **1** aiuto; assistente; ausiliario **2** (*fin.*) società sussidiaria; consociata. ● (*econ.*) **s. coin**, una moneta frazionaria divisionale ☐ (*mil.*) **s. troops**, truppe ausiliarie; truppe mercenarie.

subsidization [,sʌbsidai'zeiʃən], *n.* (il) sussidiare; (il) sovvenzionare; sovvenzionamento.

to **subsidize** ['sʌbsidaiz], *v. t.* sussidiare; sovvenzionare.

subsidizer ['sʌbsidaizə*], *n.* chi sussidia; sovvenzionatore.

subsidy ['sʌbsidi], *n.* **1** sussidio; aiuto finanziario; sovvenzione **2** (*stor.*) assegno concesso dal Parlamento al Sovrano; appannaggio.

to **subsist** [səb'sist], **A** *v. i.* **1** vivere; sostenersi; tenersi in vita: **to s. on odd jobs**, vivere facendo lavoretti saltuari; **s. on meat**, sostenersi (*o* sostentarsi) mangiando carne **2** (*filos.*) esistere; sussistere. **B** *v. t.* sostenere; sostentare; mantenere.

subsistence [səb'sistəns], *n.* **1** esistenza; vita **2** mezzi di sussi-

stenza; sussistenza 3 (*econ., stat.*) minimo vitale. ● (*econ.*) **s. economy**, economia di sussistenza □ (*stat.*) **s. level**, livello minimo vitale □ **s. money**, indennità di trasferta (*o* di missione).
subsoil ['sʌbsɔil], *n.* **1** (*geol.*) suolo inerte **2** (*agric.*) sottosuolo. ● (*agric.*) **s. plough**, aratro di profondità; ripuntatore.
to subsoil ['sʌbsɔil], *v. t.* (*agric.*) arare in profondità.
subsoiling ['sʌb,sɔiliŋ], *n.* (*agric.*) ripuntatura.
subsonic [sʌb'sɔnik], *a.* (*aeron.*) subsonico: **s. flight**, volo subsonico; **s. speed**, velocità subsonica.
subspace ['sʌb,speis], *n.* (*fis.*) sottospazio.
subspecies [,sʌb'spi:ʃi:z], *n.* (*invar. al pl.*; *zool., bot.*) sottospecie.
substance ['sʌbstəns], *n.* **1** sostanza; materia; contenuto; essenza: **Iron is a hard s.**, il ferro è una materia dura; **to sacrifice the s. for the appearance**, sacrificare la sostanza per l'apparenza; **The s. is good, but the style repellent**, il contenuto è buono, ma lo stile è repellente; **the s. of religion**, l'essenza della religione; **This is the s. of his remarks**, questa è la sostanza delle sue osservazioni **2** consistenza; solidità; corpo; nerbo: **This claim is not lacking in s.**, questo reclamo non è privo di consistenza; **There is no s. in him**, non c'è consistenza in lui; **to take the shadow for the s.**, scambiar l'ombra per il corpo; **a style of little s.**, uno stile privo di nerbo **3** (*piuttosto arc.*) sostanze; averi; beni; patrimonio: **He has wasted his s.**, ha consumato le sue sostanze; ha sperperato il suo patrimonio. ● **in s.**, in sostanza; in realtà; sostanzialmente □ (*arc.*) **a man of s.**, un uomo agiato, ricco.
substandard [sʌb'stændəd], *a.* **1** al di sotto della norma; sotto la norma **2** (*comm.*: *di merce*) di qualità inferiore; scadente. ● **s. English**, inglese da incolto.
substantial [səb'stænʃəl], *a.* **1** sostanziale; essenziale; effettivo; concreto; reale; vero e proprio: **a s. proof**, una prova sostanziale; **a s. difference**, una differenza sostanziale; **the s. point**, il punto essenziale; **a s. contribution**, un contributo concreto; **s. progress**, effettivo progresso; **a s. success**, un successo vero e proprio **2** consistente; solido (*anche fig.*): **a s. building**, un edificio solido; **a s. firm**, una ditta solida **3** considerevole; notevole; ragguardevole; importante: (*comm.*) **s. orders**, ordinazioni ragguardevoli; **s. concessions**, importanti concessioni **4** sostanzioso: **a s. dinner**, un pranzo sostanzioso **5** agiato; ricco: **a s. man**, un uomo agiato, ricco. ● **a s. argument**, un argomento assai valido □ **the s. truth**, la verità dei fatti □ **a man of s. build**, un uomo robusto, ben piantato □ **The ghost proved s. after all**, in conclusione si scoprì che lo spettro era una persona in carne e ossa.
substantialism [səb'stænʃəlizəm], *n.* (*filos.*) sostanzialismo.
substantialist [səb'stænʃəlist], *n.* (*filos.*) sostanzialista.
substantiality [səb,stænʃi'æliti], *n.* **1** sostanzialità; concretezza; realtà **2** consistenza; solidità **3** importanza; effettivo valore.
to substantialize [səb'stænʃəlaiz], *v. t.* rendere sostanziale (*o* reale); concretare.
to substantiate [səb'stænʃieit], *v. t.* provare; addurre valide prove per; dar fondamento a; convalidare: (*leg.*) **to s. a charge**, provare un'accusa; **to s. a statement**, convalidare un'asserzione; (*leg.*) **to s. a claim**, provare la validità di un diritto.
substantiation [səb,stænʃi'eiʃən], *n.* prova; convalida; convalidazione. ● (*leg.*) **the s. of a claim**, la prova della validità di un diritto (*di cui si chiede il riconoscimento*).
substantival [,sʌbstən'taivəl], *a.* (*gramm.*) di (*o* che funge da) sostantivo; sostantivale: **a s. clause**, un'espressione che funge da sostantivo.
substantive ['sʌbstəntiv], **A** *a.* **1** effettivo; concreto; reale; sostanziale: (*mil.*) **s. rank**, grado effettivo **2** indipendente; autonomo: **s. nations**, nazioni autonome. **B** *n.* (*gramm.*) sostantivo; nome. ● (*leg.*) **s. law**, diritto sostanziale □ **to make a s. of an adjective**, sostantivare un aggettivo.
substantivization [səb,stæntivai'zeiʃən], *n.* (*gramm.*) sostantivazione.
to substantivize [səb'stæntivaiz], *v. t.* (*gramm.*) sostantivare.
substation ['sʌb,steiʃən], *n.* **1** (*elettr.*) sottostazione **2** (*ferr.*) stazione sussidiaria.
substellar ['sʌb'stelə*], *a.* (*astron.*) substellare; subastrale.
substitute ['sʌbstitju:t], *n.* **1** sostituto; supplente **2** surrogato; succedaneo **3** (*sport*) riserva **4** (*sport, pl.*; *anche* **s. players**) riserve; (la) panchina (*fig.*).
to substitute ['sʌbstitju:t], *v. t.* sostituire; mettere al posto di; usare invece di: **to s. cotton for wool**, sostituire il cotone alla lana (*o* la lana col cotone). ● **to s. for**, sostituire; prendere il posto di: **I had to s. for the head clerk who was absent**, dovetti sostituire il capufficio che mancava.
substitution [,sʌbsti'tju:ʃən], *n.* **1** sostituzione **2** (*leg.*) surrogazione.
substitutional [,sʌbsti'tju:ʃənl], **substitutionary** [,sʌbsti'tjuʃənəri], *a.* **1** che sostituisce **2** sostitutivo; di sostituzione.

substitutive ['sʌbstitju:tiv], *a.* **1** sostitutivo; di sostituzione **2** che sostituisce; supplente; che fa da surrogato.
substraction [səb'strækʃən], *n.* (*edil.*) sostruzione; fondazioni.
substratum ['sʌb,strɑ:təm], *n.* (*pl.* **substrata, substratums**) **1** (*geol., agric.*) substrato; sostrato **2** (*fig.*) fondo: **There is a s. of reality in it**, c'è un fondo di realtà in ciò.
substructure ['sʌb,strʌktʃə*], *n.* **1** sottostruttura **2** (*edil.*) V. **substraction 3** (*ferr.*) piano di posa (della massicciata).
to subsume [səb'sju:m], *v. t.* (*filos.*) classificare; includere (*in una categoria, ecc.*).
subsumption [səb'sʌmpʃən], *n.* (*filos.*) classificazione; inclusione (*in una categoria, in un gruppo, ecc.*).
subteen [,sʌb'ti:n], *n.* (*fam. USA*) preadolescente (*sotto i 13 anni di età*).
subtenancy ['sʌb'tenənsi], *n.* subaffitto.
subtenant ['sʌb'tenənt], *n.* subaffittuario.
to subtend [səb'tend], *v. t.* (*geom.*) sottendere.
subtense [səb'tens], *n.* (*geom.*) corda che sottende un arco.
subterfuge ['sʌbtəfju:dʒ], *n.* sotterfugio; raggiro; stratagemma.
subterrane ['sʌbtərein], *n.* (*raro*) sotterraneo; scantinato.
subterranean [,sʌbtə'reinjən], *a.* **subterraneous** [,sʌbtə'reinjəs], *a.* sotterraneo: (*fig.*) celato; nascosto: **s. stream**, corso d'acqua sotterraneo; **s. diplomacy**, diplomazia sotterranea.
subtext ['sʌbtekst], *n.* (*letter., teatr.*) significato (*o* senso) nascosto di un testo.
subtil(e) ['sʌtl], (*arc.*) V. **subtle**.
subtilization [,sʌtilai'zeiʃən], *n.* sottilizzazione.
to subtilize [,sʌti,laiz], **A** *v. i.* sottilizzare. **B** *v. t.* sottilizzare su.
subtitle ['sʌb,taitl], *n.* **1** (*raro*) sottotitolo (*in un libro, dramma, ecc.*) **2** (*cinem.*) sottotitolo; didascalia (*di film*): **an English film with Italian subtitles**, una pellicola inglese con sottotitoli in italiano.
subtle ['sʌtl], *a.* **1** sottile; fine; fino; tenue; acuto; penetrante; sagace; ingegnoso: **s. air**, aria sottile; **a s. perfume**, un tenue profumo; **a s. distinction**, una distinzione sottile; **s. diplomacy**, diplomazia sottile; **a s. mind**, una mente acuta; **a s. policy**, una linea politica sagace; **s. device**, una trovata ingegnosa **2** astruso; oscuro; indefinibile: **a s. problem**, un problema astruso. ● **a s. enemy**, un nemico astuto □ **s. fingers**, dita abili □ **a s. poison**, un veleno insidioso □ **a s. wink**, un'ammiccatina d'intesa.
subtlety ['sʌtlti], *n.* **1** sottigliezza; finezza; acume; penetrazione; sagacia; ingegnosità **2** astruseria; oscurità; indefinibilità.
subtopia [sʌb'toupiə], *n.* (*contraz. di* suburban utopia) (*urbanistica*) brutto agglomerato (abitativo) in periferia.
to subtract [səb'trækt], (*specialm. mat.*) **A** *v. t.* sottrarre. **B** *v. i.* fare una sottrazione.
subtraction [səb'trækʃən], *n.* (*specialm. mat.*) sottrazione. ● **a s. sign**, un segno di sottrazione; un meno.
subtractive [səb'træktiv], *a.* (*scient.*) sottrattivo.
subtrahend ['sʌbtrəhend], *n.* (*mat.*) sottraendo; diminutore.
subtropical [sʌb'trɔpikəl], *a.* (*geogr.*) subtropicale.
subulate ['sju:bjulit], *a.* (*zool., bot.*) subulato; a forma di lesina.
suburb ['sʌbə:b], *n.* **1** sobborgo **2** (*pl.*) sobborghi; periferia: **in the suburbs**, nei sobborghi; in periferia.
suburban [sə'bə:bən], **A** *a.* **1** suburbano; della periferia **2** in periferia: **s. car parks**, parcheggi (per auto) in periferia **3** (*fig., spreg.*) gretto; di mentalità ristretta. **B** *n.* V. **suburbanite**.
suburbanite [sə'bə:bənait], *n.* (*fam.*) abitante dei sobborghi; chi vive in periferia.
suburbia [sə'bə:biə], *n.* (*spesso spreg.*) **1** sobborghi; periferia (*specialm. di* Londra) **2** usi e costumi tipici di chi vive nei sobborghi (*o* in periferia).
suburbicarian [sə,bə:bi'kɛəriən], *a.* (*relig.*) suburbicario: **the s. dioceses**, le diocesi suburbicarie.
to subvent [sʌb'vent], *v. t.* (*lett.*) sovvenzionare; sovvenire a (*lett.*).
subvention [sʌb'venʃən], *n.* sovvenzione; sussidio.
subversion [sʌb'və:ʃən], *n.* sovversione; sovvertimento; rovesciamento.
subversive [sʌb'və:siv], *a. e n.* sovversivo; sovvertitore: **s. ideas**, idee sovversive.
to subvert [sʌb'və:t], *v. t.* **1** sovvertire; rovesciare (*le istituzioni, ecc.*) **2** corrompere; minare (*credenze, ecc.*) **3** (*raro*) incitare alla rivolta.
subway ['sʌbwei], *n.* **1** sottopassaggio pedonale; passaggio sotterraneo **2** (*USA*) ferrovia sotterranea; metropolitana.
subzero [sʌb'ziərou], *a. attr.* (*di temperatura*) sotto zero. ● **in s. conditions**, con la temperatura sotto zero.
succedaneous [,sʌksi'deinjəs], *a.* succedaneo.
succedaneum [,sʌksi'deinjəm], *n.* (*pl.* **succedaneums**, **succedanea**) succedaneo; surrogato.
to succeed [sək'si:d], **A** *v. i.* **1** riuscire; aver successo; prosperare: **I didn't s. in convincing him**, non riuscii a persuaderlo; **The Gun-**

-powder Plot didn't s., la Congiura delle polveri non ebbe successo; **He succeeded as a businessman** (*o* **in business**), ebbe successo negli affari **2** succedere; subentrare: **His eldest son succeeded him on the throne**, il figlio maggiore gli succedette sul trono; (*in USA*) **The vice-president succeeds in case of the president's death**, in caso di morte del presidente, subentra il vicepresidente. **B** *v. t.* succedere a; subentrare a: **Queen Elizabeth I succeeded Mary the Catholic**, la regina Elisabetta I succedette a Maria la Cattolica. ● **Day succeeds (to) day**, i giorni si susseguono.

succeeding [sək'si:diŋ], *a.* successivo; seguente; susseguente: **the s. laws**, le leggi successive; **the s. ages**, le età seguenti.

succentor [sək'sentə*], *n.* (*relig., mus.*) sostituto del maestro del coro.

success [sək'ses], *n.* **1** successo; riuscita; fortuna; affermazione: **He had** (*o* **He met with**) **great s. in business**, ebbe grandi successi (*riuscì assai bene*) negli affari; **He was spoilt by s.**, fu guastato dal successo; **military successes**, successi militari; vittorie **2** (*arc.*) esito; risultato: **poor s.**, esito insoddisfacente. ● **to be a s.** (*di persona*) affermarsi, aver successo; (*di cosa*) aver successo, riuscire; (*comm.: di un prodotto*) incontrare: **The play was a great s.**, la commedia ebbe un grande successo; **He was a great s. as a doctor**, si affermò splendidamente come medico □ **without s.**, senza successo; senza riuscirci; invano □ (*prov.*) **Nothing succeeds like s.**, un successo ne chiama un altro.

successful [sək'sesful], *a.* coronato da successo; di successo; fortunato; prospero; riuscito; vittorioso: **a s. mission**, una missione coronata da successo (*o* riuscita); **a s. film**, un film di successo; **a s. campaign**, una campagna vittoriosa; ● **a s. actor**, un attore popolare □ **to be s.**, avere successo; riuscire; (*comm.: di un prodotto*) incontrare: **He was very s. as a novelist**, come romanziere, riuscì benissimo (*o* ebbe un grande successo) □ **Your application has been s.**, la tua domanda è stata accolta.

succession [sək'seʃən], *n.* **1** successione (*anche leg.*); serie; sequela: **the s. to the throne**, la successione al trono; **a s. of disasters**, una serie di disastri **2** (*leg.*) diritto di successione: **the laws regulating s.**, le leggi che regolano il diritto di successione **3** (*leg.*) discendenti; eredi: **The estate was left to him and his s.**, la proprietà fu lasciata a lui e ai suoi discendenti **4** (*ecologia*) successione. ● (*leg.*) **s. duty**, imposta di successione □ (*agric.*) **s. of crops**, avvicendamento (*o* rotazione) delle colture □ (*relig.*) **the Apostolic S.**, la Successione Apostolica □ **in s.**, in successione; in serie; di seguito □ **law of s.**, legge (*o* diritto) di successione.

successional [sək'seʃənl], *a.* **1** consecutivo; successivo **2** di (*o* della) successione.

successive [sək'sesiv], *a.* successivo; consecutivo: **This is our third s. victory**, questa è la nostra terza vittoria consecutiva.

successor [sək'sesə*], *n.* **1** successore **2** (*leg.*) successore; erede **3** avvenimento successivo; cosa che segue un'altra.

succinct [sək'siŋkt], *a.* succinto; breve; conciso.

succinctness [sək'siŋktnis], *n.* brevità; concisione.

succor, to succor ['sʌkə*], (*USA*) V. **succour, to succour**.

succory ['sʌkəri], *n.* (*bot., Cichorium intybus*) cicoria.

succotash ['sʌkətæʃ], *n.* (*USA*) contorno di granturco e fagioli bolliti (*spesso servito con carne di maiale salata*).

succour ['sʌkə*], *n.* (*lett.*) soccorso; assistenza; aiuto.

to succour ['sʌkə*], *v. t.* soccorrere; assistere; aiutare.

succuba ['sʌkjubə], *n.* (*pl.* **succubae**) (*mitol.*) succube, succuba.

succubus ['sʌkjubəs], *n.* (*pl.* **succubi**) (*mitol.*) succube, succubo.

succulence ['sʌkjuləns], **succulency** ['sʌkjulənsi], *n.* succulenza; succosità; squisitezza.

succulent ['sʌkjulənt], **A** *a.* **1** succulento; succoso; squisito **2** (*bot.: di foglie*) carnoso **3** (*bot.: di piante*) grasso. **B** *n.* (*bot.*) pianta grassa.

to succumb [sə'kʌm], *v. i.* **1** soccombere; cedere; soggiacere: **to s. to temptation**, cedere alla tentazione **2** (*fig.*) morire: **He succumbed to cancer**, morì di cancro. ● **to s. to one's enemies**, essere sopraffatti dal nemico.

succursal [sʌ'kɜ:səl], *a.* (*di chiesa, di convento*) succursale; sussidiario.

such [sʌtʃ, sətʃ], **A** *a.* **1** tale; siffatto; simile: **s. a man**, un uomo; **s. a day**, un giorno simile; **I wouldn't go out in s. weather**, io non uscirei con un tempo simile (*o* con un tempo così); **I don't like s. books** (**as these**), libri siffatti non mi piacciono; **s. flowers as you never saw**, fiori che non si erano mai visti (*o* simili); **in s. a way**, in tal modo; **I never expected s. an honour**, non m'aspettavo davvero un tale onore; **His sorrow was s. that everybody pitied him**, il suo dolore era tale che tutti ne avevano compassione; **His wound was not s. as to disable him**, la sua ferita non era tale da renderlo inabile **2** (*fam.*) così; tanto: **I don't want s. big ones**, non li voglio così grossi; **We never had s. a pleasant day**, non c'eravamo mai divertiti tanto; **He was s. a good man!**, era un così buon uomo! **B** *pron.* tale, tali; questo; questi: **S. was his nature**, tale era la sua natura; **S. are the results**, questi sono i risultati. **C** *avv.* così; talmente; tanto: **S. filthy language is intolerable**, un linguaggio così osceno è intollerabile. ● **s.(-)and(-)s.**, tale; certo; determinato (*ma non specificato*): **He made s.-and-s. payments to s.-and-s. customers**, fece determinati pagamenti a determinati clienti □ **s.-and-s. person**, un tale; un tizio □ **s. as**, come; per esempio: **languages coming from Latin, s. as French, Italian and Spanish**, lingue d'origine latina, come il francese, l'italiano e lo spagnolo; **a tradesman, s. as a baker or a shopkeeper**, un commerciante, per esempio un fornaio o un negoziante □ **s. being the case**, stando così le cose □ **s. a scarlet as makes the eyes ache**, un rosso così vivo da ferire la vista □ **all s.**, gente siffatta; cose del genere: **So perish all s.!**, al diavolo siffatta genia! □ **and s.**, e cose del genere; e così via: **tools, instruments and s.**, attrezzi, strumenti e così via □ **as s.**, come tale; appunto perché tale: **He is the master, and as s. must be obeyed**, è il padrone e come tale gli si deve obbedienza □ **on s. a day as you may go**, il giorno che ti capiterà d'andarci □ **tears s. as angels weep**, lacrime pari a quelle degli angeli □ **S. an amusing game!**, un gioco così divertente! □ **S. love as his is seldom experienced**, un amore come il suo lo si trova di rado □ **S. beauty as hers is rare**, una bellezza come la sua è rara □ **I saw just s. another yesterday**, ne ho visto uno proprio uguale ieri □ **Long may he continue s.!**, possa egli continuare così (*vivere felice, prosperare, ecc.*) a lungo □ (*prov.*) **S. master, s. servant**, tale (*o* quale) il padrone, tale il servo □ (*prov.*) **S. as live by the sword shall perish by the sword**, chi di spada ferisce, di spada perisce.

suchlike ['sʌtʃlaik], (*fam.*) **A** *a.* di tal sorta; simile; del genere. **B** *pron.* **1** persone simili **2** cose del genere.

to suck [sʌk], **A** *v. t.* **1** succhiare; suggere (*poet.*); poppare: **to s. milk**, succhiare il latte; poppare; **Hundreds of bees were sucking honey from the flowers**, centinaia d'api suggevano il miele dai fiori; **to s. one's mother's breast**, succhiare il latte materno; **to s. toffees**, succhiare caramelle **2** sorbire: **to s. a milk shake through a straw**, sorbire un frappé con la cannuccia **3** (*fig.*) assorbire; imbeversi di; sorbire: **to s. (in) culture**, imbeversi di sapere **4** aspirare; inalare; inspirare: **The pump was sucking the water from the hold**, la pompa aspirava l'acqua della stiva; **He sucked air into his lungs**, inspirò aria nei polmoni. **B** *v. i.* **1** succhiare; aspirare **2** poppare **3** (*mecc.: di pompa*) aspirare aria. ● **to s. an advantage out of sb.**, strappare un vantaggio a q. □ **to s. an egg**, bere un uovo (*fresco*) □ **to s. at one's pipe**, succhiare la pipa □ (*fig.*) **to s. sb.'s brains**, sfruttare le idee di q. □ **to s. down**, risucchiare; inghiottire □ **to s. dry**, succhiare sino in fondo; (*fig.*) esaurire, sfiancare, spossare □ **to s. in**, assorbire; sorbire □ (*pop. USA*) **to s. sb. in**, imbrogliare q.; truffare q.; fregare q. (*pop.*) □ **to s. in one's stomach**, tirare in dentro lo stomaco (*inspirando*) □ **to s. one's thumb**, succhiarsi il pollice □ (*dei flutti, di un mulinello, ecc.*) **to s. sb. under**, risucchiare q. □ **to s. up**, aspirare; assorbire; asciugare: **The sun sucked up the dew**, il sole asciugò la rugiada □ (*fam.*) **to s. up to sb.**, adulare sfacciatamente q.; insaponare, sviolinare q. (*pop.*) □ (*fig.*) **a sucked orange**, un limone spremuto; una cosa svuotata d'ogni contenuto, senza valore.

suck [sʌk], *n.* **1** succhiata; succhiatina; poppata: **to take a s. at st.**, dare una succhiatina a q.c. **2** gorgoglio; rumore fatto succhiando **3** (*fam.*) sorso (*d'acqua, di liquore, ecc.*) **4** forza d'attrazione (*di un gorgo, ecc.*); risucchio **5** (*pl., gergo studentesco*) caramelle. ● (*fam.*) **s.-up**, leccapiedi; adulatore □ (*pop.*) **What a s.** (*o* **Sucks**)!, che fiasco!; che insuccesso!

sucker ['sʌkə*], *n.* **1** succhiatore; succhiatrice **2** porcellino di latte; lattonzolo **3** (*mecc.*) tubo d'aspirazione **4** (*mecc.*) pistone, stantuffo (*di pompa*) **5** (*zool.*) ventosa **6** (*mecc., anche* **sucking disk**) ventosa **7** (*zool.: d'insetto*) succhiatoio; proboscide **8** (*bot.*) succhione; pollone; rampollo **9** (*fam.*) lecca lecca; (*anche*) caramella dura (*da succhiare*) **10** (*fam.*) babbeo; gonzo; semplicione **11** (*fam.*) patito; chi ha un debole (*per q.c. o q.*).

to sucker ['sʌkə*], **A** *v. t.* (*agric.*) togliere i succhioni (*o* i polloni) a (*una pianta*). **B** *v. i.* (*bot.: di pianta*) mettere polloni (*o* succhioni).

suckfish ['sʌkfiʃ], *n.* (*pl.* **suckfish, suckfishes**) (*zool., Echeneis*) remora.

sucking ['sʌkiŋ], *a.* **1** poppante; lattante: **a s. child**, un (bambino) lattante **2** (*fig.*) inesperto; novellino; alle prime armi: **a s. barrister**, un avvocato alle prime armi. ● **s. bottle**, poppatoio □ (*mecc.*) **s. disk**, ventosa □ (*zool.*) **s. fish**, V. **suckfish** □ **a s. pig**, un porcellino di latte; un lattonzolo.

to suckle ['sʌkl], **A** *v. t.* allattare; dare il latte a (*un poppante*). **B** *v. i.* poppare.

suckling ['sʌkliŋ], n. **1** lattante; poppante **2** animale da latte; lattonzolo **3** (fig.) persona inesperta; novellino. ● (fig.) **babes and sucklings**, gli innocenti.
sucrose ['sju:krous], n. (chim.) saccarosio.
suction ['sʌkʃən], n. **1** (scient.) suzione; succhiamento **2** (mecc.) aspirazione. ● (mecc., med.) **s. cup**, ventosa □ (mecc.) **s. pipe**, tubo d'aspirazione □ (med.) **s. plate**, palato di dentiera □ (mecc.) **s. pump**, pompa aspirante □ (mecc.) **s. stroke**, corsa d'aspirazione □ (mecc.) **s. valve**, valvola d'aspirazione.
suctorial [sʌk'tɔ:riəl], a. (zool.) **1** (d'organo) succhiatore; atto a succhiare **2** (d'animale) dotato di succhiatoio (o di ventosa).
Sudan [su(:)'da:n], n. – (geogr.) **the S.**, il Sudan.
Sudanese [,su:də'ni:z], a. e n. sudanese.
sudarium [sju:'dɛəriəm], n. (pl. **sudaria**) **1** sudario **2** V. **sudatorium**.
sudatorium [,sjudə'tɔ:riəm], n. (pl. **sudatoria**) (archeol.) sudatorio.
sudden ['sʌdn], a. improvviso; repentino; subitaneo; inatteso; inaspettato; imprevisto: **s. death**, morte improvvisa; **a s. change**, un mutamento repentino; **a s. bend in the river**, una curva improvvisa del fiume. ● (sport) **s. death**, spareggio; bella □ **all of a s.**, improvvisamente; a un tratto; di colpo □ **He is very s. in his movements**, si muove a scatti.
suddenness ['sʌdnnis], n. repentinità; subitaneità.
sudoriferous [,sju:də'rifərəs], a. (anat.) sudorifero; sudoriparo: **s. glands**, ghiandole sudorifere.
sudorific [,sju:də'rifik], a. e n. (med.) sudorifero; (medicamento) diaforetico.
suds [sʌdz], n. pl. **1** (spesso **soap-s.**) saponata; acqua saponata **2** schiuma di sapone **3** (fam.) birra.
to sue [sju:], **A** v. t. **1** (leg.) chiamare in giudizio; citare; intentar causa a: **We shall sue you for damages**, vi citeremo per danni; **He was sued for libel**, fu citato per diffamazione **2** supplicare; implorare. **B** v. i. **1** (leg.) intentar causa: **to sue for divorce**, intentar causa di divorzio **2** – **to sue for**, invocare; chiedere; sollecitare: **to sue for mercy**, chiedere misericordia; invocare pietà; **to sue for peace**, sollecitare la pace. ● (leg.) **to sue at law**, adire le vie legali □ (leg.) **to sue sb. in a civil case**, costituirsi parte civile contro q. □ (leg.) **to sue out pardon**, impetrare il perdono giudiziale.
Sue [sju:], n. dim. di **Susan**.
suede [sweid], **A** n. pelle scamosciata; scamosciato. **B** a. di pelle scamosciata: **s. shoes**, scarpe di pelle scamosciata.
suet [sjuit], n. grasso di rognone (di bue o di pecora).
suety ['sjuiti], a. grasso; sugnoso.
Suez ['su(:)iz], n. (geogr.) Suez. ● **the S. Canal**, il Canale di Suez.
to suffer ['sʌfə*], v. t. e i. **1** soffrire; patire; subire; sopportare; tollerare: **I s. from severe colds**, soffro di grossi raffreddori; **to s. pain (hunger, etc.)**, soffrire il dolore (la fame, ecc.); **to s. heavy losses**, subire gravi perdite; **He cannot s. criticism**, non sopporta (o non tollera) le critiche; **Trade has suffered from the war**, i traffici hanno sofferto a causa della guerra; **Your reputation will s. by it**, la tua reputazione ne soffrirà **2** (lett.) permettere; lasciare; tollerare: **I shall not s. them to be insulted**, non permetterò che vengano insultati; **I should not s. it for a moment**, non lo tollererei in alcun modo; **He was suffered to leave**, lo lasciarono partire **3** esser punito; pagare il fio: **The boy suffered for his disobedience**, il ragazzo fu punito per la sua disobbedienza; **You will s. for it**, ne pagherai il fio; ci andrai di mezzo tu **4** (leg., stor.) essere giustiziato; morire: **The condemned man was to s. the next morning**, il condannato doveva essere giustiziato la mattina dopo **5** (Bibbia) consentire; permettere. ● (relig. e fig.) **to s. fools gladly**, sopportare pazientemente le persone moleste.
sufferable ['sʌfərəbl], a. sopportabile; tollerabile.
sufferance ['sʌfərəns], n. **1** sopportazione; capacità di sopportazione **2** tolleranza; acquiescenza; tacito assenso. ● (di persona, ecc.) **on s.**, tollerato, sopportato; con riluttanza, di malavoglia.
sufferer ['sʌfərə*], n. **1** sofferente; chi soffre **2** vittima; chi ci rimette: **I am the s. in this matter**, in questa faccenda, sono io che ci rimetto. ● **fellow-s.**, compagno di dolore.
suffering ['sʌfəriŋ], **A** n. sofferenza; dolore; patimento: **the sufferings of the poor**, le sofferenze dei poveri. **B** a. sofferente; dolorante.
to suffice [sə'fais], v. i. e t. **1** bastare (a); essere sufficiente (per): **A hint will s.**, basterà un cenno; **S. it to say that...**, basti dire che...; **Half-a-dozen sufficed me**, me ne bastò una mezza dozzina **2** (di solito, **to be sufficed**) aver cibo a sufficienza; saziarsi.
sufficiency [sə'fiʃənsi], n. **1** sufficienza; bastevolezza; adeguatezza **2** quantità sufficiente: **a s. of food**, una quantità sufficiente di cibo; a sufficienza.
sufficient [sə'fiʃənt], a. sufficiente; bastevole; bastante; adeguato: **Our provisions are s. to feed a hundred men**, le nostre provviste sono sufficienti a sfamare cento uomini; **My salary isn't s.**, il mio stipendio non è adeguato ai miei bisogni. ● **more than s.**, più che abbastanza □ (fam.) **Have you had s.?**, ne hai avuto a sufficienza? □ (lett.) **I had not s. courage for it**, non mi bastò il coraggio.
suffix ['sʌfiks], n. (linguistica) suffisso.
to suffix [sʌ'fiks], v. t. (linguistica) suffissare; aggiungere (una sillaba, ecc.) come suffisso.
to suffocate ['sʌfəkeit], v. t. e i. soffocare (anche fig.); assfissiare; sentirsi soffocare: **The heat here suffocates me**, il caldo qui mi soffoca; **to s. with anger**, soffocare dalla rabbia. ● **He was suffocated by** (o **with**) **excitement**, boccheggiava (o non riusciva a parlare) per l'eccitazione.
suffocating ['sʌfəkeitiŋ], a. soffocante; asfissiante.
suffocation [,sʌfə'keiʃən], n. soffocazione; soffocamento; asfissia.
suffragan ['sʌfrəgən], (relig.) **A** a. suffraganeo. **B** n. (anche **s. bishop**) (vescovo) suffraganeo.
suffraganship ['sʌfrəgənʃip], n. (relig.) suffraganeità.
suffrage ['sʌfridʒ], n. **1** (polit.) suffragio; diritto di voto: **universal s.**, suffragio universale **2** (lett.) suffragio; voto favorevole. ● **manhood s.**, suffragio dei soli uomini □ **woman s.**, diritto di voto esteso alle donne □ (fig., lett.) **This plan has my s.**, sono in favore di questo progetto.
suffragette [,sʌfrə'dʒet], n. (polit., stor.) suffragetta.
suffragist ['sʌfrədʒist], n. (polit.) suffragista.
to suffumigate [sə'fju:migeit], v. t. suffumicare, suffumigare.
to suffuse [sə'fju:z], v. t. cospargere; bagnare; coprire; soffondere: **Tears suffused his cheeks**, le lacrime gli bagnavano le guance.
suffused [sə'fju:zd], a. soffuso; asperso; bagnato; coperto: **Her face was s. with blush**, aveva il viso soffuso di rossore; **eyes s. with tears**, occhi bagnati di lacrime.
suffusion [sə'fju:ʒən], n. **1** cospargimento; diffusione; spargimento **2** rossore; colore diffuso **3** (med.) soffusione.
Sufi ['su:fi], a. e n. (pl. **Sufis**) (stor. relig.) sufita.
Sufism ['su:fizəm], n. (stor., relig.) sufismo.
sugar ['ʃugə*], n. **1** zucchero **2** (fig.) lusinghe; paroline dolci, zuccherate **3** (vezzegg., specialm. USA) dolcezza, bellezza (mia). ● **s. almond**, confetto □ **s. basin** (o **s. bowl**), zuccheriera □ (bot.) **s. beet** (Beta vulgaris), barbabietola da zucchero □ **s. candy**, caramella; candito □ (bot.) **s.-cane** (Saccharum officinarum), canna da zucchero □ **s.-coated**, ricoperto di zucchero; (fig.) inzuccherato, indorato; (fig.) edulcorato (fig.) □ **s.-coating**, rivestimento di zucchero; (fig.) adulazione, lusinga □ (fam.) **s. daddy**, vecchio danaroso che copre di regali l'amante giovane □ **s. drop**, caramella □ (bot.) **s.-gum**, Eucalyptus corynocalyx; (Eucalyptus gunnii) albero del sidro □ **s.-house**, zuccherificio □ **s.-loaf**, pan di zucchero; (fig.) collina (o montagna) a pan di zucchero □ (bot.) **s. maple** (Acer saccharinum), acero da zucchero (o del Canada) □ **s. mill**, zuccherificio □ (chim.) **s. of milk**, lattosio □ **s. orchard**, terreno coltivato ad aceri (da zucchero) □ **s.-plum**, fondente; zuccherino □ (ind.) **s. refinery**, raffineria di zucchero □ **s. refining**, raffinazione dello zucchero □ **s. tongs**, mollette per lo zucchero □ **brown s.**, zucchero scuro □ **cane s.**, zucchero di canna □ **castor s.**, zucchero in polvere □ **cube s.**, zucchero in cubetti □ **icing s.**, zucchero a velo □ **loaf s.**, zucchero in pani □ **lump s.**, zucchero in zollette □ **powdered s.**, zucchero in polvere □ **white s.**, zucchero raffinato.
to sugar ['ʃugə*], **A** v. t. zuccherare; inzuccherare; (fig.) addolcire: **to s. the pill**, inzuccherare (o indorare) la pillola. **B** v. i. **1** fabbricare zucchero (specialm. dall'acero) **2** (pop.) battere la fiacca; oziare.
to sugar(-)coat ['ʃugə,kout], v. t. inzuccherare (anche fig.).
sugared ['ʃugəd], a. **1** inzuccherato; zuccherato **2** ricoperto di zucchero.
sugarer ['ʃugərə*], n. (pop.) fannullone; ozioso.
sugariness ['ʃugərinis], n. **1** l'essere zuccherato; dolcezza **2** (fig.) mellifluità.
sugary ['ʃugəri], a. **1** zuccherino; molto dolce **2** edulcorato (fig.); melato; melliflu; insinuante.
to suggest [sə'dʒest], v. t. **1** suggerire; consigliare; far venire (o richiamare) alla mente; proporre: **to s. an idea (a plan, etc.)**, suggerire un'idea (un piano, ecc.); **What does this shape s. to you?**, che cosa ti richiama alla mente questa forma (o questa figura)?; **to s. a course of study**, consigliare un corso di studi; **to s. a new theory**, proporre una nuova teoria. **2** far pensare a; indicare; esser segno di: **His dark skin suggests an African background**, la sua pelle scura fa pensare ch'egli sia d'origine africana; **His haggard features s. bad health**, i suoi lineamenti tirati sono forse un segno di cattiva salute **3** (leg.) asserire; sostenere; insinuare: **I s. that you had a secret meeting with them**, sostengo che Lei (detto all'imputato o al testimone) ebbe un incontro segreto con loro. ● **to s. anger**, dare segni d'ira □ (di pensiero, idea,

suggestibility

ecc.) **to s. itself**, presentarsi; venire in mente □ **I s. you leave**, ti consiglio d'andartene.
suggestibility [sə,dʒestə'biliti], *n.* **1** (*psic.*) suggestionabilità **2** l'esser suggeribile (*o* consigliabile).
suggestible [sə'dʒestəbl], *a.* **1** (*psic.*) suggestionabile **2** suggeribile; consigliabile; proponibile.
suggestion [sə'dʒestʃən], *n.* **1** suggerimento; consiglio; proposta: **to make a s.**, dare un suggerimento; fare una proposta **2** indizio; traccia; sfumatura: **There was a s. of boredom in his voice**, c'era una traccia di noia nella sua voce **3** (*psic.*) suggestione: **hypnotic s.**, suggestione ipnotica. ● **full of s.**, suggestivo; che fa pensare; che invita alla meditazione.
suggestive [sə'dʒestiv], *a.* **1** che fa pensare (a q.c.); che invita alla meditazione **2** provocante; insinuante; invitante: **a s. look**, un'occhiata invitante **3** pesantemente allusivo; indecente; volgare; osceno. ● **to be s. of st.**, essere evocativo (*o* indicativo) di q.c.; evocare q.c.; far pensare a q.c.
suggestiveness [sə'dʒestivnis], *n.* l'essere allusivo, ecc. (V. **suggestive**).
suicidal [sjui'saidl], *a.* **1** suicida; di suicidio: (*psic.*) **s. mania**, mania suicida **2** (*fig.*) suicida; fatale; rovinoso; funesto: **a s. policy**, una politica rovinosa.
suicide ['sjuisaid], *n.* **1** (*anche fig.*) suicidio: **moral s.**, suicidio morale **2** suicida. ● (*pop.*) **s. seat**, posto a fianco del guidatore (*di un'automobile*) □ **to commit s.**, commettere suicidio; uccidersi □ **racial s.**, estinzione graduale di un popolo (*per insufficiente natalità*).
to suicide ['sjuisaid], *v. i.* (*fam. USA*) suicidarsi; uccidersi.
suine ['sju:ain], *a. e n.* (*zool.*) suino.
suit [sju:t], *n.* **1** (*anche* **s. of clothes**) abito completo (*da uomo*) **2** abito da donna; tailleur; completo (*in più pezzi*): **a two-piece s.**, un abito in due pezzi; un due pezzi; **a three-piece s.**, un tre pezzi (*giacca, sottana e cappotto*) **3** domanda; petizione; richiesta; istanza; supplica: **to grant (to make) a s.**, accogliere (presentare) una richiesta **4** (*lett.*) proposta di matrimonio; corte; corteggiamento: **to plead (*o* to press) one's s.**, fare una proposta di matrimonio **5** (*leg.*, *anche* **s. at law, lawsuit**) azione legale; causa; lite; processo: **civil s.**, causa civile; **criminal s.**, causa penale; **to bring a s. against sb.**, far causa a q. **6** (*nei giochi di carte*) seme; sequenza di più carte dello stesso colore: **long s.**, seme di cui un giocatore ha più carte; quattro (*o* più) carte dello stesso seme; (*fig.*) (punto) forte; **short s.**, tre (*o* due) carte dello stesso seme. ● (*stor.*) **s. of armour**, armatura □ (*naut.*) **s. of sails**, corredo di vele (*da usare insieme*) □ (*naut.*) **diving s.**, scafandro per palombaro □ **dress s.**, abito da sera; abito da società (*per uomo*) □ (*aeron.*) **flying s.**, combinazione di volo □ **to follow s.**, (*nei giochi di carte*) rispondere a colore; (*fig.*) far lo stesso, fare altrettanto (*seguendo l'esempio di q.*) □ **to press one's s.**, insistere nella propria richiesta; fare la corte con grande insistenza □ **to prosper in one's s.**, fare la corte a una donna con successo □ **one's strong (*o* strongest) s.**, il proprio (punto) forte.
to suit [sju:t], **A** *v. t.* **1** adattarsi; addirsi; attagliarsi a; essere adatto (*o* conveniente) per; convenire, andar bene a; fare al caso di; contentare; soddisfare: **Red suits her black hair**, il rosso si adatta ai suoi capelli neri; **Mercy suits a king**, ai re si addice la misericordia; **This dress doesn't s. me**, questo vestito non mi si attaglia (*o* non mi sta bene); **That suits me just fine**, ciò mi conviene perfettamente; ciò mi fa proprio comodo; **The six o'clock bus will s. him perfectly**, l'autobus delle sei fa proprio al suo caso; **This article does not s. all tastes**, quest'articolo non contenta tutti (*o* non soddisfa tutti i gusti); **Nothing suits him today**, oggi non gli va bene nulla **2** adattare; aggiustare; adeguare: **Public speakers should s. their oratory to their audience**, gli oratori dovrebbero adeguare lo stile al loro uditorio. **B** *v. i.* addirsi; andar bene; convenire: **Will that time (that date) s.?**, va bene l'ora (la data)? **to suit oneself C** *v. rifl.* (*fam.*) fare a modo proprio; fare come si vuole; fare il proprio comodo. ● **to s. the action to the word**, far seguire alle parole i fatti; dar corso a una minaccia; mantenere una promessa □ **to s. with**, accordarsi (*o* andare d'accordo) con □ **Cold does not s. me**, il freddo non mi si confà □ (*teatr.*, *cinem.*) **That part suits him admirably**, quella parte gli sta a pennello (*o* pare scritta proprio per lui).
suitability [,sju:tə'biliti], *n.* appropriatezza; convenienza; opportunità. ● (*letter.*, *arte*) **s. of style**, proprietà di stile.
suitable ['sju:təbl], *a.* appropriato; adatto; conveniente; opportuno: **s. boots for mountain climbing**, scarponi adatti a fare dell'alpinismo; **a very s. match**, un partito (*q. da sposare*) assai conveniente; **at a s. moment**, in un momento opportuno. ● **a s. answer**, una risposta adeguata.
suitableness ['sju:təblnis], *V.* **suitability**.
suitcase ['sju:tkeis], *n.* valigia.
suite [swi:t], *n.* **1** seguito; corteo: **the monarch and his s.**, il monarca e il suo seguito **2** arredo; mobilio, mobilia (*per una stanza*): **a drawing-room s.**, il mobilio per un salotto **3** (*anche* **s. of rooms**) appartamento **4** (*mus.*) suite; sequenza. ● **a hotel s.**, un appartamento in un albergo.
suited ['sju:tid], *a.* adatto, conveniente, applicabile (a): **You are not s. for teaching** (*o* **to be a teacher**), non sei adatto a fare l'insegnante; **Our political system is not s. to** (*o* **for**) **underdeveloped countries**, il nostro sistema politico non è applicabile nei paesi sottosviluppati.
suiting ['sju:tiŋ], *n.* stoffa (*di lana*) da abiti; tessuto per vestiti (*da uomo*).
suitor ['sju:tə*], *n.* **1** richiedente; postulante **2** pretendente; corteggiatore **3** (*leg.*) attore; parte in giudizio.
sulcate ['sʌlkeit], *a.* (*anat.*) solcato; scanalato.
sulcus ['sʌlkəs], *n.* (*pl.* **sulci**) (*anat.*) solco.
sulfate ['sʌlfeit], e *deriv.* (*USA*) *V.* **sulphate**, e *deriv.*
to sulk [sʌlk], *v. i.* essere di cattivo umore; essere accigliato (*o* imbronciato); fare lo scontroso; tenere il broncio.
sulkiness ['sʌlkinis], *n.* **1** broncio; malumore; musoneria **2** tetraggine.
sulks [sʌlks], *n. pl.* malumore; broncio; musoneria; scontrosità: **a fit of the s.**, un accesso di malumore. ● **to have the s.**, essere di cattivo umore (*o* d'umor nero) □ **to be in a fit of s.**, fare il muso; tenere il broncio.
sulky (1) ['sʌlki], *a.* **1** accigliato; imbronciato; d'umor nero; ingrugnito; intrattabile; scontroso **2** cupo; fosco; tetro; scuro: **a s. day**, una giornata tetra.
sulky (2) ['sʌlki], *n.* (*ippica*) sulky; sediolo (*veicolo a due ruote*).
Sulla ['sʌlə], *n.* (*stor.*) Silla.
sullage ['sʌlidʒ], *n.* **1** rifiuti; spazzatura; sudiciume **2** melma; fanghiglia **3** (*metall.*) scorie.
sullen ['sʌlən], *a.* **1** arcigno; astioso; burbero **2** accigliato; imbronciato; scontroso **3** cupo; fosco; tetro: **s. clouds**, fosche nubi.
sullenness ['sʌlənnis], *n.* **1** l'essere arcigno; astiosità **2** broncio; scontrosità **3** tetraggine.
to sully ['sʌli], *v. t.* (*anche fig.*) macchiare; insudiciare; sporcare: **to s. one's good name**, macchiare la propria reputazione. ● **to s. one's victory**, offuscare la propria vittoria.
sulpha drug ['sʌlfə 'drʌg], *n.* (*farm.*) sulfamidico.
sulphate ['sʌlfeit], *n.* (*chim.*) solfato: **s. of copper** (*o* **copper s.**), solfato di rame; **s. of magnesium**, solfato di magnesio; sale inglese.
sulphating ['sʌlfeitiŋ], *n.* (*elettr.*) solfatazione.
sulphation [sʌl'feiʃən], *n.* (*chim.*) solfatazione.
sulphide ['sʌlfaid], *n.* (*chim.*) solfuro: **zinc s.**, solfuro di zinco; blenda. ● **hydrogen s.**, idrogeno solforato; acido solfidrico.
sulphite ['sʌlfait], *n.* (*chim.*) solfito: **sodium s.**, solfito di sodio.
sulphonal ['sʌlfənl], *n.* (*farm.*) solfonale.
sulphonamide [sʌl'fɔnəmaid], *n.* (*farm.*) solfonammide.
sulphonation [,sʌlfou'neiʃən], *n.* (*chim.*) solfonazione.
sulphonic [sʌl'fɔnik], *a.* (*chim.*) solfonico: **s. acid**, acido solfonico.
sulphur ['sʌlfə*], **A** *n.* **1** (*chim.*) zolfo: **flowers of s.**, fiori di zolfo **2** (*zool.*, *Colias*) colias. **B** *a. attr.* color zolfo; color verde-giallo. ● (*geol.*) **s. ball**, palla di zolfo □ **s. bath**, bagno di zolfo □ (*zool.*) **s.-bottom (whale)** (*Balaenoptera sulfurea*), balenottera dal ventre giallo □ (*chim.*) **s. dioxide**, anidride solforosa; diossido di zolfo □ **a s.-mine** (*o* **s.-pit**), una miniera di zolfo □ (*miner.*) **s. ore**, pirite di ferro; ferro solforato □ **s. spring**, sorgente sulfurea □ **roll-s.** (*o* **stick-s.**), zolfo in pani.
to sulphur ['sʌlfə*], **to sulphurate** ['sʌlfjureit], *v. t.* (*chim.*, *agric.*) solforare.
sulphuration [,sʌlfju'reiʃən], *n.* (*chim.*) solforazione.
sulphurator ['sʌlfjureitə*], *n.* solforatrice (*macchina*).
sulphureous [sʌl'fjuəriəs], *a.* **1** (*chim.*) sulfureo **2** color zolfo.
to sulphurette ['sʌlfjəret], *v. t.* (*chim.*) solforare.
sulphuretted ['sʌlfjəretid], *a.* (*chim.*) solforato: **s. hydrogen**, idrogeno solforato; acido solfidrico.
sulphuric [sʌl'fjuərik], *a.* (*chim.*) solforico: **s. acid**, acido solforico. ● **s. ether**, etere solforico; etere etilico.
sulphuring ['sʌlfəriŋ], *n.* (*agric.*) solforazione.
sulphurization [,sʌlfjurai'zeiʃən], *n.* (*chim.*) solforazione.
to sulphurize ['sʌlfjuraiz], *v. t.* (*chim.*) solforare.
sulphurous ['sʌlfərəs], *a.* **1** (*chim.*) solforoso: **s. acid**, acido solforoso **2** (*fig.*) focoso; infuocato: **a s. speech**, un discorso infuocato.
sulphury ['sʌlfəri], *a.* (*chim.*) sulfureo; simile allo zolfo.
sultan ['sʌltən], *n.* **1** sultano **2** (*zool.*, *Porphyrio porphyrio*) pollo sultano.
sultana [səl'ta:nə], *n.* **1** sultana **2** sultanina; uva sultanina.
sultanate ['sʌltənit], *n.* sultanato.
sultriness ['sʌltrinis], *n.* **1** afa; caldo soffocante **2** (*fig.*) passionalità.

sultry ['sʌltri], *a.* **1** afoso; caldo e umido; soffocante: **s. weather**, tempo afoso **2** (*fig.*) focoso; passionale; appassionato.

sum [sʌm], *n.* **1** somma; (*mat.*) addizione; totale; importo; ammontare; somma di denaro **2** complesso; insieme; quantità complessiva; sintesi: **the sum of our experience**, il complesso delle nostre esperienze **3** essenza; conclusione; sostanza; succo (*fig.*): **The sum (and substance) of his objections is this**, questo è il succo delle sue obiezioni **4** compendio; sunto; somma **5** (*pl., fam.*) calcolo; aritmetica; numeri (*fam.*): **That boy is very good at sums**, quel ragazzo è molto bravo in aritmetica. ● **the sum total**, la somma; il totale; la totalità □ **a considerable sum**, una somma ragguardevole □ **a good sum**, una bella somma □ **in sum**, in breve; insomma □ **lump sum**, somma in contanti; cifra globale □ **round sum**, cifra tonda □ **to work out a sum**, fare una somma; fare un calcolo □ **He did a rapid sum in his head**, fece un rapido calcolo mentale.

to sum [sʌm], *v. t.* (*spesso* **to sum up**) **1** (*mat.*) sommare; addizionare **2** compendiare; ricapitolare; riassumere. ● **to sum into** (*o* **to sum to**), assommare a; ammontare a □ **to sum up**, (*mat.*) addizionare, (*leg.*) riassumere; giudicare, valutare, farsi un'idea di (q.): **In criminal cases the judge eventually sums up the whole trial for the benefit of the jury**, nelle cause penali, alla fine il giudice riassume l'intero processo a beneficio della giuria □ **summing-up**, conclusioni; (*leg.*) ricapitolazione del processo (*fatta dal giudice alla giuria*).

sumac(h) ['su:mæk], *n.* (*bot., Rhus coriaria*) sommacco.

Sumerian [sju(:)'miəriən], *a. e n.* (*stor.*) sumero (*anche la lingua*).

summarist ['sʌmərist], *n.* compendiatore; ricapitolatore.

to summarize ['sʌməraiz], *v. t.* compendiare; ricapitolare; riassumere.

summary ['sʌməri], **A** *a.* sommario; compendioso; per sommi capi; sbrigativo: **a s. account**, una relazione sommaria; (*leg.*) **s. procedure**, procedura sommaria; **s. justice**, giustizia sommaria. **B** *n.* compendio; riassunto; sunto; scaletta (*fig.*). ● (*elab.*) **s. punching**, perforazione di riepilogo.

summat ['sʌmət], *n.* (*pop., dial.*) qualcosa.

summation [sʌ'meiʃən], *n.* **1** (*mat.*) sommatoria **2** sunto; riassunto; sommario. ● (*elab.*) **s. check**, controllo sommatorio.

summer (1) ['sʌmə*], **A** *n.* **1** estate **2** (*pl., poet.*) anni: **a maid of twelve summers**, una fanciulla di dodici anni. **B** *attr.* d'estate; estivo: **the s. season**, la stagione estiva; **s. camp**, campeggio estivo; **s. school**, scuola estiva (*presso un'università, ecc.*); **s. course**, corso estivo (*di studi, di conferenze*). ● **s.-house**, casa di campagna (*per l'estate*); chiosco, padiglione (*in un giardino*) □ **s. lightning**, lampeggi lontani; lampi d'estate □ **s. resort**, località di villeggiatura estiva □ **s. solstice**, solstizio d'estate □ **s. time**, ora legale estiva □ (*fig.*) **the high s. of Italian art**, la stagione d'oro dell'arte italiana □ **Indian s.** (*o* **St. Martin's s.**), estate di San Martino.

to summer ['sʌmə*], **A** *v. i.* passare l'estate: **They s. in the Alps**, passano l'estate sulle Alpi. **B** *v. t.* far pascolare (*bestiame*) durante l'estate; estivare.

summer (2) ['sʌmə*], *n.* (*edil., anche* **s.-tree**) architrave; trave principale.

summerlike ['sʌməlaik], **summerly** ['sʌməli], *a.* estivo; dell'estate.

summersault ['sʌməsɔ:lt], **summerset** ['sʌməsit], (*rari*) V. **somersault**.

summertime ['sʌmətaim], *n.* (*fam.*) estate; stagione estiva.

summery ['sʌməri], *a.* estivo; dell'estate.

summit ['sʌmit], *n.* **1** sommità; apice; colmo; massimo: **at the s. of one's fame**, all'apice della fama; **the s. of my expectations**, il massimo delle mie aspettative **2** cima; vetta; sommità: **the icy summits of the Alps**, le cime ghiacciate delle Alpi **3** (*polit.*) vertice; summit: **meeting at the s.** (*o* **s. meeting**), incontro al vertice; **s. conference**, conferenza al vertice. ● (*polit.*) **the s. powers**, i vertici dello Stato.

to summon ['sʌmən], *v. t.* **1** (*leg.*) chiamare a comparire; citare (in giudizio): **The defendants were summoned to court**, i convenuti furono chiamati a comparire; **to s. witnesses**, citare i testimoni **2** convocare; chiamare a raccolta; adunare; radunare: **to s. Parliament**, convocare il Parlamento **3** (*arc.*) invitare; intimare: **They summoned the enemy to surrender**, invitarono il nemico ad arrendersi; intimarono la resa al nemico **4** (*spesso* **to s. up**) fare appello a; raccogliere: **He summoned (up) his energy**, fece appello a tutte le sue energie; **S. (up) your strength**, raccogli le forze! ● **to s. up one's courage**, farsi coraggio; farsi animo; prendere il coraggio a due mani.

summoner ['sʌmənə*], *n.* **1** chi chiama a raccolta, chi convoca, ecc. (*V.* **to summon**) **2** (*stor., leg.*) usciere.

summons ['sʌmənz], *n.* (*pl.* **summonses, summons**) **1** (*leg.*) mandato di comparizione; citazione: **to issue a s.**, emettere un mandato di comparizione **2** convocazione; appello; chiamata; invito. ● (*USA*) **s. book**, libretto delle contravvenzioni (*di un poliziotto*) □ (*leg.*) **to answer a s.**, comparire in giudizio □ (*leg.*) **to serve a s. on sb.**, notificare a q. un mandato di comparizione.

to summons ['sʌmənz], *v. t.* (*leg.*) citare (in giudizio); chiamare a comparire.

sump [sʌmp], *n.* **1** (*edil.*) pozzo di scarico; pozzetto **2** (*edil.*) pozzo nero; fossa biologica **3** (*ind. min.*) pozzo di scarico; bacino di pompaggio **4** (*mecc., autom.*) coppa (*dell'olio*); carter.

sumpter ['sʌmptə*], *n.* (*arc.*) bestia da soma. ● **s. horse**, cavallo da soma □ **s. mule**, mulo da basto.

sumptuary ['sʌmptjuəri], *a.* suntuario: **s. law**, legge suntuaria. ● (*fin.*) **s. tax**, imposta restrittiva dei consumi.

sumptuous ['sʌmptjuəs], *a.* sontuoso; fastoso: **a s. dinner**, un pranzo sontuoso.

sumptuousness ['sʌmptjuəsnis], *n.* sontuosità; fasto.

sun [sʌn], *n.* (*astron.*) sole (*anche fig.*); luce del sole; astro, stella (*in genere*); (*poet., retor.*) giorno, anno: **The sun is rising**, sorge il sole; **to sit in the sun**, star seduto al sole; **to take the sun**, prendere il sole; **I have the sun in my eyes**, ho il sole negli occhi; **to rise with the sun**, levarsi col sole; alzarsi di buon'ora; (*astron.*) **the midnight sun**, il sole di mezzanotte; (*fig.*) **His sun is set**, la sua stella è tramontata. ● (*mecc.*) **sun-and-planet motion**, rotismo epicicloidale; treno planetario □ **sun-baked**, cotto (*o* bruciato) dal sole □ **sun-bath**, bagno di sole □ **sun-bathing**, cura del sole; elioterapia □ **sun-blind**, tenda, telone (*di una finestra*) □ **sun bonnet**, cappellino da sole □ (*poet.*) **sun-bow**, arcobaleno □ (*naut.*) **sun compass**, bussola solare □ (*di carne, ecc.*) **sun-cured**, seccato al sole □ **sun dance**, danza del sole (*degli Indiani d'America*) □ **sun-drenched**, inondato dal sole □ (*di frutta, ecc.*) **sun-dried**, seccato al sole □ (*mecc.*) **s. gear**, ingranaggio centrale □ **sun(-)glasses**, occhiali da sole □ **sun-glow**, bagliori del sole (*all'alba o al tramonto*) □ **sun-god**, dio del sole; il Sole (*come divinità*) □ **sun-hat**, cappello da sole □ **sun-helmet**, casco coloniale □ **sun-lamp**, lampada solare; lampada a raggi ultravioletti □ **sun lounge**, stanza a vetrate (*esposta al sole*) □ (*USA*) **sun parlour** (*o* **sun porch**), V. **sun lounge** □ **sun-power**, energia solare □ **sun-rays**, raggi del sole □ (*elettron.*) **sun sensor**, sensore solare □ **sun-spot**, (*astron.*) macchia solare; (*turismo*) luogo (*o paese*) del sole □ **sun-suit**, V. **sunsuit** □ **sun-tan**, abbronzatura; tintarella □ **sun-tan cream**, crema abbronzante □ **sun-tan oil**, olio abbronzante □ **sun-tanned**, abbronzato □ (*fam.*) **sun-up**, levar del sole; aurora; alba □ **sun-worship**, (*relig.*) culto del sole; (*fam.*) mania del bagno di sole □ **sun-worshipper**, adoratore del sole; (*fam.*) fanatico dei bagni di sole □ **against the sun**, controluce; (*scient.*) in senso antiorario □ **to bask in the sun**, crogiolarsi al sole □ (*arc.*) **from sun to sun**, dall'alba al tramonto □ (*fig.*) **to hail** (*o* **to adore**) **the rising sun**, rendere omaggio all'astro nascente; cercare d'ingraziarsi un nuovo potente □ (*fig.*) **to hold a candle to the sun**, portar acqua al mare (*o vasi a Samo*); fare un lavoro inutile □ **to let in the sun**, lasciar entrare il sole □ (*scient.*) **mock sun**, parelio □ (*fig.*) **a place in the sun**, un posto al sole □ **the rising sun**, il sole nascente; (*fig.*) l'astro nascente □ (*poet.*) **to see the sun**, vedere la luce del sole; essere tra i vivi □ (*naut.*) **to take the sun** (*pop.* **to shoot the sun**), fare il punto prendendo l'altezza del sole □ (*prov.*) **Nothing new under the sun**, niente di nuovo sotto il sole.

to sun [sʌn], **A** *v. t.* soleggiare; esporre al sole; asciugare al sole. **B** *v. i.* (*anche, v. rifl.*, **to sun oneself**) prendere il sole; crogiolarsi al sole.

to sunbathe ['sʌnbeið], *v. i.* fare la cura del sole; prendere il sole.

sunbather ['sʌnˌbeiðə*], *n.* chi fa la cura del sole; chi prende il sole.

sunbathing ['sʌnˌbeiðiŋ], *n.* cura del sole; il prendere il sole.

sunbeam ['sʌnbi:m], *n.* **1** raggio di sole **2** (*fam., scherz.*) persona allegra, felice; bambino contento come una Pasqua.

sunbelt ['sʌnbelt], *n.* (*geogr.*) (la) zona del sole (*il sud-ovest degli USA*).

to sunburn ['sʌnbə:n] (*pass. e p. p.* **sunburnt**), *v. i.* bruciarsi (*o* scottarsi) al sole.

sunburn ['sʌnbə:n], *n.* **1** (*med.*) eritema solare; scottatura (*da eccessiva esposizione al sole*) **2** abbronzatura.

sunburned ['sʌnbə:nd], **sunburnt** ['sʌnbə:nt], *a.* **1** arso dal sole; bruciato (*o* scottato) dal sole **2** abbronzato.

sunburst ['sʌnbə:st], *n.* **1** sprazzo di sole; improvviso apparire del sole (*per es., di fra le nubi*) **2** gioiello (*o* fuoco d'artificio, ecc.) in forma di sole raggiante.

sundae ['sʌndi], *n.* gelato con pezzetti di frutta, panna montata, ecc.; cassata.

Sunday ['sʌndi], **A** *n.* domenica. **B** *avv.* (*USA*) di domenica; la domenica: **They eat out S.**, la domenica mangiano fuori. ● **one's S. clothes** (*fam.* **one's S. best**), l'abito da festa; il vestito buono (*fam.*) □ **S. painter**, pittore della domenica; pittore dilettante □ **S.-school**, scuola domenicale di catechismo; la dottrina

sundeck

(fam.) □ **S. supplement**, supplemento domenicale (di un giornale) □ **Easter S.**, domenica di Pasqua □ (relig.) **to keep S.**, osservare la domenica □ (scherz.) **a month of Sundays**, un periodo di tempo molto lungo; un secolo; un'eternità □ **Palm S.**, domenica delle Palme.
sundeck ['sʌndek], n. 1 (naut.) ponte sole; ponte scoperto 2 (edil.) lastrico solare.
to sunder ['sʌndə*], (poet.) **A** v. t. disgiungere; disunire; scindere; separare. **B** v. i. dividersi; separarsi. ● **in sunder**, a pezzi; in frammenti.
sundew ['sʌndju:], n. (bot., Drosera) drosera. ● (bot.) **common** (o **roundleaved**) **s.** (Drosera rotundifolia), rosolida.
sundial ['sʌndaiəl], n. meridiana; orologio solare.
sundown ['sʌndaun], n. tramonto: **at s.**, al tramonto.
sundowner ['sʌnˌdaunə*], n. 1 (fam.) aperitivo serale 2 (in Australia) vagabondo scroccone (che arriva al calar del sole).
sundress ['sʌndres], n. prendisole (indumento).
sundries ['sʌndriz], n. pl. 1 oggetti di vario genere 2 (comm.) articoli vari 3 (rag.) spese diverse; creditori diversi; «diversi».
sundriesman ['sʌndrizmən], n. (pl. **sundriesmen**) negoziante di articoli vari.
sundry ['sʌndri], a. diversi; vari: **s. items of clothing**, diversi capi di vestiario. ● **all and s.**, tutti quanti; tutti indistintamente.
sunfast ['sʌnfa:st], a. resistente al sole; che non sbiadisce.
sunfish ['sʌn-fiʃ], n. (pl. **sunfish, sunfishes**) (zool.) 1 (Mola mola) pesce mola; pesce luna 2 (Eupomotis gibbosus) persico sole.
sunflower ['sʌnˌflauə*], n. (bot., Helianthus annuus) girasole. ● (USA) **the S. State**, lo stato del Kansas.
sung [sʌŋ], p. p. di **to sing**.
sunk [sʌŋk], p. p. di **to sink**.
sunken ['sʌŋkən], a. 1 affondato: **a s. ship**, una nave affondata 2 incavato; infossato: **s. eyes**, occhi incavati; **s. cheeks**, guance infossate. ● **a s. garden**, un giardino incassato (artificiale: con rocce, ecc.; in G.B.).
sunless ['sʌnlis], a. 1 senza sole 2 (fig.) cupo; tetro.
sunlight ['sʌnlait], n. luce del sole; luce solare.
sunlit ['sʌnlit], a. soleggiato; assolato; illuminato dal sole.
sunn [sʌn], n. (ind. tessile; bot., Crotalaria juncea; anche **s. hemp**) canapa di Calcutta.
Sunna(h) ['sʌnə], n. (relig.) Sunna (tradizione orale maomettana).
sunniness ['sʌninis], n. 1 esposizione al sole; l'essere soleggiato 2 (fig.) allegria; felicità; gioia.
Sunnite ['sʌnait], n. (relig.) sunnita.
sunny ['sʌni], a. 1 soleggiato; solatio; aprico; esposto al sole; assolato: **the s. side of a house**, il lato d'una casa esposto al sole; **a s. classroom**, un'aula soleggiata; **a s. country**, una terra solatia; **s. skies**, cieli sgombri 2 (fig.) allegro; felice; gioioso: **a s. temper**, un carattere allegro. ● **to be in a s. mood**, essere allegro, euforico □ (fig.) **to look on the s. side of things**, vedere il lato buono delle cose; essere ottimista □ **to be on the s. side of forty**, non avere ancora passato i quarant'anni □ **It's s. today**, oggi c'è il sole.
sunproof ['sʌn-pru:f], a. resistente ai raggi del sole.
sunray ['sʌnrei], n. (fis.) raggio ultravioletto: **s. lamp**, lampada a raggi ultravioletti.
sunrise ['sʌnraiz], n. levar del sole; aurora; alba.
sunroof ['sʌnru:f], n. 1 (edil.) lastrico solare 2 (autom.) tetto apribile.
sunseeker ['sʌnˌsi:kə*], n. chi va in cerca di luoghi assolati per villeggiare; turista che va al sud.
sunset ['sʌnset], n. (anche fig.) tramonto.
sunshade ['sʌn-ʃeid], n. 1 parasole; ombrellino da sole 2 tenda; telone (di bottega, ecc.) 3 visiera 4 (pl., pop.) occhiali da sole.
sunshine ['sʌnʃain], n. 1 luce del sole; splendore del sole; sole; bel tempo: **to walk in the s.**, passeggiare al sole, in pieno sole 2 (fig.) allegria; letizia; felicità; gioia. ● (autom.) **s. roof**, tetto apribile □ (med.) **s. treatment**, elioterapia.
sunshiny ['sʌnʃaini], a. 1 assolato; soleggiato; solatio; pieno di sole: **a s. day**, una giornata (piena) di sole 2 (fig.) allegro; felice; gioioso: **a s. smile**, un sorriso gioioso.
sunstone ['sʌnstoun], n. (miner.) pietra del sole; eliolite.
sunstroke ['sʌn-strouk], n. (med.) colpo di sole; insolazione.
sunstruck ['sʌn-strʌk], a. (med.) colpito da insolazione.
sunsuit ['sʌnsju:t], n. (USA) prendisole (indumento).
suntrap ['sʌntræp], n. (fam.) luogo (o paese) pieno di sole.
sunward ['sʌnwəd], **A** a. esposto al sole; volto verso il sole. **B** avv. V. **sunwards**.
sunwards ['sʌnwədz], avv. verso il sole; in direzione del sole.
sunwise ['sʌnwaiz], avv. (scient.) in senso orario.
to sup (1) [sʌp], v. t. e i. (scozz. e ingl. sett.) bere a piccoli sorsi; sorseggiare: **to sup tea**, sorseggiare il tè. ● (prov.) **He that sups with the devil needs a long spoon**, nel trattare col diavolo bisogna andare molto cauti.
to sup (2) [sʌp], v. i. (arc.) cenare. ● **to sup off** (o **on**) **st.**, cenare con q.c.; fare una cena a base di q.c.
sup [sʌp], n. (scozz. e ingl. sett.) sorso: **with neither bite nor sup**, senza né un boccone né un sorso; a bocca asciutta; a stomaco vuoto.
super ['sju:pə*], (fam.) **A** n. 1 (teatr.) comparsa 2 sovrintendente 3 (comm.) qualità superiore 4 (comm.) prodotto eccellente; prodotto di qualità superiore 5 (di stufa a gas, ecc.) (posizione di) massimo. **B** a. 1 (fam.) stupendo; eccellente; (spesso iron.) grande: **a s. patriot**, un grande patriota 2 (di misura) di superficie; quadrato: **a hundred feet s.**, cento piedi quadrati (pari a circa m^2 9,29).
superable ['sju:pərəbl], a. superabile.
to superabound [ˌsju:pərə'baund], v. i. sovrabbondare; abbondare.
superabundance [ˌsju:pərə'bʌndəns], n. sovrabbondanza.
superabundant [ˌsju:pərə'bʌndənt], a. sovrabbondante; assai abbondante; eccessivo.
to superadd [ˌsju:pər'æd], v. t. aggiungere ancora; aggiungere.
superaddition [ˌsju:pərə'diʃən], n. aggiunta in più; sovrappiù.
superalloy [ˌsju:pər'æloi], n. (metall.) superlega.
superaltar [ˌsju:pərˌɔ:ltə*], n. (relig.) pietra consacrata (collocata su un altare non ancora consacrato).
to superannuate [ˌsju:pə'rænjueit], v. t. 1 mettere (un impiegato, ecc.) in pensione; collocare a riposo (per raggiunti limiti d'età); pensionare; giubilare 2 scartare (un oggetto, macchinario, ecc.) perché antiquato 3 rendere (q.c.) antiquato (o superato) 4 chiedere il ritiro dalla scuola di (un alunno che ha superato il limite d'età o il cui profitto è troppo scarso).
superannuated [ˌsju:pə'rænjueitid], a. 1 pensionato; collocato a riposo; giubilato 2 inabile al lavoro (per raggiunti limiti d'età) 3 (d'idee, di macchinario, ecc.) antiquato; obsoleto; troppo vecchio; superato.
superannuation [ˌsiu:pəˌrænju'eiʃən], n. 1 collocamento a riposo; andata in pensione (per limiti d'età) 2 pensione (per raggiunti limiti d'età) 3 (di macchinario, ecc.) l'essere antiquato, obsolescenza.
superb [sju:'pə:b], a. superbo; maestoso; magnifico; sfarzoso; splendido; stupendo: **s. beauty**, superba bellezza; **a s. specimen**, un magnifico esemplare; **a s. view**, una splendida vista; **a s. voice**, una voce stupenda. ● **s. food**, cibo eccellente □ **s. impudence**, sfacciataggine estrema.
superbness [sju:'pə:bnis], n. maestosità; splendore; grandiosità.
supercalender [ˌsju:pə'kælində*], n. (ind.) calandra a più rulli.
supercalendered [ˌsju:pə'kælindəd], a. (di tessuto) lavorato con una calandra a più rulli. ● (ind. carta) **s. paper**, carta superpatinata.
supercargo ['sju:pəˌka:gou], n. (pl. **supercargos, supercargoes**) (naut.) commissario di bordo (di nave mercantile).
to supercede [ˌsju:(:)pə'si:d], V. **to supersede**.
supercelestial [ˌsju:pəsi'lestjəl], a. ultraceleste; divino.
to supercharge ['sju:pətʃa:dʒ], v. t. 1 (mecc.) sovralimentare (un motore) 2 (fig.) rendere (un ambiente, ecc.) carico di emozione (di tensione, ecc.).
supercharged ['sju:pətʃa:dʒd], a. 1 (di motore) sovralimentato 2 (fig.) teso; appassionato; carico d'emozione 3 (fig., di persona) pieno di vita; su di giri (fam.); gasato (pop.).
supercharger ['sju:pətʃa:dʒə*], n. (mecc.) compressore.
supercharging ['sju:pətʃa:dʒiŋ], n. (mecc.) sovralimentazione.
superciliary [ˌsju:pə'siliəri], a. (scient.) sopracciliare.
supercilious [ˌsju:pə'siliəs], a. altezzoso; altero; arrogante; borioso; sdegnoso; sprezzante.
superciliousness [ˌsju:pə'siliəsnis], n. arroganza; alterigia; boria.
supercity ['sju:pəsiti], n. (urbanistica) megalopoli.
supercivilized [ˌsju:pə'sivilaizd], a. ultracivile.
supercolumniation [ˌsju:pəkəˌlʌmni'eiʃən], n. (archit.) sovrapposizione di ordini di colonne.
superconducting [ˌsju:pəkən'dʌktiŋ], a. (fis.) superconduttore.
superconductivity ['sju:pəˌkɔndʌk'tiviti], n. (fis.) superconduttività.
superconductor [ˌsju:pəkən'dʌktə*], n. (fis.) superconduttore.
to supercool ['sju:pəku:l], v. t. (fis., chim.) sopraffondere; sopraffreddare.
supercooling ['sju:pəku:liŋ], n. (fis., chim.) sopraffusione; sopraffreddamento.
supercountry [ˌsju:pə'kʌntri], n. (polit.) superpotenza.
supercritical [ˌsju:pə'kritikəl], a. (fis. nucl.) supercritico; ipercritico.
supercurrent ['sju:pəˌkʌrənt], n. (fis.) supercorrente.
superdreadnought [ˌsju:pə'drednɔ:t], n. (naut. mil.) supercorazzata.
superduper [ˌsu:pə'du:pə*], a. (pop.) favoloso (pop.); meraviglioso; stupendo.

superego [ˌsjuːpərˈegou], *n*. (*pl*. **superegos**) (*psic*.) super-io; super-ego.
superelevation [ˌsjuːpərˌeliˈveiʃən], *n*. **1** (*costr. stradali, ferr*.) soprelevazione, sopraelevazione **2** (*mil*.) sopraelevazione; alzo (*di cannone, ecc*.).
supererogation [ˌsjuːpərˌerəˈgeiʃən], *n*. **1** (*specialm. relig*.) supererogazione **2** zelo eccessivo.
supererogatory [ˌsjuːpəreˈrɔgətəri], *a*. **1** supererogatorio **2** troppo zelante.
superexcellence [ˌsjuːpərˈeksələns], *n*. sovraeccellenza.
superexcellent [ˌsjuːpərˈeksələnt], *a*. sovraeccellente.
superfamily [ˌsjuːpəˈfæmili], *n*. (*biol*.) superfamiglia.
superfatted [ˌsjuːpəˈfætid], *a*. (*di sapone*) oltremodo ricco di grassi.
superfecundation [ˌsjuːpəˌfiːkənˈdeiʃən], *n*. (*biol*.) superfecondazione.
superfetation [ˌsjuːpəfiˈteiʃən], *n*. (*biol*.) superfetazione.
superficial [ˌsjuːpəˈfiʃəl], *a*. **1** superficiale: **a s. wound**, una ferita superficiale; **a s. person**, una persona superficiale **2** (*di misura*) di superficie; quadrato.
superficiality [ˌsjuːpəˌfiʃiˈæliti], *n*. superficialità.
superficies [ˌsjuːpəˈfiʃiːz], *n*. (*invar. al pl*.) superficie.
superfine [ˌsjuːpəˈfain], *a*. **1** (*di merce*) sopraffino; finissimo **2** (*di persona*) troppo raffinato; affettato. ● **a s. distinction**, una distinzione fin troppo sottile □ (*comm*.) **s. flour**, farina finissima; farina doppio zero.
superfluity [ˌsjuːpəˈfluːiti], *n*. **1** superfluità; eccesso **2** superfluo; soprappiù; cosa superflua.
superfluous [sjuː(ː)ˈpəːfluəs], *a*. superfluo; eccessivo; in eccesso.
superfluousness [sjuːˈpəːfluəsnis], *n*. superfluità; eccesso.
to superheat [ˈsjuːpəˌhiːt], *v. t*. surriscaldare.
superheater [ˌsjuːpəˈhiːtə*], *n*. surriscaldatore (*apparecchio*).
superheating [ˌsjuːpəˈhiːtiŋ], *n*. surriscaldamento.
superhet [ˈsjuːpəˈhet], *n. abbr. fam*. di **superheterodyne receiver**.
superheterodyne [ˌsjuːpəˈhetərədain], *n*. (*elettron*.) supereterodina. ● (*radio*) **s. receiver**, ricevitore a supereterodina.
superhigh [ˈsjuːpəˈhai], *a*. (*tecn*.) superalto: (*elettron*.) **s. frequency**, altezza superalta; banda 10.
superhighway [ˈsjuːpəˈhaiwei], *n*. (*costr. stradali*) **1** superstrada **2** (*USA*) autostrada.
superhuman [ˌsjuːpəˈhjuːmən], *a*. sovrumano.
to superimpose [ˌsjuːpərimˈpouz], *v. t*. sovrapporre; sovrimporre.
superimposed [ˌsjuːpərimˈpouzd], *a*. sovrapposto; sovraimposto; sovrimposto. ● (*geol*.) **s. glacier**, ghiacciaio sovrapposto.
superimposition [ˌsjuːpərˌimpəˈziʃən], *n*. sovrapposizione.
superincumbent [ˌsjuːpərinˈkʌmbənt], *a*. sovrastante; incombente.
superinfection [ˌsjuːpərinˈfekʃən], *n*. (*med*.) superinfezione.
to superintend [ˌsjuːpərinˈtend], *v. t. e i*. soprintendere (a); dirigere; sorvegliare; controllare: **to s. the works**, dirigere i lavori.
superintendence [ˌsjuːpərinˈtendəns], **superintendency** [ˌsjuːpərinˈtendənsi], *n*. soprintendenza, sovrintendenza, direzione; sorveglianza.
superintendent [ˌsjuːpərinˈtendənt], *n*. **1** soprintendente, sovrintendente; direttore; supervisore; sorvegliante **2** (*nella polizia*) sovrintendente (*in G.B*.; *cfr. ital. commissario*) **3** (*USA*: *nella polizia*) sovrintendente (*cfr. ital. questore*) **4** (*specialm. USA, anche* **building s.**) custode.
superior [sjuːˈpiəriə*], **A** *a*. **1** superiore: **s. rank**, grado superiore; (*mil*.) **s. officers**, ufficiali superiori; **animals belonging to a s. order**, animali che appartengono a un ordine superiore; (*zool*.) **the s. wings of an insect**, le ali superiori di un insetto **2** di qualità superiore; eccellente; ottimo; di prima qualità: **These are s. goods**, questa merce è di prima qualità; **a class of s. pupils**, una classe di scolari eccellenti **3** (*che si dà arie*) di superiorità; altezzoso; borioso; sprezzante: **a s. smile**, un sorrisetto di superiorità **4** (*fig*.) superiore; che è al di sopra: **He is s. to bribery**, è superiore a ogni tentativo di corruzione; è incorruttibile. **B** *n*. **1** superiore: **He is deferential to his superiors**, è rispettoso con i superiori **2** (*relig*.) superiore (*di convento*): **the Father S**., il padre superiore **3** (*bot*.) supero. ● (*leg*.) **s. court**, tribunale di seconda istanza □ (*tipogr*.) **s. figures (letters)**, cifre (lettere) stampate sopra la riga □ (*ottica*) **s. mirage**, miraggio superiore □ (*mil*.) **s. numbers**, superiorità numerica; forze preponderanti □ **s. persons**, persone colte; uomini superiori; (*iron*.) saccenti, sapientoni; gente che si dà arie di superiorità □ (*astron*.) **s. planet**, pianeta superiore □ **by s. wisdom**, con grande saggezza □ (*relig*.) **Mother S**., madre superiora; superiora (*di convento*); (*madre*) badessa □ **to rise s. to**, essere (*mostrarsi*) superiore a; non dar peso a □ **with a s. air**, con aria di superiorità □ **You are my s. in ability**, sei più bravo di me □ **This car is s. in speed to any other**, quest'automobile supera qualsiasi altra in velocità □ **He has no s. in courage**, quanto a coraggio, nessuno lo supera.

superiority [sjuːˌpiəriˈɔriti], *n*. superiorità. ● (*psic*.) **s. complex**, complesso di superiorità.
superjacent [ˌsjuːpəˈdʒeisənt], *a*. sovrastante; incombente.
superjet [ˈsjuːpədʒet], *n*. (*aeron*.) aereo (a reazione) supersonico.
superlative [sjuːˈpəːlətiv], **A** *a*. superlativo; eccellente; sommo: (*gramm*.) **s. degree**, grado superlativo; **s. beauty**, bellezza superlativa; **s. goodness**, somma bontà. **B** *n*. (*gramm*.) superlativo. ● **to speak in superlatives**, fare largo uso di superlativi nel parlare.
superlativeness [sjuːˈpəːlətivnis], *n*. l'essere superlativo; eccellenza; massimo grado.
superliner [ˈsjuːpəˌlainə*], *n*. (*naut*.) supertransatlantico.
superlunar [ˌsjuːpəˈluːnə*], **superlunary** [ˌsjuːpəˈluːnəri], *a*. **1** situato al di là della luna; translunare **2** celeste; celestiale.
superman [ˈsjuːpəmæn], *n*. (*pl*. **supermen**) superuomo.
supermarket [ˈsjuːpəˌmɑːkit], *n*. supermercato; grande emporio; grande magazzino.
supermundane [ˌsjuːpəˈmʌndein], *a*. ultramondano; ultraterreno.
supernal [sjuː(ː)ˈpəːnl], *a*. (*lett*.) superno; celeste; etereo; divino.
supernatant [ˌsjuːpəˈneitənt], *a*. galleggiante; che sta alla superficie dell'acqua. ● (*chim., ind*.) **s. liquor**, supernatante.
supernatural [ˌsjuːpəˈnætʃrəl], *a*. soprannaturale: **a s. being**, un essere soprannaturale. ● **the s.**, il soprannaturale □ **s. strength**, forza sovrumana.
supernaturalism [ˌsjuːpəˈnætʃrəlizəm], *n*. (*filos., relig*.) fede nel soprannaturale.
supernaturalist [ˌsjuːpəˈnætʃrəlist], *n*. chi crede nel soprannaturale.
to supernaturalize [ˌsjuːpəˈnætʃrəlaiz], *v. t*. rendere (*o* considerare) soprannaturale.
supernormal [ˈsjuːpəˈnɔːməl], *a*. superiore alla norma; più che normale.
supernova [ˌsuːpəˈnouvə], *n*. (*pl*. **supernovas, supernovae**) (*astron*.) supernova.
supernumerary [ˌsjuːpəˈnjuːmərəri], **A** *a*. soprannumerario; in eccesso; superfluo. **B** *n*. **1** impiegato soprannumerario; soprannumerario **2** cosa superflua **3** (*teatr*.) comparsa.
supernutrition [ˌsjuːpənjuːˈtriʃən], *n*. supernutrizione; ipernutrizione.
superorder [ˌsjuːpərˈɔːdə*], *n*. (*biol*.) superordine.
superphosphate [ˌsjuːpəˈfɔsfeit], *n*. (*chim*.) perfosfato; superfosfato.
superposable [ˌsjuːpəˈpouzəbl], *a*. sovrapponibile.
to superpose [ˌsjuːpəˈpouz], *v. t*. sovrapporre.
superposed [ˌsjuːpəˈpouzd], *a*. (*bot*.) sovrapposto. ● (*radio, telev*.) **s. circuit**, circuito supplementare.
superposition [ˈsjuːpəpəˈziʃən], *n*. sovrapposizione.
superpower [ˈsjuːpəˈpauə*], *n*. (*polit*.) superpotenza.
to supersaturate [ˌsjuːpəˈsætʃəreit], *v. t*. (*fis., chim*.) soprassaturare, sovrassaturare.
supersaturated [ˌsjuːpəˈsætʃəreitid], *a*. (*fis., chim*.) soprassaturo, sovrassaturo.
supersaturation [ˌsjuːpəˌsætʃəˈreiʃən], *n*. (*fis., chim*.) soprassaturazione, sovrassaturazione.
to superscribe [ˈsjuːpəˈskraib], *v. t*. **1** scrivere (*o* incidere) in cima a (*o* sopra: q.c.) **2** scrivere l'indirizzo su (*una busta, un pacco*).
superscript [ˈsjuːpəskript], **A** *a*. scritto in alto. **B** *n*. (*scient., tecn*.) esponente; apice.
superscription [ˌsjuːpəˈskripʃən], *n*. **1** soprascritta; iscrizione **2** (*di busta o lettera*) indirizzo.
to supersede [ˌsjuː(ː)pəˈsiːd], *v. t*. **1** soppiantare; prendere il posto di; rimpiazzare: **Maybe aeroplanes will s. trains**, forse gli aeroplani soppianteranno i treni **2** scartare; sostituire (*macchinari antiquati, ecc*.). ● **to be superseded**, essere antiquato; essere passato di moda.
supersensible [ˌsjuːpəˈsensəbl], *a*. soprasensibile; non percepibile dai sensi.
supersensitive [ˌsjuːpəˈsensitiv], *a*. ipersensibile. ● (*elettr*.) **s. relay**, relè galvanometrico.
supersensitiveness [ˌsjuːpəˈsensitivnis], *n*. ipersensibilità.
supersensual [ˌsjuːpəˈsensjuəl], *a*. **1** soprasensibile **2** molto sensuale **3** spirituale.
supersession [ˌsjuːpəˈseʃən], *n*. sostituzione; rimpiazzo.
supersonic [ˈsjuːpəˈsɔnik], **A** *a*. **1** (*fis*.) supersonico; ultrasonoro: **s. speed**, velocità supersonica **2** (*aeron*.) supersonico: **a s. plane**, un aeroplano supersonico. **B** *n*. (*fis*.) ultrasuono.
supersonics [ˈsjuːpəˈsɔniks], *n. pl*. (*col verbo al sing*.) **1** (*fis*.) studio degli ultrasuoni **2** (*aeron*.) scienza del volo supersonico.
superspace [ˈsjuːpəˌspeis], *n*. (*fis*.) superspazio.
superstar [ˈsjuːpəstɑː*], *n*. **1** (*astron., fis*.) superstella **2** (*fig*.) persona senza pari **3** (*fig*.) divo, diva (*fig*.).
superstate [ˈsjuːpəsteit], *n*. (*polit*.) superstato.
superstition [ˌsjuːpəˈstiʃən], *n*. **1** superstizione **2** pregiudizio;

preconcetto.
superstitious [ˌsjuːpəˈstɪʃəs], *a.* superstizioso.
superstitiousness [ˌsjuːpəˈstɪʃəsnɪs], *n.* superstiziosità.
superstratum [ˈsjuːstrɑːtəm], *n.* (*pl.* **superstrata, superstratums**) (*geol.*) strato sovrastante.
superstructural [ˌsjuːpəˈstrʌktʃərəl], *a.* di sovrastruttura; che forma la sovrastruttura (di q.c.).
superstructure [ˈsjuːpəˌstrʌktʃə*], *n.* 1 (*costr., naut.*) sovrastruttura (*anche fig.*): **the economic s. of a country**, la sovrastruttura economica di un paese 2 (*ferr.*) armamento.
supersubtle [ˈsjuːpəsʌtl], *a.* fin troppo sottile.
supersubtlety [ˌsjuːpəˈsʌtltɪ], *n.* grande (*o* eccessiva) sottigliezza.
supertanker [ˈsjuːpəˌtæŋkə*], *n.* (*naut.*) superpetroliera.
supertax [ˈsjuːpətæks], *n.* (*fin.*) imposta addizionale; addizionale; soprattassa.
superterrene [ˌsjuːpəˈtɛriːn], **superterrestrial** [ˌsjuːpətəˈrɛstrɪəl], *a.* ultraterreno.
supertonic [ˌsjuːpəˈtɒnɪk], *n.* (*mus.*) sopratonica.
to supervene [ˌsjuːpəˈviːn], *v. i.* sopravvenire; sopraggiungere.
supervenient [ˌsjuːpəˈviːnjənt], *a.* che sopravviene; seguente.
supervention [ˌsjuːpəˈvɛnʃən], *n.* 1 sopravvenienza; sopravvenuta 2 avvenimento inatteso.
to supervise [ˈsjuːpəvaɪz], *v. t.* soprintendere a; dirigere; sorvegliare: **to s. the works**, dirigere i lavori; **to s. workers**, sorvegliare gli operai.
supervision [ˌsjuːpəˈvɪʒən], *n.* soprintendenza, sovrintendenza; supervisione; sorveglianza; direzione.
supervisor [ˈsjuːpəvaɪzə*], *n.* soprintendente, sovrintendente; supervisore; direttore; sorvegliante.
supervisory [ˌsjuːpəˈvaɪzəri], *a.* direttivo; di sorveglianza: **s. personnel**, personale direttivo.
to supinate [ˈsjuːpɪneɪt], *v. t.* (*anat.*) rivoltare (*la mano, la palma della mano*) verso l'alto.
supination [ˌsjuːpɪˈneɪʃən], *n.* (*anat.*) supinazione.
supinator [ˈsjuːpɪneɪtə*], *n.* (*anat.*) muscolo supinatore.
supine (1) [sjuːˈpaɪn], *a.* 1 supino; sdraiato 2 (*fig.*) indolente; inerte; passivo; apatico.
supine (2) [ˈsjuːpaɪn], *n.* (*gramm. lat.*) supino.
supineness [ˈsjuːpaɪnnɪs], *n.* 1 posizione supina 2 (*fig.*) indolenza; inerzia; passività; apatia.
supper [ˈsʌpə*], *n.* cena (*specialm.* leggera): **You have not eaten much s.**, non hai mangiato molto a cena. ● **to have s.**, cenare □ (*relig., pitt.*) **the Last S.**, l'Ultima Cena □ (*relig.*) **the Lord's S.**, l'Eucarestia.
supperless [ˈsʌpəlɪs], *a.* senza cena: **The boy was sent to bed s.**, il ragazzo fu mandato a letto senza cena.
suppertime [ˈsʌpətaɪm], *n.* ora di cena.
to supplant [səˈplɑːnt], *v. t.* soppiantare; prendere il posto di (q.); rimpiazzare; fare lo sgambetto a (q.) (*fig.*).
supplantation [ˌsʌplænˈteɪʃən], *n.* sostituzione; rimpiazzo.
supplanter [səˈplɑːntə*], *n.* soppiantatore, soppiantatrice.
supple [ˈsʌpl], *a.* 1 flessibile; pieghevole: **a s. cane**, una canna flessibile 2 agile (*anche fig.*); duttile: **a s. body**, un corpo agile: **He has a s. mind**, ha la mente duttile 3 (*fig.*) arrendevole; cedevole; docile 4 (*fig.*) ossequioso; servile. ● (*USA*) **s.-jack**, canna da passeggio.
to supple [ˈsʌpl], **A** *v. t.* rendere flessibile (*o* arrendevole, docile). **B** *v. i.* (*arc.*) diventare flessibile (*o* arrendevole, docile). ● **to s. a horse**, rendere un cavallo docile al comando delle redini.
supplement [ˈsʌplɪmənt], *n.* 1 supplemento; aggiunta; integrazione 2 (*geom.*) supplemento; angolo supplementare 3 supplemento (*di un giornale*) 4 (*d'enciclopedia*) volume d'aggiornamento 5 (*ferr.*) supplemento; sovrapprezzo.
to supplement [ˈsʌplɪment], *v. t.* completare; integrare; fare aggiunte a: **to s. one's diet**, integrare la dieta. ● **to s. one's income**, arrotondare lo stipendio (*o* il salario).
supplemental [ˌsʌplɪˈmentl], *a.* supplementare; integrativo.
supplementary [ˌsʌplɪˈmentəri], *a.* supplementare; addizionale; integrativo; suppletivo (*geom.*): **a s. angle**, un angolo supplementare; **s. calculation**, un calcolo suppletivo; (*leg.*) **s. provisions**, disposizioni integrative. ● **s. benefit**, assegno straordinario (*a un dipendente statale, ecc.*).
supplementation [ˌsʌplɪmenˈteɪʃən], *n.* completamento; integrazione.
suppleness [ˈsʌplnɪs], *n.* 1 flessibilità; pieghevolezza 2 agilità (*anche fig.*); duttilità; «souplesse» (*franc.*) 3 (*fig.*) arrendevolezza; docilità 4 (*fig.*) ossequiosità; servilismo.
suppletory [ˈsʌplɪtəri], *a.* suppletivo; suppletorio; supplementare.
suppliant [ˈsʌplɪənt], **A** *a.* supplichevole; supplice: **s. words**, parole supplici. **B** *n.* supplicante; supplice.
supplicant [ˈsʌplɪkənt], *n.* supplicante; supplice.
to supplicate [ˈsʌplɪkeɪt], *v. t.* e *i.* supplicare; scongiurare; implorare.

supplication [ˌsʌplɪˈkeɪʃən], *n.* supplica; implorazione.
supplicatory [ˈsʌplɪkətəri], *a.* supplichevole; implorante.
supplier [səˈplaɪə*], *n.* (*comm.*) fornitore; approvvigionatore.
to supply [səˈplaɪ], **A** *v. t.* 1 approvvigionare; fornire; provvedere; rifornire: **We can s. you with the goods you require**, possiamo fornirvi la merce che vi occorre; **to s. all the materials needed**, provvedere tutto il materiale necessario 2 provvedere a; soddisfare; compensare; riparare: **to s. a need**, soddisfare un bisogno; **to s. a loss**, riparare una perdita 3 completare; colmare; occupare: **to s. a deficiency**, colmare una deficienza; **to s. a vacancy**, occupare un posto vacante. **B** *v. i.* fare da sostituto. ● (*bur.*) **to s. the place of sb.**, rimpiazzare (*o* sostituire) q. □ **to be well supplied with food**, essere ben provvisto di viveri □ **We are supplied with milk every morning**, ci portano il latte (a casa) tutte le mattine.
supply [səˈplaɪ], *n.* 1 approvvigionamento; fornitura; rifornimento: **Some oil-producing countries threatened to stop their supplies**, alcuni paesi produttori di petrolio minacciarono di bloccare le forniture 2 provvista; scorta; riserva: **an inexhaustible s. of coal**, una riserva inesauribile di carbone; **a large s. (large supplies) of goods**, un'ampia provvista (*o* larghe scorte) di merci 3 (*econ.*) offerta: **the law of s. and demand**, la legge della domanda e dell'offerta 4 (*fin., polit.*) stanziamento; sovvenzione 5 (*pl.*) provviste; viveri 6 (*pl., mil.*) rifornimenti 7 sostituto; supplente (*specialm. insegnante*) 8 (*elettr.*) alimentazione. ● **s. department**, ufficio approvvigionamenti (*mil.*) sussistenza □ (*mil.*) **s. dump**, deposito □ (*comm.*) **s. on hand**, scorta di magazzino □ (*mil.*) **s. routes**, linee di rifornimento □ **s. station**, centrale elettrica □ **s. teacher**, (insegnante) supplente □ (*elettr.*) **s. voltage**, tensione d'alimentazione □ (*polit.*) **Committee of S.**, commissione parlamentare del bilancio pubblico □ **to lay in a s. of**, far provvista di; approvvigionarsi di □ (*stor.*) **the Minister of S.**, il Ministro dei Rifornimenti □ (*bur.: d'impiegato e sim.*) **to be on s.**, supplire □ **water s.**, rifornimento idrico; provvista d'acqua potabile □ (*econ.*) **Raw materials are in short s.**, le materie prime scarseggiano.
to support [səˈpɔːt], **A** *v. t.* 1 sostenere; appoggiare; reggere; sorreggere; difendere; patrocinare; essere favorevole a: **The foundations s. the house**, le fondamenta sorreggono la casa; **to s. a cause (a candidate, etc.)**, appoggiare (*o* sostenere) una causa (un candidato, ecc.); **to s. birth control**, essere favorevole al (*o* un fautore del) controllo delle nascite 2 (*raro*) sopportare; tollerare: **I cannot s. your insolence any longer**, non posso più tollerare la tua insolenza 3 mantenere; sostentare; nutrire; sfamare: **He has a wife and five children to s.**, ha moglie e cinque figli da mantenere 4 sovvenzionare; finanziare; aiutare finanziariamente: **to s. a hospital**, sovvenzionare un ospedale 5 confermare; convalidare; corroborare; rafforzare; suffragare: **to s. a charge**, convalidare un'accusa; **to s. a theory**, confermare una teoria; **to s. a statement with evidence**, suffragare un'affermazione con prove 6 (*sport*) essere un sostenitore di; tifare, fare il tifo per (*una squadra, ecc.*). ● **to s. oneself**, **B** *v. rifl.* sostentarsi; guadagnarsi la vita. ● (*teatr.*) **to s. an actor**, fare da spalla a un attore □ **to s. an institution**, sottoscrivere a beneficio di un'istituzione □ **to s. a lecturer**, salire sul podio insieme con un oratore; presentarlo al pubblico □ **to s. life**, tenersi in vita; sopportare l'esistenza: **They have too little food to s. life**, non hanno cibo a sufficienza per tenersi in vita; **I cannot s. this life any longer**, non sopporto più quest'esistenza; **Can Mars s. life?**, potrebbe esserci vita su Marte? □ (*econ.*) **to s. prices**, sostenere i prezzi □ **to s. a resolution**, prendere la parola in favore d'una decisione □ **to s. the socialist party**, essere un sostenitore (*o* un simpatizzante) del partito socialista □ (*sport*) **to s. a team**, fare il tifo per una squadra □ (*mil.*) **supporting artillery**, artiglieria d'appoggio □ (*leg.*) **supporting documents**, documenti giustificativi; pezze d'appoggio (*fam.*) □ (*cinem.*) **supporting film**, pellicola secondaria, d'appoggio (*fuori programma*) □ (*mil.*) **s. fire**, fuoco d'appoggio □ (*cinem., teatr.*) **supporting part** (*o* **role**), particina; parte (*o* ruolo) di secondo piano □ (*costr.*) **supporting post** (*o* **tower**), pilone di sostegno □ **supporting programme**, *v.* **supporting film** □ (*mil.*) **supporting troops**, truppe di rincalzo □ (*mil.*) **s. weapon**, arma d'appoggio □ **We had to s. him home**, dovemmo accompagnarlo a casa sorreggendolo.
support [səˈpɔːt], *n.* 1 (*anche fig.*) appoggio; sostegno; puntello; aiuto: **He is the sole s. of his family**, è l'unico sostegno della sua famiglia 2 sostentamento; mantenimento; nutrimento 3 (*mecc.*) supporto 4 (*mat.*) supporto. ● (*econ.*) **s. tariffs**, tariffe di sostegno □ (*mil.*) **s. trench**, seconda trincea □ **to give s. to sb.**, appoggiare q.; sostenere q. □ (*econ.*) **price supports**, sussidi governativi (*all'agricoltura, ecc.*) □ **to speak in s. of sb.**, prendere le difese di q. □ **to speak in s. of a measure**, caldeggiare un provvedimento □ (*mil.*) **to be stationed in s.**, essere di rincalzo □ **The association gets a lot of s.**, l'associazione ha un largo

seguito di sostenitori.
supportable [sə'pɔ:tǝbl], *a.* sopportabile; tollerabile.
supporter [sə'pɔ:tə*], *n.* **1** sostenitore; difensore; aderente; fautore; patrocinatore: **a s. of Free Trade**, un fautore del liberismo **2** sovvenzionatore; donatore: **That hospital has several rich supporters**, quell'ospedale ha parecchi ricchi donatori **3** sostentatore; mantenitore **4** (*sport*) sostenitore; tifoso (*fam.*) **5** (*polit.*) fiancheggiatore **6** sospensorio **7** (*araldica*) sostegno.
supportive [sə'pɔ:tiv], *a.* d'appoggio; d'aiuto; di sostegno. ● (*fin.*) **s. efforts**, contributi finanziari (aggiuntivi).
supposable [sə'pouzǝbl], *a.* supponibile.
to suppose [sə'pouz], **A** *v. t.* **1** supporre; immaginare; ipotizzare; credere; pensare: (*mat.*) **S. A equals B**, supponiamo che A sia uguale a B; **You won't fail to appear in court, I s.**, immagino che non mancherai di comparire in giudizio; **Let us s. a new war**, ipotizziamo una nuova guerra; **I s. so**, credo di sì (*o mi pare, direi*); **Well, let us s. it was so**, bene, supponiamo che le cose stessero così; **What do you s. he meant?**, che cosa pensi abbia voluto dire? **2** presupporre: **A sound economic system supposes an efficient taxing system**, una sana politica economica presuppone un efficiente sistema tributario. **B** *v. i.* congetturare; fare supposizioni. ● **to be supposed to**, avere il dovere di, essere tenuto a (*fare q.c.*): **I am supposed to be at school at half past eight**, sono tenuto a essere a scuola alle otto e mezzo □ **S. I write him first**, e se gli scrivessi io per primo? □ **S. he should come back**, metti caso che lui ritorni □ **Everybody is supposed to comply with the traffic regulations**, si presume che tutti si adeguino alle norme del codice della strada.
supposed [sə'pouzd], *a.* supposto; immaginario; ipotetico; putativo: **a s. peasant**, un supposto contadino; un individuo camuffato da contadino; **his s. brother**, suo fratello putativo. ● (*leg.*) **the s. culprit**, il presunto colpevole.
supposedly [sə'pouzidli], *avv.* **1** per supposizione; secondo le supposizioni **2** apparentemente; stando alle apparenze.
supposing (that) [sə'pouziŋ], *cong.* supponendo che; nel caso che; ammesso che: **S. he doesn't turn up, what shall I do?**, nel caso che non si faccia vivo, che devo fare?
supposition [,sʌpə'ziʃən], *n.* supposizione; congettura; ipotesi.
suppositional [,sʌpə'ziʃənl], **suppositious** [,sʌpə'ziʃəs], *a.* ipotetico; presunto; supposto.
supposititious [sə,pɔzi'tiʃəs], *a.* **1** falso; spurio: **s. writings**, opere spurie; (*leg.*) **a s. child**, un figlio spurio **2** ipotetico; presunto; supposto.
suppository [sə'pɔzitəri], *n.* (*farm.*) supposta; suppositorio.
to suppress [sə'pres], *v. t.* **1** sopprimere; abolire; annullare; omettere; nascondere, occultare; tacere: **Trade unions and newspapers were suppressed**, furono soppressi i giornali e i sindacati; **to s. monasteries**, abolire i monasteri; **to s. some details**, omettere (*di proposito*) alcuni particolari; **to s. the truth**, tacere la verità **2** reprimere; domare; soffocare; trattenere: **to s. a rebellion**, reprimere (*o domare*) una rivolta; **to s. a smile**, trattenere un sorriso; **to s. freedom**, soffocare la libertà; **to s. one's impulses**, reprimere i propri impulsi **3** (*med.*) arrestare (*un'emorragia, ecc.*). ● **to s. a book**, proibire la pubblicazione di un libro □ (*med.*) **to s. a severe cough**, sedare una brutta tosse □ (*leg.*) **to s. evidence**, far scomparire le prove □ (*med.*) **to s. a haemorrhage**, arrestare un'emorragia.
suppressed [sə'prest], *a.* **1** soppresso; abolito **2** represso; soffocato; trattenuto: **s. anger**, ira repressa; **a s. laugh**, una risata soffocata.
suppressible [sə'presəbl], *a.* **1** sopprimibile **2** reprimibile; (*di rivolta, ecc.*) domabile; soffocabile.
suppression [sə'preʃən], *n.* **1** soppressione; abolizione; omissione: **the s. of a publication**, la soppressione d'una pubblicazione **2** repressione; soffocamento (*di una rivolta, ecc.*) **3** (*elettron.*) soppressione.
suppressive [sə'presiv], *a.* **1** che tende a sopprimere; soppressivo **2** (*anche polit.*) repressivo. ● (*fam.*) **a s. cough medicine**, un calmante per la tosse.
suppressor [sə'presə*], *n.* **1** (*radio, tel.*) soppressore; filtro antidisturbi **2** repressore **3** (*elettron., anche* **s. grid**) griglia di soppressione; soppressore.
to suppurate [ˈsʌpjuəreit], *v. i.* (*med.*) suppurare.
suppuration [,sʌpjuə'reiʃən], *n.* (*med.*) suppurazione.
suppurative [ˈsʌpjuərətiv], *a.* (*med.*) suppurativo.
supraliminal [,sju:prə'liminl], *a.* (*fisiologia*) supraliminale.
supranational [ˈsju:prə'næʃənl], *a.* (*polit.*) supernazionale, soprannazionale.
supraprotest [ˈsju:prə'proutest], *n.* (*comm.*) accettazione (*o pagamento*) (*di una cambiale*) per intervento.
suprarenal [ˈsju:prə'ri:nl], *a.* (*anat.*) surrenale: **s. glands**, ghiandole surrenali.
suprasegmental [,sju:prəseg'mentl], *a.* (*scient.*) sopramentale.

suprasensuous [,sju:prə'sensjuəs], *a.* soprasensibile.
supremacist [sə'preməsist], *n.* (*polit.*) chi crede nella supremazia (*di q. o q.c.*). ● **a white s.**, uno che crede nella supremazia della razza bianca.
supremacy [sə'preməsi], *n.* supremazia; primato. ● (*stor.*) **Act of S.**, Atto di S. (*legge del 1534 che sanciva la supremazia religiosa del sovrano inglese; sotto Enrico VIII*) □ (*stor.*) **oath of S.**, giuramento cui erano tenuti i sudditi inglesi.
supreme [sju(:)'pri:m], *a.* supremo; altissimo; massimo; sommo: **the s. moment**, il momento supremo; **s. happiness**, felicità suprema; **the S. Pontiff**, il Sommo Pontefice. ● **the S. Being** (*o* **the S.**), l'Ente Supremo; Dio □ (*leg.* USA) **the S. Court**, la Corte Suprema (*degli USA o di un singolo Stato*) □ **a s. fool**, il più grande degli stupidi □ **the s. hour**, l'ora suprema.
sura(h) (1) [ˈsuərə], *n.* (*relig.*) «sura» (*capitolo del Corano*).
surah (2) [ˈsjuərə], *n.* (*ind. tessile*) sura(h); stoffa di seta a spiga.
sural [ˈsjuərəl], *a.* (*anat.*) surale; del polpaccio: **s. artery**, arteria surale.
surbase [ˈsə:beis], *n.* (*archit.*) cornice (*o modanatura*) dello zoccolo.
surcharge [ˈsə:tʃɑ:dʒ], *n.* **1** sovraccarico; carico eccessivo: **a s. of electricity**, un sovraccarico d'energia elettrica **2** (*fin.*) soprattassa **3** bollo impresso (*su un francobollo: per mutarne il valore*) **4** (*comm.*) soprapprezzo; supplemento; maggiorazione.
to surcharge [sə:'tʃɑ:dʒ], *v. t.* **1** sovraccaricare **2** (*fin.*) applicare una soprattassa a (*q., q.c.*) **3** far pagare di più; maggiorare il prezzo di (*q.c.*).
surcharged [sə:'tʃɑ:dʒd], *a.* sovraccaricato. ● (*edil.*) **s. wall**, muro sovraccaricato.
surcingle [ˈsə:siŋgl], *n.* **1** sopraccinghia (*della sella*) **2** cinghia, cintura (*di veste talare*).
to surcingle [ˈsə:siŋgl], *v. t.* mettere la sopraccinghia a (*un cavallo*).
surcoat [ˈsə:-kout], *n.* (*stor.*) cotta; sopravveste.
surd [sə:d], **A** *a.* **1** (*mat.*) irrazionale: **a s. number**, un numero irrazionale **2** (*fon.*) sordo: **a s. consonant**, una consonante sorda. **B** *n.* **1** (*mat.*) numero irrazionale **2** (*fon.*) consonante sorda.
sure [ʃuə*], **A** *a.* **1** sicuro; certo; fermo; saldo; fidato; fido: **I am s. he will come**, sono sicuro che verrà; **You can be s. of an early answer**, puoi star certo che riceverai una sollecita risposta; **a s. footing**, un appoggio sicuro; un saldo appiglio; **Put it in a s. place**, riponilo in un luogo sicuro; **to paint st. with a s. hand**, dipingere q.c. con mano ferma (*o sicura*); **a s. friend**, un amico fidato; **with a s. step**, con passo fermo, sicuro **2** abile; esperto; provetto; infallibile: **He is a s. shot**, è un tiratore provetto; **a s. aim**, mira infallibile. **B** *avv.* (*fam.* USA) certo; senza dubbio: **It s. was cold**, non c'è dubbio che faceva freddo!; **S. I'll come!**, certo che vengo!; vengo volentieri! **C** *inter.* — **s.!**, sicuro!; senza dubbio!; (*anche*) naturalmente! ● **to be s.**, (*avv.*) certo; in verità; (*escl.*) certo che sì!; altro che!; eccome: **He's not rich to be s., but he's very clever**, certo non è ricco, ma è molto intelligente □ (*fig.*) **a s. card**, una carta sicura □ (*fam.*) **s. enough**, certamente, di sicuro, senza dubbio; infatti: **He will come s. enough**, verrà di sicuro; **I thought he would cheat you, and, s. enough, he did**, pensavo che ti avrebbe imbrogliato, e infatti è andata così □ (*fam.*) **s.-enough**, vero; vero e proprio □ **s.-footed**, che ha il piede fermo; saldo sulle gambe; (*fig.*) sicuro, che non fa passi falsi □ **to be (to feel) s. of oneself**, essere (sentirsi) sicuro di sé □ **s. strokes (of the brush)**, pennellate sicure □ (*fam.*) **s. thing**, cosa certa; cosa dal risultato scontato (*fig.*); cosa su cui si può contare □ (*fam.* USA) **S. thing!**, certamente!; sicuro! □ **as s. as fate**, com'è vero Iddio □ (*fam.*) **as s. as a gun** (*o* **as s. as eggs is eggs**), com'è vero che due e due fanno quattro □ **for s.**, di sicuro; per certo □ **to make s.**, (*arc.*) raggiungere la certezza, convincersi; (*ogg.*) accertarsi, assicurarsi; fare in modo (di), assicurarsi: (*arc.*) **I made s. he would be present**, mi convinsi che sarebbe stato presente; **There must be a bus at 8.30 but you'd better make s.**, ci dev'essere un autobus alle 8 e 30, ma faresti bene ad accertartene; **I want to make s. of a ticket early**, voglio assicurarmi un biglietto per tempo; **Make s. that you get there in time**, fa' in modo d'arrivarci in tempo utile □ **to make s. of a fact**, assicurarsi di un fatto; appurare un fatto □ **to make s. of the time**, accertarsi della (*o fare in modo di sapere l'*) ora esatta (*di q.c.*) □ **Well, I'm s.!** (*o* **Well, to be s.!**), perbacco!; accidenba!; però! □ **He is s. to come**, verrà di sicuro □ **It is s. to rain**, pioverà di sicuro □ **Be s. to tell all you know**, bada di dirmi (*o dimmi*) tutto quello che sai □ **Be s. to come**, non mancare (di venire)! □ **Be s. not to tell anybody**, abbi cura di non dirlo a nessuno; guai a te se lo dici □ **He is s. to lose**, perderà di sicuro; non può vincere.
surefire [ˈʃuəfaiə*], *a. attr.* (*fam.*) **1** immancabile **2** infallibile: **a s. treatment**, una cura infallibile.
surely [ˈʃuəli], *avv.* **1** certamente; di sicuro; senza dubbio; per

sureness 952

certo: **He will s. succeed**, riuscirà di sicuro; **I know full s. that he will come**, so per certo che verrà **2** (*raro*) fermamente; saldamente: **The mule planted its feet s.**, il mulo piantava i piedi ben saldi **3** certo; indubbiamente: **It s. cannot have been he**, certo non può essere stato lui **4** (*arc.*) con sicurezza; in modo sicuro; sano e salvo. ● **S. you will not desert me**, non mi abbandonerai mica, vero? □ (*fam. USA*) **S.!**, certo!; senza dubbio!; volentieri! □ **Slowly but s.**, chi va piano va sano e va lontano (*prov.*).
sureness ['ʃuənis], *n.* **1** sicurezza; certezza; fermezza **2** infallibilità: **the s. of his aim**, l'infallibilità della sua mira.
surety ['ʃuəti], *n.* **1** (*arc.*) sicurezza; certezza **2** (*leg.*) cauzione; garanzia; malleveria **3** (*leg.*) garante; mallevadore: **to stand s. for sb.**, farsi garante per q.; pagare la cauzione per q. ● (*leg.*) **s. bond**, cauzione; garanzia (*scritta*) □ (*arc.*) **of a s.**, di sicuro; certamente.
suretyship ['ʃuətiʃip], *n.* (*leg.*) l'essere garante; garanzia; malleveria.
surf [sə:f], *n.* **1** frangente (*del mare*) **2** spuma dei frangenti **3** surf (*ballo*). ● (*sport*) **s. board**, tavola da surfing □ **s.-boat**, imbarcazione atta alla navigazione tra i frangenti □ (*sport*) **s.- -riding**, surfing.
to surf [sə:f], *v. i.* (*sport*) praticare il surfing; fare il surfing.
surface ['sə:fis], **A** *n.* **1** (*geom.*) superficie; faccia: **The s. of the lake was quite smooth**, la superficie del lago era calmissima; **the six surfaces of a die**, le sei facce di un dado **2** (*fig.*) apparenza; aspetto esteriore; esteriorità: **He only looks at the s. of men and things**, si ferma all'aspetto esteriore degli uomini e delle cose **3** (*d'acqua*) specchio **4** (*di strada*) piano stradale. **B** *a. attr.* **1** superficiale; di superficie: **a s. wound**, una ferita superficiale; (*mecc. dei fluidi*) **s. tension**, tensione superficiale **2** (*fig.*) superficiale; apparente; a fior di pelle (*fig.*): **a s. judgement**, un giudizio superficiale; **s. kindness**, gentilezza a fior di pelle **3** (*naut.*) in superficie: **s. navigation**, navigazione in superficie **4** (*tecn.*) in superficie: **s. temperature**, temperatura in superficie **5** (*mecc.*) superficiale: **s. carburettor**, carburatore a superficie **6** (*ind. min.*) a cielo aperto: **s. mining**, coltivazione a cielo aperto (*o* a giorno). ● (*chim.*) **s.-active agent**, tensioattivo (*agg.*) □ **s.-active agent**, tensioattivo (*sost.*) □ (*meteorologia*) **s. chart**, carta al suolo □ (*naut.*) **s. craft**, naviglio di superficie □ (*USA*) **s.-effect ship**, veicolo su cuscino d'aria (*cfr. ingl.* **hovercraft**) □ (*mecc.*) **s. gauge**, truschino □ (*mecc.*) **s. grinder**, rettificatrice per piani □ **s. mail**, posta normale (*non aerea*) □ **s.-man**, (*ferr.*) operaio addetto alla manutenzione della linea; (*ind. min.*) minatore che lavora in superficie □ **s. mine**, miniera a cielo aperto □ (*elettron.*) **s. noise**, rumore di superficie (*o* della puntina) □ (*mecc.*) **s. plate**, piatto (*o* piano) di riscontro □ (*naut.*) **s. speed**, velocità in emersione (*di un sottomarino*) □ (*linguistica*) **s. structure**, struttura superficiale □ (*di missili*) **s.-to-air**, superficie- -aria □ **s. water**, acqua superficiale; acqua piovana □ (*fig.*) **below the s.**, al fondo: **One never gets below the s. with him**, non si può mai andare al fondo delle cose con lui □ (*naut.*) **to break s.**, affiorare, venire a galla (*di sommergibile*) □ (*fig.*) **on the s.**, in apparenza □ (*specialm. naut.*) **to rise to the s.**, venire a galla; affiorare; emergere.
to surface ['sə:fis], **A** *v. t.* **1** (*falegnameria, mecc.*) levigare (*o* lucidare, spianare) la superficie di (*q.c.*); rifinire; lisciare **2** (*naut.*) far emergere (*un sottomarino*). **B** *v. i.* **1** (*naut.*) venire a galla; affiorare; emergere **2** (*fam., scherz.*) alzarsi da letto; levarsi **3** (*fam., fig.*) venire a galla.
surfeit ['sə:fit], *n.* **1** eccesso (*specialm. nel bere e nel mangiare*); rimpinzamento **2** sazietà; indigestione; senso di nausea. ● **to have a s. of**, fare un'indigestione di; saziarsi di.
to surfeit ['sə:fit], **A** *v. t.* **1** rimpinzare; saziare; satollare **2** (*fig.*) disgustare; nauseare. **B** *v. i.* (*anche, v. rifl.*, **to surfeit oneself**) rimpinzarsi; satollarsi.
surfer ['sə:fə*], *n.* (*sport*) chi pratica il surfing; surfista.
surfing ['sə:fiŋ], *n.* (*sport*) surfing; surf.
to surf-ride ['sə:f-raid] (*pass.* **surf-rode**, *p. p.* **surf-ridden**), *v. i.* (*sport*) fare il surfing.
surfy ['sə:fi], *a.* **1** (*del mare*) pieno di frangenti **2** simile a un frangente; spumeggiante.
surge [sə:dʒ], *n.* **1** (*naut.*) moto ondoso; fiotto (*arc.*) **2** (*fig.*) impeto; slancio; impulso; ondata: **a s. of wrath**, un impeto d'ira; **a s. of interest**, un'ondata d'interesse **3** (*elettr.*) colpo di corrente; sovracorrente (*o* sovratensione) transitoria **4** rialzo di livello, rigurgito (*di liquidi*) **5** (*naut.*) strappo (*d'un cavo mollato*).
to surge [sə:dʒ], **A** *v. i.* **1** (*delle onde e fig.*) agitarsi; ondeggiare; rifluire; sollevarsi; (*del mare*) gonfiarsi: **A big crowd surged out of the stadium**, una gran folla rifluì dallo stadio **2** (*di ruota di veicolo*) girare a vuoto **3** (*elettr.*) aumentare improvvisamente d'intensità **4** (*naut.*: *di cima o cavo*) allentarsi; allascarsi. **B** *v. t.* (*naut.*) allentare; mollare; allascare.

surgeon ['sə:dʒən], *n.* **1** (*medico*) chirurgo **2** (*naut., mil.*) ufficiale medico. ● (*zool.*) **s.-fish** (*Acanthurus chirurgus*), pesce chirurgo □ **dental s.**, medico dentista □ **house s.**, chirurgo interno (*d'ospedale*).
surgery ['sə:dʒəri], *n.* **1** chirurgia **2** sala operatoria (*d'ospedale*) **3** gabinetto medico; ambulatorio **4** intervento: **He may need s.**, può darsi che occorra un intervento. ● (*di medico*) **s. hours**, orario di consultazione.
surgical ['sə:dʒikəl], *a.* chirurgico: **a s. operation**, un'operazione chirurgica; **s. instruments**, strumenti chirurgici. ● **s. boot**, scarpa ortopedica □ **s. fever**, febbre postoperatoria □ **s. needle**, ago chirurgico □ **s. store**, negozio di strumenti chirurgici.
surging ['sə:dʒiŋ], **A** *a.* **1** agitato; ondeggiante; ondoso **2** (*fig.*) impetuoso. **B** *n.* (*naut.*) beccheggio.
suricate ['sjuərikeit], *n.* (*zool.*, *Suricata tetradactyla*) suricata.
surliness ['sə:linis], *n.* scontrosità; sgarbataggine; rozzezza.
surloin ['sə:lɔin], *V.* **sirloin**.
surly ['sə:li], *a.* arcigno; burbero; scontroso; sgarbato; rozzo.
surmise [sə:'maiz], *n.* (*lett.*) congettura; ipotesi; supposizione.
to surmise [sə:'maiz], *v. t. e i.* congetturare; supporre; presumere.
to surmount [sə:'maunt], *v. t.* sormontare; superare; valicare; vincere: **to s. a difficulty**, sormontare una difficoltà; **to s. an obstacle**, superare un ostacolo; **to s. a height**, valicare un'altura. ● **peaks surmounted with snow**, vette ricoperte di neve.
surmountable [sə:'mauntəbl], *a.* sormontabile; superabile.
surmullet [sə:'mʌlit], *n.* (*pl.* **surmullets**, **surmullet**) (*zool.*, *Mullus*) triglia.
surname ['sə:neim], *n.* **1** cognome; nome di famiglia; casato **2** (*un tempo*) appellativo; soprannome: **King Richard had the s. of «the Lionhearted»**, re Riccardo ricevette il soprannome di «Cuor di Leone».
to surname ['sə:neim], *v. t.* **1** soprannominare **2** dare il cognome a (q.).
to surpass [sə:'pa:s], *v. t.* **1** sorpassare; superare; far meglio di **2** oltrepassare; essere superiore a. ● **to s. sb. in wit**, essere più spiritoso di q.
surpassing [sə:'pa:siŋ], *a.* eccellente; superiore; senza pari.
surplace ['sə:pleis] (*franc.*), *n.* (*ciclismo*) surplace.
surplice ['sə:plis], *n.* (*relig.*) cotta; rocchetto.
surpliced ['sə:plist], *a.* (*di sacerdote*) che indossa la cotta; in cotta.
surplus ['sə:pləs], **A** *n.* **1** soprappiù; sovrappiù; eccesso; eccedenza; surplus (*anche econ.*): **The U.S.A. has a big s. of foodstuffs**, gli Stati Uniti hanno una forte eccedenza di derrate alimentari **2** (*econ., fin.*) avanzo; eccedenza; residuo (*o* saldo) attivo (*contrario di* **deficit**); riserva (*di capitale*). **B** *a. attr.* (*econ., fin.*) eccedentario: **s. products**, prodotti eccedentari (*dell'industria*). ● (*fin.*) **s. budget**, bilancio eccedentario (*o* con forti riserve) □ **s. energy**, energia sovrabbondante □ **s. of war**, residuati bellici □ (*stat.*) **s. population**, eccesso di popolazione □ (*econ.*) **s. produce**, eccedenze agricole □ **s. stock**, (*comm.*) rimanenze, scampoli; (*mecc.*) sovrametallo □ (*econ.*) **s. value**, plusvalore □ (*fin., rag.*) **earned s.**, utile netto.
surplusage ['sə:pləsidʒ], *n.* soprappiù; sovrappiù; eccesso; eccedenza.
surprint ['sə:print], *n.* (*grafica*) sovrastampa.
to surprint [sə:'print], *v. t.* (*grafica*) sovrastampare.
surprisal [sə:'praizəl], *n.* (*raro*) *V.* **surprise**.
surprise [sə'praiz], *n.* sorpresa; meraviglia; stupore: **I have a s. for you**, ho una sorpresa per te; **His visit caused great s.**, la sua visita provocò grande stupore; **He gasped in s.**, restò senza fiato per lo stupore; **They recovered from their s.**, si riebbero dalla sorpresa. ● (*mil.*) **s. attack**, attacco di sorpresa □ **s. packet**, regalo a sorpresa □ **s. party**, festa (*spesso di compleanno*) organizzata all'insaputa del festeggiato □ **s. visit**, una visita inattesa □ (*mil.*) **to attempt a s.**, tentare un attacco di sorpresa □ **to take sb. by s.**, prendere q. di sorpresa; cogliere q. alla sprovvista □ **to my great s.**, con mia grande sorpresa.
to surprise [sə'praiz], *v. t.* **1** sorprendere; meravigliare; stupire: **His generosity surprised me**, la sua generosità mi sorprese **2** sorprendere; cogliere alla sprovvista; prendere di sorpresa: **They surprised him in the act**, lo sorpresero sul fatto; lo colsero in flagrante; **The ship was surprised by the enemy**, la nave fu sorpresa dal nemico. ● **to s. an admission from sb.**, strappare un'ammissione a q. (*prendendolo alla sprovvista*) □ **to s. sb. into doing st.**, strappare (*o* far fare) q.c. a q. prendendolo alla sprovvista □ **to be surprised**, sorprendersi; stupirsi; meravigliarsi: **I am not surprised at it**, non me ne stupisco; **I am surprised at you**, mi meraviglio di te! □ **There's nothing to be surprised at**, non c'è (niente) da stupirsi □ **I am surprised to hear you say so**, mi sorprende sentirtelo dire.
surprisedly [sə'praizidli], *avv.* con aria stupita; con (grande) stupore.
surprising [sə'praiziŋ], *a.* sorprendente; stupefacente.

surreal [sə'rɪəl], *a.* **1** surreale **2** surrealistico.
surrealism [sə'rɪəlɪzəm], *n.* (*letter.*, *arte*) surrealismo.
surrealist [sə'rɪəlɪst], *n.* (*letter.*, *arte*) surrealista.
surrealistic [sə,rɪə'lɪstɪk], *a.* surrealistico.
surrebutter [,sʌrɪ'bʌtə*], *n.* (*leg.*) seconda controreplica dell'attore.
surrejoinder [,sʌrɪ'dʒɔɪndə*], *n.* (*leg.*) controreplica dell'attore.
to **surrender** [sə'rendə*], **A** *v. t.* **1** cedere; consegnare; abbandonare; lasciare; rinunziare a: **They surrendered the city to the enemy**, consegnarono la città al nemico; **to s. a privilege**, cedere un privilegio; **We surrendered all hope**, abbandonammo ogni speranza; **to s. an office**, lasciare una carica (*pubblica, ecc.*); **to s. one's freedom**, rinunziare alla libertà **2** (*ass.*) riscattare (*una polizza d'assicurazione*). **B** *v. i.* arrendersi; capitolare. **surrender oneself C** *v. rifl.* arrendersi; (*fig.*) abbandonarsi, darsi (*al dolore, alla disperazione, ecc.*): **They surrendered themselves to the marshall**, si arresero allo scerriffo. • (*leg.*) **to s. by bail**, far costituire (*l'imputato*) in tribunale dopo aver ottenuto la libertà provvisoria su cauzione □ (*leg.*) **to s. oneself to justice**, costituirsi (*all'autorità giudiziaria*).
surrender [sə'rendə*], *n.* **1** resa; capitolazione **2** (*leg.*) cessione; abbandono: **the s. of an estate**, la cessione d'una proprietà **3** (*ass.*) riscatto (*di una polizza*): **the s. value of a policy**, il valore di riscatto di una polizza.
surreptitious [,sʌrəp'tɪʃəs], *a.* clandestino; furtivo; subdolo; (*leg.*) surrettizio: **a s. edition**, un'edizione clandestina (*di un libro*).
surrey ['sʌrɪ], *n.* (*un tempo*) carrozza leggera a quattro ruote e a due posti.
surrogate [sʌrəgɪt], *n.* sostituto; delegato (*specialm. di un vescovo*).
surrogateship ['sʌrəgɪtʃɪp], *n.* ufficio di sostituto (*o di delegato*).
to **surround** [sə'raund], *v. t.* circondare; cingere; accerchiare; attorniare: **A wall surrounds the city**, un muro cinge la città; **We were surrounded by the enemy**, eravamo circondati dal nemico; **to s. a fort**, accerchiare (*o* assediare) un forte.
surround [sə'raund], *n.* contorno, orlo (*fra il tappeto e le pareti*).
surrounding [sə'raundɪŋ], *a.* **1** circostante; circonvicino: **the s. territory**, il territorio circostante **2** che circonda; che cinge.
surroundings [sə'raundɪŋz], *n. pl.* **1** dintorni: **picturesque s.**, dintorni pittoreschi **2** ambiente: **cultured s.**, un ambiente colto.
surtax [sə:'tæks], *n.* (*fin.*) soprattassa; (*imposta*) addizionale: **a s. on incomes above a certain amount**, un'addizionale sui redditi superiori a una certa cifra.
to **surtax** [sə:'tæks], *v. t.* soprattassare; gravare con soprattassa; applicare l'addizionale a (*contribuenti, redditi, ecc.*).
surtout ['sə:tu:] (*franc.*), *n.* soprabito (*da uomo*).
surveillance [sə:'veɪləns], *n.* sorveglianza; vigilanza. • **under s.**, sotto sorveglianza; (*leg.*) in libertà vigilata.
surveillant [sə:'veɪlənt], *n.* sorvegliante.
to **surveille** [sə'veɪl], *v. t.* (*USA*) sorvegliare.
to **survey** [sə:'veɪ], *v. t.* **1** osservare; contemplare; guardare attentamente; esaminare; scrutare; squadrare (*con l'occhio*): **The Foreign Secretary surveyed the problems of international cooperation in a brilliant speech**, il Ministro degli Esteri esaminò in un brillante discorso i problemi della collaborazione internazionale **2** ispezionare; studiare; visitare: **I surveyed the Italian schools in England a few years ago**, alcuni anni fa ispezionai (*o* visitai) le scuole italiane in Inghilterra **3** (*comm.*) fare la perizia di; stimare; valutare: **to s. the goods to determine damages**, periziare la merce per stabilire i danni **4** (*topografia*) misurare; rilevare; levare i piani di (*un terreno, ecc.*) **5** (*stat.*) fare un'inchiesta (*o* un'indagine) su: **We are surveying population growth in our city**, stiamo facendo un'indagine sullo sviluppo demografico nella nostra città.
survey ['sə:veɪ], *n.* **1** veduta; vista; colpo d'occhio; scorsa **2** esame; indagine; rassegna; studio; compendio: **a s. of American literature**, una rassegna della letteratura americana **3** ispezione; verifica; perizia; stima; valutazione **4** (*topografia*) rilevamento; rilievo; prospezione **5** (*anche* **s. map**) mappa catastale; carta topografica **6** (*stat.*) inchiesta; indagine. • **to make a s. of**, fare la rassegna di; esaminare; studiare; fare la perizia di; (*topografia*) fare i rilievi di (*un terreno*) □ **the Official S.**, il Catasto.
surveying [sə:'veɪɪŋ], *n.* **1** agrimensura; misurazione topografica **2** l'osservare, l'indagare, ecc. (*V.* **to survey**). • **s. instruments**, strumenti topografici.
surveyor [sə:'veɪə*], *n.* **1** geometra; agrimensore; topografo **2** ispettore; controllore: **a s. of roads**, un ispettore (*dell'azienda*) delle strade; **a customs s.**, un ispettore doganale **3** (*ass.*) perito **4** (*USA*) doganiere. • **s.'s compass**, bussola topografica □ **s.'s level**, livella a cannocchiale □ (*ass., naut.*) **marine s.**, perito marittimo.
surveyorship [sə:'veɪəʃɪp], *n.* ufficio di controllore; ispettorato.
survivability [sə,vaɪvə'bɪlɪtɪ], *n.* (*mil.*) capacità di sopravvivenza.

survival [sə'vaɪvəl], *n.* **1** sopravvivenza: (*biol.*) **the s. of the fittest**, la sopravvivenza del più adatto; la selezione naturale **2** credenza (*o* consuetudine, usanza) d'altri tempi; reliquia; pezzo da museo (*fig.*). • **s. kit**, corredo di sopravvivenza □ (*ass., stat.*) **s. rate**, tasso di sopravvivenza.
survivalism [sə'vaɪvəlɪzəm], *n.* «survivalismo» (*teoria che antepone la sopravvivenza a ogni altro valore*).
survivalist [sə'vaɪvəlɪst], *n.* «survivalista».
to **survive** [sə'vaɪv], **A** *v. i.* (*anche ass.*) sopravvivere; essere ancora in vita. **B** *v. t.* **1** sopravvivere a: **to s. one's children**, sopravvivere ai propri figliuoli **2** scampare a: **I survived the fire of my house**, scampai all'incendio della mia casa; **to s. all perils**, scampare a ogni pericolo.
survivor [sə'vaɪvə*], *n.* sopravvissuto; superstite: **She was the sole s. of the shipwreck**, fu la sola superstite del naufragio.
survivorship [sə'vaɪvəʃɪp], *n.* **1** il sopravvivere; l'esser superstite **2** (*ass., stat.*) sopravvivenza **3** (*leg.*) diritto (*del comproprietario superstite*) alla quota del defunto. • **s. annuity**, (*ass.*) vitalizio (*al beneficiario*) in caso di morte (*dell'assicurato*); (*anche*) pensione di reversibilità □ (*stat.*) **presumption of s.**, probabilità di sopravvivenza.
sus [sʌs], *n.* (*abbr. fam. di* **suspect**) (*leg.*) sospetto. • **the sus law**, la legge che consente l'arresto delle persone sospette □ **to arrest sb. on sus**, arrestare q. in base alla **sus law** (*q.V.*).
Susan ['su:zn], **Susanna(h)** [su(:)'zænə], *n.* Susanna.
susceptibility [sə,septə'bɪlɪtɪ], *n.* **1** suscettibilità **2** ombrosità; permalosità; suscettibilità **3** sensibilità; impressionabilità **4** (*med.*) predisposizione (*a una malattia*) **5** (*pl.*) suscettibilità; emozioni; sentimenti: **to offend sb.'s susceptibilities**, offendere la suscettibilità di q. **6** (*mil.*) vulnerabilità (*di armamento, ecc.*).
susceptible [sə'septəbl], *a.* **1** suscettibile: **s. of improvement**, suscettibile di miglioramento **2** ombroso; permaloso; suscettibile: **a s. girl**, una ragazza permalosa **3** sensibile; impressionabile: **He is very s. to praise**, è molto sensibile agli elogi; **He is s. to female charms**, è sensibile al fascino femminile **4** (*med.*) predisposto; soggetto: **to be s. to the flu**, andare soggetto all'influenza **5** (*mil.*) vulnerabile. • **to be s. of change**, essere soggetto a mutamento (*o* a variazione) □ (*letter.*) **The passage is s. of another interpretation**, il passo ammette un'altra interpretazione.
susceptive [sə'septɪv], *a.* **1** suscettivo; suscettibile **2** (*filos., psic.*) ricettivo: **the s. faculties**, le facoltà ricettive.
susceptivity [sə,sep'tɪvɪtɪ], *n.* suscettività **2** (*psic.*) ricettività.
to **suspect** [səs'pekt], *v. t. e i.* **1** sospettare; nutrire sospetti (su); essere sospettoso; diffidare (*di*); subodorare: **I s. him of stealing** (*o* **of the theft of**) **the silverware**, lo sospetto d'aver rubato la (*o* del furto della) argenteria; **I s. danger**, subodoro un pericolo; **to s. a plot**, sospettare che si stia macchinando qualcosa; **He is suspected of murder**, lo sospettano d'aver commesso un assassinio; **The ignorant s. everybody**, gli ignoranti diffidano di tutti **2** credere; immaginare; congetturare; presumere; supporre; reputare; avere il sospetto: **I s. him to be** (*o* **that he is**) **a traitor**, credo che sia un traditore; **I s. him to be the man we are looking for**, ho il sospetto che sia lui l'uomo che cerchiamo. • **to s. the solution of a detective story**, avere un'idea della soluzione di un giallo □ (*leg.*) **a suspected criminal**, una persona sospetta; un sospetto □ **You, I s., don't care at all**, ho il dubbio che non te ne importi nulla.
suspect ['sʌspekt], **A** *n.* persona sospetta; sospetto: **The police arrested all the suspects**, la polizia arrestò tutte le persone sospette. **B** *a. pred.* sospetto; che dà motivo di sospettare; che desta diffidenza: **The burglar's statement is s.**, la dichiarazione dello scassinatore è sospetta. • **a political s.**, una persona politicamente sospetta.
suspectable [səs'pektəbl], *a.* sospettabile.
to **suspend** [səs'pend], *v. t.* sospendere; attaccare; appendere; differire, interrompere, tenere in sospeso: **to s. a chandelier from the ceiling**, sospendere (appendere) un lampadario al soffitto; **to s. a ham by a wire**, attaccare un prosciutto con un filo di ferro; **The bus service has been suspended**, il servizio degli autobus è stato sospeso; (*comm., banca*) **to s. payment**, sospendere i pagamenti; **to s. judgement**, sospendere il giudizio; **to s. sb. from office** (**school, etc.**), sospendere q. dall'ufficio (dalle lezioni, ecc.). • **to s. one's indignation**, trattenere la propria indignazione □ (*leg.*) **to s. punishment**, sospendere la pena □ (*leg.*) **to s. sentence**, concedere la condizionale □ (*leg.*) **Sentence to be suspended** (*formula*), con il beneficio della condizionale.
suspended [səs'pendɪd], *a.* sospeso (*anche dal lavoro*); differito; interrotto: **to be s. in the air** (**in a liquid**), essere sospeso in aria (in un liquido). • (*med.*) **s. animation**, stato comatoso □ (*costr.*) **s. span**, campata sospesa (*di un ponte*).
suspender [səs'pendə*], *n.* **1** giarrettiera **2** (*pl. USA*) bretelle. • **s. belt**, reggicalze.
suspense [səs'pens], *n.* sospensione d'animo; ansia; apprensione;

suspenseful suspense; incertezza; indecisione: **There was great s. for the outcome of the fight**, c'era grande ansia per il risultato del combattimento. ● (*comm.*) **s. account**, conto delle partite in sospeso; conto dei crediti contestati □ (*leg.* e *fig.*) **s. of judgement**, sospensione di giudizio □ **to hold a decision in s.**, tenere una decisione in sospeso □ **to keep sb. in s.**, tenere q. in suspense; tenere q. sulla corda (*fig.*).
suspenseful [səs'pensfəl], *a.* pieno di suspense (*q. V.*).
suspensibility [səs‚pensi'biliti], *n.* possibilità di sospendere (*o* di tenere in sospeso).
suspensible [səs'pensəbl], *a.* che si può lasciare in sospeso.
suspension [səs'penʃən], *n.* **1** sospensione (*anche dal lavoro*); dilazione; differimento; interruzione: (*mecc.*) **rigid s.**, sospensione rigida; (*comm.*) **the s. of payments**, la sospensione dei pagamenti; (*leg.*) **s. of punishment**, sospensione della pena **2** (*chim.*) sospensione **3** (*ing.*) sospensione **4** (*ind. min.*) ancoraggio. ● **s. bridge**, ponte sospeso □ (*leg.*) **s. of decision**, aggiornamento della decisione (*o* della sentenza) □ **s. points**, puntini di sospensione □ (*ferr.*) **s. railway**, ferrovia sospesa (*o* pensile) □ (*edil.*) **s. roof**, tetto sospeso.
suspensive [səs'pensiv], *a.* **1** sospensivo; dilatorio: **a s. sentence**, un decreto sospensivo **2** ansioso; apprensivo; esitante.
suspensory [səs'pensəri], **A** *a.* (*scient.*) sospensorio: **a s. muscle**, un muscolo sospensorio. **B** *n.* (*anche* **s. bandage**) sospensorio.
suspicion [səs'piʃən], *n.* **1** sospetto: **Our treasurer is above s.**, il nostro cassiere è al di sopra di ogni sospetto; **to have suspicions**, nutrire sospetti **2** traccia; punta; pizzico; (un) po'; (un) tantino: **There was a s. of rust on the tableware**, c'era una lieve traccia di ruggine sulle posate **3** (*leg.*) suspicione. ● (*leg.*) **imprisonment on s.**, detenzione preventiva □ **to be under s.**, essere sospettato.
suspicionless [səs'piʃənlis], *a.* senza sospetto.
suspicious [səs'piʃəs], *a.* **1** sospettoso; diffidente: **a s. look**, uno sguardo sospettoso; **I am s. of strangers**, sono diffidente con gli sconosciuti; **The ignorant are s.**, gli ignoranti sono diffidenti **2** sospetto: **a s. noise**, un rumore sospetto; **under s. circumstances**, in circostanze sospette; **If you see anything s., dial 999**, se vedete qualcosa di sospetto, chiamate il 999 (*in G.B.*) **3** (*di persona*) sospettabile; sospetto; losco. ● **to become s.**, insospettirsi.
suspiciousness [səs'piʃəsnis], *n.* **1** sospettosità; diffidenza **2** l'esser sospetto; natura sospetta (di q.c.).
suspiration [‚sʌspi'reiʃən], *n.* (*poet.*) sospiro.
to suspire [səs'paiə*], *v. i.* (*poet.*) sospirare.
to sustain [səs'tein], *v. t.* **1** sostenere; reggere; sopportare; subire: **They sustained the shock of the cavalry**, sostennero l'urto della cavalleria; **Your horse will not s. comparison with mine**, il tuo cavallo non regge il confronto col mio; **to s. a heavy loss**, subire una grave perdita; **to s. a defeat**, subire una sconfitta; **to s. a debate**, sostenere un dibattito; (*teatr.*) **to s. a part** (*o a role*), sostenere una parte **2** sostenere; sostentare; mantenere: **Food sustains life**, il cibo sostiene il corpo (*o* ci mantiene in vita) **3** (*leg.*) appoggiare; approvare; accogliere; pronunciarsi in favore di: **to s. a claim**, appoggiare una rivendicazione; **to s. an objection**, accogliere un'eccezione: **The judge sustained the plaintiff**, il giudice si pronunciò in favore dell'attore **4** confermare; convalidare; rafforzare; corroborare: **to s. a charge**, confermare un'accusa; **to s. a statement**, convalidare un'asserzione; **to s. a theory**, corroborare una teoria **5** (*mus.*) prolungare; tenere a lungo; filare: **to s. a note**, tenere a lungo (*o* filare) una nota.
sustainable [səs'teinəbl], *a.* sostenibile.
sustained [səs'teind], *a.* sostenuto; prolungato: **a s. effort**, uno sforzo prolungato.
sustainer [səs'teinə*], *n.* sostenitore; sostenitrice.
sustaining [səs'teiniŋ], *a.* che sostiene; di sostegno. ● **s. food**, cibo nutriente □ (*di un'accademia e sim.*) **s. member**, socio sostenitore.
sustainment [səs'teinmənt], *n.* sostegno; appoggio; supporto.
sustenance [ˈsʌstinəns], *n.* **1** sostentamento; nutrimento; cibo **2** sostanza (nutritiva): **There is no s. in this food**, questo cibo non ha sostanza.
sustentation [‚sʌsten'teiʃən], *n.* sostentamento; nutrimento; sostentamento; mantenimento.
sustentative [səs'tentitiv], *a.* di sostegno; che sostiene.
susurration [‚sju:sə'reiʃən], *n.* (*raro*) sussurro; mormorio; fruscio.
susurrous [sə'sərəs], *a.* (*raro*) sussurrante; mormorante.
sutler [ˈsʌtlə*], *n.* (*stor.*) cantiniere; vivandiere.
suttee [ˈsʌti:], *n.* (*in India, un tempo*) **1** sacrificio volontario d'una vedova alla morte del marito (*sul rogo funebre*) **2** vedova che si sacrifica sul rogo.
sutteeism [ˈsʌti:izəm], *n.* (*stor.*) costume indiano del **suttee** (*q.V.*).
sutural [ˈsu:tʃərəl], *a.* (*anat., med.*) di sutura; suturale.

suture [ˈsu:tʃə*], *n.* (*anat., med.*) sutura.
to suture [ˈsu:tʃə*], *n.* (*med.*) suturare.
suzerain [ˈsu:zərein], *n.* **1** (*stor.*) signore feudale; grande feudatario **2** (*polit.*) stato che ha diritti di sovranità su un altro.
suzerainty [ˈsu:zəreinti], *n.* **1** (*stor.*) signoria; potere di signore feudale **2** (*polit.*) sovranità.
svelte [svelt] (*franc.*), *a.* **1** (*specialm. di figura femminile*) svelto; snello; slanciato: **She has a fine, s. figure**, ha una bella figura svelta **2** elegante; sofisticato.
swab [swɔb], *n.* **1** strofinaccio, straccio (*per pulire pavimenti, ecc.*); (*naut.*) radazza **2** (*med.*) tampone (*per prelievi*); materiale prelevato con un tampone **3** (*ind. min., mil.*) scovolo **4** (*pop.*) individuo goffo (*o* rozzo, maldestro).
to swab [swɔb], *v. t.* **1** pulire (*pavimenti, ecc.*) con lo straccio; strofinare **2** (*naut., spesso* **to s. down**) radazzare: **to s. down the deck**, radazzare il ponte **3** (*med.*) medicare (*o* prelevare) con un tampone **4** (*tecn.*) pulire (*un foro o un tubo*). ● **to s. up**, raccogliere (*un liquido*) con uno straccio; tirare su (*fam.*): **to s. up the spilt milk**, tirare su il latte versato.
swabber [ˈswɔbə*], *n.* **1** chi pulisce (chi asciuga, ecc.) con uno straccio **2** (*pop.*) individuo goffo (*o* rozzo, maldestro) **3** (*naut.*) mozzo.
Swabia [ˈsweibjə], *n.* (*stor.*) Svevia.
Swabian [ˈsweibjən], *a.* e *n.* (*stor.*) svevo: **the S. emperors**, gli imperatori svevi (*o* della Casa di Svevia).
to swaddle [ˈswɔdl], *v. t.* (*un tempo*) avvolgere in fasce; fasciare (*un neonato*); (*un tempo*) **swaddling clothes** (*o* **swaddling bands**), fasce (*per neonati*) □ (*fig.*) **He is still in his swaddling clothes**, è ancora in fasce.
swag [swæg], *n.* (*pop.*) **1** bottino; refurtiva; malloppo (*gergo*) **2** (*in Australia*) fagotto, fardello (*di vagabondo, minatore, ecc.*).
swage [sweidʒ], *n.* (*metall.*) stampo; forma. ● **s. block**, chiodaia □ (*mecc.*) **s. bolt**, bullone a zanche.
to swage [sweidʒ], *v. t.* (*metall.*) stampare; foggiare con uno stampo.
to swagger [ˈswægə*], *v. i.* **1** camminare con aria burbanzosa; pavoneggiarsi **2** gloriarsi; vantarsi; fare lo spaccone; millantarsi; fare lo sbruffone (*fam.*). ● **to s. along**, camminare pavoneggiandosi □ **to s. sb. into doing st.**, far fare q.c. a q. dandosi arie da padrone.
swagger (1) [ˈswægə*], *n.* **1** andatura burbanzosa; il pavoneggiarsi **2** vanteria; boria; spavalderia; millanteria; sbruffonata (*fam.*). ● **s. cane** (*o* **s. stick**), bastoncino (*o* frustino) da ufficiale.
swagger (2) [ˈswægə*], *a. attr.* (*fam.*) elegante; alla moda: **s. clothes**, abiti eleganti.
swaggerer [ˈswægərə*], *n.* fanfarone; spaccone; smargiasso; sbruffone (*fam.*).
swain [swein], *n.* (*arc. e scherz.*) **1** contadinello; pastorello **2** corteggiatore; innamorato.
swale [sweil], *n.* (*specialm. USA*) buca; depressione (*specialm. in terreno paludoso*).
to swallow [ˈswɔlou], *v. t. e i.* **1** inghiottire (*anche fig.*); deglutire; ingoiare (*anche fig.*); tranguggiare; mandar giù; ingollare (*pop.*): **to s. one's breakfast**, tranguggiare la colazione; **The boat was swallowed up by the billows**, la barca fu inghiottita dalle onde; **His vices s. up half his salary**, i vizi gli inghiottono metà dello stipendio; **to s. an insult**, ingoiare un insulto **2** frenare; tenere a freno; trattenere; reprimere: **to s. one's anger**, trattenere l'ira; **S. your pride**, frena il tuo orgoglio! **3** (*fam.*) credere; bere (*fam.*): **He will s. anything you tell him**, crede qualsiasi cosa gli si dica; bere qualsiasi fandonia. ● (*gergo naut.*) **to s. the anchor**, lasciare il mare; sbarcare □ (*anche fig.*) **to s. the bait**, abboccare all'amo □ **to s. down**, tranguggiare; ingozzare; mandar giù (*anche fig.*) **to s. up**, inghiottire; assorbire (*entrate, guadagni, ecc.*) □ (*del terreno*) **to s. up the rain**, assorbire la pioggia □ **to s. one's words**, rimangiarsi quel che s'è detto; ritrattare.
swallow (1) [ˈswɔlou], *n.* **1** inghiottimento; deglutizione **2** boccone (*di cibo*); sorso, sorsata (*d'acqua, ecc.*) **3** gola. ● (*geol.*) **s.-hole**, inghiottitoio.
swallow (2) [ˈswɔlou], *n.* (*zool., Hirundo*) rondine. ● (*sport*) **s. dive**, tuffo a rondine □ (*zool.*) **s.-fish** (*Trigla hirundo*), cappone imperiale; pesce gallinella □ **s.-tail**, coda forcuta □ (*zool.*) **s.-tail** (*butterfly*) (*Papilio machaon*), macaone □ **s.-tailed**, a coda di rondine: **a s.-tailed coat**, una giacca a coda di rondine; una marsina □ (*bot.*) **s.-wort**, (*Vincetoxicum officinale*) vincetossico; (*Chelidonium majus*) celidonia □ (*prov.*) **One s. does not make a summer**, una rondine non fa primavera.
swallowable [ˈswɔlouəbl], *a.* che si può inghiottire.
swam [swæm], *pass.* di **swim**.
swamp [swɔmp], **A** *n.* palude; pantano; acquitrino. **B** *a. attr.* di palude; palustre. ● **s. boat**, idroscivolante □ (*med.*) **s. fever**, febbre malarica; malaria.

to swamp [swɔmp], **A** *v. t.* **1** (*anche fig.*) sommergere; inondare; allagare; travolgere: **to be swamped with orders** (**with letters**), essere sommerso dalle ordinazioni (dalla corrispondenza); **The water swamped the house**, l'acqua inondò la casa; **The lifeboat was swamped by the waves as soon as it was lowered**, la lancia di salvataggio fu sommersa dalle onde non appena fu calata; **They were swamped by debts**, furono travolti dai debiti **2** affondare; colare a picco (*una barca, lasciando entrare l'acqua*) **B** *v. i.* **1** affondare; sprofondare; impantanarsi **2** (*di battello*) imbarcare acqua. ● **to be swamped with** (**telephone**) **calls**, essere tempestati di telefonate.
swampy ['swɔmpi], *a.* **1** paludoso; pantanoso; acquitrinoso **2** (*del terreno, ecc.*) bagnato e molle; soffice.
swan [swɔn], *n.* (*pl.* **swans, swan**) (*zool.*, *Cygnus*) cigno; (*fig.*) poeta, cantore: **the S. of Avon**, il Cigno di Avon; Shakespeare. ● (*sport USA*) **s. dive**, *V.* **swallow dive**, *sotto* **swallow** (2) ◻ **s.'s down**, piume di cigno (*per piumini da cipria*); (*ind. tessile*) **s.-herd**, funzionario regio incaricato della marcatura dei cigni (*a Londra*) ◻ **s.-mark**, marchio impresso sulla pelle o sul becco dei cigni ◻ **s. neck**, collo di cigno; (*mecc.*) collo d'oca ◻ (*sport*) **s. shot**, munizione grossa (*da caccia*) ◻ (*ind. tessile*) **s.-skin**, flanella a spiga (*di buona qualità*) ◻ (*fig.*) **s.(-)song**, canto del cigno ◻ **s.-upping**, raccolta annuale dei cigni del Tamigi e impressione del marchio ◻ **a black s.**, un cigno nero; (*fig.*) una mosca bianca.
to swan [swɔn], *v. i.* (*fam.*) gironzolare; girellare. ● **to s. off**, andare; andarsene.
swank [swæŋk], **A** *n.* **1** (*fam.*) boria; vanagloria; vanteria; ostentazione; esibizione sfacciata **2** (*fam., specialm. USA*) eleganza (*specialm.* vistosa) **3** *V.* **swanker**. **B** *a.* (*specialm. USA*) *V.* **swanky**.
to swank [swæŋk], *v. i.* (*fam.*) gloriarsi; vantarsi; darsi delle arie; pavoneggiarsi; fare lo spaccone.
swanker ['swæŋkə*], *n.* (*fam.*) **1** borioso; spaccone; chi si dà delle arie **2** elegantone.
swanky ['swæŋki], *a.* (*fam.*) **1** borioso; pieno di arie **2** elegante; vistoso; sgargiante **3** alla moda; in grande stile; in grande (*fam.*): **a s. party**, un ricevimento in grande.
swanlike ['swɔnlaik], *a.* **1** di (*o da*) cigno; simile a un cigno **2** aggraziato (*o bianco*) come un cigno **3** che ha un collo di cigno.
swannery ['swɔnəri], *n.* allevamento di cigni.
swansdown ['swɔnzdaun], *V.* **swan's down**, *sotto* **swan**.
to swap [swɔp], (*fam.*) **A** *v. t.* barattare; scambiare; dare in cambio. **B** *v. i.* far scambi (*o* baratti). ● **to s. round**, fare cambio; fare un baratto ◻ **to s. yarns**, raccontarsi storielle a vicenda ◻ (*prov.*) **Never s. horses when crossing a stream**, mai fare mutamenti in un momento critico; (*letteralm.*) non si fa il cambio dei cavalli in mezzo a un guado.
swap [swɔp], *n.* (*fam.*) **1** cambio; scambio; baratto **2** oggetto barattato (*o* scambiato) **3** (*med.*) trapianto: **a heart s.**, un trapianto del cuore.
swaraj [swə'ra:dʒ], *n.* (*stor., in India*) autogoverno; indipendenza politica.
swarajist [swə'ra:dʒist], *n.* (*stor., in India*) fautore dell'indipendenza; nazionalista; patriota.
sward [swɔ:d], *n.* **1** distesa erbosa; erba; tappeto verde (*fig.*) **2** zolla erbosa; piota (*lett.*).
swarded ['swɔ:did], *a.* (*lett.*) coperto d'erba; erboso.
sware [swɛə*], *pass. arc.* di **to swear**.
swarf [swɔ:f], *n.* (*metall.*) sfrido.
swarm [swɔ:m], *n.* sciame; (*fig.*) folla, frotta, moltitudine: **a s. of bees**, uno sciame d'api; **a s. of children**, una frotta di bambini. ● (*biol.*) **s.-cell** (*o* **s.-spore**), zoospora.
to swarm (1) [swɔ:m], *v. i.* **1** (*delle api* e *fig.*) sciamare **2** (*fig.*) affollarsi; accalcarsi **3** (*fig.*) brulicare; essere numerosi (*o* fitti): **Insects s. in that house**, gli insetti brulicano in quella casa. ● **to s. out**, uscire a frotte; sciamare: **The crowd swarmed out of the theatre**, la folla sciamò dal teatro ◻ **to s. with**, formicolare (*o* pullulare) di: **The place was swarming with soldiers**, il luogo formicolava di soldati.
to swarm (2) [swɔ:m], *v. i.* e *t.* arrampicarsi (*con le mani e le gambe*): **The boy swarmed (up) the tree**, il ragazzo si arrampicò sull'albero.
swart [swɔ:t], *a.* (*arc. o dial.*) bruno; scuro di carnagione.
swarthiness ['swɔ:ðinis], *n.* tinta bruna; carnagione scura.
swarthy ['swɔ:ði], *a.* bruno; scuro di carnagione.
to swash [swɔʃ], **A** *v. i.* **1** (*dell'acqua*) sciabordare; sciaguattare **2** (*arc.*) vantarsi; fare lo spaccone; millantarsi. **B** *v. t.* agitare (*un liquido in un recipiente*); sciabordare. ● (*arc.*) **a swashing blow**, un forte colpo; uno schiaffo sonoro.
swash [swɔʃ], *n.* **1** sciabordio: **the s. of the waves**, lo sciabordio delle onde (*oceanografia*) flutto montante; getto di riva **3** (*geogr.*) secca semisommersa **4** (*arc.*) vanteria; boria; millanteria. ● (*geol.*) **s. mark**, impronta di battigia ◻ (*naut.*) **s. plate**,

lamiera di rollio (*o* di beccheggio).
swashbuckler ['swɔʃˌbʌklə*], *n.* bravaccio; fanfarone; smargiasso.
swashbuckling ['swɔʃˌbʌkliŋ], **A** *a.* borioso; prepotente; da smargiasso; da spaccone. **B** *n.* fanfaronata; bravata; smargiassata. ● **s. films** (**novels**), film (romanzi) di cappa e spada.
swastika ['swæstikə], *n.* svastica; croce uncinata.
to swat [swɔt], *v. t.* (*fam.*) colpire (*di piatto*); schiacciare: **to s. a fly**, schiacciare una mosca.
swat [swɔt], *n.* (*fam.*) **1** colpo secco **2** schiacciamosche.
swatch [swɔtʃ], *n.* (*comm.*) campione, campionario (*di stoffe*).
swath [swɔ:θ], *n.* (*agric.*) **1** falciata **2** fila di spighe falciate **3** vuoto lasciato dal grano (*o altro cereale*) falciato.
to swathe [sweið], *v. t.* avvolgere; fasciare; avviluppare; coprire. ● **to be swathed in furs**, essere tutto impellicciato.
swathe [sweið], *n.* (*raro*) fascia; benda.
swatter ['swɔtə*], *n.* (*anche* **fly-s.**) schiacciamosche.
to sway [swei], **A** *v. i.* **1** ondeggiare; oscillare; dondolare; fluttuare: **The tallest buildings swayed in the earthquake**, gli edifici più alti oscillavano al terremoto **2** pendere; pencolare; inclinarsi. **B** *v. t.* **1** agitare; far oscillare; far ondeggiare; dondolare; sballottare: **The wind is swaying the trees**, il vento fa ondeggiare gli alberi **2** (*arc. o lett.*) dominare; governare; dirigere; reggere: **He is swayed by ambition**, è dominato dall'ambizione; **England swayed one fifth of mankind**, l'Inghilterra dominava un quinto del mondo **3** influenzare; esercitare il proprio influsso su; spostare a proprio favore: **to be swayed by false prospects**, farsi influenzare da false prospettive; **His excellent door-to-door canvassing swayed thousands of votes**, la sua eccellente propaganda capillare causò lo spostamento di migliaia di voti **4** far recedere da un proposito; smuovere: **His threats will not s. us**, le sue minacce non ci smuoveranno. ● **to s. one's hips**, ancheggiare ◻ (*lett.*) **to s. the sceptre**, reggere lo scettro ◻ (*lett.*) **to s. the sword**, brandire (*o* impugnare) la spada ◻ (*naut.*) **to s. up**, issare, ghindare (*un albero, ecc.*).
sway [swei], *n.* **1** oscillazione; ondeggiamento; fluttuazione **2** inclinazione; pendenza **3** (*arc. o lett.*) dominio; potere; governo: **The country is under the s. of a dictator**, il paese è sotto il dominio di un dittatore **4** influsso; influenza: **to be under the s. of sb.**, essere sotto l'influenza di q. **5** impeto; forza: **He was moved by the s. of passion**, era mosso dall'impeto delle passioni **6** (*naut.*) oscillazione laterale (*del baricentro*). ● **to hold s. over sb.**, tenere q. sotto il proprio dominio; dominare q.
swayback ['sweibæk], *n.* **1** (*med.*) lordosi **2** (*vet.*) «swayback» (*dei cavalli*); insellatura.
swaybacked ['sweibækt], *a.* (*vet.: di cavallo*) dalla schiena troppo insellata.
swaying ['sweiiŋ], *n.* oscillazione; ondeggiamento; fluttuazione.
to swear [swɛə*] (*pass.* **swore**, *arc.* **sware**, *p. p.* **sworn**), *v. t.* e *i.* **1** giurare; prestare giuramento: **He swore he would never do it again**, giurò che non l'avrebbe fatto mai più; **Would you s. it on the Bible?**, lo giurereste sulla Bibbia?; **He swore eternal fidelity**, giurò eterna fedeltà **2** (*fam.*) assicurare; proclamare; asserire; sostenere: **I s. it was too bad of him**, t'assicuro che non poteva comportarsi peggio; **I s. the man's a fool!**, sostengo che è un imbecille! **3** far giurare; sottoporre a giuramento: (*leg.*) **The witnessess were sworn (in)**, i testimoni furono fatti giurare (*o* prestarono giuramento); **to s. sb. to secrecy** (*o* **to silence**), far giurare a q. di mantenere un segreto **4** imprecare; bestemmiare: **He went on swearing at me**, continuò a imprecare contro di me; **He swore like a trooper**, bestemmiava come un turco. ● **to s. by**, giurare su, dinanzi a; (*fam.*) aver cieca fiducia in, credere ciecamente in: **He swore it by all the gods**, lo giurò su tutti gli dei; **He swears by the prescriptions of his doctor**, ha cieca fiducia nelle medicine che gli prescrive il medico ◻ (*leg.*) **to s. a charge** (*o* **an accusation**) **against sb.**, muovere un'accusa formale (*o* sotto giuramento) contro q. ◻ **to s. falsely**, spergiurare; giurare il falso ◻ **to s. in**, far prestare giuramento a; insediare (q.) facendogli prestare giuramento: **to s. in a jury**, insediare una giuria ◻ **to s. an oath**, fare (*o* prestare) giuramento, giurare; (*anche*) lanciare un'imprecazione, dire una bestemmia (*fam.*) ◻ **to s. off**, giurare di smettere (*o* di rinunciare) a: **He swore off drink and tobacco**, giurò di smettere di bere e di fumare ◻ **to s. to**, giurare; assicurare; sostenere: **I would s. to having given you back the lighter**, giurerei d'averti restituito l'accendino.
swear [swɛə*], *n.* (*fam.*) imprecazione; bestemmia.
swearer ['swɛərə*], *n.* **1** chi impreca; bestemmiatore **2** (*anche leg.*) chi presta giuramento. ● **false s.**, spergiuro.
swearing ['swɛəriŋ], *n.* l'imprecare; il bestemmiare. ● **S. forbidden**, è vietato bestemmiare (*cartello*).
swearword ['swɛəwə:d], *n.* imprecazione; bestemmia.
sweat [swet], *n.* **1** sudore; traspirazione; (*fam.*) grave fatica, duro lavoro: **He was wet** (*o* **dripping, running**) **with s.**, era bagnato

sweat 956

(o grondante) di sudore; **I cannot stand the s. of it**, non riesco a sopportare una così grave fatica **2** sudata; sudatina: **A s. will do him good**, una sudatina gli farà bene; **to have a good s.**, fare una bella sudata **3** goccioline rapprese su una superficie; umidità **4** (chim.) trasudamento **5** (metall.) essudazione **6** (tecn.) condensazione **7** (sport USA) sgambata (di cavallo da corsa). ● **s.-band**, nastro interno (di cappello); (sport, ecc.) fascia che assorbe il sudore □ (anat.) **s. glands**, ghiandole sudoripare □ **s. room**, stanza per sudare; bagno turco (il locale) □ (specialm. USA) **s. shirt**, camiciotto; maglietta □ (fam.) **s.-shop**, azienda che sfrutta le maestranze □ (metall.) **s. soldering**, brasatura dolce a strofinamento □ (med.) **bloody s.**, essudato □ (fig.) **by the s. of one's brow**, col sudore della (propria) fronte □ **to be in a s.** (o **all of a s.**), essere in un bagno di sudore; (fig.) sudar freddo □ **to be in a cold s.**, sudar freddo □ (pop., specialm. USA) **No s!**, roba da ridere!; bazzecole! □ (fam.) **an old s.**, un veterano; (anche) uno vecchio del mestiere.

to sweat [swɛt], (pass. e p. p. **sweat, sweated**) v. i. e t. **1** sudare; trasudare; (fig.) faticare molto, sgobbare: **The outside of the wall sweats**, l'esterno della parete trasuda; **A ripening cheese sweats**, un formaggio in maturazione trasuda **2** (del tabacco, delle pelli, ecc.) fermentare **3** far sudare; far fare una sudata a (q.) **4** bagnare di sudore: **I sweated my shirt**, bagnai di sudore tutta la camicia **5** (ind.) far fermentare: **The tobacco leaves are being sweated**, stanno facendo fermentare le foglie del tabacco **6** sfruttare (operai, ecc.); farsi sfruttare; lavorare per una misera paga: **That employer sweats his workers**, quel datore di lavoro sfrutta i suoi operai **7** (mecc.) saldare (metalli) con brasatura dolce a strofinamento **8** (fam. USA) sottoporre a un interrogatorio di terzo grado; far parlare. ● (fig.) **to s. blood**, sudare sangue □ (stor., leg.) **to s. coins**, tosare monete □ **to s. a horse**, (sport, specialm. USA) far fare una sgambata a un cavallo; (anche) asciugare (o strigliare) un cavallo □ (metall.) **to s. out**, (e)sudare □ **to s. out a cold**, farsi passare un raffreddore con una sudata □ **sweated goods**, merce prodotta da maestranze sfruttate □ **sweated labour**, manodopera sfruttata □ **sweated workers**, operai sfruttati □ (fig.) **He shall s. for it**, se ne pentirà amaramente.

sweater ['swɔtə*], n. **1** sfruttatore; padrone esoso **2** maglia, maglione, maglietta (specialm. di lana) **3** (farm.) sudorifero; diaforetico. ● (fam., raro) **s. girl**, ragazza procace (che indossa maglietta attillata).

sweatiness ['swɛtɪnɪs], n. l'essere sudato.

sweating ['swɛtɪŋ], n. **1** il sudare; sudore; traspirazione; (fam.) l'affaticarsi, fatica **2** (chim., metall.) essudazione; trasudamento **3** (fig.) sfruttamento (degli operai). ● **s. bath**, bagno a vapore; bagno turco □ **s. iron**, striglia.

sweatless ['swɛtlɪs], a. senza sudore; (fig.) senza fatica.

sweaty ['swɛtɪ], a. **1** sudato; coperto di sudore (che fa sudare; (fig.) faticoso, duro: **a s. piece of work**, un lavoro faticoso.

swede [swiːd], n. (bot., Brassica napobrassica) rapa svedese.

Swede [swiːd], n. svedese.

Sweden ['swiːdn], n. (geogr.) Svezia.

Swedish ['swiːdɪʃ], A a. svedese. B n. svedese (la lingua). ● (collett.) **the S.**, gli Svedesi □ (bot.) **S. turnip**, V. swede.

sweeny ['swiːnɪ], n. (vet.) atrofia del muscolo della spalla (del cavallo).

to sweep [swiːp] (pass. e p. p. **swept**), A v. t. e i. **1** spazzare (anche fig.); scopare; spazzar via, portar via; eliminare; distruggere; liberare; fare piazza pulita (fam.): **to s. the floor**, spazzare il pavimento; **to s. a room**, spazzare una stanza; **The waves swept across the deck**, le onde spazzavano il ponte della nave; **to s. away slavery**, spazzar via (o eliminare) la schiavitù; **The machine-guns swept the ground before the trenches**, le mitragliatrici spazzavano il terreno davanti alle trincee; **The wind has swept the clouds away**, il vento ha spazzato (o portato via) le nubi; **Dust storms swept the barren plain**, tempeste di sabbia spazzavano l'arido piano; **to s. the seas of pirates**, liberare il mare dai pirati; **The Great Fire swept the City**, il Grande Incendio distrusse la City **2** passare (su); scorrere; percorrere; sfiorare; toccare leggermente; strisciare (su): **She swept her hand through her hair**, si passò la mano fra i capelli; **His fingers swept the keyboard of the organ**, le sue dita scorrevano sulla tastiera dell'organo; **to s. the strings of a guitar**, sfiorare le corde d'una chitarra; **The planes swept across the sky**, gli aeroplani passarono veloci (o saettarono, sfrecciarono) nel cielo; **Armed bands swept the countryside**, bande armate scorrevano la campagna; **Her skirt swept the floor**, la sottana le strisciava sul pavimento **3** incedere; camminare maestosamente; andare impettito: **The actress swept on to the stage**, l'attrice entrò in scena con passo maestoso; **The queen swept out of the hall**, la regina uscì maestosamente dalla sala **4** spaziare su; scorrere con lo sguardo; scrutare: **His eyes swept the whole valley**, il suo sguardo spaziava su tutta la valle; **to s. the horizon**, scrutare l'orizzonte **5** stendersi; estendersi; allargarsi: **The shore sweeps to the south in a wide arc**, la spiaggia descrive un ampio arco verso il sud; **The plain sweeps away to the sea**, la pianura si stende verso il mare **6** (spesso **to s. off**) trascinare; portare via: **The stream swept him out of the river mouth into the sea**, la corrente lo trascinò fuori della foce in mare aperto; **The plague swept off thousands**, la peste si portò via migliaia di persone **7** (mil.) battere, spazzare (col tiro) **8** (anche naut.) scandagliare; dragare: **They swept the river bottom**, dragarono il letto del fiume **9** (fam.) vincere facilmente; stravincere: **The Democrats swept the election**, i Democratici vinsero le elezioni con un largo margine di voti. **B** verbi composti **1 to s. along**, portare con sé; trascinare via. **2 to s. aside**, spingere da parte; tirare su: **S. aside the curtains!**, tira le tende! **3 to s. away**, spazzar via; eliminare, distruggere: **to s. away prejudice** (**superstition**, ecc.), eliminare i pregiudizi (distruggere la superstizione, ecc.) □ **to s. away the snow**, spazzare la neve. **4 to s. down**, scendere, digradare; (dei barbari, ecc.) calare; abbattere (un nemico); mietere (il grano) □ **to s. down on sb.**, balzare, precipitarsi su q.; saltare addosso a q. **5 to s. over**, (anche fig.) travolgere, sopraffare: **to s. over the enemy positions**, travolgere le posizioni nemiche; **Despair swept over him**, fu sopraffatto dalla disperazione. **6 to s. up**, raccogliere con la scopa, spazzare; (tecn.) sagomare. ● (fig.) **to s. all before one**, travolgere ogni ostacolo; conseguire un successo travolgente □ (di oratore) **to s. one's audience along with one**, trascinare l'uditorio □ (fig.) **to s. the board**, vincere tutte le poste (del gioco), far saltare il banco; (fig.) avere un grande successo, vincere tutti i premi □ **to s. sb. a bow**, fare un inchino (o una riverenza) a q. □ **to s. the chimneys**, sbrattare (o pulire) i camini □ (polit.) **to s. a constituency**, conquistare un collegio elettorale con largo margine di voti □ (polit.: di un partito) **to s. the country**, vincere le elezioni politiche □ **to s. everything into one's net**, fare piazza pulita; arraffare tutto □ **to s. one's hand over sb.'s hair**, passare la mano sui capelli di q. □ **to s. sb. off one's feet**, mandare q. a gambe levate; (fig.) fare colpo su q., fare prendere una cotta a q. □ **to s. a path**, aprire un sentiero □ (naut., mil.) **to s. the seas**, scorrer gli oceani □ spazzare il mare dalle navi nemiche □ **to s. a space**, fare spazio; sgombrare □ (fig.) **to s. sth. under the carpet**, voler ignorare q.c.; chiudere gli occhi davanti a q.c. (un problema, ecc.) □ **swept and garnished**, rinnovato; rimodernato; tirato a lucido □ **to be swept off one's feet**, andare a gambe all'aria; (fig.) essere sopraffatto dall'emozione; essere trasportato dall'entusiasmo □ (naut.) **swept way**, rotta di sicurezza □ **The road sweeps up the hill**, la strada sale a larghe curve sino alla cima del colle □ (prov.) **A new broom sweeps clean**, scopa nuova spazza bene.

sweep [swiːp], n. **1** (anche **s.-up**, **s.-out**) spazzata; scopata: **Give the house a thorough s.**, da' una bella spazzata alla casa! **2** ampio gesto; movimento brusco; colpo: **with a s. of his arm**, con un ampio gesto del braccio; **with a s. of the oars**, con un colpo di remi; con una remata; **at one s.**, con un sol colpo **3** flusso; il fluire; lo scorrere: **the s. of the tide**, il flusso della marea **4** (fig.) campo; ambito; portata: **They came within the s. of our guns**, vennero a portata di tiro; **The star was beyond the s. of my telescope**, la stella non era alla portata del mio telescopio; **His works are not within the s. of average human intelligence**, le sue opere non sono alla portata della comune intelligenza umana **5** distesa; tratto: **a long s. of meadows**, una lunga distesa di prati; **a s. of mountain country**, un tratto di terreno montagnoso **6** ampia curva; viale d'accesso che fa un'ampia curva: **The house is approached by a fine s.** (o **carriage s.**), un bel viale ad ampie curve dà accesso alla casa; **The river makes a great s. to the right**, il fiume descrive un'ampia curva a destra **7** (naut.) remo lungo (da usare stando in piedi) **8** (naut.) cavo di draggaggio **9** (aeron.) angolo di freccia (delle ali) **10** mazzacavallo (di pozzo) **11** strascico (d'abito) **12** (anche **chimney-s.**) spazzacamino: **as black as a s.**, nero come uno spazzacamino **13** (mil., aeron.) penetrazione (in territorio nemico) **14** (elettron.) deflessione; deviazione **15** (metall.) sagoma **16** (fam.) vittoria completa; grande successo **17** (fam.) V. **sweepstake**. ● **s. of one's eyes**, occhiata (o sguardo) intorno; colpo d'occhio □ **the s. of a scythe**, un colpo di falce; una falciata □ **s.-out** (o **s.-up**), V. **sweep**, def. 1 □ (fam.) **the Irish s.**, grande lotteria irlandese abbinata alle corse dei cavalli in Inghilterra (specialm. al «Derby») □ **to make a clean s.**, far piazza pulita; fare un repulisti (fam.).

sweepback ['swiːpbæk], n. (aeron.) angolo di freccia positivo.

sweeper ['swiːpə*], n. **1** spazzino; netturbino **2** spazzatrice (macchina) **3** (naut.) dragamine **4** (sport) libero (nel calcio). ● **carpet-s.**, battitappeto; aspirapolvere per tappeti □ **a street-s.**, uno spazzino; (anche) una spazzatrice stradale.

sweepforward ['swiːpˌfɔːwəd], n. (aeron.) angolo di freccia negativo.

sweeping (1) ['swiːpɪŋ], n. **1** spazzatura; scopatura **2** (anche

naut.) scandagliatura; dragaggio **3** (*pl.*) spazzatura; rifiuti.
sweeping (2) ['swi:piŋ], *a.* **1** ampio; vasto: **a s. plain**, un'ampia pianura **2** assoluto; completo; pieno; radicale; schiacciante; travolgente: **a s. victory**, una vittoria schiacciante, travolgente; **s. reforms**, riforme radicali **3** di carattere generale; generico: **a s. remark**, un'osservazione generica **4** impetuoso; irresistibile.
sweepstake ['swi:p-steik], *n.* **1** lotteria abbinata a una corsa di cavalli **2** corsa di cavalli (*con lotteria*). ● **s. ticket**, biglietto di lotteria abbinata a una corsa di cavalli.
sweepstakes ['swi:p-steiks], *n.* (*invar. al pl.*) *V.* **sweepstake**.
sweet (1) [swi:t], *a.* **1** dolce; amabile; piacevole; caro; gradito; gentile; mite; soave; melodioso; zuccherino: **s. wine**, vino dolce; **s. pears**, pere zuccherine; **to taste s.**, saper di dolce; avere un dolce sapore; **I like my coffee s.**, il caffè mi piace dolce; **s. temper**, carattere dolce, mite; **a s. girl**, una cara ragazza; una ragazza dolce, gentile; **s. praise**, elogi graditi; **a s. smell**, un dolce (*o soave*) profumo; **in a thin, s. voice**, con una vocina dolce; **s. water**, acqua dolce (*o potabile*); **s. love**, dolce amore; **a s. song**, una dolce canzone **2** fragrante; profumato; odoroso: **The air was s. with magnolia**, l'aria era profumata di magnolia; **s. violet**, violetta odorosa **3** fresco; (*di cibo*) buono, non andato a male: **s. milk**, latte fresco; **s. breath**, alito fresco; **Is the meat still s.?**, è ancora buona la carne? **4** (*fam.*) bello; attraente; grazioso: **What a s. blouse!**, che bella camicetta!; **What a s. kitten!**, che grazioso gattino! **5** (*USA*) maneggevole; scorrevole: **a s. boat**, una barca maneggevole **6** (*fam. USA*) abile; capace (*rif. a persona*). ● **s. air**, aria pura □ (*cucina*) **s.-and-sour**, agrodolce □ (*bot.*) **s.-briar** (*o* **s.-brier**), rosa selvatica □ **s. cider**, sidro dolce (*non fermentato*) □ (*cucina*) **s. corn**, granturco (*commestibile*) □ **s. herbs**, erbe aromatiche □ **s. idleness**, il dolce far niente □ (*fam.*) **s. nothings**, paroline dolci □ **s. oil**, olio d'oliva □ (*fam.*) **to be s. on sb.**, essere innamorato di q.; essere cotto di q. □ (*ai vocat.*) **s. one**, dolce amore; tesoro □ (*bot.*) **s. pea** (*Lathyrus odoratus*), pisello odoroso □ (*cucina*) **s. pepper**, peperone dolce (*o verde*) □ (*cucina*) **s. pickle**, sottaceti dolci □ **s. potato**, (*bot.*, *Ipomoea batatas*) patata americana, batata; (*fam.*, *mus.*) ocarina □ (*bot.*) **s.-root** (*Glycyrrhiza glabra*), liquirizia □ (*bot.*) **s. rush** (*Acorus calamus*), calamo aromatico □ **s.-scented**, fragrante; profumato; odoroso □ **s. sleep**, sonno tranquillo, riposante □ **s. stuff**, roba dolce; dolci; dolciumi □ (*fam.*) **s. talk**, moine; lusinghe; belle parole □ **s.-tempered**, dal carattere dolce (*o mite*) □ **s.-tongued**, amabile; gentile □ (*bot.*) **s.-water**, uva bianca dolce □ (*bot.*) **s. william** (*Dianthus barbatus*), garofano a mazzetti □ **at one's own s. will**, con comodo; a piacer proprio; tranquillamente □ **to have a s. tooth**, essere goloso, ghiotto (*di dolci*) □ (*di cibo*) **to keep s.**, conservarsi bene □ (*fam.*) **to keep sb. s.**, tenersi buono q. □ **to smell s.**, avere un buon profumo □ **to sound s.**, avere un dolce suono □ **That's very s. of her**, è molto gentile (*o carino*) da parte sua.
sweet (2) [swi:t], *n.* **1** (*specialm. ingl.*) caramella; confetto; cioccolatino; chicca (*fam.*) (*cfr. USA* **candy**) **2** dolce; dessert **3** (*spesso al pl.*) (il) dolce; dolcezza; (*fig.*) gioia, piacere, soddisfazione: **You must take the s. and the bitter** (*o* **the sweets and the bitters**) **of life**, devi prendere il dolce e l'agro della vita; devi accettare le gioie così come i dolori; **to taste the sweets of life**, gustare i piaceri della vita; **the sweets of office**, le soddisfazioni derivanti dall'esercizio del potere **4** (*di solito al pl.*) fragranza; profumo: **flowers diffusing their sweets on the air**, fiori che riempiono l'aria di profumo **5** (*specialm. al vocat.*) cara, caro; tesoro **6** (*fam.*) patata americana; batata.
sweetbread ['swi:tbred], *n.* animella (*di bestia macellata*). ● **belly s.** (*o* **stomach s.**), pancreas □ **neck s.** (*o* **throat s.**), timo.
to sweeten ['swi:tn], **A** *v. t.* **1** addolcire (*anche fig.*); dolcificare; inzuccherare; (*fig.*) ingentilire, mitigare **2** depurare, purificare; rendere potabile (*l'acqua*) **3** dissalare; desalificare (*l'acqua marina*) **4** (*fin.*) aumentare il numero dei titoli a garanzia di (*un prestito*) **5** (*fam.*) rabbonire, tenersi buono (*con promesse, ecc.*) **B** *v. i.* addolcirsi; ingentilirsi; mitigarsi.
sweetener ['swi:tənə*], *n.* **1** (*ind.*) dolcificante; edulcorante **2** (*fam.*) cosa (*oggetto, promessa, ecc.*) che serve a rabbonire **3** (*pop.*) bustarella.
sweetening ['swi:tniŋ], *n.* **1** addolcimento; dolcificazione **2** dolcificante; edulcorante (*sostanza*) **3** depurazione, purificazione (*dell'acqua, ecc.*).
sweetheart ['swi:tha:t], *n.* **1** innamorato, innamorata; amoroso, amorosa; amichetto, amichetta **2** (*al vocat.*) caro, cara; tesoro.
to sweetheart ['swi:tha:t], *v. i.* (*raro*) fare all'amore.
sweetie ['swi:ti], *n.* (*fam.*) **1** *V.* **sweetheart 2** (*infant. o scozz.*) caramella; dolce.
sweeting ['swi:tiŋ], *n.* varietà di mela dolce.
sweetish ['swi:tiʃ], *a.* dolcetto; dolciastro.
sweetmeat ['swi:tmi:t], *n.* caramella; torta; dolce; confetto **2** frutta candita.
sweetness ['swi:tnis], *n.* **1** dolcezza; amabilità; gentilezza, grazia; mitezza; soavità **2** fragranza; aroma; profumo.
sweety ['swi:ti], *V.* **sweetie**.
to swell [swel] (*pass.* **swelled**, *p. p.* **swollen**, *raro* **swelled**), **A** *v. i.* **1** gonfiarsi; dilatarsi; enfiarsi; inturgidire; tumefarsi: **The sails swelled out**, le vele si gonfiarono; **Cardboard swells in water**, il cartone si dilata nell'acqua; **His hand began to s. out**, gli si cominciò a enfiare la mano **2** (*fig.*) essere gonfio; andar tronfio; gonfiarsi; insuperbirsi; inorgoglirsi: **He is swollen with pride**, è gonfio d'orgoglio; **to s. like a turkey-cock**, andar tronfio (*o gonfiarsi*) come un tacchino **3** (*anche fig.*) aumentare; crescere; ingrossare; montare; salire: **The population is gradually swelling**, la popolazione sta gradualmente aumentando; **The murmur swelled into a roar**, il mormorio crebbe fino a diventare un frastuono; **Anger swelled in him**, la collera gli salì dentro; (*naut.*) **the swelling tide**, la marea che sale **4** (*di prezzi*) gonfiarsi; lievitare. **B** *v. t.* **1** gonfiare; dilatare; enfiare; tumefare: **The recent rains have swollen the river**, le piogge recenti hanno gonfiato il fiume **2** ingrossare; aumentare; accrescere; far salire: **Unemployment has swollen the number of the discontented and restless**, la disoccupazione ha ingrossato il numero di coloro che sono scontenti e si agitano; **Their screams swelled the noise**, le loro urla accrescevano il rumore. ● (*fam.*) **to s. one's pockets**, riempirsi le tasche (di denaro); fare (un po' di) soldi □ (*del vento*) **to s. the sails**, gonfiare le vele □ (*geol.*) **swelled ground**, terreno rigonfiato □ (*fam.*) **swelled head**, boria; presunzione □ **The ground swells into an eminence**, il terreno si gonfia sino a formare un'altura □ (*lett.*) **My heart swelled**, avevo il cuore gonfio.
swell (1) [swel], *n.* **1** (il) gonfio; (il) rigonfio; (il) grosso; protuberanza: **the s. of the forearm**, il grosso dell'avambraccio **2** (*solo al sing.*) moto ondoso (*del mare*); flutto; mare morto (*senza frangenti*) **3** (*geogr.*) elevazione del terreno **4** (*geol.*) rigonfiamento **5** (*anche fig.*) aumento; crescita; ingrossamento: (*stat.*) **a s. in population**, un aumento della popolazione **6** (*mus.*) crescendo (*seguito da diminuendo*): **the s. of the organ**, il crescendo dell'organo **7** (*fam.*) elegantone; damerino **8** (*fam.*) gran signore; pezzo grosso: **He was a s. in politics**, era un pezzo grosso della politica. ● (*fam., sport*) **a s. at cricket**, un gran giocatore di cricket □ (*mus.*) **s.-box**, cassa (d'organo) □ (*naut.*) **s. direction**, direzione delle onde □ (*zool.*) **s.-fish**, (*Tetrodon*) pesce palla; (*Mola mola*) pesce luna □ **s. of the ground**, un'altura □ (*mus.*) **s. pedal**, pedale (dell'organo) per aumentare il volume del suono □ (*fam.*) **What a s. you are!**, come sei elegante!
swell (2) [swel], *a.* **1** (*fam.*) eccellente; ottimo; grande: **a s. soccer player**, un grande calciatore **2** (*fam.*) elegante; alla moda. ● **a really s. girl**, una gran bella ragazza □ **a s. mobsman**, un ladro in guanti gialli □ **s. restaurants**, ristoranti particolarmente eleganti □ **the s. society**, la società elegante; il bel mondo.
swelldom ['sweldəm], *n.* (*pop., arc.*) (la) società elegante; (il) bel mondo.
swelling ['sweliŋ], **A** *n.* **1** gonfiore; enfiagione; rigonfiamento; protuberanza: **a s. on the face**, un gonfiore al viso **2** aumento; ingrossamento. **B** *a.* gonfio; rigonfio: **with a s. heart**, col cuore gonfio; (*naut.*) **with s. sails**, a gonfie vele. ● (*edil.*) **s. clay**, argilla rigonfiante □ **s. oratory**, oratoria reboante.
swellish ['sweliʃ], *a.* (*pop., arc.*) elegante; ricercato.
to swelter ['sweltə*], *v. i.* **1** essere oppresso dal caldo; soffocare (dal caldo): **The city sweltered in the large plain**, la città era oppressa dal caldo nella grande pianura **2** sudare abbondantemente. ● **sweltering horses**, cavalli madidi di sudore □ **under a sweltering sky**, sotto un cielo infuocato.
swelter ['sweltə*], *n.* caldo soffocante; afa: **in the s. of the tropical night**, nell'afa della notte tropicale.
sweltry ['sweltri], *a.* soffocante; afoso; opprimente.
swept [swept], *pass.* e *p. p.* di **sweep**. ● (*aeron.*) **s. wing**, *V.* **swept-back wing**, sotto **swept-back** □ (*autom., mecc.*) **total s. area**, area (complessiva) d'attrito (*dei freni*).
swept-back [,swept'bæk], *a.* **1** (*di capelli*) raccolti sulla nuca **2** (*aeron.: d'ala*) a freccia positiva: **s. wing**, ala a freccia positiva.
swept-forward [,swept'fɔ:wəd], *a.* (*aeron.: d'ala*) a freccia negativa.
to swerve [swə:v], **A** *v. i.* **1** deviare; piegare; sterzare; svoltare: **I swerved to avoid a collision**, deviai per evitare uno scontro; **The car swerved from the road**, l'automobile svoltò abbandonando la strada **2** (*fig.*) allontanarsi dalla retta via; traviarsi; tralignare: **He never swerves an inch from his duty**, non traligna mai nemmeno tanto così dalla via del dovere. **B** *v. t.* deviare; far deviare; sviare; stornare. ● (*sport*) **to s. a ball**, far deviare una palla.
swerve [swə:v], *n.* deviazione; scarto; sterzata.
swift (1) [swift], **A** *a.* **1** celere; rapido; veloce; lesto: **a s. runner**, un veloce corridore; **a s. movement**, un rapido movimento; **with a s. glance**, con una rapida occhiata **2** agile; svelto: **s. feet**, piedi agili, svelti **3** (*lett.*) pronto; immediato; repentino: **a s. revenge**, una vendetta immediata; **He is s. to anger**, è pronto

all'ira. **B** *avv.* (*anche* **swiftly**) **1** celermente; rapidamente; velocemente **2** prontamente; subito: **He answered s.**, rispose prontamente. ● **s.-footed**, del piè veloce ◻ **s.-handed**, svelto di mano ◻ (*lett.*) **s. of foot**, lesto di piede; piè veloce ◻ **s. passing**, che passa in fretta; fugace ◻ **to be s. to take offence**, offendersi subito; essere permaloso ◻ **s.-winged**, dalle ali veloci.
swift (2) [swift], *n.* **1** (*zool., Apus apus*) rondone **2** (*zool., Sceloporus*) scelopuro **3** (*zool., Triturus*) tritone **4** (*zool., Triturus cristatus*) salamandra acquaiola **5** (*ind. tessile*) tamburo (*di cardatrice*) **6** (*ind. tessile*) aspo; arcolaio.
swifter ['swiftə*], *n.* (*naut.*) **1** sartia bastarda **2** cavo di ritenuta delle aspe; passerino **3** cintura (*d'imbarcazione*).
swiftly ['swiftli], *avv. V.* **swift** (1), *def.* B.
swiftness ['swiftnis], *n.* **1** celerità; rapidità; velocità; lestezza **2** agilità; sveltezza.
swig [swig], *n.* (*fam.*) gran sorso; sorsata: **He took a s. of brandy**, bevve un gran sorso di brandy.
to swig [swig], (*fam.*) **A** *v. i.* bere a gran sorsi. **B** *v. t.* (*di solito*, **to s. down, to s. off**) tracannare; bere tutto d'un fiato.
swill [swil], *n.* **1** lavata; risciacquata: **Give it a s.** (*out*), dagli una risciacquata **2** lavatura di piatti; risciacquatura; broda per maiali **3** (*spreg.*) broda; brodaglia **4** (*fam.*) abbondante bevuta; trincata (*fam.*).
to swill [swil], **A** *v. t.* **1** lavare; risciacquare: **to s. a pail**, lavare un secchio **2** (*fam., spesso* **to s. down**) bere avidamente; tracannare. **B** *v. i.* (*fam.*) bere smodatamente; sbevazzare; attaccarsi alla bottiglia (*fam.*). ● (*ind.*) **swilling tank**, vasca di lavaggio.
swiller ['swilə*], *n.* (*fam.*) beone, beona; chi sbevazza.
to swim [swim] (*pass.* **swam**, *p. p.* **swum**), **A** *v. i.* **1** nuotare (*anche fig.*); fare il bagno (*in mare, nel lago, ecc.*); (*di cose*; *specialm. cucina*) galleggiare: **I cannot s.**, non so nuotare; **Shall we go swimming?**, andiamo a nuotare (*o a fare il bagno*)?; **potatoes swimming in oil**, patate che galleggiano (*o nuotano*) nell'olio; **to s. on one's back**, nuotare sul dorso; (*fig.*) **to s. in riches**, nuotare nella ricchezza **2** (*fig.*) muoversi silenziosamente; scivolare: **She swam into the room**, scivolò dentro la stanza **3** essere bagnato (*o coperto, soffuso, inondato*): **Her eyes swam with tears**, aveva gli occhi inondati di lacrime; **The floor was swimming in blood**, il pavimento era coperto di sangue **4** girare: **The empty square began to s. around me**, la piazza vuota cominciò a girare intorno a me; **My head is swimming**, mi gira la testa. **B** *v. t.* **1** attraversare (*o percorrere, fare*) a nuoto: **to s. a river**, attraversare a nuoto un fiume **2** far nuotare; fare attraversare a nuoto: **S. back your dog**, fa' tornare il tuo cane a nuoto!; **to s. one's cattle across a river**, far passare a nuoto un fiume al proprio bestiame. ● **to s. against the tide** (*o* **the stream**), nuotare contro corrente; (*fig.*) andare controcorrente ◻ **to s. back**, tornare a nuoto ◻ (*fam.*) **to s. for it**, salvarsi a nuoto ◻ (*scherz.*) **to s. like a brick**, nuotare come un mattone, come il piombo ◻ **to s. like a fish**, nuotare come un pesce ◻ (*scherz.*) **to s. like a stone** (*o* **like a tailor's goose**), nuotare come un mattone, come il piombo (*come una gatta di piombo*) ◻ **to s. out to sea**, andare a nuoto al largo ◻ (*sport*) **to s. a race**, partecipare a una gara di nuoto ◻ (*scherz.*) **to s. to the bottom**, andare a fondo; non saper nuotare ◻ **to s. with the tide** (*o* **with the stream**), andare con la corrente (*anche fig.*); far quel che fan tutti ◻ **I cannot s. a stroke**, non so dare neanche una bracciata; non so nuotare affatto ◻ **My heart swam with joy**, il cuore mi traboccava di gioia ◻ (*prov.*) **Sink or s.**, o bere o affogare.
swim [swim], *n.* **1** nuoto; il nuotare **2** nuotata; nuotatina: **Let's go for a s.**, andiamo a fare una nuotata! **3** zona (*o buca*) (*in un fiume*) ricca di pesce. ● (*zool.*) **s. bladder**, vescica natatoria ◻ **s. fin**, pinna da sommozzatore ◻ **s.-suit**, costume da bagno (*da donna*) ◻ (*fig.*) **to be in the s.**, essere nel giro (*fam.*); essere al corrente ◻ (*fig.*) **to be out of the s.**, essere fuori del giro (*fam.*) ◻ **My head was in a s.**, mi girava la testa.
swimmer ['swimə*], *n.* nuotatore, nuotatrice.
swimmeret ['swimərət], *n.* (*zool.*) arto addominale; pleopodio (*dei crostacei*).
swimming ['swimiŋ], **A** *n.* nuoto. **B** *a. attr.* **1** che nuota **2** (*sport*) da nuoto; da bagno. ● (*sport*) **s. bath**, piscina (*coperta*) ◻ (*zool.*) **s. bell**, ombrello (*di meduse, ecc.*) ◻ **s. belt**, cintura di salvataggio; salvagente a cintura ◻ (*zool.*) **s. bladder**, vescica natatoria ◻ **s. costume**, costume da bagno (*da donna*) ◻ **s. eyes**, occhi umidi, bagnati di pianto ◻ **s. in the head**, giramento di testa; capogiro; vertigine ◻ (*sport*) **s. pool**, piscina (*specialm.* all'aperto) ◻ (*miner.*) **s. stone**, quarzo poroso e spugnoso ◻ **s. trunks**, costume da bagno (*da uomo*); mutandine da bagno.
swimmingly ['swimiŋli], *avv.* benissimo; a meraviglia; a gonfie vele (*fig.*): **The party went on s.**, il trattenimento procedeva a meraviglia; **to go on s.**, andare a gonfie vele (*fig.*).
swimwear ['swimwɛə*], *n.* (*collett.*) articoli da spiaggia (*costumi da bagno, ecc.*).
to swindle ['swindl], **A** *v. t.* frodare; imbrogliare; raggirare; truffare; turlupinare. **B** *v. i.* usare la frode (*o l'inganno*); essere un truffatore. ● **to s. money out of sb.**, estorcere denaro a q. con l'inganno; fregare soldi a q. (*fam.*).
swindle ['swindl], *n.* **1** frode; imbroglio; raggiro; truffa **2** (*fam.*) fregatura: **This gadget is a real s.**, questo aggeggio è una vera fregatura.
swindler ['swindlə*], *n.* imbroglione; truffatore; turlupinatore.
swine [swain], *n.* **1** (*invar. al pl.; di solito collett.*) porco; maiale; suino **2** (*fig., spreg.*) porco; maiale. ● (*bot.*) **s. bread**, (*Bunium bulbocastanum*) castagna di terra; (*Tuber*) tartufo ◻ **s.-herd**, porcaro; porcaio ◻ (*vet.*) **s. plague** (*o* **s. fever**) peste suina ◻ (*bot.*) **s.'s snout** (*Taraxacum officinale*), dente di leone; soffione; tarassaco.
swinery ['swainəri], *n.* **1** porcile (*collett.*) porci **3** (*fig.*) porcheria; sozzura.
to swing [swiŋ] (*pass. e p. p.* **swung**), **A** *v. i.* **1** dondolare; oscillare; altalenare; dondolarsi; far l'altalena; penzolare; star penzoloni; ciondolare: **A sword swung from his waist**, una spada gli pendeva (*o dondolava*) dalla cintura; **The pendulum is swinging**, il pendolo oscilla; **Swinging on a gate can be very dangerous**, può essere molto pericoloso fare l'altalena su un cancello **2** girare (*su cardini, ecc.*); ruotare; (*mil.*) fare una conversione: **The boat swung round**, la barca girò su se stessa; **The road swings around an Alpine lake**, la strada gira intorno a un laghetto alpino; (*naut.*) **The ship swings at anchor**, la nave gira sull'ancora; **The soldiers swung into line**, i soldati fecero una conversione e si misero in riga **3** (*fam.*) essere impiccato: **He shall s. for it**, l'impiccheranno per quello che ha fatto; **to s. for sb.**, essere impiccato per aver ucciso q. **4** andar spedito; camminar di buon passo (*o con passo sciolto*): **We watched the regiment s. down the road**, stemmo a guardare il reggimento che marciava spedito lungo la strada **5** passare rapidamente: **to s. from laughter to tears**, passare rapidamente dal riso alle lacrime **6** (*pop.*) essere all'ultima moda; essere «in» **7** (*pop.*) darsi da fare (*in amore*); correre la cavallina. **B** *v. t.* **1** dondolare; far oscillare; ciondolare: **He sat on the table swinging his legs**, stava seduto sulla tavola dondolando le gambe (*o con le gambe penzoloni*) **2** agitare; brandire; maneggiare; roteare: **to s. a bell**, agitare un campanello; **to s. a weapon**, brandire un'arma; **to s. a tool**, maneggiare uno strumento; **to s. an axe**, roteare un'ascia **3** sollevare; gettare (*con un movimento di rotazione*): **He swung the bag onto his back**, si gettò il sacco (*o lo zaino*) in spalla **4** appendere; sospendere; (*specialm.*) impiccare: **I swung the hammock between two trees**, appesi l'amaca fra due alberi **5** (*mil.*) far fare una conversione a: **The officer swung his company into line**, l'ufficiale fece fare una conversione alla sua compagnia e la mise in riga **6** (*mecc.*) brandeggiare. ● **to s. aboard a bus** (**a train, etc.**), saltare su un autobus (*un treno, ecc.*) in corsa; prenderlo al volo ◻ **to s. a door to**, chiudere una porta ◻ **to s. into action**, entrare rapidamente (*o risolutamente*) in azione ◻ (*gergo mil.*) **to s. the lead**, marcar visita; fare il lavativo ◻ (*di una porta*) **to s. open**, spalancarsi ◻ **to s. round**, girare su se stesso; girare (*su cardini*); fare una giravolta; voltarsi di scatto ◻ (*fig.*) **to s. round the circle**, fare un giro di propaganda politica ◻ (*autom.*) **to s. round the corner**, curvare in modo brusco; prendere la curva stretta ◻ (*di una porta*) **to s. shut**, chiudersi ◻ **The door has swung to** (*o* **has swung shut**), la porta s'è chiusa (*girando sui cardini*) ◻ **He swung the door open**, spalancò la porta ◻ (*fig.*) **There is no room to s. a cat in**, non c'è posto per muoversi; si sta pigiati come acciughe ◻ **He swung out of the room**, uscì d'impeto dalla stanza.
swing [swiŋ], *n.* **1** oscillazione; dondolio; dondolamento; fluttuazione: **the s. of the pendulum**, l'oscillazione del pendolo; **the s. of prices**, la fluttuazione dei prezzi **2** (*solo al sing.*) movimento rotatorio del braccio; (*sport*) modo di battere, battuta: **That golfer's s. is too short**, la battuta di quel giocatore di golf è troppo corta **3** (*anche* **swinging gait**) andatura spedita (*o sciolta*); buon passo **4** (*mus., poesia*) ritmo sostenuto; ritmo: **Popular songs always go with a s.**, le canzoni popolari hanno sempre un ritmo sostenuto; **the s. of his lines**, il ritmo dei suoi versi **5** (*mus., anche* **s. music**) swing (*varietà di jazz*) **6** altalena (*del tipo sospeso tra due alberi o simili*): **to go on a s.**, andare in altalena **7** (*fig.*) spostamento (*dell'opinione pubblica, ecc.*) **8** (*sport*) brandeggio **9** (*elettr.*) escursione **10** (*pugilato*) sventola. ● **s. boat**, altalena (*del tipo usato nei baracconi*) ◻ (*costr.*) **s. bridge**, ponte girevole ◻ **s. door**, porta oscillante (*con ritorno automatico dei battenti*); porta a vento ◻ **the s. of the sea**, il moto altalenante del mare ◻ (*polit.*) **s.-over**, svolta ◻ (*mecc.*) **s. pipe**, tubo snodato ◻ (*fig.*) **a s. round the circle**, un giro di propaganda politica ◻ (*ind. USA*) **s. shift**, turno (*di lavoro*) dalle 16 alle 24; (*anche*) turno in terza, turno pendolare ◻ (*ind. USA*) **s. shifter**, operaio che fa il turno dalle 16 alle 24 (*o il turno in terza*) ◻ (*polit.*) **a s. to the extreme right**, una svolta autoritaria ◻ (*polit.*) **s. vote**, voto incerto (*degli elettori indecisi*);

voti che si spostano □ (*mecc.*) **s. wheel**, bilanciere □ (*aeron.*) **s. wing**, ala ad angolo di freccia (*o* a freccia) variabile □ **to give sb. full s. in the matter**, dare a q. piena libertà d'azione; dare a q. carta bianca □ **to have a s.**, fare (un po') l'altalena □ **in full s.**, in piena attività; in pieno fervore: **Work is in full s.**, il lavoro è in pieno fervore □ **lawn s.**, dondolo (*da giardino*) □ **Let's have a s.**, facciamo un po' l'altalena! □ (*fig.*) **Let it have its s.**, lascia che la cosa abbia il suo corso!
to swinge [swindʒ], *v. t.* (*arc.*) frustare; battere; percuotere.
swingeing ['swindʒiŋ], *a.* **1** duro; forte: **a s. blow**, un duro colpo; una forte percossa **2** (*fam.*) stragrande; enorme: **s. majority**, stragrande maggioranza; **s. damages**, danni enormi.
swinger ['swiŋə*], *n.* (*fam.*) **1** persona che tiene il passo con i tempi; chi è alla moda **2** chi si dà da fare (*in amore*); chi corre la cavallina.
swinging ['swiŋiŋ], **A** *n.* **1** oscillazione; dondolamento; fluttuazione **2** (*fam.*) il darsi da fare (*in amore*) **3** scambio di partner. **B** *a.* oscillante; fluttuante; girevole **2** rapido; spedito; veloce; (*di ritmo*) sostenuto: **s. gait**, passo spedito; buona andatura **3** (*mus.*) cadenzato; ritmico: **a s. chorus**, un coro cadenzato **4** (*fam.*) all'ultima moda; aggiornato; moderno. ● (*naut.*) **s. boom**, asta di posta □ (*ind. min.*) **s. a claim**, rettifica dei confini (*di una concessione*) □ **s. door**, *V.* **swing door**, *sotto* **swing** □ (*mil.*) **s. target**, bersaglio ruotante □ (*di cavallo*) **s. trot**, trotto serrato.
swingle ['swiŋgl], *n.* **1** (*ind. tessile*) maciulla; stigliatrice; gramola **2** (*agric., stor.*) parte mobile del correggiato.
to swingle ['swiŋgl], *v. t.* (*ind. tessile*) stigliare (*il lino*). ● **swingling machine**, stigliatrice □ **swingling tow**, tiglio del lino.
swinglebar ['swiŋgl-ba:*], **swingletree** ['swiŋgl-tri(:)], *n.* bilancino (*di carrozza*).
swingometer [swiŋ'ɔmitə*], *n.* (*polit.*) misuratore degli spostamenti dei voti.
swinish ['swainiʃ], *a.* (*spreg.*) maialesco; da maiale; bestiale; brutale; disgustoso; sozzo.
swinishness ['swainiʃnis], *n.* (*spreg.*) bestialità; brutalità; disgustosità; sozzeria.
to swipe [swaip], **A** *v. t.* **1** (*fam.*) battere con forza; colpire forte; dare un forte colpo a (*una palla, ecc.*); scagliare **2** (*pop.*) rubare; arraffare; grattare (*pop.*). **B** *v. i.* (*fam.*) picchiar forte; menar botte da orbi. ● **to s. at sb.**, assestare un forte colpo a q.
swipe [swaip], *n.* **1** forte colpo; botta **2** (*fig.*) attacco (verbale); aspra critica.
swiper ['swaipə*], *n.* **1** (*fam.*) chi batte con forza (*specialm. a golf e cricket*) **2** (*pop.*) ladro; ladruncolo.
swipes [swaips], *n. pl.* (*pop.*) birra scadente.
swirl [swə:l], *n.* **1** turbine; vortice; mulinello **2** voluta: **swirls of smoke**, volute di fumo **3** (*mecc.*) trascinamento **4** riccio; ricciolo **5** fettuccia circolare.
to swirl [swə:l], **A** *v. i.* **1** turbinare; girare vorticosamente; mulinare: **The snowflakes swirled in the air**, i fiocchi di neve turbinavano nell'aria **2** (*della testa*) girare. **B** *v. t.* far girare; far turbinare; trasportare (*o* trascinare) con moto vorticoso.
swirly ['swə:li], *a.* turbinoso; vorticoso.
to swish [swiʃ], **A** *v. t.* **1** far sibilare; far frusciare; far vibrare: **to s. a cane**, far sibilare una canna; far vibrare una canna (*agitandola*) **2** agitare; scuotere (*agitando*): **The cow swished its tail**, la mucca agitò la coda **3** sferzare; fustigare; frustare. **B** *v. i.* (*di canna, ecc.*) frusciare; vibrare; sibilare; fischiare (*nell'aria*).
swish (1) [swiʃ], *n.* **1** fruscio; sibilo; fischio: **I heard the s. of the waves (of the whip, etc.)**, sentii il fruscio delle onde (il sibilo della frusta, ecc.) **2** canna; sferza; verga **3** sferzata; scudisciata **4** colpo (*di coda, ecc.*): **a s. of one's tail at a gadfly**, un colpo di coda per scacciare un tafano.
swish (2) [swiʃ], *a. attr.* (*fam.*) elegante; alla moda.
swishing ['swiʃiŋ], *a.* frusciante.
Swiss [swis], *a.* e *n.* (*invar. al pl.*) svizzero: (*collett.*) **the S.**, gli svizzeri; **a S. watch**, un orologio svizzero. ● **S. cheese**, formaggio svizzero; **emmenthal** □ **S. guards**, guardie svizzere; soldati del Papa (*fam.*) □ (*cucina*) **S. roll**, rotolo di pan di Spagna farcito di marmellata.
switch [switʃ], *n.* **1** bacchetta; verga; verghetta (*specialm. usata per frustare*) **2** treccia di capelli posticci; parrucchino **3** (*elettr., radio*) interruttore; chiavetta; commutatore: **lever s.**, interruttore a leva; **band s.** (*o* **wave-change s.**), commutatore d'onda **4** (*elettron.*) commutatore **5** (*ferr. USA*) scambio; deviatoio: **interlocked s.**, scambio a blocco di sicurezza **6** (*ferr. USA*) binario di deposito **7** cambiamento; mutamento (*d'orario, ecc.*). ● (*specialm. USA*) **s.-blade (knife)**, coltello a serramanico □ (*ferr. USA*) **s.-man**, deviatore; scambista □ (*ferr. USA*) **s. signal**, segnale dello scambio □ (*ferr. USA*) **s. tongue**, ago dello scambio □ **press s.**, interruttore a pulsante.
to switch [switʃ], **A** *v. t.* **1** battere con una verga; sferzare; frustare (*il cavallo, ecc.*) **2** agitare; scuotere; sferzare l'aria

con: **The cat switched its tail in anger**, il gatto dimenava stizzosamente la coda **3** girare l'interruttore di (*un circuito elettrico, ecc.*) **4** (*ferr. USA*) smistare, instradare (*un treno*) **5** cambiare; spostare; volgere (*il pensiero, ecc.*) in un'altra direzione: **We switched the conversation**, cambiammo discorso **6** girare (*o* voltare) di scatto: **I switched my head round**, voltai la testa di scatto **7** afferrare; agguantare; strappare: **I switched the revolver out of his hand**, gli strappai la rivoltella di mano **8** scambiare; fare cambio di: **We switched places**, ci scambiammo i posti. **B** *v. i.* **1** (*ferr. USA*: *di treno*) cambiar binario; essere smistato (*o* instradato) **2** spostarsi; passare: **They switched from one subject to another**, passarono da un argomento a un altro **3** (*bridge*) dichiarare un colore diverso da quello dichiarato precedentemente. ● **to s. away**, togliere rapidamente; tirare via: **to s. away one's hand**, tirare via (*o* ritirare in fretta) la mano □ **to s. off**, (*elettr.*) disinserire, interrompere (*un circuito*); spegnere (*la luce, la radio, ecc.*); (*tel.*) interrompere (*o* togliere) la comunicazione; (*fam.*) chiudersi le orecchie (*fig.*), non ascoltare; chiudersi in sé: **to s. off the radio (the television)**, spegnere la radio (la televisione) □ **to s. on**, (*elettr.*) inserire, aprire (*la corrente*); aprire, accendere; (*fam.*) essere all'ultima moda, tenere il passo con i tempi: **to s. on the light (the radio)**, accendere la luce (la radio) □ (*tel.*) **to s. sb. on to another person**, mettere q. in comunicazione con qualcun altro □ **to s. over**, (*elettr.*) commutare; (*radio*) cambiare stazione; (*telev.*) cambiare canale; (*anche polit.*) passare (*a un altro partito, ecc.*).
switchback ['switʃbæk], **A** *n.* **1** (*di strada o ferrovia*) tracciato a rampe (*o* a stretti tornanti, a zig-zag) (*in rapida salita*) **2** (*divertimento*) montagne russe. **B** *a. attr.* a rampe; a stretti tornanti; a zig-zag.
switchboard ['switʃbɔ:d], *n.* **1** (*elettr.*) quadro di comando (*o* di distribuzione) **2** (*tel.*) centralino manuale (*d'albergo, ecc.*).
switched-on ['switʃdɔn], *a.* **1** (*fam.*) all'ultima moda; aggiornato; moderno **2** (*pop.*) drogato; sotto l'effetto della droga; che si è bucato (*pop.*).
switchgear ['switʃgiə*], *n.* (*elettr.*) apparecchiatura di manovra.
switching ['switʃiŋ], *n.* **1** (*elettr., elettron.*) commutazione **2** (*ferr. USA*) manovra; smistamento. ● (*elettron.*) **s. gate**, porta logica □ (*tel.*) **s. substation**, sottostazione di smistamento.
switchover ['switʃ-ouvə*], *n.* **1** (*elettr.*) commutazione **2** (*radio, telev.*) cambio (*di canale, ecc.*) **3** (*fig.*) svolta; passaggio (*a un altro partito*).
switchyard ['switʃja:d], *n.* (*ferr. USA*) piazzale di manovra (*o* di smistamento).
Switzerland ['switsələnd], *n.* (*geogr.*) Svizzera.
swivel ['swivl], *n.* (*mecc.*) **1** parte girevole (*in genere*); mulinello; perno **2** (*di catena*) anello girevole; anello imperniato **3** piattaforma girevole (*di un cannone, ecc.*) **4** (*ind. petrolifera*) testa d'iniezione (*o* di adduzione). ● (*naut.*) **s. block**, bozzello a mulinello □ (*costr.*) **s. bridge**, ponte girevole □ **s. chair**, sedia girevole □ (*fam.*) **s.-eye**, strabismo □ (*fam.*) **s.-eyed**, strabico □ (*mil.*) **s.-gun**, cannone girevole (*su affusto a piedistallo*) □ (*mecc.*) **s.-hook**, gancio a mulinello.
to swivel ['swivl], (*mecc.*) **A** *v. i.* girare; imperniarsi; ruotare (*di un perno*). **B** *v. t.* imperniare; far ruotare.
swiz [swiz], *n.* (*fam.*) **1** delusione; disappunto **2** imbroglio; raggiro; fregatura, fregata (*pop.*).
swizzle ['swizl], *n.* cocktail con ghiaccio. ● **s.-stick**, bastoncino per mescolare cocktail.
to swob [swɔb], *V.* (**to**) **swab**.
swobber ['swɔbə*], *V.* **swabber**.
swollen ['swoulən], **A** *p. p.* di **to swell**. **B** *a.* **1** gonfio: **a s. ankle**, una caviglia gonfia; **a river s. with rain**, un fiume gonfio per la pioggia **2** (*fig.*) enfatico; reboante. ● (*fin.*) **s. estimates**, preventivi esagerati (*o* gonfiati ad arte, a bella posta) □ (*fig.*) **s. head**, boria; presunzione □ (*fig.*) **to get a s. head**, montarsi la testa □ **to have a s. opinion of oneself**, presumere di sé.
to swoon [swu:n], *v. i.* **1** (*raro*) svenire; venir meno; perdere i sensi: **I swooned with pain**, svenni per il dolore **2** (*fig.*: *di musica, ecc.*) estinguersi pian piano; svanire; morire **3** (*fam.*) andare in estasi (*fam.*: *in brodo di giuggiole*); delirare (per q.). ● **to s. for joy**, sentirsi venir meno dalla gioia.
swoon [swu:n], *n.* (*raro*) svenimento; deliquio.
to swoop [swu:p], *v. i.* (*di rapace, ecc.*) piombare; precipitarsi; avventarsi; slanciarsi: **The hawk swooped down on the rabbit**, il falco piombò sul coniglio. ● (*fig.*) **to s. on**, attaccare; fare un'incursione, piombare su (*il nemico, ecc.*) □ (*fam.*) **to s. up**, afferrare (al volo); arraffare.
swoop [swu:p], *n.* **1** attacco (*d'uccello rapace*); calata a precipizio; balzo; slancio **2** incursione, raid (*della polizia, ecc.*): **a s. at night**, un raid notturno. ● **at one (fell) s.**, di punto in bianco; d'un sol colpo; d'un sol balzo.
swop, to swop [swɔp], *V.* **swap, to swap**.
sword [sɔ:d], *n.* **1** spada; ferro (*poet.*) **2** – (*fig.*) **the s.**, le armi;

swordless

la forza militare; la guerra. ● (*stor.*) **s.-arm**, braccio destro □ (*mil.*) **s.-bayonet**, spada baionetta □ **s.-bearer**, «portaspada» (*ufficiale che porta la spada innanzi al sovrano, ecc.*) □ (*mil.*) **s. belt**, cinturone □ (*zool.*) **s.-bill** (*Ensifera ensifera*), colibrì dal becco a spada □ **s. blade**, lama (*della spada*) □ **s.-cane**, V. **s.-stick** □ **s. cut**, ferita di spada □ **s. dance**, danza delle spade □ **s. dancer**, chi fa la danza delle spade □ (*zool.*) **s.-fish** (*Xiphias gladius*), pesce spada □ (*bot.*) **s.-grass**, (*Gladiolus*) gladiolo □ (*Phalaris arundinacea*) falaride a foglie maculate (*e altre piante le cui foglie hanno forma di spada*) □ **s. guard**, guardia della spada □ (*stor.*) **s.-hand**, mano destra □ **s. hilt**, elsa (*della spada*) □ (*mil.*) **s.-knot**, dragona □ (*bot.*) **s.-lily** (*Gladiolus*), gladiolo □ (*anche fig.*) **the S. of Damocles**, la spada di Damocle □ (*fig.*) **the s. of justice**, la spada della giustizia □ **the s. of State**, la spada delle cerimonie (*portata innanzi al sovrano*) □ **s. play**, abilità nel maneggiare la spada, arte della scherma; (*fig.*) abilità dialettica, schermaglia □ **s.-stick**, bastone da stocco; bastone animato □ **to be at the point of the s.**, essere con la spada alla gola □ **to be at swords' points**, stare per battersi; essere ai ferri corti □ (*mil.*) **cavalry s.**, sciabola □ **court s.** (*o* **dress s.**), spadino da cortigiano □ **to cross swords with sb.**, incrociare la spada con q.; battersi con q.; (*fig.*) discutere accanitamente con q. □ **double-edged s.**, sciabola a doppio taglio; spada □ **to draw one's s.**, sguainare la spada; (*fig.*) dare inizio alle ostilità, far guerra □ **to put sb. to the s.**, passare q. a fil di spada; trucidare q. □ **to sheathe the s.**, rinfoderare (*o* ringuainare) la spada; (*fig.*) por termine alle ostilità, far pace □ **small s.**, fioretto □ **two-handed s.**, spadone (da brandire) a due mani.
swordless ['sɔːdlis], *a.* (che è) senza spada; disarmato.
swordsman ['sɔːdzmən], *n.* (*pl.* **swordsmen**) spadaccino; schermitore.
swordsmanship ['sɔːdzmənʃip], *n.* il tirar di scherma; arte della scherma; abilità di spadaccino.
swore [swɔː*], *pass.* di **to swear**.
sworn [swɔːn], **A** *p. p.* di **to swear**. **B** *a.* giurato: **They are s. enemies**, sono nemici giurati. ● (*leg.*) **s. evidence**, testimonianza giurata □ **s. friends**, amici per la pelle □ (*leg.*) **s. statement**, dichiarazione giurata (*o* sotto giuramento).
to swot [swɔt], *v. i.* (*fam.*) sgobbare; studiare molto. ● **to s. up a subject**, sgobbare su una materia.
swot [swɔt], *n.* (*fam.*) **1** sgobbata; studio intenso: **What a s.!**, che sgobbata! **2** sgobbone. ● **It is too much s.**, bisogna sgobbare troppo.
swotter ['swɔtə*], *n.* (*fam.*) sgobbone; secchione (*fam.*).
swum [swʌm], *p. p.* di **to swim**.
swung [swʌŋ], *pass.* e *p. p.* di **to swing**.
Sybaris ['sibəris], *n.* (*stor., geogr.*) Sibari.
Sybarite ['sibərait], *n.* (*stor.*) sibarita (*anche fig.*).
sybaritic(al) [,sibə'ritik(əl)], *a.* sibaritico.
sybaritism ['sibəritizəm], *n.* sibaritismo.
Sybil ['sibil], *n.* Sibilla.
sycamine ['sikəmain], *n.* (*Bibbia, bot., Morus nigra*) gelso nero.
sycamore ['sikəmɔː*], *n.* (*bot.*) **1** (*in Oriente: Ficus sycomorus*) sicomoro **2** (*in Europa: Acer pseudoplatanus*) acero fico **3** (*in America: Platanus occidentalis*) platano d'America. ● **s. fig** (*o* **Egyptian, oriental s.**), sicomoro.
syce [sais], V. **sice** (2).
sychnocarpous [,siknou'kaːpəs], *a.* (*bot.*) policarpico.
syconium [sai'kouniəm], *n.* (*pl.* **syconia**) (*bot.*) siconio.
sycophancy ['sikəfənsi], *n.* adulazione; parassitismo; servilismo.
sycophant ['sikəfənt], *n.* adulatore; parassita; individuo servile.
sycophantic [,sikə'fæntik], *a.* adulatorio; servile.
sycosis [sai'kousis], *n.* (*pl.* **sycoses**) (*med.*) sicosi.
syenite ['saiinait], *n.* (*geol.*) sienite.
syenitic [,saii'nitik], *a.* (*geol.*) sienitico.
syllabary ['siləbəri], *n.* **1** sillabario **2** tavola di simboli sillabici.
syllabic [si'læbik], *a.* **1** sillabico **2** diviso in sillabe; sillabato.
syllabically [si'læbikəli], *avv.* sillaba per sillaba; in sillabe.
to syllabicate [si'læbikeit], V. **to syllabify**, **to syllabize**.
syllabication [si,læbi'keiʃən], **syllabification** [si,læbifi'keiʃən], *n.* sillabazione; divisione in sillabe.
to syllabify [si'læbifai], **to syllabize** ['siləbaiz], *v. t.* sillabare; dividere in sillabe.
syllable ['siləbl], *n.* sillaba. ● **Not a s.!**, non una sillaba!; non una parola!; taci!
to syllable ['siləbl], *v. t.* **1** sillabare **2** (*poet.*) pronunciare; dire.
syllabled ['siləbld], *a.* (nei composti, per es. in:) **a four-s. word**, una parola quadrisillaba; un quadrisillabo.
syllabub ['siləbʌb], V. **sillabub**.
syllabus ['siləbəs], *n.* (*pl.* **syllabi**, **syllabuses**) **1** catalogo; compendio; sommario **2** programma di un corso di studi **3** (*relig.*) sillabo.
syllepsis [si'lepsis], *n.* (*pl.* **syllepses**) (*gramm.*) sillessi.
sylleptic [si'leptik], *a.* (*gramm.*) di sillessi.
syllogism ['silədʒizəm], *n.* **1** (*filos., mat.*) sillogismo **2** ragionamento deduttivo **3** (*per estens.*) ragionamento sottile; sofisma.
syllogistic(al) [,silə'dʒistik(əl)], *a.* (*filos.*) sillogistico.
to syllogize ['silədʒaiz], *v. i. e t.* (*filos.*) sillogizzare.
sylph [silf], *n.* (*mitol.*) **1** silfide (*anche fig.*) **2** silfo.
sylphid ['silfid], *n.* (*mitol.*) silfide.
sylphlike ['silflaik], *a.* di (*o* da) silfide; grazioso e snello.
sylvan ['silvən], **A** *a.* silvano; silvestre. **B** *n.* (*mitol.*) divinità silvana.
Sylvester [sil'vestə*], *n.* Silvestro.
Sylvia ['silviə], *n.* Silvia.
sylviculture ['silvi,kʌltʃə*], *n.* silvicoltura.
sylviculturist [,silvi'kʌltʃərist], *n.* silvicoltore.
symbiont ['simbiɔnt], *n.* (*biol.*) simbionte.
symbiosis [,simbi'ousis], *n.* (*pl.* **symbioses**) (*biol.*) simbiosi (*anche fig.*).
symbiotic(al) [,simbiɔtik(əl)], *a.* (*biol.*) simbiotico (*anche fig.*).
symbol ['simbəl], *n.* simbolo (*in ogni senso*); emblema.
symbolic [sim'bɔlik], *a.* simbolico: (*mat.*) **s. logic**, logica simbolica.
symbolical [sim'bɔlikəl], V. **symbolic**.
symbolism ['simbəlizəm], *n.* **1** (*letter., arte*) simbolismo **2** (*tecn.*) sistema (*o* complesso) di simboli.
symbolist ['simbəlist], *n.* **1** (*letter., arte*) simbolista **2** studioso di simbologia.
symbolistic [,simbə'listik], *a.* (*letter., arte*) simbolistico.
symbolization [,simbəlai'zeiʃən], *n.* simboleggiamento.
to symbolize ['simbəlaiz], *v. t.* **1** simboleggiare **2** dare un carattere simbolico a (q.c.); interpretare simbolicamente.
symbology [sim'bɔlədʒi], *n.* simbologia.
symmetallism [sim'metəlizəm], *n.* (*econ., fin.*) simmetallismo.
symmetric(al) [si'metrik(əl)], *a.* simmetrico.
symmetrization [,simitrai'zeiʃən], *n.* il rendere simmetrico.
to symmetrize ['simitraiz], *v. t.* rendere simmetrico.
symmetry ['simitri], *n.* **1** simmetria **2** armonia di proporzioni.
sympathetic [,simpə'θetik], **A** *a.* **1** che prova simpatia; comprensivo; amichevole; affettuoso; cordiale; sensibile; tenero: **A good teacher is always s.**, un buon insegnante è sempre comprensivo; **a s. gesture**, un gesto amichevole; **s. expressions**, espressioni affettuose; **a s. heart**, un cuore sensibile (*o* tenero) **2** che va a genio; congeniale; armonioso; piacevole: **a s. atmosphere**, un ambiente congeniale; **a s. landscape**, un paesaggio armonioso, piacevole. **B** *n.* (*anat.*) gran simpatico. ● **a s. face**, un viso cordiale, pieno di simpatia per il prossimo □ **s. ink**, inchiostro simpatico □ (*anat.*) **s. nerve**, nervo simpatico □ **s. pain**, dolore per i mali altrui; (*med.*) dolore riflesso □ (*econ.*) **a s. strike**, uno sciopero di solidarietà □ (*fam.*) **to be s. to**, provare simpatia per (q.); approvare, favorire, essere d'accordo con (q.c.): **They were s. to our plan**, erano d'accordo col nostro progetto.
sympathetically [,simpə'θetikəli], *avv.* con grande comprensione; con molta simpatia; cordialmente; teneramente.
to sympathize ['simpəθaiz], *v. i.* **1** andare d'accordo; essere in armonia; intendersi bene; essere in comunione d'idee (*o* di sentimenti) **2** – **to s. with**, apprezzare; comprendere; (*specialm.*) condolersi con, commiserare, compatire; aver compassione (*o* provar pietà) per: **I quite s. with your motives**, apprezzo pienamente i tuoi motivi; **I s. with him in his sorrow**, mi condolgo con lui; sono partecipe del suo dolore; **It isn't enough to s. with poor people**, non basta provare pietà per i poveri **3** – **to s.**, approvare; esser d'accordo con; veder di buon occhio: **His wife doesn't s. with his plan to set up in business on his own**, sua moglie non vede di buon occhio il suo progetto di mettersi in affari per conto suo. ● **to s. with sb. in his feelings**, provare gli stessi sentimenti di q.; partecipare alle gioie e ai dolori di q.
sympathizer ['simpəθaizə*], *n.* **1** persona comprensiva; chi partecipa dei sentimenti di q. **2** (*specialm. polit.*) sostenitore, fautore; simpatizzante.
sympathy ['simpəθi], *n.* **1** comunione d'idee, di sentimenti; accordo; armonia **2** comprensione; partecipazione, sensibilità; simpatia; tenerezza: **He has no s. for my problems**, non ha comprensione per i miei problemi **3** (*specialm.*) compassione; commiserazione: **He has no s. with** (*o* **for**) **beggars**, i mendicanti non gli fanno compassione **4** (*pl.*) condoglianze; cordoglio: **to send one's sympathies**, fare (*o* mandare) le proprie condoglianze. ● (*econ.*) **s. strike**, sciopero di solidarietà □ (*di operai, ecc.*) **to come out in s.**, fare uno sciopero di solidarietà □ **in s.**, per simpatia; con un gesto di tenerezza; (*anche*) per solidarietà: **We'll go on strike in s. with the dockers**, sciopereremo per solidarietà con i portuali □ **to be in s. with sb.**, essere d'accordo (*o* in perfetta armonia) con q.; solidarizzare con q. □ **letters of s.**, lettere di condoglianze.
sympetalous [sim'petələs], *a.* (*bot.*) simpetalo.

symphonic [sim'fɔnik], *a.* sinfonico.
symphonist ['simfənist], *n.* (*mus.*) sinfonista.
symphony ['simfəni], *n.* (*mus.*) sinfonia. ● **a s. orchestra**, un'orchestra sinfonica.
symphysis ['simfisis], *n.* (*pl.* **symphyses**) (*anat.*) sinfisi.
symposiac [sim'pouziæk], *a.* (*lett.*) simposiaco; conviviale.
symposiarch [sim'pouzia:k], *n.* (*lett.*) simposiarca; capo del banchetto.
symposium [sim'pouzjəm], *n.* (*lett.*) (*pl.* **symposia, symposiums**) **1** simposio; convito **2** (*fig.*) convegno; simposio **3** raccolta di saggi su un argomento; rassegna di critiche.
symptom ['simptəm], *n.* (*med.*) sintomo; (*fig.*) indizio, segno.
symptomatic(al) [,simptə'mætik(əl)], *a.* (*med.*) sintomatico; (*fig.*) indicativo.
symptomatology [,simptəmə'tɔlədʒi], *n.* (*med.*) sintomatologia; semeiotica.
synaeresis [si'niərəsis], *n.* (*pl.* **synaereses**) (*gramm.*) sineresi.
syn(a)esthesia [,sinis'θi:zjə], *n.* (*linguistica*) sinestesia.
synagogical [,sinə'gɔdʒikəl], *a.* di (*o* da) sinagoga; sinagogale.
synagogue ['sinəgɔg], *n.* (*edil., relig.*) sinagoga.
synallagmatic [,sinəlæg'mætik], *a.* (*leg.*) sinallagmatico; bilaterale: **a s. contract**, un contratto sinallagmatico.
synal(o)epha [sinə'li:fə], *n.* (*gramm.*) sinalefe.
synapse ['sainæps], *n.* (*anat.*) sinapsi; giunzione sinaptica.
sync, synch [siŋk], *n.* (*abbr. fam. di* **synchronization**) sincronizzazione. ● **s. signal**, segnale di sincronizzazione □ **in s.**, in sincronia □ **out of s.**, non in sincronia; non sincronizzato.
synchro ['siŋkrou], *n.* (*elettr.*) synchro; trasduttore angolare.
synchrocyclotron [,siŋkrou'saiklətrɔn], *n.* (*fis. nucl.*) sincrociclotrone.
synchroflash ['siŋkrou,flæʃ], *n.* (*fotogr.*) sincrolampo; fotolampo sincronizzato.
synchromesh ['siŋkrou'meʃ], (*autom.*) **A** *n.* cambio sincronizzato. **B** *a. attr.* (*di cambio, ecc.*) sincronizzato.
synchronal [siŋ'krənəl], *V.* **synchronous.**
synchronic(al) [siŋ'krɔnik(əl)], *a.* **1** sincrono **2** (*linguistica*) sincronico.
synchronism ['siŋkrənizəm], *n.* (*scient., tecn.*) sincronismo.
synchronization [,siŋkrənai'zeiʃən], *n.* sincronizzazione.
to synchronize ['siŋkrənaiz], **A** *v. t.* sincronizzare; rendere sincrono. **B** *v. i.* essere sincrono, simultaneo; essere in sincronia (*anche fig.*). ● (*autom.*) **synchronized shifting**, cambio di marcia sincronizzato.
synchronizer ['siŋkrənaizə*], *n.* (*elab., cinem., aeron.*) sincronizzatore.
synchronous ['siŋkrənəs], *a.* sincrono; simultaneo. ● (*elettr.*) **s. speed**, velocità di sincronismo (*o* sincrona).
synchrony ['siŋkrəni], *n.* sincronismo; sincronia.
synchrotron ['siŋkroutrɔn], *n.* (*fis. nucl.*) sincrotrone.
synclinal [siŋklainəl], *a. e n.* (*geol.*) sinclinale.
syncline ['siŋklain], *n.* (*geol.*) sinclinale.
to syncopate ['siŋkəpeit], *v. t.* (*gramm., mus.*) sincopare.
syncopated ['siŋkəpeitid], *a.* (*gramm., mus.*) sincopato.
syncopation [,siŋkə'peiʃən], *n.* (*gramm., mus.*) sincope.
syncope ['siŋkəpi], *n.* (*med.*) sincope.
syncopic [siŋ'kɔpik], *a.* (*med.*) di sincope; sincopale.
syncretic [siŋ'kri:tik], *a.* sincretico.
syncretism ['siŋkritizəm], *n.* sincretismo.
syncretist ['siŋkritist], *n.* sincretista.
syncretistic [,siŋkri'tistik], *a.* sincretistico.
to syncretize ['siŋkritaiz], *v. t. e i.* fondere insieme (*dottrine o religioni diverse*).
syndic ['sindik], *n.* **1** curatore d'interessi; economo (*d'università*) **2** sindaco (*non in G.B. o USA*) **3** (*fin.*) sindaco (*di una società*).
syndicalism ['sindikəlizəm], *n.* (*polit., econ.*) sindacalismo.
syndicalist ['sindikəlist], *n.* (*polit.*) sindacalista.
syndicalistic [,sindikə'listik], *a.* (*polit.*) sindacalistico.
syndicate ['sindikit], *n.* **1** (*fin.*) sindacato; associazione di banchieri, finanzieri, ecc. **2** (*econ., fin.*) gruppo monopolistico; cartello **3** (*giornalismo*) agenzia di stampa **4** catena di giornali.
to syndicate ['sindikeit], **A** *v. t.* **1** (*fin.*) associare in sindacato (*V.* **syndicate**) **2** vendere (*articoli, notizie*) tramite un'agenzia di stampa **3** (*econ.*) controllare (*un certo numero di giornali*). **B** *v. i.* (*fin.*) costituirsi in sindacato (*V.* **syndicate**).
syndication [,sindi'keiʃən], *n.* (*fin.*) costituzione in sindacato (*V.* **syndicate**).
syndrome ['sindroum], *n.* **1** (*med.*) sindrome **2** (*fig.*) comportamento sintomatico.
syne [sain], *avv.* (*scozz.*) **1** *V.* **since 2** *V.* **ago.**
synecdoche [si'nekdəki], *n.* (*retor.*) sineddoche.
syneresis [si'niərisis], *V.* **synaeresis.**
synergism ['sinədʒizəm], *n.* (*scient.*) sinergismo.
synergy ['sinədʒi], *n.* (*med.*) sinergia.

synizesis [,sini'zi:sis], *n.* (*pl.* **synizeses**) (*gramm.*) sineresi; sinizesi.
synod ['sinəd], *n.* **1** (*relig.*) sinodo **2** (*fig.*) convegno; riunione.
synodal ['sinədl], *a.* (*relig.*) sinodale.
synodic(al) [si'nɔdik(əl)], *a.* **1** (*relig.*) sinodale **2** (*astron.*) sinodico.
synonym ['sinənim], *n.* (*gramm.*) sinonimo.
synonymic(al) [,sinə'nimik(əl)], *a.* (*gramm.*) sinonimico.
synonymity [,sinə'nimiti], *n.* (*gramm.*) sinonimia.
synonymous [si'nɔniməs], *a.* (*gramm.*) sinonimo. ● (*fig.*) **to be s. with**, equivalere a; essere la stessa cosa di.
synonymy [si'nɔnimi], *n.* **1** (*gramm.*) sinonimia **2** (*raro*) raccolta di sinonimi.
synopsis [si'nɔpsis], *n.* (*pl.* **synopses**) sinossi; sommario; compendio; sunto; specchietto.
synoptic(al) [si'nɔptik(əl)], *a.* sinottico. ● (*metereologia*) **s. chart**, carta sinottica □ (*relig.*) **the s. Gospels**, i Vangeli sinottici; i sinottici.
synoptist [si'nɔptist], *n.* (*relig.*) autore di un Vangelo sinottico.
synovia [si'nouviə], *n.* (*anat.*) sinovia.
synovial [si'nouviəl], *a.* (*anat.*) sinoviale: **s. liquid**, liquido sinoviale.
synovitis [,sinə'vaitis], *n.* (*med.*) sinovite; artromeningite.
syntactic(al) [sin'tæktik(əl)], *a.* sintattico.
syntagm ['sintægəm], *V.* **syntagma.**
syntagma [sin'tægmə], *n.* (*pl.* **syntagmas, syntagmata**) (*linguistica*) sintagma.
syntagmatic [,sintæg'mætik], *a.* (*linguistica*) sintagmatico.
syntax ['sintæks], *n.* sintassi.
synthesis ['sinθisis], *n.* (*pl.* **syntheses**) sintesi.
synthesist ['sinθisist], *n.* chi segue un metodo sintetico.
to synthesize ['sinθisaiz], *v. t.* sintetizzare (*anche chim.*); riunire in sintesi.
synthesizer ['sinθəsaizə*], *n.* **1** sintetizzatore; chi sintetizza **2** (*acustica, elettron., ecc.*) sintetizzatore.
synthetic(al) [sin'θetik(əl)], **A** *a.* **1** sintetico: **s. method**, metodo sintetico **2** (*chim.*) sintetico: **s. resin**, resina sintetica; **s. rubber**, gomma sintetica; **s. wool**, lana sintetica **3** (*linguistica*) sintetico **4** (*spreg.*) artificiale; privo di originalità (*o* di schiettezza): **s. enthusiasm**, entusiasmo artificiale; **s. style**, stile privo di originalità. **B** *n.* (*ind.*) prodotto sintetico.
synthetist ['sinθitist], *V.* **synthesist.**
to synthetize ['sinθitaiz], *V.* **to synthesize.**
syntonic [sin'tɔnik], *a.* (*scient.*) sintonico.
syntonization [,sintənai'zeiʃən], *n.* (*radio*) sintonizzazione.
to syntonize ['sintənaiz], *v. t.* (*radio*) sintonizzare.
syntony ['sintəni], *n.* (*scient.*) sintonia.
syphilis ['sifilis], *n.* (*med.*) sifilide; lue.
syphilitic [,sifi'litik], *a. e n.* (*med.*) sifilitico; luetico.
syphon ['saifən], *V.* **siphon.**
Syracusan [,saiərə'kju:zən], *a. e n.* siracusano.
Syracuse ['saiərəkju:z], *USA* ['sirə,kju:s], *n.* (*geogr.*) Siracusa.
Syria ['siriə], *n.* (*geogr.*) Siria.
Syriac ['siriæk], *a. e n.* (*stor.*) siriaco.
Syrian ['siriən], *a. e n.* siriano.
syringa [si'riŋgə], *n.* (*bot.*) **1** (*Syringa*) siringa **2** (*Philadelphus*) filadelfo.
syringe ['sirindʒ], *n.* **1** (*specialm. med.*) siringa: **hypodermic s.**, siringa per iniezioni ipodermiche **2** (*tecn.*) schizzetto **3** canna per annaffiare.
to syringe [si'rindʒ], *v. t.* **1** (*med.*) siringare; fare un'iniezione a (*q.*) **2** (*med.*) iniettare con una siringa **3** schizzettare.
syringeal [si'rindʒəl], *a.* (*zool.*) della siringe.
syringitis [,sirin'dʒaitis], *n.* (*med.*) infiammazione della tuba uditiva.
syringotomy [,siriŋ'gɔtəmi], *n.* (*med.*) siringotomia (*raro*); incisione d'una fistola.
syrinx ['siriŋks], *n.* (*pl.* **syringes, syrinxes**) **1** (*zool.*) siringe **2** (*mus.*) siringa (*rozzo strumento pastorale*) **3** (*med.*) fistola **4** (*anat.*) tuba uditiva, tromba d'Eustachio **5** (*archeol.*) stretta galleria (*di tomba egiziana*).
syrup ['sirəp], *n.* (*anche farm.*) sciroppo. ● **golden s.**, melassa raffinata.
syrupy ['sirəpi], *a.* (*anche fig.*) sciropposo.
system ['sistim], *n.* **1** sistema (*in ogni senso*); metodo; ordine: **a good s. for winning at the football pools**, un buon sistema per vincere al totocalcio; **a s. of pulleys**, un sistema di carrucole; **a philosophic s.**, un sistema filosofico; **the solar s.**, il sistema solare; **the nervous s.**, il sistema nervoso; **a s. of government**, un sistema di governo; **to lack s.**, mancare di metodo; **What as do you go on?**, che metodo segui? **2** (*geogr., ferr., tel.*) rete: **the railway s.**, la rete ferroviaria; **a river s.**, una rete fluviale; **telephone s.**, rete telefonica **3** (*elettr., mecc.*) impianto: **the electrical s. of a car**, l'impianto elettrico di un'automobile;

systematic(al)

heating s., impianto di riscaldamento **4** (*anat.*) apparato: **reproductive s.**, apparato riproduttore **5** (*fam.*) (il) corpo umano; (l') organismo: **Tobacco is bad for the s.**, il tabacco fa male all'organismo **6** – (*polit.*) **the s.**, il sistema: **to be against the s.**, essere contro il sistema. ● **systems analysis**, analisi (del funzionamento) dei sistemi (*aziendale, amministrativo, ecc.*) □ **systems analyst**, specialista dell'analisi dei sistemi □ (*elab.*) **s. design**, progettazione di sistemi □ **s. designer**, progettista di sistemi □ **systems ecology**, ecologia di sistemi □ **systems engineering**, ingegneria dei sistemi □ (*mat.*) **decimal s.**, sistema decimale □ **social s.**, ordinamento sociale □ (*mecc.*) **the timing s.**, la distribuzione.

systematic(al) [ˌsistiˈmætik(əl)], *a*. **1** sistematico; metodico; ordinato; regolare: **s. opposition**, opposizione sistematica; **a s. worker**, un lavoratore metodico, regolare **2** (*biol.*) sistematico; tassonomico. ● **s. insolence**, insolenza intenzionale e ripetuta (*o* sistematica) □ **a s. liar**, uno che mente di continuo (*o* per sistema) □ (*stat.*) **s. sampling**, campionatura sistematica.

systematics [ˌsistiˈmætiks], *n. pl.* (*col verbo al sing.*) **1** sistematica **2** (*biol.*) tassonomia; sistematica.

systematism [ˈsistimətizəm], *n*. il seguire un sistema.

systematist [ˈsistimətist], *n*. **1** chi segue un sistema **2** (*biol.*) tassonomista; sistematico **3** chi costruisce sistemi.

systematization [ˈsistimətaiˈzeiʃən], *n*. sistematizzazione; riduzione a sistema; ordinamento secondo un sistema.

to systematize [ˈsistimətaiz], *v. t.* sistematizzare; rendere sistematico; ridurre a sistema; ordinare secondo un sistema; sistemare (*raro*).

systemic [sisˈtemik], *a*. **1** sistematico; ordinato **2** (*fisiologia, linguistica*) sistemico: **s. circulation**, circolazione sistemica (*o* generale). ● (*agric.*) **s. insecticides**, insetticidi ad azione diffusa.

systole [ˈsistəli], *n*. (*fisiologia*) sistole.

systolic [sisˈtɔlik], *a*. (*fisiologia*) di sistole; sistolico.

systyle [ˈsistail], *a. e n.* (*archit.*) (tempio) sistilo.

syzygial [siˈzidʒiəl], *a*. (*astron.*) sizigiale.

syzygy [ˈsizidʒi], *n*. (*astron.*) sizigia.

t, T

T, t [tiː], *n.* **1** (*pl.* **T's, t's; Ts, ts**) T, t (*ventesima lettera dell'alfabeto ingl.*) **2** oggetto a forma di T. ● **a T-bar**, un ferro a (forma di) T □ (*cucina*) **T-bone (steak)**, bistecca con l'osso (e col filetto); fiorentina □ (*tel.*) **t for Tommy** (*USA:* **t for Tare**), t come Torino □ **T-junction**, (*elettron., mecc.*) giunzione a T; (*autom.*) incrocio a T □ **a T-pipe**, un tubo a T □ **a T-shirt**, una maglietta a girocollo □ **a T-square**, una squadra a T □ (*fig.*) **to cross one's t's**, essere minuzioso, pedante, pignolo; mettere i punti sulle i □ **to hit it off to a t**, coglier nel segno; azzeccarla; (*fig.*) far centro □ **It suits me to a t**, mi va a pennello; mi sta alla perfezione.

ta [taː], *inter.* (*infant. o scherz.*) grazie: **Ta so ever**, mille grazie!

tab [tæb], *n.* **1** striscetta, etichetta (*di carta, di stoffa, di cuoio, ecc.*) **2** aletta (*di berretto, ecc.*) **3** linguetta (*di scarpa, d'oggetto metallico, ecc.*) **4** aghetto, punta (*di laccio da scarpe*) **5** segnalibro **6** (*mil.*) mostrina (*d'ufficiale di Stato maggiore*) **7** (*aeron.*) aletta di compensazione; compensatore **8** (*fam. USA*) conto (*specialm. di ristorante*) **9** (*fam. USA*) prezzo; costo **10** (*pop.*) *V.* **tabulator**. ● (*fam.*) **to keep tabs (a tab) on**, registrare, segnare (q.c.); sorvegliare, tener d'occhio, controllare (q.) □ (*fam. USA*) **to pick up the tab**, offrire (*da bere, da mangiare, ecc.*).

to tab [tæb], *v. t.* **1** fornire di etichetta, linguetta, ecc. (*V.* **tab**) **2** catalogare; registrare; disporre in tabelle.

tabard ['tæbəd], *n.* (*stor.*) tabarro 2 cotta d'armi.

tabaret ['tæbərit], *n.* (*ind. tessile*) qualità di raso rigato.

Tabasco [tə'bæskou], *n.* (*marchio; cucina; anche* **T. sauce**) (salsa piccante di) Tabasco.

tabby ['tæbi], **A** *n.* **1** (*stor.*) tabì (*stoffa di seta*) **2** (*anche* **t.-cat**) gatto soriano; gatto tigrato **3** vecchia zitella **4** donna ciarlona; pettegola. **B** *a.* **1** a strisce; tigrato **2** (*di stoffa*) marezzato.

to tabby ['tæbi], *v. t.* (*ind. tessile*) marezzare.

tabefaction [,tæbi'fækʃən], *n.* (*med.*) consunzione; deperimento organico.

tabernacle ['tæbə(ː)nækl], *n.* **1** (*relig., archit.*) tabernacolo (*anche fig.*); cappelletta; nicchia; ciborio **2** (*fig.*) luogo di culto **3** (*fig.*) corpo umano (*in quanto alberga l'anima*). ● (*archit.*) **t.-work**, ornamentazione merlettata □ (*relig. ebraica*) **the Feast of the Tabernacles**, la Festa dei Tabernacoli (*o* delle Capanne).

to tabernacle ['tæbə(ː)nækl], **A** *v. t.* mettere in un tabernacolo. **B** *v. i.* abitare, dimorare, risiedere temporaneamente.

tabernacular [,tæbə'nækjulə*], *a.* di (*o* simile a) tabernacolo.

tabes ['teibiːz], *n.* (*invar. al pl.*) (*med.*) tabe; consunzione: **dorsal t.**, tabe dorsale.

tabescent [tə'besnt], *a.* (*med.*) affetto da tabe.

tabetic [tə'betik], *a. e n.* (*med.*) tabetico; tabico.

tablature ['tæblətʃə*], *n.* **1** (*stor., mus.*) intavolatura **2** tavola; lapide.

table ['teibl], **A** *n.* **1** tavola; tavolo; tavolino; tabella, tabellina (*fam.*); elenco, prospetto; (*di macchina utensile*) tavola portapezzi: **tea-t.**, tavolino da tè; **dressing t.**, tavolino da toeletta; (*stor. romana*) **the twelve tables**, le dodici tavole; (*relig.*) **the Knights of the Round T.**, i cavalieri della Tavola Rotonda; **a t. of weights and measures**, una tabella dei pesi e delle misure; **to be at t.**, essere a tavola; **to sit down to t.**, sedersi a tavola; (*relig.*) **the tables of the Law**, le tavole della legge mosaica; i dieci Comandamenti; **multiplication tables**, tavole pitagoriche; (*fam.*) **the tables**, la tabellina (*fam.*) **2** (*geogr., anche* **tableland**) tavolato; plateau **3** (*di legno*) asse; tavola **4** (*di pietra*) lastra; lastrone: **The Ten Commandments were given to Moses on tables of stone**, i Dieci Comandamenti furono dati a Mosè su lastre di pietra **5** superficie piatta (*di gemma*) **6** tavolata: **The girl kept the t. merry**, la ragazza tenne allegra la tavolata **7** (*fig.*) tavolo: **a t. of bridge**, un tavolo di bridge; **a poker t.**, un tavolo di poker; **at the peace t.**, al tavolo della pace. **B** *a. attr.* **1** da tavola: **a t. lamp**, una lampada da tavolo **2** da tavola: **t. wine**, vino da tavola (*o* da pasto). ● **t. board**, pensione con il solo vitto □ **t. clamp**, morsetto; molletta; pinzetta (*per la tovaglia*) □ **t.-cloth**, tovaglia □ **t.-cover**, tappeto □ **t.-flap** (*o* **t.-leaf**), ribalta (*della tavola*) □ **t. knife**, coltello da tavola □ **t.-lifting** (**t.-rapping t.-turning**), sollevamento (battere, girare) del tavolo; spiritismo □ **t.-linen**, biancheria da tavola □ **t. manners**, buone maniere a tavola: **to have no t. manners**, non saper stare a tavola □ **t.-mat**, sottopiatto □ (*mil.*) **t. money** indennità di mensa □ **t.-napkin**, tovagliolo □ **t. of contents**, indice (*del contenuto di un libro*) □ **t. salt**, sale da tavola; sale fino □ **t. spoon**, cucchiaio da tavola □ **t. talk**, conversazione familiare a tavola □ **t. tennis**, tennis tavola; tennis da tavolo; ping-pong □ **t.-tennis player**, giocatore di ping-pong □ **t.-ware**, piatti e posate; servizio da tavola; vasellame □ **t. water**, acqua minerale □ **to clear the t.**, sparecchiare (la tavola) □ (*al ristorante*) **the cold t.**, la tavola dei piatti freddi (*antipasti, ecc.*) □ **drawing** (*o* **extension**) **t.**, tavola allungabile □ (*med.*) **examination t.**, lettino per visite □ **to keep a bad t.**, mangiar male; dar da mangiare male □ **to keep a good t.**, mangiar bene; dar da mangiare bene □ **to lay the t.**, apparecchiare (la tavola); □ (*fig.*) **to lay a measure (a report, ecc.) on the t.**, mettere un provvedimento (un rapporto, ecc.) in discussione; (*USA*) rinviare un provvedimento (un rapporto, ecc.) a tempo indeterminato □ (*di legge, progetto, ecc.*) **to lie on the t.**, essere in discussione; (*USA*) essere rinviato a tempo indeterminato □ (*fig.*) **to turn the tables (on sb.)**, rovesciare la situazione (a danno di q.) □ **under the t.**, sotto la tavola, ubriaco (*dopo un pranzo*); (*anche*) sottobanco: **to sell goods under the t.**, vendere merce sottobanco.

to table ['teibl], *v. t.* **1** mettere su una tavola **2** ordinare (*dati, ecc.*) su una tabella; elencare; classificare **3** (*spesso polit., specialm. USA*) rinviare (una mozione, un disegno di legge, ecc.) a tempo indeterminato **4** (*polit.*) presentare, proporre (*una mozione, ecc.*) **5** (*falegnameria, arc.*) incastrare; congiungere a incastro.

tableau ['tæblou] (*franc.*), *n.* (*pl.* **tableaux, tableaus**) **1** (*anche* **t. vivant**) quadro plastico; tableau **2** (*fig.*) scena (*o* situazione) drammatica; incidente. ● (*teatr.*) **t. curtains**, sipario a tende laterali.

table d'hôte ['taːbl'dout] (*franc.*), *n.* (*pl.* **table d'hôtes**) (*negli alberghi e ristoranti*) tavola comune. ● **a table d'hôte dinner**, un pranzo a prezzo fisso.

tableful ['teiblful], *n.* tavolata.

tableland ['teibllænd], *n.* (*geogr.*) tavolato; altipiano.

tablespoonful ['teiblspuːnful], *n.* cucchiaiata.

tablet ['tæblit], *n.* **1** tavoletta; tavola **2** targa: **a votive t.**, una targa votiva **3** blocchetto di carta da scrivere **4** (*med.*) compressa; pasticca; pastiglia. ● **a soap t.**, una saponetta.

tableting ['tæblitiŋ], *n.* (*ind., farm.*) pastigliatura.

tabling ['teibliŋ], *n.* (*falegnameria*) congiunzione a incastro.

tabloid ['tæbloid], **A** *n.* **1** (*med.*) compressa; pasticca **2** giornale in formato ridotto; tabloid; giornale popolare, di tipo scandalistico (*con molte fotografie e poche notizie condensate*). **B** *a. attr.* condensato; per sommi capi. ● (*spreg.*) **t. journalism**, giornalismo popolare; giornalismo scandalistico.

taboo [tə'buː], **A** *n.* (*pl.* **taboos**) tabù; cosa proibita (*o* vietata); proibizione, interdizione (*in genere*). **B** *a. pred.* interdetto; proibito; vietato. ● **to be under (a) t.**, essere tabù; essere proibito (*o* vietato).

to taboo [tə'buː], *v. t.* interdire; proibire; vietare: **That subject was tabooed**, quell'argomento era proibito (*o* non si poteva toccare).

tabor ['teibə*], *n.* (*stor., mus.*) piccolo tamburo; tamburello.

tabouret ['tæbərit], *n.* **1** sgabello **2** piccolo telaio per ricamo.

tabu [tə'buː], *n. e v. t.* **V. taboo**.

tabular ['tæbjulə*], *a.* **1** tabellare; tabulare; di tabella; calcolato secondo tavole: (*mat.*) **t. difference**, differenza tabulare; **t. values**, valori desunti dalle tabelle; **t. computations**, calcoli basati su tabelle **2** classificato in tavole; disposto in tabelle **3** (*bot., geol., miner.*) tabulare: **a t. rock**, una roccia tabulare. ● **a t. statement**, un prospetto sinottico □ **t. surface**, superficie piatta.

to tabulate ['tæbjuleit], *v. t.* **1** disporre in tavole; disporre (*o* or-

tabulate

tabulate dinare (*cifre, ecc.*) in tabelle; catalogare; classificare **2** (*mat., stat.*) tabulare **3** levigare; spianare. ● **tabulating department**, centro meccanografico □ **tabulating machine**, tabulatrice.
tabulate ['tæbjulit], *a.* disposto in tabelle; tabellare.
tabulation [ˌtæbju'leiʃən], *n.* **1** disposizione in tavole sinottiche; classificazione **2** (*mat., stat.*) tabulazione **3** tabulato.
tabulator ['tæbjuleitə*], *n.* **1** tabulatrice (*per dati, cifre, ecc.*) **2** (*mecc.*) tabulatore (*di macchina da scrivere*) **3** (*elettron.*) tabulatore. ● **t.-key**, tasto incolonnatore.
tachograph ['tækougrɑ:f], *n.* (*autom.*) tachigrafo (*specialm. per i T.I.R.*).
tachometer [tæ'kɔmitə*], *n.* (*mecc.*) **1** contagiri **2** tachimetro.
tachometry [tæ'kɔmitri], *n.* (*fis., mecc.*) tachimetria.
tachycardia [ˌtæki'kɑ:diə], *n.* (*med.*) tachicardia.
tachygrapher [tæ'kigrəfə*], *n.* tachigrafo; stenografo.
tachygraphic(al) [ˌtæki'græfik(əl)], *a.* tachigrafico; stenografico.
tachygraphy [tæ'kigrəfi], *n.* tachigrafia; stenografia.
tachymeter [tæ'kimitə*], *n.* **1** (*topografia*) tacheometro **2** (*mecc.*) tachimetro.
tachymetry [tæ'kimitri], *n.* (*topografia*) tacheometria.
tachyon ['tækiɔn], *n.* (*fis.*) tachione.
tacit ['tæsit], *a.* tacito; implicito; sottinteso: **t. consent**, tacito consenso; **t. agreement**, tacito accordo. ● **a t. spectator**, uno spettatore che non interviene.
taciturn ['tæsitə:n], *a.* taciturno; di poche parole.
taciturnity [ˌtæsi'tə:niti], *n.* taciturnità.
tack [tæk], *n.* **1** bulletta; chiodino **2** (*nel cucito*) punto lungo: **tacks**, punti lunghi; imbastitura **3** (*naut.*) mura (*cavo per orientare la vela*) **4** (*naut.*) bordata; virata **5** movimento a zig-zag (*sulla terra*) **6** (*fig.*) linea di condotta; strada; via; rotta: (*fig.*) **to be on the right (wrong) t.**, essere sulla strada buona (aver sbagliato strada); **We must change our t.**, dobbiamo mutar rotta **7** adesività; viscosità (*d'una vernice rappresa*) **8** (*fam.*) alimenti; cibo **9** (*polit.*) V. **tacking**, def. 5. ● (*mecc.*) **t.-driver**, macchina per piantare bullette, inchiodatrice □ **t.-hammer**, martelletto □ (*metall.*) **t. weld**, saldatura a punti; puntatura □ **brass tacks**, chiodini d'ottone □ (*fig.*) **to come down to brass tacks**, venire al sodo □ **hard t.**, biscotto; galletta □ (*naut.*) **on the opposite t.**, di controbordo □ (*naut.*) **to be on the port t.**, essere con le mure a sinistra □ (*naut.*) **to be on the starboard t.**, essere con le mure a dritta □ (*naut.*) **to steer on the starboard t. (on the port t.)**, virare a dritta (a sinistra) □ (*USA*) **thumb-t.**, puntina da disegno (*cfr. ingl.* **drawing pin**) □ **tin-t.**, chiodino di ferro stagnato.
to tack [tæk], A *v. t.* **1** fissare con bullette (*o* con chiodini); imbullettare: **to t. a stairway carpet down**, fissare a terra una guida con bullette; **to t. (up) a notice**, attaccare un avviso (con le puntine) **2** imbastire; attaccare (*un nastro, ecc.*) con punti lunghi **3** aggiungere; allegare: **to t. an amendment to a bill**, aggiungere un emendamento a un disegno di legge **4** (*naut.*) far virare di bordo (in prua); far bordeggiare (*una nave*). B *v. i.* **1** (*naut.*) virare di bordo (in prua); bordeggiare **2** (*in genere*) procedere a zig-zag **3** (*fig.*) cambiar condotta all'improvviso; mutar tattica. ● (*fam.*) **to t. on**, aggiungere; attaccare.
tackiness ['tækinis], *n.* **1** adesività; viscosità **2** (*pop. USA*) l'essere malandato; volgarità (*V.* **tacky**).
tacking ['tækiŋ], *n.* **1** l'imbullettare **2** (*nel cucito*) imbastitura **3** (*naut.*) bordeggio; virata **4** (*leg.*) priorità (*di una terza ipoteca quando la seconda non è stata notificata*) **5** (*polit.*) aggiunta di una clausola a un disegno di legge finanziario (*per l'approvazione della Camera dei Lord*) **6** (*metall.*) puntatura. ● **t. stitch**, punto d'imbastitura.
tackle ['tækl], *n.* **1** (*specialm. naut.*) paranco **2** attrezzatura; equipaggiamento; arnesi; attrezzi: **fishing t.**, attrezzatura da pesca **3** (*sport*) carica, contrasto; «tackle» **4** (*rugby*) placcaggio **5** (*costr., mecc.*) taglia. ● (*naut.*) **t.-block**, bozzello; puleggia □ (*naut.*) **t.-fall**, cavo dei bozzelli □ **double t.**, (*naut.*) paranco doppio; (*costr., mecc.*) taglia doppia.
to tackle ['tækl], *v. t.* e *i.* **1** afferrare; abbrancare: **The policeman tackled the thief**, il poliziotto afferrò il ladro **2** affrontare; fronteggiare; venire alle prese con (*una difficoltà, un problema, ecc.*) **3** intraprendere (*un lavoro, ecc.*) **4** (*naut.*) fissare a un paranco; parancare **5** (*naut.*) fornire (*una nave*) di paranchi **6** (*sport*) caricare; contrare; contrastare **7** (*rugby*) placcare. ● **to t. sb. over** (*o* **about**) **a matter**, affrontare q. su un argomento □ (*fam.*) **to t. to**, mettersi all'opera di buona lena □ **I think I can t. it**, credo di farcela.
tackler ['tæklə*], *n.* (*sport*) incontrista.
tackling ['tækliŋ], *n.* **1** attrezzatura; equipaggiamento; attrezzi **2** (*sport*) carica; (*rugby*) placcaggio.
tacky ['tæki], *a.* **1** adesivo; colloso; appiccicaticcio; viscoso **2** (*pop. USA*) malandato; trasandato; male in arnese **3** (*pop. USA*) vistoso; volgare.

tact [tækt], *n.* tatto (*fig.*); accortezza; avvedutezza; riguardo.
tactful ['tæktful], *a.* pieno di tatto; accorto; avveduto; premuroso, riguardoso.
tactfulness ['tæktfulnis], *n.* tatto (*fig.*); avvedutezza; premura.
tactic ['tæktik], **A** *n.* **1** (mossa) tattica **2** *V.* **tactics**. **B** *a.* (*mil.*) tattico. ● (*chim.*) **t. polymer**, polimero tattico.
tactical ['tæktikəl], *a.* **1** (*mil.*) tattico (*anche fig.*): **t. bombing**, bombardamento tattico **2** (*fig.*) vantaggioso; utile.
tactician [tæk'tiʃən], *n.* **1** (*mil.*) tattico **2** (*fig.*) persona abile, scaltra.
tactics ['tæktiks], *n. pl.* (*col verbo al pl. o al sing.*) (*mil.*) tattica (*anche fig.*): **surprise t.**, la tattica della sorpresa; **I cannot approve these t.**, non posso approvare questa tattica (*o* questi stratagemmi).
tactile ['tæktail], *a.* (*scient.*) **1** tattile; del tatto: **t. organ**, organo tattile **2** dotato di tatto **3** tangibile.
tactility [tæk'tiliti], *n.* (*scient.*) **1** tattilità **2** tangibilità.
tactless ['tæktlis], *a.* privo di tatto; indiscreto; importuno.
tactlessness ['tæktlisnis], *n.* mancanza di tatto; indiscrezione.
tactual ['tæktjuəl], *a.* (*scient.*) tattile.
tad [tæd], *n.* (*fam.*) **1** pezzetto; pezzettino; (un) po': **Give me a tad more**, dammene un'altro po' **2** (*USA*) ragazzino; topolino (*fig., fam.*).
tadpole ['tædpoul], *n.* (*zool.*) girino.
taenia ['ti:njə], *n.* **1** (*zool., Taenia: pl.* **taenias**) tenia; (*Taenia solium*) verme solitario **2** (*anat.: pl.* **taeniae, taenias**) verme (*del cervelletto*) **3** (*archit.: pl.* **taeniae, taenias**) tenia; fascia di architrave dorico.
taffeta ['tæfitə], *n.* (*ind. tessile*) taffetà.
taffrail ['tæfreil], *n.* (*naut.*) **1** coronamento **2** ringhiera del coronamento.
taffy ['tæfi], (*USA*) *V.* **toffee**.
Taffy ['tæfi], *n.* (*fam.*) gallese; abitante del Galles.
tafia ['tæfiə], *n.* rum scadente (*ricavato da melassa di scarto*).
tag [tæg], *n.* **1** puntale (*di laccio da scarpe*) **2** (*di scarpa*) tirante **3** cartellino; etichetta (*con l'indicazione del prezzo, della merce, l'indirizzo, ecc.*): **price tag**, cartellino del prezzo **4** (*in genere*) appendice; estremità; aggiunta **5** (*teatr.*) discorsetto di chiusura (*rivolto al pubblico*) **6** (*di un animale*) coda; punta della coda **7** citazione (*o* luogo) comune; frase fatta; modo di dire (*usato per concludere un discorso*): **a Latin tag**, una citazione latina **8** soprannome; epiteto **9** (*mus.*) coda; ritornello **10** gioco del fare ad acchiapparsi; chiapparello **11** (*di pecora*) fiocco di lana arruffata **12** (*autom. USA*) multa **13** (*elab.*) etichetta **14** (*gramm. ingl.; di solito* **question tag**) breve domanda in coda alla frase (*per es.*: **It's a fine day, isn't it?; You don't want to stay at home, do you?**; *in ital., rispettivamente* «nevvero?»; *non è vero?*» *e* «è vero?»). ● (*USA*) **tag day**, giorno dedicato a una pubblica sottoscrizione □ **tag end**, parte finale, conclusione; resto, residuo, rimanenza □ **tag line**, motto pubblicitario; slogan □ **tag-rag**, *V.* **ragtag** □ (*gergo mil. USA*) **dog tag**, piastrina (*di riconoscimento*) □ (*fig.: di un'opera d'arte*) **to have an obvious cash tag**, avere un evidente valore pecuniario □ (*autom.*) **licence tag**, bollo di circolazione.
to tag [tæg], *v. t.* **1** contrassegnare (q.c.) con un cartellino (*segnaprezzo, ecc.*); mettere l'etichetta a (*valigie, bauli, ecc.*) **2** (*comm.*) fissare il prezzo di (q.c.) **3** fornire (*un laccetto da scarpe, ecc.*) di puntale **4** concludere (*un racconto, ecc.*) con un discorsetto di chiusura, una morale, ecc. **5** (*spesso* **to tag on**) aggiungere (*specialm. parole o frasi a uno scritto*) **6** (*fam., anche* **to tag behind, to tag along**) seguire da vicino; seguire passo passo; star dietro a: **The little girl tagged behind her big brother**, la bambina seguiva passo a passo il fratello grande **7** (*nel gioco del chiapparello*) pigliare; toccare **8** tagliar via i fiocchi arruffati (*alle pecore*) **9** (*autom. USA*) mettere un avviso di multa su; multare **10** (*fam., spesso* **to tag along, to tag on**) accodarsi (*indesiderato*); appiccicarsi (*fam.*) **11** dare (a q.) il soprannome (*o* l'epiteto) di: **He immediately tagged me «Lefty»**, mi diede subito il soprannome di «Mancino». ● (*spreg.*) **to tag rhymes**, accozzare rime □ **to tag verses**, far rimare versi.
tagger ['tægə*], *n.* **1** chi fissa un puntale, chi attacca un'etichetta, ecc. (*V.* **to tag**) **2** (*nel gioco del chiapparello*) chi insegue (*detto anche* «**it**») **3** (*pl., metall.*) fogli di lamiera sottile. ● (*metall.*) **black taggers**, lamiera non zincata.
Tagus ['teigəs], *n.* (*geogr.*) Tago.
Tahitian [ta:'hi:tiən], *a.* e *n.* tahitiano (*anche la lingua*).
taiga ['taigə], *n.* (*geogr.*) taiga.
tail (1) [teil], *n.* **1** coda (*anche fig.*); estremità, fine; (*d'abito*) falda: **the peacock's t.**, la coda del pavone; **the t. of a kite** (**of a comet, etc.**), la coda d'un aquilone (d'una cometa, ecc.); **the t. of a shirt**, l'estremità inferiore d'una camicia; **the t. of a car**, l'estremità posteriore d'un'auto; **the t. of a funeral**, la coda di un funerale; **He watched me out of the t. of his eye**, mi guardò con la coda dell'occhio **2** codazzo; seguito: **The President was**

take

followed by a t. of attendants, il Presidente era seguito da un codazzo di persone del seguito 3 (*di moneta, spesso al pl.*) rovescio; croce: **Head or tails?**, testa o croce?; **Tails I win**, per me, croce! 4 (*pl., anche* **tailcoat**) abito a coda di rondine; marsina; frac 5 (*zool.*) pinna caudale 6 (*tipogr., anche* **t. margin**) margine di piede (*della pagina*). ● (*aeron.*) **t. assembly**, piani di coda; impennaggio □ (*di carro, autocarro*) **t.-board**, ribalta □ **t.- -braid**, rinforzo dell'orlo (*della camicia*) □ **the t. end of a procession of demonstrators**, la coda d'un corteo di dimostranti □ **the t. end of a speech**, la chiusa di un discorso □ (*sport e fig.*) **t.-ender**, fanalino di coda (*fig.*) □ **t. fin**, (*zool.*) pinna caudale; (*aeron.*) deriva di coda □ **t.-gate**, entrata a livello inferiore (*della chiusa di un canale*); (*autom., ferr.*) sponda posteriore; (*USA*) V. **t.-board** □ (*aeron.*) **t.-heavy**, appoppato □ (*autom. USA*) **t.-light**, fanale di coda; luce di posizione □ (*sport*) **the t. of the eleven**, gli elementi più deboli di una squadra di calcio □ **the t. of an «f»** (a «g», etc.), la gamba di una «f» (di una «g», ecc.) □ (*meteorologia*) **the t. of a gale**, la coda di una burrasca □ (*in un fiume*) **the t. of a stream**, l'acqua cheta al termine d'una rapida □ (*aeron.*) **t. plane**, piano di coda; stabilizzatore orizzontale □ **t.-race**, canale di scarico (*di un mulino, ecc.*) □ (*aeron.*) **t. skid**, pattino di coda □ (*aeron.*) **t. slide**, scivolata di coda □ (*aeron.*) **t. spin**, vite (*o* avvitamento) di coda □ (*aeron.*) **t. surface**, impennaggio □ (*fig.: di persona*) **tails up**, di buon umore; su di morale □ **t. wind**, vento a favore; (*naut.*) vento di poppa □ **pony t.**, (pettinatura a) coda di cavallo □ (*anche fig.*) **to put one's t. between one's legs**, mettere la coda fra le gambe □ **to turn t.**, darsela a gambe; voltar le spalle al pericolo □ (*fig.*) **to twist sb.'s t.**, pestare i piedi a q.; infastidire q.; molestare q. □ (*fig.*) **to twist the lion's t.**, pestare la coda al leone; tirar la coda al diavolo □ **to be with one's t. up**, (*d'animale*) avere la coda dritta; (*fig.*) essere euforico (*fam.:* pimpante) □ **I cannot make head or t. of it**, non ci trovo né capo né coda; non riesco a venirne a capo.

tail (2) [teil], *n.* (*leg.*) proprietà limitata a una persona e ai suoi eredi in linea diretta. ● **estate t.** (*o* **estate in t.**), beni soggetti a proprietà limitata.

to tail [teil], *v. t.* 1 munire (*un aquilone, ecc.*) di coda 2 (*fam.*) staccare il gambo a (*frutta*); pulire (*fragole, ecc.*) 3 (*fam., anche* **to t. after**) seguire dappresso; stare alle calcagna di; pedinare: **The thief was being tailed by a policeman**, il ladro aveva un poliziotto alle calcagna 4 congiungere, attaccare, unire (*una cosa a un'altra, per le estremità*) 5 mozzar la coda a (*un cane, un agnello, ecc.*). ● **to t. away** (*o* **off**), rimanere in coda; disperdersi; svanire, scomparire a poco a poco; venir meno: **The soldier tailed off**, il soldato rimase staccato, in coda; **The noise tailed away**, il rumore a poco a poco svanì □ **to t. on**, aggiungere; mettersi in coda □ **to t. a timber in**, fissare una trave al muro per un'estremità.

tailback ['teilbæk], *n.* (*autom.*) lunga fila (*di macchine; per un incidente, ecc.*); coda.

tailcoat ['teil‿kout], V. **tail (1)**, def. 4.

tailed [teild], *a.* (*specialm. nei composti*) fornito di coda; caudato. ● (*di animale*) **bob-t.**, dalla coda mozza □ **a short-t. dog**, un cane dalla coda corta.

tailing ['teiliŋ], *n.* 1 (*archit.*) parte incastrata di un mattone (*o* di una pietra, una trave, ecc.) in aggetto 2 (*pl., ind.*) residui; scarto.

tailless ['teillis], *a.* senza coda: **a t. cat**, un gatto senza coda. ● (*aeron.*) **t. aeroplane**, (aeroplano) tuttala.

tailleur [ta:'jə:*] (*franc.*), *n.* (*moda*) tailleur; completo (*da donna*).

tailor ['teilə*], *n.* sarto. ● (*zool.*) **t.-bird** (*Orthotomus sutorius*), uccello sarto □ **t.'s chair**, sgabello da sarto □ **t.-made**, (*d'abito*) confezionato (*o* fatto) su misura; (*d'articolo*) fatto su ordinazione; (*fig.*) appropriato, fatto su misura, adatto □ **t.'s shop**, sartoria □ **t.'s twist**, seta cucirina □ **lady's t.**, sarto da donna □ (*prov.*) **The t. makes the man**, l'eleganza nel vestire è cosa di grande peso.

to tailor ['teilə*], A *v. i.* fare il sarto. B *v. t.* 1 confezionare; fare (*un abito*) su misura 2 provvedere (q.) di vestiti (fatti su misura) 3 (*fig.*) adattare; aggiustare; fare su misura: **His novels are tailored to popular taste**, i suoi romanzi sono fatti su misura per soddisfare i gusti del grosso pubblico. ● (*moda*) **tailored costume**, tailleur; completo (*da donna*) □ **a well-tailored suit**, un abito elegante, di buon taglio.

tailoress ['teilǝris], *n.* sarta da uomo.

tailoring ['teilǝriŋ], *n.* 1 sartoria; lavoro di sarto 2 abilità di sarto.

tailpiece ['teil-pi:s], *n.* 1 appendice; poscritto 2 (*tipogr.*) finalino; vignetta 3 (*mus.*) cordiera 4 (*fig.*) conclusione; pezzo aggiunto; coda (*fig.*).

tailpipe ['teil-paip], *n.* 1 (*mecc.*) tubo di aspirazione (*di pompa*) 2 (*fis.*) tubo barometrico 3 (*aeron.*) ugello di uscita (*di un motore*) 4 (*autom.*) tubo di scappamento.

to tailpipe ['teil-paip], *v. t.* 1 attaccare q.c. alla coda di (*un cane*) 2 (*fig.*) stuzzicare; tormentare.

tailstock ['teil-stɔk], *n.* (*mecc.*) contropunta (*di un tornio*).

tain [tein], *n.* 1 sottile lamiera zincata 2 stagnola per specchi.

taint [teint], *n.* macchia (*fig.*); ombra, ramo, traccia; corruzione, contaminazione: **There was a t. of madness in the royal family**, c'era un ramo di pazzia nella famiglia reale; **moral t.**, corruzione morale; **a reputation without t.**, una reputazione senza macchia.

to taint [teint], A *v. t.* contaminare; corrompere; guastare, infettare; lordare, macchiare: **He taints all he touches**, contamina (sporca) tutto ciò che tocca. B *v. i.* corrompersi; guastarsi; infettarsi: **Meat taints easily in hot weather**, la carne col caldo si guasta facilmente.

tainted ['teintid], *a.* contaminato; corrotto; guasto; infetto: **t. meat**, carne guasta.

taintless ['teintlis], *a.* incontaminato; senza macchia; puro.

to take [teik] (*pass.* **took**, *p. p.* **taken**), A *v. t.* 1 prendere; pigliare; afferrare; cogliere, sorprendere, conquistare, impadronirsi di; accettare; guadagnare; ricevere; comprare; sottrarre; togliere; rubare: **Will you t. a glass of wine?**, prendi (*o* vuoi) un bicchiere di vino?; **to t. st. (up) with one's hands**, prendere q.c. con le mani; **to t. sb.'s hand**, prendere la mano a q.; **to be taken in a snare**, esser preso in trappola; **I took the flat for a year**, presi l'appartamento (in affitto) per un anno; **Take what you like**, piglia quello che vuoi!; **He was taken in the act**, fu colto in flagrante; **The fortress was taken by the enemy**, la fortezza fu conquistata dal nemico; **They won't t. our advice**, non accettano i nostri consigli; **He took the job**, accettò il posto; **I took him for a swindler (for sb. else, etc.)**, lo presi per un imbroglione (per q. altro, ecc.); **He takes three hundred pounds a month**, guadagna (*o* prende) trecento sterline al mese; **The thief took the silver**, il ladro rubò l'argenteria; **The shopkeeper took 10 p from the price**, il bottegaio tolse dieci penny dal prezzo; **We t. two newspapers daily**, compriamo due giornali tutti i giorni; **He took her smile for a yes**, prese il sorriso di lei per un sì; **What do you t. me for?**, per chi mi prendi? 2 prendere con sé; portar via; portare; condurre; accompagnare; menare (*lett.*): **T. your umbrella with you**, portati l'ombrello!; **T. this box away**, porta via questa cassa!; **T. these parcels to the post office, will you?**, mi porti questi pacchi alla posta?; **This path will t. you to the river**, questo sentiero ti porterà al fiume; **I took my guest home**, accompagnai a casa l'ospite; **T. the children for a walk**, conduci i bambini a fare una passeggiata! 3 comprendere, intendere; giudicare, considerare, reputare: **Do you t. my meaning?**, intendi quel che voglio dire?; **I t. your words to be ironical**, considero ironiche le tue parole 4 portare: **T. him another glass of wine**, portagli un altro bicchiere di vino! 5 fare: **to t. breakfast (a walk, a bath, etc.)**, far colazione (una passeggiata, un bagno, ecc.); **to t. a nap**, fare un sonnellino; **to t. a picture (a photograph)**, fare un ritratto (una fotografia); **to t. an examination**, fare (*o* sostenere) un esame; (*stat.*) **to t. a census**, fare un censimento; **The horse took the jump**, il cavallo fece il salto (*non rifiutò l'ostacolo*) 6 attirare; attrarre; trasportare (*fig.*); incantare; cattivarsi; affascinare: **I was not much taken by** (*o* **with**) **his behaviour**, fui tutt'altro che attratto dal suo comportamento; **This author takes his readers with him**, quest'autore affascina (*o* trasporta) i lettori 7 (*spesso impers.*) impiegare; mettercì; volerci; richiedere; occorrere: **I took three days to finish my work**, impiegai tre giorni per finire il mio lavoro; **How long did it t. you to go there?**, quanto tempo ci mettesti per andare là?; **It takes money to make money**, per far quattrini ci vogliono quattrini; **These things t. time**, ci vuol tempo per queste cose; **It takes a lot of patience**, ci vuole molta pazienza 8 resistere a; reggere (a); sostenere; sopportare: **to t. a stress**, resistere a uno sforzo; **to t. a thrust**, reggere una spinta 9 (*cinem., telev.*) riprendere; girare: **to t. a scene**, riprendere una scena 10 prendere; possedere (*una donna*) 11 (*comm., leg.*) prendere; accettare (in pagamento) 12 (*gramm.*) reggere; prendere: **Transitive verbs t. a direct object**, i verbi transitivi reggono il complemento oggetto 13 provare; sentire: **to t. pleasure in st. (in doing st.)**, provare piacere in q.c. (a fare q.c.) 14 misurare; rilevare; prendere: **to t. sb.'s temperature**, misurare la temperatura (*fam.:* la febbre) a q. 15 afferrare; cogliere: **to t. an opportunity**, cogliere un'occasione 16 (*a dama, a scacchi*) mangiare (*una pedina, un pezzo*) 17 (*di recipiente*) contenere; tenere: **This bottle takes half a liter**, questa bottiglia tiene mezzo litro. B *v. i.* 1 (*anche mecc.*) prendere; far presa; attaccare: **This gear won't t.**, quest'ingranaggio non prende (*o* non fa presa); **The fire took rapidly**, il fuoco prese subito; **This paint takes well**, questa vernice attacca bene 2 aver successo; attecchire: **The play did not t.**, il dramma non ebbe successo; **I don't think it will t.**, non credo che attecchirà 3 agire; funzionare; avere effetto: **The vaccine did not t.**, il vaccino non agì 4 (*fam.*) essere fotogenico; venire bene: **She does not t. well**, non è fotogenica; non viene bene (*in fotografia*) **5** (*di pesce*) abboccare (*all'amo*). **C** *verbi composti* **1 to t. aback**, cogliere di sorpresa; prendere alla sprovvista; sconcertare. **2** (*naut., aeron., ecc.*) **to t. aboard**, prendere a bordo; far salire. **3** to t. about, portare in giro. **4 to t. after sb.**, prendere da q.; somigliare a q.: **The girl takes after her father**, la ragazza prende dal padre. **5** to t. apart, essere smontabile, smontarsi □ **to t. st. apart**, smontare q.c., (*fig.*) analizzare, sviscerare q.c.: **The boy took the toy apart to see how it worked**, il bambino smontò il giocattolo per vedere come funzionava □ (*fam.*) **to t. sb. apart**, sgridare severamente q. **6** to t. aside, prendere da parte (*o* in disparte). **7** to t. away, portar via; togliere, rimuovere, asportare; sparecchiare □ **to t. sb.'s breath away**, far restare q. senza fiato (*o* di stucco); (*di un bel panorama, ecc.*) far meravigliare, far rimanere senza parole. **8 to t. back**, riprendere, prendere indietro, ripigliare; portare indietro, riportare; ritirare: **T. back what you said**, ritratta quel che hai detto! **9** to t. down, prendere (*o* tirare) giù; togliere; accompagnare da basso; ammainare (*una bandiera*); (*naut.*) fare immergere (*un sommergibile*); prendere nota di, trascrivere, registrare; demolire, fare a pezzi; (*mecc.*) smontare; inghiottire, ingoiare, mandar giù; umiliare, far abbassare la cresta a: **I took down the curtains and washed them**, presi giù le tende e le lavai; **The constable took down my name**, il poliziotto prese giù il mio nome; **to t. down a conversation (an interview, etc.) in shorthand**, fare una trascrizione stenografica di una conversazione (di un'intervista, ecc.); **to t. down an old house**, demolire una casa vecchia; **to t. down a machine**, smontare una macchina; **He is too sure of himself and needs taking down a bit** (*o* a peg or two), è troppo sicuro di sé; bisogna fargli abbassare un po' la cresta. **10** to t. from, detrarre, dedurre; diminuire, indebolire, ridurre: **Nothing took from the beauty of the scene**, nulla diminuiva la bellezza della scena. **11** to t. in, portare dentro, riporre; mettere dentro, arrestare; accompagnare dentro, introdurre; accogliere, ammettere, ospitare, ricevere; prendere (*lavoro*) a casa; comprendere, capire, assimilare; abbonarsi a, comprare; imbrogliare, ingannare; (*fam. USA*) vedere, visitare: **We'd better t. in the hay**, sarebbe bene mettere dentro il foraggio; **The marshal took him in**, lo sceriffo lo mise dentro; **T. the lady in!**, accompagnate dentro la signora!; **to t. in lodgers (travellers, guests, etc.)**, accogliere pigionanti (ospitare viandanti, ricevere ospiti, ecc.); **to t. in sewing**, prendere lavoro di cucito da fare a casa; **to t. in new ideas**, assimilare idee nuove; **Do you t. in «The Times»?**, sei abbonato al «Times»?; **We were taken in by that humbug**, ci facemmo ingannare da quell'imbroglione □ (*naut.*) **to t. in ballast**, imbarcare zavorra; zavorrare □ **to t. in a false statement**, prestar fede a una falsa asserzione; berla (*pop.*) □ **to t. in sb.'s lies**, bere le fandonie (*o* le bugie) di q. □ **to t. in a play**, vedere una commedia; andare al teatro □ (*naut.*) **to t. in a reef**, prendere un terzaruolo □ (*naut.*) **to t. in sail**, ridurre la velatura □ (*naut.*) **to t. in stores**, rifornirsi di munizioni, di viveri □ **to t. in washing**, fare la lavandaia (a domicilio) □ (*comm.*) «**all taken in**», «tutto compreso». **12** to t. off, togliere, cavare, levare; condurre via, portar via; sopprimere, abolire, eliminare, uccidere; amputare (*un arto*); detrarre, scontare; tirare (*copie*), riprodurre (*documenti*); spiccare un salto, fare un balzo; (*aeron.*) decollare (*anche fig.*); parodiare, fare l'imitazione di, burlarsi di, imitare, fare il verso a, scimmiottare: **He took off his clothes**, si tolse gli abiti; si spogliò; **T. off your hat**, levati il cappello!; giù il cappello!; **We took him off to the station**, lo portammo alla stazione; **The 7.30 train has been taken off**, il treno delle 7.30 è stato soppresso; (*fin.*) **to t. off a tax**, abolire un'imposta; **Can you t. five per cent off the price?**, potete scontarmi il cinque per cento sul prezzo?; **The plane took off from Croydon airport**, l'aeroplano decollò dall'aeroporto di Croydon; **He's very good at taking off people**, è molto bravo a imitare la gente □ (*rag.*) **to t. off a balance**, preparare un bilancio consuntivo □ (*rag.*) **to t. off a total**, fare un totale (*con la calcolatrice*) □ **to t. a day (a week, etc.) off**, prendersi un giorno (una settimana, ecc.) di libertà (*o* di vacanza) □ (*anche fig.*) **to t. off one's hat to sb.**, cavarsi il cappello dinnanzi a q.; far tanto di cappello a q. □ **to t. oneself off**, andarsene; battersela; svignarsela; togliersi dai piedi: **T. yourself off!**, togliti dai piedi! **13** to t. on, prendere, prendersi, assumere, assumersi, addossarsi; assumere, impiegare; intraprendere, dare inizio a; prendersela con, affrontare, sfidare, prendere di petto (*un avversario, ecc.*); prendere su, far salire; caricare; adottare, prendere; assumere, acquistare (*un aspetto, un carattere*). (*fam.*) prendersela a cuore, affliggersi, dolersi: **He took on the extra work without complaining**, si addossò il lavoro in più senza lagnarsi; **to t. on a heavy responsibility**, assumersi una grave responsabilità; **We'll t. on an accountant**, assumeremo un ragioniere; **to t. on a job**, intraprendere un lavoro; **I took on more passengers**, caricai altri passeggeri; **The disease has taken on an epidemic character**, la malattia ha assunto un carattere epidemico; **The barbarians took on our religion**, i barbari adottarono la nostra religione; **I took him on at golf**, lo sfidai a golf. **14** to t. out, tirar fuori, cavare (*di tasca*); togliere, cavare, mandar via; eliminare, rimuovere, asportare; (*mil.*) distruggere; (*sport*) neutralizzare (*un avversario*); togliere; ritirare; detrarre, sottrarre; portar fuori, condurre all'aperto; prendere, ottenere, conseguire; sottoscrivere: **I took my purse out**, tirai fuori il borsellino; **This stain-remover will t. all stains out of your skirt**, questo smacchiatore toglierà tutte le macchie dalla tua gonna; **to t. out a machine-gun nest**, eliminare un nido di mitragliatrici; **I had a tooth (taken) out yesterday**, mi feci togliere un dente ieri; **The old coins were taken out of circulation**, le monete vecchie furono tolte (*o* ritirate) dalla circolazione; **T. the dog out for a run!**, porta fuori il cane a fare una corsa!; **to t. out a patent (a licence, etc.)**, prendere un brevetto (una licenza, ecc.); **to t. out citizenship**, ottenere la cittadinanza; **to t. out a diploma**, conseguire un diploma; **to t. out an insurance policy**, sottoscrivere una polizza d'assicurazione □ **to t. sb. out for a ride**, portare q. a fare un giro in auto (*o* in macchina) □ **to t. sb. out of himself**, distrarre (*o* far divertire) q.; distogliere q. dai suoi pensieri □ **to t. it out in st.**, farsi pagare in; ripagarsi con, rifarsi a forza di q.c.: **The artist couldn't pay for his meals, but I took it out in paintings**, l'artista non era in grado di pagarmi i pasti, ma io mi rifeci a forza di quadri □ (*fam.*) **to t. it out of sb.**, stancare, sfiancare, spossare q.: **That long walk took it (all) out of me**, quella lunga camminata mi sfiancò (del tutto) □ (*fam.*) **to t. it out on sb.**, prendersela con q., sfogarsi con q., sfogare la propria ira su q. **15** to t. over, trasportare, traghettare; succedere, subentrare (a q.); assumere (*un aspetto, ecc.*); adottare, far proprio (*un uso, un linguaggio, ecc.*); assumere il comando (*o* la direzione, la gestione); accompagnare, portare; (*fin.*) acquisire il controllo di, rilevare, assorbire (*una società*): **He took us over to the offshore drilling platform**, ci trasportò alla piattaforma marina di perforazione; **When he retires from business, his son will t. over**, quando si ritirerà dagli affari, subentrerà il figlio; **My wife is ill; I must t. over the housework**, mia moglie è malata; devo sostituirla nei lavori domestici; **The Romans took over the literature of vanquished Greece**, i romani fecero propria la letteratura della Grecia vinta; **He took the girl over to the reception desk**, accompagnò la ragazza al banco della reception; **The firm was taken over by a multinational**, la ditta fu rilevata (*o* assorbita) da una multinazionale □ (*naut., mil.*) **to t. over escort**, assumere la scorta di un convoglio. **16** to t. round, accompagnare (*in un giro di visite*), portare in giro; far passare in giro (*una bottiglia, un vassoio, ecc.*). **17** to t. to, cominciare a; prendere in simpatia, affezionarsi a; darsi a, prendere l'abitudine di; ricorrere a, far uso di: **He took to humming a tune**, cominciò a canticchiare un motivetto; **The little girl has taken to her schoolmistress**, la bambina s'è affezionata alla maestra; **He took to hard drugs**, si diede alla droga pesante; **The sailors had to t. to the boats**, i marinai dovettero ricorrere alle scialuppe di salvataggio. **18 to t. up**, prender su, tirare su; far salire (*passeggeri, ecc.*); raccogliere, raccattare; prendere, occupare, richiedere; assorbire; interrompere, correggere, rimbeccare (*un oratore*); rimbrottare, improverare, sgridare; intraprendere, dedicarsi a; riprendere, ripigliare; prendere in mano, occuparsi di; (*fin., comm.*) accettare, pagare (*una cambiale, un assegno*); contrarre (*un mutuo*); accendere (*un'ipoteca*): **He took up the chalk and began to write**, prese (su) il gesso e cominciò a scrivere; **Take her up!**, tirala su!; **The bus stopped to t. up passengers**, l'autobus si fermò per far salire alcuni passeggeri; **to t. up a challenge**, raccogliere una sfida; **T. it up with the tongs**, raccattalo con le molle!; **This work takes up too much time**, questo lavoro richiede troppo tempo; **A sponge takes up water**, la spugna assorbe l'acqua; **One of the audience took me up on a point**, uno del pubblico mi rimbeccò su di un punto; **to t. up a profession (a pursuit, etc.)**, dedicarsi a una professione (intraprendere una ricerca, ecc.); **He left school and took up boxing**, smise d'andare a scuola e cominciò a tirare di boxe; **The police decided to t. up the matter**, la polizia decise d'occuparsi della faccenda; (*cucito*) **to t. up a dropped stitch**, ripigliare un punto; **to t. up one's story**, riprendere il racconto □ **to t. up arms**, prendere le armi; dar di piglio alle armi; dar inizio alle ostilità □ **to t. up Russian**, mettersi a studiare il russo □ **to t. up with sb.**, mettersi con q.; frequentare q.; fare amicizia (*o* far comunella) con q.: **He takes up with all sorts of girls**, frequenta ogni tipo di ragazza □ **to t. up with st.**, prendere interesse a, dedicarsi a; abbracciare, aderire a q.c.: **He took up with revolutionary doctrines**, aderì a dottrine rivoluzionarie □ **to t. st. up with sb.**, discutere q.c. con q.: **You'll have to t. the question up with the headmaster**, dovrai discutere la questione con il preside. **19** to t. (it) upon oneself (to do st.), assumersi il compito, incaricarsi, impegnarsi (di fare q.c.). ● **to t. advantage of**, approfittare di; sfruttare □ (*mil.*) **to t. aim**, prendere la mira;

mirare; puntare □ **to t. the air**, prendere aria □ **to t. all the fun out of st.**, guastare la festa; sciupar tutto □ **to t. st. amiss**, *V.* **to t. st. ill** □ **to t. sb.'s arm**, prendere il braccio di q.; prender q. sotto braccio □ **to t. st. as read**, dare q.c. per letto □ (*fig.*) **to t. a back seat**, occupare un posto di scarsa importanza; essere l'ultima ruota del carro □ **to t. bets**, accettare scommesse □ **to t. the bit between one's teeth**, mordere il freno (*anche fig.*) □ **to t. the blame**, essere biasimato; prendere la colpa □ **to t. breath**, prendere (*o* ripigliare) fiato □ **to t. by surprise**, cogliere di sorpresa; prendere (*o* conquistare) di sorpresa □ **to t. care**, stare attento; fare attenzione; badare; guardarsi: **T. care what you say**, fa' attenzione a quel che dici!; **T. care not to break it**, bada di non romperlo! □ **to t. care of**, stare attento a; fare attenzione, badare a; prendersi cura di, aver cura di; (*fam. eufemistico*) sistemare, eliminare, uccidere: **Who will t. care of the baby?**, chi si prenderà cura del bambino?; **T. care of yourself!** abbi cura di te!; àbbiti riguardo!; riguardati! □ (*fig.*) **to t. the chair**, assumere la presidenza; presiedere una seduta □ **to t. a chair**, prendere posto; accomodarsi; sedersi □ **to t. a chance**, correre un rischio; tentare la sorte □ **to t. one's chances**, correre il rischio; arrischiare, azzardare; tentare le sorte; stare al gioco (*fig.*) □ **to t. charge of st.**, prendere in consegna q.c.; occuparsi di q.c.; assumere il comando (la direzione) di q.c.: **The new commander took charge of the garrison**, il nuovo comandante assunse (*o* prese) il comando della guarnigione □ **to t. cold**, prendere freddo □ **to t. command**, prendere il comando □ (*relig.*) **to t. communion**, fare la comunione □ **to t. courage**, farsi coraggio; farsi animo □ **to t. a deep breath**, tirare un lungo respiro □ **to t. one's degree**, prendere (*o* conseguire) la laurea; laurearsi □ **to t. a different view**, essere di tutto altro avviso; essere di parere contrario □ **to t. a dislike to sb.**, prendere q. in antipatia □ (*della volpe, ecc.*) **to t. earth**, rintanarsi □ (*di legge, ecc.*) **to t. effect**, avere (*o* fare) effetto; entrare in vigore □ (*relig.*) **to t. the evening service**, officiare il servizio serale; dare la benedizione □ **to t. a fever**, prender la febbre □ (*fam. USA*) **to t. five (ten)**, fare un intervallo di cinque (dieci) minuti □ **to t. sb. for all he has got**, gettare (*o* ridurre) q. sul lastrico □ **to t. sb. for sb. else**, prender q. per q. altro; scambiare: **I took her for her sister**, la scambiai per sua sorella □ **to t. st. for granted**, dare q.c. per scontato; considerare q.c. buono, valido, ecc.: **I took it for granted he would join us**, davo per scontato che si sarebbe unito ai noi; **Don't t. his work for granted**, non fidarti ciecamente della qualità del suo lavoro □ **to t. fright**, prendersi paura; spaventarsi □ **to t. God's name in vain**, nominare il nome di Dio invano □ **to t. hold of sb.**, impadronirsi di q.: **A great tenderness took hold of him**, una grande tenerezza s'impadronì di lui □ **to t. hold of st.**, afferrare q.c.: **He took hold of the bar**, afferrò la sbarra □ **to t. a holiday**, far vacanza; andare in vacanza; prendersi una giornata di libertà □ **to t. st. home**, portare a casa q.c. □ (*fam.: di un insulto pungente, un'osservazione spiritosa, ecc.*) **T. it home (and think about it)!**, prendi su e porta a casa (e pensaci su)! □ **to t. st. ill**, offendersi per q.c.; aversene a male □ **to t. sb. in hand**, far rigar dritto q.; trattare severamente q.: **This boy wants taking in hand**, questo ragazzo va fatto rigar dritto □ **to t. st. in hand**, intraprendere q.c. □ **to t. an interest in st.**, interessarsi di q.c. □ **to t. into account**, tener presente; tener conto di; prendere in considerazione: **We must t. into account his youth**, dobbiamo tener conto della sua giovinezza □ **to t. sb. into one's confidence**, concedere a q. la propria fiducia; mettere q. a parte dei propri segreti □ (*fam.*) **to t. it**, tener duro; non batter ciglio; sopportare stoicamente una punizione (*o* un colpo della sorte) □ **to t. it easy**, *V.* **to t. things easy** □ **to t. it into one's head** (*o* **mind**), mettersi in testa, figgersi in capo (*un'idea, ecc.*) □ **to t. a joke in earnest**, prender sul serio uno scherzo □ **to t. a leap** (*o* **a jump**), fare un salto □ **to t. leave of sb.**, prendere congedo (*o* commiato) da q.; accomiatarsi da. □ **to t. leave of one's senses**, impazzire □ (*leg.*) **to t. legal action**, adire le vie legali □ **to t. legal advice**, consultare un avvocato; rivolgersi a un legale per un parere □ **to t. a letter**, (*anche*) battere una lettera sotto dettatura □ **to t. sb.'s life**, togliere la vita a q.; uccidere q. □ (*fam.*) **to t. one's life in one's hands**, rischiare la vita □ **to t. a look at st.**, dare un'occhiata a q.c. □ **to t. a look round**, dare un'occhiata in giro; guardarsi attorno (*o* intorno) □ **to t. medical advice**, chiedere il parere di un medico; farsi visitare □ (*fam.*) **to t. the mickey out of sb.**, prendere in giro q.; sfottere q. □ **to t. minutes**, mettere a verbale; verbalizzare □ **to t. minutes as read**, dar per letti i verbali □ **to t. the nonsense out of sb.**, togliere i grilli dalla testa a q. □ **to t. notes**, prendere appunti □ **to t. notice of st.**, fare attenzione a q.c.; occuparsi (*o* interessarsi) di q.c.; rendersi conto di q.c. □ **to t. an oath**, fare (*o* prestare) un giuramento □ **to t. offence**, offendersi □ **to t. other people's ideas**, appropriarsi delle idee altrui □ **to t. pains**, darsi (*o* prendersi) pena (*di fare q.c.*) sforzarsi; darsi da fare: **to t. pains to do a job well**, sforzarsi di fare bene un lavoro; **The result will justify the pains you are taking**, il risultato giustificherà il gran daffare che ti dai □ **to t. part in st.**, prendere parte, partecipare a q.c. □ **to t. one's partners**, scegliere i compagni (*o* i soci) □ **to t. pity on sb.**, aver pietà (*o* compassione) di q. □ **to t. place**, aver luogo; accadere; avvenire; verificarsi □ (*polit.*) **to t. power**, salire al potere; andare al governo □ **to t. precedence**, avere (*o* prendersi) il diritto di precedenza □ **to t. pride in st.**, andare orgoglioso di q.c. □ (*mil.*) **to t. sb. prisoner**, far prigioniero q. □ **to t. refuge**, trovar rifugio; rifugiarsi; riparare □ **to t. a seat**, prendere posto; mettersi a sedere; accomodarsi □ **to t. seats at the theatre**, prenotare posti a teatro □ **to t. sides with sb.**, parteggiare per q.; schierarsi con q. □ **to t. stock**, (*comm.*) fare l'inventario, (*fig.*) valutare la situazione (*e sim.*) □ **to t. things as they are**, prendere il mondo come viene □ **to t. things coolly**, conservare il sangue freddo; mantenere la calma; non agitarsi □ **to t. things easy**, prender le cose alla leggera; tirare a campare; fare il proprio comodo; prendersela comoda □ **to t. things gravely**, prender le cose sul serio □ **to t. sb. through a book of Livy**, aiutare q. a leggere (*o* a tradurre) un libro di Livio □ **to t. one's time**, prendersela comoda; andare adagio: **He took his time over the job**, se la prese comoda col lavoro □ **to t. time off**, assentarsi dal lavoro (dall'ufficio, ecc.): **She took time off to go to the doctor's**, si assentò (dal lavoro) per andare dal medico □ **to t. one's time over dinner**, pranzare con comodo (*o* con tutta calma) □ **to t. sb. to one's arms (one's breast)**, prendere q. fra le braccia (stringersi q. al petto) □ **to t. st. to heart**, prendersi a cuore q.c. □ **to t. st. to pieces**, fare q.c. a pezzi; smontare q.c. □ **to t. sb. to task**, rimbrottare q.; rimproverare q. □ **to t. the train**, prendere il treno; servirsi del treno (*e non dell'autobus, ecc.*) □ **to t. the trouble to do st.**, prendersi il disturbo di fare q.c.; darsi la pena di fare q.c. □ **to t. turns**, fare a turno, alternarsi: (*autom.*) **to t. turns at the wheel**, alternarsi al volante □ **to t. a vow**, fare un voto □ (*un tempo*) **to t. a whip to one's son**, usar la frusta sul proprio figliolo □ **to t. a wife**, prender moglie □ (*fam.*) **to be able to t. care of**, essere all'altezza di; saper tener testa a; farcela a □ **to be taken aback**, esser colto alla sprovvista; esser sbigottito (*o* stupefatto) □ (*fam.*) **to be taken bad**, ammalarsi; sentirsi male □ **to be taken ill**, ammalarsi; sentirsi male □ **It took a lot of doing**, ci volle del bello e del buono □ **T. your seats!**, a posto!; (*anche, ferr.*) in carrozza! □ **How did you t. me to be?**, quanti anni mi dai? □ **I should t. it kindly of you if you would...**, vi sarei molto obbligato se voleste... □ **The deuce t. it!**, il diavolo se lo porti! □ **You'll t. little by this move**, questa mossa non ti farà guadagnare niente □ (*fam.*) **I am not taking any**, grazie, no!; (*anche*) non ci sto!; non accetto! □ **You can t. it from me!**, credimi!; parola d'onore!

take [teik], *n.* **1** il prendere; presa **2** quantità di selvaggina (di pesce, ecc.) presa; carniere (*fig.*): **It was an eccellent t.**, tornammo (tornarono, ecc.) col carniere pieno **3** incasso, introito (*di cinema, teatro, ecc.*) **4** (*cinem., telev.*) ripresa **5** (*fam.*) guadagno; profitto; ricavo **6** (*fin.*) gettito **7** (*fam.*) parte (*del bottino, del malloppo*). ● **the day's t. of game**, la selvaggina presa in una giornata di caccia □ **a great t. of fish**, una pesca eccezionale □ (*fam.*) **to be on the t.**, prendere la bustarella; farsi corrompere.

take(-)away ['teikəwei], **A** *a.* **1** (*di cibo, ecc.*) da portar via **2** (*comm.*) di rosticceria: **t. counter**, banco di rosticceria. **B** *n.* rosticceria. ● **t. food shop**, rosticceria.

take-down ['teikdaun], *n.* **1** (*mecc.*) smontaggio **2** (*elab.*) rimozione **3** (*fam.*) umiliazione; mortificazione.

take-home pay ['teikhoum'pei], *n.* salario (*o* stipendio) netto.

take-in ['teik'in], *n.* (*fam.*) inganno; imbroglio; frode; truffa.

taken ['teikən], *p. p.* di **take**.

take(-)off ['teikɔːf], *n.* **1** (*aeron.*) decollo (*anche fig.*) **2** partenza (*di un razzo*) **3** (*fam.*) caricatura; imitazione; parodia **4** (*sport*) trampolino; pedana. ● (*aeron.*) **t. distance**, percorso di decollo □ (*aeron.*) **t. strip**, pista di decollo □ (*econ.*) **industrial t.**, decollo dell'industria.

take(-)out ['teikaut], (*USA*) *V.* **take(-)away**.

takeover ['teik,ouvə*], *n.* **1** (il) subentrare; assunzione (*di un ufficio, ecc.*) **2** (*fin.*) rilevamento, assorbimento (*di un'azienda*). ● (*fin.*) **t. deal**, accordo di fusione (*di due società*).

taker ['teikə*], *n.* **1** chi prende, chi riceve, ecc. (*V.* **to take**) **2** chi accetta scommesse. ● (*fam.*) **t.-in**, imbroglione; truffatore.

take-up ['teikʌp], *n.* **1** (*mecc.*) tenditore **2** (*cinem.*) avvolgitore. ● **t. reel**, bobina di avvolgimento; bobina ricevitrice.

taking (1) ['teikiŋ], *n.* **1** presa; il prendere: **t. on charge**, presa in consegna **2** (*pl., fin.*) ricavo; guadagno; profitto **3** (*pl., comm.*) incasso; introito.

taking (2) ['teikiŋ], *a.* (*fam.*) attraente; piacente; affascinante.

takingness ['teikiŋnis], *n.* (*fam.*) attrattiva; fascino.

taking-off ['teikiŋɔːf], *n.* **1** (*aeron.*) decollo **2** (*miss.: di*

talapoin

razzo) partenza **3** caricatura; scimmiottamento; imitazione; parodia.

talapoin ['tæləpɔɪn], *n.* **1** (*zool.*, *Cercopithecus talapoin*) cercopiteco nano **2** (*monaco buddista*) talapoino.

talaria [təˈlɛərɪə] (*lat.*), *n. pl.* talari (*calzari alati di Mercurio*).

talc [tælk], *n.* **1** (*miner.*) talco **2** (*polvere usata in cosmesi*) talco. ● **t. schist**, talcoscisto.

to talc [tælk], *v. t.* trattare con talco.

talcky ['tælki], **talcose** ['tælkous], **talcous** ['tælkəs], *a.* (*miner.*) talcoso; del talco; di talco; simile al talco.

talcum ['tælkəm], *n.* **1** (*miner.*) talco **2** (*anche* **t. powder**) (polvere di) talco.

tale [teɪl], *n.* **1** storia; racconto; narrazione; storiella; novella: **fairy tales**, storie di fate; fiabe; (*letter.*) **Tales from Shakespeare**, racconti desunti dai drammi di Shakespeare; **a true t. of the Crusades**, una narrazione veridica delle Crociate **2** resoconto; relazione; (*specialm.*) diceria, maldicenza: **All sorts of tales will get about**, si diffondono le dicerie più strane; se ne sentono di tutti i colori **3** (*anche* **silly t.**) fandonia; bugia; frottola **4** (*poet. o arc. per* **toll**) conto; ammontare; numero: **the flood's t. of dead**, il numero dei morti nell'inondazione. ● **t.-bearer**, maldicente, malalingua, linguaccia, spia, delatore ☐ **t.-bearing**, maldicenza; il raccontare i fatti degli altri ☐ **t.-teller**, narratore; *V.* **t.-bearer** ☐ **t.-telling**, narrazione; *V.* **t.-bearing** ☐ **if all tales be true**, se è vero quel che si dice in giro ☐ **an old wives' t.**, una sciocca leggenda; un racconto fantastico ☐ **to tell tales (out of school)**, fare la spia; riportare; sparlare ☐ (*fig.*) **I prefer to tell my own t.**, preferisco dare la mia versione dei fatti ☐ (*prov.*) **Dead men tell no tales**, i morti non parlano.

talent ['tælənt], *n.* **1** talento (*in ogni senso*); ingegno; attitudine; disposizione naturale: **He is a pianist of rare t.**, è un pianista di raro talento; **The boy has t.**, il ragazzo ha ingegno; **She has a t. for painting**, ha attitudine per la pittura; **You have a t. for languages**, hai disposizione per le lingue **2** (*fig.*, *collett.*) persone d'ingegno; giovani dotati: **He was looking out for local t.**, cercava giovani d'ingegno che fossero del luogo. ● (*sport*) **t.-money**, premio (*per una partita vinta*) ☐ (*mus.*, *cinem.*, *ecc.*) **t. scout**, talent scout; scopritore di talenti ☐ (*stor.*) **An Attic t.**, un talento attico (*moneta*).

talented ['tæləntɪd], *a.* d'ingegno; (dotato) di talento; abile; capace: **a t. young man**, un giovane d'ingegno.

talentless ['tæləntlɪs], *a.* privo di talento (*o* d'ingegno); incapace; inetto.

taler ['tɑːlə*], *n.* (*stor.*) tallero (*moneta d'argento tedesca*).

tales [ˈteɪliːz] (*lat.*), *n. pl.* (*leg.*) **1** giurati supplenti **2** (*col verbo al sing.*) mandato di convocazione dei giurati supplenti.

talesman ['teɪlɪzmən], *n.* (*pl.* **talesmen**) (*leg.*) giurato supplente.

talion ['tælɪən], *n.* (*stor.*) taglione; legge (*o* pena) del taglione.

talipes ['tælɪpiːz], *n.* (*med.*) piede talo.

talipot ['tælɪpɒt], **taliput** ['tælɪpʌt], *n.* (*bot.*, *Corypha umbraculifera*) corifa.

talisman ['tælɪzmən], *n.* talismano; amuleto.

talismanic(al) [ˌtælɪzˈmænɪk(əl)], *a.* di talismano; talismanico.

to talk [tɔːk], *A v. i.* **1** parlare; discorrere; conversare; ragionare; chiacchierare; ciarlare; fare della maldicenza: **What are you talking about** (*o* **of**)?, di che stai parlando?; **This baby cannot t. yet**, questo bambino non sa ancora parlare; **We talked until very late**, conversammo fino a molto tardi; **She is always talking**, non fa che ciarlare **2** esprimersi; comunicare: **They t. by signs**, s'esprimono a gesti **3** (*nelle voci della forma in* **-ing**) parlarsi (*v. recipr.*): **Henry and Jane are not talking**, Enrico e Gianna non si parlano (non si rivolgono la parola). **B** *v. t.* **1** parlare: **to t. French fluently**, parlare francese correntemente; **to t. slang**, parlare il gergo **2** parlare di; discutere di; trattare (*un argomento*): **to t. business**, parlare d'affari; **to t. politics**, discutere di politica; **to t. books** (**movies**, **etc.**), parlare (*o* discutere) di libri (di film, ecc.) **3** dire; esprimere: **to t. nonsense**, dire sciocchezze; **to t. sense**, dire cose sensate. **C** *verbi composti* **1 to t. about**, parlare di; discutere di; fare della maldicenza su; sparlare di: **I don't want to be talked about**, non voglio che si parli di me. **2 to t. at sb.**, parlare perché s'intenda; fare discorsi ostili, ma indiretti, nei confronti di q. **3 to t. away**, continuare a parlare ☐ **to t. away the time**, passare il tempo discorrendo (*o* parlando). **4 to t. back**, rispondere con mala grazia; ribattere; rimbeccare. **5 to t. down to sb.**, parlare a q. con condiscendenza (*usando parole semplici*) ☐ **to t. sb. down**, ridurre al silenzio, far tacere q. (*parlando a voce più alta o a furia di parlare*) ☐ (*aeron.*) **to t. down an aeroplane**, fare atterrare un aeroplano dandogli istruzioni (*da terra*) via radio. **6 to t. sb. into agreement**, convincere q. (*o* persuadere q.) (a furia di parlare) ☐ **to t. sb. into doing st.**, convincere q. a fare q.c. (a furia di parlare). **7 to t. out**, discutere a fondo (*una questione*) ☐ **to t. sb. out of doing st.**, dissuadere q. dal fare q.c. (a furia di parlare); dissuadere un amico da un progetto sciocco; distogliere un amico da un'idea avventata ☐ (*polit.*) **to t. a bill** (**a motion**) **out**, protrarre la discussione di un disegno di legge (di una mozione) tanto da causarne il rinvio. **8 to t. over**, parlare di, discutere (*una faccenda*); convincere, persuadere (*una persona*): **I'll t. it over with my wife**, ne parlerò con mia moglie; **She was contrary at first but I talked her over**, dapprima non ne voleva sapere ma poi la convinsi. **9 to t. sb. round**, far mutar parere a q.; convincere q., persuadere q.; tirare q. dalla propria parte ☐ **to t. round a subject**, girare intorno a un argomento; parlarne a lungo senza venire a una conclusione. **10** (*fam.*) **to t. to sb.**, rimproverare q.; riprendere (*o* sgridare) q. **11 to t. up a subject**, discutere un argomento per suscitare l'interesse del pubblico; fare del chiasso su un argomento. ● (*fam.*) **to t. big**, sparlarle grosse; vantarsi ☐ (*fam. USA*) **to t.** (**cold**) **turkey**, parlar chiaro; dire pane al pane; non aver peli sulla lingua ☐ **to t. oneself hoarse**, diventar rauco a forza di parlare; sfiatarsi, spolmonarsi ☐ (*fam.*) **to t. through one's hat**, sparlarle grosse; esagerare ☐ **talking of**, parlando di; a proposito di: **Talking of museums, have you ever visited the British Museum?**, a proposito di musei, hai mai visitato il Museo Britannico? ☐ **T. sense!**, non dire fesserie! (*fam.*) ☐ **He would t. a horse's hind leg off**, quando si mette a parlare, non la fa più finita ☐ **Now you're talking!**, adesso sì (che) parli bene; questo sì che si chiama parlare! ☐ (*fam.*) **You can t.** (*o* **You can't t.**)!, senti chi parla!; tu non hai il diritto di parlare!; faresti meglio a tacere, tu!

talk [tɔːk], *n.* **1** discorso; conversazione; colloquio; abboccamento: **I had an interesting t. with him**, ebbi con lui una conversazione interessante **2** (*anche* **small t.**) chiacchiere; ciarle; cicaleccio, vane parole; vaniloquio **3** negoziato; trattativa: **peace talks**, negoziati di pace **4** diceria; voce; pettegolezzo: **There is t. of a wonderful new invention**, corre voce che sia stata fatta una nuova meravigliosa invenzione **5** (*fam.*) parlata; linguaggio. ● (*elettr.*) **t.-listen switch**, interruttore del citofono ☐ (*telev.*, *radio*) **t. show**, programma con interviste di ospiti celebri ☐ **to be the t. of the town**, essere la favola della città; essere sulla bocca di tutti ☐ **It will end in t.**, finirà in chiacchiere; non se ne farà nulla ☐ **He's all t.**, parla e parla, ma non conclude nulla; non è che un chiacchierone ☐ **Let's have a t.**, facciamo quattro chiacchiere!; parliamo un po'!

talkative ['tɔːkətɪv], *a.* ciarliero; loquace; chiacchierino: **a gay, t. girl**, una ragazza allegra e chiacchierina.

talkativeness ['tɔːkətɪvnɪs], *n.* loquacità; parlantina (*fam.*).

talkee-talkee ['tɔːkiːˈtɔːkiː], *n.* **1** chiacchiericcio; cicaleccio **2** (*spreg.*) lingua storpiata (*parlata da stranieri incolti*).

talker ['tɔːkə*], *n.* **1** parlatore; conversatore: **He's a good t.**, è un buon parlatore **2** chiacchierone; ciarlone; fanfarone.

talkie ['tɔːki], *n.* (*fam.*, *ma piuttosto antiquato*) film sonoro; pellicola sonora. ● **the talkies**, il cinema (sonoro).

talk-in ['tɔːkɪn], *n.* **1** comizio di protesta **2** chiacchierata; discorso informale **3** colloquio; conversazione.

talking ['tɔːkɪŋ], **A** *a.* **1** che parla; parlante: **a t. parrot**, un pappagallo parlante **2** (*fig.*) espressivo; eloquente: **t. eyes**, occhi espressivi. **B** *n.* discussione; discorsi. ● (*elettron.*) **t. chip**, chip per macchina parlante ☐ (*fam.*, *telev.*) **t. head**, mezzobusto (televisivo) ☐ **t. machine**, (*elettron.*) macchina che parla (*con voce di timbro umano*); (*arc.*) fonografo ☐ **t. picture** (*o* **t. film**), film sonoro ☐ **t. point**, argomento da discutere; questione d'attualità ☐ (*elettron.*) **t. toy**, giocattolo (*bambola*, *ecc.*) parlante.

talking-to ['tɔːkɪŋtuː], *n.* (*fam.*) rimprovero; sgridata; ramanzina.

talky ['tɔːki], *a.* **1** *V.* **talkative 2** che contiene troppi dialoghi: **a t. novel**, un romanzo che contiene troppi dialoghi.

tall [tɔːl], *a.* **1** alto; grande (*pop.*); elevato: **a t. man**, un uomo alto; **t. trees** (**steeples**, **masts**), alberi (campanili, alberi di nave) alti; **Jack is five foot t.**, Gianni è alto cinque piedi (*m 1,53 circa*) **2** (*fam.*) assurdo; esagerato; incredibile; inverosimile: **a t. tale** (*o* **story**), un racconto assurdo; una frottola; una panzana. ● (*fam.*) **a t. drink**, una bevanda servita in un bicchiere alto e stretto ☐ **a t. hat**, un cappello a cilindro; una tuba ☐ (*ind.*) **t. oil**, tallolio ☐ (*fam.*) **a t. order**, una richiesta impossibile; una pretesa assurda; un compito arduo ☐ **a rather t. price**, un prezzo piuttosto salato ☐ (*fam.*) **t. talk**, millanteria; spacconata ☐ (*fam.*) **to talk t.**, millantarsi; vantarsi.

tallage ['tælɪdʒ], *n.* (*stor.*) taglia (*imposta*, *tributo*).

tallboy ['tɔːlbɔɪ], *n.* canterano; cassettone alto.

tallish ['tɔːlɪʃ], *a.* piuttosto alto (*V.* **tall**).

tallith ['tælɪθ], *n.* (*relig.*) talled, taled (*scialle ebraico*).

tallness ['tɔːlnɪs], *n.* altezza; statura alta.

tallol ['tælɒl], *V.* **tall oil**.

tallow ['tæloʊ], **A** *n.* sego. **B** *a. attr.* di sego: **t. candles**, candele di sego. ● **t. chandler**, fabbricante di candele di sego ☐ (*fig.*) **t.-faced**, pallido; terreo.

to tallow ['tæloʊ], *v. t.* **1** ungere (*o* ingrassare) col sego **2** ingrassare (*pecore, ecc.*).
tallowish ['tæloʊɪʃ], **tallowy** ['tæloʊɪ], *a.* **1** di sego; segoso (*raro*) **2** color del sego; giallognolo.
tally ['tæli], *n.* **1** (*stor.*) taglia (*legnetto su cui si facevano le tacche di contrassegno*) **2** conto; conteggio; computo **3** (*comm.*) registrazione; riscontro **4** (*comm.*) tagliando di riscontro («*madre» o «figlia»*) **5** contrassegno; cartellino; etichetta; piastrina; targhetta: **horticultural tallies**, cartellini di riconoscimento delle piante **6** parte corrispondente; equivalente; controparte. ● **t.--clerk**, controllore (*alla consegna di merce*) □ **t. sheet**, foglio di riscontro □ **t. system** (*o* **t. trade**), vendita a credito a breve scadenza (*fatta da un negoziante segnando i crediti su un libretto*).
to tally ['tæli], **A** *v. t.* **1** registrare; annotare (*crediti, ecc.*) **2** (*spesso* **to t. up**) contare; riscontrare; calcolare. **B** *v. i.* corrispondere; coincidere; concordare; essere in accordo (*o* in armonia): **The reports of the two informers don't t.**, i rapporti dei due informatori non concordano; **The goods don't t. with the invoice**, la merce non corrisponde alle indicazioni della fattura. ● (*naut.*) **to t. a load**, controllare un carico (*facendo la spunta*).
tally-ho ['tæli'hoʊ], *inter.* e *n.* dàlli dàlle! (*grido per incitare i cani, specialm. avvistando la volpe*).
to tally-ho ['tæli'hoʊ], **A** *v. i.* (*nella caccia alla volpe*) **A** *v. i.* gridare «dàlli dàlle». **B** *v. t.* incitare (*i cani*) col grido di «dàlli dàlle».
tallyman ['tælimən], *n.* (*pl.* **tallymen**) **1** negoziante che vende a rate; negoziante che vende a credito a breve scadenza (*segnando le somme sul libretto*) **2** (*nei giochi*) chi segna i punti; segnapunti **3** (*naut.*) controllore (*del carico*).
talma ['tælmə], *n.* (*stor.*) «talmà» (*lungo mantello dei primi dell'Ottocento*).
talmi-gold ['taːlmɪɡoʊld], *n.* (*arc.*) ottone placcato d'oro.
Talmud ['tælmʊd], *n.* (*relig. ebraica*) talmud.
Talmudic(al) [tæl'mʊdɪk(əl)], *a.* talmudico.
Talmudist ['tælmədɪst], *n.* talmudista.
talon ['tælən], *n.* **1** artiglio (*specialm. d'uccello rapace; anche fig.*) **2** (*mecc.*) dente (*di stanghetta di serratura*) **3** (*archit.*) modanatura a «S» **4** (*nei giochi di carte*) mazzo (*la parte che resta dopo aver distribuito le carte*) **5** (*comm.*) talloncino **6** (*fin.*) cedola (*di titolo al portatore*).
taloned ['tælənd], *a.* (*zool.*) artigliato; munito d'artigli.
talus (1) ['teɪləs], *n.* (*pl.* **tali**) (*anat.*) **1** astragalo **2** caviglia.
talus (2) ['teɪləs], *n.* **1** pendio; scarpata **2** (*geol.*) detrito di falda.
tamability [ˌteɪmə'bɪlɪti], *n.* addomestichevolezza; l'essere domabile.
tamable ['teɪməbl], *a.* addomesticabile; domabile.
tamableness ['teɪməblnɪs], *V.* **tamability**.
tamarack ['tæmərək], *n.* (*bot., Larix laricina*) larice americano.
tamarind ['tæmərɪnd], *n.* (*bot., Tamarindus indica*) tamarindo.
tamarisk ['tæmərɪsk], *n.* (*bot., Tamarix*) tamarice; tamarisco.
tambour ['tæmbʊə*], *n.* **1** (*mus., archit.*) tamburo **2** telaio da ricamo; tamburello **3** (*di scrittoio*) avvolgibile. ● **t.-work**, ricamo su telaio tondo.
to tambour ['tæmbʊə*], *v. t.* e *i.* ricamare (*stoffa*) al telaio.
tambourin [ˈtæmbərɪn], *n.* (*mus.*) **1** «tambourin» (*tamburo usato in Provenza*) **2** danza con accompagnamento di tale tamburo.
tambourine [ˌtæmbə'riːn], *n.* (*mus.*) tamburello.
tame [teɪm], *a.* **1** domestico; addomesticato: **a t. mongoose**, una mangusta addomesticata; **t. animals**, animali domestici **2** docile; mansueto: **Cows are very t. animals**, le mucche sono bestie assai mansuete **3** servile; sottomesso; umile: **t. acquiescence**, servile acquiescenza **4** sbiadito; insipido; insulso; noioso; privo d'interesse: **a t. description**, una descrizione sbiadita; **t. talk**, discorsi insulsi; **a t. football match**, una partita di calcio priva d'interesse **5** (*di terreno*) coltivato. ● (*fig.*) **a t. cat**, un tipo servizievole □ **a t. little man**, un ometto insignificante.
to tame [teɪm], *v. t.* **1** addomesticare; domare; ammansire; rendere docile; sottomettere: **to t. tigers**, ammansire tigri; **to t. horses**, domare cavalli **2** coltivare (*un terreno*). ● **to t. sb.'s courage**, scoraggiare q. □ **to t. a haughty person**, umiliare una persona altezzosa □ **to t. sb.'s spirit**, deprimere q.
tameable ['teɪməbl], *V.* **tamable**.
tameless ['teɪmlɪs], *a.* (*poet.*) indomito; indomabile.
tameness ['teɪmnɪs], *n.* **1** docilità; mansuetudine **2** servilità; umiltà; sottomissione **3** insipidità; insulsaggine.
tamer ['teɪmə*], *n.* domatore; domatrice: **a lion-t.**, un domatore di leoni.
Tamerlane ['tæmə(ː)leɪn], *n.* (*stor.*) Tamerlano.
Tamil ['tæmɪl], *n.* (*pl.* **Tamil, tamils**) tamil (*anche la lingua*).
Tamilian [tə'mɪlɪən], *a.* tamilico.
taming ['teɪmɪŋ], *n.* addomesticamento; ammansimento. ● **The T. of the Shrew**, «La bisbetica domata» (*commedia di Shakespeare*).
Tammany ['tæməni], **A** *n.* (*polit. USA*) **1** «Tammany Hall» (*organizzazione del Partito Democratico a Nuova York*) **2** (*per estens.*) metodi politici usati dalla Tammany Hall. **B** *a. attr.* (*spreg. USA*) poco chiaro; disonesto; corrotto.
tammy ['tæmi], **tam-o'-shanter** [ˌtæmə'ʃæntə*], *n.* berretto scozzese.
to tamp [tæmp], *v. t.* **1** pestare; pigiare; comprimere: **to t. tobacco into one's pipe**, pigiare il tabacco entro la pipa **2** tappare; turare; intasare: **to t. a blast-hole**, intasare il foro d'una carica d'esplosivo **3** (*edil.*) compattare; costipare: **to t. the earth**, compattare il terreno.
tamper ['tæmpə*], *n.* **1** chi pesta, chi pigia, ecc. (*V.* **to tamp**) **2** (*costr.*) pestello; mazzeranga **3** (*mil.*) borraggio.
to tamper ['tæmpə*], *v. i.* **1** frammettersi; immischiarsi; interferire; intromettersi **2** – **to t. with**, adulterare; falsificare; manomettere: **to t. with foodstuffs**, adulterare generi alimentari; **to t. with a document**, falsificare un documento; **to t. with the ignition switch of a car**, manomettere l'interruttore dell'accensione di un'automobile **3** – **to t. with**, tentare di corrompere; subornare: **to t. with a dishonest official**, tentare di corrompere un funzionario disonesto; (*leg.*) **to t. with a witness**, subornare un teste **4** – (*leg.*) **to t. with**, manomettere: **The evidence (the corpus delicti) has been tampered with**, hanno manomesso le prove (il corpo del reato).
tamperer ['tæmpərə*], *n.* **1** intrigante; macchinatore **2** adulteratore; falsificatore **3** corruttore; subornatore **4** (*leg.*) chi manomette.
tampering ['tæmpərɪŋ], *n.* **1** intrigo; macchinazione; mena **2** manomissione; falsificazione **3** corruzione; subornazione.
tamping ['tæmpɪŋ], *n.* **1** pestatura; pigiatura **2** intasamento; il turare **3** (*edil.*) costipamento. ● (*tecn.*) **t. bar**, calcatoio.
tampion ['tæmpɪən], *n.* (*mil., stor.: di cannone*) tappo di volata.
tampon ['tæmpən], *n.* (*med.*) tampone; stuello; zaffo.
to tampon ['tæmpən], *v. t.* (*med.*) tamponare, stuellare, zaffare (*una ferita*).
tamponade [ˌtæmpə'neɪd], **tamponage** ['tæmpənɪdʒ], *n.* (*med.*) tamponamento; tamponatura; zaffatura.
tam(-)tam ['tæm,tæm], *n.* tam-tam (*tamburo africano e gong cinese*).
tan (1) [tæn], **A** *n.* **1** (*talora* **tan-bark**) corteccia di quercia; concia (*per le pelli*) **2** (*chim.*) tannino **3** color marrone chiaro **4** abbronzatura; tinta abbronzata; tintarella (*fam.*). **B** *a. attr.* marrone chiaro: **tan shoes**, scarpe marrone chiaro. ● **tan liquor** (*o* **tan ooze, tan pickle**), liquido per la concia □ **tan--yard**, conceria.
to tan [tæn], **A** *v. t.* **1** (*ind.*) conciare (*pelli*) **2** abbronzare; dare (*o* far venire) la tintarella a (q.) **3** (*fam.*) frustare; battere; percuotere; suonarle a (q.). **B** *v. i.* **1** (*di pelli*) subire la concia **2** abbronzarsi; prendere la tintarella (*fam.*). ● (*fam.*) **to tan sb.'s hide** (*o* **to tan the hide off sb.**), picchiare q. di santa ragione; conciare q. per le feste; dargliele, suonargliele (*fam.*).
tan (2) [tæn], *n.* (*geom., abbr. di* **tangent**) tangente.
Tanagra ['tænəɡrə], *n.* **1** (*stor.*) Tanagra (*città della Beozia*) **2** (*anche* **T. figurine, T. statuette**) statuetta di Tanagra; tanagra.
Tancred ['tæŋkrɛd], *n.* (*stor.*) Tancredi.
tandem ['tændəm], **A** *n.* (*anche* **t. bicycle**) tandem. **B** *a.* e *avv.* **1** uno dietro l'altro; a tandem; in fila: (*autom.*) **to drive t.**, guidare a tandem **2** (*elettr.*) in cascata **3** (*aeron.*) in tandem; coassiale: **t. propellers**, eliche coassiali. ● **t. increase**, aumento abbinato □ (*mecc.*) **t. roller**, compressore stradale a due rulli; tandem □ **to pull a cart in t.**, tirare un carretto in due.
tang (1) [tæŋ], *n.* **1** codolo; parte (*d'un coltello, scalpello, ecc.*) che entra nel manico **2** (*mecc.*) linguetta **3** sapore piccante; forte odore **4** pizzico (*di* q.); traccia: **with a t. of humour**, con un pizzico d'umorismo. ● **There's a t. in the air today**, oggi l'aria è pungente.
to tang (1) [tæŋ], *v. t.* munire (*un coltello, ecc.*) di codolo.
tang (2) [tæŋ], *n.* suono metallico; forte rumore.
to tang (2) [tæŋ], **A** *v. i.* suonar forte; risuonare. **B** *v. t.* far risuonare.
tang (3) [tæŋ], *n.* (*bot., Fucus*) fuco.
Tanganyika [ˌtæŋɡə'njiːkə], *n.* (*geogr.*) Tanganica.
tangelo ['tændʒəloʊ], *n.* (*bot., contraz. di* **tangerine** e **pomelo**) tangelo; ibrido di mandarino e pompelmo.
tangency ['tændʒənsi], *n.* (*geom.*) tangenza.
tangent ['tændʒənt], *a.* e *n.* (*geom.*) tangente. ● (*mecc.*) **t. screw**, vite senza fine □ (*mecc.*) **t. wheel**, ruota elicoidale □ (*fig.*) **to go** (*o* **to fly**) **off at a t.**, fare un mutamento improvviso; partire per la tangente (*fig.*).
tangential [tæn'dʒɛnʃəl], *a.* (*geom., mecc., ecc.*) tangenziale: **t. acceleration**, accelerazione tangenziale. ● (*mecc.*) **t. screw**, vite senza fine.
tangerine [ˌtændʒə'riːn], *n.* **1** (*bot., Citrus reticulata*) tangeri-

Tangerine

no 2 (*bot.*, *Citrus nobilis*) mandarino 3 color mandarino.
Tangerine [ˌtændʒəˈriːn], *a.* e *n.* (abitante) di Tangeri.
tangibility [ˌtændʒiˈbiliti], *n.* tangibilità.
tangible [ˈtændʒəbl], *a.* tangibile; (*fig.*) chiaro, concreto, manifesto, sicuro: **a t. advantage**, un vantaggio concreto; **t. proofs**, prove tangibili. ● (*fin.*) **t. assets**, beni immobili, proprietà (*di un'azienda*) □ (*leg.*) **t. property**, beni corporali; beni materiali.
tangibleness [ˈtændʒəblnis], *n.* tangibilità; (*fig.*) concretezza.
Tangier [tænˈdʒiə*], *n.* (*geogr.*) Tangeri.
to tangle [ˈtæŋgl], **A** *v. t.* 1 aggrovigliare; arruffare; avviluppare; imbrogliare; ingarbugliare; intricare; confondere: **to t. a string**, aggrovigliare un cordone; **to t. a thread**, ingarbugliare un filo 2 intrappolare (*anche fig.*); prendere (*uccelli, ecc.*) con la rete. **B** *v. i.* aggrovigliarsi; avvilupparsi; imbrogliarsi; ingarbugliarsi. ● (*fam.*) **to t. with sb.**, bisticciare (*o* litigare, battersi) con q.
tangle [ˈtæŋgl], *n.* 1 groviglio; viluppo; garbuglio; imbroglio; intrico; arruffio 2 (*fig.*) impiccio; pasticcio: **to be in a t.**, essere nei pasticci. ● **The skein is in a t.**, la matassa è arruffata □ **The matter is in a t.**, la faccenda è confusa, intricata.
tangled [ˈtæŋgld], *a.* 1 aggrovigliato: **a t. skein**, una matassa aggrovigliata 2 (*anche di capelli*) arruffato 3 (*fig.*) intricato; ingarbugliato 4 (*fig.*) confuso; complicato: **t. ideas**, idee confuse.
tanglefoot [ˈtæŋglfut], *n.* (*pl.* **tanglefoots**) (*pop. USA*) liquore forte (*whisky, rum, ecc.*).
tangly [ˈtæŋgli], *a.* ingarbugliato; aggrovigliato; intricato; confuso; imbrogliato.
tango [ˈtæŋgou], *n.* (*pl.* **tangos**) (*mus.*) tango.
to tango [ˈtæŋgou], *v. i.* ballare il tango.
tangram [ˈtæŋgrəm], *n.* rompicapo cinese (*quadrato tagliato in sette figure geometriche con cui comporre figure e disegni*).
tangy [ˈtæŋi], *a.* 1 (*di odore*) penetrante; pungente 2 (*di sapore*) piccante 3 (*fig.*) caratteristico; tipico.
tank [tæŋk], *n.* 1 serbatoio; tanica; vasca; (*naut.*) tanca: (*autom.*) **petrol t.** (*USA* **gasoline t.**), serbatoio della benzina 2 (*mil.*) carro armato 3 (*in India*) serbatoio d'acqua. ● (*naut.*) **t. barge**, bettolina; cisterna □ (*gergo aeron.*) **t.-buster**, aeroplano munito di cannoncino anticarro □ (*ferr. USA*) **t. car**, carro (*o* vagone) cisterna □ (*mil.*) **t. destroyer**, pezzo semovente anticarro □ (*mil.*) **t. dozer**, carro apripista □ (*ferr.*) **t. engine** (*o* **t. locomotive**), (locomotiva) tender □ (*naut.*) **t. steamer**, nave cisterna □ (*USA*) **t. town**, cittadina poco importante (*dove i treni fermano solo per fare acqua*) □ (*mil.*) **t. trap**, trappola anticarro □ (*autom.*) **t. truck**, autocisterna; autobotte □ (*ferr.*) **t. wagon**, *V.* **t. car** □ **fish t.**, pesciera.
tankage [ˈtæŋkidʒ], *n.* 1 capacità di un serbatoio 2 riempimento dei serbatoi 3 spesa per il riempimento dei serbatoi 4 (*agric.*) farina di carne e d'ossa (*fertilizzante*).
tankard [ˈtæŋkəd], *n.* boccale (*spesso col coperchio*): **a t. of ale**, un boccale di birra.
tanked [tæŋkt], *a.* (*anche* **t. up**) (*pop.*) sbronzo; sborniato.
tanker [ˈtæŋkə*], *n.* 1 (*naut.*) nave cisterna; (*specialm.*) petroliera 2 autobotte; autocisterna 3 (*aeron.*) aerocisterna 4 (*mil.*) carrista. ● **t. driver**, autocisternista; cisternista.
tankman [ˈtæŋkmən], *n.* (*pl.* **tankmen**) (*mil.*) carrista.
tannable [ˈtænəbl], *a.* conciabile.
tannage [ˈtænidʒ], *n.* 1 concia (*il processo*) 2 (*collett.*) pelli conciate.
tannate [ˈtæneit], *n.* (*chim.*) tannato.
tanned [tænd], *a.* 1 (*di cuoio*) conciato 2 (*anche* **suntanned**) abbronzato.
tanner (1) [ˈtænə*], *n.* conciatore; conciapelli.
tanner (2) [ˈtænə*], *n.* (*pop., arc.*) moneta da sei penny; mezzo scellino (*prima del 1971*).
tannery [ˈtænəri], *n.* (*ind.*) conceria; conciatura (*stabilimento*).
tannic [ˈtænik], *a.* (*chim.*) tannico: **t. acid**, acido tannico.
tannin [ˈtænin], *n.* (*chim.*) tannino.
tanning [ˈtæniŋ], *n.* 1 (*ind.*) concia (*il processo*): **chrome t.**, concia al cromo 2 abbronzatura 3 (*fam.*) botte; busse; frustate. ● (*ind.*) **t. agent**, conciante.
tanrec [ˈtænrek], *n.* (*zool.*, *Tenrec ecaudatus*) tenrek.
tansy [ˈtænzi], *n.* (*bot.*, *Tanacetum vulgare*) tanaceto.
tantalic [tænˈtælik], *a.* (*chim.*) tantalico: **t. acid**, acido tantalico.
tantalite [ˈtæntəlait], *n.* (*miner.*) tantalite.
tantalization [ˌtæntəlaiˈzeiʃən], *n.* supplizio di Tantalo (*fig.*); serie di delusioni; tormento.
to tantalize [ˈtæntəlaiz], *v. t.* illudere; tenere sulla corda (*fig.*); stuzzicare; tormentare.
tantalizing [ˈtæntəlaiziŋ], *a.* allettante; seducente; stuzzicante.
tantalum [ˈtæntələm], *n.* (*chim.*) tantalio.
tantalus [ˈtæntələs], *n.* mobile portabottiglie (*in cui le bottiglie si vedono, ma sono chiuse con un lucchetto*).
Tantalus [ˈtæntələs], *n.* (*mitol.*) Tantalo.

tantamount [ˈtæntəmaunt], *a. pred.* equivalente; uguale. ● **His demand was t. to an order**, la sua richiesta equivaleva a un ordine □ **That is t. to saying that...**, è quanto dire che...; è come dire che...
tantara [ˈtæntərə], *n.* suono di tromba.
tantrum [ˈtæntrəm], *n.* (*fam.*) collera; furia; malumore; stizza; nervi (*fam.*): **to go into a t.**, andare in collera; infuriarsi; **to be in one of one's tantrums**, avere un accesso d'ira; avere i nervi.
Taoism [ˈtɑːouizəm], *n.* (*relig.*) taoismo.
Taoist [ˈtɑːouist], *n.* e *a.* (*relig.*) taoista.
tap (1) [tæp], *n.* 1 rubinetto (*anche del gas*): **Turn the tap on!**, apri il rubinetto!; **The hot-water tap is dripping**, il rubinetto dell'acqua calda perde 2 zaffo; zipolo; spina; tappo 3 liquore; vino; birra (di una certa qualità): **an excellent tap**, un liquore (*o* un vino, una birra) eccellente 4 *V.* **taproom** 5 (*mecc.*) maschio (*per filettare viti*) 6 (*tel.*) intercettazione; controllo 7 (*elettr.*) spina d'intercettazione (*di corrente*); presa intermedia 8 (*metall.*) colata; spillata. ● (*mecc.*) **tap bolt**, vite mordente □ **tap-borer**, trivella (*per forare botti*) □ (*metall.*) **tap-hole**, foro di colata □ (*bot.*) **tap-root**, fittone; radice principale (*anche fig.*) □ **on tap**, (*di vino, birra*) alla spina □ (*fig., fam.*) pronto, a portata di mano, a disposizione.
tap (2) [tæp], *n.* 1 picchio; colpetto; colpettino: **a tap at** (*o* **on**) **the door** (**on the shoulder, etc.**) un colpetto all'uscio (sulla spalla, ecc.) 2 rinforzo di cuoio (*per suola o tacco di scarpa*) 3 (*pl., mil.*) il silenzio: **to sound taps**, suonare il silenzio. ● **tap dancer**, ballerino di tip-tap □ **tap dancing (tap dance)**, tip tap (*ballo*) □ **tap shoe**, scarpetta (*da balletto*).
to tap (1) [tæp], **A** *v. t.* 1 fornire (*botte, barile*) di zaffo (*o* di zipolo) 2 spillare (*una botte, birra, ecc.*) 3 incidere: **The natives tapped the rubber trees**, gli indigeni incidevano gli alberi della gomma 4 (*ind.*) estrarre (*lattice per la gomma, zucchero dall'acero, ecc.*) 5 (*econ.*) sfruttare; utilizzare 6 cavare; ottenere; spillare (*fig.*): **Charles always taps me for small sums of money**, Carlo mi spilla di continuo piccole somme di denaro 7 (*med.*) incidere; cavare (*liquido*) dal corpo; fare la paracentesi a (q.): **to tap a tumour**, incidere un tumore 8 (*tecn.*) collegare; fare una presa in: **They tapped the water main to supply the new house**, fecero una presa nella conduttura principale dell'acqua per fornire la nuova casa 9 (*mecc.*) filettare; maschiare 10 (*econ.*) aprire ai traffici (*una regione*); iniziare rapporti commerciali con (*un Paese*) 11 (*tel.*) intercettare, mettere sotto controllo (*q., una telefonata, ecc.*) 12 (*metall.*) spillare. **B** *v. i.* fare intercettazioni (*telefoniche*). ● (*elettr.*) **to tap a circuit**, inserire un circuito su un altro (*per intercettare corrente*) □ **to tap the telephone wires**, intercettare le telefonate.
to tap (2) [tæp], *v. t.* e *i.* 1 battere; picchiare; bussare; picchiettare; dare un colpetto a: **to tap at** (*o* **on**) **the door**, bussare alla porta; **The rain was tapping on the window panes**, la pioggia picchiettava sui vetri; **I tapped him on the shoulder**, gli diedi un colpetto sulla spalla 2 mettere un rinforzo alla suola (*o* al tacco) di (*un paio di scarpe*) 3 (*fig.*) scegliere; nominare. ● **to tap one's forehead remembering st.**, battersi la fronte ricordandosi di q.c. □ **to tap off** (*o* **out**) **a message**, trasmettere un messaggio in alfabeto Morse □ **to tap out one's pipe**, svuotare la pipa con ripetuti colpetti □ **to tap a typewriter**, battere sui tasti di una macchina da scrivere.
tape [teip], *n.* 1 nastro (*di stoffa, di carta, ecc.*); fettuccia; spighetta; nastrino; (*anche* **adhesive t.**), nastro adesivo: **friction t.**, nastro isolante; **Buy a yard of t.**, compra una iarda di fettuccia! 2 *V.* **t.-measure** 3 *V.* **tapeworm** 4 (*mus., elab., ecc.*) nastro (*magnetico*). ● **t. cartridge**, cassetta; caricatore; cartuccia (*di nastro magnetico*) □ **t. deck**, piastra (di registrazione) □ (*Borsa*) **t.-machine**, teleborsa □ **t. measure (t. line)**, metro a nastro; rotella metrica □ **t. player**, riproduttore di nastri; giranastri, mangianastri (*fam.*) □ **t. recorder**, «tape recorder»; magnetofono; registratore a nastro magnetico (*o* a cassette) □ (*sport*) **to breast the t.**, tagliare il traguardo □ **magnetic t.** (**o recording t.**), nastro magnetico □ (*fig.*) **red t.**, burocrazia; lungaggini burocratiche; eccessivo formalismo □ **ticker-t.**, nastro di carta (*del telegrafo, di telescrivente*).
to tape [teip], *v. t.* 1 legare con un nastro; provvedere di nastro 2 misurare col metro (*o* con la rotella metrica) 3 (*elettr.*) fasciare con nastro isolante 4 registrare (su nastro magnetico): **to t. a TV programme**, registrare un programma televisivo. ● (*fig.*) **to have sb. (st.) taped**, farsi un'idea chiara di q. (q.c.).
taper [ˈteipə*], **A** *n.* 1 cero; candela sottile; moccolo 2 accenditoio 3 (*geom., mecc., aeron.*) rastremazione; conicità: **the t. of a pyramid**, la rastremazione d'una piramide. **B** *a.* 1 (*poet.*) affusolato: **t. fingers**, dita affusolate 2 (*geom., mecc.*) rastremato; conico: **t. pin**, spina conica.
to taper [ˈteipə*], **A** *v. t.* 1 affusolare; assottigliare all'estremità 2 (*mecc., archit.*) rastremare. **B** *v. i.* (*spesso* **to t. off**) 1 affusolarsi; assottigliarsi (*all'estremità*); rastremarsi 2 (*fig.*) diminuire

a poco a poco; ridursi.
tapering ['teipəriŋ], *a.* affusolato; conico; a punta; rastremato: **t. fingers**, dita affusolate.
taperness ['teipənis], *n.* forma affusolata (*o* conica); rastrematura.
tapestried ['tæpistrid], *a.* ornato di arazzi; tappezzato.
tapestry ['tæpistri], *n.* tappezzeria; arazzo; drappo; paramento.
to tapestry ['tæpistri], *v. t.* tappezzare; coprire (*o* ornare) d'arazzi.
tapeworm ['teip-wə:m], *n.* (*zool.*, *Taenia solium*) tenia; verme solitario.
tapioca [,tæpi'oukə], *n.* tapioca (*fecola alimentare*).
tapir ['teipə*], *n.* (*pl.* **tapir, tapirs**) (*zool.*, *Tapirus*) tapiro.
tapis ['tæpi:] (*franc.*), *n.* (*pl.* **tapises**) tappeto. ● (*d'una questione*) **to come on the t.**, venire sul tappeto □ **to be on the t.**, essere in discussione.
tapper ['tæpə*], *n.* 1 chi batte, chi picchia, ecc. (*V.* **to tap**) 2 tasto (*del telegrafo*).
tappet ['tæpit], *n.* (*mecc.*) punteria (*del motore*): **t. adjustment**, registrazione delle punterie. ● **t. rod**, asta di rinvio.
tapping ['tæpiŋ], *n.* 1 picchio; colpetto; bussatina 2 lo spillare (*una botte*) 3 incisione (*della corteccia di un albero di gomma, ecc.*) 4 (*med.*) paracentesi 5 (*mecc.*) filettatura; maschiatura 6 intercettazione (*delle telefonate*) 7 (*metall.*) spillatura.
taproom ['tæp-rum], *n.* bar (*d'albergo, ecc.*); mescita d'alcolici.
tapster ['tæpstə*], *n.* barista; chi mesce alcolici.
tar (1) [ta:*], *n.* catrame. ● **tar acid**, acido di catrame □ **tar board**, cartone catramato □ (*costr.*) **tar macadam**, macadam al catrame □ **tar paper**, carta catramata □ **tar spraying**, incatramatura (*di una strada*) □ **coal-tar**, catrame di carbone □ (*di sigaretta*) **low- (high-, middle-)tar**, a basso (ad alto, a medio) contenuto di catrame □ (*fig., spreg.*) **a touch of the tar-brush**, un po' di sangue negro nelle vene.
to tar [ta:*], *v. t.* incatramare; catramare; asfaltare: **to tar a road**, asfaltare una strada. ● **to tar and feather sb.**, impeciare e ricoprire di penne q. (*come affronto, per punizione*) □ (*fig.*) **tarred with the same brush**, della stessa razza; che ha gli stessi difetti.
tar (2) [ta:*], *n.* (*abbr. fam. di* **tarpaulin**; *anche* **Jack tar**) marinaio.
taradiddle ['tærədidl], *n.* (*fam.*) bugia; fandonia; frottola.
tarantella [,tærən'telə], **tarantelle** [,tærən'tel], *n.* (*mus.*) tarantella.
tarantism ['tærəntizəm], *n.* (*stor.*, *med.*) tarantolismo; tarantismo.
tarantula [tə'ræntjulə], *n.* (*pl.* **tarantulas, tarantulae**) (*zool.*, *Lycosa tarantula*) tarantola.
taratantara [,ta:rə'tæntərə], *n.* (*lett.*) suono di tromba; taratantara (*raro, lett.*).
taraxacum [tə'ræksəkəm], *n.* (*bot.*) (*Taraxacum officinale*) tarassaco; soffione; dente di leone.
tarboosh [ta:'bu:ʃ], *n.* sorta di fez arabo.
tardigrade ['ta:digreid], *a. e n.* (*zool.*) tardigrado.
tardigrades ['ta:digreidz], *n. pl.* (*zool.*, *Tardigrada*) tardigradi.
tardiness ['ta:dinis], *n.* 1 lentezza 2 indugio; ritardo 3 malavoglia; riluttanza.
tardy ['ta:di], *a.* 1 tardo; lento 2 in ritardo; tardivo; fatto troppo tardi: **t. retribution**, castigo tardivo; **a t. reform**, una riforma fatta troppo tardi 3 (*di persona*) riluttante 4 (*USA: di persona*) in ritardo. ● (*comm.*) **a t. debtor**, un debitore moroso.
tare (1) [tɛə*], *n.* (*bot.*) 1 erbaccia (*in genere*); (*Bibbia*) zizzania 2 (*Lolium temulentum*) loglio 3 (*Vicia sativa*) veccia.
tare (2) [tɛə*], *n.* (*comm.*) tara: **actual t.**, tara reale; **average t.**, tara media; **customary t.**, tara d'uso; ● **t. allowance**, abbuono per tara □ **t. and tret**, regola aritmetica per fare la tara.
to tare [tɛə*], *v. t.* fare la tara; tarare (*merce*).
target ['ta:git], *n.* 1 bersaglio; segno; (*mil.*) obiettivo: **to miss the t.**, sbagliare il bersaglio 2 (*ferr.*) semaforo; disco 3 (*stor.*) targa; scudo (*per lo più piccolo e rotondo*) 4 (*fig.*) obiettivo; scopo; meta; traguardo (*fig.*): **export t.**, obiettivo da raggiungere come volume delle esportazioni; **fuel t.**, obiettivo prefisso nella produzione dei combustibili; **This is the main t. of our trade union**, questo è il traguardo principale che si prefigge il nostro sindacato 5 (*fig.*) oggetto; bersaglio: **He is a t. for scorn**, è oggetto di scherno. ● (*mil.*) **t. area**, zona da bombardare; obiettivo □ (*sport*) **t. card**, carta su cui segnare i punti fatti nel tiro dell'arco □ (*aeron., mil.*) **t. drone**, aereo bersaglio □ **t. language**, (*elab.*) linguaggio ricevente; (*linguistica*) seconda lingua (*mil. e sport*) **t. practice**, esercitazioni di tiro al bersaglio □ (*econ., comm.*) **t. price**, prezzo indicativo □ (*mil.*) **t. seeker**, missile (*o* congegno) autocercante □ (*mil.: di missile*) **t.-seeking**, autocercante □ **to be on t.**, essere sulla pista giusta.
to target ['ta:git], *v. t.* 1 designare come bersaglio 2 (*fig.*) stabilire (q.c.) come bersaglio; porre, avere come obiettivo.

targetable ['ta:gitəbl], *a.* (*mil., miss.*) (*di testata, ecc.*) indirizzabile a bersaglio.
tariff ['tærif], *n.* (*comm.*) tariffa: **customs t.**, tariffa doganale; **railway t.**, tariffa ferroviaria; **preferential tariffs**, tariffe preferenziali. ● **the t. at a hotel**, i prezzi di un albergo □ (*stor.*) **T. Reform**, protezionismo (*eufemismo usato dai fautori*) □ (*econ.*) **t. wall**, barriera tariffaria.
to tariff ['tærif], *v. t.* (*comm.*) tariffare; sottoporre a tariffa.
tariffless ['tæriflis], *a.* (*comm.*) non soggetto a tariffe; liberalizzato.
tarlatan ['ta:lətən], *n.* (*ind. tessile*) tarlatana; mussolina.
tarmac ['ta:mæk], *n.* (*abbr. di* **tar-macadam**) 1 (strada in) macadam al catrame 2 (*aeron., fam.*) pista (*d'aeroporto*).
to tarmac ['ta:mæk] (*pass. e p. p.* **tarmacked**), *v. t.* (*costr. stradali*) rivestire (*una strada*) di macadam al catrame.
tarn [ta:n], *n.* (*geogr.*) laghetto montano.
tarnal ['ta:nl], *a.* (*dial. USA*) dannato; maledetto: **He's a t. liar**, è un maledetto bugiardo.
tarnation [ta:'neiʃən], *n. e inter.* (*dial. USA*) dannazione; maledizione. ● **what (where) in t....**, che (dove) diavolo...
to tarnish ['t:niʃ], **A** *v. t.* 1 annerire; appannare; offuscare; ossidare: **Dust and the damp air have tarnished the tableware**, la polvere e l'umidità dell'aria hanno annerito il servizio da tavola 2 (*fig.*) macchiare; sporcare: **The scandal has tarnished the good name of several politicians**, lo scandalo ha macchiato la reputazione di vari uomini politici. **B** *v. i.* 1 annerire; appannarsi; offuscarsi; ossidarsi: **Silver tarnishes easily**, l'argento annerisce facilmente 2 (*fig.*) macchiarsi; sporcarsi.
tarnish ['ta:niʃ], *n.* 1 perdita della lucentezza; opacità; offuscamento; appannamento; ossidazione 2 (*fig.*) macchia; onta.
tarnishable ['ta:niʃəbl], *a.* che si può annerire; ossidabile.
taro ['ta:rou], *n.* (*pl.* **taros**) (*bot.*, *Colocasia antiquorum*) taro.
tarok [tə'rɔk], *n.* tarocchi (*il gioco*).
tarot ['tærou], *n.* 1 tarocco (*la carta*) 2 (*pl.*) tarocchi (*il gioco*).
tarpaulin [ta:'pɔ:lin], *n.* 1 copertone (*impermeabile*); tela cerata; incerata 2 (*naut.*) mantello (*o* cappello) d'incerata 3 (*arc., fig.*) marinaio.
Tarpeian [ta:'pi(:)ən], *a.* (*stor.*) tarpeo: **the T. Rock**, la Rupe Tarpea.
tarpon ['ta:pən], *n.* (*pl.* **tarpon, tarpons**) (*zool.*, *Megalops atlanticus*) tarpone atlantico; pesce d'argento.
Tarquin ['ta:kwin], *n.* (*stor.*) Tarquinio.
tarradiddle ['tærədidl], *n.* *V.* **taradiddle**.
tarragon ['tærəgən], *n.* (*bot.*, *Artemisia dracunculus*) estragone; dragoncello. ● **t. vinegar**, aceto aromatizzato all'estragone.
tarras ['tærəs], *V.* **trass**.
tarring ['ta:riŋ], *n.* (*costr. stradali*) catramatura; incatramatura.
tarrock ['tærək], *n.* (*zool.*) 1 (*Rissa*) gabbiano 2 (*Uria aalge*) uria.
tarry (1) ['ta:ri], *a.* 1 catramoso 2 catramato; incatramato.
tarry (2) ['tæri], *n.* (*lett.*) 1 sosta.
to tarry ['tæri], *v. i.* (*lett.*) 1 rimanere; restare; trattenersi; sostare 2 indugiare; tardare; essere in ritardo. ● **to t. for sb.**, aspettare q.
tarsal ['ta:sl], *a.* (*anat.*) tarsale.
tarsia ['ta:siə], *n.* (*arte*) tarsia.
tarsier ['ta:siə*], *n.* (*zool.*, *Tarsius*) tarsio.
tarsus ['ta:səs], *n.* (*pl.* **tarsi**) (*anat.*) tarso.
tart (1) [ta:t], *n.* 1 torta (di frutta); crostata: **apple t.**, torta di mele 2 (*USA*) pasta (*ripiena di marmellata, ecc.*).
tart (2) [ta:t], *n.* (*fam.*) prostituta; sgualdrina; donnaccia.
tart (3) [ta:t], *a.* 1 acido; agro; acerbo 2 (*fig.*) aspro; mordace; pungente; sarcastico: **a t. answer**, una risposta pungente.
tartan (1) ['ta:tən], *n.* 1 tartan; tessuto di lana scozzese a riquadri formati da righe di vari colori 2 disegno a riquadri di tale stoffa, che identifica un clan particolare.
tartan (2) ['ta:tən], *n.* (*naut.*) tartana.
tartar ['ta:tə*], *n.* (*chim.*) tartaro (*anche quello delle botti e dei denti*). ● (*chim.*) **t. emetic**, tartaro emetico □ (*cucina*) **t. sauce**, salsa tartara □ (*chim.*) **cream of t.**, cremore di tartaro.
Tartar ['ta:tə*], **A** *n.* 1 (*stor.*) tartaro 2 (*fig.*) individuo irascibile e violento. **B** *a.* (*stor.*) tartaro. ● (*fig.*) **to catch a T.**, trovare (in q.) pane per i propri denti; avere a che fare con un osso duro.
Tartarean [ta:(:)'tɛəriən], *a.* (*mitol.*) tartareo; infernale.
Tartarian [ta:(:)'tɛəriən], *a.* (*stor.*) tartaresco; tartaro.
tartaric [ta:'tærik], *a.* (*chim.*) tartarico: **t. acid**, acido tartarico.
tartarization [,ta:tərai'zeiʃən], *n.* (*chim.*) tartarizzazione.
to tartarize ['ta:təraiz], *v. t.* (*chim.*) tartarizzare.
tartarous ['ta:tərəs], *a.* (*chim.*) tartaroso; simile al tartaro.
Tartarus ['ta:tərəs], *n.* (*mitol.*) Tartaro.
tartlet ['ta:tlit], *n.* tortina; pasticcino.
tartness ['ta:tnis], *n.* 1 acidità; agro; acerbità 2 (*fig.*) asprezza; mordacità; acredine.

tartrate ['ta:treit], *n.* (*chim.*) tartrato.
Tartuf(f)e [ta:'tuf], *n.* tartufo (*fig.*); ipocrita; bacchettone.
Tartufism [ta:'tufizəm], *n.* ipocrisia; bacchettoneria.
to tart up ['ta:t 'ʌp], *v. t.* (*pop. ingl.*) agghindare; tirare a lucido (*fig., pop.*); rendere vistoso.
task [ta:sk], *n.* compito; lavoro; incarico; dovere; mansione; impresa: **The teacher has given us an easy t.**, l'insegnante ci ha dato un compito facile; **an arduous t.**, un compito arduo; un'impresa difficile; **to set a t.**, assegnare un compito (*o* un incarico); **He has the t. of keeping the correspondence**, ha la mansione di tenere la corrispondenza. ● **t. bond**, indennità per prestazioni speciali □ (*mil., naut.*) **t. fleet**, flotta d'impiego □ **t.(-)force**, (*mil.*) task force; unità operativa; (*in G.B.*) squadra speciale (*della polizia*) □ (*ind.*) **t. management**, organizzazione funzionale □ **t. wage**, salario a cottimo □ **t. work**, lavoro a cottimo □ **to take sb. to t.**, rimproverare q., richiamare (all'ordine) q.; trovare a ridire sul conto di q.
to task [ta:sk], *v. t.* **1** assegnare un compito a (q.) **2** affaticare, gravare di lavoro; sforzare; rendere esausto: **Philosophy tasks my son's mind**, la filosofia affatica la mente di mio figlio.
taskmaster ['ta:sk,ma:stə*], *n.* **1** chi assegna compiti **2** (*specialm.*) chi grava altri di lavoro; sorvegliante (*o* datore di lavoro, insegnante) severo; negriero (*fig.* e *fam.*).
taskmistress ['ta:sk,mistris], *n.* sorvegliante (*o* datrice di lavoro, docente, ecc.) severa.
Tasmanian ['tæz'meinjən], *a.* e *n.* (abitante) della Tasmania; tasmaniano. ● (*zool.*) **T. devil** (*Sarcophilus harrisi*), diavolo della Tasmania.
tass [tæs], *n.* (*scozz.*) **1** tazza; coppa **2** sorso (*di liquore*).
tassel ['tæsəl], *n.* **1** fiocco; nappa; fiocchetto; nappina **2** (*bot.*) pennacchio; infiorescenza staminifera; barba (*del granoturco*) **3** segnalibro (*a forma di fiocco*).
to tassel ['tæsəl], **A** *v. t.* **1** ornare con fiocchi; infiocchettare; provvedere di nappe **2** (*agric.*) cimare (*piante di granoturco*). **B** *v. i.* (*del granoturco, spesso* **to t. out**) fiorire.
tastable ['teistəbl], *a.* gustabile; degustabile.
to taste [teist], **A** *v. t.* **1** gustare; assaporare; assaggiare; degustare: **I haven't tasted food for two days**, non assaggio cibo da due giorni; (*fig.*) **to t. success**, assaporare il successo; **Will you taste this Sardinian wine?**, vuoi degustare questo vino sardo? **2** (*anche fig.*) sentire; sentire il sapore di; provare: **I fancy I taste onions**, mi pare di sentire il sapore della cipolla; **to t. the joys of freedom**, provare le gioie della libertà **3** fare l'assaggiatore di: **Mr Smith tastes tea**, Mr Smith fa l'assaggiatore di tè. **B** *v. i.* (*anche fig.*) sapere di; sentire di; aver (*buon, cattivo, ecc.*) sapore: **This cake tastes good** (*o* **nice**), questa torta ha un buon sapore; **This tea tastes bitter**, questo tè sa d'amaro. ● **to t. of**, saper di; sentire di; (*fig., lett.*) provare, assaporare: **This cake tastes of almonds**, questa torta sa di mandorle; **He has never tasted of success**, non ha mai assaporato il successo □ (*di cibo*) **not to t. of anything**, non sapere di nulla; non avere alcun sapore.
taste [teist], *n.* **1** gusto (*quasi in ogni senso*); sapore; buon gusto; predilezione; propensione; preferenza: **Sugar is sweet to the t.**, lo zucchero è dolce al gusto; **My t. has gone**, ho perso il (senso del) gusto; **It has no t.**, non ha sapore; è insapore; **She has a t. for music**, ha gusto per la musica; **a man of t.**, un uomo di buon gusto; **Your remark was in bad t.**, la tua osservazione fu di cattivo gusto; **the bitter t. of defeat**, il sapore amaro della sconfitta; **They have a t. for English literature**, hanno una propensione per la letteratura inglese **2** attitudine; disposizione; inclinazione: **He has no t. for business**, non ha attitudine agli affari **3** bocconcino; tantino; po' (di q.c.); assaggio (*di cibo*): **Will you have a t. of my ice cream?**, vuoi un po' del mio gelato? **4** (*cucina*) assaggio; degustazione **5** (*fig.*) saggio; campione: **In his writings he gives us a t. of his learning**, nei suoi scritti egli ci dà un saggio della sua erudizione. ● (*anat.*) **t. bud**, papilla gustativa □ **a t. for red ties**, una preferenza per le cravatte rosse □ (*anche fig.*) **to leave a bad t. in the mouth**, lasciare la bocca amara □ **Is it to your t.?**, è di tuo gusto? □ (*nelle ricette*) **Add salt to t.**, aggiungete sale a piacere □ (*prov.*) **Tastes differ** (*o* **There is no accounting for tastes**), tutti i gusti sono gusti; dei gusti non si discute.
tasteful ['teistful], *a.* di gusto; di buon gusto; raffinato: **t. furniture**, mobili di buon gusto.
tastefulness ['teistfulnis], *n.* buon gusto.
tasteless ['teistlis], *a.* **1** insaporo; insipido; scipito **2** privo di gusto; di cattivo gusto: **t. decorations**, decorazioni di cattivo gusto.
tastelessness ['teistlisnis], *n.* **1** insipidità; insipidezza; scipitezza **2** mancanza di gusto; cattivo gusto.
taster ['teistə*], *n.* **1** assaggiatore; degustatore **2** tazza per assaggiare vini **3** assaggiatore (*per formaggio, ecc.*) **4** (*fam.*) lettore di manoscritti; consulente editoriale.
tasting ['teistiŋ], *n.* degustazione; assaggio.

tasty ['teisti], *a.* **1** gustoso; saporoso; saporito **2** (*pop.*) di buon gusto; raffinato **3** (*di notizia, ecc.*) interessante; succoso. ● (*cucina*) **a t. dish**, un manicaretto; un intingolo.
to tat [tæt], **A** *v. i.* fare il merletto; fare pizzi e guarnizioni. **B** *v. t.* fare (*un lavoro*) a merletti.
tat [tæt], *n.* — **tit for tat**, *V.* tit (2).
ta-ta ['tæ'ta:], *inter.* (*infant.*) ciao.
tatter ['tætə*], *n.* (*di solito al pl.*) cencio; straccio; brandello: **dressed in tatters**, vestito di stracci; cencioso; **in tatters**, a brandelli; sbrindellato.
tatterdemalion [,tætədə'meiljən], *n.* (*raro*) straccione.
tattered ['tætəd], **tattery** ['tætəri], *a.* stracciato; cencioso; lacero; a brandelli; sbrindellato. ● **to have a t. reputation**, avere un pessima fama.
tattiness ['tætinis], *n.* (*fam.*) **1** disordine; cattivo stato **2** cenciosità; trasandatezza.
tatting ['tætiŋ], *n.* (*moda*) merletto elaborato; pizzo annodato (*per guarnizioni*); chiacchierino; «frivolité».
to tattle ['tætl], **A** *v. i.* chiacchierare; ciarlare; cianciare; spettegolare. **B** *v. t.* **1** dire (*parole*) a vanvera **2** divulgare scioccamente (*un segreto*).
tattle ['tætl], *n.* chiacchiere; ciarle; ciance; discorso a vanvera.
tattler ['tætlə*], *n.* chiacchierone; ciarlone; pettegolo.
tattoo (1) [tə'tu:], *n.* (*pl.* **tattoos**) **1** (*solo al sing.*) (*mil.*) ritirata (*segnale serale*): **to beat the t.**, suonare la ritirata **2** tamburellamento (*con le dita, ecc.*) **3** carosello militare, parata (*spettacolo*). ● **to beat the devil's t.**, tamburellare con le dita (*in segno d'impazienza o sopra pensiero*).
to tattoo (1) [tə'tu:], **A** *v. i.* **1** (*mil.*) suonare la ritirata **2** tamburellare con le dita. **B** *v. t.* battere su (*un tamburo, il pavimento, ecc.*).
tattoo (2) [tə'tu:], *n.* (*pl.* **tattoos**) tatuaggio.
to tattoo (2) [tə'tu:], *v. t.* tatuare.
tattooed [tə'tu:d], *a.* tatuato.
tattooing [tə'tu:iŋ], *n.* tatuaggio.
tattooist [tə'tu:ist], *n.* chi fa tatuaggi.
tatty ['tæti], *a.* (*fam.*) **1** in disordine; malandato; malridotto; scalcagnato; scalcinato **2** (*d'abito*) cencioso; trasandato; sbrindellato.
tau [tau], *n.* tau (*diciannovesima lettera dell'alfabeto greco*). ● **tau cross**, croce a tau □ (*fis. nucl.*) **tau meson**, mesone tau.
taught [tɔ:t], *pass.* e *p. p.* di **to teach**.
taunt (1) [tɔ:nt], *n.* aspro rimprovero; osservazione sarcastica; scherno; sarcasmo; dileggio: **He couldn't stand their taunts any longer**, non poteva più sopportare i loro scherni.
taunt (2) [tɔ:nt], *a.* (*naut.: d'albero*) molto alto.
to taunt [tɔ:nt], *v. t.* **1** rimproverare aspramente; criticare con sarcasmo; rinfacciare: **He taunted me with having lost my money**, mi rimproverò aspramente perché avevo perso il denaro **2** beffare; farsi beffe di; dileggiare; irridere a; deridere; schernire **3** provocare; stuzzicare; tormentare.
tauntingly ['tɔ:ntiŋli], *avv.* **1** aspramente; ingiuriosamente **2** sarcasticamente; per scherno.
Taurean ['tɔ:riən], (*astrologia*) **A** *n.* persona nata sotto il segno del Toro. **B** *a.* del Toro.
tauriform ['tɔ:rifɔ:m], *a.* (*lett.*) tauriforme.
taurine ['tɔ:rain], *a.* taurino.
tauromachy [tɔ:'rɔməki], *n.* tauromachia.
Taurus ['tɔ:rəs], **A** *n.* **1** (*astron., astrologia*) Toro (*costellazione e II segno dello Zodiaco*) **2** (*astrologia*) (un) toro; individuo nato sotto il segno del Toro. **B** *a.* (*astrologia*) del Toro.
taut [tɔ:t], *a.* **1** teso; tirato; rigido: **a t. rope**, una corda tesa; **t. nerves**, nervi tesi **2** (*fig.*) tirato; stiracchiato: **a t. smile**, un sorriso stiracchiato **3** (*specialm. di nave*) in buone condizioni; in ordine.
to tauten ['tɔ:tən], **A** *v. t.* tendere; tirare; irrigidire. **B** *v. i.* tendersi; irrigidirsi.
tautness ['tɔ:tnis], *n.* tensione; l'esser teso; rigidità.
tautological [,tɔ:tə'lɔdʒikəl], *a.* tautologico.
tautologist [tɔ:'tɔlədʒist], *n.* chi fa uso di tautologie.
to tautologize [tɔ:'tɔlədʒaiz], *v. i.* fare uso di tautologie.
tautology [tɔ:'tɔlədʒi], *n.* tautologia.
tautomer ['tɔ:təmə*], *n.* (*chim.*) composto tautomero.
tautomeric [,tɔ:tə'merik], *a.* (*chim.*) tautomero.
tautomerism [tɔ:'tɔmərizm], *n.* (*chim.*) tautomeria.
tavern ['tævən], *n.* **1** (*specialm. USA*) taverna; osteria; bettola **2** locanda. ● **t.-keeper**, taverniere; oste.
taw [tɔ:], *n.* **1** gioco delle palline **2** pallina; biglia **3** linea da cui lanciare le palline.
to taw [tɔ:], *v. t.* (*ind.*) conciare (*pelli*) con l'allume; allumare.
tawdriness ['tɔ:drinis], *n.* vistosità; cattivo gusto; pacchianeria.
tawdry ['tɔ:dri], *a.* vistoso; sgargiante; di cattivo gusto; pacchiano; di scarso valore: da due soldi (*fig.*): **a t. necklace**, una collana da due soldi.

tawer ['tɔ:ə*], *n.* conciatore di pelli (*con l'allume*).
tawery ['tɔ:əri], *n.* conceria di pelli (*mediante allume*).
tawing ['tɔ:iŋ], *n.* (*ind.*) concia (*di pelli*) con l'allume.
tawniness ['tɔ:ninis], *n.* color bruno fulvo.
tawny ['tɔ:ni], *a.* bruno fulvo; bronzeo.
tawse [tɔ:z], *n.* (*raro*) **1** cinghia **2** – (*fig.*) **the t.**, la cinghia; le pugliese.
tax [tæks], *n.* **1** imposta, tassa (*l'ingl. non fa distinzione fra i due termini*); tributo; contributo; dazio; gravame: **to pay one's taxes**, pagare le tasse; **income tax**, imposta sul reddito; **land tax**, imposta fondiaria; **purchase tax** (*USA*: **sales tax**), imposta generale sull'entrata; **value-added tax** (*abbr.* **VAT**), imposta sul valore aggiunto (*abbr.* **I.V.A.**); **local taxes**, tributi locali; **a new tax on sugar**, una nuova imposta (*o* tassa) sullo zucchero. **2** (*solo al sing.*) (*fig.*) carico; peso; gravame; onere; dispendio (*fig.*); sforzo: **a tax on sb.'s strength (energies)**, una cosa che richiede un dispendio di forze (d'energie) per q.; **It's a heavy tax on him**, per lui è un grave peso; **a tax on sb.'s health**, una cosa che richiede uno sforzo dannoso per la salute di q.; **a tax on sb.'s patience**, una cosa che richiede molta pazienza (*o* che mette a dura prova la pazienza). ● **tax collector**, esattore delle imposte □ **tax consultant**, fiscalista; tributarista □ (*autom.*) **tax disk**, (dischetto del) bollo □ (*fam.*) **tax dodger**, evasore fiscale □ **tax exile** (*o* **tax expatriate**), chi si rifugia all'estero per sottrarsi al fisco □ **tax farmer**, appaltatore della riscossione delle imposte □ **tax-free** (*o* **tax-exempt**), esente da imposte □ (*fin.*) **tax haven**, paradiso fiscale □ **tax-payer**, contribuente □ **tax register**, anagrafe tributaria □ **tax relief**, detrazione fiscale (*o* dalle tasse) □ **tax return**, denuncia delle imposte (*anche*) cartella delle tasse □ **tax roll**, ruolo dei contribuenti □ (*autom.*) **annual tax on motor vehicles**, tassa (annuale) di circolazione.
to tax [tæks], *v. t.* **1** tassare; decretare imposte su (q.c.); imporre tributi a (q.); gravare con tributi: **to tax sugar**, decretare un'imposta sullo zucchero; **to tax the rich heavily**, imporre pesanti tributi ai ricchi **2** affaticare; gravare; sforzare; mettere a dura prova: **The work taxed his strength**, il lavoro lo affaticò molto; **to tax sb.'s patience**, mettere a dura prova la pazienza di q. **3** accusare; tacciare: **I was taxed with negligence**, fui tacciato di negligenza.
taxability [,tæksə'biliti], *n.* (*fin.*) imponibilità.
taxable ['tæksəbl], **A** *a.* imponibile; soggetto a imposta; tassabile; soggetto a tassazione: **t. income**, reddito imponibile; **t. value**, valore imponibile; imponibile. **B** *n.* soggetto d'imposta. ● **t. capacity**, capacità contributiva □ **t. year**, anno fiscale.
taxation [tæk'seiʃən], *n.* **1** tassazione **2** regime fiscale **3** (*collett.*) imposte; tasse. ● **t. at source**, ritenuta alla fonte □ **t. consultant**, fiscalista; tributarista □ (*leg.*) **t. law**, diritto tributario.
taxi ['tæksi], *n.* (*pl.* **taxis, taxies**) (*anche* **t.-cab**) taxi, tassì; automobile pubblica. ● (*ingl.*) **t. dancer** (*o* **t. girl**), taxi girl; entraîneuse (*franc.*) □ **t.-man** (*o* **t.-driver**), tassista; conducente d'auto pubblica □ **t. rank** (*USA* **t. stand**), posteggio di taxi □ **air t.** (*o* **t.-plane**), aeroplano da noleggio; aerotaxi.
to taxi ['tæksi], **A** *v. i.* **1** andare in taxi **2** (*d'aeroplano*) rullare (*sulla pista*) **3** (*d'idrovolante*) flottare. **B** *v. t.* trasportare in taxi.
taxidermal [,tæksi'də:məl], **taxidermic** [,tæksi'də:mik], *a.* tassidermico.
taxidermist ['tæksidə:mist], *n.* tassidermista.
taxidermy ['tæksidə:mi], *n.* tassidermia.
taximeter ['tæksi,mi:tə*], *n.* tassametro.
taxin ['tæksin], *n.* (*scient.*) tassina.
taxis ['tæksis], *n.* (*pl.* **taxes**) (*fisiologia*) tassia; tattismo.
taxiway ['tæksiwei], *n.* (*aeron.*) pista di rullaggio.
taxonomic(al) [,tæksə'nɔmik(əl)], *a.* tassonomico.
taxonomist [tæk'sɔnəmist], *n.* tassonomo.
taxonomy [tæk'sɔnəmi], *n.* tassonomia.
Taylorism ['teilərizəm], *n.* (*econ.*) taylorismo.
tea [ti:], *n.* tè: **Buy three quarter-pound packets of tea**, compra tre pacchetti da un quarto di libbra di tè; **a cup of tea**, una tazza di tè; **Will you make (the) tea, please?**, vuoi fare il tè, per favore?; **We have tea at five o'clock**, prendiamo il tè alle cinque. ● **tea bag**, bustina di tè □ **tea ball**, uovo da tè (*di metallo, bucherellato, per l'infusione*) □ **tea-caddy**, scatola per il tè □ **tea break**, intervallo (*o* sosta) per il tè □ **tea-cake**, pastina da tè; focaccia dolce (*imburrata*) □ **tea-chest**, cassa da tè □ **tea-cloth**, tovaglia da tè □ **tea-cosy**, copriteiera □ **tea-dance**, tè danzante □ (*fam.*) **tea-fight**, tè (*trattenimento*) □ **tea-garden**, piantagione di tè; giardino dove si serve il tè; (*in G.B.*) posto di ristoro all'aperto □ **tea-gown**, vestito da casa; vestaglia (*da dama*) □ **tea-house**, casa da tè (*in Cina o in Giappone*) □ **tea-kettle**, bricco per il tè; bollitore da tè □ **tea-leaf**, foglia di tè; (*pop.*) ladro: **to tell fortunes by examining the tea-leaves**, predire la sorte esaminando le foglie del tè (i fondi del tè) □ **tea-party**, tè

(*trattenimento*) □ (*bot.*) **tea-plant** (*Thea sinensis*), tè □ **tea-planter**, piantatore di tè □ **tea-room**, sala da tè □ (*bot.*) **tea-rose**, rosa tea □ **tea-service** (*o* **tea-set**), servizio da tè □ **tea-strainer**, colino per il tè □ **tea-table**, tavolino da tè □ **tea-table conversation**, conversazione spicciola, leggera, frivola □ **tea things**, servizio da tè □ **tea time**, l'ora del tè □ **tea towel**, straccio da cucina; strofinaccio □ **tea-tray**, vassoio da tè □ **tea trolley**, carrello da tè □ **tea-urn**, grande bollitore da tè; samovar □ (*USA*) **tea-wagon**, V. **tea trolley** □ **beef tea**, brodo ristretto di manzo □ **camomile tea**, infuso di camomilla □ **five-o'-clock tea**, il tè delle cinque □ **high tea**, tè completo; pasto pomeridiano (*in luogo della cena*), in cui si beve tè □ **plain tea**, merenda.
to tea [ti:], (*raro*) **A** *v. i.* prendere il tè: **We tea at half past four**, prendiamo il tè alle quattro e mezzo. **B** *v. t.* offrire il tè a (q.).
teacart ['ti:,ka:t], *n.* (*USA*) carrello da tè (*cfr. ingl.* **tea trolley**).
to teach [ti:tʃ] (*pass.* e *p. p.* **taught**), *v. t.* e *i.* insegnare; istruire; ammaestrare; fare l'insegnante; fare lezioni: **I'll t. you (how) to play cricket**, t'insegno io a giocare a cricket; **John teaches maths**, Giovanni insegna matematica; **to t. young people**, istruire i giovani; **I was never taught this**, nessuno me l'ha mai insegnato; (*fam.*) **I'll t. him to meddle in my affairs**, glielo insegno io a immischiarsi nei fatti miei! ● **to t. for a living**, guadagnarsi la vita insegnando □ (*fig.*) **to t. sb. a lesson**, dare una lezione a q. □ (*fam. USA*) **to t. school**, fare l'insegnante □ **That will t. you a lesson**, ciò ti servirà di lezione □ **That will t. him**, così imparerà.
teachability [,ti:tʃə'biliti], *n.* **1** disposizione a imparare; capacità d'apprendimento; ricettività **2** comprensibilità; accessibilità.
teachable ['ti:tʃəbl], *a.* **1** (*di persona*) disposto a imparare; ricettivo; (*di animale*) ammaestrabile **2** (*di cosa*) comprensibile; accessibile.
teachableness ['ti:tʃəblnis], V. **teachability**.
teacher ['ti:tʃə*], *n.* insegnante; docente; professore, professoressa; maestro, maestra: **the Latin t.**, l'insegnante di latino. ● **the t. of the subject**, l'insegnante della materia □ **driving t.**, istrutore (*di scuola di guida*).
teachership ['ti:tʃəʃip], *n.* professione d'insegnante; insegnamento.
teach-in ['ti:tʃin], *n.* **1** teach-in; dibattito; tavola rotonda **2** (*polit.*) manifestazione di protesta con discorsi, dibattiti, ecc.
teaching ['ti:tʃiŋ], *n.* **1** insegnamento; istruzione: **He took up history t.**, si diede all'insegnamento della storia **2** (*pl.*) insegnamenti; dottrina: **the teachings of the Church**, gl'insegnamenti (*o* la dottrina) della Chiesa. ● **t. aids**, sussidi didattici □ **t. hospital**, ospedale dove fa pratica □ **t. machines**, macchine per l'insegnamento (*per l'istruzione programmata*) □ **t. obligations**, obbligo d'insegnamento □ **t. position** (*o* **post**), posto d'insegnante; cattedra (*fig.*) □ **t. staff**, corpo docente.
teacup ['ti:kʌp], *n.* tazza da tè. ● **a storm in a t.**, una tempesta in un bicchier d'acqua; molto rumore per nulla.
teacupful ['ti:kʌp,ful], *n.* (*pl.* **teacupfuls, teacupsful**) (quanto sta in una) tazza da tè.
teak [ti:k], *n.* (*bot., Tectona grandis*) tek (*l'albero e il legno*).
teal [ti:l], *n.* (*pl.* **teal, teals**) (*zool., Anas crecca*) alzavola.
team [ti:m], *n.* **1** squadra (*d'operai, giocatori, ecc.*); gruppo (*di lavoro*); (*sport*) compagnie: **a football t.**, una squadra di calcio; **a t. of scientists**, un gruppo di scienziati che lavorano insieme **2** (*d'animali*) attacco, tiro (*di cavalli*): **a t. of four horses**, un tiro a quattro. ● **t.-mate**, compagno di squadra □ **t. spirit**, spirito di corpo □ **t.-work**, lavoro di gruppo; sforzo combinato.
to team [ti:m], *v. t.* **1** attaccare (*cavalli*); aggiogare (*buoi*) **2** trasportare con un tiro (*di cavalli*). ● (*fam.*) **to t. up**, (*d'oggetto*) andare d'accordo, stare bene, combinarsi (*con un altro*) □ (*fam.: di persona*) **to t. up with sb.**, collaborare con q.; lavorare in squadra con q.; fare uno sforzo combinato con q.
teamster ['ti:mstə*], *n.* **1** chi guida un tiro (*di cavalli*) **2** (*USA*) camionista; autotrasportatore. ● (*USA*) **t.-owner**, trasportatore indipendente (*che lavora in proprio*); padroncino.
teapot ['ti:pɔt], *n.* teiera.
to tear [tɛə*] (*pass.* **tore**, *p. p.* **torn**), **A** *v. t.* **1** lacerare; stracciare; squarciare; rompere; strappare: **to t. a piece of cloth in two**, strappare in due un pezzo di stoffa; **to t. a letter up** (*o* **to pieces**), stracciare una lettera; **She tore her skirt on a thorn**, uno spino le fece uno strappo nella sottana; **to t. one's skin**, lacerarsi la pelle; (*anche fig.*) **to t. one's hair**, strapparsi i capelli; **to t. two pages out of an exercise-book**, strappare due pagine da un quaderno **2** logorare; consumare: **an old torn jacket**, una giacca vecchia e logora **3** (*anche fig.*) straziare: **He was torn to pieces by a lion**, fu dilaniato (*o* fatto a pezzi) da un leone; **a party torn by factions**, un partito dilaniato dalle correnti (*o* dalle fazioni); **He was torn by jealousy**, era straziato (*o* tormentato*) dalla gelosia. **B** *v. i.* **1** lacerarsi; stracciarsi; squarciarsi; rompersi; strapparsi: **This cloth tears easily**, questa stoffa si straccia facilmente **2** andare a tutta velocità; correre velocemente; precipitarsi:

tear (1)

He tore into the room, si precipitò nella stanza. ● to t. about (o around), correre all'impazzata □ to t. asunder, strappare (l'uno dall'altro); staccare; separare □ to t. at, cercar di strappare (o di staccare); tirare, dare uno strappo a; dilaniare, straziare (fig.): I tore at the envelope, diedi uno strappo alla busta □ to t. down, strappare (un manifesto, ecc.); staccare, tirare giù (un avviso, ecc.); demolire (un edificio, un argomento, ecc.); scendere a precipizio, precipitarsi: to t. down a skyscraper, demolire un grattacielo; I tore downstairs, mi precipitai da basso □ to t. a hole, fare un buco: The nail tore a hole in her dress, il chiodo le fece un buco nel vestito □ (fam.) to t. into, attaccare violentemente; devastare; distruggere; criticare aspramente □ (pop.) to t. it, guastar tutto; sciupar tutto □ to t. off, andarsene (o partire) a precipizio; lacerare, strappare; (fam.) buttar giù, comporre rapidamente □ (fig., raro) to t. sb. off a strip, dare una bella sgridata a q. ● to t. open, aprire (una lettera, un pacco, ecc.: strappando la busta o l'involucro) □ to t. up, strappare, stracciare; svellere, sradicare; (fig.) rompere (un patto, ecc.); salire a precipizio, correre su: He tore up the membership card, strappò la tessera (d'iscrizione); to t. up a plant (by the roots), sradicare una pianta □ I couldn't t. myself away from the spot of the accident, non riuscivo a staccarmi dal luogo dell'incidente □ The runners tore off, i corridori partirono come razzi □ (fam.) That's torn it! (o That tears it!), è finita!; siamo nei guai!

tear (1) [tɛə*], n. 1 lacerazione; rottura; squarcio; strappo 2 (med.) ferita lacera. ● (fam.) to go full t., andare a spron battuto; andare a razzo (fam.).

tear (2) [tɪə*], n. lacrima, lagrima; goccia, gocciola, stilla: The girl broke (o burst) into tears, la ragazza scoppiò in lacrime; to shed tears, versar lacrime; to weep bitter tears, piangere lacrime amare. ● (mil.) t.-bomb (o t.-shell), bomba lacrimogena □ t.-drop, lacrima □ (mil.) t.-gas, gas lacrimogeno □ a t.-stained face, un viso rigato (impiastricciato) di lacrime □ big tears, grosse lacrime; luccicconi □ to find sb. in tears, trovar q. con le lacrime agli occhi (o in lacrime) □ in tears, in lacrime; piangente; piangendo □ (lett.) to move sb. to tears, muovere q. al pianto.

tearaway ['tɛərəweɪ], (pop.) A a. avventato; impetuoso; violento. B n. 1 persona impetuosa 2 (spreg.) giovinastro; bullo.

tearful ['tɪəfʊl], a. 1 piangente; in lacrime; lacrimoso; lagrimoso 2 lacrimevole; lagrimevole; doloroso; triste: a t. event, un avvenimento doloroso.

tearfulness ['tɪəfʊlnɪs], n. l'essere lacrimevole, lacrimoso (V. tearful).

tearing ['tɛərɪŋ], a. avventato; impetuoso; violento: t. rage, ira violenta. ● at a t. pace, di corsa; a precipizio; a rotta di collo □ to be in a t. hurry, avere una fretta terribile.

tear(-)jerker ['tɪə,dʒɜːkə*], n. romanzo (film, ecc.) strappalacrime.

tearless ['tɪəlɪs], a. 1 senza lacrime; senza pianto: t. sorrow, dolore senza lacrime 2 incapace di piangere.

to tease [tiːz], v. t. 1 stuzzicare; importunare; indispettire; irritare; infastidire; molestare; seccare; tormentare; burlare; tampinare (dial.); (anche) prendere in giro, canzonare: Don't t. your younger brother, non indispettire (molestare, ecc.) il tuo fratellino!; He always teased his father for money (o to give him money), importunava di continuo suo padre per farsi dare denaro; Come on, I'm just teasing!, dai, non dico sul serio! 2 (ind. tessile) cardare; pettinare; garzare: to t. (out) flax, cardare il lino 3 (USA) pettinare (i capelli) all'indietro.

tease [tiːz], n. (fam.) chi stuzzica, chi molesta, ecc.; persona importuna; seccatore, seccatrice; burlone, burlona.

teasel ['tiːzl], n. 1 (bot., Dipsacus) cardo 2 (ind. tessile) cardo; garzo.

to teasel ['tiːzl], v. t. (ind. tessile) cardare; pettinare; garzare. ● teaselling machine, carda; garzatrice.

teaser ['tiːzə*], n. 1 V. tease 2 (fam.) domanda imbarazzante; problema difficile; rompicapo 3 (ind. tessile) carda; garzatrice (macchina) 4 (ind. tessile) cardatore, cardatrice; garzatore, garzatrice (operai).

teasingly ['tiːzɪŋlɪ], avv. in modo importuno, fastidioso.

teasle ['tiːzl], V. teasel.

teaspoon ['tiːspuːn], n. cucchiaino da tè.

teaspoonful ['tiːspuːnˌfʊl], n. (pl. **teaspoonfuls, teaspoonful**) (quanto contiene un) cucchiaino da tè.

teat [tiːt], n. 1 (anat.) capezzolo 2 tettarella 3 (di una mucca, ecc.) mammella.

teazel, teazle, to teazel, to teazle ['tiːzl], V. teasel, to teasel.

tec [tɛk], n. (abbr. pop. di detective) investigatore privato; detective.

tech [tɛk], n. 1 (abbr. fam. di technical college) politecnico 2 (abbr. di technology) tecnologia.

technetium [tɛkˈniːʃɪəm], n. (chim.) tecnezio.

technic ['tɛknɪk], A a. (raro) V. technical. B n. 1 V.

technique 2 (spesso pl.) termine tecnico 3 (pl., ma a volte col verbo al sing.) tecnica; tecnologia.

technical ['tɛknɪkəl], a. tecnico: t. education, istruzione tecnica; t. schools, scuole tecniche; t. terms, voci tecniche. ● t. college, politecnico □ (pugilato) t. knockout, knockout (fam. K.O.) tecnico.

technicality [ˌtɛknɪˈkælɪtɪ], **technicalness** ['tɛknɪkəlnɪs], n. 1 tecnicità 2 tecnicismo; carattere (particolare, termine, ecc.) tecnico 3 dettaglio tecnico (basato su stretta interpretazione di regole, ecc.): The case was dismissed on a t., la causa fu respinta per un dettaglio tecnico. ● (sport) to lose on a t., perdere per K.O. tecnico.

technician [tɛkˈnɪʃən], n. tecnico; perito. ● dental t., odontotecnico (sost.).

Technicolor ['tɛknɪˌkʌlə*], n. (cinem., marchio) technicolor.

technique [tɛkˈniːk], n. tecnica; metodo; metodica; abilità, arte (nel fare q.c.): That pianist has a poor t., la tecnica di quel pianista è scadente.

technocracy [tɛkˈnɒkrəsɪ], n. (econ.) tecnocrazia.

technocrat ['tɛknəkræt], n. (econ.) tecnocrate.

technocratic [ˌtɛknəˈkrætɪk], a. (econ.) tecnocratico.

technologic(al) [ˌtɛknəˈlɒdʒɪk(əl)], a. tecnologico: t. gap, divario tecnologico.

technologist [tɛkˈnɒlədʒɪst], n. tecnologo.

to technologize [tɛkˈnɒlədʒaɪz], v. t. tecnologizzare.

technology [tɛkˈnɒlədʒɪ], n. tecnologia.

technostructure [ˌtɛknəˈstrʌktʃə*], n. (econ.) tecnostruttura.

techy ['tɛtʃɪ], V. tetchy.

tectological [ˌtɛktəˈlɒdʒɪkəl], a. (biol.) morfologico; strutturale.

tectology [tɛkˈtɒlədʒɪ], n. (biol.) morfologia; struttuazione.

tectonic [tɛkˈtɒnɪk], a. 1 (geol.) tettonico 2 (archit.) architettonico; strutturale.

tectonics [tɛkˈtɒnɪks], n. pl. (col verbo al sing.) 1 (geol.) tettonica 2 (ing. civile) scienza delle costruzioni.

tectorial [tɛkˈtɔːrɪəl], a. (scient.) tegumentale; di rivestimento. ● (anat.) t. membrane, membrana tectoria (dell'orecchio).

tectrix ['tɛktrɪks], n. (pl. **tectrices**) (zool.) penna copritrice, tettrice.

ted [tɛd], (pop.) V. teddy boy.

to ted [tɛd], v. t. (agric.) stendere, rivoltare, voltare (il fieno).

tedder ['tɛdə*], n. (agric.) 1 chi stende (o rivolta) il fieno 2 voltafieno (macchina).

Teddy ['tɛdɪ], n. dim. di **Edmund, Edward, Theodore**.

teddy bear ['tɛdɪ ˌbɛə*], n. orsacchiotto di pezza (giocattolo).

teddy boy ['tɛdɪ ˌbɔɪ], n. teddy boy; teppista.

Te Deum ['tiːˈdiːəm] (lat.), n. (pl. **Te Deums**) (relig.) Te Deum: (anche fig.) **to sing Te Deum**, cantare il Te Deum.

tedious ['tiːdjəs], a. tedioso; noioso; fastidioso; seccante; uggioso: a t. ceremony, una cerimonia noiosa.

tediousness ['tiːdjəsnɪs], **tedium** ['tiːdjəm], n. noia; fastidio; tedio; uggia.

tee, te (1) [tiː], n. 1 ti; lettera t 2 oggetto a forma di T. ● tee-shirt, maglietta a girocollo □ (fig.) to a tee, con grande esattezza; a puntino; a pennello.

tee (2) [tiː], n. 1 (golf) «tee» (mucchietto di sabbia da cui si batte la palla all'inizio del gioco) 2 (nei giochi delle piastre, delle bocce, ecc.) bersaglio.

to tee [tiː], (golf) A v. t. collocare (la palla) sul «tee» (V. tee (2)). B v. i. collocare la palla sul «tee». ● to tee off, cominciare la partita, dare la mazzata iniziale; (fig.) cominciare, iniziare □ (fig.) to tee up, preparare; approntare; organizzare □ (golf) teeing-ground, piazzola di partenza.

to teem [tiːm], v. i. abbondare; brulicare; formicolare; pullulare; esser pieno zeppo: **Forests teem with snakes here**, qui le foreste brulicano di serpenti; **Trout t. in this lake**, le trote pullulano in questo lago; **His books t. with blunders**, i suoi libri sono zeppi d'errori.

teeming (1) ['tiːmɪŋ], a. 1 brulicante; formicolante; pullulante 2 fecondo; fertile: **the t. earth**, la feconda terra. ● t. with, pieno di; zeppo di.

teeming (2) ['tiːmɪŋ], n. (metall.) colata.

teen-age ['tiːneɪdʒ], a. attr. di (o da, o per) adolescente; giovanile: t. fashions, articoli di moda per adolescenti.

teen-aged ['tiːneɪdʒd], V. teen-age.

teen-ager ['tiːnˌeɪdʒə*], n. 1 teen-ager; adolescente (fra i 13 e i 19 anni d'età) 2 (per estens.) giovane (fino ai 21 anni e oltre).

teens [tiːnz], n. pl. l'età fra i 13 e i 19 anni (nella vita dell'uomo): adolescenza (teen è il suffisso dei numeri cardinali fra **thirteen**, a 19, **nineteen**). ● **a girl in her t.**, una giovinetta; un'adolescente □ **to be in one's t.**, essere un adolescente.

teeny ['tiːnɪ], (fam.) V. teen-ager; adolescente.

teeny (2) ['tiːnɪ], a. (fam.) molto piccolo; piccino; (infantile) t. weeny, piccolissimo; piccino picciò.

teenybopper ['tiːnɪˌbɒpə*], n. (pop.) preadolescente (specialm.

ragazzina) musicomane; fanatica per la musica pop.
teepee ['ti:pi:], V. **tepee**.
to teeter ['ti:tə*], v. i. **1** camminare con passo malfermo **2** (anche fig.) traballare; pencolare; essere pericolante.
teeth [ti:θ], **A** pl. di **tooth**. **B** n. pl. (fig.) forza; potere; strumenti (fig.): **to have the necessary t. to deal with terrorism**, avere gli strumenti necessari per affrontare il terrorismo. ● (meteorologia, naut.) **t. of the gale**, direzione da cui viene il vento.
to teethe [ti:ð], v. i. (di bambino) mettere i (primi) denti.
teething [ti:ðiŋ], n. (fisiologia) dentizione. ● **t. ring**, dentaruolo □ **t. troubles**, (med.) disturbi della dentizione; (fig.) difficoltà (o problemi) iniziali.
teetotal [ti:'toutl], a. **1** astemio (per principio) **2** antialcolico; contrario all'uso degli alcolici: **a t. league**, una lega antialcolica. ● **a t. meeting**, una riunione contro l'uso degli alcolici □ **t. pledge**, impegno di rinunciare all'alcol.
teetotalism [ti:'toutlizəm], n. astinenza dalle bevande alcoliche.
teetotaller [ti:'toutlə*], n. astemio, astemia (per principio).
teetotum ['ti:tou'tʌm], n. (arc.) trottolino (giocattolo da girare con le dita; nella parte superiore divisa in quattro facce segnate con lettere; trottola per giochi d'azzardo).
Teflon ['teflɔn], n. (marchio) teflon.
teg [teg], n. pecora (o montone) di due anni.
tegular ['tegjulə*], a. **1** di (o simile a) tegola **2** ordinato a mo' di tegole.
tegument ['tegjumənt], n. (scient.) tegumento.
tegumental [ˌtegju'mentl], **tegumentary** [ˌtegju'mentəri], a. (scient.) tegumentale; tegumentario.
te-hee [ti:'hi:], n. risata sommessa; risatina.
to te-hee [ti:'hi:], v. i. ridere sommessamente; ridacchiare.
teil [ti:l], n. (bot., Tilia europaea) tiglio.
telaesthesia [ˌtelisˈθi:zjə], n. (scient.) telestesia.
telamon ['teləmən], n. (pl. **telamones**) (archit.) telamone; atlante.
telautogram [te'lɔ:təgræm], n. messaggio di teleautografo.
Telautograph [te'lɔ:təgra:f], n. (marchio) teleautografo.
tele ['teli], n. (abbr. fam. USA di **television**) televisione; tivù.
telecamera [ˌteli'kæmərə], n. telecamera.
to telecast ['telikɑ:st] (pass. e p. p. **telecast**), v. t. trasmettere per televisione; teletrasmettere; telediffondere. ● **telecast news**, telegiornale □ **telecast novel**, teleromanzo.
telecast ['telikɑ:st], n. trasmissione televisiva; teletrasmissione.
telecaster ['telikɑ:stə*], n. telecronista.
telecommunications [ˌtelikəˌmju(:)niˈkeiʃənz], n. pl. telecomunicazioni.
telecontrol ['telikənˌtroul], n. telecomando.
to telecontrol ['telikənˌtroul], v. t. telecomandare.
telecopier ['teliˌkɔpiə*], n. telecopiatrice.
teledu ['telidu:], n. (zool., Mydaus meliceps) tasso fetente.
telefilm ['telifilm], n. telefilm.
telegenic [ˌteli'dʒenik], a. telegenico.
telegram ['teligræm], n. telegramma: **code t.**, telegramma cifrato. ● **prepaid t.**, telegramma con risposta pagata.
telegraph ['teligra:f], n. **1** telegrafo: **t. office**, ufficio del telegrafo **2** apparecchio da segnalazioni (telegrafo ottico, ecc.) **3** telegramma. ● (sport) **t. board**, tabellone (coi numeri dei cavalli in corsa) □ **t. boy**, fattorino del telegrafo □ **t. cable**, cavo telegrafico □ **t. form**, modulo telegrafico □ **t. key**, tasto del telegrafo □ **t. line**, linea telegrafica □ **t. operator**, telegrafista □ **t. pole** (o **t. post**), palo del telegrafo □ **t. wire**, cavo del telegrafo.
to telegraph ['teligra:f], v. t. e i. **1** telegrafare; trasmettere per mezzo del telegrafo: **to t. a message**, trasmettere un messaggio per telegrafo **2** telegrafare (a); mandare un telegramma (a): **I telegraphed Rome**, telegrafai a Roma; **I telegraphed my friend (in Rome)**, telegrafai al mio amico (a Roma).
telegrapher [ti'legrəfə*], n. telegrafista.
telegraphese [ˌteligra:'fi:z], n. linguaggio (o stile) telegrafico.
telegraphic [ˌteli'græfik], a. (anche fig.) telegrafico: **t. message**, dispaccio telegrafico; **t. address**, indirizzo telegrafico; (fig.) **t. style**, stile telegrafico.
telegraphically [ˌteli'græfikəli], avv. **1** telegraficamente **2** in stile telegrafico.
telegraphist [ti'legrəfist], n. telegrafista.
telegraphy [ti'legrəfi], n. telegrafia. ● **wireless t.**, telegrafia senza fili; radiotelegrafia.
Telemachus [ti'leməkəs], n. (letter.) Telemaco.
telemark ['telima:k], n. (sci) «telemark» (sorta di curva).
telematics [ˌteli'mætiks], n. pl. (col verbo al sing.) telematica (informatica applicata alle telecomunicazioni).
telemechanics ['telimi'kæniks], n. pl. (col verbo al sing.) telemeccanica.
telemedicine ['teli'medisin], n. telemedicina.
telemeter ['telimi:tə*], n. (tecn.) telemisuratore; telemetro.
telemetering ['telimi:təriŋ], n. (tecn.) telemisura; telemisurazione.
telemetric [ˌteli'metrik], a. (scient.) telemetrico.
telemetry [ti'lemitri], n. **1** telemetria **2** (elettron.) trasmissione a distanza (di dati).
teleobjective [ˌteliɔb'dʒektiv], n. (fotogr.) teleobiettivo.
teleologic(al) [ˌteliouˈlɔdʒik(əl)], a. (filos.) teleologico.
teleologist [ˌteli'ɔlədʒist], n. (filos.) teleologo.
teleology [ˌteli'ɔlədʒi], n. (filos.) teleologia.
teleoperator [ˌteli'ɔpəreitə*], n. (tecn.) operatore a distanza.
teleosts ['teliɔsts], n. pl. (zool., Teleostei) teleostei.
telepathic [ˌteli'pæθik], a. telepatico.
telepathically [ˌteli'pæθikəli], avv. telepaticamente; per telepatia.
telepathist [ti'lepəθist], n. **1** chi s'occupa di telepatia **2** persona dotata di poteri telepatici.
telepathy [ti'lepəθi], n. telepatia.
telephone ['telifoun], n. telefono: **You are wanted on the t.**, sei desiderato al telefono. ● **t.-answering system**, segreteria telefonica □ (USA) **t. book**, V. **t. directory** □ **t. booth** (o **t. box**), cabina telefonica □ **t. call**, chiamata telefonica; telefonata □ **t. directory**, elenco telefonico (o degli abbonati) □ **t. exchange**, centralino telefonico □ **t. operator**, telefonista; centralinista □ **t. receiver**, ricevitore telefonico □ **t. ringer**, suoneria telefonica □ **extension t.**, apparecchio telefonico in parallelo ● **to be on the t.**, essere al telefono; (anche) essere sull'elenco, avere il telefono □ **over the t.**, al telefono; (anche) per (mezzo del) telefono: **speaking over the t.**, parlando al telefono; **to receive orders over the t.**, ricevere (accettare) ordinazioni per telefono □ **radio t.**, radiotelefono □ **to send a message by t.**, inviare un messaggio per telefono □ **to speak through the t.**, parlare per telefono □ **written t. message**, fonogramma □ **«T.!»**, «al telefono!».
to telephone ['telifoun], v. i. e t. **1** telefonare; trasmettere per telefono **2** telefonare (a); fare una telefonata (a): **Lots of people telephoned the editor**, molte persone telefonarono al direttore del giornale.
telephonic [ˌteli'fɔnik], a. telefonico: **t. connection**, collegamento telefonico.
telephonically [ˌteli'fɔnikəli], avv. telefonicamente; per telefono.
telephonist [ti'lefənist], n. telefonista; centralinista.
telephony [ti'lefəni], n. telefonia. ● **wireless t.**, telefonia senza fili; radiotelefonia.
telephoto ['teli'foutou], **A** n. **1** telefotografia; telefoto **2** teleobiettivo. **B** a. attr. telefotografico. ● **t. lens**, teleobiettivo.
telephotograph ['teli'foutəgra:f], n. telefotografia; telefoto.
to telephotograph ['teli'foutəgra:f], v. t. **1** fotografare a distanza, col teleobiettivo **2** trasmettere (una fotografia) per mezzo della telefotografia; trasmettere (un'immagine) come telefoto.
telephotographic [ˌteliˌfoutəˈgræfik], a. telefotografico.
telephotography [ˌtelifə'tɔgrəfi], n. telefotografia (il fotografare col teleobiettivo; il trasmettere telefoto).
teleplay ['teli-plei], n. sceneggiato televisivo.
teleprinter ['teliˌprintə*], n. telescrivente; telestampante.
teleprocessing ['teli'prousesiŋ], n. (elab.) elaborazione a distanza (dei dati).
Teleprompter ['teliprɔmptə*], n. (marchio, telev.) «telesuggeritore».
telerecording [ˌteliri'kɔ:diŋ], n. registrazione televisiva.
telescope ['teliskoup], n. **1** (astron.) telescopio **2** (naut.) cannocchiale da marina (allungabile). ● (mecc.) **t. joint**, giunto a telescopio.
to telescope ['teliskoup], **A** v. t. **1** incastrare, infilare, inserire (un oggetto entro un altro, a mo' di cannocchiale) **2** (autom., ferr., ecc.) far rientrare, schiacciare, deformare (per l'urto): **The back of my car was telescoped by the impact**, l'urto fece rientrare la parte posteriore della mia auto **3** (fig.) compendiare; ridurre; restringere. **B** v. i. **1** incastrarsi; infilarsi; rientrare (come le parti di un cannocchiale) **2** (di treno, automobile, ecc.) andare a incastrarsi (in un altro veicolo): **The front and end cars telescoped into each other**, le carrozze di testa (di un treno) e di coda (dell'altro) s'incastrarono l'una nell'altra **3** (fig.) compendiarsi; ridursi; restringersi. ● (autom.: di due mezzi) **to t. together**, incastrarsi l'uno nell'altro; tamponarsi violentemente.
telescopic [ˌtelis'kɔpik], a. **1** telescopico: **t. stars**, stelle telescopiche **2** (anche **telescoping**) a cannocchiale; a telescopio; che rientra in se stesso: (mecc.) **a t. toolholder**, un portautensili a cannocchiale; **a t. glass**, un bicchiere che rientra in se stesso (da campeggio, ecc.); **a t. aerial**, un'antenna a telescopio. ● (ottica, fotogr.) **t. lens**, teleobiettivo □ (mil.) **t. sight**, cannocchiale di mira.
telescopically [ˌteli'skɔpikəli], avv. per mezzo del telescopio.
telescopist [ti'leskəpist], n. esperto in telescopia.
telescopy [ti'leskəpi], n. telescopia.
telescreen ['teli-skri:n], n. schermo televisivo; teleschermo.
telescript ['teli'skript], n. «script» (o sceneggiato) televisivo; soggetto per la televisione.

teletube ['teli,tju:b], (fam.) V. **television tube**, sotto **television**.
Teletype ['telitaip], n. 1 (marchio) telescrivente 2 rete di telescriventi 3 (raro) telemessaggio.
to teletype ['telitaip], v. t. trasmettere (un messaggio) per telescrivente.
Teletypesetter [,teli'taip,setə*], n. (tipogr., marchio) «teletypesetter»; telecompositrice.
teletypewriter [,teli'taip,raitə*], (USA) V. **teleprinter**.
teletypist ['telitaipist], n. telescriventista.
to teleview ['telivju:], v. t. e i. guardare (una trasmissione televisiva).
televiewer ['teli'vju:ə*], n. telespettatore.
to televise ['telivaiz], A v. t. trasmettere per televisione; teletrasmettere. B v. i. essere trasmesso (o dato) in televisione. ● (di un soggetto) **to t. well**, essere adatto alla televisione.
television ['teli,viʒən], n. 1 televisione: **Who (what) is on t. tonight?**, chi (che cosa) c'è alla televisione stasera? 2 televisore. ● **t. camera**, telecamera □ **t. commentator**, telecronista □ **t. network**, rete televisiva □ **t. news**, telegiornale □ **t. relay**, ripetitore televisivo □ **t. screen**, schermo televisivo □ **t. set** (abbr. **T.V. set**), televisore □ **t. shot**, telepresa □ **t. studio**, studio televisivo □ **t. tube**, tubo di riproduzione; cinescopio □ **t. viewer**, telespettatore □ **t. transmitter**, trasmettitore televisivo □ **to work in t.**, lavorare alla televisione.
televisor ['telivaizə*], n. (raro) televisore.
televisual [,teli'viʒuəl], a. televisivo; della (o per la) televisione; adatto alla televisione.
telewriter ['teli,raitə*], n. telescrivente.
telex ['teleks], n. telex.
to telex ['teleks], v. t. trasmettere a mezzo telex.
to tell [tel] (pass. e p. p. **told**), A v. t. 1 dire; narrare; raccontare; assicurare; confessare; esporre; rivelare; svelare: **I told him to go away**, gli dissi d'andarsene; **to t. a story**, narrare una storia; **T. me all about it**, raccontami tutto (per filo e per segno); **I told you so**, te l'avevo detto!; **You must do as you are told**, devi fare quel che ti si dice; **He has told everything**, ha confessato tutto; **I can t. you, it's not so easy**, te lo posso assicurare, non è tanto facile; **His face told his joy**, il suo viso rivelava la gioia che provava; **I'll t. you a secret**, ti svelerò un segreto; **to t. the facts**, esporre i fatti 2 distinguere; riconoscere; vedere; giudicare; valutare: **I can't t. him from his twin**, non riesco a distinguerlo da suo fratello gemello; **How do you t. which lever to pull?**, come fai a riconoscere la leva che si deve tirare?; **It's difficult to t. what it is at this distance**, è difficile distinguere (o vedere) cos'è a questa distanza 3 (arc.) fare la conta di; contare: **He told me the money**, mi contò il denaro (pagandomi); (polit.) **to t. the votes**, fare la conta (o lo scrutinio) dei voti (specialm. ai Comuni). B v. i. 1 avere effetto; essere efficace; farsi sentire: **The new measures are beginning to t.**, i nuovi provvedimenti cominciano a dimostrarsi efficaci; **The strain began to t. on me** (o **on my nerves**), lo sforzo cominciava a farsi sentire; cominciavo a tradire lo sforzo 2 – (fam.) fare la spia (a q.): **Don't t. on me**, non farmi la spia! 3 – (lett.) **to t. of**, parlare di; narrare; raccontare: **The old man told of bygone days**, il vecchio parlava del tempo andato. ● **to t. apart**, distinguere, riconoscere: **The copy and the original cannot be told apart**, è impossibile distinguere la copia dall'originale □ (relig.) **to t. one's beads**, dire il rosario □ (USA) **to t. sb. goodbye**, dire addio a q. □ **to t. off**, designare, destinare; (mil.) distaccare; (fam.) rimproverare, sgridare, fare una ramanzina a: **Fifty soldiers were told off and put to giving assistance to the rescuers**, cinquanta soldati furono distaccati e adibiti alla collaborazione con i soccorritori □ (pop.) **to t. the tale**, raccontare una frottola (per commuovere) □ **to t. the time**, dire l'ora (guardando l'orologio), leggere le ore; (d'orologio) segnare il tempo: **The child hasn't learnt to t. the time yet**, il bambino non ha ancora imparato a leggere le ore; **My watch tells the time more accurately than the tower clock**, il mio orologio segna il tempo con maggiore precisione di quello della torre □ **to t. the truth** (**a lie**), dire la verità (una bugia) □ (pop.) **to t. the world**, dire ai quattro venti; sbandierare (una notizia, una decisione, ecc.) □ **all told**, nel complesso; nell'insieme; in tutto: **There are five hospitals all told**, in tutto ci sono cinque ospedali □ **I'll t. you what!**, sta' a sentire; ho un'idea □ **You never can t.**, non si sa mai! □ **He promised not to t.**, promise di non parlare □ **I am told that...**, mi si dice che... □ **So I have been told**, così mi è stato riferito □ **Don't t. me!**, none me ne parlare!; non venire a dirlo a me! □ **That tells a tale**, questo è significativo; la cosa si commenta da sé! □ **T. me another!**, trovane un'altra; questa si che è bella! □ (fig.) **T. that to the (horse-)marines**, raccontalo a qualcun altro!; dalla da bere a un altro! □ (pop.) **You're telling me!**, lo dici a me; a chi lo dici! □ **There's no telling what may happen**, non si sa (o non si può dire) che cosa può succedere □ (fam.) **Told you so!**, te l'avevo detto, io!

tellable ['teləbl], a. che si può dire; narrabile; raccontabile.
teller ['telə*], n. 1 narratore, raccontatore 2 (alle elezioni, ecc.) scrutatore; scrutinatore 3 (in banca, USA) impiegato di sportello; sportellista; cassiere. ● **t. in**, cassiere allo sportello dei versamenti □ **t. out**, cassiere allo sportello dei pagamenti.
tellership ['teləʃip], n. ufficio di scrutatore (o di cassiere).
telling ['teliŋ], a. efficace; energico; espressivo; significativo; vivace; che fa colpo: **a t. blow**, un colpo efficace; un forte colpo; **a t. description**, una descrizione vivace.
telling-off ['teliŋɔ:f], n. (fam.) sgridata; ramanzina; lavata di capo (fig.).
telltale ['tel-teil], A n. 1 chiacchierone; malalingua; pettegolo; chi spiattella (o spiffera) tutto 2 (gergo studentesco) spia; spione 3 segno rivelatore; indizio 4 (ind.) orologio di controllo; segnatempo (negli uffici, ecc.) 5 (mecc., ferr.) segnale di pericolo 6 (naut., **t. of the rudder**) assiometro; indicatore di posizione del timone 7 (naut., **t. compass**) bussola di controllo (o di cabina). B a. attr. rivelatore; significativo; eloquente (fig.): **a t. sign**, un segno rivelatore; **a t. gesture**, un gesto significativo; **a t. look**, uno sguardo eloquente. ● (ing.) **t. float**, indicatore di livello a galleggiante □ (elettr.) **t. light**, lampada spia; spia luminosa.
tellurian [te'ljuəriən], A a. terrestre. B n. terrestre; abitante della terra.
telluric [te'ljuərik], a. (chim., geol.) tellurico.
tellurium [te'ljuəriəm], n. (chim.) tellurio.
tellurous [te'ljuərəs], a. (chim.) telluroso.
telly ['teli], n. (specialm. ingl.; abbr. fam. di **television**) 1 televisione; tivù: **What's on the t.?**, cosa c'è in tivù? 2 televisore: **Turn the t. out**, spegni il televisore!
telpher ['telfə*], A n. telfer; carrello di teleferica; cabina di funivia. B a. attr. teleferico: **a t. line**, una linea teleferica; una funivia.
to telpher ['telfə*], v. t. trasportare mediante teleferica.
telpherage ['telfəridʒ], n. trasporto per mezzo di teleferica.
telson ['telsn], n. (zool.) telson.
Telstar ['telsta:*], n. (miss.) Telstar.
temerarious [,temə'rεəriəs], a. (lett.) temerario.
temerity [ti'meriti], n. temerarietà.
temp [temp], n. (abbr. fam. di **temporary**) supplente, sostituto; interino; soprannumerario.
Tempean ['tempi:ən], a. (lett.) di Tempe; della Valle di Tempe.
to temper ['tempə*], A v. t. 1 (ind., metall.) temprare; rinvenire: **to t. steel (glass, etc.)**, temprare l'acciaio (il vetro, ecc.) 2 mescolare; stemperare: **to t. clay**, mescolare d'argilla; **Some paints are tempered with oil**, alcune vernici si stemperano con l'olio 3 (fig.) temperare; attenuare; moderare; mitigare: **to t. justice with mercy**, temperare la giustizia con la misericordia 4 (mus.) temperare (una nota); accordare (uno strumento). B v. i. (metall.) temprarsi; prender la tempra; rinvenire. ● (prov.) **God tempers the wind to the shorn lamb**, Dio manda il freddo secondo i panni.
temper ['tempə*], n. 1 (ind.) tempra, tempera; (metall.) rinvenimento: **the t. of glass**, la tempera del vetro; **steel of the finest t.**, acciaio della miglior tempra; **t. time**, tempo di rinvenimento 2 (anche edil.) miscela (legante); mescolanza: **the t. of mortar**, la miscela della malta 3 (metall.) durezza e resistenza; (anche) percentuale di carbonio (dell'acciaio) 4 temperamento; carattere; indole; disposizione (d'animo); umore: **He has a fiery t.**, ha un temperamento focoso; **She has a sweet t.**, ha un'indole dolce; **I found him in a good t.**, lo trovai di buon umore; **He was in a bad t.**, era di malumore 5 collera; ira; malumore; stizza: **a fit of t.**, un accesso d'ira; **What t. he is in today!**, che razza d'umore ha oggi! ● (metall.) **t. brittleness**, fragilità al rinvenimento □ **to get (o to fly) into a t.**, andare su tutte le furie; montare in collera; adirarsi □ **to have a quick t.**, scaldarsi per un nonnulla; pigliar fuoco come un fiammifero □ **to keep one's t.**, mantenere la calma; mantenersi calmo □ **to lose one's t.**, perdere la pazienza; perdere le staffe; andare in collera; uscire dai gangheri (fam.) □ **to be out of t.**, essere di malumore; essere adirato, stizzito; essere in collera □ (raro) **to show t.**, essere irascibile □ **to try sb.'s t.**, mettere a dura prova la pazienza di q. □ **He has a t.**, ha un caratteraccio!
tempera ['tempərə] (ital.), n. (arte) 1 tempera 2 guazzo (per cartelloni) 3 (anche **t. painting**) pittura a tempera.
temperable ['tempərəbl], a. che si può temprare; temprabile.
temperament ['tempərəmənt], n. 1 temperamento; carattere; indole: **a sanguine t.**, un temperamento sanguigno; **an artistic t.**, un temperamento artistico 2 temperamento; emotività; eccitabilità: **Many artists have t.**, molti artisti hanno temperamento 3 (mus.) temperamento.
temperamental [,tempərə'mentl], a. 1 congenito; connaturato; innato: **He has a t. dislike for hard work**, ha un'antipatia congenita per il duro lavoro 2 (di persona) capriccioso; emoti-

vo; instabile.
temperance ['tempərəns], *n.* **1** temperanza; moderazione; sobrietà **2** astinenza dall'alcol. ● **a t.** hotel, un albergo dove non si vendono alcolici □ **t. society**, lega antialcolica.
temperate ['tempərit], *a.* **1** moderato; parco; sobrio; temperato: **t. language**, linguaggio moderato **2** (*di clima, ecc.*) temperato: **t. zone**, zona temperata **3** (*di persona*) astemio.
temperateness ['tempəritnis], *n.* **1** moderazione; sobrietà; temperanza **2** (*del clima, ecc.*) l'esser temperato **3** astinenza dall'alcol.
temperature ['tempritʃə*], *n.* **1** temperatura: **high (low) t.**, temperatura alta (bassa) **2** (*fam.*) temperatura febbrile; febbre: **to have (***o* **to run) a t.**, avere la febbre; essere febbricitante; **The doctor said I had a t.**, il dottore disse che avevo la febbre. ● (*meteorologia*) **t. gradient**, gradiente termico □ (*fis.*) **boiling t.**, temperatura d'ebollizione □ **to take sb.'s t.**, misurare la febbre a q.
tempered ['tempəd], *a.* **1** (*metall.*) temprato; rinvenuto: **t. steel**, acciaio temprato **2** (*fig.*) moderato; mitigato; temperato: **t. boldness**, audacia mitigata **3** (*nei composti*) che ha un carattere (*o* un'indole): **bad-t.**, che ha un brutto carattere; irascibile; **good-t.**, d'indole buona; di buona pasta; bonario; **even-t.**, di carattere mite; tranquillo.
temperer ['tempərə*], *n.* chi tempera, chi tempra (*V.* **to temper**).
tempering ['təpəriŋ], *n.* **1** (*ind.*) (operazione di) tempra **2** (*metall.*) tempra; rinvenimento. ● (*metall.*) **t. oil**, olio per tempra.
tempest ['tempist], *n.* tempesta (*anche fig.*); bufera (*di pioggia, di neve, ecc.*); burrasca: **a t. of protests**, una tempesta di proteste. ● **a t. of applause**, uno scroscio d'applausi □ **t.-tossed**, (*del mare*) sconvolto dalla tempesta; (*di bastimento*) sbattuto dai marosi.
tempestuous [tem'pestjuəs], *a.* tempestoso; burrascoso; (*fig.*) agitato, violento, turbolento.
tempestuousness [tem'pestjuəsnis], *n.* l'essere tempestoso; (*fig.*) agitazione, turbolenza.
templar ['templə*], *n.* avvocato (*o* studente in legge) del «Temple» di Londra (*V.* **the Temple**, *sotto* **temple (1)**).
Templar ['templə*], *n.* (*stor.*) templare. ● **Knights T.** (*o* **Knights of the Temple**), Templari.
template ['templit], *n.* **1** (*archit.*) architrave **2** (*mecc.*) sagoma; calibro sagomato **3** (*costr.*) cuscino d'appoggio **4** (*biol.*) stampo.
temple (1) ['templ], *n.* (*relig.*) tempio (*anche fig.*); chiesa: **a t. of art**, un tempio dell'arte. ● (*a Londra*) **the T.**, il «Tempio» (*sede, in passato, dei Templari e ora di associazioni di avvocati* – **solicitors** –, *le quali hanno il diritto esclusivo d'ammettere gli aspiranti all'esercizio della professione*).
temple (2) ['templ], *n.* (*anat.*) tempia. ● **t. bone**, osso temporale.
temple (3) ['templ], *n.* (*ind. tessile*) tempiale (*di un telaio*).
templet ['templit], *V.* **template**.
tempo ['tempou] (*ital.*), *n.* (*pl.* **tempi, tempos**) **1** (*mus.*) tempo **2** (*fig.*) ritmo: **the frenzied t. of modern living**, il ritmo frenetico della vita moderna.
temporal (1) ['tempərəl], *a.* temporale; terreno; mondano: **the t. power of the Church**, il potere temporale della Chiesa; **t. interests**, interessi terreni; (*gramm.*) **t. adverbs**, avverbi temporali.
temporal (2) ['tempərəl], (*anat.*) **A** *a.* temporale: **t. artery**, arteria temporale. **B** *n.* (osso) temporale.
temporality [,tempə'ræliti], *n.* **1** (*specialm. relig.*) temporalità **2** (*pl.*) beni temporali.
temporalty ['tempərəlti], *n.* – (*collett.*) **the t.**, i laici.
temporariness ['tempərərinis], *n.* temporaneità; transitorietà.
temporary ['tempərəri], **A** *a.* **1** temporaneo; passeggero; provvisorio; transitorio: **a t. success**, un successo passeggero; **a t. solution**, una soluzione provvisoria **2** avventizio; interinale; interino. **B** *n.* avventizio; supplente; interino; soprannumerario. ● **t. office**, interinato □ (*a scuola, ecc.*) **t. post**, supplenza □ (*elab.*) **t. storage**, memoria temporanea (*o* di transito).
temporization [,tempərai'zeiʃən], *n.* **1** temporeggiamento **2** l'adattarsi alla situazione (*o* alle necessità del momento) **3** compromesso.
to temporize ['tempəraiz], *v. i.* **1** temporeggiare; guadagnar tempo **2** adeguarsi alla situazione; adattarsi alle necessità del momento **3** fare un compromesso.
temporizer ['tempəraizə*], *n.* **1** temporeggiatore, temporeggiatrice **2** chi si adatta alla situazione **3** chi fa un compromesso.
temporizingly ['tempəraiziŋli], *avv.* temporeggiando.
to tempt [tempt], *v. t.* **1** tentare; indurre in tentazione; istigare (al male): **They tempted him to steal with promises of impunity**, lo istigarono a rubare con promesse di impunità **2** allettare;

tentare; attrarre; indurre; persuadere: **That meat pie tempts me**, quel pasticcio di carne mi alletta; **I tempted him to do some more work**, lo persuasi a fare un altro po' di lavoro **3** (*Bibbia*) mettere alla prova; provare: **God did t. Abraham**, Dio mise Abramo alla prova **4** provocare; sfidare: **Do not t. the Lord**, non provocare il Dio tuo. ● **to t. the appetite**, stuzzicare l'appetito □ **to t. Providence**, tentare la sorte; correre un grosso rischio □ **to be tempted**, essere tentato; essere incline (*o* propenso): **I was tempted to deny it**, fui tentato di negarlo.
temptable ['temptəbl], *a.* facile alla tentazione; che si lascia tentare.
temptation [temp'teiʃən], *n.* **1** tentazione: **Lead us not into t.**, non c'indurre in tentazione **2** allettamento; incentivo; attrazione; lusinga: **the temptations of the metropolis**, gli allettamenti della metropoli.
tempter ['temptə*], *n.* tentatore. ● (*relig.*) **the T.**, il Tentatore; il Demonio.
tempting ['temptiŋ], *a.* allettante; attraente; seducente: **a t. offer**, un'offerta allettante.
temptress ['temptris], *n.* **1** tentatrice **2** (*specialm.*) seduttrice.
ten [ten], **A** *a. e n.* dieci. **B** *n.* **1** (*fam.*) biglietto da dieci sterline **2** (*fam. USA*) biglietto da dieci dollari. ● (*fam. USA*) **ten-cent**, dozzinale; meschino □ (*elab.*) **ten keyboard**, tastiera decimale (*o* ridotta) □ (*fam.*) **ten a penny**, dozzinale; comune □ (*stor.*) **ten-pounder**, persona avente diritto al voto in quanto detentore di una proprietà del valore locativo di dieci sterline □ **ten times as easy**, dieci volte più facile □ **ten times better**, dieci volte migliore (*o* meglio) □ **in tens**, a gruppi di dieci; dieci alla volta □ (*fig.*) **the upper ten (thousand)**, l'aristocrazia □ **T. to one he forgets it**, scommetto dieci contro uno che se ne dimentica □ **It is ten to one that...**, ci sono nove probabilità su dieci che...
tenability [,tenə'biliti], **tenableness** ['tenəblnis], *n.* **1** sostenibilità **2** (*mil.*) difendibilità.
tenable ['tenəbl], *a.* **1** sostenibile: **a t. theory**, una storia sostenibile **2** (*d'ufficio, carica, ecc.*) occupabile **3** (*mil.*) difendibile: **a t. fortress**, una fortezza difendibile □ **How long is the office t.?**, qual è la durata in carica?
tenace [te'næs], *n.* (*nel gioco del bridge*) coppia d'asso e regina (*o* di re e fante) dello stesso seme.
tenacious [ti'neiʃəs], *a.* **1** tenace (*anche fig.*); fermo; perseverante; ostinato: **a t. memory**, una memoria tenace; **t. courage**, tenace coraggio **2** compatto; tenace; coesivo: **t. glue**, colla tenace; **t. wood**, legno compatto. ● (*raro*) **to be t. of one's principles (property, etc.)**, essere tenacemente attaccato ai propri principi (alle cose che si possiedono, ecc.).
tenaciousness [ti'neiʃəsnis], *V.* **tenacity**.
tenacity [ti'næsiti], *n.* **1** tenacia; fermezza; perseveranza; ostinazione **2** compattezza; tenacia; coesione **3** (*ind. tessile*) resistenza a rottura.
tenaculum [ti'nækjuləm], *n.* (*pl.* **tenacula, tenaculums**) (*med.*) (pinza *o*) uncino.
tenaille [ti'neil], *n.* (*mil.*) tenaglia (*fortificazione*).
tenancy ['tenənsi], *n.* **1** affitto; locazione; affittanza; inquilinato **2** proprietà (*casa, podere, ecc.*) data in affitto **3** durata della locazione; periodo d'affitto (*o* d'affittanza). ● (*leg.*) **life t.**, usufrutto perpetuo; locazione a vita.
tenant ['tenənt], *n.* **1** inquilino; affittuario; locatario; pigionante **2** (*anche leg.*) **farmer** fittaiolo; affittuario; fittavolo **3** (*lett.; in genere*) occupante; abitatore: **the tenants of the trees**, gli abitanti degli alberi; gli uccelli. ● (*leg.*) **t. right**, diritto d'affittanza.
to tenant ['tenənt], *v. t.* (*raro*) tenere in affitto; occupare come inquilino: **The house is tenanted by a doctor**, la casa è occupata da un medico.
tenantable ['tenəntəbl], *a.* (*leg.*) affittabile; che può esser dato in locazione.
tenantless ['tenəntlis], *a.* (*di casa, di podere*) non occupato da affittuario; libero; sfitto; vuoto.
tenantry ['tenəntri], *n.* **1** (*collett.*) fittaioli, fittavoli (*di una proprietà*); inquilini (*d'una casa*) **2** affittanza; inquilinato **3** durata della locazione; periodo d'affitto.
tench [tenʃ], *n.* (*pl.* **tench, tenches**) (*zool., Tinca tinca*) tinca.
to tend (1) [tend], **A** *v. t.* attendere a; badare a; prendersi cura di; custodire; sorvegliare: **Andrew tends shop**, Andrea bada al negozio (serve i clienti); **to t. fire**, badare al fuoco (*in cucina, ecc.*); **A bartender tends a bar**, il barista si occupa del bar. **B** *v. i.* (*fam., specialm. USA*) fare attenzione; badare.
to tend (2) [tend], *v. i.* **1** tendere; inclinare; piegare; volgere: **John tends to exaggerate**, Giovanni tende all'esagerazione; (*econ.*) **Business conditions t. to weaken during inflationary periods**, la congiuntura tende a un indebolimento durante periodi di alta inflazione; **The road tends north**, la strada piega a settentrione **2** – **to t. to**, portare a; favorire: **Education tends to a stronger democracy**, l'istruzione favorisce una democrazia più forte. ● **yellow tending to green**, giallo che tende al verde.

tendencious [ten'denʃəs], V. **tendentious**.
tendency ['tendənsi], n. **1** tendenza; disposizione; inclinazione; propensione **2** (econ., fin.) tendenza; andamento; evoluzione: **the t. of the money market**, l'andamento del mercato monetario.
tendentious [ten'denʃəs], a. tendenzioso.
tendentiousness [ten'denʃəsnis], n. tendenziosità.
to tender ['tendə*], A v. t. **1** (comm., leg.) offrire (denaro, ecc.) in pagamento d'un debito **2** offrire: **I wish to t. my services as an agent of your firm**, mi pregio offrirvi i miei servigi come rappresentante della vostra ditta **3** presentare; porgere: **He tendered his resignation**, presentò le dimissioni. B v. i. fare un'offerta; concorrere a un appalto: **to t. for a contract**, fare un'offerta per un contratto.
tender (1) ['tendə*], n. **1** chi bada; chi ha cura (di q.); guardiano; sorvegliante: **A shepherd is a t. of sheep**, il pastore è un guardiano di pecore **2** (ferr.) tender; carro di scorta **3** (naut.) nave appoggio; nave ausiliaria: **a submarine t.**, una nave appoggio per sommergibili.
tender (2) ['tendə*], n. **1** (comm., leg.) offerta di pagamento **2** (comm.) capitolato (d'appalto) **3** (leg.) offerta reale: **sealed t.**, offerta sigillata (negli appalti) **4** (fin.) denaro, moneta; valuta; divisa: **legal t.**, valuta legale. ● (di moneta) **to be legal t.**, aver corso legale.
tender (3) ['tendə*], a. **1** tenero; affettuoso; amorevole; dolce; sensibile: **t. meat**, carne tenera; **t. buds**, teneri germogli; **a t. plant**, una tenera pianticella, una pianta delicata; **to have a t. heart**, avere il cuor tenero, sensibile; **a t. look**, uno sguardo amorevole; **a t. mother**, una madre affettuosa, dolce **2** delicato (anche fig.); fragile; debole: **t. colours**, tinte delicate; **a t. question**, una questione delicata; **t. porcelain**, porcellana fragile. ● **t.-eyed**, dallo sguardo dolce; (anche) dalla vista debole □ **t.-hearted**, dal cuore tenero; sensibile □ **t.-heartedness**, sensibilità; dolcezza □ **to be t. of other people's feelings**, aver riguardo per i sentimenti altrui □ **to be t. of one's honour**, essere sollecito (o geloso) del proprio onore □ (raro) **to be t. of one's praise**, esser parco di elogi □ **a t. subject**, un argomento scabroso □ **a t. touch**, un tocco leggero □ **a child in t. years**, un fanciullo in tenera età □ **of t. age** (o years), di tenera età; in ancor tenera età □ (fig.) **to touch sb. on a t. spot**, toccare q. sul vivo.
tenderer ['tendərə*], n. (comm., leg.) offerente (V. tender (2)).
tenderfoot ['tendəfut], n. (fam.; pl. **tenderfeet**, **tenderfoots**) **1** nuovo venuto; novellino; novizio; pivello **2** (USA) pioniere da poco nel Far West **3** «piede tenero» (primo grado dei boy scout).
to tenderize ['tendəraiz], v. t. (ind.) intenerire, rendere tenero (cibo, carne, ecc.).
tenderloin ['tendəlɔin], n. **1** (cucina) filetto di manzo **2** – T., quartiere malfamato (in origine, di Nuova York).
tenderness ['tendənis], n. **1** tenerezza; affettuosità; amorevolezza; dolcezza; sensibilità **2** delicatezza; fragilità; debolezza.
tendinitis [,tendi'naitis], n. (med.) tendinite.
tendinous ['tendinəs], a. (anat.) tendineo; tendinoso.
tendon ['tendən], n. (anat.) tendine. ● (mitol. e fig.) **the t. of Achilles**, il tendine (o il tallone) d'Achille.
tendonitis [,tendə'naitis], V. **tendinitis**.
tendril ['tendril], n. (bot.) viticcio. ● (fig.) **a t. of hair**, un capello riccio.
tendrilled ['tendrild], a. (bot.) provvisto di viticci.
Tenebrae ['tenibri:] (lat.), n. pl. (relig.) ufficio delle tenebre.
tenebrous ['tenibrəs], a. (lett.) tenebroso; oscuro; cupo; tetro.
tenement ['tenimənt], n. **1** (leg.) bene che può essere oggetto di diritti **2** casa in affitto; appartamento d'affitto **3** (anche **t. house**) casa divisa in appartamenti; (spesso) casa popolare; casamento.
tenemental [,teni'mentl], **tenementary** [,teni'mentəri], a. d'affitto; d'enfiteusi (V. tenement).
tenesmus [ti'nezməs], n. (pl. **tenesmuses**) (med.) tenesmo.
tenet ['ti:net], n. dogma; canone; principio; dottrina.
tenfold ['ten-fould], A a. decuplo. B avv. dieci volte (tanto).
tenner ['tenə*], n. (fam.) **1** biglietto da dieci sterline **2** (USA) biglietto da dieci dollari.
tennis ['tenis], n. (sport) tennis. ● **t. ball**, palla da tennis □ **t. court**, campo da tennis □ (med.) **t. elbow**, gomito del tennista; epicondilalgia □ **t. player**, giocatore di tennis; tennista □ **t. shoes**, scarpe da tennis □ **t. lawn t.**, tennis su campo erboso.
tenon ['tenən], n. (falegnameria) tenone; maschio dell'incastro. ● **t. saw**, sega per tenoni.
to tenon ['tenən], v. t. **1** fare un tenone (un'asse) **2** congiungere mediante tenone.
tenoner ['tenənə*], n. (falegnameria) tenonatrice (macchina).
tenor ['tenə*], n. **1** tenore; andamento, corso; procedimento: **the t. of one's life**, il proprio tenore di vita; **the t. of his speech**, il tenore del suo discorso **2** (mus.) tenore **3** (mus., anche **t. voice**) voce di tenore; voce tenorile. ● (mus.) **t. clef**, chiave di tenore □ (mus.) **t. viola**, viola tenore.

tenorist ['tenərist], n. (mus., raro) tenore (cantante).
tenpin ['tenpin], n. birillo. ● **t. bowling**, bowling.
tenpins ['tenpinz], n. pl. **1** birilli **2** (col verbo al sing.; USA) gioco dei birilli; bowling.
tense (1) [tens], a. teso (anche fig.); tirato; contratto; ansioso: **a t. wire**, un filo metallico teso; **t. muscles**, muscoli tesi; **faces t. with emotion**, facce contratte per l'emozione. ● **a t. day**, una giornata di tensione □ **The atmosphere was t.**, c'era un'aria di tensione.
tense (2) [tens], n. (gramm.) tempo: **the past t.**, il (tempo) passato.
to tense [tens], A v. t. tendere (i muscoli, ecc.). B v. i. tendersi; diventar teso; irrigidirsi.
tensed up [,tenst'ʌp], a. teso (fig.); nervoso; in ansia.
tenseness ['tensnis], n. tensione; rigidità.
tensibility [,tensi'biliti], n. l'essere assoggettabile a tensione; elasticità; duttilità.
tensible ['tensəbl], a. assoggettabile a tensione; elastico; duttile.
tensile ['tensail], a. **1** di trazione (o di tensione); relativo alla tensione (o alla trazione): **t. force**, forza di tensione **2** V. **tensible**. ● **t. strength**, resistenza alla trazione □ (ing.) **t. test**, prova di trazione.
tensility [ten'siliti], n. elasticità; duttilità.
tensiometer [,tensi'ɔmitə*], n. (scient., tecn.) tensiometro.
tensiometric [,tensiou'metrik], a. (scient.) tensiometrico.
tensiometry [,tensi'ɔmitri], n. (scient.) tensiometria.
tension ['tenʃən], n. **1** (anche fig.) tensione: **racial tensions**, tensioni razziali **2** (elettr.) tensione; potenziale: **high t.**, alta tensione **3** (mecc.) tensione. ● (edil., mecc.) **t. bar** (o **t. rod**), tirante.
to tension ['tenʃən], v. t. sottoporre a tensione.
tensional ['tenʃənl], a. (mecc., ecc.) di (o relativo a) tensione.
tensity ['tensiti], V. **tenseness**.
tensor ['tensə*], n. **1** (anat.) (muscolo) tensore **2** (mat.) tensore.
tent (1) [tent], n. tenda; padiglione (di tela). ● **t. bed**, letto da campo; letto a baldacchino □ **t. fly**, telo esterno (di tenda doppia) □ **t. peg**, picchetto da tenda □ (cucito) **t.-stitch**, mezzo punto □ **bell t.**, tenda circolare; padiglione □ (med.) **oxygen t.**, tenda a ossigeno.
to tent (1) [tent], A v. i. **1** vivere sotto la tenda **2** piantare la tenda; accamparsi. B v. t. **1** sistemare in tende **2** ricoprire con una tenda (o a mo' di tenda).
tent (2) [tent], n. (med.) stuello; tampone; zaffo.
to tent (2) [tent], v. t. (med.) stuellare, tamponare (una ferita, ecc.).
tent (3) [tent], n. (arc.) vino rosso di Spagna.
tentacle ['tentəkl], n. (anche fig.) tentacolo.
tentacled ['tentəkld], **tentacular** [ten'tækjulə*], **tentaculated** [ten'tækjuleitid], a. (zool. e fig.) tentacolare; munito di tentacoli.
tentative ['tentətiv], A a. **1** di prova; provvisorio; sperimentale: **in a t. way**, in via provvisoria; per fare un tentativo; **a t. programme**, un programma sperimentale **2** esitante; incerto; titubante: **a t. smile**, un sorriso esitante. B n. tentativo. ● **a t. effort**, un tentativo □ (leg.) **t. specification**, bozza di capitolato.
tenter (1) ['tentə*], n. (ind. tessile) stenditoio (telaio per panni).
tenter (2) ['tentə*], n. addetto (a una macchina, ecc.).
tenterhook ['tentəhuk], n. **1** uncino di stenditoio (V. tenter (1)) **2** (ind. tessile) lupo battitore e sfilacciatore. ● (fig.) **to be on tenterhooks**, stare sulle spine; essere sui carboni ardenti.
tenth [tenθ], A a. decimo. B n. **1** (mat.) decimo; decima parte **2** (relig.) decima. ● (**on**) **the t. of April**, il dieci aprile.
tenthly ['tenθli], avv. in decimo luogo.
tenuis ['tenjuis], n. (pl. **tenues**) (fon., gramm. greca) tenue.
tenuity [te'nju:iti], **tenuousness** ['tenjuəsnis], n. tenuità; esilità; sottigliezza.
tenuous ['tenjuəs], a. tenue; esile; sottile: **a t. hope**, una tenue speranza; **a t. distinction**, una distinzione sottile. ● (fig.) **a t. plot**, un intreccio inconsistente □ **The air is t. in the mountains**, l'aria in montagna è rarefatta.
tenure ['tenjuə*], n. **1** tenuta; occupazione; possesso: (stor.) **feudal t.**, possesso feudale **2** diritto d'occupazione; diritto di possesso **3** durata (di un possesso); permanenza (in carica, ecc.): **The average t. of office of a U.S. state-court judge is six years**, in media la permanenza in carica di un giudice di tribunale di uno degli stati U.S.A. è di sei anni **4** (stor., leg.) possesso; godimento e diritti relativi (di un vassallo) **5** (USA) ruolo: **to grant t. to a professor**, far entrare in ruolo un professore. ● (stor.) **military t.**, diritto di occupare terre in cambio di prestazioni militari □ (USA) **professor with t.**, professore a vita; cattedratico.
tepee ['ti:pi:], n. tenda conica dei Pellirosse.
tepefaction [,tepi'fækʃən], n. intiepidimento, intepidimento.
to tepefy ['tepifai], A v. t. intiepidire, intepidire. B v. i. intiepidirsi, intepidirsi; diventar tiepido.
tephrite ['tefrait], n. (miner., geol.) tefrite (roccia vulcanica).

tepid ['tepid], *a.* (*anche fig.*) tiepido, tepido.
tepidarium [ˌtepiˈdɛəriəm] (*lat.*), *n.* (*pl.* **tepidaria**) tepidario.
tepidity [teˈpiditi], **tepidness** ['tepidnis], *n.* (*anche fig.*) tiepidezza.
tequila [təˈkiːlə], *n.* tequila.
teratogen ['terətədʒən], *n.* (*biol.*) agente (*o* farmaco) teratogeno.
teratogenesis [ˌterətouˈdʒenisis], *n.* (*biol.*) teratogenesi.
teratogenetic [ˌterətoudʒiˈnetik], **teratogenic** [ˌterətouˈdʒenik], *a.* (*biol.*) teratogeno; teratogenico.
teratological [ˌterətoˈlɒdʒikəl], *a.* (*biol.*) teratologico.
teratology [ˌterəˈtɒlədʒi], *n.* (*biol.*) teratologia.
terbium ['təːbiəm], *n.* (*chim.*) terbio.
terce [təːs], *V.* **tierce.**
tercel ['təːsəl], *n.* 1 (*zool.*) terzuolo; astore (*il maschio*) 2 (*stor.*) falcone maschio (*in falconeria*).
tercentenary [ˌtəːsenˈtiːnəri], **tercentennial** [ˌtəːsenˈtenjəl], A *n.* terzo centenario. B *a. attr.* del terzo centenario.
tercet ['təːsit], *n.* (*mus., poesia*) terzina.
terebene ['terəbiːn], *n.* (*chim.*) terebene.
terebic [təˈrebik], *a.* (*chim.*) terebico: **t. acid**, acido terebico.
terebinth ['terəbinθ], *n.* (*bot., Pistacia terebinthus*) terebinto. ● **oil of t.**, olio di trementina.
terebinthine [ˌterəˈbinθain], *a.* 1 di terebinto 2 di trementina.
terebra ['terəbrə], *n.* (*zool.*) terebra.
teredo [təˈriːdou], *n.* (*pl.* **teredos, teredines**) (*zool.,Teredo*) teredine.
Terence ['terəns], *n.* Terenzio.
to tergiversate ['təːdʒivəːseit], *v. i.* 1 fare un voltafaccia; cambiar casacca (*fig.*); tradire 2 tergiversare.
tergiversation [ˌtəːdʒivəːˈseiʃən], *n.* 1 voltafaccia; tradimento 2 tergiversazione.
tergiversator ['teːdʒivəːˌseitə*], *n.* 1 voltagabbana; traditore 2 tergiversatore.
term [təːm], *n.* 1 termine; parola, vocabolo: (*mat.*) **This expression has four terms**, quest'espressione ha quattro termini; **scientific terms**, termini scientifici; **He spoke in the most flattering terms**, s'espresse nei termini più lusinghieri; **in plain terms**, in parole povere 2 (*pl.*) rapporti; relazioni: **to be on bad terms with sb.**, avere rapporti tesi con q.; **I am on good terms with him**, sono in buoni rapporti con lui 3 durata; periodo (*di tempo*); trimestre scolastico; sessione: **the t. of an insurance policy**, la durata d'una polizza assicurativa; **for a t. of ten years**, per un periodo di dieci anni; **the Easter t. at school**, il secondo trimestre scolastico 4 (*pl.*) condizioni; clausole: **the terms of surrender**, le condizioni di resa; **the terms of sale** (**payment, etc.**), condizioni di vendita (pagamento ecc.); **the terms of a contract**, le condizioni contrattuali; **on the usual terms**, alle solite condizioni; **under the terms**, secondo le clausole (*del contratto*) 5 (*pl.*) prezzi; tariffa, tariffe: **The terms at that hotel are rather moderate**, le tariffe di quell'albergo sono piuttosto modeste 6 (*archeol.*) termine; erma. ● **t. day**, giorno di scadenza □ (*polit.*) **t. of office**, periodo di permanenza in carica □ (*Borsa*) **t. settlement**, liquidazione periodica □ **to bring sb. to terms**, ridurre q. alla ragione; convincere q. a venire a un accordo □ **to come to terms**, venire a patti; raggiungere un accordo □ (*comm.*) **delivery terms**, condizioni di consegna □ (*comm.*) **easy terms**, condizioni di favore; facilitazioni □ (*comm.*) **inclusive terms**, (prezzo) tutto compreso □ **in no uncertain terms**, a chiare lettere; chiaro e tondo □ **liberal terms**, condizioni vantaggiose □ (*comm.*) **local terms**, condizioni della piazza □ (*leg.*) **to make terms**, accordarsi □ (*di donna*) **to be near one's t.**, essere prossima al parto □ **not on any t.**, a nessun patto □ **on equal terms**, alla pari; su un piede d'eguaglianza □ **To serve a t.** (**in prison**), scontare una condanna (in carcere) □ (*comm., leg.*) **set terms**, termini precisi; condizioni fisse □ **We are just barely on speaking terms**, ci rivolgiamo appena la parola □ **What are their terms?**, quali sono le loro condizioni?; che pretese hanno?
to term [təːm], *v. t.* chiamare; definire; denominare; designare: **This I t. sheer robbery**, questo io lo chiamo un ladrocinio bell'e buono!
termagancy ['təːməgənsi], *n.* (*raro*) l'essere bisbetico.
termagant ['təːməgənt], (*raro*) A *n.* donna bisbetica; brontolona; megera; virago. B *a.* bisbetico; brontolone; litigioso.
termer ['təːmə*], *n.* chi sconta una condanna in carcere: (*specialm. nei composti, per es. in*): **a four-year t.**, uno condannato a quattro anni di carcere.
terminability [ˌtəːminəˈbiliti], *n.* l'essere terminabile.
terminable ['təːminəbl], *a.* 1 terminabile; cui si può porre termine 2 (*leg.: di contratto, ecc.*) a termine.
terminableness ['təːminəblnis], *V.* **terminability.**
terminal ['təːminl], A *a.* 1 terminale; finale; estremo (*bot.*) **t. leaflet**, fogliolina terminale 2 trimestrale; periodico (*rag.*) **t. accounts**, rendiconto trimestrale 3 (*lat.*) **t. examinations**, esami trimestrali. B *n.* 1 (*elettr.*) terminale; morsetto 2 (*elab.*) terminale 3 (*ferr., anche* **t. station**) stazione di testa; capolinea 4 capolinea; (*anche*) città capolinea (*di autobus, ecc.*) 5 (*aeron., anche* **air t.**) aerostazione urbana; terminal 6 termine; confine; limite; estremità 7 (*archit.*) particolare ornamentale (*di finitura*). ● (*tel.*) **t. block**, morsettiera □ (*elettr.*) **t. board**, morsettiera □ (*bot.*) **t. bud**, gemma apicale □ (*fis.*) **t. velocity**, velocità limite □ (*elettr.*) **t. voltage**, tensione ai morsetti □ (*d'ospedale*) **t. ward**, reparto incurabili.
to terminate ['təːmineit], A *v. t.* 1 terminare; porre termine a; concludere; finire 2 (*leg.*) rescindere (*un contratto*). B *v. i.* 1 terminare; finire: **The show terminated at eleven sharp**, lo spettacolo terminò alle undici in punto 2 (*leg.*) scadere.
terminate ['təːminit], *a.* limitato; finito: **a t. decimal**, un numero decimale finito (*non periodico*).
termination [ˌtəːmiˈneiʃən], *n.* 1 terminazione; conclusione; fine 2 (*gramm.*) desinenza 3 (*leg.*) rescissione (*di un contratto*). ● **to bring st. to a t.** (*o* **to put a t. to st.**), porre termine a q.c.; portare q.c. a conclusione.
terminational [ˌtəːmiˈneiʃənəl], *a.* (*gramm.*) di desinenza; finale.
terminative ['təːminətiv], *a.* 1 che pone termine (a q.c.); finale; conclusivo 2 (*gramm.*) terminativo.
terminator ['təːmineitə*], *n.* 1 chi termina, chi conclude, ecc. 2 (*astron.*) terminatore.
terminism ['təːminizəm], *n.* (*relig.*) terminismo (*dottrina calvinistica*)
terminist ['təːminist], *n.* (*relig.*) terminista.
terminological [ˌtəːminəˈlɒdʒikəl], *a.* terminologico; della terminologia. ● **t. inexactitude**, inesattezza di termini; (*scherz.*) bugia.
terminology [ˌtəːmiˈnɒlədʒi], *n.* terminologia.
terminus ['təːminəs], *n.* (*pl.* **termini, terminuses**) 1 (*ferr.*) stazione di testa; capolinea 2 città capolinea (*di autobus, ecc.*) 3 (*archeol.*) termine; erma.
termitarium [ˌtəːmiˈtɛəriəm], *n.* (*pl.* **termitaria**) termitaio.
termitary ['təːmitəri], *V.* **termitarium.**
termite ['təːmait], *n.* (*zool.*) termite; formica bianca. ● (*edil.*) **t. shield**, isolamento protettivo contro le termiti.
termless ['təːmlis], *a.* (*poet., raro*) sconfinato; infinito.
termor ['təːmə*], *n.* (*leg.*) usufruttuario (*a vita o per un periodo di tempo*).
termoregulation ['θəːmouˌregjuˈleiʃən], *n.* (*biol.*) termoregolazione.
tern (1) [təːn], *n.* (*zool.*) sterna: **common t.** (*Sterna hirundo*), rondine di mare; sterna (comune).
tern (2) [təːn], A *n.* 1 gruppo di tre; terna 2 terno (*al lotto*). B *a. V.* **ternate.**
ternal ['təːnl], *a.* triplice; a gruppi di tre.
ternary ['təːnəri], *a.* 1 (*mat., chim.*) ternario 2 triplice.
ternate ['təːˈneiti], *a.* 1 (*bot.*) ternato; trifogliato 2 triplice.
terne [təːn], **terneplate** ['təːn-pleit], *n.* (*ind., metall.*) lamiera (*di ferro*) piombata.
terpene ['təːpiːn], *n.* (*chim.*) terpene.
Terpsichore [təːpˈsikəri], *n.* (*mitol. greca*) Tersicore. ●
Terpsichorean [ˌtəːpsikəˈriːən], *a.* tersicoreo; di Tersicore. ● (*fig.*) **the t. art**, l'arte della danza.
terra ['terə] (*lat.*), *n.* terra. ● **t. alba**, caolino □ **t. cariosa**, tripoli □ **t.-cotta**, *V.* **terracotta** □ **t. firma**, terraferma □ **t. incognita**, terra sconosciuta.
terrace ['terəs], *n.* 1 (*agric., geol.*) terrazzo, terrazza; ripiano; gradone. 2 fila di case a schiera; strada, via (*in origine, strada che taglia un pendio*); «terrace» 3 (*edil.*) terrazza; terrazzo 4 (*sport*) gradinata 5 (*USA*) aiuola alberata (*di viale cittadino*).
to terrace ['terəs], *v. t.* 1 costruire a terrazze; dare la forma di terrazza (a q.c.) 2 (*agric.*) terrazzare; sistemare a terrazze (*o* a gradoni): **a terraced olive grove**, un uliveto a terrazze 3 (*edil.*) provvedere di terrazza (*o* terrazzo). ● **terraced houses**, case a schiera.
terracotta ['terəˌkɒtə], A *n.* (*arte*) 1 terracotta 2 figurina (*o* statuetta) di terracotta. B *a. attr.* 1 di terracotta: **a t. vase**, un vaso di terracotta 2 color terracotta.
terrain ['terein], *n.* terreno: **rough t.**, terreno accidentato.
terramara [ˌterəˈmaːrə] (*ital.*), *n.* (*pl.* **terramare**) (*archeol.*) terramara.
terramycin [ˌterəˈmaisin] (*ital.*), *n.* (*farm.*) terramicina.
terrapin ['terəpin], *n.* (*zool.*) tartaruga d'acqua dolce. ● **salt-marsh t.**, tartaruga palustre.
terraqueous [tiˈreikwiəs], *a.* terraqueo, terracqueo.
terrazzo [teˈrætsou] (*ital.*), *n.* (*edil.*) 1 mosaico alla palladiana; palladiana 2 pavimento alla palladiana; terrazzo. ● **t. paving**, pavimentazione alla palladiana.
terrene [teˈriːn], *a.* terreno; mondano; terrestre.
terreplein ['terəˌplein], *n.* (*mil.*) terrapieno (*di fortificazione*).
terrestrial [tiˈrestriəl], *a.* 1 (*scient., tecn.*) terrestre: **t. magnetism**,

magnetismo terrestre; geomagnetismo 2 mondano; terreno 3 (*biol.*) terricolo; terrestre. ● **a t. globe**, un mappamondo.
terret ['terit], *n.* 1 anello metallico (*per passarvi le redini*) 2 collare (*per passarvi il guinzaglio*).
terrible ['terəbl], *a.* terribile; tremendo; spaventoso; orribile; (*fam.*) eccessivo, straordinario: **a t. fire**, un terribile incendio; **a t. bore**, un tremendo seccatore; **a t. cold**, un freddo terribile. ● (*fam.*) **t. food**, cibo pessimo.
terribleness ['terəblnis], *n.* l'essere terribile.
terribly ['terəbli], *avv.* terribilmente; tremendamente; (*fam.*) molto; moltissimo. ● (*fam.*) **It's t. late**, è molto tardi.
terricolous [te'rikələs], *a.* (*biol.*) terricolo; terrestre.
terrier (1) ['teriə*], *n.* 1 (*zool.*) terrier 2 – (*fam.*) **T.**, territoriale (*soldato della milizia territoriale*).
terrier (2) ['teriə*], *n.* 1 (*leg., stor.*) catasto fondiario 2 (*stor.*) registro delle terre di una signoria feudale.
terrific [tə'rifik], *a.* terrificante; terribile; spaventoso; tremendo; (*fam.*) eccessivo, formidabile, eccezionale, straordinario: **The heat was really t.**, c'era davvero un caldo tremendo. ● (*fam.*) **a t. party**, una festa favolosa ● (*fam.*) **t. speed**, velocità folle.
terrifically [tə'rifikəli], *avv.* terribilmente; tremendamente; (*fam.*) molto; moltissimo.
to terrify ['terifai], *v. t.* terrorizzare; atterrire; spaventare.
terrigenous [te'ridʒinəs], *a.* terrigeno. (*geol.*) **t. metals**, metalli terrigeni.
territorial [,teri'tɔ:riəl], **A** *a.* territoriale: **t. acquisitions**, ingrandimenti territoriali; **t. waters**, acque territoriali. **B** *n.* – **T.**, territoriale (*soldato*). ● **the T. Army** (*o* **the T. Force**), la milizia territoriale.
territoriality [,teritɔ:ri'æliti], *n.* territorialità.
to territorialize [,teri'tɔ:riəlaiz], *v. t.* territorializzare.
territory ['teritəri], *n.* 1 territorio; (*polit.*) colonia 2 (*comm.*) distretto; zona 3 (*stor. USA*) territorio.
terror ['terə*], *n.* 1 terrore; sgomento; spavento: **to strike t. into sb.**, incutere terrore a q. 2 (*fam.*) seccatore; scocciatore (*fam.*); ragazzo birichino; diavoletto, peste (*fam.*). ● **t.-stricken** (*o* **t.-struck**), atterrito; terrorizzato □ **to be in t. of one's life**, temere molto per la propria vita □ (*Bibbia*) **the King of terrors**, la morte □ (*stor.*) **the Reign of T.** (*o* **the T.**), il Terrore ● (*di un giudice*, *ecc.*) **He is a t. to evil-doers**, è lo spauracchio dei malfattori.
terrorism ['terərizəm], *n.* terrorismo.
terrorist ['terərist], *n.* terrorista.
terroristic [,terə'ristik], *a.* terroristico.
to terrorize ['terəraiz], *v. t.* terrorizzare; atterrire.
terry ['teri], *n.* (*ind. tessile*) riccio. ● **t. cloth**, tessuto a spugna.
Terry ['teri], *n. dim.* di **Teresa**.
terse [tə:s], *a.* (*di stile, ecc.*) terso; forbito; conciso; succinto.
terseness [tə:snis], *n.* l'essere forbito; concisione.
tertial ['tə:ʃəl], *a. e n.* (*zool.*) (penna) terziaria.
tertian ['tə:ʃən], *a. e n.* (*med.*) (febbre) terzana.
tertiary ['tə:ʃəri], **A** *a.* 1 terziario 2 – (*geol.*) **T.**, terziario: **the T. period**, l'era terziaria. **B** *n.* 1 (*relig.*) terziario 2 – (*geol.*) **the T.**, il Terziario. ● (*med.*) **t. burns**, ustioni di terzo grado.
tertius ['tə:ʃjəs] (*lat.*), *a.* (*nelle scuole ingl.*) terzo (*dello stesso cognome*): **Jones t.**, Jones terzo. ● (*lat., lett.*) **t. gaudens**, il terzo che gode (*fra due litiganti*).
tervalent [tə:'veilənt], *a.* (*chim.*) trivalente.
Terylene ['terili:n], *n.* (*marchio*) terilene.
tessellate ['tesileit], *a.* (*bot.*) tassellato.
tessellated ['tesileitid], *a.* 1 decorato con mosaico a scacchiera 2 (*archeol.*) tessellato. ● **t. pavement**, pavimentazione a mosaico; (*stor., archeol.*) litostroto.
tessellation [,tesi'leiʃən], *n.* decorazione (pavimentazione, ecc.) con mosaico a scacchiera.
tessera ['tesərə] (*lat.*), *n.* (*pl.* **tesserae**) (*arte*) tessera musiva.
tesseral ['tesərəl], *a.* (*arte*) a forma di tessera musiva.
test (1) [test], *n.* 1 esame; prova; saggio; esperimento; collaudo; test; visita (medica): **The teacher gave us a t. in mathematics**, il professore ci fece un esame di matematica; **The delay was a severe t. of my patience**, il ritardo mise a dura prova la mia pazienza; (*mil.*) **atom bomb tests**, test nucleari; **an objective t.**, un test oggettivo; **an eye t.**, una visita oculistica 2 (*fig.*) pietra di paragone; metro; criterio; norma: **Success is not a fair t.**, non è giusto giudicare (q. o q.c.) in base al successo ottenuto 3 (*chim.*) analisi; reagente 4 (*psic.*) test; reattivo: **intelligence t.**, test dell'intelligenza; test del quoziente intellettivo 5 (*metall.*) coppella 6 (*med.*) analisi: **a blood t.**, un'analisi del sangue 7 (*cinem.*) provino 8 (*fam.*) **V. t.-match**. ● (*polit.*) **a t.-ban treaty**, un trattato contro i test nucleari (*aeron.*) **t.-bed**, banco di prova □ (*mecc.*) **t.-bench**, banco di prova □ (*elettr.*) **t.-board**, pannello di controllo □ (*leg.*) **t. case**, causa legale che serve a fissare un principio giuridico, a creare un precedente □ (*autom.*) **t. driver**, (pilota) collaudatore □ **t. expert**, testista; esperto in prove psicologiche □ (*cinem.*) **t. film**, provino □ (*miss., aeron.*) **t. firing**, lancio di prova □ (*cricket, rugby*) **t.-match**, incontro internazionale (*fra due squadre nazionali*) □ **t. paper**, (*nelle scuole*) foglio con il testo della prova scritta d'esame; (*leg.*) campione di scrittura per esame grafologico; (*chim.*) carta reattiva (di tornasole) □ (*telev.*) **t. pattern**, monoscopio (*l'immagine*) □ (*aeron.*) **t. pilot**, pilota collaudatore □ (*elab.*) **t. programme**, programma di prova □ (*aeron., naut.*) **t. tank**, vasca sperimentale □ (*autom.*) **t. track**, pista di prova □ (*chim.*) **t. tube**, provetta □ **t. tube baby**, bambino generato per inseminazione artificiale; figlio della provetta (*fam.*) □ (*mecc.*) **bench t.**, prova al banco □ (*autom.*) **driving t.**, esame di guida □ **to put to the t.**, mettere alla prova; saggiare □ **to stand the t.**, reggere alla prova □ **Poverty is a t. of character**, la povertà mette alla prova il carattere dell'uomo.
test (2) [test], *n.* (*zool.*) guscio, conchiglia (*di molluschi, ecc.*).
to test [test], *v. t.* 1 provare; saggiare; verificare; esaminare; fare un esame a (q.); sottoporre a un test; mettere alla prova; collaudare: (*med.*) **The doctor tested my hearing**, il medico mi fece un esame audiometrico; **The difficult task tested my capacities**, quel difficile compito mise alla prova le mie capacità 2 (*chim.*) analizzare: **to t. for the analisi di** (*un composto*) 3 (*metall.*) sottoporre (*un metallo*) a coppellazione; coppellare. ● **to t. (an area) for oil**, fare prospezioni (*o* ricerche, sondaggi) petrolifere (in una zona).
testable ['testəbl], *a.* saggiabile; collaudabile.
testacean [tes'teiʃən], *a. e n.* (*zool.*) testaceo.
testaceous [tes'teiʃəs], *a.* 1 (*zool.*) testaceo 2 rosso mattone.
testacy ['testəsi], *n.* (*leg.*) condizione di testatore.
testament ['testəmənt], *n.* 1 (*relig.*) testamento: **the Old (the New) T.**, il Vecchio (il Nuovo) Testamento 2 (*leg., raro*) testamento, eccetto nella frase **last will and t.**) testamento.
testamentary [,testə'mentəri], *a.* (*leg.*) testamentario.
testamur [tes'teimə*] (*lat.*), *n.* certificato di promozione (*in un esame universitario*).
testate [testit], (*leg.*) **A** *a.* 1 che ha fatto testamento 2 (*di bene, ecc.*) nominato nel testamento. **B** *n.* testatore.
testator [tes'teitə*], *n.* (*leg.*) testatore.
testatrix [tes'teitriks], *n.* (*pl.* **testatrices**) (*leg.*) testatrice.
to test-drive ['test-draiv], *v. t.* (*autom.*) collaudare, provare (*un automezzo*).
tester (1) ['testə*], *n.* 1 saggiatore; collaudatore 2 (*psic.*) testista 3 (*elettr.*) tester; apparecchio di misura universale.
tester (2) ['testə*], *n.* baldacchino (*specialm. di letto*).
tester (3) ['testə*], *V.* **teston**.
testicle ['testikl], *n.* (*anat.*) testicolo.
testicular [tes'tikjulə*], *a.* (*anat.*) testicolare.
testifiable ['testifaiəbl], *a.* attestabile; testimoniabile.
testification [,testifi'keiʃən], *n.* attestazione; (*anche leg.*) testimonianza.
testifier ['testifaiə*], *n.* chi attesta; (*anche leg.*) testimone, teste.
to testify ['testifai], *v. t. e i.* attestare; testimoniare; dimostrare; essere prova di; affermare, dichiarare, esprimere; deporre (*leg.*): **to t. against (on behalf of) sb.**, testimoniare (*o* deporre) contro (a favore di) q.; **His words testified (to) his deep sorrow**, le sue parole erano la prova del suo profondo dolore; **to t. one's regret**, esprimere il proprio rammarico; **to t. to sb.'s honesty**, attestare l'onestà di q.
testimonial [,testi'mounjəl], *n.* 1 attestato di buona condotta; certificato di servizio; benservito; referenza 2 lettera di presentazione (*o* di raccomandazione) 3 dono offerto in forma solenne; testimonianza di gratitudine e stima (*medaglia per servizi resi, ecc.*). ● (*leg.*) **t. evidence**, prova testimoniale.
testimony ['testiməni], *n.* testimonianza; deposizione (*leg.*); attestazione; dichiarazione; prova: **to give t.**, fare una deposizione (rendere una testimonianza); **His works bear t. to his learning**, le sue opere sono la prova della sua erudizione. ● (*Bibbia*) **the T.**, il Decalogo □ **to bear t. to**, attestare, fare testimonianza di; (*leg.*) deporre, testimoniare (*un fatto, ecc.*) □ (*leg.*) **in t. whereof**, in fede di ciò □ (*Bibbia*) **the tables of the T.**, le tavole della Legge; i precetti divini.
testiness ['testinis], *n.* irascibilità; irritabilità; permalosità.
testing ['testiŋ], *n.* prova; saggio; verifica; collaudo.
testis ['testis] (*lat.*), *n.* (*pl.* **testes**) (*anat.*) testicolo.
teston ['testən], **testoon** [tes'tu:n], *n.* (*stor.*) testone; scellino di Enrico VIII.
testosterone [te'stɔstəroun], *n.* (*chim., biol.*) testosterone.
testudinal [tes'tju:dinl], **testudinarious** [tes,tju:di'nɛəriəs], *a.* 1 (*zool.*) di testuggine; testuggineo (*lett., raro*) 2 chiazzato come lo scudo d'una testuggine.
testudinate [tes'tju:dinit], *a.* 1 (*di tetto*) a testuggine; testuggineato (*lett., raro*) 2 (*zool.*) di testuggine; delle testuggini.
testudo [tes'tju:dou], *n.* (*pl.* **testudos, testudines**) 1 (*zool.*)

testuggine; tartaruga **2** (*stor.*, *mil.*) testuggine.
testy [ˈtesti], *a.* **1** irascibile; irritabile; permaloso; stizzoso **2** (*di modo di fare, ecc.*) seccato; scocciato (*pop.*).
tetanic [tiˈtænik], *a.* (*med.*) tetanico: **t. spasm**, contrazione tetanica.
to tetanize [ˈtetənaiz], *v. t.* (*med., raro*) provocare il tetano in (q.).
tetanus [ˈtetənəs], *n.* (*med.*) tetano. ● **t. antitoxin**, antitossina tetanica ☐ (*fam.*) **t. shot**, iniezione antitetanica.
tetchiness [ˈtetʃinis], *n.* irascibilità; irritabilità; stizza.
tetchy [ˈtetʃi], *a.* **1** irascibile; irritabile; stizzoso **2** (*di modo di fare, ecc.*) seccato; scocciato (*pop.*).
tête-à-tête [ˈteitaːˈteit] (*franc.*), **A** *avv.* faccia a faccia; in privato; a quattr'occhi; tête-à-tête. **B** *a.* confidenziale; privato; riservato. **C** *n.* **1** colloquio a quattr'occhi; abboccamento tête-à-tête **2** amorino; sofà a due posti.
tether [ˈteðə*], *n.* **1** pastoia; catena; cavezza **2** (*fig.*) limite; campo; portata (*fig.*): **That is beyond my t.**, ciò esula dal mio campo. ● (*fig.*) **to be at the end of one's t.**, essere stremato; non poterne più; aver dato fondo alle proprie risorse.
to tether [ˈteðə*], *v. t.* impastoiare; legare; mettere la cavezza a.
tetrachloride [ˌtetrəˈklɔːraid], *n.* (*chim.*) tetracloruro.
tetrachord [ˈtetrəkɔːd], *n.* (*stor., mus.*) tetracordo.
tetracycline [ˌtetrəˈsaiklin], *n.* (*farm.*) tetraciclina.
tetrad [ˈtetræd], *n.* **1** gruppo di quattro cose; tetrade; quaterna **2** (*chim.*) elemento quadrivalente **3** (*citologia*) tetrade.
tetragon [ˈtetrəgən], *n.* (*geom.*) tetragono; quadrangolo.
tetragonal [teˈtrægənl], *a.* (*geom.*) tetragonale; quadrangolare.
tetragram [ˈtetrəgræm], *n.* tetragramma; parola di quattro lettere.
tetrahedral [ˌtetrəˈhedrəl], *a.* (*geom.*) tetraedrico.
tetrahedron [ˌtetrəˈhedrən], *n.* (*pl.* **tetrahedrons, tetrahedra**) (*geom.*) tetraedro.
tetralogy [teˈtrælədʒi], *n.* (*letter., mus.*) tetralogia.
tetrameter [teˈtræmitə], *n.* (*poesia*) tetrametro.
tetrapod [ˈtetrəpɔd], *a. e n.* (*zool.*) tetrapode; quadrupede.
tetrapody [teˈtræpədi], *n.* (*poesia*) tetrapodia: **iambic t.**, tetrapodia giambica.
tetrarch [ˈtiːtrɑːk], *n.* (*stor.*) tetrarca.
tetrarchate [ˈtiːtrɑːkeit], *n.* (*stor.*) tetrarcato.
tetrarchical [tiːˈtrɑːkikəl], *a.* (*stor.*) tetrarchico.
tetrarchy [ˈtiːtrɑːki], *n.* (*stor.*) tetrarchia.
tetrastich [ˈtetrəstik], *n.* (*poesia*) strofa tetrastica; quartina.
tetrastichic [ˌtetrəˈstikik], *a.* (*poesia*) tetrastico.
tetrastyle [ˈtetrəstail], *a. e n.* (*archit.*) (edificio) tetrastilo.
tetrasyllabic [ˈtetrəsiˈlæbik], *a.* quadrisillabo.
tetrasyllable [ˈtetrəˌsiləbl], *n.* quadrisillabo.
tetravalent [ˌtetrəˈveilənt], *a.* (*chim.*) tetravalente; quadrivalente.
tetter [ˈtetə*], *n.* (*med.*) malattia della pelle (*erpete, eczema, ecc.*).
Teucrian [ˈtjuːkriən], *a. e n.* (*stor.*) teucro; troiano.
Teuton [ˈtjuːtən], *n.* **1** (*stor.*) teutone **2** (*per estens.*) tedesco.
Teutonic [tjuːˈtɔnik], *a.* (*stor. e fig.*) teutonico.
Teutonicism [tjuːˈtɔnisizəm], *n.* germanismo; costume (*o* idiotismo, spirito, ecc.) teutonico.
Teutonism [ˈtjuːtənizəm], *n.* civiltà (*o* cultura) germanica.
Teutonization [ˌtjuːtənaiˈzeiʃən], *n.* (*polit.*) germanizzazione.
to Teutonize [ˈtjuːtənaiz], *v. t. e i.* (*polit.*) germanizzare.
Texan [ˈteksən], *a. e n.* (abitante) del Texas; texano.
text [tekst], *n.* **1** testo; materiale a stampa: **to restore a t.**, ricostruire un testo; **The t. is hopelessly corrupt**, il testo è così corrotto da risultare incomprensibile **2** edizione: **the Caxton t. of Chaucer**, l'edizione di Chaucer curata da Caxton **3** (*fig.*) argomento; tema; soggetto: **to stick to one's t.**, restare in argomento; tenersi al tema **4** passo biblico (*spesso come oggetto d'una predica*) **5** *V.* **textbook**. ● **t.-hand**, scrittura grossa; caratteri grandi ☐ (*tipogr.*) **German t.**, caratteri gotici.
textbook [ˈteksbuk], *n.* libro di testo; manuale. ● **t. style**, stile da manuale.
textile [ˈtekstail], **A** *a.* (*ind.*) tessile: **t. materials**, fibre tessili; **t. industries**, industrie tessili; **t. worker**, operaio tessile; tessile. **B** *n.* fibra (*o* materiale) tessile; tessile. ● **the t. art**, l'arte della tessitura ☐ **t. factory**, stabilimento tessile; tessitura ☐ **t. printing**, stampa dei tessuti.
textual [ˈtekstjuəl], *a.* **1** testuale; del testo; nel testo; relativo al testo: **t. criticism**, critica testuale; **a t. question**, un problema relativo al testo (*di un'opera letteraria*) **2** aderente al testo; testuale; letterale.
textualism [ˈtekstjuəlizəm], *n.* **1** (*letter.*) stretta aderenza alla lettera di un testo **2** (*relig.*) buona conoscenza delle Sacre Scritture.
textualist [ˈtekstjuəlist], *n.* **1** (*letter.*) chi sta alla lettera di un testo **2** (*relig.*) buon conoscitore delle Sacre Scritture.
textually [ˈtekstjuəli], *avv.* **1** riguardo al testo (*di un'opera letteraria*) **2** testualmente; alla lettera; letteralmente.
textural [ˈtekstʃərəl], *a.* **1** pertinente alla disposizione dei fili (*di un tessuto*) **2** (*fig.*) strutturale.
texture [ˈtekstʃə*], *n.* **1** tessitura, trama (*di un tessuto*): **a loose (close) t.**, una trama rada (fitta) **2** (*geol.*) tessitura: **the t. of a rock**, la tessitura di una roccia **3** struttura: **the t. of a poem**, la struttura di un poema **4** (*fig.*) tono; carattere: **the t. of urban life**, il carattere della vita cittadina **5** conformazione, struttura (*che si può sentire al tatto*); consistenza: **to have a grainy t.**, avere una struttura granulosa; essere granuloso; **a creamy t.**, una consistenza cremosa **6** grana; scabrosità della superficie (*di un corpo*): **Wool has more t. than silk**, la lana ha una grana più grossa della seta.
textureless [ˈtekstʃəlis], *a.* senza una struttura ben definita; (*anche fig.*) amorfo.
Thai [tai], *a. e n.* tailandese.
Thailand [ˈtailənd], *n.* (*geogr.*) Tailandia.
thalamus [ˈθæləməs], *n.* (*pl.* **thalami**) (*anat., bot.*) talamo.
thalassic [θəˈlæsik], *a.* (*geogr.*) talassico.
thalassographic [θəˌlæsouˈgræfik], *a.* (*geogr.*) talassografico.
thalassography [ˌθæləˈsɔgrəfi], *n.* (*geogr.*) talassografia.
thalassotherapy [θəˌlæsouˈθerəpi], *n.* (*med.*) talassoterapia.
thaler [ˈtɑːlə*], *n.* (*invar. al pl.*; *stor.*) tallero.
Thales [ˈθiːliːz], *n.* (*stor., filos.*) Talete.
Thalia [θəˈlaiə], *n.* (*mitol.*) Talia.
thalidomide [θəˈlidəmaid], *n.* (*farm.*) talidomide. ● **t. baby**, bambino che ha malformazioni dovute al talidomide.
thallic [ˈθælik], *a.* (*chim.*) tallico.
thallium [ˈθæliəm], *n.* (*chim.*) tallio.
thallophyte [ˈθæloufait], *n.* (*bot.*) tallofita.
thallous [ˈθæləs], *a.* (*chim.*) talloso.
thallus [ˈθæləs], *n.* (*pl.* **thalli, thalluses**) (*bot.*) tallo.
Thames [temz], *n.* (*geogr.*) Tamigi.
than [ðæn, ðən], **A** *cong.* **1** (*comparazione di maggioranza e di minoranza*) che, di; che non; di quello che; di quanto (non): **Better late t. never**, meglio tardi che mai; **I am older t. he (is)**, sono più vecchio di lui; **You understand her better t. I (do)**, tu la capisci meglio di me (*o* di quanto non la capisca io); **You understand her better t. me**, tu capisci lei meglio di me (*o* più che tu non capisca me); **It's later t. I thought**, è più tardi di quel che credevo (*o* che non credessi) **2** (*correlativo di* **hardly, scarcely**) quando; che: **Hardly had the boy disappeared t.** (*più comune:* **when**) **she ran after him**, il ragazzo era appena scomparso che ella già gli correva dietro. **B** *prep.* (*col valore compar. prima di* **whom** *e* **which**) di; in confronto a: **A man t. whom there is none wiser**, un uomo del quale non c'è al mondo uno più saggio. ● **anywhere else t. home**, in qualsiasi luogo fuorché a casa ☐ **no other t.**, nient'altro che; non... che: **He's no other t. a liar**, non è che un bugiardo ☐ **nothing else t.**, nient'altro che ☐ **otherwise t.**, in modo diverso da; diversamente da ☐ **rather t.** (*o* **sooner t.**), piuttosto che; anziché: **I'd rather stay here t. go away**, preferirei restar qui anziché andarmene.
thanage [ˈθeinidʒ], *n.* (*stor.*) condizione (*o* titolo, territorio) di «thane» (*q.V.*).
thanatology [ˌθænəˈtɔlədʒi], *n.* (*med.*) tanatologia.
thane [θein], *n.* (*stor.*) «thane» (*nella società anglosassone, individuo di condizione fra quella di «libero cittadino» e quella di «nobile con titolo ereditario»*); cavaliere.
thanedom [ˈθeindəm], *n.* (*stor.*) territorio (*o* giurisdizione) di un «thane» (*q.V.*).
thanehood [ˈθeinhud], **thaneship** [ˈθeinʃip], *n.* (*stor.*) dignità (*o* rango) di «thane» (*q.V.*).
to thank [θæŋk], *v. t.* ringraziare; rendere grazie (a q.): **I thanked him for his advice**, lo ringraziai dei suoi consigli; **He can be thanked for our failure**, possiamo ringraziare lui se abbiam fatto fiasco. ● **T. God!**, grazie a Dio! ☐ **T. you**, grazie!; (*accettando un invito, un'offerta*) grazie, sì! ☐ **T. you for coming**, grazie d'essere venuto! ☐ (*iron.*) **T. you for nothing**, grazie tante! ☐ **No, t. you**, no, grazie! ☐ (*iron.*) **You have only yourself to t.**, ben ti sta!; colpa tua!; te lo sei voluto tu! ☐ (*iron., come rimprovero*) **I will t. you to shut the door**, ti sarei grato se tu volessi chiudere la porta.
thankful [ˈθæŋkful], *a.* grato; riconoscente: **I should be very t. if you would help me**, ti sarei molto grato se volessi aiutarmi. ● **a t. act**, un atto di riconoscenza ☐ **a t. word**, una parola di gratitudine.
thankfulness [ˈθæŋkfulnis], *n.* gratitudine; riconoscenza.
thankless [ˈθæŋklis], *a.* **1** (*di persona*) ingrato; privo di riconoscenza **2** (*di lavoro, ecc.*) sgradevole; ingrato: **a t. task**, un compito ingrato.
thanklessness [ˈθæŋklisnis], *n.* **1** ingratitudine; mancanza di riconoscenza **2** l'essere sgradevole (*o* ingrato).
thank-offering [ˈθæŋkˌɔfəriŋ], *n.* offerta per grazia ricevuta.
thanks [θæŋks], *n. pl.* grazie; ringraziamenti; ringraziamento: **to give thanks to God (to heaven)**, render grazie a Dio (al cielo); **Please accept my best thanks**, La prego di gradire i miei migliori

ringraziamenti. ● **thanks to**, grazie a; mercé: **Thanks to their assistance, everything went swimmingly**, grazie al loro aiuto, tutto andò a gonfie vele □ **to bow one's thanks**, ringraziare con un inchino □ **to express one's thanks**, esprimere la propria gratitudine; fare i propri ringraziamenti □ **No, thanks**, no, grazie! □ **small** (o **no**) **thanks to**, non certo per merito di: **I'm feeling better today, but small thanks to the medicine you gave me**, oggi mi sento meglio, ma non certo per merito della medicina che mi hai dato tu □ **Thanks very much**, mille grazie!; grazie tante!
thanksgiver ['θæŋksgɪvə*], n. chi rende grazie.
thanksgiving ['θæŋks,gɪvɪŋ], n. **1** rendimento di grazie; (relig.) ringraziamento **2** (Bibbia) offerta per rendimento di grazie **3** (USA, anche **T. Day**) giorno del Ringraziamento (festa civile e religiosa istituita dai «Padri Pellegrini» e che ricorre l'ultimo giovedì di novembre).
thank you ['θæŋkju:], n. (fam.) grazie; ringraziamento: **They left without even a thank you**, se ne andarono senza neanche un ringraziamento.
thankyou ['θæŋkju:], a. attr. (fam.) di ringraziamento: **a t. letter**, una lettera di ringraziamento.
that (1) [ðæt], a. e pron. dimostrativo (pl. **those**) **1** quello, quella; ciò; cotesto, cotesta; codesto, codesta: **Give me t. book, will you?**, dammi quel libro, per piacere; **Who are those people?**, chi è quella gente?; **I don't want this; I want t.**, non voglio questo; voglio quello, (spreg.) **t. George!**, quel Giorgio!; **Take off t. hat of yours**, e togliti codesto tuo cappello!; **It isn't true at all!**, ciò non è affatto vero! **2** questo, questa; **To be or not to be**; **t. is the question**, essere o non essere, questo è il problema; **Has it come to t.?**, siamo giunti a questo (punto)?; siamo dunque a tanto?; **T.'s what he said**, questo è quello che disse **3** (idiom.) **Is t. you, John?**, sei tu, Giovanni?; **Who was t. on the phone?**, chi era al telefono?; **T.'s very like him**, è tipico di lui; (cosa vuoi,) lui è fatto così; (che altro ci si può aspettare da lui?); **T.'s how I got it**, ecco come l'ho avuto. ● (fam.) **T.'s a dear!**, (che) bravo!, (che) brava!; suvvia, da bravo (o da brava)! □ (fam.) **T.'s a good boy!**, bravo!; che bravo ragazzo!; su, da bravo!: **Come on, t.'s a good boy**, vieni, su, da bravo! □ **t. is**, cioè; vale a dire; ossia □ **t. one**, quello, quella; **I don't like this; I'll take t. one**, questo non mi piace; prendo quello □ **T.'s right**, giusto!; sta bene!; benissimo!; d'accordo! □ **T.'s it!**, esatto!; giusto!; proprio così! □ **and** (o **and so**) **t.'s t.!**, ecco fatto!; ecco tutto!; le cose stan così; d'accordo; finiamola! □ **and all t.**, eccetera eccetera; e così di seguito; e via dicendo □ (fam.) **at t.**, a quel punto lì; tutto sommato; per giunta, inoltre; **We left the matter at t.**, lasciammo la faccenda a quel punto; **You could buy it at t.**, tutto sommato, potresti anche comprarlo!; **We had a lot of work, and painful work, at t.**, avevamo un sacco di lavoro, e faticoso, per giunta □ **for all t.**, nonostante tutto ciò; con tutto ciò; ciononostante; nondimeno □ **from t. hour**, da quel momento; da allora in poi □ **like t.**, così; in questo (o quel) modo: **Don't roll your eyes like t.**, non roteare gli occhi in quel modo!; **He threw the ball like t.**, lanciò la palla così (facendo seguire il gesto) □ **on t.**, con ciò; al che □ **talking of this and t.**, discorrendo del più e del meno □ **those who, coloro i quali** (o **le quali**); quelli (o quelle) che □ **What of t.?**, e con ciò?; che importa? □ (facendo schioccare le dita) **I wouldn't give t. for it**, non darei un soldo per averlo; non me ne importa un fico (fam.) □ (con rammarico o soddisfazione) **I knew all t. before**, lo sapevo, io (che andava a finire così).
that (2) [ðæt, ðət, ðt], pron. relat. **1** che; il quale, la quale; i quali, le quali: **the film t. we saw**, il film che abbiamo visto; **No one t. I ever heard of could find the difference**, nessuno, ch'io sappia, è mai riuscito a scoprire la differenza; **the dog t. bit me**, il cane che mi morse; **the boy** (t.) **we met**, il ragazzo che incontrammo (**t.**, se non è soggetto, può essere sottinteso); **those t. don't believe me**, coloro i quali non mi credono; **I don't believe the news, considering the people** (t.) **you got it from**, non credo alla notizia, considerando le persone dalle quali l'hai saputa **2** in cui; che (fam.): **the year t. Charles was born**, l'anno che nacque Carlo; **the day** (t.) **I saw her**, il giorno che la vidi. ● (fam.) **Mrs Black, Ann Smith t. was**, la signora Black, da ragazza Anna Smith.
that (3) [ðæt, ðət], cong. **1** che; perché; acciocché (lett., raro); affinché (lett., poet.); cosicché: **He promised** (t.) **he would go**, promise che ci sarebbe andato (**t.**, quando significa «che», può essere sottinteso); **There's no doubt t. they will come**, non c'è dubbio che non vengano; **T. he was ill can be proved**, che fosse ammalato lo si può dimostrare; **He was so tired t. he couldn't sleep**, era così stanco che non riusciva a dormire; **Where is Paul t. you come without him?**, dov'è Paolo, che arrivi da solo?; **If I complain, it is t. I know you can do better**, se mi lamento, è perché so che puoi far meglio; **They died t. we might live**, morirono affinché noi vivessimo **2** (lett.) se (ottativo): **Oh! t. I knew the truth!**, oh!, se almeno sapessi la verità! ● **but t.**, se non fosse (il fatto) che; se non

□ **in t.**, dacché; poiché ● **now t.**, ora che; dal momento che; poiché □ **He lives t. he may eat**, vive solo per mangiare □ **Not t. I have any objection**, non che io ci trovi da ridire.
that (4) [ðæt], avv. (fam.) così; tanto; (fino) a tal punto: **I can't work t. hard**, non ce la faccio a lavorare così intensamente; **I will go t. far and no further**, arriverò fino a quel punto e non oltre; **He's stingy, but not t. stingy**, è spilorcio, ma non fino a tal punto. ● **t. much**, tanto; così tanto (pop.) □ (fam.) **I was t. tired I could drop**, ero tanto stanco da non reggermi più in piedi.
thatch [θætʃ], n. **1** paglia; cannucce; stoppie; foglie di palma, ecc. (come copertura di tetti) **2** copertura (o tetto) di paglia (o di cannucce, ecc.) **3** (fam., scherz.) capigliatura folta; zazzera.
to thatch [θætʃ], v. t. ricoprire (un tetto) di paglia (o di stoppie, cannucce, ecc.). ● **a thatched house**, una casa dal tetto di paglia.
thatcher ['θætʃə*], n. chi fa tetti di paglia (o di cannucce, ecc.).
thatching ['θætʃɪŋ], n. **1** copertura di tetti con paglia (o stoppie, ecc.) **2** paglia, cannucce, stoppie, ecc. (per coprire tetti).
thaumaturge ['θɔːmətəːdʒ], n. taumaturgo.
thaumaturgic(al) [,θɔːməˈtəːdʒɪk(əl)], a. taumaturgico.
thaumaturgist ['θɔːmətəːdʒɪst], n. taumaturgo.
thaumaturgy ['θɔːmətəːdʒɪ], n. taumaturgia.
to thaw [θɔː], v. i. e t. **1** sgelare, sgelarsi; fondere, fondersi; sciogliere, sciogliersi: **Ice thaws at zero degrees**, il ghiaccio fonde a zero gradi; **It is not yet thawing this year**, quest'anno non sgela ancora **2** (fig.) sciogliere, sciogliersi; sgelarsi; rendere (diventare) più cordiale: **After a glass of wine, the stranger thawed**, dopo un bicchiere di vino, lo sconosciuto diventò più cordiale. ● **to t. out**, fondere; sciogliere; sgelare: **to t. out the water pipes**, sgelare le tubazioni dell'acqua □ **the thawing season**, la stagione del disgelo.
thaw [θɔː], n. **1** disgelo; sgelo: **The t. has set in**, è arrivato il disgelo **2** (fig.) il diventare più cordiale; disgelo (fig.).
thawy [θɔːɪ], a. **1** del disgelo **2** in fase di disgelo.
the (1) [ðiː] (enfatico); [ðə] (prima di un suono consonantico); [ðɪ] (prima di un suono vocalico) art. determ. **1** il, lo; la; i, gli; le: **Shut the door**, chiudi la porta!; **the sun**, il sole; **the earth**, la terra; **the pin I'm looking for**, lo spillo che cerco; **the year of his death**, l'anno della sua morte; **the man you know**, l'uomo che conosci; **The dog is man's companion**, il cane è l'amico dell'uomo; **Take out the children**, porta fuori i bambini!; **the angels**, gli angeli; **the girls of this school**, le ragazze di questa scuola; **the Atlantic**, l'Atlantico; **the Alps**, le Alpi; (collett.) **the dead**, i defunti; **the English**, gli Inglesi; (astratto) **the beautiful**, il bello; (distributivo) **one dollar the dozen**, un dollaro la dozzina **2** (con valore determ. ancora più forte) questo, questa; quello, quella, ecc.: **We'll go to the seaside in the summer**, andremo al mare quest'estate; **I didn't know at the time**, a quel tempo (o allora) non lo sapevo **3** (idiom.) **to go to the theatre**, andare a teatro; **the Duke and Duchess of Kent**, il duca e la duchessa di Kent; **Henry the Eighth**, Enrico Ottavo; **the games and ceremonies of Christmas**, i giochi e le cerimonie del Natale. ● **the day**, il giorno; (scozz.) oggi □ (pop.) **the drink**, il vizio di bere □ **the MacIntyre**, il capo del clan dei MacIntyre □ (scozz.) **the morrow**, domani □ **the Queen Elizabeth**, la Queen Elizabeth (la nave) □ (fam.) **the Shaw**, il teatro (intitolato a) G.B. Shaw (a Londra) □ **the Smiths**, gli Smith; la famiglia Smith □ **at the**, al, allo, alla; ai, agli; alle □ **in the**, nel, nello, nella; nei, negli, nelle □ **to the**, al, allo, alla; ai, agli; alle: **Go to the bank, will you?**, va' alla banca, per favore! □ (comm., pubblicità) **Jones's coffee is the coffee**, il vero (o il solo) caffè è quello di Jones; il caffè Jones è il migliore □ **This story doesn't lose in the telling**, questa storia non perde a essere raccontata.
the (2) [ðə, ðɪ], avv. (per lo più ripetuto, come correlativo di se stesso, davanti ai comparativi) quanto... tanto: **The sooner the better**, quanto prima, tanto meglio; **The more he earns the more he spends**, (quanto) più guadagna, (tanto) più spende. ● **That will make it all the worse**, questo peggiorerà la situazione □ **I am none the better for seeing you**, il vederti non mi serve certo a farmi sentir meglio □ **So much the worse for him**, peggio per lui □ **The fewer the better**, meno siamo, meglio è.
theanthropic(al) [ˌθiːənˈθrɒpɪk(əl)], a. (relig.) **1** teandrico (divino e umano a un tempo) **2** antropomorfico.
theanthropism [θiːˈænθrəpɪzəm], n. (relig.) **1** teandrismo **2** antropomorfismo.
thearchy ['θiːaːkɪ], n. **1** governo degli dei; teocrazia **2** (collett.) schiera di dei: **the Olympian t.**, la schiera degli dei dell'Olimpo.
theatre, (USA) theater ['θɪətə*], n. **1** teatro (anche fig.); arte drammatica; opere teatrali: **to go to the t.**, andare a teatro; **open-air t.**, teatro all'aperto; **the English t.**, il teatro inglese; **t. of war**, teatro di guerra **2** aula ad anfiteatro; sala di conferenze. **3** (med.) V. **operating t. 4** (mil.) teatro delle operazioni (di guerra). ● **t. bookings**, prenotazioni al teatro □ **t.-goer**, frequentatore di teatri; chi va spesso a teatro □ **t.-in-the-round**, teatro con

il palcoscenico al centro □ (*letter.*) **t. of the absurd**, teatro dell'assurdo □ (*mil.*) **t. weapon**, arma di teatro □ (*USA*) **first--run t.**, sala (*o* cinema) di prima visione □ (*USA*) **movie t.**, cinematografo □ (*med.*) **operating t.**, sala operatoria □ **The play was good t.**, il dramma aveva eccellenti qualità teatrali.

theatrical [θi'ætrikəl], *a.* teatrale (*anche fig.*); scenico; (*fig.*) affettato, melodrammatico, istrionico, artificioso: **t. costumes**, costumi teatrali; **a t. attitude**, un atteggiamento teatrale.

theatricalism [θi'ætrikəlizəm], **theatricality** [θi,ætri'kæliti], *n.* (*anche fig.*) teatralità.

theatricals [θi'ætrikəlz], *n. pl.* rappresentazioni teatrali; recite: **private t.**, recite di dilettanti.

theatrics [θi'ætriks], *n. pl.* 1 V. **theatricals** 2 effetti (azioni, gesti, ecc.) teatrali (*fig.*).

Thebaid ['θi:beiid], *n.* (*stor., geogr.*) Tebaide.

thebaine ['θi:bəi(:)n], *n.* (*chim.*) tebaina.

Theban ['θi:bən], *a.* e *n.* (*stor.*) tebano.

Thebes [θi:bz], *n.* (*stor., geogr.*) Tebe.

theca ['θi:kə], *n.* (*pl.* **thecae**) (*bot., anat.*) teca.

thee [ði:], *pron. pers.* 2ª *pers. sing.* (*compl.*) 1 (*arc., poet.*) te; ti (*cfr.* **you**) 2 (*dai quaccheri usato anche in luogo di* **thou**) tu (*ma col verbo alla terza pers. sing.:*) **T. speaks the truth**, tu dici il vero.

theft [θeft], *n.* furto (*leg.*); ladrocinio; ruberia.

thegn [θein], V. **thane**.

theine [θi'i:n], *n.* (*chim.*) teina.

their [ðɛə*], *a. poss.* 1 il loro, la loro; i loro, le loro: **They have sold t. house**, hanno venduto la (loro) casa 2 (*fam., ma improprio*) il suo; la sua; i suoi; le sue: **Everyone brings their own lunch**, ognuno porta con sé il suo pranzo 3 (*quando è unito alla forma in* -ing, *è idiom.*) **Do you mind t. opening the window?**, ti dispiace se aprono la finestra?; **He left without t. noticing**, partì senza che loro se ne accorgessero ● **t. own**, loro proprio; di loro proprietà: **They have a farm of t. own**, hanno un podere di loro proprietà □ **They took off t. hats**, si tolsero il cappello □ (*fam.*) **If everybody minded t. own business!**, se ognuno badasse ai fatti suoi!

theirs [ðɛəz], *pron. poss.* il loro, la loro; i loro, le loro: **This car is not t.**, quest'automobile non è la loro; **It's a custom of t.**, è una delle loro costumanze.

theism ['θi:izəm], *n.* (*filos.*) teismo.

theist ['θi:ist], *n.* (*filos.*) teista.

theistic(al) [θi'istik(əl)], *a.* (*filos.*) teistico.

them [ðem, ðəm], *pron. pers.* 3ª *pers. pl.* 1 (*compl.*) loro; li, le: **I won't have anything to do with t.**, non voglio avere a che fare con loro; **I saw t.**, li (*o* le) vidi; **Show t. to me**, mostrameli! 2 (*pred.*) loro; li, le: **Was that t.?**, erano loro?; **It's t.**, sono loro; (*anche*) eccoli!, eccole! 3 (*colloquiale; quando è unito alla forma in* -ing, *è idiom.*) **She doesn't like t. staying out at night**, non le piace che stiano fuori la notte; **Do you mind t. using your phone?**, ti dispiace che usino il tuo telefono? 4 (*pop.*) quelli, quelle: **t. apples**, quelle mele. ● **both of t.**, entrambi □ **either of t.**, o l'uno o l'altro □ **neither of t.**, né l'uno né l'altro □ **of t.**, di loro, di questi; di quelli; ne: **I'll send you four of t.**, te ne manderò quattro □ **They took their children with t.**, portarono con sé i figlioli □ **They looked about t.**, si guardarono intorno □ **It was very kind of them**, è stato molto gentile da parte loro.

thematic [θi'mætik], *a.* (*gramm., mus.*) tematico: **t. vowel**, vocale tematica.

theme [θi:m], *n.* 1 tema; argomento; soggetto: **the t. of the speech**, l'argomento del discorso; **the t. of a conference**, il tema di una conferenza 2 (*specialm. USA*) tema, composizione (*a scuola*) 3 (*mus.*) tema; motivo. ● **t. song**, motivo principale di una commedia musicale, di un film, ecc.; tema musicale di base; (*radio, telev.*) sigla musicale.

Themis ['θemis], *n.* (*mitol.*) Temi; Temide.

themselves [ðəm'selvz], **A** *pron. rifl.* 1 se stessi, se stesse; si: **They enjoyed t.**, si divertirono 2 (*fam., ma improprio*) sé; stesso; se stessa: **Here everyone cares for t.**, qui ognuno fa tutto da sé. **B** *pron. enfatico* essi stessi, esse stesse; essi (*o* esse) in persona; sé: **They went t.**, vi andarono di persona; **They kept all the money for t.**, tennero tutto il denaro per sé. ● **by t.**, da sé; (da) soli, (da) sole; senz'aiuto: **They did it by t.**, lo fecero da sé; **They went there by t.**, ci andarono da soli □ **They keep to t.**, se ne stanno in disparte; non fanno vita di società □ **They soon came to t.**, ben presto si riebbero (*o* tornarono in sé).

then [ðen], **A** *avv.* 1 allora; a quel tempo: **I was young t.**, ero giovane allora; **You will have left school before t.**, prima d'allora avrai lasciato la scuola; **Prices were low t.**, a quel tempo i prezzi erano bassi 2 poi; dopo; quindi; inoltre: **T. he began to tell me about it**, poi cominciò a raccontarmi; **I had breakfast and t. went out**, feci colazione e poi uscii; **T. there's his brother**, poi (*o* inoltre) c'è suo fratello. **B** *cong.* e allora; dunque; quindi: **T. why did you do it?**, e allora perché l'hai fatto?; **T. it must be here**,

quindi dev'essere qui. **C** *a. attr.* d'allora; di quel tempo; (l') allora: **the t. secretary** il segretario d'allora; l'allora segretario; **the t. rulers**, i governanti d'allora. ● **t. and there**, V. **there and t.** □ **between now and t.**, di qui ad allora □ **but t.**, ma allora; ma d'altra parte; tuttavia □ **by t.**, a quell'ora; a quel tempo; ormai; già: **Come at five o'clock; I shall be free by t.**, vieni alle cinque; a quell'ora sarò libero; **By t., they were gone**, ormai se n'erano andati □ (*every*) **now and t.**, di quando in quando; di tanto in tanto; ogni tanto □ **from t. on** (*o* **onwards**), da allora in poi □ **now t.**, ehi!, orsù!; suvvia!; dunque: **Now t., stop talking and listen to me**, (suv)via, smettete di parlare e ascoltatemi!; **Now t., what are you up to?**, ehi tu, che cosa stai combinando? □ **since t.**, da allora (in poi) □ **there and t.**, lì per lì; là per là; subito; seduta stante; su due piedi (*o* tre) □ (**up to t.**, **till t.**) (*o* **until t., up to t.**), fino ad allora □ **well t.**, allora; dunque; be': **Well t., go some other day**, be', vacci un altro giorno! □ **Now he's sad, t. gay**, ora è triste, ora è allegro □ **What t.?**, e allora?; e con ciò?; che importa?

thenar ['θi:nə*], *a.* e *n.* (*anat.*) (eminenza) tenar, tenare.

thence [ðens], *avv.* 1 (*arc.*) di là; di lì; da quel luogo 2 (*raro*) da allora 3 (*lett.*) quindi; perciò; pertanto; di conseguenza; per questo motivo: **It t. appears that...**, appare quindi evidente che...

thenceforth ['ðens'fɔ:θ], **thenceforward(s)** ['ðens'fɔ:wəd(z)], *avv.* (*lett.*) da allora; da allora in poi.

Theobald ['θiəbɔ:ld], *n.* Teobaldo.

theobromin [,θi:ou'broumin], **theobromine** [,θi:ou'broumi:n], *n.* (*chim.*) teobromina.

theocracy [θi'ɔkrəsi], *n.* (*polit.*) teocrazia.

theocrat ['θi:oukræt], *n.* (*polit.*) teocrate.

theocratic(al) [,θi:ou'krætik(əl)], *a.* (*polit.*) teocratico.

Theocritus [θi'ɔkritəs], *n.* (*stor., letter.*) Teocrito.

theodicy [θi'ɔdisi], *n.* (*relig.*) teodicea.

theodolite [θi'ɔdəlait], *n.* (*topografia*) teodolite (*strumento*).

Theodora [θiə'dɔ:rə], *n.* Teodora.

Theodore ['θiədɔ:*], *n.* Teodoro.

Theodoric [θi'ɔdərik], *n.* (*stor.*) Teodorico.

Theodosian [θiə'dousjən], *a.* (*stor.*) teodosiano; di Teodosio: **the T. code**, il codice teodosiano.

Theodosius [θiə'dousjəs], *n.* (*stor.*) Teodosio.

theogonic [θiə'gɔnik], *a.* teogonico.

theogony [θi'ɔgəni], *n.* teogonia.

theologian [θiə'loudʒən], *n.* teologo.

theological [θiə'lɔdʒikəl], *a.* 1 teologico 2 teologale: (*relig.*) **the t. virtues**, le virtù teologali.

to theologize [θi'ɔlədʒaiz], **A** *v. i.* teologizzare; teologare. **B** *v. t.* rendere teologico.

theology [θi'ɔlədʒi], *n.* teologia.

theophany [θi'ɔfəni], *n.* (*relig.*) teofania.

theorbo [θi'ɔ:bou], *n.* (*pl.* **theorbos**) (*stor., mus.*) tiorba.

theorem ['θiərəm], *n.* (*mat.*) teorema.

theorematic [,θiərə'mætik], *a.* di teorema; teorematico.

theoretical [θiə'retikəl], *a.* 1 (*filos.*) teoretico 2 teorico; (*spreg.*) astratto, campato in aria: **a t. advantage**, un vantaggio teorico.

theoretician [,θiərə'tiʃən], *n.* 1 (*filos.*) teoreta 2 teorico.

theoretics [θiə'retiks], *n. pl.* (*col verbo al sing.*) 1 (*filos.*) teoretica 2 teoria; parte teorica.

theoric [θi'ɔrik], *a.* (*stor. greca*) pertinente agli spettacoli pubblici. ● (*raro*) **t. fund**, fondo di sovvenzioni per spettacoli pubblici.

theorist ['θiərist], *n.* teorico. ● **political t.**, politologo.

theorization [,θiərai'zeiʃən], *n.* teorizzazione.

to theorize ['θiəraiz], *v. i.* formulare una teoria; teorizzare.

theorizer ['θiəraizə*], *n.* 1 chi teorizza 2 (*di solito spreg.*) teorico; persona priva di senso pratico.

theory ['θiəri], *n.* 1 teoria: **the t. and practice of navigation**, la teoria e la pratica della navigazione 2 teoria; dottrina; tesi: **the atomic t.**, la teoria atomica; (*biol.*) **the t. of evolution**, la teoria dell'evoluzione 3 (*fam.*) idea; opinione: **Have you any t. as to who could have done it?**, hai qualche idea di chi avrebbe potuto farlo?; **It's one of his pet theories**, è una delle sue idee fisse; è uno dei suoi pallini 4 (*mat.*) teoria: **t. of equations**, teoria delle equazioni. ● **t. of signs**, teoria dei segni linguistici; semiologia; semiotica □ **in t.**, in teoria; teoricamente □ (*fis.*) **quantum t.**, teoria dei quanti □ (*fam.*) **My t. is that Jane is lying**, secondo me, Giovanna mente.

theosoph ['θiəsɔf], **theosopher** [θi'ɔsəfə*], *n.* (*filos.*) teosofo.

theosophic(al) [θiə'sɔfik(əl)], *a.* (*filos.*) teosofico.

theosophist [θi'ɔsəfist], *n.* (*filos.*) teosofo.

to theosophize [θi'ɔsəfaiz], *v. i.* fare il teosofo.

theosophy [θi'ɔsəfi], *n.* (*filos.*) teosofia.

therapeutic(al) [,θerə'pju:tik(əl)], *a.* (*med.*) terapeutico: **t. abortion**, aborto terapeutico.

therapeutics [,θerə'pju:tiks], *n. pl.* (*med.; col verbo al sing.*) terapeutica.

therapist ['θerəpist], *n.* (*med.*) 1 terapeuta; medico clinico 2 te-

therapy

rapista. ● **physical t.**, fisioterapista.
therapy ['θerəpɪ], *n.* (*med.*) terapia: **convulsive t.**, terapia convulsivante.
there [ðeə*], **A** *avv.* **1** là, li; colà; costà, costì; ivi (*lett.*); ci, vi: **Put it t.**, mettilo là; **He isn't t.**, là non c'è; **I shall be t.**, ci sarò; **He will stay t. all winter**, vi rimarrà tutto l'inverno; **T. was nothing to eat**, non c'era niente da mangiare; **T. was no one t.**, là non c'era nessuno **2** ecco; ecco là; ecco che: **T. he is!**, eccolo!; eccolo là!; **T. goes the bell**, ecco che suona la campana; **Push the button, and t. you are**, premete il pulsante, ed ecco fatto. **3** in questo; su ciò; su questo punto: **T. I disagree with you**, su ciò non sono d'accordo (con te); **T. you are right**, in questo hai ragione **4** (*lett., idiom.; consente l'inversione fra soggetto e verbo; per es. in:*) **T. comes a time in man's life when...**, viene il momento, nella vita di un uomo, in cui... **B** *n.* **1** quel luogo: **We left t. at eight o'clock**, lasciammo quel luogo (*o* partimmo di là) alle otto **2** quel punto: **I'll begin from t.**, comincerò da quel punto (*o* da lì). **C** *inter.* **1** là!; finalmente; ecco: **T., that's done!**, là!, ecco fatto!; là! e anche questa è fatta!; **T.! What did I tell you?**, ecco, che cosa t'avevo detto? **2** su; orsù; suvvia; via: **T.! t.! Don't cry**, (suv)via, non piangere! ● **t. and back**, andata e ritorno: **How far is it t. and back?**, quanta strada c'è fra andare e ritorno? □ **t. now!**, ecco; ecco's servito; giá!: **T. now! You see I was right**, ecco! vedi che avevo ragione?; **T. now, I knew you'd hurt yourself**, giá! lo sapevo che ti saresti fatto male □ **t. or thereabout(s)**, *V.* **thereabout(s)** □ **But t.!**, ma poi!; d'altronde! □ **by t.**, di là; lì vicino: **I passed by t. last night**, passai di là iersera □ **down t.**, laggiù □ **to get t.**, arrivarci; (*pop.*) farcela, riuscirci □ **to go t. and back**, andare e tornare □ (*fig.*) **to have sb. t.**, cogliere q. in fallo (mettere q. con le spalle al muro) in una determinata cosa: **You had him t.**, su quel punto, lo mettesti con le spalle al muro □ **here and t.**, qua e là □ **here, t. and everywhere**, (un po') dappertutto: un po' qua e un po' là: **I've looked for it here, t. and everywhere**, l'ho cercato dappertutto; **I've been here, t. and everywhere**, sono stato un po' qua e un po' là □ **in t.**, là dentro; il dentro □ (*fam.*) **not to be all t.**, non esserci tutto; essere tocco (o un po' matto) □ **over t.**, là; colà; laggiù: **Do you see that boy over t.?**, vedi quel ragazzo laggiù? □ **then and t.**, là per là; lì per lì; subito; su due piedi □ **up t.**, lassù □ (*al telefono*) **Are you t.**, pronto?; sei tu?; sei in linea? □ (*fig., fam.*) **I have been t. before**, questa non mi è nuova; so di che si tratta (e non ci ricasco) □ (*fam.*) **He is not all t.**, gli manca un venerdì □ **T. it is, you see**, questo è il guaio, capisci □ **T.'s a good boy!**, su, da bravo! □ (*fam.*) **Tom t. is a good swimmer**, quel Masino sì che sa nuotare! □ **T. you are, sir**, eccola servito, signore! □ (*fam.*) **T. you go!**, ci risiamo!; siamo alle solite!
thereabout(s) ['ðeərəbauts], *avv.* **1** là presso; lì vicino; nei dintorni; nelle vicinanze; da quelle parti **2** all'incirca; press'a poco; a un dipresso; giù di lì: **a hundred dollars or t.**, cento dollari o press'a poco; **at twelve o'clock or t.**, alle dodici o giù di lì.
thereafter [ðeər'ɑ:ftə*], *avv.* **1** (*lett.*) da allora in poi; in seguito **2** (*arc. o leg.*) di conseguenza; quindi; perciò.
thereat [ðeər'æt], *avv.* (*lett.*) **1** in quel luogo; là; colà **2** al che; a ciò **3** perciò; quindi; di conseguenza.
thereby ['ðeə'baɪ], *avv.* **1** in tal modo; con ciò; così: **t. breaking an old tradition**, rompendo così una lunga tradizione **2** (*lett.*) al riguardo; in merito: **T. hangs a tale**, c'è una storia al riguardo; (e) non è finita!; c'è ancora un seguito **3** (*arc. o dial.*) là presso; lì vicino; lì accanto.
therefor [ðeə'fɔ:*], *avv.* (*arc. o leg.*) per ciò; per questo; in cambio di ciò; come corrispettivo.
therefore ['ðeəfɔ:*], *avv.* perciò; dunque; quindi.
therefrom [ðeə'frɒm], *avv.* (*arc.*) da ciò; indi; quindi.
therein [ðeər'ɪn], *avv.* (*arc.*) **1** (là) dentro; in ciò; ci; vi **2** riguardo a ciò; al riguardo; in merito. ● (*leg.*) **t. enclosed**, ivi allegato.
thereinafter [,ðeərɪn'ɑ:ftə*], *avv.* (*arc. o leg.*) di lì in avanti; più oltre; in seguito.
thereinto [ðeər'ɪntu:], *avv.* (*arc. o leg.*) là dentro; entro.
thereof [ðeər'ɒv], *avv.* (*arc. o leg.*) **1** di ciò; di questo; al riguardo **2** *V.* **therefrom**.
thereon [ðeər'ɒn], *avv.* (*arc. o leg.*) **1** su ciò; su questo (argomento); al riguardo **2** al che; a ciò; e allora.
there's [ðeəz], *contraz. di* **there is**.
Theresa [tɪ'ri:zə], *n.* Teresa.
thereto [ðeə'tu:], *avv.* (*arc.*) **1** a ciò; ci; vi **2** oltre a ciò; per giunta; inoltre.
thereunder [ðeər'ʌndə*], *avv.* (*arc.*) sotto ciò; al di sotto di ciò.
thereunto [ʒər'ʌntu:], *V.* **thereto**.
thereupon [,ðeərə'pɒn], *avv.* (*arc., lett. o leg.*) **1** al che; a ciò; e allora **2** indi; quindi; perciò **3** su di ciò; al riguardo; in merito.
therewith [ðeə'wɪð], *avv.* (*arc., lett. o leg.*) **1** con ciò; con questo; insieme **2** in aggiunta; inoltre **3** al che; a ciò; e allora.
therewithal [,ðeəwɪ'ðɔ:l], *avv.* (*arc.*) **1** oltre a ciò; per giunta;

inoltre **2** con ciò; con questo.
theriac ['θɪərɪæk], *n.* (*med., stor.*) triaca; teriaca.
therm [θə:m], *n.* (*fis.*) therm.
thermae ['θə:mi:] (*lat.*), *n. pl.* (*archeol.*) terme.
thermal ['θə:məl], **A** *a.* **1** termale: **t. springs**, sorgenti termali **2** (*fis.*) termico: **t. (power) station**, centrale termica; **British t. unit** (*abbr.* **B.T.U.**), unità termica britannica. **B** *n.* (*di solito al pl., aeron.*) corrente ascendente d'aria calda. ● (*aeron.*) **the t. barrier**, la barriera termica (*o* del calore) □ **t. baths**, terme □ (*fis. nucl.*) **t. breeder (reactor)**, reattore termico autofertilizzante □ **t. bulb**, termometro a bulbo □ (*mecc.*) **t. compressor**, termocompressore □ **t. pollution**, inquinamento termico □ (*elettr.*) **t. relay**, relè termico (*o* a temperatura) □ (*mecc.*) **t. relief**, valvola di sfogo □ (*fis. nucl, miss.*) **t. shield**, scudo termico □ (*fis.*) **t. value**, potere calorifico.
thermic ['θə:mɪk], *a.* (*fis.*) termico: **t. rays**, raggi termici.
thermically ['θə:mɪkəlɪ], *avv.* (*fis.*) termicamente.
Thermidor ['θə:mɪdɔ:*] (*franc.*), *n.* (*stor.*) Termidoro (*undicesimo mese del calendario rivoluzionario francese*).
Thermidorian [,θə:mɪ'dɔ:rɪən], *a.* (*stor. franc.*) termidoriano.
thermion ['θə:m'aɪən], *n.* (*elettron.*) ione termico; termoione.
thermionic [,θə:mɪ'ɒnɪk], *a.* (*elettron.*) termoionico: (*radio*) **t. valve** (*o* **tube**), valvola termoionica.
thermionics [,θə:mɪ'ɒnɪks], *n. pl.* (*col verbo al sing.*) (*elettron.*) termoionica.
thermistor [θə:'mɪstə*], *n.* (*elettr.*) termistore.
Thermit ['θə:mɪt], **Thermite** ['θə:maɪt], *n.* (*chim., marchio*) termite.
thermocautery [,θə:mou'kɔ:tərɪ], *n.* (*med.*) termocauterio.
thermochemistry [,θə:mou'kemɪstrɪ], *n.* termochimica.
thermocouple ['θə:mou,kʌpl], *n.* (*fis.*) termocoppia.
thermodynamic ['θə:moudaɪ'næmɪk], *a.* (*fis.*) termodinamico.
thermodynamics ['θə:moudaɪ'næmɪks], *n. pl.* (*col verbo al sing.*) (*fis.*) termodinamica.
thermoelectric ['θə:mou'lektrɪk], *a.* (*fis.*) termoelettrico.
thermoelectricity ['θə:mou,elɪk'trɪsɪtɪ], *n.* (*fis.*) termoelettricità.
to thermoform [θə:'məfɔ:m], *v. t.* (*tecn.*) termoformare; formare a contatto termico.
thermoform ['θə:məfɔ:m], *n.* (*tecn.*) termoplastica.
thermoformable ['θə:mə,fɔ:məbl], *a.* (*tecn.*) termoformabile.
thermoforming ['θə:mə,fɔ:mɪŋ], *n.* (*tecn.*) termoformatura.
thermogenesis ['θə:mou'dʒenɪsɪs], *n.* (*biol.*) termogenesi.
thermogenetic ['θə:moudʒɪ'netɪk], *a.* (*biol.*) termogenetico.
thermogenic ['θə:mou'dʒenɪk], *a.* (*fis.*) termogeno.
thermograph ['θə:məgrɑ:f], *n.* (*fis.*) termografo.
thermography [θə:'mɒgrəfɪ], *n.* (*fis.*) termografia.
thermology [θə:'mɒlədʒɪ], *n.* (*fis.*) termologia.
thermometer [θə:'mɒmɪtə*], *n.* termometro: **centigrade t.**, termometro centigrado; **maximum t.**, termometro a massima; **clinical t.**, termometro clinico.
thermometric(al) [,θə:mə'metrɪk(əl)], *a.* termometrico.
thermometry [θə:'mɒmɪtrɪ], *n.* termometria.
thermonuclear ['θə:mou'nju:klɪə*], *a.* (*fis. nucl*) termonucleare: **t. bomb**, bomba termonucleare (*o* all'idrogeno).
thermopile ['θə:moupaɪl], *n.* (*fis.*) termopila.
thermoplastic ['θə:mou'plæstɪk], *a.* e *n.* (*ind.*) (materiale) termoplastico.
Thermopylae [θə:'mɒpɪli:], *n. pl.* (*geogr., stor.*) (le) Termopili.
Thermos ['θə:mɒs], *n.* (*marchio; di solito* **T. flask**) termos.
thermoscope ['θə:mou'skoup], *n.* (*fis.*) termoscopio.
thermosetting ['θə:mou'setɪŋ], *a.* (*ind. plastica*) termoindurente: **t. resin**, resina termoindurente.
thermosphere ['θə:mou'sfɪə*], *n.* (*scient.*) termosfera.
thermostat ['θə:moustæt], *n.* (*ing.*) termostato; termoregolatore.
thermostatic [,θə:mou'stætɪk], *a.* (*fis.*) termostatico. ● (*elettr.*) **t. switch**, termostato.
thermostatics [,θə:mou'stætɪks], *n. pl.* (*col verbo al sing.*) (*fis.*) termostatica.
thermotherapy [,θə:mou'θerəpɪ], *n.* (*med.*) termoterapia.
thesaurus [θɪ'sɔ:rəs], *n.* (*pl.* **thesauri, thesauruses**) **1** dizionario dei sinonimi **2** vocabolario, dizionario specialistico; enciclopedia: **a medical t.**, un dizionario medico **3** (*fig., lett.*) miniera (*fig.*).
these [ði:z], *a. e pron. dimostrativo* (*pl. di* **this**) questi, queste; cotesti, coteste; codesti, codeste: **T. books are mine**, questi libri sono miei; **T. are his**, questi sono i suoi. ● **I have been here t. two hours**, sono qui da ben due ore.
Theseus ['θi:sju:s], *n.* (*mitol.*) Teseo.
thesis ['θi:sɪs], *n.* (*pl.* **theses**) tesi (*in ogni senso*); dissertazione: **graduation t.**, tesi di laurea.
Thespian ['θespɪən], **A** *a.* di Tespi; drammatico. **B** *n.* **1** attore, attrice (*specialm. drammatici*) **2** drammaturgo; tragediografo.
Thespis ['θespɪs], *n.* (*stor. letter.*) Tespi.

Thessalian [θəˈseiljən], (geogr., stor.) **A** a. tessalico. **B** n. tessalo.
Thessaly [ˈθesəli], n. (geogr., stor.) Tessaglia.
theta [ˈθiːtə], n. teta (ottava lettera dell'alfabeto greco).
theurgic(al) [θi(ː)ˈəːdʒik(əl)], a. teurgico; magico.
theurgist [ˈθiːədʒist], n. teurgo; mago.
theurgy [ˈθiːədʒi], n. teurgia; magia.
thewed [θjuːd], V. **thewy**.
thewless [ˈθjuːlis], a. (lett.) senza muscoli; debole; smidollato.
thews [θjuːz], n. pl. (lett.) **1** muscoli; forza muscolare; nerbo; vigoria **2** (fig.) forza; vigore.
thewy [ˈθjuːi], a. (lett.) muscoloso; forte; vigoroso.
they [ðei], **A** pron. pers. 3ª pers. pl. ess.; esse; loro (fam.): **T. didn't reply to our letter**, (essi) non risposero alla nostra lettera; (lett.) **It was t. who said so**, furono loro a dirlo; (fam.) **T. did it, not us**, sono stati loro (a farlo), non noi. **B** pron. impers. la gente; si: **T. say he won't come back**, la gente dice (o si dice, dicono) che non tornerà. ● **t. all** (o **all of them**), tutti loro; loro □ **t. who**, coloro i quali; quelli (o quelle) che (più spesso, **those who**) □ **Here t. are**, eccoli (o eccole) qua! □ (prov.) **T. do least who talk most**, chi più parla meno fa.
they'd [ðeid], contraz. di: **1 they had 2 they would**.
they'll [ðeil], contraz. di: **1 they will 2 they shall**.
they're [ðɛə*], contraz. di **they are**.
they've [ðeiv], contraz. di **they have**.
thick [θik], **A** a. **1** grosso (d spessore); denso; fitto; folto; spesso; solido; sodo: **a t. book**, un libro grosso; **He has a t. neck**, ha il collo grosso; **a t. soup**, una zuppa densa; **a t. fog**, una fitta nebbia; **t. hair**, capelli folti; **The board is two centimetres t.**, l'asse è spessa due centimetri (o ha uno spessore di due centimetri) **2** fosco; nuvoloso; nebbioso; fangoso; torbido: **The weather is t. today**, oggi il tempo è fosco, nuvoloso; **t. puddles**, pozzanghere fangose, torbide. **3** (di voce, suono) fioco; velato; rauco: **I've caught a cold and have a t. voice**, ho preso il raffreddore e ho la voce rauca **4** (fam.) poco intelligente; duro di comprendonio; stupido; tardo; ottuso **5** (fam.) intimo: **They're very t. with each other**, sono amici intimi; sono in grande intimità **6** (pop.) grossa; forte: **It's a bit of him**, è un po' grossa da parte sua! **B** n. **1** (il) fitto; (il) grosso; (il) folto; (il) mezzo: **in the t. of the forest**, nel fitto della foresta; **in the t. of the battle**, nel folto della mischia; **in the t. of it**, nel bel mezzo **2** (fam.) persona stupida; zuccone. **C** avv. densamente, fittamente; fitto fitto: **The snow was falling t. (and fast)**, la neve cadeva fitta fitta. ● **t.-and-thin supporters**, sostenitori fedeli □ **t.-headed** (o **t.-skulled**, **t.-witted**), duro di comprendonio; stupido; ottuso □ **t.-lipped**, dalle labbra grosse □ **t.-skinned**, dalla pelle spessa; (fig.) dalla pelle dura, insensibile □ (mil.) **t.-skinned vehicles**, veicoli blindati □ **t. with**, pieno di; saturo di: **a plant t. with leaves**, una pianta piena di foglie; **The air was t. with pollen**, l'aria era piena di polline □ (fam.) **to be as t. as thieves**, essere amici intimi (o per la pelle); essere legati a doppio filo (fig.) □ (pop.) **to be as t. as two short planks**, essere proprio tonto □ (pop.) **to give sb. a t. ear**, fare una faccia così a q. con uno schiaffone □ **to grow thicker**, infittirsi: **The crowd grew thicker**, la folla s'infittì □ (fam.) **to lay it on t.**, esagerare; esser troppo prodigo (specialm. di lodi); adulare in modo servile □ (fig.) **through t. and thin**, attraverso ogni ostacolo; nella buona e nella cattiva sorte; in ogni circostanza □ (pop.) **It's a bit** (o **a little too**) **t.**, questo è troppo!; è un po' troppo!; **Two months away from home is a bit t.**, due mesi di lontananza da casa è un po' troppo! □ **His heart beat t.**, il cuore gli batteva forte □ **Snow lay t. on the ground**, il suolo era coperto da un alto strato di neve □ (fam.) **That's too t.!**, questa è grossa!; questa non la bevo!
to thicken [ˈθikən], **A** v. t. addensare; condensare; indurire; ispessire; infittire; infoltire; legare; rassodare: **to t. the sauce with flour**, legare la salsa con la farina. **B** v. i. **1** addensarsi; condensarsi; indurirsi; ispessirsi; infittirsi; infoltirsi; rassodarsi: **The crowd was thickening**, la folla s'addensava **2** (del tempo) rannuvolarsi; offuscarsi; farsi scuro. **3** (della voce) diventare rauca **4** (fig.) ingarbugliarsi; complicarsi; imbrogliarsi: **The plot thickens**, la faccenda s'ingarbuglia; le cose si complicano. ● **Your waist is thickening**, ti stai ingrassando di vita.
thickener [ˈθikənə*], n. (tecn.) addensatore.
thickening [ˈθikəniŋ], n. **1** condensamento; addensamento; ispessimento; rassodamento **2** (tecn.) sostanza per condensare; addensatore.
thicket [ˈθikit], n. boschetto folto d'alberi. ● **thorn t.**, roveto.
thickhead [ˈθikhed], n. (fam.) testa dura; testone; zuccone.
thickish [ˈθikiʃ], a. piuttosto denso, fitto, folto, ecc. (V. **thick**).
thickness [ˈθiknis], n. **1** grossezza; densità; foltezza; spessore; strato: **five centimetres in t.**, cinque centimetri di spessore; **two thicknesses of soundproofing material**, due spessori (o due strati) di materiale fonoassorbente **2** foschia; oscurità **3** (fig.) stupidità; ottusità. ● **t. gauge**, spessimetro (strumento) □ **The t. of his speech showed that he was drunk**, il suo impaccio nel parlare dimostrava ch'era ubriaco.
thickset [ˈθikˈset], a. **1** tarchiato; tozzo; atticciato; piccolo ma robusto **2** fitto; folto: **a t. hedge**, una siepe fitta.
thief [θiːf], n. (pl. **thieves**) **1** ladro, ladra; ladruncolo **2** (chim., anche **t. tube**) sonda per campionatura **3** (ind. petrolifera) campionatore per liquidi. ● **thieves' Latin**, lingua furbesca (o furfantina); gergo della malavita □ **Stop t.!**, al ladro! □ (prov.) **Procrastination is the t. of time**, non rimandare a domani quello che puoi fare oggi!
to thieve [θiːv], **A** v. i. rubare; fare il ladro. **B** v. t. **1** (dial.) rubare (q.c.) **2** (chim.) prelevare un campione da (una sostanza).
thievery [ˈθiːvəri], n. ladrocinio; ruberia; furto.
thieving [ˈθiːviŋ], a. dedito al furto; che ruba; ladro.
thievish [ˈθiːviʃ], a. ladro; ladresco.
thievishness [ˈθiːviʃnis], n. tendenza al furto.
thigh [θai], n. (anat.) coscia. ● **t.-bone**, femore □ (stor.) **t.-piece**, cosciale (d'armatura).
thill [θil], n. stanga (di carro).
thimble [ˈθimbl], n. **1** (cucito) ditale **2** (mecc.) bussola; manicotto **3** (mecc.) mandrino conico **4** (naut.) redancia.
thimbleful [ˈθimblful], n. **1** quanto sta in un ditale **2** (fig.) goccio; goccino: **just a t. (of wine)**, appena un goccio (di vino).
thimblerig [ˈθimblrig], n. gioco dei bussolotti.
to thimblerig [ˈθimblrig], v. i. fare il gioco dei bussolotti.
thimblerigger [ˈθimblˌrigə*], n. chi fa il gioco dei bussolotti.
thimblerigging [ˈθimblˌrigiŋ], V. **thimblerig**.
thin [θin], **A** a. **1** sottile; fino; leggero: **a t. slice of bread**, una sottile fetta di pane; **t. air**, aria fina; **t. clothes**, abiti leggeri; **a t. rope**, una corda sottile; una funicella **2** esile; snello; magro; scarno; smilzo; sparuto: **a very t. girl**, una ragazza molto esile; **The boy is rather t. in the face**, il ragazzo ha il volto piuttosto scarno **3** rado; fluido; acquoso; scarso: **t. mist**, nebbia rada; **t. oil**, olio fluido; **a t. soup**, una zuppa acquosa (o brodosa); **The public was t.**, il pubblico era scarso **4** debole; sbiadito; fievole; tenue: **t. colours**, colori sbiaditi; **a t. photograph**, una fotografia sbiadita; **in a t. voice**, con voce fievole **5** (fig.) debole; fiacco; inconsistente: **t. eloquence**, eloquenza fiacca; **a t. argument (excuse)**, un argomento (una scusa) inconsistente. **B** avv. sottile; a fette sottili: **to cut the meat t.**, tagliare la carne a fette sottili. ● (geol.) **t.-bedded**, a strati sottili □ (fam., raro) **t. beer**, birra scadente □ **t. broth**, brodo lungo □ (gergo naut.) **t. captain**, galletta comune; biscotto secco □ (teatr.) **a t. house**, un teatro quasi vuoto □ (comm.) **a t. market**, un mercato ristretto □ (fam.) **t. on the ground**, raro, scarso □ (fam., di persona) **t. on top**, un po' pelato □ **t.-skinned**, dalla pelle sottile; (fig.) sensibile, suscettibile, permaloso □ (agric.) **t. soil**, terreno povero □ **a t. tale**, un racconto privo d'interesse; una storia incredibile □ **as t. as a lath**, secco come un chiodo □ **to grow t.**, assottigliarsi; dimagrire □ (fam.) **to have a t. time**, passarsela male.
to thin [θin], **A** v. t. **1** assottigliare; affinare; far dimagrire; smagrire **2** far diminuire; ridurre: **The Black Death of 1348 thinned (down) the population of England**, la Morte Nera del 1348 ridusse la popolazione dell'Inghilterra **3** diradare; sfoltire **4** sfrondare; potare: **to t. (out) trees**, sfrondare gli alberi **5** diluire (vernici, ecc.). **B** v. i. **1** assottigliarsi; affinarsi; dimagrire; smagrirsi **2** calare; diminuire; ridursi **3** diradarsi; sfoltirsi: **My hair is thinning**, mi si diradano i capelli.
thine [ðain], pron. poss. (arc., poet.) (il) tuo, (la) tua; (i) tuoi, (le) tue (usato anche come agg., in luogo di **thy**, davanti a parola che incominci con un suono vocalico): **t. eyes**, i tuoi occhi; (relig.) **Not my will, but t., be done**, sia fatta la tua, non la mia volontà!
thing [θiŋ], n. **1** cosa; affare; oggetto; arnese; attrezzo: **What are those things over there?**, che cosa sono quegli oggetti laggiù?; **Get your things and come with me**, prendi le tue cose (o la tua roba) e vieni con me!; **Don't forget to take your fishing things with you**, non dimenticare di prendere con te gli attrezzi da pesca!; **spiritual things**, le cose dello spirito; **Things are brightening up slowly**, le cose vanno lentamente migliorando **2** (fam.) creatura; persona; animale: **a spiteful t.**, una persona dispettosa; **a sweet little t.**, una bambina tanto buona e cara; **poor t.!**, poverino! (poverina!); povera creatura!; povera bestia!; **He is a foolish old t.**, è uno sciocchino; è uno scioccone **3 the t.**, la cosa da farsi; ciò che sta bene; quel che ci vuole; (anche) la cosa alla moda, l'ultimo grido: **A long period of rest is the very t. for him**, un lungo periodo di riposo è proprio quel che ci vuole (o quello che fa) per lui **4** (pop.) attività; lavoro; interesse; mestiere: **What's your t.?**, di che ti occupi (o t'interessi)? ● (leg.) **things personal**, beni mobili (denaro, titoli, mobilio, ecc.) □ (leg.) **things real**, beni immobili (poderi, terreni, case, locali per ufficio, ecc.) □ (raro, scherz.) **things scholastic**, le faccende della scuola □ (fam.) **and things**, e così via; eccetera eccetera □ **as a general** (o **a usual**) **t.**, generalmente; in genere;

thingamabob

di solito □ **to do the handsome t. by sb.**, agire lealmente con q.; trattare q. con generosità □ **dumb things**, gli animali; le creature che non hanno la favella □ **for one t.**, tanto per cominciare; per dirne una □ **to get one's things wet**, bagnarsi tutto; bagnarsi l'abito □ (*fam.*) **to have a t. about st.**, essere ossessionato da q.c.; fare una passione per q.c.; (*anche*) non poter soffrire q.c.; avercela con q.c. □ (*fig.*) **to know a t. or two**, saperla lunga □ **the latest t. in furs**, l'ultima moda (*o* l'ultimo grido) in fatto di pellicce □ (*di persona*) **to look (to feel) quite the t.**, avere un buon aspetto (sentirsi bene): **He doesn't look quite the t. this morning**, non ha l'aria di star bene questa mattina □ **to make a good t. of st.**, trarre partito da q.c. □ **to make a mess of things**, fare un bel pasticcio; impasticciar tutto □ **to make a t. of st.**, fare di q.c. un affare di stato □ **a near t.**, un guaio evitato per un pelo (*o* per miracolo, per il rotto della cuffia); il farcela (l'arrivare, ecc.) a mala pena □ **not a t.**, niente; proprio nulla □ **to pack one's things**, fare i bagagli; fare le valigie; far fagotto (*fam.*) □ **to put one's things on**, vestirsi; prepararsi per uscire □ **to say the right t. (the wrong t.)**, parlare a proposito (a sproposito); (*anche*) dire le parole opportune (fare una gaffe) □ **He didn't say a t.**, non ha detto una parola □ (*fam.*) **to see** (*o* **to be seeing**) **things**, soffrire d'allucinazioni □ **taking one t. with another**, tutto sommato; visto il pro e il contro □ **to think things over**, pensarci su; riflettere bene (a lungo) □ **It's a very good t. that...**, meno male che... □ **It's an understood t.**, è una cosa implicita; è scontato; è pacifico □ **That's quite another t.**, è un altro paio di maniche! □ **Well, of all things!**, chi l'avrebbe mai detto! □ **The t. is, can we afford it?**, il punto è: possiamo permettercelo?

thingamabob, thingumabob ['θɪŋəmɪbɒb], **thingamy, thingummy** ['θɪŋəmi], **thingumajig** ['θɪŋəmɪdʒɪg], *n.* (*fam.*) coso; aggeggio; affare; arnese; (*rif. a persona*) (un) tizio, (un) tale: **The machine has a t. that starts it automatically**, quella macchina ha un aggeggio che la mette in moto automaticamente. ● **Mr T.**, il signor «coso»; il signor «come si chiama»; il signor vattelappesca (*fam.*).

to think [θɪŋk] (*pass. e p. p.* **thought**), *v. t. e i.* **1** pensare; meditare; riflettere; considerare; credere; giudicare; opinare; ritenere; stimare; supporre; parere, sembrare (*impers.*): **I'll t. about it**, ci penserò; **T. before you act**, rifletti prima di agire!; **What are you thinking about?**, a che stai pensando?; **He was thinking of his children**, pensava ai suoi figliuoli; **Do you t. it's going to snow?**, credi che nevicherà?; **I t. so**, credo di sì; **He thinks to emigrate to Canada**, pensa d'emigrare in Canada; **He thought of emigrating but then gave it up**, pensava d'emigrare ma poi rinunciò; **Do as you t. best**, fa' come (meglio) credi (*o* come ti pare)!; **I thought him an honest man**, lo consideravo (*o* giudicavo, stimavo) una persona onesta; **I t. I'll try**, credo che mi ci proverò; **I t. it a shame not to help them**, mi sembra una cosa vergognosa non aiutarli; **What do you t. of it?**, che cosa ne pensi?; che te ne pare? **2** immaginare; capire; concepire; pensare: **I cannot t. where he is**, non so immaginare dove sia andato (a finire); **I can't t. how you do it**, non riesco a capire come tu faccia; **To t. of my not remembering!**, e pensare che me ne sono scordato! **3** escogitare; inventare: **Who first thought of the idea?**, chi ha escogitato per primo quest'idea? **4** (*fam.*) pensare a; avere in mente: **He only thinks business**, pensa solo agli affari. ● **to t. aloud** (*o* **to t. out loud**), pensare ad alta voce □ **to t. better of it**, ripensarci; cambiar proposito (*o* parere) □ **to t. better of sb.**, avere una più alta opinione di q. □ **to t. big**, pensare «in grande»; fare grandi progetti □ **to t. nothing but**, non pensare che a: **That boy thinks nothing but motorbikes**, quel ragazzo non pensa che a motori □ **to t. nothing (little) of sb.**, non aver alcuna (aver poca) stima di q.; tenere q. in nessuna (in scarsa) considerazione □ **to t. out**, meditare su; ponderare; (studiare a fondo; escogitare; **to t. a matter out**, meditare su una faccenda senza trascurare nessun particolare; **to t. out a plan**, escogitare un piano □ **to t. over**, riflettere; considerare; meditare su: **T. over what I said**, medita su quel che ti ho detto! □ **to t. through**, *V.* **to t. out** □ **to t. to oneself**, pensare fra sé (e sé) □ **to t. twice**, pensarci su due volte; riflettere □ **to t. up**, escogitare, inventare, trovare: **He thought up a way of getting into the fortress**, escogitò il modo d'entrare nella fortezza □ **to t. up a new project**, ideare un nuovo progetto □ **to t. well (highly) of sb.**, avere molta stima (far gran conto) di q. □ **I shouldn't t. of doing such a lot of work**, non me lo sogno neanche di fare tanto lavoro □ **I can't t. of his partner's address just now**, al momento non riesco a ricordare l'indirizzo del suo socio; □ **He is well thought of**, gode di grande stima; è tenuto in buona considerazione □ **I don't t. much of his work**, non sono entusiasta del suo lavoro □ **I thought as much**, me lo aspettavo □ **T. nothing of it!**, prego!; non fa niente!; non mette conto parlarne! □ **He thinks nothing of swimming across the lake**, per lui attraversare il lago a nuoto è cosa da nulla □ **Do you t. it fit** (*o* **good**) **to...?**, ti par bello (*o*

giusto, opportuno) di...?

think [θɪŋk], *n.* (*fam.*) pensiero; idea; pensata: **They both had the same t.**, ebbero tutti e due lo stesso pensiero. ● **to have a t.**, farci un pensierino; rifletterci; pensarci su (*fam.*).

thinkable ['θɪŋkəbl], *a.* pensabile; concepibile; immaginabile.

thinker ['θɪŋkə*], *n.* pensatore. ● **free t.**, libero pensatore.

think factory ['θɪŋk ˌfæktəri], *V.* **think tank**.

thinking ['θɪŋkɪŋ], **A** *a.* **1** pensante; dotato di raziocinio; raziocinante **2** ragionevole; riflessivo; assennato: **all t. men**, tutte le persone ragionevoli. **B** *n.* **1** (il) pensare; pensiero; raziocinio **2** avviso; opinione; parere: **What's the union's t.?**, di che avviso è il sindacato?; che cosa ne pensa il sindacato?; **to my way of t.**, a mio avviso; a mio parere; a mio modo di pensare. ● (*fam.*) **to put one's t. cap on**, mettersi a pensare (*o* a riflettere) sul serio.

think piece [θɪŋk piːs], *n.* (*giornalismo*) articolo basato su materiale di repertorio.

think tank [θɪŋk tæŋk], *n.* **1** centro (*o* istituto) di ricerca (*spesso interdisciplinare*) **2** (*anche polit.*) commissione d'esperti.

thinner ['θɪnə*], *n.* (*ind., pitt.*) diluente; solvente.

thinness ['θɪnnɪs], *n.* **1** sottigliezza; finezza; leggerezza **2** esilità; magrezza **3** radezza; fluidità; scarsità **4** fievolezza; tenuità; debolezza **5** (*fig.*) fiacchezza; inconsistenza (*V.* **thin**).

thinnish ['θɪnɪʃ], *a.* alquanto sottile; piuttosto esile (*V.* **thin**).

third [θɜːd], **A** *a.* terzo. **B** *n.* **1** (*mat.*) terzo: **one t.**, un terzo **2** (*mus., autom.*) terza **3** (*pl., leg.*) terza parte del patrimonio del marito defunto (*che va alla vedova*) **4** (*fam., un tempo*) terza; terza classe (*in treno*). ● **t.-class** (*ferr., un tempo*) di terza classe, in terza (classe); (*comm.*) di qualità scadente: **a t.-class carriage**, una carrozza di terza classe; **We travelled to Chester t.-class**, andammo a Chester in terza (classe) □ **t. degree**, interrogatorio di terzo grado (*della polizia*) □ (*med.*) **t.-degree burn**, ustione di terzo grado (*stor.*) **the t. estate**, il terzo stato □ (*leg.*) **a t. party**, una terza persona; un terzo □ (*ass.*) **t.-party insurance**, assicurazione di responsabilità civile □ (*ass.*) **t.-party risks**, rischi contro terzi □ (*gramm.*) **t. person**, terza persona □ (*ferr., elettr.*) **t. rail**, terza rotaia □ **t.-rate**, di scarso valore; mediocre; scadente □ (*fam.*) **t.-rater**, persona di scarso valore: **That painter is a t.-rater**, quel pittore vale poco □ **the t. sex**, il terzo sesso □ (*ind.*) **t. shift**, turno di notte □ **the T. World**, il terzo mondo □ **T. Worlder**, abitante, (*o* esponente) del terzo mondo □ **T. Worldism**, movimento a favore del terzo mondo □ **to make a t.**, fare il terzo (*a un gioco di carte, ecc.*) □ (*nelle date*) **on the t. of May**, il tre maggio.

thirdly ['θɜːdli], *avv.* in terzo luogo; terzo.

thirst [θɜːst], *n.* (*anche fig.*) sete: **to have a t.**, avere sete; **to die of t.**, morire di sete; **a t. for knowledge (for pleasure, etc.)**, (una) sete di conoscenza (di piacere, ecc.). ● **t. after glory**, sete di gloria □ **to give sb. a t.**, far venire sete a q. □ (*fam.*) **to have a t.**, aver desiderio di bere q.c. □ **to quench** (*o* **to satisfy**) **one's t.**, appagare la sete.

to thirst [θɜːst], *v. i.* (*lett. o arc.*) avere sete; essere assetato (*anche fig.*): **to t. for beer**, aver sete di birra; **to t. for revenge** (*lett.*: **after revenge**), essere assetato di vendetta.

thirstily ['θɜːstɪli], *avv.* avidamente; bramosamente.

thirstiness ['θɜːstɪnɪs], *n.* l'esser assetato; sete.

thirsty ['θɜːsti], *a.* **1** assetato; sitibondo (*lett.*); (*fig.*) avido, bramoso: **I was very t.**, ero molto assetato; avevo una gran sete; **to be t. for knowledge**, essere assetato di sapere **2** (*del terreno*) arido; assetato; riarso **3** (*fam.*) che fa venir sete: **That is a t. job**, è un lavoro che fa venir sete **4** (*fam., di veicolo a motore*) che consuma molto; che beve. ● **to be t.** (*o* **to feel t.**), aver sete □ **to make sb. t.**, far venire sete a q.

thirteen ['θɜːˈtiːn], *a. e n.* tredici. ● **t.-year-old**, tredicenne □ (*fam.*) **to talk t. to the dozen**, parlare a vanvera.

thirteenth ['θɜːˈtiːnθ], *a. e n.* tredicesimo; decimoterzo: (*mat.*) **one t.**, un tredicesimo (1/13). ● (*nelle date*) **the t. of August**, il tredici agosto.

thirtieth ['θɜːtiɪθ], *a. e n.* trentesimo. ● (*nelle date*) **the t. of May**, il 30 maggio.

thirty ['θɜːti], *a. e n.* trenta. ● **the thirties**, gli anni trenta; gli anni fra i trenta e i quaranta (*in un secolo o nella vita di un uomo*) □ **t.-first**, trentunesimo □ **the T.-nine Articles**, la Dottrina della Chiesa Anglicana □ **t.-one**, trentuno □ (*tipogr.*) **t.-two-mo** (*abbr.* **32mo**), trentaduesimo □ **t.-year-old**, trentenne □ **t. years of service**, un trentennio di servizio □ **about t.**, una trentina □ **to be in one's early (late) thirties**, aver passato da poco la trentina (essere vicino alla quarantina).

thirtyfold ['θɜːtɪfəʊld], *a. e n.* trenta volte (tanto).

this (1) [ðɪs], *a. e pron. dimostrativo* (*pl.* **these**) questo, questa; cotesto, coteste, codesto, codesta; ciò; (*di persona*) costui, costei; questi (*lett.*): **T. book is mine**, questo libro è mio; **I'll take t.** (**one**), prenderò questo; **I don't like t. at all**, questo non mi piace affatto; **There is t. to be said about it**, c'è questo da dire al ri-

guardo; **T. was John**, costui era Giovanni. ● **t. day**, oggi □ **t. day week** (**month**), oggi a otto (a un mese) □ (*fam. USA*) **t. here**, questo, questa; questo (*o* questa) qui □ **t. way**, da questa parte, di qua; in questo modo, così: **Come t. way, please**, da questa parte, prego!; **Do it (in) t. way**, fallo così □ **t. way and that**, qua e là □ **before t.**, prima d'ora □ **by t.** (**time**), ormai; a quest'ora: **They should have arrived by t. time**, a quest'ora dovrebbero essere già arrivati □ **just for t. once**, per questa volta (soltanto) □ **like t.**, in questo modo; così: **Do it like t.**, fallo così! □ **talking of t. and that**, discutendo del più e del meno □ **What's all t.?**, che cos'è?; cosa c'è?; cosa succede? □ (*al telefono*) **Who's t. speaking?**, chi (è che) parla? □ **With t.** (**At t.**) **she got up and left the room**, e con ciò (al che) ella si alzò e lasciò la stanza □ **T. won't do**, così non va!
this (2) [ðis], *avv.* (*fam.*) così; tanto: **It was t. big**, era grosso così; **The bear was t. tall**, l'orso era alto così. ● **t. far**, fin qui; fino a questo punto □ **t. late**, così tardi □ **t. much**, questo; tanto (*lett.*): **T. much is certain: he will not come back today**, questo è certo: non ritornerà oggi.
Thisbe [ˈθizbi], *n.* (*mitol.*) Tisbe.
thistle [ˈθisl], *n.* (*bot., Carduus*) cardo (*emblema nazionale della Scozia*). ● **t.-down**, lanugine del cardo □ (*in Scozia*) **the Order of the T.**, l'Ordine del Cardo.
thistly [ˈθisli], *a.* **1** simile al cardo; pungente **2** pieno di cardi; coperto di cardi.
thither [ˈðiðə*], *avv.* (*arc.*) là; colà; ci, vi: **hither and t.**, qua e là.
thitherward(s) [ˈðiðəwəd(z)], *avv.* (*arc.*) là; in quella direzione.
tho, tho' [ðou], *V.* **though**.
thole [θoul], *n.* (*naut., anche* **tholepin**), scalmo.
Thomas [ˈtɔməs], *n.* Tommaso. ● (*stor., relig.*) **T. Aquinas**, San Tommaso d'Aquino.
Thomism [ˈtoumizəm], *n.* (*filos.*) tomismo.
Thomist [ˈtoumist], *n.* (*filos.*) tomista.
Thomistic(al) [touˈmistik(əl)], *a.* (*filos.*) tomistico.
thong [θɔŋ], *n.* **1** cinghia; correggia; striscia di cuoio; cinturino (*di sandalo, ecc.*) **2** staffile **3** (*USA*) (ciabattina) infradito.
to thong [θɔŋ], *v. t.* **1** provvedere di cinghia; munire di correggia **2** staffilare.
Thor [θɔ:*], *n.* (*mitol. germanica*) Thor (*dio del tuono e della guerra*).
thoracic [θɔːˈræsik], *a.* (*anat.*) toracico.
thorax [ˈθɔːræks], *n.* (*pl.* **thoraxes, thoraces**) (*anat.*) torace.
thorite [ˈθɔːrait], *n.* (*miner.*) torite.
thorium [ˈθɔːriəm], *n.* (*chim.*) torio.
thorn [θɔːn], *n.* **1** spina (*anche fig.*): **a t. in one's side** (*o* **in one's flesh**), una spina nel fianco; un cruccio continuo **2** (*zool.*) aculeo; spina **3** (*bot.*) spino; pianta spinosa **4** (*bot., di solito* **hawthorn**) biancospino. ● **t. bush**, rovo; (*anche*) savana spinosa □ **t. forest**, boscaglia spinosa □ (*fig.*) **to be** (**to sit**) **on thorns**, essere (stare) sulle spine □ (*prov.*) **There's no rose without a t.**, non c'è rosa senza spine.
thornback [ˈθɔːnbæk], *n.* (*zool.*) **1** (*Raja clavata*) razza chiodata **2** (*Maya squinado*) grancevola.
thornbill [ˈθɔːnbil], *n.* (*zool., Rhamphomicron*) ranfomicro.
thorniness [ˈθɔːninis], *n.* (*anche fig.*) spinosità.
thorn-tree [ˈθɔːntriː], *n.* (*bot.*) **1** (*Crataegus oxyacantha*) biancospino. **2** (*Gleditsia triacanthos*) spino di Giuda.
thorny [ˈθɔːni], *a.* spinoso (*anche fig.*): **a t. problem**, un problema spinoso. ● (*fig.*) **the t. path to peace**, la difficile strada verso la pace, la strada irta di difficoltà che porta alla pace.
thoron [ˈθɔːrɔn], *n.* (*fis. nucl.*) toron.
thorough [ˈθʌrə], **A** *a.* **1** completo; esauriente; intero; totale; profondo; radicale: **a t. explanation**, una spiegazione esauriente; **a t. change**, un mutamento profondo, radicale **2** accurato; minuzioso; preciso; (*mecc.*) **a t. overhaul**, un'accurata (*o* una bella) ripassata (*al motore*); **a t. person**, una persona minuziosa, precisa **3** bell'e buono; vero e proprio; matricolato; perfetto; assoluto: **He's a t. scoundrel**, è un furfante matricolato. **B** *n.* – (*stor.*) **T.**, rigida linea politica (*al tempo di Carlo I*). ● (*mus.*) **t. bass**, basso continuo □ **t. brace**, bandella di carrozza (*fra le balestre*) □ (*vet.*) **t.-pin**, vescicone (*gonfiore del garretto del cavallo*).
thoroughbred [ˈθʌrəbred], **A** *a.* **1** purosangue; di razza: **a t. horse**, un cavallo di razza **2** (*fig.*) colto; raffinato; di classe **3** (*fig.*) focoso. **B** *n.* **1** purosangue (*specialm. cavallo*) **2** (*fig.*) persona raffinata.
thoroughfare [ˈθʌrəfεə*], *n.* **1** strada di transito; via principale **2** (*autom.*) strada di scorrimento veloce **3** canale navigabile; idrovia. ● (*autom.*) **No t.**, divieto di transito; circolazione vietata (*cartello*).
thoroughgoing [ˈθʌrəˌgouiŋ], *a.* **1** deciso; inflessibile; risoluto **2** completo; esauriente; intero; totale; profondo **3** bell'e buono; perfetto; assoluto; matricolato: **a t. fool**, un perfetto cretino.
thoroughly [ˈθʌrəli], *avv.* completamente; esaurientemente;

thoroughness [ˈθʌrənis], *n.* **1** completezza **2** precisione; accuratezza; minuziosità.
thorough-paced [ˈθʌrəˌpeist], *a.* **1** (*di cavallo*) allenato (*o* avvezzo) a tutte le andature **2** (*fig.*) abile; esperto **3** *V.* **thoroughgoing**.
thorp(e) [θɔːp], *n.* villaggio (*specialm. come suffisso, nei toponimi*).
those [ðouz], *a. e pron.* dimostrativo (*pl. di* **that**) quelli, quelle; cotesti, coteste; codesti, codeste: **Bring me t. books**, portami codesti libri; **T. aren't mine**, quelli non sono miei. ● **t. who**, coloro i quali (*o* le quali); quelli (*o* quelle) che.
thou (1) [ðau], *pron. pers.* 2ª *pers. sing.* (*arc., poet.*) tu (*usato ancora nelle preghiere e dai quaccheri, per you*).
thou (2) [θau], *n.* (*pl.* **thous, thou**) **1** millesimo di pollice **2** (*fam.*) mille; (*specialm.*) mille sterline; (*USA*) mille dollari.
to thou [ðau], **A** *v. i.* usare il «thou»; dare del tu. **B** *v. t.* dare del tu a (q.).
though [ðou], **A** *cong.* **1** sebbene; benché; quantunque: **T. it was very late, I went on studying**, sebbene fosse molto tardi, continuai a studiare **2** (*anche* **even t.**) anche se; ancorché: **It is better to ask him**, (even) **t. he should refuse**, anche se dovesse rifiutare, è meglio chiederglielo. **B** *avv.* (*fam.*) tuttavia; pure; nondimeno: **I wish you had told me, t.**, tuttavia, vorrei tu me l'avessi detto. ● **as t.**, come se; che: **He acts as t. he were mad**, si comporta come se fosse impazzito; **It looks as t. he meant business**, pare che faccia sul serio □ (*lett.*) **What t. we fail?**, che importa se falliremo?
thought (1) [θɔːt], *pass. e p. p.* di **to think**. ● **t.-out**, escogitato; studiato a fondo; pensato.
thought (2) [θɔːt], *n.* **1** pensiero; concetto; idea; opinione; meditazione; riflessione; attenzione; considerazione: **That is a noble t.**, questo è un nobile pensiero; **He was absorbed in t.**, era assorto nei suoi pensieri; **to spend one's spare time in t.**, passare il tempo libero in meditazione; **a happy t.**, un'idea felice; **Unfortunately, I had to give up the t. of becoming a doctor**, purtroppo, dovetti rinunciare all'idea di fare il medico; **He gave no t. to the matter**, non si diede pensiero della cosa; non prese la cosa in considerazione **2** (*un*) (*un*) tantino; (*un*') ombra: **The colour is a t. too dark**, il colore è un po' troppo scuro; **Be a t. more careful, please**, sta' un po' più attento, per favore! **3** cura; riguardo; attenzione **4** pensiero; filosofia: **Twentieth century t.**, il pensiero del Novecento. ● **t.-reader**, chi legge nel pensiero □ **t.-reading**, lettura del pensiero □ **t.-transference**, trasmissione del pensiero; telepatia □ **as quick as t.**, rapido come il pensiero □ **to give up all t. of sb.** (**of st.**), non pensare neanche a q. (a q.c.); rinunciare a q. (a q.c.) □ **to have (some, no) t.**, avere (una certa, nessuna) intenzione (*o* idea); pensare (non pensare): **I had (some) thoughts of resigning**, avevo idea di dare le dimissioni; **I had no t. of meeting you**, non pensavo davvero d'incontrarti □ **modern t. in child education**, la pedagogia moderna □ **on second thoughts**, ripensandoci; pensandoci meglio □ (*lett.*) **to take t.**, pensarci su; riflettere □ **to take t. for st.**, preoccuparsi per q.c.; darsi pensiero di q.c. □ (*lett.*) **to take t. for the morrow**, pensare al futuro (risparmiare, ecc.) □ **with no t. for one's own safety**, senza curarsi della propria incolumità □ **Don't give it a moment's t.**, non farci caso!; non curartene! □ (*prov.*) **Second thoughts are best**, le decisioni meditate sono le migliori; è sempre meglio riflettere.
thoughtful [ˈθɔːtful], *a.* **1** pensieroso; pensoso; cogitabondo; meditabondo; sovrappensiero; impensierito; preoccupato: **He was t. for a while**, stette un po' sovrappensiero **2** ricco di pensiero; meditato; serio: **a t. book**, un libro meditato; **with a t. expression**, con la faccia seria **3** attento; premuroso; riguardoso; sollecito; gentile: **a t. husband**, un marito premuroso; **It was t. of you to come**, è stato gentile da parte tua venire. ● **to be t. of others**, essere pieno di riguardi per il prossimo.
thoughtfulness [ˈθɔːtfulnis], *n.* **1** pensosità; meditazione; raccoglimento; preoccupazione **2** ricchezza di pensiero; serietà **3** attenzione; premura; riguardo; sollecitudine; gentilezza.
thoughtless [ˈθɔːtlis], *a.* **1** avventato; leggero; sbadato; sconsiderato; spensierato; sventato; trascurato: **a t. boy**, un ragazzo sbadato; **a t. decision**, una decisione avventata **2** (*specialm.* **t. of others**) irriguardoso; egoistico; scortese **3** ottuso; stupido. ● **the t. forces of nature**, le forze irrazionali della natura □ **It was very t. of him**, è stata una grossa scortesia da parte sua.
thoughtlessness [ˈθɔːtlisnis], *n.* **1** avventatezza; leggerezza; sbadataggine; sconsideratezza; spensieratezza; sventatezza **2** mancanza di riguardo; egoismo; scortesia **3** ottusità; stupidaggine.
thousand [ˈθauzənd], **A** *a. e n.* mille: **a t. soldiers**, mille soldati; **one in a t.**, uno su mille; **It is a t. times easier**, è mille volte più facile. **B** *n.* migliaio: **by thousands**, a migliaia. ● (*fig.*) (**a**) **t. and one**, innumerevoli □ (*bot.*) **t.-leaf** (*Achillea millefolium*), millefoglie □ (*zool., fam.*) **t.-legs**, millepiedi □ **a t. thanks**, mille

thousandfold

grazie! □ **about a t.**, un migliaio □ (fig.) **He is one in a t.**, è una mosca bianca.

thousandfold ['θauzəndfould], a. e avv. mille volte (tanto).

thousandth ['θauzənθ], a. e n. millesimo (mat.) **one t.**, un millesimo (1/1 000). □ (fig.) **for the t. time**, per l'ennesima volta.

Thrace [θreis], n. (stor., geogr.) Tracia.

Thracian ['θreiʃən], a. e n. (stor.) trace; tracio.

thraldom ['θrɔːldəm], n. schiavitù; servitù; (fig.) soggezione.

thrall [θrɔːl], n. 1 schiavo, schiava (spesso fig.): **He is a t. to drink**, è schiavo dell'alcol 2 schiavitù; servitù; (fig.) soggezione. ● **in t.**, in schiavitù; asservito.

thralldom ['θrɔːldəm], V. **thraldom**.

to thrash [θræʃ], A v. t. 1 battere; colpire; percuotere; fustigare; staffilare 2 (agric., di solito **to thresh**) battere (il grano); trebbiare 3 (fam., sport) battere; sconfiggere; suonarle a (fam.). B v. i. 1 (naut.) navigare controvento 2 — **to t. about**, agitarsi; dibattersi; dimenarsi: **The drowning man thrashed about in the dark waters of the lake**, l'uomo sul punto d'affogare si dibatteva nelle cupe acque del lago. ● **to t. out**, dibattere; discutere; sviscerare: **They thrashed out the question**, sviscerarono la questione □ **to t. out a problem**, chiarire un problema □ **to t. out the truth**, scoprire la verità.

thrasher ['θræʃə*], n. 1 chi batte; chi percuote 2 (zool., Alopias vulpinus) pesce volpe; pavone di mare 3 V. **thresher** (1).

thrashing ['θræʃiŋ], n. 1 bastonatura; botte; percosse; fustigatura; staffilatura 2 (fam., sport) sconfitta; batosta 3 V. **threshing**.

thrasonical [θrə'sɔnikəl], a. (raro) borioso, millantatore, vanaglorioso.

thread [θred], n. 1 filo (anche fig.); filato; fibra tessile; refe; spago: **a reel of cotton t.**, un rocchetto di filo di cotone; **sewing t.**, filato cucirino; **gold t.**, filo d'oro; **His life hangs by a t.**, la sua vita è sospesa a un filo; **a t. of light**, un filo di luce; **to lose the t.** (of one's discourse), perdere il filo (del discorso); **to resume** (o **to pick up**) **the threads of a story**, riprendere il filo di un racconto; **shoe t.**, spago per calzolaio 2 (mecc.: di vite) filetto; filettatura; impanatura 3 (geol.) vena fine; filo 4 (pl., pop. USA) vestiti. ● (mecc.) **t. cutter**, fresa per filettare □ **t.-lace**, merletto di filo □ **t. mark**, filigrana (dei biglietti di banca) □ **t. needle**, gioco della fila (che consiste nel mettersi in fila tenendosi per mano; il capofila passa poi, tirandosi dietro gli altri, fra gli ultimi due della fila stessa) □ (fig.) **the t. of life**, il corso della vita □ (ind. tessile) **t. waste**, cascame di filatura; filetto □ (fig.) **to gather up the threads**, raccogliere (o trarre) le fila del discorso; concludere □ (fig.) **not to have a dry t. on one**, essere bagnato fradicio □ (di abito) **to be worn to a t.**, mostrare la trama; essere logoro.

to thread [θred], A v. t. 1 infilare; infilzare: **to t. a needle**, infilare un ago; **to t. beads**, infilare perline 2 fare (q.c.) infilando: **to t. a chain**, fare una catena infilando le maglie una entro l'altra 3 (di solito **to t. one's way through**) ficcarsi in; infilarsi in; intrufolarsi in; farsi largo fra: **We threaded our way through the crowd**, c'infilammo tra la folla 4 striare (i capelli, ecc.) 5 (fig.) pervadere: **A note of despair threaded the story**, una nota di disperazione pervadeva il racconto 6 (fotogr.) caricare (una pellicola) 7 (mecc.) filettare (una vite, ecc.). B v. i. (di solito **t. through**) infilarsi in; farsi strada fra: **to t. through narrow passages**, infilarsi in stretti passaggi 2 (di sciroppo che bolle, ecc.) fare il filo. ● **to t. a crowded place**, farsi largo fra la folla.

threadbare ['θredbɛə*], a. 1 consunto; consumato; logoro; frusto; liso: **a t. carpet**, un tappeto logoro; **a t. jacket**, una giacca frusta 2 (fig.) trito, vieto; stantio; fritto e rifritto (fig.): **a t. subject**, un argomento trito; **a t. story**, una storiella stantia.

threadbareness ['θredbɛənis], n. 1 l'essere logoro; l'esser frusto (o liso) 2 (fig.) l'esser trito.

threader ['θredə*], n. 1 chi infila, chi infilza (V. **to thread**) 2 infila-ago 3 (mecc., anche **threading machine**) filettatrice.

threadiness ['θredinis], n. 1 filamentosità; fibrosità 2 (fig.) esilità; flebilità; sottigliezza.

threading ['θrediŋ], n. 1 infilatura 2 (mecc.) filettatura. ● (mecc.) **t. die**, filiera □ (mecc.) **t. machine**, filettatrice.

threadlike ['θredlaik], a. filiforme; esile; sottile.

threadworm ['θredwəːm], n. (zool.) nematodo.

thready ['θredi], a. 1 filamentoso; fibroso; filoso 2 (fig.) esile; flebile; sottile: **in a t. voice**, con voce flebile. ● (med.) **t. pulse**, polso filiforme.

threat [θret], n. minaccia; (fig.) sintomo, segno premonitore, pericolo: **the t. of nuclear war**, la minaccia della guerra atomica; **a t. of snow**, una minaccia di neve.

to threaten ['θretn], v. t. e i. 1 minacciare (anche fig.): **He threatened to kill me**, minacciò d'uccidermi; **He threatened me with death**, mi minacciò di morte; **The black clouds t. a heavy storm**, le nere nubi minacciano un grosso temporale; **It threatens to snow**, minaccia di nevicare 2 (leg.) comminare (una pena, ecc.).

threatening ['θretniŋ], a. minaccioso; minatorio.

three [θriː], A a. e n. tre: **t. books**, tre libri; **the t. of diamonds**, il tre di quadri; (mat.) **the rule of t.**, la regola del tre. B n. (pattinaggio) tre; figura del tre. ● **t.-act play**, commedia in tre atti □ (golf) **t.-ball match**, partita a tre palle □ **a t.-bottle man**, un gran bevitore □ **the t. C's**, le tre C; automobile, televisore a colori e aria condizionata (cioè: car, colour TV, air conditioning) □ (archit.) **t.-centred arch**, arco a tre centri □ (arti grafiche) **t.-colour process**, tricromia □ **t.-cornered contest**, competizione a tre; scontro elettorale fra tre candidati □ **t.-cornerd hat**, tricorno □ **t.-decker**, (stor.) nave a tre ponti; (fam.) qualsiasi cosa a tre piani (o strati); doppio sandwich □ (scient., tecn.) **t.-dimensional**, tridimensionale □ **t.-figure number**, numero di tre cifre □ (di gioco di carte) **t.-handed**, che si gioca in tre □ (relig.) **T. in One**, la Santissima Trinità □ (autom.) **a t.-lane highway**, una strada a tre corsie □ **a t.-legged race**, una corsa a tre gambe (a coppie di corridori, la gamba destra di uno dei quali è legata alla gamba sinistra dell'altro) □ **a t.-legged table**, un tavolino a tre gambe □ **t.-master**, trealberi □ (poker) **t. of a kind**, tris □ (elettr.) **t.-phase**, trifase □ **t.-piece**, a tre pezzi □ **t.-ply**, a tre strati; a tre capi; a tre fili: **t.-ply wood**, compensato a tre strati; **t.-ply wool**, lana a tre fili □ (aeron.) **a t.-point landing**, un atterraggio su tre punti; un atterraggio perfetto □ (rugby) **t.-quarter**, trequarti □ **a t.-quarter bed**, un letto a una piazza e mezzo □ **a t.-quarter portrait**, un ritratto di tre quarti □ **the t. R.'s**, le tre R; leggere, scrivere e far di conto (cioè: **to read, to write, to reckon**) □ (mecc.) **t.-speed gear**, cambio a tre velocità □ **a t.-star hotel**, un albergo a tre stelle □ (edil.) **a t.-storeyed building**, un edificio a tre piani □ **t. times is.**, (mat.) tre per tre; (anche) tre salve di applausi di tre evviva ciascuna □ **t.-wheeler**, veicolo a tre ruote; triciclo □ **t.-year-old**, di tre anni; che ha tre anni.

three-D [,θriː'diː], A a. (anche **3-D**, per **three-dimensional**) 1 tridimensionale 2 (fig.) realistico. B n. effetto (specialm. di film) tridimensionale.

threefold ['θriːfould], A a. triplice; triplo. B avv. tre volte (tanto).

threepence ['θrepəns], n. (prima del 1971) tre pence.

threepenny ['θrepəni], a. 1 (prima del 1971) che costa (o che vale) tre pence; da tre pence: **a t. bit**, una monetina da tre pence; **a t. stamp**, un francobollo da tre pence 2 (fig.) da due soldi; di poco valore.

threescore ['θriːskɔː], a. e n. (arc.) sessanta; sessantina; sessant'anni: **My father has passed t.**, mio padre ha passato la sessantina. ● **t. years and ten**, settant'anni; settantina (l'età).

threesome ['θriːsəm], A n. 1 gruppo di tre persone 2 (specialm. golf) partita a tre. B a. di tre; triplice.

threnode ['θriːnoud], n. trenodia.

threnodial [θri'noudiəl], **threnodic** [θri'nɔdik], a. di trenodia; lamentoso; lugubre.

threnodist ['θriːnədist], n. autore (o cantore) di trenodie.

threnody ['θriːnədi], n. trenodia.

to thresh [θreʃ], v. t. e i. (agric.) battere (il grano, ecc.); trebbiare. ● **to t. out**, V. **to thrash out**, sotto **to thrash**.

thresher (1) ['θreʃə*], n. (agric.) 1 trebbiatore 2 trebbia; trebbiatrice.

thresher (2) ['θreʃə*], n. (zool., Alopias vulpinus; anche **t. shark**) pesce volpe; pavone di mare.

threshing ['θreʃiŋ], n. (agric.) trebbiatura. ● **t. floor**, aia □ **t. machine**, trebbia; trebbiatrice.

threshold ['θreʃhould], n. 1 (edil.) soglia (anche fig.); limitare: **to cross the t.**, varcare la soglia; (psic.) **t. of consciousness**, soglia della coscienza; **on the t. of life**, sulla soglia della vita 2 (elettron., fis., mat.) soglia. ● (econ.) **t. price**, prezzo d'entrata □ (metall.) **t. treatment**, trattamento limite □ (fin.) **to be below the t. of VAT**, essere esenti dall'I.V.A. □ **on the t. of revolution**, alla vigilia d'una rivoluzione □ **on the t. of war**, sull'orlo della guerra.

threw [θruː], pass. di **to throw**.

thrice [θrais], avv. (lett. o raro) tre volte. ● **t. blessed**, tre volte beato □ **t. favoured**, altamente favorito.

thrift [θrift], n. 1 economia; frugalità; parsimonia; risparmio 2 (bot., Armeria vulgaris) armeria. ● (banca) **t. account**, conto di deposito a risparmio □ **t. shop**, negozio d'articoli usati.

thriftiness ['θriftinis], n. 1 economia; frugalità; parsimonia; risparmio 2 (raro) prosperità; rigoglio.

thriftless ['θriftlis], a. prodigo; scialacquatore; spendereccio.

thriftlessness ['θriftlisnis], n. prodigalità; spreco.

thrifty ['θrifti], a. 1 economo; frugale; parco; parsimonioso; risparmiatore: **a t. housewife**, una massaia parsimoniosa 2 (raro) prospero; rigoglioso; fiorente.

to thrill [θril], A v. t. eccitare; elettrizzare; entusiasmare; far fremere; far rabbrividire; far trasalire: **The football game thrilled the**

crowd, la partita di calcio entusiasmò la folla; **His voice thrilled rock fans all over the world**, la sua voce faceva fremere i patiti di rock di tutto il mondo. **B** *v. i.* fremere; palpitare; rabbrividire; trepidare; trasalire; vibrare: **to t. with delight**, fremere di gioia; **to t. with horror**, rabbrividire per l'orrore. ● (*lett.*) **Fear thrilled through my veins**, un fremito di paura mi corse nelle vene.

thrill [θril], *n.* **1** brivido; fremito (*anche med.*); palpito; sussulto; tremito: **a t. of fear**, un brivido di paura **2** eccitazione; trasalimento **3** capacità d'impressionare; elemento eccitante; tensione; interesse: **This tragedy lacks t.**, questa tragedia è priva di tensione drammatica. ● **to give sb. a t.**, far fremere q. di piacere; dare a q. un'emozione piacevole.

thriller ['θrilə*], *n.* thriller; thrilling; racconto (*o* dramma, film) sensazionale, che dà i brividi; romanzo (*o* film) giallo (*o* poliziesco).

thrilling ['θriliŋ], *a.* **1** elettrizzante; entusiasmante; eccitante; che fa fremere, palpitare, ecc. (*V.* **to thrill**) (*sport*) **a t. race**, una gara elettrizzante **2** (*di suono*) acuto; squillante.

thrippence ['θripəns], *V.* **threepence.**

thrips [θrips], *n.* (*invar. al pl.*) (*zool.*, *Thrips*) tripide.

to thrive [θraiv] (*pass.* **throve**, *p. p.* **thriven**), *v. i.* prosperare; fiorire (*fig.*); crescere rigoglioso, robusto; (*di pianta*) allignare: **The economy of Western Germany is thriving now**, ora prospera l'economia della Germania occidentale; **Young people thrive on fresh air**, i giovani crescono robusti all'aria aperta.

thriving ['θraiviŋ], *a.* prospero; prosperoso; fiorente; florido; rigoglioso; robusto: **a t. industry**, un'industria fiorente.

thro, thro' [θru:], *V.* **through (1) e (2).**

throat [θrout], *n.* **1** gola (*anche fig.*); trachea; esofago; strozza (*fam.*): **the t. of a chimney**, d'un camino; **I seized him by the t.**, l'afferrai per la gola **2** (*mecc.*) gola; strozzatura. ● **t.-band** (*o* **t.-latch**), soggolo □ **t. cream**, crema per il collo (*cosmetico*) □ **t. microphone**, laringofono □ **the t. of a furnace**, la bocca d'un forno □ **the t. of a tube**, la strozzatura d'un tubo □ **t. wash**, gargarismo □ **clergyman's (sore) t.**, mal di gola degli oratori □ **to cut one's own t.**, tagliarsi la gola □ (*fig.*) darsi la zappa sui piedi □ **to cut sb.'s t.**, tagliar la gola a q. □ (*fig.*) **to force** (*o* **to ram**) **st. down sb.'s t.**, imporre q.c. a q. con la forza □ (*lett.*) **to give sb. the lie in his t.**, accusare q.di mentire per la gola □ **to have a lump in one's t.**, avere un nodo alla gola □ **to have a sore t.**, aver mal di gola □ **to jump down sb.'s t.**, mangiare la faccia a q. (*fig.*) □ (*lett.*) **to lie in one's t.**, mentire per la gola □ (*fig.*) **to thrust st. down sb.'s t.**, imporre q.c. a q. con la forza □ **The words stuck in his t.**, le parole gli si strozzarono in gola.

to throat [θrout], *v. t.* (*mecc.*) strozzare.

throated ['θroutid], *a.* (*nei composti*) dalla gola: **a red-t. bird**, un uccello dalla gola rossa (*o* dal collo rosso).

throatiness ['θroutinis], *n.* l'essere gutturale.

throaty ['θrouti], *a.* **1** (*della voce, ecc.*) gutturale; di gola **2** (*d'animale*) gozzuto **3** (*di persona*) dalla voce rauca; roco.

to throb [θrɔb], *v. i.* battere; palpitare; pulsare; (*fig.*) fremere, vibrare: **My heart throbbed in a strange way**, il cuore mi batteva in modo strano; **The machinery was throbbing quietly**, c'era un sommesso vibrare di macchine. ● **My head is throbbing (with pain)**, ho un forte mal di capo.

throb [θrɔb], *n.* battito; palpito; pulsazione; vibrazione; fremito; sussulto: **heart-throbs**, i battiti del cuore; **it batticuore**; **a t. of joy**, un palpito di gioia; **a t. of pain**, un sussulto di dolore.

throbbing ['θrɔbiŋ], *a.* palpitante; pulsante; vibrante; fremente. ● **a t. pain**, un dolore lancinante.

throe [θrou], *n.* **1** (*lett.*) fitta di dolore; spasimo; spasmo **2** (*pl.*) doglie (*specialm. del parto*) **3** (*pl.*) spasimi (*dell'agonia*). ● (*fig.*) **in the throes of civil war**, in preda alla guerra civile □ **to be in the throes of death**, essere in agonia.

thrombocyte ['θrɔmbousait], *n. pl.* (*fisiologia*) trombocito.

thrombosis [θrɔm'bousis], *n.* (*pl.* **thromboses**) (*med.*) trombosi.

thrombotic [θrɔm'bɔtik], *a.* (*med.*) trombotico.

thrombus ['θrɔmbəs], *n.* (*pl.* **thrombi**) (*med.*) trombo.

throne [θroun], *n.* **1** trono (*anche fig.*): **to ascend the t.** (*o* **to come to the t.**), salire al trono **2** (*di papa, vescovo*) soglio; cattedra **3** − (*relig.*) **the Thrones**, i Troni (*terzo ordine degli angeli*).

throng [θrɔŋ], *n.* **1** folla; calca; moltitudine; ressa; turba **2** (*lett.*) gran numero; massa; moltitudine.

to throng [θrɔŋ], **A** *v. t.* affollare; ingombrare; riempire. **B** *v. i.* affollarsi; accalcarsi; pigiarsi; far ressa.

throstle ['θrɔsl], *n.* **1** (*zool.*, *Turdus musicus*) tordo sassello **2** (*ind. tessile, anche* **t. frame**) filatoio.

throttle ['θrɔtl], *n.* **1** (*mecc.*, *anche* **t. valve**) valvola di regolazione (*o* di strozzamento); valvola a farfalla **2** (*fam.*) gola. ● (*aeron.*) **t. lever**, leva (*o* pedale) del gas □ (*mecc.*) **to close (to open) the t.**, chiudere (aprire) la valvola a farfalla; togliere (dare) gas (*fam.*).

to throttle ['θrɔtl], *v. t.* **1** strozzare; strangolare; soffocare (*anche fig.*): **The dictator throttled freedom in his country**, il dittatore soffocò la libertà nel suo paese **2** (*mecc.*) regolare (*la pressione del vapore, un motore, ecc.*). ● (*mecc.*) **to t. down**, rallentare, ridurre (*i giri di un motore*); far rallentare, ridurre la velocità di (*un'automobile, ecc.*).

throttling ['θrɔtliŋ], *n.* **1** (*anche tecn.*) strozzamento **2** (*aeron.*) variazione di spinta. ● (*mil.*) **t. rod**, stantuffo d'efflusso (*di cannone*).

through (1) [θru:], *prep.* **1** (*moto per luogo*) attraverso; per; entro; fra, tra: **The burglar came in t. the dormer window**, il ladro entrò attraverso l'abbaino; **The Tiber flows t. Rome**, il Tevere scorre attraverso (*o* attraversa) Roma; **We toured t. France**, viaggiammo per la Francia; **The arrow went t. his arm**, la freccia gli passò attraverso (*o* gli trapassò) il braccio; **a road t. the woods**, una strada fra i boschi **2** (*tempo continuato*) per la durata di; durante; per: **He slept t. the lecture**, dormì durante (tutta) la conferenza; **He sat patiently t. the lecture**, se ne restò pazientemente seduto fino alla fine della conferenza; **She waited t. ten long years**, attese per dieci lunghi anni **3** (*mezzo*) mediante; per mezzo di; per il tramite di: **I sent him the money t. a bank**, gli spedii il denaro per mezzo di una banca; **to speak t. an interpreter**, comunicare per mezzo di un interprete **4** (*causa*) a causa di; per colpa di; per: **It was all t. him that I was punished**, fui punito esclusivamente per colpa sua; **t. no fault of mine**, non per colpa mia; **done t. error**, fatto per errore. **5** (*specialm. USA*) (*tempo*) da... a: **Monday t. Friday**, dal lunedì al venerdì (*compreso*). ● **all t. the year** (*o* **all the year t.**), per tutto l'anno □ (*autom.*) **to drive t. a red light**, passare col rosso (*al semaforo*) □ **to get t. an exam**, superare un esame □ **to go t.**, esaminare, rivedere, verificare; frequentare sino al termine dei corsi; fare; consumare; spendere, sperperare: **Let's go t. the reports**, esaminiamo le relazioni!; **She went t. college**, fece l'università; **The reckless young man went t. a fortune**, quel giovinotto sconsiderato sperperò un patrimonio □ **to see t. a trick**, non lasciarsi ingannare da uno stratagemma; scoprire il trucco.

through (2) [θru:], *avv.* **1** attraverso; da parte a parte; da cima a fondo; dal principio alla fine: **The bullet has passed t.**, la pallottola è passata da parte a parte; **I drove the whole night t.**, guidai (per) tutta la notte; **He saw the show t.**, vide lo spettacolo da cima a fondo **2** completamente; interamente: **to be wet t.**, essere completamente bagnato; essere bagnato fradicio **3** direttamente: **The goods were sent t. to London**, la merce fu spedita direttamente a Londra **4** (*in combinazione col verbo* **to be**, *è idiom.*): (*fam.*) **to be t.**, essere in comunicazione (telefonica), essere in linea; (*anche*) essere spacciato: (*tel.*) **You're t.**, Lei è in linea, parli pure; **You're t.**, sei spacciato, sei un uomo finito; (*fam.*) **to be t. with**, aver finito (q.c.); non aver più nulla a che fare con (q.): **I am t. with my exams**, ho finito gli esami; **I am t. with that fellow**, non ho più nulla a che fare con quell'individuo; **Jill and I are t.**, fra me e Jill è finita. ● **t. and t.**, completamente; assolutamente; fino al midollo (*fig.*): **He is an extremist t. and t.**, è un estremista fino al midollo □ (*di un progetto, ecc.*) **to fall** (*o* **to drop**) **t.**, andare a monte; fallire; far fiasco □ (*fam.*) **to get** (*o* **to go**) **t. with st.**, finire (*o* portare a termine) q.c. □ **to last all t.**, durare per tutto un certo periodo □ **to look a composition t.**, esaminare attentamente un tema □ **to look sb. t. and t.**, osservare q. attentamente; studiare q. □ **to read a book t. and t.**, leggere e rileggere un libro.

through (3) [θru:], *a. attr.* **1** diretto: **a t. train**, un treno diretto **2** (*di strada*) di transito; di scorrimento. ● (*mecc.*) **a t. bolt**, un bullone passante □ (*ferr.*) **t. carriage**, vettura diretta □ (*naut.*) **t. freight**, nolo a forfait □ (*sport*) **t. pass** (*o* **shot**), diagonale □ (*ferr.*) **t. passenger**, viaggiatore di treno diretto □ (*ferr.*) **t. rates**, tariffe per trasporti in servizio cumulativo □ (*costr.*) **t. stone**, lega □ (*ferr.*) **t. ticket**, biglietto cumulativo □ **No t. road**, strada senza uscita; divieto di transito (*cartello*).

throughout [θru:'aut], **A** *prep.* in tutto; per tutto; durante tutto: **t. the world**, in tutto il mondo; **t. the XIX century**, durante (*o* per) tutto il secolo XIX. **B** *avv.* in ogni parte; da parte a parte; dappertutto; completamente; interamente; in tutto e per tutto: **The flat is well-furnished t.**, l'appartamento è bene ammobiliato in ogni parte (in ogni stanza); **The pavement was broken t.**, il marciapiede era tutto rotto.

throughput ['θru:put], *n.* **1** (*ind.*) materia prima messa in lavorazione **2** (*elab.*) prestazione; produttività **3** (*tecn.*) velocità di trasmissione dei dati.

throughway ['θru:wei], *n.* (*USA*) autostrada; superstrada.

throve [θrouv], *pass.* di **to thrive.**

to throw [θrou] (*pass.* **threw**, *p. p.* **thrown**), **A** *v. t. e i.* **1** buttare; gettare; lanciare; scagliare; fare un lancio: **to t. hand grenades**, gettare bombe a mano; (*sport*) **to t. the discus**, lanciare il disco; **T. me the rope**, buttami la corda!; **Don't t. stones at the birds**, non scagliar sassi agli uccelli!; **He threw himself at**

the thief, si gettò sul ladro; **The referee threw the ball up**, l'arbitro gettò in aria la palla; **He can t. well**, fa dei buoni lanci; è un buon lanciatore; **She threw me a kiss**, mi gettò un bacio **2** gettare a terra; atterrare; abbattere; disarcionare: (*di lottatore*) **He threw the other wrestler**, atterrò l'avversario; **I was thrown by my horse**, fui disarcionato dal cavallo **3** perdere: **The horse threw its shoe**, il cavallo perse un ferro **4** (*di serpente*) mutare **5** (*di conigli, piccioni, ecc.*) figliare; sgravarsi di; partorire **6** (*ind. tessile*) torcere, avvolgere (*seta, ecc.*) **7** (*ind. ceramica*) formare, modellare (*un vaso, ecc.*) al tornio **8** rivolgere; volgere: **He threw his eyes to the ground**, volse lo sguardo a terra **9** (*giocando ai dadi*) fare (*punti*): **I threw two fives**, feci due cinque **10** (*elettr.*) azionare (*un interruttore*) **11** (*pop.*) sconcertare; rendere perplesso; shockare **12** (*sport, fam.*) perdere (*un incontro*) deliberatamente. **B** *verbi composti* **1 to t. about**, gettare qua e là; buttar via, scialacquare, sperperare, agitare, scuotere: **to t. one's money about**, sperperare (buttar via) il proprio denaro; **to t. one's arms about**, agitare le braccia, gesticolare. **2 to t. away**, buttar via, gettar via; sprecare, sciupare, sperperare, perdere: **I ate the banana and threw away the skin**, mangiai la banana e buttai via la buccia; **to t. money away**, sperperare denaro; **to t. away one's life**, sprecare la vita; (*anche*) perdere la vita; **Don't t. away such a fine chance**, non sprecare (o buttar via) questa magnifica occasione! **3** (*biol.*) **to t. back**, regredire □ **to t. (st.) back**, rilanciare, rigettare, buttare indietro; riflettere; posticipare, ritardare: **The water of the river threw back the moonlight**, l'acqua del fiume rifletteva il chiaro di luna. **4 to t. down**, gettare a terra, atterrare; rovesciare, abbattere □ **to t. oneself down**, gettarsi a terra □ **to t. down one's tools**, deporre gli attrezzi; (*fam.*) incrociare le braccia, scioperare. **5 to t. in**, buttar là, frammettere, intercalare (*un'osservazione, ecc.*); aggiungere, dare per soprammercato (*o per giunta*); (*mecc.*) ingranare, innestare (*una marcia, ecc.*) **I had the picture for two hundred pounds, with the frame thrown in**, ebbi il quadro per duecento sterline e la cornice in aggiunta; **T. in the third gear!**, ingrana la terza! □ **to t. in one's hand**, (*a poker*) gettare le carte; (*fig.*) arrendersi, cedere, darsi per vinto □ (*fig.*) **to t. st. in sb.'s teeth**, rinfacciare q.c. a q. □ (*sport*) **to t. in the towel (o the sponge)**, gettare la spugna (*anche fig.*) □ **to t. in with sb.**, mettersi con (*o dalla parte di*) q. **6 to t. oneself into**, buttarsi anima e corpo in (*un'impresa, ecc.*); abbandonarsi a (*ira, sdegno, ecc.*) (*commun.*) **to t. st. into the bargain**, dare per soprammercato; aggiungere q.c. □ **to t. st. into confusion** (*o disorder*), mettere q.c. in disordine; scompigliare q.c. **7 to t. off**, gettare, buttar via; togliersi, levarsi (*abiti di dosso, ecc.*); disfarsi di; liberarsi di, sbarazzarsi di (*un inseguitore, ecc.*); scrivere, comporre (con facilità o in fretta), buttar giù: **to t. off one's disguise**, gettare la maschera; **to t. off one's overcoat**, togliersi il soprabito; **to t. off a cold**, liberarsi d'un raffreddore; **to t. off all sense of fear**, sbarazzarsi d'ogni timore; **to t. off a limerick**, buttar giù una poesiola scherzosa □ **The false clue threw us off**, la falsa pista ci trasse in inganno. **8 to t. out**, buttare fuori, gettar fuori, cacciare, espellere; (*polit.*) respingere, bocciare (*un disegno di legge*); buttare là (*un accenno, un suggerimento*); insinuare, suggerire; mettere fuori, gonfiare (*il petto*); (*edil.*) aggiungere, costruire (*un annesso*); distrarre; interrompere, sconcertare; (*cricket*) mettere (*il battitore*) fuori gioco: **They threw him out of the bar**, lo buttarono fuori dal locale; **The bill was thrown out by the Senate**, il disegno di legge fu respinto al Senato; **They will t. out a new annex to the hotel**, aggiungeranno un'altra dépendance all'albergo; **He threw his chest out**, gonfiò il petto □ (*mecc.*) **to t. out of gear**, disingranare; disinnestare □ **to be thrown out of employment**, essere gettato (o messo) sul lastrico (*fig.*). **9 to t. over**, abbandonare, lasciare, rinunziare a: **to t. over a girl**, abbandonare (*fam.* piantare*) una ragazza; **to t. over a plan**, rinunciare a un progetto □ **to t. over a treaty**, respingere un trattato. **10 to t. up**, alzare, sollevare, gettare in su; abbandonare, rinunziare a; dimettersi da (*un ufficio*); rigettare, vomitare; aprire (*una finestra a ghigliottina*): **He threw up his arms**, alzò le braccia al cielo; **He threw up his job**, abbandonò l'impiego; smise di lavorare; **The rough sea made me t. up**, il mare agitato mi fece vomitare; **The child threw up his meal**, il bambino vomitò quel che aveva mangiato □ **to t. up one's hands**, alzare le mani (*in segno di resa*); (*fig.*) arrendersi; prenderla persa (*fam.*) □ **to t. one's eyes up**, levare gli occhi al cielo (*con aria offesa, per l'orrore, ecc.*). **11 to t. oneself upon** (*o on*), confidare in, rimettersi a: **The accused man threw himself on the mercy of the king**, l'accusato si rimise alla clemenza del sovrano □ **to t. sb. upon his own resources**, costringere q. a provvedere al proprio mantenimento: **His father's death threw him upon his own resources**, la morte del padre lo costrinse a provvedere da solo al suo mantenimento. ● **to t. one's arms round sb.**, gettare le braccia al collo di q. □ **to t. a card**, gettare (*o giocare*) una carta (*al gioco*) □ (*lett., costr.*) **to t. a bridge**, gettare un ponte □ (*pop.*) **to t. a chest**, gonfiare il petto; stare impettito □ (*raro*) **to t. one's daughter at the head of sb.**, far di tutto perché la propria figlia sposi q. □ **to t. a dinner** (a party, etc.), dare un pranzo (un ricevimento, ecc.) □ **to t. a fit**, avere una crisi di nervi □ (*comm.*) **to t. good money after bad**, buttar altro denaro per tentare di ricuperare quello già perduto □ (*mil.*) **to t. a grenade clear**, lanciare (o rilanciare) una bomba a mano prima che scoppi □ (*fig.*) **to t. light on a matter**, far luce su una faccenda □ **to t. st. on** (*o over*) **one's shoulders**, gettarsi q.c. sulle spalle □ **to t. oneself at sb.**, scagliarsi contro q.; (*anche*) fare di tutto per farsi amare da q.; buttare le braccia al collo di q. (*fig.*) □ **to t. open**, spalancare; aprire (*al pubblico*): **T. open all the windows**, spalanca le finestre!; **The park will be thrown open** (**to the public**) **on Sundays**, il parco sarà aperto al pubblico la domenica (*fig.*) □ **to t. open the door to**, lasciar adito a (*abusi, interferenze, ecc.*) □ **to t. sb. overboard**, gettare in mare; (*fig., fam.*) disfarsi di q. (*fam.*) □ **to t. a party**, dare una festa □ (*fig., fam.*) **to t. salt over one's shoulder**, toccare ferro (*fig.*); fare scongiuri □ (*fig.*) **to t. stones**, scagliare la prima pietra; accusare, muovere accuse □ (*di due persone*) **to be thrown together**, incontrarsi per caso □ (*di un libro, ecc.*) **thrown together**, raffazzonato.

throw [θrou], *n*. **1** getto; lancio; tiro: **at a stone's t.**, a un tiro di pietra; **a t. of dice**, unlancio dei dadi; (*sport*) **a t. of the hammer**, un lancio del martello **2** (*mil.*) gittata **3** (*geol.*) rigetto verticale **4** (*mecc.*) gomito; manovella; eccentricità (*d'una camma*) **5** (*mecc.*) corsa massima; alzata; raggio **6** (*lotta*) schienata; atterramento **7** (*USA*) copripoltrona; copridivano. ● (*biol.*) **t.-back**, atavismo □ (*sport*) **t.-in**, rimessa laterale □ **t.-off**, partenza (*in una corsa*); inizio (*d'una caccia*); (*mecc.*) dispositivo di arresto □ **t.-out**, scarto (*persona, cosa scartata*); (*comm.*) articolo di scarto; (*mecc.*) (dispositivo di) disinnesto □ **t.-stick**, bastone di lancio (*per es., un boomerang*) □ (*ai dadi*) **It's your t.**, sta a te; tocca a te tirare.

throwaway ['θrouəwei], **A** *n*. foglietto pubblicitario; volantino. **B** *a*. **1** che si getta via; a perdere; monouso: **t. containers**, contenitori a perdere **2** (*di battuta, osservazione, ecc.*) lasciato cadere; detto (*o fatto*) con finta noncuranza; buttato là **3** pacato; sottotono; tranquillo.

thrower ['θrouə*], *n*. **1** (*sport*) lanciatore **2** (*ind. tessile*) torcitore di seta **3** (*ind. ceramica*) tornitore; formatore.

thrown [θroun], *p. p.* di **to throw**. ● (*ind. tessile*) **t. silk**, organzino.

throwster ['θroustə*], *n*. (*ind. tessile*) torcitore di seta.

thru [θru:], (*fam. USA*) *V*. **through** (1) e (2).

to thrum (1) [θrʌm], *v. t.* e *i*. **1** strimpellare; suonar male: **to t. (on) a guitar**, strimpellare la chitarra **2** tamburellare su: **to t. on the table**, tamburellare con le dita sulla tavola; **The rain was thrumming on the roofs**, la pioggia tamburellava sui tetti **3** dire (*o ripetere*) in modo monotono.

thrum (1) [θrʌm], *n*. **1** strimpellamento **2** tamburellamento.

to thrum (2) [θrʌm], *v. t.* **1** frangiare; rivestire di filacce **2** tessere con filacce; fare con cascami.

thrum (2) [θrʌm], *n*. (*ind. tessile*) **1** filaccia; frangia di fili (*rimasti sul telaio*) **2** filo staccato (*rimasto sul telaio*); cascame.

thrummer ['θrʌmə*], *n*. strimpellatore, strimpellatrice.

thrummy ['θrʌmi], *a*. **1** filaccioso **2** irsuto; peloso.

thrush (1) [θrʌʃ], *n*. (*zool., Turdus*) tordo. ● **song t.** (*Turdus musicus*), tordo sassello.

thrush (2) [θrʌʃ], *n*. **1** (*med.*) mughetto **2** (*vet.*) infiammazione del fettone (*del cavallo*).

to thrust [θrʌst] (*pass.* e *p. p.* **thrust**), **A** *v. t.* **1** conficcare; ficcare; cacciare; infilare; piantare; introdurre a forza; spingere: **He thrust a knife into his chest**, gli piantò un coltello nel petto; **The tree thrusts its branches far and wide**, l'albero spinge i rami da ogni parte; **I thrust him out of the room**, lo spinsi fuori dalla stanza **2** — **to t. through**, trafiggere; trapassare: **The lance thrust him through**, la lancia lo trafisse. **B** *v. i.* **1** cacciarsi; ficcarsi; introdursi a forza; infilarsi; spingere: **He thrust through the demonstrators**, si ficcò tra i dimostranti; **Don't t.!**, non spingere! **2** assestare colpi (*di pugnale, ecc.*); dare puntate; dare stoccate. **to thrust oneself C** *v. rifl.* cacciarsi, ficcarsi; intromettersi, intrufolarsi. ● **to t. sb. aside**, spingere q. da parte; scansare q. □ **to t. at sb.** (**with a dagger, etc.**), assalire improvvisamente q. (con un pugnale, ecc.) □ **to t. back**, spingere indietro; respingere; ricacciare □ **to t. on one's gloves**, infilarsi i guanti □ **to t. oneself forward**, spingersi avanti, lanciarsi avanti; farsi largo a gomitate; (*fig.*) mettersi in evidenza, farsi avanti □ **to t. oneself upon sb.**, imporre la propria presenza (*come ospite, ecc.*) a q. □ **to t. out one's hand**, stendere la mano □ **to t. past sb.**, oltrepassare q. dandogli una spinta □ **to t. a question in**, interporre una domanda; fare una domanda di quando in quando □ **to t. up a ladder**, drizzare una scala a pioli □ **to t. one's way**, farsi largo a spinte; aprirsi un varco a viva forza □ **Don't t.**

thrust [θrʌst], n. **1** spinta (anche mecc., archit.); spintone: **the t. of an arch**, la spinta di un arco **2** colpo (di pugnale, spada, ecc.); botta (di punta) **3** (fig.) puntata; stoccata; frecciatina: **He parried the t.**, parò la stoccata **4** (mil.) attacco a fondo; puntata **5** (scient.) pulsione **6** (mecc.) carico (sull'utensile) **7** (geol.) spinta; pressione laterale **8** (fig.) arrivismo; ambizione. ● (mecc.) **t. bearing**, cuscinetto assiale; reggispinta □ (mecc.) **t. fault**, faglia di compressione □ (teatr.) **t. stage**, palcoscenico che ha una parte in aggetto entro la platea □ **a home t.**, un colpo che va a segno; una botta in pieno □ (fig.) **a shrewd t.**, un'abile stoccata; un'osservazione pungente.
thruster ['θrʌstə*], n. **1** chi spinge; chi si fa largo a gomitate; (fig.) arrivista **2** (nella caccia alla volpe) cacciatore che si spinge troppo innanzi **3** (miss.) propulsore (a reazione).
thrustor ['θrʌstə*], n. V. **thruster**, def. 3.
thruway ['θruːwei], (fam. USA) V. **throughway**.
Thucydides [θjuːˈsɪdɪdiːz], n. (stor., letter.) Tucidide.
thud [θʌd], n. colpo sordo; rumore sordo; tonfo.
to thud [θʌd], v. i. **1** fare un rumore sordo **2** cadere con un tonfo.
thug [θʌg], n. **1** (stor.) «thug» (membro d'una setta di fanatici assassini in India); strangolatore **2** (per estens.) criminale.
thuggee [θʌˈgiː], n. (stor.) metodi e azioni dei «thug» (q.V.).
thuggery [θʌˈgəri], **thuggism** [ˈθʌgɪzəm], n. assassinio; criminalità; delinquenza; azione criminosa (V. **thug**).
thuja [ˈθjuːdʒə], n. (bot., Thuya) tuia.
Thule [ˈθjuːliː], n. **1** (stor., geogr.) Tule **2** (fig.) ultima Tule; terra assai lontana.
thulium [ˈθjuːlɪəm], n. (chim.) tulio.
thumb [θʌm], n. **1** pollice (d'una mano o di un guanto) **2** (archit.) ovolo; echino. ● **t. index**, indice con scanalatura per le lettere (sul taglio di un dizionario, ecc.) □ **t. latch**, saliscendi a linguetta □ **t. mark**, impronta del pollice; ditata □ **t. nail**, unghia del pollice □ **a t.-nail sketch**, uno schizzo in miniatura; (fig.) una descrizione assai concisa □ (mecc.) **t.-nut**, dado ad alette; galletto □ (USA) **t.-pin**, puntina da disegno □ **t.-print**, impronta digitale del pollice □ **t.-stall**, ditale (per proteggere il pollice) □ (USA) **t.-tack**, puntina da disegno □ **by rule of t.**, per praticaccia; a lume di naso □ (fig.) **to be under sb.'s t.**, essere dominato da q.; essere alla mercé di q. □ (fam.) **Thumbs down!**, pollice verso!; abbasso! □ (fam.) **Thumbs up!**, benissimo!; d'accordo!; evviva! □ **I'll keep my thumbs up for you**, in bocca al lupo! □ **His fingers are all thumbs**, è assai goffo (o maldestro).
to thumb [θʌm], A v. t. **1** voltare (le pagine di un libro) col pollice; sfogliare **2** sciupare; sporcare; lasciare l'impronta del pollice su (q.c.) **3** strimpellare (uno strumento). B v. i. (fam.) fare l'autostop. ● (fam.) **to t. a lift** (o **a ride**), chiedere (o ottenere) un passaggio (alzando il pollice); fare l'autostop □ **to t. one's nose at sb.**, fare maramèo a q.
thumbscrew [ˈθʌm-skruː], n. **1** (stor.) strumento di tortura per schiacciare i pollici **2** (mecc.) vite a testa piatta.
thump [θʌmp], n. **1** botta; colpo; percossa; pugno **2** colpo sordo; rumore sordo; tonfo.
to thump [θʌmp], v. t. e i. **1** battere; colpire; percuotere; picchiare; menar botte; dar pugni **2** fare un rumore sordo; cadere con un tonfo **3** (anche **to t. out**) strimpellare (uno strumento); battere su (un tamburo). ● **His heart thumped in his chest**, il cuore gli batteva forte.
thumper [ˈθʌmpə*], n. **1** chi batte, chi colpisce, ecc. (V. **to thump**) **2** (fam.) forte colpo **3** (fam.) grossa bugia; balla (fam.).
thumping [ˈθʌmpɪŋ], a. **1** che batte (o che colpisce, picchia) **2** (fam.) enorme; grande; grosso; eccezionale; madornale. ● **a t. headache**, un tremendo mal di testa.
thunder [ˈθʌndə*], n. tuono; (fig.) rombo, fragore, rimbombo, strepito, scroscio: **the t. of the cannon**, il rombo del cannone; **the t. of the waves**, il fragore delle onde; **a t. of applause**, uno scroscio d'applausi. ● **t. shower**, acquazzone (con lampi e tuoni) □ **t.-storm**, temporale □ (fig.) **t.-struck**, attonito; folgorato; stupefatto □ **a blood-and-t. novel**, un romanzo sensazionale □ (fam.) **By t.!**, per tutti i fulmini!; che diamine! □ **a crash** (o **a peal**) **of t.**, un tuono; un rombo di tuono □ (fig.) **to steal sb.'s t.**, rubare un'idea (o un'invenzione, una notizia) a q.; battere sul tempo q.
to thunder [ˈθʌndə*], A v. i. tuonare; (fig.) rimbombare, rombare, rumoreggiare, inveire; battere rumorosamente: **It was thundering loudly**, tuonava forte; **His voice thundered in my ears**, la sua voce mi rimbombava negli orecchi; **The speaker thundered against the tyrant**, l'oratore tuonò contro il tiranno. B v. t. urlare; tuonare: **to t. threats against sb.**, tuonare minacce contro q. ● **to t. at sb.**, tuonare contro q. □ **to t. out**, gridare, lanciare, urlare (minacce, ecc.) □ **The express thundered through the tunnel**, l'espresso attraverò rombando la galleria □ **The cavalry thundered past**, la cavalleria passò con grande strepito.
thunderbolt [ˈθʌndəboʊlt], n. fulmine; saetta. ● (fig.) **The news was a t.**, la notizia fu un fulmine a ciel sereno.

thunderclap [ˈθʌndə-klæp], n. tuono; rombo di tuono. ● (fig.) **The news came on me like a t.**, la notizia mi giunse come un fulmine a ciel sereno.
thundercloud [ˈθʌndə-klaʊd], n. nuvolone; nube temporalesca.
thunderer [ˈθʌndərə*], n. **1** chi tuona, chi inveisce, ecc. (V. **to thunder**) **2** − (mitol.) **the T.**, il Tonante, Giove.
thundering [ˈθʌndərɪŋ], a. **1** tonante **2** (fam.) enorme; eccezionale; straordinario; terribile; tremendo: **a t. nuisance**, una terribile seccatura; un tremendo seccatore. ● **a t. big fish**, un pesce enorme □ **a t. success**, un successo strepitoso.
thunderous [ˈθʌndərəs], a. **1** fragoroso; rombante; rumoreggiante; strepitoso **2** (del tempo) minaccioso; temporalesco. ● (fig.) **t. applause**, scroscianti applausi.
thundery [ˈθʌndəri], a. (del tempo) tempestoso; temporalesco.
thurible [ˈθjʊərɪbl], n. (relig.) turibolo; incensiere.
thurifer [ˈθjʊərɪfə*], n. (relig.) turiferario.
thuriferous [θjʊəˈrɪfərəs], a. che produce incenso.
thurification [ˌθjʊərɪfɪˈkeɪʃən], n. incensazione.
Thuringia [θjʊəˈrɪndʒɪə], n. (stor., geogr.) Turingia.
Thuringian [θjʊəˈrɪndʒɪən], A a. della Turingia. B n. abitante (o nativo) della Turingia.
Thursday [ˈθɜːzdɪ], n. giovedì. ● (relig.) **Maundy T.**, giovedì santo.
thus [ðʌs], avv. **1** così; in questo modo: **Do it t.!**, fallo così! **2** perciò; quindi; di conseguenza; pertanto. ● **t. far**, fin qui; finora □ (raro) **t. much**, tanto (così); questo.
to thwack [θwæk], v. t. battere (specialm. con un oggetto appiattito); colpire; percuotere; picchiare; bastonare.
thwack [θwæk], n. botta; colpo; percossa; bastonata.
thwart [θwɔːt], A n. (naut.) banco (di imbarcazione a remi). B a. obliquo; trasversale. ● (naut.) **t.-ship(s)**, traversalmente allo scafo.
to thwart [θwɔːt], v. t. **1** contrastare, contrariare; ostacolare; opporsi a (una persona, un desiderio, ecc.) **2** frustrare; rendere vano: **to t. the enemy's plans**, frustrare i piani del nemico.
thy [ðaɪ], a. poss. (arc., poet. o relig.) tuo, tua; tuoi, tue: **Hallowed be Thy name**, sia santificato il nome Tuo.
Thyestes [θaɪˈɛstiːz], n. (mitol.) Tieste.
thylacine [ˈθaɪləsaɪn], n. (zool., Thylacinus cynocephalus) tilacino; cane marsupiale.
thyme [taɪm], n. (bot., Thymus vulgaris) timo.
thymol [ˈθaɪmɒl], n. (chim.) timolo.
thymus [ˈθaɪməs], n. (pl. **thymuses**, **thymi**) (anat., di solito **t. gland**) timo.
thymy [ˈtaɪmɪ], a. **1** (di terreno) coperto di timo **2** odoroso di timo.
thyristor [θaɪˈrɪstə*], n. (elettron.) tiristore.
thyroid [ˈθaɪrɔɪd], (anat.) A n. tiroide. B a. tiroideo: **t. gland**, ghiandola tiroidea, tiroide; **t. cartilage**, cartilagine tiroidea. ● (farm.) **t. extract**, estratto di tiroide; tiroidina.
thyroxine [θaɪˈrɒksɪn], n. (med.) tirossina (ormone tiroideo).
thyrsus [ˈθɜːsəs], n. (pl. **thyrsi**) (mitol., bot.) tirso.
thyself [ðaɪˈsɛlf], (arc., poet. o relig.) A pron. rifl. te stesso, te stessa; ti: (modo prov.) **Know t.**, conosci te stesso! B pron. enfatico tu stesso, tu stessa.
ti [tiː], n. (mus.) si (la nota).
tiara [tɪˈɑːrə], n. **1** (stor., relig.) tiara; triregno **2** diadema: **a t. of pearls**, un diadema di perle.
Tiber [ˈtaɪbə*], n. (geogr.) Tevere.
Tiberias [taɪˈbɪərɪæs], n. (stor., geogr.) Tiberiade.
Tiberius [taɪˈbɪərɪəs], n. (stor.) Tiberio.
Tibet [tɪˈbɛt], n. (geogr.) Tibet.
Tibetan [tɪˈbɛtən], a. e n. tibetano (anche la lingua).
tibia [ˈtɪbɪə], n. (pl. **tibiae**, **tibias**) (anat.) tibia; stinco (pop.).
tibial [ˈtɪbɪəl], a. (anat.) tibiale; della tibia.
Tibullus [tɪˈbʌləs], n. (stor., letter.) Tibullo.
tic [tɪk], n. (med.) tic. ● **tic douloureux**, nevralgia del trigemino.
tick (1) [tɪk], n. **1** tic; tic-tac; ticchettio; battito (specialm. dell'orologio); scatto (del contatore) **2** (fam.) attimo; istante; momento: **I'll be back in a t.**, sarò di ritorno fra un attimo **3** segno di controllo (per spuntare una cifra, una voce, ecc.); spunta. ● **t.-tack**, tic-tac (battito dell'orologio o del cuore) □ **t.-tock**, tic -toc; (voce infant.) orologio □ **on the t.**, puntualmente; puntuale da spaccare il minuto.
to tick (1) [tɪk], A v. i. fare tic-tac; ticchettare; battere: **The watch was ticking**, l'orologio faceva tic-tac. B v. t. **1** (dell'orologio, spesso **to t. away**) misurare (o segnare) facendo tic-tac: **The clock was ticking away the time**, l'orologio segnava col suo tic-tac il passare del tempo **2** (spesso **to t. off**) fare un segno a fianco di; segnare a margine; spuntare: **Let's t. off the items in the catalogue**, spuntiamo le voci del catalogo! ● (fam.) **to t. sb. off**, fare una ramanzina a q.; dare una lavata di testa a q.; mandare q. in bestia; fare andare q. su tutte le furie □ (di telegrafo, telescrivente) **to t. out news**, battere le notizie □ **to t. over**

tick (2) *(mecc.: di motore)* andare (*o* girare) al minimo; tenere il minimo; *(fig.)* segnare il passo, ristagnare.

tick (2) [tik], *n.* *(zool.)* acaro; zecca: **dog t.** (*Ixodes ricinus*), zecca del cane.

tick (3) [tik], *n.* **1** fodera di materasso (*o* di guanciale) **2** stoffa da fodera; traliccio.

tick (4) [tik], *n. (fam.)* credito: **I bought the goods on t.**, comprai la merce a credito.

to tick (2) [tik], *v. t. (fam.)* **1** far credito a (q.) **2** comprare a credito **3** vendere a credito.

ticker ['tikə*], *n.* **1** cosa che fa tic-tac **2** telescrivente **3** (*Borsa, USA*) teleborsa **4** *(fam.)* orologio **5** *(pop., scherz.)* cuore. ● **t. tape**, nastro di telescrivente; *(anche usato come)* stella filante □ (*USA*) **t.-tape parade**, parata in onore di una celebrità (*al cui passaggio si lanciano nastri di telescrivente*) □ (*USA*) **to get a t.- -tape reception**, essere ricevuti con lanci di nastri di telescrivente.

ticket ['tikit], *n.* **1** biglietto: **a railway t.**, un biglietto ferroviario; **a theatre t.**, un biglietto per il teatro; biglietto da visita **3** cartellino (*specialm. del prezzo*); etichetta; scontrino; tagliando; tessera **4** *(naut., aeron.)* brevetto **5** *(autom.)* multa: **parking t.**, multa per divieto di sosta **6** (*USA*) lista di candidati (*di un partito*); *(fig.)* programma politico: **the Republican t.**, i candidati (*o* il programma) del partito Repubblicano **7** *(gergo mil.)* congedo: **to get one's t.**, ottenere il congedo **8** (*nel gioco della tombola*) cartella **9** *(pop.)* scontrino del monte dei pegni. ● **t. agency**, agenzia di vendita di biglietti □ **t. agent**, chi gestisce un'agenzia di vendita di biglietti □ *(ferr.)* **t. collector**, bigliettaio, controllore □ (*Borsa*) **t.-day**, vigilia di liquidazione □ *(ferr.)* **t. inspector**, controllore □ *(leg., stor.)* **t. of leave**, (foglio di) libertà vigilata □ *(ferr.)* **t. office**, biglietteria □ **t. porter**, facchino autorizzato (*riconoscibile per lo scontrino numerato*) □ **t.-punch**, pinza per forare biglietti □ *(sport, teatr.)* **t.-touter**, bagarino □ **t. window**, sportello (*di biglietteria*) □ *(ferr. USA)*, **commutation t.**, (tessera d') abbonamento □ *(fam.)* **to get one's t.**, ottenere il congedo militare) □ *(ferr.)* **return t.** (*USA:* **round- -trip t.**), biglietto d'andata e ritorno □ *(ferr.)* **season t.**, (tessera d') abbonamento □ *(ferr.)* **season-t. holder**, abbonato □ *(ferr.)* **single t.**, biglietto d'andata □ (*USA*) **split t.**, voto diviso (*fra i candidati di due o più partiti*) □ (*USA*) **straight t.**, voto per i candidati di un solo partito □ (*USA*) **to vote the straight t.**, votare per tutti i candidati di un solo partito politico □ *(fam.)* **That's just the t.**, così va bene; è così che si fa; ecco quel che ci vuole □ *(fam.)* **That's not quite the t.**, questo non va, non fa al caso.

to ticket ['tikit], *v. t.* **1** apporre il cartellino su (q.c.); mettere lo scontrino (*o* l'etichetta) a (q.c.) **2** fornire di biglietto **3** *(autom.)* multare; fare la multa a (q.) **4** *(ind.)* marcare; accantonare; destinare (*un articolo, un prodotto, ecc.*).

ticking ['tikiŋ], *n.* traliccio; stoffa da fodera per materassi.

ticking-off [,tikiŋ'ɔf], *n. (fam.)* ramanzina; sgridata.

to tickle ['tikl], **A** *v. t.* **1** solleticare; fare il solletico a; titillare; vellicare; *(fig.)* allettare, lusingare, stimolare, stuzzicare: **Don't t. me**, non farmi il solletico!; **I was tickled by the proposal**, la proposta mi solleticò; **This will t. his palate**, ciò gli stuzzicherà l'appetito **2** prendere (*pesci*) con le mani: **We used to t. trout in the brook**, prendevamo le trote con le mani nel ruscello. **B** *v. i.* **1** fare solletico; dare prurito; pizzicare: **This vest tickles**, questa maglietta pizzica **2** prudere; avere il prurito; formicolare; pizzicare: **My foot tickles**, mi formicola un piede. ● *(fam.)* **to be tickled to death**, (*o* **to be tickled pink**), essere deliziato; andare in solluchero □ **The story tickled me**, trovai il racconto assai divertente (*o* eccitante, ecc.).

tickle ['tikl], *n.* **1** solletico; prurito; formicolio; pizzicore **2** solleticamento; titillamento; vellicamento.

tickler ['tiklə*], *n.* **1** chi fa il solletico; chi solletica **2** problema difficile; rompicapo **3** *(comm.)* scadenzario.

ticklish ['tikliʃ], *a.* **1** che soffre il solletico **2** *(fig.: di persona)* permaloso; suscettibile **3** *(fig.)* difficile; delicato; scabroso: **a t. question**, una questione delicata; **a t. subject**, un argomento scabroso **4** *(del tempo, ecc.)* instabile.

tidal ['taidl], *a. (geogr., naut.)* di marea; della marea; soggetto alla marea; dovuto alla marea: **t. basin** (*o* **t. dock**), bacino di marea; **a t. river**, un fiume soggetto alle maree. ● *(naut.)* **t. harbour**, porto di marea □ *(naut.)* **t. stream**, corrente di marea; fiume soggetto alle maree □ **t. water**, acqua di marea □ **t. wave**, onda di marea; *(per estens.)* ondata di maremoto; *(fig.)* ondata (*d'indignazione, di proteste, ecc.*).

tidbit ['tidbit], (*USA*) *V.* **titbit**.

tiddler ['tidlə*], *n.* **1** pesciolino; pescetto **2** *(fam.)* bambino; marmocchio **3** *(pop., stor.)* (monetina da) mezzo penny.

tiddl(e)y ['tidli], *a.* **1** piccolo; insignificante **2** brillo; alticcio.

tiddly-winks ['tidliwiŋks], *n.* gioco delle pulci (*dischetti colorati*).

tide [taid], *n.* **1** *(geogr., naut.)* marea; flusso: **at high (low) t.**, con l'alta (con la bassa) marea; **the rising of the t.**, il montare della marea **2** *(fig.)* corrente; tendenza; indirizzo; (il) volgere degli eventi; corso: **to go with the t.**, seguire la corrente; **a turn of the t.**, un cambiamento di tendenza; una svolta **3** *(arc.)* periodo; stagione; tempo (*ora solo nei composti*; *per es.*, in:) **springtide**, stagione primaverile. ● *(naut.)* **t.-bound**, in attesa della marea (*rif. a una nave in porto*) □ **t.-gate** (**t.-lock**), saracinesca (conca) per l'alta marea □ **t.-gauge**, mareografo □ **t.-mark**, impronta di marea; *(fig., scherz.)* segno di sporcizia (*intorno al collo, ecc.*) □ **t. rips**, movimenti di masse d'acqua □ **t.-waiter**, doganiere (*che sale a bordo delle navi*) □ **ebb. t.**, marea decrescente □ **flood t.**, marea crescente □ **neap t.**, marea di quadratura lunare □ **spring t.**, marea equinoziale; marea sizigiale □ *(fig.)* **to swim** (*o* **to go**) **against the t.**, andare contro corrente □ **to work double tides**, lavorare a turno doppio (*giorno e notte*).

to tide [taid], *v. i.* **1** *(naut.)* navigare (*specialm. entrare in porto o uscirne*) con la marea **2** *(fig.)* andare su e giù (*come la marea*). ● *(fig.)* **to t. it over**, farcela; spuntarla □ **to t. over**, sormontare, superare (*una difficoltà, un ostacolo*); fare fronte a; aiutare (q.) a superare un periodo di difficoltà: **He had to borrow money to t. over his illness**, dovette prendere denaro a prestito per far fronte alle spese della malattia.

tidewater ['taid,wɔːtə*], *n. (naut.)* **1** acqua di marea **2** (*USA*) costa bassa e paludosa. ● *(geogr.)* **t. glacier**, ghiacciaio di tipo artico.

tideway ['taidwei], *n. (naut.)* **1** canale di marea; canale (marittimo) soggetto al flusso della marea **2** corrente di marea.

tidiness ['taidinis], *n.* ordine; accuratezza; lindezza; nettezza; pulizia.

tidings ['taidiŋz], *n. pl. (lett. o arc.; talora col verbo al sing.)* notizie.

tidology [tai'dɔlədʒi], *n. (geogr., naut.)* scienza delle maree.

tidy ['taidi], **A** *a.* **1** ordinato; accurato; assettato; lindo; netto; pulito; in ordine: **a t. person**, una persona ordinata; **a t. dress**, un abito lindo; **a t. little house**, una casetta tutta in ordine **2** *(fam.)* considerevole; ragguardevole; notevole: **a t. price**, un prezzo ragguardevole; **a t. sum** (**estate, etc.**), una somma (una proprietà, ecc.) ragguardevole. **B** *n.* **1** copertura, fodera, coprischienale (*di poltrona, ecc.*) **2** cestino, recipiente (*per la carta straccia, i rifiuti, ecc.*); portaoggetti: **a street t.**, un recipiente per i rifiuti collocato sulla pubblica via.

to tidy ['taidi], **A** *v. t. e i.* (*spesso* **to t. up**) assettare; rassettare; riordinare: **I must t. up my room**, devo rassettare la mia camera. ● **to tidy oneself** **B** *v. rifl.* mettersi in ordine; rassettarsi. ● **to t. one's hair**, ravviarsi i capelli.

tie [tai], *n.* **1** legame; legaccio; legatura; nodo; *(fig.)* vincolo, impaccio, impedimento: **family ties**, legami familiari; **the ties of blood**, i vincoli del sangue; **the strong tie of friendship**, il forte legame dell'amicizia **2** (*anche, USA*, **necktie**) cravatta: **a silk tie**, una cravatta di seta **3** (*per scarpe*) stringa; laccetto **4** (*edil.*) tirante; asta tesa; catena **5** *(mecc.)* tirante **6** (*USA*) traversa, traversina (*di binario; cfr. ingl.* **railway sleeper**, *sotto* **railway**) **7** *(sport)* pareggio; partita pari **8** *(mus.)* legatura **9** *(naut.)* amante **10** *(elettr.)* connessione; giunzione. ● **tie bar**, *(mecc.)* tirante; *(ferr.)* biella dello scambio □ (*edil.*) **tie beam**, catena □ **tie-clasp** (*o* **tie-clip**), fermacravatta □ **tie-in**, legame, rapporto; *(comm.)* prodotto (*libro, giocattolo, ecc.*) legato a un film (*o* a una serie televisiva); pubblicità di prodotti da vendersi abbinati □ (*comm. USA*) **tie-in sale**, vendita di prodotti abbinati □ **a tie-on label**, un'etichetta da attaccare con lo spago □ **tie-pin**, spillo per cravatta; fermacravatta □ **tie rod**, *(edil.)* catena; *(mecc.)* tirante; *(autom.)* barra d'accoppiamento (*dello sterzo*) □ **tie-up**, punto morto, battuta d'arresto; arresto del traffico, ingorgo, cessazione del lavoro (*per sciopero, ecc.*); rapporto, connessione; *(econ.)* fusione (*d'aziende*) □ *(stor.)* **tie-wig**, parrucca legata con un nastro sulla nuca □ *(sport)* **cup ties**, spareggi di campionato; partite di coppa □ **the old school tie**, la cravatta della vecchia scuola (*come emblema*); *(scherz.)* il vincolo d'amicizia fra antichi compagni di scuola; *(spreg.)* spirito di classe, snobismo □ *(sport)* **to play off a tie**, giocare una partita di spareggio.

to tie [tai], **A** *v. t.* **1** legare; allacciare; attaccare; annodare; legare insieme; unire: **to tie up a parcel**, legare un pacco; *(anche fig.)* **to tie sb.'s hands together**, legare le mani a q.; **to tie one's bathrobe**, allacciarsi l'accappatoio; **to tie a scarf**, annodare una sciarpa; **to tie a horse to a pole**, attaccare un cavallo a un palo **2** impegnare; vincolare; costringere: **to tie sb. down to a contract**, impegnare q. con un contratto; **to tie up an estate**, vincolare una proprietà **3** *(mus.)* legare (*note*) **4** *(fin.)* immobilizzare; impegnare: **to tie up money**, immobilizzare denaro. **B** *v. i.* **1** legarsi; annodarsi; allacciarsi: **This dress ties at the back**, quest'abito s'allaccia di dietro **2** *(sport)* pareggiare; finire alla pari; avere lo stesso punteggio: **They tied for third place**, sono finiti terzi alla pari. • **to tie in with**, legare con (*fig.*); combaciare, concordare ☐ (*fig.*) **to tie sb.'s tongue**, chiudere la bocca a q.; far tacere q. ☐ **to t. on a label**, legare un'etichetta con uno spago ☐ **to tie up**, legare; fasciare, bendare; arrestare, bloccare (*il traffico*); (*leg.*) porre restrizioni a, limitare; (*fin.*) vincolare, impegnare (*denaro, ecc.*); dare lavoro a, occupare, impegnare (q.) ☐ **to tie up one's hair**, annodarsi i capelli ☐ (*fig.*) **to tie st. up with st. else**, collegare q.c. con q.c. altro ☐ **to be tied to a woman's apron-strings**, stare attaccato alle sottane d'una donna ☐ (*fig.*) **to be tied up with sb.**, essere in relazione con q. ☐ (*pop.*) **fit to be tied**, furioso; furibondo ☐ (*fam.*) **to get tied up**, sposarsi; (*del lavoro, della produzione, ecc.*) arrestarsi, fermarsi ☐ **Tie your tie!**, fatti il nodo alla cravatta!

tiebreak ['taibreak], *n.* (*tennis*) tiebreak; tempi supplementari (*di un set fermo in pareggio al 5 a 5; con due palle di servizio a turno*).

tiebreaker ['tai‚breikə*], V. **tiebreak**.

tied [taid], *a.* **1** legato; allacciato; unito **2** impegnato; vincolato **3** (*anche sport*) pari; in pareggio. • (*agric.*) **t. cottage**, casa colonica in affitto all'affittuario del terreno ☐ **t. house**, locale pubblico vincolato (per contratto) a vendere una sola marca di birra ☐ (*stat.*) **t. rank**, posto in graduatoria ex aequo ☐ (*di persona*) **tied up**, indaffarato; occupatissimo.

tier (1) [tiə*], *n.* **1** fila; ordine (*di palchi, ecc.*); gradino (*di gradinata*): **a t. of seats**, una fila di posti a sedere; **a t. of boxes**, un ordine di palchi (*a teatro*) **2** (*naut.*) andana (*fila d'imbarcazioni ormeggiate*). • **tiers of a cable**, giri di una fune (*in un rotolo*).

to tier [tiə*], *v. t.* (*spesso* **to t. up**) **1** disporre in file **2** sistemare a gradini.

tier (2) ['tai-ə*], *n.* **1** chi lega, chi allaccia, chi annoda (V. **to tie**) **2** (*USA*) grembiulino (*per bambini*).

tierce [tiəs], *n.* **1** (*scherma*) terza **2** (*mus., anche* **third**) terza **3** [tə:s] (*relig., anche* **terce**) terza **4** [tə:s] (*nei giochi di carte*) sequenza di tre carte dello stesso seme **5** barilotto (*misura per il vino, pari a 42 galloni*).

tiercel ['tiə:səl], V. **tercel**.

tiercet ['tə:sit], V. **tercet**.

tiff [tif], *n.* battibecco; bisticcio; litigio; baruffa.

to tiff [tif], *v. i.* avere un battibecco; bisticciare; litigare.

tiffany ['tifəni], *n.* (*ind. tessile*) mussola di seta.

tiger ['taigə*], *n.* **1** (*zool., Panthera tigris: pl.* **tiger, tigers**) tigre (*anche fig.*): **Bengal t.**, tigre del Bengala **2** (*fam.*) rodomonte; smargiasso; spaccone **3** (*fam. USA*) grido finale (*dopo una salva di evviva*). • (*zool.*) **t. beetle**, cicindela ☐ (*zool.*) **t.-cat** (*Felis pardalis*) ozelot; gattopardo americano (*Felis serval*) gattopardo africano; servalo ☐ **t. cub**, tigrotto ☐ (*miner.*) **t.('s)-eye**, occhio di tigre ☐ (*bot.*) **t. lily** (*Lilium tigrinum*), giglio cinese ☐ (*zool.*) **t. shark**, squalo tigre ☐ **t. wolf** (*Crocuta crocuta*) iena maculata; (*Thylacinus cynocephalus*) lupo zebra ☐ **t.-wood**, legno pregiato (*esportato dalla Guyana*) ☐ (*fig., polit.*) **paper t.**, tigre di carta ☐ (*fig., fam.*) **to ride the t.**, cavalcare la tigre.

tigerish ['taigəriʃ], *a.* di (*o* da) tigre, tigresco; (*fig.*) crudele, feroce.

tight [tait], A *a.* **1** fermo; saldo; solido; duro: **a t. knot**, un saldo nodo; un nodo stretto; **This bolt is so t. that I cannot unscrew it**, questo bullone è così duro che non riesco a svitarlo **2** chiuso; serrato; stretto: **to keep one's fists t.**, tenere i pugni serrati; **t. shoes**, scarpe strette **3** ermetico; impermeabile; a tenuta stagna; stagno: **air-t.**, impermeabile all'aria; **water-t.**, impermeabile all'acqua; **The boat is t.**, la barca è stagna **4** teso; tirato: **a t. rope**, una corda tesa **5** (*ing.*) saldo; autoportante **6** (*econ., fin.*) scarso; difficile: **Oil is t. on all markets**, il petrolio è scarso su tutti i mercati; **Money is t. nowadays**, il denaro è scarso oggigiorno; **Credit is also t.**, anche il credito è difficile **7** (*fam., anche* **t.-fisted**) avaro; tirchio **8** (*fam.*) sbronzo **9** (*fam.*) teso: **He's so t. before a test**, è così teso prima di un esame. B *avv.* **1** stretto; strettamente; saldamente; fortemente; a fondo: **Hold it t.**, tienlo stretto!; **to screw a nut t.**, avvitare a fondo (*o* stringere) un dado **2** completamente; del tutto; bene: **to pack a rucksack t.**, riempire bene uno zaino; **to blow a football t.**, gonfiare bene un pallone (*da calcio*). C *n. pl.* **1** (*moda*) collant (*franc.*) **2** calzamaglia (*anche di acrobati, ballerine, ecc.*). • (*fig.*) **a t. corner** (*o* **place**), una situazione difficile, pericolosa: **to be in a t. corner**, essere con le spalle al muro ☐ **t.-fisted**, avaro; tirchio ☐ **t.-fitting**, attillato; aderente: **a t.-fitting jacket**, una giacca attillata ☐ **t. language**, linguaggio conciso ☐ **t.-lipped**, di poche parole; riservato; che sa tenere un segreto ☐ **a t.-lipped smile**, un sorriso a denti stretti ☐ (*econ.*) **a t. market**, un mercato con scarso movimento di denaro (*anche* (*sport*)) **a t. race**, una corsa molto combattuta; una corsa tirata (*fam.*) ☐ **a t. ship**, una nave stagna; (*fig.*) una nave con l'equipaggio disciplinato; (*fig.*) un'azienda che ha personale disciplinato ☐ **a t. smile**, un sorriso for-

zato ☐ **a t. squeeze**, una forte stretta; un pigia pigia; un serra serra; (*fig., econ.*) una stretta ☐ **a t. weave**, una trama fitta (*di un tessuto*) ☐ (*fam.*) **to get t.**, sbronzarsi ☐ (*fig.*) **to be in a t. corner**, trovarsi alle strette; trovarsi in difficoltà ☐ **to keep t. control over sb.**, tenere q. sotto stretto controllo; comandare q. a bacchetta ☐ (*fig.*) **to sit t.**, essere irremovibile; non cedere d'un millimetro; tenere duro ☐ **to sleep t.**, dormire bene (*o* sodo, della grossa).

to tighten ['taitn], A *v. t.* **1** serrare; stringere; (*mecc.*) avvitare, stringere a fondo: **to t. a knot**, stringere un nodo; **This nut must be tightened up**, questo dado va stretto a fondo **2** tendere; tirare: **T. the ropes!**, tendete le funi! **3** inasprire; rafforzare: **to t. economic controls**, rafforzare i controlli dell'economia. B *v. i.* **1** serrarsi; stringersi **2** tendersi **3** (*anche fig.*) restringersi: **Credit is tightening**, il credito si va restringendo. • **to t. one's belt**, tirare la cinghia; non mangiare; (*fig.*) adottare misure di austerità ☐ **to t. one's grip**, rafforzare la presa; stringere più forte ☐ **to t. up restrictions**, inasprire le restrizioni.

tightener ['taitnə*], *n.* **1** tenditore; chi tende **2** tenditoio **3** (*anat.*) muscolo estensore **4** (*mecc.*) galoppino.

tightness ['taitnis], *n.* **1** compattezza, fermezza; saldezza; solidità **2** strettezza **3** ermeticità; tenuta stagna; impermeabilità **4** l'essere teso (*o* tirato) **5** (*fam.*) ubriachezza **6** (*fam.*) tirchieria. • (*med.*) **t. of the chest**, oppressione ☐ (*fin.*) **t. of money**, scarsità di denaro.

tightrope ['taitroup], *n.* fune (*di funambolo*). • **t. walker** (*o* **t. dancer**), funambolo.

tightwad ['taitwɔd], *n.* (*fam. USA*) avaro; tirchio; spilorcio.

tigress ['taigris], *n.* (*zool.*) tigre (*femmina; anche fig.*).

tike [taik], *n.* **1** (*dial.*) cane bastardo; cagnaccio **2** (*fig., dial.*) individuo maleducato, rozzo; zoticone **3** (*fam.*) monello; birichino.

til [til], *n.* (*bot., Sesamum indicum*) sesamo. • **til oil**, olio di sesamo.

tilbury ['tilbəri], *n.* (*stor.*) carrozza leggera (*a due ruote, per due persone*).

tilde [tild], *n.* tilde (*segno ortografico*).

tile [tail], *n.* **1** (*edil.*) tegola; embrice: **plain t.**, tegola piana (*comune*) **2** (*edil.*) mattonella; piastrella **3** (*edil.*) laterizio forato; (*fam.*) cappello a cilindro **5** (*collett.*) laterizi. • **t. conduit**, tubo di terracotta ☐ (*edil.*) **t. covering**, copertura con tegole ☐ **t. flooring**, ammattonato ☐ **Dutch t.**, piastrella decorativa (*spesso blu, con scene bibliche*) ☐ (*fam.*) **to have a t. loose**, essere un po' tocco (*o* svitato) ☐ (*fam.*) **to be (out) on the tiles**, far baldoria; far bisboccia; far baracca.

to tile [tail], *v. t.* **1** coprire (*un tetto, ecc.*) con tegole **2** coprire (*un pavimento*) con mattonelle; piastrellare **3** (*nella massoneria*) fare la guardia a (*una loggia, una riunione*) **4** (*in genere*) vincolare (q.) al segreto.

tiler ['tailə*], *n.* **1** operaio di fornace di laterizi; fornaciaio **2** piastrellista (*operaio*) **3** (*nella massoneria*) custode d'una loggia.

tilery ['tailəri], *n.* fornace (*o* fabbrica) di laterizi.

tiling ['tailiŋ], *n.* **1** copertura di tegole; tegolato **2** pavimento di mattonelle; ammattonato **3** (*collett.*) laterizi. • (*edil.*) **t. contractor**, piastrellista (*imprenditore*).

till (1) [til], A *prep.* fino a; sino a: **t. tomorrow**, fino a domani; **My grandmother lived t. ninety-eight**, mia nonna visse fino a 98 anni; **t. the end**, sino alla fine. B *cong.* fino a che; finché; fintantoché; fino a quando: **Wait t. I come back**, aspetta finché io non torni!; **Ring t. you get an answer**, suona fino a quando ti risponderanno. • **t. now**, finora ☐ **from morning t. night**, dal mattino alla sera ☐ **I shan't be back t. next week**, non tornerò prima della prossima settimana ☐ **Goodbye t. tomorrow**, (arrivederci) a domani!

to till [til], *v. t.* (*agric.*) coltivare, dissodare, lavorare (*la terra*).

till (2) [til], *n.* **1** cassetto dei denari (*in un negozio*); cassa **2** contante; denaro contante. • (*comm.*) **t. money**, denaro in cassa **3** (*fam.*) **to be caught with one's fingers in the t.**, essere preso con le mani nel sacco ☐ (*fam.*) **to have one's fingers in the t.**, avere le mani lunghe; rubare nel negozio dove si lavora.

till (3) [til], *n.* (*geol.*) detrito glaciale.

tillable ['tiləbl], *a.* coltivabile; dissodabile.

tillage ['tilidʒ], *n.* (*agric.*) **1** coltura; coltivazione **2** terreno coltivato; terra lavorata.

tiller (1) ['tilə*], *n.* coltivatore; agricoltore.

tiller (2) ['tilə*], *n.* (*naut.*) sbarra, barra (*del timone*).

tiller (3) ['tilə*], *n.* (*bot.*) pollone.

to tiller ['tilə*], *v. i.* (*bot.*) mettere i polloni.

tilling ['tiliŋ], *n.* (*agric.*) coltivazione; coltura.

to tilt (1) [tilt], A *v. i.* **1** pendere; inclinarsi; piegarsi: **The ship tilted (over) and the barrels fell overboard**, la nave s'inclinò e i barili caddero in mare **2** (*stor.*) giostrare; torneare. B *v. t.* **1** inclinare; far pendere; piegare: **Don't t. the writing-desk**, non inclinare

tilt (1)

lo scrittoio! **2** (*di solito* **to t. up**) rovesciare; mettere sottosopra: **You had better t. up the wheelbarrow**, faresti meglio a rovesciare la carriola **3** battere (*metallo*) col maglio meccanico. ● **to t. at**, (*stor.*) assalire lancia in resta, attaccare in un torneo; (*fig.*) attaccare, prender di mira, inveire contro □ **to t. at the ring**, correre la giostra dell'anello □ (*fig.*) **to t. at windmills**, combattere contro i mulini a vento.

tilt (1) [tilt], *n.* **1** inclinazione; pendenza **2** (*stor.*) giostra; torneo **3** (*anche* **t.-hammer**) maglio meccanico. ● (*radar*) **t. angle**, angolo d'inclinazione □ **t. cart**, carro ribaltabile □ (*stor.*) **t.-yard**, lizza (*di gara*), inclinato; che pende (**at**) **full t.**, a briglia sciolta; di gran carriera; con grande impeto □ (*fig.*) **to have a t. at sb.**, spezzare una lancia contro q.

tilt (2) [tilt], *n.* copertone; telone (*specialm. per coprire carri*).

to tilt (2) [tilt], *v. t.* coprire (*carri, ecc.*) con un telone.

tilter ['tiltə*], *n.* **1** (*stor.*) campione; giostratore **2** (*ind.*) operaio addetto al maglio.

tilth [tilθ], *n.* **1** dissodamento; coltivazione **2** terreno dissodato.

tilting ['tiltiŋ], *a.* inclinabile; ribaltabile. ● (*mecc.*) **t. dozer**, tiltdozer (*bulldozer con lama inclinabile a destra e a sinistra*) □ **t. hammer**, maglio meccanico □ (*autom.*) **t. seat**, strapuntino □ **t. stand**, cavalletto girevole □ (*geol.*) **t. strata**, strati inclinati.

timbal ['timbəl], *n.* (*stor., mus.*) timballo; timpano.

timbale [tæm'ba:l] (*franc.*), *n.* (*cucina*) timballo; sformato.

timber ['timbə*], **A** *n.* **1** legname (*specialm. da costruzione*) **2** alberi da legname **3** (*falegnameria*) tavolone; grossa trave **4** (*naut.*) ordinata **5** (*specialm. USA*) bosco; foresta **6** (*raro*) palizzata; steccato **7** (*fig.*) tempra; carattere; stoffa: **a man of his t.**, un uomo della sua tempra. **B** *inter.* caduta (*dell'albero*)!; fate largo! ● **t.-beam**, trave di legno □ **t.-frame**, tavolato □ (*naut.*) **t.-head**, testa di scalmo, monachetto; bitta □ **t. mill**, segheria □ (*scherz.*) **t.-toe(s)**, «gamba di legno» (*lo zoppo*) □ **t.-tree**, albero da legname; albero d'alto fusto □ **t.-work**, costruzione in legno □ **t.-yard**, cantiere; deposito di legname □ **building t.**, legname da costruzione □ (*fam., scherz.*) **Shiver my timbers!**, al diavolo!

to timber ['timbə*], *v. t.* rafforzare (*o* sostenere) con legname.

timbered ['timbəd], *a.* **1** (*edil.*) costruito in legno; rivestito di legno **2** coperto d'alberi; alberato: **a well-t. country**, un territorio bene alberato. ● (*edil.*) **half-t.**, metà in legno e metà in muratura.

timbering ['timbəriŋ], *n.* **1** costruzione in legno; lavoro in legno **2** legname (*da costruzione*) **3** (*ind. min.*) armatura in legname.

timberline ['timbəlain], *n.* (*geogr.*) limite della vegetazione arborea.

timbre [tɛ̃:mbr] (*franc.*), *n.* (*specialm. mus.*) timbro (*di voce, di suono*).

timbrel ['timbrəl], *n.* (*mus.*) tamburello.

time [taim], *n.* **1** tempo; epoca; periodo; durata; (*mus.*) tempo, misura; circostanza: **It took me a lot of t. to go there on foot**, mi ci volle un sacco di tempo per andarci a piedi; **in Cromwell's t.**, al tempo di Cromwell; **in the t. of Elizabeth I**, all'epoca di Elisabetta I; **waltz t.**, tempo di valzer; **We must move with the times**, dobbiamo essere sempre all'altezza dei tempi; **modern times**, tempi moderni; (*mus.*) **to beat t.**, battere (*o* marcare) il tempo; **a t. of sorrow**, una circostanza dolorosa; (*sport*) **in record t.**, a tempo di primato **2** ora; momento: **What t. is it?** (*o* **What's the t.?**) che ora sono?; **It's dinner t.**, è l'ora di pranzo; **At what t.?**, a che ora?; **T. is up**, è ora (d'andare, di consegnare il compito, ecc.); **It's t. to go**, è ora d'andare; **The t. had come to set out**, era giunta l'ora della partenza; **Now is the t. to act**, questo è il momento di agire **3** volta: **this t.**, questa volta; **next t.**, la prossima volta; **another t.**, un'altra volta; **the t. before last**, la penultima volta; **three (four, five, etc.) times**, tre (quattro, cinque, ecc.) volte; **many times**, molte volte; spesso **4** orario: **the times of the trains to Oxford**, gli orari dei treni per Oxford. ● **t. and again** (*o* **times without number**), spesso; di frequente, innumerevoli volte □ (*Borsa*) **t. bargain**, vendita allo scoperto; mercato a termine □ **t.-bomb**, (*mil.*) bomba a orologeria; (*fig.*) situazione esplosiva □ (*ind.*) **t. book**, registro delle ore di lavoro; registro di presenza □ (*ind.*) **t. card**, cartellino di presenza □ (*naut.*) **t. charter**, noleggio a tempo □ (*gramm.*) **t. clause**, proposizione temporale □ (*ind.*) **t. clock**, orologio marcatempo □ (*mecc.*) **t. control**, comando a tempo □ (*fotogr.*) **t. exposure**, esposizione; posa □ (*mil.*) **t. fuse**, spoletta a tempo □ **t.-honoured**, venerabile; venerato (*per la sua antichità*) □ **t. lag**, intervallo; (*fis.*) ritardo; (*mil.*) ritardo di caduta (*di una bomba*) □ **t. limit**, limite di tempo; termine (*ultimo*) □ **t. of day**, l'ora (*segnata dall'orologio*); l'ora del giorno □ (*fam.*) **the t. of one's life**, periodo molto bello □ **t. off**, tempo libero; congedo: **to take t. off from work**, prendere un congedo dal lavoro □ (*comm.*) **t. payment**, pagamento dilazionato □ (*cronotecnica*) **t. recorder**, tempista □ **t.-saving**, che fa risparmiare tempo □ **t.-server**, opportunista; conformista □ **t.-serving** (*agg.*) opportunistico, conformistico; (*sost.*) opportunismo, conformismo □ (*elab.*) **t.-sharing**, partizione del tempo □ (*ind.*) **t. sheet**, foglio di presenza □ (*mat.*) **times sign**, segno di moltiplicazione □ (*radio, telev.*) **t. signal**, segnale orario □ (*ing.*) **t. switch**, interruttore a tempo □ **t.-table**, orario (*ferroviario, scolastico, ecc.*) □ **t. taker**, *V.* **t. recorder** □ **t.-tested**, sperimentato; che il tempo ha dimostrato valido □ (*ind.*) **t. ticket**, cartellino di presenza □ (*sport*) **t. trial**, prova a cronometro □ **t.-work**, lavoro retribuito a ore; lavoro in economia □ **t.-worker**, operaio retribuito a ore □ **t.-worn**, consunto; logoro; logorato (*dal tempo*); vecchio □ (*geogr.*) **t. zone**, fuso orario □ **ahead of t.**, anzitempo; prima del tempo; di buon'ora □ **to be ahead of t.** (*o* **to be born before**) **one's time(s)**, essere in anticipo sui tempi; essere un precursore □ **all the t.**, per tutto il tempo, sempre, di continuo; (*USA*) esclusivamente: **I've known it all the t.**, l'ho sempre saputo □ (*astron.*) **apparent t.**, ora solare □ **as times go**, dati i tempi; considerando come va il mondo □ **at times**, a volte; talvolta; talora □ **at all times**, sempre; immancabilmente □ **at the t.**, quando: **At the t. they arrived, I was away**, quando arrivarono, io non c'ero □ **at my t. of life**, alla mia età □ **at no t.**, in nessun tempo; in nessuna circostanza; giammai □ **at one t.**, una volta; un tempo: **At one t. I used to swim a lot**, una volta facevo molto nuoto □ **at the present t.**, al presente; ora; adesso □ **at the same t.**, nello stesso tempo; contemporaneamente, insieme; a un tempo, nondimeno, tuttavia: **She was smiling and sobbing at the same t.**, sorrideva e singhiozzava nello stesso tempo □ (*fig.*) **at this t. of day**, a questo punto (*delle trattative, ecc.*); in questo momento (*della storia*); troppo tardi □ (*mus.*) **to beat t.**, battere il tempo □ **behind the times**, antiquato; vecchio □ **behind t.**, tardi; in ritardo □ **to bide one's t.**, dar tempo al tempo; portar pazienza; attendere il momento opportuno, l'occasione propizia □ **to die before one's t.**, morire anzitempo; fare una morte prematura □ (*fam.*) **to do t.**, scontare una pena detentiva; essere in galera □ **every t.**, ogni volta; tutte le volte □ (*sport*) **extra t.**, tempo supplementare □ (*mat.*) **five times five**, cinque per cinque (5 x 5) □ **for the t. being**, per il momento □ **from t. immemorial** (**from t. out of mind**), dal tempo dei tempi; da moltissimo tempo; da secoli □ **from t. to t.**, di quando in quando; ogni tanto □ **from that t. on**, da allora in poi □ **full t.**, tempo pieno; (*sport*) fine della partita; tempo scaduto □ (*econ.*) **a full-t. job**, un lavoro a tempo pieno □ **to gain t.**, guadagnar tempo; (*dell'orologio*) andare avanti □ **the good old times**, il buon tempo antico; i bei tempi andati □ **Greenwich mean t.**, ora del meridiano di Greenwich □ (*sport*) **half t.**, fine del primo tempo □ **half the t.**, molto spesso; quasi sempre; per lo più: **He swears he studies hard, but he's dozing half the t.**, giura di studiare molto, ma per lo più sonnecchia □ **a half-t. job**, un lavoro che impegna solo per mezza giornata □ **hard times**, anni difficili; tempi duri □ **to have a bad t.**, passarsela male □ (*fam.*) **to have an easy t.**, passarsela bene; star bene economicamente □ **to have a good t.** (*o* **the t. of one's life**), divertirsi un mondo; spassarsela □ **in t.**, in tempo, in tempo utile; col tempo, con l'andar del tempo, a poco a poco □ (*mus.*) **to be in t.**, andare a tempo □ **in t. to come**, per l'avvenire; in futuro □ **in course of t.**, col tempo; con l'andar del tempo; con il passare degli anni □ **in double-quick t.**, in un baleno, in un batter d'occhio □ **in due t.**, a tempo debito □ **in good t.**, al momento opportuno; in tempo (*per un appuntamento, uno spettacolo e sim.*) □ (*fam.*) **in one's own good t.**, con comodo; prendendosela comoda □ **in its proper t. and place**, a tempo e luogo □ **in a month's t.**, fra un mese □ **in no t.** (**at all**), in un attimo; in un baleno; in un batter d'occhio □ **in one's spare t.**, nelle ore libere; nei ritagli di tempo □ (*mus.*) **to keep t.**, tenere il tempo (*d'un orologio*) **to keep good (bad) t.**, segnare l'ora esatta (non andare bene) □ (*sport*) **to keep good t.**, far registrare un tempo buono □ **to kill t.**, ammazzare il tempo □ **to lose t.**, perdere tempo; (*dell'orologio*) restare indietro □ **to make t.**, ricuperare il tempo (*di tempo*) ricuperare □ **to make good t.**, tenere una buona andatura; andare di buon passo □ **many times** (*lett.* **many a t.**), molte volte; spesso; più d'una volta □ **to march with the times**, tenersi all'altezza dei tempi □ **medieval times**, i tempi di mezzo (*lett.*); il medioevo □ (*di donna*) **to be near one's t.**, essere prossima al parto □ (**Old**) **Father T.**, il Tempo (*personificato*) □ **on t.**, puntualmente; puntuale; in orario □ **once upon a t.**, una volta; al tempo dei tempi: **Once upon a t. there was a king**, c'era una volta un re □ (*mus.*) **to be out of t.**, non andare a tempo; essere fuori tempo □ **part-t.**, part time: **to work part-t.**, lavorare (a) part time □ **to pass the t. of day with sb.**, scambiare qualche parola di saluto con q.; intrattenersi (a conversare) con q. □ **to play for t.**, cercare di guadagnare tempo □ **to serve one's t.**, (*di condannato*) scontare la pena; (*di apprendista*) prestare servizio □ (*naut.*) **ship's t.**, ora di bordo □ (*ind.*) **short t.**, orario ridotto: **to be on short t.**, lavorare a orario ridotto □ **standard t.**, ora solare □ **summer t.** (*o* **daylight-**

-saving t.), ora legale estiva (*ritardata di un'ora sull'ora solare*) □ **to take one's t.**, prendersela comoda □ **to take t. off for no reason**, fare delle assenze ingiustificate (*dal lavoro, ecc.*) □ **to tell the t.**, (*dell'orologio*) segnare il tempo; (*di una persona*) dire l'ora, leggere l'orologio □ **this t. next week**, oggi a otto □ **till the end of t.**, sino alla fine del tempo; in eterno □ **up to the present t.**, finora □ (*poet.*) **what t.**, quando; mentre □ **to work against t.**, lavorare coi minuti contati, con l'acqua alla gola; combattere contro il tempo □ (*fam.*) **It will take me (you, etc.) all my (your, etc.) t. to do that**, c'è da lavorare ventiquattro ore su ventiquattro per farlo □ **It's t. I was going**, sarebbe ora che me ne andassi □ **My t. is drawing near** (*o* **I am near my t.**; **my t. is almost over**), ormai non mi resta molto da vivere □ (*fam.*) **I got there in t. enough to see him**, arrivai appena in tempo per vederlo □ **T. presses**, il tempo incalza □ (*prov.*) **One thing at a t.**, una cosa alla volta □ (*prov.*) **There's a time for everything**, ogni cosa a suo tempo □ (*prov.*) **T. is money**, il tempo è denaro.

to time [taim], *v. t. e i.* **1** fare (q.c.) al momento buono (*o* a proposito); scegliere (*o* cogliere) il momento opportuno per (q.c.); calcolare, disporre, progettare (*con riguardo al tempo*): **He timed his visit to find me in**, scelse l'ora della sua visita in modo da trovarmi in casa; **We timed our trip to arrive before noon**, predisponemmo (organizzammo) il nostro viaggio in modo d'arrivare prima di mezzogiorno **2** regolare il ritmo (*o* la velocità) di; ritmare; rimettere (*un orologio*); sincronizzare: **She timed her steps to the music**, ella regolava il ritmo del passo sulla musica; **He timed the speed of the two toy trains**, sincronizzò la velocità dei due trenini; **T. your watch with mine**, regola (rimetti) il tuo orologio col mio! **3** calcolare, misurare il tempo di; cronometrare: **The winner was timed at 4' 6"**, il primo arrivato fu cronometrato a quattro minuti e sei secondi **4** (*ind.*) determinare i tempi (*di lavorazione*); tempificare **5** (*mecc.*) mettere in fase (*un motore, l'accensione*). ● (*fotogr.*) **to t. the exposure**, regolare l'esposizione □ **ill-timed**, inopportuno; intempestivo; a sproposito □ **well-timed**, opportuno; tempestivo; a proposito.

timekeeper ['taim͵kiːpə*], *n.* **1** (*ind.*) controllore delle ore di lavoro **2** (*mus.*) chi batte il tempo (*per una banda, ecc.*) **3** (*sport*) cronometrista **4** cronometro; orologio. ● (*mus.*) **a good t.**, un tempista □ **This watch is a good (a bad) t.**, questo orologio va bene (va male).

timekeeping ['taim͵kiːpiŋ], *n.* **1** (*ind.*) rilevamento dei tempi **2** (*sport*) cronometraggio.

timeless ['taimlis], *a.* (*lett.*) senza tempo; eterno.

timelessness ['taimlisnis], *n.* (*lett.*) eternità.

timeliness ['taimlinis], *n.* opportunità; tempestività.

timely ['taimli], *a.* opportuno; tempestivo; a proposito: **a t. interruption**, un'interruzione tempestiva.

timepiece ['taimpiːs], *n.* (*tecn. o arc.*) orologio; cronometro.

timer ['taimə*], *n.* **1** (*sport*) cronometrista **2** (*sport*) cronometro **3** (*ind., cronotecnica*) tempista **4** (*mecc.*) distributore; ruttore d'accensione **5** (*elettron.: di forno, ecc.*) timer; temporizzatore **6** (*ing.*) timer; programmatore. ● (*econ.*) **a full-t.**, uno che lavora a tempo pieno.

timid ['timid], *a.* timido; timoroso; esitante: **a t. girl**, una ragazza timida; **a t. look**, uno sguardo timoroso; **a t. reply**, una risposta esitante.

timidity [tiˈmiditi], **timidness** ['timidnis], *n.* timidezza.

timing ['taimiŋ], *n.* **1** tempestività; tempismo **2** distribuzione, collocazione (*di q.c.*) nel tempo: **the t. of a play**, la distribuzione del tempo (la scelta del momento in cui far accadere q.c.) in un dramma **3** (*teatr., cinem.*) sincronizzazione **4** (*ind.*) determinazione dei tempi; tempificazione **5** (*mecc.*) messa in fase (*di un motore*); fasatura (*della distribuzione*). ● (*mecc.*) **t. adjustment**, registrazione della fase (della distribuzione) □ (*mecc.*) **t. advance**, anticipo □ (*mecc.*) **t. gears** (*o* **t. system**), (ingranaggi della) distribuzione □ **sense of t.**, tempismo □ **person (player, etc.) with a good sense of t.**, tempista □ (*elettr.*) **t. relay**, relè a tempo.

Timon ['taimən], *n.* (*stor.*) Timone.

timorous ['timərəs], *a.* timoroso; pauroso; timido.

timorousness ['timərəsnis], *n.* timore; l'esser timoroso.

timothy ['timəθi], *n.* (*bot., Phleum pratense*; anche **t. grass**) coda di topo.

Timothy ['timəθi], *n.* Timoteo.

timpani ['timpəni] (*ital.*), *n. pl.* (*mus.*) timpani.

timpanist ['timpənist], *n.* (*mus.*) timpanista.

tin [tin], *n.* **1** (*chim.*) stagno **2** (*specialm. ingl.; cfr. USA* **can**) barattolo, scatola (*di latta*); lattina: **a tin of prunes**, un barattolo di prugne secche; **a tin of anchovies**, una scatola d'acciughe **3** (*pop.*) denaro; quattrini; soldi; grana (*pop.*). ● (*gergo naut.*) **tin fish**, siluro □ (*fig.*) **tin god**, idolo dai piedi d'argilla (*gergo mil.*) **tin hat**, elmetto □ (*fam.*) **tin lizzie**, piccola automobile sgangherata; macinino □ **tin mine**, miniera di stagno □ **tin opener**, apriscatole □ (*fam.*) **Tin-Pan Alley**, il mondo delle canzonette (*o* della musica leggera) □ **tin(-)plate**, banda stagnata; latta □ **tin(-)sheet**, foglio di latta □ **tin snips**, forbici da lattoniere □ **tin-tack**, puntina stagnata □ **to coat with tin**, stagnare ● **drop tin**, stagno granulare □ (*mil.*) **mess tin**, gamella.

to tin [tin], *v. t.* **1** stagnare: **tinned iron**, lamiera stagnata **2** (*specialm. ingl.; cfr. USA* **to can**) mettere in scatola; inscatolare (*alimenti, ecc.*): **tinned meat (fruit, etc.)**, carne (frutta, ecc.) in scatola. ● (*comm.*) **tinned goods**, scatolame.

tincal ['tiŋkəl], *n.* (*miner.*) borace grezzo.

tinctorial [tiŋkˈtɔːriəl], *a.* tintorio; che concerne la tintura.

tincture ['tiŋktʃə*], *n.* **1** (*farm.*) tintura: **t. of iodine**, tintura di iodio **2** (*fig.*) traccia; tocco; pizzico; sfumatura **3** (*araldica*) smalti.

to tincture ['tiŋktʃə*], *v. t.* **1** tingere leggermente; colorare appena **2** (*fig.*) tingere; sfumare; permeare.

tinder ['tində*], *n.* esca; stoppaccio infiammabile. ● **t.-box**, (*un tempo*) scatola contenente l'esca, l'acciarino e la pietra focaia; (*fig.*) polveriera.

tindery ['tindəri], *a.* infiammabile (*come l'esca*).

tine [tain], *n.* **1** punta; dente; rebbio: **the tines of a fork**, i denti d'una forchetta; (*agric.*) i rebbi d'un forcone **2** (*zool.*) ramificazione (*di corna di cervo*).

tinea ['tiniə], *n.* (*med.*) tigna.

tin(-)foil ['tin'fɔil], *n.* stagnola, carta stagnola.

ting [tiŋ], *n.* tintinnio. ● **t.-a-ling**, drin-drin (*di campanello*); (*mus.*) suono del triangolo (*in un'orchestra sinfonica*).

to ting [tiŋ], *v. i. e t.* (*far*) tintinnare.

to tinge [tindʒ], *v. t.* **1** tingere, colorare leggermente; sfumare: **clouds tinged with red**, nubi sfumate di rosso **2** (*fig.*) mischiare; permeare: **Thomas Hardy's novels are tinged with pessimism**, i romanzi di Thomas Hardy sono permeati di pessimismo.

tinge [tindʒ], *n.* **1** lieve tinta; colore leggero; sfumatura **2** (*fig.*) aroma; gusto; sapore leggero **3** (*fig.*) traccia; pizzico; punta: **a t. of envy**, una punta d'invidia; **a t. of absurdity**, un pizzico di assurdo.

to tingle ['tiŋgl], A *v. i.* **1** formicolare; pizzicare; sentire bruciore: **My face tingled from the cold wind**, il vento freddo mi faceva bruciare la faccia **2** fremere; agitarsi: **The crowd tingled with anger**, la folla fremeva di rabbia. B *v. t.* far formicolare.

tingle ['tiŋgl], *n.* **1** pizzicore; formicolio; bruciore **2** fremito; brivido.

tinker ['tiŋkə*], *n.* **1** calderaio (*di solito, ambulante*); stagnaio; stagnino **2** rabberciatore; operaio buono a tutto **3** abborracciatore; pasticcione **4** tentativo di riparazione; aggiustatura alla meglio; rabberciamento **5** (*zool.*) piccolo scombro. ● (*fam.*) **I don't care a t.'s damn** (*o* **cuss**) **about it**, non me ne importa un fico secco (*o* un accidente).

to tinker ['tiŋkə*], A *v. i.* **1** fare il calderaio (*o* lo stagnino) **2** affaccendarsi; arrabattarsi; armeggiare; tentare di riparare: **to t. away at** (*o* **to t. with**) **a tape recorder**, armeggiare intorno a un registratore a nastro. B *v. t.* **1** stagnare **2** (*spesso* **to t. up**) aggiustare alla meglio; rabberciare; rattoppare; rappezzare: **to t. up a radio set**, aggiustare alla meglio un apparecchio radio.

to tinkle ['tiŋkl], A *v. i.* **1** tintinnare; trillare; scampanellare; squillare **2** (*fam.*) fare pipì. B *v. t.* far tintinnare; suonare: **The customer tinkled the bell**, il cliente suonò il campanello.

tinkle ['tiŋkl], *n.* **1** tintinnio; squillo; scampanellio **2** (*fam.*) pipì **3** (*fam.*) telefonata.

tinkler ['tiŋklə*], *n.* **1** chi fa tintinnare **2** cosa che tintinna **3** campanellino.

tinkling ['tiŋkliŋ], A *n.* tintinnio; tintinno; scampanellio. B *a.* tintinnante; squillante.

tinman ['tinmən], *n.* (*pl.* **tinmen**) lattoniere; stagnaio; stagnino.

tinner ['tinə*], *n.* **1** *V.* **tinman** **2** minatore d'una miniera di stagno **3** operaio (*o* proprietario) di un conservificio. ● (*mecc.*) **t.'s rivet**, ribattino a testa piana.

tinning ['tiniŋ], *n.* **1** stagnatura **2** inscatolamento (*di cibi*).

tinnitus [tiˈnaitəs], *n.* (*med.*) tinnito auricolare.

tinny ['tini], *a.* **1** di stagno; ricco di stagno **2** (*di suono*) metallico **3** dal suono metallico **4** (*di cibo*) che sa di latta (*o* di scatola).

tinpot ['tinpɔt], *a. attr.* (*fam.*) da due soldi; scadente.

tinsel ['tinsəl], A *n.* **1** orpello, (*fig.*) ciarpame, finzione, mostra **2** (*ind. tessile*) lamé; laminato. B *a. attr.* **1** d'orpello; artificiale; falso **2** sgargiante; vistoso.

to tinsel ['tinsəl], *v. t.* decorare con orpello.

tinsmith ['tinsmiθ], *n.* lattoniere; stagnaio; stagnino.

tinstone ['tinstoun], *n.* (*miner.*) cassiterite.

tint [tint], *n.* **1** tinta; colore; sfumatura: **a light t.**, una tinta chiara; **several tints of yellow**, diverse sfumature di giallo; **the autumn tints**, i colori dell'autunno **2** (*incisione*) sfumatura: **t. tool**, bulino per l'ombreggiatura. ● (*pitt.*) **half-t.**, mezzatinta.

to tint [tint], *v. t.* tingere; colorire; tinteggiare; sfumare.

tinter ['tintə*], *n.* **1** chi colora; chi tinteggia **2** diapositiva a

tintinnabular [ˌtintiˈnæbjulə*], **tintinnabulary** [ˌtintiˈnæbjuləri], *a.* di campanello; di sonaglio; tintinnante; squillante.
tintinnabulation [ˈtintiˌnæbjuˈleiʃən], *n.* tintinnio; scampanellio.
tintinnabulous [ˌtintiˈnæbjuləs], *V.* **tintinnabular**.
tintinnabulum [ˌtintiˈnæbjuləm], *n.* (*pl.* **tintinnabula**) campanello; campanellino; sonaglio.
tinware [ˈtinwɛə*], *n.* oggetti di latta (*tegami, pentole, ecc.*).
tiny [ˈtaini], *a.* molto piccolo; piccino; minuscolo: **a t. little boy**, un bambino piccino piccino. ● **a t. bit**, un pochino □ **a t. girl**, una ragazzina.
tip (1) [tip], *n.* **1** punta; apice; estremità: **to walk on the tips of one's toes**, camminare in punta di piedi; **the tip of a cigar**, l'estremità di un sigaro; **I have it on the tip of my tongue**, (*fig.*) ce l'ho sulla punta della lingua **2** (*mecc.*) tagliente riportato; placchetta riportata **3** (*archit.*) cuspide **4** bocchino, filtro (*di sigaretta*) **5** (*elettr.*) punta **6** (*elettron.*) codetta. ● (*di sago*) **tip-tilted**, con la punta volta all'insù □ **cork tip**, filtro di sughero; filtro (*incorporato in una sigaretta*) □ **from tip to toe**, da cima a fondo □ **The eagle we caught was six feet from tip to tip**, l'aquila che catturammo aveva un'apertura alare di sei piedi (*m 1,80 circa*).
to tip (1) [tip], *v. t.* **1** fornire di punta (*o* di puntale): **iron legs tipped with brass**, gambe di ferro col puntale d'ottone **2** spuntare; cimare. ● **to tip strawberries**, pulire le fragole □ **cork-tipped cigarettes**, sigarette col filtro di sughero (*o d'altro materiale*).
to tip (2) [tip], **A** *v. t.* **1** inclinare; piegare: **Don't tip the tray**, non inclinare il vassoio! **2** (*spesso* **to tip over**) rovesciare; capovolgere: **The rough sea tipped the lifeboat over**, il mare in tempesta rovesciò la scialuppa **3** scaricare (*un carro*): **to tip a cart**, scaricare un carro (a bilico) **4** sollevare appena (*il cappello*) in segno di saluto: **I tipped my hat to him**, lo salutai sollevando appena il cappello. **B** *v. i.* **1** inclinarsi; piegarsi **2** (*spesso* **to tip over**) rovesciarsi; capovolgersi. ● (*polit.*) **to tip the balance of power**, spostare l'equilibrio del potere □ **to tip the scale**, dare il tracollo alla bilancia; (*fig.*) essere la goccia che fa traboccare il vaso □ (*d'un oggetto*) **to tip the scales at**, pesare: **The parcel tipped the scales at two pounds**, il pacco pesava due libbre.
tip (2) [tip], *n.* **1** inclinazione; pendenza **2** rovesciamento; capovolgimento **3** (*anche* **refuse tip**) scarico dell'immondizia; discarica. ● **tip-cart**, carro a bilico □ (*autom.*) **tip lorry** (*o* **tip truck**), autocarro a cassone ribaltabile □ (*ferr.*) **tip wagon**, vagonetto a bilico; carrello ribaltabile.
tip (3) [tip], *n.* **1** mancia **2** consiglio; suggerimento: **Take my tip**, accetta il mio consiglio! **3** informazione (*o* notizia) riservata; soffiata (*fam.*): **a tip on a horse race** (**to buy shares, etc.**) un'informazione riservata sulle corse dei cavalli (sulla convenienza di comperare certe azioni, ecc.). ● «**Tips gratefully accepted**», «Si accettano mance» (*cartello*).
to tip (3) [tip], *v. t.* **1** dare la mancia a: **Don't forget to tip the porter**, non dimenticare di dar la mancia al facchino! **2** (*spesso* **to tip off**) dare un'informazione riservata a (q.); dare un avvertimento a (q.); (*fam.*) fare la spia; soffiare (*fam.*). ● **to tip sb. the wink**, fare un cenno (*o* strizzare l'occhio) a q. □ (*sport*) **to tip the winner**, dare il nome del cavallo vincente □ (*pop.*) **Tip us a song**, cantaci una canzone! □ (*pop.*) **Tip us your fin**, qua la zampa!
tip (4) [tip], *n.* colpetto; bottarella; lieve tocco. ● **to miss one's tip**, sbagliare il colpo; (*fig.*) fallire lo scopo.
to tip (4) [tip], *v. t.* colpire leggermente; battere; toccare appena.
tipcat [ˈtipkæt], *n.* (*un tempo*) gioco della lippa; lippa.
tip-in [ˈtipin], *n.* (*arti grafiche*) **1** inserto **2** tavola fuori testo.
tip-off [ˈtipɔf], *n.* informazione riservata; avviso; avvertimento; spiata, soffiata (*fam.*).
tipper [ˈtipə*], *n.* **1** (*autom., anche* **t. lorry**, **t. truck**) autocarro a cassone ribaltabile **2** (*ferr.*) vagonetto a bilico; carrello ribaltabile **3** (*ind. min.*) rovesciatore per vagonetti.
Tipperary [ˌtipəˈrɛəri], *n.* (*geogr.*) Tipperary (*contea irlandese*) **2** canzone popolare inglese della prima guerra mondiale.
tippet [ˈtipit], *n.* **1** cappa; mantellina corta; pellegrina **2** (*relig.*) stola.
to tipple [ˈtipl], **A** *v. i.* bere smodatamente; alzare il gomito; essere un beone. **B** *v. t.* bere (*alcolici*).
tipple [ˈtipl], *n.* bevanda (*specialm. alcolica*); liquore: **Whisky is his favourite t.**, il whisky è la sua bevanda favorita.
tippler [ˈtiplə*], *n.* forte bevitore; beone.
tippy [ˈtipi], *a.* (*del tè*) che contiene molti germogli.
to tipsify [ˈtipsifai], *v. t.* (*raro*) ubriacare; inebriare.
tipsiness [ˈtipsinis], *n.* ubriachezza; ebbrezza.
tipstaff [ˈtipstɑ:f], *n.* (*pl.* **tipstaves**, **tipstaffs**) **1** (*stor.*) bastone con puntale metallico (*da ufficiale giudiziario*) **2** (*leg.*) ufficiale giudiziario.
tipster [ˈtipstə*], *n.* (*fam.*) chi dà consigli; chi fa soffiate (*alle corse ippiche, alla Borsa ecc.*); informatore.

tipsy [ˈtipsi], *a.* (*fam.*) **1** brillo; alticcio; ubriaco **2** di (*o* da) ubriaco: **a t. laugh**, una risata da ubriaco. ● (*cucina*) **t. cake**, dolce simile alla zuppa inglese □ **to get t.**, ubriacarsi; sbronzarsi (*fam.*).
tiptoe [ˈtiptou], *avv.* (*spesso* **on t.**) in punta di piedi. ● (*fig.*) **to be on t.**, essere agitato (*o* eccitato); non stare nei panni (*fig.*) □ **to stand on t.**, drizzarsi (*o* stare) sulla punta dei piedi.
to tiptoe [ˈtiptou], *v. i.* camminare in punta di piedi.
tiptop [ˈtipˌtɔp], **A** *n.* apice; culmine. **B** *a.* (*fam.*) eccellente; ottimo; di prim'ordine: **a t. concert**, un concerto di prim'ordine. **C** *avv.* benissimo; in modo eccellente.
tip-up seat [ˈtipʌpˌsi:t], *n.* sedile (*o* seggiolino) regolabile in altezza; seggiolino da bar (*o* da ufficio).
tirade [taiˈreid], *n.* tirata; filippica; invettiva.
tire [ˈtaiə*], (*USA*) *V.* **tyre**.
to tire (1) [ˈtaiə*], (*USA*) *V.* **to tyre**.
to tire (2) [ˈtaiə*], **A** *v. t.* stancare; affaticare; spossare; annoiare; seccare: **The difficult climb tired us (out)**, la difficile arrampicata ci spossò; **The overlong sermon tired us**, la lunghissima predica ci annoiò. **B** *v. i.* stancarsi; affaticarsi; annoiarsi; seccarsi. ● **to t. sb. out**, rendere esausto; spossare q.
tired [ˈtaiəd], *a.* stanco; affaticato; seccato; stufo: **to feel t.**, sentirsi stanco; **I'm t. of kidney pie**, sono stufo di pasticcio di rognoni; **I am t. of working from morn to night**, sono stufo di lavorare dalla mattina alla sera. ● **t. by years of hard toil**, esausto per anni di duro lavoro □ **t. out**, esausto; stanco morto □ **I am t. of it**, sono stufo; ne ho abbastanza. ● **t. jokes**, barzellette vecchie □ **a t. subject**, un argomento trito.
tiredness [ˈtaiədnis], *n.* stanchezza; fiacca; spossatezza; noia.
tireless (1) [ˈtaiəlis], *a.* instancabile; inesauribile: **a t. worker**, un lavoratore instancabile; **with t. energy**, con energia inesauribile.
tireless (2) [ˈtaiəlis], *a.* (*USA*: *d'automobile*) senza pneumatici.
tiresome [ˈtaiəsəm], *a.* **1** noioso; fastidioso; seccante **2** faticoso; affaticante; che stanca. ● **How t.!**, che fastidio!; che seccatura!
tiresomeness [ˈtaiəsəmnis], *n.* **1** fastidiosità; noiosità **2** faticosità.
tiring [ˈtaiəriŋ], *a.* faticoso; che stanca; affaticante; stressante.
tiro [ˈtaiərou], *n.* (*pl.* **tiros**) principiante; tirocinante.
tirocinium [ˌtairouˈsiniəm], *n.* (*lett.*) tirocinio.
Tirol [tiˈroul], **Tirolese** [ˌtirouˈli:z], *V.* **Tyrol, Tyrolese**.
'tis [tiz], (*arc.*) *contraz.* di **it is**.
tisane [tiˈ(:)zæn] (*franc.*), *n.* tisana; decotto; infuso.
tissue [ˈtisju:], *n.* **1** tessuto (*anche fig.*); ordito, trama: (*anat.*) **connective t.**, tessuto connettivo; **a t. of lies**, un ordito di menzogne **2** *V.* **t. paper 3** fazzoletto di carta (*per il naso*) **4** velina da trucco; velina igienica **5** (*ind. tessile*) tessuto leggero; lamé. ● **a t. of crimes**, una serie di crimini □ **t. paper**, carta velina; velina □ **face t.**, velina per il trucco □ **toilet t.**, carta igienica.
tit (1) [tit], *n.* (*zool., Parus*) cincia; cinciallegra.
tit (2) [tit], *n.* — **tit for tat**, colpo per colpo; dente per dente (*fig.*). ● **to give tit for tat**, rendere pan per focaccia.
tit (3) [tit], *n.* **1** (*fam.*) capezzolo **2** (*pop.*) mammella; tetta (*pop.*) **3** (*pop., al vocat.*) sciocco; stupido; fesso. ● (*pop.*) **to get on sb.'s tits**, stare sulle scatole a q.
Titan [ˈtaitən], **A** *n.* (*mitol. e astron.*) Titano (*anche fig.*). **B** *a. attr.* titanico: **t. strength**, forza titanica. ● (*mecc.*) **t. crane**, gru a martello.
titanate [ˈtaitəneit], *n.* (*chim.*) titanato.
Titanic (1) [taiˈtænik], *a.* (*mitol. e fig.*: *nel senso fig., spesso* **t.**) titanico.
titanic (2) [taiˈtænik], *a.* (*chim.*) titanico: **t. acid**, acido titanico.
titaniferous [ˌtaitəˈnifərəs], *a.* (*miner.*) titanifero.
Titanism [ˈtaitənizəm], *n.* titanismo.
titanium [taiˈteinjəm], *n.* (*chim.*) titanio.
Titanomachy [ˌtaitəˈnɔməki], *n.* (*mitol., letter.*) titanomachia.
titanous [ˈtaitənəs], *a.* (*chim.*) di titanio.
titbit [ˈtitbit], *n.* **1** bocconcino ghiotto; boccone prelibato; ghiottoneria; leccornia **2** (*fig.*) notizia piccante (*o* ghiotta).
titer [ˈti:tə*], (*USA*) *V.* **titre**.
titfer [ˈtitfə*], *n.* (*pop., gergo londinese*) cappello.
tithable [ˈtaiðəbl], *a.* (*stor., relig.*) soggetto alle decime; prediale.
tithe [taið], *n.* **1** (*stor., relig.*) decima: **to pay t.**, pagare la decima **2** (*per estens.*) imposta (*specialm.* del dieci per 6ento) **3** decima parte; (*un*) decimo **4** (*per estens.*) frazione; pezzetto: **not a t. of**, neanche un pezzetto di. ● **t.-barn**, granaio dei raccolti della decima □ **t.-pig**, maiale destinato al pagamento della decima.
to tithe [taið], *v. t.* (*stor., relig.*) **1** assoggettare (q.) al pagamento della decima **2** imporre la decima su (*un raccolto, ecc.*) **3** pagare la decima (q.c.) **4** riscuotere la decima su (q.c.).
tithing [ˈtaiðiŋ], *n.* **1** (*stor., relig.*) pagamento (*o* riscossione) delle decime **2** (*stor.*) divisione amministrativa formata da dieci famiglie.

titian ['tiʃiən], *a. attr.* tizianesco; biondo fulvo: **t. hair**, capelli tizianeschi.
Titian ['tiʃiən], *n.* (*stor.*) Tiziano.
to titillate ['titileit], *v. t.* titillare; solleticare; vellicare.
titillation [,titi'leiʃən], *n.* titillamento; solleticamento.
to titivate ['titiveit], (*fam.*) **A** *v. t.* azzimare; agghindare; adornare. **B** *v. i.* (*anche, v. rifl.*, **to titivate oneself**) attillarsi; agghindarsi; far toeletta; farsi bello.
titivation [,titi'veiʃən], *n.* attillamento; agghindamento.
titlark ['titla:k], *n.* (*zool.*, *Anthus pratensis*) pispola.
title ['taitl], **A** *n.* **1** titolo (*quasi in ogni senso*); appellativo; denominazione; intitolazione; nome; (*fig.*) diritto, merito: **to have t. to sb.'s gratitude**, aver titolo alla riconoscenza di q.; **the t. of gold**, il titolo dell'oro (*espresso in carati*) **2** (*leg.*) titolo (*o diritto*) di proprietà **3** (*leg., anche* **t. deed**) documento comprovante un diritto di proprietà **4** (titolo di) libro; pubblicazione **5** (*sport*) titolo: **the world t.**, il titolo di campione mondiale. **B** *a. attr.* (*sport*) per il titolo: **a t. fight**, un combattimento per il titolo. ● **t. page**, frontespizio □ (*teatr.*) **t. role**, parte principale.
to title ['taitl], *v. t.* intitolare; intestare.
titled ['taitld], *a.* titolato; nobile: **a t. lady**, una signora titolata.
titleholder ['taitl,houldə*], *n.* **1** titolare **2** (*sport*) detentore (*o* detentrice) del titolo; campione, campionessa.
titling (1) ['taitliŋ], *V.* **titlark**.
titling (2) ['taitliŋ], *n.* **1** (*tipogr.*) impressione del titolo sulla costa del libro (*in lettere d'oro, ecc.*) **2** (*cinem.*) titolazione **3** (*cinem.*) titoli (*collett.*).
titmouse ['titmaus], *n.* (*pl.* **titmice**) (*zool., Parus*) cincia; cinciallegra.
Titoism ['ti:touizəm], *n.* (*polit.*) titoismo.
Titoist ['ti:touist], *n. e a.* (*polit.*) titoista.
titrant ['taitrənt], *n.* (*chim.*) titolante.
to titrate ['taitreit], *v. t.* (*chim.*) titolare; determinare il titolo di (*un composto*).
titration [tai'treiʃən], *n.* (*chim.*) titolazione.
titre ['taitə*], *n.* (*chim.*) titolo.
to titter ['titə*], *v. i.* ridacchiare; ridere sciocamente.
titter ['titə*], *n.* risolino sciocco; riso soffocato.
to tittivate ['titiveit], **tittivation** [,titi'veiʃən], *V.* **to titivate, titivation**.
tittle ['titl], *n.* pezzetto; pezzettino; briciolo; ette: **not one jot or t.**, non un ette; non uno iota; un bel niente (*fam.*).
to tittle-tattle ['titl,tætl], *v. i.* chiacchierare; ciarlare; pettegolare.
tittle-tattle ['titl,tætl], *n.* chiacchiere; ciarle; pettegolezzi.
to tittup ['titəp], *v. i.* saltellare; ruzzare; scherzare; far capriole.
tittup ['titəp], *n.* balzo; saltello; capriola.
tittup(p)y ['titəpi], *a.* saltellante; vivace; che ruzza.
titty ['titi], *V.* **tit (3)**.
titubation [,titju'beiʃən], *n.* (*med.*) titubazione; atassia.
titular ['titjulə*], **A** *a.* titolare; che ha titolo; nominale: **t. bishop**, vescovo titolare; **t. sovereignty**, sovranità nominale. **B** *n.* titolare. ● **t. character of a novel**, il personaggio dal cui nome s'intitola un romanzo; il protagonista □ (*comm.*) **t. head**, titolare (*d'una ditta*) □ (*leg.*) **t. possessions**, proprietà possedute in virtù d'un titolo □ (*relig.*) **t. saint**, santo titolare; santo patrono (*d'una chiesa*).
Titus ['taitəs], *n.* Tito.
tizzy ['tizi], *n.* (*fam.*) eccitazione; confusione; nervosismo. ● **to be in a t.**, essere nervoso (*o* agitato).
tmesis ['tmi:sis], *n.* (*pl.* **tmeses**) (*gramm.*) tmesi.
TNT [,ti: en 'ti:], *n.* (*acronimo di* **trinitrotoluene**) trinitrotoluene; tritolo.
to (1) [tu:, tu, tə], *prep.* **1** (*termine, moto a luogo, direzione, durata, ecc.*) a; verso; per; fino a, sino a: **Give the book to him, not to her**, da' il libro a lui, non a lei!; **He went to Oxford**, andò a Oxford; **Let's go to school**, andiamo a scuola!; **the road to Rome**, la strada per Roma; **The car swerved to the right**, l'auto voltò a destra; **to the south**, verso sud; **a tendency to fat**, una tendenza alla pinguedine; **The arrow fell to earth**, la freccia cadde a terra; **from beginning to end**, dal principio alla fine; **to this day**, fino ad oggi; **to fall to work**, mettersi a lavorare; **obedient to command**, obbediente agli ordini; **unkind to them**, scortese verso di loro; **It's a quarter to ten**, manca un quarto alle dieci; sono le nove e tre quarti; **from four to six (o'clock)**, dalle quattro alle sei; **tied to the post**, legato a un palo; **wet to the skin**, bagnato fino all'osso **2** (*compl. di tempo*) da... a: **Monday to Friday**, da lunedì a venerdì (*compreso o escluso*) **3** (*compl. di moto a luogo*) in: **They went to France**, andarono in Francia; **to go to church (to town)**, andare in chiesa (in città) **4** (*per esprimere confronto, relazione, preferenza, ecc.*) a; in confronto a; a paragone di; su; contro: (*anche* **superior**) **to**, inferiore (superiore) a; (*mat.*) **A is to B as C is to D**, A sta a B come C sta a D; **The chances are ten to one**, le probabilità sono dieci contro una; c'è una probabilità su dieci; **to meet face to face**, incontrarsi faccia a faccia; **I prefer these books to those**, preferisco questi libri a quelli; **Two to one is not fair play**, due contro uno non è leale **5** (*per esprimere vantaggio, accordo, gradimento, adattamento, ecc.*) per; di; in; adatto a: **She has been a good mother to them**, è stata una buona madre per loro; **That's not to my liking**, ciò non è di mio gradimento; **words set to music**, parole messe in musica. ● **to and fro**, (*avv.*) avanti e indietro; su e giù □ **to-and-fro**, (*agg.*) (che va) avanti e indietro, (che va) su e giù; (*sost.*) va e vieni, andirivieni; viavai □ **to boot**, per giunta; per soprammercato □ **to the last man**, fino all'ultimo uomo □ (*sui cartelli stradali*) **to London (Dover, ecc.)**, per Londra (Dover, ecc.) □ **to measure**, su misura □ **to my cost**, a mie spese □ **to my mind**, a mio avviso □ **to my surprise**, con mia sorpresa □ **to wit**, cioè; cioè a dire □ **according to**, secondo; in conformità con □ **to come to sb.'s help**, accorrere in aiuto di q. □ **to do one's duty to sb.**, fare il proprio dovere verso q. □ (*fam.*) **a field planted to corn**, un campo piantato a grano □ **from time to time**, di quando in quando □ **to help oneself to st.**, servirsi di q.c. (*cibo o bevanda*) □ **to listen to sb. (st.)**, ascoltare q. (q.c.) □ **not to the point**, non pertinente; a sproposito □ **to be on one's way to the station**, essere diretto alla stazione □ **to point to sb. (st.)**, additare q. (q.c.); segnare a dito q. (q.c.) □ **to sing to one's guitar**, cantare accompagnandosi con la chitarra □ **I told him to his face**, glielo dissi in faccia □ **What's that to you?**, che te ne importa? □ **That's all there is to it**, questo è tutto (in proposito)! □ **Here's to you!**, salute! (*brindisi*).
to (2) [tu:; tu, tə], *particella preposta all'inf. dei verbi* **1** (*idiom.*) **to be or not to be**, essere o non essere; **You ought to work harder**, dovresti lavorare di più; **He would like to leave**, gli piacerebbe partire; **I prefer to stay**, preferisco rimanere **2** di, per, a: **I told them to wait**, dissi loro d'aspettare; **The boy pretended to be asleep**, il ragazzo fingeva d'essere addormentato; **I have lots of things to do**, ho moltissime cose da fare; **He said that to test you**, l'ha detto per metterti alla prova; **There's nothing to see**, non c'è niente da vedere; **It's easy to understand**, è facile da capire (*o* a capirsi); **They came to see they were wrong**, giunsero a capire d'aver torto **3** (*idiom., in sostituzione di un inf. sottinteso, per es. in:*) **I had no time to**, me ne mancò il tempo (*d'andare, di fare q.c., ecc.*); **But you promised to**, ma avevi promesso!; **Would you like to?**, ti piacerebbe? ● **I don't know how to do it**, non so come farlo □ **I want him to be present**, voglio che ci sia anche lui □ **It's too late for him to come**, è troppo tardi perché possa venire □ **It's impossible for us to help him**, ci è impossibile aiutarlo.
to (3) [tu:], *avv.* (*dopo alcuni verbi, col significato di*) a posto, accostato, chiuso, vicino (*a; per es.:*) (*naut.*) **to lie to**, essere alla cappa; **The door snapped to**, la porta si chiuse di colpo; **The door is to**, l'uscio è accostato.
toad [toud], *n.* **1** (*zool., Bufo*) rospo **2** (*fig.*) individuo disgustoso, spregevole. ● **t.-eater**, adulatore; leccapiedi □ **t.-eating** (*agg.*) adulatorio; servile; (*sost.*) adulazione (servile); servilismo □ (*cucina, specialm. ingl.*) **t.-in-the-hole**, salsiccia cotta con pastella (*uova, latte, e farina*) □ (*zool., Bombina variegata*) **yellow-bellied t.**, ululone; ululone dal ventre giallo.
toadflax ['toudflæks], *n.* (*bot., Linaria vulgaris*) linaria.
toadish ['toudiʃ], *a.* di (*o* da) rospo.
toadstone ['toudstoun], *n.* (*geol.*) batrachite (*roccia vulcanica*).
toadstool ['toudstu:l], *n.* **1** (*bot.*) fungo a ombrello **2** (*pop.*) fungo velenoso.
toady ['toudi], *n.* (*spreg.*) adulatore; leccapiedi.
to toady ['toudi], *v. t. e i.* adulare servilmente; leccare i piedi a (q.).
toadyish ['toudiiʃ], *a.* adulatorio; servile.
toadyism ['toudiizəm], *n.* adulazione (servile); servilità.
toast (1) [toust], *n.* toast; tosto; pane tostato; crostino; pane abbrustolito: **anchovies on t.**, crostini d'acciughe. ● **t. bread**, pane in cassetta □ **t.-cart**, carrello portabevande □ (*fam.*) **t.-rack**, porta-tosti; portacrostini □ **to be as warm as a t.**, avere un bel caldo □ (*pop., raro*) **to have sb. on t.**, avere q. in pugno.
to toast (1) [toust], **A** *v. t.* **1** tostare; torrefare; abbrustolire **2** (*fig.*) riscaldare; scaldare: **to t. one's feet by the fire**, scaldarsi i piedi al fuoco. **B** *v. i.* tostarsi; abbrustolirsi; (*fig.*) scaldarsi (*anche, v. rifl.*, **to toast oneself**): **The bathers toasted (themselves) in the sun**, i bagnanti s'abbrustolivano al sole. ● (*cucina*) **toasting fork**, forchettone per crostini.
toast (2) [toust], *n.* **1** brindisi: **to propose a t. to sb.**, fare un brindisi a q. **2** – **the t.**, la persona in onore della quale si brinda; il festeggiato. ● **t.-master**, chi presiede ai brindisi (*in un pranzo pubblico*); maestro delle cerimonie □ **to drink a t. to sb.**, bere alla salute di q. □ **She was the t. of the town in her day**, ai suoi tempi era molto festeggiata (*o* ammirata).
to toast (2) [toust], **A** *v. t.* fare un brindisi a; bere alla salute di (q.). **B** *v. i.* fare un brindisi; brindare.
toaster (1) ['toustə*], *n.* tostapane: **electric t.**, tostapane elettrico.

toaster (2) ['tousta*], *n.* chi brinda; chi fa un brindisi.
toastmaker ['toust,meika*], *n.* fabbricante di toast (*o* di tosti).
toastmaster ['toust,ma:sta*], *V.* **toast-master**, *sotto* **toast (2)**.
tobacco [ta'bækou], *n.* (*pl.* **tobaccos, tobaccoes,**) (*bot.*, *Nicotiana tabacum*) tabacco □ **t. grower**, tabacchicoltore □ **t. growing**, tabacchicoltura □ (*med.*) **t. heart**, cardionevrosi da nicotinismo □ **t. pipe**, pipa □ **t. pouch**, borsa del tabacco □ **t. stopper**, premitabacco (*per pipa*).
tobacconist [ta'bækanist], *n.* tabaccaio. ● **t.'s shop**, tabaccheria.
Tobiah [ta'baia], **Tobias** [ta'baias], *n.* Tobia.
toboggan [ta'bɔgan], *n.* (*sport*) toboga; slitta canadese. ● **t. slide** (*o* **t. shoot**), pista per toboga.
to toboggan [ta'bɔgan], *v. i.* (*sport*) andare in toboga.
tobogganer [ta'bɔgana*], *n.* (*sport*) chi va in toboga.
tobogganing [ta'bɔganiŋ], *n.* (lo) sport del toboga.
tobogganist [ta'bɔganist], *V.* **tobogganer**.
toby ['toubi], *n.* **1** (*anche* **t. jug**) boccale a forma di vecchio col tricorno in testa **2** (*pop.*) sigaro lungo, di poco prezzo.
Toby ['toubi], *n.* *dim.* di **Tobiah** *e* di **Tobias**.
toccata [ta'ka:ta], *a.* (*ital.*), *n.* (*mus.*) toccata.
tocopherol [ta'kɔfarɔl], *n.* (*biol.*) tocoferolo.
tocsin ['tɔksin], *n.* **1** campana a martello **2** (*in genere*) segnale d'allarme. ● (*di campana*) **to ring the t.**, suonare a martello.
tod [tɔd], *n.* (*pop.*, *nella locuz.*) — **on one's tod**, da sé, da solo.
today [ta'dei], *avv.* e *n.* oggi; oggidì; oggigiorno: **What day of the week (of the month) is it t.?**, che giorno è (quanti ne abbiamo) oggi?; **T. is Friday**, oggi è venerdì; **English is the universal language of t.**, l'inglese è la lingua universale d'oggigiorno. ● **t.'s newspaper**, il giornale d'oggi □ **t. week**, oggi a otto.
todayish [ta'deiiʃ], *a.* (*fam.*) **1** d'oggi; del giorno d'oggi; d'oggigiorno **2** corrente; alla moda: **t. articles**, articoli alla moda.
to toddle ['tɔdl], *v. i.* **1** (*anche* *v.t.*, **to t. one's way**) sgambettare; trotterellare; camminare a passi incerti **2** (*fam.*) passeggiare; fare una passeggiatina; far due passi. ● **to t. off** (*o* **to t. along**), andarsene □ (*pop.*) **to t. over to sb.**, andare da (*o* a trovare) q.
toddle ['tɔdl], *n.* **1** andatura vacillante **2** (*fam.*) passeggiatina.
toddler ['tɔdla*], *n.* bambino (*o* bambina) ai primi passi.
toddy ['tɔdi], *n.* **1** (*anglo-ind.*) succo estratto da certe palme (*usato come bevanda fermentata*) **2** grog; ponce.
to-do [ta'du:], *n.* (*pl.* **to-dos**) (*fam.*) confusione; agitazione; baccano; chiasso; rumore; trambusto.
tody ['toudi], *n.* (*zool.*, *Todus*) todo.
toe [tou], *n.* **1** dito del piede **2** (*di scarpa, calza, ecc.*) punta **3** (*di cavallo*) parte anteriore dello zoccolo **4** (*mecc.*) perno; pernio **5** (*golf*) punta (*della mazza*) **6** (*costr. idrauliche*) piede (*di una diga*) **7** (*geol.*) piede (*di falda di scorrimento*) □ (*autom.*, *sport*) **toe and heel**, (manovra di) tacco e punta □ (*di scarpa*) **toe cap**, mascherina □ (*di bicicletta*) **toe-clip**, fermapiedi □ **toe dance**, ballo sulle punte dei piedi □ **toe hold**, appiglio; punto d'appoggio □ (*autom., mecc.*) **toe-in**, convergenza □ **toe-nail**, unghia del piede; chiodo piantato di traverso □ (*autom., mecc.*) **toe-out**, divergenza □ **big toe**, alluce □ **from top to toe**, da capo a piedi; da cima a fondo □ (*scherz.*) **the light fantastic toe**, la danza (*la frase ricorre nell' «Allegro» di J. Milton*) □ **little toe**, mignolo (*del piede*) □ (*fam.*) **to be on one's toes**, essere pronto a intervenire; essere sveglio; essere in gamba (*anche fig.*) □ **to step on sb.'s toes**, pestare i piedi a q. □ (*pop.*) **to turn up one's toes**, tirare le cuoia; morire.
to toe [tou], *v. t.* **1** fare la punta a; fornire di punta; rifare la punta di: **She toed the stockings**, rifece le punte delle calze **2** toccare (*con la punta dei piedi*): **The runners toed the starting line**, i corridori si disposero lungo la linea di partenza **3** piantare (*un chiodo*) di traverso **4** (*golf*) colpire (*la palla*) con la punta della mazza. ● **to toe in**, stare (*o* camminare) coi piedi volti in dentro □ **to toe the line**, (*di corridori*) disporsi lungo la linea di partenza; (*fig.*) essere ligio, obbediente, sottomesso (*soprattutto agli ordini di un partito politico*); rigare dritto □ **to toe out**, stare (*o* camminare) coi piedi volti in fuori.
toeless ['toulis], *a.* **1** senza dita dei piedi **2** (*di calza, ecc.*) privo di punta.
to-fall ['tu:,fɔ:l], *n.* (*poet.*) tramonto; (l')imbrunire.
toff [tɔf], *n.* (*pop.*) **1** persona distinta; signore ben vestito **2** damerino; elegantone.
toffee ['tɔfi], *n.* **1** caramella morbida **2** (*ingl. sett.*) dolce (*in genere*). ● **t.-apple**, mela caramellata, infilzata su un bastoncino □ **almond t.**, croccante □ (*fam.*) **He can't play tennis for t.**, come tennista non vale una cicca.
toffee-nosed ['tɔfinouzd], *a.* (*fam.*) borioso; che si dà delle arie; che ha la puzza al naso.
toffy ['tɔfi], *V.* **toffee**.
toftman ['tɔftman], *n.* (*pl.* **toftmen**) (*stor.*) colono; capofamiglia.
tog [tɔg], *n.* **1** (*arc., pop.*) giacca **2** (*pl., fam.*) abiti; vestiti; tenuta: **tennis togs**, tenuta da tennis.
to tog [tɔg], (*fam.*) **A** *v. i.* (*spesso, v. rifl.*, **to tog oneself up, out**) vestirsi; abbigliarsi; agghindarsi; mettersi in ghingheri. **B** *v. t.* vestire; abbigliare; agghindare.
toga ['tougə] (*lat.*), *n.* (*stor.*) toga.
toga'd, togaed ['tougad], *a.* (*stor.*) togato; in toga.
together [ta'geða*], **A** *avv.* **1** insieme; assieme; unitamente: **Let's go for a swim t., shall we?**, andiamo a fare una nuotata insieme, vuoi?; **Sew them t.**, cucili insieme! **2** contemporaneamente; a un tempo; insieme: **The two events happened t.**, i due fatti accaddero contemporaneamente **3** continuamente; di seguito; senza interruzione: **for weeks t.**, per settimane di seguito **4** (*anche leg.*) congiuntamente; solidalmente. **B** *a.* (*fam.*) **1** ben fatto; bene ordinato; bene organizzato; a puntino (*fam.*) **2** (*pop. USA*) calmo; sereno; tranquillo. ● **t. with**, insieme con □ **to call t.**, convocare; adunare insieme □ **to gather t.**, raccogliere; radunare □ (*fam.*) **to get things t.**, organizzare tutto □ **to live t.**, convivere □ **to stand or fall t.**, essere solidali.
togetherness [ta'geðanis], *n.* spirito di solidarietà; simpatia; compattezza; unione.
toggery ['tɔgari], *n.* (*fam.*) **1** abiti; vestiti; vestiario **2** negozio d'abbigliamento.
toggle ['tɔgl], *n.* **1** bottone di legno a olivetta (*per alamaro*) **2** (*mecc.*) ginocchiera: **t. joint**, giunto a ginocchiera; **t. press**, pressa a ginocchiera **3** (*naut.*) caviglia. ● (*mecc.*) **t. link**, trasmissione articolata (*o* a ginocchiera) □ (*elettr.*) **t. switch**, interruttore a levetta (*o* a bascula).
to toil [tɔil], *v. i.* affaticarsi; faticare; affannarsi; sudare sette camicie; tribolare; sgobbare; sfacchinare: **to t. at a task**, sudare sette camicie (per assolvere un compito). ● **to t. along**, procedere faticosamente; arrancare □ **to t. one's way**, farsi strada a fatica; camminare a stento.
toil [tɔil], *n.* duro lavoro; fatica; sforzo; tribolazione. ● **t.-worn**, logorato dalla fatica; esausto; stanco morto.
toilet ['tɔilit], *n.* **1** toeletta; toletta: **to make one's t.**, far toletta; **to spend an hour on one's t.**, impiegare un'ora a far toletta **2** gabinetto (*di decenza*); ritirata. ● **t. paper**, carta igienica □ **t. powder**, borotalco □ **t. preparations**, articoli da toeletta □ **t. roll**, rotolo di carta igienica □ **t.-set**, servizio da toeletta □ **t. soap**, saponetta □ **t. table**, toeletta, toletta (*il mobile*) □ **t. water**, acqua di colonia, di lavanda, ecc.
toiletries ['tɔilitriz], *n. pl.* articoli da toeletta; cosmetici.
to toilet-train ['tɔilit-trein], *v. t.* insegnare a (*un bambino*) a fare la pipì e la popò al gabinetto.
toilful ['tɔilful], *a.* faticoso; laborioso.
toilless ['tɔillis], *a.* senza fatica; senza sforzo; agevole; facile.
toils [tɔilz], *n. pl.* reti (*generalm. fig.*). ● **to be in the t. of debt**, essere indebitato fino al collo.
toilsome ['tɔilsam], *V.* **toilful**.
toilsomeness ['tɔilsamnis], *n.* fatica; laboriosità.
Tokay [tou'kei], *n.* tocai (*il vino e l'uva*).
toke (1) [touk], *n.* (*pop.*) cibo; (*specialm.*) pane asciutto, secco.
toke (2) [touk], *n.* (*pop. USA*) boccata, tirata (*specialm. di sigaretta alla marijuana*).
token ['toukan], *n.* **1** pegno; segno; simbolo; prova: **He gave her a ring as a t. of his love**, le diede un anello in pegno del suo amore **2** dono; omaggio; ricordo **3** contrassegno; contromarca; gettone **4** (*Bibbia*) segnale; segno convenuto. ● **t. gesture**, gesto simbolico □ (*econ.*) **t. money**, moneta divisionaria (*con valore intrinseco inferiore a quello nominale*) □ **t. payment**, pagamento simbolico □ **t. resistance**, resistenza pro forma (*fatta per salvare la faccia*) □ (*econ.*) **t. strike**, sciopero dimostrativo.
Tokyo ['toukjou], *n.* (*geogr.*) Tokio.
tolbooth ['tɔlbu:θ], *V.* **tollbooth**.
told [tould], *pass.* e *p. p.* di **tell**.
Toledo [ta'leidou], *n.* **1** (*geogr.*) Toledo **2** — **t.**, lama (*o* spada) di Toledo.
tolerable ['tɔlarabl], *a.* **1** tollerabile; sopportabile **2** passabile; discreto.
tolerableness ['tɔlarablnis], *n.* **1** tollerabilità **2** mediocrità.
tolerably ['tɔlarabli], *avv.* abbastanza; discretamente: **They played t. well**, giocarono abbastanza bene.
tolerance ['tɔlarans], *n.* **1** tolleranza; indulgenza **2** (*mecc., med., ecc.*) tolleranza.
tolerant ['tɔlarant], *a.* tollerante; indulgente.
to tolerate ['tɔlareit], *v. t.* tollerare; sopportare; indulgere a.
toleration [,tɔla'reiʃan], *n.* tolleranza; indulgenza: **religious t.**, tolleranza in materia di religione. ● (*stor.*) **the Act of T.**, la Legge sulla Tolleranza (*a favore dei dissenzienti in materia religiosa, in G.B., nel 1689*).
tolerationist [,tɔla'reiʃanist], *n.* fautore della tolleranza (*specialm. in materia religiosa*).
tolerator ['tɔlareita*], *n.* chi tollera; persona tollerante.
toll (1) [toul], *n.* **1** pedaggio; balzello; gabella; dazio; imposta **2** — **t. road**, strada soggetta a pedaggio **2** (*stor.*) molenda; tributo molitorio. ● **t.-bar**, barriera di pedaggio □ **t.-bridge**, ponte (*sog-

getto) a pedaggio □ (specialm. USA) **t.-call**, telefonata interurbana □ **t.-collector**, esattore (di dazi, imposte, ecc.) □ **t. gate**, barriera di pedaggio; (USA) casello autostradale □ (stor.) **t. gatherer**, gabelliere □ **t.-house**, (stor., archit.) casa di gabellière; gabellino (stor.); casello (d'autostrada, ecc.) □ **t.-line**, linea interurbana □ (USA) **t. man** (o **t. taker**), addetto a un casello (d'autostrada) □ (leg.) **t. of the roads**, mortalità per incidenti stradali □ (leg.) **t. through**, pedaggio municipale (per attraversare un ponte, ecc.) □ (leg.) **t. traverse**, pedaggio per attraversare terreno (un ponte, ecc.) di proprietà privata □ ● **to take t. of**, esigere un tributo da; (fig.) costare, portar via: **The accident took a heavy t. of lives**, l'incidente costò la vita a molte persone □ **the weekend death t. on the roads**, gl'incidenti mortali del traffico di fine settimana.

to **toll (1)** [toul], **A** v. i. esigere un tributo; far pagare un pedaggio. **B** v. t. **1** esigere un tributo da (q.); far pagare un pedaggio a (q.) **2** riscuotere (q.c.) come tributo (o pedaggio).

to **toll (2)** [toul], v. t. e i. suonare a rintocchi; suonare a morto; rintoccare: **Ask not for whom the bell tolls**, non chiedere per chi suona la campana. ● **to sb.'s death**, annunciare coi rintocchi la morte di q.; suonare a morto per q. □ (fig.) **to t. a warning bell**, suonare il campanello d'allarme □ «**The curfew tolls the knell of parting day**», «la squilla piange il giorno che si muore» (primo verso della **Elegy Written in a Country Churchyard**, di Thomas Gray).

toll (2) [toul], n. (solo al sing.) rintocco (specialm. di campana che suona a morto).

tollable ['toulǝbl], a. soggetto a pedaggio, a dazio, a imposta.

tollage ['toulidʒ], n. **1** pedaggio; balzello; gabella; dazio **2** richiesta (o pagamento, riscossione) di pedaggio.

tollbooth ['toulbu:θ], n. **1** (scozz.) prigione; carcere cittadino **2** ufficio del dazio; esattoria **3** (autom. USA) casello autostradale.

tolling ['touliŋ], n. il suonare a rintocchi.

tollkeeper ['toulˌki:pǝ*], n. gabelliere; esattore di pedaggi.

tolly ['tɔli], n. (gergo studentesco) candela.

tolu [tou'lu:], n. tolù (essenza estratta da un albero del Sudamerica).

toluene ['tɔljui:n], n. (chim.) toluene; toluolo.

toluic [tǝl'ju:ik], a. (chim.) toluico: **t. acid**, acido toluico.

toluol ['touljuɔl], n. (chim.) toluolo; toluene.

Tom [tɔm], n. **1** (dim. di **Thomas**) Maso; Masino **2** – **tom**, maschio (di certi animali, specialm. il gatto). ● **Tom**, **Dick**, **and Harry**, Tizio, Caio e Sempronio □ **Tom Thumb**, (nelle favole) Pollicino; (per estens.) nanetto, nanerottolo □ **Tom Tiddler's ground**, terra di nessuno (dal nome di un gioco di bambini) □ a **tom turkey**, un tacchino.

tomahawk ['tɔmǝhɔ:k], n. tomahawk; ascia di guerra (dei pellirosse). ● (fig.) **to bury the t.**, seppellire l'ascia di guerra; cessare le ostilità.

to **tomahawk** ['tɔmǝhɔ:k], v. t. **1** colpire (o ferire, uccidere) con il tomahawk **2** (fig.) criticare aspramente; stroncare.

toman [tou'ma:n], (persiano) n. (stor.) tomanno (moneta d'oro).

tomato [tǝ'ma:tou], n. (pl. **tomatoes**) (bot., Solanum lycopersicum) pomodoro. ● **t. juice**, succo di pomodoro □ (cucina) **t. sauce**, salsa di pomodoro.

tomb [tu:m], n. tomba (anche fig.); sepolcro. ● (stor. USA) **the Tombs**, prigione cittadina di New York.

tombac, tombak ['tɔmbæk], n. (metall.) tombacco.

tombless ['tu:mlis], a. senza tomba; insepolto.

tombola ['tɔmbǝlǝ] (ital.), n. (specialm. in G. B.) tombola.

tomboy ['tɔmbɔi], n. (di ragazza) maschiaccio; maschietta.

tombstone ['tu:m-stoun], n. pietra tombale; lapide (funeraria).

tomcat ['tɔmˌkæt], n. gatto maschio (maschio); micio; micione.

tome [toum], n. tomo; volume.

tomentum [tǝ'mentǝm], n. (pl. **tomenta**) **1** (anat.) rete dei piccoli vasi della pia madre **2** (bot.) tomento.

tomfool ['tɔm'fu:l], **A** n. babbeo; citrullo; minchione; stupido. **B** a. attr. da babbeo; da citrullo; balordo; stupido.

to **tomfool** ['tɔm'fu:l], v. i. fare lo sciocco; comportarsi da minchione.

tomfoolery [tɔm'fu:lǝri], n. **1** buffonata; baggianata (pop.); minchioneria; sciocchezza; stupidaggine **2** scherzo stupido e da villano.

Tommy ['tɔmi], n. **1** (dim. di **Thomas**) Maso; Masino **2** (pop., anche **T. Atkins**) soldato inglese (nomignolo) **3** (mecc., anche **t.--bar**) spina **4** – **t.**, pagnotta; cibo ● (gergo mil.) **t. gun**, fucile mitragliatore; mitra □ **t. system**, sistema di pagamento in natura.

tommyrot ['tɔmirɔt], n. (fam.) sciocchezze; scempiaggini; stupidaggini; fesserie (fam.).

tomnoddy ['tɔm'nɔdi], n. babbeo; citrullo; minchione; stupido.

tomography [tǝ'mɔgrǝfi], n. (med.) tomografia.

tomorrow [tǝ'mɔrou], avv. e n. domani: **I'll go t.**, ci andrò domani; **T. will be Sunday**, domani è domenica. ● **t. morning**, domani mattina; domattina □ **t.'s papers**, i giornali di domani □ **t. week**, domani a otto □ **the day after t.**, dopodomani; domani l'altro.

tompion ['tɔmpjǝn], V. tampion.

tomtit ['tɔm'tit], n. (zool.) **1** (Parus caeruleus) cinciarella **2** (Parus ater) cincia mora **3** (Parus atricapillus) cincia boreale.

tom-tom ['tɔmtɔm], n. tam-tam; tamburo indiano.

to **tom-tom** ['tɔm'tɔm], v. i. suonare il tam-tam.

ton [tʌn], n. (pl. **tons, ton**) **1** tonnellata (**long ton**, ingl., pari a Kg 1016 circa; **short ton**, USA, pari a Kg 907 circa) **2** (naut., per **register ton**) tonnellata di stazza **3** (fam., spesso pl.) gran quantità; sacco; mucchio: **He's got tons of money**, ha un sacco di quattrini **4** (pop.) (velocità di) cento miglia all'ora: **to do a ton**, fare i cento all'ora. ● (naut.) **ton burden**, portata (di una nave) in tonnellate □ (pop.) **ton-up motorcyclists**, motociclisti capaci di fare cento miglia all'ora □ (naut.) **displacement ton**, tonnellata di dislocamento □ (naut.) **freight ton**, tonnellata di noleggio □ **metric ton**, tonnellata metrica (pari a Kg 1000) □ (naut.) **shipping ton**, tonnellata volume (o di noleggio).

tonal ['tounl], a. tonale; di tono; di tonalità.

tonality [tou'næliti], n. (mus., pitt.) tonalità.

to-name ['tu:neim], n. (scozz.) soprannome; nomignolo.

tone [toun], n. **1** (di suono) tono; nota: **He answered in a harsh t.**, rispose in tono aspro; **in a t. of deep sympathy**, in tono di accorata partecipazione; **the deep tones of the bells**, le note profonde delle campane; **to speak in a loud t.**, parlare in tono alto, ad alta voce **2** (di colore) tono; tonalità; gradazione; sfumatura: **The upholstery has two tones of green**, la tapezzeria ha due tonalità di verde **3** (fisiologia) tono; forze: **muscular t.**, tono muscolare; **The patient has recovered his t.**, il malato ha riacquistato le forze **4** (fon.) accento tonico **5** carattere; qualità; stile; tono: **His house has a t. of quaint beauty**, la sua casa è in uno stile di una bellezza d'altri tempi; **The t. of the hotel was very high**, era un albergo di tono (elevato) **6** (fotogr.) colore della positiva; intonazione **7** (econ., fin.) tono: **the t. of the market**, il tono del mercato **8** (tel.) segnale. ● (di giradischi) **t. arm**, braccio □ (radio) **t. control**, comando (o regolatore) del tono □ **t.-deaf**, sordo alla musica □ **t. languages**, lingue a toni (cinese, giapponese, vietnamita, ecc.) □ (radio) **t. modulation**, modulazione ad audiofrequenza fissa □ (mus.) **t. poem**, poema sinfonico □ (fon.) **t. syllable**, sillaba tonica □ **to give t. to**, dar tono a; tonificare □ (relig.) **Gregorian tones**, canti gregoriani □ (mus.) **whole-t. scale**, scala diatonica □ **The t. of the nation was very low**, il morale della nazione era assai depresso.

to **tone** [toun], **A** v. t. **1** dare il tono a (uno strumento musicale, un dipinto, ecc.); intonare **2** (fotogr.) virare; dare una colorazione (alla positiva) mediante speciali bagni. **B** v. i. **1** (spesso **to t. in**) intonarsi; armonizzare: **The curtains t. in well with the carpet**, le tende s'intonano bene col tappeto **2** (fotogr.: di una positiva) assumere una colorazione mediante speciali bagni. ● **to t. down**, attenuare, sfumare, smorzare; (fig.) calmare, mitigare, raddolcire; attenuarsi, smorzarsi; (fig.) calmarsi, raddolcirsi: **to t. down a picture**, smorzare i toni di un quadro; **My apologies toned down his anger**, le mie scuse mitigarono la sua ira □ **to t. down one's language**, moderare i termini (o le parole) □ **to t. up**, alzare il tono di; rinvigorire, tonificare; crescere di tono; rinvigorirsi, tonificarsi: **Roadwork will t. up your muscles**, il footing tonificherà i tuoi muscoli.

toned [tound], a. (nei composti) dal tono; dalla tonalità: **a shrill--t. voice**, una voce dal tono stridulo; **a light-t. picture**, un quadro dalle tonalità chiare.

toneless ['tounlis], a. senza tono; senza tonalità; monotono; piatto; smorto: **in a t. voice**, con voce monotona.

toneme ['touni:m], n. (linguistica) tonema.

tong [tɔŋ], n. (stor.) «tong» (setta o società segreta cinese in America).

tong hold [tɔŋ hould], n. (metall.) codolo.

tongs [tɔŋz], n. pl. **1** molle, mollette: **fire t.**, molle (da cucina, per il fuoco); **sugar tongs**, mollette per lo zucchero **2** (mecc.) pinze; tenaglie; tenaglia: (elettr.) **fuse t.**, pinze per fusibili; **wire t.**, tenaglie per filo metallico; **blacksmith's t.**, tenaglia da fabbro. ● **curling t.**, ferro per arricciare (i capelli) □ (fig.) **to go at it hammer and t.**, darci sotto; mettercela tutta; battersi furiosamente □ (fig.) **I would not touch him (it) with a pair of t.**, non lo toccherei neppure con le molle.

tongue [tʌŋ], n. **1** (anat. e fig.) lingua: **to put out one's t.**, metter fuori la lingua (per farla vedere al medico o per dileggio); **to have a furred (dirty) t.**, avere la lingua patinosa (sporca); **ox-t.**, lingua di bue (come cibo); **He has a ready (o fluent) t.**, ha la lingua sciolta; **to have a long (sharp, caustic, etc.) t.**, aver la lingua lunga (tagliente, mordace, ecc.); **the French t.**, la lingua francese; **one's mother t.**, la lingua materna; **tongues of flame**, lingue di fuoco; **a t. of land**, una lingua di terra **2** (anche mecc.,

tongue

falegnameria, mus.) linguetta; aletta; flangia; ancia; **the t. of a boot**, la linguetta d'una scarpa; **the t. of an oboe**, l'ancia di un oboe **3** (*di fibbia*) puntale **4** (*di campana*) battaglio, batacchio **5** (*ferr.*) ago: **switch t.**, ago di scambio **6** (*di bilancia*) ago. ● (*falegnameria*) **t.-and-groove junction**, giunzione a maschio e femmina □ (*anat.*) **t. bone**, ioide □ (*med.*) **t. depressor**, abbassalingua □ (*agric.*) **t. graft**, innesto a linguetta □ **t.-lashing**, aspro riprovero; lavata di capo (*fig.*) □ (*med.*) **t.-tie**, malformazione della lingua; anchiloglossia □ **t.-tied**, (*med.*) affetto da anchiloglossia; (*fig.*) ammmutolito, muto, ridotto (*o* costretto) al silenzio □ **t.-twister**, scioglilingua □ (*fam.*) **to bite one's t. off**, mordersi la lingua (*fig.*) □ (*fig.*) **to find one's t.**, sciogliersi la lingua (*impers.*): **He has found his t.**, gli si è sciolta la lingua □ (*fig.*) **the gift of tongues**, il dono di saper parlare (*o* d'apprendere facilmente) le lingue □ **to give t.**, (*di persona*) gridare, parlare ad alta voce; (*di cane da caccia*) abbaiare, latrare □ **to have** (*o* **to speak with**) **one's t. in one's cheek**, fare dell'ironia; assecondare ironicamente l'interlocutore; parlare da ipocrita (*o* in modo insincero) □ (*fig.*) **to have lost one's t.**, aver perso la lingua; ammutolire per la timidezza □ **to hold one's t.**, tener la lingua a freno (*pop.*: in bocca); tacere; star zitto □ **to keep a civil t.** (**in one's head**), essere civile (*o* educato) □ (*fig.*) **to be on the tongues of men**, correre sulla bocca di tutti □ **to set tongues wagging**, far parlare di sé □ **slip of the t.**, lapsus linguae □ **to throw t.**, abbaiare; latrare □ **to wag one's t.**, parlare a vanvera; cicalare □ **Hold your t.!**, silenzio!

to tongue [tʌŋ], *v. t.* **1** toccare con la lingua; leccare **2** (*falegnameria*) fare una linguetta in; incastrare a linguetta **3** (*mus.*) staccare (*le note, suonando uno strumento a linguetta*). ● (*di una punta di terra, ecc.*) **to t. out**, protendersi.

tongued [tʌŋd], *a.* (*nei composti*) dalla lingua: **a loose-t. woman**, una donna dalla lingua sciolta.

tongueless ['tʌŋlis], *a.* **1** senza lingua **2** che ha perso la lingua; ammutolito.

tonguelet ['tʌŋlit], *n.* linguetta; linguettina.

tonguing ['tʌŋiŋ], *n.* **1** (*falegnameria*) incastro a linguetta **2** (*mus.*) tecnica dell'uso della lingua (*per staccare le note*).

tonic ['tɔnik], **A** *a.* tonico (*anche fisiologia, fon. e med.*); corroborante, stimolante: (*fon.*) **t. accent**, accento tonico; (*med.*) **t. spasm**, spasmo tonico; **the t. air of the mountains**, l'aria corroborante dei monti. **B** *n.* **1** (*farm.*) tonico; ricostituente **2** (*mus.*) tonica; nota tonica **3** (*anche* **t. water**) acqua tonica. ● (*mus.*) **t. sol-fa**, solfeggio (tonico).

tonically ['tɔnikəli], *avv.* tonicamente.

tonicity [tou'nisiti], *n.* tonicità.

tonight [tə'nait], *avv. e n.* **1** questa sera, stasera **2** questa notte, stanotte.

toning ['touniŋ], *n.* (*fotogr.*) viraggio (*V.* **to tone**).

tonite ['tounait], *n.* (*mil.*) tonite (*potente esplosivo*).

to tonk [tɔŋk], *v. t.* (*pop.*) battere; colpire duramente; sconfiggere.

tonka (**bean**) ['tɔŋkə ('bi:n)], *n.* (*bot., Dipteryx odorata*) fava tonka.

Tonkin ['tɔŋ'kin], *n.* (*geogr.*) Tonchino.

tonnage ['tʌnidʒ], *n.* (*naut.*) **1** tonnellaggio **2** stazzatura; stazza **3** navi mercantili (*d'una nazione o di un porto, nel complesso*). ● (*stor.*) **t. and poundage**, dazio doganale su ogni botte di vino e su ogni libbra d'altre merci importate in Inghilterra □ (*naut.*) **t.**, ponte di stazza □ **t.-measurer**, stazzatore □ (*naut.*) **gross** (**net**) **t.**, stazza lorda (netta).

tonne [tʌn] (*franc.*), *n.* tonnellata metrica.

tonneau ['tɔnou] (*franc.*), *n.* (*autom.*) parte posteriore della scocca.

tonometer [tou'nɔmitə*], *n.* (*fis., med.*) tonometro.

tonsil ['tɔnsl], *n.* (*anat.*) tonsilla.

tonsillar ['tɔnsilə*], *a.* (*anat.*) tonsillare.

tonsillectomy [ˌtɔnsi'lektəmi], *n.* (*med.*) tonsillectomia.

tonsillitis [ˌtɔnsi'laitis], *n.* (*pl.* **tonsillitises**) (*med.*) tonsillite.

tonsillotomy [ˌtɔnsi'lɔtəmi], *n.* (*med.*) tonsillotomia.

tonsorial [tɔn'sɔ:riəl], *a.* (*spesso scherz.*) di (*o* da) barbiere. ● **t. artist**, un figaro.

tonsure ['tɔnʃə*], *n.* (*relig.*) tonsura; chierica.

to tonsure ['tɔnʃə*], *v. t.* (*relig.*) tonsurare.

tontine [tɔn'ti:n], *n.* (*fin.*) tontina (*contratto d'associazione finanziaria escogitato dal banchiere napoletano Lorenzo Tonti nel sec. XVII*).

tonus ['tounəs] (*lat.*), *n.* tono muscolare (*o* posturale).

Tony ['touni], *n.* (*dim. di* **Anthony** *e di* **Antoniette**) Tonio, Tonino; Tonina.

too [tu:], **A** *avv.* **1** anche; pure; altresì (*lett.*): **I went there, too**, ci andai anch'io; **You too**, tu pure **2** inoltre; per giunta: **There was some food, and some wine, too**, c'era roba da mangiare, e del vino, per giunta!; **very nice, too**, assai grazioso, per giunta! **3** troppo: **It's too cold to go out**, fa troppo freddo per uscire; **too early**, troppo presto; **too quickly**, troppo in fretta **4** (*fam.*) molto; assai; veramente; davvero: **I'll be only too glad to meet him**, sarò molto felice d'incontrarlo (*o* di fare la sua conoscenza) **5** eppure; e dire che: **It snowed yesterday, and in April too**, ieri nevicò e dire che siamo in aprile **6** (*USA*) altroché; eccome: «**I won't go**» «**You will too!**», «non ci vado» «eccome se ci vai» (*o* «ci vai, eccome!»). **B** *a.* (*lett.*) delizioso; eccellente; magnifico; straordinario: **It's quite too** (*o* **too too**), è magnifico! ● **too many**, troppi, troppe □ **too much money** (**patience, etc.**), troppo denaro (troppa pazienza, ecc.) □ (*fam.*) **too-too**, affettato; smanceroso □ **all too**, troppo: **The holidays were all too short**, le vacanze sono state troppo brevi □ **to carry a joke too far**, spingere uno scherzo oltre il lecito; esagerare □ **to go too far**, andare troppo oltre; esagerare □ **none too**, (*fig.*) tutt'altro che; non molto; non troppo □ **I mean to do it too**, e lo farò (non lo dico soltanto)! □ **That's too bad!**, che disdetta!; che peccato!; che sfortuna! □ **You've given me two too many**, me ne hai dati due di troppo (*o* in più) □ **too good to be true**, troppo bello per essere vero! □ **That's too much**, è troppo!; è una cosa insopportabile! □ (*prov.*) **Too much of a good thing is good for nothing**, il troppo stroppia.

took [tuk], *pass.* di **to take**.

tool [tu:l], *n.* **1** arnese; attrezzo; strumento; utensile: **joiner's tools**, arnesi da falegname; **t. case**, cassetta degli attrezzi; **Books are a scholar's tools**, i libri sono gli strumenti di lavoro dello studioso **2** (*mecc., anche* **machine t.**) macchina utensile **3** (*pl.*) arnesi, ferri; (*collett.*) utensileria: **the tools of one's trade**, i ferri del mestiere **4** (*pl., mil.*) ordigni bellici; munizioni **5** (*fig.*) mezzo; strumento **6** (*fig.*) strumento (*del volere altrui*); marionetta **7** (*tipogr.*) figura (*o* lettera) impressa col bulino (*sulla copertina d'un libro*) **8** (*volg.*) membro virile. ● (*ing.*) **t. bit**, utensile da taglio □ **t. box**, (cassetta) portautensili □ (*mecc.*) **t. design**, attrezzaggio □ (*mecc.*) **t.-dresser**, ravvivatore; ravvivamole □ (*ind.*) **t. engineering**, progettazione della produzione industriale □ (*mecc.*) **t.-head**, testa portautensile □ (*mecc.*) **t.-holder** (*o* **t.-post, t.-rest**), portautensili □ **t.-kit**, (cassetta) portautensili; (*autom.*) borsa degli attrezzi □ (*ind.*) **t.-maker**, attrezzista, utensilista; fabbricante di utensili □ **t.-making**, fabbricazione di utensili □ **broad t.**, *V.* **tooler**, *def.* 3 □ (*fig.*) **to down tools**, incrociare le braccia; scioperare □ (*fig.*) **to make a t. of sb.**, servirsi di q. □ (*fig.*) **to play with edged tools**, scherzare col fuoco.

to tool [tu:l], *v. t. e i.* **1** formare (*o* lavorare) con un attrezzo **2** lavorare (*la pietra*) con lo scalpello; scalpellare **3** (*anche* **to t. up**) provvedere (*una fabbrica, ecc.*) di attrezzi; attrezzare per la produzione di serie **4** (*tipogr.*) bulinare (*una rilegatura*) **5** (*fam.*) condurre, guidare (*un veicolo*); trasportare, scarrozzare (*persone*) **6** (*fam., spesso* **to t. along**) andare in macchina (*o* altro veicolo); specialm. per diporto.

tooler ['tu:lə*], *n.* **1** chi lavora con un utensile, ecc. (*V.* **to tool**) **2** (*tipogr.*) bulinatore **3** (*edil.*) scalpello a punta larga (*per lavorare la pietra*).

tooling ['tu:liŋ], *n.* **1** (*mecc.*) lavorazione con utensili **2** (*ind.*) allestimento attrezzistico, attrezzamento (*d'una fabbrica*) **3** (*edil.*) lavorazione della pietra **4** (*arte*) intaglio **5** (*tipogr.*) fregiatura; ornamentazione: **blind t.**, ornamentazione semplice (*non in lettere d'oro*).

to toot [tu:t], **A** *v. t.* suonare (*il corno, la tromba, il clacson, ecc.*). **B** *v. i.* **1** suonare il corno (*o* la tromba, il clacson, ecc.) **2** (*del corno, ecc.*) suonare **3** (*della pernice, ecc.*) fare il verso; cantare.

toot [tu:t], *n.* suono di corno (*o* di tromba, di clacson, ecc.).

tooth [tu:θ], *n.* (*pl.* **teeth**) (*anat., mecc., ecc.*) dente: **a decayed t.**, un dente guasto; **false** (*o* **artificial**) **teeth**, denti falsi; **the teeth of a gear wheel** (**of a saw, a rake, a comb, etc.**), i denti di una ruota dentata (di una sega, un rastrello, un pettine, ecc.). ● (*fig.*) **t. and nail**, coi denti e con le unghie; accanitamente □ (*d'uccello*) **t.-billed**, dal becco dentellato □ **t.-brush**, spazzolino (*da denti*) □ (*costr.*) **t.-chisel**, gradina □ **t.-comb**, pettine fitto; pettinina □ (*med.*) **t. decay**, carie dentaria □ **t.-paste**, dentifricio (*in pasta*) □ (*mecc.*) **t. point**, tagliente □ **t. powder**, dentifricio (*in polvere*) □ (*zool.*) **t. shell** (*Dentalium entalis*), dentalio □ **armed to the teeth**, armato fino ai denti □ (*fig.*) **to cast st. into sb.'s teeth**, gettare q.c. in faccia a q.; rinfacciare q.c. a q. □ (*di bambino*) **to cut one's teeth**, mettere i denti □ (*fig.*) **to cut one's eye-teeth**, aprire gli occhi; acquistare esperienza delle cose del mondo □ **to escape by the skin of one's teeth**, farcela a stento, per un pelo; cavarsela per il rotto della cuffia □ (*fig.*) **to fight t. and nail**, combattere con le unghie e coi denti, con grande accanimento □ (*mecc.*) **gear teeth**, dentatura □ **to have a t. filled**, farsi otturare un dente □ **to have a t.** (**pulled**) **out**, farsi estrarre un dente □ **to have a sweet t.**, essere ghiotto di dolciumi □ (*fig.*) **in the teeth of**, a dispetto di, nonostante, in barba a; di fronte a, in faccia a □ (*di cavallo* e *fig.*) **to be long in the t.**, essere vecchio □ (*anat.*) **set of teeth**, dentatura □ (*med.*)

set of false teeth, dentiera □ *(anche fig.)* **to set one's teeth**, stringere i denti □ **to set sb.'s teeth on edge**, *(di cibo)* allegare i denti; *(fig.)* dare ai nervi a q. □ *(anche fig.)* **to show one's teeth**, mostrare i denti.

to tooth [tu:θ], **A** *v. t.* **1** fornire *(o* provvedere*)* di denti **2** dentellare; seghettare. **B** *v. i. (di ruote dentate, ecc.)* ingranare; ingranarsi.

toothache ['tu:θ-eik], *n. (med.)* mal di denti; odontalgia.

toothed [tu:θt], *a.* **1** dentato; a denti: **a t. wheel**, una ruota dentata **2** dentellato; seghettato. ● *(mecc.)* **t. gearing**, trasmissione a ingranaggi □ **sharp-t.**, dai denti aguzzi.

toothful ['tu:θful], *n. (raro)* sorso di liquore.

toothing ['tu:θiŋ], *n.* **1** *(mecc.)* dentatura **2** *(edil.)* addentellato di mattoni *(lungo il taglio d'un muro esterno)*.

toothless ['tu:θlis], *a.* **1** senza denti; sdentato **2** *(fig.)* senza incisività; senza mordente **3** *(fig.)* inefficace; inutile; vano.

toothlet ['tu:θlit], *n.* dentino.

toothpick ['tu:θpik], *n.* stuzzicadenti.

toothsome ['tu:θsəm], *a. (raro)* gustoso; appetitoso; saporito.

toothsomeness ['tu:θsəmnis], *n. (raro)* gustosità; gusto gradevole.

toothy ['tu:θi], *a. (fam.)* **1** che ha grossi denti **2** che mostra (tutti) i denti: **a t. smile**, un sorriso che mette in mostra tutti i denti.

to tootle ['tu:tl], *v. i.* **1** suonare il flauto **2** suonare (piano): **to t. one's horn**, dare una suonatina di clacson **3** *(autom.)* andare (a piccola velocità); fare un salto in macchina *(fam.)*.

tootle ['tu:tl], *n.* **1** *(mus.)* suono di flauto **2** *(autom.)* suono *(o* suonatina*)* di clacson.

toots [tu:ts], *n. (fam.)* amore; tesoro; tesoruccio.

tootsie ['tu:tsi], *V.* **tootsy (-wootsy)**.

tootsy ['tu:tsi], *V.* **toots**.

tootsy(-wootsy) ['tu(:)tsi('wu(:)tsi)], *n. (linguaggio infant.)* piede; piedino.

top (1) [tɔp], **A** *n.* **1** cima; vetta; sommità; apice; apogeo; culmine; vertice; capo; coccuzzolo *(del tetto)* colmo: **on top**, in cima; in vetta; **the top of the volcano**, la sommità del vulcano; **turnip tops**, cime di rapa; **He is at the top of his career**, è all'apice della sua carriera; **from top to toe**, da capo a piedi; da cima a fondo; **the bare top of a mountain**, il nudo cocuzzolo di un monte **2** parte superiore; copertura; coperchio; tappo: **the top of the cupboard**, la parte superiore della credenza; **a box-top**, un coperchio di scatola; **a bottle-top**, un tappo (di bottiglia) **3** *(autom.)* capote, tetto, tettuccio (d'automobile); imperiale (d'autobus) **4** *(di scarpa)* tomaia **5** *(di abito)* corpetto, corpino **6** *(naut.)* coffa **7** personaggio importante, preminente; primo: **Henry came out (at the) top of the school**, Enrico fu il primo della scuola *(pl. scrutini, negli esami, ecc.)* **8** *(di migl.)* meglio; parte scelta *(o* migliore*)*: **the top of the crop**, il meglio del raccolto **9** principio; inizio: **the top of the year**, il principio dell'anno **10** *(pl.)* le due carte più alte di un seme *(nel gioco del bridge, asso e re)* **11** *(pl.)* bottoni di metallo, placcati soltanto sul davanti **12** *(chim.)* prodotto di testa **13** *(ind. tessile)* nastro pettinato; pettinato **14** *(tennis) V.* **topspin**. **B** *a. attr.* **1** in cima; in alto; primo; superiore: **the top drawer**, il primo cassetto *(dall'alto)*; **the top left-hand corner**, l'angolo superiore sinistro **2** principale; massimo; supremo; sommo: **top prices**, prezzi massimi; **top honours**, sommi onori; supreme onoranze **3** di prim'ordine, eccellente; ottimo. **C** *avv.* al primo posto; in prima posizione: **I came out top in the exam**, risultai primo agli esami. ● *(teatr.)* **top billing**, posto d'onore sul cartellone □ *(mil.)* **the top brass**, gli alti papaveri; i pezzi grossi □ **top boots**, stivali alla scudiera □ *(metall.)* **top casting**, colata dall'alto □ **top-coat**, soprabito (leggero); *(ind.)* ultima mano *(di vernice, ecc.)* □ *(polit.)* **top conference**, conferenza al vertice □ *(pop.)* **top dog**, padrone; capo; boss; caporione □ *(fam., fig.)* **top drawer**, alta società □ *(fam.)* **top-drawer**, dell'alta società □ *(agric.)* **top dressing**, concimazione in superficie; concime da spargere in superficie □ **top executive**, alto dirigente □ *(autom.)* **top gear**, marcia più alta; (la) quarta; presa diretta; *(fig.)* piena attività; pieno ritmo: **in top gear**, *(autom.)* in presa diretta; in quarta; *(fig.)* in forma perfetta, in gamba □ **top hat**, cappello a cilindro; cilindro; tuba □ **top-heavy**, sbilanciato *(per eccesso di peso nella parte superiore)*; *(fam.)* brillo, sbronzo □ **top-hole**, eccellente; ottimo; di prim'ordine □ **top-level**, ad alto livello; di grande importanza □ *(naut.)* **top-light**, fanale di gabbia □ **top-notch**, eccellente; ottimo; di prima qualità □ **top of the milk**, fior di latte □ *(fig.)* **the top of the tree** *(o of the ladder)*, il vertice; l'apice; la posizione più elevata: **He has reached the top of the tree**, è arrivato al vertice della carriera □ **top priority**, precedenza assoluta □ **top-sawyer**, segatore; segantino □ *(fam.)* personaggio importante, pezzo grosso □ **top-secret**, segretissimo; top-secret □ *(comm.: di un prodotto)* **top-selling**, che è in cima alle vendite; più venduto □ **top speed**, velocità massima □ **at top speed**, a tutta velocità; di gran carriera; a più non posso □ **big top**, tendone da circo □ *(fam.)* **to blow one's top**, esplodere *(fig.)* □ *(fig.)* **to come to the top**, far carriera; aver successo; diventare famoso □ **from top to bottom**, da cima a fondo; completamente □ **from top to toe**, dalla testa ai piedi; da capo a piedi □ *(in una pagina)* **line 10 from the top**, riga 10 dall'alto □ **to move into top gear**, *(autom., anche fig.)* ingranare la quarta; *(fig.)* entrare in piena attività □ **on top of**, sopra a; addosso a; *(anche)* in aggiunta a: **He fell on top of me**, mi cadde addosso □ **on the top of one's head**, sul cocuzzolo □ **on top of that** *(o* **on top of everything else)**, per giunta; per sopramercato *(per lo più di cose spiacevoli)* □ *(fig.)* **to be on top of the world**, essere al settimo cielo □ **to shout at the top of one's voice**, gridare a squarciagola, a perdifiato □ **to sit at the top (of the table)**, sedere a capotavola □ **to be successful to the top of one's bent**, aver pieno successo; riuscire a realizzare le speranze più audaci □ *(di provvedimento, ecc.)* **taken at the top**, preso in alto loco; verticistico.

to top [tɔp], *v. t.* **1** fornire di copertura; provvedere di coperchio; mettere il tappo a *(una bottiglia)* **2** fare da copertura *(o* da coperchio, da tappo*)* a (q.c.) **3** arrivare all'altezza di; raggiungere la vetta di *(un monte, ecc.)* **4** superare; sorpassare: **He tops them all at tennis**, li supera tutti a tennis; **The fish topped ten pounds**, il pesce superava le dieci libbre **5** essere in cima *(o* in vetta*)* a; sormontare: **A castle tops the mountain**, un castello sta in cima al monte **6** cimare; spuntare; svettare: **Those trees should be topped**, bisognerebbe cimare quegli alberi **7** coprire *(un colore)* con altra tinta **8** *(chim.)* predistillare **9** *(fig.)* essere in testa a; avere il primo posto in *(o* su*)*: **His name topped the list**, il suo nome era in testa all'elenco **10** *(gergo della malavita)* impiccare. ● **to top and tail**, spuntare, pulire *(i fagiolini)*; *(fam.)* lavare solo la faccia e il sederino a *(un bambino)* □ *(teatr.)* **to top the bill**, avere il posto d'onore nel cartellone □ **to top off**, completare, concludere; finire; dare l'ultimo tocco a; *(USA)* *V.* **to top up** □ **to top out**, celebrare la fine della costruzione di *(un edificio)* □ **to top one's part**, recitare la propria parte alla perfezione; superare se stesso □ **to top up**, riempire fino all'orlo; colmare; rabboccare □ *(fam.)* **to top sb. up**, riempire il bicchiere a q. □ *(mecc.)* **to top up with oil**, rabboccare olio □ *(fam.)* **He tops six feet**, è alto sei piedi *(m 1,83 circa)*.

top (2) [tɔp], *n.* **1** trottola *(giocattolo)* **2** *(mecc.)* rotatore. ● **to sleep like a top**, dormire come un ghiro; dormire della grossa.

topaz ['toupæz], *n.* **1** *(miner.)* topazio **2** *(zool., Topaza pella)* colibrì topazio.

topazolite [tou'pæzoulait], *n. (miner.)* topazolite.

to top-dress [tɔp'dres], *v. t. (agric.)* concimare *(il terreno)* in superficie.

to tope [toup], *v. i.* bere smodatamente; sbevazzare; essere un beone.

tope (1) [toup], *n. (anglo-ind.)* boschetto.

tope (2) [toup], *n.* monumento buddista *(sormontato da cupola)*.

tope (3) [toup], *n. (zool., Galeorhinus galeus)* galeo; canesca.

topee [tou'pi:], *n. (anglo-ind.)* casco coloniale.

toper ['toupə*], *n.* beone; bevitore inveterato; ubriacone.

topgallant [tɔp'gælənt], *(naut.)* **A** *a.* **1** di velaccio: **t. mast**, albero di velaccio **2** *(di ponte, ecc.)* sopra la linea di congiunzione. **B** *n.* **1** *(di solito,* **t. sail***)* velaccio **2** albero *(o* pennone*)* di velaccio.

Tophet ['toufet], *n.* **1** *(Bibbia)* Tofet *(località presso Gerusalemme, sede di riti pagani)* **2** *(fig.)* (l') inferno.

tophus ['toufəs], *n. (pl.* **tophi***)* **1** *(geol.)* tufo **2** *(med.)* tofo.

topiarist ['toupjərist], *n.* giardiniere esperto nell'arte topiaria.

topiary ['toupjəri], *a.* — **the t. art**, l'arte topiaria; l'arte di tagliare alberi e arbusti in fogge strane.

topic ['tɔpik], *n.* **1** argomento; soggetto; materia **2** *(logica, retor.)* topica.

topical ['tɔpikəl], *a.* **1** d'attualità; attuale: **t. articles**, articoli d'attualità **2** *(med.)* topico; locale: **t. remedy**, medicamento topico. ● **t. song**, canzone su un fatto d'attualità.

topicality [,tɔpi'kæliti], *n.* (argomento d') attualità.

topknot ['tɔpnɔt], *n.* **1** ciuffo *(di capelli, di penne)* sulla testa **2** nastro; fiocco **3** *(scherz.)* testa; zucca.

topless ['tɔplis], **A** *a.* **1** senza cima; privo della parte superiore **2** *(di abito, ecc.)* che lascia scoperto il seno **3** altissimo; eccelso. **B** *n.* abito *(o* costume*)* che lascia scoperto il seno; topless. ● **t. garment** *(o* **t. suit***)*, topless □ **t. girl** *(o* **t. woman***)*, ragazza *(o* donna*)* in topless.

topman ['tɔpmən], *n. (pl.* **topmen***) (naut.)* gabbiere.

topmast ['tɔpma:st], *n. (naut.)* albero di gabbia.

topmost ['tɔpmoust], *a.* **1** (il) più alto; (il) più elevato; eccelso.

topographer [tə'pɔgrəfə*], *n.* topografo.

topographic(al) [,tɔpə'græfik(əl)], *a.* topografico.

topography [tə'pɔgrəfi], *n.* topografia.

topological [,tɔpə'lɔdʒikəl], *a. (scient.)* topologico.

topology

topology [tə'pɔlədʒi], n. (scient.) topologia.
toponym ['tɔpənim], n. toponimo.
toponymic(al) [,tɔpə'nimik(əl)], a. topononimico.
toponymy [tə'pɔnimi], n. toponomastica.
topper ['tɔpə*], n. chi mette coperture, coperchi, ecc.; chi cima piante, ecc. (V. **to top**) **2** (fam.) cappello a cilindro; tuba **3** (fam.) bonaccione; tipo cordiale **4** (gergo comm.) merce (frutta, ecc.) messa in alto, in cima (in vetrina, per mostra, ecc.).
topping (1) ['tɔpiŋ], n. **1** cimatura; svettamento (di piante); (pl.) fronde tagliate **2** (chim.) predistillazione; (ind. petrolifera) topping **3** (ind. tessile) scarti di pettinatura **4** (cucina) decorazione, rivestimento (di glassa, ecc.) **5** (di strada) manto superficiale. ● **t.-up**, riempimento; rabboccamento; rabbocco (di un recipiente, una batteria).
topping (2) ['tɔpiŋ], a. (fam.) eccellente; ottimo; di prim'ordine.
to topple ['tɔpl], **A** v. i. **1** pencolare; traballare; vacillare **2** (spesso **to t. over**, **to t. down**) rovesciarsi; ruzzolare; capitombolare. **B** v. t. rovesciare; far ruzzolare; (polit.) far cadere (il governo).
tops [tɔps], a. – (fam.) It's (o He's) the t., è il migliore; è favoloso.
TOPS [tɔps], n. (acronimo di **thermoelectric outer planet spacecraft**) (miss. USA) astronave per la navigazione spaziale fino a Plutone (in progettazione).
topsail ['tɔpsl], n. (naut.) **1** vela di gabbia; gabbia **2** controranda. ● **t. schooner**, goletta a vele quadre.
topside ['tɔp,said], n. **1** lato (o parte) superiore **2** (naut.) opera morta **3** (cucina) controgirello.
topsman ['tɔpsmən], (naut.) V. **topman**.
topsoil ['tɔpsɔil], n. **1** (geol.) strato superficiale del suolo **2** (agric., geol.) soprassuolo; suolo agricolo; strato coltivabile (del terreno).
topspin ['tɔp,spin], n. (tennis) «topspin» (diritto o rovescio eseguito dal basso verso l'alto, con la racchetta inclinata per dare l'effetto).
topsyturvification [,tɔpsi,tə:vifi'keiʃən], n. (scherz.) parapiglia; scompiglio.
to topsyturvify [,tɔpsi'tə:vifai], V. **to topsyturvy**.
topsyturvy ['tɔpsi'tə:vi], avv. a. sottosopra; a catafascio; a soqquadro; in scompiglio: **to turn st. t.**, metter q.c. sottosopra (o a soqquadro).
to topsyturvy ['tɔpsi'tə:vi], v. t. mettere sottosopra (o a soqquadro); capovolgere; sconvolgere; scompigliare.
topsyturvydom ['tɔpsi'tə:vidəm], n. (scherz.) regno del disordine; parapiglia; scompiglio.
toque [touk], n. (moda) toque; cappello a tocco (da signora).
tor [tɔ:*], n. (geogr.) collina rocciosa; pinnacolo roccioso.
torc [tɔ:k], n. V. **torque**.
torch [tɔ:tʃ], n. **1** torcia; fiaccola; face (lett.): (fig.) **the t. of liberty**, la fiaccola della libertà; **to hand down the t. of knowledge**, tramandare (o tenere accesa) la fiaccola del sapere; **to hand on the t. of the Olympic Games**, trasmettere la fiaccola olimpica **2** torcia elettrica; lampadina (tascabile): **electric t.**, lampadina tascabile **3** (anche **welding t.**) cannello (ferruminatorio): **plumber's t.**, cannello da idraulico. ● **t.-fishing**, pesca con la torcia elettrica □ **t.-singer**, chi canta canzoni sentimentali □ **t.-songs**, canzoni sentimentali □ (fig., fam.) **to carry a t.** (o **the t.) for sb.**, essere innamorato (cotto) di q. (specialm. se l'amore non è corrisposto).
torchbearer ['tɔ:tʃ,bɛərə*], n. portafiaccola.
torchlight ['tɔ:tʃ,lait], n. lume di torcia; luce delle fiaccole. ● **t. procession**, fiaccolata (in corteo).
torchon lace ['tɔ:ʃɔn'leis], n. merletto a trama grossa.
tore (1) [tɔ:*], pass. di **to tear**.
tore (2) [tɔ:*], n. (archit., geom.) toro.
toreador ['tɔriədɔ:*] (spagn.), n. toreador; torero.
torero [tɔ'rɛərou] (spagn.), n. (pl. **toreros**) torero.
toreutics [tɔ'ru:tiks], n. pl. (col verbo al sing.) (arte) toreutica.
toric ['tɔrik], a. **1** (fis.) torico: **t. lens**, lente torica **2** (geom.) toroidale.
torment ['tɔ:ment], n. tormento; tortura; pena; strazio; supplizio: (fam.) **That boy is a positive t.**, quel bambino è un vero tormento. ● (scherz.) **the t. of one's life**, la disperazione della propria anima □ **to be in t.**, subire tormenti □ **to suffer torments**, patire le pene dell'inferno.
to torment [tɔ:'ment], v. t. tormentare; torturare; far soffrire; infastidire; molestare; vessare: **Don't t. the cat!**, non tormentare il gatto!; **The horses were tormented with gadflies**, i cavalli erano infastiditi dai tafani.
tormentil ['tɔ:məntil], n. (bot., Potentilla tormentilla) tormentilla.
tormenting [tɔ:'mentiŋ], a. tormentoso; fastidioso; molesto.
tormentor [tɔ:'mentə*], n. chi tormenta; tormentatore.
tormentress [tɔ:'mentris], n. tormentatrice.
torn [tɔ:n], p. p. di **to tear**.

tornadic [tɔ:'nædik], a. ciclonico; di (o simile a) un tornado.
tornado [tɔ:'neidou], n. (pl. **tornadoes, tornados**) tornado; tromba d'aria. ● (geogr.) **the t. belt**, la fascia dei tornado (in USA) □ (fig.) **a t. of applause**, un uragano di applausi.
torpedo [tɔ:'pi:dou], n. (pl. **torpedoes**) **1** (zool., Torpedo) torpedine **2** (ing.) mina; torpedine **3** (mil., naut., aeron.) siluro **4** (ferr.) petardo. ● **t.-boat**, torpediniera; silurante □ **t.-defence net**, rete antisiluri □ **t.-boat destroyer**, cacciatorpediniere □ **t.-firing range**, siluripedio □ **t.-man**, silurista □ **t.-mine**, mina subacquea □ **t.-net**, V. **t.-defence net** □ (aeron.) **t. plane** (o **t.-bomber**), aerosilurante □ **t.-tube**, lanciasiluri □ **aerial t.**, siluro aereo (sganciato da aerosilurante).
to torpedo [tɔ:'pi:dou], v. t. **1** (naut., aeron.) attaccare (o affondare) con siluri; silurare **2** (fig.) silurare, far naufragare (un progetto, ecc.).
torpid ['tɔ:pid], a. **1** torpido; intorpidito **2** (fig.) pigro; tardo; apatico.
torpidity [tɔ:'piditi], **torpidness** ['tɔ:pidnis], n. **1** torpidezza; torpore; intorpidimento **2** (fig.) apatia; indifferenza; inerzia.
to torpify ['tɔ:pifai], v. t. intorpidire.
torpor ['tɔ:pə*], n. **1** torpore; letargo **2** (fig.) apatia; indifferenza; inerzia.
torporific [,tɔ:pə'rifik], a. che causa torpore; soporifico.
torquate ['tɔ:kweit], a. (zool.) dal collare; che ha un collare.
torque [tɔ:k], n. **1** (stor.) collana metallica (degli antichi Galli) **2** (mecc.) coppia: **t. converter**, convertitore di coppia **3** (fis.) momento torcente (di una o più forze). ● (edil.) **t.-stress**, sollecitazione di torsione □ (ing.) **t. wrench**, chiave torsiometrica.
torquemeter ['tɔ:k,mi:tə*], n. (ing.) torsiometro; dinamometro di torsione.
torr [tɔ:*], n. (mecc.) torr (unità di pressione; dal nome di Evangelista Torricelli).
torrefaction [,tɔri'fækʃən], n. torrefazione.
to torrefy ['tɔrifai], v. t. torrefare.
torrent ['tɔrənt], n. torrente (anche fig.); diluvio: **It's raining in torrents**, piove a torrenti; **a t. of tears (of abuse, etc.)**, un torrente di lacrime (d'ingiurie, ecc.). ● **torrents of rain**, pioggia torrenziale; diluvio (fig.).
torrential [tɔ'renʃəl], a. torrenziale: **t. rain**, pioggia torrenziale. ● (geogr.) **t. river**, fiume a regime torrentizio.
Torricellian [,tɔri'tʃeliən], a. torricelliano; di Torricelli: **T. vacuum**, vuoto torricelliano; **the T. experiment**, l'esperimento di Torricelli (l'invenzione del barometro).
torrid ['tɔrid], a. torrido: (geogr.) **the T. Zone**, la zona torrida.
torridity [tɔ'riditi], **torridness** ['tɔridnis], n. l'esser torrido; caldo soffocante.
torsel ['tɔ:səl], n. **1** (arte) ornamento ritorto; voluta **2** (edil.) supporto di legno; tassello.
torsiometer [tɔ:'sjɔmitə*], n. (mecc.) torsiometro.
torsion ['tɔ:ʃən], n. torsione (anche mecc.). ● **t. balance**, bilancia di torsione □ (mecc.) **t. bar**, barra di torsione □ (mecc.) **t. meter**, torsiometro.
torsional ['tɔ:ʃənl], a. di torsione; torsionale: **t. elasticity**, elasticità di torsione; (mecc.) **t. rigidity**, rigidità torsionale.
torsk [tɔ:sk], n. (pl. **torsk, torsks**) (zool.) **1** (Gadus morrhua) merluzzo comune **2** (Gadus macrocephalus) merluzzo del Pacifico.
torso ['tɔ:sou], n. (pl. **torsos, torsi, torsoes**) torso (di statua); tronco (del corpo umano).
tort [tɔ:t], n. (leg.) illecito civile; reato civile. ● **t. feasor**, chi compie un illecito civile.
torticollis [,tɔ:ti'kɔlis], n. (pl. **torticollises**) (med.) torcicollo.
tortile ['tɔ:tail], a. (raro) ritorto; a spire.
tortility [tɔ:'tiliti], n. (raro) l'esser ritorto.
tortilla [tɔ:'ti:jə] (spagn.), n. sorta di focaccia sottile di granturco o di grano.
tortious ['tɔ:ʃəs], a. (leg.) che costituisce illecito civile; dannoso; lesivo.
tortoise ['tɔ:təs], n. (pl. **tortoises, tortoise**) (zool.) testuggine; tartaruga (di terra). ● **t.-shell**, (sost.) (guscio di) tartaruga; (zool.) gatto color tartaruga; (agg.) di tartaruga; (di gatto) color tartaruga: **a t.-shell comb**, un pettine di tartaruga □ (zool.) **t.-shell butterfly**, Nymphalis milberti □ (zool.) **alligator t.** (Chelydra serpentina), tartaruga azzannatrice.
tortuose ['tɔ:tjuous], a. (bot.) ritorto.
tortuosity [,tɔ:tju'ɔsiti], n. tortuosità; (fig.) ambiguità.
tortuous ['tɔ:tjuəs], a. tortuoso; (fig.) contorto; ambiguo, ingannevole, subdolo: **a t. road**, una strada tortuosa; **a t. policy**, una linea politica contorta; **a t. would-be friend**, un individuo subdolo che si finge amico.
tortuousness ['tɔ:tjuəsnis], V. **tortuosity**.
torture ['tɔ:tʃə*], n. tortura; supplizio; tormento; strazio: **to put sb. to t.**, mettere q. alla tortura; **instruments of t.**, strumenti di tortura; (relig.) **the tortures of hell**, i tormenti dell'inferno.

to torture ['tɔ:tʃə*], *v. t.* **1** torturare (*anche fig.*); tormentare; sottoporre alla tortura: **to be tortured with tight shoes**, patire la tortura delle scarpe strette **2** distorcere; falsare; svisare; travisare.
torturer ['tɔ:tʃərə*], *n.* chi tortura; tormentatore; aguzzino.
torturous ['tɔ:tʃərəs], *a.* **1** che è una tortura; tormentoso; straziante **2** (*variante scorretta di* **tortuous**) tortuoso; contorto.
torus ['tɔ:rəs], *n.* (*pl.* **tori**) **1** (*archit., geom., bot.*) toro **2** (*anat.*) protuberanza; prominenza.
Tory ['tɔ:ri], **A** *n.* **1** (*stor.; ora, spreg.*) tory; conservatore reazionario **2** (*stor. USA*) lealista; partigiano della Corona britannica (*ai tempi della Rivoluzione*) **3** (*fam., polit.*) conservatore (*in G.B.*). **B** *a.* **1** (*stor.*) dei (*o* relativo ai) tory **2** (*polit., in G.B.*) di (*o* da) conservatore.
Toryism ['tɔ:riizəm], *n.* (*stor.; ora, fam. o spreg.*) conservatorismo.
tosh [tɔʃ], *n.* (*fam.*) sciocchezza; stupidaggine; fesseria.
to toss [tɔs], **A** *v. t.* **1** gettare; lanciare in aria; buttare; scagliare: **I tossed a bone to the Alsatian**, gettai un osso al pastore tedesco; **to t. st. away**, buttar via q.c.; **The bullfighter was tossed by a big, black bull**, il torero fu scagliato in aria da un grosso toro nero **2** agitare; scuotere; scrollare; sballottare: **The billows tossed the ship**, i cavalloni sballottavano la nave **3** (*di un cavallo*) gettare a terra; disarcionare **4** sfidare (q.) a testa o croce: **I'll t. you for the seat** (*o* **who has the seat**), ti sfido a testa o croce per stabilire chi di noi debba occupare il posto. **B** *v. i.* **1** (*spesso* **to t. about**; *anche*, *v. rifl.* **to toss oneself**) agitarsi; dimenarsi; **He tossed (himself) about in pain**, si dibatteva per il dolore; **I tossed all night long**, mi sono dimenato (nel letto) tutta la notte **2** essere agitato; essere sballottato; piegarsi: **The boat tossed about**, la barca era sballottata dalle onde; **The cypresses were tossing in the storm**, i cipressi si piegavano sotto l'urto del temporale **3** (*spesso* **to t. up**) gettare in aria una moneta; fare a testa o croce. ● **to t. back** (*o* **to t. up**) **one's head**, scuotere (*o* scrollare) la testa □ **to t. sb. in a blanket**, far saltare in aria q., tendendo e rilasciando una coperta □ **to t. off**, tracannare, bere tutto d'un fiato; buttar giù (*anche uno scritto*); fare alla meglio (*volg.*) masturbarsi, masturbare □ (*naut.*) **to t. oars**, alzare i remi (*in segno di saluto*) □ **to t. a pancake**, voltare una frittella facendola saltare in aria (*fig.*) **to t. a proposal**, discutere (*o* dibattere) una proposta □ **to t. up a coin**, gettare in aria un moneta, fare a testa o croce □ **to t. up food**, improvvisare un pasto; preparare cibo alla meglio □ (*naut.*) **to pitch and t.**, beccheggiare □ (*ncut.*) **T.**, alza remi!
toss [tɔs], *n.* **1** getto, lancio (*specialm. di una moneta in aria*) **2** scossa; scotimento; scrollata: **a disdainful t. of the head**, una sprezzante scrollata del capo. ● (*aeron., mil.*) **t. bombing**, bombardamento in cabrata □ **t.-up**, testa o croce; (il) sorteggiare; (*fig.*) gara aperta; cosa incerta, assai dubbia; questione di fortuna □ (*fam.*) **to argue the t.**, stare a discutere inutilmente (*su una decisione già presa*) □ **to lose (to win) the t.**, perdere (vincere) a testa o croce □ **to take a t.**, essere disarcionato dal cavallo; essere gettato a terra; fare un capitombolo.
tot (1) [tɔt], *n.* **1** (*spesso* **tiny tot**) bambino; bimbo; bambinello; frugoletto **2** (*fam.*) sorso di liquore; goccio (*fig.*). ● **tot lot**, terreno di gioco (*per bimbi piccoli*).
tot (2) [tɔt], *n.* (*fam.*) somma; totale.
to tot [tɔt], (*fam., di solito* **to tot up**) **A** *v. t.* addizionare; sommare. **B** *v. i.* — **to tot up to**, ammontare a (*una certa cifra*).
total ['toutl], **A** *a.* **1** totale; assoluto; completo; intero; pieno: (*astron.*) **t. eclipse**, eclissi totale; **t. silence**, un silenzio totale; **t. ignorance**, ignoranza assoluta **2** complessivo; tutto: **t. number**, numero complessivo; **the t. population**, tutta la popolazione; **His t. assets are one thousand pounds**, tutti i suoi beni ammontano a mille sterline. **B** *n.* somma totale; totale. ● **t. abstainer**, chi si astiene da ogni sorta di bevanda alcolica; astemio (*per principio*) □ (*mil.*) **t. war**, guerra totale.
to total ['toutl], **A** *v. t.* **1** addizionare; sommare **2** ammontare a; raggiungere il numero di: **The casualties totalled 162**, le vittime raggiunsero il numero di 162 **3** (*pop. USA*) distruggere completamente. **B** *v. i.* — **to t. (up) to**, ammontare a (*una certa somma*).
totalitarian [,toutæli'tɛəriən], *a.* (*polit.*) totalitario.
totalitarianism [,toutæli'tɛəriənizəm], *n.* (*polit.*) totalitarismo.
totality [tou'tæliti], *n.* totalità. ● **in t.**, nel complesso; in totale.
totalization [,toutlai'zeiʃən], *n.* il totalizzare; totalizzazione (*raro*).
totalizator ['toutəlaizeitə*], *n.* (*sport*) totalizzatore.
to totalize ['toutəlaiz], *v. t.* totalizzare.
totalizer ['toutəlaizə*], *n.* **1** (*sport*) totalizzatore **2** (*USA*) (*macchina*) addizionatrice.
tote (1) [tout], *n.* (*fam., sport*) totalizzatore.
to tote [tout], *v. t.* (*fam.*) portare; trasportare (*sulle spalle o sulle braccia*): **to t. a gun**, portare (*o* essere armato di) fucile; portare la pistola, andare in giro armato.

tote (2) [tout], *n.* (*fam.*) **1** carico; peso; fardello **2** trasporto.
totem ['toutəm], *n.* totem. ● **t. pole**, totem; palo con figure totemiche.
totemic [tou'temik], **totemistic** [,toutə'mistik], *a.* totemico.
totemism ['toutəmizəm], *n.* totemismo.
t'other, tother ['tʌðə*], *pron.* (*dial., scherz., o arc.*; *contraz. di* **the other**) l'altro. ● **I cannot tell t. from which**, non riesco a distinguere l'uno dall'altro.
totipalmate [,touti'pælmit], *a.* (*zool.*) steganopodo; totipalmato.
to totter ['tɔtə*], *v. i.* barcollare; tentennare; traballare; vacillare; essere malfermo (*o* malsicuro, traballante): **The baby tottered across the room**, il bimbo attraversò la stanza barcollando; **Their political system totters**, il loro sistema politico vacilla. ● **to t. away (in, out, etc.)**, andarsene (entrare, uscire, ecc.) barcollando □ **to t. to one's feet**, rialzarsi vacillando.
totter ['tɔtə*], *n.* barcollamento; traballamento; barcollio; vacillamento.
totterer ['tɔtərə*], *n.* chi barcolla; chi vacilla.
tottering ['tɔtəriŋ], **tottery** ['tɔtəri], *a.* barcollante; traballante; vacillante; malfermo; malsicuro.
toucan ['tu:kən], *n.* (*zool., Ramphastos*) tucano.
to touch [tʌtʃ], *v. t. e i.* **1** toccare; toccarsi; tastare; palpare; arrivare a; concernere, riguardare, avere a che fare con; sfiorare, trattare superficialmente (*un argomento*); commuovere, intenerire, colpire: **Don't t. the paint: it's wet**, non toccare la vernice, è fresca!; **His fingers touched her face**, le sue dita toccarono il viso di lei; **The two farms t. (each other)**, i due poderi si toccano (*o* sono confinanti); **The submarine touched the bottom of the sea**, il sottomarino toccò il fondo del mare; **I have touched his pride**, ho toccato (*o* ferito) il suo orgoglio; **Can you t. the ceiling?**, riesci a toccare il soffitto?; **I hadn't touched food for three days**, non toccavo cibo da tre giorni; **The sad sight touched my heart**, quella triste vista mi toccò il cuore; **This matter touches you nearly**, questa faccenda ti tocca (*o* ti riguarda) da vicino; **This doesn't t. the point at issue**, ciò non ha niente a che fare col punto in discussione; **I didn't t. (on) that subject**, non toccai (*o* non trattai) quell'argomento; **I never touched it!**, ma se non l'ho neanche toccato! **2** far toccare; mettere a contatto; accostare; portare (a contatto): **I just touched the two cups together and they broke**, ho appena accostato le due tazze e si son rotte!; **He touched his hat to the old lady**, portò la mano al cappello (*o* si toccò il cappello) per salutare la vecchia signora. **3** (*specialm. in frasi neg.*) reggere il confronto con; eguagliare; valere: **Nobody can t. him for purity of style**, nessuno può eguagliarlo per purezza di stile **4** avere effetto su: **His sad experiences as a P.O.W. haven't touched him at all**, le sue tristi esperienze di prigionia non hanno avuto alcun effetto su di lui **5** rimuovere; togliere: **Water won't t. these spots**, l'acqua non toglie queste macchie **6** danneggiare leggermente, nuocere un poco a: **The flowers were touched by the hoar-frost**, i fiori furono leggermente danneggiati dalla brina **7** toccare; avere a che fare con; sentir parlare di: **I won't even t. playing cards**, non voglio neanche sentir parlare di carte da gioco **8** (*fam.*) chiedere (*denaro*) in prestito a (q.); farsi prestare (*denaro*) da (q.): **He had the cheek to t. me for two hundred pounds**, ebbe la faccia tosta di chiedermi in prestito duecento sterline. ● (*di nave*) **to t. at a port**, toccare un porto; fare scalo a un porto □ **to t. the bell**, suonare il campanello (*premendo il pulsante*) □ **to t. (the) bottom**, (*in acqua*) toccare il fondo, (*fig.*) toccare il fondo (*della depravazione, della sfortuna, ecc.*); andare al fondo d'una questione); (*fin.*: *di prezzi, ecc.*) raggiungere il livello minimo: **Can you t. bottom over there?**, si tocca laggiù? □ (*aeron.*) **to t. down**, atterrare; (*miss.*) atterrare, ammarare, (*rugby*) fare una meta □ **to t. glasses**, toccare i bicchieri; (*fig.*) fare un brindisi □ (*sport*) **to t. gloves**, toccare i guantoni (*dell'avversario*) □ (*arte, pitt.*) **to t. in**, aggiungere tocchi di pennello, di matita; rifinire (*un lavoro, uno scritto*) □ **to t. off**, abbozzare (*uno schizzo*); buttar giù (*uno scritto*); sparare, far fuoco con (*un fucile, ecc.*); (*fig.*) scatenare, far scoppiare: **to t. off an international crisis**, scatenare una crisi internazionale □ **to t. on** (*o* **upon**) **a subject**, toccare (*o* sfiorare, trattare brevemente) un argomento □ (*fam.*) **to t. the spot**, toccare il tasto giusto; essere quel che ci vuole □ **to t. sb. to the quick** (*o* **home, on a tender place**), pungere q. sul vivo; toccare q. nel suo punto debole □ **to t. up**, pungolare (*la memoria, ecc.*); ritoccare, ripassare (*un quadro, uno scritto, ecc.*); dare una frustatina a (*un cavallo*); toccare (*una donna, una ragazza*) □ **to t. wood**, toccare legno (*come scaramanzia*; *cfr. ital.* «toccare ferro») □ **I couldn't t. the algebra paper**, l'esercizio d'algebra non sono riuscito neanche a cominciarlo.
touch [tʌtʃ], *n.* **1** tocco; toccata; leggero colpo; colpetto: **I felt a t. on my shoulder**, mi sentii dare un colpetto sulla spalla; **at the slightest t.**, al più lieve tocco; **He put the finishing touches to the painting**, diede gli ultimi tocchi al quadro; **That painter has a**

light t., quel pittore ha un tocco leggero; **a t. of the sun**, un lieve colpo di sole **2** (*fisiologia*) tatto: **the sense of t.**, il senso del tatto; **This cloth is soft to the t.**, questa stoffa è soffice al tatto **3** contatto; comunicazione; relazione; rapporto: **to get in t. with sb.**, mettersi in contatto con q.; **I am no more in t.** (*o* **I am out of t.**) **with my schoolfellows**, non sono più in relazione con i miei compagni di scuola; **I have lost t. with them**, ho perso i contatti con loro (*o* li ho persi di vista) **4** (un) po'; (un) tantino; (un) pizzico: **a t. of humour**, un po' d'umorismo; **a t. of salt in the soup**, un pizzico di sale nella zuppa **5** maniera; modo (caratteristico); impronta; stile: **a characteristic t.**, un modo caratteristico d'esprimersi, di parlare **6** (*med.*) palpamento; palpazione **7** (*med.*) leggero attacco: **a t. of flu**, un leggero attacco d'influenza **8** (*calcio e rugby*) parte del campo fuori delle linee laterali; uscita laterale; touche; (*della palla*) **to go into t.**, andare in uscita laterale. ● **a t.-and-go affair**, un affare incerto, rischioso □ **t.-down**, (*rugby*) meta; (*aeron.*) appoggio (*del carrello*); (*miss.*) ammaraggio (*di capsula spaziale*); atterraggio (*di aereo spaziale*) □ (*sport*) **t.-lines**, linee laterali (*del campo di gioco*) □ (*bot.*) **t.-me-not**, (*Impatiens nolitangere*) noli me tangere; (*Ecballium elaterium*) cocomero asinino □ **t. of nature**, caratteristica peculiare, innata (*di un individuo*) □ **t. system**, dattilografia a tastiera cieca □ (*pitt.*) **t.-up**, ritocco; ritoccatura □ **t.-wood**, esca (*sostanza vegetale usata un tempo per accendere il fuoco*); (*anche*) gioco del «toccare legno» (*chi tocca legno è salvo*) □ **to have a near t.**, cavarsela per il rotto della cuffia; salvarsi a stento; scamparla bella □ **to keep in t. with sb.**, restare in contatto (*o* in relazione) con q. □ **to keep in t. with st.**, tenersi al corrente di q.c. □ **to lose t.**, perdere i contatti □ **to be out of t. with sb.**, non essere più in contatto con q. □ **to be out of t. with st.**, non essere più al corrente di q.c. □ **to put** (*o* **to bring**) **to the t.**, mettere alla prova; saggiare □ **It was t.-and-go whether we got there**, era assai dubbio che ci saremmo mai arrivati.

touchable ['tʌtʃəbl], *a.* tangibile; toccabile; palpabile.

touché [tu:'ʃei] (*franc.*), *inter.* (*nella scherma e fig.*) toccato!; «touché» (*franc.*).

touched [tʌtʃt], *a.* **1** (*fam.*) tocco nel cervello; tocco; mezzo matto: **He is slightly t.**, è un po' tocco **2** toccato; commosso; intenerito. ● **t. clouds t. with pink**, nubi tinte di rosa.

toucher ['tʌtʃə*], *n.* chi tocca, ecc. (*V.* **to touch**). ● (*pop.*) **to have a near t.**, scamparla bella; cavarsela per il rotto della cuffia.

touchhole ['tʌtʃhoul], *n.* (*stor.*) focone (*d'arma da fuoco antiquata*).

touchiness ['tʌtʃinis], *n.* permalosità; suscettibilità.

touching ['tʌtʃiŋ], **A** *a.* commovente; patetico; toccante: **a t. scene**, una scena patetica. **B** *prep.* (*lett., anche* **as t.**) quanto a; riguardo a.

touchpaper ['tʌtʃ,peipə*], *n.* (*stor.*) carta nitrata (*per accendere la polvere da sparo*).

touchstone ['tʌtʃstoun], *n.* (*anche fig.*) pietra di paragone.

to touch-type ['tʌtʃtaip], *v. i. e t.* dattilografare a tastiera cieca; battere a macchina senza guardare la tastiera.

touchy ['tʌtʃi], *a.* **1** permaloso; suscettibile **2** precario; pericoloso; rischioso: **a t. situation**, una situazione precaria.

tough [tʌf], **A** *a.* **1** duro; tenace; tiglioso; coriaceo; (*fig.*) difficile, arduo: **as t. as leather**, duro come il cuoio; **t. meat**, carne coriacea, tigliosa; **a t. job (task)**, un lavoro duro (un compito arduo) **a t. fight**, una dura lotta **2** fermo; saldo; resistente; solido; temprato: **t. spirit**, spirito saldo; **a t. partisan**, un partigiano temprato, rotto a ogni fatica **3** rigido; duro; severo; inflessibile: **to take a t. line** (*o* **stand**), adottare una linea dura **4** (*fam.*) duro; sfortunato; cattivo: **It's t. that it had to happen to me**, è dura che sia successo a me **5** (*fam.*) brutale; violento. **B** *n.* (*fam.*) teppista. ● (*fam.*) **a t. customer**, un tipo difficile, un osso duro (*fig.*) □ (*fam.*) **t. luck**, disdetta; malasorte; sfortuna; scalogna (*pop.*) □ **to be as t. as old boots**, essere forte (*o* resistente, *o* coriaceo); essere insensibile □ (*fam.: di persona*) **to get t.**, cominciare a usare la maniera forte.

to toughen ['tʌfn], **A** *v. t.* indurire; temprare. **B** *v. i.* indurirsi; temprarsi; rinvigorirsi. ● (*fig.*) **to t. a law**, rendere più severa una legge.

toughie ['tʌfi], *n.* (*fam.*) teppista.

toughish ['tʌfiʃ], *a.* piuttosto duro, ecc. (*V.* **tough**).

toughness ['tʌfnis], *n.* **1** durezza; tenacità; saldezza **2** resistenza; fermezza; saldezza; solidità **3** rigidezza; severità **4** (*fig.*) difficoltà (*di un compito, ecc.*) **5** (*mecc.*) tenacità.

toupee ['tu:pei], *n.* tuppè; posticcio; parrucchino.

tour [tuə*], *n.* **1** giro; viaggio; gita; escursione: **a t. through France and Spain**, un viaggio attraverso la Francia e la Spagna; **a t. through the town**, un giro per la città **2** (*ind., mil.*) turno (*di servizio, di lavoro*) **3** (*teatr.*) giro; tournée. ● **t. operator**, operatore turistico □ (*stor.*) **the grand t.**, viaggio in Francia, Italia, ecc., compiuto dai giovani dell'aristocrazia inglese per completare la loro istruzione □ **on t.**, in viaggio; in gita; (*teatr.*) in tournée.

to tour [tuə*], **A** *v. i.* **1** viaggiare (*per diletto e istruzione*); fare una gita, un giro: **They toured (all over) the world**, viaggiarono per tutto il mondo **2** (*teatr.*) andare in tournée; fare una tournée. **B** *v. t.* viaggiare in (*un paese*); visitare (*un paese o città*) da turista.

touraco ['tuərəkou], *n.* (*pl.* **touracos**) (*zool., Turacus*) turaco.

tourer ['tuərə*], *n.* (*autom.*) automobile da turismo.

touring ['tuəriŋ], **A** *a.* da turismo: **a t. car**, un'automobile da turismo. **B** *a. attr.* **air t.**, turismo aereo. ● **a t. party**, una comitiva di turisti □ **to go t.**, viaggiare per turismo.

tourism ['tuərizəm], *n.* turismo.

tourist ['tuərist], **A** *n.* turista. **B** *a. attr.* turistico; da turista; di turismo: (*ferr.*) **a t. ticket**, un biglietto turistico; **a t. agency**, un'agenzia turistica. ● (*naut.*) **t. class**, classe turistica (*o* economica) □ **t. court**, motel □ (*econ.*) **the t. industry**, il turismo (*fig.*) **t. trap**, «trappola» per turisti.

touristy ['tuəristi], *a.* (*di solito spreg.*) turistico; pieno di turisti; fatto per turisti.

tourmaline ['tuəməli:n], *n.* (*miner.*) tormalina.

tournament ['tuənəmənt], *n.* (*stor., sport*) torneo: **a bridge (tennis, etc.) t.**, un torneo di bridge (di tennis, ecc.); **an inter-club t.**, un torneo fra società (*calcistiche, ecc.*).

tourney ['tuəni], *n.* **1** (*stor.*) torneo **2** (*retor., sport*) torneo.

to tourney ['tuəni], *v. i.* (*stor.*) torneare; giostrare.

tourniquet ['tuənikei], *USA* ['tə:nikit], *n.* (*med.*) laccio emostatico.

to tousle ['tauzl], *v. t.* mettere in disordine, arruffare; scompigliare.

to tout [taut], *v. i.* **1** (*comm.*) andare in cerca di clienti; sollecitare ordinazioni; fare il propagandista (*o* il piazzista) **2** (*fam.*) andare in cerca di notizie sui cavalli (*prima delle corse*); fare l'informatore **3** fare il bagarino. ● (*comm.*) **to t. for orders**, sollecitare ordinazioni.

tout [taut], *n.* **1** (*comm.*) sollecitatore d'ordinazioni; propagandista; piazzista **2** chi dà informazioni riservate sulle corse ippiche **3** bagarino. ● **a t. for a hotel**, un procacciatore di clienti per un albergo.

to touzle ['tauzl], *V.* **to tousle**.

to tow [tou], *v. t.* **1** (*naut., autom.*) rimorchiare; trainare: **to tow a ship astern**, rimorchiare una nave di poppa; **to tow a car home**, rimorchiare un'automobile fino a destinazione **2** (*naut.*) alare **3** tirarsi dietro; portarsi appresso; trascinare **4** portare a strascico, strascinare (*una rete da pesca*). ● (*mil.*) **towed artillery**, artiglieria trainata □ (*autom.*) **towing bracket**, gancio per rimorchio □ (*autom.*) **towing capacity**, peso massimo rimorchiabile □ **towing line**, **towing net**, ecc., *V.* **tow-line**, **tow-net**, ecc. (*V.* **tow (1)**).

tow (1) [tou], *n.* **1** (*naut., autom.*) rimorchio; il rimorchiare; l'essere rimorchiato: **to take a ship in tow**, prendere una nave a rimorchio; **to be taken on tow**, essere preso a rimorchio; farsi rimorchiare **2** (*naut.*) rimorchiatore **3** (*naut.*) alaggio. ● (*autom., mecc.*) **tow-bar**, asta di rimorchio □ **tow-barge**, chiatta **2** (*naut.*) **tow-boat**, rimorchiatore □ **tow-line** (*o* **tow-rope**), (*naut.*) cavo (*o* gomena) di rimorchio; (*autom.*) fune (*o* cavo) di traino □ **tow-net**, rete a strascico □ **tow-off**, traino (*nel volo a vela*) □ **tow-path**, banchina d'alaggio; alzaia □ (*autom., USA*) **tow truck**, carro attrezzi; autogrù (*cfr. ingl.* **breakdown van**) □ (*fig.*) **to have (to take) sb. in tow**, avere (prendere) in consegna q.; avere (prendere) q. al proprio seguito.

tow (2) [tou], *n.* (*ind. tessile*) **1** stoppa (*di lino o canapa, per far corde*) **2** cavo, cavo di rayon, ecc.

towage ['touidʒ], *n.* **1** (*naut., autom.*) rimorchio **2** (*naut.*) alaggio **3** (*naut., autom.*) spese di rimorchio.

toward(s) [tə'wɔ:dz], *prep.* **1** verso; in direzione di; alla volta di; nei riguardi di; circa: **They moved on t. the North Pole**, avanzarono verso il Polo Nord; **steps t. peace**, progressi verso la pace; **We set out t. the town**, partimmo alla volta della città; **your attitude t. me**, il tuo atteggiamento di me (*o* nei miei confronti); **t. the end of the journey**, verso la fine del viaggio; **t. five o'clock**, circa alle cinque; verso le cinque **2** per; in previsione di: **They save money t. their old age**, risparmiano per la vecchiaia; **to save t. a new fur**, risparmiare per farsi una pelliccia nuova.

towaway ['touəwei], *n.* (*autom.*) rimozione forzata di automezzi in sosta vietata. ● **t. zone**, zona di rimozione forzata (*con autogru, ecc.*).

to towaway ['touəwei], *v. t.* (*autom.*) rimuovere (*un'automezzo in sosta vietata*) con un'autogru.

towel ['tauəl], *n.* asciugamano. ● **t.-horse** (*o* **t.-rack**), portasciugamano (*a trespolo*) □ **t. rail**, portasciugamano (*a muro*) □ (*fam.*) **oaken t.**, bastone; randello □ **roller t.**, asciugamano scorrevole (*su cilindro*); bandinella □ **sanitary t.**, assorbente igienico □ (*pugilato e fig.*) **to throw in the t.**, gettare la spugna.

to towel ['tauəl], **A** *v. t.* **1** asciugare (*con un asciugamano*) **2**

(*fam.*) bastonare; picchiare. **B** *v. i.* (*anche*, *v. rifl.*, **to towel oneself**) asciugarsi.
towelette ['tauəlet], *n.* salvietta; salviettina.
towelling ['tauəliŋ], *n.* **1** tela per asciugamani **2** asciugatura **3** (*fam.*) bastonatura; botte.
tower (1) ['tauə*], *n.* **1** torre **2** (*fig.*, *anche* **t. of strength**) difensore; protettore; persona forte come una torre **3** (*elettr.*, *radio*, *telev.*) pilone; palo; colonna; torre **4** (*naut.*) torretta (*di sommergibile*): **conning t.**, torretta di comando. ● (*edil.*) **t. block**, edificio a molti piani; grattacielo □ (*ferr.*) **t. house**, torre degli scambi □ (*fig.*) **ivory t.**, torre d'avorio □ **leaning t.**, torre pendente □ **water t.**, serbatoio idrico (*a forma di torre*).
tower (2) ['touə*], *n.* rimorchiatore; chi (*o* cosa che) rimorchia.
to tower ['tauə*], *v. i.* **1** torreggiare; (*fig.*) dominare, sovrastare: **Mount Blanc towers over the other mountains**, il Monte Bianco torreggia sulle (*o* sovrasta le) altre montagne; **Shakespeare towers above all the Elizabethan dramatists**, Shakespeare sovrasta tutti i drammaturghi elisabettiani **2** (*d'uccello*) librarsi.
towered ['tauəd], *a.* turrito; coronato (*o* munito) di torri. ● **five-t.**, che ha cinque torri □ **a high-t. castle**, un castello dalle alte torri.
towering ['tauəriŋ], *a.* **1** torreggiante; dominante; eccelso **2** (*fig.*) furioso; violento: **t. wrath**, ira violenta; furore.
towery ['tauəri], *V.* **towered**, **towering**.
towhead ['touhed], *n.* (*spesso spreg.*) **1** capelli di stoppa **2** persona dai capelli di stoppa.
town [taun], *n.* città; (*talora*) cittadina; (*in Inghilterra*) Londra: **He's in t. somewhere**, è in città da qualche parte; **I'm going into t.**, vado in città (*o* in centro); **The whole t. went to the main gate**, tutta la città si recò alla porta maggiore; **We went up to t. from Dover**, da Dover ci recammo a Londra. ● **t. clerk**, segretario comunale □ **t. council**, consiglio comunale □ **t. councillor**, consigliere comunale □ **t. crier**, banditore pubblico □ **t. gas**, gas di città (*o* di gasometro) □ **t. hall**, municipio □ **t. house**, casa di città; residenza cittadina; (*USA*) casa unifamiliare a schiera □ **t. life**, vita di città; vita in città □ (*autom.*) **t. lights**, luci di città (*o* di posizione) □ **t. major**, comandante d'una guarnigione militare; governatore □ **t. mayor**, sindaco □ (*USA*) **t. meeting**, riunione degli abitanti (*o* degli elettori) d'una città □ **t. planner**, urbanista □ **t. planning**, urbanistica □ **t.-planning consultant**, consulente urbanistico; urbanista □ (*comm.*) **t. traveller**, piazzista □ **cities and towns**, città grandi e piccole □ **country t.**, città di provincia; cittadina □ **county t.**, capoluogo di contea □ (*fam.*) **to go to t.**, andare a far baldoria; andare a divertirsi □ **little t.**, cittadina □ **to live in a t.**, abitare in una città □ **to live on the t.**, vivere a spese della carità pubblica □ **a man about t.**, un uomo di mondo; chi fa vita di società □ **one's native t.**, la città natale □ (*fam.*) **to be (out) on the t.**, fare baldoria; fare vita notturna □ (*fam.*) **to paint the t. red**, far baldoria; fare bisboccia; fare baracca (*fam.*) □ **The news was all over the t.**, la notizia era sulla bocca di tutti.
townee [tau'ni:], *n.* (*gergo universitario*) abitante d'una città universitaria, «borghese» (*il quale non fa parte dell'università*) **2** (*spreg.*) cittadino; uomo di città.
townhouse ['taunhaus], *n.* (*specialm. ingl.*) municipio.
townlet ['taunlit], *n.* cittadina; piccola città.
townscape ['taunskeip], *n.* (*arte*) quadro di soggetto cittadino; paesaggio (*o* vista) di una città.
townsfolk ['taunzfouk], *n. pl.* **1** – (*collett.*) **the t.**, la cittadinanza; i cittadini **2** cittadini; gente di città.
township ['taun-ʃip], *n.* **1** distretto amministrativo; municipalità, comune; cittadina **2** (*USA*, *Canada*) suddivisione amministrativa d'una contea **3** (*in Sudafrica*) comunità (*o* riserva) di gente di colore **4** (*stor.*) parrocchia (*divisione amministrativa*).
townsman ['taunzmən], *n.* (*pl.* **townsmen**) **1** cittadino **2** (*spesso* **fellow t.**) concittadino.
townspeople ['taunz‚pi:pl], *V.* **townsfolk**.
townward(s) ['taunwəd(z)], *avv.* verso la città.
towny ['tauni], (*fam.*) **A** *a.* (*spesso*) cittadino; da (*o* di) città; urbano. **B** *n.* cittadino; abitante della città.
to tow-start ['tousta:t], *v. t.* (*autom.*) avviare (*o* mettere in moto) mediante traino.
towy ['toui], *a.* stopposo.
toxaemia, **toxemia** [tɔk'si:miə], *n.* (*med.*) tossiemia.
toxic ['tɔksik], *a.* (*med.*) tossico; velenoso.
toxicant ['tɔksikənt], (*med.*) **A** *a.* tossico; velenoso. **B** *n.* tossico; veleno.
toxication [‚tɔksi'keiʃən], *n.* (*med.*) intossicazione, avvelenamento.
toxicity [tɔk'sisiti], *n.* (*med.*) tossicità; velenosità.
toxicological [‚tɔksikə'lɔdʒikəl], *a.* (*med.*) tossicologico.
toxicologist [‚tɔksi'kɔlədʒist], *n.* (*med.*) tossicologo.
toxicology [‚tɔksi'kɔlədʒi], *n.* (*med.*) tossicologia.
toxicophobia [‚tɔksikə'foubjə], *n.* (*psic.*) tossicofobia.

toxicosis [‚tɔksi'kousis], *n.* (*pl.* **toxicoses**) (*med.*) tossicosi.
toxin ['tɔksin], *n.* (*biol.*) tossina.
toxophilite [tɔk'sɔfilait], *n.* appassionato di tiro con l'arco.
toxophilitic [‚tɔksou'fi'litik], *a.* concernente il tiro con l'arco.
toy [tɔi], *n.* **1** giocattolo; balocco **2** bazzecola; bagatella; gioco: **She makes a toy of housekeeping**, per lei le faccende domestiche sono un gioco. ● **toy box**, scatola dei balocchi □ (*econ.*) **the toy industry**, l'industria del giocattolo □ **a toy poodle**, un barboncino (*di panno*, *ecc.*) □ **toy soldier**, soldatino di piombo; (*fig.*) soldato del papa □ **toy train**, trenino (*balocco*).
to toy [tɔi], *v. i.* giocherellare; baloccarsi; trastullarsi: **He toyed with his plan of going abroad**, si trastullava col progetto d'andare all'estero; **to toy with one's pipe**, giocherellare con la pipa.
toyshop ['tɔi-ʃɔp], *n.* negozio di giocattoli.
trabeate ['treibieit], **trabeated** ['treibietid], *a.* (*archit.*) trabeazione; ad architrave.
trabeation [‚treibi'eiʃən], *n.* (*archit.*) trabeazione.
trabecula [trə'bekjulə], *n.* (*pl.* **trabeculae**, **trabeculas**) (*anat.*) trabecola.
to trace [treis], *v. t.* **1** tracciare (*anche fig.*); abbozzare; disegnare; segnare; vergare: **to t. one's signature**, tracciare la (propria) firma; **He traced (out) a new policy**, egli tracciò una nuova linea politica; **to t. out the cross-section of a hospital**, disegnare lo spaccato di un ospedale; **to t. out a map**, disegnare una mappa; **to t. words with a shaking hand**, vergare parole con mano tremante **2** (*spesso* **to t. over**) ricalcare: **to t. a design**, ricalcare un disegno **3** seguire le tracce di (q.); pedinare; inseguire: **The police are tracing the gangster**, la polizia sta seguendo le tracce del bandito; **to t. a deer**, seguire le orme di un cervo **4** rintracciare; scoprire; trovare: **The missing man was traced at last**, il disperso fu alla fine rintracciato; **I cannot t. the invoice you sent me**, non riesco a trovare la fattura che mi avete mandato; **to t. the origin of st.**, scoprire l'origine di q.c. **5** intravedere; scorgere appena; osservare la traccia di: **At last we could t. the outline of an island**, alla fine riuscimmo a intravedere il profilo di un'isola; **His resentment can be traced in many passages of the book**, in molti passi del libro si può osservare traccia del suo risentimento; il suo risentimento traspare in molti passi del libro **6** seguire; percorrere: **to t. a path**, seguire un sentiero; **to t. a route**, seguire un itinerario. ● **to t. an ancient road (walls**, *etc.*), scoprire il tracciato di una strada antica (di mura antiche, ecc.) □ **to t. back to**, risalire a (*una data*, *ecc.*); far risalire a, attribuire a; ricondurre a (*fig.*): **He traced his genealogy back to William the Conqueror**, faceva risalire la sua discendenza a Guglielmo il Conquistatore.
trace (1) [treis], *n.* **1** traccia; orma; impronta; segno: **the traces of the aborigines**, le tracce (*o* le vestigia) degli aborigeni; **The war has left its traces**, la guerra ha lasciato i segni; **Of the ancient town no t. remains**, della città antica non resta traccia **2** traccia; residuo: **traces of soda**, tracce di soda **3** (un) pochino; (un) tantino; (un) briciolo: **Put a t. of scent on your hair**, metti un po' di profumo sui capelli!; **He didn't show a t. of fear**, non mostrava un briciolo di paura **4** (*elab.*, *tecn.*) traccia. ● (*geol.*, *chim.*) **t. element**, elemento in tracce □ (*geol.*) **t. fossil**, traccia fossile □ **to have lost all t. of sb.**, non avere più notizie di q.
trace (2) [treis], *n.* **1** tirella (*di cavallo*) **to be in the traces**, essere attaccato alle tirelle **2** (*mecc.*) biella; asta d'accoppiamento. ● (*fig.*) **to kick over the traces**, scuotere il giogo; ribellarsi.
traceability [‚treisə'biliti], *n.* **1** l'essere tracciabile (*o* ricalcabile) **2** l'esser rintracciabile **3** l'esser attribuibile.
traceable ['treisəbl], *a.* **1** tracciabile; ricalcabile **2** rintracciabile **3** che può essere fatto risalire (*a una data*); attribuibile.
tracer ['treisə*], *n.* **1** chi rintraccia oggetti smarriti **2** arnese per tracciare disegni (*su stoffa*, *ecc.*) **3** ricalcatore; lucidista **4** (*chim.*) tracciante **5** (*di filo o cavo elettrico*) tracciatura. ● (*mil.*) **t. bullet** (*o* **t. shell**), proiettile tracciante □ (*fis. nucl.*, *biol.*) **t. element**, tracciatore radioattivo (*isotopo*)
tracery ['treisəri], *n.* **1** (*archit. e fig.*) intaglio, traforo (*decorazione ornamentale*); disegno (ornamentale): **the t. made by frost on a window-pane**, i disegni fatti dal ghiaccio sul vetro d'una finestra **2** (*per estens.*, *zool.*) nervatura.
trachea [trə'ki(:)ə], *USA* ['treiki:ə], *n.* (*pl.* **tracheae**, **tracheas**) (*anat.*) trachea.
tracheal [trə'ki:əl], *a.* (*anat.*) tracheale.
tracheitis [‚træki'aitis], *n.* (*pl.* **tracheitises**) (*med.*) tracheite.
tracheotomy [‚træki'ɔtəmi], *n.* (*med.*) tracheotomia.
trachoma [trə'koumə], *n.* (*med.*) tracoma.
trachomatous [trə'koumətəs], *a.* (*med.*) tracomatoso.
trachyte ['treikait], *n.* (*geol.*) trachite.
tracing ['treisiŋ], *n.* **1** tracciamento; tracciato **2** (*specialm.*) ricalco; ricalcatura; lucidatura; lucido. ● **t. cloth**, tela da lucidi □ **t. paper**, carta da ricalco; carta per lucidi.
track [træk], *n.* **1** traccia; orma; pesta; impronta; (*di nave*, *ecc.*) scia; solco: **tracks on the sandy beach**, orme sulla spiaggia sab-

track 1006

biosa; **the tracks made by wild animals**, le peste lasciate da animali selvatici; **to be on sb.'s tracks** (*o* **to be on the t. of sb**.) essere sulle tracce di q.; **motor-car tracks**, impronte (*o* tracce) di gomme d'automobile; **the t. of a torpedo**, la scia di un siluro **2** itinerario; percorso; rotta; strada; traiettoria: **to follow one's t.**, continuare per la propria strada; (*aeron.*) **t. angle**, angolo di rotta; **the t. of a meteor**, la traiettoria d'una meteora; **the t. of a hurricane**, il percorso di un uragano; (*aeron.*) **the t. made good**, la rotta percorsa **3** sentiero; (*anche sport*) pista: **a rough t.**, un sentiero aspro, difficile; **a cinder t.**, una pista di cenere (*per corse*); (*autom.*) **test t.**, pista di prova **4** (*ferr.*, *tranvia*) binario: **a single-t** (**double-t.**) **railway**, una ferrovia a binario unico (a binario doppio); **to leave the t.**, uscire dal binario; deragliare **5** (*elab.*) pista (*di nastro magnetico*, *ecc.*) **6** (*mecc.*) traccia **7** (*ing.*) pista di taglio; solco **8** cingolo (*di carro armato*, *trattore*, *ecc.*) **9** (*autom.*) carreggiata (*distanza fra due ruote parallele*) **10** (*fis. nucl.*) traccia **11** (*sport USA*) (*gare d'*) atletica leggera. ● (*sport*) **t. and field events**, (gare d') atletica leggera (*sport*) **t. events**, gare su pista (*corsa piana*, *ecc.*) □ (*ferr.*) **t.-layer**, operaio addetto alla posa dei binari □ **t. shoes**, scarpe da corsa (*con chiodi*) □ **t. suit**, tuta sportiva □ (*USA*) **t. system**, sistema didattico di raggruppamento degli studenti secondo le capacità e le attitudini □ (*ferr. USA*) **t.-walker**, guardalinea □ **to follow the beaten t.**, seguire la strada battuta (*fig.*) seguire la corrente □ (*mecc.*) **half-t.**, mezzo (di trasporto) semicingolato □ **to have a one-t. mind**, soffrire di deformazione professionale; avere un'idea fissa □ (*fam.*) **in one's tracks**, su due piedi; lì per lì; seduta stante □ **to keep t. of st.**, tenersi al corrente di q. □ **to lose t. of sb.**, perdere le tracce di q. □ **to lose t. of st.**, restare all'oscuro di q.c. □ (*fam.*) **to make tracks**, far fagotto; andarsene; tagliare la corda □ (*fam.*) **to make tracks for home**, andarsene dritto a casa □ (*anche fig.*) **off the t.**, fuori strada; (*fig.*) fuori argomento □ (*fig.*) **on the t.**, sulla giusta strada; in argomento □ **sheep t.**, trattura □ (*cinem.*) **sound t.**, colonna sonora □ (*fam. USA*) **the wrong side of the tracks**, i quartieri poveri (*d'una città*).

to track [træk], **A** *v. t.* **1** seguire le tracce di; inseguire; essere sulle tracce di; pedinare: **to t. game**, inseguire la selvaggina; **to t. a thief**, seguire le tracce di un ladro **2** seguire un pista in: **They tracked the jungle**, seguirono una pista nella giungla **3** (*ferr.*) fornire di binari; posare i binari su (*una linea*) **4** (*ferr.*, *mecc.*) avere uno scartamento di: **A narrow-gauge car tracks less than 56 inches**, un vagone a scartamento ridotto ha uno scartamento inferiore a 56 pollici (*m 1,42 circa*) **5** (*naut.*) alare, rimorchiare con l'alzana (*una barca*) **6** (*radar*, *radio*, *miss.*) inseguire, rilevare la traiettoria di (*un satellite*, *un'astronave*, *ecc.*) **7** (*tecn.*) seguire (*con la macchina da presa*, *ecc.*: *una persona o un oggetto in movimento*). **B** *v. i.* **1** (*di veicolo*, *rimorchio*, *ecc.*) seguire un percorso **2** (*cinem.*, *telev.*) fare una carrellata; carrellare **3** (*naut.*) navigare a inseguimento. ● **to t. down**, scovare, snidare; catturare, rintracciare: **to t. down game (a gangster)**, snidare selvaggina (catturare un bandito) □ **to t. out**, trovare (q.c.) seguendone le tracce; rintracciare □ **to t. up**, lasciare impronte su.

trackage ['trækɪdʒ], *n.* **1** (*collett.*, *ferr.*) binari; rotaie **2** (*naut.*) alaggio; rimorchio da riva (*o* con l'alzana) **3** (*naut.*) spese di alaggio.

tracked [trækt], *a.* cingolato; munito di cingoli.

tracker ['trækə*], *n.* (*nella caccia grossa*) battitore. ● **t. dog**, cane poliziotto.

tracking ['trækɪŋ], *n.* **1** inseguimento; lavoro dei battitori (*di selvaggina*) **2** (*aeron.*, *miss.*) puntamento, inseguimento, rilevamento (*col radar*, *ecc.*) **3** (*cinem.*, *telev.*, *anche* **t. shot**) carrellata **4** (*elettr.*) corrente strisciante (*o* superficiale) **5** (*elettron.*) allineamento; inseguimento **6** (*naut.*) navigazione a inseguimento. ● (*anche miss.*) **t. station**, stazione d'inseguimento.

trackless ['træklɪs], *a.* **1** senza sentieri; impervio: **t. mountains**, impervie montagne **2** (*ferr.*) senza binari **3** (*di veicolo*) senza cingoli; non cingolato **4** (*raro*) che non lascia tracce.

tracklessness ['træklɪsnɪs], *n.* impraticabilità (*del terreno*).

trackman ['trækmən], *n.* (*pl.* **trackmen**) (*ferr. USA*; *cfr.* *ingl.* **platelayer**) **1** operaio addetto alla posa dei binari **2** guardalinee.

tract (1) [trækt], *n.* **1** tratto; distesa; estensione; regione; spazio: **a t. of farmland**, una distesa di terreni coltivati; **pathless tracts**, regioni impervie **2** (*anat.*) apparato; tratto: **the digestive t.**, l'apparato digerente **3** (*poet.*) spazio; periodo (*di tempo*).

tract (2) [trækt], *n.* trattatello; trattato; libretto; opuscolo.

tractability [ˌtræktə'bɪlɪtɪ], *n.* **1** trattabilità; arrendevolezza; docilità **2** (*tecn.*) trattabilità; malleabilità.

tractable ['træktəbl], *a.* **1** trattabile; arrendevole; docile; manegevole: **A mule is not very t.**, il mulo non è molto docile **2** (*tecn.*) trattabile; malleabile.

Tractarian [træk'tɛərɪən], **A** *n.* (*stor.*, *relig.*) fautore (*o* seguace) del trattarianesimo. **B** *a.* del trattarianesimo. (*V.* **Tractarianism**).

Tractarianism [træk'tɛərɪənɪzəm], *n.* (*stor.*, *relig.*) trattarianesimo; movimento (*nella Chiesa anglicana*) tendente al Cattolicesimo (*dai «Tracts for the Times»*, *pubblicati a Oxford nel 1833-41*).

tractate ['trækteɪt], *n.* trattato.

traction ['trækʃən], *n.* (*fis.*, *mecc.*) **1** trazione: **steam t.**, trazione a vapore; **electric t.**, trazione elettrica **2** aderenza (*di una ruota al terreno*, *ecc.*). ● **t. engine**, trattore (*veicolo*, *di solito a vapore*) □ (*med.*) **t. of a broken femur**, trazione di un femore fratturato □ (*mecc.*) **t. wheel**, ruota motrice.

tractional ['trækʃənl], *a.* (*fis.*, *mecc.*) di trazione.

tractive ['træktɪv], *a.* (*fis.*, *mecc.*) di trazione: **t. force**, forza di trazione; **t. power**, sforzo di trazione.

tractor ['træktə*], *n.* **1** (*agric.*) trattore, trattrice: **carterpillar t.**, trattore a cingoli **2** (*autom.*) motrice (*per rimorchio*): **t. (and) trailer**, motrice e rimorchio. ● (*mecc.*) **t. loader** (*o* **t. shovel**), pala caricatrice.

trade [treɪd], **A** *n.* **1** occupazione; lavoro; mestiere: **Bookbinding is not a very old t.**, quello del legatore di libri non è un mestiere antichissimo; **He is a joiner by t.**, di mestiere fa il falegname **2** (*econ.*) industria: **the building t.**, l'industria delle costruzioni; **the furniture t.**, l'industria dei mobili; l'ebanisteria **3** azienda; ditta; impresa: **wholesale trades**, ditte all'ingrosso **4** commercio; attività commerciale; scambio (*di merci*); traffico; traffici: **home t.**, commercio interno; **foreign t.**, commercio estero; (*naut.*) **wholesale t.**, commercio all'ingrosso; (*naut.*) **coasting t.**, commercio costiero; cabotaggio; **free t.**, libero scambio; (*econ.*) liberismo; **T. was better last year thanks to the social contract**, i traffici furono più fiorenti l'anno scorso per merito del patto sociale **5** (*comm.*) clientela; clienti **6** – (*pl.*, *geogr.*) **the Trades**, gli alisei. **B** *a.* **1** commerciale: **a t. dictionary**, un dizionario commerciale **2** (*di o* del) commercio: **t. students**, studenti di commercio **3** di sindacato; sindacale. ● (*arc.*) **the t.**, i distillatori; gl'industriali di liquori; (*specialm.*) i birrai □ (*comm.*) **t. channels**, canali di distribuzione □ **t. cycle**, ciclo economico □ **t. dispute**, vertenza sindacale □ (*comm.*, *fin.*) **t. gap**, deficit, saldo (passivo) della bilancia commerciale □ **t.-in**, permuta, il dare dentro (*la vecchia automobile*, *ecc.*) □ **a t. journal**, un giornale di categoria (*di un mestiere*, *di un'industria*) □ **t.(-)name**, nome commerciale (*d'una ditta*); nome depositato (*d'un prodotto*) □ **t.-off**, permuta, scambio; (*fig.*) compromesso □ **t. price**, prezzo di rivenditore □ (*naut.*) **t. route**, rotta commerciale □ **t. school**, scuola commerciale aziendale (*o* settoriale) □ **t. secret**, segreto industriale □ **t. union** (*o* **trades union**), sindacato □ **t. unionism** (*o* **trades unionism**), sindacalismo □ **t. unionist**, sindacalista; iscritto a un sindacato □ **t. wind**, (vento) aliseo □ **the Board of T.**, il Ministero del Commercio (*o* dell'Industria) □ **the book t.**, l'editoria □ **the carrying t.**, l'industria dei trasporti □ **to do a good t.**, fare (buoni) affari; vendere molto □ **to be in t.**, essere nel commercio; fare il commerciante □ **to be in the t.**, essere del mestiere □ **a trick of the t.**, un trucco del mestiere.

to trade [treɪd], **A** *v. i.* **1** commerciare; fare affari; negoziare; trafficare; trattare: **to t. with African countries**, fare affari con i Paesi africani; **to t. in hides and skins**, commerciare in pellami; **to t. with foreign merchants**, trattare con mercanti stranieri **2** (*USA*) fare acquisti; fare spese; essere clienti di: **We t. at** (*o* **with**) **Jones's**, siamo clienti dei Jones. **B** *v. t.* scambiare; barattare: **The Indians traded furs for knives**, gli indiani scambiavano pellicce con coltelli; **The boy traded his penknife for a ball**, il ragazzo barattò il temperino con una palla. ● **to t. in**, cedere (*un oggetto usato*) in pagamento parziale; dare dentro (*fam.*): **I traded in my old car for a new model**, ho dato dentro la macchina vecchia per prenderne una nuova □ **to t. on** (*o* **upon**), approfittare di; speculare su: **He traded on his father's influence**, approfittò dell'autorità del padre □ **to t. upon one's record of successes**, vivere di credito (*fig.*).

trademark ['treɪdmɑːk], *n.* **1** (*anche* **registered t.**) marchio; marchio (*o* nome) depositato **2** (*fig.*) biglietto da visita (*fig.*); segno caratteristico.

to trademark ['treɪdmɑːk], *v. t.* **1** depositare il marchio di fabbrica di (*un articolo*, *ecc.*) **2** apporre un marchio di fabbrica su (*un articolo*, *ecc.*).

to trade-name ['treɪdneɪm], *v. t.* **1** dare un nome commerciale a (*una ditta*) **2** dare un nome a (*un prodotto*).

trader ['treɪdə*], *n.* **1** commerciante **2** (*naut.*) nave mercantile.

tradesfolk ['treɪdzfəʊk], *V.* **tradespeople**.

tradesman ['treɪdzmən], *n.* (*pl.* **tradesmen**) **1** negoziante; commerciante; bottegaio; esercente **2** artigiano.

tradespeople ['treɪdzˌpiːpl], *n. pl.* (*collett.*) commercianti; negozianti; esercenti.

tradeswoman ['treɪdzˌwʊmən], *n.* (*pl.* **tradeswomen**) **1** bottegaia; negoziante, esercente (*donna*) **2** artigiana.

trading ['treɪdɪŋ], **A** *n.* commercio; compravendita; negozio (*leg.* o *lett.*); traffici; scambi. **B** *a.* commerciale; mercantile. ● (*rag.*) **t. account**, stato patrimoniale □ **t. estate**, zona industriale □ (*rag.*) **t. loss**, perdita d'esercizio □ **t. politician**, uomo politico corrotto □ **t. post**, stazione commerciale □ **t. stamps**, bolli premio; bollini (*naut.*) **t. vessel**, (nave) mercantile (*fin., rag.*) **t. year**, anno (o esercizio) finanziario.

tradition [trə'diʃən], *n.* **1** tradizione **2** (*leg.*) consegna; trasmissione.

traditional [trə'diʃənl], *a.* tradizionale.

traditionalism [trə'diʃnəlizəm], *n.* tradizionalismo.

traditionalist [trə'diʃnəlist], *n.* tradizionalista.

traditionalistic [trə,diʃnə'listik], *a.* tradizionalistico; tradizionalista.

to traduce [trə'dju:s], *v. t.* calunniare; diffamare.

traducement [trə'dju:smənt], *n.* calunnia; diffamazione.

traducer [trə'dju:sə*], *n.* calunniatore, calunniatrice; diffamatore, diffamatrice.

traducian [trə'dju:ʃən], *a. e n.* (*relig.*) traduciano.

traducianism [trə'dju:ʃənizəm], *n.* (*relig.*) traducianismo.

traducianist [trə'dju:ʃənist], *n.* (*relig.*) traduciano.

traffic ['træfik], *n.* **1** traffico; movimento; viavai: **There's a lot of t. on that road**, in quella strada c'è molto traffico; **air t.**, traffico aereo; (*ferr.*) **t. manager**, dirigente del movimento **2** traffico; commercio; attività commerciale; scambio: **t. in drugs** (*o* **drug t.**), il traffico della droga. ● (*USA*) **t. circle**, rondò; rotatoria; aiuola (*o* rotonda) con senso rotatorio obbligato (*cfr. ingl.* **roundabout**) □ (*USA*) **t. control signal**, V. **t. lights** □ (*aeron.*) **t. control tower**, torre di controllo □ **t. divider**, spartitraffico; guardrail □ **t. flow**, circolazione (*automobilistica, ecc.*); deflusso del traffico □ **t.-free**, pedonalizzato □ (*autom.*) **t. indicator**, V. **trafficator** □ **t. island**, spartitraffico □ **t. jam**, ingorgo stradale □ (*autom.*) **t. lane**, corsia: **T. lanes at junction ahead**, mettersi in corsia per l'incrocio (*cartello*) □ (*USA*) **t. light**, V. **t. lights** □ **t. lights**, semaforo (stradale) □ (*ferr.*) **t. returns**, cifre del movimento □ (*USA*) **t. signals**, semaforo (stradale) □ **t. warden**, vigile urbano □ **to prohibit car t.**, pedonalizzare (*una strada, ecc.*).

to traffic ['træfik], (*pass. e p. p.* **trafficked**, *p. pres.* **trafficking**) **A** *v. i.* trafficare (*specialm. in senso peggiorativo*); commerciare: **to t. in drugs**, trafficare in stupefacenti; **to t. in old furniture**, commerciare in mobili vecchi (*o* antichi). **B** *v. t.* (*specialm. fig.*) barattare; trafficare.

trafficator ['træfikeitə*], *n.* (*autom.*) lampeggiatore (direzionale); indicatore di direzione; freccia (*fam.*): **Switch on the t.!**, metti la freccia! ● (*autom.*) **t. arm**, freccia di direzione (*ancora in uso in G.B. su automobili vecchiotte*).

trafficker ['træfikə*], *n.* (*di solito spreg.*) trafficante; mercante: **a drug t.**, un trafficante di stupefacenti.

tragacanth ['trægəkænθ], *n.* (*farm.*) gomma adragante.

tragedian [trə'dʒi:djən], *n.* **1** tragediografo; tragico: (*letter.*) **the Greek tragedians**, i tragici greci **2** attore drammatico.

tragedienne [trə,dʒi:di'en], (*franc.*) *n.* attrice drammatica.

tragedy ['trædʒidi], *n.* (*anche fig.*) tragedia.

tragic(al) ['trædʒik(əl)], *a.* tragico (*anche fig.*); di (*o* da) tragedia: **a t. actor**, un attore tragico; **in a t. voice**, con voce da tragedia.

tragicalness ['trædʒikəlnis], *n.* tragicità.

tragicomedy [,trædʒi'kɔmidi], *n.* (*anche fig.*) tragicommedia.

tragicomic(al) [,trædʒi'kɔmik(əl)], *a.* (*anche fig.*) tragicomico.

tragopan ['trægoupæn], *n.* (*zool., Tragopan*) fagiano cornuto.

trail [treil], *n.* **1** traccia; impronta; segno; striscia; scia: **The murderer left a t. of blood from the bathroom to the stairs**, l'assassino lasciò una traccia di sangue dal bagno alle scale; **a thin t. of smoke**, una sottile striscia di fumo; un fil di fumo; **the slimy t. of a big slug**, l'impronta viscida di un lumacone **2** strascico; coda (*specialm. d'abito*): **the t. of a meteor**, la coda d'una meteora (*fam.*); (*astron.*) la scia meteorica **3** sentiero; pista: **the Oregon t.**, la pista dell'Oregon **4** (*mil.*) coda d'affusto (*di cannone*) □ **t. bike**, motociclo per percorsi fuori strada □ **t.-blazer**, pioniere (*anche fig.*) □ **t. formation**, (*autom.*) colonna (*di veicoli*); (*aeron.*) formazione di volo in fila □ **t.-net**, rete a strascico □ (*aeron.*) **t.-rope**, cavo guida (*o* moderatore) (*d'aerostato*) □ (*mil.*) **at the t.**, in posizione di bilanciarm □ **to blaze the t.**, aprire una nuova pista; (*fig.*) essere un pioniere, essere all'avanguardia □ **to get off the t.**, uscire dalla pista; le tracce □ **to get on sb.'s t.**, mettersi sulle tracce di q. □ **to be hot on sb.'s t.**, essere alle calcagna di q. □ **to get on the t. again**, rintracciare la pista □ (*fig.*).

to trail [treil], **A** *v. t.* **1** strascicare; strascinare; tirarsi dietro: **to t. one's feet**, strascicare i piedi; **to t. a toy tank**, tirarsi dietro un piccolo carro armato (*giocattolo*) **2** essere sulle piste (*o* sulle tracce) di; inseguire; seguire le orme di: **to t. a tiger**, seguire le orme di una tigre; **to t. a murderer**, essere sulle tracce di un assassino **3** (*mil.*) portare (*un fucile, ecc.*) a bilanciarm **4** aprire un sentiero (*o* una pista) in: **The patrol had to t. the**

jungle, la pattuglia dovette aprirsi un sentiero nella giungla **5** essere più indietro di: **Bologna is trailing Rome by two points**, il Bologna è più indietro della Roma di due punti. **B** *v. i.* **1** strisciare; essere strascicato: **Her skirt trailed on the ground**, la sottana le strisciava per terra **2** pendere; penzolare **3** – (*di piante rampicanti*) **to t. over**, arrampicarsi su; strisciare su; crescere sopra: **The ivy trailed over the walls of the cottage**, l'edera si arrampicava sui muri della villetta **4** trascinarsi; camminare faticosamente; procedere a stento: **The few survivers trailed back to the trenches**, i pochi superstiti si trascinarono a stento fino alle loro trincee **5** essere indietro; rimanere in coda **6** (*spesso* **to t. off, away**) affievolirsi; venir meno; perdersi. ● **to t. a way**, farsi strada □ (*aeron.*) **trailing edge**, bordo d'uscita (*di un'ala*) □ (*ferr.*) **trailing wheel**, ruota portante posteriore (*di locomotiva*).

trailer ['treilə*], *n.* **1** chi tira, trascina, ecc. (*V.* **to trail**) **2** (*autom.*) rimorchio **3** (*sport, turismo; specialm. USA*; *cfr. ingl.* **caravan**) roulotte; rimorchio-abitazione (*per campeggi*) **4** cacciatore; inseguitore **5** (*bot.*) pianta rampicante **6** (*anche pl., cinem.*) presentazione (*del prossimo film*); prossimamente (*di un film*). ● (*autom. USA*) **t. park**, camping per roulotte.

to train [trein], **A** *v. t.* **1** addestrare; allenare; educare; istruire; esercitare; ammaestrare; preparare: **Medical students are trained at this hospital**, in questo ospedale vengono addestrati gli studenti di medicina; **to t. athletes for a race**, allenare atleti per una corsa; **We t. our children to be honest** (*o* **to honesty**), noi educhiamo i nostri figli all'onestà; **to t. a dog for a circus**, ammaestrare un cane per il circo equestre; **to t. soldiers**, addestrare truppe. **2** (*bot., agric.*) far crescere (*piante in un certo modo*): **to t. vines on a trellis**, far crescere le viti a tendone **3** (*mil.*) puntare (*armi, ma anche un binocolo, ecc.*): **Our guns were trained on the enemy submarine**, i nostri cannoni erano puntati sul sommergibile nemico. **B** *v. i.* **1** addestrarsi; allenarsi; prepararsi: **The recruits were training in the barracks**, le reclute si addestravano in caserma; **He is training for the next match**, si sta allenando per il prossimo incontro **2** (*fam.*) andare in treno; servirsi del treno. ● (*sport*) **to t. down**, allenarsi per rientrare nei limiti di peso □ (*sport*) **to t. fine**, mettere in forma; entrare in forma (*con l'allenamento*) □ **to t. horses**, scozzonare cavalli □ **to t. off**, (*sport*) eliminare (*peso*) allenandosi; (*sport*) essere fuori allenamento; (*di proiettile*) deviare □ **to t. sb. to obedience** (**to obey**), abituare q. all'obbedienza.

train [trein], *n.* **1** (*ferr., mil.*) treno: **We went there by t.**, ci andammo in treno **2** seguito; corteo; codazzo: **They formed part of the queen's t.**, facevano parte del seguito della regina; **a t. of admirers**, un codazzo d'ammiratori **3** fila; convoglio; colonna: **a long t. of mules**, una lunga fila di muli **4** strascico (*di vestito*) **5** coda (*di certi uccelli, di comete, ecc.*): **the t. of a peacock**, la coda di un pavone **6** fila; serie; sequela; successione: **a long t. of sightseers**, una lunga fila di turisti; **a sad t. of accidents**, una triste serie di incidenti **7** striscia di polvere pirica; miccia **8** (*mecc.*) sistema d'ingranaggi; treno: (*metall.*) **t. of rolls**, treno di laminazione. ● **t. bearers**, paggi, valletti (*che sostengono lo strascico del vestito*) □ (*ferr., naut.*) **t. ferry**, nave traghetto □ **t. jumper**, viaggiatore (ferroviario) clandestino □ **one's t. of thought**, filo dei propri pensieri □ **t. shed**, deposito (*o* rimessa); (*di stazione*) pensilina □ **t. spotter**, chi conta i treni che passano (*per hobby*) □ (*mil.*) **armoured t.**, treno blindato □ **boat t.**, treno diretto a un porto della Manica (*da Londra*) □ **to dispatch the t.**, dare la partenza al treno □ **down t.**, treno diretto in provincia (*specialm. in partenza da Londra*) □ **express t.** (*o* **fast t.**), treno espresso □ (*mecc.*) **gear t.**, ingranaggio □ **goods t.** (*o* **freight t.**), treno merci □ (*fig.*) **in t.**, pronto □ **in one's t.**, come strascico, come conseguenza: **The plague brought famine in its t.**, la peste portò come conseguenza la carestia □ **non-stop t.** (*o* **through t.**), treno diretto □ **passenger t.**, treno viaggiatori □ **slow t.** (*o* **stopping t.**), treno accelerato □ (*mil.*) **troop t.**, tradotta □ **up t.**, treno diretto a una città (*specialm. a Londra*) □ **«Beware of «trains»**, «attenti al treno» (*a un passaggio a livello incustodito*).

trainable ['treinəbl], *a.* addestrabile; allenabile; ammaestrabile.

trainee [trei'ni:], *n.* **1** persona sottoposta ad addestramento; tirocinante; apprendista **2** (*istruzione*) corsista **3** (*mil.*) recluta **4** animale che viene ammaestrato.

traineeship [trei'ni:ʃip], *n.* addestramento; tirocinio (*specialm. di un medico*).

trainer ['treinə*], *n.* **1** (*specialm. sport*) allenatore; istruttore; panchina (*fig.*) **2** ammaestratore; domatore **3** (*istruzione*) aggiornatore; formatore **4** (*naut., mil.*) puntatore **5** (*aeron., anche* **training aircraft**) apparecchio scuola **6** (*elab.*) addestratore.

training ['treiniŋ], *n.* **1** addestramento; allenamento; educazione; istruzione; formazione; preparazione: **the t. of troops**, l'addestramento delle truppe; **the t. of athletes**, l'allenamento degli atleti

trainman

2 ammaestramento: **the t. of dogs**, l'ammaestramento dei cani **3** esercizio; pratica; tirocinio: **t. college** (*o* **t. school**), scuola di tirocinio (*per insegnanti, ecc.*) ● **t. aid**, sussidio didattico □ **t. course**, corso di formazione professionale □ (*naut.*) **t. ship**, nave scuola □ (*sport*) **to go into t.**, entrare in allenamento □ (*sport: d'atleta*) **in t.**, bene allenato; in forma □ (*sport: d'atleta*) **out of t.**, fuori allenamento; fuori forma □ **period of t.**, periodo d'addestramento (*o* di tirocinio); (*per universitari*) stage (*franc.*) □ (*ind.*) **vocational t.**, formazione professionale.
trainman ['treɪnmən], *n.* (*pl.* **trainmen**) (*ferr. USA*) **1** ferroviere (*del personale viaggiante*) **2** (*specialm.*) frenatore.
to traipse [treɪps], *V.* **to trapse**.
trait [treɪ], *n.* **1** (*raro*) tratto del volto; lineamento; fattezza **2** caratteristica; aspetto saliente; peculiarità: **the chief traits in his character**, gli aspetti salienti del suo carattere. ● **t. of humour**, uscita (*o* battuta) spiritosa; motto arguto.
traitor ['treɪtə*], *n.* traditore. ● **t. to one's country**, traditore della patria. ● **t. to oneself**, chi tradisce se stesso; rinnegato; apostata.
traitorous ['treɪtərəs], *a.* traditore; da traditore; sleale.
traitorousness ['treɪtərəsnɪs], *n.* slealtà.
traitress ['treɪtrɪs], *n.* traditrice.
Trajan ['treɪdʒən], *n.* (*stor.*) Traiano.
trajectory ['trædʒɪktərɪ], *n.* (*geom., mil.*) traiettoria.
tram (1) [træm], *n.* **1** (*anche* **tramcar**) tram; vettura tranviaria; tranvai (*pop.*) **2** (*ind. min.*) carrello; vagoncino; vagonetto **3** (*anche* **tramlines**) binario del tram; linea tranviaria; tranvia. ● **t. conductor**, tranviere (*bigliettaio*) □ **t. driver**, tranviere (*conducente*); manovratore □ **t.-lines**, corridoi □ **t.-road**, strada con le carreggiate (*i solchi per le ruote*) di legno, pietra o metallo □ **t. service**, servizio tranviario.
tram (2) [træm], *n.* (*ind. tessile*) trama di seta.
to tram [træm], *A v. t.* **1** trasportare in tram **2** (*ind. min.*) trasportare con un carrello. *B v. i.* andare in tram; servirsi del tram.
trammel ['træməl], *n.* **1** (*anche* **t. net**) tramaglio (*rete da pesca a tre teli*) **2** (*USA: di cavallo*) pastoia **3** (*pl., fig.*) pastoie; impedimenti; ostacoli: **the trammels of custom**, le pastoie della consuetudine; **the trammels of official procedure**, gli impedimenti della procedura burocratica **4** (*della catena del camino*) gancio; uncino **5** (*geom.*) elissografo **6** (*mecc.*) attrezzo per allineamento **7** compasso a verga (*strumento*).
to trammel ['træməl], *v. t.* inceppare; impastoiare; ostacolare.
trammelled ['træməld], *a.* inceppato; impastoiato (*anche fig.*).
tramontane [træ'mɒnteɪn], *A a.* **1** oltramontano; oltremontano **2** (*fig.*) straniero; barbaro. *B n.* **1** chi vive al di là delle montagne **2** (*fig., raro*) straniero; forestiero.
to tramp [træmp], *A v. i.* **1** camminare con passo pesante **2** camminare (a lungo); errare; vagabondare; viaggiare a piedi: **We tramped through the Highlands of Scotland**, vagabondammo a piedi per le Highlands scozzesi. *B v. t.* **1** percorrere (*o* fare) a piedi; far lunghe camminate in: **to t. a journey**, fare un viaggio a piedi; **I like tramping the forests**, mi piace fare lunghe camminate nei boschi **2** percorrere con passo pesante. ● **to t. on sb.'s toes**, pestare i piedi a q. □ **I had to t. it**, mi toccò fare la strada a piedi.
tramp [træmp], *n.* **1** vagabondo; girovago; barbone **2** camminata; lunga passeggiata **3** (*naut., anche* **t. steamer**) nave da carico; carretta **4** calpestio; passo pesante (*a cadenzato*) **5** (*di donna*) sgualdrina. ● **to be on the t.**, fare la vita del vagabondo.
to trample ['træmpl], *A v. i.* camminare a passi pesanti. *B v. t.* calpestare; pestare: **Don't t. (down) the grass!**, non calpestare l'erba! ● **to t. on**, calpestare, mettersi sotto i piedi; (*fig.*) violare, infrangere, offendere □ (*anche fig.*) **to t. under foot**, mettersi sotto i piedi; calpestare □ **He was trampled to death by a wounded elephant**, morì calpestato da un elefante ferito.
trample ['træmpl], *n.* **1** il calpestare; pestata **2** calpestio.
trampler ['træmplə*], *n.* chi calpesta.
trampoline ['træmpəlɪn], *n.* (*sport*) trampolino (*per acrobati e ginnasti*).
tramway ['træmweɪ], *n.* **1** tranvia; linea tranviaria **2** azienda tranviaria **3** (*mecc.*) rotaia sospesa (*o portante*).
trance [trɑːns], *n.* **1** trance; stato ipnotico; catalessi **2** (*fig.*) estasi; rapimento.
trannie, tranny ['trænɪ], *n.* (*fam.*) radio a transistor; radiolina (*fam.*).
tranquil ['træŋkwɪl], *a.* tranquillo; cheto; quieto; calmo; pacifico: **t. water**, acque chete; **a t. man**, un uomo pacifico. ● **a t. scene**, una scena idillica □ **to preserve a t. mind**, conservare la calma (dello spirito); tenere i nervi a posto (*o* la mente lucida).
tranquillity [træŋ'kwɪlɪtɪ], *n.* tranquillità; calma; quiete.
tranquillization [ˌtræŋkwɪlaɪ'zeɪʃən], *n.* il tranquillizzare.
to tranquillize ['træŋkwɪlaɪz], *v. t.* tranquillizzare; calmare; rasserenare.
tranquillizer ['træŋkwɪlaɪzə*], *n.* **1** chi calma; chi rasserena

2 (*farm.*) tranquillante; calmante; sedativo.
to transact [træn'zækt], *v. t.* fare; sbrigare; trattare: **to t. business**, trattare affari; **to t. a bargain**, sbrigare un affare.
transaction [træn'zækʃən], *n.* **1** (*comm.*) disbrigo, trattazione (*degli affari*): **the t. of the matter**, il disbrigo della faccenda **2** (*comm.*) operazione; affare: **shady transactions**, affari loschi; operazioni poco chiare **3** (*leg.*) transazione; compromesso; composizione contrattuale **4** (*pl.*) atti, verbali (*di società filosofiche, scientifiche, ecc.*) **5** (*elab.*) transazione.
transactor [træn'zæktə*], *n.* (*comm.*) **1** negoziatore **2** operatore (*o* agente) economico **3** (*leg.*) chi fa una transazione.
transalpine [trænz'ælpaɪn], *A a.* transalpino. *B n.* abitante di un paese transalpino.
transatlantic [ˌtrænzət'læntɪk], *a.* transatlantico. ● (*naut.*) **a t. liner**, un transatlantico □ **a t. voyage**, un viaggio di là dall'Atlantico.
transceiver [træn'siːvə], *n.* (*radio*) **1** ricetrasmettitore **2** stazione ripetitrice.
to transcend [træn'sɛnd], *v. t.* **1** (*filos.*) trascendere **2** (*per estens.*) oltrepassare; superare; sorpassare.
transcendence [træn'sɛndəns], **trascendency** [træn'sɛndənsɪ], *n.* (*filos.*) trascendenza.
transcendent [træn'sɛndənt], *a.* **1** (*filos.*) trascendente **2** (*per estens.*) eccellente; eccelso; straordinario; trascendentale.
transcendental [ˌtrænsɛn'dɛntl], *a.* **1** (*filos.*) trascendentale **2** eccelso; straordinario **3** astruso; oscuro; vago **4** (*mat.*) trascendente.
transcendentalism [ˌtrænsɛn'dɛntəlɪzəm], *n.* (*filos.*) trascendentalismo.
transcendentalist [ˌtrænsɛn'dɛntəlɪst], *n.* (*filos.*) trascendentalista.
transcontinental ['trænzˌkɒntɪ'nɛntl], *a.* transcontinentale.
to transcribe [træns'kraɪb], *v. t.* **1** trascrivere; copiare **2** (*elab., radio, telev.*) registrare (*un programma, ecc.*) **3** (*elab.*) trascrivere. ● **transcribing machine**, fonoriproduttore.
transcriber [træns'kraɪbə*], *n.* **1** trascrittore; copista **2** (*elab.*) trascrittore.
transcript ['trænskrɪpt], *n.* **1** trascrizione **2** (*leg.*) copia (*a verbale di causa*) **3** (*istruzione, specialm. USA*) curriculum; pagella; libretto (*universitario*).
transcription [træns'krɪpʃən], *n.* **1** trascrizione; copia **2** (*radio, telev.*) registrazione; programma registrato **3** (*leg.*) copia (*a verbale di causa*).
transcriptional [træns'krɪpʃənl], **transcriptive** [træns'krɪptɪv], *a.* di trascrizione.
transducer [trænz'djuːsə*], *n.* (*elettron., tecn.*) trasduttore.
transearth [trænz'ɜːθ], *a.* (*miss.*) verso la terra; (che va) in direzione della terra.
transept ['trænsɛpt], *n.* (*archit.*) transetto.
transeptal [træn'sɛptəl], *a.* (*archit.*) di un transetto.
to transfer [træns'fɜː*], *A v. t.* **1** trasferire; spostare; traslocare: **to t. an office**, trasferire un ufficio **2** (*leg.*) trasmettere; cedere; trasferire (*titoli, beni, ecc.*): **to t. a property**, cedere una proprietà **3** (*rag.*) stornare **4** (*arte*) riportare il calco di (*un disegno*); decalcare **5** (*leg.*) tradurre (*un detenuto*). *B v. i.* **1** trasferirsi; passare: **He transferred from the navy to the air force**, è passato dalla marina all'aviazione **2** (*aeron., naut., ferr., ecc.*) trasbordare; fare un trasbordo.
transfer ['trænsfə(ː)*], *n.* **1** (*anche leg., comm.*) trasferimento; cessione; passaggio di proprietà; trasmissione; trapasso **2** (*banca, fin.*) bonifico; giroconto; rimessa **3** (*rag.*) storno **4** (*arte*) decalcomania **5** (*anche* **t. ticket**) biglietto cumulativo (*di treno, tram, ecc.*) **6** (*mil.*) soldato trasferito da un reggimento a un altro; rimpiazzo **7** (*ferr.*) stazione di trasbordo **8** (*naut.*) nave traghetto **9** (*leg.*) traduzione (*bur.*); trasporto di detenuti (*da un carcere all'altro*). ● (*fin., leg.*) **t. book**, registro delle cessioni; libro dei soci □ (*Banca*) **t. days**, giorni del trasferimento d'azioni senza pagamento di tassa (*dal lunedì al venerdì inclusi*) □ (*ferr.*) **t. house**, stazione di trasbordo □ **t. ink**, inchiostro litografico □ **t. paper**, carta per copie multiple □ (*fin.*) **t. tax**, imposta di successione □ (*comm.*) **cable transfers**, rimesse telegrafiche di denaro.
transferability [ˌtrænsˌfɜːrə'bɪlɪtɪ], *n.* (*specialm. comm., leg.*) trasferibilità.
transferable [træns'fɜːrəbl], *a.* (*specialm. comm., leg.*) trasferibile; cedibile; trasmissibile: **a t. instrument of credit**, un documento (*o titolo*) di credito trasferibile. ● (*polit.*) **t. vote**, voto trasferibile a un secondo candidato (*indicato sulla scheda*).
transferee [ˌtrænsfɜː'riː], *n.* (*leg., comm.*) cessionario.
transference [træns'fɜːrəns], *n.* **1** (*specialm. leg., comm.*) trasferimento **2** (*arte*) riporto mediante calco; trasporto **3** (*aeron., naut., ferr.*) trasbordo **4** (*psic.*) transfert.
transferor [træns'fɜːrə*], *n.* (*leg., comm.*) cedente.
transfert ['trɑːnsfə(ː)t], *n.* (*psic.*) transfert.

transfiguration [ˌtrænsfigju'reiʃən], n. trasfigurazione.

to transfigure [træns'figə*], v. t. trasfigurare.

to transfix [træns'fiks], v. t. 1 trafiggere; trapassare: **to t. sb. with a spear**, trafiggere q. con la lancia 2 (fig.) pietrificare; paralizzare; far restare di sasso.

transfixion [træns'fikʃən], n. trafittura.

transform [træns'fɔ:m], n. (mat.) 1 trasformato (valore di una trasformazione) 2 trasformata (espressione) 3 coniugato (di un gruppo).

to transform [træns'fɔ:m], v. t. trasformare; cambiare; mutare radicalmente: **to t. heat into energy**, trasformare calore in energia. ● **to t. sb. beyond recognition**, rendere q. irriconoscibile □ **to be transformed**, essere trasformato; trasformarsi.

transformable [træns'fɔ:məbl], a. trasformabile.

transformation [ˌtrænsfə'meiʃən], n. trasformazione (anche mat.); mutamento radicale; metamorfosi. ● (teatr.) **t. scene**, graduale cambiamento di scena a sipario aperto.

transformational grammar [ˌtrænsfə'meiʃənəl 'græmə*], n. grammatica trasformazionale.

transformationalism [ˌtrænsfə'meiʃənəlizəm], n. linguistica trasformazionale.

transformationalist [ˌtrænsfə'meiʃənəlist], n. (linguistica) trasformazionalista.

transformative [trænsfɔ:mətiv], a. che trasforma.

transformer [træns'fɔ:mə*], n. (anche elettr.) trasformatore.

transformism [træns'fɔ:mizəm], n. (biol.) evoluzionismo; trasformismo.

transformist [træns'fɔ:mist], n. (biol.) evoluzionista.

to transfuse [træns'fju:z], v. t. 1 (med.) trasfondere; fare una trasfusione a (q.) 2 (fig.) infondere; trasmettere; instillare 3 (fig.) permeare; pervadere.

transfusion [træns'fju:ʒən], n. (med.) trasfusione: **blood t.**, trasfusione di sangue.

transfusional [træns'fju:ʒənl], a. (med.) trasfusionale.

transfusive [træns'fju:ziv], a. di trasfusione; che serve a trasfondere.

to transgress [træns'gres], **A** v. t. 1 trasgredire (a); contravvenire a; violare: **to t. the law**, trasgredire la (o alla) legge; **to t. a treaty**, violare un trattato 2 oltrepassare; superare: **This film transgresses all moral boundaries**, questo film oltrepassa ogni limite della moralità. **B** v. i. trasgredire a un comando (o a una legge); essere in colpa; peccare.

transgression [træns'greʃən], n. 1 trasgressione; infrazione; violazione 2 colpa; peccato.

transgressor [træns'gresə*], n. 1 trasgressore; violatore, contravventore 2 peccatore.

to tranship [træn'ʃip], v. t. e i. (naut.) trasbordare.

transhipment [træn'ʃipmənt], n. (naut.) trasbordo.

transhumance [træns'hju:məns], n. transumanza.

transhumant [træns'hju:mənt], a. transumante.

transience [trænziəns], **transiency** [trænziənsi], n. transitorietà; fugacità; caducità; temporaneità.

transient [træn:ziənt], **A** a. 1 transitorio; fugace; caduco; effimero; passeggero: **a t. glance**, uno sguardo fugace; **a t. victory**, una vittoria effimera; **t. tears**, lacrime passeggere 2 (USA) di passaggio, transitorio. **B** n. (USA) 1 cliente di passaggio (in un albergo, ecc.) 2 vagabondo. ● (USA) **t. hostel**, ostello per clienti di passaggio.

transilience [træn'siliəns], n. (raro) improvviso mutamento di forma (o di stato).

transilient [træn'siliənt], a. (raro) che cambia repentinamente forma (o stato).

transire [tra:ns'aiəri], n. (naut.) lasciapassare doganale.

transistor [træn'sistə*], n. 1 (elettron.) transistore; transistor 2 (fam., anche **t. radio**, **t. set**) radio a transistor; radiolina (fam.).

to transistorize [træn'sistəraiz], v. t. transistorizzare.

transit [trænsit], n. 1 (anche astron.) transito; passaggio: **goods in t.**, merci di transito; **the t. time of a star**, il tempo di passaggio di un astro; **The t. of the lake took us four hours**, il passaggio del lago richiese quattro ore 2 (topografia, anche **t. compass**) teodolite 3 (USA) trasporto; (specialm.) trasporto con mezzi pubblici (in una città, ecc.) 4 (astron., anche **t. instrument**) strumento dei passaggi; telescopio girevole sull'asse orizzontale. ● (anche mil.) **t. camp**, campo di transito (o astron.) **t. circle**, cerchio meridiano □ (astron.) **t. declinometer**, bussola di declinazione; bussola topografica □ (comm.) **t. duty**, dazio doganale di transito □ **t. lounge**, sala transiti (d'aeroporto) □ **in t.**, durante il viaggio; in viaggio.

to transit ['trænsit], **A** v. i. (anche astron.) transitare; passare. **B** v. t. lasciar transitare; far passare.

transition [træn'ziʃən], n. transizione; passaggio; mutamento: **a period of t.**, un periodo di transizione. ● **t. age**, età di transizione □ (fis.) **t. point**, punto (o temperatura) di transizione.

transitional [træn'ziʃənl], **transitionary** [træn'ziʃənəri], a. di transizione.

transitive ['trænsitiv], (gramm.) **A** a. transitivo. **B** n. verbo transitivo.

transitoriness ['trænsitərinis], n. transitorietà; temporaneità.

transitory ['trænsitəri], a. transitorio; temporaneo; passeggero.

transitron ['trænsitrən], n. (elettron.) transitron.

Trans-Jordan ['trænz'dʒɔ:dn], n. (geogr.) Transgiordania.

translatable [træns'leitəbl], a. traducibile.

to translate [træns'leit], v. t. 1 tradurre; volgere: **He translated Virgil into English**, tradusse Virgilio in inglese 2 trasferire; trasportare: **to t. a bishop** (a saint's body, etc.), trasferire un vescovo (il corpo d'un santo, ecc.) 3 interpretare; spiegare: **I translated his act as a protest**, interpretai il suo come un atto di protesta 4 (tel.) ritrasmettere (un messaggio) 5 (elab.) tradurre; convertire. ● **to t. an idea into action**, mettere in atto un'idea □ **to t. word for word**, tradurre alla lettera □ (relig.) **to be translated into heaven**, essere assunto in Cielo (col corpo) □ (elettron.) **translating machine**, macchina per tradurre; traduttore elettronico □ **This passage translates well**, questo passo si traduce bene.

translation [træns'leiʃən], n. 1 traduzione; versione 2 (relig.) trasferimento: **the t. of a bishop**, il trasferimento di un vescovo 3 (relig., mat., mecc.) traslazione: **motion of t.**, moto di traslazione 4 (tel.) ritrasmissione (d'un messaggio).

translational [træns'leiʃənl], a. (mecc.) traslatorio; di traslazione: (mecc.) **t. motion**, moto traslatorio. ● (geol.) **t. fault**, faglia armonica □ (geol.) **t. movement**, movimento traslativo.

translator [træns'leitə*], n. 1 traduttore, traduttrice; interprete 2 (tel.) traslatore 3 (elab.) traduttore; assemblatore 4 (elettron.) ripetitore televisivo.

to transliterate [trænz'litəreit], v. t. traslitterare; trascrivere.

transliteration [ˌtrænzlitə'reiʃən], n. traslitterazione; trascrizione.

transliterator [trænz'litəreitə*], n. esperto in traslitterazione; trascrittore.

translucence [trænz'lu:sns], **translucency** [trænz'lu:snsi], n. traslucidità.

translucent [trænz'lu:snt], **translucid** [trænz'lu:sid], a. traslucido; semitrasparente.

translunar [trænz'lu:nə*], a. 1 (astron., miss.) translunare 2 (fig.; anche **translunary**) utopistico.

transmarine [ˌtrænzmə'ri:n], a. oltremarino; d'oltre mare.

transmigrant [trænz'maigrənt], **A** a. trasmigrante. **B** n. emigrante in transito.

to transmigrate [trænz'maigreit], v. i. (anche relig.) trasmigrare.

transmigration [ˌtrænzmai'greiʃən], n. trasmigrazione: **the t. of souls**, la trasmigrazione delle anime; la metempsicosi.

transmigrator [trænzmai'greitə*], n. chi trasmigra.

transmigratory [trænz'maigrətəri], a. della trasmigrazione.

transmissibility [trænzˌmisə'biliti], n. trasmissibilità.

transmissible [trænz'misəbl], a. trasmissibile.

transmission [trænz'miʃən], n. trasmissione (in ogni senso); (anche, autom.) cambio: (autom., mecc.) **automatic t.**, cambio automatico. ● (mecc.) **t. belt**, cinghia di trasmissione □ (mecc.) **t. case**, scatola del cambio □ (autom.) **t. hump**, tunnel della trasmissione □ (mecc.) **t. oil**, olio per trasmissioni □ (elettr.) **t. tower**, pilone per linea di trasmissione.

transmissive [trænz'misiv], a. 1 che trasmette; trasmittente; trasmettitore 2 trasmissibile.

to transmit [trænz'mit], v. t. 1 trasmettere; comunicare; mandare: **to t. a message by radio**, trasmettere un messaggio per radio 2 (fis.) trasmettere; condurre: **Water will t. sound**, l'acqua trasmette i suoni.

transmittable [trænz'mitəbl], a. trasmissibile.

transmittal [trænz'mitl], n. trasmissione.

transmitter [trænz'mitə*], n. 1 trasmettitore; (radio) apparecchio trasmittente; radiotrasmettitore; (stazione) trasmittente 2 (tel.) microfono; capsula microfonica. ● **telegraph t.**, trasmettitore telegrafico.

transmogrification [ˌtrænzmɔgrifi'keiʃən], n. (spesso scherz.) trasformazione (quasi) magica.

to transmogrify [trænz'mɔgrifai], v. t. (spesso scherz.) trasformare d'incanto.

transmutability [trænzˌmju:tə'biliti], n. trasformabilità.

transmutable [trænz'mju:təbl], a. trasformabile; tramutabile; trasmutabile (lett.).

transmutation [ˌtrænzmju:'teiʃən], n. 1 tramutazione; trasformazione 2 (fis. nucl.) trasmutazione.

transmutative [trænz'mju:tətiv], a. di tramutazione.

to transmute [trænz'mju:t], v. t. tramutare; trasformare; mutare; convertire.

transnormal [trænz'nɔ:məl], a. più che normale; straordinario.

transoceanic [ˌtrænzˌouʃi'ænik], a. transoceanico.

transom ['trænsəm], n. 1 (archit.) architrave; piattabanda

transonic

2 (*archit.*) traversa (*di finestra*) **3** (*naut.*) arcaccia; quadro (*o specchio*) di poppa **4** (*archit. USA; anche* **t. window**), sopraffinestra; vasistas.
transonic [træn'sɔnik], *a.* (*fis., aeron.*) transonico: **t. flight**, volo transonico; **t. speed**, velocità transonica.
transpadane ['trænzpədein], *a.* (*geogr.*) transpadano.
transparence [træns'pɛərəns], *n.* trasparenza.
transparency [træns'pɛərənsi], *n.* **1** trasparenza **2** (*fig.*) evidenza; chiarezza; limpidità **3** (*fotogr.*) diapositiva.
transparent [træns'pɛərənt], *a.* **1** trasparente **2** (*fig.*) evidente; chiaro; limpido; trasparente: **t. fear**, paura evidente; **t. prose**, prosa limpida. ● **a t. lie**, una bugia dalle gambe corte.
to transpierce [træns'piəs], *v. t.* (*raro*) trafiggere; trapassare.
transpiration [ˌtrænspi'reiʃən], *n.* traspirazione.
transpiratory [træns'paiərətəri], *a.* traspiratorio.
to transpire [træns'paiə*], **A** *v. i.* **1** traspirare; sudare **2** trapelare; manifestarsi; venir fuori: **It transpired that...**, trapelò la notizia che... **3** accadere; succedere; avvenire. **B** *v. t.* esalare; emanare.
to transplant [træns'plɑ:nt], *v. t.* **1** (*agric., med.*) trapiantare (*anche fig.*) **2** (*fig.*) trasferire; traslocare.
transplant ['trænsplɑ:nt], *n.* **1** (*med.*) trapianto: **a heart t.**, un trapianto cardiaco **2** (*med.*) organo (*o* tessuto) trapiantato **3** pianta trapiantata **4** (*fig.*) trapianto; introduzione (*di usanze, mode, ecc.*) **5** (*fig.*) usanza trapiantata **6** (*fig.*) persona trasferitasi.
transplantable [træns'plɑ:ntəbl], *a.* trapiantabile.
transplantate [træns'plɑ:nteit], *n.* (*med.*) organo (*o* tessuto) trapiantato.
transplantation [ˌtrænsplɑ:n'teiʃən], *n.* (*agric., med.*) trapianto (*anche fig.*).
transplanter [træns'plɑ:ntə*], *n.* (*agric.*) **1** chi trapianta **2** trapiantatoio (*arnese*) **3** trapiantatrice (*macchina*).
transpolar [trænz'poulə*], *a.* (*geogr., aeron.*) transpolare.
transponder [trænz'pɔndə*], *n.* (*radar*) radarfaro; transponditore.
transpontine [trænz'pɔntain], *a.* **1** d'oltreponte (*specialm. a Londra a sud del Tamigi*) **2** (*fig.*) melodrammatico, sentimentale (*come le rappresentazioni nei teatri dei quartieri meridionali di Londra nell'800*).
to transport [træns'pɔ:t], *v. t.* **1** (*anche fig.*) trasportare **2** (*stor.*) deportare. ● (*fig.*) **to be transported**, lasciarsi trasportare: **They were transported with anger**, si lasciarono trasportare dall'ira.
transport ['trænspɔ:t], *n.* **1** trasporto; (*i*) trasporti **2** (*fig.*) impeto; moto; slancio; trasporto: **in a t. of rage**, in un impeto d'ira; **transports of delight**, slanci di gioia **3** mezzo di trasporto **4** (*naut., mil.*; *spesso* **troop-t.**) nave trasporto (*per truppe*) **5** (*aeron.*) aeroplano da trasporto **6** (*stor.*) deportato □ **t. agent**, spedizioniere □ (*autom.*) **t. café**, posto di ristoro (*per camionisti*) □ **t. charges**, spese di trasporto □ **motor** (*o* **road**) **t.**, autotrasporto (*specialm. di persone*) □ (*fam.*) **I've no t.**, sono senza un mezzo di trasporto; non ho la macchina □ **to be thrown into transports**, essere fuori di sé (*per la gioia, l'entusiasmo, ecc.*).
transportability [ˌtrænspɔːtə'biliti], *n.* l'essere trasportabile.
transportable [træns'pɔ:təbl], *a.* **1** trasportabile **2** (*stor., leg.*) punibile con la deportazione.
transportation [ˌtrænspɔː'teiʃən], *n.* **1** trasporto **2** (*i*) trasporti **3** mezzo di trasporto **4** (*stor.*) deportazione: **t. for life**, deportazione a vita.
transportational [ˌtrænspɔː'teiʃənəl], *a.* dei (*o* relativo ai) trasporti.
transporter [træns'pɔ:tə*], *n.* **1** trasportatore; vettore **2** corriere **3** (*autom.*) cicogna (*autotreno*). ● (*mecc.*) **t. crane**, gru a cavalletto (*o* a portale).
to transpose [træns'pouz], *v. t.* **1** (*anche gramm., mat.*) trasporre; spostare **2** (*mus.*) trasportare.
transposition [ˌtrænspə'ziʃən], *n.* **1** (*anche gramm., mat.*) trasposizione; spostamento **2** (*fis.*) permutazione.
transpositive [trænz'pozitiv], *a.* traspositivo.
transracial [trænz'reiʃəl], *a.* transrazziale.
transsexual [træn'sekʃuəl], *n. e a.* transessuale.
transsexualism [træn'sekʃuəlizm], *n.* transessualità.
to transship [træns'ʃip], *v. t. e i.* (*naut.*) trasbordare.
transshipment [træns'ʃipmənt], *n.* (*naut.*) trasbordo.
trans-sonic [trænz'sɔnik], *V.* **transonic**.
to transubstantiate [ˌtrænsəb'stænʃieit], *v. t. e i.* **1** (*relig.*) transustanziare, transustanziarsi **2** trasformare, trasformarsi.
transubstantiation ['trænsəbˌstænʃi'eiʃən], *n.* **1** (*relig.*) transustanziazione **2** trasformazione.
transudate ['trænsju:deit], *n.* trasudato.
transudation [ˌtrænsju:'deiʃən], *n.* **1** trasudazione **2** trasudato.
to transude [træn'sju:d], *v. i.* trasudare.
transuranic [ˌtrænsjuə'rænik], *a.* (*chim.*) transuranico.
transversal [trænz'və:səl], *a. e n.* (*geom.*) trasversale.

transverse ['trænzvə:s], **A** *a.* traverso; obliquo; trasversale. **B** *n.* **1** (*anat.*) muscolo trasverso **2** (*edil.*) traversa (*trave*).
transvestism [trænz'vestizəm], *n.* (*psic.*) travestitismo.
transvestist [trænz'vestist], *n. V.* **transvestite**.
transvestite [trænz'vestait], **A** *n.* (*psic.*) travestito. **B** *a.* di (*o* da) travestito.
Transylvania [ˌtrænsil'veinjə], *n.* (*geogr.*) Transilvania.
trap (1) [træp], *n.* **1** trappola; (*fig.*) inganno, insidia, tranello: **a rat t.**, una trappola per topi; **The fox was caught in the t.**, la volpe rimase presa nella trappola **2** (*di fogna, ecc.*) sifone; chiusino; pozzetto intercettatore **3** (*sport*) lanciapiattello (*macchina*) **4** (*archit.*) carrozzella; calesse **5** (*anche* **t.-door**) botola; trabocchetto **6** (*pop.*) bocca; becco (*fam.*): **Shut your t.!**, chiudi il becco! ● (*teatr.*) **t. cellar**, spazio sotto il palcoscenico □ (*fig.*) **t.-door**, strappo a «L» (*in un vestito*) □ (*sport*) **t.-shooting**, tiro al piattello □ (*anche fig.*) **to fall into a t.**, cadere in trappola □ **fly-t.**, acchiappamosche; (*bot.*, *Dionaea muscipula*) dionea □ (*anche fig.*) **to set a t.**, preparare (*o* tendere) una trappola.
to trap (1) [træp], **A** *v. t.* **1** prendere in trappola; intrappolare; accalappiare; ingannare; raggirare **2** mettere trappole (*o* tendere lacci) in (*un bosco, ecc.*) **3** munire (*una fogna, ecc.*) di sifone **4** trattenere, bloccare (*gas, cattivo odore, ecc.*). **B** *v. i.* mettere trappole. ● **to be trapped**, essere in trappola (*anche fig.*); non avere scelta, essere costretto (*a fare q.c., ecc.*); rimanere bloccato: (*autom.*) **to be trapped in one's car all night**, rimanere bloccato (*dalla neve, ecc.*) nella propria auto per una notte intera.
trap (2) [træp], *n.* (*geol.*) trappo (*roccia vulcanica*).
to trap (2) [træp], *v. t.* **1** bardare (*un cavallo*) **2** adornare; ornare.
trapan, to trapan [trɪ'pæn], *V.* **trepan, to trepan**.
to trapes [treips], *V.* **to trapse**.
trapeze [trə'pi:z], *n.* trapezio (*per acrobati e ginnasti*).
trapeziform [trə'pi:zifɔ:m], *a.* (*geom.*) trapezoidale; trapezoide; trapeziforme.
trapezium [trə'pi:zjəm], *n.* (*pl.* **trapezia**, **trapeziums**) (*geom.*) trapezio.
trapezoid ['træpizɔid], (*geom.*) **A** *n.* **1** trapezoide **2** (*USA*) trapezio. **B** *a. V.* **trapezoidal**.
trapezoidal [ˌtræpi'zɔidəl], *a.* (*geom.*) trapezoidale; trapezoide.
trapper ['træpə*], *n.* chi tende trappole; (*specialm.*) cacciatore di pelli (che usa trappole).
trappings ['træpiŋz], *n. pl.* **1** (*di cavallo*) bardatura **2** ornamenti; guarnizioni; insegne: **the t. of royalty**, le insegne della regalità **3** (*il*) cerimoniale.
Trappist ['træpist], *n.* (*relig.*) trappista.
Trappistine ['træpistin], *n.* **1** (*relig.*) trappistina (*monaca*) **2** liquore dei trappisti.
trappy ['træpi], *a.* (*fam.*) ingannevole; insidioso; pieno di trappole.
traps [træps], *n. pl.* (*fam.*) bagagli; oggetti d'uso personale.
to trapse [treips], *v. i.* (*fam.*) camminare faticosamente; arrancare; scarpinare (*fam.*).
trash (1) [træʃ], *n.* **1** ciarpame; robaccia; paccottiglia; cianfrusaglie **2** (*specialm. USA*) immondizie; pattume; rifiuti **3** sciocchezze; stupidaggini; insulsaggini **4** robaccia; porcheria (*pop.*): **This novel is mere t.**, questo romanzo è una porcheria **5** (*specialm. USA*) ciurmaglia; feccia (*fig.*); persone che non contano niente **6** ramaglia; sterpi. ● (*USA*) **t. can**, bidone dell'immondizia (*cfr. ingl.* **dustbin**) □ **cane-t.**, residui di canne da zucchero (*usati come combustibile*) □ (*collett. USA*) **poor white t.**, bianchi di bassa condizione (*specialm. nel Sud*).
to trash (1) [træʃ], *v. t.* sfrondare, sfoltire (*alberi, canne da zucchero*).
to trash (2) [træʃ], (*pop. USA*) **A** *v. i.* compiere atti vandalici. **B** *v. t.* **1** devastare; saccheggiare **2** distruggere; spaccare **3** guastare; rovinare; sciupare.
trash (2) [træʃ], *n.* (*pop. USA*) atto vandalico (*o di vandalismo*).
trashery ['træʃəri], *V.* **trash (1)**, *def. 1*.
trashiness ['træʃinis], *n.* l'essere di nessun valore; meschinità.
trashy ['træʃi], *a.* di nessun valore; meschino; scadente; da due soldi: **a t. play**, un dramma da due soldi.
trass [træs], *n.* (*geol.*) trass.
trauma ['trɔːmə], *n.* (*pl.* **traumata**, **traumas**) (*med., psic.*) trauma.
traumatic [trɔː'mætik], *a.* traumatico.
traumatism ['trɔːmətizm], *n.* traumatismo.
traumatization [ˌtrɔːmətai'zeiʃən], *n.* traumatizzazione.
to traumatize ['trɔːmətaiz], *v. t.* traumatizzare.
travail ['træveil], *n.* (*lett.*) **1** travaglio; lavoro duro **2** travaglio di parto; doglie (*del parto*): **a woman in t.**, una donna in travaglio di parto.
to travail ['træveil], *v. i.* (*lett.*) **1** travagliarsi; fare uno sforzo penoso; darsi pena **2** (*di donna*) avere le doglie (*del parto*).
to travel ['trævl], **A** *v. i.* **1** viaggiare; fare un viaggio; (*comm.*) fare il commesso viaggiatore, fare il rappresentante: **He has travelled**

a lot, ha viaggiato molto; **to t. by train**, viaggiare in treno; **He travels for Messrs Smith and Co.**, fa il commesso viaggiatore per la Ditta Smith e Co.; **to t. in carpets**, fare il rappresentante di tappeti **2** andare; circolare; diffondersi, propagarsi; viaggiare: **Trains t. along rails**, i treni vanno sulle rotaie; **Light travels at velocity of 300,000 kilometres per second**; la luce viaggia alla velocità di 300.000 chilometri al secondo; **Sound travels much faster in the water than in the air**, il suono si propaga assai più rapidamente nell'acqua che nell'aria **3** (*mecc.*) compiere la corsa **4** (*d'animali selvatici*) spostarsi (*in cerca di pascolo*) **5** (*pop.*, *specialm. autom.*) andare forte (*pop.*); superare il limite (*di velocità*). B v. t. **1** viaggiare in; percorrere: **He has travelled the whole world**, ha viaggiato per tutto il mondo; **to t. Italy from end to end**, percorrere l'Italia dalle Alpi alla Sicilia **2** viaggiare alla velocità di; fare (*fam.*): **Our train was travelling seventy miles an hour**, il nostro treno faceva settanta miglia all'ora ● **to t. back**, tornare indietro, fare il viaggio di ritorno; (*fig.*) riandare: **My mind travelled back to my childhood**, riandai con la mente alla mia infanzia □ **to t. on foot**, andare a piedi □ (*fig.*) **to t. out of the record**, divagare; uscire d'argomento □ **to t. over**, passare su; trascorrere (*con lo sguardo*): **His eyes travelled over the scene**, scorse la scena con lo sguardo.

travel ['trævl], *n*. **1** (il) viaggiare; (i) viaggi: **T. was slow in ancient times**, nei tempi antichi i viaggi erano lenti (*o* si viaggiava lentamente); **educational t.**, viaggio d'istruzione **2** (*pl.*) viaggi: **He isn't back from his travels yet**, non è ancora tornato dai suoi viaggi **3** (*mecc.*) corsa; escursione; gioco (*in questo senso*, *anche* **free t.**): **I have improved the t. of the valves**, ho corretto il gioco delle valvole. ● **t. agency**, agenzia di viaggi □ **t. agent**, titolare d'agenzia di viaggi □ **t. literature**, letteratura turistica □ **t.-sick**, che soffre il mal d'auto □ **t. sickness**, mal d'auto; mal di mare; (*med.*) cinetosi □ (*cinem.*) **t.-shot**, carrellata □ (*USA*) **t. trailer**, roulotte (*usabile anche durante il viaggio*) □ **books of t.** (*o* **of travels**), libri di viaggi □ **to publish one's travels**, pubblicare libri sui propri viaggi.

travel(l)ator ['trævəleitə*], *n*. (*raro*) tappeto mobile; tapis roulant (*franc.*).

travelled ['trævld], *a*. **1** (*di persona*) che ha viaggiato: **a much-t. man**, un uomo che ha viaggiato molto; un gran viaggiatore **2** (*di strada*) di (gran) traffico.

traveller ['trævlə*], *n*. **1** viaggiatore, viaggiatrice **2** (*spesso* **commercial t.**) viaggiatore (di commercio); commesso viaggiatore **3** (*mecc.*) parte mobile (*di una macchina*); cursore. ● **t.'s cheque** (*o* **travellers' cheque**), assegno turistico □ (*bot.*) **t.'s-joy** (*Clematis vitalba*), vitalba □ **fellow-t.**, compagno di viaggio; (*polit.*, *fig.*) criptocomunista.

travelling ['trævliŋ], A *n*. **1** il viaggiare; i viaggi **2** (*pallacanestro*) passi (*infrazione*). B *a. attr.* **1** di (*o* da) viaggio: **a t. bag**, una borsa da viaggio; **t. expenses**, spese di viaggio, indennità di trasferta **2** (*mecc.*) mobile: **t. crane**, gru mobile. ● **t. exhibit**, mostra itinerante □ **t. fellowship**, borsa di viaggio d'istruzione □ **t. salesman**, commesso viaggiatore □ **Have you done much t.?**, hai viaggiato molto?

travelogue ['trævəloug], (*USA*, *anche*) **travelog** ['trævəlɔg], *n*. conferenza su un viaggio (*o* una spedizione, ecc.) corredata da proiezioni; documentario turistico.

to traverse ['trævə(:)s], *v. t. e i.* **1** traversare; attraversare: **A motorway traverses the district**, un'autostrada attraversa la regione **2** spostarsi lateralmente; muoversi di traverso **3** girare; spostare; brandeggiare (*un cannone*) **4** (*naut.*) mettere di chiglia (*o* per lungo) **5** contrastare; opporsi a; impedire **6** (*leg.*) contestare; negare: **to t. the opponent's arguments**, contestare le argomentazioni della controparte **7** esaminare a fondo; considerare attentamente; discutere a fondo; sviscerare: **to t. a subject in a lecture**, sviscerare un argomento in una conferenza **8** (*del cavallo*) andare di sghembo **9** (*alpinismo*) fare un passaggio trasversale. ● (*mil.*: *di cannone*) **traversing gears**, ingranaggi di brandeggio.

traverse ['trævə(:)s], A *n*. **1** traversa; (*geom.*) linea trasversale **2** (*mecc.*) spostamento laterale; traslazione trasversale **3** (*mil.*) riparo trasversale (*di trincea*) **4** (*mil*, *ing.*: *di cannone*, *d'antenna di radar*, *ecc.*) brandeggio; spostamento di direzione **5** (*meteorologia*) traverso (*vento*) **6** (*naut.*) navigazione a bordate (*o* a zig-zag) **7** (*leg.*) contestazione; diniego **8** (*geol.*) trasversale (*linea*) **9** (*ing.*) poligonale **10** (*alpinismo*) passaggio trasversale. B *a*. trasversale. ● (*edil.*) **a t. beam**, una traversa □ **t. table**, (*ferr.*) piattaforma girevole; (*naut.*) tavola fare per fare il punto □ (*naut.*) **to work** (*o* **to solve**) **a t.**, calcolare la distanza percorsa bordeggiando.

traverser [trəˈvəːsə*], *n*. (*ferr.*) traversatore; piattaforma girevole **2** (*ind.*) carrello trasbordatore.

travertine ['trævə(:)tin], *n*. (*geol.*) travertino.

travesty ['trævisti], *n*. travestimento burlesco; parodia; imitazione mimica: **Their government is a t. of democracy**, il loro governo è una parodia della democrazia; **to give a t. of sb.**, fare un'imitazione mimica di q.

to travesty ['trævisti], *v. t.* **1** parodiare; travestire (*fig.*); imitare: **to t. sb.'s style**, parodiare lo stile di q. **2** (*arte*, *letter.*) essere una ridicola imitazione di (*un'altra opera*, *ecc.*).

to trawl [trɔ:l], *v. t. e i.* (*naut.*) pescare con la rete a strascico; sciabicare. ● **to t. a net**, trascinare una rete.

trawl [trɔ:l], *n*. (*naut.*) **1** (*anche* **t.-net**) rete a strascico; sciabica; paranza **2** (*USA*, *anche* **t.-line**) palamito. ● **t.-anchor**, ancorotto per palamito □ **t.-boat**, battello da pesca (*con sciabica o paranza*).

trawler ['trɔ:lə*], *n*. **1** chi pesca con rete a strascico (*o* con la sciabica) **2** (*naut.*) motopeschereccio (con reti) a strascico.

trawling ['trɔ:liŋ], *n*. (*naut.*) pesca con la sciabica (*o* con la paranza).

tray [trei], *n*. **1** vassoio: **a tea t.**, un vassoio per il tè **2** (*fotogr.*) bacinella; vaschetta **3** (*di baule*) compartimento; ripiano. ● **t.-cloth**, tovagliolino □ (*in un ufficio*) **in-t.**, cassetta della corrispondenza in arrivo □ **out-t.**, cassetta della corrispondenza in partenza.

trayful ['treiful], *n*. vassoiata; quanto sta in un vassoio.

treacherous ['tretʃərəs], *a*. **1** infido; sleale; proditorio; traditore; ingannevole; perfido: **a t. partner**, un socio perfido; **a t. action**, un atto proditorio; **a t. smile**, un sorriso traditore; **t. weather**, tempo traditore **2** insidioso; pericoloso: **a t.**, **slippery road**, una strada pericolosa, sdrucciolevole.

treacherousness ['tretʃərəsnis], *n*. slealtà; perfidia.

treachery ['tretʃəri], *n*. **1** slealtà; perfidia **2** tradimento.

treacle ['tri:kl], *n*. melassa; sciroppo di zucchero.

treacly ['tri:kli], *a*. **1** sciropposo; appiccicoso; (*fig.*) sdolcinato. ● **a t. voice**, una voce melata.

to tread [tred] (*pass.* **trod**, *p. p.* **trodden, trod**), A *v. i.* **1** andare (*a piedi*); camminare; procedere: **She trod cautiously not to break the glasses**, camminava guardinga per non rompere i bicchieri **2** — **to t. on**, mettere il piede su; calpestare; pestare; pigiare (*su*): **Don't t. on the grass**, non calpestare l'erba!; **I trod on a sharp stone**, posai il piede su un sasso aguzzo; **to t. on the accelerator**, pigiare sull'acceleratore **3** (*del piede*) posarsi: **where no foot may t.**, dove non può posarsi piede umano **4** (*del gallo*, *ecc.*) accoppiarsi. B *v. t.* **1** calcare; calpestare; pestare; pigiare: **to t. grapes**, pigiar l'uva (*per fare il vino*) **2** percorrere; seguire: **He trod the corridor from end to end**, percorse il corridoio da un capo all'altro; (*anche fig.*) **to t. a dangerous path**, seguire una strada pericolosa **3** tracciare, fare (*pestando o pigiando*): **The wild animals had trodden a track to the river**, gli animali selvatici avevano tracciato un sentiero sino al fiume **4** fare (*passi*, *specialm. di danza*); eseguire (*una danza*): **to t. a minuet**, eseguire un minuetto **5** (*del gallo*, *ecc.*) accoppiarsi con (*una gallina*, *ecc.*). ● (*fig.*) **to t. the boards** (*o* **the stage**), calcare le scene □ **to t. down**, pestare, pigiare; calpestare, schiacciare □ (*fig.*) **to t. in sb.'s footsteps**, seguire le orme di q. □ **to t. lightly**, camminare con passo leggero; (*fig.*) andare con i piedi di piombo □ (*fig.*, *pop.*) **to t. on air**, toccare il cielo con un dito; essere al settimo cielo □ (*fig.*) **to t. (as) on eggs**, (*fig.*) camminare sulle uova; andare con i piedi di piombo □ **to t. on sb.'s heels**, stare alle calcagna di q.; tallonare q. □ (*anche fig.*) **to t. on sb.'s neck**, mettere il piede sul collo a q.; tenere q. in completa soggezione □ (*anche fig.*) **to t. on sb.'s toes**, pestare i piedi a q. □ **to t. out a fire**, spegnere un fuoco pestandolo con i piedi □ **to t. sb. under foot**, schiacciare q., mettersi sotto i piedi q.; (*fig.*) distruggere q.: **The angel trod Satan under his feet**, l'angelo schiacciò Satana sotto i piedi □ **to t. water**, tenersi a galla in posizione verticale (*agitando le gambe*).

tread [tred], *n*. **1** andatura; passo: **He has a heavy t.**, ha il passo pesante **2** (*edil.*, *anche* **t.-board**) pedata; superficie di scalino; gradino **3** (*autom.*: *di pneumatico*) battistrada: **grooved t.**, battistrada scanalato **4** (*di ruota di carro*, *ecc.*) cerchione **5** (*ferr.*) battistrada (*di ruota*) **6** (*autom.*) carreggiata (*distanza fra due ruote parallele*).

treadle ['tredl], *n*. (*mecc.*) pedale (*di macchina da cucire*, *bicicletta*, *ecc.*). ● **t. lathe**, tornio a pedale □ (*tipogr.*) **t. machine** (*o* **t. press**), macchina da stampa a pedale.

to treadle ['tredl], *v. i.* azionare il pedale.

treadmill ['tredmil], *n*. **1** (*storia*) mulino azionato (*dall'uomo o da una bestia*) mediante una grande ruota a gradini **2** (*stor.*) mola da tortura (*dei carcerati*) **3** (*fig.*) lavoro gravoso, opprimente, noioso.

treason ['tri:zn], *n*. **1** (*anche leg.*) tradimento **2** (*anche* **high t.**) alto tradimento.

treasonable ['tri:znəbl], **treasonous** ['tri:znəs], *a*. di tradimento; sedizioso; proditorio: **a t. speech**, un discorso sedizioso.

treasure ['treʒə*], *n*. **1** (*anche fig.*) tesoro: **a buried t.**, un tesoro sepolto; **art treasures**, tesori d'arte; (*raro*) **My t.!**, tesoro mio! **2** denaro; ricchezze: **The country poured out blood and t. in the**

treasure

war, la nazione prodigò sangue e ricchezze nella guerra. ● **t. chest**, forziere □ **t. house**, tesoreria; (*fig.*) luogo in cui si serbano tesori d'arte, ecc. □ **t. hunt**, caccia al tesoro (*gioco*) □ (*leg.*) **t. trove**, tesoro trovato.

to treasure ['treʒə*], *v. t.* **1** (*spesso* **to t. up**) tesoreggiare; tesaurizzare: **to t. up silver coins**, tesaurizzare monete d'argento **2** far tesoro di; aver molto caro; apprezzare molto: **to t. memories of one's childhood**, far tesoro dei ricordi d'infanzia.

treasurer ['treʒərə*], *n.* tesoriere; cassiere: **the t. of a club**, il cassiere di un circolo. ● (*stor.*) **the Lord High T.**, il Gran Tesoriere.

treasurership ['treʒərəʃip], *n.* ufficio (*o* carica) di tesoriere.

treasuring ['treʒəriŋ], *n.* **1** tesoreggiamento; tesaurizzazione **2** (*i*) aver molto caro; grande apprezzamento.

treasury ['treʒəri], *n.* **1** tesoreria; cassa **2** – **the T.**, il Tesoro; il Ministero del Tesoro **3** – **the T.**, l'Erario. ● **the T. Bench**, il banco del governo (*alla Camera dei Comuni*) □ (*fin.*) **T. bill**, buono del Tesoro (*a breve termine*; *infruttifero, ma emesso sotto la pari*: *in G. B. e in USA*) □ (*fin. USA*) **t. bond**, buono del Tesoro (*a lungo termine, fruttifero*) □ (*fin. USA*) **t. certificate**, certificato del Tesoro (*a breve termine, fruttifero*) □ (*fin. USA*) **t. note**, biglietto del Tesoro (*generalm. a corso legale*); (*anche*) buono del Tesoro (*a medio termine, fruttifero*) □ (*fig.*) **a t. of verse**, un'antologia di poeti □ **The T. officers**, i funzionari dell'Erario □ (*polit., in G. B.*) **the First Lord of the T.**, il Primo Lord del Tesoro (*il Primo Ministro*).

to treat [tri:t], *v. t. e i.* **1** trattare; considerare; discutere; negoziare: **He treats his children like dogs**, tratta i figli da cani (*male*); **You ought to t. it as a piece of advice**, dovresti considerarlo un consiglio; **to t. a subject**, trattare un argomento, un tema; **This book treats of our political situation**, questo libro tratta della nostra situazione politica; (*chim.*) **to t. a substance with an acid**, trattare una sostanza con un acido **2** (*med.*) curare: **to t. sb.** (**a wound**), curare q. (una ferita); **to t. sb. for st.**, curare q. di q.c **3** offrire; pagare: **to t. one's friends to a good dinner**, offrire un buon pranzo agli amici; **I'll t. myself to a long trip abroad**, mi offrirò (*o* farò) un lungo viaggio all'estero; **Whose turn is it to t. next?**, a chi tocca pagare ora?; **to t. sb. to a drink**, offrire una bibita (*o* pagare da bere) a q. ● (*polit.*) **to t. one's electors**, offrire banchetti (*o* altro) ai propri elettori (*per averne il voto*) □ **I will t. you all**, pago da bere a tutti!; offro io!

treat [tri:t], *n.* **1** festa; trattenimento; banchetto; bevuta: **a children's t.**, una festa per i bambini **2** festa; gran piacere; gioia; godimento: **The concert was a real t.**, il concerto fu un vero godimento; **What a t. it is to go to the seaside for a week-end**, che gioia passare la fine della settimana al mare! ● **school t.**, trattenimento per bambini (*specialm. quelli che vanno a dottrina*) □ **That's my t.**, tocca a me pagare; sta a me offrire □ (*fam.*) **I'll stand t.**, offro io; pago io!

treatability [,tri:tə'biliti], *n.* **1** trattabilità **2** (*med.*) curabilità.

treatable ['tri:təbl], *a.* **1** trattabile **2** (*med.*) curabile.

treater ['tri:tə*], *n.* **1** chi tratta **2** (*med.*) chi cura **3** chi offre; chi paga (*V.* **to treat**).

treating ['tri:tiŋ], *n.* (*anche chim., ind.*) trattamento.

treatise ['tri:tiz], *n.* trattato; dissertazione; saggio.

treatment ['tri:tmənt], *n.* **1** (*anche chim., fis., metall.*) trattamento: **heat t.**, trattamento termico **2** (*med.*) trattamento; cura; cure: **a new t. for duodenal ulcer**, una nuova cura dell'ulcera duodenale **3** trattazione **4** (*arte, mus.*) esecuzione **5** (*cinem., telev.*) scaletta. ● (*med.*) **to have** (*o* **to receive**) **t.**, farsi curare; fare una cura.

treaty ['tri:ti], *n.* **1** trattato; patto: **a peace t.**, un trattato di pace; **a trade t.**, un trattato commerciale **2** trattativa; negoziato. ● (*naut.*) **t. port**, porto franco □ (*polit.*) **t. powers**, potenze beneficiarie di trattati □ **by private t.**, mediante trattative private □ **to be in t. with sb. for st.**, essere in trattative con q. per q.c.; trattare con q. per l'acquisto (*o* la vendita) di q.c.

treble ['trebl], **A** *a.* **1** triplo; triplice **2** (*mus.*) di soprano: **in a t. voice**, con voce di soprano. **B** *n.* (*mus.*) **1** voce di soprano; parte di soprano **2** soprano. ● **the t. chance**, scommessa sui risultati delle partite, con un punteggio maggiore per i pareggi (*al totocalcio inglese*) □ **t. clef**, chiave di soprano □ **The enemy had t. our numbers**, i nemici erano tre volte più numerosi.

to treble ['trebl], *v. t. e i.* triplicare, triplicarsi: **Prices have trebled this year**, i prezzi sono triplicati quest'anno.

trebly ['trebli], *avv.* tre volte tanto; in modo triplice.

trebuchet ['trebəʃət], **trebucket** ['tri:bʌkit], *n.* **1** (*stor.*) trabocco (*macchina bellica*) **2** bilancio (di precisione).

trecentist [trei'tʃentist], *n.* (*arte, letter.*) trecentista.

tree [tri:], *n.* (*bot.*) **1** albero **2** arbusto: **a rose t.**, un arbusto di rose; un rosaio. ● (*di libro*) **t. calf**, legatura di vitello, con disegni ramiformi □ (*zool.*) **t. creeper** (*Certhia*), rampichino (*uccello*) □ **t. fern**, felce arborescente □ (*zool.*) **t. frog** (*Hyla arborea*), raganella □ (*zool.*) **t. goose**, oca selvatica (*dei paesi nordici*) □ **t. house**, piccola capanna sui rami di un albero □ **t.-lined**, alberato; fiancheggiato da alberi □ (*agric.*) **t. nursery**, vivaio (*stor.*) **the t. of liberty**, l'albero della libertà □ (*zool.*) **t. toad**, *V.* **t. frog** □ (*fig.*) **to be at the top of the t.**, essere all'apice della carriera □ **axle-t.**, asse (*di carro, ecc.*) □ **boot-t.** (*o* **shoe-t.**), forma per scarpe □ **Christmas t.**, albero di Natale □ **family t.**, albero genealogico □ (*fig., fam. USA*) **up a t.**, con le spalle al muro; in imbarazzo; in una situazione difficile.

to tree [tri:], **A** *v. t.* **1** costringere a rifugiarsi su un albero: **The lion treed the hunter**, il leone costrinse il cacciatore a rifugiarsi su un albero **2** mettere (*una scarpa, uno stivale*) in forma **3** (*fig., fam. USA*) mettere in imbarazzo; mettere con le spalle al muro. **B** *v. i.* rifugiarsi su un albero.

treeless ['tri:lis], *a.* senz'alberi; brullo: **a t. mountain**, una montagna brulla.

treenail ['tri:neil], *n.* (*naut.*) caviglia di legno.

trefoil ['trefɔil], *n.* **1** (*bot., Trifolium*) trifoglio **2** (*archit.*) decorazione a trifoglio.

to trek [trek], **A** *v. t.* (*di buoi*) tirare (*un carro*). **B** *v. i.* **1** viaggiare su un carro trainato da buoi; migrare **2** (*per estens.*) viaggiare lentamente (*o* con fatica).

trek [trek], *n.* **1** viaggio su carro trainato da buoi; migrazione **2** tappa di un tale viaggio **3** (*per estens.*) viaggio lento e faticoso.

trekker ['trekə*], *n.* **1** chi viaggia su un carro trainato da buoi **2** chi fa un viaggio lento e faticoso.

trellis ['trelis], *n.* **1** graticcio; graticolato; graticciata **2** pergolato (*di graticcio*) **3** (*falegnameria; anche* **trelliswork**) graticcio.

to trellis ['trelis], *v. t.* **1** ingraticciare **2** far crescere (*piante*) su un graticcio; sostenere (*viti, ecc.*) mediante una pergola. ● **trellised roses**, rose a spalliera.

to tremble ['trembl], *v. i.* tremare; fremere; trepidare; palpitare: **His hands trembled with excitement**, le mani gli tremavano per l'agitazione; **to t. with rage**, fremere d'ira; **I t. for my old mother**, trepido per la mia vecchia madre; **I t. to think what might have happened**, tremo al pensiero di quel che avrebbe potuto succedere. ● **to t. in every limb**, tremare come una foglia (*o* come una canna) □ (*fig.*) **His life trembles in the balance**, la sua vita è sospesa a un filo.

tremble ['trembl], *n.* tremito; fremito; trepidazione. ● (*med.*) **the trembles**, paralisi agitante; morbo di Parkinson □ (*fam.*) **to be all of a t.**, tremar tutto; tremare come una foglia.

trembler ['tremblə*], *n.* **1** chi trema (*V.* **to tremble**) **2** (*mecc.*) vibratore.

trembling ['tremblin], **A** *n.* tremito; tremore; fremito; trepidazione. **B** *a.* tremante; tremulo; fremente. ● (*bot.*) **t. poplar** (*Populus tremula*), pioppo tremulo □ **in fear and t.**, tremante di paura.

trembly ['trembli], *a.* tremante; tremulo; fremente.

tremendous [tri'mendəs], *a.* **1** tremendo; terribile; spaventoso: **a t. crash**, un incidente tremendo; **at a t. velocity**, a una velocità spaventosa **2** enorme; straordinario **3** (*fam.*) favoloso; fantastico. ● **a t. talker**, un gran chiacchierone; uno che non sta mai zitto.

tremendousness [tri'mendəsnis], *n.* **1** l'essere terribile (*o* tremendo, spaventoso) **2** enormità.

tremolant ['tremələnt], *n.* (*mus.*) tremulo (*dell'organo*).

tremolo ['tremələu] (*ital.*), *n.* (*pl.* **tremolos**) (*mus.*) tremolo.

tremor ['tremə*], *n.* **1** tremore; tremito; fremito: **a t. of delight**, un fremito di gioia **2** (*geol.*) tremore, piccola scossa: **earthquake tremors**, piccole scosse di terremoto **3** (*med.*) tremore.

tremulant ['tremjulənt], *n.* (*mus.*) tremulo (*dell'organo*).

tremulous ['tremjuləs], *a.* **1** tremulo; tremante; fremente; tremolante; vacillante: **in a t. tone**, in tono tremulo; **t. hand**, mano tremante **2** (*fig.*) timido; pauroso; timoroso.

tremulousness ['tremjuləsnis], *n.* l'essere tremulo, ecc. (*V.* **tremulous**).

trenail ['tri:neil], *V.* **treenail**.

trench [trentʃ], *n.* **1** fossa (*anche geol.*); fosso; solco profondo **2** (*mil.*) trincea. ● **t. cart**, carretto (*per il trasporto di munizioni nelle trincee*) □ **t. coat**, impermeabile (*di foggia militare o sim.*) □ (*mil.*) **t. communication**, camminamento □ **t. digger**, scavatore; (*mecc.*) scavatrice □ (*mil.*) **t. excavator**, scavafossi □ (*mil.*) **t. gun** (*o* **t. mortar**), lanciabombe; mortaio □ **t.-knife**, pugnale □ **t. plough**, aratro per solchi profondi □ **t. warfare**, guerra di trincea □ **to mount the trenches**, montar la guardia in trincea □ **to open the trenches**, cominciare a scavare le trincee.

to trench [trentʃ], **A** *v. t.* **1** scavare fosse in; solcare: **to t. land**, scavare fosse nel terreno **2** (*mil.*) trincerare **3** incidere (*legno, ecc.*). **B** *v. i.* scavare fosse. ● **to t. on** (*o* **upon**), invadere, usurpare; esser vicino a, rasentare: **to t. on sb.'s land**, invadere il terreno di q.; **to t. upon sb.'s rights**, usurpare i diritti di q.; **behaviour trenches upon vulgarity**, la sua condotta rasenta la volgarità □ **to t. upon sb.'s privacy**, intrufolarsi in casa di q.; disturbare la quiete domestica di q.

trenchancy ['trentʃənsi], *n.* **1** acutezza; incisività; modo peren-

torio; tono tagliente 2 nettezza; precisione.
trenchant ['trentʃənt], *a.* **1** tagliente (*specialm. fig.*); acuto; incisivo; penetrante; vigoroso: **t. words**, parole taglienti **2** netto; preciso: **t. distinctions**, distinzioni nette.
trencher (1) ['trentʃə*], *n.* **1** scavatore; chi scava fosse (*o trincee*) **2** (*mecc.*) V. **trench excavator**, *sotto* **trench**.
trencher (2) ['trentʃə*], *n.* (*cucina*) tagliere di legno.
trencherman ['trentʃəmən], *n.* (*pl.* **trenchermen**) mangiatore: **a good t.**, un gran mangiatore; una buona forchetta. ● **a poor t.**, uno che mangia poco (*o come un passerotto*).
trend [trend], *n.* **1** direzione; tendenza; orientamento; andamento; corso: **the trends of modern philosophy**, le tendenze della filosofia moderna; **The t. of the strata is from north to south**, la direzione degli strati è da nord a sud; **the t. of events**, il corso degli eventi **2** (*econ., fin.*) andamento; tendenza; evoluzione; trend: **a definite upward t. of the cost of living**, una decisa tendenza all'aumento del costo della vita; **the t. of the stock market**, l'andamento del mercato dei titoli; **the trends which determine price increases**, le tendenze che determinano la dinamica dei prezzi **3** (*stat.*) tendenza **4** moda; voga: **to set the t.**, dettare (*o fare*) la moda. ● (*econ.*) **the t. of economic activity**, il trend dell'attività economica; l'evoluzione congiunturale □ (*fam.*) **t.--setter**, chi detta la moda.
to trend [trend], *v. i.* **1** tendere; dirigersi; volgere: **The river trends southwards**, il corso del fiume volge a sud **2** curvare, piegare (*verso una direzione*) **3** tendere; avere una (*certa*) tendenza. ● **to t. away from st.**, tendere ad allontanarsi da q.c.
trendily ['trendili], *avv.* alla moda.
trendiness ['trendinis], *n.* l'essere alla moda.
trendy ['trendi], (*fam.*) **A** *a.* alla moda. **B** *n.* persona alla moda.
Trent [trent], *n.* (*geogr.*) **1** Trento: (*stor.*) **The Council of T.**, il Concilio di Trento **2** Trent (*fiume inglese*).
trental [trentl], *n.* (*relig.*) serie di trenta messe (*per i defunti*).
trepan [tri'pæn], *n.* **1** (*med.*) trapano **2** (*ind. min.*) trivella **3** (*mecc.*) utensile tubolare; utensile a taglio anulare **4** (*mecc.*) taglio anulare.
to trepan [tri'pæn], *v. t.* **1** (*med.*) trapanare (*specialm. il cranio*) **2** (*ind. min.*) trivellare **3** (*mecc.*) tagliare con un utensile tubolare.
trepanation [,trepə'neiʃən], *n.* (*med.*) trapanazione.
trepang [tri'pæŋ], *n.* (*zool., Holothuria*) oloturia.
trephination [,trefi'neiʃən], *n.* (*med.*) trapanazione.
trephine [tri'fi:n], *n.* (*med.*) trapano.
to trephine [tri'fi:n], *v. t.* (*med.*) trapanare (*specialm. il cranio*).
trepidation [,trepi'deiʃən], *n.* **1** trepidazione; ansia **2** (*med.*) tremito.
to trespass ['trespəs], *v. i.* **1** (*arc. o biblico*) trasgredire; andare oltre i limiti del lecito; contravvenire (*a un divieto, ecc.*); (*lett.*) offendere, peccare, far torto: **to t. against a moral principle**, trasgredire a un principio morale; «**Forgive them that t. against us**», «perdona coloro che ci offendono!» **2** (*leg.*) oltrepassare un confine; introdursi abusivamente; sconfinare, invadere: **to t. on a private beach**, introdursi abusivamente in una spiaggia privata **3** — **to t. on**, abusare di; approfittare di; usurpare; violare: **I shall not t. on your hospitality**, non abuserò della vostra ospitalità; (*leg.*) **to t. upon sb.'s rights**, violare i diritti di q. ● **to t. upon sb.'s time**, far perdere del tempo a q. □ «**No trespassing!**», «proprietà privata» (*cartello*).
trespass ['trespəs], *n.* **1** trasgressione; contravvenzione; infrazione **2** (*leg.*) violazione di proprietà; intrusione; sconfinamento **3** (*leg.*) abuso; prevaricazione; usurpazione; violazione **4** (*relig.*) peccato; colpa. ● (*relig.*) **t. offering**, sacrificio espiatorio.
trespasser ['trespəsə*], *n.* **1** trasgressore; contravventore; intruso; violatore di confini: «**Trespassers will be prosecuted**», «i trasgressori saranno puniti a termini di legge» **2** (*relig.*) peccatore.
tress [tres], *n.* (*lett.*) **1** treccia (*di capelli*) **2** ciocca; ricciolo.
tressed [trest], *a.* **1** (*di capelli*) acconciati in trecce; a trecce **2** (*di persona, specialm. nei composti*) con le trecce; dalle trecce: **a long-tressed girl**, una ragazza dalle trecce lunghe.
trestle ['tresl], *n.* **1** cavalletto; trespolo; capra: **a t.-table**, un tavolo (*da disegno, ecc.*) poggiato su cavalletti **2** (*anche* **trestlework**) traliccio; intelaiatura (*a travatura*) **3** (*costr., anche* **t. bridge**) ponte a traliccio **4** (*naut., anche* **testletree**) barra costiera.
tret [tret], *n.* (*comm., stor.*) abbuono per calo della merce.
trevet ['trevit], *V.* **trivet**.
trews [tru:z], *n. pl.* calzoni corti e attillati (*alla scozzese*).
trey [trei], *n.* tre (*carta da gioco o faccia di dado*).
triable ['traiəbl], *a.* (*leg.*) processabile; perseguibile.
triad ['traiəd], *n.* **1** (*elab., elettron.*) triade **2** (*chim.*) elemento trivalente.
triadic [trai'ædik], *a.* triadico; di triade.
trial ['traiəl], *n.* **1** prova; esperimento; collaudo; saggio; tentativo: **to make trials**, compiere tentativi; **a t. of strength**, una prova di forza; **endurance t.**, prova di resistenza; (*sport*) **long-distance trial**, prova di durata; **When will you make the t.?**, quando farete l'esperimento? **2** tribolo; tribolazione; croce (*fig.*); fastidio; seccatura: **That boy is a real t. to his mother**, quel ragazzo è la croce di sua madre; **The piano next door is a great t.**, il pianoforte dei vicini è una gran seccatura **3** (*leg.*) processo; dibattimento; giudizio: **to be on t.** (*o* **to stand t.**, **to undergo t.**) **for embezzlement**, subire un processo (*o essere processato*) per appropriazione indebita. ● **t.-and-error method**, metodo per tentativi □ (*rag.*) **t. balance**, bilancio di verifica □ **t. balloon**, pallone sonda; (*fig. USA*) iniziativa (*o dichiarazione*) che vuole sondare la reazione pubblica □ (*leg.*) **t. court**, tribunale di prima istanza □ (*aeron.*) **t. flight**, volo sperimentale (*o di collaudo*) □ **t. marriage**, matrimonio di prova □ (*sport*) **t. match**, incontro di selezione; eliminatoria □ (*comm.*) **t. order**, ordinazione di prova □ **t. run**, prova; (*autom.*) prova su strada; (*aeron.*) volo di collaudo □ (*naut.*) **t. trip**, viaggio di prova □ **t. acceptance t.**, prova di collaudo □ **to give sb. a t.**, mettere alla prova q. □ **on t.**, (*specialm. comm.*) in prova; alla prova; (*leg.*) sotto processo.
triangle ['traiæŋgl], *n.* **1** (*geom., mus.*) triangolo: **a right-angled t.**, un triangolo rettangolo; (*geom.*) **spherical t.**, triangolo sferico **2** (*USA*) squadra (*fissa: da disegno*). ● (*fig.*) **the eternal t.**, l'eterno triangolo (*marito, moglie e amante*).
triangular [trai'æŋgjulə*], *a.* **1** (*geom.*) triangolare: **t. pyramid**, piramide triangolare **2** triplice; tripartito: **a t. treaty**, un patto tripartito. ● **t. compasses**, compasso a tre gambe □ (*mecc.*) **t. file**, lima a sezione triangolare □ (*naut., mil.*) **t. flag**, guidone.
triangularity [trai,æŋgju'læriti], *n.* forma triangolare.
to triangulate [trai'æŋgjuleit], *v. t.* **1** dividere (*una superficie*) in triangoli **2** (*topografia*) triangolare; fare la triangolazione di.
triangulation [trai,æŋgju'leiʃən], *n.* (*topografia*) triangolazione.
triarchy ['traia:ki], *n.* triarchia; triumvirato.
Triassic [trai'æsik], (*geol.*) **A** *a.* triassico. **B** *n.* (*anche* **Trias**) Trias; Triassico.
tribadism ['tribədizm], *n.* (*psic.*) tribadismo; lesbismo.
tribal ['traibəl], *a.* tribale; di tribù.
tribalism ['traibəlizm], *n.* struttura tribale (*di una società*).
tribasic [trai'beisik], *a.* (*chim.*) tribasico.
tribe [traib], *n.* **1** (*anche zool., bot., fig.*) tribù **2** (*spesso spreg.*) razza; classe; genia.
tribesman ['traibzmən], *n.* (*pl.* **tribesmen**) membro d'una tribù.
triblet ['triblit], *n.* (*mecc.*) mandrino per tubi.
triboelectricity ['traibou,ilek'trisiti], *n.* (*fis.*) triboelettricità.
tribology [trai'bɔlədʒi], *n.* (*fis.*) tribologia.
triboluminescence ['traibou,lu:mi'nesəns], *n.* (*fis. nucl.*) triboluminescenza.
tribrach ['traibræk], *n.* (*poesia*) tribrachio; tribraco.
tribrachic [tri'brækik], *a.* (*poesia*) tribraco.
tribulation [,tribju'leiʃən], *n.* tribolazione; patimento; sofferenza.
tribunal [trai'bju:nl], *n.* **1** tribunale (*anche fig.*): **the t. of conscience**, il tribunale della coscienza **2** (*stor.*) commissione per gli esoneri dal servizio militare (*durante la guerra 1914-18*).
tribunate ['tribjunit], *n.* (*stor.*) tribunato.
tribune (1) ['tribju:n], *n.* tribuno (*anche fig.*).
tribune (2) ['tribju:n], *n.* (*archit.*) **1** tribuna; palco (*per oratori, ecc.*) **2** trono di vescovo **3** abside con trono episcopale.
tribuneship ['tribju:nʃip], *n.* tribunato.
tribunicial [,tribju'niʃəl], **tribunician** [,tribju'niʃən], **tribunitial** [,tribju'niʃəl], *a.* (*stor.*) tribunizio; (*spreg.*) tribunesco.
tributary ['tribjutəri], **A** *a.* (*di Stato, ecc.*) tributario. **B** *n.* **1** (*stor.*) popolo (*o Stato*) tributario **2** (*geogr.*) tributario.
tribute ['tribju:t], *n.* **1** tributo (*anche fig.*); omaggio: **tributes of tears** (*praise, ecc.*), tributi di lacrime (*di lodi, ecc.*); **floral tributes**, omaggi floreali; **to pay** (**a**) **t. to sb.**, pagare un tributo a q.; (*fig.*) rendere omaggio a q. **2** (*ind. min.*) parte del minerale estratto (*o equivalente in denaro*) corrisposto a un minatore. ● **t.-work**, lavoro di minatore pagato in natura □ **to lay a nation under t.**, assoggettare un popolo al pagamento di tributi.
tricar ['trai-ka:*], *n.* (*autom.*) autoveicolo a tre ruote.
to trice [trais], *v. t.* (*naut., di solito* **to t. up**) issare e legare: **to t. (up) a sail**, issare e legare una vela.
trice [trais], *n.* — **in a t.**, in un batter d'occhio; in un baleno.
tricentenary [,traisen'ti:nəri], **tricentennial** [,traisen'teniəl], *a. e n.* (*del*) terzo centenario.
triceps ['traiseps], *n.* (*pl.* **triceps, tricepses**) (*anat.*) (*muscolo*) tricipite.
trichiasis [,triki'eisis], *n.* (*pl.* **trichiasises**) (*med.*) trichiasi.
trichina [tri'kainə], *n.* (*pl.* **trichinae, trichinas**) (*zool., Trichinella spiralis*) trichina.
trichiniasis [,triki'naiəsis], (*pl.* **trichiniases**) *V.* **trichinosis**.
trichinosis [triki'nousis], *n.* (*pl.* **trichinoses**) (*med.*) trichinosi.
trichloride [trai'klɔ:raid], *n.* (*chim.*) tricloruro.
trichologist [tri'kɔlədʒist], *n.* (*med.*) tricologo.

trichology [triˈkɔlədʒi], n. (med.) tricologia.
trichoma [triˈkoumə], n. (med.) tricoma.
trichome [ˈtrikoum], n. (bot.) tricoma.
trichomycin [ˌtrikəˈmaisin], n. (farm.) tricomicina.
trichord [ˈtrai-kɔːd], a. (mus.) tricorde, tricordo.
trichosis [traiˈkousis], n. (pl. **trichoses**) (med.) tricosi.
trichotomy [triˈkɔtəmi], n. tricotomia.
trichromatic [ˌtraikrouˈmætik], a. (fotogr., tipogr.) tricromatico.
trichromatism [ˌtraikrouˈmætizəm], n. (fotogr., tipogr.) tricromia.
trick [trik], **A** n. **1** trucco; artificio; stratagemma; tiro; frode; inganno: **conjurer's tricks**, trucchi da prestigiatore; **a clever t.**, un abile stratagemma; **The children are always up to some t. or other**, i bambini combinano sempre qualche tiro; **I suspect some t.**, subodoro un qualche inganno; **an unfair t.**, un tiro sleale **2** abitudine; vezzo; affettazione; (pl.) manierismo: **He has a t. of scratching his head when he is embarassed**, ha il vezzo di grattarsi la testa quando è imbarazzato; **the t. of archaism**, l'affettazione dell'arcaicità; **His style is disfigured by tricks**, il suo stile è guastato dal manierismo **3** (nei giochi di carte) mano; presa: **to take** (o **to win**) **the t.**, vincere la mano **4** turno (di lavoro); (naut.) turno di guardia al timone (di solito, due ore). **B** a. attr. (fam.) **1** tranello; difficilissimo: **a t. question**, una domanda tranello **2** (anche sport) truccato; che fa ricorso a trucchi. ● **a t. cyclist**, un ciclista acrobata; (scherz.) uno psichiatra □ **the tricks of the trade**, i trucchi del mestiere □ **t. photograph**, fotografia truccata □ (fam.) **a t. worth two of that**, un trucco assai più abile (o ingegnoso) □ **a dirty t.** (o **a shabby t.**, **a dog's t.**), un tiro birbone; un brutto scherzo; uno scherzo di cattivo gusto □ (fam.) **to do the t.**, farcela; riuscirci (di medicina, ecc.) essere efficace; funzionare (fam.) □ **to get the t. of it**, mangiare la foglia (o fig.) □ **to know a t. or two**, saperla lunga; essere un furbo di tre cotte □ **I know a t. worth two of that**, io ne so una migliore; te l'insegno io come devi fare □ **He shall not play that t. on me** (o **he shall not serve me that t.**) **twice**, non me la farà una seconda volta; non ci ricasco.
to trick [trik], v. t. e i. imbrogliare; ingannare; fare un tiro a (q.); raggirare; turlupinare. ● **to t. sb. into doing st.**, convincere q. a fare q.c. con l'inganno (o con raggiri) □ (fam.) **to t. out** (o **to t. up**), adornare; decorare; agghindare; coprire di fronzoli.
tricker [ˈtrikə*], V. **trickster**.
trickery [ˈtrikəri], n. **1** astuzia; frode; inganno **2** birbonata; bricconata; tiro mancino.
trickiness [ˈtrikinis], n. **1** astuzia; furberia; malizia **2** complessità; ingegnosità; difficoltà.
trickle [ˈtrikl], n. **1** gocciolamento; gocciolio **2** filo (d'acqua, di sangue, ecc.); rivolo; rivoletto **3** (elettr., anche **t. charge**) carica di mantenimento.
to trickle [ˈtrikl], **A** v. i. gocciolare; colare; stillare: **Sweat was trickling from his forehead**, il sudore gli gocciolava dalla fronte. **B** v. t. far colare; far gocciolare. ● **to t. ink into a fountain-pen**, riempire (d'inchiostro) una stilografica goccia a goccia □ (di folla, ecc.) **to t. into**, entrare a poco a poco (o pochi alla volta) □ (fig.) **to t. out**, (di folla, ecc.) uscire a poco a poco; (di notizie) trapelare □ **The crowd (the audience) began to t. away**, la folla cominciò ad andarsene alla spicciolata (l'uditorio cominciò a sfollare).
trickly [ˈtrikli], a. gocciolante.
trickster [ˈtrikstə*], n. **1** imbroglione; farabutto; truffatore **2** (mitol.) essere immaginario (spesso, animale) che gioca burle colossali.
tricksy [ˈtriksi], a. birichino; giocoso; scherzoso; vivace: **a t. boy**, un (ragazzo) birichino.
trick(-)track [ˈtrik-træk], n. (gioco di carte) tric-trac; tavola reale.
tricky [ˈtriki], a. **1** astuto; ingannevole; infido; scaltro; traditore: **t. diplomats**, scaltri diplomatici **2** (di problema, ecc.) complesso; complicato; difficile (di una situazione) difficile; scabrosa.
triclinic [traiˈklinik], a. (miner.) triclino: **the t. system**, il sistema triclino (dei cristalli).
triclinium [traiˈkliniəm], n. (pl. **triclinia**) (stor.) triclinio.
tricolour, (USA) **tricolor** [ˈtrikələ*], **A** a. tricolore. **B** n. (il) tricolore (specialm. la bandiera francese).
tricoloured [ˈtrikələd], a. tricolore.
tricorn [ˈtraikɔ(ː)n], **A** a. tricorne. **B** n. tricorno (cappello a tre punte).
tricot [ˈtrikou] (franc.), n. (ind. tessile) tessuto a maglia.
tricuspid [traiˈkʌspid], a. (anat.) tricuspide: **t. tooth**, dente tricuspide; **t. valve**, valvola tricuspide (del cuore).
tricuspidate [traiˈkʌspideit], a. tricuspidale.
tricycle [ˈtraisikl], n. triciclo (a pedali o a motore). ● (aeron.) **t. landing gear**, carrello d'atterraggio triciclo (a tre ruote).
to tricycle [ˈtraisikl], v. i. andare in triciclo.
tricyclist [ˈtraisiklist], n. chi va in triciclo.

trident [ˈtraidənt], n. tridente.
tridentate [traiˈdenteit], a. (bot.) tridentato.
Tridentine [traiˈdentin], **A** a. **1** (geogr.) trentino; di Trento **2** (relig.) tridentino; del Concilio di Trento. **B** n. (relig.) cattolico.
tridimensional [ˌtraidiˈmenʃənl], a. (geom., fis.) tridimensionale; a tre dimensioni.
triduo [ˈtriːdou], n. (pl. **triduos**) V. **triduum**.
triduum [ˈtridjuəm], n. (relig.) triduo.
tried [traid], a. provato; sperimentato; fido; fidato; sicuro: **a t. friend**, un amico provato (o sicuro).
triennial [traiˈenjəl], **A** a. triennale. **B** n. **1** triennale; evento che ricorre ogni tre anni **2** terzo anniversario.
trier [ˈtraiə*], n. **1** sperimentatore; saggiatore **2** persona di buona volontà **3** (leg.) chi giudica; giudice.
trierarch [ˈtraiəraːk], n. (stor. greca) trierarca.
trierarchy [ˈtraiəraːki], n. (stor. greca) trierarchia.
trifid [ˈtraifid], a. (bot., zool.) trifido.
trifle [ˈtraifl], n. **1** bazzecola; bagatella; inezia; nonnulla; quisquilia; sciocchezza; sciocchezzuola: **Don't waste your time on trifles**, non sciupare il tempo in bazzecole! **2** piccola quantità di denaro; (un) po' di spiccioli; (una) sciocchezza (fam.): **Spare a t. for the porter**, serba un po' di spiccioli per il facchino! **3** (cucina) zuppa inglese **4** (metall.) peltro **5** (pl.) utensili di peltro. ● **a t. angry**, piuttosto adirato; un po' arrabbiato □ **This bag is a t. (too) heavy**, questa borsa è un po' troppo pesante □ **He does not stick at trifles**, non ha tanti scrupoli.
to trifle [ˈtraifl], v. i. baloccarsi; gingillarsi; giocherellare; perdersi in frivolezze; scherzare: **Don't t. with your work**, non gingillarti col lavoro!; **to t. with a cigarette**, giocherellare con una sigaretta. ● **to t. away one's money**, buttare il proprio denaro □ **to t. away one's time**, sprecare il tempo □ **to t. with sb.'s plans**, non prendere sul serio i progetti di q. □ **The boss is not a man to be trifled with**, il capo non è tipo da prendere sotto gamba.
trifler [ˈtraiflə*], n. persona frivola; perdigiorno; sfaccendato.
trifling [ˈtraifliŋ], a. **1** insignificante; lieve; da nulla; futile; trascurabile: **a t. matter**, una cosa da nulla; una faccenda trascurabile; **a t. mistake**, un errore insignificante; **a t. ailment**, una lieve indisposizione **2** frivolo; fatuo; incostante.
trifoliate [traiˈfouliit], **trifoliated** [traiˈfoulieitid], a. (bot.) trifogliato; che ha tre foglie.
triforium [traiˈfɔːriəm], n. (pl. **triforia**) (archit.) triforio.
trifurcate [ˈtraifəːkeit], a. triforcuto.
trig (1) [trig], a. (fam.) attillato; elegante; lindo; azzimato.
to trig (1) [trig], v. t. (fam.) attillare; azzimare.
trig (2) [trig], n. bietta, zeppa (per fermare la ruota d'un carro, ecc.).
to trig (2) [trig], v. t. bloccare (una ruota) con una bietta (o con una zeppa). ● **to t. up**, puntellare; sostenere.
trig (3) [trig], n. (abbr. fam. di **trigonometry**) trigonometria.
trigamist [ˈtrigəmist], n. trigamo.
trigamous [ˈtrigəməs], a. trigamo.
trigamy [ˈtrigəmi], n. trigamia.
trigeminal [traiˈdʒeminl], (anat.) **A** n. (nervo) trigemino. **B** a. trigeminale; del trigemino.
trigger [ˈtrigə*], n. **1** (d'arma da fuoco) grilletto: **to pull the t.**, premere il grilletto **2** (mecc., in genere) levetta di scatto; scatto **3** (elettron.) impulso di comando (o d'azionamento) **4** (anche med.) stimolo: **physiological t.**, stimolo fisiologico. ● (elettr., autom.) **t. box**, centralina elettronica □ (farm.) **t. drug**, stimolante □ (fam.) **t.-happy**, dal grilletto facile; (fig.: di metodo, ecc.) drastico □ (fam.) **to be quick on the t.**, essere svelto a sparare; avere il grilletto facile (di macchina fotografica) **release t.**, scatto.
to trigger [ˈtrigə*], v. t. **1** premere il grilletto di (un'arma da fuoco) **2** (elab.) iniziare (un programma) **3** (elettron.) innescare **4** (fig., spesso **to t. off**) provocare; dare l'avvio a; scatenare: **The unpopular measures triggered off a revolt**, i provvedimenti impopolari diedero l'avvio a una rivolta.
triglyph [ˈtraiglif], n. (archit.) triglifo.
triglyphic(al) [traiˈglifik(əl)], a. (archit.) di triglifo; a tre glifi.
trigon [ˈtraigən], n. (astron., mus., ecc.) trigono.
trigonal [ˈtrigənl], a. **1** trigonale; di trigono **2** (geom.) triangolare. ● (miner.) **t. system**, sistema trigonale.
trigonometric(al) [ˌtrigənəˈmetrik(əl)], a. (mat.) trigonometrico.
trigonometry [ˌtrigəˈnɔmitri], n. (mat.) trigonometria.
trihedral [traiˈhiːdrəl], a. (geom.) triedrico.
trihedron [traiˈhiːdrən], n. (pl. **trihedrons**, **trihedra**) (geom.) triedro.
trijet [ˈtraidʒet], (aeron.) **A** a. a tre reattori. **B** n. trigetto; trireattore.
trike [traik], n. (fam.) triciclo.
trikini [traiˈkiːni], n. (moda) trikini.
trilateral [traiˈlætərəl], **A** a. trilaterale; (fig.) tripartito: **t. dealings**, trattative tripartite. **B** n. (geom.) trilatero.

trilby ['trilbi], *n.* (*anche* **t. hat**) cappello floscio, di feltro.
trilingual ['trai'lingwəl], *a.* trilingue.
to trill [tril], *v. i.* **1** (*secialm. mus.*) trillare **2** (*scherz.*) canticchiare: **Most men t. while shaving**, i più canticchiano mentre si fanno la barba. ● (*fon.*) **to t. one's «r's»**, far vibrare la erre.
trill [tril], *n.* **1** (*specialm. mus.*) trillo **2** (*fon.*) consonante (*specialm. ia «r»*) fatta vibrare.
trilling ['triliŋ], *n.* (*miner.*) trigeminato.
trillion ['triljən], *a.* e *n.* **1** (*in G.B.*) (un) miliardo di miliardi, quintilione (*un 1 seguito da 18 zeri*) **2** (*in USA*) trilione, mille miliardi (*un 1 seguito da 12 zeri*).
trillionth ['triljənθ], *a.* e *n.* **1** (*in G.B.*) (un) quintilionesimo **2** (*in USA*) (un) trilionesimo (*V.* **trillion**).
trilobate ['trailəbeit], **trilobated** ['trailəbeitid], **trilobed** [trai'loubd], *a.* (*bot.*) trilobato.
trilobite ['trailəbait], *n.* (*paleontologia*) trilobite.
trilogy ['trilədʒi], *n.* (*letter.*, *mus.*) trilogia.
to trim [trim], **A** *v. t.* **1** aggiustare; assettare; rassettare; mettere in ordine; ripulire; regolare: (*naut.*) **to t. a ship (a boat)**, assettare una nave (una barca: *bilanciandone il carico, la zavorra, ecc.*); **to t. lumber**, ripulire il legname (*piallando, ecc.*) **2** tagliare; potare; cimare; spuntare; ritagliare: **to t. the superfluous parts off (away)**, tagliar via le parti superflue; **to t. a hedge**, cimare (*o* potare) una siepe; **to have one's hair (beard, moustache) trimmed**, farsi spuntare i capelli (la barba, i baffi); **to t. one's costs**, tagliare (*o* ridurre) i costi **3** adornare; decorare; ornare; guarnire: **The children trimmed the Christmas tree**, i bambini decorarono l'albero di Natale; **to t. a collar with fur**, guarnire di pelliccia un bavero **4** (*metall.*) rifilare; sbavare **5** (*fam.*) rimproverare; sgridare; fare una ramanzina a (q.) **6** (*fam.*) battere; bastonare; percuotere; picchiare; dare una strigliata a (q.) **7** (*fam.*) aver la meglio su (q.); (*sport*) battere (*un avversario*); stracciare (*pop.*) **8** (*naut.*) livellare, spianare (*un carico alla rinfusa*) **B** *v. i.* **1** barcamenarsi; tergiversare; essere un opportunista; tirare a campare **2** (*di nave*) essere bilanciata; essere in equilibrio. ● (*econ., fin.*) **to t. the budget**, apportare tagli al bilancio □ (*naut.*) **to t. hold**, sistemare (*o* livellare, assettare) la stiva □ (*fam.*) **to t. sb.'s jacket**, picchiare (*o* bastonare) q. □ **to t. off** (*o* away), tagliare via; ritagliare □ (*naut.*) **to t. sails**, orientare le vele □ (*di pesci*) **to t. the shore**, nuotare lungo la riva □ **to t. oneself up**, agghindarsi; attillarsi; azzimarsi □ **to t. the wick of a candle**, smoccolare una candela.
trim [trim], **A** *n.* **1** assetto; ordine; disposizione; condizione; stato: (*di nave, ecc.*) **in fighting t.**, in assetto di guerra; **All my papers are in good** (*o* **proper**) **t.**, tutti i miei documenti sono in perfetto ordine; (*sport*) **Our team is in good t.**, la condizione della nostra squadra è buona **2** finitura; rifinitura; arredamento **3** spuntata, spuntatina (*di capelli, baffi, ecc.*) **4** (*archit.*) finiture interne (*di una casa*) **5** (*autom.*) materiali per l'arredamento (*della carrozzeria*) **6** (*cinem.*) taglio; parte tagliata (*della pellicola*) **7** (*aeron.*) assetto **8** (*naut.*) differenza d'immersione (*in senso longitudinale: da prua a poppa*) **9** (*elettron.*) compensazione **10** (*naut.*) orientamento (*delle vele*). **B** *a.* **1** attillato; azzimato; lindo; pulito; grazioso; curato: **a t. little room**, una graziosa cameretta **2** bene tenuto; bene attrezzato; bene equipaggiato; in perfetto ordine: **a t. garden**, un giardino tenuto bene; (*naut.*) **a t. ship**, una nave in perfetto ordine **3** snello; svelto. ● (*naut.*) **t. by the head**, appruamento □ (*naut.*) **t. by the stern**, appoppamento □ **to get into t.**, mettersi in ordine; prepararsi □ **to be in t.**, essere in ordine; essere in assetto □ **to be out of t.**, non essere in ordine (*di nave, d'aereo, ecc.*) essere fuori assetto; (*sport*) non essere in forma.
trimaran ['traiməræn], *n.* (*naut.*) trimarano.
trimester [tri'mestə*], *n.* (*USA*) trimestre (*scolastico*; *cfr. ingl.* **term**).
trimeter ['trimitə*], *n.* (*poesia*) trimetro.
trimmed [trimd], *a.* **1** potato; cimato **2** (*di capello, barba, baffo*) spuntato; curato **3** adorno; decorato.
trimmer ['trimə*], *n.* **1** aggiustatore **2** (*naut.*) stivatore **3** guarnitore, guarnitrice; decoratore, decoratrice: **a hat t.**, una guarnitrice di cappellini **4** cimatore; potatore (*di siepi, ecc.*) **5** (*agric.*) forbici da potatore; svettatoio **6** (*metall.*) attrezzo per sbavare **7** (*edil.*) trave secondaria **8** (*ind., autom.*) operaio di reparto carrozzeria; accessorista **9** opportunista; girella; voltagabbana; banderuola (*fig.*). ● (*elettr.*) **t. potentiometer**, potenziometro di compensazione.
trimming ['trimiŋ], *n.* **1** guarnizione; decorazione; ornamento; (*ind. tessile*) passamaneria **2** finitura; rifinitura **3** (*metall.*) sbavatura; rifilatura **4** (*pl.*) ritagli **5** (*pl.*) fronzoli; aggiunte **6** (*pl., cucina*) contorno: **roast duck and trimmings**, anatra arrosto con contorno **7** (*fam.*) sgridata; rimprovero; ramanzina **8** (*fam.*) bastonatura; botte; busse.
trimness ['trimnis], *n.* attillatura; accuratezza; lindura.

trimonthly [trai'mʌnθli], *a.* trimestrale.
trimorphous [trai'mɔ:fəs], *a.* (*biol.*) trimorfo.
Trinacrian [trai'nækriən], *a.* (*lett.*) trinacrio.
trinal ['trainl], *a.* trino; triplice.
trinary ['trainəri], *a.* ternario; triplice.
trine [train], **A** *a.* trino; triplice. **B** *n.* triade.
tringle ['triŋgl], *n.* **1** bacchetta di ferro (*per tendaggi*) **2** (*archit.*) listello.
Trinitarian [,trini'tɛəriən], *a.* e *n.* (*relig.*) trinitario.
Trinitarianism [,trini'tɛəriənizəm], *n.* (*relig.*) trinitarismo.
trinitrotoluene [trai'naitrou'tɔljui:n], **trinitrotoluol** [trai'naitrou'tɔljuɔl], *n.* (*chim.*) trinitrotoluene; tritolo (*esplosivo*).
trinity ['triniti], *n.* **1** l'esser trino **2** triade. ● (*relig.*) **the T.**, la Trinità □ **T. House**, ente pubblico per la concessione di brevetti di pilota marittimo, di permessi per la costruzione di fari, ecc. (*in G.B.*) □ **T. Sunday**, la domenica dopo Pentecoste.
trinket ['triŋkit], *n.* **1** ciondolo; fronzolo; gingillo; ninnolo; gioiello di poco valore **2** bagatella; inezia.
trinketry ['triŋkitri], *n.* (*collett.*) ciondoli; gingilli; ninnoli.
trinomial [trai'noumjəl], *n.* e *a.* (*mat.*) trinomio. ● (*stat.*) **t. distribution**, distribuzione trinomiale.
trio ['tri:ou], *n.* (*pl.* **trios**) **1** (*mus.*) trio **2** trio; triade; terzetto **3** (*nei giochi di carte*) tris.
triode ['traioud], *n.* (*elettron.*, *radio*) triodo.
triolet ['tri(:)oulet], *n.* (*letter.*) strofe (*o* poesia) di otto versi.
trioxide [trai'ɔksaid], *n.* (*chim.*) triossido.
to trip [trip], **A** *v. i.* **1** saltellare; incedere (*o* danzare) con passo veloce: **The little girl came tripping down the staircase**, la bambina scese le scale saltellando **2** (*spesso* **to t. up**) incespicare; inciampare; mettere un piede in fallo; intoppare (*nel parlare, ecc.*): **I tripped on a stone**, inciampai in un sasso **3** (*fig.*) sbagliare; errare; fare un passo falso (*fig.*): **I've often caught him tripping**, l'ho colto in fallo più d'una volta **4** (*gergo*, *spesso* **to t. out**) fare un'esperienza psichedelica; fare un viaggio (*gergo dei drogati*). **B** *v. t.* **1** far cadere; far inciampare; fare lo sgambetto a; rovesciare a terra: **It is against the rules to t. a player at football**, nel gioco del calcio è proibito fare lo sgambetto a un giocatore; **The judoist tripped (up) the hooligan**, il judoka rovesciò a terra il teppista **2** (*fig.*, *spesso* **to t. up**) cogliere in fallo: **The examiners asked me questions to t. me up**, gli esaminatori mi fecero delle domande per cogliermi in fallo **3** (*mecc.*) liberare; far scattare: **to t. the wire of an alarm system**, far scattare un sistema d'allarme toccando un filo elettrico **4** (*naut.*) spedare: **to t. the anchor**, spedar l'ancora. ● (*lett.*) **to t. a measure**, ballare agilmente una danza.
trip [trip], *n.* **1** escursione; gita; viaggio; viaggetto; salto (*fam.*): **a day t.**, una gita di un giorno; **a t. to France**, un viaggetto in Francia; **a t. to the doctor**, un salto dal medico **2** passo agile e leggero **3** passo falso (*anche fig.*); l'inciampare; errore; sbaglio **4** (*mecc.*) scatto; autoscatto; disinnesto a scatto; dente d'arresto **5** (*mil.: d'arma da fuoco*) scatto **6** (*gergo*) esperienza psichedelica; viaggio (*gergo dei drogati*) **7** (*pop.*) esperienza emozionante **8** mania (*fig.*); ossessione **9** (*pop.*) modo di vita; stile. ● (*mecc.*) **t. hammer**, maglio a caduta libera a leva □ (*autom.*) **t. mileage counter**, contamiglia parziale □ **t. wire**, filo teso che fa scattare una trappola (*o* un allarme, una mina, ecc.) □ **round t.**, viaggio d'andata e ritorno.
tripartite [trai'pɑ:tait], *a.* **1** tripartito: **a t. agreement**, un accordo tripartito **2** (*di documento*) in tre copie.
tripartition [,traipɑ:'tiʃən], *n.* tripartizione.
tripartitism [trai'pɑ:titizəm], *n.* (*polit.*) sistema tripartitico.
tripe [traip], *n.* **1** (*cucina*) trippa: **I will stand anything but t.**, mangio di tutto fuor che la trippa **2** (*fam.*) sciocchezze; stupidaggini; fesserie (*pop.*).
tripery ['traipəri], *n.* tripperia.
triphthong ['trifθɔŋ], *n.* (*fon.*) trittongo.
triplane ['trai-plein], *n.* (*aeron.*) triplano.
triple ['tripl], *a.* triplo; triplice: (*mus.*) **t. time**, tempo triplo (*stor.*) **the T. Alliance**, la Triplice Alleanza; (*mecc.*) **t.-action press**, pressa a triplice effetto. ● (*relig.*) **t. crown**, triregno □ (*araldica, mitol.*) **t.-headed**, tricipite □ (*sport*) **t. jump**, salto triplo □ (*fis.*) **t.-pole**, tripolare.
to triple ['tripl], *v. t.* e *i.* triplicare, triplicarsi.
triplet ['triplit], *n.* **1** triade; terzetto **2** (*poesia*) terzina **3** (*mus.*) tripletta **4** bambino trigemino **5** (*pl.*) parto trigemino **6** (*pl., poker*) tris.
triplex ['tripleks], **A** *a.* triplice. **B** *n.* (*mus.*) **1** tempo triplo **2** composizione in tre parti **3** (*autom., ind.; marchio V.* **t. glass**. ● (*ind.*) **t. glass**, vetro di sicurezza (a tre strati) □ (*tel.*) **t. system**, sistema triplex □ (*elettr.*) **t. winding**, avvolgimento a tre circuiti.
triplicate ['triplikit], **A** *a.* **1** triplice; triplicato **2** in triplice copia: **a t. certificate**, un certificato in triplice copia **3** (*di copia o facsimile*) terzo. **B** *n.* **1** triplice copia: **to draw up a document**

triplicate

in t., redigere un documento in triplice copia **2** terza copia.
to **triplicate** ['triplikeit], *v. t.* triplicare.
triplication [ˌtripliˈkeiʃən], *n.* il triplicare; triplicazione.
triplicity [triˈplisiti], *n.* **1** l'esser triplice **2** trio; gruppo di tre oggetti.
tripod ['traipɔd], *n.* **1** treppiede **2** sgabello (*o* tavolo *a* tre gambe; tripode **3** cavalletto **4** (*stor.*) tripode.
tripodal ['tripədl], *a.* (*di sgabello, ecc.*) che ha tre piedi (*o* tre gambe).
tripody ['tripədi], *n.* (*poesia*) tripodia: **an iambic t.**, una tripodia giambica.
tripolar [traiˈpoulə*], *a.* (*anche fig., polit.*) tripolare.
tripoli ['tripəli], *n.* (*pl.* **tripolis**) (*miner.*) tripoli; farina fossile.
Tripolitan [triˈpɔlitən], *a. e n.* tripolitano.
tripos ['traipɔs], *n.* (*nell'università di Cambridge*) esame finale sostenuto da un candidato che aspira all' «honours degree» (*q.V.*).
tripper ['tripə*], *n.* **1** escursionista; gitante **2** (*anche ferr.*) autoscatto **3** (*mecc.*) scaricatore (*di nastro trasportatore*).
tripping ['tripiŋ], *a.* **1** saltellante; che si muove (*o* balla) agilmente **2** agile; leggero; lesto; rapido; veloce: **a t. rhythm**, un ritmo agile; **a t. step**, un passo leggero. ● (*elettr.*) **t. device**, dispositivo di scatto automatico.
triptych ['triptik], *n.* (*arte*) trittico.
tripwire ['tripˌwaiə*], *V.* **trip wire**, sotto **trip**.
trireme ['trairi:m], *n.* (*stor., naut.*) trireme.
to **trisect** [traiˈsekt], *v. t.* **1** tripartire **2** (*geom.*) trisecare (*un angolo, ecc.*).
trisection [traiˈsekʃən], *n.* **1** tripartizione **2** (*geom.*) trisezione.
trisectrix [traiˈsektriks], *n.* (*pl.* **trisectrices**) (*geom.*) trisettrice.
trismus ['trizməs], *n.* (*med.*) trisma.
Tristam ['tristəm], **Tristan** ['tristæn], *n.* Tristano.
trisyllabic ['trai-siˈlæbik], *a.* trisillabo; trisillabico.
trisyllable [ˈtraiˈsiləbl], *n.* trisillabo.
trite [trait], *a.* trito; stantio; banale; risaputo; comune: **a t. expression**, un'espressione trita.
triteness ['traitnis], *n.* l'esser trito (*o* stantio); banalità.
tritheism ['traiθi:izəm], *n.* (*relig.*) triteismo (*eresia*).
tritheist ['traiθiist], *n.* (*relig.*) triteista.
tritium ['tritiəm], *n.* (*chim.*) trizio.
triton ['traitn], *n.* (*zool., Triturus*) tritone.
Triton ['traitn], *n.* (*mitol.*) Tritone.
triturable ['tritjurəbl], *a.* triturabile.
to **triturate** ['tritjureit], *v. t.* triturare; tritare.
trituration [ˌtritjuˈreiʃən], *n.* triturazione; trituramento.
triturator ['tritjureitə*], *n.* chi tritura; chi trita; trituratore.
triumph ['traiəmf], *n.* **1** trionfo (*anche stor.*); (*piena*) vittoria: **Caesar entered Rome in t.**, Cesare entrò a Roma in trionfo; **the triumphs of science**, le vittorie della scienza; **a shout of t.**, un grido di trionfo **2** esultanza; tripudio; (*aria di*) trionfo: **Great was his t. on hearing the news**, grande fu la sua esultanza nell'apprendere la notizia; **There was no t. in his eyes**, non c'era aria di trionfo nei suoi occhi.
to **triumph** ['traiəmf], *v. i.* **1** trionfare (*anche stor.*); vincere: **Love triumphs over enmity**, l'amore trionfa sull'inimicizia **2** (*fig.*) esultare: **You should not t. over a fallen foe**, non dovresti esultare sul nemico sconfitto.
triumphal [traiˈʌmfəl], *a.* trionfale; del trionfo: **t. car**, carro trionfale; **t. arch**, arco trionfale; **the t. crown**, la corona del trionfo.
triumphalism [traiˈʌmfəlizəm], *n.* (*specialm. polit.*) trionfalismo.
triumphalist [traiˈʌmfəlist], **A** *n.* trionfalista. **B** *a.* trionfalistico.
triumphant [traiˈʌmfənt], *a.* trionfante; vittorioso; esultante: **in a t. voice**, con voce trionfante.
triumpher ['traiəmfə*], *n.* trionfatore, trionfatrice.
triumvir [traiˈʌmvə(:)*], (*lat.*), *n.* (*pl.* **triumviri, triumvirs**) (*stor.*) triumviro.
triumviral [traiˈʌmvirəl], *a.* (*stor.*) triumvirale.
triumvirate [traiˈʌmvirit], *n.* **1** (*stor.*) triumvirato **2** (*raro*) triade; terzetto.
triune ['traiju:n], *a.* (*relig.*) uno e trino; tre in uno: **t. Godhead**, Dio uno e trino.
trivalence [traiˈveiləns], **trivalency** [traiˈveilənsi], *n.* (*chim.*) trivalenza.
trivalent [traiˈveilənt], *a.* (*chim.*) trivalente.
trivalve ['traivælv], *a.* (*zool.*) trivalve.
trivet ['trivit], *n.* treppiedi (*arnese da cucina*). ● **t.-table**, tavolino a tre gambe ● (*fam., raro*) **to be as right as a t.**, stare benissimo; essere in ottime condizioni di salute.
trivia ['triviə], *n. pl.* frivolezze; banalità.
trivial ['triviəl], *a.* frivolo; futile; insignificante; banale; vacuo; superficiale: **a t. remark**, un'osservazione insignificante. ● **t. matters**, cose da nulla; bazzecole; inezie □ **t. name**, (*bot., zool.*) nome volgare; (*chim.*) nome non ufficiale □ **the t. round**, il solito tran tran; la solita routine.
triviality [ˌtriviˈæliti], *n.* frivolezza; futilità; banalità; vacuità.
to **trivialize** ['triviəlaiz], *v. t.* rendere (*o* far sembrare) insignificante.
trivium ['triviəm], *n.* (*pl.* **trivia**) (*nelle scuole medievali*) trivio.
triweekly ['traiˈwi:kli], **A** *a.* trisettimanale. **B** *n.* pubblicazione (*o* rivista) trisettimanale.
trizonal ['traiˈzounəl], *a.* diviso in tre zone.
to **troat** [trout], *v. i.* (*del cervo*) bramire.
troat [trout], *n.* bramito (*del cervo*).
trocar ['troukɑ:*], *n.* (*med.*) trequarti.
trochaic [trouˈkeiik], *a.* (*poesia*) trocaico.
trochanter [trouˈkæntə*], *n.* (*anat.*) trocantere.
troche [trouʃ], *n.* (*farm.*) pastiglia; compressa.
trochee ['trouki:], *n.* (*poesia*) trocheo.
trochilus ['trɔkiləs], *n.* **1** (*zool.*) colibrì **2** (*archit., raro*) trochilo; scozia.
trochlea ['trɔkliə], *n.* (*pl.* **trochleae**) (*anat.*) troclea.
trochlear ['trɔkliə*], *a.* (*anat.*) trocleare.
trod [trɔd], *pass.* di **to tread**.
trodden ['trɔdn], *p. p.* di **to tread**.
troglodyte ['trɔglədait], *n.* troglodita; (*fig.*) chi vive in solitudine.
troglodytic(al) [ˌtrɔgləˈditik(əl)], *a.* troglodìtico.
troglodytism ['trɔglədaitizəm], *n.* troglodìtismo.
troika ['trɔikə] (*russo*), *n.* troika, troica (*anche fig., polit.*).
Troilus ['trɔiləs], *n.* (*letter.*) Troilo.
Trojan ['troudʒən], **A** *a.* (*stor.*) troiano; di Troia: **the T. War**, la guerra di Troia. **B** *n.* **1** (*stor.*) Troiano **2** (*fig.*) persona coraggiosa, energica. ● **to work like a T.**, lavorare come un negro; sgobbare.
to **troll** [troul], *v. t. e i.* **1** cantare allegramente, a gran voce; cantare alternatamente, stornellare **2** pescare con la lenza (*trascinandola dietro la barca*); pescare a traina: **to t. a lake (a river, etc.)**, pescare a traina in un lago (in un fiume, ecc.). ● (*sport*) **trolling spoon**, cucchiaino (*per la pesca*).
troll (1) [troul], *n.* **1** canzone, canto (*cantato a voci alternate*); stornello **2** pesca a traina **3** (*pesca*) mulinello (*della lenza*) **4** (*pesca*) cucchiaino.
troll (2) [troul], *n.* (*mitol.*) troll; gigante; gnomo malizioso.
trolley ['trɔli], *n.* **1** carretto (*specialm. ribaltabile*); carrettino a mano; carrello (*da supermercato, aeroporto, ecc.*) **2** vagoncino (*da miniera*) **3** (*ferr.*) carrello di servizio **4** (*mecc.*) carrello sospeso; cabina sospesa **5** (*di tram, filobus*) rotella di presa; presa ad asta; trolley **6** *V.* **t.-bus** **7** *V.* **t. car**. ● **t.-bus**, filobus □ (*USA*) **t. car**, tram; vettura tranviaria □ **t.-line**, linea filoviaria; filovia; (*USA, anche*) linea tranviaria, tranvia □ **t. pole**, asta di presa (*di corrente*) □ **t. table**, carrello portavivande □ **t. wire**, linea di contatto aerea.
trollop ['trɔləp], *n.* **1** donna sudicia; sciattona **2** sgualdrina; prostituta; puttana.
trollopy ['trɔləpi], *a.* **1** sudicio; sciatto **2** (*rif. a donna*) di facili costumi; di malaffare.
trolly ['trɔli], *V.* **trolley**.
trombone [trɔmˈboun], *n.* (*mus.*) trombone.
trombonist [trɔmˈbounist], *n.* (*mus.*) suonatore di trombone; trombonista.
trommel ['trɔməl], *n.* (*ind. min.*) vaglio a tamburo; vaglio rotativo.
to **tromp** [trɔmp], (*fam. USA*) **A** *v. i.* camminare con passo pesante. **B** *v. t.* **1** calpestare **2** (*fig.*) battere; vincere; stracciare (*fig., fam.*).
trompe [trɔmp], *n.* **1** (*metall.*) tromba ad acqua (*per immettere aria in un altoforno*) **2** (*archit.*) tromba.
troop [tru:p], *n.* **1** truppa; banda; schiera; frotta; gruppo; branco; turba: **a t. of students**, un gruppo di studenti; **a t. of giraffes**, un branco di giraffe; **troops of friends**, turbe d'amici **2** (*mil.*) squadrone (di cavalleria, di artiglieria) (*comandato da un capitano*): **to get one's t.**, ottenere il comando d'uno squadrone **3** (*pl.*) milizie; militari; soldati; truppa **4** compagnia (*o* drappello) di boy scouts. ● (*mil.*) **t. carrier**, nave (*o* aeroplano, veicolo) per il trasporto della truppa □ **t.-horse**, cavallo di un reparto di cavalleria □ **t. train**, tradotta □ **storm-troops**, truppe d'assalto.
to **troop** [tru:p], **A** *v. i.* **1** adunarsi; affollarsi; ammassarsi; raggrupparsi; assembrarsi; schierarsi **2** muoversi in gruppi (*o* a frotte, disordinatamente) **3** camminare; (*specialm.*) sfilare. **B** *v. t.* (*arc.*) adunare; raggruppare; schierare. ● **to t. along**, sfilare □ (*mil.*) **to t. off** (*o* **away**), andarsene in fretta; scappar via □ **to t. out**, uscire a frotte: **The fans trooped out of the stadium**, i tifosi uscirono a frotte dallo stadio □ (*mil.*) **trooping the colour**, sfilata di soldati con le bandiere in testa; rivista militare (*in G.B.*).
trooper ['tru:pə*], *n.* **1** soldato di cavalleria; cavalleggero **2** (*USA e australiano*) poliziotto a cavallo **3** cavallo (*d'un reparto*

di cavalleria) **4** (*USA*) poliziotto (*della polizia di uno Stato*) **5** *V.* **troopship.** ● **to swear like a t.**, bestemmiare come un turco.
troopship ['tru:pʃip], *n.* (*naut., mil.*) nave convoglio per il trasporto della truppa.
tropaeolum [trə'pi:ələm], *n.* (*bot., Tropaeolum*) cappuccina.
trope [troup], *n.* (*retor.*) tropo; traslato.
trophic ['trɔfik], *a.* (*med.*) trofico (*che riguarda la nutrizione*).
trophied ['troufid], *a.* ornato di trofei.
trophism ['trɔfizəm], *n.* (*biol., med.*) trofismo.
trophy ['troufi], *n.* trofeo; (*fig.*) premio; (*sport*) coppa.
tropic ['trɔpik], (*geogr.*) **A** *n.* tropico: **the T. of Cancer**, il Tropico del Cancro. **B** *a.* dei tropici; tropicale. ● (*geogr.*) **the tropics**, i tropici; i paesi (*o* le zone) tropicali □ (*zool.*) **t. bird** (*Phaethon*), fetonte.
tropical ['trɔpikəl], *a.* **1** (*geogr.*) tropicale: **t. heat**, caldo tropicale; **t. diseases**, malattie tropicali **2** (*fig.*) torrido; tropicale; caldissimo **3** (*retor., da trope*) traslato; metaforico; figurato.
tropism ['trɔpizəm], *n.* (*biol.*) tropismo.
tropological [,trɔpə'lɔdʒikəl], *a.* tropologico.
tropology [trou'pɔlədʒi], *n.* tropologia.
tropopause ['trɔpəpɔ:z], *n.* (*meteorologia*) tropopausa.
troposphere ['trɔpəsfiə*], *n.* (*meteorologia*) troposfera.
tropospheric [,trɔpə'sferik], *a.* (*meteorologia*) troposferico.
to trot [trɔt], **A** *v. i.* trottare; andare al trotto; (*fig.*) camminare a passo svelto, affrettarsi, correre: **It's getting late, so I must t. off** (*o* **along, away**), si fa tardi, devo correre via (*o* scappare). **B** *v. t.* far trottare; mettere al trotto: **to t. a horse**, far trottare un cavallo. ● **to t. out**, far trottare (*un cavallo, per mostrarne l'andatura*); (*fam.*) tirar fuori, presentare, esibire, mettere in mostra (*un oggetto*); snocciolare, fare una noiosa tiritera di (q.c.) □ **to t. sb. round**, portare in giro q. □ **to t. sb. to death** (*o* **off his legs**), stroncare le gambe a q. a forza di farlo camminare □ (*sport*) **trotting race**, corsa al trotto.
trot [trɔt], *n.* **1** trotto; (*fig.*) andatura veloce: **I put my horse to the t.**, misi il mio cavallo al trotto **2** trottata (*anche fig.*): **Let's go for a t.**, andiamo a fare una trottata **3** bambino che trotterella; bambino ai primi passi **4** (*USA*) traduttore; bigino. ● **to go at a gentle** (*o* **a slow**) **t.**, trotterellare □ **to go** (*to ride*) **at jog-t.**, andare (cavalcare) al piccolo trotto □ (*pop.*) **to have the trots**, avere la diarrea □ (*fam.*) **to keep sb. on the t.**, tenere q. occupato, farlo trottare (*fig.*), tenerlo in movimento □ **to be on the t.**, essere occupato (*o* indaffarato) (*pop.*) avere la diarrea □ (*pop.*) **He drunk four whiskies on the t.**, bevve quattro whisky uno dopo l'altro □ **I've been on the t. all day**, è tutto il giorno che trotto (*fig.*).
Trot [trɔt], *a. e n.* (*fam., polit., stor.*) trotzkista; trozkista.
troth [trouθ], *n.* (*arc.*) fedeltà; fede; lealtà; verità: **in t.**, in fede mia; in verità. ● **by my t.**, sul mio onore!; parola d'onore! □ **to plight one's t.**, dare la propria parola; (*specialm.*) fidanzarsi.
Trotskyism ['trɔtskiizəm], *n.* (*polit., stor.*) trotzkismo; trozkismo.
Trotskyist ['trɔtskiist], *a. e n.* (*polit., stor.*) trotzkista; trozkista.
Trotskyite ['trɔtskiait], *a. e n.* (*polit., stor.*) trotzkista; trozkista.
trotter ['trɔtə*], *n.* **1** trottatore (*cavallo*) **2** (*fig.*) persona attiva, energica **3** (*generalm. al pl.*) piedino (*di porco, ecc., come cibo*) **4** (*scherz.*) piede (*dell'uomo*). ● (*cucina*) **stuffed pig t.**, zampone.
troubadour ['tru:bəduə*], *n.* (*stor. letter.*) trovatore.
to trouble ['trʌbl], **A** *v. t.* **1** agitare; turbare; affliggere; preoccupare; tormentare: **I was troubled by the news of his illness**, fui turbato dalla notizia della sua malattia; **He is troubled with** (*o* **by**) **a bad cold**, è tormentato da un brutto raffreddore **2** disturbare; importunare; infastidire; incomodare; seccare: **(I am) sorry to t. you**, mi dispiace di doverti disturbare; **You don't t. me at all**, non mi disturbi affatto; **May I t. you to change seats with me?**, posso darle l'incomodo di cambiar posto con me? **B** *v. i.* **1** agitarsi; affliggersi; turbarsi; preoccuparsi: **You must not t. about small misfortunes**, non devi affliggerti per ogni piccola disavventura; **Don't t. about it**, non preoccuparti!; non prendertela **2** (*anche, v. rifl.*, **to trouble oneself**) disturbarsi; incomodarsi; darsi (*o* prendersi) la pena: **Don't t. to see me off at the airport**, non incomodarti ad accompagnarmi all'aeroporto!; **He did not even t. (himself) to thank me**, non si prese neanche la pena di ringraziarmi; **Don't t. about a reply**, non importa che tu risponda. ● **to be troubled about** (*o* **with**) **money matters**, avere delle preoccupazioni finanziarie □ **to be troubled with a bad back**, soffrire di mal di schiena □ **May I t. you for a glass of water?**, mi dà (*o* mi favorisce) un bicchiere d'acqua? □ **May I t. you to shut the door?**, ti dispiace chiudere la porta?; chiudi la porta, per favore! □ **May I t. you for the salt?**, mi passi il sale, per favore?
trouble ['trʌbl], *n.* **1** agitazione; afflizione; ansietà; dolore; preoccupazione; pena: **Life is full of small troubles**, la vita è piena di piccole pene **2** agitazione; tumulto (*popolare*); disordine: **labour troubles**, agitazioni operaie; **There has been a lot of t. in Italy in the last few years**, vi sono stati molti disordini in Italia negli ultimi anni **3** disturbo; fastidio; incomodo; molestia; seccatura: **It will be no t.**, non sarà di nessun fastidio; **I am afraid that boy is a great t. to you**, temo che quel ragazzo sia una gran seccatura per voi **4** guaio; imbroglio; impiccio; pasticcio (*fig.*): **to be in t.**, essere nei guai (*o* nei pasticci, negli impicci); **I told you you would get into t.**, te l'avevo detto che ti saresti cacciato nei guai; **to get out of t.**, cavarsi da un imbroglio; tirarsi fuori dai guai **5** (*med.*) disturbo; disturbi: **to suffer from liver t.**, soffrire di disturbi di fegato **6** (*mecc.*) guasto: **I have had some sort of t. with the engine of my car**, ho avuto dei guasti (*o* delle noie) al motore dell'automobile. ● **t.-maker**, sobillatore; agitatore; provocatore; (*fam.*) piantagrane □ **t.-shooting device**, apparecchio per la localizzazione dei guasti □ (*fam.*) **to ask** (*o* **to look**) **for t.**, andare in cerca di guai □ **to get a girl into t.**, mettere nei guai una ragazza; metterla incinta □ **to get sb. into t.**, metter q. nei guai; cacciare q. in un imbroglio; inguaiare q. □ **to give oneself t.**, darsi da fare; darsi pena □ **to make t.**, dar fastidio; combinare guai; essere molesto; essere un seccatore (*fam.*: un piantagrane) □ **No t. (at all)**, non è affatto un disturbo! □ **to take the t. to do st.**, prendersi il fastidio (*o* darsi la pena) di fare q.c.: **He will never take the t. to write**, non si darà certo la pena di scrivere □ **It isn't worth the t.**, non ne vale la pena □ (*da parte di chi offre, ecc.*) **An omelette is no t. (to make)**, non ci vuol nulla a preparare una frittata.
troubled ['trʌbld], *a.* agitato; afflitto; ansioso; inquieto; preoccupato; turbato: **t. waters**, acque agitate; **a t. glance**, un'occhiata ansiosa; **a t. face**, una faccia turbata. ● **to be t. about st.**, essere preoccupato per q.c. □ (*fig.*) **to fish in t. waters**, pescare nel torbido.
to troubleshoot ['trʌblʃu:t] (*pass. e p. p.* **troubleshot**), *v. i.* (*specialm. USA*) **1** fare opera di mediazione (*nelle vertenze sindacali, ecc.*); appianare le controversie **2** (*ind.*) scoprire e localizzare i guasti (d'un macchinario, ecc.) **3** (*elab.*) eliminare un errore.
troubleshoot ['trʌblʃu:t], *n.* (*specialm. USA*) **1** (*ind.*) eliminazione di un guasto **2** (*elab.*) eliminazione di un errore.
troubleshooter ['trʌbl,ʃu:tə*], *n.* (*specialm. USA*) **1** mediatore (*in vertenze sindacali, ecc.*) **2** (*ind.*) specialista nella ricerca di guasti **3** (*elab.*) chi trova ed elimina errori **4** (*fig.*) chi risolve guai; chi pone rimedio a inconvenienti.
troublesome ['trʌblsəm], *a.* fastidioso; molesto; importuno; noioso; seccante: **a t. cold**, un fastidioso raffreddore; **a t. boy**, un ragazzo molesto, fastidioso; uno scocciatore (*fam.*).
troublesomeness ['trʌblsəmnis], *n.* fastidio; molestia.
troublous ['trʌbləs], *a.* (*lett.*) agitato; difficile; inquieto: **t. times**, tempi difficili.
trough [trɔf], *n.* **1** trogolo (*per maiali, ecc.*); mangiatoia **2** (*anche* **kneading t.**) madia **3** (*anche* **washing t.**) mastello; tinozza **4** (*edil.*) doccia (*di grondaia*) **5** (*anche* **wave t.**) cavo, ventre (*dell'onda*) **6** (*meteorologia*) saccatura **7** (*econ.*) punto più basso (*di un ciclo economico*) **8** (*geol.*) avvallamento, trogolo **9** (*geol.*) fossa; depressione sottomarina. ● **drinking t.**, abbeveratoio.
to trounce [trauns], *v. t.* **1** battere; bastonare; percuotere; picchiare; suonarle a (q.) **2** vincere; sconfiggere; sgominare **3** rimproverare, sgridare aspramente; fare una ramanzina a (q.).
trouncing ['traunsiŋ], *n.* **1** botte; busse **2** batosta; grave sconfitta **3** lavata di capo; ramanzina.
troupe [tru:p], *n.* (*teatr.*) compagnia (*d'attori*).
trouper ['tru:pə*], *n.* (*teatr.*) membro d'una compagnia; attore, attrice, ecc. ● (*fig.*) **to be a good t.**, essere un buon compagno di lavoro.
trousered ['trauzəd], *a.* che porta i calzoni.
trousering ['trauzəriŋ], *n.* (*ind. tessile*) stoffa per calzoni.
trousers ['trauzəz], *n. pl.* **1** calzoni; pantaloni (*anche da donna*): **a pair of t.**, un paio di calzoni **2** (*stor.*) mutande lunghe da donna (*nell'800*). ● **trouser factory**, pantalonificio □ **trouser pockets**, tasche dei calzoni □ **trouser press** (*o* **trouser stretcher**), stiracalzoni □ **trouser suit**, completo giacca-pantalone □ (*fam., fig.*) **to wear the t.**, portare i calzoni; comandare (*in casa*).
trousseau ['tru:sou] (*franc.*), *n.* (*pl.* **trousseaux, trousseaus**) corredo da sposa.
trout [traut], *n.* **1** (*pl.* **trout, trouts**) (*zool., Salmo*) trota: **to fish for t.**, pescar trote **2** (*fam., spesso* **old t.**) stupida vecchiaccia. ● (*di cavallo*) **t.-coloured**, dal mantello trotino □ **t. fishing**, pesca delle trote □ (*zool.*) **salmon-t.**, trota salmonata.
to trout [traut], *v. i.* (*sport*) pescar trote; andare a pesca di trote.
troutlet ['trautlit], **troutling** ['trautliŋ], *n.* piccola trota.
trouty ['trauti], *a.* (*raro: di ruscello, ecc.*) ricco di trote.
trouvère [tru:'vɛə*] (*franc.*), *n.* (*stor., letter.*) troviero.
trove [trouv], *V. sotto* **treasure.**
trover ['trouvə*], *n.* (*leg.*) **1** l'entrare in possesso di beni mobili **2** azione di ricupero di proprietà mobiliare (*o* del suo valore).
to trow [trou], *v. t. e i.* (*arc. o scherz.*) pensare; credere; supporre.

trowel ['trauəl], *n.* **1** (*edil.*) cazzuola; frattazzo; paletta (*da muratore*) **2** (*anche* **garden t.**) paletta da giardiniere; trapiantatoio. ● (*fig.*) **to lay it on with a t.**, adulare sfacciatamente.
to trowel ['trauəl], *v. t.* (*edil.*) **1** applicare (*l'intonaco*) con la cazzuola **2** intonacare (*un muro*) con la cazzuola **3** lisciare con la cazzuola; frattazzare (*un muro, ecc.*).
troy [trɔi], *n.* (*anche* **t. weight**) «troy» (*sistema di peso per metalli preziosi e per medicinali*).
Troy [trɔi], *n.* (*geogr., stor.*) Troia.
truancy ['tru:ənsi], *n.* **1** il marinare la scuola **2** assenza ingiustificata (*da scuola*) **3** infingardaggine; oziosità; poltroneria; svogliataggine **4** inadempienza dell'obbligo scolastico.
truant ['tru:ənt], **A** *n.* **1** scolaro che marina la scuola **2** scansafatiche; lavativo (*fam.*). **B** *a.* infingardo; ozioso; pigro. ● (*di studente*) **to play t.**, marinare la scuola.
to truant ['tru:ənt], *v. i.* marinare la scuola.
truce [tru:s], *n.* tregua; (*fig.*) pausa, sosta: **Let there be a t. to that**, prendiamoci un po' di tregua. ● **t.-bearer**, parlamentare, negoziatore □ (*stor.*) **t. of God**, tregua di Dio □ **the flag of t.**, la bandiera bianca.
truceless ['tru:slis], *a.* senza tregua; implacabile.
truck (1) [trʌk], *n.* **1** carro; vagone **2** carrello portabagagli (*da facchino*) **3** (*ferr.*) carrello (*di locomotiva o di carrozza ferroviaria*) **4** (*ferr.*) carro merci aperto; pianale **5** (*specialm. USA*) autocarro; camion (*cfr. ingl.* **lorry**) **6** (*naut.*) pomo d'albero; formaggetta. ● (*mecc.*) **t. crane**, autogrù **□** (*USA*) **t.-driver**, autotrasportatore; camionista **□ t. owner-operator**, padroncino **□ lift t.**, carrello elevatore.
to truck (1) [trʌk], (*specialm. USA*) **A** *v. t.* trasportare su un autocarro. **B** *v. i.* fare il camionista; fare l'autotrasportatore.
truck (2) [trʌk], *n.* **1** baratto; scambio **2** (*anche* **t. system**) sistema di pagare gli operai in natura: (*stor.*) **t. shop**, opificio che applicava tale sistema **3** (*fam.*) ciarpame; robaccia **4** (*USA, anche* **garden t.**) prodotti ortofrutticoli; ortaggi; verdure. ● (*USA*) **t. farm**, fattoria che fornisce prodotti ortofrutticoli (*per il mercato; cfr. ingl.* **market garden**) □ (*USA*) **t. farmer**, ortofrutticoltore □ (*USA*) **t. farming**, ortofrutticultura □ **to have no t. with sb.**, non aver niente a che fare con q. □ **I will stand no t.**, non tollero sciocchezze.
to truck (2) [trʌk], *v. t. e i.* **1** barattare; scambiare; far baratti **2** (*econ.*) pagare in natura.
truckage ['trʌkidʒ], *n.* (*specialm. USA*) **1** trasporto mediante carro (*o* autocarro) **2** spese di trasporto, ecc. (V. **truck (1)**).
trucker (1) ['trʌkə*], *n.* (*specialm. USA*) autotrasportatore; camionista.
trucker (2) ['trʌkə*], *n.* (*USA*) ortofrutticoltore.
trucking ['trʌkiŋ], *n.* (*specialm. USA*) trasporto mediante carri (*o* autocarro) (V. **truck (1)**). ● (*USA*) **t. company**, società d'autotrasporti.
to truckle ['trʌkl], *v. i.* abbassarsi (*fig.*); sottomettersi; strisciare (*fig.*); essere servile.
truckle ['trʌkl], *n.* **1** (*mecc.*) rotella (*per mobili, ecc.*) **2** (*di solito* **t. bed**) lettuccio su rotelle (*che s'infila sotto un altro più alto*).
truculence ['trʌkjuləns], **truculency** ['trʌkjulənsi], *n.* truculenza.
truculent ['trʌkjulənt], *a.* truculento; aggressivo; bellicoso; truce.
to trudge [trʌdʒ], **A** *v. i.* camminare a fatica (*o* a stento); strascinarsi; arrancare. **B** *v. t.* percorrere (*un tratto*) faticosamente.
trudge [trʌdʒ], *n.* lunga camminata faticosa.
true (1) [tru:], **A** *a.* **1** vero; effettivo; certo; genuino; schietto; sincero; reale; legittimo; vero e proprio: **a t. story**, una storia vera, reale; **t. love**, amore vero; **a t. diamond**, un diamante genuino; **a t. friend**, un vero amico; un amico sincero; **the t. faith**, la vera fede; **a t. hospital**, un vero ospedale; **He is a t. scholar**, è un vero studioso; **a t. indication**, un'indicazione certa; **t. heirs**, gli eredi legittimi; **The dolphin is a t. mammal**, il delfino è un mammifero vero e proprio **2** fedele; leale: **They were t. to their leader**, erano fedeli al loro capo **3** accurato; esatto; preciso; conforme; a posto: **a t. compass**, una bussola esatta, precisa; **a t. copy**, una copia conforme (all'originale) **4** (*mecc.*) centrato: **The shaft is not t.**, l'asse non è centrato **5** (*della voce, di strumento*) intonato. **B** *avv.* **1** in modo veritiero; sinceramente: **to speak t.**, parlare sinceramente **2** in modo preciso; esattamente: **to t. an airspeed**, velocità effettiva **2** (*leg., aeron. ora solo USA*) **t. bill**, incriminazione □ **blue**, (*agg.*) fedele, leale; (*sost.*) fedelissimo, sostenitore leale; (*polit.*) conservatore tutto d'un pezzo □ **t.-born**, di razza pura; autentico; vero; genuino: **a t.-born Englishman**, un inglese di razza pura; un vero inglese □ **a t.-born Roman**, un romano di Roma □ **t.-bred**, di pura razza; di puro sangue □ (*mat.*) **t. discount**, sconto razionale □ **t.-life**, reale; realistico; basato sui fatti □ **t.-hearted**, leale; sincero; fedele □ **t.-heartedness**, lealtà; sincerità; fedeltà □ **t. love**, innamorato, innamorata; amoroso, amorosa □ **t.-lover's knot**, nodo d'amore □ (*geogr.*) **t. north**, nord geografico □ **t. to life**, naturale; realistico; che riproduce fedelmente la realtà □ **to be t. to oneself**, non tradire se stesso; essere coerente □ **to be t. to type**, essere tipico, caratteristico (di q.) □ essere in carattere □ **to be t. to one's word**, tener fede alla parola data; essere di parola □ **to aim t.**, mirar giusto; mirar dritto □ **to be as t. as steel**, essere fedelissimo; essere d'una lealtà a tutta prova □ **to come t.**, avverarsi: **I hope your dreams will come t.**, spero che i tuoi sogni si avverino □ **to prove t.**, avverarsi; verificarsi; realizzarsi □ **It's only too t.**, purtroppo è vero □ (*fam.*) **Tell me t.**, dimmi la verità □ **His words ring t.**, le sue parole suonano sincere □ **T., it would cost more**, già (*o* è vero), costerebbe di più.
true (2) [tru:], *n.* **1** — **the t.**, il vero: **the t. and the false**, il vero e il falso **2** (*mecc.*) allineamento; centratura. ● (*mecc.*) **to be in t.**, essere allineato (*o* centrato, a posto) □ (*mecc.*) **to be out of t.**, essere fuori centro; essere fuori posto.
to true [tru:], *v. t.* (*mecc., spesso* **to t. up**) centrare: **to t. (up) a wheel**, centrare una ruota **2** (*mecc.*) ravvivare (*una mola*).
truffle ['trʌfl], *n.* **1** (*bot., Tuber*) tartufo **2** dolce a forma di tartufo. ● **t. bed**, tartufaia.
truffled ['trʌfld], *a.* (*cucina*) tartufato.
trug [trʌg], *n.* **1** ciotola di legno (*per il latte*) **2** cestello, canestro (*lungo e basso: per fiori, ecc.*).
truing ['tru:iŋ], *n.* **1** (*mecc.*) centratura **2** (*mecc.*) ravvivatura (*di una mola*).
truism ['tru:izəm], *n.* verità evidente, lapalissiana.
truly ['tru:li], *avv.* **1** veramente; realmente; davvero: **I am t. thankful**, sono davvero riconoscente; **a t. courageous act**, un atto veramente coraggioso **2** veracemente; in modo veritiero; sinceramente: **He answered t.**, rispose sinceramente; disse la verità **3** fedelmente; lealmente: **I have served him t.**, l'ho servito fedelmente. ● (*concludendo una lettera*) **Yours (very) t.**, Adam Smith, distinti saluti, Adam Smith.
trump (1) [trʌmp], *n.* **1** (*nei giochi di carte*) briscola; trionfo **2** (*fig.*) asso di briscola; asso nella manica **3** (*fig., fam.; raro*) tipo in gamba; brav'uomo; simpaticone. ● **t. card**, briscola; trionfo; (*fig.*) asso nella manica □ **to come up trumps**, V. **to turn up trumps** □ (*fig.*) **to play one's t. card**, giocare la carta buona □ (*fig.*) **to put sb. to his trumps**, ridurre q. a usare le sue ultime risorse; mettere q. con le spalle al muro □ (*fam.*) **to turn up trumps**, riuscir meglio di quanto si pensasse; superare l'aspettativa; avere un colpo di fortuna.
trump (2) [trʌmp], *n.* (*poet.*) tromba (*relig.*) **the last t.** (*o* **the t. of doom**), la tromba del giudizio universale.
to trump [trʌmp], **A** *v. i.* giocare una briscola. **B** *v. t.* **1** prendere con una briscola: **to t. an ace**, prendere un asso con una briscola **2** (*fig.*) superare; battere; vincere; avere la meglio su. ● **to t. up**, inventare; architettare; escogitare: **to t. up an excuse**, inventare una scusa.
trumpery ['trʌmpəri], **A** *n.* **1** ciarpame; robaccia **2** sciocchezze; stupidaggini; fesserie (*pop.*). **B** *a.* appariscente ma senza valore; scadente: **t. jewels**, gioielli appariscenti ma senza valore.
trumpet ['trʌmpit], *n.* **1** (*mus.*) tromba; (*fig., stor.*) trombettiere; araldo, messaggero (*con la tromba*) **2** oggetto a forma di tromba; (*mecc.*) tubo a tromba (*o* svasato) **3** suono (*o* squillo) di tromba **4** (*di elefante*) barrito. ● **t. call**, squillo (*o* segnale) di tromba; (*fig.*) appello, allarme □ (*bot.*) **t. creeper** (*Campsis radicans*), gelsomino americano □ (*bot.*) **t. flower**, fiore a corolla imbutiforme; campanula □ (*mil.*) **t. major**, primo trombettiere □ **t.-shaped**, a forma di tromba; (*bot.*) campanulato, imbutiforme □ (*fig.*) **to blow one's own t.**, battersi la grancassa; tessere le proprie lodi □ **to blow the trumpets**, dar fiato alle trombe □ **a flourish of trumpets**, squilli di tromba.
to trumpet ['trʌmpit], **A** *v. i.* **1** suonar la tromba; strombettare **2** (*dell'elefante*) barrire. **B** *v. t.* **1** annunciare a suon di tromba **2** (*fig.*) strombazzare: **The radio trumpeted the news of the victory**, la radio strombazzò la notizia della vittoria **3** (*mecc.*) svasare.
trumpeter ['trʌmpitə*], *n.* **1** suonatore di tromba **2** (*mil.*) trombettiere (*della cavalleria*) **3** (*zool.*) piccione trombettiere **4** (*zool., anche* **t. swan**, *Olor buccinator*) cigno trombetta. ● (*fig.*) **to be one's own t.**, battersi la grancassa; tessere le proprie lodi.
truncal ['trʌŋkəl], *a.* (*anat.*) del tronco.
to truncate ['trʌŋkeit], *v. t.* troncare; mozzare.
truncate ['trʌŋkeit], **truncated** ['trʌŋkeitid], *a.* troncato; tronco; mozzo. ● (*geom.*) **t. cone**, tronco di cono.
truncation [trʌŋ'keiʃən], **truncature** ['trʌŋkətʃə*], *n.* (*anche mat.*) troncamento.
truncheon ['trʌntʃən], *n.* bastone (corto); manganello; mazza; randello; sfollagente: **herald's t.**, mazza da araldo; **English policemen go unarmed, save for a t. they carry in a special pocket**, i poliziotti inglesi vanno in giro disarmati, salvo per uno sfollagente che portano entro una tasca speciale.
trundle ['trʌndl], *n.* **1** rotella; piccola ruota dentata **2** carretto a ruote basse; carrello **3** (*specialm. USA, anche* **t. bed**)

lettuccio con rotelle (*che s'infila sotto un altro più alto*; *cfr. ingl.* **truckle bed**).

to trundle ['trʌndl], *v. t. e i.* **1** rotolare; far rotolare; spingere; ruzzolare: **to t. a hoop**, far rotolare un cerchio; **to t. a wheel-barrow**, spingere una carriola **2** (*fam.*: *nel cricket*) servire la palla. ● **The tanks trundled along**, i carri armati passarono con grande strepito.

trundler ['trʌndlə*], *n.* **1** chi fa rotolare, ecc. (*V.* **to trundle**) **2** (*fam.*: *nel cricket*) lanciatore.

trunk [trʌŋk], *n.* **1** tronco (*d'albero, del corpo umano, ecc.*); fusto (*d'albero, d'una colonna, ecc.*); torso **2** baule; cassa (*di marinaio, ecc.*) **3** (*d'elefante*) proboscide **4** (*mecc., anche* **t. piston**) pistone cavo: **t. engine**, motore a pistoni cavi **5** (*autom. USA*; *cfr. ingl.* **boot** (1)) bagagliaio; vano bagagli **6** (*pl.*) calzoncini (*da atleta, da bagno*) **7** (*pl.*) pantaloncini (*da pugile*). ● (*tel.*) **t. call**, chiamata interurbana □ (*tel.*) **t. circuit**, circuito di collegamento □ **t. drawers**, calzoni corti (*al ginocchio o sopra*) □ (*tel.*) **t. exchange**, centrale interurbana □ (*stor.*) **t. hose**, brache a sbuffo □ **t. line**, (*ferr.*) linea principale; (*tel.*) linea interurbana □ **t. maker**, valigiaio □ (*autom.*) **t. motorway**, autostrada principale □ **t. nail**, borchia □ **t. road**, strada maestra (*o* principale).

trunkful ['trʌŋkful], *n.* quanto sta in un baule (*USA, anche* **autom.**).

trunnion ['trʌnjən], *n.* **1** (*mecc.*) perno d'articolazione **2** (*mecc.*) perno portante; orecchione **3** (*mil.*) orecchione (*di cannone*).

to truss [trʌs], *v. t.* **1** legare (stretto); affastellare: **They trussed up the poor man with ropes**, legarono il pover'uomo con funi **2** reggere, sostenere (*un tetto, un ponte, ecc.*) mediante travatura reticolare **3** (*cucina*) legare stretto (*un pollo, un tacchino, ecc.*; *prima di cuocerlo*). ● (*naut.*) **to t. up a sail**, raccogliere una vela □ (*edil.*) **trussed beam**, trave rinforzata con catena □ (*edil.*) **trussed rafter**, capriata semplice.

truss [trʌs], *n.* **1** (*costr.*) travatura reticolare **2** (*edil.*) capriata (*del tetto*) **3** (*archit.*) mensola; modiglione **4** fascio, fastello (*di fieno o di paglia*) **5** (*bot.*) grappolo di fiori (*o* di frutti) **6** (*med.*) cinto erniario **7** (*naut.*) trozza. ● **t. bridge**, ponte a travatura reticolare □ (*costr.*) **t. rod**, catena □ **king-post t.**, capriata semplice □ **queen-post t.**, capriata trapezoidale.

trust [trʌst], *n.* **1** fiducia; fede; confidenza; speranza; responsabilità: **Our t. is in God**, la nostra speranza è riposta in Dio; **I haven't much t. in men**, ho poca fiducia negli uomini; **to repose one's t. in sb.**, riporre la propria fiducia in q.; **He is our sole t.**, egli è la nostra unica speranza; **I fill a post of great t.**, occupo un posto di fiducia (*o* di grande responsabilità) **2** buona fede: **He takes everything on t.**, prende tutto in buona fede **3** (*fin., comm.*) credito: **We supply them with goods on t.**, forniamo loro merce a credito; **to sell on t.**, vendere a credito **4** dovere; obbligo: **We accept it as a sacred t.**, lo accettiamo come nostro sacro dovere; **I have fulfilled my t.**, ho adempiuto al mio obbligo; ho assolto il mio incarico **5** cura; custodia: **She was committed to her aunt's t.**, fu affidata alle cure della zia **6** (*leg.*) lascito in proprietà fiduciaria; fedecommesso; fidecommesso; patrimonio fiduciario **7** (*leg.*) amministrazione fiduciaria: **He holds the estate in t. for his nephew**, ha l'amministrazione fiduciaria della proprietà intestata al nipote **8** (*econ.*) trust (*illegale in USA*); consorzio monopolistico; monopolio: **the copper t.**, il trust del rame; **Theodore Roosevelt was called «the t. buster» owing to his enforcement of the antitrust laws**, Theodore Roosevelt fu chiamato lo «smantellatore dei monopoli» a causa della severa applicazione delle leggi antimonopolistiche. ● (*leg.*) **t. deed**, atto fiduciario □ (*econ.*) **t. fund**, fondo fiduciario □ (*polit.*) **t. territory**, territorio soggetto ad amministrazione fiduciaria □ (*leg.*) **breach of t.**, violazione degli obblighi derivanti da un rapporto di fiducia; abuso di fiducia □ **to take st. on t.**, accettare q.c. sulla fiducia (*o* sulla parola).

to trust [trʌst], *A v. t.* **1** confidare in; fidarsi di; contare su; fare assegnamento (*o* affidamento) su; credere a; far credito a: **I have never trusted him**, non ho mai avuto fiducia in lui; **He is not the kind of person one can t.**, non è il tipo di persona su cui si può fare assegnamento; **We cannot t. his version**, non possiamo credere alla sua versione (della storia); **Will the innkeeper t. me for a meal?**, credi che il locandiere mi farà credito per un pasto? **2** affidare; consegnare; (*fidarsi di*) prestare: **I trusted my affairs to a lawyer** (*o* **I trusted a lawyer with my affairs**), affidai i miei affari (*o* la tutela dei miei interessi) a un avvocato; **Don't t. him with your car**, non (fidarti di) prestargli l'automobile; **I t. my children to your care**, ti affido i miei figli **3** (*seguito da una frase oggettiva*) fidarsi di: **Would you t. your little children to go abroad by themselves?**, ti fideresti di lasciar andare all'estero i tuoi figlioletti da soli?; **He may be trusted to do his duty**, ci si può fidare di lui: farà il suo dovere.

B *v. i.* **1** confidare, essere fiducioso; nutrire speranza; sperare: **t. you will pass your exam**, confido che supererai l'esame; **I trust**

to be able to join the party, spero di poter far parte della comitiva; **to t. in God**, confidare in Dio **2** affidarsi; fidarsi; contare; fare assegnamento: **Don't t. to luck**, non affidarti alla sorte!; **I cannot t. to my memory for dates**, non posso fidarmi della mia memoria per le date **3** (*comm.*) far credito; concedere prestiti. ● **to t. too much to one's memory**, fidarsi troppo della memoria □ **The cat cannot be trusted with meat**, non ci si può fidare a lasciare la carne a portata del gatto □ **You are not hurt, I t.**, non ti sarai fatto male, spero.

trusted ['trʌstid], *a.* fidato; di fiducia.

trustee [trʌs'ti:], *n.* (*leg.*) **1** amministratore fiduciario **2** (*di solito*, **t. in bankruptcy**) curatore fallimentare **3** amministratore, membro del consiglio d'amministrazione (*di un ente pubblico, d'un ospedale, d'una scuola, ecc.*).

to trustee [trʌs'ti:], *v. t.* (*leg.*) affidare (*beni*) in amministrazione fiduciaria.

trusteeship [trʌs'ti:-ʃip], *n.* (*leg.*) amministrazione fiduciaria; curatela: **He accepted the t. of his niece's property**, accettò la curatela dei beni della nipote. ● (*polit.*) **t. territory**, territorio soggetto ad amministrazione fiduciaria.

trustful ['trʌstful], *a.* fiducioso; confidente; che si fida.

trustfulness ['trʌstfulnis], *n.* fiducia; confidenza.

trusting ['trʌstiŋ], *V.* **trustful**.

trustingly ['trʌstiŋli], *avv.* fiduciosamente; con fiducia.

trustless ['trʌstlis], *a.* **1** infido; sleale **2** diffidente; sospettoso.

trustworthiness ['trʌstˌwə:ðinis], *n.* fidatezza; fedeltà; l'esser degno di fiducia; attendibilità.

trustworthy ['trʌstˌwə:ði], *a.* fidato; fedele; degno di fiducia; attendibile; sicuro: **a t. friend**, un amico fidato, sicuro.

trusty ['trʌsti], **A** *a.* (*arc. o scherz.*) fido; fidato; fedele; sicuro: **his t. steed**, il suo fido destriero; **my t. movie camera**, la mia fedele cinepresa. **B** *n.* (*leg.*) carcerato che tiene buona condotta e gode di certi privilegi.

truth [tru:θ], *n.* **1** verità; (il) vero: **I have told you the t.**, ti ho detto la verità; **There is an element of t. in your story**, c'è del vero nel tuo racconto; **the truths of religion**, le verità della fede; le verità rivelate; **home truths**, verità sgradevoli, la dura verità (*sul proprio conto*). **2** veridicità; l'esser veritiero; sincerità; lealtà: **You may depend on his t.**, potete contare sulla sua sincerità **3** (*mecc.*) posizione giusta; centro: **The wheel is out of t.**, la ruota è fuori centro (*o* è scentrata). ● **t. drug** (*o* **t. serum**), siero della verità □ **the honest t.**, la pura verità □ (*lett.*) **in t.**, invero; veramente; infatti □ **to speak** (*o* **to tell**) **the t.**, dire la verità □ **to tell the t.** (*o* **t. to tell**), a dire il vero □ (*fig.*) **That girl is t. itself**, quella ragazza è la bocca della verità.

truthful ['tru:θful], *a.* veritiero; veridico; verace; sincero: **a t. child**, un bambino sincero; **a t. tale**, una narrazione veridica.

truthfulness ['tru:θfulnis], *n.* veridicità; veracità; sincerità.

truthless ['tru:θlis], *a.* falso; mendace; infido; sleale: **a t. statement**, un'affermazione falsa; **a t. man**, un uomo sleale.

truthlessness ['tru:θlisnis], *n.* falsità; mendacità; slealtà.

to try [trai], **A** *v. t. e i.* **1** provare; tentare; cercare; mettere alla prova; saggiare; sperimentare; fare un esperimento; fare una prova; collaudare: **I promise I'll try**, prometto che proverò; **It's no use trying**, è inutile tentare; **Try to study** (*fam.*: **try and study**) **harder**, cerca di studiare di più!; **My patience was sorely tried**, la mia pazienza fu messa a dura prova; **Each car is tried before it leaves the factory**, ogni automobile è collaudata prima di lasciare la fabbrica **2** assaggiare; sentire: **Try our French wines**, assaggiate i nostri vini francesi! **3** (*leg.*) giudicare; pronunciarsi su; processare: **Judges try cases and, if the jury finds the accused guilty, they pronounce sentence**, i giudici giudicano le cause e, se la giuria dichiara l'imputato colpevole, emettono la sentenza; **No fact tried by a jury can be re-examined in a U.S. law court**, nessun fatto su cui si sia pronunciata una giuria può essere riesaminato in un tribunale statunitense; **He was tried for manslaughter**, fu processato per omicidio **4** affaticare; sforzare; stancare (*gli occhi, la vista, ecc.*) **5** (*raro*) decidere; risolvere (*una disputa, una questione*): **The knights tried the dispute in a joust**, i cavalieri decisero la contesa con un torneo. **B** *verbi composti* **1** (*specialm. dei cani e fig.*) **to try back**, tornare indietro; tornare sui propri passi. **2 to try for**, cercare d'ottenere, mirare a; concorrere per, fare un concorso per: **He's going to try for a better position**, cercherà di ottenere un posto (di lavoro) migliore. **3 to try on**, provare (*un abito e sim.*); provarci: **It's no use trying it on with me; I won't put up with your tricks**, è inutile che tu ci provi; i tuoi trucchi non attaccano con me. **4 to try out**, provare; collaudare; mettere alla prova; purificare (*metalli*) mediante fusione; (*teatr.*) rappresentare in provincia: **I'll try out my new car tomorrow**, domani provo la macchina nuova. **5** (*falegnameria*) **to try up**, rifinire (*un'asse*) con l'apposita pialla; piallare. ● **to try one's best** (**one's hardest**), fare del proprio meglio (fare ogni sforzo); mettercela tutta (*fam.*) □ **to try one's fortune**, tentare la sorte □ **to try one's hand at st.**,

try

tentar di fare (*o* mettere mano a) q.c. □ **to try an impossible feat**, tentar l'impossibile; cimentarsi in un'impresa disperata □ **to try one's strength**, misurare le proprie forze; cimentarsi □ **Try the door**, prova a girare la maniglia!; vedi un po' se la porta si apre!

try [trai], *n*. **1** (*fam*.) prova; tentativo: **I've had four tries but I missed the target**, ho fatto quattro tentativi, ma ho sbagliato il bersaglio **2** (*rugby*) meta. ● **try-on**, prova (*di un abito*), (*fam*.) tentativo d'inganno; (il) tentare il colpo □ **try-out**, (*fam*.) esperimento, prova; (*teatr*.) rappresentazione di prova: **He gave the play a try-out at Reading**, mise in scena il lavoro a Reading per una rappresentazione di prova (*prima di portarlo a Londra*) □ **try square**, squadra a battente (*strumento per disegno*, *ecc*.) □ **Have a try!**, prova! □ **Let me have a try!**, fammi provare!

trying ['traiiŋ], *a*. aspro; difficile; duro; faticoso; fastidioso; laborioso; noioso; penoso: **a t. experience**, un'esperienza dura, penosa; **a t. day at school**, una giornata faticosa a scuola; **a t. job**, un lavoro fastidioso, ingrato. ● (*falegnameria*) **t. plane**, pialla per rifinire; piallone.

trypanosome ['tripənəsoum], *n*. (*zool*., *Trypanosoma*) tripanosoma.

trypanosomiasis [,tripənousou'maiəsis], *n*. (*med*.) tripanosomiasi.

trypsin ['tripsin], *n*. (*chim*., *biol*.) tripsina.

trysail ['traisl], *n*. (*naut*.) trysail (*piccola vela da cappa armata sul boma dell'albero di maestra*)

tryst [traist], *n*. (*arc*.) **1** appuntamento; convegno: **to break t.**, mancare all'appuntamento; **to keep t. with sb.**, andare a un appuntamento con q. **2** (*anche* **trysting place**) luogo di appuntamento.

to tryst [traist], (*arc*.) *v. t. e i*. fissare un appuntamento (a).

tsar [za:*], *n*. (*stor*.) zar.

tsarevitch ['za:rəvitʃ], *n*. (*stor*.) zarevic (*primogenito dello zar*)

tsarina [za:'ri:nə], *n*. (*stor*.) zarina.

tsarism ['za:rizəm], *n*. (*stor*.) zarismo.

tsetse ['tsetsi], *n*. (*pl*. **tsetse, tsetses**) (*zool*., *Glossina palpalis*; *anche* **t.-fly**) mosca tse-tse.

tub [tʌb], *n*. **1** tinozza; tino; mastello; vasca (*per lavare*): **wash-tub**, tinozza (*o* vasca) per il bucato; **a tub of water**, una tinozza d'acqua **2** (*fam*., *anche* **bath-tub**) vasca da bagno **3** (*fam*.) bagno (*nella vasca*): **A full tub would do him good**, un buon bagno gli farebbe bene **4** (*ind. min*.) cassone; secchione; vagonetto **5** (*sport*) barca per l'allenamento alla voga **6** (*naut*., *scherz*.) vecchia barca; bagnarola (*fig*.); sciabecco **7** (*fam*.) grassone; ciccione. ● **tub chair**, poltrona con schienale avvolgente □ **tub-thumper**, oratore da strapazzo □ (*d'oratore*, *predicatore*) **tub-thumping**, da strapazzo □ (*mecc*.) **tub-wheel**, ruota idraulica cava; cilindro rotante (*per lavare pelli*).

to tub [tʌb], *A v. t*. **1** (*fam*.) lavare (q.c.) nella tinozza **2** mettere in un tino (*o* in un mastello) **3** (*ind. min*.) rivestire (*un pozzo*) di legno (*o* di travi metalliche) **4** (*sport*) allenare (*rematori*) alla voga. *B v. i*. **1** (*fam*.) fare il bagno nella tinozza **2** (*sport*) allenarsi alla voga.

tuba ['tju:bə], *n*. **1** (*mus*.) tuba **2** (*meteorologia*) nube a proboscide.

tubal ['tju:bəl], *a*. (*anat*.) tubarico. ● (*zool*.) **t. bladder**, vescica urinaria (*dei pesci*)

tubate ['tju:beit], *a*. tubiforme; tubolare.

tubbing ['tʌbiŋ], *n*. (*ind. min*.) rivestimento stagno.

tubbish ['tʌbiʃ], *a*. grassoccio; grassottello.

tubby ['tʌbi], *a*. **1** a forma di tino **2** (*fam*.) obeso; corpulento; tozzo **3** (*di strumento musicale*) sordo; dal suono cupo.

tube [tju:b], *n*. **1** tubo: **smoke t.**, tubo di stufa; **welded t.**, tubo saldato; (*mil*., *naut*.) **torpedo t.**, tubo lanciasiluri **2** tubetto: **a toothpaste t.**, un tubetto di dentifricio; **t. colours**, colori in tubetto **3** (*mus*.: *d'organo*, *ecc*.) canna **4** (*anat*.) canale; tuba; tromba: **bronchial t.**, canale bronchiale; **the Fallopian tubes**, le trombe di Falloppio **5** (*fam*.) ferrovia sotterranea, metropolitana: **to travel by t.**, viaggiare in metropolitana **6** (*anche* **inner t.**) camera d'aria (*di pneumatico*) **7** (*chim*., *spesso* **test t.**) fiala; provetta: **glass t.**, fiala di vetro; **graduated t.**, provetta graduata **8** (*elettron*.) tubo; valvola: **a thermionic t.**, una valvola termoionica; **t. socket**, supporto della valvola **9** (*mil*.) tubo-anima (*di cannone*; *cfr*. **barrel** *per fucili e pistole*) **10** (*pop. USA*) **the t.**, la televisione. ● (*mecc*.) **t.-bending machine**, piegatubi (*macchina*) □ (*mecc*.) **t. mill**, mulino a tubo □ **t. socks**, calzini; calze tubolari (*calze unisex*) □ **t.-well**, pozzo tubolare □ (*specialm. autom*.) **inner t.**, camera d'aria □ **pneumatic t.**, tubo per la posta pneumatica.

to tube [tju:b], *A v. t*. **1** fornire di tubi **2** chiudere in un tubo. *B v. i*. (*fam*.) viaggiare in metropolitana (*a Londra*).

tubeless ['tju:bles], *a*. (*autom*.) senza camera d'aria; tubeless: **a t. tyre**, un pneumatico senza camera d'aria; un tubeless.

tuber ['tju:bə*], *n*. **1** (*bot*.) tubero: **A potato is a t.**, la patata è un tubero **2** (*anat*., *med*.) tubercolo.

tubercle ['tju:bə:kl], *n*. (*anat*., *bot*., *med*.) tubercolo.

tubercular [tju(:)'bə:kjulə*], *a*. (*med*.) **1** tubercolare **2** tubercoloso.

to tubercularize [tju(:)'bə:kjuləraiz], *V*. **to tuberculize**.

tuberculate(d) [tju(:)'bə:kjulit(id)], *a*. **1** (*biol*.) tubercolato, coperto di tubercoli **2** (*med*.) tubercolare.

tuberculation [tju(:)bə:kju'leifən], *n*. formazione di tubercoli.

to tuberculize [tju(:)'bə:kjulaiz], *v. t*. (*med*.) contagiare di tubercolosi.

tuberculoid [tju(:)'bə:kjuloid], *a*. tubercoloide; simile a un tubercolo.

tuberculose(d) [tju(:)'bə:kjulous(t)], *a*. (*med*.) tubercoloso.

tuberculosis [tju(:),bə:kju'lousis], *n*. (*pl*. **tuberculosises**) (*med*.) tubercolosi: **pulmonary t.**, tubercolosi polmonare.

tuberculous [tju(:)'bə:kjuləs], *a*. (*med*.) tubercoloso.

tuberose (1) ['tju:bərouz], (*bot*.) *n*. (*Polianthes tuberosa*) tuberosa.

tuberose (2) ['tju:bərous], *a*. **1** (*bot*.) tuberoso **2** coperto di tubercoli.

tuberosity [,tju:bə'rɔsiti], *n*. (*raro*) tuberosità.

tuberous ['tju:bərəs], *a*. **1** coperto di tubercoli; bernoccoluto **2** (*bot*.) tuberoso: **t. root**, radice tuberosa.

tubing ['tju:biŋ], *n*. **1** tubazione; tubatura **2** tubo: **a yard of rubber t.**, una iarda (*91 cm circa*) di tubo di gomma.

tubular ['tju:bjulə*], *a*. **1** tubolare; tubiforme (*costr*.) **a t. bridge**, un ponte tubolare **2** a tubi; tubolare; tubolato: **a t. boiler**, una caldaia (a vapore) tubolata.

tubule ['tju:bju:l], *n*. **1** tubetto; cannula **2** (*anat*.) tubulo.

tubulose ['tju:bju(:)lous], **tubulous** ['tju:(:)bjuləs], *a*. **1** tubolare **2** a tubi; tubolare **3** (*bot*.) tubuloso, tubuluso.

T.U.C. [,ti ju: 'si:], *n*. (*acronimo di* **Trade Union Congress**) Confederazione Generale dei Sindacati (*in G.B*.)

to tuck [tʌk], *A v. t*. **1** piegare; ripiegare; far baste (*o* pieghe) in (*abiti*, *stoffa*, *ecc*.) **2** (*a volte* **to t. up**) rimboccare; rincalzare: **to t. up one's sleeves**, rimboccarsi le maniche; **The mother tucked the baby into bed**, la mamma rincalzò il letto (*o* rimboccò le coperte) al bimbo **3** mettere dentro; far entrare; infilare; cacciare; nascondere: **I succeeded in tucking my shoes in the suitcase**, riuscii a fare entrare le scarpe nella valigia; **T. your shirt in**, infilati la camicia dentro i calzoni!; **The cove lies tucked between high cliffs**, l'insenatura è nascosta da alte scogliere; **I tucked the letter into my pocket**, mi cacciai la lettera in tasca **4** (*sport*) vuotare (*una rete da pesca*) col bertovello **5** ripiegare (*le gambe*, *le ginocchia*). *B v. i*. far pieghe; far baste. ● **to t. st. away** (**in a corner**, *ecc*.), metter via; riporre; nascondere q.c. (in un cantuccio, ecc.); (*scherz*.) divorare, papparsi q.c.: **He tucked away a good dinner**, si pappò un buon pranzetto □ **to t. in**, rincalzare, infilare dentro; rincalzare il letto a; (*fam*.) mangiare (*o* bere) avidamente, fare una scorpacciata, fare una gran bevuta □ (*fam*.) **to t. into**, fare una scorpacciata di: **I tucked into my pork and beans**, feci una scorpacciata di maiale coi fagioli □ **to t. up**, rimboccare, tirar su; (*arc*.) impiccare □ **to be tucked into bed**, farsi rincalzare le coperte (*a letto*); (*fig*.) essere mandato (*o* farsi mettere) a letto □ **You've forgotten to t. in your shirt-tail**, hai la camicia a ciondoloni.

tuck [tʌk], *n*. **1** piega; basta: **to make** (**to let out**) **a t. in a sleeve**, fare (allentare) una basta in una manica (*di camicia*, *ecc*.) **2** (*naut*.) parte inferiore della poppa; (*gergo naut*.) chiappe (*della nave*) **3** (*pop*.) cibo; roba da mangiare; (*specialm*.) dolciumi, pasticcini, torte. ● (*pop*.) **a t.-in**, una scorpacciata; una mangiata □ (*pesca*) **t.-net** (*o* **t.-seine**), bertovello □ (*pop*.) **t. shop**, spaccio che vende dolciumi, roba da mangiare (*specialm. a scuola o in un collegio*)

tucker ['tʌkə*], *n*. **1** chi fa baste, rimbocca, rincalza, ecc. (*V*. **to tuck**) **2** (*specialm. stor*.) fisciù, sciallétto (*indossato dalle donne inglesi nel '600 e nel '700*) **3** (*pop*., *in Australia*) cibo. ● (*scherz*.) **one's best bib and t.**, l'abito da festa; il vestito buono.

to tucker [tʌkə*], *v. t*. (*fam. USA*, *spesso* **to t. out**) affaticare; stancare; sfinire.

Tudor ['tju:də*], *A n*. (*stor*.) Tudor (*dinastia di sovrani inglesi*, *sul trono dal 1485 al 1603*). *B a*. (*stor*., *archit*., *letter*.) Tudor; dei Tudor: **T. architecture**, architettura Tudor; **the T. rose**, la rosa dei Tudor.

Tuesday ['tju:zdi], *n*. martedì. ● (*USA*) **Tuesdays**, *V*. **on Tuesdays** □ **on T.**, il martedì; **on a T.**, un martedì □ **on Tuesdays**, tutti i martedì; di martedì □ (*relig*.) **Shrove T.**, martedì grasso.

tufa ['tju:fə], *n*. (*geol*.) travertino; calcare continentale.

tufaceous [tu:'feiʃəs], *a*. (*miner*.) tufaceo.

tuff [tʌf], *n*. (*geol*.) tufo (vulcanico).

tuffaceous [tʌ'feiʃəs], *a*. (*miner*.) di tufo (vulcanico).

tuft [tʌft], *n*. **1** ciuffo (*di penne*, *ecc*.); ciocca (*di capelli*) **2** (*ind*.

tessile) fiocco **3** (*stor.*) studente universitario di famiglia nobile.
to tuft [tʌft], **A** *v. t.* **1** ornare di ciuffi; infiocchettare; impennacchiare **2** trapuntare (*un materasso, etc.*). **B** *v. i.* crescere a ciuffi.
tufted ['tʌftid], **tufty** ['tʌfti], *a.* **1** ornato di ciuffi; infiocchettato; impennacchiato **2** che cresce a ciuffi; a forma di ciuffo.
to tug [tʌg], **A** *v. t.* **1** trascinare; tirarsi dietro; strascinare: **She tugged the child along the street**, si trascinava dietro il bambino per la strada **2** (*naut.*) rimorchiare. **B** *v. i.* **1** tirare; strattonare (*fam.*); dare una stratta (*o* uno strattone): **The watchdog was tugging at the chain**, il cane da guardia dava strattoni alla catena **2** darsi da fare; faticare; penare. ● **to tug at**, tirare, strappare: **Stop tugging at your mother's skirt**, smettila di tirare la sottana alla mamma! □ (*fig.*) **to tug a subject in**, tirare in ballo un argomento.
tug [tʌg], *n.* **1** tirata (*specialm. di capelli*); strattone; stratta; strappo: **He gave a tug at the bell**, diede uno strattone al campanello **2** (*naut.*) rimorchiatore **3** (*gergo studentesco*) studente, collegiale (*a Eton*) **4** (*di bardatura*) tirella. ● **tug-of-war**, tiro alla fune □ **tug-spring**, molla della tirella □ (*fig.*) **We had a great tug to convince him**, ci volle del bello e del buono per convincerlo.
tugboat ['tʌgbout], *n.* (*naut.*) rimorchiatore.
tuition [tju(:)'iʃən], *n.* **1** istruzione; insegnamento: **T. is free in this school**, in questa scuola, l'istruzione è gratuita **2** (*anche* **t. fee**) tassa scolastica. ● **private t. in Greek**, lezioni private di greco.
tuitional [tju(:)'iʃənl], **tuitionary** [tju(:)'iʃnəri], *a.* pertinente all'istruzione, all'insegnamento; didattico; educativo.
tula ['tu:lə], *n.* (*arte, anche* **t. metal**) niello.
tulip ['tju:lip], *n.* (*bot., Tulipa gesneriana*) tulipano. ● (*bot.*) **t.-tree** (*Liriodendron tulipifera*), liriodendro; tulipifera.
tulle [tju:l] (*franc.*), *n.* (*ind. tessile*) tulle.
to tumble ['tʌmbl], **A** *v. i.* **1** cadere; capitombolare; fare un capitombolo; ruzzolare; precipitare: **to t. off a ladder**, cadere da una scala a pioli; **to t. down the stairs**, ruzzolare giù dalle scale; **to t. out of a window**, precipitare da una finestra; **Do you think the government is going to t.?**, credi che il governo cadrà? **2** agitarsi; dimenarsi; ruzzolarsi: **The patient tumbled in his sleep**, il paziente si agitava nel sonno; **The little boy was tumbling about on the floor**, il bambino si ruzzolava sul pavimento **3** fare acrobazie; fare salti mortali **4** (*anche* **to t. down**) andare in rovina (*o* a pezzi); crollare; rovinare: **The old castle is tumbling down**, il vecchio castello sta andando in rovina **5** (*econ., anche* **to t. down**) crollare: **Stock prices tumbled**, i prezzi dei titoli crollarono. **B** *v. t.* **1** far cadere; far ruzzolare; gettare a gambe all'aria; mandar sossopra; rovesciare: **The crash tumbled some passengers out of the train**, lo scontro fece cadere (*o* scaraventò) alcuni viaggiatori fuori dal treno **2** arruffare; disordinare; scompigliare; mettere sossopra (*o* in disordine): **to t. sb.'s hair** (**clothes**), arruffare i capelli (scompigliare le vesti) di q.; **to t. one's bed**, mettere sossopra il letto **3** abbattere (*un uccello*) al volo; colpire (*una lepre, ecc.*) col fucile **4** (*mecc.*) barilare (*pezzi metallici*) **5** (*pop.*) afferrare il senso (di q.c.); capire: **to t. to what sb. says**, afferrare il senso delle parole di q. ● **to t. off**, buttarsi giù; scendere in fretta (*da un veicolo*) □ **to t. out of bed half awake**, buttarsi giù dal letto ancora mezzo addormentato □ **to t. over**, fare un ruzzolone □ (*pop.*) **to t. to an idea**, afferrare un'idea □ **The drunken man tumbled into bed**, l'ubriaco si gettò di schianto sul letto □ **The boys were tumbling out of the school**, i ragazzi stavano uscendo tumultuosamente dalla scuola.
tumble ['tʌmbl], *n.* **1** caduta; capitombolo; ruzzolone: **I had a bad t.**, feci una brutta caduta **2** capriola; salto mortale **3** confusione; disordine; scompiglio **4** (*econ.*) crollo (*dei prezzi, dei corsi, ecc.*). ● (*metall.*) **t.-plating process**, zincatura per barilatura.
tumbledown ['tʌmbldaun], *a.* cadente; diroccato; in rovina.
to tumble-dry ['tʌmbldrai], *v. t.* centrifugare (*il bucato*).
tumble-dryer ['tʌmbldraiə*], *n.* (*mecc.*) centrifuga a tamburo.
tumbler ['tʌmblə*], *n.* **1** acrobata; saltimbanco **2** bicchiere tondo, senza piede né manico; tumbler **3** (*zool.*) piccione tomboliere **4** (*di serratura*) perno **5** (*mecc.*) *V.* **tumbling barrel 6** misirizzi (*balocco*). ● (*mecc.*) **t. gear** (*o* **gears**), invertitore; gruppo (*o* ingranaggio) inversore □ **t. switch**, interruttore (a levetta).
tumblerful ['tʌmbləful], *n.* bicchiere; quanto sta in un bicchiere.
tumbleweed ['tʌmblwi:d], *n.* (*bot., specialm. Amaranthus*) erba mobile (*spostata dal vento, nelle zone desertiche degli USA*).
tumbling ['tʌmbliŋ], *n.* **1** capitombolo; caduta; ruzzolone **2** (*mecc.*) pulitura al tamburo; barilatura **3** (*sport*) acrobatica (*sul tappeto*). ● (*mecc.*) **t. barrel** (*o* **t. box**), barilatrice; tamburo □ (*mecc.*) **t. shaft**, albero a camme.
tumbrel ['tʌmbrəl], **tumbril** ['tʌmbril], *n.* **1** (*stor.*) carretta per il trasporto dei condannati (*durante la Rivoluzione francese*) **2** carro agricolo (*specialm. ribaltabile*) **3** (*stor., mil.*) carro per munizioni.
tumefacient [,tju:mi'feiʃənt], *a.* **1** che produce tumefazione **2** (*raro*) tumescente; tumefatto; gonfio.
tumefaction [,tju:mi'fækʃən], *n.* tumefazione; gonfiore.
to tumefy ['tju:mifai], *v. t. e i.* tumefare, tumefarsi; gonfiare, gonfiarsi.
tumescence [tju:'mesns], *n.* tumescenza; enfiagione.
tumescent [tju:'mesənt], *a.* tumescente; che tende a tumefarsi.
tumid ['tju:mid], *a.* **1** tumido; gonfio; enfiato **2** (*fig.*) gonfio; ampolloso; enfatico; pomposo: **a t. style**, uno stile enfatico.
tumidity [tju:'miditi], **tumidness** ['tju:midnis], *n.* **1** tumidezza; gonfiore **2** (*fig.*) ampollosità; enfaticità.
tummy ['tʌmi], *n.* (*fam.*) pancia; pancino; stomaco. ● **t. ache**, mal di stomaco; mal di pancia.
tumor ['tju:mə*], (USA) *V.* **tumour**.
tumorigenic [,tju:məri'dʒenik], *a.* cancerogeno; oncogeno.
tumorigenicity [,tju:məridʒe'nisiti], *n.* diatesi cancerogena.
tumour ['tju:mə*], *n.* (*med.*) tumore: **malignant t.**, tumore maligno.
tumular ['tju:mjulə*], **tumulary** ['tju:mjuləri], *a.* tumulare.
tumult ['tju:mʌlt], *n.* tumulto; agitazione; sollevazione; sommossa; scompiglio: **His mind is in (a) t.**, ha l'animo in tumulto.
tumultuary [tju:'mʌltjuəri], *a.* tumultuante; disordinato; riottoso.
tumultuous [tju:'mʌltjuəs], *a.* tumultuoso; agitato; turbolento.
tumultuousness [tju:'mʌltjuəsnis], *n.* l'essere tumultuoso; turbolenza.
tumulus ['tju:mjuləs], *n.* (*pl.* **tumuli, tumuluses**) tumulo.
tun [tʌn], *n.* **1** botte (*un tempo, anche come misura di capacità, pari a 252 galloni o a lt 954 circa*) **2** tino (*per la fermentazione della birra*). ● (*arc., di persona*) **tun-bellied**, corpulento; panciuto.
to tun [tʌn], *v. t.* mettere in botti; imbottare.
tuna ['tju:nə], *n.* (*pl.* **tuna, tunas**) **1** (*zool., Thunnus thynnus*) tonno **2** (*anche* **t. fish**) tonno; carne di tonno. ● **t. clipper**, motonave tonniera.
tunable ['tju:nəbl], *a.* **1** (*mus., elettron.*) accordabile **2** armonioso; musicale.
tunableness ['tju:nəblnis], *n.* **1** (*mus., elettron.*) l'esser accordabile **2** armoniosità; musicalità.
tundra ['tʌndrə], *n.* (*geogr.*) tundra. ● **t. climate**, clima da tundra.
tune [tju:n], *n.* **1** (*mus.*) melodia; aria; motivo; motivetto: **old tunes**, vecchie melodie; **to hum a popular t.**, canticchiare un motivetto popolare **2** armonia (*anche fig.*); accordo: **The curtains are not in t. with the wallpaper**, le tende non sono in armonia con la carta da parati; **to be in t. (out of t.) with one's colleagues**, andare d'accordo (essere in disaccordo) coi propri colleghi **3** (*mus.*) tono: **She is singing out of t.**, sta cantando fuori tono; **to sing in t.**, cantare in tono. ● (*mecc.*) **t.-up**, messa a punto (*di un motore*) □ (*fig.*) **to change one's t.** (*o* **to sing another t.**), cambiar tono; cambiare registro □ **to get out of t.**, uscir di tono; stonare □ **in t.**, intonato; armonico □ **out of t.**, stonato; scordato: **The organ is out of t.**, l'organo è scordato □ (*rif. a danze in locale da ballo*) **to the tunes of**, (con l') orchestra di (*segue il nome*) □ **I bought it to the t. of ten thousand pounds**, l'ho comprato per la bellezza di diecimila sterline □ **Give us a t.!**, cantaci qualcosa!
to tune [tju:n], **A** *v. t.* **1** (*mus.*) accordare: **to t. a piano**, accordare un pianoforte **2** (*fig.*) mettere in armonia (*o* in accordo); adattare; aggiustare; regolare **3** (*radio, telev.*) sintonizzare (*un apparecchio*) **4** (*elettron.*) accordare; sintonizzare **5** (*mecc., spesso* **to t. up**) mettere a punto (*un motore*); regolare, registrare: **to t. up a car correctly**, regolare bene il motore di un'auto. **B** *v. i.* essere in armonia; armonizzare. ● **to t. in**, intonare (*un canto, ecc.*) □ (*radio*) **to t. in (to)**, sintonizzare l'apparecchio (su: *una stazione, un programma*) □ (*fam.*) **to t. out**, ignorare; non tenere conto di □ **to t. up**, (*dell'orchestra*) mettersi in tono, accordare gli strumenti; cominciare a suonare (*o* a cantare) (*scherz.*: *di un bambino*) mettersi a frignare; (*mecc.*) regolare, registrare (*un motore, ecc.*).
tuneful ['tju:nful], *a.* armonioso; melodioso; musicale.
tunefulness ['tju:nfulnis], *n.* armoniosità; musicalità.
tuneless ['tju:nlis], *a.* (*mus.*) **1** (*di strumento*) scordato **2** (*di suono*) disarmonico; discordante **3** (*di persona*) muto.
tuner ['tju:nə*], *n.* **1** (*mus.*) accordatore: **a piano t.**, un accordatore di pianoforti **2** (*elettron., telev., radio*) sintonizzatore.
tung oil ['tʌŋ ɔil], *n.* (*pitt.*) olio di legno della Cina; olio di tung.
tungstate ['tʌŋstit], *n.* (*chim.*) tungstato; wolframato.
tungsten ['tʌŋstən], *n.* (*chim.*) tungsteno; wolframio.
tung tree ['tʌŋtri:], *n.* (*bot., Aleurites fordii*) albero di tung.
tunic ['tju:nik], *n.* **1** (*stor., scient.*) tunica **2** (*mil.*) giubba militare (*o da poliziotto*) **3** tunica (*da donna*); casacca.
tunicate ['tju:nikeit], *a. e n.* (*bot., zool.*) tunicato.
tunicle ['tju:nikl], *n.* (*scient., relig.*) tunica, tunichetta.

tuning ['tju:niŋ], *n.* **1** (*mus.*) accordatura **2** (*radio, telev.*; *anche* **t.-in**) sintonia; sintonizzazione **3** (*elettron.*) accordo; sintonia **4** (*mecc.*; *anche* **t.-up**) messa a punto (*di un motore*). ● (*radio*) **t. band**, banda di sintonia □ (*radio*) **t. dial**, scala parlante □ (*mus.*) **t. fork**, diapason □ (*mus.*) **t. hammer**, chiave da accordatore □ (*elettron.*) **t. indicator**, indicatore di sintonia; occhio magico (*fam.*) □ (*mus.*) **t. peg** (*o* **t. pin**), pirolo; bischero.
Tunis ['tju:nis], *n.* (*geogr.*) Tunisi.
Tunisian [tju(:)'nizɪən], *a. e n.* tunisino.
tunnage ['tʌnidʒ], *V.* **tonnage**.
tunnel ['tʌnl], *n.* **1** galleria; traforo; tunnel (*anche fig.*): **a railway t.**, una galleria ferroviaria; **t. mouth** (*o* **opening**), sbocco di galleria **2** tana sotterranea; cunicolo (*di conigli, ecc.*). ● (*mecc.*) **t. borer**, fresa a piena sezione, «tunneler» (*per scavare gallerie*) □ (*mecc.*) **t. carriage**, jumbo per gallerie □ (*costr.*) **t. liner**, rivestimento di galleria □ **t. vision**, (*med.*) visione tubulare; (*fig.*) miopia (*fig.*); (il) non vedere oltre la punta del proprio naso.
to tunnel ['tʌnl], *A v. t.* **1** aprire (*un passaggio*) a forma di galleria **2** traforare: **to t. Mount Blanc**, traforare il Monte Bianco **3** aprire (*un varco*) scavando una galleria. **B** *v. i.* scavare una galleria: **to t. through** (*o* **into**) **solid rock**, scavare una galleria nella solida roccia. ● **to t. under the sea**, scavare un tunnel sottomarino.
tunny ['tʌni], *n.* (*zool.*, *Thunnus thynnus*) tonno.
tup [tʌp], *n.* **1** (*zool.*) ariete; montone **2** (*mecc.*) mazza battente.
to tup [tʌp], *v. t.* **1** (*di montone*) coprire **2** (*mecc.*) battere con la mazza battente.
Tupamaro [,tju:pə'ma:rou], *n.* (*pl.* **Tupamaros**) (*stor.*) tupamaro.
tuppence ['tʌpəns], *n.* (*fam.*) due penny (*il valore*).
tuppenny ['tʌpni], *a.* (*fam.*) da due penny. ● (*fam.*) **I don't care a t. damn**, non me ne importa un accidente.
turban ['tə:bən], *n.* turbante. ● (*zool.*) **t.-shell** (*Turbo*), turbo.
turbaned ['tə:bənd], *a.* col turbante (*in testa*).
turbary ['tə:bəri], *n.* **1** (*ind. min.*) torbiera **2** diritto d'estrazione della torba.
turbid ['tə:bid], *a.* **1** torbido (*anche fig.*): **a t. river**, un fiume torbido; **a t. imagination**, una fantasia torbida **2** (*fig.*) confuso; turbato.
turbidity [tə:'biditi], **turbidness** ['tə:bidnis], *n.* **1** (*anche fig.*) torbidezza **2** (*tecn.*) torbidità.
turbinate ['tə:binit], *a.* (*scient.*) turbinato.
turbine ['tə:bin], *n.* (*mecc.*) turbina: **a steam t.**, una turbina a vapore; **a water t.**, una turbina idraulica. ● (*naut.*) **t. boat**, turbonave □ **t. propulsion**, propulsione a turbina.
turbit ['tə:bit], *n.* (*zool.*) piccione dal becco corto.
turboalternator [,tə:bou'ɔ:ltəneitə*], *n.* (*elettr.*) turboalternatore.
turboblower ['tə:bou,blouə*], *n.* (*mecc.*) turbocompressore.
turbo-electric ['tə:boui'lektrik], *a.* (*mecc.*) turboelettrico: **t. drive**, trazione turboelettrica.
turbofan ['tə:boufæn], *n.* **1** (*mecc.*) turboventilatore **2** (*aeron.*) turbogetto a soffiante (*o* a doppio flusso).
turbogenerator [,tə:bou'dʒenəreitə*], *n.* (*elettr.*) turbogeneratore.
turbojet ['tə:boudʒet], *n.* **1** (*aeron.*) aereo a turbogetto; turboreattore; turbogetto **2** *V.* **t. engine**. ● (*mecc.*) **t. engine**, motore a turbogetto; turboreattore; turbogetto.
turboprop ['tə:bouprɔp], *n.* **1** (*aeron.*) aereo a turboelica; turboelica **2** *V.* **turbopropeller engine**.
turbopropeller engine ['tə:bouprə'pelər 'endʒin], *n.* (*mecc.*) motore a turboelica; turboelica.
turbopump ['tə:bou'pʌmp], *n.* (*mecc.*) turbopompa; pompa centrifuga.
turbosupercharger ['tə:bou'sju:pətʃa:dʒə*], *n.* (*autom.*) turbocompressore d'alimentazione.
turbot ['tə:bət], *n.* (*pl.* **turbot, turbots**) (*zool.*) **1** (*Rhombus maximus*) rombo gigante **2** (*Hippoglossus hippoglossus*) ippoglosso.
turbulence ['tə:bjuləns], *n.* **1** turbolenza; agitazione; disordine **2** (*meteorologia*) turbolenza **3** (*mecc. dei fluidi*) *V.* **turbulent flow**.
turbulent ['tə:bjulənt], *a.* turbolento; agitato; tumultuoso. ● (*mecc. dei fluidi*) **t. flow**, corrente turbolenta.
turd [tə:d], *n.* (*volg., anche fig.*) pezzo di sterco; stronzo (*volg., anche fig.*).
turdiform ['tə:difɔ:m], *a.* (*zool.*) simile al tordo.
turdine ['tə:d(a)in], *a.* (*zool.*) della famiglia del tordo.
tureen [tə'ri:n], *n.* (*anche* **soup t.**) zuppiera.
turf [tə:f], *n.* (*pl.* **turfs, turves**) **1** tappeto erboso; terreno erboso **2** zolla erbosa; piota **3** (*in Irlanda*) torba **4** — (*sport*) **the t.**, l'ippodromo; le corse ippiche; il mondo delle corse. ● **t. accountant**, allibratore; bookmaker □ **t.-bound**, coperto di zolle □ **t. commission agent**, allibratore.

to turf [tə:f], *v. t.* coprire di zolle erbose; piotare. ● (*pop.*) **to t. out**, buttar fuori; estromettere (*da un circolo, da una società*).
turfite ['tə:fait], **turfman** ['tə:fmən], *n.* (*pl.* **turfmen**) (*gergo sportivo*) amante delle corse ippiche; frequentatore d'ippodromi.
turfy ['tə:fi], *a.* **1** coperto di zolle erbose; erboso **2** torboso **3** (*fig.*) connesso con le corse ippiche.
turgescence [tə:'dʒesns], *n.* **1** turgidezza; gonfiore **2** (*fig.*) ampollosità; enfasi (*di stile, ecc.*).
turgescent [tə:'dʒesnt], *a.* **1** turgido; gonfio **2** (*fig.*) ampolloso; pomposo; enfatico.
turgid [tə:dʒid], *a.* **1** turgido; gonfio (*fig.*) ampolloso, pomposo, magniloquente: **t. style**, stile turgido, ampolloso **2** (*med.*) turgido; congesto; rigonfio. ● **the t. narrative of his travels**, la fiorita narrazione dei suoi viaggi.
turgidity [tə:'dʒiditi], *n.* turgidezza (*anche fig.*); turgidità; turgore; (*fig.*) ampollosità, magniloquenza, pomposità.
turgor ['tə:gə*], *n.* **1** turgore; turgidità **2** (*biol.*) turgore.
Turin [tju'rin], *n.* (*geogr.*) Torino.
Turinese [,tjuri'ni:z], *a. e n.* torinese.
turion ['tjuəriən], *n.* (*bot.*) turione.
Turk [tə:k], *n.* **1** turco **2** (*in genere*) mussulmano **3** (*fig.*) uomo feroce, crudele **4** (*scherz.*) bambino terribile; Pierino (*fam.*); peste (*fig.*) **5** cavallo turco. ● (*bot.*) **T.'s-cap** (*Lilium martagon*), giglio martagone □ **T.'s head**, (*nelle giostre*) testa di Turco; (*anche*) nodo a turbante.
turkey ['tə:ki], *n.* **1** (*zool.*, *Meleagris gallopavo*) tacchino **2** (*pop. USA*) fiasco; insuccesso. ● (*zool.*) **t. buzzard** (*o* **t. vulture**) (*Cathartes aura*), avvoltoio dal collo rosso □ **t. cock**, tacchino (*maschio*); (*fig.*) individuo che si pavoneggia; presuntuoso, vanitoso □ **t. hen**, tacchina □ **t. poult**, tacchinotto □ (*stor., mus.*) **t.-trot**, ballo «del tacchino» □ (*pop.*) **cold t.**, astinenza immediata e assoluta dalla droga: **to go cold t.**, smettere di colpo di drogarsi □ (*pop.*) **to talk t.**, parlare chiaro (*o* apertamente): dire le cose come stanno; parlare d'affari (*o* di cose serie) □ **to turn as red as a t. cock**, diventar rosso come un tacchino.
Turkey ['tə:ki], *n.* (*geogr.*) Turchia. ● **T. carpet**, tappeto turco □ **T. leather**, cuoio trattato con olio □ **T. red**, rosso turco; rosso di robbia □ **T. stone**, (*miner.*) turchese; (*mecc.*) pietra per affilare.
Turkish ['tə:kiʃ], **A** *a.* turco: **the T. pound**, la lira turca; **T. bath**, bagno turco; **T. carpet**, tappeto turco. **B** *n.* turco (*la lingua*). ● **T. delight** (*o* **T. paste**), dolce fatto a cubetto gelatinoso coperto di zucchero □ **T. slipper**, babbuccia □ **T. towel**, asciugamano ruvido di spugna.
Turkism ['tə:kizəm], *n.* civiltà (costumi, credenze, ecc.) del mondo turco.
Turkman ['tə:kmən], **Turkoman** ['tə:kəmən], *n.* turcomanno.
turmalin(e) ['tə:məlin], *n.* (*miner.*) tormalina.
turmeric ['tə:mərik], *n.* **1** (*bot.*, *Curcuma longa*) curcuma **2** (*chim.*; *anche* **t. yellow**) curcumina (*colorante*). ● (*chim.*) **t. paper**, carta alla curcuma □ (*chim.*) **t. yellow**, curcumina (*la tinta*).
turmoil ['tə:mɔil], *n.* tumulto; agitazione; disordine; scompiglio.
to turn [tə:n], **A** *v. t.* **1** girare; far girare; volgere; voltare; rivolgere: **to t. the corner**, girare l'angolo; (*d'automobile*) fare la curva; (*d'automobilista*) prendere la curva; **T. the key**, gira la chiave!; (*mecc.*) **to t. a crank** (**a shaft, a wheel, etc.**), far girare una manovella (un albero, una ruota, ecc.); (*anche fig.*) **to t. one's back on sb.**, voltare le spalle a q.; **T. your face this way**, volta la faccia da questa parte!; **to t. one's eyes**, volgere lo sguardo; **She was turning the pages of the album**, voltava le pagine dell'album **2** rivoltare; rovesciare; far rivoltare; invertire: **I think I'll have this jacket turned**, penso che farò rivoltare questa giacca; (*mecc.*) **to t. the edge of a plate**, rivoltare l'orlo d'una lamiera; **to t. the spade**, rivoltare la vanga; **to t. a collar**, rovesciare un colletto; **to t. sb.'s stomach**, far rivoltare lo stomaco a q. **3** aggirare; girare intorno a: **Our army turned the enemy's flank**, il nostro esercito aggirò il fianco del nemico **4** dirigere; volgere: **The bird turned its flight southwards**, l'uccello diresse il suo volo verso sud **5** distogliere; sviare; (*far*) deviare: **In spite of her entreaties, she didn't succeed in turning me from my purpose**, benché mi supplicasse, ella non riuscì a distogliermi dal mio proposito; **Luckily the helmet turned the bullet**, per fortuna l'elmetto gli sviò il proiettile; **to t. the course of history**, deviare il corso della storia **6** respingere; stornare: **We turned the attack of the troopers**, respingemmo l'attacco della cavalleria; **I turned the blow**, stornai il colpo **7** smussare; ottundere: **to t. the edge of a knife**, smussare il filo di un coltello **8** cambiare; convertire; mutare; trasformare; far diventare: **Christ turned the water into wine**, Cristo mutò l'acqua in vino; **I turned him to more liberal views**, lo convertii a idee più liberali; **The cold weather has turned the leaves red**, il freddo ha fatto diventar rosse le foglie; **This machine turns cream into butter**, questa macchina trasforma la panna (*di latte*) in burro **9** volgere; tradurre: **to t. prose into**

verse, volgere prosa in versi; **T. this passage into French**, traducete questo passo in francese! **10** (*falegnameria, mecc.*) tornire (*anche fig.*): **to t. wood (brass, ivory, etc.)**, tornire il legno (l'ottone, l'avorio, ecc.); **a well-turned phrase**, un'espressione ben tornita **11** fare, formulare; dare forma aggraziata a (*un complimento, una frase, ecc.*) **12** inacidire; far andare a male, guastare (*climenti*). **B** *v. i.* **1** girare (*anche fig.*); girarsi; volgersi; voltare; voltarsi; svoltare: **Several artificial satellites are now turning round the earth**, diversi satelliti artificiali girano ora intorno alla terra; **My head is turning**, mi gira la testa; **The key won't t.**, la chiave non gira (nella toppa); **The road turns to the left**, la strada svolta a sinistra; **Let's t. now and go back**, adesso voltiamo e torniamo indietro! **2** dirigersi; rivolgersi: **She turned to God in her sorrow**, nel suo dolore, si rivolse a Dio; **I scarcely knew which way to t.**, quasi non sapevo da che parte dirigermi (*fig.*: a che santo votarmi) **3** girarsi, rivoltarsi (*nel letto, ecc.*); (*dello stomaco*) rivoltarsi: **I was so upset that I tossed and turned all night**, ero così turbato che mi agitai e rivoltai tutta la notte; **My stomach turns at the smell of cucumbers**, mi si rivolta lo stomaco all'odore dei cetrioli **4** mutarsi; trasformarsi; diventare; farsi: **The rain turned to sleet**, la pioggia si mutò in nevischio; **The wine turned to vinegar**, il vino è diventato aceto; **He has turned explorer**, è diventato un esploratore; **Joy has turned to sorrow**, la gioia s'è trasformata in dolore; **He turned Mohammedan**, si fece maomettano; **She turned pale**, si fece pallida; impallidì **5** (*naut., aeron.*) accostare; virare: **The ship turned round**, la nave virò di bordo **6** (*di cibo*) inacidire; andare a male; guastarsi: **The milk has turned**, il latte s'è inacidito **7** mutar colore: **Now the leaves are turning**, ora le foglie mutano colore (*o* ingialliscono) **8** (*comm. USA*) andare; vendersi: **Unisex garments are turning well this year**, quest'anno i capi di vestiario unisex vanno bene (*fam.*: forte). **C** *verbi composti* **1 to t. about** (*o* **around**), voltarsi; girarsi; voltarsi indietro; (*mil., ginnastica*) fare dietro front; girare, voltare: **I turned around to see who was following me**, mi voltai per vedere chi mi seguiva; **T. the car about!**, volta (*o gira*) la macchina!; **T. your chair around!**, gira la sedia! **2 to t. against**, diventare ostile a, rivoltarsi contro; metter contro, inimicare, render nemico: **He turned against his former friends**, si rivoltò contro i suoi amici di prima; **The girl turned his own family against him**, la ragazza gli mise contro (*o* gli inimicò) la sua stessa famiglia. **3 to t. aside**, deviare, scantonare; sviare, stornare. **4 to t. away**, scostarsi; (*anche fig.*) voltar le spalle; allontanarsi; andare da un'altra parte: **He turned away in anger**, si allontanò (voltò le spalle) arrabbiato □ **to t. (sb.) away**, respingere, mettere alla porta, mandar via; mandare a farsi benedire, piantare in asso: **I never turned away a door-to-door salesman from my threshold**, non ho mai respinto un venditore a domicilio dalla mia soglia □ **He turned away the conversation**, sviò la conversazione. **5 to t. back**, voltarsi, tornare indietro, ritornare, volgersi indietro; far voltare; far tornare, far fare marcia indietro a (q.); piegare, fare un'orecchia a (*la pagina di un libro, ecc.*): **The storm forced us to t. back**, la tempesta ci constrinse a tornare indietro □ **to t. back to one's work**, rimettersi al lavoro. **6 to t. down**, piegare (*una pagina, ecc.*); fare la piega a (*lenzuola, ecc.*); rovesciare, mettere giù (*il bavero della giacca, ecc.*); mettere (*una carta da gioco*) a faccia in giù; abbassare, ridurre (*una luce, la fiamma del gas, il volume del giradischi, ecc.*); respingere (*una proposta, chi offre q.c.*); rifiutare (*un'offerta*): **T. down the radio**, abbassa la radio!; **If the salary is too low, I'll t. down the job**, se lo stipendio è basso, non accetterò il posto □ **to t. down a bed**, scoprire leggermente un letto (*preparandolo per la notte*). **7 to t. in**, piegare in dentro, ripiegare; consegnare, presentare; restituire, riconsegnare; consegnare (*alla polizia*). (*fam.*) andare a letto, coricarsi, rincasare; (*naut.*) issare a bordo (*una lancia, ecc.*): **to t. in a report**, presentare un rapporto; **He turned in his revolver to the police**, consegnò la rivoltella alla polizia; **You must t. in your badge**, devi restituire il distintivo □ **to t. in one's toes in**, arricciare le dita dei piedi all'ingiù □ **My toes t. in**, ho il piede varo. **8 to t. inside out**, rivoltare, rovesciare; rivoltarsi, rovesciarsi: **Who has turned my socks inside out?**, chi mi ha rovesciato i miei calzini? **9 to t. off**, diramarsi; deviare; voltare; (*fam.*) tirarsi indietro, disinteressarsi; (*di cibo*) guastarsi, andare a male; (*del tempo*) farsi (*fresco, caldo, ecc.*): **Here the road turns off to London**, qui si dirama la strada per Londra; **That's where we t. off to Oxford**, ecco dove dobbiamo voltare per Oxford; **They turned off the main road**, deviarono dalla strada maestra □ **to t. (st., sb.) off**, chiudere (*il gas, il rubinetto dell'acqua*); spegnere (*la luce, la radio, ecc.*); (*elettron.*) disinnescare, spegnere; congedare; licenziare, mandare via (*un domestico, ecc.*); comporre, fare, produrre (*un lavoro, un epigramma, ecc.*); distogliere, scoraggiare; (*pop.*) impiccare (*un criminale*); (*pop.*) unire in matrimonio (*una coppia*); (*fam.*) offendere, non piacere a: **T. off the tap!**, chiudi il rubinetto!; **He has turned off a fine piece of work**, ha fatto un bel lavoro; **The murderer was turned off in public**, l'assassino fu impiccato davanti al popolo; **That guy really turns me off**, quel tizio non mi piace affatto □ (*econ., fin.*) **to t. off the money-supply taps**, chiudere le fonti del credito (*fam.*: stringere i cordoni della borsa). **10 to t. on**, aprire (*il gas*); far correre (*l'acqua*); accendere (*la luce, la radio, ecc.*); (*elettron.*) innescare, accendere; dipendere da; voltarsi contro, rivoltarsi a, attaccare, assalire; (*fam.*) eccitare, entusiasmare; eccitare sessualmente; eccitarsi, entusiasmarsi; entrare (*o* mettere) sotto l'effetto della droga: **Everything turns on his answer**, tutto dipende dalla sua risposta; **The burglar turned on me and knifed me**, il ladro mi si rivoltò contro e mi diede una coltellata □ (*mil.*) **to t. on the guard**, chiamare la guardia □ **to t. on one's heels**, girare sui tacchi; voltarsi bruscamente □ (*fam.*) **to t. on the waterworks**, dare la stura alle lacrime; aprire le cateratte del pianto □ (*econ., fin.*) **to t. on the money-supply taps**, aprire le fonti del credito (*fam.*: allargare i cordoni della borsa). **11 to t. out**, alzarsi dal letto; uscire, uscir di casa; riuscire, andar a finire, risultare; accadere, succedere; (*del tempo*) farsi (*bello, brutto, ecc.*): **How many people turned out for the meeting?**, quanta gente risultò (presente) al comizio?; **Things turned out all right**, le cose andararon benissimo; **Let's see how things t. out**, stiamo a vedere come va a finire!; **He turned out to be a humbug**, risultò (*o si scoprì*) che era un impostore; **It's turned out nice again**, s'è rifatto bello (*o bel tempo*) □ **as it turned out...**, a conti fatti... □ **to t. (sb., st.) out**, scacciare, mettere alla porta, buttar fuori, mandar via; cacciare, licenziare, congedare; (*leg.*) escomiare, sfrattare; voltare in fuori, rovesciare; vuotare, rovistare; (*ind.*) produrre, fabbricare; fornire di guardaroba, abbigliare; chiudere (*il gas, il rubinetto dell'acqua*); spegnere (*la luce, la radio, ecc.*): **They turned him out of the bar**, lo buttarono fuori dal bar; **He was turned out of his position**, fu cacciato dal posto (di lavoro); **I made him t. out his pockets**, gli feci rovesciare le tasche; **I have turned out all the drawers of the chest**, ho vuotato (*o rovistato*) tutti i cassetti del cassettone (*per cercare q.c.*); **We t. out a wide range of articles**, produciamo una vasta gamma di articoli; **That girl is not pretty but she's splendidly turned out**, quella ragazza non è bella ma ha un magnifico guardaroba □ **The weather turned out fine**, il tempo si mise al bello □ **It's turned out sunny again**, è tornato il sole □ **to t. out one's toes like a dancer**, arricciare le dita dei piedi all'insù come una ballerina □ **My toes t. out**, ho il piede valgo. **12 to t. over**, girarsi, voltarsi, rivoltarsi; ribaltarsi, rovesciarsi, capovolgersi; (*fig.*) cambiar partito; (*autom., mecc.*) girare: **I turned over in my sleep**, mi rivoltai nel sonno; **The locomotive turned over**, la locomotiva si rovesciò; **The engine turns over but will not start**, il motore gira ma non parte □ **to t. (st., sb.) over**, rivoltare, rovesciare; capovolgere; ribaltare; considerare attentamente, meditare su, riflettere su; consegnare, cedere, trasferire; (*comm.*) avere un giro (*o* un volume d'affari) di; (*econ.*) convertire (*un'industria, una fabbrica*): **I turned over the stone**, rivoltai il sasso; **You've turned a chair over**, hai rovesciato una sedia; **to t. a matter over (and over) in one's mind**, meditare a lungo su una faccenda (volgerla e rivolgerla nella propria mente); **to t. sb. over to the police**, consegnare q. alla polizia; **He will t. over the business to his nephew**, cederà l'azienda al nipote; **The firm turned over two thousand pounds last week**, la ditta ebbe un giro d'affari di duemila sterline la settimana scorsa □ **to t. over one's cards**, rovesciare le carte; mettere le carte in tavola □ (*fig.*) **to t. over a new leaf**, cambiar vita; mettere giudizio; metter la testa a partito □ (*econ., ind.*) **to t. st. over to sb.**, (*anche*) passare la mano a q. nella conduzione (*o* di gestione, direzione) di q.c. **13 to t. round** (*o* **around**), voltarsi, volgersi indietro, far dietro front; (*fig.*) cambiar partito, mutar politica: **We turned round as soon as we realized our plan was impracticable**, mutammo politica non appena ci accorgemmo che il nostro progetto era inattuabile □ **to t. (sb., st.) round**, far voltare, far fare dietro front a (q.); voltare, far girare (q.c.) □ **to t. round and round**, girare e rigirare; rigirarsi di continuo; girare in tondo □ **to t. round on sb.**, attaccare q. di sorpresa; assalire q. improvvisamente. **14 to t. to**, voltarsi (*o girarsi*) verso; rivolgersi a, ricorrere a; accingersi a; mettersi a; cominciare; applicarsi (*o darsi*) a; mettersi all'opera, al lavoro: **He turned to me in surprise**, si volse sorpreso verso di me; **The student turned to his teacher for advice**, lo studente si rivolse all'insegnante per averne consigli; **He turned to his work**, si mise al lavoro; **He turned to music**, si diede alla musica; **It's time we turned to**, è ora di mettersi al lavoro! □ **to t. to account**, volgere q.c. a proprio vantaggio; mettere q.c. a profitto; valorizzare q.c.: **He turned his knowledge to good account**, mise a buon profitto la sua cultura □ **The conversation turned to politics**, la conversazione passò alla politica □ **to t. to the left** (**to the right**), voltare a sinistra (a destra); (*mil.*) far fronte a sinistra (a destra) □ **to t. to shoplifting**, darsi al taccheggio; mettersi a rubare nei negozi.

turn

15 **to t. under**, piegare in giù; rincalzare (*un lenzuolo*); (*agric.*) rivoltare (*il terreno*). 16 **to t. up**, presentarsi, arrivare, farsi vedere, riapparire; accadere, capitare, succedere; offrirsi; saltar fuori, essere trovato: **He wired he would arrive today but he hasn't turned up yet**, telegrafò che sarebbe arrivato oggi ma non s'è fatto ancora vedere; **One day the emigrant turned up in his native village**, un bel giorno l'emigrante riapparve nel paese dov'era nato; **Something is bound to t. up**, qualcosa deve pur succedere!; **Be sure your ring will t. up sooner or later**, sta' certo che il tuo anello salterà fuori prima o poi ☐ **to t. (st.) up**, volgere in su, arricciare; tirar su, rimboccare; accorciare (*un abito*) facendo un risvolto; rivoltare; portare in superficie, portare alla luce; scoprire (*una carta da gioco*); (*fam.*) far vomitare, dare il voltastomaco (*o la nausea*) a: **She turned her nose up at the proposal**, arricciò il naso alla proposta; **I turned up the ends of my trousers**, mi rimboccai le estremità dei pantaloni; **The diggers turned up a skeleton**, gli scavatori portarono alla luce uno scheletro; **That horrid sight turned me up**, quella vista orrenda mi dette la nausea ☐ (*fam.*) **to t. up one's heels**, morire; tirare le cuoia ☐ **to t. up the radio**, alzare il volume della radio ☐ **a turned-up nose**, un nasino all'insù ☐ (*fam.*) **T. it up!**, smettila!, piantala! 17 **to t. upon** (*o* **on**), voltarsi contro, rivoltarsi a, attaccare, assalire; dipendere da: **Everything turns upon the weather**, tutto dipende dal tempo. 18 **to t. upside down**, capovolgere, rovesciare, mettere sottosopra; capovolgersi, rovesciarsi. ● **to t. one's ankle**, storcersi la caviglia ☐ **to t. sb.'s brain**, far dar di volta il cervello a q.; far ammattire q. ☐ (*fig.*) **to t. one's coat**, voltar casacca, voltar gabbana; cambiare partito ☐ **to t. the corner**, svoltare; (*fig.*) superare un momento critico ☐ **to t. a deaf ear**, far orecchi da mercante; non voler sentire ☐ **to t. down a street**, svoltare in una strada; imboccare una strada ☐ (*autom.*) **T. left (right)**, svolta a destra (a sinistra) (*cartello*) ☐ **to t. one's hand to**, mettere mano a; mettersi a; intraprendere (*un lavoro, ecc.*): **to t. one's hand to writing**, mettersi a scrivere (*racconti, ecc.*); darsi alle lettere ☐ **to t. sb.'s head**, far girare la testa (montare la testa) a q.: **Success has turned his head**, il successo gli ha montato la testa (*o gli ha dato alla testa*) ☐ **to t. an honest penny**, fare un onesto guadagno ☐ **to t. loose**, lasciar libero (*un animale domestico*) ☐ **to t. low**, abbassare, diminuire (*il gas, la luce, ecc.*) ☐ (*comm., fin.*) **to t. a profit**, ricavare un utile ☐ **to t. red**, arrossire; far arrossire ☐ **to t. the scale**, (*fig.*) far traboccare la bilancia; (*fig.*) essere decisivo ☐ **to t. a somersault**, fare una capriola; fare un salto mortale ☐ **to t. tail**, fuggire, darsela a gambe ☐ (*di nave, ecc.*) **to t. turtle**, capovolgersi, rovesciarsi ☐ (*tipogr.*) **turned comma**, virgola invertita, virgoletta ☐ (*fig.*) **not to t. a hair**, non batter ciglio ☐ (*mecc.*) **This material turns well** (*easily*), questo materiale si lavora bene (facilmente) al tornio ☐ **It has just turned half past seven**, sono le sette e mezzo passate da poco ☐ **He has just turned twenty**, ha appena compiuto vent'anni ☐ **He has not yet turned forty**, non ha ancora passato la quarantina ☐ (*mil.*) **About t.!**, dietro front! (*V. inoltre sotto* **turn**) ☐ (*autom.*) **Lorries turning**, autocarri in manovra (*cartello*).

turn [tə:n], *n.* 1 giro; rotazione; torsione; turno; volta; giretto: **a few turns of the crank**, qualche giro di manovella; **with a neat t. of the wrist**, con una perfetta torsione del polso; **It's your t. now**, (*nel gioco, ecc.*) tocca a te; **Wait your t.**, aspetta il tuo turno!; **My t. will come**, verrà il mio turno (*oppure*) verrà la volta buona anche per me!; **a t. of work**, un turno di lavoro; **to take a t. in the garden**, fare un giretto in giardino 2 curva; svolta (*anche fig.*), voltata (*di fiume*) ansa: **a sharp t.**, una curva stretta; **a t. to the right**, una svolta a destra; **The car took a sudden t. to the left**, l'automobile fece un'improvvisa voltata a sinistra; **at the t. of the century**, alla svolta (*o* alla fine, all'inizio) del secolo 3 (*naut., aeron.*) accostata, virata 4 volta (*di una fune*); spira (*di una molla*); (*elettr.*) spira 5 cambiamento; direzione; piega (*fig.*): **His illness took a t. for the worse**, l'andamento della sua malattia prese una brutta piega 6 (*teatr.*) numero; attrattiva; attrazione 7 azione; servizio; tiro (*fig.*): **He has done me many a good t.**, m'ha reso più di un servizio; **Let's hope he won't do me a bad t.**, speriamo che non mi giochi un brutto tiro 8 attitudine; disposizione tendenza: **a student with a philosophical t.**, uno studente che ha disposizione per la filosofia. 9 fine; proposito; scopo: **No doubt this tool will serve your t.**, senz'altro questo attrezzo risponderà al tuo scopo (*o* ti potrà tornare utile) 10 forma: **the t. of an ankle**, la forma d'una caviglia 11 (*mus.*) fioritura; abbellimento 12 (*pl., raro*) mestruazioni 13 (*fam.*) colpo; brutto colpo; scossa: **It gave him a t. to hear her voice**, sentire la sua voce fu per lui un colpo 14 (*tipogr.*) lettera rovesciata 15 (*fin., Borsa*) media tra il prezzo d'acquisto e quello di vendita. ● **t.-about**, il voltarsi; giravolta; dietrofront; (*fig.*) voltafaccia, cambiamento repentino (*di opinione, d'atteggiamento*); svolta (*fig.*), (*econ., polit.*) inversione di tendenza; (*naut.*) inversione di rotta ☐ (*aeron.*) **t.-and--bank indicator**, indicatore di virata e sbandamento ☐ **t. and t. about**, a turno; uno dopo l'altro; in successione ☐ **t.-around**, *V.* **t.-about** ☐ **t. bench**, tornio portatile (*da orologiaio*) ☐ **t.-buckle**, (*mecc.*) tenditore a doppia vite; (*naut.*) tendisartie (*moda*) **t.--down collar**, colletto rovesciato (*o* rovesciabile) ☐ **t. of mind**, carattere, temperamento ☐ (*fig.*) **a t. of the screw**, un giro di vite ☐ **the t. of the sentence**, il giro della (*o* dato alla) frase ☐ (*naut.*) **the t. of the tide**, il cambiamento di marea ☐ **t.-off**, *V.* **turn-off** ☐ **t.-on**, *V.* **turn-on** ☐ **t.-out**, assembramento, numero dei presenti; (*polit.*) numero dei votanti; (*econ.*) sciopero, scioperante; licenziamento; (*econ.*) produzione (*industriale*), merce prodotta (*in un certo periodo di tempo*); (*ferr.*) diramazione; binario laterale, raccordo; abbigliamento, modo di vestire (*fam.* di conciarsi); (*autom. USA*) piazzuola; il rovesciare le tasche, il vuotare cassetti, ecc.: **There was an extraordinary t.-out**, ci fu un grande assembramento di folla; (*econ.*) **There was a large t.--out**, la produzione di merci fu soddisfacente; **a good (a poor) t.-out**, molta (poca) gente (*a un comizio, a uno spettacolo, ecc.*); **a picturesque t.-out**, un abbigliamento pittoresco ☐ **t.-over**, *V.* **turnover** ☐ **t.-plate**, *V.* **t.-table** ☐ **t.-screw**, cacciavite ☐ **t.-table**, piattaforma girevole (*per locomotive, ecc.*); piatto (*di giradischi*) (*per estens.*) giradischi ☐ **t.-up**, risvolto (*dei pantaloni, ecc.*); agitazione; confusione, scompiglio ☐ (*fam.*) **a t.-up for the book**, un avvenimento imprevisto ☐ (*mil.*) **About t.!**, dietro front! ☐ (*fig.*) **at every t.**, in ogni occasione; a ogni piè sospinto; tutti i momenti ☐ **by turns**, a turno, uno alla volta; a vicenda, uno dopo l'altro, a rotazione ☐ (*di cibo*) **done to a t.**, cotto a puntino ☐ **in t.**, a turno; uno dopo l'altro ☐ (*mil.*) **Left t.!**, fronte a sinist! ☐ (*autom.*) **number of turns, lock-to-lock**, numero (dei) giri del volante per sterzata totale ☐ **to be of a humorous t.**, essere in vena d'allegria ☐ (*mil.*) **Right t.!**, fronte a dest'! ☐ (*teatr.*) **short turns**, numeri di varietà ☐ **to take a t. at the oars**, fare una vogatina ☐ **to take a t. of work**, lavorare un poco; fare un po' di lavoro ☐ **to take turns** (*o* **to t. it in turns**), fare a turno ☐ **Whose t. is it?**, a chi tocca? ☐ **It's your t.**, tocca a te ☐ **The wine is on the t.**, il vino si guasta (*o* sta diventando acido) ☐ **The boat has a good t. of speed**, il battello può navigare a una bella velocità ☐ (*naut.*) **The tide is on the t.**, la marea sta per mutare ☐ (*prov.*) **One good t. deserves another**, una buona azione merita d'esser ricambiata; fai del bene e riceverai del bene.

turnabout ['tə:nəbaut], *V.* **turn-about**, sotto **turn**.

turnaround ['tə:nəraund], *n.* 1 *V.* **turn-around**, sotto **turn**. 2 (*miss.*) preparazione della rampa (*per un nuovo lancio*) ● (*elab.*) **t. time**, tempo di risposta.

turncoat ['tə:nkout], *n.* girella (*lett.*); voltacasacca, voltagabbana; banderuola (*fig.*); opportunista.

turncock ['tə:nkɔk], *n.* fontaniere; addetto al servizio idrico.

turner ['tə:nə*], *n.* 1 (*ind.*) tornitore 2 (*zool.*) piccione tombolier 3 (*USA*) ginnasta.

turnery ['tə:nəri], *n.* (*mecc.*) 1 tornitura 2 officina di tornitore.

turning ['tə:niŋ], *n.* 1 deviazione; svolta; voltata; cantonata: **Take the next t. to the left**, prendi la prima svolta a sinistra; **Stop at the next t.**, fermati alla prima cantonata 2 (*mecc.*) tornitura: **t. tool**, utensile per tornire 3 (*anche* **t.-about**) giravolta; dietrofront. ● (*falegnameria*) **t. chisel**, scalpello da tornitore ☐ (*autom., mecc.*) **t. circle**, diametro minimo di sterzata ☐ (*mil.*) **t. movement**, manovra di avvolgimento ☐ (*fig.*) **t. point**, svolta decisiva; momento critico: **That was the t. point in my life**, fu quella la svolta decisiva della mia vita ☐ (*autom.*) **t. radius**, raggio di sterzata ☐ (*ind. della plastica*) **t. table**, tavola rotante.

turnip ['tə:nip], *n.* 1 (*bot., Brassica rapa*) rapa 2 (*fam.*) grosso orologio da tasca; cipolla (*scherz.*). ● **t. tops**, cime di rapa.

turnipy ['tə:nipi], *a.* simile a rapa; (*special.m.*) che sa di rapa.

turnkey ['tə:nki:], A *n.* (*arc.*) carceriere; secondino; chi custodisce le chiavi (*di una prigione*). B *a. attr.* (*rif. a un contratto*) chiavi in mano.

turn-off ['tə:nɔf], *n.* 1 spegnimento 2 (*mecc., elettron.*) disinnesco 3 strada secondaria 4 (*fam.*) disinteresse; scoraggiamento. ● (*elettron.*) **t. time**, tempo di disinnesco.

turn-on ['tə:nɔn], *n.* 1 (*mecc., elettron.*) accensione 2 (*mecc., elettron.*) innesco 3 (*fam.*) eccitazione, entusiasmo; azione (*o* effetto) della droga. ● (*elettron.*) **t. time**, tempo d'innesco.

turnout ['tə:n'aut], *V.* **turn-out**, sotto **turn**.

turnover ['tə:n,ouvə*], *n.* 1 ribaltamento; rovesciamento; capovolgimento 2 cambiamento repentino; voltafaccia (*fig.*) 3 (*econ., comm.*) giro d'affari; volume d'affari: **That firm has a t. of over £ 100,000 a month**, quella ditta ha un giro d'affari di oltre centomila sterline al mese 4 (*comm., rag.*) volume delle vendite; fatturato 5 (*anche comm.*) movimento di clienti; frequenze; presenze 6 (*comm.*) ricambio (*o* rotazione) delle giacenze 7 (*econ., ind.*) avvicendamento (*del personale*); rotazione (*degli operai*) 8 (*USA*) riassetto; rimpasto; riordinamento 9

(*cucina*) focaccia ripiena; pasticcio (*di pasta, marmellata, ecc.*); pasticcio di carne (*avvolto fra due strati ripiegati di pasta*) **10** (*giornalismo*) articolo che continua alla pagina seguente **11** (*sport*) cambio (*p. es., a pallacanestro*). ● **t. rate**, tasso di produzione; (*anche*) indice di rotazione delle giacenze (*del magazzino*) □ (*fin.*) **t. tax**, imposta sulla cifra d'affari □ (*comm.*) **to have a quick t.**, avere un giro d'affari veloce (*vendere e rifornirsi in breve tempo*) □ (*ind.*) **the labour t.**, la rotazione dei lavoratori.
turnpike ['təːnpaik], *n.* **1** (*arc.*) barriera, cancello, sbarra (*di strada a pedaggio*) **2** (*arc., anche* **t. road**) strada a pedaggio **3** (*USA*) autostrada a pedaggio (*in G.B. le autostrade sono gratuite*).
turnsole ['təːnsoul], *n.* (*bot.*) **1** (*Helianthus annus*) girasole **2** (*Heliotropium*) eliotropio **3** (*Valeriana officinalis*) valeriana.
turnspit ['təːn-spit], *n.* **1** girarrosto **2** chi fa girare lo spiedo **3** (*stor.*) cane usato per far girare lo spiedo (*mediante un tamburo rotante*).
turnstile ['təːn-stail], *n.* cancelletto ruotante; tornello, tornella (*all'ingresso di campi sportivi, ecc.: per far passare una persona alla volta*). ● (*radio, telev.*) **t. antenna**, antenna a campo rotante.
turnstone ['təːn-stoun], *n.* (*zool., Arenaria interpres*) voltapietre.
turpentine ['təːpəntain], *n.* **1** trementina (*resina*) **2** (*anche* **t. oil**) essenza di trementina; acquaragia (*fam.* **turps**). ● (*bot.*) **t. tree** (*Pistacia terebinthus*), terebinto.
to turpentine ['təːpəntain], *v. t.* trattare con la trementina.
turpitude ['təːpitjuːd], *n.* turpitudine; depravazione.
turps [təːps], (*fam.*) V. **turpentine**, def. 2.
turquoise ['təːkwaːz], *n.* (*miner.*) turchese. ● **t. green**, verde turchese.
turret ['tʌrit], *n.* (*archit., mil., naut., aeron.*) torretta; torre (corazzata): **revolving t.**, torretta girevole. ● (*aeron.*) **t. gun**, mitragliatrice installata in torretta □ (*mecc.*) **t. lathe**, tornio a revolver.
turreted ['tʌritid], *a.* (*archit.*) turrito; munito di torrette.
turriculate [tʌ'rikjuliti], **turriculated** [tʌ'rikjuleitid], *a.* **1** (*archit.*) turrito **2** (*zool.: di conchiglia*) turricolato.
turtle (1) ['təːtl], *n.* (*arc.*) tortora. ● (*zool.*) **t.-dove** (*Streptopelia turtur*), tortora comune.
turtle (2) ['təːtl], *n.* (*zool.: pl.* **turtles, turtle**) **1** tartaruga (*di mare*) **2** (*USA*) tartaruga (*anche di terra, d'acqua dolce*). ● **t.-shell**, guscio di tartaruga □ **green t.**, tartaruga marina (*assai usata come cibo*) □ (*cucina*) **mock t. soup**, zuppa di testina di vitello □ (*specialm. di nave*) **to turn t.**, ribaltarsi, capovolgersi.
to turtle ['təːtl], *v. i.* andare a caccia di tartarughe.
turtleback ['təːtlbæk], *n.* (*naut.*) ponte arcuato.
turtleneck ['təːtlnek], *n.* (*moda*) pullover a collo alto.
turtler ['təːtlə*], *n.* cacciatore di tartarughe.
turves [təːvz], *pl.* di **turf**.
Tuscan ['tʌskən], *a.* e *n.* toscano: **a T. capital**, un capitello toscano. ● **T. straw**, paglia di Firenze (*per cappelli*).
Tuscany ['tʌskəni], *n.* (*geogr.*) Toscana.
tush (1) [tʌʃ], *inter.* (*raro*) **1** bah!; puah!; via! **2** zitto!; pst!
tush (2) [tʌʃ], *n.* **1** dente canino (*specialm. del cavallo*) **2** (*raro, per* **tusk**) zanna.
tusk [tʌsk], *n.* **1** (*zool.*) zanna (*d'elefante, ecc.*) **2** (*fig.*) dente, punta (*di una serratura, ecc.*).
to tusk [tʌsk], *v. t.* azzannare; ferire (*o* uccidere) con le zanne.
tusked [tʌskt], *a.* zannuto.
tusker ['tʌskə*], *n.* (*fam.*) elefante (*o* cinghiale) dalle grosse zanne.
tusky ['tʌski], *a.* (*d'animale*) zannuto.
tussah ['tʌsə], **tusser** ['tʌsə*], V. **tussor**.
tussive ['tʌsiv], *a.* (*med.*) della tosse; causato dalla tosse.
tussle ['tʌsl], *n.* (*fam.*) baruffa; lotta; lite; rissa; zuffa.
to tussle ['tʌsl], *v. i.* (*fam.*) azzuffarsi; lottare; litigare; rissare.
tussock ['tʌsək], *n.* ciuffo d'erba; cespuglio.
tussocky ['tʌsəki], *a.* simile a un ciuffo d'erba; cespuglioso.
tussor ['tʌsə*], **tussore** ['tʌsɔː*], *n.* **1** (*zool., Antheraea*) tussorina **2** (*anche* **t. silk**) seta ruvida; tussor.
tut (1) [tʌt], *inter.* bah!; puah!; pst!; via!; suvvia!
to tut (1) [tʌt], *v. i.* esprimere impazienza (*o* sdegno, disgusto, ecc.).
tut (2) [tʌt], *n.* (*ind. min.*) cottimo. ● **tut work**, lavoro a cottimo.
to tut (2) [tʌt], *v. i.* (*ind. min.*) lavorare a cottimo.
tutelage ['tjuːtilidʒ], *n.* (*leg.*) **1** tutela **2** periodo in cui si è sotto tutela.
tutelar ['tjuːtilə*], **tutelary** ['tjuːtiləri], *a.* (*leg.*) tutelare, tutorio: **t. authority**, autorità tutoria.
tutor ['tjuːtə*], *n.* **1** istitutore; precettore; ripetitore; insegnante privato **2** (*nelle università inglesi*) «tutor»; docente incaricato di assistere un ristretto gruppo di studenti **3** (*nelle università americane*) assistente (*con incarico d'insegnamento*) **4** (*leg.*) tutore.
to tutor ['tjuːtə*], **A** *v. t.* **1** ammaestrare; istruire; insegnare; guidare (*studenti universitari*) nei loro studi **2** (*fig., raro*) dominare; tenere a freno (*q., le proprie passioni, ecc.*) **3** (*leg.*) fare da tutore a (q.) **4** addestrare, addomesticare (*un cavallo, ecc.*). **B** *v. i.* **1** fare il «tutor» (*V.* **tutor**) **2** andare a ripetizione; prendere lezioni private.
tutorage ['tjuːtəridʒ], *V.* **tutorship**.
tutoress ['tjuːtəris], *n.* istitutrice; precettrice; insegnante privata.
tutorial [tjuː'tɔːriəl], **A** *a.* tutoriale; d'istitutore; di precettore. **B** *n.* **1** corso (*o* periodo) di studio sotto la guida di un «tutor» **2** periodo d'insegnamento tutoriale. ● **the t. system**, il sistema tutoriale (*basato sui* «*tutor*»).
tutoring ['tjuːtəriŋ], *n.* insegnamento; istruzione (*V.* **to tutor**).
tutorship ['tjuːtəʃip], *n.* **1** mansione (*o* incarico, ufficio) di «tutor» (*V.* **tutor**) **2** (*leg.*) tutela.
tutsan ['tʌtsən], *n.* (*bot., Hypericum androsaemum*) erba sana; ruta selvatica.
tutti-frutti ['tuti'fruti], *n.* specie di cassata gelata.
tut-tut, to tut-tut [tʌt'tʌt], *V.* **tut (1)**, **to tut (1)**.
tutty ['tʌti(ː)], *n.* (*chim.*) tuzia.
tutu ['tuːtuː], *n.* tutù.
tu-whit [tuː'wit], **tu-whoo** [tuː'wuː], *n.* grido (*o* canto, verso) della civetta.
to tu-whoo [tuː'wuː], *v. i.* (*della civetta*) fare il verso; cantare.
tux [tʌks], (*fam. USA*) *V.* **tuxedo**.
tuxedo [tʌk'siːdou], *n.* (*USA, pl.* **tuxedos, tuxedoes**) abito da sera; smoking (*a doppio petto*).
tuyère [twiː'ɛə*], *n.* (*ind. metallurgica*) ugello; tubiera.
TV [tiː'viː], *n.* tivù; televisione. ● **TV set**, televisore.
twaddle ['twɔdl], *n. collett.* chiacchiere; ciarle; frottole; fanfaluche; sciocchezze; stupidaggini; fesserie (*fam.*).
to twaddle ['twɔdl], *v. i.* ciarlare; raccontar frottole; parlare a vanvera; dire (*o* scrivere) sciocchezze (*o* stupidaggini, fesserie).
twaddler ['twɔdlə*], *n.* chiacchierone, chiacchierona; ciarlone, ciarlona.
twaddly ['twɔdli], *a.* ciarliero; incoerente; sciocco.
twain [twein], *a.* e *n.* (*lett. o arc.*) due: **to cut in t.**, tagliare in due.
twang [twæŋ], *n.* **1** suono metallico; vibrazione (*come di corda di strumento musicale pizzicata*) **2** (*mus.*) pizzicata **3** suono nasale; tono (*o* pronuncia) nasale: **a preacher's t.**, il tono nasale proprio dei predicatori; **to speak with a** (**nasal**) **t.**, parlare con pronuncia nasale (*o* con timbro nasale); parlare col naso (*fam.*).
to twang [twæŋ], **A** *v. i.* **1** dare un suono metallico; vibrare (emettendo un ronzio): **The bow twanged and the arrow shot away**, l'arco vibrò e la freccia saettò via **2** parlare con timbro nasale; avere una pronuncia nasale **3** (*di violino, ecc.*) stridere. **B** *v. t.* **1** pizzicare le corde di (*uno strumento musicale*); strimpellare: **He twanged** (**on**) **a fiddle**, strimpellava un violino **2** dire (*o* pronunciare) con timbro nasale.
twangy ['twæŋi], *a.* **1** stridulo **2** (*di pronuncia, di voce*) nasale.
'twas [twɔz], *contraz.* di **it was**.
twat [twɔt], *n.* (*volg.*) coglione (*volg., fig.*); fesso; fetente (*fig., pop.*).
to tweak [twiːk], *v. t.* pizzicare; pizzicottare; tirare; storcere: **to t. sb.'s nose**, tirare il naso a q. (*prendendolo fra due dita*).
tweak [twiːk], *n.* pizzicotto; pizzicatina; tirata di naso.
tweaker ['twiːkə*], *n.* (*fam.*) fionda (*da ragazzi*).
twee [twiː], *a.* (*fam.*) troppo fine; troppo delicato; stucchevole.
tweed [twiːd], *n.* **1** (*ind. tessile*) tweed **2** (*pl.*) abiti di tweed.
tweedle ['twiːdl], *n.* suono di violino (*o* d'altro strumento a corda); strimpellio.
tweedledum and tweedledee ['twiːdl'dʌmən'twiːdl'diː], *n.* (*scherz. o spreg.*) persone (*o* cose) quasi uguali (*cfr. ital.* «Se non è zuppa è pan bagnato»).
tweedy ['twiːdi], *a.* **1** che indossa indumenti di tweed **2** di (*o* simile a) tweed **3** vestito alla buona (*o* in modo rusticano) **4** (*fig.*) rustico; sportivo.
'tween [twiːn], *avv.* e *prep.* (*poet., contraz. di* **between**) fra, tra. ● (*naut.*) **t.-decks**, interponte; corridoio.
tween-brain ['twiːn-brein], *n.* (*anat.*) diencefalo.
tweeny ['twiːni], *n.* (*fam.*) servetta; sguattera.
tweet [twiːt], *n.* cinguettio.
to tweet [twiːt], *v. i.* cinguettare.
tweeter ['twiːtə*], *n.* (*ing.*) altoparlante per gli acuti.
to tweezer ['twiːzə*], **A** *v. t.* cavare, estrarre (*un pelo, uno spino, ecc.*) con le pinzette. **B** *v. i.* usare le pinzette.
tweezers ['twiːzəz], *n. pl.* (*anche* **pair of t.**) pinzette, pinzettine.
twelfth [twelfθ], *a.* e *n.* dodicesimo. ● (*relig.*) **the T. Day**, il giorno dell'Epifania □ (*sport*) **t. man**, giocatore di riserva (*in una squadra di undici uomini*) □ (*relig.*) **the T. Night**, la notte dell'Epifania.
twelve [twelv], *a.* e *n.* dodici. ● (*relig.*) **the T.**, i Dodici (Apostoli) □ (*d'arma da fuoco*) **t.-gauge**, di calibro dodici □ **t. o'clock at night**, le ventiquattro; mezzanotte □ (*di bambino*) **t.-year-old**, dodicenne □ (*tipogr.*) **in twelves**, in dodicesimo.
twelvefold ['twelvfould], **A** *a.* **1** diviso in dodici parti **2** dodici

volte più grande. **B** *avv.* dodici volte (tanto).
twelvemo ['twelvmou], *n.* (*tipogr.*) (formato in) dodicesimo.
twelvemonth ['twelvmʌnθ], *n.* (*arc. o dial.*) anno: **this day t.**, fra un anno; (*anche*) un anno fa.
twentieth ['twentiiθ], *a. e n.* ventesimo. ● (*nelle date*) **the t. of June**, il 20 giugno.
twenty ['twenti], *a. e n.* venti. ● **the twenties**, gli anni fra i 20 e i 30 (*nella vita di un uomo o in un secolo*) □ **t.-first**, ventunesimo □ (*sport*) **t.-four-hour race**, ventiquattrore □ **t.-one**, ventuno; (*USA*) gioco di carte □ (*med.*) **t.-t. vision**, vista normale; dieci su dieci (*fam.*) □ **I have told you t. times**, te l'ho detto mille volte (*enfatico*; *letteralm.*: venti volte).
twentyfold ['twentifould], **A** *a.* **1** diviso in venti parti **2** venti volte più grande. **B** *avv.* venti volte (tanto).
twentyfourmo [,twenti'fɔ:mou], *n.* (*pl.* **twentyfourmos**) (*tipogr.*) (formato in) ventiquattresimo.
'twere [twə*], *contraz.* di **it were**.
twerp [twə:p], (*pop.*) *V.* **twirp**.
twibill ['twaibil], *n.* **1** (*arc.*) ascia da battaglia a doppio taglio **2** (*agric.*) marra; zappa.
twice [twais], *avv.* due volte: **t. as strong**, due volte più forte; (*fam.*) **He did it in t**, lo fece in due volte (*o* in due riprese). ● **t. as much**, due volte tanto; il doppio □ **t. the money**, il doppio (di denaro): **I gave him t. the money**, gli detti il doppio □ **a t.-told tale**, un racconto detto e ripetuto; una storia vecchia; una cosa trita □ **once or t.**, una volta o due; poche volte □ **to think t. about doing st.**, pensarci su due volte prima di fare q.c. □ (*mat.*) **T. five is ten**, cinque per due fa dieci.
twicer ['twaisə*], *n.* (*tipogr.*) compositore e stampatore (*a un tempo*).
to twiddle ['twidl], **A** *v. t.* far girare; giocherellare con (q.c.); rigirare fra le dita. **B** *v. i.* **1** giocherellare (*con un oggetto*); trastullarsi; baloccarsi; gingillarsi **2** (*d'oggetto*) girare; frullare. ● **to t. one's thumbs**, far girare i pollici; (*fig.*) stare con le mani in mano.
twiddle ['twidl], *n.* il rigirare; il far girare i pollici.
twig [twig], *n.* **1** ramoscello; rametto; virgulto **2** verga; verghetta **3** bacchetta da rabdomante. ● (*fam., raro*) **to hop the t.**, morire; tirare le cuoia □ (*arc.*) **to work the t.**, fare il rabdomante.
to twig [twig], *v. t. e i.* (*fam.*) **1** capire; comprendere; afferrare l'idea **2** notare; osservare; accorgersi di (q.c.).
twiggy ['twigi], *a.* **1** simile a un virgulto; sottile; esile **2** pieno di virgulti; coperto di ramoscelli.
twilight ['twailait], **A** *n.* **1** crepuscolo (*anche fig.*); luce crepuscolare: **the t. of the gods**, il crepuscolo degli dei **2** (*fig.*) tramonto; fine: **the t. of the Roman Empire**, il tramonto dell'impero romano. **B** *a. attr.* crepuscolare (*anche fig.*); vago; incerto: (*astron., radio*) **t. zone**, zona crepuscolare **2** (*fig.*) oscuro; confuso: **a t. age in history**, un'epoca storica oscura. ● (*naut.*) **t. compass**, bussola a luce solare □ (*med.*) **t. sleep**, stato di dormiveglia provocato da anestesia parziale.
twill [twil], *n.* (*ind. tessile*) saia; tessuto diagonale; diagonale; twill. ● **t. weave**, armatura diagonale (*di tessuto*) □ **cross t.**, (*tessuto*) spigato □ **reversed t.**, saia alla rovescia.
to twill [twil], *v. t.* (*ind. tessile*) tessere (*un panno*) in diagonale.
'twill [twil], *contraz.* di **it will**.
twilled [twild], *a.* (*ind. tessile*) diagonale. ● **cross-t.**, spigato.
twin [twin], **A** *a.* **1** gemello: **t. brothers**, fratelli gemelli; **t. children**, (bambini) gemelli **2** (*di cristallo*) geminato. **B** *n.* **1** gemello, gemella; (*fig.*) cosa identica a un'altra: **His Chinese vase is the t. of mine**, il suo vaso cinese è il gemello del mio **2** ● (*pl., astron., astrologia*) **the Twins**, i Gemelli (*costellazione e III segno dello Zodiaco*). ● **t. beds**, letti gemelli; due letti (*in una camera*; *non un letto matrimoniale*) □ **a t.-bedded room**, una camera a due letti □ (*mitol.*) **the T. Brothers**, Castore e Polluce □ (*tel.*) **t. cable**, linea bifilare □ (*miner.*) **t. crystal**, geminato □ (*mecc.*) **t.-cylinder engine**, motore a due cilindri accoppiati □ (*aeron.*) **t.-engine** (*o* **t.-engined**) **plane**, bimotore (*aeron.*) □ **t.-jet**, bireattore □ **t. room**, camera doppia (*o* a due letti) □ (*naut.*) **t.-screw**, bielica; a due eliche □ **t. set**, completo a due pezzi (*cardigan e maglietta*) □ **t. towns**, città gemelle (*o* gemellate) □ **Siamese twins**, fratelli siamesi.
to twin [twin], **A** *v. t.* **1** partorire gemelli **2** accoppiarsi; appaiarsi **3** (*di cristalli*) formare geminati. **B** *v. i.* **1** accoppiare; appaiare **2** gemellare (*città*).
twine [twain], *n.* **1** cordicella; funicella; spago **2** avvolgimento; spira; **snaky twines**, spire serpentine **3** groviglio; viluppo.
to twine [twain], **A** *v. t.* **1** attorcigliare; torcere; ritorcere **2** intrecciare; intessere: **to t. flowers into a garland**, intrecciare fiori facendone una ghirlanda; **to t. one's fingers**, intrecciare le dita **3** avvolgere; avviluppare; cingere; mettere (*q.c. intorno a q.c. altro*): **The child twined his arms round his mother**, il bambino cinse la mamma con le braccia. **B** *v. i.* **1** (*anche, v. rifl.*, **to twine oneself**) attorcigliarsi; avvolgersi; avvilupparsi: **The ivy twines round the trunk of the oak**, l'edera si attorciglia intorno al tronco della quercia **2** (*di corso d'acqua*) serpeggiare; formare meandri.
twiner ['twainə*], *n.* (*bot.*) fusto volubile.
twinflower ['twinflauə*], *n.* (*bot., Linnaea borealis*) linnea.
twinge [twindʒ], *n.* **1** dolore lancinante: **a t. of headache**, un dolore lancinante alla testa **2** (*fig., anche* **t. of conscience**) rimorso. ● **a t. of fear**, una sensazione dolorosa di paura.
twining ['twainiŋ], *a.* **1** (*di fiume, ecc.*) serpeggiante; sinuoso **2** (*bot.: di pianta*) rampicante.
twink [twiŋk], (*fam.*) *V.* **twinkling, def. 2**.
to twinkle ['twiŋkl], **A** *v. i.* **1** brillare; scintillare; sfavillare; luccicare: **His eyes twinkled**, gli brillavano gli occhi **2** ammiccare; strizzare l'occhio; far l'occhiolino **3** (*delle palpebre, di ciglia*) battere **4** muoversi rapidamente; girare vorticosamente: **The dancer's feet twinkled**, i piedi della ballerina giravano vorticosamente. **B** *v. t.* **1** emettere (*luce*) a intervalli; far balenare **2** strizzare: **to t. one's eyes**, strizzar l'occhio.
twinkle ['twiŋkl], *n.* **1** scintillio; sfavillio; luccichio **2** ammicco; strizzatina d'occhio **3** batter di ciglia **4** rapido movimento (*dei piedi nella danza, ecc.*). ● (*fam.*) **in a t.**, in un batter d'occhio; in un baleno.
twinkling ['twiŋkliŋ], *n.* **1** scintillio; sfavillio; luccichio **2** batter d'occhio; attimo: **in a t.** (*o* **in the t. of an eye**; *fam.* **in a twink**), in un batter d'occhio; in un attimo.
twinning ['twiniŋ], *n.* **1** appaiamento **2** gemellaggio (*l'azione*) **3** (*di cristalli*) geminazione.
twinship ['twinʃip], *n.* **1** l'esser gemelli; gemellanza **2** (*fig.*) gemellaggio (*la condizione*).
to twirl [twə:l], **A** *v. t.* **1** far girare; mulinare; roteare: **to t. one's thumbs**, far girare i pollici; (*fig.*) **star con le mani in mano 2** arricciare; torcere: **He twirled his moustache**, si arricciò i baffi. **B** *v. i.* **1** girare; roteare **2** piroettare.
twirl [twə:l], *n.* **1** giro vorticoso; mulinello; rotazione **2** piroetta **3** volta (*di fune attorta*); spira **4** svolazzo; ghirigoro.
twirp [twə:p], *n.* (*pop.*) **1** (*un tempo*) canaglia; furfante **2** (*ora*) babbeo; sciocco; fesso (*pop.*).
to twist [twist], **A** *v. t.* **1** torcere; attorcere; contorcere; ritorcere; storcere; attorcigliare; intrecciare; avvolgere: **to t. a wet sponge**, torcere (*o* strizzare) una spugna bagnata; **to t. the strands of a rope**, attorcigliare i trefoli d'una fune; **twisted thread**, filo ritorto; **to t. sb.'s arm**, storcere il braccio a q.; **I have twisted the key**, ho storto la chiave; **I twisted the rope around the pole**, attorcigliai la fune attorno al palo; **He fell on his face and twisted his wrist**, cadde bocconi e si storse il polso; **to t. flowers into a garland**, intrecciare fiori facendone una ghirlanda; **to t. a thread (a rope, etc.)**, intrecciare un filo (una fune, ecc.); **to t. a ribbon round a hat**, avvolgere (*o* mettere) un nastro a un cappellino **2** (*fig.*) storcere; distorcere; svisare; travisare: **He has twisted my words**, ha distorto (*o* travisato) le mie parole **3** (*mecc.*) sottoporre a torsione **4** far girare; far ruotare; dare un giro a (q.c.) **5** (*fig.*) abbindolare; ingannare **6** (*biliardo*) lanciare (*una palla*) con l'effetto; dare l'effetto a (*una palla*) **7** (*stor.*) torturare; torcere (*membra*) nella tortura. **B** *v. i.* **1** torcersi; attorcersi; contorcersi; storcersi; attorcigliarsi; avvolgersi: **This wire twists easily**, questo filo metallico si torce facilmente; **The wounded snake twisted about in pain**, il serpente ferito si contorceva dal dolore; **My ankle twisted**, mi si torse la caviglia; **The fishing-line twisted around the branch**, la lenza si attorcigliò intorno al ramo **2** curvare; piegare; (*spesso* **to t. and turn**) serpeggiare: **The road twists to the left there**, la strada lì piega a sinistra; **The river twists and turns down the valley**, il fiume scende serpeggiando per la vallata **3** (*fig., raro*) imbrogliare; truffare; essere disonesto **4** roteare; ruotare **5** (*biliardo: della palla*) avere l'effetto **6** ballare il twist. ● **to t. sb.'s arm**, torcere un braccio a q.; (*fig.*) fare pressioni su q. (*perché faccia q.c.*) □ **to t. off**, rompere; spezzare (torcendo); aprire girando, svitare: **to t. off a piece of wire**, spezzare un fil di ferro torcendolo; **to t. off the nut of a bolt**, svitare il dado di un bullone □ **to t. out**, svincolarsi; sgusciare: **The thief twisted out of my arms**, il ladro mi sgusciò di tra le braccia □ **to t. sb. round one's little finger**, mettersi in tasca q. (*fig.*); **to t. girarsi q. come si vuole □ to t. (one's way) through a threatening mob**, infilarsi (*o* insinuarsi) fra una marmaglia minacciosa □ **to t. up**, attorcigliare (a spirale): **to t. up a piece of paper**, fare una spirale di carta □ (*fam.*) **If you t. my arm, I'll have an ice-cream**, se proprio insisti, prenderò un gelato.
twist [twist], *n.* **1** torsione (*anche mecc.*); contorsione; torcimento; storta; strizzatura; giro: **He gave my arm a t.**, mi diede una storta al braccio (mi storse il braccio) **2** avvitata: **Give the nut another t.**, dà un'altra avvitata al dado! **3** curva; svolta; volta-

ta; ansa (*di fiume*): **a t. in a road**, una curva nella strada; **a t. in a river**, un'ansa di fiume **4** piega; volta (*di fune*); spira; voluta **5** corda; filo (*o* spago) ritorto **6** (*di pane*) treccia; filoncino **7** (*di tabacco*) rotolo **8** cartoccio; cartoccetto (*con le estremità ritorte*): **a t. of salt**, un cartoccio di sale **9** (*ind. tessile*) torcitura: **soft t.**, torcitura soffice **10** (*biliardo, baseball, ecc.*) effetto **11** (*fig.*) inclinazione; tendenza: **There were eccentrics of every t.**, c'erano eccentrici d'ogni tendenza **12** bevanda mista; cocktail: **a gin t.**, un cocktail al gin **13** twist (*ballo*) **14** (*fig.*) travisamento (*del significato di q.c., ecc.*); forzatura; senso forzato (*dato alle parole di q., ecc.*) **15** (*fig.*) sviluppo imprevisto; svolta sorprendente (*nell'intreccio di un romanzo, ecc.*). ● (*mecc.*) **t. drill**, trapano a punta elicoidale □ (*mecc.*) **t. grip**, manopola (*della frizione o dell'acceleratore: in una moto, ecc.*) □ (*mil.*) **t. of rifling**, passo della rigatura □ **That novelist often gives his stories a humorous t.**, spesso quel romanziere dà alle sue storie un piglio umoristico.

twistable ['twistəbl], *a.* **1** che si può torcere **2** attorcigliabile; intrecciabile **3** che si può distorcere.

twisted ['twistid], *a.* **1** torto; ritorto; contorto; storto: **t. thread**, filo ritorto; **a face t. with horror**, una faccia sconvolta dall'orrore; **a t. bar**, una sbarra storta **2** a spirale; a torciglione: **a t. column**, una colonna a spirale; **t. moustache**, baffi a torciglione. ● (*di persona*) **to be t.**, essere storto; (*fig.*) essere confuso (*o* perplesso) □ **a t. mind**, una mente malata (*o* perversa).

twister ['twistə*], *n.* **1** torcitore, torcitrice **2** (*ind. tessile*) ritorcitoio (*macchina*) **3** (*biliardo*) palla con effetto **4** (*fam. USA*) tornado **5** rompicapo; grave problema **6** (*fam.*) imbroglione; truffatore **7** (*mus.*) ballerino di twist. ● **tongue-t.**, scioglilingua.

twisting ['twistiŋ], *n.* **1** torsione; torcitura **2** contorsione; contorcimento **3** (*ind. tessile*) ritorcitura. ● (*ind. tessile*) **t. frame**, ritorcitoio.

twisty ['twisti], *a.* **1** pieno di curve (*o* di svolte); pieno di anse (*o* di meandri); serpeggiante; tortuoso: **a t. river**, un fiume serpeggiante; **a t. road**, una strada tortuosa **2** (*fam.*) disonesto; corrotto: **a t. diplomat**, un diplomatico disonesto.

to twit [twit], *v. t.* (*fam.*) **1** rimproverare; sgridare: **to t. sb. with** (*o* **about**) **st.**, rimproverare q. di q.c. (*o* q.c. a q.) **2** stuzzicare; prendere in giro.

twit [twit], *n.* **1** (*fam.*) rimprovero; sgridata **2** (*fam.*) presa in giro; canzonatura **3** (*pop.*) stupido; cretino **4** (*USA*) agitazione.

to twitch [twitʃ], **A** *v. i.* **1** contorcersi; contrarsi; torcersi spasmodicamente: **His face twitched with pain**, gli si contrasse il viso per il dolore **2** pungere; dare una fitta (*della coscienza*) rimordere. **B** *v. t.* **1** dare uno strattone a; tirare; strappare: **to t. sb.'s sleeve**, tirare q. per la manica; **The gale twitched the umbrella out of his hand**, il forte vento gli strappò di mano l'ombrello **2** contrarre (*una parte del corpo*). ● **to t. at sb.'s jacket**, tirare q. per la giacca.

twitch (1) [twitʃ], *n.* **1** contrazione convulsa; spasmo; tic **2** stratta; strattone; strappo; tirata **3** fitta; dolore acuto **4** (*vet.*) stringinaso.

twitch (2) [twitʃ], *n.* (*bot., Agropyron repens; anche* **t. grass**) gramigna dei medici; dente canino.

twitching ['twitʃiŋ], **A** *n.* **1** contrazione convulsa; spasmo; tic **2** strattone; strappo; tirata. **B** *a.* fremente; palpitante.

twite [twait], *n.* (*zool., Carduelis flavirostris*) fanello nordico.

to twitter ['twitə*], **A** *v. i.* **1** (*d'uccelli*) cinguettare; pigolare **2** (*fig.*) cianciare; parlare in fretta, animatamente **3** (*fig.*) ridacchiare. **B** *v. t.* dire (q.c.) animatamente, in fretta; cinguettare di (q.c.).

twitter ['twitə*], *n.* **1** cinguettio; pigolio **2** (*fig.*) cianc e; ciarle; chiacchierio **3** (*fig.*) risatina sciocca **4** (*fam.*) agitazione; eccitazione; ansia: **to be in a t.**, essere in ansia (*o* eccitato).

'twixt [twikst], *prep.* (*lett., poet.; contraz. di* **betwixt**) fra, tra. ● (*prov.*) **There's many a slip 't. cup and lip**, fra il dire e il fare c'è di mezzo il mare.

two [tu:], *a. e n.* due: **one or two books**, un libro o due; qualche libro; **It's half past two**, sono le due e mezzo. ● (*elab.*) **two--address code**, codice a due indirizzi □ (*fam. USA*) **two bits**, venticinque centesimi di dollaro □ (*pop. USA*) **two-bit**, da due (*o* da quattro) soldi; senza valore □ **two by two**, a due a due; (*mat.*) due per due □ (*bot.*) **two-cleft**, bifido □ **two-colour**, bicolore □ **two-control**, a doppio comando: **a two-control aeroplane**, un aeroplano a doppio comando □ (*mecc., USA: di motore*) **two-cycle**, a due tempi (*cfr. ingl.* **two-stroke**) □ (*naut.*) **two-deck**, a due ponti □ (*naut.*) **two-decker**, nave a due ponti □ (*tecn., scient.*) **two-dimensional**, bidimensionale □ **two-edged**, a due tagli; a doppio taglio (*anche fig.*); ambiguo: **a two-edged argument**, un'argomentazione a doppio taglio; **a two-edged compliment**, un complimento ambiguo □ **two-faced**, a due facce, (*fig.*) falso, insincero, doppio, ipocrita □ **two-handed**, che ha due mani; ambidestro; che richiede l'uso di due mani (*o* di due persone); a due: **a two-handed saw**, una sega a due mani; **a two-handed game**, una partita a due (*o* in due) □ **two-headed**, bicipite; a due teste □ (*zool.*) **two-legged**, bipede □ (*naut.*) **two-master**, nave a due alberi; due alberi (*polit.*) **two-party government**, governo bicolore □ (*polit.*) **two-party system**, sistema bipartitico; bipartitismo □ (*elettr.*) **two-phase**, bifase □ (*moda*) **two-piece**, (*agg.*) in (*o* a) due pezzi: **a two-piece bathing suit**, un costume da bagno a due pezzi; (*sost.*) due pezzi □ **two--ply**, (*di filo, fune*) a due capi; (*di tessuto*) doppio □ **two-seater**, (*autom.*) vettura a due posti; (*aeron.*) biposto □ **two-sided**, che ha due lati, bilaterale; (*fig.*) che ha due aspetti: **a two-sided question**, una questione che ha due aspetti □ (*mecc.*) **two-speed**, a due velocità: **a two-speed gear**, un cambio a due velocità □ **a two-star hotel**, un albergo a due stelle □ (*mus.*) **two-step**, passo doppio (*musica e ballo*) □ (*mecc.: di motore*) **two-stroke**, a due tempi □ **two-tier**, doppio; duplice □ (*econ.*) **two-tier market**, doppio mercato (valutario) □ **two-tongued**, doppio; falso; ipocrita □ **two-tone**, a due colori, bicolore; (*acustica*) bitonale: **a two-tone hooter**, un clacson (*o* una sirena) bitonale; **two-tone modulation**, modulazione a due frequenze □ (*mecc.*) **two-way**, a due vie □ **two-way radio**, ricetrasmittente □ (*autom.*) **a two-way street**, una strada a due sensi □ (*elettr.*) **two-way switch**, interruttore bipolare □ **two-wheeled**, a due ruote □ (*elettr.*) **two-wire circuit**, circuito bifilare □ **by twos**, a due a due □ **to cut st. in two**, tagliare q.c. in due (parti); dividere q.c. a metà □ (*fig.*) **in two twos**, in un batter d'occhio; in quattro e quatt'otto □ **one or two**, uno o due; due o tre; pochi □ (*fig.*) **to put two and two together**, constatare che due e due fan quattro; trarre le conseguenze logiche □ **to walk in twos**, camminare a due a due (*o* per due) □ **Two can play at that game**, è una partita che si gioca in due; (*fig.*) posso farlo anch'io!; posso fare altrettanto!

twofold ['tu:fould], **A** *a.* **1** duplice: **for a t. motive**, per un duplice motivo **2** doppio. **B** *avv.* due volte (tanto).

twoness ['tu:nis], *n.* (*raro*) dualità; duplicità.

twopence ['tʌpəns], *n.* due penny (*la somma o il valore*). ● (*fam.*) **t. coloured**, da quattro soldi, di poco prezzo; sgargiante, vistoso □ (*fam.*) **I don't care t.**, non me ne importa un fico (*o* un soldo bucato).

twopenny ['tʌpni], *a.* **1** da due penny **2** (*fig.*) da quattro soldi; di nessun valore; dozzinale; misero. ● **t.-halfpenny**, da due penny e mezzo; (*fig.*) dozzinale, spregevole, da due soldi: **a t.--halfpenny stamp**, un francobollo da due penny e mezzo.

twosome ['tu:səm], **A** *a.* (*di gioco, ecc.*) a due; per due persone; in coppia. **B** *n.* **1** gruppo di due; duo; coppia (*di giocatori, ecc.*); paio: **Being a t. is a difficult art**, essere in due (*o* vivere in coppia) è un'arte difficile; **a nice t.**, una bella coppia **2** ballo (gioco, ecc.) a coppie.

to two-time ['tu:taim], (*fam.*) **A** *v. t.* ingannare; tradire; essere infedele a (q.). **B** *v. i.* essere infedele.

two-timer ['tu:ˌtaimə*], *n.* (*fam.*) traditore, traditrice; infedele (*all'innamorato*).

'twould [twud], *contraz.* (*poet. o dial.*) di **it would**.

Tyburn ['taibə:n], *n.* (*stor.*) Tyburn (*località a Londra in cui si eseguivano le condanne a morte*). ● **T. tree**, forca; patibolo.

Tyburnia [tai'bə:njə], *n.* (*geogr.*) Tyburnia (*quartiere elegante di Londra a nord di Hyde Park*).

tycoon [tai'ku:n], *n.* **1** (*stor.*) «shogun» (*comandante, in Giappone, titolo ereditario*) **2** gran finanziere; capitano d'industria; magnate: **a press t.**, un magnate della stampa.

tye [tai], *n.* (*naut.*) amante.

tying ['taiiŋ], *part. pres.* di **to tie**.

tyke [taik], *V.* **tike**.

tyler ['tailə*], *V.* **tiler**.

tymp [timp], *n.* **1** (*metall., un tempo*) timpano (*volta della bocca di un altoforno*) **2** (*ind. min.*) trave orizzontale.

tympan ['timpən], *n.* **1** (*arc.*) tamburo; timpano (*lett.*) **2** (*anat., archit.*) timpano **3** (*tipogr., anche* **t. sheet**) (foglio di) maestra **4** (*in genere*) membrana **5** (*tel.*) diaframma.

tympanic [tim'pænik], *a.* (*anat.*) timpanico; del timpano.

tympanism ['timpənizəm], *V.* **tympanites**.

tympanist ['timpənist], *n.* (*mus.*) timpanista; suonatore di timpano.

tympanites [ˌtimpə'naiti:z], *n.* (*pl.* **tympaniteses**) (*med.*) distensione addominale.

tympanitis [ˌtimpə'naitis], *n.* (*pl.* **tympanitises**) (*med.*) timpanite (*infiammazione del timpano*).

tympanum ['timpənəm], *n.* (*pl.* **tympana, tympanums**) (*anat., archit.*) timpano.

typal ['taipəl], *a.* (*raro*) di un tipo; tipico; caratteristico.

type [taip], *n.* **1** tipo; esemplare; modello; emblema; figura; simbolo; qualità; razza; specie; sorta: **I dislike people of that t.**, non mi piace la gente del suo tipo; **a new t. of aeroplane**, un nuovo

type

modello d'aeroplano; He is the very t. of an honest leader, è proprio un esemplare di capopartito onesto; The paschal lamb is a t. of Christ, l'agnello pasquale è un simbolo di Cristo; an animal of the dog t., un animale della specie del cane; una specie di cane; a man of the Nordic t., un uomo di razza nordica; He's a strange type, è un tipo strano; (fam.) He (o she) isn't my t., non è il mio tipo 2 (tipogr.) tipo; carattere: The book is printed in large t., il libro è stampato in caratteri grandi 3 (biol.) tipo: the vertebrate t., il tipo dei vertebrati 4 conio; stampa (di moneta o di medaglia) 5 (chim.) composto tipico. ● t.-bar, (tipogr.) asta del carattere; (di macchina da scrivere) martelletto □ (elab.) t. drum, tamburo di caratteri □ (tipogr.) t.-face, corpo e carattere; occhio □ t. foundry, fonderia di caratteri di stampa □ t.-gauge, tipometro □ t.-holder, compositoio □ t. metal, lega per caratteri da stampa □ t.-setter, compositore; compositrice (macchina) □ (tipogr.) t.-setting, composizione □ (tipogr.) t.-setting machine, compositrice (macchina) □ (tipogr.) t. size, corpo □ (biol.) to deviate from the t., essere aberrante; essere atipico □ (tipogr.) italic t., (carattere) corsivo □ Italian t. coffee, caffè all'italiana □ large-t. Bible, Bibbia a caratteri grandi □ (tipogr.) to set up in t., comporre □ true to t., in carattere □ (tipogr.) The material is now in t., il materiale (o il testo) è già stato composto (o è già in piombo).

to type ['taip], A v. t. 1 scrivere a macchina; dattilografare; battere (fam.): to t. (out) a list, scrivere a macchina un elenco; to t. a circular, battere una circolare 2 impersonare; raffigurare; rappresentare 3 classificare secondo il tipo 4 (med.) determinare il gruppo sanguigno di (q.). B v. i. scrivere a macchina.

typescript ['taip-skript], n. 1 dattiloscritto 2 (tipogr.) materiale per la stampa; testo.

to typewrite ['taip-rait] (pass. **typewrote**, p. p. **typewritten**), v. t. e i. scrivere a macchina; dattilografare; battere (fam.).

typewriter ['taip,raitə*], n. macchina da scrivere. ● (elab.) t. terminal, terminale scrivente (d'immissione dei dati).

typewriting ['taip,raitiŋ], n. dattilografia; lo scrivere a macchina. ● t. ribbon, nastro dattilografico.

typewritten ['taip,ritn], A p. p. di to typewrite. B a. scritto a macchina; dattiloscritto.

typewrote ['taip,rout], pass. di to typewrite.

typhic ['tifik], a. (med.) tifico.

typhlitis [ti'flaitis], n. (pl. **typhlitises**) (med.) tiflite.

typhoid ['taifɔid], (med.) A a. tifoideo; tifoide. B n. (anche t. fever) febbre tifoide; tifoidea. ● t. bacillus, bacillo del tifo.

typhoidal [tai'fɔidl], a. (med.) tifoideo; della febbre tifoide.

typhonic [tai'fɔnik], a. di (o pertinente a) un tifone.

typhoon [tai'fu:n], n. (meteorologia) tifone.

typhous ['taifəs], a. (med.) tifoso.

typhus ['taifəs], n. (med.) tifo.

typical ['tipikəl], a. tipico; caratteristico; rappresentativo. ● That's quite t. of him, è tipico!; è proprio da lui!

typification [,tipifi'keiʃən], n. 1 tipizzazione 2 caratterizzazione 3 incarnazione (fig.); raffigurazione; rappresentazione (di q.) come tipico.

to typify ['tipifai], v. t. 1 tipizzare 2 caratterizzare 3 impersonare; raffigurare; rappresentare (simbolicamente); simboleggiare.

typing ['taipiŋ], n. dattilografia; lo scrivere a macchina. ● a t. mistake, un errore di battuta.

typist ['taipist], n. dattilografo, dattilografa.

typo ['taipou], n. (pl. **typos**) (fam.) 1 tipografo 2 refuso (di stampa) 3 errore di battuta.

typographer [tai'pɔgrəfə*], n. tipografo; poligrafico (tecnico).

typographic(al) [,taipə'græfik(əl)], a. tipografico. ● a t. error, un errore di stampa; un refuso.

typography [tai'pɔgrəfi], n. tipografia.

typology [tai'pɔlədʒi], n. (scient.) tipologia.

tyrannical [ti'rænikəl], a. tirannico.

tyrannicalness [ti'rænikəlnis], n. l'essere tirannico; tirannia.

tyrannicidal [ti,ræni'saidəl], a. tirannicida.

tyrannicide [ti'rænisaid], n. 1 tirannicida 2 tirannicidio.

to tyrannize ['tirənaiz], A v. i. esser tirannico; tiranneggiare: to t. over sb., tiranneggiare q. B v. t. tiranneggiare.

tyrannosaurus [ti,rænə'sɔ:rəs], n. (paleontologia) tirannosauro.

tyrannous ['tirənəs], a. 1 tirannico; tirannesco (raro) 2 crudele; inesorabile: t. hate, odio inesorabile.

tyranny ['tirəni], n. 1 (stor., polit.) tirannia; tirannide 2 (stor. greca) tirannide 3 (fig.) tirannia; dispotismo. ● It's the t. of the clock, è l'orologio che è tiranno.

tyrant ['taiərənt], n. 1 tiranno; despota 2 (stor. greca) tiranno. ● (zool.) t.-bird (Tyrannus), tiranno □ petty t., tirannello.

tyre [taiə*], n. 1 (autom.) pneumatico; gomma; copertone 2 cerchione (di ruota di carro). ● t. chains, catene da neve □ t. distributor, gommista (rivenditore) □ (autom.) t. iron, leva per lo smontaggio dei pneumatici □ t. repairer, gommista (riparatore) □ t. rim, cerchione (per pneumatico) □ t. tread, battistrada □ (autom.) to change a t., cambiare una gomma □ to get a flat t., bucare una gomma; forare □ You've got a flat t., hai una gomma a terra □ These tyres are below the legal standards, il battistrada di questi pneumatici è inferiore al minimo consentito dalla legge.

to tyre [taiə*], v. t. (autom.) applicare un pneumatico (o più pneumatici) a (un autoveicolo); gommare (fam.).

Tyre [taiə*], n. (geogr., stor.) Tiro.

tyro ['taiərou], n. (pl. **tyros**) V. tiro.

Tyrol [ti'rɔl], n. (geogr.) Tirolo.

Tyrolese [,tirə'li:z], a. e n. tirolese.

Tyrolienne [ti,rouli'en] (franc.), n. (mus.) tirolese.

tyrosin(e) ['taiərousi:n], n. (chim.) tirosina.

Tyrrhenian [ti'ri:njən], a. e n. (geogr.) tirreno; tirrenico: the T. Sea, il Mar Tirreno.

tzar [tsa:*], n. (stor.) zar.

tzarina [tsa:'ri:nə], n. (stor.) zarina.

tzarist ['tsa:rist], a. e n. (stor.) zarista.

tzetze ['tsetsi], V. tsetse.

Tzigane [tsi:'ga:n], a. e n. zingaro; (specialm.) zigano, zingaro ungherese.

u, U

U (1), **u** [juː], **A** *n.* (*pl.* **U's, u's; Us, us**) **1** U, u (*ventunesima lettera dell'alfabeto ingl.*) **2** (*cinem.*) film visibile a tutti. **B** *a.* (*di film*) visibile a tutti. ● (*naut., mil.*) **U-boat**, sottomarino tedesco; (*in genere*) sommergibile □ **U-bolt**, staffa (filettata) a U □ (*fam. USA*) **U-drive-it car**, autovettura da noleggio (*senza conducente*) □ (*tel.*) **u for Uncle**, u come Udine □ (*fam. USA*) **U-haul truck**, autocarro (*o* furgone) per traslochi, noleggiato e condotto da colui che si trasferisce □ **U-tube**, tubo a forma di U □ (*autom.*) **U-turn**, inversione a U, conversione a U, inversione di marcia (*con un veicolo*); (*fig.*) svolta radicale, dietro front (*fig.*).

U (2) [juː], *a.* (*fam., scherz.*) molto fine (*o* raffinato); che fa fino (*all'altezza della* «*upper class*»).

UB 40 [ˌjuː biː 'fɔːti], *n.* (*acronimo di* **Unemployment Benefit 40**) **1** modulo (per il sussidio) di disoccupazione **2** (*mus.*) gruppo di suonatori di reggae (*q.V.*).

ubiety [juːˈbaɪɪti], *n.* ubicazione; collocazione; posizione.

Ubiquitarian [juː(ˌ)bɪkwɪˈtɛərɪən], *a.* e *n.* (*relig.*) ubiquista; ubiquitario.

Ubiquitarianism [juːˌbɪkwɪˈtɛərɪənɪzəm], *n.* (*relig.*) ubiquità; dottrina degli ubiquisti.

ubiquitous [juː(ː)ˈbɪkwɪtəs], *a.* onnipresente; che ha il dono dell'ubiquità.

ubiquitousness [juː(ː)ˈbɪkwɪtəsnɪs], *n.*, **ubiquity** [juː(ː)ˈbɪkwɪti], *n.* ubiquità; onnipresenza.

udal [ˈjuːdəl], (*stor., leg.*) **A** *n.* allodio. **B** *a. attr.* allodiale: **u. tenure**, possesso di beni allodiali.

udaller [ˈjuːdələ*], *V.* **udalman**.

udalman [ˈjuːdəlmən], *n.* (*pl.* **udalmen**) (*stor.*) possessore di beni allodiali.

udder [ˈʌdə*], *n.* (*zool.*) mammella; poppa (*di femmina d'animale*).

udometer [juː(ː)ˈdɒmɪtə*], *n.* (*ing.*) pluviometro; udometro.

udometric [ˌjuːdouˈmetrɪk], *a.* (*scient.*) pluviometrico; udometrico.

UFO [ˈjuːfou], *n.* (*pl.* **UFO's**) (*acronimo di* **unidentified flying object**) ufo; disco volante.

ufological [ˌjuːfəˈlɒdʒɪkəl], *a.* di (*o* relativo a) ufo; ufologico.

ufologist [juːˈfɒlədʒɪst], *n.* ufologo.

ufology [juːˈfɒlədʒɪ], *n.* ufologia.

ugh [uh], *inter.* (*di disgusto, d'orrore*) uh!; puh!; oibò!

uglification [ˌʌglɪfɪˈkeɪʃən], *n.* imbruttimento; deturpamento.

to uglify [ˈʌglɪfaɪ], *v. t.* imbruttire; deturpare; sfigurare.

ugliness [ˈʌglɪnɪs], *n.* **1** bruttezza sgraziata **2** turpitudine.

ugly [ˈʌglɪ], *a.* **1** brutto; sgradevole, (*fig.*) ripugnante, turpe: **an u. beast**, una brutta bestia; **an u. scar**, una brutta cicatrice; **an u. man**, un uomo sgraziato; **u. weather**, brutto tempo; **an u. job**, un brutto lavoro; un lavoro sgradevole; **an u. vice**, un vizio turpe; **u. news**, brutte notizie **2** (*del tempo e sim.*) minaccioso; pericoloso **3** (*fam.*) irritabile; litigioso. ● (*fam.*) **an u. customer**, un individuo pericoloso; un brutto tipo (*fam.*) □ (*anche fig.*) **u. duckling**, brutto anatroccolo (*dalla novella del cigno tra gli anatroccoli di C. Andersen*) □ **as u. as sin**, brutto come il peccato; bruttissimo □ **to make u. faces**, fare le boccacce.

Ugrian [ˈuːgrɪən], **Ugric** [ˈuːgrɪk], *a.* ugrico.

Ugro-Finnic [ˌuːgrouˈfɪnɪk], *a.* ugro-finnico: **Ugro-Finnic languages**, lingue ugro-finniche.

UHF [ˌjuː eɪtʃ ˈef], *n.* (*acronimo di* **ultrahigh frequency**) (*elettron.*) UHF; frequenza ultra-alta. ● **UHF tuner**, sintonizzatore UHF.

uhlan [ˈuːlaːn], *n.* (*stor.*) ulano.

ukase [juːˈkeɪz], *n.* **1** (*stor.*) «ukase» (*decreto dello zar*) **2** (*per estens.*) ordine perentorio.

Ukraine [juː(ː)ˈkreɪn], *n.* (*geogr.*) Ucraina.

Ukrainian [juː(ː)ˈkreɪnjən], *a.* e *n.* ucraino.

ukulele [ˌjuːkəˈleɪli], *n.* (*mus.*) ukulele.

ulcer [ˈʌlsə*], *n.* **1** (*med.*) ulcera: **a stomach u.**, un'ulcera allo stomaco **2** (*fig.*) piaga.

to ulcerate [ˈʌlsəreɪt], *v. t.* e *i.* (*med.*) ulcerare; ulcerarsi.

ulceration [ˌʌlsəˈreɪʃən], *n.* (*med.*) ulcerazione.

ulcerative [ˈʌlsərətɪv], *a.* (*med.*) ulcerativo.

ulcered [ˈʌlsəd], *a.* (*med.*) ulcerato.

ulcerous [ˈʌlsərəs], *a.* (*med.*) ulceroso.

ulcerousness [ˈʌlsərəsnɪs], *n.* (*med.*) stato ulceroso.

ulema [juːˈliːmə], *n.* (*pl.* **ulema, ulemas**) (*relig.*) ulema.

uliginose [juːˈlɪdʒɪnəs], (*bot.*) uliginoso.

ullage [ˈʌlɪdʒ], *n.* (*comm.*) **1** calo; colaggio; quantità mancante in barili, botti, ecc. **2** abbuono per calo. ● (*miss.*) **u. rocket**, razzo di colaggio.

ulmin [ˈʌlmɪn], *n.* (*chim.*) ulmina.

ulna [ˈʌlnə], *n.* (*pl.* **ulnae, ulnas**) (*anat.*) ulna.

ulnar [ˈʌlnə*], *a.* (*anat.*) ulnare; dell'ulna.

ulster [ˈʌlstə*], *n.* (*moda*) ulster; cappotto ampio e lungo.

ulterior [ʌlˈtɪərɪə*], *a.* **1** ulteriore; che è più oltre; più remoto **2** celato; nascosto: **with an u. motive**, con un secondo fine.

ultimate [ˈʌltɪmɪt], **A** *a.* **1** ultimo; definitivo; finale; estremo: **the u. goal**, l'ultima meta; **u. results**, risultati finali **2** basilare; fondamentale; primo: **u. principles**, principi basilari; **u. truths**, verità fondamentali; **u. cause**, causa prima. **B** *n.* – **the u.**, il massimo; il non plus ultra. ● (*chim.*) **u. analysis**, analisi elementare □ (*fam.*) **the u. silliness**, la peggiore delle sciocchezze.

ultimately [ˈʌltɪmɪtli], *avv.* in fine; finalmente; in definitiva.

ultimatum [ˌʌltɪˈmeɪtəm], *n.* (*pl.* **ultimatums, ultimata**) ultimatum.

ultimo [ˈʌltɪmou], (*abbr.* **ult**) *a.* e *avv.* (*comm., bur.*) (ultimo) scorso; del mese passato: **your letter of the 12th ult**, la Vostra lettera del 12 (ultimo) scorso.

ultra [ˈʌltrə], **A** *n.* estremista; oltranzista; fanatico sostenitore (*di un'idea*); ultrà. **B** *a.* estremo; accanito: **an u. pacifist**, un pacifista accanito; un ultrapacifista. ● (*tipogr.*) **u. boldface**, (carattere) nerissimo.

ultraconservative [ˌʌltrəkənˈsəːvətɪv], *a.* e *n.* ultraconservatore.

ultracritical [ˌʌltrəˈkrɪtɪkəl], *a.* ipercritico.

ultrahigh [ˈʌltrəˈhaɪ], *a.* (*elettron.*) ultra-alto; altissimo: **u. frequency**, frequenza ultra-alta. ● (*fis.*) **u. vacuum**, ultravuoto.

ultraism [ˈʌltraɪzəm], *n.* oltranzismo; estremismo; radicalismo.

ultraist [ˈʌltraɪst], *n.* oltranzista; estremista; radicale; ultrà.

ultraistic [ˌʌltraˈɪstɪk], *a.* estremistico; ultrà.

ultraleft [ˌʌltrəˈleft], (*polit.*) **A** *a.* ultrà; dell'ultrasinistra. **B** *n.* – **the u.**, l'ultrasinistra; l'estrema sinistra.

ultraleftist [ˌʌltrəˈleftɪst], *n.* (*polit.*) estremista di sinistra; ultrà.

ultramarine [ˌʌltrəməˈriːn], **A** *a.* **1** oltremarino; d'oltremare **2** color oltremare. **B** *n.* azzurro oltremarino. ● (*chim.*) **u. blue**, blu oltremare.

ultramicrometer [ˌʌltrəmaɪˈkrɒmɪtə*], *n.* (*scient.*) ultramicrometro.

ultramicroscope [ˌʌltrəˈmaɪkrəskoup], *n.* (*scient.*) ultramicroscopio; supermicroscopio.

ultramicroscopic(al) [ˌʌltrəˌmaɪkrəˈskɒpɪk(əl)], *a.* (*scient.*) ultramicroscopico.

ultramicrotome [ˌʌltrəˈmaɪkrətoum], *n.* (*scient.*) ultramicrotomo.

ultramilitant [ˈʌltrəˈmɪlɪtənt], *a.* fanaticamente militante.

ultraminiature [ˈʌltrəˈmɪnjətʃə*], *a. attr.* piccolissimo; estremamente piccolo; subminiaturizzato.

ultraminiaturization [ˈʌltrəˌmɪnjətʃərɪˈzeɪʃən], *n.* (*tecn.*) subminiaturizzazione.

ultramodern [ˈʌltrəˈmɒdən], *a.* modernissimo; ultramoderno.

ultramontane [ˌʌltrəˈmonteɪn], **A** *a.* **1** (*geogr.*) oltremontano, ultramontano; (*per gli europei del nord*) italiano **2** (*relig.*) ultramontano; del partito «italiano» (*nella Chiesa cattolica*). **B** *n.* **1** (*geogr.*) oltramontano; chi abita oltre le montagne; (*specialm.*) chi abita a sud delle Alpi, italiano **2** (*relig.*) ultramontanista; fautore del partito «italiano» (*nella Chiesa cattolica*).

ultramontanism [ˌʌltrəˈmontənɪzəm], *n.* (*relig.*) ultramontanismo; partito «italiano» (*nella Chiesa cattolica*).

ultramontanist [ˌʌltrəˈmontənɪst], (*relig.*) *V.* **ultramontane**,

ultramundane

n., def. 2.
ultramundane [ˌʌltrəˈmʌndein], a. oltremondano.
ultrapure [ˌʌltrəˈpjuə*], a. (scient.) puro al 100 per 100.
ultrared [ˌʌltrəˈred], a. (fis., arc.) infrarosso.
ultraright [ˌʌltrəˈrait], (polit.) **A** a. ultrà; dell'estrema destra. **B** n. – **the u.**, l'estrema destra.
ultrarightist [ˌʌltrəˈraitist], n. (polit.) estremista di destra; ultrà.
ultrashort [ˌʌltrəˈʃɔːt], a. (radio) ultracorto; cortissimo: **u. waves**, onde ultracorte.
ultrasonic [ˌʌltrəˈsɔnik], a. (fis.) ultrasonoro; a ultrasuoni; ultrasonico; supersonico. ● (ing., elab.) **u. cleaning**, lavaggio con ultrasuoni □ (mecc.) **u. drill**, trapano a ultrasuoni.
ultrasonics [ˌʌltrəˈsɔniks], n. pl. (col verbo al sing.) ultracustica.
ultrasonography [ˌʌltrəsouˈnɔɡrəfi], n. (med.) ecografia; ultrasonografia.
ultrasound [ˈʌltrəsaund], n. ultrasuono.
ultraviolet [ˌʌltrəˈvaiəlit], a. (fis.) ultravioletto: **u. rays**, raggi ultravioletti. ● (elettron.) **u. lamp**, lampada a radiazione ultravioletta.
ultra vires [ˌʌltrəˈvaiəriːz] (lat.), **A** a. **1** (raro) superiore alle (o oltre le) proprie forze **2** (leg.) arbitrario; in eccesso del potere legale (specialm. di un'azienda). **B** avv. (leg.) arbitrariamente.
ultravirus [ˈʌltrəˌvaiərəs], n. (biol.) ultravirus; virus filtrante.
ululant [ˈjuːljulənt], a. ululante; che ulula.
to ululate [ˈjuːljuleit], v. i. ululare.
ululation [ˌjuːljuˈleiʃən], n. ululato.
Ulysses [juː(ː)ˈlisiːz], n. (letter.) Ulisse.
'um [ʌm], pron. (pop. per them) loro; essi, esse.
umbel [ˈʌmbəl], n. (bot.) ombrella; umbella.
umbellar [ˈʌmbilə*], **umbellate** [ˈʌmbilit], a. (bot.) a forma di ombrella; umbellato.
umbellet [ˈʌmbilit], n. (bot.) ombrella secondaria.
umbelliferous [ˌʌmbeˈlifərəs], a. (bot.) ombrellifero; umbellifero.
umbellule [ʌmˈbeljuːl], V. **umbellet**.
umber (1) [ˈʌmbə*], **A** n. **1** (pitt.) terra d'ombra: **burnt u.**, terra d'ombra bruciata; **raw u.**, terra d'ombra naturale **2** (color) marrone scuro. **B** a. color terra d'ombra; marrone scuro.
umber (2) [ˈʌmbə*], n. (zool., Thymallus thymallus) temolo. ● (zool.) **u.-bird** (Scopus umbretta), umbretta; uccello martello.
to umber [ˈʌmbə*], v. t. (pitt.) colorare con terra d'ombra.
umbilical [ˌʌmbiˈlaikəl], **A** a. **1** (anat., miss., ecc.) ombelicale: **u. cord**, cordone ombelicale **2** (fig., raro) da parte di madre; di linea materna. **B** n. **1** (miss., anat.) cordone ombelicale **2** (fig., raro) legame; collegamento.
umbilicate [ʌmˈbilikit], a. ombelicato; a forma d'ombelico.
umbilicus [ʌmˈbilikəs], n. (pl. **umbilici, umbiliculses**) (anat.) ombelico.
umbiliform [ʌmˈbilifɔːm], a. a forma d'ombelico.
umbles [ˈʌmblz], n. pl. (arc.) interiora di cervo.
umbo [ˈʌmbou], n. (pl. **umbones, umbos**) (stor., scient.) umbone.
umbonate [ˈʌmbounit], a. umbonato; munito d'umbone.
umbra [ˈʌmbrə], n. (pl. **umbras, umbrae**) (scient.) **1** ombra **2** cono d'ombra (in un'eclissi) **3** centro di macchia solare.
umbrage [ˈʌmbridʒ], n. **1** ombra (fig.); offesa; risentimento **2** (poet.) ombra. ● **to give u. to sb.**, dar ombra a q.; offendere q. □ **to take u. at st.**, adombrarsi (o impermalirsi) di q.c.
umbrageous [ʌmˈbreidʒəs], a. (poet.) ombroso; (fig.) permaloso.
umbrella [ʌmˈbrelə], **A** n. **1** ombrello; parapioggia; paracqua **2** (zool.) ombrello, ombrella (di medusa) **3** (aeron. mil.) ombrello aereo **4** (mil.) sbarramento protettivo antiaereo **5** (fig.) protezione; difesa. **B** a. attr. generale; vasto; che abbraccia un vasto campo. ● (zool.) **u.-bird** (Cephalopterus ornatus), uccello parasole □ **u. case**, fodera dell'ombrello □ **u. factory**, ombrellificio □ **u. ring**, ghiera dell'ombrello □ **u. stand**, portaombrelli.
umbrella'd [ʌmˈbreləd], a. munito d'ombrello.
umbrette [ʌmˈbret], n. (zool., Scopus umbretta) umbretta; uccello martello.
Umbrian [ˈʌmbriən], a. e n. umbro (anche la lingua). ● (pitt.) **the U. school**, la scuola umbra.
umbriferous [ʌmˈbrifərəs], a. ombroso; che dà ombra.
umpirage [ˈʌmpairidʒ], n. (leg., sport) arbitraggio; arbitrato; decisione arbitrale.
umpire [ˈʌmpaiə*], n. (leg., sport) arbitro.
to umpire [ˈʌmpaiə*], v. t. e i. (leg., sport) arbitrare; fare da arbitro.
umpiring [ˈʌmpaiəriŋ], n. **1** (leg.) arbitrato **2** (sport) arbitraggio.
umpsteen [ˈʌmpstiːn], (fam. USA) V. **umpteen**.
umpteen [ˈʌmptiːn], a. (fam.) molti; parecchi; un mucchio di.
umpteenth [ˈʌmptiːnθ], a. ennesimo.
'un [ən], pron. (pop. per one) uno; tipo; individuo: **He's a tough 'un**, è un duro; **He's a nice 'un**, è un tipo simpatico. ● **He's a bad 'un**, è un tipaccio; è un poco di buono □ **That's a good 'un**, questa è buona!
un- [ʌn], prefisso con valore negativo o privativo: **un-American**, non americano; antiamericano (N.B. Vengono elencati qui di seguito i composti principali; il significato degli altri si può ricavare deducendolo da quello del vocabolo corrispondente privo di questo prefisso).
UN [juː'en], n. pl. (acronimo di **United Nations**) (polit.) (le) Nazioni Unite; l'ONU.
unabashed [ˌʌnəˈbæʃt], a. imperturbato; impassibile.
unabated [ˈʌnəˈbeitid], a. **1** non diminuito; non mitigato; non scemato; sostenuto **2** infaticabile; inesausto **3** implacabile; implacato; inesorabile: **with u. fury**, con furia implacabile.
unable [ʌnˈeibl], a. incapace; inabile: **u. to work**, inabile al lavoro. ● **to be u. (to do st.)**, non potere, non essere capace di, non essere in grado di (fare q.c.) □ **being u. to come**, non potendo venire.
unabridged [ˌʌnəˈbridʒd], a. non abbreviato; completo; intero; integrale: **u. edition**, edizione integrale.
unabrogated [ʌnˈæbrougeitid], a. (leg.) non abrogato; in vigore.
unacademic [ˌʌnækəˈdemik], a. non accademico.
unaccented [ˌʌnækˈsentid], a. (fon.) non accentato; atono: **u. syllable**, sillaba atona.
unacceptable [ˌʌnəkˈseptəbl], a. inaccettabile.
unacceptableness [ˌʌnəkˈseptəblnis], n. inaccettabilità.
unacceptance [ˌʌnəkˈseptəns], n. (comm.) mancanza d'accettazione.
unaccepted [ˌʌnəkˈseptid], a. (comm.) non accettato.
unaccommodated [ˌʌnəˈkɔmədeitid], a. **1** non accomodato; male adattato **2** (di persona) sprovvisto d'alloggio.
unaccommodating [ˌʌnəˈkɔmədeitiŋ], a. poco accomodante; non condiscendente; scortese.
unaccompanied [ˌʌnəˈkʌmpənid], a. **1** non accompagnato; senza compagnia; solo, da solo **2** (mus.) senza accompagnamento.
unaccomplished [ˌʌnəˈkɔmpliʃt], a. **1** incompleto; incompiuto **2** (di persona) senza istruzione; ineducato.
unaccountability [ˌʌnəˌkauntəˈbiliti], n. **1** inesplicabilità; bizzarria; stranezza **2** irresponsabilità.
unaccountable [ˌʌnəˈkauntəbl], a. **1** inesplicabile; bizzarro; strano **2** irresponsabile; non responsabile.
unaccountableness [ˌʌnəˈkauntəblnis], V. **unaccountability**.
unaccounted-for [ˌʌnəˈkauntidˌfɔː*], a. inspiegato; misterioso.
unaccredited [ˌʌnəˈkreditid], a. non accreditato; non autorizzato.
unaccustomed [ˌʌnəˈkʌstəmd], a. **1** non abituato; non assuefatto; non avvezzo: **I was u. to such kindness**, non ero abituato a tanta gentilezza **2** inconsueto; insolito; inusitato.
unachievable [ˌʌnəˈtʃiːvəbl], a. irraggiungibile; irrealizzabile.
unachieved [ˌʌnəˈtʃiːvd], a. non raggiunto; irrealizzato.
unacknowledged [ˌʌnəkˈnɔlidʒd], a. **1** non riconosciuto; misconosciuto: **Poets are the u. legislators of the world**, i poeti sono i misconosciuti legislatori del mondo **2** non ammesso; inconfessato **3** (di lettera, ecc.) senza risposta; inevaso (bur.).
unacquainted [ˌʌnəˈkweintid], a. ignaro, poco pratico (di q.c.): non abituare (a q.c.). ● **to be u. with sb.**, non conoscere q.
unacquired [ˌʌnəˈkwaiəd], a. non acquisito; congenito; innato.
unacted [ʌnˈæktid], a. (di dramma, ecc.) non rappresentato.
unadaptable [ˌʌnəˈdæptəbl], a. inadattabile.
unadapted [ˌʌnəˈdæptid], a. non adattato.
unaddicted [ˌʌnəˈdiktid], a. non dedito (al bere, ecc.).
unaddressed [ˌʌnəˈdrest], a. (di lettera, ecc.) senza indirizzo.
unadjudged [ˌʌnəˈdʒʌdʒd], a. **1** non aggiudicato; non assegnato **2** (leg.) non giudicato.
unadjusted [ˌʌnəˈdʒʌstid], n. **1** non assestato; non sistemato **2** (di questione, problema, ecc.) non appianato; non definito **3** (psic.) spostato.
unadopted [ˌʌnəˈdɔptid], a. **1** non adottato **2** (di strada, viale, ecc.) privato (per il quale il comune non assume gli oneri della manutenzione).
unadorned [ˌʌnəˈdɔːnd], a. disadorno; privo di ornamenti.
unadulterated [ˌʌnəˈdʌltəreitid], a. **1** non adulterato; non sofisticato; genuino; puro; schietto **2** (fam.) totale; assoluto; bell'e buono: **u. nonsense**, sciocchezze bell'e buone.
unadvisable [ˌʌnədˈvaizəbl], a. sconsigliabile; imprudente.
unadvised [ˌʌnədˈvaizd], a. **1** senz'essere consigliato; di testa propria **2** inconsulto; avventato; imprudente; sconsiderato.
unadvisedness [ˌʌnədˈvaizidnis], n. sconsideratezza; avventatezza; imprudenza.
unaesthetic [ˌʌniːsˈθetik], a. antiestetico.
unaffected [ˌʌnəˈfektid], a. **1** non affettato; senza affettazione; semplice; spontaneo **2** non soggetto (a influssi); immutato; i-

nalterato **3** impassibile; insensibile.
unaffectedness [ˌʌnəˈfektidnis], *n.* **1** semplicità; spontaneità **2** impassibilità; insensibilità (*V.* **unaffected**).
unafraid [ˈʌnəˈfreid], *a.* senza paura; impavido; intrepido.
unaided [ˈʌnˈeidid], *a.* senz'aiuto; da solo; da sé.
unalarmed [ˈʌnəˈlɑːmd], *a.* non allarmato; imperturbato; tranquillo.
unalienable [ˈʌnˈeiljənəbl], *a.* (*leg.*) inalienabile.
unalienated [ˈʌnˈeiljəneitid], *a.* (*leg.*) inalienato.
unallayed [ˈʌnəˈleid], *a.* non alleviato; implacato; non diminuito; immutato: **the u. fury of the wind**, l'immutata furia del vento.
unallowable [ˈʌnəˈlau-əbl], *a.* inammissibile; intollerabile.
unalloyed [ˈʌnəˈlɔid], *a.* **1** (*di metallo, ecc.*) che non forma una lega; non legato; puro **2** (*fig.*) puro; genuino; schietto.
unalterability [ʌnˌɔːltərəˈbiliti], *n.* inalterabilità; immutabilità.
unalterable [ʌnˈɔːltərəbl], *a.* inalterabile; immutabile.
unalterableness [ʌnˈɔːltərəblnis], *V.* **unalterability**.
unaltered [ˈʌnˈɔːltəd], *a.* inalterato; immutato; costante.
unamazed [ˈʌnəˈmeizd], *a.* non stupito; indifferente; imperturbabile.
unambiguous [ˈʌnæmˈbigjuəs], *a.* non ambiguo; inequivocabile; chiaro; esplicito.
unambiguousness [ˈʌnæmˈbigjuəsnis], *n.* mancanza di ambiguità; chiarezza.
unambitious [ˈʌnæmˈbiʃəs], *a.* privo d'ambizioni; senza ambizioni.
unambitiousness [ˈʌnæmˈbiʃəsnis], *n.* mancanza d'ambizioni.
unamenable [ˈʌneˈmiːnəbl], *a.* **1** (*anche leg.*) non responsabile; irresponsabile **2** indocile; intrattabile. ● **u. to reason**, irragionevole.
unamendable [ˈʌnəˈmendəbl], *a.* non emendabile; incorreggibile.
un-American [ˈʌnəˈmerikən], *a.* **1** non americano **2** (*polit.*) antiamericano: (*USA*) **u. activities**, attività antiamericane.
unamiability [ˈʌnˌeimjəˈbiliti], *n.* mancanza di amabilità; scontrosità.
unamiable [ʌnˈeimjəbl], *a.* poco amabile; burbero; scontroso.
unamiableness [ʌnˈeimjəblnis], *V.* **unamiability**.
unamusing [ˈʌnəˈmjuːziŋ], *a.* non divertente; noioso.
unanalysable [ʌnˈænəlaizəbl], *a.* che non si può analizzare.
to **unanchor** [ʌnˈæŋkə*], (*naut.*) **A** *v. t.* disancorare. **B** *v. i.* levare l'ancora.
unanimated [ʌnˈænimeitid], *a.* **1** inanimato; senza vita **2** noioso; monotono.
unanimity [ˌjuːnəˈnimiti], *n.* unanimità.
unanimous [juːˈnænimǝs], *a.* unanime; concorde; corale (*fig.*).
unanimously [juːˈnænimǝsli], *avv.* unanimamente; all'unanimità: **The drastic measure was carried u.**, il drastico provvedimento fu approvato all'unanimità.
unanimousness [juːˈnænimǝsnis], *n.* unanimità.
unannounced [ˈʌnəˈnaunst], *a.* non annunciato; senza preavviso; improvviso.
unanswerability [ˈʌnˌɑːnsərəˈbiliti], *n.* **1** incontestabilità; innegabilità; irrefutabilità **2** (*anche leg.*) irresponsabilità.
unanswerable [ʌnˈɑːnsərəbl], *a.* **1** incontestabile; innegabile; irrefutabile: **an u. charge**, un'accusa irrefutabile **2** (*di domanda*) cui non si può rispondere **3** (*anche leg.*) irresponsabile.
unanswerableness [ʌnˈɑːnsərəblnis], *V.* **unanswerability**.
unanswered [ˈʌnˈɑːnsəd], *a.* **1** senza risposta; inevaso (*bur.*): **an u. letter**, una lettera inevasa **2** non corrisposto.
unappalled [ˌʌnəˈpɔːld], *a.* non intimidito; impavido; intrepido.
unapparelled [ˈʌnəˈpærəld], *a.* non abbigliato; svestito.
unappealable [ˈʌnəˈpiːləbl], *a.* (*leg.*) inappellabile.
unappeasable [ˈʌnəˈpiːzəbl], *a.* implacabile.
unappetizing [ˈʌnˈæpitaiziŋ], *a.* poco appetitoso.
unapplied [ˈʌnəˈplaid], *a.* non applicato; inapplicato.
unappreciated [ˈʌnəˈpriːʃieitid], *a.* non apprezzato; incompreso.
unappreciative [ˈʌnəˈpriːʃieitiv], *a.* che non apprezza; che sottovaluta; indifferente.
unapprehended [ʌnˌæpriˈhendid], *a.* **1** non arrestato; libero **2** non compreso; non capito; incompreso.
unapprehensive [ʌnˌæpriˈhensiv], *a.* **1** non apprensivo; calmo; tranquillo **2** poco intelligente; ottuso (*fig.*).
unapproachable [ˌʌnəˈprəutʃəbl], *a.* **1** inaccessibile; inaccostabile; inavvicinabile **2** impareggiabile; ineguagliabile.
unappropriated [ˈʌnəˈprouprieitid], *a.* (*fin.: di fondo, ecc.*) non assegnato; non stanziato.
unapproved [ˈʌnəˈpruːvd], *a.* non approvato.
unapt [ʌnˈæpt], *a.* **1** non adatto; disadatto; inadeguato; improprio **2** inetto; incapace.
unaptness [ʌnˈæptnis], *n.* **1** l'essere inadatto; inadeguatezza; improprietà **2** inettitudine; incapacità.
unargued [ˈʌnˈɑːgjuːd], *a.* indiscusso.
to **unarm** [ˈʌnˈɑːm], *v. t.* disarmare.

unarmed [ˈʌnˈɑːmd], *a.* diasarmato; inerme. ● **u. combat**, lotta senza armi (*coi pugni, ecc.*).
unarmoured [ˈʌnˈɑːməd], *a.* (*mil.*) non corazzato; senza corazza.
unarranged [ˈʌnəˈreindʒd], *a.* **1** in disordine **2** non preordinato; casuale.
unarrayed [ˈʌnəˈreid], *a.* **1** non disposto in ordine; non schierato; in disordine **2** non abbigliato; privo di ornamenti; disadorno.
unarrested [ˈʌnəˈrestid], *a.* **1** non arrestato; libero **2** continuo; incessante; ininterrotto.
unartistic [ˈʌnɑːˈtistik], *a.* non artistico; che non ha pretese artistiche.
unascertainable [ˈʌnæsəˈteinəbl], *a.* inaccertabile; non appurabile.
unascertained [ˈʌnæsəˈteind], *a.* non accertato; non appurato.
unashamed [ˈʌnəˈʃeimd], *a.* senza vergogna; svergognato.
unasked [ˈʌnˈɑːskt], *a.* **1** (*anche* **u. for**) non richiesto; non sollecitato; spontaneo **2** non invitato; senza invito; non sollecitato.
unaspiring [ˈʌnəˈspaiəriŋ], *a.* poco ambizioso; modesto.
unassailable [ˈʌnəˈseiləbl], *a.* **1** (*mil.*) inattaccabile **2** incontestabile; inoppugnabile. ● **to be in an u. position**, essere in una botte di ferro (*fig.*).
unassayed [ˈʌnəˈseid], *a.* **1** (*di metallo, ecc.*) non saggiato **2** non tentato; non provato; intentato.
unassignable [ˌʌnəˈsainəbl], *a.* (*leg.*) non trasferibile.
unassimilated [ˈʌnəˈsimileitid], *a.* non assimilato.
unassisted [ˈʌnəˈsistid], *a.* non assistito; senza aiuto; da solo.
unassuming [ˈʌnəˈsjuːmiŋ], *a.* **1** che se ne sta in disparte; che non si mette in vista **2** senza pretese; modesto; alla buona.
unattached [ˈʌnəˈtætʃt], *a.* **1** slegato; sciolto; indipendente; libero **2** (*mil.*) non assegnato a un reggimento; a disposizione **3** (*di studente*) che non appartiene a un «college» universitario **4** celibe; scapolo.
unattainable [ˈʌnəˈteinəbl], *a.* irraggiungibile; inaccessibile.
unattainableness [ˈʌnəˈteinəblnis], *n.* irraggiungibilità; inaccessibilità.
unattempted [ˈʌnəˈtemptid], *a.* intentato; non provato.
unattended [ˈʌnəˈtendid], *a.* **1** solo; senza seguito; senza seguaci; senza uditorio **2** incustodito; senza sorveglianza: **Don't leave your car u.**, non lasciar incustodita l'automobile! **3** non curato; trascurato **4** (*mecc.: di macchina*) che funziona da sola; senza l'intervento dell'uomo. ● (*elab.*) **u. operation**, operazione automatica.
unattested [ˈʌnəˈtestid], *a.* non attestato; non comprovato.
unattired [ˈʌnəˈtaiəd], *a.* non abbigliato; privo di ornamenti.
unattractive [ˌʌnəˈtræktiv], *a.* poco attraente; privo d'attrattiva.
unattractiveness [ˌʌnəˈtræktivnis], *n.* mancanza di attrattiva.
unau [ˈjuːnɔː], *n.* (*zool.*, *Choloepus didactylus*) bradipo didattilo.
unauthentic [ˈʌnɔːˈθentik], *a.* non autentico; falso; spurio.
unauthenticated [ˈʌnɔːˈθentikeitid], *a.* (*anche leg.*) non autenticato.
unauthorized [ˈʌnˈɔːθəraizd], *a.* non autorizzato; arbitrario; abusivo.
unavailable [ˈʌnəˈveiləbl], *a.* non disponibile (*anche comm.*); indisponibile; impegnato; occupato.
unavailing [ˈʌnəˈveiliŋ], *a.* inefficace; inutile; vano.
unavenged [ˈʌnəˈvendʒd], *a.* invendicato.
unavoidable [ˈʌnəˈvɔidəbl], *a.* inevitabile.
unavoidableness [ˌʌnəˈvɔidəblnis], *n.* inevitabilità.
unavoidably [ˌʌnəˈvɔidəbli], *avv.* inevitabilmente.
unavowed [ˈʌnəˈvaud], *a.* inconfessato; non ammesso.
unaware [ˈʌnəˈwɛə*], *a. pred.* inconsapevole; inconscio; ignaro: **to be u. of st.**, essere ignaro di q.c.; ignorare q.c.
unawares [ˈʌnəˈwɛəz], *avv.* **1** inavvertitamente; involontariamente; senza volerlo **2** inaspettatamente; di sorpresa; alla sprovvista: **We took him u.**, lo cogliemmo alla sprovvista.
unbacked [ˈʌnˈbækt], *a.* **1** senza appoggi; senza sostenitori; abbandonato **2** (*di cavallo*) non avvezzo a essere cavalcato; indomito; non ancora montato **3** (*ippica*) senza scommettitori; su cui nessuno punta: **an u. horse**, un cavallo su cui nessuno punta.
to **unbalance** [ʌnˈbæləns], *v. t.* far perdere l'equilibrio (*anche mentale*) a (q.); sbilanciare; squilibrare; scompensare.
unbalance [ʌnˈbæləns], *n.* mancanza d'equilibrio; squilibrio; sbilancio; scompenso.
unbalanced [ʌnˈbælənst], *a.* non equilibrato; sbilanciato; squilibrato (*anche fig.*); scompensato.
to **unbale** [ʌnˈbeil], *v. t.* sballare (*merce*).
to **unballast** [ʌnˈbæləst], (*naut.*) **A** *v. t.* alleggerire della zavorra. **B** *v. i.* scaricare la zavorra.
unbanked [ˈʌnˈbæŋkt], *a.* **1** (*comm.*) non depositato in banca **2** (*fam.*) che non ha un conto in banca.
unbaptized [ˈʌnˈbæptaizd], *a.* non battezzato.
to **unbar** [ˈʌnˈbɑː*], *v. t.* togliere il catenaccio (*o le sbarre*) a; disserrare; aprire; dischiudere (*anche fig.*): **to u. the way to peace**,

aprire la strada alla pace.
unbearable [ʌnˈbɛərəbl], *a.* insopportabile; intollerabile.
unbeatable [ʌnˈbiːtəbl], *a.* imbattibile; insuperabile.
unbeaten [ʌnˈbiːtn], *a.* **1** non battuto; imbattuto; invitto: **an u. army**, un esercito imbattuto; **an u. captain**, un invitto capitano; (*sport*) **an u. record**, un primato imbattuto **2** non battuto; non frequentato; inesplorato: **an u. path**, un sentiero non battuto.
unbecoming [ˈʌnbiˈkʌmiŋ], *a.* **1** sconveniente; indecoroso; disdicevole: **u. behaviour**, condotta indecorosa **2** disadatto; che non dona; che non sta bene: **an u. blouse**, una camicetta che non sta bene.
unbecomingness [ˈʌnbiˈkʌmiŋnis], *n.* sconvenienza; indecorosità.
unbefitting [ˈʌnbiˈfitiŋ], *V.* **unbecoming**.
unbefriended [ˈʌnbiˈfrendid], *a.* senza amici.
unbegotten [ˈʌnbiˈgɔtn], *a.* (*relig.*) non generato; sempiterno.
unbeknown(st) [ˈʌnbiˈnoun(st)], *a. pred.* (*fam.*) ignorato; sconosciuto. ● **u. to sb.**, all'insaputa di q.
unbelief [ˈʌnbiˈliːf], *n.* incredulità; scetticismo; miscredenza.
unbelievable [ˈʌnbiˈliːvəbl], *a.* incredibile.
unbeliever [ˈʌnbiˈliːvə*], *n.* incredulo; scettico; miscredente.
unbelieving [ˈʌnbiˈliːviŋ], *a.* incredulo; miscredente; scettico.
unbeloved [ˈʌnbiˈlʌvd], *a.* non amato.
to unbelt [ʌnˈbelt], *v. t.* allentare la cintura di; togliere la cinghia a. ● **to u. one's sword**, togliersi la spada (*sfibbiando il cinturone*).
to unbend [ʌnˈbend] (*pass. e p. p.* **unbent**), **A** *v. t.* **1** raddrizzare; stendere; tendere **2** distendere (*fig.*); rilassare: **to u. one's mind by listening to music**, rilassare la mente ascoltando la musica **3** (*naut.*) sciogliere (*una vela*); slegare (*una cima*, ecc.). **B** *v. i.* **1** raddrizzarsi; stendersi **2** (*fig.*) rilassarsi; distendersi **3** (*fig.*) aprirsi (*al contatto con gli altri*). ● **to u. one's brow**, spianare la fronte; rasserenarsi.
unbending [ʌnˈbendiŋ], *a.* **1** non pieghevole; rigido **2** inflessibile; austero; rigido **3** deciso; fermo; saldo; risoluto.
unbeneficed [ʌnˈbenifist], *a.* (*relig.*) senza benefici ecclesiastici.
unbeseeming [ˈʌnbiˈsiːmiŋ], *a.* disdicevole; sconveniente.
unbesought [ˈʌnbiˈsɔːt], *a.* non richiesto; non sollecitato.
unbia(s)sed [ʌnˈbaiəst], *a.* **1** imparziale; obiettivo; equanime **2** (*stat.*) non distorto: **u. estimate**, stima non distorta.
unbidden [ʌnˈbidn], *a.* **1** non richiesto; spontaneo **2** non invitato.
to unbind [ʌnˈbaind] (*pass. e p. p.* **unbound**), *v. t.* slegare; sciogliere.
unbinding [ʌnˈbaindiŋ], *a.* non vincolante; non impegnativo; non obbligatorio: **an u. offer**, un'offerta non vincolante.
unblamable [ʌnˈbleiməbl], *a.* irreprensibile; ineccepibile.
unblamableness [ʌnˈbleiməblnis], *n.* irreprensibilità.
unbleached [ʌnˈbliːtʃt], *a.* (*ind. tessile*) non candeggiato.
unblemished [ʌnˈblemiʃt], *a.* senza macchia (*fig.*); puro; incontaminato.
unblessed, unblest [ʌnˈblest], *a.* **1** non benedetto; senza benedizione **2** maledetto; malvagio **3** infelice; sfortunato.
unblinking [ʌnˈbliŋkiŋ], *a.* che non batte ciglio; (*fig.*) imperturbabile; impassibile.
unblinkingly [ʌnˈbliŋkiŋli], *avv.* senza battere ciglio.
to unblock [ʌnˈblɔk], **A** *v. t.* **1** slegare; sbloccare **2** (*nei giochi di carte*) liberare (*la sequenza del compagno*) giocando una carta alta dello stesso seme. **B** *v. i.* liberare il gioco.
unblooded [ʌnˈblʌdid], *a.* (*di cavallo*) non di razza; che non è un purosangue.
unbloody [ʌnˈblʌdi], *a.* **1** incruento **2** non sanguinario.
unblushing [ʌnˈblʌʃiŋ], *a.* sfacciato; spudorato; svergognato. ● **u. lies**, menzogne spudorate □ **to be quite u. about st.**, non vergognarsi affatto di q.c.
unblushingness [ʌnˈblʌʃiŋnis], *n.* sfacciataggine; spudoratezza.
to unbolt [ʌnˈboult], *v. t. e i.* **1** levare il catenaccio (a); disserrare; aprire **2** (*mecc.*) sbullonare.
unboned [ʌnˈbound], *a.* **1** (*zool.*) senz'ossa; invertebrato **2** (*cucina*) non disossato: **an u. fowl**, un pollo non disossato **3** (*cucina: di pesce*) non spinato.
to unbonnet [ʌnˈbɔnit], **A** *v. t.* levare il cappello a (q.); scoprire. **B** *v. i.* levarsi il cappello; scoprirsi; scappellarsi.
unbonneted [ʌnˈbɔnitid], *a.* senza cappello; a capo scoperto.
to unboot [ʌnˈbuːt], *v. t.* levar le scarpe (*o* gli stivali) a (q.).
unbooted [ʌnˈbuːtid], *a.* senza stivali; senza scarpe; scalzo.
unborn [ʌnˈbɔːn], *a.* **1** non ancora nato; prima della nascita **2** (*fig.*) inesistente; di là da venire; futuro: **u. generations**, le generazioni future. ● **to be as innocent as a baby u.**, essere innocente come un bambino non ancor nato.
to unbosom [ʌnˈbuzəm], **A** *v. t.* confidare; rivelare; svelare; sfogare: **to u. one's secrets**, confidare i propri segreti; **to u. one's feelings**, svelare i propri sentimenti. **B** *v. i.* (*spesso, v. rifl.* **to unbosom oneself**) confidarsi; aprirsi; aprire il proprio animo; sfogarsi.
unbound [ʌnˈbaund], **A** *pass. e p. p.* di **to unbind. B** *a.* **1** slegato; sciolto **2** (*di libro*) non rilegato.
unbounded [ʌnˈbaundid], *a.* **1** sconfinato; illimitato; infinito; smisurato: **the u. ocean**, l'oceano smisurato **2** incontenibile; sfrenato: **u. joy**, incontenibile gioia.
unbowed [ʌnˈbaud], *a.* **1** non curvo; non piegato; dritto **2** (*fig.*) non domo; indomito; invitto.
to unbox [ʌnˈbɔks], *v. t.* cavare (q.c.) da una scatola.
to unbrace [ʌnˈbreis], *v. t.* **1** allentare, sciogliere; slacciare **2** (*fig.*) rilassare; distendere **3** (*fig.*) indebolire; infiacchire.
to unbraid [ʌnˈbreid], *v. t.* **1** separare i capi di (*una fune*, ecc.) **2** districare; sciogliere (*trecce*, ecc.).
unbreakable [ʌnˈbreikəbl], *a.* infrangibile: **u. glass**, vetro infrangibile.
unbreathable [ʌnˈbriːðəbl], *a.* irrespirabile.
unbred [ʌnˈbred], *a.* **1** ineducato; inesperto; poco abile **2** maleducato **3** (*arc.*) non nato.
to unbreech [ʌnˈbriːtʃ], *v. t.* **1** levare i calzoni a (q.) **2** (*stor., mil.*) togliere la culatta a (*un cannone*).
unbreeched [ʌnˈbriːtʃt], *a.* **1** senza calzoni **2** (*mil.*) senza culatta.
unbribable [ʌnˈbraibəbl], *a.* incorruttibile.
to unbridle [ʌnˈbraidl], *v. t.* **1** togliere le briglie a (*un cavallo*) **2** sbrigliare; sciogliere (*la lingua*) **3** (*fig.*) liberare (q.).
unbridled [ʌnˈbraidld], *a.* sbrigliato; scatenato; sfrenato; senza freno (*specialm. fig.*): **u. rage**, ira sfrenata.
unbroken [ʌnˈbroukən], *a.* **1** non rotto; intatto **2** ininterrotto; continuo: **u. sleep**, sonno ininterrotto **3** (*di cavallo*) non domato; indomito **4** (*di un primato*) imbattuto; insuperato **5** (*leg.*) (*di contratto*) non rotto, rispettato; (*di regolamento*, ecc.) non violato, osservato, rispettato.
unbrotherly [ʌnˈbrʌðəli], *a.* non fraterno; indegno d'un fratello.
to unbuckle [ʌnˈbʌkl], *v. t.* sfibbiare.
to unbuild [ʌnˈbild] (*pass. e p. p.* **unbuilt**), *v. t.* demolire; radere al suolo.
unbuilt [ʌnˈbilt], **A** *pass. e p. p.* di **to unbuild. B** *a.* non ancora costruito. ● (*edil.*) **u. area**, area edificabile.
to unburden [ʌnˈbəːdn], **A** *v. t.* **1** alleggerire; sgravare; scaricare: **to u. one's conscience**, alleggerirsi la coscienza (*delle colpe*, ecc.) **2** levare il carico (*il basto*, ecc.) a: **to u. a mule**, togliere il carico a un mulo. **to unburden oneself B** *v. rifl.* confidarsi; sfogarsi; aprire l'animo: **to u. oneself to sb.**, confidarsi con q. ● **to u. oneself of a secret**, alleggerirsi di un segreto □ (*relig.*) **to u. one's soul to a priest**, sgravarsi l'anima confessandosi a un prete.
unburied [ʌnˈberid], *a.* insepolto; senza sepoltura.
unburnt [ʌnˈbəːnt], *a.* **1** incombusto **2** (*edil., ind.*) crudo: **u. bricks**, mattoni crudi.
to unbury [ʌnˈberi], *v. t.* disseppellire; esumare.
unbusinesslike [ʌnˈbiznislaik], *a.* **1** inadatto al commercio; non conforme agli usi commerciali **2** privo di metodo; poco pratico.
to unbutton [ʌnˈbʌtn], **A** *v. t.* sbottonare. **to unbutton oneself B** *v. rifl.* (*fam.*) rilassarsi; lasciarsi andare (*fig.*).
unbuttoned [ʌnˈbʌtnd], *a.* **1** sbottonato **2** (*fig., fam.*) rilassato; a proprio agio.
to uncage [ʌnˈkeidʒ], *v. t.* **1** togliere di gabbia; mettere in libertà **2** (*ing.*) sbloccare (*un giroscopio*, ecc.).
uncalled [ʌnˈkɔːld], *a.* non chiamato; non invitato. ● **u.-for**, non necessario; fuori luogo; gratuito; (*di lettera*) giacente alla Posta: **an u.-for remark**, un'osservazione fuori luogo.
uncandid [ʌnˈkændid], *a.* poco franco; non schietto; insincero.
uncanniness [ʌnˈkæninis], *n.* misteriosità; l'essere arcano (*o* soprannaturale).
uncanny [ʌnˈkæni], *a.* **1** misterioso; arcano; magico; soprannaturale **2** inusitato; straordinario; fuori del comune.
uncanonical [ˈʌnkəˈnɔnikəl], *a.* (*relig.*) non canonico; non conforme ai canoni.
uncanonized [ʌnˈkænənaizd], *a.* (*relig.*) non canonizzato.
to uncap [ʌnˈkæp], *v. t.* **1** togliere il berretto a (q.) **2** togliere il cappuccio a (*una stilografica*, ecc.) **3** stappare (*una bottiglia con tappo metallico*) **4** (*fig.*) rivelare; svelare. **B** *v. i.* levarsi il berretto; scappellarsi.
uncared-for [ʌnˈkɛədfɔː*], *a.* negletto; trascurato; abbandonato (*fig.*); in abbandono.
uncarpeted [ʌnˈkɑːpitid], *a.* (*di stanza*, ecc.) senza tappeti; senza moquette.
to uncase [ʌnˈkeis], *v. t.* togliere dall'astuccio (*o* dal fodero). ● **u. a flag**, esporre (*o* spiegare) una bandiera.
uncate [ʌnˈkeit], *V.* **uncinate**.
uncaused [ʌnˈkɔːzd], *a.* **1** che non ha causa; immotivato **2** (*filos.*) senza causa prima; esistente di per sé; increato.
unceasing [ʌnˈsiːsiŋ], *a.* incessante; continuo; ininterrotto.

uncensured [ʌnˈsenʃəd], *a.* incensurato.
unceremonious [ˈʌnˌseriˈmounjəs], *a.* **1** senza cerimonie; alla buona; semplice **2** poco cerimonioso; sbrigativo; spicciativo.
unceremoniousness [ˈʌnˌseriˈmounjəsnis], *n.* **1** mancanza di cerimonie; semplicità **2** l'essere spicciativo; scortesia.
uncertain [ʌnˈsə:tn], *a.* incerto; malsicuro; dubbio; dubbioso; irresoluto; indeciso: **u. weather**, tempo incerto; **an u. temper**, un carattere irresoluto; **I am u. whether to go or not**, sono indeciso se andare o no. ● **to be u. in one's aim**, essere volubile; non saper bene quel che si vuole □ **to be u. of**, non esser sicuro di; non sapere: **I am u. which of the boys he means**, non so a quale dei ragazzi si riferisca □ (*di donna*) **of u. age**, di una certa età; non più giovane.
uncertainty [ʌnˈsə:tnti], *n.* incertezza; dubbio; indecisione; irresolutezza. ● **These are the uncertainties of life**, sono cose che capitano (ai vivi)!
to **unchain** [ʌnˈtʃein], *v. t.* sciogliere dalle catene; liberare.
unchallenged [ʌnˈtʃælindʒd], *a.* **1** non sfidato **2** incontestato.
unchancy [ʌnˈtʃa:nsi], *a.* (*specialm. scozz., arc.*) **1** disgraziato; sfortunato **2** inopportuno; intempestivo.
unchangeable [ʌnˈtʃeindʒəbl], *a.* immutabile; inalterabile.
unchangeableness [ʌnˈtʃeindʒəblnis], *n.* immutabilità; inalterabilità.
unchanged [ʌnˈtʃeindʒd], *a.* immutato; inalterato; invariato.
unchanging [ʌnˈtʃeindʒiŋ], *a.* immutabile; invariabile; costante.
uncharged [ʌnˈtʃa:dʒd], *a.* **1** (*elettr.*) scarico **2** (*leg.: di terreno, ecc.*) esente da gravami (*o* da imposte) **3** (*arc.: di fucile, ecc.*) scarico.
uncharged-for [ʌnˈtʃa:dʒdfɔ:*], *a.* (*specialm. comm.*) gratuito; gratis; esente da spese; franco.
uncharitable [ʌnˈtʃæritəbl], *a.* non caritatevole; aspro; duro; severo; spietato.
uncharitableness [ʌnˈtʃæritəblnis], *n.* mancanza di carità; asprezza; durezza; severità.
uncharted [ʌnˈtʃa:tid], *a.* **1** non segnato sulle carte geografiche **2** (*fig.*) non esplorato; sconosciuto **3** (*naut.*) non registrato sulle carte marittime.
unchartered [ʌnˈtʃa:təd], *a.* **1** privo di privilegi speciali **2** (*di nave, aereo, ecc.*) non noleggiato.
unchaste [ʌnˈtʃeist], *a.* impudico; lascivo; licenzioso.
unchastity [ʌnˈtʃæstiti], *n.* impudicizia; lascivia.
unchecked [ʌnˈtʃekt], *a.* **1** sbrigliato; sfrenato; indisciplinato **2** non verificato; non controllato.
unchivalrous [ʌnˈʃivəlrəs], *a.* **1** (*stor.*) indegno di un cavaliere; non cavalleresco **2** (*fig.*) poco cavalleresco; scortese; sgarbato.
unchristian [ʌnˈkristjən], *a.* **1** non cristiano; pagano **2** non da cristiano; poco cristiano; non caritatevole **3** (*fam.*) incivile; barbaro; sgarbato; rude: **an u. remark**, un'osservazione incivile.
uncia [ˈʌnsiə], *n.* (*pl.* **unciae**) (*stor. romana*) oncia.
uncial [ˈʌnsiəl], **A** *a.* (*stor.*) onciale; unciale. **B** *n.* (*di scrittura*) carattere onciale.
uniform [ˈʌnsifɔ:m], **uncinal** [ˈʌnsinl], *V.* **uncinate.**
uncinate [ˈʌnsinit], *a.* uncinato; a forma d'uncino.
uncircumcised [ʌnˈsə:kəmsaizd], *a.* **1** non circonciso **2** (*fig.*) pagano; barbaro.
uncircumcision [ˌʌnˌsə:kəmˈsiʒən], *n.* **1** il non essere circonciso **2** (*fig., collett.: nella Bibbia*) i pagani; i Gentili.
uncircumspect [ʌnˈsə:kəmspekt], *a.* incauto; imprudente.
uncircumstantial [ˈʌnˌsə:kəmˈstænʃəl], *a.* non circostanziato; non particolareggiato; sommario.
uncivil [ʌnˈsivl], *a.* **1** incivile; barbaro; selvaggio **2** maleducato; scortese; sgarbato.
uncivilized [ʌnˈsivilaizd], *a.* incivile; barbaro; selvaggio.
unclad [ʌnˈklæd], *a.* spogliato; svestito; nudo.
unclaimed [ʌnˈkleimd], *a.* non reclamato.
to **unclasp** [ʌnˈkla:sp], **A** *v. t.* **1** sfibbiare; slacciare **2** mollare; lasciar andare. **B** *v. i.* lasciare la presa; lasciar andare.
unclassified [ʌnˈklæsifaid], *a.* **1** non classificato **2** (*d'informazioni e simili*) non riservato; disponibile al pubblico.
uncle [ˈʌŋkl], *n.* **1** zio **2** (*fam.*) annunciatore della radio o della televisione **3** (*scherz.*) prestatore di denaro su pegno. ● **U. Sam**, lo zio Sam (*il governo degli USA; il popolo americano*) □ (*spreg., USA*) **U. Tom**, negro amico dei bianchi □ (*fam. USA*) **to say u.**, darsi per vinto; arrendersi □ **to talk to sb. like a Dutch u.**, parlare a q. con bonarità e rimproverare q. con dolcezza □ **He's u. to all the children of the neighbourhood**, tutti i bambini del vicinato lo considerano il loro zietto.
unclean [ʌnˈkli:n], *a.* **1** sporco; sudicio **2** immondo; impuro.
uncleanliness [ʌnˈklenlinis], *V.* **uncleanness.**
uncleanly [ʌnˈklenli], *V.* **unclean.**
uncleanness [ʌnˈkli:nnis], *n.* **1** sporcizia; sudiciume **2** impurità.

to **unclench** [ʌnˈklentʃ], to **unclinch** [ʌnˈklintʃ], *v. t.* disserrare, aprire, schiudere (*il pugno, ecc.*).
unclipped [ʌnˈklipt], *a.* **1** non tosato **2** (*di biglietto*) non forato.
to **uncloak** [ʌnˈklouk], *v. t.* **1** togliere il mantello a; levare il manto a **2** (*fig.*) scoprire; smascherare; svelare.
to **unclog** [ʌnˈklɔg], *v. t.* liberare da pastoie; disincagliare.
to **unclose** [ʌnˈklouz], *v. t.* **1** schiudere; aprire **2** (*fig.*) rivelare.
to **unclothe** [ʌnˈklouð], *v. t.* **1** spogliare; svestire **2** scoprire; svelare.
unclouded [ʌnˈklaudid], *a.* **1** senza nubi; sereno **2** non offuscato; sereno: **u. joy**, gioia non offuscata **3** (*di liquido*) limpido.
unco [ˈʌŋkou] (*scozz.*), **A** *a.* **1** strano; insolito; inconsueto **2** misterioso; soprannaturale **3** straordinario; considerevole; notevole. **B** *n.* (*pl.* **uncos**) **1** (*arc.*) straniero; sconosciuto **2** (*pl.*) notizie. **C** *avv.* assai; molto; straordinariamente: **u. elegant**, assai elegante; elegantissimo.
to **uncock** [ʌnˈkɔk], *v. t.* disarmare, abbassare il cane di (*un'arma da fuoco*).
uncocked [ʌnˈkɔkt], *a.* (*di arma da fuoco*) col cane abbassato; in posizione di sicurezza.
to **uncoil** [ʌnˈkɔil], **A** *v. t.* svolgere; snodare; spiegare; srotolare. **B** *v. i.* svolgersi; snodarsi; spiegarsi; srotolarsi.
uncoined [ʌnˈkɔind], *a.* (*di metallo*) non coniato.
uncollected [ˌʌn-kəˈlektid], *a.* **1** non raccolto; sparso **2** (*comm.*) non riscosso; non incassato; inesatto **3** (*fig.*) agitato; distratto; svagato.
uncollectible [ˈʌn-kəˈlektəbl], (*comm.*) **A** *a.* non incassabile; non riscuotibile; non esigibile. **B** *n.* credito inesigibile.
uncoloured [ʌnˈkʌləd], *a.* **1** incolore; non colorato; senza colore **2** (*fig.*) non colorito; non abbellito; nudo e crudo: spoglio — **an u. version of the facts**, una versione nuda e cruda dei fatti.
uncombed [ʌnˈkoumd], *a.* non pettinato; spettinato; arruffato.
uncome-at-able [ˌʌn-kʌmˈætəbl], *a.* (*fam.*) inaccessibile; irraggiungibile.
uncomeliness [ʌnˈkʌmlinis], *n.* **1** bruttezza; mancanza di grazia **2** sconvenienza; indecorosità.
uncomely [ʌnˈkʌmli], *a.* **1** brutto; sgraziato **2** sconveniente; disdicevole; indecoroso.
uncomfortable [ʌnˈkʌmfətəbl], *a.* **1** incomodo; scomodo; disagevole **2** a disagio; inquieto **3** sgradevole; spiacevole: **an u. sensation**, una sensazione sgradevole. ● **to feel u.**, sentirsi a disagio □ **to make sb. u.**, mettere q. a disagio □ **to make things u. for sb.**, procurare fastidi a q.; dare delle noie a q.
uncomfortableness [ʌnˈkʌmfətəblnis], *n.* **1** scomodità **2** disagio; inquietudine **3** sgradevolezza; spiacevolezza.
uncommercial [ˌʌn-kəˈmə:ʃəl], *a.* **1** non commerciale; non conforme agli usi (*o* alle regole) del commercio **2** che non si occupa di commercio.
uncommitted [ˈʌn-kəˈmitid], *a.* **1** (*di delitto, ecc.*) non commesso; non compiuto **2** non vincolato; non impegnato; libero; indipendente. ● (*polit.*) **the u. countries**, i paesi non allineati.
uncommon [ʌnˈkɔmən], **A** *a.* non comune; insolito; raro; fuori del comune; straordinario; singolare. **B** *avv.* (*fam. per* **uncommonly**) straordinariamente. ● **an u. fine girl**, una ragazza di straordinaria bellezza.
uncommonness [ʌnˈkɔmənnis], *n.* rarità; singolarità.
uncommunicative [ˈʌn-kəˈmju:nikətiv], *a.* chiuso (*fig.*); riservato; silenzioso; taciturno.
uncommunicativeness [ˈʌn-kəˈmju:nikətivnis], *n.* riservatezza; riserbo; taciturnità.
uncompanionable [ˈʌn-kəmˈpænjənəbl], *a.* insocievole; poco socievole.
uncompetitive [ˌʌnkəmˈpetitiv], *a.* (*comm., econ.*) non competitivo; non concorrenziale.
uncomplaining [ˈʌn-kəmˈpleiniŋ], *a.* che non si lamenta; rassegnato; stoico.
uncomplainingness [ˈʌn-kəmˈpleiniŋnis], *n.* rassegnazione; stoicismo.
uncomplaisant [ˈʌn-kəmˈpleizənt], *a.* scompiacente; scortese.
uncompleted [ˈʌn-kəmˈpli:tid], *a.* incompleto; non condotto a termine; incompiuto; imperfetto.
uncomplicated [ʌnˈkɔmplikeitid], *a.* non complicato; senza complicazioni; semplice.
uncomplimentary [ˈʌnˌkɔmpliˈmentəri], *a.* senza complimenti; poco lusinghiero.
uncompounded [ˈʌn-kəmˈpaundid], *a.* **1** non composto; semplice **2** non complicato; senza complicazioni.
uncompromising [ʌnˈkɔmprəmaiziŋ], *a.* intransigente; inflessibile; irriducibile. ● **u. sincerity**, sincerità assoluta.
unconcealed [ˈʌn-kənˈsi:ld], *a.* non celato; aperto; manifesto.
unconcern [ˈʌn-kənˈsə:n], *n.* **1** indifferenza; noncuranza **2** mancanza di preoccupazioni; serenità.

unconcerned [ˌʌn-kənˈsəːnd], *a.* **1** indifferente; noncurante **2** senza preoccupazioni; sereno **3** estraneo; distaccato (*fig.*); neutrale. ● **to be u. with**, non occuparsi, non preoccuparsi di (q.c.).
uncondemned [ˌʌn-kənˈdemd], *a.* non condannato.
uncondensed [ˌʌn-kənˈdenst], *a.* non condensato.
unconditional [ˌʌn-kənˈdiʃənl], *a.* incondizionato; senza condizioni; senza riserve; assoluto; pieno; netto: **u. surrender**, resa incondizionata; **u. support**, pieno appoggio; **u. refusal**, netto rifiuto.
unconditioned [ˌʌn-kənˈdiʃənd], *a.* (*filos., scient.*) incondizionato; spontaneo: **u. reflexes**, riflessi incondizionati.
unconfirmed [ˌʌn-kənˈfəːmd], *a.* **1** non confermato: **u. rumours**, voci non confermate **2** (*relig.*) non cresimato.
unconformable [ˌʌn-kənˈfɔːməbl], *a.* **1** non conforme (a); contrario (a) **2** incompatibile (con) **3** (*geol.*) discordante.
unconformity [ˌʌn-kənˈfɔːmiti], *n.* **1** mancanza di conformità; incongruenza **2** incompatibilità **3** (*geol.*) discordanza.
uncongealable [ˌʌn-kənˈdʒiːləbl], *a.* **1** incongelabile **2** incoagulabile.
uncongenial [ˌʌn-kənˈdʒiːnjəl], *a.* **1** non congeniale; antipatico; che non va a genio; noioso; spiacevole **2** (*di clima*) sfavorevole.
unconnected [ˌʌn-kəˈnektid], *a.* **1** distaccato; separato; a sé (stante) **2** sconnesso; slegato (*fig.*) **3** non imparentato.
unconquerable [ʌnˈkɔŋkərəbl], *a.* indomabile; invincibile.
unconquered [ʌnˈkɔŋkəd], *a.* indomito; invitto.
unconscionable [ʌnˈkɔnʃnəbl], *a.* **1** senza coscienza; privo di scrupoli **2** eccessivo; esorbitante; enorme; irragionevole.
unconscionableness [ʌnˈkɔnʃnəblnis], *n.* **1** mancanza di scrupoli **2** enormità; irragionevolezza.
unconscious [ʌnˈkɔnʃəs], **A** *a.* **1** inconscio; inconsapevole, ignaro: **u. humour**, umorismo inconscio **2** (*med.*) incosciente; privo di sensi; svenuto: **She lay u. for ten minutes**, rimase svenuta per dieci minuti. **B** *n.* – (*psic.*) **the u.**, l'inconscio. ● **to be u. of**, ignorare; non essere consapevole di; non accorgersi di □ (*med.*) **to become u.**, perdere la conoscenza; venir meno; svenire.
unconsciousness [ʌnˈkɔnʃəsnis], *n.* **1** inconsapevolezza; ignoranza **2** (*med.*) stato d'incoscienza.
unconsecrated [ʌnˈkɔnsikreitid], *a.* non consacrato; non sacro.
unconsidered [ˌʌn-kənˈsidəd], *a.* **1** non considerato; ignorato; trascurato **2** sconsiderato; avventato; imprudente.
unconstitutional [ˌʌnˌkɔnstiˈtjuːʃənl], *a.* (*leg.*) incostituzionale.
unconstitutionality [ˌʌnˌkɔnstiˌtjuːʃəˈnæliti], *n.* (*leg.*) incostituzionalità.
unconstrained [ˌʌn-kənˈstreind], *a.* **1** non costretto; libero **2** disinvolto; naturale; spontaneo. ● **u. freedom**, assoluta libertà.
unconstraint [ˌʌn-kənˈstreint], *n.* **1** assenza di costrizione; libertà **2** disinvoltura; naturalezza; spontaneità.
unconsumed [ˌʌn-kənˈsjuːmd], *a.* non consumato; intatto.
unconsummated [ˌʌnˈkɔnsʌmeitid], *a.* (*leg., relig.*: *di matrimonio*) non consumato.
uncontaminated [ˌʌn-kənˈtæmineitid], *a.* incontaminato.
uncontemplated [ˌʌnˈkɔntəmpleitid], *a.* imprevisto; inaspettato.
uncontested [ˌʌn-kənˈtestid], *a.* incontestato; incontrastato.
uncontradicted [ˌʌnˌkɔntrəˈdiktid], *a.* non contraddetto; non smentito.
uncontrollable [ˌʌn-kənˈtrouləbl], *a.* **1** incontrollabile **2** irrefrenabile; incontenibile; indomabile; irriducibile.
uncontrollableness [ˌʌn-kənˈtrouləblnis], *n.* **1** incontrollabilità **2** irrefrenabilità **3** indomabilità.
uncontrolled [ˌʌn-kənˈtrould], *a.* **1** incontrollato; senza controllo **2** sfrenato; senza freno.
uncontroverted [ˌʌnˈkɔntrəvəːtid], *a.* non controverso; incontestato; indiscusso.
unconventional [ˌʌn-kənˈvenʃənl], *a.* **1** non convenzionale; anticonformista; disinvolto; di modi liberi (o originali) **2** (*mil.*: *di armi*) non convenzionale. ● (*mil.*) **u. warfare**, guerra clandestina; guerriglia.
unconventionality [ˌʌn-kənˌvenʃəˈnæliti], *n.* anticonformismo; disinvoltura; modi liberi; originalità.
unconversable [ˌʌn-kənˈvəːsəbl], *a.* poco socievole; chiuso (*fig.*).
unconversant [ˌʌn-kənˈvəːsənt], *a.* poco pratico; poco versato.
unconverted [ˌʌn-kənˈvəːtid], *a.* (*anche relig.*) non convertito.
unconvertible [ˌʌn-kənˈrəːtəbl], *a.* (*fin.*) inconvertibile; non convertibile: **u. securities**, titoli inconvertibili.
unconvicted [ˌʌn-kənˈviktid], *a.* (*leg.*) non dichiarato colpevole; non condannato; assolto.
unconvinced [ˌʌn-kənˈvinst], *a.* non convinto; non persuaso.
unconvincing [ˌʌn-kənˈvinsiŋ], *a.* poco convincente; non persuasivo.
uncooked [ʌnˈkukt], *a.* non cucinato; crudo.
to uncord [ʌnˈkɔːd], *v. t.* slegare; sciogliere.
to uncork [ʌnˈkɔːk], *v. t.* **1** stappare; sturare **2** (*fig.*) sfogare.

uncorrectable [ˌʌn-kəˈrektəbl], *a.* irrimediabile; irreparabile.
uncorrected [ˌʌn-kəˈrektid], *a.* non corretto; non riveduto.
uncorroborated [ˌʌn-kəˈrɔbəreitid], *a.* non comprovato; non convalidato; non avvalorato da prove.
uncorrupted [ˌʌn-kəˈrʌptid], *a.* incorrotto; incontaminato.
uncorruptible [ˌʌn-kəˈrʌptəbl], *a.* incorruttibile.
uncountable [ʌnˈkauntəbl], **A** *a.* **1** innumerevole; innumerabile; incalcolabile **2** che non si può contare; non numerabile. **B** *n.* (*gramm. ingl.*) sostantivo non numerabile.
uncounted [ʌnˈkauntid], *a.* **1** non contato **2** innumerevole.
to uncouple [ʌnˈkʌpl], *v. t.* **1** sciogliere; slegare (*cani al guinzaglio, ecc.*) **2** disgiungere; staccare **3** (*ferr.*) sganciare: **to u. a railway car**, sganciare una vettura ferroviaria **4** (*ing.*) disaccoppiare; staccare.
uncoupling [ʌnˈkʌpliŋ], *n.* **1** lo sciogliere; il distaccare **2** (*ferr.*) sganciamento **3** (*ing.*) disaccoppiamento.
uncourtly [ʌnˈkɔːtli], *a.* scortese; sgarbato; rozzo; villano.
uncouth [ʌnˈkuːθ], *a.* **1** goffo; impacciato; sgraziato **2** grossolano; maleducato; incivile; rozzo **3** (*lett.*) desolato; selvaggio; solitario.
uncouthness [ʌnˈkuːθnis], *n.* **1** goffaggine; impaccio; mancanza di grazia **2** grossolanità; rozzezza; maleducazione. **3** (*lett.*) carattere selvaggio, desolato (*d'un paesaggio, ecc.*).
uncovenanted [ʌnˈkʌvənəntid], *a.* (*leg.*) non convenuto; non pattuito; senza contratto. ● (*fig.*) **the u. mercy of God**, la misericordia divina benignamente concessa all'uomo.
to uncover [ʌnˈkʌvə*], *v. t.* **1** scoprire; mettere a nudo; scoperchiare: **to u. a wound**, mettere a nudo una ferita **2** (*fig.*) svelare; scoprire; rivelare: **to u. a plot**, scoprire una congiura **3** (*mil.*) mettere (*truppe*) allo scoperto.
uncovered [ʌnˈkʌvəd], *a.* **1** scoperto; scoperchiato; esposto **2** (*ass.*: *di rischio*) non coperto; non assicurato; scoperto **3** (*comm.*) (*allo*) scoperto: **u. cheque**, assegno scoperto **4** senza copricapo; a capo scoperto.
uncreated [ˌʌn-kriːˈeitid], *a.* increato; non creato.
uncritical [ʌnˈkritikəl], *a.* **1** privo di senso critico; acritico; poco esigente: **an u. reader**, un lettore poco esigente **2** non conforme alle regole della critica.
to uncross [ʌnˈkrɔs], *v. t.* disincrociare (*le braccia, ecc.*).
uncrossed [ʌnˈkrɔst], *a.* **1** non contrariato; non avversato **2** non attraversato **3** non cancellato **4** non accavallato; non incrociato **5** (*comm.*, *d'assegno*) non sbarrato. ● **Leave the two words u.**, non cancellare quelle due parole.
to uncrown [ʌnˈkraun], *v. t.* privare (*un re*) della corona.
uncrowned [ʌnˈkraund], *a.* **1** (*di sovrano*) non ancora incoronato; senza corona **2** (*fig.*) di fatto: **an u. king**, un re di fatto (*anche se non di nome*). ● (*fig.*) **the u. queen of the Italian stage**, la regina del teatro di prosa italiano.
uncrushable [ʌnˈkrʌʃəbl], *a.* **1** (*di tessuto*) ingualcibile **2** (*lett.*) irreprimibile; irriducibile.
unction [ˈʌŋkʃən], *n.* **1** (*relig.*) unzione: **Extreme U.**, l'Estrema Unzione **2** (*fig.*) ipocrisia; falso compiacimento; untuosità; mellifluità **3** unguento.
unctuosity [ˌʌŋktjuˈɔsiti], *n.* **1** untuosità (*anche fig.*) **2** (*fig.*) ipocrisia; mellifluità.
unctuous [ˈʌŋktjuəs], *a.* untuoso (*anche fig.*) **2** (*fig.*) ipocrita; mellifluo.
unctuousness [ˈʌŋktjuəsnis], *V.* **unctuosity**.
uncultivable [ʌnˈkʌltivəbl], *a.* incoltivabile.
uncultivated [ʌnˈkʌltiveitid], *a.* (*di terreno e fig.*) incolto.
uncultured [ʌnˈkʌltʃəd], *a.* (*di persona*) incolto.
uncurbed [ʌnˈkəːbd], *a.* indomito; sfrenato.
to uncurl [ʌnˈkəːl], **A** *v. t.* **1** disfare i ricci a (q.); togliere i ricci ai (*capelli*) **2** disfare; svolgere. **B** *v. i.* **1** perdere i ricci (*di capello, ecc.*) raddrizzarsi; diventare liscio.
uncurtailed [ˌʌn-kəˈteild], *a.* **1** non accorciato; non diminuito; integro; intatto **2** libero; senza restrizioni.
uncustomed [ʌnˈkʌstəmd], *a.* (*comm.*) **1** esente da dazio (*o da dogana*) **2** non sdaziato; non sdoganato.
uncut [ʌnˈkʌt], *a.* **1** (*specialm. di diamante*) non tagliato; intero **2** (*di libro*) intonso **3** (*di film, ecc.*) in edizione integrale.
undamaged [ʌnˈdæmidʒd], *a.* indenne; intatto; non avariato; in buone condizioni.
undamped [ʌnˈdæmpt], *a.* **1** non umido **2** (*anche fis.*) non diminuito; non smorzato; persistente **3** (*elettr.*) **u. wave**, onda non smorzata.
undated [ʌnˈdeitid], *a.* non datato; senza data: **an u. letter**, una lettera senza data.
undaunted [ʌnˈdɔːntid], *a.* intrepido; imperterrito.
undauntedness [ʌnˈdɔːntidnis], *n.* intrepidezza.
undé [ˈʌndei], *a.* (*araldica*) ondulato.
to undeceive [ˌʌndiˈsiːv], *v. t.* disingannare; disincantare; disilludere; aprire gli occhi a (q.) (*fig.*).
undeceived [ˌʌndiˈsiːvd], *a.* disingannato; disincantato; che ha

aperto gli occhi (*fig.*).
undecided ['ʌndi'saidid], *a.* **1** indeciso; incerto; irresoluto **2** non deciso; in sospeso; dal risultato incerto.
undecipherable ['ʌndi'saifərəbl], *a.* indecifrabile.
undeclared [,ʌndi'klɛəd], *a.* (*specialm.* dogana) non dichiarato.
undeclinable ['ʌndi'klainəbl], *a.* **1** (*di un'offerta, ecc.*) che non si può rifiutare **2** (*gramm.*) indeclinabile.
undée [ʌndei], *V.* **undé.**
undefeated ['ʌndi'fi:tid], *a.* imbattuto; invitto.
undefended ['ʌndi'fendid], *a.* **1** indifeso **2** senza difesa legale.
undefiled ['ʌndi'faild], *a.* incorrotto; incontaminato; puro.
undefinable [,ʌndi'fainəbl], *a.* indefinibile.
undefined [,ʌndi'faind], *a.* indefinito; indeterminato.
undelivered ['ʌndi'livəd], *a.* **1** non consegnato; non recapitato **2** non sgravato; non liberato **3** (*di discorso*) non pronunciato **4** (*di verdetto*) non emesso.
undemocratic ['ʌn,demə'krætik], *a.* antidemocratico.
undemonstrable ['ʌn'demənstrəbl], *a.* indimostrabile.
undemonstrative ['ʌndi'mɔnstrətiv], *a.* chiuso (*fig.*); non espansivo; riservato.
undeniable ['ʌndi'naiəbl], *a.* innegabile; incontestabile.
undenominational ['ʌn,dinɔmi'neiʃənl], *a.* (*relig.*) aconfessionale; non legato a una particolare confessione religiosa: **u. religious instruction**, istruzione religiosa aconfessionale.
undependable ['ʌndi'pendəbl], *a.* inattendibile; incerto; infido.
undepreciated ['ʌndi'pri:ʃietid], *a.* (*econ., fin.*) non deprezzato; non svalutato.
undepressed ['ʌndi'prest], *a.* **1** non depresso **2** (*econ.*) fermo; stabile.
under (1) ['ʌndə*], *prep.* **1** sotto; sotto a, sotto di: **The dog is u. the bed**, il cane è sotto il letto; **I stood u. the high wall**, ero (in piedi) sotto l'alto muro; **The soldiers advanced u. a heavy load**, i soldati avanzavano sotto un pesante fardello; **The people groaned u. tyranny**, il popolo gemeva sotto la tirannide; (*stor.*) **u. King John**, sotto re Giovanni; **forbidden u. pain of death**, proibito sotto pena di morte; **children u. five years of age**, i bambini sotto i cinque anni d'età; **He published it u. a pen name**, lo pubblicò sotto pseudonimo; **u. pretence of asking for help**, sotto pretesto di chiedere aiuto; **u. sb.'s (very) eyes**, (proprio) sotto gli occhi di q. **2** in; in corso di: **The motorway is u. construction**, l'autostrada è in costruzione; **The matter is u. discussion**, la faccenda è in discussione; **u. such conditions (circumstances)**, in tali condizioni (circostanze) **3** a meno di; per meno di; in meno di: **It cannot be done for u. ten thousand pounds**, non lo si può fare per meno di diecimila sterline; **He walked ten miles in u. two hours**, fece dieci miglia a piedi in meno di due ore. ● (*leg.*) **to be u. age**, essere minorenne □ **to be u. arms**, essere sotto le armi; essere in assetto di battaglia □ (*fig.*) **to be u. a cloud**, essere in disgrazia (*o* screditato) □ (*di un problema, una questione*) **u. consideration**, in esame □ **u. control**, sotto controllo; (*naut.*) in governo □ (*fam.*) **u.-the--counter**, sottobanco □ **u. cover of**, al riparo di; (*fig.*) con il pretesto di □ **u. cover of night**, col favore delle tenebre □ **to be u. a delusion**, illudersi; avere un'idea sbagliata; ingannarsi □ **to be u. fire**, (*mil.*) essere sotto il fuoco (*del nemico*); (*fig.*) essere molto criticato □ (*leg.*) **u. the law**, ai sensi della legge □ **u. lock and key**, sotto chiave; (*fig.*) al sicuro □ (*fam.*) **u. sb.'s nose**, sotto il naso di q. □ **to be u. the impression that...**, avere l'impressione che... □ **to be u. an obligation to sb.**, avere un obbligo con (essere in obbligo verso) q. □ (*naut.: di nave*) **to be u. sail**, essere sotto vela; aver issato le vele □ **to be u. sentence of death**, essere stato condannato a morte □ (*comm.*) **u. separate cover**, in plico a parte; sotto fascia □ (*naut.*) **u. ship's derrick** (*o* **u. ship's tackle**), sotto paranco □ **u. the terms of the treaty**, secondo le clausole del trattato □ **u. way**, in corso; in svolgimento; (*naut.*) in moto, in navigazione, (*anche*) disormeggiato □ (*comm.*) **to sell u. price**, vendere sotto prezzo; svendere □ **to speak u. one's breath**, parlare sottovoce; bisbigliare □ **No one u. a general can command a brigade**, nessun ufficiale di grado inferiore a un generale può comandare una brigata □ **No one u. 18 (is) allowed**, non sono ammessi i minorenni (*cartello*).
under (2) ['ʌndə*], *avv.* sotto; abbasso; disotto: **A paper should be spread u.** (*di solito*, **underneath** *o* **beneath**), bisognerebbe stendere sotto un giornale. ● **to go u.**, fallire, soccombere; (*naut.*) andare a picco, affondare; **The aircraft carrier went u.**, la portaerei andò a picco □ (*fig.*) **to keep u.**, tenere in soggezione; contenere, reprimere; **The Romans conquered the barbarians but could not keep them u. for a long time**, i Romani vinsero i barbari ma non riuscirono a tenerli a lungo in soggezione □ (*fam.*) **to knuckle u.**, arrendersi; cedere; sottomettersi.
under- (3) ['ʌndə*], *pref.* sotto-; inferiore; subalterno; vice: (*anat.*) **the u.-jaw**, la mascella inferiore; la mandibola; **u.--layers**, strati inferiori; **u.-servants**, domestici di grado inferiore; subalterni.

to underact ['ʌndər'ækt], *v. t.* e *i.* (*teatr.*) recitare (una parte) con scarsa enfasi; recitare (una parte) sotto il rigo (*fig.*).
under-agent ['ʌndər'eidʒənt], *n.* (*comm.*) subagente.
underarm ['ʌndər'a:m], **A** *a.* e *avv.* **1** sotto il braccio; sotto l'ascella **2** (*tennis, ecc.*) dato facendo ruotare il braccio sotto la spalla; dal basso (verso l'alto): **an u. stroke**, un colpo dal basso. **B** *n.* (*anat.*) ascella.
underarmed ['ʌndər'a:md], *a.* insufficientemente armato.
underbelly ['ʌndə,beli], *n.* **1** (*zool.*) parte soffice del ventre **2** (*fig.*) ventre molle: **Italy is sometimes called the u. of Europe**, l'Italia talora è detta il ventre molle dell'Europa.
to underbid ['ʌndə'bid] (*pass.* e *p. p.* **underbid**), *v. t.* (*comm.*) **1** fare un'offerta inferiore a quella di (*un concorrente*) **2** offrire merce (*o* un servizio) a un prezzo inferiore a quello di (*un concorrente*). ● (*nel bridge*) **to u. one's hand**, fare una dichiarazione troppo bassa rispetto alle carte che si hanno in mano.
underbreath ['ʌndə'breθ], *n.* sussurro; bisbiglio.
underbred ['ʌndə'bred], *a.* **1** maleducato; screanzato; volgare **2** (*di cavallo, ecc.*) non di razza; bastardo.
underbrush ['ʌndə'brʌʃ], *n.* (*specialm.* USA) sottobosco; boscaglia.
to underbuy ['ʌndə'bai] (*pass.* e *p. p.* **underbought**), *v. t.* (*comm.*) **1** acquistare (*merce*) sotto prezzo **2** comprare a un prezzo inferiore a quello di (*un concorrente*).
undercarriage ['ʌndə,kæridʒ], *n.* **1** (*autom.*) telaio **2** (*aeron.*) carrello (d'atterraggio) **3** (*mil.*) paiolo, piattaforma (*di cannone*).
undercart ['ʌndəkɑ:t], (*fam.*) *V.* **undercarriage**, *def.* 2.
to undercharge ['ʌndə'tʃɑ:dʒ], *v. t.* **1** far pagare meno del solito (*o* del giusto): **The grocer has undercharged us for the tea**, il droghiere ci ha fatto pagare il tè meno del solito (*o* meno del giusto) **2** (*mil.*) caricare (*un'arma da fuoco*) in modo insufficiente.
undercharge ['ʌndə'tʃɑ:dʒ], *n.* **1** il far pagare meno del solito (*o* del giusto) **2** (*mil.*) caricamento (*o* carica) insufficiente.
underclass ['ʌndə'klɑ:s], *n.* (*polit.*) classe inferiore; sottoproletariato.
underclay ['ʌndə'klei], *n.* (*geol.*) argilla sotto strati di carbone.
underclerk ['ʌndə'klɑ:k], *n.* impiegato in sottordine; subordinato.
underclothes ['ʌndə-klouðz], *n. pl.* biancheria intima.
underclothing ['ʌndə'klouðiŋ], (*collett.*) *V.* **underclothes**.
undercoat ['ʌndəkout], *n.* **1** giacca indossata sotto un'altra più ampia **2** (*di vernice, pittura*) mano di fondo **3** (*di animali*) peluria.
undercoater ['ʌndə'koutə*], *n.* vernice per mano di fondo.
to undercook ['ʌn'də'kuk], *v. t.* cuocere troppo poco.
undercover ['ʌndə'kʌvə*], *a.* **1** segreto; nascosto; travestito: **an u. agent**, un poliziotto travestito (*che si fa passare per un bandito*) **2** fatto di nascosto; sottobanco: **an u. payment**, un pagamento sottobanco.
undercroft ['ʌndə-krɔft], *n.* stanza sotterranea; cripta.
undercurrent ['ʌndə,kʌrənt], *n.* **1** (*geogr., naut.*) sottocorrente **2** (*fig.*) corrente secondaria; tendenza occulta; influsso segreto **3** (*elettr.*) corrente più debole (*di quella normale*).
to undercut ['ʌndə'kʌt] (*pass.* e *p. p.* **undercut**), *v. t.* **1** tagliare sotto (*o* di sotto) **2** (*sport*) colpire dal basso; tagliare (*la palla*) **3** (*comm.*) vendere a un prezzo inferiore a quello di (*un concorrente*) **4** (*ind. min.*) sottoscavare; intagliare alla base.
undercut ['ʌndə'kʌt], *n.* **1** rientranza **2** (*macelleria*) filetto **3** (*sport*) colpo dal basso; (*pugilato*) undercut **4** (*ing.*) rientranza **5** (*metall.*) incisione marginale.
underdeck ['ʌndə'dek], *n.* (*naut.*) ponte inferiore; sottocoperta. ● (*naut.*) **u. tonnage**, stazza sotto il ponte.
to underdevelop ['ʌndədi'veləp], *v. t.* (*econ., fotogr.*) sviluppare in modo insufficiente; sottosviluppare.
underdeveloped ['ʌndədi'veləpt], *a.* **1** (*econ.*) sottosviluppato; depresso **2** (*fotogr.*) sottosviluppato.
underdevelopment ['ʌndədi'veləpmənt], *n.* **1** (*econ.*) sottosviluppo **2** (*fotogr.*) sviluppo insufficiente.
to underdo ['ʌndə'du:] (*pass.* **underdid**, *p. p.* **underdone**), **A** *v. t.* **1** fare (q.c.) meno bene del necessario **2** cuocere poco; non cuocere abbastanza. **B** *v. i.* fare meno del necessario.
underdog ['ʌndədɔg], *n.* (*fig., fam.*) **1** chi ha la peggio; perdente **2** derelitto; diseredato; misero.
underdone ['ʌndə'dʌn], **A** *p. p.* di **to underdo**. **B** *a.* (*di carne, ecc.*) poco cotto; al sangue: **I like my beefsteak u.**, la bistecca mi piace al sangue.
underdose ['ʌndədous], *n.* dose scarsa; dose insufficiente.
to underdrain ['ʌndə'drein], *v. t.* prosciugare (*un terreno*) con canali sotterranei; drenare in profondità.
underdrain ['ʌndə'drein], *n.* (*costr.*) galleria filtrante; canale sotterraneo di scolo.
to underdraw ['ʌndə'drɔ:] (*pass.* **underdrew**, *p. p.* **under-**

underdrawing

drawn), *v. t.* descrivere, rappresentare (q.c.) in modo inadeguato.
underdrawing [ˈʌndəˌdrɔːiŋ], *n.* (*arte*) disegno preparatorio.
to underdress [ˌʌndəˈdres], *v. i.* non vestirsi in modo adeguato; non avere l'abito adatto (alle circostanze).
underemployed [ˈʌndəimˈplɔid], *a.* sottoccupato; non occupato a tempo pieno.
underemployment [ˈʌndəimˈplɔimənt], *n.* (*econ.*) sottoccupazione.
to underestimate [ˌʌndərˈestimeit], *v. t.* **1** sottovalutare, svalutare; sminuire: **to u. an opponent** (**a competitor**, **etc.**), sottovalutare un avversario (un concorrente, ecc.) **2** (*comm.*) fare un preventivo troppo basso per (*un lavoro*).
underestimate [ˌʌndərˈestimit], *n.* **1** valutazione inadeguata; sottovalutazione **2** (*comm.*) preventivo troppo basso.
underestimation [ˌʌndərˌestiˈmeiʃən], *V.* **underestimate**, *def. 1.*
to underexpose [ˌʌndəriksˈpouz], *v. t.* (*fotogr.*) esporre (*una pellicola*) troppo poco alla luce; sottoesporre.
underexposure [ˈʌndəriksˈpouʒə*], *n.* (*fotogr.*) sottoesposizione.
underfed [ˌʌndəˈfed], **A** *pass.* e *p. p.* di **to underfeed**. **B** *a.* denutrito.
to underfeed [ˌʌndəˈfiːd] (*pass.* e *p. p.* **underfed**), *v. t.* **1** non nutrire a sufficienza; sottoalimentare **2** (*metall.*) alimentare (*un forno*) dal di sotto.
underfelt [ˈʌndəfelt], *n.* strato di feltro (*posto sotto una moquette*, *ecc.*).
underfired [ˈʌndəˈfaiəd], *a.* (*di vaso di ceramica*, *ecc.*) poco cotto; non cotto abbastanza.
underfloor [ˌʌndəˈflɔː*], *a. attr.* (*edil.*) sottopavimento: **u. heating**, riscaldamento (con i tubi) sottopavimento.
underfoot [ˌʌndəˈfut], *avv.* **1** sotto i piedi (*anche fig.*): **After a frost it is hard u.**, dopo una gelata il terreno è duro sotto i piedi; **to tread sb. u.**, mettersi q. sotto i piedi **2** fra i piedi; d'impaccio.
underframe [ˈʌndəfreim], *n.* (*ferr.*) telaio (*di carrozza ferroviaria*).
undergarment [ˈʌndəˌgaːmənt], *n.* (*moda*) sottoveste; indumento intimo.
to undergo [ˌʌndəˈgou] (*pass.* **underwent**, *p. p.* **undergone**), *v. t.* subire; soffrire; sopportare; passare attraverso; sottoporsi a: **to u. a radical change**, subire un mutamento radicale; **to u. an examination**, subire un interrogatorio; sostenere un esame; sottoporsi a un esame medico; **The shipwrecked sailors underwent numberless hardships**, i naufraghi soffrirono innumerevoli privazioni; **It has undergone many tests**, è stato sottoposto a molte prove. ● **to u. repairs**, (*mecc.*) andare in riparazione; (*naut.*) andare ai lavori (di raddobbo).
undergrad [ˈʌndəˈgræd], (*fam.*) *V.* **undergraduate**.
undergraduate [ˌʌndəˈgrædjuit], **A** *n.* studente universitario (*che non ha ancora conseguito il* **bachelor's degree**). **B** *a. attr.* **1** studentesco; universitario: **u. studies**, studi universitari **2** (*o da*) studente (universitario): **u. jokes**, barzellette da studente.
underground A *avv.* [ˈʌndəˈgraund] **1** sotterra, sotterraneo; nel sottosuolo: **Miners work u.**, i minatori lavorano nel sottosuolo **2** segretamente; di nascosto; nella clandestinità; clandestinamente: **Extremists work u.**, gli estremisti operano nella clandestinità. **B** *a. attr.* [ˈʌndəgraund] **1** sotterraneo: (*geol.*) **u. stream**, corso d'acqua sotterraneo; (*ferr.*) **u. railway**, ferrovia sotterranea; (*mil.*) **u. shelter**, ricovero sotterraneo **2** segreto; clandestino; «underground»: (*stor.*) **the u. movement in Italy**, il movimento clandestino in Italia; (*mus.*) **u. music** (**press**), musica (stampa) «underground». **C** *n.* [ˈʌndəgraund] **1** ferrovia sotterranea; metropolitana (*in G.B.*; *cfr. USA* **subway**) **2** movimento clandestino (*anche polit.*); «underground» **3** (*edil.*) sottosuolo; sotterraneo. ● **u. pipes**, tubazioni interrate □ (*bot.*) **u. stem**, rizoma □ (*polit.*) **to go u.**, entrare nella clandestinità.
undergrounder [ˈʌndəˈgraundə*], *n.* (*ferr.*) chi si serve della metropolitana (*a Londra*).
undergrown [ˈʌndəˈgroun], *a.* **1** cresciuto male **2** (*di persona*) di bassa statura; mingherlino **3** (*d'albero*, *di pianta*) stentato.
undergrowth [ˈʌndəˌgrouθ], *n.* **1** sottobosco; boscaglia; arbusti **2** l'essere cresciuto male; stentatezza.
underhand [ˈʌndəhænd], **A** *a.* **1** clandestino; nascosto; segreto; subdolo: **u. dealings**, mene segrete **2** (*sport*) dal basso in alto: **u. bowling**, modo di lanciare la palla al cricket dal basso in alto. **B** *avv.* [ˌʌndəˈhænd] **1** di nascosto; di soppiatto; sottomano **2** (*sport*) dal basso verso l'alto: **to bowl u.**, lanciare la palla dal basso verso l'alto. ● (*ind. min.*) **u. stoping**, coltivazione discendente.
underhanded [ˌʌndəˈhændid], *a.* **1** disonesto; nascosto; segreto; subdolo **2** (*di fabbrica*, *squadra di calcio*, *ecc.*) con gli effettivi ridotti; con pochi operai (*o giocatori*).
underhung [ˈʌndəˈhʌŋ], *a.* **1** (*della mandibola*) sporgente **2** (*di persona*) dalla mandibola sporgente. ● (*mecc.*) **u. crane**, gru

(a ponte) a vie di corsa superiori.
underkill [ˈʌndəˈkill], *n.* **1** (*mil.*) incapacità di vincere il nemico **2** (*fig.*) male minore (*del previsto*).
under-king [ˈʌndəˈkiŋ], *n.* re vassallo; reuccio.
to underlay [ˌʌndəˈlei] (*pass.* e *p. p.* **underlaid**), **A** *v. t.* **1** ricoprire il fondo di **2** collocare, infilare, porre (q.c.) sotto **3** (*tipogr.*) mettere un rialzo sotto (*i caratteri*); taccheggiare. **B** *v. i.* (*geol.*: *di una vena di minerale*) essere inclinato.
underlay [ˈʌndəlei], *n.* **1** carta (*o* tela) impermeabile (*da porre sotto un tappeto*, *ecc.*) **2** (*tipogr.*) alzo; tacco **3** (*geol.*) inclinazione (*di una vena di minerale*) **4** (*ind. min.*) pozzo inclinato.
under-lease [ˈʌndəliːs], *n.* subaffitto.
to underlet [ˌʌndəˈlet] (*pass.* e *p. p.* **underlet**), *v. t.* **1** subaffittare **2** affittare a un prezzo inferiore al giusto.
under-librarian [ˈʌndəlaiˈbrɛəriən], *n.* vicebibliotecario.
to underlie [ˌʌndəˈlai] (*pass.* **underlay**, *p. p.* **underlain**), **A** *v. t.* **1** (*di uno strato*, *ecc.*) essere posto sotto a (*un altro*); sottostare a **2** (*fig.*) essere alla base di; costituire il fondamento di: **These principles u. a democratic system of government**, questi principi stanno alla base di un sistema democratico di governo **3** (*fig.*) essere alla radice di; essere la causa (profonda) di (q.c.). **B** *v. i.* stare sotto; essere sottostante.
to underline [ˌʌndəˈlain], *v. t.* sottolineare (*anche fig.*); mettere in evidenza (*o* in risalto); evidenziare.
underline [ˈʌndəlain], *n.* **1** sottolineatura (*la linea*) **2** (*teatr.*) annuncio di una prossima rappresentazione (*in calce a un cartellone*) **3** (*pl.*) didascalia (*sotto un'illustrazione*).
underlinen [ˈʌndəˌlinin], *n.* biancheria personale (*o* intima).
underling [ˈʌndəliŋ], *n.* subalterno; inferiore; tirapiedi (*spreg.*).
underlining [ˌʌndəˈlainiŋ], *n.* **1** sottolineatura (*l'azione*) **2** messa in evidenza (*o* in risalto).
underlip [ˈʌndəlip], *n.* (*anat.*) labbro inferiore.
underlying [ˌʌndəˈlaiiŋ], *a.* **1** posto sotto; sottostante **2** (*fig.*) che sta alla base di; basilare; fondamentale **3** (*fig.*) implicito; sottinteso.
to underman [ˌʌndəˈmæn], *v. t.* equipaggiare in modo insufficiente; fornire di personale troppo scarso (*o* di manodopera troppo scarsa, di un numero insufficiente di marinai).
undermanned [ˌʌndəˈmænd], *a.* che ha un equipaggio insufficiente; a corto di personale (*o* di manodopera).
undermentioned [ˌʌndəˈmenʃənd], *a.* sottomenzionato; sottoindicato.
to undermine [ˌʌndəˈmain], *v. t.* **1** minare (*anche fig.*); scavare dal disotto; scalzare; scardinare; indebolire: **Floodwater is undermining the banks of the river**, l'acqua della piena scalza le sponde del fiume; **Drugs are undermining his health**, la droga gli sta minando la salute; **to u. sb.'s authority**, indebolire (*o* scalzare) l'autorità di q. **2** (*ind. min.*) sottoscavare; sgrottare.
undermost [ˈʌndəmoust], *a.* infimo; (il) più basso.
underneath [ˌʌndəˈniːθ], **A** *avv.* sotto; disotto; abbasso: **I don't want that book**, **I want the one u.**, non voglio quel libro; voglio quello sotto. **B** *prep.* sotto; sotto a; sotto di: **u. the trees**, sotto gli alberi. **C** *a. pred.* disotto; inferiore: **the part u.**, la parte disotto. **D** *n.* (il) disotto.
undernourished [ˌʌndəˈnʌriʃt], *a.* denutrito.
underoccupied [ˌʌndərˈɔkjupaid], *a.* **1** non occupato interamente; che ha posto (libero); non pieno **2** (*econ.*: *rif. a persone*) sottoccupato.
underpaid [ˌʌndəˈpeid], **A** *pass.* e *p. p.* di **to underpay**. **B** *a.* mal pagato; mal retribuito.
underpainting [ˈʌndəˌpeintiŋ], *n.* (*pittura*) mano di fondo.
underpants [ˈʌndəpænts], *n. pl.* (*specialm. USA*) mutande; mutandine (*da uomo*).
underpass [ˈʌndəpaːs], *n.* **1** sottopassaggio pedonale **2** (*autom.*) sottovia; sottopassaggio.
to underpay [ˌʌndəˈpei] (*pass.* e *p. p.* **underpaid**), *v. t.* pagare poco; retribuire in modo insufficiente.
to underpin [ˌʌndəˈpin], *v. t.* (*costr.*) puntellare (*un muro*, *ecc.*); sottomurare.
to underplay [ˌʌndəˈplei], **A** *v. t.* **1** (*teatr.*) recitare (*una parte*) con scarsa enfasi (*o* smorzando i toni) **2** (*fig.*) sottovalutare, sminuire (*l'importanza di q.c.*). **B** *v. i.* (*anche* **to u. one's hand**) **1** (*nei giochi di carte*) giocare una carta bassa, non sfruttando appieno le carte che si hanno in mano **2** (*fig.*) procedere con cautela; agire con grande circospezione.
underplay [ˈʌndəˌplei], *n.* (*nei giochi di carte*) il giocare una carta bassa (*avendone una superiore in mano*).
underplot [ˈʌndəˌplɔt], *n.* intreccio secondario (*di romanzo*, *dramma*, *ecc.*).
underpopulated [ˈʌndəˈpɔpjuleitid], *a.* sottopopolato; scarsamente popolato.
underpopulation [ˈʌndəˌpɔpjuˈleiʃən], *n.* (*stat.*) sottopopolazione.
to underprice [ˌʌndəˈprais], *v. t.* (*comm.*) **1** porre un prezzo

troppo basso a (*un articolo, ecc.*) **2** porre un prezzo a (*un articolo, ecc.*) più basso di quello corrente **3** battere (*un concorrente*) nei prezzi.

underprivileged ['ʌndə'privilidʒd], *a.* bisognoso; derelitto; misero; povero; emarginato. ● (*collett.*) **the u.**, i derelitti.

to **underproduce** ['ʌndə-prə'djuːs], *v. t.* (*econ.*) produrre (*beni*) meno del necessario (*o* in modo insufficiente).

underproduction ['ʌndə-prə'dʌkʃən], *n.* (*econ.*) produzione insufficiente; sottoproduzione.

underproductivity ['ʌndəˌprɔdʌk'tiviti], *n.* (*econ.*) produttività scarsa (*o* insufficiente).

underproof ['ʌndə'pruːf], *a.* (*di bevanda alcolica*) di gradazione inferiore (*a quella stabilita per legge*).

to **underprop** ['ʌndə'prɔp], *v. t.* puntellare; sostenere dal disotto.

to **underquote** [ˌʌndə'kwout], *v. t.* (*comm.*) **1** offrire (*merce*) a un prezzo inferiore **2** fare (*o* praticare) prezzi inferiori a quelli di (*un concorrente*).

to **underrate** ['ʌndə'reit], *v. t.* sottovalutare; sminuire; svalutare.

to **underreact** ['ʌndə-riː'ækt], *v. i.* reagire in modo blando; avere una reazione moderata.

underreaction ['ʌndə-riː(ː)'ækʃən], *n.* reazione moderata.

to **under-reckon** ['ʌndə'rekən], *v. t.* calcolare per difetto.

under-ripe ['ʌndə-raip], *a.* non abbastanza maturo; immaturo.

to **underrun** ['ʌndə'rʌn] (*pass.* **underran**, *p. p.* **underrun**), **A** *v. i.* correre sotto; passare sotto. **B** *v. t.* far scorrere (*o* far passare) sotto.

to **underscore** ['ʌndə'skɔː*], *v. t.* (*anche fig.*) sottolineare.

undersea ['ʌndəsiː], **A** *a. attr.* sottomarino: (*ind. min.*) **u. mining**, coltivazione sottomarina. **B** *avv.* sotto la superficie del mare.

underseas [ˌʌndə'siːz], *avv.* sotto la superficie del mare.

undersecretary ['ʌndə'sekrətəri], *n.* **1** (*polit.*, anche **Parliamentary U.**) sottosegretario **2** vice segretario. ● **Permanent U.**, Sottosegretario di carriera (*non uomo politico, ma funzionario*; *in G.B.*).

undersecretaryship ['ʌndə'sekrətəriʃip], *n.* (*polit.*) sottosegretariato.

to **undersell** ['ʌndə'sel] (*pass.* e *p. p.* **undersold**), *v. t.* (*comm.*) **1** vendere (*merce*) sottocosto; svendere **2** vendere a un prezzo inferiore a quello di (*un concorrente*).

underseller ['ʌndə'selə*], *n.* (*comm.*) chi vende merce sottocosto.

underselling ['ʌndə'seliŋ], *n.* (*comm.*) vendita sottocosto.

under-servant ['ʌndə'səːvənt], *n.* domestico in sottordine.

underset ['ʌndə'set], *n.* **1** corrente sottomarina **2** risacca.

to **underset** ['ʌndə'set] (*pass.* e *p. p.* **underset**), *v. t.* **1** puntellare **2** (*fig.*) sostenere.

undersexed [ˌʌndə'sekst], *a.* (*biol.*) che ha scarsi stimoli sessuali; poco dotato sessualmente.

undersheriff ['ʌndəˌʃerif], *n.* vice-sceriffo.

undershirt ['ʌndəʃəːt], *n.* (*USA*; *cfr.* ingl. **vest**, *def.* 2) camiciola; maglietta; maglia; maglia della salute (*fam.*).

to **undershoot** [ˌʌndə'ʃuːt] (*pass.* e *p. p.* **undershot**), *v. t.* **1** (*sparando, tirando con l'arco, ecc.*) non raggiungere (*il bersaglio*) **2** (*aeron.*) (*di pilota*) far fare un atterraggio corto a (*un aereo*). ● (*di un aereo*) **to u. the runway**, fare un atterraggio corto.

undershot ['ʌndəʃɔt], *a.* **1** (*di ruota idraulica*) per disotto: **u. wheel**, ruota per disotto (*mossa dall'acqua che la colpisce in basso*); ruota a stramazzo **2** *V.* **underhung**.

undershrub ['ʌndəʃrʌb], *n.* (*bot.*) arbusto basso.

underside ['ʌndəsaid], *n.* parte inferiore; (*il*) disotto.

to **undersign** [ˌʌndə'sain], *v. t.* sottoscrivere; firmare in calce (*un documento, una lettera, ecc.*).

undersigned [ˌʌndə'saind], *a.* sottoscritto; firmato. ● **the u.**, il sottoscritto □ **I the u.**, io sottoscritto □ **we the u.**, i sottoscritti.

undersize [ˌʌndə'saiz], *V.* **undersized**.

undersized ['ʌndə'saizd], *a.* **1** di misura inferiore al normale **2** mingherlino; piccolo; stentato.

underskirt ['ʌndə-skəːt], *n.* sottogonna.

undersleeve ['ʌndə-sliːv], *n.* sottomanica.

underslung ['ʌndə'slʌŋ], *a.* **1** sostenuto dal di sopra **2** (*autom.*: *di telaio*) collegato agli assi dal di sotto.

undersoil [ˌʌndə'sɔil], *n.* (*agric., geol.*) sottosuolo; suolo inerte.

understaffed ['ʌndə'staːft], *a.* **1** (*di ufficio, ecc.*) che non ha personale sufficiente; a corto di personale **2** (*mil.*) con gli effettivi ridotti **3** (*di scuola*) che ha pochi insegnanti; a corto di docenti.

to **understand** [ˌʌndə'stænd] (*pass.* e *p. p.* **understood**), *v. t.* e *i.* **1** capire; comprendere; intendere; aver comprensione per; rendersi conto di: **to u. English** (**mathematics, a question, etc.**), capire l'inglese (la matematica, una domanda, ecc.); **I don't u. you** (**what you say**), non ti capisco (non comprendo quel che dici); **What did you u. him to say?**, cosa hai inteso che volesse dire?; **I quite u. your difficulty**, mi rendo perfettamente conto delle tue difficoltà; **Not that I agree, (you) u.**, non ne io sia d'accordo, intendiamoci! **2** apprendere; venire a sapere; sentir dire, sentire: **We u. that the firm has stopped payment**, apprendiamo che la ditta ha sospeso i pagamenti; **I u. that John is going to marry Edith**, sento che (*o* mi dicono che) Giovanni sta per sposare Edith **3** sottintendere: **It's understood that her brother will come too**, è sottinteso che verrà anche suo fratello; (*gramm.*) **The verb may be understood**, si può sottintendere il verbo **4** (*come parentetico*) credere; pensare; ritenere: **He is, I u., no longer here**, credo che sia già partito. ● **to u. each other** (*o* **to u. one another**), comprendersi; capirsi □ **to give sb. to u.**, lasciar intendere a q.; far capire: **He gave me to u. that Brown would help me**, mi fece capire che Brown mi avrebbe aiutato □ **to make oneself understood**, farsi capire; farsi comprendere □ (**Now**) **u. me!**, stammi a sentire!; ascolta bene! □ **It is understood that...**, s'intende che...; resta inteso che... □ **I cannot u. his behaviour**, non riesco a spiegarmi la sua condotta □ **I don't u. anything about it**, non ci capisco nulla; non mi ci raccapezzo □ **Am I to u.** (*o* **Do I u.**) **that you will not come?**, devo credere (*o* vuoi forse dire) che non verrai? □ **You don't u.**, tu non capisci; tu non ti rendi conto □ **Is that understood?**, è chiaro?

understandable [ˌʌndə'stændəbl], *a.* comprensibile; intelligibile.

understanding (1) [ˌʌndə'stændiŋ], *n.* **1** intelligenza; intelletto; comprensione; giudizio; discernimento; comprendonio (*fam.*): **He has an excellent u.**, ha un'intelligenza eccezionale; **a man without u.**, un uomo senza comprensione (*o* senza discernimento); «**An Essay Concerning Human U.**», «Saggio sull'intelletto umano» (*di J. Locke*) **2** accordo; intesa: **to reach** (*o* **to come to**) **an u.**, raggiungere un accordo. ● **to have a good u. of economics**, essere competente (*o* intenderi) di economia □ **to have much u. of a question**, essere al corrente di un problema □ **on the u. that...**, a condizione che...; a patto che... □ **on this u.**, a questa condizione; a questi patti □ **This is my u. of the matter**, questo è il mio modo di vedere la cosa.

understanding (2) [ˌʌndə'stændiŋ], *a.* **1** intelligente; dotato d'intuito **2** comprensivo; dotato di comprensione; indulgente: **an u. father**, un padre comprensivo, indulgente.

to **understate** ['ʌndə'steit], **A** *v. t.* attenuare; minimizzare: **The bulletin understated our losses**, il bollettino attenuava l'entità delle nostre perdite. **B** *v. i.* dir meno del vero; essere reticente.

understatement ['ʌndə'steitmənt], *n.* dichiarazione attenuata (*o* incompleta); affermazione troppo modesta.

understeer ['ʌndəstiə*], *n.* (*autom.*) **1** sottosterzo **2** sottosterzata.

to **understeer** [ˌʌndə'stiə*], *v. i.* (*autom.*) essere sottosterzante.

to **understock** ['ʌndə'stɔk], *v. t.* (*comm.*) approvvigionare, rifornire (*un negozio*) di una quantità insufficiente di merce.

understock ['ʌndə-stɔk], *n.* **1** (*comm.*) approvvigionamento insufficiente **2** (*agric.*) ceppo d'innesto.

understood [ˌʌndə'stud], **A** *pass.* e *p. p.* di **to understand**. **B** *a.* **1** capito; compreso; inteso **2** (*anche* gramm.) sottinteso.

understrapper ['ʌndəˌstræpə*], *n.* subalterno; inferiore; tirapiedi (*spreg.*).

understratum ['ʌndə'strɑːtəm], *n.* (*pl.* **understrata, understratums**) (*scient.*) substrato; sostrato.

understructure ['ʌndə'strʌktʃə*], *n.* sottostruttura.

understudy ['ʌndəˌstʌdi], *n.* **1** (*teatr.*) sostituto; attore (*o* attrice) supplente **2** (*cinem.*) controfigura.

to **understudy** ['ʌndəˌstʌdi], (*teatr.*) **A** *v. t.* **1** studiare (*una parte*) come sostituto: **He is understudying Othello**, studia la parte di Otello (*per poter sostituire il protagonista, se necessario*) **2** sostituire (*un attore, un'attrice*). **B** *v. i.* fare da sostituto.

to **undertake** [ˌʌndə'teik] (*pass.* **undertook**, *p. p.* **undertaken**), **A** *v. t.* **1** intraprendere; assumere, assumersi: **to u. a task** (**a journey, etc.**), intraprendere un compito (un viaggio, ecc.); **to u. a piece of work**, assumere un lavoro (*appaltarlo, ecc.*); **to u. full responsibility for st.**, assumersi la piena responsabilità di q.c. **2** assumersi l'impegno di; accettare; impegnarsi a; incaricarsi di: **He undertook to be our guide**, assunse l'impegno di farci da guida; (*polit.*) **to u. the premiership**, accettare la carica di Primo Ministro; **I can't u. to do that**, non posso impegnarmi a fare ciò. **B** *v. i.* **1** assicurare; garantire: **I can't u. you will be well again in a week**, non posso assicurare che starai di nuovo bene in una settimana **2** (*fam.*) fare l'agente di pompe funebri. ● (*leg.*) **to u. legal proceedings against sb.**, procedere per vie legali contro q. □ **I u. that he hasn't heard a word**, t'assicuro che non ha sentito una sola parola □ **I will u. to say**, oserei dire.

undertaker ['ʌndəˌteikə*], *n.* impresario di pompe funebri.

undertaking ['ʌndəˌteikiŋ], *n.* **1** impresa; compito: **a risky u.**, un'impresa rischiosa **2** impresa; azienda **3** impegno; promessa: **to give a written u.**, rilasciare un impegno scritto; **to give sb. an u. to do** (*o* **not to do**) **st.**, assumere con q. l'impegno di fare (*o* di non fare) q.c. **4** ['ʌndəˌteikiŋ] impresa di pompe funebri.

to undertax ['ʌndə'tæks], (fin.) **A** v. t. tassare insufficientemente; non tassare abbastanza. **B** v. i. imporre tasse insufficienti.
undertaxation ['ʌndətæk'seiʃən], n. (fin.) tassazione insufficiente (o inadeguata).
undertenancy ['ʌndə'tenənsi], n. subaffitto.
undertenant ['ʌndə'tenənt], n. subaffittuario.
to undertime [,ʌndə'taim], V. **to underexpose.**
undertint ['ʌndətint], n. colore smorzato; tinta tenue.
undertone ['ʌndətoun], n. **1** tono basso; tono sommesso **2** colore smorzato; tinta tenue **3** (fig.) substrato; senso occulto: **an u. of horror**, un senso occulto di orrore **4** (fin.) tendenza di base (d'un mercato, ecc.). ● **to talk in undertones**, parlare sottovoce.
undertow ['ʌndətou], n. (naut.) moto di masse d'acqua sul fondo (del mare).
undervaluation ['ʌndə,vælju'eiʃən], n. sottovalutazione; svalutazione; deprezzamento.
to undervalue ['ʌndə'vælju:], v. t. sottovalutare; svalutare; deprezzare.
undervest ['ʌndəvest], n. camiciola; maglietta; maglia; maglia della salute (fam.).
underwater ['ʌndə'wɔ:tə*], **A** avv. sott'acqua: **Let's swim u.**, andiamo sott'acqua! **B** a. **1** (anche sport) sott'acqua; subacqueo: **u. swimming**, il nuoto sott'acqua; **an u. swimmer**, un nuotatore subacqueo **2** (naut.) subacqueo; sottomarino: **u. navigation**, navigazione sottomarina (di un sommergibile) **3** (mil., naut.) immerso; sommerso; subacqueo: **an u. mine**, una mina subacquea. ● **u. camera**, macchina fotografica subacquea.
underwear ['ʌndəwɛə*], n. biancheria intima.
underweight ['ʌndə'weit], **A** n. peso inferiore al normale; peso scarso. **B** a. di peso inferiore al normale; troppo leggero. ● (rif. a persone) **to be ten pounds u.**, essere dieci libbre (quasi cinque chili) sotto il peso forma.
to underwhelm ['ʌndə'welm], v. t. (scherz.; sul modello di **to overwhelm**) lasciar freddo (fig.); non entusiasmare.
underwing ['ʌndəwiŋ], n. (zool.) **1** ala posteriore (d'insetto) **2** (Catocala nupta) catocala.
underwood ['ʌndəwud], n. sottobosco; sterpaglia.
underworld ['ʌndəwə:ld], n. **1** inferi; inferno; Ade **2** (geogr.) antipodi **3** — (collett.) **the u.**, il mondo del crimine; la malavita.
to underwrite ['ʌndərait] (pass. **underwrote**, p. p. **underwritten**), **A** v. t. **1** sottoscrivere (anche fin.); firmare **2** (ass.) emettere (una polizza, specialm. d'assicurazione marittima); assicurare (specialm. una nave); coprire (un certo rischio) **3** (fin.) finanziare, sostenere finanziariamente (un'impresa, ecc.). **B** v. i. fare l'assicuratore (specialm. marittimo). ● (fin.) **to u. stock**, sottoscrivere capitale azionario (o azioni).
underwriter ['ʌndə,raitə*], n. **1** (ass.) assicuratore (specialm. marittimo) **2** (fin.) sottoscrittore; finanziatore.
underwriting ['ʌndə,raitiŋ], n. **1** (ass.) assicurazione (specialm. marittima) **2** (fin.) sottoscrizione; finanziamento.
undescribable ['ʌndis'kraibəbl], a. indescrivibile.
undeserved ['ʌndi'zə:vd], a. immeritato; ingiusto.
undeserving ['ʌndi'zə:viŋ], a. immeritevole; indegno.
undesigned ['ʌndi'zaind], a. non meditato; involontario.
undesigning ['ʌndi'zainiŋ], a. franco; leale; onesto; schietto.
undesirability ['ʌndi,zaiərə'biliti], n. indesiderabilità; l'essere sgradito.
undesirable ['ʌndi'zaiərəbl], **A** a. indesiderabile; non desiderabile; sgradito: **an u. person**, una persona sgradita. **B** n. persona sgradita.
undesirableness ['ʌndi'zaiərəblnis], V. **undesirability.**
undesired ['ʌndi'zaiəd], a. non desiderato; non sollecitato.
undesirous ['ʌndi'zaiərəs], a. non desideroso; poco disposto (a).
undetected ['ʌndi'tektid], a. **1** non scoperto; non identificato **2** (di errore) non rilevato.
undeterminable ['ʌndi'tə:minəbl], a. indeterminabile.
undetermined ['ʌndi'tə:mind], a. **1** indeterminato; indefinito **2** indeciso; incerto; irresoluto.
undeterred ['ʌndi'tə:d], a. non scoraggiato; imperterrito; imperturbato; impavido.
undeveloped ['ʌndi'veləpt], a. (anche econ.) non sviluppato; (di paese) (allo stato) primitivo.
undeviating [ʌn'di:vieitiŋ], a. costante; fermo; saldo; rigoroso.
undevoutly ['ʌndi'vautli], avv. senza devozione.
undies ['ʌndiz], n. pl. (fam.) biancheria intima (da donna o da bambino).
undifferentiated ['ʌn,difə'renʃieitid], a. non differenziato; indiscriminato.
undigested ['ʌndi'dʒestid], a. **1** non digerito **2** (fig.) non assimilato; nudo e crudo: **u. facts**, fatti nudi e crudi.
undigestible ['ʌndi'dʒestəbl], a. **1** non digeribile; indigesto **2** (fig.) non assimilabile.

undignified [ʌn'dignifaid], a. non dignitoso; senza dignità.
undiluted ['ʌndai'lju:tid], a. non diluito; puro; schietto.
undiminished [ʌn'diminiʃt], a. non diminuito; integro; intatto.
undimmed [ʌn'dimd], a. non offuscato; chiaro; limpido.
undine ['ʌndi:n], n. (mitol.) ondina.
undiplomatic [ʌn,diplə'mætik], a. non diplomatico; privo di diplomazia; privo di tatto.
undirected ['ʌndi'rektid], a. **1** senza direzione; senza direttive; senza guida **2** (di lettera, ecc.) senza indirizzo.
undiscerned ['ʌndi'sə:nd], a. non scorto; inosservato.
undiscernible ['ʌndi'sə:nəbl], a. indiscernibile; impercettibile.
undiscerning ['ʌndi'sə:niŋ], a. privo di discernimento.
undischarged ['ʌndis'tʃa:dʒd], a. **1** (di bastimento, fucile, ecc.) non scaricato; ancora carico **2** (di lavoro o compito) non compiuto; incompiuto **3** (mil.) non congedato **4** (comm.: di debito, ecc.) non saldato; insoluto **5** (fin., leg.: di fallito) non riabilitato.
undisciplined [ʌn'disiplind], a. indisciplinato.
undisclosed ['ʌndis'klouzd], a. non svelato; nascosto; segreto.
undiscoverable ['ʌndis'kʌvərəbl], a. introvabile; irreperibile.
undiscovered ['ʌndis'kʌvəd], a. inesplorato; sconosciuto.
undiscriminating ['ʌndis'krimineitiŋ], a. che non discrimina; che non distingue; che fa di ogni erba un fascio.
undiscussed ['ʌndis'kʌst], a. indiscusso.
undisguised ['ʌndis'gaizd], a. **1** non mascherato; non travestito **2** (fig.) aperto; evidente; chiaro; manifesto.
undismayed ['ʌndis'meid], a. senza paura; impavido; imperterrito.
undisputed ['ʌndis'pju:tid], a. incontrastato; incontestato; indiscusso: **the u. leader of the party**, il capo indiscusso del partito.
undissolvable ['ʌndi'zɔlvəbl], a. indissolubile.
undissolved ['ʌndi'zɔlvd], a. non sciolto; non disciolto.
undistinguishable ['ʌndis'tiŋgwiʃəbl], a. indistinguibile.
undistinguished ['ʌndis'tiŋgwiʃt], a. **1** non distinto; indistinto **2** senza distinzione; che non si distingue; comune; mediocre **3** non individuato; non scoperto; inosservato.
undistorted ['ʌndis'tɔ:tid], a. **1** senza distorsione; non distorto **2** (fig.) vero; veritiero.
undistracted ['ʌndis'træktid], a. non distratto.
undistributed ['ʌndis'tribjutid], a. non distribuito.
undisturbed ['ʌndis'tə:bd], a. imperturbato; calmo; tranquillo.
undiversified ['ʌndai'və:sifaid], a. non variato; indifferenziato.
undividable ['ʌndi'vaidəbl], a. indivisibile.
undivided ['ʌndi'vaidid], a. indiviso; intero.
to undo ['ʌn'du:] (pass. **undid**, p. p. **undone**), v. t. **1** disfare; sfare; distruggere; annullare **2** sciogliere; slacciare; slegare: **to u. a knot**, sciogliere un nodo; **to u. a string**, slegare un laccio **3** mandare in rovina; rovinare: **Drink has undone him**, l'alcol l'ha rovinato. ● **to come undone**, sciogliersi; slacciarsi; slegarsi □ **to leave nothing undone**, non lasciar nulla d'intentato □ **to leave st. undone**, tralasciare di fare q.c. □ (prov.) **What is done cannot be undone**, cosa fatta capo ha.
to undock ['ʌn'dɔk], **A** v. t. **1** (naut.) far uscire (una nave) dal bacino **2** (miss.) distaccare, staccare (un modulo da un altro, ecc.). **B** v. i. (di nave) uscire dal bacino.
undocking ['ʌn'dɔkiŋ], n. **1** (naut.) uscita dal bacino **2** (miss.) distacco (di un modulo, ecc.).
undoer ['ʌn'du:ə*], n. chi disfa; distruttore; demolitore.
undoing ['ʌn'du:iŋ], n. **1** il disfare; annullamento **2** rovina; sfacelo: **Gambling was his u.**, il gioco d'azzardo fu la sua rovina.
undomesticated ['ʌn-də'mestikeitid], a. **1** non addomesticato; selvaggio **2** (di persona) per nulla casalingo; (di un uomo) incapace di cuocere due uova al tegame (fig.).
undone ['ʌn'dʌn], **A** p. p. di **to undo**. **B** a. **1** incompiuto; non fatto **2** slacciato; slegato **3** rovinato; distrutto: **I'm u.!**, sono rovinato!
to undouble ['ʌn'dʌbl], v. t. sdoppiare.
undoubtable [ʌn'dautəbl], a. indubitabile.
undoubted [ʌn'dautid], a. indubbio; sicuro; certo.
undoubting [ʌn'dautiŋ], a. non dubbioso; credulo; fiducioso; senza sospetto.
undraped ['ʌn'dreipt], a. **1** non drappeggiato **2** (fig.) senza veli; scoperto.
undreamed-of [ʌn'dri:mdɔv], **undreamt-of** [ʌn'dremtɔv], a. incredibile; impensato; insperato. ● **Television was u. fifty years ago**, cinquant'anni fa la televisione non era nemmeno nel regno dei sogni.
to undress ['ʌn'dres], **A** v. t. **1** spogliare; svestire **2** sfasciare (una ferita). **B** v. i. spogliarsi; svestirsi.
undress ['ʌn'dres], n. **1** veste da camera **2** (mil.) bassa uniforme; bassa tenuta. ● (fam.) **to be in a state of u.**, essere svestito (o nudo).
undressed ['ʌn'drest], a. **1** svestito; nudo **2** (di pelle, cuoio, ecc.) non conciato; greggio; grezzo **3** (di ferita) non fasciato **4** (di

cibo) non condito. ● **to get u.**, svestirsi; spogliarsi.
undrilled ['ʌndrild], *a.* **1** non esercitato; inesperto **2** (*mecc.*) non forato; non trapanato.
undrinkable [ʌn'drinkəbl], *a.* imbevibile; non potabile.
undue ['ʌn'dju:], *a.* **1** indebito; illecito; inopportuno; sconveniente; eccessivo; smoderato: **He spoke with u. warmth**, si espresse con eccessivo calore **2** (*comm.*: *di un debito e sim.*) non dovuto; non ancora scaduto. ● (*leg.*) **u. influence**, captazione; violenza morale; ingerenza illegale.
undulant ['ʌndjulənt], *a.* ondeggiante; ondulante: (*med.*) **u. fever**, febbre ondulante (*o* maltese).
to undulate ['ʌndjuleit], *v. i.* ondulare; ondeggiare.
undulate ['ʌndjuleit, -it], *a.* ondulato.
undulating ['ʌndjuleitiŋ], *a.* **1** ondeggiante; ondulante **2** ondulato: (*geogr.*) **u. land**, terreno ondulato.
undulation [ˌʌndju'leiʃən], *n.* **1** ondulazione; ondeggiamento; (*fis.*) movimento ondulatorio **2** curva (*o* linea) ondulata (*del terreno, ecc.*).
undulatory ['ʌndjulətəri], *a.* **1** (*anche scient.*) ondulatorio **2** ondeggiante **3** ondulato.
undurable [ʌn'djuərəbl], *a.* non duraturo; caduco.
undutiful [ʌn'dju:tifʊl], *a.* disobbediente; irrispettoso; irriverente.
undutifulness [ʌn'dju:tifʊlnis], *n.* disobbedienza; irriverenza.
undying [ʌn'daiiŋ], *a.* imperituro; eterno; immortale.
unearned [ʌn'ə:nd], *a.* **1** non guadagnato **2** immeritato. ● (*econ.*) **u. income**, reddito non di lavoro; rendita □ (*econ.*) **u. increment**, plusvalore (*di beni immobili*).
to unearth [ʌn'ə:θ], *v. t.* **1** dissotterrare **2** stanare (*una volpe, ecc.*) **3** (*fig.*) portare alla luce; scoprire; trovare.
unearthliness [ʌn'ə:θlinis], *n.* l'essere soprannaturale, ecc. (*V.* **unearthly**).
unearthly [ʌn'ə:θli], *a.* **1** non terreno; soprannaturale **2** spettrale; misterioso; strano; sinistro; lugubre: **u. pallor**, pallore spettrale **3** (*fam.*) assurdo; irragionevole; impossibile: **to call sb. at an u. hour**, chiamare (*o* svegliare, ecc.) q. a un'ora impossibile.
uneasiness [ʌn'i:zinis], *n.* **1** scomodità; disagevolezza; disagio **2** ansia; inquietudine; agitazione; irrequietezza; turbamento.
uneasy [ʌn'i:zi], *a.* **1** scomodo; a disagio; disagevole; molesto; penoso **2** ansioso; inquieto; agitato; irrequieto; turbato **3** difficile. ● **u. bedfellows**, due che dormono insieme ma che sono a disagio; (*fig.*) due cose male assortite: **Art and tyranny are u. bedfellows**, l'arte non va d'accordo con la tirannide
uneatable [ʌn'i:təbl], *a.* immangiabile.
uneaten [ʌn'i:tn], *a.* non mangiato; (*di cibo*) intatto.
uneconomic(al) [ʌnˌi:kə'nɒmik(əl)], *a.* **1** non economico; costoso; dispendioso **2** (*econ.*) antieconomico; improduttivo; (*di prezzo*) non remunerativo; troppo basso.
to unedge [ʌn'edʒ], *v. t.* smussare; spuntare; ottundere.
unedifying [ʌn'edifaiiŋ], *a.* non edificante; poco edificante.
unedited [ʌn'editid], *a.* **1** non revisionato; non riveduto e non censurato; integrale **3** non ancora pubblicato; inedito.
uneducated [ʌn'edjukeitid], *a.* senza istruzione; incolto.
uneffected [ʌni'fektid], *a.* non effettuato; incompiuto.
unembarassed ['ʌnim'bærəst], *a.* non imbarazzato; disinvolto **2** (*comm.*) senza debiti.
unemotional [ʌni'mouʃənl], *a.* impassibile; freddo (*fig.*); non emotivo.
unemployable [ʌnim'plɔiəbl], *a.* e *n.* (persona) inabile al lavoro.
unemployed [ʌnim'plɔid], *a.* **1** non usato; inutilizzato: **u. capital**, capitale inutilizzato (*o* inattivo) **2** (*econ.*) disoccupato. ● (*collett.*) **the u.**, i disoccupati.
unemployment [ʌnim'plɔimənt], *n.* (*econ.*) disoccupazione. ● **u. benefit** (*USA*: **u. compensation**), sussidio di disoccupazione □ **u. benefits**, cassa integrazione (guadagni) □ **u. insurance**, assicurazione contro la disoccupazione □ (*stat.*) **u. rate**, tasso di disoccupazione □ **u. register**, liste di disoccupazione.
unempowered ['ʌnim'pauəd], *a.* (*leg.*) non autorizzato.
unenclosed [ʌnin'klouzd], *a.* non circondato; non cintato; aperto.
unencumbered [ʌnin'kʌmbəd], *a.* **1** non ingombro; libero; sgombro **2** (*leg.*) non gravato da ipoteche: **an u. estate**, una proprietà non gravata da ipoteche.
unended [ʌn'endid], *a.* incompiuto; non finito.
unending [ʌn'endiŋ], *a.* senza fine; eterno; interminabile.
unendorsed [ʌnin'dɔ:st], *a.* **1** non sottoscritto; non approvato **2** (*comm., fin.*) non girato; senza girata: **an u. cheque**, un assegno non girato.
unendowed [ʌnin'daud], *a.* **1** (*leg., arc.*) non dotato; senza dote **2** (*fig.*) senza doti; sprovvisto (*di q.c.*).
unendurable [ʌnin'djuərəbl], *a.* insopportabile; intollerabile.
unenforceable [ʌnin'fɔ:səbl], *a.* (*leg.*) non suscettibile di tutela giudiziaria. ● **u. contract**, contratto non tutelabile in giudizio.
unengaged [ʌnin'geidʒd], *a.* **1** non impegnato **2** non fidanzato; libero.
un-English [ʌn'iŋgliʃ], *a.* non inglese; non conforme al carattere (*o* alla tradizione) inglese.
unenlightened [ʌnin'laitnd], *a.* **1** non illuminato (*fig.*); ottenebrato **2** non istruito; incolto; ignorante **3** superstizioso.
to unentangle [ʌnin'tæŋgl], *v. t.* districare; sbrogliare.
unenterprising [ʌn'entəpraiziŋ], *a.* non intraprendente; senza iniziativa.
unentertaining [ʌnˌentə'teiniŋ], *a.* non divertente; noioso.
unentertainingness [ʌnˌentə'teiniŋnis], *n.* noiosità.
unenthusiastic [ʌnˌinˌθju:zi'æstik], *a.* privo d'entusiasmo.
unenviable [ʌn'enviəbl], *a.* non invidiabile; da non invidiarsi.
unenvied [ʌn'envid], *a.* non invidiato.
unequable [ʌn'ekwəbl], *a.* disuguale; irregolare; non uniforme.
unequal [ʌn'i:kwəl], *a.* **1** disuguale; ineguale; irregolare; difforme: **an u. pattern**, un disegno irregolare **2** impari; incapace; inadatto; non all'altezza: **He proved u. to the job**, dimostrò di non essere all'altezza del lavoro **3** iniquo; ingiusto. ● **amounts u. to each other**, somme disuguali (*o* diverse).
unequalled [ʌn'i:kwəld], *a.* ineguagliato; senza pari, senza l'uguale; incomparabile: **u. patience**, una pazienza senza l'uguale.
unequitable [ʌn'ekwitəbl], *a.* non equanime; parziale; ingiusto.
unequivocal [ʌni'kwivəkəl], *a.* inequivocabile; chiaro; esplicito.
unerring [ʌn'ə:riŋ], *a.* infallibile; accurato; preciso; sicuro: **u. precision**, precisione infallibile; **u. judgement**, giudizio infallibile.
unescapable [ʌni'skeipəbl], *a.* inevitabile; ineluttabile: **an u. conclusion**, una conclusione inevitabile.
UNESCO [ju:'neskou], *n.* (acronimo di **United Nations Educational, Scientific and Cultural Organization**) UNESCO.
uneven [ʌn'i:vən], *a.* **1** disuguale; ineguale; irregolare; scabroso: **u. ground**, terreno ineguale; **u. earnings**, guadagni irregolari **2** (*mat.*) dispari: **u. numbers**, numeri dispari. ● (*autom.*) **U. road**, strada dissestata (*cartello*) □ **an u. temper**, un carattere variabile (*o* incostante, volubile).
unevenness [ʌn'i:vənis], *n.* **1** disuguaglianza; ineguaglianza; irregolarità; scabrosità (*del terreno*) **2** (*raro*) l'essere dispari.
uneventful [ʌni'ventfʊl], *a.* senza incidenti; non movimentato; monotono; calmo; tranquillo.
unexampled [ʌnig'za:mpld], *a.* inaudito; singolare; straordinario; senza precedenti: **u. daring**, audacia inaudita.
unexcelled [ʌnik'seld], *a.* insuperato; non sorpassato.
unexceptionable [ʌnik'sepʃnəbl], *a.* ineccepibile; irreprensibile.
unexceptional [ʌnik'sepʃənl], *a.* **1** non eccezionale; comune; ordinario **2** che non ammette eccezioni.
unexcised [ʌnik'saizd], *a.* (*comm.*) non soggetto a dazio.
unexciting [ʌnik'saitiŋ], *a.* non eccitante; non emozionante.
unexcused [ʌniks'kju:zd], *a.* non scusato; ingiustificato: **u. absences**, assenze ingiustificate.
unexemplified [ʌnig'zemplifaid], *a.* senza esempi; non esemplificato.
unexhausted [ʌnig'zɔ:stid], *a.* non esaurito; inesausto.
unexpected [ʌniks'pektid], *a.* inaspettato; inatteso; impensato; imprevisto; insperato. ● **an u. event**, un imprevisto.
unexpectedness [ʌniks'pektidnis], *n.* repentinità; l'essere inaspettato, ecc. (*V.* **unexpected**).
unexpensive [ʌniks'pensiv], *a.* (*comm., più comune* **inexpensive**) non dispendioso; a buon mercato.
unexperienced [ʌniks'piəriənst], *a.* **1** non provato; non sperimentato **2** (*più comune* **inexperienced**) inesperto.
unexpired [ʌniks'paied], *a.* (*leg.*) non (ancora) scaduto.
unexplainable [ʌniks'pleinəbl], *a.* inspiegabile.
unexplained [ʌniks'pleind], *a.* non spiegato; inspiegato.
unexploded [ʌniks'ploudid], *a.* (*mil.*) inesploso.
unexplored [ʌniks'plɔ:d], *a.* inesplorato.
unexposed [ʌniks'pouzd], *a.* non esposto; protetto; riparato.
unexpressed [ʌniks'prest], *a.* non espresso; inespresso.
unexpurgated [ʌn'ekspə:geitid], *a.* non espurgato; integrale; intero. ● **u. edition**, edizione integrale.
unextended [ʌniks'tendid], *a.* **1** non esteso **2** senza dimensioni; che non prende posto; che non ingombra.
unfading [ʌn'feidiŋ], *a.* **1** che non appassisce; inalterabile; immutabile **2** (*di colore, di tinta*) che non sbiadisce; che non scolorisce; solido **3** (*fig.*) imperituro; immortale: **u. fame**, fama immortale.
unfailing [ʌn'feiliŋ], *a.* **1** infallibile; immancabile **2** inesauribile: **an u. supply**, una scorta inesauribile **3** fido; sicuro; saldo: **an u. supporter**, un fido sostenitore; **an u. friendship**, una salda amicizia.
unfailingness [ʌn'feiliŋnis], *n.* **1** infallibilità; immancabilità **2** inesauribilità.
unfair [ʌn'fɛə*], *a.* ingiusto; iniquo; disonesto; sleale: **an u.**

unfairness

advantage, un ingiusto vantaggio; **u. means**, mezzi sleali; (*leg.*, *comm.*) **u. competition** (*o* **u. practice**), concorrenza sleale. ● **u. play**, disonestà; slealtà.
unfairness [ˈʌnˈfɛənis], *n.* ingiustizia; iniquità; disonestà; slealtà.
unfaith [ʌnˈfeiθ], *n.* mancanza di fede.
unfaithful [ʌnˈfeiθful], *a.* infedele, non fedele (*in ogni senso*).
unfaithfulness [ʌnˈfeiθfulnis], *n.* (*anche fig.*) infedeltà.
unfaltering [ʌnˈfɔːltəriŋ], *a.* deciso; fermo; costante; risoluto.
unfamiliar [ˈʌn-fəˈmiljə*], *a.* **1** poco familiare; estraneo; sconosciuto; strano: **u. faces**, facce sconosciute **2** (*pred.*) poco pratico; inesperto: **He was u. with those tools**, era inesperto di quegli arnesi.
unfamiliarity [ˈʌn-fəˌmiliˈæriti], *n.* mancanza di familiarità; stranezza.
unfashionable [ʌnˈfæʃnəbl], *a.* fuori moda; non alla moda.
unfashioned [ʌnˈfæʃnd], *a.* non foggiato; informe.
to **unfasten** [ʌnˈfɑːsn], *v. t.* slegare; slacciare; sciogliere; disfare.
unfathered [ʌnˈfɑːðəd], *a.* **1** (*poet.*) senza padre; illegittimo; orfano **2** (*fig.*) non riconosciuto, ripudiato (*dall'autore*): **an u. theory**, una teoria ripudiata (*da chi l'aveva per primo esposta*).
unfatherly [ʌnˈfɑːðəli], *a.* non paterno; indegno di un padre.
unfathomable [ʌnˈfæðəməbl], *a.* **1** che non si può scandagliare; insondabile **2** (*fig.*) impenetrabile; imperscrutabile.
unfathomed [ʌnˈfæðəmd], *a.* **1** non scandagliato; insondato **2** (*fig.*) impenetrato; non compreso a fondo; misterioso.
unfavourable [ʌnˈfeivərəbl], *a.* **1** sfavorevole; non propizio; svantaggioso: (*econ.*) **an u. economic trend**, una congiuntura sfavorevole **2** contrario; negativo: **an u. answer**, una risposta negativa. ● (*fig.*) **in an u. light**, in cattiva luce.
unfavourableness [ʌnˈfeivərəblnis], *n.* l'essere sfavorevole.
unfeasible [ʌnˈfiːzəbl], *a.* inattuabile; non fattibile.
to **unfeather** [ʌnˈfeðə*], *v. t.* togliere le penne a; spennare.
unfeathered [ʌnˈfeðəd], *a.* **1** senza penne; spennato **2** senza penne; implume.
unfed [ʌnˈfed], *a.* non nutrito; senza cibo.
unfeeling [ʌnˈfiːliŋ], *a.* insensibile; crudele; duro; arido; spietato.
unfeelingness [ʌnˈfiːliŋnis], *n.* insensibilità; crudeltà; durezza.
unfeigned [ʌnˈfeind], *a.* non finto; non simulato; genuino; sincero.
unfelt [ʌnˈfelt], *a.* non sentito; insincero; simulato.
unfeminine [ʌnˈfeminin], *a.* non femminile; che non si addice a una donna.
unfenced [ʌnˈfenst], *a.* non cintato; aperto; senza steccato.
unfermented [ʌn-fəˈmentid], *a.* non fermentato.
unfertile [ʌnˈfəːtail], *a.* non fertile; infruttifero; sterile.
to **unfetter** [ʌnˈfetə*], *v. t.* **1** liberare dai ceppi **2** (*fig.*) liberare; affrancare.
unfettered [ʌnˈfetəd], *a.* **1** senza ceppi **2** (*fig.*) senza impedimenti; libero; spedito.
unfilial [ʌnˈfiljəl], *a.* non filiale; indegno di un figlio.
unfilled [ʌnˈfild], *a.* **1** non riempito; vuoto **2** (*di posto, ecc.*) non occupato; libero; vacante ● **u. spaces**, spazi in bianco (*d'un modulo, ecc.*).
unfinished [ʌnˈfiniʃt], *a.* **1** non finito; incompiuto; incompleto **2** (*ind.*) semilavorato: **u. products**, (prodotti) semilavorati.
unfit [ʌnˈfit], *a.* **1** disadatto; inadatto; non idoneo; inabile: **u. for service**, inabile al servizio **2** in cattiva condizione fisica; malandato **3** sconveniente; che non si addice. ● **u. to eat**, immangiabile; non commestibile □ **u. to print**, non pubblicabile □ **u. to wear**, che non si può indossare.
to **unfit** [ʌnˈfit], *v. t.* (*raro*) rendere inabile; inabilitare: **to u. sb. for st.**, rendere q. inabile a q.c.
unfitness [ʌnˈfitnis], *n.* **1** l'essere disadatto; inabilità **2** cattiva condizione fisica **3** sconvenienza.
unfitted [ʌnˈfitid], *a.* inadatto; non idoneo.
unfitting [ʌnˈfitiŋ], *a.* **1** che non s'adatta; inadatto **2** sconveniente; che non si addice.
to **unfix** [ʌnˈfiks], *v. t.* **1** staccare; slacciare; togliere **2** (*fig.*) scombinare; guastare; sconvolgere. ● (*mil.*) **to u. bayonets**, disinnestare le baionette.
unfixed [ʌnˈfikst], *a.* **1** non fissato; staccato; mobile; sciolto **2** non fisso; incerto; variabile.
unflagging [ʌnˈflægiŋ], *a.* indefesso; infaticabile; instancabile.
unflappability [ˌʌn-flæpəˈbiliti], *n.* (*fam.*) calma; compostezza; impassibilità; sangue freddo (*fig.*).
unflappable [ʌnˈflæpəbl], *a.* (*fam.*) calmo; tranquillo; che non si scompone; composto; freddo (*fig.*); impassibile.
unflattering [ʌnˈflætəriŋ], *a.* non adulatorio; poco lusinghiero.
unfledged [ʌnˈfledʒd], *a.* **1** senza penne; implume **2** (*fig.*) immaturo; inesperto; in erba (*fig.*).
unfleshed [ʌnˈfleʃt], *a.* **1** (*di cane da caccia, ecc.*) non abituato al sangue **2** (*fig.*) inesperto.
unfleshly [ʌnˈfleʃli], *a.* non carnale; spirituale.
unflinching [ʌnˈflintʃiŋ], *a.* inflessibile; irremovibile; risoluto.

● **u. courage**, indomito coraggio.
to **unfold** [ʌnˈfould], **A** *v. t.* **1** spiegare; stendere; distendere; allargare: **to u. a map**, spiegare una mappa **2** (*fig.*) dischiudere; svelare; rivelare; scoprire: **to u. one's intentions**, scoprire le proprie intenzioni. **B** *v. i.* **1** spiegarsi; stendersi; allargarsi **2** schiudersi; dischiudersi: **Buds u. in the spring**, le gemme si schiudono in primavera **3** (*di un racconto, ecc.*) svolgersi.
unforced [ʌnˈfɔːst], *a.* non forzato; spontaneo; naturale.
unfordable [ʌnˈfɔːdəbl], *a.* inguadabile (*lett.*); non guadabile.
unforeseeable [ʌnfɔːˈsiːəbl], *a.* imprevedibile.
unforeseeing [ʌn-fɔːˈsiːiŋ], *a.* imprevidente.
unforeseen [ʌn-fɔːˈsiːn], *a.* imprevisto; inaspettato; inatteso.
unforgettable [ʌn-fəˈgetəbl], *a.* indimenticabile.
unforgivable [ʌn-fəˈgivəbl], *a.* imperdonabile.
unforgiven [ʌn-fəˈgivən], *a.* non perdonato; imperdonato (*raro*).
unforgiving [ʌn-fəˈgiviŋ], *a.* che non perdona; implacabile; inesorabile.
unforgotten [ʌn-fəˈgɔtn], *a.* non dimenticato; inobliato (*lett.*).
unformed [ʌnˈfɔːmd], *a.* **1** informe; amorfo **2** non ancora formato; immaturo.
unfortified [ʌnˈfɔːtifaid], *a.* non fortificato; indifeso; aperto.
unfortunate [ʌnˈfɔːtʃnit], **A** *a.* **1** sfortunato; sventurato; disgraziato; infelice **2** poco propizio; sfavorevole **3** inopportuno; fuori luogo; infelice: **an u. phrase**, un'espressione infelice. **B** *n.* **1** persona sfortunata; sventurato **2** derelitto; poveraccio.
unfounded [ʌnˈfaundid], *a.* infondato; senza base; senza fondamento; ingiustificato: **an u. suspicion**, un sospetto infondato.
unframed [ʌnˈfreimd], *a.* (*di quadro, ecc.*) senza cornice.
unfranked [ʌnˈfræŋkt], *a.* (*fin.*) senza franchigia fiscale.
to **unfreeze** [ʌnˈfriːz] (*pass.* **unfroze**, *p. p.* **unfrozen**), **A** *v. t.* **1** disgelare; sgelare **2** (*fin.*) liberalizzare (*prezzi*); sbloccare (*fondi, prezzi, ecc.*) **3** (*fin.*) smobilizzare (*capitali*). **B** *v. i.* disgelarsi; sgelarsi.
unfreezing [ʌnˈfriːziŋ], *n.* **1** disgelo **2** (*fin.*) liberalizzazione; sblocco (*di fondi, prezzi, ecc.*) **3** (*fin.*) smobilizzo (*di capitali*).
unfrequented [ʌn-friˈkwentid], *a.* non frequentato; poco battuto; solitario.
unfriended [ʌnˈfrendid], *a.* (*arc. o raro*) senza amici.
unfriendliness [ʌnˈfrendlinis], *n.* ostilità; inimicizia; scortesia.
unfriendly [ʌnˈfrendli], *a.* ostile; freddo; contrario; scortese.
to **unfrock** [ʌnˈfrɔk], *v. t.* **1** (*in origine*) svestire; spogliare **2** (*ora*) spretare; sospendere (*q.*) dall'ufficio sacerdotale.
unfruitful [ʌnˈfruːtful], *a.* infruttifero; infruttuoso; infecondo.
unfulfilled [ˌʌn-fulˈfild], *a.* **1** inadempiuto; incompiuto **2** inesaudito; insoddisfatto; inappagato.
unfunded [ʌnˈfʌndid], *a.* (*fin.*) non consolidato; fluttuante: **u. debt**, debito (pubblico) fluttuante.
to **unfurl** [ʌnˈfəːl], (*anche naut.*) **A** *v. t.* spiegare; aprire; distendere: **to u. the sails**, spiegare le vele. **B** *v. i.* (*di vela*) spiegarsi.
unfurnished [ʌnˈfəːniʃt], *a.* **1** non ammobiliato; senza mobili **2** – **u. with**, sfornito, privo, sprovvisto di (q.c.).
unfused [ʌnˈfjuːzd], *a.* (*metall.*) non fuso.
ungainliness [ʌnˈgeinlinis], *n.* mancanza di grazia; goffaggine.
ungainly [ʌnˈgeinli], *a.* privo di grazia; goffo; sgraziato.
ungallant [ʌnˈgælənt], *a.* non galante; non cavalleresco.
ungarbled [ʌnˈgɑːbld], *a.* **1** non mutilato; integro **2** inalterato; schietto; fedele: **an u. account**, un resoconto fedele.
ungarnished [ʌnˈgɑːniʃt], *a.* sguarnito; disadorno; senza fronzoli. ● **the u. truth**, la pura verità.
ungated [ʌnˈgeitid], *a.* **1** senza cancello **2** (*ferr.*: *di passaggio a livello*) incustodito.
to **ungear** [ʌnˈgiə*], *v. t.* **1** (*mecc.*) disinnestare; disingranare **2** (*autom.*) mettere in folle.
ungenerous [ʌnˈdʒenərəs], *a.* ingeneroso; illiberale; meschino.
ungenial [ʌnˈdʒiːnjəl], *a.* **1** antipatico; sgradevole; spiacevole **2** poco propizio; sfavorevole **3** (*del tempo*) inclemente; freddo; rigido.
ungenteel [ˌʌnˌdʒenˈtiːl], *a.* plebeo; rozzo; volgare.
ungentle [ʌnˈdʒentl], *a.* scortese; sgarbato; maleducato; aspro; rude.
ungentlemanly [ʌnˈdʒentlmənli], *a.* **1** grossolano; maleducato; sgarbato; scortese **2** non raffinato; indegno di un gentiluomo.
ungentleness [ʌnˈdʒentlnis], *n.* scortesia; sgarbatezza; asprezza.
un-get-at-able [ˈʌngetˈætəbl], *a.* inaccessibile; inconseguibile; irraggiungibile.
ungifted [ʌnˈgiftid], *a.* senza ingegno; non dotato.
ungilded [ʌnˈgildid], **ungilt** [ʌnˈgilt], *a.* non dorato; senza doratura.
unglazed [ʌnˈgleizd], *a.* **1** (*di finestra, ecc.*) senza vetri; non invetriato **2** non lucido; non lustrato; opaco.
to **unglove** [ʌnˈglʌv], *v. t.* togliere i guanti a (q.).
unglued [ʌnˈgluːd], *a.* scollato; staccato. ● **to come u.**, scollarsi; staccarsi; (*fig., fam.*) perdere il controllo di sé; lasciarsi prendere

dal panico.
ungodliness [ʌnˈgɔdlinis], *n.* irreligiosità; empietà.
ungodly [ʌnˈgɔdli], *a.* **1** irreligioso; empio **2** (*fam.*) assurdo; irragionevole; impossibile: **an u. hour to wake sb. up**, un'ora impossibile per svegliare q.
ungovernable [ʌnˈgʌvənəbl], *a.* ingovernabile; indisciplinato; indocile; riottoso; ribelle: **an u. temper**, un carattere indocile.
ungraceful [ʌnˈgreisful], *a.* sgraziato; goffo.
ungracefulness [ʌnˈgreisfulnis], *n.* mancanza di grazia, goffaggine.
ungracious [ʌnˈgreiʃəs], *a.* **1** scortese; sgarbato; incivile; villano: **an u. reply**, una risposta sgarbata **2** sgradevole; sgradito; ingrato.
ungraciousness [ʌnˈgreiʃəsnis], *n.* **1** scortesia, sgarbatezza; inciviltà; villania **2** sgradevolezza.
ungrammatical [ʌnˈgrəˈmætikəl], *a.* sgrammaticato; scorretto.
ungrateful [ʌnˈgreitful], *a.* **1** ingrato; non riconoscente **2** (*di compito, ecc.*) ingrato; sgradevole; spiacevole; ingrato.
ungratefulness [ʌnˈgreitfulnis], *n.* ingratitudine.
ungratified [ʌnˈgrætifaid], *a.* inappagato; insoddisfatto.
ungrounded [ʌnˈgraundid], *a.* **1** infondato; senza fondamento: **an u. statement**, un'asserzione infondata **2** incolto; ignorante.
ungrudging [ʌnˈgrʌdʒiŋ], *a.* generoso; liberale; munifico; di buon cuore: **u. efforts**, sforzi generosi.
ungual [ˈʌŋgwəl], *a.* (*zool.*) **1** dell'unghia; simile a un'unghia; ungueale **2** unghiato; ungulato.
unguarded [ʌnˈgɑːdid], *a.* **1** indifeso; incustodito **2** avventato; incauto; imprudente; indiscreto: **an u. admission**, un'ammissione incauta. ● **in an u. moment**, in un momento di minor attenzione.
unguent [ˈʌŋgwənt], *n.* unguento.
unguentary [ˈʌŋgwəntəri], *a.* di (*o* simile a) unguento.
unguiculate [ʌŋˈgwikjulit], *a.* (*zool.*) unguicolato.
unguided [ˈʌnˈgaidid], *a.* non guidato; senza guida.
unguiform [ˈʌŋgwifɔːm], *a.* (*zool.*) a forma di unghia.
ungula [ˈʌŋgjulə], *n.* (*pl.* **ungulae**) (*zool.*) ungula.
ungular [ˈʌŋgjulə*], *a.* (*zool.*) ungueale; dell'unghia.
ungulate [ˈʌŋgjuleit], *a. e n.* (*zool.*) ungulato.
unhackneyed [ʌnˈhæknid], *a.* non trito; originale.
to **unhair** [ʌnˈhɛə*], *v. t.* depilare.
to **unhallow** [ʌnˈhæləu], *v. t.* (*arc.*) profanare; sconsacrare.
unhallowed [ʌnˈhæləud], *a.* **1** profanato; sconsacrato: (*relig.*) **u. ground**, terreno sconsacrato **2** (*lett.*) profano; sacrilego; empio; scellerato.
unhampered [ʌnˈhæmpəd], *a.* non impedito; non ostacolato.
to **unhand** [ʌnˈhænd], *v. t.* (*arc. o scherz.*) togliere le mani di dosso a (q.); lasciar andare; liberare.
unhandiness [ʌnˈhændinis], *n.* **1** scarsa maneggevolezza; scomodità **2** scarsa destrezza; goffaggine.
unhandsome [ʌnˈhænsəm], *a.* **1** brutto; sgraziato **2** scortese; sgarbato **3** meschino; gretto.
unhandsomeness [ʌnˈhænsəmnis], *n.* **1** bruttezza; mancanza di grazia **2** scortesia; sgarbatezza **3** meschinità; grettezza.
unhandy [ʌnˈhændi], *a.* **1** poco maneggevole; ingombrante; scomodo **2** maldestro; goffo; impacciato.
to **unhang** [ʌnˈhæŋ] (*pass. e p. p.* **unhung**), *v. t.* **1** staccare; togliere: **to u. a picture**, staccare un quadro (*dalla parete*) **2** togliere dai cardini; scardinare: **to u. a door**, scardinare una porta.
unhanged [ʌnˈhæŋd], *a.* non impiccato; sfuggito alla forca.
unhappiness [ʌnˈhæpinis], *n.* infelicità; sventura; tristezza.
unhappy [ʌnˈhæpi], *a.* **1** infelice; sventurato; dolente; triste **2** disgraziato; sfortunato **3** inopportuno; fuori luogo; infelice: **an u. remark**, un'osservazione infelice.
unharmed [ʌnˈhɑːmd], *a.* incolume; illeso; sano e salvo.
unharmful [ʌnˈhɑːmful], *a.* (*raro*) innocuo.
to **unharness** [ʌnˈhɑːnis], *v. t.* **1** togliere la bardatura (*o i finimenti*) a (*un cavallo*) **2** (*stor.*) togliere l'armatura a (*un guerriero*).
unhatched [ʌnˈhætʃt], *a.* non covato; non schiuso.
unhealthful [ʌnˈhelθful], *a.* insalubre; malsano.
unhealthfulness [ʌnˈhelθfulnis], *n.* insalubrità.
unhealthiness [ʌnˈhelθinis], *n.* **1** cattiva salute; infermità **2** insalubrità **3** immoralità; morbosità.
unhealthy [ʌnˈhelθi], *a.* **1** poco sano; malaticcio; infermo: **an u. woman**, una donna malaticcia **2** insalubre; malsano: **an u. climate**, un clima malsano **3** immorale; morboso.
unheard [ʌnˈhəːd], *a.* **1** non udito; non sentito: **The cry went u.**, il grido non fu udito **2** inascoltato; senza essere stato sentito (*o* interrogato): **He was condemned u.**, lo condannarono senza averlo interrogato **3** ignorato; sconosciuto. ● **u.-of**, inaudito; incredibile; senza precedenti.
unheated [ʌnˈhiːtid], *a.* non riscaldato.
unheeded [ʌnˈhiːdid], *a.* **1** inosservato; non visto **2** negletto; trascurato **3** inascoltato; ignorato.
unheedful [ʌnˈhiːdful], **unheeding** [ʌnˈhiːdiŋ], *a.* **1** disattento;

to; distratto **2** negligente; sbadato; trascurato.
to **unhelm** [ʌnˈhelm], *v. t.* (*stor.*) togliere l'elmo a (q.).
unhelped [ʌnˈhelpt], *a.* non aiutato; senza aiuto; da solo.
unhelpful [ʌnˈhelpful], *a.* inutile; di nessun aiuto; non giovevole.
unheroic [ˈʌnhiˈrouik], *a.* non eroico.
unhesitating [ʌnˈheziteitiŋ], *a.* deciso; fermo; pronto; risoluto.
unhewn [ʌnˈhjuːn], *a.* **1** (*di tronco*) non squadrato **2** (*di legno, pietra e fig.*) greggio; grezzo; rozzo: **an u. style**, uno stile grezzo.
to **unhinge** [ʌnˈhindʒ], *v. t.* **1** scardinare; sgangherare: **to u. a door**, scardinare una porta **2** (*fig.*) sconvolgere; (*specialm.*) far impazzire: **Fear unhinged his mind** (*o* **unhinged him**), la paura lo fece impazzire.
unhinged [ʌnˈhindʒd], *a.* sconnesso; sconvolto; non a posto (*fam.*): **His brain is u.**, non ha il cervello a posto; è fuori di sé.
unhistoric(al) [ˈʌnhisˈtɔrik(əl)], *a.* non storico; leggendario.
to **unhitch** [ʌnˈhitʃ], *v. t.* sganciare; staccare.
to **unhive** [ʌnˈhaiv], *v. t.* (*raro*) far uscire (*api*) dall'alveare.
unholiness [ʌnˈhoulinis], *n.* empietà; scelleraggine.
unholy [ʌnˈhouli], *a.* **1** empio; profano; sacrilego; scellerato **2** (*fam.*) tremendo; terribile: **an u. mess**, un tremendo disordine.
to **unhook** [ʌnˈhuk], *v. t.* **1** sganciare; staccare **2** sfibbiare; slacciare: **She unhooked her dress**, si slacciò l'abito.
to **unhoop** [ʌnˈhuːp], *v. t.* togliere i cerchi a (*una botte*).
unhoped-for [ʌnˈhouptfɔː*], *a.* insperato; inaspettato.
unhopeful [ʌnˈhoupful], *a.* (*raro*) che non spera; sfiduciato.
to **unhorse** [ʌnˈhɔːs], *v. t.* disarcionare; far cadere (q.) da cavallo.
unhounoured, (*USA*) **unhonored** [ʌnˈɔnəd], *a.* non onorato; senza onore.
unhoused [ʌnˈhauzd], *a.* sloggiato; scacciato di casa.
unhuman [ʌnˈhjuːmən], *a.* **1** non umano **2** disumano; inumano.
unhung [ʌnˈhʌŋ], **A** *pass. e p. p.* di **to unhang**. **B** *a.* (*di quadri, ecc.*) non appeso; non esposto.
unhurried [ʌnˈhʌrid], *a.* senza fretta; calmo; comodo.
unhurt [ʌnˈhəːt], *a.* incolume; illeso; sano e salvo.
unhusked [ʌnˈhʌskt], *a.* non sgusciato; col baccello.
unhygienic [ˈʌnhaiˈdʒiːnik], *a.* antigienico.
uniaxial [ˈjuːniˈæksiəl], *a.* (*scient.*) monoassiale; uniassico.
unicameral [ˈjuːniˈkæmərəl], *a.* (*polit.*) unicamerale.
UNICEF [ˈjuːnisef], *n.* (*acronimo di* United Nations International Children's Emergency Fund) UNICEF.
unicellular [ˈjuːniˈseljulə*], *a.* (*biol.*) unicellulare. ● (*zool.*) **u. animal**, protozoo.
unicity [juːˈnisiti], *n.* unicità.
unicoloured [ˈjuːniˈkʌləd], *a.* monocolore; monocromo.
unicorn [ˈjuːnikɔːn], *n.* **1** (*mitol.*) unicorno; liocorno **2** (*zool.*, *Monodon monoceros; anche* **u.-fish, u.-whale, sea u.**) narvalo.
unideaed [ˈʌnaiˈdiəd], *a.* che non ha idee; senza idee.
unideal [ˈʌnaiˈdiəl], *a.* **1** tutt'altro che ideale; reale **2** materialista; prosaico.
unidentified [ˈʌnaiˈdentifaid], *a.* **1** non identificato: **an u. body**, un cadavere non identificato **2** (*di oggetto*) che non si sa di chi sia. ● **u. flying object**, oggetto volante non identificato; disco volante; ufo.
unidirectional [ˌjuːnidiˈrekʃənl], *a.* (*scient., tecn.*) unidirezionale: (*elettr.*) **u. antenna**, antenna unidirezionale. ● (*ing.*) **u. microphone**, microfono unidirettivo.
unifiable [ˈjuːniˈfaiəbl], *a.* unificabile.
unification [ˌjuːnifiˈkeiʃən], *n.* unificazione.
unified [ˈjuːnifaid], *a.* **1** unificato; reso uniforme **2** (*fin.*) consolidato: **u. debt**, debito consolidato. ● (*econ.*) **a u. currency**, una moneta comune.
unifier [ˈjuːnifaiə*], *a.* unificatore, unificatrice.
unifilar [ˌjuːniˈfailə*], *a.* (*tecn.*) unifilare.
uniform (1) [ˈjuːnifɔːm], *a.* uniforme; invariabile; costante: (*fis.*) **u. motion**, moto uniforme; **u. temperature**, temperatura costante.
uniform (2) [ˈjuːnifɔːm], *n.* uniforme; divisa; tenuta: **in u.**, in divisa; **in full u.**, in alta uniforme; (*mil.*) **undress u.**, bassa tenuta.
to **uniform** [ˈjuːnifɔːm], *v. t.* **1** uniformare; rendere uniforme **2** mettere in divisa; fare indossare l'uniforme a (q.).
uniformed [ˈjuːnifɔːmd], *a.* in uniforme; in divisa: **u. policemen**, poliziotti in divisa.
uniformity [ˌjuːniˈfɔːmiti], *n.* uniformità. ● (*stor.*) **the Act of U.**, la Legge per l'uniformità dei riti religiosi (*specialm.* quella del 1662).
to **unify** [ˈjuːnifai], *v. t.* **1** unificare; rendere uniforme; riunire **2** (*fin.*) consolidare.
unilateral [ˌjuːniˈlætərəl], *a.* **1** unilaterale (*anche leg.*): (*bot.*) **u. leaves**, foglie unilaterali; **a u. contract**, un contratto unilaterale **2** (*geom.*) unilatero. ● (*autom.*) **u. car-parking**, parcheggio su un solo lato della strada □ (*polit.*) **u. disarmament**, disarmo unilaterale.
unilaterality [ˌjuːniˌlætəˈræliti], *n.* (*anche leg.*) unilateralità.
unilingual [ˌjuːniˈliŋgwəl], *a.* (*di dizionario, ecc.*) monolingue.

unimaginable [ˌʌniˈmædʒnəbl], *a.* inimmaginabile; inconcepibile; impensabile.
unimaginative [ˌʌniˈmædʒnətiv], *a.* senza fantasia; dotato di scarsa fantasia.
unimaginativeness [ˌʌniˈmædʒnətivnis], *n.* mancanza di fantasia.
unimpaired [ˌʌnimˈpɛəd], *a.* non danneggiato; indenne; inalterato; intatto. ● **with u. prestige**, senza aver perso il proprio prestigio □ **His mind is u.**, la sua mente è lucida.
unimpassioned [ˌʌnimˈpæʃənd], *a.* spassionato; calmo; freddo.
unimpeachability [ˌʌnim‚piːtʃəˈbiliti], *n.* incensurabilità; irreprensibilità.
unimpeachable [ˌʌnimˈpiːtʃəbl], *a.* **1** incensurabile; irreprensibile; inattaccabile **2** indiscutibile: **u. honesty**, onestà indiscutibile.
unimpeachableness [ˌʌnimˈpiːtʃəblnis], *V.* **unimpeachability.**
unimpeded [ˌʌnimˈpiːdid], *a.* non impedito; non impacciato; senza ostacoli.
unimportance [ˌʌnimˈpɔːtəns], *n.* l'esser privo d'importanza.
unimportant [ˌʌnimˈpɔːtənt], *a.* senza importanza; insignificante; trascurabile; senza valore.
unimposed [ˌʌnimˈpouzd], *a.* (*di compito, lavoro, ecc.*) non imposto; spontaneo; volontario.
unimposing [ˌʌnimˈpouziŋ], *a.* non imponente; meschino (*all'aspetto*).
unimpressed [ˌʌnimˈprest], *a.* **1** non impresso **2** non impressionato; non colpito (*fig.*).
unimpressionable [ˌʌnimˈpreʃənəbl], *a.* non impressionabile; calmo; freddo.
unimpressive [ˌʌnimˈpresiv], *a.* che non impressiona; che non fa colpo; modesto (*all'aspetto*).
unimproved [ˌʌnimˈpruːvd], *a.* **1** non migliorato; non corretto **2** (*di terreno*) che non ha avuto migliorie.
unindorsed [ˌʌninˈdɔːst], *a.* (*di assegno bancario, ecc.*) non girato; senza girata.
uninflammable [ˌʌninˈflæməbl], *a.* incombustibile; non infiammabile.
uninfluenced [ˌʌnˈinfluənst], *a.* non soggetto a influssi; non influenzato; che la pensa a modo suo.
uninfluential [ˌʌnˌinfluˈenʃəl], *a.* senza autorità; senza influenza.
uninformed [ˌʌninˈfɔːmd], *a.* **1** non informato; ignaro **2** (*specialm.*) incolto; ignorante.
uninhabitable [ˌʌninˈhæbitəbl], *a.* inabitabile.
uninhabited [ˌʌninˈhæbitid], *a.* inabitato; disabitato.
uninhibited [ˌʌninˈhibitid], *a.* (*anche psic.*) disinibito.
uninitiated [ˌʌniˈniʃieitid], *a.* non iniziato; non introdotto.
uninjured [ˌʌnˈindʒəd], *a.* incolume; illeso; indenne.
uninominal [ˌjuːniˈnɔminl], *a.* uninominale: (*polit.*) **a u. electoral system**, un sistema elettorale uninominale.
uninspired [ˌʌninˈspaiəd], *a.* **1** non ispirato; senza ispirazione **2** banale; mediocre: **an u. book**, un libro banale.
uninstructed [ˌʌninˈstrʌktid], *a.* non istruito; incolto; ignorante.
uninsured [ˌʌninˈʃuəd], *a.* (*ass.*) non assicurato.
unintelligent [ˌʌninˈtelidʒənt], *a.* privo d'intelligenza; ottuso (*fig.*).
unintelligibility [ˌʌninˌtelidʒəˈbiliti], *n.* inintelligibilità; incomprensibilità.
unintelligible [ˌʌninˈtelidʒəbl], *a.* inintelligibile; incomprensibile.
unintentional [ˌʌninˈtenʃənl], *a.* **1** non intenzionale; involontario **2** (*leg.*) preterintenzionale.
unintentionality [ˌʌninˌtenʃəˈnæliti], *n.* **1** mancanza d'intenzionalità **2** (*leg.*) preterintenzionalità.
uninterested [ˌʌnˈintristid], *a.* non interessato; incurante; indifferente.
uninteresting [ˌʌnˈintristiŋ], *a.* non interessante; privo d'interesse.
uninterrupted [ˌʌnˌintəˈrʌptid], *a.* ininterrotto; incessante.
uninvested [ˌʌninˈvestid], *a.* (*fin.*) giacente; non investito.
uninvited [ˌʌninˈvaitid], *a.* non invitato; senza invito.
uninviting [ˌʌninˈvaitiŋ], *a.* **1** non invitante; non attraente; non allettante **2** (*di cibo*) poco appetitoso.
uninvolved [ˌʌninˈvɔlvd], *a.* non coinvolto; non implicato.
union [ˈjuːnjən], *n.* **1** unione; alleanza; confederazione; associazione; matrimonio: **a happy u.**, un'unione (*o* un matrimonio) felice; **the U. of South Africa**, l'Unione sudafricana **2** armonia; concordia; accordo: **They lived together in perfect u.**, vivevano insieme d'amore e d'accordo **3** (*mecc.*) giunto; raccordo: **pipe u.**, raccordo per tubazioni **4** (*ind. tessile*) tessuto misto (*di lino e cotone*) **5** (*anche* **trade u., labour u.**) sindacato (*di lavoratori*) **6** (*anche* **u. workhouse**) casa di lavoro per poveri; ricovero di mendicità **7** quarto superiore (*di una bandiera*) vicino all'asta. ● (*stor.*) **the U.**, l'unione dell'Inghilterra e della Scozia (1707); gli Stati Uniti d'America □ **unions' actions**, manifestazioni sindacali □ **u. card**, tessera del sindacato □ **the U. Jack**, la bandiera nazionale britannica □ **u. militancy**, attivismo sindacale □ **u. militant**, attivista sindacale □ **u. officer** (*o* **u. representative**), sindacalista □ **u. steward**, dirigente sindacale □ (*USA*) **u. suit**, costume in un solo pezzo per uomo (*cfr. ingl.* **combinations**) □ **postal u.**, unione postale □ (*prov.*) **U. is strength**, l'unione fa la forza.
unionism [ˈjuːnjənizəm], *n.* **1** (*polit.*) unionismo **2** (*anche* **trade u., labour u.**) sindacalismo **3** — (*stor., in G.B.*) U., posizione favorevole all'unione fra l'Irlanda e la Gran Bretagna **4** — (*stor. USA*) U., fedeltà all'Unione; antisecessionismo.
unionist [ˈjuːnjənist], *n.* **1** (*polit.*) unionista **2** membro di un sindacato; sindacalista **3** — (*stor., in G.B.*) U., unionista; fautore dell'unione fra l'Irlanda e la Gran Bretagna; conservatore **4** — (*stor. USA*) U., unionista; sostenitore dell'Unione; antisecessionista.
unionistic [ˌjuːnjəˈnistik], *a.* **1** di (*o* da) unionista; relativo all'unionismo **2** di (*o* da) sindacalista; sindacalistico.
unionization [ˌjuːnjənaiˈzeiʃən], *n.* organizzazione in un sindacato; sindacalizzazione.
to unionize [ˈjuːnjənaiz], *v. t.* **1** riunire in un'associazione **2** organizzare (*o* raccogliere) in un sindacato; sindacalizzare: **to u. shop assistants**, organizzare in sindacato i commessi di negozio.
unionized [ˈjuːnjənaizd], *a.* iscritto a un sindacato; sindacalizzato. ● **non-u.**, non iscritto ad alcun sindacato.
uniparous [juːˈnipərəs], *a.* (*biol.*) uniparo.
unipersonal [ˌjuːniˈpəːsnl], *a.* **1** (*relig.: di divinità*) che esiste in una sola persona **2** (*gramm.: di verbo*) che si coniuga in una sola persona; (*specialm.*) impersonale.
unipolar [ˌjuːniˈpoulə*], *a.* (*biol., elettr.*) unipolare.
unipole [ˈjuːnipoul], *n.* (*elettr.*) unipolo.
unique [juːˈniːk], **A** *a.* **1** unico; solo: **This vase is u. of its kind**, questo vaso è unico nel suo genere **2** (*fam.*) eccezionale; notevole; singolare; straordinario. **B** *n.* cosa unica; pezzo unico.
uniqueness [juːˈniːknis], *n.* unicità.
unisex [ˈjuːniseks], *a. e n.* unisex: **u. clothes**, abiti unisex; **u. look**, aspetto unisex. ● **u. shop**, negozio di capi di vestiario unisex.
unisexual [ˌjuːniˈseksjuəl], *a.* **1** (*biol.*) unisessuale **2** *V.* **unisex.**
unisexuality [ˌjuːniˌseksjuˈæliti], *n.* (*biol.*) unisessualità.
unison [ˈjuːnizn], (*mus.*) **A** *n.* unisono; (*fig.*) accordo, armonia: **to sing in u.**, cantare all'unisono; **They answered in perfect u.**, risposero in perfetta armonia. **B** *a. attr.* unisono: **u. string**, corda unisona.
unisonal [juːˈnisənl], **unisonant** [juːˈnisənənt], *a.* (*mus.*) unisono.
unisonance [juːˈnisənəns], *n.* (*mus.*) unisonanza.
unisonous [juːˈnisənəs], *a.* **1** (*mus.*) unisono **2** (*fig.*) concorde; in armonia.
unissued [ˌʌnˈisjuːd], *a.* (*fin.*) non emesso: **u. stock**, capitale non emesso.
unit [ˈjuːnit], *n.* **1** (*mat., med., mil., ecc.*) unità: **monetary u.**, unità monetaria; **u. of length (of weight, etc.)**, unità di lunghezza (di peso, ecc.); (*econ., fin.*) **u. of account**, unità di conto; (*mil.*) **a small armoured u.**, una piccola unità corazzata **2** (*econ.*) unità produttiva; azienda **3** elemento (*componibile*); mobiletto (*da cucina, ecc.*); componibile. ● (*comm., ind.*) **u. cost**, costo unitario □ **u. furniture**, mobili componibili □ (*econ., comm.*) **u. price**, prezzo unitario □ (*ferr.*) **u. train**, treno merci non scomponibile □ (*fin.*) **u. trust**, fondo comune d'investimento.
Unitarian [ˌjuːniˈtɛəriən], *n. e a.* (*relig.*) Unitario; Unitariano: **U. Church**, Chiesa Unitaria (*che non accetta il dogma della Trinità*).
Unitarianism [ˌjuːniˈtɛəriənizəm], *n.* (*relig.*) Unitarismo; Unitarianismo.
unitary [ˈjuːnitəri], *a.* unitario (*anche mat.*); di un'unità.
to unite [juːˈnait], **A** *v. t.* unire; congiungere; connettere; accoppiare; riunire; unire in matrimonio. **B** *v. i.* unirsi; congiungersi; riunirsi; mescolarsi: **Let's u. against the common foe**, uniamoci contro il comune nemico; **Oil will not u. with water**, l'olio non si mescola con l'acqua.
united [juːˈnaitid], *a.* unito; congiunto; riunito: **our u. efforts**, i nostri sforzi congiunti; **the U. Kingdom**, il Regno Unito; **the U. States**, gli Stati Uniti; **the U. Nations**, le Nazioni Unite. ● (*relig.*) **the U. Brethren**, i Confratelli Ussiti (*setta protestante*) □ (*stor., polit.*) **the U. Nations Charter**, la Carta delle Nazioni Unite □ (*prov.*) **U. we stand, divided we fall**, l'unione fa la forza.
unitholder [ˈjuːnitˌhouldə*], *n.* (*fin.*) azionista di un fondo comune d'investimento.
unitive [ˈjuːnitiv], *a.* unitario; che tende a unire.
to unitize [ˈjuːnitaiz], *v. t.* **1** ridurre all'unità; unificare **2** trattare come un'unità; considerare unitario **3** (*ind.*) unificare. ● (*autom.*) **unitized body**, scocca portante; carrozzeria portante.
unity [ˈjuːniti], *n.* **1** (*arte, polit., mat., ecc.*) unità: **national u.**, l'unità nazionale; **His painting lacks u.**, la sua pittura manca di unità **2** armonia; concordia; accordo: **They live in u. with their neighbours**, vivono in buona armonia con i loro vicini. ● **to be at u. with**, essere in armonia (*o* andare d'accordo) con

☐ (*letter.*) **the dramatic unities** (**of action**, **time and space**), le unità drammatiche (d'azione, di tempo, di luogo).
univalence [ju:ni'veiləns], **univalency** [ju:ni'veilənsi], *n.* (*chim.*) monovalenza.
univalent [ju:ni'veilənt], *a.* (*chim.*) monovalente.
univalve ['ju:nivælv], (*zool.*) **A** *a.* univalve. **B** *n.* mollusco univalve.
universal [ju:ni'və:səl], **A** *a.* universale; generale; invalso; per tutti: **u. applause**, plauso universale; **u. suffrage**, suffragio universale; **a u. rule**, una regola universale; **The terror was u.**, il terrore era generale; **a u. practice**, una pratica invalsa; un'usanza generale; **u. entertainment**, divertimento per tutti. **B** *n.* (*filos.*) concetto generale; proposizione universale. ● (*mecc.*) **u. coupling** (*o* **u. joint**), giunto universale; giunto cardanico; cardano ☐ (*mecc.*) **u. vise**, morsa universale (*o* orientabile).
universalism [ju:ni'və:səlizəm], *n.* (*relig.*) universalismo.
universalist [ju:ni'və:səlist], *n.* (*relig.*) universalista.
universality [ju:nivə:'sæliti], *n.* universalità.
universalization [ju:ni'və:səlai'zeiʃən], *n.* universalizzazione.
to **universalize** [ju:ni'və:səlaiz], *v. t.* rendere universale; universalizzare.
universe ['ju:nivə:s], *n.* **1** (*astron.*) universo; mondo **2** (*fig.*) sistema: **a u. of thought**, un sistema filosofico.
university [ju:ni'və:siti], **A** *n.* università (*degli studi*): **There is a famous u. at Oxford**, vi è una famosa università a Oxford. **B** *a. attr.* universitario: **a u. student**, uno studente universitario. ● (*collett.*) **the u.**, il corpo accademico; (*anche*) gli studenti ☐ **u. degree**, laurea ☐ **u. education**, istruzione universitaria (*o* superiore) ☐ **to go to u.** (*USA:* **to the u.**), andare all'università.
univocal ['ju:ni'voukəl], **A** *a.* univoco; cha ha un solo significato. **B** *n.* parola univoca.
to **unjoint** [ʌn'dʒɔint], *v. t.* **1** staccare (*un giunto*) **2** disarticolare; smontare (*una canna da pesca, ecc.*).
unjust [ʌn'dʒʌst], *a.* ingiusto; iniquo. ● (*leg.*) **u. enrichment**, indebito arricchimento.
unjustifiable [ʌn'dʒʌstifaiəbl], *a.* ingiustificabile.
unjustified [ʌn'dʒʌstifaid], *a.* ingiustificato.
unkempt [ʌn'kempt], *a.* **1** arruffato; scarmigliato; spettinato **2** (*fig.*) disordinato; trascurato; sciatto: **u. style**, stile sciatto.
unkind [ʌn'kaind], *a.* **1** scortese; sgarbato; non gentile **2** aspro; cattivo; crudele; duro: **He is u. to animals**, è crudele con gli animali; maltrata le bestie **3** (*di clima*) rigido; inclemente.
unkindly [ʌn'kaindli], **A** *a. V.* **unkind**. **B** *avv.* **1** scortesemente; sgarbatamente; in malo modo **2** aspramente; crudelmente; duramente. ● **Don't take it u.**, non prendertela; non avertene a male.
unkindness [ʌn'kaindnis], *n.* **1** scortesia; sgarbatezza **2** asprezza; cattiveria; crudeltà; malevolenza **3** (*di clima*) rigidezza; inclemenza.
unkingly [ʌn'kiŋli], *a.* non regale; indegno di un re.
unknightly [ʌn'naitli], *a.* non cavalleresco; indegno d'un cavaliere.
to **unknit** [ʌn'nit], *v. t.* **1** disfare; districare; sciogliere; slegare **2** spianare (*la fronte e sim.*). ● **to u. one's brows**, rasserenarsi in viso.
to **unknot** [ʌn'nɔt], *v. t.* slegare; slacciare; snodare.
unknowability [ʌn,nouə'biliti], *n.* inconoscibilità.
unknowable [ʌn'nouəbl], *a.* inconoscibile.
unknowableness [ʌn'nouəblnis], *n.* inconoscibilità.
unknowing [ʌn'nouiŋ], *a.* inconsapevole; ignaro.
unknown [ʌn'noun], **A** *a.* ignoto; sconosciuto; incognito: **the U. Warrior**, il Milite Ignoto; **The region is u. to me**, la regione mi è sconosciuta. **B** *n.* **1** (l') ignoto: **We all dread the u.**, tutti temiamo l'ignoto **2** (*mat.*) incognita: **an equation of two unknowns**, un'equazione a due incognite **3** (*fam.*) persona (*o* cosa) sconosciuta. ● **an u. person**, uno sconosciuto; (*leg.*) un ignoto ☐ (*mat.*) **u. quantity**, incognita ☐ **u. to me**, a mia insaputa.
unlabelled [ʌn'leibld], *a.* (*comm.*) senza etichetta; senza cartellino.
unlaboured [ʌn'leibəd], *a.* **1** (*di stile, ecc.*) non elaborato; naturale; spontaneo **2** fatto senza sforzo (*o* fatica) **3** (*di terreno*) non coltivato; incolto.
to **unlace** [ʌn'leis], *v. t.* slacciare; sciogliere.
to **unlade** [ʌn'leid] (*pass.* **unladed**, *p. p.* **unladen**), *v. t.* scaricare: **to u. a ship** (**a cargo, etc.**), scaricare una nave (*un* carico, ecc.).
unladen [ʌn'leidən], **A** *p. p.* di **to unlade**. **B** *a.* scarico: (*autom.*) **The weight refers to an u. car**, il peso s'intende da veicolo scarico.
unladylike [ʌn'leidilaik], *a.* indegno d'una signora.
unlamented [ʌnlə'mentid], *a.* non compianto; illacrimato (*lett.*).
to **unlash** [ʌn'læʃ], *v. t.* sciogliere; slegare; staccare.

to **unlatch** [ʌn'lætʃ], *v. t.* togliere il saliscendi a (*una porta*); aprire; disserrare; schiudere.
unlawful [ʌn'lɔ:ful], *a.* (*leg.*) illegale; illecito; illegittimo.
unlawfulness [ʌn'lɔ:fulnis], *n.* (*leg.*) illegalità; illiceità; illegittimità.
to **unlay** [ʌn'lei] (*pass.* e *p. p.* **unlaid**), *v. t.* (*naut.*) disfare; separare i capi di (*una cima*).
to **unlearn** [ʌn'lə:n], *v. t.* disimparare; dimenticare.
unlearned (*def. 1* [ʌn'lə:nid], *def. 2* [ʌn'lə:nd]), *a.* **1** ignorante; illetterato; incolto **2** non appreso con lo studio; naturale; spontaneo.
to **unleash** [ʌn'li:ʃ], *v. t.* **1** sguinzagliare; slegare, sciogliere (*cani, ecc.*) **2** (*fig.*) liberare; dar libero sfogo a (*q.c.*); scatenare.
unleavened [ʌn'levnd], *a.* senza lievito; azzimo; non lievitato: **u. bread**, pane azzimo.
unless [ən'les], *cong.* a meno che; salvo che, eccetto che; se non: **I shall do it u. I'm too busy**, lo farò, a meno che non sia troppo occupato; **U. it rains, I'll go there tomorrow**, ci andrò domani, se non piove. ● **u. and until**, se e fino a; finché.
unlet [ʌn'let], *a.* (*d'immobile*) spigionato; sfitto.
unlettered [ʌn'letəd], *a.* **1** illetterato; incolto **2** (*specialm.*) che non sa leggere; analfabeta.
unlicensed [ʌn'laisənst], *a.* senza licenza; senza patente.
unlicked [ʌn'likt], *a.* **1** (*fig.*) grossolano; rozzo **2** (*pop., anche sport*) imbattuto.
unlike [ʌn'laik], **A** *a.* **1** dissimile; differente; diverso: **He is quite u. his father**, è del tutto diverso da suo padre **2** non somigliante: **The portrait is utterly u.**, il ritratto non è affatto somigliante. **B** *prep.* a differenza di; diversamente da; in modo diverso da: **He plays quite u. you**, gioca in modo del tutto diverso da te. ● (*mat.*) **u. signs**, segni diversi, contrari (+ *e* −) ☐ **It's u. him to be late**, non è da lui arrivare in ritardo ☐ **The two are quite u.**, quei due non si somigliano affatto.
unlikelihood [ʌn'laiklihud], **unlikeliness** [ʌn'laiklinis], *n.* improbabilità; inverosimiglianza.
unlikely [ʌn'laikli], **A** *a.* **1** improbabile; inverosimile: **an u. tale**, un racconto inverosimile; **They are u. to come**, è improbabile che vengano **2** poco promettente; insoddisfacente. **B** *avv.* (*raro*) improbabilmente (*raro*); senza alcuna probabilità.
unlikeness [ʌn'laiknis], *n.* dissomiglianza; differenza; diversità.
to **unlimber** [ʌn'limbə*], *v. t.* **1** (*mil.*) staccare l'avantreno di (*un cannone*); mettere in postazione **2** (*fig.*) approntare; preparare.
unlimited [ʌn'limitid], *a.* illimitato; immenso; sconfinato: **u. powers**, poteri illimitati. ● (*fin.*) **u. company**, società in nome collettivo ☐ (*ass.*) **u. policy**, polizza che copre tutti i rischi ☐ **He drinks u. coffee**, non fa che bere caffè.
unlimitedness [ʌn'limitidnis], *n.* illimitatezza; immensità.
to **unline** [ʌn'lain], *v. t.* levar la fodera a; sfoderare.
unlined (1) [ʌn'laind], *a.* non foderato; sfoderato: **an u. jacket**, una giacca sfoderata.
unlined (2) [ʌn'laind], *a.* **1** (*di carta*) senza righe **2** (*di viso*) senza rughe; liscio.
to **unlink** [ʌn'liŋk], *v. t.* separare gli anelli di (*una catena*); disgiungere; staccare; scollegare.
unlinked [ʌn'liŋkt], *a.* disgiunto; staccato; scollegato.
unlisted [ʌn'listid], *a.* **1** che non figura in un elenco; che non è in lista **2** (*USA*) non sull'elenco telefonico; segreto (*cfr. ingl.* **ex-directory**) **3** (*fin.*) non quotato (*in Borsa*).
unlit [ʌn'lit], *a.* non acceso; non illuminato.
to **unload** [ʌn'loud], **A** *v. t.* **1** scaricare (*un carico, una nave, un fucile, ecc.*) **2** sgravare; sollevare **3** (*fin., comm.*) disfarsi di; sbarazzarsi di; vendere: **I advise you to u. your coal shares**, ti consiglio di disfarti delle azioni carbonifere; **Canada is trying to u. surplus cereals abroad**, il Canada sta cercando di vendere all'estero i cereali che produce in eccesso. **B** *v. i.* (*specialm. naut.*) scaricare: **The cargo was unloading**, la nave da carico stava scaricando.
unload [ʌn'loud], *n.* (*specialm. naut.*) merce scaricata.
unloaded [ʌn'loudid], *a.* scaricato; scarico.
unloader [ʌn'loudə*], *n.* **1** scaricatore **2** (*mecc.*) scaricatore di materiali.
unloading [ʌn'loudiŋ], *n.* **1** scaricamento; scarico **2** (*naut.*) discarico; sbarco **3** (*chim., ind.*) scaricamento. ● (*elab.*) **u. circuit**, circuito di scarico.
unlocated [ʌn'lou'keitid], *a.* non definito come ubicazione; non localizzato; non individuato.
to **unlock** [ʌn'lɔk], *v. t.* **1** aprire (*specialm. con una chiave*); disserrare; schiudere **2** (*fig.*) rivelare, svelare (*un segreto, ecc.*) **3** (*mecc.*) sbloccare.
unlooked-for [ʌn'luktfɔ:*], *a.* inatteso; impensato; imprevisto.
to **unloose** [ʌn'lu:s], to **unloosen** [ʌn'lu:sn], *v. t.* **1** allentare; sciogliere: **to u. a screw**, allentare una vite; **to u. one's belt**, allentarsi la cinghia (*dei pantaloni*) **2** (*fig.*) liberare.
unlovable [ʌn'lʌvəbl], *a.* non amabile; antipatico; sgradevole.

unloved [ʌn'lʌvd], *a.* non amato.
unloveliness [ʌn'lʌvlinis], *n.* mancanza di grazia; bruttezza.
unlovely [ʌn'lʌvli], *a.* **1** non attraente; brutto; sgraziato **2** antipatico; sgradevole.
unloving [ʌn'lʌviŋ], *a.* non affettuoso; freddo; insensibile.
unluckiness [ʌn'lʌkinis], *n.* sfortuna; disgrazia.
unlucky [ʌn'lʌki], *a.* **1** sfortunato; disgraziato; sventurato: **I am always u. at cards**, sono sempre sfortunato a carte **2** che porta sfortuna; malaugurato; nefasto; infelice: **an u. expedient**, un malaugurato espediente; **in an u. hour**, in un momento infelice.
unmade [ʌn'meid], **A** *pass.* e *p. p.* di **to unmake. B** *a.* **1** non fatto; disfatto **2** (*del letto*) sfatto; disfatto.
unmaidenly [ʌn'meidnli], *a.* che non si addice a una fanciulla.
unmailable [ʌn'meiləbl], *a.* che non si può spedire per posta.
to unmake [ʌn'meik] (*pass.* e *p. p.* **unmade**), *v. t.* **1** disfare; distruggere; abbattere; rovinare **2** deporre; licenziare; revocare (*da un ufficio, ecc.*).
unmalleability [ʌn,mæliə'biliti], *n.* mancanza di malleabilità.
unmalleable [ʌn'mæliəbl], *a.* non malleabile.
to unman [ʌn'mæn], *v. t.* **1** abbattere; accasciare; indebolire; snervare **2** evirare **3** privare del personale (*o* dell'equipaggio); (*naut.*) disarmare: **to u. a ship**, privare una nave dell'equipaggio.
unmanageable [ʌn'mænidʒəbl], *a.* **1** ingovernabile; indisciplinato; ribelle; intrattabile; riottoso; scontroso **2** (*di materiale*) difficile a lavorarsi. ● **an u. child**, un bambino difficile □ **an u. situation**, una situazione difficile.
unmanlike [ʌn'mænlaik], *V.* **unmanly**.
unmanliness [ʌn'mænlinis], *n.* debolezza; effeminatezza; pusillanimità; viltà.
unmanly [ʌn'mænli], *a.* poco virile; indegno di un uomo; debole; effeminato; pusillanime; vile.
unmanned [ʌn'mænd], *a.* **1** debole; effeminato; snervato **2** evirato **3** (che è) senza personale (*o* equipaggio) **4** (*di luogo*) spopolato; deserto.
unmannerliness [ʌn'mænəlinis], *n.* grossolanità; volgarità; rozzezza; scortesia; sgarbatezza.
unmannerly [ʌn'mænəli], *a.* grossolano; volgare; rozzo; scortese; sgarbato.
unmanufactured [ʌn,mænju'fæktʃəd], *n.* (*comm.: di prodotto*) non lavorato; greggio; grezzo.
unmarked [ʌn'ma:kt], *a.* **1** non marcato; non contrassegnato **2** inosservato; non visto **3** (*di compiti, elaborati, ecc.*) non ancora corretto; senza voto.
unmarketable [ʌn'ma:kitəbl], *a.* (*comm.*) non commerciabile; invendibile.
unmarriageable [ʌn'mæridʒəbl], *a.* non adatto al matrimonio.
unmarried [ʌn'mærid], *a.* non sposato; (*d'uomo*) celibe; (*di donna*) nubile. ● **an u. man**, uno scapolo □ **an u. mother**, una ragazza madre □ **an u. woman**, una zitella.
to unmarry [ʌn'mæri], *v. t.* sciogliere il matrimonio di (q.).
to unmask [ʌn'ma:sk], **A** *v. t.* smascherare (*anche fig.*): **to u. a spy**, smascherare una spia. **B** *v. i.* **1** smascherarsi **2** (*fig.*) gettare la maschera.
unmatchable [ʌn'mætʃəbl], *a.* incomparabile; impareggiabile.
unmatched [ʌn'mætʃt], *a.* **1** scompagnato; spaiato; senza il compagno **2** ineguagliato; senza pari; che non ha l'uguale.
unmated [ʌn'meitid], *a.* non accoppiato; non appaiato.
unmaterial [ʌnmə'tiəriəl], *a.* (*raro*) immateriale; spirituale; etereo.
unmeaning [ʌn'mi:niŋ], *a.* **1** insignificante; senza senso; senza significato **2** senza espressione; vacuo: **an u. look**, uno sguardo vacuo.
unmeant [ʌn'ment], *a.* non intenzionale; involontario.
unmeasured [ʌn'meʒəd], *a.* **1** non misurato **2** smisurato; sconfinato; illimitato; enorme: **u. pride**, orgoglio smisurato.
unmeet [ʌn'mi:t], *a.* (*arc., lett.*) **1** disadatto; inadatto **2** indegno; sconveniente.
unmeetness [ʌn'mi:tnis], *n.* (*arc., lett.*) **1** l'essere disadatto **2** indegnità; sconvenienza.
unmelodious [ʌnmi'loudjəs], *a.* senza melodia; disarmonico.
unmelted [ʌn'meltid], *a.* **1** non fuso; non sciolto **2** (*fig.*) duro; rigido.
unmendable [ʌn'mendəbl], *a.* **1** non emendabile; incorreggibile **2** irriparabile; non aggiustabile.
unmentionable [ʌn'menʃnəbl], *a.* da non menzionarsi; innominabile. ● (*arc., scherz.: di abiti*) **the unmentionables**, gli innominabili; (*specialm.*) i pantaloni; la biancheria intima.
unmerchantable [ʌn'mə:tʃəntəbl], *a.* (*comm.*) non commerciabile; invendibile.
unmerciful [ʌn'mə:siful], *a.* senza pietà; crudele; implacabile; spietato.
unmercifulness [ʌn'mə:sifulnis], *n.* crudeltà; implacabilità; spietatezza.

unmerited [ʌn'meritid], *a.* immeritato.
unmeriting [ʌn'meritiŋ], *a.* immeritevole.
unmetalled [ʌn'metəld], *a.* (*di strada*) senza massicciata; in terra battuta.
unmethodical [ʌnmi'θɔdikəl], *a.* non metodico; senza metodo.
unmindful [ʌn'maindful], *a.* **1** immemore; dimentico **2** disattento; distratto; sbadato **3** incurante; negligente: **u. of one's obligations**, incurante dei propri obblighi.
unmindfulness [ʌn'maindfulnis], *n.* **1** dimenticanza **2** disattenzione; sbadataggine **3** incuria; negligenza.
unmingled [ʌn'miŋgld], *a.* non mescolato; puro.
unmirthful [ʌn'mə:θful], *a.* (*raro*) non allegro; triste.
unmistakable [ʌnmis'teikəbl], *a.* chiaro; evidente; indubbio; inconfondibile; lampante.
unmitigated [ʌn'mitigeitid], *a.* **1** non mitigato; grave; forte: **u. pain**, forte dolore **2** assoluto; totale; completo: **u. contempt**, assoluto disprezzo **3** (*fam.*) bell'e buono; matricolato; solenne: **an u. lie**, una bugia bell'e buona; **an u. blackguard**, un furfante matricolato; **an u. fool**, un solenne imbecille.
unmixed [ʌn'mikst], *a.* non mescolato; puro.
unmodified [ʌn'mɔdifaid], *a.* non modificato; tale e quale.
unmolested [ʌnmou'lestid], *a.* non molestato; indisturbato.
to unmoor [ʌn'muə*], (*naut.*) **A** *v. t.* disormeggiare. **B** *v. i.* togliere gli ormeggi.
unmooring [ʌn'muəriŋ], *n.* (*naut.*) disormeggio.
unmoral [ʌn'mɔrəl], *a.* amorale.
unmorality [ʌnmə'ræliti], *n.* amoralità.
unmortgaged [ʌn'mɔ:gidʒd], *a.* (*comm.*) non ipotecato.
unmotherly [ʌn'mʌðəli], *a.* non materno; indegno di una madre.
unmoulded [ʌn'moulded], *a.* **1** non modellato; non formato **2** informe; senza forma.
unmounted [ʌn'mauntid], *a.* **1** non a cavallo; a piedi; appiedato: **u. police**, polizia appiedata **2** (*di quadro*) senza cornice **3** (*di gemma, diamante, ecc.*) non incastonato.
unmourned [ʌn'mɔ:nd], *a.* non compianto; illacrimato (*lett.*).
unmoved [ʌn'mu:vd], *a.* **1** immobile; fisso; saldo **2** (*fig.*) non commosso; calmo; freddo (*fig.*); impassibile.
unmoving [ʌn'mu:viŋ], *a.* **1** immobile; fisso **2** che non commuove; non commovente.
unmown [ʌn'moun], *a.* (*agric.*) non falciato; non mietuto.
to unmuffle [ʌn'mʌfl], *v. t.* togliere il velo a; scoprire.
unmurmuring [ʌn'mə:məriŋ], *a.* **1** che non mormora **2** che non si lamenta; rassegnato; sottomesso.
unmusical [ʌn'mju:zikəl], *a.* **1** non musicale; discordante; disarmonico; scordato **2** poco amante della musica; stonato.
to unmuzzle [ʌn'mʌzl], *v. t.* **1** togliere la museruola a (*un cane*) **2** (*fig.*) liberare dalla censura.
to unnail [ʌn'neil], *v. t.* schiodare.
unnam(e)able [ʌn'neiməbl], *a.* innominabile.
unnamed [ʌn'neimd], *a.* innominato; anonimo.
unnatural [ʌn'nætʃrəl], *a.* **1** innaturale; artificioso; affettato **2** anormale; contro natura **3** snaturato; inumano; crudele: **an u. mother**, una madre snaturata; **u. crimes**, crudeli delitti.
unnaturalness [ʌn'nætʃrəlnis], *n.* **1** mancanza di naturalezza; artificiosità; affettazione **2** anormalità **3** inumanità; crudeltà.
unnavigable [ʌn'nævigəbl], *a.* non navigabile; innavigabile.
unnecessary [ʌn'nesisəri], **A** *a.* non necessario; inutile; non richiesto; superfluo: **with u. care**, con cura superflua; con troppa attenzione. **B** *n.* (*di solito al pl.*) (il) superfluo; (le) cose inutili.
unneeded [ʌn'ni:did], **unneedful** [ʌn'ni:dful], *a.* non necessario; che non occorre; inutile.
unnegotiable [ʌnni'gouʃəbl], *a.* (*comm., leg.*) non negoziabile.
unneighbourly [ʌn'neibəli], *a.* poco amichevole; non da buon vicino; scortese.
to unnerve [ʌn'nə:v], *v. t.* **1** indebolire; infiacchire; accasciare; snervare **2** intimidire; far tremare; spaventare: **The scream unnerved her**, l'urlo la spaventò.
unnoted [ʌn'noutid], *a.* inosservato; non notato.
unnoticeable [ʌn'noutisəbl], *a.* che passa inosservato; insignificante.
unnoticed [ʌn'noutist], *a.* inosservato; negletto; non notato; trascurato: **He passed u.**, passò inosservato. ● **to leave st. u.**, passar q.c. sotto silenzio □ **to let st. pass u.**, non far caso a q.c.
unnumbered [ʌn'nʌmbəd], *a.* **1** non numerato **2** innumerevole; innumerabile.
UNO ['ju:nou], *n.* (*acronimo di* United Nations Organization) (*polit., più comune* **UN**) ONU; (le) Nazioni Unite.
unobjectionable [ʌnəb'dʒekʃnəbl], *a.* ineccepibile; irreprensibile.
unobliging [ʌnə'blaidʒiŋ], *a.* non compiacente; scortese.
unobscured [ʌnəbs'kjuəd], *a.* non oscurato; chiaro.
unobserved [ʌnəb'zə:vd], *a.* inosservato; non notato.
unobstructed [ʌneb'strʌktid], *a.* non ostruito; libero; sgombro.

unobtainable [ˌʌnəb'teinəbl], *a.* non ottenibile; inconseguibile.
unobtrusive [ˌʌnəb'tru:siv], *a.* **1** che non dà nell'occhio; che non si nota; non appariscente **2** discreto; riservato. ● **an u. remark**, un'osservazione innocua □ **to make oneself u.**, non dare nell'occhio; farsi piccolo (*fig.*).
unobtrusiveness [ˌʌnəb'tru:sivnis], *n.* **1** il non dare nell'occhio; scarsa evidenza **2** discrezione; riservatezza.
unoccupied [ˌʌn'ɔkjupaid], *a.* **1** non occupato; disponibile; vacante; libero; senza impegni **2** (*di un edificio*) vuoto; senza inquilini **3** (*mil.*) non (ancora) occupato.
unoffending [ˌʌnə'fendiŋ], *a.* inoffensivo; innocuo.
unofficial [ˌʌnə'fiʃəl], *a.* non ufficiale; ufficioso: **an u. estimate**, una stima non ufficiale. ● (*ind.*) **u. stoppage** (*o* **u. strike**), sciopero selvaggio.
unopened [ˌʌn'oupənd], *a.* non aperto; non dissigillato; chiuso.
unoperated [ˌʌnə'pəreitid], *a.* (*med.*) non operato; che non è stato operato.
unopposed [ˌʌnə'pouzd], *a.* **1** incontestato; indiscusso **2** incontrastato; senza trovar resistenza.
unorganized [ˌʌn'ɔ:gənaizd], *a.* **1** non organizzato; disorganizzato **2** (*di lavoratore, ecc.*) non organizzato (*in sindacato*) **3** (*scient.*) inorganico; non vivente.
unoriginal [ˌʌnə'ridʒinəl], *a.* non originale; privo d'originalità.
unornamental [ˌʌn,ɔ:nə'mentl], *a.* non decorativo; tutt'altro che ornamentale; brutto.
unornamented [ˌʌn'ɔ:nəmentid], *a.* senza ornamenti; disadorno.
unorthodox [ˌʌn'ɔ:θədɔks], *a.* non ortodosso; eterodosso. ● (*sport*) **an u. swimmer**, uno che nuota in modo poco ortodosso.
unorthodoxy [ˌʌn'ɔ:θədɔksi], *n.* eterodossia.
unostentatious [ˌʌn,ɔsten'teiʃəs], *a.* senza ostentazione; modesto; semplice.
unostentatiousness [ˌʌn,ɔsten'teiʃəsnis], *n.* mancanza di ostentazione; modestia; semplicità.
unowned [ˌʌn'ound], *a.* **1** (*anche leg.*) senza proprietario; di nessuno **2** non ammesso; inconfessato; misconosciuto.
unpacified [ˌʌn'pæsifaid], *a.* non pacificato; implacato.
to unpack [ˌʌn'pæk], **A** *v. t.* **1** disimballare; disfare; spacchettare; (*comm.*) sballare **2** cavare (q.c.) da un baule (*o* da una valigia) **3** scaricare (*un carro, ecc.*) **4** (*elab.*) disimpaccare. **B** *v. i.* disfare le valigie.
unpaid [ˌʌn'peid], *a.* **1** non pagato; non retribuito; non remunerato: **an u. position**, un impiego non retribuito **2** non saldato; insoluto: **an u. debt**, un debito non saldato; **an u. invoice**, una fattura insoluta. ● (*comm.*) **carriage u.**, porto assegnato.
unpaired [ˌʌn'pɛəd], *a.* spaiato.
unpalatable [ˌʌn'pælətəbl], *a.* sgradevole (*anche fig.*); di gusto sgradevole.
unparalleled [ˌʌn'pærəleld], *a.* senza pari; impareggiabile; ineguagliato; senza precedenti.
unpardonable [ˌʌn'pa:dnəbl], *a.* imperdonabile.
unparliamentary [ˌʌn,pɑ:lə'mentəri], *a.* **1** contrario alle leggi (*o* alle consuetudini*) parlamentari **2** (*fig.*) incivile; scortese; sgarbato; volgare. ● **u. language**, parolacce; imprecazioni; insulti; offese.
unpassioned [ˌʌn'pæʃənd], *a.* spassionato; imparziale.
unpatriotic [ˌʌn,pætri'ɔtik], *a.* non patriottico; antipatriottico.
unpaved [ˌʌn'peivd], *a.* non lastricato; senza selciato.
unpeaceful [ˌʌn'pi:sful], *a.* non pacifico; inquieto; agitato.
unpedantic [ˌʌnpi'dæntik], *a.* non pedantesco.
unpeeled [ˌʌn'pi:ld], *a.* non sbucciato; non pelato: **u. tomatoes**, pomodori non pelati.
to unpeg [ˌʌn'peg], *v. t.* togliere un piolo (*o* i pioli) a; staccare.
to unpen [ˌʌn'pen], *v. t.* far uscire (*animali*) dal chiuso; liberare.
unpensioned [ˌʌn'penʃənd], *a.* senza pensione.
to unpeople [ˌʌn'pi:pl], *v. t.* spopolare.
unpeopled [ˌʌn'pi:pld], *a.* spopolato.
unperceivable [ˌʌn-pə'si:vəbl], *a.* impercettibile.
unperceived [ˌʌn-pə'si:vd], *a.* inavvertito; inosservato.
unperformed [ˌʌn-pə'fɔ:md], *a.* **1** ineseguito; non eseguito; non fatto **2** (*teatr.*) non rappresentato.
unperson [ˌʌn'pə:sən], *n.* (*fam.*) persona che non esiste ufficialmente; persona la cui esistenza è ignorata (*o* smentita) dalle autorità.
unpersuadable [ˌʌn-pə'sweidəbl], *a.* inconvincibile; che non si lascia persuadere.
unpersuaded [ˌʌn-pə'sweidid], *a.* non convinto; non persuaso.
unpersuasive [ˌʌn-pə'sweiziv], *a.* non persuasivo; non convincente.
unperturbed [ˌʌn-pə'tə:bd], *a.* imperturbato; calmo; sereno.
unphilosophical [ˌʌn,filə'sɔfikəl], *a.* **1** non filosofico **2** dotato di scarsa filosofia.
unphilosophicalness [ˌʌn,filə'sɔfikəlnəs], *n.* **1** il non essere filosofico **2** mancanza di filosofia.
to unpick [ˌʌn'pik], *v. t.* scucire; sfilare; disfare (*un abito, un'impuntura*).
unpicked [ˌʌn'pikt], *a.* **1** non scelto; non selezionato; comune, ordinario **2** (*di fiori, ecc.*) non colto; non raccolto.
unpicturesque [ˌʌn,piktʃə'resk], *a.* (*raro*) non pittoresco.
unpiloted [ˌʌn'pailətid], *a.* (*aeron., ecc.*) senza pilota; teleguidato.
to unpin [ˌʌn'pin], *v. t.* **1** togliere gli spilli a; disfare **2** staccare (*q.c. attaccato con spilli*); liberare (q.c.) dagli spilli.
unpitied [ˌʌn'pitid], *a.* non compatito; non compianto.
unpitying [ˌʌn'pitiiŋ], *a.* spietato; senza pietà.
unplaced [ˌʌn'pleist], *a.* **1** fuori posto (*specialm. in un elenco*) **2** (*sport*) non piazzato.
to unplait [ˌʌn'pleit], *v. t.* disfare le trecce a; sciogliere (*i capelli*).
unplanned [ˌʌn'plænd], *a.* **1** non pianificato; non progettato **2** imprevisto; non previsto; casuale; fortuito.
unplanted [ˌʌn'plɑ:ntid], *a.* (*agric.*) non piantato; non coltivato.
unplausible [ˌʌn'plɔ:zəbl], *a.* non plausibile; inverosimile.
unplayable [ˌʌn'pleiəbl], *a.* **1** (*mus., teatr.*) ineseguibile **2** (*sport: di terreno*) impraticabile **3** (*sport: di una palla*) che non si può giocare.
unpleasant [ˌʌn'pleznt], *a.* **1** sgradevole; spiacevole; antipatico **2** scortese; sgarbato; villano. ● **to be u. with sb.**, trattare q. in modo sgarbato; essere villano con q.
unpleasantness [ˌʌn'plezntnis], *n.* **1** sgradevolezza; spiacevolezza **2** scortesia; sgarbatezza; villania **3** sgarbo; litigio; lite; malinteso.
unpleased [ˌʌn'pli:zd], *a.* insoddisfatto; scontento.
unpleasing [ˌʌn'pli:ziŋ], *a.* spiacevole; sgradevole; antipatico.
unpliable [ˌʌn'plaiəbl], **unpliant** [ˌʌn'plaiənt], *a.* inflessibile; non flessibile; poco arrendevole; rigido.
unploughed [ˌʌn'plaud], *a.* (*agric.*) non arato; incolto.
unplucked [ˌʌn'plʌkt], *a.* **1** non colto; non raccolto **2** (*di pollo*) non spennato.
to unplug [ˌʌn'plʌg], *v. t.* togliere la spina a; staccare (*una lampada, un apparecchio elettrico*).
unplumbed [ˌʌn'plʌmd], *a.* **1** (*naut.*) non scandagliato **2** (*fig.*) insondato; inesplorato **3** (*fig.*) impenetrato; non compreso a fondo; misterioso **4** (*edil.*) senza l'impianto idraulico.
unpoetical [ˌʌn-pou'etikəl], *a.* non poetico; impoetico.
unpointed [ˌʌn'pɔintid], *a.* **1** senza punta; spuntato **2** senza punteggiatura; non punteggiato **3** (*filologia*) senza segni diacritici.
unpolished [ˌʌn'pɔliʃt], *a.* **1** non lucidato; non lustrato **2** (*fig.*) non raffinato; grossolano; rozzo.
unpolitic(al) [ˌʌn'pɔlitik], [ˌʌn-pə'litikəl], *a.* apolitico; non politico; impolitico.
unpolled [ˌʌn'pould], *a.* (*polit.*) **1** (*di elettore*) che non ha votato **2** (*di voto*) non assegnato; non scrutinato **3** (*USA*) non registrato come elettore **4** non incluso in un sondaggio d'opinione.
unpolluted [ˌʌn-pə'lu:tid], *a.* **1** (*ecologia*) non inquinato; incontaminato **2** (*fig.*) incontaminato; puro; immacolato.
unpopular [ˌʌn'pɔpjulə*], *a.* impopolare.
unpopularity [ˌʌn,pɔpju'læriti], *n.* impopolarità.
unpossessed [ˌʌn-pə'zest], *a.* **1** non posseduto **2** non invasato (*dal demonio*); non indemoniato. ● **u. of st.**, che non possiede (*o* che non ha) q.c.
unposted [ˌʌn'poustid], *a.* **1** (*di lettera, ecc.*) non impostato **2** (*di persona*) non informato; non aggiornato.
unpractical [ˌʌn'præktikəl], *a.* **1** non pratico; poco pratico **2** inattuabile; irrealizzabile.
unpracticality [ˌʌn,prækti'kæliti], *n.* **1** scarsa praticità; mancanza di praticità **2** inattuabilità; l'essere irrealizzabile.
unpractised [ˌʌn'præktist], *a.* **1** poco pratico; inesperto **2** non provato; non messo in pratica.
unprecedented [ˌʌn'presidəntid], *a.* senza precedenti; inaudito: **an u. crime**, un delitto che non ha precedenti.
unpredictable [ˌʌn-pri'diktəbl], *a.* imprevedibile.
unprefaced [ˌʌn'prefist], *a.* (*raro: di un libro*) senza prefazione.
unprejudiced [ˌʌn'predʒudist], *a.* senza pregiudizi; imparziale.
unpremeditated [ˌʌn-pri'mediteitid], *a.* non premeditato; impensato; involontario; spontaneo.
unprepared [ˌʌn-pri'pɛəd], *a.* **1** non preparato; improvvisato: **an u. speech**, un discorso improvvisato **2** impreparato; non pronto; alla sprovvista: **I was taken u.**, fui colto alla sprovvista; **I found everything u.**, trovai che nulla era pronto. ● **I was u. for this objection**, questa obiezione non me l'aspettavo.
unpreparedness [ˌʌn-pri'pɛəridnis], *n.* impreparazione.
unprepossessed [ˌʌn,pri:pə'zest], *a.* **1** non prevenuto; non influenzato; senza prevenzioni.
unprepossessing [ˌʌn,pri:pə'zesiŋ], *a.* poco attraente; antipatico.
unpresentable [ˌʌn-pri'zentəbl], *a.* impresentabile; indecoroso.
unpresuming [ˌʌn-pri'zju:miŋ], **unpresumptuous** [ˌʌnpri-

unpretending 'zʌmptjuəs], *a.* modesto; senza presunzione; senza pretese.
unpretending [ˌʌn-pri'tendiŋ], *a.* modesto; naturale; schietto; senza pretese.
unpretentious [ˌʌn-pri'tenʃəs], *a.* senza pretese; per nulla pretenzioso; modesto: **an u. flat**, un appartamento senza pretese.
unpreventable [ˌʌn-pri'ventəbl], *a.* inevitabile; ineluttabile.
unpriced [ʌn'praist], *a.* **1** il cui prezzo non è stato fissato; senza prezzo **2** senza i prezzi: **an u. catalogue**, un catalogo senza i prezzi.
to unpriest [ʌn'pri:st], *v. t.* sospendere «a divinis»; spretare.
unpriestly [ʌn'pri:stli], *a.* indegno di un sacerdote.
unprincely [ʌn'prinsli], *a.* indegno di un principe.
unprincipled [ʌn'prinsəpld], *a.* senza principi; senza scrupoli.
unprintable [ʌn'printəbl], *a.* impubblicabile; non stampabile; (*specialm.*) offensivo, osceno, scandaloso.
unprivileged [ʌn'priviledʒd], *a.* non privilegiato; senza privilegi.
unproclaimed [ʌn-prə'kleimd], *a.* non proclamato.
unproductive [ˌʌn-prə'dʌktiv], *a.* (*specialm. agric., econ.*) improduttivo; infecondo; sterile: **i. industries**, industrie improduttive.
unproductiveness [ˌʌn-prə'dʌktivnis], *n.* (*specialm. agric., econ.*) improduttività; sterilità.
unprofessional [ˌʌn-prə'feʃənl], *a.* **1** che non appartiene a una professione; non professionale **2** non professionale; dilettantesco; dilettantistico **3** contrario alle regole (di una professione); scorretto. ● **u. conduct**, scorrettezza professionale.
unprofitable [ʌn'prɔfitəbl], *a.* (*econ., fin.*) che non dà profitto; che non rende; in passivo **2** (*fig.*) infruttuoso; inutile; senza profitto.
unprofitableness [ʌn'prɔfitəblnis], *n.* infruttuosità; inutilità.
unprogressive [ˌʌn-prə'gresiv], *a.* non progressista; arretrato; conservatore; retrivo.
unprogressiveness [ˌʌn-prə'gresivnis], *n.* arretratezza; conservatorismo.
unprohibited [ˌʌn-prə'hibitid], *a.* (*raro*) non proibito; lecito.
unprolific [ˌʌn-prə'lifik], *a.* non prolifico; infecondo; sterile.
unpromising [ʌn'prɔmisiŋ], *a.* poco promettente; tutt'altro che promettente.
unprompted [ʌn'prɔmptid], *a.* non suggerito; non sollecitato; spontaneo; voluntario.
unpronounceable [ˌʌn-prə'naunsəbl], *a.* impronunciabile.
to unprop [ʌn'prɔp], *v. t.* togliere i puntelli a.
unprophetic [ˌʌn-prə'fetik], *a.* non profetico.
unpropitious [ˌʌn-prə'piʃəs], *a.* non propizio; infausto; sfavorevole; avverso.
unproportionate [ˌʌn-prə'pɔ:ʃənit], *a.* sproporzionato.
unproposed [ˌʌn-prə'pouzd], *a.* non proposto.
unprotected [ˌʌn-prə'tektid], *a.* indifeso; senza protezione.
unprovable [ʌn'pru:vəbl], *a.* indimostrabile; non provabile.
unproved [ʌn'pru:vd], *a.* indimostrato; non provato.
unprovided [ˌʌn-prə'vaidid], *a.* **1** sfornito; sprovveduto; sprovvisto (*di mezzi, ecc.*) **2** impreparato; non preparato **3** (*di solito*, **u. for**) senza mezzi; senza risorse.
unprovoked [ˌʌn-prə'voukt], *a.* non provocato; senza provocazione; immeritato: **an u. insult**, un insulto immeritato.
unpublished [ʌn'pʌbliʃt], *a.* **1** inedito **2** non reso pubblico.
unpunctual [ʌn'pʌŋktjuəl], *a.* non puntuale.
unpunctuality [ˌʌnˌpʌŋktju'æliti], *n.* mancanza di puntualità.
unpunctuated [ʌn'pʌŋktjueitid], *a.* non punteggiato; senza punteggiatura.
unpunishable [ʌn'pʌniʃəbl], *a.* non punibile; impunibile.
unpunished [ʌn'pʌniʃt], *a.* impunito.
unqualified [ʌn'kwɔlifaid], *a.* **1** privo dei requisiti necessari; senza titoli; non qualificato **2** assoluto; incondizionato; pieno; senza riserve: **u. success**, pieno successo; (*comm.*) **u. endorsement**, girata incondizionata **3** (*fam.*) vero e proprio; perfetto; bell'e buono: **an u. scoundrel**, un perfetto farabutto. ● **an u. refusal**, un rifiuto categorico (*o* **to be quite u. to do st.**, non avere alcuna competenza (*o* essere del tutto incompetente) a fare q.c.
unquantifiable [ʌn'kwɔntifaiəbl], *a.* non quantificabile.
unquenchable [ʌn'kwenʃəbl], *a.* inestinguibile; insaziabile.
unquenched [ʌn'kwentʃt], *a.* insaziato; non estinto. ● **My thirst was still u.**, la mia sete non s'era ancora calmata.
unquestionable [ʌn'kwestʃənəbl], *a.* incontestabile; indiscutibile.
unquestioned [ʌn'kwestʃənd], *a.* **1** incontestato; indiscusso **2** non interrogato **3** (*raro*) non esaminato; non vagliato.
unquestioning [ʌn'kwestʃəniŋ], *a.* **1** che non fa domande; che non discute **2** assoluto; pronto; senza discussione: **u. obedience**, obbedienza assoluta (*o* cieca, pronta).
unquiet [ʌn'kwaiət], *a.* inquieto; agitato; irrequieto; turbato: **u. spirit**, spirito turbato. ● **u. times**, tempi difficili.
unquotable [ʌn'kwoutəbl], *a.* **1** non citabile **2** (*fin.*) non quotabile (*in Borsa*).
to unquote [ʌn'kwout], *v. i.* chiudere le virgolette (*di citazione*). ●

(*dettando*) **U.!**, chiuse le virgolette!
unquoted [ʌn'kwoutid], *a.* **1** non citato **2** (*fin.*) non quotato (*in Borsa*).
unransomed [ʌn'rænsəmd], *a.* non riscattato.
to unravel [ʌn'rævəl], **A** *v. t.* **1** districare; sbrogliare; disfare; dipanare: **to u. a skein**, dipanare una matassa; **to u. a stocking**, disfare una calza **2** (*fig.*) chiarire; sciogliere (*un enigma*); districare; svelare (*un mistero, ecc.*) **3** (*fig.*) disfare: **On taking power, a party often unravels the other party's policies**, quando va al governo, un partito spesso disfa quello che ha fatto il partito che l'ha preceduto. **B** *v. i.* districarsi; sbrogliarsi.
unreachable [ʌn'ri:tʃəbl], *a.* irraggiungibile; inaccessibile.
unread [ʌn'red], *a.* **1** non letto; senza leggerlo: **I returned the novel u.**, restituii il romanzo senza averlo letto **2** (*pred.*) incolto; ignorante: **I am u. in this field**, sono ignorante in questo campo.
unreadable [ʌn'ri:dəbl], *a.* **1** illeggibile; indecifrabile **2** (*di un libro, ecc.*) illeggibile; di difficile lettura; noioso; che non si legge facilmente.
unreadiness [ʌn'redinis], *n.* **1** impreparazione **2** esitazione; riluttanza **3** lentezza.
unready [ʌn'redi], *a.* **1** impreparato; non pronto **2** esitante; riluttante **3** lento; tardo (*ad agire, ecc.*).
unreal [ʌn'riəl], *a.* irreale; fantastico; illusorio; immaginario.
unreality [ˌʌnri'æliti], *n.* **1** irrealtà; incorporeità **2** cosa irreale; chimera; fantasia.
unrealizable [ʌn'riəlaizəbl], *a.* **1** irrealizzabile; inattuabile **2** inconcepibile.
unrealized [ʌn'riəlaizd], *a.* **1** non realizzato **2** di cui non ci si rende conto; non compreso.
unreason [ʌn'ri:zn], *n.* irragionevolezza; irrazionalità; assurdità.
unreasonable [ʌn'ri:znəbl], *a.* **1** irragionevole; assurdo: **u. demands**, richieste irragionevoli **2** irragionevole; che non vuole ragionare **3** (*fig.*) eccessivo; esorbitante; esoso: **u. prices**, prezzi esosi. ● **u. conduct**, condotta stravagante.
unreasonableness [ʌn'ri:znəblnis], *n.* **1** irragionevolezza; assurdità **2** (*di costi, prezzi, ecc.*) eccessività; esorbitanza; esosità.
unreasoned [ʌn'ri:znd], *a.* non ragionato; non meditato.
unreasoning [ʌn'ri:zniŋ], *a.* irragionevole; che non ragiona.
unrebuked [ˌʌnri'bju:kt], *a.* non biasimato; senza rimproveri.
unrecallable [ˌʌnri'kɔ:ləbl], *a.* irrevocabile.
unrecalled [ˌʌnri'kɔ:ld], *a.* non richiamato; irrevocato.
unreceipted [ˌʌnri'si:tid], *a.* senza ricevuta; (*comm.*) non quietanzato.
unreceived [ˌʌnri'si:vd], *a.* **1** non ricevuto **2** non accettato; non ammesso.
unreceptive [ˌʌnri'septiv], *a.* non ricettivo.
unreciprocated [ˌʌnri'siprəkeitid], *a.* non contraccambiato.
unreckoned [ʌn'rekənd], *a.* non calcolato; non computato.
unreclaimed [ˌʌnri'kleimd], *a.* **1** non reclamato; non rivendicato **2** irredento **3** (*di terreno*) non bonificato.
unrecognizable [ʌn'rekəgnaizəbl], *a.* irriconoscibile.
unrecognized [ʌn'rekəgnaizd], *a.* non riconosciuto; misconosciuto.
unrecompensed [ʌn'rekəmpenst], *a.* (*raro*) senza compenso; irremunerato.
unreconciled [ʌn'rekənsaild], *a.* irriconciliato. ● **to remain u. to one's fate**, non rassegnarsi al proprio destino.
unreconstructed [ˌʌnˌri:kəns'trʌktid], *a.* **1** non ricostruito **2** (*stor. USA*) che non accetta la ricostruzione degli Stati sudisti **3** (*fig.*) all'antica; di tipo tradizionale: **an u. landowner**, un possidente terriero all'antica.
unrecorded [ˌʌnri'kɔ:did], *a.* **1** non registrato (*anche mus.*); di cui non si ha memoria **2** non verbalizzato.
unrecoverable [ˌʌnri'kʌvərəbl], *a.* **1** irrecuperabile **2** (*med.*) incurabile.
unrectified [ʌn'rektifaid], *a.* non rettificato; non corretto.
unredeemable [ˌʌnri'di:məbl], *a.* irredimibile; non riscattabile: (*fin.*) **u. loan**, prestito irredimibile.
unredeemed [ˌʌnri'di:md], *a.* **1** irredento; non riscattato **2** (*comm.*) non ritirato; non ammortizzato; non estinto: **an u. bill**, una cambiale non ritirata ● **u. faults**, difetti cui non fa da contrappeso alcuna buona qualità □ **an u. promise**, una promessa inadempiuta.
unredressed [ˌʌnri'drest], *a.* non riparato: **an u. wrong**, un torto non riparato.
to unreel [ʌn'ri:l], **A** *v. t.* sgomitolare; srotolare. **B** *v. i.* sgomitolarsi; srotolarsi.
unrefined [ˌʌnri'faind], *a.* **1** non raffinato; greggio; grezzo: **u. sugar**, zucchero non raffinato **2** grossolano; rozzo; scortese: **u. manners**, maniere grossolane.
unreflected [ˌʌnri'flektid], *a.* (*fis., ottica*) non riflesso.
unreflecting [ˌʌnri'flektiŋ], *a.* irriflessivo; sventato.
unreformable [ˌʌnri'fɔ:məbl], *a.* **1** non riformabile **2** (*di persona*) incorreggibile.

unreformed [ʌnri:'fɔ:md], *a.* non riformato; non corretto.
unrefuted [ʌnri'fju:tid], *a.* irrefutato; inconfutato.
unregal [ʌn'ri:gəl], *a.* non regale; indegno d'un re.
unregarded [ʌnri'ga:did], *a.* negletto; trascurato.
unregenerate [ʌnri'dʒenərit], *a. (di persona)* **1** non rigenerato; non convertito; incallito; impenitente **2** ostinato; pervicace.
unregistered [ʌn'redʒistəd], *a.* **1** *(leg.)* non registrato; non iscritto: **u. trademark**, marchio (di fabbrica) non registrato **2** *(di lettera, ecc.)* non raccomandato **3** *(fin.: di titolo)* non nominativo; al portatore.
unregretted [ʌnri'gretid], *a.* non compianto; non rimpianto.
unregulated [ʌn'regjuleitid], *a.* sregolato; disordinato.
unrehearsed [ʌnri'hə:st], *a.* **1** *(teatr.)* rappresentato senza far prove **2** *(per estens.)* improvvisato; imprevisto; inaspettato.
to unrein [ʌn'rein], *v. t.* togliere le redini a; sbrigliare *(spesso fig.).*
unrelated [ʌnri'leitid], *a.* **1** non correlato; senza rapporto (con q.c.) **2** non imparentato (con q.) **3** non raccontato; non riferito **4** *(stat., USA)* che vive da solo; senza famiglia.
unrelaxed [ʌnri'lækst], *a.* **1** non rilassato; teso **2** non rallentato; non diminuito.
unrelenting [ʌnri'lentiŋ], *a.* **1** inesorabile; inflessibile; implacabile **2** incessante; ostinato: **u. rain**, pioggia ostinata.
unreliability [ʌnri,laiə'biliti], *n.* inattendibilità; incertezza; instabilità *(del tempo e sim.).*
unreliable [ʌnri'laiəbl], *a.* inattendibile; infido; malfido; incerto; instabile: **u. news**, notizie inattendibili; **an u. man**, un uomo infido; **u. weather**, tempo instabile.
unreliableness [ʌnri'laiəblnis], *V.* **unreliability**.
unrelieved [ʌnri'li:vd], *a.* non alleviato; non sollevato *(da un peso, da un compito)* **2** non aiutato; senza soccorso **3** assoluto; completo: **u. darkness**, completa oscurità **4** monotono; noioso.
unreligious [ʌnri'lidʒəs], *a.* irreligioso; che non ha interesse per la religione; agnostico.
unremembered [ʌnri'membəd], *a.* dimenticato; obliato *(lett.).*
unremitting [ʌnri'mitiŋ], *a.* incessante; continuo; assiduo; persistente: **u. pain**, dolore incessante; **u. attention**, continua attenzione.
unremunerative [ʌnri'mju:nərətiv], *a.* non rimunerativo; tutt'altro che lucrativo; infruttuoso.
unrenewed [ʌnri'nju:d], *a.* non rinnovato.
unrepair [ʌnri'pɛə*], *n.* l'essere guasto; bisogno di riparazioni *(più comune* **disrepair***).*
unrepealed [ʌnri'pi:ld], *a. (leg.)* non abrogato; non revocato.
unrepentant [ʌnri'pentənt], *a.* impenitente; incallito; incorreggibile.
unreplenished [ʌnri'pleniʃt], *a. (raro)* non riempito.
unreported [ʌnri'pɔ:tid], *a.* non riferito; non comunicato.
unrepresentative [ʌn,repri'zentətiv], *a.* non rappresentativo.
unrepresented [ʌn,repri'zentid], *a.* non rappresentato.
unreproved [ʌnri'pru:vd], *a.* non biasimato; senza riprovazione.
unrequested [ʌnri'kwestid], *a.* non richiesto; spontaneo.
unrequited [ʌnri'kwaitid], *a.* **1** non corrisposto; non ricambiato: **u. love**, amore non corrisposto **2** non ripagato; irrimunerato **3** *(di oltraggio, ecc.)* invendicato.
unresented [ʌnri'zentid], *a.* di cui non ci si è offesi *(o* risentiti*).*
unresenting [ʌnri'zentiŋ], *a.* senza risentimento.
unreserve [ʌnri'zə:v], *n.* espansività; franchezza; schiettezza.
unreserved [ʌnri'zə:vd], *a.* **1** non riservato; non prenotato: **u. seats**, posti non riservati **2** espansivo; non riservato; franco; schietto: **an u. man**, un uomo espansivo **3** senza riserve; illimitato; incondizionato: **u. compliance**, adesione incondizionata.
unresisted [ʌnri'zistid], *a.* incontrastato; senza resistenza.
unresisting [ʌnri'zistiŋ], *a.* che non oppone resistenza; remissivo; sottomesso.
unresolved [ʌnri'zɔlvd], *a.* **1** irresoluto; indeciso; esitante **2** insoluto: **an u. problem**, un problema insoluto **3** non scomposto *(nei suoi componenti).*
unrespected [ʌnris'pektid], *a.* non rispettato.
unresponsive [ʌnris'pɔnsiv], *a.* **1** apatico; insensibile; inerte **2** che non reagisce; che non ci sente *(fig.)* **3** *(med.)* che non risponde *(a una cura, ecc.).*
unresponsiveness [ʌnri'spɔnsivnis], *n.* apatia; insensibilità.
unrest [ʌn'rest], *n.* **1** agitazione; inquietudine; irrequietezza; sommossa; tumulto: **labour u.**, agitazioni operaie **2** *(polit., sindacalismo)* conflittualità: **continual u.**, conflittualità permanente.
unrestful [ʌn'restful], *a.* agitato; inquieto; irrequieto.
unrestfulness [ʌn'restfulnis], *n.* agitazione; inquietudine; irrequietezza.
unresting [ʌn'restiŋ], *a.* **1** che non riposa mai; assiduo; infaticabile; instancabile **2** che non ha mai posa; continuo; incessante; ininterrotto.
unrestored [ʌnris'tɔ:d], *a.* **1** non restaurato; non ripristinato **2** non (ancora) rimesso *(in salute)* **3** non reintegrato *(nelle proprie funzioni).*
unrestrainable [ʌnris'treinəbl], *a.* irrefrenabile; non reprimibile.
unrestrained [ʌnris'treind], *a.* non represso; senza freno; senza ritegno; senza restrizioni; libero; sfrenato.
unrestricted [ʌnris'triktid], *a.* senza restrizioni; senza limitazioni.
unretarded [ʌnri'ta:did], *a.* non ritardato; senza rallentamenti.
unreturnable [ʌnri'tə:nəbl], *a. (di contenitori e sim.)* da non restituire; a perdere.
unrevealed [ʌnri'vi:ld], *a.* non rivelato; non scoperto; segreto.
unrevenged [ʌnri'vendʒd], *a.* invendicato.
unrevised [ʌnri'vaizd], *a.* non riveduto; non corretto.
unrevoked [ʌnri'voukt], *a. (anche leg.)* non revocato.
unrewarded [ʌnri'wɔ:did], *a.* **1** non retribuito; senza ricompensa **2** *(fig.)* infruttuoso; inutile.
unrewarding [ʌnri'wɔ:diŋ], *a.* che non ripaga; non gratificante; ingrato: **an u. job**, un lavoro non gratificante.
unrhymed [ʌn'raimd], *a. (di verso)* non rimato; sciolto.
unridable [ʌn'raidəbl], *a. (di cavallo)* non cavalcabile; che non si può montare.
to unriddle [ʌn'ridl], *v. t.* risolvere *(un mistero, un indovinello).*
unrifled [ʌn'raifld], *a. (d'arma da fuoco)* a canna liscia.
to unrig [ʌn'rig], *v. t. (naut.)* disattrezzare; disarmare *(una nave).*
unrighteous [ʌn'raitʃəs], *a.* **1** ingiusto; iniquo **2** cattivo; malvagio; peccaminoso.
unrighteousness [ʌn'raitʃəsnis], *n.* **1** ingiustizia; iniquità **2** cattiveria; malvagità.
to unrip [ʌn'rip], *v. t.* **1** aprire; squarciare **2** strappare, tirare via *(una cucitura, ecc.).*
unripe [ʌn'raip], *a. (anche fig.)* immaturo; acerbo.
unripeness [ʌn'raipnis], *n. (anche fig.)* immaturità.
unrivalled [ʌn'raivəld], *a.* ineguagliato; che non ha l'uguale; senza pari; incomparabile.
to unrivet [ʌn'rivit], *v. t.* **1** schiodare **2** *(fig.)* distogliere *(lo sguardo);* staccare *(gli occhi).*
to unrobe [ʌn'roub], **A** *v. t.* spogliare; svestire. **B** *v. i.* spogliarsi; svestirsi.
to unroll [ʌn'roul], **A** *v. t.* spiegare; svolgere; srotolare: **to u. a piece of cloth**, svolgere una pezza di stoffa arrotolata. **B** *v. i.* spiegarsi; svolgersi; srotolarsi.
unromantic [ʌnrə'mæntik], *a.* non romantico; poco romantico.
to unroof [ʌn'ru:f], *v. t.* levare il tetto a, scoperchiare *(una casa).*
to unroot [ʌn'ru:t], *v. t. (specialm. USA)* sradicare; svellere.
unruffled [ʌn'rʌfld], *a.* **1** non arruffato; non increspato; liscio: **the u. surface of the lake**, la liscia superficie del lago **2** calmo; sereno; tranquillo.
unruled [ʌn'ru:ld], *a.* **1** non rigato; senza righe **2** *(polit.)* senza governo.
unruliness [ʌn'ru:linis], *n.* indisciplina; insubordinazione; sregolatezza; riottosità.
unruly [ʌn'ru:li], *a.* indisciplinato; insubordinato; sregolato; riottoso; turbolento: **an u. son**, un figlio indisciplinato.
to unsaddle [ʌn'sædl], *v. t.* **1** dissellare; levare la sella a *(un cavallo)* **2** disarcionare *(una persona).*
unsafe [ʌn'seif], *a.* pericoloso; rischioso; malsicuro.
unsafeness [ʌn'seifnis], *n.* pericolosità; rischiosità.
unsaid [ʌn'sed], **A** *pass. e p. p.* di **to unsay**. **B** *a.* non detto; taciuto; inespresso. ● **to leave st. u.**, passar q.c. sotto silenzio.
unsalability [ʌn,seilə'biliti], *n. (comm.)* invendibilità.
unsalable [ʌn'seiləbl], *a. (comm.)* invendibile; inalienabile.
unsalaried [ʌn'sælərid], *a.* senza stipendio; non retribuito.
unsaleability [ʌn,seilə'biliti], **unsaleable** [ʌn'seiləbl], *V.* **unsalability, unsalable**.
unsalted [ʌn'sɔ:ltid], *a.* non salato; scipito; insipido.
unsanctified [ʌn'sæŋktifaid], *a.* non santificato; profano.
unsanctioned [ʌn'sæŋkʃənd], *a.* non sanzionato; non sancito.
unsanitary [ʌn'sænitəri], *a.* antigienico; malsano.
unsated [ʌn'seitid], *a.* insaziato; insoddisfatto.
unsatiable [ʌn'seiʃjəbl], *a.* insaziabile.
unsatisfactoriness [ʌn,sætis'fæktərinis], *n.* l'esser poco soddisfacente; l'essere difettoso; insufficienza; manchevolezza.
unsatisfactory [ʌn,sætis'fæktəri], *a.* insoddisfacente; difettoso; mal fatto; insufficiente; manchevole.
unsatisfied [ʌn'sætisfaid], *a.* insoddisfatto; scontento.
unsatisfying [ʌn'sætisfaiiŋ], *a.* insoddisfacente.
unsaturated [ʌn'sætʃəreitid], *a. (chim.)* insaturo; non saturo.
unsaved [ʌn'seivd], *a.* **1** non salvato *(anche relig.)* **2** *(econ., fin.)* non risparmiato.
unsavouriness [ʌn'seivərinis], *n.* **1** insipidezza; insipidità **2** l'essere disgustoso *(o* nauseabondo*)* **3** sgradevolezza *(del carattere, ecc.).*
unsavoury [ʌn'seivəri], *a.* **1** insipido; senza sapore **2** disgustoso; nauseabondo: **an u. book**, un libro disgustoso; **an u. smell**,

unsay un odore nauseabondo 3 (fig.) sgradevole; brutto: **an u. character**, un brutto carattere.

to unsay [ʌn'sei] (pass. e p. p. **unsaid**), v. t. ritrattare; negare; ritirare (cose dette); rimangiarsi (fig., fam.).

unscalable [ʌn'skeiləbl], a. non scalabile; inaccessibile.

unscannable [ʌn'skænəbl], a. (poesia) che non si può scandire.

unscared [ʌn'skɛəd], a. imperterrito; intrepido; impavido.

unscarred [ʌn'skɑ:d], a. non sfregiato; senza cicatrici.

unscathed [ʌn'skeiðd], a. illeso; incolume; sano e salvo.

unscented [ʌn'sentid], a. inodoro; non profumato.

unscheduled [ʌn'ʃedju:ld], a. **1** non messo in lista; fuori programma **2** (di treno, ecc.) straordinario.

unscholarly [ʌn'skɔləli], a. non (da) dotto; non erudito.

unschooled [ʌn'sku:ld], a. **1** senza istruzione; ignorante **2** (pred.) inesperto (di q.c.); non addestrato (in q.c.). ● **u. talent**, talento naturale.

unscientific [ʌn,saiən'tifik], a. poco scientifico; non scientifico.

to unscramble [ʌn'skræmbl], v. t. **1** decodificare; decifrare **2** (fig.) chiarire; districare; sbrogliare.

unscratched [ʌn'skrætʃt], a. incolume; indenne; senza farsi un graffio.

unscreened [ʌn'skri:nd], a. **1** non coperto; non protetto; non riparato **2** senza schermo **3** (specialm. del carbone) non vagliato **4** (di film) non ancora proiettato; non ancora distribuito **5** (di persona) che non ha subito il controllo dei servizi di sicurezza.

to unscrew [ʌn'skru:], v. t. e i. svitare, svitarsi.

unscripted [ʌn'skriptid], a. (radio, telev., ecc.) estemporaneo; improvvisato; senza copione.

unscriptural [ʌn'skriptʃərəl], a. (relig.) non scritturale; non biblico.

unscrupulous [ʌn'skru:pjuləs], a. privo di scrupoli.

unscrupulousness [ʌn'skru:pjuləsnis], n. mancanza di scrupoli.

to unseal [ʌn'si:l], v. t. dissigillare; togliere i sigilli a. ● (fig.) **to u. one's lips**, parlare; rivelare un segreto.

unsealed [ʌn'si:ld], a. senza sigillo; dissigillato.

to unseam [ʌn'si:m], v. t. scucire.

unsearchable [ʌn'sə:tʃəbl], a. inesplorabile; impenetrabile; imperscrutabile; misterioso.

unsearched [ʌn'sə:tʃt], a. **1** inesplorato **2** non perquisito.

unseasonable [ʌn'si:znəbl], a. **1** fuori stagione: **u. heat**, caldo fuori stagione **2** (fig.) inopportuno; intempestivo; a sproposito.

unseasonableness [ʌn'si:znəblnis], n. **1** l'essere fuori stagione **2** (fig.) inopportunità; intempestività.

unseasoned [ʌn'si:znd], a. **1** non stagionato: **u. wood**, legno non stagionato **2** (fig.) non abituato; inesperto; immaturo **3** (di cibo) non condito; scondito.

to unseat [ʌn'si:t], v. t. **1** privare (q.) del posto a sedere; togliere la sedia a (q.) **2** disarcionare: **to u. a rider**, disarcionare un cavaliere **3** dimettere (q.) da una carica **4** (polit.) far perdere il seggio a (un deputato): **He was unseated in the last election**, perse il seggio (in Parlamento) nelle ultime elezioni.

unseaworthiness [ʌn'si:,wə:ðinis], n. (naut.) inidoneità alla navigazione.

unseaworthy [ʌn'si:,wə:ði], a. (naut.) non idoneo alla navigazione.

unseconded [ʌn'sekəndid], a. non assecondato; non appoggiato.

unsectarian [ʌn-sek'tɛəriən], a. non settario.

unsecured [ʌn-si'kjuəd], a. **1** non assicurato; non chiuso; non serrato **2** (fin.) non garantito; senza garanzia, allo scoperto: **u. loan**, prestito non garantito. ● (leg., fin.) **u. credit**, credito chirografario.

unseeing [ʌn'si:iŋ], a. **1** cieco; che non vede; non vedente **2** senza vedere: **She looked, u., at him**, lo guardò, senza vederlo.

unseemliness [ʌn'si:mlinis], n. indecenza; sconvenienza.

unseemly [ʌn'si:mli], a. indecente; indecoroso; sconveniente.

unseen [ʌn'si:n], A a. **1** non visto; inosservato **2** invisibile. B n. **1** – **the u.**, il mondo invisibile; il mondo degli spiriti **2** (anche **u. translation**) brano (o passo) per traduzione estemporanea; versione all'impronta.

unseizable [ʌn'si:zəbl], a. **1** inafferrabile **2** (leg.) non confiscabile.

unselfish [ʌn'selfiʃ], a. disinteressato; altruista; generoso.

unselfishness [ʌn'selfiʃnis], n. disinteresse; altruismo; generosità.

unsensational [ʌn-sen'seiʃənl], a. non sensazionale.

unsent [ʌn'sent], a. non mandato; non spedito. ● **They came u. for**, vennero senza essere stati chiamati (o convocati).

unsentimental [ʌn,senti'mentl], a. non sentimentale.

unserviceable [ʌn'sə:visəbl], a. **1** inservibile; inutilizzabile; fuori uso; guasto **2** non servizievole; di nessun aiuto; inutile.

unserviceableness [ʌn'sə:visəblnis], n. **1** l'essere inservibile **2** l'esser poco servizievole.

unset [ʌn'set], a. **1** non collocato; non messo a posto; non tornato a posto: **The trap is u.**, la trappola non è stata messa a posto (caricata) **2** non rappreso; non solidificato **3** (di gemma) non incastonato. ● **The broken leg is still u.**, la frattura alla gamba non è ancora stata ridotta.

to unsettle [ʌn'setl], v. t. sconvolgere; scompaginare; agitare; turbare; scombinare.

unsettled [ʌn'setld], a. **1** sconvolto; agitato; scompaginato; disordinato; turbato; scompigliato: **His mind is still u.**, ha la mente ancora sconvolta; il suo animo è ancora turbato **2** indeciso; incerto; non definito; non stabilito: **The point is still u.**, la questione è ancora indecisa **3** (del tempo) variabile; instabile; mutevole: **u. weather**, tempo instabile **4** (comm.) non pagato; non saldato; insoluto: **The account is still u.**, il conto è ancora insoluto **5** (di territorio) disabitato; non popolato **6** (di popolo) nomade.

unsevered [ʌn'sevəd], a. non separato; individuo; unito.

to unsex [ʌn'seks], v. t. **1** (lett.) privare (q.) delle caratteristiche del suo sesso **2** (specialm.) rendere (una donna) virile; mascolinizzare **3** (meno comune) rendere (un uomo) effeminato.

unsexed [ʌ'sekst], a. (zootecnia: di pulcini) non ancora sessato; non separato per sesso.

to unshackle [ʌn'ʃækl], v. t. **1** disinceppare; liberare **2** (naut.) smanigliare.

unshaded [ʌn'ʃeidid], a. non ombreggiato; senz'ombra.

unshadowed [ʌn'ʃædoud], a. non offuscato; senz'ombra.

unshakable [ʌn'ʃeikəbl], a. incrollabile; irremovibile; fermo; saldo.

unshaken [ʌn'ʃeikən], a. non scosso; fermo; saldo; risoluto.

unshaped [ʌn'ʃeipt], a. informe; senza forma.

unshapely [ʌn'ʃeipli], a. deforme; malfatto; sgraziato.

unshapen [ʌn'ʃeipən], **1** V. **unshaped 2** V. **unshapely**.

unshared [ʌn'ʃɛəd], a. non condiviso; tutto intero; tutto per sé.

unshaved [ʌn'ʃeivd], **unshaven** [ʌn'ʃeivn], a. non rasato; non sbarbato.

to unsheathe [ʌn'ʃi:ð], v. t. sguainare; sfoderare (la spada, ecc.).

to unshell [ʌn'ʃel], v. t. sgusciare; sgranare.

unsheltered [ʌn'ʃeltəd], a. senza riparo; esposto; non protetto.

to unship [ʌn'ʃip], v. t. (naut.) **1** scaricare, sbarcare (passeggeri, merci) **2** smontare (un'elica, ecc.) **3** disarmare (i remi, ecc.).

unshocked [ʌn'ʃɔkt], a. non scosso; imperturbato; impassibile.

unshod [ʌn'ʃɔd], A pass. e p. p. di **unshoe**. B a. **1** non calzato; senza scarpe; scalzo **2** (di cavallo) non ferrato.

to unshoe [ʌn'ʃu:] (pass. e p. p. **unshod**), v. t. **1** levar le scarpe a (q.) **2** togliere i ferri a (un cavallo).

unshorn [ʌn'ʃɔ:n], a. (d'animale) non tosato; intonso.

unshrinkable [ʌn'ʃriŋkəbl], a. (di tessuto, di capo di vestiario) irrestringibile: **u. flannel**, flanella irrestringibile.

unshrinking [ʌn'ʃriŋkiŋ], a. che non arretra; che non si tira indietro; impavido; intrepido.

unshut [ʌn'ʃʌt], a. non chiuso; aperto.

unshuttered [ʌn'ʃʌtəd], a. (edil.: di finestra) senza persiane; senza imposte; senza scuri.

unsifted [ʌn'siftid], a. non setacciato; non vagliato (anche fig.).

unsighted [ʌn'saitid], a. **1** non scorto; non in vista: **The ship is still u.**, la nave non è ancora in vista **2** senza mirino: **an u. gun**, un fucile senza mirino **3** fuori visuale; coperto; in condizione di non poter vedere: **The umpire was u. when Smith was kicked**, l'arbitro era coperto quando Smith fu colpito da un calcio.

unsightliness [ʌn'saitlinis], n. bruttezza; mancanza di grazia.

unsightly [ʌn'saitli], a. brutto; sgradevole; sgraziato.

unsigned [ʌn'saind], a. non firmato; senza firma.

unsinkable [ʌn'siŋkəbl], a. **1** (naut.) inaffondabile; insommergibile **2** (fig., fam.) che non si deprime; che non si avvilisce.

unsisterly [ʌn'sistəli], a. indegno di una sorella; non da sorella.

unsized (1) [ʌn'saizd], a. **1** (di vernice) senza colla **2** (di carta o tessuto) non imbozzimato.

unsized (2) [ʌn'saizd], a. non classificato (o non fatto) secondo la misura.

unskilful [ʌn'skilfʊl], a. inabile; inesperto; malaccorto; maldestro.

unskilfulness [ʌn'skilfʊlnis], n. inabilità; incapacità; imperizia.

unskilled [ʌn'skild], a. **1** inabile; inesperto **2** (ind.) non specializzato: **u. labour**, manodopera non specializzata; manovalanza; **u. worker**, operaio non specializzato; manovale. ● (econ.) **u. occupation**, occupazione che non richiede specializzazione □ **to be quite u. at fencing**, non sapere affatto tirare di scherma.

unskimmed [ʌn'skimd], a. (del latte) non scremato.

unslaked [ʌn'sleikt], a. **1** non smorzato; non spento **2** (della sete, ecc.) non appagato; insaziato. ● **u. lime**, calce viva.

unsleeping [ʌn'sli:piŋ], a. **1** che non dorme; desto; sveglio **2** (fig.) vigile; vigilante; guardingo.

to unsling [ʌn'sliŋ] (pass. e p. p. **unslung**), v. t. togliersi (un

unsupported

fucile, ecc.) di tracolla.
unsmoked [ʌnˈsmoukt], *a.* **1** non fumato **2** non affumicato.
to unsnap [ʌnˈsnæp], *v. t.* sganciare; liberare (q.c.) facendo scattare un arresto.
unsociability [ʌnˌsouʃəˈbiliti], *n.* mancanza di socievolezza; scontrosità.
unsociable [ʌnˈsouʃəbl], *a.* non socievole; insocievole; scontroso.
unsocial [ʌnˈsouʃəl], *a.* **1** insociale; asociale **2** non socievole; insocievole; scontroso: **an u. neighbour**, un vicino non socievole. ● **to work u. hours**, lavorare in orari impossibili (*o* scomodissimi).
unsoiled [ʌnˈsɔild], *a.* **1** non sporcato; pulito **2** (*fig.*) non contaminato; incontaminato; immacolato.
unsold [ʌnˈsould], *a.* (*comm.*) invenduto. ● **u. goods**, le giacenze di magazzino; l'invenduto.
to unsolder [ʌnˈsɔldə*], *v. t.* (*mecc.*) dissaldare.
unsoldierly [ʌnˈsouldʒəli], *a.* non da militari; non soldatesco; indegno d'un soldato.
unsolicited [ʌn-səˈlisitid], *a.* non richiesto; non sollecitato.
unsolicitous [ʌn-səˈlisitəs], *a.* non sollecito; incurante; non premuroso.
unsolvable [ʌnˈsɔlvəbl], *a.* insolubile; non risolvibile.
unsolved [ʌnˈsɔlvd], *a.* insoluto; non risolto.
unsophisticated [ʌn-səˈfistikeitid], *a.* **1** non sofisticato; non adulterato; genuino **2** non sofisticato; semplice; schietto.
unsorted [ʌnˈsɔːtid], *a.* **1** (*specialm. comm.*) non scelto; non selezionato **2** non classificato.
unsought [ʌnˈsɔːt], *a.* non ricercato; non richiesto; spontaneo.
unsound [ʌnˈsaund], *a.* **1** difettoso; imperfetto; guasto: **u. timber**, legname difettoso; **u. fruit**, frutta guasta (*o* marcia) **2** infermo; malato; malsano: **u. lungs**, polmoni malati **3** erroneo; fallace; falso; sbagliato: **an u. doctrine**, una dottrina fallace; **an u. policy**, una politica sbagliata **4** malsicuro; incerto; instabile: **an u. position**, una posizione instabile. ● **u. reasoning**, ragionamenti che non reggono □ **u. sleep**, sonno agitato □ (*leg.*) **of u. mind**, non sano di mente; demente; pazzo.
unsounded [ʌnˈsaundid], *a.* **1** (*naut.*) non scandagliato; insondato **2** (*fig.*) inesplorato; sconosciuto.
unsoundness [ʌnˈsaundnis], *n.* **1** difettosità; imperfezione; l'esser guasto **2** infermità; cattiva salute; cagionevolezza **3** erroneità; fallacia; falsità **4** incertezza, instabilità.
unsown [ʌnˈsoun], *a.* (*agric.*) non seminato.
unsparing [ʌnˈspɛəriŋ], *a.* **1** generoso; liberale; prodigo **2** crudele; inesorabile; spietato. ● **to give with an u. hand**, dare a mani piene (*o* con grande generosità) □ **to work with u. energy**, lavorare senza risparmio di energie.
to unspeak [ʌnˈspiːk] (*pass.* **unspoke**, *p. p.* **unspoken**), *v. t.* ritrattare; negare.
unspeakable [ʌnˈspiːkəbl], *a.* indicibile; inesprimibile; ineffabile; indescrivibile: **u. delight**, gioia ineffabile; **u. pain**, dolore indicibile. ● (*fam.*) **an u. bore**, un tremendo seccatore.
unspecified [ʌnˈspesifaid], *a.* non specificato.
unspeculative [ʌnˈspekjulətiv], *a.* (*raro*) non speculativo.
unspent [ʌnˈspent], *a.* **1** non speso; intatto **2** inconsumato; non consumato **3** (*di vigore e sim.*) inesausto; non esaurito.
unspilt [ʌnˈspilt], *a.* (*di liquido*) non versato; non rovesciato.
unspiritual [ʌnˈspiritjuəl], *a.* non spirituale; materiale.
unspoiled [ʌnˈspɔild], **unspoilt** [ʌnˈspɔilt], *a.* **1** non guasto; non sciupato; intatto: **u. landscape**, paesaggio intatto (*non sciupato dall'uomo*) **2** (*di bambino, ecc.*) non guastato; non viziato.
unspoken [ʌnˈspoukən], **A** *p. p.* di **to unspeak**. **B** *a.* non detto; inespresso; taciuto. ● **an u. agreement**, un tacito accordo.
unspontaneous [ʌnspɔnˈteiniəs], *a.* non spontaneo; innaturale.
unsporting [ʌnˈspɔːtiŋ], **unsportsmanlike** [ʌnˈspɔːtsmənlaik], *a.* **1** indegno d'uno sportivo; non (da) sportivo (*fig.*) **2** gretto; ingeneroso; meschino; vile.
unspotted [ʌnˈspɔtid], *a.* **1** non macchiato; senza macchie **2** (*fig., arc.*) senza macchia; immacolato; incontaminato; puro **3** (*zool.*) non maculato; non pezzato.
unsprung [ʌnˈsprʌŋ], *a.* **1** (*di poltrone, veicoli, ecc.*) non provvisto di molle; non molleggiato **2** (*mecc.: di peso*) non sospeso elasticamente **3** (*mecc.*) rigido: (*autom.*) **u. axle**, assale rigido; ponte (posteriore) rigido.
unstable [ʌnˈsteibl], *a.* instabile (*anche fis.*); incerto; malfermo; incostante; volubile: (*chim.*) **u. compounds**, composti instabili; **an u. temper**, un carattere volubile. ● (*fis. nucl.*) **u. particle**, particella instabile.
unstained [ʌnˈsteind], *a.* **1** non macchiato; non tinto **2** (*specialm. fig.*) immacolato; incontaminato; puro.
unstamped [ʌnˈstæmpt], *a.* **1** (*di documento*) senza bollo **2** (*di lettera*) senza francobollo; non affrancato. ● **u. paper**, carta libera.
unstarched [ʌnˈstɑːtʃt], *a.* **1** non inamidato; senz'amido **2**

(*fig.*) che non sta sulle sue; cordiale.
unstated [ʌnˈstetid], *a.* non dichiarato; taciuto.
unstatesmanlike [ʌnˈsteitsmənlaik], *a.* indegno d'uno statista.
unsteadfast [ʌnˈstedfəst], *a.* instabile; malfermo; incostante; volubile.
unsteadiness [ʌnˈstedinis], *n.* **1** instabilità; l'essere malfermo; scarsa solidità **2** (*fig.*) incostanza; irresolutezza; titubanza; volubilità **3** instabilità; irregolarità; variabilità.
unsteady [ʌnˈstedi], *a.* **1** instabile; malfermo; poco solido; barcollante; traballante: **with an u. hand**, con mano malferma; **The old table is u.**, la vecchia tavola è traballante **2** (*fig.*) incostante; irresoluto; titubante; volubile: **Don't be u.**, non essere incostante (*o* irresoluto)! **3** instabile; irregolare; variabile: **u. prices**, prezzi instabili; **u. winds**, venti variabili.
to unsteel [ʌnˈstiːl], *v. t.* (*fig.*) addolcire (*i sentimenti, ecc.*); rendere tenero; intenerire (*il cuore di q.*).
to unstick [ʌnˈstik] (*pass.* e *p. p.* **unstuck**), *v. t.* scollare; staccare.
unstinted [ʌnˈstintid], *a.* abbondante; copioso; illimitato.
unstinting [ʌnˈstintiŋ], *a.* **1** V. **unstinted** **2** dato liberalmente; di tutto cuore; senza riserve.
to unstitch [ʌnˈstitʃ], *v. t.* scucire; disfare.
to unstop [ʌnˈstɔp], *v. t.* **1** stappare (*una bottiglia, ecc.*) **2** sturare; aprire, stasare (*un tubo, ecc.*).
unstoppable [ʌnˈstɔpəbl], *a.* inarrestabile.
to unstow [ʌnˈstou], *v. t.* (*naut.*) distivare; scaricare.
unstrained [ʌnˈstreind], *a.* **1** non filtrato; non passato al filtro **2** non sforzato; non sottoposto a sforzo **3** (*fig.*) non forzato; spontaneo; naturale.
to unstrap [ʌnˈstræp], *v. t.* **1** liberarsi di (*un carico, uno zaino, ecc.*) assicurato con cinghie **2** slacciare (*una cintura, ecc.*).
unstressed [ʌnˈstrest], *a.* (*fon.*) atono; non accentato.
unstrikable [ʌnˈstraikəbl], *a.* (*rif. a servizi essenziali*) non soggetto a sciopero.
to unstring [ʌnˈstriŋ] (*pass.* e *p. p.* **unstrung**), *v. t.* **1** togliere le corde a (*uno strumento musicale, ecc.*); togliere la corda a (*un arco*) **2** sfilare (*i grani di un rosario, ecc.*) **3** allentare; rilasciare; sciogliere **4** (*fig.*) sconvolgere; snervare; turbare.
unstrung [ʌnˈstrʌŋ], **A** *pass.* e *p. p.* di **to unstring**. **B** *a.* **1** (*d'arco*) senza corda; (*di strumento musicale, ecc.*) senza le corde, con le corde allentate **2** (*fig.: di persona*) sconvolto; snervato; turbato.
unstuck [ʌnˈstʌk], **A** *pass.* e *p. p.* di **to unstick**. **B** *a.* scollato; staccato. ● **to come u.**, scollarsi; staccarsi; (*mecc.*) disinnestarsi, liberarsi; (*fig.: di una persona, di un piano, ecc.*) andar male; andare a rotoli, fallire.
unstudied [ʌnˈstʌdid], *a.* facile; naturale; spontaneo: **u. eloquence**, eloquenza facile; **u. grace**, grazia spontanea.
unstylish [ʌnˈstailiʃ], *a.* non alla moda; non elegante.
unsubdued [ʌn-səbˈdjuːd], *a.* invitto.
unsubmissive [ʌn-səbˈmisiv], *a.* ribelle; restio; riottoso.
unsubstantial [ʌn-səbˈstænʃəl], *a.* **1** incorporeo; chimerico; fantastico; immateriale: **u. visions**, visioni fantastiche **2** inconsistente; leggero: **an u. argument**, un argomento inconsistente; (*poet.*) **u. air**, l'aere leggero **3** poco solido; malfermo; instabile: **an u. building**, un edificio poco solido.
unsubstantiality [ʌn-səbˌstænʃiˈæliti], *n.* **1** incorporeità; immaterialità **2** inconsistenza; leggerezza **3** mancanza di solidità; scarsa solidità; instabilità.
unsubstantiated [ʌn-səbˈstænʃieitid], *a.* non confermato; non comprovato; campato in aria.
unsuccess [ʌn-səkˈses], *n.* insuccesso.
unsuccessful [ʌn-səkˈsesful], *a.* **1** che non ha (avuto) successo; sfortunato **2** non riuscito; infruttuoso; inutile; vano. ● (*di persone*) **to be u.**, non riuscire; fallire; far fiasco □ **Your application has been u.**, la tua domanda non è stata accettata.
unsuccessfulness [ʌn-səkˈsesfulnis], *n.* inutilità; infruttuosità.
unsuitability [ʌnˌsjuːtəˈbiliti], *n.* **1** l'essere disadatto; inadeguatezza **2** sconvenienza; inopportunità.
unsuitable [ʌnˈsjuːtəbl], *a.* **1** disadatto; inadatto; inadeguato **2** sconveniente; inopportuno.
unsuitableness [ʌnˈsjuːtəblnis], V. **unsuitability**.
unsuited [ʌnˈsjuːtid], *a.* disadatto; inadatto; inadeguato. ● **They are u. to each other**, non sono fatti l'uno per l'altro.
unsullied [ʌnˈsʌlid], *a.* **1** non macchiato; senza macchia (*fig., lett.*) senza macchia; immacolato; puro.
unsung [ʌnˈsʌŋ], *a.* **1** non cantato **2** (*poet.*) non cantato, non celebrato (*dai poeti*): **u. daring deeds**, audaci imprese che nessun poeta ha cantato.
unsupplied [ʌn-səˈplaid], *a.* **1** sfornito; sprovvisto **2** non soddisfatto; non appagato **3** (*econ.: della domanda*) non soddisfatta.
unsupportable [ʌn-səˈpɔːtəbl], *a.* insostenibile; non comprovabile.
unsupported [ʌnn-səˈpɔːtid], *a.* **1** non sostenuto; non appoggia-

to; senza aiuto 2 non comprovato; non confermato 3 (*archit.*) senza sostegno; senza pilastri: **an u. dome**, una cupola senza pilastri.
unsure ['ʌnʃuə*], *a.* 1 incerto; non sicuro; insicuro 2 malsicuro; poco solido.
unsurmounted [ˌʌn-sə'mauntid], *a.* non sormontato; insuperato.
unsurpassable [ˌʌn-sə'pa:səbl], *a.* insorpassabile; insuperabile.
unsurpassed [ˌʌn-sə'pa:st], *a.* insuperato; insorpassato.
unsurrendered [ˌʌn-sə'rendəd], *a.* 1 non consegnato; non restituito 2 (*mil.*) che non è stato ceduto (*al nemico*); che non si è arreso.
unsusceptible [ˌʌn-sə'septibl], *a.* non suscettibile.
unsuspected [ˌʌn-səs'pektid], *a.* 1 insospettato; non sospettato 2 imprevisto; inatteso; inaspettato.
unsuspecting [ˌʌn-səs'pektiŋ], **unsuspicious** [ˌʌn-səs'piʃəs], *a.* non sospettoso; senza sospetto; fiducioso; credulo.
unsustainable [ˌʌn-səs'teinəbl], *a.* insostenibile.
unsustained [ˌʌn-səs'teind], *a.* non sostenuto.
to **unswathe** [ʌn'sweið], *v. t.* sbendare; sfasciare.
unswayed ['ʌn'sweid], *a.* non mosso (*fig.*); non influenzato; non soggetto a influssi: **u. by personal motives**, non mosso da motivi personali.
to **unswear** ['ʌn'sweə*] (*pass.* **unswore**, *p. p.* **unsworn**), *v. t. e i.* abiurare; rinnegare (*un giuramento*).
unsweetened ['ʌn'swi:tnd], *a.* non addolcito; non zuccherato.
unswept ['ʌn'swept], *a.* non spazzato; non scopato.
unswerving [ʌn'swə:viŋ], *a.* 1 fermo; saldo; (*fig.*) irremovibile, fedele: **an u. supporter**, un fedele sostenitore 2 diritto; che tira diritto; che non devia.
unsworn ['ʌn'swɔ:n], A *p. p.* di **to unswear**. B *a.* 1 (*di giuramento*) non prestato 2 (*leg.: di testimone, ecc.*) che non ha prestato giuramento.
unsymbolic(al) [ˌʌn-sim'bɔlik(əl)], *a.* non simbolico.
unsymmetric(al) [ˌʌn-si'metrik(əl)], *a.* asimmetrico.
unsympathetic [ˌʌn-simpə'θetik], *a.* non comprensivo; freddo; indifferente; poco cordiale.
unsympathizing ['ʌn'simpəθaiziŋ], *a.* che non mostra comprensione; poco cordiale; freddo; indifferente.
unsystematic [ˌʌnˌsisti'mætik], *a.* non sistematico; senza metodo.
to **untack** [ʌn'tæk], *v. t.* disgiungere; separare; staccare; sbullettare.
untainted ['ʌn'teintid], *a.* 1 incorrotto; non guasto 2 (*fig.*) incontaminato; immacolato; puro.
untalented ['ʌn'tæləntid], *a.* non dotato; senza disposizione (*per un'arte, una scienza, ecc.*); di scarso ingegno.
untamable ['ʌn'teiməbl], *a.* indomabile; non addomesticabile.
untamableness ['ʌn'teiməblnis], *n.* indomabilità.
untamed ['ʌn'teimd], *a.* indomito; non addomesticato.
to **untangle** ['ʌn'tæŋgl], *v. t.* districare; sbrogliare.
untanned ['ʌn'tænd], *a.* 1 non conciato; greggio; grezzo: **u. hides**, pelli gregge 2 non abbronzato (*dal sole*).
untapped [ˌʌn'tæpt], *a.* 1 (*di liquido*) non spillato 2 (*fig.*) inutilizzato; disponibile; a disposizione; non sfruttato.
untarnished ['ʌn'ta:niʃt], *a.* 1 non macchiato; senza macchia 2 (*fig.*) senza macchia; immacolato; puro: **an u. reputation**, una reputazione senza macchia.
untasted ['ʌn'teistid], *a.* 1 non assaggiato; non gustato 2 (*di cibo*) non toccato; intatto.
untaught ['ʌn'tɔ:t], *a.* 1 privo di istruzione; ignorante; incolto 2 non studiato; innato; naturale.
to **untax** ['ʌn'tæks], *v. t.* (*fin.*) esentare (q., q.c.) dalle imposte; detassare.
untaxed ['ʌn'tækst], *a.* (*fin.*) 1 esente da imposte 2 (*di conto spese, ecc.*) non tassato; detraibile (*dalle imposte*); esentasse (*bur.*).
unteachable ['ʌn'ti:tʃəbl], *a.* 1 che non apprende facilmente; non educabile; indocile 2 assai difficile da insegnare.
untearable ['ʌn'tɛərəbl], *a.* non lacerabile.
untempered ['ʌn'tempəd], *a.* 1 (*metall.*) non temprato; non rinvenuto: **u. steel**, acciaio non temprato 2 (*fig.*) non temperato; non mitigato; estremo: **u. severity**, estrema severità.
untenability [ʌnˌtenə'biliti], *n.* l'essere indifendibile; insostenibilità (*di una tesi, ecc.*).
untenable ['ʌn'tenəbl], *a.* 1 (*mil.*) indifendibile; insostenibile: **an u. position**, una posizione insostenibile 2 (*fig.*) insostenibile.
untenanted ['ʌn'tenəntid], *a.* non affittato; sfitto: **an u. flat**, un appartamento sfitto.
untended ['ʌn'tendid], *a.* non curato; non sorvegliato; incustodito.
untested ['ʌn'testid], *a.* non provato; non collaudato.
to **untether** ['ʌn'teðə*], *v. t.* slegare; liberare dalle pastoie.
unthanked ['ʌn'θæŋkt], *a.* non ringraziato.
unthankful ['ʌn'θæŋkful], *a.* 1 ingrato; sgradevole; spiacevole 2 senza riconoscenza; non riconoscente; ingrato.
unthankfulness ['ʌn'θæŋkfulnis], *n.* ingratitudine.
unthinkable [ʌn'θiŋkəbl], *a.* 1 impensabile; inimmaginabile 2 (*fam.*) improbabile; inverosimile; impossibile.
unthinking ['ʌn'θiŋkiŋ], *a.* irriflessivo; leggero (*fig.*); sbadato; spensierato; sventato.
unthoughtful ['ʌn'θɔ:tful], *a.* 1 spensierato; sbadato; sventato 2 senza riguardi; irriguardoso; che non pensa agli altri.
unthought-of [ʌn'θɔ:tɔv], *a.* 1 impensato; inaspettato; imprevisto 2 impensabile; inimmaginabile.
to **unthread** ['ʌn'θred], *v. t.* 1 sfilare (*un ago, perline, ecc.*) 2 (*fig.*) districare; sciogliere: **to u. a mystery**, sciogliere un mistero.
unthrifty ['ʌn'θrifti], *a.* non parsimonioso; prodigo; scialacquatore.
to **unthrone** ['ʌn'θroun], *v. t.* detronizzare; deporre (*un re*).
untidiness [ʌn'taidinis], *n.* disordine; confusione; sciatteria; trascuratezza; trasandatezza.
untidy [ʌn'taidi], *a.* disordinato; sciatto; trascurato; trasandato.
to **untie** ['ʌn'tai], *v. t.* 1 slegare; slacciare; disfare (*un nodo, ecc.*) 2 sciogliere; liberare (*anche fig.*).
until [ən'til], A *prep.* fino a; sino a; fino al momento di; prima di: **u. their departure**, fino alla loro partenza; **The show doesn't begin u. half past nine**, lo spettacolo non comincia prima delle nove e mezza. B *cong.* finché (non); fino a quando; fino al momento che: **He waited u. the rain stopped**, aspettò finché smise di piovere; **U. you told me, I was quite unaware**, finché non me lo dicesti tu, ero all'oscuro di tutto. ● **unless and u.**, finché; a meno che.
to **untile** ['ʌn'tail], *v. t.* rimuovere le tegole di (*un tetto*); scoperchiare.
untillable [ʌn'tiləbl], *a.* (*di terreno*) non coltivabile.
untilled [ʌn'tild], *a.* (*di terreno*) incolto; non coltivato.
untimeliness [ʌn'taimlinis], *n.* 1 inopportunità; intempestività 2 prematurità.
untimely [ʌn'taimli], *a.* 1 inopportuno; intempestivo: **an u. question**, una domanda intempestiva 2 prematuro: **His was an u. end**, fece una fine prematura.
untinged [ʌn'tindʒd], *a.* senza tracce (*di q.c.*); esente; immune (*da*). ● **not u. with**, non esente da; non privo di.
untired [ʌn'taiəd], *a.* non stanco; inesausto; indefesso.
untiring [ʌn'taiəriŋ], *a.* instancabile; infaticabile.
untitled [ʌn'taitld], *a.* 1 senza titolo: **an u. book**, un libro senza titolo 2 (*leg.*) che non ha titolo (*o diritto*): **an u. tyrant**, un tiranno usurpatore 3 che non ha titoli onorifici.
unto ['ʌntu], (*arc., lett.*) V. **to** (*in ogni senso, salvo come prefisso dei verbi all'infinito*).
untold ['ʌn'tould], *a.* 1 non detto; non raccontato; taciuto; inespresso 2 non contato; non numerato 3 incalcolabile; enorme; inaudito. ● **u. gold**, oro a mucchi.
to **untomb** ['ʌn'tu:m], *v. t.* 1 togliere dalla tomba; disotterrare 2 (*fig.*) risuscitare; richiamare in vita.
untoothed ['ʌn'tu:θt], *a.* senza denti; sdentato.
untorn ['ʌn'tɔ:n], *a.* non lacerato; non lacero; intatto; integro.
untouchable [ʌn'tʌtʃəbl], A *a.* 1 intoccabile (*anche fig.*); intangibile 2 inaccessibile; irraggiungibile; fuori portata. B *n.* (*in India*) intoccabile; paria.
untouched ['ʌn'tʌtʃt], *a.* 1 non toccato; intatto 2 (*fig.*) non commosso; imperturbato; indifferente. ● **to leave one's dinner u.**, non toccar cibo; lasciare il pranzo intatto □ **to leave a subject u.**, non far menzione di (*o* non sfiorare nemmeno) un argomento.
untoward [ʌn'touəd], *a.* 1 sfortunato; infelice; sfavorevole; avverso: **an u. accident**, uno sfortunato incidente 2 (*arc.*) intrattabile; ribelle; riottoso; recalcitrante: **an u. generation**, una generazione ribelle.
untraceable [ʌn'treisəbl], *a.* 1 non tracciabile 2 non rintracciabile; introvabile; irreperibile.
untracked [ʌn'trækt], *a.* 1 non seguito; non pedinato; non inseguito 2 (*di sentiero*) non segnato da orme; poco battuto.
untragic [ʌn'trædʒik], *a.* (*raro*) non tragico; non adatto alla tragedia: **an u. subject**, un argomento non adatto alla tragedia.
untrained ['ʌn'treind], *a.* 1 non esercitato; inesperto 2 non ammaestrato 3 non disciplinato 4 (*sport*) non allenato.
untrammelled [ʌn'træməld], *a.* senza impacci; non inceppato; non impastoiato; libero.
untransferable ['ʌn-træns'fə:rəbl], *a.* (*specialm. leg., comm.*) non trasferibile; non cedibile; inalienabile.
untranslatability [ʌnˌtrænsˌleitə'biliti], *n.* intraducibilità.
untranslatable ['ʌntræns'leitəbl], *a.* intraducibile.
untranslatableness ['ʌntræns'leitəblnis], V. **untranslatability**.
untravelled ['ʌn'trævəld], *a.* 1 che ha viaggiato poco 2 (*di strada, ecc.*) poco battuto; di scarso traffico 3 inesplorato.
untried ['ʌn'traid], *a.* 1 inesperto; poco esperto 2 non provato; intentato 3 (*leg.*) non sottoposto a processo; non

processato.

untrimmed ['ʌn'trimd], *a.* **1** non ornato; senza ornamenti; sguarnito **2** (*d'albero*, *siepe*, *ecc.*) non tagliato; non spuntato; non potato.

untrodden ['ʌn'trɔdn], *a.* **1** non calpestato; intatto: **u. snow**, neve intatta **2** non frequentato; poco battuto; solitario: **u. ways**, strade poco battute; (*fig.*) vie intentate, vie nuove.

untroubled ['ʌn'trʌbld], *a.* **1** imperturbato; calmo; sereno; tranquillo **2** (*di liquido*) non turbato; limpido.

untrue ['ʌn'tru:], *a.* **1** falso; bugiardo; menzognero; non vero **2** (*arc.*) disonesto; infedele; perfido; sleale **3** (*mecc.*) non centrato.

to untruss ['ʌn'trʌs], *v. t.* **1** slegare; disfare **2** (*arc.*) spogliare; svestire.

untrussed ['ʌn'trʌst], *a.* (*di pollo*) non preparato; non legato (*prima di cuocerlo*).

untrustworthiness ['ʌn'trʌst,wə:ðinis], *n.* **1** falsità; mendacia; menzogna **2** disonestà; perfidia; slealtà.

untrustworthy ['ʌn'trʌst,wə:ði], *a.* **1** indegno di fede; falso; mendace; menzognero **2** indegno di fiducia; infido; disonesto; perfido; sleale.

untruth ['ʌn'tru:θ], *n.* falsità; menzogna; bugia.

untruthful ['ʌn'tru:θful], *a.* falso; bugiardo; menzognero.

untruthfulness ['ʌn'tru:θfulnis], *n.* falsità; mendacia.

to untuck ['ʌn'tʌk], *v. t.* disfare (*una piega*); sciogliere; spiegare; tirar giù (*una manica rimboccata*, *le coperte*, *ecc.*).

untuned ['ʌn'tju:nd], *a.* **1** (*mus.*) scordato; stonato **2** (*radio*, *telev.*) non sintonizzato **3** (*elettr.*) non risonante.

unturned ['ʌn'tə:nd], *a.* non rivoltato; non rovesciato; non smosso. ● (*fig.*) **to leave no stone u.**, fare ogni sforzo; non lasciar nulla d'intentato; fare l'impossibile.

untutored ['ʌn'tju:təd], *a.* **1** ignorante; incolto; non istruito **2** non affettato; naturale; semplice; spontaneo.

to untwine ['ʌn'twain], **to untwist** ['ʌn'twist], **A** *v. t.* disfare; districare; sciogliere; sbrogliare. **B** *v. i.* sciogliersi; districarsi.

unusable [ʌn'ju:zəbl], *a.* inutile; inservibile; inutilizzabile.

unused ['ʌn'ju:zd], *a.* **1** non usato; non adoperato; disusato; in disuso **2** non ancora usato; inutilizzato; nuovo **3** ['ʌn'ju:st] (*pred.*) non abituato; non avvezzo; poco pratico: **He was u. to their ways**, era poco pratico dei loro costumi. ● **to be u. to doing st.**, non essere avvezzo a (*o* non avere l'abitudine di) fare q.c.

unusual [ʌn'ju:ʒuəl], *a.* **1** insolito; inusitato; inconsueto **2** straordinario; eccezionale; raro; singolare: **a writer of u. talent**, uno scrittore di eccezionale talento.

unusualness [ʌn'ju:ʒuəlnis], *n.* **1** l'essere insolito (*o* inconsueto) **2** eccezionalità; rarità; singolarità.

unutterable [ʌn'ʌtərəbl], *a.* **1** non pronunciabile; impronunciabile **2** inesprimibile; ineffabile; indicibile: **u. joy**, gioia ineffabile **3** completo; perfetto: **an u. idiot**, un perfetto idiota.

unuttered ['ʌn'ʌtəd], *a.* **1** non pronunciato **2** non proferito; inespresso; taciuto.

unvalued [ʌn'væljud], *a.* non valutato; non stimato.

unvanquished ['ʌn'væŋkwiʃt], *a.* invitto; indomito.

unvaried [ʌn'vɛərid], *a.* non variato; uniforme; uguale; monotono: **an u. landscape**, un paesaggio monotono.

unvarnished ['ʌn'va:niʃt], *a.* **1** non verniciato: **an u. surface**, una superficie non verniciata **2** (*fig.*) non abbellito; puro e semplice; senza fronzoli; nudo e crudo: **the u. truth**, la verità nuda e cruda.

unvarying [ʌn'vɛəriiŋ], *a.* invariabile.

to unveil [ʌn'veil], **A** *v. t.* svelare; scoprire; palesare; rivelare. **B** *v. i.* **1** togliersi il velo **2** (*fig.*) svelarsi; scoprirsi. ● **to u. a monument** (**a statue**, **etc.**), inaugurare un monumento (scoprire una statua, ecc.).

unveiling [ʌn'veiliŋ], *n.* **1** scoprimento (*di un busto*, *ecc.*) **2** (*fig.*) cerimonia inaugurale; (*prima*) presentazione.

unventilated [ʌn'ventileitid], *a.* non ventilato; non aerato.

unverifiable [ʌn'verifaiəbl], *a.* non verificabile; incontrollabile.

unverified [ʌn'verifaid], *a.* non verificato; incontrollato.

unversed ['ʌn'və:st], *a.* non versato (*in una scienza*, *un'arte*, *ecc.*) inesperto; poco competente; incompetente.

unvindicated ['ʌn'vindikeitid], *a.* non rivendicato.

unviolated ['ʌn'vaiəleitid], *a.* inviolato.

unvisited ['ʌn'vizitid], *a.* non visitato; non frequentato.

unvoiced ['ʌn'vɔist], *a.* **1** non detto; inespresso **2** (*fon.*) sordo.

to unvote ['ʌn'vout], *v. t.* (*leg.*, *polit.*) abrogare; revocare (*una legge*, *ecc.*) con una votazione.

unvouched ['ʌn'vautʃt], *a.* (*di solito* **u. for**) non attestato; non confermato; non documentato.

unwanted ['ʌn'wɔntid], *a.* non desiderato; non richiesto; non voluto.

unwariness [ʌn'wɛərinis], *n.* avventatezza; sconsideratezza.

unwarlike ['ʌn'wɔ:laik], *a.* (*raro*) non bellicoso; pacifico.

unwarned ['ʌn'wɔ:nd], *a.* non avvertito; non avvisato; non messo in guardia.

unwarrantable [ʌn'wɔrəntəbl], *a.* **1** ingiustificabile; inescusabile; inqualificabile **2** (*leg.*) che non può essere garantito.

unwarranted ['ʌn'wɔrəntid], *a.* **1** ingiustificato; arbitrario; infondato **2** (*leg.*) non garantito; senza garanzia.

unwary ['ʌn'wɛəri], *a.* avventato; incauto; sconsiderato.

unwashed ['ʌn'wɔʃt], *a.* non lavato; sporco; sudicio. ● (*fam.*, *spreg.*) **the great u.**, la plebaglia.

unwatched ['ʌn'wɔtʃt], *a.* **1** non sorvegliato; incustodito; non vigilato **2** (*di faro*, *ecc.*) incustodito; senza guardiano.

unwatchful ['ʌn'wɔtʃful], *a.* non vigile; disattento; sbadato.

unwatchfulness ['ʌn'wɔtʃfulnis], *n.* disattenzione; sbadataggine.

to unwater ['ʌn'wɔ:tə*], *v. t.* (*tecn.*) drenare; prosciugare.

unwatered ['ʌn'wɔ:təd], *a.* **1** non innaffiato; arido; secco: **an u. lawn**, un prato non innaffiato **2** non diluito con acqua; senz'acqua; puro; schietto: **u. milk**, latte senz'acqua; puro latte **3** (*di bestiame*) non abbeverato: **an u. horse**, un cavallo non abbeverato **4** non fornito d'acqua; senz'acqua: **an u. town**, una città senz'acqua.

unwavering [ʌn'weivəriŋ], *a.* non vacillante; deciso; fermo; risoluto; incrollabile; irremovibile.

unweaned ['ʌn'wi:nd], *a.* non divezzato; non svezzato.

unwearable [ʌn'wɛərəbl], *a.* (*d'abito*, *ecc.*) che non si può indossare; non indossabile.

unwearied [ʌn'wiərid], *a.* **1** inesausto; infaticato; non stanco **2** infaticabile; instancabile.

unwearying [ʌn'wiəriiŋ], *a.* instancabile; insistente; persistente; tenace: **u. efforts**, tenaci sforzi.

to unweave [ʌn'wi:v] (*pass.* **unwove**, *p. p.* **unwoven**), *v. t.* stessere, disfare (*il tessuto*, *la tela*).

unwed ['ʌn'wed], **unwedded** ['ʌn'wedid], *a.* (*arc.*) non sposato; (*d'uomo*) celibe; (*di donna*) nubile.

unweighed ['ʌn'weid], *a.* **1** non pesato **2** (*fig.*) non soppesato; non vagliato.

unwelcome [ʌn'welkəm], *a.* **1** male accolto; malaccetto; importuno **2** (*di cose*) sgradito; spiacevole.

unwell ['ʌn'wel], *a. pred.* **1** indisposto; ammalato: **I am u. today**, sono indisposto oggi; oggi sto poco bene **2** (*fam.*: *di donna*) mestruata.

unwept ['ʌn'wept], *a.* (*retor.*, *poet.*) illacrimato; non compianto.

unwhipped ['ʌn'wipt], *a.* **1** non frustato; non punito **2** (*fig.*: *di delitto*, *ecc.*) impunito **3** (*di panna*, *uovo*, *ecc.*) non sbattuto; non montato.

unwhitened ['ʌn'waitnd], *a.* non imbiancato.

unwholesome ['ʌn'houlsəm], *a.* **1** insalubre; malsano; nocivo **2** (*fig.*) corrotto; immorale; morboso.

unwholesomeness ['ʌn'houlsəmnis], *n.* **1** insalubrità; nocività **2** (*fig.*) immoralità; morbosità.

unwieldiness [ʌn'wi:ldinis], *n.* **1** l'essere ingombrante; scarsa maneggevolezza; pesantezza **2** lentezza; goffaggine.

unwieldy [ʌn'wi:ldi], *a.* **1** ingombrante; poco maneggevole; pesante **2** lento; goffo; tardo; impacciato. ● **an u. method for mining gold**, un metodo poco pratico d'estrarre l'oro.

unwilling ['ʌn'wiliŋ], *a.* **1** che non vuole; non disposto; avverso; contrario; restio; riluttante **2** (*di azione*, *atto*, *ecc.*) (fatto) di malavoglia; (*di parola*, *discorso*, *ecc.*) detto con riluttanza. ● **to be u. to do st.**, non voler fare q.c.

unwillingness ['ʌn'wiliŋnis], *n.* malavoglia; cattiva volontà; riluttanza.

to unwind [ʌn'waind] (*pass.* e *p. p.* **unwound**), **A** *v. t.* **1** sdipanare; svolgere; sgomitolare: **to u. a ball of wool**, sdipanare un gomitolo di lana **2** districare; sbrogliare **3** (*fig.*) far rilassare (q.). **B** *v. i.* **1** (*anche fig.*) sdipanarsi; sgomitolarsi; svolgersi; snodarsi: **The jungle track unwound before us**, il sentiero della giungla si snodava davanti a noi; **The crime story will u. at the end**, il giallo si dipanerà alla fine **2** districarsi; sbrogliarsi **3** (*fig.*) rilassarsi; distendersi. ● (*naut.*) **to u. a rope**, mollare un cavo.

unwinking ['ʌn'wiŋkiŋ], *a.* **1** che non batte ciglio; (*dell'occhio*) fisso **2** (*fig.*) attento; vigile; all'erta.

unwiped ['ʌn'waipt], *a.* (*di stoviglie*, *piatti*, *ecc.*) non asciugato.

unwisdom ['ʌn'wizdəm], *n.* mancanza di saggezza; imprudenza; insensatezza; stoltezza.

unwise ['ʌn'waiz], *a.* poco saggio; incauto; imprudente; insensato.

unwished-for ['ʌn'wiʃt fɔ:*], *a.* non desiderato; indesiderato.

unwithered ['ʌn'wiðəd], *a.* non appassito; non avvizzito; ancora fresco.

unwithering [ʌn'wiðəriŋ], *a.* che non appassisce; che non avvizzisce.

unwitnessed ['ʌn'witnist], *a.* (*anche leg.*) senza testimoni.

unwitting [ʌn'witiŋ], *a.* **1** inconsapevole; inconscio **2** involontario; non voluto; non intenzionale.

unwitty ['ʌn'witi], *a.* privo di spirito; non spiritoso; sciocco.

unwomanly [ʌn'wumənli], *a.* poco femminile; indegno d'una

unwon [ˈʌnˈwʌn], *a.* non vinto; invitto.
unwonted [ʌnˈwountid], *a.* **1** insolito; inconsueto; inusitato **2** (*arc.*) non abituato; non avvezzo: **He was u. to that kind of life**, non era avvezzo a quel genere di vita.
unwooded [ˈʌnˈwudid], *a.* senza boschi; diboscato, disboscato.
unwooed [ˈʌnˈwuːd], *a.* non corteggiato.
unworkable [ˈʌnˈwəːkəbl], *a.* **1** non lavorabile; intrattabile: **u. clay**, argilla intrattabile **2** ineseguibile; impraticabile **3** che non serve; che non funziona; inservibile; fuori uso. ● (*ind. min.*) **an u. mine**, una miniera non coltivabile.
unworkmanlike [ˈʌnˈwəːkmənlaik], *a.* **1** incapace; inetto; inesperto **2** malfatto; abborracciato.
unworldliness [ˈʌnˈwəːdlinis], *n.* **1** l'essere ultraterreno **2** distacco dalle cose terrene; spiritualità **3** semplicità; schiettezza; spontaneità.
unworldly [ˈʌnˈwəːldli], *a.* **1** non di questo mondo; ultraterreno **2** non mondano; spirituale **3** non sofisticato; semplice; schietto; ingenuo; spontaneo.
unworn [ˈʌnˈwɔːn], *a.* (*d'abito e sim.*) **1** mai indossato; nuovo **2** non frusto; non logoro.
unworthiness [ʌnˈwəːðinis], *n.* indegnità; bassezza; viltà.
unworthy [ʌnˈwəːði], *a.* **1** indegno; basso; meschino; vile **2** (*di trattamento, ecc.*) immeritato **3** senza merito; privo di valore. ● **to be u. of st.**, non meritare q.c.
unwound [ˈʌnˈwaund], A *pass.* e *p. p.* di **to unwind**. B *a.* (*di un orologio e sim.*) non caricato; scarico.
unwounded [ˈʌnˈwuːndid], *a.* non ferito; illeso; incolume.
to unwrap [ˈʌnˈræp], *v. t.* scartocciare; scartare, disfare, aprire, svolgere (*un pacco, ecc.*).
to unwrinkle [ˈʌnˈriŋkl], *v. t.* lisciare; spianare (*la fronte, ecc.*); togliere le rughe a.
unwrinkled [ˈʌnˈriŋkld], *a.* senza rughe; liscio; spianato.
unwritable [ˈʌnˈraitəbl], *a.* che non si può scrivere.
unwritten [ˈʌnˈritn], *a.* **1** non scritto; orale; tradizionale: **u. songs**, canzoni non scritte; canzoni popolari; **an u. law**, una legge non scritta **2** su cui non si è scritto; (in) bianco: **an u. sheet of paper**, un foglio bianco. ● **the u. law**, la legge non scritta; (*leg.*) il diritto consuetudinario; (*fig.*) il codice d'onore, la legge dell'onore.
unwrought [ˈʌnˈrɔːt], *a.* non lavorato; greggio; grezzo.
unwrung [ˈʌnˈrʌŋ], *a.* **1** non torto; non stretto; non strizzato **2** (*fig.*) imperturbato; impassibile. ● (*fig., raro*) **My withers are u.**, quest'accusa non mi tocca.
unyielding [ʌnˈjiːldiŋ], *a.* **1** rigido; non flessibile **2** (*fig.*) che non cede; inflessibile; inesorabile; ostinato; rigido.
unyieldingness [ʌnˈjiːldiŋnis], *n.* **1** rigidezza; mancanza di flessibilità **2** (*fig.*) inflessibilità; inesorabilità; ostinazione.
to unyoke [ˈʌnˈjouk], *v. t.* **1** staccare dal giogo (*buoi, ecc.*); (*fig.*) liberare dal giogo, liberare **2** (*fig.*) staccare; separare; disgiungere.
unyouthful [ˈʌnˈjuːθful], *a.* (*raro*) non giovanile.
unzealous [ˈʌnˈzeləs], *a.* non zelante; che manca di zelo.
to unzip [ˈʌnˈzip], A *v. t.* **1** aprire la chiusura lampo di (*un indumento*) **2** aprire (*una borsa, una valigia, ecc.*). B *v. i.* (*d'abito, ecc.*) aprirsi per mezzo di una lampo.
up (1) [ʌp], A *avv.* **1** su; di sopra; in alto; in su: **Pick up the coins**, prendi su le monete!; **He lives four floors up**, abita quattro piani sopra (o al quarto piano); **I hung the picture up on the wall**, attaccai il quadro in alto sulla parete; **a few inches further up**, qualche pollice più in su **2** in piedi; ritto; su; alzato: **He suddenly got up**, improvvisamente si alzò in piedi; **He is already up**, è già alzato (*dal letto*) **3** (*ippica*) in sella: **The horse might have won with a better jockey up**, il cavallo avrebbe potuto vincere con un fantino migliore in sella **4** (*rafforzativo*) completamente; del tutto; sino in fondo: **The sand has clogged up the canal**, la sabbia ha completamente ostruito il canale; **The hotel was burnt up**, l'albergo fu completamente distrutto dal fuoco **5** (*idiom.: per es. in:*) **I'm going up to town**, vado in città; **My father is up from the country**, è arrivato mio padre dalla campagna; **The boy is up to no good**, il ragazzo ne sta facendo una delle sue (o sta combinando qualche guaio); (*polit.*) **The Foreign Secretary is up**, il Ministro degli Esteri s'è alzato per prendere la parola (*in Parlamento*); **Parliament is up**, il Parlamento è chiuso; i parlamentari non sono in seduta; **Come up and see me some time**, vieni a trovarmi qualche volta!; **Stand up!**, alzati!; alzatevi!; **What are you up to?**, che cosa stai combinando?; **It is (was) up to me** (**you, him, etc.**) **to decide**, tocca (toccava) a me (a te, a lui, ecc.) decidere; **The sun is up**, il sole è già sorto; **Time is up**, è suonata l'ora; il tempo (concesso) è finito (*è ora di agire, di consegnare i compiti, ecc.*); **It's all up with him**, per lui è finita; è spacciato; **The game is up**, il gioco è finito; (*fig.*) il trucco (o il piano) è stato scoperto; (*fam.*) **What's up?**, che succede?; che c'è?; **The Middle East is up**, il Medio Oriente è in rivolta (o s'è sollevato); **This custom is traced up to the Tudors**, questa consuetudine risale al tempo dei Tudor; **That's up to him**, è affar suo; sta (*o* spetta, tocca) a lui decidere (*o* provvedere, agire); **The wind is up**, s'è alzato il vento; **My blood was up**, m'era andato il sangue alla testa. B *inter.* **1** su!; in piedi!: **Up with it!**, su!; issa!; **Up with you!**, alzati!; dritto!; in piedi! **2** evviva!; viva!: **Up with the Socialists!**, evviva i socialisti!; **Up with people!**, viva la gente! ● (*fam.*) **to be up against difficulties** (**trouble, etc.**), dover affrontare delle difficoltà (trovarsi nei guai, ecc.) □ **to be up and about**, essere di nuovo in piedi (*dopo una malattia*) □ **up-and-coming**, attivo; intraprendente; promettente □ **up and down**, su e giù; avanti e indietro; dappertutto: **The cork bobbed up and down on the water**, il sughero ballonzolava su e giù sull'acqua; **We walked up and down**, passeggiammo avanti e indietro; **I've looked for it up and down**, l'ho cercato dappertutto □ **up-and-down**, (*di moto, ecc.*) di su e giù; (*USA*) ripidissimo, verticale □ **to be up and going**, essere attivo; darsi da fare □ (*d'argomento, ecc.*) **to be up for discussion**, essere all'ordine del giorno □ (*polit.*) **to be up for an office**, essere candidato a una carica □ (*comm.*) **to be up for sale**, essere in vendita □ **up here**, quassù □ (*naut.*) **Up periscope!**, fuori il periscopio! □ **up there**, lassù □ **up to**, fino a: **to count from one up to one hundred**, contare da uno fino a cento □ **to be⋅ up to one's knees in mud**, essere immerso nel fango fino ai ginocchi □ **to be up to**, essere in condizione (*o* in grado) di, sentirsela; essere all'altezza di; essere conforme a; valere: **She wasn't up to the journey**, ella non era in grado di viaggiare; **I don't feel up to a long walk today**, non me la sento di fare una lunga passeggiata oggi; **He is not up to his job**, non è all'altezza del suo lavoro; (*comm.*) **The goods are not up to sample**, la merce non è conforme al campione; **This book is not up to much**, questo libro non vale molto □ (*comm.: di un estratto conto*) **up to date**, compilato a tutt'oggi □ **up-to-date**, aggiornato, al corrente; alla moda, moderno: **up-to-date office equipment**, moderne attrezzature per ufficio; **an up-to-date organization**, un'organizzazione moderna, efficiente □ **up-to-the-minute**, aggiornato; attualissimo □ **up to now**, finora □ (*geogr.*) **as far up as Edinburgh**, fino all'altezza di Edimburgo (*andando da sud a nord*) □ **to blow up** (*o* **to be blown up**), saltare in aria; (fu fatto esplodere) **The bridge blew** (*o* **was blown**) **up**, il ponte saltò in aria (fu fatto esplodere) □ **to bring up to date**, aggiornare, rammodernare □ **to catch sb. up**, raggiungere q.; affiancarsi a q. □ **to drink up**, finire di bere □ **to eat up**, divorare □ **from one's childhood up**, sin dall'infanzia □ **to go up**, andar su; salire: **Oil prices are going up**, i prezzi del petrolio salgono (*fam.*: vanno su) □ **to have ten pounds up on a horse**, aver puntato dieci sterline su un cavallo □ **to hunt up**, cercare (accanitamente); scovare □ **to keep up with the times**, stare aggiornato; tenersi al corrente □ **to keep up with sb.**, tenere il passo con q.; restare a fianco di q. □ **to lay up**, accumulare; metter da parte; tenere in serbo □ **to lift up one's head**, alzare la testa □ **to look up**, alzare gli occhi; alzare lo sguardo □ **to look up to sb.**, considerare q. con rispetto; ammirare q. □ **to speak up**, parlare ad alta voce; (*fig.*) parlare fuori dai denti, dire quel che si pensa, cantar chiaro □ **to sum up**, ammontare a □ **to turn up**, tirarsi su (*il colletto, ecc.*); alzare il volume di (*una radio, un televisore, ecc.*) □ **to be well up in Greek**, essere ben preparato in greco; essere bravo in greco.

up (2) [ʌp], *a.* **1** in su; ascendente; in salita: **an up stroke**, un tratto ascendente di penna **2** alto (*anche fig.*): **The sun was up**, il sole era alto; **Rents are up**, gli affitti sono alti (*o* cari) **3** (*econ.: di prezzo, ecc.*) in aumento; in ripresa: **Foreign demand is up**, la domanda estera è in ripresa **4** (*ferr.*) verso la città: **an up train**, un treno verso la città (*specialm. diretto a Londra*). ● **the ups and downs of life**, gli alti e bassi (*o* le alterne vicende) della vita □ (*di porta*) **up-and-over**, basculante: **an up-and-over garage door**, una porta basculante per garage □ **the up-line** (*of a railway*), la linea per Londra (d'una ferrovia) □ (*fam.*) **to be on the up-and-up**, andare a gonfie vele; essere onesto (*o* leale).

up (3) [ʌp], *prep.* su; su per: **The boy climbed up the ladder**, il ragazzo s'arrampicò sulla scala; **Carry the trunk up the stairs!**, portate il baule su per le scale! ● **up-country**, V. **upcountry** □ (*fam.*) **up front**, (*avv.*) in anticipo, in acconto; (*agg.*) franco, leale, onesto □ **up hill and down dale**, per mari e per monti; da tutte le parti; a casaccio, senza meta □ **up** (**the**) **river**, a monte; verso la sorgente del fiume □ **up-stream**, V. **upstream** □ (*fam.*) **up top**, nel cervello; nella testa □ (*volg.*) **Up yours!**, va al diavolo!; (*anche*) col cavolo!; non rompere! (*volg.*) □ **to walk up a hill**, salire un colle □ **to walk up a street**, camminare lungo una strada (*specialm. in salita o verso il centro della città*) □ **to walk up and down the street**, andare su e giù per la strada.

to up [ʌp] (*pass.* **upped**, *o spesso* **up**), A *v. i.* **1** – (*fam.*) **to up and...**, fare (q.c.) all'improvviso: **He upped and threw a stone at me**, all'improvviso mi scagliò una pietra **2** (*fam., raro*) alzarsi;

alzarsi in piedi **3** − (*fam.*) **to up with**, alzare (*la mano, un'arma*); brandire: **He upped with his stick**, brandì il bastone. **B** *v. t.* (*fam.*) **1** alzare; sollevare; tirar su **2** alzare; aumentare; far salire: **to up prices**, alzare (*o* aumentare) i prezzi. ● (*fam.*) **He has been upped to sales manager**, è stato promosso direttore alle vendite.

to up-anchor [ʌpˈæŋkə*], *v. i.* (*naut.*) levare l'ancora.

upas [ˈjuːpəs], *n.* (*bot., Antiaris toxicaria; anche* **u. tree**) upas.

to upbear [ʌpˈbɛə*] (*pass.* **upbore**, *p. p.* **upborne**), *v. t.* sorreggere; sostenere; tenere sollevato.

upbeat [ˈʌpbiːt], **A** *n.* **1** (*mus.*) (il) levare **2** (*fig.*) ascesa; progresso. **B** *a. attr.* ottimistico; lieto: **an u. ending**, un lieto fine (*di un libro, ecc.*).

upborne [ʌpˈbɔːn], **A** *p. p.* di **to upbear**. **B** *a.* sostenuto; sorretto; sollevato; tenuto (in) alto.

to upbraid [ʌpˈbreid], *v. t.* rimproverare; riprendere; sgridare.

upbraiding [ʌpˈbreidiŋ], *n.* rimprovero; sgridata; rabbuffo; rimbrotto.

upbringing [ˈʌpˌbriŋiŋ], *n.* educazione; allevamento (*di un bambino*).

upcast [ˈʌpkaːst], *n.* **1** lancio in alto; l'essere lanciato in alto **2** getto; spruzzo; zampillo **3** (*ind. min.*) pozzo (*o* corrente) di riflusso; (*anche*) materiale escavato.

to upcast [ʌpˈkaːst] (*pass.* e *p. p.* **upcast**), *v. t.* gettare in alto; lanciare in aria.

upcoming [ˈʌpˌkʌmiŋ], *a.* (*USA*) imminente; prossimo.

upcountry [ˈʌpˌkʌntri], **A** *a.* **1** (*geogr.*) dell'interno; nell'entroterra; lontano dalla costa: **an u. town**, una cittadina dell'interno **2** (*fig.*) rustico; grossolano; rozzo. **B** *avv.* verso l'interno: **The explorers travelled u.**, gli esploratori viaggiarono verso l'interno (*o* si addentrarono nel paese).

to update [ʌpˈdeit], *v. t.* aggiornare; rinnovare; ammodernare.

update [ˈʌpdeit], *n.* **1** dati più recenti; ultimissime informazioni **2** ammodernamento; aggiornamento.

updater [ˌʌpˈdeitə*], *n.* aggiornatore; ammodernatore.

updating [ʌpˈdeitiŋ], *n.* aggiornamento; rinnovamento; ammodernamento.

to upend [ʌpˈend], (*fam.*) **A** *v. t.* **1** mettere diritto **2** rovesciare; gettare (*un avversario*) a terra **3** (*fig.*) sconvolgere; buttare all'aria. **B** *v. i.* star ritto; stare in piedi **2** alzarsi (in piedi).

upgrade [ˈʌpgreid], *n.* salita; pendenza: **on the u.**, in salita, in pendenza; (*fig.*) in ascesa, in miglioramento.

to upgrade [ʌpˈgreid], *v. t.* **1** promuovere (*un impiegato, ecc.*) **2** migliorare la qualità di (*un prodotto, ecc.*) **3** (*comm.*) sostituire (*un prodotto*) con un prodotto migliore **4** migliorare (*una razza d'animali*) mediante incroci **5** (*ind. min.*) arricchire (*un minerale*).

upgrowth [ˈʌpgrouθ], *n.* crescita; sviluppo.

to upheap [ʌpˈhiːp], *v. t.* ammucchiare; accatastare.

upheaval [ʌpˈhiːvəl], *n.* **1** (*geol.*) sollevamento (*della crosta terrestre*); sisma **2** (*fig.*) sovvertimento; sconvolgimento; cambiamento radicale; scombussolamento.

to upheave [ʌpˈhiːv] (*pass.* e *p. p.* **upheaved, uphove**), **A** *v. t.* sollevare; alzare dal disotto. **B** *v. i.* sollevarsi; essere spinto dal basso.

uphill [ˈʌpˈhil], **A** *a.* **1** in salita; in ascesa: **an u. road**, una strada in salita **2** (*fig.*) arduo; difficile; duro, faticoso: **an u. task**, un compito arduo. **B** *avv.* in salita; all'insù; verso la vetta. ● **an u. climb**, un'arrampicata □ (*di persona*) **to go** (*o* **to walk**) **u.**, andare in salita; salire □ (*di strada*) **to run u.**, essere in salita; salire.

to uphold [ʌpˈhould] (*pass.* e *p. p.* **upheld**), *v. t.* **1** alzare; sollevare **2** sorreggere; sostenere; tener dritto **3** (*fig.*) appoggiare; incoraggiare; approvare: **I cannot u. your behaviour**, non posso approvare il tuo modo di comportarti **4** (*leg.*) confermare: **The jury's verdict was upheld**, il verdetto della giuria fu confermato **5** (*ingl. sett.* e *scozz.*) sostenere; affermare; asserire.

upholder [ʌpˈhouldə*], *n.* sostenitore; fautore.

to upholster [ʌpˈhoulstə*], *v. t.* **1** tappezzare (*una stanza, ecc.*) **2** ricoprire, imbottire (*divani, ecc.*). ● (*fam., di persona*) **to be well upholstered**, essere in carne; essere grassottello (*o* grassoccio).

upholsterer [ʌpˈhoulstərə*], *n.* tappezziere. ● (*zool.*) **u. bee** (*Megachile*), megachile; ape tappezziera.

upholstering [ʌpˈhoulstəriŋ], *n.* **1** (il) tappezzare; (il) rivestire **2** (*autom., ferr.*) selleria: (*ind.*) **u. shop**, reparto selleria **3** *V.* **upholstery**.

upholstery [ʌpˈhoulstəri], *n.* **1** tappezzeria (*specialm. di divani, sedie, ecc.*); imbottitura **2** arte del tappezziere.

upkeep [ˈʌpkiːp], *n.* **1** mantenimento (*di una casa*); manutenzione (*di una macchina, ecc.*) **2** spese di manutenzione: **This car costs a hundred pounds a year in u.**, le spese di manutenzione di questa automobile sono di cento sterline l'anno.

upland [ˈʌplənd], (*geogr.*) **A** *n.* altopiano; territorio montano. **B** *a. attr.* montano; alpino; montuoso: **an u. district**, una regione montuosa.

uplander [ˈʌpləndə*], *n.* abitante di un altopiano.

to uplift [ʌpˈlift], *v. t.* **1** sollevare; alzare **2** (*fig.*) elevare; innalzare. ● **He was uplifted by the music**, era rapito dalla musica □ **uplifting thoughts**, pensieri edificanti.

uplift [ˈʌplift], *n.* **1** sollevamento **2** (*fig.*) elevazione; edificazione; influsso benefico **3** sostegno. ● **an u. bra**, un reggiseno che dà sostegno.

upmanship [ˈʌpˌmənʃip], *n.* (*più comune* **one-upmanship**) (l') arte (*o* l'abilità) di essere sempre un passo avanti agli altri.

upmost [ˈʌpmoust], *V.* **uppermost**.

upon [əˈpɔn], *prep.* su; sopra (*V.* **on**). ● **u. his father's death**, alla morte di suo padre □ **u. his return**, al suo ritorno □ **to have no evidence to go u.**, non aver prove su cui basarsi □ **U. my word!**, perbacco!; caspita!; ma dico io!

upper [ˈʌpə*], **A** *a.* superiore; più alto; più elevato (*in grado, ecc.*): **the u. lip**, il labbro superiore; **the u. branches of a tree**, i rami più alti di un albero; **the u. classes**, le classi elevate (*o* alte) l'alta borghesia e l'aristocrazia. **B** *n.* **1** tomaia **2** dente superiore **3** (*fam.*) (farmaco) eccitante, stimolante; (*specialm.*) anfetamina. ● (*tipogr.*) **u. case**, alta cassa; maiuscolo, maiuscole □ (*tipogr.*) **an u.-case letter**, una lettera maiuscola □ (*teatr.*) **u. circle**, balconata; seconda galleria □ **u.-class**, dell'alta borghesia; aristocratico □ **the U. Chamber**, *V.* **the U. House** □ (*fam.*) **the u. crust**, l'aristocrazia; la nobiltà; la crema □ (*naut.*) **u. deck**, ponte di coperta □ **the U. House**, la Camera Alta; la Camera dei Lord (*in G.B.*); il Senato (*in USA*) □ **the u. servants**, i domestici di rango più elevato □ **the u. storey**, (*edil.*) il piano di sopra; (*fig., fam.*) il cervello □ (*fig.*) **the u. ten** (**thousand**), l'aristocrazia; il gran mondo □ **to have** (*o* **to get**) **the u. hand of sb.**, avere (prendere) il sopravvento su q. □ (*fam.*) **to have st. wrong in one's u. storey**, essere un po' tocco; essere matto □ (*fam.*) **to be** (**down**) **on one's uppers**, essere in bolletta; essere al verde □ **one of the u. rooms**, una camera dei piani superiori.

to upper-case [ˌʌpəˈkeis], *v. t.* (*tipogr.*) stampare maiuscolo.

uppercut [ˈʌpəkʌt], *n.* (*pugilato*) montante; uppercut.

to uppercut [ˈʌpəkʌt], *v. t.* (*pugilato*) colpire con un montante.

uppermost [ˈʌpəmoust], **A** *a.* **1** (il) più alto; (il) più elevato **2** (il) più importante; primo; dominante; supremo: **That thought was u. in my mind**, quello era per me il pensiero dominante. **B** *avv.* **1** nel posto più elevato; più in alto di tutti **2** per primo; per prima cosa.

upperworks [ˈʌpəwəːks], *n. pl.* (*naut.*) opera morta (*sopra la linea massima d'immersione*).

uppish [ˈʌpiʃ], *a.* (*fam.*) altezzoso; arrogante; borioso.

uppishness [ˈʌpiʃnis], *n.* (*fam.*) alterigia; arroganza; boria.

uppity [ˈʌpiti], *a.* (*fam.*) **1** ostinato; testardo; cocciuto **2** *V.* **uppish**.

to upraise [ʌpˈreiz], *v. t.* alzare; innalzare; elevare; sollevare.

to uprate [ʌpˈreit], *v. t.* potenziare, migliorare (*macchine, ecc.*).

to uprear [ʌpˈriə*], *v. t.* **1** alzare; sollevare **2** allevare **3** (*fig., raro*) esaltare; magnificare; portare alle stelle.

upright [ˈʌp-rait], **A** *a.* **1** diritto; ritto; eretto; perpendicolare; verticale: **u. posture**, posizione eretta; **an u. post**, un palo verticale **2** (*fig.*) retto; integro; onesto: **an u. man**, un uomo retto. **B** *n.* **1** asta perpendicolare; palo verticale **2** (*falegnameria, mecc., edil.*) montante **3** *V.* **u. piano 4** (*pl., gioco del calcio*) pali (*della porta*). **C** *avv.* in piedi; verticalmente; per il ritto. ● (*mus.*) **u. piano**, pianoforte verticale □ **to set st. u.**, metter q.c. per il ritto; piantare q.c. verticalmente □ **to stand u.**, stare ritto; stare in piedi.

uprightness [ˈʌpˌraitnis], *n.* **1** posizione verticale; perpendicolarità **2** rettitudine; integrità; onestà.

to uprise [ʌpˈraiz] (*pass.* **uprose**, *p. p.* **uprisen**), *v. i.* (*lett.*) **1** alzarsi; levarsi; sorgere **2** salire; essere in pendenza **3** (*del suono, ecc.*) aumentare; crescere **4** sollevarsi; insorgere.

uprising [ʌpˈraiziŋ], *n.* sollevazione; ribellione; sommossa.

uproar [ˈʌprɔː*], *n.* baccano; baraonda; chiasso; frastuono; parapiglia; tumulto.

uproarious [ʌpˈrɔːriəs], *a.* chiassoso; fragoroso; rumoroso; tumultuoso: **u. laughter**, risate fragorose; **an u. meeting**, una riunione tumultuosa.

uproariousness [ʌpˈrɔːriəsnis], *n.* chiassosità; baccano.

to uproot [ʌpˈruːt], **A** *v. t.* (*anche fig.*) sradicare; estirpare: **We must u. poverty**, dobbiamo estirpare la miseria. **to uproot oneself B** *v. rifl.* (*fig.*) sradicarsi (*emigrando, ecc.*).

uprooting [ʌpˈruːtiŋ], *n.* sradicamento, estirpazione (*anche fig.*).

to upset [ʌpˈset] (*pass.* e *p. p.* **upset**), **A** *v. t.* **1** capovolgere; rovesciare: **The wind upset the canoe**, il vento capovolse la canoa; (*polit.*) **to u. the government**, rovesciare il governo **2** sconvolgere, turbare (*anche fig.*); disturbare; scompigliare: **The news upset him**, la notizia lo sconvolse; **to u. sb.'s plans**, sconvolgere i piani di q.; **The sight of blood upsets me**, la vista del sangue mi turba; **His death upset all of us**, la sua morte

upset (1)

ci addolorò profondamente 3 (*metall.*) ricalcare. **B** *v. i.* capovolgersi; rovesciarsi. ● (*fig.*) **to u. sb.'s applecart**, romper le uova nel paniere a q. □ **to u. one's stomach**, guastarsi lo stomaco □ **He ate something that upset him**, mangiò qualcosa che gli guastò lo stomaco □ **The motion of the boat upsets me**, il movimento della barca mi fa star male □ **That boy upsets me**, quel ragazzo mi dà ai (*o* sui) nervi.

upset (1) [ˈʌpset], *n.* **1** capovolgimento; rovesciamento **2** sconvolgimento; scompiglio: **the u. of my plans**, lo sconvolgimento dei miei progetti **3** (*fam.*) lite; litigio **4** rovescio; sconfitta (*specialm. imprevista*) **5** (*sport*) esito (*o* risultato) inaspettato **6** (*metall.*) stampo per ricalcare; (*anche*) pezzo ricalcato. ● **I had a stomach u.**, avevo lo stomaco sottosopra.

upset (2) [ˈʌpset], *a.* **1** capovolto; rovesciato **2** agitato; turbato; sconvolto. ● (*comm.*) **u. price**, prezzo minimo d'apertura (*in una vendita all'asta*).

upsetting [ʌpˈsetɪŋ], **A** *n.* **1** capovolgimento; rovesciamento **2** sconvolgimento; scompiglio **3** (*metall.*) ricalcatura. **B** *a.* che turba; sconvolgente: **u. news**, notizie sconvolgenti.

upshot [ˈʌpʃɒt], *n.* (*al sing. con l'art. def.*) conclusione; esito; risultato finale. ● **on the u.**, in conclusione; in fin dei conti.

upside [ˈʌpsaɪd], *n.* parte superiore; (il) disopra. ● **u. down**, a rovescio, alla rovescia; sottosopra, a soqquadro, in disordine, sossopra: **Don't stack the boxes u. down**, non accatastare le casse alla rovescia!; **The burglars turned my flat u. down**, i ladri misero sossopra il mio appartamento □ **u.-down**, capovolto, rovesciato; in disordine, a soqquadro □ **an u.-down argument**, un ragionamento a rovescio.

upsides [ˈʌpsaɪdz], *avv.* (*fam.*) pari, in pari. ● **to get u. with sb.**, farsi pari con q.; vendicarsi di q.

upsilon [juːˈpsaɪlən], *n.* ipsilon (*ventesima lettera dell'alfabeto greco*).

upstage [ˈʌpsteɪdʒ], **A** *avv.* (*teatr.*) verso il fondo (*della scena*). **B** *a.* (*fam.*) altezzoso; altero; superbo; scostante. ● (*fam.*) **to be u. and county**, darsi delle arie, fare uno snob.

to upstage [ˌʌpˈsteɪdʒ], *v. t.* (*fam.*) **1** mettere in ombra, far fare poca figura a (q.) **2** trattare dall'alto in basso.

upstairs [ˈʌpˈstɛəz], **A** *avv.* disopra; al piano di sopra: **to go u.**, andare disopra. **B** *a. attr.* di sopra; del piano superiore: **an u. room**, una stanza del piano superiore. ● (*edil.*) **the u.**, il piano di sopra (*di una casa*); i padroni (*di una casa*, *distinti dai domestici*) □ (*fig.*, *fam.*) **to kick sb. u.**, promuovere q. per sbarazzarsene.

upstanding [ʌpˈstændɪŋ], *a.* **1** dritto; eretto **2** (*fig.*) forte e sano; robusto **3** (*fig.*) leale; onesto; schietto **4** (*di stipendio*) fisso. ● (*leg.*) **Be u.!**, in piedi!; entra (*o* esce) la corte!

upstart [ˈʌpstaːt], **A** *n.* (*spreg.*) individuo arricchito da poco; villano rifatto. **B** *a. attr.* fattosi dal nulla; venuto dalla gavetta.

upstate [ˈʌpsteɪt], (*USA*) **A** *a.* dell'interno; della parte settentrionale (*di uno degli Stati*): **an u. town**, una cittadina dell'interno. **B** *avv.* verso l'interno, verso nord (*specialm. nello Stato di New York*). **C** *n.* parte interna (*o* settentrionale) di uno Stato.

upstater [ˌʌpˈsteɪtə*], *n.* (*USA*) abitante (*o* nativo) della parte interna (*o* settentrionale) di uno Stato (*V.* **upstate**).

upstream [ˈʌpˈstriːm], **A** *avv.* **1** a monte, verso la sorgente (*di un fiume*) **2** contro corrente. **B** *a. attr.* **1** posto a monte **2** (*che va*) contro la corrente.

upstroke [ˈʌpstrəʊk], *n.* **1** asta (*della scrittura*) **2** (*pittura*) pennellata verso l'alto **3** (*mecc.*) corsa ascendente (*del pistone*).

to upsurge [ʌpˈsɜːdʒ], *v. i.* **1** (*lett.*) sollevarsi; alzarsi **2** aumentare; crescere; salire.

upsurge [ˈʌpsɜːdʒ], *n.* **1** (*lett.*) sollevamento **2** aumento; crescita; incremento **3** (*fin.*, *comm.*) rialzo improvviso, impennata (*dei prezzi, ecc.*).

upswing [ˈʌpˌswɪŋ], *n.* **1** ondata (*fig.*); crescendo (*fig.*) **2** (*econ.*) ripresa; boom; (tendenza all') espansione. ● (*polit.*) **an u. in votes**, un forte aumento di voti.

upsy-daisy [ˈʌpsi ˈdeɪsi], *inter.* op là! (*specialm. usato per un bambino*).

uptake [ˈʌpteɪk], *n.* **1** sollevamento **2** condotto (*di ventilazione, ecc.*) **3** comprendonio; comprensione. ● (*fam.*) **to be quick (slow) in the u.**, esser pronto (lento, duro) di comprendonio.

upthrow [ˈʌpθrəʊ], *n.* **1** lancio in alto **2** (*geol.*) rigetto verticale (*o* parte sopraelevata) di faglia.

upthrust [ˈʌpθrʌst], *n.* **1** spinta verso l'alto **2** (*geol.*) sollevamento (*della crosta terrestre*).

uptight [ˈʌptaɪt], *a.* (*fam.*) **1** ansioso; apprensivo; teso **2** arrabbiato; incavolato (*pop.*) **3** rigoroso; formale; rigido **4** (*fin.*) in difficoltà finanziarie.

uptown [ˈʌpˈtaʊn], (*specialm. USA*) **A** *a.* della parte alta della città; dei quartieri alti (*o* residenziali). **B** *avv.* nei (*o* verso i) quartieri alti. **C** *n.* quartieri alti (*o* residenziali, eleganti). ● **u. New York**, i quartieri eleganti di New York.

uptowner [ˌʌpˈtaʊnə*], *n.* (*specialm. USA*) abitante dei quartieri alti (*o* residenziali, eleganti).

uptrend [ˈʌptrend], *n.* (*fin.*, *Borsa*) fase di rialzo; tendenza al rialzo.

to upturn [ʌpˈtɜːn], *v. t.* **1** alzare; volgere in su: **They stood with upturned faces**, stavano tutti con la faccia volta in su **2** rovesciare (*un oggetto*) **3** (*agric.*) rivoltare (*la terra, arando*). ● **an upturned nose**, un naso all'insù.

upturn [ˈʌptɜːn], *n.* **1** curva; piega verso l'alto **2** (*fin.*) rialzo; tendenza al rialzo **3** (*specialm. econ.*) mutamento in meglio; svolta favorevole; miglioramento; (*tendenza all'*) espansione: **an u. in the standard of living**, un miglioramento del tenore di vita; **Italy needs a general u. in the economy**, l'Italia ha bisogno di un'espansione generale dell'attività economica **4** sollevamento; rivolta; ribellione. ● (*econ.*) **a sudden u. of strikes**, un'improvvisa ondata di scioperi.

upvaluation [ˈʌpˌvæljuːˈeɪʃən], *n.* (*fin.*) sopravvalutazione.

to upvalue [ʌpˈvæljuː], *v. t.* (*fin.*) sopravvalutare.

upward [ˈʌpwəd], *a.* diretto verso l'alto; in alto; in salita: **an u. look**, uno sguardo in alto; **an u. track**, una pista in salita. ● **u. gradient**, salita; pendenza; rampa □ **u. mobility**, tendenza a elevarsi socialmente o economicamente; mobilità (sociale) verso l'alto □ **u. movement**, movimento verso l'alto, ascesa; (*econ.*) (tendenza al) rialzo □ (*econ.*) **u. phase**, fase d'espansione □ (*di prezzi*) **u. trend** (*o* **u. tendency**), tendenza al rialzo.

upward(s) [ˈʌpwəd(z)], *avv.* all'insù; verso l'alto; in alto; in su: **to move u.**, spostarsi verso l'alto, salire; (*fig.*) far progressi; **to look u.**, guardare in su; guardare in alto. ● **u. of**, più di: **u. of thirty men**, più di trenta uomini □ **and u.**, e più; e oltre: **boys of six years and u.**, ragazzi di sei anni e più (*o* dai sei anni in su) □ **bottom u.**, sottosopra; capovolto, rovesciato □ (*fig.*) **to climb u.**, progredire; far carriera.

upwind [ˈʌpˈwɪnd], **A** *avv.* **1** sopravvento **2** (*anche sport*) controvento: **to pedal u.**, pedalare controvento. **B** *a.* **1** sopravvento: **the u. side**, il lato sopravvento **2** (*anche sport*) controvento.

uraemia [jʊəˈriːmɪə], *n.* (*med.*) uremia.

uraemic [jʊəˈriːmɪk], *a.* (*med.*) uremico.

uraeus [jʊəˈriːəs], *n.* (*pl.* **uraei**, **uraeuses**) (*archeol.*) ureo (*aspide sacro del copricapo dei re egiziani*).

Ural-Altaic [ˈjʊərəlælˈteɪɪk], *a.* (*linguistica*) uralo-altaico.

Urals [ˈjʊərəlz], *n. pl.* (*geogr.*) (gli) Urali.

Uranian [jʊəˈreɪnjən], *a. e n.* (*astron., astrologia, ecc.*) uraniano.

uranic [jʊəˈrænɪk], *a.* (*chim.*) uranico.

uraninite [ˈjʊərənɪnaɪt], *n.* (*miner.*) uraninite, pechblenda.

uranium [jʊəˈreɪnjəm], *n.* (*chim.*) uranio.

uranographic(al) [ˌjʊərənəˈɡræfɪk(əl)], *a.* (*astron.*) uranografico.

uranographist [ˌjʊərəˈnɒɡrəfɪst], *n.* (*astron.*) uranografo.

uranography [ˌjʊərəˈnɒɡrəfɪ], *n.* (*astron.*) uranografia.

uranometry [ˌjʊərəˈnɒmɪtrɪ], *n.* (*astron.*) uranometria.

uranous [ˈjʊərənəs], *a.* (*chim.*) uranoso.

Uranus [ˈjʊərənəs], *n.* (*mitol., astron.*) Urano.

urate [ˈjʊəreɪt], *n.* (*chim.*) urato.

urb [ɜːb], *n.* (*USA*) zona urbana.

urban [ˈɜːbən], *a.* urbano; cittadino: **u. district**, distretto urbano; comunità urbana. ● **u. guerrilla**, terrorista che opera nei centri urbani □ **u. planning**, urbanistica □ **u. renewal**, risanamento edilizio □ **u. sprawl**, espansione urbana incontrollata.

Urban [ˈɜːbən], *n.* (*stor.*) Urbano.

urbane [ɜːˈbeɪn], *a.* urbano; civile; cortese; educato; gentile.

urbanism [ˈɜːbənɪzəm], *n.* **1** vita di città **2** urbanistica.

urbanist [ˈɜːbənɪst], *n.* urbanista.

urbanistic [ˌɜːbəˈnɪstɪk], *a.* urbanistico.

urbanity [ɜːˈbænɪtɪ], *n.* **1** urbanità; cortesia; gentilezza **2** (*pl.*) modi urbani; buone maniere.

urbanization [ˌɜːbənaɪˈzeɪʃən], *n.* urbanizzazione.

to urbanize [ˈɜːbənaɪz], *v. t.* urbanizzare.

urbanologist [ˌɜːbəˈnɒlədʒɪst], *n.* urbanista.

urbanology [ˌɜːbəˈnɒlədʒɪ], *n.* urbanistica.

urchin [ˈɜːtʃɪn], *n.* **1** birichino; bricconcello; monello **2** (*zool.*, *Erinaceus europaeus*) riccio; porcospino **3** (*zool.*, *Echinus*; *di solito sea u.*) riccio di mare. ● **street u.**, monello; ragazzo di strada, ragazzaccio.

Urdu [ˈʊədu:], *n.* urdu; indostano (*la lingua indù*).

urea [ˈjʊərɪə], *n.* (*chim.*) urea. ● (*ind.*) **u. resins**, resine ureiche.

ureter [jʊəˈriːtə*], *n.* (*anat.*) uretere.

urethra [jʊəˈriːθrə], *n.* (*pl.* **urethras**, **urethrae**) (*anat.*) uretra.

urethral [jʊəˈriːθrəl], *a.* (*anat.*) uretrale.

urethritis [ˌjʊərɪˈθraɪtɪs], *n.* (*pl.* **urethritides**) (*med.*) uretrite.

urethroscope [jʊəˈriːθrəskəʊp], *n.* (*med.*) uretroscopio.

urethroscopy [ˌjʊərɪˈθrɒskəpɪ], *n.* (*med.*) uretroscopia.

urethrotomy [ˌjʊərɪˈθrɒtəmɪ], *n.* (*med.*) uretrotomia.

uretic [jʊəˈretɪk], *a.* (*med.*) diuretico.

to urge [ɜːdʒ], *v. t.* **1** incalzare; spingere; urgere (*lett., poet.*): **to u. one's opponent**, incalzare il proprio avversario; **They urged**

me on, mi spinsero avanti **2** incitare; esortare; stimolare; sollecitare; pungolare: **I urged him to action**, lo incitai ad agire; **He urged me to buy the goods**, mi esortò ad acquistare la merce; (*comm.*) **to u. payments**, sollecitare i pagamenti **3** accampare; addurre; mettere in evidenza; insistere su; far valere: **to u. one's inexperience**, accampare (come giustificazione) la propria inesperienza; **to u. an argument**, addurre un argomento; **The Premier urged (on the nation) the need for economy**, il Primo Ministro insistette sulla necessità (nel far presente alla nazione la necessità) di fare economia.

urge [əːdʒ], *n.* **1** spinta; incitamento; esortazione; stimolo; sollecitazione: **sexual u.**, stimolo sessuale **2** forte desiderio; passione: **She has an u. to become an actress**, ha la passione di far l'attrice.

urgency [ˈəːdʒənsi], *n.* **1** urgenza; premura; sollecitazione: **the u. of the need**, l'urgenza del bisogno **2** insistenza; importunità: **the u. of his pleading**, l'insistenza delle sue suppliche **3** necessità urgente; bisogno pressante **3** (*polit.*) richiesta di procedura d'urgenza (*presentata dai due terzi dei parlamentari*). ● **the u. of poverty**, il peso della povertà □ **a matter of the utmost u.**, una faccenda urgentissima.

urgent [ˈəːdʒənt], *a.* **1** urgente; pressante: **an u. message**, un messaggio urgente; **to be in u. need of st.**, avere urgente bisogno di q.c. **2** insistente; importuno: **an u. creditor**, un creditore insistente. ● **to be u. with sb. for st.**, chiedere insistentemente q.c. a q.

uric [ˈjuərik], *a.* (*chim.*) urico: **u. acid**, acido urico.

uricaemia [juəriˈsiːmjə], *n.* (*med.*) uricemia.

uricaemic [juəriˈsiːmik], *a.* (*med.*) uricemico.

urinal [ˈjuərinl], *n.* **1** orinale; (*negli ospedali*) pappagallo **2** orinatoio; vespasiano.

urinary [ˈjuərinəri], **A** *a.* (*fisiologia*) urinario; dell'orina: (*anat.*) **u. system**, apparato urinario. **B** *n.* orinatoio.

to urinate [ˈjuərineit], *v. i.* orinare, urinare.

urination [juəriˈneiʃən], *n.* orinata; minzione.

urine [ˈjuərin], *n.* (*fisiologia*) orina, urina. ● (*med.*) **u. analysis**, analisi dell'orina.

urinometer [juəriˈnɔmitə*], *n.* (*med.*) urometro.

urn [əːn], *n.* urna; vaso; (*specialm.*) urna funeraria. ● **coffee urn**, caffettiera □ **tea urn**, samovar.

urobilin [juərouˈbailin], *n.* (*chim., biol.*) urobilina.

urogenital [juərouˈdʒenitl], *a.* (*fisiologia*) urogenitale.

urolith [ˈjuəroliθ], *n.* (*med.*) urolito.

urologic(al) [juərouˈlɔdʒik(əl)], *a.* (*med.*) urologico.

urologist [juəˈrɔlədʒist], *n.* (*med.*) urologo.

urology [juəˈrɔlədʒi], *n.* (*med.*) urologia.

uroscopy [juəˈrɔskəpi], *n.* (*med.*) uroscopia.

Ursa [ˈəːsə], *n.* (*astron.*) Orsa: **U. Major**, Orsa maggiore.

ursine [ˈəːsain], *a.* orsino; di (*o* da) orso; simile a un orso.

Ursula [ˈəːsjulə], *n.* Orsola.

Ursuline [ˈəːsjulain], *n. e a.* (*relig.*) Orsolina.

urticaceous [ˌəːtiˈkeiʃəs], *a.* (*bot.*) orticaceo, urticaceo.

urticaria [ˌəːtiˈkɛəriə], *n.* (*med.*) orticaria.

to urticate [ˈəːtikeit], *v. t.* **1** pungere (*come l'ortica*) **2** (*un tempo*) flagellare con ortiche (*una parte paralizzata del corpo*).

Uruguayan [ˌuruˈgwaiən], *a. e n.* uruguaiano, uruguayano.

urus [ˈjuərəs], *n.* (*zool., Bos primigenius*) uro.

us [ʌs, əs], *pron. pers. 1ª pers. pl.* **1** (*compl.*) noi; ci; ce: **They saw us**, ci videro; **They stole two from us**, ce ne rubarono due **2** (*pred.*) noi: «Who's that?» «It's us», «chi è?» «siamo noi» **3** (*colloquiale; unito alla forma in -ing, è idiom.*) **Please forgive us answering only now**, vogliate scusarci se rispondiamo soltanto ora; **Do you mind us moving your car?**, ti dispiace se spostiamo la tua macchina? ● **Let's** (*contraz. di let us*) **go**, andiamo!; andiamocene □ **We looked about us**, ci guardammo intorno □ **Ann said it was very kind of us**, Anna disse che era molto gentile da parte nostra.

US (1) [juːˈes], *a.* (*acronimo di* **unserviceable**) fuori uso; guasto.

US (2) [juːˈes], **A** *n. pl.* (*acronimo di* **United States**) (*geogr.*) Stati Uniti (d'America). **B** *a. attr.* americano; statunitense: **the US fleet**, la flotta americana.

usability [juːzəˈbiliti], *n.* l'essere usabile, utilizzabilità.

usable [ˈjuːzəbl], *a.* usabile; adoperabile; utilizzabile; servibile.

usage [ˈjuːzidʒ], *n.* **1** uso; costume; usanza; consuetudine; abitudine: **u. and abusage**, uso e abuso; **sanctified by u.**, consacrato dall'uso; **an ancient u.**, un'antica usanza; **social usages**, costumi sociali **2** uso; modo d'usare (q.c.); impiego (di q.c.). ● (*di macchina, ecc.*) **to get good (rough) u.**, essere usato bene (male); essere trattato con riguardo (senza riguardo) □ **ill-u.** (**o harsh u., rough u.**), cattivo uso; maltrattamento □ (*di persona*) **to meet with harsh u.**, essere trattato male; essere maltrattato.

usance [ˈjuːzəns], *n.* **1** (*comm., leg.*) tempo concesso per il pagamento delle cambiali estere (*secondo la consuetudine del luogo*); scadenza: **The u. on bills in their country is four months**, la scadenza per le cambiali emesse nel loro Paese è a quattro

mesi **2** (*arc.*) usanza; costumanza; consuetudine.

to use [juːz], **A** *v. t.* **1** usare; adoperare; utilizzare; impiegare; far uso di; valersi di; servirsi di: **Use a pen**, usa la penna!; **We shall use every means**, adopreremo ogni mezzo; **to use the sun as a source of energy**, utilizzare il sole come fonte di energia; **You should use more care**, dovresti impiegare maggior cura; **to use force**, usare la forza; **He used his friends to advance himself to a higher position**, si servì degli amici per far carriera; **to use one's brains**, usare il cervello; ragionare; **to use one's legs**, usare le gambe; camminare **2** trattare; comportarsi (*in un certo modo*) con (q.): **He has used me like a dog**, mi ha trattato da cane; **How did he use you?**, come si comportò con te?; **to use one's servants well (ill)**, trattar bene (male) i domestici **3** (*spesso to use up*) consumare; esaurire; logorare; usare: **How much fuel did we use in the old house?**, quanto combustibile consumavamo nella casa vecchia?; **He had used up all his ammunition**, aveva esaurito le munizioni. **B** *v. i.* (*al passato*) usare; solere; essere solito (*o* abituato, avvezzo) (*o, idiom., equivale all'imperfetto indic. ital.*): **He used to study hard**, era solito studiare molto; **They used to visit us once a week**, solevano farci visita una volta alla settimana; **There used to be a theatre in this street**, una volta c'era un teatro in questa strada; **It used to be said that...**, un tempo si soleva dire che... ● **to be used for**, servire a: **What is this tool used for?**, a che serve questo arnese? □ **to be used to**, essere abituato (*o* avvezzo, assuefatto) a (q.c., *fare* q.c.): **Soldiers are used to danger**, i soldati sono abituati al pericolo; **I am not used to being called a liar**, non sono avvezzo a sentirmi dare del bugiardo; **He's not used to working hard**, non è abituato a lavorare sodo; **Well, I'm not used to it**, beh, non ci sono avvezzo □ **used up**, consumato; esaurito; logoro; esausto □ **to be badly** (*o* **ill**) **used**, esser trattato male; essere maltrattato □ **to get** (*o* **to become**) **used to**, abituarsi, fare l'abitudine, assuefarsi, avvezzarsi a: **You will soon get used to our ways**, ti abituerai presto al nostro modo di fare; **It's easy once you get u. to it**, è facile una volta che ci hai fatto l'abitudine □ **to ill-use**, maltrattare; trattar male □ **not used**, non usato; inusitato, insolito.

use [juːs], *n.* **1** uso; impiego: **ready for use**, pronto per l'uso; **the use of oil for heating**, l'uso del petrolio per riscaldamento; **an implement with several uses**, un arnese che ha più usi; **He lost the use of his legs**, perse l'uso delle gambe; **He taught me the use of this tool**, m'insegnò l'impiego di questo arnese (*o* come usare questo arnese) **2** usanza; uso; consuetudine; abitudine; pratica: **use and wont**, uso e costume; **Long use has reconciled me to this custom**, la lunga pratica mi ha fatto accettare questa usanza **3** utilità; profitto; vantaggio; pro: **Is this tool of any use to you?**, ti è di qualche utilità questo arnese?; **What's the use?**, a che pro? **4** diritto d'usare: **He granted me the use of his name**, mi concesse (il diritto) d'usare il suo nome **5** (*leg.*) uso; utenza; godimento **6** (*relig.*) liturgia; rito. ● **a book for the use of children**, un libro a uso dei bambini □ **to come into use**, venire in uso; entrare nell'uso □ (*farm.*) **for external use only**, soltanto per uso esterno □ **to go (to fall) out of use**, andare (cadere) in disuso □ **to have no use for**, non aver bisogno di: **I have no further use for his services**, non ho più bisogno dei suoi servizi □ **in use**, in uso; usato □ **to make use of**, far uso di; impiegare; servirsi di: **Please make use of my telephone**, serviti pure del mio telefono! □ **to be of use**, essere utile □ **out of use**, fuori uso; in disuso; disusato; desueto; (*mecc.*) guasto, fuori servizio, fuori uso □ **to put st. to good (bad) use**, far buono (cattivo) uso di q.c. □ **with use**, con l'uso; con la pratica: **The control of this machine will become easier with use**, con la pratica sarà più facile far funzionare questa macchina □ **I have no use for it**, non mi serve (a nulla); non so che farmene □ **Talking is no use**, le chiacchiere non servono a niente; è inutile parlarne □ **Can I be of use to you?**, posso esserti utile? □ (*prov.*) **It's no use crying over spilt milk**, non serve piangere sul latte versato.

used [juːzd], *a.* **1** usato; smesso: **u. clothing**, vestiti smessi **2** annullato, usato (*rif. a francobollo*).

useful [ˈjuːsful], *a.* **1** utile; giovevole; proficuo; vantaggioso: **a very u. implement**, un arnese assai utile; **Doctors are u. to the community**, i medici sono utili alla comunità; **u. hint**, utile suggerimento **2** (*fam.*) capace; efficiente: **He is a u. footballer**, è un efficiente giocatore di calcio **3** (*fam.*) notevole; ragguardevole: **at a pretty u. speed**, a una notevole velocità. ● **to be u.**, essere utile; giovare □ (*ind.*) **u. life**, durata (di vita) utile (*di un macchinario, ecc.*) □ **to make oneself u.**, rendersi utile.

usefulness [ˈjuːsfulnis], *n.* utilità; vantaggiosità.

useless [ˈjuːslis], *a.* **1** inutile; inservibile; vano: **a u. attempt**, inutile tentativo; **u. efforts**, vani sforzi **2** (*fam.*) incapace; inetto **3** (*fam.*) abbattuto; depresso; giù di corda: **I am feeling u. today**, mi sento giù di corda oggi.

uselessness [ˈjuːslinis], *n.* inutilità; vanità.

user (1) [ˈjuːzə*], *n.* **1** chi usa; utente; fruitore **2** (*econ., comm.*) utilizzatore; consumatore: **a big u. of oil**, un gran consumato-

user (2) ['ju:zə*], *n.* (*leg.*) godimento di un diritto d'uso. ● **right of u.**, diritto d'uso; servitù.

usher ['ʌʃə*], *n.* **1** usciere **2** messo di tribunale **3** (*cinem.*, *teatr.*) maschera **4** (*un tempo*) cerimoniere **5** (*arc. o scherz.*) assistente (*di un professore*); ripetitore.

to usher ['ʌʃə*], *v. t.* accompagnare; introdurre; far entrare: **The butler ushered us into the winter garden**, il maggiordomo c'introdusse nel giardino d'inverno. ● **to u. in**, introdurre, far entrare; (*fig.*) portare, inaugurare, annunziare: **The advent of peace ushered in a new population boom**, l'avvento della pace portò una nuova esplosione demografica; **The stars ushered in the night**, le stelle annunziarono la venuta della notte.

usherette [ˌʌʃə'ret], *n.* (*cinem.*, *teatr.*) mascherina; maschera.

ustulation [ˌʌstju'leiʃən], *n.* (*raro*) bruciatura; bruciacchiatura.

usual ['ju:ʒŭəl], *A a.* solito; usuale; consueto; abituale; comune: **He asked me the u. questions**, mi fece le solite domande; **with his u. impudence**, con la sua consueta impudenza; **the kindness u. with him**, la sua abituale cortesia. **B** *n.* — (*fam.*) **the u.**, il solito (*quello che si prende abitualmente*; *ordinando al bar, al ristorante, ecc.*). ● (*comm.*) **u. tare**, tara d'uso □ **as u.**, al solito; come al solito; come di consueto □ **later than u.**, più tardi del solito □ **more than u.**, più del solito □ **It is u. to tip the waiter**, è d'uso dare la mancia al cameriere.

usually ['ju:ʒŭəli], *avv.* di solito; generalmente; solitamente.

usualness ['ju:ʒŭəlnis], *n.* consuetudine; l'essere abituale (*o* consueto).

usucaption [ˌju:zju:'kæpʃən], *n.* (*leg.*) usucapione.

usufruct ['ju:sju:frʌkt], *n.* (*leg.*) usufrutto.

usufructuary [ˌju:sju:'frʌktjuəri], (*leg.*) **A** *a.* di (*o* relativo a) usufrutto. **B** *n.* usufruttuario.

usurer ['ju:ʒərə*], *n.* usuraio, usuraia; strozzino, strozzina.

usurious [ju:'ʒuəriəs], *a.* usurario; usuraio; d'usura; da usuraio: **u. interest**, interessi usurari; **a u. transaction**, un patto usuraio.

usuriousness [ju:'ʒuəriəsnis], *n.* l'essere usurario.

to usurp [ju:'zə:p], *v. t.* usurpare: **John Lackland usurped the throne of England**, Giovanni Senzaterra usurpò il trono inglese.

usurpation [ˌju:zə:'peiʃən], *n.* usurpazione.

usurper [ju:'zə:pə*], *n.* usurpatore, usurpatrice.

usury ['ju:ʒuri], *n.* usura (*anche fig.*); strozzinaggio: **The service was repaid with u.**, il servizio reso fu ripagato a usura.

ut [ʌt], *n.* (*stor.*, *mus.*) ut (*nota corrispondente al* do).

utensil [ju:'tensl], *n.* **1** utensile; arnese: **kitchen utensils**, utensili da cucina **2** articolo; attrezzo: **smoking utensils**, articoli per fumatori; **gardening utensils**, attrezzi per il giardinaggio. ● **writing utensils**, (articoli da) cancelleria.

uterine ['ju:tərain], *a.* (*anat.*) uterino: **u. brother**, fratello uterino.

uterus ['ju:tərəs], *n.* (*pl.* **uteri, uteruses**) (*anat.*) utero.

utilitarian [ˌju:tili'tɛəriən], **A** *a.* **1** utilitario; pratico; funzionale **2** (*anche filos.*) utilitarista; utilitaristico. **B** *n.* (*anche filos.*) utilitarista.

utilitarianism [ˌju:tili'tɛəriənizəm], *n.* (*filos.*) utilitarismo.

utility [ju:'tiliti], *n.* **1** utilità; profitto; vantaggio **2** cosa utile **3** (*fin.*) servizio pubblico; azienda di servizio pubblico (*del gas, dell'elettricità, dei trasporti, ecc.*) **4** (*pl., fin. USA*) titoli d'aziende di servizio pubblico. ● (*autom.*) **u. car**, utilitaria □ **u. coach**, autofurgone □ (*teatr.*) **u. man**, generico; comparsa □ **u. van**, furgoncino □ (*econ.*) **marginal u.**, utilità marginale.

utilizable ['ju:tilaizəbl], *a.* utilizzabile.

utilization [ˌju:tilai'zeiʃən], *n.* utilizzazione; utilizzo (*bur.*).

to utilize ['ju:tilaiz], *v. t.* utilizzare.

utmost ['ʌtmoust], **A** *a. attr.* estremo; massimo; sommo; ultimo; grandissimo: **the u. ends of the earth**, gli estremi confini della terra; **He showed the u. reluctance**, mostrò la massima riluttanza; **in the u. danger**, in grandissimo pericolo. **B** *n.* (l') estremo; (il) massimo; (l') ultimo: **to the u.**, fino all'estremo; fino all'ultimo; **This armchair is the u. in comfort**, questa poltrona è il massimo (*o* il non plus ultra) in fatto di comodità. ● **at the u.**, al più; tutt'al più □ **to do one's u.**, fare tutto il possibile □ **to the u. of one's power**, fino all'estremo limite delle forze □ **to trust sb. to the u.**, avere la massima fiducia in q. □ **to try one's u.**, fare del proprio meglio, fare di tutto, fare l'impossibile (*per riuscire, ecc.*).

Utopia [ju:'toupjə], *n.* **1** utopia **2** (*letter.*) Utopia. ● (*polit.*, *stor.*) **u. socialism**, socialismo utopistico.

Utopian [ju:'toupjən], **A** *a.* utopistico: **a u. plan**, un progetto utopistico. **B** *n.* **1** utopista **2** (*letter.*) cittadino di Utopia. ● (*polit.*, *stor.*) **u. socialism**, socialismo utopistico.

utopianism [ju:'toupjənizəm], *n.* utopismo; idealismo utopistico.

utricle ['ju:trikl], *n.* (*anat., bot.*) otricolo.

utricular [ju:'trikjulə*], *a.* (*scient.*) otricolare.

utriculus [ju:'trikjuləs], *n.* (*pl.* **utriculi**) (*anat., bot.*) otricolo.

utter ['ʌtə*], *a.* assoluto; completo; intero; totale; bell'e buono: **u. absurdity**, assoluta assurdità; **He's an u. rascal**, è un furfante bell'e buono. ● **u. darkness**, buio pesto □ **an u. denial**, un secco diniego □ **to my u. amazement**, con mio enorme stupore.

to utter ['ʌtə*], *v. t.* **1** (*lett. o arc.*) emettere; lanciare: **He uttered a sigh of relief**, emise un sospiro di sollievo; **to u. a cry of pain**, lanciare un grido di dolore **2** dire; proferire; pronunciare; esprimere; manifestare: **The wounded soldier uttered only a few words and died**, il soldato ferito non pronunciò che poche parole e poi morì; **to u. the truth**, dire la verità; **to u. one's sentiments**, esprimere (*o* manifestare) i propri sentimenti **3** divulgare; diffondere (*calunnie, dicerie, ecc.*) **4** (*leg.*) mettere in circolazione; spacciare: **to u. false coins**, spacciare monete false.

utterable ['ʌtərəbl], *a.* esprimibile; manifestabile; pronunciabile.

utterance (1) ['ʌtərəns], *n.* **1** articolazione; pronuncia; modo di parlare: **a defective u.**, una pronuncia difettosa; **a clear u.**, una articolazione chiara **2** espressione; parola; cosa detta. ● **to give u. to one's feelings**, dar sfogo (*o* dar voce) ai propri sentimenti □ **to give u. to one's rage**, sfogare l'ira (a parole); inveire □ (*di un ministro del culto*) **his pulpit utterances**, le sue prediche; i suoi sermoni.

utterance (2) ['ʌtərəns], *n.* (*arc., lett.*) estremo; punto estremo; (*fig.*) morte: **to fight to the u.**, combattere fino all'estremo (*o* fino all'ultimo sangue).

uttermost ['ʌtəmoust], *V.* utmost.

U-turn ['ju:tə:n], *n.* **1** (*autom.*) (manovra di) conversione a U; inversione di marcia **2** (*fig., fam.*) svolta radicale; rovesciamento di fronte (*fig.*); dietrofront (*fig.*). ● **No U-t.**, divieto di conversione a U; vietato invertire la marcia (*cartello*).

uvea ['ju:viə], *n.* (*anat.*) uvea.

uvula ['ju:vjulə], *n.* (*pl.* **uvulae, uvulas**) (*anat.*) ugola.

uvular ['ju:vjulə*], *a.* **1** (*anat.*) dell'ugola **2** (*fon.*) pronunciato con vibrazione dell'ugola; uvulare (*come la «r» francese*).

uxorial [ʌk'sɔ:riəl], *a.* della moglie; (*leg.*) uxorio.

uxoricide [ʌk'sɔ:risaid], *n.* (*leg.*) **1** uxoricidio **2** uxoricida.

uxorious [ʌk'sɔ:riəs], *a.* (*lett.*) **1** troppo tenero con la moglie **2** dominato dalla moglie. ● **Henry VIII, of u. fame**, Enrico VIII, famoso per il numero delle mogli (*ne ebbe sei*).

uxoriousness [ʌk'sɔ:riəsnis], *n.* (*lett.*) **1** eccessiva tenerezza per la moglie **2** l'esser dominato dalla moglie.

v, V

V, v [vi:], *n.* (*pl.* **V's, v's; Vs, vs**) **1** V, v (ventiduesima lettera dell'alfabeto ingl.) **2** V (*num. romano*) **3** oggetto a forma di V. ● (*mil.*) **V-1**, V1 (*bomba volante usata dai tedeschi verso la fine della seconda guerra mondiale*) ☐ (*mil.*) **V-2**, V2 (*bomba simile alla V1*) ☐ **V-Day**, il giorno della vittoria (*nella seconda guerra mondiale*) ☐ (*autom., mecc.*) **V-engine**, motore a V ☐ (*tel.*) **v for Victor**, v come Verona ☐ (*d'indumento*) **V-neck** (*o* **V.-necked**), con scollatura (*o* scollato) a V ☐ **V-shaped**, a forma di V ☐ **the V sign**, il segno di V (*sta per* **victory**; *fatto con l'indice e il medio, introdotto da Churchill*); *lo stesso segno, ma col dorso della mano in avanti*; *volg.*) le corna (*volg.*) ☐ (*autom., mecc.*) **V-type engine**, *V.* **V-engine**.
vac [væk], *n.* (*abbr. fam. di* **vacation**) vacanza (*specialm. all'università*).
vacancy ['veikənsi], *n.* **1** vuoto; spazio vuoto; lacuna: **I looked over the wall into v.**, mi sporsi dal muro per guardare nel vuoto **2** vacuità (mentale); ottusità; disinteresse; distrazione **3** ozio; oziosità; indolenza **4** (*anche leg.*) vacanza; posto vacante: **We must fill the v.**, dobbiamo coprire il posto vacante.
vacant ['veikənt], *a.* **1** vuoto; vacuo; vacante (*anche leg.*); libero; non occupato; sfitto; (*leg.*) privo di proprietario (*detto di terreno*): **a v. stare**, uno sguardo vuoto, senz'espressione; **a v. post**, un posto vacante; **a v. seat**, un posto (a sedere) non occupato; **Have you a room v.?**, avete una camera libera?; **v. time**, tempo libero; **a v. house**, una casa sfitta; **a v. mind**, una mente vuota, vacua **2** distratto; assente: **a v. air**, un'aria assente, distratta. ● (*leg.*) **v. possession**, diritto (*del proprietario*) d'occupare un immobile.
vacantly ['veikəntli], *avv.* vacuamente; senza espressione; con aria assente.
to vacate [və'keit], *USA* ['veikeit], **A** *v. t.* **1** lasciar vuoto; lasciar libero; liberare; sgombrare; (*mil.*) evacuare: **They had to v. the flat**, dovettero sgombrare l'appartamento **2** rinunciare a; dare le dimissioni da: **to v. a professorship**, dare le dimissioni da professore; dimettersi da una cattedra universitaria **3** (*leg.*) annullare, cassare (*un contratto, ecc.*). **B** *v. i.* dimettersi; dare le dimissioni.
vacation [və'keiʃən], *n.* **1** sgombero (*da una casa*) **2** dimissione; rinuncia: **His v. of his high office was foolish**, la sua rinuncia all'alta carica tenuta fu una sciocchezza **3** vacanza; ferie; vacanze: **the Christmas v.**, le vacanze di Natale; **the long** (*o* **summer**) **v.**, le vacanze estive. ● (*USA*) **v. home**, casa di villeggiatura ☐ **to be on v.**, essere in ferie.
to vacation [və'keiʃən], *v. i.* (*USA*) **1** far vacanza; andare in ferie **2** passare le vacanze: **He vacationed in Switzerland last winter**, passò le vacanze in Svizzera l'inverno scorso.
vacationer [və'keiʃənə*], **vacationist** [və'keiʃənist], *n.* (*USA*) chi è in vacanza; villeggiante; vacanziere.
vacationland [və'keiʃənlænd], *n.* (*USA*) zona di villeggiatura.
vaccinal ['væksinl], *a.* (*med.*) vaccinico.
to vaccinate ['væksineit], *v. t.* (*med.*) vaccinare. ● **to be vaccinated**, farsi vaccinare.
vaccination [ˌvæksi'neiʃən], *n.* (*med.*) vaccinazione.
vaccinationist [ˌvæksi'neiʃənist], *n.* fautore della vaccinazione.
vaccinator ['væksineitə*], *n.* **1** vaccinatore **2** (*med.*) vaccinostilo.
vaccine ['væksi:n], **A** *n.* (*med.*) vaccino; siero vaccinico: **polio v.**, vaccino antipolio. **B** *a.* **1** vaccino; di vacca **2** (*med.*) vaccinico. ● (*med.*) **v. point**, punta da vaccino, vaccinostilo.
vaccinee [ˌvæksə'ni:], *n.* (*med.*) persona vaccinata; vaccinato.
vaccinia [væk'siniə], *n.* (*med.*) vaiolo vaccino; vaiolo dei bovini.
to vacillate ['væsileit], *v. i.* vacillare (*specialm. fig.*); ondeggiare; barcollare; esitare; tentennare; essere irresoluto: **to v. on one's feet**, barcollare sulle gambe; **to v. between faith and skepticism**, esitare fra la fede e lo scetticismo.
vacillating ['væsileitiŋ], *a.* **1** vacillante **2** esitante; titubante.
vacillation [ˌvæsi'leiʃən], *n.* **1** vacillamento; barcollamento **2** (*fig.*) esitazione; irresolutezza.
vacuity [væ'kjuːiti], *n.* **1** vuoto; spazio vuoto; lacuna **2** vacuità; ottusità; stupidità.
vaculate(d) ['vækjuəleit(id)], *a.* (*biol.*) vacuolato; vacuoloso.
vacuolar ['vækjuələ*], *a.* (*biol.*) vacuolare: **v. system**, sistema vacuolare; vacuoma.
vacuole ['vækjuoul], *n.* (*biol.*) vacuolo.
vacuous ['vækjuəs], *a.* vuoto; vacuo; privo d'espressione; insignificante; sciocco; stupido: **a v. mind**, una mente vacua, assente; **a v. life**, una vita vuota, oziosa; **a v. stare**, uno sguardo vuoto, privo d'espressione; **a v. question**, una domanda insignificante, sciocca.
vacuousness ['vækjuəsnis], *V.* **vacuity**.
vacuum ['vækjuəm], *n.* (*pl.* **vacuums**, *fis. anche* **vacua**) **1** vuoto: **Nature abhors a v.**, la natura aborre il vuoto **2** (*fam.*) aspirapolvere. ● **v. bottle**, thermos ☐ **v.-brake**, (*ferr.*) freno a depressione; (*mecc.*) freno pneumatico a vuoto ☐ **v. cleaner**, aspirapolvere ☐ (*chim.*) **v. distillation**, distillazione nel vuoto ☐ **v. flask**, thermos ☐ (*fis.*) **v. gauge**, vacuometro ☐ (*mecc.*) **v.-operated**, a depressione ☐ **v.-packed**, confezionato sotto vuoto ☐ **v. pump**, (*mecc.*) pompa da vuoto; (*aeron.*) depressore ☐ (*elettron.*) **v. tube**, tubo elettronico a vuoto; valvola elettronica ☐ **v. valve**, valvola elettronica.
to vacuum ['vækjuəm], (*fam.*) **A** *v. t.* pulire con l'aspirapolvere. **B** *v. i.* usare l'aspirapolvere.
vademecum ['veidi'miːkəm], *n.* vademecum; prontuario; taccuino.
vagabond ['vægəbənd], **A** *a. attr.* vagabondo; errante; vagante; errabondo; nomade; randagio: **v. hunters**, cacciatori nomadi; **v. life**, vita randagia. **B** *n.* vagabondo; nomade; girovago.
to vagabond ['vægəbənd], *v. i.* vagabondare; errare; vagare.
vagabondage ['vægəbəndidʒ], *n.* vagabondaggio.
vagabondish ['vægəbəndiʃ], *a.* da (*o* alquanto) vagabondo.
to vagabondize ['vægəbəndaiz], *v. i.* fare il vagabondo; vagabondare.
vagal ['veigəl], *a.* (*anat.*) vagale.
vagary ['veigəri], *n.* **1** idea strana (*o* bislacca); capriccio; ghiribizzo; stravaganza: **the vagaries of English weather**, i capricci del tempo in Inghilterra **2** divagazione; disgressione. ● **vagaries of the mind**, fantasticherie.
vagina [və'dʒainə], *n.* (*pl.* **vaginae, vaginas**) **1** (*anat.*) vagina **2** (*bot.*) guaina.
vaginal [və'dʒainl], *a.* (*anat.*) vaginale.
vaginate ['vædʒinit], **vaginated** ['vædʒineitid], *a.* **1** (*anat.*) invaginato **2** (*bot.*) guainante.
vaginitis [ˌvædʒi'naitis], *n.* (*med.*) vaginite.
vagrancy ['veigrənsi], *n.* **1** vagabondaggio; accattonaggio **2** (*collett.*) (i) vagabondi; (gli) accattoni.
vagrant ['veigrənt], **A** *a. attr.* **1** vagabondo; ambulante; errante; nomade; randagio: **a v. minstrel**, un menestrello ambulante; **v. peoples**, popoli nomadi **2** errabondo; vagante: **v. winds**, venti errabondi **3** incostante; instabile: **v. impulses**, impulsi incostanti. **B** *n.* **1** vagabondo; girovago; nomade **2** (*leg.*) accattone; mendicante **3** (*leg.*) individuo senza fissa dimora. ● **v. speculations**, fantasticherie; pensieri oziosi.
vague [veig], *a.* **1** vago; incerto; indistinto; indeterminato; impreciso: **a v. accusation**, una vaga accusa; **a v. answer**, una risposta vaga, imprecisa; **a v. shape in the mist**, una sagoma indistinta nella nebbia; **I have not the vaguest idea of what he means**, non ho la più vaga (*o* la più pallida) idea di quel che vuol dire **2** (*di persona*) incerto; indeciso; irresoluto.
vagueness ['veignis], *n.* vaghezza; incertezza; indeterminatezza; imprecisione.
vagus ['veigəs], *n.* (*pl.* **vagi**) (*anat.*) (*nervo*) vago.
to vail [veil], (*poet.*) **A** *v. t.* **1** abbassare (*l'orgoglio, la cresta, ecc.*) **2** togliersi (*il cappello, in segno di sottomissione*). **B** *v. i.* scappellarsi; inchinarsi; umiliarsi.
vain [vein], *a.* **1** vano; inconsistente; inutile; infruttuoso: **v. hope**, vana speranza; **v. pomp**, vana pompa; **It is v. to resist**, ogni resistenza è inutile; **v. studies**, studi inconsistenti; **a v. attempt**, un

vainglorious tentativo infruttuoso **2** vanitoso; vanaglorioso: **a v. girl**, una ragazza vanitosa. ● **in v.**, invano, inutilmente; vano, inutile: **I tried in v.**, tentai invano; **All my efforts were in v.**, tutti i miei sforzi furono inutili □ **to take sb's name in v.**, sparlare di q.; mancare di rispetto a q. □ (*relig.*) **to take the name of God in v.**, nominare il nome di Dio invano.

vainglorious [vein'glɔ:riəs], *a.* **1** vanaglorioso **2** vanitoso.

vaingloriousness [vein'glɔ:riəsnis], *n.*, **vainglory** [vein'glɔ:ri], *n.* **1** vanagloria **2** vanità; l'esser vanitoso.

vair [vɛə*], *n.* (*araldica*) vaio.

valance ['væləns], *n.* **1** balza; drappeggio; falpalà **2** (*USA*) mantovana (*di tenda*) **3** damasco per tappezzeria.

valanced ['vælənst], *a.* **1** munito di balza; ornato di falpalà **2** (*USA*: *di tenda*) con la mantovana.

vale (1) [veil], *n.* (*specialm. poet.*) valle. ● (*fig.*) **this v. of tears** (*o* **of woe**), questa valle di lacrime.

vale (2) ['veili] (*lat.*), *inter.* e *n.* addio.

valediction [,væli'dikʃən], *n.* addio; commiato; parole d'addio.

valedictorian [,vælidik'tɔ:riən], *n.* (*USA*) studente che tiene il discorso di commiato (*V.* **valedictory**).

valedictory [,væli'diktəri], **A** *a.* d'addio; di commiato: **a v. speech**, un discorso d'addio. **B** *n.* (*USA*) discorso di commiato (*al termine dell'anno scolastico o accademico*).

valence (1) ['veiləns], *n.* (*chim.*) valenza: **v. bond**, legame di valenza.

valence (2) ['væləns], *V.* **valance**.

Valencia [və'lenʃiə], *n.* (*geogr.*) Valenza.

Valenciennes [,vælənsi'en], *n.* pizzo Valenciennes.

valency ['veilənsi], *n.* (*chim.*) valenza.

valentine ['væləntain], *n.* **1** fidanzato (*specialm. se scelto il giorno di S. Valentino, 14 febbraio*) **2** biglietto amoroso, lettera d'amore, dono (*inviati il 14 febbraio*).

Valentine ['væləntain], *n.* Valentino.

valerate ['vælərit], *n.* (*chim.*) valerianato.

valerian [və'liəriən], *n.* (*bot.*, *Valeriana officinalis*) valeriana (*anche farm.*).

valerianic [və,liəri'ænik], **valeric** [və'liərik], *a.* (*chim.*) valerianico: **v. acid**, acido valerianico.

valet ['vælit], *n.* valletto; cameriere (personale); guardarobiere.

to valet ['vælit], *v. t.* far da valletto (*o* da cameriere) a (q.).

valetudinarian [,væli,tju:di'nɛəriən], **A** *a.* **1** malaticcio; cagionevole **2** che si preoccupa troppo della propria salute. **B** *n.* **1** persona di salute cagionevole **2** persona che si preoccupa troppo della propria salute.

valetudinarianism [,væli,tju:di'nɛəriənizəm], *n.* salute cagionevole; salute malferma.

valetudinary [,væli'tju:dinəri], *V.* **valetudinarian**.

valgus ['vælgəs], *n.* (*med.*) (posizione di) piede valgo.

Valhalla [væl'hælə], *n.* **1** (*mitol. germanica*) Walhalla **2** (*fig.*) mausoleo; pantheon.

valiance ['væljəns], **valiancy** ['væljənsi], *n.* coraggio; valore.

valiant ['væljənt], *a.* coraggioso; valoroso; prode.

valid ['vælid], *a.* (*anche leg.*) valido; (*fig.*) solido, fondato: **a v. contract (marriage, etc.)**, un contratto (un matrimonio, ecc.) valido; **a v. claim**, una richiesta valida; una pretesa fondata; **v. arguments**, argomenti validi; solide ragioni.

to validate ['vælideit], *v. t.* (*leg.*) **1** rendere valido; convalidare; riconoscere la validità di **2** omologare: **to v. a treaty**, omologare un trattato. ● **to v. an agreement**, convalidare un accordo.

validation [,væli'deiʃən], *n.* (*leg.*) **1** convalidazione; convalida **2** omologazione **3** (*elab.*) validazione.

validity [və'liditi], *n.* (*anche leg.*) validità; (*fig.*) solidità; fondatezza: **the v. of a ticket**, la validità di un biglietto; **the v. of an argument**, la fondatezza di un argomento.

valise [və'li:z], *n.* **1** (*non comune*) valigia **2** (*mil.*) zaino.

Valium ['veili:əm], *n.* (*farm.*, *marchio*) valium.

valkyr ['vælkiə*], **valkyria** [væl'kiriə], **valkyrie** [væl'kieri], *n.* (*mitol.*) valchiria.

vallecula [væ'lekjulə], *n.* (*pl.* **valleculae**) (*anat.*, *bot.*) vallecola.

valley ['væli], *n.* **1** (*geogr.*, *geol.*) valle; vallata: **the Po V.**, la Valle del Po; (*fig.*) **the v. of the shadow of death**, la valle dell'ombra della morte; **river v.**, valle fluviale **2** (*edil.*) conversa; impluvio. ● (*geol.*) **v. flat** (*o* **floor**), fondovalle □ (*edil.*) **v. rafter**, sottoconversa.

vallum ['væləm], *n.* (*pl.* **valla**, **vallums**) (*stor. romana*) vallo.

valonia [və'louniə], *n.* (*bot.*) vallonea (*la ghianda*). ● (*bot.*) **v. oak** (*Quercus aegilops*), vallonea (*la quercia*).

valorization [,vælərai'zeiʃən], *n.* (*econ.*) **1** valorizzazione (*di un prodotto*) **2** stabilizzazione del prezzo (*con provvedimenti protezionistici*).

to valorize ['vælǝraiz], *v. t.* (*econ.*) **1** valorizzare (*un prodotto*) **2** stabilizzare il prezzo di (*un prodotto*, *con provvedimenti protezionistici*).

valorous ['vælərəs], *a.* valoroso; coraggioso; prode.

valour ['vælə*], *n.* valore; coraggio; prodezza.

valse [va:ls] (*franc.*), *n.* (*mus.*) valzer.

valuable ['væljŭebl], **A** *a.* **1** prezioso; di gran valore; costoso: **v. furniture**, mobili costosi; **v. information**, informazioni preziose; **v. land**, terreni di gran valore **2** valutabile. **B** *n. pl.* **1** oggetti di valore; valori **2** preziosi; merci preziose.

valuation [,vælju'eiʃən], *n.* **1** valutazione; il valutare; apprezzamento; (*comm.*) perizia, stima: **the v. of land**, la valutazione dei terreni; (*ass.*) **the v. of a risk**, la valutazione di un rischio; **the v. of an estate**, la stima di una proprietà **2** prezzo: **The goods were disposed of at a low v.**, la merce fu vendutaa a basso prezzo **3** (*per estens.*) valore: **He sets too high a v. on his abilities**, attribuisce un valore eccessivo alle sue capacità.

valuator ['væljueitə*], *n.* stimatore; perito.

value ['vælju:], *n.* **1** valore (*anche econ.*); pregio; stima; prezzo; importanza; significato; utilità: **I set a high v. upon your advice**, attribuisco un gran valore ai tuoi consigli; **the v. of accuracy**, il pregio dell'accuratezza; **market values**, prezzi di mercato; **ethical values**, valori morali; **the v. of a friend**, l'importanza d'avere un amico; **the precise v. of a word**, il significato preciso d'una parola; **commercial v.**, valore commerciale; **exchange v.**, valore di scambio; **This dictionary may be of some v. to Italian students of English**, questo dizionario sarà forse di qualche utilità agli italiani che studiano l'inglese **2** (*fin.*, *banca*) valuta: **v. in account**, valuta in conto; (**for**) **v. received**, per valuta ricevuta **3** (*chim.*) indice; numero: **acid v.**, numero di acidità **4** (*mus.*) valore; durata; lunghezza **5** (*tecn.*, *scient.*) valore **6** (*pl.*, *pittura*) valori (*luministici*, *tonali*, *ecc.*). ● (*fin.*) **v.-added tax**, imposta sul valore aggiunto □ (*rag.*, *ind.*) **v. analysis**, analisi valutativa □ **v. goods**, valori; preziosi □ (*econ.*) **v. in exchange**, potere d'acquisto □ **v. parcel**, pacco (di) valori; pacco assicurato □ (*comm.*) **at v.**, al prezzo corrente di mercato □ (*fin.*) **face v.** (*o* **nominal v.**), valore nominale □ **v. for money**, spendere bene il proprio denaro □ (*di dipinto*) **out of v.**, non equilibrato nei valori tonali □ (*fin.*) **rateable v.**, valore imponibile □ **selling v.**, valore venale □ **surplus v.**, plusvalore □ **It was poor v. for money!**, soldi spesi male!

to value ['vælju:], *v. t.* **1** valutare; apprezzare; stimare: **The house was valued at fifty thousand pounds**, la casa fu valutata cinquantamila sterline; (*comm.*) **to v. a loss**, stimare una perdita **2** apprezzare; tenere in gran conto: **I v. sincerity above all things**, apprezzo la sincerità più d'ogni altra cosa. ● (*comm.*, *leg.*) **to v. on sb.**, rivalersi su q. (*spiccando una tratta*) □ **to v. oneself on st.**, andare orgoglioso di q.c.

valued ['vælju:d], *a.* **1** valutato; del prezzo di; che costa: **a hat v. at twenty dollars**, un cappello del prezzo di venti dollari **2** apprezzato; stimato; pregiato; di gran valore; prezioso: **a v. possession**, un possedimento di gran valore; **a v. friend**, un amico prezioso. ● (*ass.*) **v. policy**, polizza con valore dichiarato.

valueless ['væljulis], *a.* senza valore; privo di valore.

valuelessness ['væljulisnis], *n.* mancanza di valore.

valuer ['væljuə*], *n.* **1** (*comm.*) stimatore; perito; valutatore **2** estimatore.

valvar ['vælvə*], *a.* (*scient.*) valvolare.

valvate ['vælveit], *a.* **1** (*bot.*, *zool.*) valvato, valvare; munito di valva (*o* di valve) **2** (*anat.*) provvisto di valvola (*o* di valvole).

valve [vælv], *n.* **1** (*anat.*, *mecc.*, *radio*) valvola: **the valves of the heart**, le valvole del cuore; **the v. of a tyre**, la valvola d'un pneumatico **2** (*bot.*, *zool.*) valva; opercolo. ● (*mecc.*) **v. core**, spillo della valvola □ (*USA*) **v. follower**, *V.* **v. tappet** □ (*autom.*, *mecc.*) **v. gear**, (meccanismo della) distribuzione: **v. gear timing**, fasatura della distribuzione □ (*di motore*) **v.-in-head**, a valvole in testa □ (*autom.*, *mecc.*) **v. lifter**, alzavalvole □ (*radio*) **v. set**, apparecchio a valvole □ **v. sluice**, chiusa; paratoia □ (*mecc.*) **v. tappet**, punteria □ (*mecc.*) **v. exhaust v.**, valvola di scarico □ (*mecc.*) **intake v.**, valvola di aspirazione □ (*mecc.*) **safety v.**, valvola di sicurezza (*anche fig.*) □ **sliding v.**, valvola a saracinesca □ (*mecc.*) **throttle v.**, valvola a farfalla; farfalla.

to valve [vælv], *v. t.* (*mecc.*) **1** munire di valvole **2** regolare (*l'efflusso*, *ecc.*) mediante valvole.

valved (1) [vælvd], *a.* (*bot.*, *zool.*) munito di valva (*o* di valve).

valved (2) [vælvd], *a.* (*mecc.*) munito di valvola (*o* di valvole). ● **four-v.**, a quattro valvole.

valveless ['vælvlis], *a.* (*mecc.*) senza valvole.

valvelet ['vælvlit], *n.* **1** (*mecc.*) valvolina **2** *V.* **valvule**.

valvular ['vælvjulə*], *a.* (*scient.*) valvolare.

valvule ['vælvju:l], *n.* **1** (*anat.*) piccola valvola **2** (*bot.*, *zool.*) piccola valva.

valvulitis [,vælvju'laitis], *n.* (*med.*) valvulite.

to vamoose [və'mu:s], **to vamose** [və'mous], (*fam.*, *USA*) **A** *v. i.* andarsene; sloggiare; tagliar la corda. **B** *v. t.* sloggiare da; abbandonare, lasciare (*un luogo*).

vamp (1) [væmp], *n.* **1** tomaia **2** rappezzatura; rattoppo; toppa **3** (*fig.*) abborracciamento; raffazzonamento; (*letter.*)

opera raffazzonata 4 (*mus.*) accompagnamento improvvisato.
to vamp (1) [væmp], *A v. t.* 1 mettere la tomaia a (*una scarpa*) 2 (*spesso* **to v. up**) rappezzare; rattoppare; riparare alla meglio 3 (*fig.*, *spesso* **to v. up**) abborracciare; raffazzonare: **He vamped out a literary article**, raffazzonò un articolo di critica letteraria 4 (*mus.*) improvvisare (*un accompagnamento, ecc.*). *B v. i.* (*mus.*) improvvisare (*al pianoforte, ecc.*). ● (*fam.*) **to v. up an excuse**, trovare una scusa qualsiasi.
vamp (2) [væmp], *n.* (*fam.*) vamp; donna fatale; fatalona (*fam.*).
to vamp (2) [væmp], (*fam.*) *A v. t.* adescare; sedurre. *B v. i.* atteggiarsi a vamp; fare la donna fatale.
vamper ['væmpə*], *n.* (*mus.*) improvvisatore.
vampire ['væmpaiə*], *n.* 1 (*mitol.*) vampiro; (*fig.*) sanguisuga, usuraio, strozzino 2 (*zool., anche* **v. bat**) vampiro 3 (*teatr.*) trabocchetto.
vampiric [væm'pirik], *a.* di (*o* da) vampiro.
vampirism ['væmpaiərizəm], *n.* 1 vampirismo; credenza nei vampiri 2 (*fig.*) usura; strozzinaggio.
van (1) [væn], *n.* 1 furgone; autofurgone 2 (*ferr., anche* **luggage van, guard's van**) bagagliaio 3 (*ferr.*) carro merci 4 (*anche* **police van**) furgone della polizia; cellulare 5 carrozzone (*degli zingari*). ● **small van**, furgoncino.
to van (1) [væn], *v. t.* trasportare (*merci*) con un furgone.
van (2) [væn], *n.* 1 (*dial.*) vaglio (*per il grano*) 2 pala (*di mulino a vento*) 3 (*ind. min.*) pala per il lavaggio di minerali 4 (*ind. min.*) prova di lavaggio sulla pala 5 (*arc., poet.*) ala.
to van (2) [væn], *v. t.* (*ind. min.*) sottoporre (*un minerale*) alla prova di lavaggio sulla pala; separare (*un minerale dalla vena*) mediante lavaggio.
van (3) [væn], *n.* (*mil.*) avanguardia (*anche fig.*). ● **to be in the van of progress**, essere all'avanguardia del progresso.
vanadate ['vænədit], **vandiate** [və'neidiit], *n.* (*miner.*) vanadato.
vanadic [və'nædik], *a.* (*chim.*) vanadico: **v. acid**, acido vanadico.
vanadious [və'neidiəs], *a.* (*chim.*) vanadioso.
vanadium [və'neidjəm], *n.* (*chim.*) vanadio.
vanadous [və'neidəs], *V.* **vanadious**.
Vandal ['vændəl], *A n.* 1 (*stor.*) vandalo 2 —(*fig.*) **v.**, vandalo; barbaro distruttore. *B a. attr.* da vandalo; vandalico.
Vandalic [væn'dælik], *a.* (*stor.*) vandalico (*anche fig.*).
vandalism ['vændəlizəm], *n.* vandalismo.
to vandalize ['vændəlaiz], *v. t.* danneggiare; distruggere.
Vandyke [væn'daik], *n.* 1 (*stor.*) Van Dyck (*pittore fiammingo*) 2 quadro di Van Dyck 3 smerlatura (*di collare*); punta (*di pizzo*) 4 (*anche* **V. collar**) collare alla Van Dyck 5 (*anche* **V. beard**) pizzo alla Van Dyck. ● **V. brown**, marrone scuro.
to vandyke [væn'daik], *v. t.* smerlare (*stoffa, ecc.*) in punta.
vane [vein], *n.* 1 banderuola (*segnavento*) 2 pala, paletta (*d'elica, di mulino a vento, ecc.*) 3 (*topografia*) mirino; traguardo 4 (*aeron.*) rivelatore di raffica 5 (*mil., aeron.*) governale (*di bomba*) 6 (*naut.*) pinnula; traguardo.
vaned [veind], *a.* munito di banderuola, ecc. (*V.* **vane**).
vanessa [və'nesə], *n.* (*zool., Vanessa*) vanessa.
vang [væŋ], *n.* (*naut.*) ostino.
vanguard ['væŋga:d], *n.* (*mil.*) avanguardia (*anche fig.*).
vanilla [və'nilə], *n.* 1 (*bot., Vanilla planifolia*) vaniglia: **v. bean**, baccello di vaniglia 2 (*cucina, anche* **v. extract**) (*estratto di*) vaniglia. ● **v. ice cream**, gelato alla vaniglia.
vanillic [və'nilik], *a.* della vaniglia; vanillico.
vanish ['væniʃ], *n.* (*fon.*) vocale attenuata (*la seconda, in alcuni dittonghi*).
to vanish ['væniʃ], *v. i.* 1 svanire; dileguarsi; scomparire; sparire: **My hopes have vanished**, le mie speranze sono svanite; **The stain has vanished**, la macchia è scomparsa 2 (*mat.*) annullarsi; diventar zero. ● (*cosmesi*) **vanishing cream**, crema evanescente □ (*disegno*) **vanishing point**, punto di fuga (*della prospettiva*) □ (*fam.*) **My funds have reached (the) vanishing point**, i miei fondi stanno per esaurirsi.
vanity ['væniti], *n.* 1 vanità (*in ogni senso*): **the v. of glory**, la vanità della gloria; **All is v.**, tutto è vanità; **the vanities of this world**, la vanità di questo mondo (*Bibbia*) idolo; divinità pagana. ● **v. bag** (*o* **v. case**), borsetta da donna per il trucco □ (*fig.*) **V. Fair**, la Fiera della Vanità; il mondo □ (*autom.*) **v. plate**, targa per bellezza (*scelta, e spesso pagata a un altro automobilista inglese, per avere lettere e numeri di proprio gradimento*) □ (*fam.*) **v. surgery**, chirurgia estetica.
vanner ['vænə*], *n.* (*ind. min.*) piatto meccanico per lavaggio.
vanning ['væniŋ], *n.* (*ind. min.*) lavaggio sulla pala (*V.* **to van (2)**). ● **v. machine**, *V.* **vanner**.
to vanquish ['væŋkwiʃ], *v. t.* vincere (*anche fig.*); conquistare; sconfiggere; sgominare: **Her curiosity vanquished fear**, la sua curiosità vinse il timore. ● **the vanquished**, i vinti.
vanquishable ['væŋkwiʃəbl], *a.* vincibile; conquistabile.
vanquisher ['væŋkwiʃə*], *n.* vincitore; conquistatore.

vantage ['va:ntidʒ], *n.* vantaggio (*specialm. al tennis*): **v. in**, vantaggio alla battuta; **v. out**, vantaggio alla rimessa. ● (*mil e fig.*) **v. ground**, terreno favorevole □ **v. point**, punto di vista; (*anche*) *V.* **point of v.** □ **point** (*o* **coign**) **of v.**, posizione vantaggiosa; posizione di forza.
vapid ['væpid], *a.* insipido; insulso; scipito; svaporato; svanito: **v. food**, cibo insipido; **v. talk**, discorsi insulsi; **v. beer**, birra svaporata.
vapidity [væ'piditi], **vapidness** ['væpidnis], *n.* insipidità; insulsaggine; scipitezza.
vapor, to vapor ['veipə*], (*USA*) *V.* **vapour, to vapour.**
vaporability [,veipərə'biliti], *n.* evaporabilità.
vaporable ['veipərəbl], *a.* evaporabile.
vaporiferous [,veipə'rifərəs], *a.* apportatore di vapori.
vaporific [,veipə'rifik], *a.* che produce vapore.
vaporimeter [,veipə'rimitə*], *n.* vaporimetro (*strumento*).
vaporizable ['veipəraizəbl], *a.* evaporabile; vaporizzabile.
vaporization [,veipərai'zeiʃən], *n.* (*fis.*) vaporizzazione (*anche med.*); evaporazione.
to vaporize ['veipəraiz], (*fis.*) *A v. t.* vaporizzare (*anche med.*). *B v. i.* evaporare; vaporizzarsi.
vaporizer ['veipəraizə*], *n.* 1 spruzzatore; vaporizzatore 2 (*mecc.*) iniettore (*di carburatore*).
vaporose ['veipərous], *V.* **vaporous.**
vaporous ['veipərəs], *a.* vaporoso; (*fig.*) indeterminato, vago, fantastico.
vaporousness ['veipərəsnəs], *n.* vaporosità.
vapour ['veipə*], *n.* 1 (*fis.*) vapore: **gasoline vapours**, vapori di benzina 2 (*fig., raro*) fantasticheria; stravaganza; visione 3 (*pl., arc.*) depressione; ipocondria; malinconia 4 (*pl., arc. o scherz.*) vapori (*arc.*); vampe di calore alla testa. ● **v. bath**, bagno di vapore □ (*metall.*) **v. blasting**, idrofinitura □ **v. pressure** (*o* **v. tension**), pressione (*o* tensione) del vapore □ (*aeron.*) **v. trail**, scia di condensazione □ **water v.**, umidità atmosferica; vapore acqueo.
to vapour ['veipə*], *v. i.* 1 emettere vapore; emanare vapori 2 evaporare; trasformarsi in vapore 3 (*arc.*) vantarsi; millantarsi.
vapourer ['veipərə*], *n.* (*arc.*) millantatore; fanfarone.
vapouring ['veipəriŋ], *n.* (*spesso al pl., arc.*) millanteria; fanfaronata.
vapourish ['veipəriʃ], *a.* 1 simile a vapore; vaporoso 2 annebbiato; indistinto 3 (*arc.*) depresso; abbattuto; ipocondriaco.
vapourishness ['veipəriʃnis], *n.* 1 vaporosità 2 l'essere annebbiato (*o* indistinto) 3 (*arc.*) depressione; ipocondria.
varec ['værek], *n.* 1 (*bot.*) varecchi (*ceneri di alghe marine*) 2 (*chim.*) varechina.
variability [,vεəriə'biliti], *n.* variabilità; incostanza: **the v. of prices**, la variabilità dei prezzi; **v. of temper**, incostanza (*del carattere*).
variable ['vεəriəbl], *A a.* variabile; incostante; mutevole: **v. winds**, venti variabili; **v. weather**, tempo variabile; **v. fortune**, fortuna mutevole. *B n.* 1 entità (*o* fattore) variabile 2 (*mat.*) variabile; grandezza (*o* quantità) variabile 3 (*naut.*) vento variabile. ● (*aeron.*) **v.-geometry aircraft**, velivolo ad angolo di freccia variabile □ (*aeron.*) **v.-pitch propeller**, elica a passo variabile □ (*fin.*) **v.-rate loan**, prestito (*o* mutuo) a tasso variabile □ (*aeron.*) **v.-sweep wing**, ala ad angolo di freccia variabile.
variableness ['vεəriəblnis], *V.* **variability.**
variance ['vεəriəns], *n.* 1 variazione: **variances in temperature**, variazioni di temperatura 2 differenza, divergenza (*d'opinione*); discrepanza; disaccordo 3 (*stat.*) varianza. ● **to be at v.**, essere in disaccordo; non andare d'accordo; non accordarsi: **Husband and wife have been at v. for a long time**, è un pezzo che marito e moglie non vanno d'accordo.
variant ['vεəriənt], *A a.* variante; vario; diverso; differente: **a v. reading in a manuscript**, una (lezione) variante in un manoscritto; **v. tipes**, tipi diversi. *B n.* variante: «Tire» is a v. of «tyre», «tire» è una variante di «tyre».
variation [,vεəri'eiʃən], *n.* 1 (*biol., mat., mus.*) variazione 2 variazione; cambiamento; modifica; mutamento: **a v. of temperature**, una variazione di temperatura; **great variations**, grandi mutamenti 3 (*geogr.*) declinazione magnetica: **v. compass**, bussola di declinazione; declinometro 4 variante: **The scazon is a v. of (o on) the ordinary iambic trimeter**, lo scazonte è una variante del comune trimetro giambico.
variational [,vεəri'eiʃənl], *a.* 1 di variazione; che è segno di variazione 2 che implica una variazione 3 (*mat., mecc.*) variazionale.
varicella [,væri'selə], *n.* (*med.*) varicella.
varicocele ['værikou,si:l], *n.* (*med.*) varicocele.
varicoloured ['væri,kʌləd], *a.* variopinto; multicolore.
varicose ['værikous], *a.* (*med.*) varicoso: **v. veins**, vene varicose.
varicosed ['værikoust], *a.* (*med.*) affetto da varici.
varicosity [,væri'kɔsiti], *n.* (*med.*) vena varicosa.

varied ['vɛərid], *a.* **1** vario; diverso; differente; svariato: **v. interests**, svariati interessi **2** pieno di varietà; variato; mutevole; movimentato: **v. scenary**, paesaggio mutevole **3** di vari colori; variegato.

to **variegate** ['vɛərigeit], *v. t.* **1** rendere variegato; variegare; screziare **2** rendere vario; diversificare.

variegated ['vɛərigeitid], *a.* **1** variegato; screziato: **v. geranium**, geranio screziato **2** (*fig.*) pieno di varietà; variato; mutevole; movimentato: **a v. career**, una carriera movimentata.

variegation [,vɛəri'geiʃən], *n.* screziatura; aspetto variegato.

varietal [və'raiətl], *a.* (*bot.*, *zool.*) varietale; di una varietà.

variety [və'raiəti], *n.* varietà (*in ogni senso*): **the v. of animal and vegetable life**, la varietà della vita animale e vegetale; **the v. of the scene**, la varietà della scena; **a new v. of cherries**, una nuova varietà di ciliege. ● **v. artist**, attore (*o* attrice) di varietà; artista di caffè concerto □ (*comm. USA*) **v. chain**, catena di negozi d'articoli vari □ (*fam. USA*) **v. meat**, frattaglie; rigaglie □ **a v. of causes**, una molteplicità di cause □ **v. show** (*o* **v. entertainment**), spettacolo di varietà □ (*comm. USA*) **v. shop**, negozio di articoli vari □ **v. theatre**, teatro di varietà; caffè concerto □ **for a v. of reasons**, per molte (*o* diverse) ragioni.

variform ['vɛərifɔ:m], *a.* multiforme.

variola [və'raiələ], *n.* (*med.*) vaiolo.

variolar [və'raiələ*], *V.* **variolous**.

to **variolate** ['vɛərieleit], *v. t.* (*med.*) inoculare il vaiolo a (q.).

variolate(d) ['vɛəriəleit(d)], *a.* pustoloso; butterato.

variolation [,vɛəriə'leiʃən], *n.* (*med.*) inoculazione del vaiolo.

variole ['vɛərioul], *n.* **1** (*med.*) pustola (*del vaiolo*); buttero **2** (*bot.*, *zool.*) pustola; ticchio **3** (*geol.*) variola.

variolite ['vɛəriəlait], *n.* (*miner.*) variolite.

varioloid ['vɛəriəlɔid], *n.* (*med.*) **A** *a.* simile al vaiolo. **B** *n.* vaioloide.

variolous ['vɛəriələs], *a.* **1** (*med.*) vaioloso **2** butterato.

variometer [,vɛəri'ɔmitə*], *n.* (*elettr.*) variometro (*strumento*).

variorum [,vɛəri'ɔ:rəm] (*lat.*), *n.* (*tipogr.*, *anche* **v. edition**) edizione (*di un libro*) annotata da vari commentatori.

various ['vɛəriəs], *a.* vario; diverso; differente; parecchio; molto: **for v. reasons**, per varie ragioni; **v. types**, tipi diversi; **to read v. books**, leggere parecchi libri; **v. people**, molta gente.

varistor [væ'ristə*], *n.* (*elettron.*) varistore.

varix ['vɛəriks], *n.* (*pl.* **varices**) (*med.*) varice.

varlet ['va:lit], *n.* **1** (*stor.*) paggio; valletto **2** (*arc. o scherz.*) furfante; canaglia; manigoldo.

varmint ['va:mint], *n.* (*pop. o scherz.*) briccone; furfante.

varnish ['va:niʃ], *n.* **1** vernice: **oil v.**, vernice a olio; **spirit v.**, vernice a spirito **2** (*fig.*) vernice (*fig.*); apparenza; esteriorità **3** - **the v.**, il lustro; il lucido (*di una superficie, di un mobile, ecc.*). ● **v. thinner**, diluente per vernici □ (*bot.*) **v. tree** (*Rhus vernicifera*), albero della lacca ● **copal v.**, coppale.

to **varnish** ['va:niʃ], *v. t.* **1** verniciare; inverniciare **2** (*fig.*) lustrare; mascherare (*fig.*); far apparire migliore: **to v. sb.'s reputation**, fare apparire la reputazione di q. migliore di quanto non sia.

varnisher ['va:niʃə*], *n.* verniciatore.

varnishing ['va:niʃiŋ], *n.* verniciatura. ● (*arte*) **v. day**, vernice; vernissage (*franc.*).

varsity ['va:siti], (*fam.*) **A** *n.* (*contraz. fam. di* **university**) università. **B** *a. attr.* dell'università; universitario. ● (*in G.B.*) **the V. match**, l'incontro (*o* la gara) fra Oxford e Cambridge.

varus ['vɛərəs], *n.* (*med.*) (*posizione di*) piede varo.

to **vary** ['vɛəri], **A** *v. t.* variare; cambiare; diversificare; modificare; mutare: **to v. one's diet** (**the treatment, etc.**), variare la dieta (la cura, ecc.); **He never varies his style**, non muta mai stile; **You must v. your conduct**, devi modificare la tua condotta. **B** *v. i.* **1** variare; cambiare; diversificarsi; modificarsi; mutare: **His mood varies from day to day**, il suo umore varia da un giorno all'altro; (*mat.*) **to v. inversely**, mutare in ragione inversa; variare inversamente **2** esser diverso; differire: **The second edition varies very little from the first**, la seconda edizione differisce di poco dalla prima. ● (*leg.*) **to v. from the law**, deviare dalla norma; trasgredire alla legge □ (*stat.*, *mat.*) **to v. from the mean**, scostarsi dalla media □ **to v. one's habits**, cambiare abitudini.

vas [væs] (*lat.*), *n.* (*pl.* **vasa**) (*anat.*) vaso.

vasal ['veisəl], *a.* (*anat.*) vasale.

vascular ['væskjulə*], *a.* (*anat.*, *bot.*, *med.*) vascolare: **v. tissue**, tessuto vascolare.

vascularity [,væskju'læriti], *n.* (*anat.*, *bot.*) vascolarità.

vascularization [,væskjuləri'zeiʃən], *n.* (*anat.*) vascolarizzazione.

to **vascularize** ['væskjuləraiz], *v. t.* (*anat.*) vascolarizzare.

vasculum ['væskjuləm], *n.* (*pl.* **vascula**) vascolo.

vase [va:z], *n.* vaso (*artistico o da fiori*). ● **v. painting**, decorazione pittorica dei vasi □ **flower v.**, vaso da fiori.

to **vasectomize** [væ'sektəmaiz], *v. t.* (*med.*) vasectomizzare.

vasectomy [væ'sektəmi], *n.* (*med.*) vasectomia.

vaseline ['væsili:n], *n.* (*marchio*) vaselina, vasellina.

vasoconstrictor ['veizoukən'striktə*], *a. e n.* (*fisiologia, med.*) vasocostrittore.

vasodilator ['veizoudai'leitə*], *a. e n.* (*fisiologia, med.*) vasodilatatore.

vasomotor ['veizou'moutə*], *a.* (*fisiologia*) vasomotore: **v. centre**, centro vasomotore.

vassal ['væsəl], **A** *n.* **1** (*stor.*) vassallo **2** (*per estens.*) dipendente; servo; suddito. **B** *a. attr.* vassallo: **a v. state**, uno Stato vassallo. ● (*stor.*) **great v.**, vassallo diretto □ (*stor.*) **rear v.**, valvassore.

vassalage ['væsəlidʒ], *n.* **1** (*stor.*) vassallaggio **2** (*per estens.*) stretta dipendenza; servaggio; sudditanza.

vassalry ['væsəlri], *n.* (*stor.*) (i) vassalli (*collett.*).

vast [va:st], **A** *a.* vasto; ampio; esteso; enorme; grande; immenso: **v. plains**, vaste pianure; **v. knowledge**, una vasta cultura; **a v. multitude**, una grande moltitudine; una folla enorme; (*fam.*) **v. satisfaction**, ampia soddisfazione. **B** *n.* (*poet.*) vasto spazio; ampia distesa; (la) vastità: **the v. of the ocean**, l'ampia distesa dell'oceano; **the v. of heaven**, la vastità dei cieli.

vastly ['va:stli], *avv.* ampiamente; molto; di gran lunga: **v. different**, molto differente.

vastness ['va:stnis], *n.* vastità; enormità; immensità.

vasty ['va:sti], *a.* (*poet.*) vasto; immenso; sconfinato.

vat [væt], *n.* (*ind.*) ampio recipiente; tino; tinozza; vasca: **fermenting vat**, tino per fermentazione; **bleaching vat**, vasca per il candeggio. ● **vat dye**, colorante al tino.

to **vat** [væt], *v. t.* (*ind.*) mettere nel tino (*o* nella tinozza, ecc.).

VAT [,vi: ei 'ti:, væt], *n.* (*acronimo di* **value-added tax**) (*fin.*) IVA (*imposta sul valore aggiunto*).

Vatican ['vætikən], *n.* (*geogr.*) Vaticano (*anche fig.*). ● **the V. City**, la Città del Vaticano.

Vaticanism ['vætikənizm], *n.* (*relig.*) vaticanismo; dottrina dell'infallibilità del Papa.

Vaticanist ['vætikənist], *n.* (*relig.*) vaticanista.

to **vaticinate** [væ'tisineit], *v. t. e i.* vaticinare; profetare; predire.

vatication [,vætisi'neiʃən], *n.* vaticinio; vaticinazione (*lett.*); predizione; profezia.

vaticinator [væ'tisineitə*], *n.* vaticinatore; profeta.

vaudeville ['voudəvil] (*franc.*), *n.* **1** (*in G.B.*) commedia musicale **2** (*in USA*) spettacolo di varietà (*dei primi decenni del Novecento*).

Vaudois ['voudwa:], **A** *a.* valdese. **B** *n.* (*invar. al pl.*) valdese (*anche la lingua*). ● **the V.**, i Valdesi (*anche la setta religiosa*).

vault (1) [vɔ:lt], *n.* **1** (*archit.*) volta (*anche fig.*): **the v. of heaven**, la volta del cielo **2** sotterraneo (*a volta*); cantina: **wine v.**, cantina **3** (*di cimitero*) tomba; cripta: **family v.**, tomba di famiglia **4** (*di banca*) camera blindata (*o* di sicurezza). ● **circular v.**, volta a tutto sentro □ (*anat.*) **cranic v.**, calotta cranica.

to **vault (1)** [vɔ:lt], **A** *v. t.* (*archit.*) **1** costruire a volta **2** coprire con una volta. **B** *v. i.* curvarsi a volta.

vault (2) [vɔ:lt], *n.* **1** volteggio **2** (*sport*) salto: **pole v.**, salto con l'asta.

to **vault (2)** [vɔ:lt], **A** *v. i.* **1** volteggiare **2** balzare, saltare (*specialm. con un volteggio*): **He vaulted into the saddle**, balzò in sella (con un volteggio); **The robber vaulted over the bank counter**, il rapinatore saltò di là dal bancone della banca. **B** *v. t.* saltar sopra, saltare (*specialm. appoggiando le mani o con l'aiuto d'una pertica*). ● (*fig.*) **vaulting ambition**, ambizione sfrenata □ (*ginnastica*) **vaulting horse**, cavallo.

vaulted ['vɔ:ltid], *a.* (*archit.*) **1** a volta **2** coperto da una volta.

vaulter ['vɔ:ltə*], *n.* volteggiatore, volteggiatrice; saltatore, saltatrice.

vaulting ['vɔ:ltiŋ], *n.* (*archit.*) **1** costruzione a volta; volta: **cross v.**, volta a crociera; **fan v.**, volta a ventaglio **2** costruzione di volte.

to **vaunt** [vɔ:nt], (*lett.*) **A** *v. i.* vantarsi; gloriarsi. **B** *v. t.* vantare; lodare.

vaunt [vɔ:nt], *n.* (*lett.*) vanto; vanteria.

vaunt-courier ['vɔ:nt,kuəriə*], *n.* (*arc. o poet.*) precursore.

vaunter ['vɔ:ntə*], *n.* (*lett.*) chi si vanta; millantatore, millantatrice.

vaunting ['vɔ:ntiŋ], (*lett.*) **A** *a.* vanaglorioso; vanitoso. **B** *n.* vanto; vanteria.

vavasory ['vævəsəri], *n.* (*stor.*) feudo di un valvassore.

vavasour ['vævəsuə*], *n.* (*stor.*) valvassore.

VC [,vi: 'si:], *n.* (*acronimo di*) **Victoria Cross** (*q.V.*).

V.D. [,vi: 'di:], *n.* (*acronimo fam. di* **venereal disease**) (*med.*) malattia venerea.

've [v], *contraz. di* **have** (*per es.*, *in* **I've** *per* **I have**).

veal [vi:l], *n.* (*cucina, macelleria*) (carne di) vitello: **a v. cutlet**, una costoletta di vitello.

vealy ['vi:li], *a.* (*raro*) **1** simile a carne di vitello; che pare vitello **2** (*fam. USA*) immaturo; inesperto.

vector ['vektə*], *n.* **1** (*mat.*, *astron.*, *biol.*) vettore: **radius v.**, raggio vettore **2** (*biol.*, *med.*) portatore; vettore.
to vector ['vektə*], *v. t.* **1** dirigere; indirizzare **2** (*aeron.*, *miss.*) teleguidare.
vectorial [vek'tɔːriəl], *a.* (*scient.*) vettoriale.
Vedanta [ve'dɑːntə], *n.* (*relig.*) filosofia indù basata sui Veda.
vedette [vi'det], *n.* (*mil.*, *teatr.*) vedetta. ● (*naut.*) **v. boat**, (nave) vedetta.
Vedic ['viːdik], *a.* (*relig.*) vedico: **V. hymns**, inni vedici.
vee, ve [viː], *n.* **1** vu; lettera v **2** oggetto a V. ● (*autom.*, *mecc.*) **a vee-engine**, un motore a V □ (*moda*) **vee-neck**, collo a V (*d'una magliettα*).
veep [viːp], *n.* (*fam. USA per* **Vice President**) Vicepresidente (*specialm. degli Stati Uniti*).
to veer [viə*], **A** *v. i.* **1** cambiar direzione; girare: **The road veered to the left**, la strada girava a sinistra **2** (*meteorologia: del vento*) girare in senso orario **3** (*naut.*) cambiar rotta; virare di bordo **4** (*fig.*) cambiare idea; mutar parere. **B** *v. t.* **1** far girare; cambiare il corso di **2** (*naut.*) far mutar rotta a (*una nave*); far virare di bordo **3** (*naut.*) filare (*la catena dell'ancora, ecc.*). ● **to v. and haul**, (*naut.*) tesare e filare; (*del vento*) girare di continuo; (*fig.*) esitare, titubare, fare a tira e molla □ (*naut.*) **to v. away** (*o* **out**) **a cable**, filare un cavo.
veer [viə*], *n.* **1** cambiamento di direzione (*o di rotta*) **2** (*naut. e fig.*) virata.
veering ['viəriŋ], **A** *n.* **1** cambiamento di direzione (*o di rotta*), ecc. (*V.* **to veer**). **2** (*meteorologia*) rotazione oraria del vento. **B** *a.* (*del vento*) che cambia; mutevole; variabile (*anche fig.*).
veg [vedʒ], *n.* (*pl.* **veg**) (*abbr. fam. ingl. di* **vegetable**) verdura: **a steak and two veg**, una bistecca e due verdure.
Vega ['viːgə], *n.* (*astron.*) Vega.
vegan ['viːgən], *n.* (*contraz. fam. di* **vegetarian**) vegetariano integrale (*che non mangia uova e non beve latte*).
veganism ['viːgənizm], *n.* vegetarianismo integrale.
vegetable ['vedʒitəbl], **A** *a.* vegetale: **the v. kingdom**, il regno vegetale; **v. oils**, oli vegetali; **v. horsehair**, crine vegetale. **B** *n.* **1** vegetale; pianta **2** (*pl.*) verdure; ortaggi **3** (*fig.*) persona che vegeta; persona inattiva; persona ridotta allo stato vegetativo. ● **v. diet**, dieta vegetale □ **v. garden**, orto □ **v. marrow**, zucchino □ **v. silk**, seta vegetale □ (*cucina*) **v. soup**, zuppa di verdura.
to vegetablize ['vedʒitəblaiz], *v. i.* vegetare (*fig.*).
vegetal ['vedʒitl], *a.* **1** vegetale **2** (*fisiologia*) vegetativo: **the v. functions**, le funzioni vegetative.
vegetarian [,vedʒi'tɛəriən], *n. e a. attr.* vegetariano.
vegetarianism [,vedʒi'tɛəriənizm], *n.* vegetarianismo.
to vegetate ['vedʒiteit], *v. i.* (*anche fig.*) vegetare.
vegetation [,vedʒi'teiʃən], *n.* **1** (*bot.*) vegetazione: **luxuriant v.**, vegetazione lussureggiante **2** (*fig.*) il vegetare.
vegetative ['vedʒitətiv], *a.* (*biol.*) vegetativo (*anche fig.*): **v. existence**, vita vegetativa. ● (*fisiologia*) **v. nervous system**, sistema neurovegetativo.
vehemence ['viːiməns], *n.* veemenza; impetuosità; violenza.
vehement ['viːimənt], *a.* veemente; impetuoso; violento; sfrenato: **the v. onset of the enemy**, l'urto veemente del nemico; **a v. speaker**, un oratore veemente; **a v. snowstorm**, una violenta tempesta di neve; **v. protest**, violenta protesta; **v. passions**, passioni sfrenate.
vehicle ['viːikl], **A** *n.* **1** veicolo; vettura; mezzo di trasporto: **space v.**, veicolo spaziale **2** (*chim.*) solvente **3** (*farm.*) veicolo, eccipiente **4** (*med.*) veicolo d'infezione **5** (*fig.*) veicolo (*d'informazione, ecc.*); mezzo di trasmissione (*d'idee, ecc.*); mezzo di propagazione, strumento, tramite: **Literature may be used as a v. for** (*o* **of**) **obscenity**, la letteratura può essere usata come veicolo d'oscenità; **He uses the press as a v. for his political opinions**, si serve della stampa come di un mezzo per propagandare le sue idee politiche. **B** *a. attr.* veicolare: **v. traffic**, traffico veicolare. ● (*autom.*) **v. dismantler**, demolitore d'autoveicoli; sfasciacarrozze (*gerg.*) □ **motor v.**, motoveicolo (*automobile, autocarro, ecc.*) □ **street-watering v.**, innaffiatrice stradale.
vehicular [vi'hikjulə*], *a.* **1** dei (*o per i*) veicoli; veicolare; stradale: **v. traffic**, circolazione dei veivoli; **a v. tunnel**, una galleria stradale (*per gli automezzi*) **2** che serve da veicolo.
veil [veil], *n.* **1** velo; veletta; (*fig.*) apparenza, pretesto, travestimento: **The lady put up her v.**, la signora alzò la veletta; **a v. of mist**, un velo di nebbia; **Let us draw a v. over it**, stendiamoci un velo sopra; **under the v. of religion** (**pity, etc.**), sotto il pretesto della religione (*della pietà, ecc.*) **2** (*meteorologia*) velo. ● (*fig.*) **beyond the v.**, dopo la morte; nell'aldilà □ **bridal v.**, velo nuziale □ (*relig.*) **to take the v.**, prendere il velo; farsi monaca.
to veil [veil], *v. t.* velare; coprire (*come con un velo*); (*fig.*) celare, nascondere: **Native women v. their faces**, le donne indigene si velano la faccia; **She veiled her face with her hand**, si coprì il volto con la mano; **I could not v. my disgust**, non potei celare il mio disgusto.
veiled [veild], *a.* velato; (*fig.*) celato, nascosto: **a v. threat**, una velata minaccia; **v. resentment**, velato risentimento.
veiling ['veiliŋ], *n.* **1** il velare; velatura **2** velo **3** stoffa per veli.
vein [vein], *n.* **1** vena (*anche anat., geol., ind. min., miner.*); venatura; (*fig.*) disposizione, umore, stato d'animo: **pulmonary veins**, vene polmonari; **the veins of marble**, le venature del marmo; **a v. of gold**, una vena d'oro; **a v. of humour**, una vena d'umorismo; **I am not in v. for jokes**, non sono in vena di scherzare; **poetical v.**, vena poetica **2** (*di foglia, ecc.*) nervatura; venatura. ● **to be of an imaginative v.**, avere un'indole fantasiosa □ **other remarks of the same v.**, altre osservazioni dello stesso tenore □ **to speak in a serious v.**, parlare seriamente; dire sul serio □ **I am not in the (right) v. for it**, non mi sento in vena; non ne ho voglia.
to vein [vein], *v. t.* venare; coprire di venature.
veinage ['veinidʒ], *n.* venatura; marezzatura.
veined [veind], *a.* **1** (*anche geol.*) a vene; venato; marezzato: **v. marble**, marmo marezzato **2** (*bot., zool.*) che ha venature (*o* nervature).
veinet ['veinit], *n.* (*anat.*) venetta; venula; piccola vena.
veining ['veiniŋ], *n.* **1** venatura; marezzatura **2** (*metall.*) venatura.
veinlike ['veinlaik], *a.* **1** simile a una vena **2** simile a una nervatura.
veinstone ['veinstoun], *n.* (*ind. min.*) ganga.
veiny ['veini], *a.* venoso; coperto di vene; venato.
velar ['viːlə*], *a.* (*fon.*) velare: **v. consonants**, consonanti velari.
velarization [,viːlərai'zeiʃən], *n.* (*fon.*) velarizzazione.
to velarize ['viːləraiz], (*fon.*) **A** *v. t.* velarizzare. **B** *v. i.* velarizzarsi.
veld [velt], **veldt** [veldt], *n.* (*nel Sudafrica*) veld; prateria.
velleity [ve'liːiti], *n.* velleità.
to vellicate ['velikeit], (*raro*) **A** *v. t.* **1** vellicare **2** pizzicare. **B** *v. i.* (*dei muscoli*) contrarsi.
vellication [,veli'keiʃən], *n.* (*raro*) **1** vellicazione **2** vellichio; pizzicore **3** (*med.*) contrazione spasmodica (*dei muscoli*).
vellum ['veləm], *n.* **1** pergamena; cartapecora **2** documento su cartapecora; pergamena. ● **v. paper**, carta pergamenata.
velocimeter [,velə'simitə*], *n.* (*raro*) tachimetro.
velocipede [vi'lɔsipiːd], *n.* **1** (*un tempo*) velocipede **2** (*arc. o scherz.*) velocipede; bicicletta **3** (*USA*) triciclo (*per bambini*) **4** (*per. USA; di solito,* **v. car**) carrello di servizio (*a tre ruote*).
velocipedist [vi'lɔsipiːdist], *n.* (*raro o scherz.*) velocipedista.
velocity [vi'lɔsiti], *n.* velocità; rapidità: (*mecc.*) **uniform v.**, velocità uniforme; **the v. of sound**, la velocità del suono; (*miss.*) **v. of escape**, velocità di fuga. ● (*elettron.*) **v. filter**, filtro di velocità □ (*mecc. fluidi*) **v. head**, altezza cinetica □ (*mil.: di un proiettile*) **muzzle v.**, velocità di partenza.
velour(s) [və'luə(z)], *n.* velour(s); feltro-velluto, felpa (*per cappelli, ecc.*); tessuto a pelo corto. ● **v. paper**, carta vellutata.
velum ['viːləm], *n.* (*pl.* **vela**) (*anat.*) velo (*specialm. quello del palato*).
velure [vi'ljuə*], *n.* **1** *V.* **velour(s)** **2** cuscinetto di velluto (*per spazzolare cappelli a cilindro*).
to velure [vi'ljuə*], *v. t.* lisciare, spazzolare (*cappelli*).
velutinous [vi'ljuːtinəs], *a.* (*bot., zool.*) vellutato; coperto di peluria.
velveret [,velvə'ret], *n.* velluto stampato.
velvet ['velvit], **A** *n.* velluto: **silk v.**, velluto di seta; **pile v.**, velluto a riccio. **B** *a. attr.* vellutato: **v. moss**, muschio vellutato; **with a v. tread**, con passo vellutato (*o* felpato). ● **v. paw**, zampa vellutata (*del gatto*); (*fig.*) gentilezza apparente, affabilità superficiale □ (*fig.*) **an iron hand in a v. glove**, pugno di ferro in guanto di velluto □ (*fig.*) **to be on v.**, dormire fra due guanciali; stare bene a soldi □ **to stand on v.**, (*fig.*) riposare sul velluto; (*gergo sport*) essere sicuro delle proprie scommesse.
velveteen [,velvi'tiːn], *n.* **1** velluto di cotone **2** (*pl.*) calzoni di velluto di cotone.
velvety ['velviti], *a.* **1** (*anche fig.*) vellutato **2** (*di vino, ecc.*) vellutato.
venal ['viːnl], *a.* venale; corrotto; disonesto: **a v. officer**, un funzionario venale; **a v. bargain**, un affare disonesto.
venality [viː'næliti], *n.* venalità.
venatic(al) [vi'nætik(əl)], *a.* venatorio.
venation [vi'neiʃən], *n.* **1** (*bot., zool.*) nervatura **2** (*anat.*) venatura.
to vend [vend], (*comm.*) **A** *v. t.* vendere. **B** *v. i.* vendersi: **These products should v. well**, questi prodotti dovrebbero vendersi bene.
Vendean [ven'diːən], *a. e n.* (*stor.*) Vandeano.
vendee [ven'diː], *n.* (*leg.*) compratore; acquirente.
Vendémiaire ['vɑ̃ːdəmiɛə*] (*franc.*), *n.* (*stor.*) Vendemmiaio (*primo mese del calendario rivoluzionario francese*).
vender ['vendə*], *n.* (*specialm. leg.*) venditore; venditrice.

vendetta [ven'detə] (*ital.*), *n.* vendetta (*violenza privata, faida*).
vendibility [ˌvendi'biliti], *n.* vendibilità.
vendible ['vendəbl], *a.* vendibile; venale.
vending machine ['vendiŋ mə'ʃi:n], *n.* distributore automatico (*a moneta*).
vendor ['vendɔ:*], *n.* **1** venditore, venditrice (*anche leg.*) **2** distributore automatico (*a moneta*): (*USA*) **can v.**, distributore di bibite in lattine.
vendue [ven'dju:], *n.* (*USA*) asta pubblica. ● **v. crier** (*o* **v. master**), banditore (*d'asta*).
to veneer [vi'niə*], *v. t.* **1** (*falegnameria*) impiallacciare **2** (*fig.*) nascondere (*un difetto, ecc.*) sotto una vernice. ● **v.-cutting machine**, piallatrice da impiallacciatura.
veneer [vi'niə*], *n.* **1** (*falegnameria*) piallaccio **2** (*edil.*) rivestimento esterno **3** (*fig.*) vernice; verniciatura; apparenza: **a v. of culture**, una vernice di cultura; **a v. of courtesy towards strangers**, una verniciatura di cortesia con gli estranei.
veneered [vi'niəd], *a.* impiallacciato: **v. wood**, legno impiallacciato.
veneering [vi'niəriŋ], *n.* **1** (*falegnameria*) impiallacciatura **2** (*fig.*) vernice; verniciatura.
venerability [ˌvenərə'biliti], *n.* venerabilità.
venerable ['venərəbl], *a.* venerabile; venerando: **a v. monument**, un monumento venerabile; **a v. old man**, un vecchio venerando.
venerableness ['venərəblnis], *n.* venerabilità.
to venerate ['venəreit], *v. t.* venerare; adorare; onorare.
veneration [ˌvenə'reiʃən], *n.* venerazione.
venerator ['venəreitə*], *n.* veneratore.
venereal [vi'niəriəl], *a.* (*med.*) venereo: **v. disease**, malattia venerea. ● (*stat.*) **a high v. rate**, un'alto tasso di malattie veneree.
venesection [ˌveni'sekʃən], *n.* (*med.*) flebotomia; salasso.
Venetia [vi'ni:ʃə], *n.* (*geogr.*) (il) Veneto.
Venetian [vi'ni:ʃən], **A** *a.* **1** veneziano: (*arte*) **V. school**, scuola veneziana **2** veneto: **the V. plain**, la pianura veneta. **B** *n.* **1** veneziano **2** (*fam.*) *V.* **V. blind**. ● **V. blind**, persiana alla veneziana □ **V. glass**, vetro di Murano □ **V. lace**, merletto di Burano □ **V. window**, finestra trifora (*o palladiana*).
venetianed [vi'ni:ʃənd], *a.* (*di finestra*) che ha persiane alla veneziana.
Venezuelan [ˌvene'zweilən], *a. e n.* venezuelano.
vengeance ['vendʒəns], *n.* vendetta. ● **to take v. on sb. for st.**, vendicarsi con q. di q.c. □ **to take v. upon sb.**, vendicarsi di q. □ (*fam.*) **with a v.**, a tutta forza, furiosamente, estremamente; straordinariamente.
vengeful ['vendʒful], *a.* vendicativo.
vengefulness ['vendʒfulnis], *n.* l'essere vendicativo; desiderio di vendetta.
venial ['vi:njəl], *a.* veniale; perdonabile; scusabile: **a v. sin**, un peccato veniale.
veniality [ˌvi:ni'æliti], *n.* venialità.
Venice ['venis], *n.* (*geogr.*) Venezia. ● **V. glass**, vetro di Murano □ **the Lagoon of V.**, la Laguna.
venison ['venzn], *n.* (*pl.* **venisons, venison**) **1** cacciagione **2** (*specialm.*) carne di cervo.
venom ['venəm], *n.* (*anche fig.*) veleno.
venomed ['venəmd], *a.* (*anche fig.*) velenoso. ● **a v. shaft**, una freccia avvelenata; (*fig.*) una malignità, una cattiveria.
venomous ['venəməs], *a.* **1** velenoso; astioso, malevolo, maligno: **v. snakes**, serpenti velenosi; **a v. look**, uno sguardo astioso **2** (*fam.*) orribile; pessimo: **a v. meal**, un pasto pessimo.
venomousness ['venəməsnis], *n.* (*anche fig.*) velenosità.
venose ['vi:nous], *V.* **venous**.
venosity [vi'nɔsiti], *n.* venosità.
venous ['vi:nəs], *a.* **1** (*fisiologia*) venoso: **v. blood**, sangue venoso **2** (*bot.*) venato; pieno di nervature; nervato.
vent [vent], *n.* **1** foro; orifizio; apertura; buco; spiraglio **2** (*del camino*) canna **3** (*d'arma da fuoco antica*) focone **4** (*di fortezza*) feritoia **5** (*sul dietro d'un cappotto, ecc.*) spacco; apertura **6** (*ing.*) apertura di sfogo; sfiatatoio; foro di passaggio **7** (*geol.*) bocca; orifizio **8** (*metall.*) respiro; tirata d'aria **9** (*zool.*) podice; ano (*di pesci, uccelli, ecc.*). **10** (*fig.*) sfogo; via libera: **He gave v. to his indignation**, diede sfogo alla sua indignazione; **My impatience found a v.**, la mia impazienza trovò uno sfogo. ● **v. faucet**, succhiello per botti □ **v. hole**, foro; spiraglio; sfiatatoio □ **v.-peg**, zipolo (*di botte*) □ **v. pipe**, tubo di sfiato □ **v. plug**, tappo per focone □ (*edil.*) **v. stack**, terminale di colonna di ventilazione.
to vent [vent], **A** *v. t.* **1** fare un buco, aprire un foro in: **to v. a cask**, aprire un foro in una botte **2** (*fig.*) dar sfogo a; sfogare: **He vented his anger on me**, sfogò su di me la sua rabbia **3** (*fig.*) esprimere; manifestare; palesare (*opinioni, ecc.*). **B** *v. i.* **1** (*di camino*) tirare **2** (*di foca, castoro, ecc.*) venire a galla (*per respirare*).
ventage ['ventidʒ], *n.* foro; apertura (*specialm. di strumento a fiato*).

venter ['ventə*], *n.* **1** (*anat.*) ventre **2** (*leg.*) grembo materno. ● (*leg.*) **son by** (*o* **of**) **another v.**, figliastro; figlio di un'altra madre.
ventiduct ['ventidʌkt], *n.* (*edil.*) condotto dell'aria; sfiatatoio.
ventil ['ventil], *n.* (*mus.*) ventilabro (*di strumento a fiato*).
ventilable ['ventiləbl], *a.* ventilabile.
to ventilate ['ventileit], *v. t.* **1** ventilare; arieggiare; (*fig.*) discutere, esaminare, far conoscere (*una questione, ecc.*): **to v. a room**, ventilare una stanza **2** (*fisiologia*) ossigenare (*il sangue*).
ventilation [ˌventi'leiʃən], *n.* **1** ventilazione; aerazione **2** (*fig.*) discussione; esame (*d'una questione, ecc.*) **3** ossigenazione (*del sangue*).
ventilative ['ventilətiv], *a.* di ventilazione.
ventilator ['ventileitə*], *n.* **1** ventilatore **2** sfiatatoio.
Ventôse ['ventouz] (*franc.*), *n.* (*stor.*) Ventoso (*sesto mese del calendario rivoluzionario francese*).
ventral ['ventrəl], *a.* (*anat.*) ventrale: **v. fin**, pinna ventrale.
ventricle ['ventrikl], *n.* (*anat.*) ventricolo: **the ventricles of the heart**, i ventricoli del cuore.
ventricose ['ventrikous], *a.* **1** (*biol.*) ventricoso **2** corpulento; panciuto.
ventricular [ven'trikjulə*], *a.* (*anat.*) ventricolare.
ventriculus [ven'trikjuləs], *n.* (*pl.* **ventriculi**) (*zool.*) ventriglio; cavità con funzioni digestive; stomaco.
ventriloquial [ˌventri'loukwiəl], *a.* ventriloquo.
ventriloquism [ven'triləkwizəm], *n.* ventriloquio.
ventriloquist [ven'triləkwist], *n.* ventriloquo, ventriloqua.
ventriloquistic [venˌtrilə'kwistik], *a.* ventriloquistico.
to ventriloquize [ven'triləkwaiz], *v. i.* essere ventriloquo.
ventriloquous [ven'triləkwəs], *a.* ventriloquo.
ventriloquy [ven'triləkwi], *n.* ventriloquio.
venture ['ventʃə*], *n.* **1** azzardo; pericolo; rischio: **He was ready for any v.**, era pronto a correre ogni rischio **2** impresa rischiosa; (*fin.*) speculazione: **One lucky v. made his fortune**, fece fortuna con una sola speculazione riuscita **3** (*econ.*) iniziativa imprenditoriale. ● **at a v.**, a caso; a casaccio: **I shot at a v.**, sparai a casaccio □ (*fig.*) **to draw a bow at a v.**, tirare a indovinare.
to venture ['ventʃə*], **A** *v. t.* **1** arrischiare; avventurare; azzardare; rischiare; mettere a repentaglio: **to v. one's life**, rischiare (*o* mettere a repentaglio) la vita; **to v. a guess**, azzardare una congettura; **May I v. an opinion?**, posso azzardare un'opinione?; **to v. a dive into shallow water**, arrischiare un tuffo in acque basse **2** osare; ardire: **I did not v. to stop him**, non osai fermarlo **3** puntare, scommettere (*grosse somme alle corse, ecc.*). **B** *v. i.* arrischiarsi; avventurarsi; azzardarsi: **to v. on a motor raid across equatorial Africa**, avventurarsi in un raid automobilistico attraverso l'Africa equatoriale; **I didn't v. to contradict him**, non m'arrischiai di contraddirlo. ● **to v. on a mild protest**, azzardare una timida protesta □ **I v. to differ from you**, mi permetto di dissentire (*da te*) □ (*prov.*) **Nothing v., nothing have** (*o* **Nothing ventured, nothing gained**), chi non risica non rosica.
venturer ['ventʃərə*], *n.* **1** avventuriero **2** (*fin.*) chi rischia denaro; speculatore. ● (*stor.*) **Merchant Venturers**, mercanti medievali (*che trafficavano con paesi lontani*).
venturesome ['ventʃəsəm], *a.* **1** avventuroso; temerario; audace; ardito: **a v. test pilot**, un temerario pilota collaudatore **2** rischioso; azzardoso; pericoloso: **a v. enterprise**, un'impresa rischiosa.
venturesomeness ['ventʃəsəmnis], *n.* **1** audacia; ardimento; temerarietà **2** rischiosità; pericolosità.
venturous ['ventʃərəs], *V.* **venturesome**.
venue ['venju:], *n.* **1** (*leg.*) luogo ove avviene il fatto che determina la competenza territoriale; sede (*di un processo*) **2** (*fam.*) luogo di convegno; appuntamento **3** (*sport*) località designata per un incontro **4** (*USA*) punto di vista; posizione (*in una discussione*). ● (*leg.*) **change of v.**, cambiamento della sede del processo (*per legittima suspicione o altro*).
Venus ['vi:nəs], *n.* (*mitol., astron.*) Venere; (*fig.*) donna molto bella. ● (*bot.*) **V.'s fly-trap** (*Dionaea muscipula*), pigliamosche; dionea □ (*bot.*) **V.'s girdle** (*Cestus veneris*), cinto di Venere □ (*bot.*) **V.'s-hair** (*fern*) (*Adiantum capillus-veneris*), capelvenere □ (*miss.*) **V. probe**, sonda verso Venere.
Venusian [vi'nju:siən], *a. e n.* (*anche fantascienza*) venusiano.
veracious [ve'reiʃəs], *a.* **1** verace; veridico; veritiero; vero **2** accurato; esatto; preciso.
veracity [ve'ræsiti], *n.* **1** veracità; veridicità; verità **2** accuratezza; esattezza; precisione.
veranda(h) [və'rændə], *n.* (*edil.*) veranda; portico (*di casa*).
verb [və:b], *n.* (*gramm.*) verbo.
verbal ['və:bəl], **A** *a.* **1** verbale; orale: **v. subtleties**, sottigliezze verbali; **a v. contract**, un contratto verbale; **v. evidence**, testimonianza (*o* prova) orale; **v. inflexions**, inflessioni verbali **2** letterale; alla lettera; parola per parola: **a v. translation**, una traduzione letterale. **B** *n.* **1** (*gramm.*) nome verbale; gerundio

2 (leg.) confessione orale 3 (fam.) alterco; discussione; lite.
verbalism ['vəːbəlizəm], n. 1 espressione verbale; frase 2 verbosità; parole vuote.
verbalist ['vəːbəlist], n. 1 buon parlatore; stilista 2 oratore (o scrittore) ricercato.
verbalization [ˌvəːbəlaiˈzeiʃən], n. (gramm.) trasformazione (di un nome) in verbo.
to verbalize ['vəːbəlaiz], A v. t. 1 (gramm.) trasformare (un nome) in verbo 2 esprimere (con parole); formulare: **to v. one's feelings**, esprimere i propri sentimenti. B v. i. essere verboso.
verbatim [vəːˈbeitim] (lat.), A avv. 1 parola per parola; alla lettera; letteralmente 2 (mus.) nota per nota. B a. 1 riferito parola per parola; testuale 2 tradotto alla lettera; letterale.
verbena [vəːˈbiːnə], n. (bot., Verbena officinalis) verbena.
verbiage ['vəːbiidʒ], n. 1 verbosità; prolissità 2 modo d'esprimersi, frasario.
to verbify ['vəːbifai], v. t. (gramm.) trasformare (un nome) in verbo.
verbose [vəːˈbous], a. verboso; prolisso.
verboseness [vəːˈbousnis], **verbosity** [vəːˈbɔsiti], n. verbosità; prolissità.
verdancy ['vəːdənsi], n. 1 l'essere verde; il verdeggiare 2 (fig.) immaturità; inesperienza; ingenuità.
verdant ['vəːdənt], a. 1 verde; verdeggiante: **the v. grass**, l'erba verde; **v. fields**, campi verdeggianti 2 (fig.) immaturo; inesperto; ingenuo: **a v. youth**, un giovane inesperto.
verd antique ['vəːdænˈtiːk], n. 1 verde antico (qualità di marmo) 2 (patina di) verderame.
verderer, verderor ['vəːdərə*], n. (stor.) guardaboschi reale.
verdict ['vəːdikt], n. (leg.) verdetto (anche fig.). ● **v. for the plaintiff**, verdetto di condanna □ **v. of not guilty**, verdetto d'assoluzione □ **to bring in a v.**, emettere un verdetto □ **open v.**, verdetto che stabilisce la criminosità di un caso, senza peraltro rinviare a giudizio un presunto colpevole. ● (fig.) **the popular v.**, l'opinione popolare.
verdigris ['vəːdigris], n. (chim.) 1 verderame 2 verderame cristallizzato; acetato rameico (usato in medicina e come colorante).
verditer ['vəːditə*], n. (chim.) verdeterra; carbonato basico di rame. ● (miner.) **blue v.**, azzurrite □ (miner.) **green v.**, malachite.
verdure ['vəːdʒə*], n. 1 (poet.) verdura; verzura; (il) verde 2 (fig.) freschezza; giovinezza; rigoglio.
verdured ['vəːdʒəd], a. pieno di verzura; verdeggiante.
verdurous ['vəːdʒərəs], a. 1 verdeggiante; ricco di verde 2 (di vegetazione) verde; rigoglioso.
verge [vəːdʒ], n. 1 limite; limitare (fig.); orlo; margine; estremità; soglia (fig.); punto: **on the v. of the cliff**, sull'orlo del precipizio; **the v. of the flower-bed**, il margine dell'aiuola; **My father is on the v. of sixty**, mio padre è sul limitare (o sulla soglia) dei sessant'anni; **I was on the v. of accepting**, ero sul punto d'accettare; **on the v. of the horizon**, all'estremo limite dell'orizzonte 2 verga, mazza (come simboli d'autorità) 3 (mecc.) asse del bilanciere 4 (archit.) fusto; stele (di colonna) 5 (edil.) parte (del tetto) che sporge dal frontone. ● **beyond the v. of possibility**, di là da ogni possibilità; assolutamente impossibile □ **on the v. of despair**, sull'orlo della disperazione □ **on the v. of tears**, sul punto di scoppiare in lacrime.
to verge [vəːdʒ], v. i. 1 inclinare; piegare; tendere; avvicinarsi; (del sole) declinare: **The Roman Empire was verging to its fall**, l'impero romano s'avvicinava alla caduta 2 avvicinarsi (a); confinare (con); sconfinare (in); rasentare: **to v. towards old age**, avvicinarsi alla vecchiaia; **a sorrow verging on despair**, un dolore che rasenta la disperazione; **Your patriotism verges on chauvinism**, il tuo patriottismo rasenta lo sciovinismo.
vergeboard ['vəːdʒbɔːd], n. (edil.) asse di finitura che sporge dal frontone (V. verge, def. 5).
vergence ['vəːdʒəns], n. (geol.) vergenza.
vergency ['vəːdʒənsi], n. (ottica) vergenza.
verger ['vəːdʒə*], n. 1 sagrestano 2 mazziere (di vescovo o diacono anglicano).
Vergil ['vəːdʒil], n. (stor.) Virgilio.
verglas [vəːˈglaː], n. (pl. **verglases**) (alpinismo) ghiaccio vetroso; vetrone.
veridical [veˈridikəl], a. veridico; veritiero.
veridicality [veˌridiˈkæliti], n. veridicità.
veridically [veˈridikəli], avv. con grande veridicità.
verifiability [ˌverifaiəˈbiliti], n. verificabilità.
verifiable ['verifaiəbl], a. verificabile; controllabile.
verification [ˌverifiˈkeiʃən], n. 1 verificazione; verifica; accertamento; controllo 2 conferma; dimostrazione; prova 3 (leg.) conferma mediante prova 4 (leg.) ratifica; sanzione 5 (leg.) autenticazione (di documenti) 6 (elab.) verifica.
verifier ['verifaiə*], n. 1 verificatore 2 (elab.) verificatore.
to verify ['verifai], v. t. 1 verificare; controllare; accertare; appurare: **to v. the accounts**, verificare i conti; **to v. a quotation**, controllare una citazione 2 confermare; dimostrare; provare; suffragare con prove: **to v. a statement**, suffragare un'asserzione (con prove) 3 (leg.) ratificare; sanzionare 4 (leg.) autenticare (documenti) 5 (elab.) verificare.
verily ['verili], avv. (lett.) veramente; in verità: «**V., V., I say unto you...**», «in verità, in verità, vi dico...».
verisimilar [ˌveriˈsimilə*], a. verosimile; verisimigliante (lett.).
verisimilitude [ˌverisiˈmilitjuːd], n. 1 verosimiglianza 2 cosa verosimile.
verism ['viərizəm], n. (arte, letter.) verismo.
verist ['viərist], n. (arte, letter.) verista.
veritable ['veritəbl], a. vero; vero e proprio; autentico; genuino; reale: **a v. boon**, una vera manna; un autentico dono del Cielo; **a v. tyrant**, un autentico tiranno.
verity ['veriti], n. verità: **the eternal verities**, le verità eterne.
verjuice ['vəːdʒuːs], n. agresto.
vermeil ['vəːmeil], n. 1 argento dorato; rame dorato; vermeil 2 (poet.) (color) vermiglio; cinabro.
vermian ['vəːmjən], a. 1 che concerne i vermi 2 simile a un verme; vermicolare.
vermicelli [ˌvəːmiˈseli], n. pl. (cucina) vermicelli. ● **v. soup**, vermicelli in brodo.
vermicidal [ˌvəːmiˈsaidl], a. (farm.) vermicida; vermifugo.
vermicide ['vəːmisaid], n. (farm.) vermicida; vermifugo.
vermicular [vəːˈmikjulə*], a. 1 (scient.) vermicolare: (anat.) **v. appendix**, appendice vermicolare (o ileocecale) 2 V. **vermiculate**.
vermiculate [vəːˈmikjulit], a. 1 vermicolare; sinuoso 2 tortuoso 3 roso dai vermi; bacato; tarlato. ● (archit.) **v. work**, bugnato piatto (con tracce vermicolari).
vermiculation [vəːˌmikjuˈleiʃən], n. 1 disegno vermicolato 2 (med.) infestazione da vermi 3 (fisiologia) moto vermicolare; peristalsi (dell'intestino).
vermicule ['vəːmikjuːl], n. vermiciattolo; vermicello.
vermiculite [vəːˈmikjulait], n. (miner.) vermiculite.
vermiform ['vəːmifɔːm], a. vermiforme: (anat.) **v. appendix**, appendice vermiforme (o ileocecale).
vermifugal [vəːˈmifjugəl], a. (farm.) vermicida; vermifugo.
vermifuge ['vəːmifjuːdʒ], n. (farm.) vermicida; vermifugo.
vermilion [vəːˈmiljən], A n. 1 vermiglio 2 vermiglione; cinabro. B a. vermiglio.
vermin ['vəːmin], n. (di solito col verbo al pl.) 1 animali nocivi; insetti parassiti 2 (fig.) criminali; delinquenti; parassiti.
to verminate ['vəːmineit], v. i. essere infestato da vermi (o da insetti parassiti).
vermination [ˌvəːmiˈneiʃən], n. verminazione.
verminous ['vəːminəs], a. 1 verminoso; pieno d'insetti parassiti 2 (fig.) basso; abietto; vile 3 (spreg.: di persona) sgradevole; disgustoso. ● **v. dogs**, cani pieni di pulci, di parassiti, ecc.
vermivorous [vəːˈmivərəs], a. (zool.) che si nutre di vermi.
verm(o)uth ['vəːməθ], n. vermut.
vernacular [vəˈnækjulə*], A a. 1 vernacolo; vernacolare; dialettale: **v. poetry**, poesia vernacola; **a v. poet**, un poeta dialettale 2 indigeno; locale; paesano: **the v. arts of Brittany**, le arti indigene della Bretagna 3 (med.) endemico: **a v. disease**, una malattia endemica. B n. 1 vernacolo; dialetto; lingua volgare: **Latin gave place to the v.**, il latino cedette alla lingua volgare 2 gergo: **the v. of the stage**, il gergo teatrale 3 espressione vernacolare; parola dialettale. ● (di emigrato, ecc.) **to lapse into the v. again**, rimettersi a parlare la lingua madre.
vernacularism [vəˈnækjulərizəm], n. 1 espressione vernacolare; parola dialettale 2 uso del vernacolo; uso dialettale.
vernacularity [vəˌnækjuˈlæriti], n. l'essere vernacolo, dialettale, ecc. (V. **vernacular**).
to vernacularize [vəˈnækjuləraiz], v. t. 1 dire in dialetto; esprimere in vernacolo 2 tradurre in vernacolo.
vernal ['vəːnl], a. 1 primaverile; di primavera: **v. breezes**, brezze primaverili; **v. equinox**, equinozio di primavera.
vernation [vəːˈneiʃən], n. (bot.) vernazione; prefogliazione.
vernier ['vəːnjə*], n. verniero; nonio. ● **v. caliper**, calibro a corsoio □ **v. scale**, scala del nonio □ (naut.) **v. sextant**, sestante a nonio.
Veronal ['vərənl], n. (farm., marchio) veronal (barbiturico sedativo).
Veronese [ˌverəˈniːz], a. e n. (invar. al pl.) veronese.
veronica [viˈrɔnikə*], n. 1 (bot., Veronica) veronica 2 (relig.) veronica.
verruca [veˈruːkə], n. (pl. **verrucae, verrucas**) (med.) verruca.
verrucose [veˈruːkous], **verrucous** [veˈruːkəs], a. verrucoso.
Versailles [vɛəˈsai], n. (geogr.) Versaglia.
versant ['vəːsənt], n. (geogr.) versante.
versatile ['vəːsətail], a. 1 versatile; eclettico; multiforme: **a v.**

genius, un genio versatile **2** che si presta a molti usi **3** incostante; mutevole; variabile: **v. loyalty**, attaccamento incostante **4** girevole; mobile: **a v. spindle**, un fuso girevole; (*zool.*) **v. antennae**, antenne mobili (*di un insetto*).

versatility [ˌvəːsəˈtiliti], *n.* **1** versatilità; ecletticità **2** varietà d'uso (*o* d'impiego) **3** incostanza; mutevolezza; variabilità **4** mobilità; l'esser girevole.

verse [vəːs], *n.* **1** verso: **blank v.**, verso sciolto **2** (*della Bibbia*) versetto **3** strofa; stanza; (*di una canzone*) strofetta **4** versi; poesia; componimento poetico: **free v.**, versi liberi; **prose and v.**, prosa e poesia. ● **v.-monger**, poetastro; verseggiatore da strapazzo □ **v.-mongering**, cattiva verseggiatura; lo scrivere versi da strapazzo □ **to give chapter and v. (for st.)**, citare il capitolo e il versetto (*della Bibbia*); (*fig.*) citare (q.c.) esattamente, dare un riferimento accurato (di q.c.).

versed (1) [vəːst], *a.* versato; esperto; pratico; valente: **He is well v. in the Holy Scriptures**, è molto versato nelle Sacre Scritture.

versed (2) [vəːst], *a.* (*mat.*) inverso. ● (*mat.*) **v. sine**, senoverso.

verselet [ˈvəːslit], *n.* **1** versetto; versicolo **2** breve poesia.

verset [ˈvəːset], *n.* **1** (*Bibbia*) versetto **2** (*mus.*) breve preludio (*o* interludio) per organo.

versicle [ˈvəːsikl], *n.* **1** versetto; versicolo **2** (*relig.*) versetto.

versicolour [ˈvəːsiˌkʌləˑ], **versicoloured** [ˈvəːsiˌkʌləd], *a.* versicolore (*lett.*); cangiante; iridescente.

versicular [vəːˈsikjuləˑ], *a.* (*raro*) di (*o* in) versi; di (*o* in) strofe: **v. division**, divisione in versi (o in strofe).

versification [ˌvəːsifiˈkeiʃən], *n.* **1** versificazione; verseggiatura **2** riduzione in versi **3** forma metrica; metrica.

versifier [ˈvəːsifaiəˑ], *n.* **1** versificatore; verseggiatore; poeta **2** (*spreg.*) poetastro.

to versify [ˈvəːsifai], *v. t. e i.* versificare; verseggiare; mettere in versi: **to v. an old tale**, verseggiare una vecchia novella.

version [ˈvəːʃən], *n.* **1** versione (*anche fig.*); traduzione: **the first Italian v. of Shakespeare**, la prima traduzione italiana delle opere di Shakespeare; **I'd like to have his own v. of the affair**, mi piacerebbe conoscere la sua versione della faccenda **2** (*ind.*, *comm.*) versione; (*autom.*) **basic v.**, versione base **3** (*med.*) versione (*del feto*). ● (*relig.*) **the Authorized V. of the Bible**, la Versione Autorizzata della Bibbia (*1604-1611*).

versional [ˈvəːʃənl], *a.* di una versione; di versioni.

verso [ˈvəːsou], *n.* (*pl.* **versos**) **1** (*tipogr.*) verso; pagina a sinistra, pagina pari (*di un libro*) **2** verso; rovescio (*d'una moneta, di una medaglia*).

verst [vəːst], *n.* versta (*misura russa di lunghezza, pari a m 1067*).

versus [ˈvəːsəs], (*lat.*), *prep.* (*leg., sport*) contro (*abbr. v.*): **Smith v. Brown**, (*causa giudiziaria*) Smith contro Brown; **Arsenal v. Manchester City**, (*partita di calcio*) Arsenal contro Manchester City.

vert (1) [vəːt], *n.* **1** (*stor., leg.*) vegetazione; verdura; verde **2** (*stor., leg.*) diritto di far legna (*in una foresta*); legnatico **3** (*araldica*) verde; color verde.

vert (2) [vəːt], *n.* (*fam.*) convertito; neofito.

to vert [vəːt], *v. i.* (*fam.*) convertirsi; abbandonare la propria fede per un'altra.

vertebra [ˈvəːtibrə], *n.* (*pl.* **vertebrae, vertebras**) (*anat.*) vertebra. ● **the vertebrae**, la colonna vertebrale.

vertebral [ˈvəːtibrəl], *a.* (*anat.*) vertebrale.

vertebrate [ˈvəːtibrit], *a. e n.* (*zool.*) vertebrato. ● **v. zoology**, zoologia dei vertebrati.

vertebrated [ˈvəːtibreitid], *a.* (*zool.*) vertebrato.

vertebration [ˌvəːtiˈbreiʃən], *n.* (*scient.*) formazione delle vertebre.

vertex [ˈvəːteks], *n.* (*pl.* **vertices, vertexes**) **1** (*geom.*) vertice: **the v. of an angle**, il vertice di un angolo **2** (*anat.*) sommità (*del cranio*); vertice **3** (*astron.*) culmine **4** (*archit.*) chiave (*di un arco*).

vertical [ˈvəːtikəl], **A** *a.* (*geom., astron., mecc., ecc.*) verticale; al vertice; perpendicolare: **v. line**, linea verticale; **v. angles**, angoli al vertice; **v. plane**, piano verticale; **a v. wall in the Alps**, una parete perpendicolare nelle Alpi. **B** *n.* (*geom.*) linea verticale; verticale. ● (*econ.*) **a v. business organization**, un'organizzazione commerciale (a struttura) verticale □ (*astron.*) **v. circle**, circolo verticale □ **v. fin**, (*zool.*) pinna verticale; (*aeron.*) piano fisso verticale □ (*aeron.*) **v. rudder**, timone di direzione □ (*aeron.*) **v. take-off**, decollo verticale □ (*econ.*) **v. trust**, monopolio verticale □ (*mecc.*) **v. turret lathe**, tornio verticale □ **out of the v.**, giù di squadra.

verticality [ˌvəːtiˈkæliti], *n.* verticalità; perpendicolarità.

verticil [ˈvəːtisil], *n.* (*bot.*) verticillo.

verticillate [vəːˈtisilit], **verticillated** [vəːˈtisileitid], *a.* (*bot.*) verticillato.

vertiginous [vəːˈtidʒinəs], *a.* **1** vertiginoso (*anche fig.*): **v. heights**, altezze vertiginose **2** vorticoso **3** preso da vertigini **4** instabile; incostante.

vertiginousness [vəːˈtidʒinəsnis], *n.* **1** vertiginosità **2** stordi-

mento; vertigine **3** instabilità; incostanza.

vertigo [ˈvəːtigou], *n.* (*pl.* **vertigoes, vertigines**) (*med.*) vertigine; capogiro.

vertu [vəːˈtuː], *V.* **virtu**.

vervain [ˈvəːvein], *n.* (*bot., Verbena officinalis*) verbena.

verve [vɛəv], *n.* brio; calore; energia; vivacità; verve.

vervet [ˈvəːvit], *n.* (*zool., Cercopithecus pygerythrus*) cercopiteco verde.

very [ˈveri], **A** *a.* **1** assoluto; completo; esatto; perfetto; puro; solo; vero (e proprio) bell'e buono; proprio: **He proved a. v. rogue**, si rivelò un perfetto mascalzone; **for v. shame**, per pura vergogna; **the v. truth**, la pura verità; **The v. thought of meeting him frightens me**, il solo pensiero d'incontrarlo m'atterrisce; **the v. heart of the matter**, il vero nocciolo della questione; **the v. reverse of the truth**, proprio il contrario della verità; **He did it under your v. eyes**, te l'ha fatta proprio sotto gli occhi **2** stesso; medesimo; perfino; persino; proprio: **That is the v. hat I lost**, è proprio il cappello che ho smarrito; **speaking in this v. room**, parlando in questa stessa stanza; **The v. rafters shook**, le travi stesse tremavano; **His v. servants bully him**, persino i suoi servitori lo tiranneggiano. **B** *avv.* assai; molto; oltremodo (*lett.*); -issimo, -errimo: **v. difficult**, assai difficile; **v. late**, molto tardi; **v. funny**, assai buffo; **v. interesting**, molto interessante; **I was very pleased (surprised, etc.)**, fui molto compiaciuto (assai sorpreso, ecc.); **v. fine**, bellissimo; **a v. celebrated writer**, uno scrittore celeberrimo. ● **a v. bad idea**, una pessima idea □ **the v. first to arrive**, il primo ad arrivare □ **v. good**, (*agg.*) molto buono, ottimo; (*inter.*) benissimo, d'accordo, sì □ (*radio, telev.*) **v. high frequency**, altissima frequenza □ (*comm.*) **the v. last things**, le ultimissime novità □ **the v. latest news**, ultimissime notizie □ **a v. little more**, un pochino di più; ancora un pizzico □ **the v. lowest price**, prezzo ridottissimo □ **v. many**, moltissimi □ **v. much**, moltissimo □ **the v. same man**, proprio lo stesso uomo □ **a v. surprised look**, uno sguardo oltremodo stupito □ **the v. thing**, la stessa cosa, proprio quella cosa; la cosa desiderata; (proprio) quel che ci vuole □ **v. well**, (*avv.*) molto bene, benissimo; (*inter.*) va bene, bravo!; d'accordo, sì □ **to be caught in the v. act**, essere colto in flagrante □ **to do the v. best one can**, fare del proprio meglio; mettercela tutta □ **to give sb. st. for his v. own**, far dono di q.c. a q. □ (*lett.*) **in v. deed**, veramente; davvero; proprio; sul serio □ **in v. truth**, in verità; davvero □ **on the v. next page**, proprio alla pagina seguente □ **The v. idea!**, questa è bella!; questa è grossa!; pensa un po'!; questa poi!; ma no! □ **Is it really my v. own?**, è proprio mio?; me lo dai davvero?; posso proprio tenerlo? □ **You can have it for your v. own**, te l'ho (per sempre); puoi tenerlo □ **That's the v. best we have**, è il meglio che abbiamo □ **It's the v. last thing I expected**, questa non me l'aspettavo davvero!

Very light [ˈveriˈlait], *n.* (*mil.*) segnale luminoso.

Very pistol [ˈveriˌpistl], *n.* (*mil.*) pistola Very (*da segnalazioni, inventata da S.W. Very*).

Very signal [ˈveriˌsignl], *V.* **Very light**.

vesica [ˈvesikə], *n.* (*pl.* **vesicae**) **1** (*anat.*) vescica (*specialm.* urinaria) **2** (*arte, relig., anche* **v. piscis**) mandorla.

vesical [ˈvesikəl], *a.* (*anat.*) vescicale; della vescica.

vesicant [ˈvesikənt], *a. e n.* (*farm.*) vescicante; vescicatorio.

to vesicate [ˈvesikeit], **A** *v. i.* **1** produrre vesciche **2** coprirsi di vescichette. **B** *v. t.* produrre vesciche su (q., q.c.).

vesication [ˌvesiˈkeiʃən], *n.* (*med.*) **1** vescicazione (*formazione di vesciche*) **2** vescica.

vesicatory [ˈvesikeitəri], *V.* **vesicant**.

vesicle [ˈvesikl], *n.* (*scient.*) vescicola; vescichetta.

vesicular [viˈsikjuləˑ], *a.* (*scient.*) vescicolare.

vesiculate [viˈsikjulit], *a.* (*scient.*) vescicolare; pieno di vescicole.

vesiculation [viˌsikjuˈleiʃən], *n.* (*scient.*) vescicazione; formazione di vescichette.

Vespasian [vesˈpeiʒən], *n.* (*stor.*) Vespasiano.

vesper [ˈvespəˑ], *n.* **1** vespero; (*poet.*) sera **2** (*pl., relig.*) vespro: **the v.-bell**, la campana del vespro. ● (*stor.*) **the Sicilian Vespers**, i Vespri Siciliani.

vespertine [ˈvespətain], *a.* **1** vespertino **2** (*zool.*) vespertino; attivo di sera **3** (*bot.*) notturno.

vespiary [ˈvespiəri], *n.* vespaio; nido di vespe.

vespine [ˈvespain], *a.* di vespa; simile a vespa.

vessel [ˈvesl], *n.* **1** vaso; recipiente: **a glass v.**, un vaso di vetro **2** (*naut.*) vascello; bastimento; nave: **v. in ballast**, nave in zavorra **3** (*anat.*) vaso: **blood v.**, vaso sanguigno. ● (*fig., Bibbia*) **chosen v.**, vaso d'elezione □ (*naut.*) **coasting v.**, nave di cabotaggio □ (*naut.*) **light v.**, faro galleggiante; nave faro □ (*naut.*) **oil v.**, petroliera; nave cisterna □ (*naut.*) **patrol v.**, vedetta □ (*naut.*) **sailing v.**, veliero □ (*ind.*) **storage v.**, serbatoio □ (*fig., Bibbia*) **the weaker v.**, la donna.

vest [vest], *n.* **1** (*australiano o USA, cfr. ingl.* **waistcoat**) panciotto **2** (*anche* **undervest**) maglia; maglietta; maglia della salute **3** (*di donna*) camiciola **4** (*di bambino*) camicina. ● (*d'orologio, ecc.*) **v.-pocket**, tascabile.

to vest [vest], **A** *v. t.* **1** (*poet. o relig.*) abbigliare; vestire **2** (*leg.*) investire (*di un diritto*); attribuire, assegnare, conferire a (q.): **to v. sb. with vast powers**, investire q. d'ampi poteri; conferire a q. ampi poteri; **The estate was vested in his sons**, la proprietà fu assegnata ai suoi figli maschi. **B** *v. i.* **1** (*relig.; anche, v. rifl.* **to vest oneself**) vestire i paramenti sacri **2** (*leg.: di proprietà, diritto, ecc.*) essere conferito (a); essere attribuito (a); andare (a): **The right vested in him**, il diritto fu conferito a lui; **The property vested in me**, la proprietà venne (*o* passò in eredità, ecc.) a me.

vesta ['vestə], *n.* **1** fiammifero di legno **2** (*anche* **wax v.**) cerino **3** fiammifero (*in genere*).

Vesta ['vestə], *n.* (*mitol., astron.*) Vesta.

vestal ['vestl], **A** *a.* **1** (*mitol.*) vestale; di Vesta **2** (*stor.*) di vestale **3** (*fig.*) casto; puro. **B** *n.* **1** (*relig., stor.*) vestale **2** (*fig.*) donna casta, pura; (*specialm.*) monaca. ● **v. virgin**, vestale.

vested ['vestid], *a.* **1** (*relig.*) vestito dei paramenti sacri **2** (*leg.*) acquisito; fissato; legittimo; assegnato legalmente: **v. rights**, diritti acquisiti; (*leg.*) interessi acquisiti; (*polit.*) interessi costituiti; □ **v. interests**, (*leg.*) interessi acquisiti; (*polit.*) interessi costituiti; (*spreg.*) persone potenti interessate (in q.c.).

vestibular [ves'tibjulə*], *a.* **1** di (*o* del) vestibolo; che fa da vestibolo **2** (*anat.*) vestibolare.

vestibule ['vestibju:l], *n.* **1** (*archit., anat.*) vestibolo: **the v. of the ear**, il vestibolo dell'orecchio **2** (*ferr. USA*) mantice (*o* soffietto) fra due carrozze. ● (*ferr. USA*) **v. train**, treno composto da carrozze intercomunicanti.

vestige ['vestidʒ], *n.* **1** vestigio; orma; traccia: **vestiges of an earlier civilization**, vestigia d'una civiltà più antica **2** (*fig.*) traccia; ombra: **There was not a v. of truth in his statement**, non c'era traccia di verità nella sua affermazione **3** (*biol.*) rudimento, vestigio (*di organo scomparso*). ● **without a v. of clothing**, senza un filo (*o* un cencio, uno straccio) addosso.

vestigial [ve'stidʒiəl], *a.* **1** di vestigio; d'orma **2** (*biol.*) vestigiale.

vesting ['vestiŋ], *n.* (*ind. tessile USA*) tessuto per panciotti.

vestiture ['vestitʃə*], *n.* (*zool.*) rivestimento (*pelo, squame, ecc.*).

vestment ['vestmənt], *n.* **1** vestimento, abito (*da cerimonia, ecc.*) **2** (*relig.*) paramento sacro **3** (*relig.*) tovaglia d'altare.

vestry ['vestri], *n.* (*relig.*) **1** sagrestia **2** (*nelle Chiese non-conformiste*) sala per preghiere collettive o per riunioni **3** (*nella Chiesa anglicana*) fabbriceria; consiglio d'amministrazione (*d'una parrocchia*); assemblea parrocchiale. ● **v. clerk**, segretario della fabbriceria.

vestryman ['vestrimən], *n.* (*pl.* **vestrymen**) (*relig.*) fabbriciere; membro dell'assemblea parrocchiale.

vesture ['vestʃə*], *n.* (*poet., retor.*) abbigliamento; vestimento; veste.

vesturer ['vestʃərə*], *n.* (*relig.*) **1** custode dei paramenti sacri **2** vicetesoriere (*di cattedrale o d'altra chiesa*).

Vesuvian [vi'su:vjən], **A** *a.* **1** vesuviano; del Vesuvio **2** – (*fig.*) **v.**, vulcanico. **B** *n.* **1** – (*miner.*) **v.**, vesuvianite **2** – (*arc.*) **v.**, tipo di zolfanello.

vesuvianite [vi'su:vjənait], *n.* (*miner.*) vesuvianite.

Vesuvius [vi'su:vjəs], *n.* (*geogr.*) Vesuvio.

vet (1) [vet], *n.* (*abbr. fam. di* **veterinary surgeon**) (*medico*) veterinario.

to vet [vet], *v. t.* (*fam.*) **1** visitare, curare, medicare (*un animale o, scherz., un uomo*) **2** (*fig.*) esaminare; controllare; correggere; rivedere **3** (*fig.*) sottoporre (q.) a controllo; passare al vaglio (*fig.*); setacciare (*fig.*).

vet (2) [vet], *n.* (*fam. USA, abbr. di* **veteran**) veterano; reduce.

vetch [vetʃ], *n.* (*bot., Vicia sativa*) veccia.

vetchling ['vetʃliŋ], *n.* (*bot., Lathyrus pratensis*) erba galletta.

vetchy ['vetʃi], *a.* **1** veccioso **2** vecciato.

veteran ['vetərən], **A** *n.* **1** veterano (*anche fig.*): **He's a v. at his trade**, è un veterano del mestiere **2** (*USA*) veterano; reduce; ex-combattente. **B** *a. attr.* veterano; esperto; sperimentato: **a v. golfer**, un esperto giocatore di golf.

veterinarian [,vetəri'nɛəriən], *n.* veterinario.

veterinary ['vetərinəri], **A** *a.* veterinario: **v. surgeon**, (*medico*) veterinario **2** per veterinari. **B** *n.* (*medico*) veterinario. ● **a v. college**, una facoltà di veterinaria □ **v. science**, (la) veterinaria.

veto ['vi:tou], *n.* (*pl.* **vetoes**) **1** veto; opposizione, proibizione (*in genere*): **to interpose (to put) one's v. on a proposal**, opporre (mettere) il proprio veto a una proposta **2** (*anche* **v. power**) diritto di veto: **The Lords exercised their v.**, la Camera dei Lord esercitò il suo diritto di veto. ● **v. message**, comunicazione del veto (*per es., del Presidente degli USA*).

to veto ['vi:tou], *v. t.* mettere (*o* porre) il veto a (*un disegno di legge, ecc.*); (*per estens.*) proibire, vietare: **The President of the U.S.A. has the power to v. a bill**, il presidente degli U.S.A. ha il potere di mettere il veto a un disegno di legge; **The headmaster vetoed the students' meeting**, il presidente proibì (che si tenesse) l'assemblea degli studenti.

vetoer ['vi:touə*], *n.* chi esercita il diritto di veto.

to vex [veks], *v. t.* **1** irritare; contrariare; infastidire; seccare: **This continuous chatter vexes me**, questo continuo chiacchierio m'infastidisce **2** (*poet.*) sommuovere, agitare (*le onde, il mare, ecc.*).

vexation [vek'seiʃən], *n.* **1** irritazione; malumore; nervosismo **2** contrarietà; fastidio; seccatura: **the vexations of life**, le contrarietà della vita **3** (*leg.*) vessazione.

vexatious [vek'seiʃəs], *a.* **1** fastidioso; irritante; molesto: **v. regulations**, regolamenti fastidiosi **2** (*leg.*) vessatorio: **a v. suit at law**, un'azione legale vessatoria.

vexatiousness [vek'seiʃəsnis], *n.* fastidio; molestia.

vexed [vekst], *a.* **1** irritato; contrariato; infastidito; seccato **2** (*poet.*) agitato: **a sea v. by storms**, un mare agitato da tempeste. ● **v. question**, vexata questio.

vexil ['veksil], *n.* (*bot.*) vessillo; stendardo.

vexillary (1) ['veksiləri], *a.* **1** (*stor. romana*) di un vessillo **2** (*bot.*) vessillare: **v. function**, funzione vessillare.

vexillary (2) ['veksiləri], *n.* (*stor. romana*) vessillario; vessillifero.

vexillate ['veksilit], *a.* (*bot.*) vessillato; che ha un vessillo.

vexillum [vek'siləm], *n.* (*pl.* **vexilla**) (*stor., bot., relig.*) vessillo; stendardo.

vexing ['veksiŋ], *a.* fastidioso; molesto; seccante.

VHF [,vi: eitʃ 'ef], **A** *n.* (*acronimo di* **very high frequency**) (*elettron., radio*) VHF; iperfrequenza; banda 8. **B** *a. attr.* VHF: **a VHF radio**, una radio VHF.

via ['vaiə] (*lat.*), **A** *n.* (*pl.* **vias, viae**) via: (*astron.*) **Via Lactea**, la Via Lattea. **B** *prep.* via; per la via di; per: **to go to Torquay via Exeter**, andare a Torquay via Exeter. ● (*fig.*) **via media**, via di mezzo; aurea mediocritas.

viability [,vaiə'biliti], *n.* **1** vitalità **2** (*per estens.*) effettuabilità; attuabilità **3** (*econ.*) autosufficienza (*d'uno Stato, ecc.*).

viable ['vaiəbl], *a.* **1** vitale: **v. seeds**, semi vitali **2** (*per estens.*) fattibile; effettuabile; attuabile **3** (*econ.: d'uno Stato, ecc.*) autosufficiente. ● **a v. hypothesis**, un'ipotesi valida □ **a v. solution**, una soluzione possibile.

viaduct ['vaiədʌkt], *n.* (*costr.*) viadotto.

vial ['vaiəl], *n.* (*chim., med.*) fiala; boccetta. ● (*fig.*) **to pour out the vials of one's wrath upon sb.**, sfogare la propria ira su q.

viand ['vaiənd], *n.* **1** (*arc.*) vivanda **2** (*pl.*) vivande; alimenti.

viaticum [vai'ætikəm], *n.* (*pl.* **viaticums, viatica**) (*stor. romana, relig.*) viatico.

vibes [vaibz], **A** *n.* (*fam.*) (*invar. al pl.*) vibrafono. **B** *n. pl.* (*fam.*) carica emotiva (*di un oggetto o di un luogo*). ● **This place has bad vibes**, questo posto mi mette a disagio.

vibraculum [vai'brækjuləm], *n.* (*pl.* **vibracula**) (*zool.*) vibracularia.

vibrant ['vaibrənt], *a.* **1** vibrante; tremante **2** risonante; sonoro: **the v. tones of a harp**, i toni sonori di un'arpa **3** (*fig.*) stimolante; eccitante; emozionante. ● **v. streets**, strade piene di traffico □ **v. with health**, pieno (*o* che scoppia) di salute □ **a v. woman**, una donna energica.

vibraphone ['vaibrəfoun], *n.* (*mus.*) vibrafono.

vibraphonist ['vaibrəfounist], *n.* vibrafonista.

to vibrate [vai'breit], **A** *v. i.* **1** vibrare; oscillare; tremare **2** (*fig.*) fremere: **to v. with anger (joy, etc.)**, fremere d'ira (di gioia, ecc.) **3** risuonare. **B** *v. t.* **1** far vibrare; far oscillare **2** (*del pendolo*) misurare (*i secondi, ecc.*) oscillando.

vibratile ['vaibrətail], *a.* vibratile.

vibrating [vai'breitiŋ], *a.* vibrante (*anche fig.*). ● (*mecc.*) **v. screen**, vibrovaglio.

vibration [vai'breiʃən], *n.* **1** vibrazione; oscillazione: **ten vibrations per second**, dieci vibrazioni al secondo **2** (*fig.*) fremito **3** (*fam., pl.*) V. **vibes, B**.

vibrational [vai'breiʃənl], *a.* di vibrazione; vibrazionale.

vibrative [vai'breitiv], V. **vibratory**.

vibrato [vi'bra:tou], *n.* (*pl.* **vibratos**) (*acustica, mus.*) vibrato.

vibrator [vai'breitə*], *n.* (*elettr., mecc.*) vibratore (*strumento*).

vibratory ['vaibrətəri], *a.* vibratorio; vibrante.

vibrissa [vai'brisə], *n.* (*pl.* **vibrissae**) (*zool.*) vibrissa.

vibromassage [,vaibrou'mæsa:dʒ], *n.* (*med., sport*) vibromassaggio.

vibroscope ['vaibrəskoup], *n.* vibroscopio (*strumento*).

viburnum [vai'bə:nəm], *n.* (*bot., Viburnum*) viburno.

vic [vik], *n.* (*pop.*) formazione a V (*d'aerei in volo*).

vicar ['vikə*], *n.* **1** (*relig. cattolica*) vicario: **the V. of (Jesus) Christ**, il Vicario di Cristo; il Papa; **V.-General**, Vicario Generale; **Cardinal V.**, Cardinal Vicario **2** (*relig. anglicana*) parroco (*in origine di una parrocchia senza decime*). ● **v. apostolic**, vicario apostolico □ **v. forane**, vicario foraneo □ (*fig.*) **to be like the V. of Bray**, essere come il parroco di Bray (*esponen-*

vicarage

te del «turncoat clergy» al tempo della Riforma); voltar casacca; essere una banderuola.
vicarage ['vikəridʒ], *n.* (*relig. anglicana*) **1** beneficio di parroco; parrocchia (*senza decime*) **2** casa parrocchiale; canonica.
vicarial [vai'kɛəriəl], *a.* **1** (*relig. cattolica*) vicariale **2** (*relig. anglicana*) parrocchiale; di parroco **3** *V.* **vicarious**, *def. 2*.
vicariate [vai'kɛəriit], *n.* **1** (*relig. cattolica*) vicariato **2** (*relig. anglicana*) ufficio di parroco; parrocchia (*in origine senza decime*).
vicarious [vai'kɛəriəs], *a.* **1** che fa le veci (*di un altro*); sostituto; vicario **2** delegato: **v. authority**, autorità delegata **3** (*fig.*) immaginario; indiretto; di seconda mano (*fig.*). ● **v. punishment**, punizione subita al posto di un altro □ **a v. ruler**, un reggente □ (*relig.*) **the v. sacrifice**, il sacrificio di Gesù Cristo □ **v. work**, lavoro fatto per un altro.
vicariously [vai'kɛəriəsli], *avv.* **1** per delega; per conto altrui **2** in vece d'altri; in sostituzione **3** (*fig.*) con la fantasia; indirettamente; di seconda mano (*fig.*).
vicarship ['vikəʃip], *V.* **vicariate**.
vice (1) [vais], *n.* **1** vizio; difetto; imperfezione: **the v. of lust**, il vizio della lussuria; **vices of style**, difetti di stile **2** (*fam.*) vizio; vizietto; debolezza: **Coffee is one of my vices**, ho una debolezza per il caffè **3** vizio; malvezzo (*di un animale*). ● (*polizia*) **v. squad**, squadra del buon costume □ **free from v.**, senza difetti; esente da imperfezioni □ **He has no redeeming v.**, non ha un solo vizio; quello è un santo!; è fin troppo virtuoso!
vice (2) [vais], *n.* morsa; morsetto: **bench v.**, morsa da banco; **hand v.**, morsetto a mano. ● **a v.-like grip**, una stretta d'acciaio; una forte stretta di mano □ (*fig.*) **as firm as a v.**, saldo come una torre.
to vice [vais], *v. t.* (*anche fig.*) serrare in una morsa.
vice (3) [vais], *n.* (*fam.*) vice (*abbr. di vicepresidente, ecc.*).
vice (4) [vais] (*lat.*), *prep.* in vece di; in luogo di; al posto di.
vice-admiral ['vais'ædmərəl], *n.* (*naut., mil.*) viceammiraglio.
vice-captain ['vais'kæptin], *n.* (*sport*) vicecapitano (*di una squadra*).
vice-chairman ['vais'tʃɛəmən], *n.* vicepresidente.
vice-chancellor [vais'tʃa:nsələ*], *n.* **1** (*leg.*) vicecancelliere **2** (*nelle università*) vicerettore.
vice-consul ['vais'kɔnsəl], *n.* viceconsole.
vice-consulate ['vais'kɔnsjulit], *n.* viceconsolato.
vicegerency ['vais'dʒɛrənsi], *n.* vicegerenza; vicariato.
vicegerent ['vais'dʒɛrənt], *n.* vicegerente; vicario.
vice-governor ['vais'gʌvənə*], *n.* vicegovernatore.
vice-king ['vais'kiŋ], *V.* **viceroy**.
vicennial [vai'senjəl], *a.* ventennale; vicennale (*lett.*).
vice-presidency ['vais'prezidənsi], *n.* vicepresidenza.
vice-president ['vais'prezidənt], *n.* vicepresidente.
viceregal ['vais'ri:gəl], *a.* di viceré; di viceregina.
vice-regent ['vais'ri:dʒənt], *n.* vicereggente.
vicereine ['vais'rein], *n.* viceregina.
viceroy ['vais-rɔi], *n.* viceré.
viceroyal ['vais-rɔiəl], *V.* **viceregal**.
viceroyalty ['vais-rɔiəlti], **viceroyship** ['vais-rɔi,ʃip], *n.* **1** vicereame **2** ufficio di viceré.
vicesheriff ['vais'ʃɛrif], *n.* vicesceriffo.
vicetreasurer ['vais'trɛʒərə*], *n.* vicetesoriere.
vice versa ['vaisi'və:sə] (*lat.*), *avv.* viceversa.
Vichy (water) ['vi:ʃi:], *n.* acqua di Vichy (*acqua minerale*).
vicinage ['visinidʒ], *n.* vicinato; vicinanza.
vicinal ['visinəl], *a.* vicinale: **a v. road**, una strada vicinale.
vicinity [vi'siniti], *n.* vicinanze; dintorni; vicinato: **There is no hotel in the v.**, non c'è nessun albergo nelle vicinanze. ● **The two theatres are in close v.**, i due teatri sono vicinissimi.
vicious ['viʃəs], *a.* **1** vizioso; immorale; perverso; dissoluto; depravato: **v. companions**, compagni perversi; **v. life**, vita viziosa **2** cattivo; dispettoso; malvagio; maligno; dannoso: **a v. glance**, uno sguardo cattivo; **a v. temper**, un carattere dispettoso, malvagio; **a v. punch**, un pugno rabbioso; **a v. remark**, un'osservazione maligna, malevola **3** (*di cavallo*) ombroso **4** difettoso; sbagliato; scorretto: **a v. style**, uno stile difettoso; **a v. manuscript**, un manoscritto scorretto. ● **v. circle**, circolo vizioso □ **a v. dog**, un cane mordace □ (*di persona o animale*) **in a v. mood**, in uno stato d'irritazione; irritato.
viciousness ['viʃəsnis], *n.* **1** viziosità; immoralità; perversione; depravazione **2** cattiveria; dispettosità; malvagità; malignità.
vicissitude [vi'sisitju:d], *n.* **1** (*di solito, al pl.*) vicissitudine; vicenda; traversia: **the vicissitudes of life**, le traversie della vita **2** (*poet.*) avvicendamento; alternanza.
vicissitudinary [vi,sisi'tju:dinəri], **vicissitudinous** [vi,sisi'tju:dinəs], *a.* pieno di vicissitudini; mutevole.
victim ['viktim], *n.* vittima (*anche fig.*); preda: **the victims of war**, le vittime della guerra; **He fell a v. to his own avarice**, fu vittima della sua stessa cupidigia; **the v. of a trick**, la vittima di un imbroglio.
victimization [,viktimai'zeiʃən], *n.* **1** sacrificio; immolazione; uccisione (*d'una vittima*) **2** vittimizzazione **3** imbroglio; inganno; turlupinatura.
to victimize ['viktimaiz], *v. t.* **1** sacrificare; immolare (*come vittima*) **2** vittimizzare **3** imbrogliare; ingannare; turlupinare.
victimless ['viktimlis], *a.* senza vittime.
victor ['viktə*], **A** *n.* vincitore. **B** *a. attr.* vincitore; vittorioso: **the v. army**, l'esercito vincitore.
Victor ['viktə*], *n.* Vittorio.
victoria [vik'tɔ:riə], *n.* (*stor.*) vittoria (*carrozza signorile a quattro ruote*).
Victoria [vik'tɔ:riə], *n.* **1** Vittoria **2** (*stor.*) la Regina Vittoria (1837-1901). ● **V. Cross**, Croce della Regina Vittoria (*la più alta onorificenza militare in G.B.*); (*fig.*) soldato (ufficiale, ecc.) decorato con la Victoria Cross.
Victorian [vik'tɔ:riən], *a. e n.* (*stor., letter., ecc.*) vittoriano: **V. furniture**, mobili vittoriani; **the V. age**, l'età vittoriana (*della Regina Vittoria*).
Victorianism [vik'tɔ:riənizəm], *n.* (*stor., letter., ecc.*) «vittorianesimo»; carattere (*o* gusto, ecc.) vittoriano.
victorious [vik'tɔ:riəs], *a.* vittorioso; trionfante. ● **a v. day**, un giorno di vittoria.
victoriousness [vik'tɔ:riəsnis], *n.* l'esser vittorioso.
victory ['viktəri], *n.* vittoria (*anche fig.*): **to win a great v. over the invaders**, riportare una grande vittoria sugli invasori; **moral v.**, vittoria morale; **a v. over one's passions**, una vittoria sulle proprie passioni; (*fig.*) **a Pyrrhic** (*o* **a Cadmean**) **v.**, una vittoria di Pirro.
victress ['viktris], *n.* vincitrice.
victual ['vitl], *n.* (*di solito al pl.*) vitto; viveri; vettovaglie.
to victual ['vitl], **A** *v. t.* approvvigionare; vettovagliare; rifornire di viveri (*un esercito, una nave, ecc.*). **B** *v. i.* approvvigionarsi; rifornirsi di viveri: **The Transatlantic liner victualled at Genoa**, il transatlantico si riforni di viveri a Genova.
victualler ['vitlə*], *n.* **1** approvvigionatore; fornitore (*di viveri*) **2** (*naut.*) nave (di) rifornimento **3** (*specialm.* **licensed v.**) gestore di locale pubblico (*con licenza per gli alcolici*).
victualling ['vitliŋ], *n.* approvvigionamento; vettovagliamento. ● (*naut.*) **v. office**, ufficio di vettovagliamento □ (*naut.*) **v. ship**, nave (di) rifornimento □ (*naut.*) **v. yard**, magazzino viveri (*per navi*).
vicugna, vicuña [vi'kju:nə], *n.* **1** (*zool., Lama vicugna*) vigogna **2** (*anche* **v. cloth**) (tessuto di) vigogna. ● **a v. overcoat**, un cappotto di vigogna.
vide ['vaidi:] (*lat.*), *voce verb.* vedi; vedasi (*nei rimandi*): **v. supra**, vedi sopra.
videlicet [vi'di:liset] (*lat.*), *avv.* (*di solito abbr. in* **viz**) cioè; vale a dire; e precisamente.
video ['vidiou], **A** *n.* (*pl.* **videos**) video; televisione. **B** *a. attr.* (*elettron.*) **1** video: **v. correlator**, correlatore video **2** televisivo: **v. player**, riproduttore televisivo. ● **v. cartridge** (*o* **v. cassette**), videocassetta □ **v. frequency**, videofrequenza □ **v. game**, videogioco □ **v. recorder**, videoregistratore □ (*telev.*) **v. replay**, trasmissione differita □ **v. signal**, videosegnale □ **v. tape**, videonastro □ (*tecn.*) **v. terminal**, videoterminale □ **v. viewers**, telespettatori.
videophone ['vidioufoun], *n.* videotelefono.
to videotape ['vidiouteip], *v. t.* registrare (*una trasmissione televisiva*) su nastro magnetico.
videotelephone [,vidiou'telifoun], *n.* videotelefono.
to vie [vai], *v. i.* gareggiare; competere; rivaleggiare.
Viennese [,vie'ni:z], **A** *a.* viennese. **B** *n.* (*invar. al pl.*) Viennese.
Viet [vjet], *n.* (*abbr. fam. USA*) vietnamita.
Vietnamese [,vjetnə'mi:z], **A** *a.* vietnamita. **B** *n.* (*invar. al pl.*) vietnamita.
Vietnamization [,vietnamai'zeiʃən], *n.* (*mil.*) vietnamizzazione.
to Vietnamize [,vjetnə'maiz], *v. t.* (*mil.*) vietnamizzare.
view [vju:], *n.* **1** vista; veduta; visione; mostra; paesaggio; panorama; prospettiva: **There was not a person in v.**, non c'era nessuno in vista; **a fine v. over the lake**, una bella vista sul lago; **The mist spoilt the view**, la nebbia sciupava il paesaggio; **The latest models of cars are in v. at the Turin Motor Show**, sono in mostra gli ultimi modelli di auto al salone automobilistico di Torino; **We had no v. of success**, non avevamo alcuna prospettiva di successo **2** fine; intento; mira; progetto; scopo: **to have views on an heiress**, avere mire su un'ereditiera; **I had other views for my son**, avevo altri progetti (*fam.*: altre cose in vista) per mio figlio **3** punto di vista; idea; opinione; giudizio; parere: **I want to form an exhaustive v. of the political situation**, voglio farmi un'idea esauriente della situazione politica; **May I have your views on the matter?**, vuoi dirmi il tuo punto di vista sulla faccenda?; **He holds extreme views**, è d'idee estremiste **4** dise-

gno; fotografia; schizzo (*specialm. di paesaggio*): **an album of views**, un album di disegni (*o* di fotografie) **5** rassegna; sommario: **a brief v. of a book**, una breve rassegna di un libro **6** soprelluogo; ispezione; esame. ● (*fotogr., elettron.*) **v.-finder**, mirino ☐ (*caccia alla volpe*) **v.-haloo**, dalli!; eccola! ☐ **bird's-eye v.**, veduta a volo d'uccello ☐ **to come in** (*o* **into**) **v.**, offrirsi (*o* presentarsi) alla vista; apparire: **The car came in v. too late for us to stop**, l'automobile apparve troppo tardi perché ci potessimo fermare ☐ **to come in v. of**, giungere in vista di; arrivare vicino a: **We came in v. of the enemy**, giungemmo in vista del nemico ☐ (*ottica, fisiologia*) **field of v.**, campo visivo ☐ **to have** (**to keep**) **st. in v.**, avere (tenere) q.c. in vista ☐ **in v. of**, in vista di; in considerazione di (*comm.*) **to be on v.**, essere in mostra; essere esposto ☐ **to be out of v.**, essere fuori vista; essere scomparso ☐ **to pass from sb.'s v.**, uscir di vista ☐ **point of v.**, punto di vista ☐ **private v.**, anteprima (*di un film, di una mostra*) ☐ **to take a correct v. of the situation**, avere idee chiare sulla situazione; valutare la situazione con realismo ☐ (*disegno*) **top v.**, vista dall'alto ☐ **with a v. to**, con lo scopo di; con la speranza di ☐ (*anche econ.*) **with a v. to profit**, a scopo di lucro.
to view ['vju:], *v. t.* **1** guardare; osservare; scrutare; contemplare: **to v. a beautiful landscape**, contemplare un bel panorama **2** esaminare; ispezionare; visionare: **The jurors viewed the body**, i giurati esaminarono il cadavere (*durante il sopralluogo*); **to v. the premises**, ispezionare i locali **3** (*specialm. cinem.*) visionare **4** considerare; giudicare: **We can v. the problem from different angles**, possiamo considerare il problema sotto diverse angolazioni; **Your proposal is viewed unfavourably**, la tua proposta è giudicata in modo sfavorevole. ● **order to v.**, permesso di visitare una casa (*per trattarne l'acquisto*).
viewable ['vju:əbl], *a.* **1** guardabile; osservabile **2** esaminabile; ispezionabile. ● **a v. film**, un film da vedere.
viewdata service ['vju:ˌdeitə 'səːvis], *n.* (*tel., telev.*) servizio di dati richiesti (*da un privato*) per telefono e che appaiono sullo schermo del televisore (*in G.B.*).
viewer ['vju:ə*], *n.* **1** osservatore; spettatore; scrutatore: **some v. of the skies**, qualche osservatore del cielo (*studioso d'astronomia*) **2** esaminatore; ispettore (*anche* **televiewer**) telespettatore **4** visore (*per filmine e diapositive*).
viewing ['vju:iŋ], *n.* **1** osservazione; contemplazione **2** esame; ispezione **3** il guardare la televisione. ● (*telev.*) **v. figures**, indice di gradimento ☐ (*telev.*) **v. guide**, guida (*di giornale, ecc.*) agli spettacoli televisivi.
viewless ['vju:lis], *a.* **1** (*poet.*) invisibile **2** senza vista; senza panorama **3** che non ha idee; che non esprime opinioni; che non si pronuncia.
viewphone ['vju:foun], *n.* videofono.
viewpoint ['vju:pɔint], *n.* punto di vista; (*fig.*) opinione, parere, avviso.
viewy ['vju:i], *a.* (*fam.*) **1** appariscente; vistoso **2** visionario; fantasioso.
vigesimal [vai'dʒesiml], *a.* ventesimo; vigesimo (*lett.*).
vigil ['vidʒil], *n.* **1** veglia; vigilia (*lett.*) **2** vigilia; giorno di vigilia.
vigilance ['vidʒiləns], *n.* **1** vigilanza; sorveglianza **2** (*med.*) insonnia. ● (*in USA*) **v. committee**, gruppo volontario di cittadini organizzatisi per mantenere l'ordine pubblico in assenza o insufficienza delle forze di polizia regolari ☐ **to exercise v.**, vigilare; essere guardingo.
vigilant ['vidʒilənt], *a.* vigilante; vigile; guardingo; attento. ● **to keep v. guard over sb.**, vigilare attentamente q.
vigilante [ˌvidʒi'lænti], *n.* (*talora spreg.*) appartenente a un «vigilance committee» (*q.v.*).
vignette [vi'njet] (*franc.*), *n.* **1** (*tipogr.*) illustrazione piccola all'inizio di un libro o capitolo **2** vignetta; fotografia (*o* ritratto) con lo sfondo sfumato **3** (*fig.*) descrizione; schizzo **4** (*archit., tipogr.*) fregio.
to vignette [vi'njet], *v. t.* **1** (*arti grafiche*) fare la vignettatura di (*una foto, un'illustrazione*) **2** descrivere in uno schizzo.
vignetter [vi'njetə*], **vignettist** [vi'njetist], *n.* autore di vignette; vignettista.
vignetting [vi'njetiŋ], *n.* (*ottica*) vignettatura.
vigorous ['vigərəs], *a.* vigoroso; energico; forte; robusto.
vigorousness ['vigərəsnis], *n.* vigorosità.
vigour ['vigə*], *n.* vigore; energia; forza; robustezza.
Viking ['vaikiŋ], (*stor.*) **A** *n.* vichingo. **B** *a. attr.* vichingo: **a V. ship**, una nave vichinga.
vile [vail], *a.* **1** abietto; abominevole; basso; ignobile; volgare; vile (*fig.*): **the v. trade of an informer**, l'abietto mestiere della spia; **v. language**, linguaggio volgare; **the vilest of mankind**, il più abominevole degli uomini **2** (*fam.*) pessimo; orribile: **v. weather**, tempo orribile **3** (*arc., lett.*) vile; di scarso valore. ● **a v. smell**, un odore disgustoso ☐ **v. tasks**, umili incombenze ☐ **v. temper**, carattere impossibile.

vileness ['vailnis], *n.* abiezione; bassezza; volgarità.
vilification [ˌvilifi'keiʃən], *n.* diffamazione; denigrazione.
vilifier ['vilifaiə*], *n.* diffamatore, diffamatrice; denigratore, denigratrice.
to vilify ['vilifai], *v. t.* diffamare; denigrare; calunniare; sparlare di (q.).
to vilipend ['vilipend], *v. t.* (*lett.*) disprezzare; vilipendere.
villa ['vilə] (*ital.*), *n.* villa.
villadom ['vilədəm], *n.* (*collett.*) proprietari di ville; ricca borghesia di provincia.
village ['vilidʒ], *n.* villaggio; paese; borgata. ● **the v. doctor**, il medico del paese.
villager ['vilidʒə*], *n.* abitante di un villaggio; paesano.
villain ['vilən], *n.* **1** briccone; canaglia; farabutto; furfante; mascalzone; ribaldo; scellerato **2** (*scherz., specialm.* **little v.**) birichino; bricconcello **3** (*teatr., cinem., ecc.*) personaggio malvagio; (il) «cattivo» **4** *V.* **villein**. ● (*fam., spesso scherz.*) **the v. of the piece**, il «cattivo».
villainage ['vilinidʒ], *V.* **villeinage**.
villainous ['vilənəs], *a.* **1** infame; malvagio; scellerato; canagliesco; furfantesco **2** (*fam.*) pessimo; orribile: **a v. handwriting**, una grafia orribile. ● **a v. hotel**, un albergo d'infimo ordine.
villainy ['viləni], *n.* infamia; malvagità; scelleratezza; furfanteria.
villein ['vilin], *n.* (*stor.*) villano; servo della gleba.
villeinage ['vilinidʒ], *n.* (*stor.*) servitù della gleba.
villose ['viləs], **villous** ['viləs], *a.* villoso; peloso: **v. leaves**, foglie villose.
villosity [vi'lɔsiti], *n.* villosità; pelosità.
villus ['viləs], *n.* (*pl.* **villi**) (*anat., bot.*) villo.
vim [vim], *n.* (*fam.*) energia; forza; vigore.
vimen ['vimin], *n.* (*pl.* **vimina**) (*bot.*) vimine.
viminal ['viminl], *a.* (*bot.*) di vimini; vimineo (*lett.*).
Viminal ['viminl], *n.* (*geogr., stor.*) Viminale (*uno dei sette colli di Roma*).
vimineous ['viminəs], *a.* (*bot.*) vimineo.
vinaceous [vai'neiʃəs], *a.* **1** vinoso; del vino **2** rosso-vino; del colore del vino rosso.
vinaigrette [ˌvinei'gret] (*franc.*), *n.* **1** boccetta dei sali **2** (*cucina*; *anche* **v. sauce**) salsa all'agro.
Vincent ['vinsənt], *n.* Vincenzo.
vindicability [ˌvindikə'biliti], *n.* **1** l'essere rivendicabile **2** l'essere difendibile (*o* giustificabile).
vindicable ['vindikəbl], *a.* **1** rivendicabile **2** difendibile; giustificabile; sostenibile.
to vindicate ['vindikeit], *v. t.* **1** rivendicare: **to v. a claim**, rivendicare un diritto **2** difendere; giustificare; sostenere: **to v. one's acts**, giustificare le proprie azioni; **to v. an assertion**, sostenere un'asserzione; **His success vindicated our belief in him**, il suo successo giustificò la fiducia che avevamo riposto in lui **3** (*leg.*) convalidare; provare; sanzionare **4** (*leg.*) prosciogliere.
vindication [ˌvindi'keiʃən], *n.* **1** rivendicazione (*di un diritto, ecc.*) **2** giustificazione; difesa (*della propria reputazione*) **3** (*leg.*) convalida; prova; sanzione **4** (*leg.*) proscioglimento.
vindicative ['vindikətiv], *a.* **1** rivendicativo: **a v. policy**, una politica rivendicatrice **2** (*leg.*) rivendicativo.
vindicator ['vindikeitə*], *n.* **1** rivendicatore **2** assertore; difensore; chi discolpa (*se stesso o altri*).
vindicatory ['vindikeitəri], *a.* **1** *V.* **vindicative 2** (*di legge, provvedimento, ecc.*) punitivo; repressivo.
vindicatress ['vindikeitris], *n.* **1** rivendicatrice **2** assertrice.
vindictive [vin'diktiv], *a.* **1** vendicativo **2** astioso; maligno; dispettoso. ● **v. feelings**, sentimenti di vendetta ☐ **a v. punishment**, una punizione a carattere vendicativo.
vindictiveness [vin'diktivnis], *n.* **1** carattere vendicativo; natura vendicativa; spirito di vendetta **2** astiosità; malignità.
vine [vain], *n.* (*bot.*) **1** (*anche* **grape-vine**) (*Vitis vinifera*) vite **2** pianta rampicante **3** (*agric.*) pianta (*del luppolo e sim.*). ● **v. borer**, fillossera (*l'insetto*) ☐ **v.-branch**, tralcio; sarmento ☐ **v. disease**, fillossera (*la malattia*) ☐ **v. grower**, viticoltore ☐ **v. growing**, viticoltura ☐ **v. leaf**, pampino ☐ **v. shoot**, sarmento; tralcio ☐ (*fig., lett.*) **to dwell under one's v. and fig-tree**, vivere in pace sulla propria terra.
vinedresser ['vainˌdresə*], *n.* vignaiolo; viticoltore.
vinegar ['vinigə*], *n.* aceto: **aromatic v.**, aceto aromatico **2** (*fig.*) asprezza; acidità; acredine (*del carattere, ecc.*) **3** (*fam., USA*) energia; vigore; spirito. ● (*fig.*) **a v. countenance**, un aspetto inacidito ☐ **v. plant**, fungo della fermentazione acetica.
to vinegar ['vinigə*], *v. t.* trattare con aceto.
vinegarish ['vinigəriʃ], **vinegary** ['vinigəri], *a.* **1** acetoso; acidulo; che sa d'aceto **2** (*fig.*) acido; acre; aspro.
vinery ['vainəri], *n.* **1** serra di viti (*nei paesi settentrionali*) **2** vigneto; vigna.
vineyard ['vinjəd], *n.* vigneto; vigna.
viniculture ['vinikʌltʃə*], *n.* viticoltura.

viniculturist [ˌviniˈkʌltʃərist], *n.* viticoltore.
viniferous [viˈnifərəs], *a.* vinifero; che produce vino.
vinification [ˌvinifiˈkeiʃən], *n.* vinificazione.
to **vinify** [ˈvinifai], *v. t.* vinificare; trasformare in vino.
vino [ˈviːnou] (*ital.*), *n.* (*pl.* **vinos, vinoes**) (*scherz.*) vino; vino ordinario.
vinometer [vaiˈnɔmitə*], *n.* alcolometro, alcolimetro (*strumento*).
vinosity [vaiˈnɔsiti], *n.* l'essere vinoso; vinosità.
vinous [ˈvainəs], *a.* **1** vinoso; di vino: **v. fermentation**, fermentazione vinosa (*o* alcolica); **a v. flavour**, un sapore di vino **2** dedito al vino. ● **v. eloquence**, eloquenza dovuta al vino bevuto □ **to be in a v. state**, essere avvinazzato.
vintage [ˈvintidʒ], **A** *n.* **1** vendemmia **2** annata; vino di una particolare annata **3** (*poet.*, *retor.*) vino (*in genere*) **4** (*fig.*) annata; «leva»: **Those graduates are of the 1960 v.**, quei laureati sono della «leva» del 1960. **B** *a. attr.* **1** d'annata; (*di vino*) pregiato: **v. wine**, vino pregiato; vino d'annata **2** (*d'anno, d'annata*) buono; felice: **a v. year**, una buona annata (*vinicola*) **3** (*d'automobile*) d'epoca (*costruita fra il 1916 e il 1930*) **4** (*fig.*) eccellente; di prim'ordine.
vintager [ˈvintidʒə*], *n.* vendemmiatore, vendemmiatrice.
vintner [ˈvintnə*], *n.* commerciante di vini; vinaio.
viny [ˈvaini], *a.* che abbonda di viti; coperto di viti.
vinyl [ˈvainil], *n.* (*chim.*) vinile. ● **v. resin**, resina vinilica.
viol [ˈvaiəl], *n.* (*stor.*, *mus.*) viola (*strumento musicale medievale, di solito a sei corde*). ● **bass v.**, violoncello.
viola (1) [viˈoulə], *n.* (*mus.*) **1** viola **2** (*stor.*) *V.* **viol.**
viola (2) [ˈvaiələ], *n.* (*bot.*, *Viola*) viola.
violable [ˈvaiələbl], *a.* violabile.
violaceous [ˌvaiouˈleiʃəs], *a.* (*anche bot.*) violaceo.
to **violate** [ˈvaiəleit], *v. t.* **1** violare; contravvenire a, trasgredire a: **to v. a law (an oath)**, violare una legge (un giuramento) **2** disturbare; turbare; violare: **to v. sb.'s calm**, turbare la tranquillità di q.; **to v. sb.'s privacy**, violare l'intimità di q. **3** offendere; ferire: **His language violated my sense of decency**, le sue parole offesero il mio pudore **4** violare; profanare: **to v. a sanctuary**, violare un santuario **5** (*leg.*) violentare; stuprare.
violation [ˌvaiəˈleiʃən], *n.* **1** violazione; contravvenzione; trasgressione: **the v. of a promise**, la violazione di una promessa **2** disturbo; turbamento: **v. of the peace**, turbamento dell'ordine pubblico **3** violazione; profanazione **4** (*leg.*) violenza carnale; stupro.
violator [ˈvaiəleitə*], *n.* **1** violatore; contravventore, trasgressore **2** violatore; profanatore **3** (*leg.*) violentatore; stupratore.
violence [ˈvaiələns], *n.* violenza; oltraggio: **to use v.**, usare violenza; **to do v. to sb.'s feelings**, far violenza ai sentimenti di q.; **the v. of the storm (of one's passions, etc.)**, la violenza della tempesta (delle proprie passioni, ecc.). ● **to do v. to a text**, svisare il significato di un testo □ **to lay v. hands on sb.**, usare violenza a q.
violent [ˈvaiələnt], *a.* violento (*anche fig.*); forte; impetuoso: **a v. storm**, una violenta tempesta; **a v. blow**, un forte colpo; **to meet a v. death**, morire di morte violenta; **a v. temper**, una indole violenta; **a v. headache**, un forte mal di testa; **v. language**, parole violente; **a v. dislike**, una forte antipatia. ● **a v. construction of a text**, lo svisamento di un testo □ **to lay v. hands on sb.**, usare violenza a q.
violet [ˈvaiəlit], **A** *n.* **1** (*bot.*, *Viola odorata*) violetta; viola mammola **2** viola; color viola. **B** *a.* violetto; color viola. ● (*fam.*, *scherz.*: *di persona*) **modest v.** (*o* **shrinking v.**), mammola (*fig.*); modestino (*fam.*).
Violet [ˈvaiəlit], *n.* Violetta.
violin [ˌvaiəˈlin], *n.* (*mus.*) violino. ● (*nell'orchestra*) **first (second) v.**, primo (secondo) violino.
violinist [ˈvaiəlinist], *n.* (*mus.*) violinista.
violist [viˈoulist], *n.* (*mus.*, *USA*) violista; suonatore di viola.
violoncellist [ˌvaiələnˈtʃelist], *n.* (*mus.*) violoncellista.
violoncello [ˌvaiələnˈtʃelou], *n.* (*pl.* **violoncellos**) (*mus.*) violoncello.
VIP [vip], *n.* (*acronimo di* **very important person**) vip; personaggio importante; pezzo grosso (*fig.*). ● **VIP lounge**, sala di transito per personaggi illustri (*o* per le celebrità): **in un aeroporto**).
viper [ˈvaipə*], *n.* (*zool.*) **1** (*Vipera*) vipera (*anche fig.*) **2** (*Vipera berus*) marasso.
viperine [ˈvaipərain], *a.* (*anche fig.*) viperino.
viperish [ˈvaipəriʃ], *a.* viperino (*fig.*); velenoso; maligno.
viperous [ˈvaipərəs], *a.* viperino (*anche fig.*); velenoso; maligno.
virago [viˈraːgou], *n.* **1** megera; strega (*fig.*) **2** (*arc.*) virago.
viral [ˈvairəl], *a.* (*med.*) virale: **v. hepatitis**, epatite virale.
virescence [viˈresns], *n.* (*bot.*) virescenza.
virescent [viˈresnt], *a.* (*bot.*) virescente.
virgate (1) [ˈvəːgit], *a.* (*bot.*) a forma di verga; dritto e lungo.
virgate (2) [ˈvəːgit], *n.* (*stor.*) «virgate» (*misura ingl. di superficie, pari a 30 acri*).
Virgil [ˈvəːdʒil], *n.* Virgilio.
Virgilian [vəːˈdʒilian], *a.* (*letter.*) virgiliano.
virgin [ˈvəːdʒin], **A** *n.* **1** vergine (*in ogni senso*) **2** – (*astron.*, *astrologia*) **the V.**, la Vergine (*costellazione e VI segno dello Zodiaco*). **B** *a.* **1** vergine: **a v. forest**, una foresta vergine; **v. soil**, terreno vergine (*anche fig.*); **v. wool**, lana vergine; **v. snow**, neve vergine **2** di (*o* da) vergine; verginale: **v. modesty**, pudore (*o* riserbo) verginale. ● (*relig.*) **the V. Birth**, l'Immacolata Concezione □ (*bot.*) **v.'s bower** (*Clematis vitalba*), vitalba □ (*stor.*) **the V. Queen**, la Regina Vergine (*Elisabetta I d'Inghilterra*) □ (*relig.*) **the (Blessed) V.**, la (Beata) Vergine.
virginal [ˈvəːdʒinl], **A** *a.* verginale; virgineo (*poet.*). **B** *n.* (*mus.*, *anche* **virginals, a pair of virginals**) virginale.
virginhood [ˈvəːdʒinhud], *n.* verginità.
Virginia [vəːˈdʒinjə], *n.* **1** (*geogr.*) Virginia **2** tabacco Virginia. ● **a V. cigarette**, una Virginia □ (*bot.*) **V. creeper** (*Parthenocissus quinquefolia*), vite del Canada.
Virginian [vəːˈdʒinjən], *a.* e *n.* (*USA*) virginiano; (abitante) della Virginia.
virginity [vəːˈdʒiniti], *n.* verginità.
Virgo [ˈvəːgou], **A** *n.* **1** (*astron.*, *astrologia*) Vergine (*costellazione e VI segno dello Zodiaco*) **2** (*astrologia*: *pl.* **Virgos**) (un) vergine; individuo nato sotto il segno della Vergine. **B** *a.* (*astrologia*) della Vergine.
Virgoan [vəːˈgouən], **A** *n.* persona nata sotto il segno della Vergine. **B** *a.* della Vergine.
virgule [ˈvəːgjuːl], *n.* (*tipogr.*) sbarretta; barra.
viridescence [ˌviriˈdesns], *n.* tendenza al verde.
viridescent [ˌviriˈdesnt], *a.* verdeggiante; che tende al verde.
viridity [viˈriditi], *n.* **1** l'esser verde **2** (*fig.*) freschezza; giovinezza.
virile [ˈvirail], *a.* virile; mascolino; maschio; (*fig.*) animoso; vigoroso, forte: **v. mind**, animo virile; **a v. prose**, una prosa vigorosa.
virilism [ˈvirilizm], *n.* (*psic.*) **1** virilismo **2** mascolinità.
virility [viˈriliti], *n.* virilità (*anche fig.*); mascolinità.
virologist [ˌvaiəˈrɔlədʒist], *n.* virologo.
virology [ˌvaiəˈrɔlədʒi], *n.* virologia.
virose [ˈvairous], *a.* **1** fetido; puzzolente **2** velenoso.
virosis [vaiəˈrousis], *n.* (*pl.* **viroses**) (*med.*, *bot.*, *zool.*) virosi; malattia da virus.
virous [ˈvairəs], *a.* (*med.*) virale.
virtu [vəːˈtuː], *n.* **1** amore per l'arte; gusto artistico **2** carattere artistico (*d'un oggetto*); bellezza; rarità. ● **articles of v.**, oggetti d'arte; antichità rare.
virtual [ˈvəːtjuəl], *a.* **1** effettivo; di fatto; in pratica; vero e proprio: **He is the v. manager of the firm**, di fatto è il direttore dell'azienda; **Take this as a v. promise**, considerala una promessa vera e propria; **He is a v. stranger, though we have met before**, sebbene ci si sia incontrati, in pratica per me è uno sconosciuto **2** (*anche scient.*) virtuale: (*ottica*) **v. image**, immagine virtuale; (*fis.*, *mecc.*) **v. inertia**, inerzia virtuale.
virtually [ˈvəːtjuəli], *avv.* **1** di fatto; in pratica; effettivamente **2** virtualmente.
virtue [ˈvəːtjuː], *n.* virtù (*quasi in ogni senso*): **Temperance is a v.**, la temperanza è una virtù; (*relig.*) **the cardinal virtues**, le virtù cardinali; **the theological virtues**, le virtù teologali; **That girl has every v.**, quella ragazza ha tutte le virtù; **I have no faith in the v. of this medicine**, non credo nelle virtù di questa medicina. ● **by** (*o* **in**) **v. of**, in virtù di; a causa di □ **to follow v.**, esercitare la virtù; condurre una vita virtuosa □ **to make a v. of necessity**, far di necessità virtù □ **a woman of easy v.**, una donna di facili costumi □ **a woman of v.**, una donna virtuosa □ **There is some v. in what you say**, c'è del buono in quello che dici □ (*prov.*) **V. is its own reward**, la virtù è premio a se stessa.
virtuosity [ˌvəːtjuˈɔsiti], *n.* **1** virtuosità; virtuosismo **2** amore per l'arte; passione per gli oggetti d'arte.
virtuoso [ˌvəːtjuˈouzou], *n.* (*pl.* **virtuosos, virtuosi**) **1** virtuoso; esecutore eccellente **2** amatore (*o* conoscitore, intenditore) d'oggetti d'arte.
virtuous [ˈvəːtjuəs], *a.* **1** virtuoso; onesto; retto; morale **2** casto virtuoso: **a v. woman**, una donna virtuosa (*o* casta).
virtuousness [ˈvəːtjuəsnis], *n.* **1** l'essere virtuoso; onestà; rettitudine; moralità **2** castità.
virulence [ˈvirulans], **virulency** [ˈvirulənsi], *n.* virulenza (*anche fig.*): **the v. of his criticism**, la virulenza della sua critica.
virulent [ˈvirulənt], *a.* virulento (*anche fig.*): **a v. infection**, una infezione virulenta; **v. satire**, satira virulenta.
virus [ˈvairəs], **A** *n.* **1** (*biol.*) virus: **the v. of smallpox**, il virus del vaiolo; **filterable v.**, virus filtrabile **2** (*fig.*) veleno: **the v. of jingoism**, il veleno dello sciovinismo. **B** *a. attr.* virale: (*med.*) **v. infections**, infezioni virali.
visa [ˈviːzə], *n.* visto (*di passaporto, ecc.*); vidimazione.
to **visa** [ˈviːzə] (*pass.* e *p. p.* **visaed**), *v. t.* **1** mettere il visto su, ap-

porre il visto a (*un passaporto, ecc.*); vidimare, vistare **2** concedere il visto (*o* il passaporto) a (q.).

visage ['vizidʒ], *n.* (*lett.*) **1** viso; volto; faccia **2** aspetto; sembiante.

visaged ['vizidʒd], *a.* (*nei composti, per es. in*:) **round-v.**, dal viso rotondo; **sad-v.**, dall'aspetto triste.

visagiste [ˌviːzaˈʒiːst] (*franc.*), *n.* visagista.

visard ['vizɑːd], *V.* **visor.**

vis-à-vis ['viːzaːviː] (*franc.*), **A** *avv.* vis-à-vis; faccia a faccia; di fronte; di faccia. **B** *prep.* (*anche fig.*) di fronte a; rispetto a. **C** *n.* (*invar. al pl.*) **1** persona che sta di fronte; dirimpettaio **2** carrozza a sedili opposti **3** piccolo divano a forma di S; amorino.

viscera ['visərə] (*lat.*), *n. pl.* (*anat.*) visceri.

visceral ['visərəl], *a.* (*anat., med.*) viscerale (*anche fig.*).

to viscerate [ˈvisəreit], *v. t.* sviscerare; sventrare.

viscid ['visid], *a.* viscido.

viscidity [viˈsiditi], *n.* viscidità.

viscometer [visˈkɔmitə*], *n.* viscosimetro (*strumento*).

viscose ['viskəus], **A** *a.* viscoso. **B** *n.* (*ind. chim.*) viscosa.

viscosimeter [ˌviskouˈsimitə*], *n.* viscosimetro (*strumento*).

viscosity [visˈkɔsiti], *n.* (*mecc. fluidi*) viscosità.

viscount ['vaikaunt], *n.* visconte.

viscountcy ['vaikauntsi], *n.* viscontado; grado e titolo di visconte.

viscountess ['vaikauntis], *n.* viscontessa.

viscountship ['vaikauntʃip], **viscounty** ['vaikaunti], *n.* **1** *V.* **viscountcy 2** viscontea.

viscous ['viskəs], *a.* viscoso: **v. oil**, olio viscoso.

viscousness ['viskəsnis], *n.* viscosità.

viscus ['viskəs] (*lat.*), *n.* (*sing. di* viscera) (*anat.*) viscere.

vise [vais], (*USA*) *V.* **vice** (**2**).

to vise [vais], *V.* **to vice.**

visé, to visé ['viːzei], *V.* **visa, to visa.**

Vishnu ['viʃnuː], *n.* (*relig.*) Visnù.

visibility [ˌviziˈbiliti], **visibleness** ['vizəblnis], *n.* **1** visibilità: **poor v.**, scarsa visibilità **2** evidenza.

visible ['vizəbl], *a.* **1** visibile **2** evidente; manifesto **3** (*comm.*) disponibile: **v. supply**, scorte disponibili. ● (*bur.*) **v. distinguishing marks**, segni particolari (*scritto su un passaporto, ecc.*) □ **without v. means of support**, senza mezzi apparenti di sostentamento □ **Is the manager v.?**, il direttore riceve?

Visigoth ['vizigɔθ], *n.* (*stor.*) visigoto.

Visigothic [ˌviziˈgɔθik], *a.* (*stor.*) visigoto.

vision ['viʒən], *n.* **1** visione; vista; apparizione: **visions of power**, visioni di gloria; **The sea was a beautiful v.**, il mare offriva una veduta magnifica; **He has impaired his v.**, gli si è indebolita la vista; **the v. of a saint**, la visione di un santo **2** intuito; intuizione; sagacia (*specialm. politica*): **a statesman of great v.**, uno statista di grande sagacia **3** immaginazione; fantasia; potenza evocativa; capacità evocativa: **a dramatist of great v.**, un drammaturgo di grande potenza evocativa **4** (*fig., fam.*) (una) visione; donna stupenda. ● **beyond our v.**, fuori vista □ **the field of v.**, il campo visivo □ **to see visions**, avere visioni.

to vision ['viʒən], *v. t.* vedere; avere una visione di (q., qc.).

visional ['viʒənl], *a.* di visione; simile a una visione; irreale.

visionariness ['viʒənərinis], *n.* **1** l'essere visionario; mancanza di realismo di mente; irrealtà; infondatezza.

visionary ['viʒənəri], **A** *a.* **1** visionario; sognatore; utopico **2** immaginario; irreale; infondato; campato in aria: **v. objects**, oggetti immaginari; **v. plans**, progetti campati in aria; **v. ideas**, idee infondate. **B** *n.* **1** visionario; visionaria; sognatore; sognatrice; utopista **2** (*relig.*) chi ha visioni celesti.

to visit ['vizit], **A** *v. t.* **1** visitare (*un luogo, una persona*); far visita a; andare a vedere; andare a trovare: **We hope to v. Paris**, speriamo di visitare Parigi; **He has never visited us**, non ci ha mai fatto visita; **I had no time to v. the museum**, non ebbi il tempo di visitare il museo **2** frequentare: **The old sailor visits public houses**, il vecchio marinaio frequenta le osterie **3** andare da, consultare (*un dottore, ecc.*) **4** (*specialm. naut.*) ispezionare; sottoporre (*una nave*) a visita doganale **5** (*Bibbia*) castigare, punire (*una persona, un peccato*) **6** (*retor.*) colpire, cogliere (*fig.*): **A drought visited the district**, la regione fu colpita dalla siccità; **He is often visited by fits of gloom**, spesso è colto da crisi d'ipocondria **7** (*spesso to v. on, upon*) far subire; infliggere **8** essere ospite di: **He's visiting relatives**, è ospite di parenti. **B** *v. i.* fare una visita; far visita. ● (*USA*) **to v. in**, visitare: **He is visiting in Rome**, sta visitando Roma □ (*di un medico*) **to v. one's patients**, visitare i propri malati; fare il giro delle visite □ (*Bibbia*) **to v. the sins of the fathers upon the children**, punire i figli per le colpe dei padri □ (*USA*) **to v. with sb.**, (andare a) fare quattro chiacchiere con q.; conversare con q. □ (*Bibbia*) **to v. sb. with salvation**, annunciare a q. la salvezza dell'anima □ **to be visited by a strange dream**, fare un sogno strano.

visit ['vizit], *n.* **1** visita: **to pay a v. to sb.**, far visita a q.; **a v. to a patient**, una visita a un ammalato; **to be on a v. to sb.**, essere in visita da q. **2** gita; viaggio: **a v. to the Lake District**, una gita alla Regione dei Laghi; **during my second v. to the Far East**, durante il mio secondo viaggio nell'Estremo Oriente **3** (*specialm. naut.*) ispezione; visita (doganale): **right of v.**, diritto d'ispezione (*delle navi neutrali*). ● **a flying v.**, una visita di sfuggita □ **a round of visits**, un giro di visite.

visitable ['vizitəbl], *a.* **1** visitabile: che si può visitare **2** da visitarsi; degno d'essere visto **3** (*specialm. naut.*) soggetto a ispezione.

visitant ['vizitənt], **A** *n.* **1** (*poet.*) visitatore, visitatrice **2** (*zool.*) uccello migratore **3** (*relig.*) visitandina; suora della Visitazione. **B** *a.* (*poet.*) che visita; visitante.

visitation [ˌviziˈteiʃən], *n.* **1** visita (*specialm. ufficiale*); visitazione: **a v. of the sick**, una visita ai malati (*da parte di un sacerdote*) **2** (*naut.*) ispezione; visita: **right of v.**, diritto di visita **3** afflizione, castigo, punizione, calamità, piaga (*mandati da Dio*): **a v. of Providence**, un castigo divino; **Some people believe that war is a v. of God**, taluni credono che la guerra sia una punizione divina **4** (*fam.*) visita troppo lunga **5** (*zool.*) migrazione eccezionale (*d'uccelli, ecc.*). ● (*relig.*) **the V.**, la Visitazione (*di Maria Vergine*) □ (*relig.*) **nuns of the V.**, suore della Visitazione; visitandine.

visitatorial [ˌvizitəˈtɔːriəl], *a.* di visita; d'ispezione; ispettivo.

visiting ['vizitiŋ], **A** *n.* il far visite; il visitare. **B** *a.* **1** che visita: **v. nurse**, infermiera (*o* infermiere) che visita i malati (*a domicilio*) **2** (*di* o da) visita: **v. card**, biglietto da visita. ● **v. book**, taccuino con l'elenco delle visite ricevute o da fare □ **v. hours**, orario d'apertura (*di un museo, ecc.*); orario delle visite (*in un ospedale, ecc.*) □ **to be on v. terms with sb.**, essere in rapporti di buona conoscenza con q.; scambiar visite con q. □ **prison v.**, visite ai carcerati □ (*fam.*) **He is not on my v. list**, lo conosco appena; non c'è dimesticchezza fra noi.

visitor ['vizitə*], *n.* **1** visitatore, visitatrice; ospite; cliente; turista; villeggiante: **to take in visitors**, accogliere ospiti; accettare clienti (pensionanti, ecc.); **summer visitors**, visitatori (turisti) estivi **2** ispettore (*di scuole, ecc.*); censore (*di collegi*). ● (*sport*) «**Visitors**», «ospiti» (*sul tabellone segnapunti*) □ (*negli alberghi, musei e anche in case private*) **visitors' book**, registro degli ospiti; registro (delle firme) dei visitatori □ «**No visitors to the rooms**», «Vietato ricevere (visite) in camera» (*cartello appeso in alberghi d'infimo ordine*).

visitorial [ˌviziˈtɔːriəl], *V.* **visitatorial.**

visor ['vaizə*], *n.* **1** (*stor.*) visiera (*d'elmo*) **2** visiera; tesa anteriore (*di berretto*) **3** schermo parasole (*d'automobile*).

visored ['vaizəd], *a.* **1** (*stor.*: *di cavaliere*) con la visiera abbassata **2** (*di berretto*) fornito di visiera.

vista ['vistə], *n.* **1** vista; veduta; prospettiva (*anche fig.*): **a v. of the steeple from between the old houses**, una veduta del campanile tra le vecchie case; **Your offer opens new vistas to his ambition**, la tua offerta apre nuove prospettive alla sua ambizione **2** fila d'alberi (*o* di case, ecc.) (*che crea una prospettiva*); viale **3** serie di avvenimenti; memorie; ricordi: **the dim vistas of one's childhood**, i vaghi ricordi dell'infanzia.

Vistula ['vistjulə], *n.* (*geogr.*) Vistola.

visual ['vizjuəl], *a.* **1** visuale; visivo: (*fis.*) **v. angle**, angolo visuale; (*anat.*) **v. organ**, organo visivo; **a v. image**, un'immagine visiva **2** visibile; concreto; reale. ● **v. aids**, (*didattica*) sussidi visivi; (*aeron.*) mezzi visivi d'assistenza aeroportuale □ (*mil.*) **v. bombing**, bombardamento a vista □ **v. field**, campo visivo; visuale □ (*elettron.*) **v. scanner**, lettore ottico a scansione □ **v. signalling**, telegrafo ottico □ (*radio*) **v. tuning indicator**, indicatore ottico di sintonia; occhio magico (*fam.*).

visuality [ˌvizjuˈæliti], *n.* **1** visibilità **2** visuale; veduta.

visualization [ˌvizjuəlaiˈzeiʃən], *n.* **1** immaginazione; il vedere con l'occhio della mente; quadro mentale **2** visualizzazione; rappresentazione concreta.

to visualize ['vizjuəlaiz], *v. t.* **1** immaginare; vedere con l'occhio della mente; raffigurarsi **2** visualizzare; dare forma visibile a (*un'immagine*); rappresentare concretamente (*un'idea*).

vital ['vaitl], **A** *a.* **1** vitale: **a v. organ** (*o* **part**), una parte vitale; **the v. force** (**principle**), la forza vitale (il principio vitale) **2** di vitale importanza; di vitale interesse; essenziale; indispensabile; fondamentale: **a v. question**, una questione di vitale interesse; **Secrecy is v. to success**, la segretezza è essenziale per la riuscita. **B** *n. pl.* **1** (*spesso scherz.*) organi vitali; parti vitali **2** (gli) organi genitali; (i) genitali **3** (*fig.*) parte essenziale, centro, nocciolo (*d'una questione, ecc.*). ● (*fisiologia*) **v. capacity**, capacità vitale (*o* respiratoria) □ **a v. error**, un errore gravissimo □ **v. statistics**, (*stat.*) statistiche demografiche (*natalità, mortalità, ecc.*); (*fam.: di una donna*) misure anatomiche (*seno, vita, fianchi*) □ (*raro*) **a v. wound**, una ferita mortale.

vitalism ['vaitəlizəm], *n. (filos., biol.)* vitalismo.
vitalist ['vaitəlist], *n. (filos., biol.)* vitalista.
vitalistic [ˌvaitə'listik], *a. (filos., biol.)* vitalistico.
vitality (vai'tæliti), *n.* 1 vitalità *(anche fig.)*: **Robots have no real v.**, i robot non hanno vera vitalità 2 *(specialm. arte, letter.)* vivacità; brio; animazione.
to vitalize ['vaitəlaiz], *v. t.* 1 dar vita a; rendere vitale 2 *(fig.)* vivificare; infondere vivezza in (q.c.); rendere vivace: **to v. a rather dull report**, rendere vivace una relazione piuttosto monotona 3 *(anche econ.)* rivitalizzare *(un'industria, ecc.)*.
vitamin ['vitəmin], *USA* ['vaitəmin], *n. (scient.)* vitamina.
vitaminic [ˌvitə'minik], *USA* [ˌvaitə'minik], *a. (scient.)* vitaminico.
vitaminization [ˌvitəminai'zeiʃən], *n. (biol., med.)* vitaminizzazione.
to vitaminize ['vitəminaiz], *v. t. (biol., med.)* vitaminizzare.
vitellin [vi'telin], *n. (biol.)* vitellina *(proteina del tuorlo dell'uovo)*.
vitelline [vi'teli:n], *a.* 1 *(biol.)* vitellino: **v. membrane**, membrana vitellina 2 color tuorlo d'uovo.
vitellus [vi'teləs], *n. (pl.* **vitelli, vitelluses)** *(biol.)* vitello; tuorlo *(parte dell'uovo da cui si sviluppa l'embrione)*.
to vitiate ['viʃieit], *v. t.* 1 viziare; corrompere; guastare 2 *(leg.)* invalidare; viziare: **This clause may v. the contract**, questa clausola può invalidare *(o* viziare*)* il contratto. ● **vitiated air**, aria viziata □ **a vitiated mind**, un animo corrotto.
vitiation [ˌviʃi'eiʃən], *n.* 1 vizio; viziare; corruzione; guasto 2 *(leg.)* invalidazione *(di un contratto, ecc.)*.
vitiator ['viʃieitə*], *n.* chi vizia; corruttore.
viticultural [ˌviti'kʌltʃərəl], *a.* viticolo.
viticulture ['vitikʌltʃə*], *n.* viticoltura.
viticulturist [ˌviti'kʌltʃərist], *n.* viticoltore.
vitreosity [ˌvitri'ɔsiti], *n.* aspetto vitreo *(o* vetroso*)*.
vitreous ['vitriəs], *A a. (scient.)* vitreo; vetroso: **v. enamel**, smalto vetroso; *(anat.)* **v. humour**, umor vitreo *(della pupilla)*; *(fis.)* **v. electricity**, elettricità vitrea *(o* positiva*)*. *B n. (anat.)* (corpo) vitreo.
vitreousness ['vitriəsnis], *V.* **vitreosity**.
vitrescence [vi'tresns], *n. (scient.)* vitrescenza.
vitrescent [vi'tresnt], *a. (scient.)* vitrescente.
vitrifaction [ˌvitri'fækʃən], *n.* vetrificazione.
vitrifiability ['vitriˌfaiə'biliti], *n.* l'essere vetrificabile.
vitrifiable ['vitrifaiəbl], *a.* vetrificabile.
vitrification [ˌvitrifi'keiʃən], *n. (anche geol.)* vetrificazione.
vitrified ['vitrifaid], *a.* vetrificato.
vitriform ['vitrifɔ:m], *a.* simile al vetro; vitreo.
to vitrify ['vitrifai], *v. t. e i.* vetrificare, vetrificarsi.
vitriol ['vitriəl], *n.* 1 *(chim.)* vetriolo 2 *(fig.)* discorso *(o* scritto*)* caustico; parole mordaci; critica corrosiva. ● **v. throwing**, lancio di vetriolo; il vetrioleggiare □ **blue v.** *(o* **copper v.**), vetriolo azzurro; solfato di rame □ **oil of v.**, olio di vetriolo; acido solforico □ **white v.**, vetriolo bianco; solfato di zinco.
to vitriolate ['vitriəleit], *v. t.* 1 *(chim.)* convertire in vetriolo 2 vetrioleggiare.
vitriolic [ˌvitri'ɔlik], *a.* 1 *(chim.)* di vetriolo 2 *(fig.)* caustico; mordace; corrosivo: **a v. talk**, un discorso caustico.
vitriolization [ˌvitriəlai'zeiʃən], *n.* 1 *(chim.)* il trattare con vetriolo 2 il deturpare con vetriolo.
to vitriolize ['vitriəlaiz], *v. t.* 1 *(chim.)* trattare con vetriolo 2 vetrioleggiare.
Vitruvian [vi'tru:vjən], *a. (archit.)* vitruviano; di Vitruvio.
vitta ['vitə], *n. (pl.* **vittae, vittas)** 1 *(stor. romana)* vitta; benda; fascia *(specialm. sacerdotale)* 2 *(bot.)* vitta 3 *(zool.)* striscia *(di colore)*.
vittate ['viteit], *a. (bot.)* 1 vittato; striato 2 provvisto di vitte.
vituline ['vitjulain], *a.* di *(o* simile a*)* vitello.
to vituperate [vi'tju:pəreit], *v. t.* vituperare; ingiuriare; insultare.
vituperation [viˌtju:pə'reiʃən], *n.* 1 il vituperare 2 ingiurie; insulti: **a speech full of v.**, un discorso pieno di insulti.
vituperative [vi'tju:pərətiv], *a.* ingiurioso; vituperativo.
vituperator [vi'tju:pəreitə*], *n.* vituperatore.
viva (1) ['vi:və] *(ital.)*, *A inter.* evviva!; viva! *B n.* evviva, acclamazione.
viva (2), to viva ['vaivə], *V.* **viva voce, to viva-voce**.
vivace [vi'vatʃi] *(ital.)*, *a. e avv. (mus.)* vivace.
vivacious [vi'veiʃəs], *a.* vivace; animato; brioso; vivo.
vivacity [vi'væsiti], *n.* vivacità; animazione; brio; vita.
vivarium [vai'vɛəriəm] *(lat.)*, *n. (pl.* **vivaria, vivariums)** *(scient., ecologia)* 1 vivaio; semenzaio 2 vivaio di pesci; peschiera.
viva voce ['vaivə'vousi], *A avv.* oralmente. *B a.* orale: **a viva voce examination**, un esame orale. *C n.* esame orale.
to viva-voce ['vaivə'vousi], *v. t.* esaminare oralmente.
vivers ['vi:vəz] *(scozz.)*, *n. pl.* viveri; alimenti; vettovaglie.

Vivian ['viviən], *n.* 1 Viviana 2 Viviano.
vivid ['vivid], *a.* vivido; vivo; vivace: **v. imagination**, immaginazione vivida; **v. colours**, colori vivaci.
vividness ['vividnis], *n.* vividezza; vivezza; vivacità.
Vivien ['viviən], *n.* Viviana.
vivification [ˌvivifi'keiʃən], *n.* vivificazione.
to vivify ['vivifai], *v. t.* vivificare; animare.
viviparity [ˌvivi'pæriti], *n. (scient.)* viviparità; l'esser viviparo.
viviparous [vi'vipərəs], *a. (zool.)* viviparo.
viviparousness [vi'vipərəsnis], *n. (scient.)* viviparità; l'esser viviparo.
to vivisect [ˌvivi'sekt], *v. t.* vivisezionare.
vivisection [ˌvivi'sekʃən], *n.* vivisezione.
vivisectional [ˌvivi'sekʃənl], *a.* vivisettorio.
vivisectionist [ˌvivi'sekʃnist], **vivisector** ['viviˌsektə*], *n.* chi pratica la vivisezione.
vixen ['viksn], *n.* 1 *(zool.)* volpe femmina 2 *(fig., spreg.)* bisbetica; donna litigiosa; megera.
vixenish ['viksniʃ], *a.* di *(o* da*)* megera; bisbetico; litigioso.
viz. [viz], *avv. (abbr. di* **videlicet***)* cioè; ossia; vale a dire.
vizard ['viza:d], *V.* **visor**.
vizi(e)r [vi'ziə*], *n.* visir.
vizor ['vaizə*], *V.* **visor**.
Vlach [vlæk], *a. e n.* valacco.
V-neck ['vi:nek], **V-necked** ['vi:nekt], *V. sotto* **V**.
vocab ['voukæb], *n. (abbr. fam. di* **vocabulary***)* vocabolario; dizionario.
vocable ['voukəbl], *n.* vocabolo.
vocabulary [və'kæbjuləri], *n.* vocabolario; lessico; glossario. ● **v. entry**, lemma.
vocal ['voukəl], *A a.* 1 vocale: **the v. cords**, le corde vocali; **v. music**, musica vocale 2 orale: **a v. communication**, una comunicazione orale 3 *(poet.)* dotato di voce; parlante 4 *(fon.)* sonoro 5 *(fon.)* vocalico 6 *(fig., fam.)* rumoroso; vociferante; che protesta; che si fa sentire *(fig.)*. *B n.* 1 *(fon.)* suono vocalico 2 *(mus.)* (esecuzione di un) brano di jazz *(o* di musica pop*)*.
vocalic [vou'kælik], *a.* vocalico.
vocalism ['voukəlizəm], *n.* 1 *(mus.)* vocalizzo; vocalizzazione 2 *(fon.)* vocalismo.
vocalist ['voukəlist], *n. (mus.)* cantante *(specialm. di jazz e pop)*; vocalista.
vocality [vou'kæliti], *n.* 1 *(fon.: di un suono)* l'essere vocalico 2 *(mus.)* vocalità.
vocalization [ˌvoukəlai'zeiʃən], *n.* 1 *(fon.)* vocalizzazione 2 *(mus.)* vocalizzo; vocalizzazione.
to vocalize ['voukəlaiz], *v. t. (fon., mus.)* vocalizzare.
vocation [vou'keiʃən], *n.* 1 *(solo al sing.)* vocazione: **He feels no v. for the ministry**, non sente vocazione al sacerdozio 2 professione; mestiere; impiego; lavoro; occupazione. ● **to mistake one's v.**, sbagliar mestiere.
vocational [vou'keiʃənl], *a.* 1 di vocazione; vocazionale; attitudinale: **v. test**, esame attitudinale 2 professionale; di mestiere: **a v. school**, una scuola professionale. ● *(ind.)* **v. adviser**, psicotecnico □ **v. guidance**, orientamento professionale; (assistenza nell') avviamento al lavoro.
vocative ['vɔkətiv], *a. e n. (gramm.)* vocativo.
vociferant [vou'sifərənt], *A a.* vociferante. *B n.* vociferatore.
to vociferate [vou'sifəreit], *v. t. e i.* vociferare; vociare; gridare.
vociferation [vouˌsifə'reiʃən], *n.* vociferazione; clamore; grida.
vociferator [vou'sifəreitə*], *n.* vociferatore.
vociferous [vou'sifərəs], *a.* 1 clamoroso; rumoroso; rumoreggiante: **a v. crowd**, una folla rumoreggiante 2 *(di richiesta, ecc.)* clamoroso; a gran voce.
vociferousness [vou'sifərəsnis], *n.* clamorosità; rumorosità.
vodka ['vɔdkə], *n.* vodka.
vogue [voug], *n.* voga; moda: **in v.**, in voga; **Furs are the v. nowadays**, le pellicce sono di moda oggigiorno. ● **to be all the v.**, essere di gran moda; essere molto popolare □ **to come into v.**, acquistar voga □ **to have a great v.**, essere molto in voga; essere di gran moda.
voice [vɔis], *n.* 1 *(anche gramm.)* voce: **I have lost my v.**, ho perduto la voce; **He spoke in a loud v.**, parlava a voce alta; **the v. of reason**, la voce della ragione; **a verb in the passive v.**, un verbo nella voce passiva *(o* al passivo*)* 2 *(fon.)* suono sonoro. ● *(fam.)* **v. box**, laringe □ **the v. of the cuckoo**, il verso del cuculo □ *(cinem., telev.)* **v.-over**, voce fuori campo □ *(polit.)* **v. vote**, votazione per appello nominale *(o* per chiamata*)* □ **to drop one's v.**, abbassare la voce □ **to give v. to**, esprimere; sfogare: **The peasants gave v. to their discontent**, i contadini espressero la loro insoddisfazione *(di un cantante, ecc.)* **to have a good v.**, avere una bella voce □ **to have a v. in one's government**, aver diritto di voto □ **to have lost one's v.**, aver perso la voce; essere senza voce □ **to have no v. in the matter**, non aver voce

in capitolo □ (*di un cantante, ecc.*) **to be in good v.**, essere in voce □ **to lift up one's v.**, alzare la voce; parlare; farsi sentire; □ **not to be in good v.**, essere giù di voce □ (*anche fig.*) **to raise one's v.**, alzare la voce □ **to shout at the top of one's v.**, urlare a squarciagola □ **a song for three voices**, una canzone a tre voci □ **with one v.**, a una voce; all'unanimità □ **The dog gave v. to his joy**, il cane abbaiò di gioia □ **I have no v.**, non ho voce; non so cantare.

to voice [vɔis], *v. t.* **1** dar voce a; esprimere; farsi portavoce di: **to v. the feelings of the people**, esprimere i sentimenti del popolo; **I was chosen to v. their grievances**, fui scelto come portavoce delle loro lagnanze **2** (*mus.*) accordare, intonare (*le canne di un organo, ecc.*). **3** (*fon.*) pronunciare (*un suono*) come sonoro.

voiced [vɔist], *a.* **1** (*nei composti*) che ha voce; dalla voce: **deep-v.**, dalla voce profonda; **soft-v.**, dalla voce bassa **2** (*fon.*) sonoro: «**B**» **is a v. consonant**, la «b» è una consonante sonora.

voiceful ['vɔisful], *a.* (*poet.*) risonante.

voiceless ['vɔislis], *a.* **1** senza voce; muto; ammutolito; silenzioso **2** (*fig.*) che non ha voce in capitolo; che non si pronuncia **3** (*fon.*) sordo: «**P**» **is a v. consonant**, la «p» è una consonante sorda.

voicelessness ['vɔislisnis], *n.* **1** mancanza di voce; silenziosità **2** (*fig.*) il non aver voce in capitolo; il non volersi pronunciare **3** (*fon.*) sordità.

void [vɔid], **A** *a.* **1** vuoto; disabitato: **v. space**, spazio vuoto; **a v. house**, una casa disabitata **2** vacante; non occupato: **The bishopric fell v.**, l'episcopato si rese vacante **3** privo: **He is v. of common sense**, è privo di buon senso **4** (*leg.*) non valido; nullo; inefficace: **This contract is (null and) v.**, questo contratto è nullo **5** (*poet.*) inutile; vano. **B** *n.* vuoto; lacuna: **the painful v. made by his death**, il vuoto doloroso lasciato dalla sua morte; **to fill a v.**, colmare una lacuna. ● **to vanish into the v.**, svanire nel nulla.

to void [vɔid], *v. t.* **1** evacuare; sgombrare; vuotare: **to v. the bowels**, evacuare l'intestino **2** espellere; scaricare (*escrementi*) **3** (*leg.*) rendere nullo; annullare; invalidare.

voidable ['vɔidəbl], *a.* (*leg.*) annullabile; invalidabile.

voidance ['vɔidəns], *n.* **1** (*leg.*) annullamento; invalidazione **2** vacanza; disponibilità (*di un posto*).

voidness ['vɔidnis], *n.* **1** l'essere vuoto; vuotezza **2** (*leg.*) nullità; inefficacia.

voile [vɔil] (*franc.*), *n.* (*ind. tessile*) velo; voile.

vol. [vɔl], *n.* (*abbr. fam. di* **volume**) volume: **Milton's works in ten vols**, le opere di Milton in dieci volumi.

volant ['voulənt], *a.* **1** (*zool.*) che vola; capace di volare **2** (*araldica*) in volo; ad ali spiegate **3** (*poet.*) agile; rapido; veloce.

volar ['voulə*], *a.* (*anat.*) **1** palmare; del palmo (*della mano*) **2** della pianta (*del piede*).

volatile ['vɔlətail], *a.* (*chim.*) volatile: **v. salts**, sali volatili; (*elab.*) **v. storage**, memoria volatile **2** (*fig.*) mutevole; incostante, volubile; capriccioso: **a v. disposition**, un temperamento mutevole. ● (*econ.*) **a v. market**, un mercato soggetto a oscillazioni dei prezzi □ (*chim.*) **v. oils**, oli essenziali; (*anche*) idrocarburi volatili.

volatileness ['vɔlətailnis], *n.* **volatility** [,vɔlə'tiliti], *n.* **1** (*chim.*) volatilità **2** (*fig.*) mutevolezza; volubilità; incostanza.

volatilizable [,vɔlə'tailaizəbl], *a.* (*chim.*) volatilizzabile.

volatilization [və,lætilai'zeiʃən], *n.* (*chim.*) volatilizzazione.

to volatilize [vɔ'lætilaiz], *v. t. e i.* (*chim.*) volatilizzare.

vol-au-vent [,vɔlou'vã] (*franc.*), *n.* (*cucina*) vol-au-vent.

volcanic [vɔl'kænik], *a.* (*geol.*) vulcanico (*anche fig.*): **v. rocks**, rocce vulcaniche.

volcanicity [,vɔlkə'nisiti], *n.* **1** carattere vulcanico; natura vulcanica **2** (*geol.*) *V.* **vulcanism**.

volcanics [vɔl'kæniks], *n. pl.* (*geol.*) rocce vulcaniche.

volcanism ['vɔlkənizəm], *n.* (*geol.*) vulcanismo.

volcanist ['vɔlkənist], *n.* (*scient.*) vulcanologo.

volcano [vɔl'keinou], *n.* (*pl.* **volcanoes, volcanos**) (*geol.*) vulcano: **active v.**, vulcano attivo; **dormant v.**, vulcano inattivo. ● **mud v.**, vulcanetto di fango.

volcanogenic [vɔl,keinou'dʒenik], *a.* (*geol.*) creato da un vulcano.

volcanological [,vɔlkənə'lɔdʒikəl], *a.* (*geol.*) vulcanologico.

volcanology [,vɔlkə'nɔlədʒi], *n.* (*geol.*) vulcanologia.

vole (1) [voul], *n.* (*zool., Microtus*) arvicola; topo campagnolo. ● **field v.** (*Microtus arvalis*), topo campagnolo comune □ **water v.** (*Arvicola amphibius*), topo d'acqua.

vole (2) [voul], *n.* (*in certi giochi di carte*) cappotto. ● (*fig. USA*) **to go the v.**, rischiare il tutto per tutto.

to vole [voul], *v. i.* (*in certi giochi di carte*) far cappotto.

volet ['vɔlei] (*franc.*), *n.* (*arte*) pannello (*di un trittico*).

volitant ['vɔlitənt], *a.* (*zool.*) che vola; capace di volare; atto al volo.

volition [vou'liʃən], *n.* volizione; atto del volere; atto di volontà. ● **He did it of his own v.**, lo fece di propria spontanea volontà.

volitional [vou'liʃənl], *a.* della volizione; volitivo. ● (*fisiologia*) **v. movements**, movimenti volontari.

volitive ['vɔlitiv], **A** *a.* volitivo. **B** *a. e n.* (*gramm.*) (verbo) desiderativo.

volley ['vɔli], *n.* **1** scarica; raffica; salve: **a v. of stones**, una scarica di pietre; **a v. of bullets**, una raffica di pallottole **2** (*ind. min.*) volata (*fig.*) profluvio; torrente; sfilza: **a v. of oaths**, una sfilza di bestemmie **4** (*tennis*) volée; volata. ● (*mil.*) **v. fire**, fuoco a volontà □ (*sport*) **half-v.**, battuta della palla all'inizio del rimbalzo □ (*sport*) **on the v.**, al volo.

to volley ['vɔli], **A** *v. t.* **1** (*mil.*) scaricare; sparare **2** (*fig.*) lanciare (*insulti, ecc.*) **3** (*sport*) colpire (*la palla*) al volo **4** (*tennis*) fare una volée contro un (*avversario*). **B** *v. i.* **1** (*mil.*) sparare una raffica **2** (*sport*) prendere la palla al volo.

volleyball ['vɔlibɔ:l], *n.* (*sport*) **1** pallavolo **2** palla per pallavolo. ● **v. player**, pallavolista.

volplane ['vɔl-plein], *n.* (*aeron.*) volo librato; volo planato.

to volplane ['vɔl-plein], *v. i.* (*aeron.*) planare.

volt (1), to volt [vɔlt], *V.* **volte, to volte**.

volt (2) [voult], *n.* (*elettr.*) volt.

voltage ['voultidʒ], *n.* (*elettr.*) tensione; potenziale; voltaggio. ● (*elettron.*) **v. regulator**, stabilizzatore di tensione.

voltaic [vɔl'teiik], *a.* (*elettr.*) voltaico: **v. cell** (*o* **v. pile**), pila voltaica; pila di Volta.

voltameter [vɔl'tæmitə*], *n.* (*elettr.*) coulombometro.

voltammeter [vɔlt'æm,mi:tə*], *n.* (*elettr.*) voltamperometro.

volte [vɔult], *n.* **1** (*ippica*) volteggio **2** (*scherma*) volta.

to volte [vɔult], *v. i.* **1** (*ippica*) volteggiare **2** (*scherma*) far la volta.

volte-face ['vɔlt'fa:s] (*franc.*), *n.* voltafaccia (*anche fig.*).

voltmeter ['voult,mi:tə*], *n.* (*elettr.*) voltmetro.

volubility [,vɔlju'biliti], *n.* **1** loquacità **2** prolissità.

voluble ['vɔljubl], *a.* **1** garrulo; loquace **2** prolisso; tirato per le lunghe: **a v. explanation**, una spiegazione prolissa **3** (*bot., raro*) volubile.

volubleness ['vɔljublnis], *n. V.* **volubility**.

volume ['vɔljum], *n.* **1** volume (*in ogni senso*); capacità; massa; quantità; (*di libro*) tomo: (*geom.*) **the v. of a cone**, il volume di un cono; **the v. of a barrel**, la capacità di un barile; **a library of ten thousand volumes**, una biblioteca di diecimila volumi; **an odd v.**, un volume scompagnato; **a great v. of voice**, un gran volume di voce **2** (*acustica*) volume sonoro **3** (*di fumo*). ● **volumes of sound**, rimbombi □ (*econ.*) **v. production**, produzione in massa □ **cubic v.**, cubatura □ **to speak volumes**, essere significativo (*o* eloquente); stare a dimostrare; valere più di qualsiasi lungo discorso: **The glance she gave him spoke volumes**, ella gli diede un'occhiata assai eloquente; **His gift speaks volumes for his munificence**, il suo dono sta a dimostrare la sua munificenza come meglio non si potrebbe □ **to turn down the v. of a TV set**, abbassare il volume di un televisore.

volumenometer [,vɔljumi'nɔmitə*], *n.* (*fis.*) volumenometro.

volumeter [vɔ'lju:mitə*], *n.* (*fis.*) idrometro; densimetro.

volumetric(al) [,vɔlju'metrik(əl)], *a.* (*scient.*) volumetrico: (*chim.*) **v. analysis**, analisi volumetrica.

voluminosity [və,lju:mi'nɔsiti], *n.* voluminosità.

voluminous [və'lju:minəs], *a.* **1** voluminoso: **a v. book**, un libro voluminoso **2** (*di scrittore*) fecondo; prolifico **3** prolisso; troppo ampio: **a v. account**, un resoconto prolisso **4** (*arc.*) a volute; a spirale. ● **a v. skirt**, una gonna ampia.

voluminousness [və'lju:minəsnis], *n.* **1** voluminosità **2** fecondità, prolificità (*di scrittore*) **3** prolissità.

voluntariness ['vɔləntərinis], *n.* volontarietà; spontaneità.

voluntarism ['vɔləntərizəm], *n.* (*filos.*) volontarismo.

voluntarist ['vɔləntərist], *n.* (*filos.*) seguace del volontarismo.

voluntary ['vɔləntəri], **A** *a.* volontario; spontaneo; intenzionale: **v. service**, servizio volontario; **a v. confession**, una confessione spontanea; (*fisiologia*) **v. muscles**, muscoli volontari. **B** *n.* **1** (*relig., mus.*) assolo d'organo. **2** *V.* **voluntarist**. ● (*leg.*) **v. conveyance**, cessione a titolo gratuito □ (*leg.*) **v. partition**, divisione consensuale (*del patrimonio*) □ **v. school**, scuola privata (*mantenuta con contributi volontari*) □ **v. waste**, danni prodotti volutamente (*specialm. da parte di un inquilino*) □ **Man is a v. agent**, l'uomo è un essere dotato di volontà.

voluntaryism ['vɔləntəriizəm], *n.* (*polit.*) laicismo; teoria per cui la Chiesa e le scuole non debbono essere sovvenzionate dallo Stato.

voluntaryist ['vɔləntəriist], *n.* (*polit.*) fautore del **voluntaryism** (*q. V.*).

volunteer [,vɔlən'tiə*], **A** *n.* **1** (*specialm. mil.*) volontario **2** (*leg.*) cessionario a titolo gratuito; donatario **3** (*bot.*) pianta spontanea. **B** *a. attr.* **1** (*bot.*) spontaneo: **v. vegetation**, vegetazione spontanea **2** (*mil.*) di volontari: **a v. camp**, un campo di volontari; **a v. army**, un esercito di volontari.

to volunteer [,vɔlən'tiə*], **A** *v. i.* **1** (*mil.*) andar volontario; ar-

voluptuary

ruolarsi volontario **2** offrirsi spontaneamente. **B** *v. t.* offrire spontaneamente; dare volontariamente: **to v. one's services**, offrire spontaneamente i propri servigi. ● **to v. an explanation**, dare una spiegazione non richiesta.
voluptuary [və'lʌptjʊəri], **A** *n.* epicureo, epicurea; libertino; gaudente. **B** *a.* **1** voluttuario; di lusso **2** sensuale; voluttuoso.
voluptuous [və'lʌptjʊəs], *a.* voluttuoso; sensuale.
voluptuousness [və'lʌptjʊəsnis], *n.* voluttuosità; sensualità.
volute [və'lju:t], *n.* **1** (*archit.*) voluta **2** (*mecc.*) chiocciola; cassone a spirale. ● (*mecc.*) **v. spring**, molla a spirale conica.
voluted [və'lju:tid], *a.* **1** a voluta; a spirale **2** (*archit.*) ornato di volute.
volution [və'lju:ʃən], *n.* **1** avvolgimento; spira; spirale **2** (*anat.*) circonvoluzione.
volvulus ['vɔlvjuləs], *n.* (*pl.* **volvuluses**) (*med.*) volvolo.
vomer ['voumə*], *n.* (*anat.*) vomere (*osso del setto nasale*).
to **vomit** ['vɔmit], *v. t. e i.* vomitare (*anche fig.*); eruttare. ● (*mil.*) **vomiting gas**, aggressivo chimico starnutatorio.
vomit ['vɔmit], *n.* **1** vomito; cibo vomitato **2** (*farm.*) emetico. ● **v. nut**, noce vomica.
vomitive ['vɔmitiv], *a.* (*farm.*) vomitativo; vomitivo; emetico.
vomitory ['vɔmitəri], **A** *a.* (*farm.*) vomitativo; vomitivo; emetico. **B** *n.* **1** (*farm.*) emetico **2** (*stor. romana*) vomitorio (*di un circo*).
vomiturition [ˌvɔmitjuˈriʃən], *n.* (*med.*) **1** conati di vomito **2** vomito continuo.
vomitus ['vɔmitəs] (*lat.*), *n.* vomito.
voodoo ['vu:du:], *n.* (*pl.* **voodoos**) **1** vudù, vodù; vuduismo, voduismo **2** (*anche* **v. doctor**, **v. priest**) stregone; mago; fattucchiere.
to **voodoo** ['vu:du:], *v. t.* stregare; fare il malocchio a (q.).
voodooism ['vu:du:izəm], *n.* **1** vudù, vodù; vuduismo, voduismo; stregoneria; pratiche superstiziose (*dei negri d'America e delle Indie Occidentali*).
voodooist ['vu:du:ist], *n.* vuduista, voduista.
Vopo ['voupou], (*ted.*), *n.* (*voupou*), *n.* (*acronimo di* **Volkspolizei**) (*invar. al pl.*) vopo. ● **V. policeman**, vopo.
voracious [və'reiʃəs], *a.* vorace; insaziabile: **a v. wolf**, un lupo vorace; **a v. appetite**, un forte appetito. ● (*fig.*) **a v. reader**, un divoratore di libri.
voraciousness [və'reiʃəsnis], **voracity** [vɔˈræsiti], *n.* voracità; insaziabilità.
vortex ['vɔ:teks], *n.* (*pl.* **vortices**, **vortexes**) (*mecc. dei fluidi*) vortice (*anche fig.*): **the v. of war**, il vortice della guerra. ● (*ing.*) **v. cage meter**, contatore a turbina.
vortical ['vɔ:tikəl], *a.* vorticoso.
vorticella [ˌvɔ:tiˈselə], *n.* (*pl.* **vorticellae**, **vorticellas**) (*zool.*, *Vorticella*) vorticella.
vorticism ['vɔ:tisizəm], *n.* (*arte*) vorticismo.
vorticist ['vɔ:tisist], *n.* (*arte*) seguace del vorticismo.
vorticity [vɔ:'tisiti], *n.* **1** vorticosità **2** (*mecc. dei fluidi*) rotazione.
vorticose ['vɔ:tikous], **vortiginous** [vɔ:'tidʒinəs], *a.* vorticoso.
votable ['voutəbl], *a.* votabile: che si può votare.
votaress ['voutəris], *n.* devota; ammiratrice; seguace. ● (*fig.*, *lett.*) **a v. of Diana**, una sacerdotessa di Diana.
votary ['voutəri], *n.* **1** devoto; ammiratore; seguace; fautore: **a v. of peace**, un fautore della pace **2** appassionato, fanatico, fan (*di uno sport*). ● (*fig.*, *lett.*) **a v. of science**, una persona votata alla scienza.
vote [vout], *n.* **1** (*polit.*) voto; votazione; suffragio; numero dei voti; diritto di voto: **a v. of confidence**, un voto di fiducia; **a v. of censure**, un voto di censura; **to count the votes**, contare i voti; **The v. was light**, la votazione fu scarsa; **Some racial minorities have not yet the v.**, talune minoranze etniche non hanno ancora il diritto di voto **2** scheda (*o* pallina) di votazione **3** gruppo di elettori; (i) voti: **the minority v.**, i voti delle minoranze etniche. ● **by show of hands**, votazione per alzata di mano □ (*polit.*) **v.-getter**, chi ottiene (molti) voti: **He was the biggest v.-getter in the election**, nelle elezioni ha ottenuto il maggior numero di voti □ (*polit.*) **v.-winner**, che fa prendere molti voti al suo partito □ **the Army v.**, gli stanziamenti votati per l'esercito □ **to carry a v.**, approvare una mozione □ **to cast one's v.**, dare il proprio voto; votare □ **the floating v.**, i voti fluttuanti □ **to propose a v. of thanks**, proporre di rendere pubblici ringraziamenti □ **to put st. to the v.**, mettere q.c. ai voti □ **to take the v.**, procedere allo scrutinio.
to **vote** [vout], *v. t. e i.* **1** votare; dare il voto: **He voted for the Labour candidate**, votò per il candidato laburista **2** decidere; deliberare (stabilire, assegnare, ecc.) mediante votazione: **to v. a sum for travelling expenses**, votare lo stanziamento d'una somma per spese di viaggio **3** (*fam.*) dichiarare unanimemente; riconoscere concordemente: **The comedian was voted a bore**, tutti furono d'accordo nel dichiarare che il comico era noioso

4 (*fam.*) proporre; suggerire: **I v. that we leave him alone**, propongo di lasciarlo in pace. ● **to v. a bill into law**, trasformare in legge un disegno di legge □ **to v. a bill through**, approvare un disegno di legge □ **to v. by ballot**, votare a scrutinio segreto □ **to v. a candidate in**, eleggere un candidato; nominare un candidato (*con votazione*) □ **to v. a candidate out**, bocciare un candidato (*alle elezioni*) □ (*polit.*) **to v. down a measure**, bocciare (*o* respingere) un provvedimento □ **to v. the government out of office**, buttare giù il governo alle elezioni.
voteless ['voutlis], *a.* (*polit.*) senza voto; senza diritto di voto.
voter ['voutə*], *n.* votante; elettore, elettrice.
voting ['voutiŋ], *n.* (*polit.*) votazione; scrutinio. ● **v. paper**, scheda di votazione □ (*fin.*) **v. trust**, sindacato azionario □ (*polit.*) **v. turn-out**, affluenza alle urne.
votive ['voutiv], *a.* votivo: **a v. picture**, un quadretto votivo.
votress ['voutris], *V.* **votaress**.
to **vouch** [vautʃ], *v. t. e i.* **1** attestare; comprovare; provare: **to v. a statement**, provare un'asserzione **2** (*anche leg.*) garantire; essere mallevadore; rispondere (di q., q.c.): **I am quite willing to v. for his honesty**, sono dispostissimo a farmi garante della sua onestà. ● **His references v. for his ability**, le sue referenze parlano a favore delle sue capacità.
voucher ['vautʃə*], *n.* **1** (*anche leg.*) garante; mallevadore **2** (*leg.*, *comm.*) documento giustificativo; pezza d'appoggio **3** buono; scontrino **4** (*leg.*, *comm.*) ricevuta; quietanza. ● **a luncheon v.**, un buono pasto □ **a travel v.**, un buono viaggio.
to **vouchsafe** [vautʃ'seif], *v. t.* **1** accondiscendere a; degnarsi di dare (*o* di fare q.c.): **He didn't v. me an answer**, non si degnò di darmi una risposta **2** promettere (*di fare q.c.*) **3** (*arc.*) accordare; concedere: **to v. mercies upon sb.**, concedere doni a q.
voussoir [vu:'swa:], *n.* (*archit.*) mattone a cuneo; concio rastremato (*per archi*).
vow [vau], *n.* voto; promessa solenne; giuramento: **vow of chastity**, voto di castità; **I am under a vow to drink no wine**, ho fatto voto di non bere vino; **lover's vows**, giuramenti d'innamorati. ● **to break a vow**, infrangere un voto □ **to fulfil (to perform) a vow**, adempiere (sciogliere) un voto □ **marriage vows**, promesse di matrimonio □ (*relig.*) **to take vows**, pronunziare i voti □ **to be under a vow of chastity**, aver fatto voto di castità.
to **vow** [vau], **A** *v. t.* **1** votare; consacrare; offrire (*in voto*): **They vowed a temple to Apollo**, consacrarono un tempio ad Apollo **2** far voto di; giurare; promettere solennemente: **to v. vengeance against sb.**, giurare vendetta su q.; **I have vowed I will lend him no more money**, ho promesso solennemente di non prestargli più denaro. **B** *v. i.* far voto; pronunziare un voto. ● **to vow and declare**, dichiarare solennemente; giurare; promettere □ **to vow one's life to the service of God**, dedicare la vita al servizio di Dio.
vowel ['vauəl], (*fon.*) **A** *n.* vocale. **B** *a. attr.* di vocale; vocalico. ● **v. gradation**, apofonia □ **v. mutation**, metafonia; metafonesi □ **neutral v.**, vocale neutra (*simbolo fonetico* [ə]).
to **vowelize** ['vauəlaiz], *v. t.* mettere i segni delle vocali in (*un testo arabo o ebraico*).
vox [vɔks] (*lat.*), *n.* «vox»; voce. ● **vox populi**, «vox populi»; la pubblica opinione.
vox pop [ˌvɔks'pɔp], *n.* (*fam.*) (*cinem.*, *telev.*, *radio*) indagine demoscopica; inchiesta.
voyage [vɔidʒ], *n.* viaggio (*di mare, fluviale, o aereo*); traversata; passaggio: **a v. to the Far East**, un viaggio in Estremo Oriente. ● **broken v.**, viaggio interrotto; spedizione (*di caccia alla balena, ecc.*) infruttuosa □ **homeward v.**, viaggio di ritorno □ **on the v. home**, nel viaggio di ritorno □ **on the v. out**, nel viaggio d'andata □ **outward v.**, viaggio d'andata.
to **voyage** [vɔidʒ], **A** *v. i.* (*lett.*) viaggiare, fare un viaggio (*per via d'acqua o aerea*); fare una traversata. **B** *v. t.* percorrere, attraversare, navigare (*oceani, laghi, ecc.*).
voyageable ['vɔidʒəbl], *a.* navigabile.
voyager ['vɔidʒə*], *n.* viaggiatore; passeggero (*di nave o aereo*).
voyageur [ˌvwajaˈʒəː*], *n.* (*in Canada*) **1** chiattaiolo; barcaiolo **2** esploratore dei boschi.
voyeur [ˌvwa'jə:*] (*franc.*), *n.* (*psic.*) guardone; voyeur.
voyeuristic [ˌvwa:jə'ristik], *a.* (*psic.*) voyeuristico.
VTOL [vi: ti: ou 'el], **A** *n.* (*acronimo di* **vertical take-off and landing**) (*aeron.*) decollo e atterraggio verticali. **B** *a. attr.* (*di un aereo*) a decollo e atterraggio verticali.
Vulcan ['vʌlkən], *n.* (*mitol.*) Vulcano.
vulcanic [vʌl'kænik], *a. e deriv. V.* **volcanic** *e deriv.*
vulcanist ['vʌlkənist], *n.* (*astron.*) vulcanista.
vulcanite ['vʌlkənait], *n.* (*ind.*) vulcanite; gomma dura (*vulcanizzata*).
vulcanizable ['vʌlkənaizəbl], *a.* (*ind.*) vulcanizzabile.
vulcanization [ˌvʌlkənaiˈzeiʃən], *n.* (*ind.*) vulcanizzazione.
to **vulcanize** ['vʌlkənaiz], *v. t.* (*ind.*) vulcanizzare: **vulcanized**

fibres, fibre vulcanizzate.
vulcanizer ['vʌlkənaizə*], *n.* (*ind.*) vulcanizzatore (*apparecchio*).
vulgar ['vʌlgə*], *a.* **1** volgare; plebeo; grossolano; rozzo; triviale: **v. language**, linguaggio volgare; **v. life**, vita plebea; **v. tastes**, gusti grossolani **2** (*lett.*) del volgo: **v. opinion**, l'opinione del volgo. ● **the v.**, il volgo; la plebe □ **the v. era**, l'era volgare □ (*mat.*) **v. fraction**, frazione ordinaria □ **the v. herd**, il volgo; la plebe □ **V. Latin**, il latino volgare □ **the v. tongue**, la lingua volgare; il volgare.
vulgarian [vʌl'gɛərīən], *n.* individuo volgare; persona di gusti volgari.
vulgarism ['vʌlgərizəm], *n.* **1** volgarismo; espressione volgare **2** comportamento volgare; volgarità.
vulgarity [vʌl'gæriti], *n.* volgarità; grossolanità; rozzezza.
vulgarization [,vʌlgərai'zeiʃən], *n.* **1** il rendere volgare; svilimento **2** volgarizzazione; divulgazione.
to vulgarize ['vʌlgəraiz], *v. t.* **1** rendere volgare; svilire; degradare **2** volgarizzare; divulgare.
Vulgate ['vʌlgit], *n.* (*relig.*) Volgata, Vulgata.
vulgus ['vʌlgəs] (*lat.*), *n.* (*lett. o raro*) **1** volgo; popolo; popo-lino **2** (*gergo studentesco*) esercizio di versificazione latina.
vulnerability [,vʌlnərə'biliti], *n.* (*anche fig.*) vulnerabilità.
vulnerable ['vʌlnərəbl], *a.* (*anche fig.*) vulnerabile.
vulnerableness ['vʌlnərəblnis], *n.* (*anche fig.*) vulnerabilità.
vulnerary ['vʌlnərəri], (*farm.*) **A** *a.* vulnerario: **v. unguent**, balsamo vulnerario. **B** *n.* medicamento vulnerario.
vulpicide ['vʌlpisaid], *n.* (*raro*) uccisore (*o* uccisione) di una volpe (*non durante una caccia*).
vulpine ['vʌlpain], *a.* volpino; di (*o* da) volpe; (*fig.*) astuto, scaltro.
vulture ['vʌltʃə*], *n.* **1** (*zool., Aegypius monachus*) avvoltoio **2** (*zool.*) accipitride (*in genere*) **3** (*fig.*) avvoltoio; individuo rapace: **the vultures of our society**, gli avvoltoi della nostra società.
vulturine ['vʌltʃurain], **vulturous** ['vʌltʃurəs], *a.* (*zool.*) di (*o* da) avvoltoio; rapace (*anche fig.*).
vulva ['vʌlvə], *n.* (*pl.* **vulvae, vulvas**) (*anat.*) vulva.
vulval ['vʌlvəl], **vulvar** ['vʌlvə*], *a.* (*anat.*) vulvare.
vulvitis [vʌl'vaitis], *n.* (*med.*) vulvite.
vying ['vaiiŋ], **A** *p. pr. di* **to vie**. **B** *a.* che compete; che gareggia.

W, W

W, w ['dʌblju(:)], *n.* (*pl.* **W's, w's; Ws, ws**) W, w (ventitreesima lettera dell'alfabeto ingl.). ● (*tel.*) **w. for William**, w come Washington.
Waac [wæk], *n.* (*fam.*) ausiliaria dell'esercito inglese (*V.* **W.A.A.C.** *nell'elenco delle sigle inglesi*).
Waaf [wæf], *n.* (*fam.*) ausiliaria dell'aviazione inglese (*V.* **W.A.A.F.** *nell'elenco delle sigle inglesi*).
wabble, to wabble ['wæbl], *V.* **wobble, to wobble.**
WAC [wæk], *n.* (*acronimo di* **Women's Army Corps**) (*mil. USA*) ausiliaria dell'esercito americano.
wack [wæk], *n.* (*pop. ingl. sett.*) amico; amicone; compagno.
wacke ['wækə], *n.* (*geol.*) grovacca.
wacky ['wæki], *a.* (*pop.*) strambo; stravagante.
wad [wɔd], *n.* **1** batuffolo; tampone: **wads of cotton wool**, batuffoli d'ovatta **2** (*mil.*) stoppaccio; borra **3** (*fam.*) pacchetto, rotolo (*di biglietti di banca*); fascio (*di documenti*) **4** (*pop. USA*) (un) mucchio; (un) sacco (*fig.*); gruzzolo; quattrini: **a wad of letters**, un mucchio di lettere.
to wad [wɔd], *v. t.* **1** fare un batuffolo di (*cotone, ecc.*) **2** imbottire (*coperte, indumenti, ecc.*) **3** tamponare; turare; tappare **4** mettere lo stoppaccio in (*una canna di fucile*). ● **to wad a newspaper**, piegare un giornale facendone una specie di tampone □ (*fig.*) **well wadded with conceit**, (ben) imbottito di presunzione.
wadable ['weidəbl], *a.* guadabile.
wadding ['wɔdiŋ], *n.* **1** bambagia; borra; ovatta **2** cotone da imbottitura **3** (*mil.*) stoppaccio; borra.
to waddle ['wɔdl], *v. i.* camminare dondolandosi; ancheggiare; sculettare (*pop.*).
waddle ['wɔdl], *n.* andatura dondolante; sculettamento (*pop.*).
waddler ['wɔdlə*], *n.* chi cammina dondolandosi.
waddy ['wɔdi], *n.* mazza da combattimento (*degli indigeni d'Australia*).
to wade [weid], **A** *v. i.* **1** passare a guado **2** camminare a stento (*sul fango, fra l'erba alta, ecc.*); diguazzare; sguazzare **3** (*fig.*) aprirsi un varco (*fra mille difficoltà*); farsi strada a stento. **B** *v. t.* guadare: **We waded the river**, guadammo il fiume. ● **to w. in**, (*di guerriero*) gettarsi nella mischia; (*fig., fam.*) mettercisi (*al lavoro, ecc.*) di buona lena (*fam.*: di buzzo buono) □ (*fam.*) **to w. into sb.**, attaccare (*o* aggredire) q. con grande foga; (*sport*) entrare decisamente su q. □ (*fam.*) **to w. into st.**, mettersi di buona lena a fare q.c. □ **to w. through blood** (*o* **slaughter**), farsi largo seminando strage □ (*zool.*) **wading bird**, trampoliere; ciconiforme (*in genere*).
wade [weid], *n.* **1** attraversamento a guado **2** guado.
wader ['weidə*], *n.* **1** chi passa a guado **2** (*zool.*) trampoliere **3** (*pl.*) stivaloni impermeabili.
wadge [wɔdʒ], *n.* (*fam.*) mucchio; fastello.
wadi, wady ['wɑ:di], *n.* (*pl.* **wadis**) (*geogr.*) uadi.
wafer ['weifə*], *n.* **1** wafer; biscotto sottile e friabile; cialda **2** (*relig.*) ostia **3** cialda per sigillare (*documenti, ecc.*); dischetto adesivo **4** (*ing.*) elemento piatto **5** (*elettron.*) wafer; fetta di silicio. ● **as thin as a w.**, sottile come un'ostia; sottilissimo.
to wafer ['weifə*], *v. t.* sigillare con una cialda.
waffle (1) ['wɔfl], *n.* cialda; focaccia. ● **w. iron**, ferro per cialde.
waffle (2) ['wɔfl], *n.* (*pop.*) chiacchiericcio; ciarle; ciance; fesserie (*pop.*).
to waffle ['wɔfl], *v. i.* (*pop.*) chiacchierare; cianciare; blaterare.
waft [wɑ:ft], *n.* **1** bava di vento; soffio **2** effluvio; zaffata; (*fig.*) sensazione fuggevole: **a w. of joy**, una fuggevole sensazione di gioia **3** battito d'ala; lieve movimento **4** (*naut., anche* **weft**) mostravento; fiamma.
to waft [wɑ:ft], **A** *v. t.* (*del vento*) portare in volo; diffondere; spandere: **The wind wafted the clouds over the mountains**, il vento portò le nuvole oltre i monti; **The smell of soup was wafted in from the kitchen**, l'odore della zuppa si spandeva dalla cucina. **B** *v. i.* essere portato dal vento; diffondersi; spandersi. ● **to w. a kiss to sb.**, mandare un bacio a q. (*sulla punta delle dita*).

wafter ['wɑ:ftə*], *n.* (*mecc.*) ventola.
to wag [wæg], **A** *v. t.* agitare; dimenare; muovere (*la coda, ecc.*); scrollare; scuotere: **My dog wags his tail when he sees me**, il mio cane dimena la coda quando mi vede; **to wag one's finger at sb.**, agitare il dito contro q. in segno di rimprovero; **to wag one's head**, scrollare il capo. **B** *v. i.* **1** agitarsi; scuotere **2** agitare la coda; scodinzolare. ● **to set tongues** (*o* **beards, chins**) **wagging**, far parlare di sé; dare scandalo.
wag (1) [wæg], *n.* scuotimento; scrollata. ● **a wag of one's head**, un tentennamento (*o* una scrollata) del capo □ **a wag of the tail**, una scodinzolata.
wag (2) [wæg], *n.* uomo faceto; burlone; tipo ameno; allegrone.
wage [weidʒ], *n.* (*di solito al pl.*) salario; paga; retribuzione: **a fair w.**, un salario equo; **good wages**, una buona paga; **a living w.**, un salario bastevole alle necessità della vita. ● **w. bargains**, contrattazioni salariali □ **w. claim**, richiesta d'aumento salariale; rivendicazione □ **w. drift**, slittamento salariale □ **w.-earner**, salariato, salariata □ **w. freeze**, congelamento salariale; blocco dei salari □ (*econ.*) **w. indexation**, indicizzazione dei salari □ (*econ.*) **w.-push inflation**, spinta inflazionistica da salari □ **w. scale**, tabella base dei salari □ **w. sheet**, foglio paga □ **w. slave**, schiavo (*fig.*); salariato costretto a sgobbare per tirare avanti □ **w.-worker**, salariato, salariata □ **minimum w.**, salario minimo; (il) minimo di paga.
to wage [weidʒ], *v. t.* intraprendere; iniziare; condurre; fare: **to w. a campaign**, intraprendere una campagna militare; **to w. war**, far guerra; guerreggiare; muover guerra.
wager ['weidʒə*], *n.* **1** scommessa **2** posta, puntata (*di una scommessa*). ● **w. of battle**, singolar tenzone (*come giudizio di Dio*) □ **to lay a w.**, fare una scommessa.
to wager ['weidʒə*], *v. t. e i.* scommettere; fare una scommessa.
wagerer ['weidʒərə*], *n.* scommettitore, scommettitrice.
waggery ['wægəri], *n.* **1** amenità; giocosità; scherzosità **2** burla; facezia; scherzo.
wagging ['wægiŋ], *n.* **1** dimenio; scuotimento **2** (*anche* **w. of the tail**) scodinzolio.
waggish ['wægiʃ], *a.* ameno; giocoso; faceto; scherzoso.
waggishness ['wægiʃnis], *n.* amenità; giocosità; scherzosità.
to waggle ['wægl], (*fam.*) **A** *v. t.* agitare; dimenare; scrollare; scuotere: **The dog was waggling its tail**, il cane agitava la coda (*o* scodinzolava). **B** *v. i.* **1** (*della coda e sim.*) muoversi; dimenarsi **2** dondolare; tentennare; traballare.
waggle ['wægl], *n.* (*fam.*) scuotimento; scrollata. ● **w. of the tail**, scodinzolio.
waggly ['wægli], *a.* dondolante; tentennante; traballante.
wag(g)on ['wægən], *n.* **1** carro; barroccio **2** (*ferr.*) vagone ferroviario; carro merci **3** (*USA*) furgone cellulare; cellulare **4** (*stor. USA*) carro coperto (*dei pionieri*) **5** (*mecc.*) **w. drill**, sonda su carrello (*archit.*) **w.-headed**, a volta cilindrica □ **w.-tilt**, copertone del carro □ **w.-wright**, carradore; costruttore di carri □ (*fig.*) **to hitch one's w. to a star**, mirare troppo in alto; essere troppo ambizioso □ (*fam.*) **to be on the (water) w.**, essere astemio □ (*autom.*) **station w.**, giardiniera; giardinetta; familiare.
to wag(g)on ['wægən], **A** *v. t.* trasportare (*merci, ecc.*) con un carro. **B** *v. i.* viaggiare su un carro.
wag(g)onage ['wægənidʒ], *n.* **1** trasporto con carri **2** (*comm.*) spese di trasporto con carri.
wag(g)oner ['wægənə*], *n.* **1** carrettiere; barrocciaio **2** – (*astron.*) **the W.**, l'Auriga (*costellazione*).
wag(g)onette [,wægə'net], *n.* carrozza aperta a quattro ruote.
wag(g)onload ['wægənloud], *n.* carrettata; barrocciata; quanto sta in un carro (*o* in un barroccio).
Wagnerian [vɑ:g'niəriən], *a. e n.* (*mus.*) wagneriano.
wagon-lit ['væɡɔ:n'li:] (*franc.*), *n.* (*pl.* **wagons-lits, wagon-lits**) (*ferr.*) vagone letto.
wagtail ['wægteil], *n.* (*zool., Motacilla*) ballerina; cutrettola.
waif [weif], *n.* **1** oggetto smarrito **2** animale randagio **3** fan-

ciullo abbandonato; derelitto. ● (*collett.*) **waifs and strays**, oggetti smarriti; (*anche*) infanzia abbandonata.
to **wail** [weil], A *v. i.* **1** gemere; lamentarsi; emettere alti lamenti; dolersi: **The wind was wailing among the trees**, il vento gemeva fra gli alberi; **The little girl was wailing for her mother**, la bambina si lamentava perché voleva la mamma **2** (*di neonato*) vagire. B *v. t.* piangere; lamentare: **They wailed their son's death**, piangevano la morte del figlio. ● (*a Gerusalemme*) **the Wailing Wall**, il muro del pianto.
wail [weil], *n.* **1** gemito; lamento; pianto **2** (*di neonato*) vagito.
wailful ['weilful], *a.* (*poet.*) lamentoso; dolente.
wailing ['weiliŋ], *n.* lamento; lamentazione.
wain [wein], *n.* (*arc.*, *poet.*) carro. ● (*astron.*, *anche* **the W., Charles's W.**), l'Orsa Maggiore.
wainscot ['weinskət], *n.* (*edil.*) **1** rivestimento a pannelli di legno (*di parete*) **2** battiscopa; zoccolo di legno.
to **wainscot** ['weinskət], *v. t.* (*edil.*) **1** rivestire (*pareti, ecc.*) con pannelli di legno **2** provvedere di battiscopa.
wainscoting ['weinskətiŋ], *n.* (*edil.*) **1** rivestimento (*di pareti, ecc.*) in legno **2** legno per rivestimenti.
waist [weist], *n.* **1** cintola; vita; cintura: **That woman has a large (a small) w.**, quella donna ha la vita grossa (snella); **naked to the w.**, nudo fino alla cintola; **long w.**, vita alta; **short w.**, vita bassa **2** (*moda*) corpetto; camicetta **3** parte centrale (*d'una nave, ecc.*); parte mediana (*d'una scarpa, ecc.*) **4** strozzatura (*d'un violino, di una clessidra, ecc.*) ● **w.-band** (*o* **w.-belt**), cintura; fascia □ **w.-cloth**, fascia attorno ai fianchi; perizoma □ **w.-deep**, (*fino*) alla cintola: **We advanced inch by inch w.-deep in the snow**, avanzammo centimetro per centimetro con la neve alla cintola □ **w.-high**, che arriva alla cintola; (*fino*) alla cintola: **The grass was w.-high**, l'erba arrivava alla cintola □ (*moda: d'abito*) **w.-tight**, sciancrato □ (*d'abito*) **fitted at the w.**, sciancrato (*moda*) **fitting at the w.**, sciancratura (*di persona grassa*) **to have no w.**, essere senza vita; essere una botte (*o* un vagone) □ **up to the w.**, fino alla cintola.
waistcoat ['weiskout], *n.* (*moda*) panciotto; gilè.
waisted ['weistid], *a.* (*specialm. nei composti*) che ha la vita; dalla vita: **wasp-w.**, dalla vita di vespa; che ha un vitino di vespa.
waistline ['weistlain], *n.* linea della cintura; giro di vita. ● **to watch one's w.**, stare attento alla linea.
to **wait** [weit], *v. i. e t.* **1** aspettare; attendere; indugiare; essere in attesa; restare in attesa: **W. for us**, aspettateci; **Please w. till I come back**, per favore, attendi ch'io torni!; **I always wait for the green light before crossing**, aspetto sempre che venga il verde prima d'attraversare; **to w. one's chance**, aspettare l'occasione propizia **2** (*di solito* **to w. at table**) servire a tavola; fare il cameriere (*o* la cameriera): **Are you accustomed to waiting?**, Lei è abituata a servire a tavola? **3** (*fam.*) ritardare; rinviare: **I'm not going to w. breakfast for you**, non intendo ritardare la colazione per te. ● **to w. and see**, stare a vedere; attendere il corso degli eventi □ (*fig.*) **to w. in the wings**, aspettare dietro le quinte □ **to w. on** (*o* **upon**), servire (*a tavola o altrimenti*): **Don't forget to w. upon the customers**, non dimenticare di servire i clienti! □ **to w. on sb. hand and foot**, servire q. di barba e capelli □ **to w. up for sb.**, stare alzato per q.; non andare a letto in attesa che q. rientri □ **to keep sb. waiting**, far aspettare q.; tenere q. in attesa □ **Lunch is waiting for us**, il pranzo è in tavola (*o* è servito) □ **He always has to be waited for**, si fa sempre aspettare □ **I didn't w. to be told twice**, non me lo feci dire due volte □ **W. for it!**, sentite questa! adesso viene il bello!
wait [weit], *n.* **1** attesa; indugio: **I'm fed up with these long waits**, sono arcistufo di queste lunghe attese **2** agguato; imboscata: **to lie in w.**, stare in agguato; **to lie in w. for sb.**, tendere un'imboscata a q. **3** (*di solito al pl.*) comitiva di cantanti e suonatori che vanno di casa in casa la notte di Natale (*in G.B.*) **4** (*pl., stor.*) banda di suonatori; banda municipale. ● **w.-and-see policy**, politica temporeggiatrice; attendismo.
waiter ['weitə*], *n.* chi aspetta, attende, ecc. (*V.* **to wait**) **2** (*specialm.*) cameriere (*d'albergo o di ristorante*) **3** funzionario doganale **4** (*fin.*) commesso (*della Borsa di Londra*) **5** vassoio.
waiting ['weitiŋ], *n.* attesa. ● **w. list**, lista d'attesa □ **w. maid**, cameriera personale □ (*ass.*) **w. period**, periodo d'aspettativa (*prima del pagamento d'un indennizzo*) □ **w. room**, sala d'aspetto (*o d'attesa*) □ **lady-in-w.**, dama d'onore (*della regina*) □ **lord-in-w.**, gentiluomo della Casa reale □ (*autom.*) **No w.**, divieto di sosta (*cartello*).
waitress ['weitris], *n.* cameriera (*d'albergo o di ristorante*).
to **waive** [weiv], *v. t.* **1** (*leg.*) rinunciare a (*un diritto*); abbandonare (*una pretesa, ecc.*) **2** (*raro*) lasciar perdere (*un'occasione*).
waiver ['weivə*], *n.* (*leg.*) rinuncia (*a un diritto*); abbandono (*di una pretesa*).
to **wake** [weik] (*pass.* **woke, waked**, *p. p.* **waked, woken, woke**), A *v. i.* destarsi; svegliarsi; risvegliarsi; (*anche fig.*) aprire gli occhi; (*fig.*) scuotersi: **I woke (up) late and had to leave without any breakfast**, mi svegliai tardi e dovetti uscire senza fare colazione; **W. up there!**, su, scuotetevi! B *v. t.* **1** destare; svegliare; (*fig.*) scuotere: **What time do you want to be waked?**, a che ora vuoi essere svegliato?; **Is there anything on earth that can w. him up?**, ma c'è qualcosa al mondo che possa scuoterlo? **2** (*specialm. irl.*) vegliare (*un morto*) **3** rievocare; suscitare: **to w. sad memories**, rievocare tristi memorie; **to w. passions**, suscitare passioni. ● **to w. an echo**, suscitare un'eco □ **to w. a place**, turbare la quiete di un luogo □ **to w. silence**, rompere (*o* turbare) il silenzio □ (*fam.*) **W. up!**, sveglia!; (*fam.*) attenzione!
wake (1) [weik], *n.* **1** (*specialm. irl.*) veglia funebre **2** (*pl., nell'Inghilterra sett.*) festa annuale (*specialm. celebrata dagli operai*) **3** (*stor., relig.*) festa per la consacrazione di una chiesa parrocchiale.
wake (2) [weik], *n.* (*naut., astron.*) scia (*anche fig.*): **in the w. of**, nella scia di; (*fig.*) sulle orme di, al seguito di, in seguito a: **Plunderers came in the w. of the victorious army**, sulle orme dell'esercito vincitore vennero i saccheggiatori.
wakeful ['weikful], *a.* **1** insonne; sveglio; senza sonno: **a w. night**, una notte insonne **2** vigile; vigilante; all'erta.
wakefulness ['weikfulnis], *n.* **1** mancanza di sonno; insonnia **2** vigilanza; lo stare all'erta.
wakeless ['weiklis], *a.* (*del sonno*) ininterrotto; profondo.
to **waken** ['weikən], A *v. t.* destare; svegliare; risvegliare; (*fig.*) scuotere. B *v. i.* destarsi; svegliarsi; risvegliarsi; (*fig.*) scuotersi.
wakey wakey [ˌweiki 'weiki], *inter.* (*fam.*) sveglia!; scuotiti!
waking ['weikiŋ], A *a.* **1** che si desta; (*fig.*) che si scuote **2** sveglio; che veglia. B *n.* lo svegliarsi; risveglio. ● **w. dream**, sogno a occhi aperti; fantasticheria □ **w. hours**, ore di veglia.
Walach ['wɔlək], *n.* valacco.
Walachia [wɔ'leikjə], *n.* (*geogr.*) Valacchia.
Walachian [wɔ'leikjən], *a. e n.* valacco.
Waldenses [wɔl'densi:z], *n. pl.* (*stor., relig.*) valdesi.
Waldensian [wɔl'densiən], *a. e n.* (*stor., relig.*) valdese.
wale [weil], *n.* **1** segno di frustata (*sulla pelle*) **2** rigo in rilievo; costa (*su stoffa*) **3** (*edil.*) trave orizzontale in legno **4** (*pl., naut.*) cinte. ● **w. knot**, nodo a piede di pollo.
to **wale** [weil], *v. t.* **1** segnare (*la pelle*) a scudisciate **2** (*edil.*) rinforzare con travi orizzontali in legno.
Wales [weilz], *n.* (*geogr.*) Galles. ● **the Prince of W.**, il Principe di Galles (*titolo dell'erede al trono inglese*).
Walhalla [vælˈhælə], *V.* **Valhalla**.
walings ['weiliŋz], *n. pl.* (*edil.*) travi orizzontali in legno.
to **walk** [wɔːk], A *v. i.* **1** camminare; passeggiare; andare a piedi: **The baby is learning to w.**, il bambino impara a camminare; **to w. on all fours**, camminare carponi; **He was walking to and fro (backwards, sideways, etc.)**, camminava su e giù (all'indietro, di fianco, ecc.); **Shall we w. or get a taxi?**, andiamo a piedi o prendiamo un taxi? **2** (*di cavalli, ecc.*) andare al passo **3** (*di spettro, fantasma*) apparire. B *v. t.* **1** camminare su (*o* attraverso, per); calpestare; percorrere: **I have walked the county from end to end**, ho percorso (a piedi) la contea da un capo all'altro; **The captain was walking the deck**, il capitano camminava sopra coperta **2** far passeggiare; far camminare; far andare al passo: **to w. a mule up a steep path**, far andare al passo un mulo su per un ripido sentiero; **to w. a dog**, far camminare un cane (*per tenerlo in esercizio*) **3** accompagnare (*a piedi*): **I'll w. you to the corner**, t'accompagno fino all'angolo **4** spingere (*q., facendolo camminare*); costringere (q.) a camminare **5** spingere a mano (*una bicicletta, ecc.*). C *verbi composti* **1 to w. about**, passeggiare; andare a spasso; bighellonare; gironzolare. **2 to w. away**, andar via; andarsene □ (*sport*) **to w. away from**, superare con grande facilità; distanziare, staccare: **The Oxford crew walked away from Cambridge**, l'equipaggio di Oxford distanziò quello di Cambridge □ **to w. away from an accident**, uscire incolume da un incidente □ **to w. away with**, vincere con grande facilità; (*anche*) portar via; andarsene portando via; rubare: **to w. away (*o* off) with first prize**, vincere con facilità il primo premio. **3 to w. back**, tornare a piedi. **4 to w. down**, scendere; discendere. **5 to w. in**, entrare: **W. in!** (*o* **W. up!**), «entrino, signori, entrino!» (*ai baracconi, al circo*) □ «**Please w. in**», «entrare» (*su una porta*). **6** (*fam.*) **to w. into (sb., st.)**, sgridare, rimproverare asprameente (q.); mangiare avidamente, divorare, far fuori (q.c.) □ **to w. into a room (a shop, etc.)**, entrare in una stanza (in un negozio, ecc.) □ **to w. into a trap**, cadere in una trappola. **7 to w. off**, andarsene, andar via, tagliare la corda; (*digerire*) camminando: **She walked off in disgust**, se ne andò disgustata; **to w. off one's anger**, smaltire la collera camminando □ **to w. sb. off his legs** (*o* **feet**), stancare q. a furia di farlo camminare □ **to w. off with**, portar via; rubare: **Someone has walked off with my overcoat**, qualcuno m'ha portato via il soprabito. **8 to w. on**, proseguire, andare avanti (*camminando*); (*teatr.*) fare la comparsa. **9 to w. out**, uscire; (*fam.*) mettersi (*o* scendere) in sciopero, scioperare □

(*fam.*) **to w. out on sb.**, abbandonare q.; piantare in asso q. □ (*fam., specialm. di domestici*) **to w. out with**, fare l'amore con: **Anna is walking out with a policeman**, Anna fa l'amore con un poliziotto. **10 to w. over**, stravincere (*specialm. in una gara sportiva*) □ (*sport*) **to w. over a course**, fare una «passeggiata»; vincere una corsa con grande facilità. **11 to w. up**, salire □ **to w. up a street**, camminare per una strada □ **to w. up to sb.**, accostarsi (*o* avvicinarsi) a q. ● **to w. the boards**, calcare le scene; fare l'attore □ **to w. the chalk**, dimostrare (*alla polizia*) che non si è ubriachi (*camminando su una riga tracciata col gesso*) □ **to w. on air**, toccare il cielo con un dito □ (*fam.*) **to w. one's chalks**, filarsela; svignarsela □ **to w. the hospitals** (*o* the wards), far pratica in ospedale; essere studente di medicina □ **to w. the streets**, andare per le strade; (*di una donna*) battere il marciapiede □ (*a un semaforo pedonale*) «**W.**», «Avanti»! □ «**Don't w.**», «stop»! (*in USA*).

walk [wɔːk], *n.* **1** camminata; passeggiata: **Let's go for a w.**, andiamo a fare una passeggiata! **2** cammino; percorso: **The town is an hour's w. from our house**, la città è a un'ora di cammino dalla nostra casa **3** andatura; passo: **He has the typical w. of a waiter**, ha la caratteristica andatura del cameriere; **to drop into a w.**, mettersi al passo **4** sentiero; viale; vialetto **5** giro (*di venditore ambulante*). ● **w. clerk**, commesso (*di banca*) □ (*pop.*) **w.-in victory**, V. **walkaway** □ **w. of life**, professione, occupazione, mestiere; condizione sociale, ceto: **people of all walks of life**, gente d'ogni ceto □ **w.-off**, l'andarsene (*da una conferenza, ecc.*) in segno di protesta □ (*teatr., cinem.*) **w.-on**, comparsa □ **a w.--on part**, una particina □ **w.-out**, V. **w.-off** □ (*fam.*) sciopero □ (*sport*) **w.-over**, «passeggiata» (*fig.*); vittoria facile □ **w.-up**, fuori di un edificio; sulla strada; esterno; (*sost., fam. USA*) V. **w.-up flat: a w.-up bank counter**, uno sportello bancario esterno □ (*fam. USA*) **w.-up flat**, appartamento in un edificio senza ascensore □ **to go at a w.**, andare al passo □ **a good w.**, una lunga camminata; una bella passeggiata □ **to know sb. by his w.**, riconoscere q. dal modo di camminare □ **The school is only a short w. from my house**, la scuola è a due passi da casa mia.

walkable [ˈwɔːkəbl], *a.* (*di sentiero, ecc.*) praticabile; su cui si può camminare. ● **a w. distance**, una distanza percorribile a piedi.

walkabout [ˈwɔːkəbaut], *n.* **1** (*australiano*) breve ritorno (*di un aborigeno*) alla vita nomade **2** giro turistico a piedi **3** (*fam.*) visita (*di un personaggio celebre*) con incontri informali con il pubblico. ● **He went w.**, passò un breve periodo di ferie nel bush (*australiano*).

walkaway [ˈwɔːkəwei], *n.* (*pop., specialm. USA*) **1** «passeggiata»; vittoria facile: **The return match was just a w.**, la partita di ritorno fu una passeggiata **2** evaso (*a piedi*); fuggiasco.

walker [ˈwɔːkə*], *n.* camminatore, camminatrice; pedone. ● (*teatr.*) **w.-on**, comparsa; figurante □ **shop-w.**, sorvegliante (*in un grande negozio*) □ **street-w.**, donna da marciapiede; prostituta; passeggiatrice □ **tightrope w.**, funambolo.

walkie-lookie [ˈwɔːkiˈluki], *n.* (*fam.*) telecamera portatile.

walkie-talkie [ˈwɔːkiˈtɔːki], *n.* (*fam.*) radiotelefono (*o* ricetrasmittente) portatile; walkie-talkie.

walking [ˈwɔːkiŋ], **A** *n.* il camminare; il passeggiare: **Are you fond of w.?**, ti piace camminare? **B** *a.* **1** (*fam., scherz.*) su due gambe: **He's a w. dictionary!**, è un dizionario su due gambe; è un dizionario ambulante! **2** (*di cosa*) da (*o* per) camminare: **w. shoes**, scarpe per camminare **3** (*agric.*) a trazione animale: **a w. plough**, un aratro a trazione animale **4** (*mecc.*) mobile, oscillante: **a w. dragline**, una scavatrice mobile. ● (*mecc.*) **w. beam**, bilanciere □ (*zool.*) **w. bird**, colombiforme □ **w. boss**, caposquadra; capo d'operai □ **w. delegate**, sindacalista viaggiante (*con funzioni di controllo*) □ (*teatr.*) **w. gentleman** (**w. lady**), comparsa; figurante □ (*zool.*) **w.-leaf** (*Phyllium*), fillio □ (*mecc.*) **w. machine**, veicolo che cammina (*su gambe meccaniche*) □ (*fam.*) **w. papers** (*o* **w. ticket**), notifica di licenziamento □ **w. stick**, bastone da passeggio □ **w. tour**, giro turistico a piedi □ **w. way**, V. **walkway**.

walkway [ˈwɔːkˈwei], *n.* passaggio (*o* accesso) pedonale: **a covered w. to the air terminal**, un passaggio coperto fino al terminal dell'aeroporto.

Walkyrie [wɔlˈkiri], *n.* (*mitol.*) Valchiria.

walky-talky [ˈwɔːkiˈtɔːki], V. **walkie-talkie**.

wall [wɔːl], *n.* **1** muro; muraglia; muraglione; parete: **bearing w.**, muro portante; **boundary w.**, muro di cinta; **a w. of fire**, una muraglia di fiamme; **the w. of the park**, il muraglione del parco; **the town walls**, le mura della città; le mura cittadine; **She covered the walls with very nice paper**, ricoprì le pareti di carta bellissima; **the walls of the heart**, le pareti del cuore **2** (*ind. min.*) parete; (*anche*) fronte di coltivazione **3** – (*polit.*) **the Wall**, il muro di Berlino. ● **w.-bed**, letto ribaltabile □ **w. bracket** mensola a muro □ **w. clock**, orologio da muro □ **w.-eye(d)**, V.

wall-eye, wall-eyed □ **w. fruit**, frutto di spalliera □ **w. knot**, nodo a piede di pollo □ (*zool.*) **w. lizard** (*Lacerta muralis*), lucertola comune □ (*edil.*) **w.-mounted**, a muro: **a w.-mounted telephone**, un telefono a muro ● **w. newspaper**, giornale murale □ (*elettr., edil.*) **w. outlet**, presa a muro □ **w. painting**, pittura murale □ (*bot.*) **w.-pepper** (*Sedum acre*), borracina □ **w.-plate**, (*edil.*) banchina; piano di posa; (*mecc.*) piastra a muro da fissaggio □ (*bot.*) **w.-rue** (*Asplenium rutamuraria*), ruta muraria □ (*elettr., edil.*) **w. socket**, presa a muro □ (*edil.*) **w. tie**, ferro d'ancoraggio □ (*di tappeto*) **w.-to-w.**, che va da un'estremità all'altra (*della stanza, ecc.*) □ **w.-to-w. carpeting**, moquette □ **w. tree**, albero di spalliera □ **w. unit**, pensile (*mobiletto da cucina*) □ **antifire w.**, muro tagliafuoco □ **blank w.**, muro cieco (*senza finestre né porte*) □ (*fig.*) **to drive** (*o* to push) **sb. to the w.**, mettere q. con le spalle al muro □ (*costr.*) **dry-stone w.**, muro a secco □ (*stor.*) **to give sb. the w.**, cedere il passo a q. (*per strada*) □ (*fig.*) **to go to the w.**, avere la peggio; fallire; far fiasco □ (*geogr.*) **the Great W. of China**, la Grande Muraglia Cinese □ (*geol.*) **hanging w.**, muro di faglia □ (*fig.*) **to jump** (*o* to leap) **over the w.**, abbandonare un ordine religioso; gettare la tonaca alle ortiche □ (*edil.*) **party** (*o* **partition**) **w.**, muro divisorio; parete divisoria □ (*costr.*) **retaining w.**, muro maestro; muro di sostegno □ (*fig.*) **to run one's head against a** (**brick**) **w.**, battere il capo nel muro; dar la testa contro il muro □ (*fig.*) **to see through a brick w.**, essere assai perspicace □ (*stor.*) **to take the w. of sb.**, non cedere il passo a q. (*per strada*) □ (*fam.*) **to be up the w.**, essere furibondo; essere fuori dei gangheri (*fam.*) □ (*fig.*) **to be with one's back to the w.**, essere con le spalle al muro; essere alle strette □ (*prov.*) **The walls have ears**, i muri hanno orecchi.

to wall [wɔːl], *v. t.* murare; cingere di mura; proteggere con mura: **a walled city**, una città murata; **to w. up a window**, murare una finestra. ● **to w. in**, fissare al muro; murare □ **to w. off**, rendere stagno; rivestire.

walla [ˈwɔlə], V. **wallah**.

wallaby [ˈwɔləbi], *n.* (*pl.* **wallabies, wallaby**) **1** (*zool., Macropus*) piccolo canguro **2** (*pl., fam.*) **the Wallabies**, gli Australiani. ● (*fig.*) **to be on the w.** (**track**), essere disoccupato; fare il vagabondo.

Wallach [ˈwɔlək], e *deriv.* V. **Walach**, e *deriv.*

wallah [ˈwɔlə], *n.* (*anglo-ind.*) **1** impiegato; lavorante; operaio; domestico **2** (*fam.*) individuo; tizio.

wallaroo [ˌwɔləˈruː], *n.* (*pl.* **wallaroos, wallaroo**) (*zool., Macropus robustus*) canguro robusto.

wallboard [ˈwɔːlbɔːd], *n.* (*edil.*) pannello di cartone (*per tramezzi*); pannello di rivestimento.

wallet [ˈwɔlit], *n.* **1** portafogli; portafoglio **2** borsetta degli accessori (*d'una bicicletta, ecc.*) **3** (*arc.*) bisaccia; sacco da viaggio.

wall-eye [ˈwɔːlai], *n.* (*med.*) **1** glaucoma corneale; leucoma della cornea **2** strabismo divergente.

wall-eyed [ˈwɔːlaid], *a.* (*med.*) **1** affetto da glaucoma corneale **2** strabico (*con occhi divergenti*).

wallflower [ˈwɔːlˌflauə*], *n.* **1** (*bot., Cheiranthus cheiri*) violaciocca gialla **2** (*fam.*) chi fa tappezzeria (*a un ballo*); persona timida (*a una festa, ecc.*). ● (*fig., fam.*) **to be a w.**, fare da tappezzeria (*detto di ragazza che nessuno invita a ballare*).

Walloon [wɔˈluːn], *n.* e *a.* vallone.

to wallop [ˈwɔləp], *v. t.* **1** (*fam.*) bastonare; battere; percuotere; picchiare **2** (*fam., specialm. sport*) battere; sconfiggere; vincere.

wallop [ˈwɔləp], *n.* **1** (*fam.*) bastonata; botta; percossa **2** (*fam.*) birra.

walloping [ˈwɔləpiŋ], (*fam.*) **A** *n.* **1** bastonatura; botte; busse; percosse **2** (*fig.*) grave sconfitta; disfatta; batosta. **B** *a. attr.* enorme; madornale; straordinario. ● **a w. big man**, un omaccione.

to wallow [ˈwɔlou], *v. i.* diguazzare; sguazzare; avvoltolarsi; voltolarsi: **The fighting boys were wallowing in the mud**, i ragazzi che si azzuffavano si voltolavano nel fango. ● (*fig.*) **to w. in the mud**, trascinarsi nel fango (*fig.*); fare una vita dissoluta □ (*fig.*) **to be wallowing in money** (*o* **in riches**), nuotare nell'oro; essere ricco sfondato.

wallow [ˈwɔlou], *n.* **1** il diguazzare; lo sguazzare **2** pantano, brago (*lett.*).

wallpaper [ˈwɔːlˌpeipə*], *n.* carta da parati. ● **w. music**, musica di sottofondo; sottofondo musicale.

Wall Street [ˈwɔːl striːt], *n.* **1** Wall Street (*strada di New York*) **2** (*fig. USA*) il mercato finanziario americano **3** (*fig., collett.*) i finanzieri di New York.

walnut [ˈwɔːlnʌt], *n.* (*bot., Juglans regia*) noce (*l'albero, il frutto, il legno*). ● **w. tree**, noce (*l'albero*) □ **w. wood**, noce (*il legno*) □ **over the walnuts and the wine**, alla frutta; alla fine del pranzo.

Walpurgis Night [vælˈpuəgisˌnait], *n.* (*mitol.*) notte di Valpurga.

walrus [ˈwɔːlrəs], *n.* (*pl.* **walrus, walruses**) (*zool., Odobenus*

rosmarus) tricheco; cavallo marino. ● **to wear a w. moustache**, avere i baffi spioventi (*o* da tricheco).
Walter ['wɔːltə*], *n.* Gualtiero; Walter; Valter.
waltz [wɔːls], *n.* (*mus.*) valzer.
to waltz [wɔːls], **A** *v. i.* ballare il valzer: **She can w. very well**, balla benissimo il valzer. **B** *v. t.* far ballare il valzer a (q.): **He waltzed the girl into the garden**, a passo di valzer condusse la ragazza in giardino. ● (*fam.*) **to w. off with**, *V.* **to walk off with**, *sotto to walk* □ (*fig.*) **to w. through an exam**, superare un esame come niente fosse.
waltzer ['wɔːlsə*], *n.* chi balla il valzer; ballerino (*o* ballerina) di valzer.
wampum ['wɒmpəm], *n.* **1** wampum; conchiglie da infilare in filze (*portate come ornamento, o usate come moneta, dai Pellirosse*) **2** (*pop. USA*) quattrini; grana (*pop.*).
wan [wɒn], *a.* (*lett.*) pallido; sbiancato; esangue: **wan complexion**, carnagione pallida; **a wan girl**, una ragazza esangue. ● **a wan smile**, un debole sorriso □ **to grow wan**, impallidire; sbiancarsi in volto.
wand [wɒnd], *n.* **1** bacchetta (*di direttore d'orchestra, di prestigiatore, ecc.*) **2** (*spesso* **magic w.**) bacchetta magica **3** bastone (*come simbolo d'autorità*).
to wander ['wɒndə*], **A** *v. i.* **1** vagare; errare; peregrinare; girovagare; vagabondare; andare ramingo: **to w. through the woods**, vagare per i boschi; **He was wandering aimlessly**, girovagava senza meta **2** (*di fiume o strada*) serpeggiare **3** deviare; scostarsi; allontanarsi dalla retta via (*anche fig.*): **to w. from the subject**, scostarsi dall'argomento; divagare **4** delirare; farneticare; vaneggiare: **Ophelia's mind began to w.**, la mente di Ofelia cominciò a vaneggiare. **B** *v. t.* (*poet.*) vagare, girovagare, errare, peregrinare per (*o* attraverso): **to w. the streets at night**, vagare per le strade di notte; **to w. the world**, peregrinare per il mondo (*di solito*, **to w. the world through**). ● **to w. about**, gironzolare; vagolare □ **to w. away**, sviarsi; smarrirsi □ **to w. from the way**, smarrire la (*o* allontanarsi, scostarsi dalla) strada □ **to w. in**, fare una visitina; fare una capatina: **John wandered in yesterday**, Giovanni fece una capatina da noi ieri □ **to w. in one's talk**, farneticare; delirare; vaneggiare.
wanderer ['wɒndərə*], *n.* vagabondo; giramondo; girovago.
wandering ['wɒndəriŋ], **A** *n.* (*di solito al pl.*) **1** vagabondaggio; peregrinazione **2** delirio; farneticamento; vaneggiamento. **B** *a.* **1** errante; errabondo; nomade; vagante; ramingo: **w. tribes**, tribù nomadi **2** (*di fiume o strada*) sinuoso; serpeggiante; tortuoso **3** farneticante; delirante. ● (*geogr.*) **w. dune**, duna mobile (*mitol., relig.*) **the W. Jew**, l'Ebreo errante □ (*astron.*) **w. star**, pianeta.
wanderlust ['wɒndəlʌst], (*ted.*), *n.* vivo desiderio di viaggiare.
wanderoo [ˌwɒndə'ruː], *n.* (*pl.* **wanderoos**) (*zool.*, *Macaca silenus*, *Macaca albibarbata*) vanderù; sileno dalla barba bianca.
to wane [wein], *v. i.* calare; declinare; decrescere; diminuire; scemare: **waning moon**, luna calante; **The day wanes**, il giorno declina; **His fame waned rapidly**, la sua fama diminuì rapidamente. ● **My strength is waning**, sto perdendo le forze.
wane [wein], *n.* decadimento; declino: **The prosperity of the people was on the w.**, la prosperità del popolo era in declino. ● (*della luna*) **to be on the w.**, essere in fase decrescente; stare calando.
to wangle ['wæŋgl], **A** *v. t.* (*fam.*) **1** procacciarsi, procurarsi, ottenere (q.c.) con l'inganno (*o* l'astuzia, ecc.); rimediare (*fam.*): **I have succeeded in wangling two free tickets for the show**, sono riuscito a rimediare due biglietti omaggio per lo spettacolo **2** falsificare; imbrogliare; alterare. **to wangle oneself B** *v. rifl.* cavarsi, trarsi, togliersi (*d'impaccio*). ● **to w. sb. into doing st.**, far fare a q. una c.a (con l'astuzia (*o* con l'inganno) □ **to w. st. out of sb.**, strappare q.c. a q. con l'inganno.
wangle ['wæŋgl], *n.* (*fam.*) imbroglio; intrigo; raggiro.
wank [wæŋk], *n.* (*volg.*) masturbazione.
to wank [wæŋk], *v. i.* (*volg.*) masturbarsi.
wanker ['wæŋkə*], *n.* **1** (*volg.*) chi si masturba **2** (*fig.*, *pop.*) pressappochista; dilettante.
wanness ['wɒnnis], *n.* (*lett.*) pallore.
wannish ['wɒniʃ], *a.* (*lett.*) alquanto pallido; pallidiccio; palliduccio.
to want [wɒnt], **A** *v. t.* **1** aver bisogno di; abbisognare di: **We don't w. a fire on such a warm day**, non abbiamo bisogno di fuoco in una giornata così calda; **What do you w.?**, di che cosa hai bisogno?; che cosa ti serve?; **These clothes w. washing**, questi panni hanno bisogno d'esser lavati; **You won't be wanted tonight**, non avremo bisogno di te stasera **2** volere; desiderare: **I w. my dinner**, voglio pranzare; **He wants to stay**, vuole rimanere; **He wants me to stay here with him**, vuole che io resti qui con lui; **I w. it done at once**, voglio che lo si faccia immediatamente; **He wants some coffee**, desidera del caffè **3** (*fam.*) dovere (*specialm. al condiz.*); bisognare, occorrere (*impers.*): **You w. to be more careful**, dovresti stare più attento; **You don't w. to work too hard**, non devi lavorare (*o* non importa che tu lavori) come un negro; **It wants to be done with the utmost care**, bisogna farlo con la massima cura. **B** *v. i.* **1** mancare; volerci: **It wants ten minutes to midnight**, mancano dieci minuti a mezzanotte **2** mancare del necessario; vivere in miseria (*o* nell'indigenza): **You must not let your parents w.**, non devi lasciare che i tuoi genitori vivano nell'indigenza. ● **to w. for**, mancare di; essere privo di: **We shall not w. for money**, il denaro non ci mancherà □ **to w. for nothing**, non aver bisogno (*o* non mancare) di nulla; avere tutto quel che si desidera □ (*fam.*) **to w. some doing**, volerci del bello e del buono; richiedere che uno ce la metta tutta □ **The statue wants the head**, la statua è senza testa; alla statua manca la testa □ **Your country wants you**, la patria ti chiama (*manifesto*).
want [wɒnt], *n.* **1** mancanza; deficienza; scarsità: **w. of sense**, mancanza di buon senso; **w. of raw materials**, scarsità di materie prime **2** bisogno; necessità; esigenza; desiderio: (*econ.*) **the satisfaction of human wants**, il soddisfacimento dei bisogni dell'uomo **3** indigenza; miseria; ristrettezze: **They live in the direst w.**, vivono nella più squallida miseria. ● (*fam.*) **w. ad**, annuncio pubblicitario (*offerta o richiesta di lavoro, ecc.*) □ **w. ads**, piccola pubblicità □ (*leg.*) **w. of evidence**, mancanza di prove □ **to be in w. of**, aver bisogno di; necessitare di: **Are you in w. of anything?**, hai bisogno di qualcosa?; ti manca qualcosa? □ **to meet a long-felt w.**, colmare una grave lacuna □ (*prov.*) **W. is a severe but efficient teacher**, il bisogno è il miglior maestro; la necessità aguzza l'ingegno.
wanta ['wɒntə], *voce verb.* (*pop. o dial. per* **want to**) volere (*più inf., o con inf. sottinteso*): **I didn't w.**, non volevo (farlo); non l'ho fatto apposta.
wantable ['wɒntəbl], *a.* desiderabile; attraente.
wantage ['wɒntidʒ], *n.* (*comm.*) mancanza; ammanco; deficit.
wanted ['wɒntid], *a.* **1** che occorre; che serve; cercato; richiesto: **Call me if I am w.**, chiamami se mi cercano (se c'è bisogno di me) **2** (*leg.*) ricercato: **He is w. for murder**, è ricercato (dalla polizia) per assassinio **3** (*negli annunci pubblicitari*) cercasi: **W.: a shorthand typist**, cercasi stenodattilografa. ● **a w. man**, un ricercato (dalla polizia).
wanting ['wɒntiŋ], **A** *a.* **1** che manca; mancante; assente: **a shirt with some buttons w.**, una camicia a cui mancano alcuni bottoni **2** – **w. in**, privo di; deficiente in; scarso di: **He is w. in common sense**, è privo di buon senso **3** debole di comprendonio; un po' deficiente; con poco sale in zucca. **B** *prep.* **1** in mancanza di; senza: **A car w. an engine is useless**, un'auto senza motore è inservibile **2** meno; eccetto; salvo: **a full payment w. ten pounds**, pagamento a saldo, meno dieci sterline. ● **to be w.**, non esserci; difettare: **A few documents were w.**, mancavano alcuni documenti □ **a letter w. a stamp**, una lettera non affrancata.
wantless ['wɒntlis], *a.* (*raro*) senza bisogni; senza desideri.
wanton ['wɒntən], **A** *a.* **1** (*lett.*) capriccioso; scherzevole (*lett.*); sbrigliato; gaio; giocoso: **a w. child**, un bambino sbrigliato, un monello; **a w. breeze**, un venticello capriccioso **2** sfrenato; disordinato; sregolato; lussureggiante: **w. vegetation**, vegetazione lussureggiante **3** deliberato; arbitrario; gratuito; senza motivo; immotivato: **a w. insult**, un insulto deliberato; un'offesa gratuita **4** licenzioso; impudico; lascivo; scostumato: **a w. woman**, una donna scostumata; **w. thoughts**, pensieri impudichi. **B** *n.* **1** (*raro*) persona frivola; libertino **2** (*specialm., lett.*) donna scostumata; sgualdrina. ● **w. cruelty**, crudeltà perversa □ **w. destruction**, vandalismo □ **w. expenses**, spese eccessive □ (*lett.*) **to be in a w. mood**, aver voglia di scherzare; esser d'umore faceto.
to wanton ['wɒntən], *v. i.* (*lett.*) **1** giocare; giocherellare; scherzare **2** essere lascivo (*o* impudico). ● **to w. away one's money**, sperperare il proprio denaro in follie.
wantonness ['wɒntənnis], *n.* **1** (*lett.*) giocosità; gaiezza; capricciosità **2** sfrenatezza; sregolatezza; licenza **3** licenziosità; libertinaggio; impudicizia; lascivia **4** rigoglio (*di piante, ecc.*).
to wap [wɒp], *V.* **to whop**.
war [wɔː*], *n.* guerra (*anche fig.*); lotta: **civil war**, guerra civile; (*fig.*) **cold war**, guerra fredda; **the war against famine**, la guerra contro le carestie; **class war**, lotta di classe; **holy war**, guerra santa; crociata; **declaration of war**, dichiarazione di guerra. ● **war baby**, figlio di guerra; bambino illegittimo (nato durante la guerra) □ **war bride**, sposa di guerra □ (*fig.*) **war clouds**, nubi di guerra; situazione minacciosa (*nella politica internazionale*) □ (*gionalismo*) **war correspondent**, inviato di guerra □ **war crimes**, crimini di guerra □ **war cry**, grido di guerra; (*fig.*) slogan □ **war dance**, danza di guerra □ **war game**, (*mil.*) simulazione di uno scontro militare; (*anche*) gioco della guerra (*cfr. ital. Risico*) □ (*mil.*) **war gas**, aggressivo chimico □ **war god**, dio della guerra □ (*mil.*) **war-head**, testa esplosiva, testata, ogiva (*di pro-*

war 1078

iettile *o* siluro) ☐ **war-horse**, cavallo di battaglia; (*fig.*) veterano ☐ **the war machine**, la macchina bellica ☐ **war loan**, prestito di guerra ☐ **war-lord**, (*stor.*) signore della guerra (*in Cina, in Giappone, ecc.*); (*per estens.*) dittatore militare ☐ **war memorial**, monumento ai caduti in guerra ☐ (*polit.*) **the war of nerves**, la guerra dei nervi ☐ **War Office**, Ministero della Guerra ☐ **war-paint**, pittura di guerra (*usata dai selvaggi*); (*fig.*) abito da cerimonia, vestito di gala; (*scherz.*) trucco: **to put on the war paint**, truccarsi ☐ **war pension**, pensione di guerra ☐ (*aeron.*) **war plane**, aeroplano militare ☐ **war potential**, potenziale bellico ☐ **war song**, canto di guerra ☐ **war whoop**, grido di guerra (*specialm. dei Pellirosse*) ☐ **war-worn**, logorato dalla guerra ☐ (*leg.*) **articles of war**, codice militare ☐ **to be at war with**, essere in guerra con ☐ **to declare war upon a country**, dichiarare guerra a una nazione ☐ **to go to war**, (*di nazione*) entrare in guerra; (*di uomo*) andare alla guerra ☐ **to have been in the war**, essere stato in guerra; aver fatto la guerra ☐ **to have been in the wars**, essere un veterano di tutte le guerre; (*fig., scherz.*) essere ridotto a mal partito, essere conciato male ☐ **to make** (*o* **to wage**) **war upon sb.**, far guerra a q. ☐ (*naut.*) **man-of-war**, nave da guerra ☐ (*mil.*) **to be on a war footing**, essere sul piede di guerra ☐ **private war**, guerra di famiglia; faida ☐ **the trade of war**, il mestiere delle armi; la professione del soldato ☐ (*sport*) **tug of war**, tiro alla fune.

to war [wɔ:*], *v. i.* guerreggiare; far guerra: **to war with** (*o* **against**) **a neighbouring country**, far guerra a un paese vicino. ● **to war sb. down**, abbattere (*o* rovesciare) q. facendogli guerra ☐ **warring creeds**, fedi in contrasto; credenze che fanno a pugni.

warble (1) [wɔ:bl], *n.* **1** gorgheggio; trillo **2** canto degli uccelli. ● **to speak in a w.**, parlare gorgheggiando.

to warble [wɔ:bl], *A v. i.* gorgheggiare; trillare; cantare (*a mo' di un uccello*). *B v. t.* far gorgheggiare (q.c.) gorgheggiando.

warble (2) [wɔ:bl], *n.* (*vet.*) **1** callo sul dorso del cavallo (*prodotto dalla sella*) **2** tumore provocato dalla larva del tafano. ● (*zool.*) **w.-fly** (*Tabanus*), tafano.

warbler [wɔ:blə*], *n.* **1** uccello canoro (*usignolo, capinera, ecc.*).

ward [wɔ:d], *n.* **1** (*leg.*) custodia, tutela (*di minorenne, ecc.*): **a young girl in w.**, una bambina sotto tutela **2** (*leg.*) pupillo, pupilla; minore **3** (*di città*) quartiere; rione **4** (*di ospedale*) corsia; padiglione; reparto: **isolation w.**, reparto d'isolamento **5** (*di carcere*) reparto; ala; celle: **condemned w.**, reparto dei condannati **6** (*pl., mecc.*) risalti circolari, seghettatura (*di una serratura*) **7** (*arc.*) guardia; difesa: **to keep watch and w.**, stare in guardia; vigilare ☐ **to walk the wards**, fare il giro delle visite nelle corsie (*di un ospedale*); (*di studente in medicina*) far pratica in ospedale.

to ward [wɔ:d], *v. t.* (*arc.*) difendere; custodire; proteggere. ● **to w. off**, parare; respingere; tener lontano; allontanare: **to w. off an attack**, respingere un attacco ☐ **to w. off death**, allontanare la morte ☐ **to w. off poverty**, tener lontano la miseria ☐ (*mecc.*) **warded lock**, serratura seghettata (*o* con risalti circolari).

warden (1) [wɔ:dn], *n.* **1** custode; direttore (*di un ospizio, ecc.*) **2** «warden»; governatore; presidente (*di un college, ecc.*) **3** (*USA*) direttore di carcere. ● **air-raid w.**, capo-fabbricato (*membro della protezione antiaerea*) ☐ **game w.**, guardacaccia ☐ **traffic w.**, posteggiatore (*ufficiale*); addetto al parcheggio; (*in G.B. anche*) vigile urbano.

warden (2) [wɔ:dn], *n.* (varietà di) pera da cuocere.

o warden [wɔ:dn], *v. i.* fare il guardacaccia.

wardenship [wɔ:dnʃip], *n.* carica (*o* ufficio, giurisdizione) di un guardiano, ecc. (*V.* **warden (1)**).

warder [wɔ:də*], *n.* **1** carceriere; guardia carceraria; secondino **2** guardiano; custode **3** (*arc.*) guardia, sentinella.

Wardour Street [wɔ:də,stri:t], *n.* **1** Wardour Street (*strada londinese con negozi di mobili antichi*) **2** (*fig.*) (l')industria cinematografica inglese. ● **Wardour Street English**, inglese affettatamente arcaico.

wardress [wɔ:dris], *n.* carceriera; guardia carceraria (*donna*).

wardrobe [wɔ:droub], *n.* guardaroba (*in ogni senso*); armadio; vestiario; corredo: **I must get a new w. for the winter**, devo farmi un corredo nuovo per l'inverno. ● **w. dealer**, rigattiere ☐ **w.-trunk**, baule armadio.

wardroom [wɔ:d-rum], *n.* (*naut., mil.*) quadrato degli ufficiali.

wardship [wɔ:dʃip], *n.* (*leg.*) custodia, tutela (*di minorenne, ecc.*): **to be under w.**, essere sotto tutela.

ware (1) [wɛə*], *n.* **1** merce; articoli; oggetti (*di solito nei nomi composti; per es.*: **silverware**, argenteria; **earthenware**, terraglie; **hardware**, ferramenta, ecc.) **2** (*pl., lett.*) merci; mercanzia; articoli; oggetti: **household wares**, articoli casalinghi. ● **small wares**, articoli di merceria ☐ **Tunbridge w.**, oggetti di legno intagliato ☐ **Wedgwood w.**, ceramiche, porcellane; terraglie.

ware (2) [wɛə*], *a.* (*poet.*) **1** consapevole, conscio (*di q.c.*) **2** attento; cauto; all'erta.

to ware [wɛə*], *v. i.* (*raro, lett.*) stare attento; stare all'erta; stare

in guardia (*usato all'imper., specialm. nella caccia alla volpe*): **w. hounds (traps, etc)!**, attenti ai cani (alle trappole, ecc.)!

warehouse [wɛəhaus], *n.* (*comm.*) **1** magazzino; deposito **2** grande negozio; emporio. ● **w. keeper**, magazziniere ☐ (*leg., comm.*) **w. warrant**, fede di deposito ☐ **bonded w.**, magazzino doganale; deposito franco.

to warehouse [wɛəhauz], *v. t.* (*comm.*) immagazzinare; mettere (*merci*) in magazzino (*specialm. doganale*).

warehouseman [wɛəhausmən], *n.* (*pl.* **warehousemen**) (*comm.*) **1** magazziniere **2** commerciante all'ingrosso; grossista.

warehouser [wɛəhauzə*], *n.* (*comm.*) magazziniere.

warehousing [wɛəhauziŋ], *n.* **1** (*comm.*) immagazzinamento; magazzinaggio; deposito (*di merci*) **2** (*comm.*) costituzione delle scorte.

wareroom [wɛəru:m], *n.* (*comm.*) **1** negozio; emporio **2** sala di esposizione (*della merce*).

warfare [wɔ:fɛə*], *n.* guerra; il guerreggiare: **electronic w.**, guerra elettronica; **biological w.**, la guerra biologica; **chemical w.**, guerra chimica; **economic w.**, guerra economica; **the science of w.**, l'arte della guerra.

to war-game [wɔ:geim], *v. t.* (*mil.*) esaminare (*un piano, una strategia, ecc.*) simulando uno scontro militare.

wariness [wɛərinis], *n.* cautela; circospezione; diffidenza.

warlike [wɔ:-laik], *a.* **1** bellicoso; guerresco: **w. tribes**, tribù bellicose **2** militare; bellico: **w. display of forces**, esibizione del proprio apparato bellico; spiegamento di forze armate (sul piede di guerra).

warlock [wɔ:lɔk], *n.* (*arc. e nelle fiabe*) stregone.

warm [wɔ:m], *A a.* **1** caldo (*anche fig.*); caloroso; appassionato; ardente; cordiale; focoso; che tiene caldo: **w. water**, acqua calda; **w. shades**, tinte calde (*il rosso, il giallo, ecc.*); (*meteorologia*) **w. front**, fronte caldo; **a w. welcome**, un cordiale benvenuto; **w. thanks**, calorosi ringraziamenti; **a w. partisan**, un ardente sostenitore; **w. clothing**, stoffa calda (*o* che tiene caldi); **a w. heart**, un cuore ardente; **a w. temperament**, un temperamento appassionato **2** (*dell'odore della selvaggina*) forte; fresco; recente: **w. scent** (*o* **trail**), traccia fresca **3** (*fam.*) benestante; ricco. *B n.* (*fam.*) scaldata; scaldatina: **Give your hands a nice w.**, datti una bella scaldatina alle mani! ☐ **w.-blooded**, (*d'animale*) a sangue caldo; (*di persona*) che ha il sangue caldo, impulsivo ☐ (*fig.*) **a w. corner**, un luogo pericoloso; una posizione rischiosa ☐ **w. descriptions**, descrizioni eccitanti (*o* impudiche) ☐ **w.-hearted**, di buon cuore; affettuoso; cordiale ☐ **w.-heartedness**, buon cuore; cordialità; affettuosità ☐ (*sport*) **w.-up**, fase preparatoria; riscaldamento ☐ **w. work**, lavoro che fa sudare, occupazione faticosa; (*fig.*) lavoro pericoloso ☐ **to get w.**, scaldarsi; riscaldarsi ☐ **to grow w.**, farsi caldo; accalorarsi, riscaldarsi (*fig., fam.*): **The disputants grew w.**, i litiganti si accalorarono ☐ **in w. blood**, a sangue caldo ☐ **to make it** (*o* **things**) **w. for sb.**, rendere la vita difficile a q.; attaccare q.; molestare q. ☐ (*giocando alla ricerca di oggetti nascosti*) **You are getting w.**, «fuoco!, fuoco!»!

to warm [wɔ:m], *A v. t.* scaldare; riscaldare; (*fig.*) dar calore a, accendere, animare, eccitare: **to w. one's feet in front of the fire**, scaldarsi i piedi davanti al fuoco; **to w. (up) the soup**, riscaldare la zuppa; **His words warmed my heart**, le sue parole mi scaldarono il cuore. *B v. i.* riscaldarsi; scaldarsi; (*fig.*) accalorarsi, accendersi, infervorarsi: **The broth is warming (up)**, il brodo si sta scaldando; **The preacher warmed up as he went on with his sermon**, continuando la predica, il predicatore s'infervorò.

to warm oneself *C v. rifl.* scaldarsi; riscaldarsi. ● (*fig., fam.*) **to w. sb.** (*o* **sb.'s jacket**), bastonare q.; dare un fracco di legnate a q. ☐ (*USA, anche fig.*) **to w. over**, riscaldare (*una pietanza, la minestra, ecc.*) ☐ **to w. to one's work**, appassionarsi al proprio lavoro ☐ **to w. to sb.**, prendere q. in simpatia ☐ **to w. up**, scaldare; riscaldare (*cibo già cotto, ecc.*); scaldarsi, riscaldarsi; (*fig.*) accalorarsi, infervorarsi, entusiasmarsi.

warmer [wɔ:mə*], *n.* (*specialm. nei composti*) arnese per riscaldare; scaldino. ● **foot-w.**, scaldino per i piedi; (*anche*) borsa dell'acqua calda.

warming [wɔ:miŋ], *n.* **1** riscaldamento; lo scaldare; lo scaldarsi **2** (*fig., pop.*) bastonatura; busse; legnate. ● **w. pad**, termoforo elettrico ☐ **w. pan**, scaldaletto; scaldino.

warmish [wɔ:miʃ], *a.* alquanto caldo; tiepido (*V.* **warm**).

warmonger [wɔ:,mʌŋgə*], *n.* guerrafondaio.

warmth [wɔ:mθ], *n.* **1** calore; (*fig.*) calorosità; ardore, entusiasmo, cordialità: **the w. of sunshine**, il calore del sole; **the w. of a friendly reception**, la cordialità di un'accoglienza amichevole; **to speak with some w.**, parlare con un certo calore **2** (*arte*) intensità (*del colore*).

to warn [wɔ:n], *v. t.* **1** avvertire; avvisare; mettere in guardia; ammonire: **I'd warned you not to trust him**, t'avevo avvertito di non fidarti di lui **2** (*leg.*) diffidare. ● **to w. sb. off** (*o* **out**), intimare

a q. di tenersi lontano (o di allontanarsi) da un luogo.
warning ['wɔ:niŋ], **A** *n.* **1** avvertimento; ammonimento; avviso; preavviso; allarme: **Let this be a w. to trespassers**, questo serva d'ammonimento ai trasgressori; **In 1941 Japan attacked the U.S.A. without w.**, nel 1941 il Giappone attaccò gli Stati Uniti senza preavviso **2** (*leg.*) diffida **3** preavviso di licenziamento; (*gli*) otto giorni: **The cook has given us w.**, la cuoca s'è presa gli otto giorni; **I've given the maid a month's w.**, ho dato un mese di preavviso alla cameriera. **B** *a.* d'avvertimento; d'ammonimento; ammonitore: **a w. look**, uno sguardo d'avvertimento. ● (*autom., elettr.*) **w. light**, spia luminosa □ (*mil.*) **w. net**, rete d'avvistamento □ (*autom.*) **w. signs**, segnali (*o* cartelli) di pericolo (*per lo più triangolari*) □ **air-raid w.**, allarme aereo □ **to give w.**, avvertire, avvisare; licenziare, licenziarsi, dare gli otto giorni (*rif. a domestico, ecc.*) □ **to point a w. finger to sb.**, ammonire q. agitando l'indice; (*fig.*) mettere in guardia q. □ **to take w. from st.**, trarre ammonimento da q.c.
to warp [wɔ:p], **A** *v. t.* **1** curvare; storcere; distorcere; deformare: **to w. wood with steam**, curvare legno col vapore; **The excessive heat had warped the planks**, il caldo eccessivo aveva distorto le assi **2** (*fig.*) pervertire; guastare: **His character was warped by hardships**, il suo carattere fu guastato dalle avversità **3** (*naut.*) tonneggiare (*una nave, un battello*) **4** (*ind. tessile*) ordire **5** fertilizzare (*un terreno*) con sedimenti alluvionali. **B** *v. i.* **1** curvarsi; inarcarsi; storcersi; distorcersi; deformarsi: **Seasoned timber does not w.**, il legname stagionato non si deforma **2** (*fig.*) guastarsi **3** (*naut.*) tonneggiarsi. ● **a warped account**, un resoconto distorto; un travisamento dei fatti □ **a judgement warped by self-interest**, un giudizio viziato dall'interesse personale.
warp [wɔ:p], *n.* **1** (*ind. tessile*) ordito **2** curvatura; deformazione (*del legname, ecc.*); inarcamento; distorsione **3** (*fig.*) deviazione; pervertimento **4** (*naut.*) tonneggio **5** (*geol.*) deformazione **6** (*geol.*) sedimento alluvionale. ● (*ind. tessile*) **w. beam**, subbio dell'ordito □ (*tecn.*) **w. knitting**, maglieria catena (*processo*).
warpage ['wɔ:pidʒ], *n.* (*mecc.*) distorsione; deformazione; svergolamento.
warpath ['wɔ:pa:θ], *n.* (*stor.: dei Pellirosse*) sentiero di guerra: (*anche fig.*) **to be on the w.**, essere sul sentiero di guerra; (*fig., fam.*) essere arrabbiatissimo.
warper ['wɔ:pə*], *n.* (*ind. tessile*) **1** orditore, orditrice **2** orditoio (*macchina*).
warping ['wɔ:piŋ], *n.* **1** (*ind. tessile*) orditura **2** curvatura; inarcamento; distorsione, deformazione **3** (*fig.*) deviazione; pervertimento **4** (*naut.*) tonneggio. ● **w. line** (*o* **w. rope**), cavo di tonneggio □ (*ind. tessile*) **w. machine**, orditoio.
warrant ['wɔrənt], *n.* **1** autorità; autorizzazione: **He had no w. for impeaching the judge**, non aveva autorità per mettere il giudice in stato d'accusa **2** giustificazione; diritto; valido motivo: **You had no w. to control my activity**, non avevi il diritto di controllare la mia attività **3** garanzia: **His promise is a w. of his sincerity**, la sua promessa è garanzia della sua sincerità **4** (*leg.*) mandato; ordine; ordinanza: **w. of arrest**, mandato di cattura; **search w.**, mandato di perquisizione; **w. of attorney**, mandato, procura (*a un legale*); **w. for payment**, mandato di pagamento **5** (*comm.*) fede di deposito; nota di pegno **6** (*mil.*) brevetto di sottufficiale. ● (*comm.*) **w. for delivery**, buono di consegna □ (*mil.*) **w. officer**, sottufficiale (*sergente maggiore, nostromo, ecc.*) □ (*leg.*) **distress w.**, ordine di sequestro.
to warrant ['wɔrənt], *v. t.* **1** garantire; assicurare; attestare: **This material is warranted (to be) waterproof**, questa stoffa è garantita (come) impermeabile all'acqua; **I'll w. him a reliable person**, sono pronto ad attestare la sua affidabilità **2** giustificare; essere motivo sufficiente per: **I don't think the international situation can w. the production of the N bomb**, non credo che la situazione internazionale possa giustificare la produzione della bomba N **3** (*leg.*) autorizzare; dare autorità (*a q.*): **The law doesn't w. such measures**, la legge non autorizza tali misure. ● (*fam.*) **I'll w. (you)**, t'assicuro; sta' certo che...; stanne certo.
warrantable ['wɔrəntəbl], *a.* **1** giustificabile **2** (*leg.*) legittimo **3** (*di cervo*) che può essere cacciato (*avendo 5 o 6 anni d'età*).
warrantee [,wɔrən'ti:], *n.* (*leg.*) chi riceve una garanzia.
warrantor ['wɔrəntɔ:*], *n.* (*leg.*) garante; mallevadore.
warranty ['wɔrənti], *n.* **1** autorizzazione **2** giustificazione **3** (*leg., comm.*) garanzia: **w. of quality**, garanzia di qualità.
warren ['wɔrin], *n.* **1** garenna; conigliera all'aperto **2** terreno infestato da conigli **3** (*fig.*) luogo sovraffollato.
warring ['wɔ:riŋ], *a.* guerriero: **w. tribes**, tribù guerriere.
warrior ['wɔriə*], *n.* guerriero. ● **the Unknown W.**, il Milite Ignoto.
Warsaw ['wɔ:sɔ:], *n.* (*geogr.*) Varsavia.
warship ['wɔ:-ʃip], *n.* (*naut.*) nave da guerra.
wart [wɔ:t], *n.* **1** verruca; porro; bitorzolo; escrescenza **2** (*fig.*) magagna; pecca; imperfezione; neo. ● (*bot.*) **w. grass** (*o* **w.-weed**), (*Euphorbia helioscopia*) calenzuola; (*Chelidonium majus*) celidonia □ (*zool.*) **w.-hog** (*Phacochoerus aethiopicus*), facocero □ (*fig.*) **to paint sb. with his warts**, dipingere q. senza abbellirlo (*o* così come è).
wartime ['wɔ:taim], *n.* tempo di guerra.
warty ['wɔ:ti], *a.* **1** verrucoso; bitorzoluto **2** simile a una verruca.
wary ['wɛəri], *a.* accorto; cauto; diffidente; circospetto; guardingo. ● **to be w. of sb.**, diffidare di q.; essere sospettoso di q. □ **to be w. of doing st.**, stare attento a non fare q.c.; guardarsi dal fare q.c.: **He is w. of breaking the rules of the road**, si guarda (bene) dal violare il codice della strada.
was [wɔz, wəz], *1ª e 3ª pers. sing. pass.* di **be**.
to wash [wɔʃ], **A** *v. t.* **1** lavare: **to w. one's hands** (**face**), lavarsi le mani (la faccia); **This soap will w. silks**, questo sapone è adatto per lavare la seta **2** (*delle onde, del mare, ecc.*) bagnare: **The Atlantic Ocean washes the northern coasts of Cornwall**, l'Oceano Atlantico bagna le coste settentrionali della Cornovaglia **3** bagnare; inumidire: **roses washed with dew**, rose bagnate dalla rugiada **4** (*delle onde, ecc.*) spazzar via; trascinare: **The sailor was washed overboard by a billow**, il marinaio fu spazzato via dal ponte da un cavallone; **The waves washed the tree-trunks away**, le onde trascinarono via i tronchi d'albero **5** (*dell'acqua*) scavare: **The rain has washed gullies in the bank**, l'acqua ha scavato solchi sulla sponda **6** (*pitt.*) ricoprire di un lieve strato di colore (*specialm. d'acquerello*) **7** (*ing.*) lavare; spurgare **8** (*ind.*) metallizzare; ricoprire di un leggero strato di metallo. **B** *v. i.* **1** lavarsi (*il viso, le mani, ecc.*); essere lavabile: **I must w. before going out**, devo lavarmi prima di uscire; **This material doesn't w. well**, questa stoffa non si lava bene; **Will this material w.?**, è lavabile questa stoffa? **2** lavare; fare il bucato; fare la lavandaia: **She washes for a living**, fa la lavandaia per vivere (*di mestiere*) **3** (*delle onde, ecc.*) battere; infrangersi; urtare: **The long waves of the Pacific washed at the base of the coral reef**, le lunghe onde del Pacifico si frangevano ai piedi della scogliera corallina **4** (*fam.*) reggere; essere valido; sostenersi: **This explanation won't w.**, questa spiegazione non regge. **to wash oneself C** *v. rifl.* lavarsi. **D** *verbi composti* **1 to w. away**, lavar via, togliere (*lavando*) (*delle onde, ecc.*) portar via, spazzar via, erodere. **2 to w. down**, lavare con un getto d'acqua (*l'automobile, il ponte d'una nave, ecc.*); (*dell'acqua e sim.*) portare via, trascinare; mandar giù, inghiottire: **My meal was beef washed down with a glass of wine**, mangiai carne di manzo e la mandai giù con un bicchiere di vino. **3 to w. off**, lavar via; pulire, togliere (*lavando*). **4 to w. out**, risciacquare, sciacquare; lavar via; pulire, togliere (*lavando*); portare via, spazzare via; (*fam.*) sospendere (*una partita, ecc.*) a causa della pioggia: **to w. out ink stains from a jacket**, togliere macchie d'inchiostro da una giacca; **The bridge was washed out by the flood**, il ponte fu spazzato via dalla piena □ **The flood washed out the road**, l'inondazione ha provocato un'interruzione della strada □ (*fam.*) **to be (to feel, to look) washed out**, essere (sentirsi, apparire) sfinito (*o* stremato, giù di corda). **5 to w. up**, (*ingl.*) rigovernare, lavare i piatti (*cfr. USA* **to w. the dishes**); (*USA*) lavarsi la faccia e le mani, lavarsi; (*del mare, delle onde, ecc.*) portare a riva: **The wreck was washed up by the waves**, il relitto fu portato dalle onde sulla spiaggia. ● **to w. st. clean**, pulire a fondo q.c.; (*fig.*) pulire: **The Mafia's black money is washed clean in secret bank accounts abroad**, il denaro sporco della Mafia viene «pulito» in conti bancari segreti all'estero □ **sea-washed cliffs**, scogliere spazzate dalle onde □ (*fig.*) **I w. my hands of it**, me ne lavo le mani.
wash [wɔʃ], *n.* **1** lavata; lavatina; lavatura; (*di automobile, ecc.*) lavaggio: **Go and have a w.**, va' a darti una lavatina! **2** biancheria (*da lavare o lavata*); bucato: **to send the w. to the laundry**, mandare la biancheria alla lavanderia; **to hang out the w.**, stendere il bucato **3** lavanderia: **Please send these trousers to the w.**, per piacere manda questi calzoni in lavanderia! **4** sciabordio; sciaquio; scia: **the w. of the waves**, lo sciabordio delle onde; **the w. made by the oars**, la scia lasciata dai remi **5** acqua sporca; lavatura di piatti; broda (*per maiali*); brodaglia **6** (*generalm. nei nomi composti*) lozione; liquido: **hair-w.**, lozione per i capelli **7** (*geol.*) deposito alluvionale **8** lieve strato di colore; (*arte*) acquerello; (*edil.*) colore, coloritura **9** (*ind.*) leggero strato di metallo (*più pregiato, sovrapposto a un altro*); metallizzazione **10** (*geogr.*) terreno inondato; pantano; palude **11** (*fin.: anche* **w. sale**) vendita fittizia di titoli. ● **w.-and-wear**, (*di tessuto*) che non richiede stiratura dopo il lavaggio; «lava e indossa»; «non stiro» □ **w.-basin** (*o* **w.-hand-basin**), catino, catinella; lavandino, lavello □ **w.-board**, asse per lavare; asse da bucato □ **w. boiler**, caldaia del bucato □ (*chim.*) **w.-bottle**, spruzzetta □ **w.-bowl**, V. **w.-basin** □ **w.-cloth**, strofinaccio da cucina; (*USA*) pezzuola usata a mo' di spugna □ **w. day**, giorno del bucato □ (*arte*) **w. drawing**, pittura a tempera □ **w.-house**,

washability 1080

lavanderia □ **w. leather**, pelle di camoscio □ **w.-out**, erosione prodotta dall'acqua; interruzione (*di strada o ferrovia*) causata da tale erosione; (*fam.*) fiasco, fallimento; (*agg.*) bocciato, respinto, chi ha fatto fiasco □ (*geol.*) **w.-over**, deposito di burrasca (*piccolo delta*) □ (*USA*) **w.-room**, gabinetto □ (*un tempo*) **w.-stand** (*o* **w.-handstand**), lavabo; portacatino □ **w.-tub**, conca del bucato; mastello □ **car w.**, autolavaggio □ **car-w. attendant**, lavaggista □ **eye-w.**, bagno oculare; (*fam.*) sciocchezze □ (*di panno, ecc.*) **to be in the w.**, essere a mollo □ **mouth w.**, collutorio □ (*ind.*) **sand w.**, lavaggio di sabbia □ (*med.*) **stomach w.**, lavanda gastrica.
washability [ˌwɔʃə'biliti], *n.* lavabilità.
washable ['wɔʃəbl], *a.* lavabile.
washed [wɔ:ʃt], *a.* lavato. ● **w.-out**, sbiadito, slavato, scolorito, stinto; (*fam.*) sfinito, stremato, esausto; (*geol.*) dilavato □ (*fam.*) **w.-up**, finito, rovinato, squalificato (*fig.*).
washer ['wɔʃə*], *n.* 1 chi lava; lavatore, lavatrice 2 lavatrice (*macchina*) 3 (*mecc.*) rondella; rosetta: **round w.**, rondella circolare; **plain w.**, rosetta 4 (*chim.*) gorgogliatore di lavaggio (*per gas*) 5 (*fotogr.*) vaschetta di lavaggio. ● **dish w.**, lavastoviglie.
washerman ['wɔʃəmən], *n.* (*pl.* **washermen**) lavandaio.
washerwoman ['wɔʃəˌwumən], *n.* (*pl.* **washerwomen**) lavandaia.
washeteria [ˌwɔ:ʃi'tiəriə], *n.* 1 lavanderia self-service 2 impianto self-service per il lavaggio delle automobili.
washiness ['wɔʃinis], *n.* acquosità; (*fig.*) debolezza, fiacchezza.
washing ['wɔʃiŋ], *n.* 1 lavatura; lavaggio; lavata 2 biancheria (*da lavare o lavata*); bucato: **to hang the w. out**, stendere il bucato. ● **w. board**, asse per lavare □ **w. day**, giorno del bucato □ **w. machine**, lavatrice; lavabiancheria □ (*ind. min.*) **w. plant**, impianto di lavaggio □ **w. powder**, detersivo; polvere per lavare □ **w. soda**, soda per lavare (*o da bucato*) □ **w. stand**, lavabo; portacatino □ (*fam. ingl.*) **w.-up**, lavatura dei piatti; rigovernatura □ **w.-up. liquid**, detersivo liquido per stoviglie □ **w. water**, acqua di lavaggio.
washwoman ['wɔʃˌwumən], *n.* (*pl.* **washwomen**) lavandaia.
washy ['wɔʃi], *a.* 1 acquoso; diluito; (*fig.*) debole; fiacco; scialbo: **w. soup**, zuppa acquosa; **a w. sentiment**, un sentimento debole; **a w. style**, uno stile scialbo 2 (*di colore*) debole; pallido; smorto.
wasn't ['wɔznt], *contraz.* di **was not**.
wasp [wɔsp], *n.* (*zool.*, *Vespula vulgaris*) vespa: **Wasps sting**, le vespe pungono. ● **w.-waisted**, dal vitino di vespa □ **a nest of wasps**, un nido di vespe; un vespaio.
Wasp [wɔsp], *n.* (*USA*, *spesso spreg.*; *acronimo di* **White Anglo-Saxon Protestant**) protestante anglosassone di razza bianca.
waspish ['wɔspiʃ], *a.* 1 di (*o simile a*) vespa 2 (*fig.*) bisbetico; irascibile; irritabile; stizzoso.
Waspish ['wɔspiʃ], *a.* (*fam. USA*) di (*o da*) Wasp (*q.V.*).
waspishness ['wɔspiʃnis], *n.* (*fig.*) irascibilità; irritabilità.
Waspishness ['wɔspiʃnis], *n.* (*fam. USA*) (l') essere un Wasp (*q.V.*); qualità di Wasp.
wassail ['wɔseil], **A** *n.* 1 bevuta; baldoria; festa 2 birra (*o vino*) aromatizzati con spezie. **B** *inter.* salute!; alla salute! ● **w. bowl**, boccale □ **w. cup**, coppa.
to wassail ['wɔseil], *v. i.* far baldoria; fare festa; sbevazzare. ● **to go wassailing**, andare in gruppo, di casa in casa, cantando canzoni natalizie.
wassailer ['wɔseilə*], *n.* 1 chi fa baldoria; chi fa festa 2 chi va di casa in casa cantando canzoni natalizie.
wast [wɔst], (*arc. o poet.*) 2ª *pers. sing. pass.* di **to be**: **Thou w.**, tu eri; tu fosti.
wastage ['weistidʒ], *n.* 1 sciupio; spreco 2 (*collett.*, *ind.*) cascami; rifiuti; scarti.
waste (1) [weist], *a.* 1 deserto; desolato; incolto; improduttivo; squallido; sterile: **w. land**, terreno incolto; terra deserta 2 di scarto; di rifiuto: **w. products**, prodotti di scarto; materiali di rifiuto; cascami 3 superfluo; sprecato; inutilizzato: **w. energy**, energia sprecata □ **w. steam**, vapore inutilizzato. ● **w. matter**, roba di rifiuto □ **w. paper**, carta straccia □ **w.-paper basket**, cestino per la carta straccia □ **w. silk**, cascami di seta □ **to lay w.**, devastare; guastare; distruggere □ (*agric.*) **to lie w.**, restare incoltivato; essere improduttivo.
to waste [weist], **A** *v. t.* 1 devastare; guastare; distruggere; rovinare 2 sciupare; sprecare; dissipare; sperperare: **to w. one's time (money, etc.)**, sciupare il tempo (il denaro, ecc.); **Don't w. your energies**, non sprecare le tue energie!; **to w. one's substance**, dissipare le proprie sostanze; (*fam.*) **to w. one's breath**, sprecare il fiato 3 far deperire; consumare: **a wasting disease**, una malattia che consuma 4 (*leg.*) lasciar andare in rovina (*un immobile*, *ecc.*); trascurare (*una proprietà*, *ecc.*) 5 (*pop. USA*) ammazzare; uccidere 6 (*pop. USA*) ferire gravemente; ridurre a mal partito. **B** *v. i.* 1 sprecarsi; andare sprecato; restare inutilizzato: **Turn the water off; don't let it w.**, chiudi il rubinetto; non lasciar che l'acqua vada sprecata! 2 (*di solito* **to w. away**) consumarsi; logorarsi; deperire: **Too many people are wasting away for lack of food**, troppa gente deperisce per mancanza di cibo. ● (*fig.*) **to w. one's powder and shot**, sprecare il tempo e la fatica □ **to w. one's words** (*o* **one's breath**), sprecare il fiato; predicare al vento □ **a wasting war**, una guerra devastatrice □ (*lett.*) **The day wastes**, il giorno declina; la giornata volge al termine □ (*prov.*) **W. not, want not**, il risparmio è il miglior guadagno.
waste (2) [weist], *n.* 1 sciupio; spreco; sperpero; perdita: **There is an incredible amount of w. in our public spending**, c'è una quantità incredibile di spreco nella nostra spesa pubblica; **a w. of time**, una perdita di tempo 2 cascame; cascami; rifiuti; scarto: **wool w.**, cascami di lana 3 terreno incolto; deserto; distesa desolata: **the wastes of central Asia**, i deserti dell'Asia centrale; **a w. of water and mud**, una distesa desolata d'acqua e di fango 4 (*leg.*) danneggiamento, deperimento (*di un immobile*) 5 immondizia; rifiuti; spazzatura 6 acque di rifiuto 7 (*edil.*) sterro eccedente 8 (*ind. min.*) sterile: roccia sterile; scarto; sfrido (*del carbone*). ● **w.-basket**, cestino per la carta straccia □ (*rag.*) **w.-book**, brogliaccio □ (*ind.*) **w. control**, riduzione degli sprechi □ (*ind. min.*) **w. filling**, ripiena □ **w.-land**, (*geogr.*) zona deserta, terra desolata; (*fig.*) paesaggio squallido, squallore: **cultural w.-land**, squallore culturale □ **w. pipe**, tubazione di scarico □ (*ind.*) **w. processing**, trattamento dei rifiuti □ **w. water**, liquame; acqua di scolo □ **to go** (*o* **to run**) **to w.**, andare sprecato; sciuparsi: **Before the pipeline was built, natural gases were running to w.**, prima della costruzione del metanodotto, i gas naturali andavano sprecati □ **It is a w. of time to argue further with him**, continuare a discutere con lui è tempo perso.
to wastebasket [ˌweist'ba:skit], *v. t.* cestinare; gettare (q.c.) nel cestino della carta straccia.
wasteful ['weistful], *a.* 1 che implica spreco; dispendioso; rovinoso: **a w. process**, un procedimento dispendioso 2 prodigo; spendereccio; sciupone: **a w. man**, uno spendaccione.
wastefulness ['weistfulnis], *n.* 1 sciupio; spreco 2 dissipazione; prodigalità; sperpero.
wasteless ['weistlis], *a.* inesauribile; che non finisce mai.
waster ['weistə*], *n.* 1 dissipatore; sciupone; sperperone; spreacone 2 (*fam.*) fannullone; buono a nulla 3 (*ind.*) oggetto di scarto; prodotto mal riuscito (*nella fabbricazione*) 4 (*lett.*) distruttore.
wastrel ['weistrəl], *V.* **waster**, def. *1* e def. *2*.
to watch [wɔtʃ], **A** *v. t.* 1 guardare; osservare: **to w. TV**, guardare la tivù; **I like to w. animal life**, mi piace osservare gli animali nel loro ambiente; **I sat watching the crowd**, me ne stavo seduto a guardare la folla 2 tener d'occhio; sorvegliare: **I'll have him watched by a private detective**, lo farò tener d'occhio da un investigatore privato 3 custodire; badare; sorvegliare; far la guardia a; vigilare: **to w. a flock**, custodire un gregge; **Will you w. (over) my suit-case while I am away?**, vuoi badarmi la valigia mentre sono via? **B** *v. i.* 1 stare a guardare; osservare: **I'm fed up with only watching**, sono stufo di stare soltanto a guardare 2 stare in guardia; stare all'erta; vigilare: **There is a private detective watching outside the bank**, c'è una guardia giurata che vigila fuori della banca 3 (*arc.*) vegliare. ● **to w. for an opportunity**, tener gli occhi aperti in attesa di una buona occasione; aspettare l'occasione propizia □ **to w. out for**, badare a, stare attento a; guardarsi da: **I told him to w. out for vipers**, gli dissi di stare attento alle vipere □ **to w. over**, custodire; badare; sorvegliare □ **to w. one's time**, aspettare il momento propizio; attendere la propria ora □ **W. out!, bada!; sta' attento! □ **W. your step!**, attento a dove metti i piedi!; (*fam.*) attento a quel che fai! □ (*prov.*) **A watched pot never boils**, quando s'aspetta, i minuti sono ore (*alla lettera*: pentola sorvegliata non bolle mai).
watch (1) [wɔtʃ], *n.* 1 custodia; guardia; sorveglianza: **to keep w.**, fare la guardia; (*mil.*) **w. duty**, servizio di guardia 2 (*naut.*) turno di guardia: **morning w.**, diana (*turno di guardia del mattino, dalle 4 alle 8*) 3 (*naut.*) guardia: **port w.**, guardia di sinistra; **starboard, w.**, guardia di destra 4 (*naut.*, *radio*) veglia; ascolto 5 (*un tempo*) ronda (*che pattugliava la città di notte*) 6 (*arc.*) veglia: **in the watches of the night**, durante le veglie notturne. ● (*collett.*, *naut.*) **w. aboard**, marinai di comandata □ (*naut.*) **w. ashore**, guardia franca a terra □ (*anche mil.*) **w. box**, garitta □ **w. fire**, fuoco di guardia (*nei campi o campeggi*) □ (*naut.*) **w. man**, vedetta □ **w.-tower**, torre d'osservazione; torre di controllo □ (*naut.*) **anchor w.**, guardia di porto □ (*naut.*) **dog w.**, gaettone (*turno di due ore*) □ (*naut.*) **first w.**, prima comandata (*turno di guardia dalle 8 di sera a mezzanotte*) □ **to keep w. for sb.**, stare attento a q. (*che deve arrivare*) □ **to keep w. over sb.**, sorvegliare q. □ **to be on the w.**, stare in guardia; stare all'erta □ **to be on the w. for pickpockets**, guardarsi dai borsaioli; stare attento ai borseggiatori.
watch (2) [wɔtʃ], *n.* 1 orologio (*da tasca o da polso*) 2 cronometro. ● (*USA*) **w.-band**, *V.* **w.-strap** □ **w.-case**, cassa dell'o-

rologio ☐ w. **chain**, catena dell'orologio ☐ w. **glass**, vetro da orologio; vetro dell'orologio ☐ **w.-guard**, catenella dell'orologio ☐ w. **pocket**, taschino dell'orologio ☐ **w.-strap**, cinturino da orologio.
watchdog ['wɔtʃdɔg], *n.* **1** cane da guardia **2** (*per estens.*) guardiano; custode **3** (*fig.*) geloso custode, difensore (*della morale, ecc.*).
watcher ['wɔtʃə*], *n.* **1** osservatore, osservatrice **2** sorvegliante; chi è di guardia; guardiano. ● (*polit.*) **Britain watchers**, gli osservatori della Gran Bretagna.
watchful ['wɔtʃful], *a.* attento; guardingo; vigilante; vigile: **under the w. eye of her mother**, sotto il vigile occhio della madre.
watchfulness ['wɔtʃfulnis], *n.* attenzione; vigilanza.
watching ['wɔtʃiŋ], *n.* **1** l'osservare; osservazione: **bird w.**, l'osservazione degli uccelli (*comune in G.B.*) **2** vigilanza; sorveglianza.
watchless ['wɔtʃlis], *a.* **1** non vigile; non vigilante **2** non vigilato; non sorvegliato; incustodito.
watchmaker ['wɔtʃˌmeikə*], *n.* orologiaio.
watchmaking ['wɔtʃˌmeikiŋ], *n.* orologeria; arte dell'orologiaio.
watchman ['wɔtʃmən], *n.* (*pl.* **watchmen**) **1** sorvegliante; guardiano; guardia giurata **2** sentinella **3** (*un tempo*) membro della ronda. ● **night w.**, guardia notturna; metronotte.
watchword ['wɔtʃwə:d], *n.* parola d'ordine; motto; slogan.
water ['wɔ:tə*], *n.* **1** acqua (*quasi in ogni senso*): **fresh w.**, acqua dolce; **salt w.**, acqua salata; **He fell into the w.**, cadde in acqua; **drinking w.**, acqua potabile; **stagnant w.**, acqua morta; acqua stagnante; **the waters of the Dead Sea**, le acque del Mar Morto; **to take the waters at Bath**, fare la cura delle acque a Bath; (*naut.*) **The fishing boat was sailing in Tunisian waters**, il peschereccio navigava in acque (territoriali) tunisine **2** marea: **high** (**low**) **w.**, alta (bassa) marea; **high** (**low**) **w. mark**, limite dell'alta (della bassa) marea. ● **w. bag**, otre ☐ **w. bailiff**, funzionario di dogana (*in un porto*); (*stor.*) guardiano della pesca ☐ (*tecn.*) **w.-base paint**, pittura ad acqua; idropittura ☐ **w. bath**, bagnomaria ☐ **w. bearer**, portatore d'acqua (*astron., astrologia*) **the W. Bearer**, l'Acquario (costellazione e XI segno dello Zodiaco) ☐ (*geol.*) **w.-bearing stratum**, strato acquifero ☐ **w. bed**, (*geol.*) falda freatica; (*anche*) letto con materasso di plastica riempito d'acqua ☐ (*zool.*) **w. bird**, uccello acquatico ☐ **w. biscuit**, galletta ☐ **w. blister**, vescica acquosa (*sulla pelle*) (*naut.*) **w. boat**, nave cisterna ☐ (*fis. nucl.*) **w.-boiler reactor**, reattore ad acqua ☐ **w. bottle**, bottiglia dell'acqua; (*anche mil.*) borraccia ☐ (*ing.*) **w. brake**, freno dinamometrico idraulico ☐ (*zool.*) **w. buffalo** (*Bubalus bubalis*), bufalo indiano ☐ **w. bus**, vaporetto (*in servizio regolare su un fiume, un lago, ecc.*) ☐ **w. butt**, botte per l'acqua (*piovana*) ☐ **w. cannon**, grosso idrante (*usato dalla polizia o dai vigili del fuoco*) ☐ **w. carriage**, (mezzi di) trasporto per via d'acqua ☐ **w. carrier**, vettore fluviale (*o* marittimo) ☐ **w. cart**, carro per il trasporto dell'acqua; annaffiatrice (*carro per innaffiare*) ☐ **w. chute**, scivolo d'acqua ☐ **w. clock**, orologio ad acqua ☐ **w. closet**, gabinetto; latrina; ritirata ☐ (*tecn.*) **w.-cooled**, raffreddato ad acqua ☐ (*tecn.*) **w. cooling**, raffreddamento ad acqua ☐ (*med.*) **w. cure**, idroterapia ☐ **w. diviner**, rabdomante ☐ **w.-drinker**, bevitore d'acque termali; astemio ☐ **w. finder**, rabdomante ☐ (*zool.*) **w. flea** (*Daphnia pulex*), pulce d'acqua ☐ (*zool.*) **w.-fly**, insetto acquatico ☐ **w. gate**, cateratta, saracinesca (*di chiusa*) ☐ **w.-gauge**, indicatore di livello dell'acqua ☐ **w. glass**, contenitore di vetro (*per bulbi*); tubo di livello (*per caldaia*); soluzione di silicato di sodio (*per affreschi o per conservare uova*) ☐ (*cucina*) **w. gruel**, farina d'orzo bollita nell'acqua ☐ **w. guard**, guardia di finanza portuale ☐ (*sport: golf*) **w. hazard**, fossatello (*ostacolo*) ☐ **w. heater**, scaldaacqua; scaldabagno ☐ (*zool.*) **w. hen** (*Gallinula chloropus*), gallinella d'acqua ☐ **w. hole**, buca (*in un fiume*); polla (*o* pozza) d'acqua ☐ **w. ice**, ghiacciolo (*da succhiare*) ☐ (*mecc.*) **w. jacket**, camicia d'acqua (*di un motore, ecc.*) ☐ **w. jug**, brocca ☐ (*sport*) **w. jump**, fossato ☐ **w. level**, livello dell'acqua ☐ **w. lily** (*Nymphaea*), ninfea ☐ **w.-line**, (*su carta*) linea di filigrana; (*naut.*) linea di galleggiamento (*o* d'immersione); (*di caldaia, ecc.*) livello ☐ **w. main**, conduttura principale (*d'impianto idrico*) ☐ (*agric.*) **w. meadow**, marcita ☐ (*bot.*) **w.-melon** (*Citrullus vulgaris*), melone d'acqua; cocomero; anguria ☐ **w. meter**, contatore dell'acqua ☐ **w.-mill**, mulino ad acqua ☐ **w. monkey**, giara dal collo sottile (*per mantenere fresca l'acqua*) ☐ (*mitol.*) **w. nymph**, ninfa delle fonti; naiade ☐ (*fig.*) **the waters of forgetfulness**, il fiume dell'oblio; il Lete ☐ (*Bibbia*) **w. of life**, fonte di vita spirituale ☐ (*med.*) **w. on the brain**, idrocefalia ☐ (*med.*) **w. on the knee**, sinovite ☐ (*tecn.*) **w. paint**, pittura ad acqua; idropittura ☐ **w. pick** (*o* **w. toothpick**), «water pik» (*marchio: macchinetta che pulisce i denti con getti d'acqua*) ☐ **w.-pipe**, conduttura d'acqua ☐ **w.-plane**, (*naut.*) piano di galleggiamento; (*aeron.*) idrovolante ☐ (*bot.*) **w. plant**, pianta acquatica; idrofita ☐ **w. pollution**, inquinamento delle acque (*o* idrico) ☐ (*sport*) **w. polo**, pallanuoto ☐ **w.-polo player**, pallanuotista ☐ **w. power**, energia idrica; energia idroelettrica ☐ **w. pump**, pompa da acqua; (*autom., mecc.*) pompa dell'acqua ☐ (*zool.*) **w. rail** (*Rallus aquaticus*), porciglione ☐ **w. rat**, (*zool., Arvicola amphibius*) topo d'acqua; (*fig.*) ladruncolo di porto ☐ **w. rate**, tariffa per la fornitura idrica; bolletta dell'acqua ☐ **w. repellent**, idrorepellente ☐ (*leg.*) **w. right**, diritto d'utilizzazione dell'acqua (*specialm. per irrigazione*) ☐ (*sport*) **w. ski** (*o* **w. skiing**), sci acquatico (*o* nautico); idrosci ☐ (*sport*) **w.-ski**, idrosciistico ☐ (*sport*) **w. skier**, idrosciatore; chi pratica lo sci nautico ☐ **w. skin**, ghirba ☐ **w. softener**, addolcitore (*o* depuratore) d'acqua ☐ **w. spaniel**, cane spaniel addestrato al riporto in palude ☐ **w. splash**, ruscelletto che attraversa (*o* pozzanghera che sommerge parte di) una strada ☐ **w.-spout**, tubo di scarico (*di grondaia, ecc.*), cannella; (*naut.*) tromba marina ☐ **w. supply**, rifornimento (*o* approvvigionamento) idrico ☐ **w. system**, impianto idrico; (*geogr.*) sistema idrografico ☐ **w. table**, (*archit.*) (cornicione) marcapiano; (*geol.*) superficie freatica ☐ **w. tank**, cisterna ☐ **w. tower**, serbatoio (*idrico*) soprelevato ☐ **w. trap**, sifone; pozzetto ☐ **w. tunnel**, (*costr.*) galleria adduttrice (*di acquedotto*); (*ing.*) galleria idrodinamica ☐ (*mecc.*) **w. turbine**, turbina idraulica ☐ (*fis.*) **w. vapour**, vapore acqueo ☐ (*zool.*) **w. vole**, V. **w. rat** ☐ **w. vendor**, venditore d'acqua; acquaiolo ☐ **w. wagon**, carro per il rifornimento dell'acqua ☐ (*ind. tessile*) **w. waving**, marezzatura ☐ **w. well**, pozzo idrico ☐ (*mecc.*) **w. wheel**, ruota idraulica; noria ☐ **w. wings**, salvagente ad alette (*per imparare a nuotare*) ☐ **w. witch**, rabdomante ☐ **w. witching**, rabdomanzia ☐ (*geol.*) **w.-worn rocks**, rocce corrose dall'acqua ☐ **above**, **sopra**, al livello dell'acqua; a galla (*anche fig.*) ☐ (*naut.*) **to back w.**, remare all'indietro; frenare coi remi ☐ **a blunder of the first w.**, un errore madornale ☐ **to bring the w. to sb.'s mouth**, far venire l'acquolina in bocca a q. ☐ **by w.**, per via d'acqua; per mare; per via fluviale (*o* lacustre) ☐ (*fig.*) **to cast** (*o* **to throw**) **one's bread upon the waters**, far un'opera buona senza speranza di ricompensa ☐ **first w.**, (*di pietra preziosa*) acqua purissima; (*fig.*) (la) più bell'acqua: **He's a knave of the first w.**, è un furfante della più bell'acqua ☐ (*fig.*) **to go through fire and w.**, affrontare i più gravi pericoli; passarne di cotte e di crude ☐ (*fig.: di una teoria, ecc.*) **to hold w.**, reggere; sostenersi; essere valido ☐ (*relig.*) **holy w.**, acqua santa ☐ **to be in deep w.** (*o* **waters**), essere in acque profonde; (*fig.*) trovarsi in difficoltà, essere nei guai ☐ (*fig.*) **to be in** (**to get into**) **hot w.**, essere (cacciarsi) nei guai (*o* nei pasticci) ☐ **to be in low w.**, essere in secca; (*fig.*) essere a corto di quattrini, essere al verde ☐ (*fig., fam.*) **to be in smooth w.**, navigare in acque tranquille; aver superato la tempesta (la crisi, le difficoltà, ecc.) ☐ **to keep one's head above w.**, tener la testa sopra il pelo dell'acqua; tenersi a galla; (*fig.*) evitare la rovina, il fallimento ☐ **to be like a fish out of w.**, essere come un pesce fuor d'acqua ☐ (*fam.*) **to make** (*o* **to pass**) **w.**, fare acqua; orinare ☐ **on the w.**, in mare; a bordo; in viaggio (*via mare*) ☐ (*fam., fig.*) **to be on the w. wagon**, essere astemio ☐ **rain w.**, acqua piovana ☐ (*med.*) **red w.**, urina sanguigna ☐ **running w.**, acqua corrente ☐ **to shed blood like w.**, versare sangue a torrenti; fare una grande strage ☐ **to spend money like w.**, spendere e spandere; gettar denaro a piene mani; scialacquare ☐ **table waters**, acque da tavola ☐ **to take in w.**, rifornirsi d'acqua ☐ **to throw cold w. on st.**, gettare dell'acqua fredda su q.c. (*anche fig.*) ☐ **tonic w.**, acqua tonica ☐ **under w.**, sott'acqua; coperto dall'acqua; inondato: **Part of the Po Valley was under w. owing to the big flood**, parte della Valle Padana era coperta dall'acqua a causa della grande inondazione ☐ **upon the w.**, V. **on the w.** ☐ **well w.**, acqua di fonte (*o* di pozzo) ☐ (*di nome, fama, ecc.*) **written on w.**, scritto sull'acqua; presto dimenticato; fugace ☐ (*prov.*) **Still waters run deep**, le acque chete rovinano i ponti.
to water ['wɔ:tə*], **A** *v. t.* **1** innaffiare, annaffiare; (*agric.*) irrigare: **to w. the garden** (**the streets**), innaffiare il giardino (le strade) **2** (*spesso* **w. down**) annacquare; diluire; (*fig.*) mitigare: **to w. wine**, annacquare il vino; **to w. down a statement**, mitigare un'affermazione **3** abbeverare; dar da bere a (*animali*): **to w. horses**, abbeverare cavalli **4** (*di fiumi, ecc.*) bagnare: **Ten States are watered by the Mississippi River**, dieci Stati sono bagnati dal fiume Mississippi **5** (*fin.*) gonfiare artificiosamente (*il capitale nominale d'una società*) **6** (*ind. tessile*) marezzare: **watered silk**, seta marezzata. **B** *v. i.* **1** (*d'animali*) abbeverarsi **2** (*di locomotive, navi, ecc.*) fare acqua; rifornirsi d'acqua **3** (*degli occhi*) lacrimare; velarsi di lacrime. ● **to make sb.'s eyes w.**, far venire le lacrime agli occhi a q.; far piangere q. ☐ **to make sb.'s mouth w.**, far venire l'acquolina in bocca a q.
waterage ['wɔ:təridʒ], *n.* (*comm.*) **1** trasporto per via d'acqua **2** spese di trasporto per via d'acqua.
waterborne ['wɔ:təbɔ:n], *a.* **1** trasportato dall'acqua (*o* per via d'acqua) **2** (*med.*) trasmesso con l'acqua. ● (*comm.*) **w.**

traffic, traffico (trasporto, ecc.) per via d'acqua (*o* mediante idrovie).
watercolour ['wɔ:tə͵kʌlə*], *n.* (*pitt.*) acquerello. ● **w. pigment**, pigmento per acquerello.
watercolourist ['wɔ:tə͵kʌlərist], *n.* (*pitt.*) acquarellista.
watercourse ['wɔ:təkɔ:s], *n.* **1** (*geogr.*) corso d'acqua **2** canale **3** (*naut.*) ombrinale.
watercraft ['wɔ:təkra:ft], *n.* **1** abilità negli sport acquatici **2** imbarcazione **3** (*collett.*) imbarcazioni.
watercress ['wɔ:təkres], *n.* (*bot.*, *Nasturtium officinale*) crescione d'acqua.
waterer ['wɔ:tərə*], *n.* **1** innaffiatore, innaffiatrice **2** innaffiatoio, annaffiatoio.
waterfall ['wɔ:təfɔ:l], *n.* (*geogr.*) cascata; cateratta.
waterfowl ['wɔ:təfaul], *n.* (*zool.*, *invar. al pl.*) **1** uccello acquatico (*degli Anseriformi*) **2** (*collett.*) uccelli acquatici.
waterfowler ['wɔ:tə͵faulə*], *n.* cacciatore di uccelli acquatici (*o* di palude).
waterfowling ['wɔ:tə͵fauliŋ], *n.* caccia agli uccelli acquatici (*o* in palude).
waterfront ['wɔ:təfrʌnt], *n.* **1** (*geogr.*) area adiacente all'acqua **2** (*costr.*) fronte del porto; lungomare; lungolago; lungofiume **3** (*fig.*) porto: **to buy fish on the w.**, comprare pesce al porto (*o* al molo).
wateriness ['wɔ:tərinis], *n.* **1** acquosità **2** (*fig.*) insipidità.
watering ['wɔ:təriŋ], *n.* **1** innaffiamento, annaffiamento; (*agric.*) irrigazione **2** (*anche* **w. down**) annacquamento; diluizione; (*fig.*) mitigazione **3** abbeveramento **4** approvvigionamento d'acqua **5** (*ind. tessile*) marezzatura (*della seta*). ● **w. can** (*o* **w. pot**), innaffiatoio, annaffiatoio □ **w. cart**, carro per innaffiare; annaffiatrice □ **w. place**, abbeveratoio, abbeverata; (*anche*) stazione balneare, stabilimento termale.
waterless ['wɔ:təlis], *a.* privo d'acqua; senz'acqua; arido.
waterlogged ['wɔ:təlɔgd], *a.* **1** (*del legno*) impregnato d'acqua; fradicio **2** (*del terreno*) saturo d'acqua; acquitrinoso **3** (*naut.*: *di battello*) che ha imbarcato acqua; ingovernabile.
Waterloo [͵wɔ:tə'lu:], *n.* (*geogr.*, *stor.*) Waterloo. ● (*fig.*) **to meet one's W.**, subire una sconfitta definitiva.
waterman ['wɔ:təmən], *n.* (*pl.* **watermen**) **1** barcaiolo; battelliere; traghettatore **2** rematore: **He is a good w.**, è un buon rematore **3** acquaiolo.
watermanship ['wɔ:təmənʃip], *n.* **1** abilità di barcaiolo **2** abilità nel remare.
watermark ['wɔ:təma:k], *n.* **1** livello dell'acqua **2** indicatore di livello (*dell'acqua*) **3** (*sulla carta*) filigrana.
to watermark ['wɔ:təma:k], *v. t.* filigranare; imprimere la filigrana su (*carta*).
waterproof ['wɔ:təpru:f], **A** *a.* **1** a tenuta d'acqua; impermeabile: **w. material**, stoffa impermeabile **2** idrofugo: **w. grease**, grasso idrofugo. **B** *n.* (*fam. per* **w. coat**) impermeabile.
to waterproof ['wɔ:təpru:f], *v. t.* rendere impermeabile; impermeabilizzare.
waterproofing ['wɔ:təpru:fiŋ], **A** *n.* impermeabilizzazione. **B** *a.* impermeabilizzante. ● (*tecn.*) **w. agent**, impermeabilizzante (*sostanza*).
waterquake ['wɔ:təkweik], *n.* (*geol.*) acquemoto; maremoto.
waterscape ['wɔ:təskeip], *n.* (*pitt.*) marina; paesaggio marino.
watershed ['wɔ:təʃed], *n.* **1** (*geogr.*) spartiacque; linea di displuvio **2** (*geogr.*) bacino idrografico **3** (*fig.*) fattore decisivo (*d'innovazione*, *ecc.*); linea di demarcazione, spartiacque (*fig.*).
waterside ['wɔ:təsaid], **A** *n.* sponda; riva (*di fiume*, *lago o mare*); litorale. **B** *a. attr.* rivierasco; litoraneo: **w. towns**, città rivierasche.
to water-ski ['wɔ:tə-ski], *v. i.* (*sport*) fare lo sci acquatico (*o* nautico); fare dell'idrosci.
watertight ['wɔ:tətait], *a.* **1** a tenuta d'acqua; stagno: **w. compartments**, compartimenti stagni (*di nave o fig.*) **2** (*fig.*) perfetto; inconfutabile; che non fa una grinza: **a w. argument**, un ragionamento che non fa una grinza: **a w. plan**, un piano perfetto (*o* a prova di bomba).
watertightness ['wɔ:tətaitnis], *n.* tenuta stagna.
waterway ['wɔ:təwei], **A** *n.* **1** corso d'acqua (*o* canale) navigabile; via di navigazione; idrovia: **inland waterways**, vie di navigazione interna **2** (*naut.*) trincarino. **B** *a. attr.* idroviario. ● **a net of waterways**, una rete idroviaria.
waterworks ['wɔ:təwə:ks], **A** *n. pl.* **1** (*spesso col verbo al sing.*) impianto idrico; acquedotto **2** grande fontana ornamentale; giochi d'acqua. **B** *a. attr.* (*fam.*) urologico: **w. trouble**, disturbi urologici. ● (*fam.*) **to turn on the w.**, mettersi a piangere.
watery ['wɔ:təri], *a.* **1** acquoso; brodoso; lungo: **w. tea**, tè acquoso; **w. soup**, zuppa brodosa (*o* lunga) **2** (*di colore*) sbiadito; slavato; pallido **3** (*fig.*) insipido; scipito **4** (*della luna*, *del cielo*, *ecc.*) che promette pioggia; offuscato: **w. sun**, sole offuscato **5** (*della bocca*, *degli occhi*) ba-
gnato; umido. ● (*lett.*) **to have a w. grave**, avere una tomba d'acqua; essere sepolto in mare.
watt [wɔt], *n.* (*elettr.*) watt (*unità di potenza elettrica*). ● (*elettr.*) **w.-hour**, wattora □ (*ing.*) **w.-hour meter**, wattorametro; contatore elettrico.
wattage ['wɔtidʒ], *n.* (*elettr.*) wattaggio. ● **w. rating**, potenza nominale.
wattle (1) ['wɔtl], *n.* **1** canniccio; canicciata; graticcio; intreccio di canne (*o* vimini) **2** canne; vimini **3** (*bot.*) acacia australiana. ● **w. and daub**, canniccio ricoperto di argilla o fango.
to wattle ['wɔtl], *v. t.* **1** fare (*uno steccato*, *ecc.*) di canniccio **2** cingere (*un luogo*) con un graticcio; ingraticciare **3** intrecciare (*canne o vimini*).
wattle (2) ['wɔtl], *n.* **1** (*d'uccello*) bargiglio **2** (*di pesce*) barbiglio.
wattled (1) ['wɔtld], *a.* ingraticciato; (fatto) di canniccio.
wattled (2) ['wɔtld], *a.* (*zool.*) provvisto di bargigli (*o* barbigli) (*V.* **wattle (2)**).
wattmeter ['wɔt͵mi:tə*], *n.* (*elettr.*) wattometro; wattmetro.
to waul [wɔ:l], *v. i.* (*raro*) **1** gridare; strillare **2** gnaulare; miagolare.
wave [weiv], *n.* **1** onda (*anche fig.*); ondata; flutto; maroso: **the waves**, le onde, i flutti; (*poet.*) il mare; (*mil.*) **successive waves of tanks**, ondate successive di carri armati; (*fig.*) **a w. of enthusiasm**, un'ondata di entusiasmo; (*meteorologia*) **a heat w.**, un'ondata di caldo; (*radio*) **short waves**, onde corte **2** cenno; gesto; segno: **a w. of the hand**, un cenno della mano **3** (*dei capelli*) ondulazione; onde: **natural w.**, ondulazione naturale. ● (*fis.*) **w. acoustics**, acustica ondulatoria □ (*radio*) **w. band**, gamma di lunghezza d'onda □ **w. breaker**, frangiflutti, frangionde □ (*radio*) **w. changer** (*o* **w.-change switch**), commutatore di frequenza (*o* di gamma) □ (*fis.*) **w. theory**, teoria ondulatoria (*della trasmissione della luce*) □ **permanent w.**, ondulazione permanente; permanente □ (*radio*) **radio w.**, radioonda □ **tidal w.**, (*geogr.*, *naut.*) onda di marea; (*fam.*) tsunami, onda di maremoto; (*fig.*) onda, ondata (*di protesta*, *ecc.*).
to wave [weiv], **A** *v. i.* **1** ondeggiare; fluttuare; sventolare: **The cypresses were waving in the gale**, i cipressi ondeggiavano al forte vento; **The flag is waving**, la bandiera sventola **2** far un cenno con la mano; fare un segno (*agitando q.c.*) **3** (*dei capelli*) ondularsi; fare le onde **4** (*di una linea*, *ecc.*) essere ondulato; essere sinuoso **5** (*di una folla*) ondeggiare; agitarsi **6** (*di fazzoletto e sim.*) essere agitato (*o* sventolato). **B** *v. t.* **1** agitare; brandire; sventolare: **to w. one's hand**, agitare la mano (*in segno di saluto*, *ecc.*); **to w. a sword**, brandire una spada; **to w. a flag**, sventolare una bandiera **2** far segno di (*agitando q.c.*): **He waved us on**, ci fece segno d'avanzare; **He waved us away**, ci fece segno d'allontanarci **3** ondulare; fare l'ondulazione a: **She has had her hair waved**, s'è fatta fare l'ondulazione (ai capelli). ● **to w. sb. goodbye**, salutare q. agitando la mano (*o* un fazzoletto, ecc.) □ **to w. a line**, tracciare una linea ondulata □ **to w. sb. nearer**, far cenno a q. di avvicinarsi □ **to w. an offer aside**, scartare un'offerta □ **to w. a proposal aside**, respingere una proposta □ (*di vigile*) **to w. the traffic on**, far avanzare i veicoli con un cenno della mano □ **waving iron**, ferro per ondulare i capelli.
waveform ['weivfɔ:m], *n.* (*fis.*) forma d'onda.
wavefront ['weivfrʌnt], *n.* (*fis.*) fronte d'onda.
waveguide ['weivgaid], *n.* (*elettr.*) guida d'onda.
wavelength ['weivleŋθ], *n.* (*radio*) lunghezza d'onda. ● (*fig.*) **to be on the same w. as sb.**, essere in sintonia con q.
waveless ['weivlis], *a.* senza onde; calmo; immobile; liscio.
wavelet ['weivlit], *n.* ondicina; increspatura (*dell'acqua*).
to waver ['weivə*], *v. i.* **1** oscillare; vacillare; guizzare: **wavering lights**, luci tremule (*o* vacillanti); **a wavering flame**, una fiamma guizzante **2** esitare; tentennare; titubare; vacillare; tremare: **At last the dark column of the attackers began to w.**, alla fine la scura colonna degli attaccanti cominciò a vacillare; **to w. between two courses**, esitare di fronte a un dilemma. ● **My voice wavered with repressed emotion**, la voce mi tremava per l'emozione repressa.
waverer ['weivərə*], *n.* persona irresoluta; tentenna (*scherz.*).
wavering ['weivəriŋ], **A** *a.* **1** oscillante; vacillante **2** esitante; irresoluto; tentennante; titubante. **B** *n.* **1** oscillazione; guizzo **2** esitazione; titubanza.
wavey ['weivi], *V.* **wavy (2)**.
waviness ['weivinis], *n.* **1** ondosità **2** ondulazione; sinuosità.
wavy (1) ['weivi], *a.* **1** ondeggiante; fluttuante **2** ondulato; sinuoso: **w. hair**, capelli ondulati; **a w. line**, una linea ondulata **3** ondoso: **the w. sea**, il mare ondoso **4** (*fig.*) esitante; tentennante; vacillante **5** (*araldica*) a onde.
wavy (2) ['weivi], *n.* (*zool.*, *Chen hyperboreus*) oca delle nevi.
to wawl [wɔ:l], *V.* **to waul**.
wax (1) [wæks], *n.* **1** cera: **bee's wax**, cera d'api; **a wax candle**,

una candela di cera **2** (*anche* **ear-wax**) cerume **3** (*anche* **cobblers' wax**) pece (*da calzolaio*) **4** (*anche* **sealing wax**) ceralacca **5** ceretta (*per depilare*) **6** prima registrazione (*su disco*) ● **wax chandler**, fabbricante (*o* venditore) di candele di cera □ (*arti grafiche*) **wax-coating machine**, macchina paraffinatrice □ **wax doll**, bambola di cera; (*fig.*) bambola, donna che ha un viso bello ma inespressivo □ **wax end**, spago impeciato (*da calzolaio*) □ **wax light**, candela (*di cera*); cera; lumino □ **wax match**, cerino □ (*mus.*) **wax original**, disco di cera □ (*bot.*) **wax palm**, (*Ceroxylon andicola*) palma delle Ande; (*Copernicia cerifera*) palma da cera □ **wax paper**, carta paraffinata □ **finishing wax**, cera per lucidare □ **to be like wax in sb.'s hands**, essere come cera nelle mani di q. □ **mineral wax**, cera minerale; (*specialm.*) ozocerite □ **to mould sb. like wax**, plasmare q. come fosse cera □ **vegetable wax**, cera vegetale.

to wax (1) [wæks], *v. t.* **1** incerare; dare la cera a (*pavimenti, ecc.*) **2** lucidare (*mobili, ecc.*) con la cera **3** fare la prima registrazione di (*un testo, ecc.*) su disco. ● **waxed paper**, carta paraffinata.

wax (2) [wæks], *n.* (*pop.*) accesso d'ira; stizza. ● **to get into a wax**, stizzirsi □ **to be in a wax**, essere in collera; essere stizzito.

to wax (2) [wæks], *v. i.* **1** (*specialm. della luna*) crescere **2** (*lett.*) diventare; farsi: **to wax sad**, diventare triste. ● **to wax angry**, adirarsi □ **to wax fat**, ingrassare □ **to wax old**, invecchiare.

waxbill ['wæksbil], *n.* (*zool.*) uccello della famiglia dei Ploceidi. ● **common w.** (*Estrilda troglodytes*), becco di corallo.

waxcloth ['wæksklɔθ], *n.* tela cerata.

waxen ['wæksən], *a.* **1** cereo; (fatto) di cera: **a w. image**, un'immagine di cera **2** bianco come la cera; cereo: **a w. complexion**, una carnagione cerea **3** (*fig.*) malleabile; plasmabile.

waxiness ['wæksinis], *n.* aspetto cereo; l'esser come cera.

waxwing ['wæks-wiŋ], *n.* (*zool., Bombycilla garrulus*) beccofrusone.

waxwork ['wæks-wə:k], *n.* **1** modello (*o* statua) di cera **2** (*pl.*) museo delle cere.

waxy (1) ['wæksi], *a.* **1** cereo; di cera; come la cera **2** coperto di cera; incerato **3** (*fig.*) plasmabile; malleabile.

waxy (2) ['wæksi], *a.* (*pop.*) adirato; stizzito.

way (1) [wei], *n.* **1** via; strada; sentiero; passaggio; varco; pista; percorso; cammino; viaggio: **the Appian way**, la via Appia; **a way through the forest**, un sentiero attraverso la foresta; **a covered way**, un passaggio coperto; **a cycle way**, una pista per biciclette; **He lives over the way**, abita dall'altra parte della strada; **Which is the shortest way to the station?**, qual è la via più breve per andare alla stazione?; **We were on the way to town**, eravamo in cammino verso la città; **The explorers cut their way through the jungle**, gli esploratori si aprirono un varco nella giungla; **They are on the way**, (essi) sono in viaggio (*o* per strada) **2** via (*fig.*); modo; mezzo; maniera: **This is the best way of doing it**, questa è la maniera migliore di farlo; **There's no way out of this awful mess**, non c'è via d'uscita da questo maledetto pasticcio; **I don't like the way he laughs**, non mi piace il suo modo di ridere; **the American way of living**, il modo di vivere degli americani **3** (*solo al sing.*) distanza: **The town is a long way from here (a long way off)**, la città è a una grande distanza (è assai lontana) da qui **4** (*fam., solo al sing.*) dintorni; paraggi; parti: **He lives somewhere London way**, abita in qualche posto nei dintorni di Londra **5** direzione; parte: **They went that way**, sono andati in quella direzione (*o* da quella parte); **Which way are you looking?**, da che parte guardi? **6** abitudine; costume; pratica; usanza; modo di fare: **the good old ways**, le belle usanze antiche; **It's not his way to be rude**, non è sua abitudine essere sgarbato **7** aspetto; punto di vista; riguardo: **He's a good husband in a (o in one) way**, è un buon marito, sotto un certo aspetto; **It's an interesting film in many ways**, per molti riguardi è un film interessante **8** (*fam.*) condizione; piega; stato: **Business is in a bad way**, gli affari hanno preso una brutta piega; **The patient was in a terrible way**, il malato era in uno stato da far pietà **9** (*pl., mecc.*) guide **10** (*pl., costr. navali*) vasi, invasatura (*per il varo*); scalo di costruzione **11** (*autom.*) precedenza: **Give way!**, dare la precedenza! (*cartello*) **12** (*ant., anche right of way*) diritto di passaggio. ● **ways and means**, modi e mezzi; metodi (*specialm. di reperire fondi*) □ (*comm.*) **way-bill**, bollettino di spedizione; lettera di vettura; lista dei passeggeri □ (*naut.*) **ways-end**, avanscalo; antiscalo □ (*ferr. USA*) **way-freight**, treno merci locale □ (*nelle stazioni, ecc.*) **way in**, entrata (*cartello*) □ (*leg.*) **way leave**, permesso di passaggio □ (*relig.*) **the Way of the Cross**, la Via Crucis □ (*nelle stazioni, ecc.*) **way out**, uscita (*cartello*) □ (*pop.*) **way-out**, stravagante, strambo, eccentrico; modernissimo; originale; eccellente, straordinario □ (*ferr. USA*) **way station**, stazione secondaria □ (*ferr. USA*) **way train**, treno locale □ (*lett.*) **way-worn**, esausto per il lungo cammino □ (*USA*) **all the way**, per tutto il tragitto (*o* il viaggio, ecc.); dal principio alla fine; sino in fondo (*anche fig.*); completamente; interamente □ **to ask the way** (*o* **one's way**), chiedere la via; farsi indicare la strada □ **by the way**, per strada, lungo il cammino, durante il viaggio; (*fig.*) incidentalmente, a proposito: **By the way, have you seen him?**, a proposito, l'hai visto? □ **by way of**, (*autom., ecc.*) via, attraverso, passando per; (*fig.*) in via di, a mo' di: **We went to Rome by way of Florence**, andammo a Roma passando per Firenze; **by way of an example**, in via d'esempio; **by way of recommendation**, a mo' di raccomandazione □ (*comm.*) **by way of trial**, a titolo di prova; in saggio □ **to clear the way**, sgombrare la strada; far largo; sgombrare il campo (*dalle difficoltà, ecc.*) □ **to come sb.'s way**, offrirsi (*o* presentarsi) agli occhi di q.; capitare a tiro a q. □ **to do st. in the way of business**, fare q.c. in via d'ordinaria amministrazione □ **to gather (to lose) way**, acquistare (perdere) velocità; guadagnare (perdere) terreno □ **to get in the way**, cacciarsi fra i piedi; intralciare; intromettersi □ **to get st. out of the way**, togliere q.c. di mezzo; riporre, sistemare q.c. □ **to get under way**, mettersi in cammino; (*di nave*) far rotta, navigare □ **to give way**, cedere, ritirarsi, arrendersi; (*autom.*) dare la precedenza; (*di rematori*) remare con foga □ **to go one's way**, mettersi in via, incamminarsi, partire; andarsene per i fatti propri □ **to go the way of all flesh** (*o* **of all the earth**), andare al Creatore; andare fra i più; morire □ **to go** (*o* **to take**) **one's own way**, andare per la propria strada; fare a modo proprio □ (*fig.*) **to go out of the way** (*o* **out of one's way**) **to do st.**, farsi in quattro per fare q.c. (*un favore, ecc.*) □ **to have** (*o* **to get**) **one's own way**, ottenere quel che si vuole; averla vinta □ **to have got one's hat the wrong way round**, essersi messo il cappello a rovescio □ **in the way**, (*avv.*) in mezzo, fra i piedi; (*agg.*) ingombrante; fra i piedi; fastidioso □ **to be in sb.'s way**, essere d'impaccio (*o* d'ostacolo, d'intralcio) a q.; essere fra i piedi di q. □ **in a big way**, dispendiosamente; in grande, su grande scala □ (*fam.: di donna*) **to be in the family way**, essere incinta □ (*fam.*) **to be in a great way**, essere agitato (*o* inquieto) □ **to be in the grocery way**, fare il droghiere □ **in a small way**, modestamente, senza pretese; in piccolo, su piccola scala: **to live in a small way**, condurre una vita senza pretese; **to be a publisher in a small way**, fare l'editore in piccolo □ **to lead the way**, aprire la marcia; fare strada; precedere □ **a long way off**, molto lontano; assai remoto: **Japan is a long way off**, il Giappone è molto lontano □ **to lose one's way** (*o* **the way**), smarrire la strada; smarrirsi □ **to make way**, dare la strada, fare largo; fare strada, avanzare; far progressi □ **to make the best of one's way**, procedere nel modo più spedito possibile □ **to make one's way forward (back)**, avanzare (indietreggiare) □ **to make one's way in life**, farsi strada nella vita; fare carriera □ (*astron.*) **the Milky Way**, la via Lattea □ (*pop.*) **No way!**, no!; neanche per sogno! □ **on my way home**, andando a casa: **I'll post the letters on my way home**, imposterò le lettere andando a casa □ (*fig.*) **to be on the way out**, essere in declino; essere superato (*o* fuori moda) □ **one-way street**, strada a senso unico □ **out-of-the-way**, (*agg.*) lontano; remoto: **in an out-of-the-way corner**, in un angolo remoto □ **out of the way**, (*avv.*) lontano; (*agg.*) insolito; eccezionale; straordinario: **He hasn't said anything out of the way yet**, per ora, non ha detto niente di straordinario □ (*fam.*) **out our way**, dalle nostre parti □ **the parting of the ways**, il bivio (*anche fig.*); (*fig.*) il punto cruciale, il momento decisivo □ (*fig.*) **to pave the way for**, preparare la strada (*o* il terreno) per (*mutamenti, riforme, ecc.*); preparare l'avvento di (q. *o* q.c.) □ (*ferr.*) **permanent way**, armamento e inghiaiata □ **to put sb. in the way of doing st.** (**of a good bargain**), dare a q. l'occasione di fare q.c. (di concludere un buon affare) □ **to put oneself out of the way**, darsi pena, disturbarsi; farsi in quattro (per q.) □ **to put sb. out of the way**, togliere di mezzo q.; sbarazzarsi di q. (*imprigionandolo* o *uccidendolo*) □ **to put st. out of harm's way**, mettere q.c. al sicuro, al riparo □ (*autom.*) **right of way**, diritto di precedenza; precedenza □ **to be set in one's ways**, avere delle abitudini precise; essere abitudinario □ (*ferr.*) **the six-foot way**, la distanza regolamentare fra due binari (*m 1,80 circa*) □ **to stand in sb.'s way**, V. **to be in sb.'s way** □ **to take one's way to** (*o* **towards**), dirigersi verso; prendere la strada di □ **to my way of thinking**, a mio modo di vedere; secondo me □ **to be under way**, essere in cammino, essere per strada; (*di nave*) far rotta, navigare □ **to want to have it both ways**, volerla prima cotta e poi cruda; voler fare i propri comodi □ (*USA*) **the whole way**, V. **all the way** □ **Get out of my way!**, togliti di mezzo!; levati dai piedi! □ **Hunting is not** (*o* **does not lie, does not fall**) **in my way**, la caccia non mi attira (*o* non m'interessa) □ (*fam.*) **The business is in a fair way**, l'azienda è in buone condizioni; gli affari vanno bene □ **There are no two ways about it**, c'è poco da discutere (*o* da scegliere, ecc.) □ **This is the way to do it**, così si fa! □ **Fly the British way**, volate all'inglese! (*cioè con la British Airways: pubblicità*) □ (*prov.*) **Where there's a will there's a way**, volere è potere □ (*prov.*) **The furthest way about is the nearest**

way home, la strada più lunga è la più spedita.
way (2) [wei], *avv.* (*fam. per* **away**; *idiom.*, *per es. in*:) **way down**, giù; laggiù; **way up**, sù; lassù; **friends from way back**, amici d'antica data; **a good-for-nothing from way back**, un incallito buono a nulla; **It was way back in 1848**, accadde nel lontano 1848. ● **way ahead of the times**, (*avv.*) (del tutto) d'avanguardia; (*agg.*) assai avanzato (*o* progredito), d'avanguardia: **technologies way ahead of the times**, tecnologie d'avanguardia.
wayfarer ['weiˌfɛərə*], *n.* (*lett.*) viandante; pellegrino.
wayfaring ['weiˌfɛəriŋ], *a.* viaggiante (*specialm. a piedi*). ● **a w. man**, un viaggiatore; un viandante □ (*bot.*) **w. tree** (*Viburnum lantana*), viburno; lantana.
to waylay [wei'lei] (*pass.* e *p. p.* **waylaid**), *v. t.* **1** tendere un'imboscata, tendere un agguato a (q.) **2** attendere (q.) al passaggio (*o* al varco) **3** intercettare; sequestrare.
wayside ['wei-said], **A** *n.* margine, ciglio, sponda (*della strada, di un sentiero*). **B** *a. attr.* della sponda; lungo la strada: **a w. inn**, una locanda lungo la strada. ● (*fig.*) **to fall by the w.**, fare fiasco; fallire; arrendersi.
wayward ['weiwəd], *a.* **1** caparbio; ostinato; testardo **2** indocile; riottoso: **a w. boy**, un ragazzo riottoso **3** capriccioso; imprevedibile; irregolare.
waywardness ['weiwədnis], *n.* **1** caparbietà; ostinazione; testardaggine **2** indocilità; riottosità **3** capricciosità; irregolarità.
WC [ˌdʌbəlju:'si:], *n.* (*acronimo di* **water closet**) (*fam.*) gabinetto; latrina; atrio; water (*fam.*); cesso (*pop.*).
we [wi:,wi], *pron. pers. 1ª pers. pl.* noi: **We don't mind it**, (noialtri) non ci facciamo caso (*o* a noi non importa, ecc.); **we, the people of the United States**, noi, popolo degli Stati Uniti; (*fam.: a un malato*) **How are we feeling today?**, e oggi, come stiamo? ● **we all** (*o* **all of us**), noi tutti; tutti noi □ **Here we are!**, eccoci!
weak [wi:k], *a.* **1** debole (*in ogni senso*); fiacco; fievole; poco resistente: **He is too w. to get up**, è troppo debole per alzarsi; **a w. resistance**, una debole resistenza; **a w. nation**, una nazione debole; **a w. rope**, una corda poco resistente; **a w. argument**, un'argomentazione debole; (*fin.*) **w. currency**, valuta debole; (*comm.*) **The market was w.**, il mercato era fiacco; **a w. voice**, una voce fievole; **My son is w. in** (*o* **at**) **maths**, mio figlio è debole in matematica **2** allungato; diluito; leggero: **w. coffee** (**tea**), caffè (tè) leggero **3** (*di colore, ecc.*) debole; fioco; tenue **4** (*gramm. ingl.*) debole: **w. verbs**, verbi deboli. ● **a w. crew**, un equipaggio insufficiente □ (*sport*) **a w. eleven**, una squadra di cricket (*o* di calcio) che vale poco □ (*poesia*) **w. ending**, terminazione debole (*con parola proclitica o comunque non accentata*: *in un pentametro giambico*) □ (*med.: di persona*) **w.-eyed**, dalla vista debole □ (*nei giochi di carte*) **a w. hand**, una mano poco buona □ **w. health**, salute cagionevole □ **w. heart**, (*med.*) cuore debole (*fig.*) pusillanimità, viltà □ (*fig.*) **w.-kneed**, debole di carattere; fiacco; smidollato □ **w.-minded** (*o* **w.-headed**), debole di mente; poco intelligente; piuttosto stupido □ (*autom.*) **w. mixture**, miscela povera □ **w.-sighted**, **V. w.-eyed** □ **w.-spirited**, codardo □ **the weaker sex**, il sesso debole □ **as w. as a kitten**, debolissimo □ **to grow w.**, indebolirsi □ **That's my w. side** (*o* **point**), ecco il mio punto debole (*o* il mio lato debole, il mio debole).
to weaken ['wi:kən], **A** *v. t.* **1** indebolire; infiacchire; affievolire **2** allungare, diluire (*una bevanda*) **3** attenuare (*un colore, ecc.*). **B** *v. i.* **1** indebolirsi **2** calare; scemare **3** cedere, arrendersi (*a insistenti richieste, ecc.*).
weakening ['wi:kniŋ], *n.* indebolimento; infiacchimento.
weakish ['wi:kiʃ], *a.* alquanto debole; deboluccio.
weakling ['wi:k-liŋ], *n.* **1** bambino gracile; individuo malaticcio **2** persona dal carattere debole; smidollato.
weakly ['wi:kli], **A** *a.* debole; malaticcio; gracile. **B** *avv.* debolmente.
weakness ['wi:knis], *n.* **1** debolezza; fiacchezza; fievolezza: **the w. of old age**, la debolezza della vecchiaia; **w. of mind**, debolezza d'animo, di mente; infermità mentale **2** (*punto*) debole; debolezza: **I have a w. for detective stories**, ho un debole per i romanzi gialli; **Roast chicken is a w. of mine**, ho un debole per il pollo arrosto.
weal (1) [wi:l], *n.* (*arc. o lett.*) benessere; bene; prosperità: **for the w. of the people**, per il benessere pubblico. ● **in w. and woe**, nella buona e nella cattiva sorte.
weal (2) [wi:l], *n.* segno di frustata (*sulla pelle*); livido.
weald [wi:ld], *n.* (*poet.*) **1** bosco; foresta; regione boscosa **2** aperta campagna. ● (*geogr.*) **the W.**, regione dell'Inghilterra meridionale (*ora agricola, un tempo boscosa*).
wealden ['wi:ldən], **A** *a.* (*geogr.*) caratteristico del Weald (*V. sotto* **weald**). **B** *n.* (*geol.*) formazione geologica di strati cretacei.
wealth [welθ], *n.* **1** ricchezza; opulenza; abbondanza: **the w. of the nation**, la ricchezza della nazione; **a dictionary with a w. of examples**, un dizionario con grande ricchezza di esempi; **w. of fruit**, abbondanza di frutti **2** beni; sostanze; proprietà. ● **a man**

of w., un uomo ricco; un possidente.
wealthiness ['welθinis], *n.* ricchezza; opulenza.
wealthy ['welθi], *a.* ricco; danaroso; agiato; opulento; abbondante: **a w. country**, una nazione ricca; **a language w. in nuances**, una lingua ricca di sfumature.
to wean [wi:n], *v. t.* **1** svezzare; divezzare; slattare; spoppare: **to w. a baby from the breast**, svezzare un bambino **2** (*fig.*) divezzare; svezzare; distogliere; disabituare: **to w. sb. (away) from his bad companions**, distogliere q. dalle cattive compagnie. ● **to w. sb. from a habit**, far perdere un'abitudine a q.
wean [wi:n], *n.* (*scozz.*) bambino; fanciullo (*da* **wee ane**, *che corrisponde all'ingl.* **little one**, piccolino).
weaning ['wi:niŋ], *n.* svezzamento; divezzamento; slattamento; spoppamento. ● **w. feeding**, dieta svezzante.
weanling ['wi:nliŋ], *n.* bimbo (*o animale*) appena svezzato.
weapon ['wepən], *n.* arma (*anche fig.*): **nuclear weapons**, armi nucleari; **We shall have to use the w. of a general strike**, dovremo far ricorso all'arma dello sciopero generale. ● (*mil.*) **w. delivery**, tiro □ (*mil.*) **w. pit**, postazione.
weaponless ['wepənlis], *a.* che non ha armi; disarmato; inerme.
to wear (1) [wɛə*] (*pass.* **wore**, *p. p.* **worn**), **A** *v. t.* **1** portare; indossare; avere addosso (*al collo, al polso, ecc.*): **Does he w. glasses?**, porta gli occhiali?; **to w. a hat**, portare il cappello; **She was wearing a new dress**, portava un abito nuovo; **to w. one's hair long**, portare i capelli lunghi; **She wore a necklace of pearls**, aveva al collo una collana di perle; **not to w. shoes**, non aver scarpe ai piedi; andare scalzo **2** avere; mostrare: **His office wore a shabby look**, il suo ufficio aveva un aspetto trasandato; **to w. a face of joy**, mostrare un viso gioioso **3** consumare; logorare: **The sleeves are worn at the elbows**, le maniche sono consumate ai gomiti; **worn clothes**, abiti logori; **She was worn by anxiety**, era logorata dall'ansia **4** fare, aprire, tracciare (*con l'uso*): **to w. a hole in one's socks**, farsi un buco nei calzini; **In time the cattle wore a path across the wood**, col tempo il bestiame tracciò un sentiero attraverso il bosco. **B** *v. i.* **1** consumarsi; logorarsi: **This cloth will w. quickly**, questa stoffa si consumerà presto **2** durare; resistere all'uso: **These shoes will w. for years**, queste scarpe dureranno degli anni; **This suit has worn well (badly)**, questo vestito è durato molto (poco); questo vestito ha resistito bene (male) all'uso. **C** *verbi composti* **1** **to w. away**, consumare, logorare, cancellare, sciupare, sprecare; consumarsi, logorarsi, cancellarsi; passare lentamente, trascinarsi; (*fig.*) esaurirsi: **The feet of the pilgrims had worn away the steps**, i piedi dei pellegrini avevano logorato i gradini; **The letters have worn away**, le lettere si sono cancellate; **The long winter wore away**, il lungo inverno passò lentamente; **My patience has worn away**, ho finito la pazienza □ **to w. away** (*o* **out**) **one's time (life) in trifles**, sciupare (*o* sprecare) la vita in sciocchezze. **2** **to w. down**, consumare, logorare, stancare, fiaccare; stressare; consumarsi, logorarsi; assottigliarsi, ridursi a: **After hours of interrogation, the police wore down his resistance**, dopo ore d'interrogatorio, la polizia logorò la sua resistenza; **The tyres of my car are wearing down unevenly**, i pneumatici della mia auto si consumano in modo disuguale; **The stick wore down to a stump**, il bastone si ridusse a un mozzicone (*a furia di tagliarlo, ecc.*). **3** **to w. off**, togliere (*con l'uso*); consumarsi, cadere (*per l'uso, il passare del tempo, ecc.*); esaurirsi, dissiparsi, passare, sparire lentamente: **The effect of the pill will soon w. off**, l'effetto della pillola si esaurirà presto; **The impression slowly wore off**, l'impressione si dissipò lentamente. **4** (*del tempo, ecc.*) **to w. on**, passare lentamente; trascinarsi. **5** **to w. out**, consumare, logorare; esaurire; stancare; stressare; consumarsi, logorarsi; esaurirsi; stancarsi: **My boots are worn out**, le mie scarpe sono logore; **I am worn out**, sono stanco morto; sono a pezzi □ (*naut.*) **to w. out a storm**, superare una tempesta □ **to w. out one's welcome**, abusare dell'ospitalità altrui; non essere più gradito come ospite **6** **to w. one's hair up**, portare i capelli tirati su; avere lo chignon (*o* la crocchia). ● **to w. the breeches**, portare i calzoni; (*fig.*) dominare il marito □ **to w. the crown**, portare la corona; essere re (*o* regina); (*anche*) essere un martire □ **to w. the gown**, indossare la toga; essere avvocato □ **to w. one's head high**, tenere la testa alta; andare a testa alta □ (*di vestito*) **to w. to sb.'s shape**, adattarsi alle forme di q., con l'uso; stare meglio (*a forza d'esser portato*) □ **to w. one's shoes into holes**, ridurre le scarpe tutte un buco (*a furia di portarle*) □ **to w. a suit to rags**, portare un abito fino a ridurlo uno straccio □ **to w. the sword**, portare la spada; (*fig.*) fare il soldato □ **to w. well**, (*d'abito*) durare; (*di persona*) portarsi bene di salute: **My grandfather is wearing well**, mio nonno si porta bene di salute □ (*di persona*) **to have worn well**, essersi conservato (*o* mantenuto) bene; essere giovanile □ **a worn joke**, una barzelletta stantia □ **to be worn to a shadow with care**, ridursi al lumicino per gli affanni □ **Her features wore a sad smile**, c'era un triste sorriso sulla sua faccia

☐ **My courage wore thin**, mi venne meno il coraggio.

wear (1) [wɛə*], *n.* **1** uso: **clothes for everyday w.**, abiti per uso giornaliero; vestiti da tutti i giorni **2** consumo; logoramento; usura; logorio: (*mecc.*) **w. resistance**, resistenza all'usura **3** durata; resistenza (*all'uso*): **There is good w. in these trousers**, questi pantaloni hanno una lunga durata **4** abiti; vestiti; vestiario; abbigliamento: **men's w.**, abiti per uomini. ● **w. and tear**, logorio; logoramento; deterioramento ☐ (*ind.*, *rag.*) **w.-out**, deprezzamento (*d'un macchinario, ecc.*) dovuto all'uso ☐ **for Sunday w.**, da portare la domenica ☐ (*d'abiti, ecc.*) **to be in general w.**, essere portato da tutti; essere di moda ☐ **seaside w.**, indumenti da spiaggia ☐ **spring (summer, winter, autumn) w.**, abiti primaverili (da estate, da inverno, autunnali) ☐ **the suit I have in w.**, l'abito che porto tutti i giorni ☐ (*d'abito, ecc.*) **the worse for w.**, consumo, logoro, sciupato (*per l'uso*); ☐ **The parquet flooring is showing w.** (*o the signs of w.*), il parquet è logoro (*o mostra i segni dell'uso*) ☐ **There isn't much w. left in my coat**, questa giacca mi durerà ancora per poco.

to wear (2) [wɛə*], (*pass.* e *p. p.* **wore**), (*naut.*) **A** *v. i.* virare in poppa; virare (col vento) in poppa. **B** *v. t.* far virare (*una nave*) in poppa.

wear (2) [wɪə*], *V.* **weir**.

wearable ['wɛərəbl], *A* a. portabile; che si può indossare. **B** *n. pl.* indumenti; abiti; vestiti; vestiario.

wearer ['wɛərə*], *n.* chi porta, chi indossa (*un indumento*).

wearied ['wɪərɪd], *a.* affaticato; stanco.

weariless ['wɪərɪlɪs], *a.* instancabile; inesausto.

weariness ['wɪərɪnɪs], *n.* **1** stanchezza; fatica **2** tediosità; noia.

wearing (1) ['wɛərɪŋ], **A** *a.* **1** logoramento; usura **2** uso. **B** *a.* **1** da portare; da indossare **2** faticoso; logorante; stressante: **a w. journey**, un viaggio faticoso **3** (*di persona*) noioso; pesante (*fig.*). ● **w. apparel**, indumenti; abiti; vestiario ☐ (*di strada*) **w. course**, manto superficiale ☐ **w. plate**, lastra di protezione.

wearing (2) ['wɛərɪŋ], *n.* (*naut.*) virata in poppa.

wearisome ['wɪərɪsəm], *a.* **1** faticoso; duro; pesante (*fig.*) **2** tedioso; noioso; uggioso.

wearisomeness ['wɪərɪsəmnɪs], *n.* **1** l'essere faticoso; pesantezza (*fig.*) **2** tedio; noia; uggia.

wearproof ['wɛəpruːf], *a.* resistente all'uso; che non si logora; robustissimo.

weary ['wɪərɪ], *a.* **1** stanco; affaticato; esausto; stufo (*fam.*): **I am w.**, sono stanco; **I am w. of singing**, sono stufo di cantare **2** faticoso: **a w. walk**, una camminata faticosa **3** noioso; tedioso; uggioso: **a w. wait**, una noiosa attesa. ● **a w. sigh**, un sospiro di noia ☐ (*fam.*) **w. Willie**, scansafatiche; sfaticato.

to weary ['wɪərɪ], **A** *v. t.* **1** stancare; affaticare **2** annoiare; seccare; stuccare; stufare. **B** *v. i.* stancarsi; seccarsi; stufarsi: **At last I wearied of her continuous complaints**, alla fine mi seccai delle sue continue lagnanze.

weasand ['wiːzənd], *n.* **1** (*arc.*) trachea **2** (*dial.*) gola: **to slit** (*o to slash*) **sb.'s w.**, tagliar la gola a q.

weasel ['wiːzl], *n.* (*pl.* **weasels, weasel**) **1** (*zool.*, *Putorius nivalis*) donnola **2** (*fig.*) individuo subdolo; spione. ● **w.-faced**, dalla faccia di donnola; dal viso affilato e astuto ☐ (*fam. USA*) **w. words**, linguaggio ambiguo; parole ambigue ☐ (*fig.*) **to catch a w. asleep**, farla in barba a un furbo di tre cotte.

to weasel ['wiːzl], *v. i.* (*fam. USA*) essere evasivo; parlare in modo ambiguo. ● **w. out of**, schivare, evitare (*un'impegno, una responsabilità, ecc.*).

weather ['weðə*], **A** *n.* **1** tempo (*atmosferico*): **What was the w. like?**, com'era il tempo?; **a change in the w.**, un cambiamento del tempo; **bad w.**, cattivo tempo; maltempo; **wet w.**, tempo piovoso; stagione umida **2** intemperie; maltempo: **for protection against the w.**, per protezione contro le intemperie; **The journey was stopped by the w.**, il viaggio fu interrotto per il maltempo. **B** *a. attr.* **1** del tempo; meteorologico **2** (*naut.*) (di) sopravvento; al vento: **w. side**, lato di sopravvento. ● **w.-beaten**, che porta i segni delle intemperie; segnato dal sole, dal vento, dalla pioggia; **w.-beaten features**, fattezze segnate dalle intemperie ☐ (*edil.*) **w.-boards** (*o* **w.-boarding**), tavole (*o* tavolato) di copertura (*per riparare dalla pioggia*) ☐ **w.-bound**, trattenuto (*in porto, ecc.*) dal maltempo; (*di persona*) bloccato dal cattivo tempo ☐ **w. box**, scatola (*o* casetta) igrometrica (*con due figurine, una delle quali uscendo annuncia la pioggia o il bel tempo*) ☐ **w. bureau**, ufficio meteorologico ☐ **w. cast**, *V.* **w. forecast** ☐ **w. central**, centro meteorologico ☐ **w. chart** (*o* **w. map**), carta del tempo; carta meteorologica ☐ **w. conditions**, condizioni atmosferiche (*o* meteorologiche) ☐ (*naut.*) **w. deck**, ponte scoperto; ponte di coperta ☐ **w. forecast**, previsioni del tempo; bollettino meteorologico ☐ (*raro*) **w.-glass**, barometro ☐ **w. house**, ☐ **w. box** ☐ **w. permitting**, tempo permettendo ☐ **w. report**, bollettino meteorologico ☐ (*naut.*) **w. sheet**, scotta di sopravvento ☐ (*naut.*) **w. ship**, nave del servizio meteorologico ☐ **w. stain**, macchia dovuta all'umidità, ecc. ☐ **w. station**, stazione meteorologica ☐ **w. strip**, guarnizione di tenuta; fettuccia di vigogna (*o d'altro, per tappare fessure nelle finestre o nelle porte*) ☐ **w. tiles**, tegole sovrapposte a spiovente ☐ **w. vane**, *V.* **weathercock** ☐ (*naut.*) **w. warning**, avviso di cattivo tempo ☐ **w.-wise**, capace di prevedere il tempo ☐ **w.-worn**, logorato (*o* sciupato) dalle intemperie ☐ **April w.**, tempo d'aprile, tempo variabile (*sereno e acquazzoni*); (*fig.*) sorrisi e lacrime ☐ **in all weathers**, in ogni condizione di tempo ☐ (*fam.*) **to keep one's w. eye open**, stare in guardia; tenere gli occhi aperti ☐ (*naut.*) **to make good (bad) w.**, incontrare buon tempo (cattivo tempo) ☐ (*fig.*) **to make heavy w. of st.**, aver difficoltà (*o* durare fatica) con q.c. ☐ (*fam.*) **under the w.**, indisposto, malaticcio; in difficoltà; alticcio, brillo ☐ **under stress of w.**, per il maltempo; a causa delle intemperie.

to weather ['weðə*], **A** *v. t.* **1** (*anche geol.*) alterare; consumare; logorare; disgregare: **cliffs weathered by wind and waves**, scogliere disgregate dal vento e dalle onde **2** esporre all'aria (*o* alle intemperie); essiccare; stagionare: **weathered wood**, legno stagionato **3** resistere a; superare: **to w. a storm (a crisis)**, superare una tempesta (una crisi) **4** (*naut.*) passare sopravvento; sopravventare; scapolare: **The ship weathered the Cape of Good Hope**, la nave sopravventò il Capo di Buona Speranza **5** (*edil.*) disporre (*tegole, ecc.*) a spiovente: **weathered tiles**, tegole a spiovente. **B** *v. i.* **1** (*anche geol.*) essere sottoposto all'azione degli agenti atmosferici **2** resistere alle intemperie: **This paint will w. well**, questa vernice resisterà bene alle intemperie.

to weather-board ['weðəbɔːd], *v. t.* (*edil.*) rivestire (*un muro esterno*) di tavole (*sovrapposte a spiovente*).

weathercock ['weðəkɔk], *n.* banderuola; segnavento; ventaruola; (*fig.*) persona incostante.

weathering ['weðərɪŋ], *n.* **1** (*archit.*) inclinazione; spiovenza **2** (*anche geol.*) azione degli agenti atmosferici; erosione; degradazione.

weatherliness ['weðəlɪnɪs], *n.* (*naut.*) capacità di navigare bene di bolina.

weatherly ['weðəlɪ], *a.* (*naut.: di bastimento*) boliniero; che bolina bene.

weatherman ['weðəmæn], *n.* (*pl.* **weathermen**) (*specialm. telev.*) addetto al servizio delle previsioni meteorologiche.

weathermost ['weðəməust], *a.* (*naut.*) (il) più esposto al vento; (il) più sopravvento.

weatherproof ['weðəpruːf], *a.* **1** resistente alle intemperie **2** (*d'abito, ecc.*) impermeabile.

to weatherproof ['weðəpruːf], *v. t.* impermeabilizzare (*un capo di vestiario*).

weathertight ['weðətaɪt], *a.* resistente agli agenti atmosferici.

weave [wiːv], *n.* (*ind. tessile*) **1** tessitura; armatura: **cloth of English w.**, stoffa di tessitura inglese; **plain w.**, armatura semplice **2** (*di stoffa*) disegno; trama: **herringbone w.**, disegno a spina di pesce.

to weave [wiːv], (*pass.* **wove**, *p. p.* **woven**), *v. t.* e *i.* tessere (*anche fig.*); intessere; intrecciare; ordire (*fig.*): **to w. cotton (silk, wool)**, tessere cotone (seta, lana); **The girl was weaving at her loom**, la ragazza tesseva al suo telaio; **to w. baskets out of reeds**, intrecciare canestri di cannucce; **She wove a romance around that brief encounter**, intessé un romanzo intorno a quel breve incontro; **to w. a plan**, ordire un piano. ● **to w. details into a story**, introdurre particolari in una storia ☐ **to w. flowers into a garland**, fare una ghirlanda intrecciando fiori ☐ **to w. the plot of a novel**, costruire l'intreccio di un romanzo ☐ **to w. one's way**, andare a zigzag, serpeggiare, sgusciare (*attraverso la folla, ecc.*) ☐ (*del ragno*) **to w. a web**, fare la ragnatela ☐ **woven fabric**, tessuto ☐ (*fam.*) **Get weaving!**, datti da fare!; muoviti!

weaver ['wiːvə*], *n.* **1** tessitore, tessitrice **2** (*zool.*, *anche* **weaverbird**) uccello della famiglia dei ploceidi; tessitore.

weaving ['wiːvɪŋ], *n.* (*ind. tessile*) tessitura. ● **the w. trade**, l'industria tessile ☐ **power-loom w.**, tessitura meccanica ☐ **wool w.**, tessitura della lana.

weazen ['wiːzn], *V.* **wizen**.

web [web], *n.* **1** tessuto (*anche fig.*); tela; trama; rete: **cotton web**, tessuto di cotone; **a web of lies**, un tessuto di menzogne; **a web of intrigue**, una rete d'intrighi **2** (*anche* **cobweb**, **spider's web**) ragnatela **3** (*fig.*) tranello; trappola **4** (*zool.*) membrana interdigitale (*dei palmipedi, ecc.*) **5** (*mecc.*) corpo, nocciolo (*di trapano, ecc.*); disco (*di ruota*); braccio, spalla (*di manovella*); ingegno (*di chiave*) **6** (*ferr.*) anima, gambo (*di rotaia*) **7** (*archit.*) zona compresa fra due nervature; unghia, spicchio, vela **8** (*tipogr.*) rotolo (*o* bobina) di carta (*per stampare giornali*) **9** (*naut.*) spicchio; unghia **10** (*arti grafiche*) nastro **11** (*metall.*) fondello di fucinatura. ● (*zool.*) **web-fingered**, che ha le dita unite da una membrana ☐ (*zool.*) **web-foot**, (animale dal) piede palmato ☐ (*zool.*) **web-footed** (*o* **web-toed**), palmipede; dal piede palmato ☐ (*costr. navali*) **web frame**, costa composta (*o* rinforzata) ☐ (*mecc.*) **web wheel**, ruota a disco (*non a raggiera*).

webbed [webd], *a.* (*zool.*) **1** connesso da una membrana: **w. toes**, dita (dei piedi) connesse da una membrana **2** palmato: **w. feet**, piedi palmati.

webbing ['webiŋ], *n.* **1** tessitura **2** tessuto (*o* nastro) robusto per cinghie, tappezzeria, ecc. **3** (*anat.*) membrana interdigitale.

we'd [wi:d], *contraz.* di **1** we had **2** we should **3** we would.

to wed [wed] (*pass.* e *p.p.* **wedded, wed**), **A** *v. t.* **1** (*retor.*) sposare; unire in matrimonio; dare in sposa **2** (*fig.*) combinare; unire; accoppiare: **to wed efficiency to** (*o* **with**) **economy**, combinare l'efficienza con l'economia. **B** *v. i.* (*raro, di solito* **to be wedded**) sposarsi; ammogliarsi; maritarsi.

wedded ['wedid], *a.* **1** sposato; coniugato **2** coniugale; matrimoniale: **w. life**, vita matrimoniale **3** (*fig.*) unito; legato: **They are w. by common interests**, sono legati da interessi comuni **4** (*fig.*) affezionato; devoto; attaccato: **He is w. to his work**, è attaccato al suo lavoro. ● **a w. pair**, una coppia di sposi □ **one's w. wife**, la propria legittima sposa.

wedding ['wediŋ], *n.* matrimonio (*la cerimonia*); nozze; sposalizio; cerimonia nuziale: **silver (golden, diamond) w.**, nozze d'argento (d'oro, di diamante); **w. day**, giorno del matrimonio. ● **w. breakfast**, rinfresco nuziale □ **w. cake**, torta nuziale □ **w. card**, partecipazione di nozze □ **w. guest**, invitato alle nozze □ **w. list**, lista dei regali graditi ai futuri sposi (*a disposizione dei donatori, in un negozio*) □ **w. march**, marcia nuziale □ **w. ring**, anello nuziale; fede.

wedge [wedʒ], *n.* **1** cuneo (*anche fig.*); bietta; zeppa: **The captain drew up his men in a w.**, il capitano dispose i suoi uomini a cuneo; **a wooden w.**, una bietta; un cuneo di legno **2** (*telev.*) cuneo di risoluzione. ● (*mecc.*) **w. buckle**, controchiavetta □ (*mecc.*) **w. gear**, ruota di frizione (*con gola a cuneo*) □ **a w. of cake**, uno spicchio di torta □ **w.-shaped**, a forma di cuneo; cuneiforme; a forma di V □ (*d'uccello*) **w.-tailed**, con la coda a forma di cuneo □ (*fig.*) **to drive a w. between husband and wife**, far nascere dissapori (*o* causare uno screzio) fra marito e moglie □ (*fig.*) **the thin end of the w.**, avvenimento di scarsa importanza destinato ad avere grandi conseguenze; la palla di neve che formerà la valanga.

to wedge [wedʒ], *v. t.* **1** incuneare; imbiettare; rincalzare (*con una zeppa*): **to w. (up) a wardrobe**, rincalzare un armadio **2** conficcare; incastrare; infilare: **to w. cotton wool into a wound**, infilare cotone idrofilo in una ferita. ● **to w. away** (*o* **off**), spingere fuori; far uscire □ **to w. sb. into a corner**, incastrare q. in un angolo □ **to w. the gate open**, tenere aperto il cancello con una bietta.

wedged [wedʒd], *a.* **1** incuneato **2** (*fig.*) incastrato; bloccato; incapace di muoversi.

wedgewise ['wedʒwaiz], *avv.* a mo' di cuneo.

Wedgewood ['wedʒwud], *n.* (*ind.*, *anche* **W. ware**) «Wedgewood» (*ceramica semivetrificata con decorazioni in rilievo*).

wedging ['wedʒiŋ], *n.* **1** (*mecc.*) incuneamento; fissaggio mediante cunei **2** (*collett.*) cunei; zeppe.

wedlock ['wedlɔk], *n.* vincolo coniugale; matrimonio; stato coniugale. ● **a child born in lawful w. (out of w.)**, un figlio legittimo (illegittimo).

Wednesday ['wenzdi], *n.* mercoledì. ● (*relig.*) **Ash W.**, il mercoledì delle Ceneri; le Ceneri □ **on a W.**, di mercoledì; il mercoledì □ **on the W.**, quel mercoledì; il mercoledì □ **on Wednesdays** (*USA*: **Wednesdays**), di mercoledì; il mercoledì; ogni mercoledì.

wee (1) [wi:], *a.* molto piccolo; piccolino; piccino; minuscolo. ● **a wee bit**, un po'; un pochino; un tantino □ (*stor., relig.*) **the Wee Frees**, la frazione indipendente della Chiesa scozzese (*che rifiutò l'unione nel 1900*).

wee (2) [wi:], *n.* (*fam.*) pipì (*anche* **wee-wee**).

to wee [wi:], *v. i.* (*fam.*) fare pipì (*anche* **to wee-wee**).

weed (1) [wi:d], *n.* **1** erba infestante; erbaccia; malerba (*anche bot.*): **The garden has run to weeds**, il giardino s'è ricoperto d'erbacce **2** (*fam.*) spilungone; stanga (*fig.*) **3** (*fam.*) ronzino **4** (*fam.*) tabacco; sigaro; sigaretta **5** (*gergo*) marijuana; erba (*gergo*). ● **w.-grown**, coperto d'erbacce □ (*agric.*) **w. killer**, erbicida; diserbante □ (*prov.*) **Ill weeds grow apace**, l'erba cattiva cresce in fretta.

to weed [wi:d], *v. t.* e *i.* (*agric.*) sarchiare; ripulire dalle erbacce; strappare le erbacce: **to w. the field**, sarchiare il campo. ● **to w. out**, estirpare, sradicare; (*fig.*) eliminare, epurare: **to w. out lazy pupils from a class**, eliminare gli scolari svogliati da una classe.

weed (2) [wi:d], *n.* **1** (*arc.*) abito; indumento **2** (*pl.*) vestito da lutto; gramaglie. ● **widow's weeds**, gramaglie vedovili.

weeder ['wi:də*], *n.* (*agric.*) **1** sarchiatore, sarchiatrice **2** sarchio, sarchiello (*arnese*) **3** sarchiatrice (*macchina*).

weediness ['wi:dinis], *n.* **1** abbondanza d'erbaccia **2** l'essere allampanato (*V.* **weedy**).

weeding ['wi:diŋ], *n.* (*agric.*) sarchiatura. ● **w. hook**, sarchio; sarchiello □ **w. machine**, sarchiatrice.

weedless ['wi:dlis], *a.* privo d'erbacce.

weeds [wi:dz], *n. pl.* (*anche* **widow's w.**) gramaglie vedovili.

weedy ['wi:di], *a.* **1** coperto d'erbacce; pieno di malerbe; infestato d'erbaccia **2** allampanato; gramo; magro; sparuto: **a w. boy**, un ragazzo allampanato.

week [wi:k], *n.* settimana: **last (next) w.**, la settimana scorsa (prossima); **a five-day working w.**, una settimana lavorativa di cinque giorni; una settimana corta; **a four weeks' holiday**, quattro settimane di vacanza. ● **w. after w.**, una settimana dopo l'altra □ **a w. ago** (*o* **today**), una settimana fa □ **w. by w.**, ogni settimana □ **w.-day**, giorno feriale; giornata lavorativa □ **w.-end**, *V.* **weekend** □ **w.-ender**, *V.* **weekender** □ **w. in, w. out**, una settimana dopo l'altra; tutte le settimane □ (*fam.*) **w.-night**, sera (*o* serata) di un giorno lavorativo □ **a w. of Sundays**, un'eternità □ (*relig.*) **the Holy W.**, la Settimana Santa □ (*fam.*) **to knock sb. into the middle of next w.**, spedire q. nel regno dei sogni □ **to be paid by the w.**, essere pagato a settimana □ **today (this day) w.**, oggi a otto □ **tomorrow w.**, domani a otto □ **to work a forty-hour w.**, fare una settimana lavorativa di quaranta ore □ **to work on w.-nights**, lavorare (*o* fare lo straordinario) di sera □ **yesterday w.**, otto giorni ieri.

to weekend ['wi:k'end], *v. i.* (*fam.*) passare il week-end (*o* la vacanza di fine settimana).

weekend ['wi:k'end], *n.* week-end; (vacanza di) fine settimana: **long w.**, week-end lungo; fine settimana che dura tre o quattro giorni; (*ferr.*) **w. return**, biglietto festivo d'andata e ritorno; (*ferr.*) **w. ticket**, biglietto festivo.

weekender ['wi:k'endə*], *n.* gitante (*o* vacanziere) di fine settimana; turista del week-end.

weekly ['wi:kli], **A** *a.* settimanale: **the w. wage-packet**, la busta paga settimanale; **a w. magazine**, una rivista settimanale. **B** *avv.* settimanalmente; ogni settimana; una volta la settimana. **C** *n.* rivista (*o* pubblicazione) settimanale; (un) settimanale.

to ween [wi:n], *v. t.* e *i.* (*poet.*) opinare; credere; pensare; supporre.

weeny ['wi:ni], *a.* (*fam.*, *spesso* **teeny-w.**) piccolo piccolo; piccolissimo.

to weep [wi:p] (*pass.* e *p. p.* **wept**), **A** *v. i.* **1** piangere; lacrimare: **to w. for joy (with pain)**, piangere di gioia (per il dolore); **to w. for a dead son**, piangere un figlio morto; **to w. over one's sad fate**, piangere sul proprio triste destino **2** colare; trasudare; stillare: **Cold pipes w. in hot weather**, le tubazioni fredde trasudano quando fa caldo **3** (*med., biol.*) essudare: **My wound was still weeping**, la mia ferita essudava ancora. **B** *v. t.* **1** piangere; versare; spargere: **to w. tears of blood**, piangere (*o* versare) lacrime di sangue **2** trasudare; stillare. ● **to w. oneself blind**, consumarsi gli occhi a furia di piangere □ **to w. oneself out**, piangere a più non posso; piangere come una vite tagliata □ **to w. oneself to sleep**, piangere fino ad addormentarsi □ **to w. out an excuse**, mormorare una scusa piangendo □ **to w. one's time away**, passare il tempo a piangere □ **She has wept herself out**, ella non ha più lacrime (da piangere).

weep [wi:p], *n.* pianto; sfogo di pianto. ● **to have a good w.**, piangere a calde lacrime; farsi un bel pianto □ **to have a little w.**, versare qualche lacruccia.

weeper ['wi:pə*], *n.* **1** chi piange; (*specialm.*) chi piange spesso; piagnone, piagnona **2** prefica **3** velo di crespo nero (*delle vedove*) **4** nastro di crespo nero (*sul cappello degli uomini*).

weeping ['wi:piŋ], **A** *n.* lacrime: **a fit of weeping**, una crisi di pianto. **B** *a.* **1** piangente (*anche bot.*) **2** trasudante; stillante **3** (*med., biol.*) essudante: (*med.*) **w. eczema**, eczema essudante. ● (*stor.*) **W. Cross**, croce penitenziale (*posta ai crocicchi*) □ (*poet.*) **w. skies**, cieli che stillano pioggia □ (*bot.*) **w. willow** (*Salix babylonica*), salice piangente □ (*fig.*) **to come home by the W. Cross**, piangere lacrime di contrizione; provare una delusione.

weepy ['wi:pi], *a.* (*fam.*) **1** che ha voglia di piangere **2** che ha il pianto facile **3** (*di film, racconto, ecc.*) lacrimevole; sentimentale; che fa piangere. ● **to feel w.**, avere voglia di piangere.

weever ['wi:və*], *n.* (*zool.*) **1** (*Trachinus draco*) trachino; pesce ragno **2** (*Trachinus vipera*) trachino vipera.

weevil ['wi:vil], *n.* (*zool.*) punteruolo; tonchio; curculione.

weevilled ['wi:vild], **weevily** ['wi:vili], *a.* (*del grano, ecc.*) infestato (*da insetti nocivi*); tonchiato (*raro*).

wee-wee, to wee-wee ['wi:wi:], *V.* **wee (2)**, **to wee**.

weft (1) [weft], *n.* **1** (*ind. tessile*) trama **2** (*per estens.*) tessuto. ● **w. feed**, alimentazione della trama (*ind. tessile*) **w. knitting**, maglieria di trama (*processo*) □ **w. stop**, rompitrama □ **w. winder** (*o* **w.-winding machine**), incannatoio; spolettiera.

weft (2) [weft], *n.* (*naut.*) mostravento; fiamma.

to weigh [wei], **A** *v. t.* **1** pesare; soppesare; (*fig.*) considerare, valutare, ponderare: **to w. a baby**, pesare un bambino; **to w. one's words**, pesare le parole; **to w. the pros and cons**, soppesare il pro e il contro; **I weighed the parcel before taking it to the post office**, pesai il pacco prima di portarlo alla posta; **to w. the merits**

of two rival candidates, valutare i meriti di due concorrenti **2** (*naut.*) levare, salpare (*l'ancora*). **B** *v. i.* **1** pesare; esser pesante; avere il peso di; (*fig.*) aver peso, contare, valere: **The box weighs ten pounds**, la scatola pesa dieci libbre (*kg 4,450*); **His words don't w. at all with me**, le sue parole non contano nulla per me; non do nessun peso alle sue parole **2** – **to w. on** (*o* **upon**), pesare a (q.); essere di peso a (q.); gravare; opprimere: **The secret weighed heavily on him**, il segreto gli pesava enormemente; **The theft weighs on his conscience**, il furto (che ha commesso) gli pesa sulla coscienza **3** (*naut.*) levare (*o* salpare) l'ancora. ● **to weigh oneself C** *v. rifl.* pesarsi. ● **to w. down**, far abbassare, piegare; (*fig.*) gravare, opprimere, accasciare: **The heavy snow weighed down the trees**, la neve pesante piegava gli alberi; **I felt weighed down with remorse**, mi sentivo oppresso dal rimorso □ (*sport*) **to w. in**, (*di un pugile, un fantino*) andare al peso prima della gara; pesarsi □ **to w. in with an argument**, intervenire (*in una discussione*) con un'argomentazione reputata decisiva □ **to w. nothing**, non pesar nulla; essere molto leggero □ **to w. out**, pesare, misurare; distribuire pesando: **to w. out sugar for a cake**, pesare lo zucchero per una torta; **to w. out portions of bacon**, distribuire razioni di pancetta (*pesandola*) □ (*sport*) **to w. out**, pesare (*un fantino, un pugile*) dopo la gara; pesarsi □ **to w. up**, (*di contrappeso*) spingere in su, dar la balta a; (*fig.*) soppesare, farsi un'opinione di (q.) ● **One good argument weighs down six bad ones**, un'argomentazione valida ha più peso che sei cattive.

weigh (1) [wei], *n.* pesatura; pesata. ● (*mecc.*) **w.-bar**, albero oscillante □ **w.-beam**, stadera; braccio di stadera □ **w.-house**, pesa pubblica □ (*sport*) **w.-in** (**w.-out**), pesata prima della (dopo la) gara.

weigh (2) [wei], *n.* – (*pop., variante di* **way**) **under w.**, per via; in cammino.

weighable ['weiəbl], *a.* pesabile; che si può pesare.

weighage ['weiidʒ], *n.* (*comm.*) tassa di pesatura (*di merci*).

weighbridge ['weibridʒ], *n.* pesatrice a ponte; ponte a bascula; pesa: **a public w.**, una pesa pubblica.

weigher ['weiə*], *n.* **1** pesatore **2** pesatore pubblico; impiegato di pesa pubblica.

weighing ['weiiŋ], *n.* pesatura; pesata; pesa (*atto di pesare*). ● (*sport*) **w. enclosure**, recinto del peso □ **w. machine**, pesatrice; pesa; bilancia.

weight [weit], *n.* **1** peso (*anche fig.*); carico, gravame, onere; pesantezza; aggravio, affanno, molestia; fardello, responsabilità; influenza, importanza: **What is your w.?**, qual è il tuo peso?; **to sell goods by w.**, vendere merce a peso; **gross w.**, peso lordo; **net w.**, peso netto; (*sport*) **to lift weights**, sollevare pesi; **That's a great w. off my mind**, mi sono liberato di (*o* mi hai tolto, ecc.) un gran peso dall'animo; **the w. of evidence**, il peso (schiacciante) delle prove; **matters of great w.**, faccende che hanno gran peso; **I feel the w. of my position**, sento la responsabilità della mia posizione **2** (*anche* **paper-weight**) fermacarte **3** (*tipogr.*) forza (*del carattere*) **4** (*stat.*) fattore ponderale; peso. ● (*fis.*) **w. density**, peso specifico □ (*sport*) **w. lifter**, pesista □ (*sport*) **w. lifting**, sollevamento pesi □ **w.-watcher**, chi sta attento al proprio peso; persona che segue una dieta dimagrante □ (*mecc.*) **balance w.**, contrappeso □ **to carry w.**, essere importante; essere autorevole; valere □ **dead w.**, peso morto; (*naut.*) peso proprio (*della nave*); (*fig.*) peso enorme, fardello ● **empty w.**, peso a vuoto (*di un'automobile, ecc.*) □ **men of w.**, persone autorevoli; personaggi importanti; pezzi grossi (*fam.*) □ **over w.**, di peso eccessivo; (*di persona*) di peso superiore alla norma □ (*fig.*) **to pull one's w.**, fare la propria parte; mettercela tutta □ **to put on w.**, ingrassare; metter su pancia □ (*fam.*) **to throw one's w. about**, darsi importanza; farla da padrone □ **under w.**, di peso scarso; (*di persona*) di peso inferiore alla norma □ **to be worth one's w. in gold**, valere tanto oro quanto si pesa □ **He is twice your w.**, pesa il doppio di te.

to weight [weit], *v. t.* **1** appesantire (*anche fig.*); gravare; rendere più pesante: **to w. a golf club with lead**, rendere un bastone da golf più pesante con l'aggiunta di piombo; **My eyelids were weighted with sleep**, avevo le palpebre appesantite dal sonno **2** (*ind. tessile*) caricare **3** (*stat.*) ponderare.

weighted ['weitid], *a.* **1** appesantito; gravato **2** (*ind. tessile*) caricato **3** (*stat.*) ponderato: **w. mean** (*o* **w. average**), media ponderata **4** (*sport*) gravato di handicap.

weightiness ['weitinis], *n.* **1** pesantezza **2** (*fig.*) gravità; importanza; serietà **3** (*fig.*) autorevolezza; autorità; influenza.

weighting ['weitiŋ], *n.* **1** appesantimento **2** (*ind. tessile*) carica **3** (*stat.*) ponderazione **4** (*econ.*) indennità speciale.

weightless ['weitlis], *a.* **1** senza peso **2** (*fig.*) senza importanza.

weightlessness ['weitlisnis], *n.* (*mecc., miss.*) (stato di) assenza di gravità; mancanza di peso.

weighty ['weiti], *a.* **1** pesante; gravoso; serio: **w. problems**, problemi gravi; **a w. matter**, una faccenda importante; **a w. load**, un pesante carico; (*fig.*) un grave peso **2** (*fig.*) autorevole; influente: **a w. personage**, un personaggio influente.

weir [wiə*], *n.* **1** chiusa; diga; stramazzo (*di corso d'acqua*) **2** palizzata, sbarramento di rami (*di pescaia*).

weird (1) [wiəd], *n.* (*arc. o scozz.*) **1** fato; destino **2** incantesimo; malia **3** profezia.

weird (2) [wiəd], *a.* **1** soprannaturale; magico; misterioso **2** (*fam.*) bizzarro; strano; strambo; originale: **a w. character**, un personaggio bizzarro, originale **3** (*arc.*) fatidico. ● (*mitol., letter.*) **the W. Sisters**, le Parche (*anche*) le Norne.

weirdie ['wiədi], *n.* (*fam.*) persona stramba (*o* bizzarra); tipo originale; individuo pittoresco.

weirdness ['wiədnis], *n.* **1** carattere soprannaturale; aspetto misterioso **2** (*fam.*) bizzarria; stranezza.

weirdo ['wiədou], *n.* (*pl.* **weirdos**) (*pop.*) *V.* **weirdie**.

Welch [welʃ], *a.* gallese; del Galles (*di solito nei nomi dei reggimenti*): **the Royal W. Fusiliers**, i Fucilieri Reali del Galles.

to welch [welʃ], *V.* **to welsh**.

welcher ['welʃə*], *V.* **welsher**.

welcome ['welkəm], **A** *a.* benvenuto; bene accetto; gradito: che riempie di gioia: **a w. guest**, un ospite bene accetto; **a w. gift**, un dono gradito; **a w. sight**, una vista che riempie di gioia. **B** *n.* benvenuto; accoglienza: **We met with a cold w.**, trovammo una fredda accoglienza; fummo accolti freddamente; **an enthusiastic w.**, un'accoglienza entusiastica. **C** *inter.* benvenuto!: **W. to Scotland!**, benvenuti in Scozia! ● **w. back!**, bentornato! ● (*fig.*) **w. mat**, benvenuto: **to put down the w. mat for sb.**, dare il benvenuto a q.; accogliere q. a braccia aperte □ **w. news**, buone notizie □ **to be w. to**, esser libero di; potere; fare cosa grata a: **You are w. to (use) my car**, puoi usare (*o* mi farai cosa grata se userai) la mia automobile; **You are w. to do what you like**, sei libero di fare ciò che vuoi □ **as w. as flowers in May**, molto gradito □ **as w. as snow on the harvest**, gradito come il fumo negli occhi □ **to give sb. a warm w.**, accogliere q. calorosamente, cordialmente; (*fig.*) accogliere (*un avversario*) come si merita □ **to make sb. w.**, far sentire a q. che è il benvenuto; far festa a q. □ **to outstay** (*o* **to wear out**) **one's w.**, abusare dell'ospitalità altrui; non esser più gradito come ospite □ (*specialm. USA*) **You're w.!**, prego!; non c'è di che! □ **Questions are w.**, i presenti sono invitati a fare domande □ **You are w. to any service I can do**, sarò lieto di poterti essere utile in qualsiasi cosa.

to welcome ['welkəm], *v. t.* **1** dare il benvenuto a; accogliere cordialmente: **to w. a visitor**, dare il benvenuto a un visitatore **2** accogliere volentieri; accettare di buon grado; gradire: **to w. a suggestion**, accogliere volentieri un suggerimento; **to w. criticism**, accettare di buon grado le critiche. ● **to w. sb. home**, dare il bentornato a q. □ **to w. sb. in**, fare entrare q. dandogli il benvenuto □ **to w. an opportunity**, esser felice che si presenti un'occasione.

welcomeness ['welkəmnis], *n.* (*raro*) **1** l'essere il benvenuto **2** l'essere gradito.

weld (1) [weld], *n.* (*metall.*) saldatura; giunto saldato; punto saldato: **The bar broke at the w.**, la barra si ruppe nel punto saldato; **T w.**, giunto saldato a T. ● **w. bead**, cordone di saldatura □ **w. metal**, metallo fuso; materiale d'apporto □ **w. time**, tempo di saldatura □ **arc w.**, saldatura ad arco.

to weld [weld], (*metall.*) **A** *v. t.* (*anche fig.*) saldare. **B** *v. i.* saldarsi: **This alloy welds easily**, questa lega si salda facilmente. ● (*geol.*) **welded tuff**, tufo cementato.

weld (2) [weld], *n.* (*bot., Reseda luteola*) guaderella; erba guada.

weldability [,weldə'biliti], *n.* (*metall.*) saldabilità.

weldable ['weldəbl], *a.* (*metall.*) saldabile.

welder ['weldə*], *n.* (*metall.*) **1** saldatore **2** saldatrice (*macchina*).

welding ['weldiŋ], *n.* (*metall.*) saldatura (*l'azione*). ● **w. blowpipe**, cannello per saldatura autogena □ **w. machine**, saldatrice □ **w. rod**, bacchetta per saldatura; filo di apporto □ **w. tip**, ugello di cannello; (*anche*) elettrodo di saldatrice □ **w. torch**, cannello per saldatura autogena.

weldless ['weldlis], *a.* (*metall.*) senza saldature; non saldato.

welfare ['welfɛə*], *n.* benessere; prosperità; bene: **the general w.**, il benessere generale; **w. of one's country**, la prosperità del proprio paese. ● **w. contributions**, oneri previdenziali (*econ.*) **w. economics**, economia del benessere □ **w. officer**, assistente sociale □ (*econ.*) **the w. state**, lo Stato sociale; lo Stato assistenziale □ **w. work**, servizio di assistenza sociale; servizio sociale □ **w. worker**, assistente sociale □ **public w.**, bene comune; salute pubblica.

welfarism ['welfɛərizm], *n.* (*econ.*) teoria dello Stato sociale (*o* assistenziale).

welfarist ['welfɛərist], *n.* sostenitore (*o* fautore) della politica dello Stato assistenziale.

welkin ['welkin], *n.* (*poet.*) cielo; volta celeste. ● **to make the w. ring**, far risuonare la volta celeste; mandare alte grida al cielo.

well (1) [wel], *n.* **1** pozzo: **artesian w.**, pozzo artesiano; **oil wells**, pozzi petroliferi **2** fonte, fontana, sorgente (*fig. e nei toponimi*): **the w. of knowledge**, la fonte del sapere **3** (*edil.*) tromba (*o* pozzo) delle scale; vano dell'ascensore **4** (*di penna stilografica*) serbatoio **5** (*naut.*) pozzo (delle pompe) **6** (*nei tribunali ingl.*) spazio riservato ai difensori. □ (*naut.*) **w. boat**, (barca) vivaio □ (*ind. min.*) **w. borer**, sonda-trivella □ (*ind. min.*) **w. core**, carota □ (*naut.*) **w. deck**, ponte a pozzo (*per es., di aliscafo*) □ **w.-dish**, piatto cavo □ (*ind. min.*) **w. drilling**, trivellazione; sondaggio □ **w.-head**, (*costr.*) sommità del pozzo; (*idrologia*) punto di risorgenza □ **w.-hole**, pozzo; (*edil.*) tromba (*o* pozzo) delle scale □ (*metall.*) **the w. of a blast furnace**, il crogiolo di un altoforno □ **w.-sinker**, scavatore di pozzi □ **w. water**, acqua di pozzo □ **to bore** (*o* **to sink**) **a w.**, scavare un pozzo □ **ink-w.**, calamaio (*di banco di scuola, ecc.*).

to well [wel], *v. i.* (*di solito* **to w. up, out, forth**) scaturire; sgorgare; pullulare; zampillare: **Bitter tears welled from her eyes** (*o* **up in her eyes**), amare lacrime le sgorgarono dagli occhi; **Suddenly water welled up**, d'improvviso zampillò l'acqua. ● **His heart welled over with joy**, il suo cuore traboccava di gioia.

well (2) [wel], *avv.* (*compar.* **better**, *superl.* **best**) bene; attentamente; diligentemente; rettamente; a ragione; completamente: **to read** (**to sing, to sleep, etc.**) **w.**, leggere (cantare, dormire, ecc.) bene; **to speak w. of a person**, parlar bene di una persona; **Stir it w. before you drink it**, rimescolalo bene prima di berlo; **Green and yellow go w. together**, il verde e il giallo stanno bene insieme; **You may w. say so**, puoi ben dirlo; **to treat sb. w.**, trattar bene q.; **The work is w. done**, il lavoro è fatto bene; **You did w. to stay at home**, facesti bene a restare a casa; **to know sb. w.**, conoscer bene q.; conoscere a fondo q. ● (*fam.*) **w. and truly**, del tutto; completamente □ (*fam.*) **w. and truly drunk**, ubriaco fradicio □ **w. away**, avanti (*nel fare q.c.*); a buon punto; (*pop.*) avanti (*nel bere*), quasi brillo; un pezzo in là (*pop.*) □ **w. beloved**, beneamato; assai caro; amatissimo □ **to be w. on in life**, essere avanti con gli anni □ **to be w. out of it**, essersela cavata a buon mercato; esserne fuori □ **to be w. past forty** (**fifty, sixty, etc.**), aver passato la quarantina (la cinquantina, la sessantina, ecc.) da un pezzo □ **to be w. up in st.**, essere al corrente di q.c.; conoscere bene q.c. □ **as w.**, anche; pure: **I shall come as w.**, verrò io pure; **We may as w. leave immediately**, possiamo anche (*o* tanto vale) partire subito □ **as w. as**, così come; tanto quanto; non solo ma anche; come pure: **He gave me shelter as w. as food**, mi diede non solo asilo, ma anche da sfamarmi □ **to come off w.**, (*di persona*) cavarsela, uscirne bene; (*di cosa*) riuscir bene; (*fam.*) fare una bella figura □ **to do oneself w.**, trattarsi bene; non farsi mancar nulla □ **to do w. out of the sale of one's car**, vendere bene la propria automobile □ **to examine st. w.**, esaminare q.c. a fondo □ **just as w.**, meno male!; poco male!; pazienza!; altro male non sia! (*fam.*) □ **to live w.**, vivere nell'agiatezza; passarsela bene □ **to look w.**, guardar bene; cercare attentamente; (*anche: di persona*) stare bene, fare figura; (*di cosa*) stare bene: **Jane looks w. in her green dress**, Gianna fa figura vestita di verde; **Does this tie look w. on me?**, mi sta bene questa cravatta? □ **perfectly w.**, alla perfezione; perfettamente □ **pretty w. finished**, quasi finito □ **to receive sb. w.**, fare buona accoglienza a q. □ **to speak w. for sb.**, far onore a q.: **It speaks w. for him that he refused**, gli fa onore l'aver rifiutato □ **to stand w. with sb.**, essere in buoni rapporti con q.; essere nelle grazie di q. □ **very w.**, benissimo □ **W. done!**, bravo!; ben fatto! □ **W. met!**, proprio te!; che piacere incontrarti! □ **W. run!** hai fatto un'ottima corsa!; bravo! □ **That boy will do w.** (**in life**), quel ragazzo si farà strada (nella vita) □ **Look w. to yourself**, bada a te!; sta' bene attento! □ **You might** (**just**) **as w. throw your money away**, tanto varrebbe che i tuoi soldi li buttassi via □ **He ought to be w. beaten**, meriterebbe un fracco di legnate □ **That is just as w.**, va bene!; pazienza!; fa lo stesso! □ **You might as w. tell me a story**, potresti anche raccontarmi una favola □ (*prov.*) **W. begun is half done**, chi ben comincia è a metà dell'opera □ (*prov.*) **All's w. that ends w.**, tutto è bene quel che finisce bene.

well (3) [wel], *A a. pred.* (*compar.* **better**, *superl.* **best**) bene; in buona salute; in buone condizioni; consigliabile; opportuno; utile; bello; giusto: **Is he w. or ill?**, sta bene o è malato?; **I am feeling w. today**, oggi mi sento bene; **I am perfectly w.**, sto benissimo; **It would be w. to inquire**, sarebbe bene indagare; **It would be w. to tell him at once**, sarebbe giusto dirglielo subito. **B** *a. attr.* che sta bene; che è in buona salute; sano: **He's not a w. man**, non sta bene di salute. ● **w. and good!**, d'accordo; sta bene!; alla buon'ora! □ **w. enough**, abbastanza bene; benino; discretamente: **I am w. enough**, sto abbastanza bene □ **to be w. off**, passarsela bene; essere in buone condizioni finanziarie □ **to be w. up in Latin**, essere forte in latino □ **to get w.** (**again**), guarire; ristabilirsi □ **to look w.** (*o* **to be looking w.**), avere una bella cera (*o* un bell'aspetto) □ (*iron.*) **It's all very w... but**, sta bene... ma □ **All's w.**, tutto a posto!; tutto bene!

well (4) [wel], *n.* (il) bene: **to wish sb. w.**, augurare (ogni) bene a q. ● **It was w. for her that you were present**, fu una fortuna (*fam.*: un bene) per lei che tu fossi presente □ (*prov.*) **Let w.** (**enough**) **alone**, il meglio è nemico del bene.

well (5) [wel], *inter.* be'; ebbene; dunque; allora: **W., what shall we do now?**, be', ora che facciamo?; **W., what about it?**, ebbene, che ne dici?; **W., as I was saying...**, dunque, come stavo dicendo...; **W. then?**, e allora?, e poi?; e come ciò? ● **W., but, si ma**: **W., but what about the others?**, sì, ma gli altri? □ **Very w.!**, benissimo!; benone!; d'accordo! □ **W., I see**, bene, bene; capisco □ **W., to be sure!**, ma certo!; questa sì che è bella!; (*con incredulità*) ma no!; davvero? □ **W., I never!**, chi l'avrebbe mai detto?; ma no!; impossibile!

well (6) [wel], *pref.* (*in numerosi composti, quali:*) **w.-advised**, saggio; prudente: **a w.-advised decision**, una decisione saggia; **w.-appointed**, bene attrezzato; bene arredato; ben equipaggiato: **a w.-appointed office**, un ufficio bene arredato; **w.-balanced**, ben proporzionato; bilanciato; equilibrato: (*med.*) **a w.-balanced diet**, una dieta bilanciata; **a w.-balanced mind**, una mente equilibrata; **w.-behaved**, educato, beneducato; **w.-being**, benessere; prosperità; **w.-born**, bennato, di buona famiglia; **w.-bred**, (*di persona*) educato, beneducato; (*di cavallo, ecc.*) di razza; **w.-chosen**, scelto bene, appropriato; **w.-conditioned**, onesto, retto; (*di animale*) sano; **w.-conducted**, bene costumato, che si comporta bene, disciplinato; (*di azienda, ecc.*) gestito bene, bene organizzato; **w.-connected**, di buon parentado; che ha buone relazioni sociali (*o* commerciali); **w.-disposed**, ben disposto, benevolo, favorevole; **w.-doer**, chi fa del bene; persona virtuosa; **w.-doing**, l'agir bene; la virtù; **w.-done**, ben fatto; (*di cibo*) ben cotto; **w.-earned**, meritato; (*arc.*) **w.-favoured**, bello, di bell'aspetto; **w.-fed**, ben nutrito; **w.-found**, bene attrezzato, ben equipaggiato; **w.-founded**, fondato: **w.-founded charges**, accuse fondate; **w.-graced**, aggraziato; attraente; **w.-groomed**, attillato, azzimato; **w.-grounded**, fondato; bene informato, competente, esperto; (*fig., fam.*) **w.-heeled**, ricco, facoltoso, agiato; (*anche*) bene organizzato, ben strutturato; (*pop.*) **w.-hung**, ben messo (*fisicamente*); (*di donna*) prosperosa, poppata (*pop.*); **w.-informed**, bene informato; al corrente; **w.-intentioned**, ben intenzionato; (fatto) a fin di bene; **w.-judged**, pieno di discernimento, assennato, saggio; **w.-knit**, (*di persona*) forte, robusto, ben piantato; (*di ragionamento, ecc.*) coerente; (*di edificio, ecc.*) solido; **w.-known**, notorio, noto; rinomato; **w.-liked**, popolare, amato; **w.-lined**, (*dello stomaco*) pieno; (*del portafogli*) gonfio; **w.-looking**, bello, di bell'aspetto; **w.-made**, ben fatto; di belle fattezze; **w.-mannered**, educato, cortese, beneducato; **w.-marked**, chiaro, distinto, evidente; **w.-meaning**, ben intenzionato; **w.-meant** (*o* detto): a fin di bene; **w.-nigh**, quasi, pressoché; **w.-off**, agiato, benestante, ricco: **w.-off people**, i ricchi; **w.-oiled**, bene oliato; (*fig.*) complimentoso, untuoso; (*pop.*) sbronzo; **w.-ordered**, bene ordinato; **w.-pleasing**, molto piacevole; **w.-preserved**, conservato bene, in buono stato; (*di persona*) che si conserva bene, ben portante; **w.-proportioned**, ben proporzionato; **w.-read**, che ha letto molto, colto, istruito; **w.-regulated**, bene ordinato, disciplinato; **w.-reputed**, stimato, che gode di buona fama; **w.-rounded**, (ben) finito; completo; ben tornito; (*fig.*) eclettico; **w.-seeming**, dall'aspetto soddisfacente; **w.-set**, compatto, saldo, solido; (*di persona*) ben piantato, robusto; **w.-set-up**, ben fatto, ben piantato, robusto; agiato, facoltoso, ricco; **w.-sifted**, controllato (*o* passato) al vaglio; **w.-spoken**, facondo, eloquente, raffinato nel parlare; detto (*o* pronunciato) bene; che parla bene; (*pop.: di donna*) **w.-stacked**, ben messa; **w.-thought-of**, che gode della considerazione generale; stimato (*o* benvoluto) da tutti; **w.-timed**, tempestivo, opportuno; **w.-to-do**, agiato, benestante, ricco; **w.-tried**, provato, sperimentato, sicuro: **w.-tried remedies**, rimedi sicuri; **w.-trodden**, assai frequentato; (*di frase, ecc.*) **w.-turned**, ben tornito; **w.-wisher**, persona che vuol bene (*o* che è affezionata); fautore, sostenitore; **w.-wishing**, bene augurante; **w.-worn**, consunto, logoro, liso, frusto, sdrucito; (*fig.*) comune, trito, banale, vieto; **w.-worn joke**, una storiella trita.

we'll [wi:l], *contraz.* di: **1 we shall 2 we will**.

welladay ['welə'dei], **wellaway** ['welə'wei], *inter.* (*arc.*) ahimè; ohimè!

wellies ['weli:z], *n. pl.* (*abbr. fam. di* **Wellingtons**) stivali (*o* stivaletti) di gomma.

Wellingtons ['weliŋtənz], *n. pl.* (*anche* **Wellington boots**) **1** stivali (*o* stivaloni) di gomma; stivali alti fino al ginocchio (*o* al polpaccio) **2** (*mil.*) stivali alla scudiera.

wellpoint ['wel'point], *n.* (*costr. idriche*) pozzo filtrante.

wellspring ['wel,spriŋ], *n.* **1** (*idrologia*) punto di risorgenza **2** (*fig.*) fonte; sorgente; origine **3** (*lett.*) pozzo di San Patrizio (*fig.*).

Welsh [welʃ], **A** *a.* gallese; del Galles. **B** *n.* gallese (*la lingua*). ● (*collett.*) **the W.**, i Gallesi □ **W. mutton**, carne di pecora gallese □ **W. rabbit** (*o* **W. rarebit**), pane tostato ricoperto di formaggio fuso.
to welsh [welʃ], *v. i.* e *t.* **1** (*specialm. ippica*) scappare senza pagare le scommesse (ai vincitori) **2** (*fig.*) raggirare; truffare.
welsher [ˈwelʃə*], *n.* **1** (*specialm. ippica*) allibratore che scappa senza pagare le scommesse **2** (*fig.*) truffatore (*in genere*).
Welshman [ˈwelʃmən], *n.* (*pl.* **Welshmen**) gallese (*uomo*).
Welshwoman [ˈwelʃˌwumən], *n.* (*pl.* **Welshwomen**) gallese (*donna*).
welt [welt], *n.* **1** (*di scarpe*) guardolo; tramezzo (*fra la tomaia e la suola*) **2** (*di stoffa*) rigo in rilievo; costa **3** (*di calza*) rinforzo **4** cordone (*di tappezzeria*); orlo (*di stoffa*) **5** segno di frustata (*sulla pelle*); livido; vescica **6** frustata; sferzata; staffilata.
to welt [welt], *v. t.* **1** mettere il guardolo a (*una scarpa*); mettere il rinforzo a (*una calza*) **2** frustare; sferzare; staffilare; picchiare.
to welter [ˈweltə*], *v. i.* **1** avvoltolarsi; voltolarsi; diguazzare; essere immerso; sguazzare (*anche fig.*): **to w. in a pool of mud**, voltolarsi in una pozza di fango; **They weltered in their blood**, erano immersi nel loro sangue **2** (*del mare, ecc.*) accavallarsi; tumultuare. ● (*poet.*) **the weltering seas**, le onde tumultuose.
welter [ˈweltə*], *n.* **1** sballottamento; tumulto (*delle onde, ecc.*): **the w. of the waves**, il tumulto dei flutti **2** (*fig.*) confusione; guazzabuglio.
welter (2) [ˈweltə*], *n.* (*sport*) pugile (*o* fantino) di peso welter. ● (*ippica*) **w. race**, corsa per fantini di peso welter □ (*pugilato* e *lotta*) **w.-weight**, peso welter; peso medio-leggero □ (*pugilato* e *lotta*) **light w.-weight**, peso welter leggero.
wen [wen], *n.* (*med.*) porro; cisti sebacea. ● (*fig., raro*) **the great w.**, la grande metropoli; Londra.
wench [wentʃ], *n.* **1** (*arc., scherz. o dial.*) ragazza; giovanetta; donzella; (*specialm.*) contadinotta, servotta **2** (*arc.*) sgualdrina.
to wench [wentʃ], *v. i.* (*arc. o scherz.*) frequentare sgualdrine.
Wend [wend], *n.* abitante della Sassonia orientale (*di razza slava*).
to wend [wend], *v. i.* (*arc.*) andare; viaggiare. ● (*poet.*) **to w. home**, dirigersi verso casa; prendere la via del ritorno □ (*poet.*) **to w. one's way**, proseguire (*o* andare) per la propria strada.
Wensleydale [ˈwenzliˌdeil], *n.* varietà di formaggio dello Yorkshire.
went [went], *pass.* di **to go**.
wept [wept], *pass.* e *p. p.* di **to weep**.
were [wə:*, wə*], *pass.* di **to be** (*2ª pers. sing.;* *1ª*, *2ª* e *3ª pers. pl.*).
we're [wiə*], *contraz.* di **we are**.
weren't [wə:nt], *contraz.* di **were not**.
werewolf [ˈwə:wulf], *n.* (*pl.* **werewolves**) (*mitol.*) lupo mannaro; licantropo.
wert [wə:t], (*arc. o poet.*) *2ª pers. sing. pass.* di **to be**: **thou w.**, eri; fosti.
Wertherism [ˈwə:tərizəm], *n.* (*letter.*) wertherismo; romanticismo esagerato (*alla Werther*).
Wesleyan [ˈwezliən], *a.* e *n.* (*relig.*) wesleyano; metodista.
Wesleyanism [ˈwezliənizəm], *n.* (*relig.*) dottrina religiosa di John Wesley (1703-1791); metodismo.
west [west], **A** *n.* **1** ovest; occidente; ponente: **Spain lies to the w. of France**, la Spagna si trova a ovest della Francia **2** parte (*o* regione) occidentale: **Bordeaux is in the w. of France**, Bordeaux è nella parte occidentale della Francia. **B** *a. attr.* occidentale; dell'ovest; (*di vento*) da ovest, di ponente: **on the w. coast**, sulla costa occidentale; **W. Africa**, l'Africa Occidentale; **a w. wind**, un vento da ovest; un vento di ponente. **C** *avv.* a ovest; verso occidente; verso ponente: **to sail w.**, navigare verso ponente; **to look w.**, guardare a ovest. ● **the W.**, l'Occidente; (*polit.*) il mondo occidentale; (*in G.B.*) l'Ovest (*anche dell'Irlanda*); (*USA*) l'Ovest, il West (*il territorio a ovest del Mississippi*); il «West» □ **W. Central** (*abbr.* **W. C.**), quartiere centro-occidentale (*distretto postale di Londra*) □ **the W. Country**, la regione occidentale dell'Inghilterra (*a ovest della linea tracciata da Southampton alla foce del Severn*) □ **W.-Country**, della (*o* caratteristico della) regione occidentale dell'Inghilterra □ **W.-countryman**, nativo (*o* abitante) dell'ovest dell'Inghilterra □ **the W. End**, il West End (*quartiere elegante di Londra*) □ **W. European Time**, ora dell'Europa occidentale □ **W. Indian**, (abitante) delle Indie Occidentali □ **the W. Indies**, le Indie Occidentali □ **w. of**, a occidente di □ **W. Side**, West Side (*i quartieri occidentali di Nuova York*) □ (*stor.*) **the Empire of the W.**, l'Impero d'Occidente □ (*stor.*) **the Far W.**, il Far West (*la regione a ovest delle Montagne Rocciose*) □ (*pop.*) **to go w.**, crepare; morire □ (*USA*) **the Middle W.**, la regione tra i Monti Alleganj e le Montagne Rocciose.
westbound [ˈwestbaund], *a.* (*naut., ferr.*) diretto a (*o* verso) ovest.
wester [ˈwestə*], *n.* **1** forte vento da ovest **2** tempesta che arriva da ovest.
to wester [ˈwestə*], *v. i.* andare (*o* volgere) verso ovest.
westering [ˈwestəriŋ], *a.* **1** che va verso ponente **2** (*del sole*) che volge al tramonto.
westerly [ˈwestəli], **A** *a.* (*di vento*) che spira da ovest; di ponente; occidentale. **B** *avv.* **1** verso ovest; verso ponente **2** (*di vento*) da ovest; da occidente: **The wind blew w.**, il vento soffiava da ovest. **C** *n. pl.* (*meteorologia*) correnti occidentali.
western [ˈwestən], **A** *a.* occidentale; dell'occidente; dell'ovest; di ponente: **the w. hemisphere**, l'emisfero occidentale; **a w. city**, una città dell'ovest; **w. civilization**, la civiltà occidentale (*d'Europa e dell'America*). **B** *n.* film (*o* racconto, ecc.) ambientato nel Far West; western. ● (*relig.*) **the W. Church**, la Chiesa Romana □ (*stor.*) **the W. Empire**, l'Impero d'Occidente.
westerner [ˈwestənə*], *n.* occidentale; abitante (*o* nativo) dell'ovest (*di un Paese e specialm. degli USA*).
to westernize [ˈwestənaiz], **A** *v. t.* rendere occidentale; dare un carattere occidentale a (*un paese*); occidentalizzare. **B** *v. i.* occidentalizzarsi.
westernmost [ˈwestənmoust], *a.* (il) più occidentale; situato all'estremo occidente (*o* all'estremo ovest).
westing [ˈwestiŋ], *n.* (*naut.*) distanza percorsa verso l'occidente. ● (*naut.*) **to make w.**, fare rotta verso ovest.
Westminster [ˈwestminstə*], *n.* **1** (*geogr.*) Westminster (*distretto di Londra con status of city*) **2** (il) Parlamento britannico; (*fig.*) (la) vita parlamentare inglese. ● **W. Abbey**, l'Abbazia di Westminster (*anglicana*) □ **W. Cathedral**, la Cattedrale di Westminster (*cattolica*).
Westphalia [westˈfeiljə], *n.* (*geogr.*) Vestfalia.
Westpolitik [ˈvestpouli:ˌti:k] (*ted.*), *n.* politica (*specialm. di un Paese comunista*) di apertura verso l'Occidente.
westward [ˈwestwəd], **A** *a.* volto a occidente; verso ovest. **B** *avv.* **V.** **westwards**. ● **in a w. direction**, in direzione ovest; verso ponente.
westwardly [ˈwestwədli], *a.* e *avv.* verso ovest; verso l'occidente. ● **a w. wind**, un vento di ponente; un vento da ovest.
westwards [ˈwestwədz], *avv.* in direzione ovest; verso l'occidente.
wet [wet], **A** *a.* **1** bagnato; umido: **wet hands**, mani bagnate; **wet socks**, calzini bagnati; **wet clothes**, vestiti umidi **2** (*di tempo, ecc.*) piovoso; umido; troppo umido: **wet weather**, tempo piovoso; tempo umido; **a wet day**, una giornata piovosa; **The moisture meter shows «wet»**, il misuratore dell'umidità segna «troppo umido» **3** non asciutto; fresco: **wet paint**, vernice fresca **4** (*stor. USA*) antiproibizionista: **a wet State**, uno Stato antiproibizionista **5** (*fam.: di persona*) fiacco; debole. **B** *n.* **1** (il) bagnato; (l') umido **2** tempo piovoso; pioggia: **Don't go out in the wet!**, non uscire con la pioggia! **3** stagione delle piogge **4** (*stor. USA*) antiproibizionista **5** (*fam.*) persona fiacca (*o* debole). ● **a wet bargain**, un affare di cui si festeggia la stipulazione con una bevuta □ (*fig.*) **to be wet behind the ears**, essere un novellino □ (*fig.*) **a wet blanket**, un guastafeste □ (*elettr.*) **wet cell**, pila a liquido □ (*naut.*) **wet dock**, darsena □ **wet dream**, sogno con polluzione □ (*stor., fam. USA*) **the wet-dry fuss**, le diatribe (*fam.*: il gran chiasso) fra antiproibizionisti e fautori del proibizionismo □ (*mecc.*) **wet engine**, motore in ordine di marcia □ **wet lab**, laboratorio sottomarino □ **wet nurse**, balia (*che allatta*) □ (*fotogr.*) **wet plate**, lastra al collodio umido □ (*autom.*) **wet sanding**, pomiciatura a umido □ (*sport*) **wet suit**, tuta da subacqueo; muta □ **wet to the skin** (*o* **wet through**), bagnato fradicio; zuppo (*fam.*); bagnato fino alle ossa □ **as wet as a drowned rat**, bagnato come un pulcino □ **eyes wet with tears**, occhi bagnati di lacrime □ **to get wet**, bagnarsi; prendere la pioggia □ **to get one's feet wet**, bagnarsi i piedi (*con la pioggia, ecc.*); (*fam.*) dare inizio a qualcosa, cominciare un lavoro □ (*fam.*) **to have a wet**, bagnarsi il becco (*fig.*).
to wet [wet], *v. t.* (*ingl.: pass.* e *p. p. reg., salvo nella locuz.* **to wet the bed**; *USA: pass.* e *p. p.* **wet** *o reg.*) **1** bagnare; inumidire; inzuppare: **Don't wet your feet!**, non bagnarti i piedi! **2** (*fam.*) bagnare; celebrare con una bevuta (*un affare, ecc.*). ● (*di bambino*) **to wet oneself**, bagnarsi □ **to wet the bed**, bagnare il letto; fare la pipì nel letto: **The little girl has wet the bed again**, la bambina ha rifatto la pipì nel letto □ (*specialm. USA*) **to wet one's pants**, farsi la pipì addosso; (*fig.*) farsela addosso (*per la paura, ecc.*) □ (*fam.*) **to wet one's whistle**, bagnarsi il becco (*fig.*) (*o* l'ugola); fare una bevuta.
wether [ˈweðə*], *n.* (*zool.*) montone castrato; castrato.
wetness [ˈwetnis], *n.* **1** umidità **2** (*del tempo*) piovosità.
wetting [ˈwetiŋ], *n.* **1** bagnatura; bagnata: **to get a good w.**, prendersi una bella bagnata **2** (*elettron.*) bagnatura **3** (*metall.*) applicazione del fondente. ● **w. agent**, agente imbibente (*o* umettante).
wettish [ˈwetiʃ], *a.* piuttosto bagnato; alquanto umido; umidiccio.
we've [wi(:)v], *contraz.* di **we have**.

wey [weɪ], *n.* wey (unità di peso variabile da 100 a 150 kg.).

to whack [wæk], *v. t.* **1** bastonare; battere; percuotere; picchiare; randellare **2** (*fam., spesso* **to w. up**) dividere; spartire.

whack [wæk], *n.* **1** bastonatura; percossa; randellata; forte colpo **2** (*fam.*) parte; porzione. ● (*fam.*) **to have a w. at st.**, provare a fare q.c. ● (*USA*) **out of w.**, guasto; che non funziona.

whacked [wækt], *a.* (*fam.*) sfinito; stremato; stanco morto.

whacker ['wækə*], *n.* (*fam.*) **1** persona (*o* cosa) grande e grossa **2** (*specialm.*) grossa bugia; frottola.

whacking ['wækɪŋ], **A** *n.* bastonatura; busse; botte; percosse. **B** *a.* (*fam.*) colossale; enorme; grossissimo: **a w. lie**, una bugia enorme. **C** *avv.* (*fam.*) molto; moltissimo.

whacky ['wæki], *a.* (*pop. USA*) V. **wacky**.

whale [weɪl], *n.* (*pl.* **whales, whale**) (*zool.*) balena; cetaceo (*in genere*). ● (*fam.*) **to be a w. at** (*o* **on, for**) **st.**, essere un'aquila (*o* un cannone) in q.c. □ **w.-boat**, baleniera □ **w. calf**, balenottero; balenotto ● **w. fishing**, caccia alla balena □ **w.-line**, sagola di arpione □ (*fam.*) **a w. of a book**, un libro coi fiocchi; (*anche*) un libro lunghissimo □ **w. oil**, olio di balena □ **bull w.**, balena maschio □ **cow w.**, balena femmina □ (*fam.*) **to have a w. of a good time**, spassarsela un mondo.

to whale [weɪl], *v. i.* cacciar balene. ● **to go whaling**, andare a caccia di balene.

whalebone ['weɪlboʊn], *n.* **1** (*zool.*) fanone **2** stecca di balena.

whaleman ['weɪlmən], *n.* (*pl.* **whalemen**) **1** baleniere **2** baleniera (*nave*).

whaler ['weɪlə*], *n.* **1** baleniere **2** baleniera (*nave*).

whaling ['weɪlɪŋ], *n.* caccia alla balena. ● **w. gun**, cannoncino lanciarpioni (*per la caccia alla balena*) □ **w. master**, capitano di baleniera □ **w. ship**, baleniera (*nave*).

wham [wæm], V. **whang**, def. 1.

to wham [wæm], V. **to whang**, A e B, def. 1.

whang [wæŋ], *n.* (*fam.*) **1** rumore secco; forte colpo; scoppio **2** rimbombo.

to whang [wæŋ], (*fam.*) **A** *v. t.* colpire con forza. **B** *v. i.* **1** fare un rumore secco (*o* uno scoppio) **2** rimbombare.

whangee [wæŋ'giː], *n.* bastone (da passeggio) di bambù.

to whap [wɒp], (*fam.*) V. **to whop**.

whapper ['wɒpə*], (*fam.*) V. **whopper**.

wharf [wɔːf], *n.* (*pl.* **wharves, wharfs**) (*naut.*) banchina; calata; molo interno; scalo: **loading w.**, banchina di carico; **unloading w.**, banchina di scarico. ● **w. dues**, diritti di sbarco (*o* di banchina) □ (*comm.*) **free on w.**, franco banchina □ **w. rat**, (*zool.*) topo dei moli; (*fig., spreg.*) frequentatore dei moli, individuo losco.

wharfage ['wɔːfɪdʒ], *n.* (*naut.*) **1** spazio (*o* posto) d'ormeggio a banchina **2** diritti di banchina (*o* di calata) **3** (*collett.*) banchine (*portuali*); calate.

wharfinger ['wɔːfɪndʒə*], *n.* (*naut.*) **1** proprietario di banchina (*o* di molo interno) **2** custode di banchina (*o* di calata).

wharfman ['wɔːfmən], *n.* (*pl.* **wharfmen**) (*naut.*) portuale addetto a una banchina.

wharves [wɔːvz], *pl.* di **wharf**.

what [wɒt], **A** *pron.* che cosa; che: **W. did you say?**, che cosa hai detto?; **W. can I do for you?**, che cosa posso fare per te?; in che posso servirLa?; mi dica!; **W. happened then?**, che cosa accadde dopo?; **W. is your father?**, che cosa fa (*o* che mestiere fa) tuo padre?; **Tell me w. you need**, dimmi cosa ti occorre; **I don't know w. to do**, non so che fare. **B** *a. interr.* quale, quali; che: **W. films have you seen lately?**, quali film hai visto di recente?; **By w. train are you leaving?**, con che treno parti?; **W. news?**, che novità?; che notizie ci sono?; **W. manner of man is he?**, che tipo di uomo è? **C** *pron. escl.* quanto; come: **W. he has suffered!**, quanto ha sofferto!; **W. he smokes!**, come fuma! **D** *a. escl.* quale; che; come: **W. nonsense!**, che sciocchezze!; **W. a man**, che uomo!; **W. a fool you are!**, che stupido sei!; come sei stupido!; **W. an idea!**, che idea!; **W. mind he has!**, che mente!; **W. impudence!**, che sfacciataggine! **E** *pron. relat.* ciò che; quello che; tutto quello che: **I heard w. he said**, sentii quello che disse; **Do w. you will**, fa' ciò che vuoi; **W. he likes is music**, quel che ama è la musica; **W. is done cannot be undone**, ciò che è fatto è fatto. **F** *a. relat.* quello che; quelli che; il (la, gli, le)... che: **Give me w. money you have**, dammi il denaro che hai (*poco o molto che sia*); **I will give w. help I can**, darò quel po' d'aiuto che potrò; farò per te quel che posso; **Wear w. shoes you like best**, metti pure le scarpe che preferisci. **G** *inter.* come?; che cosa?; ma come!; **W.! no dinner?**, come? niente pranzo?; **W. here already?**, ma come! (siete) già qui? ● **W. about** (*o* **W. of**), che ne è (che ne è stato) di; che ne dici (diresti) di: **W. about the others?**, che ne è degli altri?; **W. about a nice trip?**, che ne diresti di (fare) una bella gita? □ **W.-d'you-call-him** (**-her,-it, etc.**); **w.'s-his** (**-her,-its**) **name**, (*rif. a cosa*) affare, aggeggio, coso; (*rif. a persona*) tizio, vattelapesca □ **w. ever**, che cosa mai; che diami-ne: **W. can he ever mean by that?**, che diamine vuol mai dire con ciò? □ **w. for**, a che cosa; a che: **W. is that used for?**, a che serve (questo aggeggio)? □ (*fam.*) **w.-for**, punizione; castigo: **I'll give him w.-for**, gli darò io quel che si merita! □ **W. for?**, perché mai? per che fare?; a che pro? □ (*fam. USA*) **w. have you**, eccetera; e simili; e cose del genere □ **W. if**, che importa se; e se; e anche se: **W. if they don't come?**, e se non vengono?; **W. if it's true?**, e anche se è vero? □ **w.... like**, come; che tipo: **W. was the weather like?**, com'era il tempo?; **W. is he like?**, che tipo d'uomo è?; com'è? □ (*arc.*) **w. though**, che importa se; e se; e anche se: **W. though I am alone?**, e se sono solo, che importa? □ **w. with... and** (**w. with**), un po' per... un po' per; tra... e: **W. with hunger and** (**w. with**) **tiredness, he could hardly walk along**, un po' per la fame e un po' per la stanchezza, non riusciva quasi più a camminare ● **and w. not**, eccetera eccetera; e altro ancora □ (*lett.*) **but w.**, che non: **There wasn't a day but w. it rained**, non c'era giorno che non piovesse □ **come w. may**, qualunque cosa accada; comunque vada a finire □ **to know w.'s w.**, saperla lunga □ **W.?**, che cosa?; come?; che hai detto? **W. good** (*o* **W. use**) **is it?**, a che serve?; a che pro? □ **W. ho!**, ehi!; salve! □ **W.'s the matter?**, che c'è (che non va)? □ **W. next?**, e poi?; e adesso che succederà? □ **I know w.**, ho un'idea; so io che cosa fare □ **I'll tell you w.**, te lo dico io (che cosa fare); stammi a sentire □ (*fam.*) **So w.?**, e allora; e con ciò? □ **Well, w. of it?**, be', e con ciò? □ (*fam.*) **I don't know w.'s w.**, non ho le idee chiare (in materia); non mi ci raccapezzo □ **The central government is losing power: why, how, and who's doing w.?**, il governo centrale sta perdendo potere: per quali motivi, in che modo, e chi si preoccupa di porvi rimedio?

whate'er [wɒt'ɛə*], (*poet.*) V. **whatever**.

whatever [wɒt'evə*], **A** *pron. indef.* qualunque cosa; qualsiasi cosa: **W. happens, don't be late**, qualunque cosa accada, non arrivare in ritardo!; **W. you may say**, it will make no difference **to him**, qualsiasi cosa tu possa dire, per lui sarà lo stesso (*o* lo lascerà del tutto indifferente). **B** *a. indef.* qualunque; qualsiasi; quale che sia: **I shan't give in, w. results may follow**, non cederò, quali che siano le conseguenze; **W. books he reads, he always forgets everything about them**, qualunque libro legga, dimentica sempre quel che ha letto. **C** *pron. relat.* (*enfat.*) ciò che; quello che; tutto quello che; qualunque cosa: **W. he does doesn't matter**, qualunque cosa faccia non ha importanza; **You can take w. you want**, puoi prendere (tutto) quello che vuoi; **W. I have is yours**, tutto quel che possiedo è tuo. **D** *a. indef.* (*enfat., in frasi neg.*) alcuno; di (alcuna) sorta; affatto; assolutamente: **There is no doubt w.**, non c'è dubbio alcuno; **I have no plans w.**, non ho progetti di sorta; **We have nothing w.**, non vedevamo assolutamente nulla. **E** *pron. interr.* che cosa mai; che diamine: **W. does he want?**, che diamine vuole? ● **w. man** (*per* **whoever**), chiunque: **W. man told you that, it isn't true**, chiunque te l'abbia detto, non è vero! □ **or w. it is** (**it was**), *o* quel che è (che era); o qualsiasi cosa: **Take your bag or parcel, or w. it is**, prendi il tuo sacco o pacco, o quel che è!; **I shall accept twenty or thirty pounds, or w. it is!**, accetterò venti o trenta sterline o qualsiasi somma □ **Is there any chance w.?**, ma c'è davvero una qualche probabilità? □ (*fam.*) **No one w. would accept**, nessuno al mondo accetterebbe.

whatnot ['wɒtnɒt], *n.* **1** scaffaletto; scansia **2** (*fam.*) inezia; nonnulla **3** (*fam.*) tutto il resto; cose simili; similia (*lat.*); cose del genere: **He carried his tools and w.**, portò con sé i suoi attrezzi «et similia» **4** (*fam.*) affare, coso **5** (*fam.: di persona*) tizio.

what's [wɒts], *contraz.* di **what is**.

whatsit ['wɒtsɪt], *n.* (*fam.*) affare; aggeggio; coso.

whatsoe'er [ˌwɒtsoʊ'ɛə*], (*poet.*) V. **whatever**.

whatsoever [ˌwɒtsoʊ'evə*], (*enfat.*) V. **whatever**.

whaup [wɔː(ː)p], *n.* (*scozz. o dial.; zool., Numenius arquata*) chiurlo.

wheat [wiːt], *n.* (*bot., Triticum vulgare*) grano; frumento: **the w. harvest**, il raccolto del grano. ● **w. germ**, germe di grano □ **w. grass** (*Triticum repens*), gramigna dei medici □ **w. mildew**, ruggine del grano.

wheatear ['wiːtɪə*], *n.* (*zool., Oenanthe oenanthe*) culbianco.

wheaten ['wiːtn], *a.* di grano; di frumento: **w. flour**, farina di grano; **w. bread**, pane di frumento.

to wheedle ['wiːdl], **A** *v. t.* **1** adulare; allettare; blandire; lusingare; ammoniare (*arc.*) **2** ottenere con lusinghe; procurarsi con moine: **I wheedled ten pounds from** (*o* **out of**) **my friend**, con le lusinghe, riuscii a ottenere (*o* ad avere) dieci sterline dal mio amico. **B** *v. i.* far moine. ● **to w. sb. into doing st.**, indurre q. a far q.c. con lusinghe (*o* moine) □ **to w. sb. into a good temper**, mettere q. di buon umore facendogli moine.

wheedler ['wiːdlə*], *n.* adulatore, adulatrice; chi sa blandire.

wheedling ['wiːdlɪŋ], **A** *a.* carezzevole; lusinghiero: **in a w. voice**, con voce carezzevole. **B** *n.* (*collett.*) blandizie; lusinghe; moine.

wheel [wi:l], *n.* **1** (*anche fig.*) ruota: **A bicycle has two wheels**, la bicicletta ha due ruote; **Fortune's w.**, la ruota della fortuna **2** (*mecc.*) ruota dentata; ingranaggio **3** (*autom., anche* **steering w.**) volante: **Don't speak to the man at the w.**, non parlate all'uomo al volante (*o* al conducente)! **4** (*naut., anche* **steering w.**) ruota del timone; timone **5** (*stor.*) ruota (*della tortura*): **to break sb. on the w.**, infliggere a q. il supplizio della ruota **6** (*ind. tessile, anche* **spinning w.**) filatoio **7** (*mecc., anche* **grinding w.**) mola **8** (*fam.*) bicicletta; (*più raro*) triciclo **9** moto rotatorio; cerchio (*fig.*); (*mil.*) conversione: **the wheels of the swallows in the air**, i cerchi delle rondini nell'aria; **a left** (**a right**) **w.**, una conversione a sinistra (a destra) **10** (*arc.*) ritornello (*di canzone*) **11** (*pop., specialm. USA, anche* **big w.**) persona influente; pezzo grosso **12** (*pl., pop.*) automobile; macinino, trabiccolo (*pop.*). ● **w. and axle**, carrucola □ (*autom., mecc.*) **w. balancing**, bilanciatura (*o* equilibratura) delle ruote □ (*autom., mecc.*) **w. base**, V. **wheelbase** □ (*mecc.*) **w. case**, scatola degli ingranaggi □ **w.-chair**, carrozzella; sedia a rotelle (*per invalidi*) □ (*autom.*) **w. change**, sostituzione della ruota □ (*autom.*) **w. cover**, copriruota □ **w. horse**, cavallo del timone (*in un tiro a quattro o a due*) □ (*naut.*) **w.-house**, timoniera □ (*stor.*) **w. lock** ruota del meccanismo di sparo (*in fucili antiquati*) □ **to be at the w.**, essere al volante (*o* al timone); (*fig.*) avere il comando □ (*autom.*) **front wheels**, ruote anteriori; ruote davanti □ (*mecc.*) **hand w.**, volantino □ **meals on wheels**, pasti a domicilio (*per infermi*) □ (*aeron.*) **nose w.**, ruota anteriore (*fig.*) □ **to oil the wheels**, ungere le ruote (*naut.*) **paddle w.**, ruota a pale □ **potter's w.**, ruota del vasaio; tornio da vasaio □ (*fig.*) **to put one's shoulder to the w.**, dare il proprio contributo a un'impresa; aiutare la baracca (*fam.*) □ (*autom.*) **spare w.**, ruota di scorta; ruota di ricambio □ **to take the w.**, (*autom.*) andare al volante, prendere il volante (*o* la guida); (*naut.*) prendere il timone: (*autom.*) **Will you take the w.?**, vuoi (prendere) il volante?; vuoi guidare tu? □ **turn of the w.**, giro della ruota; (*fig.*) mutamento della fortuna, volger della sorte: **We may be rich at the next turn of the w.**, possiamo diventar ricchi al primo volger della sorte □ (*mecc.*) **to turn the wheels**, far girare le ruote □ **to turn wheels**, fare evoluzioni (*o* giravolte, capriole) □ (*mecc.*) **water w.**, ruota idraulica (*fam.*) **There are wheels within wheels**, è un affare assai complicato; è una faccenda molto ingarbugliata; è tutto un (lungo) giro (*fam.*).

to wheel [wi:l], **A** *v. t.* **1** far girare; roteare; far ruotare **2** spingere, muovere (*un veicolo a ruote*): **to w. a barrow**, spingere una carriola **3** portare, spingere, trasportare (*su un veicolo a ruote*): **The nurse wheeled the old man into the drawing room**, il vecchio sulla sedia a rotelle fu portato in salotto dall'infermiera **4** fornire (*un veicolo*) di ruote. **B** *v. i.* **1** girare; ruotare; roteare; turbinare; volteggiare: **The helicopter was wheeling in the air above the motorway**, l'elicottero volteggiava in aria sopra l'autostrada **2** (*mil.*) fare una conversione **3** (*anche fig., spesso* **to w. round**) fare un voltafaccia **4** (*fam.*) andare in bicicletta; pedalare. ● (*fam., specialm. USA*) **to w. and deal**, agire liberamente, senza restrizioni; (*specialm.*) fare l'affarista (*o il maneggione*) □ (*mil.*) **Right (left) w.!**, conversione a dest'! (a sinist'!).

wheelbarrow ['wi:l,bærou], *n.* carriola.
to wheelbarrow ['wi:l,bærou], *v. t.* trasportare in carriola; scarriolare (*pop.*).
wheelbase ['wi:l,beis], *n.* (*autom., mecc.*) interasse.
wheeled [wi:ld], *a.* (*specialm. nei composti*) a ruote; con ruote: **w. plough**, aratro a ruote. ● (*mecc.*) **w. crane**, gru semovente gommata □ **a three-w. car**, un'automobile a tre ruote.
wheeler ['wi:lə*], *n.* **1** cavallo del timone (*in un tiro a quattro o a due*) **2** carrettiere; barrocciaio **3** carraio; carradore **4** (*autom., mecc.*) automobile con un certo numero di ruote motrici: **a four-w.**, un'auto con (tutte) le quattro ruote motrici; una «quattro per quattro» (*fam.*). ● (*fam. USA*) **w.-dealer**, affarista; (*spreg.*) maneggione; drittone (*pop.*) □ **a four-w.**, un veicolo a quattro ruote □ **a two-w.**, un veicolo a due ruote.
wheelie ['wi:li], *n.* (*fam.*) impennata (*della moto o della bicicletta*).
wheeling ['wi:liŋ], *n.* **1** giro; conversione; volteggio; volteggiamento (*raro*) **2** (*fam.*) l'andare in bicicletta. ● (*fam. USA*) **w. and dealing**, manovre (*anche*: poco pulite); maneggi; affarismo; (*l'*) arraffare.
wheelman ['wi:lmən], *n.* (*pl.* **wheelmen**) **1** conducente **2** (*naut. USA*) timoniere **3** (*fam.*) ciclista.
wheelsman ['wi:lzmən], *n.* (*pl.* **wheelsmen**) (*naut. USA*) = **wheelman**.
wheelwork ['wi:lwə:k], *n.* (*mecc.*) rotismo.
wheelwright ['wi:lrait], *n.* carraio; carradore.
to wheeze [wi:z], **A** *v. i.* **1** ansare; respirare affannosamente **2** (*di un motore, ecc.*) soffiare; sibilare; rumoreggiare. **B** *v. t.* dire ansimando: **He managed to w. out his name and address**, riuscì a dire ansimando il suo nome e l'indirizzo.
wheeze [wi:z], *n.* **1** respiro affannoso; l'ansare; l'ansimare **2** (*gergo teatr.*) barzelletta; battuta comica **3** (*pop.*) trucco; scherzo; detto trito e ritrito.
wheeziness ['wi:zinis], *n.* (l') ansimare; respiro affannoso.
wheezy ['wi:zi], *a.* ansante; ansimante; che respira a fatica; asmatico (*anche fig.*): **a w. old horse**, un vecchio cavallo che respira a fatica; **a w. old organ**, un vecchio organo asmatico.
whelk (1) [welk], *n.* (*zool.*) mollusco gasteropode della famiglia Buccinidae (*in genere*). ● (*zool.*) **common w.** (*Buccinum undatum*), buccino □ **w. shell**, buccina (*la conchiglia ritorta*).
whelk (2) [welk], *n.* (*med.*) acne; foruncolo; pustola.
whelked [welkt], *a.* (*med.*) foruncoloso; pustoloso.
to whelm [welm], *v. t.* (*poet., retor.*) **1** sommergere; inghiottire **2** travolgere; distruggere; sgominare.
whelp [welp], *n.* **1** cucciolo (*di cane o di mammifero selvatico*) **2** (*fig.*) ragazzaccio; marmocchio **3** (*mecc.*) dente (*di ruota*).
to whelp [welp], *v. t. e i.* **1** (*d'animali*) figliare **2** (*spreg.: di donna*) partorire; generare; mettere al mondo: **She has whelped thieves**, ha messo al mondo dei ladri **3** (*spreg.*) produrre; essere l'autore di: **to w. an evil scheme**, essere l'autore di un progetto malvagio.
when [wen], **A** *avv. e cong. interr.* quando: **W. will he arrive?**, quando arriverà?; **I wonder w. that happened**, vorrei sapere quando accadde; mi chiedo quando sia accaduto; **Until w. can you wait?**, fino a quando puoi aspettare? **B** *avv. e cong. relat.* **1** quando; nel momento in cui; mentre: **W. I come back, I shall meet him**, quando tornerò, lo vedrò quando torno; **W. I saw him, he was reading a letter**, quando lo vidi, stava leggendo una lettera; **He implores w. he might command**, implora quando (*o* mentre) potrebbe comandare; **That was just w. I was going out**, accadde proprio mentre stavo uscendo; **I'll go w. I have had lunch**, andrò quando (*o* dopo che) avrò fatto colazione **2** in cui; nel quale; il momento in cui: **You always come on those days when I am busy**, vieni sempre nei giorni in cui ho da fare; **That's (the time) w. he gets angry**, quello è il momento in cui s'arrabbia; **Sunday is w. we go to church**, la domenica è il giorno in cui (*pop.*: che) andiamo in chiesa. **C** *n.* (il) quando: **Tell me the w. and where**, dimmi dove e quando. ● **w. ever**, quando mai: **W. ever did I say so?**, quando mai l'ho detto? □ (*lett.*) **before w.**, prima della quale data; prima d'allora: **He joined the army a month ago, before w. he had had no training**, si arruolò un mese fa; prima d'allora, non aveva ricevuto alcun addestramento □ **since w.**, e da allora: **He came a week ago, since w. he has done nothing at all**, venne una settimana fa e da allora non ha fatto assolutamente nulla □ **Since w. has he been ill?**, da quanto tempo è ammalato?; quando s'ammalò? □ **From w. does it date?**, a quanto tempo fa risale? □ **I know the w. and where of his arrest**, conosco il giorno (l'ora, ecc.) e il luogo del suo arresto □ **w. all's said and done**, in fin dei conti; dopo tutto; tutto considerato.
whenas [wen'æz], *cong.* (*arc.*) **1** quando **2** in quanto che **3** mentre; laddove.
whence [wens], *avv. e cong.* **1** (*arc.*) donde; da dove; da che cosa; da che: **W. are we and why are we?**, donde veniamo e perché esistiamo?; **Nobody knows w. he comes**, nessuno sa da dove venga; **W. all this confusion?**, da che (deriva) tutta questa confusione? **2** da cui; dal quale: **I know the source w. these evils spring**, conosco la fonte da cui provengono questi mali **3** (*raro*) al luogo da cui: **Tell him to go back w. he came**, digli di tornare al luogo da cui è venuto! ● **We know neither our w. nor our whither**, non sappiamo né donde veniamo né dove siamo diretti.
whencesoever [,wensou'evə*], *avv. e cong.* (*enfat.*) **1** da qualunque luogo; da qualsiasi parte **2** da qualunque fonte; da qualsiasi causa.
whene'er [wen'ɛə*], (*poet.*) V. **whenever**.
whenever [wen'evə*], *avv. e cong.* **1** ogni qualvolta; ogni volta che; tutte le volte che; quando: **W. I do that, I get into trouble**, tutte le volte che lo faccio, mi metto nei guai; **W. I meet her, she smiles at me**, ogni volta che l'incontro, mi sorride; **Visit us w. you can**, vieni a trovarci ogni qualvolta puoi (*o* quando puoi)! **2** quando (*lett.*); in qualsiasi momento: **He will come back when he has made his fortune – w. that may be**, tornerà quando avrà fatto fortuna – quando che sia **3** (*fam., anche* **when ever**) quando mai: **W. will you learn?**, quando mai (*o ma* quando) imparerai?
whensoever [,wensou'evə*], (*enfat.*) V. **whenever**.
where [wɛə*], **A** *avv. e cong. interr.* dove: **W. are they?**, dove sono?; **W. have they gone?**, dove sono andati?; **W. did you read that?**, dove l'hai letto?; **W. shall we start from?**, da dove dobbiamo cominciare?; **Up to w. had we got?**, (fin) dove eravamo arrivati? **B** *avv. e cong. relat.* **1** dove; nel quale; in cui; il (*o* nel) luogo in cui: **Go w. you like**, va' dove ti pare!; **in places w. they dance**, nei luoghi dove si balla = nei posti in cui ballano; **That's the point w. we stopped**, ecco il punto in cui (*o* dove)

whereabout

ci fermammo; **I live just ten miles from w. I was born**, abito ad appena dieci miglia dal luogo in cui nacqui; **I never go w. I'm not wanted**, non vado mai nei posti dove sono indesiderato; **That is w. you are mistaken**, questo è il punto in cui sbagli **2** (*raro*) il quale; la quale: **That is the old house in front of w. there was a big tree**, quella è la vecchia casa di fronte alla quale c'era un grande albero. **C** *n.* (il) dove: **Tell me the w. and when**, dimmi dove e quando. ● **a w.-are-you-now chart**, una mappa (*murale: di una città*) con l'indicazione del punto in cui si trova chi la guarda □ **w. ever**, dove mai; dove diamine: **W. ever did you hear that?**, dove diamine l'hai sentito (dire)? □ **I don't know the when and w. of his arrest**, non so quando fu arrestato, né dove □ **W. is the harm in trying?**, che male c'è a provare? □ **W. shall we be if stock prices crash?**, dove andremo a finire se i prezzi delle azioni avranno un tracollo? □ (*fam.*) **That's w. it is**, ecco come stanno le cose; questo è il vero motivo; questo è il punto □ **I don't know w. to have him**, non so da che parte prenderlo (*o* come giudicarlo) □ **W. is the sense of it?**, che senso c'è? □ **I am w. I should be**, io sono al mio posto!

whereabout ['wɛərə'baut], (*raro*) *V.* **whereabouts**.

whereabouts, A *avv.* [ˌwɛərə'bauts] dove (*a un dipresso*); da che parte; in che posto: **W. did you put it?**, (sai, su per giù) dove l'hai messo?; **I don't know even w. to look**, non so neanche da che parte cercare. **B** *n.* (*sing. o pl.*) ['wɛərəbauts] luogo; paraggi; posizione; zona: **The kidnapped boy's w. is** (*o* are) **still unknown**, non si sa ancora in che luogo si trovi il ragazzo rapito.

whereas [wɛər'æz], *cong.* **1** mentre; laddove; e invece: **Some people like heat, w. others prefer cold weather**, certuni amano il caldo, mentre altri preferiscono il freddo; **You said that boy was short, w. he is tall**, avevi detto che quel ragazzo era basso e invece è alto **2** (*leg.*) premesso che; considerato che.

whereat [wɛər'æt], (*lett.*) **A** *avv.* per che cosa; perché: di che: **W. was he offended?**, di che si offese? **B** *cong.* al che; e allora: **I turned to go, w. he called me**, mi voltai per andarmene, e allora lui mi chiamò.

whereby [wɛə'bai], *avv.* **1** (*lett.*) (*interr.*) da che cosa; per mezzo di che cosa; come: **W. shall we know him?**, da che cosa (*o* come) lo riconosceremo? **2** (*relat.*) per mezzo del quale; con cui: **He wanted to take over a racket w. to make money quickly**, voleva rilevare un racket con cui far quattrini alla svelta.

where'er [wɛər'ɛə*], (*poet.*) *V.* **wherever**.

wherefore ['wɛəfɔː*], **A** *avv.* **1** (*interr.*) per quale ragione; per qual motivo; perché: **W. did you come late?**, perché sei venuto in ritardo?; **Tell me w. you did that**, dimmi perché l'hai fatto **2** (*relat.*) per il quale; per cui: **That's the reason w. we have met**, ecco il motivo per cui ci siamo adunati. **B** *cong.* (*lett.*) e perciò; quindi: **We ran out of ammunition, w. we surrendered**, ci vennero meno le munizioni, e perciò ci arrendemmo. **C** *n. pl.* (i) percome (*fam.*); (i) motivi: **I want to know the whys and wherefores**, voglio sapere i perché e i percome.

wherefrom [wɛə'frɔm], *avv.* (*lett.*) **1** (*interr.*) da dove; da che cosa **2** (*relat.*) dal quale; da cui.

wherein [wɛər'in], *avv.* (*lett.*) **1** (*interr.*) in che cosa; dove: **W. am I wrong?** in che cosa ho torto?; dov'è che ho torto? **2** (*relat.*) nel quale; in cui: **the room w. they slept**, la camera in cui dormirono.

whereinto [wɛər'intu(:)], *avv.* (*lett.*) entro il quale; entro cui.

whereof [wɛər'ɔv], *avv.* (*lett.*) **1** (*interr.*) di che cosa; di che **2** (*relat.*) del quale; di cui: **sheep, w. we had plenty**, pecore, di cui avevamo abbondanza.

whereon [wɛər'ɔn], *avv.* (*lett.*) **1** (*interr.*) su che cosa; su che: **W. do you rely?**, su che cosa fai affidamento? **2** (*relat.*) sul quale; su cui: **the hill w. we stood**, il colle su cui ci trovavamo.

wheresoe'er [ˌwɛəsou'ɛə*], (*poet.*) *V.* **wheresoever**.

wheresoever [ˌwɛəsou'evə*], (*enfat.*) *V.* **wherever**.

wherethrough [wɛə'θruː], *avv.* (*lett.*, *per* **through which.**) mediante il quale (la quale, ecc.); con cui.

whereto [wɛə'tuː], *avv.* (*lett.*) **1** (*interr.*) verso dove; in quale direzione **2** (*interr.*) a che scopo; a qual fine; a che cosa; a che: **W. serves mercy?**, a che serve la clemenza? **3** (*relat.*) al quale; cui: **There was a meeting w. all members came**, ci fu una riunione cui parteciparono tutti i soci.

whereunder [wɛər'ʌndə*], *avv.* (*lett.*) sotto il quale; sotto cui.

whereunto [wɛər'ʌntuː], (*arc.*) *V.* **whereto**.

whereupon [ˌwɛərə'pɔn], *avv.* **A** *avv. V.* **whereon. B** *cong.* al che; e allora; dopo di che: **I greeted him, w. he was startled**, lo salutai, e allora si scosse.

wherever [wɛər'evə*], *avv. e cong.* **1** dovunque; in qualunque luogo; da qualsiasi parte: **You must find him, w. he is**, dovete trovarlo, dovunque sia; **W. you go, you'll never be happy**, dovunque tu vada, non sarai mai felice **2** dovunque; dove; nel luogo in cui: **You can go w. you like**, puoi andare dove vuoi (*lett.*: dovunque tu voglia) **3** dove mai; dove diamine: **W. has that boy gone?**, dove diamine s'è cacciato quel ragazzo?

wherewith [wɛə'wiθ], *avv. e cong.* **1** (*arc.*) con che cosa; con che: **W. shall I feed them?**, con che cosa li nutrirò? **2** con il quale; con cui: **I have not the money w. to pay him**, non ho il denaro con cui pagarlo; non ho di che pagarlo.

wherewithal ['wɛəwiðɔːl], **A** *n.* (l') occorrente; (il) necessario; (*specialm.*) (i) mezzi, (il) denaro: **I haven't the w. to continue my education**, non ho i mezzi per continuare gli studi. **B** *avv. e cong.* (*arc., raro*) *V.* **wherewith**.

wherry ['weri], *n.* (*naut.*) **1** barchetta; barchino **2** chiatta; barca per traghetto.

to whet [wet], *v. t.* **1** affilare; arrotare: **to w. a knife**, affilare un coltello **2** (*fig.*) aguzzare; stimolare; acuire; eccitare: **This drink will w. your appetite**, questa bevanda ti stimolerà l'appetito.

whet [wet], *n.* **1** l'affilare; affilamento **2** (*fig.*) allettamento; incitamento **3** (*fig., raro*) aperitivo; stimolante.

whether ['weðə*], *cong.* **1** se (*dubit.*); se... o no: **Please ask him w. he can come**, chiedigli se può venire; **Go and see w. he's free**, va' a vedere se è libero; **I wonder w. I'm right to do this**, chissà (*o* mi domando) se faccio bene a far questo; **Write and tell me w. I am to come** (*or* **not**), scrivimi se debbo venire o no **2** (*idiom., correlativo di* **or**): **W. you like it or not, you'll have to do it**, ti piaccia o no, dovrai farlo; **W. rich or poor, all have to die**, ricchi o poveri, tutti devono morire. ● **w... or, sia... sia**; **sia... o**; sia che... sia che: **W. I go or not, I'll get into trouble**, sia che ci vada o no, mi metterò nei guai; **W. you stay or you go, I don't care**, sia che tu resti, sia che te ne vada, non me ne importa nulla □ **W. or no** (*o* **w. or not**), in ambo i casi; in ogni caso: **Well, I'll go there, w. or no**, ebbene, io ci andrò, in ogni caso! □ **It's doubtful w. he will come**, è dubbio ch'egli venga.

whetstone ['wetstoun], *n.* **1** pietra per affilare (*a* umido); cote **2** (*fig.*) stimolo; stimolante.

whew [hjuː], *inter.* (*di* costernazione, disgusto, sorpresa, *ecc.*) toh!; ohi!; puah!; acciderba!; nespole! (*scherz.*).

whey [wei], *n.* siero (*del latte*). ● **w.-faced**, pallido; sbiancato.

wheyey ['weii], *a.* sieroso; che contiene siero (*di latte*).

which [witʃ], **A** *pron. interr.* chi; quale, quali; che cosa (*fra due o fra un numero ristretto*): **W. of you will go with me?**, chi di voi verrà con me?; **W. of the men survived?**, quali degli uomini sopravvissero?; **W. do you want, quale vuoi?**; **I asked him w. was right**, gli chiesi quale (dei due) fosse esatto (*o* giusto); **W. will you have, tea or coffee?**, che cosa prendi (*o* vuoi), tè o caffè? **B** *a. interr.* quale, quali; che (*fra due o fra un numero ristretto*): **W. book shall I read?**, che libro debbo leggere?; **I don't know w. one you mean**, non so quale tu intenda; **W. Miss Jones did you see, the younger or the older?**, quale signorina Jones vedesti, la giovane o l'anziana? **C** *pron. relat.* **1** il quale; le, i quali, le quali; che (*rif. a cose o a fatti; arc. rif. a persone*): **The house in w. he lives is large**, la casa nella quale (*o* in cui) abita è grande; **Take the book w. on the shelf**, prendi il libro che è sullo scaffale; **My native town, w. you visited last year, is getting larger and larger**, la mia cittadina natale, che tu visitasti l'anno scorso, sta crescendo a vista d'occhio; (*arc.*) **Our Father, w. art in heaven**, Padre nostro che sei nei cieli **2** il che; la qual cosa: **He wants to play and study at the same time, w. is impossible**, vuol giocare e studiare nello stesso tempo, il che è impossibile. **D** *a. relat.* **1** che; quelli che; quelle che; il (la, gli, le)... che: **Say w. chapter you prefer**, recita il capitolo che preferisci; **Try w. methods you please, you cannot succeed**, prova pure tutti i metodi che vuoi, tanto non puoi riuscire **2** il quale, la quale; i quali, le quali; che: **I stayed there a week, during w. time it hardly rained at all**, mi trattenni là una settimana, durante la quale non piovve quasi mai; **He is very old, w. fact is important**, è molto vecchio, fatto (questo) che ha la sua importanza. ● **w. way**, in quale direzione; da che parte; in che modo, come: **W. way did the robbers speed off?**, da che parte sono scappati i rapinatori?; **I don't know w. way to do it**, non so come farlo □ **They are so alike I can never tell w. is w.**, sono così simili che non riesco mai a distinguerli □ **I don't mind w., l'uno o l'altro, per me fa lo stesso** □ **W. is w.?**, qual è quello buono?; (*anche*) quale dei due?; qual è quello che cerco?

whichever [witʃ'evə*], **A** *pron. indef.* chiunque; qualunque; qualsiasi; qualsiasi cosa (*fra due o fra un numero ristretto*): **W. of them comes will be welcome**, chiunque di loro venga, sarà il benvenuto; **W. you take, make sure it is a good one**, qualunque tu prenda, assicurati che sia buono; **W. you choose, there won't be any difference**, qualsiasi cosa tu scelga, non farà differenza alcuna. **B** *a. indef.* qualunque; qualsiasi (*fra due o fra un numero ristretto*): **W. present you choose, she won't be pleased**, qualsiasi dono tu scelga, non ne sarà contenta. **C** *pron. e a. relat.* (*enfat.*) qualunque cosa; ciò che; quello che (il (la, gli, le) che: **Take w. comes first**, prendi quel che ti capita (*lett.*: qualunque cosa ti capiti) sottomano!; **W. horse comes in first wins**, il cavallo che arriva primo vince.

whichsoever [ˌwitʃsou'evə*], (*enfat.*) *V.* **whichever**.

whidah ['widə], *n.* (*zool.*, *Vidua*; *anche* **w. bird**) vedova.
whiff (1) [wif], *n.* **1** alito; soffio; folata; buffata; buffo; sbuffo: **a w. of wind**, un alito di vento; **a w. of fresh air**, un soffio di aria fresca; una boccata d'aria fresca **2** odore; zaffata: **to smell the w. of a good cigar**, annusare l'odore di un buon sigaro **3** tirata (*di sigaretta*); pipata; fumatina **4** (*fam.*) piccolo sigaro **5** (*naut.*) imbarcazione leggera.
to whiff (1) [wif], **A** *v. t.* **1** soffiare su; spegnere soffiando **2** emettere, mandar fuori (*specialm. sbuffi di fumo*) **3** fumare (*la pipa, ecc.*) **4** inalare (*fumo, aria, ecc.*) **5** annusare; fiutare. **B** *v. i.* **1** soffiare a folate (*o* a buffi): **The wind whiffed through the trees**, il vento soffiava a buffi tra gli alberi **2** mandare sbuffi di fumo (*fumando la pipa, ecc.*) **3** mandare zaffate (*d'odore*).
whiff (2) [wif], *n.* (*zool.*) pesce piatto; pleuronettide (*in genere*).
to whiff (2) [wif], *v. i.* pescare con la lenza, tenendo l'esca a fior d'acqua.
whiffet ['wifit], *n.* **1** piccolo sbuffo **2** (*raro*) cagnolino **3** (*fam. USA*) individuo insignificante.
to whiffle ['wifl], **A** *v. i.* **1** (*del vento*) soffiare a buffi (*o* a folate) **2** fischiare; sibilare **3** (*anche fig.*) ondeggiare; oscillare; vacillare **4** svolazzare; sventolare. **B** *v. t.* **1** (*specialm. del vento e sim.*) disperdere (*le nubi, ecc.*) **2** sballottare; trascinare.
whiffle ['wifl], *n.* **1** alito, buffo, folata (*di vento*) **2** fischio; sibilo.
whiffler ['wiflə*], *n.* persona incostante (*o* irrisoluta); tentenna.
whiffy ['wifi], *a.* (*fam.*) che puzza; maleodorante.
Whig [wig], *n. e a.* (*stor.*) Whig; liberale (*in Inghilterra, nei secoli XVII e XVIII*): **the W. government**, il governo Whig.
Whiggery ['wigəri], *n.* (*stor.*) liberalismo.
Whiggish ['wigiʃ], *a.* (*stor.*) dei Whig; liberale.
Whiggism ['wigizəm], *V.* Whiggery.
while (1) [wail], *cong.* **1** mentre; nel tempo che; intanto che; finché: **W. (I was) reading I fell asleep**, mentre stavo leggendo m'addormentai; **W. I was coming here, John had an accident**, intanto che venivo qua, Giovanni ha avuto un incidente; **The walls are yellow, w. the ceiling is white**, le pareti sono gialle mentre il soffitto è bianco; **W. in London, you should call on him**, finché sei a Londra, dovresti fargli visita **2** sebbene; pure; quantunque: **W. I admit his good points, I am fully aware of his bad ones**, pur riconoscendo i suoi lati buoni, non mi sfuggono affatto quelli cattivi. ● (*prov.*) **W. there's life there's hope**, finché c'è vita c'è speranza.
while (2) [wail], *n.* momento; tempo: **in a little w.**, in breve tempo; tra un momento; fra poco; **a long w. ago**, molto tempo fa; **What have you been doing all this w.?**, che cosa hai fatto tutto questo tempo?; **That is enough for a little w.**, questo basterà per un po' di tempo. ● **the w.**, nel frattempo; e intanto □ **between whiles**, di quando in quando; ogni tanto; negli intervalli □ **for a long w.**, per molto tempo; per un (bel) pezzo (*fig.*) □ **once in a w.**, una volta ogni tanto; occasionalmente; di quando in quando □ **It is not worth w.**, non ne vale la pena □ **Please do it**; **I will make it worth your w.**, ti prego di farlo; saprò ricompensarti.
to while [wail], *v. t.* passare, far passare (*il tempo*): **to w. away the time**, passare il tempo piacevolmente (*o* nell'ozio); ammazzare il tempo (*fam.*); **We whiled away the evening**, passammo piacevolmente la serata.
whiles [wailz], (*arc.*) *V.* while (1).
whilom ['wailəm], (*arc.*) **A** *avv.* una volta; un tempo; in passato. **B** *a. attr.* antico; d'un tempo: **his w. friend**, il suo amico d'un tempo.
whilst [wailst], *V.* while (1).
whim [wim], *n.* **1** capriccio; ghiribizzo; fantasia **2** (*mecc.*) argano (*specialm. usato nelle miniere*).
whimbrel ['wimbrəl], *n.* (*zool.*, *Numenius phaeopus*) chiurlo piccolo.
to whimper ['wimpə*], **A** *v. i.* **1** frignare; piagnucolare: **The baby is whimpering**, il bambino sta frignando **2** (*di cane*) uggiolare **3** (*d'uccello*) pigolare. **B** *v. t.* dire (q.c.) piagnucolando.
whimper ['wimpə*], *n.* **1** piagnucolio; frignio **2** (*di cane*) uggiolo **3** (*d'uccello*) pigolio.
whimperer ['wimpərə*], *n.* piagnucolone, piagnucolona, frignone, frignona.
whimperingly ['wimpəriŋli], *avv.* piagnucolando; frignando.
whimsical ['wimzikəl], *a.* capriccioso; bizzarro; eccentrico; stravagante; che ha strane idee.
whimsicality [,wimzi'kæliti], *n.* capricciosità; capriccio; bizzarria; eccentricità; stravaganza.
whimsy ['wimzi], *n.* capriccio; ghiribizzo; fantasia. ● **poems full of w.**, poesie piene di umore stravagante.
whin (1) [win], *n.* (*bot.*, *Ulex europaeus*) ginestrone.
whin (2) [win], *n.* (*geol.*) roccia scura e resistente; (*specialm.*) basalto, roccia basaltica.
whinchat ['win-tʃæt], *n.* (*zool.*, *Saxicola rubetra*) stiaccino.
to whine [wain], **A** *v. i.* **1** (*di cani*) uggiolare **2** gemere; lagnarsi; lamentarsi: **He's always whining about something or other**, ha sempre qualcosa di cui lamentarsi **3** piagnucolare; frignare. **B** *v. t.* (*spesso* **to w. out**) dire piagnucolando (*o* in tono lamentoso).
whine [wain], *n.* **1** (*di cane*) uggiolio **2** gemito; lamento **3** piagnucolio; frignio; lagna.
whiner ['wainə*], *n.* piagnucolone, piagnucolona, frignone, frignona; lagnone, lagnona.
whinger ['wiŋə*], *n.* (*arc.*) daga; coltellaccio; pugnale.
to whinny ['wini], *v. i.* nitrire.
whinny ['wini], *n.* (*di cavallo*) nitrito; lieve nitrito.
whinstone ['winstoun], *n.* (*geol.*) roccia scura e resistente; (*specialm.*) basalto; roccia basaltica.
whiny ['waini], *a.* piagnucoloso; che frigna: **a w. child**, un bambino piagnucoloso; un frignone (*fam.*).
whip [wip], *n.* **1** frusta; sferza; scudiscio; staffile **2** (*fam.*) cocchiere: **He's a good (a poor) w.**, è un bravo (un cattivo) cocchiere **3** (*caccia alla volpe*; *anche* **whipper-in**) bracchiere **4** (*polit.*, *nel Parlamento ingl.*; *anche* **party w.**) deputato che sovrintende alla disciplina dei colleghi di partito; capogruppo parlamentare **5** (*polit.*) convocazione a una seduta parlamentare: **a three-line w.**, una convocazione urgentissima (*letteralm.* sottolineata tre volte) **6** (*naut.*, *anche* **w.-and-derry**) ghia **7** (*cucina*, *anche* frustra, frullino (*per montare la panna, ecc.*) **8** (*cucina*) dolce a base di uova (*o* panna, ecc.) montate **9** (*fig.*) flessibilità; elasticità. ● **w. and spur**, a spron battuto (*anche fig.*) □ (*elettr.*) **w. antenna**, antenna a stilo □ (*agric.*) **w. grafting**, innesto a lingua □ **w. hand**, mano che regge la frusta □ **w. handle** (*o* **w.-stock**), manico della frusta □ (*zool.*) **w. ray** (*Dasyatis, Gymmura, ecc.*), razza aculeata □ **w.-round**, colletta; sottoscrizione □ **w.-saw**, sega a mano (*con telaio di legno*) □ (*zool.*) **w. snake** (*Coluber flagellum*), serpente frusta □ (*cucito*) **w.-stitch**, sopraggitto □ (*fig.*) **to have the w. hand over sb.**, tenere q. in propria balìa; tenere q. in completa soggezione.
to whip [wip], **A** *v. t.* **1** frustare; sferzare; flagellare; fustigare; (*fig.*) battere, colpire: **to w. (up) a horse**, frustare un cavallo; **to w. a naughty boy**, fustigare un ragazzo indisciplinato; **The rain whipped my face**, la pioggia mi sferzava il viso; **to w. the wheat**, battere il grano (*con il correggiato*) **2** (*fig.*) attaccare; criticare aspramente **3** (*cucina*) frullare; montare; sbattere: **to w. cream**, montare la panna; **to w. eggs**, sbattere le uova **4** (*di solito*, **to w. off, out, up**) afferrare; arraffare; carpire; cavare; togliere; strappare; cavar fuori; tirar fuori: **I whipped off my hat**, mi tolsi rapidamente il cappello; **The gangster whipped out a cosh** (**whipped up a gun**), il delinquente cavò fuori un manganello (tirò fuori la pistola) **5** avvolgere strettamente (*un bastone, la cima di un cavo*) con corda (*o* spago) **6** cucire a sopraggitto **7** (*fam.*) sconfiggere; sgominare; battere: **to w. a rival**, battere un rivale **8** (*naut.*) issare; legare **9** far girare (*una trottola*) **10** pescare in (*un corso d'acqua, un lago*) con la lenza. **B** *v. i.* **1** correre; precipitarsi; saettare: **The boy whipped under the table**, il ragazzo si precipitò sotto la tavola; **The burglar whipped downstairs**, il ladro scese le scale a precipizio; **The car whipped round the corner**, l'automobile girò l'angolo a tutta velocità; **He whipped round and fired at me**, si girò bruscamente e mi sparò **2** (*di bandiera, ecc.*) sbattere (*al vento*); sventolare. ● **to w. away**, partire precipitosamente; scappare □ **to w. st. away**, togliere via, strappare q.c. □ (*fam.*) **to w. the cat**, (*raro*) fare economia, essere assai parsimonioso; (*un tempo*) lavorare a giornata (*come sarto o falegname*) □ (*fig.*, *raro*) **to w. creation**, essere superiore a ogni altra cosa del genere □ (*fig.*) **to w. one's followers together**, radunare (*o* raccogliere) i propri seguaci □ **to w. in** (*o* **into**), cacciar dentro: **He whipped the coin into his pocket**, si cacciò la moneta in tasca □ (*caccia alla volpe*) **to w. in** (**off, together**) **the hounds**, raccogliere (allontanare, adunare insieme) i cani usando la frusta □ **to w. on**, incitare con la frusta (*cavalli, ecc.*) □ **to w. out**, esclamare; lanciare: **He whipped out an oath**, lanciò un'imprecazione □ **to w. out the sword**, sguainare la spada □ **to w. round for money**, fare una colletta □ **to w. up enthusiasm** (**interest, etc.**), stimolare l'entusiasmo (l'interesse, ecc.) □ **to w. up a plan**, preparare un piano in quattro e quatt'otto; improvvisare un piano □ **to w. up subscriptions**, raccogliere sottoscrizioni □ (*fam.*) **She whipped up a snack**, preparò in fretta uno spuntino.
whipcord ['wipkɔ:d], **A** *n.* **1** corda per fruste **2** (*ind. tessile*) saia a diagonali marcate. **B** *a. attr.* teso; tirato: **w. muscles**, muscoli tesi.
whiplash ['wiplæʃ], *n.* **1** frusta (*senza il manico*) **2** frustata (*anche fig.*) **3** (*med.*, *anche* **w. injury**) colpo di frusta.
whipper ['wipə*], *n.* frustatore, frustatrice, fustigatore, fustigatrice. ● **w.-in**, bracchiere (*nella caccia alla volpe*); (*polit.*) *V.* **whip**, def. 4 □ (*fig.*) **w.-snapper**, giovanotto presuntuoso.
whippet ['wipit], *n.* **1** whippet; cane da corsa (*incrocio tra un levriero e uno spaniel o un terrier*) **2** (*mil.*) carro armato leggero.
whippiness ['wipinis], *n.* flessibilità; elasticità.

whipping ['wipiŋ], *n.* **1** fustigazione; frustate; sferzate **2** (*fig.*) batosta; sconfitta. ● **w. boy**, (*stor.*) fanciullo allevato con un principino (*o* col figlio di un nobile) e castigato in sua vece; (*fig.*) capro espiatorio ☐ (*stor.*) **w. post**, palo della fustigazione ☐ **w. top**, trottola; paleo.
whipple-tree ['wipl-tri:], *n.* bilancino (*di carro o carrozza*).
whippoorwill ['wipuə‚wil], *n.* (*zool.*, *Caprimulgus vociferus*) caprimulgo; succiacapre.
whippy ['wipi], *a.* flessibile; elastico.
whipster ['wipstə*], *n.* giovanotto presuntuoso.
to **whip-stitch** ['wipstitʃ], *v. t.* cucire a sopraggitto.
whir [wə:*], *n.* (*solo al sing.*) ronzio; frullo, frullio (*d'ali*): **the w. of machinery**, il ronzio delle macchine.
to **whir** [wə:*], *v. i.* ronzare; frullare. ● (*di un uccello, una freccia, ecc.*) to **w. past**, passare a volo (*o* saettar via) con un frullo.
to **whirl** [wə:l], **A** *v. i.* **1** girare; roteare; piroettare; frullare; vorticare; turbinare: **The roulette wheel whirled incessantly**, la ruota della roulette girava di continuo; **The Carnival confetti whirled in the air**, i coriandoli del carnevale turbinavano nell'aria; **the thoughts that w. in my head**, i pensieri che mi frullano per il capo **2** girare: **My head is whirling**, mi gira la testa **3** girarsi; voltarsi: **The boar whirled to face the hounds**, il cinghiale si girò per far fronte ai cani **4** (*di solito* **to w. away**) allontanarsi rapidamente; correre via: **The carriage whirled away**, la carrozza s'allontanò rapidamente. **B** *v. t.* **1** far girare; far turbinare; roteare; far volteggiare: **The wind whirled the rubbish along the alley**, il vento faceva turbinare i rifiuti giù per il vicolo **2** girare (*o* voltare) di scatto: **She whirled her head**, ella girò di scatto la testa **3** (*di solito* **to w. away**) portar via in tutta fretta; trascinare via (*alla svelta*): **The children were whirled away by his divorced wife**, i bambini furono portati via in tutta fretta dalla moglie da cui aveva divorziato.
whirl [wə:l], *n.* (*solo al sing.*) **1** rotazione rapida; mulinello; turbine; vortice: **a w. of dust**, un turbine di polvere; **the whirls of a river**, i vortici di un fiume **2** (*fig.*) attività frenetica; turbinio: **the w. of traffic in a big city**, il turbinio del traffico in una grande città **3** (*fig.*) confusione; smarrimento: **His head was in a w.**, aveva una gran confusione in testa. ● (*fam.*) **Give it a w.!**, provaci!; fai un tentativo!
whirlblast ['wə:lbla:st], *n.* vortice di vento; turbine.
whirligig ['wə:ligig], *n.* **1** trottola; paleo **2** giostra (*per bambini*) **3** mulinello; girandola (*giocattolo*) **4** (*fig.*) alterne vicende: **the w. of time**, le alterne vicende della sorte (*o* della vita) **5** (*zool.*, *Gyrinus natator*) girino.
whirling ['wə:liŋ], *a.* vorticoso; turbinoso.
whirlpool ['wə:l-pu:l], *n.* vortice, mulinello; gorgo (*anche fig.*).
whirlwind ['wə:lwind], *n.* turbine (*di vento*); tromba d'aria. ● (*prov.*) **He that sows the wind will reap the w.**, chi semina vento, raccoglie tempesta.
whirly ['wə:li], *n.* (*meteorologia*) turbine di neve.
whirlybird ['wə:li‚bə:d], *n.* (*fam.*) elicottero.
whirr, to whirr [wə:*], *V.* **whir, to whir**.
to **whish** [wiʃ], *v. i.* frusciare; sibilare.
whish [wiʃ], *n.* fruscio; sibilo.
whisht [wist], *V.* **whist (2)**.
whisk [wisk], *n.* **1** piumino per la polvere; pennacchio per scacciare le mosche; scopetta **2** (*cucina*) frullino, frusta (*per montare la panna, ecc.*) **3** colpo (*o* movimento) rapido: **The mule brushed off the flies with a w. of its tail**, il mulo scacciò le mosche con un rapido colpo della coda. ● **w. broom**, scopetta; piccola scopa (*senza manico*) ☐ **a fly w.**, uno scacciamosche.
to **whisk** [wisk], **A** *v. t.* **1** cacciare, scacciare (*le mosche*); scuotere (*la polvere*); spazzare; spolverare: **to w. flies away**, scacciare le mosche; **to w. off the crumbs**, spazzar via le briciole **2** agitare; scuotere: **The horses were whisking their tails**, i cavalli agitavano la coda **3** (*cucina*) frullare; montare (*panna*); sbattere (*uova*) **4** portar via in tutta fretta; spedire (*fig.*): **They whisked him off to London by the first plane**, lo spedirono a Londra col primo aeroplano. **B** *v. i.* guizzar via; sgattaiolare: **The boy whisked around the corner**, il ragazzo sgattaiolò via girando l'angolo.
whisker ['wiskə*], *n.* **1** (*di gatto, ecc.*) baffo **2** (*pl.*) basettoni; fedine; favoriti **3** (*pl.., naut.*; *anche* **w. booms**) aste (*o* picchi) di civada.
whiskered ['wiskəd], *a.* **1** (*d'uomo*) che ha i basettoni **2** (*d'animale*) baffuto; coi baffi.
whiskey ['wiski], *n.* whisky (*fatto in USA o in Irlanda*). ● **w. sour**, whisky e succo di limone o di limetta acida.
whiskified ['wiskifaid], *a.* (*scherz.*, *raro*) intossicato dall'alcol; ubriaco di whisky.
whisky (1) ['wiski], *n.* whisky. ● (*ingl.*) **w. mac**, bevanda fatta di whisky e zenzero fermentato ☐ (*econ.*) **the w. industry**, l'industria del whisky (*in G.B.*).
whisky (2) ['wiski], *n.* (*raro*) barroccino; calesse.

to **whisper** ['wispə*], *v. i. e t.* **1** bisbigliare; sussurrare; parlare (*o* dire) a bassa voce **2** mormorare; fare della maldicenza; sparlare; riferire, raccontare (*q.c. di scandaloso*): **to w. a story**, riferire una diceria; **It is whispered that...**, si mormora che.. **3** (*delle fronde*) stormire; frusciare.
whisper ['wispə*], *n.* **1** bisbiglio, sussurro: **in a w.**, in un sussurro; **a bassa voce 2** (*lo*) stormire; fruscio: **the w. of the wind in the branches**, lo stormire del vento fra i rami **3** (*fam.*) diceria; insinuazione; mormorazione; voce. ● **a w. of the scandal**, un eco dello scandalo ☐ **to talk in a w.** (*o* **in whispers**), parlare sottovoce; bisbigliare.
whisperer ['wispərə*], *n.* **1** chi sussurra; chi bisbiglia **2** (*fam.*) maldicente; pettegolo **3** (*raro*) spia; informatore.
whispering ['wispəriŋ], **A** *a.* **1** sussurrante; che bisbiglia **2** maldicente. **B** *n.* **1** sussurrio; mormorio **2** (*fam.*) mormorazione; maldicenza. ● **w. campaign**, campagna diffamatoria (*o* di maldicenza) ☐ **w. gallery**, galleria acustica.
whist (1) [wist], *n.* whist (*gioco di carte*). ● **a w. drive**, un torneo di whist.
whist (2) [wist], (*arc. o dial.*) **A** *inter.* zitto!; zitti!; silenzio! **B** *a.* silenzioso; zitto.
to **whistle** ['wisl], *v. i. e t.* **1** fischiare; fischiettare; zufolare: **The boy was whistling a tune**, il ragazzo fischiettava un motivetto; **I whistled to my dog**, fischiai (*o* feci un fischio) al cane; **The steam engine whistled before entering the tunnel**, la locomotiva a vapore fischiò prima di entrare nella galleria; **The bullet whistled over my head**, la pallottola mi fischiò sopra la testa **2** chiamare con un fischio: **to w. for a taxi**, chiamare un tassì con un fischio. ● **to w. appreciation**, esprimere la propria ammirazione con un fischio ☐ **to w. sb. back**, richiamare q. con un fischio ☐ (*fig.*) **to w. down the wind**, darsi per vinto; lasciar perdere; rinunciare; abbandonare la partita ☐ (*sport*) **to w. the end of the game**, fischiare la fine della partita; dare il fischio di chiusura ☐ (*fig.*) **to w. for**, desiderare invano; aspettare invano: **You may w. for your money**, li aspetterai un bel pezzo i tuoi soldi ☐ **to w. up**, chiamare con un fischio; (*fig.*) inventarsi; evocare con la fantasia: **He whistled up a road accident to justify his absence**, s'inventò un incidente stradale per giustificare l'assenza ☐ **You can w. for it!**, campa cavallo (che l'erba cresce)!; puoi metterti il cuore in pace!
whistle ['wisl], *n.* **1** fischio; sibilo: **the w. of the train**, il fischio del treno **2** fischietto; fischio; zufolo. ● (*fam. USA*) **w.-blower**, spione; soffiatore (*pop.*) ☐ (*fam. USA*) **w.-blowing**, spiata; soffiata ☐ (*naut.*) **w. buoy**, boa a fischio ☐ **w. stop**, (*ferr. USA*) stazioncina; cittadina (*di poca importanza*); (*polit.*) breve visita (*di un candidato*) ☐ (*fam.*) **w.-stop**, breve, di poche ore: **a w.-stop tour**, un giro con visite di poche ore ☐ **to blow a** (*o* **the**) **w.**, dare un colpo di fischietto ☐ (*fam. USA*) **to blow the w. on sb.**, fare la spia a q. ☐ (*sport*) **to blow the w. on a game**, dare il fischio di chiusura ☐ (*fig.*) **to pay for one's w.**, pagar caro un capriccio (*dall'aneddoto autobiografico raccontato da B. Franklin*) ☐ (*fam.*) **to wet one's w.**, bagnarsi il becco; fare una bevutina.
whistler ['wislə*], *n.* **1** fischiatore; chi fischia **2** (*zool.*, *Marmota caligata*) marmotta caligata **3** (*zool.*) uccello fischiatore.
to **whistle-stop** ['wisl-stop], *v. i.* (*polit.*) fare una campagna elettorale (*o* un giro propagandistico) con soste di poche ore.
whistling ['wisliŋ], *n.* il fischiare; fischio.
whit [wit], *n.* particella infinitesimale; briciolo; pizzico (*fig.*). ● **every w.**, (*avv.*) completamente; da cima a fondo ☐ **I don't care a w.**, non me ne importa nulla.
Whit [wit], *a.* (*relig.*) di Pentecoste: **W. Sunday**, la domenica di Pentecoste; **W. Monday**, il lunedì di Pentecoste; **W. week**, la settimana di Pentecoste.
white [wait], **A** *a.* **1** bianco; candido; pallido; smorto; di pelle chiara, di razza bianca: **He had w. hair** (*o* **His hair was w.**), aveva i capelli bianchi; **w. paint**, vernice bianca; **as w. as snow**, bianco come la neve; **a w. bear**, un orso bianco; **w. flag**, bandiera bianca; **w. cedar**, cedro bianco; **She was w. with fear**, era pallida per la paura; **w. bread**, pane bianco; **w. wine**, vino bianco **2** (*fig.*) innocente; puro; onesto. **B** *n.* **1** bianco; color bianco: **She was dressed in w.**, era vestita di bianco **2** uomo di razza bianca; bianco: **Black and W., Unite and Fight**, Bianchi e Negri, Unitevi e Combattete insieme! (*cartello antirazziale*) **3** bianco (*dell'uovo*); albume: **the whites of five eggs**, cinque bianchi d'uovo **4** (*anat.*) bianco (*dell'occhio*); sclerotica; sclera: **to turn up the w. of one's eyes**, mostrare il bianco dell'occhio **5** (*zool.*) farfalla bianca (*appartenente al genere Pieris*) **6** (*pl.*, *med.*) leucorrea; perdite bianche **7** (*pl.*, *sport*) pantaloni bianchi. ● (*metall.*) **w. alloy**, lega di metalli vili che imita l'argento; argentone ☐ (*zool.*) **w. ant**, formica bianca; termite ☐ (*polit. USA*) **w. backlash**, rigurgito razzista; reazione avversa dei bianchi (*alle rivendicazioni dei negri*) ☐ (*zool.*) **w.-beaked**, dal becco bianco ☐ **w.-bearded**, dalla barba bianca ☐ **w. bread**, pane

bianco; pane in cassetta □ **w.-cap**, onda dalla cresta spumeggiante; (*zool.*) uccello dal capino bianco (*in genere*) □ **a w. Christmas**, un Natale bianco (*con la neve*) □ **w. civilization**, la civiltà dei bianchi □ **w. coal**, carbone bianco; energia idroelettrica □ (*edil.*) **w. coat**, stabilitura □ **w. coffee**, caffellatte; cappuccino □ (*fig.*) **w.-collar**, impiegatizio; del ceto impiegatizio: **w.-collar mentality**, mentalità impiegatizia □ **w.-collar worker**, chi lavora in ufficio; impiegato; funzionario; colletto bianco (*fig.*) □ (*biol.*) **w. corpuscles**, globuli bianchi □ **w.-crested**, dalla cresta bianca □ (*astron.*) **w. dwarf**, stella nana bianca □ (*fig.*) **w. elephant**, oggetto inutile e dispendioso □ **w.-faced**, dal viso pallido; (*di cavallo*) che ha una stella (*o* rosetta) bianca sulla fronte □ (*zool.*) **w.-fish**, coregone salmonide □ (*zool.*) **w. fox**, volpe bianca; volpe artica □ (*relig.*) **W. Friars**, frati carmelitani □ **w. frost** brina; brinata □ (*gioielleria*) **w. gold**, oro bianco □ **w.-haired**, dai capelli bianchi; canuto □ (*fig.*) **w.-handed**, che ha le mani bianche; (*fig.*) che ha le mani pulite (*non macchiate di colpa*) □ **w.-headed**, dal capo bianco □ (*metall.*) **w. heat**, calor bianco; incandescenza □ **w. horses**, onde dalla cresta spumeggiante □ **w.-hot**, (*metall.*) al calor bianco; incandescente (*anche fig.*): **w.-hot passion**, passione incandescente □ (*in USA*) the **W. House**, la Casa Bianca (*residenza ufficiale del Presidente*) □ (*metall.*) **w. iron**, ghisa bianca □ (*polit.*) **w. knight**, riformatore □ (*chim.*) **w. lead**, biacca di piombo □ **a w. lie**, una bugia innocente (*o* pietosa) □ **w. line**, linea (*o* striscia) bianca; (*autom.*) linea spartitraffico; (*tipogr.*) riga bianca □ **w.-lipped**, dalle labbra esangui □ **w.-livered**, codardo; vile □ **w. magic**, magia bianca □ **w. man**, uomo bianco, di razza bianca; (*fam.*) uomo integro, onesto □ (*cucina*) **w. meat**, carne bianca □ **w. metal**, metallo bianco □ (*med., raro*) **w. mixture**, purgante in uso negli ospedali □ **w. night**, notte bianca (*o* insonne) □ (*fis.*) **w. noise**, rumore bianco □ (*polit.*) **w. paper**, libro bianco; rapporto governativo □ (*med.*) **w. plague** (*o* **w. scourge**), tubercolosi polmonare □ **w. sale**, fiera del bianco; vendita di biancheria □ (*pop.*) **w. satin**, gin (*liquore*) □ **w. sheet** (*un tempo*) lenzuolo penitenziale; (*fig.*) **to stand in a w. sheet**, cospargersi il capo di cenere; fare pubblica confessione delle proprie colpe □ **w. slave**, una schiava bianca □ **w. slavery** (*o* **the w.-slave traffic**), la tratta delle bianche □ **w. spirit**, acquaragia minerale □ **w. squall**, tempesta bianca; improvvisa tempesta (*nei mari dei tropici*) □ (*polit.*) **w. supremacy**, la supremazia dei bianchi □ (*moda*) **w. tie**, cravatta bianca; (*fig.*) abito da cerimonia □ **a w.-tie party**, un ricevimento formale □ (*zool.*) **w.-throat**, (*Sylvia communis*) sterpazzola comune; (*Zonotrichia albicollis*) zonotrichia collobianco □ **w. war**, guerra economica; sanzioni economiche □ **a w. wedding**, nozze in bianco: **I want a w. wedding**, voglio sposarmi in bianco □ **w. witch**, strega che pratica la magia bianca □ **to be as w. as a sheet**, essere bianco come un lenzuolo (*o* come un panno lavato) □ (*fig.*) **to bleed sb. w.**, dissanguare q.; ridurre q. in miseria □ **to call w. black**, far del bianco nero; cambiar le carte in tavola □ **to go w.**, sbiancarsi (*in volto*), impallidire □ (*fig.*) **to show the w. feather**, mostrarsi vile; dare prova di viltà □ **to turn w.**, diventare bianco; sbiancarsi (*in volto*), impallidire (*dei capelli*) incanutire.

whitebait ['waitbeit], *n.* frittura minuta; pesciolini; bianchetti.
whitebeard ['waitbiəd], *n.* vecchio dalla barba bianca.
Whitechapel ['wait‚tʃæpl], **A** *n.* Whitechapel (*quartiere orientale di Londra*). **B** *a. attr.* **1** di Whitechapel **2** (*fig.*) basso; volgare. ● **W. cart**, carretto a due ruote; furgoncino (*di bottegaio*).
whited ['waitid], *a.* –(*fig.*) **a w. sepulchre**, un sepolcro imbiancato; un ipocrita.
whitefish ['waitfiʃ], *V.* white-fish, *sotto* white.
Whitehall ['wait'hɔ:l], *n.* **1** Whitehall (*strada londinese in cui hanno sede i principali uffici governativi*) **2** (*per estens.*) il governo britannico.
to whiten ['waitn], **A** *v. t.* **1** imbiancare; sbiancare **2** (*fig.*) riabilitare, fare apparire (q.) senza colpa. **B** *v. i.* **1** imbiancarsi **2** sbiancarsi; impallidire.
whitener ['waitnə*], *n.* sbiancante; candeggiante.
whiteness ['waitnis], *n.* **1** bianchezza; candore **2** (*fig.*) purezza; innocenza **3** pallore.
whitening ['waitniŋ], *n.* **1** imbiancatura **2** il diventar bianco; lo sbiancarsi; l'impallidire **3** (*fotogr.*) sbiancamento **4** bianco (*di Spagna*); gesso in polvere (*per imbiancare*).
whiteprint ['waitprint], *n.* (*grafica*) riproduzione cianografica.
whitesmith ['waitsmiθ], *n.* **1** lattoniere; stagnaio **2** rifinitore (*o* lucidatore) di metalli placcati.
whitethorn ['waitθɔ:n], *n.* (*bot.*, *Crataegus oxyacantha*) biancospino.
whitewash ['wait-wɔʃ], *n.* **1** bianco; bianco di calce; calce da imbiancare **2** (*fig.*) copertura; vernice (*fig.*) **3** (*fam., raro*) bicchiere di sherry (*a fine pasto*) **4** (*sport., fam.*) sconfitta secca; cappotto **5** (*fam.*) insabbiamento; mascheratura.

to whitewash ['wait-wɔʃ], *v. t.* **1** dare il bianco a; imbiancare: **to w. the walls** (**the ceiling**), dare il bianco alle pareti (al soffitto) **2** (*fig.*) coprire le colpe di (q.); nascondere i difetti di (q.); riabilitare **3** (*sport., fam.*) dare cappotto a (*un avversario*).
whitewasher ['wait‚wɔʃə*], *n.* (*edil.*) imbianchino.
whitewashing ['wait‚wɔʃiŋ], *n.* (*edil.*) imbiancatura.
whit(e)y ['waiti], *n.* (*spreg. USA*) bianco, bianca; uomo (*o* donna) di pelle bianca (*detto da gente di colore*).
whither ['wiðə*], *avv. interr. e relat.* (*arc.*) dove; verso che luogo: **W. goest thou?**, dove vai?; **I see w. your question tends**, capisco dove miri con la tua domanda. ● **no w.**, in nessun luogo.
whithersoever [‚wiðəsou'evə*], (*arc.*) *V.* **wherever**.
whitherward(s) ['wiðəwəd(z)], *avv.* (*arc.*) verso quale direzione.
whiting (1) ['waitiŋ], *n.* bianco (di Spagna); gesso in polvere.
whiting (2) ['waitiŋ], *n.* (*pl.* **whiting**, **whitings**) (*zool.*) **1** (*Gadus merlangus*) merlango, merlano **2** *Merluccius bilinearis*. **3** (*USA*) *Menticirrhus*.
whitish ['waitiʃ], *a.* biancastro; bianchiccio.
whitlow ['witlou], *n.* (*med.*) patereccio.
Whitsun ['witsn], *V.* **Whit**.
Whitsunday ['wit'sʌndi], *n.* (*relig.*) Pentecoste; domenica di Pentecoste.
Whitsuntide ['witsntaid], *n.* (*relig.*) settimana di Pentecoste.
to whittle ['witl], *v. t. e i.* **1** tagliuzzare, pareggiare (*legno*): **The convict spent most of his time whittling pieces of wood**, il galeotto passava la maggior parte del tempo a tagliuzzare pezzi di legno **2** fare (q.c.) tagliuzzando; intagliare: **I whittled a small cat for my little son**, intagliai un gattino per il mio figlioletto **3** (*fig., di solito* **to w. down, to w. away**) diminuire; scemare; ridurre: **to w. down costs** (**salaries**, **etc.**), ridurre i costi (diminuire gli stipendi, ecc.).
whity ['waiti], *a.* biancastro; bianchiccio.
Whity ['waiti], *n.* (*soprannome*) Biondino.
to whiz, to whizz [wiz], **A** *v. i.* **1** sibilare; fischiare: **The bullet whizzed past me**, la pallottola mi fischiò accanto **2** andare (*o* passare) velocemente; sfrecciare; andare come il fulmine. **B** *v. t.* far sibilare; far fischiare.
whiz-kid ['wizkid], *n.* (*pop.*) giovane brillante che si afferma rapidamente; fenomeno (*specialm. in affari*).
whiz(z) [wiz], *n.* sibilo; fischio.
whizz-bang ['wizbæn], **A** *n.* (*gergo mil.*) proiettile di cannone a tiro rapido. **B** *a.* (*fam.*) eccellente; ottimo; fantastico, favoloso (*fam.*): **a w. job**, un lavoro fatto benissimo.
who [hu:,hu], *pron. interr. e relat. sogg.* (*compl. ogg. e indir.* **whom**; *genitivo poss.* **whose**) **1** chi: **Who is that girl?**, chi è quella ragazza?; **Who gave you that?**, chi te l'ha dato?; **Tell me whom you met**, dimmi chi incontrasti; **Whose book is this?**, di chi è questo libro?; **Whom** (*fam.* **Who**) **were you speaking of?**, di chi stavate parlando?; **Whom** (*fam.* **Who**) **do you mean?**, a chi ti riferisci?; a chi alludi?; **Who is it?**, chi è? (*per es., quando bussano alla porta*); (*mil.*) **Who goes there?**, chi è là? **2** (*rif. a persone*) il quale, la quale, i quali, le quali; che: **That is the man who came to dinner**, quello è l'uomo che venne a pranzo; **This is the boy** (**whom**) **we saw yesterday**, questo è il ragazzo che vedemmo ieri; **Is that the girl to whom you spoke** (*comunemente*: **the girl you spoke to**)?, è quella la ragazza alla quale parlasti?; **That's the old lady whose son was killed in war**, quella è la vecchia signora il figlio della quale (*o* il cui figlio) fu ucciso in guerra. ● **Who's Who**, il «Chi è?»; elenco delle personalità viventi (*con cenni biografici*) □ **who ever**, chi mai; chi diamine: **Who ever told you that?**, chi mai te l'ha detto? □ **anybody** (*o* **anyone**) **who**, chiunque; chi: **Anybody who says that is mistaken**, chiunque lo dica, sbaglia □ **he who** (*o* **the boy**, **the man who**), colui che; chi: **He who breaks pays**, chi rompe paga □ **to know who's who**, conoscere tutti (*in un luogo*); saper vita, morte e miracoli di tutti □ **she who** (*o* **the girl who**, **the woman who**), colei che; chi □ **those who**, coloro i quali, coloro le quali; quelli che, quelle che: **Those whom the gods love die young**, coloro che gli dei amano muoiono giovani; muor giovane chi al Cielo è caro □ **Who knows!**, chissà!
WHO [‚dʌbəl ju: ‚eitʃ 'ou], *n.* (acronimo di **World Health Organization**) Organizzazione Mondiale della Sanità.
whoa [wou], *inter. oh!* (*per fermare cavalli*).
who'd [hu:d], *contraz. di:* **1 who had 2 who would**.
whodun(n)it [hu(:)'dʌnit], *n.* (*pop.*; *forma corrotta di* **who done it?**, *pop. per* **who did it?**, «chi è stato?») (libro) giallo; romanzo poliziesco.
whoe'er [hu:'ɛə*], (*poet.*) *V.* **whoever**.
whoever [hu:'evə*], **A** *pron. indef. e relat.* (*nei compl.* **whomever**, *generalm.* **whomsoever** *o fam.* **whoever**; *genitivo poss.* **whosever**, *o* **whosesoever**) chiunque; chi: **W. does it, it will be done badly**, chiunque lo faccia, sarà fatto male; **W. did it shall be punished**, chiunque l'abbia fatto sarà punito; **Give it to whomsoever** (*fam.*: **whoever**) **you like**, dallo a chi ti pare; **Well,**

whosesoever it is, I mean to have it, ebbene, a chiunque appartenga, lo voglio io! **B** *pron. interr.* (*fam. per* who ever) chi mai; chi diamine: **W. told you that?**, chi diamine te l'ha detto? ● **Whosesoever horse comes in first, wins**, vince il cavallo che arriva primo, chiunque sia il padrone.

whole [houl], **A** *a.* **1** tutto; intero; completo; integro: **Tell me the w. truth about it**, dimmi tutta la verità al riguardo; **The whole town was destroyed by fire**, l'intera città fu distrutta dal fuoco; (*mat.*) **w. numbers**, numeri interi; **It kept snowing for a w. week**, continuò a nevicare per una settimana intera; **He has eaten a w. turkey**, s'è mangiato un tacchino intero; **a w. set of Dickens**, un'edizione completa dei romanzi di Dickens **2** integro; intatto; sano: **There is not a vase left w.**, non è rimasto intatto un solo vaso **3** (*arc.*) sano; in buona salute: **as w. as a fish**, sano come un pesce **4** (*un po' scherz.*) tutto d'un pezzo; sano e salvo; incolume: **I hope you'll come back w.**, spero che ritornerai tutto d'un pezzo (*o* che porterai a casa la pelle) **5** integrale: **bread made of w. meal**, pane (di farina) integrale. **B** *n.* — **the w.**, l'intero, il complesso; il tutto; l'insieme; il totale: **The w. is equal to the sum of its parts**, l'intero è uguale alla somma delle parti; **a harmonic w.**, un complesso armonico. ● (*di volume*) **w.-bound**, rilegato in tutta pelle □ **w. coffee**, caffè in grani □ **w.-coloured**, a tinta unita □ (*meteorologia*) **w. gale**, burrasca □ **w.-hearted**, generoso; cordiale; espansivo; (*di un atto, ecc.*) sentito, di tutto cuore □ **w.-heartedness**, generosità; cordialità; espansività □ (*fam.*) **w.-hogger**, chi va fino in fondo (*a una faccenda*); persona risoluta; (*polit.*) sostenitore fanatico □ (*pitt.*) **a w.-length portrait**, un ritratto a tutta figura □ **w. milk**, latte intero □ (*mus. USA*) **w. note**, semibreve □ **the w. of**, tutto, tutta (*quando l'espressione che segue rifiuta l'articolo*): **the w. of my fortune**, tutto il mio patrimonio; **the w. of my life**, tutta la (mia) vita; **the w. of France**, tutta la Francia □ (*econ.*) **w.-time job**, lavoro a tutta giornata; lavoro a tempo pieno □ (*USA*) **w.-wheat bread**, pane integrale □ **as a w.**, nell'insieme; come un tutto unico: **We must consider these matters as a w.**, not one by one, dobbiamo considerare queste faccende nell'insieme e non una alla volta □ **brothers of w. blood**, fratelli germani □ (*polit.*) **Committee of the W. House, Camera Bassa** (*o* Alta) costituita in commissione (*per esaminare un disegno di legge*; *in G.B.*) □ **to do st. with one's w. heart**, fare q.c. di tutto cuore □ **to get off with a w. skin**, salvare la pelle; tornare sano e salvo □ (*fam.*) **to go the w. hog**, andare fino in fondo; impegnarsi a fondo □ (*fig.*, *raro*) **made out of w. cloth**, completamente falso; inventato di sana pianta □ **on** (*o* **upon**) **the w.**, nel complesso; complessivamente; tutto sommato □ (*fig.*) **to swallow st. whole**, bersi q.c. senza fiatare (*fig.*); bersela □ **He has eaten the w. lot**, s'è mangiato tutto (*fam.* tutto quanto) □ **He talked a w. lot of nonsense**, diceva un sacco di sciocchezze.

wholemeal ['houlmi:l], *a.* integrale: **w. bread**, pane integrale.

wholeness ['houlnis], *n.* **1** interezza; totalità **2** integrità (*in senso proprio*).

wholesale ['houl-seil], **A** *n.* (*comm.*) vendita all'ingrosso. **B** *a. attr.* (*comm.*) all'ingrosso: **w. prices**, prezzi all'ingrosso; **w. manufacture**, fabbricazione all'ingrosso **2** (*fig.*) su larga scala; esteso; ampio. **C** *avv.* **1** (*comm.*) all'ingrosso: **We only sell w.**, vendiamo soltanto all'ingrosso **2** (*fig.*) in gran quantità; in massa. ● **a w. dealer**, un grossista □ **w. destruction of peoples**, distruzione in massa di popoli; genocidio □ **by w.**, (*comm.*) all'ingrosso; (*fig.*) in massa, in blocco: **to sell by w.** (*USA* **at w.**), vendere all'ingrosso.

to wholesale ['houl-seil], (*comm.*) **A** *v. t.* vendere (q.c.) all'ingrosso. **B** *v. i.* **1** vendere all'ingrosso; fare il grossista **2** (*d'articolo*) vendersi all'ingrosso (*bene*, *male*, *ecc.*).

wholesaler ['houl,seilǝ*], *n.* (*comm.*) grossista; commerciante all'ingrosso.

wholesome ['houlsǝm], *a.* **1** salubre; salutare; sano: **a w. climate**, un clima salubre; **a w. suggestion**, un suggerimento salutare; **a w. diet**, una dieta sana; **a w. girl**, una ragazza sana **2** (*fig.*) morale; sano: **w. readings**, letture morali.

wholesomeness ['houlsǝmnis], *n.* **1** salubrità; sanità (*fig.*) moralità; sanità (*fig.*).

who'll [hu:l], *contraz.* di: **1** who shall **2** who will.

wholly ['houlli], *avv.* completamente; interamente; totalmente; del tutto: **I don't w. agree**, non sono del tutto d'accordo; **w. bad**, totalmente cattivo; pessimo.

whom [hu:m], *V.* **who**.

whomever [hu:'mevǝ*], *V.* **whoever**.

whomsoever [,hu:msou'evǝ*], (*enfat.*) *V.* **whoever**.

whoop [hu:p], *n.* urlo: **whoops of excitement**, grida d'entusiasmo **2** grido di guerra (*per es.*, *dei Pellirosse*) **3** (*med.*) urlo della pertosse. ● (*fam. USA*) **not to be worth a w.**, non valere un soldo bucato.

to whoop [hu:p], *v. i. e t.* **1** gridare; urlare; schiamazzare **2** (*med.*) fare l'urlo della pertosse; tossire. ● (*pop.*) **to w. it up**, fare baldoria □ (*med.*) **whooping cough**, pertosse □ (*zool.*) **whooping crane** (*Grus americana*), gru del Nordamerica.

whoopee ['wu'pi:], *inter.* (*fam.*) evviva!; urrah! ● (*pop.*) **to make w.**, divertirsi in modo chiassoso, far baldoria; (*anche*) fare l'amore.

whoosh [wuʃ], *n.* sibilo.

to whoosh [wuʃ], *v. i.* sibilare. ● (*di un veicolo*, *ecc.*) **to w. by** (*o* **past**), passare sibilando.

to whop [wɔp], *v. t.* (*fam.*) **1** bastonare; picchiare **2** (*fig.*) battere; sconfiggere; dare una batosta a (q.).

whop [wɔp], *n.* (*fam.*) **1** colpo; botta; percossa **2** rumore sordo; tonfo.

whopper ['wɔpǝ*], *n.* (*fam.*) **1** chi picchia; chi bastona **2** oggetto (*o* pesce, ecc.) enorme; enormità **3** grossa bugia; fandonia.

whopping ['wɔpin], (*fam.*) **A** *n.* bastonatura; botte; busse; percosse. **B** *a.* colossale; enorme: **a w. mistake**, uno sbaglio enorme. **C** *avv.* molto; enormemente: **a w. big bear**, un orso grossissimo.

who're ['hu:ǝ], *contraz.* di **who are**.

whore [hɔ:*], *n.* (*spreg.*) puttana (*volg.*); prostituta; sgualdrina. ● **w.-house**, bordello; casa di malaffare □ **w.-monger** (*o* **w.-master**), (*arc.*) chi frequenta puttane, puttaniere; ruffiano, mezzano; (*spreg.*) libertino, donnaiolo; puttaniere (*pop.*).

to whore [hɔ:*], *v. i.* **1** fare la prostituta **2** andare a puttane.

whoredom ['hɔ:dǝm], *n.* **1** prostituzione; meretricio **2** (*nella Bibbia*) idolatria.

whoreson ['hɔ:sn], *n.* (*raro*) **1** illegittimo; bastardo **2** (*come insulto*) bastardo; figlio di puttana (*volg.*).

whorish ['hɔ:riʃ], *a.* (*spreg.*) puttanesco (*volg.*); di (*o* da) prostituta.

whorl [wǝ:l], *n.* **1** spira; giro di spirale **2** (*bot.*) verticillo **3** (*ind. tessile*) puleggia a gola (*per regolare il movimento di un fuso*) **4** (*anat.*) spirale, bidelta concentrica (*d'impronta digitale*).

whorled [wǝ:ld], *a.* **1** disposto a spirale **2** (*bot.*) verticillato.

whortleberry ['wǝ:tl,beri], *n.* (*bot.*, *Vaccinium myrtillus*) mirtillo.

who's [hu:z], *contraz.* di: **1** who is **2** who has **3** who does.

whose [hu:z], *V.* **who**.

whose(-)ever [hu:z'evǝ*], *V.* **whoever**.

whoso ['hu:sou], (*arc.*) *V.* **whoever**.

whosoe'er [,hu:sou'ɛǝ*], (*poet.*) *V.* **whosoever**.

whosoever [,hu:sou'evǝ*], (*enfat.*) *V.* **whoever**.

who've [hu:v], *contraz.* di **who have**.

why (1) [wai], **A** *avv. interr.* perché; per quale ragione; per quale motivo: **Why did you go there?**, perché ci sei andato?; **You are late again**; **why?**, sei di nuovo in ritardo; perché?; **Tell me w. it's wrong**, dimmi perché è sbagliato; **Why not?**, perché no?; **che male c'è?**; **but why?**, ma perché? **B** *avv. relat.* perché; per cui; per il quale: **This is (the reason) why I came back at once**, ecco perché tornai subito indietro; **He doesn't want to tell me the reason why he was hit**, non vuole dirmi il motivo per cui l'ha fatto. **C** *n.* (il) perché: **I can't see why**, non capisco il perché; **the whys and wherefores**, il perché e il percome. ● **Why leave?**, e perché (dovrei) partire? ● **Why risk all by sacking the manager?**, perché mettere tutto a repentaglio licenziando il direttore? □ **why so?**, perché mai? □ **I see no reason why not**, non vedo proprio perché no.

why (2) [wai], *inter.* (*di sorpresa*, *protesta*, *impazienza*, *sdegno*, *ecc.*) ma come; ma sì; beh; che diamine!; ma via!: **Why, it's quite cheap!**, ma come, è proprio a buon mercato!; **Why, what is wrong with it?**, beh, che c'è che non va?

wick (1) [wik], *n.* **1** stoppino; lucignolo **2** (*med.*) stuello. ● (*fam.*) **to get on sb.'s w.**, stare sulle scatole a q.

wick (2) [wik], *n.* paese; villaggio (*raro*, *eccetto nei toponimi*; *per es.*, *in* **Warwick**).

wicked ['wikid], *a.* **1** cattivo; malvagio; perfido; maligno: **a w. man**, un uomo malvagio; **a w. act**, un'azione perfida; **a w. remark**, un'osservazione piena di cattiveria **2** depravato; immorale; peccaminoso; perverso; vizioso **3** cattivello; birichino; malizioso. ● **a w. blow on the head**, un brutto colpo alla testa.

wickedness ['wikidnis], *n.* **1** cattiveria; malvagità; perfidia; malignità **2** depravazione; immoralità; peccaminosità; perversità.

wicker ['wikǝ*], **A** *n.* vimine. **B** *a. attr.* di vimini: **a w. chair**, una sedia di vimini; **w. furniture**, mobili di vimini.

wickered ['wikǝd], *a.* di vimini; fatto di vimini.

wickerwork ['wikǝwǝ:k], **A** *n.* **1** lavoro in vimini **2** oggetti fatti di vimini. **B** *a. attr.* di vimini.

wicket ['wikit], *n.* **1** (*anche* **w. gate**, **w. door**) cancelletto; portello; porta pedonale **2** sportello (*di un ufficio*, *ecc.*) **3** (*cricket*) wicket; porta (*di tre aste verticali collegate da traverse*): **to keep w.**, giocare appostato dietro il wicket **4** (*cricket*) spazio tra le due porte. ● (*cricket*) **w.-keeper**, giocatore che sta dietro la porta per fermare le palle mancate □ (*fig.*) **to be on a good w. (on a sticky w.)**, essere in condizione di vantaggio (di

svantaggio).
widdershins ['widəʃinz], *V.* **withershins**.
wide [waid], **A** *a.* **1** ampio; largo; esteso; immenso; vasto; spazioso: **a w. road** (**door, etc.**), una strada (una porta, ecc.) larga; **It is fifty feet w.**, è largo cinquanta piedi (*19 m circa*); **the w. ocean**, l'immenso oceano; **a w. area**, un'ampia area; un'estesa superficie; **the w. world**, il vasto mondo; **a w. margin**, un ampio margine (*anche fig.*); **at w. intervals**, a larghi intervalli; **He has wide interests**, ha vasti interessi (culturali); **w. readings**, ampie letture **2** (*di stoffa, tessuto*) alto: **w. cloth**, stoffa alta **3** spalancato; aperto: **He stared with w. eyes**, guardava fisso ad occhi spalancati (*o* con tanto d'occhi); **to welcome sb. with arms w.**, ricevere q. a braccia aperte **4** lontano; fuori luogo; fuori segno: (*cricket*) **a w. ball**, una palla lanciata troppo lontano dal wicket; **He gave an answer quite w. of the mark**, diede una risposta del tutto sbagliata (*o* fuori luogo, niente affatto azzeccata) **5** (*fin.: di fluttuazione di prezzi*) notevole; considerevole: **a w. drop in cotton prices**, un notevole calo nei prezzi del cotone **6** (*pop.*) astuto; scaltro; furbo; sveglio (*fig.*); dritto (*pop.*). **B** *avv.* **1** in largo; su una vasta superficie; dappertutto: **to search far and w.**, cercare in lungo e in largo; cercare dappertutto; **He has travelled far and w.**, ha viaggiato in lungo e in largo (*o* per mari e per monti) **2** completamente; del tutto: **to be w. awake**, essere completamente sveglio; **Open the door w.**, apri la porta completamente! **3** fuori segno; a vuoto: **The blow went w.**, il colpo non andò a segno; **to shoot w.** (**of the mark**), sparare a vuoto; non colpire il bersaglio. **C** *n.* **1** (*raro, poet.*) ampia distesa **2** (*cricket*) palla lanciata troppo lontano dal wicket. ● (*fotogr.*) **w.-angle lens**, obiettivo grandangolare □ **w.-awake**, perfettamente sveglio; vigile, all'erta; furbo, sveglio, con gli occhi bene aperti □ (*elettron.*) **w.-band**, a larga banda □ (*naut.*) **w. berth**, distanza di ampia sicurezza □ **w.-eyed**, con gli occhi spalancati; attonito, stupefatto □ **w. fame**, vasta fama □ **w. open**, spalancato □ (*stor. USA*) **a w.-open city**, una città incurante delle leggi proibizionistiche; una città corrotta □ (*cinem.*) **w. screen**, schermo panoramico □ **a w. variety**, una grande varietà □ **to bowl w.**, lanciar male la palla; non metterla a segno (*nel gioco delle bocce*) □ (*fam.*) **broke to the w.**, completamente rovinato; ridotto in miseria □ **to fall w.**, non andare a segno; fallire il bersaglio: **The shell fell w.** (**of the target**), la granata falli il bersaglio □ **to give a w. berth to sb.**, stare alla larga da q.; evitare q. □ **to grow w.**, allargarsi; spalancarsi: **His eyes grew w. with terror**, gli si spalancarono gli occhi per il terrore □ **to hazard a w. guess**, azzardare una congettura alla lontana □ **to open st. w.**, spalancare q.c. (*una porta, uno sportello, ecc.*) □ **a shot w. of the mark**, un colpo non andato a segno; un colpo a vuoto □ **to take a w. view**, essere d'idee larghe; essere comprensivo (*o* indulgente, tollerante) □ **to yawn w.**, fare un grande sbadiglio □ **There's a w. difference between...**, c'è una grande differenza tra... □ **His mouth was w. open**, se ne stava a bocca spalancata.
widely ['waidli], *avv.* **1** in lungo e in largo; estesamente: **He has travelled w.**, ha viaggiato in lungo e in largo **2** assai; molto; largamente: **w. different**, assai diverso; **a w. known subject**, un argomento largamente conosciuto. ● **It is w. known that...**, è risaputo (*o* arcinoto) che...
to widen ['waidn], *A v. t.* allargare; ampliare (*anche fig.*). **B** *v. i.* allargarsi; ampliarsi (*anche fig.*). ● **to w. out**, estendersi.
wideness ['waidnis], *n.* (*anche fig.*) ampiezza; larghezza.
widening ['waidniŋ], *n.* allargamento; ampliamento; slargo.
widespread ['waidspred], *a.* molto esteso; assai diffuso: **w. belief**, una credenza assai diffusa.
widgeon ['widʒən], *n.* (*pl.* **widgeon, widgeons**) (*zool., Anas penelope*) fischione.
widish ['waidiʃ], *a.* piuttosto largo; alquanto ampio.
widow ['widou], *n.* **1** vedova **2** (*zool., Vidua, anche* **w.-bird**) vedova. ● (*Bibbia*) **w.'s cruse**, provvista inesauribile □ **w.'s weeds**, gramaglie vedovili □ (*fig.*) **grass w.**, vedova bianca.
to widow ['widou], *v. t.* **1** rendere vedova (*o* vedovo); privare del compagno (*o* della compagna) **2** (*poet.*) privare (*di un amico, di un parente: per morte*). ● **She was widowed by the war**, perse il marito in guerra.
widower ['widouə*], *n.* vedovo.
widowhood ['widouhud], *n.* vedovanza; stato vedovile (*di donna*).
width [widθ], *n.* **1** larghezza; ampiezza (*anche fig.*): **It's twenty feet in w.**, ha una larghezza di venti piedi (*meno di 7 m*); **w. of mind** (**of views**), larghezza di mente (*o* di vedute); **w. of wings**, ampiezza d'ala **2** (*di stoffa*) altezza (*della pezza*); pezza (*di una certa altezza*) **3** (*telev.*) **w. control**, comando di larghezza.
to wield [wi:ld], *v. t.* **1** maneggiare; brandire; tenere (*in mano*); reggere: **to w. the sickle**, maneggiare la falce; **to w. the sword**, brandire la spada; **to w. the sceptre**, reggere lo scettro **2** (*fig.*) esercitare: **to w. power** (**influence, etc.**), esercitare il potere (l'autorità, ecc.). ● **to w. the pen**, maneggiare la penna; (saper) scrivere.
wieldy ['wi:ldi], *a.* maneggevole; manovrabile.
wife [waif], *n.* (*pl.* **wives**) **1** moglie; sposa: **my w.**, mia moglie; **lawful w.** (*o* **wedded w.**), sposa legittima **2** (*arc.*) comare. ● **w. swapping**, scambio di mogli (*a scopi sessuali*) □ **old wives' tale**, racconto di vecchie comari; superstizione □ **He took an heiress to w.**, sposò (*o* prese in moglie) un'ereditiera.
wifehood ['waifhud], *n.* condizione di moglie.
wifeless ['waiflis], *a.* senza moglie; celibe; vedovo.
wifelike ['waiflaik], **wifely** ['waifli], *a.* di (*o* da) moglie; che s'addice a una moglie; proprio (*o* tipico) di una buona moglie.
wifie ['waifi], *n.* (*fam.*) mogliettina.
wig [wig], *n.* **1** parrucca **2** (*scherz.*) capigliatura; capelli **3** (*fam. ingl.*) sgridata. ● **wig-maker**, parrucchiaio; chi fabbrica parrucche.
to wig [wig], *v. t.* **1** fornire di parrucca; imparruccare **2** (*fam. ingl.*) rimproverare; sgridare.
wigan ['wigən], *n.* (*ind. tessile*) tela da fusto.
wigeon ['widʒən], *V.* **widgeon**.
wigged [wigd], *a.* imparruccato.
wigging ['wigiŋ], *n.* (*fam. ingl.*) sgridata; lavata di capo (*fig.*).
to wiggle ['wigl], (*fam.*) **A** *v. t.* dimenare; muovere; agitare: **to w. one's hips**, dimenare le anche; **to w. one's toes**, muovere le dita dei piedi. **B** *v. i.* dimenarsi; muoversi; agitarsi: **Keep still! don't w.!**, sta' fermo! non dimenarti! ● **to w. out of sb.'s grasp**, divincolarsi dalla stretta di q.
wiggle ['wigl], *n.* dimenio; rapido movimento. ● (*pop.*) **to get a w. on**, affrettarsi; spicciarsi; darsi una mossa (*pop.*).
wight (1) [wait], *n.* (*arc. o scherz.*) persona; essere; individuo: **a luckless w.**, un essere sfortunato.
wight (2) [wait], *a.* (*arc.*) coraggioso; forte; valoroso.
wiglet ['wiglit], *n.* toupet; posticcio; parrucchino (*fam.*).
to wigwag ['wigwæg], *v. t. e i.* (*mil.*) segnalare, fare segnalazioni con bandierine (*usando un codice*).
wigwag ['wigwæg], *n.* (*mil.*) **1** segnalazioni con bandierine **2** messaggio trasmesso con bandierine.
wigwam ['wigwæm], *n.* wigwam (tenda o capanna dei Pellirosse).
wilco ['wil'kou], *inter.* (*contraz. di* **I will comply**) (*radio., tel., ecc.*) sta bene! (cioè, provvedo a farlo); ricevuto! (*cfr.* **roger**).
wild [waild], **A** *a.* **1** selvatico; selvaggio; incolto; barbaro; primitivo; feroce: **w. plants**, piante selvatiche; **w. country**, territorio incolto; paese selvaggio; **w. tribes**, tribù selvagge (*o* primitive); **w. horses**, cavalli selvatici; **w. beasts**, bestie feroci; **w. animals**, animali selvatici **2** disordinato; scompigliato; in disordine: **w. hair**, capelli scompigliati (*o* arruffati); **w. dress**, vesti in disordine **3** sfrenato; sregolato; dissoluto; turbolento: **a w. fellow**, un individuo sfrenato, dissoluto; **a w. young man**, un giovanotto turbolento **4** agitato; tempestoso; burrascoso; di tempesta: **the w. seas around the Hebrides**, i mari agitati (*o* tempestosi) intorno alle isole Ebridi; **We live in w. times**, viviamo in un'età agitata (*o* in tempi difficili); **a w. night**, una notte di tempesta **5** molto eccitato; fuori di sé; furibondo; stravolto; folle; pazzo, matto (*anche fig.*): **He was w. to try**, era assai eccitato all'idea (*o* aveva una voglia matta) di provare; **I was w. with grief**, ero fuori di me per il dolore; **My girlfriend is w. about pop groups**, la mia ragazza va matta per i complessi pop; **The stranger had a w. appearance**, lo sconosciuto aveva l'aspetto stravolto **6** (*d'animale domestico*) ombroso; pauroso: **This horse is rather w.**, questo cavallo è alquanto ombroso **7** avventato; azzardato; imprudente; incoerente; fatto a caso (*o* a casaccio): **w. plans**, progetti avventati; piani cervellotici; **w. guesses**, congetture azzardate; **w. talk**, parole avventate, un discorso imprudente; **w. words**, parole incoerenti (*o* dette a vanvera); (*anche*) parole avventate (*o* pericolose, imprudenti); **w. shooting**, lo sparare a casaccio. **B** *avv.* avventatamente; a casaccio; all'impazzata: **He fired w.**, sparò un colpo a casaccio; **to shoot w.**, sparare all'impazzata. **C** *n.* (*generalm. al pl.*) regione selvaggia; terreno incolto; zona disabitata: **the wilds of the Amazon valley**, le regioni selvagge dell'Amazzonia. ● (*fam.*) **to be w. about st.**, andare matto per q.c. □ (*fam.*) **w. and woolly**, selvatico; scontroso; ispido □ (*zool.*) **w. ass** (*Equus onager*), onagro □ (*zool.*) **w. boar** (*Sus scrofa*), cinghiale □ (*bot.*) **w. brier** (*Rosa canina*), rosa canina; rosa di macchia □ **a w. delight**, una folle gioia □ (*zool.*) **w. dog**, (*Canis dingo*) dingo; (*Cuon dukhunensis*) buansu □ (*zool.*) **w. duck** (*Anas platyrhynchus*), anatra selvatica; germano reale □ **w.-eyed**, dallo sguardo allucinato; con gli occhi stralunati □ **w. flower**, fiore di campo □ (*zool.*) **w. goose** (*Anser anser*), oca selvatica □ (*fig.*) **w.-goose chase**, impresa inutile; tentativo assurdo; cosa impossibile: **to lead sb. a w.-goose chase**, menare q. per il naso; mandare q. a spasso (*fig.*) □ (*bot.*) **w. hyacinth** (*Camassia esculenta*), giacinto selvatico □ **a w. man**, un uomo violento; un selvaggio □ (*polit.*) **the w. men**, gli estremisti di un partito; gli ultras □ (*bot.*) **w. oat** (*Avena fatua*),

avena matta □ (*bot.*) **w. olive**, (*Olea europaea oleaster*) oleastro; (*Elaeagnus angustifolia*) eleagno; olivagno □ **a w. party**, un'orgia □ **w. rose**, V. **w. brier** □ **a w. sea-coast**, una costa battuta dalle tempeste □ (*mil.*) **w. shot**, colpo fuori rosata (*d'artiglieria*) □ **a w. venture**, un'impresa rischiosa □ **a w. wind**, un vento violento □ (*fig.*) **the call of the w.**, il richiamo (*o* l'attrazione) della foresta (*della vita libera e selvaggia*) (*stor.*) **to be drawn by w. horses**, essere trascinato da cavalli selvaggi (*supplizio*) □ **to feel w.**, essere furibondo; andare su tutte le furie □ (*fig.*) **to go w.**, impazzire (*per q. o q.c.*) □ **to be in w. spirits**, essere eccitato al massimo □ **to make** (*o* **to drive**) **sb. w.**, fare andare q. su tutte le furie; fare uscire q. dai gangheri (*fig.*) □ **to run w.**, (*di pianta*) inselvatichire; (*di persona*) crescere senza controllo (*o* freno), diventare sfrenato □ (*fig.*) **to sow one's w. oats**, correre la cavallina.
wildcat ['waildkæt], **A** n. **1** (*zool.*, *Felis catus*) gatto selvatico **2** (*USA*: *zool.*, *Lynx*) lince **3** (*fig. USA*) persona aggressiva (*o* irritabile) **4** (*comm.*) impresa azzardata; affare rischioso **5** (*ind. min.*) pozzo esplorativo; sondaggio **6** (*costr. navali*) ruota a impronte. **B** *a. attr.* **1** (*comm.*) azzardato; rischioso; avventato: **w. plans**, progetti avventati; **a w. venture**, un'impresa rischiosa **2** (*leg.*, *fin.*) illegale; illecito: **a w. speculation**, una speculazione illegale. ● **a w. bank**, una banca insolvibile □ (*econ.*) **w. strike**, sciopero a gatto selvaggio.
to wildcat ['waildkæt], **A** *v. t.* (*ind. min.*) trivellare pozzi esplorativi in (*una regione*); fare sondaggi in (*un luogo*). **B** *v. i.* **1** (*ind. min.*) trivellare pozzi esplorativi; fare sondaggi **2** (*fin.*, *leg.*) fare speculazioni illegali.
wildebeest ['wildibi:st], *n.* (*pl.* **wildebeest, wildebeests**) (*zool.*, *Connochaetes gnu*) gnu.
wilderness ['wildənis], *n.* **1** regione selvaggia; territorio incolto; deserto **2** distesa desolata: **a w. of ice**, una desolata distesa di ghiaccio. ● (*fam.*) **a w. of**, una quantità di, un mucchio di (*cose o persone*) □ **a voice in the w.**, (*nella Bibbia*) «vox clamans in deserto»; (*fig.*) un riformatore non ascoltato, uno che parla al vento.
wildfire ['waild‚faiə*], *n.* **1** (*stor.*) fuoco greco **2** baleno, lampo (*senza tuono*) **3** incendio inestinguibile **4** fuoco fatuo **5** (*agric.*) fuoco selvaggio (*malattia del tabacco*). ● (*di una notizia*, *ecc.*) **to spread like w.**, diffondersi in un lampo (*o* in un baleno).
wildfowl ['waild‚faul], *n.* (*collett.*) **1** uccelli selvatici **2** (*specialm.*) anatre (*o* oche selvatiche.
wildfowling ['waild‚faulin], *n.* caccia agli uccelli di palude (*anatre*, *oche*, *ecc.*); *cfr.* **game shooting**.
wilding ['waildin], *n.* **1** pianta selvatica; frutto selvatico **2** (*specialm.*) melo selvatico; mela selvatica.
wildish ['waildiʃ], *a.* **1** alquanto selvatico; piuttosto selvaggio **2** piuttosto sfrenato; alquanto turbolento.
wildlife ['waidlaif], *n.* animali e piante selvatiche; fauna (*o* flora) protetta: **w. sanctuary**, riserva di fauna protetta. ● **w. park**, riserva naturale □ **World W. Fund**, Fondo Mondiale per la Protezione della Natura; «vu-vu-effe» (*fam.*).
wildlifer ['waild‚laifə*], *n.* sostenitore della protezione della natura.
wildness ['waildnis], *n.* **1** selvatichezza; stato selvaggio; stato brado **2** barbarie; primitività **3** sfrenatezza; dissolutezza; sregolatezza; disordine **4** furore; impetuosità; turbolenza.
wile [wail], *n.* (*di solito al pl.*) astuzia; inganno; artificio; stratagemma.
to wile [wail], *v. t.* allettare; adescare; ingannare. ● **to w. away the time**, far passare il tempo; ammazzare il tempo (*abbastanza comune*, *per confusione di* **to w.** *con* **to while**) □ **to w. sb. into a snare**, attirare q. in un tranello.
Wilfred, Wilfrid ['wilfrid], *n.* Vilfredo.
wilful ['wilful], *a.* caparbio; cocciuto; ostinato; testardo: **a w. boy**, un ragazzo cocciuto **2** (*leg.*) intenzionale; premeditato; doloso; voluto; volontario: **w. murder**, omicidio premeditato.
wilfulness ['wilfulnis], *n.* **1** caparbietà; cocciutaggine, ostinazione; testardaggine **2** (*leg.*) intenzionalità; premeditazione; dolosità.
wiliness ['wailinis], *n.* astuzia; furberia; scaltrezza.
will (1) [wil] (*pass.* **would**), *voce verb. difett.* **1** (*idiom.*, *ausiliare per la formazione del futuro semplice o volitivo*, *promissorio*, *minatorio*, *ecc.*) **He w. come back tomorrow**, tornerà domani; **You w. do it later**, lo farai più tardi; **I w. speak**, parlerò!; voglio parlare; ho deciso di parlare; **You will be sorry for it**, te ne pentirai; ti dispiacerà; **W. it be ready tonight?**, sarà pronto stasera?; **All right, I w.** (*contraz.* **I'll**) **do it**, va bene, lo farò; **W. you come home late?**, tornerai a casa tardi?; **I w. not** (*contraz.* **I won't**) **do it any more, I promise you**, non lo farò più, te lo prometto; «**I want somebody to do the work**» «**W. I do?**», «ho bisogno di qualcuno che faccia questo lavoro» «credi che andrò bene io? (*o* credi che io possa fare al caso?)» **2** (*nelle frasi interr.* e *neg.*) vuoi, vuole, volete, vogliono: **W. you help me?**, vuoi aiutarmi? (aiutami, te ne prego!); **I keep telling him to listen, but he won't**, continuo a dirgli d'ascoltarmi, ma lui non vuole; **This door won't open**, questa porta non vuole aprirsi; **W. you come with me?**, vuoi (*o* volete) venire con me? **3** (*idiom.*, *sta a indicare abitudine*, *consuetudine*, *inevitabilità*, *pervicacia*, *ecc.*) **He w. stare at the wall without saying a word for hours**, se ne sta a fissare il muro, senza dire una parola, per ore e ore; **Boys w. be boys**, i ragazzi sono (*o* non possono comportarsi che da) ragazzi; **This trick w. be successful once in ten times**, questo trucco riesce una volta su dieci; **I keep telling him not to, but he w. do it**, gli dico di continuo di smetterla, ma lui s'ostina a farlo; **Accidents w. happen**, gli incidenti sono inevitabili (*o* possono sempre succedere). ● **w. have**, volere: **W. you have some more tea?**, vuoi dell'altro tè?; **I won't have you behave like that**, non voglio che ti comporti così! □ **I will!**, sì (*detto dallo sposo e dalla sposa alle nozze*) □ **I won't, no**: «Give it to me» «I won't», «dammelo!» «no» □ **Pass me the salt, w. you?**, per favore, passami il sale □ **W. I go there, you ask**, e tu mi chiedi se ci andrò? □ **Do as you w.**, fa' come vuoi; fa' come ti pare (e piace) □ **Things w. happen**, sono cose che succedono □ **He w. have it that my theory is wrong**, insiste nell'affermare che la mia teoria è errata □ **I w. not have it said**, non permetto che lo si dica! □ **It shall be as you w.**, sarà (fatto) come vuoi tu □ **Say what you w., they won't believe you**, qualunque cosa tu dica, non ti crederanno □ (*prov.*) **Murder w. out**, tutti i nodi vengono al pettine □ (*prov.*) **He that w. not when he may, when he w. he shall have nay**, ogni occasione lasciata è perduta.
will (2) [wil], *n.* **1** volontà; volere; voglia: **He has a strong w.**, ha una forte volontà; è un uomo di carattere fermo; **He has a weak w.**, ha una volontà debole; è un uomo senza carattere; **God's w. be done**, sia fatta la volontà di Dio; **He signed the contract against the w. of his partner**, firmò il contratto contro il volere del socio; **I did it of my own** (**free**) **w.**, lo feci di mia spontanea volontà; **I did it against my w.**, lo feci contro voglia **2** (*leg.*) testamento; ultime volontà: **He hasn't made his w. yet**, non ha ancora fatto testamento. ● **w.-power**, forza di volontà □ **at w.**, a volontà; a piacere; a piacimento: **My daughter comes and goes at w.**, mia figlia va e viene a piacimento □ (*leg.*) **by w.**, per testamento □ **to do the w. of sb.**, fare il volere di q.; esaudire i desideri di q.; obbedire a q. □ **free w.**, (*relig.*, *filos.*) libero arbitrio; (*anche*) spontanea volontà □ **good(-)w.**, benevolenza; buona disposizione dell'animo; simpatia □ **to have one's w.**, fare quel che si vuole; fare a modo proprio □ **ill(-)w.**, malvolere; malanimo; astio; rancore: **I bear her no ill-w.**, non le serbo rancore □ (*fig.*) **iron w.**, volontà di ferro □ (*leg.*) **last w. and testament**, ultime volontà; testamento □ **to set to work with a w.**, mettersi al lavoro di buona lena (*o* di buzzo buono) □ (*leg.*) **tenant at w.**, affittuario a tempo indeterminato (*con diritto di disdetta da parte del locatore*) □ (*relig.*) «**Peace on earth and good w. towards men**», «pace sulla terra agli uomini di buona volontà» □ **What is your w.?**, qual è il tuo volere?; che vuoi che si faccia? □ **with a w.**, di buona lena □ **You must take the w. for the deed**, devi accontentarti della buona intenzione □ (*relig.*) «**Thy w. be done**», «sia fatta la tua volontà» □ (*prov.*) **Where there's a w. there's a way**, volere è potere.
to will [wil], *v. t.* e *i.* **1** volere (fortemente); decretare; disporre: **God wills it**, Dio lo vuole; **If you w. success, you are likely to achieve it**, se fortemente vuoi il successo, è probabile che tu lo consegua; **Our constitution has willed that we should be free**, la nostra costituzione ha decretato che dobbiamo essere liberi **2** decidere fermamente; essere fermamente deciso a: **They willed to survive**, erano fermamente decisi a sopravvivere **3** (*leg.*) lasciare (*per testamento*): **He willed his estate to his only nephew**, lasciò (in eredità) la sua proprietà all'unico nipote. ● (*raro*) **to w. oneself to sleep**, imporsi di dormire □ (*prov.*) **Willing and wishing are not the same**, la volontà è una cosa, il desiderio un'altra.
Will [wil], *n. dim.* di **William**.
willed [wild], *a.* che ha volontà (*specialm. nei composti*, *per es. in:*) **strong-w.**, che ha forte volontà; di carattere fermo.
willet ['wilit], *n.* (*invar. al pl.*) (*zool.*, *Catoptrophorus semipalmatus*) sinfemia.
willful ['wilful], e *deriv.* (*USA*) V. **wilful**, e *deriv.*
William ['wiljəm], *n.* Guglielmo.
Willie ['wili], *n. dim.* di **William**.
willies ['wiliz], *n. pl.* (*fam.*) brividi; pelle d'oca. ● **The way she drives gives me the w.**, il suo modo di guidare mi fa accapponare la pelle.
willing ['wilin], *a.* **1** volonteroso; compiacente; di buon cuore: **a w. assistant**, un assistente volonteroso **2** volontario; spontaneo; (*fatto, ecc.*) di cuore: **w. obedience**, obbedienza spontanea; **w. help**, aiuto dato di cuore. ● **a w. horse**, un cavallo generoso □ **w. or not**, volente o nolente □ **to be w. to do st.**, essere disposto a fare q.c.: **We are quite w. to accept your bill of**

exchange, siamo ben disposti ad accettare la vostra cambiale.
willingly ['wiliŋli], *avv*. volentieri; spontaneamente; di buon grado.
willingness ['wiliŋnis], *n*. **1** compiacenza; buona volontà **2** prontezza (*ad agire*); propensione (*a fare q.c.*).
will-less ['willis], *a*. privo di volontà.
will-o'-the-wisp ['wiləðəwisp], *n*. **1** fuoco fatuo **2** (*fig.*) persona (*o cosa*) inafferrabile.
willow ['wilou], *n*. **1** (*bot., Salix*; anche **w. tree**) salice: **weeping w.** (*Salix babylonica*), salice piangente **2** (*ind. tessile*) battitoio; lupo: **carding w.**, battitoio cardatore **3** (*cricket*) mazza (*del battitore*). ● **w. pattern**, disegno di tipo cinese (*in azzurro, su porcellana bianca*) □ **w. plantation**, salceto, saliceto □ **w.-ware**, porcellana di tipo cinese (*con disegni stilizzati di salici*) □ (*cricket*) **to handle the w.**, battere; fare il battitore □ (*fig., raro*) **to wear the w.**, piangere l'assenza (*o la perdita*) di una persona cara.
to willow ['wilou], *v. t*. (*ind. tessile*) battere (*cotone, lana, ecc.*) col battitoio. ● **willowing machine**, battitoio; lupo.
willowy ['wiloui], *a*. **1** piantato a salici; fiancheggiato da salici **2** (*fig.*) sottile; esile; flessibile. ● **a girl with a w. figure**, una ragazza sottile come un giunco.
Willy ['wili], *n. dim*. di **William**.
willy-nilly ['wili'nili], **A** *avv*. volente o nolente; per amore o per forza. **B** *a*. **1** inevitabile; forzato; che succede che uno voglia o no **2** esitante; incerto; irresoluto.
wilt [wilt], *voce verb*. (*2ª pers. sing. pres. arc. di*) **will**.
to wilt [wilt], **A** *v. i*. appassire; avvizzire (*anche fig.*): **These flowers will soon w.**, questi fiori appassiranno in breve tempo. **B** *v. t*. far appassire; far avvizzire.
wilting ['wilting], *n*. appassimento; avvizzimento (*anche fig.*).
wily ['waili], *a*. astuto; furbo; scaltro. ● (*fig.*) **a w. old fox**, una vecchia volpe; un furbo di tre cotte.
wimble ['wimbl], *n*. **1** (*ind. min.*) trivella **2** succhiello.
to wimble ['wimbl], *v. t*. **1** (*ind. min.*) trivellare **2** forare con un succhiello; succhiellare.
wimp [wimp], *n*. (*fam.*) (tipo) buono a nulla; imbranato (*pop.*).
wimple ['wimpl], *n*. **1** (*stor. o relig.*) soggolo **2** increspatura; crespa; piega **3** (*scozz.: di fiume*) meandro.
to wimple ['wimpl], **A** *v. t*. **1** (*stor. o relig.*) coprire con un soggolo **2** incrispare; pieghettare. **B** *v. i*. **1** incresparsi **2** cadere in pieghe **3** (*scozz.: di fiume*) serpeggiare; formare meandri.
wimpy ['wimpi], *a*. (*fam.*) buono a nulla; imbranato.
Wimpy ['wimpi], *n*. (*marchio*) Wimpy (*tipo di hamburger*).
to win [win] (*pass.* e *p. p*. **won**), *v. t*. e *i*. **1** vincere; essere vittorioso; conquistare: **to win a battle** (**a game, etc.**), vincere una battaglia (una partita, ecc.); (*leg.*) **to win a case**, vincere una causa; **to win a bet**, vincere una scommessa; **to win at cards**, vincere alle carte; **to win a fortress** (**fame, etc.**), conquistare una fortezza (la fama, ecc.); **I've won twenty pounds from him at poker**, gli ho vinto venti sterline a poker **2** (*lett.*) guadagnare; ottenere; procurarsi; raggiungere (con sforzo): **to win one's bread**, guadagnarsi il pane; (*lett.*) **to win a lady's hand**, ottenere la mano di una donna; **to win a prize** (**an award**), ottenere un premio (una ricompensa); **to win the summit** (**the shore**), guadagnare (*o* raggiungere) la cima (la riva) **3** convincere; persuadere; ottenere il favore di; cattivarsi: **We won him over to our cause**, lo convincemmo ad aderire alla nostra causa; **She won him to marry her**, lo persuase a sposarla; **to win all hearts**, ottenere il favore di tutti; cattivarsi la simpatia di tutti **4** (*ind. min.*) estrarre (*minerali*). ● **to win back**, riconquistare (*l'amore di q., ecc.*); riguadagnare □ (*lett.*) **to win the day** (*o* **the field**), riportare una vittoria campale; riuscire vittorioso □ **to win a friend** (**an ally, a supporter**), farsi un amico (un alleato, un sostenitore) □ (*fam.*) **to win hands down**, vincere senza fatica □ **to win out**, farcela; riuscire □ **to win a point**, segnare un punto a proprio vantaggio □ (*polit.*) **to win power**, andare al potere; conquistare la maggioranza □ **to win one's spurs**, (*stor.*) guadagnarsi gli speroni, esser fatto cavaliere; (*fig.*) ottenere il riconoscimento dei propri meriti □ **to win through all difficulties**, superare ogni difficoltà □ **to win the toss**, (*sport*) vincere il sorteggio; (*fig.*) avere la prima mossa □ (*prov.*) **Let those laugh who win**, ride bene chi ride ultimo.
win [win], *n*. (*fam.*) **1** vittoria; successo; (*sport*) **a win on points**, una vittoria ai punti **2** vincita; somma vinta. ● (*sport*) **win or even match**, vittoria o pareggio; partita utile.
to wince [wins], *v. i*. **1** fremere; sobbalzare; sussultare; trasalire: **He winced at the sight of his wife**, trasalì alla vista della moglie **2** indietreggiare; tirarsi indietro; barcollare: **I winced under the snowstorm**, barcollavo sotto la tempesta di neve.
wince [wins], *n*. **1** fremito; sobbalzo; sussulto **2** l'indietreggiare; il tirarsi indietro.
wincey ['winsi], *n*. (*ind. tessile*) flanella di lana (*o* di lana e cotone).

winch [wintʃ], *n*. (*mecc., naut.*) **1** argano; verricello **2** (*mecc.*) manovella.
to winch [wintʃ], *v. t*. muovere (*o* sollevare) con un argano.
Winchester (1) ['wintʃestə*], *n*. (*marchio: mil.*; anche **W. rifle**) Winchester (*tipo di carabina*).
Winchester (2) ['wintʃistə*], *n*. (anche **W. quart**) mezzo gallone (*misura per liquidi*).
wind (1) [wind], *n*. **1** vento: **fair w.**, vento favorevole; **contrary w.**, vento contrario; (*naut., aeron.*) **head-w.**, vento di prua; vento in faccia; **north w.**, vento del nord; tramontana; **southwest w.**, vento di sud-ovest; **a gust of w.**, una raffica di vento; **There's a high w. today**, oggi il vento tira forte; **The w. was blowing from the west**, il vento soffiava da occidente **2** fiato; respiro; respirazione: **Let me recover my w.**, lasciami riprender fiato (*pugilato, ecc.*); **to have one's w. taken**, perdere il fiato (*per un colpo al plesso solare*); **That runner's w. is weak**, quel corridore ha poco fiato **3** odore (*portato dal vento*); sentore (*anche fig.*): **The dogs are keeping the w.**, i cani seguono l'odore della selvaggina; **The tyrant got w. of the plot**, il tiranno ebbe sentore della congiura **4** (*med., fam.*) flato; meteorismo, flatulenza: **My little boy is troubled with w.**, il mio bambino soffre di flatulenza **5** (*fig., fam.*) parole vuote; parole senza senso; vaniloquio: **His speeches are mere w.**, i suoi discorsi sono puro vaniloquio **6** (*collett., mus.*) strumenti a fiato: **The strings were downed by the w.**, gli strumenti a corda erano soffocati (*o* coperti) da quelli a fiato. ● (*naut., aeron.*) **w. ahead**, vento in prua □ (*naut.*) **w. astern**, vento in poppa □ **w.-borne**, portato dal vento □ (*naut.*) **w.-bound**, trattenuto in porto dal vento contrario □ (*costr.*) **w.-brace**, controvento □ (*di cavallo*) **w.-broken**, bolso □ **w. chart**, carta dei venti (*meteorologia*) **w. chill**, raffreddamento da vento □ (*aeron.*) **w. cone**, manica a vento □ (*naut., aeron.*) **w. down**, vento in senso longitudinale □ **w.-egg**, uovo imperfetto □ (*geol.*) **w. erosion**, erosione eolica □ (*poet.*) **w.-flower**, anemone □ (*vet.*) **w.-gall**, vescicone (*nelle giunture del garretto del cavallo*) □ **w. gauge**, anemometro □ (*naut.*) **w. hose**, manica a vento □ (*mus.*) **w. instruments**, strumenti a fiato □ (*acustica*) **w. noise**, rumore eolico □ **w. power**, energia del vento; carbone azzurro □ (*ind.*) **w.-power plant**, centrale eolica □ (*meteorologia*) **w. rose**, rosa dei venti □ (*meteorologia*) **w. sleeve** (*o* **w.-sock**), manica a vento □ **w. spout**, turbine di vento □ **w. storm**, tempesta di vento □ (*raro*) **w.-sucker**, cavallo che respira rumorosamente □ (*sport*) **w. surf**, windsurf □ **w.-swept**, battuto dai venti; spazzato dal vento □ (*aeron.*) **w. tee**, T d'atterraggio □ **w.-tight**, impenetrabile al vento □ (*ing.*) **w. tunnel**, galleria del vento; galleria aerodinamica □ **w. vane**, banderuola □ (*naut.*) **aft wind**, vento in poppa (*o* in fil di ruota: *del timone*) □ (*naut.*) **before** (*o* **down**) **the w.**, col vento in poppa □ **to break w.**, fare un vento (*eufemistico*); fare un peto □ **to cast** (*o* **to fling**) **prudence to the w.**, abbandonare la prudenza □ (*naut.*) **to come to the w.**, orzare □ (*naut.*) **dead w.**, vento di prua □ (*fig.*) **to find out how the w. blows** (*o* **lies**), sentire da che parte tira il vento; sentire che aria spira □ (*anche fig.*) **to get w. of**, aver sentore di; fiutare: **The fox got w. of the hunters**, la volpe fiutò i cacciatori □ (*pop.*) **to get** (*o* **to have**) **the w. up**, prendersi paura □ **to get one's second w.**, riprendere fiato; (*fig.*) provare di nuovo □ (*fam.*) **to hit sb. in the w.**, colpire q. alla bocca dello stomaco (*o* al plesso solare); far perdere il fiato a q. □ (*naut.*) **to keep away from the w.**, poggiare □ (*naut.*) **off the w.**, col vento in poppa □ (*naut.*) **on the w.**, col vento in prua (*o* in faccia) □ (*naut.*) **prevailing w.**, vento dominante □ (*pop.*) **to put the w. up sb.**, spaventare q. □ (*fig.*) **to raise the w.**, procurarsi di riffa o di raffa il denaro occorrente □ **to sail** (*o* **to be**) **close to the w.** (*o* **near the w.**), (*naut.*) stringere il vento; andare all'orza; (*fig.*) camminare sul filo del rasoio □ **to sail in the eye** (*o* **in the teeth**) **of the w.**, navigare nel letto (*o* nel filo) del vento □ **sound in w. and limb**, sano come un pesce; in ottime condizioni fisiche □ (*fig.*) **to take the w. out of sb.'s sails**, prevenire q.; battere q. sul tempo; prendere q. in contropiede □ (*anche fig.*) **to waste w.**, sprecare il fiato □ (*naut.*) **with the w. on the beam**, col vento al traverso (*o* a mezza nave) □ (*fig.*) **There is st. in the w.**, c'è qualcosa nell'aria; stà per accadere qualcosa.
to wind (1) [wind], *v. t*. **1** dare aria a; esporre al vento **2** fiutare: **The hounds winded the boar**, i cani fiutarono il cinghiale **3** far restare (*o* lasciare) senza fiato; sfiatare: **I was quite winded by the run**, la corsa mi lasciò senza fiato **4** far riprendere fiato a: **We stopped to w. the hounds**, ci fermammo per far riprendere fiato ai cani.
to wind (2) [waind] (*pass.* e *p. p*. **winded**, *o* **wound**, *per confusione con* **to wind (3)**), *v. t*. (*poet.*) suonare (*uno strumento a fiato, un segnale*): **The knight winded his horn**, il cavaliere suonò il corno; **to w. the call**, suonare il segnale d'adunata.
to wind (3) [waind] (*pass.* e *p. p*. **wound**), **A** *v. i*. **1** serpeggiare; girare; formare anse; fare delle svolte; snodarsi; procedere a

wind (2)

zigzag: **The river winds in and out**, il fiume forma continue anse; **The road winds round the lake**, la strada gira attorno al lago; **The long line of soldiers wound down the valley**, la lunga fila di soldati si snodava lungo la valle **2** avvolgersi; attorcigliarsi: **The creeper winds round the oak**, il rampicante s'attorciglia intorno alla quercia **3** (*fig.*) prenderla alla larga (*parlando*); agire in modo tortuoso; insinuarsi **4** (*del legno*) incurvarsi; imbarcarsi **5** (*di un orologio*) caricarsi (*a mano o con la chiavetta*): **This clock winds easily**, quest'orologio si carica facilmente. **B** *v. t.* **1** far girare: **to w. a crank**, far girare una manovella **2** avvolgere; attorcigliare: **to w. tape on a reel**, avvolgere del nastro su una bobina; **to w. a rope round sb.'s arms**, avvolgere una fune attorno alle braccia di q.; **to w. a scarf round one's neck**, avvolgersi (*o mettersi*) una sciarpa intorno al collo; **The snake winds itself round its prey**, il serpente s'attorciglia intorno alla preda **3** (*mecc.*) sollevare con l'argano: **to w. up ore from a mine**, sollevare con l'argano minerale da una miniera **4** caricare (*un orologio, ecc.*): **to w. (up) a watch**, caricare un orologio; **to w. up the shutter**, caricare l'otturatore (*di una macchina fotografica*) **5** (*fig.*) insinuare; introdurre di soppiatto: **The girl wound herself** (*o* **wound her way**) **into his affections**, la ragazza s'insinuò nel suo cuore; **to w. one's criticism into an argument**, introdurre le proprie critiche in un'argomentazione **6** cingere: **I wound her in my arms**, la cinsi con le braccia; la serrai fra le braccia. ● **to w. down**, abbassare (*girando una manovella*); (*di orologio, ecc.*) scaricarsi; (*specialm. polit., mil.*) rallentare, diminuire, ridurre (*la tensione, ecc.*); (*fam.*) rilassarsi (*autom.*) **to w. the window down**, abbassare il vetro (del finestrino) □ **to w. into a ball**, aggomitolare □ **to w. off**, svolgere, dipanare; svolgersi, dipanarsi □ (*fig.*) **to w. sb. round one's (little) finger**, menare q. per il naso; far fare a q. tutto ciò che si vuole □ **to w. up**, avvolgere, arrotolare, aggomitolare; alzare (*girando una manovella*); caricare (*un orologio, ecc.*); finire, terminare, chiudere, concludere; tendere al massimo (*anche fig.*); (*fin., leg., rag.*) chiudere, liquidare (*società, conti*): **to w. up a rope**, avvolgere una fune (*autom.*) **to w. the window up**, alzare il vetro (del finestrino); **He wound up (his speech) by stating that he would never accept the offer**, conclude (*o* terminò) il suo discorso dichiarando che non avrebbe mai accettato l'offerta; **to w. up the strings of a fiddle**, tendere al massimo le corde di un violino; **to w. up a business company**, liquidare una società commerciale; **to w. up a debate**, chiudere un dibattito; **to w. up a meeting**, sciogliere una riunione; (*fin.*) **The company was wound up**, la società fu messa in liquidazione.

wind [waind], *n.* **1** (*anche elettron.*) avvolgimento **2** giro (*di manovella*) **3** giravolta; svolta; voltata. ● (*polit., mil.*) **w.-down**, diminuzione, riduzione (*della tensione, ecc.*) □ (*fam., specialm. elettron.*) **w.-up**, conclusione; fine; chiusura.

windage [ˈwindidʒ], *n.* **1** (*mil.*) vento (*differenza fra il diametro di un proiettile e il diametro interno della canna*) **2** (*mil.*) grado dello spostamento laterale causato dal vento (*nella traiettoria di un proiettile*) **3** (*naut.*) superficie (*di una nave*) esposta al vento.

windbag [ˈwindbæg], *n.* **1** (*mus.*) otre (*di cornamusa*) **2** (*fam.*) parolaio; trombone (*fam.*).

windblast [ˈwindblɑːst], *n.* **1** raffica (di vento) **2** (*aeron.*) impatto del vento (*su un pilota che si catapulta*).

windbreak [ˈwindbreik], *n.* (*agric.*) frangivento.

Windbreaker [ˈwindˌbreikə*], *n.* (*marchio, USA*) giacca a vento.

windburn [ˈwindbɜːn], *n.* **1** (*med.*) bruciatura da vento **2** (*bot.*) danno provocato dal vento.

windcheater [ˈwindˌtʃiːtə*], *n.* (*ingl.*) giacca a vento.

winded [ˈwindid], *a.* senza fiato; sfiatato. ● **long-w.**, dal fiato lungo; (*fig.*) verboso □ **short-w.**, dal fiato corto; bolso; (*fig.*) conciso.

winder [ˈwaində*], *n.* **1** (*ind. tessile*) incannatoio; rocchettiera **2** (*ind. min.*) argano; verricello **3** manovella **4** chiave per caricare l'orologio **5** (*edil.*) gradino di scala a chiocciola.

windfall [ˈwindfɔːl], *n.* **1** frutto abbattuto dal vento **2** (*fig.*) colpo di fortuna; guadagno inatteso; manna (*fig.*).

windglider [ˈwindˌglaidə*], *n.* (*sport*) tavola a vela; windsurf.

windhover [ˈwindˌhʌvə*], *n.* (*dial.; zool.*) *Falco tinnunculus*) gheppio (*più comune* **kestrel**).

windiness [ˈwindinis], *n.* **1** ventosità **2** (*fig., fam.*) verbosità; vacuità **3** (*med.*) flatulenza; meteorismo.

winding [ˈwaindiŋ], *n.* **1** serpeggiamento; sinuosità; tortuosità (*anche fig.*) **2** avvolgimento; spira; (*elettr.*) **shunt w.**, avvolgimento in parallelo **3** (*ind. tessile*) avvolgimento; incannatura; matassa **4** (*d'orologio, ecc.*) caricamento **5** (*di fiume*) meandro **6** (*di strada*) curva; svolta; tornante; rampa **7** (*di legno, di un'asse, ecc.*) incurvamento; imbarcamento. **B** *a.* **1** (*di strada o fiume, anche fig.*) serpeggiante; sinuoso; tortuoso: **a w. road**, una strada tortuosa **2** (*di scala*) a chiocciola. ● (*mecc.*) **w. drum**, tamburo di avvolgimento □ **w. machine**, (*ind. tessile*) incannatoio; roccatrice; spolatrice (*elettr.*) bobinatrice □ **w.**

sheet, sudario □ (*fin., rag.*) **w.-up**, liquidazione (*di una società*; in G.B., dove il fallimento s'applica alle persone fisiche) □ (*fin., leg.*) **compulsory w.-up**, liquidazione forzata (*disposta dall'autorità giudiziaria*) □ (*fin., rag.*) **voluntary w.-up**, liquidazione volontaria.

windjammer [ˈwindˌdʒæmə*], *n.* **1** (*ingl.*) V. **windcheater 2** (*naut.*) grande veliero **3** (*stor., gergo naut.*) marinaio della marina velica.

windlass [ˈwindləs], *n.* (*mecc., naut.*) argano; verricello.

to windlass [ˈwindləs], *v. t.* (*mecc., naut.*) sollevare con un argano; issare con un verricello.

windless [ˈwindlis], *a.* senza vento: **a w. day**, una giornata senza vento.

windlestraw [ˈwindlˌstrɔː*], *n.* (*dial. ingl.* e *irl.*) **1** stelo disseccato (*di certe piante, usato per intrecciar corde, ecc.*) **2** (*fig.*) persona debole (*o* malaticcia); impiastro (*fig., fam.*).

windmill [ˈwinmil], *n.* **1** mulino a vento **2** (*mecc.*) motore a vento (*o* eolico); aeromotore **3** (*mecc.*) mulinello a palette **4** mulinello; girandola (*giocattolo*) **5** (*comm.*) cambiale di comodo **6** (*fam.*) elicottero **7** (*fam.*) elica. ● (*fig.*) **to fight** (*o* **to tilt at**) **windmills**, combattere contro i mulini a vento.

window [ˈwindou], *n.* **1** finestra: **The girl was leaning out of the w.**, la ragazza si sporgeva dalla finestra; **blank** (*o* **blind, false**) **w.**, finestra cieca; falsa finestra **2** (*autom., ferr.*) finestrino: **rear w.**, finestrino posteriore **3** sportello (*di banca, di totalizzatore, ecc.*): (*USA*) **mutuel windows**, sportelli del totalizzatore (*per scommesse sui cavalli*) **4** (*di solito* **shop w.**) vetrina (*di negozio*) **5** (*di solito* **w. pane**) vetro della finestra: **The boy broke the w.**, il ragazzo ruppe il vetro della finestra **6** (*naut.*) occhio, oblò **7** (*miss.*) finestra, tempo utile (*per un lancio*) **8** (*geol., elettron., fis. nucl.*) finestra. ● **w. blind**, tenda (*pesante*) per finestra □ **w. box**, cassetta per i fiori (*da tenere sul davanzale*) □ **w. display**, esposizione (*di merce*) in vetrina □ **w. dresser**, vetrinista □ **w. dressing**, allestimento delle vetrine; arte del disporre la merce in vetrina; vetrinistica; arte del vetrinista; (*fig.*) il presentare (*i fatti, le proprie qualità, ecc.*) in modo da fare buona impressione; specchietto per le allodole (*fig.*) □ **w. envelope**, busta a finestra □ (*autom.*) **w. mirror**, specchietto laterale □ **w. pane**, vetro di finestra □ (*edil.*) **w. post**, montante di finestra □ (*USA*) **w. shade**, veneziana; avvolgibile □ **w.-shopper**, chi guarda le vetrine □ **w.-shopping**, il far compere con gli occhi (*guardando le vetrine dei negozi*) □ **w. shutter**, persiana □ **w.-sill**, davanzale □ (*autom.*) **w.-winder**, alzacristalli, manovella alzacristalli: **electrically-operated w.-winder**, alzacristalli elettrico □ French **w.**, porta-finestra □ (*fig.*) **to have all one's goods in the w.**, avere tutte le merci in mostra; essere superficiale.

windowed [ˈwindoud], *a.* (*edil., raro*) munito di finestre.

windowman [ˈwindoumən], *n.* (*pl.* **windowmen**) sportellista (*in una banca*).

to window-shop [ˈwindou-ʃɔp], *v. i.* guardare le vetrine (*dei negozi*; per diletto).

windpipe [ˈwindpaip], *n.* (*anat.*) trachea.

windscreen [ˈwindˌskriːn], *n.* (*autom. ingl.*) parabrezza. ● **w. washer**, lavacristallo □ **w. washer and wiper**, lavatergicristallo □ **w. wiper**, tergicristallo □ **bowed w.**, parabrezza avvolgente □ **shatterproof w.**, parabrezza infrangibile.

windshield [ˈwindˌʃiːld], *n.* **1** (*di motocicletta, di scuter, e sim.*) parabrezza; schermo di plastica **2** (*autom. USA*) V. **windscreen**.

Windsor [ˈwinzə*], *n.* (*geogr.*) Windsor (*cittadina presso Londra*). ● **W. castle**, il castello di Windsor (*famoso castello reale in G.B.*) □ **W. chair**, sedia di legno con schienale ricurvo e braccioli □ (*stor.*) **the House of W.**, la dinastia dei Windsor.

windward [ˈwindwəd], (*naut.*) **A** *n.* lato esposto al vento; (il) sopravvento. **B** *a.* **1** (*di*) sopravvento: **the w. side**, il lato sopravvento **2** al (*o* in direzione del) vento; dalla parte del vento. **C** *avv.* sopravvento. ● (*geogr.*) **the W. Islands**, le Isole Sopravvento □ (*naut.*) **to beat to w.**, bordeggiare □ (*fig.*) **to be (to get) to w. of sb.**, essere (mettersi) in posizione di vantaggio rispetto a q.

windy [ˈwindi], *a.* **1** ventoso: esposto al vento; battuto dal vento: **w. weather**, tempo vento; **a w. day**, una giornata ventosa; **w. plains**, pianure ventose **2** (*fig.*) verboso; vacuo; vuoto: **a w. lecturer**, un conferenziere verboso; **a w. talk**, discorsi vacui **3** (*pop.*) impaurito; spaventato; pieno di fifa **4** (*med., fam.*) flatulento; che causa flatulenza. ● **It's very w. today**, oggi tira molto vento.

wine [wain], *n.* **1** vino: **Italian wines**, vini italiani; **sparkling w.**, vino spumante; **still w.**, vino non spumante; **table w.**, vino da pasto **2** succo fermentato (*d'altri frutti*); vino (*fig.*): **currant w.**, succo fermentato di ribes **3** festa universitaria in cui si beve vino (*dopo un pranzo*) **4** colore del vino rosso; colore rosso scuro. ● **w. card**, lista dei vini □ **w. cellar**, cantina □ **w. cooler**, secchiello del ghiaccio (*per tener fresco il vino*) □ **w. lees**, feccia □ **w. making**, vinificazione □ **w.-making equipment**, attrezzi per

la vinificazione ◻ (*bot.*) **w. palm**, palma da vino ◻ **w. stone**, deposito di tartaro nelle botti ◻ **w. vault**, cantina ◻ **w. whey**, bevanda di vino e latte cagliato ◻ (*dial.*) **Adam's w.**, l'acqua ◻ **green w.**, vino di un anno; vino dell'annata ◻ **to be in w.**, essere avvinazzato ◻ **new w. in old bottles**, vino nuovo in bottiglie vecchie; (*fig.*) fermento di idee e cose nuove, che le vecchie istituzioni non riescono a contenere.
to wine [wain], **A** *v. t.* offrire vino a (*ospiti*). **B** *v. i.* bere vino (*specialm. a una festa*). ● **to w. and dine**, bere e mangiare; dare da bere e da mangiare a (q.).
winebag ['wainbæg], *n.* **1** otre da vino **2** (*fig.*) beone; ubriacone.
winebibber ['wain,bibə*], *n.* gran bevitore di vino; beone.
winebibbing ['wain,bibiŋ], **A** *a.* che beve molto vino; amante del vino. **B** *n.* il bere molto vino; l'essere un gran beone.
winebottle ['wain,bɒtl], *n.* bottiglia da vino.
winebowl ['wainboul], *n.* **1** coppa; nappo (*raro, lett.*) **2** (*fig., raro*) beone; ubriacone.
wineglass ['wainglɑ:s], *n.* bicchiere da vino.
wineglassful ['wainglɑ:s,ful], *n.* quanto sta in un bicchiere da vino.
winegrower ['wain,grouə*], *n.* viticoltore; vignaiolo.
winegrowing ['wain,grouiŋ], *n.* viticoltura.
winepress ['wainpres], *n.* torchio da vino.
winery ['wainəri], *n.* (*ind., specialm. USA*) **1** stabilimento per la lavorazione del vino; cantina (sociale) **2** azienda vinicola (*o* vitivinicola).
winesap ['wainsæp], *n.* (*USA*) mela invernale, di colore rosso scuro.
wineskin ['wain-skin], *n.* otre da vino.
wing [wiŋ], *n.* **1** ala (*quasi in ogni senso*): **the wings of a bird (of an aeroplane, of an army)**, le ali di un uccello (di un aeroplano, di un esercito schierato); **the east w. of the hospital**, l'ala orientale dell'ospedale; **Cavalry were massed on the left w.**, la cavalleria era ammassata all'ala sinistra; **the right w. of a football team**, l'ala destra di una squadra di calcio **2** (*scherz.*) braccio (*dell'uomo*) **3** (*aeron., mil.*) formazione di due o più squadroni; aerobrigata **4** (*pl., aeron., mil.*) distintivo (*o* grado) di pilota **5** (*pl., teatr.*) quinte: **to be in the wings**, essere dietro le quinte; (*fig.*) stare dietro le quinte, stare pronto (*a intervenire*) **6** (*di porta*) battente **7** (*autom.*) parafango **8** (*mil.*) impennaggio (*di missile*). ● **w.-beat** (*o* **w.-stroke**), battito d'ala ◻ (*zool.*) **w.-case** (*o* **w.-sheath**), elitra ◻ (*aeron.*) **w. commander**, tenente colonnello della R.A.F. (*Royal Air Force*) ◻ (*aeron.*) **w. flap**, ipersostentatore ◻ (*poet.*) **w.-footed**, con le ali ai piedi; piè veloce ◻ (*autom.*) **w. mirror**, specchietto laterale ◻ (*mecc.*) **w. nut**, dado ad alette ◻ (*aeron.*) **w. rib**, centina alare ◻ (*caccia*) **w. shot**, tiro (*o* sparo) al volo; (*fig.*) buon tiratore al volo ◻ (*sport*) **w. shooting**, tiro al volo ◻ **w.-span** (*o* **w.-spread**), apertura alare ◻ (*fig.*) **to clip sb.'s wings**, tarpare le ali a q. ◻ (*fig.*) **to get one's wings**, ottenere il brevetto di pilota ◻ **to lend** (*o* **to add**) **wings to sb.**, mettere le ali ai piedi di q.; **Haste lent me wings**, la fretta mi mise le ali ai piedi ◻ **on the w.**, (*d'uccello*) in volo, librato; (*di persona*) in partenza, in viaggio ◻ (*d'uccello, ecc.*) **to take w.**, prendere il volo; levarsi in volo ◻ **to take (to itself) wings**, metter le ali (*fig.*), volare (via); svanire, dileguarsi; involarsi, sparire: **Time takes wings here**, qui il tempo vola ◻ (*fig.*) **to take sb. under one's w.**, prendere q. sotto la propria protezione.
to wing [wiŋ], *v. t. e i.* **1** provvedere di ali; (*fig.*) dare (*o* mettere) ali a: **Fear winged his feet**, la paura gli mise le ali ai piedi **2** (*poet.*) percorrere volando **3** volare: **The Boeing winged (its way) out to China**, il Boeing volò fino alla Cina; **The bird wings to its nest**, l'uccello vola verso il suo nido **4** ferire (*un uccello*) a un'ala **5** (*fam.*) colpire, ferire (*una persona*) a un braccio; (*per estens.*) ferire leggermente.
winged [wiŋd], *a.* **1** alato (*anche fig.*): **w. Victory**, la Vittoria alata (*la statua*); **w. words**, parole alate **2** (*fam.*) ferito a un braccio; ferito leggermente. ● (*mitol.*) **the w. god**, Mercurio **1** (*geogr.*) **w. headland**, promontorio a due punte ◻ (*mitol.*) **the w. horse**, Pegaso ◻ (*mil.*) **w. missile**, missile a impennaggi.
winger ['wiŋə*], *n.* (*sport*) ala (*giocatore*).
wingless ['wiŋlis], *a.* **1** (*zool.*) non alato; senz'ali **2** (*costr.*) senza ali: **w. abutment**, spalla senza ali.
winglet ['wiŋlit], *n.* aletta; aluccia.
to wink [wiŋk], **A** *v. i.* **1** battere le palpebre; ammiccare; strizzare l'occhio **2** (*di stelle, ecc.*) brillare; scintillare **3** (*di luce intermittente*) lampeggiare. **B** *v. t.* strizzare (*un occhio, gli occhi*). ● **to w. at**, ammiccare, strizzare l'occhio a; chiudere un occhio su, fingere di non vedere, passar sopra a: **He winked at her knowingly**, le strizzò l'occhio in segno d'intesa; **to w. at a transgression (an error, etc.)**, chiudere un occhio su una trasgressione (passar sopra a un errore, ecc.) ◻ **to w. back one's tears** (*o* **to w. tears away**), battere le palpebre per frenare le lacrime ◻ (*autom.*) **winking lights**, lampeggiatori; luci intermittenti.

wink [wiŋk], *n.* **1** lo sbattere delle palpebre; ammicco; ammiccamento; strizzatina d'occhio **2** (*fig.*) attimo; istante; batter d'occhio: **in a w.**, in un attimo. ● (*fam.*) **forty winks**, un sonnellino ◻ **not to get a w. of sleep** (*o* **not to sleep a w.**), non chiudere occhio (*tutta notte, ecc.*) ◻ (*fam.*) **to tip sb. the w.**, dare l'imbeccata a q.; avvisare q.; mettere in guardia q. ◻ **without a w. of the eyelid**, senza batter ciglio ◻ (*prov.*) **A nod is as good as a w. (to a blind man)**, a buon intenditor poche parole; «intelligenti pauca» (*lat.*).
winker ['wiŋkə*], *n.* **1** persona che ammicca **2** (*pl., fam.*) lampeggiatori, luci intermittenti, indicatori di direzione (*di autoveicolo*) **3** (*di cavallo*) paraocchi **4** (*fam.*) occhio.
winking ['wiŋkiŋ], *n.* **1** il battere le palpebre; l'ammiccare; lo strizzar l'occhio **2** (*delle stelle, ecc.*) il brillare; scintillio **3** (*di luce intermittente*) lampeggiamento. ● (*pop.*) **like w.**, in un attimo; in un baleno; in un batter d'occhio.
winkle ['wiŋkl], *n.* (*zool., Littorina littorea*) littorina; chiocciola di mare.
to winkle out ['wiŋkl'aut], *v. t.* estrarre; cavar fuori (*come una chiocciola dal guscio*).
winnable ['winəbl], *a.* vincibile.
winner ['winə*], *n.* **1** vincitore, vincitrice **2** (*fam.*) persona (*o* cosa) di sicuro successo.
winning ['winiŋ], **A** *a.* **1** vincente; vincitore: **the w. greyhound**, il levriero vincente **2** della vittoria; che fa vincere: **the w. hit**, il punto della vittoria; **the w. card**, la carta che fa vincere (la partita) **3** affascinante; attraente; avvincente; seducente; accattivante: **a w. smile**, un sorriso accattivante; **a w. personality**, una personalità attraente; **w. manners**, maniere seducenti. **B** *n.* **1** vittoria; vincita **2** (*ind. min.*) coltivazione di un giacimento; (*anche*) nuova area **3** (*pl.*) vincita (*specialm. al gioco*). ● **the w. game**, la partita decisiva; la fulla (*sport*) **w. post**, traguardo.
to winnow ['winou], **A** *v. t.* **1** vagliare (*anche fig.*); ventilare, spulare (*grano, ecc.*); separare, togliere (*la pula*) dal grano **2** (*fig.*) separare: **to w. truth from falsehood**, separare il vero dal falso **3** (*del vento*) spargere; sparpagliare: **The wind winnowed the leaves**, il vento sparpagliava le foglie **4** (*poet.*) battere (*l'aria*) con le ali. **B** *v. i.* vagliare (*o* spulare) il grano. ● (*ind. min.*) **to w. gold**, cernere l'oro col metodo della separazione a vento.
winnow ['winou], **1** *V.* **winnowing 2** *V.* **winnowing machine**, sotto **winnowing**.
winnower ['winouə*], *n.* **1** chi vaglia il grano; vagliatore; spulatore **2** (*agric.*) macchina vagliatrice.
winnowing ['winouiŋ], *n.* **1** vagliatura; spulatura **2** (*fig.*) cernita; scelta. ● (*agric.*) **w. fan** (*o* **w. machine**), macchina vagliatrice.
wino ['wainou], *n.* (*pl.* **winos**) (*pop.*) ubriacone; beone.
winsome ['winsəm], *a.* affascinante; attraente; avvincente; seducente: **a w. maid**, una fanciulla affascinante; **w. manners**, maniere seducenti.
winsomeness ['winsəmnis], *n.* fascino; attrattiva; grazia.
winter ['wintə*], **A** *n.* **1** inverno: **a mild w.**, un inverno mite; **a hard w.**, un inverno rigido **2** (*poet.*) anno (*d'età*): **a man of sixty winters**, un uomo di sessant'anni **3** (*fig.*) periodo d'avversità; momento triste (*nella vita*). **B** *a. attr.* d'inverno; invernale: (*astron.*) **w. solstice**, solstizio d'inverno; **w. sports**, sport invernali. ● **w. apples**, mele invernali ◻ **w. clothes**, abiti invernali; vestiti pesanti ◻ **w. garden**, giardino d'inverno ◻ (*bot.*) **w.-green**, (*Gaultheria procumbens*) tè del Canadà; (*Pyrola minor*) piroletta soldanina ◻ **w. quarters**, (*mil.*) quartieri d'inverno; (*per estens.*) residenza invernale ◻ (*zool.*) **w. sleep**, ibernazione ◻ (*poet.*) **w.-tide**, inverno; stagione invernale ◻ (*agric.*) **w. wheat**, grano seminato nel tardo autunno.
to winter ['wintə*], **A** *v. i.* svernare; passare l'inverno: **They w. in Florida**, passano l'inverno in Florida. **B** *v. t.* conservare (*piante*), nutrire (*animali*) durante l'inverno.
winterless ['wintəlis], *a.* senza inverno.
winterly ['wintəli], *a.* invernale.
wintertime ['wintətaim], *n.* inverno; stagione invernale.
wintery ['wintəri], *V.* **wintry**.
wintriness ['wintrinis], *n.* **1** rigore invernale; freddo invernale **2** aspetto invernale **3** (*fig.*) freddezza; gelo.
wintry ['wintri], *a.* **1** invernale; freddo; rigido: **w. weather**, tempo freddo, rigido **2** (*fig.*) gelido; senza calore: **a w. smile**, un sorriso freddo; **a w. reception**, un'accoglienza fredda, senza calore.
winy ['waini], *a.* vinoso; simile al vino (*per colore, gusto, ecc.*). ● **a w. nose**, un naso da ubriacone.
to wipe [waip], *v. t.* **1** asciugare; pulire; strofinare: **to w. dishes**, asciugare i piatti; **to w. one's face**, asciugarsi la faccia; **to w. one's mouth with a napkin**, pulirsi la bocca con un tovagliolo **2** applicare (q.c.) strofinando: **W. the oil into the surface**, applica l'olio sulla superficie! **3** pulirsi, soffiarsi (*il naso*) **4** (*pop.*) colpire; percuotere. ● (*fam.*) **to w. at sb.**, menar botte, assestare

wipe

colpi a q.; spolverare le spalle a q. (fig.) □ **to w. away**, togliere strofinando; asciugare (via): **to w. away one's tears**, asciugarsi le lacrime □ **to w. dry**, asciugare strofinando □ (fam., fig.) **to w. the floor with sb.**, dare una severa lezione a q. mettere a terra q. (pop., fig.); mettere in ginocchio q. □ **to w. off**, asciugare; togliere strofinando, cancellare; (comm.) liquidare, pagare: **to w. off one's tears**, asciugarsi le lacrime; **to w. off a drawing**, cancellare un disegno (dalla lavagna, ecc.); **to w. off a debt**, pagare (o liquidare, cancellare) un debito □ **to w. out**, pulire strofinando; togliere, cancellare; distruggere, annientare; (fam.) ammazzare, far fuori (fam.) □ **to w. out the sink**, pulire l'acquaio; **to w. out a stain**, togliere una macchia; **to w. out dishonour**, cancellare il disonore; **to w. out an army**, annientare (o spazzar via) un esercito □ **to w. up**, asciugare, raccogliere (con lo strofinaccio): **to w. up the spilt oil**, asciugare l'olio versato.

wipe [waip], n. **1** asciugata; strofinata; pulitina: **Give this jug a w.**, dà' una pulitina a questa brocca! **2** (pop.) botta; colpo; fendente: **I fetched** (o **took**) **a w. at him**, gli assestai un colpo **3** (pop., arc.) fazzoletto. ● w.-**out**, (lo) spazzare via (fig.); distruzione; annientamento.

wiper ['waipə*], n. **1** chi asciuga; chi strofina; addetto alle pulizie **2** strofinaccio **3** (pop.) fazzoletto **4** (mecc.) eccentrico **5** (mil.) scovolo **6** (elettr.) spazzola **7** (autom., per **windscreen w.**) tergicristallo.

wiping ['waipiŋ], n. **1** pulita; strofinata **2** (naut.) smagnetizzazione. ● (mil.) **w. rod**, scovolo.

wire ['waiə*], n. **1** filo (metallico): **telephone wires**, i fili del telefono; **copper w.**, filo di rame; **barbed w.**, filo spinato **2** (elettr.) conduttore **3** (ottica) filamento **4** (fam.) telegramma: **He sent me a w.**, mi mandò un telegramma. ● **w. agency**, V. **w. service** □ **w. bridge**, ponte sospeso □ (radio) **w. broadcasting**, filodiffusione □ **w. brush**, spazzola metallica □ **w. cloth**, rete metallica □ **w.-cutters**, pinza tagliafili □ **w. fence**, rete (o siepe) metallica □ **w. gauze**, reticella metallica □ (di cane) **w.-haired**, dal pelo irsuto; a pelo ruvido □ (ind.) **w. mill**, trafileria □ **w. netting**, rete metallica; reticolato □ (fam., specialm. USA) **w.-puller**, maneggione; intrigante □ **w. radio**, filodiffusione □ **w. recorder**, magnetofono a filo □ **w. recording**, registrazione su filo □ **w. rope**, cavo metallico □ **w. service**, agenzia giornalistica d'informazioni telegrafiche □ (elettr.) **w. stripper**, pinza spelafili □ **w.-tapping**, intercettazione di messaggi telegrafici (o telefonici) □ (ing.) **w. train**, macchina a trafila □ (USA) **w.-walker**, funambolo (cfr. ingl. **tightrope walker**) □ (mecc.) **w. wheel**, spazzola metallica circolare □ **w. wool**, paglia di ferro; pagliettta □ (zool.) **w. worm**, larva di elateride; (Julus, ecc.) millepiedi □ (di carta) **w.-wove**, di qualità superiore □ (fam., specialm. USA) **down to the w.**, fino all'ultimo momento □ **live w.**, (elettr.) filo sotto tensione, filo caldo; (fig.) persona attiva, energica, vigorosa □ (costr.) **plumb w.**, filo a piombo □ (fam., specialm. USA) **to pull wires**, tenere le fila (di una situazione), manovrare da dietro le quinte, brigare □ **to send one's congratulations by w.**, inviare le proprie congratulazioni per telegrafo □ (fam., USA) **under the w.**, all'ultimo momento; proprio alla scadenza; appena in tempo.

to wire ['waiə*], v. t. e i. **1** assicurare, fissare, collegare (q.c.) con filo metallico: **I wired the handle of the whip**, assicurai il manico della frusta con un pezzo di fil di ferro; **to w. the stakes of a fence**, collegare con filo metallico i paletti di un recinto **2** infilzare (grani, perline) in un filo metallico **3** (elettr.) installare fili (o l'impianto elettrico): **to w. a house for electricity**, installare i fili dell'elettricità in una casa **4** accalappiare, prendere al laccio (animali selvatici, uccelli) **5** (fam.) telegrafare: **Don't forget to w. me the results**, non dimenticare di telegrafarmi i risultati. ● (fam.) **to w. in**, darci sotto; mettercela tutta □ **to w. off a racecourse**, cingere di rete metallica un campo di corse □ (fam.) **He was wired for**, lo fecero chiamare (o lo convocarono) con un telegramma.

wired ['waiəd], a. **1** a rete metallica **2** rinforzato con filo metallico; armato: **w. hose**, tubo flessibile armato (dei pompieri). ● **w. glass**, vetro retinato □ **w. radio**, filodiffusione.

to wiredraw ['waiə-drɔ:] (pass. **wiredrew**, p. p. **wiredrawn**), v. t. **1** (metall.) trafilare (fig.) tirare in lungo (o per le lunghe); stiracchiare. ● (fig.) **a wiredrawn lecture**, una conferenza interminabile.

wiredrawer ['waiə-drɔ:ə*], n. (metall.) **1** trafilatore **2** trafila (macchina).

wiredrawing ['waiə-drɔ:iŋ], n. (metall.) trafilatura (di filo).

wireless ['waiəlis], (specialm. ingl., alquanto arc.) **A** a. senza fili: **w. telegraphy**, telegrafia senza fili; radiotelegrafia. **B** n. **1** radiotelegrafia; radio: **I heard it on the w.**, l'ho sentito alla radio **2** (apparecchio) radio **3** marconigramma. ● **w. control**, radiocomando □ **w. message**, radiogramma = radiotelegramma □ **w. operator**, radiotelegrafista; marconista □ **w. telephony**, radiotelefonia □ **on** (o **over**) **the w.**, per radio; alla radio □ **to send a message by w.**, inviare un messaggio per radio.

to wireless ['waiəlis], v. t. e i. (specialm. ingl., alquanto arc.) radiotelegrafare; trasmettere per radio.

wireman ['waiəmən], n. (pl. **wiremen**) **1** guardalinee (telegrafiche, telefoniche, ecc.) **2** stendifili (operaio, tecnico).

wirework ['waiəwə:k], n. **1** rete metallica **2** (ind., collett.) trafilati metallici.

wireworker ['waiə-wə:kə*], n. **1** (metall.) trafilatore **2** commerciante di trafilati metallici.

wireworks ['waiəwə:ks], n. pl. (metall.; spesso col verbo al sing.) trafileria.

wiriness ['waiərinis], n. **1** durezza; rigidità; ispidezza (di capelli, ecc.) **2** (di persona) forza; instancabilità; muscolosità; resistenza.

wiring ['waiəriŋ], n. **1** (elettr., tel., ecc.) complesso dei fili; impianto (in una casa, ecc.) **2** (elettr.) cablaggio. ● (elettr.) **w. diagram**, schema elettrico.

wiry ['waiəri], a. **1** di filo metallico **2** simile a filo metallico; duro; rigido: **w. hair**, capelli rigidi, ispidi **3** (di persona) forte; instancabile; nerboruto; resistente. ● **w. muscles**, muscoli sodi.

wisdom ['wizdəm], n. **1** saggezza; giudizio; discernimento; senno; buon senso: **the w. of Salomon**, la saggezza di Salomone **2** scienza; sapienza. ● **w. tooth**, dente del giudizio □ **to cut one's w. teeth**, mettere i denti del giudizio; (fig.) metter giudizio.

wise (1) [waiz], a. **1** saggio; savio; assennato; avveduto; prudente: **a w. man**, un uomo saggio; un saggio; **Is it w. to go there alone?**, è prudente andarci da solo?; **a w. action**, un'azione assennata; **You were w. to refuse**, fosti avveduto a rifiutare **2** (USA) astuto; furbo. ● (fam.) **w. guy**, drittone (iron.); sapientone, saccentone; chi crede di saperla lunga □ (arc.) **w. man**, mago; stregone □ (pop.) **to be w. to st.**, essere al corrente di q.c. □ (arc.) **w. woman**, indovina, strega; (scozz.) levatrice □ (pop.) **to get w. to st.**, mangiare la foglia; capire come stanno le cose □ (pop.) **to get w. to st.**, venire a sapere q.c.; vedere chiaro in q.c. □ **to get w. to sb.**, imparare a conoscere q.; imparare i trucchi di q. □ **to be none the wiser**, non saperne più di prima: **I was none the wiser for his long explanation**, dopo la sua lunga spiegazione, non ne seppi più di prima □ (pop.) **to put sb. w. to st.**, mettere q. al corrente di q.c.; informare q. di q.c.; aprire gli occhi a q. su q.c. □ (relig.) **the Three W. Men**, i tre Re Magi □ **You were w. not to go**, hai fatto bene a non andare □ (prov.) **Everybody is w. after the event**, del senno di poi son piene le fosse.

wise (2) [waiz], n. (arc., lett.) modo; maniera; guisa (lett.): **in no w.**, in nessun modo; **in some w.**, in qualche maniera; **in** (o **on**) **this w.**, in questa maniera.

wiseacre ['waiz,eikə*], n. sapientone; persona saccente; saccentone.

wisecrack ['waizkræk], n. (fam.) detto arguto; battuta di spirito; spiritosaggine.

to wisecrack ['waizkræk], (fam.) **A** v. i. dire spiritosaggini; fare dello spirito. **B** v. t. dire (q.c.) come spiritosaggine.

to wise up ['waiz'ʌp], (pop., specialm. USA) **A** v. t. aprire gli occhi a (q. su q.c.); mettere al corrente; avvertire; far sapere a. **B** v. i. aprire gli occhi; mangiare la foglia. ● (pop. USA) **to get wised up**, ottenere le informazioni giuste.

to wish [wiʃ], v. t. e i. **1** desiderare; volere: **Do you w. to leave at once?**, desideri partire subito?; **What do you w. me to do?**, che cosa vuoi che (io) faccia?; **When do you w. it (to be) finished?**, quando vuoi che sia finito?; per quando dev'essere finito?; **You may have whatever you w. (for)**, puoi avere tutto quello che vuoi; **He cannot w. for anything better**, non può desiderare niente di meglio; **I w. for nothing more**, non desidero altro **2** augurare: **to w. sb. good luck (a pleasant journey, happiness, etc.)**, augurare a q. buona fortuna (buon viaggio, ogni felicità, ecc.); **I w. you may succeed**, ti auguro di riuscire **3** augurarsi; sperare: **It is to be wished that he won't be late**, c'è da augurarsi che non sia in ritardo; **The news may not prove true**, spero che la notizia non sia vera **4** — **I w.** (**I wished**) (+ congiunt.), vorrei (avrei voluto); se almeno...; magari: **I w. I were a poet**, vorrei esser un poeta; **I wished I were dead**, avrei voluto essere morto; **I w. you had told me in time**, se almeno tu me l'avessi detto per tempo!; **I w. you would be quiet**, vorrei che ve ne steste quieti (state quieti, per favore!); **I w. I could go**, vorrei poter andare; **I w. you were back again**, vorrei che tu fossi già di ritorno; **I w. I were a millionaire**, (magari) fossi milionario! ● (lett.) **to w. sb. further**, augurarsi che se ne vada; mandare q. a farsi benedire □ **to w. sb. goodbye**, salutare q. (alla partenza); dire addio a q. □ **to w. sb. good morning**, dare il buongiorno a q. □ **to w. sb. good night**, augurare la buona notte a q. □ (fam.) **to w. st. on sb.**, rifilare (o appioppare) q.c. a q. □ **to w. on a star**, esprimere un desiderio guardando una stella □ **to w. sb. well** (**ill**), augurare a q. ogni bene (del male) □ **I w. myself dead**, vorrei essere morto □ **I w. myself home**, vorrei essere a casa (o

in patria □ **I wished myself miles away**, avrei voluto essere lontano mille miglia □ **He wishes nobody ill**, non vuol male a nessuno □ *(iron.)* **I w. you joy of it**, buon prò ti faccia!
wish [wiʃ], *n.* **1** desiderio; voglia; quel che si desidera; richiesta: **in obedience to your wishes**, in ottemperanza ai tuoi desideri; **He has a great w. to visit London**, ha un gran desiderio di visitare Londra; **He has no w. to be a soldier**, non ha nessuna voglia di fare il soldato; **He got his w.**, ottenne quel che desiderava; **I cannot grant your w.**, non posso soddisfare il tuo desiderio; non posso accogliere la tua richiesta **2** augurio; voto (augurale): **with best wishes for a merry Christmas and a happy New Year**, con i migliori auguri di Buon Natale e Felice Anno Nuovo **3** *(pl.)* saluti. ● **to make a w.**, fare (o esprimere dentro di sé) un desiderio □ *(prov.)* **If wishes were horses, beggars might ride**, i desideri non empiono il sacco □ *(prov.)* **The w. is father to the thought**, si crede facilmente a quello che fa piacere.
wishbone [ˈwiʃboun], *n.* forcella dello sterno di un volatile *(con essa si fa un gioco fra due persone, ciascuna delle quali ne afferra un'estremità e tira: il desiderio formulato da quella a cui resta il pezzo più lungo, secondo la credenza popolare, si avvererà)*.
wisher [ˈwiʃə*], *n.* **1** chi desidera; chi vuole **2** chi augura. ● **ill-w.**, persona malevola; chi vuol male al prossimo □ **well-w.**, persona benevola; buon amico.
wishful [ˈwiʃful], *a.* desideroso; bramoso; (pieno) di desiderio: **a w. look**, un'occhiata di desiderio; uno sguardo bramoso. ● **w. thinking**, il credere ciò che si desidera; illusione; pio desiderio.
wishing [ˈwiʃiŋ], **A** *n.* il desiderare. **B** *a.* desideroso; bramoso. ● **w. bone**, *V.* **wishbone** □ *(nelle favole)* **w. cap**, berretto magico.
wish-wash [ˈwiʃwɔʃ], *n.* **1** brodaglia; broda; bevanda insipida **2** *(fig.)* discorso insipido.
wishy-washy [ˈwiʃiˌwɔʃi], *a.* **1** *(di zuppa, tè, ecc.)* acquoso; brodoso; insipido **2** insipido; di poco spirito; insulso *(fam.)*: **a w.-w. girl**, una ragazza di poco spirito *(o insulsa)*.
wisp [wisp], *n.* **1** ciuffo; ciocca: **a w. of hair**, un ciuffo di capelli **2** piccolo fascio; manciata: **a w. of straw**, una manciata di paglia **3** branco, stormo *(di beccaccini, ecc.)*. ● **a w. of smoke**, un filo di fumo.
wispy [ˈwispi], *a.* simile a un ciuffo; esile; sottile.
wist [wist], *pass.* e *p. p.* di **to wit** *(arc.)*: **He wist not**, egli non sapeva.
wistaria [wisˈtɛəriə], **wisteria** [wisˈtiəriə], *n.* *(bot., Wistaria sinensis)* glicine.
wistful [ˈwistful], *a.* **1** ansioso; desideroso *(di sapere, di capire, ecc.)*; malinconico; insoddisfatto: **a w. look**, uno sguardo malinconico; **in a w. voice**, con voce ansiosa **2** assorto; pensoso; meditabondo: **He suddenly grew w.**, si fece improvvisamente pensoso.
wistfulness [ˈwistfulnis], *n.* **1** ansia; desiderio *(di sapere, di capire, ecc.)*; malinconia; insoddisfazione **2** pensosità; l'essere assorto.
wit [wit], *n.* **1** *(spesso al pl.)* intelligenza; intelletto; ingegno; intuito; buon senso: **the wit of man**, l'intelletto umano; **to have quick wits**, essere d'ingegno vivace; **He hasn't wit enough to keep his place**, non ha il buon senso di *(o abbastanza cervello per)* stare al suo posto **2** spirito; arguzia; senso umoristico; sale *(fig.)*: **His conversation is full of wit**, la sua conversazione è piena di spirito **3** bello spirito; persona arguta. ● **to be at one's wits' end**, non sapere che pesci pigliare; essere perplesso; avere esaurito tutte le proprie risorse □ **to have** *(o* **to keep***)* **one's wits about one**, aver prontezza di spirito; stare all'erta; sapere quel che si fa □ **to live by one's wits**, vivere di espedienti □ *(fam.)* **to be out of one's wits**, essere uscito di senno □ *(stor., lett.)* **the university wits**, i begli ingegni universitari *(al tempo di Elisabetta I)*.
to wit [wit] *(pass.* e *p. p.* **wist***)*, *v. t.* e *i.* *(arc.)* sapere; saper bene. ● *(leg.)* **to wit**, vale a dire; cioè.
witch [witʃ], *n.* **1** strega; fattucchiera; maga; *(fig.)* megera **2** *(fig., fam.)* donna affascinante; maliarda. ● *(bot.)* **witches'-broom disease**, scopazzi □ **w.-doctor**, stregone □ **w.-hazel**, *(bot., Hamamelis virginiana)* amamelide; *(farm.)* amamelina *(fig., polit.)* **w.-hunt**, caccia alle streghe □ **witches' Sabbath**, la notte di Valpurga □ **white w.**, maga buona; maga benefica.
to witch [witʃ], *v. t.* **1** stregare **2** *(fig.)* affascinare; ammaliare.
witchcraft [ˈwitʃkraːft], *n.* **1** stregoneria; arti magiche **2** incantesimo; malia.
witch-elm [ˈwitʃelm], *n.* *(bot., Ulmus montana)* olmo montano.
witchery [ˈwitʃəri], *n.* **1** stregoneria; arti magiche **2** incantesimo; malia **3** *(fig.)* fascino; incanto.
witching [ˈwitʃiŋ], *a.* **1** delle streghe: **the w. hour**, l'ora delle streghe; mezzanotte **2** *(fig.)* affascinante; incantevole; malioso.
witenagemot [ˈwitinagiˈmout], *n.* *(stor.)* assemblea generale del popolo anglosassone.
with [wið], *prep.* **1** con; in compagnia di; insieme con; presso; a; contro; nonostante; per mezzo di; da: **to live w. one's parents**, vivere con i propri genitori; **He used to get up w. the sun**, soleva levarsi col (primo) sole; **He has been w. the company for ten years**, da dieci anni lavora presso quella società; **to cross a stream w. dry feet**, attraversare un ruscello a piedi asciutti; **Leave the letter w. the manager**, lascia la lettera al direttore!; **I'm w. you there**, sono d'accordo con te su questo punto; **Stir w. a spoon**, agitare con un cucchiaio!; **a man w. a long beard**, un uomo dalla barba lunga; **to fight w. sb.**, combattere contro q.; lottare con q.; **w. all one's heart**, con tutto il cuore; **W. all her coquetry, I love her**, nonostante la sua civetteria, le voglio bene **2** di: **The mountains are covered w. woods**, i monti sono coperti di boschi; **Fill the stove w. wood**, riempi la stufa di legna!; **He was dying w. hunger**, stava morendo di fame; **His neck was wet with sweat**, aveva il collo bagnato di sudore; **I am satisfied w. your work**, sono contento del tuo lavoro; **filled w. air**, pieno d'aria **3** *(compl. di causa)* di; per; da; con: **He was shaking with a high fever**, tremava per la febbre alta; **He was tired w. all his work**, era stanco a causa di (per) tutto il lavoro che aveva fatto; **He was struck dumb with horror**, ammutolì per l'orrore; **He is down w. fever**, è a letto con la febbre; **a man bent with age**, un uomo curvo per gli anni **4** nel caso di; riguardo a; per: **W. him, pleasure is more important than work**, per lui, il piacere conta più che il lavoro; **It is all the same w. me**, per me fa lo stesso **5** a favore di; per: **He voted w. the Democrats**, votò per il partito democratico. ● *(sui pacchi)* «**Handle w. care**», «fragile» □ **to be w. child**, essere incinta □ **w. an eye to**, tenendo d'occhio; non trascurando; senza dimenticare □ **w. an eye to the future**, in previsione del futuro □ **to be w. God**, essere con Dio; essere in paradiso; essere morto □ *(fam.)* **w.-it**, alla moda; aggiornato; a la page □ **w. no**, senza: **He went out w. no hat on**, uscì senza cappello □ **w. respect** *(o regard, relation)* **to what you said yesterday**, quanto a *(a proposito di)* ciò che dicesti ieri □ **w. that**, con ciò; al che; e allora □ **w. this**, al che; con ciò; e allora □ *(d'animale)* **to be w. young**, essere gravida *(o pregna)* □ **along w.**, con; insieme con: **He works along w. his colleagues**, lavora con *(o* in collaborazione con*)* i suoi colleghi □ **as is usual w. him**, com'è sua abitudine, al suo solito □ **to begin w.**, per cominciare; per dirne una: **We have no money, to begin w.**, (tanto) per cominciare, non abbiamo soldi □ **to deal w.**, trattare con (q.); trattare di (q.c.): **This book deals w. World War II**, questo libro tratta della seconda guerra mondiale □ **to do** *(o* **to make***)* **away w. st.**, abolire *(o* sopprimere*)* q.c. □ **to do** *(o* **to make***)* **away w. oneself**, uccidersi □ **to fall out w. sb.**, litigare con q. □ **to find fault w.**, trovare a ridire su; criticare □ *(fam.)* **to get w. it**, aggiornarsi □ **to get on** *(o* **along***)* **w. st.**, cavarsela in q.c.: **How are you getting along w. your new job?**, come te la cavi nel tuo nuovo lavoro? □ **to go on w. st.**, continuare a fare q.c. □ **to grow wise w. age**, metter giudizio con gli anni; diventar savio invecchiando □ *(fam.)* **to have fallen in w. sb.**, aver fatto comunella con q. □ **to have it out with sb.**, fare *(o* saldare*)* i conti con q. *(fig.)*; risolvere una lite □ **to help sb. on** *(o* **off***)* **w. st.**, aiutare q. a fare q.c. □ *(fam.)* **to be in w. sb.**, essere in società con q.; essere alleato di q.; essere intimo di q.; essere in combutta con q. □ **to be in love w. sb.**, essere innamorato di q. □ **to be** *(***to keep***)* **in touch w. sb.**, essere (tenersi) in contatto con q. □ **to be** *(***to keep***)* **in touch w. st.**, essere (tenersi) al corrente di q.c. □ **to keep up w. sb.**, stare al passo con q., tener dietro a q.; *(fig.)* tenere il passo con q.; non sfigurare di fronte a q. □ **to keep up w. st.**, tenersi al corrente *(o* informato*)* di q.c. □ **to meet w. an accident**, avere un incidente □ **to part w. sb.**, separarsi da q. □ **to part w. st.**, abbandonare q.c.; rinunciare a q.c.; disfarsi di q.c. □ **to put up w. sb.** (**st.**), sopportare q. (q.c.); essere indulgente con q.; rassegnarsi a q.c.: **I'll put up w. it**, farò buon viso a cattivo gioco □ **together w.**, insieme con; con: **I bought the chairs together w. the table**, comprai le sedie insieme con la tavola □ **Away w. him!**, portatelo via!; *(fig.)* levatelo di mezzo!; □ **Down w. the tyrant!**, abbasso il tiranno! □ **Off w. your clothes!**, spogliati! □ **This climate doesn't agree w. me**, questo clima non mi si confà □ **Go on w. your work**, continua a lavorare! □ **What's the matter w. you?**, che cos'hai?; che c'è che non va? □ **I've done w. you**, non voglio più avere a che fare con te □ **Have done w. it!**, falla finita!; smettila! □ **Off w. his head!**, tagliategli la testa! □ **Down w. traitors**, abbasso i traditori! □ **Up w. people**, viva la gente! □ *(fam.)* **Be off w. you!**, vattene! □ *(fam.)* **Get along w. you!**, avanti, muoviti! □ **That's always the way w. you**, fai sempre così!; lo vedi come sei? □ **I have done w. it**, non voglio più sentirne parlare □ **Are you still w. me?**, mi segui? *(discorrendo)*.
withal [wiˈðɔːl], **A** *avv.* *(arc.)* **1** inoltre; per giunta **2** a un tempo; al tempo stesso; nondimeno **3** al che; e allora. **B** *prep.* *(in fine di frase)* con: **He had a staff to support himself w.**, aveva un bastone con cui sostenersi *(o* su cui appoggiarsi*)*.
to withdraw [wiðˈdrɔː] *(pass.* **withdrew***, p. p.* **withdrawn***)*, **A** *v. t.* **1** ritirare; tirare indietro; scostare; allontanare; levare: **to w. a**

curtain, scostare una tendina; **to w. one's support** (one's money, etc.), ritirare il proprio appoggio (il proprio denaro, ecc.); **to w. one's army from an occupied territory**, ritirare il proprio esercito da un territorio occupato; (leg.) **to w. a charge**, ritirare un'accusa; (anche comm.) **to w. an offer**, ritirare un'offerta **2** (anche leg.) ritrattare: **to w. a statement**, ritrattare una dichiarazione **3** (comm.) prelevare (fondi: da una banca). **B** v. i. **1** ritirarsi; tirarsi indietro; allontanarsi: **After the battle the first line withdrew and fell back on a safer position**, dopo la battaglia la prima linea si ritirò ripiegando su posizioni più sicure **2** ritrattare; fare una ritrattazione: **He refused to w.**, rifiutò di ritrattare **3** (polit.) ritirare una mozione. ● (mecc.) **to w. the clutch**, disinnestare la frizione □ (sport) **to w. from a contest (a race, etc.)**, ritirarsi da una gara (da una corsa, ecc.) □ **cries of «w.»**, grida di «ritratta»!; richieste di ritrattazione.

withdrawal [wiðˈdrɔːəl], n. **1** ritiro; ritirata **2** (comm.) prelevamento di fondi (da una banca) **3** ritrattazione. ● (med.) **w. symptom**, sindrome da privazione (di tossicomane).

withdrawn [wiðˈdrɔːn], p. p. di **to withdraw**.

withdrew [wiðˈdruː], pass. di **to withdraw**.

withe [wiθ], n. **1** (bot.) vimine; vinco **2** (edil.) parete divisoria; muro in foglio **3** (di utensile) protezione (per le mani).

to wither [ˈwiðə*], **A** v. i. **1** appassire; avvizzire; seccarsi: **These roses will w. soon**, queste rose appassiranno presto; **apples withering on the bough**, mele che avvizziscono sul ramo **2** deperire; languire; inaridirsi; sfiorire: **Her affections withered**, i suoi sentimenti inaridirono; **Her beauty has withered**, la sua bellezza è sfiorita. **B** v. t. **1** disseccare; far appassire; far avvizzire: **The excessive heat has withered (up) all my flowers**, il caldo eccessivo ha fatto appassire tutti i miei fiori **2** inaridire; far sfiorire: **Age has withered (away) her beauty**, l'età ha fatto sfiorire la sua bellezza **3** fulminare; raggelare: **The teacher withered the pupils with a severe glance**, l'insegnante fulminò gli alunni con un'occhiata severa. ● (med., fam.) **a withered arm**, un braccio anchilosato.

withering [ˈwiðəriŋ], a. **1** che inaridisce; che fa appassire **2** che avvizzisce; che languisce **3** fulminante; raggelante: **a w. look**, un'occhiata fulminante.

witheringly [ˈwiðəriŋli], avv. **1** in modo da fare avvizzire **2** in modo sprezzante (o da raggelare).

withers [ˈwiðəz], n. pl. garrese (del cavallo o d'altro quadrupede). ● (fig., lett.) **My w. are unwrung**, l'accusa non mi tocca.

withershins [ˈwiðəʃinz], avv. (scozz.) da destra a sinistra; in senso antiorario.

to withhold [wiðˈhould] (pass. e p. p. **withheld**), v. t. **1** trattenere; rifiutare (di dare); negare: **to w. one's consent**, negare il proprio consenso; **to w. one's support**, rifiutare il proprio aiuto **2** celare; nascondere: **to w. the truth from sb.**, nascondere la verità a q. **3** (fin.) trattenere alla fonte. □ (comm.) **to w. payment**, rifiutarsi di pagare.

withholding [wiðˈhouldiŋ], n. (fin.) il trattenere alla fonte. ● **w. tax**, ritenuta alla fonte; ritenuta (o trattenuta) d'acconto.

within [wiˈðin], **A** avv. **1** (piuttosto arc.) all'interno; dentro: **He whitewashed his cottage w. and without**, imbiancò la sua casetta all'interno e all'esterno **2** (piuttosto arc.) in casa; dentro: **Is Mr Jones w.?**, è in casa Mr Jones?; **to stay w.**, rimanere in casa **3** (teatr.) dietro le quinte **4** (fig.) dentro; nel cuore; nell'anima; in spirito: **«Make me pure w.»**, «rendimi puro d'anima». **B** prep. dentro; entro; in; fra; a: **to be safe w. the walls**, essere al sicuro entro le mura; **w. a week**, entro una settimana; **w. a mile**, entro un miglio; nel raggio di un miglio; **w. a few miles from London**, a poche miglia da Londra; **w. a year of his death**, a un anno dalla sua morte. ● **to be w. an ace of destruction**, trovarsi a un pelo dalla rovina □ (naut.) **w. board**, a bordo □ **w. call**, a portata di voce □ (leg., bur.) **w. complaint**, l'accluso reclamo □ **w. doors**, in casa □ **w. fire**, a portata (di fucile, ecc.); a tiro □ **w. hearing**, a portata di voce □ **w. the law**, nell'ambito della legge □ **w. reach**, a portata (di mano); raggiungibile □ **w. sight**, in vista; visibile: (naut.) **to be w. sight of the port**, essere in vista del porto □ **w. the sound of sb.'s voice**, a portata di voce di q. □ (comm.) **delivery (payment, etc.) w. a month**, consegna (pagamento, ecc.) a un mese □ **from w.**, dall'interno, dal didentro □ **to keep w. bounds**, restare entro i confini, rimanere entro i limiti; tenere a freno (o a bada); circoscrivere □ **to keep w. the law**, mantenersi nella legalità □ **to live w. one's income**, vivere secondo i propri mezzi □ **to think w. oneself**, pensare fra sé □ **It is true w. limits**, entro certi limiti, è vero □ **Apply w.**, rivolgersi all'interno (cartello) □ **Enquire w.**, informazioni qui (cartello).

without [wiˈðaut], **A** prep. **1** (piuttosto arc.) fuori di; al di fuori di: **negotiations w. the House**, negoziati al di fuori del Parlamento (o manovre di corridoio) **2** senza: **w. delay**, senza indugio; **w. (a) doubt**, senza dubbio; (lett.) **w. fail**, senza fallo; certamente; di sicuro; **w. end**, senza fine; infinito; eterno; **w. saying a word**, senza dire una parola; **w. striking a blow**, senza colpo ferire. **B** cong. (dial.) a meno che; se non: **I can't go, w. I get some money**, non posso andare se non mi procuro un po' di denaro. **C** avv. (piuttosto arc.) fuori; all'esterno; fuori di casa; all'aperto: **It is white within and w.**, è bianco (di dentro e) di fuori; **We went w.**, andammo fuori; uscimmo. **D** cong. (dial. USA) a meno che; se non. ● **w. the knowledge of**, senza che (q.) sappia (o sapesse): **The boy left the school w. the knowledge of his teacher**, il ragazzo se ne andò da scuola senza che l'insegnante lo sapesse (o all'insaputa dell'insegnante) □ (lett.) **w. number**, innumerevole: **worlds w. number**, mondi innumerevoli □ **w. so much as apologizing**, senza nemmeno scusarsi □ **to do** (o **to go**) **w.**, fare senza, fare a meno di, rinunciare a: **You'll have to do w. your dinner**, dovrai fare a meno del pranzo □ **to go w. food**, restar digiuno; digiunare □ **seen from w.**, visto dal di fuori □ (lett.) **times w. number**, infinite volte □ **It goes w. saying**, è ovvio; va da sé ● **She passed along w. my seeing her**, passò senza che io la vedessi.

to withstand [wiðˈstænd] (pass. e p. p. **withstood**), v. t. e i. resistere (a); opporsi (a); far resistenza, sostenere, sopportare: **to w. hardships**, resistere alle fatiche; sopportare i disagi; (mil.) **to w. a siege**, resistere a un assedio.

withy [ˈwiði], V. **withe**.

witless [ˈwitlis], a. senza cervello; privo di spirito; sciocco.

witlessness [ˈwitlisnis], n. stupidità; mancanza di spirito.

witling [ˈwitliŋ], n. chi si reputa spiritoso; saccentello.

witness [ˈwitnis], n. **1** (leg.) testimone; teste; testimonio: **to call sb. to w.**, chiamare q. a testimonio; invocare (leg.: produrre) la testimonianza di q.; **hostile w.**, teste avverso; **God is my w.**, Dio mi è testimone **2** (anche leg.) testimonianza; dimostrazione; prova: **to bear w.**, fare testimonianza; **His works are a w. to his learning**, le sue opere fanno prova della sua erudizione. ● **w. box**, banco dei testimoni □ **w. for the defence**, teste a discarico; testimone a difesa □ **w. for the prosecution**, teste a carico; testimone d'accusa □ (USA) **w. stand**, banco dei testimoni □ **to bear w. to** (o **of**) **st.**, testimoniare q.c.; essere la prova di q.c.; stare a dimostrare q.c. □ **to call a w.**, chiamare (o citare, produrre) un testimone □ **eye-w.**, testimone oculare □ **to give w. on sb.'s behalf**, (o **to bear w. for sb.**), testimoniare a favore di q. □ **in w. of**, a testimonianza di; a conferma di □ **to produce witnesses**, produrre testimoni.

to witness [ˈwitnis], v. t. e i. **1** (leg.) testimoniare; fare da testimone; deporre come teste: **to w. against (for) sb.**, testimoniare contro (a favore di) q.; (arc.) **He witnessed that his wife had spent the whole afternoon at home**, testimoniò che la moglie aveva passato a casa tutto il pomeriggio **2** esser prova (di); dimostrare; mostrare; tradire: **Our economic difficulties w. the international monetary crisis**, le nostre difficoltà economiche sono prova della crisi monetaria internazionale; **Her drawn face witnessed her grief**, il suo viso tirato tradiva la sua pena **3** essere presente a; assistere a; vedere: **to w. an accident**, essere presente a un incidente; **This plain has witnessed many battles**, questa pianura ha visto (o è stata teatro di) molte battaglie **4** (leg.) attestare; sottoscrivere (un documento) come testimone: **to w. a will**, sottoscrivere un testamento come testimone. ● **to w. to having seen (heard, etc.) st.**, testimoniare d'aver visto (udito, ecc.) q.c. □ (arc.) **W. Heaven!**, il Cielo mi sia testimone!

witster [ˈwitstə*], n. (arc.) persona arguta; bello spirito.

witted [ˈwitid], a. (nei composti; per es., in:) **quick-w.**, d'ingegno pronto; **slow-w.**, tardo; lento a capire.

witticism [ˈwitisizəm], n. arguzia; frizzo; spiritosaggine.

wittiness [ˈwitinis], n. arguzia; spirito.

witting [ˈwitiŋ], a. (raro) **1** deliberato; intenzionale; fatto apposta **2** consapevole; conscio.

witty [ˈwiti], a. **1** spiritoso; arguto; brioso: **a w. man**, un uomo spiritoso; **a w. remark**, un'osservazione arguta **2** (arc. o dial.) intelligente; abile; astuto.

wivern [ˈwaivəːn], n. (araldica) drago alato a due zampe.

wives [waivz], pl. di **wife**.

wizard [ˈwizəd], **A** n. mago (anche fig.); stregone: (fam.) **He is a financial w.**, è un mago della finanza. **B** a. **1** magico; stregato **2** (pop.) meraviglioso; straordinario; eccezionale.

wizardry [ˈwizədri], n. **1** magia; stregoneria **2** (fig.) grande abilità; bravura eccezionale.

wizen [ˈwizn], **wizened** [ˈwiznd], a. avvizzito; appassito; raggrinzito; rugoso.

wizier [ˈwiziə*], n. visir (ministro di un sovrano musulmano).

wo (1) [wou], V. **woe**.

wo (2), woa [wou], inter. oh! (per fermare cavalli). ● **wo-back!**, indietro!

woad [woud], n. (bot., Isatis tinctoria) guado (anche la tintura).

to woad [woud], v. t. tingere col guado.

wobble [ˈwɔbl], n. **1** barcollamento; dondolio; traballamento; oscillazione; tremolio; vacillamento **2** (fig.) esitazione; tenten-

namento; irresolutezza; incostanza **3** (*mecc.*) rotazione fuori piano **4** (*autom.: di una ruota*) sfarfallamento.
to wobble ['wɔbl], **A** *v. i.* **1** barcollare; dondolare; traballare; oscillare; tremolare; vacillare: **Jelly wobbles**, la gelatina trema **2** (*fig.*) esitare; tentennare; titubare; essere incostante: **to w. between curiosity and fear**, esitare fra la curiosità e il timore **3** (*mecc.*) girare fuori piano **4** (*autom.: di una ruota*) sfarfallare. **B** *v. t.* (*fam.*) far barcollare; far traballare; fare oscillare: **to w. the table**, far traballare la tavola.
wobbler ['wɔblə*], *n.* **1** chi barcolla; chi traballa **2** (*fig.*) chi esita; chi tentenna **3** (*pesca*) cucchiaino.
wobbly ['wɔbli], *a.* **1** barcollante; traballante; vacillante; malfermo **2** (*fig.*) esitante; irresoluto; incerto; incostante.
Wodan, Woden ['woudn], *n.* (*mitol.*) Odino.
woe [wou], (*poet.; a volte scherz.*) **A** *n.* **1** dolore; affanno; pena; afflizione **2** (*di solito al pl.*) calamità; disgrazia; malanno; sventura: **in weal and woe**, nella prosperità e nella sventura; nella buona e nella cattiva sorte. **B** *inter.* ohimè!; ahimè!; me misero! ● **a tale of woe**, un racconto doloroso; una triste storia □ **Woe to him!**. maledizione a lui!; sia maledetto! □ (*arc. o scherz.*) **Woe is me!**, ohimè!; ahimè!; me misero!
woebegone ['woubi,ɡɔn], *a.* afflitto; addolorato; abbattuto; dolente; desolato; triste: **a w. look**, un'espressione dolente.
woeful ['wouful], *a.* **1** doloroso; dolente; afflitto; triste: **a w. day**, un triste giorno **2** disgraziato; meschino; misero; tapino; sventurato **3** deprecabile: **w. neglect of one's duty**, deprecabile negligenza nell'esercizio dei propri doveri.
woefulness ['woufulnis], *n.* **1** dolore; afflizione; tristezza **2** miseria; sventura.
wog [wɔɡ], *n.* (*pop., spreg.*) individuo di colore; negro; muso nero (*spreg.*).
wogger ['wɔɡə*], *n.* (*fam.*) tesoro (*fig.*); tesoruccio; cocco.
woke [wouk], *pass.* e *p. p.* di **to wake**.
woken ['woukən], (*raro*) *p. p.* di **to wake**.
wold [would], *n.* brughiera; landa; terreno incolto; regione sterile.
wolf [wulf], *n.* (*pl.* **wolves**) **1** (*zool., Canis lupus*) lupo: **a grey w.**, un lupo grigio **2** (*fig.*) individuo avido; persona rapace **3** (*fam.*) donnaiolo; pappagallo (*fig.*) **4** (*mus.*) dissonanza (*di un organo, pianoforte, ecc.*). ● (*bot.*) **w.'s bane**, (*Aconitum*) aconito; (*Aconitum lycoctonum*) luparia □ (*fam.*) **w. call**, *V.* **w. whistle** □ **w. cub**, lupacchiotto, lupetto; giovane boy scout, lupetto □ (*zool.*) **w.-dog**, cane lupo □ (*zool.*) **w.-fish** (*Anarrhichas lupus*), pesce lupo □ (*bot.*) **w.'s foot**, licopodio □ (*zool.*) **w.-hound**, cane (irlandese) per la caccia al lupo □ (*fig.*) **a w. in sheep's clothing**, un lupo in veste d'agnello □ (*bot.*) **w.'s milk** (*Euphorbia helioscopia*), calenzola □ **w. shot**, lupara □ (*zool.*) **w. spider**, ragno della famiglia dei licosidi □ (*fam.*) **w. whistle**, fischio d'ammirazione (*rivolto a una bella ragazza*) □ **to be as hungry as a w.**, avere una fame da lupo □ **to cry w.**, gridare al lupo; dare un falso allarme □ **to cry w. too often**, gridare «al lupo» troppo spesso (*e perciò senza essere creduti, come nella favola*) (*fig.*) □ **to have** (*o* **to hold**) **the w. by the ears**, essere in una situazione difficile; non aver via di scampo □ **he-w.**, lupo (*il maschio*) □ (*fig.*) **to keep the w. from the door**, tener lontana la miseria □ **she-w.**, lupa.
to wolf [wulf], **A** *v. i.* andare a caccia di lupi; cacciar lupi. **B** *v. t.* (*spesso* **to w. down**) mangiare avidamente; divorare.
wolfer ['wulfə*], *n.* cacciatore di lupi.
wolfish ['wulfiʃ], *a.* **1** di (*o* da) lupo; simile al lupo; lupesco: **a w. hunger**, una fame da lupo **2** (*fig.*) crudele; selvaggio; avido; rapace: **w. cruelty**, selvaggia crudeltà.
wolfishness ['wulfiʃnis], *n.* (*fig.*) crudeltà; avidità; rapacità.
wolfram ['wulfrəm], *n.* (*chim.*) wolframio; tungsteno.
wolframite ['wulfrəmait], *n.* (*miner.*) wolframite.
wolfskin ['wulf-skin], *n.* pelle (*o* pelliccia) di lupo.
wolverene, wolverine ['wulvəri:n], *n.* **1** (*zool., Gulo luscus*) ghiottone **2** (*fam. USA*) abitante del Michigan. ● (*USA*) **the W. State**, lo Stato del Michigan.
wolves [wulvz], *pl.* di **wolf**.
woman ['wumən], *n.* (*pl.* **women**) **1** donna; femmina: **women and children**, donne e bambini; **W. was believed to be weaker than man**, si credeva che la donna fosse più debole dell'uomo; **a w. of the world**, una donna di mondo; **w.'s rights**, i diritti della donna **2** (*fig., spreg.*) femminuccia; donnicciola; uomo debole, fiacco, inetto **3** (*fam.*) ragazza; fidanzata; amante; moglie **4** (*arc.*) dama di compagnia; cameriera. ● (*fam., raro*) **w.-chaser**, chi corre dietro alle sottane; cacciatore di donne □ **w. doctor**, dottoressa □ **w. driver**, guidatrice; conducente □ **w. friend**, amica; (*anche*) amante □ **w. hater**, misogino □ **w.'s intuition**, intuito femminile □ **w. journalist**, una giornalista; una cronista □ **Women's Liberation (Movement)** (*o* **Women's Lib**), movimento per la liberazione della donna; movimento femminista □ **Women's Liberationist** (*o* **Women's Libber**), femminista (militante) □ **w.'s man**, uomo galante; damerino; cicisbeo; donna-iolo □ **w. scientist**, scienziata □ (*polit.*) **w. suffrage**, suffragio femminile; il voto alle donne □ **a w. teacher**, un'insegnante □ **w.'s wit**, intuito femminile □ (*arc. o scherz.*) **a w. with a past**, una donna dal passato burrascoso □ **women workers**, lavoratrici □ **to live on women**, vivere alle spalle delle donne; fare lo sfruttatore (*pop.*: il magnaccia, il pappone) □ (*arc. o scherz.*) **to make an honest w. of**, sposare (*q.*) □ **to make an honest woman of a girl**, (*un tempo*) riparare con il matrimonio □ **a man born of woman**, un mortale □ (*fam.*) **my w.**, la mia donna; mia moglie □ **old w.**, vecchia; (*spreg.*) donnicciola, rammollito (*fig.*) □ **to play the w.**, comportarsi come una donnicciola; aver paura; piangere □ **a single w.**, una nubile □ (*fig.*) **to be tied to a w.'s apron-strings**, stare attaccato alle sottane d'una donna □ **There's a w. in it**, c'è sotto (*o* c'è di mezzo) una donna (*cfr. franc.* «*Cherchez la femme*»).
to woman ['wumən], *v. t.* **1** (*arc.*) spingere (*q.*) a comportarsi da donna *o* da donnicciola **2** (*spreg., raro*) apostrofare (*q.*) col nome «donna».
womanhood ['wumənhud], *n.* **1** l'esser donna; femminilità **2** (*collett.*) le donne; il sesso femminile; il gentil sesso (*lezioso*).
womanish ['wuməniʃ], *a.* **1** femminile; da donna; donnesco: **w. clothes**, abiti femminili; vestiti da donna **2** femmineo; (*spreg.*) effeminato: **w. feelings**, sentimenti femminili; **a w. young man**, un giovanotto effeminato.
womanishness ['wuməniʃnis], *n.* **1** femminilità **2** (*spreg.*) effeminatezza.
to womanize ['wumənaiz], **A** *v. t.* effeminare; rendere effeminato. **B** *v. i.* (*fam.*) correre dietro le sottane; essere un donnaiolo; andare a donne (*pop.*).
womanizer ['wumənaizə*], *n.* (*fam.*) donnaiolo; chi corre dietro le sottane.
womankind ['wumən'kaind], *n.* (*collett.*) le donne; il sesso femminile.
womanlike ['wumənlaik], *a.* femminile; femmineo; da donna.
womanliness ['wumənlinis], *n.* femminilità.
womanly ['wumənli], *a.* femminile; di (*o* da) donna; degno di una donna; proprio delle donne: **w. modesty**, pudore femminile; **with w. tact**, col tatto proprio delle donne. ● **a truly w. woman**, una vera donna.
womb [wu:m], *n.* (*anat.*) utero; grembo; seno; ventre: (*lett.*) **fruit of the w.**, il frutto del proprio ventre; i figli. ● (*fig.*) **in the w. of time**, sulle ginocchia di Giove; nel futuro.
wombat ['wɔmbət], *n.* (*zool., Phascolomys*) vombato.
women ['wimin], *pl.* di **woman**.
womenfolk ['wiminfouk], *n. pl.* (*collett.*) **1** le donne; il sesso femminile **2** le donne della famiglia (*o* della città, ecc.).
won [wʌn], *pass.* e *p. p.* di **to win**.
wonder ['wʌndə*], **A** *n.* **1** meraviglia; ammirazione; stupore; sorpresa: **I was filled with w.**, ero pieno di stupore **2** meraviglia; portento; prodigio; miracolo: **the seven wonders of the world**, le sette meraviglie del mondo; **signs and wonders**, segni premonitori e portenti; **to work** (*o* **to do**) **wonders**, far miracoli; fare prodigi **3** (*fam.*) persona capace di fare miracoli (*fig.*); tipo meraviglioso (*fam.*). **B** *a. attr.* meraviglioso; miracoloso: **w. drugs**, medicine miracolose. ● **w.-struck** (*o* **w.-stricken**), stupefatto; esterrefatto; trasecolato □ **w.-worker**, operatore di miracoli; taumaturgo □ **and no w.**, e non c'è da stupirsi; e c'era da aspettarselo: **He refused to help us, and no w.**, rifiutò d'aiutarci, c'era da aspettarselo □ **for a w.**, incredibile a dirsi: **For a w.**, **he was punctual yesterday**, incredibile a dirsi, ieri fu puntuale □ **in w.**, con stupore; meravigliato, stupito, sorpreso: **She looked at me in w.**, mi guardò stupita □ **a look of w.**, uno sguardo di stupore; un'aria stupita □ **much to my w.**, con mia grande meraviglia (*o* sorpresa) □ **a nine days' w.**, un fuoco di paglia (*it is*) **no w. that...**, non fa meraviglia che...; non c'è da meravigliarsi se... □ **That child is a w.**, quel ragazzo è un prodigio! □ **it is a w. that...**, è sorprendente che...; è un miracolo che: **It is a w. that he wasn't killed**, è un miracolo che non sia stato ucciso □ (*modo prov.*) **Wonders will never cease**, non c'è da stupirsi di nulla; ne succedono (proprio) di tutti i colori.
to wonder ['wʌndə*], *v. i.* e *t.* **1** meravigliarsi; stupirsi; essere sorpreso: **I w. at her saying that**, mi meraviglio che l'abbia detto; **I w. at you**, mi meraviglio di te!; **I wondered to see the whole family sitting on the front pew**, fui sorpreso di vedere tutta la famiglia seduta sulla prima panca (della chiesa) **2** chiedersi; domandarsi; voler sapere; esser curioso di sapere: **I wondered why he had come**, mi chiedevo perché fosse venuto; **I w. who invented the wheel**, vorrei sapere chi ha inventato la ruota. ● **I w. what the time is**, chissà che ora è □ **Can you w. at it?**, che c'è di strano? □ **I'm (just) wondering whether you can tell me...**, forse Lei può dirmi se...; per favore, sa dirmi se...?
wonderboy ['wʌndəbɔi], *n.* (*fam.*) **1** ragazzo prodigio **2** (*sport*) giocatore prodigio; grande rivelazione (*fig.*).
wonderful ['wʌndəful], *a.* meraviglioso; portentoso; prodigioso;

wonderingly

stupefacente; stupendo; (fam.) eccellente, ottimo, splendido: **What a w. machine!**, che macchina meravigliosa!; **w. courage**, coraggio prodigioso; **w. weather**, tempo splendido; **a w. sight**, una vista stupenda.

wonderingly ['wʌndərɪŋli], avv. con meraviglia; con stupore; con aria stupita.

wonderland ['wʌndəlænd], n. il paese delle meraviglie.

wonderment ['wʌndəmənt], n. **1** meraviglia; stupore **2** cosa meravigliosa; fatto stupefacente; portento; prodigio.

wondrous ['wʌndrəs], **A** a. (poet., retor.) meraviglioso; mirabile. **B** avv. (lett.) mirabilmente: **w. gentle**, mirabilmente gentile.

wonky ['wɒŋki], a. (fam.) **1** barcollante; traballante; instabile; vacillante; malfermo: **w. chair**, una sedia traballante; **w. legs**, gambe malferme **2** tentennante; incostante.

wonna ['wɒnə], voce verb. (pop. per **want to**) volere: **I w. go**, voglio andare (o andarmene).

won't [wount], contraz. di **will not**.

wont [wount], **A** a. pred. abituato; avvezzo; solito: **He was w. to say that all girls are silly**, era solito dire che tutte le ragazze sono sciocche. **B** n. abitudine; consuetudine; usanza; costume: **It was his w. to walk ten miles every day**, era sua abitudine fare dieci miglia a piedi ogni giorno. ● **as he was w. to say**, come soleva dire □ **use and w.**, usi e costumi □ **He came home later than was his w.**, tornò a casa più tardi del solito.

wonted ['wountɪd], a. (raro) abituale; solito; consueto; usuale: **with his w. courtesy**, con la sua abituale cortesia.

to woo [wu:], **A** v. t. **1** (un tempo) corteggiare; far la corte a; chiedere la mano di (una ragazza) **2** (fig., lett.) cercare (di ottenere q.c.); andare in cerca di; mirare a; perseguire: **to woo fame (success, etc.)**, andare in cerca della fama (del successo, ecc.) **3** (fig.) fare la corte a; blandire (i potenti, gli elettori, ecc.). **B** v. i. (un tempo) amoreggiare; far l'amore.

wood [wud], n. **1** (spesso al pl.) bosco; foresta; selva: **a clearing in the woods**, una radura nei boschi; **The mountains are covered with thick woods**, le montagne sono coperte da fitte foreste **2** legno; legname; legna: **hard (soft) w.**, legno duro (dolce); **a house made of w.**, una casa di legno; **W. is useful**, il legname è utile; **Go and fetch some more w.**, va a prendere dell'altra legna! **3** botte; barile; fusto: **beer (drawn) from the w.**, birra spillata dalla botte; **whisky aged in the w.**, whisky invecchiato in fusto **4** (pl., mus.) strumenti a fiato in legno; legni **5** manico (o legno); impugnatura **6** (bocce) boccino **7** (sport) bastone (o mazza) da golf. ● (chim.) **w. alcohol**, alcol di legno; alcol metilico; metanolo □ (bot.) **w. anemone** (Anemone nemorosa), anemone dei boschi □ **w.-block**, blocchetto di legno; (anche) xilografia di filo (grafica) **w.-block printing**, xilografia (il processo) □ **w.-carver**, intagliatore □ **w.-carving**, intaglio in legno □ **w. coal**, carbone di legna; (anche) lignite □ **w.-engraver**, incisore su legno; xilografo □ **w.-engraving**, incisione su legno; xilografia di testa □ **w. filler**, stucco; turapori di legno □ **w. flour**, farina di legno □ **w.-house**, legnaia □ (zool.) **w.-lark** (Lullula arborea), tottaviglia □ (bot.) **w.-lily**, (Convallaria majalis) mughetto; (Pyrola minor) pirolette soldanina □ (zool.) **w.-louse** (pl. **w.-lice**) (Oniscus) onisco □ **w.-notes**, note boscherecce; (fig.) poesia ingenua, spontanea □ (mitol.) **w. nymph**, ninfa dei boschi; driade □ **w. paper**, carta di pasta di legno □ (zool.) **w. pigeon**, (Columba palumbus) colombaccio; (Columba oenas) colombella □ **w. pulp**, pasta di legno; cellulosa □ (mecc.) **w. screw**, vite da legno □ **w. spirit**, V. **w. alcohol** □ (chim.) **w. tar**, catrame di legno □ **w.-turner**, tornitore di legno □ **w.-turning**, tornitura di legno □ **w. wool**, lana di legno □ (fig.) **to be out of the w.**, esser fuori dei guai (o fuori pericolo) □ **to take to the woods**, darsi alla macchia □ (fig.) **to be unable to see the w. for the trees**, perdersi nei particolari □ (fam.) **Touch w.!**, tocca ferro! (per scaramanzia) □ (prov.) **Don't halloo till you are out of the w.**, non cantar vittoria troppo presto!; non dire gatto finché non è nel sacco!

woodbin ['wudbɪn], n. recipiente per la legna da ardere.

woodbind ['wudbaɪnd], V. **woodbine**.

woodbine ['wudbaɪn], n. (bot.) **1** (Lonicera caprifolium) caprifoglio; vincibosco; abbracciabosco **2** (Parthenocissus quinquefolia) vite del Canada.

woodchuck ['wudtʃʌk], n. (zool., Marmota monax) marmotta americana.

woodcock ['wudkɔk], n. (zool., Scolopax rusticola) beccaccia.

woodcraft ['wudkra:ft], n. (specialm. USA) **1** conoscenza delle foreste (o della vita nei boschi) **2** abilità nel lavorare il legno.

woodcut ['wudkʌt], n. incisione su legno; xilografia.

woodcutter ['wud‚kʌtə*], n. **1** boscaiolo; tagliaboschi **2** (arte, grafica) incisore su legno; xilografo.

wooded ['wudɪd], a. boscoso; boschivo; coperto d'alberi.

wooden ['wudn], a. **1** di legno; legnoso; ligneo: **a w. bucket**, un secchio di legno; **w. steps**, gradini di legno **2** impacciato; legnoso; inespressivo; rigido; stereotipato: **w. motions**, movimenti rigidi; **w. poses**, pose rigide; **a w. stare**, uno sguardo inespres-sivo; **a w. smile**, un sorriso stereotipato. ● (fig.) **w. head**, testa di legno; zuccone; stupido □ **w.-headed**, stupido; tonto □ **w.-headedness**, stupidità; ottusità □ (fig.) **w. horse**, cavallo di Troia □ (fam., fig.) **the w. spoon**, il premio per l'ultimo (in una gara); la medaglia di cartone (fig.) □ (stor., fig.) **w. walls**, navi da guerra (quando erano di legno).

woodenware ['wudnwɛə*], n. (collett.) oggetti di legno.

woodiness ['wudɪnɪs], n. **1** boscosità **2** legnosità.

woodland ['wudlənd], **A** n. terreno boscoso; foreste; boschi. **B** a. attr. boschivo; silvestre; silvano: **w. pastures**, pascoli boschivi; **a w. area**, una regione silvestre. ● (fig., poet.) **the w. choir**, gli uccelli.

woodlander ['wudləndə*], n. abitante dei boschi.

woodless ['wudlɪs], a. senza boschi; brullo.

woodman ['wudmən], n. (pl. **woodmen**) **1** guardaboschi; guardia forestale **2** boscaiolo; tagliaelegna **3** abitante dei boschi.

woodpecker ['wud‚pekə*], n. (zool.) picchio.

woodpile ['wudpaɪl], n. catasta di legna.

woodruff ['wudrʌf], n. (bot., Asperula odorata) stellina odorosa.

woodshed ['wudʃed], n. legnaia.

woodsman ['wudzmən], n. (pl. **woodsmen**) **1** abitante dei boschi **2** boscaiolo; tagliaelegna.

woodsy ['wudzi], a. (USA) boschivo; silvestre; silvano.

woodwind ['wudwɪnd], n. (mus., collett.) strumenti a fiato di legno (flauto, oboe, ecc.); legni.

woodwork ['wudwə:k], n. **1** lavorazione del legno; falegnameria; carpenteria **2** lavoro in legno; oggetti di legno **3** (edil.) parti in legno di una casa (porta, scale, ecc.); boiserie (franc.).

woodworker ['wud‚wə:kə*], n. falegname; carpentiere.

woodworking ['wud‚wə:kɪŋ], n. lavorazione del legno; falegnameria; carpenteria: **w. machinery**, macchine per la lavorazione del legno.

woodworm ['wudwə:m], n. (zool.) tarlo. ● (agric., ecologia) **w. control**, disinfestazione dai tarli.

woody ['wudi], a. **1** boscoso; coperto d'alberi: **a w. hill**, un colle boscoso **2** di legno; legnoso; ligneo: **w. tissue**, tessuto ligneo.

wooer ['wu:ə*], n. (un tempo) corteggiatore; pretendente.

woof (1) [wu:f], n. (ind. tessile) **1** trama **2** (per estens.) tessuto; stoffa.

woof (2) [wuf], inter. buf!; bau! (verso del cane).

to woof [wuf], v. i. (del cane) **1** abbaiare **2** ringhiare.

woofer ['wu:fə*], n. (ing.) altoparlante per basse frequenze.

wooing ['wu:ɪŋ], n. (un tempo) corteggiamento.

wooingly ['wu:ɪŋli], avv. (arc.) con allettamenti; con moine.

wool [wul], **A** n. **1** (ind. tessile) lana; vello (delle pecore, capre, ecc.): **pure w.**, pura lana; **We get w. from Australia**, importiamo lana dall'Australia; **W. keeps you warmer than cotton**, la lana tiene più caldo del cotone **2** (scherz.) capelli crespi; capelli (in genere) **3** peluria, pelo, lanugine (di animale) **4** (bot.) lanugine; lana; pelo. **B** a. attr. di lana: **This suit is pure w.**, quest'abito è di pura lana; **a w. scarf**, una sciarpa di lana. ● **w. carder**, cardatrice □ **w. cloth**, panno di lana □ **w.-combing**, pettinatura della lana □ **w.-dyed**, V. **dyed-in-the-w.** □ **w. fat** grasso di lana; lanolina □ (arc.) **w. fell**, vello di pecora; pelle di pecora con la lana attaccata □ **w.-gathering**, (agg.) distratto, sbadato; (sost.) distrazione, sbadataggine □ **w. grease**, V. **w. fat** □ **w.-grower**, allevatore di pecore □ **w.-growing**, (agg.) che alleva pecore; (sost.) allevamento delle pecore □ **w. hall**, mercato della lana; Borsa della lana □ **w. merchant**, commerciante di lana □ **w. pack**, (stor.) balla di lana (di 240 libbre); (arc.) cielo a pecorelle □ **w. stapler**, cernitore della lana; chi vende lana grezza □ **the w. trade**, il commercio della lana; l'industria laniera □ **w. waste**, cascami di lana □ **Berlin w.**, lana fine e colorata, per maglierie □ **carding w.** (o **short w.**), lana da carda; lana corta □ **combing w.** (o **long w.**), lana da pettine; lana lunga □ **dyed-in-the-w.**, (di tessuto) tinto prima della filatura; (fig.) consumato, inveterato, radicato; (di sportivo e sim.) fanatico, appassionato; (di politico, ecc.) dalla testa ai piedi, tutto d'un pezzo; (di uno scapolo, ecc.) impenitente □ (fig.) **to go for w. and come home shorn**, andare per suonare ed essere suonati; tornare con le pive nel sacco □ (fam.) **to keep one's w. on**, restare calmo; non arrabbiarsi □ **long-stapled w.**, lana a fibra lunga □ (fam.) **to lose one's w.**, andare in collera; arrabbiarsi □ (fig.) **much cry and little w.**, molto fumo e poco arrosto □ (fig.) **to pull the w. over sb.'s eyes**, gettar fumo negli occhi a q.; ingannare q.

woollen, (USA) **woolen** ['wulɪn], **A** a. di lana: **a w. rug**, un tappeto di lana; **w. cloth**, stoffa di lana **2** (ind.) della lana; laniero: **w. manufacturers**, industriali lanieri.

woollens, (USA) **woolens** ['wulənz], n. pl. articoli (o indumenti) di lana; lanerie.

woolliness, (USA) **wooliness** ['wulɪnɪs], n. **1** lanosità **2** (fig.) confusione mentale.

woolly, (USA) **wooly** ['wuli], **A** a. **1** lanoso; di lana; lanuto;

lanuginoso: **w. hair**, pelo lanuginoso; capelli lanosi; **a w. puppy**, un cucciolo dal pelo lanuginoso; **the w. flock**, il lanuto gregge **2** (*fig.*) confuso; annebbiato; indistinto: **a w. mind**, una mente confusa, annebbiata; **a w. voice**, una voce indistinta. **B** *n.* (*fam.*; *di solito pl.*) indumenti di lana. ● (*zool.*) **w. bear**, bruco velloso (*specialm. della famiglia degli Arctidi*) □ **w. clouds**, cielo a pecorelle □ (*fam.*) **w. elephant**, mammut □ **w.-headed**, dai capelli lanosi (*o* crespi); (*fig.*) che ha idee confuse, vaghe; svampito □ (*fam. USA*) **wild and w.**, disordinato; senza legge; violento; (*specialm.*) del (*o* che ricorda il) Far West.
woolman ['wulmən], *n.* (*pl.* **woolmen**) commerciante di lana.
woolsack ['wul-sæk], *n.* **1** sacco di lana **2** — (*polit.*) **the W.**, il cuscino (*imbottito di lana*) del seggio del Lord Cancelliere. ● (*fig.*) **to reach the W.**, diventare Lord Cancelliere □ (*fig.*) **to take seat on the W.**, aprire la seduta alla Camera dei Lord.
woolshed ['wulʃed], *n.* stazione di tosa (*delle pecore*).
Woolwich ['wulidʒ], *n.* **1** (*geogr.*) Woolwich (*sobborgo di Londra, sul Tamigi*) **2** (*stor.*) accademia militare di Woolwich.
woozy ['wu:zi], *a.* (*fam.*) che ha le vertigini; a cui gira la testa (*fam.*).
wop (1) [wɒp], *n.* (*pop., spreg.; forse da «guappo»*) oriundo italiano (*o* latino); immigrato italiano.
wop (2), to wop [wɒp], *V.* **whop, to whop**.
word [wə:d], *n.* **1** parola; termine; vocabolo: **He is a man of few words**, è un uomo di poche parole; **Don't say a w. about it**, non farne parola a nessuno!; **«Good» is not the w. for him**, «buono» non è il termine esatto per lui; **How many English words do you know?**, quanti vocaboli inglesi conosci?; **He gave his w.**, diede la sua parola (d'onore); **good words**, buone parole; parole di consolazione (*o* d'incoraggiamento); **You can take my w. for it**, puoi credermi sulla parola **2** notizia; notizie; informazione; messaggio: **W. came that the enemy was approaching**, giunse notizia che l'esercito nemico si stava avvicinando; **I have had no w. from him yet**, sono ancora senza sue notizie; non ho ricevuto alcun messaggio da lui; **No w. from home**, nessuna notizia da casa **3** (*mil.*) parola d'ordine; (*fig.*) motto; comando; ordine; segnale: **Sharp's the w.**, il nostro motto è «far presto!»; **The captain gave the w. to advance**, il capitano diede l'ordine d'avanzare; **The chief will give the w. to start**, il capo darà il segnale della partenza **4** (*elab.*) parola; codice; voce **5** — (*relig.*) **the W.**, il Verbo; il Vangelo; la Parola di Dio. ● (*med.*) **w. blind**, affetto da cecità verbale (*o* da alessia, da dislessia) □ (*med.*) **w. blindness**, alessia; dislessia □ **w.-book**, lessico, vocabolario; (*mus.*) libretto d'opera □ **w.-bound**, impacciato nel parlare; che non vuol parlare □ (*gramm.*) **w. building** (*o* **w. formation**), formazione delle parole □ (*med.*) **w. deaf**, affetto da afasia acustica (*o* da sordità verbale) □ **w. for w.**, parola per parola; alla lettera; letteralmente: **Repeat what he said w. for w.**, ripeti quello che ha detto parola per parola!; **to translate w. for w.**, tradurre alla lettera □ **a w. in season**, una parola al momento giusto; un consiglio opportuno □ (*mil.*) **w. of command**, comando; ordine □ **w. of honour**, parola d'onore □ (*gramm.*) **w. order**, costruzione della frase □ **a w. out of season**, un consiglio inopportuno; un intervento fuori luogo □ (*fig.*) **a w.-painter**, un narratore pittoresco □ **w.-perfect**, che sa perfettamente a memoria una poesia (*o* una parte teatrale, ecc.) □ **w. picture**, descrizione pittoresca, vivida □ **w.-play**, scambio di parole spiritose; schermaglia; gioco di parole □ (*elab.*) **w. processing**, trattamento di testi □ **w.-splitter**, sofista; pedante; chi spacca un capello in quattro □ **w.-splitting**, (*agg.*) pedantesco; (*sost.*) sofisticheria, pedanteria □ **w. square**, quadrato magico (*nell'enigmistica*) □ **to be as good as one's w.**, essere un uomo di parola; mantenere le promesse □ **big words**, parole grosse; vanterie; fanfaronate; insulti □ **bold in words only**, audace a parole; coraggioso a chiacchiere □ **to break one's w.**, non tener fede alla parola data; non mantenere le promesse □ **by w. of mouth**, oralmente; verbalmente; a viva voce □ **to coin words**, coniare parole nuove □ **to eat one's words**, rimangiarsi le proprie parole; ritrattare; ammettere il proprio torto □ (*fig.*) **to hang on sb.'s words**, pendere dalle labbra di q.; ascoltare q. con grande attenzione □ **to have the last w.**, aver l'ultima parola □ **to have a few words with sb.**, scambiare qualche parola con q. □ **to have a w. in sb.'s ear**, dire una parola nell'orecchio di q. □ **to have words with sb.**, venire a parole (*o* avere un diverbio) con q. □ **high** (*o* **hot, sharp**) **words**, parole risententi; parole d'ira □ **honest in word and deed**, onesto a parole e nei fatti □ **in a** (*o* **in one**) **w.**, in una parola; in breve □ **in other words**, in altri termini □ **in so many words**, esattamente; in tutte lettere; esplicitamente: **He didn't say that in so many words, but that's what he meant**, non lo disse esplicitamente, ma questo è ciò che voleva dire □ **to keep one's w.**, essere di parola; mantenere le promesse □ (*fig.*) **the last w. in**, l'ultima novità in fatto di: **This is the last w. in television sets**, questa è l'ultima novità in fatto di televisori □ **to leave w.**, lasciar detto (*q.c.* a *q.*) □ **long words**, polisillabi; parole difficili; paroloni; **He always uses long words**, usa sempre parole difficili □ **a man of many words**, un uomo loquace □ **on** (*o* **with**) **the w.**, detto fatto; subito; immediatamente □ **a play upon words**, un gioco di parole □ **to proceed from words to blows**, passare (dalle parole) alle vie di fatto □ **to put one's thoughts into words**, tradurre in parole i propri pensieri □ **to say** (*o* **to put in**) **a good w. for sb.**, dire (*o* mettere) una buona parola in favore di q.; raccomandare q. □ (*fig.*) **to say the w.**, dire la parola decisiva; dare la propria approvazione; dare l'ordine (*di cominciare q.c.*) □ **to send sb. w.**, dare notizia a q.; avvertire q. □ **to take sb. at his w.**, prendere q. in parola; credere a q. sulla parola □ **to take words for things**, scambiare le parole per fatti □ **to take the words out of sb.'s mouth**, togliere la parola di bocca a q. □ **too beautiful for words**, tanto bello da non potersi descrivere; d'indescrivibile bellezza □ **too good for words**, d'indicibile bontà □ **to waste words on sb.**, sprecare il fiato con q. □ **to weigh one's words**, pesare (*o* misurare) le parole □ **His w. is as good as his bond**, la sua parola è più che sufficiente; la sua parola vale un impegno scritto □ **Upon my w.!**, parola (d'onore)!; sul mio onore! □ **My w.!**, perbacco! □ (*fig.*) **He hasn't a w. to throw at a dog**, non rivolge la parola a nessuno □ **It's too exciting for words**, è indescrivibile quanto sia emozionante □ **Don't breathe** (*o* **mention**) **a w. about it**, non farne parola ad alcuno!; non fiatare! □ **It is a w. and a blow with him**, passa troppo facilmente dalle parole ai fatti; è troppo impulsivo □ (*prov.*) **A w. to the wise is enough**, a buon intenditor poche parole □ (*prov.*) **Good words without deeds are rushes and reeds**, belle parole e cattivi fatti ingannano savi e matti □ (*prov.*) **Kind words go a long way**, le buone parole possono molto □ (*prov.*) **Good words fill not a sack**, le belle parole non riempiono il sacco □ (*prov.*) **Words are but wind**, le parole volano (*cfr. lat. «Verba volant»*).
to word [wə:d], *v. t.* mettere in parole; esprimere; formulare; redigere; scrivere: **I don't know how to w. my letter**, non so come formulare la lettera; **It should be worded differently**, bisognerebbe dire la cosa con parole diverse; **a well-worded letter**, una lettera scritta bene (*con precisione di linguaggio*) □ **a telegram worded as follows**, un telegramma così concepito (*o* del seguente tenore).
wordiness ['wə:dinis], *n.* verbosità; prolissità.
wording ['wə:diŋ], *n.* **1** enunciazione; espressione; formulazione: **A different w. might be better**, forse una formulazione diversa è da preferirsi; **The meaning is clear, though the w. is involved**, il significato è chiaro anche se l'enunciazione è involuta **2** redazione; stesura **3** dicitura: **What is the w. on this rubber stamp?**, che dicitura porta questo timbro?
wordless ['wə:dlis], *a.* **1** senza parole; muto (*per lo stupore, ecc.*) **2** inespresso; non detto **3** (*mus.*) muto: **a w. chorus**, un coro muto.
wordy ['wə:di], *a.* verboso; prolisso: **a w. document**, un documento prolisso. ● **a w. man**, un uomo loquace; un parolaio.
wore [wɔ:*], *pass.* di **to wear**.
work [wə:k], *n.* **1** lavoro; opera; attività; fatica: **He doesn't like w.**, il lavoro non gli piace; **Can you do this w. alone?**, puoi fare questo lavoro da solo?; **a day's w.**, il lavoro d'una giornata; **This is the w. of the Fiend**, questo è opera del Maligno; **Shakespeare's works**, le opere di Shakespeare; **This painting is my own w.**, questo dipinto è opera mia; **a w. of art**, un'opera d'arte; **works of art**, opere d'arte; **to find** (*o* **to get**) **w.**, trovar lavoro; trovare da lavorare; **A teacher does his w. at school**, l'insegnante svolge la sua attività a scuola; **to go to w.**, andare al lavoro; **My father is at w. now**, mio padre è al lavoro; **It was hard w. climbing the hill**, la scalata del monte fu una dura fatica **2** (*pl., di solito col verbo al sing.*) fabbrica; officina; opificio; stabilimento: **The works are to open again soon**, la fabbrica sarà presto riaperta; **The biggest works is outside the town**, lo stabilimento più grande è fuori della città; **a gas works**, un'officina del gas **3** (*pl.*) meccanismo; ingranaggio; congegno; movimento: **The works need to be repaired**, bisogna riparare il congegno; **The works of a clock** (**of a watch**), il movimento di un orologio **4** (*pl.*) opere, lavori (d'ingegneria); (*mil.*) fortificazioni: **public works**, opere di pubblica utilità; lavori pubblici; **defensive works**, opere di difesa **5** (*mecc., anche* **workpiece**) pezzo (da lavorare): **to true up the w.**, centrare il pezzo. ● «**Works ahead**», «lavori in corso» (*cartello*) □ **w.-bag**, borsetta da lavoro □ **w.-basket**, cestino da lavoro □ **w.-box**, cassetta da lavoro □ (*econ.*) **w. by the day**, lavoro a giornata; lavoro in economia □ (*ind.*) **w. cycle**, ciclo di lavorazione □ (*econ.*) **w. force**, forza di lavoro □ **w. group**, gruppo di lavoro □ (*econ.*) **w.-in**, sciopero di protesta con presenza sul posto di lavoro e rifiuto di osservare i regolamenti □ **w. in hand** (*o* **in progress**), lavoro in corso □ **works of mercy**, opere di bene; azioni caritatevoli □ (*ind.*) **w. order**, buono (*o* commessa) di lavorazione □ **w.-out**, (*sport*) allenamento, preparazione (*ginnica, ecc.*); (*fig.*) collaudo, rodaggio (*fig.*) □ **w.-people**, operai, operaie; lavoratori; manodopera □ **w.-room**, laboratorio, stanza di lavoro □ **w.-shy**, svogliato;

poco amante del lavoro ☐ (*ind.*) **w.-study**, studio dell'organizzazione del lavoro ☐ (*USA*) **w.-study scholarship**, borsa di studio con lavoro part-time ☐ **w.-table**, tavolino da lavoro ☐ (*econ.*) **w.-to-rule**, sciopero bianco ☐ **w.-week**, settimana lavorativa ☐ **all in the day's w.**, tutto regolare; roba d'ordinaria amministrazione ☐ **to be at the works**, essere in fabbrica; essere in officina ☐ **to be at w. upon st.**, lavorare a q.c.; essere occupato a fare q.c. ☐ **brick-works**, fornace per laterizi ☐ **dirty w.**, lavoro che sporca; lavoro pesante (*o* sgradevole, odioso); (*anche*) lavoro poco pulito (*fig.*); attività illegale, illecita ☐ **dry** (*o* **thirsty**) **w.**, lavoro che mette sete ☐ (*cucito*) **fancy w.**, decorazione a ricamo ☐ **glass-works**, vetreria ☐ **to have a hand in the w.**, avere le mani in pasta ☐ (*fam.*) **to have one's w. cut out**, avere a mano un lavoro difficile; avere un bel da fare ☐ **to be in** (**regular**) **w.**, avere un lavoro (fisso); essere occupato; avere un impiego ☐ **iron-works**, ferriera ☐ **a maid of all w.**, una domestica tutto fare ☐ **to make short** (*o* **quick**) **w. of**, sbrigarsi a; sbarazzarsi di, far piazza pulita di: **You have made short w. of cleaning up the garden**, ti sei sbrigato a pulire il giardino; **I have made short w. of him**, mi sono sbarazzato di lui ☐ **needle--w.**, lavori di cucito; ricami; merletti; pizzi ☐ **to be out of w.**, essere disoccupato ☐ (*raro*) **a person of good works**, una persona che compie opere buone (*o* che fa del bene) ☐ (*econ.*) **piece w.**, lavoro a cottimo ☐ **a piece of w.**, un lavoro; un oggetto lavorato: **What a wonderful piece of w.!**, che magnifico lavoro! ☐ (*ind.*) **safety at w.**, sicurezza sul lavoro ☐ **to set** (*o* **to go**) **about one's w.**, mettersi a lavorare; intraprendere il proprio lavoro ☐ **to set sb. to w.**, mettere q. al lavoro; far lavorare q. ☐ **to set** (*o* **to get**) **to w.**, mettersi al lavoro; mettersi all'opera ☐ **sexual discrimination at w.**, discriminazione sul lavoro in base al sesso; diversità di trattamento fra lavoratori e lavoratrici ☐ **welfare w.**, servizio di assistenza sociale; servizi sociali ☐ **I have done a good day's w.**, ho fatto un bel po' di lavoro, oggi ☐ **My w. is in civil engineering** (*o* **as a civil engineer**) faccio (di professione) l'ingegnere (civile).

to work [wə:k] (*pass.* e *p. p.* **worked**, *talora* **wrought**), *A v. i.* **1** lavorare; operare; fare un lavoro: **I've been working all day**, è tutto il giorno che lavoro; **He isn't working at present**, non sta lavorando ora; (*anche*) al momento è senza lavoro (*o* è disoccupato); **to w. hard**, lavorar sodo; **The new servant works well**, il nuovo domestico fa bene il suo lavoro; **I'm working on a new dictionary**, sto lavorando a un nuovo dizionario; **He was given the Nobel Prize because he had worked so hard for peace**, ricevette il premio Nobel per aver tanto operato per la pace **2** funzionare; fare effetto; essere efficace; andare: **The fridge isn't working**, il frigo non funziona; **This machine works quite smoothly**, questa macchina funziona benissimo; **I don't think your idea will w.**, non credo che la tua idea funzionerà; **The remedy didn't w.**, il rimedio non fu efficace; **The plan worked very well**, il piano andò alla perfezione **3** penetrare (con difficoltà): **The worm worked** (**its way**) **into the wood**, il tarlo penetrò nel legno **4** lavorarsi; manipolarsi: **This clay works easily**, quest'argilla si manipola bene **5** (*fig.*) maturare; fermentare: **Let the idea w. in your mind**, lascia che l'idea ti fermenti in testa **6** contrarsi; distorcersi: **Mr Hyde's features began to w. in an awful manner**, i lineamenti di Mr Hyde cominciarono a distorcersi in modo orrendo **7** (*naut.*) manovrare a fatica. **8** (*mecc., naut.*) allentarsi; allascarsi; avere gioco **9** (*del lievito*) fermentare. *B v. t.* **1** lavorare; foggiare; plasmare; manipolare: **to w. the soil**, lavorare la terra; **to w. butter** (**dough**, **etc.**) **well**, lavorar bene il burro (la pasta, ecc.); **to w. clay**, manipolare l'argilla; **to w. iron**, foggiare il ferro **2** far lavorare: **He works his men hard**, fa lavorare sodo i suoi uomini **3** far funzionare; azionare; manovrare; condurre: **to w. a machine**, far funzionare una macchina; **This new plant is worked by nuclear power**, questo nuovo impianto è azionato dall'energia nucleare; **to w. a ship**, manovrare una nave; **to w. an engine**, manovrare una locomotiva; **He worked the train from London to Liverpool**, condusse il treno (fece da macchinista sul treno) da Londra a Liverpool **4** (*tecn.*) comandare: **This gadget works the whole burglar-alarm**, questo aggeggio comanda l'intero antifurto **5** operare; causare; produrre; provocare; compiere; esercitare; fare: **Automation has worked** (*o* **wrought**) **many changes in the car industry**, l'automazione ha operato molti cambiamenti nell'industria automobilistica; **The storm worked great ruin**, la tempesta causò gravi danni; **His speech wrought a great impression on the audience**, il suo discorso produsse una grande impressione sull'uditorio; **to w. mischief**, provocare danni; **to w. miracles**, far miracoli **6** dirigere; essere a capo di: **to w. a farm**, dirigere una fattoria; **to w. a concern**, essere a capo di un'azienda **7** far fermentare: **Yeast works beer**, il lievito fa fermentare la birra **8** sfruttare, coltivare (*una miniera*): **to w. a coal mine**, sfruttare una miniera di carbone **9** ricamare; fare (*cucendo o ricamando*): **to w. one's initials on the linen**, ricamare le proprie iniziali sulla biancheria; **to w. a shawl**, fare uno scialle **10** esercitare un influsso su (q.); convincere; indurre; persuadere: **You should w. him to your way of thinking**, dovresti indurlo a condividere il tuo modo di vedere **11** (*fam.*) sistemare; arrangiare (*fam.*); fare in modo: **I'll w. it so that you can come as well**, farò in modo che anche tu possa venire; **How did she w. it?**, come c'è riuscita? *C verbi composti* **1 to w. against sb.**, lavorare ai danni di q. ☐ **to w. against time**, lottare col tempo ☐ **to w. against war**, lottare contro la guerra. **2 to w. away**, continuare a lavorare. **3 to w. in**, inserire; introdurre: **Can't you w. in a few anecdotes?**, non puoi inserire qualche aneddoto? ☐ **to w. in with**, accordarsi con: **My plans don't w. in with yours**, i miei progetti non si accordano con i tuoi. **4 to w. off**, disbrigare, sbrigare; sfogare; dar sfogo a, liberarsi di; spacciare, vendere, svendere; pagare col proprio lavoro; (*tipogr.*) stampare, tirare (*copie*): **to w. off a lot of correspondence**, sbrigare un mucchio di corrispondenza; **He worked off his anger**, sfogò la sua ira; **We hope to w. off ten thousand copies**, speriamo di venderne diecimila copie; **to w. off a debt**, pagare un debito col proprio lavoro. **5 to w. on**, continuare a lavorare; influenzare, influire su (q.) **6 to w. out**, calcolare, risolvere; decifrare; operare, compiere; elaborare, progettare; esaurire (*una miniera*); funzionare, andare a finire; risultare, venire; uscire, venir fuori; (*sport: di pugile*) allenarsi (*rag.*) **to w. out the interests**, calcolare gli interessi; (*mat.*) **to w. out a problem**, risolvere un problema; **to w. out a code message**, decifrare un messaggio cifrato; **to w. out a scheme**, elaborare un progetto; **The plan worked out badly**, il piano andò a finire male (*o* dette cattivi risultati); **This sum won't w. out**, questa somma non viene (*o* non torna); **At last the thorn worked out of my finger**, alla fine la spina mi uscì dal dito ☐ **to w. out one's fate**, essere l'artefice del proprio destino ☐ (*mat.*) **to w. out to**, ammontare, assommare a (*una certa cifra*). **7 to w. over**, esaminare attentamente; (*pop.*) pestare, massacrare (q.). **8 to w. up**, costruire faticosamente, creare, farsi; suscitare, eccitare, stimolare, fomentare; elaborare, sviluppare: **to w. up a big concern**, creare a poco a poco una grande azienda; **to w. up a reputation for one's products**, farsi una reputazione grazie alla bontà dei propri prodotti; **The speaker worked up the patriotic feelings of the audience**, l'oratore eccitò i sentimenti patriottici dell'uditorio; **to w. up a friendly feeling**, suscitare un sentimento d'amicizia; **to w. up a civil war**, fomentare una guerra civile; **to w. up a collection of facts into a magazine article**, elaborare una serie di fatti ricavandone un articolo per una rivista; **to w. up a sketch into a portrait**, sviluppare uno schizzo ricavandone un ritratto ☐ **to w. up to a climax**, arrivare al culmine, raggiungere l'acme (a poco a poco). **9 to w. upon**, influire su; influenzare; giocare su: **He tried to w. upon my feelings**, tentò di giocare sui miei sentimenti (*per farmi fare q.c.*). ● (*di un oratore, ecc.*) **to w. the audience into enthusiasm**, sollevare l'entusiasmo del pubblico ☐ (*econ.*) **to w. by the day**, lavorare a giornata ☐ **to w. clay into a statuette**, modellare una statuetta con l'argilla ☐ (*comm.: di un commesso viaggiatore*) **to w. a district**, lavorare in una zona, fare una zona ☐ **to w. double tides**, fare in un giorno il lavoro di due ☐ (*mecc.*) **to w. loose**, allentare; allentarsi: **The nut of the bolt has worked loose**, s'è allentato il dado del bullone ☐ (*econ.*) **to w. on contract**, lavorare a contratto ☐ (*ind., ecc.*) **to w. overtime**, fare lavoro straordinario; fare lo straordinario ☐ **to w. one's passage** (**on a ship**), pagarsi la traversata (su una nave) lavorando a bordo ☐ **to w.** (**one's way**) **through college**, pagarsi il costo degli studi universitari col proprio lavoro ☐ **to w. oneself to death**, ammazzarsi di lavoro ☐ (*leg.*) **to w. a patent**, sfruttare un brevetto ☐ (*econ.*) **to w. to rule**, fare ostruzionismo sul lavoro; fare uno sciopero bianco ☐ **to w. a typewriter**, scrivere a macchina; fare il dattilografo ☐ **to w. one's will upon sb.**, imporre a q. la propria volontà ☐ (*autom.*) **Men working**, lavori in corso (*cartello*) ☐ **It worked like a charm**, la cosa (*o* tutto) andò a meraviglia; funzionò come d'incanto ☐ (*fam.*) **I'll w. it if I can**, farò di tutto per riuscire; cercherò di farcela.

workability [,wə:kə'biliti], *n.* **1** lavorabilità **2** fattibilità; praticabilità **3** (*edil.: del cemento*) facilità di posa in opera.

workable ['wə:kəbl], *a.* **1** lavorabile; coltivabile: **w. soil**, terreno coltivabile **2** (*di miniera, ecc.*) coltivabile; sfruttabile **3** fattibile; attuabile; realizzabile: **a w. scheme**, un progetto realizzabile **4** (*di macchina*) funzionante. ● **w. clay**, argilla plasmabile.

workableness ['wə:kəblnis], *V.* **workability**.

workaday ['wə:kədei], *a.* **1** comune; ordinario; quotidiano; di tutti i giorni; **w. clothes**, abiti ordinari **2** (*fig.*) noioso; prosaico; tedioso: **a w. life**, una vita tediosa.

workaholic [,wə:kə'hɒlik], *a.* e *n.* (*fam.*) maniaco del lavoro; stacanovista (*fig.*).

workbench ['wə:kbentʃ], *n.* (*ind., mecc., ecc.*) banco da lavoro.

workbook ['wə:kbuk], *n.* **1** libro di esercizi (*con questionari, spazi da riempire, ecc.*) **2** manuale (d'istruzione, ecc.).

workday ['wəːkdei], *n.* (*USA*) giornata lavorativa; giorno feriale: **a seven-hour w.**, una giornata lavorativa di sette ore.

worked ['wəːkt], *a.* (*ind.*) lavorato. ● (*di miniera, di giacimento*) **w.-out**, esaurito, sfruttato □ **w.-up**, agitato, eccitato; arrabbiato, risentito □ **to get w.-up**, agitarsi, eccitarsi, prendersela.

worker ['wəːkə*], *n.* lavoratore, lavoratrice; operaio, operaia: **He's a good w.**, è un gran lavoratore; **a factory w.**, un operaio di fabbrica. ● (*zool.*) **w.-bee**, ape operaia □ **fellow-w.**, compagno di lavoro □ **skilled w.**, operaio specializzato □ **unskilled w.**, operaio non specializzato □ **welfare w.**, assistente sociale.

workfare ['wəːkfɛə*], *n.* programma di assistenza pubblica che prevede prestazioni di lavoro da parte degli assistiti.

workhand ['wəːkhænd], *n.* dipendente; prestatore d'opera; operaio (*dell'industria o agricolo*).

workhorse ['wəːkhɔːs], *n.* **1** cavallo da lavoro **2** (*fig.*; *spesso* **willing w.**) gran lavoratore; stacanovista **3** (*fig.*: *di macchina, veicolo, ecc.*) mulo (*fig.*).

workhouse ['wəːkhaus], *n.* **1** (*in G.B., un tempo*) ricovero di mendicità; ospizio (*per vecchi*) **2** (*in USA*) riformatorio; casa di correzione; casa di lavoro **3** (*arc.*) laboratorio.

working ['wəːkiŋ], **A** *a.* **1** che lavora; attivo; laborioso **2** che funziona; funzionante; in funzione: **a w. model of a plane**, un modello d'aereo che funziona; un aeromodello; **the w. parts of a machine**, le parti funzionanti (*o* mobili) di una macchina **3** sufficiente; discreto; che basta allo scopo: **a w. knowledge of English**, una conoscenza discreta dell'inglese **4** (*di vestito, ecc.*) da lavoro. **B** *n.* **1** lavorazione; lavoro: **cost of w.**, costo di lavorazione **2** funzionamento: **the w. of an engine**, il funzionamento di un motore. ● (*fin., rag.*) **w. capital**, capitale d'esercizio; capitale liquido □ (*econ.*) **the w. class**, la classe operaia; il proletariato □ **w. conditions**, condizioni di lavoro □ (*rag.*) **w. costs**, spese d'esercizio □ **a w. day**, una giornata lavorativa; un giorno feriale □ (*archit.*) **a w. drawing**, un disegno costruttivo □ (*rag.*) **w. expenses**, spese d'esercizio □ (*ind. min.*) **w. face**, sezione di scavo □ **w. hours**, ore lavorative; orario di lavoro □ **w. hypothesis**, ipotesi di lavoro □ **a w. man**, un operaio; un lavoratore □ **w.-out**, calcolo, risoluzione; elaborazione, sviluppo; esecuzione, attuazione: **the w.-out of a problem**, la soluzione di un problema; **the w.-out of a plan**, l'elaborazione di un progetto □ **w. party**, commissione di studio (*o* d'indagine); squadra di lavoro (*di soldati, prigionieri, detenuti, ecc.*) □ (*stat.*) **w. population**, popolazione attiva □ (*econ.*) **w. to rule**, sciopero bianco □ **w. week**, settimana lavorativa: **5-day w. week**, settimana lavorativa di cinque giorni; settimana corta □ **w. woman**, operaia; impiegata; (*in genere*) donna che lavora; (*anche*) moglie di un operaio □ (*mecc.*) **in w. conditions** (*o* **in w. order**), in grado di funzionare; in buono stato.

workings ['wəːkiŋz], *n. pl.* **1** lavorio: **the w. of one's imagination**, il lavorio della fantasia **2** contrazioni; distorcimento: **the w. of his face**, le contrazioni del suo volto **3** (*di miniera*) spessori (*o* strati) coltivati.

workless ['wəːklis], *a.* senza lavoro; disoccupato.

workman ['wəːkmən], *n.* (*pl.* **workmen**) lavoratore; operaio; salariato. ● **workmen's compensation**, indennità per infortuni sul lavoro e malattie professionali □ **skilled w.**, operaio specializzato □ **He's a careful (quick, etc.) w.**, lavora bene (in fretta, ecc.).

workmanlike ['wəːkmənlaik], *a.* ben fatto; fatto con abilità (tecnica); (*di lavoro*) a regola d'arte.

workmanship ['wəːkmənʃip], *n.* **1** abilità; abilità tecnica **2** esecuzione; fattura: **a vase of wonderful w.**, un vaso di favolosa fattura. ● **We are God's w.**, siamo opera di Dio □ **These bookcases are my w.**, questi scaffali (per i libri) li ho fatti io con le mie mani.

workout ['wəːkaut], *n.* (*sport*) allenamento; esercizio preatletico.

workpiece ['wəːkpiːs], *n.* (*ind.*) pezzo (da lavorare).

workroom ['wəːkrum], *n.* stanza di lavoro; laboratorio.

works [wəːks], *V.* **work**, *def.* 2.

workshop ['wəːkʃɔp], *n.* **1** officina; laboratorio **2** (*arte, letter., scienza*) gruppo di lavoro, seminario. ● (*stor., fig.*) **the w. of the world**, l'Inghilterra.

worktop ['wəːktɔp], *n.* piano di lavoro (*in una cucina moderna, ecc.*).

workwoman ['wəːkˌwumən], *n.* (*pl.* **workwomen**) lavoratrice; operaia; salariata.

world [wəːld], *n.* **1** mondo; universo; pianeta, terra; gente, società; vita mondana: (*naut.*) **a cruise round the w.**, una crociera intorno al mondo; **the creation of the w.**, la creazione del mondo; **this w.**, questo mondo; la vita terrena; **the next w.** (*o* **the w. to come**), l'altro mondo; l'al di là; l'oltretomba; (*fig.*) **the w. of business**, il mondo degli affari; **the Old W.**, il Vecchio Mondo; **the New W.**, il Nuovo Mondo; **the Greek w.**, il mondo greco antico; **the English-speaking w.**, la gente di lingua inglese; i popoli anglofoni; **He's a man of the w.**, è un uomo di mondo; **He lives out of the w.**, vive fuori del mondo; non fa vita di società; **He knows** (*o* **He has seen**) **the w.**, conosce il mondo; conosce la vita; (*relig.*) **to forsake the w.**, rinunziare (*o* dire addio) al mondo; **to take the w. as it is**, prendere il mondo come viene **2** (*fam.*) grandissima quantità; (un) mucchio; (un) sacco: **a w. of troubles**, un sacco di guai; **A little rest did me a w. of good** (*o* **worlds of good**), un po' di riposo mi fece un gran bene. ● **to be worlds apart**, essere agli antipodi □ (*sport*) **w.-beater**, campione mondiale □ **w.-class**, di classe (*o* di livello) internazionale □ **a w. language**, una lingua universale □ **the w. of dreams**, il mondo dei sogni □ **the w. of letters**, il mondo delle lettere; i letterati □ **a w. of water**, una vasta distesa d'acqua □ **w.-old**, vecchio come il mondo; antichissimo □ **w. politics**, politica mondiale □ **a w. power**, una potenza mondiale □ (*sport*) **w. ranking**, posizione (occupata) nella classifica del campionato del mondo □ **w.-shaking**, che ha risonanza mondiale □ **a w. too wide**, (di gran lunga) troppo largo, così largo che ci si balla dentro (*per es., di un vestito*) □ **W. War I**, la prima guerra mondiale □ **w.-weary**, stanco del mondo; stanco della vita □ **w.-wide**, (*agg.*) mondiale, universale; (*avv.*) a livello mondiale, in tutto il mondo: **to win w.-wide fame**, raggiungere una fama universale □ **w. without end**, per sempre □ **to be all the w. to sb.**, essere tutto per q.: **My family is all the w. to me**, la mia famiglia è tutto per me □ **all over the w.** (*o* **all the w. over**), in tutto il mondo; dappertutto □ **the animal (mineral, vegetable) w.**, il regno animale (minerale, vegetale) □ **to bring a child into the w.**, mettere al mondo un bambino □ **a citizen of the w.**, un cittadino del mondo; una persona cosmopolita □ **to come into the** (*o* **this**) **w.**, venire al mondo; nascere □ **the external w.**, il mondo esterno □ **the fashionable w.**, il bel mondo □ **for all the w. like**, tale e quale; preciso; identico □ **for the w.**, per tutto l'oro del mondo: **I wouldn't do such a thing for the w.**, non farei una cosa simile per tutto l'oro del mondo □ **to give to the w.**, dare alle stampe; pubblicare □ **to go to the w.'s end**, andare in capo al mondo □ **to go up in the w.**, fare carriera □ **the great w.**, il gran mondo; il bel mondo □ **to let the w. slide**, lasciare che le cose vadano a modo loro; lasciare che il mondo (*o* la gente) parli □ (*mitol.*) **the lower w.**, gli Inferi; l'inferno □ **to make the best of both worlds**, conciliare i piaceri del mondo con la vita spirituale □ **to make a noise in the w.**, far parlare molto di sé; diventare famoso □ **not for the w.**, per nulla al mondo □ **on a w. scale**, su scala mondiale □ (*pop.*) **to the w.**, completamente; del tutto: **drunk to the w.**, ubriaco fradicio □ (*fam.*) **to be on top of the w.**, essere al settimo cielo □ (*fam.*) **to be out of this w.**, essere una cosa dell'altro mondo; essere meraviglioso (*o* favoloso, fantastico) □ **tired to the w.**, stanco morto □ **All the w. knows that...**, tutti sanno che... □ **How goes the w. with you?**, come va la vita? □ **All's right with the w.**, tutto è a posto; tutto va nel migliore dei modi □ (*lett.*) **So wags the w.**, così va il mondo □ **It's the same all over the w.**, tutto il mondo è paese.

worldliness ['wəːldlinis], *n.* **1** mondanità; carattere mondano **2** temporalità; condizione terrena.

worldling ['wəːldliŋ], *n.* persona mondana; persona dedita ai piaceri della vita.

worldly ['wəːldli], *a.* **1** mondano: **w. life**, vita mondana **2** terreno; temporale; materiale: **w. goods**, beni terreni; beni materiali. ● **w.-minded**, attaccato alle cose terrene □ **w.-mindedness**, attaccamento alle cose terrene □ **w. people**, gente dedita ai piaceri della vita □ **w. wisdom**, esperienza delle cose del mondo; accortezza □ **w.-wise**, esperto delle cose del mondo; accorto.

worm [wəːm], *n.* **1** (*zool.*) verme (*anche fig.*); baco; bruco; larva; lombrico; tarlo: **to be food for worms**, essere cibo per i vermi; esser morto e sepolto; **He is a w.!**, è un verme!; un individuo spregevole!; (*zool.*) **silk-w.** (*Bombyx mori*), baco da seta; **earth-w.** (*Lumbricus*), lombrico; (*fig.*) **the w. of conscience**, il tarlo della coscienza; il rimorso **2** (*pl., med., vet.*) elmintiasi, elmintosi **3** (*mecc.*) filetto (*della vite*) **4** (*mecc., anche* **w. screw**) vite senza fine; vite perpetua **5** (*di solito* **w.-pipe**), serpentina (*di un alambicco*) **6** filetto della lingua (*del cane*). ● **w.-cast**, terra evacuata da un lombrico □ (*mecc.*) **w. conveyor**, coclea per trasporto □ **w.-eaten**, roso dai vermi, bacato, tarlato; (*fig.*) antiquato; (*pop.*) vecchio, decrepito □ **-eaten wood**, legno tarlato □ (*scherz.*) **w.'s-eye view**, visione dal basso (*opposto di* **bird's-eye view**) □ **w.-fishing**, pesca coi lombrichi □ (*mecc.*) **w. gear**, ingranaggio a vite; ingranaggio elicoidale □ (*mecc.*) **w. gearing**, trasmissione con vite perpetua □ (*mecc.*) **w. hob**, fresa a vite senza fine □ **w.-hole**, foro di tarlo; tarlatura □ **w.-holed**, bacato; tarlato □ (*farm.*) **w. powder**, vermifugo □ (*bot.*) **w. seed**, santonina (*usata come vermifugo*) □ (*mecc.*) **w. wheel**, ruota d'ingranaggio a vite □ **I am a w. today**, oggi mi sento depresso; sono giù di corda, oggi □ (*prov.*) **Even a w. will turn**, la pazienza ha un limite □ (*fig.*) **The w. is turned**, la situazione è cambiata; la biscia si è rivoltata al ciarlatano (*fig.*).

to worm [wə:m], A *v. i.* 1 *(di un uccello, ecc.)* andare a caccia di vermi 2 *(di un pescatore, ecc.)* cercare vermi 3 muoversi come un verme; strisciare: **The natives wormed through the bushes**, gli indigeni strisciavano tra i cespugli. B *v. t.* 1 – **to w. one's way**, farsi strada *(o* infiltrarsi*)* strisciando; avanzare (entrare, ecc.) furtivamente: **The Redskins wormed their way into the camp**, i pellerosse s'infiltrarono nel campo strisciando sul terreno 2 – **to w. out**, estorcere *(una confessione, ecc.)*; carpire *(un segreto)*; cavare *(informazioni)*; strappare *(una promessa) (dopo lunghi interrogatori, ecc.)*: **The Inquisitor wormed a confession out the poor girl**, l'inquisitore estorse una confessione alla povera ragazza 3 *(med., vet.)* dare un vermifugo a; liberare dai vermi; disinfestare 4 *(mecc.)* filettare *(una vite)* 5 *(naut.)* intregnare *(un cavo)*. **to worm oneself** C *v. rifl.* infiltrarsi strisciando; *(fig.)* insinuarsi *(nel cuore di q., ecc.)*. ● **to w. on** *(o* along*)*, avanzare strisciando □ *(di trave, ceppo, ecc.)* **to be wormed**, essere tarlato; essere roso dai tarli.

wormwood ['wə:mwud], *n.* 1 *(bot., Artemisia absinthium)* assenzio 2 *(fig.)* amarezza; mortificazione; umiliazione: **Life to him was w.**, la vita era per lui una continua mortificazione.

wormy ['wə:mi], *a.* 1 pieno di vermi; bacato; tarlato; verminoso: **a w. apple**, una mela bacata 2 simile a un verme; *(fig.)* abietto, spregevole, strisciante, vile.

worn [wɔ:n], *p. p.* di **to wear**. ● **w.-out**, consunto, logoro; *(di persona)* stressato, esausto, sfinito □ **care-w.**, consumato dagli affanni □ **love-w.**, consumato dall'amore *(o* dalle pene d'amore*)*.

worried ['wʌrid], *a.* preoccupato; infastidito; inquieto; turbato; seccato: **I'm w. about the result of the elections**, sono preoccupato per l'esito delle elezioni; **You are looking w. today**, hai l'aria turbata oggi.

worrier ['wʌriə*], *n.* 1 chi si preoccupa spesso 2 *(raro)* chi causa preoccupazioni; chi provoca fastidi.

worriment ['wʌrimənt], *n. (fam., specialm. USA)* preoccupazione; inquietudine; fastidio; turbamento; seccatura; tormento.

worrisome ['wʌrisəm], *a. (fam.)* 1 preoccupante; fastidioso; seccante 2 che si preoccupa; ansioso; inquieto; irritabile.

worrit, to worrit ['wʌrit], *(dial., fam.)* V. **worry, to worry**.

worry ['wʌri], *n.* 1 ansia; inquietudine; preoccupazione: **He began to notice signs of w. in his wife**, cominciò a notare segni d'inquietudine in sua moglie; **What a w. that boy is**, che seccatura è quel ragazzo! 2 *(generalm. al pl.)* seccatura; fastidio; guaio; preoccupazione; seccatura: **Thanks God, I am free from any worries**, grazie a Dio, sono libero da ogni affanno; **little childish worries**, piccole preoccupazioni da bambini 3 *(di cani, gatti, ecc.)* l'azzannar la preda; l'addentare; il dilaniare. ● **w. beads**, (rosario di) grani da fare scorrere fra le dita *(per rilassarsi)*.

to worry ['wʌri], A *v. t.* 1 infastidire; importunare; seccare; scocciare *(pop.)*: **Stop worrying her!**, smettila d'infastidirla!; **Don't w. you friends with continuous requests of loans**, non seccare i tuoi amici con continue richieste di prestiti!; **She was always worrying him to buy a new car**, lo importunava di continuo perché comprasse un'automobile nuova 2 preoccupare; affliggere; turbare; tormentare: **Is anything worrying you?**, c'è qualcosa che ti preoccupa?; **His old wound worries him**, lo tormenta la sua vecchia ferita 3 azzannare; dilaniare; sbranare: **The cat worried the mouse**, il gatto dilaniò il topo. B *v. i.* 1 preoccuparsi; affliggersi; prendersela; essere in ansia; tormentarsi: **Don't w.!**, non preoccuparti!; **She worries about every little thing**, se la prende per ogni inezia 2 – **to w. at**, azzannare, dar morsi a, addentare *(un oggetto, la preda)*; *(fig.)* importunare; insistere con *(q.; perché faccia q.c.)*. **to worry oneself** C *v. rifl.* preoccuparsi; tormentarsi. ● **to w. along**, sbrigarsela; trarsi d'impaccio; tirare avanti □ **to w. at a problem**, tentare e ritentare di risolvere un problema *(scherma, arc.)* **to w. the sword**, molestare l'avversario con finte (rapide mosse, ecc.) □ *(fam., iron.)* **I should w.!**, non me ne importa un fico!; me ne frego! *(pop.)*.

worrying ['wʌriiŋ], *a.* 1 fastidioso; molesto; tormentoso 2 preoccupante; che turba.

worse [wə:s], A *a. (compar. di* **bad**, **ill**) 1 peggiore; più cattivo: **He is bad but his brother is w.**, lui è cattivo ma suo fratello è peggiore; **This road is w. than that one**, questa strada è peggiore di quella 2 più male *(di salute)*: **He was much w. than he thought**, era molto più malato *(o* stava molto peggio*)* di quanto non credesse. B *avv. (compar. di* **badly, ill**) peggio: **You are playing w. than ever**, giochi peggio che mai. C *n.* (il) peggio; (la) cosa peggiore *(fra due)*: **W. was to follow**, il peggio doveva ancora venire; **Things are going from bad to w.**, le cose vanno di male in peggio. ● **to be the w. for wear**, *(d'abito, ecc.)* portare i segni dell'uso, essere liso *(o* spiegazzato, ecc.*)*; *(di persona)* recare i segni (le rughe, ecc.) del tempo *(o* del lavoro*)* □ **to be w. off**, essere in peggiori condizioni: **Being out of work, he is w. off than ever**, essendo disoccupato, si trova in peggiori condizioni che mai □ **to change for the w.**, cambiare in peggio; peggiorare □ **a change for the w.**, un mutamento in peggio □ **to get w.**, peggiorare; stare peggio: **The patient is getting w. and w.**, l'ammalato peggiora di continuo *(o* continua a peggiorare*)* □ **to have the w.**, avere la peggio □ **none the w.**, lo stesso; anche (di) più: **I'll love you none the w. if you speak frankly**, ti vorrò anche più bene, se parlerai francamente □ **to put sb. to the w.**, avere la meglio su q.; sconfiggere q. □ **He is none the w. for the accident**, non ha risentito affatto dell'incidente □ **So much the w.**, tanto peggio! □ **This old hat is the w. for wear**, questo vecchio cappello è proprio mal ridotto *(o* ha fatto le sue battaglie*)*.

to worsen ['wə:sn], *v. t.* e *i.* peggiorare; aggravare; aggravarsi: **The situation has worsened**, la situazione s'è aggravata.

worship ['wə:ʃip], *n.* 1 adorazione; culto; venerazione: **a place of w.**, un luogo dedicato al culto; una chiesa; **an object of w.**, un oggetto di venerazione *(o* di culto*)*; **the w. of wealth**, il culto della ricchezza; **He was regarding her with w. in his eyes**, la fissava con uno sguardo d'adorazione 2 *(titolo)* eccellenza; eminenza; signoria: **Your Worships**, le Signorie Vostre; **Your W.**, Vostra Eccellenza 3 *(arc.)* merito; virtù; fama: **men of w.**, uomini di gran merito; **to win w.**, acquistar fama. ● **image w.**, iconolatria □ *(relig.)* **public w.**, culto pubblico; servizio religioso.

to worship ['wə:ʃip], *v. t.* e *i.* 1 adorare; venerare; idolatrare: **to w. false gods**, adorare false divinità; **to w. one's mother**, idolatrare la propria madre 2 andare in chiesa: **Where do they w.?**, in quale chiesa vanno?; a quale confessione appartengono?

worshipful ['wə:ʃipful], *a. (specialm. nei titoli)* venerabile; onorevole; eccellente: **the Right W. Lord Mayor of Chester**, il molto onorevole sindaco di Chester.

worshipper, *(USA)* **worshiper** ['wə:ʃipə*], *n.* adoratore; veneratore. ● *(collett., relig.)* **the worshippers**, i fedeli.

worst [wə:st], A *a. (superl. relat. di* **bad**, **ill**) (il) peggiore: **Which of them do you think is w.?**, quale di loro credi che sia il peggiore?; **That's the w. thing that could have happened**, è la cosa peggiore che potesse capitare; **He's the w. player on the team**, è il peggior giocatore della squadra. B *avv. (superl. relat. di* **badly, ill**) peggio (di tutti); nel peggiore dei modi: **Tom played the w.** *(o* **w. of all**), Maso giocò peggio di tutti. C *n.* (il) peggio; (la) peggior cosa: **The w. is yet to come**, il peggio deve ancora venire; **The w. of it is that...**, il peggio è che...; **The w. of the epidemic is over**, il peggio dell'epidemia è passato. ● **at (the) w.**, alla peggio; (per) male che vada □ **at one's w.**, nelle peggiori condizioni; nel momento peggiore: **He was very tired last night, so you saw him at his w.**, era stanchissimo ieri sera, perciò l'hai visto nelle condizioni peggiori □ **to get the w. of it**, avere la peggio □ **if the w. comes to the w.**, se le cose volgono al peggio; nel peggiore dei casi; se si mette male □ *(fam. USA)* **in the w. way**, moltissimo: **I want an ice cream in the w. way**, desidero moltissimo un gelato; ho una grandissima voglia di mangiare un gelato □ **to put sb. to the w.**, aver la meglio su q.; sconfiggere q. □ **Do your w.**, fa' pure!; imperversa fin che vuoi! □ **Let him do his w., I'm not afraid of him**, faccia pure, non lo temo!

to worst [wə:st], *v. t.* avere la meglio su (q.); sconfiggere; sgominare; battere; vincere: **The prime minister worsted his opponents**, il primo ministro ebbe la meglio sui suoi oppositori. ● **to be worsted**, avere la peggio; essere sconfitto.

worsted ['wustid], *(ind. tessile)* *n.* lana pettinata; pettinato di lana; tessuto *(o* filato*)* pettinato. ● **w. cloth**, pettinato di lana □ **w. socks**, calzini di lana pettinata.

wort [wə:t], *n.* 1 *(bot.; solo nei composti)* pianta; erba 2 mosto di malto *(prima della fermentazione)*.

worth (1) [wə:θ], A *a. pred.* 1 che vale; del valore di; valevole: **a thing that is w. nothing**, una cosa che non vale nulla, di nessun valore 2 degno; meritevole; che vale la pena: **a film w. seeing**, un film che merita d'essere visto; **Is it w. all the trouble?**, val la pena darsi tanto da fare? 3 *(di persona)* in possesso di, che ha *(un certo patrimonio)*: **He is w. a million pounds**, possiede un milione di sterline; **What's the steel magnate w.?**, qual è il patrimonio del magnate dell'acciaio? B *n.* 1 valore; merito; pregio: **a jewel of great w.**, un gioiello di grande valore; **What's the w. of this picture?**, qual è il prezzo di questo quadro?; **the true w. of Shakespeare's plays**, il vero valore dei drammi di Shakespeare; **men of great w.**, uomini di grande merito 2 *(arc.)* patrimonio; ricchezze. ● **to be w.**, valere; costare: **It isn't w. much**, vale poco; **What is the house w.?**, quanto costa la casa? □ **to be w. it**, valere la pena: **It isn't w. it**, non ne vale la pena □ *(fam.)* **for all one is w.**, facendo del proprio meglio; di buona lena; mettendocela tutta □ **for what it's w.**, per quel che vale; ammesso che ne valga la pena □ *(di persona)* **not to be w. one's salt**, non meritare *(o* non valere*)* lo stipendio che si riceve; mangiare il pane a tradimento □ *(fam.)* **I had to work hard, but it has been w. it**, ho dovuto lavorare sodo, ma ne

valeva la pena □ **I'll make it w. your while**, ti ricompenserò a dovere (in modo che tu non abbia a pentirti della fatica fatta, del rischio corso, ecc.) □ **It isn't w. while going now**, non vale la pena di andare ora □ **I bought two pounds w. of stamps**, comprai francobolli per due sterline □ (*prov.*) **A bird in the hand is w. two in the bush**, meglio un uovo oggi che una gallina domani.
worth (2) [wɔːθ], *voce verb.* (*arc.*, *3ª pers. cong. pres.*) accada; venga; sia: **Woe w. the day!**, maledetto sia il giorno!; **Well w. the hour!**, benedetta l'ora!; ben venga l'ora!
worthiness ['wɔːðɪnɪs], *n.* **1** dignità; rispettabilità **2** merito; valore.
worthless ['wɔːθlɪs], *a.* **1** privo di valore; che non vale niente; inutile: **Throw it away, it's quite w.**, buttalo via, non vale niente **2** indegno; immeritevole: **a w. sort of person**, una persona indegna.
worthlessness ['wɔːθlɪsnɪs], *n.* **1** mancanza di valore; inutilità **2** (*di una persona*) indegnità.
worthwhile ['wɔːθ'waɪl], *a.* che vale la pena; meritevole: **a w. effort**, uno sforzo che merita d'essere fatto. ● **a w. experience**, un'esperienza utile □ **a w. job**, un lavoro che dà soddisfazioni (*anche economiche*).
worthy ['wɔːðɪ], **A** *a.* **1** degno; meritevole: **a candidate w. of support**, un candidato meritevole d'appoggio; **w. of praise** (**of reward, etc.**), degno di lode (di ricompensa, ecc.); (*lett.*) **a w. adversary**, un degno avversario **2** (*scherz. o iron.*) degno; onorevole; rispettabile: **Who is that w. gentleman?**, chi è quel rispettabile signore? **B** *n.* **1** (*arc.*) dignitario; maggiorente; notabile; personalità: **an Elizabethan w.**, una personalità dell'era elisabettiana; **the village worthies**, i notabili del villaggio **2** (*scherz. o iron.*) degno signore; personaggio; tipo rispettabile. ● **a w. reward**, una degna ricompensa; una ricompensa adeguata.
to wot [wɒt], *v. i.* (*arc.*) — **to wot of**, conoscere; sapere.
wotcher ['wɒtʃə*], *inter.* (*pop.*, *raro*) ehi!; ciao!
would [wʊd, wəd], *voce verb. difett.* **1** (*idiom.*, *ausiliare per la formazione del condiz. pres. e pass.*): **They said they w. do it at once**, dissero che l'avrebbero fatto subito; **I w. do it, if I could**, lo farei (volentieri), se potessi; **I promised I w. not** (*contraz.* **wouldn't**) **do it any more**, promisi che non l'avrei fatto più; — **W. you go, if you were asked to?**, ci andresti, se ti invitassero?; **W. it be ready in time, I wondered**, mi chiedevo se sarebbe stato pronto in tempo utile; **W. he come back later, she asked**, domandò se sarebbe tornato, più tardi; **They w. have been killed, if the bomb had gone off**, sarebbero stati uccisi, se la bomba fosse scoppiata **2** (*nelle frasi negative*) volli, volesti, volle; volemmo, voleste, vollero; voleva, volevano: **I w. not** (*contraz.* **wouldn't**) **go**, non volli andare; **He wouldn't join us**, non volle unirsi a noi; **The safe wouldn't open**, la cassaforte non voleva aprirsi **3** (*se*) volessi, volesse, (*se*) volessimo, voleste, volessero; **I could do it, if I w.**, potrei farlo, se volessi; **If only he w. be more patient**, solo che volesse avere più pazienza!; **W. I go for a swim, he asked**, mi chiese se volessi (*fam.*: se volevo) andare a fare una nuotata **4** (*idiom.*, *ausiliare per la formazione del cong. perifrastico*) **I wish you w. be quiet**, vorrei che tu stessi buono; **I wish you w. shut the door when you go out**, vorrei che tu chiudessi la porta quando esci **5** (*idiom.*: *sta a indicare consuetudine, inevitabilità, pervicacia, ecc.*): **He w. stand there staring at the wall**, se ne stava là impalato, a fissare il muro; **Sometimes we w. go for long walks in the woods**, talvolta facevamo lunghe passeggiate nei boschi; **That's just what you w. do**, non potevi fare diversamente; c'era da aspettarselo, da te; **Of course, this being my birthday, the weather w. be nasty**, naturalmente, non poteva che fare un tempo orribile, il giorno del mio compleanno; **I kept telling him to stop it, but he w. do it all the same**, gli ripetevo di continuo di smetterla, ma lui s'ostinava a farlo. ● **w.-be**, che vorrebbe essere; sedicente; preteso; mancato; in erba: **the w.-be emperor**, il sedicente imperatore; **a w.-be poet**, un poeta mancato; **a w.-be gentleman**, uno che si picca d'essere un gentiluomo (ma non lo è); **w.-be doctors**, medici in erba □ **I** (**you, etc.**) **w. rather**, preferirei (preferiresti, ecc.): preferisco (preferirei) aspettare, se non ti dispiace; **W. you rather wait or come again later?**, preferisci aspettare o tornare più tardi? □ **He asked me to give it to him and I answered that I w. not** (*o that I wouldn't*), mi chiese di darglielo, e io risposi di no □ (*poet.*) **I w. I were a bird!**, vorrei essere un uccello! □ **I w. to God he'd go away!**, vorrei proprio che se n'andasse □ **W. to God I had died**, meglio (sarebbe se) fossi morto!; fossi morto! □ **W. to God!**, così piacesse a Dio!; piaccia a Dio! □ **W. you pass me the salt?**, mi passi il sale, per favore? □ **W. that it were otherwise!**, così non fosse! □ (**I**) **w. to heaven** (**that**) **I had not gone!**, volesse il Cielo che non ci fossi andato! □ **He w. have none of it**, non volle saperne; non volle neanche sentirne parlare.
wouldn't ['wʊdnt], *voce verb.* (*contraz. di*) **would not**.
wouldst [wʊdst], *voce verb.* (*2ª pers. sing. pass. arc. di* **would**).

wound (1) [wuːnd], *n.* **1** ferita; piaga: **a mortal w.**, una ferita mortale; **to dress a w.**, medicare una ferita **2** (*fig.*) ingiuria; offesa: **a w. to sb.'s pride** (**vanity**), un'offesa all'orgoglio (alla vanità) di q. **3** (*fig.*) ferita; dolore. ● (*bot.*) **w.-wort**, (*Solidago virga-aurea*) verga d'oro; (*Anthyllis vulneraria*) trifoglio giallo □ (*fig.*) **to leave a w.**, lasciare il segno (*fig.*).
to wound [wuːnd], *v. t.* ferire; (*fig.*) offendere: **They were wounded in a riot**, furono feriti in un tafferuglio; **You've wounded his feelings**, l'hai ferito nei suoi sentimenti. ● **seriously wounded**, gravemente ferito □ **willing to w.**, malevolo; maligno.
wound (2) [waʊnd], *pass. e p. p. di* **to wind (3)** *e talora di* **to wind (2)**.
woundwort ['wuːndwəːt], *V.* **wound-wort**, *sotto* **wound (1)**.
wourali [wuˈrɑːli], *n.* (*pl.* **wouralis**) curaro (*veleno*).
wove [wəʊv], *pass. di* **weave**.
woven ['wəʊvn], *p. p. di* **to weave**.
wow (1) [waʊ], *inter.* oh!; ohibò!; perbacco!
wow (2) [waʊ], *n.* **1** (*pop. USA*) grande successo, successone (*specialm. teatrale*); fatto clamoroso **2** (*acustica*) miagolio.
wowser ['waʊzə*], *n.* (*pop.*, *in Australia*) **1** puritano fanatico **2** astemio.
Wrac [ræk], *n.* (*mil.*) ausiliaria dell'esercito inglese (*dall'acronimo* W.R.A.C., *che sta per* Women's Royal Army Corps). ● **to join the Wracs**, arruolarsi nel corpo delle ausiliarie dell'esercito.
wrack [ræk], *n.* **1** distruzione; rovina: **to go to w. and ruin**, andare in malora; andare in completa rovina **2** (*naut.*) relitto; carcassa; nave naufragata **3** (*bot.*) alghe marine (*gettate dalle onde sulla spiaggia*).
Wraf [ræf], *n.* (*mil.*) ausiliaria dell'aeronautica inglese (*dall'acronimo* W.R.A.F., *che sta per* Women's Royal Air Force).
wraith [reɪθ], *n.* fantasma; spettro (*che si credeva apparisse poco prima o subito dopo la morte di q.*).
wraithlike ['reɪθlaɪk], *a.* simile a uno spettro; magrissimo; emaciato.
to wrangle ['ræŋgl], *v. i.* altercare; azzuffarsi; accapigliarsi; litigare: **What are they wrangling about?**, per che cosa stanno litigando?
wrangle ['ræŋgl], *n.* alterco; litigio; baruffa; disputa; zuffa.
wrangler ['ræŋglə*], *n.* **1** attaccabrighe; individuo rissoso **2** (*università di Cambridge*) studente classificato fra i primi agli esami di matematica **3** (*USA*) cowboy che raduna il bestiame.
wrap [ræp], *n.* **1** copertura; involucro **2** indumento (*da mettere sopra un altro*); mantello; sciarpa; scialle; (*anche*) coperta **3** (*grafica*) incarto. ● (*fig.*, *fam.*) **under wraps**, nascosto; segreto.
to wrap [ræp], **A** *v. t.* **1** avvolgere (*anche fig.*); coprire; avviluppare; nascondere: **to w. up food in tinfoil**, avvolgere cibo nella stagnola; **W. the kittens in a blanket**, avvolgi i gattini in una coperta!; **The housetops were wrapped in smoke**, i comignoli erano nascosti dal fumo; **This story is wrapped in mystery**, questa storia è avvolta nel mistero **2** fare (*un pacco*); incartare; impaccare; involtare (*fam.*): **to w. up a parcel**, fare un pacchetto; **W. it in the paper**, incartalo col giornale! **3** (*comm.*) confezionare: **to w. a product piece by piece**, confezionare un prodotto pezzo per pezzo. **B** *v. i.* **1** (*anche*, *v. rifl.*, **to wrap oneself up**) avvolgersi; coprirsi: **She wrapped** (**herself**) **up well and went out**, si coprì bene e uscì di casa **2** (*anche* **to w. over**) sovrapporsi; combaciare: **The edges do not w.**, i margini non si sovrappongono **3** essere contenuto; stare; entrare: **The microphone wraps up in a very small packet**, il microfono sta in un pacchetto piccolissimo. ● **to w. one's arms round sb.**, gettare le braccia al collo di q.; serrare fra le braccia q. □ (*fig.*, *fam.*) **to w. up**, concludere; portare a termine; chiudere; riassumere, fare un sommario di: **The police wrapped up the case in less than a week**, la polizia chiuse il caso in meno di una settimana □ (*fig.*) **to be wrapped up in**, essere completamente preso da; essere assorbito, impegnato da; non aver occhi che per (q.): **I am wrapped up in my business affairs**, sono completamente preso dai miei affari □ (*fam.*) **W. up!**, chiudi il becco!
wraparound ['ræpəraʊnd], (*USA*) *V.* **wrapround**.
wrappage ['ræpɪdʒ], *V.* **wrapping**.
wrapper ['ræpə*], *n.* **1** involucro; involto; incarto **2** copertina volante (*di libro*); fascia, fascetta (*di giornale*, *rivista*, *ecc.*): **stamped w.**, fascetta affrancata **3** incartatore; imballatore **4** foglia esterna (*che avvolge i sigari*) **5** accappatoio; leggera veste da camera. ● **under w.**, sottofascia.
wrapping ['ræpɪŋ], *n.* **1** (*di solito al pl.*) copertura; involucro; involto; fascia: **the wrappings round a wound**, le fasce intorno a una ferita **2** materiale da imballaggio (*o da imballo*). ● **w. paper**, carta da pacchi.
wrapround ['ræp-raʊnd], **A** *a.* **1** che circonda completamente; avvolgente **2** (*d'indumento*) senza abbottonatura; (*di cappotto*) a mantello; (*di gonna*) a portafoglio. **B** *n.* (*di libro e sim.*) fascetta (pubblicitaria).
wrap-up ['ræpʌp], *n.* (*USA*) **1** riepilogo delle notizie trasmesse

(*per radio* e *telev.*) **2** (*pop., raro*) articolo che si vende bene.
wrasse [ræs], *n.* (*zool., Labrus*) labro.
wrath [rɔ:θ], *n.* (*lett.*) collera; furore; ira: **the w. of God**, la collera di Dio; **My father is slow to w.**, mio padre non è facile all'ira. ● (*poet. o scherz.*) **children** (*o* **vessels**) **of w.**, persone destinate alla punizione divina.
wrathful [ˈrɔ:θful], *a.* (*lett.*) adirato; furibondo; indignato.
wrathfulness [ˈrɔ:θfulnis], *n.* collera; furore; ira; indignazione.
wrathy [ˈrɔ:θi], (*fam.*) *V.* **wrathful**.
to wreak [ri:k], *v. t.* **1** dar libero corso a; sfogare: **He wreaked his anger on his children**, sfogò l'ira sui figli **2** compiere; fare: **to w. vengeance upon a foe**, compiere la propria vendetta su un nemico. ● (*lett.*) **to w. one's thoughts upon expression**, riuscire a esprimere i propri pensieri.
wreath [ri:θ], *n.* **1** ghirlanda; corona (*di fiori*); serto: **a laurel w.**, un serto di alloro **2** anello; cerchio; spirale; voluta: **wreaths of smoke**, volute di fumo. ● (*poet.*) **a w. of spectators**, spettatori che fanno corona.
to wreathe [ri:ð], **A** *v. t.* **1** intrecciare (*fiori, ghirlande*); fare (*corone di fiori*) **2** inghirlandare **3** avvolgere; avviluppare; circondare: **Clouds wreathed the mountains**, le nubi avvolgevano i monti. **B** *v. i.* **1** (*di solito, v. rifl.*, **to wreathe oneself**) attorcigliarsi; avvilupparsi: **The cobra wreathed itself round its prey**, il cobra si attorcigliò intorno alla preda **2** (*del fumo, ecc.*) salire in spire (*o* in volute). ● **to w. one's arms round sb.**, stringere q. fra le braccia □ **a face wreathed in wrinkles**, una faccia coperta di rughe.
wreck [rek], *n.* **1** (*naut.*, anche **shipwreck**) naufragio (*anche fig.*): **There have been many wrecks lately**, vi sono stati molti naufragi di recente; **the w. of one's hopes**, il naufragio delle proprie speranze **2** (*naut.*) relitto; nave che ha fatto naufragio; carcassa: **The shore was strewn with wrecks**, la spiaggia era coperta di relitti **3** disastro; scontro; sinistro: **a train w.**, un disastro ferroviario; **an automobile w.**, uno scontro automobilistico **4** rottame (*anche fig.*); carcame; macerie; ombra (*fig.*): **After the collision the coaches were reduced to wrecks**, dopo lo scontro le carrozze erano ridotte a rottami; **The palace is now a w.**, il palazzo è ridotto a un rudere; **He is but a** (*o* **the**) **w. of his former self**, non è più che l'ombra di se stesso **5** (*fig.*) distruzione, rovina; sfacelo: **the w. of one's schemes**, lo sfacelo dei propri progetti. ● (*autom.*) **w. car**, carro attrezzi; carro (di) soccorso; carro gru; autogrù □ (*naut.*) **w. chart**, carta costiera dei relitti □ **w.-master**, funzionario preposto alla sorveglianza dei relitti □ (*fig.: di persona*) **to be a nervous w.**, avere i nervi a pezzi □ **The w. of the sea belongs to the Crown**, i relitti dei naufragi sono di proprietà della Corona (*in G.B.*).
to wreck [rek], **A** *v. t.* **1** far naufragare; (*fig.*) distruggere, rovinare, mandare in rovina (*o* in fumo): **The ship was wrecked by the storm**, la tempesta fece naufragare la nave; **He will w. our plans (the undertaking)**, manderà in fumo i nostri progetti (manderà in rovina la nostra impresa) **2** abbattere, demolire, smantellare (*un edificio*). **B** *v. i.* naufragare; far naufragio. ● **to w. one's digestion**, rovinarsi la digestione □ **to be wrecked**, (*di nave*) far naufragio; (*di treno, automobile*) scontrarsi: **The train was wrecked inside the tunnel**, il disastro ferroviario avvenne entro la galleria □ **wrecked goods**, relitti di un naufragio; merci cadute in (*o* gettate a) mare □ (*fig.*) **a wrecked life**, una vita distrutta □ **wrecked sailors**, marinai che hanno fatto naufragio; naufraghi □ (*polit.*) **wrecking amendment**, emendamento ostruzionistico □ **wrecking crew**, (*naut.*) equipaggio addetto ai ricuperi; (*autom.*) squadra di soccorso □ **My nervous system has been completely wrecked**, il mio sistema nervoso è a pezzi.
wreckage [ˈrekidʒ], *n.* **1** (*naut.*) naufragio (*anche fig.*) **2** (*ferr., aeron., autom.*) disastro; scontro; sinistro **3** (*naut.*) relitto, relitti (*di un naufragio*) **4** rottame, rottami (*di un disastro aereo, di un grave incidente stradale, ecc.*) **5** macerie (*di un edificio*) **6** (*fig.*) rovina; distruzione; sfacelo.
wrecker [ˈrekə*], *n.* **1** (*stor.*) chi causava naufragi a scopo di saccheggio (*accendendo fuochi presso coste irte di scogli, ecc.*); saccheggiatore di relitti **2** (*fig.*) distruttore; ostruzionista **3** (*naut.*) nave per ricuperi; nave di soccorso; ricuperatore di relitti **4** (*autom., ferr. USA*) carro attrezzi; carro (di) soccorso; carro gru; autogrù **5** (*USA*) demolitore (*di case vecchie, ecc.*).
wren [ren], *n.* (*zool., Troglodytes troglodytes*) scricciolo.
Wren [ren], *n.* (*mil.*) ausiliaria della marina militare inglese (*dall'acronimo* **W.R.E.N.**, *che sta per* **Women's Royal English Navy**).
wrench [rentʃ], *n.* **1** strappo; tirata; torsione brusca: **I gave a w. at the door-handle**, diedi uno strappo alla maniglia **2** strappo muscolare; distorsione; storta: **He gave his ankle a bad w. when he jumped down**, saltando giù si produsse una brutta storta alla caviglia **3** (*fig.*) forte dolore; strazio: **the w. of saying goodbye**, il dolore di doversi dire addio **4** (*mecc.*) spinta con torsione **5** (*mecc.*) chiave di manovra; chiave inglese: **double-head w.** (*o* **double-ended w.**), chiave inglese doppia **6** (*mecc. USA*) chiave: **Stillson w.**, chiave Stillson. ● (*mecc.*) **tap w.**, giramaschi.
to wrench [rentʃ], *v. t.* **1** strappare; tirare; torcere: **He wrenched the revolver away from me**, mi strappò la rivoltella di mano; **to w. a fowl's head off**, tirare il collo a un pollo **2** slogare; storcere: **He slipped and wrenched his ankle**, scivolò e si slogò una caviglia **3** (*fig.*) distorcere; falsare; alterare; svisare; travisare: **to w. the meaning of a phrase**, distorcere il significato di una locuzione; **You must not w. my statement**, non devi alterare la mia dichiarazione. ● **to w. a door open**, aprire la porta con uno strattone; forzare una porta □ **to w. free**, liberarsi con uno strattone.
to wrest [rest], *v. t.* **1** strappare (*anche fig.*); estorcere: **I wrested the whip from the angry master**, strappai la frusta al padrone adirato; **to w. a confession**, estorcere una confessione **2** torcere; distorcere; stiracchiare: **to w. the law to suit oneself**, distorcere la legge a proprio vantaggio **3** alterare; falsare; svisare; travisare: **to w. the sense of a passage**, svisare il significato di un passo.
wrest [rest], *n.* **1** strappo; tirata; torsione **2** (*mus.*) chiave per accordare strumenti musicali. ● (*mus.*) **w. pin**, bischero, pirolo.
to wrestle [ˈresl], **A** *v. i.* **1** lottare; (*sport*) fare la lotta; (*fig.*) combattere: **They were wrestling (together)**, facevano la lotta; lottavano (l'uno contro l'altro); **to w. with temptations**, combattere le tentazioni **2** — **to w. with**, essere alle prese con; affrontare vigorosamente, applicarsi seriamente a (*un compito, un dovere, un problema, ecc.*). **B** *v. t.* lottare contro; (*sport*) fare la lotta con: **I hope you'll w. him for the prize**, spero che accetterai di lottare contro di lui per il premio in palio. ● (*sport*) **to w. down**, atterrare (*l'avversario*) □ (*raro*) **to w. in prayer** (*o* **to w. with God**), pregare con grande fervore.
wrestle [ˈresl], *n.* (*sport*) incontro di lotta; (*fig.*) combattimento.
wrestler [ˈreslə*], *n.* (*specialm. sport*) lottatore.
wrestling [ˈresliŋ], *n.* (*sport*) lotta. ● **a w. match**, un incontro di lotta.
wretch [retʃ], *n.* **1** disgraziato, disgraziata; infelice; misero, misera; sventurato, sventurata; sciagurato, sciagurata **2** individuo spregevole; miserabile; vile **3** (*scherz.*) birbantello; mascalzoncello. ● **poor w.!**, povero diavolo!
wretched [ˈretʃid], *a.* **1** disgraziato; infelice; misero; sventurato; sciagurato: **Toothache makes everybody feel w.**, il mal di denti rende tutti infelici; **a w. house**, una misera casa; un tugurio **2** spregevole; miserabile; vile: **a w. fellow**, un individuo spregevole **3** brutto; cattivo; orrendo; pessimo; deprimente; squallido: **w. weather**, pessimo tempo; **w. health**, salute pessima; **What a w. place to live in!**, che posto squallido per viverci! ● **a w. horse**, un ronzino □ **w. ignorance**, crassa ignoranza □ **a w. poet**, un poetastro □ **The w. man had lost all his relatives**, l'infelice aveva perso tutti i parenti.
wretchedness [ˈretʃidnis], *n.* **1** condizione disgraziata; infelicità; sfortuna **2** spregevolezza; bassezza **3** bruttezza; squallore.
to wrick [rik], *v. t.* (*raro*) slogare; storcere leggermente: **to w. one's ankle**, slogarsi una caviglia.
wrick [rik], *n.* (*raro*) slogatura; storta; distorsione; lieve strappo.
to wriggle [ˈrigl], **A** *v. i.* **1** contorcersi; dimenarsi; dibattersi; agitarsi: **The witness wriggled uneasily in his chair**, il teste si agitò sulla sedia per il disagio **2** (*fig.*) essere evasivo; equivocare: **It's no use asking him; you know the way he wriggles**, è inutile chiederlo a lui; sai bene come è evasivo **3** (*fig.*) essere a disagio: **My interruptions made the orator w.**, le mie interruzioni mettevano a disagio l'oratore. **B** *v. t.* contorcere; dimenare; agitare; scuotere: **to w. one's tail**, dimenare la coda; **to w. one's hand**, agitare la mano; **to w. one's hips**, dimenare i fianchi. ● **to w. along**, avanzare contorcendosi; strisciare: **The worm wriggled along**, il verme avanzava contorcendosi □ **to w. oneself free**, liberarsi (*da funi, ecc.*) a forza di contorsioni □ **to w. out**, sguisciare; (*fig.*) sbrogliarsela, trarsi d'impaccio: **The cat wriggled out of the little boy's hands**, il gatto sguisciò di tra le mani del bambino; **Let's try to w. out of this mess**, cerchiamo di sbrogliarci da questo pasticcio! □ **to w. one's way out**, riuscire a sgusciar fuori (*a furia di contorcimenti*) □ **to w. one's way up**, salire a forza di contorcimenti.
wriggle [ˈrigl], *n.* contorsione; contorcimento.
wriggler [ˈriglə*], *n.* chi si contorce; chi si dimena.
wright [rait], *n.* (*di solito nei composti*) artigiano; costruttore, operaio. ● **wheel(-)w.**, carraio; carradore.
to wring [riŋ] (*pass. e p. p.* **wrung**), **A** *v. t.* **1** torcere; tirare (torcendo); strizzare, spremere (torcendo): **to w. (out) wet clothes**, torcere (*o* strizzare) panni bagnati; **I'll w. his neck, if I catch him**, se lo prendo, gli torco il collo; **to w. a chicken's neck**, tirare il collo a un pollo; **to w. (out) water**, spremere l'acqua (*farla uscire, torcendo panni o altro*); **to w. one's hands in despair**, torcersi le mani dalla disperazione **2** stringere forte: **He wrung my hand**, mi strinse forte la mano **3** incespare: **A sad smile wrung**

her lips, un triste sorriso le increspò le labbra 4 estorcere; strappare: **The secret police wrung a confession from the prisoner**, la polizia segreta strappò una confessione al detenuto 5 *(fig.)* stringere; addolorare; straziare: **The poor woman's tale wrung his heart**, il racconto della povera donna gli strinse il cuore 6 *(raro)* distorcere; alterare; falsare; svisare; travisare: **Don't w. my words from their true meaning**, non travisare il vero significato delle mie parole. **B** *v. i.* torcere; stringere, tirare (torcendo). ● **to w. st. dry**, asciugare q.c. strizzando (o torcendo) □ **to w. out**, torcere, strizzare; spremere, far uscire; estorcere, strappare: **to w. out the washing**, torcere il bucato; **W. the water out of your drenched vest**, spremi l'acqua dalla maglietta che è bagnata fradicia!; **to w. money out of sb.**, estorcere denaro a q. □ *(lett.)* **My soul was wrung with agony**, avevo l'anima straziata dal dolore.

wring [riŋ], *n.* **1** stretta, forte stretta *(di mano)*: **He gave my hand a w.**, mi diede una forte stretta di mano **2** torsione; strizzata; spremuta: **Give those clothes a w.**, da' una strizzata a quei panni! **3** *(fig., raro)* strazio; pena.

wringer [ˈriŋə*], *n.* asciugatrice meccanica; strizzatoio; torcitoio.

wringing [ˈriŋiŋ], *n.* torcitura *(dei panni, ecc.)*; torsione, strizzatura. ● *(fam.)* **w. wet**, bagnato fradicio; zuppo.

wrinkle (1) [ˈriŋkl], *n.* grinza; ruga; piega; crespa: **the wrinkles on the face of an old man**, le rughe sulla faccia di un vecchio; **the wrinkles of a dress**, le grinze di un vestito.

to wrinkle [ˈriŋkl], **A** *v. t.* raggrinzare, raggrinzire; corrugare; increspare; spiegazzare: **to w. (up) one's forehead**, corrugare la fronte. **B** *v. i.* raggrinzarsi, raggrinzirsi; corrugarsi; incresparsi. ● **to w. one's nose**, arricciare il naso □ **wrinkled with age**, grinzoso *(o* rugoso) per l'età.

wrinkle (2) [ˈriŋkl], *n. (fam.)* espediente; suggerimento; trovata; trucco: **He is full of wrinkles**, conosce mille espedienti; ne sa una più del diavolo; **He put me up to a w. or two**, m'insegnò un paio di trucchi.

wrinkling [ˈriŋkliŋ], *n.* corrugamento *(anche metall.)*; raggrinzimento.

wrinkly [ˈriŋkli], *a.* grinzoso; rugoso.

wrist [rist], *n.* **1** *(anat.)* polso: **He caught me by the w.**, m'afferrò per il polso **2** *(mecc., di solito* **w. pin**) spinotto. ● *(med.)* **w. drop**, paralisi dei muscoli estensori del carpo □ **w.-watch**, orologio da polso.

to wrist [rist], *v. t.* lanciare (o mandare, muovere) (q.c.) con un movimento del polso.

wristband [ˈrisṭbænd], *n.* **1** polsino *(di camicia)* **2** cinturino *(d'orologio)*.

wristlet [ˈristlit], *n.* **1** braccialetto **2** cinturino *(d'orologio)* **3** *(pop., USA)* manetta. ● **w. watch**, orologio da polso.

writ (1) [rit], *n.* **1** *(arc.)* scritto; documento **2** *(leg.)* mandato; decreto; ordine; ordinanza: **w. of subpoena**, mandato di comparizione; **The w. still runs in Scotland**, l'ordinanza è ancora in vigore in Scozia; **w. of attachment**, ordine di sequestro. ● *(leg.)* **w. of summons**, citazione □ *(arc.)* **the Holy W.**, la Sacra Scrittura □ *(leg.)* **to serve a w. on sb.**, notificare un mandato a q.

writ (2) [rit], *pass.* e *p. p. (arc.)* di **write**.

to write [rait] *(pass.* **wrote**, *arc.* **writ**; *p. p.* **written**, *arc.* **writ**), **A** v. *t. e i.* **1** scrivere; tracciare *(lettere, segni)*; comporre; stilare; compilare; fare lo scrittore: **He is learning to w.**, sta imparando a scrivere; **to w. a letter (a note, a book, etc.)**, scrivere una lettera (un appunto, un libro, ecc.); **I wrote to him yesterday**, gli scrissi ieri; **He ought to be written to**, bisognerebbe scrivergli; **He wrote a few words on a piece of paper**, tracciò poche parole su un pezzo di carta; **He writes well**, scrive bene; è una buona penna; **He writes for a living**, fa lo scrittore per guadagnarsi da vivere; vive della sua pennna; **to w. an opera**, comporre un'opera musicale; **to w. a cheque**, compilare un assegno; **I've written three sheets**, ho scritto *(o* compilato, riempito) tre fogli **2** designare, qualificare *(per iscritto)*: **He writes himself «judge»**, si qualifica come giudice; si firma «giudice» **3** *(elab.)* scrivere; mettere *(informazioni)* in memoria. **B** *verbi composti* **1 to w. back**, rispondere *(per iscritto)*. **2 to w. down**, annotare, prender nota di, registrare; definire, considerare; denigrare; *(fin., rag.)* ridurre il valore nominale di *(azioni, titoli)*, svalutare *(attività, ecc.)*; *(comm.)* ribassare *(merce)*: **W. the figures down before you forget them**, prendi nota delle cifre prima di dimenticarle; **He wrote down all the names**, registrò tutti i nomi; **I would w. her down as a blue stocking**, la definirei un'intellettualoide; **W. me down as an ass**, consideraci un asino. **3 to w. in**, inserire *(in uno scritto)*; *(USA)* aggiungere *(il nome di q., in una lista)*; votare per (q.). **4 to w. off**, scrivere con facilità, buttar giù; *(comm.)* cancellare, annullare; *(fin., rag.)* svalutare, deprezzare: **I'll w. off a short description of what happened**, butterò giù una breve descrizione di quel che è accaduto; **to w. off a debt**, cancellare un debito; annullare un credito insigibile □ **They wrote off for the new price-list**, richiesero per posta il nuovo listino prezzi.

5 to w. out, scrivere per esteso; trascrivere; compilare, redigere, stilare: **W. it out again**, riscrivilo per esteso; **to w. out the copy of a contract**, trascrivere la copia di un contratto □ **to w. out fair**, copiare in bella; trascrivere in bella copia. **6 to w. up**, aggiornare, completare; elaborare, sviluppare; recensire *(una commedia, ecc.)*; *(fin., rag.)* aumentare il valore nominale di *(azioni, titoli)*, rivalutare *(attività, ecc.)*: **to w. up one's diary**, completare il proprio diario; **to w. up one's accounts**, aggiornare i conti; **to w. up one's notes on a lecture**, fare un minuto resoconto scritto d'una conferenza; **They have written up the assets of their concern**, hanno rivalutato le attività della loro ditta. ● **to w. for the papers**, scrivere sui giornali; fare il giornalista □ **to w. a good hand**, avere una bella grafia *(o* scrittura); scrivere bene □ **to w. in ink**, scrivere a penna □ **to w. in one's own hand**, scrivere di proprio pugno □ **to w. in pencil**, scrivere a matita □ **to w. in shorthand**, stenografare □ **to w. one's name**, scrivere il proprio nome; firmare □ **written** *(o* **writ) large**, scritto in grande, a caratteri cubitali; *(fig.)* ingrandito, evidenziato, in grande □ *(fig.)* **written** *(o* **writ) on water** *(o* **on sand, in the dust)**, scritto sull'acqua; effimero; che non lascia traccia □ **written** *(o* **writ) small**, scritto piccolo, a caratteri piccoli; *(fig.)* in piccolo, in proporzioni ridotte □ **a page written all over**, una pagina scritta fitta fitta □ *(fig.)* **Greed was written on his face**, aveva l'avidità scritta in faccia □ *(fam.)* **That's nothing to w. home about**, non è davvero una cosa straordinaria; non è niente di speciale □ **That author has written himself out**, quell'autore ha esaurito la sua vena *(o* non ha più nulla da dire).

write-down [ˈraitˌdaun], *n. (fin., rag.)* svalutazione.

write head [ˈrait ˈhed], *n. (elettron.)* testina di registrazione *(o* di scrittura).

write-in [ˈraitin], *n. (USA)* voto *(dato a q. per iscritto)*.

write-off [ˈraitɔf], *n.* **1** *(comm., rag.)* cancellazione *(di un credito)* **2** *(fin., rag.)* deprezzamento; svalutazione **3** *(fam.)* oggetto (ormai) senza valore; cosa da buttare **4** *(fam.)* perdita completa (di q.c.). ● **My old car is a real w.**, la mia vecchia auto è ormai buona solo per lo sfasciacarrozze.

writer [ˈraitə*], *n.* **1** chi scrive; scrivente: **the w. of this report**, chi scrive questa relazione; il relatore **2** scrittore, scrittrice; autore, autrice **3** scrivano; copista **4** *(scozz.)* avvocato. ● **w.'s cramp**, crampo degli scrittori *(o* degli scrivani) □ *(scozz.)* **W. to the Signet**, alto funzionario dei tribunali scozzesi □ **a French w.**, uno scrittore francese; *(anche)* un manuale che insegna a scrivere in francese.

write-up [ˈraitʌp], *n.* **1** resoconto scritto; servizio **2** recensione, critica **3** *(fin., rag.)* rivalutazione.

to writhe [raið], *v. i.* **1** contorcersi; dimenarsi; dibattersi; torcersi: **The snake was writhing in the throes of death**, il serpe si torceva negli spasimi della morte **2** *(fig.)* fremere; essere offeso; sentirsi ferito *(fig.)*: **to w. with shame**, fremere di vergogna; **He writhed under the insult**, si sentì ferito dall'insulto.

writhe [raið], *n.* contorcimento; contorsione.

writing [ˈraitiŋ], *n.* **1** scrittura; grafia; lo scrivere: **He's fond of w.**, gli piace scrivere; **His w. is very clear**, la sua scrittura è molto chiara **2** scritto; opera letteraria: **I don't know his writings**, non conosco i suoi scritti; **the writings of Milton**, le opere di Milton. ● **w. case**, astuccio *(con il necessario per scrivere)* □ **w. desk**, scrivania; scrittoio □ **w. ink**, inchiostro per scrivere *(non tipografico)* □ **w. materials**, l'occorrente per scrivere □ *(fig.)* **the w. on the wall**, un presagio infausto *(dalla Bibbia)* □ **w.-off**, *(comm., rag.)* cancellazione *(di un credito)*; *(fin., rag.)* deprezzamento, svalutazione □ **w. paper**, carta da lettere; carta da scrivere □ **w. table**, scrivania; scrittoio □ **w. work**, lavoro di tavolino □ *(fig.)* **evidence in w.**, prova scritta □ **a fine piece of w.**, un esempio di bello stile letterario □ *(comm.)* **an order in w.**, un'ordinazione scritta; un ordine scritto □ **to put st. in w.**, mettere q.c. per iscritto □ **Have you done much w. this week?**, hai scritto molto questa settimana?

written [ˈritn], **A** *p. p.* di **write**. **B** *a.* **1** scritto: **the w. language**, la lingua scritta; **a w. order**, un ordine scritto **2** *(leg.)* codificato; formulato in un codice. ● **w. telephone message**, fonogramma □ **badly-w.**, scritto male □ **well-w.**, scritto bene □ **He wants a w. apology**, vuole le scuse per iscritto.

wrong (1) [rɔŋ], *a.* **1** disonesto; ingiusto; riprovevole; scorretto; male: **It was w. of you to do that**, fu disonesto da parte tua fare ciò; **It's w. of him to punish his children in that way**, fa male a punire così i suoi figlioli **2** errato; sbagliato; falso; inesatto; scorretto: **It is w. to say that the sun goes round the earth**, è errato dire che il sole gira intorno alla terra; **Your answer is w.**, la tua risposta è sbagliata; **You've got the w. idea**, ti sei fatto un'idea sbagliata; **a w. hypothesis**, un'ipotesi inesatta **3** inopportuno; disadatto; sconveniente: **He always says the w. things**, dice sempre cose inopportune; parla sempre a sproposito; **You are wearing the w. (sort of) clothes for a hot place like this**, indossi abiti disadatti a un posto caldo come questo.

wrong (2)

● **to be w.**, essere in errore, sbagliare, sbagliarsi; aver torto, far male (a): **He was w. when he said I wasn't there**, era in errore quando disse che io non c'ero; **You are w. in thinking that Tom is a liar**, sbagli a credere che Maso sia un bugiardo; **You are quite w.**, hai completamente torto (*fam.*: hai torto marcio); **You are w. in saying that he is a thief**, fai male a dire che è un ladro □ (*d'oggetto, collo, pacco, ecc.*) **w. end up**, capovolto; sottosopra □ (*tipogr.*) **w. fount**, indicazione di refuso (*abbr.* w. f.) □ **w.-headed**, ostinato nell'errore; pervicace □ (*tel.*) **w. number**, numero sbagliato; sbaglio: **It was a w. number**, era uno sbaglio; **Sorry, w. number!**, mi dispiace, ha sbagliato (numero)! □ **w. side out**, a rovescio: **You are wearing the pullover w. side out**, ti sei messo il pullover a rovescio □ **to be w. with**, non andare, esser guasto; esserci da ridire: **What's w. with the engine?**, che c'è che non va nel motore?; (*fam.*) **What's w. with the machine**, che cos'hai?; **Something is w. with the machine**, la macchina è guasta; (*fam.*) **What's w. with him?**, che c'è da ridire sul suo conto? □ (*fig.*) **to be caught on the w. foot**, essere preso in contropiede (*fig.*) □ (*fig.*) **to get hold of the w. end of the stick**, prendere un abbaglio; prendere lucciole per lanterne □ **to get on the w. side of sb.**, cadere in disgrazia presso q. □ (*fig.*) **to get out of bed on the w. side**, alzarsi di cattivo umore □ (*fig.*) **to have been born on the w. side of the blanket**, essere figlio illegittimo □ (*fig.*) **to be in the w. box**, essere svantaggiato; trovarsi in una situazione difficile □ **to be on the w. side of forty**, aver oltrepassato la quarantina □ (*autom., ecc.*) **on the w. side of the road**, contro mano □ **to take the w. way**, sbagliar strada □ **That was a w. guess**, hai sbagliato; non hai indovinato □ **You always do the w. thing**, fai sempre quello che non dovresti fare □ **You've got the w. key**, hai sbagliato chiave □ **He came on the w. day**, sbagliò giorno; venne quando non doveva venire □ **That was the w. (sort of) thing to do**, quella era l'ultima cosa da farsi □ **Something is w. with my liver**, ho disturbi di fegato □ (*fam.*) **He's w. in the head**, gli manca qualche rotella.

wrong (2) [rɔŋ], *avv.* erroneamente; in modo inesatto; male: **to answer w.**, rispondere erroneamente; **You've done it w.**, l'hai fatto male; **l'hai sbagliato.** ● **to aim w.**, sbagliare la mira □ (*fam. USA*) **to get in w. with sb.**, rendersi (*o* riuscire) antipatico a q. □ **to get it w.**, capire male; fraintendere □ **to get st. w.**, sbagliare; capir male, fraintendere: **You've got the answer w.**, hai sbagliato la risposta; **You've got it all w.**, non hai capito niente; hai frainteso ogni cosa □ **to go w.**, sbagliar strada; andare male (*o* a rotoli, di traverso); fallire; (*fig.*) deviare dal retto cammino, prendere una cattiva strada, sgarrare; (*di un orologio, ecc.*) guastarsi: **Be careful not to go w.**, bada di non sgarrare!; **Everything went w.**, andò tutto a rotoli □ **to guess w.**, sbagliare; non indovinare □ **to lead sb. w.**, forviare q. □ **to tell sb. w.**, dare a q. un'informazione sbagliata: **He told me w. and I got lost in the wood**, mi diede un'indicazione sbagliata e io mi smarrii nel bosco □ **I can prove you w.**, posso dimostrarti che hai torto.

wrong (3) [rɔŋ], *n.* **1** male; peccato; azione disonesta; cosa immorale: **He's too young to know right from w.**, è troppo giovane per distinguere il bene dal male; **I hope you will never do w.**, spero che non commetterai mai azioni disoneste **2** torto; ingiustizia; ingiuria; offesa; danno: **Who says that I'm in the w.?**, chi lo dice che ho torto?; **You have done me a great w.**, mi hai fatto un grave torto; mi hai offeso gravemente; (*lett.*) **the wrongs of time**, le ingiurie del tempo **3** (*leg.*) illecito: **private w.**, illecito civile; **public w.**, illecito penale. ● **to be in the w.**, aver torto; essere dalla parte del torto: **They were both in the w.**, avevano torto tutti e due □ **to put sb. in the w.**, mettere q. dalla parte del torto, fare apparire q. colpevole □ (*polit.*) **The King can do no w.**, il re non è politicamente responsabile (*nelle monarchie costituzionali*) □ (*prov.*) **Two wrongs do not make a right**, due neri non fanno un bianco; (*anche*) la miglior vendetta è il perdono.

to wrong [rɔŋ], *v. t.* **1** far torto a; trattare ingiustamente; offendere; maltrattare: **I regret having to admit that I've wronged you**, mi duole dover ammettere d'averti fatto torto; **He was wronged by false charges**, gli fecero il torto d'accusarlo ingiustamente **2** denigrare; diffamare: **They wronged me with false accusations**, mi diffamarono con false accuse **3** (*arc.*) sedurre (*una donna*). ● **to w. sb. out of st.**, defraudare q. di q.c.: **The pioneers wronged the redskins out of their lands**, i pionieri defraudarono (*o* con l'inganno spogliarono) i Pellirosse delle loro terre.

wrongdoer ['rɔŋˌduə*], *n.* **1** chi commette cattive azioni; chi fa del male; peccatore **2** chi commette azioni disoneste; malfattore; trasgressore; delinquente **3** (*leg.*) chi commette un atto illecito.

wrongdoing ['rɔŋˌduːiŋ], *n.* **1** male; peccato; offesa **2** trasgressione; infrazione; atto illecito.

wrongful ['rɔŋful], *a.* **1** ingiusto; iniquo; sleale **2** illegale; illegittimo; illecito; criminoso: **a w. heir**, un erede illegittimo; **the w. occupation of a property**, l'occupazione illegale di una proprietà.

wrongfulness ['rɔŋfulnis], *n.* **1** ingiustizia; iniquità; slealtà **2** illegalità; criminosità.

wrongly ['rɔŋli], *avv.* **1** erroneamente; male: **I was w. informed**, fui male informato; **You have done it w.**, l'hai fatto male; l'hai sbagliato **2** a torto; ingiustamente: **He was w. accused of robbing a bank**, fu accusato ingiustamente d'aver rapinato una banca.

wrote [rout], *pass.* di **to write**.

wroth [rouθ], *a. pred.* (*poet., retor. o scherz.*) adirato; irritato; sdegnato; furente. ● **to wax w.**, adirarsi; irritarsi; sdegnarsi.

wrought [rɔːt], **A** *pass.* e *p. p.* di **to work**. **B** *a.* lavorato; battuto: **w. iron**, ferro battuto; (*anche, metall.*) ferro puddellato, ferro saldato. ● (*metall.*) **w. steel**, acciaio saldato □ **w.-up**, agitato; turbato; teso □ **w.-up nerves**, nervi a pezzi.

wrung [rʌŋ], *pass.* e *p. p.* di **to wring**.

wry [rai], *a.* **1** torto; storto; obliquo; (di) sbieco: **to have a wry mouth**, avere la bocca storta; **He has a wry nose**, ha il naso storto **2** (*fig.: di parole, del pensiero*) contorto; distorto; svisato. ● **wry-mouthed**, che ha la bocca storta; (*fig.*) ironico; sarcastico; beffardo: **a wry-mouthed smile**, un sorrisetto ironico; **wry-mouthed satire**, satira sarcastica □ **a wry-mouthed compliment**, un complimento a denti stretti □ **to make a wry face**, fare una smorfia (*di disappunto, di disgusto, ecc.*) □ **to make a wry mouth**, storcere la bocca.

wrybill ['raibil], *n.* (*zool., Anarhynchus frontalis*) becco storto.

wryneck ['rainek], *n.* **1** (*med.*) torcicollo **2** (*fam.*) chi ha il torcicollo **3** (*zool., Jynx torquilla*) torcicollo; collotorto.

wryness ['rainis], *n.* l'essere storto; obliquità; irregolarità; mancanza di simmetria.

wulfenite ['wulfənait], *n.* (*miner.*) wulfenite; piombo giallo.

wurst [wəːst] (*ted.*), *n.* (*cucina*) salsiccia.

wych-elm ['witʃˈelm], *n.* (*bot., Ulmus montana*) olmo montano.

wych-hazel ['witʃˌheizəl], *V.* **witch-hazel**, sotto **witch**.

Wyclif(f)ite ['wiklifait], *n.* (*stor.*) seguace di John Wycliffe (*riformatore religioso inglese del XIV secolo*).

wye [wai], *n.* **1** lettera «y»; ipsilon **2** oggetto a forma di ipsilon. ● (*elettr., anche* **wye connection**), collegamento a stella.

Wykehamist ['wikəmist], **A** *a.* del college di Winchester. **B** *n.* studente (*o* ex-alunno) del college di Winchester (*dal nome di William of Wykeham, vescovo di Winchester e fondatore del college*).

wynd [waind], *n.* (*scozz.*) viuzza; vicolo.

wyvern ['waivəːn], *n.* (*araldica*) drago alato a due zampe.

X, x

X, x [eks], **A** *n.* (*pl.* **X's, x's; Xs, xs**) **1** X, x (*ventiquattresima lettera dell'alfabeto ingl.*) **2** (*mat.*) x; (*anche fig.*) incognita **3** film vietato ai minori di 18 anni. **B** *a. attr.* **1** fatto a X: **x-engine**, motore a X (*di aeroplano*) **2** (*di film*) vietato ai minori di 18 anni. ● (*mat.*) **x axis**, asse delle x □ (*biol.*) **X chromosome**, cromosoma X □ (*tel.*) **x for X-ray**, x come Xanthia □ **Mr X**, il Signor X (*un anonimo*).
xanthate ['zænθeit], *n.* (*chim.*) xantato.
xanthene ['zænθi:n], *n.* (*chim.*) xantene.
Xanthian ['zænθiən], *a.* di Zante (*l'isola*).
xanthic ['zænθik], *a.* (*chim.*) xantico: **x. acid**, acido xantico.
xanthin(e) ['zænθin], *n.* (*chim.*) xantina.
Xanthippe [zæn'θipi], *n.* (*stor.*) Santippe; (*fig.*) moglie bisbetica.
xanthous ['zænθəs], *a.* di razza gialla; mongoloide.
Xanthus ['zænθəs], *n.* (*geogr.*) Zante.
Xavier ['zæviə*], *n.* Saverio.
xebec ['zi:bek], *n.* (*naut.*) sciabecco.
xenial ['zi:niəl], *a.* dell'ospitalità; ospitale.
Xenocrates [zi'nɔkrəti:z], *n.* (*stor.*) Senocrate.
xenocryst ['zi:noukrist], *n.* (*geol.*) xenocristallo.
xenogamy [zi:'nɔgəmi], *n.* (*bot.*) xenogamia.
xenograft ['zenou‚græft], *n.* (*med.*) trapianto eteroplastico.
xenolith ['zi:nou‚liθ], *n.* (*geol.*) xenolite.
xenon ['zenɔn], *n.* (*chim.*) xeno.
xenophobe ['zenəfoub], *n.* xenofobo, senofobo.
xenophobia [‚zenə'foubjə], *n.* xenofobia, senofobia.
Xenophon ['zenəfən], *n.* (*stor., letter.*) Senofonte.
xerogram ['ziroʊgræm], *n.* riproduzione xerografica; xerocopia.
xerography [zi'rɔgrəfi], *n.* xerografia.
xeromammography [‚ziroʊmæ'mɔgrəfi], *n.* (*med.*) xeromammografia.
xerophilous [zi'rɔfiləs], *a.* (*biol.*) xerofilo.
xerophyte ['ziərə‚fait], *n.* (*ecologia*) xerofita.
xeroradiography ['zirou‚reidi'ɔgrəfi], *n.* (*med.*) xeroradiografia.
Xerox ['ziərɔks], *n.* (*marchio*) xerocopia.
to Xerox ['ziərɔks], *v. t.* e *i.* fare xerocopie (di).
Xerses ['zə:ksi:z], *n.* (*stor.*) Serse.
xi [gzai], *n.* (*pl.* **xis**) csi (*quattordicesima lettera dell'alfabeto greco*).
xiphoid ['zifɔid], *a.* e *n.* (*anat.*) xifoide.
Xmas ['krisməs,'eksməs], *n.* (*abbr. fam. di* **Christmas**) Natale. ● **at X.**, a Natale □ **on X. day**, il giorno di Natale.
X-ray ['eks'rei], *n.* **1** (*pl., fis., med.*) raggi X **2** (*med.*) radiografia. ● **an X-ray film**, una radiografia; una lastra (*fam.*) □ **an X-ray photograph**, una radiografia □ **X-ray photography**, radiografia (*la scienza*) □ (*med.*) **X-ray therapy**, röntgenterapia □ (*elettron.*) **X-ray tube**, tubo per raggi X.
to X-ray ['eks'rei], *v. t.* (*med.*) **1** sottoporre (q.) a esame radiografico; fare una radiografia di **2** trattare (*o* irradiare) con raggi X.
xylem ['zailəm], *n.* (*bot.*) xilema, silema.
xylograph ['zailəgra:f], *n.* xilografia, silografia (*incisione su legno*).
xylographer [zai'lɔgrəfə*], *n.* xilografia, silografo.
xylographic(al) [‚zailə'græfik(əl)], *a.* xilografico, silografico.
xylography [zai'lɔgrəfi], *n.* xilografia, silografia (*arte dell'incidere su legno*).
xylophagan [zai'lɔfəgən], *a.* e *n.* (*zool.*) xilofago, silofago.
xylophagous [zai'lɔfəgəs], *a.* (*zool.*) xilofago, silofago.
xylophone ['zailəfoun], *n.* (*mus.*) xilofono, silofono.
xylophonist [zai'lɔfənist], *n.* (*mus.*) xilofonista, silofonista.
xyster ['zistə*], *n.* (*med.*) raschiatoio; strumento per raschiare le ossa.
xystus ['zistəs], *n.* (*pl.* **xysti**) (*stor.*) sisto (*portico per atleti nell'antica Grecia*).

y, Y

Y, y [wai], **A** *n.* (*pl.* **Y's, y's; Ys, ys**) **1** Y, y (*venticinquesima lettera dell'alfabeto ingl.*) **2** (*mat.*) y; seconda incognita **3** oggetto a forma di ipsilon (*per es., il sostegno biforcuto di un telescopio*). **B** *a. attr.* a forma di Y; a stella: (*elettr.*) **Y-connection**, collegamento a stella; (*relig.*) **Y-cross**, croce a ipsilon (*specialmente sulle pianete*). ● (*mat.*) **y axis**, asse delle y □ (*biol.*) **Y chromosome**, cromosoma Y □ (*tel.*) **y for Yankee**), y come York □ (*topografia*) **Y-level**, livella a cavaliere □ **Y-tube**, tubo diramato a Y.
ya (1) [ja:], *pron. pers.* (*pop. per you*) **1** te; ti **2** voi; vi.
ya (2) [ja:], *V.* **yah**.
yacht [jɔt], *n.* (*naut.*) panfilo; imbarcazione da diporto (*o da crociera*); yacht. ● **y. club**, circolo nautico.
to yacht [jɔt], *v. i.* **1** navigare su un panfilo; fare una crociera su un panfilo **2** (*sport*) partecipare a gare di panfili.
yachting [ˈjɔtiŋ], *n.* **1** il navigare su un panfilo **2** (*sport*) il prendere parte a gare di panfili; sport velico; vela. ● **y. cruise**, crociera su un panfilo □ **to go y.**, fare crociere su un panfilo.
yachtsman [ˈjɔtsmən], *n.* (*pl.* **yachtsmen**) **1** proprietario (*o comandante*) di panfilo **2** (*sport*) chi pratica la vela; veleggiatore.
yachtswoman [ˈjɔtsˌwumən], *n.* (*pl.* **yachtswomen**) **1** proprietaria (*o comandante*) di panfilo **2** (*sport*) donna che pratica la vela.
yaffle, yaffil [ˈjæfl], *n.* (*zool., Picus viridis*) picchio verde.
yager [ˈjeigə*], *n.* (*mil.*) cacciatore delle Alpi (*tedesco o austriaco*).
yah [ja:], *inter.* (*di derisione o disgusto*) bah!; puah!
yahoo [jaˈhu:], *n.* (*pl.* **yahoos**) **1** «yahoo» (*parola coniata da J. Swift: bruti in forma umana che infestano il Paese dei Cavalli Sapienti, nei «Viaggi di Gulliver»*) **2** (*fig.*) bruto; individuo bestiale; ignorantone; zoticone.
Yahve(h), Yahwe(h) [ˈja:vei], *n.* (*relig. ebraica*) Geova.
yak [jæk], *n.* (*pl.* **yaks, yek**) (*zool., Bos grunniens*) yak; bue tibetano.
to yak [jæk], *v. i.* (*fam.*) ciarlare; chiacchierare.
yam [jæm], *n.* (*bot.*) **1** (*Dioscorea*) igname (*pianta rampicante e la sua radice commestibile*) **2** (*USA, Ipomoea batatas*) patata dolce; batata.
to yammer [ˈjæmə*], *v. i.* **1** lagnarsi (*o lamentarsi*) ad alta voce **2** (*USA*) ciarlare; chiacchierare.
yang [jæŋ], *n.* (*cinese*) **1** yang (*il principio o elemento maschile*).
yank [jæŋk], *n.* (*fam.*) strappo; strattone; stratta.
to yank [jæŋk], *v. t. e i.* (*fam.*) strappare; tirare con violenza; dare uno strattone (a). ● **to y. out**, cavare (*togliere*) con uno strattone: **He yanked out my loose tooth**, con uno strattone mi tolse un dente che tentennava.
Yank [jæŋk], (*pop.*) *V.* **Yankee**.
Yankee [ˈjæŋki], **A** *n.* **1** (*USA*) Yankee; nativo della Nuova Inghilterra; (*stor., durante la Guerra di Secessione*) nordista **2** (*fam., in Europa*) Yankee; americano. **B** *a. attr.* di (*o da*) Yankee; (*stor.*) nordista; (*fam.*) americano, statunitense: **the Y. army**, l'esercito nordista; **Y. idioms**, locuzioni americane. ● **Y. Doodle**, canzone patriottica americana (*dei tempi della Guerra d'Indipendenza*).
Yankeedom [ˈjæŋkiˌdəm], *n.* **1** (*collett.*) gli Yankee (*collett.*) **2** territorio abitato dagli Yankee.
Yankeefied [ˈjæŋkifaid], *a.* che ha acquisito carattere di Yankee; americanizzato.
Yankeeism [ˈjæŋkiˌizəm], *n.* carattere (*o caratteristica*) di Yankee; americanismo.
yaourt [ˈja:ət], *n.* yogurt (*latte fermentato*).
to yap [jæp], *v. i.* **1** guaire; abbaiare in modo stridulo **2** (*fam.*) chiacchierare; cianciare; parlare a vanvera.
yap [jæp], *n.* **1** guaito; l'abbaiare in modo stridulo **2** (*fam.*) chiacchiere; ciance; discorsi a vanvera.

yapock [ˈjæpɔk], *n.* (*zool., Chironectes minimus*) yapó, yapock; opossum acquatico.
yard (1) [ja:d], *n.* **1** iarda (*misura di lunghezza pari a m 0,914*): **a square yard**, una iarda quadrata; **ten yards** (**ten y.-lengths**) **of cloth**, dieci iarde di stoffa **2** (*naut.*) pennone: **to man the yards**, far salire (*o disporre*) i marinai sui pennoni (*come forma di saluto*). ● (*naut.*) **y.-arm**, estremità di un pennone □ (*comm. USA*) **y. goods**, articoli venduti alla iarda (*stoffe, tessuti, ecc.*) □ **y. measure**, misura pari a una iarda □ (*pop.*) **a y. of ale**, un boccale di birra □ (*arc.*) **y.-wand**, (stecca lunga una) iarda (*per misurare*) □ **fore y.**, pennone di trinchetto □ **lateen y.**, pennone latino □ **lower y.**, pennone basso (*o maggiore*) □ **main royal y.**, pennone di controvelaccio □ **main top-gallant y.**, pennone di velaccio □ **main topsail y.**, pennone della gabbia di maestra □ **main y.**, pennone di maestra □ **mizzen y.**, pennone di mezzana.
yard (2) [ja:d], *n.* **1** recinto; cortile; corte **2** (*edil.*) cantiere **3** (*ferr., anche railway y.*) scalo ferroviario; piazzale (*di stazione*); sistema di binari per deposito (*o smistamento, ecc.*) **4** (*costr. navali*) arsenale; cantiere **5** (*USA*) prato (*intorno alla casa*). ● **the Y.** (*abbr. di Scotland Y.*), Scotland Yard (*sede centrale della polizia londinese*) □ (*ferr.*) **y. locomotive**, locomotiva di manovra □ **y.-man**, (*ferr.*) addetto allo scalo; manovale; (*USA*) giardiniere (*che taglia l'erba, ecc.*) □ (*ferr.*) **y.-master**, capo di uno scalo □ **barn-y.**, aia □ **brick-y.**, mattonaia; cortile di fornace □ **building y.**, cantiere edile □ **cattle y.**, recinto per il bestiame □ **farm-y.**, aia □ (*ferr.*) **freight y.**, scalo merci □ **lumber y.**, deposito di legname (*all'aperto*) □ (*naut.*) **navy y.**, cantiere navale; (*per navi da guerra*) arsenale □ (*naut.*) **repair y.**, cantiere di raddobbo □ **road-y.**, cantiere stradale □ **school-y.**, campo sportivo annesso a una scuola □ **stock-y.**, recinto per il bestiame □ **tan-y.**, conceria.
to yard [ja:d], *v. t.* (*spesso* **to y. up**) mettere (*bestiame*) in un recinto.
yardage (1) [ˈja:didʒ], *n.* misurazione (*o lunghezza*) in iarde.
yardage (2) [ˈja:didʒ], *n.* **1** uso di un recinto (*come deposito, ecc.*) **2** prezzo d'affitto di un recinto (*o di un deposito*).
yardstick [ˈja:dstik], *n.* **1** stecca (*o verga*) di una iarda (*strumento per misurare*) **2** (*fig.*) metro (*di valutazione*); parametro: **a y. of value**, un parametro dei valori. ● (*grafica, disegno*) **y. compass**, compasso a verga.
yarn [ja:n], *n.* **1** (*ind. tessile*) filo; filato: **woollen y.**, filato di lana; **worsted y.**, filato pettinato; **carded y.**, filato cardato; **homespun y.**, filato casalingo **2** (*fam.*) storia; storiella; racconto: **In «The Pickwick Papers»**, **Dickens spins long yarns into the main narrative**, nel «Circolo Pickwick» Dickens inserisce lunghe storielle nel racconto principale. ● (*ind. tessile*) **y.-dyed**, tinto in filo □ **y. lever**, leva di alimentazione del filo □ **y. reel**, aspo per filato □ (*fam.*) **to spin yarns**, raccontare storie (*o frottole*).
to yarn [ja:n], *v. i.* (*fam.*) **1** fare un racconto; raccontare storie **2** chiacchierare; parlare.
yarrow [ˈjærou], *n.* (*bot., Achillea millefolium*) millefoglie.
yashmak [ˈjæʃmæk], *n.* velo delle donne mussulmane.
yataghan [ˈjætəgən], *n.* yatagan (*sorta di scimitarra*).
yaw [jɔ:], *n.* **1** (*naut.*) straorzata **2** (*aeron.*) imbardata **3** angolo d'imbardata.
to yaw [jɔ:], *v. i.* **1** (*naut.*) straorzare **2** (*aeron.*) imbardare.
yawl [jɔ:l], *n.* (*naut.*) **1** iole; iolla; yawl **2** barca a remi; lancia.
to yawn [jɔ:n], **A** *v. i.* **1** sbadigliare: **His story made me y.**, il suo racconto mi fece sbadigliare (*mi annoiò*) **2** aprirsi; spalancarsi; essere spalancato: **Hell yawned below the fallen angels**, l'inferno si spalancava ai piedi degli angeli caduti. **B** *v. t.* dire (q.c.) sbadigliando: **«What's the time?» he yawned**, «che ora è?», disse sbadigliando. ● **to y. goodnight**, dare la buona notte sbadigliando □ (*fig.*) **Hell yawns for him**, l'inferno lo aspetta a fauci spalancate □ (*poet.*) **a yawning chasm**, un abisso spalancato.

yawn [jɔ:n], *n.* **1** sbadiglio **2** (*fig.*) persona (*o* cosa) noiosa; barba, pizza (*fig.*) **3** (*raro*) apertura; abisso; voragine.

yawningly ['jɔ:niŋli], *avv.* con sbadigli; sbadigliando.

yaws [jɔ:z], *n. pl.* (*med.*) framboesia; yaws.

yclept [i'klept], **ycleped** [i'kli:pt], *a.* (*arc. o scherz.*) chiamato; detto; di nome: **a giant v. Barbarossa**, un gigante di nome Barbarossa.

ye (1) [ji:], *pron. pers.* (*poet. o scherz.*) voi, ve, vi; tu, te, ti: **I do beseech ye**, io vi supplico; **Ye fools!**, o (voi) stolti!; **I tell ye**, te lo (ve lo) dico io; (*fam.*) **How d'ye do?**, come stai?; come state?; (*fam.*) **Thank ye**, grazie!

ye (2) [ji:], *art. def.* (*arc.*) il, lo; la; i; gli; le (*segno tipografico sostituito dai primi stampatori a una lettera anglosassone come simbolo del suono «th»; ora comune soltanto nelle insegne di locande, pub e botteghe*): «**Ye Boar's Head**», «La Testa del Cinghiale».

yea [jei], **A** *avv.* (*arc.*) **1** sì: **Yea, verily**, sì, davvero **2** anzi; addirittura: **I am ready, yea eager**, sono pronto; anzi, ansioso. **B** *n.* **1** sì; affermazione: **Let your communication be yea, yea, nay, nay**, siano le vostre risposte sì, sì; se no, no (*senza fronzoli o giuramenti*) **2** voto favorevole: **yeas and nays**, voti favorevoli e voti contrari.

yeah [jeə], (*USA*) [ja:], *avv.* (*fam., per* **yes**) sì. ● **Oh y.?**, ah, sì?; e allora?

to yean [ji:n], **A** *v. i.* (*di pecora, capra*) figliare. **B** *v. t.* partorire (*agnelli o capretti*).

yeanling ['ji:nliŋ], *n.* **1** agnello; agnellino **2** capretto.

year [jə:*, jiə*], *n.* **1** anno; annata: **this (last, next) y.**, quest'anno (l'anno scorso, l'anno prossimo); **solar y.**, anno solare; **lunar y.**, anno lunare; **I haven't seen him for years**, non lo vedo da anni; **a bad y.**, una brutta annata; un'annata cattiva; **in the y. 1861**, nell'anno 1861 **2** (*pl.*) anni; età: **He is young for his years**, ha un aspetto giovanile per la sua età; porta bene i suoi anni; **The boy is just three years old** (*o* **three years of age**), il bambino ha appena tre anni. ● **the y. after next** (*o* **in two years' time**), fra due anni ● **the y. before last** (*o* **two years ago**), due anni fa □ (*specialm. stat.*) **y.-book**, annuario □ **y. by y.** (*o* **every y.**), ogni anno □ **y. end**, fine d'anno □ (*econ., fin., rag.*) **y.-end**, di fine d'anno; di fine esercizio; di chiusura □ **y.-end bonus**, tredicesima □ **y. in, y. out** (*o* **y. after y.**), un anno dopo l'altro; tutti gli anni □ **y.-long**, che dura (da) un anno: **a y.-long quarrel**, una lite che dura da un anno □ (*scherz.*) **the y. one**, molto tempo fa; un secolo fa (*scherz.*) □ (*bot.*) **y.-ring**, anello annuale (*di crescita delle piante*) □ **y.-round**, che dura tutto l'anno; per tutto l'anno □ **academic y.**, anno accademico □ **all the y. round**, per tutto l'anno □ **calendary y.** (*o* **civil y.**), anno civile □ **financial y.**, anno finanziario □ **fiscal y.**, anno fiscale □ **from y. to y.**, di anno in anno □ (*di persona*) **full of years** (*o* **in years**), pieno d'anni; in età avanzata, anziano □ **leap y.**, anno bisestile □ **legal y.**, anno legale □ **a man of some years**, un uomo di una certa età □ **New Y.'s Day**, il primo (giorno) dell'anno; Capodanno □ **New Y.'s Eve**, il giorno di San Silvestro □ **one y. from today**, oggi a un anno; fra un anno esatto □ **school y.**, anno scolastico.

yearling ['jə:liŋ], **A** *n.* **1** animale di un anno **2** (*ippica*) puledro di un anno. **B** *a.* di un anno; che ha un anno d'età.

yearly ['jə:li], **A** *a.* annuale; annuo; che accade (*o* ricorre) ogni anno: **our y. holiday**, la nostra vacanza annuale; **a y. event**, un avvenimento che ricorre ogni anno; **y. salary**, stipendio annuo. **B** *avv.* annualmente; ogni anno; tutti gli anni: **We go there y.**, ci andiamo tutti gli anni.

to yearn [jə:n], *v. i.* agognare; anelare; bramare; desiderare ardentemente; sentire nostalgia: **to y. for rest** (*o* **after rest**), agognare un po' di riposo; **I yearned to be successful as a short-story writer**, desideravo ardentemente d'avere successo come scrittore di racconti; **to y. for home**, sentire nostalgia del focolare domestico (*o* della patria). ● **to y. for beauty**, aver sete di bellezza; essere assetato di cose belle □ **to y. towards** (*o* **to**) **sb.**, sentire affetto (*o* provare tenerezza) per q.

yearning ['jə:niŋ], **A** *n.* desiderio ardente; brama; smania; struggimento. **B** *a.* bramoso; desideroso. ● **with a y. sigh**, con un sospiro di struggimento.

yeast [ji:st], *n.* **1** fermento; lievito **2** schiuma; spuma. ● **y. powder**, lievito in polvere.

yeastiness ['ji:stinis], *n.* **1** schiumosità **2** (*fig.*) superficialità; frivolezza **3** (*fig.*) fermento; agitazione.

yeasty ['ji:sti], *a.* **1** simile a lievito; che contiene lievito **2** schiumoso; schiumante; spumoso; spumeggiante: **the y. waves**, le onde spumeggianti **3** (*fig.*) in fermento; agitato; inquieto; turbato: **a y. conscience**, una coscienza in fermento; una coscienza inquieta **4** (*fig.*) superficiale; frivolo: **y. writings**, scritti superficiali; **a y. fellow**, un individuo frivolo, superficiale. ● **y. talk**, chiacchiere; ciance.

yegg [jeg], *n.* (*pop. USA*) **1** malfattore; malvivente **2** (*specialm.*) ladro; scassinatore.

yeggman ['jegmæn], (*pl.* **yeggmen**) *V.* **yegg**.

to yell [jel], *v. i. e t.* gridare, strillare; urlare: **to y. with pain** (**with delight, etc.**), gridare di dolore (per la gioia, ecc.); **to y. with terror**, strillare per lo spavento; lanciare uno strillo di spavento; **to y. for help**, gridare per chiedere aiuto; **He was yelling curses**, urlava maledizioni. ● **to y. out an order**, dare un ordine a gran voce (*o* a squarciagola) □ **to y. one's team to victory**, incitare con le grida la propria squadra perché vinca.

yell [jel], *n.* **1** grido; strillo; urlo: **a y. of greeting by the crowd**, un urlo di saluto da parte della folla; **the Blackfeet y.**, il grido (di guerra) dei Piedi Neri **2** (*USA*) grido d'incitamento (*di studenti o tifosi*).

yella ['jelə], *a.* (*pop. per* **yellow**) **1** giallo **2** vigliacco; pauroso; fifone (*pop.*).

yellow ['jelou], **A** *a.* **1** giallo: **Lemons are y.**, i limoni sono gialli; **y. leaves**, foglie gialle; **y. skin**, pelle gialla; **the y. race**, la razza gialla; (*polit.*) **the y. peril**, il pericolo giallo **2** di pelle gialla; di razza gialla: **y. men**, uomini di razza gialla **3** (*fam.*) codardo; vile; meschino **4** (*raro, fig.*) geloso; invidioso. **B** *n.* **1** giallo; color giallo **2** (*pl.*) — **the yellows**, (*med.*) l'itterizia (*bot.*) il giallume (*del pesco, ecc.*). ● (*mil.*) **y. alert**, preallarme □ (*pop.*) **y.-bellied**, pauroso; vigliacco; fifone (*pop.*) □ (*polit.*) **y. book**, pubblicazione ufficiale □ (*ind. min.*) **y. cake**, concentrato uranifero □ (*miner.*) **y. copper ore**, calcopirite □ (*fam.*) **y. dog**, persona spregevole □ **y. earth**, **y. ochre** (*med.*) **y. fever**, febbre gialla □ (*naut.*) **y. flag**, bandiera gialla (*o* di quarantena) □ **y.-green**, verdegiallo □ (*med.*) **y. gum**, ittero dei neonati □ (*zool.*) **y. (h)ammer** (*Emberiza citrinella*), zigolo giallo □ **y. jack**, (*naut.*) bandiera gialla (di quarantena); (*pop.*) febbre gialla □ (*zool. USA*) **y. jacket**, vespa; calabrone □ (*miner.*) **y. lead ore**, wulfenite; piombo giallo □ (*metall.*) **y. metal**, (*metall.*) lega di rame (60%) e zinco (40%); (*fig.*) oro □ **y. ochre**, **y. earth** □ **the y. of an egg**, il tuorlo di un uovo □ (*tel.*) **y. pages**, (le) pagine gialle □ **the y. press**, la stampa scandalistica; la stampa sensazionale □ (*miner.*) **y. pyrites**, calcopirite □ (*geogr.*) **the Y. Sea**, il Mar Giallo □ (*med.*) **y. sickness**, itterizia □ (*anat.*) **y. spot**, macula lutea (*nella retina*) □ **to turn y.**, ingiallire □ (*fam.*) **He has a y. streak in him**, c'è qualcosa di vile in lui.

to yellow ['jelou], *v. t. e i.* ingiallire; rendere giallo; diventar giallo: **an old document with its corners yellowed by time**, un vecchio documento con gli angoli ingialliti dal tempo; **the leaves that y. in autumn**, le foglie che ingialliscono in autunno.

yellowback ['jeloubæk], *n.* (*fam.*) romanzo popolare, dalla copertina gialla.

yellowish ['jelouiʃ], *a.* giallastro; giallognolo; giallino.

yellowness ['jelounis], *n.* l'essere giallo; color giallo; giallore (*raro*).

yellowy ['jeloui], *a.* giallastro; giallognolo; giallino.

to yelp [jelp], *v. i.* **1** guaire; uggiolare **2** (*per estens.*) gridare, strillare (*per dolore, per sorpresa, ecc.*).

yelp [jelp], *n.* **1** guaito; uggiolio **2** grido; strillo.

yen (1) [jen], *n.* (*invar. al pl.*) yen (*unità monetaria giapponese*).

yen (2) [jen], *n.* (*fam.*) forte desiderio; gran voglia: **to have a yen for st.**, avere una gran voglia di q.c.

to yen [jen], *v. i.* — (*fam.*) **to yen for**, avere una gran voglia di; desiderare ardentemente.

yeoman ['joumən], *n.* (*pl.* **yeomen**) **1** (*stor.*) proprietario di terreni che rendevano almeno 40 scellini l'anno (*aveva il diritto di far parte di giurie, di votare nelle elezioni della contea, ecc.*) **2** (*stor., mil.*) membro della guardia nazionale a cavallo (*composta da piccoli proprietari terrieri volontari*) **3** (*raro*) piccolo proprietario terriero; coltivatore diretto **4** (*naut. USA*) sottufficiale addetto al servizio amministrativo di bordo. ● **Y. of the Guard**, guardia del corpo reale; guardiano della torre di Londra □ (*naut.*) **y. of signals**, sottufficiale addetto alle segnalazioni.

yeomanly ['joumənli], *a.* **1** di (*o* da) yeoman (*V.* **yeoman**) **2** (*fig.*) coraggioso; leale; fedele; forte; vigoroso.

yeomanry ['joumənri], *n.* (*stor.*) **1** (*collett.*) classe dei piccoli proprietari terrieri **2** (*stor., mil.*) guardia nazionale a cavallo (*composta da piccoli proprietari terrieri volontari*).

yep [jep], *avv.* (*pop. USA*) sì.

yes [jes], **A** *avv.* **1** (*nelle risposte*) sì; certo: «**Can you swim?**» «**Yes** (**Yes I can**)», «sai nuotare?» «sì» («certo») **2** (*nelle risposte*) eccomi!; presente!: «**John!**» «**Yes!**», «Giovanni!» «Eccomi!» **3** anzi; addirittura; per di più: **I am ready, yes eager, to help you**, sono pronto, anzi, ansioso di aiutarti **4** (*interrogando*) ah sì?; davvero?; e allora?: «**I've come to you for help**» «**Yes?**», «sono venuto per chiederti aiuto» «Ah sì?»; **Yes, what happened next?**, e allora, che accadde poi? **B** *n.* sì: **Confine yourself to yes and no** (*o* **to yeses and noes**), limitati ai sì e ai no! ● (*fam.*) **yes-man**, individuo servile; adulatore; tirapiedi □ **to answer yes**, rispondere di sì □ **to say yes**, dire di sì.

yester ['jestə*], *pref.* (*poet.*) di ieri; del passato; passato; scorso: **y.-night**, la notte scorsa; ieri sera; **y.-year**, l'anno scorso; **y.-morn** (*o* **y.-morning**), ieri mattina; **y.-eve** (*o* **y.-evening**), ieri sera.

yesterday ['jestədi], *avv.* e *n.* ieri: **He rang me up y.**, mi telefonò ieri; **What was y.?** che giorno era ieri?; **y.'s newspaper**, il giornale di ieri □ **y. afternoon**, ieri pomeriggio □ **y. evening**, ieri sera; iersera □ **y. morning**, ieri mattina; iermattina □ **after y.**, dopo quel che accadde ieri □ **(the) day before y.**, ieri l'altro; l'altro ieri □ (*fig.*) **an invention of y.**, un'invenzione recentissima □ **up to** (*o* **until**) **y.**, fino a ieri; sino a ieri.

yestreen [jes'tri:n], *avv.* e *n.* (*scozz. o poet.*) ieri sera; iersera.

yet [jet], **A** *avv.* **1** (*in frasi neg.*) ancora; finora; per ora: **He had not come yet**, non era ancora arrivato; **It is not yet time**, non è ancora il momento; è troppo presto; **Nothing has yet come**, finora non è arrivato nulla **2** (*in frasi afferm., lett. o quasi*) ancora; tuttora; perfino: **He was yet kinder to me**, era ancora più gentile con me; **You must work yet harder**, devi lavorare ancora di più; **There is much yet to do**, ci sono ancora molte cose da fare; **He is yet alive**, è tuttora vivo **3** (*in frasi interr.*) fino a questo momento; già: **Has the post arrived yet?**, è già arrivata la posta? **B** *cong.* (*spesso* **and yet, but yet**) pure; eppure; tuttavia; però; ma: **It is hardly credible, yet true**, è quasi incredibile, ma è vero; **I offered him some more, and yet he wasn't satisfied**, gliene offrii ancora e tuttavia non fu soddisfatto; **The weather is fine, yet I don't think I'll go out**, il tempo è bello; tuttavia non credo che uscirò. ● **a yet easier piece of work**, un lavoro ancora più facile □ **yet once** (*o* **yet once more**), ancora una volta; un'altra volta □ **as yet**, finora, sinora: **It has worked all right as yet**, finora la cosa è andata bene (*o* ha funzionato perfettamente) □ **to have a conscience as yet clear**, avere ancora la coscienza pulita □ **just yet**, proprio ora; subito: **I cannot come just yet**, non posso venire proprio ora □ **nor yet**, e neppure; e nemmeno; né neanche: **He did not come, nor yet write**, non venne e neanche scrisse □ **He will win yet**, fa ancora a tempo a vincere □ **Yet again I repeat that...**, e io ti ripeto che... □ **You will succeed yet**, vedrai che alla fine riuscirai.

yeti ['jəti], *n.* (*pl.* **yetis**) yeti; abominevole uomo delle nevi.

yew [ju:], *n.* (*bot., Taxus baccata*) tasso (*l'albero e il legno*).

yid [jid], *n.* (*volg., spreg.*) ebreo; giudeo.

Yiddish ['jidiʃ], **A** *n.* yiddish (*lingua e cultura delle comunità ebraiche in Germania, Polonia, ecc.*). **B** *a.* (*proprio dello*) yiddish; scritto in yiddish: **a Y. newspaper**, un giornale scritto in yiddish.

to yield [ji:ld], *v. t.* e *i.* **1** produrre; dare; fruttare; rendere; dare un prodotto: **These vineyards did not y. well last year**, questi vigneti non hanno dato un buon prodotto l'anno scorso; **Sin yields bitter fruit**, il peccato produce amari frutti; **Our farm has yielded a good crop this year**, il nostro podere ha dato un buon raccolto quest'anno; **The tin mine has yielded poorly**, la miniera di stagno ha reso poco **2** cedere; concedere; dare; abbandonare; acconsentire; accedere: (*fig.*) **to y. ground**, cedere terreno; (*mil.*) **to y. a position to the enemy**, abbandonare una posizione al nemico; **to y. a point in a debate**, cedere su un punto in una discussione; concedere un punto in favore dell'avversario; **to y. precedence to one's seniors**, dare la precedenza alle persone più anziane **3** cedere; arrendersi; darsi per vinto; sottomettersi: **We will never y. to blackmail**, non cederemo mai al ricatto; **They were determined never to y.**, erano decisi a non arrendersi mai (*o* a resistere a oltranza); **They had to y. to the conquerors**, dovettero sottomettersi ai conquistatori **4** (*fin.*) rendere; fruttare; dare: **These stocks now y. 9%**, queste azioni rendono ora il 9 per cento. **5** (*d'imposta o tassa*) dare un gettito di: **The petrol tax yielded several milliard** (*USA*: **billion**) **lire last year**, l'imposta sulla benzina ha dato un gettito di vari miliardi di lire l'anno scorso. ● (*autom.*) «**yield!**», «dare la precedenza!» (*cartello stradale in USA*) □ (*lett.*) **to y. consent**, acconsentire □ (*mil.*) **to y. a fortress**, consegnare una fortezza al nemico □ (*fig.*) **to y. the palm**, cedere la palma; farsi battere □ **to y. pride of place**, lasciare ad altri il posto d'onore □ **to y. oneself prisoner (to the enemy)**, darsi prigioniero (arrendersi al nemico) □ (*fig.*) **to y. oneself up to pleasure**, darsi al piacere; abbandonarsi a una vita dissoluta □ (*autom.*) **to y. right of way**, dare la precedenza □ (*lett.*) **to y. shelter**, offrire riparo; dare rifugio □ (*lett.*) **to y. submission**, sottomettersi; fare atto di sottomissione □ **to y. to persuasion**, lasciarsi convincere □ (*lett.*) **to y. up**

the ghost, rendere l'anima; morire □ **I y. to none!**, non sono secondo a nessuno (*nel mio entusiasmo per la cosa, nell'ammirarlo, ecc.*).

yield [ji:ld], *n.* **1** prodotto; raccolto: **a good y. of barley**, un buon raccolto d'orzo **2** (*ind., agric.*) rendimento; resa; produzione: **What is the average y. of the farm?**, qual è la produzione media del podere? **3** (*fin.*) rendimento; rendita; reddito; frutto: **A 3% y. makes investment in real estate uneconomical**, il rendimento del 3 per cento scoraggia, perché antieconomici, gl'investimenti in beni immobili; **y. on securities**, rendita derivante da obbligazioni **4** (*di imposte o tasse*) gettito **5** cedevolezza; duttilità: **a cloth with a high y.**, una stoffa assai cedevole. ● (*fin.*) **income y.**, rendita.

yielding ['ji:ldiŋ], *a.* **1** cedevole; flessibile; arrendevole; docile; compiacente; accomodante: **y. clay**, argilla cedevole; **a y. disposition**, un carattere docile **2** (*econ., fin.*) produttivo; fruttifero **3** (*tecn.*) cedevole; deformabile.

yieldingness ['ji:ldiŋnis], *n.* cedevolezza; flessibilità; arrendevolezza; docilità; compiacenza; sottomissione.

yill [jil], *n.* (*scozz.*) birra.

yin [jin], (*cinese*), *n.* yin (*principio o elemento femminile*).

to yip [jip], *v. i.* (*fam.*) guaire; uggiolare.

yip [jip], *n.* (*fam.*) guaito; uggiolio.

yippee [ji'pi:], *inter.* (*fam.*) urrà!; evviva!

yippie ['jipi:], *n.* (*USA*) hippy politicamente impegnato.

yob [jɔb], *n.* (*spreg. ingl.*) **1** fannullone; sfaticato **2** ragazzo di vita; teppista.

yobbo ['jɔbəu], (*pl.* **yobbos**) *V.* **yob**.

yodel, yodle ['joudl], *n.* (*mus.*) jodel (*vocalizzo in falsetto*); jodler (*canto modulato dei montanari tirolesi e svizzeri*).

to yodel, to yodle ['joudl], *v. i.* (*mus.*) cantare alla maniera dei montanari tirolesi; cantare facendo lo jodel.

yodeller ['joudlə*], *n.* chi canta facendo lo jodel.

yoga ['jougə], *n.* (*filos. indiana*) yoga.

yogh [jɔg], *n.* «yogh» (*lettera dell'alfabeto anglosassone dal suono simile alla* «*y*»).

yoghurt ['jɔgə:t], *V.* **yogurt**.

yogi ['jougi], *n.* (*pl.* **yogis**) maestro di yoga; seguace dello yoga; yog(h)in; yog(h)i.

yogism ['jougizəm], *n.* dottrina (*o* pratica) dello yoga.

yogurt ['jougə:t], *n.* yogurt (*latte acido fermentato*).

yo-heave-ho ['jou'hi:v'hou], *inter.* (*naut.*) issa! (*grido simultaneo quando si leva l'ancora, ecc.*).

to yoick [jɔik], **A** *v. i.* gridare «yoicks» (*nella caccia alla volpe*); aizzare i cani con grida. **B** *v. t.* (*spesso* **to y. on**) aizzare (*i cani*) gridando «yoicks».

yoicks [jɔiks], *inter.* «yoicks»! (*V.* **to yoick**).

yoke [jouk], *n.* **1** giogo (*anche fig.*); schiavitù; dominio; legame, vincolo (*specialm. matrimoniale*); giogo da acquaiolo (*per portar secchi*): (*fig.*) **the y. of convention**, il giogo delle convenzioni sociali; **to throw off the y. of servitude**, scuotersi di dosso il giogo della servitù; **the marriage y.**, il vincolo matrimoniale **2** (*invar. al pl.; anche* **y. of oxen**) coppia, paio (*di buoi aggiogati*): **five y. of oxen**, cinque paia di buoi **3** (*d'abito*) sprone **4** (*naut., anche* **rudder y.**) barra a bracci, barra a mezzaluna (*del timone*) **5** (*elettr.*) giogo magnetico **6** (*aeron.*) barra di comando **7** (*archit.*) traversa superiore **8** (*mecc.*) brida; morsetto; pattino. ● (*zool.*) **y. bone**, osso zigomatico □ (*naut.*) **y.-ropes**, *V.* **yokelines** □ (*stor. romana*) **to pass** (*o* **to come**) **under the y.**, passare sotto il giogo (*anche fig.*).

to yoke [jouk], **A** *v. t.* **1** mettere il giogo a (*buoi, ecc.*); aggiogare **2** (*fig.*) accoppiare; unire (*specialm. in matrimonio*): **I am yoked with a nagging wife**, mi trovo unito con una donna che non fa che brontolare **3** (*fig., raro*) soggiogare. **B** *v. i.* (*raro, anche* **to y. together**) essere accoppiato; appaiarsi; lavorare insieme: **They do not y. well**, non s'appaiano bene; sono male accoppiati.

yokefellow ['jouk,felou], *n.* (*arc.*) **1** collega; compagno; socio **2** coniuge.

yokel ['joukəl], *n.* (*spreg.*) contadino; campagnolo; bifolco; villano.

yokelines ['jouklainz], *n. pl.* (*naut.*) tiranti della barra del timone.

yokemate ['joukmeit], *V.* **yokefellow**.

yolk [jouk], *n.* **1** tuorlo; rosso d'uovo; vitello **2** (*biol.*) vitello; deutoplasma; tuorlo; lecite **3** (*ind. tessile*) grasso di lana; lanolina **4** (*ind. tessile*) grasso naturale, sucidume (*della lana grezza*). ● (*biol.*) **y. bag** (*o* **y. sac**), sacco vitellino; lecitocele.

yolky ['jouki], *a.* **1** simile al rosso d'uovo **2** (*ind. tessile*) contenente grasso di lana; che contiene lanolina **3** (*ind. tessile*: di lana grezza) sucida.

yon [jɔn], (*poet., raro*) **A** *a.* quello; quello là: **as far as yon tree**,

yourself

fino a quell'albero. **B** *pron.* quello, quella; quelli, quelle; quella cosa, quelle cose. **C** *avv.* là; laggiù; lassù.

yonder ['jɔndə*], (raro) **A** *a.* quello; quello là: **on the top of y. mountain**, in cima a quella montagna. **B** *avv.* là. ● **down y.**, laggiù □ **up y.**, lassù □ **way y.**, lontano.

yonks [jɔŋks], *n. pl. (fam.)* secoli *(fig.)*; molto tempo.

yore [jɔ:*], *n.* – **of y.** *(lett.)*, (d') un tempo; in passato; anticamente.

York [jɔ:k], *n. (geogr.)* **1** York *(antica città ingl.)* **2** *(abbr. di* **Yorkshire***)* contea di York; Yorkshire. ● **Y. ham**, prosciutto dello Yorkshire □ *(stor.)* **the House of Y.**, la Casa *(o* la dinastia*)* di York.

Yorkist ['jɔ:kist], *(stor.)* **A** *n.* membro *(o* partigiano*)* della Casa di York *(al tempo della Guerra delle Due Rose)*. **B** *a.* della Casa di York; favorevole alla Casa di York.

Yorkshire ['jɔ:kʃiə*], *n. (geogr.)* contea di York; Yorkshire. ● **Y. flannel**, flanella di color naturale *(non tinta)* □ *(cucina)* **Y. pudding**, panino rigonfio, fatto con una pastella di farina, latte e uova *(servito con arrosto di manzo)* □ **Y. terrier**, terrier dello Yorkshire *(piccolo cane a pelo lungo e liscio)*.

you [ju:, ju], **A** *pron. pers.* 2ª *pers. pl. e sing.* **1** *(sogg. e compl.)* voi, ve, vi; tu, te, ti; Lei, Ella, Loro *(forme di cortesia di 3ª pers.)*: **You are my love**, il mio amore sei tu; **What do you want?**, che cosa volete (voi)?; che cosa vuoi (tu)?; **The letter is for you**, la lettera è per te; **I want to help you**, voglio aiutarti *(o* aiutarvi*)*; **I'm not going to give it to you**, non ve *(o* te*)* lo do; **I choose you three**, scelgo voi tre; **You are very kind, Sir**, Lei è molto gentile, signore; **Ladies and Gentlemen, you know me quite well**, Signori e Signore, Loro mi conoscono benissimo; **You, there! What's your name?**, ehi, tu! come ti chiami? **2** *(pred.)* tu; voi: **Was that you?**, eri tu? *(o* eravate voi?*)* **3** *(idiom., escl.)* **You fool!**, stupido!; **You foolish boy!**, sciocchino!; **You madman!**, pazzo!; **You darling!**, tesoro!; caro!, cara! **4** *(colloquiale, unito alla forma in* -ing, *è idiom.)* **They don't mind you forgetting to call on them**, non ci fan caso se ti sei scordato di passare da loro; **I must insist on you paying your debts**, devo insistere che tu paghi i debiti che hai fatto. **B** *pron. impers.* si; sé: **You never can tell!**, non si sa mai; **You soon get used to it**, ci si abitua presto. ● **all of you** *(fam.* **you all***)*, voi tutti; tutti voi; voialtri; voi *(utile per differenziare* **you**, *da* **you**, *tu)*: **You are all welcome**, siete (tutti) i benvenuti; **I don't want all of you to come**, non voglio che veniate tutti; **What do you all want?**, che volete voialtri?; **Sit down, all of you!**, sedetevi! □ **for you**, eccoti servito: **That's a woman for you**, eccoti servito: così si comporta una donna; è proprio tipico di una donna □ **if I were you**, se fossi in te □ **the rest of you**, gli altri: **You may come, Jones, but the rest of you must stay behind**, tu puoi venire, Jones, ma gli altri devono rimanere qui □ **Thank you**, grazie! □ **to you**, a te, a voi; per te, per voi: **You needn't call me Mr Jones; it's Jay, to you**, non occorre che mi chiami Mr Jones; per te, va bene Jay □ **You see, it's like this**, vedi *(o* capisci*)*, le cose stanno così □ **You go away!** *(o* **Go away, you***)*, vattene! □ *(pop.)* «**You're an ass!**» «**You're another!**», «sei un asino!» «asino sarai tu!» □ **How are you?**, come stai?; come state? □ **(It's) very kind of you!**, (è) molto gentile da parte tua *(o* da parte vostra*)*!

you'd [ju:d], *contraz.* di **1 you had 2 you would**.

you'll [ju:l], *contraz.* di **1 you will 2 you shall**.

young [jʌŋ], **A** *a.* **1** giovane *(anche fig.)*; piccolo: **a y. man**, un uomo giovane; *(anche)* un giovanotto; **He's too y. to go to school yet**, è troppo piccolo per andare a scuola; **a y. nation**, una nazione giovane; **y. plants**, piante giovani **2** giovanile; di *(o* da*)* ragazzo; di *(o* da*)* ragazza: **to look y.**, avere un aspetto giovanile; **y. ambition**, ambizione giovanile; **y. love**, amore da ragazzi **3** *(fig.)* inesperto; alle prime armi: **He is y. in fencing**, è inesperto della scherma. **B** *n. (collett.)* **1** – **the y.**, i giovani; la gioventù: **The y. should respect the old**, i giovani devono rispettare i vecchi **2** *(d'animale)* piccoli; la prole; i nati: **Among the mammals, it is usually the mother that takes care of the y.**, fra i mammiferi, di solito è la madre che si prende cura dei piccoli. ● **a y. child**, un bambino piccolo; un bimbetto, una bimbetta □ **a y. girl**, una ragazzina □ **to be y. in crime**, non essere ancora un criminale incallito □ *(stor.)* **Y. Italy**, la Giovane Italia □ **y. lady**, signorina □ *(polit.)* **a y. man in a hurry**, un ardente riformatore □ **the y. ones**, i bambini; i piccoli; i bimbi □ **y. people**, i giovani □ *(scherz.)* **y. things**, giovanotti; ragazze □ **y. Turks**, giovani turchi □ *(fam.)* **y.'un**, giovanotto; ragazzo *(specialm. al vocat.)* □ **y. vegetables**, verdura fresca □ **to bring forth y.**, partorire; figliare □ **to be in one's y. days**, essere giovane □ **in my y. days**, nei miei verdi anni; in gioventù □ **my y. man**, il mio innamorato; il mio ragazzo □ **my y. woman**, la mia ragazza; la mia innamorata □

(d'animale) **with y.**, gravida; pregna □ **you y. rascal!**, birichino; birboncello! □ **a younger brother (sister)**, un fratello (una sorella) minore □ *(stor.)* **Pitt the younger**, Pitt il Giovane □ **younger son**, secondogenito □ *(fam.)* **Now, y. man!**, ehi, giovanotto! □ **A y. sheep is called a lamb**, il piccolo della pecora si chiama agnello □ **Do you mean y. Smith or his father?**, vuoi dire Smith figlio o il padre? □ **The night is yet y.**, la notte non è ancora avanzata □ **He is y. for his age**, porta bene i suoi anni; ha ancora un aspetto giovanile □ **Tom has a y. sister**, Masino ha una sorellina □ **He is a year younger than his brother**, ha un anno in meno di suo fratello □ **Ann is the youngest child in the family**, Anna è la più piccola della famiglia; Anna è l'ultimogenita.

youngish ['jʌŋiʃ], *a.* piuttosto giovane; giovanile all'aspetto.

youngling ['jʌŋliŋ], *n. (poet.)* **1** giovane; giovanotto; fanciulla **2** bambino, bambina **3** piccolo; l'ultimo nato: **the younglings of the flock**, gli ultimi nati del gregge; gli agnellini.

youngster ['jʌŋstə*], *n.* **1** giovincello; ragazzotto **2** bambino.

younker ['jʌŋkə*], *n. (arc. o fam.)* **V. youngster**.

your [jɔ:*], **A** *a. poss.* **1** vostro, vostra, vostri, vostre; tuo, tua, tuoi, tue; Suo, Sua, Suoi, Sue, Loro *(forme di cortesia di 3ª persona)*: **y. father and mother**, tuo padre e tua madre; **y. father and mine**, tuo padre e il mio; **y. fathers and mothers**, i vostri genitori; **y. babbi e le vostre mamme**; **How is y. daughter, Mrs Jones?**, come sta Sua figlia, signora Jones?; **I'll have to see y. parents**, dovrò parlare con con i Loro genitori; **y. friends**, i tuoi *(o* i vostri*)* amici; le tue *(o* le vostre*)* amiche **2** *(quando è unito alla forma in* -ing, *è idiom.)* **Y. mother dislikes y. marrying that man**, a tua madre non va (a genio) che tu sposi quell'uomo; **I don't mind at all y. using my cassette-player**, non ho nulla in contrario a farti usare il mio mangianastri. **B** *a. indef.* proprio: **You cannot alter y. nature**, non si può cambiare la propria natura. ● **y. own**, tuo, proprio tuo; vostro, proprio vostro: **Is this y. own book?**, è proprio tuo questo libro? □ *(nell'uso fam., in senso iron. o enfat.)* **This is y. baseball, isn't it?**, è tutto qui il vostro decantato baseball? □ *(iron.)* **No one is so fallible as y. experts in handwriting**, nessuno prende tante cantonate come i vostri famosi esperti calligrafici! □ **Your hands are dirty**, hai le mani sporche □ **What's y. name?**, come ti chiami? □ **Show me your book**, mostrami il (tuo) libro!

you're [juə*], *contraz.* di **you are**.

yours [jɔ:z], *pron. poss.* (il) vostro, (la) vostra, (i) vostri, (le) vostre; (il) tuo, (la) tua, (i) tuoi, (le) tue; (il) Suo, (la) Sua, (i) Suoi, (il, la, i, le) Loro *(forme di cortesia di 3ª persona)*: **This tape-recorder is y., not mine**, questo registratore è tuo, non mio; **Are these y. or mine?**, questi sono i tuoi (i vostri) o i miei?: **my children and y.**, i miei bambini e i vostri; **Isn't that boy a student of y., Mr Black?**, non è un Suo studente, quel ragazzo, Mr Black?; **Give me some books of y.**, dammi qualche tuo libro; **that pride of y.**, quel tuo benedetto *(o* maledetto*)* orgoglio. ● *(nelle lettere)* **Y. truly (faithfully, sincerely)**, sinceramente tuo; cordiali saluti dal tuo...; Vostro *(o* Suo*)* devotissimo *(comm.)* distinti saluti □ *(fam.)* **What's y.?**, che cosa prendi?; che cosa bevi? □ **I am no child of y.**, non sono mica Suo figlio. □ **Our best wishes to you and y.**, i nostri migliori auguri a te e ai tuoi cari *(o* a Lei e ai Suoi cari*)* □ **That's no business of y.!**, non è affar tuo!; non è cosa che ti riguarda!

yourself [jɔ:'self], *(pl.* **yourselves***)* **A** *pron. rifl.* te stesso, te stessa, ti; voi stessi, voi stesse, vi; Lei stesso, Lei stessa, Si *(forme di cortesia di 3ª persona)*: **You're looking very pleased with y.**, sembri molto soddisfatto di te stesso; **Did you defend y.?**, ti sei difeso?; **Don't tire yourselves too much**, non stancatevi troppo; **Please y., Miss Brown**, S'accomodi *(o* Si serva*)* pure, Miss Brown. **B** *pron. enfat.* tu stesso; tu stessa; voi stessi, voi stesse; Lei stesso, Lei stessa: proprio tu (voi, Lei): **Do it y.!**, fallo tu stesso *(o* tu stessa*)*!; **Didn't you say so y., Mr Barrow?**, non l'ha detto Lei stesso, Mr Barrow?; **Please see to it yourselves**, pensateci voi stessi *(o* ci pensino Loro*)*, per favore; **You told me y.**, me l'hai raccontato proprio tu; **You y. went there**, ci andasti tu in persona. ● **by y.**, da te, da sé; da solo, da sola; senz'aiuto; solo, sola; senza compagnia: **Finish it by y.!**, finiscolo da solo *(o* sola*)*!; **Did you do it by y., Miss Brown?**, l'ha fatto da Sé, Miss Brown?; **Were you (all) by y.?**, eri solo?; **Why are you sitting by y.?**, perché te ne stai qui seduto da solo *(o* in disparte*)*? □ **by yourselves**, da soli, da sole; senz'aiuto; soli, sole; senza compagnia: **You cannot do it by yourselves**, non potete farlo da soli *(o* da sole*)* □ *(fam.)* **Be y.!**, cerca di ricomportti!; tirati su!; *(anche)* Sii te stesso!, comportati con naturalezza! □ *(arc.)* **Y. have said it**, l'hai detto tu stesso □ **Please y.!**, fa' pure a modo tuo! □ **You are not quite y. tonight**, non sei del solito umore stasera □ *(pop.)* **How's y.?**, come stai?; come va la vita? □ **You**

youth

don't act like y., ti comporti in modo strano □ **Ask y. whether it isn't true**, fa' un esame di coscienza e dimmi se non è vero □ **You don't seem y. today**, non sembri tu, oggi; sei strano; sembri fuori di te (*o* sembri un altro).

youth [ju:θ], *n.* **1** gioventù; giovinezza; adolescenza: **the vigour of y.**, il vigore della gioventù; **the places of one's y.**, i luoghi della propria giovinezza; **from y. onwards**, dall'adolescenza in poi; **the y. of a nation**, la giovinezza d'una nazione **2** (*collett.*) gioventù; (i) giovani: **the y. of the** (*o* **of our**) **country**, la gioventù del Paese (*la nostra gioventù; i nostri giovani*) **3** giovane; giovanetto; adolescente; giovanotto: **a y. of twenty**, un giovane di vent'anni; **as a y.**, da giovane; in gioventù **4** (*spreg.*) giovinastro **5** (*geol.*) stadio giovanile. ● **y. culture**, cultura dei giovani □ **y. group**, gruppo giovanile □ **y. hostel**, ostello della gioventù □ (*fig.*) **the y. of civilization**, gli albori della civiltà □ (*fig.*) **the y. of the world**, le origini del mondo; le prime ere geologiche; la preistoria □ (*econ.*) **y. unemployment**, disoccupazione giovanile □ **the secret of keeping one's y.**, il segreto di mantenersi giovani.

youthful ['ju:θful], *a.* **1** giovane; nel fiore della giovinezza: **a y. curate**, un giovane cappellano; **a y. bride**, una sposa nel fiore della giovinezza **2** giovanile; di (*o* da) giovane: **y. ambitions**, ambizioni giovanili; **a y. appearance**, un aspetto giovanile **3** (*geol.*: *di roccia, ecc.*) giovane (*non ancora erosa dagli agenti atmosferici*).

youthfulness ['ju:θfulnis], *n.* l'essere giovanile; aspetto giovanile.

youthquake ['ju:θkweik], *n.* protesta giovanile degli anni 1960-1970.

you've [ju:v], *contraz.* di **you have**.

to yowl [jaul], *v. i.* **1** (*di gatto in amore*) gnaulare **2** ululare.

yowl [jaul], *n.* **1** (*di gatto in amore*) gnaulio **2** ululato.

yo-yo ['joujou], **A** *n.* (*pl.* **yo-yos**) **1** yo-yo (*giocattolo*) **2** (*pop. USA*) tonto; imbranato (*pop.*). **B** *a.* fluttuante; oscillante.

to yo-yo ['joujou], *v. i.* fluttuare; oscillare.

yperite ['i:pəsrait], *n.* (*chim., mil.*) iprite.

ytterbium [i'tə:bjəm], *n.* (*chim.*) itterbio.

yttrium ['itriəm], *n.* (*chim.*) ittrio.

yucca ['jʌkə], *n.* (*bot.*, *Yucca*) iucca.

Yugoslav ['ju:gou'sla:v], *a.* e *n.* iugoslavo.

Yugoslavia ['ju:gou'sla:vjə], *n.* (*geogr.*) Iugoslavia, Jugoslavia.

yule [ju:l], *n.* Natale; feste natalizie. ● **the y. log**, il ceppo di Natale □ (*poet.*) **y.-tide**, periodo natalizio; Natale.

yuppie ['jʌpi], *n.* yuppie.

ywiss [i'wis], *avv.* (*arc.*) certo; certamente; invero.

z, Z

Z, z [zed], (*USA*) [zi:]. **A** *n.* (*pl.* **Z's, z's; Zs, zs**) **1** Z, z (*ventiseiesima e ultima lettera dell'alfabeto ingl.*) **2** (*mat.*) z; terza incognita. ● (*tel.*) **z for Zebra**, z come Zara. **B** *a. attr.* a forma di Z.
Zachariah [ˌzækəˈraiə], **Zacharias** [ˌzækəˈraiəs], **Zachary** [ˈzækəri], *n.* Zaccaria.
zaffer, zaffre [ˈzæfə*], *n.* (*ind. chim., ceramica, del vetro*) zaffera, zaffara.
zaftig [ˈzæftig], *a.* (*fam. USA*) (*di donna*) formosa; rotondetta (*fam.*); tutta burro (*pop.*).
Zagreb [ˈzɑːgreb], *n.* (*geogr.*) Zagabria.
zambo [ˈzæmbou], *n.* (*pl.* **zambos**) zambo (*figlio di un genitore indio e di un genitore negro di origine africana*).
zamia [ˈzeimiə], *n.* (*bot.*, *Zamia*) zamia.
zany [ˈzeini], **A** *n.* **1** (*stor., teatr.*) zanni; buffone **2** (*fig.*) buffone; sciocco; semplicione; stupidone. **B** *a.* comico; buffo; pazzerello.
Zanzibari [ˌzænziˈbɑːri], *n. e a.* (*nativo*) di Zanzibar.
zap [zæp], *inter.* (*fam.*) **1** zac!; zacchete! **2** bang!; bum!
to zap [zæp], (*fam.*) **A** *v. t.* **1** eliminare; uccidere; beccare (*pop.*) **2** colpire con tutta la forza **3** lanciare; scagliare. **B** *v. i.* andare come il fulmine; sfrecciare.
zaptiah [ˈzæptiə], **zaptieh** [ˈzæptiei], *n.* zaptiè (*poliziotto turco*).
Zarathustra [ˌzærəˈθuːstrə], *n.* (*stor., relig.*) Zaratustra.
Zarathustrian [ˌzærəˈθuːstriən], *V.* **Zoroastrian.**
zareba, zariba [zəˈriːbə], *n.* palizzata, siepe (*intorno a un villaggio o a un accampamento nel Sudan*).
zax [zæks], *n.* utensile per forare lastre d'ardesia.
zeal [ziːl], *n.* zelo; ardore; fervore; entusiasmo.
Zealand [ˈziːlənd], *n.* (*geogr.*) Zelanda. ● **New Z.**, Nuova Zelanda.
Zealander [ˈziːləndə*], *n.* zelandese. ● **New Z.**, neozelandese.
zealot [ˈzelət], *n.* **1** persona zelante; partigiano, partigiana; fanatico, fanatica **2** — (*stor.*) **Z.**, zelota.
zealotry [ˈzelətri], *n.* zelo eccessivo; fanatismo.
zealous [ˈzeləs], *a.* **1** zelante; premuroso; sollecito **2** infervorato; fanatico.
zealousness [ˈzeləsnis], *n.* **1** zelo; premura; sollecitudine **2** fervore eccessivo; fanatismo.
zebra [ˈziːbrə], *n.* (*pl.* **zebras, zebra**) (*zool., Equus zebra*) zebra. ● **z. crossing**, zebre; passaggio pedonale a strisce □ **z. markings**, striature simili a quelle della zebra □ (*bot.*) **z.-wood** (*Connarus guaianensis*), albero tropicale, il cui legno rigato è usato per fare mobili; (*ebanisteria*) legno zebra.
zebrine [ˈziːbrain], *a.* (*zool.*) di (*o da*) zebra; simile a zebra.
zebu [ˈziːbuː], *n.* (*zool., Bos indicus*) zebù.
zed [zed], *n.* zeta; lettera z. ● (*metall.*) **zed iron**, ferro a zeta.
zee [ziː], (*USA*) *V.* **zed.**
Zen [zen], *n.* (*relig.*) Zen.
zenana [zeˈnɑːnə], *n.* gineceo (*in India*).
Zend [zend], *n.* lingua avestica; zendo (*antica lingua persiana in cui è scritto lo Zend-Avesta*).
zenith [ˈzeniθ], *n.* **1** (*astron.*) zenit **2** (*fig.*) apice; culmine; vertice: **He was then at the z. of his fortunes**, era allora all'apice della sua fortuna. ● (*aeron., naut.*) **z. distance**, distanza zenitale □ (*fig.*) **You have passed your z.**, ormai sei in declino (*o* avviato al tramonto).
zenithal [ˈzeniθəl], *a.* (*astron., naut., aeron.*) zenitale.
Zeno [ˈziːnou], *n.* (*stor., filos.*) Zenone.
zeolite [ˈziːoulait], *n.* (*miner.*) zeolite.
zephyr [ˈzefə*], *n.* **1** zeffiro; favonio (*lett.*); (*poet.*) brezza soave, venticello **2** (*ind. tessile*) zeffiro (*tessuto leggerissimo di cotone o di lino*) **3** (*sport*) maglietta di atleta (*molto leggera*).
Zephyrus [ˈzefirəs], *n.* (*mitol.*) Zeffiro.
Zep(p) [zep], *abbr. fam.* di **Zeppelin.**
zeppelin, Zeppelin [ˈzepəlin], *n.* (*stor., aeron.*) Zeppelin (*grande dirigibile tedesco*).

zero [ˈziərou], *a. e n.* (*pl.* **zeros, zeroes**) (*mat., fis.*) zero: **The temperature fell below z. last night**, la temperatura è andata sotto zero la notte scorsa. ● (*elab.*) **z. adjusting**, messa a zero □ (*stat.*) **z. economic growth**, crescita economica zero (*abbr.* ZEG) □ (*mil.*) **z. hour**, l'ora zero (*anche fig.*) □ (*econ.*) **z. inflation**, inflazione zero □ (*aeron.*) **z. lift**, portanza nulla (*fis.*) **z. potential**, potenziale nullo (*o* di terra) □ (*elab.*) **z. resetting**, azzeramento □ **above** (**below**) **z.**, sopra (sotto) zero □ (*fis.*) **absolute z.**, zero assoluto (-237°C) □ (*aeron.*) **to fly at z.**, volare sotto i mille piedi (*sotto i 330 metri circa*) □ (*fig.*) **Our hopes were reduced to z.**, le nostre speranze si ridussero a zero.
to zero [ˈziərou], *v. t.* azzerare (*uno strumento e sim.*). ● (*mil.*) **to z. in**, azzerare; sincronizzare.
zest [zest], *n.* **1** aroma; gusto; sapore piccante; (*fig.*) nota piccante: **This invention gave** (*o* **added**) **z. to the story**, questa trovata aggiunse una nota piccante alla storia **2** entusiasmo; ardore; gusto (*fig.*): **youthful z.**, entusiasmo giovanile; **to have a z. for life**, avere il gusto della vita **3** (*cucina*) buccia di limone (*per aromatizzare il cibo*).
zeta [ˈziːtə], *n.* zeta (*sesta lettera dell'alfabeto greco*).
zeugma [ˈzjuːgmə], *n.* (*gramm.*) zeugma.
Zeus [zjuːs], *n.* (*mitol.*) Zeus.
zibeline, zibelline [ˈzibəlin], **A** *a.* di zibellino. **B** *n.* pelliccia di zibellino.
zibet [ˈzibit], *n.* (*zool., Viverra zibetha*) zibetto.
zigzag [ˈzigzæg], **A** *n.* **1** zigzag; linea (*o* movimento) a zigzag **2** (*anche* **z. road**) strada a zigzag: **We went up a long z. before we reached the summit**, salimmo a lungo per una strada a zigzag prima di raggiungere la vetta **3** (*mil., anche* **z. trench**) trincea a zigzag **4** (*archit.*) fregio a zigzag. **B** *a. attr.* a zigzag: **a z. path**, un sentiero a zigzag; (*elettr.*) **z. connection**, collegamento a zigzag. **C** *avv.* a zigzag. ● **z. rule**, metro pieghevole di legno.
to zigzag [ˈzigzæg], *v. i.* andare a zigzag; zigzagare; serpeggiare: **The narrow path zigzagged across the moor**, lo stretto sentiero zigzagava attraverso la brughiera.
zinc [ziŋk], *n.* (*chim.*) zinco. ● (*miner.*) **z. blende**, blenda □ (*chim.*) **z. oxide**, ossido di zinco □ **z. sheet**, lamiera di zinco □ **z. white** (*o* **flowers of z.**), bianco di zinco.
to zinc [ziŋk], *v. t.* rivestire di zinco; zincare.
zincate [ˈziŋkeit], *n.* (*chim.*) zincato.
zincification [ˌziŋkifiˈkeiʃən], *n.* zincatura.
to zincify [ˈziŋkifai], *v. t.* zincare.
zincite [ˈziŋkait], *n.* (*miner.*) zincite.
zincky [ˈziŋki], *V.* **zinky.**
zincograph [ˈziŋkougrɑːf], *n.* (*tipogr.*) lastra di zinco; zincografia; zincotipia.
zincographer [ziŋˈkɔgrəfə*], *n.* (*tipogr.*) zincografo; zincotipista.
zincographic(al) [ˌziŋkouˈgræfik(əl)], *a.* (*tipogr.*) zincografico.
zincography [ziŋˈkɔgrəfi], *n.* (*tipogr.*) zincografia, zincotipia (*il processo*).
zincotype [ˈziŋkoutaip], *V.* **zincograph.**
zincotypist [ˌziŋkouˈtaipist], *V.* **zincographer.**
zinger [ˈziŋə*], *n.* (*fam. USA*) motto arguto; replica pepata, stangata (*fig.*).
zingy [ˈziŋi], *a.* (*fam. USA*) **1** divertente; emozionante **2** affascinante; attraente; favoloso (*fam.*).
zinkenite [ˈziŋkənait], *n.* (*miner.*) zinchenite.
zinky [ˈziŋki], *a.* di zinco; contenente zinco.
zinnia [ˈziniə], *n.* (*bot., Zinnia*) zinnia.
Zion [ˈzaiən], *n.* **1** (*geogr., stor.*) Sion; Sionne **2** (*fig.*) teocrazia israelitica **3** (*fig.*) il Regno dei Cieli; la Gerusalemme Celeste **4** (*fig.*) la Chiesa Cristiana.
Zionism [ˈzaiənizəm], *n.* (*polit.*) sionismo.
Zionist [ˈzaiənist], (*polit.*) **A** *n.* sionista. **B** *a.* sionistico.
Zionistic [ˌzaiəˈnistik], *a.* (*polit.*) sionistico.
zip [zip], *n.* **1** fischio (*di un proiettile, ecc.*); sibilo; suono stridulo **2** (*fig., fam.*) energia; vigore; spinta; dinamismo **3** (*fam.*)

zip

V. **zip fastener**. ● **zip fastener**, chiusura lampo; lampo (*fam.*).
to zip [zip], **A** *v. t.* aprire (*o* chiudere) con una (chiusura) lampo. **B** *v. i.* fischiare; sibilare. ● **to zip along**, sfrecciare, passare come il fulmine □ **to zip open**, aprire (*un abito, una borsa, ecc.*) □ **to zip shut**, chiudere (*un abito, una valigetta, ecc.*) □ **to zip up**, chiudere, allacciare (*un abito, ecc.*).
zip code [zip koud], *n.* (*USA*) codice d'avviamento postale.
to zip-code ['zipkoud], *v. t.* (*USA*) fornire di codice d'avviamento postale.
zipper ['zipə*], *n.* (*USA*) chiusura lampo; lampo (*fam.*).
zippy ['zipi], *a.* (*fam.*) attivo; energico; dinamico.
zircon ['zə:kɔn], *n.* (*miner.*) zircone.
zirconate ['zə:kəneit], *n.* (*chim.*) zirconato.
zirconium [zə:'kounjəm], *n.* (*chim.*) zirconio.
zither ['ziθə*], *n.* (*mus.*) cetra tirolese.
zitherist ['ziθərist], *n.* (*mus.*) suonatore di cetra tirolese.
zittern ['zitən], V. **zither**.
zizz [ziz], *n.* (*pop.*) sonnellino; dormitina; pisolino: **to have** (*o* **to take**) **a z.**, fare un pisolino.
zodiac ['zoudiæk], *n.* (*astron., astrologia*) zodiaco: **the signs of the z.**, i segni dello zodiaco.
zodiacal [zou'daiəkəl], *a.* zodiacale; dello zodiaco.
zoea [zou'i:ə], *n.* (*zool.*) zoea.
zoftig ['zɔftig], V. **zaftig**.
zoic ['zouik], *a.* (*scient.*) **1** degli animali **2** (*di roccia*) che conserva tracce di vita animale; che contiene fossili.
Zolaism ['zouləizəm], *n.* (*letter.*) verismo zoliano (*alla maniera di Emile Zola*).
Zolaist ['zouləist], *n.* (*letter.*) seguace del verismo zoliano.
Zolaistic [,zoulə'istik], *a.* (*letter.*) zoliano.
zombi, zombie ['zɔmbi], *n.* (*pl.* **zombis**) **1** (*nel Congo, ecc.*) pitone (*adorato come divinità*) **2** (*nelle Indie Occidentali*) zombi; morto risuscitato per magia **3** (*fam.*) automa; tipo indolente, apatico; salame (*fig., pop.*) **4** (*fam. USA*) bevanda alcolica.
zonal ['zounl], *a.* **1** zonale; di zona **2** diviso in zone. ● (*biol.*) **z. centrifuge**, centrifuga zonale.
zonary ['zounəri], *a.* **1** V. **zonal 2** (*zool.*) zonale. ● (*zool.*) **z. villi**, villi disposti a fascia anulare.
zonate ['zouneit], *a.* (*scient.*) zonato; a zone.
zonation [zou'neifən], *n.* (*scient.*) zonatura; zonazione.
zone [zoun], *n.* zona; fascia; striscia; regione; (*lett.*) cintura: **in the danger z.**, nella zona del pericolo; **the cotton z. in America**, la regione del cotone in America; **the frigid** (**temperate, torrid**) **z.**, la zona glaciale (temperata, torrida) (*arc.*) **maiden** (*o* **virgin**) **z.**, cintura verginale. ● (*mil.*) **z. fire**, fuoco di settore □ **z. time**, ora locale □ **time z.**, fuso orario.
to zone [zoun], *v. t.* **1** suddividere (*specialm. una città*) in zone **2** circondare; fasciare (*fig.*).
zoning ['zouniŋ], *n.* (*urbanistica*) **1** suddivisione in zone; zonizzazione **2** (*di città, ecc.*) piano regolatore.
zonked [zɔŋkt], *a.* (*pop.*) **1** intontito; suonato; cotto (*pop.*) **2** drogato; sotto l'influsso della droga.
zoo [zu:], *n.* (*pl.* **zoos**) (*fam.*) zoo; giardino zoologico.
zooblast ['zouəblæst], *n.* (*biol.*) cellula animale.
zoogenic [zouə'dʒi:nik], *a.* (*geol.*) zoogenico.
zoogeography [,zouədʒi'ɔgrəfi], *n.* (*biol.*) zoogeografia.
zoography [zou'ɔgrəfi], *n.* (*scient.*) zoografia (*zoologia descrittiva*).
zooid ['zouoid], *n.* (*biol.*) zooide.
zoolatry [zou'ɔlətri], *n.* zoolatria.
zoolite ['zouəlait], *n.* (*scient.*) zoolito.
zoological [,zouə'lɔdʒikəl], *a.* zoologico: **z. gardens**, giardino zoologico; zoo.
zoologist [zou'ɔlədʒist], *n.* zoologo.
zoology [zou'ɔlədʒi], *n.* zoologia.
to zoom [zu:m], *v. i.* **1** rombare; ronzare **2** (*d'aeroplano*) sfrecciare rombando; salire in candela **3** (*autom., fam.*) sfrecciare; passare in un baleno **4** (*cinem., telev.*) zumare **5** (*econ., comm.: di prezzi, ecc.*) impennarsi; andare alle stelle.
zoom [zu:m], *n.* **1** rombo; ronzio **2** (*gergo aeron.*) salita in candela **3** (*cinem., telev.*) zumata **4** (*econ., comm.*) balzo, impennata (*dei prezzi, ecc.*). ● (*cinem., telev.*) **z. lens**, V. **zoomer**.

zooman ['zu:mən], *n.* (*pl.* **zoomen**) inserviente di zoo; addetto agli animali (*in uno zoo*).
zoomer ['zu:mə*], *n.* (*cinem., telev.*) obiettivo trasfocatore (*o* a focale variabile); zoom.
zoomorph ['zouəmɔ:f], *n.* disegno zoomorfo; figura zoomorfa.
zoomorphic [,zouou'mɔ:fik], *a.* zoomorfico: **a z. deity**, una divinità zoomorfica.
zoomorphism [,zouou'mɔ:fizəm], *n.* (*relig., arte*) zoomorfismo.
zoophilist [zou'ɔfilist], *n.* zoofilo.
zoophilous [zou'ɔfiləs], *a.* zoofilo.
zoophily [zou'ɔfili], *n.* zoofilia.
zoophobia [,zouou'foubjə], *n.* (*psic.*) zoofobia.
zoophobous [zou'ɔfəbəs], *a.* (*psic.*) zoofobo.
zoophorus [zou'ɔfərəs], *n.* (*pl.* **zoophori**) (*archit.*) zooforo.
zoophyte ['zouəfait], *n.* (*scient.*) zoofito.
zooplankton [,zouə'plæŋktən], *n.* (*ecologia*) zooplancton.
zooplasty ['zouou,plæsti], *n.* (*med.*) zooplastica (*trapianto di tessuto da un animale sull'uomo*).
zoosperm ['zouəspə:m], *n.* (*biol.*) spermatozoo; zoospermio (*raro*).
zoosphere ['zouəsfiə*], *n.* (*ecologia*) zoosfera.
zoospore ['zouəspɔ:*], *n.* (*biol.*) zoospora.
zootechnical [,zouə'teknikə], *a.* zootecnico.
zootechnician [,zououtek'nifən], *n.* zootecnico.
zootechnics [,zouou'tekniks], *n. pl.* (*col verbo al sing.*) zootecnia.
zootechny ['zouou,tekni], *n.* zootecnia.
zootomic(al) [,zouou'tɔmik(əl)], *a.* zootomico.
zootomist [zou'ɔtəmist], *n.* zootomista.
zootomy [zou'ɔtəmi], *n.* zootomia.
zoril ['zɔril], **zorilla** [zə'rilə], *n.* (*zool., Zorilla*) zorilla.
Zoroaster [,zɔrou'æstə*], *n.* (*stor., relig.*) Zoroastro.
Zoroastrian [,zɔrou'æstriən], *a. e n.* (*stor., relig.*) zoroastriano.
Zoroastrianism [,zɔrou'æstriənizəm], *n.* (*stor., relig.*) zoroastrismo.
zouave [zu:'a:v], *n.* **1** (*mil.*) zuavo **2** (*moda*) giacchetta alla zuava (*da donna*).
zounds [zaundz], *inter.* (*arc.*) caspita!; perbacco!; perdinci! (*alterazione eufemistica di* God's wounds).
zucchetto [tzu'ketou] (*ital.*), *n.* (*pl.* **zucchettos**) (*relig.*) zucchetto (*del papa, di cardinali, ecc.*).
zucchini [zu:'ki:ni] (*ital.*), *n.* (*pl.* **zucchini, zucchinis**) (*cucina USA*) zucchina, zucchino (*cfr. ingl.* courgette). ● **z. corer**, svuotazucchine.
Zulu ['zu:lu:], **A** *n.* (*pl.* **Zulu, Zulus**) zulù (*anche la lingua*). **B** *a.* zulù; degli zulù.
Zurich ['zjuərik], *n.* (*geogr.*) Zurigo.
Zwinglian ['zwiŋliən], *a. e n.* (*stor., relig.*) zwingliano.
Zwinglianism ['zwiŋliənizəm], *n.* (*stor., relig.*) zwinglismo.
zygodactyl [,zaigou'dæktil], *a. e n.* (*zool.*) (*uccello*) zigodattilo.
zygodactylous [,zaigou'dæktiləs], *a.* (*zool.*) zigodattilo.
zygoma [zai'goumə], *n.* (*pl.* **zygomata, zygomas**) (*anat.*) zigomo.
zygomatic [,zaigou'mætik], *a.* (*anat.*) zigomatico.
zygomorphic [,zaigou'mɔ:fik], V. **zygomorphous**.
zygomorphous [,zaigou'mɔ:fəs], *a.* (*bot.*) zigomorfo.
zygosis [zai'gousis], *n.* (*pl.* **zigoses**) (*biol.*) zigosi.
zygospore ['zaigouspɔ:*], *n.* (*biol.*) zigospora.
zygote ['zaigout], *n.* (*biol.*) zigote.
zymase ['zaimeis], *n.* (*biol.*) zimasi.
zyme [zaim], *n.* (*arc.*) enzima.
zymogen ['zaimoudʒen], **zymogene** ['zaimoudʒi:n], *n.* (*biol.*) zimogeno; proenzima.
zymology [zai'mɔlədʒi], *n.* (*scient.*) zimologia.
zymometer [zai'mɔmitə*], *n.* (*scient.*) zimometro (*strumento*).
zymosimeter [zaimou'simitə*], *n.* (*scient.*) zimosimetro.
zymosis [zai'mousis], *n.* (*pl.* **zymoses**) **1** (*biol.*) zimosi; fermentazione **2** (*med., raro*) malattia infettiva.
zymotic [zai'mɔtik], *a.* (*biol.*) enzimatico; fermentativo. ● (*med.*) **z. disease**, malattia infettiva (*come il vaiolo, che un tempo si credeva provocato da un fenomeno fermentativo*).
zymurgy ['zaimə:dʒi], *n.* (*chim., biol.*) enzimologia.

italiano • inglese

a, A

A (1), a, *f. e m. (prima lettera dell'alfabeto ital.)* A, a. ● *(tel.)* **a come Ancona,** a for Andrew (*USA*: a for Able) □ **dall'a alla z,** from a to z □ **essere all'a,** to be at the beginning □ **cominciare dall'a,** to begin from the very beginning □ **ricominciare dall'a,** to start all over again.

a (2), *prep.* **1** (*stato in luogo: in genere, e con nomi di città considerati come punti geografici*) at: **Gli aeroplani dell'Alitalia atterrano a Roma, Parigi e Londra,** the aeroplanes of Alitalia land at Rome, Paris and London; **Ero a scuola** (**alla stazione, a teatro**), I was at school (at the station, at the theatre); **Eravamo ai piedi del monte,** we were at the foot of the mountain **2** (*stato in luogo: con nomi di città considerate come agglomerati urbani e in altri casi*) in: **Ieri era a Nizza, domani sarà a Parigi,** he was in Nice yesterday, and he will be in Paris tomorrow; **Sono nato a Varese, ho abitato dieci anni a Bologna, e ora lavoro qui a Milano,** I was born in Varese, I lived in Bologna for ten years, and now I am working here in Milan; **Vivevano al sud,** they lived in the south; **I bambini erano all'aria aperta,** the children were in the open air; **se fossi al tuo posto,** if I were in your place **3** (*moto a luogo, e in altri casi*) to: **Ieri andai alla stazione** (**a teatro, a scuola**), yesterday I went to the station (to the theatre, to school); **Spedii la merce a Padova** (**a Firenze, a Londra**), I sent the goods to Padua (to Florence, to London); **Va a letto!,** go to bed!; **Sei mai stato allo zoo?,** have you ever been to the zoo? **4** (*direzione*) to: **Questa strada porta a Salerno** (**a Napoli, a Vienna**), this road leads to Salerno (to Naples, to Vienna); **La Francia è a sud dell'Inghilterra,** France lies to the south of England **5** (*punto d'arrivo*) at: **Non gettare sassi agli uccellini!,** don't throw stones at the birds!; **sparare a q.,** to shoot at sb. **6** (*compl. di termine*) to: **Dallo a me, per favore,** give it to me, please; **Diceva a te, non a me,** he was saying that to you, not to me; (*spesso non viene espresso*) **Dì tutto al medico,** tell the doctor everything **7** (*tempo: determinato*) at; (*indeterminato*) in: **a Natale,** at Christmas; **a quel tempo,** at that time; **alle undici e un quarto,** at a quarter past eleven; **a mezzanotte,** at midnight; **a mezzogiorno,** at midday; **a giugno,** in June **8** (*prezzo*) at: **Venderemo questo articolo a diecimila lire,** we shall sell this article at ten thousand lire **9** (*misura*) a, an; per: **Questa stoffa costa venti sterline alla iarda,** this cloth costs twenty pounds a (*o* per) yard **10** (*causa*) at: **Si rallegrò alla buona notizia,** he rejoiced at the good news **11** (*forma, maniera*) at; in: **a caso,** at random; **all'italiana,** in (*o* after) the Italian fashion **12** (*vantaggio, danno, interesse*) to; at; for: **L'energia atomica può essere utile o dannosa all'umanità,** atomic power may be useful or harmful to mankind; **Ho comprato un vestitino nuovo alla mia bambina,** I bought a new frock for my little girl; **a tuo rischio e pericolo,** at your own risk **13** (*separazione*) from: **I banditi presero a Giovanni tutto il denaro che aveva,** the robbers took from John all the money he had **14** (*mezzo*) by; in: **fatto a macchina,** made by machinery; machine-made; **scritto a mano,** written by hand; handwritten; **scritto a matita,** written in pencil; **dipinto a olio,** painted in oils **15** (*distributivo*) by; at: **a uno a uno,** one by one; **a decine,** by tens; **due alla volta,** two at a time **16** (*età*) at the age of; at: **a diciotto anni,** at the age of eighteen **17** (*davanti a un verbo all'inf.*) **Sono venuto a trovarti,** I've come to see you; **Cominciò a ridere,** he began to laugh; **Si diede al bere,** he took to drinking (*o* to drink); **Andiamo a vedere!,** let's go and see!; **imparare** (**insegnare a q.**) **a fare q.c.,** to learn (to teach sb.) how to do st.; **facile a mentire,** given to lying; **bello a vedere** (*o* a **vedersi**), lovely to look at; **stare a guardare,** to look on; to watch; **stare a sedere,** to sit; to be sitting; **Starà poco a tornare,** he won't be long getting back; **Fosti tu a dirmelo,** it was you who told me so; **A far così, ti farai odiare,** if you behave like that, you'll get (*o* make) yourself hated; **Sentimmo gli spari,** **e allora tutti a fuggire,** we heard the shots; and off we all went; **a dire il vero,** to tell the truth; **Al vederlo, lo salutai,** on seeing (*o* when I saw him), I greeted him.

abacà, *f.* **1** (*bot., Musa textilis*) abaca **2** (*fibra tessile*) Manila hemp.

àbaco, *v.* **àbbaco.**

abampere, *m.* (*elettr.*) abampere.

abate, *m.* **1** (*superiore di un'abbazia*) abbot **2** (*titolo dato a prete senza incarico determinato*) abbé.

abat-jour (*franc.*), *m.* **1** (*paralume*) lampshade **2** (*lampada*) (table) lamp.

abbacchiare, A *v. t.* **1** (*deprimere*) to depress; to dishearten **2** (*la frutta*) to knock down. **abbacchiarsi B** *v. rifl.* to be depressed.

abbacchiato, *a.* (*abbattuto moralmente*) downcast; in low spirits; down in the mouth (*fam.*).

abbacchiatura, *f.* knocking down.

abbàcchio, *m.* (*cucina*) lamb.

abbacinaménto, *m.* **1** (*accecamento*) blinding **2** (*fig.*) dazzling.

abbacinare, *v. t.* **1** (*accecare*) to blind: **Questo sole mi abbacina la vista,** this sun is blinding my eyes **2** (*ingannare*) to trick; to dazzle: **La povera ragazza fu abbacinata dalle sue promesse,** the poor girl was dazzled by his promises. ● (*fig.*) **occhi abbacinati,** unseeing eyes.

àbbaco, *m.* **1** (*libretto elementare d'aritmetica*) arithmetic primer **2** (*archit.*) abacus*.

abbagliaménto, *m.* dazzlement.

abbagliante, A *a.* **1** dazzling **2** (*autom.*) high-beam. **B** *m. pl.* (*autom.*) high-beam headlights; undipped headlights; brights (*pl., fam. USA*): **viaggiare con gli abbaglianti accesi,** to drive with the high-beam (head)lights on; **togliere gli abbaglianti,** to dip the headlights.

abbagliare, *v. t.* (*offuscare la vista, anche fig.*) to dazzle: **I fari dell'automobile che sopraggiungeva mi abbagliarono e non vidi più nulla,** the headlights of the on-coming car dazzled my eyes and I could see nothing; (*fig.*) **Fui abbagliato dalle sue lusinghe,** I was dazzled by his flattery.

abbàglio, *m.* (*svista, errore*) blunder; mistake: **prendere un a.,** to make a blunder; to slip up (*fam.*).

abbaiaménto, *m.* **1** barking **2** (*fig.*) howling.

abbaiare, *v. i.* **1** to bark; to bay: **I cani abbaiano,** dogs bark **2** (*fig.*) to howl: **Lascialo a.!,** let him howl! ● (*fig.*) **a. alla luna** (*o* al vento), to bay at the moon ● (*fig.*) **Non abbaiate così!,** stop yapping! □ (*prov.*) **Can che abbaia non morde,** his bark is worse than his bite.

abbaiata, *f.* **1** barking **2** (*fig.*) howling.

abbaino, *m.* **1** (*finestrino*) dormer window **2** (*soffitta*) attic; garret.

abbàio, *m.* bark; barking.

abbandonare, A *v. t.* **1** (*lasciare q.c. definitivamente, per necessità*) to abandon: **La zona inondata fu abbandonata al mare,** the flooded area was abandoned to the sea; **I marinai dovettero a. la nave che affondava,** the sailors had to abandon the sinking ship **2** (*lasciare q. o q.c. definitivamente, per mancanza di senso del dovere; ripudiare*) to abandon; to desert; to forsake*: **Ha abbandonato la moglie e i figli,** he abandoned (*o* deserted) his wife and children **3** (*lasciare per lungo tempo*) to leave*; to quit (*raro*): **Molti poveri emigranti hanno dovuto a. le famiglie per cercar lavoro all'estero,** many poor emigrants have had to leave their families to look for work abroad; **Abbandonai la stanza in tutta fretta,** I left (*o* quitted) the room in a hurry **4** (*rinunciare a*) to renounce; to give* up; to forsake*; (*leg.*) to waive: **Abbandonò il mondo per farsi trappista,** he renounced (*o* gave up, forsook) the world to become a trappist; **Abbandonò gli ideali della sua gioventù per darsi a una vita dissoluta,** he renounced (*o* forsook) his youthful ideals to lead a dissolute life; **Non a. i tuoi progetti!,** don't give up your plans!; **Dovrai a. i tuoi diritti** (**le tue pretese**), you will have to renounce (*o* give up, waive) your rights (your claims) **5** (*dimettersi da, desistere da*) to resign; to give* up; to quit (*USA*): **Abbandonò l'ufficio per ragioni di salute,** he resigned (*o* gave up, quitted) his job on grounds of ill-health **6** (*lasciare andare*) to relinquish; to

abbandonato

abandon; to give* up: **Non a. ogni speranza!**, don't relinquish (o abandon, give up) all hope!; **Abbandonò la presa**, he relinquished (o abandoned) his hold **7** (*cedere*) to surrender; to yield: **Abbandonò i suoi diritti al patrimonio**, he surrendered (o yielded) his rights to the estate **8** (*lasciar cadere*) to drop, to sink* (*con la parte del corpo, come sogg.*): **Abbandonò il capo sul petto**, his head dropped (o sank) upon his breast. ● **a. gli amici** (*lasciarli perdere*), to drop (o to throw over) one's friends □ (*mil.*) **a. le armi**, to lay down arms □ **a. la caccia**, to break off the chase □ **a. il campo**, (*sport: calcio, rugby, cricket*) to abandon the match; (*mil. e fig.*) to abandon the field, to retreat □ **a. la fidanzata**, to jilt one's fiancée □ **a. l'inseguimento**, to break off the pursuit □ **a. la partita**, (*pugilato e fig.*) to throw in the sponge; (*poker e fig.*) to throw in one's hand; (*fig.*) to give up □ **a. il proprio lavoro**, to throw up one's job □ **a. tutto al caso**, to leave everything to chance. **abbandonarsi** B *v. rifl.* **1** (*perdersi d'animo*) to lose* heart (*darsi a*) to abandon oneself (to); to give* oneself up (to); to yield (oneself) (to): **a. al vizio**, to give oneself up to vice; **Quando suo figlio morì, si abbandonò alla disperazione**, when his son died, he abandoned himself (o yielded) to despair **3** (*affidarsi a*) to trust (to); to throw* oneself (on): **I prigionieri si abbandonarono alla mercé dei vincitori**, the prisoners threw themselves on the mercy of their captors **4** (*fam.: lasciarsi andare*) to let* oneself go **5** (*rilassarsi*) to relax **6** (*lasciarsi cadere*) to drop; to flop: **Si abbandonò su una poltrona**, he dropped into an armchair. ● **a. alla gioia**, to be transported with joy □ **a. ai ricordi**, to lose oneself in one's memories.

abbandonato, A *a.* **1** abandoned; derelict; deserted: **una casa abbandonata**, an abandoned house; **una miniera abbandonata**, a derelict mine; **un paese a.**, a deserted village **2** (*desolato*) desolate: **le distese abbandonate dell'Artide**, the desolate wastes of the Arctic. ● **a. dai medici** (*come incurabile*), given up by the doctors. B *m.* (*trovatello*) foundling: **ospizio degli abbandonati**, Foundlings' Hospital.

abbandóno, *m.* **1** (*l'atto di abbandonare*) desertion; abandonment, abandoning; relinquishment: **L'a. di quel progetto fu causa di molta disoccupazione**, the abandonment of that scheme caused much unemployment, (*naut.*) **a. della nave ai creditori**, abandonment of a ship to underwriters **2** (*desolazione*) (state of) neglect; desolation **3** (*leg.*) abandonment; (*di un credito*) waiver; (*di una causa*) discountenance; (*di un diritto*) release; waiver: **a. di un bene**, abandonment of property **4** (*sport*) retirement; withdrawal; default: **Il campione ha battuto lo sfidante per a. alla decima ripresa**, the champion beat the challenger, who withdrew in the tenth round. ● **a. del tetto coniugale**, desertion □ **lasciare in a. le cose**, to let things slide; leave things to look after themselves □ **lasciare in a. un giardino**, to let a garden run wild □ **in un momento di a.**, in a moment of weakness.

abbarbagliare, *v. t.* to dazzle.
abbarbàglio, *m.* dazzling.
abbarbicarsi, *v. rifl.* **1** (*bot. e fig.: mettere radici*) to take* root: **Le piante si abbarbicano al terreno**, plants take root in the ground; **Il sospetto gli si è abbarbicato nell'animo**, suspicion has taken root in his mind **2** (*bot.: di piante rampicanti*) to cling*: **L'edera s'abbarbica agli alberi**, ivy clings to trees **3** (*fig.: fissarsi in un luogo*) to put* down roots (in); to settle (in o down).
abbarcare, *v. t.* (*ammassare*) to heap (up); to pile (up).
abbaruffare, A *v. t.* to turn upside down; to make a mess of.
abbaruffarsi B *v. rifl.* to come* to blows; to scuffle.
abbassàbile, *a.* lowerable. ● (*autom.*) **schienali abbassabili**, collapsible seats.
abbassalingua, *m.* (*med.*) tongue depressor.
abbassaménto, *m.* **1** reduction; fall; drop; lowering: **a. di pressione**, fall in pressure; **a. di temperatura**, drop in temperature **2** (*del livello dell'acqua*) drawdown **3** (*di valore*) debasement. ● **a. di voce**, loss of voice; hoarseness.
abbassare, A *v. t.* **1** (*portare dall'alto al basso*) to lower; to bring* down; to sink*: **Fu necessario a. i prezzi per assicurare il benessere della popolazione**, it was necessary to lower (o to bring down) prices to assure the wellbeing of the people; **Abbassò la voce in un bisbiglio**, he lowered (o dropped, sank) his voice to a whisper (*calare giù*) to let* down; to lower: **a. il finestrino**, to let the window down; **a. la bandiera** (*per riporla*), to lower (o to strike, to haul down) the flag **3** (*chinare, volgere in giù*) to lower: **a. il capo**, to lower (o to bow) one's head; **a. gli occhi**, to lower one's eyes (o to look down) **4** (*sbassare*) to lower; to make* lower: **Non possiamo a. il soffitto**, we can't lower the ceiling (*fig.: umiliare*) to humble; to abase; to bring* low: **Dio abbassa i superbi**, God humbles (o abases, brings low) the proud. B *v. i.* (*di febbre, temperatura, livello d'acqua, ecc.*) to drop; to fall*: **D'inverno la temperatura abbassa notevolmente**, in winter the temperature drops (o falls) considerably. ● **a. le armi** (*arrendersi*), to lay down (one's) arms □ **a. la bandiera in segno di saluto**, to dip the flag in salute □ **a. il cannone** (*per aggiustare il tiro*), to depress the gun □ (*fig.*) **a. la cresta**, to come off one's high horse □ (*mat.*) **a. un'equazione**, to reduce an equation □ **a. il gas**, to turn down the gas □ **a. una luce**, to dim a light □ (*autom.*) **a. i fari**, to dip one's headlights □ (*geom.*) **a. una perpendicolare**, to drop a perpendicular □ **a. i prezzi** (*per fare concorrenza*), to cut prices □ **a. il prezzo di un oggetto** (*per una liquidazione*), to mark down the price of an article □ (*sport*) **a. un primato**, to lower a record □ **a. le serrande**, to put up the shutters □ (*teatr.*) **a. il sipario**, to drop (o to lower) the curtain □ (*tipogr.*) **a. uno spazio**, to push down a space. **abbassàrsi** B *v. rifl.* **1** (*per cedimento di terreno; del sole, della luna*) to sink*: **Dopo la frana, la strada cominciò ad a.**, after the landslide, the road began to sink; **Il sole si abbassava verso l'orizzonte**, the sun was sinking towards the horizon **2** (*di una volta, di un soffitto*) to sag: **Dopo la pioggia, il soffitto cominciò ad a. e poi crollò**, after the rain, the roof began to sag and then collapsed **3** (*diminuire*) to diminish; to lower; (*di prezzi*) to go* down, to drop; (*del livello dell'acqua*) to sink*: **Il valore delle azioni s'è abbassato**, the stocks have lowered in value; **I prezzi si abbasseranno**, prices will go down **4** (*del vento, della temperatura, degli occhi, della voce*) to drop; to fall*: **La sua voce si abbassò in un bisbiglio**, his voice dropped to a whisper; **Il vento s'è abbassato**, the wind has dropped (o has gone down); **Il barometro si abbassa**, the barometer is falling **5** (*chinarsi*) to stoop; to bend* down **6** (*fig.: avvilirsi*) to lower oneself; to stoop (to): **Egli non s'abbasserebbe mai a un'azione simile**, he would never stoop to such an action **7** (*fig.: degnarsi*) to condescend **8** (*fig.: prostrarsi*) to humble oneself.

abbassato, *a.* **1** (*giù*) down: **Il segnale era a.**, the signal was down **2** (*sbassato*) lowered **3** (*di una luce*) dimmed **4** (*fig.*) humbled.

abbassatóre, *m.* (*elettr.: di tensione*) step-down transformer.

abbasso, A *avv.* **1** down **2** (*al piano di sotto*) downstairs. B *inter.* down with: **A. il tiranno!**, down with the tyrant! C *m. pl.* (*grida di avversione*) hostile shouts; boos (*fam.*).

abbastanza, *avv.* **1** (*a sufficienza*) enough: **Non abbiamo a. tempo**, we haven't enough time; **Lo conosco a. bene**, I know him well enough **2** (*alquanto*) rather; (*discretamente*) quite: **Era a. stupido**, he was rather stupid; **È a. freddo questa mattina**, it's quite cold this morning. ● **averne a. di q.**, to have had enough of sb.; to be tired of sb. □ (*iron.*) **averne a. di q.c.**, to have had enough of st.

abbàttere, A *v. t.* **1** (*atterrare*) to knock down; (*demolire*) to demolish (*anche fig.*): **Il vento abbatté tre alberi**, the wind knocked down three trees; **a. un muro**, to demolish a wall; **Abbatterò a uno a uno i tuoi argomenti**, I shall demolish your arguments one by one **2** (*tagliare*) to fell; to cut* down: **a. un albero**, to fell a tree **3** (*ammazzare uomini o animali*) to kill; to bring down **4** (*mil., aeron.*) to shoot* down: **a. un aereo**, to shoot down a plane **5** (*fig.: stremare*) to exhaust: **La febbre abbatte il malato**, fever exhausts a patient **6** (*fig.: scoraggiare*) to discourage: **Le disgrazie abbattono l'animo**, misfortunes discourage the spirit. ● **a. una porta**, to break (o to burst) open a door. **abbàttersi** B *v. rifl.* **1** (*cadere*) to fall*: **Si abbatté al suolo**, he fell to the ground **2** (*fig.: scoraggiarsi*) to be discouraged; to feel* depressed; to lose* heart: **Non abbatterti per tanto poco**, don't be discouraged over so little.

abbattifièno, *m.* (*agric.*) trap-door.

abbattiménto, *m.* **1** demolition; destruction; (*il tagliare*) felling **2** (*fig.: prostrazione*) exhaustion; (*scoraggiamento*) discouragement **3** (*rif. ad animali*) slaughtering **4** (*mil., aeron.*) shooting down **5** (*di prezzi*) lowering; drop.

abbattuta, *f.* **1** (*naut.*) inclination to leeward **2** (*mil.*) abatis, abattis **3** (*di alberi*) felling.

abbattuto, *a.* (*fig.*) low-spirited; depressed; discouraged.

abbazìa, *f.* **1** abbey **2** (*dignità di abate*) abbacy.

abbaziale, *a.* abbatial.

abbecedàrio, *m.* primer.

abbelliménto, *m.* **1** embellishment **2** (*pl., mus.*) ornaments.

abbellire, A *v. t.* to embellish; to adorn. B *v. i.* (*diventare bello*) to become* (o to grow*) beautiful. **abbellirsi** C *v. rifl.* **1** (*farsi bello*) to beautify oneself; to doll oneself up (*fam.*); (*truccarsi*) to make* oneself up **2** (*adornarsi*) to deck oneself out; to adorn oneself. ● **In questi ultimi tempi ti sei piuttosto abbellita**, her looks have somewhat improved lately.

abbeveràggio, *m.* watering.

abbeverare, *v. t.* **abbeverarsi**, *v. rifl.* to water: **a. le vacche**, to water the cows. ● (*fig.*) **abbeverarsi alle fonti del sapere**, to drink deep from the fountains of knowledge.

abbeverata, *f.* watering: **È l'ora dell'a.**, it's watering time. ●

condurre i cavalli all'a., to take the horses to water.

abbeveratóio, *m.* drinking trough; watering trough.

abbicci, *m.* alphabet. ● **essere all'a.**, to be learning to read; (*fig.*) to be taking one's first steps, to be a beginner □ (*fig.*) **non sapere l'a.**, hardly to know anything at all; not to know a thing.

abbiènte, *A a.* 1 well-to-do; well-off. *B m.* 1 well-to-do person 2 (*pl.*) (the) well-to-do; (the) haves (*fam.*): **gli abbienti e i non abbienti**, the haves and the have-nots.

abbiètto, e *deriv.* V. **abiètto** e *deriv.*

abbigliaménto, *m.* 1 (*insieme degli indumenti*) clothes (*pl.*); clothing 2 (*modo di vestire*) style (*o* manner) of dress; dress; dressing 3 (*ind.*) garment; (article of) clothing. ● **a. intimo**, underwear □ **a. per bambini**, children's wear □ **a. sportivo**, sportswear □ **negozio d'a. femminile**, women's wear shop □ **negozio d'a. per uomo**, menswear shop.

abbigliare, *v. t.* **abbigliarsi**, *v. rifl.* to dress.

abbinaménto, *m.* coupling; combining.

abbinare, *v. t.* to couple; to combine.

abbinata, *f.* (*ippica*) V. **accoppiata**.

abbinatrice, *f.* 1 (*tecn.*) gatherer; doubler 2 (*ind. tessile*) doubling frame; throwster.

abbindolaménto, *m.* dupery.

abbindolare, *A v. t.* 1 (*ind.*) to spool 2 (*fig.*) to dupe. **abbindolarsi** *B v. rifl.* to get* entangled.

abbindolatóre, *m.* con-man*; duper; confidence trickster.

abbiosciaménto, *m.* 1 (*di alberi*) withering 2 (*di persone*) collapse.

abbiosciarsi, *v. rifl.* 1 (*di alberi*) to wither; to wilt 2 to collapse: **a. sul pavimento**, to collapse on the floor 3 to sink*: **a. su una sedia**, to sink into a chair 4 (*fig.*) to lose* heart.

abbisciare, *v. t.* (*naut.*) to coil; to range.

abbisognare, *v. i.* to need; to be in need (of); to want: **Quel pover'uomo abbisogna d'aiuto**, that poor man is in need of help.

abboccaménto, *m.* 1 talk; interview 2 (*di condotti*) buttjoining (of two pipes) 3 (*med.*) anastomosis*.

abboccare, *A v. i.* 1 to bite*: **Oggi i pesci non abboccano**, the fish aren't biting today 2 (*fig.*) to rise* to (*o* to take*) the bait. *B v. t.* 1 (*afferrare*) to bite* 2 (*riempire*) to top up; (*USA*) to top off: **a. una botte**, to top up a barrel 3 (*congiungere*) to join; to connect: **a. due tubi**, to connect two pipes. ● **Il pesce abbocca all'amo**, the fish swallows the hook. **abboccarsi** *C v. rifl. recipr.* to have a talk (with sb.); to interview (sb.).

abboccato, *a.* 1 (*riempito*) topped up; (*USA*) topped off 2 (*di vino*) sweetish.

abboccatóio, *m.* (*di una fornace*) mouth.

abboccatura, *f.* 1 (*di porta, di finestra*) groove; rablet 2 (*di recipiente*) opening; mouth.

abbonacciare, (*anche fig.*) *A v. t.* to calm. **abbonacciarsi** *B v. rifl.* to become* calm; to calm down.

abbonaménto, *m.* 1 (*ferr., ecc.*) season ticket: **fare l'a.**, to buy a season ticket; **L'a. scade il prossimo mese**, the season ticket expires next month 2 (*a un giornale*) subscription: **fare (rinnovare) l'a. (a)**, to take out (to renew) a subscription (to).

abbonare, *A v. t.* 1 to make* (sb.) a subscriber 2 (*diminuire*) to reduce; to deduct: **a. un conto di mille lire**, to reduce a bill by a thousand lire 3 (*approvare*) to approve: **a. un conto**, to approve a bill. ● (*fig.*) **Questa che hai detto non te l'abbuono**, you'll be sorry you said that. **abbonarsi** *B v. rifl.* 1 to take* out a subscription: **Mi sono abbonato al Times**, I have taken out a subscription to the Times 2 (*ferr., ecc.*) to buy* a season-ticket.

abbonato, *m.* 1 (*ferr., ecc.*) season-ticket holder; commuter 2 (*a un giornale*) subscriber. ● (*tel.*) **elenco degli abbonati**, telephone directory.

abbondante, *a.* abundant; plentiful: **un raccolto a.**, an abundant harvest.

abbondanza, *f.* abundance; plenty: **in a.**, in abundance; at a discount (*fig.*); **vivere nell'a.**, to live in abundance. ● **nuotare nell'a.**, to live in clover; to be wallowing in money (*fam.*).

abbondare, *v. i.* 1 (*essere in grande quantità*) to abound: **Nei loro scritti gli errori abbondano**, errors abound in their writings 2 (*abbondare di*) to abound (in *o* with); to be rich (in): **I loro scritti abbondano di errori**, their writings abound in errors. ● **a. in cautele**, to be overcautious □ **a. in cortesie**, to be overpolite.

abboniménto, *m.* (*di terreni*) reclamation; improving.

abbonire, *A v. t.* 1 to calm; to soothe 2 (*un terreno*) to reclaim; to improve. **abbonirsi** *B v. rifl.* to become* calm.

abbordàbile, *a.* 1 approachable; accessible; affable: **una persona a.**, an approachable person 2 (*di spesa che ci si può permettere*) affordable.

abbordàggio, *m.* (*naut.*) boarding. ● **andare all'a. di una nave nemica**, to board an enemy ship.

abbordare, *v. t.* 1 (*naut.*) to board: **a. una nave**, to board a ship 2 (*fig.*) to accost; to approach: **a. una persona**, to accost sb.

3 (*argomenti e sim.*) to broach. ● **a. una curva**, to take a curve (*o* bend).

abbòrdo, *m.* 1 (*naut.*) boarding 2 (*fig.*) approach. ● **una donna di facile a.**, an easily approachable woman.

abborracciaménto, *m.* 1 botching; bungling 2 (*lavoro fatto male*) botched job.

abborracciare, *v. t.* to botch; to bungle.

abborracciato, *a.* sloppy; slipshod; botched.

abborracciatóre, *m.* botcher; bungler.

abbottonare, *A v. t.* to button (up): **Abbottonati il cappotto**, button (up) your coat. **abbottonarsi** *B v. rifl.* 1 to button (oneself) up: **abito che si abbottona su un fianco**, dress (*o* suit) that buttons (up) on one side 2 (*fig.*) to clam up; to button (up) one's mouth.

abbottonato, *a.* 1 buttoned up 2 (*fig.*) reserved; uncommunicative; tight-lipped. ● (*fig.*) **un uomo a.**, a man of few words.

abbottonatura, *f.* 1 (*l'abbottonare*) buttoning 2 (*bottoni e occhielli*) buttons (*pl.*).

abbozzare (1), *v. t.* 1 to sketch; to outline (*anche fig.*) 2 (*pitt.*) to sketch; to crayon (out); to outline 3 (*scult.*) to roughcast*. ● **a. un sorriso**, to smile faintly □ **un progetto appena abbozzato**, a crude scheme.

abbozzare (2), *v. i.* (*fam.: sopportare*) to put* up with: **Lui mi provoca, ma io abbozzo**, he provokes me, but I put up with it.

abbozzare (3), *v. t.* (*naut.*) to stopper.

abbozzata, *f.* sketching; rough sketch.

abbozzaticcio, *m.* (*lavoro fatto male*) sketchy work.

abbòzzo, *m.* 1 sketch; outline: **Mi fece un a. della novella**, he gave me an outline of the story 2 (*pitt.*) sketch 3 (*scult.*) roughcast; roughdraft.

abbozzolarsi, *v. rifl.* 1 (*diventare bozzoloso*) to go* lumpy. 2 (*zool.*) to cocoon.

abbracciabòsco, *m.* (*bot.*, *Lonicera caprifolium*) honeysuckle.

abbracciare, *A v. t.* 1 (*una persona, una fede, un'opinione, ecc.*) to embrace; (*una persona*) to hug 2 (*fig.: con il pensiero*) to take* in; to embrace: **È difficile per la mente umana a. il concetto dell'infinito**, it is difficult for the human mind to take in the idea of infinity 3 (*con lo sguardo*) to take* in (at a glance): **Di qui l'occhio abbraccia tutta la città**, from here you can take in the whole city (at a glance) 4 (*circondare, attorniare*) to enclose; to surround; to embrace: **Questo muro abbraccia tutta la mia proprietà**, this wall encloses (*o* surrounds) all my property 5 (*comprendere, contenere*) to comprise; to include; to embrace: **Il suo programma abbraccia le lingue moderne, la filosofia e la storia**, his curriculum comprises (*o* includes, embraces) modern languages, philosophy and history. ● **a. una carriera**, to take up a career □ **a. il consiglio di q.**, to take (*o* to follow) sb.'s advice □ **La sua vita abbraccia più di mezzo secolo**, his life spans more than half a century □ (*prov.*) **Chi troppo abbraccia, nulla stringe**, grasp all, lose all. **abbracciarsi** *B v. rifl.* to cling* (to); to twine (round): **L'edera s'abbraccia alla vecchia quercia**, the ivy clings to (*o* twines round) the old oak. *C v. rifl. recipr.* to embrace each other (*o* one another): **Dopo la lunga separazione madre e figlia si abbracciarono teneramente**, after the long separation mother and daughter embraced each other tenderly.

abbràccio, *m.* embrace; hug. ● (*nelle lettere*) **un a. a...**, my love to...

abbrancare (1), *A v. t.* (*afferrare*) to seize; to grab: **Il leone abbrancò il domatore**, the lion seized the tamer. **abbrancarsi** *B v. rifl.* to grab; to clutch; to grip: **Il naufrago s'abbrancò alla corda**, the shipwrecked man grabbed the rope; **a. a un ramo**, to clutch a branch.

abbrancare (2), *A v. t.* (*un gregge, un armento, e sim.*) to gather (a flock of sheep, a herd). **abbrancarsi** *B v. rifl.* to gather: **I lupi di solito s'abbrancano**, wolves usually gather (in a pack).

abbreviaménto, *m.* shortening.

abbreviare, *v. t.* to shorten; to cut* short; to curtail; to abbreviate: **a. il cammino**, to shorten the journey; **I dispiaceri abbreviano la vita**, grief shortens life; **Abbreviamo Giuseppe in Beppe**, we shorten Giuseppe to Beppe; **a. un discorso**, to cut short a speech; **per (*o* ad) abbreviarla**, to cut (*o* make) a long story short.

abbreviativo, *a.* abbreviating.

abbreviatóre, *m.* abbreviator.

abbreviazióne, *f.* 1 (*l'abbreviare*) abbreviation; curtailment 2 (*gramm.* e *fig.*) abbreviation: **elenco delle abbreviazioni**, list of abbreviations. ● (*leg.*) **a. dei termini**, shortening of time limits.

abbrivare, *A v. t.* (*naut.*) to get* under way. *B v. i.* (*naut.*) to gather way; to get* way. ● **Abbriva!**, pull away!

abbrivo, *m.* (*naut.*) headway; freshway. ● **prendere l'a.**, (*naut.*) to gather way; to get way; (*fig.*) to get going, to get* under way.

abbronzante, *m.* (*cosmetico*) suntan lotion; tanning cream.
abbronzare, A *v. t.* **1** to bronze **2** (*la pelle al sole*) to tan: **Il sole abbronza la pelle**, the sun tans our skin. **abbronzarsi B** *v. rifl.* to get* tanned (*o* a tan); to tan.
abbronzato, *a.* bronzed (by the sun); tanned; suntanned.
abbronzatura, *f.* **1** bronzing **2** (*della pelle al sole*) tanning **3** (*effetto*) tan: **prendere una bella a.**, to get a good tan.
abbruciacchiare, *v. t.* **1** to singe; to scorch **2** (*rif. a piante*) to wither; to shrivel.
abbrunare, A *v. t.* **1** (*rendere bruno*) to brown; to make* brown **2** (*parare a lutto*) to drape in mourning **3** (*una bandiera*) to fly* at half-mast. **abbrunarsi B** *v. rifl.* **1** to brown; to become* brown **2** (*mettersi il lutto*) to go* into mourning.
abbrunato, *a.* **1** (*di bandiera*) at half-mast **2** (*vestito a lutto*) wearing (*o* in) mourning.
abbrustolimento, *m.* **1** (*di pane, ecc.*) toasting **2** (*di caffè*) roasting.
abbrustolire, A *v. t.* **1** (*pane, ecc.*) to toast **2** (*caffè*) to roast. **abbrustolirsi B** *v. rifl.* (*abbronzarsi*) to get* tanned (*o* a tan); to tan.
abbrutimento, *m.* **1** (*l'abbrutire*) brutalization **2** (*effetto dell'abbrutire*) brutishness.
abbrutire, A *v. t.* to brutalize; to make* brutish: **L'ubriachezza abbrutisce l'uomo**, drunkenness brutalizes a man. **abbrutirsi B** *v. rifl.* to become* brutish.
abbruttire, A *v. t.* to make* ugly. **abbruttirsi B** *v. rifl.* to become* ugly.
abbuffarsi, *v. rifl.* to stuff oneself.
abbuiamento, *m.* darkening.
abbuiare, A *v. t.* **1** (*rendere buio*) to darken: **Quella tenda abbuia la stanza**, that curtain darkens the room **2** (*fig.: mettere a tacere*) to hush up. **abbuiarsi B** *v. rifl.* **1** (*divenire buio, anche fig.*) to darken; to grow* dark: **Il cielo (la sua faccia) s'abbuiò**, the sky (his face) darkened **2** (*della vista*) to grow* dim: **I miei occhi s'abbuiano**, my eyes are growing dim **3** (*fig.: rattristarsi*) to grow* sad: **Era allegro e s'è abbuiato senza alcun motivo**, he was gay and has grown sad for no reason whatever.
abbuono, *m.* **1** (*comm.*) allowance; discount: **fare un a. sul prezzo**, to make an allowance on the price **2** (*sport*) time bonus given to the winners of each lap (*o* stage) in a race. ● (*comm.*) **a. per il peso**, weight draft.
abburattamento, *m.* sifting; bolting.
abburattare, *v. t.* **1** (*passare la farina al buratto*) to sift; to bolt **2** (*fig.: vagliare*) to weigh; to sift **3** (*scuotere*) to shake*.
abdicare, *v. i.* to abdicate: **a. al trono**, to abdicate the throne; **a. ai propri diritti**, to abdicate one's rights.
abdicatàrio, *a.* abdicating. ● **atteggiamento a.**, renouncer's attitude.
abdicazione, *f.* abdication.
abducènte, *a.* (*anat.*) abducents: **nervo a.**, abducens (nerve).
abdurre, *v. t.* (*anat.*) to abduct.
abduttóre, (*anat.*) **A** *a.* abducent: **muscoli abduttori**, abducent muscles. **B** *m.* abductor.
abduzióne, *f.* (*anat.*) abduction.
Abèle, *m.* Abel.
abelmòsco, *m.* (*bot., Hibiscus abelmoschus*) abelmosk.
aberrante, *a.* aberrant.
aberrazióne, *f.* (*med., fis., astron.*) aberration.
abetàia, *f.* fir-wood.
abéte, *m.* **1** (*albero*) fir-tree; fir: **a. bianco** (*Abies alba*), silver fir **2** (*legno*) fir-wood; deal (*attr.*): **un tavolo di a.**, a deal table.
abetina, *V.* abetàia.
abiettézza, *f.* baseness; abjectness.
abièbtto, *a.* base; abject; despicable; vile: **un'azione abietta**, a despicable action; **una persona abietta**, a despicable person.
abiezióne, *f.* degradation; abasement; abjection: **Cadde nell'a.**, he fell into degradation.
abigeato, *m.* (*leg.*) cattle-stealing; cattle rustling (*USA*).
àbile, *a.* **1** (*valente*) able; skilled: **un a. operaio**, an able workman **2** (*idoneo*) fit; qualified: **Fu dichiarato a. al lavoro**, he was declared fit for the job **3** (*astuto*) clever: **un a. intrigo**, a clever intrigue **4** (*accorto*) skilful: **un'a. difesa**, a skilful defence.
abilità, *f.* **1** (*capacità*) ability; skill; craft; faculty **2** (*idoneità*) fitness; suitability **3** (*astuzia*) cleverness **4** (*accortezza*) skill. ● **a. d'artigiano** (*o* **d'artista**), craftsmanship □ **a. manuale**, manual dexterity □ **a. tecnica**, know-how; workmanship □ (*iron.*) **Bell'a. la sua!**, that was really clever, that was! □ (*iron.*) **Ha avuto l'a. di negare tutto**, he was clever enough to deny everything.
abilitare, (*leg.*) **A** *v. t.* to certificate; to qualify: **a. all'esercizio di una professione**, to qualify for the practice of a profession. **abilitarsi B** *v. rifl.* to qualify: **Mi sono già abilitato all'insegnamento**, I have already qualified as a teacher.
abilitato, *a.* **1** (*leg.*) qualified; certificated: **un insegnante a.**, a qualified teacher **2** (*di apparecchio meccanico*) connected; hooked up.
abilitazione, *f.* (*leg.*) qualification. ● **esame d'a.**, qualifying examination □ **diploma di a. all'insegnamento**, teaching diploma.
abiogènesi, *f.* (*biol.*) abiogenesis*.
abissale, *a.* **1** abyssal: **fauna a.**, abyssal fauna **2** (*fig.*) abysmal: **ignoranza a.**, abysmal ignorance.
Abissinia, *f.* (*geogr.*) Abyssinia.
abissino, *a. e m.* Abyssinian.
abisso, *m.* **1** (*baratro*) abyss; chasm: **Precipitarono in un a.**, they fell into an abyss **2** (*fig.: distanza incolmabile*) gulf; chasm: **Tra me e lui c'è un a.**, there's a gulf between us **3** (*pl.: profondità*) depths: **gli abissi del mare**, the depths of the sea **4** (*lett., anche pl.: inferno*) pit. ● (*fig.*) **un a. di colpe**, a load of guilt □ (*fig.*) **un a. di ignoranza**, an abyss of ignorance □ **gli abissi della terra**, the bowels of the earth □ (*fig.*) **essere sull'orlo dell'a.**, to be on the brink of disaster.
abitàbile, *a.* habitable.
abitabilità, *f.* habitability; habitableness.
abitàcolo, *m.* **1** (*naut.*) binnacle **2** (*aeron.*) cockpit **3** (*autom.*) driver's cabin.
abitante, *m.* inhabitant. ● (*polit.*) **a. del Terzo Mondo**, Third Worlder.
abitare, *v. i.* to live; to reside: **Abita a Milano**, he lives in Milan; **Abita al numero 25**, he lives at number 25; **Abito al terzo piano**, I live on the third floor. **B** *v. t.* to inhabit: **La Spagna fu abitata dagli Iberici**, Spain was inhabited by the Iberians.
abitato, **A** *a.* **1** inhabited; (*di casa*) occupied **2** (*popolato*) populated; peopled; built up. **B** *m.* built-up area (*o* areas): **Fuori dell'a. non c'è limite di velocità**, there is no speed limit outside built-up areas.
abitatóre, *m.* (*lett.*) inhabitant.
abitazióne, *f.* **1** residence; house; abode; dwelling; habitation: **a. comune**, common abode (*o* habitation) **2** (*leg.*) occupancy; habitation: **diritto di a.**, right of occupancy. ● **Quella regione è priva di abitazioni**, that region is completely uninhabited.
àbito, *m.* **1** (*da uomo*) suit **2** (*da donna*) dress; (*abitino*) frock: **un a. estivo**, a summer frock **3** (*modo di vestire*) dress: **a. civile**, civilian dress; **a. da cerimonia**, full dress; **a. da sera** (*da uomo e da donna*), evening dress; **a. militare**, military dress; uniform **4** (*relig.*) habit; (*di prete*) cassock; (*di monaco*) frock **5** (*pl.: abbigliamento*) clothes; clothing (*sing.*): **abiti invernali**, winter clothes (*o* clothing); **abiti confezionati**, ready-made clothes; **abiti fatti su misura**, made-to-measure clothes **6** (*abitudine, disposizione*) habit state; frame: **a. mentale**, frame of mind **7** (*biol., miner.*) habit **8** (*med.*) constitution: **a. linfatico**, lymphatic constitution. ● **un a. a coda di rondine**, a tail-coat; a dress coat □ **un a. a doppio petto**, a double-breasted suit □ **un a. a giacca**, (a woman's) suit; a costume □ **un a. a un petto**, a single-breasted suit □ **un a. da amazzone**, a riding habit □ **un a. da società** (*da uomo*), a dress suit □ **abiti per bambini**, children's wear □ **un a. talare**, a cassock □ **far fare un a.**, to have a suit (*o* dress) made (up) □ **farsi prendere le misure per un a.**, to be measured for a suit (*o* for a dress) □ (*fig.*) **gettare l'a. alle ortiche**, to unfrock oneself □ (*relig.*) **prendere l'a.**, to enter the Church □ **provarsi un a.**, to try a suit (*o* a dress) on □ **un taglio d'a.**, (*da uomo*) a suit-length; (*da donna*) a dress-length □ (*prov.*) **L'a. non fa il monaco**, the cowl does not make the monk; appearances are often deceiving.
abituale, *a.* habitual; usual; customary: (*leg.*) **un delinquente a.**, a habitual criminal; **il mio posto a.**, my usual seat; **ubriachezza a.**, habitual drunkenness.
abitualità, *f.* habitualness (*anche leg.*).
abituare, A *v. t.* to accustom. **abituarsi B** *v. rifl.* to accustom oneself, to get* accustomed, to get* used (to st., to doing st.): **Divenuto soldato, dovette a. alle lunghe marce**, when he became a soldier, he had to accustom himself to long marches.
abitudinàrio, A *a.* of fixed habits. **B** *m.* person of fixed habits.
abitùdine, *f.* habit; custom: **Lo fa per a.**, he does it out of habit; **Va pigliando delle brutte abitudini**, he is picking up bad habits. ● **essere attaccato alle proprie abitudini**, to be attached to one's routine □ **avere l'a. di fare q.c.**, to be accustomed to doing st. □ **come d'a.**, as usual □ **per forza d'a.**, from habit □ (*prov.*) **L'a. è una seconda natura**, habit is second nature.
abituro, *m.* hovel.
abiura, *f.* abjuration.
abiurare, *v. t.* to abjure.
ablativo, *a. e m.* (*gramm.*) ablative.
ablatóre, A *a.* – **bacino a.** (*di un ghiacciaio*), ablation basin. **B** *m.* (*med.*) descaling instrument; ablator.
ablazióne, *f.* (*med., geol.*) ablation.

abluzióne, *f.* ablution.
abnegazióne, *f.* abnegation; self-abnegation; self-denial.
abnòrme, *a.* abnormal.
abolire, *v. t.* to abolish; to suppress; to do* away with; (*leggi*) to abrogate, to repeal; (*una restrizione*) to lift. ● (*fin.*) **a. un'imposta**, to lift a tax.
abolitivo, *a.* abolishing.
abolizióne, *f.* abolition; suppression; (*di leggi*) abrogation.
abolizionismo, *m.* abolitionism.
abolizionista, *m. e f.* abolitionist.
abolizionistico, *a.* abolitionist.
abomàso, *m.* (*zool.*) abomasum*.
abominare, *v. t.* to abominate; to detest; to loathe; to abhor.
abominazióne, *f.* abomination; detestation.
abominévole, *a.* abominable; detestable; loathsome.
abominio, *m. V.* **abominazione**.
aborigeno, *a. e m.* aboriginal. ● **gli aborigeni**, the aborigines.
aborriménto, *m.* abhorrence: **prendere in a.**, to conceive an abhorrence for. ● **avere in a.**, to abhor.
aborrire, *v. t. e i.* to abhor: **Aborro la** (*o* **dalla**) **menzogna**, I abhor lying.
abortire, *v. i.* to abort, to miscarry (*anche fig.*): **Il progetto è abortito**, the plan has miscarried.
abortista, *m. e f.* 1 (*chi procura aborti*) abortionist 2 (*sostenitore, sostenitrice della liberalizzazione dell'aborto*) proponent of liberalized abortion laws.
abortivo, (*med.*) **A** *a.* abortive; abortifacient. **B** *m.* abortifacient.
abòrto, *m.* 1 abortion; miscarriage 2 (*fig., spreg.*) abortion; abort (*fam.*); freak: **un a. di natura**, a freak of nature 3 (*fig.: fallimento*) failure.
abracadabra, *m. e inter.* abracadabra.
abràdere, *v. t.* to abrade; to scrape off.
Abramo, *m.* Abraham.
abrasióne, *f.* 1 abrasion (*anche med.*) 2 (*geol.*) erosion.
abrasività, *f.* abrasiveness.
abrasivo, *a. e m.* abrasive.
abrogàbile, *a.* (*leg.*) repealable; rescindable.
abrogare, *v. t.* (*leg.*) to abrogate; to repeal; to cancel; to rescind.
abrogativo, *a.* (*leg.*) abrogative; repealing: **referendum a.**, abrogative referendum.
abrogazióne, *f.* (*leg.*) abrogation; cancellation; repeal; rescission.
abròstine, *m.* (*bot.*, *Vitis labrusca*) fox grape.
abrotano, *m.* (*bot.*, *Artemisia abrotanum*) southernwood.
abruzzése, **A** *a.* (pertaining to the region) of Abruzzo. **B** *m. e f.* native of Abruzzo.
absidale, *a.* apsidal.
àbside, **A** *f.* (*archit.*) apse. **B** *m.* (*astron.*) apsis*.
absidiòla, *f.* (*archit.*) apsidiole.
absintina, *f.* (*chim.*) absinthin.
absintismo, *m.* (*med.*) absinthism.
abulia, *f.* (*psic.*) ab(o)ulia; lack of will power: **scuotersi dall'a.**, to overcome a lack of will power.
abùlico, *a.* 1 (*psic.*) ab(o)ulic 2 (*fig., spreg.*) spineless.
abusare, *v. i.* 1 (*usare male*) to abuse: **Abusa della sua autorità**, he abuses his authority 2 (*usare senza misura*) to use to excess; to overindulge (in) 3 (*approfittare*) to take* advantage (of): **Abusa della mia bontà**, he takes advantage of my good nature. ● **a. del bere**, to overdrink □ **a. delle proprie forze**, to overtax one's strength.
abusivaménte, *avv.* 1 (*con abuso*) without authorization; improperly; arbitrarily 2 (*in modo illecito*) illegally; unlawfully.
abusivo, *a.* 1 unauthorized 2 illegal; unlawful. ● **un'edizione abusiva**, a piratical edition □ **commerciante a.**, unlicensed trader □ **inquilini abusivi**, squatters □ **posteggiatore a.**, unauthorized car-park attendant.
abùso, *m.* 1 (*uso cattivo*) abuse; misuse: (*leg.*) **a. di autorità**, misuse of authority (*o* of power); oppression; (*leg.*) **a. di un diritto**, abuse of right 2 (*uso smodato*) overindulgence: **a. del cibo**, overindulgence in eating. ● (*leg.*) **a. di potere**, stretch of authority.
acàcia, *f.* (*bot.*, *Acacia*) acacia.
acadiano, *a. e m.* (*geol.*) Acadian.
acagiù, *m.* 1 (*bot.*, *Anacardium occidentale*) cashew-tree 2 (*bot.*, *Swietenia mahagoni*) mahogany-tree 3 (*legno*) mahogany.
acanto, *m.* (*bot.*, *Acanthus*) acanthus*.
acariasi, *f.* (*med.*) acariasis*.
acaricida, (*chim.*) **A** *m.* acaricide. **B** *a.* acaricidal; acarus-killing.
acariòsi, *f.* (*bot.*) acariosis*.
àcaro, *m.* (*zool.*, *Acarus*) acarus*; mite.
acarpo, *a.* (*bot.*) acarpous.
acatalessia, *f.* (*filos.*) acatalepsy.

acatalèttico (1), *a.* (*filos.*) acataleptic.
acatalèttico (2), *a.* (*metrica*) acatalectic.
acattòlico, *a. e m.* non-Catholic.
acàule, *a.* (*bot.*) acaulescent; acaulous.
acca, *f. e m.* 1 (*lettera*) aitch; the letter h 2 (*fig.: nulla*) straw: **Non vale un'a.**, it's not worth a straw. ● (*fig.*) **Non sa un'a.**, he doesn't know a thing.
accadèmia, *f.* 1 academy: **A. Militare**, Military Academy; **A. della Crusca**, Crusca Academy 2 (*scuola*) school: **a. di scherma**, fencing school 3 (*trattenimento*) entertainment. ● (*fig.*) **fare dell'a.**, to talk to no purpose.
accademicaménte, *avv.* 1 academically 2 (*fig.*) theoretically.
accadèmico, **A** *a.* academic(al) (*anche fig.*); (*di università*) university (*attr.*): **corpo a.**, university teaching staff; university clans; **senato a.**, University Senate; Senatus academicus; **anno a.**, academic year; **quarto d'ora a.**, (*in Italia*) customary quarter-hour delay before a university lecture; **una discussione accademica**, an academic discussion. ● **gergo a.**, academese □ **socio a.**, academician. **B** *m.* academician; academic.
accademismo, *m.* academism; academicism.
accademista, *m.* (*mil.*) cadet.
accadére, *v. i.* to happen; to occur: **È accaduta una disgrazia**, something terrible has happened; **Accadeva spesso che si picchiassero**, it often happened that they came to blows; **Mi accadde di non trovare più posto**, it happened that there were no seats left; **Non lasciare che accada di nuovo**, don't let this occur again.
accaduto, *m.* event. ● **Vi narrerò l'a.**, I'll tell you what happened.
accagliare, *v. t. e i.* **accagliarsi**, *v. rifl.* to curdle; to coagulate.
accagliatura, *f.* curdling.
accalappiacani, *m.* dog-catcher.
accalappiaménto, *m.* catching; ensnaring (*anche fig.*).
accalappiare, *v. t.* to catch*; to trap, to ensnare (*anche fig.*); (*fig.*) to take* in: **a. un uccello**, to ensnare a bird; **Si è fatto a. da quei furfanti**, he's been taken in by those scoundrels. ● (*fig.*) **Si è lasciato a.**, he's fallen into the trap.
accalappiatóre, *m.* ensnarer.
accalcarsi, *v. rifl.* to crowd; to throng: **Migliaia di spettatori si accalcavano nell'ippodromo**, thousands of spectators were thronging the racecourse.
accaldarsi, *v. rifl.* 1 to grow* hot; to heat up 2 (*fig.*) to get* heated; to get* excited.
accaldato, *a.* 1 hot 2 (*fig.*) heated; excited.
accalorare, (*fig.*) **A** *v. t.* to heat; to excite. **accalorarsi B** *v. rifl.* to grow* heated; to get* excited.
accampaménto, *m.* camp; encampment: **levare l'a.**, to break camp.
accampare, **A** *v. t.* 1 to camp: **Il generale accampò la sua divisione lungo il fiume**, the general camped his division by the riverside 2 (*fig.*) to advance; to suggest: **a. una scusa**, to advance an excuse. **accamparsi B** *v. rifl.* 1 (*mil.*) to camp; to pitch camp; to encamp: **Si accamparono lungo il fiume**, they camped by the riverside 2 (*fig.*) to camp; to shake* down (*fam.*): **a. in casa di amici**, to shake down with friends.
accaniménto, *m.* 1 (*furore*) fury 2 (*ostinazione*) obstinacy. ● **studiare con a.**, to study furiously.
accanirsi, *v. rifl.* 1 (*infierire*) to rage (against); to attack furiously 2 (*ostinarsi*) to persist obstinately (in st., in doing st.). ● **a. a lavorare**, to be working with might and main □ **Perché accanirti così contro quel povero diavolo?**, why do you go on so at that poor devil?
accanito, *a.* 1 relentless; bitter: **un avversario a.**, a relentless adversary 2 (*tenace*) obstinate; dogged; fixed: **Si dimostrò a. nelle sue idee**, he showed himself to be fixed in his ideas.
accannellare, *v. t.* (*ind.*) to wind*; to spool.
accanto, **A** *avv.* nearby: **Ti aspetterò nel negozio qui a.**, I shall wait for you in the shop nearby. **B** *a.* next-door: **Abito nella casa a.**, I live in the house next door.
accanto a, *prep.* beside; near; close to; by: **sedersi a. al tavolo**, to sit down beside the table.
accantonaménto, *m.* 1 (*mil.*) billeting 2 (*comm.*) setting aside; earmarking 3 putting aside; (*fig.*) shelving.
accantonare (1), *v. t.* 1 (*lasciare da parte*) to lay* aside; to put* aside (*anche fig.*); (*fig.*) to shelve: **a. una questione grave**, to shelve a serious issue 2 (*rinviare*) to put* off 3 (*comm.*) to set* aside; to earmark.
accantonare (2), *v. t.* (*mil.*) to billet; to quarter.
accaparraménto, *m.* (*comm.*) cornering; buying-up.
accaparrare, **A** *v. t.* 1 (*fissare con caparra*) to pay* a deposit on 2 (*comm.*) to corner; to buy* up; to engross (*fig.*). **accaparrarsi B** *v. rifl.* 1 (*comm.*) to corner; to buy* up 2 (*fig.: assicurarsi*) to gain; to secure for oneself: **a. il favore di q.**, to gain sb.'s favour.
accaparratóre, *m.* cornerer; buyer-up; corner man*; hoarder.

accapigliarsi, *v. rifl. recipr.* **1** (*picchiarsi*) to come* to blows **2** (*fig.: litigare*) to quarrel.

accapo, *m.* new line; new paragraph: **punto e a.**, full-stop (*o* period) and new paragraph; (*fig.*) **Punto e a.!**, let's start over!

accappatóio, *m.* bathrobe.

accappiare, *v. t.* to loop; to noose.

accapponare, **A** *v. t.* to caponize. ● **far a. la pelle**, to make one's flesh creep. **accapponarsi B** *v. rifl.* to be given goose flesh. ● **Mi s'accappona la pelle per il freddo**, the cold is giving me goose flesh.

accarezzaménto, *m.* **1** caressing **2** (*fig.: lusinga*) flattery.

accarezzare, *v. t.* **1** to caress; to stroke; to fondle; to pet **2** (*fig.: lusingare*) to flatter: **a. la vanità di q.**, to flatter sb.'s vanity **3** (*fig.: vagheggiare*) to entertain; to cherish: **a. un progetto**, to entertain a project. ● (*fig.*) **a. q. con gli occhi**, to give sb. a tender look.

accartocciaménto, *m.* **1** (*l'arrotolare*) rolling up; curling up **2** (*l'accartocciare*) crumpling (up) **3** (*l'accartocciarsi*) shrivelling **4** (*archit.*) cartouche **5** (*ind.*) curl. ● (*bot.*) **a. fogliare**, leaf roll.

accartocciare, **A** *v. t.* **1** to roll (up); to curl (up) **2** to crumple (up) **3** (*un libro*) to dog-ear. **accartocciarsi B** *v. rifl.* to curl up; to shrivel up.

accartocciato, *a.* twisted, rolled, curled (up) **lamiere accartocciate**, twisted bodywork (*o* metal sheets).

accasare, **A** *v. t.* to marry (off): **Vuole a. sua figlia con un uomo ricco**, he wants to marry his daughter to a rich man. **accasarsi B** *v. rifl.* **1** to get* married **2** (*metter su casa*) to set* up house.

accasciaménto, *m.* (*anche fig.*) prostration; collapse.

accasciare, **A** *v. t.* to prostrate: **La febbre accascia il corpo**, fever prostrates the body; **I dispiaceri accasciano l'animo**, grief prostrates the spirit. **accasciarsi B** *v. rifl.* **1** to collapse **2** (*fig.*) to lose* heart (*o* courage).

accasciato, *a.* prostrate; weakened.

accasermare, *v. t.* (*mil.*) to barrack; to quarter in barracks.

accastellare, *v. t.* to pile (up); to stack.

accatastaménto, *m.* **1** (*l'ammucchiare*) stacking **2** (*fig.*) piling on.

accatastare, *v. t.* **1** (*ammucchiare*) to stack: **a. la legna**, to stack wood; **a. i mobili**, to stack furniture **2** (*fig.*) to pile up (*o* on): **a. idee**, to pile up ideas; **a. parole**, to pile on words.

accattabrighe, *m. e f.* quarrelsome person.

accattafièno, *m.* (*agric.*) hayrack.

accattare, **A** *v. t.* **1** (*prendere in prestito*) to borrow; (*spreg.: scroccare*) to scrounge, to cadge: **Accatta i libri dai compagni**, he cadges his books from his friends **2** (*spreg.: appropriarsi*) to pinch; to swipe: **Accatta le idee agli altri**, he pinches his ideas from others. **B** *v. i.* (*chiedere l'elemosina*) to beg: **Non si vergogna di a.**, he's not ashamed to beg; **Accatta per vivere**, he lives by begging.

accattivarsi, *v. rifl.* to win*; to gain; to earn: **a. il favore di q.**, to gain sb.'s favour; **a. la stima di q.**, to win sb.'s respect. ● **a. le simpatie di q.**, to enter into sb.'s good graces (*o* favour); to win sb. over; to captivate sb.

accatto, *m.* **1** (*il prendere in prestito*) borrowing; (*lo scroccare*) scrounging, cadging **2** (*l'appropriarsi*) pinching; swiping **3** (*il chiedere l'elemosina*) begging. ● **vivere d'a.**, to live on charity.

accattonàggio, *m.* begging.

accattóne, *m.* beggar; (*scroccone*) scrounger.

accavalcare, *v. t.* to cross; to pass over (*anche nel lavoro a maglia*).

accavalciare, *v. t.* to bestride*.

accavallaménto, *m.* **1** (*atto*) tangling **2** (*effetto*) tangle.

accavallare, **A** *v. t.* **1** (*nel lavoro a maglia*) to pass over **2** (*incrociare*) to cross: **a. le gambe**, to cross one's legs. **accavallarsi B** *v. rifl.* **1** (*addensarsi*) to gather; to crowd; to throng: **Tristi ricordi le si accavallavano nella mente**, sad memories gathered in her mind **2** (*sovrapporsi*) to cross; to twist; to get* twisted: **Le briglie s'accavallarono**, the reins got twisted.

accavallato, *a.* **1** (*a cavallo*) on horseback **2** (*di lavoro a maglia*) passed over **3** (*med.*) sprained: **muscolo a.**, sprained muscle **4** (*bot.*) equitant. ● **gambe accavallate**, crossed legs.

accavallatura, *f.* **1** (*tecn.*) overlap; joint **2** (*tipogr.*) overlap.

accavezzare, *v. t.* to halter.

accecaménto, *m.* **1** blinding (*anche fig.*) **2** (*l'ostruire*) blocking up **3** (*di chiodo, ecc.*) burying.

accecare, **A** *v. t.* **1** to blind (*anche fig.*): **L'ira acceca**, anger blinds; **A. gli uccelli è un atto di crudeltà**, to blind birds is an act of cruelty; **Quel riverbero m'accecava**, that reflection was blinding me **2** (*chiudere un'apertura*) to block up: **a. un pozzo**, to block up a well **3** (*un chiodo, ecc.*) to bury; to embed: **a. un chiodo**, to bury a nail. **accecarsi B** *v. rifl.* to go* (*o* to become*) blind.

accecato, *a.* **1** (*reso cieco*) blinded: **a. dall'esplosione**, blinded by the explosion **2** (*fig.*) blind: **a. dalla paura**, blind with fear.

accecatóio, *m.* (*mecc.*) countersink; fraise. ● **a. cilindrico**, counterbore.

accecatura, *f.* **1** (*l'accecare*) blinding **2** (*mecc.*) countersink.

accèdere, *v. i.* **1** to have access; to reach: **Le vetture devono a. alla città per la via principale**, vehicles must reach the city by the main road **2** (*accettare*) to accede; to agree: **a. a un trattato**, to accede to a treaty.

acceleraménto, *m.* acceleration.

accelerando, *m.* (*mus.*) accelerando.

accelerante, *m.* (*chim.*) accelerator.

accelerare, **A** *v. t.* **1** to quicken; to expedite; to gear up; to speed* up: **Se non acceleriamo il passo saremo in ritardo**, if we don't quicken our step, we shall be late **2** (*mecc.*) to accelerate; (*autom.*) to speed* up. **B** *v. i.* to gain speed; to accelerate.

accelerativo, *a.* accelerative; quickened; accelerated.

accelerato, **A** *a.* **1** quick **2** (*fis.*) accelerated. **B** *m.* (*treno*) local; slow train; whistle train (*fam. USA*).

acceleratóre, *m.* (*mecc., chim., econ.*) accelerator: (*autom.*) **premere l'a.**, to press one's foot on the accelerator.

accelerazióne, *f.* **1** acceleration: **a. centripeta**, centripetal acceleration; **a. di gravità**, acceleration of gravity **2** (*autom.*) acceleration; pick-up (*fam.*).

accelerómetro, *m.* (*fis., tecn.*) accelerometre.

accèndere, **A** *v. t.* **1** (*far ardere*) to light*: **a. il fuoco**, to light the fire; **a. una candela**, to light a candle; **a. la pipa**, to light one's pipe **2** to turn on: **a. il gas**, to turn on the gas **3** (*di interruttore*) to switch on; to turn on: **a. la luce**, to switch on the light; **a. la radio**, to switch on the radio **4** (*mecc.*) to ignite **5** (*fig.: provocare*) to foment: **a. una lite**, to foment a quarrel; to stir up (*fam.*); **a. una disputa**, to foment a dispute **6** (*rag.*) to open: **a. un conto**, to open an account **7** (*miss.: un razzo*) to burn* **8** (*miss.: un retrorazzo*) to retrofire. ● (*leg.*) **a. un'ipoteca**, to create (*o* raise, to take out) a mortgage. **accèndersi B** *v. rifl.* **1** (*prendere fuoco*) to catch* fire: **La legna secca s'accende facilmente**, dry wood catches fire easily **2** (*fig.: infiammarsi*) to become* inflamed; **Il suo viso s'accese d'ira**, his face became inflamed **3** (*fig.: illuminarsi*) to light* up; to glow: **Il suo viso s'accese d'entusiasmo**, his face lit up with enthusiasm.

accendigàs, *m.* gas-lighter.

accendino, **accendisigaro** *m.* lighter.

accenditóio, *m.* **1** lighting-stick **2** (*ind.: di forno a gas*) pilot light.

accenditóre, *m.* **1** lighter **2** (*mecc.*) igniter.

accennare, **A** *v. i.* **1** (*con la mano*) to beckon; (*col capo*) to nod: **Egli mi accennò d'avvicinarmi**, he beckoned me to come nearer **2** (*fig.*) *alludere*) to hint (at); to mention; to touch (upon); to refer (to): **a. a una cosa brutta**, to hint at st. ugly; **a. a una certa persona**, to hint at a certain person; **Voleva a. a quello che era successo ma non glielo permisi**, he wanted to touch upon what had happened but I wouldn't let him **3** (*fig.: dar segno di*) to show* signs of; to look as if; (*far atto di*) to make* as if: **Il muro accenna a voler rovinare**, the wall shows signs of falling down; **Accennò (a dare) un calcio alla povera bestiola**, he made as if to aim a kick at the poor creature; **Il tempo accenna a rischiararsi**, it looks as if it is going to clear up. **B** *v. t.* to point to (*anche fig.*): **Accennò una finestra**, he pointed to a window **2** (*pitt.*) to sketch; to trace **3** (*mus.: con uno strumento*) to pick out the notes of; (*con la voce*) to hum. ● (*al gioco*) **a. a coppe e dar denari**, to double-cross.

accénno, *m.* **1** sign; (*col capo*) nod; (*con un movimento della mano*) gesture **2** (*fig.: allusione*) hint; mention; reference.

accensióne, *f.* **1** lighting **2** (*d'interruttore*) switching on **3** (*autom., elettr.*) ignition: **L'a. è inserita**, the ignition is on; **a. a batteria**, battery ignition; **a. a scintilla**, spark ignition; **a. a spinterogeno**, coil ignition **4** (*autom., elettr.: il meccanismo*) ignition system: **controllare l'a.**, to check the ignition system **5** (*di caldaia*) starting **6** (*miss.: di un razzo*) burn **7** (*miss.: di un retrorazzo*) retrofire **8** (*fig.: l'infiammarsi*) inflammation **9** (*fig.: l'illuminarsi*) glow. ● (*leg.*) **a. di un'ipoteca**, creating (*o* raising, *o* taking out) of a mortgage.

accentare, *v. t.* (*gramm., mus.*) to accent; to stress.

accentatura, *f.* accentuation.

accentazióne, *f.* accentuation.

accènto, *m.* **1** (*aumento d'intensità nella pronuncia d'una sillaba*) accent (*al pl. anche fig.*); stress: **l'a. tonico**, the tonic accent; **l'a. fonico**, the phonic accent; **La ragazza parlava con a. umile**, the girl spoke with humble accents **2** (*segno*) accent (mark): **l'a. acuto (grave, circonflesso)**, the acute (grave, circumflex) accent **3** (*intonazione*) accent; pronunciation: **Parla l'italiano con a. inglese**, he speaks Italian with an English accent **4** (*poet.: parola*) word. ● (*fig.*) **porre l'a. su q.c.**, to lay stress on st.

accentraménto, *m.* centralization.

accentrare, A *v. t.* to centralize. **accentrarsi B** *v. rifl.* **1** to agglomerate; to come* together; to be gathered in one place: **La popolazione si accentra nelle città**, the population is concentrated in the cities **2** (*fig.*) to be concentrated; to be centralized: **Le cariche pubbliche si accentrano nelle mani di pochi**, public office is concentrated in the hands of a few **3** (*fig.*) to be focused; to center: **L'interesse del pubblico si è accentrato su questi personaggi**, public interest is focused on these people.

accentratóre, A *a.* centralizing. **B** *m.* centralizer.

accentuare, A *v. t.* (*anche fig.*) to stress; to accentuate. **accentuarsi B** *v. rifl.* to grow*; to gain strength: **Il malcontento s'accentua**, discontent is growing.

accentuato, *a.* accentuated; stressed.

accentuazióne, *f.* (*anche fig.*) stress; accentuation.

accerchiaménto, *m.* encirclement.

accerchiare, A *v. t.* (*anche mil.*) to encircle; to surround: **Il reparto fu accerchiato dalle forze nemiche**, the unit was surrounded (*o* encircled) by enemy forces. **accerchiarsi B** *v. rifl.* (*fig.*) to surround oneself with: **Si accerchiò di cattivi consiglieri**, he surrounded himself with poor (*o* bad) counsellors.

accertàbile, *a.* **1** ascertainable **2** (*rif. a reddito*) assessable.

accertaménto, *m.* **1** ascertainment; (*verifica*) check **2** (*del reddito*) assessment **3** (*leg.*) investigation. □ (*comm.*) **a. di cassa**, cash inventory □ (*leg.*) **un'azione (una sentenza) di a.**, a declaratory action (judgment).

accertare, A *v. t.* **1** to ascertain; (*verificare*) to check **2** (*rif. a reddito*) to assess. **accertarsi B** *v. rifl.* to ascertain; to make* sure.

accèso, *a.* **1** lighted (up) (*attr.*); lit, lit up (*pred.*); burning, kindled, alight, on (*pred.*): **un cero a.**, a lighted candle; **Il fuoco è a.**, the fire is lit; **una sigaretta accesa**, a lighted cigarette; **La sigaretta è accesa**, the cigarette is lit; **Il caminetto a gas era a.**, the gas fireplace was burning **2** (*anche elettr.*) turned on, switched on, on (*pred.*): **Ho lasciato la luce accesa**, I've left the light on; **La radio (la tivù, ecc.) è accesa**, the radio (the tv, etc.) is on **3** (*di un impianto di riscaldamento*) fired, on (*pred.*) **4** (*autom., mecc.*) on, running (*pred.*): **a motore a.**, with the engine running **5** (*fig.*) kindled; burning: **Aveva gli occhi accesi di desiderio**, his eyes were kindled with desire; **a. d'ira**, burning with anger **6** (*fig.: infocato*) burning: **guance accese**, burning cheeks **7** (*di colore: vivo*) bright: **una gonna di un rosso a.**, a bright-red skirt **8** (*comm.: di conto*) opened **9** (*miss.: di razzo*) fired. ● (*fig.*) **Nel cielo erano accese le stelle**, the sky was alight with stars □ (*fig.*) **Era a. in volto per la corsa (la febbre, ecc.)**, his face was flushed from running (with fever, etc.).

accessibile, *a.* **1** accessible: **una strada a. d'inverno**, a road accessible during winter **2** (*fig.: rif. a persona*) approachable **3** (*fig.: comprensibile*) comprehensible **4** (*fig.: rif. a prezzi e sim.*) reasonable.

accessibilità, *f.* **1** accessibility **2** (*fig.: di persona*) approachability.

accessióne, *f.* (*anche leg.*) accession.

accèsso, *m.* **1** access (*anche elab.*); admittance; entry: **impedire l'a.**, to prohibit access; **di difficile a.**, difficult of access; **a. libero**, free admittance **2** (*impulso violento*) attack; access: **un a. d'ira**, an access of rage **3** (*med.*) fit; attack; access: **a. di tosse**, fit of coughing; **a. di febbre**, attack of fever (*o* sudden temperature); **a. epilettico**, epileptic fit. ● (*autom.: cartello*) **divieto di a.**, no entry; no admittance; keep out □ **divieto di a. a tutti i veicoli**, all vehicles prohibited □ **liberalizzazione degli accessi all'università**, open enrollment □ (*elab.*) **tempo d'a.**, access time □ (*elab.*) **a. casuale (sequenziale)**, random (sequential) access.

accessòrio, A *a.* accessory; accessorial; ancillary; incidental. **B** *m.* **1** accessory **2** (*mecc.*) fitting; (*di macchina utensile*) attachment; (*di motore*) accessory.

accessorista, *m. e f.* (*autom.*) **1** (*il fabbricante*) car-accessory manufacturer **2** (*il venditore*) car-accessory supplier (*o* shop).

accestiménto, *m.* (*agric., bot.*) sucker growth.

accestire, *v. i.* (*agric., bot.*) to grow* suckers.

accétta, *f.* hatchet. ● (*fig.*) **darsi l'a. sui piedi**, to harm oneself □ (*fig.*) **fare una cosa con l'a.**, to do st. carelessly.

accettàbile, *a.* acceptable.

accettabilità, *f.* acceptability; acceptableness.

accettante, *m. e f.* (*comm., leg.*) acceptor: **a. per intervento**, acceptor for honour.

accettare, *v. t.* **1** to accept (*anche comm., leg.*): **a. un'eredità**, to accept an inheritance; **a. un regalo**, to accept a present; **a. un incarico**, to accept an appointment; **a. un invito**, to accept an invitation; **a. una scommessa**, to accept a bet; **a. una persona per amico**, to accept a person as a friend; (*leg.*) **a. una cambiale**, to accept a bill of exchange **2** (*accogliere come socio*) to admit; to take* in **3** (*aderire a*) to agree to: **a. un patto**, to agree to a pact. ● **a. q. per marito**, to take sb. as one's husband

accettazióne, *f.* **1** acceptance (*anche comm., leg.*): **a. dell'eredità**, acceptance of inheritance; (*leg.*) **a. di un contratto**, acceptance of a contract; (*leg.*) **a. per intervento**, acceptance for honour; (*leg.*) **mancata a.**, non-acceptance; dishonour; **a. bancaria**, bank acceptance **2** (*sportello*) counter; reception: **ufficio (di) a.**, reception office; **a. telegrammi**, telegram counter **3** (*di malati*) admittance; reception; check-in **4** (*di ospedali*) reception; admittance: **passare all'a. per il pagamento**, to go to admittance for payment.

accètto, *a.* **1** (*di cose*) agreeable: **una proposta (bene) accetta**, a (very) agreeable proposal **2** (*di persone*) liked.

accettóre, *m.* **1** (*biol.*) stock **2** (*chim., fis.*) accepter.

accezióne, *f.* (*significato*) meaning; acceptation.

acchetare, *V.* acquietare.

acchiappacani, *m.* dog-catcher.

acchiappafarfalle, *m.* butterfly net.

acchiappamósche, *m.* **1** fly-catcher; fly-trap; (*a forma di paletta*) fly-swatter **2** (*fig.*) idler; lounger.

acchiappare, A *v. t.* (*anche fig.*) to catch*: **L'ho acchiappato**, I've caught him; **a. q. sul fatto**, to catch sb. red-handed; **Se ti acchiappo...!**, If I catch you...! **acchiapparsi B** *v. rifl.* to seize (*o* catch) each other. ● **giocare ad a.**, to play tig (*o* tag).

acchitare, A *v. t.* (*dare inizio*) to lead off. **B** *v. i.* to snooker; to lay a snooker.

acchito, *m.* (*biliardo*) lead. ● (*fig.*) **di primo a.**, right away: **Riuscì di primo a.**, he succeeded right away.

acciabattare, A *v. t.* (*fig.*) to cobble; to botch: **a. un romanzo**, to cobble a novel. **B** *v. i.* (*ciabattare*) to shuffle along (*o* about) in one's slippers.

acciabattóne, *m.* botcher; bungler.

acciaccaménto, *m.* **1** crush; crushing; bruising **2** (*di vestiti ecc.*) crease; wrinkle **3** (*spec. di automobili*) denting.

acciaccare, *v. t.* **1** (*anche fig.*) to crush; to dent; to weaken (*fam.*): **a. un parafango**, to dent a wing; **a. lo zucchero**, to crush sugar; **È stato acciaccato dai dolori**, he has been crushed by grief **2** (*di vestiti, ecc.*) to crease; to wrinkle: **a. un vestito**, to crease a suit.

acciaccatura, *f.* **1** *V.* acciaccaménto. **2** (*mus.*) «acciaccatura».

acciacco, *m.* ailment; infirmity: **gli acciacchi della vecchiaia**, the infirmities of old age. ● **È pieno di acciacchi**, he is full of aches and pains.

acciaiare, *v. t.* (*ind.*) to convert (iron) into steel; (*ricoprire con acciaio*) to steel.

acciaiatura, *f.* steeling.

acciaieria, *f.* (*ind.*) steelworks; steel mill; steel plant.

acciaino, *m.* sharpening steel.

acciàio, *m.* steel: **a. dolce**, mild (*o* soft) steel; **a. duro**, hard steel; **a. fucinato**, forged steel; **a. grezzo**, raw steel; **a. in lingotti**, ingot steel; **a. inossidabile**, stainless steel; **a. laminato**, rolled steel; **a. malleabile**, flange steel; **a. semiduro**, medium steel; **a. stampato**, pressed steel; **a. temperabile**, hardenable steel; **a. temperato**, hardened steel; **lamiera d'a.**, sheet steel; **lana d'a.**, steel wool; (*fig.*) **nervi d'a.**, nerves of steel; **profilati d'a.**, structural steel; **rivestito d'a.**, steel-clad.

acciaiòlo, **1** *V.* acciarino **2** *V.* acciaino.

acciambellare, *v. t.* **acciambellarsi**, *v. rifl.* to coil (up); to curl up.

acciarino, *m.* **1** (*per la pietra focaia*) flint **2** (*della ruota*) linchpin **3** (*naut.: di siluro*) pistol.

acciarpare, *v. t.* to botch; to bungle.

accidèmpoli, *inter.* (*fam.*) good heavens!; goodness gracious!

accidentale, *a.* **1** accidental; casual; fortuitous: **circostanze accidentali**, accidental circumstances **2** (*non essenziale*) incidental: **qualità accidentali**, incidental qualities.

accidentalità, *f.* fortuitousness; fortuity.

accidentalménte, *avv.* accidentally; by chance; casually.

accidentato, *a.* **1** (*di terreno*) uneven: **terreno a.**, uneven ground **2** (*di strada*) bumpy **3** (*paralizzato*) paralysed: **braccio a.**, paralysed arm.

accidènte, *m.* **1** event; accident; (*evento non lieto*) mishap: **gli accidenti della vita**, the events of life **2** (*med.*) stroke **3** (*fig.: persona vivace*) lively (*o* wild) person; (*ragazzo vivace*) little devil, (little) imp **4** (*filos.*) accident. ● **per a.**, by chance □ **essere brutto come un a.**, to be as ugly as sin □ **mandare degli a.**, to call down curses upon sb. □ **non capire un a.**, not to understand a thing □ **Non m'importa un a.**, I don't care a damn □ **Non vale un a.**, it's not worth a damn □ **Che ti venga un a.!**, drop dead!

accidènti, *inter.* my goodness!; damn! ● **A. a lui!**, the devil take him!

accidèrba, *inter.* gosh!; good heavens!; cripes! (*pop.*).

accidia, *f.* sloth.

accidióso, *a.* slothful.

accigliaménto, *m.* frown.

accigliarsi, *v. rifl.* to frown.

accigliato, *a.* frowning.
accingersi, *v. rifl.* to be about (to do st.); to set* about (st.); to be on the point (of doing st.): **Mi accingo a scrivere un libro**, I am about to write a book.
acciocché, *cong.* so that; in order that.
acciottolare, *v. t.* **1** (*fare l'acciottolato*) to cobble **2** (*far cozzare e risuonare*) to clatter.
acciottolato, *m.* cobbled paving.
acciottolio, *m.* clatter.
accipicchia, *inter.* good heavens!; goodness me!
accisa, *f.* (*leg.*) inland duty; excise.
acciuffare, A *v. t.* **1** (*afferrare*) to snatch: **Acciuffò i soldi e fuggì**, he snatched the money and fled **2** (*catturare*) to catch*: **Hanno acciuffato un ladro**, they have caught a thief. **acciuffarsi** B *v. rifl. recipr.* to come* to blows.
acciuga, *f.* (*zool.*, *Engraulis encrasicholus*) anchovy. ● **stretti come acciughe**, packed like sardines (in a tin) □ (*fig.*) **Quella donna è un'a.**, that woman is as thin as a rake.
acciugata, *f.* (*cucina*) anchovy sauce.
accivettare, *v. t.* (*caccia e fig.*) to decoy: **a. un uccello**, to decoy a bird.
acclamare, A *v. t.* **1** (*eleggere per acclamazione*) to acclaim: **Fu acclamato presidente dell'assemblea**, he was acclaimed chairman of the meeting **2** (*applaudire*) to applaud. B *v. i.* to cheer; to shout.
acclamatóre, *m.* applauder.
acclamazióne, *f.* applause; acclamation: **Fu eletto per a.**, he was elected by acclamation.
acclimare, acclimatare, (*biol.*) A *v. t.* to acclimatize, to acclimate. **acclimarsi, acclimatarsi** B *v. rifl.* to become* acclimatized (*o* acclimated).
acclimatazióne, acclimazióne, *f.* (*biol.*) acclimatization, acclimation.
acclive, *a.* (*lett.*) steep.
accludere, *v. t.* to enclose: **Accludo i documenti necessari a...**, I enclose (*o* herewith enclosed are) the documents necessary for...
accluso, *a.* enclosed: **come da acclusa fattura**, as per the enclosed invoice. ● (*leg.*) **l'a. reclamo**, the within complaint.
accoccare, *v. t.* **1** (*riunire le quattro cocche*) to gather up the corners of **2** (*al fuso*) to fasten to the tip **3** (*di freccia*) to notch.
accoccolarsi, *v. rifl.* **1** to crouch **2** (*per paura*) to cower.
accodare, A *v. t.* **1** to line up. **accodarsi** B *v. rifl.* **1** to line up; to (form a) queue: **a. davanti al bottechino del teatro**, to form a queue at the theatre box office; **Le auto si accodano al semaforo**, cars line up at the traffic lights **2** to tail after; to fall* in (with); to tag on (to); to join the rear (of): **Mi accodai al corteo**, I joined the rear of the procession (*o* demonstration) **3** (*seguire*) to follow: **Vide passare una bella ragazza e le si accodò**, he saw a beautiful girl passing by and followed her.
accogliènte, *a.* pleasant; welcoming; (*comodo*) comfortable, cosy: **una casa a.**, a comfortable house.
accogliènza, *f.* reception; welcome: **fare buona a.**, to give a good reception; **avere brutta a.**, to get a bad reception. ● **fare a.**, to welcome.
accògliere, *v. t.* **1** (*ricevere*) to receive: **a. bene**, to receive well; to welcome; **a. freddamente**, to receive coldly; **a. a braccia aperte**, to receive with open arms; to receive (*o* to welcome) with enthusiasm **2** (*accettare*) to accept; (*con piacere*) to welcome: **a. un consiglio**, to accept some advice **3** (*contenere*) to hold*; to contain. ● **a. un reclamo**, to allow a claim □ **a. una richiesta**, to grant a request □ (*leg.*) **a. un ricorso**, to admit a claim.
accoglimento, *m.* acceptation; concession.
accòlito, *m.* (*relig. e fig.*) acolyte.
accollacciato, *a.* (*di vestito*) high-necked.
accollare, A *v. t.* **1** (*mettere sul collo, anche fig.*) to load*: **Quel carro l'avete accollato troppo**, you have loaded that cart too heavily **2** (*fig.: affibbiare*) to saddle with: **a. un debito a q.**, to saddle sb. with a debt. B *v. i.* (*di vestito*) to be high-necked; (*di scarpa*) to cover the ankle. **accollarsi** C *v. rifl.* to take* upon oneself.
accollata, *f.* (*specialm. stor.*) accolade.
accollatàrio, *m.* (*leg.*) contractor.
accollato, *a.* (*di vestito*) high-necked; (*di scarpa*) ankle-snug.
accollatura, *f.* (*di vestito*) neckline.
accòllo, *m.* **1** overload **2** (*appalto*) contract **3** (*archit.*) projection.
accòlta, *f.* (*lett.*) company: **un'a. di dame e cavalieri**, a company of knights and ladies.
accoltellare, *v. t.* to stab; to knife.
accoltellato, *m.* (*costr.*) edge course.
accoltellatóre, *m.* stabber; knifer.
accomandante, *m.* (*fin., leg.: socio*) limited partner.
accomandatàrio, *m.* (*fin., leg.: socio*) general partner.
accomàndita, *f.* (*fin., leg.*) limited partnership.

accomiatare, A *v. t.* **1** to dismiss; to send* away **2** (*congedare*) to give* (sb.) leave. **accomiatarsi** B *v. rifl.* to take* one's leave.
accomodàbile, *a.* mendable; repairable.
accomodaménto, *m.* **1** (*accordo*) settlement; accommodation; arrangement: **fare un a.**, to make a settlement; **venire a un a.**, to come to a settlement **2** (*l'aggiustare una cosa guasta*) mend; repair **3** (*il correggere*) amendment **4** (*l'adattare*) adaptation. ● (*leg.*) **a. con i creditori**, composition with creditors.
accomodante, *a.* obliging; adaptable; accommodating.
accomodare, A *v. t.* **1** (*riparare*) to repair; to mend: **a. una strada**, to repair a road; **a. un orologio**, to mend a watch **2** (*correggere*) to amend: **a. un periodo**, to amend a sentence **3** (*adattare*) to adapt: **a. una poesia**, to adapt a poem **4** (*mettere in ordine*) to tidy: **a. una stanza**, to tidy a room; **a. gli affari**, to tidy one's affairs; **a. i capelli**, to tidy one's hair **5** (*sistemare*) to settle; to arrange; to compound: **a. una lite**, to settle a quarrel. ● (*iron.*) **Ora ti accomodo io**, now I'll fix you. B *v. i.* (*convenire*) to suit; to be convenient: **Questo non m'accomoda**, this doesn't suit me. **accomodarsi** C *v. rifl.* **1** (*adattarsi*) to make* do with: **Nonostante la laurea s'è accomodata a fare la dattilografa**, despite her degree she's made do with a job as typist **2** (*sedersi*) to take* a seat; to sit* down; (*entrare*) to come* in, to enter; (*mettersi a proprio agio*) to make* oneself comfortable (*o* at home): «**Si può?**» «**Accomodatevi**», «May I?» «Come in»; **Perché state in piedi? Accomodatevi**, don't stand there; make yourself comfortable **3** (*giungere a un accordo*) to come* to an agreement: **Dopo anni di liti si sono accomodati**, after years of quarrelling they have come to an agreement. ● **Col tempo tutto si accomoda**, time is a great healer.
accomodaticcio, *m.* rough mend (*o* repair).
accomodatóre, *m.* mender; repairer.
accomodatura, *f.* (*riparazione*) mending; repairing.
accomodazióne, *f.* (*ottica: dell'occhio*) accommodation.
accompagnaménto, *m.* **1** (*l'accompagnare*) accompanying; (*l'accompagnarsi*) accompaniment **2** (*seguito*) suite; retinue **3** (*a. funebre*) funeral procession **4** (*accoppiamento*) coupling; (*l'armonizzare*) matching **5** (*mus.*) accompaniment. ● **lettera d'a.**, covering letter.
accompagnare, A *v. t.* **1** to accompany (*anche mus., fig.*); to take*: **Possano le mie preghiere accompagnarti**, may my prayers accompany you; **a. un ragazzo a scuola**, to take a boy to school **2** (*con lo sguardo*) to follow (with one's eyes) **3** (*scortare*) to accompany; to escort: **a. una signora**, to escort a lady **4** (*una giovane in pubblico*) to chaperon **5** (*di inferiori, raro*) to attend; to wait upon **6** (*appaiare*) to couple; (*armonizzare*) to match **7** (*una porta, perché non sbatta*) to pull to: **Nell'uscire accompagnò la porta**, on going out he pulled the door to gently. ● **a. q. a casa**, to see sb. home □ **a. q. alla porta**, to show sb. out; to see sb. to the door □ **a. q. alla stazione**, to see sb. off at the station □ **a. una sposa all'altare**, to give a bride away □ **a. un feretro**, to follow a coffin □ **Dio ti accompagni!**, God be with you! □ (*prov.*) **Meglio soli che male accompagnati**, better be alone than in bad company. **accompagnarsi** B *v. rifl.* **1** (*unirsi con*) to join company; to join up (with); to go* (with): to go* along (with): **Il ragazzo si accompagnò ai suoi nuovi amici**, the boy went along with his new friends **2** (*stare in compagnia con q.*) to keep* company with (sb.) **3** (*appaiarsi*) to couple **4** (*armonizzare*) to go* (together); to match: **Ci sono colori che non si accompagnano bene**, some colours don't go well together; **I tappeti devono a. alle tende**, the carpets should match the curtains **5** (*mus.*) to accompany oneself: **a. al pianoforte**, to accompany oneself (*o* at) the piano.
accompagnatóre, *m.* **1** (*in genere*) companion **2** (*cavaliere*) escort; (*per un ballo*) partner **3** (*di comitiva*) guide; escort **4** (*mus.*) accompanist **5** (*sport*) team manager.
accompagnatrice, *f.* **1** (*in genere*) companion **2** (*dama di compagnia, di corte*) attendant; lady-in-waiting **3** (*di una giovane in pubblico*) chaperon **4** (*di comitiva*) guide; hostess; escort **5** (*mus.*) accompanist.
accomunàbile, *a.* that can be joined (*o* united).
accomunaménto, *m.* **1** joining; union **2** (*il mettere in comune*) sharing, pooling; (*il mettere alla pari*) equalization.
accomunare, A *v. t.* **1** to join; to unite **2** (*mettere in comune*) to pool; to share **3** (*mettere alla pari*) to equalize. **accomunarsi** B *v. rifl.* to mingle.
acconciàbile, *a.* that can be arranged or adorned.
acconciare, *v. t.* **1** (*abbigliare*) to adorn; to attire; to dress up **2** (*mettere in ordine*) to tidy; to (put* in) order; to arrange: **a. gli affari**, to tidy one's affairs **3** (*i capelli*) to dress. **acconciarsi** B *v. rifl.* to adorn oneself; to dress up.
acconciatóre, *m.* hairdresser.
acconciatura, *f.* **1** hairstyle; hairdo **2** (*cappello*) headdress.
accòncio, *a.* suitable; fit; convenient.

accondiscendènte, *a.* consenting; condescending; affable.

accondiscéndere, *v. i.* to consent: **Mi chiese il permesso e io accondiscesi,** he asked my permission and I consented. ● **a. ai desideri di q.,** to comply with sb.'s wishes.

acconsentire, *v. i.* **1** (*dare il consenso*) to consent **2** (*annuire*) to assent. ● (*prov.*) **Chi tace acconsente,** silence gives consent.

accontentare, A *v. t.* to satisfy; to content. **accontentarsi** B *v. rifl.* to be satisfied (with); to content oneself (with): **a. di poco,** to be satisfied with little.

accónto, *m.* advance; down payment; partial payment; payment in advance; payment on (*o* to) account. ● **di a.** (*o* **in a.**), in advance; on account; down, up front (*fam.*): **Devi dare 100 000 lire di** (*o* **in**) **a.,** you must pay 100,000 lire in advance (*o* up front).

accoppare, *v. t.* (*pop.*) to do* (sb.) in; to bash (sb.'s) brains in: **Lo accopparono,** they bashed his brains in.

accoppiàbile, *a.* matchable.

accoppiaménto, *m.* **1** (*il combinare*) combination **2** (*l'unire in coppia*) pairing off **3** (*di colori*) matching **4** (*congiungimento carnale*) copulation; (*rif. ad animali*) coupling, mating **5** (*mecc.*) connection; coupling.

accoppiare, A *v. t.* **1** (*combinare*) to combine: **a. l'utile al dilettevole,** to combine business with pleasure **2** (*unire in coppia*) to pair off **3** (*colori, ecc.*) to match **4** (*animali*) to couple; to mate **5** (*mecc.*) to connect; to couple. ● (*prov.*) **Dio li fa e poi li accoppia,** they are made for each other. **accoppiarsi** B *v. rifl.* **1** to pair off **2** (*congiungersi carnalmente*) to copulate; (*rif. ad animali*) to couple, to mate.

accoppiata, *f.* exacta, perfecta (*USA*). ● **a. invertibile** (*o* **reversibile**), each-way bet; quiniela (*USA*).

accoppiatóio, *m.* **1** double leash **2** (*mecc.: giunto*) coupling; union: **a. a flangia,** flange union.

accoppiatóre, *m.* **1** (*radio*) coupler **2** (*mat., aeron., naut.*) coupling gear.

accoppiatura, *f.* coupling; pairing.

accoraménto, *m.* anguish; sorrow; grief; heartache.

accorare, A *v. t.* (*addolorare vivamente*) to wound deeply: **Questo m'accora,** this wounds me deeply. **accorarsi** B *v. rifl.* to grieve: **Di che t'accori?,** why are you grieving?

accorataménte, *avv.* sorrowfully; sadly; mournfully.

accorato, *a.* grief-stricken; sorrowful; sad; mournful.

accorciàbile, *a.* that can be shortened.

accorciaménto, *m.* **1** shortening **2** (*mecc.*) shrinkage.

accorciare, A *v. t.* to shorten; (*contrarre*) to curtail, to contract; (*abbreviare*) to abridge, to abbreviate. **accorciarsi** B *v. rifl.* to shorten; to shrink*; to become* shorter; to get* (*o* to grow*) shorter: **Dopo la lavatura i pantaloni si sono accorciati,** after being washed the trousers shrank; **In autunno le giornate si accorciano,** in autumn the days get shorter.

accorciativo, *m.* (*gramm.*) shortened form; abbreviation; (*the*) short: **Tonio è l'a. di Antonio,** Tonio is the abbreviation of (*o* for) Antonio.

accorciatóre, *m.* shortener.

accorciatura, *f.* shortening; shrinking.

accordàbile, *a.* **1** (*concedibile*) grantable; that can be granted **2** (*ammissibile*) admissible **3** (*conciliabile, compatibile*) consistent (with); compatible with **4** (*mus.*) tuneable; that can be tuned.

accordare, A *v. t.* **1** (*concedere una grazia, un colloquio, ecc.*) to grant; to give*; to allow; to accord: (*comm.*) **a. uno sconto del 10%,** to grant a 10% discount; **a. il permesso a q.,** to accord permission to sb.; (*leg.*) **a. una dilazione,** to grant an extension **2** (*ricompense, premi, ecc.*) to award **3** (*armonizzare*) to arrange; to match **4** (*mettere d'accordo persone dissenzienti*) to reconcile **5** (*mus.*) to tune **6** (*gramm.*) to make* (a word) agree (with): **a. il verbo col soggetto,** to make the verb agree with the subject **7** (*ammettere*) to grant; to admit: **Accordo che tu abbia ragione,** I grant that you are right. **accordarsi** B *v. rifl.* **1** to accord: **La sua condotta non s'accorda con i suoi principi,** his behaviour does not accord with his principles **2** (*di colori, ecc.*) to match; to harmonize **3** (*mus.*) to tune up **4** (*gramm.*) to agree. **C** *v. rifl. recipr.* **1** to accord **2** (*di colori, ecc.*) to match; to go* (together) **3** (*raggiungere un accordo*) to agree; to come* to an agreement; to reach an agreement: **Ci siamo accordati sul prezzo,** we have agreed on the price.

accordata, *f.* (*mus.*) quick tuning.

accordatóre, *m.* (*mus.*) tuner: **un a. di pianoforte,** a piano tuner.

accordatura, *f.* (*mus.*) **1** tuning (up) **2** (*tono dell'a.*) chord: **un'a. bassa,** a low chord.

accòrdo, *m.* **1** (*conformità di voleri*) accord; consent: **di comune a.,** (*fra due*) by mutual consent; (*fra tanti*) with one accord **2** (*patto, accomodamento*) agreement; arrangement: **un a. commerciale,** a trade agreement; **un a. fra gentiluomini,** a gentleman's agreement; (*leg.*) **accordi economici collettivi,** collective bargaining agreements **3** (*pitt., anche fig.*) harmony **4** (*di voci, anche fig.*) unison **5** (*mus.*) chord: **un a. maggiore,** (**minore**), a major (a minor) chord **6** (*gramm.*) agreement; concordance. ● (*leg.*) **a. delle parti (di un contratto),** meeting of the minds □ **andare d'a.,** to get on well together: **I due fratelli non andavano d'a.,** the two brothers did not get on well together □ **essere d'a.,** to agree: **Sono d'a. con te,** I agree with you □ **in a. con,** in accordance with: **in a. con i vostri desideri (con i regolamenti, ecc.),** in accordance with your wishes (with regulations, etc.) □ **mettere d'a.,** to reconcile; to bring together □ **mettersi d'a.,** to come to an agreement; to reach an agreement □ **non essere d'a.,** to disagree □ **stare agli accordi,** to keep to the terms agreed upon □ **vivere d'amore e d'a.,** to live happily together □ **D'a.!,** granted!; all right!, O.K.! □ **D'a.?,** all right? □ (*fam.*) **D'accordissimo!,** how right you are!; I couldn't agree with you more!

accòrgersi, *v. rifl.* **1** (*scorgere, notare*) to notice: **Non m'ero accorto di lui e perciò non lo salutai,** I hadn't noticed him, so I didn't greet him **2** (*fig.: cominciare a capire*) to become* aware (of st.); to realize: **Mi accorgo che abbiamo sbagliato,** I realize that we've made a mistake; **S'accorgerà che non scherzo,** he'll realize I'm not joking.

accorgiménto, *m.* **1** (*prontezza d'ingegno*) shrewdness **2** (*espediente*) contrivance; device.

accórrere, *v. i.* to run*; to rush.

accortaménte, *avv.* **1** (*sagacemente*) shrewdly; sagaciously **2** (*oculatamente*) cautiously; warily.

accortézza, *f.* **1** (*sagacia*) shrewdness; sagacity **2** (*oculatezza*) cautiousness.

accòrto, *a.* **1** (*sagace*) shrewd; sagacious **2** (*oculato*) cautious; wary. ● **essere** (*o* **stare**) **a.,** to be on one's guard □ (*lett.*) **fare a. q. di q.c.,** to put sb. on his guard against st.

accosciarsi, *v. rifl.* to squat.

accostàbile, *a.* approachable.

accostaménto, *m.* **1** approach **2** (*di colori, ecc.*) matching **3** (*naut.*) coming alongside.

accostare, A *v. t.* **1** to approach; to draw* near; to bring* (near) to: **a. una scala al muro,** to bring a ladder near to the wall; **a. le labbra al bicchiere,** to bring one's lips to the glass **2** (*una porta o una finestra*) to set* ajar. B *v. i.* **1** (*naut.*) to come* alongside **2** (*autom.*) to pull up; to pull over **3** (*naut., aeron.*) to change course. ● (*naut.*) **a. a riva,** to put back (to the shore) □ (*naut.*) **a. a sinistra,** to port □ **a. le labbra all'orecchio di q.,** to put one's lips to sb.'s ear ● **Non l'accosta nessuno,** nobody has anything to do with him. **accostarsi** C *v. rifl.* **1** (*avvicinarsi*) to approach; to move closer; to come* (*o* to go*), to draw*) near (to): **M'accostai al vecchio,** I approached the old man; **M'accostai al muro,** I drew near to the wall **2** (*aderire a*) to accept: **Egli s'accosta alle teorie di Darwin,** he accepts Darwin's theories **3** (*rassomigliare, rassomigliarsi*) to resemble; to be similar: **Questo quadro s'accosta molto all'altro,** this picture is very similar to the other one (*o* resembles the other one very much); **I nostri pareri s'accostano,** our views are very similar (*o* are just alike) **4** (*naut.*) to come* alongside. ● **a. ai Sacramenti,** to receive the Sacraments.

accostata, *f.* (*naut.*) turn.

accòsto, A *avv.* near: **farsi a.,** to draw near. B *m.* (*naut.: attracco*) berthing; mooring.

accòsto a, *locuz. prep.* near; close to; next to.

accostumare, A *v. t.* to accustom. **accostumarsi** B *v. rifl.* to accustom oneself; to get* accustomed.

accotonare, *v. t.* **1** (*ind. tessile*) to raise **2** (*i capelli*) to backcomb.

accotonatóre, *m.* (*ind. tessile*) raiser.

accotonatura, *f.* **1** (*ind. tessile*) raising **2** (*dei capelli*) backcombing.

accottimare, *v. t.* to give* (out) as piecework.

accovacciarsi, *v. rifl.* to crouch.

accovonaménto, *m.* sheaving.

accovonare, *v. t.* to sheaf.

accovonatrice, *f.* harvester; reaper-and-binder.

accovonatura, *f.* stook; shock.

accozzàglia, *f.* **1** rabble; mob: **un'a. di gente armata,** an armed rabble **2** (*insieme discordante di cose*) hotchpotch; medley; muddle; jumble; mess (*fam.*): **un'a. di idee,** a muddle of ideas.

accozzaménto, *m.* hotchpotch; medley; muddle; jumble.

accozzare, *v. t.* **1** (*cose*) to knock together: **Accozza ogni sorta di roba e poi lo chiama museo,** he knocks together all sorts of articles and calls the result a museum **2** (*persone*) to throw* together: **Accozzò quattro attori affamati e formò la sua compagnia,** he threw four famished actors together and formed his company. ● **non a. il pranzo con la cena,** to be unable to make (both) ends meet.

accòzzo, *V.* **accozzamento**.

accreditaménto, *m.* **1** credit; crediting **2** (*di ambasciatore, ecc.*) accreditation.
accreditante, A *a.* crediting. **B** *m.* e *f.* (the) crediting party.
accreditare, A *v. t.* **1** to give* credit to; to credit: **Fece uso del suo nome per a. delle teorie sbagliate**, he used his name to give credit to false theories; **a. una somma a q.**, to credit an amount to sb.; **a. q. d'una somma**, to credit sb. with an amount **2** (*di ambasciatore, ecc.*) to accredit. ● (*comm.*) **a. un conto**, to credit to an account. **accreditarsi B** *v. rifl.* to gain credit.
accreditato, A *a.* **1** (*comm.*) credited **2** (*di ambasciatore, ecc.*) accredited. **B** *m.* (*comm.*) accreditee; (the) credited party.
accrédito, *V.* **accreditaménto**.
accréscere, A *v. t.* to increase; to augment; to enhance: **a. il numero delle guardie**, to increase the number of guards; **a. l'odio**, to increase hatred; **a. le proprie ricchezze**, to increase one's wealth. **accréscersi B** *v. rifl.* to increase; to augment; to grow*: **Col passare dei giorni la nostalgia si accresce**, with each passing day homesickness grows.
accresciménto, *m.* **1** increase; enhancement; growth (*anche biol.*) **2** (*leg.*) accretion.
accrescitivo, *a.* e *m.* (*anche gramm.*) augmentative.
accucciarsi, *v. rifl.* **1** to lie* down **2** (*acciambellarsi*) to curl up.
accudire, *v. i.* to attend (to); to look after: **a. al negozio (alla casa)**, to attend to the shop (the house).
acculturare, *v. t.* to acculturate.
acculturazióne, *f.* acculturation; culturalization.
accumulàbile, *a.* cumulative.
accumulaménto, *m.* accumulation.
accumulare, A *v. t.* to accumulate; to store up. **accumularsi B** *v. rifl.* **1** to accumulate **2** (*fin.*: *di interessi*) to accrue.
accumulatóre, *m.* **1** accumulator **2** (*autom.*) (storage) battery.
accumulazióne, *f.* **accùmulo**, *m.* accumulation.
accuratézza, *f.* accuracy; carefulness; precision.
accurato, *a.* accurate; careful; precise: **lavoro a.**, precise work; **un uomo a.**, a precise man.
accusa, *f.* **1** accusation: **confutare un'a.**, to confute an accusation; **fare un'a.**, to make an accusation; **muovere un'a.**, to move an accusation; **provare un'a.**, to prove an accusation; **ribattere un'a.**, to refute an accusation; **smentire un'a.**, to deny an accusation; **sostenere un'a.**, to uphold an accusation **2** (*leg.*) indictment; accusation; charge: **aggravare un'a.**, to corroborate an indictment; **formulare un'a.**, to set forth an indictment; **intentare un'a.**, to move an indictment; **presentare un'a.**, to present an indictment **3** (*leg.*: *l'a.*) (the) prosecution: **avvocato per l'accusa**, lawyer for the prosecution. ● (*comm.*) **a. di ricevuta**, acknowledgement of receipt □ (*leg.*) **atto d'a.**, charge □ (*leg.*) **capi d'a.**, charges □ (*anche leg.*) **mettere q. in stato d'a. per q.c.**, to charge sb. with st.
accusàbile, *a.* (*anche leg.*) chargeable.
accusare, A *v. t.* **1** to accuse: **Lo accusano di essere sporco**, they accuse him of being dirty **2** (*leg.*) to charge; to accuse; to impeach: **Lo accusano di furto**, they are charging him with theft **3** (*comm.*) to acknowledge: **a. ricevuta di una lettera**, to acknowledge receipt of a letter **4** (*un dolore*) to complain of: **Il malato accusava un dolore di capo**, the patient was complaining of a headache **5** (*carte*) to declare. **accusarsi B** *v. rifl.* to accuse oneself; to blame oneself. **C** *v. rifl. recipr.* to accuse (*o* to blame) each other.
accusativo, *a.* e *m.* (*gramm.*) accusative: **il caso a.**, the accusative case; **all'a.**, in the accusative.
accusato, A *a.* (*anche leg.*) accused; charged. **B** *m.* (*leg.*) defendant; indictee.
accusatóre, A *a.* (*anche leg.*) accusing. **B** *m.* **1** accuser **2** (*leg.*) indictor, indicter **3** (*leg.*: *magistrato*) prosecutor.
accusatòrio, *a.* **1** accusatory: **una lettera accusatoria**, an accusatory letter; **con tono a.**, in an accusatory tone **2** (*leg.*) accusatorial.
acefalia, *f.* (*med.*) acephalia.
acèfalo, *a.* (*senza capo, senza principio*) acephalous (*anche zool.*).
acellulare, *a.* (*biol.*) acellular.
acerbaménte, *avv.* **1** (*fig.*: *aspramente*) harshly; bitterly; sharply **2** (*fig.*: *prematuramente*) prematurely.
acerbità, *f.* **1** (*di sapore*) sourness **2** (*di frutta, ecc.*) unripeness; sourness **3** (*fig.*: *intensità*) bitterness **4** (*fig.*: *l'essere immaturo*) inexperience **5** (*fig.*: *asprezza*) harshness; bitterness.
acèrbo, A *a.* **1** (*di sapore acre*) sour: **vino a.**, sour wine **2** (*non maturo*) unripe; green: **una mela acerba**, a green apple **3** (*fig.*: *intenso*) bitter: **dolore a.**, bitter suffering **4** (*fig.*: *immaturo*) immature; green: **la stagione acerba**, the green season; **Sei un po' a. per questi studi**, you're a little green for these studies **5** (*fig.*: *aspro*) acerbic; harsh; bitter; sharp: **un a. rimprovero**, a harsh rebuke. ● **morte acerba**, premature death.
aceréta, *f.* maple (wood).

àcero, *m.* (*bot.*, *Acer*) maple (tree).
acèrrimo, *a. superl.* very fierce.
acescènte, *a.* (*chim.*) acescent.
acescènza, *f.* (*chim.*) acescence.
acetàbolo, *m.* (*anat.*) acetabulum*.
acetaldèide, *f.* (*chim.*) acetaldehyde.
acetale, *m.* (*chim.*) acetal.
acetammide, *f.* (*chim.*) acetamide.
acetato, *m.* (*chim.*, *ind. tessile*) acetate: **a. di piombo**, lead acetate.
acètico, *a.* (*chim.*) acetic: **acido a.**, acetic acid.
acetificare, *v. t.* (*chim.*) to acetify.
acetificatóre, *m.* (*chim.*) acetifier.
acetificazióne, *f.* (*chim.*) acetification.
acetilazióne, *f.* (*chim.*) acetylation.
acetilcellulósa, *f.* (*chim.*) cellulose acetate.
acetile, *m.* (*chim.*) acetyl.
acetilène, *m.* (*chim.*) acetylene.
acetilènico, *a.* (*chim.*) acetylenic.
acetìlico, *a.* (*chim.*) acetylic.
acetilsalicìlico, *a.* (*chim.*) acetylsalicylic: **acido a.**, acetylsalicylic acid.
acéto, *m.* **1** vinegar: **a. dei sette ladri**, aromatic vinegar **2** (*lett.*: *mordacità*) bite. ● **conservare sotto a.**, to pickle □ **cipolline sotto a.**, pickled onions ▼ **verdura sotto a.**, pickles.
acetobattèrio, *m.* (*biol.*, *chim.*) acetobacterium.
acetóne, *m.* **1** (*chim.*) acetone **2** (*per le unghie*) nail-polish remover **3** (*fam.*, *med.*) acetonemia, ketonemia (*nel sangue*); acetonuria, ketonuria (*nelle urine*).
acetonemìa, *f.* (*med.*) acetonemia; ketonemia.
acetonùria, *f.* (*med.*) acetonuria; ketonuria.
acetósa, *f.* (*bot.*, *Rumex acetosa*) garden sorrel.
acetosèlla, *f.* (*bot.*, *Oxalis acetosella*) wood sorrel.
acetosità, *f.* sourness; acidity.
acetóso, *a.* acetous (*anche chim.*); sour; vinegary.
achènio, *m.* (*bot.*) achene.
achèo, *a.* e *m.* (*stor.*) Achaean.
Acherónte, *m.* (*mitol.*) Acheron.
achilìa, *f.* (*med.*) achylia; achylia gastrica.
Achille, *m.* Achilles: (*fig.*) **il tallone d'A.**, Achilles' heel; (*anat.*) **il tendine d'A.**, Achilles' tendon.
achillèa, *f.* (*bot.*, *Achillea millefolium*) yarrow; milfoil.
acìclico, *a.* acyclic.
acidificàbile, *a.* acidifiable.
acidificante, *a.* acidifying.
acidificare, *v. t.* to acidify.
acidificazióne, *f.* acidification.
acidimetrìa, *f.* (*chim.*) acidimetry.
acidimetro, *m.* (*chim.*) acidimeter.
acidità, *f.* **1** acidity; sourness (*anche fig.*) **2** (*chim.*) acidity. ● (*med.*) **a. di stomaco**, heartburn.
àcido, A *a.* acid, sour (*anche fig.*): **una bevanda acida**, an acid drink; **latte a.**, sour milk; **critica acida**, acid criticism; **una zitella acida**, a sour maid. **B** *m.* **1** bitterness (*anche fig.*); sourness: **Questa bevanda sa d'a.**, this drink tastes sour; **C'è dell'a. nel mio animo**, there's bitterness in my heart **2** (*chim.*) acid: **a. acetico**, acetic acid. ● **resistente agli acidi**, acid-proof □ **sapere d'a.**, to taste sour.
acidòlisi, *f.* (*chim.*) acidolysis*.
acidòsi, *f.* (*med.*) acidosis*.
acidulare, *v. t.* (*chim.*) to acidulate.
acìdulo, *a.* acidulous.
acinesìa, *f.* (*med.*) akinesia.
acinètico, *a.* **1** (*farm.*) acinetic **2** (*med.*) akinesic.
aciniforme, *a.* aciniform.
àcino, *m.* **1** (*bot.*, *anat.*) acinus* **2** (*chicco*) grape; berry.
acinóso, *a.* acinaceous; acinose.
aclassismo, *m.* (*polit.*) classlessness.
aclassista, aclassistico, *a.* (*polit.*) classless.
acloridrìa, *f.* (*med.*) achlorhydria.
acme, *f.* **1** (*med.*) acme; crisis* **2** (*fig.*) acme; highest point.
acne, *f.* (*med.*) acne.
aconfessionale, *a.* nondenominational; nonsectarian.
aconfessionalità, *f.* nondenominationalism; nonsectarianism.
aconitina, *f.* (*farm.*) aconitine.
aconìto, *m.* (*bot.*, *Aconitum napellus*) monk's-hood; aconite.
àcoro, *m.* **1** (*bot.*, *Acorus calamus*) sweet flag **2** − **a. falso** (*bot.*, *Iris pseudoacorus*), fleur-de-lis*; sword-flag.
acotilèdone, (*bot.*) **A** *a.* acotyledonous. **B** *f.* acotyledon.
àcqua, *f.* **1** water: **a. distillata**, distilled water; **a. dolce**, fresh water; **a. dura**, hard water; **a. leggera**, soft water; **a. pesante**, flat water; (*fis.*) heavy water; **a. sorgiva**, spring water; **a. salmastra**, brackish water; **a. salata** (*del mare*), salt water; brine (*poet.*); **a. benedetta**, holy water; **a. viva**, spring water; **a. cheta**, still water; **a. torbida**, troubled water; **a. chiara**, clear water; **a. di seltz**, soda

(*o* seltzer) water; **a. termale**, thermal water; **a. minerale**, mineral water; **a. piovana**, rain water; **a. potabile**, drinking water; **a. tonica**, tonic water **2** (*pl*.: *tratto d'a*.) waters: (*naut*., *leg*.) **acque territoriali**, territorial waters **3** (*pioggia*) rain: **a. a catinelle**, heavy rain **4** (*pl*., *med*.: *di parto*) (the) waters. ● **a. alta**, deep water; (*di marea*) high tide; (*a Venezia*) water at flood level □ **a. bassa**, shallow water; (*di marea*) low tide □ (*fig*.) **un'a. cheta**, a deep one; a sly one; a slyboots (*fam*.) □ **a. di Colonia**, eau de Cologne □ (*naut*.) **le acque extraterritoriali**, the high seas □ (*chim*.) **a. forte**, nitric acid □ (*chim*.) **a. ossigenata**, hydrogen peroxide □ (*chim*.) **a. ragia**, turpentine □ (*chim*.) **a. regia**, aqua regia □ (*fig*.) **a. tinta**, (*caffè*) weak coffee; (*vino*) weak wine □ **a fior d'a.**, on the surface of the water; level with the water □ **andare per via d'a.**, (*per mare*) to go by sea; (*lungo un canale*, *un fiume*) to go by water □ (*fig*.) **avere l'a. alla gola**, to be in low water; to be on one's beam-ends □ **bere le acque** (*o* **fare la cura delle acque**), to take a water cure □ (*fig*.) **un buco nell'a.**, a damp squib □ **capo dell'a.**, source of the stream □ **corpo d'a.**, volume of water per second □ **corso d'a.**, stream (of water); water course □ *anche fig*.) **della più bell'a.**, of the first water □ **fare a.**, (*di un recipiente*) to leak; (*naut*., *anche*) to take in water; (*fam*.: *orinare*) to make water □ **fare un buco nell'a.**, to waste one's time □ (*naut*.) **fare provvista d'a.**, to water (a ship) □ **un filo d'a.**, (*piccola quantità d'a. corrente*), a trickle of water □ **il filo dell'a.**, the flow of the water; the direction of the current □ (*fig*.) **un furfante della più bell'a.**, a rogue of the first water □ (*fig*.) **gettare a. sul fuoco**, to pour oil on the waters □ **gettare q.c. in a.**, to throw st. into the water; (*a mare*) to throw st. overboard □ **getto d'a.**, spurt of water □ **giochi** (*o* **scherzi**) **d'a.**, ornamental waterworks □ (*naut*.) **imbarcare a.**, to ship water; to leak □ **innocente come l'a.**, as innocent as a newborn babe □ (*fig*.) **intorbidire le acque**, to make mischief; to stir up trouble □ **lasciare correre l'a. alla sua china**, to let things take their course □ (*fig*.) **lavorare sott'a.**, to act in an underhand way □ (*naut*.) **linea d'a.**, water line □ **mulino ad a.**, water mill □ (*fig*.) **navigare in cattive acque**, to be in deep water □ **nelle acque di Napoli**, off the coast of) Naples □ **essere un pesce fuor d'a.**, to feel like a fish out of water □ (*fig*.) **pestar l'a. nel mortaio**, to beat the air; to act uselessly □ **pompa ad a.**, water pump □ (*fig*.) **portare a. al mare**, to carry coals to Newcastle □ **prendere l'a.** (*bagnarsi*), to get soaked (by the rain) □ **presa d'a.**, water-point □ **somigliarsi come due gocce d'a.**, be as like as two peas □ **un rovescio d'a.**, a shower □ **un rivoluzionario all'a. di rose**, a milk-and-water revolutionary □ **sott'a.**, underwater; (*inondato*) flooded out, inundated □ **uno specchio d'a.**, a stretch of water □ **mettere a pane e a.**, to put on bread and water □ **un tetto a due acque**, a roof with a double slope □ (*fig*.) **tirar l'a. al proprio mulino**, to bring grist to one's mill □ **volare a pelo d'a.**, to fly skimming the water □ (*al gioco di nascondere un oggetto, per avvertire il cercatore che è fuori strada*) **A....a.... ti anneghi!**, you are cold... you're getting cold (*o* colder)! □ (*fig*.) **A. in bocca!**, keep it to yourself! □ **L'a. vien giù a dirotto**, it's pouring □ (*fig*.) **È una barca che fa a. da tutte le parti**, it's a very shaky concern □ (*prov*.) **L'a. va al mare**, money goes where money is □ (*prov*.) **Il sangue non è a.**, blood is thicker than water □ (*prov*.) **A. passata non macina più**, let bygones be bygones □ (*prov*.) **L'a. cheta rovina i ponti**, still waters run deep.
àcqua-àcqua, *locuz. a.* ship-to-ship: **missili a.**, ship-to-ship missiles.
àcqua-ària, *locuz. a.* ship-to-air: **missili a.**, ship-to-air missiles.
acquaforte, *f.* (*incisione, stampa*) (copper) etching.
acquafortista, *m. e f.* etcher.
acquaio, *m.* sink.
acquaiòlo, A *a.* aquatic. **B** *m.* (*venditore d'acqua*) water vendor; (*portatore d'acqua*) water-carrier.
acquamarina, *f.* (*miner*.) aquamarine.
acquanàuta, *m. e f.* aquanaut.
acquaplanista, *m. e f.* aquaplane rider.
acquaplano, *m.* aquaplane.
acquaràgia, *f.* turpentine.
acquàrio, *m.* **1** aquarium* **2** — (*astron., astrologia*) **l'A.**, Aquarius; the Water Bearer (*costellazione e l'XI segno dello Zodiaco*). ● (*astrologia*) **persona nata sotto il segno dell'A.**, Aquarius; Aquarian.
acquartieraménto, *m.* (*mil*.) quartering.
acquartierare, A *v. t.* (*mil*.) to quarter. **acquartierarsi B** *v. rifl.* (*mil. e fig*.) to take* up quarters: **Si è acquartierato a casa mia**, he has taken up quarters at my house.
acquasanta, *f.* holy water.
acquasantièra, *f.* holy-water font; stoup.
acquata, *f.* (*acquazzone*) downpour.
àcqua-tèrra, *locuz. a.* ship-to-land: **missili a.**, ship-to-land missiles.

acquàtico, *a.* aquatic: **animali acquatici**, aquatic animals; **piante acquatiche**, aquatic plants (*o* water plants).
acquatinta, *f.* (*arte*) aquatint.
acquattarsi, *v. rifl.* **1** to crouch (down) **2** (*nascondersi*) to hide*.
acquavite, *f.* brandy.
acquazzóne, *m.* downpour; cloudburst.
acquedótto, *m.* **1** (*costr., leg*.) aqueduct **2** waterworks (*pl., col verbo al sing*.): **a. municipale**, municipal waterworks.
àcqueo, *a.* aqueous. ● **vapore a.**, water vapour.
acquerellare, *v. t.* to paint in (*o* with) watercolours.
acquerellista, *m. e f.* watercolourist.
acquerèllo, *m.* watercolour. ● **dipingere all'a.**, to paint in watercolours.
acquerùgiola, *f.* drizzle.
acquicoltura, *f.* hydroculture.
acquidóccio, *m.* (*costr*.) main irrigation; ditch.
acquiescènte, *a.* acquiescent.
acquiescènza, *f.* acquiescence (*anche leg*.).
acquièscere, *v. i.* (*leg*.) to acquiesce; to consent tacitly.
acquietàbile, *a.* appeasable.
acquietaménto, *m.* appeasement.
acquietare, A *v. t.* to appease: **a. un desiderio**, to appease a desire; **a. una smania**, to appease a longing; **a. un nemico**, to appease an enemy; **a. un creditore**, to appease a creditor. **acquietarsi B** *v. rifl.* **1** (*calmarsi*) to calm down **2** (*rassegnarsi*) to resign oneself.
acquifero, *a.* (*geol*.) water-bearing; aquiferous. ● **strato a.**, aquifer.
acquirènte, *m. e f.* **1** (*comm*.) buyer; purchaser **2** (*in un negozio*) shopper.
acquisire, *v. t.* to acquire. ● (*leg*.) **Questo documento resta acquisito al processo**, this document is admitted in evidence.
acquisitivo, *a.* acquisitive.
acquisito, *a.* acquired: **una malattia acquisita**, an acquired disease. ● (*leg*.) **diritto a.**, vested right.
acquisitóre, *m.* **1** buyer; purchaser **2** acquirer.
acquisizióne, *f.* acquisition.
acquistàbile, *a.* **1** buyable; purchasable **2** (*che si può procurare*) gainable.
acquistare, A *v. t.* **1** to buy*; to purchase: **a. un terreno**, to buy a plot of land; **a. delle azioni**, to purchase shares **2** (*procurarsi*) to gain: **a. esperienza**, to gain experience; **a. franchezza**, to gain frankness; **a. l'eterna salute**, to gain eternal salvation; (*fig*.) **a. terreno**, to gain ground: **Questa idea acquista terreno**, this idea is gaining ground; **a. tempo**, to gain time **3** (*acquisire*) to acquire. **B** *v. i.* (*migliorare*) to improve.
acquisto, *m.* **1** purchase **2** (*acquisizione*) acquisition: (*leg*.) **un a. derivativo**, a derivative acquisition; (*leg*.) **un a. originario**, an original acquisition. ● (*iron*.) **un bell'a.**, a real bargain □ **potere d'a.**, purchasing power □ **uscire per (fare) acquisti**, to go shopping.
acquitrino, *m.* bog; marsh.
acquitrinóso, *a.* boggy; marshy.
acquolina, *f.* — **far venire l'a. in bocca a q.**, to make sb.'s mouth water.
acquosità, *f.* wateriness.
acquóso, *a.* watery.
acre, *a.* **1** acrid: **un sapore a.**, an acrid taste; **un odore a.**, an acrid smell **2** (*di suono*) harsh: **un suono a.**, a harsh noise **3** (*fig*.) acrid; acrimonious; harsh; (*mordace*) sharp, biting: **critica a.**, biting criticism.
acrèdine, *f.* **1** acridity **2** (*di suono*) harshness **3** (*fig*.) acrimony; harshness; (*mordacità*) sharpness.
acreménte, *avv.* acridly; harshly.
acridina, *f.* (*chim*.) acridine.
acrilato, *m.* (*chim*.) acrylate.
acrile, *m.* (*chim*.) acryl.
acrìlico, *a.* (*chim*.) acrylic: **resine acriliche**, acrylic resins.
acrimònia, *f.* acrimony; acridity.
acrimonióso, *a.* acrimonious; acrid.
acritico, *a.* wanting in judgement; dogmatic.
acro, *m.* acre.
acròbata, *m. e f.* acrobat.
acrobàtica, *f.* acrobatics (*pl. col verbo al sing*.); acrobatism.
acrobàtico, *a.* acrobatic.
acrobatismo, *m.* acrobatics (*pl., col verbo al sing*.; *nel senso fig*., *col verbo al pl*.).
acrobazìa, *f.* acrobatics (*pl*.): (*fig*.) **acrobazie cerebrali**, mental acrobatics. ● (*aeron*.) **acrobazie aeree**, stunt flying □ (*aeron., anche fig*.) **fare acrobazie**, to perform stunts; to stunt.
acrocòro, *m.* plateau.
acromasìa, *f.* **1** (*fis*.) achromatism **2** (*med*.) achromatopsy.
acromàtico, *a.* (*fis*.) achromatic: **una lente acromatica**, an

acromatismo, *m. (fis.)* achromatism.
acromatizzare, *v. t. (fis.)* to achromatize.
acrònimo, *m.* acronym. ● **a. composto dalle lettere iniziali**, acronym.
acròpoli, *f.* acropolis.
acròstico, *a. e m. (enigmistica)* acrostic.
acrotèrio, *m. (archit.)* acroterium*.
acuire, *v. t. (anche fig.)* to whet; to sharpen: **a. l'ingegno**, to sharpen one's mind; **a. l'appetito**, to whet the appetite.
aculeato, *a. (bot., zool.)* aculeate.
acùleo, *m.* **1** *(bot.)* aculeus*; prickle; spine **2** *(zool.)* aculeus*; sting.
acume, *m.* acumen; perspicacity; sharpness of mind.
acuminare, *v. t.* to sharpen.
acuminato, *a.* sharp; pointed.
acùstica, *f.* acoustics *(pl., col verbo al sing.)*.
acùstico, *a.* acoustic; auditory: *(anat.)* **il nervo a.**, the auditory nerve. ● **apparecchio a.**, hearing aid □ *(fis.)* **assorbimento a.**, sound absorption □ **cornetto a.**, ear trumpet.
acustoelettrònica, *f.* acoustoelectronics *(pl., col verbo al sing.)*.
acutamente, *avv.* sharply; intensely; acutely.
acutàngolo, *a. (geom.)* acute-angled; acutangular.
acutézza, *f.* **1** *(anche fig.)* acuteness; sharpness **2** *(mus.)* height.
acutizzare, A *v. t. (anche fig.)* to sharpen **2** *(rendere intenso)* to intensify. **acutizzarsi B** *v. rifl.* **1** *(anche fig.)* to sharpen **2** *(med.)* to become* acute.
acuto, *a.* **1** sharp; pointed: **una lama acuta**, a pointed blade **2** *(fig.: intenso)* acute; intense; sharp: **un dolore a.**, an intense pain **3** *(fig.: perspicace)* sharp; keen; acute: **una vista acuta**, a sharp eye; **un uomo a.**, a sharp man **4** *(med., mat., gramm.)* acute: **un angolo a.**, an acute angle; **l'accento a.**, the acute accent **5** *(mus.)* high: **note acute**, high notes. ● *(archit.)* **arco a sesto a.**, lancet arch; **odore a.**, strong smell; **voce acuta**, shrill voice. **B** *m. (mus.)* high note.
ad, *V.* **a** (2).
adacquare, *v. t. (agric.)* to water.
adagetto, *m. (mus.)* adagetto.
adagiare, A *v. t.* **1** *(collocare)* to settle; to lay* down: **a. un malato sul letto**, to settle a patient on the bed; **a. un ferito sopra una poltrona**, to settle a wounded man in an armchair **2** *(posare)* to lay* down; to set* down: **a. una cosa in terra**, to set st. down on the ground. **adagiarsi B** *v. rifl.* **1** *(mettersi comodo)* to make* oneself comfortable; *(sdraiarsi)* to lie* down **2** *(fig.: abbandonarsi)* to abandon oneself, to yield (to): **a. nella disperazione**, to abandon oneself to despair.
adàgio (1), A *avv.* **1** slowly: **parlare a.**, to speak slowly; **a. a., very slowly 2** *(con cautela)* cautiously; slowly **3** *(delicatamente)* gently; softly: **posare a. q.c.**, to set st. down gently. ● *(scherz.)* **A. ai mali passi!**, just be careful, now! □ *(scherz.)* **A., Biagio!**, take it easy, now! **B** *m. (mus.)* adagio*.
adàgio (2), *m. (sentenza)* adage; saying; maxim.
adamantino, *a. (lett., anche fig.)* adamantine.
adamìtico, *a.* adamitic(al). ● *(scherz.)* **in costume a.**, in one's birthday suit.
Adamo, *m.* Adam: *(anat.)* **il pomo d'A.**, Adam's apple.
adattàbile, *a.* adaptable.
adattabilità, *f.* **1** *(di cosa materiale)* fitness **2** *(di sentimento, animo, ecc.)* adaptability **3** *(mus.)* adaptability.
adattaménto, *m.* **1** *(di cosa materiale)* fitting; altering; adaptation **2** *(di sentimento, animo, ecc.)* adaptation **3** *(mus., letter.)* adaptation; arrangement **4** *(l'essere adatto)* suitability; fit **5** *(il rassegnarsi)* submission; resignation.
adattare, A *v. t.* **1** *(una cosa materiale)* to fit: **a. il manico al martello**, to fit a handle to the hammer; **a. la chiave alla serratura**, to fit the key to the lock; **a. lo scudo al braccio**, to fit a shield to one's arm **2** *(sentimenti, animo, ecc.)* to adapt: **a. l'animo alle circostanze**, to adapt one's mind as circumstances demand it; **a. i desideri ai mezzi che si hanno per soddisfarli**, to adapt one's desires to the means one has for realizing them **3** *(mus., letter.)* to arrange; to adapt: **a. la musica a uno strumento diverso**, to arrange the music for a different instrument.
adattarsi B *v. rifl.* **1** *(essere adatto)* to fit; to suit; to be suitable: **Questo manico non s'adatta a questo martello**, this handle doesn't fit this hammer; **La tua musica non s'adatta ai miei versi**, your music doesn't suit my verses **2** *(rassegnarsi)* to resign oneself; to submit: **M'adatterò a fare di tutto**, I'll submit to doing anything; **È un uomo che non sa a.**, he's a man who won't submit to anything **3** *(adeguarsi)* to adapt oneself; to fit in: **Lui si adatta a ogni circostanza**, he fits in every situation. ● **Nella vita bisogna saper a.**, one must learn how to come to terms with life.
adattativo, *a. (biol., med., tecn.)* adaptive; adaptative *(raro)*: **La volpe è più adattativa del lupo**, foxes are more adaptive than wolves.

adattatóre, *m.* **1** *(elettr.)* converter **2** *(tecn., chim.)* adapter.
adatto, *a.* suitable; right; fit: **Il luogo non mi pare a.**, I don't think this place is suitable; **Ci vuole un mezzo più a.**, more suitable means are required; **Egli è la persona più adatta**, he's the most suitable person. ● **Non è a. a questo lavoro**, he isn't cut out for this work □ **essere a. allo scopo**, to be right for the purpose.
addebitàbile, *a.* chargeable.
addebitare, *v. t.* **1** to debit; to charge: **a. una somma a q.**, to debit a sum to sb.; to debit sb. with a sum; **a. un conto**, to charge an account **2** *(fig.)* to blame (for); to charge (with): **a. un errore a q.**, to charge sb. with an error.
addébito, *m.* **1** debit **2** *(fig.)* charge: **fare un a. a q.**, to lay a charge against sb. ● **a. eccessivo**, overcharge □ **nota di a.**, debit note.
addèndo, *m. (mat.)* addend.
addensaménto, *m.* **1** accumulation **2** *(di persone)* crowding.
addensante, A *a.* thickening. **B** *m. (tecn.)* coagulator; thickener.
addensare, A *v. t.* **1** *(rendere denso)* to thicken; to condense; to make* dense **2** *(ammassare)* to accumulate: **Non si sa quanti spropositi ha addensato in quell'articolo**, I don't know how many blunders he's accumulated in that article. **addensarsi B** *v. rifl.* **1** *(di cosa materiale)* to thicken: **Le nuvole s'addensavano in cielo**, clouds were thickening in the sky **2** *(di sentimenti, ecc.)* to grow*: **I sospetti s'addensano contro di lui**, suspicion against him is growing **3** *(accalcarsi)* to crowd; to gather.
addensatóre, *m. (min.)* densifier; thickener.
addentare, *v. t.* **1** to bite*: **a. il pane**, to bite bread **2** *(fig.: di tenaglie)* to grip **3** *(mecc.)* to cog.
addentatura, *f.* **1** bite **2** *(di tenaglie)* grip **3** *(mecc.)* cogging.
addentellare, *v. t. (archit.)* to leave* teeth at (wall corners).
addentellato, *m.* **1** *(archit.)* toothing **2** *(fig.:)* connection.
addentellatura, *f. (archit.)* toothing.
addentrarsi, *v. rifl.* **1** *(anche fig.)* to penetrate **2** *(fig.)* to bury oneself (in).
addèntro, *avv.* deeply: **Dovevi scavare a. per trovarlo**, you should have dug deeply in order to find it; **È un uomo che vede molto a. nella politica**, he is a man who sees deeply into politics. ● **più a.**, deeper □ **essere molto a. in q.c.**, to be well versed in st.
addestràbile, *a.* trainable.
addestraménto, *m.* training: *(mil.)* **a. al combattimento**, battle training.
addestrare, A *v. t.* **1** to train **2** *(mil.)* to drill. **addestrarsi B** *v. rifl.* to train.
addestratóre, *m.* trainer: **a. di cavalli da corsa**, horse trainer.
addétto, A *a. (assegnato)* assigned; employed: **Fui a. a quel lavoro**, I was assigned to that job. **B** *m.* **1** *(impiegato)* employee: **l'a. al banco**, the employee of the counter **2** *(agente)* agent: **l'a. agli acquisti**, the purchasing agent **3** *(diplomazia)* attaché *(franc.)*: **l'a. navale**, the naval attaché. ● **a. al servizio delle previsioni meteorologiche**, weatherman □ **«gli addetti ai lavori»**, the insiders □ **a. stampa**, press-agent □ **«i non addetti ai lavori»**, the outsiders.
addì, *avv.* on the (day) of: **a. 17 settembre**, on the 17th of September.
addiàccio, *m.* **1** *(per pecore)* sheep-pen **2** *(mil.)* bivouac. ● **dormire all'a.**, to sleep in the open.
addiètro, *avv.* **1** *(indietro)* back; behind: **farsi a.**, to draw back; **cercare due pagine a.**, to look back two pages; **tornare un passo a.**, to go back a step; *(fig.)* to go back a little; **tirarsi a.**, to push back; to lean back; *(fig.: esitare)* to hold back; **Camminava pochi passi a.**, he was walking a few steps behind **2** *(di tempo)* before; ago; back; *(fam.)*: **due mesi a.**, two months ago. ● **per l'a.**, in the past □ **lasciare a. un lavoro**, to postpone a job.
addio, *m. e inter.* **1** goodbye: **I nostri addii furono molto affettuosi**, our goodbyes were very affectionate; **dire a. per l'ultima volta**, to say goodbye for the last time **2** *(poet.)* farewell: **A.! mille volte a.!**, farewell! a thousand times farewell!; **dare il supremo a.**, to give one's last farewell. ● **A. a stasera**, see you this evening □ **Se egli torna, a. la mia pace**, if he comes back, I shall have no more peace □ **dare l'a. alle scene**, to quit the stage.
addirittura, *avv.* **1** *(direttamente)* directly: **Da Roma mi recherò a. a Firenze**, from Rome I shall go directly to Florence **2** *(senza indugio)* immediately; straight away; right away **3** *(assolutamente)* absolutely; quite: **È a. ridicolo**, it's absolutely ridiculous **4** *(persino)* even: **Vi fa freddo a. d'estate**, it is cold there even in summer! ● **È a. un asino**, he's an absolute ass □ **A.!**, really!
addirsi, *v. rifl. (essere conveniente)* to be suitable; to suit: **Certe parole s'addicono meglio alla poesia che alla prosa**, some words are more suitable for poetry than for prose.
additare, *v. t.* **1** to point at *(o* to) **2** *(fig.: mostrare)* to point out.
additività, *f. (fis., mat., fotogr.)* additivity.

additivo, A *a.* additive. **B** *m.* (*chim.*) additive (compound).
addivenire, *v. i.* to come* (to); to reach: **a. a un accordo,** to come* to terms.
addizionàbile, *a.* (*mat.*) addable, addible.
addizionale, A *a.* additional; supplementary; extra (*attr.*). **B** *f.* (*fin.*: *imposta*) addition; (*imposta a.*) additional tax; surtax.
addizionare, *v. t.* (*mat.*) to add (up); to cast* (up); to sum (up).
addizionatrice, *f.* adding machine; adder.
addizióne, *f.* **1** (*l'addizione*) adding (up) **2** (*la somma*) addition; cast; sum; add (*fam.*): **fare un'a.,** to make an addition.
addobbaménto, *m.* **1** (*di chiesa, sala, ecc.*) decorating **2** (*di persona*) dressing up; arraying (*poet.*).
addobbare, A *v. t.* **1** (*una chiesa, sala, ecc.*) to decorate; to adorn **2** (*una persona*) to deck out; to dress up; to array (*poet.*) **3** (*cucina*) to garnish. **addobbarsi B** *v. rifl.* to deck oneself out; to dress up.
addobbatóre, *m.* **1** (*di chiesa, sala, ecc.*) decorator **2** (*di persona*) fancy dresser.
addòbbo, *m.* (*decorazione di chiesa, sala, ecc.*) decoration; adornment; ornament.
addolciménto, *m.* **1** (*il rendere dolce*) sweetening **2** (*fig.: il temperare*) mitigation; softening **3** (*fig.: il calmare*) calming (down); soothing.
addolcire, A *v. t.* **1** (*rendere dolce*) to sweeten: **Devo a. questa medicina,** I must sweeten this medicine **2** (*fig.: temperare*) to soften; to mitigate: **Cercai di a. la brutta notizia,** I tried to soften the blow **3** (*fig.: calmare*) to calm (down); to soothe: **Voleva alzar la voce ma l'ho addolcito subito,** he wanted to shout but I calmed him (down) immediately **4** (*chim.*) to soften: **a. l'acqua,** to soften water. **addolcirsi B** *v. rifl.* **1** to become* sweet(er); to become* mild(er); to relent **2** (*calmarsi*) to calm down.
addolcitóre, *m.* (*chim.*) (water) softener.
addolorare, A *v. t.* to pain; to cause suffering to; to grieve. **addolorarsi B** *v. rifl.* to grieve (at, for, over st.); to be sorry. ● **Mi addolora non poter venire,** I regret that I cannot come.
addolorato, *a.* sorrowful; sorry: **Ne sono proprio a.,** I am very sorry. ● (*relig.*) **l'Addolorata,** Our Lady of Sorrows.
addòme, *m.* (*anat.*) abdomen.
addomesticàbile, *a.* **1** (*di animale*) tameable **2** (*di pianta*) trainable **3** (*di persona*) cultivable.
addomesticaménto, *m.* **1** (*di animale*) taming; domestication **2** (*di pianta*) training **3** (*di persona*) cultivation.
addomesticare, A *v. t.* **1** (*un animale*) to tame; to domesticate **2** (*una pianta*) to train **3** (*una persona*) to cultivate. **addomesticarsi B** *v. rifl.* **1** (*diventare domestico, rif. ad animali*) to become* (*o* to grow*) tame **2** (*rif. a persona*) to become* (*o* to grow*) more sociable **3** (*abituarsi*) to grow* (*o* to get*) familiar (with sb., st.); to get* accustomed (to sb., st.); to get* on familiar terms (with sb.).
addomesticato, *a.* (*fig.: modificato con artificio*) rigged; sham; cooked (*fam.*): **elezioni addomesticate,** rigged elections.
addomesticatóre, *m.* tamer.
addominale, *a.* (*anat.*) abdominal: **i muscoli addominali,** the abdominal muscles.
addoppiatóio, *m.* (*ind. tessile*) doubler.
addormentare, A *v. t.* **1** to put* to sleep: **Mia madre m'addormentava alle sette,** my mother used to put me to sleep at seven o'clock **2** (*far venir sonno*) to send* (*o* put*) to sleep: **Questo libro addormenta i lettori,** this book sends its readers to sleep **3** (*intorpidire*) to dull: **a. i sensi,** to dull the senses; **a. il dolore,** to dull the pain **4** (*med.*) to anaesthetize; to put* to sleep. ● **a. q. cantando,** to sing sb. to sleep □ **cullare un bambino finché non s'addormenti,** to rock a child asleep (*o* to sleep). **addormentarsi B** *v. rifl.* **1** to fall* asleep **2** (*intorpidirsi*) to grow* (*o* go*) numb; to go* to sleep: **Mi si è addormentato il braccio destro,** my right arm has gone to sleep. ● (*fig.*) **a. nel Signore,** to die in peace □ (*fig.*) **a. in piedi,** to be unable to keep one's eyes open.
addormentato, A *a.* **1** sleeping; asleep (*pred.*): **un bambino a.,** a sleeping child **2** (*assonnato*) sleepy **3** (*fig.*) dull. ● **Ho un piede a.,** my foot is asleep. **B** *m.* (*fig.*) dullard.
addossare, A *v. t.* **1** (*appoggiare*) to set*; to place (st.) with its back to; (*inclinando*) to lean*: **Dovresti a. quell'armadio al muro,** you should set that wardrobe against the wall **2** (*fig.: attribuire, porre a carico*) to lay* (st. on sb.); to saddle with; to burden with. **addossarsi B** *v. rifl.* **1** (*appoggiarsi*) to lean*: **Mi addossai al muro per lasciar passare le macchine,** I leaned against the wall to let the cars pass **2** (*accalcarsi*) to crowd: **Le pecore s'addossano l'una all'altra quando la prima si ferma,** sheep crowd one against the other if the first one comes to a stop **3** (*fig., accettare come carico*) to take* upon oneself; to saddle oneself; to shoulder: **Perché dovrei addossarmi questa responsabilità?,** why should I saddle myself with this responsibility?

addòsso, *avv.* on; on one's shoulders; on one's back: (*fig.*) **avere la famiglia a.,** to have one's family on one's shoulders; **Quel cane deve avere a. molte pulci,** that dog must have a load of fleas on his back. ● **A.!,** at him! □ (*fig.*) **avere l'argento vivo a.,** to be like quicksilver □ (*fig.*) **avere il diavolo a.,** to be in the devil of a temper □ (*fig.*) **avere il malanno e l'uscio a.,** to have everything hanging round one's neck, including the kitchen stove □ (*fig.*) **avere la maledizione a.,** to carry a curse with one □ (*fig.*) **avere la sfortuna a.,** to be bowed down with misfortune □ (*fig.*) **levarsi q. d'a.,** to get rid of sb. □ (*fig.*) **tirarsi a. q.c.** (*procurarsela*), to bring st. down upon oneself.
addòsso a, *locuz. prep.* close to: **Abitavo a. alla scuola,** I lived close to the school. ● **andare a. a q.,** to attack sb. □ **correre a. a q.,** to run at sb. □ (*anche fig.*) **dare a. a q.,** to attack sb. □ **mettere le mani a. a q.,** to lay hands on sb. □ (*fig.*) **mettere gli occhi a. a q.,** to set eyes on sb. □ **non togliere gli occhi d'a. a q.,** not to take one's eyes off sb. □ (*fig.*) **stare a. a q.,** to press sb. □ (*fig.*) **tagliare i panni a. a q.,** to run sb. down.
addótto, *a.* adduced; alleged.
addottoraménto, *m.* conferment of a degree.
addottorare, A *v. t.* to confer a degree on. **addottorarsi B** *v. rifl.* to graduate; to take* a degree: **Si è addottorato in lettere,** he has graduated in Letters.
addottrinaménto, *m.* indoctrination.
addottrinare, A *v. t.* to indoctrinate. **addottrinarsi B** *v. rifl.* (*scherz.: scaltrirsi*) to become* shrewd.
aducìbile, *a.* adducible; adduceable.
addurre, *v. t.* **1** to adduce; to allege; to bring* forward; (*citare*) to cite **2** (*anat.*) to adduct.
adduttóre, (*anat.*) **A** *a.* adducent. **B** *m.* adductor.
adduzióne, *f.* (*anat.*) adduction.
Ade, *m.* (*mitol.*) Hades.
adeguàbile, *a.* adaptable; conformable.
adeguaménto, *m.* adjustment; adaptation.
adeguare, A *v. t.* to adjust; to adapt; to conform: **a. gli stipendi al costo della vita,** to adjust salaries to the cost of living. **adeguarsi B** *v. rifl.* to conform (oneself).
adeguatézza, *f.* adequacy; adequateness.
adeguato, *a.* adequate; appropriate: **Il tuo stipendio non è a. al lavoro che fai,** your salary is not adequate to the work you do. ● **dopo adeguata riflessione,** after due consideration.
adelfìa, *f.* (*bot.*) adelphia.
adèlfo, *a.* (*bot.*) adelphic.
adempìbile, *a.* performable.
adèmpiere, A *v. t.* **1** to fulfil; to accomplish; to carry out; to perform: **a. un dovere (una promessa),** to fulfil a duty (a promise) **2** (*leg.*) to execute. **adèmpiersi B** *v. rifl.* to come* true: **La profezia s'adempì,** the prophecy came true.
adempiménto, *m.* fulfilment; realization; accomplishment; performance; carrying out; execution (*anche leg.*).
adempire, *V.* **adèmpiere.**
adenite, *f.* (*med.*) adenitis.
adenòide, A *a.* (*anat.*) adenoid. **B** *f. pl.* (*anat.*) adenoids.
adenoidismo, *m.* (*med.*) adenoidism.
adenòma, *m.* (*med.*) adenoma*.
adenopatìa, *f.* (*med.*) adenopathy.
adèpto, *m.* (*lett.*) initiate.
aderènte, A *a.* **1** (*che si attacca*) adherent **2** (*fig.: che consente*) agreeing **3** (*fig.: che accetta*) acceptant **4** (*di abito*) clinging; close-fitting **5** (*che parteggia*) adhering; supporting. **B** *m.* supporter; adherent: **gli aderenti a un partito,** the supporters of a party.
aderènza, *f.* **1** (*l'attaccarsi*) adhesion **2** (*fig.: il consentire*) agreement **3** (*fig.: l'accettare*) acceptance **4** (*costr.*) bond tie **5** (*med.*) adhesion: **aderenze pleuriche,** pleural adhesions **6** (*fig., pl.*) connections; contacts **7** (*fig., il parteggiare*) adherence; support.
aderire, *v. i.* **1** (*attaccarsi*) to adhere: **Questa colla non aderisce alla porcellana,** this glue will not adhere to china **2** (*fig.: consentire*) to agree: **Aderii alla sua opinione,** I agreed to his opinion **3** (*fig.: accettare*) to accept: **Aderii al suo invito,** I accepted his invitation **4** (*fig.: parteggiare*) to adhere (to); to support; (*associarsi a*) to join: **a. a un partito,** to join a party.
adermina, *f.* (*biol., chim.*) adermin(e).
adescàbile, *a.* seducible.
adescaménto, *m.* **1** enticement; allurement; seduction **2** (*idraulica*) priming (of a pump) **3** (*leg.*) soliciting.
adescare, *v. t.* **1** to lure; to bait **2** (*fig.: allettare*) to entice; to allure; to seduce: **Adescò i due giovani con promesse bugiarde,** he seduced the two young men with false promises **3** (*idraulica*) to prime (a pump) **4** (*leg.*) to solicit.
adescatóre, *m.* enticer; allurer.
adesióne, *f.* **1** (*l'attaccarsi*) adhesion **2** (*fig.: il consentire*) agreement **3** (*fig.: l'accettare*) acceptance. **4** (*fis.*) adhesion

adesività

5 (*appoggio, consenso*) adherence, support. ● **Potremo concludere il trattato se la Svizzera darà la sua a.**, we shall be able to conclude the treaty if Switzerland is willing to adhere.
adesività, *f.* adhesiveness.
adesivo, A *a.* adhesive; self-sticking. **B** *m.* adhesive; sticker: **a. per i paraurti**, bump sticker.
adèspoto, *a.* (*lett.*) anonymous.
adèsso, *avv.* **1** (*ora*) now: **da a. in poi**, from now on; **per a.**, for now **2** (*poco fa*) just (now) **3** (*fra poco*) any moment now; any minute: **Dovrebbe telefonare a.**, he should phone any moment now.
adiabàtica, *f.* (*fis.*) adiabat; adiabatic (curve, line).
adiabàtico, *a.* (*fis.*) adiabatic.
adiacènte, *a.* adjacent; adjoining: **angoli adiacenti**, adjacent angles.
adiacènza, *f.* **1** adjacency **2** (*pl.*) surroundings.
adianto, *m.* (*bot.*, *Adiantum*) adiantum.
adiatermano, *a.* (*fis.*) adiathermic.
adiattìnico, *a.* (*fis.*) adiactinic.
adibire, *v. t.* **1** to use: **A che cosa fu adibito questo utensile?**, what was this tool used for? **2** (*destinare*) to assign; to destine.
adimensionale, *a.* (*fis.*) adimensional.
adinamìa, *f.* (*med.*) adynamia.
àdipe, *m.* fat.
adìpico, *a.* (*chim.*) adipic.
adipòsi, *f.* (*med.*) adiposeness.
adiposità, *f.* adiposity.
adipóso, *a.* adipose; fatty: **tessuto a.**, adipose tissue.
adirare, A *v. t.* (*lett.*) to anger: **Questo non servirà che ad adirarlo**, this will only serve to anger him. **adirarsi B** *v. rifl.* to get* angry; to fly* into a temper.
adirato, *a.* angry: **parole adirate**, angry words.
adire, *v. t.* (*leg.*) to resort to; to have recourse to: **a. le vie legali**, to resort to legal proceedings; to have recourse to the law. ● **a. il tribunale**, to go to Court □ **a. un'eredità**, to enter upon an inheritance.
àdito, *m.* **1** (*entrata*) entrance: **L'a. è da questa parte**, the entrance is this way **2** (*fig.*) access; admittance: **Tu hai a. libero in quella casa**, you have free access to that house; **La licenza liceale dà a. all'Università**, a high-school diploma gives access to the University. ● **Quell'uscio dà a. alla sala da pranzo**, that door leads to the dining room □ (*fig.*) **dare a. a dicerie**, to give rise to gossip.
adocchiaménto, *m.* eyeing.
adocchiare, *v. t.* **1** to eye **2** (*scorgere*) to catch* sight of: **Appena adocchiai quel libro, riconobbi che era mio**, as soon as I caught sight of that book, I realized it was mine **3** (*guardare con desiderio*) to eye; to cast* an eye on: **Il ladro aveva adocchiato l'anello della signora**, the thief had cast an eye on the lady's ring.
adolescènte, A *a.* adolescent; teenage (*attr.*). **B** *m. e f.* adolescent; teenager. ● **È ancora a.**, he is still in his teens.
adolescènza, *f.* adolescence; teens (*fam.*): **essere nell'a.**, to be in one's teens.
Adòlfo, *m.* Adolph.
adombràbile, *a.* **1** (*fig.*) concealable; veilable **2** (*di carattere*) suspicious **3** (*di cavallo*) skittish.
adombraménto, *m.* **1** shading; overshadowing **2** (*fig.*) veiling; concealing.
adombrare, A *v. t.* **1** (*coprire d'ombra*) to shade; to cast* a shadow; to overshadow: **Gli alberi adombrano la piazza**, the trees shade the square **2** (*fig.*) to draw* a veil over; to veil; to conceal: **Certe cose è meglio adombrarle con una pudica circonlocuzione**, certain things are best veiled by modest circomlocution. **adombrarsi B** *v. rifl.* **1** (*di cavallo*) to shy; to get* skittish **2** (*di carattere*) to grow* suspicious; to take* offence.
Adóne, *m.* (*mitol.*, *anche fig.*) Adonis.
adontarsi, *v. rifl.* to take* offence; to be offended; to feel* hurt: **Egli s'adontò per il mio rimprovero**, he took offence at my reproach.
adoperàbile, *a.* usable.
adoperare, A *v. t.* (*usare*) to use; to employ; to make* use of: **a. il bastone**, to use the stick; **a. il cannone**, to use the cannon; **a. le mani**, to use one's hands; **Devi a. il martello**, you must use the hammer. **adoperarsi B** *v. rifl.* (*usare zelo*) to strive*; to try hard; to take* trouble: **Si è molto adoperato**, he's taken a lot of trouble.
adoràbile, *a.* adorable.
adorabilità, *f.* adorability.
adorare, *v. t.* to adore; to worship: **a. una divinità**, to adore a divinity; (*fam.*) **Adoro gli spaghetti**, I adore spaghetti. ● **a. se stesso**, to be full of self-love.
'oratóre, *m.* worshipper. ● (*scherz.*) **È una donna che ha molti adoratori**, she is a woman with many suitors.
adorazióne, *f.* **1** (*relig. e fig.*) adoration; worship **2** (*amore sviscerato*) adoration; passionate love.
adornàbile, *a.* adornable.
adornaménto, *m.* **1** adornment **2** (*ornamento*) ornament; trimming.
adornare, A *v. t.* to adorn (*anche fig.*); to decorate: **a. una stanza**, to decorate a room; **le virtù che adornano l'animo**, the virtues which adorn the mind. ● **a. una città**, to deck (out) a city. **adornarsi B** *v. rifl.* to adorn oneself. ● **Il cielo s'adornava di stelle**, the sky was shining with stars.
adórno, *a.* ornate; adorned (with).
adottàbile, *a.* adoptable.
adottante, *m. e f.* adopter.
adottare, *v. t.* to adopt (*anche fig.*): **a. un bambino**, to adopt a child; **a. un sistema**, to adopt a system; **a. un libro**, to adopt a book; **a. una deliberazione**, to adopt a resolution. ● **a. il sistema decimale** (*per una moneta*), to decimalize.
adottato, *m.* (*leg.*) adoptee.
adottivo, *a.* (*leg.*, *fig.*) adoptive.
adozióne, *f.* (*leg.*, *fig.*) adoption.
adragante, *a.* tragacanth: **gomma a.**, tragacanth gum.
adrèma, *f.* (*comm.*) addressing machine.
adremista, *m. e f.* (*comm.*) addressing-machine operator.
adrenalina, *f.* (*biol.*) adrenalin.
adrenèrgico, *a.* (*fisiologia*, *farm.*) adrenergic.
Adriàno, *m.* Adrian; (*stor.*) Hadrian.
Adriàtico, A *m.* (*geogr.*) (the) Adriatic: **l'alto A.**, the Upper Adriatic. **B** *a.* Adriatic.
adsorbiménto, *m.* (*chim.*) adsorption.
adsorbire, *v. t.* (*chim.*) to adsorbe.
adulare, *v. t.* to flatter (*anche fig.*): **a. q.**, to flatter sb.; **a. l'ambizione di q.**, to flatter sb.'s ambition.
adulatóre, *m.* flatterer.
adulatòrio, *a.* flattering.
adulazióne, *f.* flattery.
adùltera, *f.* adulteress.
adulteràbile, *a.* capable of adulteration.
adulteraménto, *m.* adulteration.
adulterante, *a. e m.* adulterant.
adulterare, *v. t.* to adulterate; to contaminate; to tamper (with st.).
adulteratóre, *m.* tamperer.
adulterazióne, *f.* adulteration; contamination.
adulterino, *a.* adulterine: **figli adulterini**, adulterine children; bastards.
adultèrio, *m.* adultery (*anche leg.*).
adùltero, A *a.* adulterous. **B** *m.* adulterer.
adulto, *a. e m.* adult; grown-up.
adunaménto, *m.* **1** (*anche fig.*: *il riunire*) assemblage **2** (*il raccogliere*) amassing.
adunanza, *f.* **1** (*l'adunarsi*) meeting; sitting; rally: **L'a. avrà luogo il 3 di marzo**, the meeting will take place on the 3rd of March **2** (*le persone adunate*) assembly: **La decisione fu approvata dall'intera a.**, the decision was approved by the whole assembly.
adunare, A *v. t.* **1** to assemble (*anche fig.*); to convene; to rally: **Aduneremo i soci del circolo**, we shall assemble the club members; **a. pregi in sé**, to assemble qualities within oneself **2** (*raccogliere*) to gather; to amass: **a. denaro**, to amass money. **adunarsi B** *v. rifl.* to meet*; to assemble; to convene.
adunata, *f.* **1** (*mil.*) parade **2** (*riunione*) assembly: (*mil.*) **suonare l'a.**, to sound the assembly.
adunco, *a.* hooked: **un naso a.**, a hooked nose.
adunghiare, *v. t.* to clutch; to claw.
adusto, *a.* (*lett.*) **1** (*di cosa abbruciacchiata*) scorched **2** (*di persona*: *magra, asciutta*) withered; wizened.
ad valorem (*lat.*), *avv.* (*comm.*) ad valorem: **dazio doganale ad v.**, ad valorem duty.
aèdo, *m.* **1** (*stor.*) bard **2** (*poeta*) poet.
aerare, *v. t.* **1** to air; to ventilate **2** (*chim.*) to aerate.
aerato, *a.* **1** aired; ventilated; (*arioso*) airy **2** (*chim.*) aerated.
aeratóre, *m.* (*mecc.*) aerator.
aerazióne, *f.* **1** (*il dare aria*) airing; ventilation **2** (*chim.*) aeration.
àere, *m.* (*poet.*) air.
aèreo, A *a.* **1** aerial: **trazione aerea**, aerial traction **2** (*fig.*: *vano*) airy: **speculazioni aeree**, airy speculations **3** (*che va per l'aria*) air (*attr.*): **arma aerea**, air weapon; **posta aerea**, air mail. **B** *m.* **1** (*fam.*: *aeroplano*) aeroplane; aircraft; airplane (*USA*); plane (*fam.*) **2** (*radio*) aerial. ● **a. da trasporto**, air freighter □ **a. di linea**, airliner; liner □ **a. supersonico**, superjet.
aerifórme, *a.* (*fis.*) aeriform; gaseous. **B** *m.* aeriform substance. ● **meccanica degli aeriformi**, pneumatics.

aerobase, *f.* (*aeron. mil.*) air base.
aeròbio, *m.* (*biol.*) aerobe.
aerobrigata, *f.* (*aeron. mil.*) air squadron.
àerobus, *m.* airbus.
aerocèntro, *m.* air-centre.
aerocistèrna, *f.* (air) tanker.
aeroclùb, *m.* flying club.
aerodina, *f.* (*aeron.*) aerodyne.
aerodinàmica, *f.* (*fis.*) aerodynamics (*pl. col verbo al sing.*).
aerodinamicità, *f.* aerodynamic property.
aerodinàmico, *a.* 1 (*fis.*) aerodynamic 2 (*di carrozzeria*) stream-lined: **carrozzeria aerodinamica,** stream-lined coachwork. ● (*fis.*) **galleria aerodinamica,** wind tunnel.
aeròdromo, *m.* aerodrome; airfield (*USA*).
aerofagia, *f.* (*med.*) aerophagy.
aerofaro, *m.* (*aeron.*) air-beacon.
aeròfito, *a.* (*bot.*) aerophytic.
aerofobia, *f.* (*med.*) aerophobia.
aeròfono, *m.* (*aeron.*) sound locator.
aerofotografia, *f.* 1 (*tecnica*) aerial photography 2 *V.* **aerofotogramma.**
aerofotogràfico, *a.* aerophotographic.
aerofotogramma, *m.* aerial photograph.
aerofotogrammetria, *f.* aerophotogrammetry; aerial survey.
aerofréno, *m.* air-brake.
aerogètto, *V.* **aeroreattóre.**
aerògrafo, *m.* airbrush.
aerolinea, *f.* (*aeron.*) air-line.
aeròlito, *m.* (*geol.*) aerolite; aerolith.
aerologia, *f.* (*meteorologia*) aerology.
aeròlogo, *m.* (*meteorologia*) aerologist.
aeromarittimo, *a.* air-sea (*attr.*).
aeròmetro, *m.* (*fis.*) aerometer.
aeromòbile, *m.* aircraft.
aeromodellismo, *m.* model aircraft flying.
aeromodellista, *m. e f.* model aircraft enthusiast.
aeromodèllo, *m.* model aircraft.
aeronàuta, *m.* aeronaut.
aeronàutica, *f.* aeronautics (*pl. col verbo al sing.*); aviation. ● **l'A. britannica,** the Royal Air Force □ **l'A. (militare) italiana,** the Italian Air Force □ **Ministero dell'A.,** Air Ministry.
aeronàutico, *a.* aeronautic(al).
aeronavale, *a.* air-sea (*attr.*); aeronaval.
aeronave, *f.* airship.
aeronavigazióne, *f.* air navigation.
aeroplàncton, *m.* (*biol.*) aeroplankton.
aeroplano, *m.* aircraft; aeroplane; airplane (*USA*); plane (*fam.*): **un a. civile,** a civil (aircraft); **un a. da caccia,** a fighter aircraft; **un a. da ricognizione,** a reconnaissance aircraft; **un a. da bombardamento,** a bomber (aircraft); **un a. a razzo,** a rocket plane; **un a. a reazione,** a jet plane; **un a. militare,** an Air Force plane. ● **a. anfibio,** amphibian □ **a. di linea,** airliner; liner.
aeropòrto, *m.* airport; port.
aeropòsta, *f.* air mail.
aeropostale, *m.* mail plane.
aerorazzo, *m.* rocket-plane.
aeroreattóre, *m.* jet.
aeroriméssa, *f.* hangar.
aerosbarco, *m.* (*mil.*) airborne landing.
aeroscalo, *m.* (*per dirigibili*) airship station; (*per aerei*) airport.
aeroscivolante, A *a.* hovering: **veicolo a.,** hovering vehicle. **B** *m.* hovercraft.
aerosfèra, *f.* (*geogr., fis.*) aerosphere.
aerosilurante, *m.* (*aeron.*) torpedo bomber.
aerosiluro, *m.* (*aeron.*) aerial torpedo.
aerosòl, *m.* (*chim.*) aerosol.
aerosolterapia, *f.* (*med.*) aerosol therapy.
aerospaziale, *a.* aerospace; space (*attr.*): **medicina a.,** aerospace medicine. ● **industria a.,** aerospace industry.
aerospàzio, *m.* aerospace; airspace (*USA*).
aerostàtica, *f.* (*fis.*) aerostatics (*pl. col verbo al sing.*).
aerostàtico, *a.* aerostatic(al).
aeròstato, *m.* aerostat.
aerostazióne, *f.* air terminal.
aerotassì, *m.* air taxi; taxi plane (*USA*).
aerotècnica, *f.* aeronautics (*pl. col verbo al sing.*).
aeroterapia, *f.* (*med.*) aerotherapy.
aerotrasportàbile, *a.* airfreightable.
aerotrasportare, *v. t.* (*mil.*) to airlift.
aerotrasportato, *a.* (*mil.*) airborne.
aerotraspòrto, *m.* air transport.
aerotrèno, *m.* aerotrain.
aerovia, *f.* air lane.
afa, *f.* sultriness; closeness.
afagia, *f.* (*med.*) aphagia.
afasia, *f.* (*med.*) aphasia.
afèlio, *m.* (*astron.*) aphelion.
afèresi, *f.* (*gramm.*) aphaeresis*.
affàbile, *a.* affable; amicable; kindly.
affabilità, *f.* affability; amicability; kindness.
affaccendaménto, *m.* bustle; stir.
affaccendarsi, *v. rifl.* to be busy: **S'affaccenda molto a maritare la figlia,** he is busy marrying his daughter; **S'affaccenda a trovare un editore,** he is busy looking for a publisher.
affaccendato, *a.* busy: **essere molto a.,** to be very busy.
affacciare, A *v. t.* 1 (*fig.: esprimere*) to express; to venture: **a. un dubbio,** to venture a doubt 2 (*non comune*) **mettere alla finestra**) to bring* to the window; **a. un bambino,** to bring a child to the window. **affacciarsi, B** *v. rifl.* 1 (*mettersi alla finestra*) to appear at the window 2 (*mostrarsi*) to appear 3 (*fig.: presentarsi*) to strike*: **Un pensiero mi s'affaccia alla mente,** a thought strikes me.
affamare, *v. t.* to starve: **a. una città,** to starve a city.
affamato, A *a.* 1 starving: **un uomo a.,** a starving man 2 (*fig.*) eager; hungry: **a. di gloria,** eager for glory. **B** *m.* hungry person; (*pl., collett.*) (the) hungry: **dar da mangiare agli affamati,** to feed the hungry.
affamatóre, *m.* starver.
affannare, A *v. t.* 1 to leave* breathless: **Tali sforzi affannano gli atleti,** such efforts leave the athletes breathless 2 (*fig.*) produrre ansia, dolore, ecc.) to trouble: **Un pensiero m'affanna,** a thought is troubling me. **affannarsi B** *v. rifl.* 1 to worry 2 (*darsi da fare*) to busy oneself.
affannato, *a.* 1 breathless 2 (*fig.*) worried; troubled.
affanno, *m.* 1 breathlessness 2 (*fig.*) worry; trouble: **una vita piena d'affanni,** a life full of worries (*o* troubles); **dare a.,** to give trouble; **prendersi a.,** to give oneself trouble; to worry. ● **stare in a.,** to be anxious.
affannosaménte, *avv.* 1 with difficulty 2 (*fig.: ansiosamente*) anxiously.
affannóso, *a.* 1 (*di respiro*) laboured 2 (*fig.: ansioso*) anxious; troubled.
affardellare, *v. t.* to make* a bundle of. ● **a. lo zaino,** to pack one's kit.
affare, *m.* 1 (*comm.; sing.: transazione*) (business) transaction; piece of business; deal; (*a. vantaggioso*) bargain, deal: **Questo sarà un (buon) a.,** this will be a good piece of business (*o* a satisfactory transaction); **Questo è un a.!** (*è un'occasione*), it's a bargain! 2 (*anche pl.*) business (*collett.; col verbo al pl.*): **grossi affari,** good business; **affari loschi,** dubious (*fam.: shady*) business; **affari magri,** poor business; **affari spinosi,** difficult (*fam.: ticklish*) business; **avere un a. urgente** (*o* affari urgenti), to have urgent (*o* pressing) business; **ciclo d'affari,** business cycle; **viaggio d'affari,** business trip; **fare affari,** to do business: **Quel negozio non fa più affari** (*va male*), that shop is no longer doing any business 3 (*faccenda*) affair; business (*collett.*); concern; matter: **I tuoi affari sono i miei affari,** your business is my business; your affairs (*o* concerns) are my affairs (*o* concerns); **Non è a. tuo,** it is none of your business; **L'a. è stato sistemato,** the affair (*o* business, matter) has been dealt with; **Bada agli affari tuoi!,** mind your own business!; **affari di Stato,** affairs of State; (*iron.*) **Bell'a.!,** this is a fine business!; **un brutto a.,** a bad business; an ugly affair; **affari esteri,** foreign affairs; foreign policy 4 (*fam., scherz.: aggeggio*) thing; gadget; thingamabob (*fam.*): **Cos'è quell'a.?,** what is that (thing)?; **Era un a. grande come una casa,** it was (something) as big as a house; **Il dottore dice che è un a. da nulla,** the doctor says it is nothing (*o* a thing of no account). ● **a. di cuore,** love affair □ **a. giudiziario,** (*causa*) lawsuit; (*processo*) trial: **È rimasto coinvolto in un a. giudiziario,** he has been involved in a lawsuit □ **avere rapporti d'affari con q.,** to do business with sb.: **Non ha più rapporti d'affari con noi,** he no longer does business with us □ **una donna di mal a.,** a prostitute □ **fare un (buon) a.,** to strike a bargain □ **fare** (*o* concludere) **un a.,** to carry out a transaction; to make a deal □ **giro d'affari** (*di un'azienda*), turnover; total sales □ (*diplomazia*) **incaricato d'affari,** «chargé d'affaires» □ **essere (entrare) in rapporti d'affari con q.,** to be in (to enter into) business relations with sb. □ **un a. losco,** a deal (*comm.*) □ **mettersi negli affari,** to go into business; to set up in business □ **Ministero degli Affari Esteri,** Ministry for Foreign Affairs; (*in G.B.*) Foreign Office; (*in USA*) State Department □ **parlare di affari,** to talk business □ **una persona di mal a.,** a dishonest person; (*un tipo losco*) a dubious (*o* a shady) character □ **uomo d'affari,** businessman □ (*anche iron.*) **un uomo di grande a.,** a very important person □ **viaggiare per affari,** to travel on business □ **A. fatto!,** (that's) settled!; (that's) agreed!; it's a deal! □ (*fig.*) **Questo è un altro a.!,** this is another question! □ **a. di un attimo!,** it won't take a minute! □ **Tu fai un a. di**

affarismo

di ogni sciocchezza, you make a fuss about every little thing □ un affarone, a smart deal; a stroke of business □ (prov.) Gli affari sono affari, business is business.

affarismo, m. unscrupulous business dealings (pl.); profiteering; speculation; wheeling and dealing (fam., specialm. USA).

affarista, m. unscrupulous businessman*; profiteer; speculator.

affaristico, a. speculative.

affascinante, a. charming; fascinating.

affascinare, v. t. 1 (ammaliare) to bewitch: I contadini dicono che l'occhio della serpe affascina gli uccellini, peasants say that the serpent's eye bewitches little birds 2 (fig.) to charm; to fascinate: Mi affascinò con la sua bellezza, she charmed me with her beauty.

affascinatóre, m. charmer; enchanter.

affascinatrice, f. charmer; enchantress.

affastellaménto, m. 1 bundling; tying in bundles 2 (fig.: ammasso confuso) jumble; muddle.

affastellare, v. t. 1 to bundle (up); to tie up in bundles; to make* up into bundles 2 (fig.) to pile up (o on): a. regole su regole, to pile up rule after rule.

affaticaménto, m. 1 (atto) tiring 2 (effetto) fatigue; tiredness.

affaticare, A v. t. 1 to tire; to weary: L'insegnamento m'affatica ogni anno di più, teaching tires me more and more every year 2 (sforzare) to strain: a. gli occhi, to strain one's eyes. **affaticarsi** B v. rifl. to tire oneself; to labour; to get* tired.

affatto, avv. 1 completely; quite: È a. cieco, he is completely blind 2 (in frasi neg.) at all: niente a., not at all.

affatturare, v. t. 1 (ammaliare) to bewitch; to put* a spell on 2 (adulterare) to adulterate.

affatturatóre, m. sorcerer.

affatturatrice, f. sorceress.

affé, inter. (scherz.) truly! ● a. di Bacco!, by Jove! □ a. mia!, honestly!

afferènte, a. (anat.) afferent.

affermàbile, a. assertable; affirmable.

affermare, A v. t. 1 (asserire) to assert; to affirm; to state: a. la propria innocenza, to assert one's innocence 2 (dire di sì) to assent 3 (sostenere) to assert; to maintain: Lo farò per a. i miei diritti, I'll do it to assert my rights. **affermarsi** B v. rifl. (imporsi) to assert oneself; (farsi un nome) to make* oneself known.

affermativa, f. affirmative: nell'a. della prima domanda..., if the first question is answered in the affirmative...

affermativaménte, avv. affirmatively; in the affirmative: rispondere a., to answer in the affirmative.

affermativo, a. affirmative.

affermazióne, f. 1 affirmation; assertion; statement 2 (successo) achievement; performance.

afferràbile, a. 1 seizable 2 (fig.) comprehensible: un concetto facilmente a., an easily comprehensible concept.

afferrare, A v. t. 1 to seize; to grasp (anche fig.): I poliziotti afferrarono il ladro, the policemen seized the thief; Devi a. l'occasione, you must seize the opportunity 2 (fig.: capire) to grasp: Comincio ad a. la tua idea, I'm beginning to grasp your idea. ● Non hai afferrato quello che ho detto, you missed what I said. **afferrarsi** B v. rifl. to grasp, to clutch (at sb., st.); to cling* (to st.) (anche fig.).

affettare (1), v. t. (tagliare a fette) to slice; to cut* (st.) into slices.

affettare (2), v. t. (ostentare) to affect: a. una gran gentilezza, to affect a great kindness. ● a. d'essere nobile, to pretend to be of the nobility.

affettato (1), A a. (tagliato a fette) sliced. B m. sliced ham (salami, etc.).

affettato (2), a. (artificioso) affected; artificial: eleganza affettata, affected elegance.

affettatóre, m. slicer.

affettatrice, f. slicer; slicing-machine.

affettazióne, f. affectation; artificiality of manner.

affettività, f. affectivity.

affettivo, a. affective.

affètto (1), m. affection: Sento un grande a. per lui, I have a great affection for him; Nutriva poco a. verso la famiglia, he had little affection for his family; provare (o avere) a. per q., to feel affection towards sb.; to have affection for sb.; to love sb.; riversare il proprio a. su q., to set one's affections on sb. ● con a., affectionately; with love.

affètto (2), a. afflicted: a. da tisi, afflicted with consumption; suffering from consumption; consumptive; a. da demenza, afflicted with madness; mad; insane.

affettuosaménte, avv. affectionately; lovingly; with love.

affettuosità, f. 1 tenderness; affectionateness 2 (amorevolezza) affection; fuss (fam.): Mi fece mille a., she made a fuss over me.

affettuóso, a. affectionate; fond; loving: Saluti affettuosi, affectionate regards.

affezionare, A v. t. to instil a liking for: L'ho affezionato allo studio, I've instilled a liking for study into him. **affezionarsi** B v. rifl. to grow* fond: Mi sono affezionato a te, I've grown fond of you. ● Non bisogna a. troppo facilmente, one mustn't wear one's heart on one's sleeve.

affezionato, a. 1 affectionate; fond 2 (devoto) devoted: un servo a., a devoted servant.

affezióne, f. 1 (sentimento) affection; fondness; love 2 (med.) affection: Ha un'a. cardiaca, he has an affection of the heart. ● prezzo d'a., sentimental value.

affiancare, A v. t. 1 (mil.) to flank; (naut.) to bring* alongside 2 (fig.: sostenere) to help; to support 3 (mettere a fianco) to place side by side. **affiancarsi** B v. rifl. (mil.) to march side by side; (naut.) to come* alongside.

affiancato, a. 1 (disposto fianco a fianco) flanked 2 (fig.) supported. ● Procedevano affiancati, they proceeded side by side.

affiataménto, m. harmony; (good) understanding.

affiatare, A v. t. to make* (people) get on well together: Sapeva a. i suoi parenti, he knew how to make his relatives get on well together. **affiatarsi** B v. rifl. to get* on well together: Ci siamo affiatati dopo solo un quarto d'ora, we got on well together after only a quarter of an hour.

affiatato, a. close: Siamo molto affiatati, we are very close.

affibbiare, v. t. 1 to buckle 2 (fig.: un colpo) to give*, to let* fly: a. un pugno, to let fly a blow. ● a. a q. la colpa di q.c., to pass the blame for st. on to sb. □ a. un soprannome a q., to give a nickname to sb. ● a. q.c. a q. (con frode), to palm st. off upon sb.

affibbiatura, f. 1 buckling 2 (fibbia) buckle.

affidàbile, a. reliable.

affidabilità, f. reliability.

affidaménto, m. assurance; trust; confidence: Dà a. di buona riuscita, he gives assurance of good success. ● fare a. su q., to rely (o to depend) on sb. □ una persona che dà a., a reliable person.

affidare, A v. t. 1 to entrust: Affido a te questi documenti, I entrust these documents to you; Affido a te mio figlio, I entrust my son to you; Affido a te la mia salute, I entrust my health to you 2 (confidare) to confide. **affidarsi** B v. rifl. to trust to; to place one's trust: a. a Dio, to place one's trust in God. ● a. alla sorte, to trust to chance.

affidavit (lat.), m. (leg.) affidavit.

affienare, (agric.) A v. t. 1 to feed* on hay 2 to give* over to hay culture 3 to make* hay: a. l'erba, to make hay. B v. i. to turn into hay: L'erba affiena, grass turns to hay.

affievoliménto, m. 1 weakening 2 (radio) fading.

affievolire, A v. t. to weaken; to enfeeble. **affievolirsi** B v. rifl. 1 to weaken; to grow* weak(er) 2 (radio) to die out; to fade.

affiggere, A v. t. 1 (manifesti, ecc.) to post (up); to stick* 2 (poet.: fissare) to fix. **affiggersi** B v. rifl. (poet.: guardare fissamente) to gaze (at).

affilacoltèlli, m. whetstone; (in macelleria) steel.

affilalame, m. razor sharpener.

affilaménto, m. whetting; sharpening.

affilarasóio, m. (razor-)strop.

affilare, A v. t. (dare il filo) to sharpen; to whet; (sul cuoio) to strop; (sulla mola) to grind*; (sulla pietra) to hone. 2 (fig.: assottigliare) to make* thinner. **affilarsi** B v. rifl. to get* thin (o thinner).

affilata, f. (slight) sharpening; touch of the strop.

affilato, a. 1 sharp; whetted; ground; honed 2 (fig.: di viso, ecc.) thin; pinched. ● naso a., pointed nose.

affilatóio, m. sharpener.

affilatrice, f. (mecc.) sharpener; sharpening-machine; grinder; grinding-machine.

affilatura, f. sharpening; whetting; grinding; honing.

affilettare, v. t. (costr.) to point (brickwork).

affiliare, A v. t. to affiliate: a. q. a una società, to affiliate sb. to (o with) a society. **affiliarsi** B v. rifl. to affiliate (with); to join; to become* a member (of). ● a. un bambino, to take a child as one's ward.

affiliato, m. associate; affiliate.

affiliazióne, f. affiliation (anche leg.).

affinaménto, m. 1 sharpening (anche fig.) 2 (metall.) refining; fining. ● a. di minerali ferrosi, smelting of iron ores.

affinare, A v. t. 1 to sharpen 2 (fig.: aguzzare) to make* keener; to sharpen: a. l'ingegno, to make one's mind keener 3 (fig.: perfezionare) to refine; to improve: a. lo stile, to refine one's style 4 (metall.) to refine. **affinarsi** B v. rifl. 1 to grow* sharper 2 (fig.: perfezionarsi) to get* refined.

affinato, a. 1 refined 2 (reso sottile) thin.

affinatóio, m. (metall.) (refining) furnace.

affinatóre, A *m.* (*metall.*) refiner. **B** *a.* refining.
affinatura, *f.* refining: **a. dell'oro**, gold refining. • **a. di vetro**, glass purification.
affinazióne, *f.* (*metall.*) refining.
affinché, *cong.* so that; in order that; that: **Te lo dissi a. tu facessi qualcosa**, I told you in order that you might do something; **Parla più forte a. ti sentano meglio**, speak louder that they may hear you better; **Lo inviterò al ricevimento a. tu lo incontri**, I will invite him to the party so that you may meet him.
affine (1), *a.* similar; like; alike: **La mia idea è molto a. alla tua**, my idea is very similar to yours.
affine (2), *m.* e *f.* (*leg.*) relative-in-law.
affine di, *cong.* (*lett.*) in order to; so as to.
affinità, *f.* (*anche leg.*) affinity.
affiochiménto, *m.* **1** (*atto*) weakening **2** (*effetto*) weakness.
affiochire, *v. i.* **affiochirsi,** *v. rifl.* to grow* weak (*o* weaker); to weaken.
affioraménto, *m.* emergence (*anche fig.*).
affiorare, *v. i.* **1** (*emergere*) to emerge (*anche fig.*); to appear **2** (*geol.*) to crop out **3** (*naut.: di sottomarino*) to surface.
affissióne, *f.* posting; bill-posting. • **Vietata l'a.**, post no bills.
affisso, *m.* **1** (*manifesto*) poster; notice; bill **2** (*gramm.*) affix.
affittàbile, *a.* rentable.
affittacàmere, A *m.* landlord. **B** *f.* landlady.
affittanza, *f.* (*locazione*) tenancy; leasehold; (*contratto d'affitto*) lease.
affittare, *v. t.* **1** (*dare in affitto*) to let*; to rent; to lease **2** (*prendere in affitto*) to lease; to rent. • **Affittasi**, to let; for rent (*USA*).
affitto, *m.* **1** (*contratto*) lease **2** (*pagamento*) rent. • **contratto d'a.**, lease □ **affitti bloccati**, controlled rents □ **sospensione del pagamento dell'a.** (*da parte di un gruppo di inquilini*), rent strike.
affittuàrio, *m.* tenant; renter; leaseholder; lessee.
afflato, *m.* (*lett.*) afflatus; (*divine*) inspiration.
affliggere, A *v. t.* to torment; to afflict: **Ho un mal di denti che mi affligge da tre giorni**, I've been tormented by toothache for three days. **affliggersi B** *v. rifl.* to distress oneself: **Non affliggerti per così poco!**, don't distress yourself for so little!; **Di che ti affliggi?**, what are you so distressed about?; what are you worrying about?
afflitto, A *a.* **1** (*tormentato*) afflicted; tormented **2** (*fig.: abbattuto*) dejected **3** (*fig.: molestato*) plagued: **a. da continue seccature**, plagued with continual worries. **B** *m.* (*generalm. al pl.*) (the) suffering (*pl.*): **consolare gli afflitti**, to comfort the suffering. • **Che aria afflitta!**, what a miserable air! □ **Parlava con voce afflitta**, he spoke in a dejected tone.
afflizióne, *f.* affliction; distress; torment: **Quel ragazzo era la sua a.**, that boy was a torment to him.
afflosciare, A *v. t.* to make* flabby. **B** *v. i.* e **afflosciarsi** *v. rifl.* to become* flabby.
affluènte, *a.* e *m.* tributary.
affluènza, *f.* **1** (*anche fig.: lo scorrere*) flow: **l'a. del sangue al cervello**, the flow of blood to the brain; **l'a. della gente verso il parco**, the flow of people towards the park **2** (*concorso di gente*) crowd: **Ieri sera al ballo ci fu grande a.**, there was a great crowd at the dance last night.
affluire, *v. i.* **1** (*scorrere*) to flow: **L'acqua affluiva alla vasca da tre direzioni**, the water flowed into the tank from three directions **2** (*fig.*) to pour in: **I guadagni affluiscono da ogni parte**, profits pour in from everywhere; **La gente affluiva**, people were pouring in.
afflusso, *m.* **1** (*anche fig.: l'affluire*) influx; inflow **2** (*flusso*) flow: **regolare l'a. dei partenti**, to regulate the flow of departures.
affogaménto, *m.* drowning.
affogare, A *v. t.* **1** to drown (*anche fig.*): **a. un gatto**, to drown a cat; **a. la tristezza nel vino**, to drown one's sorrows in wine; **a. i rimorsi nei piaceri**, to drown one's remorse in indulgence; **Gli oratori verbosi affogano le loro idee in un mare di parole**, verbose orators drown their ideas in a sea of words **2** (*cucina*) to poach. **B** *v. i.* to drown: **A momenti affogavo**, I nearly drowned; **Corse pericolo d'a.**, he was in danger of drowning. • (*fig.*) **a. in un bicchiere d'acqua**, to lose one's head over nothing □ (*fig.*) **a. nei debiti**, to be head over heels in debt □ (*fig.*) **o bere o a.**, sink or swim. **affogarsi C** *v. rifl.* to drown oneself: **Si affogò nel Tevere**, he drowned himself in the Tiber.
affogato, A *a.* (*cucina*) **1** (*d'uovo*) poached **2** (*di mollusco, ecc.*) braised: **polpi affogati**, braised octopus Neapolitan style. • **gelato a. al whisky**, ice-cream drowned in whisky. **B** *m.* drowned.
affollaménto, *m.* **1** (*l'affollarsi*) crowding; thronging **2** (*folla*) crowd; throng.
affollare, A *v. t.* to crowd: **a. un luogo**, to crowd a place. **affollarsi B** *v. rifl.* to crowd; to throng.
affollato, *a.* crowded; thronged: **essere a. di gente**, to be thronged (with people).
affondàbile, *a.* sinkable.
affondaménto, *m.* sinking.
affondare, A *v. t.* **1** to sink*: **Gli Olandesi affondarono molte navi spagnole**, the Dutch sank many Spanish ships **2** (*far penetrare*) to sink*; to plunge; to drive*; to thrust*. **B** *v. i.* e **affondarsi C** *v. rifl.* to sink*: **a. nella neve**, to sink into the snow.
affondata, *f.* (*aeron.*) dive.
affondatóre, *m.* sinker.
affóndo, *m.* (*nella scherma*) lunge.
affossaménto, *m.* **1** (*l'affossare*) ditching **2** (*fosso*) ditch.
affossare, A *v. t.* **1** to ditch **2** (*per lo scolo delle acque*) to drain **3** (*incavare*) to rut; to make* ruts in **4** (*fig.: accantonare, una proposta, ecc.*) to pigeonhole; (*ostacolare, un'inchiesta, ecc.*) to stonewall. **affossarsi B** *v. rifl.* to grow* hollow: **Gli si erano affossate le guance**, his cheeks had grown hollow.
affossato, *a.* **1** (*di cose*) sunk: **una strada affossata tra due colline**, a road sunk between two hills **2** (*fig.: di parti del corpo*) sunken: **occhi affossati**, sunken eyes.
affossatóre, *m.* **1** ditch-digger **2** (*becchino*) grave-digger **3** (*agric.*) ditcher.
affossatura, *f.* **1** (*l'affossare*) ditching **2** (*fossa*) ditch.
affrancàbile, *a.* **1** (*che si può liberare*) releasable **2** (*che si può riscattare*) redeemable.
affrancaménto, *m.* **1** (*liberazione*) freeing; release; liberation **2** (*riscatto*) redemption.
affrancare, A *v. t.* **1** (*liberare*) to free; to set* free; to release; to liberate: **a. uno schiavo**, to free a slave; **a. un popolo tenuto schiavo**, to free an enslaved people **2** (*riscattare*) to redeem: **a. una proprietà**, to redeem a property; **a. un'eredità**, to redeem an inheritance **3** (*una lettera*) to stamp; to frank. • **non a.!** (*su una busta*), no stamp needed □ **pregasi a.**, please affix a stamp. **affrancarsi B** *v. rifl.* (*anche fig.*) to free oneself.
affrancatóre, *m.* **1** (*chi libera*) liberator **2** (*chi riscatta*) redeemer.
affrancatrice, *f.* (*mecc.*) stamping-machine; franking-machine.
affrancatura, *f.* **1** stamping; franking **2** (*tassa di spedizione*) franking; postage: **a. insufficiente**, insufficient franking (*su una lettera*) «**a. insufficiente**», «postage due».
affranto, *a.* **1** (*dal dolore*) depressed; disheartened **2** (*distrutto*) worn out: **essere a. dal lavoro**, to be worn out by work. • **un cuore a.**, a broken heart.
affratellaménto, *m.* fraternization.
affratellare, A *v. t.* to bring (people) together; to unite: **a. due persone**, to bring two people together. **affratellarsi B** *v. rifl.* to fraternize.
affrescare, *v. t.* (*pitt.*) to fresco.
affreschista, *m.* e *f.* fresco painter.
affrésco, *m.* (*pitt.*) fresco*.
affrettare, A *v. t.* **1** to speed* (up); to hurry (up); to urge on; to rush **2** (*rendere più sollecito*) to speed* up; to expedite; to facilitate. • **a. il passo**, to quicken one's pace. **affrettarsi B** *v. rifl.* to hurry; to hasten; to make* haste: **Affrettiamoci**, let's hurry. • **a. a ritornare**, to hasten back □ **a. a salire** (*a scendere*), to hurry up (down) □ **Affrettatevi ad ubbidirmi**, hurry up and obey me.
affrettataménte, *avv.* hurriedly; hastily; in haste; in a hurry. • **camminare a.**, to hurry along.
affrettato, *a.* **1** hurried; hasty: **un pasto a.**, a hurried meal; **una partenza affrettata**, a hasty departure **2** (*poco curato*) careless.
africata, *f.* (*gramm.*) affricate.
africato, *a.* (*gramm.*) fricative.
affrontare, A *v. t.* **1** to confront; to face; to tackle: **a. una persona**, to confront sb.; **a. un nemico**, to confront an enemy **2** (*fig.*) to face: **a. la sofferenza**, to face suffering; **a. la morte**, to face death. **affrontarsi B** *v. rifl.* **1** (*venire alle mani*) to come* to blows **2** (*di eserciti*) to clash.
affrónto, *m.* (*offesa*) affront; insult: **fare un a. a q.**, to affront sb.; to insult sb.; **ricevere un a.**, to receive an affront; **patire un a.**, to suffer an affront.
affumicaménto, *m.* **1** (*annerimento da fumo*) blackening with smoke **2** (*cucina*) smoking; (*di aringhe*) kippering.
affumicare, *v. t.* (*rimpire di fumo*) to fill with smoke **2** (*annerire di fumo*) to blacken with smoke **3** (*cucina*) to smoke; (*aringhe*) to kipper: **a. il prosciutto**, to smoke ham.
affumicato, *a.* **1** blackened with smoke; smoky: **una pentola affumicata**, a smoky saucepan **2** (*sottoposto ad affumicatura*) smoked: **prosciutto a.**, smoked ham. • **lenti affumicate**, tinted (*o* dark) glasses.
affumicatura, *f.* **1** smoking **2** (*rif. a generi alimentari*) smoking.
affusolare, *v. t.* to taper.
affusolato, *a.* tapering: **dita affusolate**, tapering fingers.

affusto, m. (mil.) gun carriage.
afg(h)ano, a. e m. Afghan.
àfide, m. (zool., Aphis) aphid; aphis*.
afillo, a. (bot.) aphyllous.
àfnio, m. (chim.) hafnium.
afocale, a. (fis.) afocal.
afonìa, f. (med.) aphonia.
àfono, a. aphonic.
aforisma, m. aphorism.
aforìstico, a. aphoristic.
afosità, f. sultriness.
afóso, a. sultry; close; oppressive: **caldo a.**, oppressive heat.
Àfrica, f. (geogr.) Africa: **A. del Sud**, South Africa.
africanismo, m. Africanism.
africanista, m. e f. 1 Africanist 2 supporter of Africanism.
africanizzare, v. t. to Africanize.
africanizzazióne, f. Africanization.
africano, a. e m. African.
àfrico, m. south west wind.
afroamericano, a. e m. Afro-American.
afroasiàtico, a. e m. Afro-Asiatic. ● **gli afroasiatici**, Afro-Asiatic people.
afrocubano, a. e m. Afro-Cuban.
afrodisìaco, a. e m. aphrodisiac.
Afrodìte, f. (mitol.) Aphrodite.
afróre, m. (odore sgradevole) stench; reek.
afta, f. (med., vet.) aphtha*.
aftóso, a. 1 (med.) aphthous 2 (vet.) affected by foot-and-mouth disease.
Agamènnone, m. Agamemnon.
agamìa, f. (biol.) agamogenesis.
agàmico, a. (biol.) agamic.
àgape, f. agape*.
agar-agar, m. (chim.) agar-agar.
agàrico, m. (bot., Agaricus) agaric.
Àgata, f. Agatha.
àgata, f. (miner.) agate.
àgave, f. (bot., Agave) agave.
agèmina, f. damask steel.
ageminare, v. t. to damascene, to damask.
agènda, f. 1 diary, agenda: **un'a. tascabile**, a pocket diary 2 (dei lavori di una commissione e sim.) docket, agenda.
agènte, m. agent (anche leg.): **agenti fisici (chimici)**, physical (chemical) agents; **l'a. della ditta B**, the agent for firm B; **a. di cambio**, (Borsa) stockbroker; (fin.) exchange broker; (leg.) **l'a. esclusivo**, the sole agent; **un a. pubblicitario**, a press agent; **un a. segreto**, a secret agent. ● **a. della squadra antidroga**, narcotics agent □ **a. delle imposte**, exciseman □ **a. di polizia**, police officer □ **a. marìttimo**, shipping agent; **a. immobiliare**, land broker; realtor (USA).
agenzìa, f. 1 agency: **a. di stampa**, press agency; **a. di viaggi**, travel agency 2 (ufficio comm.) office: **a. delle tasse**, tax-collector's office. ● **a. di collocamento**, employment bureau; employment agency □ **a. di prestiti su pegno**, pawnbrokers' shop; pawnshop □ **a. di pubblicità**, advertising agency (o bureau) □ **a. di spedizioni**, forwarding agents; shipping agents (USA).
agevolaménto, m. facilitation.
agevolare, v. t. to facilitate; to make easy; (aiutare) to help: **Per a. la lettura dei classici vi aggiungono delle note**, notes are added to facilitate reading of the classics. ● **Per agevolargli il cammino lo presi sottobraccio**, I lent him my arm to make the way easier for him.
agevolazióne, f. 1 facilitation; (aiuto) help 2 (riduzione) reduction: **agevolazioni ferroviarie**, reductions in rail fares; **concedere un'a.**, to allow a reduction; **fare un'a.**, to make a reduction. ● **agevolazioni di pagamento**, easy terms of payment.
agévole, a. easy; (di strada) smooth.
agevolménte, avv. easily.
agganciaménto, m. 1 hooking 2 (ferr.) coupling.
agganciare, v. t. 1 to hook 2 (ferr.) to couple: **Fu ferito a una mano mentre agganciava due vagoni**, he was injured in the hand while coupling two carriages 3 (fig.: fermare q. per parlargli) to buttonhole. ● (fam.) **a. una ragazza**, to latch on to a girl.
aggàncio, m. (ferr.) coupler.
aggéggio, m. 1 (arnese) gadget; contraption: **T'ho chiesto un cavatappi; che a. m'hai portato?**, I asked for a corkscrew; what's this contraption you've brought me? 2 (oggetto di poco conto) worthless object; bauble.
aggettare, v. i. to jut out: **un cornicione che aggetta di venti centìmetri**, a cornice that juts out twenty centimetres.
aggettivale, a. (gramm.) adjectival.
aggettivare, v. t. (gramm.) to turn into (o to use as) an adjective.

aggettivazióne, f. use of adjectives.
aggettivo, m. (gramm.) adjective.
aggètto, m. (archit.) projection.
agghiacciaménto, m. freezing; icing.
agghiacciare, A v. t. 1 (ridurre in ghiaccio) to freeze*; to ice (up, over): **a. l'acqua**, to freeze water 2 (fig.) to freeze* one's blood: **Questi romanzi agghiacciano dallo spavento**, these novels freeze one's blood with terror 3 (fig.: smorzare) to damp: **a. l'entusiasmo di q.**, to damp sb.'s enthusiasm. **agghiacciarsi** B v. rifl. to freeze*; to turn into ice.
agghiàccio, m. (naut.) tiller; (del timone) steering gear.
agghiaiare, v. t. to gravel.
agghindaménto, m. 1 dressing up 2 adornment.
agghindare, v. t. to dress up; to smarten up; to titivate (fam.).
àggio, m. (fin.) 1 (di cambio) agio 2 (premio) premium.
aggiogàbile, a. (anche fig.) that can be yoked.
aggiogaménto, m. yoking.
aggiogare, v. t. 1 to yoke 2 (fig.) to subjugate.
aggiornaménto, m. 1 (il differire, rinvio) postponement; adjournment; deferment 2 (di un libro, un catalogo, ecc.) bringing up to date; updating; update (fam.) 3 (revisione) revision 4 (ind.: rinnovamento) renovation. ● **corso di a.**, refresher course □ **volume d'a.**, supplement.
aggiornare, A v. t. 1 (differire, rinviare) to postpone, to put* off; to adjourn; to defer 2 (un libro, un catalogo, ecc.) to bring* up to date; to update 3 (rivedere) to revise 4 (ind.: rinnovare) to renovate. B v. i. (lett.: farsi giorno) to dawn: **D'inverno aggiorna tardi**, it dawns late in winter. **aggiornarsi** C v. rifl. (mettersi al corrente) to bring* oneself up to date: **Mi sono aggiornato**, I have brought myself up to date.
aggiornato, a. 1 (differito) postponed; put off; adjourned; deferred 2 (di libro, catalogo, ecc.) up-to-date; revised.
aggiotàggio, m. 1 (Borsa) agiotage; (market) jobbery 2 (leg.) rigging the market; rig.
aggiotatóre, m. 1 (Borsa) stockjobber; jobber 2 (leg.) rigger (of the market).
aggiraménto, m. 1 (il trarre in inganno) trickery 2 (mil.) outflanking.
aggirare, A v. t. 1 (ingannare) to trick: **a. q.**, to trick sb. 2 (mil.) to outflank 3 (evitare) to go* around; to circle; to avoid; to sidestep. **aggirarsi** B v. rifl. 1 (vagare) to wander (around); to hang* about: **a. in un luogo**, to hang about a place 2 (fig.: girare) to revolve: **Quelle parole minacciose gli s'aggiravano per il capo**, those threatening words revolved in his head 3 (fig.: riguardare) to centre on; to deal* with: **Quel dibattito s'aggira sopra un punto**, that discussion deals with one point 4 (di prezzo: approssimarsi) to be about (fam.: around); to run about: **Il prezzo si aggira sul milione**, the price is about a million lire.
aggiudicàbile, a. awardable; allottable.
aggiudicare, v. t. 1 to award; to allot: **a. un premio**, to award a prize 2 (leg.) to adjudicate 3 (concedere in appalto) to award: **I lavori furono aggiudicati alla ditta B**, the work was awarded to firm B 4 (in una vendita all'asta) to knock down: **Il pianoforte fu aggiudicato al Signor X**, the piano was knocked down to Mr X. ● **Aggiudicato!** (in un'asta), gone!
aggiudicatàrio, m. 1 (in una vendita all'asta) highest bidder 2 (chi riceve in appalto) contractor 3 (assegnatario) allottee.
aggiudicativo, a. adjudicative.
aggiudicazióne, f. 1 award; adjudication 2 (in un appalto) award of contract 3 (in una vendita all'asta) knocking down.
aggiùngere, A v. t. to add: **Alle cose che dovete portare aggiungete queste due bottiglie**, add these two bottles to the stuff you've got to take with you; «**Devo andare**» **aggiunse**, «**I must go**» he added. **aggiùngersi**, B v. rifl. to be added; (di persona) to join.
aggiunta, f. addition. ● **in a.**, additionally □ **nuova edizione con aggiunte**, new expanded edition.
aggiuntare, v. t. to join together.
aggiuntatóre, m. (di scarpe) vamper.
aggiuntatura, f. 1 (l'aggiuntare) junction 2 (cosa aggiuntata) connection 3 (punto) joint.
aggiuntivo, a. adjunctive; additional; further.
aggiunto, A a. 1 (unito) added: **parole aggiunte a un discorso**, words added to a speech 2 (assistente) assistant: **il segretario a.**, the assistant secretary. B m. assistant; deputy.
aggiustàbile, a. 1 (che si può accomodare) mendable; repairable 2 (che si può regolare) settleable; that can be settled.
aggiustàggio, m. (mecc.) adjustment; fitting.
aggiustaménto, m. 1 (l'accomodare) mending; repairing; repair 2 (il regolare) settlement.
aggiustare, A v. t. 1 (accomodare) to mend; to repair; to trim: **a. un orologio**, to repair a watch; **a. un vestito**, to mend a dress (o a suit) 2 (regolare) to settle; (to set) right: **a. i conti**, to

settle the accounts; **a. una questione**, to right a matter. ● **a. una pedata a q.**, to land sb. a kick □ **Ora t'aggiusto io!**, now I'll fix you! **aggiustarsi** B *v. rifl.* **1** (*fam.: mettere in ordine*) to tidy: **a. i capelli**, to tidy one's hair **2** (*farsi elegante*) to make* oneself smart: **Si era ben aggiustata per il ballo**, she had made herself very smart for the dance **3** (*migliorare*) to improve: **Il tempo s'aggiusta**, the weather is improving. **C** *v. rifl. recipr.* (*fam.: venire a un accordo*) to come* to an understanding; to reach an agreement.
aggiustatóre, *m.* (*mecc.*) fitter.
aggiustatura, *f.* V. **aggiustaménto.**
agglomeraménto, *m.* agglomeration; conglomeration.
agglomerante, *m.* (*ind.*) binder.
agglomerare, *v. t.* **agglomerarsi** *v. rifl.* to agglomerate; to conglomerate.
agglomerato, *a.* e *m.* agglomerate (*anche geol.*); conglomerate. ● **a. urbano**, built-up area.
agglomerazióne, *f.* agglomeration; conglomeration.
agglutinaménto, *m.* **1** (*l'attaccare con glutine*) glutinization **2** (*l'attaccare con sostanze adesive*) agglutination.
agglutinante, *a.* **1** agglutinant; adhesive **2** (*glottologia*) agglutinative. ● **sostanze agglutinanti**, agglutinants.
agglutinare, **A** *v. t.* (*attaccare*) to agglutinate; to glue; to stick **2** (*provocare agglutinazione*) to cause to agglutinate; to agglutinate (*anche biol.*). **agglutinarsi** B *v. rifl.* to stick* together; to clump (together).
agglutinazióne, *f.* agglutination.
agglutinina, *f.* (*biol.*) agglutinin.
agglutinògeno, *m.* (*chim.*) agglutinogen.
aggobbire, **A** *v. t.* to make* hunchbacked. **aggobbirsi** B *v. rifl.* to become* hunchbacked.
aggomitolare, **A** *v. t.* to wind* into a ball; to ball: **a. della lana**, to wind some wool into a ball. **aggomitolarsi** B *v. rifl.* to curl up.
aggomitolatóre, *m.* **aggomitolatrice**, *f.* (*ind. tessile*) balling machine.
aggomitolatura, *f.* balling.
aggottare, *v. t.* (*naut.*) to bail (out).
aggradare, *v. t. difett.* (*si usa nella 3ª persona sing. pres. indic.*) to please: **Se così t'aggrada**, if it so pleases you; **Come meglio vi aggrada**, as may best please you.
aggraffare, *v. t.* to hook; to clutch.
aggraffatrice, *f.* seam-folding machine; seamer.
aggraffatura, *f.* seam.
aggranchiare, **aggranchire**, **A** *v. t.* to numb; to benumb: **Il freddo m'aggranchisce le mani**, the cold numbs my hands. **aggranchiarsi**, **aggranchirsi** B *v. rifl.* to grow* numb.
aggranchito, *a.* numb; benumbed: **mani aggranchite**, numb hands; **Avevo le mani aggranchite dal freddo**, my hands were benumbed by (o with) cold.
aggranfiare, *v. t.* **1** to claw **2** (*fig.: rubare*) to pinch.
aggrappare, **A** *v. t.* **1** (*afferrare*) to seize; to grasp. **aggrapparsi** B *v. rifl.* to cling* (*anche fig.*): **a. a un pretesto**, to cling to a pretext.
aggravaménto, *m.* **1** (*aumento*) increase: **un a. di pena**, an increase in sentence **2** (*di malato: peggioramento*) worsening: **Il medico teme un a. della sua condizione**, the doctor fears a worsening in his condition.
aggravante, **A** *a.* aggravating. **B** *f.* (*leg.*) aggravation.
aggravare, **A** *v. t.* **1** (*aumentare*) to increase: **a. la pena**, to increase the sentence; **Non devi a. troppo la soma**, you mustn't increase the burden too much **2** (*peggiorare*) to make* worse; to worsen: **a. le cose**, to make things worse. ● **cibo che aggrava lo stomaco**, food which lies heavy on the stomach. **aggravarsi** B *v. rifl.* **1** to become* worse; to worsen **2** (*di malato: peggiorare*) to get* worse: **A mezzanotte s'aggravò**, at midnight he got worse.
aggravato, *a.* **1** (*aumentato*) increased **2** (*di malato: peggiorato*) worse: **Lo vidi molto a.**, I found him much worse.
aggràvio, *m.* (*aumento*) increase: **a. d'imposte**, increase in taxes; **a. di peso**, increase in weight.
aggraziare, *v. t.* (*l'aspetto*) to grace: **I fiori aggraziarono la stanza**, the flowers graced the room. ● **aggraziarsi q.**, to ingratiate oneself with sb.
aggraziato, *a.* graceful; (*d'aspetto*) graced.
aggredire, *v. t.* **1** to attack; to assault; to assail **2** (*fig.*) to attack; to let* fly (at): **Lo aggredirono con ogni sorta d'ingiurie**, they let fly at him with all manner of insults.
aggregaménto, *m.* aggregation.
aggregare, **A** *v. t.* **1** (*un socio, ecc.*) to admit; to enrol **2** (*unire*) to gather (together); to unite; to aggregate. **aggregarsi** B *v. rifl.* to join; to become* a member (of st.).
aggregato, **A** *a.* **1** united; aggregated **2** (*di funzionario, ecc.*) assciate: **un socio a.**, an associate member **3** (*fis., geol.*) aggregate. **B** *m.* aggregate.

aggregazióne, *f.* aggregation.
aggressióne, *f.* aggression; assault: **a. a mano armata**, armed assault. ● (*polit.*) **patto di non a.**, nonaggression pact.
aggressività, *f.* aggressiveness.
aggressivo, **A** *a.* aggressive. **B** *m.* weapon: **aggressivi chimici**, chemical weapons.
aggressóre, *m.* aggressor; assailant.
aggrinzare, **aggrinzire**, **A** *v. t.* to wrinkle: **a. la pelle**, to wrinkle one's skin. **aggrinzarsi**, **aggrinzirsi** B *v. rifl.* to wrinkle (up): **La fronte gli s'è aggrinzita dal pensare**, his brow is wrinkled in thought.
aggrondato, *a.* frowning.
aggrottare, *v. t.* to knit*: **a. le ciglia**, to knit one's eyebrows.
aggrottato, *a.* knit (*delle ciglia*); wrinkled (*della fronte*).
aggrovigliaménto, *m.* entanglement.
aggrovigliare, **A** *v. t.* to tangle; to entangle. **aggrovigliarsi** B *v. rifl.* **1** to get* entangled **2** (*fig.*) to become* complicated.
aggrovigliato, *a.* **1** entangled **2** (*fig.*) complex; intricate; obscure; complicated: **una vicenda aggrovigliata**, an intricate situation; a complex matter.
aggrumare, *v. i.* **aggrumarsi** *v. rifl.* to clot: **Il sangue si aggruma**, the blood is clotting.
aggruppaménto, *m.* grouping.
aggruppare, *v. t.* **aggrupparsi** *v. rifl.* to group.
agguagliare, **A** *v. t.* **1** (*rendere uguale*) to equalize **2** (*riuscire uguale*) to equal; to match: **Nessuno l'agguaglia in bellezza**, no one equals her in beauty **3** (*spianare*) to level; to make* even. **agguagliarsi** B *v. rifl.* to compare oneself (to).
agguàglio, *m.* comparison.
agguantare, *v. t.* **1** (*afferrare*) to seize: **I poliziotti agguantarono il ladro**, the policemen seized the thief **2** (*fig., fam.: colpire*) to catch*; to clip: **Gli tirò un pugno, che se l'agguantava...!**, he let fly a blow, and if it had caught him...!
agguato, *m.* **1** (*imboscata*) ambush: **essere in a.**, to be in ambush; **stare in a.**, to lie in ambush **2** (*tranello*) trap: **tendere un a.**, to set a trap; **sventare un a.**, to discover a trap.
agguerriménto, *m.* **1** (*mil.*) training **2** (*fig.*) versing.
agguerrire, **A** *v. t.* **1** (*mil.*) to train: **a. i soldati**, to train soldiers **2** (*fig.*) to temper; to strengthen. **agguerrirsi** B *v. rifl.* **1** (*mil.*) to train **2** (*fig.*) to become* strengthened.
agguerrito, *a.* **1** trained **2** (*fig.*) strengthened. ● **Era ben a. nell'arte della parola**, he was well versed in the art of speech.
aghifórme, *a.* needle-shaped.
agiataménte, *avv.* comfortably.
agiatézza, *f.* comfort; affluence.
agiato, *a.* wealthy; well-to-do. ● **essere di agiata condizione**, to be well off; to be in easy circumstances □ **gente agiata**, well-to-do people.
agibile, *a.* fit (o ready) for use.
agibilità, *f.* feasibility; (*di strade*) practicability; (*di palestra e sim.*) operativeness.
àgile, *a.* (*anche fig.*) agile; nimble: **un ragazzo a.**, an agile boy; **una mente a.**, an agile mind; **un passo a.**, a nimble pace; **un movimento a.**, a nimble movement. ● (*fig.*) **a. di mano**, light-fingered □ **a. di piede**, nimble-footed □ **essere a. nella corsa**, to be light of foot.
agilità, *f.* (*anche fig.*) agility; nimbleness: **l'a. del loro ingegno**, the agility of their wit.
agilménte, *avv.* (*anche fig.*) agilely; nimbly: **muoversi a.**, to move nimbly.
àgio, *m.* **1** (*opportunità*) chance: **Non aveva a. di studiare**, he had no chance to study; **Datemi a. di rispondervi**, give me a chance to answer you **2** (*comodità*) ease; comfort: **sentirsi a proprio a.**, to be at one's ease; **mettersi a proprio a.**, to put oneself at ease; **Era avvezzo agli agi della vita domestica**, he was used to the comforts of home life; **Ha tutti gli agi**, he has every comfort.
agiografia, *f.* hagiography.
agiogràfico, *a.* hagiographic(al) (*anche fig.*).
agiògrafo, *m.* hagiographer.
agire, *v. i.* **1** (*fare, operare*) to act; to do*; to operate: **Devi a. subito**, you must act (o do something) at once; **a. per il meglio**, to act for the best; **a. per conto proprio**, to act on one's own account; **a. secondo i consigli di q.**, to act according to sb.'s advice; **a. in buona fede**, to act in good faith; (*leg.*) **a. con dolo**, to act fraudolently; **a. per bassi motivi**, to act from base motives; **Lui agisce bene in tali situazioni**, he operates well in such situations **2** (*funzionare*) to work; to operate: **La molla non agisce più**, the spring isn't working any more **3** (*comportarsi*) to behave: **È questo il modo di a.?**, is this the way to behave?; **Non mi piace il tuo modo di a.**, I don't like the way you behave **4** (*influire*) to act; to affect: **Queste pillole agiscono sul cuore**, these pills act on the heart; **Agisce sui nervi**, it affects the nerves **5** (*leg.*) to proceed (against sb.); to take* legal steps (against sb.) **6**

agitàbile

(*teatr.*: *recitare*) to play: **La compagnia agirà tutto l'autunno**, the company will play all autumn.
agitàbile, *a.* **1** shakeable **2** (*di persone*) excitable.
agitare, A *v. t.* **1** (*scuotere*) to shake*; to agitate: **Agitate la bottiglia**, shake the bottle **2** (*scuotere violentemente*) to toss **3** (*fig.*: *turbare*) to upset*; to trouble; to agitate: **Un brutto sogno lo agitò quella notte**, a bad dream troubled him that night **4** (*fig.*: *dibattere*) to discuss: **a. una questione**, to discuss a matter. ● **a. la mano** (in segno di saluto), to wave one's hand. **agitarsi B** *v. rifl.* **1** (*muoversi con una certa forza*) to toss (oneself) about: **Mi agitavo nel letto per il dolore**, I tossed myself about in my bed in pain **2** (*fig.*: *turbarsi*) to get* excited; to become* upset; to distress oneself: **Non devi agitarti per così poco**, you mustn't distress yourself over such a small matter; it's nothing to get excited about **3** (*darsi da fare*) to bustle about **4** (*polit.*) to agitate: **Alcuni degli operai s'agitano per ottenere salari più alti**, some of the workers are agitating for higher wages.
agitato, A *a.* **1** (*scosso*) shaken **2** (*fig.*: *turbato*) upset; excited; troubled; agitated **3** (*fig.*: *dibattuto*) discussed. **B** *m.* (*med.*) violent mental patient.
agitatóre, *m.* **1** agitator **2** (*mecc.*) stirrer; mixer; agitator.
agitazióne, *f.* agitation; unrest (*anche polit.*). ● **agitazioni sindacali**, labour troubles □ **Siamo tutti in a.**, we are all agitated □ **Non metterlo in a.**, don't distress him.
agit-prop, *m.* (*polit.*, *stor.*) agitprop.
agliàceo, *a.* garlicky.
agliàio, *m.* garlic bed (*o* field).
àglio, *m.* (*bot.*, *Allium sativum*) garlic. ● (*fig.*) **mangiare l'a.** (*arrabbiarsi in silenzio*), to swallow one's rage.
agnatìzio, *a.* (*leg.*) agnatic.
agnato, *m.* (*leg.*) agnate.
agnazióne, *f.* (*leg.*) agnation.
agnellino, *m.* lambkin. ● **a. di Persia**, Persian lamb.
agnèllo, *m.* lamb: (*relig.*, *fig.*) **l'A. di Dio**, the Lamb of God; **È docile come un a.**, he's as meek as a lamb. ● **pelle d'a.**, lambskin.
agnellóne, *m.* **1** hogget **2** (*macelleria*) mutton.
Agnése, *f.* Agnes.
agnizióne, *f.* (*letter.*) recognition.
agnolòtti, *m. pl.* (*cucina*) «agnolotti».
agnosticìsmo, *m.* agnosticism.
agnòstico, *a.* e *m.* agnostic.
ago, *m.* **1** needle: **la cruna di un ago**, the eye of a needle; **aghi da calza**, knitting needles **2** (*della bilancia*) tongue **3** (*mecc.*) needle; tongue: **ago dello scambio ferroviario**, switch blade (*o* switch tongue); **ago magnetico**, magnetic needle **4** (*bot.*) needle **5** (*zool.*, *di api*, *ecc.*) stinger.
agognare, *v. t.* e *i.* to yearn for.
agóne (1), *m.* (*lett.*) **1** (*lotta*) struggle (*anche fig.*) **2** (*arena*) arena (*anche fig.*). ● (*anche fig.*, *scherz.*) **scendere nell'a.**, to enter the lists.
agóne (2), *m.* (*zool.*: *Alosa finta*) twaite shad.
agonìa, *f.* **1** agony; death throes **2** (*fig.*) agony.
agònico, *a.* (*di agonia*) agonal.
agonìsmo, *m.* competitive spirit.
agonista, *m.* e *f.* agonist; athlete.
agonìstica, *f.* athletics.
agonìstico, *a.* agonistic; athletic.
agonizzante, A *a.* in the throes of death. **B** *m.* e *f.* dying person.
agonizzare, *v. i.* to be in one's death throes; to be on the point of death.
agopuntóre, *m.* (*med.*) acupuncturist.
agopuntura, *f.* (*med.*) acupuncture.
àgora, *f.* (*stor. greca*) agora.
agorafobìa, *f.* (*psic.*) agoraphobia.
agorafòbico, *a.* (*psic.*) agoraphobic.
agoràio, *m.* needle case.
agostano, *a.* of August; August (*attr.*): **fieno a.**, August hay.
agostiniano, *a.* e *m.* (*relig.*) Augustinian.
agostino, *a.* August (*attr.*).
Agostino, *m.* Augustine; Austin.
agósto, *m.* August.
agrària, *f.* agriculture.
agràrio, A *a.* agrarian; agricultural: **scuola agraria**, Agricultural College. **B** *m.* land owner.
agrèste, *a.* agrestic; rustic.
agrèsto, A *m.* verjuice. **B** *a.* sour. ● **vino a.**, verjuice.
agrétto, A *a.* sourish. **B** *m.* **1** sourish taste **2** (*bot.*, *Lepidium sativum*) garden cress.
agrézza, *f.* sourness; bitterness.
agricolo, *a.* agrarian; agricultural; landed (*attr.*). ● **popolazione agricola**, rural population.
agricoltóre, *m.* farmer; homesteader.
agricoltura, *f.* agriculture; farming: **a. intensiva**, intensive agriculture; high farming.
agrifòglio, *m.* (*bot.*, *Ilex aquifolium*) holly.
agrimensóre, *m.* (land) surveyor.
agrimensura, *f.* (land) surveying.
agrimònia, *f.* (*bot.*, *Agrimonia eupatoria*) agrimony.
agrippina, *f.* chaise longue.
agriturìsmo, *m.* farm holidays (*pl.*).
agriturista, *m.* e *f.* farm holidaymaker.
agro (1), A *a.* (*anche fig.*) sour; tart; bitter: **parole agre**, bitter words; **un sapore a.**, a bitter taste; **un sorriso a.**, a bitter smile. **B** *m.* juice: **a. di limone**, lemon juice. ● **prendere l'a.**, to become sour; to sour.
agro (2), *m.* campagna: **l'a. romano**, the Roman Campagna.
agrobiologìa, *f.* agrobiology.
agrobiòlogo, *m.* agrobiologist.
agrodólce, *a.* **1** bitter-sweet (*anche fig.*): **un sapore a.**, a bitter-sweet taste; **in tono a.**, in a bitter-sweet tone **2** (*cucina*) sweet-and-sour. ● (*fig.*) **un sorriso a.**, a cattish smile.
agroindustriale, *a.* agroindustrial.
agrologìa, *f.* agrology.
agronomìa, *f.* agronomy; agronomics (*pl. col verbo al sing.*).
agronòmico, *a.* agronomic(al).
agrònomo, *m.* agronomist.
agròstide, *f.* (*bot.*, *Agrostis*) bent.
agrumàrio, *a.* citrus (fruit) (*attr.*).
agrume, *m.* **1** citrus fruit: **gli agrumi**, citrus fruits **2** (*pianta*) citrus tree **3** (*non comune*: *sapore*) sourness; acidity; acid flavour; bitter taste.
agruméto, *m.* citrus grove.
agrumìcolo, *a.* citrus (fruit) (*attr.*).
agrumicoltóre, *m.* citrus-fruit grower.
agrumicoltura, *f.* citrus cultivation.
agucchiare, *v. i.* to sew* idly.
agùglia, *f.* (*zool.*, *Belone belone*) needle-fish.
agugliòtto, *m.* (*naut.*) pintle.
aguti, *m.* (*zool.*, *Dasyprocta aguti*) agouti; agouty.
aguzzaménto, *m.* sharpening.
aguzzare, *v. t.* to sharpen (*anche fig.*): **a. l'appetito**, to sharpen one's appetite; **a. un coltello**, to sharpen a knife; **a. la mente**, to sharpen one's mind. ● **a. le labbra**, to purse one's lips.
aguzzino, *m.* **1** (*stor.*, *fig.*) slave driver **2** (*carceriere*) jailer; gaoler.
aguzzo, *a.* sharp (*anche fig.*).
ah, *inter.* ah; ha: **Ah ah!**, ha! ha!
ahi, *inter.* ah; oh.
ahimè, *inter.* alas.
àia, *f.* (*agric.*) threshing floor. ● (*fig.*) **menare il can per l'aia**, to beat about the bush.
Aiace, *m.* (*letter.*) Ajax.
aikido (*giapponese*), *m.* (*sport*) aikido.
àio, *m.* tutor.
aiòla, *V.* aiuòla.
aìre, *m.* impulse. ● **dare l'a.**, to set off □ **prendere l'a.**, to start off.
airóne, *m.* (*zool.*, *Ardea*, *Egretta*) heron.
aita, *f.* (*poet.*) help.
aitante, *a.* sturdy; stalwart; staunch.
aiuòla, *f.* flowerbed. ● (*autom.*) **a. spartitraffico** (*d'autostrada, ecc.*), central reservation; median (strip) (*USA*).
aiutante, *m.* **1** helper; assistant **2** (*mil.*) adjutant; (*naut.*, *anche*) master at arms, mate. ● (*naut.*) **a. di bandiera**, flag lieutenant □ **a. di campo**, aide-de-camp.
aiutare, A *v. t.* to help; to assist; to aid; to relieve: **Chi mi aiuterà in questa faccenda?**, who will help me in this matter?; **Mi aiuta nel mio lavoro**, he assists me in my work. **aiutarsi B** *v. rifl.* to do* one's best; to help oneself. **C** *v. rifl. recipr.* to help each other (*o* one another). ● (*prov.*) **Chi s'aiuta Dio l'aiuta**, God (*o* Heaven) helps those who help themselves □ (*prov.*) **Aiutati che Dio t'aiuta**, help yourself, and God will help you.
aiuto, A *m.* **1** (*soccorso*) help; aid (*non fam.*): **chiedere a.**, to ask for help; **invocare a.**, to call for help; **porgere a.**, to extend help **2** (*assistenza*) assistance; relief: **dare a.**, to give assistance; **essere d'a.**, to be of assistance; **venire in a. di q.**, to come to sb.'s assistance **3** (*assistente*) assistant; helper: **a. contabile**, assistant accountant; **Serviva come a.** (**del**) **cuoco**, he acted as assistant cook; **Era l'a. del professore**, he was the professor's assistant. ● **a. finanziario**, subsidy; aid disbursement □ **con l'a. di**, with the help of. **B** *inter.* help!: **A.**, **a.!**, help! help!
aizzaménto, *m.* **1** (*l'incitare*) incitement **2** (*rif. ad animale*) setting.
aizzare, *v. t.* **1** (*incitare*) to incite: **Gli aizzarono contro la plebaglia**, they incited the populace against him **2** (*rif. ad animale*) to

set*: **a. un cane contro q.**, to set a dog on sb.
aizzatóre, *m.* inciter.
ala, *f.* **1** wing: **l'ala dell'uccello**, the bird's wing; (*fig.*) **avere le ali ai piedi**, to have wings on one's feet (*o* heels); (*fig.*) **La paura gli mise le ali ai piedi**, fear lent him wings; (*fig.*) **le ali del desiderio**, the wings of longing; **mettere le ali**, to sprout wings; (*fig.*) **le ali del pensiero**, the wings of thought; **battere le ali**, to flap one's wings; (*anche fig.*) **tarpare le ali**, to clip one's wings; **L'uccello stende le ali**, the bird spreads its wings; **un'ala del palazzo**, a wing of the palace; (*sport*) **l'ala destra** (**sinistra**), the right (left) wing **2** (*di elica*) blade **3** (*di chiesa*) aisle. ● (*fig.*) **abbassare le ali**, to come off one's perch □ (*fig.*) **bruciarsi le ali**, to burn one's fingers □ **due fitte ali di folla**, thick crowds of people on either side □ **far ala**, to line the way; to form a double file.
alabarda, *f.* (*stor.*) halberd, halbert.
alabardière, *m.* (*stor.*) halberdier.
alabastrino, *a.* alabastrine (*anche fig.*).
alabastro, *m.* alabaster.
àlacre, *a.* brisk; quick; active; lively.
alacreménte *avv.* with alacrity; briskly; readily.
alacrità, *f.* alacrity.
Aladino, *m.* Aladdin.
alàggio, *m.* (*naut.*) **1** haulage; towage **2** (*manovra per portare un natante a secco*) beaching.
alalònga, *f.* (*zool.*, *Thunnus alalunga*) albacore*.
alamaro, *m.* **1** frog **2** (*di divisa militare*) braiding.
alambicco, *m.* (*chim.*, *ind.*) alembic; still.
alano, *m.* (*cane*) Great Dane.
alare (1), *m.* firedog; andiron.
alare (2), *v. t.* (*naut.*) to haul; to tow; to track.
alare (3), *a.* wing (*attr.*).
Alasca, *f.* (*geogr.*) Alaska.
alato, A *a.* winged (*anche fig.*): **Pegaso, il cavallo a.**, Pegasus, the winged horse; **parole alate**, winged words. **B** *m.* (*uccello*) bird.
alba, *f.* dawn (*anche fig.*): **l'a. della rivoluzione**, the dawn of the revolution; **Spuntava l'a.**, dawn was breaking.
albagìa, *f.* conceit; haughtiness: **È pieno di a.**, he's full of conceit.
albagióso, *a.* conceited; haughty.
albana, *f.* **1** (*uva*) «albana» grapes (*pl.*) **2** (*vino*) «albana» wine.
albanèlla, *f.* (*zool.*, *Circus*) harrier.
albanése, *a.*, *m. e f.* Albanian.
albarèllo, *m.* (*vaso da farmacia*) albarello.
àlbatro (1), *m.* (*zool.*, *Diomedea*) albatross*.
àlbatro (2), *V.* **corbézzolo**.
albeggiaménto, *m.* dawning.
albeggiare, *v. i.* to dawn (*anche fig.*).
alberare, *v. t.* **1** (*piantare alberi*) to plant with trees **2** (*naut.*) to mast.
alberata, *f.* row (*o* line) of trees.
alberato, *a.* **1** wooded **2** (*naut.*) masted.
alberatura, *f.* **1** plantation **2** (*naut.*) masting.
alberèllo (1), *m.* sapling.
alberèllo (2), *V.* **albarèllo**.
alberéta, *f.* **alberéto**, *m.* plantation.
albergare, A *v. t.* **1** to lodge: **L'Albergo dell'Orso ha albergato principi e sovrani**, the Bear Hotel has lodged princes and sovereigns **2** (*fig., lett.: contenere*) to harbour: **Il mio petto non alberga sentimenti così vili**, my bosom does not harbour such vile sentiments. **B** *v. i.* (*alloggiare*) to lodge; to stay: **Albergava da un amico**, he lodged with a friend.
albergatóre, *m.* **1** hotel keeper **2** (*padrone*) hotel-owner.
alberghièro, *a.* hotel (*attr.*): **l'industria alberghiera**, the hotel industry.
albèrgo, *m.* **1** hotel: **andare all'a.**, to go to a hotel: **a. di lusso**, luxury hotel; **a. per la gioventù**, youth hotel; **a. per turisti in barca**, boatel **2** (*lett.: ricovero, dimora*) shelter.
alberino, *m.* (*autom., mecc.: del motorino d'avviamento*) starter shaft.
àlbero, *m.* **1** tree: (*bot.*) **l'a. del pane** (*Artocarpus incisa*), the breadfruit tree **2** (*naut.*) mast: **a. di fortuna**, jury-mast; **a. di mezzana**, mizzenmast **3** (*mecc.*): **a. a camme** (*o* degli eccentrici, della distribuzione), camshaft; **a. a gomiti**, crankshaft; **a. base**, standard shaft; **a. del cambio di velocità**, gear shaft; **a. dell'elica**, tail shaft; **a. della turbina**, turbine shaft; **a. di propulsione**, propeller shaft; **a. di trasmissione**, propeller (*o* transmission) shaft; **a. motore**, drive shaft. ● (*mecc.*) **a. cavo**, quill □ (*naut.*) **a. di carico**, derrick □ (*naut.*) **a. di trinchetto**, foremast □ (*naut.*) **a. di velaccio**, topgallant □ (*USA*) **a. maestro**, mainmast □ (*USA*) **la festa degli alberi**, Arbor Day (*in aprile o maggio*).
Albèrto, *m.* Albert.
albicòcca, A *f.* apricot. **B** *a.* apricot (*attr.*): **color a.**, apricot(-coloured); **tessuto a.**, apricot(-coloured) material.
albicòcco, *m.* (*bot., Prunus armeniaca*) apricot tree.
albigése, (*stor.*) **A** *a.* Albigensian. **B** *m. pl.* Albigenses.
albinismo, *m.* albinism.
albino, *a. e m.* albino*.
albite, *f.* (*miner.*) albite.
albo, *m.* **1** (*registro*) register; roll: **a. dei soci fondatori**, register of founder members; **a. d'onore**, honour roll **2** (*per fotografie, francobolli, ecc.*) album **3** (*per avvisi*) notice board; bulletin board (*USA*): **a. pretorio**, municipal notice board. ● (*leg.*) **l'a. degli avvocati**, the Rolls □ **a. dei giurati**, jury list.
albóre, *m.* **1** (*lett.: chiarore*) (first) light (of day); dawn: **i primi albori del giorno**, the first light of (the) day **2** (*fig., specialm. al pl.*) dawning.
alborèlla, *f.* (*zool., Alburnus alborella*) bleak.
albùgine, *f.* **1** (*bot.*) mildew **2** (*med.*) albugo.
album, *m.* album.
albume, *m.* **1** (*bianco dell'uovo*) albumen; (egg) white **2** (*bot.*) albumen.
albumina, *f.* (*chim.*) albumin.
albuminato, *m.* (*chim.*) albuminate.
albuminòide, *m. e a.* (*chim.*) albuminoid.
albuminóso, *a.* (*chim.*) albuminous.
albuminùria, *f.* (*med.*) albuminuria.
alburno, *m.* (*bot.*) alburnum; sapwood.
alca, *f.* (*zool., Pinguinus impennis*) great auk.
alcàico, *a.* (*letter.*) Alcaic: **la strofa alcaica**, the Alcaic strophe.
alcalescènte, *a.* (*chim.*) alkalescent.
alcalescènza, *f.* (*chim.*) alkalescence, alkalescency.
àlcali, *m.* (*chim.*) alkali*.
alcalimetria, *f.* (*chim.*) alkalimetry.
alcalimetro, *m.* (*chim.*) alkalimeter.
alcalinità, *f.* (*chim.*) alkalinity.
alcalinizzare, *v. t.* (*chim.*) to alkalize; to alkalify.
alcalino, *a.* (*chim.*) alkaline.
alcalòide, *m.* (*chim.*) alkaloid.
alcalòsi, *f.* (*med.*) alkalosis.
alcanna, *f.* (*bot., Lawsonia inermis*) henna. ● **a. spuria** (*Alkanna tinctoria*), alkanet.
alcano, *m.* (*chim.*) paraffin.
alcazar (*spagn.*), *m.* Alcazar.
alce, *m.* (*zool., Alces alces*) elk.
Alcèo, *m.* (*letter. greca*) Alcaeus.
alchène, *m.* (*chim.*) alkene.
alchèrmes, *m.* alkermes.
alchile, *m.* (*chim.*) alkyl.
alchìlico, *a.* (*chim.*) alkylic.
alchìmia, *f.* (*anche fig.*) alchemy.
alchimista, *m.* alchemist.
alchimìstico, *a.* alchemistic(al).
alchimizzare, A *v. t.* **1** to alchemize **2** (*fig.: falsificare*) to falsify. **B** *v. i.* to practise alchemy.
alchino, *m.* (*chim.*) alkyne; alkine.
Alcibìade, *m.* (*stor. greca*) Alcibiades.
alcióne, *m.* (*zool.*) **1** (*martin pescatore*) kingfisher; halcyon **2** (*gabbiano*) seagull.
alcolato, *m.* (*chim., farm.*) alcoholate.
àlcol(e), *m.* alcohol. ● **a. denaturato**, denatured alcohol □ **darsi all'a.**, to take to drink.
alcolemia, *f.* (*med.*) alcoholemia.
alcolicità, *f.* alcohol(ic) content.
alcòlico, A *a.* alcoholic. **B** *m.* **1** alcoholic drink (*o* beverage) **2** (*pl.*) spirits.
alcolimetro, *V.* **alcolòmetro**.
alcolismo, *m.* (*med.*) alcoholism: **a. cronico**, chronic alcoholism.
alcolista, *m. e f.* alcoholic.
alcolizzare, *v. t.* **1** (*una sostanza*) to alcoholize **2** (*una persona*) to intoxicate.
alcolizzato, *a. e m.* (*med.*) alcoholic.
alcolòmetro, *m.* (*chim.*) alcoholometer; alcoholimeter.
àlcool, e *deriv. V.* **àlcol(e)**, e *deriv.*
alcòva, *f.* alcove.
alcunché, *pron. indef.* (*lett.*) **1** (*in frasi afferm.*) something **2** (*in frasi neg., interr., dubit. e interr. neg.*) anything: **C'è a. di vero in quello che dici?**, is there anything true in what you say?
alcuno, A *a. indef.* **1** (*in frasi afferm., o comunque con valore positivo; generalm. pl.*) some; a few (*pl.*): **Ho alcuni libri**, I have some (*o* a few) books; **Vidi alcune persone che conoscevo**, I saw some people I knew; **Alcuni libri sono più interessanti di altri**, some books are more interesting than others; **Per favore, vuoi comprarmi alcuni francobolli?**, will you please buy me some stamps?; **Gradiresti rimanere qui alcuni giorni?**, would you like to stay here for some (*o* a few) days?; **alcuni miei amici**, some friends of mine; (*con stupore*) **Non c'è alcun francobollo nel cas-**

aldèide

setto? (*ma sì, ci dovrebbe essere!*), aren't there some stamps in the drawer?; **Alcuni libri non mi occorrono** (*ma gli altri sì*), there are some books I don't want **2** (*in frasi neg., interr., dubit. e interr. neg.*) any; a few (*pl.*): **Non c'è alcun libro**, there aren't any books (at all); there are no books; **senza alcun dubbio**, without any doubt; **Agisce senza alcun riguardo per gli altri**, he acts without any consideration for others; **Hai alcuni fiammiferi?**, have you got any (*o* a few) matches?; **Mio fratello? Non ho alcun fratello**, my brother? I haven't any brother; **Non so se siano rimasti alcuni biscotti**, I don't know whether there are any biscuits left; **Non ha alcun amico?**, hasn't he got any friends?; has he no friend? **3** (*in frasi neg.; come attr. del sogg.; salvo con* there is: *V. def. 2*) — **non... a.**, no: **Non era presente a. studente**, no student was present. ● **in alcun luogo**, anywhere: **Non l'ho visto in alcun luogo**, I didn't see him anywhere □ **Non si riusciva a trovarlo in alcun posto**, he was nowhere to be found. **B** *pron. indef.* **1** (*in frasi afferm., o comunque con valore positivo; generalm. pl.*) some, some people, a few (*rif. a persone*); some, a few (*rif. a cose*) some, a few (*rif. a un partitivo*): **Alcuni hanno studiato, ma la maggior parte non ha neanche aperto un libro**, some have studied, but most of them haven't even opened their books; **Alcuni dicono che è bravo**, some (*o* some people) say he is clever; «**Hai visto degli aeroplani?**» «**Ne ho visti alcuni**», «did you see any planes?» «I saw a few»; «**Li hai visti tutti?**» «**No, ne ho visti solo alcuni**», «did you see all of them?» «no, I only saw some (of them)»; **alcuni dei miei amici**, some (*o* a few) of my friends; **alcuni di loro**, some of them; **alcuni dei tuoi giocattoli**, some of your toys; **Dammene alcuni**, give me a few; **Alcuni di questi libri non mi occorrono**, there are some of these books I don't need **2** (*in frasi neg., interr., dubit., e interr. neg.*) anyone, anybody (*rif. a persone*); any (*rif. a cose*); any(one) (*rif. a un partitivo*): **Non c'è a. più bravo di lui**, there isn't anyone (*o* anybody) cleverer than he; **Non hai incontrato a.?**, haven't you met anybody?; **Se a. lo dicesse**, if anyone should say so; **Hai conosciuto a. della famiglia?**, have you met any(one) of the family?; **Mi sento straniero qui; non conosco a.**, I feel (like) a stranger here; I don't know anybody; «**Hai dei romanzi da imprestarmi?**» «**Mi dispiace, non ne ho a.**», «have you any novels to lend me?» «sorry, I haven't any (at all)»; **Non ho mai visto a. dei film di cui parli**, I've never seen any of the films you are talking about; **Non vidi a. di voi**, I didn't see any of you; I saw none of you **3** (*in frasi neg., come sogg.; salvo con* there is: *Vedi def. 2*) — **non... a.**, no one, nobody; (*rif. a un partitivo*) none, no one: **Non lo dice a.**, no one (*o* nobody) says so; **Non è ancora tornato a. di loro**, none of them have yet come back.
aldèide, *f.* (*chim.*) aldehyde: **a. formica**, formic aldehyde.
aldèidico, *a.* (*chim.*) aldehydic.
aldilà, *m.* life after death; life to come; (the) hereafter; (the) beyond.
aldino, *a.* (*tipogr.*) Aldine: **carattere a.**, Aldine type.
Aldo, *m.* Aldous.
alé, *inter.* come on!: **Alé**, **tirate forte**, come on, get stuck in.
àlea, *f.* (*lett.*) risk: **correre l'a.**, to run the risk.
aleàtico, *m.* «aleatico» (a kind of sweet red Italian wine).
aleatòrio, *a.* (*leg.*) aleatory; contingent: **un contratto a.**, an aleatory contract.
aleggiare, *v. i.* (*lett.*) **1** (*agitare leggermente le ali*) to flutter; to flit **2** (*fig.: di vento*) to stir; (*di profumo*) to waft: **Un venticello aleggiava fra le foglie**, a breeze stirred among the leaves.
alemanno, *a. e m.* Alemannic.
alesàggio, *m.* (*mecc.*) bore (*alesatura a mano*) reaming; (*a macchina*) boring.
alesare, *v. t.* (*mecc.: a mano*) to ream; (*con alesatrice*) to bore; (*col tornio*) to lathe-bore.
alesatóre, *m.* (*mecc.*) **1** (*strumento*) reamer: **a. cilindrico**, straight reamer; **a. fisso**, solid reamer; **a. sferico**, ball reamer **2** (*operaio*) borer.
alesatrice, *f.* (*mecc.*) boring-machine.
alesatura, *f.* (*mecc.: a mano*) reaming; (*con alesatrice*) boring; (*col tornio*) lathe-boring.
Alessandra, *f.* Alexandra.
Alessàndria d'Egitto, *f.* (*geogr.*) Alexandria.
alessandrino, **A** *a.* Alexandrian. **B** *m.* (*poesia*) Alexandrine.
Alessandro, *m.* Alexander: **A. Magno**, Alexander the Great.
Alèssio, *m.* Alexis; (*stor.*) Alexius.
alétta, *f.* **1** (*mecc.*) tongue; (*di raffreddamento*) fin; (*di fuso*) flyer **2** (*naut.: di rollio*) bilge keel **3** (*aeron.*) tab **4** (*zool.*) pinnule; paddle.
alettare, *v. t.* (*mecc.*) to fin.
alettatura, *f.* (*mecc.*) finning.
alettóne, *m.* (*aeron.*) aileron.
aleuróne, *m.* (*chim.*) aleuron(e).
alfa (1), *m. e f.* (*prima lettera dell'alfabeto greco*) alpha. ● (*fig.*) **dall'a. all'omega**, from A to Z; from beginning to end □ (*fis.*) **raggi a.**, alpha rays.
alfa (2), *f.* (*bot.*, *Stipa tenacissima*) esparto (grass).
alfabeticamente, *avv.* alphabetically; in alphabetical order.
alfabètico, *a.* alphabetic(al): **in ordine a.**, in alphabetical order.
alfabetizzare, *v. t.* to make* (sb.) literate; to school; to send* (sb.) to (a) school.
alfabetizzazióne, *f.* schooling; sending to (a) school.
alfabèto, *m.* alphabet (*anche fig.*). ● **l'a. Morse**, the Morse code.
alfière, *m.* **1** (*mil.*) ensign **2** (*scacchi*) bishop.
alfine, *avv.* at last; eventually; in the end.
Alfònso, *m.* Alphonso.
Alfrédo, *m.* Alfred.
alga, *f.* (*bot.*) alga*; (*solo pluricellulare*) seaweed.
àlgebra, *f.* algebra.
algebricaménte, *avv.* algebraically; by algebra.
algèbrico, *a.* algebraic(al).
algebrista, *m. e f.* algebraist.
Algèri, *f.* (*geogr.*) Algiers.
algerino, *a. e m.* Algerian.
àlgido, *a.* **1** (*lett.: freddo*) cold; icy **2** (*med.*) algid.
Algol, *m.* (*elab.*) Algol.
algologìa, *f.* (*bot.*) algology.
algorìtmico, *a.* (*mat.*) algorithmic; algorismic.
algorìtmo, *m.* (*mat.*) algorithm; algorism.
algóso, *a.* abounding in algae; covered with seaweed.
aliante, *m.* (*aeron.*) glider.
aliantista, *m. e f.* (*aeron.*) glider pilot.
àlias (*lat.*), *avv.* (*anche iron.*) alias.
àlibi, *m.* (*leg.*, *anche fig.*) alibi: **provare un a.**, to establish (*o* to prove) an alibi.
Alice, *f.* Alice.
alice, *f.* (*zool.*, *Engraulis encrasicholus*) anchovy.
aliciclico, *a.* (*chim.*) alicyclic.
alidada, *f.* (*tecn.*) alidade; alidad.
alienàbile, *a.* (*leg.*) alienable.
alienabilità, *f.* (*leg.*) alienability.
alienante, *a.* (*leg.*) alienor.
alienare, **A** *v. t.* **1** (*leg.: vendere, trasmettere*) to alienate; to convey; to transfer; to sell*: **a. un diritto**, to alienate a right; **a. una proprietà**, to alienate a property **2** (*fig.: allontanare*) to alienate; (*distaccare*) to cut* off: **a. l'affetto di q. da q. altro**, to alienate sb.'s affection from sb. else; **a. una persona da un'altra**, to alienate one person from another; **La sua condotta gli ha alienato l'amicizia di tutti**, his behaviour has cut him off from everybody's friendship. **alienarsi**, **B** *v. rifl.* (*fig.*) to turn away (*o* against): **S'è alienato lo zio con l'ingratitudine**, he's turned away his uncle by his ingratitude.
alienatàrio, *m.* (*leg.*) alienee.
alienato, **A** *a.* **1** (*leg.: venduto, trasmesso*) alienated **2** (*fig.: allontanato*) alienated; (*distaccato*) cut off **3** (*med.*) lunatic. **B** *m.* (*med.*) lunatic; insane person.
alienazióne, *f.* **1** (*leg.: il vendere, il trasmettere*) alienation; conveyance; transfer **2** (*fig.*) alienation; estrangement **3** (*psic.*) alienation: **a. mentale**, (mental) alienation; insanity.
alienista, *m. e f.* alienist; psychiatrist.
alièno, **A** *a.* (*contrario*) averse (to *o* from): **Sono a. dalle dispute inutili**, I am averse to useless quarrelling. **B** *m.* (*extraterrestre*) alien.
alifàtico, *a.* (*chim.*) aliphatic.
alimentare (1), **A** *v. t.* **1** to nourish; to feed*: **Deve lavorare molto per a. la famiglia**, he has to work hard to nourish his family; **Due tubi alimentano la vasca**, two tubes feed the tank **2** (*fig.: il fuoco*) to feed*; to add fuel to: **I libri e le carte alimentarono l'incendio**, the books and papers added fuel to the fire **3** (*fig.: rinfocolare*) to nourish; to foment: **Questi insulti alimentarono l'odio tra le due famiglie**, these insults fomented the hatred existing between the two families **4** (*fig.: una caldaia, ecc.*) to stoke: **Per a. la caldaia avrai bisogno di cento litri al minuto**, you'll need a hundred litres a minute to stoke the boiler. **alimentarsi B** *v. rifl.* to feed* (on) (*anche fig.*).
alimentare (2), **A** *a.* alimentary; food (*attr.*). **B** *m. pl.* foodstuffs. ● **generi alimentari**, foodstuffs □ **industria a.**, food industry □ **negozio di alimentari**, grocery; grocer's shop □ **prodotti alimentari per animali domestici** (*cani, gatti, ecc.*), pet food.
alimentare, *v. t.* (*fam.*) to nourish; to feed* (*attr.*).
alimentarista, *m. e f.* **1** (*dettagliante*) retailer of foodstuffs; grocer **2** (*lavoratore dell'industria*) worker in the food industry **3** (*operatore della trasformazione*) food processor **4** (*nutrizionista*) nutritionist.
alimentatóre, *m.* (*fis., mecc.*) feeder; (*di caldaia*) stoker, feeder.
alimentazióne, *f.* **1** nourishment; feeding: **a. liquida**, liquid nourishment; **a. vegetale**, vegetable nourishment **2** (*mecc.*) feeding; (*di caldaia, ecc.*) stoking. ● (*autom.*) **pompa d'a.**,

fuel pump.
aliménto, *m.* **1** nourishment: **a. salubre,** wholesome nourishment **2** (*fig.*) fuel: **Tali discorsi erano di continuo a. alla sua passione,** such talk was a constant fuel for his passion **3** (*pl., leg.*) alimony.
alinea, *f.* (*capoverso*) paragraph.
alipede, *a.* (*poet.*) wing-footed; aliped.
aliquota, *f.* **1** share; quota: **pagare l'a.,** to pay one's share **2** (*mat., ind.*) aliquot (part); rate **3** (*fin.*) tax rate.
aliscafo, *m.* (*naut.*) hydrofoil.
alisèo, A *a.* trade: **venti alisei,** trade winds. **B** *m. pl.* trade winds; (the) Trades.
alitare, *v. i.* **1** to breathe **2** (*fig.: di vento*) to sigh.
àlito, *m.* breath (*anche fig.*): **a. cattivo,** bad breath; **un a. di vento,** a breath of wind; **un a. di vita,** a breath of life.
alitòsi, *f.* (*med.*) halitosis*.
alizarina, *f.* (*chim.*) alizarin(e).
allacciaménto, *m.* **1** (*collegamento*) linking; link **2** (*fis.*) connection. ● **a. ferroviario,** railway junction.
allacciare, *v. t.* **1** to lace (up): **a. le scarpe,** to lace up one's shoes **2** (*abbottonare*) to button up **3** (*affibbiare*) to buckle **4** (*con una lampo*) to zip (up); to zip shut **5** (*collegare*) to link: **a. due linee ferroviarie,** to link two railway lines **6** (*fig.*) to establish: **a. una relazione commerciale,** to establish a business connection.
allacciatura, *f.* **1** lacing **2** (*di bottoni*) buttoning; (*di fibbia*) buckling **3** (*il collegare*) linking.
allagaménto, *m.* flooding; (*effetto*) flood: **l'a. della campagna,** the flooding of the countryside. ● **La campagna è tutta un a.,** the countryside is completely flooded.
allagare, A *v. t.* to flood, to inundate (*anche fig.*): **Il fiume allagò metà della città,** the river flooded half the city; **Hanno allagato il paese di pessimi libri,** they have flooded the country with worthless books. **allagarsi B** *v. rifl.* to flood; to be flooded.
allampanato, *a.* lanky; lank; as lean as a rake.
allappare, *V.* allegare (2).
allargaménto, *m.* **1** widening **2** (*l'aprire*) opening **3** (*l'estendere*) extension. ● **a. di un vestito,** letting out of a dress.
allargare, A *v. t.* **1** to widen; to enlarge: **a. una strada,** to widen a road **2** (*aprire*) to open: **a. la mano,** to open one's hand **3** (*estendere*) to extend; to expand: **a. una questione,** to extend a matter **4** (*un abito*) to let* out **5** (*calcio*) to open up. ● **a. il cuore,** to gladden the heart □ (*mus.*) **a. il tempo,** to broaden the tempo □ (*fig.*) **Per ora trentamila lire; poi vedremo se sarà il caso d'a. la mano,** for the moment thirty thousand lire; we'll see about improving on that later. **allargarsi B** *v. rifl.* **1** to widen: **Qui la strada s'allarga,** here the road widens **2** (*estendersi*) to extend; to expand: **a. nel proprio lavoro,** to expand one's business **3** (*trasferirsi in casa più grande*) to expand; to move into larger premises **4** (*meteorologia*) to improve: **Il tempo si allarga,** the weather is improving **5** (*naut.*) to sheer off. ● (*fig.*) **Mi si allargò il cuore a sentire quella notizia,** I was overjoyed to hear the news.
allargatóre, *m.* (*mecc.*) stretcher.
allargatura, *f.* widening; enlargement.
allarmante, *a.* alarming.
allarmare, A *v. t.* to alarm; to startle. **allarmarsi B** *v. rifl.* to be alarmed; to be startled; to take* fright.
allarme, *m.* alarm (*anche fig.*): **il campanello d'a.,** the alarm bell; **dare l'a.,** to give the alarm; **un falso a.,** a false alarm; **suonare l'a.,** to sound the alarm. ● **mettere in a.,** to alarm □ (*per incursione aerea*) **segnale d'a.,** air-raid warning □ **segnale di cessato a.,** all-clear signal □ **stare in a.,** to be alarmed.
allarmismo, *m.* alarmism.
allarmista, *m. e f.* alarmist; scaremonger.
allarmistico, *a.* alarmist: **previsioni allarmistiche,** alarmist previsions.
allascare, *v. t.* (*naut.*) to slacken; to scud; to let* run: **a. la scotta,** to slacken (*o* to scud) the sheet; to let the sheet run.
allato, *avv.* (*lett.*) beside: **Mi stava a.,** he was beside me.
allattaménto, *m.* nursing; suckling. ● **a. artificiale,** bottle-feeding.
allattare, *v. t.* to nurse; to suckle: **a. un bambino,** to suckle a baby. ● **a. artificialmente,** to bottle-feed.
alleanza, *f.* alliance; compact; union: **a. offensiva (difensiva),** offensive (defensive) alliance; **fare a.,** to make an alliance; **rompere un'a.,** to break off an alliance; **sciogliere un'a.,** to dissolve an alliance; **stringere un'a. con q.,** to enter into an alliance with sb. ● (*fig.*) **Hanno fatto a. per imbrogliarci,** they have joined forces in order to swindle us.
alleare, A *v. t.* to ally; to unite. **allearsi B** *v. rifl.* to unite; to join forces; to form an alliance: **I due stati s'allearono,** the two states formed an alliance.

alleato, A *a.* allied: **una nazione alleata,** an allied nation. **B** *m.* ally: **gli alleati,** the allies.
allegare (1), *v. t.* **1** (*addurre*) to adduce: **a. delle ragioni,** to adduce reasons; **a. un pretesto,** to adduce a pretext **2** (*accludere*) to enclose, to inclose; to attach; to append: **a. un documento,** to enclose a document.
allegare (2), A *v. t.* (*i denti*) to set* on edge. **B** *v. i.* **1** (*bot.: di frutta*) to set* **2** (*agric.*) to take* root.
allegato, A *a.* enclosed. **B** *m.* enclosure, inclosure.
allegazióne, *f.* (*leg.*) allegation.
alleggeriménto, *m.* **1** lightening **2** (*fig.: l'alleviare*) lessening **3** (*fig.: il ridurre*) reduction **4** (*sport*) relief. ● **manovra di a.,** relieving manoeuvre.
alleggerire, A *v. t.* **1** to lighten; to relieve: **a. una nave,** to lighten a ship; **a. un carro,** to lighten a waggon; (*anche fig.*) **a. un fardello,** to lighten a burden; **a. una bestia,** to lighten an animal's burden; (*anche fig.*) **a. q.,** to lighten sb.'s burden; **Mi hanno alleggerito del portafoglio,** they've relieved me of my wallet **2** (*fig.: alleviare*) to lessen; to ease: **a. il dolore,** to lessen pain **3** (*fig.: ridurre*) to reduce; to ease: **a. la fame,** to reduce hunger; **a. le tasse,** to reduce taxation **4** (*sport*) to relieve. ● **a. una nave della zavorra,** to unballast a vessel. **alleggerirsi B** *v. rifl.* to put* on lighter clothes.
allegoria, *f.* allegory.
allegòrico, *a.* allegoric(al).
allegorista, *m. e f.* allegorist.
allegorizzare, A *v. t.* to allegorize. **B** *v. i.* to interpret allegorically.
allegraménte, *avv.* cheerfully; merrily.
allegrétto, *m.* (*mus.*) allegretto*.
allegrézza, *f.* joy; joyfulness: **essere fuori di sé per l'a.,** to be delirious with joy; **saltare per l'a.,** to jump for joy.
allegria, *f.* gaiety; mirth; cheerfulness. ● **stare in a.,** to have a good time; (*divertirsi*) to have fun □ «**Su, stai in allegria!**», «come on, now, cheer up!» □ **vivere in a.,** to lead a gay life.
allégro, A *a.* **1** cheerful; happy; merry: **discorsi allegri,** cheerful talk; **una faccia allegra,** a cheerful face; **musica allegra,** cheerful music; **È sempre a.,** he's always cheerful **2** (*di colore*) bright **3** (*alticcio*) tipsy. ● **un'annata poco allegra,** a miserable year □ (*eufemistico*) **una donna allegra,** a woman of loose morals □ **tenere a. q.,** to cheer sb. up □ (*prov.*) **Gente allegra il ciel l'aiuta,** Heaven helps cheerful people. **B** *m.* (*mus.*) allegro*.
allegróne, *m.* (*fam.*) jolly fellow.
allèle, *m.* (*biol.*) allele.
allelomòrfo, *a.* (*biol.*) allelomorphic; allelic.
allelùia, *m. e inter.* hallelujah.
allenaménto, *m.* (*sport e fig.*) **1** (*l'allenarsi*) training **2** (*l'allenare*) coaching **3** (*effetto dell'a.*) condition; shape (*fam.*): **fuori a.,** out of condition; **tenersi in a.,** to keep in shape.
allenare, A *v. t.* **1** to train (*anche fig.*): **a. il cervello,** to train one's brain; **a. un uomo alla corsa,** to train a man for running **2** (*sport*) to coach **3** (*sviluppare*) to develop: **a. il braccio,** to develop one's arm. **allenarsi B** *v. rifl.* to train: **Dobbiamo allenarci,** we must train.
allenatóre, *m.* (*sport*) trainer; coach.
allentaménto, *m.* **1** (*di viti, corde, ecc.*) slackening; loosening (*anche mecc.*) **2** (*di passo, ecc.*) slackening; slowing (down) **3** (*rilassamento*) relaxation.
allentare, A *v. t.* **1** to loosen; to release; to slacken: **a. una vite,** to loosen a screw; (*fig.*) **a. i cordoni della borsa,** to loosen the purse-strings; **a. la stretta,** to loosen one's hold; **a. il freno,** to release the brake; (*fig.*) to slacken the reins **2** (*il passo, ecc.*) to slacken; to slow down **3** (*mitigare*) to relax: **a. il rigore,** to relax one's severity. **allentarsi B** *v. rifl.* **1** to loosen; to grow* loose **2** (*di passo, ecc.*) to slacken **3** (*man mano, da sé*) to work loose; (*per effetto di vibrazioni*) to shake* loose.
allergène, *m.* (*med.*) allergene.
allergìa, *f.* (*med. e fig.*) allergy.
allèrgico, A *a.* (*med. e fig.*) allergic. **B** *m.* allergy sufferer.
allergizzare, *v. t.* (*med.*) to allergize.
allergologìa, *f.* (*med.*) allergology.
allergòlogo, *m.* (*med.*) allergologist.
all'érta, A *inter.* look out!; attention!; beware! **B** *avv.* – **stare a.,** to be on the look-out. **C** *f.* – **dare l'a.,** to give* the alarm.
allestiménto, *m.* **1** preparation **2** (*ind.: di una lavorazione*) equipment; equipping **3** (*di una nave*) fitting-out (of a ship) **4** (*di una vetrina*) dressing (of a window).
allestire, *v. t.* **1** (*preparare*) to prepare: **a. il desinare,** to prepare dinner **2** (*ind.*) to equip **3** (*una nave*) to fit out; to equip **4** (*una vetrina*) to dress.
allettaménto, *m.* allurement; attraction.
allettante, *a.* tempting; inviting: **una proposta a.,** a tempting proposal.

allettare (1), *v. t.* to allure; to entice; to attract: **La prospettiva di un facile guadagno alletta gli sciocchi**, the prospect of easy money attracts the foolish.
allettare (2), A *v. t.* (*agric.*) to flatten: **Il vento ha allettato il grano**, the wind has flattened the corn. **allettarsi B** *v. rifl.* **1** (*mettersi a letto per malattia*) to take* to one's bed **2** (*agric.*) to be flattened (to the ground): **Il grano si è allettato**, the corn has been flattened.
allettatóre, A *m.* charmer; enticer. **B** *a.* alluring; enticing.
allettévole, *a.* alluring; charming; attractive.
allevaménto, *m.* **1** (*di bambini*) upbringing **2** (*di animali*) breeding **3** (*di piante, ecc.*) rearing **4** (*luogo di a.*) stock farm. ● **a. del bestiame**, stock-farming; stock-raising; cattle-breeding □ **campo di a. di cavalli**, stud farm □ **pollo di a.**, breeding chicken.
allevare, *v. t.* **1** (*bambini*) to raise; to bring* up **2** (*animali*) to breed*; to raise **3** (*piante, ecc.*) to raise; to rear.
allevatóre, *m.* **1** (*di animali*) breeder **2** (*di piante, ecc.*) grower. ● **a. di animali da pelliccia**, fur farmer □ **a. di bestiame**, livestock breeder □ **a. di mucche da latte**, dairy farmer.
alleviaménto, *m.* **1** relief; alleviation **2** (*fig.*) lightening.
alleviare, *v. t.* **1** to relieve; to alleviate; to ease: **a. il dolore**, to relieve pain; **a. la noia**, to relieve boredom **2** (*fig.*) to lighten: **a. un peso**, to lighten a burden.
allibire, *v. i.* to be astounded; to be dismayed; to be shocked: **Davanti a simili minacce allibì**, he was astounded at such threats.
allibito, *a.* astounded; dismayed; shocked.
allibrare, *v. t.* (*leg.*) to register: **a. un debito**, to register a debt.
allibratóre, *m.* bookmaker; bookie (*pop.*).
allicciare, *v. t.* **1** (*ind. tessile*) to heddle **2** (*falegnameria*) to set.
allietare, A *v. t.* to cheer up; to gladden. **allietarsi B** *v. rifl.* to rejoice (in, at st.).
alliévo, *m.* **1** pupil; (*studente*) student **2** (*apprendista*) apprentice **3** (*mil.*) cadet.
alligatóre, *m.* (*zool., Alligator*) alligator.
allignare, *v. i.* **1** (*di pianta*) to take* root **2** (*fig.*) to thrive*; to flourish.
allineaménto, *m.* **1** alignment **2** (*mil.*: *di parata*) dressing; (*di marcia*) forming up **3** (*polit.*) alignment; line-up **4** (*naut.*) leading mark **5** (*tipogr.*: *d'una riga*) alignment; (*del margine*) justification. ● (*tipogr.*) **a. dei caratteri**, ranging of characters □ (*econ.*) **a. dei prezzi**, adjustment of prices □ (*fin.*) **a. valutario**, currency adjustment □ (*polit.*) **non a.**, nonalignment.
allineare, A *v. t.* **1** to line up; to align **2** (*mil.*: *per una parata*) to dress; (*per una marcia*) to form up **3** (*tipogr.*) **a. una riga**, to range a line. **allinearsi B** *v. rifl.* **1** to line up **2** (*mil.*) to dress: **A. a destra**, right dress! **3** (*polit.*) to align (oneself) (with).
allineato, *a.* aligned: (*polit.*) **un paese non a.**, a nonaligned country.
alliterazióne, *f.* alliteration.
allocazióne, *f.* **1** (*econ., fin.*) allocation **2** (*ippica*) prize money; stakes (*pl.*).
allocchire, *v. i.* **1** to be stunned; to be bewildered; to be staggered **2** (*intontirsi*) to become* stupid; to become* dazed (*o* stupefied).
allòcco, *m.* **1** (*zool., Strix aluco*) tawny owl **2** (*fig.*) fool; dolt: **far la figura d'un a.**, to look like a fool; **restare come un a.**, to stand there like a fool.
allocròico, *a.* allochroic.
allocromàtico, *a.* (*fis., miner.*) allochromatic.
allocromia, *f.* (*fis.*) allochromy.
allocutóre, *m.* orator.
allocuzióne, *f.* allocution; address.
allodiale, *a.* (*stor.*) al(l)odial: **terreno a.**, alodial (land).
allòdio, *m.* (*stor.*) al(l)odium.
allòdola, *f.* (*Alauda arvensis*) lark; skylark.
allogaménto, *m.* placing; (*di denaro*) investment.
allogamìa, *f.* (*bot.*) allogamy.
allogare, A *v. t.* **1** to put*; to place; (*denaro*) to invest: **Ho tanti libri che non so dove allogarli**, I've so many books I don't know where to put them; **Sa a. bene i suoi denari**, he knows how to invest his money profitably **2** (*impiegare*) to place; to find* employment for: **a. una figlia**, to marry off a daughter. **allogarsi B** *v. rifl.* **1** to live: **Egli potrà a. in questa stanza**, he can live in this room **2** (*impiegarsi*) to take* a job: **S'allogò come cuoco**, he took a job as a cook.
allògeno, *a. e m.* alien.
alloggiaménto, *m.* **1** accommodation; lodging **2** (*mil.*: *in caserma*) quarters (*pl.*); (*in casa privata*) billet **3** (*mecc.*) housing; slot. ● (*mecc.*) **a. per chiavetta**, keyway; spline; slot □ **a. per molla**, spring holder.
alloggiare, A *v. t.* **1** to lodge; to put* up: **a. degli amici**, to lodge friends **2** (*mil.*: *in caserma*) to quarter; (*in casa privata*) to billet **3** (*mecc.*) to seat; to house; to fit in a slot. **B** *v. i.* **1** to lodge (at, with): **a. da un amico**, to lodge with a friend **2** (*mil.*: *in caserma*) to quarter; (*in casa privata*) to be billeted. ● (*prov.*) **Chi tardi arriva male alloggia**, first come, first served.
allòggio, *m.* **1** accommodation; lodging: **vitto e a.**, board and lodging **2** (*mil.*: *in caserma*) quarters (*pl.*); (*in casa privata*) billet **3** (*casa, appartamento*) house; flat. ● **a. unifamiliare**, living unit.
alloglòtto, A *a.* speaking a different language. **B** *m.* member of a linguistic minority.
allontanaménto, *m.* **1** removal **2** (*licenziamento*) dismissal **3** (*l'andarsene*) departure **4** (*l'estraniarsi*) estrangement.
allontanare, A *v. t.* **1** to remove; to take* away: **Allontanate queste cose**, remove these things; **Le sue parole allontanarono qualsiasi dubbio dalla mia mente**, his words removed all doubt from my mind; **Ho allontanato la seggiola dalla finestra**, I've taken the chair away from the window; **I bambini furono allontanati dal letto della madre**, the children were taken away from their mother's bedside **2** (*mandare via*) to send* away; to send* off; to dismiss: **Cosa fa qui? Allontanatelo!**, what is he doing here? send him away! **3** (*un pericolo, dei sospetti, ecc.*) to remove; to avert: **Il prestito aveva allontanato il pericolo di una crisi economica**, the loan had averted the danger of an economic crisis; **Le sue azioni avevano allontanato qualsiasi sospetto**, his actions had averted all suspicion. **allontanarsi B** *v. rifl.* **1** (*andar via*) to go* away; to go* off: **Si allontanò gridando**, he went away shouting **2** (*smettere di frequentare*) to distance oneself; to stop seeing: **Quando diventò vecchio mi allontanai da lui**, when he became old I stopped seeing him.
allopatìa, *f.* (*med.*) allopathy.
allopàtico, (*med.*) **A** *a.* allopathic; allopathetic. **B** *m.* allopath; allopathist.
allóra, *avv.* **1** (*in quel momento*) then: **A. persi la pazienza**, then I lost my patience; **a. sì che...**, then, indeed...; **fin a**, till then; **da a. in poi**, from then on **2** (*in quel tempo*) in those days; at that time: **A. ero ricco**, in those days I was rich; **a. sì che...**, in those days...indeed: **A. sì che ero ricco**, in those days I was rich indeed **3** (*in questo caso*) well, then: **Piove? A. si sta a casa**, is it raining? well then, we'll stay at home; **A., se non avevi capito bene non dovevi dire di sì**, well, if you didn't understand properly, then you shouldn't have said yes **4** (*interr.*) well, what now?: «**Non ci sono più posti sull'aereo.**» «**A.?**», «there are no more seats on the plane.» «Well, what now?» **5** (*quindi*) so; therefore: **Era tardi, a. me ne tornai a casa**, it was late, so I went back home. ● **a. a.**, just: **L'avevo incontrato a. a.**, I had just met him □ **a. come a.**, at that moment: **A. come a. non mi serviva a niente**, at that moment it was of no use to me □ **d'a.**, of old: **Dove sono le virtù d'a.?**, where are the virtues of old? □ **per a.**, at that moment; just then (*più fam.*): **Non ne avevo bisogno per a., ma per dopo**, I didn't need it at that moment, but later □ **Sposati a. a.**, newly wed □ **A. poi!**, well, if that's the case!
allorché, *cong.* (*lett.*) when.
allòro, *m.* (*bot., Laurus nobilis*) laurel (*anche fig.*): **una corona d'a.**, a laurel wreath; **riportare l'a.**, to reap one's laurels; (*fig.*) **riposare** (*o* **dormire**) **sugli allori**, to rest on one's laurels.
allorquando, *cong.* (*lett.*) when.
allotrapianto, *m.* (*med.*) allograft.
allotropia, *f.* (*chim.*) allotropy; allotropism.
allotròpico, *a.* (*chim.*) allotropic.
allòtropo, *a.* (*chim.*) allotrope.
àlluce, *m.* (*anat.*) big toe (*fam.*); hallux* (*anat.*).
allucinante, *a.* **1** hallucinatory: **droga a.**, hallucinatory drug **2** dazzling: **luce a.**, dazzling light **3** haunting: **racconto a.**, haunting tale.
allucinare, *v. t.* **1** to hallucinate **2** (*abbagliare*) to dazzle.
allucinato, A *a.* **1** hallucinated **2** (*abbagliato*) dazzled. **B** *m.* person suffering from hallucinations.
allucinatòrio, *a.* hallucinatory.
allucinazióne, *f.* hallucination: **soffrire di allucinazioni**, to suffer from hallucinations.
allucinògeno, (*chim.*) **A** *m.* hallucinogen. **B** *a.* hallucinogenic.
allucinòsi, *f.* (*med.*) hallucinosis*.
alluda, *f.* (*tecn.*) **1** aluming, alum tawning **2** (*la pelle*) alum leather.
allùdere, *v. i.* to allude (to); to hint (at); to refer (to): **a. a q.**, to allude to sb.
allumare, *v. t.* (*ind. tessile*) to alum; to treat with alum; to taw.
allume, *m.* (*chim.*) alum.
allumina, *f.* (*chim.*) alumina.
alluminatura, *f.* (*tecn.*) aluminizing.
allumìnio, *m.* (*chim.*) aluminium.
alluminòsi, *f.* (*med.*) aluminosis*.

alluminotermìa, *f.* (*chim.*) aluminothermy.
allunàggio, *m.* (*miss.*) moon landing: **un a. morbido**, a soft moon landing.
allunare, *v. i.* (*miss.*) to moon-land; to land on the moon.
allunga, *f.* (*comm.: di cambiale*) allonge; rider.
allungàbile, *a.* extensible; prolongable.
allungaménto, *m.* **1** lengthening; extension; prolongation **2** (*il diluire*) dilution; watering down **3** (*gramm.*) lengthening **4** (*mecc.*) stretch; stretching.
allungare, A *v. t.* **1** to lengthen; to prolong: **a. una tavola**, to lengthen a table; **a. le maniche di un vestito**, to lengthen the sleeves of a dress; **a. la strada**, to lengthen the road; **a. una commedia**, to lengthen a play; **Serve ad a. la vita**, it serves to prolong life **2** (*parti del corpo*) to stretch out: **a. le braccia**, to stretch out one's arms **3** (*porgere*) to hand: **Allungami quel libro**, hand me that book **4** (*una pedata, ecc.: dare*) to give*; to let* fly: **a. un calcione**, to let fly a slap; **a. una pedata a q.**, to give sb. a kick **5** (*diluire*) to water down; to dilute: **a. il vino**, to water down wine. ● **a. il collo**, to crane one's neck □ **a. le mani**, (*rubare*) to be light-fingered; (*per metterle addosso a q.*) to be free with one's hands □ **a. le orecchie**, to strain one's ears □ **a. il passo**, to lengthen one's stride; to quicken one's pace □ **a. la strada**, to take* (*o* to go) the long way □ **a. il viso** (*per malcontento*), to pull a long face. **allungarsi B** *v. rifl.* **1** to lengthen; to grow* longer: **Le giornate si allungano**, the days are lengthening **2** (*distendersi*) to lie* down; to stretch out: **Mi allungherò per mezz'ora**, I'll lie down for half an hour **3** (*gramm.*) to lengthen: **In questi casi le vocali brevi si allungano**, in these cases short vowels lengthen. ● **a. nel letto**, to lie down.
allungatura, *f.* lengthening; elongation.
allungo, *m.* (*sport*) **1** (*calcio*) long pass **2** (*atletica*) spurt **3** (*scherma*) extended lunge **4** (*pugilato*) reach.
allusióne, *f.* allusion; hint; reference. ● **fare a. a q.c.**, to allude to st.
allusivo, *a.* allusive.
alluviale, *a.* (*geol.*) alluvial: **terreno a.**, alluvial soil.
alluvionato, A *a.* flooded. **B** *m.* flood victim.
alluvióne, *f.* **1** flood; alluvion (*anche leg.*) **2** (*fig.: grande quantità*) torrent; flood; stream: **un'a. di romanzi gialli**, a flood of detective novels.
alma, *f.* (*poet.*) soul.
almanaccare, *v. i.* to puzzle (*o* to rack) one's brains.
almanacco, *m.* almanac. ● **a. di Gotha**, Almanach de Gotha.
alméno, *avv.* at least: **Dovresti leggere a. un libro al mese**, you should read at least one book every month; **Potresti a. chiedere scusa**, you might at least say you're sorry. ● **a. per un minuto**, at least a minute □ **A. ti decidessi!**, if only you would make up your mind!
almo, *a.* (*poet.*) **1** life-giving: **l'a. sole**, the life-giving sun **2** (*nobile*) noble: **alma Roma**, noble Rome.
alno, *V.* ontano.
àloe, *m.* (*bot.*, *Aloe*) aloe.
alofàuna, *f.* halophilic fauna; salt-water fauna.
aloflòra, *f.* halophilic flora; sea flora.
alogenare, *v. t.* (*chim.*) to halogenate.
alògeno, *m.* (*chim.*) halogen.
alogenuro, *m.* (*chim.*) halide; haloid.
alòide, *a.* (*chim.*) haloid.
alone, *m.* (*astron.*, *fis.*) halo* (*anche fig.*): **un a. di gloria**, a halo of glory; **un a. di luce**, a halo of light.
alopecia, *f.* (*med.*) alopecia.
alòsa, *f.* (*zool.*, *Alosa alosa*) allice shad.
alpaca, *m.* **1** (*zool.*, *Lama pacos*) alpaca **2** (*tessuto*) alpaca.
alpacca, *m.* nickel silver.
alpe, *f.* **1** alp **2** mountain pasture.
alpéggio, *m.* summer alpine pasture.
alpenstock (*ted.*), *m.* alpenstock.
alpèstre, *a.* **1** (*delle Alpi*) Alpine **2** (*montano*) mountainous. **Alpi**, *f. pl.* (*geogr.*) (the) Alps.
alpigiano, A *a.* alpine; mountain (*attr.*). **B** *m.* **1** Alpine dweller **2** (*montanaro*) mountaineer.
alpinismo, *m.* alpinism; mountaineering. ● (*sport*) **sci-a.**, ski touring.
alpinista, *m. e f.* alpinist; mountaineer; mountain-climber.
alpinistico, *a.* alpine.
alpino, A *a.* Alpine. **B** *m.* (*mil.*) «alpino*».
alquanto, A *a. indef.* **1** a certain amount of; some; quite a bit of: **Aveva bevuto a. vino**, he had drunk a certain amount of wine **2** (*pl.*) several; a good many; quite a lot of: **alquanti uomini**, several men; **alquante cose**, several things. **B** *pron. indef.* **1** a certain amount; a good deal; some: **Ne ha bevuto a.**, he has drunk a good deal (of it) **2** (*pl.*) several; some; quite a few. **C** *avv.* rather; somewhat: **Sono a. infelice**, I am rather unhappy. ● **Aspettò a.**, he waited a while □ **Camminammo a.**, we walked for quite some time.
Alsàzia, *f.* (*geogr.*) Alsace.
alsaziano, *a. e m.* Alsatian (*anche il cane*).
alt, A *inter.* **1** halt **2** (*segnale stradale*) stop. **B** *m.* halt: **dare l'alt**, to call a halt; **dare l'alt a q.**, to bring sb. to a halt.
altacassa, *f.* (*tipogr.*) upper case.
altaléna, *f.* **1** (*sospesa*) swing: **fare l'a.**, to go on the swing(s) **2** (*tavola in bilico*, *anche fig.*) seesaw: **l'a. degli avvenimenti**, the seesaw of events.
altalenare, *v. i.* (*anche fig.*) to swing*; to seesaw.
altaménte, *avv.* highly; greatly; (*moltissimo*) very much.
altana, *f.* roof-terrace.
altare, *m.* altar: **l'a. della Madonna**, the altar of Our Lady; **l'a. maggiore**, the high altar; **condurre all'a.**, to lead to the altar. ● **accostarsi all'a.** (*comunicarsi*), to receive Holy Communion □ (*fig.*) **innalzare all'onore degli altari**, to canonize □ (*fig.*) **scoprire gli altarini**, to reveal the skeleton in the cupboard (*USA*: closet).
altèa, *f.* (*bot.*, *Althaea officinalis*) marsh mallow.
alteràbile, *a.* **1** alterable **2** (*fig.: irritabile*) irritable; touchy.
alterabilità, *f.* **1** alterableness; alterability **2** (*fig.: irritabilità*) irritability; touchiness.
alterare, A *v. t.* **1** to alter; (*un cibo*) to adulterate; (*falsificare*) to falsify; to forge: **a. la voce**, to alter one's voice **2** (*fig.: travisare*) to distort; **a. le parole di q.**, to distort sb.'s words **3** (*fig.: turbare*) to fuddle: **Il vino gli aveva alterato la mente**, the wine had fuddled his brain. **alterarsi B** *v. rifl.* **1** to alter; to change; to undergo* change; (*del cibo*) to go* bad; (*del latte, ecc.*) to go* sour; (*delle merci*) to deteriorate: **Questo metallo si altera al fuoco**, this metal undergoes change when exposed to heat; **Questi colori si alterano all'aria umida**, these colours change when exposed to damp **2** (*arrabbiarsi*) to lose* one's temper: **Si altera per un nulla**, he loses his temper at the slightest provocation **3** (*perdere la lucidità di mente*) to grow* fuddled.
alterativo, *a.* — (*gramm.*) **suffisso a.**, diminutive (pejorative, augmentative) suffix.
alterato, A *a.* **1** altered; (*guasto*) ruined, bad **2** (*fig.: travisato*) distorted **3** (*turbato*) upset. **B** *m.* (*gramm.*) diminutive (*o* pejorative, augmentative) noun.
alterazióne, *f.* **1** alteration; (*di cibo*) adulteration **2** (*fig.: travisamento*) distortion. ● **a. del polso**, change in the pulse rate.
altercare, *v. i.* to altercate; to wrangle; to squabble.
altercazióne, *f.* **altèrco**, *m.* altercation; wrangle; squabble.
altèrezza, *f.* **1** (*orgoglio*) pride **2** (*superbia*) haughtiness.
alterigia, *f.* haughtiness.
alternanza, *f.* **1** alternation **2** (*agric.*) rotation.
alternare, A *v. t.* **1** to alternate: **Alterna lo studio col divertimento**, he alternates work and amusement **2** (*mecc.*) to reciprocate **3** (*agric.*) to rotate. ● **Cantavano alternando i versetti**, they sang alternate verses. **alternarsi B** *v. rifl.* to alternate: **I due colori si alternano**, the two colours alternate. ● **a. con q.**, to take turns with sb.
alternativa, *f.* **1** (*scelta*) alternative: **Non hai a.**, you have no alternative; **O bere o affogare**, **questa è l'a.**, sink or swim; this is the alternative; (*polit.*) **a. democratica**, democratic alternative **2** (*l'alternarsi*) alternation: **un'a. di timori e speranze**, an alternation of fear and hope.
alternativaménte, *avv.* alternatively.
alternativo, *a.* **1** alternate; alternative: **itinerario a.**, alternative route; **energia alternativa**, alternate (*o* alternative) energy **2** (*mecc.*) reciprocating. ● (*leg.*) **obbligazione alternativa**, alternative obligation □ **Il servizio notturno sarà a. tra i due medici**, the two doctors will take the night shift in turns.
alternato, *a.* alternate; alternating: **rima alternata**, alternate rhyme; (*elettr.*) **corrente alternata**, alternating current.
alternatóre, *m.* (*autom.*, *elettr.*) alternator.
alternazióne, *f.* alternation.
altèrno, *a.* alternate. ● **una contesa** (*sportiva, ecc.*) **a fasi alterne**, a ding-dong contest.
altèro, *a.* **1** (*orglioso*) proud **2** (*superbo*) haughty.
altézza, *f.* **1** height: **Il sasso cadde da una grande a.**, the stone fell from a great height; **l'a. di un monte**, the height of a mountain; **Qual è la tua a.?**, what is your height?; **Sono più di un metro e ottanta d'a.**, I am six feet in height; I am six feet tall **2** (*statura alta*) tallness: **L'a. di quel ragazzo è eccezionale**, the tallness of that boy is exceptional **3** (*dell'acqua: profondità*) depth: **l'a. media del fiume**, the average depth of the river **4** (*della marea*) height: **l'a. della marea** (*sopra il livello normale*), the height of the tide (above the usual level) **5** (*di stoffa*) width; breadth: **un metro in a.**, one metre in width (*o* wide); one metre in breadth; **doppia a.**, double width **6** (*di suono*) pitch: **Gli strumenti musicali hanno altezze diverse**, musical instruments vary in pitch **7** (*fig.: grandezza, nobiltà*) loftiness; nobility;

altezzosità

greatness: **l'a. delle sue idee**, the loftiness of his ideas; **Mostrò vera a. d'animo**, he showed true nobility (*o* greatness) of mind **8** (*titolo*) Highness: **Vostra A.**, Your Highness; **Sua A. Reale**, His Royal Highness **9** (*geom.*) altitude **10** (*astron.*) elevation. ● **l'a. di un pozzo**, the depth of a well □ (*geogr.*) **a. sul livello del mare**, height above sea level; altitude □ **a grande a.**, at a great height □ **all'a. di**, (*di moto*) to; (*di fronte a*) opposite; (*fuori di*) outside; (*naut.: al largo di*) off: **Quando arrivi all'a. del Duomo devi voltare a destra**, when you get to the cathedral, you must turn right; **L'automobile si fermò all'a. del numero 10**, the car stopped opposite (*o* in front of) number 10; **La flotta era all'a. di Capo S. Vincenzo**, the fleet was off Cape St. Vincent □ (*fig.*) **essere all'a. di**, to be up to; to be equal to; to measure up to: **Non è all'a. del suo compito**, he isn't up to (*o* equal to) his task □ (*fig.*) **essere all'a. dei tempi**, to be up-to-date □ **crescere in a.**, to grow taller □ (*astron.*) **determinare l'a. del sole** (*con il sestante*), to shoot the sun.

altezzosità, *f.* haughtiness.
altezzóso, *a.* haughty.
alticcio, *a.* tipsy.
altimetria, *f.* altimetry.
altimètrico, *a.* altimetrical.
altimetro, *m.* altimeter.
altipiano, *V.* altopiano.
altipòrto, *V.* altopòrto.
altisonante, *a.* **1** resonant; sonorous **2** (*iron.*) high-sounding.
altitùdine, *f.* (*geogr.*) altitude; height: **È difficile respirare a queste altitudini**, it's difficult to breathe at these altitudes.

alto (1), *a.* **1** high (*anche fig.*): **alte montagne**, high mountains; **un monte a. duemila metri**, a mountain 2,000 metres high; **avere un a. concetto** (*o* **alta stima**) **di q.**, to have a high opinion of sb.; **a. esplosivo**, high explosive; **alta finanza**, high finance; **a. grado** (*gerarchico*), high rank; **a. tradimento**, high treason; **un numero a.**, a high number; **pressione alta**, high pressure; **un prezzo a.**, a high price **2** (*di statura*) tall: **un uomo a.**, a tall man **3** (*profondo*) deep: **L'acqua è alta un metro**, the water is one metre deep; **neve alta**, deep snow **4** (*di stoffa*) wide; broad: **Questa stoffa è alta un metro**, this material is one metre wide (*o* broad) **5** (*di voce; di suoni: forte*) loud: **Parlava ad alta voce**, he spoke out loud **6** (*di voce: acuta, da soprano*) treble **7** (*elevato*) lofty; elevated; soaring; towering: **un'alta cima**, a lofty (*o* a soaring, a towering) peak **8** (*fig.*) high; lofty; noble; great; sublime (*anche iron.*) **un uomo di alti sentimenti**, a man of lofty (*meno usato*) elevated) sentiments; **un uomo d'a. valore**, a man of great value **9** (*geogr.*) upper; (*settentrionale*) northern: **l'Alta Slesia**, Upper Silesia; **l'A. Egitto**, Upper Egypt; **l'A. Tamigi**, the upper reaches of the Thames; **l'A. Po**, the upper reaches of the Po; **l'Alta Italia**, Northern Italy **10** (*polit.*) upper: **la Camera Alta**, the Upper House **11** (*di mare: mosso*) rough: **Oggi il mare è a.**, the sea is rough today **12** (*di Pasqua, Carnevale, ecc.*) late: **Quest'anno la Pasqua è alta**, Easter is late this year **13** (*arduo, difficile*) arduous; difficult; highbrow (*fam.*): **Questo genere di letture è troppo a. per lui**, this kind of reading is too arduous (*o* difficult, highbrow) for him **14** (*stor.*) early: **l'a. Medioevo**, the early Middle Ages. ● **a. dirigente**, top executive □ **alta dirigenza**, top management □ (*ind.*) **a. forno**, blast furnace □ **alta marea**, high tide; highwater □ **a. mare**, high sea; open sea; deep sea □ **l'alta matematica**, higher mathematics □ (*comm.*) **alta novità**, latest fashion □ (*aeron.*) **alta quota**, high altitude □ (*fis.*) **alta tensione**, high tension; high voltage □ (*naut.*) **le vele alte**, the topsails □ **ad alta voce**, in a loud voice; aloud: **leggere q.c. ad alta voce**, to read st. aloud □ **a notte alta**, at dead (of the depth) of night □ **camminare a testa alta**, to walk with one's head erect (*o* held high); (*fig.*) to have nothing to fear; to have nothing to feel ashamed of □ **le classi alte** (*della società*), the upper classes □ **di a. grado** (*di prima qualità*), high-grade: **acciaio di a. grado**, high-grade steel □ **giorno a.** (*mezzogiorno*), high noon □ **in a. mare**, at sea; on the open sea; (*fig.*) bewildered, uncertain □ (*turismo*) **alta stagione**, rush (*o* peak) season □ **una nave d'a. bordo**, a tall ship □ **un omone a. a.**, a very tall man □ (*fig.*) **uno scrittore d'alta quota**, a writer of the first rank □ (*naut.*) **ufficiale d'a. bordo**, officer of high rank □ **voce alta** (*di tono*), high voice; high-pitched voice.

alto (2), *m.* **1** (*cima*) top; summit: **Dall'a. della montagna l'occhio abbraccia tutta la vallata**, from the top (*o* summit) of the mountain the eye takes in the whole valley **2** (*la parte alta*) (the) upper part: **L'a. della città è salubre**, the upper part of the town is healthy **3** (*cielo*) Heaven: **un'ispirazione dall'a.**, an inspiration from Heaven (*o* from on high); a heaven-sent inspiration. ● **gli alti e bassi**, the ups and downs: **gli alti e bassi della vita**, the ups and downs of life □ **dall'a.**, from above; from the top; (*fig.*) from high places: **un ordine dall'a.**, an order from high places □ (*fig.*) **fare a. e basso**, to do exactly as one pleases; to do just what one likes □ (*fig.*) **far cadere una cosa dall'a.**, to do st. as if it were a great favour □ (*fig.*) **guardare q. dall'a. in basso**, to look down one's nose at sb.; to look down on sb.; to despise sb. □ **in a.**, on high; (*fig.*) in a high place, in high quarters.

alto (3), *avv.* **1** high; up: **in a.** (*verso il cielo*), on high; (*in su*) upwards, up; (*anche fig.*) **mirare a.**, to aim high; **Mani in a.!**, hands up! **2** (*ad alta voce*) loudly: **parlare a.**, to speak loudly; (*fig.*) to speak up (*o* out). ● **«a.»** (*su un collo di merce*), «this side up» □ **dichiarare a. che...**, to assert without fear of contradiction that... □ (*sport*) **salto in a.**, high jump □ (*fig.*) **Arriverà molto in a.**, he will go far □ **tenere a. il proprio nome**, to uphold one's good name □ **tenersi a.** (*nel prezzo*), to ask a high price □ **In a. i cuori!**, cheer up!

alto (4), *inter.* halt!: **a. là!**, halt there!; stop!
altoatesino, **A** *a.* Upper Adige (*attr.*). **B** *m.* inhabitant of Upper Adige.
altocùmulo, *m.* (*meteorologia*) altocumulus*.
altofórno, *m.* (*ind.*) blast furnace.
altolocato, *a.* high-ranking; in a high social position; of position: **persone altolocate**, men (*o* women) of position.
altoparlante, *m.* loudspeaker.
altopiano, *m.* plateau; tableland.
altopòrto, *m.* (*aeron.*) high mountain airport.
altorilièvo, *m.* (*scult.*) alto-relievo*; high relief.
altostrato, *m.* (*meteorologia*) altostratus*.
altresì, *avv.* (*lett.*) likewise; also: **Gli dissi a. che tu eri arrabbiato**, I likewise informed him you were angry.
altrettanto, **A** *a. correlativo* as much (...as), (*pl.*) as many (...as); (*nelle frasi neg.*) so much (...as), (*pl.*) so many (...as): **Ho comprato dieci mele e altrettante pere**, I bought ten apples and as many pears. **B** *pron. correlativo* **1** as much (...as), (*pl.*) as many (...as); (*nelle frasi neg.*) so much (...as), (*pl.*) so many (...as): **Io ti dò cinque sterline, egli te ne darà altrettante**, I'll give you five pounds; he will give you as many **2** (*la stessa cosa*) the same: **«Buon Anno!» «A. a voi!»**, «A happy new year!» «The same to you!». **C** *avv. correlativo* **1** (*con agg. e avv.*) as... (as); (*nelle frasi neg.*) so... (as): **Egli è a. alto quanto suo fratello**, he is as tall as his brother; **Io sono a. interessata quanto voi in questa faccenda**, I am as interested as you are in this matter **2** (*con verbi*) as much (as): **Non lavori a. quanto prima**, you don't work as much as you used to do. ● **Egli la salutò, e i suoi compagni fecero a.**, he greeted her, and his companions did likewise □ **Iersera ho aspettato un'ora; stasera non vorrei aspettare a.**, I waited an hour yesterday evening; I wouldn't like to wait as long (as that) tonight.
altri, *pron. indef. sing.* **1** (*un'altra persona*) another (person); (*altre persone*) other people, others (*pl.*): **A. farebbe ciò, io no**, another (person) would do this, I wouldn't; **Uno diceva una cosa, a. un'altra**, one said one thing, others said another **2** (*qualcuno, alcuno*) somebody, someone (else); anybody, anyone (else): **Non c'è a. che voi che sappia far questo**, there isn't anybody (*o* there is nobody) but you who can do this.
altrièri, *m.* **1** (*determinato*) (the) day before yesterday **2** (*indeterminato*) (the) other day.
altriménti, *avv.* otherwise: **Non posso fare a.**, I can't do otherwise; **Lo deve fare, a. se ne pentirà**, he must do it, otherwise he'll be sorry.
altro, **A** *a.* **1** other; (*un altro*) another; (*in aggiunta, in più*) more; (*ulteriore*) further; (*diverso*) different: **l'a. uomo**, the other man; **un a. uomo**, another man; **Volevo un a. libro, non questo**, I wanted another book, not this one; **l'a. giorno**, the other day; **Lo farò un'altra volta**, I'll do it another time; **Ripetilo un'altra volta**, say it once more; say it again; **Dove sono gli altri libri?**, where are the other books?; **Ho degli altri francobolli**, I have some other (*o* some more) stamps; **Non ho altri amici qui**, I haven't any other (*o* I have no other) friends here; **Non dirò un'altra parola al riguardo**, I won't say another word about it; **Resta altri cinque minuti!**, stay another five minutes!; stay five minutes more!; **Vuoi dell'a. vino?**, will you have some more wine?; **Dobbiamo procurarci altre informazioni**, we must get further information; **Passammo da un'altra strada**, we went by a different (*o* by another) route; **Si comportò come un a.** (*un novello*) **Leonida**, he behaved like another Leonidas **2** (*con agg. avv. e pron. interr. o indef.*) else: **Chiunque a.** (*o un a.*) **avrebbe taciuto**, anybody else would have kept quiet; **qualcun a.**, somebody (*o* anybody) else; **nessun a.**, nobody else; **qualche cos'a.**, something (*o* anything) else; **Nient'a.**, grazie, nothing else, thank you; **Dev'essere l'ombrello di qualcun a.**, it must be somebody else's umbrella; **Chi a. era presente?**, who else was present?; **Che a. vuoi?**, what else do you want?; **In quale a. luogo sei andato?**, where else did you go?; **In quale a. modo lo faresti?**, how else would you do it?; **in qualche a. luogo**, somewhere else; **in nessun a. luogo**, nowhere else **3** (*precedente*) previous, preceding; (*scorso*) last: **l'a. capitolo**, the preceding (*o* previous

alzata

chapter; **l'a. anno**, last year **4** (*prossimo*) next: **quest'a. anno**, next year; **Ci vedremo quest'altra settimana**, we'll meet next week. ● **l'a. ieri** (*o* **ier l'a.**), the day before yesterday □ **altra volta**, previously; once before □ **altre volte**, (at) other times □ **ben altra cosa**, quite a different thing (*o* matter) □ **d'a. canto** (*o* **d'altra parte**), on the other hand □ **noi altri studenti, voi altri professori**, we students, you teachers □ **senz'a. avviso**, without further warning □ **Questa è tutt'altra cosa**, this is quite another thing. **B** *pron.* **1** (the) other; (*un altro*) another (one); (*in aggiunta, in più*) more: **Chi vuole una cosa e chi un'altra**, one wants one thing, somebody else wants another; **Verrò a trovarti un giorno o l'a.** (**una volta o l'altra**), I'll be seeing you some day or other; **Uno di questi è mio; l'a. è di mio fratello**, one of these is mine; the other is my brother's; **Cinque sono tuoi; gli altri sono di Tom**, five are yours; the others are Tom's; **Questo non mi piace; ne voglio un a.**, I don't like this one; I want another; **Me ne mostri un a.?**, will you show me another (one)?; **Ne voglio dell'a.** (*o degli altri*), I want some more **2** (*rif. a persona*) — **un a.**, another (person); (**gli**) **altri**, (the) others; other people; (*qualcun a.*) somebody (*o* anybody) else; (*chiunque a.*) anybody else: **Un a. nei miei panni farebbe così**, another (person) in my shoes would do so; **Altri lo diranno**, others (*o* other people) will say so; **tutti gli altri**, all the others; **Gli altri tacevano**, the others kept silent; **Vai a raccontarlo ad altri**, go and tell somebody else; tell that to the marines! (*fam.*); **Non raccontarlo ad altri che al tuo amico**, don't tell anybody (*o* anyone) but your friend; **Un a. avrebbe taciuto**, anybody else would have kept quiet **3** (*sostantivato: qualcosa*) something (*o* anything) else; (*qualcosa di diverso*) something (*o* anything) different; (*altre cose*) other things: **Parliamo d'a.**, let's talk of something else; let's change the subject; **Vuoi a.?**, do you want anything else?; **Non voglio a.**, I don't want anything else (*o* I want nothing else); (**Serve a.?**, anything else?; **Ci vuol** (**ben**) **a.!**, it takes something quite different from that!; it takes much more than that!; **Fra l'a., mi disse che...**, among other things, he told me that...; **penne, matite e a.**, pens, pencils, and other things (besides) **4** (*sostantivato: in frasi neg., come sogg.*) — **non...a.**, nothing else: **L'anello non c'era; ma non mancava a.**, the ring wasn't there; but nothing else was missing. ● **A. che!**, of course; (most) certainly: «**Ti senti di andarci?**» «**A. che!**», «do you feel like going?» «I (most) certainly do!»; «you can bet your life, I do» (*fam.*) □ **da un giorno all'a.**, from day to day; (*qualsiasi giorno*) any day (now): **Lo aspettiamo da un giorno all'a.**, we are expecting him any day now □ **dell'a.**, some more; more: **Ne vorrei dell'a.**, I should like some more; **Ha sofferto molto, ma ha da soffrire dell'a.**, he has suffered much, but he has more to suffer □ (*fig.*) **diventare un a.**, to change completely □ **né l'uno né l'a.**, neither; (*in presenza di neg.*) either □ **non... a. che**, nothing but: **Non fa a. che studiare**, he does nothing but study □ **per a.**, however; still; but: **Per a., se proprio vuoi che vada, andrò**, however (*o* still, but), if you really want me to, I'll go □ **più che a.**, (*soprattutto*), above all; particularly: **Lo dissi più che a. per sfogarmi**, I said it above all (*o* particularly) to give vent to my feelings □ **se non a.**, at least: **Sarà brutta, ma se non a. è intelligente**, she may be ugly, but at least she is intelligent □ **senz'a.**, certainly: **Partirò domani senz'a.**, I shall certainly leave tomorrow □ **Tutt'a.!**, of course not!; (most) certainly not!; «**Faresti questo?**» «**Tutt'a.!**», «would you do this?» «I (most) certainly wouldn't!»; «you can bet your life, I wouldn't!» (*fam.*) □ **tutt'a. che**, anything but: **È tutt'a. che intelligente**, he's anything but clever □ **l'un l'a.** (*o* **l'un l'altra**), each other; one another: **Si burlavano l'un l'a.**, they made fun of each other □ **l'uno o l'a.**, one or the other; either □ **Ci disse questo e a.**, he said this to us and more (besides) □ **Farò questo e a.** (*di più*) I'll do this and a lot more; (*di peggio*) I'll do this and worse □ **Asino, che non sei a.!**, you ass, that's all you are! (*fig.*) **È un a.** (**pare un a.**), he is (he seems) another person □ (*fig.*) **È diventato un a.**, he has become another person □ **Non c'è a.**, that's all □ **C'è ben a.**, there's much more to it (than you think); and that's not all, there's more to come □ **È tutt'a. di quello che credi**, he (*o* it) is quite different from what you think □ **Ci mancherebbe a.!**, God forbid! □ (*fig.*) **Non ci mancava a.**, this is (*o* that was) the last straw □ **Tra l'a., mi raccontò questa**, amongst other things, he told me this □ (*fam.*) **È uno studente come un a.**, he is just a student (like the rest of them) □ (*fam.*) **È una ragione come un'altra**, it's a good enough reason □ **Lo aspettiamo da un momento all'a.**, we are expecting him any moment □ (*prov.*) **Una ciliegia tira l'altra**, one thing leads to another □ (*prov.*) **A. è dire, a. è fare**, easier said than done.

altrónde, *avv.* (*lett.: da altro luogo*) from elsewhere. ● **d'a.**, on the other hand; however: **Mi dispiace; d'a. me lo aspettavo**, I'm sorry; I expected it, however.

altróve, *avv.* somewhere else; elsewhere: **Eravamo diretti a.**, we were going somewhere else; **L'avrò visto a.**, I must have seen him somewhere else. ● (*fig.*) **essere a. col pensiero**, to be wool-gathering.

altrùi, A *a. poss.* other's; other people's: **la roba a.**, other people's belongings; **Le disgrazie a.**, other people's troubles. **B** *pron. indef.* (*lett.*) others. **C** *m.* (*la roba degli altri*) other people's belongings (*pl.*).

altruismo, *m.* altruism; unselfishness.

altruista, *m.* e *f.* altruist.

altruìstico, *a.* altruistic; unselfish.

altura, *f.* **1** (*luogo alto*) high ground: **La villa sta sopra un'a.**, the villa stands on high ground **2** (*naut.*) high sea; open sea. ● (*naut.*) **d'a.**, ocean-going.

alturiéro, *a.* (*naut.*) ocean-going.

alunno, *m.* **1** (*allievo*) pupil: **una scuola con cento alunni**, a school of a hundred pupils **2** (*apprendista*) apprentice. ● (*fig.*) **gli alunni delle Muse**, the Muses' disciples.

alveare, *m.* hive (*anche fig.*): **un a. umano**, a hive of humanity.

àlveo, *m.* river bed. ● (*naut.*) **a. marino**, sea bed.

alveolare, *a.* (*anat., fon.*) alveolar.

alveolite, *f.* (*med.*) alveolitis*.

alvèolo, *m.* (*anat.*) alveolus*.

alvo, *m.* (*lett.*) womb.

alzabandièra, *f.* (ceremony of) hoisting the flag.

alzacristallo, *m.* (*autom.*) window winder: **a. elettrico**, electrically operated window winder.

alzàia, *f.* **1** (*fune*) towrope **2** (*strada*) towpath.

alzaménto, *m.* lifting; raising.

alzare, A *v. t.* **1** to lift (up); (*anche fig.*) to raise: **Alzò gli occhi verso suo padre**, he lifted his eyes towards his father's; **a. un peso**, to lift a weight; **a. la testa**, to lift one's head; **Alzò le braccia (gli occhi, il viso) al cielo**, he raised his arms (his eyes, his face) to heaven; **Alzò gli occhi dal libro**, he raised his eyes (*o* he looked up) from the book; **a. la mano**, to put up (*o* to raise) one's hand: **Alzate la mano destra!**, raise your right hand!; **a. il sipario**, to raise the curtain; **a. la voce**, to raise one's voice; **a. il prezzo**, to raise the price; **a. i pensieri a Dio**, to raise one's thoughts to God **2** (*sollevare a fatica*) to heave: **Alzò il baule e se lo mise sulle spalle**, he heaved the trunk on to his shoulders; **Alzate!**, heave! **3** (*issare*) to hoist; (*naut., anche*) to heave: **a. le vele** (**la bandiera**), to hoist the sails (the flag); **a.** (*mediante gru*) **delle casse a bordo**, to hoist cases on board **4** (*costruire*) to build*; (*erigere*) to erect, to raise: **a. un muro** (**una statua**), to erect a wall (a statue): **a. un monumento**, to raise a monument. ● (*naut.*) **a. l'ancora**, to raise anchor □ **a. l'automobile con il cricco**, to jack up the car □ **a. il bollore**, to start boiling □ **a. le carte** (*da gioco*), to cut the cards □ **a. la casa di un** (**altro**) **piano**, to add another storey to the house □ **a. un fagiano**, to flush a pheasant □ **a. il gomito**, to raise one's elbow; (*fig.*) to drink too much □ (*naut.: di pennone*) **a. in posizione verticale**, to peak □ **a. una lepre**, to raise (*o* to start) a hare □ **a. la mano contro q.**, (*in atto di colpire*) to raise one's hand against sb.; (*per percuoterlo*) to lay hands on sb. □ (*fig.*) **a. q.** (**q.c.**) **alle stelle**, to praise sb. (st.) to the skies □ (*naut.*) **a. i remi** (*in segno di saluto*), to toss oars □ **a. lo sguardo**, to look up □ **a. le spalle**, to shrug one's shoulders □ (*scherz.*) **a. i tacchi** (*fuggire*), to take to one's heels □ **a. una tenda**, to pitch (*o* to put up) a tent □ (*fig.*) **a. la testa** (*o* **la cresta**, **le corna**), to become arrogant (*o* insolent); to get cocky (*fam.*) □ **a. le vele** (*salpare*), to set sail □ **Non c'è bisogno di a. la voce**, there's no need to shout □ **La pentola ha alzato il bollore**, the pot is on the boil. **alzarsi B** *v. rifl.* **1** to rise*: **Il sole si alza alle cinque**, the sun rises at five; **Il vento si alzò d'un tratto**, the wind rose suddenly **2** (*dal letto*) to get* up **3** (*con fatica*) to raise oneself: **Il vecchio si alzò lentamente 4** (*di persona corpulenta*) to heave (*o* to hoist) oneself up: **Si alzò in piedi sbuffando**, he heaved (*o* hoisted) himself to his feet puffing and blowing **5** (*crescere in altezza*) to grow* tall: **Come s'è alzato quel ragazzo!**, how tall that boy has grown! ● **a. in piedi**, to stand up; to rise to one's feet: **Alzati in piedi!**, stand up!; **Il pubblico si alzò in piedi**, the audience rose to its feet □ **a. in volo**, (*di uccelli*) to fly up, to fly off; (*di aeroplano*) to take off.

alzata, *f.* **1** (*l'alzare*) lifting up; raising **2** (*l'alzarsi*) rising; getting up: **l'a. del sole**, the rising of the sun; the sunrise **3** (*aumento*) rise: **un'a. dei prezzi**, a rise in prices **4** (*archit.: rappresentazione verticale di un edificio*) elevation; front view **5** (*archit.: di un gradino*) riser (of a step) **6** (*anche:* **a. di terra**) mound; (*argine*) embankment **7** (*mecc.: delle valvole*) lift **8** (*giocando a carte*) cut **9** (*specchiera sopra un mobile*) upper part (of a sideboard); sideboard mirror **10** (*per frutta*) fruit-stand **11** (*sport: calcio*) high kick. ● **a. d'ingegno**, happy thought; happy inspiration; brain wave (*scherz.*): **Che bell'a. d'ingegno!**, what a happy thought!; that was a happy thought! □ (*fig.*) **a. di scudi**, rebellion; protest: **Il suo discorso fu interrotto da un'a. di scudi dei presenti**, his speech was interrupted by a protest

alzato

from those who were present □ **un'a. di spalle**, a shrug (of the shoulders) □ **votare per a. di mano**, to vote by show of hands □ **votare per a. e seduta**, to vote by standing or remaining seated.
alzato, A a. **1** (*in piedi*) up; standing **2** (*dal letto*) up; out of bed: **Non è ancora a.**, he isn't up yet. **B** m. (*archit.*) elevation; front view.
alzavàlvola, m. (*mecc.*) valve lifter.
alzàvola, f. (*zool., Anas crecca*) teal*.
alzo, m. (*di arma da fuoco*) sight.
amàbile, a. **1** lovable **2** (*di vino*) sweet.
amabilità, f. **1** lovableness **2** (*di vino*) sweetness.
amaca, f. hammock.
amadriade, f. (*zool., Papio hamadryas; mitol.*) hamadryad.
amagnètico, a. (*fis., metall.*) non-magnetic.
amàlgama, m. (*chim.*) amalgam (*anche fig.*): **un a. di verità e d'errori**, an amalgam of truth and error.
amalgamare, A v. t. (*chim.*) to amalgamate (*anche fig.*): **a. un metallo**, to amalgamate a metal; **Queste due idee non si possono a.**, you cannot amalgamate these two ideas. **amalgamarsi B** v. rifl. to amalgamate.
amalgamazióne, f. (*chim.*) amalgamation (*anche fig.*).
Amàlia, f. Amelia.
amamèlide, f. (*bot., Hamamelis virginiana*) witch hazel.
amanita, f. (*bot., Amanita*) amanita.
amante (1), A a. fond (of); keen (on). **B** m. e f. lover.
amante (2), m. (*naut.*) **1** runner **2** (*di pennone*) (yard) tie. ● **gassa d'a.** (*semplice*), bowline knot □ **gassa d'a. doppia**, bowline knot on a bight.
amanuènse, m. **1** amanuensis* **2** (*scrivano*) copyist.
amaranto, A a. amaranthine. **B** m. **1** (*bot., Amaranthus*) amaranth **2** (*colore*) amaranth.
amarasca, f. (*bot.*) marasca cherry; morello (cherry).
amarasco, m. (*bot., Prunus cerasus*) marasca-cherry tree; morello(-tree).
amare, A v. t. **1** (*persone e cose*) to love; to be fond of; (*piuttosto cose*) to have a passion for: **a. i genitori** (**la patria, Dio**), to love one's parents (one's country, God); **Amo molto la musica**, I'm very fond of (o I have a passion for) music **2** (*essere innamorato di*) to be in love with **3** (*dilettarsi di*) to delight in; to take* pleasure in **4** (*fig.: di piante*) to like; to need; to require: **È una pianta che ama l'ombra**, it's a plant which needs shade. ● **a. alla follia**, to love to distraction □ **farsi a. da q.**, to endear oneself to sb. **amarsi B** v. rifl. recipr. to love each other (*o* one another); to be fond of each other (*o* of one another). ● **Quei due non si amano**, there's little love between those two.
amareggiaménto, m. embitterment; grieving; vexing; saddening.
amareggiare, A v. t. **1** to embitter; to make* bitter: **Questo amareggiò la nostra gioia**, this embittered our joy **2** (*persone*) to sadden; to grieve: **Questo mi amareggia**, this saddens me. **amareggiarsi B** v. rifl. to grieve: **Non devi amareggiarti per così poco**, you mustn't grieve over so little.
amarèna, f. **1** (*bot.*) sour (black) cherry **2** (*bevanda*) sour--cherry juice.
amaréno, m. (*bot., Prunus cerasus varietà caproniana*) sour cherry tree.
amarétto, m. **1** (*biscotto*) macaroon **2** (*liquore*) «amaretto».
amarézza, f. **1** bitterness (*anche fig.*): **l'a. di quella bevanda**, the bitterness of that drink; **Disse queste parole con grande a.**, he said these words with great bitterness **2** (*pl.: guai*) troubles: **In questi giorni ho avuto molte amarezze**, I have had many troubles these past few days.
amaricante, a. embittering.
amàrico, A a. (*geogr.*) Amhara (*attr.*). **B** m. (*la lingua*) Amharic.
amarilli(de), f. (*bot., Amaryllis belladonna*) amaryllis; belladonna lily.
amaro, A a. bitter (*anche fig.*): **a. come il fiele**, as bitter as gall; **un a. rimprovero**, a bitter reproach; **avere la bocca amara**, to have a bitter taste in one's mouth; **mandar giù un boccone a.**, to swallow a bitter pill; **parole amare**, bitter words; **un sapore a.**, a bitter taste; **un sorriso a.**, a bitter smile. **B** m. **1** (*sapore*) bitterness **2** (*liquore*) bitters (*pl.*).
amarógnolo, a. bitterish.
amarra, f. (*naut.*) mooring cable.
amato, A a. loved; beloved; darling. **B** m. — **l'a.**, one's loved one; one's beloved; one's sweetheart.
amatóre, m. **1** lover **2** (*intenditore*) connoisseur; (*dilettante*) amateur.
amatòrio, a. (*lett.*) amatory. ● **filtro a.**, love philtre.
amatriciano, A a. of Amatrice. **B** m. inhabitant of Amatrice. ● **spaghetti all'amatriciana**, spaghetti with cheese, onion and bacon sauce.

amauròsi, f. (*med.*) amaurosis*; gutta serena.
amàzzone, f. **1** (*mitol.*) Amazon **2** (*donna che va a cavallo*) horsewoman*. ● (*geogr.*) **il Rio delle Amazzoni**, the Amazon river □ **vestito d'a.**, riding habit.
amazzònico, a. Amazonian.
amazzònio, a. (*lett.*) Amazonian.
amazzonite, f. (*miner.*) amazonite; Amazon stone.
ambagi, f. pl. (*lett.*) ambages. ● **senz'a.**, plainly; straight out.
ambasceria, f. embassy.
ambàscia, f. **1** (*dolore*) anguish: **l'a. del mio cuore**, the anguish in my heart; **le ambasce patite**, the anguishes suffered; **vivere nell'a.**, to live in anguish **2** (*difficoltà di respiro*) laboured breathing; dyspnea.
ambasciata, f. **1** embassy **2** (*messaggio*) message.
ambasciatóre, m. **1** (*diplomazia*) ambassador **2** (*messaggero*) messenger. ● (*prov.*) **A. non porta pena**, messengers should neither be headed nor hanged.
ambasciatrice, f. ambassadress.
ambata, f. (*nel gioco del lotto*) drawing of a double.
ambedùe, a. e pron. both.
ambiare, v. i. to amble.
ambiatóre, A m. ambler. **B** a. ambling (*attr.*).
ambiatura, f. amble.
ambidestrismo, m. ambidextrousness, ambidexterity.
ambidèstro, a. ambidextrous; two-handed.
ambientale, a. environmental: **consapevolezza a.**, environmental awareness.
ambientalista, m. e f. environmentalist.
ambientaménto, m. acclimatization; acclimation.
ambientare, A v. t. **1** to acclimatize; to adapt; to fit in **2** (*fig.*) to set*. **ambientarsi B** v. rifl. to get* acclimatized; to find* one's feet (*fam.*).
ambientazióne, f. **1** acclimatization; acclimation **2** (*cinem., teatr.*) setting; set; scenery.
ambiènte, A a. surrounding. **B** m. **1** environment; milieu; surroundings (*pl.*) **2** background: **è stato educato in un a. di stretta osservanza religiosa**, he comes from a very religious background **3** (*stanza*) room. ● **ambienti finanziari**, financial circles □ **un appartamento di cinque ambienti**, a five-roomed flat □ **sentirsi nel proprio a.**, to feel at home □ **temperatura a.**, ambient temperature.
ambigènere, a. (*gramm.*) of common gender.
ambiguità, f. **1** ambiguity; ambiguousness **2** (*di persona*) shadiness.
ambiguo, a. **1** ambiguous: **una risposta ambigua**, an ambiguous reply **2** (*di persona*) shady: **una persona ambigua**, a shady individual. ● **luogo di fama ambigua**, place of dubious fame.
àmbio, m. amble.
ambire, v. t. e v. i. to aspire to; to long for: **Non ambisco nulla**, I don't aspire to anything. ● **Ambiva quel posto**, he was anxious for the job.
àmbito, m. (*anche fig.*) ambit; circle: **La sua fama non uscì mai dall'a. dei suoi amici**, his fame never spread further than his circle of friends. ● (*leg.*) **nell'a. della legge**, within the law.
ambivalènte, a. ambivalent.
ambivalènza, f. ambivalence.
ambizióne, f. ambition: **pieno d'a.**, full of ambition; ambitious; **avere grandi ambizioni**, to have great ambitions.
ambizióso, A a. ambitious: **un ragazzo a.**, an ambitious boy; a boy full of ambition; **I tuoi progetti sono molto ambiziosi**, your plans are very ambitious; you have very hig ideas. **B** m. ambitious person.
ambliopia, f. (*med.*) amblyopia.
ambo (1), a. both: **a. le mani**, both hands; **da a. le parti**, on both sides.
ambo (2), m. double.
ambóne, m. (*archit.*) ambo*.
ambra, f. amber. ● **a. grigia**, ambergris □ **a. nera**, jet.
ambrato, a. **1** amber-coloured **2** (*che profuma d'ambra*) amber-scented.
Ambrògio, m. Ambrose.
ambròsia, f. ambrosia (*anche fig.*).
ambrosiano, A a. **1** Ambrosian: **il rito a.**, the Ambrosian rite **2** (*milanese*) Milanese. **B** m. Milanese.
ambulacrale, a. (*zool.*) ambulacral.
ambulacro, m. ambulatory.
ambulante, a. wandering; itinerant; ambulant. ● (*fig.*) **biblioteca a.**, walking encyclopaedia □ **sonatore a.**, strolling musician □ **venditore a.**, pedlar; hawker. **B** m. (*venditore ambulante*) pedlar; hawker.
ambulanza, f. ambulance.
ambulatoriale, a. (*med.*) out-patient (*attr.*): **cura a.**, out-patient treatment.
ambulatòrio, A a. ambulatory. **B** m. (*med.*) surgery; (*di o-*

spedale) out-patients' department.
Amburgo, *f.* (*geogr.*) Hamburg.
amèba, *f.* (*zool.*, *Amoeba*) amoeba*, ameba*.
amebèo, *a.* (*poesia*) amoeb(a)ean.
amebìasi, *f.* (*med.*) amoebiasis*.
amèbico, *a.* (*med.*) amoebic.
amebòide, *a.* (*biol.*) amoeboid.
Amedèo, *m.* Amadeus.
àmen, *inter.* e *m.* amen. ● **in un a.**, in a twinkling (of an eye).
amenità, *f.* **1** amenity; pleasantness: **l'a. della campagna**, the amenity of the countryside **2** (*facezia*) pleasantry. ● (*iron.*) **dire un mucchio di a.**, to talk a lot of nonsense.
amèno, *a.* **1** pleasant; agreeable: **una compagnia amena**, a pleasant company; **discorsi ameni**, pleasant conversation; **lettura amena**, pleasant reading **2** (*bizzarro*) funny; odd: **un tipo a.**, a funny chap. ● **capo a.**, extraordinary fellow □ **Questa sì che è amena!**, that's rich, that is! (*fam.*).
amenorrèa, *f.* (*med.*) amenorrh(o)ea.
amènto, *m.* (*bot.*) ament; catkin.
Amèrica, *f.* (*geogr.*) America: **l'A. del Nord**, North America; **l'A. del Sud**, South America.
americana, *f.* **1** American (girl); American (woman*) **2** (*sport*) relay cycle-race.
americanata, *f.* (*scherz.*, *iron.*) something out of all proportion. ● **È un'a.!**, it's out of all proportion!
americanismo, *m.* Americanism.
americanista, *m.* e *f.* **1** Americanist; Americanologist **2** (*sport*) relay-racing cyclist.
americanistica, *f.* American studies.
americanizzare, **A** *v. t.* to Americanize. **americanizzarsi B** *v. rifl.* to Americanize; to become* American.
americanizzazione, *f.* Americanization.
americano, **A** *a.* American. **B** *m.* **1** American **2** (*aperitivo*) «americano».
americanòfobo, *m.* Americanophobe.
americanòlogo, *m.* Americanologist.
americio, *m.* (*chim.*) americium.
Amerigo, *m.* Amerigo.
amerindiano, **amerindio**, *a.* e *m.* American Indian; Amerindian; Amerind.
ametista, **A** *f.* (*miner.*) amethyst. **B** *a.* amethyst (*attr.*) amethystine. ● **occhi color a.**, amethyst eyes.
amètrope, *a.* (*med.*) ametropic.
ametropia, *f.* (*med.*) ametropia.
amfetamina, *f.* (*chim.*) amphetamine.
amianto, *m.* (*miner.*) amiant(h)us; asbestos.
amica, *f.* (girl) friend.
amicarsi, *v. rifl.* to befriend: **a. q.**, to befriend sb.
amichétta, *f.* **1** young (girl-)friend; (*pop.*) fancy-bit, bird **2** (*innamorata*) girl-friend; sweetheart.
amichétto, *m.* **1** young (boy-)friend **2** (*innamorato*) boy-friend; sweetheart.
amichévole, *a.* friendly; amicable.
amicizia, *f.* **1** friendship: **ottenere l'a. di q.**, to gain sb.'s friendship **2** (*pl.: amici*) friends: **A Napoli ha molte amicizie**, he has many friends in Naples. ● **amicizie pericolose**, bad company □ **fare a. con q.**, to make friends with sb. □ **legarsi d'a. con q.**, to become friends with sb.
amico, **A** *a.* friendly: **una parola amica**, a friendly word; **un viso a.**, a friendly expression. **B** *m.* **1** friend: **l'a. del cuore**, one's bosom friend; **un a. di famiglia**, a friend of the family; a family friend **2** (*amante*) lover. ● (*fig.*) «**telefono a.**», crisis centre □ (*iron.*) **Pare che l'a. voglia fartela pagare**, it looks as though our friend wants to get back at you □ (*prov.*) **Dagli amici mi guardi Dio, che dai nemici mi guardo io**, God defend me from my friends; from my enemies I can defend myself □ (*prov.*) **Gli amici si conoscono nelle avversità**, a friend in need is a friend indeed.
amicóne, *m.* bosom friend; close friend.
amidàceo, *a.* starchy; amylaceous.
amidato, *a.* **1** (*bot.*) chlamydeous **2** (*stor.*) wearing a chlamys.
amidatura, *f.* (*ind. tessile*) starching.
àmido, *m.* starch. ● **dare l'a. a q.c.**, to starch st.
amìgdala, *f.* (*anat.*) amygdala*.
amigdàlico, *a.* (*chim.*) amygdalic.
amigdalina, *f.* (*chim.*) amygdalin.
amilàceo, *V.* amidàceo.
amilasi, *f.* (*biol.*) amylase.
amile, *m.* (*chim.*) amyl.
amìlico, *a.* (*chim.*) amylic; amyl (*attr.*).
amistà, *f.* (*lett.*) amity.
amitòsi, *f.* (*biol.*) amitosis.
amitto, *m.* (*relig.*) amice.

amlètico, *a.* **1** of Hamlet **2** (*contraddittorio*) contradictory; (*ambiguo*) ambiguous, uncertain.
amletismo, *m.* Hamlet-like procrastination; irresolute and melancholic attitude.
Amlèto, *m.* (*letter.*) Hamlet.
ammaccaménto, *m.* **1** bruising **2** (*di metallo, ecc.*) denting.
ammaccare, **A** *v. t.* **1** to bruise **2** (*metallo, ecc.*) to dent: **Mi hai ammaccato la carrozzeria della macchina**, you've dented the body of my car. ● **ammaccare il naso di q. con un pugno**, to flatten sb.'s nose with a punch. **ammaccarsi B** *v. rifl.* **1** to get* bruised **2** (*di metallo, ecc.*) to get* dented.
ammaccatura, *f.* **1** bruise: **Era pieno di ammaccature**, he was covered with bruises **2** (*di metallo, ecc.*) dent: **le ammaccature nella carrozzeria di una macchina**, the dents in the body of a car.
ammaestràbile, *a.* **1** (*che si può istruire*) teachable **2** (*che si può addestrare*) trainable.
ammaestraménto, *m.* **1** (*l'istruire*) teaching **2** (*l'addestrare*) training **3** (*lezione*) lesson: **Questo ti serva d'a.**, let that be a lesson to you.
ammaestrare, *v. t.* **1** (*istruire*) to teach*: **Lo ammaestrò nella virtù della pazienza**, he taught him the virtue of patience; **Lo ammaestrò nel latino**, he taught him Latin **2** (*animali*) to train: **a. delle scimmie**, to train monkeys. ● (*iron.*) **Bel modo d'a. la gioventù!**, a fine example for the youth of today!
ammaestrato, *a.* trained: **un allievo a.**, a trained pupil; **una scimmia ammaestrata**, a trained monkey.
ammaestratóre, *m.* **1** teacher **2** (*di animali*) trainer.
ammagliare, *v. t.* **1** to knit together **2** (*balle, ecc.*) to cord.
ammainabandièra, *f.* (the) lowering of the flag.
ammainare, *v. t.* **1** (*naut.: le vele*) to furl **2** (*la bandiera*) to lower; to strike*; to haul down. ● **a. una lancia**, to hoist out a boat □ (*fig.*) **a. la vela**, to give (st.) up.
ammalarsi, *v. rifl.* to fall* ill; to be taken ill: **Si ammalò improvvisamente**, he was suddenly taken ill; **Si ammalarono tutti**, they all fell ill.
ammalato, **A** *a.* ill; sick (*attr.*). **B** *m.* **1** sick person **2** (*paziente*) patient. ● **darsi a.**, to report sick.
ammaliaménto, *m.* bewitchment; fascination; enchantment; beguilement.
ammaliare, *v. t.* to bewitch; to fascinate; to enchant: **Ha ammaliato tutti con la sua bellezza**, she has bewitched everyone with her beauty.
ammaliatóre, **A** *a.* bewitching; fascinating; enchanting. **B** *m.* enchanter.
ammaliatrice, *f.* enchantress; charmer.
ammalinconire, **A** *v. t.* to sadden. **ammalinconirsi B** *v. rifl.* to grow* sad (*o* melancholy).
ammaliziare, **ammalizzire**, **A** *v. t.* to make* cunning (*o* sly). **ammaliziarsi**, **ammalizzirsi B** *v. rifl.* to grow* cunning.
ammanco, *m.* shortage; shortfall: **un a. di cassa**, a shortage in cash.
ammanettare, *v. t.* to handcuff.
ammanierare, *v. t.* to render affected.
ammanierato, *a.* affected; artificial.
ammanigliare, *v. t.* (*naut.*) to shackle.
ammanigliato, *a.* **1** (*naut.*) shackled **2** (*fig.*) tied up (with sb.).
ammannare, *v. t.* (*agric.*) to bind* in sheaves.
ammannire, *v. t.* to prepare.
ammansare, **ammansire**, **A** *v. t.* **1** (*rendere mansueto*) to soothe: **Orfeo ammansiva le belve con la sua musica**, Orpheus soothed wild beasts with his music **2** (*calmare*) to calm (down): **Era così irritato che non ho potuto ammansirlo**, he was so annoyed that I was unable to calm him (down). **ammansirsi B** *v. rifl.* **1** to become* tame **2** (*calmarsi*) to calm down.
ammantare, **A** *v. t.* (*anche fig.*) to mantle; to cloak. **ammantarsi B** *v. rifl.* **1** to wrap oneself in a cloak **2** (*fig.: ostentare*) to affect (st.); to parade (st.) **3** to be clothed (in, with st.). ● **Il prato s'ammanta di fiori**, the meadow is decked with flowers □ **La notte s'ammanta di stelle**, the sky is shining with stars.
ammantatura, *f.* mantle.
ammanto, *m.* (*lett.*) mantle.
ammaràggio, *m.* **1** (*di idroplani*) (water) landing; alighting (on water) **2** (*miss.*) splashdown.
ammarare, *v. i.* **1** (*di idroplani*) to land (on water); to alight (on water) **2** (*miss.*) to splash (down).
ammarràggio, *m.* (*naut.*) mooring.
ammarrare, *v. t.* (*naut.*) to moor.
ammassaménto, *m.* mass; hoard.
ammassare, **A** *v. t.* **1** to hoard; to amass; to heap up: **a. denaro**, to hoard money **2** (*portare all'ammasso*) to pool. **ammassarsi B** *v. rifl.* (*affollarsi*) to throng; to crowd together.
ammassicciare, **A** *v. t.* **1** to heap; to pile; to mass **2**

ammasso

(*una strada*) to metal. **ammassicciarsi** B *v. rifl.* to solidify; to set.
ammasso, *m.* **1** hoard; mass; heap; stack **2** (*econ.*) pool. • (*fig.*) **un a. di bugie,** a pack of lies ☐ **portare grano all'a.,** to pool grain.
ammatassare, *v. t.* to wind* into a skein.
ammattiménto, *m.* **1** (*l'ammattire*) maddening **2** (*fig.*) trouble.
ammattire, *v. i.* **1** to madden; to go* mad **2** (*scervellarsi*) to rack one's brains. • **È una cosa da a.,** it's enough to drive you mad.
ammattonare, *v. t.* (*costr.*) to brick; to pave with bricks.
ammattonato, *m.* (*costr.*) brickwork; brick floor; brick pavement.
ammattonatura, *f.* (*costr.*) brickwork; brick paving.
ammazzaménto, *m.* murder; killing.
ammazzare, A *v. t.* to murder; to kill: **Giovanni è stato ammazzato,** John has been murdered (*fig.*) **a. il tempo,** to kill time. • (*fig.*) **Lo ammazzano di lavoro,** he's worked to death. **ammazzarsi** B *v. rifl.* to kill oneself. • (*fig.*) **a. di lavoro,** to overwork oneself; to work oneself to death.
ammazzasètte, *m.* braggart. • **È un a. e spaccaquattordici,** he thinks the very world of himself.
ammazzatóio, *m.* slaughterhouse.
ammènda, *f.* **1** (*riparazione*) amends (*pl.*): **fare a. delle proprie colpe,** to make amends for one's faults **2** (*multa*) fine: **infliggere un'a.,** to impose a fine.
ammendaménto, *m.* **1** (*emendamento*) amendment **2** (*agric.*) (soil) conditioning.
ammendare, *v. t.* **1** (*lett.: emendare*) to amend **2** (*agric.*) to condition (soil).
ammennicolo, *m.* **1** (*pretesto*) excuse: **Trova cento ammennicoli per non pagare,** he finds a hundred and one excuses for not paying **2** (*pl.: piccole aggiunte*) sundries: **Tra mance e altri ammennicoli spesi ancora diecimila lire,** what with tips and other sundries I spent a further ten thousand lire **3** (*leg.*) adminicle.
amméssso, *a.* **1** (*accolto*) admitted; accepted **2** (*permesso*) allowed; granted; conceded: **a. e non concesso che...,** (even) granting, for the sake of argument, that...; supposing that...
ammettènza, *f.* (*elettr.*) admittance.
amméttere, *v. t.* **1** (*introdurre, accettare*) to admit: **a. q. alla presenza del Re,** to admit sb. into the King's presence; **a. q. nella camera del malato,** to admit sb. to the patient's room; **a. tra i soci del circolo,** to admit to membership of the club; **a. q. agli esami,** to admit sb. into the examinations **2** (*riconoscere*) to admit; to acknowledge: **a. la verità,** to admit the truth **3** (*supporre*) to suppose: **ammesso che...,** supposing that... **4** (*permettere*) to allow; to admit; to accept: **Non ammetto scuse,** I admit no excuses **5** (*tollerare*) to bear*; to suffer; to tolerate: **Non ammetto una simile insolenza,** I won't bear such insolence. • (*leg.*) **a. all'esercizio della professione forense,** to call to the Bar.
ammezzare, *v. t.* to halve.
ammezzato, *m.* mezzanine.
ammezzire, *v. i.* (*bot.*) to grow* overripe.
ammiccaménto, *m.* wink.
ammiccare, *v. i.* **1** (*con gli occhi*) to wink: **A chi ammicchi?,** whom are you winking at? **2** (*con la mano*) to motion: **Gli ammiccai che stesse zitto,** I motioned to him to keep silent.
ammicco, *m.* wink; (*cenno*) nod.
ammide, *f.* (*chim.*) amide.
ammidico, *a.* (*chim.*) amidic.
ammina, *f.* (*chim.*) amine.
amminazióne, *f.* (*chim.*) amination.
amminico, *a.* (*chim.*) aminic.
amministrare, *v. t.* to administer: **a. gli affari dello stato,** to administer affairs of state **2** (*dirigere*) to run*; to manage: **a. lo stato,** to run the country; **a. una casa,** to run a household. • **a. male,** to maladminister; to misconduct; (*un'azienda*) to mismanage.
amministrativo, *a.* administrative: **diritto a.,** administrative law. • **anno a.,** financial year.
amministratóre, *m.* **1** administrator; governor; manager **2** (*consigliere di società*) director: **a. delegato,** managing director **3** (*leg.*) curator. • (*leg.*) **a. fiduciario,** trustee; (*in un fallimento*) receiver.
amministratrice, *f.* manageress.
amministrazióne, *f.* **1** administration; management **2** (*gli amministratori*) administration: **una cena per l'a.,** a dinner for the administration **3** (*gli affari*) business: **tenere l'a. di un'azienda,** to handle a firm's business **4** (*organizzazione*) organization: **Questa a. è antiquata,** this organization is out of date. • (*comm.*) **a. del personale,** personnel management ☐ (*leg.*) **a. fiduciaria,** trusteeship; (*in un fallimento*) receivership ☐ **l'a. statale,** the civil service ☐ **cattiva a.,** maladministration; (*degli affari, ecc.*) ill management; mismanagement; misconduct ☐ (*comm.*)

consigliere di a., member of the board of directors ☐ (*comm., leg.*) **consiglio di a.,** board of directors ☐ (*comm.*) **presidente del consiglio di a.,** chairman of the board.
amminoàcido, *m.* (*chim.*) amino acid.
amminoplasto, *m.* (*chim.*) amino-plast.
ammiràbile, *a.* admirable.
ammiràglia, *f.* (*naut.*) flagship.
ammiragliato, *m.* **1** admiralty **2** (*grado*) admiralship **3** (*ministero della marina britannica*) navy department.
ammiràglio, *m.* admiral: **a. di squadra,** vice-admiral.
ammirare, *v. t.* **1** to admire: **Ammiravo quel quadro,** I was admiring that painting; **Ammirai la sua forza di volontà,** I admired his willpower **2** (*provare meraviglia*) to marvel at; to be amazed at: **Ammirai la sua faccia tosta,** I was amazed at his cheek. • **Ammiro poco quella gente,** I don't think much of those people.
ammirativo, *a.* admiring: **un discorso a.,** an admiring speech. • (*gramm.*) **punto a.,** exclamation mark.
ammiratóre, *m.* **1** admirer; (*di attori, ecc.*) fan **2** (*corteggiatore*) suitor.
ammirazióne, *f.* admiration: **provare** (*o* **sentire**) **a. per q.,** to feel admiration for sb.; **Era l'a. di tutti i giovani del paese,** she was the admiration of all the young men in the village.
ammirévole, *a.* admirable.
ammissìbile, *a.* **1** admissible; allowable: (*leg.*) **prova a.,** admissible evidence **2** (*leg.: di ricorso e sim.*) receivable.
ammissibilità, *f.* admissibility; acceptability; credibility.
ammissióne, *f.* **1** admission; admittance **2** (*riconoscimento, anche leg.*) acknowledgement; admission. • (*leg.*) **a. al passivo di un fallimento,** proof of debt in bankruptcy; **esame d'a.,** entrance examination; **tassa d'a.,** entrance fee.
ammobiliaménto, *m.* **1** furnishing **2** (*i mobili*) furniture.
ammobiliare, *v. t.* to furnish: **a. una casa,** to furnish a house.
ammobiliato, *a.* furnished.
ammodernaménto, *m.* modernization; updating.
ammodernare, *v. t.* to modernize; to bring* up to date; to update.
ammòdo, A *a.* nice; well-bred; respectable: **una persona a.,** a respectable person. B *avv.* properly: **un lavoro fatto a.,** a job done properly.
ammogliare, A *v. t.* to marry off; to find* a wife for (sb.): **a. un figlio,** to marry one's son. **ammogliarsi,** B *v. rifl.* to get* married (to sb.); to marry (sb.): **Mi ammogliai con mia cugina,** I married my cousin.
ammogliato, A *a.* married. B *m.* married man*.
ammollaménto, *m.* softening; soaking.
ammollare, A *v. t.* **1** (*rendere molle*) to soften: **La pioggia ammolla la terra,** rain softens the earth **2** (*bagnare*) to soak: **a. la biancheria,** to soak the washing **3** (*allentare*) to slacken: **a. una corda,** to slacken a rope **4** (*fig.: assestare*) to land: **Gli ammollò un pugno,** he landed him a punch. **ammollarsi** B *v. rifl.* **1** (*diventare molle*) to soften; to become* soft **2** (*bagnarsi*) to soak; to get* soaked **3** (*allentarsi*) to slacken.
ammolliménto, *m.* softening (*anche fig.*).
ammollire, *v. t.* (*anche fig.*) **1** to soften: **a. le proprie parole,** to soften one's words; **La pioggia ammollisce la terra,** rain softens the earth; **Le lacrime della vedova ammollirono il suo cuore,** the widow's tears softened his heart; **La vita facile ammollisce lo spirito,** an easy life softens the spirit. **ammollirsi** B *v. rifl.* to soften; to grow* soft (*anche fig.*): **La terra si ammollisce sotto la pioggia,** the earth grows soft in the rain; **A fare una vita facile ci si ammollisce,** an easy life makes one (grow) soft.
ammòllo, *m.* soak, soaking.
ammoniaca, *f.* (*chim.*) ammonia.
ammoniacale, *a.* (*chim.*) ammoniacal.
ammòniaco, *a.* (*chim.*) ammoniac.
ammoniménto, *m.* **1** (*avviso*) admonishment; admonition; warning **2** (*leg.*) admonition.
ammònio, *m.* (*chim.*) ammonium.
ammonire, *v. t.* **1** to admonish; to warn: **Ammonì il figlio a non frequentare più quella gente,** he admonished his son against mixing with those people; **Lo ammonisco ogni giorno,** I admonish him daily; **Lo ammonì di non farlo un'altra volta,** he warned him not to do it again **2** (*leg.*) to admonish; to caution; to warn. • (*fig.*) **La sventura lo ha ammonito,** misfortune has taught him a lesson.
ammonite, *f.* (*geol.*) ammonite.
ammonito, *a.* admonished; warned.
ammonitóre, A *a.* admonitory; warning. B *m.* admonisher; warner.
ammonizióne, *f.* **1** admonishment **2** (*leg.*) admonition; warning.
ammonizzazióne, *f.* (*agric., biol., chim.*) ammonification.
ammontare (1), A *v. t.* to stack; to pile (up): **Ammontava**

scatole, cestini, valigie: una cosa sopra l'altra, he was piling up boxes, baskets, suitcases: one thing on top of another. **B** v. i. **1** to amount, to come*, to foot up (to): **La spesa ammonta a tremila lire**, the cost amounts to three thousand lire **2** (*mat., rag.*) to figure up (at).
ammontare (2), m. **1** (*comm.*) amount: **a. lordo**, gross amount; **a. netto**, net amount **2** (*mat.*) sum. ● (*comm.*) **l'a. di una ordinazione**, the size of an order □ **fino all'a. di**, to the extent of; to the amount of □ **per un a. di**, for the amount of.
ammonticchiare, v. t. to heap (up); to pile up.
ammorbamento, m. infection; (*fig.*) corruption. ● **a. dell'aria**, air pollution.
ammorbare, v. t. **1** (*infettare*) to infect: **Un malato può a. una persona sana**, an ill person can infect a healthy one **2** (*fig.: corrompere*) to corrupt: **Il vizio ammorba la mente**, vice corrupts the mind. ● **a. l'aria**, to pollute the air.
ammorbidimento, m. softening.
ammorbidire, v. t. **ammorbidirsi**, v. rifl. to soften.
ammorsare, v. t. to vice, to vise.
ammorsatura, f. (*falegnameria*) scarf.
ammortamento, m. (*rag., fin.*) amortization; amortizement: **piano di a. di un debito**, amortization plan of an indebtedness; redemption plan. ● **quota di a.**, depreciation allowance; **fondi di a.**, sinking fund.
ammortare, v. t. (*rag.*) to amortize, to amortise.
ammortire, v. t. **1** to deaden: **Questa bevanda ammortisce i sensi**, this drink deadens the senses **2** (*fig.: indebolire*) to soften: **a. un colpo**, to soften a blow **3** (*fig.: colori*) to tone down.
ammortizzàbile, a. (*rag.*) amortizable.
ammortizzamento, m. **1** V. **ammortamento 2** (*mecc.*) damping; deadening.
ammortizzare, v. t. **1** V. **ammortare 2** (*mecc.*) to damp; to deaden.
ammortizzatore, m. (*mecc.*) shock absorber: **a. idraulico**, hydraulic shock absorber. ● **a. a frizione**, friction damper.
ammorzare, v. t. **1** (*smorzare*) to weaken; to diminish **2** (*fig.*) to mitigate; to appease.
ammosciare, ammoscire, A v. t. to soften; to render flabby. **B** v. i. to soften; to become* soft (*o* flabby); to wilt.
ammosciarsi C v. rifl. **1** to soften; to become* flabby; to wilt **2** (*fig.*) to become* discouraged; to lose* heart.
ammostamento, m. (*enologia*) pressing; treading.
ammostare, A v. t. to tread*; (*con l'ammostatoio*) to press. **B** v. i. to yield must.
ammostatóio, m. winepress.
ammostatura, f. (*il pigiare*) treading; (*con l'ammostatoio*) pressing.
ammucchiamento, m. **1** (*l'ammucchiare*) piling, heaping (up) **2** (*mucchio*) pile; heap.
ammucchiare, A v. t. to pile, to heap (up). **ammucchiarsi B** v. rifl. **1** to pile up **2** (*di folla*) to crowd; to throng.
ammucchiata, f. (*rapporto sessuale di gruppo*) group orgy; bunch (of people).
ammuffimento, m. mouldiness; mustiness.
ammuffire, v. i. to grow* mouldy: **Il formaggio fresco ammuffisce presto**, fresh cheese soon grows mouldy. ● (*fig., scherz.*) **Invece di maritare sua figlia la tiene in casa ad a.**, instead of marrying his daughter he keeps her at home under lock and key □ (*fig., scherz.*) **Quell'avaro tiene chiuso il suo denaro ad a.**, that miser is saving his money for the rats.
ammuffito, a. **1** mouldy **2** (*fig.*) fossilized.
ammusare, A v. i. e t. to nuzzle. **ammusarsi B** v. rifl. recipr. to nuzzle each other (*o* one another).
ammutinamento, m. mutiny; rebellion.
ammutinare, A v. t. to incite to mutiny: **Ammutinò i compagni contro il direttore delle carceri**, he incited his companions to mutiny against the prison governor. **ammutinarsi B** v. rifl. to mutiny: **I carcerati si ammutinarono**, the convicts mutinied.
ammutinato, A a. rebellious: **il popolo a.**, the rebellious populace. **B** m. mutineer; rebel.
ammutolire, v. i. to be struck dumb (*anche fig.*): **Ammutolì in seguito a un trauma**, he was struck dumb as a result of a trauma; **Ebbe un tale spavento che ammutolì**, he was struck dumb with fear **2** (*tacere*) to hold* one's tongue; to keep* silent: **Vidi che era fuori di sé dalla rabbia e ammutolii**, I saw he was beside himself with rage and held my tongue.
amnesìa, f. amnesia; loss of memory.
àmnio, m. (*biol.*) amnion*.
amniocèntesi, f. (*med.*) amniocentesis*.
amniografìa, f. (*med.*) amniography.
amnioscopìa, f. (*med.*) amnioscopy.
amniòtico, a. (*biol.*) amniotic: **liquido a.**, amniotic fluid.
amnistìa, f. (*leg.*) amnesty; pardon: **concedere un'a.**, to grant amnesty.
amnistiare, v. t. (*leg.*) to grant amnesty to; to amnesty: **È stato amnistiato**, he has been amnestied.
amnistiato, m. prisoner released under amnesty.
amo, m. **1** fish-hook **2** (*fig.*) bait: **tendere l'a. a q.**, to offer bait to sb.; **abboccare all'a.**, to swallow the bait.
amoèrro, m. moire.
amòmo, V. **cardamòmo**.
amorale, a. amoral.
amoralismo, m. (*filos.*) amoralism.
amoralità, f. amorality.
amorazzo, m. amour; love affair.
amóre, m. **1** love: **Quella donna (il suo paese, ecc.) era il suo unico a.**, that woman (his country, etc.) was his only love; **a. del prossimo (di Dio, per gli animali, ecc.)**, love of one's neighbour (of God, of animals, etc.); **a. a prima vista**, love at first sight; **a. non corrisposto**, unrequited love; **sposarsi per a., non per denaro**, to marry for love, not for money **2** sake: **Lo farò per a. vostro**, I will do it for your sake (*o* for you); **per a. di brevità**, for the sake of brevity; **Per a. di Dio!**, for Heaven's (*o* God's) sake! **3** (*fig.*) love; darling; beauty: **Che a. di bambina!**, isn't she a little darling?; **Che a. di ragazza!**, isn't she a beauty?; **Vieni qui, a. mio**, come here, my love; **È l'a. della mamma**, he's his mother's darling; **Quel quadro è un a.**, that painting is a beauty **4** (*pl.*) amours; love affairs: **Scriverò la storia dei suoi amori**, I shall write the story of his amours **5** (*mitol.*) Love; Cupid; Eros. ● **gli amori di Enea e Didone**, the love story of Dido and Aeneas □ **a. di gruppo**, group sex □ **a. di sé**, self-love; (*egoismo*) selfishness □ **a. proprio**, self-respect; self-esteem □ **andare in a.**, (*di animali*) to be on heat □ **canto d'a.**, love song □ **con a.**, with love; (*con grande cura*) with great care: **Si vede che è un lavoro fatto con a.**, one can see it is work done with great care □ **d'a. e d'accordo**, in love and accord □ **elisir d'a.**, love philtre; love potion □ **fare all'a.**, to be lovers □ **il fare all'a.**, love-making □ **fare all'a. con q.**, to make love to sb. □ **fare una cosa per a. di Dio**, to do st. without thought of gain (*o* out of charity) □ **figlio dell'a.**, love-child □ **lettere d'a.**, love letters □ **mal d'a.**, lovesickness □ **matrimonio d'a.**, love match □ **un matrimonio senza a.**, a loveless marriage □ **pegno d'a.**, love token □ **per a.**, out of love: **Ti sei sacrificato per dispetto, non per a.**, you have sacrificed yourself out of spite, not out of love □ **per a. o per forza**, by hook or by crook; willy-nilly □ (*lett.*) **portare a. a q.**, to love sb. □ **soffrire di mal d'a.**, to be lovesick □ **studiare con grande a.**, to study with great enthusiasm □ **Che a. di bambino!**, what a lovely child!
amoreggiamento, m. flirtation.
amoreggiare, v. i. to flirt: **Amoreggia con tutti e non s'innamora mai di nessuno**, she flirts with everybody and never falls in love with anyone.
amoretto, m. flirtation.
amorévole, a. loving; fond: **un padre a.**, a fond father; **parole amorevoli**, loving words.
amorevolézza, f. **1** lovingness; fondness **2** (*atto amorevole*) act of love; kindness.
amòrfo, a. **1** amorphous; shapeless **2** (*fig.*) colourless.
amorino, m. **1** (*puttino alato*) cupid **2** (*bambino grazioso*) little darling **3** (*bot.*, *Reseda odorata*) mignonette **4** (*divano a S*) sociable.
amorósa, f. **1** lover; sweetheart **2** (*teatr.*) amorosa.
amoróso, A a. **1** loving; affectionate; amorous: **una madre amorosa**, a loving mother; **un temperamento a.**, an amorous disposition **2** (*che concerne l'amore*) amatory: **poesia amorosa**, amatory verse. **B** m. **1** lover; sweetheart **2** (*teatr.*) amoroso.
amovibile, a. removable.
amovibilità, f. removability.
ampheràggio, m. (*fis.*) amperage.
ampère, m. (*fis.*) ampere.
amperòmetro, m. (*fis.*) ammeter; amperometer.
amperóra, m. (*fis.*) ampere-hour.
amperspira, f. (*fis.*) ampere-turn.
ampiézza, f. **1** width **2** (*spaziosità*) spaciousness; roominess **3** (*fis.*) amplitude; (*mecc.*) excursion **4** (*fig.*) amplitude; breadth: **a. di vedute**, breadth of mind.
àmpio, a. **1** (*largo*) wide: **un fiume a.**, a wide river **2** (*di abito*) loose(-fitting) **3** (*spazioso*) spacious; roomy: **un'ampia sala**, a spacious room **4** (*fig.*) ample: **un a. svolgimento del tema**, an ample treatment of the subject matter.
amplèsso, m. embrace.
ampliamento, m. **1** (*il rendere più largo*) widening **2** (*il rendere più largo e più lungo*) enlargement **3** (*fig.*) amplification.
ampliare, A v. t. **1** (*rendere più largo*) to widen **2** (*rendere più largo e più lungo*) to enlarge **3** (*fig.*) to amplify. **ampliarsi B** v. rifl. to become* larger.
amplificare, v. t. **1** to amplify; to enlarge **2** (*rif. a suono*) to amplify **3** (*fig.: magnificare*) to extol; to magnify.

amplificatóre, *m.* (*radio*) amplifier: **a. di alta frequenza**, high-frequency amplifier; **a. di bassa frequenza**, low-frequency amplifier; **a. per grammofono**, phonograph-type amplifier.
amplificazióne, *f.* **1** amplification; enlargement **2** (*radio*) amplification; gain: **a. totale**, over-all amplification (*o* gain); **coefficiente di a.**, amplification factor.
ampólla, *f.* **1** (*per olio, aceto*) cruet **2** (*elettr.*) bulb **3** (*relig.*) ampulla*.
ampollièra, *f.* cruet-stand.
ampollina, *f.* (*relig.*) ampulla*.
ampollosità, *f.* pomposity; bombast.
ampollóso, *a.* pompous; bombastic: **uno stile a.**, a pompous (*o* bombastic, high-sounding) style; **un uomo a.**, a pompous man.
amputare, *v. t.* **1** to amputate **2** (*fig.*) to cut*; to prune.
amputazióne, *f.* **1** amputation **2** (*fig.*) cut.
amulèto, *m.* amulet.
ana, *avv.* (*farm.*) ana.
anabàtico, *a.* (*meteorologia*) anabatic.
anabattismo, *m.* (*stor. relig.*) Anabaptism.
anabattista, *m.* e *f.* (*stor. relig.*) Anabaptist.
anabbagliante, (*autom.*) **A** *a.* **1** (*di faro*) dipped; dimmed (*USA*); low-beam **2** (*di retrovisore*) non-glare: **specchietto a.**, non-glare mirror. **B** *m.* low-beam headlight. ● **mettere gli anabbaglianti**, to dip the headlights.
anabiòsi, *f.* (*biol.*) anabiosis.
anabòlico, *a.* (*biol.*) anabolic.
anabolismo, *m.* (*biol.*) anabolism.
anacàrdio, *m.* (*bot., Anacardium occidentale*) cashew.
anacoluto, *m.* (*gramm.*) anacoluthon*.
anacònda, *m.* (*zool., Eunectes murinus*) anaconda.
anacorèta, *m.* **1** anchorite; anchoret **2** (*fig.*) hermit: **Vive in città, ma fa una vita da a.**, he lives in a city but he leads the life of a hermit.
anacorètico, *a.* **1** (*di chi vive nel deserto*) anchoritic(al) **2** (*fig.*) hermitic(al); hermit-like.
Anacreónte, *m.* (*stor. lett.*) Anacreon.
anacreòntica, *f.* (*letter.*) Anacreontic.
anacreòntico, *a.* (*letter.*) Anacreontic.
anacronismo, *m.* anachronism.
anacronistico, *a.* anachronistic(al).
anacrusi, *f.* (*poesia*) anacrusis*.
anaeròbico, *a.* (*biol.*) anaerobic.
anaeròbio, *m.* (*biol.*) anaerobe.
anaeròbiosi, *f.* (*biol.*) anaerobiosis*.
anafase, *f.* (*biol.*) anaphase.
anafilassi, *f.* (*med.*) anaphylaxis.
anafilàttico, *a.* (*med.*) anaphylactic.
anàfora, *f.* (*retor.*) anaphora.
anaforèsi, *f.* (*fis.*) anaphoresis*.
anafòrico, *a.* (*retor.*) anaphoric.
anagàllide, *f.* (*bot., Anagallis arvensis*) scarlet pimpernel.
anàglifo, *m.* (*arte*) anaglyph.
anagogia, *f.* (*retor.*) anagogy; anagoge.
anagògico, *a.* (*retor.*) anagogical.
anàgrafe, *f.* **1** register of births, marriages and deaths **2** (*ufficio*) registry office. ● (*fin.*) **a. tributaria**, tax register.
anagràfico, *a.* – **dati anagrafici**, private data.
anagramma, *m.* anagram.
anagrammare, *v. t.* to anagrammatize.
anagrammàtico, *a.* anagrammatic(al).
anagrammista, *m.* e *f.* anagrammatist.
analcòlico, *a.* nonalcoholic. ● **bibita analcolica**, soft drink.
anale, *a.* (*anat.*) anal.
analèssi, *f.* (*linguistica*) insistent repetition of a word.
analèttico, *a.* e *m.* (*farm.*) analeptic.
analfabèta, *a., m.* e *f.* illiterate.
analfabetismo, *m.* illiteracy.
analgeşia, *f.* (*med.*) analgesia.
analgèsico, *a.* e *m.* (*farm.*) analgesic.
anàlişi, *f.* analysis* (*anche psic.*); test(ing): **a. del sangue**, blood test; **a. chimica**, chemical analysis; (*gramm.*) **a. logica**, logical (*o* syntactic) analysis; **a. matematica**, mathematical analysis; calculus*; **a. dei sistemi**, systems analysis; **a. spettrale**, spectral analysis; (*rag.*) **a. dei costi**, cost analysis; cost accounting; **in ultima a.**, in the final (*o* last) analysis; in conclusion.
analista, *m.* e *f.* analyst (*anche psic.*). ● (*ind.*) **a. dei tempi**, time-efficiency engineer.
analitica, *f.* analytics (*pl. col verbo al sing.*).
analitico, *a.* analytic(al): **il metodo a.**, the analytic method.
analizzàbile, *a.* analysable, analyzable.
analizzare, *v. t.* to analyse, to analyze; to test: **a. una sostanza chimica**, to analyse a chemical substance.
analizzatore, *m.* **1** (*chim.*) analyst **2** (*mecc., radio*) analyser; scanner; test-meter, test-set.

analogia, *f.* analogy: **concludere per a.**, to infer by analogy.
analògico, *a.* analogic(al).
analogismo, *m.* (*filos.*) analogism.
anàlogo, *a.* analogous.
anamnèsi, *f.* (*med.*) anamnesis*; case-history.
ànanas, ananàs(so) *m.* (*bot., Ananas sativus*) pineapple.
anapèsto, *m.* (*poesia*) anapaest.
anaplasmòsi, *f.* (*vet.*) anaplasmosis*.
anarchia, *f.* **1** anarchy **2** (*dottrina*) anarchism.
anàrchico, **A** *a.* anarchic(al). **B** *m.* anarchist.
anarchismo, *m.* anarchism.
anarcoide, **A** *a.* anarchist (*attr.*). **B** *m.* e *f.* person with anarchist tendencies.
anarcosindacalismo, *m.* (*polit.*) anarcho-syndicalism.
anastàtico, *a.* (*tipogr.*) anastatic.
anastigmàtico, *a.* (*ottica*) anastigmatic: **lente anastigmatica**, anastigmatic lens.
anastigmatismo, *m.* (*fis.*) anastigmatism.
anastomizzare, *v. t.* (*biol., med.*) to anastomose.
anastomòsi, *f.* (*anat., med.*) anastomosis*.
anàstrofe, *f.* (*retor.*) anastrophe.
anatèma, *m.* anathema.
anatematizzare, *v. t.* to anathematize; to pronounce an anathema against (sb.).
anatòlico, *a.* e *m.* Anatolian.
anatomia, *f.* anatomy (*anche fig.*).
anatòmico, **A** *a.* anatomic(al). ● **sala anatomica**, anatomy theatre. **B** *m.* anatomist.
anatomista, *m.* e *f.* anatomist.
anatomizzare, *v. t.* to anatomize (*anche fig.*).
anatossina, *f.* (*biol.*) anatoxin.
ànatra, *f.* duck; (*il maschio*) drake. ● **a. selvatica**, wild duck.
anatròccolo, *m.* duckling.
anca, *f.* **1** hip; haunch **2** (*naut.*) quarter; buttock.
ancata, *f.* hip movement.
ancèlla, *f.* (*lett.*) maid (*anche fig.*).
ancestrale, *a.* ancestral.
anche, A *avv.* **1** (*in aggiunta*) too; also; as well: **C'era a. lui**, he was there, too; «**C'è Giorgio?**» «**Sì**» «**E Franco?**» «**A.**», «is George there?» «yes» «and Frank?» «yes, as well» **2** (*davanti a compar.*) even; still; yet: **a. più bello**, still more beautiful. ● «**Sa parlare inglese**» «**A. io**», «he can speak English» «so can I» □ **Noi partiamo domani, e a. loro**, we are leaving tomorrow, so are they □ **Odio i gatti, e a. lei li odia**, I hate cats, so does she. **B** *cong.* – **a. se** (*o* **quand'a.**), even if; even though: **A. se gli scrivessi, non verrebbe lo stesso**, even if I wrote to him, he still wouldn't come.
ancheggiaménto, *m.* swaying gait (*o* walk); wiggle; wiggling gait.
ancheggiare, *v. i.* to wiggle (*o* to wriggle) one's hips.
anchilosare, *v. t.* **anchilosarsi**, *v. rifl.* to anchylose, to ankylose.
anchilosato, *a.* **1** anchylosed, ankylosed **2** (*rigido*) stiffened; stiff.
anchilòsi, *f.* (*med.*) anchylosis*, ankylosis*.
anchina, *f.* nankeen.
ància, *f.* (*mus.*) reed.
ancillare, *a.* ancillary.
ancóna, *f.* **1** (*archit.*) niche **2** (*pala d'altare*) altarpiece; ancona*.
anconetano, A *a.* of (*o* from) Ancona. **B** *m.* native (*o* inhabitant) of Ancona.
àncora (1), *f.* **1** (*naut.*) anchor: **a. di salvezza**, sheet anchor (*anche fig.*); **a. galleggiante**, sea anchor; **essere all'a.**, to be (*o* to lie) at anchor; **gettare l'a.**, to cast (*o* to drop) anchor; **levare l'a.**, to weigh anchor **2** (*fis.*) keeper. ● (*naut.*) **a. di posta**, bower.
ancóra (2), *avv.* **1** still: **Sono a. in vacanza**, I am still on holiday; **Era a. in casa?**, was he still at home?; **C'è a. tempo**, there is still time **2** (*per lo più in frasi neg. o rif. al futuro*) yet: **Non è a. qui**, he isn't here yet; **Non s'è visto a.**, he has not shown up yet; **Non l'avevo a. conosciuto**, I hadn't yet met him **3** (*di nuovo*) again: **Venne a trovarci a.**, he came to see us again **4** (*di più*) some more; any more: **Dammene a.**, give me some more; **Ne avete a.?**, have you any more? **5** (*davanti a compar.*) still; yet: **a. più bella**, still more beautiful **6** (*con pron. o agg. di quantità*) more: **a. molti giorni**, many more days; **a. un po'**, a little more **7** (*rif. a tempo*) longer: **Lesse a. un po' prima di dormire**, he read a little longer before falling asleep.
ancoràggio, *m.* (*naut.*) anchorage; berth: **tassa d'a.**, anchorage (dues).
ancorare, A *v. t.* to anchor (*anche fig.*): **a. una nave**, to anchor a ship; **Avevano ancorato la corda alla roccia**, they had anchored the rope to the rock. **ancorarsi B** *v. rifl.* **1** (*naut.*) to anchor; to cast* anchor: **La nave si è ancorata**, the ship has anchored **2** (*fig.*) to tie oneself (down): **Non voglio ancorarmi a questo posto**,

I don't want to tie myself to this place. ● (fig.) **a. a un'idea**, to stick to an idea.

ancorché, cong. (lett.) **1** (anche se) even if; even though: **A. avessi voluto**, non avrei potuto, even if I had wanted to, it would have been impossible **2** (quantunque) although: **A. lo sapesse, tacque**, although he knew, he kept silent.

ancoréssa, f. (naut.) one-armed anchor.

ancorétta, f. (naut.) grapple.

ancoròtto, m. (naut.) kedgeanchor.

andaluso, a. e m. Andalusian.

andaménto, m. **1** course; state: **l'a. degli affari**, the state of business **2** (mus.) modulation. ● (Borsa) **l'a. del mercato azionario**, the performance of the stock market □ **l'a. del mercato monetario**, the tendency of the money market □ (econ.) **l'a. dei prezzi**, price trends.

andana, f. **1** pathway **2** (naut.) tier.

andante, A a. **1** common; cheap **2** (di stile) plain. B m. (mus.) andante.

andantino, m. (mus.) andantino.

andare (1), v. i. **1** (generalm.) to go*: **a. a caccia (a pesca, a far compere)**, to go shooting (fishing, shopping); **a. a capo scoperto**, to go bareheaded; **a. a cavallo**, to go on horseback; to ride; **a. a gambe levate**, to go head over heels; **a. al galoppo**, to go at a gallop; to gallop; (mil.) **a. all'attacco**, to go into action; **a. a piedi**, to go on foot; to walk; **a. in aeroplano**, to go by plane; to fly; **a. in automobile**, to go by car; to drive; to motor; **a. in barca**, to go by boat; (per diporto) to go out in a boat; **a. in bicicletta**, to go by bicycle; to ride a bicycle; to cycle; **a. in esilio**, to go into exile; **a. in piroscafo**, to go by steamer; **a. in tassì**, to go by taxi; **a. in treno**, to go by train; **a. in viaggio (in gita)**, to go on a journey (on a trip); **a. per i propri affari**, to go about one's business; **a. per la propria strada**, to go one's own way; **a. per la via più corta**, to go by the shortest way; **a. per mare (per terra, per via aerea)**, to go by sea (by land, by air); **a. scalzo**, to go barefooted; **Andiamo!**, let's go!; **Lasciami a.**, let me go; **Chi va là?**, who goes there?; **È andato a trovare suo fratello**, he has gone to see his brother; **Vallo a prendere!**, go and fetch it; **È andato in Australia**, he has gone to Australia; **Il treno andava a cento all'ora**, the train was going (at) a hundred kilometres an hour; **Dove va questa strada?**, where does this road go (to)?; «**Dove va questo vaso?**» «**Sul davanzale**», «where does this flowerpot go?» «on the windowsill»; **Il primo premio andò a Giovanni**, the first prize went to John; **Questo delitto non deve a. impunito**, this crime must not go unpunished; **Questo orologio non va**, this clock doesn't go (o work); **Questa macchina va a elettricità**, this machine goes by (o runs on) electricity; **Le cose sono andate meglio del previsto**, things have gone better than (I) expected **2** (visitare) to go* to see; to call (on sb., at a place); to see*; to visit: **Ieri l'altro andai da Carlo**, I went to see Charles (o I called on Charles) the day before yesterday; **Dovrò a. al suo ufficio**, I'll have to call at his office; **Andrò da lui domani**, I'll go and see him tomorrow **3** (essere; stare di salute; procedere, ecc.) to be; to get* on: **Va bene**, (sta bene) that's all right; (basta così) that will do; **Come va?**, how are you?; how are things?; how is everything?; how are you getting on?; **Come va la salute?**, how are you?; how are you keeping?; **Come va che non sei arrivato in tempo?**, how is it that you did not arrive in time?; **Come vanno gli affari?**, how is business?; **Gli affari vanno bene (male)**, business is brisk (slack); **Come vanno le cose? (o come va la vita?)**, how are things getting on?; **a. per i settanta**, to be getting on for seventy; to be nearly seventy **4** (agire, comportarsi) to act; to behave: **a. cauto**, to act (o to behave) cautiously; **a. con le buone**, to act in a kindly manner **5** (funzionare, far servizio) to go*; to run*; to work; to be: **I treni vanno in orario**, trains are running on time; **Va bene il tuo orologio?**, is your watch right?; **Quell'orologio va avanti (va indietro)**, that clock is fast (is slow) **6** (della moneta: avere corso) to go*; to be good; to be current; to be legal tender: **Questa moneta non va più**, this coin is no longer current (o is no longer legal tender) **7** (essere venduto) to go* (off); to be sold; to sell*; (essere richiesto) to be in (great) demand: **La merce andò in un baleno**, the goods went in a flash; **a peso (a numero)**, to be sold by weight (by number); **A quanto va il vino quest'anno?**, what is wine selling at (o going for) this year?; **La birra va molto**, beer sells well; **La nostra merce va molto (va poco) quest'anno**, our goods are in great demand (there is little demand for our goods) this year **8** (essere di moda) to be fashionable; to be (all) the fashion; to be in (fam.): **Scarpe simili andavano anni fa**, shoes like these were fashionable some years ago; **Le giacche lunghe ora vanno moltissimo**, long jackets are all the fashion just now; **Quest'anno il cotone non va più**, cotton is out of (fashion) this year **9** (anche: a. bene, convenire, confarsi) to suit; (a. bene di misura) to fit; (accordarsi, armonizzare) to go* (together); to match; **Ti va bene domani?**, does tomorrow suit you?; **Ti an-**drebbe il treno delle dieci e trenta?, would the ten-thirty train suit you?; **Queste scarpe non mi vanno**, (di misura) these shoes don't fit me; (di colore, forma, ecc.: non mi piacciono) these shoes don't suit me; **a. a pennello** (o **a capello**), to suit to a «t»; **Devi portare guanti che vadano bene col vestito**, you should wear gloves to match your dress; **Il formaggio va bene con le pere**, pears and cheese go well together **10** (anche: a. a genio, gradire, piacere) to like; to feel* like: **Oggi mi andrebbe una braciola**, I would like a chop today; I could do with a chop today; **Ti andrebbe di fare una lunga passeggiata?**, do you feel like going for a long walk? **11** (anche: a. a finire) to end; to finish up: **Credo che andrà così**, I think it will end like that; **Andò (a finire) che gli diedi un ceffone**, I finished up by slapping him on the face; **È andato a finire all'ospedale**, he finished up in hospital **12** — **andarci** (volerci, occorrere) to take*; to be needed; to be required; to be (to): **Ci andranno dieci anni in questo lavoro**, this work will take ten years; **Quanta stoffa ci va per questo vestito?**, how much material is needed for this dress?; **Ci vanno tre bottoni per manica**, there are three buttons to each sleeve **13** (nella voce passiva: essere) to be; to get*: **Tutti i libri andarono bruciati**, all the books were burnt; **Andrà assolto**, he will be acquitted; **La merce è andata danneggiata nel viaggio**, the goods were damaged on the voyage **14** (dover essere) (pres.) must; (condiz., congiunt.) should: **Questo conto va pagato!**, this bill must be paid!; **Questo passo andrebbe letto con più spirito**, this passage should be read with more spirit; **Queste sono cose che non vanno dette ai fanciulli**, one shouldn't tell children such things **15** (seguito da gerundio) to be; to go* around: **Il malato va migliorando (va peggiorando)**, the patient is getting better (is getting worse); **Va dicendo che non l'ho pagato**, he has been saying I haven't paid him; **Va litigando con tutti**, he goes around quarrelling with everyone **16** (nelle inter.) – **Va là!** (o **Andiamo!**), come!; come on!; now! (e altri modi idiom.): **Andiamo! Fatti coraggio!**, come on! cheer up!; **Non hai capito? Andiamo!**, come! you didn't understand?; **Andiamo! Non venirmi a dire che non hai capito**, come now, don't come and tell me you have not understood; (**Ma**) **andiamo!**, I say!; look here!; come on!; (**Ma**) **va là!**, (non ci credo) get on with you!; (non dirlo) don't say that!; (non farlo) don't do that; (su, fallo) please do!; **Va via!**, get out (of here)!; (smettila, non dire sciocchezze) go on (with you)! ● **a. a braccetto**, to walk arm in arm □ **a. a chiamare q.**, to go for sb.: **Devo a. a chiamare un dottore?**, shall I go for a doctor? □ (fam.) **a. a donne**, to cruise □ **a. a grandi passi**, to stride □ **a. a fondo**, to go down; to sink; (fig.: a. in rovina) to be ruined: **La barca va a fondo**, the boat is sinking □ **a. all'altro mondo** (o **al Creatore**), to die; (fam., scherz.) to kick the bucket □ (naut.) **a. all'ancoraggio** (o **alla fonda**), to sail to anchorage □ **a. all'aria** (o **a monte**, **a vuoto**), to come to nothing; to fall through □ (aeron.) **a. all'atterraggio**, to make land □ (naut.) **a. alla banda**, to list □ (naut.) **a. alla deriva**, to drift; to go adrift; (anche fig.) to be adrift □ **a. al fondo di una cosa**, to get to the bottom of st.; to go deeply into st. □ **a. al passo**, (di cavallo) to walk; (mil.) to march; (all'unisono con q.) to keep step (with sb.) □ **a. al sicuro**, not to take chances: **Mi dispiace: quell'uomo, io, non lo conosco, e voglio andare al sicuro**, I'm sorry, I don't know that man and I don't want to take (any) chances □ **a. all'università**, to go up (to university); (immatricolarsi) to matriculate □ **a. alla ventura**, to go to seek one's fortune □ **a. male**, to go bad; to go off: **Questo latte è andato a male**, this milk has gone bad □ **a. a nozze**, (come invitato) to go to a wedding; (sposarsi) to get married; (fig.) to be just a piece of cake: **Per me fare dieci miglia a piedi è (un) a. a nozze**, a ten-mile walk is just a piece of cake for me □ **a. a pezzi**, to fall to pieces; to be shattered □ **a. a picco**, to sink; to founder □ **a. appresso** (o **dietro**) **a q.**, to go (o to run) after sb.: **Va dietro a una bella svedese**, he's going after a pretty Swedish girl □ **a. a rotoli**, to miscarry; to fail □ **a. a servizio**, to go into service; (fam.) to go out: **A vent'anni andò a servizio come governante**, when she was twenty, she went out as a governess □ **a. a tastoni** (o **a tentoni**), to grope □ (mus.) **a. a tempo**, to keep time □ **a. attorno** (o **intorno**), to go about □ **a. attorno a q.c.**, to go near st.: to touch st.: **Non a. attorno alla frutta**, don't go near (o don't touch) the fruit □ **a. avanti**, to go forward; to go ahead; (continuare) to go on: **Va avanti col tuo lavoro!**, go on with your work! □ (dell'orologio) **a. avanti (indietro) di due minuti al giorno**, to gain (to lose) two minutes a day □ **a. a vuoto**, to go wide; (fig.) to fail, to be of no avail: **Il colpo andò a vuoto**, the shot went wide; **I suoi sforzi andarono a vuoto**, his efforts were of no avail □ **a. a zonzo** (o **a spasso**), to go for a stroll □ **a. carponi**, to get down on all fours; (strisciare) to crawl □ **a. coi piedi di piombo**, to go very slowly (o carefully) □ (fig.) **a. con la corrente**, to go with the tide □ **a. da sé**, to go without saying; to be a matter of course: **La cosa va da sé**, it goes without saying; it's a matter of course □ **a. dentro**, to go in; (fam.: in carcere) to be sent to prison □ **a. d'accordo**, to get on well (with): **Non vanno d'accordo**, they don't get on well with one another □ **a. di conserva**, (naut.) to go side by side; (fig.) to keep in step □ **a. di corpo**, to have a motion (o movement) (of the bowels) □ **a. di corsa**, to rush; to run □ **a. dietro a q.** (seguire, anche fig.), to follow sb. □ **a. di mezzo**, to be (o to get) involved; (subire le conseguenze) to suffer the consequences; (essere in gioco) to be at stake: **Non voglio andarci di mezzo io**, I don't want to be involved in the matter; it's no concern of mine; **Ne va di mezzo una grande quantità di denaro**, a large sum of money is involved (o is at stake); **Ne va di mezzo la vita** (o ne va della vita), my (your, etc.) life is at stake □ **a. di pari passo**, to keep pace (with): **La tua abilità non va di pari passo con il tuo zelo**, your ability does not keep pace with your zeal □ **a. di traverso**, (di cosa inghiottita) to go down the wrong way (o pipe); (naut.) to run before the wind □ **a. errato**, to be mistaken □ **a. forte**, to speed; (fig., fam.) to go strong □ **a. fuori strada**, to go off the road; (fig.) to go astray: **L'automobile andò fuori strada e cozzò contro il muro**, the car went off the road and hit the wall; **A questo punto sei andato fuori strada nella tua analisi**, at this point you have gone astray in your analysis □ **a. giù**, to go down; (deperire) to worsen, to fail: **La medicina andò giù senza difficoltà**, the medicine went down (o was swallowed) without difficulty; **È andato molto giù dopo quella malattia**, he has failed considerably after that illness □ (leg.) **a. in appello**, to appeal; to file an appeal □ **a. in bestia**, to fly into a rage □ **a. fuori dei gangheri**, **su tutte le furie**, to fly into a rage □ **a. in briciole**, to crumble □ (leg.) **a. in Cassazione**, to have recourse to the Supreme Court □ **a. in collera**, to lose one's temper □ **a. incontro**, (a una persona) to meet, to go and meet; (a un pericolo, una difficoltà, ecc.) to run into (o up against): **Se fai questo vai incontro a grossi ostacoli**, if you do this, you will be running into great obstacles □ **a. in disuso**, to fall into disuse □ **a. in giro**, to go about: **Ora va in giro con una ragazza francese**, he's going about with a French girl now □ **a. in lungo** (o per le lunghe), to drag on □ (tipogr.) **a. in macchina**, to go to press □ **a. in** (o **alla**) **malora**, to go to rack and ruin □ **a. in pensione**, to retire □ **a. in persona**, to go personally: **Andrò in persona**, I shall go personally; I shall go myself □ **a. in processione**, to go on in procession □ (naut.) **a. in secco**, to run aground □ **a. in vendita**, to be put up for sale □ **a. nel mondo dei più**, to pass away; to die □ (anche fig.) **a. oltre**, to go too far; to go beyond: **Questo è a. oltre**, that's going too far; **Sei andato oltre le istruzioni ricevute**, you've gone beyond your instructions □ **a. orgoglioso**, to be proud □ (fig.) **a. pazzo per q.c.**, to be mad (o crazy) about st. □ **a. per la maggiore**, (di cosa) to be very popular; (di persona) to be highly thought of □ **a. per le mani di tutti**, to be handled by everyone; to pass through everyone's hands □ **a. per le spicce**, to make short work (of) □ **a. per terra** (cadere), to fall (to the ground) □ **a. soldato**, to join the army □ **a. sotto il nome di**, to go by the name of □ (anche fig.) **a. su**, to go up: **I prezzi sono andati su**, prices have gone up □ **a. sulla bocca di tutti**, to be on everyone's lips □ (polit.) **a. verso il popolo**, to do one's utmost in favour of the lower classes □ **lasciare a.**, (smettere) to stop, to give up; (lasciare correre) to let pass (o go); (assestare) to give: **Per questa volta, lasciamo a.!**, let it pass, this time!; **Gli lasciai a. un ceffone**, I gave him a slap □ **lasciarsi a.**, (non trattenersi) to let oneself go; (trascurarsi) to neglect oneself, to lose pride in oneself (o in one's appearance): **Si lasciò a. nel discorso e pestò i piedi a tutti**, he let himself go in his speech and trod on everyone's toes; **Un uomo non deve lasciarsi a. solo perché non è più giovane**, a man should not lose pride in himself just because he is no longer young □ **Va a fidarti!**, look what comes of trusting people! □ **Vallo a indovinare!**, who can tell! □ (volg.) **Va in malora** (o **vatti a far friggere**)!, go to hell! □ **Vada come vada!**, come what may! □ **Vallo a contare a un altro!**, go and tell that to the marines! □ **Finché la va!**, as long as it keeps up! □ **Vado e torno**, I'll be back in no time (o right back) □ (fig.) **Tu dici che quell'uomo è disonesto: andiamo adagio** (o **vacci piano**), you say that man is dishonest: don't let's jump to conclusions! □ **La cosa andava fatta in altro modo**, the thing ought to have been done differently □ **Va sempre vestita di nero**, she is always dressed in black □ **Così va il mondo**, that's the way of the world □ (prov.) **Chi va con lo zoppo impara a zoppicare**, evil communications corrupt good manners □ (prov.) **Dimmi con chi vai e ti dirò chi sei**, you can tell a man by the company he keeps.

andare (2), m. 1 (andatura) gait; way of walking 2 (poet.) passing; proceeding. ● **a lungo a.**, in the long run □ **a tutto a.**, (velocissimo) at full speed; (moltissimo) for all one is worth: **Il treno correva a tutt'a.**, the train was going at full speed; **spendere a tutto a.**, to spend for all one is worth □ **con l'a. del tempo**, with the passing of time.

andàrsene, v. rifl. 1 to go* (anche fig.); to go* away (o off); to leave*: **Venne alle cinque e se ne andò alle otto**, he came at five and left at eight; **Ora devo andarmene**, I must be going now; **Se ne andò senza dire nulla**, he went away (o off) without a word; **Vorrei che questo dolore se ne andasse**, I wish this pain would go 2 (morire) to go*; to die: **Chiama il prete, il poveretto se ne va**, get a priest, the poor fellow is going; **Se n'è andato, poveraccio!**, he has gone, poor fellow!; **È quasi andato** (spacciato), he's far gone 3 (consumarsi, spendersi) to go*; to go* by: **Come se ne vanno i soldi!**, how quickly money goes!; **La vita se ne va**, life goes by; **Se ne sta andando la vista**, my (your, etc.) sight is going 4 (scomparire) to disappear; (di macchia) to come* out; (di rossetto, etc.) to come* off: **Questa macchia se ne andrà col tempo**, this stain will disappear with time; **Queste macchie d'inchiostro non se ne vanno**, these ink stains won't come out 5 (sbiadire) to fade: **Questi colori se ne sono andati presto**, these colours have faded quickly.

andata, f. 1 going: **La sua a. a Milano fu una sorpresa**, his going to Milan came as a surprise 2 (viaggio d'a.) outward journey; (the) journey there; (the) journey out: **L'a. fu molto faticosa**, the outward journey was very tiring 3 (andatura) gait; way of walking: **Lo riconobbi all'a.**, I recognized him from his gait (o from his way of walking). ● **a. di corpo**, defecation (med.); bowel movement □ **a lunga a.**, in the long run □ **un biglietto di a. e ritorno**, a return (USA: round-trip) ticket □ **un biglietto di (sola) a.**, a single ticket; a one-way ticket (USA) □ (sport: calcio) **girone di a.**, first half of the national (football) championship □ **viaggio di a. e ritorno**, journey there and back; (ferr., ecc.) round trip; (naut.) voyage out and home.

andato, a. 1 (scorso) past; last: **il mese a.**, (in) the past month 2 gone by: **nei tempi andati**, in times gone by 3 (fig.: consunto, consumato) worn out: **Queste scarpe sono ormai andate**, these shoes are worn out 4 (fig.: spacciato) done for; ruined: **Povero diavolo, è bell'e a.**, poor fellow, he is done for. ● **a. male**, gone bad; gone off.

andatura, f. 1 gait; way of walking: **Quel giovane ha un'a. da vecchio**, that young fellow has the gait of an old man; **Lo riconobbi dall'a.**, I recognized him from his way of walking 2 (portamento) carriage; way of carrying oneself: **La sua a. militaresca rivelava l'ex soldato**, his military carriage betrayed the old soldier. 3 (velocità) going; speed: **Per un treno a vapore cento km. l'ora sono una buona a.**, for a steam train a hundred kms. an hour is good going; **a forte a.**, at great speed 4 (sport) pace; running: **fare** (o **imporre**) **l'a.**, to set the pace; to make the running; (andare in testa) to take the lead 5 (naut.) tack; (velocità di navigazione) rate. ● (di un cavallo da corsa) **a. pesante**, heavy going; (sport) **automobile che fa l'a.** (nel primo giro), pace car □ **camminare a tutta a.**, to walk at a brisk pace.

andazzo, m. (spreg.) (bad) practice: **Questo andazzo è intollerabile e deve cessare immediatamente**, this practice is intolerable and must cease at once.

Ande, f. pl. (geogr.) (the) Andes.

andicappare, v. t. (sport) to handicap (anche fig.).

andicappato, A a. handicapped (anche fig.). B m. (minorato) handicapped person. ● **gli andicappati**, the handicapped.

andino, a. Andean.

andirivièni, m. 1 comings and goings; bustle: **un a. di persone**, a bustle of people 2 (fig.: intrigo di vie, ecc.) maze; labyrinth: **un a. di corridoi**, a maze of corridors.

àndito, m. 1 (corridoio) passage 2 (bugigattolo) corner: **Frugarono per tutti gli anditi del palazzo**, they searched every corner of the palace.

andorrano, a. e m. Andorran.

Andrèa, m. Andrew.

androcèo, m. (bot.) androecium*.

androfobia, f. (psic.) androphobia.

andrògeno, (biol.) A a. androgenic: **ormone a.**, androgenic hormone. B m. androgen.

androginia, f. (anche bot.) androgyny.

andrògino, A a. (anche bot.) androgynous. B m. androgyne.

Andròmaca, f. (letter.) Andromache.

andróne, m. entrance-hall; lobby.

andropàusa, f. (med.) male climacteric.

androsteróne, m. (chim., fisiologia) androsterone.

aneddòtica, f. anecdotes (pl.).

aneddòtico, a. anecdotal; anecdotic(al).

aneddotista, m. e f. anecdotist.

anèddoto, m. anecdote.

anelante, a. 1 panting; gasping 2 (fig.) eager.

anelare, v. i. 1 to pant: **Anelava forte**, he was panting hard 2 (fig.) to be eager; to yearn (for, after): **Anelava alle ricchezze**, he was eager for wealth; **Anelava di ottenere il posto**, he was eager to obtain the appointment.

anelasticità, f. 1 inelasticity 2 (fig.) rigidity; inflexibility.

anelàstico, *a.* **1** inelastic **2** (*fig.*) rigid; unchangeable; invariable; inflexible.
anelèttrico, *a.* (*fis.*) anelectric.
anèlito, *m.* **1** (*lett.: respiro*) panting **2** (*fig.: brama*) longing; yearning. ● **l'estremo** (*o* **l'ultimo**) **a.**, the last gasp.
anellaménto, *m.* (*etologia*) bird-ringing.
anèllidi, *m. pl.* (*zool., Annelida*) annelids.
anèllo, *m.* **1** ring: **un a. d'oro** (**di brillanti, matrimoniale**), a gold (diamond, wedding) ring **2** (*di metallo, ecc.*) ring; link: **a. di unione,** coupling ring; (*autom.*) **a. elastico** (*di pistone*), piston ring; split ring; (*mecc.*) **a. elastico,** snap ring; (*mecc.*) **a. di guarnizione,** packing ring; **gli anelli della catena,** the links in the chain **3** (*ditale*) thimble **4** (*ricciolo*) curl **5** (*fig.*) link; intermediary **6** (*bot., zool.*) ring **7** (*pl.: attrezzo ginnico*) (stationary) rings. ● (*mecc.*) **a. di trazione,** shackle □ **a. per le chiavi,** key-ring □ **gioco degli anelli,** quoits □ **prendere l'a.,** to get married.
anemia, *f.* (*med.*) anaemia; anemia (*USA*).
anèmico, *a.* (*med.*) anaemic; anemic (*USA*).
anemocòro, *a.* (*bot.*) aeolophilous.
anemòfilo, *a.* (*bot.*) anemophilous.
anemografia, *f.* (*fis.*) anemography.
anemògrafo, *m.* (*fis.*) anemograph.
anemometria, *f.* (*fis.*) anemometry.
anemòmetro, *m.* (*fis.*) anemometer; wind gauge.
anèmone, *m.* (*bot., Anemone*) anemone; windflower. ● (*zool.*) **a. di mare** (*Actinia*), sea anemone; actinia.
anemoscòpio, *m.* (*fis.*) anemoscope.
aneròide, *a.* (*fis.*) aneroid: **barometro a.**, aneroid barometer.
anestesia, *f.* (*med.*) anaesthesia.
anestesiologia, *f.* (*med.*) anesthesiology.
anestesista, *m. e f.* (*med.*) anaesthetist.
anestètico, *a.* (*med.*) anaesthetic.
anestetizzare, *v. t.* (*med.*) to anaesthetize.
anèto, *m.* (*bot., Anethum graveolens*) dill.
aneurisma, *m.* (*med.*) aneurysm, aneurism.
aneurismàtico, *a.* (*med.*) aneurysmal, aneurismal.
anfanare, *v. i.* **1** (*parlare a vanvera*) to talk at random; to ramble **2** (*affaccendarsi inutilmente*) to bustle (about).
anfetamina, *V.* **amfetamina.**
anfibio, A *a.* **1** (*zool.*) amphibian; amphibious **2** (*fig.*) ambiguous; indecipherable; amphibious **3** (*di automobile, aereo*) amphibious. ● **mezzi anfibi da sbarco,** amphibian landing force. **B** *m.* (*zool., mil.*) amphibian.
anfibolo, *m.* (*miner.*) amphibole.
anfibologia, *f.* amphibology, amphiboly.
anfibològico, *a.* amphibological.
anfiòsso, *m.* (*zool., Branchiostoma lanceolatum*) lancelet; amphioxus*.
anfiteatro, *m.* (*archit.*) amphitheatre. ● (*med.*) **a. anatomico,** anatomy theatre.
anfitrióne, *m.* amphitryon.
ànfora, *f.* amphora*.
anfòtero, *a.* (*chim.*) amphoteric.
anfratto, *m.* gorge; tortuous ravine.
anfrattuosità, *f.* tortuousness; sinuosity; anfractuosity.
anfrattuóso, *a.* tortuous; winding; sinuous; anfractuous.
angariare, *v. t.* to harry; to vex: **Angariava il suo popolo,** he harried his people; **Dice che è continuamente angariato dai superiori,** he says he's constantly being harried by his superiors.
angèlica, *f.* (*bot., Angelica archangelica*) angelica.
angèlico, *a.* angelic(al): **cori angelici,** angelic choirs; **un viso a.,** an angelic face.
àngelo, *m.* **1** angel: **il proprio a. custode,** one's guardian angel; **l'a. nero,** the fallen angel **2** (*zool., Squatina squatina*) angelfish. ● **a. mio,** my darling ● (*relig.*) **Regina degli angeli,** Queen of Heaven □ **È un a.**, (*di bellezza*) she's divine; (*di bontà*) she's an angel □ **Suona come un a.**, he plays divinely □ (*scherz.*) **Il ladro fu scortato da due robusti angeli custodi,** the thief was escorted by two hefty guardian angels.
àngelus (*lat.*), *m.* (*relig.*) angelus.
angheria, *f.* **1** (*vessazione*) oppression; vexation **2** (*sopruso*) injustice.
angina, *f.* (*med.*) angina. ● (*med.*) **a. pectoris,** angina pectoris.
anginóso, (*med.*) **A** *a.* anginous. **B** *m.* sufferer from angina pectoris.
angiocolite, *f.* (*med.*) cholangitis*.
angiografia, *f.* (*med.*) angiography.
angioino, *a. e m.* (*stor.*) Angevin.
angiologia, *f.* (*med.*) angiology.
angiòma, *m.* (*med.*) angioma*.
angiopatia, *f.* (*med.*) angiopathy.
angiospèrme, *f. pl.* (*bot., Angiospermae*) angiosperms.
angipòrto, *m.* blind alley.

anglicanésimo, anglicanismo, *m.* (*relig.*) Anglicanism.
anglicano, *a. e m.* (*relig.*) Anglican.
anglicismo, *m.* Anglicism.
anglicizzare, *v. t.* to Anglicize.
anglismo, *V.* **anglicismo.**
anglista, *m. e f.* Anglicist.
anglo-americano, *a. e m.* Anglo-American.
anglofilia, *f.* Anglophilia.
anglòfilo, *m.* Anglophil(e).
anglofobia, *f.* Anglophobia.
anglòfobo, *m.* Anglophobe.
anglòfono, A *m.* Anglophone. **B** *a.* English-speaking. ● **di** (*o* **da**) **a.,** Anglophonic.
anglòmane, A *a.* Anglomaniacal. **B** *m.* Anglomaniac.
anglomania, *f.* Anglomania.
anglosàssone, *a. e m.* Anglo-Saxon.
angolare (1), A *a.* angular. ● (*archit.*) **pietra a.,** cornerstone; head-stone. **B** *m.* (*costr.*) angle bar; angle iron.
angolare (2), *v. t.* to angle: **a. una fotocamera,** to angle a cine-camera; (*tennis*) **a. una palla,** to angle a ball.
angolato, *a.* **1** (*tennis*) angled **2** (*calcio*) cross (*attr.*): **un tiro a.,** a cross-shot.
angolazióne, *f.* **1** angulation **2** (*fotogr.*) angle shot **3** (*sport*) angling **4** (*fig.*) angle; slant. ● **dare un'a. alle notizie,** to angle the news.
angolièra, *f.* corner cupboard.
àngolo, *m.* **1** (*geom.*) angle: **a. retto** (**acuto, ottuso**), right (acute, obtuse) angle; **a. piano** (**piatto**), plane (straight) angle; (*fis.*) **a. di deviazione** (**d'incidenza, ecc.**), angle of deviation (of incidence, etc.); (*aeron.*) **a. d'atterraggio** (**di salita**), landing angle (angle of climb); (*mil.*) **a. di mira** (**di tiro**), angle of sighting (of fire); **a. visivo,** visual angle; **essere ad a. retto con q.c.,** to be at a right angle to st. **2** (*canto, spigolo, anche fig.*) corner; nook: **all'a. della strada,** at the corner of the street; **girare l'a.,** to go round the corner; **il negozio (che) è all'a.,** the shop situated on (*o* at) the corner; «**È lontano?**» «**No, è qui all'a.**», «is it far?» «no, it's just round the corner»; **una casa d'a.** (*o* **che fa a.**), a corner house; **un posto d'a.**, a corner seat; **pietra d'a.,** cornerstone; **Abbiamo cercato in tutti gli angoli,** we have looked in every corner; **frugare in tutti gli angoli,** to search every nook and cranny **3** (*calcio*) corner: **calcio d'a.,** corner-kick; corner **4** (*fig.: luogo*) place, spot; (*parte, zona*) part: **in un a. appartato,** in a secluded spot; **in quell'a. della città,** in that part of the town. ● (*mil.*) **a. di direzione,** bearing □ (*mil.*) **a. morto,** dead ground □ **fare a.** (*di strada*), to turn off: **Ci siamo incontrati dove Via Manzoni fa a. con Via Roma,** we met where Via Manzoni turns off into Via Roma.
angolosità, *f.* angularity (*anche fig.*).
angolóso, *a.* angular (*anche fig.*).
Àngora, *f.* (*geogr.*) Angora: **un gatto d'a.,** an Angora cat.
angòscia, *f.* anguish.
angosciare, A *v. t.* to distress. **angosciarsi B** *v. rifl.* to grieve (at, for, over st.).
angosciato, *a.* anguished; distressed.
angoscióso, *a.* **1** (*che dà angoscia*) distressful; grievous; painful **2** (*che è segno d'angoscia*) sorrowful: **un pianto a.,** sorrowful tears.
angostura, *f.* (*bot., farm.*) angustura, angostura.
anguicrinito, *a.* (*lett.*) snake-haired.
anguilla, *f.* **1** (*zool., Anguilla; anche fig.*) eel* **2** (*naut.*) carling.
anguillàia, *f.* eel pond.
anguillésco, *a.* (*fig.*) eely; eel-like; as slippery as an eel.
anguillula, *f.* (*zool., Anguillula*) eelworm.
angùria, *f.* (*bot., Citrullus vulgaris*) watermelon.
angùstia, *f.* **1** (*ansia*) anxiety; distress: **a. dell'animo,** anguish of mind **2** (*lett.: insufficienza*) lack: **a. di denaro,** lack of money; **a. di viveri,** lack of provisions **3** (*lett.: strettezza*) narrowness: **l'a. del vicolo,** the narrowness of the alley. ● **Ho sempre vissuto in mezzo alle angustie,** I've always had plenty of troubles □ **Sto in a. per te,** I'm worried for your sake □ **Non mi tenere in a.,** don't keep me on tenterhooks.
angustiare, A *v. t.* to afflict; to distress; to torment: **Non mi a.,** don't torment me. **angustiarsi B** *v. rifl.* to distress oneself; to worry (about, over st.).
angustiato, *a.* afflicted; anguished; worried.
angusto, *a.* narrow (*anche fig.*): **una mente angusta,** a narrow mind; **un sentiero a.,** a narrow path.
ànice, *m.* (*bot., Pimpinella anisum*) anise*. ● **semi di a.,** aniseed.
anicino, *m.* (*cucina*) aniseed biscuit.
anidride, *f.* (*chim.*) anhydride. ● **a. carbonica,** carbon dioxide.
anidro, *a.* (*chim.*) anhydrous.
anile, *m.* (*bot., Indigofera anil*) anil; indigo plant.
anilina, *f.* (*chim.*) aniline: **colori d'a.,** aniline dyes.
ànima, *f.* **1** (*relig.*) soul; (*spirito*) ghost; spirit: **Credo nell'immor-**

animale 1160

talità dell'a., I believe in the immortality of the soul; **raccomandare l'a. a Dio**, to commend one's soul to God; **pregare per l'a. di q.**, to pray for sb.'s soul; **le anime dei defunti**, the departed souls; **cura d'anime**, cure of souls; **le anime purganti**, the souls in Purgatory; **esalare l'a.** (*o* **rendere l'a. a Dio**), to give up the ghost; **evocare l'a. di un defunto**, to call up a spirit from the dead **2** (*fig.*) soul; (the) life (and soul): **La pubblicità è l'a. del commercio**, advertising is the very soul of business; **Carlo era l'a. del trattenimento**, Charles was the life (and soul) of the party **3** (*coscienza*) conscience; (*cuore*) heart; (*sentimento*) feeling: **avere q.c. sull'a.**, to have st. on one's conscience; **desiderare q.c. con tutta l'a.**, to desire st. with all one's heart; **Ti ringrazio con tutta l'a.**, I thank you with all my heart (*o* from the bottom of my heart); **suonare il piano con a.**, to play the piano with feeling; **metterci l'a.** (*o* **mettere l'a. nel fare q.c.**), to do st. with feeling **4** (*persona*) soul; person; (*abitante*) inhabitant: **un'a. buona**, a kindly soul; **Non si vedeva a. viva**, there wasn't a living soul to be seen; **Nel naufragio perirono trecento anime**, three hundred souls perished in the shipwreck; **La cittadina conta tremila anime**, the little town has three thousand inhabitants **5** (*parte centrale di q.c.*) core, centre, heart; (*seme*) kernel, seed; (*di fucile, o pistola*) bore; (*di cannone*) tube; (*di rotaia*) web; (*di un ombrello*) shank; (*di un pallone da calcio*) bladder; (*di un violino*) sound-post; **essere corrotto fino all'a.**, to be rotten to the core; **l'a. di un'elettrocalamita**, the core of an electromagnet; **l'a. di una fune**, the core (*o* heart) of a rope; **l'a. del legno**, the heart of wood; **l'a. d'una pesca** (*di una mandorla*), the kernel of a peach (of an almond); **anime di zucca**, pumpkin seeds; **un fucile ad a. liscia** (**ad a. rigata**), a smooth-bore (a rifled) gun. ● **un'a. candida**, a simple soul; a pure-minded person □ **essere la dannata di q.**, to be sb.'s evil angel; to have an evil influence on sb.; (*esserne complice, ecc.*) to be sb.'s accomplice (*o* follower) □ (*fig.*) **essere un'a. in pena**, to be in great distress □ (*scherz.*) **un'a. lunga**, a tall fellow □ (*metall.*) **a. metallica**, mandrel □ **avere q. sull'a.**, to be unable to stand sb.; to be pestered by sb.; **Ce l'ho sull'a.**, I cannot stand him □ **un bene dell'a.**, heart-felt love □ **la buon'a. di mio padre**, my father, God rest his soul □ (*fig.*) **essere corpo e a. con q.**, to be in hand in glove with sb. □ **una cosa che arriva all'a.**, a soul-stirring thing □ **dare a. al proprio stile**, to enliven one's style □ **darsi a. e corpo a q.c.**, to give oneself body and soul to st. □ (*fig.*) **giocarsi l'a.**, to stake everything; to bet one's last halfpenny: **Mi giocherei l'a.**, I'd bet my last halfpenny on it □ **un lavoro** (**una fatica**) **che leva** (*o* **toglie, cava**) **l'a.**, a soul-destroying job (toil) □ **mettersi a. e corpo a q.c.** (**a fare q.c.**), to set one's heart and soul on st. (on doing st.) □ **non avere a.**, to be soulless; to have no deeper feelings □ **recitare con a.**, to act with animation □ **reggere** (*o* **tenere**) **l'a. con i denti**, to be at the end of one's tether; to be run down □ **rodersi l'a.**, to eat one's heart out; to peak and pine □ (*pop.*) **rompere l'a. a q.**, to be a (damned) nuisance to sb. □ **senz'a.**, soulless □ **vendere l'a. a caro prezzo**, to sell one's life dear □ **A. mia!**, my love!; my darling!; my heart! □ (*fig.*) **Sono due anime in un nocciolo**, they are hand in glove □ **Non dirlo ad a. viva!**, don't tell a soul!; keep it to yourself!

animale, A *a.* animal: **calore a.**, animal heat; **elettricità a.**, animal electricity; **il regno a.**, the animal kingdom. B *m.* **1** animal: **un a. irragionevole**, a reasonless animal; **un a. ragionevole**, a reasoning animal; **Mi piacciono gli animali domestici**, I like domestic animals **2** (*fig.*) animal; beast: **A.!**, you beast!

animalescaménte, *avv.* in a bestial way.

animalésco, *a.* **1** (*degli animali*) animal (*attr.*) **2** (*spreg.: di persona*) bestial. ● (*spreg.*) **Mangia in modo a.**, he eats like a pig □ (*spreg.*) **Si muove in modo a.**, he moves like a great ape.

animalità, *f.* animality.

animare, A *v. t.* **1** to animate; to make* (st.) seem alive; to give* life to: **Questo pittore riesce quasi ad a. le sue figure**, this painter makes his subjects seem almost alive (*o* almost gives life to his subjects) **2** (*avvivare*) to animate, to enliven; (*ispirare*) to inspire; (*spingere, eccitare*) to stimulate, to rouse, to incite, to urge, to stir: **Un sorriso animava il viso di lei**, a smile animated (*o* enlivened) her face; **a. la conversazione**, to enliven the conversation; **Era animato dall'amor di patria**, he was animated (*o* inspired) by love of his country **3** (*infondere coraggio, gioia, speranza, ecc.*) to encourage; to embolden; to hearten; to give* heart to; to gladden; to elate: **Le sue parole animarono i soldati**, his words encouraged (*o* emboldened) his troops; **La buona notizia ci animò tutti**, the good news elated (*o* gladdened) all of us **4** (*promuovere, favorire*) to foster; to give* life to; to activate; to invigorate: **a. l'industria** (**il commercio**), to foster (*o* to give life to) industry (commerce). **animarsi** B *v. rifl.* **1** (*avvivarsi, accalorarsi*) to become* animated (*o* lively, spirited, expressive): **La discussione s'animò**, the discussion became animated (*o* lively); **Quando reciti dovresti animarti di più**, when you are acting, you should be more expressive **2** (*farsi animo*,

coraggio) to take* heart; to take* courage; to cheer up.

animataménte, *avv.* animatedly; in a lively way; vivaciously.

animato, A *a.* **1** (*vivente*) animate; living: **esseri animati**, animate (*o* living) beings **2** (*vivace*) animated; lively: **Ci fu una discussione animata**, there was an animated discussion; **a. dalla pietà**, animated with pity **3** (*anche comm.*) brisk; buoyant: **mercato a.**, brisk (*o* buoyant) market. ● **bastone a.**, sword-stick; **cartoni** (*o* **disegni**) **animati**, (animated) cartoons. B *m.* (*mus.*) animato.

animatóre, A *m.* **1** animator; enlivener; one who gives life, inspiration, encouragement (to) **2** (*cinem.*) animator (of cartoons). ● **a. di gruppo**, team-leader □ **Fu l'a. della festa**, he was the life and soul of the party. B *a.* **1** (*che dà vita*) life-giving: **il soffio a.**, the life-giving breath **2** (*che avviva*) animating; enlivening.

animazione, *f.* **1** animation; liveliness; go (*fam.*); (*attività*) excited activity, bustle: **C'è molta a. nelle strade oggi**, there's much bustle in the streets today **2** (*anche comm.*) briskness; buoyancy: **l'a. del mercato**, the briskness of the market **3** (*cinem.*) animation.

animélla, *f.* (*cucina*) sweetbread.

animismo, *m.* (*filos.*) animism.

animista, *m. e f.* (*filos.*) animist.

animistico, *a.* (*filos.*) animistic; animist (*attr.*).

ànimo, *m.* **1** (*mente*) mind: **avere l'a. tranquillo**, to have an untroubled mind; **avere in a. di fare q.c.**, to have a mind (*o* to intend) to do st.; **mettersi l'a. in pace**, to set one's mind at rest; to resign oneself; **mettersi in a. di fare q.c.**, to make up one's mind to do st.; **volgere l'a. a q.c.**, to turn one's mind to st. **2** (*cuore*) heart; (*coraggio*) courage, spirit: **Gli aprii l'a. mio**, I poured out (*o* opened) my heart to him; **avere l'a. buono**, to have a good heart; **avere un a. gentile**, to have a kind heart; **farsi** (*o* **prendere**) **a.**, to take heart; to muster up one's courage; **perdersi d'a.**, to lose heart; **con a.**, with spirit; spiritedly **3** (*indole, natura*) disposition; nature: **È un uomo d'a. gentile**, he is a man of a kindly disposition; he is a kind-hearted (*o* a good-natured) man **4** (*inclinazione*) inclination: **Non mostrava a. di voler partire**, he showed no inclination to leave **5** (*intenzione*) intention: **Lo affrontai con a. di schiaffeggiarlo**, I confronted him with the intention of slapping his face **6** (*opinione*) opinion: **Vi dirò l'a. mio**, I will give you my opinion. ● **alienarsi l'a. di q.**, to fall out of sb.'s favour □ **bastare l'a. di**, to feel up to; to have the heart to □ **essere di buon a.**, to be in a cheerful mood □ **fare q.c. di buon a.**, to do st. cheerfully (*o* willingly) □ **fare q.c. di mal a.**, to do st. unwillingly (*o* reluctantly) □ **guadagnarsi l'a. di q.**, to win sb.'s favour; to get into sb.'s good graces □ **stato d'a.**, state of mind; mood: **Non sono nello stato d'a. adatto** (**per fare questo**), I'm not in the (right) mood for that □ **stare di buon a.**, to be cheerful: **Sta di buon a.!**, be cheerful!; cheer up! □ **A.!**, come on!; cheer up! □ **Me lo diceva l'a.!**, I could feel it in my bones!; I had a presentiment (*o* a foreboding) □ **C'è del mal a. fra di loro**, there is bad blood between them.

animosità, *f.* **1** animosity; ill will; resentment; hostility **2** (*lett.: ardimento*) courage; bravery.

animóso, *a.* **1** courageous; brave; bold; fiery: **un giovane a.**, a brave young man; **un'impresa animosa**, a bold enterprise; **un cavallo a.**, a fiery horse **2** (*ostile*) hostile.

anióne, *m.* (*fis.*) anion.

anisétta, *f.* anisette.

anisofillia, *f.* (*bot.*) anisophylly.

anisotropia, *f.* (*fis.*) anisotropy.

anisòtropo, *a.* (*fis.*) anisotropic.

ànitra, V. **ànatra**.

Anna, *f.* Anna, Anne, Ann.

annacquaménto, *m.* **1** (*l'allungare*) dilution; watering down **2** (*fig.*) mitigation **3** (*econ.*) watering (down).

annacquare, *v. t.* **1** (*allungare*) to water down; to dilute: **a. il vino**, to water down wine **2** (*fig.*) to mitigate: **Sono sempre ingiurie, benché le annacqui con garbo**, they're still insults, despite the fact that he mitigates them with courtesy **3** (*econ.*) to water (down).

annacquata, *f.* **1** (*l'allungare leggermente*) slight dilution **2** (*fig.*) slight mitigation **3** (*pioggia breve*) light shower.

annacquato, *a.* **1** (*allungato*) watered down; diluted **2** (*fig.*) mitigated. ● **Gli dissi la verità, ma un pò annacquata**, I told him the truth, but I toned it down a little.

annaffiaménto, *m.* watering.

annaffiare, *v. t.* **1** to water: **a. il giardino**, to water the garden **2** (*di pioggia*) to wet*: **La pioggia mi ha annaffiato**, the rain has wet me **3** (*scherz.: annacquare*) to water down: **a. il vino**, to water down wine.

annaffiata, *f.* **1** (*l'aspergere un po'*) light watering **2** (*scherz.: l'allungare leggermente*) slight dilution **3** (*pioggia breve*)

light shower.
annaffiatóio, *m.* watering can.
annaffiatóre, *m.* **1** waterer **2** (*la macchina*) water-cart.
annaffiatrice, *f.* (*la macchina*) water-cart.
annaffiatura, *f.* watering.
annali, *m. pl.* annals.
annalista, *m.* annalist.
annalistica, *f.* annal-writing.
annalistico, *a.* annalistic.
annaspare, **A** *v. t.* (*ind. tessile*) to reel; to wind* (thread) on a reel; to spool. **B** *v. i.* to grope (*anche fig.*).
annata, *f.* **1** year: *un'a. abbondante*, a fruitful year; *un'a. buona*, a good year; *un'a. cattiva*, a bad year; *un'a. piovosa*, a rainy year; *un'a. magra*, a lean year; *un'a. secca*, a dry year; *un'a. torbida*, a troubled year; *un'a. tranquilla*, a peaceful year **2** (*rif. a numeri di periodici e sim.*) volume. **2** (*econ.*) pagare un'a. (d'affitto), to pay a year's rent □ riscuotere l'a., to receive a year's payment.
annebbiaménto, *m.* **1** clouding **2** (*della vista*) dimness **3** (*della mente*) clouding.
annebbiare, **A** *v. t.* **1** to cloud (up); to befog; to fog (up): *È l'umidità dell'aria che annebbia il cielo*, it's the dampness in the air that clouds the sky **2** (*fig.*) to dull. **annebbiarsi B** *v. rifl.* **1** to cloud (over); to grow* foggy: *Il cielo s'annebbia*, the sky is clouding over **2** (*fig.: della vista*) to dim: *Mi s'annebbia la vista*, my eyes are dimming **3** (*fig.: della mente*) to cloud.
annegaménto, *m.* drowning.
annegare, **A** *v. t.* to drown: *Presi i gattini e li annegai*, I took the kittens and drowned them; *a. i dispiaceri nel vino*, to drown one's cares in wine. **B** *v. i.* to drown; to be (*o* to get*) drowned: *Salvai l'uomo che stava per a.*, I saved the drowning man; *Il ragazzo cadde in mare e annegò*, the boy fell into the sea and was drowned. ● (*fig.*) *a. nell'oro*, to be rolling in wealth.
annegarsi C *v. rifl.* to drown oneself.
annegato, **A** *a.* drowned. **B** *m.* drowned person.
annerare, *V.* annerire.
anneriménto, *m.* blackening; darkening.
annerire, **A** *v. t.* to blacken; to darken: *Il fumo ha annerito il muro*, the smoke has blackened the wall. ● *Il sole annerisce la pelle*, the sun darkens the skin (*o* gives one a tan). **B** *v. i.* e **annerirsi C** *v. rifl.* to become* black; to darken; to blacken: *I quadri si anneriscono col tempo*, paintings darken with the passage of time.
annessióne, *f.* annexation.
annessite, *f.* (*med.*) adnexitis.
annèsso, **A** *a.* attached; enclosed; annexed. **B** *m.* **1** (*edificio*) annexe, (*USA*) annex **2** (*al pl.; anat.*) adnexa. ● *annessi e connessi*, appurtenances.
annèttere, *v. t.* **1** (*allegare, accludere*) to attach; to enclose: *Dovete a. al rapporto questi documenti*, you must attach these documents to the report **2** (*aggiungere*) to add: *Hanno annesso un nuovo edificio all'ospedale*, they have added a new building to the hospital **3** (*unire politicamente*) to annex: *Volevano a. la provincia prima del plebiscito*, they wanted to annex the province before the plebiscite **4** (*attribuire*) to attribute; to attach: *Perché dovremmo a. importanza alla sua visita?*, why should we attach importance to his visit?
Annibale, *m.* Hannibal.
annichilare, *V.* annichilire.
annichilazióne, *f.* annihilation (*anche fis.*).
annichiliménto, *m.* annihilation.
annichilire, *v. t.* to annihilate (*anche fig.*): *Lo annichilì con poche parole*, he annihilated him with a few words.
annichilito, *a.* annihilated (*anche fig.*): *Stava lì, a. dalle mie parole*, he stood there, annihilated by my words. ● *Vedendomi entrare, rimase a.*, when he saw me come in, he was flabbergasted.
annidare, **A** *v. t.* **1** to put* into a nest **2** (*fig.*) to harbour.
annidarsi B *v. rifl.* **1** (*di uccelli*) to nest **2** (*nascondersi*) to hide* **3** (*fig.*) to lurk; to nestle: *L'odio gli s'annidò nell'animo*, hatred lurked in his mind.
annientaménto, *m.* destruction; annihilation; wipe-out (*fam.*).
annientare, **A** *v. t.* to destroy (*anche fig.*); to annihilate; to wipe out: *a. l'autorità di q.*, to destroy sb.'s authority; *a. il nemico*, to destroy the enemy; *a. i sospetti*, to destroy suspicion. ● *a. gli ostacoli*, to eliminate obstacles. **annientarsi B** *v. rifl.* **1** to annihilate **2** (*umiliarsi*) to humble oneself: *Chi non si annienta dinnanzi alla maestà di Dio?*, who will not humble himself before the majesty of the Lord?
anniversàrio, *a.* e *m.* anniversary.
anno, *m.* (*anche fig.*) year: *a. accadèmico*, academic year; *a. bisestile*, leap year; *a. civile*, civil year; *l'a. corrente* (*o in corso*), the present year; this year; *a. di grazia*, year of grace (*o* of our Lord): *nell'a. di grazia 1975*, in the year of our Lord 1975; *a. finanziario* (*o di gestione*), financial year; *a. fiscale*, fiscal year; *a. giuridico*, legal year; (*astron.*) *a. luce*, light-year; (*relig.*) A. Santo, Holy Year; *un a. dopo l'altro* (*o a. per a.*), year after year; year in, year out; *col passare degli anni*, as years go (*o* went) by; *di a. in a.*, from year to year; *durante tutto l'a.*, all (the) year round; *in capo all'a.*, at the end of the year; *quest'a.*, this year; *l'a. scorso*, last year; the past year; *l'a. prossimo*, next year; the coming year; *tutti gli anni*, every year; *avere venti* (*trenta, ecc.*) *anni*, to be twenty (thirty, etc.) years old; *È un a. esatto che sono arrivato in questa città*, it's just a year since I arrived in this city; *Sono anni* (*o cent'anni*) *che non lo vedo*, I haven't seen him for years; it's ages since I saw him last; *essere avanti negli anni*, to be well (*o* getting) on in years; *portare bene gli anni*, to be young for one's years (*o* not to look one's age); *il primo* (*giorno*) *dell'a.* (*o Capo d'a.*), New Year's Day. ● *gli anni cadenti*, old age ● *gli anni verdi*, youth □ *augurare a q. il buon a.*, to wish sb. a happy new year □ *avere poco più di quarant'anni*, to be in one's early forties □ *avere quarant'anni sonati*, to be well into one's forties □ *levarsi gli anni*, to take off a few years from one's age; to lie about one's age □ *negli anni venti* (*trenta, ecc.*), in the twenties (thirties, etc.) □ *nel fiore degli anni*, in the prime of life □ *ogni a.*, yearly □ *ragazzi fra i tredici e i diciannove anni*, teenagers □ (*ippica*) *un tre anni*, a three-year-old □ *dodici mesi all'a.*, all (the) year round □ «Quanti anni hai?» «Ventuno», «how old are you?» «I'm twenty-one» □ «Quanti anni hanno?» «Ne hanno uno nove, l'altro undici», «what are their ages?» «their ages are nine and eleven» □ *Non ha ancora vent'anni*, he is under twenty; he is still in his teens □ *Mi par mill'anni di rivederla*, I am longing to see her again □ (*prov.*) *A. nuovo, vita nuova*, the new year calls for a new way of life.
annobilire, *v. t.* to ennoble.
annodaménto, *m.* **1** (*l'azione*) knotting **2** (*l'effetto*) knot.
annodare, **A** *v. t.* **1** (*fare un nodo*) to knot: *a. una corda*, to knot a rope **2** (*legare*) to tie: *a. i lacci delle scarpe*, to tie one's shoelaces. ● (*fig.*) *a. un'amicizia con q.*, to make friends with sb. **annodarsi B** *v. rifl.* to become* knotted. ● *a. la cravatta*, to knot one's tie □ *Mi si annodò la lingua in bocca*, I became tongue-tied.
annodatura, *f.* knotting.
annoiare, **A** *v. t.* **1** (*dar tedio*) to bore **2** (*dar fastidio*) to annoy. **annoiarsi B** *v. rifl.* **1** (*sentire tedio*) to be bored: *a. a morte*, to be bored to death (*sentire fastidio*) to be annoyed.
annoiato, *a.* **1** (*tediato*) bored **2** (*infastidito*) annoyed. ● *Sono a. tutto il giorno da quell'uomo*, that man pesters me all day long □ *Sono a. di tutti*, I'm fed up with everybody.
annoiatóre, *m.* **1** (*chi dà tedio*) bore **2** (*chi dà fastidio*) nuisance.
annòna, *f.* food administration (*o* board).
annonàrio, *a.* food (*attr.*); victual (*attr.*). ● *tessera annonaria*, ration card.
annóso, *a.* **1** aged **2** (*che dura da molti anni*) age-old.
annotare, *v. t.* **1** (*postillare*) to annotate: *a. un testo*, to annotate a text **2** (*prender nota*) to note (down) **3** (*comm.: registrare*) to book **4** (*crediti e sim.*) to tally. ● *a. in fretta*, to jot (down).
annotatóre, *m.* annotator.
annotazióne, *f.* **1** annotation; note **2** (*comm.: registrazione*) registration; entry **3** (*di crediti e sim.*) tally.
annottare, *v. i. impers.* to grow* (*o* get*) dark.
annoverare, *v. t.* to count; to number: *Dobbiamo annoverarlo tra gli storici e non tra i romanzieri*, we must number him with the historians, not with the novelists.
annuale, **A** *a.* **1** (*d'ogni anno*) annual; yearly: *reddito a.*, yearly income **2** (*che dura un anno*) annual. **B** *m.* anniversary.
annualità, *f.* annuity (*anche leg.*).
annualmente, *avv.* **1** (*ogni anno*) annually; yearly **2** (*di anno in anno*) from year to year.
annuàrio, *m.* yearbook; annual.
annuire, *v. i.* **1** (*far segno di sì*) to nod: *Gli domandai se volesse andar via ed egli annuì*, I asked him if he wanted to leave and he nodded **2** (*acconsentire*) to agree: *La direzione annuirà alla richiesta*, the management will agree to the request.
annullàbile, *a.* (*leg.*) voidable; avoidable.
annullaménto, *m.* **1** annulment (*anche leg.*); avoidance (*leg.*) **2** (*anche comm.*) cancellation: *a. fiscale* (*di un francobollo, di una marca, ecc.*), fiscal cancellation.
annullare, **A** *v. t.* **1** to annul (*anche leg.*); to avoid (*leg.*): *a. un contratto*, to annul a contract; *a. un matrimonio*, to annul a marriage **2** (*anche comm.*) to cancel: *a. un'ordinazione*, to cancel an order. **3** (*disfare*) to undo*: *La sua azione ha annullato il lavoro di anni*, his action has undone the work of years **4** to shoot* down (*fam.*): *a. una proposta*, to shoot down a proposal. ● *a. un decreto*, to revoke a decree □ *a. un'elezione*, to declare void an election □ *a. una nomina*, to rescind an appointment □ *a. un ordine* (*un comando*), to countermand (*o* to withdraw) an order □ *Ha annullato tutti i miei sforzi*, he has ruined all

annullo

my efforts. **annullarsi B** *v. rifl.* (*annichilirsi*) to annihilate. **C** *v. rifl. recipr.* **1** (*mat.*) to cancel (out, each other); to vanish **2** (*rag.*) to cancel each other; to cancel out.

annullo, *m.* cancellation.

annunciare, *v. t.* to announce; to give* out; to report: **a. la nascita (il fidanzamento, la morte) di q.**, to announce the birth (engagement, death) of sb.; **Il maggiordomo annunciò l'arrivo degli ospiti**, the butler announced the arrival of the guests. ● **farsi a.**, to give one's name □ **Il barometro annuncia tempesta**, the barometer forecasts a storm □ **L'annuncio al Direttore**, I'll tell the manager you're here.

annunciatóre, *m.* announcer; (*radio, telev.*) news announcer, news reader.

annunciazióne, *f.* annunciation. ● (*relig.*) **L'A.**, Annunciation Day; Lady Day.

annùncio, *m.* **1** announcement; notice; report: **fare (stampare) un a.**, to make (to print) an announcement **2** (*a. pubblicitario*) advertisement; advert; ad (*abbr.*): **annunci economici**, classified advertisements; **a. permanente**, standing advertisement; **Ho letto il vostro a. sul Times**, I have read your advertisement in the Times **3** (*notizia*) news: **un doloroso a.**, painful news; **un fausto a.**, good news; **un lieto a.**, cheerful news **4** (*fig.*: *presagio*) sign; presage.

annunziare, *V.* annunciare.

Annunziata, *f.* (*relig.*) Our Lady of the Annunciation. ● (*stor. mil.*) **Ordine della Santissima A.**, Order of the Most Holy Annunciation.

ànnuo, *a.* annual; yearly: **una celebrazione annua**, an annual celebration; **una pianta annua**, an annual plant; **lo stipendio a.**, the annual salary.

annusare, *v. t.* **1** to smell*; to sniff: **a. un fiore**, to smell a flower **2** (*fig.*: *capire*) to twig (*fam.*); to catch on: **Annusai che era uno sciocco da mettere in trappola**, I twigged he was a fool to be trapped. ● **a. tabacco**, to take snuff.

annusata, *f.* sniff: **dare un'a.**, to have a sniff.

annuvolaménto, *m.* clouding.

annuvolare, **A** *v. t.* to cloud (*anche fig.*): **I pensieri confusi annuvolano la mente**, confused thoughts cloud the mind; **Il vento annuvola il cielo**, the wind clouds the sky. **annuvolarsi B** *v. rifl.* to become* cloudy; to cloud (over).

annuvolato, *a.* cloudy: **un cielo a.**, a cloudy sky **2** (*fig.*) clouded: **un viso a.**, a clouded expression.

ano, *m.* **1** (*anat.*) anus* **2** (*di pesci, uccelli, ecc.*) vent.

anòbio, *m.* (*zool., Anobium*) anobium.

anòdico, *a.* (*elettr., elettron., fis.*) anodic; anode (*attr.*).

anòdino, *a.* (*farm., fig.*) anodyne.

anodizzare, *v. t.* (*metall.*) to anodize, to anodise.

anodizzatóre, *m.* (*metall.*) anodizer, anodiser.

anodizzazióne, *f.* (*metall.*) anodizing, anodising.

ànodo, *m.* (*fis.*) anode.

anòfele, *m.* (*zool., Anopheles*) anopheles.

anomalìa, *f.* anomaly.

anòmalo, *a.* anomalous: (*fis.*) **dispersione anomala**, anomalous dispersion; (*gramm.*) **verbo a.**, anomalous verb.

anomìa, *f.* **1** (*med.*) anomia **2** (*scient.*) anomy.

anòmico, *a.* anomic ● (*med.*) **afasia anomica**, anomic aphasia.

anòna, *f.* (*bot., Anona reticulata*) custard-apple.

anònima, *f.* (*comm.*) joint-stock company.

anonimato, *m.* anonymity; anonymousness.

anonimìa, *f.* anonymity.

anònimo, **A** *a.* anonymous: **una lettera anonima**, an anonymous letter; **un libro a.**, an anonymous book. ● (*comm.*) **società anonima**, joint-stock company. **B** *m.* (*autore*) anonymous author; (*scritto*) work by an anonymous author. ● **Preferisco mantenere l'a.**, I prefer to remain anonymous.

anoressìa, *f.* (*med.*) anorexia.

anoressànte, *a. e m.* (*med.*) anorexiant.

anormale, **A** *a.* abnormal. **B** *m. e f.* subnormal person.

anormalità, *f.* abnormality.

anossìa, *f.* (*med.*) anoxia.

anossiemìa, *f.* (*med.*) anoxaemia.

ansa, *f.* **1** (*manico*) handle **2** (*di fiume*) loop **3** (*anat.*) ansa*; loop.

ansante, *a.* panting; gasping.

ansare, *v. i.* to pant; to gasp.

anseàtico, *a.* (*stor.*) Hanseatic.

Ansèlmo, *m.* Anselm.

ànsia, *f.* anxiety. ● **essere in a. per q.c.**, to be anxious about st.

ansietà, *f.* anxiety.

ansimare, *v. i.* to pant; to gasp.

ansiolìtico, (*farm.*) **A** *m.* tranquillizer, ataractic. **B** *a.* antianxiety (*attr.*).

ansióso, *a.* **1** anxious; uptight (*fam.*); hung up (*fam.*) **2** (*desideroso*) eager.

anta, *f.* shutter; (*di armadio*) door.

antagonismo, *m.* antagonism.

antagonista, **A** *m. e f.* antagonist. **B** *a.* antagonistic.

antagonìstico, *a.* antagonistic.

antàlgico, *a. e m.* (*farm.*) analgesic.

antàrtico, *a.* antarctic. ● **l'emisfero a.**, the Southern hemisphere.

Antàrtide, *f.* (*geogr.*) Antarctica.

antebèllico, *a.* pre-war (*attr.*).

antecedènte, **A** *a.* preceding; previous. **B** *m.* antecedent.

antecedenteménte, *avv.* previously; before.

antecedènza, *f.* antecedence; precedence. ● **in a.**, previously.

antecessóre, *m.* predecessor.

antefatto, *m.* antecedents (*pl.*).

antefissa, *f.* (*archit.*) antefix.

anteguèrra, **A** *a.* pre-war (*attr.*). **B** *m.* pre-war period. ● **i prezzi d'a.**, pre-war prices.

antèlio, *m.* (*astron.*) anthelion*.

antelmìntico, *V.* antielmìntico.

antelucano, *a.* antelucan.

antemurale, *m.* **1** (*archit. mil.*) barbican **2** (*naut.*) breakwater.

antenato, *m.* ancestor; forefather; forebear.

antènna, *f.* **1** (*naut.*) yard; spar **2** (*trave*) spar **3** (*zool.*) antenna*; feeler **4** (*radio, telev.*) aerial; antenna*.

antennista, *m.* (*radio, telev.*) aerial contractor; aerial fitter.

antepórre, *v. t.* to place before: **Antepongono il profitto al dovere**, they place profit before duty. ● **Non so perché dovrei a. uno sconosciuto**, I can't see why I should give preference to a stranger.

anteprima, *f.* (*cinem.*) preview.

antèra, *f.* (*bot.*) anther.

anteridio, *m.* (*bot.*) antheridium.

anterióre, *a.* **1** (*che è davanti*) front: **le ruote anteriori di una macchina**, the front wheels of a car **2** (*rif. a tempo*) former; previous; preceding; prior: **in tempi anteriori**, in former times. ● **la parte a. di una casa**, the front of a house □ **le zampe anteriori di un cavallo**, the forefeet of a horse □ **È un poeta a. a Dante**, he is a pre-Dantean poet.

anteriorità, *f.* priority; precedence.

anteriorménte, *avv.* **1** (*prima*) formerly; previously **2** (*dalla parte anteriore*) in front.

anterozòo, *m.* (*bot.*) antherozoid.

antesignano, *m.* **1** (*stor. mil.*) standard-bearer **2** (*fig.*: *precursore*) precursor; forerunner.

antiabbagliante, **A** *a.* antidazzle; antiglare: **dispositivo a.**, anti-dazzle device. **B** *m.* (*autom.*) dipped headlight.

antiabortista, **A** *a.* antiabortion (*attr.*). **B** *m. e f.* antiabortionist.

antiàcido, *a. e m.* (*farm.*) antacid, antiacid.

antiaèreo, *a.* (*mil.*) anti-aircraft: **un cannone a.**, an anti-aircraft gun.

antialcòlico, *a.* anti-alcoholic; teetotal: **una lega antialcolica**, a teetotal league.

antialcolismo, *m.* teetotalism.

antialcolista, *m.* teetotalist.

antialisèo, *m.* antitrades (*pl.*).

antiallèrgico, *a. e m.* (*farm.*) anti-allergic.

antiappannante, *a.* (*tecn.*) non-fogging, anti-fogging.

antiatòmico, *a.* (*fis.*) atomic; anti-atomic: **un rifugio a.**, an atomic shelter (*o* a fallout shelter).

antiàtomo, *m.* (*fis.*) antiatom.

antiautoritàrio, *a.* antiauthoritarian.

antiautoritarismo, *m.* antiauthoritarianism.

antibalìstica, *a.* (*mil., miss.*) antiballistic: **un missile a.**, an antiballistic missile.

antibattèrico, *a. e m.* (*farm.*) antibacterial.

antibiòtico, *a. e m.* (*farm.*) antibiotic.

anticàglia, *f.* **1** (*oggetto, idea antiquata*) anachronism; (*spreg.*) junk **2** (*oggetto antico*) relic; antique. ● (*letter.*) **Il negozio di anticaglie**, The Old Curiosity Shop.

anticaménte, *avv.* in ancient (*o* former) times; in days of old (*lett.*); in olden days (*lett.*).

anticàmera, *f.* anteroom; antechamber. ● **fare a.**, to be kept waiting □ **far a. a q.**, to keep sb. waiting.

anticanceróso, *a.* (*farm.*) anticancer: **una medicina anticancerosa**, an anticancer drug.

anticàrie, *a.* anticarious.

anticarro, *a.* (*mil.*) antitank: **un cannone a.**, an antitank gun.

anticàtodo, *m.* (*fis.*) anticathode.

anticattòlico, *a. e m.* anti-Catholic.

antichità, *f.* **1** (*l'essere antico*) antiquity: **un quadro di grande a.**, a picture of great antiquity **2** (*il tempo antico*) antiquity; ancient times (*pl.*): **Studia l'a. romana**, he studies Roman antiquity **3** (*ciò che è antico*) antique: **Possiede molte a.**, he

owns many antiques.
anticìclico, *a.* (*econ.*) anticyclic(al).
anticiclóne, *m.* (*meteorologia*) anticyclone.
anticiclònico, *a.* (*meteorologia*) anticyclonic.
anticipare, A *v. t.* **1** (*fare prima*) to move up, to do* st. early, to bring* forward; (*fare sì che q.c. succeda prima*) to anticipate: **Dovrò a. la partenza,** I shall have to move up my departure **2** (*denaro*) to anticipate; to pay* in advance; (*prestare*) to advance: **Vorrei che anticipasse il pagamento,** I wish he would pay in advance; **a. una somma,** to advance a sum. **B** *v. i.* (*di mezzo di trasporto*) to come* early; to be ahead of time: **Oggi il treno anticipa,** today the train is ahead of time.
anticipataménte, *avv.* in advance; in anticipation; beforehand.
anticipato, *a.* **1** (*fatto in anticipo*) brought forward; early: **una partenza anticipata,** an early departure **2** (*pagato in anticipo*) in advance: **pagamento a.,** payment in advance; **Pagò tre mesi di stipendio anticipati,** he paid three months' salary in advance.
anticipazióne, *f.* **1** (*il fare in anticipo*) bringing forward, moving up; (*il fare succedere in anticipo*) anticipation **2** (*il pagare in anticipo*) advance. ● (*leg.*) **a. su merci (su titoli),** advance loan on goods (on stock).
antìcipo, *m.* **1** bringing forward, moving up; (*il fare succedere in anticipo*) anticipation **2** (*di denaro*) advance: **chiedere un a.,** to ask for an advance **3** (*autom.*) spark lead; spark advance. ● **in a.,** in advance; beforehand; (*rispetto ai costumi*) ahead; (*rispetto all'orario*) early, ahead of time: **pagare q. in a.,** to pay sb. in advance □ **Quel pittore è in a. sui suoi tempi,** that painter is ahead of his times □ **Il treno è in a.,** the train is ahead of time □ **arrivare in a.,** to arrive early.
anticlericale, *a. e m.* anticlerical.
anticlericalismo, *m.* anticlericalism.
anticlinale, *i.* (*geol.*) **A** *a.* anticlinal. **B** *f.* anticline.
antico, A *a.* **1** (*appartenente all'antichità*) ancient: **storia antica,** ancient history; **gli antichi Romani,** the ancient Romans; **il mondo a.,** the ancient world **2** (*non nuovo*) old; antique: **un'antica amicizia,** an old friendship; **l'A. Testamento,** the Old Testament. ● **ab a.,** from the earliest times □ **all'antica,** old-fashioned (*agg.*); in an old-fashioned way (*avv.*): **un cappello all'antica,** an old-fashioned hat □ **vestire all'antica,** to dress in an old-fashioned way. **B** *m. pl.* (the) ancients.
anticoagulante, (*farm.*) **A** *a.* anticoagulant; anticoagulative. **B** *m.* anticoagulant.
anticoincidènza, *f.* (*fis.*) anticoincidence.
anticomunismo, *m.* anti-Communism.
anticomunista, *a., m. e f.* anti-Communist.
anticoncezionale, V. **antifecondativo**.
anticonformismo, *m.* nonconformism.
anticonformista, *a., m. e f.* nonconformist.
anticonformìstico, *a.* non conformist.
anticongelante, A *a.* antifreezing. **B** *m.* antifreeze.
anticongiunturale, *a.* (*econ.*) antislump: **una misura a.,** an antislump measure.
anticòrpo, *m.* (*biol.*) antibody.
anticorrosivo, *a. e m.* anticorrosive.
anticostituzionale, *a.* anticonstitutional; unconstitutional.
anticostituzionalità, *f.* unconstitutionality.
anticrèsi, *f.* (*leg.*) antichresis*.
anticristiano, *a.* antichristian.
anticristo, *m.* antichrist.
anticrittogàmico, *a. e m.* (*agric.*) fungicide.
antidata, *f.* antedate.
antidatare, *v. t.* to antedate.
antidemocràtico, A *a.* undemocratic. **B** *m.* anti-democrat.
antidepressivo, (*farm.*) **A** *m.* antidepressant. **B** *a.* antidepressive; antidepressant.
antidetonante, *a. e m.* (*chim.*) antiknock: **piombo a.,** anti-knock lead.
antideutóne, *m.* (*fis. nucl.*) antideuteron.
antidiftèrico, *a.* (*farm.*) antidiphtheric.
antidiluviano, *a. e m.* antediluvian (*anche fig.*).
antidisturbo, *a.* (*tel.*) antijamming.
antidivorzismo, *m.* opposition to divorce.
antidivorzista, *m. e f.* person opposed to divorce.
antidivorzistico, *a.* anti-divorce (*attr.*).
antidogmàtico, *a.* anti-dogmatic.
antidolorifico, (*farm.*) **A** *a.* pain-relieving; analgesic. **B** *m.* pain-reliever; pain-killer.
antidoping, A *m.* (*sport*) anti-doping; drug test; dope test. **B** *a.* anti-drug (*attr.*); anti-dope (*attr.*).
antidoto, *m.* (*farm.*) antidote.
antidròga, *a.* anti-drug (*attr.*): **campagna a.,** campaign against the use of drugs.
antieconòmico, *a.* (*econ.*) uneconomic(al).
antielmintico, *a. e m.* (*farm.*). anthelmintic.

antiemètico, *a.* (*farm.*) anti-emetic.
antiemofilìtico, *a.* (*farm.*) antihemophilic.
antiemorràgico, *a. e m.* (*farm.*) haemostatic.
antieròe, *m.* antihero*.
antieròico, *a.* antiheroic.
antieroina, *f.* antiheroine.
antiestètico, *a.* unaesthetic.
antieuropeista, *m. e f.* (*polit.*) anti-European.
antieuropeìstico, *a.* (*polit.*) anti-European.
antieuropèo, *a. m.* (*polit.*) anti-European.
antifascismo, *m.* antifascism.
antifascista, *a., m. e f.* antifascist.
antifebbrile, *a. e m.* (*farm.*) antipyretic.
antifecondativo, A *a.* contraceptive; antifertility. **B** *m.* contraceptive.
antifemminismo, *m.* antifeminism.
antifemminista, A *a., m. e f.* antifeminist. **B** *f.* Aunt Tabbie, Aunt Thomasina (*pop. USA*).
antifermento, *m.* (*biol.*) antiferment.
antiflogìstico, *a.* (*farm.*) antiphlogistic.
antiflogòsi, *f.* (*med.*) treatement of inflammation.
antifona, *f.* (*mus., relig.*) antiphon. ● (*fig. e fam.*) **capire l'a.,** to guess what's coming next.
antifonàrio, *m.* (*relig.*) antiphonary.
antifonìa, *f.* (*mus.*) antiphony.
antifórfora, *a.* anti-dandruff.
antifrasi, *f.* (*retor.*) antiphrasis*.
antifràstico, *a.* (*retor.*) antiphrastic.
antifrizióne, *a.* (*mecc.*) antifriction. ● **metallo a.,** Babbitt-metal.
antifurto, A *a.* antitheft, thief-proof (*attr.*). **B** *m.* thief-proof device.
antigàs, *a.* antigas. ● **maschera a.,** gas mask.
antigèlo, V. **anticongelante**.
antigene, *m.* (*biol.*) antigen.
antigiènico, *a.* unhygienic; unsanitary.
antigràndine, *a.* antihail.
antigravità, *a.* antigravity.
antileucèmico, *a.* (*farm.*) antileuk(a)emic.
Antille, *f. pl.* (*geogr.*) (the) Antilles.
antilogia, *f.* (*filos.*) antilogy.
antìlope, *f.* (*zool., Antilope*) antelope*.
antimagnètico, *a.* (*fis.*) antimagnetic.
antimalàrico, *a. e m.* (*farm.*) antimalarial.
antimatèria, *f.* (*fis.*) antimatter.
antimeridiano, *a.* antemeridian. ● **alle nove antimeridiane,** at nine a.m.
antimilitarismo, *m.* antimilitarism; pacifism.
antimilitarista, *m. e f.* antimilitarist; pacifist.
antimilitarìstico, *a.* antimilitaristic; pacifist (*attr.*).
antimissile, antimissilìstico, *a.* antimissile.
antimonàrchico, A *a.* antimonarchical. **B** *m.* antimonarchist.
antimònio, *m.* (*chim.*) antimony.
antimonopolìstico, *a.* (*econ., fin.*) antitrust (*attr.*).
antinazionale, *a.* antinational.
antincèndio, *a.* **1** fire (*attr.*); fireproof: **porta a.,** fire door; **regolamenti a.,** fire regulations **2** fire-fighting: **squadra a.,** fire-fighting squad.
antincrostante, *a.* (*tecn.*) anti-scale.
antinduttivo, *a.* (*elettr.*) non-inductive.
antinébbia, A *a.* fog (*attr.*): (*autom.*) **fari a.,** fog lamps. **B** *m.* (*autom.*) fog lamp.
antinéve, *a.* snow (*attr.*): **catene a.,** tyre-chains; snow chains; **pneumatici a.,** snow tyres; **occhiali a.,** snow-glasses; snow-gaggles.
antinevràlgico, *a. e m.* (*farm.*) antineuralgic.
antinfiammatòrio, *a.* (*farm.*) anti-inflammatory.
antinflazionìstico, *a.* (*econ.*) counter-inflationary (*attr.*).
antinfluenzale, *a.* (*farm.*) anti-influenza (*attr.*).
antinfortunìstico, *a.* accident-prevention (*attr.*).
antinomìa, *f.* antinomy.
antinquinaménto, *a.* antipollution.
antinucleare, *a.* (*biol., med., polit.*) antinuclear.
antinùcleo, *m.* (*fis.*) antinucleus*.
Antiòchia, *f.* (*geogr.*) Antioch.
antiofìdico, *a.* snake-bite; antidotal: **siero a.,** ophidic antidote; snake-bite serum. **B** *m.* ophidic antidote.
antioràrio, *a.* counterclockwise.
antipapa, *m.* antipope.
antipapale, *a.* antipapal.
antiparassitàrio, A *a.* antiparasitic(al). **B** *m.* parasiticide.
antiparlamentare, *a.* anti-parliamentary.
antiparticèlla, *f.* (*fis.*) antiparticle.

antipastièra, *f.* hors d'oeuvre tray.
antipasto, *m.* hors d'oeuvre; appetizer: **a. all'italiana**, cold appetizers Italian style.
antipatìa, *f.* aversion; dislike: **vincere l'a.**, to overcome one's aversion; **le mie simpatie e antipatie**, my likes and dislikes. ● **provare a. per q.**, to dislike sb.
antipàtico, *a.* unpleasant; disagreeable: **È un tipo quanto mai a.!**, he's a very disagreeable sort of fellow!
antipatriòttico, *a.* anti-patriotic; unpatriotic.
antiperistàltico, *a.* (*med.*) antiperistaltic.
antipertensivo, *a. e m.* (*farm.*) antihypertensive.
antipièga, *a.* anticrease; crease-resisting.
antipirètico, *a. e m.* (*farm.*) antipyretic.
antipirina, *f.* (*farm.*) antipyrine.
antìpodi, *m. pl.* antipodes. ● (*fig.*) **essere agli a.**, to be poles apart □ (*fam.*) **Sei andato ad abitare agli a.**, you have gone to live at the back of beyond.
antipòlio, (*farm.*) **A** *a.* antipolio (*attr.*). **B** *f.* antipolio vaccine.
antipolìtica, *f.* antipolitics (*pl. col verbo al sing.*).
antipolìtico, *a.* antipolitical.
antipòrta, *f.* **1** outer door **2** (*di castello*) outer gate.
antiprotezionista, *a., m. e f.* anti-protectionist.
antiprotóne, *m.* (*fis.*) antiproton.
antiquària, *f.* **1** (*comm.*) antiquarianism **2** (*studio delle antichità*) archaeology.
antiquariato, *m.* antique trade (*o* dealing). ● **mobili d'a.**, antique furniture.
antiquàrio, **A** *m.* antiquarian; antiquary; dealer in antiques. **B** *a.* antiquarian.
antiquato, *a.* antiquated; old-fashioned; out-of-date; (*di una parola*) obsolete; (*di macchinario*) superannuated.
antiràbbico, *a.* (*farm.*) antirabies; antirabid.
antiradicale, *a.* (*polit.*) antiradical.
antirazionale, *a.* irrational.
antirazzismo, *m.* (*polit.*) antiracism.
antirazzista, *a., m. e f.* (*polit.*) antiracist.
antireligióso, *a.* irreligious.
antireumàtico, *a. e m.* (*farm.*) antirheumatic.
antiriflettènte, *a.* (*fis.*) non-reflecting.
antiritórno, *a.* (*tecn.*) – **valvola a.**, non-return valve.
antirollante, **antirollìo**, *a.* (*naut.*) anti-roll.
antirómbo, (*autom., ind.*) **A** *a.* antinoise. **B** *m.* sound deadener; antinoise paint.
antirrino, *m.* (*bot., Antirrhinum*) antirrhinum; snapdragon.
antirùggine, **A** *a.* (*chim., ind.*) antirust (*attr.*); rustproof; rust-resistant: **vernice a.**, antirust paint. ● **sostanze a.**, rustinhibitors. **B** *m.* rustpreventer; rust-preventive.
antirughe, *a.* wrinkle-preventing (*attr.*).
antisala, *f.* anteroom.
antischiavìsmo, *m.* antislavery; abolitionism.
antischiavista, *a., m. e f.* abolitionist.
antisciòpero, *a.* against strikes; anti-strike.
antiscorbùtico, *a. e m.* (*farm.*) antiscorbutic.
antidrucciolévole, *a.* (*autom.*) antiskid (*attr.*); nonskid (*attr.*).
antisemita, **A** *m. e f.* anti-Semite. **B** *a.* anti-Semitic.
antisemìtico, *a.* anti-Semitic.
antisemitìsmo, *m.* anti-Semitism.
antisèpsi, *f.* (*med.*) antisepsis*.
antisèttico, *a. e m.* (*farm.*) antiseptic.
antisìsmico, *a.* antiseismic(al).
antislittaménto, *a.* (*tecn.*) anti-skidding: **dispositivo a.**, anti-skid device.
antismòg, *a.* antismog.
antisociale, *a.* antisocial.
antisolare, *a.* sunburn (*attr.*); sun (*attr.*): **crema a.**, sun cream.
antisommergìbile, *a. e m.* (*mil.*) antisubmarine.
antispasmòdico, **antispàstico**, *a. e m.* (*farm.*) antispasmodic.
antisportivo, *a.* unsporting; unsportsmanlike.
antistamìnico, *a. e m.* (*farm.*) antihistaminic.
antistante, *a.* in front (of); opposite.
antistàtico, *a.* (*fis.*) antistatic.
antistèrico, *a. e m.* (*farm.*) antihysteric.
antistoricìsmo, *m.* antihistoricism.
antistòrico, *a.* antihistorical.
antìstrofe, *f.* (*letter.*) antistrophe.
antitàrmico, **A** *a.* moth-proof; moth-repellent. **B** *m.* moth-repellent.
antiterrorìsmo, *m.* anti-terrorism.
antìtesi, *f.* antithesis*.
antitetànico, *a.* (*farm.*) antitetanic.
antitètico, *a.* antithetic(al).
antitòssico, *a.* antitoxic.
antitossìna, *f.* (*farm.*) antitoxin.

anti-trust, *a.* (*econ.*) antitrust.
antitubercolare, *a.* (*farm.*) antituberculous; antituberculosis; antitubercular.
antitumorale, *a.* (*farm., med.*) antitumoral; antitumor.
antiuòmo, *a.* (*mil.*) antipersonnel.
antiurto, *a.* shockproof.
antivedére, *v. t.* (*lett.*) to foresee*.
antiveggènte, *a.* foreseeing.
antiveggènza, *f.* foresight.
antivibratòrio, *a.* (*tecn.*) anti-vibrating; vibration suppressing.
antivigìlia, *f.* (the) day before the eve. ● **l'a. di Natale**, two days before Christmas.
antivipera, *a.* (*farm.*) snake (*attr.*); snakebite (*attr.*). ● **siero a.**, antivenin; antivenene.
antivirale, *a. e m.* (*farm.*) antiviral.
antivirus, *a.* (*biol.*) antivirus*.
antocianìna, *f.* (*biol.*) anthocyanin.
antologìa, *f.* anthology.
antològico, *a.* anthological.
antònimo, **A** *a.* antonymous. **B** *m.* antonym.
Antònio, *m.* Anthony; (*stor.*) Antonius.
antonomàsia, *f.* (*retor.*) antonomasia.
antonomàstico, *a.* (*retor.*) antonomastic.
antrace, *m.* (*med.*) anthrax*.
antracène, *m.* (*chim.*) anthracene.
antrachinóne, *m.* (*chim.*) anthraquinone.
antracite, **A** *f.* (*miner.*) anthracite. **B** *a.* anthracite (*attr.*); clergyman grey: **grigio a.**, anthracite (*o* clergyman) grey.
antracòsi, *f.* (*med.*) anthracosis*.
antro, *m.* **1** cavern **2** (*fig.*) den.
antròpico, *a.* anthropic(al). ● **geografia antropica**, anthropography.
antropofagìa, *f.* anthropophagy; cannibalism.
antropòfago, **A** *m.* anthropophagite; cannibal; man-eater. **B** *a.* anthropophagous.
antropòide, *a. e m.* (*zool.*) anthropoid.
antropologìa, *f.* anthropology. ● **a. criminale**, criminology.
antropològico, *a.* anthropological.
antropòlogo, *m.* anthropologist.
antropometrìa, *f.* anthropometry.
antropomètrico, *a.* anthropometric(al).
antropomòrfico, *a.* anthropomorphic(al).
antropomorfìsmo, *m.* anthropomorphism.
antropomòrfo, *a.* anthropomorphous.
anulare, **A** *a.* annular; ring(-shaped): **il dito a.**, the annular finger; the ring finger; (*astron.*) **eclisse a.**, annular eclipse; **raccordo a.**, ring road; bypass. **B** *m.* ring finger.
anurèsi, *V.* **anurìa**.
anuri, *m. pl.* (*zool., Anura*) Anura; anurans.
anurìa, *f.* (*med.*) anuria; anuresis*.
Anvèrsa, *f.* (*geogr.*) Antwerp.
anzi, **A** *cong.* **1** (*al contrario*) not at all; on the contrary: «Disturbo?» «A., mi fai piacere!», «am I disturbing you?» «on the contrary! I'm pleased to see you!»; «È brutto?» «A., è bellissimo», «is he ugly?» «on the contrary, he's extremely handsome» **2** (*di più*) indeed; or rather: **Sicuro che vi sgrido, e a. vi dovrei punire**, naturally I'm reprimanding you, and, indeed, you ought to be punished; **un dolore acuto, a., acutissimo**, a sharp, or rather, a very sharp pain **3** – **a. che**, rather than **4** – **a. che no**, rather: **È vecchio a. che no**, he is rather old. **B** *prep.* (*prima di*) before: **a. tempo**, before time; too soon.
anzianità, *f.* **1** (*vecchiaia*) old age **2** (*di grado*) seniority: (*leg.*) **a. di servizio**, seniority; length of service.
anziano, **A** *a.* **1** elderly; (*vecchio*) old: **una donna anziana**, an elderly woman; **È il più a. tra noi**, he is the oldest among us **2** (*di grado*) senior: **Era il sergente più a. della compagnia**, he was the senior sergeant in the company. **B** *m.* **1** senior; elderly person **2** (*pl.*) (*the*) old; (*the*) elderly **3** (*stor.*) elder **4** (*bur. o scherz.*) senior citizen.
anziché, *cong.* rather than: **Me ne andrò a. sopportare questo**, I'll leave rather than put up with this.
anzidétto, *a.* aforesaid; above-mentioned.
anzitèmpo, *avv.* before (one's) time: **Morì a.**, he died before his time.
anzitutto, *avv.* first of all.
aorìsto, *m.* (*gramm.*) aorist.
aòrta, *f.* (*anat.*) aorta.
aostàno, *a.* of Aosta.
apache (*franc.*), *m.* **1** Apache **2** (*teppista parigino*) hooligan; ruffian.
apartheid, *f.* (*polit.*) apartheid; racial segregation.
apartiticità, *f.* independence of political parties; non-party nature.
apartìtico, *a.* non-party (*attr.*).

apatìa, *f.* apathy; indifference; listlessness.
apàtico, *a.* apathetic(al); indifferent; listless.
apatite, *f.* (*miner.*) apatite.
ape, *f.* bee; (*il maschio*) drone: **a. operaia,** worker bee; **a. regina,** queen bee. ● **nido d'api,** honeycomb; (*ricamo*) smocking.
Apèlle, *m.* (*mitol.*) Apelles.
aperiòdico, *a.* (*fis.*) aperiodic.
aperitivo, *m.* aperitif.
apertaménte, *avv.* openly; frankly.
apèrto, A *a.* **1** open: **all'aria aperta,** in the open air; **in aperta campagna,** in the open country; **un'automobile (una carrozza) aperta,** an open car (carriage); (*comm.*) **credito a.,** open credit; **una ferita aperta,** an open wound; **lettera aperta al direttore,** open letter to the editor; **in mare a.,** on the open sea; **una mente aperta,** an open (*o* unprejudiced) mind; a receptive mind; **vocali aperte,** open vowels; **dormire con le finestre aperte,** to sleep with the windows open; **ricevere q. a braccia aperte,** to welcome (*o* to receive) sb. with open arms; **tenere gli occhi aperti,** to keep one's eyes open **2** (*franco*) frank; unreserved; candid; sincere; open: **una faccia aperta,** a frank (*o* an open) face; **un modo di parlare a.,** a frank way of talking **3** (*esposto*) exposed; unprotected; (*indifeso*) undefended, open: **un luogo a. ai venti,** a place exposed to the winds; **una città aperta,** an open city **4** (*sgombro*) clear; unobstructed; open: **La strada era aperta quando io passai,** the road was clear when I passed. ● **a. a tutti,** open to all □ **a cuore a.,** (*med.*) open-heart; (*fig.*) with an open heart: **un'operazione a cuore a.,** an open-heart operation □ **a occhi aperti,** with open eyes; open-eyed (*agg.*) □ **a viso a.,** frankly; sincerely; candidly □ **battaglia aperta,** pitched battle □ (*comm.*) **conto a.,** open account □ **giochi all'aria aperta,** outdoor games □ **una persona dalla mente aperta,** an open-minded person □ **pronuncia aperta,** broad pronunciation □ **sognare a occhi aperti,** to day-dream □ **un sogno a occhi aperti,** a day-dream □ **un uomo dal cuore a.,** an open-hearted man □ (*fig.*: *di persona*) **È un libro a.,** one can read him like an open book. **B** *m.* – **l'a.,** the open; the outdoors (*pl., col verbo al sing.*): **vita all'a.,** life in the open; **dormire all'a.,** to sleep in the open; **Andiamo all'a.!,** let's get (*o* go) out into the open! ● **una scuola all'a.,** an open--air school. **C** *avv.* openly; frankly.
apertura, *f.* **1** (*l'aprire, l'aprirsi*) opening; (*inizio, anche*) beginning; (*inaugurazione*) inauguration; (*polit., anche*) overture, approach; (*scoppio*) outbreak: **l'a. dell'anno accademico,** the opening of the academic year; (*comm.*) **l'a. di un conto,** the opening of an account; (*comm.*) **a. di credito,** opening of credit; **l'a. di un discorso,** the opening of a speech; **l'a. di un negozio,** the opening of a shop; **all'a. del Parlamento,** at the opening of Parliament; **l'a. delle trattative di pace,** the beginning of peace talks; (*mil.*) **l'a. delle ostilità,** the outbreak of hostilities **2** (*spazio aperto*) opening, aperture; (*fenditura*) cleft, crack; (*fessura*) chink, cranny, slit; (*di macchima automatica*) slot; (*spacco*) gap; (*buco*) hole: **un'a. in una siepe,** an opening in a hedge; **l'a. di una macchina fotografica,** the aperture of a camera; **C'erano delle aperture nel ghiaccio,** there were some cracks in the ice; **Metti una moneta nell'a.!,** put a coin into the slot! **3** (*di caverna*) mouth **4** (*ampiezza*) width; spread: **Le sue ali hanno un'a. di due metri,** its wings have a spread of two metres; **l'a. del compasso,** the spread of the compass-legs **5** (*mus.*) overture **6** (*rugby*) pass **7** (*a poker*) (the) «openers» (*pl.*) **8** (*fig: a. mentale*) open-mindedness; broad-mindedness **9** (*autom., elettr.*) gap: **registrare l'a. delle puntine,** to reset the gap of the points. ● (*aeron.*) **a. alare,** wing span □ (*teatr.*) **a. alle ore venti, doors open at 8.00 p.m.,** □ (*comm.*) **a. di credito per corrispondenza,** credit opened by correspondence □ (*econ.*) **l'a di nuovi mercati,** the opening up of new markets □ (*leg.*) **l'a. di un testamento,** the reading of a will □ **a. lampo,** zip-fastener □ (*di negozi, ecc.*) **all'a.,** at opening time □ **conferenza** (*discorso*) **di a.,** opening lecture (speech) □ (*fig.*) **fare qualche a.,** to make preliminary enquiries; to feel one's way □ **orario** (*o ora*) **di a.,** opening time; (*di negozio*) business hours; (*di ufficio*) office hours; (*di museo*) visiting hours □ (*comm.*) **prezzo d'a.,** opening price; (*a un'asta*) upset price □ (*teatr.*) **la serata d'a.,** the opening night □ **la stagione dell'a. della caccia** (*o della pesca*), the open season □ **le sue osservazioni d'a.,** his opening remarks □ (*leg.*) **a. d'udienza,** opening.
apètalo, *a.* (*bot.*) apetalous.
apiàrio, *m.* apiary.
apicale, *a.* apical.
àpice, *m.* **1** (*mat., anat.*) apex* **2** (*fig.*) height; top; apex: **essere all'a. della potenza,** to be at the height of one's power; **Ora egli è all'a. della carriera,** he is now at the apex of his career.
apicoltóre, *m.* beekeeper; apiarist.
apicoltura, *f.* beekeeping; apiculture.
apiressìa, *f.* (*med.*) apyrexia; apyrexy.
apirètico, *a.* (*med.*) apyretic.

apìstico, *a.* apiarian.
aplanàtico, *a.* (*fis.*) aplanatic: **obiettivo a.,** aplanatic lens.
aplasìa, *f.* (*med.*) aplasia.
aplòide, *a.* (*biol.*) haploid.
apnèa, *f.* (*med.*) apn(o)ea. ● **immergersi in a.,** to dive while holding one's breath.
apneista, *m.* e *f.* (*sport*) skin-diver.
apnòico, *a.* (*med.*) apnoeic, apneic.
apocalisse, *f.* apocalypse.
apocalìttico, *a.* apocalyptic(al).
apocopare, *v. t.* (*gramm.*) to apocopate.
apòcope, *f.* (*gramm.*) apocope.
apòcrifo, *a.* (*gramm.*) apocryphal; spurious.
apocromàtico, *a.* (*fis.*) apochromatic.
àpodi, *m. pl.* (*zool.*, *Apoda*) apods.
apodittico, *a.* apodictic(al); apodeictic.
àpodo, *a.* (*zool.*) apodal; apodous.
apòdosi, *f.* (*gramm.*) apodosis*.
apòfisi, *f.* (*anat.*) apophysis*.
apofonia, *f.* apophony.
apoftègma, *m.* (*retor.*) apophthegm; apothegm.
apogèo, *m.* apogee (*anche fig.*): **essere all'a. della fama,** to be at the apogee of one's fame.
apògrafo, *m.* apograph.
apòlide, A *a.* stateless; displaced. **B** *m.* e *f.* stateless person.
apoliticità, *f.* non-political nature (*o* character).
apolitico, *a.* apolitical.
apollineo, *a.* Apollonian. ● (*scherz.* e *fig.*) **estro a.,** spark from Heaven.
apòllo, *m.* **1** (*fig.*) Apollo **2** (*zool., Parnassius apollo*) apollo butterfly.
apologèta, *m.* apologist.
apologètica, *f.* apologetics (*pl. col verbo al sing.*).
apologètico, *a.* apologetic(al).
apologìa, *f.* apologia*; apology.
apologista, *m.* e *f.* apologist.
apòlogo, *m.* apologue.
aponeuròsi, *f.* (*anat.*) aponeurosis*.
apoplessìa, *f.* (*med.*) apoplexy.
apoplèttico, *a.* (*med.*) apoplectic(al).
aporìa, *f.* (*filos.*) aporia.
apostasìa, *f.* apostasy, apostacy.
apòstata, *m.* e *f.* apostate.
apostatare, *v. i.* to apostatize.
apostolato, *m.* apostolate.
apostòlico, *a.* apostolic(al).
apòstolo, *m.* apostle.
apostrofare (1), *v. t.* (*interpellare*) to apostrophize.
apostrofare (2), *v. t.* (*gramm.*) to apostrophize.
apòstrofe, *f.* (*retor.*) apostrophe.
apòstrofo, *m.* (*gramm.*) apostrophe.
apotèma, *m.* (*geom.*) apothem.
apoteòsi, *f.* apotheosis* (*anche fig.*). ● (*fig., spesso iron.*) **fare l'a. di q.,** to sing sb.'s praises □ **Fu una vera a.,** it was a positive eulogy.
apotropàico, *a.* apotropaic.
appagàbile, *a.* satisfiable. ● **Non è facilmente a.,** he's not easily satisfied.
appagaménto, *m.* satisfaction: **l'a. dei desideri,** the satisfaction of one's desires.
appagare, A *v. t.* to satisfy: **La tua spiegazione non mi appaga,** your explanation doesn't satisfy me; **Questi quadri non appagano l'occhio,** these pictures don't satisfy the eye. ● **a. la fame,** to appease one's hunger – **a. la sete,** to quench one's thirst.
appagarsi B *v. rifl.* to be satisfied: **a. di q.c.,** to be satisfied with st.
appaiaménto, *m.* pairing; coupling.
appaiare, A *v. t.* to pair; to couple. **appaiarsi B** *v. rifl.* to (form a) pair; (*di animali*) to mate.
Appalachi, *m. pl.* (*geogr.*) (the) Appalachians.
appallottolare, A *v. t.* to ball; to roll (*o* mold, form) into a ball. **appallottolarsi B** *v. rifl.* to roll up into a ball.
appaltare, *v. t.* (*comm.*) **1** (*dare in appalto*) to let* out (on contract); to farm out **2** (*prendere in appalto*) to contract; to undertake* on contract.
appaltatóre, *m.* contractor.
appalto, *m.* (*comm.*) contract: **avere l'a.,** to have a contract; **dare in a.,** to let out (on contract); **prendere in a.,** to contract; to undertake on contract.
appannàggio, *m.* ap(p)anage.
appannaménto, *m.* **1** misting; (*di metalli*) tarnishing **2** (*della vista*) dimming.
appannare, A *v. t.* **1** to mist; (*un metallo*) to tarnish: **a. uno specchio,** to mist a mirror **2** (*la vista*) to dim. **appannarsi**

appannato

B v. rifl. **1** to mist over; (di metalli) to tarnish: **Lo specchio si è appannato**, the mirror has misted over **2** (della vista) to grow* dim.

appannato, a. **1** misted; (di metallo) tarnished **2** (di vista) dim.

apparato, m. **1** (pompa) display; pomp: **un grande a. di festoni, musiche, illuminazioni**, a great display of festoons, music, and lights; **un grande a. di forze**, a great display of strength; **Il ricevimento fu fatto con grande a.**, the reception was held with great pomp **2** (tecn.) apparatus*; (mecc.) device **3** (anat.) apparatus*: **l'a. digerente**, the digestive apparatus **4** (polit.) machine; machinery; apparatus*: **l'a. burocratico**, the bureaucratic machinery. ● (filol.) **a. critico**, apparatus criticus.

apparecchiare, **A** v. t. **1** (preparare) to prepare **2** (ind. tessile) to dress. **B** v. i. to lay* (o set*) the table.

apparecchiatura, f. **1** equipment **2** (ind. tessile) dressing. ● (rag.) **apparecchiature e impianti**, fittings and fixtures.

apparecchio, m. **1** apparatus*; instrument; set; (congegno) device, appliance; (fis.) **un a. di ascolto**, a listening apparatus; a listening device; **un a. telefonico**, a telephone apparatus; a telephone set; (radio) **un a. trasmittente-ricevente**, a sending and receiving set; (radio) **un a. a galena**, a crystal set; **un a. radio**, a radio set; **un a. televisivo**, a television set; a TV set; **un a. telegrafico**, a telegraph set; (mecc.) **un a. compensatore**, a compensating device; **un a. di alimentazione**, a feeding device **2** (aeron.) aircraft; (air)plane **3** (per ortodonzia) braces (pl.). ● (lett.) **a. a gettoni**, coin box □ (fotogr.) **a. da presa**, motion-picture camera; movie camera (USA) □ (autom.) **a. di comando** (o **di governo**), steering gear □ (chim.) **a. di Kipp**, Kipp gas generator □ (fis., chim., mecc.) **a. di prova**, tester □ **a. fotografico**, camera ● **apparecchi sanitari**, sanitary ware.

apparentamento, m. (polit.) election alliance.

apparentare, **A** v. t. **1** to ally (by marriage). **apparentarsi B** v. rifl. **1** to become* related (with sb.) by marriage; to marry (into) **2** (polit.) to form an election alliance.

apparènte, a. (anche leg.) apparent: **calma a.**, apparent calm; (leg.) **l'erede a.**, the heir apparent; **moto a.**, apparent motion; **vizi apparenti**, apparent defects. ● (med.) **morte a.**, catalepsy.

apparenteménte, avv. apparently; seemingly.

apparènza, f. **1** appearance: **all'a.**, to all appearance; **salvare le apparenze**, to keep up appearances; **Non si deve giudicare dall'a.**, one mustn't judge by appearances **2** (aspetto) appearance; look: **un uomo di bella a.**, a man of fine appearance. ● **Nelle sue parole non c'è a. di vero**, there's not a speck of truth in what he says □ (prov.) **L'a. inganna**, never judge by appearances.

apparigliare, v. t. to pair.

apparire, v. i. to appear: **a. in sogno**, to appear in a dream; **Ad Amleto apparve l'ombra di suo padre**, the ghost of Hamlet father appeared to him; **Le apparve un angelo**, an angel appeared to her; **Quel che prima appariva facile ora pare impossibile**, that which appeared easy at first now seems impossible; **Appare chiaro che...**, it appears clear that...; **Appare incerto che...**, it appears uncertain whether.. **2** (sembrare) to seem; (avere l'aspetto) to look, to be: **Vestita di nero appare più bella**, she looks more beautiful when dressed in black; **Voglio a. elegante**, I want to look smart.

appariscènte, a. striking; (vistoso) garish, showy: **un vestito a.**, a showy dress.

appariscènza, f. strikingness; (vistosità) garishness, showiness.

apparizióne, f. **1** apparition **2** (comparsa) appearance.

appartaménto, m. flat; apartment (USA): **un a. ammobiliato**, a furnished flat.

appartare, **A** v. t. to put* (o to place) apart; to segregate. **appartarsi B** v. rifl. to withdraw* (from); (isolarsi) to keep* apart, to keep* (oneself) to oneself.

appartato, a. secluded; out-of-the-way; apart; isolated. ● **rimanere a.**, to keep (oneself) to oneself.

appartenènte, a. belonging; (riguardante) proper to.

appartenènza, f. **1** belonging **2** (leg.) appurtenance **3** (a un sindacato e sim.) membership.

appartenére, v. i. **1** to belong: **Appartiene a te questo libro?**, does this book belong to you?; **Una parte dell'eredità mi appartiene**, part of the inheritance belongs to me; **Questa casa appartiene a mio padre**, this house belongs to my father **2** (far parte) to be a member (of): **Appartiene al circolo filatelico**, he is a member of the philatelic society **3** (riguardare) to be proper (to): **Questo tipo di ricerca appartiene alla fisica**, this type of research is proper to physics.

appassiménto, m. **1** (bot.) withering **2** (fig.: di bellezza) fading.

appassionante, a. exciting; thrilling; engrossing; arousing: **una storia a.**, an exciting story; an engrossing story.

appassionare, **A** v. t. **1** to impassion **2** (commuovere) to move: **Questa commedia mi ha molto appassionato**, this play has moved me deeply. **appassionarsi B** v. rifl. **1** (affliggersi) to grieve: **S'appassiona per il figlio malato**, he grieves over his sick son **2** (prendere passione) to be keen (on); to become* fond (of): **a. alla musica**, to be keen on music.

appassionato, **A** a. **1** impassioned; passionate: **una dichiarazione appassionata**, a passionate declaration; **un discorso a.**, an impassioned speech **2** (amante) passionately fond: **È a. di caccia**, he is passionately fond of hunting. **B** m. fan; lover; enthusiast.

appassire, v. i. **appassirsi**, v. rifl. **1** (bot.) to wither **2** (fig.: di bellezza) to fade.

appellàbile, a. (leg.) appealable.

appellabilità, f. (leg.) appealability.

appellante, a., m. e f. (leg.) appellant.

appellare, **A** v. t. (lett.) to call: **Lo appellano con quel nome**, they call him by that name. **B** v. i. e **appellarsi**, **C** v. rifl. to appeal (anche leg.): **Mi appello al giudizio di tutti gli onesti**, I appeal to the judgment of all honest men; **a. alla legge**, to appeal to the law.

appellativo, m. appellation; appellative (anche gramm.).

appellato, (leg.) **A** a. appealed. **B** m. appellee.

appèllo, m. **1** (chiamata per nome in ordine alfabetico) roll-call: **mancare all'a.**, to miss roll-call; **rispondere all'a.**, to be present at roll-call **2** (leg.) appeal: **atto d'a.**, act of appeal; appeal; **Corte d'A.**, Court of Appeal; **Consigliere d'A.**, Judge at the Court of Appeal; **ricorrere in a.**, to file an appeal; to appeal **3** (lett.: richiamo) cry: **Nessuno udì il suo disperato a.**, nobody heard his desperate cry. ● **fare l'a.** (nominale), to call the roll □ **fare a. alla giustizia di q.**, to appeal to sb.'s sense of justice □ (polit.) **fare a. al Paese**, to go to the country □ (leg.) **giudizio senza a.**, final sentence; sentence without appeal.

appéna, **A** avv. **1** hardly; scarcely: **Era così debole che poteva a. camminare**, he was so weak he could hardly walk **2** (poco) scarcely; only just: **Ci si vedeva a.**, we could scarcely see **3** (da poco) barely; (only) just: **Il sole s'era a. levato**, the sun had barely risen; **Eravamo a. partiti**, we had just left; **Saranno a. le dieci**, it must be just ten o'clock. **B** cong. (tosto che) as soon as: **A. arrivai**, as soon as I arrived; **(Non) a. riceverò la lettera, ti scriverò**, as soon as I receive the letter, I shall write to you. ● **a...che** (o **quando**), just...when; no sooner...than: **Avevo a. ricevuto il suo telegramma che arrivò lui in persona**, I had just received his telegram when he arrived in person □ **non a.**, as soon as: **Non a. saprò q.c., ti scriverò**, as soon as I hear anything, I'll write to you □ **non a. possibile**, as soon as possible □ **Con quello stipendio c'era a. a. da non morire di fame**, with those wages there was just enough to keep body and soul together.

appèndere, v. t. **1** (sospendere) to hang*: **a. q.c. al muro**, to hang st. on the wall; **a. una corda a un ramo**, to hang a rope from a branch; **Appendi il tuo cappotto**, hang up your coat **2** (lett.: impiccare) to hang: **a. un uomo**, to hang a man. ● **Gli appese al petto la medaglia**, he pinned the medal on his chest.

appendiàbiti, m. **1** (da armadio) clothes-hanger; dress-hanger **2** (da vestibolo) clothes-tree; clothes-stand **3** (gancio per appendere abiti) clothes-hook; coat-hook.

appendice, f. **1** appendix* (anche anat.): **l'a. cecale**, the vermiform appendix **2** (bot., zool.) process; (dei crostacei) swimmeret. ● **romanzo d'a.**, serial.

appendicectomia, f. (med.) appendicectomy; appendectomy.

appendicite, f. (med.) appendicitis.

appendicolare, a. (anat.) appendicular; appendiceal.

appendigònna, m. skirt-hanger.

Appennini, m. pl. (geogr.) (the) Apennines.

appenninico, m. (geogr.) Apennine (attr.).

appercettivo, a. (filos.) apperceptive.

appercezióne, f. (filos.) apperception.

appesantiménto, m. **1** increase in weight **2** (l'appesantire) loading **3** (di lineamenti) thickening.

appesantire, **A** v. t. **1** (rendere pesante) to increase the weight of; to make* heavy (o heavier) **2** (rendere noioso) to make* dull. **appesantirsi B** v. rifl. **1** to gain weight; to become* heavy (o heavier); to grow* stout.

appéso, a. **1** (sospeso) hanging **2** (lett.: impiccato) hanged.

appestare, v. t. **1** to infect with plague **2** (di puzza) to stink*: **La tua pipa appesta la stanza**, your pipe is stinking the room **3** (fig.: corrompere) to infect; to corrupt.

appestato, **A** a. **1** (colpito dalla peste) plague-stricken **2** (puzzolente) stinking **3** (fig.: corrotto) infected; corrupt. **B** m. (malato di peste) plague-stricken person. ● **gli appestati**, the plague-stricken.

appetènza, f. (lett.) appetency; appetite.

appetibile, a. desirable.

appetibilità, f. desirability.

appetire, **A** v. t. (lett.) to crave for: **a. i piaceri dell'amore**, to

crave for the pleasures of love. **B** *v. i.* to whet one's appetite.
appetito, *m.* appetite: **avere a.**, to have an appetite; **levare l'a.**, to take away the appetite; **perdere l'a.**, to lose one's appetite; **stuzzicare l'a.**, to whet one's appetite; **L'a. vien mangiando,** appetite comes with eating; **Devi moderare i tuoi appetiti disordinati,** you must control your unruly appetites. ● **mangiare con a.**, to eat heartily □ (*fig.*: *di chi arraffa*) **Che l'a.!,** he's positively insatiable!
appetitóso, *a.* **1** (*di cibo*) appetizing: **un piatto a.**, an appetizing dish **2** (*fig.*: *attraente*) tempting: **un romanzo con un titolo a.**, a novel with a tempting title.
appètto a, *locuz. prep.* (*lett.*) **1** (*dirimpetto*) opposite **2** (*fig.*: *in confronto a*) in comparison with.
appezzaménto, *m.* piece (*o* plot) of ground.
appianaménto, *m.* **1** (*il rendere liscio*) smoothing; planing **2** (*il livellare*) levelling **3** (*fig.*: *l'eliminare*) removal.
appianare, A *v. t.* **1** (*rendere liscio*) to smooth; to plane **2** (*livellare*) to level: **a. il terreno,** to level the ground **3** (*fig.*: *eliminare*) to remove; to smooth away: **a. tutte le difficoltà,** to smooth away all the difficulties. ● (*leg.*) **a. una lite,** to settle a dispute. **appianarsi B** *v. rifl.* (*risolversi*) to straighten out.
appianatóia, *f.* smoothing-plane.
appianatóio, *m.* roller.
appiattaménto, *m.* hiding; (*rannicchiandosi*) crouching.
appiattare, A *v. t.* to hide*. **appiattarsi B** *v. rifl.* (*nascondersi*) to hide* (oneself); (*rannicchiarsi*) to crouch.
appiattiménto, *m.* **1** flattening; levelling **2** (*fig., anche econ.*) levelling (out): **a. dei salari,** levelling of wages.
appiattire, *v. t.* **1** to flatten; to level. **appiattirsi B** *v. rifl.* to flatten; to become* flat; to level (out).
appiccàgnolo, *m.* **1** hook; peg **2** (*fig.*: *cavillo*) pretext; excuse.
appiccare, A *v. t.* (*impiccare*) to hang. ● **a. il fuoco a q.c.**, to set fire to st.; to set st. on fire □ **a. una zuffa,** to start a fight. **appiccarsi B** *v. rifl.* **1** (*attaccarsi*) to cling* **2** (*impiccarsi*) to hang oneself.
appiccicare, A *v. t.* **1** (*attaccare*) to stick* (on): **Questa colla non appiccica,** this glue won't stick; **Geppetto appiccicò a Pinocchio i due piedi,** Geppetto stuck on Pinocchio's two feet **2** (*fig.*: *rifilare*) to palm off (on sb.): **Mi appiccica sempre roba di scarto,** he always palms off second-rate goods on me. ● (*fig.*) **a. un soprannome a q.,** to give sb. a nickname; to dub sb. □ **Il nomignolo gli restò appiccicato,** the nickname stuck to him. **appiccicarsi B** *v. rifl.* **1** (*attaccarsi*) to stick* **2** (*fig.*: *essere sempre vicino*) to cling* (like a leech): **Gli è sempre appiccicata,** she always clings to him like a leech.
appiccicaticcio, *a.* **1** sticky **2** (*fig.*: *di persona*) clinging.
appiccicatura, *f.* **1** (*l'appiccicare*) sticking **2** (*fig.*) clumsy patch.
appiccichino, *m.* hanger-on*.
appiccicóso, *a.* **1** sticky **2** (*viscoso*) tacky **3** (*fig.*: *di persona*) clinging.
appiè, *prep.* at the foot: **a. di pagina,** at the foot of the page.
appiedare, *v. t.* to dismount.
appiedato, *a.* set on foot; dismounted (*anche mil.*) **2** on foot: **Oggi sono a., ho la macchina rotta,** today I am on foot (*o* I'm walking today) the car has broken down.
appièno, *avv.* (*lett.*) fully; completely; entirely; thoroughly.
appigionaménto, *m.* letting **2** (*locazione*) let.
appigionare, *v. t.* to let*. ● **Appigionasi,** (house) to let.
appigliarsi, *v. rifl.* **1** (*afferrare*) to seize **2** (*bot.*) to take* root. ● **Il fuoco si è appigliato alla casa,** the house has caught fire.
appiglio, *m.* **1** (*appoggio*) support; (*alpinismo*) hold **2** (*fig.*: *pretesto*) pretext; (*occasione*) opportunity: **dare (prendere) a.**, to give (to take) the opportunity.
àppio, *m.* (*bot.*, *Apium graveolens*) celery.
appiómbo, A *avv.* perpendicularly. **B** *m.* perpendicularity.
appioppare, *v. t.* **1** (*piantare un terreno a pioppi*) to plant with poplars **2** (*fig. e fam.*: *assestare*) to give; to land: **a. un pugno,** to land a blow **3** (*fig. e fam.*: *rifilare*) to palm off (on sb.): **Mi hanno appioppato un biglietto di banca falso,** they have palmed off a false banknote on me. ● (*fig. e fam.*) **a. un soprannome a q.,** to give sb. a nickname; to dub sb.
appisolarsi, *v. rifl.* to doze off.
applaudire, A *v. t.* **1** (*battere le mani*) to applaud: **(a) un cantante,** to applaud a singer **2** (*approvare*) to applaud; to approve of: **Applaudo il tuo comportamento,** I approve of your behaviour. **B** *v. i.* to applaud **2** (*approvare*) to applaud; to approve: **Non sono contrario; anzi applaudo,** I'm not against it; on the contrary, I applaud it.
applauditóre, *m.* **1** applauder **2** (*chi approva*) approver.
applàuso, *m.* **1** (*il battere le mani*) applause: **a. forte,** loud applause; **a. incerto,** half-hearted applause; **a. sincero,** warm applause **2** (*pl.*) cheers (*pl.*); cheering: **un coro d'applausi,** a burst of cheering; **un uragano d'applausi,** a storm of cheering

3 (*approvazione*) approval; applause.
applausòmetro, *m.* (*radio, telev.*) applauseometer.
applicàbile, *a.* **1** applicable **2** (*leg.*) enforceable.
applicabilità, *f.* **1** applicability **2** (*leg.*) enforceability.
applicare, A *v. t.* **1** to apply: **a. un cerotto al braccio,** to apply a piece of sticking-plaster to one's arm; **a. un rimedio,** to apply a remedy; **a. una teoria,** to apply a theory; **a. la mente a q.c.,** to apply one's mind to st. **2** (*leg.*: *mettere in atto*) to enforce: **a. una legge,** to enforce a law **3** (*istituire*) to impose: **a. un'imposta,** to impose a tax **4** (*collocare*) to assign: **a. q. a un ufficio,** to assign sb. to a department. **applicarsi B** *v. rifl.* (*dedicarsi*) to apply oneself: **a. a un lavoro,** to apply oneself to a job; **Quel ragazzo non vuole a.**, that boy won't work.
applicato, A *a.* applied: **scienze applicate,** applied sciences. **B** *m.* (*impiegato*) junior clerk.
applicazióne, *f.* **1** application: **l'a. di nuove tecniche,** the application of new techniques **2** (*fig.*) application; concentration: **studiare con grande a.**, to study with intense application **3** (*leg.*) enforcement **4** (*anche sartoria*) appliqué; overlay: **un'a. in pizzo,** an overlay of lace. ● **applicazioni tecniche,** handicrafts □ **scuola d'a.**, technical college.
appoderaménto, *m.* division of land.
appoderare, *v. t.* to divide into farms.
appoggiabràccio, *m.* (*autom.*) armrest.
appoggiacapo, *m.* **1** headrest **2** (*di stoffa*) antimacassar.
appoggiafèrro, *m.* iron-rest.
appoggiamano, *m.* (*pitt.*) maulstick.
appoggiapièdi, *m.* footstool; footrest.
appoggiare, A *v. t.* **1** to lean*; to rest: **a. una scala al muro,** to lean a ladder against the wall; **a. i gomiti sulla tavola,** to lean one's elbows on the table **2** (*sostenere, anche fig.*) to support: **a. q.,** to support sb.; to back sb. up; **a. una proposta,** to support a proposal. ● (*fig.*) **a. la voce sopra una parola,** to emphasize a word □ **a. la voce sopra una nota,** to hold a note. **appoggiarsi B** *v. rifl.* **1** to lean*: **a. al muro,** to lean against the wall **2** (*fig.*: *affidarsi*) to place one's trust: **a. a q.,** to place one's trust in sb.; to rely on sb.; **a. a un partito politico,** to place one's trust in a political party.
appoggiatèsta, *m.* (*autom.*) headrest.
appoggiatóio, *m.* **1** support **2** (*delle scale*) banister (*generalm. al pl.*).
appoggiatura, *f.* (*mus.*) appoggiatura; grace note.
appòggio, *m.* brace; support (*anche fig.*); backing (*fig.*): **un a. di legno,** a wooden support; **avere molti appoggi,** to have a lot of support; **dare a. a q.,** to give one's support to sb. ● (*fig.*) **cercare un a.,** to look for help □ (*fig.*) **essere di a. a q.,** to be of assistance to sb. □ (*naut.*) **nave a.,** tender □ (*comm.*) **pezza d'a.,** voucher.
appollaiarsi, *v. rifl.* to roost; to perch.
appontàggio, *m.* (*aeron., naut.*) deck-landing.
appontaménto, *m.* (*aeron.*) tail-heaviness **2** (*naut.*) pooping.
appopparsi, *v. rifl.* **1** (*aeron.*) to be tail-heavy **2** (*naut.*) to be down by the stern.
appoppato, *a.* (*naut.*) down by the stern.
appórre, *v. t.* to affix; to append; to put*: **a. la firma,** to affix one's signature; **a. il sigillo,** to affix the seal; **a. la data,** to append the date. ● **a. le iniziali a q.c.,** to initial st. □ **a. il visto a un documento,** to endorse a document.
apportare, *v. t.* **1** to bring*: **a. fortuna,** to bring good luck; **a. una buona notizia,** to bring good news; **a. disgrazia,** to bring ill luck; **a. allegrezza,** to bring joy; (*fig.*) **a. buoni frutti,** to bring forth good fruits; **a. dolore,** to bring sorrow **2** (*citare*) to quote: **a. un esempio,** to quote an example. ● **a. capitali,** to bring in (*o* to contribute) capital □ **a. danno,** to do harm □ **a. modifiche,** to introduce changes □ (*econ.*) **a. tagli al bilancio,** to trim the budget □ **a. vantaggio,** to give an advantage.
apportatóre, *m.* bearer.
appòrto, *m.* (*comm., leg.*) contribution: **a. di capitale,** contribution of capital.
appositaménte, *avv.* expressly; on purpose.
appositivo, *a.* (*gramm.*) appositive.
appòsito, *a.* **1** (*speciale*) special: **un a. magistrato,** a special magistrate, **I gioielli si conservano in appositi astucci,** jewels are kept in special cases **2** (*adatto*) suitable; fitting.
apposizióne, *f.* **1** (*gramm.*) apposition **2** (*l'apporre*) affixing; appending: (*leg.*) **a. di sigilli,** affixing of seals.
appòsta, *avv.* **1** (*deliberatamente*) on purpose: **Non l'ho fatto a.,** I didn't do it on purpose; **Glielo dissi a.,** I told him on purpose **2** (*con uno scopo determinato*) specially; expressly: **Ci andrò a.,** I'll go there specially; **Era venuto a. per te,** he had come specially to see you **3** (*in funzione di agg.*: *speciale*) special: **Mi occorre un arnese a.,** I need a special tool. ● **a farlo a.,** just to be awkward (*o* difficult); **A farlo a. era l'unico motore che non funzionava,** just to be awkward, it was the only engine that

appostaménto

wouldn't work; **A farlo apposta**, **non avresti potuto fare peggio**, you couldn't have done worse if you had tried □ **neanche a farlo a.**, by sheer coincidence; as luck would have it: **Neanche a farlo a. ne ho uno io**, by sheer coincidence, I have one.

appostaménto, *m.* **1** (*agguato*) ambush: **disporre un a.**, to lay (*o* set) an ambush; **fare un a.**, to make an ambush; **mettersi in a.**, to lie in ambush **2** (*mil.: per mitragliatrice*) pillbox.

appostare, **A** *v. t.* to lie* in wait for; to wait for. **appostarsi B** *v. rifl.* to lie* in ambush.

apprèndere, **A** *v. t.* **1** (*imparare*) to learn*: **Ha appreso bene la lingua**, he has learned the language well; **a. un'arte**, to learn an art **2** (*comprendere*) to grasp: **La mente dei fanciulli non può a. tali cognizioni**, a child's mind cannot grasp such ideas. **3** (*venire a sapere*) to learn*; to hear*; to find* out: **Ho appreso la notizia da lui**, I heard the news from him. **apprèndersi B** *v. rifl.* to take* hold.

apprendìbile, *a.* learnable.
apprendiménto, *m.* learning.
apprendista, *m.* e *f.* apprentice.
apprendistato, *m.* apprenticeship.
apprensióne, *f.* apprehension; anxiety. ● **essere in a.**, to be anxious □ **mettere in a.**, to render apprehensive □ **stare in a.**, to be apprehensive □ **tenere in a.**, to keep on tenterhooks.
apprensivo, *a.* apprehensive; anxious; uptight (*fam.*).
appressare, **A** *v. t.* **appressarsi**, *v. rifl.* (*lett.*) to approach.
apprèsso, **A** *avv.* **1** (*vicino*) near; nearby; close: **La porta è qui a.**, the door is quite near (*o* close) **2** (*in seguito, più tardi*) after; later: **come si seppe a.**, as was known later **3** (*dietro*) behind: **Veniva a.**, he came behind. **B** *a.* **1** (*seguente*) next; following: **il giorno a.**, the day after; the next day; on the following day **2** (*di bagaglio*) carry-on: **bagaglio a.**, carry-on luggage. **C** *inter.* (*fam.*) – **A.!**, next (one), please! ● **Portati a. l'ombrello!**, take the umbrella with you! □ **subito a.**, immediately afterwards.
apprèsso a, *locuz. prep.* (*vicino a*) by; close to; near to: **Stammi a.!**, keep close to me!
apprestaménto, *m.* preparation.
apprestare, **A** *v. t.* to prepare. **apprestarsi B** *v. rifl.* to get* ready.
apprettare, *v. t.* (*ind. tessile*) to dress; to size.
apprettatrice, *f.* (*ind. tessile*) sizer.
apprettatura, *f.* (*ind. tessile*) dressing; sizing.
apprètto, *m.* (*ind. tessile*) dressing; size. ● **dare l'a.**, to size.
apprezzàbile, *a.* appreciable; (*di un'opera*) notable.
apprezzaménto, *m.* **1** (*il riconoscere il valore*) appreciation **2** (*valutazione*) valuation; rating **3** (*fig.: opinione*) opinion: **l'a. del critico**, the critic's opinion.
apprezzare, *v. t.* **1** (*riconoscere il valore*) to appreciate: **Apprezzo il valore di questo oggetto**, I appreciate how much this object is worth; **Apprezzo la tua amicizia**, I appreciate your friendship **2** (*assegnare il prezzo*) to price; to value; to rate: **a. un oggetto**, to value an object.
appròccio, *m.* approach; overture (*generalm. al pl.*); feeler (*fam.*): **Farò qualche a. per vedere come stanno le cose**, I'll put out a few feelers to see what the position is.
approdare, *v. i.* **1** (*naut.*) to land: **Approdarono a Genova**, they landed at Genoa **2** (*fig., raggiungere uno scopo*) to come (to); to lead (to): **a. a q.c.**, to lead to something; **non a. a nulla**, to come to nothing.
appròdo, *m.* (*naut.*) **1** (*l'approdare*) landing **2** (*luogo d'approdo*) landing; landing place.
approfittare, *v. i.* **approfittarsi**, *v. rifl.* to take* advantage (of); to profit (by); to avail oneself (of): **a. delle circostanze**, to take advantage of the circumstances; **È troppo buono e tutti se ne approfittano**, he's too good and everybody takes advantage of him.
approfondiménto, *m.* **1** deepening (*anche fig.*) **2** (*fig.*) investigation.
approfondire, **A** *v. t.* **1** to deepen (*anche fig.*) **2** (*fig.*) to investigate; to examine closely; to go* into: **a. una questione**, to investigate a matter. **approfondirsi B** *v. rifl.* **1** to become* deeper **2** (*fig.*) to deepen one's knowledge (of st.).
approntare, *v. t.* to ready; to prepare; to make* ready.
approntato, *a.* ready.
appropinquare, *v. t.*, *v. i.* e **appropinquarsi**, *v. rifl.* to approach.
appropriàbile, *a.* (*raro*) appropriable.
appropriaménto, *m.* appropriation.
appropriare, **A** *v. t.* **1** (*fare proprio*) to appropriate **2** (*adattare*) to suit; to adapt. **appropriarsi B** *v. rifl.* to appropriate; to take* possession (of): **a. dei beni altrui**, to take possession of other people's property. ● **a. indebitamente di q.c.**, to misappropriate st.; to embezzle st.
appropriatézza, *f.* appropriateness; suitability.

appropriato, *a.* appropriate; suitable: **Questo titolo non è a. al libro**, this title is not appropriate for the book.
appropriazióne, *f.* appropriation. ● (*leg.*) **a. indebita**, embezzlement.
approssimare, **A** *v. t.* **1** to bring (st.) near **2** (*anche mat.*) to approximate. **approssimarsi B** *v. rifl.* to approach (*anche fig.*); to draw* near: **Il nemico s'approssima**, the enemy is approaching. ● **all'a. dell'inverno**, at the approach of winter.
approssimativaménte, *avv.* approximately; roughly.
approssimativo, **approssimato**, *a.* approximate: **una cifra approssimativa**, an approximate figure. ● **calcolo a.**, rough calculation.
approssimazióne, *f.* approximation (*anche mat.*). ● **per a.**, approximately.
approvàbile, *a.* **1** (*che si può stimare buono*) approvable **2** (*che si può lodare*) commendable; praiseworthy **3** (*che si può accettare*) acceptable **4** (*che si può promuovere*) passable.
approvare, *v. t.* **1** (*stimare buono*) to approve of: **Non approvo la sua condotta**, I don't approve of his behaviour **2** (*lodare*) to commend; to praise: **Tutti approvarono quello che aveva detto**, everybody praised what he had said **3** (*accettare*) to accept; to approve: **Ho approvato il conto**, I've accepted the bill **4** (*leg.: un disegno di legge, ecc.*) to pass **5** (*promuovere*) to pass: **Il professore approvò il candidato**, the professor passed the candidate **6** (*accettare ufficialmente*) to approve: **a. una dichiarazione**, to approve a declaration. ● **a. un accordo**, to subscribe to an agreement □ **a. un bilancio**, to adopt a balance.
approvativo, *a.* approbative.
approvazióne, *f.* **1** (*consenso*) approval; approbation **2** (*lode*) praise **3** (*accettazione*) acceptance; approval **4** (*leg.: di un disegno di legge, ecc.*) passage.
approvvigionaménto, *m.* **1** (*l'approvvigionare*) provisioning; victualling; supplying: **l'a. viveri di una nave**, the victualling of a ship **2** (*acquisto di materiali*) procurement **3** (*pl.: provviste*) provisions; supplies: **fonte di approvvigionamenti**, source of supplies.
approvvigionare, **A** *v. t.* **1** to provision; to supply provisions to (sb., st.); to supply: **a. di combustibile**, to supply with fuel **2** (*acquistare materiali*) to procure. ● **a. di cibo**, to victual. **approvvigionarsi B** *v. rifl.* to lay* in supplies.
approvvigionatóre, *m.* **1** (*fornitore*) supplier **2** (*di viveri*) victualler.
appruaménto, *m.* trim by (the) head.
appruare, **A** *v. t.* to trim by the head. **appruarsi B** *v. rifl.* to go* down by the head.
appruato, *a.* down by the head.
appuntalàpis, *m.* pencil-sharpener.
appuntaménto, *m.* **1** appointment; (*anche nello spazio*) rendezvous: **tardare a un a.**, to be late for an appointment **2** (*fra innamorati*) date. ● **dare un a. a q.**, to arrange to meet sb. □ **effettuare un a. nello spazio**, to rendezvous in space □ **mancare a un a.**, to miss an appointment.
appuntare (1), **A** *v. t.* **1** to sharpen; to point: **a. una matita**, to sharpen a pencil **2** (*introdurre con la punta*) to stick*: **a. uno spillo (un ago) sul guancialino**, to stick a pin (a needle) in the pincushion **3** (*attaccare con spilli*) to pin: **Appuntò un nastro al vestito**, she pinned a ribbon to her dress **4** (*puntare*) to point: **Gli appuntai la spada al petto**, I pointed my sword at his breast; **a. un fucile**, to point a rifle **5** (*fig.: fissare, aguzzare*) to fix; to strain: **a. gli occhi**, to fix one's eyes (on); **a. gli orecchi**, to strain one's ears. ● **a. l'ago**, to lay down one's needle. **appuntarsi B** *v. rifl.* **1** to sharpen **2** (*puntarsi*) to point (at); to be pointed (at); to be directed (at) (*anche fig.*).
appuntare (2), *v. t.* to note (down); to make* a note of (st.).
appuntato, **A** *a.* sharp; pointed. **B** *m.* (*mil.*) lance corporal.
appuntellare, *v. t.* to prop; to shore up.
appuntino, *avv.* nicely.
appuntire, *v. t.* to sharpen; to point.
appuntito, *a.* sharp; pointed.
appunto (1), *m.* (*nota*) note: **prendere appunti**, to make notes; **prendere un a. di q.c.**, to make a note of st. **2** (*promemoria*) memorandum*; memo (*fam.*) **3** (*rimprovero*) reproach. ● **fare un a. a q.**, to reproach sb. for st.
appunto (2), *avv.* exactly; just: **Stava a. lì**, that is exactly where he was standing; **Cercavo a. te**, you're just the person I was looking for. ● **per l'a.**, exactly □ **A. te!**, just the person I was looking for! □ (*iron.*) **Doveva capitargli a. questo!**, this just had to happen to him! □ «**È lei il nuovo impiegato?**» «**A.**», «are you the new clerk?» «yes, exactly».
appuraménto, *m.* ascertainment; verification; check.
appurare, *v. t.* **1** (*scoprire*) to ascertain: **a. la verità**, to ascertain the truth **2** (*verificare*) to verify; to check: **a. i conti**, to check the accounts.
appuzzare, *v. t.* to stink* up: **a. un luogo**, to stink up a place.

aprassia, f. (med.) apraxia.
apribile, a. opening; openable; that can be opened. ● (autom.) **tetto a.,** sun-roof; convertible.
apribócca, m. (med.) gag.
apribottiglie, m. bottle-opener.
aprico, a. (lett.) sunny; bright.
aprile, m. April (anche fig.): **il nove a.,** the 9th of April; April 9th; **l'a. degli anni,** the April (o spring) of life. ● **il primo d'a.,** All Fools' Day; April-Fools' Day □ (prov.) **A. non ti scoprire, maggio va adagio,** cast ne'er a clout till May be out.
a priòri (lat.), a. e avv. a priori.
apriorismo, m. apriorism.
aprioristico, a. aprioristic; a priori.
apripista, m. bulldozer.
aprire, A v. t. 1 (generalm.) to open: **a. un cassetto (una scatola, una valigia, ecc.),** to open a drawer (a box, a suitcase, etc.); **a. una miniera (un pozzo, una nuova strada),** to open a mine (a well, a new road); **a. la porta a q.,** to open the door for sb.; **a. un negozio (anche nel senso di metterlo su),** to open a shop; **a. l'animo (il cuore) a un amico,** to open (o to unburden) one's mind (one's heart) to a friend; (elettr.) **a. un circuito,** to open a circuit; (comm.) **a. un conto,** to open an account; **a. una discussione (un corso di lezioni, ecc.),** to open a discussion (a course of lectures, etc.); (mil.) **a. il fuoco,** to open fire; **a. la mente a q.,** to open sb.'s mind 2 to open (up): **a. una ferita,** to open up a wound; (econ.) **a. un mercato,** to open up a market; **a. ai traffici un territorio nuovo,** to open up a new territory to trade 3 (stendere, spiegare) to open (out); to unfold; to unwrap: **a. la mano,** to open one's hand; **a. un libro,** to open a book; **a. un giornale,** to open (o to unfold) a newspaper; **a. una cartina geografica,** to unfold a map; **a. un pacco,** to open a parcel; **a. un foglio di carta,** to unfold a sheet of paper 4 (con la chiave) to unlock: **a. la porta,** to unlock the door 5 (girando una chiavetta) to turn on: **a. il gas (un rubinetto, ecc.),** to turn on the gas (a tap, etc.) 6 (girando un interruttore) to switch on: **a. la luce (la radio, ecc.),** to switch on the light (the wireless, etc.) 7 (scavare) to dig*; to make*: **a. una buca,** to dig (o to make) a hole 8 (mediante una lampo: un abito, una valigia, ecc.) to unzip; (una valigia e sim.) to zip open: **Apri la valigia!,** zip your case open! 9 (cominciare) to open; to begin*: **a. un dibattito,** to open a debate; **a. la serie,** to begin the series 10 (essere in testa a) to head; to lead*: **a. un corteo,** to head a procession; **La banda apriva la colonna,** the band led the column. **B** v. i. 1 to open: **Questo negozio non apre il sabato,** this shop doesn't open on Saturdays 2 (a poker) to open. ● **a. bottega,** to set up (open) shop □ **a. le braccia a q.** (accoglierlo), to welcome sb. with open arms □ (fig.) **a. un buco per tapparne un altro,** to rob Peter to pay Paul □ **a. la casa** (agli ospiti, agli amici), to (throw) open one's house □ **a. un concorso,** to announce a competition □ (naut.) **a. una falla,** to spring a leak □ (fig.) **a. la mano** (spendere senza misura), to spend freely □ **a. un muro,** to make an opening in a wall □ **a. gli occhi,** (per la sorpresa) to open one's eyes; (svegliarsi) to wake up □ (fig.) **a. gli occhi alla luce** (nascere), (first) to see the light; to be born □ (fig.) **a. gli occhi a q. su q.c.,** to open sb.'s eyes to st.; to make sb. wise to st. (fam.) □ (fig.) **a. gli occhi su q.c.,** to become aware of st.; to get wise to st. (fam.) □ **a. le orecchie,** to be all ears; to listen carefully □ (fig.) **a. una porta a q.,** to give an opening to sb. □ **a. una porta con un calcio,** to kick a door open □ (fig.) **a. le porte al nemico** (arrendersi), to give in; to surrender □ **a. uno spiraglio,** to open a crack; to let in some light (o some air) □ **a. le tende,** to draw back the curtains □ (leg.) **a. un testamento,** to read a will □ **a. un uscio con violenza,** to fling a door open □ **a. la via a nuovi progressi,** to pave the way for further progress □ (naut.) **a. le vele,** to unfurl the sails □ **non a. bocca,** to keep silent (o quiet) □ (fig.) **Apri gli occhi!,** look out! □ (fam.) **Apriti cielo!,** heavens above!; good gracious!; the fat is (o was, o will be) in the fire: **Apriti cielo! che sarà mai?,** heavens above! what can that be?; **Quando subodorò la cosa, apriti cielo!,** when he got wind of it, the fat was in the fire.
aprirsi, v. rifl. 1 to open: **Improvvisamente la porta si aprì,** suddenly the door opened; **La porta s'apre verso l'interno,** the door opens inwards; **In primavera i fiori si aprono,** flowers open in spring; **La campagna si aprì alla vista,** the countryside opened (out) before one's eyes 2 (dare su) to open (on to): **Questa finestra si apre sul cortile,** this window opens on to the courtyard 3 (fendersi) to crack; to split* 4 (cominciare) to open; to begin*: **Il racconto si apre con una rapina a mano armata,** the story opens with a hold-up 5 (rasserenarsi) to clear up 6 (confidarsi) to open one's heart (to sb.); to unburden oneself (to sb.) □ (rivelare il proprio pensiero) to open one's mind (to sb.). ● (di truppe, ecc.) **a. a ventaglio,** to fan out □ **a. la via tra le fiamme,** to force one's way through the flames □ **Combattendo si aprirono la via verso la pianura,** they fought their way through to the plains.

apriscàtole, m. tin-opener; can-opener. ● **a. con la punta a triangolo,** church key.
apritóio, m. (ind. tessile) picker.
àptero, a. (zool.) apterous; apteral; wingless.
àquila, f. 1 (zool., Aquila) eagle: **a. di mare** (Haliaëtus), bald-eagle; sea-eagle; (lett.) **occhio d'a.,** eagle eye; **dagli occhi d'a.,** eagle-eyed 2 (fig.) genius: **Non è un'a.,** he's no genius 3 (stor. romana) eagle. ● (zool., il pesce) **a. marina** (Myoliobatis aquila), eagle ray.
aquilano, a. e m. of Aquila.
aquilègia, f. (bot., Aquilegia vulgaris) columbine; aquilegia.
aquilino, a. aquiline: **naso a.,** aquiline nose.
aquilóne, m. 1 (vento) north wind 2 (balocco) kite.
aquilòtto, m. 1 (zool.) eaglet 2 (aeron.) student pilot.
ara (1), f. (altare) altar.
ara (2), f. (misura) are.
ara (3), f. (zool., Ara) macaw.
arabescare, v. t. to decorate with arabesques; to arabesque.
arabescato, a. arabesqued: **stoffa arabescata,** arabesqued material.
arabésco, m. arabesque.
aràbico, a. Arabic; Arabian: **cifre arabiche,** Arabic numerals (o figures); **gomma arabica,** gum arabic.
aràbile, a. (agric.) arable.
arabismo, m. Arabism; Arabicism.
arabista, m. Arabist.
àrabo, A a. Arab; Arabian: **un cavallo a.,** an Arabian horse. **B** m. 1 Arab: **gli Arabi,** the Arabs 2 (la lingua) Arabic. ● (fig.) **parlare a.,** to speak double Dutch.
aràchide, f. (bot., Arachis hypogaea) groundnut; peanut.
aracnidi, m. pl. (zool., Arachnida) arachnids.
aracnidismo, m. (med.) arachnidism.
aracnòide, f. (anat.) arachnoid.
aracnoidite, f. (med.) arachnoiditis*.
Aragóna, f. (geogr.) Aragon.
aragonése, a., m. e f. Aragonese.
aragósta, f. (zool., Palinurus vulgaris) spiny lobster; langouste; crawfish*; crayfish*.
aràldica, f. heraldry.
aràldico, a. heraldic.
araldista, m. heraldist.
araldo, m. herald.
aramàico, a. e m. Aramaic.
arancéto, m. orange grove.
arància, f. orange: **succo d'a.,** orange juice; **scorza d'a.,** orange peel; **marmellata di arancia,** (orange) marmalade; **spremuta d'a.,** orange squash.
aranciata, f. orangeade.
aranciato, a. orange-coloured.
arancièra, f. orangery.
aràncio, m. 1 (bot., Citrus aurantium) orange (tree) 2 (colore) orange. ● **fiori d'a.,** orange blossoms; orange flowers.
arancióne, a. e m. orange.
arare, v. t. 1 to plough; to plow (USA): **a. la terra,** to plough the land; (lett.) **a. l'onda,** to plough the waves 2 (naut.) to drag.
arativo, a. (agric.) arable: **terreno a.,** arable land.
aratóre, A a. plough (attr.); ploughing: **un bue a.,** a ploughing ox. **B** m. ploughman*.
aratro, m. plough; plow (USA).
aratura, f. (l'arare) ploughing; plowing (USA) 2 (stagione) ploughing-season.
araucària, f. (bot., Araucaria) araucaria.
arazzeria, f. 1 (arte) tapestry-work 2 (arazzi) tapestry.
arazzière, m. tapestry-worker.
arazzo, m. tapestry.
àrbitra, f. arbitress.
arbitràggio, m. 1 (Borsa) arbitrage; arbitraging 2 (leg.) arbitration; umpirage 3 (calcio, golf, lotta, pugilato) refereeing 4 (baseball, cricket, hockey, polo, sci, tennis) umpiring.
arbitrale, a. arbitral; arbitration (attr.).
arbitrare, A v. t. 1 (Borsa) to arbitrate 2 (leg.) to arbitrate; to umpire 3 (calcio, golf, lotta, pugilato) to referee 4 (baseball, cricket, hockey, polo, sci, tennis) to umpire. **B** v. i. to arbitrate; to act as arbitrator (o umpire, referee).
arbitrariaménte, avv. arbitrarily.
arbitrarietà, f. arbitrariness.
arbitràrio, a. arbitrary: **un'interpretazione arbitraria,** an arbitrary interpretation.
arbitrato, m. 1 arbitration (anche leg.): **sottomettersi all'a.,** to submit to arbitration; **a. internazionale (industriale),** international (industrial) arbitration 2 (leg.) arbitration; umpiring: **risolvere una controversia per a.,** to settle a dispute by

arbitratóre arbitration.
arbitratóre, *m.* (*leg.*) arbitrator; umpire.
arbitrìo, *m.* **1** will: **fare ad altrui a.**, to submit to the will of others; (*filos.*) **libero a.**, free will **2** (*abuso*) liberty: **prendersi l'a. di fare q.c.**, to take the liberty of doing st.; **Certi arbitrii non dovete prenderveli più**, you must cease taking such liberties. ● **agire di proprio a.**, to act arbitrarily □ **dipendere dall'a. di q.**, to be subject to sb.'s changes of mood.
àrbitro, *m.* **1** arbiter; arbitrator (*anche leg.*): **Hanno scelto come a. il signor X**, they have chosen Mr. X as their arbitrator **2** (*fig.*: *padrone assoluto*) arbiter: **a. dell'eleganza**, arbiter in matters of taste **3** (*calcio, golf, lotta, pugilato*) referee **4** (*baseball, cricket, hockey, polo, sci, tennis*) umpire.
arbòreo, *a.* arboreal.
arborescènte, *a.* arborescent.
arborescènza, *f.* arborescence.
arborèto, *m.* arboretum*.
arborìcolo, *a.* arboreal.
arboricoltóre, *m.* arboriculturist; nurseryman*.
arboricoltura, *f.* arboriculture.
arborizzazióne, *f.* (*anat.*) arborization.
arboscèllo, *m.* sapling.
arbustivo, *a.* shrubby.
arbusto, *m.* shrub.
arca, *f.* **1** ark (*anche fig.*): **l'a. di Noè**, Noah's ark **2** (*lett.*: *tomba*) tomb. ● (*fig.*) **a. di scienza**, walking encyclopedia.
àrcade, A *a.* Arcadian. **B** *m.* **1** (*abitante dell'Arcadia*) Arcadian **2** (*membro dell'Accademia dell'Arcadia*) member of the Arcadian Academy **3** (*fig.*: *scrittore lezioso*) mawkish writer.
Arcàdia, *f.* **1** (*geogr. e fig.*) Arcadia **2** (*Accademia*) Arcadian Academy.
arcàdico, *a.* **1** (*geogr. e fig.*) Arcadian **2** (*dell'Accademia dell'Arcadia*) of the Arcadian Academy **3** (*fig.*: *lezioso*) mawkish.
arcaicità, *f.* archaism.
arcàico, *a.* archaic.
arcaismo, *m.* archaism.
arcaista, *m.* archaist.
arcaistico, *a.* archaistic.
arcaizzare, *v. i.* to archaize.
arcàngelo, *m.* archangel.
arcano, A *a.* mysterious; occult; arcane: **parole arcane**, mysterious words. **B** *m.* mystery; arcanum*: **svelare l'a.**, to unravel a mystery.
arcaréccio, *m.* (*costr.*) purlin(e).
arcata, *f.* **1** (*arco*) arch **2** (*serie d'archi*) arches (*pl.*); arcade **3** (*mus.*) bowing **4** (*spazio percorso da una freccia*) bowshot. ● **a. sopraccigliare,** arch of the eyebrows.
arcato, *a.* arched.
arcàvola, *f.* great-great-grandmother.
arcàvolo, *m.* great-great-grandfather.
archeggiare, *v. i.* (*mus.*) to bow.
archéggio, *m.* (*mus.*) bowing.
archeologia, *f.* archaeology.
archeològico, *a.* archaeologic(al).
archeòlogo, *m.* archaeologist.
archeozòico, *a. e m.* (*geol.*) Archeozoic.
archètipo, *m.* archetype.
archétto, *m.* (*mus.*) bow.
archiacuto, *a.* (*archit.*) ogival.
archiatra, *m.* archiater.
archibugiata, *f.* **1** (*colpo*) (h)arquebus shot **2** (*ferita*) (h)arquebus wound.
archibugière, *m.* (*stor.*) (h)arquebusier.
archibùgio, *m.* (*stor.*) (h)arquebus.
archidiòcesi, *f.* archdiocese.
archiepiscopale, *a.* archiepiscopal.
archiepiscopo, *m.* archbishop.
archiginnàsio, *m.* «Archiginnasio» (the ancient universities of Bologna and of Rome).
archimandrita, *m.* (*relig.*) archimandrite.
Archimède, *m.* (*stor.*) Archimedes.
archipèndolo, archipènzolo, *m.* plumb rule.
architettare, *v. t.* to plan (*anche fig.*): **a. una congiura**, to plan a conspiracy.
architétto, *m.* **1** architect **2** (*fig.*: *ideatore*) architect; planner.
architettònico, *a.* architectonic(al); architectural.
architettura, *f.* architecture.
architrave, *m.* **1** (*costr.*) lintel; breastsummer: **l'a. di una finestra**, a window lintel; **l'a. di una porta**, a door lintel **2** (*archit., di colonne*) architrave. ● (*archit.*) **a. ornamentale,** architrave.
archiviare, *v. t.* **1** to archive; to place in the archives **2** (*comm.*) to file **3** (*fig.*) to shelve. ● (*leg.*) **a. un processo**, to dismiss a case.
archiviazióne, *f.* **1** registration; recording **2** (*comm.*) filing **3** (*leg.*) dismissal; closure; closing.
archivio, *m.* **1** archives (*pl.*); record(s) office: **a. di Stato**, State archives **2** (*comm.*) file.
archivista, *m. e f.* **1** archivist **2** (*comm.*) file (*o* filing) clerk.
archivistica, *f.* archive-keeping.
archivìstico, *a.* archival.
archivòlto, *m.* (*archit.*) archivolt.
Arcibaldo, *m.* Archibald.
arcibasìlica, *f.* basilica.
arciconfratèrnita, *f.* archconfraternity.
arcidiaconato, *m.* archdeaconry; archdeaconship.
arcidiàcono, *m.* archdeacon.
arcidiàvolo, *m.* archfiend.
arcidiòcesi, *f.* archdiocese.
arciduca, *m.* archduke.
arciducale, *a.* archducal.
arciducato, *m.* archduchy.
arciduchéssa, *f.* archduchess.
arcière, *m.* (*stor., sport*) archer; bowman*.
arcigno, *a.* gruff; surly: **un viso a.**, a surly expression.
arcimilionàrio, *m.* multimillionaire; billionaire (*USA*).
arcinòto, *a.* extremely well known; known to all and sundry.
arcióne, *m.* **1** (*anteriore*) pommel, saddlebow; (*posteriore*) cantle **2** (*sella*) saddle. ● **montare in a.**, to mount; **smontare d'a.**, to dismount.
arcipèlago, *m.* archipelago*.
arciprète, *m.* (*relig.*) archpriest; dean.
arcivescovado, arcivescovato *m.* **1** (*palazzo*) archbishop's palace; (*regione dell'autorità*) archbishopric **2** (*dignità, ufficio*) archbishopric.
arcivescovile, *a.* archiepiscopal.
arcivéscovo, *m.* archbishop.
arco, *m.* **1** (*archit.*) arch: **l'a. della porta**, the arch of the doorway; **gli archi d'un ponte**, the arches of a bridge; **un a. a tutto sesto**, a round (*o* Roman) arch; **un a. a sesto acuto**, an ogive; a lancet (*o* Gothic) arc; **un a. trionfale**, a triumphal arch **2** (*geom.*) arc: **un a. di cerchio**, an arc of a circle **3** (*arma*) bow: **tendere l'a.**, to draw the bow **4** (*mus.*) bow: **a. del violino**, violin bow **5** (*fis.*) arc: **a. voltaico**, electric arc; **una lampada ad a.**, an arc lamp; (*mecc.*) **a. d'ingrandimento**, overlap arc **6** (*anat.*) arch: **l'a. del piede**, the arch of the foot; **l'a. delle ciglia**, the arch of the eyebrows. ● (*fig.*) **stare con l'a. teso**, to be constantly on the watch.
arcobaléno, *m.* rainbow.
arcolàio, *m.* (*ind. tessile*) wool-winder; skein-winder; reel-winder. ● (*fig.*) **girare come un a.**, to spin like a top.
arcontato, *m.* (*stor. greca*) archonship.
arcónte, *m.* (*stor. greca*) archon.
arcosòlio, *m.* (*archeol.*) arcosolium*.
arcuare, *v. t.* **arcuarsi,** *v. rifl.* to curve; to bend*; to arch.
arcuato, *a.* curved; bent; arched. ● **gambe arcuate**, bow legs.
ardènte, *a.* **1** burning; blazing; (*infocato*) red-hot: **fiamme ardenti**, burning flames **2** (*fig.*) burning; ardent; fiery: **passione a.**, burning passion; **animo a.**, ardent spirit; **un desiderio a.**, a burning desire. ● **camera a.**, funeral chamber □ **fuoco a.**, raging fire.
ardenteménte, *avv.* passionately; ardently.
àrdere, A *v. t.* to burn* (*anche fig.*). **B** *v. i.* **1** to burn*: **Un lume ardeva alla finestra**, a light was burning in the window **2** (*fig.*) to burn* (with); to glow (with): **a. d'amore**, to burn with love; **a. d'ira**, to burn with rage; **a. di zelo**, to glow with zeal. ● **a. di sdegno**, to be full of scorn □ **La casa ardeva tutta**, the whole house was ablaze.
ardèsia, A *f.* (*miner.*) slate. ● **fabbricante di tegole d'a.**, slater □ **lastre di a.**, slating □ **posa in opera di tegole d'a.** (*per tetti*), slating. **B** *a.* slate (*attr.*); slaty: **grigio a.**, slate grey.
ardiménto, *m.* daring; boldness.
ardimentóso, *a.* daring; brave; bold.
ardire, A *m.* (*coraggio*) courage; boldness: **mancare d'a.**, to lack courage; **È stato un bell'a. il tuo!**, you certainly showed courage! ● **prendere a.**, to grow daring □ **prendersi l'a. di fare q.c.**, to venture to do st. **B** *v. i.* to dare; to venture; to chance (st.); to risk (st.): **All'occasione, credo che ardirebbe**, I think he would dare if he got the chance; **Non ardì negarlo**, he did not dare (to) deny it; **Ardisco di presentarmi a voi**, I venture to present myself to you.
arditézza, *f.* boldness; temerity: **l'a. della sua richiesta**, the boldness of his request; **l'a. del suo sguardo**, the boldness of his gaze; **l'a. del suo volo**, the boldness of his flight.
ardito, A *a.* **1** (*coraggioso*) bold; brave; courageous; daring: **un uomo a.**, a bold man; **parole ardite**, bold words; **essere a.**, to be bold; **farsi a.**, to grow daring **2** (*rischioso*) risky: **un'impresa**

ardita, a risky venture **3** (*impertinente*) forward; impudent; insolent: **È un po' troppo a.**, he is rather too forward. **B** *m. pl.* (*mil.*) shock troops.

ardóre, *m.* **1** (*calore*) heat: **l'a. del fuoco**, the heat of the fire; **l'a. del sole**, the heat of the sun **2** (*fig.: passione*) ardour; passion: **Era pieno d'a.**, he was full of ardour **3** (*fig.: fervore*) fervour; eagerness. ● (*fig.*) **amare con a.**, to love ardently □ (*fig.*) **lavorare con a.**, to work fervently (*o* with a will).

arduità, *f.* (*lett.*) arduousness.

àrduo, *a.* **1** (*ripido*) steep: **una salita ardua**, a steep climb **2** (*fig.: difficile*) arduous; hard: **un'impresa ardua**, an arduous task.

àrea, *f.* **1** (*geom.*) area **2** (*spazio di terreno*) land; (*di terreno edificabile*) plot, lot: **a. da vendere**, land for sale; **Costò più l'a. che l'edificio**, the land cost more than the building **3** (*zona*) zone; area: **a. culturale**, cultural zone; **a. linguistica**, linguistic zone; **un'a. battuta dal vento**, a wind-swept zone; (*econ.*) **l'a. del dollaro**, the dollar area; (*econ.*) **l'a. della sterlina**, the sterling area (*o* bloc). ● **a. di parcheggio**, parking lot □ (*sport*) **a. di porta**, goal mouth.

arèca, *f.* (*bot., Areca*) areca.

areligióso, *a.* areligious.

àrem, *m.* harem.

arèna (1), *f.* **1** (*archit. e fig.*) arena **2** (*per corride*) bull-ring. ● (*fig., lett.*) **scendere nell'a.**, to enter the lists □ (*fig.*) **spettacolo da a.**, blood-and-thunder drama.

arèna (2), *f.* (*sabbia*) sand.

arenaménto, *m.* **1** silting up: **l'a. d'un fiume**, the silting up of a river **2** (*naut.*) stranding **3** (*fig.*) standstill; deadlock.

arenare, *v. i.* **arenarsi**, *v. rifl.* **1** (*naut.*) to run aground; to strand **2** (*fig.*) to run aground; to come* to a standstill; to deadlock.

arenària, *f.* (*miner.*) sandstone.

arenàrio, *a.* sandstone (*attr.*): **roccia arenaria**, sandstone.

aréngo, *m.* (*stor.*) assembly.

arenicolo, *a.* arenicolous.

arenile, *m.* beach.

arenóso, *a.* sandy; arenaceous.

arèola, *f.* (*anat.*) areola*.

areòmetro, *m.* (*fis.*) areometer; hydrometer.

areonàuta, *V.* **aeronàuta**.

areòpago, *m.* (*stor.*) (the) Areopagus.

areoplano, *V.* **aeroplano**.

areostàtico, *V.* **aerostàtico**.

areòstato, *V.* **aeròstato**.

aretino, *a. e m.* Aretinian.

arganista, *m.* winch operator.

àrgano, *m.* **1** (*naut.*) winch; capstan **2** (*mecc.*) windlass; winch: (*costr.*) **un a. trasportabile**, a portable winch.

argentare, *v. t.* to silver; to silver-plate.

argentato, *a.* **1** silver-plated **2** (*color argento*) silvery.

argentatóre, *m.* silver-plater.

argentatura, *f.* silvering: **a. chimica**, chemical silvering.

argènteo, *a.* **1** silver (*attr.*) **2** (*che ha il colore dell'argento*) silver (*attr.*); silvery: **il chiarore a. della luna**, the silvery light of the moon.

argenteria, *f.* silverware: **a. di casa**, domestic silverware.

argentière, *m.* silversmith.

argentìfero, *a.* argentiferous; silver-bearing.

argentina, *f.* (*moda*) «argentina»; crew-neck sweater.

argentino (1), *a.* silver (*attr.*); silvery: **uno squillo a.**, a silver peal; **una voce argentina**, a silvery voice.

argentino (2), *a. e m.* Argentine; Argentinean.

argènto, *m.* **1** silver: **lucente come l'a.**, shining like silver; **a. battuto**, wrought silver; **Mi pagò in a.**, he paid me in silver **2** (*pl., lett.: argenteria*) silverware. ● (*chim.*) **a. vivo**, quicksilver **□** (*fig.*) **avere l'a. vivo addosso**, to be like a cat on hot bricks.

argentóne, *m.* nickel silver; German silver.

argilla, *f.* (*miner.*) clay; argil: **a. grassa**, loam; rich clay; **a. da ceramista**, ball clay. ● **a. semiliquida**, slip □ **a. refrattaria**, fire clay.

argillàceo, *a.* argillaceous.

argillóso, *a.* clayey; argillaceous.

arginale, *a.* (*costr.*) embankment (*attr.*); bank (*attr.*): **muro a.**, embankment.

arginaménto, *m.* **1** (*atto di arginare*) embankment; dyking; (*USA*) diking **2** (*argine*) embankment; dyke; (*USA*) dike.

arginare, *v. t.* **1** (*un corso d'acqua*) to embank: **a. un fiume**, to embank a river **2** (*un terreno*) to dyke, (*USA*) to dike: **a. un terreno**, to dyke a plot of land **3** (*fig.*) to check; to hold* in (*check*): **a. la corruzione**, to check corruption; **a. il nemico**, to hold the enemy in check. ● **a. la piena**, to stem the flood.

arginatura, *f.* **1** (*di corso d'acqua*) embankment **2** (*di terreno*) diking, dyking **3** (*argini*) embankments (*pl.*).

àrgine, *m.* **1** bank; embankment; (*diga*) dyke, (*USA*) dike **2** (*fig.: ostacolo*) barrier; dyke: **fare a.**, to act as a barrier: **I soldati non poterono fare a. alla folla**, the soldiers were unable to act as a barrier against the crowd; **rompere ogni a.**, to remove all barriers.

argirismo, *m.* (*med.*) silver-poisoning.

argo, argon *m.* (*chim.*) argon.

Argo (1), *m.* (*mitol.*) Argus.

Argo (2), *m.* (*geogr.*) Argos.

argomentàbile, *a.* arguable.

argomentare, **A** *v. t.* (*dedurre*) to deduce; to infer: **Che uomo egli fosse si può a. da questo**, one can deduce from this what sort of a person he was; **a. una verità da un'altra**, to deduce one truth from another. **B** *v. i.* to argue; to reason. **C** *m.* reasoning.

argomentatóre, *m.* arguer; reasoner.

argomentazióne, *f.* **1** argumentation **2** (*prove*) arguments (*pl.*).

argoménto, *m.* **1** (*ragione, prova*) argument: **distruggere un a.**, to destroy an argument; **ribattere** (**confutare**) **un a.**, to refute (to confute) an argument; **addurre un a.**, to advance an argument **2** (*motivo*) motive: **prendere a. da una cosa per dirne un'altra**, to take st. as a motive for saying st. else **3** (*materia, oggetto*) subject; subject-matter; matter; topic: **trattare un a.**, to discuss a subject; **proporre un a.**, to suggest a subject **4** (*mat.*) argument. ● (*leg.*) **a. di difesa**, plea □ **stare all'a.**, to keep to the point □ **uscire dall'a.**, to stray from the point (at issue).

argonàuta (1), *m.* (*zool., Argonauta argo*) argonaut; paper nautilus*.

argonàuta (2), *m.* (*mitol.*) Argonaut.

arguire, *v. t.* to infer; to deduce: **a. una verità da un'altra**, to deduce one truth from another.

argutaménte, *avv.* wittily.

argutézza, *f.* wittiness.

argùto, *a.* witty: **una persona arguta**, a witty (*o* sharp-witted) person; **un'osservazione arguta**, a witty remark; **un detto a.**, a witty saying; a witticism; a wisecrack (*fam. USA*).

argùzia, *f.* **1** (*qualità*) keenness of mind; wit **2** (*motto arguto*) witty remark (*o* saying); witticism **3** (*pensiero arguto*) shrewd thought.

ària, *f.* **1** air: **a. buona** (**cattiva, di campagna, di mare, di montagna**), good (bad, country, sea, mountain) air; **a. gelata** (**nebbiosa, tiepida, limpida, luminosa**), freezing (misty, tepid, limpid, clear) air; **a. chiusa**, stale air; **a. condizionata**, conditioned air; **a. ferma**, still air; **a. fine**, rarefied air; (*fis.*) **a. liquida**, liquid air; (*fis.*) **a. compressa**, compressed air; **a. viziata**, stuffy air; foul air; **all'a. aperta**, in the open air; **un cambiamento d'a.**, a change of air; **cambiare** (*o* **mutare**) **a.** (*per salute, anche fig.*), to have a change of air; **cambiare l'a.** (**in una stanza**), to clear the air (in a room); **camminare col naso in a.**, to walk with one's nose in the air; **campare d'a.**, to live on air; **densità dell'a.**, density of the air; (*anche fig.*) **in a.**, in the air: **C'è q.c. in a.** (*o* **per a.**) **che non mi va**, there's st. in the air that I don't like; **castelli in a.**, castles in the air (*o* in Spain); **un soffio** (*o* **un filo**) **d'a.**, a breath of air **2** (*espressione del volto, apparenza*) expression; countenance; air; (*aspetto*) look, aspect: **C'era un'a. di scontento sul suo volto**, there was an expression of discontent on his face; **con un'a. feroce**, with a fierce countenance; **un'a. severa**, a severe air; an air of severity; **un'a. triste**, a sorrowful air; an air of sorrow; **con a. di trionfo**, with an air of triumph; **Mi hai l'a. di un galantuomo**, you have the look of an honest man to me; you look like an honest man to me **3** (*modo*) manner: **con a. sbadata**, in a careless manner; **con quell'a. da prepotente**, with that bullying manner **4** (*mus.*) air; tune; melody; (*d'opera*) aria*: **Fu cantata sull'a. di «Funiculì, Funiculà»**, it was sung to the air (*o* tune, melody) of «Funiculì, Funiculà»; **È un'a. della «Sonnambula»**, it is an aria from the «Sonnambula» **5** (*fig.: il momento opportuno*) the right time (*o* moment); (*il luogo adatto*) the (right) place: **Oggi non è a. di far questo**, today isn't the right time to do this; **Qui non è a. per lui**, this is no place for him; he isn't wanted here. ● **a mezz'a.**, (*in senso concreto*) in mid-air; (*in senso fig., vedi oltre*) □ **a tenuta d'a.**, air-tight □ **andare a gambe all'a.**, to fall head over heels □ **andare all'a.** (*a vuoto*), to come to nothing; to fall through; **I suoi progetti sono andati all'a.**, his plans have come to nothing □ **avere l'a. di**, to look; to seem: **Ha l'a. di essere contento**, he looks (*o* seems) happy □ **Ha un po' l'a. di mio fratello**, he looks a bit like my brother; there is st. of my brother about him □ **buttare all'a.**, to turn upside down: **Aprì il cassetto e buttò tutto all'a.**, he opened the drawer and turned everything upside down (*o* and threw everything out) □ **camera d'a.**, air-chamber; (*di un pallone*) bladder; (*di una gomma*) (inner) tube □ **camminare con la testa in a.**, to have one's head in the clouds □ **essere campato in a.**, to be quite in the air: **Per ora i suoi progetti sono campati in a.**, his plans are still quite in the air □ **un colpo d'a.**, a chill: **Ho preso un colpo d'a.**, I've caught a chill □ **corrente d'a.**, draught; (*aeron.*)

ària ària

air current: **una corrente d'a. ascensionale**, a rising air current □ **dare a. a una stanza**, to air a room □ **dare a. ai vestiti (ai materassi, alla biancheria da letto)**, to air (o to give an airing to) clothing (mattresses, bedding) □ **darsi delle arie**, to give oneself airs □ **dire q.c. a mezz'a.**, to hint at st. □ **dotare d'a. condizionata**, to air-condition □ **dotazione d'a. condizionata**, air-conditioning □ **un edificio con l'a. condizionata**, an air-conditioned building □ **far saltare in a.**, to blow up: **far saltare in a. una polveriera**, to blow up a powder magazine □ **fucile ad a. compressa**, air gun □ **giochi all'a. aperta**, outdoor games □ **impermeabile all'a.**, airtight □ **in linea d'a.**, as the crow flies □ (fig.) **intendere a mezz'a.**, to take the hint □ (med.) **mal d'a.**, airsickness □ (fig.) **mandare all'a.**, to upset; to ruin; to spoil: **Questo ha mandato all'a. tutti i miei progetti**, this has upset all my plans □ **mandare q. a pancia all'a.**, to lay sb. flat on his back □ (aeron.) **Maresciallo dell'A.**, Air Marshal □ **portare i bambini a prendere a.** (o **una boccata d'a.**), to take the children for an airing (o for a breath of air) □ **prendere a.** (o **una boccata d'a.**), to have (o to get*) some (fresh) air: **Andiamo a prendere una boccata d'a.!**, let's go out and have some fresh air □ (autom.) **presa d'a.**, air intake; air inlet □ **pressione dell'a.**, air pressure □ **riscontro d'a.**, draught □ (ing.) **sacca d'a.**, air lock; air bind □ **saltare in a.** (esplodere), to blow up □ **spostamento d'a.**, windage; (d'esplosione) blast; (di corpo in moto) draught □ **una stanza piena d'a.**, an airy room □ **starsene a pancia all'a.**, to take one's ease; to loll about □ (fig.) **vedere che a. spira**, to see which way the wind is blowing □ **viaggiare per via d'a.**, to travel by air □ (aeron.) **vuoto d'a.**, air pocket □ **A.!** (via!), go away!; get out!; scram! (pop.) □ **Ha paura dell'a.**, he is afraid of the slightest draught; (fig.) he is afraid of his own shadow.
ària ària, locuz. agg. (mil.) air-to-air: **missile a.**, air-to-air missile.
arianésimo, arianismo, m. (relig.) Arianism.
Arianna, f. (mitol.) Ariadne.
ariano (1), a. e m. (di razza ariana) Aryan.
ariano (2), a. e m. (relativo a o seguace dell'arianesimo) Arian.
aridamènte, avv. dryly, drily.
aridità, f. dryness (anche fig.).
àrido, A a. dry (anche fig.); arid: **una pianta arida**, a dry plant; **uno stile a.**, a dry stile. ● (fig.) **cuore a.**, cold heart □ **terra arida**, parched land. **B** m. pl. dry substances.
aridocoltura, f. (agric.) dry farming.
arieggiare, A v. t. **1** (dare aria) to air; (esporre all'aria) to give* (st.) an airing: **a. una stanza**, to air a room **2** (somigliare a) to resemble; to look like: **Il bambino arieggia un pochino suo nonno**, the child looks rather like his grandfather. **B** v. i. **1** (avere l'aria di) to have the air (of); to resemble; to look like: **Quello lì mi pare arieggi un tantino a farabutto**, to me that person has rather the air of (o looks rather like) a rascal **2** (imitare) to imitate; to ape (spreg.): **Questo pittore arieggia a Rosai**, this painter imitates Rosai. ● **a. a gran signora**, to put on the airs of a great lady □ **a. a grand'uomo**, to give oneself (superior) airs.
arieggiato, a. aired: **una stanza (ben) arieggiata**, a well-aired room.
Arièle, m. (letter.) Ariel.
ariète, m. **1** (zool.) ram **2** − (astron., astrologia) l'**A.**, Aries; the Ram (costellazione e I segno dello Zodiaco) **3** (costr.) ram: **a. idraulico**, hydraulic ram **4** (mil.) battering ram. ● (astrologia) **persona nata sotto il segno dell'A.**, Aries; Arien.
ariétta, f. (mus.) arietta.
arillo, m. (bot.) aril.
aringa, f. (zool., Clupea harengus) herring.
Àrio, m. (stor.) Arius.
arióso, A a. **1** (di luogo) airy. **2** (mus.) arioso (attr.); ariose. **B** m. (mus.) arioso*.
arista (1), f. (bot.) awn; arista*.
àrista (2), f. (cucina) chine of pork.
Aristarco, m. Aristarch.
aristato, a. (bot.) aristate.
aristocràtico, A a. aristocratic; upper-class (attr.): **modi aristocratici**, aristocratic manners. **B** m. aristocrat: **gli aristocratici**, the aristocrats □ **fare l'a.**, to play the aristocrat.
aristocrazìa, f. **1** aristocracy; upper classes (pl.); upper crust (fam.): **Quella famiglia appartiene all'antica a.**, that family belongs to the ancient aristocracy **2** (fig.) aristocracy: **a. dell'ingegno**, aristocracy of talent.
Aristòfane, m. (stor. letter.) Aristophanes.
aristofanésco, a. (letter.) Aristophanic.
Aristòtele, m. (stor. filos.) Aristotle.
aristotèlico, a. e m. (filos.) Aristotelian, Aristotelean.
aristotelismo, m. (filos.) Aristotelianism.
aritmètica, f. arithmetic.
aritmètico, A a. arithmetic(al): **un'espressione aritmetica**, an arithmetical expression. **B** m. arithmetician.
aritmìa, f. **1** want of rhythm **2** (med.) arrhythmy; arrhythmia.
aritmico, a. **1** unrhythmic(al) **2** (med.) arrhythmic(al).
arlecchinata, f. **1** (teatr.) harlequinade **2** (fig.) piece of buffoonery.
arlecchinésco, a. (teatr., fig.) Harlequin (attr.).
arlecchino, m. **1** (teatr.) Harlequin **2** (fig.: buffone) harlequin; clown; fool; (persona che manca di parola) weathercock: **far l'a.**, to play the fool.
arma, f. **1** arm (di solito usato al pl.): **armi bianche**, side arms; steel weapons; **armi da fuoco**, fire-arms; **a. a canna corta (lunga)**, short-barrelled (long-barrelled) firearm; **armi portatili**, small arms; **correre alle armi**, to fly to arms; **essere in armi**, to be up in arms; **un fatto d'armi**, a feat of arms; **levarsi in armi**, to rise up in arms; **posare le armi**, to lay down (one's) arms; **prendere le armi**, to take up arms; **presentare le armi** (in saluto), to present arms **2** (anche fig.) weapon: **armi offensive (difensive)**, offensive (defensive) weapons; **Un sasso può essere un'a. molto utile**, a stone can be a very useful weapon; **Le armi del cane sono i denti**, a dog's weapons are his teeth; **armi nucleari**, nuclear weapons **3** (mil.) arm; force: **l'a. di fanteria**, the infantry arm; infantry; **l'a. azzurra**, the air force **4** (stemma) coat of arms; arms (pl.). ● **l'a. benemerita** (o **la benemerita**), the Carabinieri □ **le armi dotte**, artillery and the engineers □ **essere alle prime armi**, (mil.) to be under fire for the first time; (fig.) to be a novice, to be still green (at one's job) □ **chiamare sotto le armi**, to call up (for military service) □ **combattere all'a. bianca**, to fight with cold steel □ **combattere ad armi pari**, to fight on equal terms □ **combattimento ad a. corta**, hand-to-hand fighting □ **compagno d'arme** (o **d'armi**), comrade-in-arms □ **fratello d'armi**, brother-in-arms □ **gridare all'armi**, to call to arms; to give the alarm □ **maestro d'armi**, fencing master □ **il mestiere delle armi**, soldiering □ **passare q. per le armi**, to shoot sb.; to send sb. before a firing squad; (in caso di a. bianca) to put sb. to the sword □ **piazza d'armi**, barrack square; drill-ground □ **porto d'armi** (permesso), licence to carry firearms; gun licence □ (araldo) **Re d'arme**, King-of-Arms □ **sala d'armi**, (di scherma) salle d'armes; (armeria) armoury □ **essere sotto le armi**, to be under arms; to be in the army (o in the forces) □ **uomo d'armi**, man-at-arms □ **venire alle armi**, to begin hostilities; to give battle; to fight □ **All'armi!**, to arms! □ **È valoroso nelle armi**, he is a brave soldier □ **Le gambe sono le armi della lepre**, a hare's legs are his means of defence.
armacòllo, avv. − **ad a.**, slung across the shoulders; baldric-wise: **portare il fucile ad a.**, to carry one's rifle slung across one's shoulders.
armadiétto, m. cupboard; cabinet; locker.
armadillo, m. (zool., Dasypus) armadillo*.
armàdio, m. cupboard; wardrobe: **un a. a muro**, a built-in wardrobe.
armaiòlo, m. **1** (chi fabbrica armi) armourer; gunsmith **2** (chi vende armi) gun dealer.
armamentàrio, m. instruments (pl.); outfit; paraphernalia (pl.): **a. chirurgico**, surgical instruments.
armaménto, m. **1** armament; arming: **l'a. di una nave (di un aeroplano)**, the arming (o armament) of a ship (of an aeroplane); **la corsa agli armamenti**, the armaments race **2** (naut.: allestimento) rigging; fitting out **3** (costr.) bracing; (con legname) timbering **4** (costr.; telaio) skeleton; framework: **l'a. di un edificio**, the skeleton of a building **5** (ferr.) superstructure: **posa dell'a.**, laying of the superstructure. ● (mil.) **a. di un pezzo**, gun crew □ (naut.) **a. di regata**, boat crew □ (ferr.) **a. e inghiaiata**, permanent way □ (naut.) **l'industria dell'a.**, shipping industry □ **la politica degli armamenti**, power politics □ **Questa nave passa in a. a Genova**, this ship is being commissioned (o fitted out) at Genoa.
Armando, m. Herman.
armare, A v. t. **1** to arm (anche fig.); to supply with arms: **a. la mano di un assassino**, to arm the hand of a murderer **2** (fortificare) to fortify; to strengthen: **a. un castello**, to fortify a castle **3** (naut.: allestire) to rig; to fit out; (a. ed equipaggiare) to commission; (fornire di provviste) to provision: **a. una nave**, to commission (o to commission) a ship **4** (un'arma da fuoco) to load: **a. una pistola**, to load a pistol **5** (costr.: sostenere) to brace; to support with props; (con legname) to timber: **a. una volta**, to timber a vault **6** (costr.: rinforzare) to reinforce: **a. il cemento** (con ferro), to reinforce concrete **7** (ferr.) to lay* down: **a. una strada ferrata**, to lay down a railway. ● (naut.) **a. i remi**, to lay on oars □ (stor.) **a. q. cavaliere**, to dub sb. knight; to knight sb. □ (naut.) **Arma remi!**, out oars! **armarsi B** v. rifl. **1** to arm oneself: **S'armò d'un coltello (d'un bastone)**, he armed himself with a knife (with a stick) **2** (fig.) to fortify oneself. ● **a. di coraggio**, to summon (up) one's courage □ **a. di pazienza**, to call forth all one's patience □ **a. fino ai denti**, to

arm oneself to the teeth.
armata, *f.* **1** army: **l'ottava a.**, the eighth army; **corpo d'a.**, army corps **2** (*naut.*) fleet.
armato, A *a.* **1** armed (*anche fig.*) **2** (*naut.*) manned **3** (*fornito*) armed; provided; equipped; furnished: **a. degli strumenti adatti**, provided (*o* equipped) with the right instruments **4** (*costr.*) reinforced **5** (*elettr.*) armoured: **cavo a.**, armoured cable. **B** *m.* (*soldato*) soldier; man* at arms.
armatóre, A *m.* shipowner. **B** *a.* shipping: **società armatrice**, shipping company.
armatura, *f.* **1** (*stor. mil.*) armour **2** (*telaio*) framework **3** (*costr.*) bracing; (*con legname*) timbering **4** (*intelaiatura di ferro*) reinforcing bars (*o* rods) (*pl.*); (*di rete*) mesh **5** (*elettr.*: *di cavo*) armour; (*di magnete*) armature; (*di bobina*) coil **6** (*radio*: *di condensatore*) plate **7** (*ind. tessile*) weave.
arme, *f.* (*araldica*) coat of arms; arms (*pl.*).
armeggiaménto, *m.* **1** intriguing; manoeuvring **2** (*fig.*) fuss.
armeggiare, *v. i.* **1** to intrigue; to manoeuvre **2** (*fig.: affaccendarsi*) to fuss.
armeggìo, *m.* intriguing; manoeuvring.
armeggióne, *m.* **1** (*chi s'affaccenda*) fuss-pot **2** (*chi intriga*) wire-puller.
armèno, *a.* e *m.* Armenian.
arménto, *m.* herd.
armerìa, *f.* armoury.
armière, *m.* **1** *V.* **armaiòlo 2** (*mil.*) gunner.
armìgero, A *a.* (*lett.*) armed. **B** *m.* **1** (*servo*) squire **2** (*guerriero*) warrior **3** (*guardia del corpo*) bodyguard.
armilla, *f.* (*stor.*) armilla*.
armillare, *a.* armillary: (*astron.*) **sfera a.**, armillary sphere.
armistìzio, *m.* armistice.
armo, *m.* (*naut.*) crew.
armonìa, *f.* harmony (*anche fig.*): **a. di colori** (**di linee, di parole**), harmony of colour (of line, of words); **stare** (**vivere**) **in** (**buon**) **a.**, to be (to live) in harmony; **Questo colore non è in a. con gli altri**, this colour is not in harmony with the others.
armònica, *f.* **1** (*mus.*) harmonica **2** (*fis.*) harmonic. ● (*mus.*) **a. a bocca**, mouth-organ; harmonica (*USA*).
armonicaménte, *avv.* harmonically.
armònico, *a.* **1** harmonic. (*fis.*) **frequenza armonica**, harmonic frequency; (*mat.*) **sequenza armonica**, harmonic series **2** (*fig.*: *armonioso*) harmonious: **colori armonici**, harmonious colours.
armònio, *m.* (*mus.*) harmonium.
armonióso, *a.* harmonious.
armonista, *m.* e *f.* (*mus.*) harmonist.
armònium, *V.* **armònio**.
armonizzare, A *v. t.* to harmonize (*anche fig.*): **a. una melodia**, to harmonize a melody; **a. tra loro le parti di un contratto**, to harmonize the parts of an agreement; **a. le figure d'un quadro con il fondo**, to harmonize the figures of a painting with their background. **B** *v. i.* to harmonize; to match: **Questi due caratteri non armonizzano bene insieme**, these two temperaments don't match each other.
armonizzazióne, *f.* harmonization.
Arnaldo, *m.* Arnold.
arnése, *m.* **1** (*attrezzo*) tool; implement: **arnesi da giardino**, garden tools **2** (*oggetto non determinato*) thing; gadget (*fam.*): **Cos'è quell'a. che hai in mano?**, what's that thing you have in your hand? **3** (*vestito*) get-up: **Non posso presentarmi in quest'a.**, I can't present myself in this get-up **4** (*spreg.: di persona*) fellow: **Non voglio avere a che fare con quell'a. lì**, I'll have nothing to do with that fellow. ● (*fig.*) **a. da galera**, jailbird □ **essere male in a.**, to be down at heel □ (*fig.*) **rimettere q. in a.**, to set sb. on his feet again □ (*fig.*) **È un cattivo a.!**, he's a bad egg!
àrnia, *f.* beehive.
àrnica, *f.* (*bot.*, *Arnica*) arnica.
arnióne, *m.* kidney.
aròma, *m.* aroma; fragrance.
aromaticità, *f.* aromatic quality.
aromàtico, *a.* **1** aromatic; fragrant; spiced: **una pianta aromatica**, an aromatic (plant); **vino a.**, aromatic (*o* spiced) wine **2** (*chim.*) aromatic.
aromatizzante, (*ind.*) **A** *m.* aromatizer; flavouring essence. **B** *a.* aromatizing; flavouring.
aromatizzare, *v. t.* to aromatize.
Arònne, *m.* Aaron.
arpa, *f.* (*mus.*) harp.
arpagóne, *m.* **1** (*naut.*) grapnel **2** (*fig.*: *persona avara*) scrooge.
arpeggiaménto, *m.* (*mus.*) **1** (*esecuzione di arpeggi*) arpeggio playing **2** (*il suonare l'arpa*) harping.
arpeggiare, *v. i.* **1** (*eseguire arpeggi*) to arpeggio; to play arpeggios **2** (*sonare l'arpa*) to harp.
arpeggiatóre, *m.* (*mus.*) harpist.
arpéggio, *m.* (*mus.*) arpeggio*.
arpése, *m.* (*costr.*) cramp (iron).
arpìa, *f.* **1** (*mitol.*) harpy (*anche fig.*) **2** (*fig.: donna brutta e cattiva*) ugly bitch **3** (*zool.*, *Harpya harpya*) harpy eagle.
arpicòrdo, *m.* (*mus.*) harpsichord.
arpionare, *v. t.* to harpoon.
arpióne, *m.* **1** (*fiocina*) harpoon **2** (*ferr.*) spike **3** (*mecc.*) pawl **4** (*uncino*) hook; grapnel **5** (*cardine*) hinge.
arpionìsmo, *m.* (*mecc.*) ratchet gear.
arpista, *m.* e *f.* (*mus.*) harpist.
arpóne, *m.* (*fiocina*) harpoon.
arra, *f.* **1** (*caparra*) earnest (money) **2** (*fig.*) token; earnest.
arrabattarsi, *v. rifl.* to strive*; to endeavour.
arrabbiare, *v. i.* (*med.*) to catch* rabies; to become* rabid.
arrabbiarsi B *v. rifl.* to get* angry; to fly* (*o* to get*) into a temper. ● *a.* **come un cane**, to become absolutely furious □ **Non t'arrabbiare!**, take it easy!
arrabbiata, *avv.* – **all'a.**, in a great hurry.
arrabbiato, *a.* **1** (*med.*) rabid **2** (*per estens.*) angry. ● (*letter.*) **Giovani arrabbiati**, Angry Young Men □ (*fam.*) **musica arrabbiata**, crazy music □ (*fam.*) **È un giocatore a.**, he's very keen on gambling □ (*fam.*) **È un wagneriano a.**, he's crazy about Wagner.
arrabbiatura, *f.* rage: **prendere un'a.**, to fly into a rage (*o* a temper).
arraffare, *v. t.* **1** (*afferrare*) to snatch **2** (*fig.*: *rubare*) to pinch.
arrampicarsi, *v. rifl.* **1** to scramble up; to clamber up; to climb* (up); to scale: **Si arrampicarono per una ripida collina**, they scrambled up a steep hill; **a. sulla cima d'un monte**, to scramble to the top of a mountain; **a. sopra un albero**, to scramble up a tree **2** (*di piante*) to climb; to clamber up: **L'edera s'arrampica lungo il muro**, ivy clambers up the wall **3** (*fig.*) to climb (up); to make* one's way: **Quell'uomo ha saputo a.**, that man knew how to make his way. ● (*fig.*) **a. sugli specchi** (*o* **sui vetri**), (*tentare di sostenere tesi inaccettabili*) to try to prove that black is white and white black; (*tentare di realizzare imprese impossibili*) to strive after impossibilities.
arrampicata, *f.* climb; climbing.
arrampicatóre, *m.* climber: (*fig.*) **un a. sociale**, a social climber.
arrancare, *v. i.* **1** (*camminare*) to hobble (along); (*anche di mezzi di trasporto* e *fig.*) to struggle along **2** (*vogare*) to pull away.
arrangiaménto, *m.* **1** (*accordo*) agreement; arrangement **2** (*mus.*) arrangement.
arrangiare, A *v. t.* to arrange (*anche mus.*). **arrangiarsi B** *v. rifl.* to manage; to get along; to rub along: **Mi sono arrangiato da solo**, I managed to get along all by myself. ● **Arrangiati!**, fight your own battle! □ **S'arrangi!**, let him fight his own battle! □ **Arrangiatevi tra voi**, settle it among yourselves.
arrangiatóre, *m.* (*mus.*) arranger.
arrecare, *v. t.* **1** to bring* **2** (*fig.*: *causare*) to cause.
arredaménto, *m.* **1** (*l'ammobiliare*) furnishing **2** (*i mobili*) furnishings (*pl.*); furniture **3** fitting: **a. di negozi**, shop fitting **4** interior decoration **5** (*teatr.*) stage decoration.
arredare, *v. t.* **1** (*ammobiliare*) to furnish **2** (*negozi e sim.*) to fit (out).
arredatóre, *m.* **1** fitter: **a. di negozi**, shop fitter **2** interior decorator (*o* designer) **3** (*teatr.*) stage decorator.
arrèdo, *m.* (*generalm. al pl.*) fittings (*pl.*); equipment; (*mobili*) furnishings (*pl.*), furniture. ● (*archit.*) **a. urbano**, street furniture □ (*relig.*) **arredi sacri**, church ornaments.
arrembàggio, *m.* (*naut.*) boarding. ● **andare all'a.**, to board (a ship); (*fig.*) to make an assault.
arrembare, *v. t.* (*naut.*) to board: **a. una nave nemica**, to board an enemy ship.
arrèndersi, *v. rifl.* **1** (*cedere*) to surrender: **La città s'arrese**, the city surrendered; **Arrendetevi!**, surrender! **2** (*fig.*) to yield; to give* up: **Hai ragione; mi arrendo**, you're right; I give up.
arrendévole, *a.* **1** (*di persona*) easy-going; compliant; yielding: **una persona a.**, an easy-going person **2** (*di cose materiali*) pliant: **materiale a.**, pliant material.
arrendevolézza, *f.* **1** (*di persona*) compliance; pliability **2** (*di cose materiali*) pliancy.
arrendevolménte, *avv.* compliantly; pliantly.
arrestare, A *v. t.* **1** (*fermare*) to halt; to stop: **a. il nemico**, to halt the enemy; **a. il volo di un uccello**, to halt the flight of a bird **2** (*liquidi*) to staunch: **a. l'emorragia**, to staunch the haemorrhage **3** (*leg.*) to arrest: **a. un criminale**, to arrest a criminal. **arrestarsi B** *v. rifl.* to halt; to stop: **Mi arrestai improvvisamente**, I halted suddenly. ● **Mi arrestai di botto**, I froze in my tracks.
arrèsto, *m.* **1** (*leg.*) arrest: **mettere agli arresti**, to place under arrest; to take into custody; **ordinare l'a. di q.**, to order sb.'s arrest; **fare un a.**, to make an arrest; **a. di rigore**, close arrest **2**

arretraménto *(fermata)* stop(ping); halt; *(fig.)* standstill **3** *(mecc.)* stop; catch; *(graduale)* phaseout: **a. di sicurezza**, safety catch; **vite d'a.**, stop screw. ● *(med.)* **a. cardiaco**, heart failure □ **a. del traffico**, tie-up; traffic jam □ **battuta d'a.**, break □ *(mecc.)* **valvola d'a.**, cut-off valve.

arretraménto, *m.* withdrawal.

arretrare, **A** *v. t.* to withdraw*. **B** *v. i.* **arretrarsi**, *v. rifl.* to withdraw*; to draw* back.

arretratézza, *f.* backwardness.

arretrato, **A** *a.* **1** *(di persona)* behind: **È a. nel lavoro**, he is behind with his work; **È a. con la pigione**, he is behind with the rent **2** *(di cosa)* in arrears; outstanding: **lavoro a.**, work in arrears; **debiti arretrati**, outstanding debts **3** *(di paese, ecc.)* backward: **un paese a.**, a backward country. **B** *m.* **1** arrear: **essere in a.**, to be in arrear; **pagare gli arretrati**, to pay the arrears **2** *(di lavoro, affari)* backlog.

arri, *inter.* gee!

arricchiménto, *m.* enrichment *(anche min.)*: *(leg.)* **a. illecito**, illegal enrichment.

arricchire, **A** *v. t.* to enrich *(anche min.)*: **Per a. sé e i suoi si è ammazzato di lavoro**, he has worked himself to death in order to enrich himself and his family; **Ha arricchito la nostra letteratura**, he has enriched our literature. ● **Il risparmio arricchisce**, it pays to save. **B** *v. i.* **arricchirsi**, *v. rifl.* to grow* *(o* to get*)* rich: **a. arricchito in pochi anni**, he has grown rich in a few years; **a. alla svelta**, to get rich quickly; to coin money *(fig.)*.

arricchito, **A** *a.* **1** enriched (economically) successful: **commerciante a.**, enriched *(o* successful) shopkeeper **2** *(nucl., miner.)* enriched: **uranio a.**, enriched uranium. **B** *m.* – **a. di guerra**, profiteer; **nuovo a.**, upstart; parvenu; nouveau riche.

arricciaburro, *m.* butter-curler.

arricciacapélli, *m.* curling tongs *(pl.)*.

arricciaménto, *m.* curling.

arricciare, **A** *v. t.* *(capelli, ecc.)* to curl: **arricciarsi i baffi**, to curl one's moustache. ● *(fig.)* **a. il naso**, to turn up one's nose.

arricciarsi B *v. rifl.* to curl (up): **I suoi capelli si arricciano facilmente**, her hair curls easily.

arricciatura, *f.* curling.

arridere, *v. i.* to smile on; to be propitious to *(o* for): **La fortuna ti arride**, fortune smiles on you; **L'età ti arride**, youth smiles on you.

arringa, *f.* **1** harangue **2** *(leg.)* pleading.

arringare, *v. t.* to harangue.

arrischiare, **A** *v. t.* to risk: **a. una battaglia**, to risk (losing) a battle; **a. tutti i propri beni**, to risk all one's worldly goods; **a. la vita**, to risk one's life. ● **a. una parola**, to venture a word.

arrischiarsi B *v. rifl.* **1** *(osare)* to dare: **Non t'a.!**, don't you dare!; **Non s'arrischia a sonare in pubblico**, he doesn't dare (to) play in public **2** *(azzardarsi)* to venture: **S'arrischiò in un'impresa difficile**, he ventured on a difficult task; **S'arrischiò a dirglielo**, he ventured to tell him.

arrischiato, *a.* **1** *(pieno di rischi)* risky: **un'impresa arrischiata**, a risky undertaking **2** *(temerario)* reckless: **un uomo a.**, a reckless man.

arrivare, **A** *v. i.* **1** to arrive (at, in); to reach (a place); to get* (to): **a. sano e salvo**, to arrive safe and sound; **È arrivato proprio ora**, he has just arrived; **Arrivai a Calais**, I arrived at *(o* got to, reached) Calais; **Arrivai a Parigi**, I arrived in *(o* got to, reached) Paris; **Questo treno non arriva mai**, *(a destinazione)* it looks as though this train will never get there; *(si fa aspettare)* it looks as though this train will never get here; *(di nave)* **a. un porto** (**in porto**), to arrive at a port (in harbour); **a. una decisione**, to arrive at *(o* to reach) a decision; **a. a ottant'anni**, to arrive at *(o* to reach) the age of eighty; **fin dove arriva l'occhio**, as far as the eye can reach *(o* see) **2** *(pervenire)* to come*: **Ti è arrivata una lettera**, a letter has come for you; there is a letter for you **3** *(andare fino a; fig.:* giungere a*)* to go* as far as; to call at; to drop in: **Arrivo (fino) al ponte e torno**, I'm just going as far as the bridge and back; **Arrivo un momento dal droghiere**, I'll just call at the grocer's; **Arrivo un momento a casa, e torno subito**, I'll drop in at my house for a moment and come back at once; **È arrivato a fare (a dire) questo**, he went so far as to do (to say) this **4** *(durare)* to last: **Il povero vecchio è così aggravato che non arriverà a domani**, the poor old man has taken such a turn for the worse that he won't last until tomorrow **5** *(accadere)* to happen: **Guarda che gli è arrivato!**, look what has happened to him! **6** *(riuscire)* to succeed; to manage; to be able; can, could: **Temo di non a. ottenerlo**, I'm afraid I shan't succeed in getting it; **Se arrivo a uscirne una buona volta**, if once I manage to get out of this mess; **Non arrivo a essere (di ritorno) a casa per l'ora di pranzo**, I can't manage to (be back) home for lunch time; **Temo di non a. a finirlo in tempo**, I'm afraid I shan't be able to finish it in time; **Io non arrivo a capirlo**, I can't understand it; I can't make it out **7** *(riuscire a*

capire) (to be able) to understand*; to be able to grasp: **La sua mente non arriva a questo**, his mind cannot grasp this **8** *(fig.: avere successo)* to arrive; to get* there; to get* to the top: **Ci sono quelli che arrivano e quelli che rimangono per via**, there are those who get there *(o* get to the top) and those who fall by the wayside **9** – **arrivarci**, to reach (st.): **La fune è troppo corta, non ci arriva**, the rope is too short, it doesn't reach; **Prendi quel libro lassù, se ci arrivi**, take that book up there, if you can reach it **10** – **arrivarci** *(fig.: capire)*, (to be able) to understand*; to make* out: **Mi dispiace, ma non ci arrivo**, sorry, but I don't understand it *(o* I can't make it out). **B** *v. t.* *(raggiungere)* to catch* up with (sb.): **Se corri, l'arrivi**, if you run; you will catch up with him. ● **a. a chiedere l'elemosina**, to be reduced to begging □ **a. allo scopo**, to gain *(o* to achieve) one's aim □ **a. sopra** *(o* **addosso**) **a q.**, to be upon *(o* on top of) sb.; to spring out on sb.: **L'automobile mi è arrivata addosso all'improvviso**, the car was on top of me all of a sudden □ **Mi sono arrivati molti libri**, I have received a lot of books □ **La temperatura è arrivata a quaranta gradi (sopra lo zero)**, the temperature has gone up to forty degrees □ **È arrivata la primavera**, Spring is here □ **L'acqua m'arrivò alla vita**, the water came up to my waist □ **Il nemico ci arrivò alle spalle**, the enemy came upon us from behind □ **Mio figlio m'arriva alle spalle**, my son is up to my shoulder □ **Il fango m'arrivava alle caviglie**, I was ankle-deep in mud □ **La neve m'arrivava alle ginocchia**, I was knee-deep in the snow □ **I debiti m'arrivano fin sopra la testa**, I'm up to my eyes in debt □ *(fig.)* **Il suo scopo è a.**, he aims at success □ *(fig.)* **Dove vuoi arrivare?**, What are you getting at? □ **Questo vestito non mi arriva più**, this dress no longer fits me □ **Sono arrivato a metà del libro**, I am halfway through the book □ **Gli è arrivata una brutta disgrazia**, he has run into great bad luck; he has suffered a great misfortune □ **Gli è arrivata una bella fortuna**, he has come into a considerable fortune □ **Vorrei pagarvi, ma il denaro che ho in tasca non mi arriva**, I should like to pay you but I haven't enough money on me □ *(prov.)* **Chi prima arriva, meglio macina**, the early bird gets the worm; first come, first served □ *(prov.)* **Chi tardi arriva, male alloggia**, last come, last served.

arrivato, **A** *a. (di persona, nella vita)* successful: **È un uomo a.**, he is a successful man. ● **dare il ben a. a q.**, to welcome sb. □ **Ben a.!**, welcome! **B** *m.* successful man*. ● **nuovo a.**, newcomer □ **il primo a.**, the first to arrive □ **l'ultimo a.**, the last to arrive.

arrivedérci, *inter.* e *m.* goodbye; see you soon *(fam.)*. ● **a. a domani**, see you tomorrow.

arrivedérla, *inter.* goodbye.

arrivismo, *m.* social climbing; careerism.

arrivista, *m.* e *f.* social climber; careerist; arriviste.

arrivo, *m.* **1** arrival: **l'a. del treno**, the arrival of the train; **arrivi e partenze**, arrivals and departures; **al mio a. a Londra**, on my arrival in London; **ora di a.**, arrival time **2** *(sport)* finish line. ● *(di cosa)* **l'ultimo a.**, the latest thing *(o* article): **Vi mostrerò gli ultimi arrivi dalla fabbrica**, I'll show you the latest things *(o* goods) from the factory □ *(comm.)* **gli ultimi arrivi di merce**, the latest arrivals (of goods) □ **Ci aspettava all'a.**, he was waiting for us when we arrived □ **Che brutto a. a casa!**, what a sad homecoming!

arroccaménto, *m.* *(scacchi)* castling. ● *(mil.)* **linea d'a.**, line of communication.

arroccare, **A** *v. t.* **1** *(scacchi)* to castle **2** *(mil.)* to move (troops) behind defence lines. **arroccarsi B** *v. rifl.* *(scacchi)* to castle.

arròcco, *m.* *(scacchi)* castling.

arrochiménto, *m.* hoarsening.

arrochire, **A** *v. t.* to hoarsen; to make* (sb.) hoarse. **B** *v. i.* **arrochirsi**, *v. rifl.* to become* hoarse.

arrogante, *a.* arrogant; overbearing: **maniere arroganti**, arrogant manners; **Asino a.!**, you arrogant ass!

arroganza, *f.* arrogance: **È pieno d'a.**, he is full of arrogance. **Sono stufo di sopportare le tue arroganze**, I am tired of putting up with your arrogance.

arrogarsi, *v. rifl.* to arrogate (to oneself) *(anche leg.)*: **a. un diritto**, to arrogate *(o* to assume) a right.

arrogazióne, *f. (leg.)* arrogation.

arrolaménto, **arrolare**, V. **arruolaménto**, **arruolare**.

arrossaménto, *m.* reddening.

arrossare, *v. t.*, *v. i.* e **arrossarsi**, *v. rifl.* to redden.

arrossire, *v. i.* to blush: **Dovresti a., svergognato!**, you ought to blush for shame!

arrostiménto, *m.* roasting; *(l'abbrustolire)* toasting.

arrostire, **A** *v. t.* to roast; *(abbrustolire)* to toast: **a. le castagne**, to roast chestnuts; **a. la carne**, to roast meat; **a. il pane**, to toast bread. **arrostirsi B** *v. rifl.* to roast; *(abbrustolirsi)* to toast. ● *(fig.* e *fam.)* **a. al sole**, to bake *(o* to roast, to broil) in the sun.

arrostita, *f.* roast chestnut.
arrostito, *a.* roasted; (*abbrustolito*) toasted. ● **carne arrostita,** roast meat □ **pane a.,** toast.
arròsto, A *a.* roast: **pollo a.,** roast chicken. ● (*uso avv.*) **cuocere a.,** to roast. **B** *m.* (*carne arrostita*) roast: **Servivano gli arrosti,** they were serving the roasts. ● **a. di uccelli,** roast game birds □ (*uso avv.*) **carne (cotta) a.,** roast meat □ (*fig.*) **molto fumo e poco a.,** more appearance than substance.
arrotare, A *v. t.* **1** (*affilare*) to sharpen; to whet; to hone: **a. un rasoio,** to sharpen (*o* to grind*) a razor; **a. un coltello,** to sharpen a knife **2** (*passare al tornio*) to grind*: **a. un bicchiere,** to grind a glass **3** (*di un veicolo: urtare con le ruote*) to graze; (*investire*) to run* over. ● **a. i denti,** to grind one's teeth. **arrotarsi B** *v. rifl.* (*urtarsi con le ruote*) to collide wheel against wheel.
arrotatrice, *f.* (*mecc.*) grinder.
arrotatura, *f.* **1** sharpening; whet, whetting **2** (*mecc.*) grinding.
arrotino, *m.* knife sharpener; knife-grinder.
arrotolamento, *m.* rolling up; twisting.
arrotolare, *v. t.* to roll up.
arrotondamento, *m.* rounding (off).
arrotondare, A *v. t.* to round (off). ● **a. la cifra,** to round off a figure □ **a. lo stipendio,** to round out one's salary. **arrotondarsi B** *v. rifl.* **1** to become* round **2** (*fig.*) to put* on weight.
arrovellamento, *m.* exasperation.
arrovellarsi, *v. rifl.* **1** to work oneself up into a rage **2** (*affannarsi*) to do* one's utmost. ● **a. il cervello,** to rack one's brains.
arroventamento, *m.* red heat.
arroventare, A *v. t.* to make* red-hot. **B** *v. i.* **arroventarsi,** *v. rifl.* to grow* red-hot.
arroventato, *a.* **1** red-hot **2** (*fig.*) fiery.
arroventatura, *f.* making (st.) red-hot.
arrovesciamento, *m.* **1** (*l'arrovesciare: atto*) overturning **2** (*effetto*) overturn.
arrovesciare, A *v. t.* **1** to overturn; to upset*: **a. un vaso,** to overturn a vase; **a. un bicchiere di latte,** to upset a glass of milk **2** (*rivoltare*) to turn inside out: **a. una tasca,** to turn a pocket inside out. **arrovesciarsi B** *v. rifl.* to fall* (over) backwards. ● **a. le maniche,** to turn (*o* roll) up one's sleeves.
arrovesciato, *a.* overturned. ● **col capo a. all'indietro,** with one's head thrown back.
arruffamatasse, *m.* e *f.* mischief-maker; (*imbroglione*) swindler.
arruffamento, *m.* **1** (*l'arruffare: atto*) ruffling; dishevelment; tangling **2** (*effetto*) tangle.
arruffapopoli, *m.* e *f.* ringleader; demagogue.
arruffare, A *v. t.* **1** to ruffle; to dishevel **a. i capelli a q.,** to ruffle sb.'s hair **2** (*ingarbugliare*) to tangle, to entangle **3** (*fig.: confondere*) to entangle; to muddle; to mix up: **a. la matassa,** to entangle the matter. **arruffarsi B** *v. rifl.* **1** (*scarmigliarsi*) to ruffle one's hair **2** (*ingarbugliarsi*) to become* (*o* to get*) entangled (*anche fig.*).
arruffio, *m.* tangle; (*disordine*) disorder, confusion.
arruffone, *m.* **1** muddler **2** (*imbroglione*) swindler.
arrugginimento, *m.* rusting.
arrugginire, A *v. t.* to rust: **L'umidità ha arrugginito questo metallo,** the damp has rusted this metal. **B** *v. i.* **arrugginirsi,** *v. rifl.* to rust; to grow* rusty.
arrugginito, *a.* rusty.
arruolamento, *m.* (*mil.*) enlistment.
arruolare, *v. t.* **arruolarsi,** *v. rifl.* (*mil.*) to enlist.
arsèlla, *f.* (*zool.*) clam.
arsenale, *m.* **1** (*cantiere*) shipyard; dockyard **2** (*mil.: fabbrica, deposito d'armi*) arsenal **3** (*fig.: quantità d'armi*) arsenal: **Si era nascosto addosso un vero a.,** he had a positive arsenal concealed about his person **4** (*fig.: quantità di cose*) heap: **C'è un a. di roba da mettere a posto,** there's a heap of things to be put in order **5** (*fig.: luogo disordinato*) junk shop: **Questa casa è un a.!,** this house is a junk shop!
arsenalotto, *m.* (*naut.*) docker.
arseniato, *m.* (*chim.*) arsenate, arseniate.
arsenicale, *a.* (*chim.*) arsenical.
arsenicato, *a.* (*chim.*) arsenicated.
arsènico, *m.* (*chim.*) arsenic.
arsi, *f.* (*poesia e mus.*) arsis*.
arsiccio, *a.* scorched.
arsina, *f.* (*chim.*) arsine.
arsióne, *f.* (*lett.*) parching thirst.
arso, *a.* **1** burned, burnt **2** (*riarso*) dry.
arsura, *f.* **1** (*dell'atmosfera*) heat **2** (*siccità*) drought **3** (*dovuta a sete*) parching thirst **4** (*dovuta a febbre*) feverish thirst.
artatamente, *avv.* (*lett.*) artfully; craftily.
arte, *f.* **1** art: **le belle arti,** the fine arts; **arti liberali,** liberal arts; **l'a. figurativa,** the art of painting; **l'a. del dire,** the art of speech; **arti applicate,** applied arts; **un'opera d'a.,** a work of art; **l'a. per l'a.,** art for art's sake; **a. ottica,** optical art **2** (*mestiere*) trade: **esercitare un'a.,** to practise a trade; **insegnare un'a.,** to teach a trade **3** (*abilità*) art; knack: **Ha l'a. di farsi amare da tutti,** he has the knack of making everybody like him **4** (*artifizio*) art, trick (*generalm. al pl.*); cunning: **Nonostante tutte le sue arti, non riuscirà nel suo intento,** in spite of all her arts, she will not succeed in her object **5** (*stor.: corporazione*) guild: **arti maggiori,** major guilds; **arti minori,** minor guilds. ● **a. marinaresca,** seamanship □ **a. mineraria,** mining □ **a. muraria,** masonry □ **a. «op»,** op art (*abbr. di optical art*) □ **a. oratoria,** oratory □ **a. di governare,** statesmanship □ (*comm.*) **a. del vendere,** salesmanship □ **ad a.,** (*con artificio*) artfully, cunningly; (*apposta*) on purpose, deliberately □ **una cosa fatta con a. (senz'a.),** st. done skilfully (clumsily) □ **figlio d'a.,** (actor) born of a theatrical family □ **nome d'a.,** (*di attore*) stage-name; (*di scrittore*) pen-name, pseudonym □ **non avere né a. né parte,** (not to have any money and) not to have learnt a trade □ (*prov.*) **Impara l'a. e mettila da parte,** he that learns a trade, hath a purchase made.
artefare, *v. t.* **1** to adulterate **2** to alter; to modify; to forge. ● **a. la propria scrittura,** to disguise one's own writing.
artefatto, *a.* **1** adulterated: **vino a.,** adulterated wine **2** (*fig.: artificioso*) artificial.
artéfice, *m.* **1** craftsman*; builder **2** (*fig.: autore*) author: **l'a. di un complotto,** the author of a conspiracy. ● **il sommo A.,** the supreme Architect □ (*fig.*) **Egli stesso fu l'a. della sua rovina,** he was the cause of his own ruin.
Artèmide, *f.* (*mitol.*) Artemis.
artemisia, *f.* (*bot., Artemisia*) artemisia.
artèria, *f.* **1** (*anat.*) artery **2** (*fig.: via*) artery; (*di grande traffico*) thoroughfare: **Questa è una delle principali arterie del traffico cittadino,** this is one of the main thoroughfares for town traffic.
arteriectomia, *f.* (*med.*) arteriectomy.
arterioscleròsi, *f.* (*med.*) arteriosclerosis*.
arterioscleròtico, *a., m.* e *f.* (*med.*) arteriosclerotic.
arterióso, *a.* arterial: **il sistema (sangue) a.,** the arterial system (blood).
arterite, *f.* (*med.*) arteritis.
artesiano, *a.* artesian: **un pozzo a.,** an artesian well.
àrtico, *a.* (*geogr.*) arctic: **il circolo polare artico,** the Arctic Circle. ● **emisfero a.,** northern hemisphere □ **il Polo Artico,** the North Pole.
articolare (1), *a.* (*anat.*) articular: **infiammazione a.,** articular inflammation.
articolare (2), A *v. t.* to articulate: **a. le parole,** to articulate one's words. **articolarsi B** *v. rifl.* **1** to articulate; to be articulated: **Il femore s'articola con le ossa del bacino,** the femur is articulated with the bones of the pelvis **2** (*suddividersi*) to be divided (into); to be composed (of).
articolato, *a.* **1** (*di suono*) articulate, articulated **2** (*gramm.*) linked with an article: **una preposizione articolata,** a preposition linked with its article **3** (*mecc.*) jointed; hinged; articulated.
articolazióne, *f.* **1** (*di suono*) articulation **2** (*anat.*) articulation **3** (*mecc.*) articulated joint (*o* knuckle, link, connection).
articolista, *m.* e *f.* (*giornalismo*) columnist.
artìcolo, *m.* **1** (*gramm.*) article: **l'a. determinativo (indeterminativo),** the definite (indefinite) article **2** (*comm.*) article: **trattare un a.,** to deal in a certain article **3** (*di giornale*) article: **l'a. di fondo,** the leading article **4** (*capo, punto, ecc.*) article: **un a. di fede,** an article of faith **5** (*leg.*) article: **articoli di legge,** articles of a statute. ● **articoli da cucina,** kitchen utensils □ **articoli da spiaggia** (*costumi da bagno, ecc.*), beachwear, swimwear (*collett.*) □ **articoli di viaggio,** travelling kit □ (*leg.*) **articoli di un contratto,** paragraphs of an agreement □ **articoli di lana,** woollens □ **articoli di vetro,** glassware □ **articoli vari,** sundries; fancy goods.
artière, *m.* **1** (*raro: artigiano*) artisan **2** (*mil.*) pioneer.
artificiale, *a.* **1** artificial: **fiori artificiali,** artificial flowers **2** (*ind.*) man-made: **fibre artificiali,** man-made fibres. ● **allattamento a.,** bottle-feeding □ **fuochi artificiali,** fireworks.
artificière, *m.* **1** (*mil.: armiere*) artificer **2** (*mil.: chi disinnesca bombe*) bomb-disposal expert **3** (*pirotecnico*) pyrotechnist. ● **squadra di artificieri,** bomb-disposal squad.
artificio, *m.* **1** artifice; contrivance: **Negli scrittori si loda l'arte, non l'a.,** what is praiseworthy in a writer is art, not artifice **2** (*leg.*) device. ● **fuochi d'a.,** fireworks.
artificiosità, *f.* (*l'essere artificioso*) artfulness; cunning **2** (*artificio*) artifice. ● **l'a. del suo stile,** the affectedness of his style.
artificióso, *a.* **1** artful; cunning: **un espediente a.,** an artful (*o* a clever) device **2** (*affettato*) artificial; affected: **stile a.,** affected style.
artifizio, *V.* **artificio.**
artigianale, *a.* artisan, handicraft (*attr.*). ● **prodotti artigianali,**

artigianato handicraft.
artigianato, *m.* 1 (*ceto degli artigiani*) craftsmen (*pl.*) 2 (*attività*) handicraft. ● **mostra dell'a.**, arts and crafts exhibition.
artigiano, A *a.* working; artisan (*attr.*). B *m.* artisan; craftsman*.
artigliare, *v. t.* to grip with claws; to clutch.
artigliere, *m.* (*mil.*) artilleryman*.
artiglieria, *f.* (*mil.*) artillery: **il rimbombo delle artiglierie**, the echo of the artillery; **la divisa dell'a.**, the uniform of the artillery; **Passa l'a.**, the artillery is passing (by). ● **pezzo d'a.**, artillery piece; gun.
artìglio, *m.* 1 claw; (*specialm. di uccello rapace*) talon 2 (*fig.*) clutch.
artiodàttilo, *m.* (*zool.*) artiodactyl(e).
artista, *m.* e *f.* artist: **a. «op»**, op artist; **a. «pop»**, pop artist; popster (*fam.*).
artìstico, *a.* artistic.
arto, *m.* (*anat.*) limb.
artralgìa, *f.* (*med.*) arthralgia.
artrite, *f.* (*med.*) arthritis*.
artrìtico, *a.* e *m.* (*med.*) arthritic.
artritìsmo, *m.* (*med.*) arthritism.
artrologìa, *f.* (*med.*) arthrology.
artropatìa, *f.* (*med.*) arthropathy.
artròpodi, *m. pl.* (*zool.*, *Arthropoda*) arthropods.
artròsi, *f.* (*med.*) arthrosis*.
artrotomìa, *f.* (*med.*) arthrotomy.
Artù (*letter.*), **Arturo**, *m.* Arthur.
arturiano, *a.* (*letter.*) Arthurian: **il ciclo a.**, the Arthurian cycle.
arùspice, *m.* haruspex*.
arvìcola, *f.* (*zool.*, *Arvicola arvensis*) fieldmouse*.
arzigogolare, A *v. i.* to ragionare tortuosamente) to ponder; to muse (on, about). B *v. t.* (*fantasticare*) to concoct; to contrive.
arzigogolato, *a.* bizarre; fantastic.
arzigògolo, *m.* 1 (*giro contorto di parole*) circumlocution, roundabout expression 2 (*espediente ingegnoso*) contrivance; stratagem.
arzillo, *a.* 1 (*vivace, brioso*) sprightly; spry; lively 2 (*alticcio*) tipsy.
arzinga, *f.* (*tenaglie del fabbro*) tongs (*pl.*).
asbèsto, *m.* (*miner.*) asbestos; amiant(h)us; mountain-flax.
asbestòsi, *f.* (*med.*) asbestosis*.
asbùrgico, *a.* Habsburg (*attr.*).
ascàride, *m.* (*zool.*, *Ascaris*) ascarid*.
ascaridìasi, *f.* (*med.*) ascaridiasis*; ascariasis*.
àscaro, *m.* (*mil.*) askari.
ascèlla, *f.* 1 (*anat.*) armpit 2 (*bot.*) axil; axilla*.
ascellare, *a.* (*anat.*, *bot.*) axillary.
ascendentale, *a.* 1 ancestral: **la linea a.**, the ancestral line 2 (*che ascende*) ascending; upward.
ascendènte, A *a.* ascending; rising. B *m.* 1 (*antenato*) ancestor 2 (*astron.*) ascendant 3 (*potere, influenza*) ascendancy, ascendency: **avere un grande a. su q.**, to have great ascendancy over sb.
ascendènza, *f.* ancestors (*pl.*).
ascéndere, A *v. i.* 1 to ascend: **Gesù ascese al cielo**, Jesus ascended into Heaven 2 (*ammontare*) to amount: **Le spese ascendono a diecimila lire**, the expenses amount to ten thousand lire. B *v. t.* (*lett.*) to ascend; to climb: **a. un monte**, to climb a mountain.
ascensionale, *a.* ascensional. ● (*aeron.*) **forza a.**, lifting (*o* elevating) power.
ascensióne, *f.* 1 ascension; ascent: **a. alpinistica**, alpine ascent; **a. aeronautica**, ascent by air 2 (*relig.*) Ascension.
ascensionista, *m.* e *f.* (*sport*) climber.
ascensóre, *m.* lift; elevator (*USA*): (*costr.*) **pozzo dell'a.**, lift shaft; elevator shaft (*USA*).
ascensorista, *m.* liftman*; liftboy.
ascésa, *f.* ascent; rise (*anche fin.*). ● **a. al trono**, accession to the throne.
ascèsi, *f.* (*lett.*) mystical exaltation.
ascèsso, *m.* (*med.*) abscess.
ascèta, *m.* e *f.* ascetic.
ascètica, *f.* asceticism.
ascètico, *a.* ascetic: **vivere una vita ascetica**, to lead an ascetic life.
ascetìsmo, *m.* asceticism.
àscia, *f.* axe. ● (*fig.*) **fare q.c. con l'a.**, to bungle st.
ascidiàcei, *m. pl.* (*zool.*, *Ascidiacea*) ascidians.
ascìdio, *m.* (*bot.*) ascidium*.
ascisc, *m.* hashish.
ascissa, *f.* (*mat.*) abscissa*.
ascite, *f.* (*med.*) ascites*.
ascìtico, *a.* (*med.*) ascitic.

asciugacapélli, *m.* hair dryer.
asciugamano, *m.* towel: **a. di carta**, paper towel.
asciugante, *a.* drying; blotting: **carta a.**, blotting paper.
asciugare, A *v. t.* 1 to dry: **Il sole asciuga il bucato**, the sun dries the washing. B *v. i.* to dry; to get* dry: **I panni asciugano al sole**, the washing gets dry in the sun. ● (*fig.*) **a. le tasche a q.**, to clean sb. out. **asciugarsi** C *v. rifl.* to dry oneself: **a. le mani**, to dry one's hands; **Mi asciugai**, I dried myself. ● **a. le lacrime**, to wipe one's tears □ **a. il sudore**, to wipe away one's sweat.
asciugatóio, *m.* 1 (*asciugamano*) towel 2 (*mecc.*) dryer, drier.
asciugatrice, *f.* clothes drier.
asciugatura, *f.* drying.
asciuttézza, *f.* 1 dryness 2 (*fig.: di tono*) curtness 3 (*della figura*) leanness.
asciutto, A *a.* 1 dry: **tempo a.**, dry weather; **un vento a.**, a dry wind 2 (*fig.: di tono*) curt: **un no a.**, (*rifiuto*) a curt refusal; (*negazione*) a curt denial 3 (*di figura*) lean. ● **a. di parole**, of few words: **È un uomo a. di parole**, he's man of few words □ **a. di quattrini**, without a penny □ **a. bocca asciutta**, without a bite to eat or a drop to drink; (*fig.*) disappointed: **Rimase a bocca asciutta**, he was disappointed □ (*cucina*) **pasta asciutta**, pasta □ **Gli rispose a. a.**, he replied extremely curtly. B *m.* dry ground; dry place. ● (*fig.*) **essere all'a.**, to be penniless; to be hard up (*pop.*) □ (*fig.*) **rimanere all'a.**, to be left without a penny.
asclepiadèo, (*poesia*) A *a.* Asclepiadean. B *m.* Asclepiad.
ascolano, *a.* e *m.* of Ascoli.
ascoltare, *v. t.* 1 to listen to (sb., st.): **a. la radio**, to listen to the radio; to listen in; **a. la musica**, to listen to the music; **Ascolta!, listen!**; **Sentivo che parlavano, ma non ascoltavo cosa dicevano**, I heard them talking, but I didn't listen to what they were saying 2 (*dare retta*) to listen to, to pay* attention to (sb.): **Non ascoltarlo, è uno sciocco**, don't listen to him, he's a fool. ● **a. una lezione**, to attend a class □ **a. la Messa**, to hear Mass □ **a. q.c. alla radio**, to listen in to st. □ (*leg.*) **a. le testimonianze**, to hear the evidence □ **Che la vostra preghiera sia ascoltata!**, may your prayer be heard!
ascoltatóre, *m.* 1 listener 2 (*pl.*) audience (*sing.*).
ascoltazióne, *f.* listening.
ascólto, *m.* – **dare a. a q.**, to give sb. a hearing; **stare in a.**, to be listening.
ascóndere, *v. t.* (*lett.*) to conceal.
ascòrbico, *a.* (*chim.*) ascorbic.
ascóso, *a.* (*lett.*) concealed.
ascrivere, *v. t.* 1 (*annoverare*) to count; to number 2 (*attribuire*) to ascribe. ● **a. q.c. a lode di q.**, to praise sb. for st.
asèllo, *m.* (*zool.*, *Asellus aquaticus*) water slater.
asèpsi, *f.* (*med.*) asepsis*.
asessuale, *a.* (*biol.*) asexual: **riproduzione a.**, asexual reproduction.
asessuato, *a.* (*biol.*) asexual.
asèttico, *a.* (*med.*) aseptic.
asfaltare, *v. t.* to asphalt.
asfaltatóre, *m.* asphalter.
asfaltatura, *f.* 1 (*l'asfaltare*) asphalting 2 (*asfalto*) asphalt.
asfàltico, *a.* asphaltic.
asfaltista, *m.* asphalter.
asfalto, *m.* asphalt.
asfissìa, *f.* (*med.*) asphyxia, asphyxy; suffocation.
asfissiante, *a.* 1 asphyxiating; suffocating 2 (*fig.*) boring; tiresome; wearisome. ● (*fig.*) **Il caldo era a.**, the heat was stifling.
asfissiare, A *v. t.* 1 to asphyxiate; (*con gas*) to gas 2 (*fig.*) to bore; to weary. B *v. i.* to asphyxiate; to die of asphyxia.
asfittico, *a.* (*med.*) asphyxiated.
asfodèlo, *m.* (*bot.*, *Asphodelus*) asphodel*.
asiàtico, A *a.* 1 Asiatic 2 (*fig.: sfarzoso*) oriental: **lusso a.**, oriental luxury. B *m.* Asiatic; Asian.
asigmàtico, *a.* (*gramm.*) asigmatic.
asìlo, *m.* 1 (*d'infanzia*) kindergarten; nursery school 2 (*rifugio*) shelter; asylum: **trovare a. in un luogo**, to find shelter in a place; **dare a. a q.**, to give sb. shelter. ● **a. notturno**, common lodging-house; doss-house (*pop.*) □ **diritto d'a.**, (*leg.*) right of sanctuary; (*polit.*) right of asylum.
asimmetrìa, *f.* 1 asymmetry 2 (*stat.*) skewness.
asimmètrico, *a.* 1 asymmetric(al) 2 (*stat.*) skew.
àsina, *f.* she-ass; jenny (ass).
asinàggine, *f.* asininity; stupidity.
asinàio, *m.* donkey driver.
asinata, *f.* asininity.
asincronìa, *f.* asynchrony.
asincronìsmo, *m.* (*fis.*, *mecc.*) asynchronism.
asìncrono, *a.* (*fis.*, *mecc.*) asynchronous: **alternatore a.**, asynchronous alternator. ● **motore a.**, induction motor.

asindètico, *a.* (*gramm.*) asyndetic.
asìndeto, *m.* (*gramm.*) asyndeton*.
asinerìa, *f.* **1** asininity; stupidity **2** (*concreto*) foolish act (word, etc.).
asinésco, *a.* asinine: **modi asineschi**, asinine behaviour.
asinino, *a.* asinine. ● **orecchie asinine**, ass's ears □ (*med.*) **tosse asinina**, (*w*)hooping cough.
asinità, *f.* asininity; stupidity.
àsino, *m.* **1** (*zool.*, *Equus asinus*) ass; donkey; (*il maschio*) jackass **2** (*fig.*) ass; donkey; dolt; blockhead: **essere un gran pezzo d'a.**, to be a great lumbering ass. ● **a. risalito** (*o* **bardato**), upstart □ (*fig. fam.*) **la bellezza dell'a.**, the beauty of youth □ **essere come l'a. di Buridano**, to be unable to make up one's mind (*fig.*). **legar l'a. dove vuole il padrone**, to carry out orders blindly □ (*fig.*) **il trotto dell'a.**, a flash in the pan □ (*fig.*) **Qui casca l'a.**, there's the rub □ **È il calcio dell'a.**, it's the last straw □ (*prov.*) **Raglio d'a. non arriva in cielo**, the braying of an ass does not reach heaven □ (*prov.*) **Meglio un a. vivo che un dottore morto**, a living dog is better than a dead lion.
asintòtico, *a.* (*geom.*) asymptotic(al).
asìntoto, *m.* (*geom.*) asymptote.
asìsmico, *a.* (*geol.*) aseismic. ● (*costr.*) **costruzione asismica**, earthquake-proof building.
asma, *f. o m.* (*med.*) asthma.
asmàtico, *a. e m.* (*med.*) asthmatic.
asociale, *a.* asocial.
asocialità, *f.* asociality.
àsola, *f.* buttonhole.
asolàia, *f.* buttonholer.
asparagéto, *m.* **asparagiàia**, *f.* asparagus bed.
asparagina, *f.* (*chim.*) asparagine.
aspàrago, *m.* (*bot.*, *Asparagus officinalis*) asparagus.
aspatura, *f.* (*ind. tessile*) reeling.
aspèrgere, *v. t.* (*lett.*) to sprinkle.
asperità, *f.* **1** asperity; roughness; unevenness **2** (*fig.*) asperity; difficulty.
aspermìa, *f.* (*biol.*) aspermatism.
aspèrrimo, *a. superl.* very harsh; (*molto duro*) very hard.
aspersióne, *f.* aspersion.
aspersòrio, *m.* (*relig.*) aspergillum*; aspersorium*.
aspettare, A *v. t.* **1** to wait for; to await: **Ti aspetterò alla stazione**, I shall wait for you at the station; **Che cosa aspettate?**, what are you waiting for?; **Andate pure a letto, non aspettatemi**, go to bed, don't wait (up) for me; **Aspettiamo che smetta di piovere!**, let's wait for the rain to stop; **Non aspetterò un minuto di più**, I won't wait a minute longer; **Aspetto con ansia la tua risposta**, I am anxiously awaiting your reply; **Una piacevole sorpresa lo aspettava**, a pleasant surprise awaited him; **Aspettano il segnale**, they are waiting (for) the signal; **a. l'occasione (buona)**, to wait one's opportunity; **a. il proprio turno**, to wait one's turn **2** (*aspettarsi*) to expect: **Lo aspettiamo da un momento all'altro**, we are expecting him at any moment; **Non vi aspettavo a quest'ora**, I wasn't expecting you at this time. ● (*fig.*) **a. il Messìa**, to expect a miracle (*o* a miracle worker) that will never turn up; to wait for Godot □ **a. ansiosamente** (*o* **con ansia**), to look forward to: **Aspettavamo con ansia la fine della guerra**, we were looking forward to the end of the war □ **fare a. q.**, to keep sb. waiting □ **farsi a.**, to keep people waiting; to be late; to be slow: **Non farti a.!**, don't keep me (*o* us) waiting □ (*iron.*) **Aspettalo!**, you will wait a long time for it (*o* for him) □ **Qui t'aspettavo!**, (*a chi fa o confessa q.c.*) I thought I'd catch you out; (*qui sta il difficile*) there's the rub; (*vediamo come te la cavi*) now let's see what you can do (about it) □ (*minaccia*) **Aspetta, che ti accomodo io!**, just you wait, I'll fix you! □ **Aspetta cavallo che l'erba cresce!**, while the grass grows the horse starves (*prov.*); we shall (*o* you will, they will) have to wait a long time! □ **Aspettano l'occasione di rovinarlo**, they are looking for the chance to ruin him □ (*prov.*) **Chi ha tempo non aspetti tempo**, take time while time is, for time will away □ (*prov.*) **Chi la fa, l'aspetti**, as they sow, so let them reap. **a-spettarsi** B *v. rifl.* to expect: **Questa non me l'aspettavo**, I didn't expect this; **C'era da aspettarselo**, it was only to be expected; **Dobbiamo aspettarci un periodo brutto**, we must expect a bad period; **Non dobbiamo aspettarci troppo da loro**, we must not expect too much from them; **Mi aspettavo che dicesse qualcosa**, I expected him to say something. ● **Me l'aspettavo!**, I thought as much!
aspettativa, *f.* **1** expectation; (*speranza*) hope: **corrispondere all'a.**, to come up to sb.'s expectations; **non corrispondere all'a.**, to fall short of sb.'s expectations; **essere deluso nelle aspettative**, to have one's hopes shattered; **stare in a. di q.c.**, to be in expectation of st.; **superare ogni a.**, to exceed all expectations **2** (*congedo temporaneo*) leave (of absence): **essere in a.**, to be on leave (*o* to have leave of absence); **essere messo in a.**, (*su richiesta*) to be given leave of absence; (*non su richiesta*) to be laid off, to be temporarily discharged from one's duties; **mettere q. in a.**, to grant sb. leave of absence; to lay sb. off, to discharge sb. temporarily; **mettersi in a. per un anno (sei mesi)**, to take a year's (a six month's) leave of absence. ● **essere in a. per motivi di salute**, to be on sick leave □ **secondo l'a. generale**, as expected by everyone.
aspettazióne, *f.* expectation; (*speranza*) hope; (*stato d'animo*) expectancy.
aspètto (1), *m.* **1** (*sembianza*) appearance; look: **Era di bell'a.**, he had a fine appearance; **Non lo devi giudicare dall'a.**, you mustn't judge him by his appearance **2** (*fig.*) point of view; angle; side; aspect: **Possiamo considerare la questione sotto più aspetti**, we can consider the matter from various angles. ● (*lett.*) **a primo a.**, at first sight □ **avere un a. severo**, to look severe □ **di bell'a.**, good-looking: **un giovane di bell'a.**, a good-looking young man □ **Allora, la cosa cambia a.**, well then, that puts a different complexion on the matter.
aspètto (2), *m.* (*l'aspettare*) wait; waiting: **una sala d'a.**, a waiting-room. ● (*mus.*) **battuta d'a.**, pause; (*fig.*) breathing space.
aspettuale, *a.* (*linguistica*) aspectual.
aspic (*franc.*), *m.* (*cucina*) aspic.
àspide, *m.* **1** (*zool.*, *Vipera aspis*) asp **2** (*fig.*: *di persona*) viper. ● (*zool.*) **a. di Cleopatra** (*Naja haje*), asp.
aspidistra, *f.* (*bot.*, *Aspidistra elatior*) aspidistra; cast-iron plant.
aspirante, A *a.* **1** aspiring **2** (*mecc.*) sucking; suction, intake (*attr.*): **una pompa a.**, a suction pump. B *m.* **1** aspirant; applicant; candidate: **un a. a una nomina**, a candidate for an appointment **2** (*naut.*) midshipman* **3** (*aeron.*) air-force cadet.
aspirapólvere, *m.* vacuum cleaner.
aspirare, A *v. t.* **1** to inhale; to inspire; to breathe in: **a. il fumo**, to inhale smoke; **a. l'aria**, to breathe in air **2** (*mecc.*) to suck up **3** (*fon.*) to aspirate: **a. un suono**, to aspirate a sound. B *v. i.* (*desiderare*) to aspire: **a. a q.c.**, to aspire to st.; **a. a una nomina**, to aspire to an appointment; **a. alla mano di una donna**, to aspire to the hand of a woman.
aspirata, *f.* (*fon.*) aspirate.
aspiratóre, *m.* (*ind.*, *mecc.*) aspirator; exhauster; exhaust fan: **a. a pale**, vane aspirator; **a. d'aria**, air-exhauster. ● **a. centrifugo**, centrifugal fan (*o* aspirator).
aspirazióne, *f.* **1** aspiration **2** (*med.*) inhalation **3** (*mecc.*) suction; intake: **a. della polvere**, dust suction; **lavoro di a.**, intake work; **una valvola di a.**, a suction-valve **4** (*fon.*) aspiration. ● (*mecc.*) **tubo di a.**, sucker.
aspirina, *f.* (*marchio*) (*farm.*) aspirin*.
aspo, *m.* (*ind. tessile*) reel; swift.
asportàbile, *a.* removable.
asportare, *v. t.* **1** (*med.*) to remove: **a. un tumore**, to remove a tumour **2** (*portare via*) to carry away; to remove: **a. una cassa**, to carry away a case. ● **di bevanda o cibo**) **da a.**, take-away, take-out (*attr.*).
asportazióne, *f.* removal (*anche med.*).
aspraménte, *avv.* harshly. ● **rimproverare a. q.**, to reprimand sb. severely; to give sb. a good scolding (*fam.*).
asprétto, *m.* (*di vino*) sour taste.
asprézza, *f.* **1** (*di sapore*) sourness; tartness **2** (*ruvidezza*) roughness **3** (*fig.*) harshness.
aspri, *m.* osprey.
asprigno, *a.* **A** *a.* sourish. **B** *m.* sour taste.
aspro, *a.* **1** (*di sapore*) sour; tart: **una mela aspra**, a sour apple **2** (*di suono*) harsh; rasping: **un suono a.**, a harsh sound **3** (*fig.*) harsh; hard: **parole aspre**, harsh words; **aspra penitenza**, harsh penance **4** (*ruvido*) rough: **una superficie aspra**, a rough surface **5** (*scosceso*) steep **6** (*di clima*) severe; raw; harsh. ● **avere sapore a.**, to taste sour.
assafètida, *f.* (*bot.*, *farm.*) as(s)afoetida.
assaggiare, *v. t.* **1** to taste (*anche fig.*): **a. del cibo**, to taste food; **a. un po' di vino**, to taste a little wine; **a. i frutti della vittoria**, to taste the fruits of victory **2** (*ind. metallurgica*) to assay. ● (*fig.*) **Assaggerà il mio bastone**, I'll give him a taste of my stick.
assaggiatóre, *m.* **1** (*di bevande*) taster **2** (*ind. metallurgica*) assayer.
assaggiatura, *f.* **1** tasting **2** (*ind. metallurgica*) assaying.
assàggio, *m.* **1** (*l'assaggiare*) tasting **2** (*piccola quantità di cibo, ecc.*, *anche fig.*) taste **3** (*miner.*, *indust.*) assay.
assài, *avv.* **1** (*molto*) much: **a. più**, much more; **a. meno**, much less **2** (*a sufficienza*) enough; (*fin troppo*) more than enough: **Ne ho a. di lui**, I've had more than enough of him **3** (*in funzione di agg.*) much, (*pl.*) many: **a. gente**, many people; a lot of people. ● **Non c'entro né poco né a.**, it's nothing to do with me at all □ (*iron.*) **So a., io!**, how would I know? □ (*iron.*) **Sa a., lui!**, what can he know about it? □ (*prov.*) **L'a. basta e il troppo guasta**,

assale, *m.* (*mecc.*) axle: **a. anteriore**, front axle; **a. posteriore**, rear axle; **a. motore**, driving axle.

assalire, *v. t.* **1** (*anche mil.*) to attack; to assail; to storm: **a. q.**, to attack sb.; **a. il nemico**, to attack the enemy; **a. una fortezza**, to storm a fortress **2** (*fig.*) to assail; to strike*: **Fu assalito dai dubbi**, he was assailed with doubts; **Mi assale un pensiero**, a thought strikes me. ● (*fig.*) **Mi assale la paura**, I am seized with fear.

assalitóre, *m.* assailant; attacker.

Assalònne, *m.* (*Bibbia*) Absalom.

assaltare, *v. t.* **1** (*anche mil.*) to assault; to attack; to storm: **a. q.**, to attack sb.; **a. il nemico**, to attack the enemy; **a. una fortezza**, to storm a fortress **2** (*rapinare*) to hold* up: **a. una banca**, to hold up a bank.

assaltatóre, *m.* aggressor; assaulter.

assalto, *m.* **1** (*mil.*) assault; attack: **dare l'a. al nemico**, to make an assault on the enemy; **sostenere l'a.**, to withstand the assault; **prendere d'a.**, to take (*o* to carry) by assault; **respingere un a.**, to beat off an attack **2** (*rapina*) hold up **3** (*fig.*) attack. ● (*mil.*) **truppe d'a.**, storm troops.

assaporaménto, *m.* savouring; tasting.

assaporare, *v. t.* to savour (*anche fig.*); to taste: **a. un vino**, to savour a wine; **a. la vendetta**, to savour revenge.

assaporire, *v. t.* to season: **a. il cibo**, to season food.

assassinare, *v. t.* **1** to murder; to assassinate: **Bruto e Cassio assassinarono Cesare**, Brutus and Cassius murdered Caesar **2** (*fig.: danneggiare gravemente*) to cripple **3** (*fig.: rif. a brano musicale, a commedia, ecc.*) to murder; to butcher.

assassinio, *m.* murder; assassination.

assassino, **A** *m.* **1** murderer; assassin **2** (*fig.: chi danneggia gravemente*) crippler **3** (*fig.: chi esegue male una canzone, ecc.*) butcher. **B** *a.* murderous: **mani assassine**, murderous hands. ● (*fig.*) **occhi assassini**, killing eyes.

asse (1), *f.* (*di legno*) board: **un'a. da stiro**, an ironing board.

asse (2), *m.* **1** (*mat., fis.*) axis*: **a. di rotazione**, rotation axis; **l'a. di un'ellisse**, the axis of an ellipse; **l'a. di un cono**, the axis of a cone **2** (*geogr.*) axis*: **l'a. della terra**, the earth's axis **3** (*mecc.: perno di ruota, assale*) axle: **a. fisso**, rigid axle; **a. mobile**, turning axle; (*di auto*) **a. motore**, driving-axle **4** (*fig.*) axis: **l'A. Roma-Berlino**, the Rome-Berlin axis.

asse (3), *m.* (*stor.*) estate* **2** – (*leg.*) **a. patrimoniale**, estate; **a. ereditario**, hereditament.

assecondare, *v. t.* **1** to favour; to second **2** (*esaudire*) to satisfy; to comply with: **a. i desideri di q.**, to comply with sb.'s wishes.

assediante, **A** *m.* besieger. **B** *a.* besieging: **l'esercito a.**, the besieging army.

assediare, *v. t.* **1** (*mil.*) to besiege (*anche fig.*): **a. una città**, to besiege a city; **a. una fortezza**, to besiege a fortress **2** (*fig.: importunare*) to pester: **Mi assedia con le sue domande**, he pesters me with questions.

assediato, *a.* besieged. ● **gli assediati**, the besieged.

assèdio, *m.* (*mil.*) siege (*anche fig.*): **stato d'a.**, state of siege; **levare l'a.**, to raise the siege; **cingere un posto d'a.**, to lay siege to a place.

assegnàbile, *a.* **1** (*che si può attribuire*) allottable **2** (*di persona a un lavoro*) assignable.

assegnaménto, *m.* **1** (*l'attribuire*) assigning; assignment; allotment **2** (*di persona a un lavoro*) assignment. ● **far a. su q.c. (q.)**, to count (*o* to rely) on st. (sb.).

assegnare, *v. t.* **1** to assign; to allot: **Gli assegnò un terzo dell'eredità**, he allotted him a third of the estate; **Vi assegneremo quindicimila lire al giorno**, we shall allot you fifteen thousand lire a day **2** (*di persona a un lavoro*) to assign: **Hanno assegnato Giovanni a un altro ufficio**, they have assigned John to another office **3** (*aggiudicare*) to award: **a. un premio**, to award a prize **4** (*fin.: fondi, ecc.*) to direct **5** (*leg.: beni, diritti*) to grant; to vest. ● **Ti assegno la custodia del negozio**, I'm putting you in charge of the shop □ **Assegnategli tre giorni per fare il lavoro**, allow him three days to do the work.

assegnatàrio, *m.* (*leg.*) assignee; allottee.

assegnato, *a.* – (*comm.*) **porto a.**, carriage on delivery.

assegnazióne, *f.* **1** (*l'attribuire*) assignation; allotment **2** (*di persona a un lavoro*) assignment **3** (*aggiudicazione*) award **4** (*leg.*) grant. ● (*leg.*) **a. testamentaria**, devise.

asségno, *m.* **1** allowance: **assegni familiari**, family allowances **2** (*a. bancario*) cheque; check (*USA*): **un a. in bianco**, a blank cheque; **un a. al portatore**, a cheque to bearer; **un a. a vuoto**, an uncovered cheque; **un a. sbarrato**, a crossed cheque; **un a. senza copertura**, an uncovered cheque; a kite (*fam.*); **un a. turistico**, a traveller's cheque; (*ass.*) **a. vitalizio**, straight life annuity. ● (*leg.*) **a. alimentare**, alimony □ **a. circolare**, banker's draft □ **a. di studio**, (maintenance) grant; subsidy □ **spedire contro a.**, to send cash on delivery.

assemblàggio, *m.* (*ind., arte*) assembly; assemblage; assembling.

assemblaggista, *m.* e *f.* (*ind., arte*) assemblagist.

assemblare, *v. t.* (*ind., arte*) to assemble.

assemblèa, *f.* assembly; meeting: **a. legislativa**, legislative assembly; **l'a. degli azionisti**, the meeting of the shareholders; **l'a. generale**, the general meeting.

assembleare, *a.* of an assembly; assembly (*attr.*).

assembraménto, *m.* **1** (*folla*) crowd: **fare a.**, to form a crowd; **La polizia sciolse l'a.**, the police dispersed the crowd; **Intorno all'automobile ribaltata c'era un vero a.**, a great crowd had gathered round the overturned car **2** (*mil.*) muster. ● **proibire gli assembramenti**, to forbid public gatherings.

assembrare, **A** *v. t.* (*lett.*) (*radunare*) to assemble. **assembrarsi B** *v. rifl.* to assemble; to meet*.

assennatézza, *f.* judiciousness; sensibleness; good sense.

assennato, *a.* judicious; sensible: **una ragazza assennata**, a sensible girl.

assènso, *m.* assent; approval.

assentarsi, *v. rifl.* to absent oneself.

assènte, **A** *a.* absent; away: **Perché furono assenti da scuola ieri?**, why were they absent from school yesterday?; **È a. da casa ora**, he's away from home now; **Il suo pensiero è a.**, his mind is far away. **B** *m.* e *f.* absentee.

assenteismo, *m.* **1** absenteeism **2** (*fig.*) indifference.

assenteista, *m.* e *f.* habitual absentee (from work).

assentiménto, *m.* consent.

assentire, *v. i.* to consent; to acquiesce: **Assentì alla mia partenza**, he consented to my leaving.

assènza, *f.* **1** (*di persona*) absence; nonattendance: **Spiacque la tua a.**, your absence was felt; **a. ingiustificata**, unexcused absence; absence without leave **2** (*mancanza*) lack; want: **l'a. di ogni nobile sentimento**, the lack of any noble sentiment. ● **registro delle assenze**, absentee register □ (**stato di**) **a. di peso**, weightlessness □ **In a. del direttore firmo io**, as the manager is absent, I shall sign instead.

assenziènte, *a.* consentient.

assènzio, *m.* **1** (*bot., Artemisia absinthium*) wormwood **2** (*liquore*) absinth.

asserire, *v. t.* to assert; to affirm: **a. la verità**, to affirm the truth.

asserragliaménto, *m.* barricade.

asserragliare, **A** *v. t.* to barricade. **asserragliarsi B** *v. rifl.* to barricade oneself.

assertività, *f.* assertiveness.

assertivo, *a.* assertive.

assèrto, *m.* (*lett.*) assertion.

assertóre, *m.* assertor.

asserviménto, *m.* enslavement (*anche fig.*).

asservire, **A** *v. t.* to enslave (*anche fig.*). **asservirsi B** *v. rifl.* to become* a slave.

asserzióne, *f.* assertion; affirmation.

assessorato, *m.* councillorship; councillor's office; office of a member of an administrative council.

assessóre, *m.* councillor; member of an administrative council: **a. comunale**, (city) councillor; member of the council of a Commune; **a. regionale**, member of a Regional Council.

assestaménto, *m.* **1** arrangement; settlement **2** (*comm.*) balance **3** (*mecc.*) bedding **4** (*costr.*) settling. ● **a. economico**, economic shakedown.

assestare, **A** *v. t.* **1** to arrange; (*ordinare*) to put* in order **2** (*comm.*) to balance: **a. una partita di conti**, to balance an account; **a. il bilancio**, to balance the account. ● **a. un colpo**, to deal a blow □ **a. la mira**, to take careful aim. **assestarsi B** *v. rifl.* **1** to settle in: **quando mi sarò assestato**, when I've settled in **2** (*costr.*) to settle **3** (*mecc.*) to bed.

assestatézza, *f.* order; orderliness.

assestato, *a.* (*ordinato*) orderly **2** (*assennato*) sensible.

assetare, *v. t.* **1** (*far venir sete*) to make* thirsty **2** (*fig.*) to arouse a thirst in: **Il tuo esempio lo asseta di gloria**, your example arouses in him a thirst for glory. ● **Tagliarono gli acquedotti per a. la città**, they cut the water mains in order to reduce the city by thirst.

assetato, **A** *a.* **1** thirsty: **Arrivai stanco e a.**, I arrived tired and thirsty **2** (*fig.*) thirsty; thirsting: **un uomo a. di sangue**, a man thirsting for blood; a bloodthirsty man; **un vecchio a. d'oro**, an old man thirsting for riches **3** (*di terreno*) dry. **B** *m.* thirsty person: **dare da bere agli assetati**, to give drink to the thirsty.

assettaménto, *m.* putting in order; (*sistemazione*) arrangement.

assettare, **A** *v. t.* **1** (*mettere in ordine*) to put* (st.) in order; to tidy (up); (*sistemare*) to arrange: **a. una stanza**, to tidy a room **2** (*costr.*) to settle. **assettarsi B** *v. rifl.* **1** (*mettersi in ordine*) to tidy oneself; to make* oneself tidy **2** (*costr.*) to set*.

assettato, *a.* tidy; neat and tidy; trim.

assètto, *m.* **1** order; arrangement; disposition: **Penserò io all'a. del suo studio,** you can leave the disposition of his study to me **2** (*naut., aeron.*) trim: **in a. di guerra,** in fighting trim **3** structure; set-up: **l'a. politico,** the political structure (*o* set-up).

asseverare, *v. t.* (*lett.*) to assert; to aver: **Non è del tutto certo di quel che assevera,** he isn't entirely sure of what he asserts. ● (*leg.*) **a. con giuramento,** to declare on oath.

asseverativo, *a.* (*lett.*) assertive.

asseverazióne, *f.* (*lett.*) asseveration; assertion.

assiale, *a.* (*mat.*) axial. ● (*mecc.*) **gioco a.,** end float.

assibilare, *v. t.* **assibilarsi,** *v. rifl.* (*fon.*) to assibilate.

assibilazióne, *f.* (*fon.*) assibilation.

assicèlla, *f.* (*costr.*) lath; small board; batten.

assicuràbile, *a.* (*ass.*) insurable; assurable (*specialm. sulla vita*).

assicurare, A *v. t.* **1** (*dare per sicuro*) to assure: **Lo assicurai che non c'era pericolo,** I assured him that there was no danger; **Lo assicurai della mia amicizia,** I assured him of my friendship **2** (*procurare*) to ensure: **Una pensione assicura il pane per la vecchiaia,** a pension ensures a comfortable old age **3** (*garantire*) to guarantee; to ensure: **a. il buon esito di un'impresa,** to guarantee the success of an enterprise **4** (*ass.*) to insure; to assure (*USA o sulla vita*): **Ho assicurato l'automobile contro il furto,** I have insured my car against theft; **La lettera era stata assicurata,** the letter had been insured; **a. la casa,** to insure one's house **5** (*fissare, legare*) to secure; to fasten; to tie up **6** (*naut.: di vele, funi*) to bend* **7** (*consegnare*) to deliver: **a. un criminale alla giustizia,** to deliver a criminal to justice. **assicurarsi B** *v. rifl.* **1** (*accertarsi*) to make* sure; to assure oneself: **Assicuratevi che dica la verità,** make sure he is telling the truth **2** (*non farsi sfuggire*) to secure: **La giustizia s'è assicurata il criminale,** justice has secured the criminal **3** (*ass.*) to take* out an insurance (policy); (*contro q.c.*) to insure oneself: **Mi sono assicurato,** I have taken out an insurance; **a. contro l'incendio,** to insure oneself against fire. ● **a. sulla vita,** to insure one's life.

assicurata, *f.* insured letter.

assicurativo, *a.* (*ass.*) insurance (*attr.*): **polizza assicurativa,** insurance policy.

assicurato, (*ass.*) **A** *a.* insured. **B** *m.* **1** insured; assured (*specialm. sulla vita*) **2** (*detentore di polizza*) policy-holder; policy-owner.

assicuratóre, (*ass.*) **A** *m.* insurer; assurer. **B** *a.* insuring; insurance (*attr.*): **compagnia assicuratrice,** insurance company.

assicurazióne, *f.* **1** assurance **2** (*ass.*) insurance; assurance (*specialm. sulla vita*): **premio d'a.,** insurance premium; **agente di a.,** insurance agent; **a. di una casa,** insurance on a house; **a. sulla vita,** life insurance; **una compagnia d'a.,** an insurance company; **pagare l'a.,** to pay one's insurance; **a. contro l'incendio,** fire insurance; **a. contro gli infortuni,** accident insurance.

assideraménto, *m.* frostbite. ● **morire per a.,** to freeze to death.

assiderare, A *v. t.* (*gelare*) to freeze*; (*intorpidire*) to numb, to benumb. ● **Questo freddo mi assidera le membra,** I'm freezing to death in this cold. **B** *v. i.* **assiderarsi,** *v. rifl.* to freeze*. ● **Qui c'è da a.,** we shall catch our death of cold if we stay here.

assiderato, *a.* **1** frozen; frostbitten **2** (*morto a.*) frozen to death.

assidersi, *v. rifl.* (*lett.*) to take* one's seat; to sit* down.

assiduità, *f.* **1** assiduity; assiduousness; application; diligence; constancy **2** (*frequenza regolare*) regular attendance. ● **La tua a. in quella casa mi dà molto fastidio,** I find your continual visits to that house most irritating.

assiduo, A *a.* **1** assiduous; (*diligente*) diligent; (*costante*) constant: **uno scolaro a.,** a diligent pupil; **assidui sforzi,** constant efforts **2** (*regolare*) regular: **un visitatore a.,** a regular visitor. ● **È a. alle lezioni,** he attends lectures regularly. **B** *m.* habitué; regular visitor: **Era uno degli assidui in quella casa,** he was one of the habitués of that house.

assiemàggio, *m.* (*comm.*) assembling: **l'a. delle merci,** the assembling of goods.

assième, *V.* **insième.**

assiepaménto, *m.* **1** hedging in **2** (*affollamento*) crowding.

assiepare, A *v. t.* **1** to hedge in; to surround with a hedge **2** (*fig.: circondare*) to surround; to encircle. **assieparsi B** *v. rifl.* to crowd: **C'era molta gente che s'assiepava intorno al cadavere,** there were many people crowding round the corpse.

assile, *a.* (*bot.*) axile.

assillante, *a.* harassing; tormenting; pestering; (*fastidioso*) troublesome.

assillare, *v. t.* to pester; to torment; to bother; to worry.

assillo, *m.* **1** (*zool., Asilus*) robber fly **2** (*fig.*) goad; harassing thought; (*tormento*) worry.

assimilàbile, *a.* assimilable.

assimilabilità, *f.* assimilability.

assimilare, *v. t.* **1** to assimilate (*anche fig.*): **a. una legge a un'altra,** to assimilate one law to another **2** (*assorbire, anche biol.*) to assimilate; to absorb.

assimilativo, *a.* assimilative: **capacità assimilativa,** assimilative capacity.

assimilatóre, *a.* assimilative.

assimilazióne, *f.* assimilation.

assiòlo, *m.* (*zool., Otus scops*) horn owl.

assiòma, *m.* axiom.

assiomàtico, *a.* axiomatic.

assiòmetro, *m.* (*naut.*) rudder indicator.

Assiria, *f.* (*geogr., stor.*) Assyria.

assiriologìa, *f.* Assyriology.

assiriòlogo, *m.* Assyriologist.

assiro, *a.* e *m.* Assyrian.

assiro-babilonése, *a.* Assyro-Babylonian.

assìsa, *f.* (*lett.*) **1** (*uniforme*) uniform **2** (*livrea*) livery.

assìse, *f. pl.* **1** (*stor.*) assizes; judicial assemblies **2** (*leg.:* **Corte d'A.**) Court of Assizes.

assìso, *a.* (*lett.*) seated.

assistentato, *m.* assistantship.

assistènte, *m.* e *f.* **1** assistant: **È l'a. del professore,** he is the professor's assistant; **a. di chimica,** chemistry assistant **2** (*a un esame scritto*) invigilator. ● **a. di volo,** steward; (*donna*) stewardess, hostess; **a. sociale,** social (*o* welfare) worker.

assistènza, *f.* **1** (*l'essere presente*) presence; attendance **2** (*aiuto*) help; assistance: **Mi promise la sua a.,** he promised me his help **3** (*cura*) treatment: **l'a. del medico,** the doctor's treatment **4** (*comm.*) service **5** (*a un esame*) invigilation; proctoring (*USA*). ● **a. infermieristica,** nursing □ **fare a.,** to invigilate; to proctor (*USA*) □ (*comm.*) **fare l'a.,** to do the servicing; to service □ **servizio (di) a.,** (*comm. e autom.*) servicing; (*su strada*) breakdown service □ **servizio di a. infermieristica,** nursing service.

assistenziale, *a.* relief (*attr.*); charitable: **un'organizzazione a.,** a relief organization.

assistenziàrio, *m.* rehabilitation centre.

assìstere, A *v. i.* **1** (*trovarsi presente*) to be present: **a. alla morte di q.,** to be present at sb.'s death **2** (*frequentare*) to attend: **Assistevo alle sue lezioni,** I used to attend his lectures **3** (*a un esame scritto*) to invigilate; to proctor (*USA*). **B** *v. t.* **1** (*aiutare*) to assist; to help: **Vieni ad a. il medico,** come and help the doctor (*curare*) to treat: **Il medico assiste il malato,** the doctor treats the patient. ● **Fortuna, assistimi!,** fortune, smile on me! □ **Lo assisterò con i miei consigli,** I'll give him the benefit of my advice.

assistìto, A *a.* assisted; helped. **B** *m.* beneficiary.

assìto, *m.* **1** wood partition **2** (*pavimento*) plank floor.

asso, *m.* **1** (*gioco*) ace **2** (*fig.*) champion; ace: **un a. del volante,** a champion of the wheel. ● **piantare q. in a.,** to leave sb. in the lurch.

associàbile, *a.* associable. ● **Il facile guadagno e l'onestà sono difficilmente associabili,** easy money and honesty are not easily combined.

associabilità, *f.* associability.

associare, A *v. t.* **1** to associate; to join; to combine: **a. idee,** to associate ideas; **a. l'utile al dilettevole,** to combine business with pleasure **2** (*eleggere membro*) to elect to membership: **a. q. a un circolo,** to elect sb. to membership of a club **3** (*leg.:* **ditte, ecc.**) to incorporate. ● **a. q. alle carceri,** to take (*o* to escort) sb. to prison. **associarsi B** *v. rifl.* **1** (*farsi socio*) to join; to become* a member (of): **a. a un circolo,** to join a club **2** (*partecipare*) to join: **a. alla gioia altrui,** to join in other people's joy **3** (*unirsi*) to associate (with); to join forces **4** (*comm.*) to go* (*o* to enter) into partnership: **a. con un amico,** to go into partnership with a friend **5** (*leg.: di ditte, ecc.*) to incorporate.

associativo, *a.* associative.

associato, A *m.* **1** (*comm.*) partner: **Diventeremo associati,** we shall become partners **2** (*chi ha sottoscritto il proprio impegno all'acquisto di un'opera in corso di pubblicazione*) subscriber. **B** *a.* **1** (*comm.*) in partnership: **Concluderemo questo affare associati,** we shall conclude this in partnership **2** (*leg.: di ditte, ecc.*) incorporate.

associazióne, *f.* **1** association: **a. di idee,** association of ideas **2** (*società*) society; company; association **3** (*fin.*) syndicate **4** (*leg.*) society; institution. ● **a. operaia,** trade union.

assodaménto, *m.* reinforcement; consolidation; hardening.

assodare, A *v. t.* **1** (*irrobustire*) to strengthen; (*indurire*) to harden **2** (*consolidare*) to consolidate (*anche fig.*): **a. la propria autorità,** to consolidate one's authority **3** (*fig.: accertare*) to ascertain; to check: **a. la verità,** to ascertain the truth. **assodarsi B** *v. rifl.* **1** (*indurirsi*) to harden: **D'inverno la terra si assoda,** the earth hardens in winter **2** (*fig.*) to be strengthened.

assoggettàbile, *a.* subduable.

assoggettaménto, *m.* 1 (*il rendere soggetto*) subdual 2 (*fig.: il sottoporre*) subjection 3 (*l'assoggettarsi*) submission.
assoggettare, A *v. t.* 1 (*rendere soggetto*) to subdue: **a. il nemico**, to subdue the enemy 2 (*fig.: sottoporre*) to subject: **Lo assoggettarono a dure fatiche**, they subjected him to hard toil. **assoggettarsi B** *v. rifl.* to submit: **Si assoggetta a fare il servo**, he submits to being a servant.
assolato, *a.* sunny.
assolcare, *v. t.* (*agric.*) to furrow; to plough; to plow (*USA*).
assoldare, *v. t.* 1 to recruit; to enlist 2 (*mercenari*) to hire.
assólo, *m.* (*mus.*) solo*.
assólto, *a.* 1 (*leg.*) acquitted 2 (*relig.*) absolved.
assolutaménte, *avv.* absolutely: **È a. impossibile**, it's absolutely impossible.
assolutézza, *f.* absoluteness.
assolutismo, *m.* absolutism.
assolutista, *m.* e *f.* absolutist.
assolutistico, *a.* absolutist (*attr.*); absolutistic.
assoluto, A *a.* absolute: **verità assoluta**, absolute truth; **governo a.**, absolute government; (*gramm.*) **ablativo a.**, ablative absolute; (*fis.*) **temperatura assoluta**, absolute temperature; (*fis.*) **vuoto a.**, absolute vacuum; (*fis.*) **zero a.**, absolute zero. **B** *m.* (*filos.*) (the) absolute.
assolutóre, *m.* absolver; acquitter.
assolutòrio, *a.* (*leg.*) acquitting. ● **sentenza assolutoria**, acquittal □ **verdetto a.**, acquittal.
assoluzióne, *f.* 1 (*leg.*) acquittal; discharge 2 (*relig.*) absolution.
assòlvere, *v. t.* 1 (*liberare da un obbligo*) to absolve 2 (*leg.*) to acquit; to absolve: **a. un imputato**, to acquit a defendant 3 (*relig.*) to absolve: **a. un penitente**, to absolve a penitent 4 (*compiere*) to perform: **a. un dovere**, to perform a duty.
assolviménto, *m.* performance.
assomigliante, *a.* like; alike.
assomigliare, A *v. t.* 1 (*ritenere simile*) to liken: **a. una persona a un'altra**, to liken one person to another; **L'assomiglio a un cane arrabbiato**, I liken him to a mad dog 2 (*rendere simile*) to liken: **Certi vizi ci assomigliano alle bestie**, certain vices liken us to beasts. **B** *v. i.* (*essere simile*) to resemble; to be like: **Questa storia assomiglia a un'altra che conosco**, this story resembles another one I know; **Il ragazzo assomiglia alla madre**, the boy is (just) like his mother (*o* takes after his mother). **assomigliarsi C** *v. rifl. recipr.* to be alike (like): **Si assomigliano come due gocce d'acqua**, they are as like as two peas.
assommare, A *v. t.* 1 to add; to sum 2 (*fig.*) to combine. **B** *v. i.* (*ammontare*) to amount (to).
assonante, *a.* assonant.
assonanza, *f.* assonance.
assonnacchiato, *a.* half-asleep; sleepy; drowsy.
assonnare, (*lett.*) **A** *v. t.* to send* to sleep; to lull to sleep. **B** *v. i.* to be sleepy.
assonnato, *a.* sleepy; drowsy.
assonometria, *f.* (*mat.*) axonometry.
assonomètrico, *a.* (*mat.*) axonometric.
assopiménto, *m.* drowse; doze; doziness.
assopire, A *v. t.* 1 to make* drowsy: **La febbre lo assopisce**, the fever makes him drowsy 2 (*fig.: calmare*) to assuage; to soothe. **assopirsi B** *v. rifl.* 1 to drowse; to doze off 2 (*fig.: calmarsi*) to be assuaged; to cool down.
assopito, *a.* drowsy; dozy.
assorbènte, *a.* e *m.* absorbent: **una sostanza a.**, an absorbent substance. ● **a. igienico**, sanitary towel □ **carta a.**, blotting paper.
assorbibile, *a.* absorbable.
assorbiménto, *m.* 1 absorption: (*chim.*) **coefficiente di a.**, absorption coefficient 2 (*l'assimilare*) assimilation 3 (*fin.: di un'azienda*) take over.
assorbire, *v. t.* 1 to absorb: **Questa sostanza assorbe il liquido**, this substance absorbs liquids 2 (*assimilare*) to assimilate: **Gli organismi deboli assorbono facilmente dei germi malefici**, feeble organisms easily assimilate pernicious germs 3 (*fig.: impegnare*) to demand; to engross; to absorb: **Questo lavoro assorbe tutta la mia attenzione**, this work demands my constant attention; **Ci sono molti sentimenti che assorbono la mente dell'uomo**, there are many sentiments that engross the mind of man; **Il suo lavoro lo assorbiva tutto**, he was completely engrossed in his work 4 (*fin.*) to take* over. ● **La terra assorbe la pioggia**, the earth soaks up the rain □ **Questo tessuto non assorbe l'umidità**, this material is damp-proof.
assorbitóre, *m.* (*fis.*, *elettron.*) absorber.
assordaménto, *m.* deafening.
assordante, *a.* deafening (*anche fig.*): **un grido a.**, a deafening cry.
assordare, A *v. t.* 1 (*rendere sordo*) to deafen (*anche fig.*): **M'assordate con le vostre grida**, you are deafening me with your shouts 2 (*fig.: stordire*) to stun: **Mi assorda con le sue chiacchiere**, his chatter stuns me. **B** *v. i.* to become* deaf.
assordiménto, *m.* deafening.
assordire, *v. i.* to become* (*o* to go*) deaf.
assortiménto, *m.* 1 assortment; selection; choice: **un bell'a. di cravatte**, a fine assortment of ties 2 (*complesso*) set; lot: **un a. d'articoli per la casa**, a set of household articles.
assortire, *v. t.* 1 (*disporre qualità per qualità*) to sort (out) 2 (*rifornire*) to stock: **a. una bottega**, to stock a shop (with st.) 3 (*colori, ecc.*) to match.
assortito, *a.* 1 assorted: **merce assortita**, assorted merchandise 2 (*accoppiato*) matched: **una coppia bene assortita**, a well-matched pair. ● **male a.**, mismatched □ **un negozio bene assortito**, a well-stocked shop.
assortitura, *f.* (*ind. tessile*) sorting.
assòrto, *a.* engrossed; absorbed: **a. nel proprio lavoro**, engrossed in one's work.
assottigliaménto, *m.* thinning; (*diminuzione*) reduction.
assottigliare, A *v. t.* 1 to thin; to make* thin (*o* thinner) 2 (*anche fig.: aguzzare*) to sharpen: **a. una punta**, to sharpen a point; **a. la mente**, to sharpen one's wits 3 (*fig.: diminuire*) to reduce: **a. le spese**, to reduce expenses 4 (*fig.: alleggerire*) to lighten: **a. la borsa di q.**, to lighten sb.'s purse. **assottigliarsi B** *v. rifl.* 1 to grow* thin (*o* thinner): **a. nelle braccia**, to grow thin in the arms 2 (*fig.: diminuire*) to be reduced: **Le spese si sono assottigliate**, expenses have been reduced 3 (*fig.: alleggerirsi*) to lighten; to grow* lighter: **La mia borsa si assottiglia di ora in ora**, my purse is growing lighter every minute 4 (*fig.: diradarsi*) to grow* fewer; to thin out.
Assuàn, *f.* (*geogr.*) Aswan, Assuan.
assuefare, A *v. t.* 1 to accustom; to inure; to make* (sb.) used: **Lo voglio a. a quest'idea**, I want to accustom him to this idea 2 (*animali, piante*) to train 3 (*med.*) to habituate. **assuefarsi B** *v. rifl.* 1 (*di persona*) to get* used (*o* accustomed): **a. a un certo tipo di vita**, to get used to a certain way of life; **a. a fare q.c.**, to get used to doing st. 2 (*med.*) to develop a tolerance (for st.).
assuefazióne, *f.* 1 habit; inurement; habituation 2 (*med.*) tolerance.
assùmere, *v. t.* 1 to assume; to put* on: **Assunse il titolo di..**, he assumed the title of...; **a. un tono da padrone**, to assume an air of superiority; **a. un'aria di protezione**, to assume (*o* to put on) a protective air 2 (*impegni, responsabilità*) to undertake*; to take* upon onself: **Prima di a. quest'incarico, pensa se ti bastano le forze**, before you undertake this task; consider whether your strength will be sufficient 3 (*prendere alle dipendenze*) to engage; to appoint; to hire: **a. un nuovo segretario**, to engage a new secretary 4 (*innalzare a una dignità*) to raise: **Fu assunto al pontificato**, he was raised to the Papacy. ● **a. informazioni**, to gather information □ **a. un operaio**, to hire a workman □ (*fin.*) **a. la presidenza** (*di una società e sim.*), to take the chair □ **Maria fu assunta al cielo**, Mary was taken up into Heaven.
Assunta, *f.* (*relig.*) 1 Our Lady of the Assumption 2 (*la festa*) Assumption.
assunto, *m.* 1 (*incarico, compito*) task: **Hai intrapreso un pericoloso a.**, you have undertaken a dangerous task 2 (*tesi*) argument; thesis*: **Lascia da parte quel che non riguarda il tuo a.**, disregard that which has no bearing on your argument.
assuntóre, A *m.* contractor. **B** *a.* contracting.
assunzióne, *f.* 1 assumption; (*di un impegno*) undertaking 2 (*il prendere alle dipendenze*) engagement; appointment; hiring 3 (*l'essere innalzato a una dignità*) ascent; raising: **la sua a. al Papato**, his ascent to the Papacy 4 (*relig.*) Assumption: **l'A. della Vergine**, the Assumption of the Virgin. ● **l'a. di un operaio**, the hiring of a workman.
assurdità, *f.* absurdity.
assurdo, A *a.* absurd: **un giudizio a.**, an absurd judgment. **B** *m.* absurdity. ● **dimostrazione per a.**, proof ab absurdo □ (*letter.*) «**teatro dell'assurdo**», «theatre of the absurd».
assùrgere, *v. i.* to rise*: **a. alle più alte cariche**, to rise to the highest office.
asta, *f.* 1 pole: (*sport*) **salto con l'a.**, pole-vaulting 2 (*di chi impara a scrivere*) pothook; (*parte diritta di una lettera*) stroke: **fare le aste**, to draw pothooks (and hangers) 3 (*comm.*) auction; vendue (*USA*): **vendita all'a.**, auction sale; sale by auction; **vendere all'a.**, to sell by auction; to put up to auction 4 (*naut.*) boom: **a. di posta**, swinging boom 5 (*mecc.*) rod: **a. di collegamento**, connecting rod; **a. di comando**, push rod; **a. di stantuffo**, piston rod 6 (*stor. mil.*) lance. ● (*mecc.*) **a. articolata**, trace □ **a. della bandiera**, flagstaff; flagpole □ (*mecc.*) **a. di guida**, slide bar.
astante (1), *m.* bystander; onlooker: **Gli astanti inorridirono**, the onlookers were horrified.

astante (2), *m.* e *f.* (*comm.*) bidder (at an auction).
astanteria, *f.* (*med.*) reception ward.
astato (1), (*stor.*) **A** *a.* (*armato di asta*) armed with a lance. **B** *m.* Roman lance.
astato (2), *m.* (*chim.*) astatine.
astèmio, **A** *a.* teetotal. **B** *m.* teetotaller.
astenérsi, *v. rifl.* to abstain; to refrain: **Devi astenerti dal criticare tutti**, you must refrain from criticizing everybody; **a. dal vino**, to abstain from wine; **a. dal voto**, to abstain from voting.
astenia, *f.* (*med.*) asthenia.
astènico, *a.* e *m.* (*med.*) asthenic.
astensióne, *f.* abstention.
astensionismo, *m.* (*polit.*) abstention.
astensionista, *m.* e *f.* (*polit.*) abstentionist.
astenuto, *m.* abstainer. ● **trecento votanti, venticinque astenuti**, three hundred voting, twenty-five abstaining.
aster, *m.* (*bot.*, *Aster amellus*) aster; Michaelmas daisy.
astèrgere, *v. t.* to absterge (*lett.*); to wipe away; to cleanse.
astèria, *f.* (*zool.*, *Asterias*) starfish; asteroid.
asterisco, *m.* **1** (*tipogr.*) asterisk **2** (*giornalismo*) short newspaper item; paragraph.
asteròide, *m.* (*astron.*) asteroid.
asticciòla, *f.* **1** (*piccola asta*) short pole; rod **2** (*di freccia*) shaft **3** (*di penna*) penholder **4** (*di pennello*) handle **5** (*tecn.*) axle; axis; spindle; trunnion.
àstice, *m.* (*zool.*, *Homarus vulgaris*) (European) lobster.
asticèlla, *f.* (*sport*) crossbar.
astigiano, *a.* e *m.* of Asti.
astigmàtico, *a.* (*med.*) astigmatic.
astigmatismo, *m.* (*med.*) astigmatism.
àstilo, *a.* (*archit.*) astylar.
astinènte, *a.* abstinent.
astinènza, *f.* **1** abstinence (*anche relig.*): **fare a.**, to observe abstinence **2** (*privazione*) privation: **Le astinenze lo hanno dimagrito così**, he has grown so thin through privation.
àstio, *m.* resentment; rancour; spite; ill will; grudge: **portare a. a q.**, to bear sb. a grudge; **nutrire a. contro q.**, to feel ill will towards sb.; to nurse a grudge against sb.
astiosità, *f.* spitefulness; rancour; ill feeling.
astióso, *a.* resentful; spiteful.
astista, *m.* (*sport*) pole-vaulter.
astóre, *m.* (*zool.*, *Accipiter gentilis*) goshawk.
astràgalo, *m.* **1** (*anat.*; *bot.*, *Astragalus*) astragalus* **2** (*archit.*) astragal.
àstrakan, **astrakàn**, *m.* astrakhan.
astrale, *a.* astral: **lampada a.**, astral (lamp).
astrarre, **A** *v. t.* to abstract: **a. un concetto dai fatti**, to abstract a concept from reality. **B** *v. i.* (*non tenere conto*) to disregard: **Anche astraendo da ciò, non posso**, even if I disregard that, I still can't. **astrarsi C** *v. rifl.* to let* one's mind wander.
astrattaménte, *avv.* abstractly; abstractedly; in abstract terms.
astrattézza, *f.* **1** abstractness **2** (*l'essere con la mente altrove*) abstractedness.
astrattismo, *m.* (*arte*) abstractionism.
astrattista, **A** *m.* e *f.* (*arte*) abstractionist. **B** *a.* abstract: **pittura a.**, abstract painting.
astrattivo, *a.* abstractive.
astratto, **A** *a.* **1** abstract (*anche gramm.*): **idee astratte**, abstract ideas; **un nome a.**, an abstract noun **2** (*con la mente altrove*) abstracted; absent-minded. ● **Camminavo a.**, I was walking along, my thoughts elsewhere □ **Ero a.**, my thoughts were elsewhere. **B** *m.* abstract: **l'a. e il concreto**, the abstract and the concrete. ● **in a.**, in abstract terms.
astrazióne, *f.* **1** abstraction **2** (*il non tenere conto*) disregard **3** (*l'essere con la mente altrove*) abstractedness; absent--mindedness. ● **facendo a. da....**, disregarding...; setting aside...
astringènte, *a.* e *m.* (*farm.*) astringent; astrictive.
astro, *m.* star; (*pianeta*) planet. ● (*bot.*) **a. della Cina** (*Callistephus chinensis*), China aster.
astrobiologia, *f.* astrobiology.
astrobiològico, *a.* astrobiological.
astrobiòlogo, *m.* astrobiologist.
astrochimico, *m.* astrochemist.
astrodinàmica, *f.* astrodynamics (*pl. col verbo al sing.*).
astrodinàmico, **A** *a.* astrodynamic. **B** *m.* astrodynamicist.
astrofisica, *f.* astrophysics (*pl. col verbo al sing.*).
astrofisico, **A** *a.* astrophysical. **B** *m.* astrophysicist.
astrofotografia, *f.* **1** (*l'immagine*) astrophotograph **2** (*la tecnica*) astrophotography.
astrofotògrafo, *m.* astrophotographer.
astrofotometria, *f.* astrophotometry.
astrogeologia, *f.* astrogeology.
astrogeològico, *a.* astrogeologic.
astrogeòlogo, *m.* astrogeologist.

astrografia, *f.* astrography.
astrògrafo, *m.* astrograph.
astrolàbio, *m.* (*astron.*) astrolabe.
astrologare, *v. i.* **1** to practise astrology **2** (*fig.*: *fantasticare*) to fantasize; to make* fantastic conjectures.
astrologia, *f.* astrology.
astrològico, *a.* astrologic(al).
astròlogo, *m.* astrologer. ● (*scherz.*) **Crepi l'a.!**, heaven forbid!
astronàuta, **A** *m.* astronaut; spaceman.* **B** *f.* astronaut; spacewoman.* ● **a. che fa una passeggiata spaziale**, spacewalker.
astronàutica, *f.* astronautics (*pl. col verbo al sing.*).
astronàutico, *a.* astronautical.
astronave, *f.* spaceship; ship. ● **a. che fa un atterraggio morbido**, soft-lander □ **a. per la luna**, moonship □ **equipaggio d'a.**, space-crew.
astronavigazióne, *f.* astronavigation; celestial navigation.
astronomia, *f.* astronomy.
astronòmico, *a.* astronomic(al) (*anche fig.*): **cifre astronomiche**, astronomical figures.
astrònomo, *m.* astronomer.
astropòrto, *m.* cosmodrome.
astrospàzio, *m.* outer space.
astruseria, **astrusità**, *f.* **1** abstruseness **2** (*concreto*) abstruse idea; abstruse argument.
astruso, *a.* abstruse: **verità astruse**, abstruse truths.
astùccio, *m.* case; box; container; holder. ● **a. per gioielli**, jewel case; jewel box.
Astùrie, *f. pl.* (*geogr.*) (the) Asturias.
astuto, *a.* astute; crafty; cunning; (*furbo*) sly, shrewd; (*scaltro*) smart, wily: **parole astute**, astute words; **un a. affarista**, a smart businessman.
astùzia, *f.* **1** astuteness; craftiness; (*furbizia*) slyness, shrewdness; (*scaltrezza*) smartness, wiliness **2** (*concreto*) trick; wile (*generalm. al pl.*): **le astuzie del diavolo**, the wiles of the devil.
atarassia, *f.* (*filos.*) ataraxy, ataraxia.
atassia, *f.* (*med.*) ataxy, ataxia: **a. locomotrice**, locomotor ataxy.
atàssico, *a.* (*med.*) ataxic.
atàvico, *a.* atavistic; atavic.
atavismo, *m.* atavism.
ateismo, *m.* atheism.
ateista, *m.* e *f.* atheist.
ateistico, *a.* atheistic; atheist (*attr.*).
atelier (*franc.*), *m.* **1** (*laboratorio di confezioni per signora*) «atelier» **2** (*studio di pittore o scultore*) «atelier»; painter's (*o* sculptor's) studio.
atemàtico, *a.* (*linguistica*) athematic.
Atèna, *f.* (*mitol.*) Athena.
Atène, *f.* (*geogr.*) Athens.
atenèo, *m.* **1** (*università*) university **2** (*accademia*) academy.
ateniése, **A** *a.* Athenian. **B** *m.* e *f.* Athenian.
àteo, *a.* e *m.* atheist.
aterosclerósi, *f.* (*med.*) atherosclerosis.*
atesino, *a.* e *m.* of the Adige Valley.
atipicità, *f.* atypicalness; atypicality.
atipico, *a.* atypic(al).
Atlante, *m.* (*geogr.*, *mitol.*) Atlas.
atlante, *m.* **1** (*raccolta di carte geografiche oppure di tavole figurate*) atlas: **un a. anatomico**, an anatomical atlas **2** (*anat.*) atlas.
atlàntico, *a.* (*geogr.*) Atlantic: **l'Oceano A.**, the Atlantic Ocean. ● (*stor.*) **il Patto A.**, the Atlantic Pact.
Atlàntide, *f.* (*geogr.*, *mitol.*) Atlantis.
atlantismo, *m.* (*polit.*) Atlanticism. ● **fautore dell'a.**, Atlanticist.
atlèta, *m.* e *f.* **1** (*sport*) athlete **2** (*fig.*) champion.
atlètica, *f.* **1** athletics (*pl. col verbo al sing.*) **2** (*a. leggera*) track--and-field sports; track (*USA*).
atlètico, *a.* athletic: **una federazione atletica**, an athletic union.
atletismo, *m.* athleticism.
atmosfèra, *f.* atmosphere (*anche fig.*).
atmosfèrico, *a.* atmospheric: **la pressione atmosferica**, the atmospheric pressure. ● **condizioni atmosferiche**, state of the atmosphere □ (*radio*) **disturbi atmosferici**, atmospherics.
atòllo, *m.* (*geogr.*) atoll.
atòmica, *f.* atomic (*o* atom) bomb.
atomicità, *f.* (*chim.*, *fis.*) atomicity.
atòmico, *a.* **1** (*chim.*, *fis.*) atomic; atom (*attr.*): **una bomba atomica**, an atomic (*o* atom) bomb; **l'era atomica**, the atomic (*o* atom) age; **energia atomica**, atomic energy; **peso a.**, atomic weight **2** (*fig.*: *travolgente*) striking; killing: **bellezza atomica**, striking beauty.
atomismo, *m.* (*filos.*) atomism.
atomista, *m.* e *f.* (*filos.*) atomist.
atomistica, *f.* (*chim.*) atomic theory; atomism; atomistics (*pl. col verbo al sing.*).

atomìstico, *a.* *(filos.)* atomistic.
atomizzare, *v. t.* to atomize.
atomizzatóre, *m.* atomizer; vaporizer.
atomizzazióne, *f.* atomization.
àtomo, *m.* **1** *(chim., fis.)* atom: **frantumatore dell'a.**, atom smasher; **grammo a.**, gram atom **2** *(fig.)* grain; jot *(generalm. in frase neg.)*: **Non c'è un a. di verità in quel che dice**, there isn't a grain of truth in what he says.
atonale, *a.* *(mus.)* atonal.
atonalità, *f.* *(mus.)* atonalism; atonality.
atonìa, *f.* *(med., fon.)* atony: **a. intestinale**, intestinal atony.
atonicità, *f.* *(med.)* atonicity.
atònico, *a.* *(med.)* atonic.
àtono, *a.* **1** *(fon.)* atonic; unaccented **2** *(med.)* atonic.
atòssico, *a.* non-toxic.
atout (franc.), *m.* trump *(anche fig.)*: **avere degli a.**, to hold trumps.
atriale, *a.* *(med.)* atrial.
àtrio, *m.* **1** entrance hall; hall; lobby **2** *(anat., archeol.)* atrium*.
atro, *a.* *(lett.)* black; dark.
atròce, *a.* **1** *(malvagio)* atrocious: **un supplizio a.**, an atrocious torture; **una vendetta a.**, an atrocious revenge **2** *(terribile)* atrocious; very bad; terrible: **un tempo a.**, atrocious (*o* very bad) weather; **dolori atroci**, terrible pains; **un aspetto a.**, a terrible appearance.
atrocità, *f.* **1** atrociousness; horror: **l'a. di quella vista**, the horror of that sight **2** *(atto)* atrocity.
atrofìa, *f.* *(med.)* atrophy.
atròfico, *a.* *(med.)* atrophic; atrophous.
atrofizzare, *v. t.* **atrofizzarsi**, *v. rifl.* to atrophy.
atropìna, *f.* *(chim.)* atropine.
àtropo, *m.* *(zool., Acherontia atropos)* death's-head moth.
Àtropo, *f.* *(mitol.)* Atropos.
attaccàbile, *a.* **1** attachable **2** *(che offre l'opportunità d'essere assalito)* assailable.
attaccabottóni, *m. e f.* *(fam.)* buttonholer; *(seccatore)* bore.
attaccabrighe, attaccalite, *m. e f.* quarrelsome person; mischief-maker; wrangler.
attaccaménto, *m.* attachment.
attaccante, *m.* *(sport, calcio)* attackman*; forward.
attaccapanni, *m.* clothes-hook; *(a stelo)* clothes-tree; clothes-stand.
attaccare, A *v. t.* **1** *(congiungere, unire, fissare)* to attach; to fasten; to tie; to hitch (up): **a. una secchia alla fune**, to attach a bucket to the rope; **a. insieme due fogli di carta**, to fasten two sheets of paper together; **a. un amo alla lenza**, to tie (*o* to attach) a hook to the line; **a. una corda a un ramo**, to hitch a rope round the bough of a tree; **a. un cavallo al carro**, to hitch up a horse to the cart **2** *(cucire)* to sew* on: **a. un bottone**, to sew on a button **3** *(appiccicare)* to stick* (on, up); *(incollare)* to glue: **a. un francobollo**, to stick on a stamp; **a. un manifesto**, to stick up a poster **4** *(appendere)* to hang* (up): **a. il cappello a un piolo**, to hang (up) one's hat on a peg; **a. un quadro (a un chiodo)**, to hang up a picture (on a nail) **5** *(applicare)* to apply: **a. una sanguisuga**, to apply a leech; **a. un cerotto**, to apply a plaster **6** *(trasmettere)* to communicate; to pass on; to give*: **a. una malattia a q.**, to communicate (*o* to give) a disease to sb.; **Mi attaccò il raffreddore**, he passed his cold on to me **7** *(assalire)* to attack *(anche fig.)*; to assail; to set* upon; *(corrodere, anche)* to corrode; *(biasimare, anche)* to blame: **a. il nemico (una persona)**, to attack the enemy (a person); **a. le proposte di q.**, to attack sb.'s proposals; **una malattia che attacca i bambini**, a disease that attacks children; **Fui attaccato da un cagnaccio**, I was set on by a cur; **La tua filosofia attacca la religione**, your philosophy attacks religion; **La ruggine attacca i metalli**, rust attacks metals; **Gli acidi attaccano i metalli**, acids corrode metals; **Fu attaccato ingiustamente**, he was wrongfully blamed (*o* attacked) **8** *(fam.: cominciare)* to begin*; to start: **a. a piovere**, to begin to rain; **Attacchiamo a lavorare alle otto**, we begin (*o* we start) work at eight o'clock **9** *(mus.: cominciare a cantare)* to begin* to sing; to start singing: **Il tenore attaccò l'assolo**, the tenor began to sing (*o* started singing) the solo **10** *(mus.: cominciare a sonare)* to strike* up: **La banda attaccò una marcia militare**, the band struck up a march. B *v. i.* **1** *(appiccicarsi)* to stick*; *(essere appiccicoso)* to be sticky: **Questa colla non attacca bene**, this glue does not stick well **2** *(far presa)* to catch* on: **Sono idee che non attaccano**, these ideas don't catch on **3** *(andare d'accordo)* to get* on (with): **È un uomo che attacca poco con tutti**, he doesn't get on well with anybody **4** *(attecchire)* to take* root: **Sono piante che non attaccano in questo terreno**, these plants don't take root in this soil **5** *(fam.: avere successo)* to meet* with success (*o* with sb.'s approval); to find* favour; to catch* on: **Le mie osservazioni non attaccarono**, my comments did not meet with their approval **6** *(fig.: andare*

to do*; *(funzionare)* to work: **Ah no! Questa non attacca!**, oh no! this won't do!; **Non attacca**, it doesn't work; **Con me (con lui, con lei, ecc.) non attacca** *(non c'è niente da fare)*, nothing doing *(fam.)* **7** *(fam.: cominciare)* to begin*; to start; to set* about; *(mus.)* to come* in, *(di banda, orchestra, ecc.)* to strike* up: **Non so come a. con questo lavoro**, I don't know how to set about this job; **Attacca a piovere**, it's beginning to rain; **Ora attaccano i violini**, now the violins come in **8** *(sferrare un attacco)* to attack; to launch an (*o* one's) attack: **Attacchiamo subito!**, let's attack at once!; **Il corridore attaccò all'ultimo giro di pista**, the racer launched his attack in the last lap. ● **a. battaglia**, to join battle □ *(fig.)* **a. un bottone a q.**, to buttonhole sb. □ **a. i buoi all'aratro**, to yoke the oxen to the plough □ **a. un cavallo**, to harness a horse □ **a. discorso con q.**, to get into (*o* strike up) conversation with sb. □ **a. fuoco a qc.**, to set fire to st. □ **a. lite**, to pick a quarrel □ *(fam.)* **attaccarla con q.**, to quarrel with sb. □ **Attaccò il pezzo di pane con avidità**, he attacked the piece of bread greedily □ **Attaccammo a mangiare di buon appetito**, we fell to with a good appetite. **attaccarsi** C *v. rifl.* **1** *(appiccicarsi)* to stick*; *(di cibo, anche)* to catch*; *(aderire)* to adhere; *(appigliarsi)* to cling*: **Questo francobollo non s'attacca**, this stamp won't stick on; **L'arrosto si è attaccato**, the roast has caught; **Si attaccò al peggior partito**, he adhered to the worst course; **S'attacca a me come una mignatta**, he clung to me like a leech; **Lo scalatore s'attaccò alla parete**, the climber clung to the rock wall **2** *(mettersi di buona lena)* to tackle; to set* about: **S'attaccò alla frutta e ne mangiò un piatto pieno**, he tackled the fruit and ate a plateful **3** *(essere contagioso)* to be contagious; to be catching: **È una malattia che si attacca facilmente**, it is an extremely contagious disease **4** *(affezionarsi)* to become* attached (to): **In breve tempo egli si attaccò più a me che a mio fratello**, in a short time he became more attached to me than to my brother **5** *(dedicarsi)* to devote oneself: **Si attaccò talmente al lavoro che trascurò persino gli amici**, he devoted himself so completely to his work that he even neglected his friends. ● *(fig.)* **a. come la colla**, to stick like a limpet: **Quando m'incontra s'attacca come la colla**, when he meets me, he sticks to me like a limpet. D *v. rifl. recipr.* **1** *(appiccicarsi)* to stick* together **2** *(azzuffarsi)* to come* to blows; to set* about each other: **I due ragazzi si attaccarono per un nonnulla**, the two boys came to blows about nothing; **Si attaccarono ferocemente**, they set about each other fiercely.
attaccatìccio, A *a.* **1** sticky *(anche fig.)*: **sostanza attaccaticcia**, sticky substance **2** *(fig.: di persona molesta)* boring; tiresome. B *m.* sticky mess. ● **sapere di a.**, to taste burnt.
attaccato, *a.* **1** *(affezionato)* attached; devoted: **È molto attaccata al padre**, she is deeply attached to her father; **essere a. al lavoro (allo studio, ecc.)**, to be devoted to one's work (to study, etc.) **2** *(legato, anche fig.)* tied: **È a. alle gonne della moglie**, he is tied to his wife's apron strings. ● **a. al denaro**, *(in senso buono)* careful with one's money; *(taccagno)* close-fisted, stingy □ **un uomo a. al lavoro**, a hard-working man.
attaccatura, *f.* **1** *(l'attaccare)* attaching; joining **2** *(punto d'a.)* junction; juncture; join. ● **l'a. della manica**, sleeve join.
attacchino, *m.* bill-poster; bill-sticker.
attacco, *m.* **1** *(mil.)* attack *(anche fig.)*; assault: **a. frontale (alla baionetta, di sorpresa)**, frontal (bayonet, surprise) attack; **sferrare un a.**, to deliver (*o* to launch) an attack; **respingere un a.**, to repel an attack **2** *(di malattia)* attack; fit; stroke: **un a. di cuore**, a heart attack; **un a. di tosse (di nervi)**, a fit of coughing (of nerves) **3** *(calcio, rugby)* forward line; forwards *(pl.)*: **L'a. (della squadra)** era debole, the forward line was weak **4** *(punto d'unione)* junction; join; *(mecc., fig.)* connection: **l'a. della baionetta**, the bayonet connection; **l'a. di un tubo**, a pipe connection **5** *(di carri ferroviari)* coupling **6** *(di cavalli)* team: **un a. di cavalli**, a team of horses **7** *(il veicolo con i cavalli attaccati)* turn-out; rig *(USA)* **8** *(dello sci)* binding **9** *(alpinismo)* start (of a climb): **l'a. di una parete**, the start of a face-wall climb **10** *(arte)* etching **11** *(fig.: avvio, inizio)* opening; beginning **12** *(fig., lett.: pretesto)* pretext; *(occasione)* chance, occasion. ● *(di una lampada)* **a. a baionetta**, bayonet base (*o* socket) □ **a. aereo**, air attack (*o* raid) □ *(mil.)* **a. di sorpresa con sganciamento immediato**, hit-and-run attack □ *(mecc.)* **a. elettrico**, connecting plug □ *(sport)* **centro a.**, centre-forward □ *(mil.)* **formazione d'a.**, attack formation.
attagliarsi, *v. rifl.* to be suitable; to fit; to suit: **Questo stile poco s'attaglia al soggetto**, this style is not very suitable for the subject matter.
attanagliare, *v. t.* **1** *(afferrare con le tenaglie)* to grip (with pincers) **2** *(stringere forte)* to clutch; to grasp **3** *(fig.: di sentimento)* to grip; to seize.
attardarsi, *v. rifl.* to loiter; to linger.
attecchiménto, *m.* taking root *(anche fig.)*.
attecchìre, *v. i.* **1** *(di piante)* to take* root **2** *(fig.: di parole, u-*

sanze, ecc.) to take* (*o* to strike*) root; to catch* on (*fam.*).
atteggiaménto, *m.* attitude; pose: **un a. morale**, a moral attitude; **un a. politico**, a political attitude.
atteggiare, A *v. t.* to assume; to affect: **a. la persona a...**, to assume an air of...; **a. lo stile a quello degli scrittori del secolo precedente**, to affect the style of the writers of the previous century. ● **a. le labbra al sorriso**, to put on a smile □ **a. il viso all'ira**, to take on an expression of anger. **atteggiarsi** B *v. rifl.* to pose (as): **a. a martire**, to pose as a martyr.
attempato, *a.* elderly.
attendaménto, *m.* **1** (*l'attendarsi*) tenting; camping **2** (*mil.*) encampment.
attendarsi, *v. rifl.* to tent; to camp; to encamp.
attendènte, *m.* (*mil.*) orderly; batman*.
attèndere, A *v. t.* **1** to wait for; to await: **Attesi il suo arrivo**, I waited for him to arrive; **a. che q. faccia q.c.**, to wait for sb. to do st. **2** (*prevedere*) to expect: **Si attende il suo arrivo per oggi**, he is expected today. B *v. i.* **1** to wait **2** (*badare*) to attend: **a. a q.c.**, to attend to st. ● **a. a fare quattrini**, to be interested in making money □ **a. ai fatti propri**, to mind one's own business □ **a. a un malato**, to look after a sick person.
attendìbile, *a.* reliable; trustworthy: **una notizia a.**, reliable news. ● **ragione a.**, credible reason.
attendibilità, *f.* reliability; trustworthiness.
attendìsmo, *m.* (*polit.*) wait-and-see policy.
attendìsta, *a.*, *m.* e *f.* (*polit.*) fence-sitter.
attenére, A *v. i.* (*riguardare*) to concern: **Questo non vi attiene**, this does not concern you. **attenérsi** B *v. rifl.* **1** to keep* (to) **2** (*fig.: seguire*) to follow: **Dovresti attenerti ai consigli del medico**, you ought to follow the doctor's advice **3** (*fig.: limitarsi*) to stick* (to); to keep* (to): **Attieniti ai cibi sani**, stick to healthy food; **a. ai fatti**, to keep to the facts.
attentaménte, *avv.* attentively; carefully.
attentare, A *v. i.* to make* an attempt (on, against); to attempt (st.): **a. alla vita di q.**, to make an attempt on sb.'s life. **attentarsi** B *v. rifl.* to dare*: **Non s'attentò di tornare**, he didn't dare (to) come back.
attentato, *m.* attack; attempt: **un a. all'onore di q.**, an attack on sb.'s honour; **un a. contro la religione**, an attack on (*o* against) religion. ● **un a. alla vita di q.**, an attempt on sb.'s life.
attentatóre, *m.* assailant.
attènti, *inter.* e *m.* (*mil.*) attention: **stare sull'a.**, to stand at attention.
attènto, *a.* **1** attentive; diligent; alert: **un viso a.**, an attentive expression; **un insegnante a.**, an alert teacher; **Negli affari è molto a.**, he is very alert in his business dealings **2** (*accurato*) careful; thorough: **dopo un a. esame**, after careful consideration. ● **occhi attenti**, watchful eyes; **stare a. a un discorso** (*a una spiegazione*), to pay attention to a speech (to an explanation); **A.!**, look out!; take care!; attention!; **A. alle curve della strada!**, mind the bends in the road; **Sta' bene a. alle mie parole**, listen carefully to what I have to say.
attenuaménto, *m.* attenuation; extenuation (*specialm. leg.*).
attenuante, A *a.* attenuating; mitigating; extenuating (*anche leg.*): **circostanze attenuanti**, extenuating (*o* mitigating) circumstances. B *f.* extenuating circumstance; extenuation.
attenuare, A *v. t.* **1** to attenuate; to weaken; to rarefy: **a. un colpo**, to attenuate a blow **2** (*fig.*) to mitigate; to ease; to extenuate (*specialm. leg.*): **a. la gravità d'un disastro**, to mitigate the gravity of a disaster; **a. una difficoltà**, to ease a difficulty; **a. la gravità d'un delitto**, to extenuate a crime **3** (*immagine*) to subdue; to tone down. ● (*fig.*) **a. il colpo**, to soften the blow. **attenuarsi** B *v. rifl.* **1** (*indebolirsi*) to weaken; to abate **2** (*di suono, immagine*) to tone down; to fade out.
attenuazióne, *f.* **1** attenuation **2** (*fig.*) minimization; extenuation (*specialm. leg.*) **3** (*di suono, immagine*) toning down; fading out.
attenzióne, *f.* **1** (*l'essere attento*) attention: **con viva a.**, with great attention; **destare** (*o* **attirare**) **l'a.**, to attract attention; **sviare l'a. di q.**, to divert sb.'s attention; **prestare a. a un discorso**, to pay attention to a speech; **fare a. a quello che sta succedendo**, to pay attention to what is going on **2** (*atto gentile*) kindness: **ricevere molte attenzioni da q.**, to receive many kindnesses from sb. **3** (*cura, diligenza*) care; **mettere molta a. in q.c.**, to give great care to st. **4** (*come avvertimento*) look out!; (*nella segnaletica stradale*) caution: **A.**, **passaggio a livello!**, caution, level crossing. ● **usare mille attenzioni a q.**, to be very nice to sb. □ **Fai a. a non farti vedere**, make sure you are not seen □ **A. alle curve della strada!**, mind the bends in the road.
attergare, *v. t.* (*bur.*) to docket.
attergato, *m.* (*bur.*) docket.
àttero, *a.* (*zool.*) apterous; apteral; wingless.
atterràggio, *m.* (*aeron.*) landing: **a. di fortuna** (*o* **forzato**),

emergency (*o* forced) landing; **pista d'a.**, landing strip; **carrello d'a.**, landing gear; undercarriage. ● **a. d'emergenza** (*con urto sul terreno*), crash landing □ **fare un a. corto**, to undershoot a landing □ **fare un a. lungo**, to overshoot a landing □ (*miss.*) **fare un a. morbido**, to soft-land □ **punto d'a.** (*provvisorio*) **per elicotteri**, helispot.
atterraménto, *m.* **1** (*lo stendere a terra*) knocking down; (*sport*) knock-down **2** (*il demolire*) demolition.
atterrare, A *v. t.* **1** (*abbattere, stendere a terra*) to knock down; (*pugilato, anche*) to floor: **Il vento ha atterrato due alberi**, the wind has knocked down two trees **2** (*demolire*) to demolish: **a. un muro**, to demolish a wall **3** (*fig., lett.: umiliare*) to humble; to prostrate. B *v. i.* (*aeron.*) to land. ● (*aeron.*) **a. col carrello rientrato**, to make a belly landing; to pancake.
atterrire, A *v. t.* to terrify; to terrorize: **a. un uomo**, to terrify a man; **a. l'animo**, to terrify the mind; **a. una città**, to terrorize a city. **atterrirsi** B *v. rifl.* to be terrified.
attésa, *f.* **1** wait: **una lunga a.**, a long wait; **L'a. del treno fu lunga**, we had a long wait for the train; **Non mi piacciono queste lunghe attese**, I don't like these long waits **2** (*aspettazione*) expectation: **Nell'a. dell'eredità, sciupò tutto il suo**, in expectation of the inheritance, he squandered everything he had. ● **essere in a.**, to await st.; to wait for st. □ (*comm.*) **in a. di una vostra risposta**, awaiting your reply.
attesìsmo, *V.* **attendìsmo**.
attéso, *a.* **1** waited for; (*a. a lungo*) long-awaited **2** (*desiderato*) hoped for; longed for **3** (*bur.*) in consideration of: **attesa la Sua domanda...**, in consideration of your application.... ● **a. che**, in view of the fact that; considering that.
attestàbile, *a.* attestable; certifiable.
attestare (1), *v. t.* **1** to attest; to certify; to testify to; to vouch for: **Attestò la verità del suo racconto**, he vouched for the truth of his story **2** (*fig.*) to testify to; to bear* witness to: **Questo libro attesta la sua ignoranza**, this book bears witness to his ignorance.
attestare (2), A *v. t.* **1** (*unire*) to join **2** (*mecc.*) to abut. **attestarsi** B *v. rifl.* (*mil.*) to establish a bridgehead.
attestato, *m.* **1** certificate: **rilasciare un a.**, to issue a certificate **2** (*prova*) proof. ● **a. di buona condotta**, testimonial □ **a. di servizio**, character.
attestatura, *f.* **1** junction **2** (*mecc.*) abutment.
attestazióne, *f.* **1** (*affermazione*) attestation **2** (*testimonianza*) testimony **3** (*attestato*) certificate **4** (*fig.*) token; sign.
atticciato, *a.* thick-set; stocky.
atticìsmo, *m.* Atticism.
atticìsta, *m.* Atticist.
atticizzare, *v. i.* to Atticize.
àttico (1), A *a.* Attic: (*archit.*) **l'ordine a.**, the Attic order; **sale a.**, Attic salt (*o* wit). B *m.* (*dialetto a.*) Attic.
àttico (2), *m.* (*archit.*) attic; penthouse.
attiguità, *f.* contiguity; adjacency.
attìguo, *a.* contiguous; next; adjacent: **La sua camera è attigua alla mia**, his room is next to mine.
attillare, A *v. t.* to fit closely (*o* tightly): **a. un vestito**, to fit a dress closely. **attillarsi** B *v. rifl.* to dress (*o* to trim) (oneself) up.
attillato, *a.* **1** (*aderente*) close-fitting; tight(-fitting): **un vestito a.**, a close-fitting dress **2** (*elegante*) dressy; smart: **scarpe attillate**, dressy shoes **3** (*vestito con ricercatezza*) dressed up.
attillatura, *f.* **1** (*l'essere aderente*) tightness **2** (*eleganza*) dressiness; smartness.
àttimo, *m.* moment: **in un a.**, in a moment.
attinènte, *a.* connected (with); relating (to): **cose attinenti al proprio lavoro**, matters connected with one's work.
attinènza, *f.* **1** connection; relation **2** (*pl.: annessi*) appurtenances (*pl.*).
attingere, *v. t.* **1** (*ricavare*) to derive; to get*; to obtain: **a. una notizia da buona fonte**, to derive some information from a reliable source; **a. una notizia da un libro**, to get some information from a book **2** (*acqua, ecc.*) to draw* (off): **a. acqua**, to draw water; **a. il vino dalla botte**, to draw off wine from the cask **3** (*lett.: raggiungere*) to reach. ● (*banca*) **a.** (**denaro**) **dal proprio conto**, to draw on one's account.
attìnia, *f.* (*zool., Actinia*) actinia*; sea anemone.
attinicità, *f.* (*chim., fis.*) actinism.
attìnico, *a.* (*fotogr., fis.*) actinic.
attinide, *m.* (*chim.*) actinide.
attìnio, *m.* (*chim.*) actinium.
attinometrìa, *f.* (*fis.*) actinometry.
attinomètrico, *a.* (*fis.*) actinometric.
attinòmetro, *m.* (*fis.*) actinometer.
attirare, A *v. t.* **1** (*attrarre*) to attract: **La calamita attira il ferro**, magnet attracts iron; **a. q. con lusinghe**, to attract sb. with flattery **2** (*condurre*) to draw*: **a. il nemico in un agguato**, to

attitudinale

draw the enemy into an ambush. **attirarsi B** *v. rifl.* **1** (*cose buone, belle, ecc.*) to win*; to gain: **a. la lode di q.**, to win sb.'s praise; **a. la stima di q.**, to win sb.'s esteem **2** (*cose brutte, spiacevoli, ecc.*) to incur: **a. il biasimo di tutti**, to incur universal censure; **a. l'odio di q.**, to incur sb.'s hatred.

attitudinale, *a.* vocational; aptitude (*attr.*): **esame a.**, aptitude test.

attitùdine (1), *f.* (*atteggiamento*) attitude.

attitùdine (2), *f.* (*disposizione naturale*) aptitude; bent; turn: **avere molta a. per la matematica**, to have a real turn for mathematics. ● **a. al comando**, leadership ability ◻ **Quella ragazza ha molte attitudini**, that girl is very gifted.

attivaménte, *avv.* busily; actively.

attivante, *m.* (*chim.*) activator.

attivare, *v. t.* **1** to activate (*anche chim.*) **2** (*far entrare in azione*) to start (up); to set* (st.) going; to put* (st.) into action: **a. una fabbrica**, to start a factory; (*mecc.*) **a. una macchina**, to start an engine.

attivatóre, *m.* (*chim.*) activator.

attivazióne, *f.* (*chim., fis.*) activation.

attivismo, *m.* (*filos., polit.*) activism. ● **a. sindacale**, union militancy.

attivista, *m.* e *f.* (*filos., polit.*) activist; (*polit.*) militant.

attivistico, *a.* activistic.

attività, *f.* **1** activity: **a. manuale**, manual activity; **a. della mente**, mental activity **2** (*comm.*) assets (*pl.*): **a. e passività**, assets and liabilities **3** (*mil.*: *a. di servizio*) active service: **Il capitano X non è più in a.**, Captain X is no longer on active service **4** (*fis.*) activity: **a. solare**, solar activity. ● **a. agricola**, agricultural industry ◻ **a. alberghiera**, hotel business ◻ **a. bancaria**, banking (business) ◻ **a. commerciale**, trade ◻ **Oggi tutte le macchine sono in a.**, all the machines are working today.

attivizzare, *v. t.* to put* (st.) into action; to set* (st.) going.

attivo, A *a.* **1** (*indaffarato*) busy; (*operoso*) active; zippy (*fam.*): **una vita attiva**, a busy life; **un uomo a.**, a busy (*o* an active) man; **prendere parte attiva in un'impresa**, to take an active part in an enterprise **2** (*gramm.*) active: **un verbo transitivo a.**, an active transitive verb **3** (*comm.*) productive, (*esigibile*) receivable: **cambiali attive**, receivable bills **4** (*chim.*) active. ● (*comm.*) **partite attive**, assets. **B** *m.* **1** (*comm.*) assets (*pl.*): **a. e passivo**, assets and liabilities; **a. mobiliare (immobiliare)**, personal (real) assets **2** (*gramm.*) active voice. ● (*comm.*) **all'a.**, on the credit side ◻ (*comm.*) **avere q.c. al proprio a.**, to have st. to one's credit (*anche fig.*).

attizzaménto, *m.* **1** (*del fuoco*) poking **2** (*fig.*) inflaming; stirring up.

attizzare, *v. t.* **1** (*il fuoco*) to poke **2** (*fig.*) to inflame; to stir up: **a. le passioni**, to inflame passions; **a. l'odio**, to stir up hatred.

attizzatóio, *m.* poker.

attizzatóre, *m.* (*fig.*) inflamer; instigator.

atto (1), *m.* **1** act; action; deed; (*impresa*) exploit, feat: **un a. brutale**, a brutal act (*o* action, deed); **un a. di carità**, an act of charity; a charitable deed; **un a. di coraggio**, a courageous deed; a daring exploit; **un a. di crudeltà**, an act of cruelty; **un a. disonesto**, a dishonest action; **un a. di follia**, an act of madness; **un a. di giustizia (di cortesia)**, an act of justice (of kindness); **un a. lecito**, a lawful act; **compiere atti di valore**, to perform feats of valour; **giudicare gli atti altrui**, to judge the actions of others; **Fu colto nell'atto di rubare**, he was caught in the act of committing robbery; he was caught red-handed; **Dovrà rendere conto dei suoi atti**, he will have to answer for his actions **2** (*atteggiamento*; attitude; (*gesto*) gesture, movement: **curva sul bambino in a. d'amore**, bending over the child in an attitude of love; **in a. di preghiera**, in an attitude of prayer; **Fece un a. con la mano**, he made a gesture with his hand **3** (*strumento legale*) deed; (*certificato*) certificate; (*documento*) document; (*contratto*) contract: **redigere (*o* stendere) un a.**, to draw up a deed; **a. autentico**, original deed; **a. apocrifo**, forged deed; **a. costitutivo di una società**, deed of incorporation; memorandum of association; **a. notarile**, notarial deed; instrument; **trascrivere un a.**, to register a deed; **a. di nascita (di morte, di matrimonio)**, birth (death, marriage) certificate; **a. legalizzato**, certified document; **falso a. pubblico**, forgery of a public document; **a. di compravendita**, contract of purchase **4** (*pl., leg.*) deeds; proceedings; (*azione giudiziaria*) action (*sing.*); (*accordi*) agreements; (*registrazioni*) records: **atti contrattuali**, agreements; deeds; **gli atti del processo**, the proceedings of the trial; **atti giudiziari** (*o* **processuali**), legal proceedings; **atti d'una associazione**, records (*o* transactions) of an association **5** (*teatr.*) act: **una commedia in tre atti**, a comedy in three acts; a three-act play **6** (*relig.*) act: **a. di fede (di speranza, di dolore)**, act of faith (of hope, of contrition); **gli Atti degli Apostoli**, the Acts of the Apostles **7** (*segno*) sign; mark; token: **in** (*o* **per**) **a. di stima (di pace)**, as a sign (*o* in token) of esteem (of peace). ● (*leg.*) **a. amministrativo**,

administrative act (*o* action) ◻ (*leg.*) **a. d'accusa**, indictment ◻ (*polit.*) **gli Atti del Parlamento**, the Official Records of Parliamentary Proceedings ◻ (*leg.*) **a. di citazione**, summons ◻ (*comm.*) **a. di vendita**, bill of sale ◻ (*leg.*) **atti esecutivi**, execution ◻ (*leg.*) **a. giuridico**, legal transaction ◻ (*leg.*) **a. illecito civile**, tort ◻ (*med.*) **a. operatorio**, operation ◻ (*leg.*) **a. pubblico (privato)**, public (private) act ◻ (*teatr.*) **un a. unico**, a one-act play ◻ (*leg.*) **a. unilaterale**, unilateral transaction ◻ **all'a. della consegna**, on delivery ◻ **all'a. della firma del contratto**, on signing the contract ◻ **all'a. del pagamento**, on payment ◻ **all'a. pratico**, in actual fact; in practice ◻ **dare a. di q.c.**, to acknowledge st.; (*a verbale*) to record st. (in the minutes) ◻ **fare a. di presenza**, to put in an appearance ◻ **essere in a.** (*svolgersi*), to be taking place ◻ **mettere agli atti** (*a verbale*), to enter in the minutes ◻ **mettere** (*o* **passare**) **agli atti**, (*registrare*) to file; (*archiviare*) to place in the archives: **mettere agli atti un documento**, to file (away) a document; **passare agli atti una pratica**, to close a case by placing its file in the archives ◻ **mettere in a. q.c.**, to put st. into effect ◻ **prendere a. di q.c.**, to take note (*o* cognizance) of st. ◻ **tradurre in a. q.c.**, to carry out st. ◻ **Allontanò i giornalisti con un a. della mano**, he waved the reporters away ◻ **Sono in a. indagini sul suo conto**, investigations are being made about him ◻ **Fece a. di alzarsi**, he made as if to get up ◻ **Fece un a. di coraggio e andò a parlare col padre della ragazza**, he summoned up his courage and went to speak to the girl's father.

atto (2), *a.* **1** (*capace*) able; capable; fit: **Non è a. a questo lavoro**, he is not able to do this work; **essere a. al servizio militare**, to be fit for military service **2** (*adatto*) fit; suitable; (*appropriato*) proper: **terreno a. alla battaglia**, terrain suitable for battle. ● (*naut.*) **a. alla navigazione**, seaworthy ◻ **essere a. agli studi**, to have a disposition for study.

attònito, *a.* amazed; astonished; dumbfounded.

attòrcere, *v. t.* **attòrcersi**, *v. rifl.* to twist.

attorcigliaménto, *m.* **1** (*atto*) twisting **2** (*effetto*) twist.

attorcigliare, *v. t.* **attorcigliarsi**, *v. rifl.* to twist.

attorcigliatura, *f.* V. attorcigliamento.

attorcitura, *f.* twist; twine.

attóre, *m.* **1** actor: **il prim'a.**, the leading actor; **È un bravissimo a.**, he is an excellent actor; **un a. tragico**, a tragic actor; **un a. comico**, a comic actor **2** (*leg.*) plaintiff. ● **primo a. giovane**, juvenile lead.

attorniare, A *v. t.* **1** (*circondare*) to surround: **a. il nemico**, to surround the enemy **2** (*fig.*: *circuire*) to get* round; to circumvent: **L'hanno attorniato con mille promesse**, they have got round him with a thousand and one promises. **attorniarsi B** *v. rifl.* to surround oneself: **a. di cattivi consiglieri**, to surround oneself with bad counsellors.

attórno, *avv.* around, round; about: **andare a.**, to go around; **Non vidi nessuno a.**, I didn't see anybody about. ● **a. a.**, all around ◻ **darsi a.**, to do all one can: **Si dà a. per fare quattrini**, he does all he can to make money ◻ **levarsi q. d'a.**, to get rid of sb.

attórno a, *locuz. prep.* round; about: **stare a. a q.**, to hang round sb.; **girare a. alla tavola**, to go round the table. ● **girare a. a un problema**, to beat about the bush (*fam.*).

attossicare, *v. t.* (*lett.*) **1** to poison **2** (*fig.*) to embitter.

attraccàggio, *m.* (*naut.*) berthing; docking.

attraccare, *v. t.* e *i.* (*naut.*) to berth; to dock.

attracco, *m.* (*naut.*) **1** (*l'attraccare*) berthing; docking **2** (*punto di a.*) berth.

attraènte, *a.* **1** (*che attira*) attractive: **L'elettricità è una forza a.**, electricity is an attractive force **2** (*fig.*: *piacevole*) pleasant; attractive; (*seducente*) seductive, (*affascinante*) charming: **maniere attraenti**, pleasant manners; **una commedia a.**, a pleasant play; **una ragazza a.**, a charming girl; **sguardi attraenti**, seductive glances. ● **poco a.**, unattractive.

attrarre, *v. t.* to attract (*anche fig.*): **La calamita attrae il ferro**, magnets attract iron; **Quella donna mi attrae**, that woman attracts me; **Fu attratto dall'odore del cibo**, he was attracted by the smell of food; **Lo attraeva il pensiero del denaro**, he was attracted by the thought of money.

attrattiva, *f.* attraction: **Quella donna ha molte attrattive**, that woman has many attractions; **Quando parla ha una strana a.**, has a curious attraction about him when he speaks. ● **esercitare un'a. su q.**, to attract sb.

attrattivo, *a.* attractive.

attraversàbile, *a.* crossable.

attraversaménto, *m.* crossing: **a. pedonale**, pedestrian crossing.

attraversare, *v. t.* **1** to cross; to go* through: **a. un campo**, to cross a field; **a. una strada**, to cross a road **2** (*fig.*: *affrontare, vivere*) to go* (*o* to pass) through: **Sta attraversando un momento difficile**, he is going through a difficult period **3** (*lett.*: *ostacolare*) to cross; to thwart **4** - (*archit.*) **a. con un arco**, to span. ● **a. a nuoto**, to swim across □ **a. di corsa**, to run across □ (*fig.*) **a. il passo** (*o* **la strada**) **a q.**, to put a spoke in sb.'s wheel.

attravèrso, A *prep.* **1** through; across: **guardare a. una lente**, to look through a lens; **passare a. una città**, to pass through a town; **a. il fiume**, across the river **2** (*di tempo*) over: **a. i secoli**, over the centuries **3** (*compl. di mezzo*) through; by means of: **L'ho conosciuto a. mio fratello**, I knew him through my brother. **B** *avv.* (*lett.: obliquamente*) obliquely; crosswise; awry; askew.

attrazióne, *f.* **1** attraction (*anche fis.*); fascination; appeal: (*fis.*) **a. magnetica**, magnetic attraction; **a. fisica**, sex appeal **2** (*numero sensazionale*) attraction; highlight.

attrezzaménto, *m.* (*attrezzi*) equipment; outfit.

attrezzare, A *v. t.* **1** (*arredare*) to fit out **2** (*equipaggiare*) to equip **3** (*rifornire di attrezzi*) to supply with tools; to tool **4** (*naut.*) to rig. **attrezzarsi B** *v. rifl.* to get* ready; to prepare.

attrezzatura, *f.* **1** equipment; outfit: **l'a. di una fabbrica**, the equipment of a factory **2** (*naut.*) rigging.

attrezzerìa, *f.* (*teatr.*) properties (*pl.*); (*abbr.*) props (*pl.*).

attrezzista, *m.* **1** (*teatr.*) property man*; (*più comune*) propman* **2** (*ginnasta*) gymnast.

attrezzìstica, *f.* gymnastics with equipment (*o* apparatus); modern apparatus gymnastics.

attrezzìstico, *a.* with gymnasium equipment (*o* apparatus): **ginnastica attrezzìstica**, modern apparatus gymnastics.

attrèzzo, *m.* **1** tool; implement: **un a. agricolo**, a farm tool; **un a. di bottega**, a workshop tool **2** (*naut.*) article of gear: **un a. della nave**, an article of ship's gear **3** (*teatr.*) property: **attrezzi di scena**, stage properties. ● **a. di cucina**, kitchen utensil □ **carro attrezzi**, break-down van; wrecker (*USA*) □ **attrezzi ginnici**, gymnastic apparatus.

attribuìbile, *a.* **1** awardable **2** (*fig.*) attributable; ascribable **3** (*imputabile*) imputable.

attribuire, A *v. t.* **1** (*assegnare*) to award; to assign: **a. un premio a q.**, to award sb. a prize **2** (*fig.*) to attribute; to ascribe: **Gli attribuirono una parte della colpa**, they attributed part of the blame to him; **a. la responsabilità a q.**, to ascribe the responsibility to sb. **3** (*imputare*) to impute: **a. il biasimo a q.**, to impute blame to sb. ● **a. importanza a q.c.**, to attach importance to st. **attribuirsi B** *v. rifl.* to arrogate (*o* to ascribe) to oneself; to claim.

attributivo, *a.* attributive: **un aggettivo a.**, an attributive adjective.

attributo, *m.* attribute (*anche gramm.*): **La bontà è il miglior a. della bellezza**, goodness is a better attribute than beauty; **L'aquila era uno degli attributi di Giove**, the eagle was one of Jupiter's attributes.

attribuzióne, *f.* **1** (*assegnazione*) awarding **2** (*fig.*) attribution **3** (*al pl.: facoltà, poteri*) powers; functions.

attrice, *f.* **1** (*teatr.*) actress **2** (*leg.*) plaintiff.

attristare, *v. t.* (*lett.*) to sadden; to make* (sb.) sad.

attristire, *v. i.* **attristirsi**, *v. rifl.* (*lett.*) to sadden; to become* sad.

attrito, *m.* **1** friction; disagreement: **a. fra famiglie**, friction between families; **a. fra partiti politici**, friction between political parties **2** (*mecc.*) friction; attrition: **fare a.**, to encounter friction; **La forza di questa macchina viene diminuita causa l'a.**, this machine loses in efficiency because of friction. ● (*mecc.*) **privo di a.**, frictionless.

attrizióne, *f.* (*relig.*) attrition.

attruppaménto, *m.* **1** trooping **2** (*assembramento*) crowd; throng.

attruppare, A *v. t.* (*lett.*) to assemble; to gather. **attrupparsi B** *v. rifl.* to troop; to crowd; to throng.

attuàbile, *a.* feasible; practicable.

attuabilità, *f.* feasibility; practicability; practicableness.

attuale, *a.* **1** (*presente*) present; current: **nelle attuali circostanze**, in the present circumstances; **lo stato a. delle nostre finanze**, the current state of our finances; **l'a. governo**, the present government **2** (*filos.*) actual.

attualismo, *m.* (*filos.*) actualism.

attualità, *f.* **1** (*filos.*) actuality **2** (*avvenimento recente*) recent event **3** (*modernità*) up-to-dateness **4** (*cinem.*) newsreel. ● **argomento d'a.**, topical subject □ **articoli d'a.**, topical articles □ **essere d'a.**, (*moderno*) to be up-to-date; (*di moda*) to be fashionable □ **film d'a.**, topical news film.

attualizzare, *v. t.* to bring* up-to-date.

attualménte, *avv.* currently; at present; at the moment; now.

attuare, A *v. t.* to effect; to put* into effect; to bring* about: **a. una riforma**, to bring about a reform. ● **a. un progetto**, to carry out a plan. **attuarsi B** *v. rifl.* to be realized; to come* true; to materialize.

attuariale, *a.* (*mat.*) actuarial.

attuàrio, *m.* (*mat.*) actuary.

attuazióne, *f.* realization.

attutire, A *v. t.* to appease; to reduce; to muffle: **a. lo sdegno di q.**, to appease sb.'s anger; **a. un dolore**, to reduce a pain; **a. un suono**, to muffle a sound. ● **a. un colpo**, to deaden the force of a blow. **attutirsi B** *v. rifl.* to be assuaged; to be deadened.

audace, *a.* **1** bold; audacious; daring; (*temerario*) rash, brash; (*rischioso*) risky: **giovani audaci**, brash youths; **parole audaci**, rash words; **un'impresa a.**, a risky undertaking **2** (*insolente*) audacious; brash; cheeky; (*provocante*) provocative: **Si mostra troppo a. con me**, he is too cheeky to me; **una mossa a.**, a provocative gesture.

audàcia, *f.* **1** boldness; audacity; (*temerarietà*) rashness: **L'a. giova talvolta, ma non sempre**, audacity is sometimes, but not always, a useful thing **2** (*azione audace*) act of daring **3** (*insolenza*) audacity; impudence; cheekiness; cheek: **Ebbe l'a. di venirmi a trovare**, he had the cheek to come and see me.

àudio, *m.* (*telev.*) sound; audio.

audiofrequènza, *f.* (*radio, telev.*) audio frequency.

audiolinguìstico, *a.* audiolingual.

audiologìa, *f.* (*fis., med.*) audiology.

audiòmetro, *m.* (*fis., med.*) audiometer.

audiovisivo, A *a.* audiovisual. **B** *m. pl.* audiovisual aids; audiovisuals.

auditivo, *a.* auditory: **canale a.**, auditory canal.

auditóre, *m.* listener; hearer.

auditòrio, auditòrium, *m.* **1** auditorium* **2** (*sala per concerti*) concert hall; auditorium* **3** (*radio, telev.*) studio*.

audizióne, *f.* **1** hearing **2** (*teatr.*) audition: **a. musicale**, musical audition **3** (*leg.*) hearing: **l'a. di un teste**, the hearing of a witness.

auf, *inter.* hang it!; what a drag!; what a bore!

àuge, *f.* **1** (*fig.: sommità*) height; apex*: **l'a. della potenza**, the height of power; **l'a. della gloria**, the height of fame **2** (*astron.*) apogee. ● (*fig.*) **essere in a.**, to enjoy great favour; to be in (full) vogue □ (*fig.*) **venire in a.**, to find favour.

augèllo, *m.* (*poet.*) fowl.

auguràbile, *a.* desirable; to be wished (*o* hoped) for.

augurale, *a.* **1** (*di augurio*) auspicious **2** (*stor.*) augural.

augurare, A *v. t.* **1** to wish: **a. buon viaggio a q.**, to wish sb. a pleasant journey; **a. ogni bene a q.**, to wish sb. well; **a. la morte a q.**, to wish sb. dead **2** (*lett.: predire*) to augur. **augurarsi B** *v. rifl.* (*sperare*) to hope; to hope for (st.)*: **Mi auguro una vita tranquilla**, I hope for a peaceful life.

augùrio, *m.* **1** wish: **Il mio a. è che diventi ricco**, my wish is that he may become rich; **Gradite i miei sinceri auguri**, accept my sincere good wishes **2** (*presagio*) omen; presage; sign: **di buon** (**cattivo**) **a.**, of good (bad) omen. ● **Fategli tanti auguri anche per me**, wish him all the best from me as well □ **Ti faccio l'a. di pronta guarigione**, I wish you a quick recovery.

augusto, *a.* august: **il nostro a. sovrano**, our august sovereign.

àula, *f.* hall: **a. magna**, assembly hall. ● **a. del tribunale**, courtroom □ **a. scolastica**, classroom; schoolroom □ **a. universitaria**, lecture hall.

àulico, *a.* **1** aulic; courtly: **Consigliere A.**, Aulic Councillor **2** (*di lingua, stile: nobile*) stately; noble.

aulire, *v. i.* (*lett.*) to smell* sweet.

aumentàbile, *a.* augmentable; increasable.

aumentare, A *v. t.* to increase; to raise; to augment: **a. la velocità**, to increase speed; **a. gli stipendi**, to raise salaries. **B** *v. i.* to increase; to rise*; to augment: **Le difficoltà aumentano**, difficulties are increasing; **Il fiume è aumentato**, the river has risen. ● **a. di prezzo**, to advance (*o* to increase) in price; to appreciate □ **a. vertiginosamente** (*di prezzi, ecc.*), to spiral upward.

auménto, *m.* **1** increase: **essere in a.**, to be on the increase; **a. di capitale**, increase of capital **2** (*comm.*) rise: **un a. di stipendio**, a rise in salary. ● (*econ., stat.*) **l'a. del costo della vita**, the rise in the cost of living □ **a. salariale**, wage rise; (pay) raise (*USA*).

au pair (*franc.*), *a. e avv.* au pair: **una ragazza a.**, an au pair (girl).

àura, *f.* (*lett.*) breeze. ● (*fig.*) **a. popolare**, popular favour.

àureo, *a.* **1** (*lett.: d'oro*) gold; (*simile all'oro, del colore dell'oro*) golden: **una moneta aurea**, a gold coin; **auree chiome**, golden locks **2** (*fig., lett.: prezioso*) precious: **consigli aurei**, precious advice. ● (*fig.*) **sistema a.**, gold standard.

auréola, *f.* halo* (*anche fig.*). ● (*fig.*) **È una buona persona, ma non merita quest'a. di santità**, he's a good man, but it's wrong to make a saint of him in this way.

aureolare, *v. t.* (*lett.*) to halo.

aureomicina, *f.* (*farm.*) aureomycin.

àurica, *f.* (*naut.*) fore-and-aft sail.

àurico, *a.* (*chim.*) auric: **cloruro a.**, auric chloride.
auricola, *f.* **1** (*anat.*) auricle **2** (*bot.*, *Primula auricula*) auricula*; bear's-ear.
auricolare, **A** *a.* aural; auricular; ear (*attr.*): **un testimone a.**, an ear witness; an ear-witness. **B** *m.* earphone.
auricolato, *a.* (*bot.*) auriculate.
aurifero, *a.* auriferous; gold-bearing: **terreno a.**, auriferous land.
auriga, *m.* (*poet.*) charioteer.
auròra, *f.* dawn (*anche fig.*): **l'a. della civiltà**, the dawn of civilization. ● **a. boreale (australe)**, aurora borealis (australis).
aurorale, *a.* **1** auroral **2** (*fig.*: *iniziale*) early; first.
auróso, *a.* (*chim.*) aurous.
auscultare, *v. t.* (*med.*) to auscultate.
auscultazióne, *f.* (*med.*) auscultation.
ausiliare, **A** *a.* **1** auxiliary; reserve (*attr.*): **Le forniture ausiliari furono insufficienti**, the reserve supplies proved insufficient **2** (*gramm.*) auxiliary: **verbo a.**, auxiliary verb. **B** *m.* **1** (*aiutante*, *anche f.*) assistant; auxiliary **2** (*gramm.*) auxiliary (verb).
ausiliària, *f.* (*mil.*) member of the Women's Army Auxiliary Corps.
ausiliàrio, **A** *a.* auxiliary; (*di riserva*) reserve (*attr.*): **corpo d'esercito a.**, reserve army corps; **truppe ausiliarie**, reserve troops; **Fu collocato in posizione ausiliaria**, he was assigned to a reserve position. **B** *m.* assistant; auxiliary.
ausiliatóre, *m.* (*lett.*) helper.
ausiliatrice, *f.* (*relig.*) Our Lady Help of Christians.
ausilio, *m.* (*lett.*) help; assistance; aid: **ausili di vendita**, sales aids.
auspicàbile, *a.* desirable; to be hoped for: **È a. che tutto si risolva presto**, it is desirable that it should all be resolved quite soon.
auspicare, *v. t.* to augur; to foretell*.
auspicato, *a.* (*lett.*) auspicious: **le auspicate nozze della signorina X, Miss X's** auspicious marriage.
àuspice, *m.* **1** (*fig.*) promoter; sponsor **2** (*stor.*) auspex*.
auspicio, *m.* **1** patronage; auspice: **La scuola fu inaugurata sotto gli auspici dello Stato**, the school was opened under the auspices of the State **2** (*stor.*) auspice; omen: **di fausto a.**, of good omen.
austerità, *f.* austerity (*anche econ.*).
austèro, *a.* austere: **un uomo a.**, an austere man; **una vita austera**, an austere life; **un carattere a.**, an austere temperament **2** (*severo*) stern; strict: **contegno a.**, stern manner; **disciplina austera**, strict discipline.
australe, *a.* (*geogr.*) southern; austral. ● **il Polo A.**, the South Pole.
australiana, *f.* (*ciclismo*) pursuit cycle race on track.
australiano, *a. e m.* Australian.
austriaco, *a. e m.* Austrian.
àustro, *m.* **1** south wind; auster (*poet.*) **2** (*lett.*: *sud*) south.
austroungàrico, *a.* (*stor.*) Austro-Hungarian.
autarchìa, *f.* autarky; (national) economic self-sufficiency.
autàrchico, *a.* **1** independent: **una provincia autarchica**, an independent province **2** (*polit.*) autarkic(al). ● **prodotto a.**, home product.
àut-àut, *m.* dilemma: **imporre un a. a q.**, to put sb. in(to) a dilemma.
autèntica, *f.* (*bur.*) authentication.
autenticare, *v. t.* (*leg.*) to authenticate; to legalize: **a. un documento con un sigillo**, to authenticate a document by a seal. ● **a. una firma**, to attest a signature.
autenticazióne, *f.* (*leg.*) authentication; legalization. ● **a. notarile**, notarization.
autenticità, *f.* authenticity; genuineness.
autèntico, *a.* authentic; genuine; original; (*vero*) true, real: **una firma autentica**, a genuine signature; **una storia brutta ma autentica**, an ugly story but a true one; **la copia autentica del manoscritto**, the original copy of the manuscript.
autentificare, *V.* autenticare.
autière, *m.* (*mil.*) driver.
autismo, *m.* (*psic.*) autism.
autista (1), *m. e f.* **1** driver: **Faceva l'a. per il maggiore**, he was driver for the major; **a. di piazza**, taxi driver; **a. d'ambulanza**, ambulance driver **2** (*privato*) chauffeur. ● **noleggio senza a.**, self-drive hire □ **prendere a nolo un pulmino con a.**, to hire a chauffeur-driven minicoach.
autista (2), *a.*, *m. e f.* (*psic.*) autist.
autìstico, *a.* (*psic.*) autistic.
àuto, *f.* (*fam.*) car; auto* (*fam. USA*).
autoaccensióne, *f.* (*mecc.*) self-ignition.
autoaccusa, *f.* self-accusation.
autoadescante, *a.* (*mecc.*: *di pompa*, *ecc.*) self-priming.
autoadesivo, **A** *a.* self-sticking. **B** *m.* self-sticking paper.
autoaffermazióne, *f.* (*psic.*) self-affirmation.
autoaffondaménto, *m.* (*naut.*) scuttling.
autoambulanza, *f.* (motor) ambulance.

autoanalizzatóre, *m.* (*chim.*) autoanalyzer.
autoarticolato, *m.* (*autom.*) articulated vehicle; semitrailer.
autobiografìa, *f.* autobiography.
autobiogràfico, *a.* autobiographic(al).
autobiografismo, *m.* tendency to autobiography.
autoblinda, *f.* (*mil.*) armoured car.
autoblindo, *m. abbr. di* **autoblindomitragliatrice** (*V.*).
autoblindomitragliatrice, *f.* (*mil.*) (light) armoured car.
autobótte, *f.* tanker; tank lorry; tank truck (*USA*).
àutobus, *m.* bus; motorbus. ● **a. a due piani**, double-decker □ **a. per gite turistiche**, sightseeing bus.
autocàravan, *f.* (*autom.*) motor caravan.
autocarro, *m.* (motor) lorry; truck (*USA*).
autocentrante, *a.* self-centring.
autocèntro, *m.* (*mil.*) motor-vehicle depot.
autocingolato, *m.* (*mil.*) caterpillar vehicle; track vehicle.
autocistèrna, *f.* tanker; tank lorry; tank truck (*USA*).
autocivétta, *f.* (police) patrol car.
autoclave, *f.* autoclave.
autocolónna, *f.* column of motor vehicles; motor column.
autocombustióne, *f.* spontaneous combustion.
autocommiserazióne, *f.* self-pity.
autocommutatóre, *m.* (*tel.*) automatic (telephone) switch.
autocompiaciménto, *m.* self-satisfaction; (self-)complacency.
autoconservazióne, *f.* self-preservation.
autocontròllo, *m.* self-control.
autoconvòglio, *m.* convoy (of motor vehicles).
autocorrièra, *f.* motorcoach.
autocosciènte, *a.* (*filos.*) self-conscious.
autocosciènza, *f.* (*filos.*) self-consciousness.
autòcrate, *m.* autocrat.
autocràtico, *a.* autocratic(al).
autocrazìa, *f.* autocracy.
autocrìtica, *f.* self-criticism.
autocrìtico, *a.* self-critical.
autocròss, *m.* (*sport*) autocross.
autoctonìa, *f.* autochthony.
autòctono, **A** *a.* autochthonal; autochthonous. **B** *m.* autochthon*.
autodafé, *m.* **1** (*stor.*) auto-da-fé* **2** (*fig.*, *scherz.*) bonfire.
autodecisióne, **autodeterminazióne**, *f.* self-determination.
autodenuncia, *f.* **1** self-denunciation; self-confession; avowal **2** (*leg.*) confession.
autodidatta, *m. e f.* self-taught person; autodidact.
autodidàttico, *a.* autodidactic.
autodifésa, *f.* self-defence.
autodisciplìna, *f.* self-discipline.
autòdromo, *m.* (*sport*) autodrome; motordrome.
autoemotèca, *f.* (*autom.*, *med.*) bloodmobile.
autofecondazióne, *f.* (*biol.*) self-fertilization.
autoferrotranviàrio, *a.* public-transport (*attr.*).
autoferrotranvière, *m.* public-transport worker.
autofficina, *f.* **1** (*officina mobile*) service van; machine-shop truck (*USA*) **2** (*luogo dove si riparano automobili*) garage for car repairs; car-repair garage.
autofinanziaménto, *m.* self-financing.
autofurgóne, *m.* motor van.
autogamìa, *f.* (*bot.*) autogamy.
autògamo, *a.* (*bot.*) autogamous.
autògeno, *a.* autogenous: **saldatura autogena**, autogenous welding. ● (*psic.*) **training a.**, autogenous training.
autogestióne, *f.* self-management.
autogiro, *m.* (*aeron.*) autogiro*, autogyro*.
autogòl, *m.* (*sport*) own-goal.
autogovèrno, *m.* self-government.
autografare, *v. t.* to autograph.
autografìa, *f.* autography.
autogràfico, *a.* autographic(al).
autògrafo, *a. e m.* autograph: **una lettera autografa del Rossini**, an autograph letter by Rossini; **gli autografi del Leopardi**, Leopardi's autographs.
autogrill, *m.* (*marchio*) motorway restaurant and snack bar.
autogrù, *f.* breakdown van; tow truck, wrecker (*USA*).
autoguida, *f.* (*miss.*) self-guidance.
autoimmune, *a.* (*med.*) autoimmune.
autoimmunità, *f.* (*med.*) autoimmunity.
autoimmunizzare, *v. t.* (*med.*) to autoimmunize.
autoimmunizzazióne, *f.* (*med.*) autoimmunization.
autoincèndio, *m.* fire truck.
autoincensaménto, *m.* (*fig.*) self-praise.
autoinduttanza, *f.* (*fis.*) self-inductance.
autoinduzióne, *f.* (*fis.*) self-induction.
autoinnaffiatrice, *f.* motor sprinkler.
autoinnèsto, *m.* (*med.*) autograft.

autoipnòsi, *f.* (*med.*) self-hypnosis*.
autolatria, *f.* self-worship; narcissism.
autolavàggio, *m.* (*autom.*) car wash.
autolesióne, *f.* self-injury.
autolesionismo, *m.* self-injuring.
autolesionista, *m. e f.* self-injurer.
autolettiga, *f.* (*motor*)ambulance.
autolìnea, *f.* bus-line.
autolubrificante, *a.* self-lubricating.
autòma, *m.* automaton*, robot (*anche fig.*).
automaticità, *f.* automaticity.
automàtico, A *a.* automatic(al). ● **distributore a.**, slot-machine. **B** *m.* **1** (*bottone*) press stud; snap-fastener **2** (*fucile*) automatic rifle.
automatismo, *m.* automatism.
automatizzare, *v. t.* to automatize; to automate.
automazióne, *f.* (*ind.*) automation.
automedónte, *m.* (*scherz.*) jehu.
automèzzo, *m.* motor vehicle.
automòbile, A *a.* self-propelling. **B** *f.* motorcar; car; automobile: **un'a. fuori serie**, a special-model car; **a. con la cupola di vetro**, bubble car; **a. da corsa**, racing car; **a. utilitaria**, small (*o* compact) car; utility car. **a. di media cilindrata**, intermediate; **a. di serie**, production-model car; **a. sportiva**, sports car; **salone dell'a.**, motor show; **zona in cui le automobili vengono rimosse**, tow-away zone.
automobilìna, *f.* **1** (*giocattolo*) toy car **2** (*dell'autoscontro*) dodgem car **3** (*modellino*) model car. ● **a. elettrica** (*su pista*), slot car.
automobilìsmo, *m.* **1** motoring **2** (*sport*) motor-racing.
automobilista, *m. e f.* **1** car driver; driver; motorist **2** (*sport*) racing driver. ● (*fam.*) **a. della domenica**, Sunday driver.
automobilìstico, *a.* **1** motor (*attr.*); auto (*attr.*, *USA*) **2** (*ind.*) automotive: **il mercato a.**, the automotive market.
automontato, *a.* motorized: **reparti automontati**, motorized troops.
automòstra, *f.* bookmobile.
automotrice, *f.* (*ferr.*) railcar.
autonoleggiatóre, *m.* car renter.
autonolèggio, *m.* car hire; car rental.
autonomia, *f.* **1** (*anche biol., polit.*) autonomy: **a. amministrativa** (*regionale, ecc.*), administrative (regional, etc.) autonomy **2** (*polit., anche*) self-government **3** (*indipendenza*) independence: **l'a. dell'ordine giudiziario**, the independence of the judiciary **4** (*autosufficienza*) self-sufficiency **5** (*mecc.: di macchina o motore*) endurance; duration **6** (*autom., aeron., naut.: distanza percorribile*) fuel distance; (operating) range: **Quest'auto ha un'a. di 400 chilometri**, this car has a fuel distance of 400 kilometres; **a. a velocità di crociera**, range at cruising speed **7** (*aeron., naut.: distanza di andata e ritorno alla base*) cruising radius*. ● (*leg.*) **a. contrattuale**, freedom (*o* liberty) of contract □ **conservare la propria a.**, to remain autonomous (*o* independent).
autonomìsmo, *m.* autonomism.
autonomista, *m. e f.* autonomist.
autònomo, A *a.* **1** (*anche biol., polit.*) autonomous: **un paese a.**, an autonomous country **2** (*polit., anche*) self-governing: **un ente a.**, a self-governing body **3** (*indipendente*) independent **4** (*autosufficiente*) self-sufficient **5** (*econ.: di lavoratore*) self-employed **6** (*mecc.*) self-contained. **B** *m.* (*sindacalista*) independent (trade) unionist. **C** *m. pl.* **1** (*econ.*) self-employed people **2** (*sindacati*) independent (trade) unions. ● **azienda autonoma di soggiorno**, local tourist office □ (*econ.*) **lavoro a.**, self-employment □ (*mil.*) **reparto a.**, self-sufficient unit; (*speciale*) task force.
autoossidazióne, *f.* (*chim.*) auto-oxidation.
autoparchéggio, *m.* car-park.
autoparco, *m.* **1** car-park **2** (*insieme di autoveicoli*) motor vehicles (*pl.*); fleet of cars.
autopilòta, *m.* (*aeron.*) automatic pilot.
autopista, *f.* motor-racing track.
autoplastìa, autoplàstica, *f.* (*med.*) autoplasty.
autoplàstico, *a.* (*med.*) autoplastic.
autopómpa, *f.* fire-engine.
autopropulsióne, *f.* (*mecc.*) self-propulsion.
autopsìa, *f.* autopsy; post-mortem (examination).
autopùbblica, *f.* taxi; taxicab.
autopullman, *m.* coach; motorcoach.
autoràdio, *m.* **1** car radio **2** car equipped with a two-way radio telephone; (*specialm. della polizia*) (police) patrol car.
autoraduno, *m.* motor rally.
autóre, *m.* **1** author: **l'a. della mia rovina**, the author of my ruin; **l'a. della nostra prosperità commerciale**, the author of our commercial success; **Dio è il supremo a. del creato**, God is the supreme author of the creation **2** (*di un libro*) author; (*pittore*) painter; (*scultore*) sculptor; (*di musica*) composer: **un a. classico**, a classical author; **l'a. del quadro**, the painter of the picture; **l'a. della statua**, the sculptor of the statue. ● **l'a. del misfatto**, the perpetrator of the crime □ (*leg.*) **diritto d'a.**, copyright □ **diritti d'a.** (*compenso*), royalties □ (*pitt.*) **quadro d'a.**, genuine master □ (*teatr.*) **Fuori l'a.!**, author!
autoreattóre, *m.* (*aeron.*) ramjet (engine).
autoregolazióne, *f.* (*scient.*) self-regulation; autoregulation.
autoreparto, *m.* (*mil.*) motorized unit.
autorespiratóre, *m.* (*sport*) aqualung; scuba (*fam.*).
autoréte, *f.* (*sport*) own-goal.
autorévole, *a.* **1** authoritative: **un giudizio a.**, an authoritative judgement; **un critico a.**, an authoritative critic **2** (*che ha influenza*) influential: **un uomo molto a.**, a very influential man.
autorevolézza, *f.* authority; authoritativeness.
autoriméssa, *f.* garage.
autoriparazióne, *f.* car repairs.
autorità, *f.* **1** authority: **l'a. della legge**, the authority of the law; **l'a. di una testimonianza**, the authority of a witness; **essere un'a. in fatto di medicina**, to be an authority on medecine; **Non hai nessuna a. su di me**, you have no authority over me **2** (*fig.*) power: **l'a. dell'esperienza**, the power of experience **3** (*influenza*) influence: **godere a.**, to have influence; **un uomo di poca a.**, a man of little influence **4** (*pl.: personalità*) dignitaries **5** (*pl., polit.*) authorities: **le a. cittadine**, the City Authorities. ● (*leg.*) **l'a. giudiziaria**, the Court □ **d'a.**, by authority.
autoritàrio, *a.* **1** authoritative **2** (*polit.*) authoritarian: **un governo a.**, an authoritarian government **3** (*fig.*) authoritarian; dictatorial: **È troppo a.**, he is too dictatorial; **modi autoritari**, dictatorial behaviour.
autoritarismo, *m.* authoritarianism. ● **fautore dell'a.**, authoritarian.
autoritratto, *m.* self-portrait.
autorizzare, *v. t.* **1** (*permettere*) to authorize: **a. q. a dire q.c.**, to authorize sb. to say st.; **a. q. a fare q.c.**, to authorize sb. to do st. **2** (*legittimare*) to sanction.
autorizzazióne, *f.* **1** authorization; (*permesso*) permission **2** (*documento*) permit; licence.
autosalóne, *m.* motor show.
autoscala, *f.* **1** van with movable ladder; motor turn-table-ladder **2** (*di pompieri*) ladder.
autoscatto, *m.* (*fotogr.*) automatic release; self-timer.
autoscóntro, *m.* dodgem (*fam.*).
autoscuòla, *f.* driving school.
autoservizio, *m.* (public) road passenger service; bus service.
autosilo, *m.* multi-storey carpark.
autosnodato, *m.* (*autom.*) articulated vehicle.
autostazióne, *f.* **1** (*stazione di servizio per autoveicoli*) service station **2** (*stazione ove fanno capo più autolinee*) bus terminal.
autostèllo, *m.* motel; motor court (*USA*).
autostòp, *m.* hitchhiking. ● **fare l'a.**, to hitchhike; to thumb (*fam. USA*).
autostoppista, *m. e f.* hitchhiker.
autostrada, *f.* (high-speed multilane) motorway; expressway; superhighway, speedway (*USA*). ● **a. a pedaggio**, toll road; turnpike (*USA*) □ **a. senza pedaggio**, freeway.
autostradale, *a.* motorway (*attr.*).
autosufficiènte, *a.* **1** self-sufficient **2** (*di uno Stato*) viable.
autosufficiènza, *f.* **1** self-sufficiency **2** (*di uno Stato*) viability.
autosuggestionàbile, *a.* auto-suggestable; subject to autosuggestion.
autosuggestióne, *f.* (*psic.*) autosuggestion.
autotassazióne, *f.* (*fin.*) self-taxation.
autotelàio, *m.* (*comm.*) chassis*.
autotemprante, *a.* (*metall.*) self-hardening: **acciaio a.**, self-hardening steel.
autotipìa, *f.* (*tipogr.*) autotype.
autotomìa, *f.* (*zool.*) autotomy.
autotrapianto, *m.* (*med.*) autograft.
autotrasformatóre, *m.* (*fis.*) auto-transformer.
autotrasportato, *a.* (*autom.*) carborne.
autotrasportatóre, *m.* (road) haulage contractor; haulier; trucker, (road) hauler (*USA*).
autotraspòrto, *m.* (*di merci*) haulage **2** (*di persone*) motor (*o* road) transport. ● **impresa autotrasporti**, haulage firm.
autotrenista, *m.* lorry-driver; truck driver, trucker (*USA*).
autotrèno, *m.* trailer truck.
autotrofia, *f.* **autotrofismo,** *m.* (*biol.*) autotrophy.
autòtrofo, *a.* (*biol.*) autotrophic.
autotutèla, *f.* (*leg.*) self-protection; self-defence.
autovaccìno, *m.* (*med.*) autovaccine.
autoveìcolo, *m.* motor vehicle. ● **autoveicoli industriali**, commercial vehicles.
autovettura, *f.* motorcar.

autrice, *f.* **1** authoress **2** (*scrittrice*) authoress, woman* writer; (*pittrice*) paintress; (*scultrice*) sculptress.
autunite, *f.* (*miner.*) autunite; lime-uranite.
autunnale, *a.* autumnal. ● (*comm.*) **catalogo a.,** autumn catalogue.
autunno, *m.* autumn; fall (*USA*).
auxina, *f.* (*bot.*) auxin.
auxologia, *f.* (*med.*) auxology.
ava, *f.* (*lett.*) grandmother.
avallante, *m.* (*comm.*) guarantor; backer.
avallare, *v. t.* (*comm.*) to guarantee; to back (a bill).
avallo, *m.* (*comm.*) guaranty, guarantee; backing.
avambràccio, *m.* (*anat.*) forearm.
avampòrto, *m.* outer harbour.
avampòsto, *m.* (*mil.*) outpost.
Avana, *f.* (*geogr.*) Havana.
avana, *m.* **1** (*sigaro*) Havana (cigar) **2** (*colore*) Havana (*o* Bismarck) brown; tawny.
avancàrica, *f.* — **armi ad a.,** muzzle-loading firearms; **cannone** (**fucile, ecc.**) **ad a.,** muzzle-loader.
avance (*franc.*), *f.* advance: **fare delle avance,** to make advances.
avancòrpo, *m.* (*archit.*) avant-corps.
avanguàrdia, *f.* **1** vanguard, van (*anche fig.*): **essere all'a.,** to be in the van **2** (*letter., arte*) avant-garde. ● **uno scrittore d'a.,** an avant-garde writer.
avanguardismo, *m.* (*letter., arte*) avant-gardism.
avanguardista, *m. e f.* (*letter., arte*) avant-gardist.
avannòtto, *m.* (*zool.*) fry*.
avanscoperta, *f.* (*mil.*) reconnaissance. ● **andare in a.,** to scout.
avanspettàcolo, *m.* curtain-raiser.
avanti, A *avv.* **1** (*di luogo*) forward; ahead; on: **andare a.,** to go forward; (*progredire, continuare*) to go on, to get on, to go ahead (*fam.*); (*tirare a.*) to carry on: **Le cose vanno a.,** things are getting on (*o* are going ahead); **Va a.!,** go ahead!; **Andrò a. per trovare alloggio per il gruppo,** I'll go on before (*o* I'll go ahead) to find accommodation for the group; **Non si può andare a. così,** we (*o* you) can't carry on like this; **fare un passo a.,** to take a step forward; **farsi a.,** to come (*o* to step) forward; to put oneself forward; **Si mette a. in ogni occasione** (*per il suo vantaggio*), he pushes himself forward on every occasion; **Mise a. delle obiezioni,** he put forward objections; **Furono spinti (in) a. dalla folla,** they were pushed forward by the crowd; **Mandò a. il lavoro rapidamente,** he pushed on rapidly with his work **2** (*di tempo*) before; on: **una settimana a.,** a week before; **Il giorno a. il tempo era bello,** the weather had been fine the day before; **Egli era a. negli anni,** he was getting (*o* well) on in years **3** (*in anticipo*) beforehand; in advance. ● **a. e indietro,** backwards and forwards; to and fro □ **d'ora** (*o* **di qui**) **in a.,** from now on; from this moment on; from this time forward □ (*anche fig.*) **guardare a.,** to look forward (*o* ahead) □ **mandare a. un'azienda,** to run a business □ **mandare a. l'azienda paterna,** to carry on one's father's business □ **mandare a. la famiglia,** to send on one's family before; (*fig.*) to make both ends meet; (*con difficoltà*) to scrape out a living □ **la marcia in a. del progresso,** the forward march of progress □ (*fig.*) **mettere a.** (*anteporre*), to put first; to prefer □ **mettere a. l'orologio,** to put the clock forward □ **essere molto a. nel lavoro,** to be well forward with one's work □ **essere molto a. negli** (*o* **con gli**) **studi,** to be well advanced in one's studies □ (*sport*) **passaggio in a.,** forward pass □ **piazzarsi a.** (*in una fila, ecc.*), to go in front □ **piegarsi in a.,** to lean forward □ **più a.** (*più tardi*), later □ **tirare a. alla meglio,** to rub along, to get by (*fam.*) □ **A. c'è posto!,** move along, please! □ **La nostra squadra era a. di due punti,** our team was leading (*o* ahead) by two points □ **Il mio orologio è a.,** my watch is fast □ (*prov.*) **Pensaci a.** (**per non pentirti poi**), look before you leap. **B** *inter.* **1** (*mil.*) forward!: **A., marcia!,** forward, march! **2** (*vieni dentro!*) come in; (*va dentro!*) go in! **3** (*fatti coraggio!*) come on!: **A., non fare lo sciocco!,** come (on), don't be silly! **4** (*va a.!*) go ahead!; (*continua!, anche*) go on! **5** (*a tavola: serviti!*) help yourself! **6** (*naut.*) ahead: **A. adagio** (*a mezza forza, a tutta forza*), slow speed ahead (half-speed ahead, full speed ahead); **A. a tutto vapore!,** full steam ahead! ● (*naut.*) **A. così!,** steady!; keep her steady! **C** *prep.* **1** (*di luogo; anche:* **avanti a**) in front of; (*al cospetto di*) before, in the presence of: **a. all'uscio,** in front of the door; **A. a lui c'era un muro,** there was a wall in front of him; **A. a me non c'era nessuno,** there was no one in front of me; **a. a Dio** (**ai superiori, ecc.**), before God (before one's superiors, etc.); **a. al re,** in the presence of the King **2** (*di tempo; anche:* **avanti di**) before: **a. Cristo,** before Christ (*abbr.:* B. C.); **a. giorno,** before dawn **3 a. che** (*piuttosto*), rather than: **A. che rubare, farei la fame, I would starve, before** (*o* rather than) **stealing. D** *m.* (*sport*) forward. ● **avant'ieri,** the day before yesterday □ **passare a. a q.** (*sorpassarlo*), to overtake sb. □ **Il bambino nacque a. tempo,** the

child was born prematurely.
avantièri, *avv.* the day before yesterday.
avantrèno, *m.* **1** (*autom.*) forecarriage **2** (*mil.*) limber.
avanvòmere, *m.* (*agric.*) jointer.
avanzaménto, *m.* **1** advancement **2** (*fig.: promozione*) promotion **3** (*di macchina utensile*) feed.
avanzare (1), A *v. t.* **1** to advance; to put* forward; to bring* forward; to promote; to propose; to present: **Avanzò il piede destro,** he advanced (*o* put forward) his right foot; **a. una domanda,** to put forward (*o* to submit) an application; **a. una pretesa** (**una proposta, un'ipotesi**), to advance (*o* to put forward, to present) a claim (a proposal, a hypothesis); **Fu avanzato al grado di direttore,** he was advanced to the position of manager; **a. q. di grado,** to promote sb. in rank; to upgrade sb. **2** (*precedere*) to precede: **Avanzava gli altri di tre passi,** he preceded the others by three paces **3** (*superare*) to surpass; to exceed: **Tu lo avanzi in bontà,** you surpass him in goodness. **B** *v. i.* to advance; to proceed; to go* forward (*o* ahead); to go* on; to progress; to gain ground: **Il nemico avanza,** the enemy is advancing; **Il lavoro avanza bene,** the work is proceeding (*o* going forward, going on, progressing) well; **La cancrena avanza ogni giorno di più,** the gangrene is gaining ground every day. ● **a. a tentoni,** to grope one's way forward □ **a. negli anni,** to be getting on in years; to be getting old □ **Il mio orologio avanza cinque minuti,** my watch is five minutes fast □ **Mi avanzò di trenta metri** (*nella corsa*), he beat me by thirty metres. **avanzarsi C** *v. rifl.* **1** to advance; to draw* on; to come* (*o* to draw*) near(er): **Il nemico s'avanzava,** the enemy was advancing; **Le tenebre s'avanzavano,** night drew on; **Egli s'avanzò nel bosco,** he advanced (*o* went forward) in the wood; **Già s'avanzava il terribile giorno,** the terrible day was drawing near(er) **2** (*sporgere*) to project; to jut out: **Il tetto s'avanza oltre il muro,** the roof projects over the wall. ● **S'avanzava la notte,** the day was drawing to its close; the shades of night were falling (*lett.*).
avanzare (2), A *v. i.* **1** (*restare*) to be left (over); to remain: **Non avanza nulla,** nothing is left; **Non è avanzato pane per te,** there's no bread left (over) for you; **Se mi avanza del tempo ci vado,** if any time remains, I shall go **2** (*sovrabbondare*) to be in excess; to be more than enough: **In quella casa il mangiare avanza,** there is more than enough to eat in that house. **B** *v. t.* (*risparmiare*) to save; to lay* aside: **a. denaro per la vecchiaia,** to lay aside money for one's old age. ● **Dieci meno tre avanza sette,** three from ten leaves seven ● **Non avanza nulla da me** (*non mi deve nulla*), I owe him nothing □ (*fig., iron.*) **Vorrei sapere che avanza da me quel signore,** I wish I knew what that man expects of me □ «**Ti basta?**» «**Mi basta e mi avanza!**» "have you enough?" "more than enough!".
avanzata, *f.* advance (*anche mil.*).
avanzato, *a.* advanced. ● **idee avanzate,** progressive ideas.
avanzo, *m.* **1** remainder; scrap: **un a. di stoffa,** a scrap of cloth **2** (*pl.: ruderi, anche fig.*) remains: **gli avanzi del Partenone,** the remains of the Parthenon; (*lett.*) **avanzi mortali,** mortal remains **3** (*econ., fin.*) surplus **4** (*mat.*) remainder **5** (*pl., di un pasto*) leftovers. ● (*rag.*) **a. di cassa,** cash in hand (*spreg.*) **a. di galera,** jailbird □ **d'a.,** more than enough: **Ce n'è d'a.,** there's more than enough □ **Ne ho d'a.,** I've enough and to spare □ (*anche fig.*) **Gli avanzi si danno ai cani,** what's left over is only fit for the dogs.
avaria, *f.* **1** (*naut.*) average; damage **2** (*ferr., comm.*) damage: **rimborsare le avarie,** to make good the damage **3** (*mecc.*) breakdown.
avariare, A *v. t.* to damage: **L'umidità ha avariato le merci,** the damp has damaged the merchandise. **avariarsi B** *v. rifl.* to go* bad: **Le merci si sono avariate,** the cargo has gone bad.
avariato, *a.* damaged. ● **merce avariata,** damaged merchandise.
avarizia, *f.* avarice; stinginess; close-fistedness. ● **a. sordida,** crass stinginess. ● (*scherz.*) **Crepi l'a.!,** let's spoil ourselves!
avaro, A *a.* niggardly; stingy; miserly; greedy; close-fisted. ● (*fig.*) **un uomo a. di parole,** a man of few words □ **È giustamente a. del suo tempo,** he does well to make the most of his time. **B** *m.* niggard; miser.
ave, A *inter.* (*specialm. scherz.*) hail! **B** *f.* (*abbr. di* **avemaria**) Hail Mary; Ave (Maria). ● **in meno di un'ave,** before you could say Jack Robinson.
avellana, *f.* (*bot.*) hazelnut; filbert.
avellano, *m.* (*bot., Corylus avellana*) hazel; filbert.
avèllo, *m.* (*lett.*) tomb.
avemaria, avemmaria, *f.* **1** (*preghiera alla Madonna*) Hail Mary; Ave (Maria) **2** (*squilla dell'ora della sera*) Angelus: **sonare l'a.,** to ring the Angelus **3** (*grano del rosario*) ave: **le avemmarie del rosario,** the aves of the rosary. ● **sapere q.c. come l'a.,** to know st. like the back of one's hand.
avéna, *f.* (*bot., Avena sativa*) oats (*pl.*). ● **farina d'a.,** oatmeal.

avènte, *m. e f.* – (*leg.*) **a. causa**, assign; assignee; (*leg.*) **a. diritto**, assign; assignee; (the) party entitled.

avére (1), *v. t.* **1** to have; (*possedere*) to possess, to own: **Ne ho abbastanza**, I have enough; (*fig.*) **Ne ho abbastanza di te**, I have had enough of you; **Ha una bella casa**, he has (*o* possesses, owns) a beautiful house; **Ho la febbre** (**la tosse, il raffreddore, un dolore**), I have a temperature (a cough, a cold, a pain); **Ha moglie e un figlio**, he has a wife and child; **Ha gli occhi aperti**, he has his eyes open; (*fig.*) he keeps his eyes open; **Avrà il posto**, (*promessa*) he shall have the job; (*previsione*) he will get the job; **Non ha nessun riguardo per te**, he has no consideration for you; **Non ha niente a che fare col tuo lavoro**, it has nothing to do with your work; **Lo conosco, ma non ho mai avuto niente a che fare con lui**, I know him, but I have never had anything to do with him; **Hanno avuto le loro** (*disgrazie, ecc.*), they have had their troubles; **Ebbi tutti dalla mia**, I had everyone on my side (*v. ausiliare*) to have; **L'ho appena visto**, I have (*o* I've) just seen him; **Avevano aspettato a lungo**, they had been waiting for a long time; **Se l'avessi saputo!**, if only I had (*o* I'd) known! **3** (*ottenere*) to obtain; to get*; (*guadagnare*) to earn: **Ebbe il posto che voleva**, he got the job he wanted; **Hanno avuto quello che si meritavano!**, they have got what they deserved!; **Ha avuto quella casa per poco prezzo**, he got that house at a low price; **Se posso averlo, lo sistemo io!**, if I get (hold of) him, I'll fix him; **Ebbi la notizia da buona fonte**, I got the news on good authority **4** – **a. a, a. da** (*seguito dall'inf.: dovere*) to have to; (*pres.*) must; (*in frasi interr.*) to have to: **Che s'ha da fare ora?**, what have we to do (*o* shall we do) now?; **Ebbe molte cose da fare prima di partire**, he had to do many things before leaving; **Quanto ho da darti?**, how much do I have to give you (*o* how much shall I give you)?; **Non avete che a dirlo**, you have only to say the word (*o* you need only say the word); **Hanno da passare molti anni**, many years will have to pass; **Ho a dolermi del tuo contegno**, I must complain about your behaviour **5** – **a. a**, (*stare per*) to be about (*o* to be going) to; (*rischiare di*) to turn out (to be): **Credi che egli abbia a fare un discorso?**, do you think he is about (*o* he is going) to make a speech?; **Che abbia a essere una canzonatura?**, it won't turn out to be a trick, will it? **6** (*sentire*) to feel*; to have: **a. odio** (**ammirazione, dispiacere**) **per q.**, to feel hatred (admiration, sorry) for sb.; **a. a schifo** (**a sdegno**) **q.c.**, to feel disgusted by (indignant about) st.; **a. compassione di q.**, to have pity (*o* compassion) on sb. **7** (*prendere*) to take*: **aversela a male**, to take it amiss; **a. cura di q.**, to take care of sb.; **Non ha avuto parte in quell'intrigo**, he didn't take part in that intrigue **8** (*a. indosso*) to wear*; to have on: **Aveva un cappello nuovo**, she was wearing (*o* she had on) a new hat **9** (*incontrare*) to meet*; to run* into: **Non ha avuto ostacoli nella sua carriera**, he has not met (*o* run into) any obstacles in his career **10** (*lett.: stimare*) to consider: **L'hanno per pazzo**, they consider him (to be) mad **11** (*in locuz. idiom.*) to be: **a. colpa**, to be at fault; to be guilty; **a. coraggio**, to be brave; **a. fame** (**sete, sonno, freddo, caldo, paura, vergogna**), to be hungry (thirsty, sleepy, cold, hot, afraid, ashamed); **a. un obbligo verso q. per q.c.**, to be obliged (*o* to be under obligation) to sb. for st.; **a. gli occhi azzurri**, to be blue-eyed; to have blue eyes; **a. ragione** (**torto**), to be right (to be wrong); **Quanti anni hai?**, how old are you?; **Ho trent'anni**, I am thirty (years old); **Ha del buono**, there is some good in him; **Ha del cinico quel tuo amico**, your friend is something of a cynic; **Ho la gola arsa**, my throat is burning; **Ha molto talento**, he is very gifted; **L'ho avuto per assistente**, he was my assistant; **Ne avrà per un pezzo** (*di quella malattia*), it will take him quite a long time to get well again **12** – (*lett.*) **v'ha** (*c'è*), there is: **Non v'ha dubbio che...**, there's no doubt that...; **Non v'ha motivo di crederlo**, there is no reason to believe it; **Non v'ha pace per me**, there's no peace for me. ● **a. a che dire con q.**, to have words (*o* to quarrel) with sb. □ **a. a cuore q.c.**, to have st. at heart □ **a. a mente q.c.**, to bear st. in mind □ **a. bisogno di q.** (**q.c.**), to need sb. (st.) □ **a. caro**, (*piacere*) to like; (*gradire*) to appreciate □ **a. da fare**, to be busy: **Avevo molto da fare col mio lavoro**, I was very busy with (*o* over) my work □ **a. da fare con q.** (*contendere*), to deal with sb.: **Avrà da fare con me**, he will have me to deal with □ **a. da ridire su q.c.**, to find fault with st. □ **a. del buono**, to have one's good points: **È noioso ma ha del buono**, he is boring but he has his good points □ **a. in animo di fare q.c.**, to have the intention of doing st. □ **a. q. in balia**, to have sb. at one's mercy □ **a. in disprezzo**, to despise □ **a. in grande onore**, to hold in high honour □ **a. in odio**, to hate □ **a. memoria**, to have a good memory □ **a. moglie**, to be married □ **a. notizie di q.**, to hear from sb. □ **a. pronto q.c.**, to have st. ready □ **a. sembiante di**, to have the appearance of □ **a. sentore di q.c.**, to hear of st.; to get wind of st. □ **a. voglia di**, to feel like: **Ho voglia di una bistecca**, I feel like eating a steak; **Ho voglia di andare**, I feel like going □ **averla** (*o* **avercela**) **con q.**, to be cross with sb. □ **non a. memoria**, to have a bad memory □ **Non ho nulla**, (*non possiedo nulla*) I have (*o* I possess) nothing; (*non ho alcun disturbo o dispiacere*) nothing is the matter with me (*o* I'm all right) □ **Che hai?** (*che c'è che non va?*), what's the matter (with you)? □ **Ha la moglie malata**, his wife is ill □ **Da quando ebbe a perdere la sua povera moglie**, since he lost his poor wife □ **La copia non ha nulla a che fare con l'originale**, there is no resemblance between the copy and the original □ (*prov.*) **Chi ha avuto, ha avuto**, let bygones be bygones □ (*prov.*) **Chi più ha, più vuole**, the more you have, the more you want.

avére (2), *m.* **1** substance; property; possessions (*pl.*); what (*o* all that) belongs (*o* belonged) to one: **Ha sciupato tutto il suo a.** (*o* **tutti i suoi averi**), he has squandered all his substance (*o* all his property, all that belonged to him, all he had) **2** (*fin., rag.*) assets (*pl.*) **3** (*rag.: d'un conto*) credit (*o* creditor) side. ● **l'a. di q.**, what is due (*o* owing) to sb.: **Dagli il suo a.**, give him what is due to him □ **Quant'è il vostro a.?** (*quanto vi debbo?*), how much do I owe you?

avèrla, *f.* (*zool., Lanius*) shrike; butcher-bird.
Avèrno, *m.* (*mitol.*) Avernus.
Averroè, *m.* Averroes.
averroismo, *m.* (*filos.*) Averroism.
averroista, *m.* (*filos.*) Averroist.
averroistico, *a.* (*filos.*) Averroistic.
aviàrio, A *a.* avian; of birds; bird (*attr.*). **B** *m.* aviary.
aviatóre, *m.* aviator; airman*.
aviatòrio, *a.* (*aeron., anche mil.*) air, flying (*attr.*).
aviatrice, *f.* aviatress; aviatrix*; airwoman*.
aviazióne, *f.* (*aeron.*) **1** aviation **2** (*mil.*) Air Force.
avicolo, *a.* avicultural.
avicoltóre, *m.* **1** bird-fancier; aviculturist **2** chicken farmer.
avicoltura, *f.* **1** bird-fancying; aviculture **2** chicken farming.
avidità, *f.* **1** avidity; greed: **a. di denaro**, greed for money **2** (*lett., rif. alla violenza*) thirst: **a. di sangue**, thirst for blood. ● **Mangia con troppa a.**, he eats too greedily.
àvido, *a.* **1** avid; greedy; eager: **essere a. di denaro**, to be greedy (*o* eager) for money; **guardare q.c. con occhi avidi**, to look at st. with greedy eyes **2** (*lett., rif. alla violenza*) thirsting: **essere a. di vendetta** (**di sangue**), to be thirsting for revenge (for blood).
avière, *m.* (*aeron., mil.*) airman*.
avifàuna, *f.* (*zool.*) avifauna.
Avignóne, *f.* (*geogr.*) Avignon.
àvio, *a.* aviation (*attr.*); aircraft (*attr.*): **benzina a.**, aviation fuel.
aviogètto, *m.* (*aeron.*) jet (aircraft).
aviolanciare, *v. t.* (*aeron.*) to parachute; to air-drop.
aviolàncio, *m.* (*aeron.*) air-drop; parachute jump.
aviolinea, *f.* airline; airway.
avioraduno, *m.* air rally.
aviorimèssa, *f.* (*aeron.*) hangar.
aviotrasportare, *v. t.* to carry by air; to air-transport.
aviotrasportato, *a.* air-borne.
aviotraspòrto, *m.* air transport.
avitaminòsi, *f.* (*med.*) avitaminosis*.
avito, *a.* **1** (*lett.*) (*ereditario*) hereditary: **ricchezze avite**, hereditary wealth **2** (*atavico*) ancestral.
avo, *m.* **1** (*lett.: nonno*) grandfather: **a. paterno**, paternal grandfather; **a. materno**, maternal grandfather **2** (*pl.: antenati*) ancestors.
avocado, *m.* **1** (*bot., Persea gratissima*) avocado* (tree) **2** (*frutto*) avocado*; avocado pear.
avocare, *v. t.* – (*leg.*) **a. a sé una causa**, to summon a case (from a lower Court to a higher Court); **a. a sé la facoltà di fare q.c.**, to take upon oneself the right to do st.
avocatòrio, *a.* (*leg.*) of recall.
avocazióne, *f.* assumption. ● (*leg.*) **a. allo Stato** (*di profitti indebiti*), confiscation.
avocétta, *f.* (*zool., Recurvirostra avocetta*) avocet, avoset; scooper.
avòrio, *m.* **1** ivory: (*fig.*) **a. nero**, black ivory **2** (*colore*) ivory **3** (*oggetto d'arte in a.*) ivory (*specialm. al pl.*). ● **Gli s'è annerito l'a. dei denti**, his teeth have lost their shine.
avulsióne, *f.* (*med.*) avulsion.
avulso, *a.* extirpated; torn off.
avvalérsi, *v. rifl.* to avail oneself (of st.).
avvallaménto, *m.* subsidence.
avvallarsi, *v. rifl.* to subside; to sink*: **Il terreno s'avvalla**, the ground is sinking.
avvaloraménto, *m.* **1** (*di fatti*) confirmation **2** (*di sentimenti*) strengthening.
avvalorare, A *v. t.* **1** to confirm: **Le sue parole avvalorarono la notizia**, his words confirmed the news **2** (*rafforzare*) to strengthen: **Questo fatto avvalora i miei sospetti**, this fact strengthens my suspicions. **avvalorarsi B** *v. rifl.* to be

strengthened; to become* stronger.
avvampaménto, *m.* blazing up.
avvampare, *v. i.* **1** to kindle; to catch (fire): **Questo legno stenta ad a.**, this wood is slow to kindle **2** *(fig.)* to flare up; to be inflamed: **a. d'ira**, to flare up with anger; **a. d'amore**, to be inflamed with love. ● **Pareva che il cielo avvampasse**, it was as if the sky had burst into flame.
avvantaggiare, **A** *v. t.* to benefit; to favour: **Questa legge avvantaggia pochi**, this law benefits few people; **Fecero poco per a. l'industria**, they did little to favour industry. **avvantaggiarsi B** *v. rifl.* **1** *(trarre vantaggio)* to take* advantage of: **Egli sa a. d'ogni cosa**, he knows how to take advantage of everything **2** *(anche fig.)* to draw* ahead: **Il campione s'avvantaggiò subito**, the champion drew ahead immediately.
avvedérsi, *v. rifl.* to notice; to realize.
avvedutézza, *f.* shrewdness; astuteness; *(prudenza)* wariness.
avveduto, *a.* shrewd; astute; *(prudente)* wary.
avvelenaménto, *m.* **1** poisoning **2** *(specialm. zool.)* envenomation, envenomization.
avvelenare, **A** *v. t.* **1** to poison *(anche fig.)*: **a. il cibo**, to poison food; **a. una bevanda**, to poison a drink; **L'invidia gli avvelenava la vita**, envy poisoned his existence **2** *(fig.: guastare)* to mar: **Un incidente avvelenò l'allegria di quella sera**, an incident marred the happiness of that evening **3** *(fig.: amareggiare)* to embitter: **Il sospetto mi avvelenava l'animo**, my mind was embittered by suspicion. **avvelenarsi B** *v. rifl.* to poison oneself.
avvelenato, *a.* **1** poisoned **2** *(fig.: amareggiato)* embittered **3** *(fig.: irato, rabbioso)* angry; enraged; furious. ● *(fig.)* **avere il dente a. contro q.**, to bear sb. a grudge.
avvelenatóre, *m.* poisoner.
avvenènte, *a.* attractive: **una ragazza a.**, an attractive girl.
avvenènza, *f.* attractiveness: **a. dei modi**, attractiveness of manner; **a. della persona**, attractiveness of appearance.
avveniménto, *m.* event: **i principali avvenimenti del secolo**, the main events of the century; **Le nozze furono un a.**, the wedding was an event. ● **ricco di avvenimenti**, eventful.
avvenire (1), *v. i.* **1** *(succedere)* to happen; *(aver luogo)* to take* place, to occur: **Sentite quel che è avvenuto a Giovanni**, listen to what has happened to John; **Quando avvenne l'incidente?**, when did the accident occur? **2** *(impers.)* to happen: **Così avvenne che...**, and so it happened that...; **Per caso avvenne che...**, it so happened that... ● **checché avvenga**, whatever the result; no matter what may happen.
avvenire (2), **A** *m.* **1** future: **Pensa al tuo a.**, think of your future; **in a.** *(o* **per l'a.***)*, in (the) future **2** *(probabilità di carriera, successo, ecc.)* prospects *(pl.)*: **È un giovane senza a.**, he is a young man without prospects; **Ha un brillante a.**, his prospects are brilliant. **B** *a.* future; to come *(pred.)*: **le generazioni a.**, future generations; **gli anni a.**, the years to come.
avvenirismo, *m.* futurism.
avvenirista, *m. e f.* futurist.
avveniristico, *a.* futurist *(attr.)*; futuristic.
avventare, **A** *v. t.* **1** *(gettare)* to fling*; to hurl: **a. una pietra contro q.**, to fling a stone at sb. **2** *(vibrare)* to let* fly: **a. un colpo contro q.**, to let fly a blow at sb. **3** *(fig.)* to venture; to hazard: **a. un giudizio**, to venture an opinion. **avventarsi B** *v. rifl.* to rush; to fling* oneself; to hurl oneself: **a. contro q.**, to rush at *(o* upon*)* sb.: **Il cane gli si avventò contro**, the dog rushed at him; **a. su q.**, to hurl oneself at *(o* upon*)* sb.
avventatézza, *f.* rashness; recklessness.
avventato, *a.* rash; reckless: **giudizio a.**, rash judgment; **una persona avventata**, a rash person.
avventismo, *m.* *(relig.)* Adventism.
avventista, *m. e f.* *(relig.)* Adventist.
avventìzio, **A** *a.* **1** outside *(attr.)*: **La città era piena di gente avventizia**, the city was full of outside people; **Non sperate in aiuti avventizi**, don't put your trust in outside help **2** *(d'impiegati)* temporary; *(di manodopera)* casual: **impiegati avventizi**, temporary staff; **operai avventizi**, casual labour **3** *(bot.)* adventitious: **radici avventizie**, adventitious roots. **B** *m.* temporary.
avvènto, *m.* **1** *(relig.)* Advent **2** *(lett.: venuta)* accession: **a. al trono**, accession to the throne.
avventóre, *m.* regular customer.
avventura, *f.* **1** adventure: **le avventure di Pinocchio**, the adventures of Pinocchio **2** *(avvenimento)* incident: **un viaggio pieno di avventure piacevoli**, a journey full of pleasant incidents **3** *(vicenda amorosa)* affair: **Da giovane ebbe molte avventure**, he had many affairs as a young man. ● **per a.**, by chance.
avventurare, **A** *v. t.* to risk; to venture: **a. la vita**, to risk one's life. **avventurarsi B** *v. rifl.* **1** *(esporsi ai rischi)* to take* risks: **Non voglio avventurarmi senza un buon motivo**, I don't want to take risks without a good reason **2** *(azzardare)* to

venture: **Non dovrebbe a. a fare quello che non è capace di fare**, he shouldn't venture to do things he's incapable of doing.
avventuratamente, *avv.* by chance.
avventurièra, *f.* adventuress.
avventurière, avventurièro, *m.* adventurer: **Si spaccia per nobile, ma non è che un a.**, he passes himself off as a nobleman, but he's nothing but an adventurer.
avventurina, *f.* *(miner.)* aventurin(e).
avventurismo, *m.* *(polit., fin., ecc.)* adventurism.
avventurista, *m. e f.* *(polit., fin., ecc.)* adventurist.
avventuróso, *a.* adventurous; eventful: **un viaggio a.**, an eventful journey.
avveràbile, *a.* realizable.
avveraménto, *m.* realization; fulfilment.
avverare, **A** *v. t.* to realize: **a. un sogno**, to realize a dream. **avverarsi B** *v. rifl.* to be fulfilled; to come* true: **Le profezie non sempre si avverano**, prophecies are not always fulfilled.
avverbiale, *a.* *(gramm.)* adverbial: **una locuzione a.**, an adverbial phrase.
avvèrbio, *m.* *(gramm.)* adverb.
avversare, **A** *v. t.* to oppose; to set* oneself against (sb., st.): **Ci ha sempre avversato**, he has always opposed us; **Era avversato da tutti per il suo carattere superbo**, he was opposed by everybody because of his proud nature. **avversarsi B** *v. rifl. recipr.* to oppose each other *(o* one another*)*.
avversàrio, **A** *a.* opposing: *(leg.)* **l'avvocato a.**, the opposing counsel; the lawyer for the other party. **B** *m.* **1** opponent; adversary; antagonist: **Ferì l'a. in un duello**, he wounded his opponent in a duel **2** *(leg.)* adversary.
avversativo, *a.* *(gramm.)* adversative: **una congiunzione avversativa**, an adversative conjunction.
avversatóre, **A** *m.* opposer; opponent; adversary; antagonist. **B** *a.* opposing.
avversióne, *f.* aversion: **Ha a. per la fatica**, he has an aversion to hard work; **Ha a. a certi cibi**, he has an aversion for certain kinds of food. ● **nutrire a. per q.**, to conceive a dislike for sb. □ **Sente a. per tutti e tutto**, he hates everything and everybody.
avversità, *f.* **1** adversity: **l'a. della stagione**, the adversity of the season; **le a. della vita**, life's adversities **2** *(calamità)* adversity; calamity: **Come sosterremo anche questa a.?**, how shall we meet this new calamity? ● **a. della sorte**, adverse fortune.
avvèrso, *a.* **1** *(contrario)* adverse: **Così volle il mio destino a.**, such was my adverse fate; **venti avversi**, adverse winds **2** *(sfavorevole)* unfavourable: **La stagione è avversa**, the season is unfavourable **3** *(ostile)* averse: **essere a. a q.c.**, to be averse to st.
avvertènza, *f.* **1** *(cura)* care; *(attenzione)* attention; *(cautela)* caution: **Usate l'a. di chiuderlo bene**, take care you close it properly **2** *(nota)* note: **Dopo la regola c'è un'a.**, there is a note following the rule **3** *(prefazione)* foreward **4** *(pl.: istruzioni)* directions.
avvertibile, *a.* perceptible; perceivable; noticeable.
avvertiménto, *m.* warning: **Il mio era un a. da amico**, mine was a friendly warning. ● **Questa punizione sarà per lui un salutare a.**, this punishment will teach him a useful lesson.
avvertire, *v. t.* **1** *(far notare)* to point out: **a. q. di q.c.**, to point out st. to sb.; **Voglio avvertirvi di un errore che vi è sfuggito**, I want to point out a mistake which has escaped you **2** *(informare)* to notify; to inform: **a. la polizia**, to notify the police; **Avvertitelo che sono arrivato, per favore**, please notify him that I have arrived **3** *(ammonire)* to warn: **Ti avverto che se non la smetti...**, I warn you that if you don't stop it... **4** *(percepire)* to feel*; *(accorgersi di)* to notice, to perceive: **a. un dolore**, to feel a pain.
avvertitaménte, *avv.* **1** *(con attenzione)* carefully; with attention **2** *(intenzionalmente)* on purpose; deliberately.
avvezióne, *f.* *(meteorologia)* advection.
avvezzare, **A** *v. t.* **1** *(abituare)* to accustom: **Devi a. il corpo al freddo**, you must accustom your body to the cold **2** *(ammaestrare)* to train: **a. un cane**, to train a dog **3** *(educare)* to teach*: **Avvezzalo a ubbidirti**, teach him to obey you. **avvezzarsi B** *v. rifl.* to get* accustomed *(o* used*)*; to accustom oneself *(to* st., to doing st.*)*.
avvèzzo, *a.* *(abituato)* used; accustomed: **Sono a. ai maltrattamenti**, I am used to being badly treated; **Siamo avvezzi a queste strade di montagna**, we are used to these mountain roads.
avviaménto, *m.* **1** start, starting; commencement **2** *(econ.: rif. a un'impresa e sim.)* starting-up **3** *(comm.)* trade; goodwill: **Quel negozio ha un ottimo a.**, that shop does an excellent trade **4** *(mecc.)* starting; setting in motion; *(meccanismo)* starting device: **a. automatico**, self-starting; **a. elettrico**, electric starting; **manovella d'a.**, starting crank. ● **a. allo studio del latino**, introduction to the study of Latin □ *(mecc.)* **motorino d'a.**,

starter □ **scuola d'a.**, (*industriale*) school of technology; (*commerciale*) school of commerce.

avviare, A *v. t.* **1** to start; to start off: **Avvialo verso sua madre e vedrai che cammina da sé**, start him off towards his mother and you'll see he can walk by himself; **a. q. a una professione**, to start sb. off on a career; **a. un lavoro**, to start a job **2** (*rif. a un'impresa e sim.*) to set* up; to start up: **a. un negozio**, to set up a shop **3** (*mecc., autom.*) to start: **a. una macchina**, to start (up) a machine; **a. un motore**, to start (up) an engine. ● (*mecc.*) **a. un motore con la manovella**, to crank up an engine □ **a. il motore di un'automobile mediante traino**, to tow-start a car. **avviarsi B** *v. rifl.* **1** (*mettersi in cammino*) to set* off; to set* out: **C'eravamo appena avviati**, we had just set off **2** (*fig.: essere sul punto di*) to be on the point (of); to be on one's way (to).

avviato, *a.* **1** (*indirizzato*) under way: **essere bene a. nel proprio lavoro**, to be well under way in one's work **2** (*incamminato in un'arte, ecc.*) initiated: **essere a. in una scienza**, to be initiated in a science **3** (*comm.*) going; thriving; prosperous: **un'azienda avviata**, a going concern; **un negozio (ben) avviato**, a thriving shop. ● **essere bene a. negli affari**, to be doing well in business.

avviatóre, *m.* (*mecc.*) starter: **a. a combustione interna**, internal-combustion starter; **a. automatico**, self-starter; **a. a mano**, hand starter.

avvicendaménto, *m.* **1** alternation **2** (*agric.*) rotation **3** (*rif. a personale*) turnover.

avvicendare, A *v. t.* **1** (*alternare*) to alternate: **Avvicendava gentilezza e severità**, he alternated kindness with severity **2** (*agric.*) to rotate: **a. le colture**, to rotate crops. **avvicendarsi B** *v. rifl. recipr.* to alternate.

avvicinàbile, *a.* approachable.
avvicinaménto, *m.* approach.
avvicinare, A *v. t.* **1** to move (*o* bring) near: **a. una sedia al tavolo**, to bring a chair near to (*o* up to) the table **2** (*fig.: trattare*) to have to do with: **Io non avvicino quel tipo di persona**, I have nothing to do with that sort of person. ● **Avvicina (di più) il libro agli occhi**, bring the book nearer your eyes. **avvicinarsi B** *v. rifl.* **1** to come* (*o* to get*) near(er); to approach: **Non avvicinarti troppo**, don't come too near; **Cercai di avvicinarmi alla casa**, I tried to approach the house **2** (*fig.: di tempo*) to approach: **Si avvicinava il gran giorno**, the great day was approaching **3** (*fig.: essere simile*) to be similar. ● **Cercai di avvicinarmi**, I tried to get closer □ (*fig.*) **Non è una traduzione esatta, ma ci si avvicina**, it's not an exact translation, but it's near enough.

avvilènte, *a.* disheartening; depressing; demoralizing.
avviliménto, *m.* **1** (*scoraggiamento*) disheartenment **2** (*umiliazione*) humiliation.
avvilire, A *v. t.* **1** (*sconfortare*) to dishearten: **La sfiducia nei capi avvilisce il soldato**, lack of confidence in his leader disheartens a soldier **2** (*umiliare*) to humiliate: **L'hai avvilito col tuo rifiuto**, your refusal has humiliated him; **Potrete insultarmi ma non avvilirmi**, you may insult me but you cannot humiliate me. ● **Nessun lavoro avvilisce chi lo esercita onestamente**, no job is degrading if discharged honestly. **avvilirsi B** *v. rifl.* **1** (*scoraggiarsi*) to lose* heart; to be disheartened: **Non avvilirti!**, don't lose heart! **2** (*raro: degradarsi*) to degrade oneself.
avvilito, *a.* **1** (*sconfortato*) disheartened; downhearted; discouraged; crestfallen: **Ho lottato vent'anni e adesso mi sento a.**, I have struggled for twenty years and now I feel disheartened **2** (*umiliato*) humiliated.
avviluppaménto, *m.* (*intrico*) entanglement; tangle.
avviluppare, A *v. t.* **1** (*avvolgere*) to envelop; to wrap up: **L'avviluppò nel suo mantello**, he enveloped her in the cloak **2** (*ingarbugliare*) to tangle; to entangle: **Hai avviluppato i fili**, you have entangled the threads. **avvilupparsi B** *v. rifl.* **1** (*avvolgersi*) to wrap oneself up **2** (*ingarbugliarsi, anche fig.*) to get* tangled; to get* entangled; to get* mixed up.
avviluppato, *a.* **1** (*avvolto*) enveloped; wrapped up: **Stava lì, in piedi, a. nel suo mantello**, he stood there, enveloped in his cloak **2** (*aggrovigliato, anche fig.*) entangled; mixed up: **Si trovò a. fra gli sterpi**, he found himself entangled in the brushwood; **Si trovava a. in una rete senza possibilità di uscita**, he was entangled in a net from which there was no escape.
avvinazzare, A *v. t.* (*raro: ubriacare*) to make* (sb.) get drunk; to fuddle. **avvinazzarsi B** *v. rifl.* (*raro: ubriacarsi*) to get* drunk, to fuddle oneself.
avvinazzato, *a.* (*fam., spreg.*) drunk; fuddled; tight; boozy.
avvincènte, *a.* charming.
avvincere, *v. t.* **1** (*lett.*) to bind*: **Gli avvinse una catena ai piedi**, he bound his feet with chains; **Mi avvinse con le premure**, he bound me to him by his attentions **2** (*fig.: attrarre*) to charm.
avvinghiare, A *v. t.* to grasp; to clutch: **L'elefante avvinghiò con la proboscide**, the elephant grasped with its trunk. **av-**

vinghiarsi B *v. rifl.* to cling*. ● **a. al collo di q.**, to throw one's arms round sb.'s neck □ **L'edera s'avvinghia all'albero**, the ivy winds itself round the tree.
avvinto, *a.* (*lett.*) bound; bound up (*anche fig.*): **Aveva le mani avvinte da una corda**, his hands were bound with rope; **È troppo a. da quell'idea**, he is too bound up with that idea.
avvio, *m.* start; beginning. ● **a. a una carriera**, grooming □ **dare l'a. a q.c.**, to start st.
avviségalia, *f.* **1** (*scaramuccia*) skirmish **2** (*indizio*) (first) sign; inkling.
avvisare, *v. t.* **1** (*informare*) to inform; to advise: **Mi avviserai del tuo arrivo**, you'll inform me of your arrival **2** (*ammonire*) to warn. ● **L'ho avvisato di venire da te domani**, I've told him to call on you tomorrow □ (*prov.*) **Uomo avvisato, mezzo salvato**, forewarned, forearmed.
avvisatóre, *m.* **1** informer **2** (*teatr.*) call-boy **3** (*mecc.*) call-bell. ● **a. acustico**, (*autom.*) electric horn; (*radio, telev.*) monitor; (*di incendio*) fire alarm.
avviso, *m.* **1** (*annuncio*) announcement: **leggere un a.**, to read an announcement; **Hanno stampato un a.**, they have published an announcement; **a. al lettore**, announcement to readers **2** (*annuncio affisso*) notice **3** (*opinione*) opinion: **Dite qual è il vostro a.**, tell us your opinion; **a mio a.**, in my opinion; **Il mio a. è di farlo subito**, my opinion is that we should do it at once **4** (*ammonimento*) warning: **Ti serva d'a. per un'altra volta**, let it be a warning to you. ● (*comm.*) **a. di consegna**, delivery note □ (*leg.*) **a. di sfratto**, dispossess notice □ **a. pubblicitario**, advertisement □ **fino a nuovo a.**, till further notice □ **stare sull'a.**, to be on one's guard.
avvistaménto, *m.* sighting.
avvistare, *v. t.* to sight: **All'alba avvistammo il nemico**, at dawn we sighted the enemy. ● (*naut.*) **a. la terra**, to raise land.
avvitaménto, *m.* **1** (*l'avvitare*) screwing **2** (*aeron.: l'avvitarsi*) spin.
avvitare, A *v. t.* (*mecc.*) to screw; to screw down; (*a fondo, per es. un dado, una vite*) to tighten, to screw tight. **avvitarsi B** *v. rifl.* (*aeron.*) to spin*; to go* into a spin.
avvitata, *f.* **1** screw: **Dagli un'altra a.**, give it another screw **2** (*aeron.*) spin.
avvitatrice, *f.* (*mecc.*) wrench.
avviticchiarsi, *v. rifl.* to twine; to twist.
avvivare, A *v. t.* **1** (*lett.*) to animate **2** (*fig.*) to enliven; to animate: **a. la conversazione**, to enliven the conversation; **metafore che avvivano lo stile**, metaphors that enliven style; **Voleva a. le figure del suo quadro**, he wanted to enliven the figures in his painting. ● (*fig.*) **a. il fuoco**, to revive the fire. **avvivarsi B** *v. rifl.* (*fig.*) to brighten up; to grow* animated: **Al principio stette in un angolo senza parlare, poi cominciò ad a.**, at first he sat silent in a corner, but after a while he began to brighten up.
avvizziménto, *m.* withering.
avvizzire, *v. t.* e *i.* to wither.
avvocata, *f.* protectress; advocate. ● **La Madonna è l'a. dei peccatori**, Our Lady is the advocate of sinners.
avvocatésco, *a.* (*spreg.*) pettifogging: **raggiri avvocateschi**, pettifogging tricks.
avvocatéssa, *f.* (woman*) lawyer.
avvocato, *m.* lawyer; counsel*; advocate (*anche fig.*); attorney(-at-law) (*USA*); (*civilista*) solicitor, (*penalista*) barrister (*G.B.*); counsel(l)or (*Irlanda, USA*): **rivolgersi a un a.**, to apply to a lawyer; **l'a. del diavolo**, the devil's advocate; **Se volete fare l'a. di mio figlio fate pure: ve ne pentirete**, if you want to be my son's advocate, go ahead; you'll live to regret it. ● **a. delle cause perse**, defender of lost causes □ (*fig.*) **essere a. in causa propria**, to defend one's own interests □ **parlare come un a.**, to talk like an orator □ **saperne quanto un a.**, to know all the tricks; (*spreg.*) to be a master of intrigue.
avvocatura, *f.* **1** (*professione*) law; (the) legal profession; (the) Bar: **esercitare l'a.**, to exercise the legal profession; to practise law **2** (*complesso degli avvocati*) Bar: **il plauso di tutta l'a. romana**, the applause of all the Roman Bar **3** (*in Scozia*) advocacy. ● (*leg.*) **l'a. di Stato**, the Law Officers.
avvòlgere, A *v. t.* **1** to wrap up (*anche fig.*); to wind*: **a. un bambino in uno scialle**, to wind a shawl round a baby (*o* a baby in a shawl) **2** (*volgere intorno*) to roll up: **a. spago**, to wind string; **Avvolse la corda all'albero**, he wound the rope round the tree; **a. una benda a un braccio ferito**, to wind a bandage round a wounded arm. ● **a. su rocchetto**, to spool. **avvòlgersi B** *v. rifl.* **1** to wrap oneself up **2** (*volgersi intorno*) to wind* round oneself. ● **Si avvolse un cordone ai fianchi**, he wound a rope round his waist.
avvolgìbile, A *a.* roll-down; roll-up; roller (*attr.*): **tendina a.**, roll-up blind; roller blind. **B** *m.* **1** (*persiana*) roll-up shutter **2** (*serranda*) roll-up door; (roll-up) shutter: **Tutti i negozi abbassarono gli avvolgibili**, all the shopkeepers pulled the shutters down.

avvolgiménto, *m.* **1** wrapping (up); rolling (up); winding **2** (*fis.*) winding **3** (*di bobina*) coil-winding **4** (*di molla*) coiling **5** (*ind. tessile*) taking up.

avvolgitóre, *m.* **avvolgitrice**, *f.* **1** (*ind. tessile*) lap-machine; (*di lana*) beamer **2** (*cinem.*) take-up.

avvoltóio, *m.* (*zool.*, *Aegypius monachus*) vulture (*anche fig.*).

avvoltolare, A *v. t.* to roll up. **avvoltolarsi B** *v. rifl.* to roll about; to wallow: **a. nel fango**, to wallow in the mud.

ayatollah (*arabo*) *m.* Ayatollah.

azalèa, *f.* (*bot.*, *Azalea*) azalea.

azeotròpico, *a.* (*chim.*) azeotropic.

aziènda, *f.* **1** (*comm.*) firm; concern; business; establishment **2** (*econ.*) unit. ● **a. agricola**, farm □ **a. municipalizzata**, city-owned enterprise □ **a. privata**, private undertaking □ (*econ.*) **a. a partecipazione statale**, state(-controlled) enterprise □ **l'a. dello Stato**, the State administration.

aziendale, *a.* business, firm (*attr.*): **organizzazione a.**, business administration.

azigòte, *m.* (*biol.*) azygote.

àzimut, *m.* (*astron.*) azimuth: **a. magnetico**, magnetic azimuth.

azimutale, *a.* (*astron.*) azimuthal.

azionaménto, *m.* – (*mecc.*) dispositivo d'a., driving gear.

azionare, *v. t.* (*mecc.*) to operate; to drive*; to run*; to work. ● (*autom.*) **a. i freni**, to apply (*o* to put on) the brakes.

azionariato, *m.* (*fin.*) **1** shareholding **2** (*insieme degli azionisti*) shareholders (*pl.*).

azionàrio, *a.* (*fin.*) share, stock (*attr.*): **capitale a.**, share capital.

azionatóre, *m.* (*mecc.*) actuator: **a. idraulico**, hydraulic actuator.

azióne, *f.* **1** deed; action: **un uomo d'a.**, a man of action; **a. mimica**, mimetic action; (*teatr.*) **a. drammatica**, dramatic action; **l'a. del romanzo**, the action of the novel; **Fu detto che non manca mai una buona ragione per fare una cattiva a.**, it has been said one can always find a good reason for doing an evil deed; **Con un solo atto ho commesso due buone azioni**, with a single act I have done two good deeds; **Ciascuno è figlio delle proprie azioni**, we are all judged by our deeds **2** (*mil.*) action; fight; engagement: **un'a. di guerra**, a military action; **L'a. fu breve e brillante**, it was a short and extremely successful engagement; **L'a. si svolse sopra un fronte di dieci chilometri**, the engagement took place over an area of ten kilometres **3** (*leg.*) action; lawsuit: **a. giudiziaria**, judicial action; **a. civile (penale)**, civil (penal) action; **a. personale (reale)**, personal (real) action; **a. riconvenzionale**, cross action; counteraction **4** (*chim.*) action; effect: **l'a. di un acido**, the action of an acid **5** (*fis.*) action **6** (*fin.*) share; (*pl.*) stock (*sing.*); shares; stocks (*USA*): **azioni quotate in borsa**, listed shares; **a. liberata**, fully paid up share; **a. nominativa**, registered share; **a. al portatore**, bearer share; **a. ordinaria (privilegiata)**, ordinary (preferred *o* preference) share; **emettere azioni**, to issue shares; **sottoscrivere azioni**, to subscribe (*o* to buy) shares ● (*leg.*) **a. di rivalsa**, recourse □ (*leg.*) **a. disonesta** (*o* **illecita**), malfeasance □ (*autom.*, *mecc.*) **a. frenante**, braking □ (*chim.*) **a. reciproca**, interaction □ (*mecc.*) **mettere in a. una macchina**, to operate a machine.

azionista, *m.* e *f.* (*fin.*) shareholder; stockholder: **l'assemblea degli azionisti**, the shareholders' meeting.

azocompósto, *m.* (*chim.*) azo-compound.

azòico, *a.* (*geol.*) azoic.

azòlo, *m.* (*chim.*) azole.

azoospermia, *f.* (*med.*) azoospermia.

azotare, *v. t.* (*chim.*) to nitrogenize; to azotize.

azotato, *a.* (*chim.*) nitrogenous; azotic.

azotemia, *f.* (*med.*) azotemia.

azòto, *m.* (*chim.*) nitrogen; azote.

azotùria, *f.* (*med.*) azoturia.

aztèco, *a.* e *m.* Aztec.

azulène, *m.* (*chim.*) azulene.

azygos, *a.* (*anat.*) azygous.

azza, *f.* battle axe.

azzannare, *v. t.* to snap at; to bite*: **Il cane azzannò la carne**, the dog snapped at the meat; **Il cinghiale l'azzannò a una gamba**, the boar bit him in the leg.

azzannata, *f.* **1** (*morso*) bite **2** (*segno*) scar.

azzannatura, *f.* bite mark.

azzardare, A *v. t.* to risk; to hazard. **azzardarsi B** *v. rifl.* to dare.

azzardato, *a.* hazardous; risky.

azzardo, *m.* hazard; risk. ● **giocare d'a.**, to gamble □ **gioco d'a.**, game of chance.

azzardóso, *a.* **1** (*di persona*) reckless: **È sempre stato un uomo a.**, he's always been a reckless man **2** (*di cosa*) risky; hazardous; dicey (*fam.*): **un'impresa azzardosa**, a risky undertaking.

azzeccagarbugli, *m.* (*spreg.*) pettifogger.

azzeccare, *v. t.* **1** (*indovinare*) to guess **2** (*riuscire*) to succeed **3** (*centrare*) to strike* fair and square: **Gli azzeccò una sassata in fronte**, the stone he threw struck him fair and square on the forehead. ● (*fam.*) **azzeccarci**, to get it; to guess right: **Per quanto ci pensi non ci azzecco**, no matter how hard I think, I still can't get it; **Bravo! ci hai azzeccato!**, well done! you've got it! □ (*fig.*) **azzeccarla**, to hit the mark □ (*fig.*) **Ho azzeccato due numeri al lotto**, I've drawn two winning numbers in the lottery.

azzeccato, *a.* **1** appropriate; perfect: **risposta azzeccata**, appropriate answer; perfect answer **2** well aimed; accurate: **un colpo a.**, an accurate blow **3** well chosen: **un colore a.**, a well chosen colour.

azzeraménto, *m.* **1** (*fis.*) zero setting **2** (*elettron.*) zero resetting **3** (*d'un cronometro*) flyback. ● **a. automatico**, self-zeroing; self-reset.

azzerare, *v. t.* **1** (*anche fis.*) to (set* to) zero **2** (*elettron.*) to clear.

azzeruòlo, *V.* **lazzeruòlo**.

àzzima, *f.* unleavened bread; azyme.

azzimare, A *v. t.* to adorn; to spruce up; to titivate (*fam.*). **azzimarsi B** *v. rifl.* to spruce up; to titivate (oneself) (*fam.*).

azzimato, *a.* spruce; spruced up; dressed up.

àzzimo, A *a.* unleavened; azymous. **B** *m.* unleavened bread; azyme.

azzittire, A *v. t.* to hush. **azzittirsi B** *v. rifl.* to become* silent.

azzonaménto, *m.* (*urbanistica*) zoning.

azzoppare, azzoppìre, A *v. t.* to lame: **a. un cavallo**, to lame a horse. **azzopparsi, azzoppirsi B** *v. rifl.* to become* (*o* to go*) lame: **Si azzoppì cadendo sotto un carro**, he became lame after falling under a waggon.

Azzòrre, *f. pl.* (*geogr.*) (the) Azores.

azzuffarsi, *v. rifl.* to come* to blows.

azzurràbile, *a.* e *m.* (*sport*) (one who is) eligible for the Italian national team.

azzurràggio, *m.* (*tecn.*) bluing.

azzurraménto, *m.* (*tecn.*) blooming.

azzurrare, A *v. t.* to colour (st.) blue. **azzurrarsi B** *v. rifl.* to become* (*o* to turn) blue.

azzurrato, *a.* blue-coloured; blue tinted: **occhiali azzurrati**, blue tinted glasses.

azzurrino, *a.* e *m.* pale (*o* light) blue.

azzurrità, *f.* **1** blueness **2** (*lett.*: *cielo aperto e luminoso*) clear blue sky.

azzurrite, *f.* (*miner.*) azurite.

azzurro, A *a.* **1** blue; azure (*poet.*): **il nostro bel cielo a.**, our beautiful blue sky **2** (*sport*) of (*o* concerning) the Italian national team **3** (*sport*: *di giocatore o atleta*) Italian: **gli sciatori azzurri**, the Italian skiers. **B** *m.* **1** blue; azure (*poet.*) **2** (*sostanza colorante*) blue **3** (*poet.*: *cielo*) sky **4** (*sport*) Italian athlete (*o* player); Italian soccer (*o* basketball, etc.) player. ● **gli azzurri**, the Italian (national) team □ **Il Principe A.**, Prince Charming.

azzurrógnolo, *a.* bluish.

b, B

B, b, *f. e m. (seconda lettera dell'alfabeto ital.)* B, b. ● *(tel.)* **b come Bologna**, b for Benjamin; b for Baker *(USA)*.
babà, *m. (cucina)* «baba» (sponge-cake steeped in a rum and sugar syrup).
babàu, *m.* bog(e)y; bugbear; bugaboo*.
babbèo, A *a.* foolish; stupid; simple. **B** *m.* numskull; dupe; simpleton; blockhead: **È proprio un gran b.**, he is a very numskull.
babbo, *m.* father; dad, daddy *(fam.)*; pop, pa *(USA)*.
babbomòrto, *m.* — **a b.**, against expectations of an inheritance (upon the death of one's father).
babbùccia, *f.* **1** *(calzatura orientale)* Turkish slipper; babouche **2** *(pantofola)* slipper **3** *(per neonati)* bootee.
babbuino, *m. (zool., Papio cynocephalus)* baboon. ● *(fig.)* **Quell'uomo è un b.**, that man is a donkey.
Babèle, *f. (geogr.)* Babel: **torre di B.**, Tower of Babel.
babèle, *f. (confusione)* babel; chaos. ● **Entro e vi trovo una b.**, I go in and find myself in a bear garden.
babèlico, *a.* chaotic; uproarious.
babilonése, *a., m. e f.* Babylonian.
Babilònia, *f. (geogr.)* Babylon.
babilònia, V. **babèle.**
babilònico, *a.* **1** Babylonic; Babylonian **2** *(fig.)* V. **babèlico.**
babirussa, *m. (zool., Babirussa babirussa)* babiroussa, babirus(s)a.
babòrdo, *m. (naut.)* port side; larboard.
baby *(ingl.)* **A** *m. e f.* baby. **B** *a.* child. ● **moda b.**, children's fashion ware; babyware.
baby-sitter *(ingl.), m. e f.* baby-sitter. ● **fare la** *(o* **il) baby-sitter**, to baby-sit.
babysitteràggio, *m.* baby-sitting.
bacare, *v. i.* **bacarsi,** *v. rifl.* to rot; to go* bad: **Quest'anno le mele si bacano tutte**, this year all the apples are rotting.
bacato, *a.* **1** worm-eaten; maggoty; rotten **2** *(fig.)* corrupt; rotten: **Quell'uomo è completamente b.**, that man is quite corrupt.
bacca, *f.* **1** *(bot.)* berry **2** *(grano di collana)* bead. ● **b. di biancospino**, haw.
baccalà, *m.* **1** dried salted cod **2** *(fig.: persona stupida)* blockhead; fool **3** *(fig.: persona magra)* beanpole *(fam.).* ● *(fig.)* **stare lì come un b.**, to stand there like a stuffed owl.
baccalaureato, *m.* baccalaureate.
baccanale, *m.* **1** *(pl., stor.)* Bacchanalia **2** *(fig.)* revelry; orgy.
baccano, *m.* clamour; infernal noise; racket: **fare un b. indiavolato**, to make an infernal noise.
baccante, *f. (anche fig.)* Bacchante; maenad.
baccarà, *m.* baccara(t).
baccarat *(franc.), m.* Baccarat glass.
baccellierato, *m.* bachelorship.
baccellière, *m.* bachelor.
baccèllo, *m.* pod; hull; shuck *(USA)*.
bacchétta, *f.* **1** stick; rod; *(di direttore d'orchestra)* baton; *(di tamburo)* drumstick **2** *(di saldatura)* welding iron **3** *(di fucile)* ramrod. ● **b. magica**, magic wand ☐ **comandare a b.**, to rule with an iron hand *(o* with a rod of iron).
bacchettare, *v. t.* to beat* with a stick.
bacchettata, *f.* blow with a stick.
bacchettìo, *m.* **1** stick **2** *(della frusta)* whip handle.
bacchettóne, *m.* **1** bigot; zealot **2** hypocrite; pious humbug.
bacchettonerìa, *f.* bigotry.
bacchiare, *v. t.* to beat* *(o* to knock) down (nuts, olives, etc.).
bacchiatura, *f.* **1** nut gathering **2** *(periodo)* nut-gathering time *(o* season).
bàcchico, *a.* Bacchic.
bacciforme, *a.* berry-shaped; bacciform.
Bacco, *m. (mitol.)* Bacchus. ● **Per B.!**, by Jove!; by jingo! *(fam.).*
bachèca, *f.* **1** glass showcase **2** *(riquadro appeso al muro)* notice board.
bachelite, *f. (marchio: chim.)* Bakelite.
bacheròzzo, *m.* **1** *(bruco)* worm; grub; maggot; caterpillar **2** *(fig., di una persona)* scum.
bachicoltóre, *m.* silk grower.
bachicoltura, *f.* silk-worm raising; silk growing.
baciamano, *m.* hand-kissing: **fare il b.**, to kiss sb.'s hand.
baciapile, *m. e f.* **1** bigot; zealot **2** hypocrite; pious humbug.
baciare, A *v. t.* **1** to kiss: **b. q. sulle labbra**, to kiss sb. on the mouth; **Non è degno di b. la terra che io calpesto**, he isn't worthy of kissing the ground I walk on; **b. la terra**, to kiss the ground in humiliation **2** *(lambire, toccare)* to kiss; to touch; to meet*: **L'orizzonte bacia l'onda**, the horizon meets the waves. ● *(fig.)* **b. la polvere**, to bite the dust ☐ **a rima baciata**, in rhyming couplets ☐ **Bacio le mani**, I greet you. **baciarsi, B** *v. rifl. recipr.* to kiss each other *(o* one another).
bacile, *m.* basin.
bacillare, *a. (biol.)* bacillary; bacteric; bacterial.
bacilliforme, *a.* bacilliform; rod-shaped.
bacillo, *m. (biol.)* bacillus*.
bacinèlla, *f.* **1** basin: *(ind. metallurgica)* **b. di colata**, pouring basin **2** *(fotogr.)* tray; dish.
bacinétto, *m.* **1** *(stor.)* basinet, basnet **2** *(anat.)* renal pelvis.
bacino, *m.* **1** *(recipiente)* basin; bowl **2** *(geogr., metall.)* basin: **b. d'un fiume**, river basin; **b. di colata**, sprue basin; **b. di raccolta**, catch basin **3** *(naut.)* dock: **b. di costruzione**, ship-building dock; **b. di carenaggio**, dry dock; graving-dock; **b. galleggiante**, floating dock; **b. di raddobbo**, graving-dock **4** *(med.)* pelvis. ● *(geol.)* **b. carbonifero**, coal-field ☐ *(miner.)* **b. di pompaggio**, sump ☐ **b. idrografico**, drainage area; basin ☐ *(naut.)* **uscita dal b.**, undocking.
bàcio, *m.* kiss; *(sonoro)* smack: **dare un b.**, to give a kiss; **b. della pace**, kiss of peace; **b. d'addio**, parting kiss; **b. di Giuda**, Judas' kiss; **mangiare q. di baci**, to smother sb. with kisses. ● **morire nel b. del Signore**, to die in the arms *(o* in the sight) of the Lord.
baciucchiare, V. **sbaciucchiare.**
baco, *m.* worm: **b. da seta**, silkworm.
bacologìa, *f.* silkworm growing.
bacològico, *a.* sericultural; silkworm *(attr.).*
bacòlogo, *m.* sericulturist.
Bacóne, *m. (stor. filos.)* Bacon.
bactèrio, e *deriv.* V. **batterio,** e *deriv.*
bacucco, A *a.* decrepit; *(rimbecillito)* doting. **B** *m.* dotard. ● **vecchio b.**, dotard; old fool.
bada, *f.* — **tenere a b. q.**, to keep sb. at bay.
badare, A *v. i.* **1** *(fare attenzione)* to be careful; to look out; to take* care; to mind: **Bada alla salute!**, be careful of your health!; **Bada che qui c'è un gradino**, look out, there's a step here; **Bada a quel che fai!**, be careful what you do!; **Bada di non cadere!**, mind you don't fall!; be careful not to fall!, watch your step!; **Bada di non romperlo!**, take care not to break it!; **Bada di non farti investire!**, take care you don't get run over!; **Bada, io non ti ho detto niente**, mind you, I never said a word to you **2** *(dare ascolto)* to pay* attention (to); to listen (to); to mark: **Bada a quel che ti dico!**, pay attention to what I'm telling you!; **Bada a me!**, listen to me!; **Badate alle mie parole!**, mark my words! **3** *(occuparsi, prendersi cura di)* to look after (sb.); to mind; to care for (sb.): **b. ai figlioli**, to look after the children; **Bada al bambino mentre sono fuori**, mind the baby while I'm out; **Bada ai fatti tuoi, io bada a me**, mind your own business, and I'll look after myself; **Non b. a spese!**, never mind the expense!; **Chi baderà all'orfanello?**, who will care for the orphan boy? **4** *(tenere d'occhio)* to watch; to keep* an eye (on): **Per favore, bada ai miei vestiti mentre faccio il bagno**, watch my clothes while I am bathing, will you? **5** *(accudire ad animali)* to look after; *(custodirli)* to tend, to watch (over), to keep*: **Bada alle sue galline con grande cura**, she looks after her hens with great

badéssa 1194

care; **i pastori che badavano alle greggi**, the shepherds tending their flocks; **Si guadagnava da vivere badando ai maiali**, he earned his living by keeping pigs **6** (*continuare a*) just to go* on; to go* right on: **Le donne badavano a ciarlare**, the women just went on chatting **7** (*pensare solo a*) only to think* of: **Non dovete b. solo a giocare**, you mustn't only think of playing. **B** *v. t.* **1** (*sorvegliare*) to look after: **Bada i bambini!**, look after the children! **2** (*custodire animali*) to tend; to watch (over): **b. le pecore**, to tend the sheep. ● **b. alla casa**, to run the house; (*di donna*) to be a housewife □ **una donna che bada solo alla sua casa**, the stay-at-home sort of woman □ **senza b. a**, regardless of: **senza b. a pericoli (a spese, ecc.)**, regardless of danger (of expense, etc.) □ **Bada veh!**, look out!

badéssa, *f.* abbess; Mother Superior.

badìa, *f.* abbey. ● **Casa mia, casa mia, benché piccola tu sia, tu mi pari una b.**, home, sweet home!; there is no place like home!

badiale, *a.* (*lett.*) **1** abbatial **2** (*di enormi proporzioni*) immense; huge **3** (*fig.: gioviale*) genial.

badilante, *m.* navvy.

badilata, *f.* **1** (*colpo dato col badile*) blow with a shovel **2** (*quantità di materiale*) shovelful.

badile, *m.* shovel.

baffo, *m.* **1** moustache: **Si era lasciato crescere i baffi**, he had grown a moustache; **Hai un b. più lungo dell'altro**, you've one moustache longer than the other **2** (*di animali*) whisker(s) **3** (*fig.: onda di prora*) bow wave. ● **(cosa) da leccarsi i baffi** (*st.*) to make one lick one's lips □ **ridere sotto i baffi**, to laugh up one's sleeve □ (*fam.*) **Mi fa un b.**, I don't give a damn; I couldn't care less □ **Hai un b. di carbone sulla fronte**, you've a streak of coal on your forehead.

baffuto, *a.* **1** moustached **2** (*di animale*) whiskered.

bagagliàio, *m.* (*ferr.*) luggage van; (*aeron.*) luggage compartment; (*autom.*) boot; trunk (*USA*).

bagàglio, *m.* luggage; baggage (*USA*): **bagagli a mano**, hand-luggage; **deposito bagagli**, left-luggage office; checkroom (*USA*). ● **armi e bagagli**, (*fig.*) arms and packs; (*fig.*) bag and baggage □ **disfare i bagagli**, to unpack □ **fare i bagagli**, to pack (*fig.*) **perdere armi e bagagli**, to lose lock, stock, and barrel □ **b.** (*borsa, ecc.*) **appresso**, carry-on bag □ (*fig.*) **un ricco b. di cognizioni**, a rich store of knowledge.

bagarinàggio, *m.* forestalment; forestalling; scalping (*USA*).

bagarino, *m.* forestaller; scalper (*USA*).

bagàscia, *f.* (*volg.*) whore; harlot.

bagattèlla, *f.* **1** trifle; bagatelle **2** (*mus.*) bagatelle. ● **L'assassino ha avuto la b. di dieci anni di reclusione**, the murderer has had the mere nothing of ten years in jail.

Bagdàd, *f.* (*geogr.*) Baghdad.

baggianata, *f.* (*discorso sciocco*) (piece of) nonsense; (*azione sciocca*) half-witted action.

baggiano, **A** *a.* foolish; doltish. **B** *m.* **1** (*sciocco*) fool; simpleton; dolt **2** (*contadino semplice e credulone*) yokel.

baghétta, *f.* (*guarnizione laterale su calze*) clock.

bàglio, *m.* (*naut.*) beam.

bagliòre, *m.* flash; glare; glow; gleam: **il b. del sole sull'acqua**, the glare of the sun on the water; **il b. del cielo al tramonto**, the glow of the sky at sunset; **un b. di speranza**, a gleam of hope.

bagnante, *m. e f.* bather.

bagnare, **A** *v. t.* **1** to bathe; to wet; (*immergere*) to dip; (*inzuppare*) to soak, to steep; (*inumidire*) to moisten, to dampen; (*spruzzare*) to sprinkle; (*annaffiare*) to water: **L'infermiera bagnò la ferita**, the nurse bathed the wound; **La faccia del bambino era bagnata di lacrime**, the baby's face was bathed in tears; **Bagnò la stoffa prima di portarla alla sarta**, she wet the material before taking it to the dressmaker; **Il bambino ha nuovo bagnato il letto**, the baby has wetted its bed again; **b. la penna nell'inchiostro**, to dip the pen into the ink; **b. il pane nel latte**, to soak bread in milk; **b. i panni prima di stirarli**, to damp the clothes before ironing them; **b. i fiori**, to water the flowers **2** (*di fiume*) to flow through; (*di mare, di lago*) to wash: **Il Po bagna molte città**, the Po flows through many towns; **Il mare bagnava le mura della città una volta, ma adesso è distante tre chilometri**, the sea washed the walls of the city once, but now it is three miles off. ● **b. i galloni (la laurea, ecc.)**, to celebrate one's commission (one's degree, etc.) □ **Il mio pane è stato sempre bagnato di sudore**, I have always earned my bread by the sweat of my brow. **bagnarsi**, **B** *v. rifl.* **1** (*in lago, in mare, ecc.*) to bathe: **Andava a b. nel fiume**, he used to bathe in the river **2** (*in vasca*) to take* (*o* to have) a bath; to bathe: **b. i piedi**, (*di proposito*) to bathe one's feet; (*per la pioggia o altro*) to wet one's feet **3** (*prendere la pioggia*) to get* wet (*o* soaked, drenched): **Uscì con quell'acquazzone e si bagnò tutto**, he went out in the pouring rain and got wet through (*o* drenched, soaked to the skin). ● **b. le labbra**, to moisten one's lips.

bagnaròla, *f.* **1** (*fam.: tinozza da bagno*) bath-tub **2** (*scherz., mezzo di trasporto in cattive condizioni*) old crock (*pop.*).

bagnasciuga, *m.* (*naut.*) water line.

bagnata, *f.* wetting. **Questa stoffa ha bisogno di una b. prima di tagliarla**, this material needs a wetting before it's cut. ● **dare una b.**, to sprinkle with water.

bagnato, **A** *a.* wet. ● **b. come un pulcino**, soaked to the skin □ **b. fradicio**, soaked; wet through □ **Se non è zuppa è pan b.**, it's six of one and half a dozen of the other. **B** *m.* damp (*o* wet) ground; wet. ● (*anche scherz.*) **Piove sul b.**, it never rains but it pours.

bagnatura, *f.* **1** bathing **2** (*cura di bagni*) course of baths **3** (*ind. tessile*) steeping. ● **prendersi una bella b.** (*o* **una b. in piena regola**) (*per la pioggia*), to get a soaking.

bagnino, *m.* bathing-attendant.

bagno, *m.* **1** (*per lavarsi o per cura*) bath: **Faccio il b. freddo tutte le mattine**, I take a cold bath every morning; **Prima d'andare a letto feci un b. caldo**, I had a hot bath before going to bed; **una cura di bagni**, a course of baths; **Guarì coi bagni**, he got better by taking baths **2** (*l'acqua del b.*) bathwater; bath: **Il b. è pronto**, your bath is ready **3** (*al mare e sim.*) bathe; swim: **Andiamo a fare un** (*o* il) **b.!**, let's go for a swim!; **Quando sono al mare faccio un b. la mattina e uno il pomeriggio**, when I am at the seaside, I have a bathe in the morning and one in the afternoon **4** (*stanza da b.*) bathroom: **Si chiuse nel b.**, he locked himself in the bathroom **5** (*chim.*) bath: **mettere a soluzione un b. di acido cloridrico**, to put the plate in a bath of hydrochloric acid **6** (*raro: vasca*) bathtub **7** (*ind. conciaria*) — **b. di rinverdimento**, soak; soaking **8** (*pl.: luogo dove si fanno i bagni*) baths: **bagni pubblici**, public baths; **andare ai bagni**, to go to the baths. ● **b. di vapore**, steam bath □ (*fotogr.*) **b. d'arresto**, stop bath □ (*ind. tessile*) **b. di colore**, dye bath □ (*mecc.*) **b. d'olio**, oil bath □ **b. di schiuma**, bubblebath □ **b. di sole**, sun bath □ (*metall.*) **b. di tempra**, quenching bath □ **b. penale**, penal settlement □ **andare ai bagni di mare**, to go to the seaside □ **calzoncini da bagno**, bathing suit □ **chi fa il b. nudo**, skinny-dipper (*fam.*) □ **costume da b.**, bathing costume; swimsuit □ **cuffia da b.**, bathing cap □ **fare il b. nudo**, to skinny-dip (*fam.*) □ **far fare il b. a q.**, to give a bath to sb.; to bath sb.; (*USA*) to bathe sb.: **Fa' fare il b. al bambino!**, bath the baby! □ **essere in un b. di sudore**, to be bathed in sweat □ **mettere q.c. a b.**, to put st. to soak □ **scaldare q.c. a b. maria**, to heat st. up in a bain-marie □ **stabilimento** (**per fare i**) **bagni**, (*per diletto*) bathing establishment; (*per cura*) spa □ **la stagione dei bagni** (*di mare*), the bathing season □ **Ti piacciono i bagni di mare?**, do you like sea-bathing? □ **Prima di cuocere i ceci, bisogna lasciarli a b. per ventiquattro ore**, before chick-peas can be cooked, they have to be soaked for twenty-four hours.

bagnomaria, *m.* bain-marie*; double saucepan; double boiler (*USA*): **cuocere a b.**, to cook in a bain-marie.

bagòrdo, *m.* carousal; revelry. ● **darsi ai bagordi**, to carouse □ **vivere nei bagordi**, to live a life of debauchery.

baguette (*franc.*), *f.* **1** rod; wand **2** (*abbigliamento*) clock: **b. di una calza**, stocking clock **3** (*oreficeria*) rectangular cut.

bah, *inter.* bah!; tut(-tut)!

bàia (1), *f.* (*geogr.*) bay.

bàia (2), *f.* joke. ● **dare la b. a q.**, to make fun of sb.

baiadèra, *f.* bayadere.

bailamme, *m.* hullabaloo; uproar.

bàio, *a. e m.* bay.

baiòcco, *m.* **1** «baiocco» (copper coin of small value) **2** (*pl.: quattrini*) dough (*pop.*). ● **Questo anello è falso: non vale un b.**, this ring is false: it's not worth twopence.

baionétta, *f.* bayonet: **B. in canna!**, fixed bayonets!; **assalto alla b.**, bayonet attack.

baionettata, *f.* bayonet thrust.

bàita, *f.* Alpine hut (*o* refuge).

balalàica, *f.* (*mus.*) balalaika.

balàscio, *m.* (*miner.*) balas (ruby).

balaùstra, **balaustrata**, *f.* banisters (*pl.*); balustrade.

balaustrino, *m.* (spring) bow compass.

balaùstro, *m.* (*archit.*) baluster.

balbettaménto, *m.* stammering; stuttering.

balbettare, *v. i. e t.* **1** to stammer; to stutter: **Balbettò alcune scuse**, he stammered some excuse **2** (*di bambino*) to babble: **Il bambino comincia a b.**, the baby is beginning to babble. ● **b. l'inglese**, to speak broken English □ **La nostra lingua ancora balbettava quando sorse Dante**, our language was still in its early stages when Dante was born.

balbettìo, *m.* stammering; babble.

balbùzie, *f.* stammer; stutter. ● **È affetto da b.**, he stammers.

balbuziènte, **A** *a.* stammering; stuttering. **B** *m. e f.* stammerer; stutterer.

Balcani, *m. pl.* (*geogr.*) (the) Balkans.

balcànico, *a.* Balkanic; Balkan *(attr.)*.
balcanizzare, *v. t. (polit.)* to Balkanize.
balcanizzazióne, *f. (polit.)* Balkanization.
balconata, *f.* **1** *(archit.)* balcony **2** *(di teatro)* gallery.
balcóne, *m.* balcony.
baldacchino, *m.* baldachin; canopy *(anche fig.)*.
baldanza, *f.* daring; boldness; *(fiducia in sé)* self-confidence: **la b. delle tue parole,** the daring of your words.
baldanzóso, *a.* bold; daring; dashing.
baldo, *a.* bold; daring; brave.
baldòria, *f.* carousal; loud merry-making. ● **far b.,** to carouse; to make merry.
Baldovino, *m.* Baldwin.
baldracca, *f. (volg.)* whore; harlot.
Baleari, *f. pl. (geogr.)* (the) Balearic Islands.
baléna, *f.* **1** *(zool., Balaena)* whale: **ossi** *(o* **stecche***)* **di b.,** whalebone **2** *(fig., spreg.)* elephantine person. ● *(zool.)* **b. bianca,** *(Delphinapterus leucas),* white whale; sea-canary *(pop.)* □ **caccia alla b.,** whaling □ *(fig.)* È **una b.,** she's a mountain of a woman.
balenaménto, *m.* flashing.
balenare, *v. i.* **1** *(impers.)* to flash with lightning; to lighten: **Balenò tutta la notte,** it lightened all night **2** *(fig.)* to flash: **Mi balenò un'eccellente idea,** an excellent idea flashed into *(o* through*)* my mind.
baleniéra, *f.* whaling-ship; whaler.
baleniére, *m.* whaler.
balenio, *m.* lightening; flashing.
baléno, *m.* flash; *(lampo)* flash of lightning. ● *(fig.)* **in un b.,** in a flash.
balenòttera, *f. (zool., Balaenoptera)* rorqual; razor-back.
balenòtto, *m.* whale-calf*.
balèra, *f.* public dance-hall.
balèstra, *f.* **1** crossbow **2** *(mecc.)* leaf spring **3** *(tipogr.)* galley.
balestrare, *v. t.* to shoot* with a crossbow.
balestriéra, *f.* loophole.
balestrière, *m.* crossbowman*.
balestrùccio, *m.* *(zool., Chelidon urbica)* house martin.
bàlia (1), *f.* wet nurse: **fare la b.,** to be a wet nurse. ● **b. asciutta,** nursemaid; nanny *(fam.)* □ **dare** *(o* **mettere***)* **un bambino a b.,** to put a child (out) to nurse □ *(fig.)* **tenere a b.,** to spin *(o* draw*)* out.
balia (2), *f.* power; authority: **avere (tenere) in propria b.,** to have (to hold) in one's power; **lasciare in b. di,** to leave in the power (o hands) of; **darsi** *(o* **mettersi***)* **in b. di q.,** to put oneself in the power (o hands) of sb. ● **in b. delle onde,** at the mercy of the waves □ **in b. della sorte,** in the hands of Fortune □ **in b. del vento,** at the mercy of the wind ● **essere in b. di se stesso,** to depend on one's own efforts.
baliàtico, *m.* **1** *(compenso corrisposto alla balia)* wet-nurse's wages *(pl.)* **2** *(bambino affidato a balia)* child* not at home.
balilla, *m. invar.* (nome dato ai ragazzi fra gli otto e i quattordici anni iscritti alle associazioni paramilitari fasciste) «balilla».
bàlio, *m. (stor.)* tutor.
balipèdio, *m. (mil.)* proving ground for artillery.
balista, *f. (stor.)* ballista*.
balistica, *f.* ballistics *(pl., col verbo al sing.)*.
balistico, *a. (mil.)* ballistic.
balistite, *f.* ballistite.
balivo, *m. (stor.)* bailiff.
balla, *f.* **1** bale **2** *(fig.: fandonia)* lie; (tall) story; tale; fib: **Non credere a questa notizia, è una b.,** don't believe this news, it's all lies.
ballàbile, A *a.* danceable; fit for dancing. **B** *m.* dance tune.
ballare, A *v. i.* **1** to dance: **b. dalla gioia,** to dance for joy **2** *(viaggiando per mare)* to toss about: **Le navi ballavano nella tempesta,** the ships tossed in the storm. **B** *v. t.* to dance: **b. una polka,** to dance a polka. ● **far b. i quattrini,** to spend money lavishly □ *(fig.)* **La giacca gli balla addosso,** his jacket hangs loosely □ *(fig.)* **Mi balla un dente,** I have a loose tooth.
ballata, *f.* **1** *(letter.)* ballad; ballade *(franc.)* **2** *(mus.)* ballade *(franc.):* **le ballate di Chopin,** Chopin's ballades.
ballatóio, *m.* gallery.
ballerina, *f.* **1** dancer **2** *(professionista)* ballerina; ballet-dancer: **la prima b. della Scala,** the prima ballerina at the Scala **3** *(scarpa)* ballet shoe; ballerina **4** *(zool., Motacilla)* wagtail **5** *(bot., Solanum nigrum)* black nightshade.
ballerino, A *m.* **1** dancer **2** *(professionista)* ballet-dancer: **b. da corda,** tight-rope walker. **B** *a.* dancing: **un orso ballerino,** a dancing bear. ● **terre ballerine,** quake country.
ballétto, *m.* **1** dance **2** *(teatr.)* ballet. ● **articoli (di vestiario) per b.,** dancewear □ *(spreg.)* **balletti rosa,** bisexual parties □ *(spreg.)* **balletti verdi,** homosexual parties.
ballista, *m. e f. (scherz.)* liar.

ballo, *m.* dance; ball; *(il danzare)* dancing: **Mi piace il b.,** I like dancing; **Vado al b. di Corte,** I am going to the Court ball; **Mi concedi questo b.?,** may I have the pleasure of this dance?; **Dopo l'opera ci sarà il b.,** after the opera there is the dance. ● *(med.)* **b. di S. Vito,** St. Vitus's dance □ **corpo di b.,** corps de ballet □ *(fig.)* **essere** *(o* **entrare***)* **in b.,** to be involved: **Qui entra in b. la mia reputazione,** here my reputation is involved □ **mettere** *(o* **tirare***)* **in b. q.c.,** to call st. in question □ **Entra in b. il solito discorso,** the usual topic comes up again □ *(prov.)* **Quando si è in b. bisogna ballare,** in for a penny, in for a pound.
ballonzolare, *v. i.* to skip about; to dance about; to shamble about: **Alla fiera c'era una folla di contadini davanti a un orso che ballonzolava,** at the fair there was a bear shambling about in front of a crowd of country people.
ballòtta, *f.* boiled chestnut.
ballottàggio, *m.* **1** second ballot; ballotage *(franc.)* **2** *(sport)* play-off.
balneare, *a.* bathing *(attr.):* **stagione b.,** bathing season; **stabilimento b.,** bathing establishment.
balneazióne, *f.* bathing; swimming: **divieto di b.,** bathing forbidden.
balneoterapìa, *f. (med.)* balneotherapy.
baloccare, A *v. t.* to keep* (sb.) amused (with st.). **baloccarsi, B** *v. rifl.* **1** to amuse oneself **2** *(passare il tempo in cose da nulla)* to trifle away one's time; to dawdle.
balòcco, *m.* **1** toy; plaything **2** *(fig.: trastullo)* pastime.
balordàggine, *f.* **1** dullness; stupidity; foolishness: **La sua b. mi dà fastidio,** his dullness annoys me **2** *(cosa, azione balorda)* stupid *(o* foolish*)* thing (to do). ● **Mi ha fatto una proposta che è una b.,** he made me quite an absurd proposal.
balórdo, A *a.* **1** *(sciocco)* foolish; doltish; dull: **un'impresa balorda,** a foolish undertaking **2** *(stordito)* queer; stupefied; peculiar: **sentirsi b.,** to feel queer **3** *(che promette male)* bad; unsound; nasty **4** *(rif. al tempo)* wretched. **B** *m.* dullard; dolt; simpleton.
balsa, *f.* balsa (wood).
balsàmico, A *a.* balsamic; balmy: **aria balsamica,** balmy air. **B** *m. (farm.)* balsam.
balsamina, *f. (bot., Impatiens balsamina)* balsam.
bàlsamo, *m.* **1** balm; balsam; *(rimedio)* remedy: **Per certi dolori l'olio caldo è un b.,** warm oil is a remedy for some pains **2** *(fig.: conforto)* balm; solace; comfort: **Le sue parole furono un b. per me,** his words were a balm for me.
bàlteo, *m. (mil.)* baldric.
bàltico, *a.* Baltic. ● *(geogr.)* **il (Mar) B.,** the Baltic (Sea).
baluardo, *m.* bulwark *(anche fig.);* bastion; rampart.
baluginare, *v. i.* to blink; to glimmer.
baluginio, *m.* blinking, glimmering.
balza, *f.* **1** crag **2** *(di veste femm.)* frill; flounce.
balzana, *f.* white sock.
balzano, *a.* **1** *(di cavallo)* with white fetlocks **2** *(fig.)* odd; quaint; queer. ● **un cervello b.,** a very odd person; an odd fish *(pop.)*.
balzare, *v. i.* to leap*; to bounce; to jump: **Il cuore mi balzava per la gioia,** my heart leaped for joy; **b. in piedi,** to jump to one's feet; **b. di sella,** to leap from the saddle; **b. dal letto,** to jump out of bed; **La fiera balza fuori dalla tana,** the beast leaps out of its den; *(fig.)* **Leggendo quella lettera la verità mi balzò subito agli occhi,** reading that letter the truth leapt before my eyes.
balzellare, *v. i.* to hop; to skip: **Il sassolino balzellò sull'acqua,** the pebble skipped along the surface of the water.
balzèllo, *m. (tassa)* heavy tax.
balzellóni, *avv.* by leaps; by bounds. ● **procedere a balzelloni,** to bounce along.
balzo (1), *m.* leap; bound; jump: **Con un balzo fu giù dal letto,** with a leap he was out of bed □ **Dalla miseria alla ricchezza è stato un bel b.,** it was a big jump from poverty to wealth. ● *(fig.)* **aspettare la palla al b.,** to wait for a favourable opportunity □ **camminare a balzi,** to walk jerkily □ *(fig.)* **cogliere la palla al b.,** to seize an opportunity □ **La palla diede un b. e precipitò nel pozzo,** the ball bounced and fell into the well □ **Il cuore mi diede un b.,** my heart missed a beat.
balzo (2), *m. (di terreno)* crag; cliff. ● **campi a balzi,** terraced fields.
bambàgia, *f.* **1** cotton wool **2** *(ind. tessile)* raw cotton; *(cascame)* cotton waste. ● *(fig.)* **tenere q. nella b.,** to coddle sb.
bambagina, *f.* cotton cloth.
bambina, *f.* little girl; child*; *(in fasce)* baby (girl).
bambinàia, *f.* nursemaid; nanny *(fam.)*.
bambinata, *f.* childish thing (to do); childish action.
bambineggiare, *v. i.* to behave like a child.
bambinésco, *a. (spreg.)* childish; infantile.
bambino, A *m.* little boy; child*; kid *(fam.);* *(in fasce)* baby(boy): **fare il b.,** to behave like a child; **lasciarsi guidare**

come un b., to let oneself be managed like a child. ● **aspettare un b.**, to be expecting a baby □ **con quell'aria da b.**, with that childish manner. **B** *a.* immature; undeveloped: **mente bambina**, immature mind; *(fig.)* **scienza bambina**, undeveloped science.

bambinóne, *m.* big baby *(anche fig.)*.
bambocciata, *f.* childish action.
bambòccio, *m.* **1** *(bambino grassoccio)* bonny baby; chubby child* **2** *(semplicione)* big baby; simpleton **3** *(fantoccio)* rag doll.
bàmbola, *f.* doll: **giocare alle bambole**, to play with dolls.
bamboleggiare, *v. i.* **1** to behave like a child **2** *(rif. a donne)* to mince; to affect flightiness.
bambolòtto, *m.* **1** doll **2** *(bambino grassoccio)* chubby child*.
bambù, *m.* **1** bamboo* **2** *(bastone)* bamboo cane.
bambusàia, *f.* bamboo plantation.
banale, *a.* banal; commonplace; trivial. ● **una b. coincidenza**, a mere coincidence.
banalità, *f.* banality; triviality.
banalizzare, *v. t.* to banalize; to trivialize; to make* trivial.
banana, *f.* **1** banana **2** *(di capelli)* sausage curl; french twist.
bananéto, *m.* banana plantation; banana grove.
bananièra, *f.* banana-boat.
bananièro, **A** *a.* banana *(attr.)*. **B** *m.* banana grower.
banano, *m.* *(bot., Musa sapientum; Musa paradisiaca)* banana (tree).
banca, *f.* bank: **biglietto di b.**, bank note; **b. d'emissione**, bank of issue; bank of circulation. ● **a mezzo b.**, by banker.
bancàbile, *a.* bankable. ● **non b.**, unbankable.
bancale, *m.* **1** *(sedile)* bench; settle **2** *(tecn.)* bed: **b. di tornio**, lathe bed.
bancarèlla, *f.* stall; booth; *(di libri)* bookstall.
bancarellista, *m. e f.* stall-keeper.
bancàrio, **A** *a.* banking; bank *(attr.)*: **operazione bancaria**, banking transaction. ● **assegno b.**, cheque; check *(USA)* □ **istituto b.**, bank □ **sportello b. esterno**, walk-up bank counter. **B** *m.* bank clerk; bank employee.
bancarótta, *f.* **1** *(leg.)* bankruptcy **2** *(fig.: disastro finanziario)* smash. ● *(leg.)* **fare b.**, to go bankrupt.
bancarottière, *m.* bankrupt.
banchettante, *m. e f.* banqueter; banqueteer.
banchettare, *v. i.* to banquet; to feast.
banchétto, *m.* banquet: **offrire un b. a q. (in onore di q.)**, to give a banquet for sb. (in honour of sb.). ● *(stor.)* **L'Italia infine poté sedere anch'essa al b. delle nazioni**, at last Italy was able to sit at the table of nations.
banchière, *m.* banker.
banchiglia, *f. V.* **banchisa**.
banchina, *f.* **1** *(naut.)* quay; wharf*; *(prominente)* pier **2** *(piattaforma)* platform **3** *(di strada: per pedoni)* footpath; *(per ciclisti)* cyclists' path; bike path. ● *(naut.)* **diritti di b.**, quayage.
banchisa, *f.* ice pack; ice foot*.
banchista, **A** *m.* barman*. **B** *f.* barmaid.
banco, *m.* **1** *(in pochi casi: panca)* bench: **b. dei magistrati**, magistrates' bench; **i banchi dei rematori**, the rowers' benches *(o the thwarts)* **2** *(di vendita, in un negozio)* counter; *(all'aperto)* street stall **3** *(tavolo per scrivere)* desk: **Gli scolari erano seduti ai loro banchi**, the pupils were sitting at their desks **4** *(d'artigiano)* worktable; bench: **il b. del falegname**, the carpenter's bench; **il b. del calzolaio**, the cobbler's worktable **5** *(ind.)* bench; table; stand: **b. di collaudo**, test bench; test stand; **b. di controllo**, inspection table; *(ind. tessile)* **b. del pettine**, hackling bench; **b. di taratura**, calibrating table **6** *(ind. tessile)* frame: **b. a fusi**, fly frame; spindle frame; **b. per stoppino**, roving frame; rover **7** *(banca)* bank: **il B. di Napoli**, the Bank of Naples **8** *(al gioco)* bank: **tenere (perdere) il b.**, to hold (to lose) the bank; **far saltare il b.**, to break the bank **9** *(seggio al Parlamento)* bench: **i banchi del Governo**, the Government Bench; **applausi da tutti i banchi**, applause from all the benches **10** *(geogr.)* bank: **b. di nubi**, bank of clouds; **b. di nebbia**, fog bank; **b. di sabbia**, sandbank; **i Banchi di Terranova**, Newfoundland Banks **11** *(ind.: di una macchina)* bed **12** *(min.: giacimento)* seam. ● *(leg.)* **b. degli accusati**, dock □ *(leg.)* **b. della difesa**, defence counsel's seats □ *(leg.)* **b. della giuria**, jury box □ **b. (del) lotto**, State lottery office □ **b. dei pegni**, pawnbroker's (shop); pawnshop □ *(leg.)* **b. dei testimoni**, witness box; stand *(USA)* □ **b. di chiesa**, pew □ **b. di corallo**, coral reef □ **b. di ghiaccio**, ice pack □ **b. di prova**, test stand; *(fig.)* acid test □ **b. di scuola**, desk; *(panca per più studenti)* form □ **un b. di spugne**, a bed of sponges □ **accomodare una faccenda sotto b.**, to settle st. under cover *(o* secretly*)* □ **passare q.c. sotto b.** *(metterla a tacere)*, to hush st. up □ **passare q.c. a q. sotto b.**, to pass st. to sb. under the counter □ **roba di sotto b.**, under-the-counter goods □ **sedere a b.**, to sit in judgement □ **sedere sul b. degli accusati**, to be in the dock □ *(fig.)* **tenere q.c. sotto**

il b., to keep st. under one's hat □ **vendere q.c. sotto b.**, to sell st. under the counter.
Banco, *m.* *(letter.)* Banquo.
bancogiro, *m.* *(comm.)* giro; money transfer.
bancóne, *m.* **1** *(in uffici e negozi)* counter **2** *(tipogr.)* case rack.
banconière, *m.* barman*.
banconista, **A** *m.* barman*. **B** *f.* barmaid.
banconòta, *f.* bank note; note; bill *(USA)*.
banda (1), *f.* **1** side: **da b. a b.**, from one side to the other; through and through; **passare da b. a b.** *(con una spada)*, to run through (with a sword); **Accorse gente da tutte le bande**, people rushed from every side **2** *(naut.)* board. ● **mettere da b. q.c.**, to put st. aside □ *(naut.)* **andare alla b.**, to heel.
banda (2), *f.* **1** *(araldica)* bend **2** *(di stoffa)* band; stripe **3** *(fis.)* band: **spettro a bande**, band spectrum; **b. di frequenza**, frequency band; **b. passante**, passband. ● *(aeron.)* **b. d'atterraggio**, landing strip □ *(elab.)* **b. perforata**, paper tape; punch tape; perforated tape.
banda (3), *f.* **1** *(di uomini armati)* band; gang: **bande irregolari**, rebel bands; **b. di briganti**, gang of brigands **2** *(di suonatori)* band: **b. militare**, military band.
bandèlla, *f.* **1** *(di porta)* hinge **2** *(elettr.)* bus bar **3** *(metall.)* strap; strap-iron; hoop-iron **4** *(di libro: risvolto)* jacket-flap.
banderuòla, *f.* **1** vane; wind vane; weathercock **2** *(fig.: persona volubile)* turncoat; timeserver; weathercock. ● **essere una b.**, to play fast and loose.
bandièra, **A** *f.* flag; banner *(anche fig.)*; colours *(pl.)*: **battere b. inglese (francese, ecc.)**, to fly the English (the French, etc.) flag; **b. a mezz'asta**, flag at half mast; **a bandiere spiegate**, with flying colours; **la b. della libertà**, the banner of liberty; **b. di quarantena**, yellow flag; **abbandonare (o disertare) la b.**, to desert one's colours; **ammainare la b.**, to lower the flag; **issare la b.**, to hoist the flag; to raise the banner; **spiegare una b.**, to unfurl a flag. ● *(naut.)* **b. di segnalazione**, pennant □ **aiutante di b.**, ensign □ *(fig.)* **mutare b.**, to change sides; *(cambiare opinione)* to change one's mind □ *(fig.)* **portare alta la b. del proprio paese (della propria squadra, ecc.)**, to do one's country (one's team, etc.) honour □ **rosso b.**, pillar-box red □ **verde b.**, kelly green.
bandieràio, *m.* *(chi fabbrica bandiere)* flag maker; *(chi vende bandiere)* flag seller *(o* merchant*)*.
bandierina, *f.* *(sport)* flag. ● **tiro dalla b.** *(calcio d'angolo)*, corner(-kick).
bandinèlla, *f.* *(asciugamano a rullo)* roller-towel.
bandire, *v. t.* **1** *(notificare, indire)* to publicize; to publish; to proclaim; to announce: **b. q.c. ai quattro venti**, to publish st. to the four winds; **Per la scelta del modello (del monumento) si bandirà il concorso tra gli artisti italiani**, the competition for the choice of the sketch (for the monument) will be publicized among the Italian artists **2** *(vietare, mettere da parte)* to ban; to banish: **b. la caccia**, to ban hunting; **usanze e parole da b. per sempre**, customs and words to be banished once and for all **3** *(esiliare)* to expel; to banish: **Lo hanno bandito dal loro circolo**, they have expelled him from their group.
bandista, *(mus.)* **A** *m.* bandsman*. **B** *f.* bandswoman*.
bandistico, *a.* band *(attr.)*.
bandita, *f.* preserve. ● **cacciare in b.**, to poach.
banditismo, *m.* banditry; brigandage.
bandito, **A** *a.* banished. **B** *m.* outlaw; bandit*; brigand: **capo b.**, bandit chief.
banditóre, *m.* **1** (public) crier **2** *(nelle vendite all'asta)* auctioneer; vendue crier *(USA)*. ● *(fig.)* **b. della verità**, supporter of the truth.
bando, *m.* **1** *(pubblico annuncio, decreto)* proclamation; ban **2** *(esilio)* banishment: **pena di b.**, sentence of banishment; **mandare in b. perpetuo**, to send into banishment for life; to banish for life. ● **b. di concorso**, announcement of a competitive examination □ *(comm.)* **b. di gara**, call for bids □ **mettere al b.**, to outlaw □ **B. alle cerimonie!**, away with ceremony! □ **B. alle chiacchiere!**, cut the cackle! *(fam.)*.
bandolièra, *f.* *(mil.)* bandoleer. ● **a b.**, baldric-wise; slung across the shoulder.
bàndolo, *m.* end of a skein. ● *(fig.)* **perdere il b. (della matassa)**, to get mixed up; *(fig.)* **trovare il b. (della matassa)**, to find the clue to the problem.
bandóne, *m.* **1** *(lastra di metallo)* sheet metal **2** *(saracinesca)* (rolling) shutter.
bànjo, *m.* *(mus.)* banjo*.
bantu, *a.*, *m. e f.* Bantu.
baobàb, *m.* *(bot., Adansonia digitata)* baobab; monkey-bread.
bar (1), *m.* **1** bar **2** *(mobile)* cocktail cabinet.
bar (2), *m.* *(fis.)* bar.
bara, *f.* coffin; bier. ● **avere un piede nella b.**, to have one foot in the grave.
Barabba, *m.* *(Bibbia)* Barabbas.

barabba, *m.* (*manigoldo*) rascal; rogue.
baracca, *f.* **1** hut; shanty; hovel: **una b. di legno,** a wooden hut; **È povera gente, abita in una b.,** they are poor people, they live in a hovel **2** (*fig.: casa, famiglia, impresa, ecc.*) family; home; business: **La b. non regge,** the business is going to pieces; **Chi aiuta la b. è lo zio,** the person who helps the family is our uncle **3** (*baldoria, bisboccia*) revelry; merrymaking. ● **far b.,** to revel; to roister □ **piantare b. e burattini,** to clear up; to give up everything □ **stentare a mandare avanti la b.,** to struggle to make both ends meet.
baraccato, *m.* hut-dweller; shanty-dweller.
baraccone, *m.* booth; large tent: **i baracconi della fiera,** the booths of the fair.
baraonda, *f.* hurly-burly; hullabaloo; bustle; hustle.
barare, *v. i.* to cheat (*anche fig.*).
bàratro, *m.* **1** abyss; chasm **2** (*fig.*) abyss; depths (*pl.*): **b. di disperazione,** abyss of despair. ● **b. infernale,** Hell; (the) Abyss □ **b. di dolori,** no end of grief.
barattare, *v. t.* to barter; to swap (*fam.*): **Vuoi b. il tuo cane con il mio?,** do you want to swap your dog for mine?
baratteria, *f.* barratry.
barattiere, *m.* **1** barrator; barrater **2** (*truffatore*) swindler; cheat.
baratto, *m.* (*comm.*) barter. ● **fare b. di una cosa con un'altra,** to barter one thing for another □ **Tu mi proponi un ignobile b.!,** you are making me an ignoble proposition!
baràttolo, *m.* jar; pot; (*di latta*) tin; can (*USA*).
barba, *f.* **1** beard: **Aveva la b. di una settimana,** he had a week's growth of beard; **farsi crescere la b.,** to grow a beard **2** (*bot.*) root: **mettere le barbe,** to take root **3** (*fig.: cosa noiosa*) bore **4** (*peli sul muso di animali*) barb; beard **5** (*di penna di uccello*) barb **6** (*di alcuni cereali, anche*) awn **7** (*di libri*) deckle edge. ● **e capelli,** shave and haircut □ (*di notizie*) **avere la b. lunga,** to be stale □ **un dottorone con tanto di b.,** an eminent doctor; a doctor of great merit □ **fare la b. a q.,** to shave sb.; (*fig.*) to overcome sb. □ (*fig.*) **far venire la b. a q.,** to be very boring □ **farsi la b.,** to shave (oneself) □ **in b. a q.,** in defiance of sb.; in spite of sb. □ **notizie con tanto di b.,** stale news □ (*fig.*) **servire q. di b. e capelli,** to dress sb. down □ **Non voglio aspettare di avere la b. bianca,** I don't want to have to wait till the cows come home □ **Che b.!,** how boring! □ **Che b. d'un uomo!,** what a bore!
barbabiètola, *f.* (*bot., Beta vulgaris*) beet. ● **b. da zucchero,** sugar beet.
Barbablù, *m.* Bluebeard.
barbacane, *m.* (*stor. mil.*) barbican.
barbaforte, *m.* (*bot., Armoracia rusticana*) horseradish.
barbagianni, *m.* **1** (*zool., Tyto alba*) barn owl **2** (*fig.: uomo sciocco e balordo*) dolt; blockhead.
barbàglio, *m.* dazzling light; dazzle.
barbarèa, *f.* (*bot., Barbarea vulgaris*) rocket.
barbarésco, A *a.* **1** barbaric; barbarian **2** (*della Barberia*) Barbaresque. B *m.* **1** (*abitante della Barberia*) Barbaresque **2** (*cavallo della Barberia*) Barbary horse; barb.
barbàrico, *a.* barbaric; barbarian: **le invasioni barbariche,** the barbarian invasions.
barbàrie, *f.* **1** (*arretratezza, inciviltà*) barbarity, barbarism: **tribù ancora allo stato di barbarie,** tribes still in a state of barbarism **2** (*crudeltà*) barbarity; cruelty: **Questo non è un castigo, è una b.,** this isn't punishment; this is a outright cruelty.
barbarismo, *m.* barbarism.
bàrbaro, A *a.* **1** barbaric; barbarous; heathen: **Predicò il cristianesimo fra i popoli barbari,** he preached Christianity among the heathen **2** (*fig.*) uncivilized; (*di stile*) unpolished: **Sono mode barbare,** they are uncivilized habits; **Scrive con uno stile b.,** he writes in an unpolished style. ● **voci barbare,** foreign words □ **Che b. destino è il mio!,** what a cruel fate I have. B *m.* barbarian: **le invasioni dei barbari,** the invasion of the barbarians.
barbatèlla, *f.* (*agric.*) rooted cutting.
barbato, *a.* (*bot.*) barbate.
barbazzale, *m.* curb.
barbèra, *f.* «barbera» (a kind of Piedmontese red wine).
Barberìa, *f.* Barbary. ● **organetto di B.,** barrel-organ.
bàrbero, *m.* barb; Barbary horse; racing horse. ● (*fam.*) **correre come un b.,** to run like a hare.
barbétta, *f.* **1** short beard **2** (*stor. mil.*) barbette **3** (*naut.*) painter **4** (*zool.: di cavallo*) fetlock. ● **b. a punta,** goatee.
barbicare, *v. i.* to take* root; to strike* root.
barbière, *m.* barber. ● (*nelle insegne*) barbershop.
barbierìa, *f.* (*dial.*) barbershop.
barbificare, *v. i.* to take* root.
barbìglio, *m.* **1** (*di pesce*) barbel **2** (*di gallinaceo*) wattle.
barbino, *a.* poor; ghastly (*fam.*): **fare una figura barbina,** to cut a poor figure.
barbitonsóre, *m.* (*scherz.*) barber.
barbitùrico, (*farm.*) A *a.* barbituric. B *m.* barbiturate; downer (*fam.*).
barbiturismo, *m.* (*med.*) barbiturate poisoning.
barbo, *m.* (*zool., Barbus barbus*) barbel.
barbògio, A *a.* doting. B *m.* dotard.
barbóne, *m.* **1** long beard **2** (*cane*) poodle **3** (*vagabondo*) tramp; vagrant **4** (*bot., Bryonia dioica*) bryony.
barbóso, *a.* (*fam.*) boring.
barbugliamento, *m.* mumbling; stammering; faltering.
barbugliare, A *v. t. e i.* to mumble; to stammer; to falter. B *v. i.* (*gorgogliare*) to burble.
barbuglióne, *m.* mumbler.
bàrbula, *f.* (*zool.*) barbule.
barbuta, *f.* (*stor.: elmo*) barbute (tight helmet of the fourteenth and fifteenth centuries).
barbuto, *a.* bearded. ● **una donna barbuta,** a woman with a bit of a beard □ **un uomo b.,** a man wearing a beard; a beard (*pop. USA*).
barca (1), *f.* **1** boat: **b. a vapore,** steamboat; **b. a motore,** motor-boat; **b. a remi,** rowing boat; rowboat (*USA*); **b. a vela,** sailing boat; sailboat (*USA*); **b. da pesca,** fishing-boat; smack; **b. di salvataggio,** lifeboat; **La b. fa acqua,** the boat leaks **2** (*fig.*) ship; concern: **mandare avanti la b.,** to keep the ship afloat ● (*fig.*) **la b. di Pietro,** the Church.
barca (2), *f.* **1** (*bica*) stack **2** (*fig.: mucchio*) pile; stack; heap.
barcàccia, *f.* **1** old boat **2** (*palco a teatro*) stage-box.
barcaiòlo, *m.* boatman*; waterman*.
barcamenarsi, *v. rifl.* **1** (*non compromettersi*) to know* how to act without compromising; not to compromise oneself **2** (*tergiversare*) to beat* about the bush **3** (*destreggiarsi*) to manage (to get along). ● **sapersi barcamenare,** to know how to steer clear of trouble.
barcarizzo, *m.* (*naut.*) gangway.
barcaròla, *f.* (*mus.*) barcarol(l)e (*franc.*).
barcellonése, A *a.* of Barcelona. B *m. e f.* inhabitant of Barcelona.
barchétta, *f.* small boat.
barchino, *m.* (*naut.*) wherry; skiff.
barcollamento, *m.* staggering; tottering; reeling.
barcollare, *v. i.* **1** to stagger; to totter; to reel **2** (*fig.*) to be shaky.
barcollìo, *m.* staggering; tottering; reeling.
barcollóni, *avv.* staggeringly: **camminare b.,** to stagger along; to totter along.
barcóne, *m.* barge; scow.
barda, *f.* horse-armour.
bardana, *f.* (*bot., Arctium lappa*) burdock.
bardare, A *v. t.* **1** to harness **2** (*scherz.*) to dress up. **bardarsi,** B *v. rifl.* (*scherz.*) to dress up.
bardatura, *f.* **1** harness **2** (*fig.*) trappings (*pl.*); (*scherz.*) best clothes (*pl.*). ● **Mi sono messo la b. di gala,** I've put on my Sunday best.
bardo, *m.* bard.
bardolino, *m.* «bardolino» (a kind of Italian red wine).
bardòtto, *m.* **1** (*zool.*) hinny **2** (*fig.: apprendista*) apprentice.
barèlla, *f.* **1** (*per ammalati*) stretcher **2** (*per trasportare sassi, ecc.*) barrow; handbarrow **3** (*per processioni*) litter.
barellare, A *v. t.* to carry on a stretcher. B *v. i.* (*vacillare*) to stagger; to sway.
baréna, *f.* sandbank; sandbar.
barése, A *a.* of Bari. B *m. e f.* inhabitant of Bari.
bargiglio, *m.* wattle.
baria, *f.* (*fis.*) barye.
baricèntrico, *a.* (*fis.*) barycentric.
baricèntro, *m.* (*fis.*) barycentre; centre of gravity.
bàrico (1), *a.* (*fis.*) **1** (*della pressione*) pressure (*attr.*): **gradiente b.,** pressure gradient **2** (*del peso*) weight (*attr.*).
bàrico (2), *a.* (*chim.*) baric.
barìlaio, *m.* cooper.
barile, *m.* barrel; cask.
barilétto, *m.* **1** keg; cask: **un b. di vino,** a keg of wine **2** (*dell'orologio*) barrel; box.
barilòtto, *m.* **1** small cask; keg **2** (*di bersaglio*) bull's eye: **far b.,** to hit the bull's eye **3** (*fig.: persona piccola e tozza*) podge (*fam.*).
bàrio, *m.* (*chim.*) barium.
barióne, *m.* (*fis.*) baryon.
bariònico, *a.* (*fis.*) baryonic.
barisfèra, *f.* barysphere.
barista, A *m.* **1** barman* **2** (*chi possiede un bar*) barkeeper. B *f.* barmaid.
barite, *f.* (*miner.*) **1** (*ossido*) baryta **2** (*solfato*) barytes;

baritina

barite (*USA*).
baritina, *f.* (*miner.*) barite; barytes.
baritonale, *a.* baritone (*attr.*): **note baritonali**, baritone notes.
baritono, *m.* baritone.
barlume, *m.* glimmer, gleam (*anche fig.*): **un b. di speranza**, a gleam of hope.
Bàrnaba, *m.* (*Bibbia*) Barnabas.
barnabita, *m.* (*relig.*) Barnabite.
baro, *m.* cardsharper; cheat; swindler.
barocchétto, *m.* (*arte*) late Baroque.
barocchismo, *m.* Baroque mannerism.
baròccio, e *deriv.* V. **barròccio**, e *deriv.*
baròcco, A *a.* 1 Baroque 2 (*fig.*) queer; odd; grotesque. B *m.* Baroque: **B. piemontese**, Piedmontese Baroque.
baroccume, *m.* (*spreg.*) baroquerie.
barògrafo, *m.* barograph.
baròlo, *m.* «barolo» (a kind of Piedmontese red wine).
barometria, *f.* (*fis.*) barometry.
baromètrico, *a.* barometric.
baròmetro, *m.* barometer: **b. aneroide**, aneroid barometer. ● (*fig., scherz.*) **b. ambulante**, weather-prophet.
baronàggio, *m.* barony.
baronale, *a.* baronial: **titolo b.**, baronial title.
baronata, *f.* roguery; trickery.
baronato, V. **baronia**.
baróne, *m.* baron. ● **b. dell'industria** (*fig.*) captain of industry.
baronésco, *a.* baronial.
baronéssa, *f.* baroness.
baronétto, *m.* baronet (*davanti al nome*) Sir.
baronia, *f.* 1 barony 2 (*dignità di barone*) baronage.
barra, *f.* 1 bar: **b. d'oro**, gold bar; **oro in barre**, gold in bars 2 (*naut.: del timone*) helm; tiller: **B. al vento!**, weather the helm!; **B. sottovento!**, luff the helm!; **cambiare la b.**, to shift the helm; **mettere la b. sottovento**, to put the helm alee 3 (*ind., mecc.*) bar; rod: **b. d'accoppiamento**, tie rod; track rod; **b. di guida** (*di tornio*), pilot bar; **b. di rimorchio**, towbar; tow-rod; **b. di torsione**, torsion bar; **b. di trazione**, drawbar 4 (*del morso del cavallo*) bit; bar 5 (*in tribunale*) bar 6 (*segno grafico*) oblique stroke; slash 7 (*di sabbia alla foce di un fiume, ecc.*) bar. ● (*mat.*) 7/9 (**7 barra 9**), seven over nine.
barracano, *m.* barracan.
barracuda, *m.* (*zool., Sphyraena picuda*) barracuda*.
barramina, *f.* (*min.*) steel; drill bit.
barrare, *v. t.* to bar; (*recingere*) to fence.
barricadièro, *a.* revolutionary.
barricare, A *v. t.* to bar; to barricade: **b. la strada (la porta)**, to bar the way (the door). **barricarsi**, B *v. rifl.* to barricade oneself. ● (*fig.*) **Si è barricato nel silenzio**, he has entrenched himself behind a barrier of silence.
barricata, *f.* barricade. ● **fare le barricate**, to revolt □ (*fig.*) **dall'altra parte della b.**, on the other side; (*sport*) on the side of the opponent team.
barrièra, *f.* 1 (*sbarramento, ostacolo, anche fig.*) barrier: **barriere doganali**, customs barriers; **b. anticarro**, tank barrier; **b. del suono**, sound barrier 2 (*steccato*) fence; barrier; gate; (*stradale*) roadblock 3 (*fig.*) barrier; difficulty: **Col suo ingegno supererà ogni b.**, with a mind like his he'll overcome every difficulty 4 (*geol.*) - **b. corallina**, barrier reef: **la Grande B. corallina**, the Great Barrier Reef 5 (*equitazione*) jump. ● (*aeron.*) **b. d'arresto**, arrester gear □ **b. daziale**, tollgate.
barrire, *v. i.* to trumpet.
barrito, *m.* 1 trumpeting 2 (*fig.*) roar.
barrocciàio, *m.* 1 carter 2 (*fig.*) boor.
barroccino, *m.* gig.
barròccio, *m.* cart; wagon.
Bartolomèo, *m.* Bartholomew.
baruffa, *f.* brawl; scuffle; punch-up (*fam.*) ● **fare b.**, to brawl; to scuffle.
barzellétta, *f.* joke: **raccontare barzellette**, to crack (*o* to tell, to make) jokes. ● **buttare q.c. in b.**, to laugh st. off □ **pigliare q.c. in b.**, to make light of st.
basale, *a.* 1 (*relativo alla base*) basal 2 (*fondamentale*) basic; basal; fundamental.
basàltico, *a.* (*miner.*) basaltic.
basalto, *m.* (*miner.*) basalt.
basaménto, *m.* 1 (*piedistallo*) plinth; base 2 (*zoccolo di parete*) skirting-board 3 (*mecc.*) bed; bedplate 4 (*autom.*) crankcase.
basare, A *v. t.* to base; to found. **basarsi**, B *v. rifl.* to base oneself (up)on: **Una fede deve b. su q.c.**, a faith must be based on st.
basca, baschina, *f.* (*moda*) basque.
basco, A *a.* Basque. B *m.* 1 Basque 2 (*berretto*) beret.
bàscula, basculla, *f.* platform balance; platform scale.
basculante, *a.* (*edil.*) horizontally pivoted. ● **una porta b. per garage**, an overhead garage door.

base, A *f.* 1 base: (*mil.*) **b. avanzata**, advanced base; **b. aerea**, air base; (*mil.*) **b. d'operazione**, operation base; **b. navale**, naval base; **la b. del cranio**, the base of the skull; (*geom.*) **la b. d'una piramide**, the base of a pyramid; (*chim.*) **acidi e basi**, acids and bases 2 (*fondamenta*) foundations (*pl., anche fig.*): **la b. dell'edificio**, the foundations of the building; **le basi di un'impresa**, the foundations of an undertaking 3 (*crema per trucco*) foundation cream 4 (*fig.*) basis*: **la b. dell'argomento**, the basis of the discussion; **dieta a b. di proteine**, a diet with a basis of proteins 5 (*fig.: insieme degli iscritti di un partito e sim.*) (the) rank and file. ● **avere buone basi in matematica**, to have a good grounding in math □ **in b. a tali considerazioni**, on the basis of these considerations. B *a.* basic; base (*attr.*); starting; essential: **alimento b.**, basic food; essential nourishment; **prezzo b.**, base (*o* basis) price; (*nelle aste*) starting price; **stipendio (salario) b.**, basic (*o* base) salary (wages).
basétta, *f.* side whisker; sideburn (*USA*).
basettino, *m.* (*zool., Panurus biarnicus*) reedling; bearded tit.
basicità, *f.* (*chim.*) basicity.
bàsico, *a.* 1 (*basilare*) basic; essential 2 (*chim., geol.*) basic.
basilare, *a.* basic; fundamental; meat-and-potatoes (*fig., fam.*).
basilica, *f.* basilica*.
basilicale, *a.* basilican; basilical.
basilico, *m.* (*bot., Ocimum basilicum*) (sweet) basil.
basilisco, *m.* (*zool., Basiliscus; mitol.*) basilisk. ● (*fig.*) **occhi di b.**, basilisk eyes.
basire, *v. i.* to swoon; to faint.
basista, *m.* e *f.* 1 (*polit.*) (political) fundamentalist 2 (*gergo*) one who collects information to plan a crime.
basket (*ingl.*), *m.* (*sport*) basketball.
bassa, *f.* 1 plain; lowlands (*pl.*): **andare nella b.**, to go to the lowlands 2 (*gergo mil.*) pass: **b. di entrata**, entrance pass.
bassacórte, *f.* poultry-yard.
bassétto, *m.* (*mus.*) bass viol; **corno b.**, basset horn.
bassézza, *f.* 1 lowness; (*del terreno*) low altitude 2 (*di statura*) shortness 3 (*fig.*) baseness; lowness: **b. morale**, moral baseness 4 (*fig.: azione bassa*) base action: **andare avanti a forza di bassezze**, to get on by means of base actions. ● **Questa insinuazione è una b.**, this is a base insinuation.
basso (1), *a.* 1 low: **una bassa catena di monti**, a low range of mountains; **Ha la fronte bassa**, he has a low brow; **bassa frequenza**, low frequency; **bassa marea**, low tide; **un muro b.**, a low wall; **avere il polso b.**, to have a low pulse; **prezzi (salari) bassi**, low prices (wages); **una temperatura bassa**, a low temperature 2 (*di statura*) short: **un uomo b.**, a short man 3 (*d'acqua*) shallow: **acqua bassa**, shallow water 4 (*di suono*) low; deep; soft; (*mus.*) bass, low-pitched, deep-sounding: **parlare a bassa voce**, to speak in a low voice (*o* under one's breath); to speak softly; **le note basse di un violoncello**, the low notes of a 'cello 5 (*geogr.*) low; (*inferiore*) lower; (*posto in basso*) low-lying; (*merid.*) southern: **i Paesi Bassi**, the Low Countries; the Netherlands; **il b. Danubio**, the lower Danube; **il b. Egitto**, lower Egypt; **la parte bassa della città**, the low-lying part of the town; **la Bassa Italia**, Southern Italy 6 (*fig.*) low; base; vile: **un'azione bassa**, a base deed; **gente bassa**, low people; **agire per bassi motivi**, to act from base motives 7 (*inferiore*) lower; inferior: **le classi basse**, the lower classes; **il b. clero**, the lower clergy; **merce di bassa qualità**, inferior--quality goods 8 (*stor.: tardo*) late: **il B. Impero**, the Late Roman Empire; **il B. Medioevo**, the Late Middle Ages 9 (*abbassato*) lowered: **tenere gli occhi bassi**, to keep one's eyes lowered 10 (*autom.: di pneumatico*) soft. ● (*mil.*) **la bassa forza**, the ranks; the rank and file; (*naut.*) **the lower deck** 5 **b. latino**, Low Latin □ **bassa stagione**, off season □ (*mil.*) **bassa tenuta**, everyday uniform □ **b. ventre**, lower abdomen □ **un abito dalla scollatura bassa**, a low-necked dress □ (*relig.*) **altare b.**, side altar □ **a prezzo b.**, cheap; at a low price □ **avere la voce bassa** (*roca*), to be hoarse □ (*polit.*) **la Camera Bassa**, the Lower Chamber (*o* House) □ **di bassa origine**, of humble origin; baseborn □ **fare man bassa di**, to pilfer; to plunder; to loot □ **fiume b.**, lower stretch of a river □ (*fig.*) **essere trovarsi) in basse acque**, to be in low water □ **in questo b. mondo**, here below □ **mantenere i prezzi bassi**, to keep prices down □ (*relig.*) **Messa bassa**, Low Mass □ **oro b.**, low-grade gold □ (*comm.*) **praticare i prezzi più bassi**, to quote rock-bottom prices □ **tenere il capo b.**, to keep one's head down.
basso (2), *m.* 1 lower part; bottom 2 (*mus.*) bass: **b. baritono**, bass baritone; **b. continuo**, thorough bass 3 (*a Napoli, locale d'abitazione seminterrato*) «basso». ● **il b. della pagina**, the foot of the page □ **gli alti e i bassi della vita**, the ups and downs of life □ **cadere con la testa in b.**, to fall head first (*o* headlong) □ (*fig.*) **cadere in b.** (*degradarsi*) to fall low; (*di condizione sociale*) to come down in the world: **Non ero mai caduto così**

in b., I never fell so low as that □ (*mus.*) **chiave di b.**, bass clef □ (*fig.*) **far cadere q. in b.**, to bring sb. low □ **da** (*o* **a**) **b.**, downstairs: **Aspettami da b.**, wait for me downstairs □ **dal b. in alto**, from the bottom upwards □ **guardare q. dall'alto in b.**, to look down one's nose at sb. □ **squadrare q. dall'alto in b.**, to look sb. over from head to foot □ **Parecchie azioni industriali hanno raggiunto bassi senza precedenti**, several industrial shares have reached unprecedented lows.

basso (3), *avv.* low: **mirare (sparare) b.**, to aim (to shoot) low. ● «**b.**» (*su un collo di merci*), «this side down».

bassofóndo, *m.* **1** shallow(s); shoal **2** (*pl.*, *fig.*: *quartieri poveri*) slums **3** (*pl.*, *fig.*: *strati sociali inferiori*) dregs of society.

bassopiano, *m.* lowland.

bassorilièvo, *m.* (*arte*) bas-relief; basso-rilievo*. ● **scolpire in b.**, to sculpture in low relief.

bassòtto, **A** *m.* (*cane*) dachshund*; badger dog; sausage dog (*fam.*). **B** *a.* rather short.

bassotuba, *m.* (*mus.*) bass tuba.

bassura, *f.* (*geogr.*) lowland.

basta, *f.* **1** (*imbastitura*) tacking; long stitching **2** (*piega*) tuck: **scucire una b. in un vestito**, to let out a tuck in a dress.

bastante, *a.* sufficient; enough.

bastardo, **A** *a.* **1** bastard; illegitimate; natural: **figlio b.**, natural son **2** (*zool.*, *bot.*) hybrid; crossbred **3** (*fig.*: *spurio*) spurious; bastard: **locuzioni bastarde**, bastard language. ● **cane b.**, mongrel □ **lima bastarda**, bastard file. **B** *m.* **1** bastard; illegitimate (*o* natural) child*: **Sei un b.!**, you bastard!; you bugger! **2** (*di animale*) crossbreed.

bastardume, *m.* (*spreg.*) bastards (*pl.*).

bastare, *v. i.* **1** to be sufficient; to be enough; to suffice: **Questa tela non basta per una camicia**, this material is not enough for a shirt **2** (*durare*) to last: **Quel paio di scarpe deve b. (per) tutto l'inverno**, that pair of shoes must last all winter. ● **b. a se stesso**, to be self-sufficient □ **basta che**, provided that; so long as □ **non avere l'animo**, not to have the heart: **Non mi basta l'animo per dirglielo**, I haven't the heart to tell him □ **quanto basta**, all that is necessary; as needed □ **Basta!**, enough!; that will do! : **Basta! Ora parlo io**, that will do: it's my turn to speak, now □ **Basta, vedremo**, well, we'll see.

bastévole, *a.* (*lett.*) sufficient.

bastìa, *f.* stockade; entrenchment.

Bastìglia, *f.* (*stor.*) Bastille.

bastiménto, *m.* ship; vessel. ● **b. a vapore**, steamship.

bastióne, *m.* bastion; rampart.

basto, *m.* **1** packsaddle **2** (*fig.*) load; heavy burden. ● **b. rovescio**, gutter □ (*fig.*) **essere da b. e da sella**, to be able to turn one's hand to anything □ (*fig.*) **mettere il b.**, to tyrannize.

bastonare, **A** *v. t.* to beat*; to thrash; to cudgel: **b. di santa ragione**, to beat furiously; **b. alla cieca**, to beat blindly. **bastonarsi**, **B** *v. rifl. recipr.* to come* to blows.

bastonata, *f.* **1** blow (with a stick): **fare a bastonate**, to come to blows **2** (*fig.*: *batosta*) (severe) blow.

bastonatura, *f.* beating; thrashing; hiding (*fam.*): **Gli diede una solenne b.**, he gave him a sound beating.

bastoncèllo, *m.* (*anat.*) (retinal) rod.

bastoncìno, *m.* (small stick: **b. di liquerizia**, liquorice stick; **b. di zucchero**, sugar stick. ● (*cucina*) **bastoncini di pesce**, fish fingers □ **bastoncini da sci**, ski poles.

bastóne, *m.* **1** stick; (*da passeggio*) walking stick: **un colpo di b.**, a blow with a stick **2** (*fig.*) support: **Sei il b. della mia vecchiaia**, you are the support of my old age **3** (*pl.*: *nelle carte da gioco*) «bastoni» (*one of the suits of the Italian pack of playing cards*) **4** (*insegna di comando e araldica*) baton; staff: **b. di maresciallo**, marshal's (*USA:* general's) baton. ● **b. da montagna**, alpenstock □ **b. di comando**, staff of command □ **b. di ferro** (*o* animato), swordstick □ **b. vescovile**, pastoral staff; crosier □ (*fig.*) **mettere i bastoni tra le ruote a q.**, to put a spoke in sb.'s wheel; to rock the boat.

batàcchio, *m.* **1** (*pertica*) pole **2** (*di campana*) clapper **3** (*di porta*) door-knocker **4** (*fig.*: *persona balorda*) dullard; dolt.

batata, *f.* (*bot.*, *Ipomoea batatas*) sweet potato; yam (*fam. USA*).

batigrafìa, *f.* bathygraphy.

batimetrìa, *f.* bathymetry.

batìmetro, *m.* bathometer.

batiscafo, *m.* (*naut.*) bathyscaphe.

batisfèra, *f.* (*naut.*) bathysphere.

batista, *f.* batiste (*franc.*); cambric; lawn.

batòcchio, *m.* (*di campana*) clapper.

batometrìa, **batòmetro**, **batosfèra**, *V.* batimetria, batimetro, batisfera.

batoscòpico, *a.* (*geogr.*) bathymetric.

batòsta, *f.* (*brutto colpo*) blow; (*sconfitta*) defeat: **una bella b.**, a severe blow.

bàtrace, *m.* (*lett.*) batrachian.

batracomiomachìa, *f.* batrachomyomachy.

battage (*franc.*), *m.* (*pubblicità*) build-up.

battàglia, *f.* **1** battle (*anche fig.*); (*combattimento*) fight; (*lotta*) struggle: **b. navale**, naval battle; **b. decisiva**, decisive battle; **b. campale**, open-field battle; **nel pieno della b.**, at the height of the battle; **un esercito schierato a b.**, an army drawn up in battle array; **attaccare b. col nemico**, to engage the enemy in battle **2** (*pitt.*) battlepiece. ● (*fig.*) **b. elettorale**, election fight □ (*fig.*) **b. di interessi**, conflict of interests □ (*fig.*) **cavallo di b.**, pièce de résistance (*franc.*).

battagliare, *v. i.* to battle, to fight*, to struggle (*anche fig.*). ● (*fig.*) **Ha battagliato un po'**, **ma poi ha ceduto**, he resisted a little, but then he gave in.

battaglièro, *a.* pugnacious; warlike. ● **un re b.**, a warrior king.

battàglio, *m.* **1** (*di campana*) clapper **2** (*di porta*) door-knocker.

battagliòla, *f.* (*naut.*) guardrail; rail.

battagliòne, *m.* (*mil.*) battalion.

battellière, *m.* boatman*; waterman*; ferryman*.

battèllo, *m.* boat: **b. a remi**, rowing boat; rowboat (*USA*); **b. da pesca**, fishing boat; **b. di ronda**, patrol boat; **b. da traghetto**, ferry; ferryboat. ● **b. a vapore**, steamboat □ **b. pneumatico**, inflatable dinghy.

battènte, **A** *m.* **1** (*imposta: di porta*) leaf; wing; (*di finestra*) shutter **2** (*idraulica*) head **3** (*ind. tessile*) batten; sley **4** (*batacchio: di porta*) door-knocker **5** (*di orologio*) hammer **6** (*di boccaporto*) coaming. **B** *a.* **1** (*fig.*) beating; driving: **pioggia b.**, driving rain **2** (*di volo*) flapping; beating.

bàttere (1), **A** *v. t.* **1** to beat*; to strike*; to hit*; to knock; (*specialm.* con un bastone, con la frusta) to thrash; (*sferzando*) to lash; (*agitando*) to flap; (*leggermente*) to rap, to tap; (*il piede*) to stamp: **b. alla porta**, to knock at (*o* on) the door; to rap (at) the door; to tap at (*o* on) the door; **b. un chiodo**, to pound (*o* to knock in) a nail; **b. le ore**, to strike the hours; (*su una nave*) to strike the ship's bell; **L'orologio batté le dieci**, the clock struck ten; **Sono battute le dieci**, it has struck ten; **b. i piedi per terra** (*con forza*), to stamp one's feet; to stamp the ground; **b. la ritirata**, to beat a retreat; **b. la canapa**, to beat hemp; **b. q. sulla spalla**, to tap sb. on the shoulder; **b. un tamburo**, to beat a drum; **b. un tappeto**, to beat a carpet; **b. sulla tavola**, to rap on the table; **b. il tempo**, to beat time; **b. la testa contro il muro**, to knock (*o* to hit, to beat) one's head against the wall; **b. sui tasti** (*di una macchina da scrivere*), to tap the keys; **La pioggia batte sui vetri**, the rain is beating on the windowpanes; **the rain is lashing (against) the windowpanes; Le onde battono (contro) gli scogli**, the waves are beating against the rocks; **Il suo cuore batteva ancora**, his heart was still beating; **Il sole cocente batteva sulle loro teste**, the hot sun was beating down on their heads; **Smettila di b. quel povero ciuco!**, stop thrashing that poor donkey!; **L'uccello batteva le ali**, the bird was flapping its wings; **L'uccello batteva le ali contro le pareti della gabbia**, the bird was beating its wings against the sides of the cage; **Le vele battevano contro l'albero**, the sails were flapping against the mast **2** (*vincere*, *superare*) to beat*; to overcome*; to defeat: **L'ho battuto a biliardo**, I beat him at billiards; **b. il nemico**, to beat the enemy; **b. un concorrente**, to beat a rival; (*sport*) **b. il primato**, to beat the record **3** (*metall.*) to hammer; to beat* out: **b. un pezzo di metallo**, to hammer a piece of metal flat; **b. l'oro**, to beat out gold **4** (*coniare*) to strike*; to mint: **Questa medaglia fu battuta per commemorare l'incoronazione**, this medal was struck to commemorate the Coronation; **b. moneta**, to mint coin **5** (*trebbiare*) to thresh: **b. il grano a mano**, to thresh corn by hand **6** (*frequentare*) to frequent; (*percorrere*) to beat*; to scour: **b. i boschi**, to get off the point, to digress; **b. i mercati**, to frequent the markets; **b. un sentiero**, to beat a path **7** (*scrivere a macchina*) to typewrite; to type: **b. una lettera**, to type a letter **8** (*mil.*) to pound; to bombard: **La nostra artiglieria pesante batteva le mura della fortezza**, our heavy artillery was pounding the walls of the fort; **b. una città con le artiglierie**, to bombard a town **9** (*naut.*) to fly*: **b. bandiera nera**, to fly a black flag; **Quella nave batte bandiera olandese**, that ship is flying the Dutch flag **10** (*tennis*) to serve. ● (*fig.*) **b. l'acqua nel mortaio**, to flog a dead horse (*o* to waste one's efforts) □ (*naut.*) **b. bandiera di un altro paese**, to sail under false colours □ **b. cassa**, to ask for money □ (*fig.*) **b. il chiodo**, to hammer (*o* to drive) a point into the ground □ (*di motore*) **b. in testa**, to knock; to ping □ **b. il lino**, to swingle flax □ **b. le mani**, to clap one's hands; to applaud □ **b. i denti**, to chatter: **Batteva i denti dal freddo**, he was so cold, his teeth were chattering □ (*di una donna*) **b. il marciapiede**, to walk the streets □ **b. il naso in q.**, to run (*o* to bump) into sb. □ **b. gli occhi**, to blink (one's eye): **Mi batte l'occhio destro**, my right eye is blinking □ **b. l'occhio** (*strizzarlo*), to wink □ **b. q. a sangue**, to beat sb. up □ (*comm.*) **b.

bàttere (2)

una regione, to work a district □ (fig.) **b. sempre sullo stesso tasto**, to harp on the same string □ **b. sodo su q.c.** (insistere), to insist on it. □ (fig.) **b. una strada falsa** (o **una cattiva strada**), to go the wrong way; to take a wrong turn □ (fig.) **b. i tacchi**, to take to one's heels □ **b. la via dello studio**, to devote oneself to a life of study □ **b. la via del vizio**, to lead a life of vice □ **un luogo dove non batte mai il sole**, a spot where the sun never shines □ **non b. ciglio**, (non essere sorpreso) not to bat an eyelid; (non avere paura) not to flinch □ **non sapere dove b. il capo**, not to know which way to turn □ **Non capisco dove vada a b. il suo discorso**, I don't know what he is driving at □ **Vedremo, ora che hai fatto a modo tuo, dove andrai a b. il capo**, now you've had your own way, we'll see how you are going to end up □ **Batti e ribatti gliel'ha fatta**, he went at it hammer and tongs; and he succeeded at last □ (prov.) **Bisogna b. il ferro finché è caldo**, strike while the iron is hot. **bàttersi**, B v. rifl. **1** to beat* (oneself): **b. il petto**, to beat one's breast; (fig.) to repent **2** (combattere) to fight*: **b. a duello con q.**, to fight a duel with sb.; **b. fino all'ultimo**, to fight to the finish; **b. all'ultimo sangue**, to fight to the last. ● **battersela**, (scappare via) to take to one's heels; to beat it (fam.); (svignarsela) to take French leave: **Battitela!**, beat it! **C** v. rifl. recipr. to fight*: **I due eserciti si batterono accanitamente**, the two armies fought desperately.

bàttere (2), m. beating; thrashing: **un b. d'ali**, a beating of wings. ● **in un b. d'occhio**, in the twinkling of an eye.

batterìa, f. **1** (mil.) battery: **b. costiera**, coast battery **2** (fis.) battery; accumulator: **alimentare una b.**, to charge a battery; **b. d'avviamento**, starter battery **3** (mus.) drums (pl.) **4** (sport) heat. ● (elettr.) **a b.**, cordless: **un aspirapolvere a b.**, a cordless vacuum cleaner □ **b. da cucina**, set of kitchenware □ (fig.) **scoprire le proprie batterie**, to give the (whole) show away.

battericida, A m. bactericide. **B** a. bactericidal.

battèrico, a. bacteric; bacterial.

battèrio, m. (biol.) bacterium*.

batteriologìa, f. bacteriology.

batteriològico, a. bacteriological: **guerra batteriologica**, bacteriological warfare.

batteriòlogo, m. bacteriologist.

batterioterapìa, f. bacteriotherapy.

batterista, m. e f. (mus.) drummer.

battesimale, a. baptismal: **fonte b.**, (baptismal) font.

battésimo, m. **1** baptism (anche fig.): **ricevere il b.**, to receive baptism; to be baptized; **b. del fuoco**, baptism of fire; **b. di sangue**, blood baptism; martyrdom **2** (cerimonia) christening: **b. di una campana**, christening of a bell. ● **b. dell'aria**, first flight □ **fede di b.**, baptismal certificate □ **nome di b.**, Christian name □ **tenere a b.**, to stand godfather (o godmother): **Ricordati che ti tenni a b.**, remember I stood godfather to you □ **veste di b.**, christening robes.

battezzando, m. (relig.) child to be baptized (o christened).

battezzare, A v. t. to baptize; to christen. ● (scherz.) **b. il vino**, to water down wine □ **E questa la battezzeresti poesia?**, and you (would) call this poetry? **battezzarsi**, B v. rifl. **1** to be baptized (fig.) to give* oneself out (o to be): **Si battezzò principe**, he gave himself out to be a prince.

battezzatóre, m. baptizer.

battibaléno, m. flash; instant: **in un b.**, in a flash; in an instant.

battibécco, m. squabble; tiff.

batticarne, m. meat-pounder.

batticòda, f. (zool., Motacilla flava) yellow wagtail.

batticuòre, m. palpitation (of the heart); heart-pounding: **Mi hai fatto venire il b.**, you gave me the palpitations; you made my heart pound. ● **Che b.!**, what a scare (thrill, etc.)!

battifiacca, m. e f. slacker; sluggard; lazybones (fam.).

battifianco, m. stable-rail.

battìgia, f. water's edge; water line.

battilardo, m. chopping-board.

battilòro, m. gold-beater.

bàttima, V. battìgia.

battimano, m. hand-clapping; applause.

battimare, m. breakwater.

battiménto, m. **1** (raro) beating **2** (mecc.) striking.

battipalo, m. **1** (mecc.) pile-driver; rammer: **b. a vapore**, steam pile-driver **2** (operaio) (operator of a) pile-driver. ● **b. a mano**, handrammer.

battipanni, m. carpet-beater.

battipista, m. (sci) run-tracer.

battipòrta, m. **1** (batacchio) door-knocker **2** (doppia porta) double door.

battiscópa, m. (costr.) skirting-board.

battista, a., m. e f. (relig.) Baptist. ● **S. Giovanni B.**, St. John the Baptist.

battistèro, m. (archit.) baptistery.

battistrada, m. **1** leader; herald **2** (di pneumatico) tread; track: **b. liscio**, smooth tread; **b. scolpito**, engraved tread **3** (sport) pacer; pacemaker; pacesetter. ● **b. applicato**, cap □ **fare da b.**, to lead the way □ **fare da b. a q.**, to make way for sb.; to herald sb. □ **ricostruire il b.**, to retread.

battitappéto, m. carpet cleaner; carpet-sweeper.

bàttito, m. **1** pulsation; palpitation **2** (mecc.) pant; (anormale) rattle; (di biella, punteria, ecc.) knock(ing): **b. in testa**, knock; ping. ● **b. del cuore**, heartbeat □ **b. del polso**, pulse □ (fig.) **i battiti del mio cuore**, my heart-throbs □ **il b. di un orologio**, the ticking of a clock □ **b. delle palpebre**, blink □ (mecc.) **b. dello stantuffo**, piston slap □ **il b. delle tempie**, the throbbing of the temples.

battitóia, f. (tipogr.) planer.

battitóio, m. (ind. tessile) willow; (per lino, ecc.) scutcher; beater.

battitóre, m. **1** beater; (di grano) thresher **2** (tennis) server; (cricket) batsman*; (baseball) batter, hitter; (caccia) beater **3** (mil.) scout; explorer **4** (mecc.: di trebbiatrice) awner; (di macchina tessile) beater **5** (nelle aste pubbliche) auctioneer, barker.

battitura, f. **1** (percossa) beating **2** (del grano) threshing: **Faremo una festa il giorno della b.**, we'll have a party on threshing day **3** (ind. tessile) scutching. ● **b. a macchina**, typewriting.

bàttola, f. clapper.

battóna, f. (pop.) street-walker; tart (pop.).

battuta, f. **1** beat; beating **2** (dattilografia) stroke: **battute al minuto**, strokes per minute **3** (mus.) bar; (misura di tempo che dà il maestro dirigendo) beat **4** (caccia) beating **5** (tennis) service **6** (detto arguto) wisecrack; quip **7** (teatr.) cue **8** (fig.) **operazione di polizia** combing; roundup. ● (fig.) **b. d'arresto**, standstill □ **b. di mani**, clapping □ **b. di piedi**, stamping □ **avere la b. pronta**, to have a ready answer □ **in poche battute**, in a jiffy □ (naut.) **perdere una b. del remo**, to catch a crab.

battuto, A a. **1** beaten: **strada battuta**, beaten track **2** (fig.) overcome; beaten **3** (di metallo) hammered; beaten; (lavorato a martello) wrought: **ferro b.**, wrought iron; **oro b.**, beaten gold **4** (coniato) coined; minted. ● **carne battuta** (per ripieno), meat stuffing □ **un luogo b. dal sole**, a sunny spot □ **a spron b.**, at full gallop. **B** m. **1** (cucina) stuffing; forcemeat **2** (pavimento: di calcestruzzo) concrete pavement; concrete flooring; (di terra) beaten earth flooring.

batùffolo, m. **1** (di lana) flock; (di cotone) wad **2** (fig.) chubby baby, animal, etc.

bau, inter. bow-wow. ● **fare bau bau**, to bow-wow.

baùle, m. **1** trunk: **fare** (disfare) **un b.**, to pack (to unpack) a trunk **2** (autom.) boot; trunk (USA).

baulétto, m. (da donna) beauty-case.

baùtta, f. mask.

bauxite, f. (miner.) bauxite.

bava, f. **1** slaver; dribble **2** (di vento) breath (of wind) **3** (di baco da seta) (silk) filament **4** (mecc.) burr; fin **5** (metall.) flash **6** (pesca) leader. ● **con la b. alla bocca**, foaming at the mouth □ **fare la b.**, (dei bambini e dei vecchi) to dribble at the mouth; (essere in collera) to be mad with rage.

bavaglino, m. bib.

bavàglio, m. gag. ● **mettere il b. a q.**, to gag sb. (anche fig.).

bavarése, A a., m. e f. Bavarian. **B** f. (cucina) Bavarian cream.

bavèlla, f. (ind. tessile) floss silk.

bàvera, f. tippet.

bàvero, m. collar: **col b. alzato**, with one's collar turned up. ● (fig.) **prendere q. per il b.**, to pull sb.'s leg.

bavétta, f. (metall.) burr.

Bavièra, f. (geogr.) Bavaria.

bavósa, f. (zool., Blennius vulgaris) blenny.

bavóso, a. slavering; dribbling.

bazàr, m. bazaar.

bazùca, f. (mil.) bazooka.

bazza (1), f. good luck. ● **Che b.!**, what a piece of luck!

bazza (2), f. protruding chin.

bazzana, f. sheepskin; washleather.

bazzècola, f. (mere) trifle: **Voleva in prestito due milioni, una b.!**, he wanted to borrow two million, a mere trifle!

bàzzica, f. **1** (gioco di carte) bezique **2** (biliardo) pool.

bazzicare, v. t. e i. to frequent; to haunt: **Dimmi con chi bazzichi e ti dirò chi sei**, tell me whom you frequent and I'll tell you who you are; **Sono luoghi in cui bazzicano solo i cacciatori**, they are places frequented only by hunters.

bazzòtto, a. (di uovo) soft-boiled.

be' (1), V. **bèh**.

bè (2), inter. baa. ● **La pecora fa bè**, a sheep baas.

beante, a. open; gaping: **una ferita b.**, a gaping wound.

beare, A v. t. to make* (sb.) happy. ● **Il vostro sorriso mi bea l'anima**, your smile fills me with joy. **bearsi, B** v. rifl. to feel* happy; to delight (in): **Si bea a leggere questi libri**, he delights in

beat (ingl.), m., f. e a. beat.
beatificare, v. t. (relig.) to beatify: **Il Papa lo beatificò nel 1867**, the Pope beatified him in 1867.
beatificazióne, f. (relig.) beatification.
beatìfico, a. beatific: **una visione beatifica**, a beatific vision.
beatitùdine, f. beatitude; blessedness; bliss: **la b. delle anime in cielo**, the bliss of the souls in Paradise; **Mi ritirerò in una casina di campagna e lì vivrò in pace e b.**, I'll retire to a country cottage and live there in peace and bliss. ● (relig.) **le beatitudini**, the Beatitudes.
beato, A a. **1** blessed (anche scherz.); beatified: **Non riesco a pagare quel b. debito**, I can't pay off that blessed debt **2** (fig.) blissful; happy; lucky: **B. te!**, lucky you!; **In quei giorni beati non pensavo a nulla**, in those happy days I didn't think of anything. ● **vita beata**, care-free life. **B** m. – (relig.) **i beati**, the Blessed.
Beatrice, f. Beatrice, Beatrix.
bebè, m. baby.
beccàccia, f. (zool., Scolopax rusticola) woodcock.
beccaccino, m. (zool., Capella gallinago) snipe.
beccafico, m. (zool., Sylvia hortensis) beccafico*; fig-pecker. ● **grasso come un b.**, as fat as a goose.
beccàio, m. butcher (anche fig.).
beccamòrti, m. (spreg.) grave-digger; sexton.
beccare, A v. t. **1** to peck (at); to peck up: **b. il grano**, to peck the corn **2** (colpire col becco) to peck (at): **Il gallo mi ha beccato un dito**, the cock pecked my finger **3** (scherz.: mangiucchiare) to pick; to nibble **4** (fam.: sorprendere) to catch*; to get*: **Fu beccato sul fatto**, he was caught in the act **5** (fam.: buscare) to catch*; to get*: **b. due schiaffi**, to get a couple of slaps; **b. una polmonite**, to get pneumonia **6** (gergo teatr.) to hiss; to boo. **beccarsi, B** v. rifl. **1** (ottenere facilmente) to pick up; to walk off with: **Si è beccato una bella eredità**, he's picked up a large inheritance **2** (fam.: buscarsi) to catch*; to get*: **Beccati questo pugno!**, take this!; **Si è beccato un raffreddore**, he has caught a cold. **C** v. rifl. recipr. **1** to peck (at) each other: **I due galletti si beccavano**, the two cocks were pecking each other **2** (fig.: bisticciarsi) to squabble; to wrangle: **Suocera e nuora si beccano tutto il giorno**, daughter and mother-in-law squabble the whole day long.
beccastrino, m. hoe; mattock.
beccata, f. peck **2** (quantità presa col becco) beakful **3** (gergo teatr.) hiss; boo.
beccatèllo, m. **1** (archit.) bracket; corbel **2** (piolo di attaccapanni) peg.
beccatóio, m. seed-trough.
beccatura, f. pecking.
beccheggiare, v. i. (naut., aeron.) to pitch.
beccheggiata, f. (naut., aeron.) pitch.
becchéggio, m. (naut., aeron.) pitching.
beccheria, f. butcher's shop.
becchettare, A v. t. to peck away (at). **becchettarsi, B** v. rifl. recipr. **1** to peck (at) each other **2** (fig.) to squabble; to wrangle.
becchime, m. birdseed.
becchino, m. gravedigger; undertaker.
bécco (1), m. **1** beak; bill **2** (scherz.: bocca) mouth **3** (a gas) burner. ● **b. (di) Bunsen**, Bunsen burner **4** (di bricchi, ampolle, ecc.) lip; spout: **il b. della teiera**, the teapot spout. ● **bagnarsi il b.**, to wet one's whistle (fam.) ● **dare di b.**, to peck ● **mettere il b. in q.c.**, to poke one's nose into st. ● **non avere il b. d'un quattrino**, not to have a bean (pop.); to be (flat) broke (pop.) ● **Ecco fatto il b. all'oca!**, that's done!
bécco (2), m. **1** (caprone) billy goat **2** (pop., fig.) cuckold.
beccùccio, m. **1** (di bricchi, ampolle, ecc.) lip; spout **2** (per capelli) (spring-)clip.
bécero, m. (tosc.) boor; cad.
bècher (ted.), m. (chim.) beaker.
bedano, m. (tecn.) mortise chisel.
beduìna, f. lady's hooded evening cloak.
beduino, A a. Bedouin. **B** m. **1** Bedouin **2** (fig.) rough-looking person.
bèe, V. **bè (2)**.
befana, f. **1** Epiphany **2** «Befana» (ugly old woman who brings gifts on Epiphany eve) **3** (strenna) Epiphany present (o gift): **Questi tre libri saranno la tua b.**, these three books will be your Epiphany gift **4** (donna vecchia e brutta) ugly old woman*: **Si è sposato quella b.**, he married that ugly old woman. ● **Pare una b.**, she looks like an old witch.
bèffa, f. practical joke; jest: **Gli hanno fatto una b.**, they played a practical joke on him. ● **farsi beffe di q.**, to make a fool of sb.; to scoff at sb.
beffardo, a. derisory; scornful; mocking. ● **con un tono b.**, with a derisory tone.

beffare, A v. t. to mock; to make* fun of; to laugh at. **beffarsi, B** v. rifl. to scoff (at); to make* fun (of). ● **b. di q.c.**, not to give a hang (o a damn) about something: **Lui si beffa della legge**, he doesn't give a damn about the law.
beffatóre, m. mocker; scoffer.
beffeggiaménto, m. mocking, mockery; scoffing.
beffeggiare, v. t. to laugh at; to mock; to scorn; to scoff.
beffeggiatóre, m. (lett.) mocker; scorner; scoffer.
béga, f. **1** dispute; quarrel: **cercare b.**, to pick a quarrel **2** (affare intricato) trouble; troublesome task; nasty affair: **non volere beghe**, not to want any trouble.
beghìna, f. **1** (relig.) Beguine **2** (spreg.) bigot.
beghinàggio, m. **1** (relig.) beguinage **2** (spreg.) bigotry.
beghino, m. **1** (relig.) Beghard **2** (spreg.) bigot.
begliuòmini, m. (bot., Impatiens balsamina) balsam.
begònia, f. (bot., Begonia) begonia.
beguine (franc.) (ballo) beguine.
bèh, inter. (fam.) well: **Beh, cosa vuoi?**, well, what do you want?
behaviorìsmo, m. (psic.) behaviourism.
behaviorìsta, m. e f. (psic.) behaviourist.
behaviorìstico, a. (psic.) behaviouristic; behaviour (attr.).
bei, m. bey.
beige (franc.), a. e m. beige.
bel, m. (fis.) bel.
belare, v. i. **1** to bleat **2** (fig.: piagnucolare) to bleat; to whine.
belato, m. bleating.
bèlga, a., m. e f. Belgian.
Bèlgio, m. (geogr.) Belgium.
Belgrado, f. (geogr.) Belgrade.
bèlla, f. **1** (donna b.) beautiful woman*; belle **2** (fidanzata) girlfriend; sweetheart **3** (bella copia) fair copy **4** (al gioco, sport) (the) last round. ● (bot.) **b. di giorno** (Convolvulus tricolor), dwarf morning-glory □ (bot.) **b. di notte** (Mirabilis jalapa), four-o'clock.
belladònna, f. (bot., Atropa belladonna) deadly nightshade; belladonna.
bellétta, f. (lett.: fanghiglia) mire; slime.
bellétto, m. **1** cosmetic(s); make-up **2** rouge **2** (fig.) artifice. ● **darsi il b.**, to make up one's face.
bellézza, f. **1** beauty; loveliness; (di aspetto; specialm. detto di uomini) handsomeness; (bell'aspetto) (good) looks (pl.): **la b. della pace** (**della virtù, ecc.**), the beauty of peace (of virtue, etc.); **la b. di questa poesia**, the beauty of this poem; **La sua b. comincia a sfiorire**, her beauty is beginning to fade **2** (persona o cosa bella) beauty: **È una b. greca**, she is a Grecian beauty; **Ha tre bambini, tre bellezze**, she has three children, three beauties; **Vieni, b.!**, come, my beauty!; **le bellezze meravigliose della natura**, the marvellous beauties of nature; **le bellezze di Napoli**, the beauties (o wonders) of Naples; **un diamante che è una b.**, a beauty of a diamond. ● **concorso di b.**, beauty contest □ **finire in b.**, to end with a flourish □ **finire q.c. in b.**, to bring st. to a triumphal end □ **istituto di b.**, beauty parlour □ **per b.**, for show: **È nell'ufficio per b., non per lavorare**, he is in the office for show, not for work □ **prodotti di b.**, cosmetics □ **reginetta di b.**, beauty queen □ (sport) **vincere in b.**, to win hands down (fam.) □ **Che b.!**, how wonderful!; how lovely! □ **Ho pagato la b. di cinquantamila lire**, I paid a cool fifty thousand lire □ **C'è voluto la b. di un anno**, it has taken a whole year □ **M'è costato la b. di tre milioni**, it cost me a good three million □ **È vissuto la b. di cent'anni**, he has lived to be a hundred □ **Canta che è una b.!**, he does sing well! □ **È una b. stare qui**, it's lovely here.
bellicìsmo, m. (polit.) bellicism; belligerence.
bellicista, (polit.) **A** m. e f. bellicist; (guerrafondaio) warmonger. **B** a. belligerent.
bèllico (1), a. war, wartime (attr.): **materiale b.**, war material.
bèllico (2), m. (ombelico) navel.
bellicóso, a. **1** warlike; bellicose **2** (fig.: polemico) polemical.
belligerante, (anche leg.) **A** a. belligerent: **le potenze belligeranti**, the belligerent forces. **B** m. belligerent (power); fighter: **uno dei belligeranti**, one of the belligerents. ● **non b.**, nonbelligerent.
belligeranza, f. (anche leg.) belligerence; belligerency.
belligero, a. (lett.) belligerent; bellicose.
bellimbusto, m. dandy; fop. ● **fare il b.**, to play the dandy; to strut.
bellino, a. pretty; graceful; nice. ● (iron.) **Ne ho viste (sentite) di belline**, I have seen (heard) things you cannot even imagine.
bèllo (1), a. **1** fine; (molto b.) beautiful; (attraente) lovely; (di aspetto; specialm. detto di uomini) handsome; (grazioso) nice, pretty; (di bell'aspetto) good-looking; (se di persona, piuttosto arc.) fair; (piacevole) comely; (ben fatto) specialm. di una parte del corpo) shapely: **una ragazza bellissima**, a beautiful girl; **una bella ragazza**, a good-looking girl; **una ragazza bellina**, a pretty girl; **belle arti**, fine arts; **una bella casa**, a fine house; **una**

bèllo (2)

bella occasione, a fine opportunity; una bella scrittura, a fine handwriting; bei vestiti, fine clothes; una bella vista, a fine (o lovely) view; consolare q. con belle parole, to comfort sb. with fine words; S'è fatta una bella signorina, she has grown up to be a fine young lady; Quella donna la diresti proprio bella o soltanto ben fatta?, would you describe that woman as beautiful or just well-shaped?; un bel fiore, a beautiful flower; bella musica, beautiful music; una bella statua, a beautiful statue; un bel viso, a beautiful face; una bella voce, a beautiful voice; bei capelli, lovely hair; una bella donna, a lovely woman; Facemmo una bella vacanza, we had a lovely holiday; un bell'uomo (un bel ragazzo), a handsome (o good-looking) man (boy); Ha detto gran belle cose sul tuo conto, he said some very handsome things about you; una bella bambina, a nice (o pretty) little girl; una bella bistecca, a nice beefsteak; una bella giornata, a nice day; una bella tazza di tè, a nice cup of tea; un bel giardino, a pretty garden; un bel quadro, a beautiful picture; il bel sesso, the fair sex; un bel paio di gambe, a shapely pair of legs **2** (del tempo) fine; fair; beautiful; lovely; nice; good: **bel tempo (o tempo b.)**, fine (o beautiful, lovely) weather; Speriamo che domani sia b. (o faccia bel tempo), let's hope for fine (o fair) weather tomorrow; Piovve tutta la notte, ma poi si fece b., it rained all night, but turned fine later **3** (buono) good; (grande) good, fair; (gentile) kind; (generoso) handsome: una bella azione, a good deed; un bel cuore, a good (o kind) heart; un bel dicitore, a good speaker; una bella eredità, a fair (o sizeable) heritage; un bel posto, a good job; S'è fatto un bel nome, he has made a good name for himself; Questa è una bella pensata!, this is a good idea!; Questo è un bel pensiero, this is a kind thought; un bel regalo, a handsome present; Era una bella somma, it was a good amount; Se mi dicesse di sì, sarebbe una bella cosa, if he agreed, it would be a good thing; Questa automobile ha fatto una bella riuscita, this car has done good service **4** (iron. o spreg.) fair; fine; pretty; nice; (brutto) nasty, dirty: Sei un bel cretino!, you're a fine fool!; tacitare q. con belle parole, to put sb. off with fair words; Hai fatto un bel pasticcio!, a pretty mess you've made of it!; Ci hai messi in un bel pasticcio!, you've got us into a nice mess!; È una bella scusa!, that's a fine excuse!; Sei un bel tipo, you're a pretty sort of fellow; Hai fatto una bella mascalzonata, you have done something very nasty; Mi ha fatto un b. scherzo, he's played a dirty trick on me **5** (elegante) elegant; smart; belle maniere, elegant manners; il bel mondo, the smart set; (the) high society; Come sei bella con quel cappellino!, how smart you look with that hat of yours! **6** (di prezzi) (very) high: È un bel prezzo, it is a very high price **7** (rafforzativo: del tutto) quite; (di già) already; (or ora) just; nice and...; lovely and...; (b. e buono) real, perfect, out and out, complete, thorough, utter: Il lavoro è bell'e finito, the work is quite (o already) finished; Ho bell'e fatto; vengo subito, I'm coming; I've just finished; Il tè è b. caldo, the tea is nice and hot; Fa un bel calduccio qui, it's nice and warm here; È oro b. e buono, it's real gold; Mi pare un insulto b. e buono, it seems a real insult to me; È un mascalzone b. e buono, he's a perfect (o thorough) rascal; È un furfante b. e buono, he's an out-and-out rogue; Uno stupido b. e buono, he's an utter fool. ● bel b., slowly; gradually; as cool as cucumber (fam.): Veniva avanti bel b., he was coming along slowly (o fam.) bel canto, «bel canto» □ un bel cielo, a clear sky □ bella copia (di una lettera, ecc.), fair copy (of a letter, etc.) □ (d'abito) bell'e fatto, ready-made □ bell'e morto, as dead as a doornail □ una bella età (avanzata), a ripe (old) age □ un bel giorno, (nei racconti) one fine day; (pleonastico) one of these fine days: Un bel giorno ti vengo a trovare, I'll be seeing you one of these fine days □ un bell'ingegno, a wit □ belle lettere, letters; belles lettres: una laurea in belle lettere, a degree in letters □ un bel mare, a calm sea □ un bel niente, nothing at all; absolutely nothing: Non vale un bel niente, it's worth nothing at all; it isn't worth a fig □ il Bel Paese, Italy □ una bella paura, an awful fright □ un bel sì, an emphatic yes □ la bella stagione, spring □ un bel vento, a strong wind □ a bella posta (o a b. studio), on purpose □ alla bell'e meglio, as well as one can; somehow or other; carelessly; in a slipshod manner □ a proprio bell'agio, at one's ease □ ai suoi bei giorni, in his palmy days □ avere un bel daffare, to have a lot of things to do; to be very busy □ avere un bel dire, to talk in vain; no matter (o in spite of) what one says: Ha un bel dire, ma io non mi fido di lui, I don't trust him, no matter what he says; Ha un bel dire, ma le cose non stanno affatto così, in spite of what he says, things are not like that at all □ Hai un bel dire, tu! (è facile a dirsi), easier said than done! □ avere un bel fare, to exert oneself in vain (o in spite of all one's efforts) □ darsi bel tempo, to lead a gay life; to have a fine (o a good) time □ di bel nuovo, all over again □ far b., to beautify; to embellish; to make beautiful □ fare una bella figura, to cut a good figure □ fare una bella vita, to lead a life of luxury and idleness □ farsi b., to make oneself pretty (o smart); to titivate oneself; (vantarsi) to blow one's own trumpet: Vatti a far bella!, go and make yourself pretty! □ farsi b. con le penne del pavone, to dress in borrowed plumes □ farsi b. di una cosa, to take credit (on oneself) for st. □ (stor.) Filippo il B., Philip the Fair □ gran bel, very fine; beautiful: una gran bella cosa, a very fine thing; Gianna si crede una gran bella ragazza, Janet thinks she is quite a beautiful girl □ nei bei tempi antichi, in the good old days □ nel bel mezzo, right in the middle: Stava nel bel mezzo della strada, he stood right in the middle of the road □ rispondere a q. un bel no, to give sb. a flat denial □ scamparla bella, to have a narrow escape □ Sei un gran bel matto, you are an amusing chap □ Ha un bel cuore, he is kind-hearted □ Hai un bel parlare!, you can talk yourself hoarse! □ Hai un bel correre; non lo raggiungerai, run as you may, you won't catch up with him □ Ne hai fatte delle belle!, nice things you've been up to! □ Questa è bella!, that's a good one!; that's funny! □ L'ho fatta (o l'ho detta) bella!, I've put my foot into it □ Viene giù una bell'acqua, it's pouring down □ Che bei tempi!, those were the days! □ Che b.!, how lovely!; how nice! □ Sei un bell'asino!, you're an ass and no mistake! □ (iron.) Oh bella!, that's a nice thing! □ (prov.) Non è b. quello che è b., ma è b. quel che piace, beauty is in the eye of the beholder □ (prov.) Un bel tacer non fu mai scritto, silence was never written down.

bèllo (2), m. **1** (astratto) (the) beautiful; beauty: il b. della vita, the beauty of life; il b. ideale, ideal beauty; Non ha il senso del b., he has no feeling for beauty **2** (innamorato) beau; sweetheart; boyfriend (fam.) **3** (vocat.) (old) friend; beautiful (spesso scherz.); dear; darling: Dormi, b.!, go to sleep, my dear!; Ciao, bella!, Hello there, beautiful! ● fare il b., to play the gallant □ fermarsi sul più b., to stop at the climax □ sul più b., just then; at the crucial point; (all'improvviso) when least expected □ sul (o nel) più b. dell'età, in one's palmy days □ Ci volle del b. e del buono per convincerlo, it took a lot (of arguing) to convince him □ Ci volle del b. e del buono per arrivare in cima al monte, we (o they) had an awful job to reach the top of the mountain □ Che si fa di b. stasera?, doing anything this evening? □ C'è niente di b. al cinema?, is there anything good on at the cinema? □ Che c'è di b. al cinema?, what's on at the cinema? □ Ora viene il b., now comes the best of it; (narrando) now you'll hear the best of it; (iron.) now the fat is in the fire □ Il b. è che..., the best of it (o of the joke) is that... □ (del tempo) Si mette al b., it's turning fine; it's clearing up □ Questo è il b.!, that's the beauty of it; (l'aspetto divertente) that's the fun of it □ Che fai di b.?, what are you doing?

bellospirito, m. wit; wag.

belluino, a. (lett.) ferocious; savage.

bellunése, A a. of Belluno. B m. e f. inhabitant of Belluno.

beltà, f. (lett.) beauty.

bélva, f. **1** wild beast **2** (fig.: persona crudele) beast: Quell'uomo è una b., that man is a beast.

belvedére, m. **1** belvedere **2** (ferr.: carrozza b.) observation car **3** (naut.) mizzen-topgallant sail.

Belzebù, m. Beelzebub; Old Nick (fam.). ● andare da B., to go to Hell.

bemòlle, m. (mus.) flat.

benaccètto, a. (lett.) welcome; pleasant.

benalzato, inter. e m. good morning: dare il b., to wish good morning.

benamato, a. (lett.) beloved; cherished: la sua benamata sposina, his beloved little wife.

benanche, cong. even if; although.

benarrivato, inter. e m. welcome. ● dare il b., to welcome □ Oh, b., s'accomodi, oh, how nice to see you, do come in.

benché, cong. although; though: B. avesse ragione, tacque, although he was right, he kept quiet. ● il b. minimo, the slightest: Non gli si può chiedere il b. minimo servizio, you cannot ask him the slightest help.

bènda, f. (med.) bandage; (sugli occhi) blindfold. ● (fig.) avere la b. agli occhi, to be blind.

bendàggio, m. **1** (il bendare) bandaging **2** (insieme delle bende) bandages (pl.). **3** (boxe) handwraps (pl.).

bendare, v. t. **1** (med.) to bandage; to dress **2** (gli occhi) to blindfold **3** (naut.: una cima) to parcel. ● con gli occhi bendati, blindfold (anche fig.).

bendatura, f. **1** bandaging **2** (le bende) bandages (pl.).

bendispósto, a. well-disposed; favourably disposed.

bène (1), A avv. **1** well: comportarsi b., to behave well; dire (o parlare) b. di q., to speak well of sb.; fare bene q.c., to do st. well; parlare b., to speak well; to be a good speaker; (iron.) to have a smooth tongue; trattare b. q., to treat sb. well; trattarsi b., to do oneself well; vedere b. q., to see sb. well; (fig.) to think well of sb., to approve (of) sb.; vederci b., to see well; to have a good sight; vestire b., to dress well; abbastanza b., pretty (o fairly) well; **Ben detto!**, well said!; **Ben fatto!**, well done! **2** (*rettamente*) rightly: **agire** (*o* **operare**) **b.**, to act rightly; to do right. **3** (*spesso: per b., convenientemente*) properly: **vestito per b.**, properly dressed **4** (*rafforzativo*) well; very; really; quite: **Lo credo b.!**, I can well believe it!; I should think so!; **Posso ben essere sorpreso!**, I may well be surprised!; **Dev'essere ben oltre la quarantina**, he must be well past forty; **Bisognò ben acconsentire**, I (*o* we) couldn't very well refuse; **Ne sono ben lieto**, I'm very pleased; **Sei ben sciocco**, you are very foolish; **È ben tardi**, it's really late; **Ti credo b.**, I quite believe you; **Ben a ragione egli sospettava**, he suspected quite rightly. **B** *inter.* **1** well!; all right! okay!; O.K.!: **B., come stavo dicendo...**, well, as I was saying...; **B., eccoci arrivati!**, well, here we are at last!; **B., allora ne riparleremo domani**, well, then we'll talk it over again tomorrow; **B., ci vediamo domani!**, Okay, see you tomorrow!; **B., vengo**, all right, I'm coming **2** (*suvvia*) come (on): **B., dimmi cos'hai!**, come, what's the matter with you? ● **ben b.**, very (*o* really) well; (*completamente*) completely, thoroughly □ **essere b.**, to be well; to be a good thing; to be (*o* to have) just as well: **È stato b. che nessuno ti abbia visto**, it was well that nobody saw you; **Sarebbe b. che tu pensassi ai casi tuoi**, it would be a good thing if you minded your own business; **È stato b. che non gli abbia prestato il denaro**, it's just as well I didn't lend him the money; **Sarebbe b. che tu lo facessi al più presto**, you had just as well do it as quickly as possible □ **essere ben disposto verso q.**, to be well disposed towards sb. □ **ben due milioni**, a good (*o* cool) two million □ **ben informato**, well-informed □ **ben intenzionato**, well-intentioned; well-meaning □ **b. o male**, somehow or other; by hook or by crook: **B. o male, ce l'ho fatta!**, somehow or other, I've made it (*o* I've scraped through!) □ **i ben pensanti**, right-minded people; (*spreg.*) conventional people □ **andare b.**, to go well; to come off well: **Se tutto va b.**, if everything goes well; **Sei andato b.!**, you have come off well!; **È andato tutto b.?**, did everything come off well? □ **ad andare b.**, if everything goes all right; (*nella migliore delle ipotesi*) at best: **Arriveremo sabato, ad andare b.**, we cannot arrive before Saturday at best □ **andare di b. in meglio**, to get better and better □ **avere l'aria di stare b.**, to look well □ **fare b.** (*seguito da inf.*), to do well: **Fai b. a restare**, you do well to stay; **Faresti b. a tacere**, you would do well to keep silent □ **morire b.**, to die a good death; to die well □ **nascere b.**, to be well born □ **né b. né male**, so so □ **non stare b.** (*di salute*), to be unwell □ **pensare b.**, (*rettamente*) to think rightly; (*credere opportuno*) to think it better: **Ho pensato b. di restare a casa**, I thought it better to stay at home □ **sentirsi b.** (*di salute*), to feel well □ **stare b.**, (*specialm. di salute*) to be well; (*stare comodo*) to be comfortable; (*andare d'accordo*) to get on (*o* along) well; (*armonizzare*) to go well; (*adattarsi*) to suit; (*di misura*) to fit; (*convenire, addirsi*) to become, to be proper (*o* right): **Il nonno sta b.**, grandfather is well; **Stiamo b. dove siamo**, we're very well where we are; **Stai b. in quella poltrona?**, are you comfortable in that armchair?; **Quei due stanno b. insieme**, those two get on well (together); those two are getting along quite well; **Sta b. questo colore con quello?**, does this colour go well with that colour?; **Quest'abito mi sta b.**, this dress suits (*o* fits) me; **Mi sta b. questo cappellino?**, does this hat suit me?; **Ti sta b. lunedì?**, does Monday suit you?; **Non sta b. che una ragazzina esca sola di notte**, it isn't proper for a young girl to go out at night by herself; **Non sta b. parlare così**, it isn't right to talk like that □ **stare b. a quattrini**, to be well off □ **stare poco b.** (*di salute*), to be poorly □ **Ti sta b.!**, it serves you right! □ **Il conto torna b.**, the account is correct □ **Uscì con la pioggia e si bagnò ben b.**, he went out in the rain and got a good soaking □ **Fu sgridato ben b.**, he got a good (*o* severe) scolding □ **Puoi ben dirmi la verità**, you may just as well tell me the truth □ **Va b.!**, all right!; O.K.!; okay!; very well!; (*d'accordo*) right you are!; agreed! □ **Ci si mangia b.**, the food is good there □ **Volevo ben dire!**, I thought as much!; that's what I expected! □ **Stia b.!**, good health! □ **Dici b., tu!** (*è facile a dirsi*), easier said than done! □ **Lo spero b.!**, I do hope so! □ **Spero b. che verrai**, I do hope you'll come □ **Sono ben stanco**, I'm tired out □ **È ben vero che...**, it is indeed true that... □ (*prov.*) **Tutto è b. quel che finisce b.**, all's well that ends well. **C** *a. invar.* – **gente b.**, high society.

bène (2), *m.* **1** good: **il B. e il Male**, Good and Evil; **fare del b.**, to do good; **il b. comune**, the common good; **operare per il b. della patria**, to work for the good of one's country; **rendere b. per male**, to render good for evil; **Lo dico per il vostro b.**, I'm telling you for your own good **2** (*amore*) love: **il b. che ti voglio**, my love for you **3** (*benedizione, dono*) blessing; gift: **La salute è un gran b.**, good health is a great blessing; **ogni ben di Dio**, all God's gifts; all sorts of good things **4** (*persona amata*) love; darling: **Sei il mio b.**, you are my love (*o* all my happiness); **mio b.**, darling, my love **5** (*pl.*) goods; property, estate (*sing.*): (*leg.*) **beni dotali**, dotal property; dowry; **beni mobili**, personal property; chattels personal; movables; **beni immobili**, real property (*o* estate); immovables; **beni corporali**, tangible property; **beni ereditari**, estate; hereditaments; **beni di consumo**, consumer goods; **i beni della terra**, earthly goods. ● **il b. della comunità**, the common weal □ (*leg.*) **beni demaniali**, public domain □ (*leg.*) **beni disponibili** (*nel testamento*), disposable portion □ **agire a fin di b.**, to act with a good intention (*o* to a good purpose) □ **augurare (ogni) b. a q.**, to wish sb. well □ **avere dei beni al sole**, to be a man of property □ **fare b. a q.**, to do sb. good: **Questa medicina ti farà b.**, this medicine will do you good □ **fare un po' di b. ai defunti**, to say a few prayers for the dead □ **non avere mai b.**, to be always restless □ **opere di b.**, good works □ **per b.**, (*onesto*) honest, decent; (*rispettabile*) respectable; (*educato*) well-bred: **gente per b.**, honest people; **una ragazza per b.**, a respectable (*o* well-bred) girl □ (*fam.*) **perdere il ben dell'intelletto**, to go off one's head □ **prendere (in) b.**, to take in good part: **Ha preso la faccenda (in) b.**, he took the matter in good part □ **il Sommo B.**, God □ **la via del b.**, the straight and narrow (way) □ **volere b. a q.**, to love sb.; to be fond of sb. □ **volere un b. dell'anima a q.**, to be very (*o* extremely) fond of sb. □ **Non ho più un'ora di b.**, I have no more peace □ **Gli ho scritto a fin di b.**, I wrote to him with good intentions □ «**Non fiori ma opere di b.**», «no flowers» □ **Non ebbe b. finché non la sposò**, he had no peace of mind until he married her.

benedettino, *a. e m.* (*relig.*) Benedictine. ● (*fig.*) **la pazienza d'un b.**, the patience of a saint.

benedétto, *a.* blessed; consecrated; holy: **pane b.**, consecrated bread; **quel b. debito che non riesco a pagare**, that blessed debt I can't manage to pay; **acqua benedetta**, holy water. ● **Dio b.!**, Good God! □ **Ma b. ragazzo! che hai fatto?**, my dear child, what have you done?

Benedétto, *m.* Benedict.

benedicènte, *a.* benedictory.

benedicite, *m.* (*relig.*) benedicite; grace: **dire il b.**, to say grace.

benedire, *v. t.* to bless; to consecrate: **Il sacerdote benedice il pane e il vino**, the priest consecrates the bread and wine; **Il vescovo ha benedetto la nuova chiesa**, the bishop has consecrated the new church; **Il curato verrà a b. la casa**, the priest will come to bless the house. ● **b. un matrimonio**, to solemnize a marriage □ (*pop.*) **andare a farsi b.**, (*rif. a persone: specialm. all'imper.*) to go jump in the lake; to go to hell; (*rif. a cose*) to go rack and ruin, to go to pieces □ **mandare q. a farsi b.**, to send sb. about his business.

benedizióne, *f.* blessing; (*in fine di funzione*) benediction: **b. papale**, Papal blessing; **dare** (*o* **impartire**) **la b.**, to give the blessing. ● (*fig.*) **una pioggia che è una b.**, a bountiful rain □ **Sei la b. della mia vita**, you are the joy of my life.

beneducato, *a.* well-bred; well-mannered; good-mannered.

benefattóre, *m.* benefactor: **un b. dell'umanità**, a benefactor of mankind.

benefattrice, *f.* benefactress.

beneficare, *v. t.* to benefit; to help: **b. q. per testamento**, to benefit sb. with goods left in a will; **b. i poveri**, to help the poor.

beneficènza, *f.* charity; beneficence: **fiera di b.**, charity bazaar; **opere di b.**, works of charity. ● **istituto di b.**, charitable institution □ **spettacolo di b.**, benefit (*o* charity) performance.

beneficiare, **A** *v. i.* to profit, to benefit (by): **Potresti b. delle nuove disposizioni**, you could profit by the new regulations; **Il carcerato ha beneficiato dell'amnistia**, the convict has benefited by the amnesty. ● **b. di una borsa di studio**, to hold a scholarship. **B** *v. t.* to benefit; to help.

beneficiàrio, **A** *a.* beneficiary. **B** *m.* **1** (*leg.*) beneficiary **2** (*relig.*) incumbent **3** (*comm., ass.*) payee. ● **b. d'un vitalizio**, annuitant.

beneficiata, *f.* **1** (*teatr.*) benefit **2** (*fig.*) run of luck.

beneficiato, **A** *a.* beneficed. **B** *m.* **1** (*leg.*) beneficiary **2** (*relig.*) incumbent.

benefìcio, *m.* **1** benefit; help: **Almeno ha il b. della salute**, at least he enjoys the benefit of good health; **Mi rinfaccia i benefici ricevuti da lui**, he reproaches me with the help I received from him; **il b. d'un clima dolce e temperato**, the benefit of a gentle and temperate climate **2** (*comm.*) profit: **b. netto**, net profit **3** (*relig.*) benefice **4** (*leg.*) benefit: **concedere a q. il b. del dubbio**, to give sb. the benefit of the doubt; **accettare con b. d'inventario**, to accept with the benefit of inventory; (*fig.*) to accept with reservation. ● (*relig.*) **b. semplice**, simple incumbency □ **trarre b. da una cura**, to benefit by a treatment.

benèfico, *a.* **1** beneficent; charitable: **pioggia benefica**, beneficent rain; **una persona benefica**, a charitable person; **istituzioni benefiche**, charitable institutions **2** (*vantaggioso*) beneficial; advantageous; profitable.

benefizio, *V.* **beneficio**.

benemerènte, *a.* (*lett.*) meritorious; (well-)deserving.
benemerènza, *f.* merit: **un attestato di b.**, a certificate of merit.
benemèrito, *a.* meritorious; (well-)deserving. ● **l'arma benemerita** (*o* **la Benemerita**), the «Carabinieri» □ **un uomo b. della sua città,** a man worthy of his city.
beneplàcito, *m.* consent; approval: **L'ha fatto col mio b.**, he did it with my consent. ● **agire a proprio b.**, to behave as one likes.
benèssere, *m.* wellbeing; welfare: **il b. di una nazione**, the welfare of a nation; **un senso di b.**, a sense of wellbeing.
benestante, A *a.* well-off; well-to-do: **Nacque da famiglia b.**, he came of a well-off family. **B** *m. e f.* well-off person.
benestare, *m.* **1** consent; approval: **dare il b.**, to give one's approval **2** (*benessere*) wellbeing. ● **b. bancario**, bank clearance.
benevolènte, *a.* (*lett.*) benevolent.
benevolènza, *f.* benevolence; good will.
benèvolo, *a.* benevolent; benign; kind: **parole benevole**, benevolent words.
benfatto, *a.* (*rif. al fisico*) well-shaped; well-proportioned.
bengala, *m.* Bengal light; firework.
Bengala, *m.* (*geogr.*) Bengal.
bengalése *a.*, *m. e f.* Bengali*; Bengalee; Bengalese*.
bengali, *m.* Bengali; Bengalee.
bengalino, *m.* (*zool.*, *Amandava amandava*) avadavat, amadavat; strawberry finch.
bengòdi, *m.* Cockaigne. ● **il paese di B.**, the land of idleness and luxury.
beniamino, *m.* favourite; darling; pet: **Era il b. del babbo**, he was his father's pet.
Beniamino, *m.* Benjamin.
benignità, *f.* benignity; kindliness; kindness: **Lo ringrazierò della sua b.**, I shall thank him for his kindness; **la b. del clima**, the benignity of the climate.
benigno, *a.* benign; kind(-hearted); clement: **giudice b.**, benign judge; **clima b.**, clement (*o* mild) climate. ● (*med.*) **tumore b.**, benign tumour.
benino, *avv.* pretty well; nicely: **Sto b.**, I am pretty well; **fare le cose per b.**, to do things nicely (*o* properly).
benintenzionato, *a.* well-meaning.
benintéso, *avv.* of course: **Passerai da me una sera, b.**, of course, you will come to see me one evening; **Glielo darò b. se lo trovo**, I shall give it to him, if I meet him, of course. ● **b. che**, provided that; on condition that.
benissimo, A *avv. superl.* very well; quite well; perfectly well; great (*USA*): **tradurre b. un passo**, to translate a passage very well; **È fatto b.**, it's very well done; **Puoi b. dire che eri malato**, you may quite well say you were ill; **Si può b. farlo così**, one can perfectly well do it like that. ● **andare b.**, (*V.* **bène** (1)) □ **stare b.**, (*di salute*) to come off very well (*V.* **bène** (1)) □ **stare b.**, (*di salute*) to be very well; to be in perfect health; (*stare molto comodo*) to be very comfortable (*V.* **bène** (1)). **B** *inter.* **1** very well; all right!; great! (*USA*): **B., allora ci rivedremo domani,** very well, then, we'll meet again tomorrow **2** (*ben fatto*) well done! **3** (*ben detto*) well said!
bènna, *f.* (*mecc.*) bucket; grab: **b. a gabbia**, skeleton bucket; **b. a valve**, clamshell bucket.
bennato, *a.* (*lett.*) well-born; well-bred.
benóne, A *avv.* very well; okay: **Oggi il nonno sta b.**, today grandfather is very well. **B** *inter.* fine!; excellent!
benparlante, *m. e f.* good speaker; correct speaker.
benpensante, *m. e f.* right-minded person; (*spreg.*) conventional person.
benportante, *a.* hale and hearty; in fine fettle.
benservito, *m.* reference; testimonial. ● (*fig.*) **dare il b. a q.**, to give sb. the push (*o* the sack); to sack sb. (*pop.*); to fire sb. (*fam. USA*).
bensì, *cong.* but; (quite) on the contrary: **Non voglio la morte del peccatore, b. che si converta e viva**, I don't want the sinner to die, on the contrary I want him to be converted and alive.
bènthos, *m.* (*biol.*) benthos.
bentonite, *f.* (*miner.*) bentonite.
bentornato, *inter. e m.* welcome back: **B., amico mio!**, welcome back, my friend! ● **dare il b. a q.**, to welcome sb. (home).
bentrovato, *inter.* well met! (*raro*).
benvenuto, *inter. e m.* welcome: **B. a Roma!**, welcome to Rome!; **In casa mia era sempre il b.**, he was always welcome in my house. ● **dare il b. a q.**, to welcome sb.
benvisto, *a.* well-thought-of; well-liked.
benvolére, *v. t.* to like; to love. ● **farsi b.**, to endear oneself to everyone □ **prendere a b. q.**, to take a liking to sb.
benvoluto, *a.* liked; loved; beloved: **Era b. da tutti**, he was loved by all.
benzaldèide, *f.* (*chim.*) benzaldehyde.
benzedrina, *f.* (*marchio: farm.*) Benzedrine; amphetamine.

benzène, *V.* **benzòlo.**
benzènico, *a.* (*chim.*) benzene (*attr.*).
benzile, *m.* (*chim.*) benzyl.
benzina, *f.* petrol; gas, gasoline (*USA*): **latta di b.**, petrol can; **b. «super»**, premium (petrol). ● **fare il pieno di b.**, to fill up.
benzinàio, *m.* **1** (*addetto al distributore*) service-station attendant **2** (*gestore*) service-station keeper.
benzoato, *m.* (*chim.*) benzoate.
benzòico, *a.* (*chim.*) benzoic.
benzoino, *m.* **1** (*bot.*, *Styrax benzoin*) styrax, storax **2** (*chim.*) benzoin.
benzòlo, *m.* (*chim.*) benzol, benzole; benzene.
beóne, *m.* toper; tippler; boozer (*pop.*).
beòta, *a.*, *m. e f.* Boeotian (*anche fig.*).
bequadro, *m.* (*mus.*) natural.
bèrbero, A *a.* **e** *m.* Berber. **B** *m.* (*cavallo*) Barbary horse.
berceuse (*franc.*), *f. invar.* (*mus.*) «berceuse».
berchèlio, *m.* (*chim.*) berkelium.
berciare, *v. i.* (*tosc.*) to shout; to yell.
bére (1), *v. t.* to drink*: **b. alla bottiglia**, to drink from the bottle; **b. come una spugna**, to drink like a fish; **b. fino alla feccia**, to drink to the dregs; (*fig.*) **b. l'amaro calice**, to drink the cup of sorrow; **b. q.c. in un sorso**, to drink st. at one gulp; **b. alla salute di q.**, to drink sb.'s health. ● **b. a garganella**, to gulp down □ (*fig.*) **b. il sangue di q.**, to suck sb.'s blood □ **b. un uovo**, to suck an egg □ **dare da b.**, to give st. to drink; (*rif. ad animali*) to water □ (*fig.*) **darla a b. a q.**, to fool sb. into believing st.; to suck sb. in (*pop.*) □ **un uovo da b.**, a fresh egg □ (*fig.*) **Beveva avidamente le mie parole**, he drank in my words □ **La terra beve la pioggia**, the ground absorbs the rain □ **Nuotando ho bevuto parecchio**, I swallowed a lot of water while swimming (*fig.*) **O b. o affogare**, sink or swim.
bére (2), *m.* drink; drinking: **il b. e il mangiare**, food and drink; **Gli pago io il b. e il mangiare**, I pay for his food and drink. ● **essere dedito al b.**, to be a natural drunkard □ **Il b. in fretta fa male**, it's bad for one to drink quickly.
bergamasco, *a. e m.* Bergamask.
bergamòtta, *f.* bergamot (pear).
bergamòtto, *m.* (*bot.*, *Citrus bergamia*) bergamot.
beribèri, *m.* (*med.*) beriberi.
berillio, *m.* (*chim.*) beryllium.
berillo, *m.* (*miner.*) beryl.
beriòlo, *m.* (*beverino*) drinking-trough (for birds).
berkèlio, *V.* **berchèlio.**
berlicche, *m.* (*pop.*, *scherz.*) devil. ● **far b. e berlocche**, to break one's word.
berlina (1), *f.* **1** (*antica pena*) public exposure (as in stocks or a pillory) as punishment **2** (*fig.*) derision, scorn: **essere messo alla berlina,** (*fig.*) to be exposed (*o* held up) to public shame. ● **mettere alla berlina,** to pillory.
berlina (2), *f.* **1** (*carrozza di gala*) berlin **2** (*autom.*) saloon (car); sedan (*USA*); limousine; limo (*fam.*).
berlinése, A *a.* Berlin (*attr.*). **B** *m. e f.* Berliner.
Berlino, *f.* (*geogr.*) Berlin.
bermuda, *m. pl.* (*moda*) Bermuda shorts; bermudas.
Bermude, *f. pl.* (*geogr.*) (the) Bermudas.
bermudiana, *f.* (*naut.*) Bermuda (*o* Bermudian) rig.
Bèrna, *f.* (*geogr.*) Berne, Bern.
Bernardo, *m.* Bernard.
bernésco, *a.* burlesque.
bernòccolo, *m.* **1** bump; lump **2** (*fig.*) bent; knack; flair: **Ha il b. della matematica**, he has a natural bent for mathematics.
bernoccoluto, *a.* bumpy; lumpy.
berrétta, *f.* cap: **b. da notte**, nightcap. ● **b. cardinalizia**, cardinal's biretta (*o* beretta, birretta) □ **b. da prete**, (priest's) biretta; (*bot.*, *Evonymus europaeus*) spindle tree.
berrétto, *m.* cap: **b. frigio**, Phrygian cap. ● **b. basco**, beret.
bersagliare, *v. t.* **1** to bombard; (*con l'artiglieria*) to shell; (*con pietre*) to pelt, to stone **2** (*fig.*) to bombard; to pelt: **b. q. di domande**, to bombard sb. with questions. ● **Povero me, sono proprio bersagliato dalla sfortuna**, poor me, I'm dogged by misfortune.
bersaglière, *m.* «bersagliere» (soldier of the light infantry of the Italian army). ● (*fig.*) **alla bersagliera**, (*con slancio*) at a dash; (*baldanzosamente*) boldly; bravely.
bersaglierésco, *a.* (*baldanzoso*) bold; brave.
bersàglio, *m.* target, butt, mark (*anche fig.*): **colpire il b.**, to hit the mark; **tiro al b.**, target practice. ● **fornire il b. alle critiche**, to provide a point for criticism □ (*mil.*: *di missile*) **indirizzabile a b.**, targetable □ (*mil.*) **trovare un b. col radar**, to acquire a target by radar.
Bèrta, *f.* Bertha.
bèrta (1), *f.* (*lett.: burla*) joke.
bèrta (2), *f.* (*mecc.*) ram.

bèrta (3), f. (zool., Puffinus) shearwater.
bèrta (4), f. (moda) bertha; cape.
bèrta (5), f. — (mil.) gran b., Big Bertha.
berteggiàre, v. t. (lett.) to mock.
bertésca, f. bartisan, bartizan.
bertòldo, m. (fig.) bumpkin.
Bertrando, m. Bertrand.
bertùccia, f. 1 (zool., Macaca sylvana) Barbary ape 2 (fig.) ugly and awkward woman*.
besciamèlla, f. (cucina) bechamel (sauce).
bestémmia, f. 1 swearword; curse; oath; blasphemy 2 (imprecazione) curse 3 (affermazione assurda) ludicrous statement. ● Quel lavoro gli fa tirare tante bestemmie, that work makes him swear a lot □ Dire che la patria è l'unico paese dove si sta bene è una b., to say that one's country is the only country where one is well off and comfortable is ludicrous.
bestemmiàre, A v. t. to blaspheme; to curse: b. Dio, to blaspheme (the name of) God; b. la propria sorte, to curse one's fate. B v. i. to swear*; to curse; to blaspheme: b. come un turco, to swear like a trooper; Bestemmiava contro tutti, he cursed everyone. ● b. una lingua, to murder a language.
bestemmiatóre, m. swearer; blasphemer.
béstia, f. 1 beast; animal: b. da soma, beast of burden; b. da macello, beast for slaughter; b. feroce, wild beast; b. da sella, riding animal; b. da lavoro, working animal 2 (fig.: bruto) brute: È una b., he is a brute 3 (fig.: persona sciocca) beast. ● andare in b., to fly into a rage □ (fig.) b. nera, bugbear; bête-noire* (franc.) □ (fig.) b. rara, rare bird □ (fig.) brutta b., ugly (o awful) thing: La miseria è una brutta b., poverty is an ugly thing □ conoscere l'umore della b., to know sb. well □ diventare una b., to get wild □ lavorare (o faticare) come una b., to slave; to toil; to work like a dog □ lavoro da b., hard work; drudgery □ mandare in b., to make (sb.) furious; to tick off (fam.).
bestiàle, a. 1 brutal; bestial; brutish; savage: fatica b., brutal work; punizione bestiale, savage punishment 2 (intenso) beastly; bloody; ghastly: un freddo b., a bloody cold. ● persona b., brute □ tempo b., ghastly weather.
bestialità, f. 1 brutality; bestiality 2 (fig.: grosso sproposito) blunder; gross mistake. ● dire delle b., to talk nonsense.
bestiàme, m. 1 livestock: Quanti capi di b. avete?, how many head of livestock have you got? 2 (b. bovino) cattle: fiera del b., cattle market; È proibito pascolare il b. in questo luogo, it is forbidden to pasture cattle here.
bestiàrio, m. (letter.) bestiary.
bestióne, m. 1 big beast 2 (fig.: bruto) brute 3 (fig.: sciocco) blockhead.
bèta, m. e f. (seconda lettera dell'alfabeto greco) beta. ● (fis.) raggi b., beta rays.
betatróne, m. (nucl.) betatron.
bètel, m. 1 (bot., Piper betle) betel 2 (bolo da masticare) pan.
Betlèmme, f. (geogr.) Bethlehem.
betòn, m. (costr.) concrete.
betonàggio, m. (edil.) concreting.
betonièra, f. (costr.) cement (o concrete) mixer.
betonìsta, m. concrete-mixer operator.
béttola, f. inn; tavern: Mi pareva d'essere in una b., I seemed to be in a tavern. ● linguaggio da b., coarse language.
bettolière, m. innkeeper; tavern-keeper.
bettolìna, f. (naut.) barge.
bettolìno, m. (spaccio) canteen.
bettònica, f. (bot., Betonica officinalis) betony. ● (fig.) conosciuto come la b., very well known.
betùlla, f. (bot., Betula) birch.
bèuta, f. (chim.) Erlenmeyer flask.
bevànda, f. drink; beverage: i cibi e le bevande, food and drink. ● b. alcolica, alcoholic (o strong) drink □ b. analcolica, soft drink.
bevatróne, m. (nucl.) bevatron.
beveràggio, m. 1 beverage 2 (per bestiame) swill 3 (pozione avvelenata) poisoned drink; potion.
beveratóio, m. drinking-trough.
beverìno, m. drinking-trough (for birds).
beveróne, m. 1 (per bestie) bran mash 2 (spreg.: bevanda insipida) insipid drink; nasty drink 3 (bevanda medicamentosa) potion.
bevìbile, a. drinkable; potable.
bevicchiàre, A v. i. to sip. B v. i. (bere più del necessario) to take* a drop too much.
bevitóre, m. drinker; boozer (pop.).
bevùta, f. 1 drink: fare una b., to have a drink 2 (bicchierata) drinking bout.
bèy, m. (governatore turco) bey.
bezzicàre, v. t. to peck (at): L'uccellino bezzica l'uva, the bird is pecking at the grapes.

bèzzo, m. «bezzo» (ancient Venetian coin). ● (fig.) avere dei bezzi, to be well off.
bi, m. e f. (lettera) bee, be; the letter b.
biàcca, f. white lead; ceruse.
biàcco, m. (zool., Coluber viridiflavus) grass snake.
biàda, f. 1 fodder 2 (lett., al pl.: messi) crops.
biafràno, a. e m. Biafran.
Biàgio, m. Blaise. ● Adagio B., whoa there!; slow down!
biànca, f. 1 white woman*; white girl 2 (schiava b.) white slave: la tratta delle bianche, the white-slave traffic.
Biànca, f. Blanche.
Biancanéve, f. Snow White.
biancàstro, a. whitish; off-white.
biancheggiaménto, m. 1 (il biancheggiare) whitening 2 (biancore) whiteness.
biancheggiàre, A v. i. to be white; to whiten; to turn white: La campagna biancheggiava di neve, the countryside was white with snow; I suoi capelli neri cominciavano a b., his black hair was beginning to turn white; Il cielo cominciava a b., the sky began to turn white. B v. t. (imbiancare) to whiten; to bleach.
biancherìa, f. linen: b. da tavola, table linen; b. da letto, bed linen; bed clothes. ● b. da cucina, kitchen cloths □ b. personale, underwear; underclothes (pl.); (da donna) lingerie.
bianchétto, m. 1 (cosmetico) ceruse 2 (per panni) bleach 3 (per pareti) whitewash 4 (per scarpe) white-shoe cleaner 5 (pl., cucina) whitebait.
bianchézza, f. 1 whiteness 2 (bianco intenso) dazzling white.
bianchìccio, a. whitish; off-white.
bianchìre, v. t. 1 to whiten; to bleach 2 (metalli) to polish; to scour 3 (ind. tessile) to bleach.
biànco (1), a. 1 white: bandiera bianca, white flag; capelli bianchi, white hair; formica bianca, white ant; termite; orso b., white bear; polar bear; pane b., white bread; la razza bianca, the white race; uomo b., white man; honky, honkie (spreg.); vino b., white wine 2 (non scritto) blank; left blank: un foglio b., a blank sheet; una pagina bianca, a blank page; schede bianche, voting papers left blank; spazio b., blank (space). ● b. avorio, ivory white □ b. come l'argento, silver-white □ essere b. come un cencio, to be as white as a sheet □ b. come la farina, as white as flour □ b. come il gesso, chalk-white □ b. come un giglio, lily-white □ b. come il latte, milk-white □ b. come la neve, snow-white □ arma bianca, cold steel □ attaccare all'arma bianca, to attack with bayonets □ un bel bambino b. e rosso, a nice pink-and-white baby □ carbone b., hydroelectric power □ carnagione bianca, fair complexion □ la Casa Bianca, the White House □ dare carta bianca a q., to give sb. carte blanche □ diventare b. (per la paura), to turn pale □ fare i capelli bianchi al servizio di q., to grow old and hoary in sb.'s service □ gente di razza bianca, white-skinned people □ il Mar B., the White Sea □ matrimonio b., unconsummated marriage □ il Monte B., Mont Blanc □ (fig.) una mosca bianca, a (great) rarity; a rare bird □ notte bianca, sleepless night □ un uomo dai capelli bianchi, a white-haired man □ (mus.) voce bianca, treble voice □ Sono cose da far venire i capelli bianchi, it's enough to turn one's hair grey.
biànco (2), m. 1 (il colore) white: vestire di b., to dress in white (o to wear white) 2 (parte bianca) white: il b. dell'occhio, the white of the eye; Prendi due bianchi d'uovo, take the whites of two eggs; C'è troppo b. d'uovo, there's too much egg white 3 (spazio b.) blank (space) 4 (uomo b.) white man*; white boy: C'erano due bianchi e tre negri, there were two white men and three negroes 5 (anche: b. di calce) whitewash. ● i bianchi, the whites; white people □ b. d'argento, fine white lead □ b. di cerussa, white lead; ceruse □ b. d'Olanda, Flemish white □ b. di piombo, white lead □ b. di zinco, Chinese white □ (comm.) abuso di b., abuse of blank cheque □ (fig.) andare in b. (fallire), to be a failure; to go up in smoke; to come to nothing □ (comm.) cambiale in b., undated bill □ cucitrice in b., seamstress □ (fig.) dare a intendere (o far vedere) il b. per nero a q., to mislead sb.; to take sb. in □ dare il b. a una parete, to whitewash a wall □ di punto in b., all of a sudden □ un disegno in b. e nero, a drawing in black and white □ fare una firma in b., to sign a blank document; (fig.) to take on a responsibility blindly □ (fig.) fare nero il b. e il nero, to do quite the opposite □ guardare q. nel b. dell'occhio, to look sb. straight in the eye □ (fig.) in b., blank: accettazione in b., blank acceptance; assegno in b., blank cheque; girata in b., blank endorsement □ lasciare in b. una parola, to leave a blank space □ lasciare in b. una riga, to leave a line blank □ mangiare in b., only to eat food seasoned with oil and lemon (o with butter and cheese) □ mettere il nero sul b. (o nero su b.), to set it down in black and white (o to put it down in writing) □ passaporto in b., blank passport □ (cucina) pesce in b., boiled

biancóne

fish □ (*fig.*) **passare dal b. al nero**, to change the subject □ (*fig.*) **pigliare** (*o* **prendere**) **il b. per il nero**, to misunderstand; to get it quite wrong (*fam.*).
biancóne, *m.* (*zool.*, *Circaëtus gallicus*) harrier eagle.
biancóre, *m.* (*lett.*) **1** whiteness **2** (*pallore*) paleness; pallor.
biancospino, *m.* (*bot.*, *Crataegus oxyacantha*) hawthorn; maybush.
biascicaménto, *m.* **1** chewing (softly) **2** (*fig.*) mumbling.
biascicare, *v. t.* **1** to chew (softly): **Il vecchio biasicava un pezzo di pane**, the old man was chewing a piece of bread **2** (*fig.*) to mumble: **b. le orazioni**, to mumble one's prayers.
biasimare, *v. t.* to blame; to reprove; to upbraid; to reproach: **Non trovo niente da b. in lui**, I find nothing to reprove him for; **Non ti biasimo per questo**, I don't blame you for this; **essere da b.**, to be to blame.
biasimévole, *a.* blam(e)able; blameworthy.
biàsimo, *m.* blame; reproof; reproach: **meritare b.**, to deserve the blame. ● **dare b.**, to blame; to reprove □ **dopo aver vissuto senza b. per due anni**, after having lived a blameless life for two years □ **una nota di b.**, a bad mark.
biatòmico, *a.* (*fis.*) diatomic.
bibàsico, *a.* (*chim.*) dibasic; bibasic.
Bìbbia, *f.* Bible: **Ti giuro sulla B.**, I give you my Bible oath.
biberòn, *m.* feeding bottle; (baby's) bottle.
bibita, *f.* drink.
bìblico, *a.* biblical. ● **stile b.**, solemn (*o* prophetic) style.
bibliobus, *m.* mobile library; bookmobile (*USA*).
bibliofilìa, *f.* bibliophilism.
bibliòfilo, *m.* bibliophile.
bibliografìa, *f.* bibliography: **b. manzoniana**, bibliography of Manzoni.
bibliogràfico, *a.* bibliographic.
bibliògrafo, *m.* bibliographer.
bibliòmane, *m.* e *f.* bibliomane; bibliomaniac.
bibliomanìa, *f.* bibliomania.
bibliotèca, *f.* **1** library: **b. pubblica** (**circolante, universitaria**), public (circulating, university) library; **b. amena**, fiction library **2** (*mobile*) bookcase. ● **topo di b.**, bookworm □ (*fig.*, *scherz.*) **Quell'uomo è una b. ambulante**, that man is a walking encyclopaedia.
bibliotecàrio, *m.* librarian.
biblioteconomìa, *f.* library science.
biblista, *m.* e *f.* biblicist; biblist.
biblìstica, *f.* (*relig.*) Bible studies.
bica, *f.* stack.
bicamerale, *a.* (*leg.*, *polit.*) bicameral; twin-assembly (*attr.*): **il sistema b.**, the bicameral (*o* twin-assembly) system.
bicameralismo, *m.* (*leg.*, *polit.*) bicameralism.
bicarbonato, *m.* (*chim.*) bicarbonate: **b. di potassio**, potassium bicarbonate. ● **b. di sodio**, baking soda; sodium bicarbonate.
bicchierata, *f.* **1** glassful **2** (*bevuta*) (round of) drinks. ● **Stasera c'è una b. in campagna**, tonight there will be a drinking party in the country.
bicchière, *m.* **1** glass; tumbler: **un b. da vino**, a wine glass; **un b. di vino**, a glass of wine; **bere il tè in un b.**, to drink tea out of a glass; **b. a calice**, stemmed glass **2** (*contenuto d'un bicchiere*) glass; glassful. ● **b. della staffa**, stirrup cup; one for the road (*fam.*) □ **b. di carta**, paper cup □ **affogare** (*o* **annegarsi**) **in un b. d'acqua**, to drown in an inch of water □ **bere un b.**, to have a drop of wine □ **fondo di b.**, fake diamond; paste.
bicèfalo, *a.* (*lett.*) two-headed; bicephalous; bicephalic.
bicentenàrio, *a. e m.* bicentenary.
bici, *f.* (*fam.*) bike.
biciclétta, *f.* bicycle; cycle; bike (*fam.*): **b. da corsa**, racing bike; **b. a motore**, moped; motorbicycle; **b. da uomo** (**da donna**), man's (woman's) bicycle; **andare in b.**, to ride one's bicycle; to cycle; **condurre** (*o* **spingere a mano**) **la b.**, to walk one's bicycle; **fare una gita in b.**, to go out for a cycle ride. ● **b. a due posti**, tandem □ **negozio di biciclette**, cyclery; cycle shop.
biciclo, *m.* old-fashioned bicycle; penny-farthing (*fam.*); ordinary (*USA*).
bicilìndrico, *a.* (*mecc.*) bicylindrical.
bicipitale, *a.* (*anat.*) bicipital.
bicìpite, A *a.* **1** two-headed; double-headed **2** (*anat.*) bicipital; biceps (*attr.*). ● **aquila b.**, Austrian standard. B *m.* (*anat.*) biceps.
bicloruro, *m.* (*chim.*) bichloride. ● **b. di mercurio**, mercuric chloride.
bicòcca, *f.* **1** (*stor.*) small fortress (*o* castle) **2** (*casupola*) hovel; shanty.
bicolóre, A *a.* **1** two-coloured; bicoloured **2** (*polit.*) two-party (*attr.*). B *m.* (*polit.*) two-party government.
bicomando, *a.* dual-control.
bicòncavo, *a.* biconcave.

bicònico, *a.* biconical.
biconvèsso, *a.* biconvex.
bicòppia, *f.* (*tel.*) quad.
bicòrne, *V.* **bicòrnia**.
bicòrne, *a.* two-horned.
bicòrnia, *f.* (*incudine*) two-beaked anvil; bickern.
bicòrno, *m.* two-cornered hat.
bicromato, *m.* (*chim.*) dichromate; bichromate: **b. di potassio**, potassium bichromate.
biculturale, *a.* bicultural.
biculturalismo, *m.* biculturalism.
bicuspidale, bicùspide, *a.* bicuspid.
bidè, *m.* bidet.
bidèlla, *f.* **1** school-caretaker; janitress **2** (*di università*) university porter.
bidèllo, *m.* **1** school-caretaker; janitor **2** (*di università*) university porter.
bidènte, *m.* pitchfork: **Voltava il fieno con il b.**, he turned the hay with a pitchfork.
bidimensionale, *a.* bidimensional; two-dimensional.
bidonare, *v. t.* (*pop.*) to swindle; to cheat; to dupe; to gull (*pop.*).
bidonata, *f.* (*pop.*) swindle.
bidóne, *m.* **1** tank; drum; bin: **b. dell'immondizia**, dustbin; garbage can (*USA*) **2** (*pop: imbroglio*) swindle; fraud. ● **b. da latte**, milk can □ **b. da petrolio**, petrol can □ **fare un b. a q.**, to swindle sb.; to dupe sb.; to gull sb. (*pop.*).
bidonista, *m.* e *f.* (*pop.*) swindler; fraud; duper; crook (*pop.*).
bidonvìa, *f.* cableway.
bidonville (*franc.*), *f.* shantytown.
biecaménte, *avv.* sullenly; in a sinister way.
bièco, *a.* sullen; sinister: **uno sguardo b.**, a sullen look; **un'azione bieca**, a sinister action.
bièlla, *f.* **1** (*mecc.*) connecting rod; trace: **testa di b.**, big end of the connecting rod; **b. madre**, master (connecting) rod **2** (*autom.*) piston rod; rod. ● **b. laterale**, side beam.
biennale, A *a.* **1** (*che dura due anni*) two-year (*attr.*) **2** (*che capita ogni due anni*) biennial. B *f.* biennial exhibition: **la B. di Venezia**, the Venice Biennial Exhibition.
bienne, *a.* (*bot.*) biennial.
biènnio, *m.* (period of) two years. ● **Lo studierete nell'altro b.**, you'll study it in the other two-year course.
bieticoltóre, *m.* sugar-beet grower.
bieticoltura, *f.* sugar-beet growing.
biètola, *f.* **1** (*bot.*, *Beta vulgaris cicla*) chard; swiss chard **2** (*bot.*, *Beta vulgaris: barbabietola*) beet.
bietolóne, *m.* **1** (*bot.*, *Atriplex hortense*) garden orache; mountain spinach **2** (*fig.*) simpleton; dupe.
biétta, *f.* (*mecc.*) key; locking bar; set bar. ● (*mecc.*) **b. trasversale**, cotter.
bifàse, *a.* (*fis.*) biphase; two-phase; quarter-phase; diphase: **alternatore b.**, two-phase generator.
bifero, *a.* (*bot.*) biferous.
biffa, *f.* (*topografia*) sighting stake.
biffare, *v. t.* to stake out.
bìfido, *a.* forked; bifid: **lingua bifida**, forked tongue.
bifilare, *a.* (*elettr.*) bifilar.
bifocale, *a.* (*fis.*) bifocal: **lente b.**, bifocal lens.
bifólco, *m.* **1** ploughman*; peasant **2** (*fig.*: *persona rozza*) bumpkin; boor.
bifora, *f.* (*archit.*) mullioned (*o* mullion) window with two lights.
biforcaménto, *m.* **1** (*il biforcarsi*) forking; branching off **2** (*luogo*) fork; branch.
biforcare, A *v. t.* to bifurcate. **biforcarsi**, B *v. rifl.* to bifurcate; to fork; to branch off: **La strada si biforca**, the road forks.
biforcatura, *f.* fork; branch.
biforcazióne, *f.* bifurcation; fork; branch.
biforcuto, *a.* forked; bifurcate.
bifórme, *a.* biform: **I centauri erano animali biformi**, the Centaurs were biform animals.
bifrónte, *a.* bifront; bifrontal; two-faced; double-faced (*anche fig.*). ● **Giano b.**, double-headed Janus; the Bifront.
biga, *f.* two-wheeled chariot.
bigamìa, *f.* (*leg.*) bigamy.
bìgamo, A *a.* bigamous. B *m.* bigamist.
bigatto, *m.* silkworm.
bigèllo, *m.* frieze; homespun.
bigèmino, *a.* (*med.*) bigeminal. ● **parto b.**, twin birth.
bighellonare, *v. i.* to lounge about; to wander about; to loaf.
bighellóne, *m.* lounger; loafer.
bighellóni, *avv.* loafingly; idly; **andare b. per la città**, to loaf about town; to walk aimlessly about town.
bigino, *m.* (*pop.*) crib.
bìgio, *a.* **1** grey; gray: **b. chiaro**, light grey **2** (*fig.*: *indeciso*)

bigiotteria, *f.* cheap jewelry; trinkets (*pl.*).
biglia, *V.* **bilia**.
bigliardo, e *deriv. V.* **biliardo**, e *deriv.*
bigliettàio, *m.* **1** (*ferr.: in stazione*) booking-clerk; ticket clerk (*USA*); (*sui treni*) ticket collector; conductor (*USA*) **2** (*di tram, ecc.*) conductor **3** (*di cinema, teatro*) box-office attendant.
biglietteria, *f.* **1** (*ferr.*) ticket office; booking office **2** (*di cinema, teatro*) box office.
bigliétto, *m.* **1** (*contrassegno d'un diritto acquisito*) ticket: **b. circolare**, tourist ticket; **b. d'abbonamento**, season ticket; **b. d'andata e ritorno**, return ticket; round-trip ticket (*USA*); **b. d'andata** (*o di corsa semplice*), single ticket; one-way ticket (*USA*); **b. d'entrata** (*o d'ingresso*), entrance (*o* admission) ticket; (*ferr.*) platform ticket; **b. di favore** (*o gratuito*), complimentary ticket; **b. di lotteria**, lottery ticket; **b. di prenotazione** (*di un posto*), (seat) reservation ticket; **b. ferroviario**, railway ticket; **b. festivo**, weekend ticket; **b. ridotto**, reduced-rate ticket; **comprare** (**fare, prendere**) **il b.**, to buy (to get, to take) one's ticket; **pagare metà b.**, to pay for a half price ticket **2** (*breve scritto*) note: **Gli scriverò un b.**, I'll write him a note **3** (*cartoncino*) card: **b. augurale**, greeting card; **un b. d'auguri di pronta guarigione**, a get-well card; **b. d'invito**, invitation card; **b. di Natale**, Christmas card; **b. di** (*o* **da**) **visita**, visiting card; **b. postale**, letter card **4** (*di banca*) (bank) note: **un b. da mille** (**lire**), a thousand-lire note. ● (*mil.*) **b. d'alloggio**, billet □ **b. di presentazione**, letter of introduction □ (*naut.*) **b. d'uscita**, clearance □ **b. galante**, billet doux □ **prezzo del b. aereo**, air fare.
bignè, *m.* cream puff.
bignònia, *f.* (*bot.*, Bignonia) trumpet-flower.
bigodino, *m.* hair curler; curler.
bigóncia, *f.* barrel; tub. ● (*fig.*) **a bigonce**, in great quantities.
bigóncio, *m.* vat; large tub.
bigòtta, *f.* **1** (*bacchettona*) bigot; pious humbug **2** (*naut.*) deadeye.
bigotteria, *f.* **bigottismo**, *m.* bigotry; sanctimony.
bigòtto, **A** *a.* bigoted; sanctimonious: **una vecchia bigotta**, a sanctimonious old woman. **B** *m.* bigot; pious humbug.
bijou (*franc.*), *m.* (*gioiello*) jewel (*anche fig.*).
bikini, *m.* (*moda*) bikini.
bilabiale, *a.* e *f.* (*fon.*) bilabial.
bilabiato, *a.* (*bot.*) bilabiate.
bilama, *a.* two-blade (*attr.*): **un rasoio b.**, a two-blade razor.
bilància, *f.* **1** balance; pair of scales; scale(s): **b. a bilico**, platform scale; **b. a molla**, spring balance; **b. d'assaggio**, assay scales; **b. di precisione**, precision balance; **b. idrostatica**, hydrostatic balance; **b. pesabambini**, baby scale **2** (*econ.*) balance: **la b. commerciale**, the balance of trade; **b. dei pagamenti**, balance of payments **3** (*rete da pesca*) square fishing net **4** (*dell'orologio*) balance; balance wheel **5** (*edil.: ponteggio provvisorio*) painter's cradle **6** − (*astron., astrologia* **la B.**, Libra; the Scales (*costellazione e VII segno dello Zodiaco*). ● **b. a indice**, dial-balance □ **b. a ponte**, weighbridge □ **b. automatica**, automatic weighing-machine □ (*fig.*) **la B. della Giustizia**, the Scales of Justice □ **b. romana**, steelyard □ **braccio della b.**, beam □ (*anche fig.*) **dare il tracollo alla b.**, to turn the scales □ **fulcro della b.**, balance pivot □ (*fig.*) **mettere q.c. in b.**, to weigh st. (up) □ (*astrologia*) **persona nata sotto il segno della B.**, Libra; Libran □ (*fig.*) **pesare con giusta b.**, to hold the scales even; to judge fairly □ (*fig.*) **pesare q.c. con la b. dell'orafo**, to weigh st. scrupulously □ **piatto della b.**, pan; scale □ (*mil.*) **portare un fucile a b.**, to trail a rifle.
bilanciaménto, *m.* balancing.
bilanciare, **A** *v. t.* **1** (*tenere in equilibrio*) to balance: **b. un bastoncino sulla punta di un dito**, to balance a stick on one's fingertip **2** (*fig.: soppesare*) to weigh; to ponder: **b. le parole**, to weigh one's words; **b. il pro e il contro**, to weigh the pros and cons **3** (*compensare*) to balance; to countervail; to offset*: **I profitti non bilanciano le perdite**, the profits don't balance the losses **4** (*controbilanciare*) to counterbalance; to counterpoise.
bilanciàrsi, **B** *v. rifl.* to balance (oneself): **b. su un piede** (**sulla bicicletta**), to balance (oneself) on one foot (on a bicycle). **C** *v. rifl. recipr.* to balance out; to balance each other: **Vantaggi e svantaggi si bilanciano**, advantages and disadvantages balance out; (*rag.*) **Le due voci si bilanciano**, the two items balance each other.
bilancière, *m.* **1** (*di orologio*) balance wheel; swing-wheel **2** (*mecc.*) rocker arm; equalizer; compensator; (*pressa a mano*) fly press **3** (*conio*) coining press **4** (*di portatore di pesi, di funambolo*) pole **5** (*sport: sollevamento pesi*) bar. ● **asse del b.**, verge □ **molla del b.**, hairspring; balance spring.
bilancino, *m.* **1** small balance; small scale(s) **2** trace horse **3** (*di carrozza*) singletree; whiffletree
bilàncio, *m.* **1** (*comm.*) balance (sheet); budget: **fare il b.**, to draw up a balance sheet; **b. familiare**, family budget; **b. consuntivo**, final balance; **b. di verifica**, trial balance **2** (*di previsione, specialm. dello Stato*) budget: **approvare il b.**, to pass the budget; **presentare il b.**, to present the budget. ● **b. preventivo**, budget; estimate □ **b. settimanale**, weekly return □ **fare** (*o* **chiudere**) **il b.**, to balance the books □ (*fig.*) **fare il b. di q.c.**, to weigh all the pros and cons of st.; to weigh the arguments for and against st.
bilaterale, *a.* bilateral: (*leg.*) **contratto b.**, bilateral agreement. ● (*polit.*) **conferenza** (*o* **discussione**) **b.**, bilateral.
bilateralità, *f.* bilateralism; bilaterality.
bilàtero, *a.* (*geom.*) bilateral.
bile, *f.* **1** (*fisiologia*) bile **2** (*fig.*) rage; anger; bad temper: **crepare dalla b.**, to burst with rage; **sentirsi rodere dalla b.**, to be consumed with anger.
bilia, *f.* **1** (*palla da biliardo*) billiard ball; (*buca*) pocket: **fare una b.**, to hole a ball **2** (*pallina di vetro*) marble.
biliardàio, *m.* **1** (*chi fabbrica biliardi*) manufacturer of billiard tables **2** (*chi vende biliardi*) billiard-table seller.
biliardino, *m.* bagatelle table; pinball table. ● **b. elettrico**, pinball machine.
biliardo, *m.* billiards (*pl.*, *col verbo al sing.*): **stecca da b.**, billiard cue; **tavolo da b.**, billiard table. ● **calvo come una palla da biliardo**, bald as a coot □ **liscio come un biliardo**, smooth as silk.
biliare, *a.* (*fisiologia*) biliary; bilious.
bilico, *m.* **1** delicate equilibrium; unstable balance; poise **2** (*mecc.*) bascule; (*perno*) pivot: **ponte a b.**, bascule-bridge (*fig.*) incertitude. ● **mettere in b.**, to balance; to poise; **peso a b.**, platform scale; weighbridge □ (*fig.*) **tenere q. in b.**, to hold (*o* to keep) sb. in suspense.
bilineare, *a.* (*mat.*) bilinear: **polinomio b.**, bilinear polynomial.
bilingue, **A** *a.* bilingual. ● **iscrizione b.**, inscription in two languages. **B** *m.* e *f.* bilingual; bilinguist.
bilinguismo, *m.* bilingualism.
biliόne, *m.* (*mille milioni*) billion (*in USA*); milliard (*in G.B.*); *nel sistema ingl.* billion è *un milione di milioni, cioè un* «*trilione*» *ital.*).
biliόso, *a.* **1** bilious **2** (*fig.*) choleric; irascible; peevish; bad-tempered: **un temperamento b.**, a choleric disposition. ● **umore b.**, choler.
bilirubina, *f.* (*biol.*) bilirubin.
biliverdina, *f.* (*biol.*) biliverdin.
bilobato, *a.* (*bot.*) bilobate: **foglia bilobata**, bilobate leaf.
bilustre, *a.* (*lett.*) of two lustres; ten-year-old (*attr.*).
bimano, *a.* (*zool.*) bimanal; bimanous; two-handed.
bimbo, *m.* (young) child*; kid (*fam.*); (*da uno a tre anni*) tot; toddler; (*in fasce*) baby.
bimensile, *a.* fortnightly; semi-monthly: **rivista b.**, fortnightly review.
bimestrale, *a.* bimonthly; two-monthly: **un esame b.**, a bimonthly exam. ● **corso b. di stenografia**, a two-month course in shorthand.
bimèstre, *m.* **1** (period of) two months: **Si paga ogni b.**, one pays every two months **2** (*rata bimestrale*) two months' payment.
bimetàllico, *a.* bimetallic (*anche econ., fin.*).
bimetallismo, *m.* (*econ.*) bimetallism; double standard.
bimetallista, (*econ.*) **A** *a.* bimetallistic. **B** *m.* e *f.* bimetallist.
bimetallo, *m.* (*tecn.*) bimetal.
bimillenàrio, *a.* e *m.* bimillenary.
bimotóre, **A** *a.* twin-engined; bimotored. **B** *m.* twin-engined plane.
binària, *f.* (*astron.*) binary star.
binàrio, **A** *a.* (*astron., chim., mat., mus.*) binary. **B** *m.* (railway) track; line: **b. a scartamento ridotto**, narrow-gauge line; **b. di corsa**, through track; **b. di raccordo**, connecting line; **b. doppio**, double track; **b. morto**, dead-end track; **b. principale**, main line; **b. unico**, single track. ● **b. di carico**, siding □ **Il treno per Padova parte dal b. numero uno**, the train for Padua will leave from platform number one.
binato, *a.* (arranged) in couples (*o* in pairs): **finestre binate**, coupled windows.
binatrice, *f.* (*ind. tessile*) doubler; doubling machine.
binatura, *f.* (*ind. tessile*) doubling.
binda, *f.* (*mecc.*) jack: **b. a cremagliera**, ratchet jack. ● **b. a vite**, jackscrew.
bindolo, *m.* **1** (*arcolaio*) winder **2** (*ruota per attingere acqua*) scoop wheel; water wheel **3** (*fig.: raggiro*) dodge.
binòcolo, *m.* binoculars (*pl.*); binocs (*pl., fam.*); (*da campagna*) field glasses (*pl.*); (*da teatro*) opera glasses (*pl.*).
binoculare, *a.* binocular.
binomiale, *a.* (*mat., stat.*) binomial.
binòmio, *m.* **1** (*mat.*) binomial: **il b. di Newton**, the binomial theorem of Newton **2** (*fig.*) pair; couple.
bioastronàutica, *f.* bioastronautics (*pl. col verbo al sing.*).

bioastronàutico, *a.* bioastronautical.
biobibliografia, *f.* biobibliography.
biobibliogràfico, *a.* biobibliographical.
biocatalizzatóre, *m.* (*biol., chim.*) biocatalyst.
biòccolo, *m.* (*di lana*) tuft; flock; (*di neve*) flake. ● **bioccoli di cera,** candle-grease drippings □ **tessuto a bioccoli,** tufted material.
bioccoluto, *a.* tufted. ● **lana bioccoluta,** unspun wool.
biochìmica, *f.* biochemistry.
biochìmico, A *a.* biochemical. **B** *m.* biochemist.
bioclàstico, *a.* (*geol.*) bioclastic.
bioclimàtico, *a.* bioclimatic.
bioclimatologìa, *f.* bioclimatology.
biocontaminazióne, *f.* bio-contamination.
bioculare, *a.* (*fis.*) binocular.
biodegradàbile, *a.* (*chim.*) biodegradable; (*di detersivo*) soft. ● **non b.,** hard.
biodegradabilità, *f.* biodegradability.
biodegradarsi, *v. rifl.* to biodegrade.
biodegradazióne, *f.* biodegradation.
biodistruggìbile, *a.* biodestructible.
biòdo, *m.* (*bot., Typha latifolia*) club rush; bulrush.
bioelettricità, *f.* bioelectricity.
bioelèttrico, *a.* bioelectric(al).
bioelettrònica, *f.* bioelectronics (*pl. col verbo al sing.*).
biofìsica, *f.* biophysics (*pl. col verbo al sing.*).
biofìsico, A *a.* biophysical. **B** *m.* biophysicist.
biogènesi, *f.* biogenesis.
biogenètico, *a.* biogenetic.
biogenìa, *f.* biogeny.
biògeno, (*biol.*) **A** *a.* biogenous; biogenic. **B** *m.* biogen.
biogeografìa, *f.* biogeography.
biografìa, *f.* biography; life: **Sto leggendo la b. di Sant'Antonio,** I am reading the life of St. Antony; **fare la b. di q.,** to write sb.'s biography.
biogràfico, *a.* biographic(al): **saggio b.,** biographical essay.
biògrafo, *m.* biographer: **Così narra il suo b.,** his biographer relates it that way.
bioingegnère, *m.* bioengineer.
bioingegnerìa, *f.* bioengineering.
biologìa, *f.* biology.
biològico, *a.* biological.
biòlogo, *m.* biologist.
bioluminescènte, *a.* (*biol.*) bioluminescent.
bioluminescènza, *f.* (*biol.*) bioluminescence.
biomassa, *f.* (*ecol.*) biomass.
biomedicìna, *f.* biomedicine.
biomèdico, *a.* biomedical.
biometeorologìa, *f.* (*scient.*) biometeorology.
biometrìa, *f.* biometry; biometrics (*pl. col verbo al sing.*).
biomètrico, *a.* biometric(al).
biometrista, *m. e f.* biometrician; biometrist.
biónda (1), *f.* blonde.
biónda (2), *f.* (*pop.: sigaretta*) cigarette.
biondastro, *a.* blondish.
biondeggiante, *a.* golden.
biondeggiare, *v. i.* to be yellow; to be golden: **I campi biondeggiano di spighe,** the fields are yellow with ears of wheat.
biondézza, *f.* fairness.
biondìccio, *a.* rather blond.
biondìna, *f.* blond girl.
biondìno, A *a.* fair-haired. **B** *m.* blond (*o* fair-haired) young man*.
biòndo, A *a.* fair; blond; golden: **capelli biondi,** fair hair; **le bionde spighe,** the golden ears of wheat; **b. come l'oro,** golden yellow. ● **il b. dio,** Apollo □ **il b. metallo,** gold □ **b. ossigenato,** bleached □ **b. ramato,** auburn □ **b. rossiccio,** tawny □ **una ragazza dai capelli biondi come l'oro,** a golden-haired girl. **B** *m.* **1** (*colore*) fair colour; blond; gold **2** (*uomo b.*) fair-haired man*; blond man*.
biònica, *f.* (*scient.*) bionics (*pl. col verbo al sing.*).
biònico, *a.* bionic.
bioproteìna, *f.* single-cell protein.
biopsìa, *f.* (*med.*) biopsy.
biòptico, *a.* (*med.*) biopsic.
bioritmo, *m.* (*med., sport*) biorhythm.
biosatèllite, *m.* (*miss.*) biosatellite.
biosfèra, *f.* biosphere.
biosìntesi, *f.* biosynthesis.
biòssido, *m.* (*chim.*) dioxide. ● **b. di idrogeno,** peroxide of hydrogen.
bioterapìa, *f.* (*med.*) biotherapy.
biotìna, *f.* (*chim.*) biotin.
biotìpo, *m.* (*biol.*) biotype.

biotite, *f.* (*miner.*) biotite.
biòtopo, *m.* (*biol.*) biotope.
bipala, *a.* double-bladed.
bipartire, *v. t.* **bipartirsi,** *v. rifl.* to divide into two (parts); to bifurcate.
bipartìtico, *a.* (*polit.*) two-party (*attr.*); bipartisan.
bipartitìsmo, *m.* (*polit.*) two-party system.
bipartìto (1), *a.* (*bot.*) bipartite: **foglia bipartita,** bipartite leaf.
bipartìto (2), *a.* (*polit.*) biparty; two-party (*attr.*); bipartisan.
bipartizióne, *f.* bipartition; division into two parts.
bipede, A *a.* biped; two-footed. **B** *m.* biped; two-footed animal.
bipennato, *a.* (*bot.*) bipinnate: **foglia bipennata,** bipinnate leaf.
bipènne, *f.* two-edged axe.
biplano, *m.* (*aeron.*) biplane.
bipolare, *a.* (*elettr.*) bipolar: **una dinamo b.,** a bipolar dynamo; **un motore b.,** a bipolar engine.
bipolarità, *f.* (*elettr.*) bipolarity.
bipòlo, *m.* (*elettr.*) bipole.
bipòsto, *a.* (*autom., aeron.*) two-seater (*attr.*).
birba, *f.* rascal, scamp (*spesso scherz.*): **Quel ragazzo è una b.,** that boy is a scamp.
birbaccióne, *m.* rascal.
birbantàggine, *f.* knavery; rascality.
birbante, *m.* scoundrel, rogue, rascal (*anche scherz.*); knave (*arc.*): **Non ti fidare di lui: è un b.,** don't trust him; he is a scoundrel; (*scherz.*) **Dev'essere una burla di quel b. di mio cugino,** it must be a trick of that rascal my cousin.
birbanteggiare, *V.* birboneggiare.
birbanterìa, *f.* knavery; roguery.
birbantésco, *a.* knavish; roguish.
birbonàggine, *V.* birbonerìa.
birbonata, *f.* knavish trick; mischievous trick; mischief.
birbóne, A *a.* − **avere una fame (una sete) birbona,** to be very hungry (very thirsty); **avere una paura birbona,** to be scared to death; **essere in un funk** (*pop.*); **Fa un freddo b.,** it's terribly cold; **un tiro birbone,** a low blow; a dirty trick. **B** *m.* villain; rascal.
birboneggiare, *v. i.* to behave like a villain (*o* a rascal); to do* mischief.
birbonerìa, *f.* villainy; roguery.
birbonésco, *a.* knavish; roguish: **modi birboneschi,** knavish manners.
bireattóre, *m.* (*aeron.*) two-engined jet; twin-jet.
birème, *f.* (*stor.*) bireme.
biribissi, *m.* **1** «biribissi» (game of chance) **2** (*trottola*) small top.
birichinata, *f.* prank; mischievous trick.
birichìno, A *a.* impish; mischievous: **Che occhi birichini!,** what impish eyes! **B** *m.* scamp; little rascal: **quel b. di mio figlio,** that scamp of a son of mine.
birifrangènte, *a.* (*fis.*) birefringent.
birifrangènza, *f.* (*fis.*) birefringence; double refraction.
birignào, *m.* (*teatr.*) affected drawl.
birìllo, *m.* skittle; ninepin.
Birmània, *f.* (*geogr.*) Burma.
birmano, *a. e m.* Burmese*; Burman.
biro, *f.* (*marchio*) biro*; ballpoint pen.
biròccio, *e deriv. V.* barròccio, *e deriv.*
birra, *f.* beer; ale: **b. amara,** bitter beer; **b. chiara,** light ale; **b. forte,** strong beer; **b. alla spina,** draught beer; **bersi un boccale di b.,** to drink a mug of beer; **fabbricare b.,** to brew beer. ● **b. scura,** stout; porter □ **fabbrica di b.,** brewery □ **fabbricante di b.,** brewer □ (*fig.*) **a tutta b.,** at top speed.
birràio, *m.* **1** (*proprietario di birreria*) beer-house keeper **2** (*fabbricante di birra*) brewer.
birrerìa, *f.* beer house; beer cellar.
birro, *m.* (*sbirro*) policeman*; bobby (*fam.*); cop (*pop.*).
bis, A *m.* (*teatr.*) encore: **chiedere un bis,** to call for an encore; to encore; **fare (o concedere) il bis,** to give an encore. ● **fare il bis di q.c.,** (*prendere q.c. per la seconda volta*) to have another helping; (*fare q.c. per la seconda volta*) to do the same (thing), to repeat st. **B** *inter.* (*teatr.*) encore; more: **Bene, bravo, bis!,** fine, great, encore! **C** *a.* **1 b**: **articolo 3 bis del regolamento,** article 3 b of the regulations **2** (*numerazione stradale*) a: **Abito al 27 bis,** I live at 27 a. ● **treno bis,** relief train.
bisàccia, *f.* (*bisaccia*) knapsack; haversack; (*della sella*) saddle bag(s). ● (*fig.*) **avere le bisacce ben fornite,** to be well off.
bisante, *m.* (*numismatica, araldica*) bezant.
Bisànzio, *f.* (*stor.*) Byzantium.
bisarca, (*fam., autom.*) *V.* cicógna.
bisava, bisàvola, *f.* great-grandmother.
bisavo, bisàvolo, *m.* great-grandfather.
bisbètica, *f.* shrew. ● **La bisbetica domata,** The Taming of

the Shrew.
bisbètico, *a.* a bad-tempered; peevish; crabbed: **È un uomo b.**, he's a bad-tempered man; **un carattere b.**, a peevish nature.
bisbigliaménto, *V.* bisbiglio (2).
bisbigliare, *v. t.* e *i.* to whisper: **Bisbigliava delle sciocchezze all'orecchio dell'amico**, he was whispering some nonsense in his friend's ear; **Sento b. in cucina**, I hear sb. whispering in the kitchen.
bisbiglio (1), *m.* whisper; murmur: **Per l'aula corse un b. d'approvazione**, a murmur of approval ran round the hall.
bisbiglio (2), *m.* whispering; murmuring.
bisbòccia, *f.* feasting; revelry; carousing. ● **fare b.**, to feast; to revel; to go on a spree; to carouse.
bisbocciare, *v. i.* to feast; to revel; to carouse.
bisboccióne, *m.* reveller; gay dog; carouser.
bisca, *f.* gambling-house; gambling-den; casino (*USA*).
Biscàglia, *f.* (*geogr.*) Biscay.
biscaglina, *f.* (*naut.*) Jacob's ladder.
biscaglino, *a.* e *m.* Biscayan.
biscaiòlo, *m.* gambler; gamester.
biscazzare, *v. i.* to frequent gambling-houses.
biscazzière, *m.* 1 gambling-house keeper 2 (*nel biliardo*) marker.
bischero, *m.* (*mus.*) peg.
bischétto, *m.* cobbler's bench.
biscia, *f.* (*zool.*) nonpoisonous snake.
biscottare, *v. t.* to bake over again; to bake twice.
biscottato, *a.* baked; toasted. ● **fette biscottate**, rusks.
biscotteria, *f.* 1 (*fabbrica di biscotti*) biscuit factory; (*negozio di biscotti*) biscuit shop 2 (*assortimento di biscotti*) assortment of biscuits; biscuits (*pl.*).
biscottificio, *m.* biscuit factory.
biscòtto, *m.* 1 biscuit*; cookie (*USA*) 2 (*ceramica*) bisque-biscuit*. ● **pan b.**, rusk.
biscròma, *f.* (*mus.*) demisemiquaver.
biscugina, *f.* biscugino, *m.* second cousin.
biscuit (*franc.*), *m.* (*ceramica*) unglazed porcelain; bisque. ● **soprammobile di b.**, porcelain ornament.
bisdòsso, *a*, *locuz. avv.* bareback: **cavalcare a b.**, to ride bareback.
bisdrùcciolo, *a.* (*gramm.*) stressed on the fourth-last syllable.
bisecante, (*geom.*) **A** *a.* bisecting. **B** *f.* bisector.
bisecare, *v. t.* (*geom.*) to bisect.
bisecolare, *a.* bicentennial.
bisègolo, *m.* (*arnese da calzolaio*) slicker, sleeker.
bisellare, *v. t.* (*tecn.*) to chamfer.
bisèllo, *m.* (*tecn.*) chamfer.
bisènso, *m.* double entendre; word with a double meaning.
bisessuale, **A** *a.* 1 (*biol.*) bisexual; hermaphroditic 2 bisexual. **B** *m.* e *f.* 1 (*biol.*) hermaphrodite 2 bisexual.
bisessualità, *f.* bisexuality.
bisessuato, *a.* bisexual; hermaphroditic.
bisestile, *a.* bissextile; intercalary. ● **anno b.**, leap year.
bisèsto, *m.* (the) extra day in a leap year.
bisettimanale, *a.* twice-weekly; biweekly; semiweekly.
bisettrice, *f.* (*geom.*) bisector; bisecting line.
bisezióne, *f.* (*geom.*) bisection.
bisillabo, **A** *a.* disyllabic; two-syllabled. **B** *m.* disyllable.
bislaccheria, *f.* eccentricity; oddity; whimsicality.
bislacco, *a.* queer; odd; peculiar; eccentric; whimsical; quaint: **un uomo b.**, an odd fellow; **un discorso b.**, a peculiar conversation; **metodi bislacchi**, quaint methods.
bislungo, *a.* oblong.
bismalva, *f.* (*bot.*, *Althaea officinalis*) marsh mallow.
bismuto, *m.* (*chim.*) bismuth.
bisnipóte, *m.* e *f.* 1 (*di bisnonni*) great-grandchild*; great--grandson (*masch.*); great-granddaughter (*femm.*) 2 (*di prozii*) great-nephew (*masch.*); great-niece (*femm.*).
bisnònna, *f.* great-grandmother.
bisnònno, *m.* great-grandfather.
bisógna, *f.* (*lett.*) business; work; task: **accingersi alla b.**, to set to work; **una dura b.**, a hard task.
bisognare, *v. i.* 1 (*impers.*) to be necessary; (*con costruzione pers. in ingl.*) to have (to), (*pres.*) must, (*condiz. e congiunt.*) should, ought (to): **Bisogna fare del bene**, one must do good; **Bisogna lavorare**, one must work; (*enfat.*) **Bisogna vederlo!**, you must see it!; **Bisogna che tu parta**, you must leave; **Bisogna pure che si rassegni**, he must resign himself to it; **Non bisogna credere a quello che dice**, one mustn't believe what he says; **Bisognerà bene che lo smetta**, he will have to stop it; **Bisognò dirglielo**, we had to tell him; **Bisognava che arrivasse prima**, he should have arrived sooner; **Bisognava vederlo!**, you ought to have seen him! 2 (*avere bisogno di*) to need: **Mi bisogna il tuo aiuto**, I need your help 3 (*mancare*, *essere privo di*) to be lacking in (st.); to need: **Gli bisogna un po' di coraggio**, he is lacking in courage; he needs a little more courage. ● **più che non bisogni**, more than (is) necessary □ **Bisogna scrivere di nuovo la lettera**, the letter needs to be rewritten □ **Bisogna vedere!**, we shall see!
bisognatàrio, *m.* (*comm.*) referee (in case of need).
bisognévole, **A** *a.* (*bisognoso*) needy; in need. **B** *m.* necessary: **Ha portato tutto il b.**, he has brought everything necessary with him.
bisognino, *m.* – (*eufemistico*) **fare un b.**, to go to the lavatory; to spend a penny (*fam.*).
bisógno, *m.* 1 need: **Provavo un gran b. di mangiare**, I felt a great need of food; **Non c'è b. di lavorare tanto**, there is no need to work so hard; **provvedere ai bisogni di q.**, to provide for sb.'s needs; **Lo farei se ne sentissi il b.**, I would do it if I felt the need; **bisogni reali (fittizi)**, real (fictitious) needs; **L'ha fatto per b.**, non per gusto, he didn't do it by choice, but out of need 2 (*necessità*) necessity: **Il b. non ha legge**, necessity knows no law; **Spende troppo in vestire e in altri bisogni**, he spends too much on clothes and other necessities; **in caso di b.**, in case of necessity (*o* of need); if need be; if necessary; **secondo il b.**, according to one's needs; according to necessity; **Il b. aguzza l'ingegno**, necessity is the mother of invention 3 (*indigenza*, *povertà*) need; poverty: **Era una famiglia ricca, ora è nel b.**, theirs was a rich family, but now they are in need; **trovarsi in b.**, to be in need (*o* to be badly off). ● **al b.**, when (*o* as) required □ **avere b. (di)**, to be in need (of); to need; (*essere privo di*) to lack: **avere molto b.**, to be in great need; **Non ho più b. dei suoi servizi**, I don't need his services any more; **Ha b. di amici**, he needs friends; he lacks friends; **Non avemmo b. d'affrettarci**, we did not need to hurry; **Non avevamo** (*o* **avremmo avuto**) **b. d'affrettarci**, we needn't have hurried □ (*eufemistico*) **avere un b.**, to want to go to the toilet; to want to spend a penny (*fam.*) □ **avere urgente b. di q.c.**, to be in urgent need of st. □ (*eufemistico*) **fare i propri bisogni**, to relieve oneself □ **più del b.**, more than (is) necessary □ **C'è (c'era) b.**, there is (there was) need / (you, etc.) need; I (you, etc.) must: **Non c'è b. di fare commenti**, there is no need to make any comments; **Non c'era b. che si facesse raccomandare**, there was no need for him to be recommended; **C'è b. che tu vada di già?**, must you go already?; **Non c'è b. che tu lo faccia**, you needn't do that; **Non c'era b. che tu lo facessi**, you needn't have done that; **C'è un gran b. di un libro su questo argomento**, there's a great need for a book on this subject.
bisognóso, **A** *a.* needy; poor; poverty-stricken: **Sono persone bisognose**, they are poor people. ● **È b. d'aiuto**, he is in need of help. **B** *m.* needy (*o* destitute) person; pauper. ● **soccorrere i bisognosi**, to help the poor and needy.
bisolfato, *m.* (*chim.*) bisulphate.
bisolfito, *m.* (*chim.*) bisulphite.
bisolfuro, *m.* (*chim.*) bisulphide.
bisónte, *m.* (*zool.*, *Bison*) bison*.
bissare, *v. t.* (*teatr.*) to encore.
bisso, *m.* 1 (*tessuto*) fine linen 2 (*stor. greca, zool.*) byssus*.
bissóna, *f.* Venetian eight-oared state boat.
bistàbile, *a.* (*fis.*) bistable.
bistabilità, *f.* (*fis.*) bistability.
bistécca, *f.* (*cucina*) (beef)steak: **una b. ai ferri**, a grilled steak; **b. al pepe** (*nero o verde*), pepper steak; **b. al sangue**, rare steak; **b. di filetto**, fillet beefsteak.
bistecchièra, *f.* grill.
bisticciare, *v. i.* **bisticciarsi**, *v. rifl.* to quarrel; to bicker; to squabble: **Ha bisticciato con la suocera**, he has quarrelled with his mother-in-law; **Lascia che si bisticcino**, leave them to bicker.
bisticcio, *m.* 1 quarrel; tiff; squabble 2 (*gioco di parole*) pun.
bistrato, *a.* bistred. ● **occhi bistrati**, made-up eyes.
bistrattare, *v. t.* to maltreat; to ill-treat.
bistro, *m.* 1 bistre 2 (*un tempo*, *cosmetico*) eye black.
bisturi, *m.* (*med.*) bistoury; scalpel.
bisunto, *a.* very greasy: **unto e b.**, very greasy and dirty.
bit, *n.* (*elab.*) bit.
bitonale, *a.* (*mus.*) bitonal.
bitonalità, *f.* (*mus.*) bitonality.
bitórzolo, *m.* pimple; spot.
bitorzoluto, *a.* pimply; spotty.
bitta, *f.* (*naut.*) bollard; bitt. ● **giro di b.**, curl.
bitter, *m.* bitters (*pl.*).
bitumare, *v. t.* to bituminize; to tar; (*una barca*) to caulk: **una strada bitumata**, a tarred road.
bitumatrice, *f.* (*mecc.*) bitumen sprinkler.
bitumatura, *f.* bituminization.
bitume, *m.* bitumen: **b. asfaltico**, asphalt bitumen; **b. diluito**, cut--back bitumen.
bituminare, *V.* bitumare.
bituminóso, *a.* bituminous. ● **carbone b.**, soft coal; bituminous

biunivocità, f. (mat.) biuniqueness.
biunivoco, a. (mat.) biunique.
bivaccare, v. i. **1** to bivouac; to camp (out); to sleep* in the open air **2** (scherz.) to camp.
bivacco, m. **1** bivouacking; camping out **2** bivouac; camp.
bivalènte, A a. **1** bivalent **2** (chim.) bivalent; divalent; dyadic. B m. e f. (fam.: bisessuale) bisexual.
bivalènza, f. (chim.) bivalence.
bivalve, (zool.) A a. bivalvular. B m. bivalve.
bivio, m. **1** fork: Il cartello indicava il bivio per il lago, the sign indicated the fork for the lake **2** (fig.) crossroads; moment of decision: Sono a un b., I am at a crossroads.
bizantineggiante, a. Byzantinesque.
bizantineggiare, v. i. to discuss in excessive detail; to split hairs.
bizantinismo, m. **1** Byzantinism **2** (fig.) pedantry; hair splitting.
bizantinista, m. e f. Byzantinist; Byzantine scholar.
bizantino, A a. **1** Byzantine **2** (fig.) pedantic: questione bizantina, a pedantic question. B m. Byzantine.
bizza, f. caprice; tantrum. ● andare in b., to fly into a temper; fare le bizze (di bambini), to be naughty.
bizzarria, f. eccentricity; whimsicality; whimsicalness; oddity; (idea bizzarra) eccentric idea, quaint fancy: Gli venne la b. di mascherarsi, he had the eccentric idea of disguising himself. ● Gli lessi certe mie bizzarrie, I read him some of my scribblings.
bizzarro, a. **1** eccentric; peculiar; whimsical; quaint; strange; odd; bizarre: modi bizzarri, eccentric manners; gusti bizzarri, strange tastes **2** (rif. a cavallo) high spirited; frisky.
bizzèffe, a, locuz. avv. in plenty; galore: denaro a b., money galore.
bizzòc(c)o, m. **1** tertiary of the Franciscan order **2** (spreg.: bigotto) bigot; pious humbug.
bizzòso, a. capricious; (rif. a bambini) naughty.
blablà, blablablà, m. bibble-babble; blethering, blathering.
blandiménto, m. (lett.) blandishment; flattery.
blandire, v. t. **1** (lusingare) to blandish; to flatter **2** (lenire) to soothe.
blandizie, f. pl. flattery (sing.); blandishments: Le sue blandizie non mi convincono, his flattery doesn't convince me.
blando, a. bland; gentle; soft; mild; merciful: rimedio b., mild remedy; giudice b., merciful judge; luce blanda, soft (o subdued) light.
blasfèmo, A a. blasphemous: linguaggio b., blasphemous language. B m. blasphemer; swearer.
blasonato, A a. of noble birth; titled: gente blasonata, titled people. B m. noble; member of the nobility.
blasóne, m. coat of arms; blazon. ● l'arte del b., heraldry □ disonorare il proprio b., to dishonour the family name.
blasonista, m. e f. heraldic expert; heraldist.
blastèma, m. (biol.) blastema.
blastocèle, f. (biol.) blastocoel(e).
blastodèrma, m. (biol.) blastoderm.
blastòfaga, f. (zool., Blastophaga psenes) fig wasp.
blastogènesi, f. blastogenesis; blastogeny.
blastòma, m. (med.) blastoma.
blastòmero, m. (biol.) blastomere.
blaterare, v. i. to chatter; to blather, to blether.
blateróne, m. chatterbox; blatherskite.
blatta, f. (zool., Blatta orientalis) cockroach.
blefarite, f. (med.) blepharitis.
blènda, f. (miner.) blende.
blenorragìa, f. (med.) blennorrhoea.
blesità, f. lisp.
blèso, A a. lisping. ● pronuncia blesa, lisp □ essere b., to have a lisp. B m. lisper.
blindàggio, m. armour plating.
blindare, v. t. (mil.) to armour.
blindato, a. armoured; armour-clad: treno b., armoured train.
blindatura, f. **1** (mil.) armour plating **2** (aeron.) metal edging **3** (mecc.) sheeting.
blitz, (ted.), m. blitz.
bloccàggio, m. blocking.
bloccare, A v. t. **1** to block; to block up: b. il traffico, to block traffic **2** (isolare) to isolate; to cut* off: bloccato dalla neve, cut off by heavy snow; snowbound **3** (arrestare) to stop: b. la macchina, to stop the car **4** (mecc.) to jam; to stall; to lock: b. i freni, to jam the brakes; b. i comandi, to lock the controls; b. una ruota, to lock a wheel **5** (sport) to block **6** (econ.) to block; to freeze*: b. i prezzi (i salari), to freeze prices (wages) **7** (mil.) to blockade. ● b. gli affitti, to peg rents □ b. un assegno, to stop a cheque. **bloccarsi**, B v. rifl. (mecc.) to jam; to stall.

bloccastèrzo, m. (autom.) steering lock.
bloccato, a. (mecc.) jammed; stalled: avere lo starter b., to have a jammed starter. ● (econ.) averi bloccati, controlled goods □ (mecc.) restare b., to bind: Devono essere rimasti bloccati i freni, the brakes must be binding.
blocchétto, m. **1** block; cube: un b. di legno, a wooden block **2** pad; note-pad; notebook **3** swatch: b. di biglietti d'autobus, busticket swatch **4** (per pavimentazione stradale) cobble; paving-stone.
blòcco (1), m. **1** (stradale, ecc.) block: b. stradale, road block **2** (med.) block; blockage **3** (degli affitti) control **4** (econ.) block; blockade; freeze: b. dei salari, wage freeze **5** (mil.) blockade: forzare il b., to run the blockade. ● b. delle assunzioni, veto on hirings □ b. dei licenziamenti, veto on dismissals □ (ferr.) cabina di b., signal box □ levare (o togliere) il b., to lift the blockade □ posto di b. (della polizia), road block.
blòcco (2), m. **1** block; (comm.) bulk: un b. di marmo, a block of marble; vendere in b., to sell in bulk; to sell the whole stock; (mecc.) b. cilindri (o motore), cylinder block **2** (blocchetto di fogli di carta) pad: b. da disegno, drawing pad **3** (polit.) coalition; bloc. ● (sport) blocchi di partenza, starting blocks □ b. per appunti, notebook.
blu, a. e m. blue: blu acciaio, steel blue; blu cobalto, cobalt blue; blu marino, navy blue; blu di Prussia, Prussian blue. ● blu di Sassonia, smalt □ avere il sangue blu, to have blue blood; to be of noble birth.
bluastro, a. bluish.
blue-jeans, (ingl.), m. pl. jeans.
bluff, (ingl.), m. bluff (anche fig.).
bluffare, v. i. to bluff (anche fig.).
bluffatóre, m. bluffer (anche fig.).
blusa, f. **1** (camicetta da donna) blouse **2** (camiciotto da lavoro) smock.
blusòtto, m. sports shirt.
boa (1), m. (zool., Boa; moda) boa.
boa (2), f. (naut.) buoy: boa con campana, bell buoy; boa di ormeggio, mooring buoy; boa d'ancora, anchor buoy; boa telefonica, cable buoy. ● boa luminosa, beacon.
boàrio, a. cattle (attr.): mercato b., cattle market.
boaro, V. bovaro.
boato, m. rumble; roar: i boati del terremoto, the rumble of the earthquake. ● b. sonico, sonic boom.
bòb, m. (sport) bobsleigh; bobsled (USA).
bobbista, m. e f. (sport) bobsleigh rider.
bobina, f. **1** (di pellicola) spool; (di proiettore) reel **2** (autom., elettr.) coil: b. di accensione, ignition coil **3** (ind. tessile) reel; spool; bobbin.
bobinare, v. t. (elettr., ind. tessile) to wind*.
bobinatóre, m. (ind. tessile) winder.
bobinatrice, f. **1** (elettr.) winding machine; coil winder **2** (ind. tessile) winding frame.
bobinatura, f. (ind. tessile) winding.
bobista, V. bobbista.
bócca, f. **1** (in molti sensi) mouth: Ha una b. che gli arriva agli orecchi, his mouth stretches from ear to ear; avere la b. grande, to have a big mouth; avere la b. piccola, to have a small mouth; b. piccina (a bottoncin di rosa), rose-bud mouth; malattie della b., infections of the mouth; aprir b., to open one's mouth: Mi ha colpito prima che potessi aprir b., he hit me before I could open my mouth; spalancare la b., to open one's mouth wide; levare (o togliere) la parola di b. a q., to take the words out of sb.'s mouth; levarsi il pane di b., to take the bread from one's mouth; to make any possible sacrifice; mettere parole in b. a q., to put words into sb.'s mouth; Ha da mantenere tante bocche, he has so many mouths to feed; la b. di un cannone, the mouth of a cannon; la b. d'un sacco, the mouth of a sack; la b. d'un vaso, the mouth of a vase **2** (lingua) tongue: b. sacrilega, sacrilegious tongue; stare sempre a b. chiusa, to hold one's tongue **3** (labbra) lips: baciare sulla b., to kiss on the lips; Queste parole non stanno bene in b. a una signorina, these words do not sound well on the lips of a young lady; Il suo nome correva di b. in b., his name was on everyone's lips **4** (di fiume) mouth; (passo di montagna) pass; (di ghiacciaio) shout. ● b. da fuoco (cannone), gun □ b. da incendio, fire hydrant; fireplug (USA) □ b. del forno, stokehole □ la b. dello stomaco, the pit of the stomach □ essere la b. della verità, to be the soul of truth □ la b. del martello, the head of the hammer □ (ind.) b. di altoforno, throat □ (mecc.) b. d'entrata dell'aria, air inlet □ (bot.) b. di leone (Antirrhinum majus), snapdragon □ (naut.) b. di rancio, chock □ la b. di un salvadanaio, the slot of a money-box □ (geol.) b. vulcanica, volcanic dent □ ammettere q.c. a mezza b., to admit st. grudgingly □ (fig.) andare in b. al lupo, to put oneself in the hands of one's enemy □ avere la b. amara, to have a nasty taste in one's mouth; (fig.) to be embittered

☐ **avere la b. buona**, to have a pleasant taste in one's mouth ☐ (*fig.*) **avere sempre in b. una cosa**, to say the same thing over and over again; to be always harping on st. ☐ **cantare a b. chiusa**, to hum ☐ **cavallo di b. dura**, hard-mouthed horse ☐ (*fig.*) **chiudere** (*o* **tappare**) **la b. a q.**, to silence sb.; to shut sb. up (*fam.*) ☐ **congratulazioni a b. stretta**, half-hearted congratulations ☐ **dire ciò che viene in b.**, to say the first thing that comes into one's head ☐ **dire q.c. a mezza b.**, to hint at st. ☐ **essere di b. buona**, to be a hearty eater; (*fig.*) to be easily satisfied ☐ **fare la b. a q.c.**, to acquire a taste for st.; to get to like st. ☐ **fare la b. storta**, to put on an expression of disgust ☐ **fare la b. storta a q.c.**, to turn up one's nose at st. ☐ **guardare q. a b. aperta**, to gape at sb. ☐ (*fig.*) to be good at making promises ☐ (*anche fig.*) **lasciare la b. cattiva**, to leave a nasty taste in the mouth ☐ **mettere b. in una conversazione**, to join in a conversation; to chip in (*fam.*) ☐ (*scherz.*) **munizioni da b.**, victuals ☐ **non aprire mai b.**, to keep silent; not to say a word ☐ **non avere niente da mettere in b.**, to have nothing to eat ☐ **non ricordare dal naso alla b.**, to forget everything ☐ **parole che riempiono la b.**, high-sounding words ☐ **pendere dalla b. di q.**, to hang on sb.'s words ☐ **prendere una medicina per b.**, to take a medicine orally ☐ (*fig.*) **restare a b. aperta**, to be taken aback ☐ **restare a b. asciutta**, to be disappointed; to come away empty-handed ☐ **rifarsi la b.**, to take an unpleasant taste from one's mouth; (*fig.*) to refresh oneself ☐ **essere sulla b. di tutti**, to be the talk of the town ☐ **torcere la b.**, to make a wry face ● **Acqua in b.!**, hush!; keep silent!; don't say a word about it! ☐ **In b. al lupo!**, good luck! ☐ **M'è scappato di b.**, I said it unintentionally; it just slipped out of me ☐ **Per cavargli una parola di b. ci vogliono le tenaglie**, one has to tear every word out of him.

boccacésco, *a*. 1 in the style of Boccaccio 2 (*fig.*) licentious.
boccàccia, *f*. 1 (*bocca brutta*) big ugly mouth 2 (*smorfia*) grimace 3 (*bocca amara*) nasty taste in one's mouth 4 (*fig.*: *persona maldicente*) slanderer; (*persona sboccata*) foul-mouthed person. ● **fare le boccacce**, to pull faces.
boccàglio, *m*. (*mecc.*) nozzle; (*tubo di efflusso*) nosepiece.
boccale (1), *m*. 1 jug; pot 2 (*contenuto*) jugful; potful.
boccale (2), *a*. (*anat.*) buccal; oral: **cavità b.**, oral cavity.
boccapòrto, *m*. (*naut.*) hatch; hatchway ☐ **chiudere il b.**, to batten down the hatch.
boccascèna, *m*. (*teatr.*) proscenium*.
boccata, *f*. mouthful. ● **b. di fumo**, puff of smoke ☐ **uscire a prendere una b. d'aria**, to go (out) for a breath of air.
boccétta, *f*. 1 small bottle 2 (*boccino*) jack; kitty.
boccheggiànte, *a*. 1 gasping 2 (*moribondo*) expiring; at one's last gasp: **Lo trovai b.**, I found him expiring.
boccheggiare, *v. i.* to gasp.
bocchétta, *f*. 1 small opening 2 (*di strumento mus.*) mouthpiece 3 (*mecc.: di serratura*) plate; selvage 4 (*di annaffiatoio*) sprinkler head (*o* nozzle) 5 (*di scarpa*) tongue. ● **b. stradale**, manhole cover.
bocchettóne, *m*. (*per tubi*) pipe union.
bocchino, *m*. 1 cigarette holder 2 (*di strumento mus.*) mouthpiece ● **b. di pipa**, pipe mouthpiece ☐ **fare il b.**, to purse one's lips.
bòccia, *f*. 1 (*bottiglia*) bottle; (*da vino, a tavola*) decanter 2 (*sport*) bowl 3 (*fig.., fam.: testa*) head. ● **giuoco delle bocce**, bowls (*pl.*); (*lawn*) bowling ☐ (*scherz.*) **Quel giorno gli girava la b.**, that day he was in a bad mood.
bocciarda, *f*. (*costr.*) bushhammer.
bocciardare, *v. t.* (*costr.*) to bushhammer.
bocciare, *v. t.* 1 (*respingere*) to reject; to throw* out; to turn down: **Il Parlamento ha bocciato la sua proposta**, Parliament rejected his proposal 2 (*agli esami*) to fail; to plough (*fam.*): **Piero è stato bocciato agli esami**, Peter failed (in) his exams 3 (*nel gioco delle bocce*) to hit*; to strike* out. ● **b. un candidato** (*a un'elezione*), to vote a candidate out.
bocciata, *f*. (*sport: colpo di boccia*) hit.
bocciatura, *f*. failing; failure. ● **Ha riportato una solenne b.**, he failed his exams badly.
boccino, *m*. (*gioco delle bocce*) jack; kitty.
bòccio, *m*. bud: **Il fiore è in b.**, the flower is in bud.
bocciòdromo, *m*. bowling green.
bocciòfilo, **A** *m*. bowling fan. **B** *a*. bowling (*attr.*).
bocciòlo, *m*. 1 bud 2 (*di candeliere*) socket. ● **b. di rosa**, rosebud.
bòccola, *f*. 1 (*fibbia*) buckle 2 (*ferr.*) axle box 3 (*mecc.*) bush; bushing.
bóccolo, *m*. curl (of hair).
bocconcino, *m*. 1 titbit; tid bit (*USA*); dainty; morsel 2 (*fig., fam.*) nice piece: **Quella ragazza è un vero b.**, that girl is a nice piece.
boccóne, *m*. 1 mouthful, morsel, bite (*anche fig.*) **fare i bocconi grossi** (*piccini*), to take large (small) mouthfuls; **La mia padrona mi conta i bocconi**, my landlady counts my mouthfuls; **in un b.**, in one mouthful; **Lavora tutto il giorno per guadagnarsi un b. di pane**, he works all day to earn a mouthful of bread; **Lasciagli mangiare un b. in pace**, leave him to eat a bite in peace; **Mangio un b. e torno**, I'll have a bite and come back 2 (*cibo*) food: **b. da re**, food fit for a king; **cavarsi il b. di bocca**, to take the food from one's mouth 3 (*fig.*: *piccola quantità*) bit: **a pezzi e bocconi**, a bit at a time; piecemeal. ● **il b. del prete**, the parson's nose ☐ (*fig.*) **inghiottire un b. amaro**, to swallow a bitter pill ☐ **parlare col b. in bocca**, to speak with one's mouth full.
boccóni, *avv*. face downwards; flat on one's face: **Dormiva b.**, he slept face downwards.
bodoniano, *a*. in Bodoni's style. ● **caratteri bodoniani**, Bodoni ☐ **rilegatura alla bodoniana**, binding in boards.
body (*ingl.*), *m*. body stocking.
Boèmia, *f*. (*geogr.*) Bohemia.
boèmo, *a. e m.* Bohemian.
boèro, **A** *a*. Boer. **B** *m*. 1 Boer 2 chocolate-coated cherry.
bofonchiare, *v. i.* to grumble: **b. tra i denti**, to grumble in one's beard.
bòga, *f*. (*zool.*, *Box vulgaris*) bogue; boce.
boh, *inter*. no idea; may be.
bohème (*franc.*), *f*. Bohemianism.
bohémien (*franc.*), *m*. Bohemian: **Vive come un b.**, he leads a Bohemian life.
bòia, *m*. 1 executioner; (*chi impicca*) hangman*; (*chi decapita*) headsman* 2 (*fig.*) scoundrel; rascal. ● **faccia da b.**, ruthless face ☐ (*fam.*) **tempo b.**, filthy weather ☐ (*fam.*) **Fa un freddo b.**, it's cold as hell.
boiata, *f*. (*pop.*) 1 (*cosa mal fatta*) bad job; botch 2 (*azione indegna*) nasty trick. ● **Questo quadro è una b.!**, this picture is awful!
boicottàggio, *m*. boycott; boycotting.
boicottare, *v. t.* to boycott: **b. un negozio**, to boycott a shop.
boicottatóre, *m*. boycotter.
boiler (*ingl.*), *m*. boiler; water-heater.
boiserie (*franc.*), *f*. woodwork.
boîte (*franc.*), *f*. night club.
boldina, *f*. (*chim.*) boldine.
bòldo, *m*. (*bot.*, *Peumus boldus*) boldo.
Bolèna, *f*. (*stor.*) Boleyn.
bolèro, *m*. (*mus., moda*) bolero*.
bolèto, *m*. (*bot.*, *Boletus*) boletus.
bòlgia, *f*. 1 (*letter.*: *dell'Inferno dantesco*) «bolgia» 2 (*fig.*) hell; madhouse: **Quell'ufficio è una vera b.**, it's hell in that office.
bòlide, *m*. 1 (*meteora*) bolide; fireball; meteor; shooting star 2 (*fig.*) fast car; racing car: **Il b. si rovesciò a pochi metri dal traguardo**, the racing car turned over a few yards from the winning post 3 (*scherz.*: *persona corpulenta*) strapper. ● **passare come un b.**, to rush by; to flash past.
bolina, *f*. (*naut.*) bowline. ● **navigare di b.**, to sail on a bowline; to sail close to the wind.
bolinare, *v. i.* (*naut.*) to haul to windward.
Bolivia, *f*. (*geogr.*) Bolivia.
boliviàno, *a. e m.* Bolivian.
bólla (1), *f*. 1 bubble: **b. di gas**, gas bubble; **b. di sapone**, soap bubble; **fare le bolle di sapone**, to blow soap bubbles; **b. d'aria**, air bubble 2 (*med.*) blister; pustule. ● **È finito tutto in una bolla di sapone**, it all went up in smoke ☐ (*bot.*) **b. del pero**, pear leaf blister ☐ **b. del pesco**, peach leaf curl.
bólla (2), *f*. 1 (*editto*) bull: **b. papale**, Papal bull; **la B. d'oro**, Golden Bull 2 (*sigillo*) seal 3 (*comm.*) bill; note: **b. di consegna**, delivery note ☐ **b. doganale**, bill of entry; entry.
bollare, *v. t.* to stamp; to seal; (*con marchio a fuoco*) to brand (*anche fig.*): **carta bollata**, stamped paper; **b. una lettera**, to stamp a letter; **b. con ceralacca**, to seal with sealing wax; **b. con impronta su piombo**, to seal with a lead seal; **b. q. d'infamia**, to brand sb. with infamy.
bollato, *a*. stamped; sealed; (*con marchio a fuoco*) branded (*anche fig.*): **carta bollata**, stamped paper.
bollatura, *f*. stamping; sealing; (*con marchio a fuoco*) branding.
bollènte, *a*. 1 boiling; (*caldissimo*) (boiling) hot: **acqua b.**, boiling water; **caffè b.**, hot coffee 2 (*fig.*) ardent; fiery.
bollétta, *f*. 1 bill: **b. del gas**, gas bill 2 (*comm.*) note; bill: **b. di consegna**, delivery note; **b. d'imbarco**, shipping bill; bill of lading; **b. di spedizione**, carriage note; (*ferr.*) consignment note. ● **b. doganale**, bill of entry; entry ☐ (*fig.*) **essere in b.**, to be on the rocks (*fam.*); to be broke.
bollettàrio, *m*. receipt book; counterfoil book; stub book (*USA*).
bollettino, *m*. 1 (*anche med.*) bulletin: **b. di guerra**, war bulletin 2 (*pubblicazione*) gazette 3 (*comm.*) list: **b. della Borsa**, Stock Exchange list; **b. della banca**, bank price list; **b. commerciale**

bollilatte

dei prezzi correnti, current price list. ● **b. di spedizione**, carriage note; (*ferr.*) consignment note ☐ **b. di versamento**, deposit slip ☐ **b. meteorologico**, weather forecast; weather report.
bollilatte, *m.* milk-boiler.
bollino, *m.* **1** (*pubblicità*) trading stamp; gift stamp **2** (*per generi razionati*) coupon.
bollire, **A** *v. i.* to boil (*anche fig.*); to seethe* (*specialm. fig.*): **L'acqua bolle a cento gradi**, water boils at 100 °C; **La pentola bolle**, the pot is boiling; **b. forte**, to boil hard; **Bolliva d'ira**, he was seething with wrath. **B** *v. t.* (*far bollire*) to boil; to cook: **Ho già bollito il riso**, I've already boiled the rice; **fare b. il bucato**, to boil the washing. ● (*fig.*) **Cosa bolle in pentola?**, what's being cooked up?; what ae they cooking up? ☐ **fare b. piano piano**, to simmer ☐ **Qualcosa gli bolle in testa**, he's cooking up st. ☐ **Sì, la rivolta è scoppiata ieri, ma era tanto che bolliva**, yes, the rebellion broke out yesterday, but it had been brewing for a long while ☐ (*fig.*) **Lascialo b. nel suo brodo**, let him stew in his own juice.
bollita, *f.* boiling. ● **dare una b. a q.c.**, to boil st.
bollito, **A** *a.* boiled. **B** *m.* (*cucina*) boiled meat.
bollitóre, *m.* boiler: **b. elettrico**, electric boiler.
bollitura, *f.* boiling.
bòllo, *m.* **1** stamp (*anche leg.*): **b. per cambiale**, money-order stamp; **b. a secco**, impressed stamp; **marca da b.**, revenue stamp; **tassa di b.**, stamp duty **2** (*sigillo*) seal **3** (*autom.*: *dischetto del b.*) tax stamp (on a car). ● (*autom.*) **b. di circolazione**, tax stamp (on a car) ☐ **carta da b.**, stamped paper ☐ **b. postale**, postmark ☐ **Ufficio del B. e Registro**, Registrar's Office.
bollóre, *m.* **1** boil(ing): **alzare** (*o* **levare**) **il b.**, to come to a boil **2** (*caldo eccessivo*) excessive heat **3** (*fig.*) ardour: **bollori di gioventù**, youthful ardour.
bollóso, *a.* blistered all over.
bòlo, *m.* **1** (*piccola massa di cibo masticato*) bolus **2** (*miner.*) bole **3** (*med.*) bolus. ● (*med.*) **b. isterico**, imaginary sensation of choking.
bolognése, *a.* e *m.* Bolognan.
bolsàggine, *f.* **1** (*di cavallo*) heaves (*pl.*); broken wind **2** (*fig.*) weakness.
bolscevico, *a.* e *m.* Bolshevik*; Bolshevist; Bolshy (*fam.*).
bolscevismo, *m.* Bolshevism.
bolscevizzare, *v. t.* (*polit.*) to bolshevize.
bolscevizzazióne, *f.* (*polit.*) bolshevization.
bólso, *a.* **1** (*di cavallo*) broken-winded **2** (*fig.*: *asmatico*) asthmatic; (*fiacco*) weak.
bolzóne, *m.* (*sorta di freccia*) bolt; quarrel; (square-headed) arrow.
bòma, *m.* e *f.* (*naut.*) boom.
bómba, *f.* **1** bomb: **b. atomica**, A-bomb; **b. all'idrogeno**, H-bomb; **b. lacrimogena**, tear-gas bomb; **b. a orologeria**, clockwork bomb; **gettare** (*o* **lanciare**) **bombe** (*dall'alto*), to drop bombs; (*geol.*) **b. vulcanica** (*o* **lavica**), volcanic bomb; (*med.*) **b. al cobalto**, cobalt bomb **2** (*fig.*: *notizia sensazionale*) bombshell; bomb **3** (*gomma da masticare*) bubble gum **4** (*pop., fig.*: *sostanza eccitante*) pep pill **5** (*fig.*: *fandonia*) whopper (*fam.*). ● **b. a mano**, hand grenade ☐ **b. inesplosa**, dud ☐ **a prova di b.**, bomb-proof (*anche fig.*) ☐ (*fig.*) **tornare a b.**, to get back to the point.
bombàggio, *m.* swelling.
bombarda, *f.* **1** (*mil.*) bombard **2** (*naut.*) two-masted sailing ship **3** (*mus.*) bombard.
bombardaménto, *m.* bombing; bombardment: **b. navale**, naval bombardment; **resistere al b.**, to resist a bombing; **b. a tappeto**, carpet bombing; pattern bombing; area bombing; (*fis.*) **b. catodico**, cathodic bombardment.
bombardare, *v. t.* **1** to bomb; to bombard (*con artiglieria*) to shell **2** (*fis.*) to bombard **3** (*fig.*) to attack; to bombard: **b. q. di domande**, to bombard sb. with questions. ● **b. a tappeto**, to carpet bomb; to pattern bomb ☐ **b. in picchiata**, to dive-bomb.
bombardière, *m.* (*aereo da bombardamento*; membro dell'equipaggio di tale aereo) bomber.
bombardino, *m.* (*mus.*) baritone saxhorn.
bombardóne, *m.* (*mus.*) bombardon.
bombare, *v. t.* **1** to cause (st.) to bulge; to make* convex **2** (*costr.*) to camber **3** (*ind. del legno*) to warp.
bombato, *a.* rounded; convex; bulging; bombé (*franc.*).
bombatura, *f.* **1** (*mecc.*: *di puleggia*) swell; crowning **2** (*costr.*: *della superficie*) camber **3** (*ind. del legno*) warping.
bombé (*franc.*), *a.* convex; rounded; bulging; (*di mobili*) bombé.
bombétta (1), *f.* bowler (hat); derby (*USA*).
bombétta (2), *f.* (*mil.*) bomblet.
bómbice, *m.* (*zool.*, *Bombyx*) silkworm.
bómbo, *m.* (*zool.*, *Bombus*) bumblebee.
bómbola, *f.* bottle; bomb; cylinder: **b. di ossigeno**, oxygen bottle;

b. aerosol (*o* **spray**), aerosol bomb.
bombolétta, *f.* – **b. spray**, aerosol bomb.
bómbolo, *m.* (*scherz.*: *persona piccola e tozza*) podge; humpty-dumpty.
bombolóne, *m.* (*cucina*) doughnut.
bomboniera, *f.* fancy sweet-box, bonbonnière (*franc.*) (*specialm. per confetti nuziali*).
bomprèsso, *m.* (*naut.*) bowsprit.
bonàccia, *f.* **1** (*del mare*) dead calm: **Oggi il mare è in b.**, today the sea is dead calm **2** (*fig.*) calm; peace.
bonaccióne, **A** *a.* good-natured; easy-going. **B** *m.* good-natured fellow.
bonarietà, *f.* good-naturedness; kindliness; affability.
bonàrio, *a.* good-natured; kindly; mild; affable: **un tipo b.**, a kindly chap. ● **un rimprovero b.**, a gentle reproof.
bonbon (*franc.*), *m.* sweetmeat; candy (*USA*); bonbon.
bonderizzare, *v. t.* (*metall.*) to bonderize.
bonderizzazióne, *f.* (*metall.*) bonderization.
Bonifàcio, *m.* Boniface.
bonifica, *f.* **1** (*land*) reclamation; drainage: **b. integrale**, complete reclamation **2** (*terreno bonificato*) reclaimed land **3** (*mil.*) clearing (of mined land) **4** (*fig.*: *politica morale*) moral uplift.
bonificàbile, *a.* reclaimable.
bonificaménto, *m.* (land) reclamation.
bonificare, *v. t.* **1** to reclaim (*anche fig.*): **b. una palude**, to reclaim a marsh **2** (*mil.*) to clear (land) of mines (or shells) **3** (*comm.*) to allow; to discount; (*Banca*) to credit. ● **b. l'aria**, to purify the air.
bonificatóre, *m.* reclaimer.
bonificazióne, *f.* V. **bonificaménto**.
bonifico, *m.* (*comm.*) allowance; discount; (*Banca*) (credit) transfer: **b. bancario**, money transfer.
bonomìa, *f.* good nature; good-naturedness: **Gli si legge in faccia la sua b.**, one can see his good-naturedness written on his face.
bónsai, *m.* (*pianta e tecnica colturale*) bonsai.
bontà, *f.* **1** goodness; kindness; virtue (*o* d'animo), goodness of heart; good-heartedness (*USA*); **b. di sentimenti**, kindness of feelings; **un atto di b.**, an act of kindness; **una persona di angelica b.**, a person of angelic goodness; **un premio di b.**, a prize for kindness; **Lo ringrazierò della b. che ha avuto per te**, I'll thank him for his kindness to you **2** (*buona qualità*) good quality; (*eccellenza*) excellence; (*virtù*) virtue: **la b. di una stoffa**, the good quality of a material; **la b. del vitto**, the excellence of the food; **Quella donna è dotata di tutte le b.**, that woman is endowed with all the virtues. ● **la b. del clima**, the mildness (*o* healthiness) of the climate ☐ **avere la b. di fare q.c.**, to have the goodness to do st.; to be so good (*o* kind) as to do st.; to be good (*o* kind) enough to do st.: **Abbiate la b. di seguirmi, prego**, have the goodness to come this way, please; **Abbia la b. di venire prima**, will you be so good as to come earlier?; **Abbia la b. di chiudere la porta**, will you be kind enough to close the door? ☐ **Somma B.**, God ☐ **Quanta b.!**, how kind! ☐ **B. Sua!**, how good (*o* kind) of you!; very kind of you! ☐ **La b. dell'aria di montagna ti gioverà molto**, the good mountain air will greatly improve your health ☐ **La b. della nostra merce è insuperata**, the quality of our goods is unsurpassed ☐ **Sei certo della b. della stoffa?**, are you sure the material is really good? ☐ **B. tua se li hai aiutati**, it was really good (*o* kind) of you to help them ☐ **Mi avete usato una vera b.**, you have been really kind to me ☐ (*iron.*) **Mi disse, b. sua, un bel no**, he was so kind as to give me a flat denial.
bontempóne, V. **buontempóne**.
bónzo, *m.* (*relig.*) bonze.
bòra, *f.* (*meteorologia*) bora.
borace, *m.* (*miner.*) borax.
boracifero, *a.* boraciferous. ● **soffione b.**, boric-acid fumarole.
borato, *m.* (*chim.*) borate.
borbogliare, *v. i.* (*lett.*) to rumble; to gurgle.
borboglio, *m.* rumbling: **b. di ventre**, stomach rumblings.
borbònico, **A** *a.* **1** (*stor.*) Bourbon (*attr.*) **2** (*fig.*: *retrivo*) reactionary. **B** *m.* (*stor.*) Bourbonist.
borborigmo, *m.* (*med.*) borborygmy.
borbottaménto, *m.* mumbling; grumbling; (*dell'intestino*) rumbling.
borbottare, **A** *v. i.* to mumble; to grumble; (*dell'intestino*) to rumble. **B** *v. t.* to mutter: **b. una preghiera**, to mumble a prayer.
borbottìo, *m.* murmuring; muttering; mumbling.
borbottóne, *m.* grumbler.
bòrchia, *f.* stud; boss; knob; (*da tappezziere*) upholsterer's nail.
bordame, *m.* (*naut.*) foot* (of a sail).
bordare, *v. t.* **1** (*fare un bordo*) to hem; to border; to edge **2** (*mecc.*) to bead; (*cerchiare una ruota*) to rim **3** (*naut.*) to spread* (sails).

bordata, *f.* **1** (*naut.*: *tratto a zigzag*) beat; tack; board; stretch **2** (*di cannoni e fig.*) broadside. ● **prendere una b.**, to tack.
bordatino, *m.* (*ind. tessile*) ticking.
bordatrice, *f.* (*mecc.*) beading (*o* flanging) machine.
bordatura, *f.* **1** (*orlo*) rim; border; edge **2** (*mecc.*) beading; (*cerchiatura*) rim; (*di scatole di latta*) flange.
bordeaux, (*franc.*), **A** *m.* **1** (*vino*) Bordeaux **2** (*colore*) Bordeaux (red). **B** *a.* Bordeaux (red).
bordeggiare, *v. i.* **1** (*naut.*) to beat* **2** (*destreggiarsi*) to manoeuvre.
bordéggio, *m.* (*naut.*) tacking.
bordèllo, *m.* **1** brothel **2** (*fig.*: *luogo di confusione*) bedlam; (*per estens.*: *schiamazzo*) racket, shindy: **fare b.**, to kick up a racket.
borderò, *m.* **1** (*comm.*) list; note; bordereau* (*franc.*) **2** (*teatr.*) takings (*pl.*).
bordino, *m.* **1** (*mecc.*) flat band **2** (*archit.*) molding **3** (*ferr.*) (*wheel*) flange **4** (*moda*) trimming.
bórdo, *m.* **1** hem; border; edge **2** (*mecc.*) rim **3** (*naut.*) board: **salire a b.**, to go on board; **essere a b.**, to be on board; **caricare a b.**, to load on board; **prendere a b.**, to take on board; **franco di b.**, free on board **4** (*di marciapiede*) curb; (*di strada*) shoulder. ● **a b.**, aboard; on board ◻ (*di una pagina*) **b. bianco inferiore,** foot line ◻ **giornale di b.**, log ◻ **b. libero,** freeboard ◻ **nave d'alto b.**, tall ship ◻ (*fig.*) **persona d'alto b.**, very important person. V.I.P.; bigwig ◻ **virare di b.**, to change direction; to veer; (*fig.*) to change sides.
bordò, *a. e m.* Bordeaux (red).
bordolése, *a.* **1** of Bordeaux **2** – **poltiglia b.**, Bordeaux mixture.
bordóne (1), *m.* (*bastone da pellegrino*) pilgrim's staff.
bordóne (2), *m.* (*mus.*: *registro d'organo*) bourdon. ● (*fig.*) **tener b. a q.**, to be sb.'s accomplice.
bordura, *f.* **1** (*bordatura*) border; fringe; hem **2** (*di aiuole*) border **3** (*araldica*) bordure.
bòrea, *m.* (*lett.*) Boreas; north wind.
boreale, *a.* northern; boreal: **emisfero b.**, northern hemisphere; **aurora b.**, northern lights.
borgata, *f.* **1** hamlet; village **2** (*a Roma*) (*bad*) housing estate: **la b. della Magliana,** the Magliana housing estate.
borghése, **A** *a.* **1** bourgeois (*franc.*); middle-class (*attr.*): **ambiente b.**, middle-class environment **2** (*fig.*) bourgeois (*franc.*); common; mediocre: **mentalità b.**, middle-class mentality **3** (*civile*) civilian: **abito b.**, civilian clothes, civ(v)ies (*fam.*). ● **poliziotto in b.**, plain-clothes policeman. **B** *m.* middle-class person; bourgeois* (*franc.*). ● (*polit.*) **piccolo b.**, petit bourgeois (*franc.*).
borghesìa, *f.* bourgeoisie (*franc.*); middle classes (*pl.*): **l'alta b.**, the upper middle class; **la piccola b.**, the petite bourgeoisie.
borghigiano, *m.* villager.
bórgo, *m.* **1** village **2** (*sobborgo*) suburb.
borgógna, *m.* (*vino*) Burgundy (wine).
Borgógna, *f.* (*geogr.*) Burgundy.
borgognóne, *a. e m.* Burgundian. ● **poltiglia borgognona,** Burgundy mixture.
borgomastro, *m.* burgomaster.
bòria, *f.* vainglory; haughtiness; arrogance; conceit. ● **mettere su b.**, to put on airs ◻ **pieno di b.**, vainglorious; haughty.
boriarsi, *v. rifl.* to put* on airs; to puff oneself up: **Di che si boria?**, what's he puffing himself up for?
bòrico, *a.* (*chim.*) boric: **acido b.**, boric acid.
boriosità, *V.* **bòria.**
borióso, *a.* vainglorious; haughty; arrogant; conceited.
bòro, *m.* (*chim.*) boron.
borotalco, *m.* (*marchio*) talcum powder.
bórra, *f.* **1** (*imbottitura*) stuffing; padding: **b. di lana,** wool stuffing; **b. di seta,** silk stuffing **2** (*scarti di lana*) flocks (*pl.*) **3** (*ind. della lana*) (*wool*) droppings **4** (*nelle cartucce*) wad **5** (*fig.*) padding.
borràccia, *f.* **1** water-bottle; flask **2** (*mil.*) canteen.
borraccina, *f.* (*bot.*, *Sedum acre*) stonecrop.
borràg(g)ine, *f.* (*bot.*, *Borrago officinalis*) borage.
borrana *V.* **bórro,** *m.* (*marchio*) gully.
bórsa, *f.* **1** bag; (*portamonete*) purse; (*borsetta*) handbag: **b. della spesa,** shopping bag; **b. da aereo,** flight bag; **b. da viaggio,** travelling bag; **b. dell'elemosina,** collection bag; (*fig.*) **avere le borse agli occhi,** to have bags under one's eyes; **rimetterci di b. propria,** to pay from one's own purse (*o denaro*) money: **L'ho comprato di mia b.**, I bought it with my own money; **O la b. o la vita!**, your money or your life! **3** (*fin.*) (*stock*) exchange: **b. merci,** commodities exchange; **chiusura di b.**, the close of business on the exchange; **contratti di b.**, stock exchange (*o commodities exchange*) transactions; **giocare in b.**, to play on the stock exchange; **lavorare in b.**, to be on the stock exchange; **quotazioni di b.**, stock exchange quotations; **rialzo (***ribasso***) in b.**, rise (fall) on the stock exchange **4** (*zool.*: *marsupio*) pouch **5** (*anat.*) bursa*. ● (*fin.*) **b. debole,** weak market ◻ **b. per il tabacco,** tobacco pouch ◻ (*bot.*) **b. di pastore** (*Capsella bursa-pastoris*), shepherd's purse ◻ **b. di studio,** scholarship; education grant; study grant ◻ **b. nera,** black market ◻ **b. per l'acqua calda,** hot-water bottle ◻ **b. per documenti,** briefcase; attaché case ◻ **allentare i cordoni della b.**, to loosen the purse-strings ◻ **fare b. comune,** to pool one's resources ◻ **listino di b.**, stock (and shares price) list ◻ **mettere mano alla b.**, to pay ◻ **speculazioni di b.**, stock speculation ◻ **stringere i cordoni della b.**, to tighten the purse strings ◻ **tenere la b. stretta,** to be mean (*o* miserly) ◻ **titoli quotati in b.**, listed stock.
borsaiòlo, *m.* pickpocket; purse-snatcher.
borsanéra, *f.* black market.
borsanerista, *m. e f.* black marketeer.
borseggiare, *v. t.* to pick (sb.'s) pocket. ● **È stato borseggiato dell'orologio,** he had his watch taken by a pickpocket.
borseggiatóre, *m.* pickpocket.
borséggio, *m.* pickpocketing.
borsellino, *m.* purse.
borsèllo, *V.* **borsétto.**
borsétta, *f.* (lady's) handbag.
borsétto, *m.* (gentleman's) handbag.
borsino, *m.* (*Borsa*) coulisse (*franc.*).
borsista, *m. e f.* **1** (*chi specula in Borsa*) speculator; stockjobber **2** (*chi usufruisce d'una borsa di studio*) scholarship holder; grantee (*USA*).
borsìstico, *a.* stock-exchange (*attr.*).
borsite, *f.* (*med.*) bursitis*.
boscàglia, *f.* thicket; brush; scrub; wood.
boscaiòlo, *m.* **1** woodman*; woodcutter **2** (*guardaboschi*) forester.
boscheréccio, *a.* woody; sylvan; woodland (*attr.*): **poesie boscherecce,** sylvan poetry; **coro b.**, woodland chorus.
boschétto, *m.* small wood; grove; copse.
boschivo, *a.* wooded; woody. ● **terreno b.**, woodland.
boscimano, *m.* Bushman*.
bòsco, *m.* wood: **b. di alto fusto,** wood of tall trees; **Si è incendiato il b.**, the wood has caught fire. ● **b. ceduo,** copse, coppice ◻ **un b. di capelli incolti,** a mop of untidy hair ◻ **b. di pini,** pinewood.
boscosità, *f.* tree density.
boscóso, *a.* woody; wooded.
Bòsforo, *m.* (*geogr.*) (the) Bosporus.
bòssa nòva, *f.* (*portoghese*), *f. invar.* (*mus.*) bossa nova.
bòsso, *m.* **1** (*bot.*, *Buxus sempervirens*) box* **2** (*legno*) box-wood.
bòssolo, *m.* **1** (*cartridge*) case: **b. di granata,** shell case **2** (*urna per votazioni*) ballot box **3** (*bussolotto*) dice-box.
botànica, *f.* botany.
botànico, **A** *a.* botanic(al): **orto b.**, botanic garden. **B** *m.* botanist.
bòtola, *f.* **1** trap door **2** (*b. stradale*) manhole.
botolo, *m.* **1** cur **2** (*fig.*) waspish fellow.
bòtta, *f.* **1** blow: **botte da orbi,** furious blows; **dare una b.**, to deal a blow; **dare botte da orbi,** to give random blows; **fare a botte,** to come to blows: **Dopo aver discusso, si misero a fare a botte,** after arguing, they came to blows; **un sacco di botte,** a shower of blows; (*fig.*) **Fu una b. tremenda per il suo orgoglio,** it was a tremendous blow to his pride **2** (*scherma*) thrust: **parare una b.**, to parry a thrust **3** (*colpo provocato da un urto*) knock **4** (*segno, livido*) bruise **5** (*sparo*) shot; bang: **Ho sentito la b.**, I heard the shot. ● **b. e risposta,** thrust and parry ◻ (*fig.*) **a b. calda,** on the spot; on the spur of the moment ◻ (*fig.*) **fare a b. e risposta,** to bandy hasty words.
bottàccio, *m.* millpond.
bottàio, *m.* cooper.
bottalare, *v. t.* (*tecn.*) to drum.
bottalatura, *f.* (*tecn.*) drumming.
bottale, *m.* (*tecn.*) drum.
bottarga, *f.* (*cucina*) botargo.
bottata, *f.* (*lett.*) cutting remark; sharp retort.
bótte, *f.* **1** barrel; cask; butt: **b. da vino,** wine butt; **b. a doppio fondo,** double-bottomed barrel; **fondo di b.**, bottom of a cask; **pancia di b.**, belly of a cask; **spillare la b.**, to broach a cask **2** – (*archit.*) **volta a b.**, barrel-vault. ● (*fig.*) **dare un colpo al cerchio e uno alla b.**, to run with the hare and hunt with the hounds ◻ (*fig.*) **essere in una b. di ferro,** to be out of harm's way; to be as safe as the Bank of England (*fam.*) ◻ **mettere in b.**, to barrel; to cask ◻ **essere** (*o* **parere**) **una b.**, to be as plump as a dumpling ◻ **La b. dà il vino che ha,** each one according to his capabilities ◻ **volere la b. piena e la moglie ubriaca,** to want to have one's cake and eat it; to trade off.
bottéga, *f.* **1** shop; (*azienda*) business: **b. ben avviata,** promising

business; **b. ben fornita**, well-stocked shop; **aprire b.**, to set up shop; (anche fig.) **chiudere b.**, to close up shop; **garzone di b.**, shop boy; **mettere il proprio figlio a b.**, to apprentice one's son in a shop; **tenere b.**, to keep shop; **vetrina di b.**, shop window **2** workshop; studio: **la bottega di Giotto**, Giotto's studio. ● (scherz.) **avere la b. aperta** (i calzoni sbottonati), to have one's fly open □ **fondi** (o **scarti**) **di b.**, discards.
bottegàio, m. shopkeeper; storekeeper (USA).
botteghino, m. **1** (biglietteria) ticket office; (di teatro) box office **2** (del lotto) lottery office.
bottìglia, f. bottle: **una b. di chianti**, a bottle of Chianti; **sturare una b.**, to uncork a bottle. ● (fis.) **b. di Leida**, Leyden jar □ **b. Molotov**, Molotov cocktail □ **mettere il vino in b.**, to bottle the wine □ **verde b.**, bottle green □ **vino di b.**, bottled wine.
bottigliàta, f. blow with a bottle.
bottiglierìa, f. **1** wine shop **2** (cantina) wine cellar.
bottiglióne, m. two-litre bottle.
bottìno (1), m. booty; swag; loot; haul: **partecipare alla divisione del b.**, to share in the division of the booty; **In casa mia farebbero un magro b.**, in my house they would get a poor haul. ● **fare b.**, to sack; to pillage; to plunder.
bottìno (2), m. (pozzo nero) cesspool; cesspit; (come concime) night soil.
bòtto, m. (colpo) stroke; blow; (sparo) shot. ● **di b.**, all at once; suddenly □ **in un b.**, in a twinkling.
bottonàio, m. **1** (fabbricante di bottoni) button-maker **2** (venditore di bottoni) button-seller.
bottoncìno, m. **1** little button **2** (bot.) bud.
bottóne, m. **1** button: **doppia fila di bottoni**, double row of buttons; **il b. d'un fioretto**, the button of a foil **2** (elettr.: pulsante) button; (ottica) knob **3** (mecc.) pin **4** (bot.) bud: **b. di rosa**, rosebud. ● **b. automatico**, press stud; snap fastener □ (bot.) **b. d'oro**, buttercup □ **bottoni gemelli**, cuff links □ **attaccare un b.**, to sew a button on □ (fig.) **attaccare un b. a q.**, to buttonhole sb. □ (fig.) **la stanza dei bottoni**, the control room; the nerve centre.
bottonièra, f. **1** row of buttons **2** (quadro con pulsanti) control panel.
bottonifìcio, m. button factory.
botulìnico, a. (med., vet.) botulinic; botulinal.
botulìno, a. (med., vet.) – **bacillo b.**, botulinus toxin.
botulìsmo, m. (med.) botulism.
bouquet (franc.), m. **1** (mazzo di fiori) bouquet; nosegay **2** (di un vino) bouquet.
boutade (franc.), f. sally; quip; witticism.
boutique (franc.), f. boutique.
bovarìsmo, m. bovarism; bovarysm.
bovaro, m. cattleman*; cowherd.
bòve, m. ox*.
bovìle, m. (archit.) bow window.
bovìno, **A** a. bovine. **B** m. pl. cattle (sing. collett.).
box (ingl.), m. **1** (per cavalli) box **2** (per auto) pit **3** (per bambini) playpen **4** (compartimento) cubicle.
boxàre, v. i. (sport) to box.
boxe (franc.), f. (sport) boxing; pugilism.
boxer (ingl.), m. (zool.) boxer.
boxeur (franc.), m. boxer; pugilist.
bòzza, f. **1** (archit.) boss; rusticated ashlar **2** (abbozzo) draft; rough sketch **3** (tipogr.) proof: **bozze in colonna**, galley proofs; galleys; **bozze impaginate**, page proofs; **prima b.**, foul proof; **correttore di bozze**, proofreader **4** (protuberanza) swelling; (bernoccolo) bump **5** (naut.) stopper; stopper knot. ● **correggere bozze**, to proofread □ (tipogr.) **seconda b.**, revise □ (tipogr.) **terza b.**, second revise.
bozzàto, a. (archit.) ashlar(-work).
bozzèllo, m. (naut.) block: **b. doppio**, double block; **b. girevole** (o **a mulinello**), swivel block.
bozzettìsta, m. e f. **1** writer of sketches **2** (pubblicità) poster designer.
bozzettìstica, f. short story writing; sketch writing.
bozzétto, m. (preliminary) sketch; design; plan; (scale) model: **un b. di una costruzione**, a scale model of a building; **un b. di un quadro**, a preliminary sketch of a painting.
bòzzima, f. (ind. tessile) size **2** (pastone per polli) branmash.
bòzzimare, v. t. (ind. tessile) to size.
bòzzo, m. (bernoccolo) lump; bump.
bòzzolo, m. **1** cocoon: **uscire dal b.**, to come out of the cocoon; (fig.) to make one's debut **2** (grumo di farina) lump **3** (nodo) knot. ● (fig.) **chiudersi nel proprio b.**, to retire into one's shell.
bozzolóso, a. lumpy.
braca, f. **1** (naut.) sling **2** (pl.: calzoni) trousers **3** (mutande) drawers. ● (fig.) **calare le brache**, to give in.

bracalóne, m. untidy person; sloven. ● (a) **bracalóni**, sloppy (agg.).
braccàre, v. t. to search, to hound, to hunt (anche fig.): **b. la selvaggina**, to hunt (o to nose out, to trail) the game.
braccétto, **a**, locuz. avv. arm-in-arm: **andare a b. con q.**, to go arm-in-arm with sb.; (fig.) to get on well with sb.
bracciàle, m. **1** (parte dell'armatura) armlet; bracelet **2** (fascia per distintivo al braccio) arm band **3** (braccialetto) bracelet; bangle **4** (del giocatore di pallone a bracciale) wooden guard **5** (bracciolo di poltrona) arm.
braccialétto, m. bracelet; bangle.
bracciantàto, m. (day-)labourers (pl.).
bracciànte, m. (day-)labourer: **b. agricolo**, farm labourer; farm hand.
bracciàre, v. t. (naut.) to brace: **b. a collo**, to brace aback; **b. di punta**, to brace up; **b. in croce**, to brace in (o to).
bracciàta, f. **1** armful: **una b. di legna**, an armful of wood; **a bracciate**, in armfuls **2** (nuoto) stroke.
bràccio, m. (pl. **bràccia** nelle def. 1, 2, 3, 4; **bracci** nelle altre) **1** arm: **accogliere q. a braccia aperte**, to welcome sb. with open arms; **avere** (o **portare**) **il b. al collo**, to have one's arm in a sling; **avere le braccia corte**, to have short arms; **dare il b. a una signora**, to give one's arm to a lady; **gettarsi fra le braccia di q.**, to throw oneself into sb.'s arms; **incrociare le braccia**, to fold one's arms; (fig.) to refuse to work, to down tools, to go on strike; **portare in b. un bambino**, to carry a baby in one's arms; **prendere in b. un bambino**, to take up a baby in one's arms; **prendere q. per un b.**, to seize sb. by the arm; **stendere il b.**, to stretch out one's arm; **con le braccia in croce**, with folded arms; **b. al sonno**, in the arms of sleep; **passeggiare dando il b. a q.** (o **sotto b. a q.**), to walk arm-in-arm with sb.; **portare q.c. sotto b.**, to carry st. under one's arm **2** (pl., fig.: mano d'opera) hands; labourers; workmen: **Tanto lavoro e così poche braccia!**, such a lot of work and so few hands! **3** (antica misura di lunghezza, pari a circa 60 cm) «braccio» **4** (naut.: misura di profondità, pari a m 1,83) fathom: **Il porto ha una profondità di quattro braccia**, the harbour is four fathom(s) deep **5** (cosa a forma di braccio) arm: **il b. di un'ancora**, the arm (o fluke) of an anchor; **il b. della croce**, the arm of the cross; **il b. di una leva**, a lever arm; (mecc.) **b. portante**, supporting arm; **b. di manovella**, crank arm **6** (di bilancia o stadera) beam; bar; (di sestante) bar **7** (di grammofono) pick-up; tone arm **8** (di gru) jib: **b. mobile**, adjustable jib **9** (di remo) web **10** (archit.: ala) wing: **un b. del palazzo**, a wing of the palace **11** (diramazione) branch: **b. di un fiume**, the branch of a river **12** (naut.: manovra) brace. ● (fig.) **essere il b. destro di q.**, to be sb.'s right hand □ **b. di terra**, isthmus □ (fis.) **b. della forza**, arm of force □ **b. di ferro** (esercizio fisico), arm exercise between two people □ **b. di mare**, strait; sound; inlet □ (stor.) **il b. secolare**, the secular arm □ **a forza di braccia**, with the strength of one's arms □ **alzare** (o **levare**) **il b.**, to put up one's hand □ (fig.) **avere le braccia legate**, to have one's hands tied (o to be powerless) □ (fig.) **avere q. sulle braccia**, to have sb. on one's hands; to have to support sb. □ **col lavoro delle proprie braccia**, by one's own exertions □ **darsi in b. a q.**, to give oneself up to □ **darsi in b. al nemico**, to surrender to the enemy ● **fare un discorso a braccia** (o **a b.**), to make an impromptu speech □ **portare** (o **trasportare**) **q. a braccia**, to lift sb. bodily (and carry him away) □ (fig.) **stendere** (o **tendere**) **le braccia a q.**, to help sb.; to give sb. a (helping) hand □ (fig.) **tagliare le braccia a q.**, to cut the ground from under sb.'s feet □ **Vennero due carabinieri a dare b. forte alle guardie**, two carabinieri came to back up the guards □ (fig.) **Sono nelle vostre braccia**, I am in your hands □ (fig.) **Se gli dai un dito, ti prende un b.**, give him an inch, and he will take a yard □ **Ai ragazzi non bisogna dare troppo b.**, don't let the children have too much free rein □ (fig.) **Mi sentii cascare le braccia**, I felt my heart in my boots; I felt completely disheartened.
braccïòlo, m. **1** (di poltrona) arm **2** (corrimano) handrail; banister.
bracco, m. **1** (cane) hound **2** (fig.) sleuth; bloodhound.
bracconàggio, m. poaching.
bracconière, m. poacher.
brace, f. (charcoal) embers, coals, cinders (pl.). ● **b. delle sigarette**, cigarette ash □ **rosso come la b.**, red as fire □ **Il suo odio covava sotto la b.**, hatred was smouldering in his heart □ (fig.) **cadere dalla padella nella b.**, to fall (o to jump) out of the frying pan into the fire.
brachétta, f. **1** front flap of breeches. **2** (pl.: mutandine) panties **3** (pl.: calzoncini) shorts.
brachiàle, a. (anat.) brachial.
brachialgìa, f. (med.) brachialgia.
brachicardìa, V. **bradicardìa**.
brachicefalìa, f. brachycephaly.

brachicèfalo, A *a.* brachycephalic; brachycephalous. **B** *m.* brachycephal.
brachilogìa, *f.* brachylogy.
brachioradiale, *m.* (*anat.*) brachioradialis*.
bracière, *m.* brazier; warming pan.
braciòla, *f.* (*cucina*) chop: **una b. di maiale,** a pork chop.
bracòtto, *m.* (*naut.*) pendant.
bradicardìa, *f.* (*med.*) bradycardia.
bradilalìa, *f.* (*psic.*) bradylalia.
bràdipo, *m.* (*zool.*, *Bradypus*) sloth.
bradisìsmo, *m.* (*geol.*) bradyseism.
brado, *a.* wild. ● **essere allo stato b.,** to be in one's natural state.
braga, *f.* **1** (*idraulica*) Y branch **2** (*naut.*) sling.
brago, *m.* (*lett.*) mire.
bragòzzo, *m.* «bragozzo» (fishing boat used along the Adriatic coast).
Braille (*franc.*), *m.* (*tipogr.*) Braille. ● **stampare** (*o* **scrivere**) **in caratteri Braille,** to braille.
brama, *f.* desire; longing; yearning; craving. ● **Aveva b. di vederlo,** she was longing to see him □ **Smaniava dalla b.,** he was raving with desire.
bramanésimo, bramanìsmo, *m.* Brahminism, Brahmanism.
bramano, *m.* Brahmin, Brahman.
bramare, *v. t.* (*lett.*) to desire; to long for; to crave (for); to yearn for (*o* after).
bramino, *V.* bramano.
bramire, *v. i.* to roar; to bell; to bellow.
bramito, *m.* roar; bell; bellow.
bramosìa, *f.* (*lett.*) longing; yearning; craving.
bramóso, *a.* (*lett.*) desirous, covetous (of).
branca, *f.* **1** claw; (*del gatto*) paw; (*dei rapaci*) talon, claw **2** (*fig.*) clutch; grip: **Cadde nelle branche dei ladri,** he fell into the clutches of the thieves **3** (*di arnesi*) jaws: **le branche delle tenaglie,** the jaws of the pincers **4** (*ramo*) branch (*anche fig.*): **una b. dello scibile,** a branch of knowledge **5** (*rampa di scala*) flight (of stairs).
brancata, *f.* handful. ● **gettare il denaro a brancate,** to throw one's money about.
brànchia, *f.* (*specialm. al pl.*) gill; branchia*.
branchiale, *a.* branchial: **fessure branchiali,** branchial (*o* gill) clefts.
branchiato, *a.* (*zool.*) branchiate.
brancicare, A *v. i.* to grope; to fumble about; to feel* one's way: **b. nel buio,** to grope in the dark. **B** *v. t.* to paw.
branco, *m.* **1** (*di pecore, uccelli*) flock; (*di lupi*) pack; (*d'oche*) gaggle; (*di pesci*) shoal; (*mandria*) herd **2** (*banda*) gang; troop; pack: **un b. di mascalzoni,** a gang of scoundrels. ● **a branchi,** in crowds □ **mettersi in b.,** to gang up.
brancolaménto, *m.* groping; feeling one's way.
brancolare, *v. i.* to grope; to feel* one's way: **b. nelle tenebre,** to grope in the dark. ● **b. nell'incertezza,** to be in doubt.
branda, *f.* cot; camp bed; folding bed; rollaway (bed) (*USA*); (*naut.*) hammock: **dormire in b.,** to sleep in a hammock.
brandeggiare, *v. t.* to traverse (*un pezzo d'artiglieria*).
brandéggio, *m.* (*mil.*) traverse.
brandèllo, *m.* **1** shred; rag; tatter (*di solito al pl.*); scrap; piece: **a brandelli,** in tatters; tattered; in rags; ragged; **fare a brandelli,** to tear to shreds **2** (*fig.*) bit.
brandire, *v. t.* to brandish.
brando, *m.* (*poet.*) brand; sword.
brandy (*ingl.*), *m.* brandy.
brano, *m.* fragment; shred; bit; (*di libro*) passage: **cadere a brani,** to fall to bits; **brani scelti,** chosen passages. ● **b. musicale,** musical excerpt □ **fare a brani,** to tear to pieces.
branzino, *m.* (*zool.*, *Perca fluviatilis*) bass*.
brasare, *v. t.* **1** (*cucina*) to braise **2** (*mecc.*) to braze.
brasato, (*cucina*) **A** *a.* braised. **B** *m.* braise.
brasatura, *f.* **1** (*cucina*) braising **2** (*mecc.*) brazing: **b. ad arco,** arc-brazing; **b. a immersione,** dip-brazing; **b. a gas,** gas-brazing; **b. al cannello,** torch-brazing.
Brasile, *m.* (*geogr.*) Brazil.
brasile, *m.* brazil wood.
brasiliàno, *a. e m.* Brazilian.
bràttea, *f.* (*bot.*) bract.
bratteato, *a.* (*bot.*) bracteate.
bravàccio, *m.* braggart; boaster. ● **fare il b.,** to play the tyrant.
bravaménte, *avv.* **1** (*risolutamente*) bravely; resolutely **2** (*bene*) skilfully; well.
bravata, *f.* **1** bravado **2** (*millanteria*) brag; boast.
bravo, *A a.* **1** fine; (*buono, abile*) good; (*abile*) clever, capable: **un b. insegnante,** a good teacher; **un b. operaio,** a good (*o* clever) workman; **un b. pittore,** a fine (*o* clever) painter; **una brava resistenza,** good stamina; **un b. scolaro,** a clever (*o* diligent) pupil; **un brav'uomo,** a good (*o* an honest) man; **un decente fellow,** Fate i bravi bambini, be good, children; **Venite qui, brava donna,** come here, my good woman; **B. chi l'indovina,** clever is the one who guesses right; **Era un b. cavallo,** he was a fine horse; **Questo sì che è un b. cane!,** this is a really clever dog!; **Su, da b., vieni qua,** there's a good fellow (*o* boy), come here; **Non si sentiva abbastanza b. per farlo,** he didn't think he was good enough to do that **2** (*bello*) nice (*fam.*): **Ogni giorno faceva la sua brava passeggiatina,** every day he would take his nice little walk **3** (*raro: coraggioso*) brave **4** (*pleonastico, idiom.*) —: **Accese il suo b. sigaro e uscì,** he lit up his good old cigar and went out. ● **essere b. a trovare scuse,** to be clever at making excuses □ **essere b. in q.c.,** to be good at st.: **È b. in latino,** he's good at Latin □ **alla brava,** boldly; (*alla meglio*) roughly, crudely; (*alla svelta*) quickly □ **fare il b.** (*ostentare coraggio*), to swagger; (*a parole*) to brag □ **Su, da b.!,** (*esortando*) come (on)!; (*rincuorando*) cheer up! □ **B.!,** (*applauso*) bravo!; (*per congratularsi*) well done! □ (*iron.*) **B. te!,** you clever thing! □ **Ci vorrà il suo b. tempo,** it will take a lot of time. **B** *m.* (*stor.*) bravo*: **i bravi di Don Rodrigo,** Don Rodrigo's bravoes.
bravura, *f.* **1** (*abilità*) cleverness; skill: **Mostrò la sua b.,** he showed his cleverness **2** (*coraggio*) bravery; courage; bravura **3** (*mus.*) bravura. ● **fare q.c. con b.,** to do st. skilfully □ (*iron.*) **Bella b.!,** how clever of you! □ (*iron.*) **Ci voleva una gran b.!,** that needed a lot of doing!
break dance (*ingl.*), *loc. sost. f. invar.* (*mus.*) break dancing.
bréccia (1), *f.* breach: **aprire una breccia,** to make a breach; **entrare dalla b.,** to enter through the breach. ● (*fig.*) **far b. nell'animo di q.,** to wind one's way into sb.'s heart □ (*fig.*) **stare sulla b.,** to stand in the breach.
bréccia (2), *f.* **1** (*sassi spezzati per pavimentare strade*) crushed stone; road metal **2** (*ghiaia*) gravel **3** (*geol.*) breccia.
brecciame, *m.* crushed stone; road metal.
brecciòso, *a.* gravelly; gritty; gritted.
brechtiano, *a.* (*letter.*) Brechtian.
brefotròfio, *m.* foundling hospital.
brègma, *m.* (*anat.*) bregma*.
breitschwanz (*ted.*), *m. invar.* (*moda*) breitschwanz; broadtail.
brénna, *f.* nag; hack.
brénta, *f.* «brenta» (wine cask of about 50 litres).
bréntolo, *m.* (*bot.*, *Calluna vulgaris*) heather; ling.
bresàola, *f.* (*cucina*) «bresaola» (dry-salted beef).
Bretagna, *f.* (*geogr.*) Brittany. ● **Gran B.,** Great Britain.
bretèlla, *f.* (*autom.*: **b. autostradale**) linking stretch (of a motorway); link-up motorway.
bretèlle, *f. pl.* **1** (*dei calzoni*) braces; suspenders (*USA*) **2** (*di biancheria femminile*) shoulder straps.
brètone, brèttone, *a., m. e f.* Breton.
brève (1), A *a.* short; brief: **La vita è b.,** life is short; **un b. viaggio,** a brief journey; **sillaba** (*vocale*) **b.,** short syllable (vowel). ● **a farla** (*o* **a dirla**) **b.,** to make a long story short □ **in b.,** in short; briefly □ **tra b.,** in a short while. **B** *f.* **1** (*mus.*) breve **2** (*prosodia*) short syllable.
brève (2), *f.* (*lettera pontificia*) breve; (papal) brief.
brevettàbile, *a.* patentable.
brevettare, *v. t.* to patent; to take* out a patent for (st.): **Ho brevettato l'apparecchio,** I've patented the machine.
brevettato, *a.* **1** patented: **congegno b.,** patented device **2** (*fig., scherz.*) infallible: **un sistema b.,** an infallible method.
brevétto, *m.* **1** (letters) patent (*anche leg.*): **un b. d'invenzione,** an invention patent; **concedere un b.,** to grant (*o* to issue) a patent; **diritto di b.,** patent right; **Ufficio Brevetti,** Patent Office **2** (*di pilota*) pilot's licence. ● (*naut.*) **b. di capitano,** master's certificate □ **titolare di un b.,** patentee.
brevettuale, *a.* (*attr.*): **diritto b.,** patent law.
breviàrio, *m.* **1** (*relig.*) breviary **2** (*sommario*) summary.
brevilìneo, *a.* short-limbed.
breviloquènte, *a.* (*lett.*) concise; laconic.
breviloquènza, *f.* (*lett.*) conciseness; laconicism, laconism.
brevità, *f.* shortness; brevity: **Altre circostanze le ometteremo per b.,** we shall leave out other details for the sake of brevity.
brézza, *f.* breeze: **b. di mare,** sea breeze; **b. di terra,** land breeze.
bric-à-brac (*franc.*), *locuz. m.* knic-knac (*o* nic-nac); curios; bric-a-brac.
bricco, *m.* jug; pot; (*di metallo, per bollire acqua*) kettle: **il b. del latte,** the milk jug; **il b. del caffè,** the coffeepot.
bricconàggine, *V.* bricconerìa.
bricconata, *f.* knave's trick; knavish trick.
bricconе, A *m.* blackguard; rascal; rogue, knave. **B** *a.* rascally; knavish; roguish; unprincipled; nasty: **Gli ha giocato un tiro b.,** he played a rascally trick on him; **È gente briccona,** they're nasty people.
bricconerìa, *f.* knavery; roguery.
bricconésco, *a.* knavish; roguish.
brìciola, *f.* crumb (*anche fig.*): **ridurre in briciole,** to reduce to

briciolo

crumbs. ● (*fig.*) **non avere una b. di fortuna nella vita**, not to have a dog's chance in life.
briciolo, *m.* crumb; (*pezzetto*) bit. ● **Non hai un b. di cervello**, you are brainless.
bricolage (*franc.*), *m. invar.* do-it-yourself; tinkering (about).
bricòlla, *f.* smuggler's bag.
bridge (*ingl.*), *m.* (*giochi*) bridge.
bridgista, *m. e f.* bridge-player.
briga, *f.* **1** trouble; care: **darsi** (*o* **pigliarsi, prendersi**) **la b. di fare q.c.**, to take the trouble to do st. **2** (*lite*) quarrel: **attaccare b. con q.**, to pick a quarrel with sb.
brigadière, *m.* (*mil.*) **1** (*in G. B.*) brigadier; (*in USA*) brigadier general **2** (*dei Carabinieri*) «brigadiere».
brigantàggio, *m.* brigandism; brigandage: **darsi al b.**, to take to brigandage.
brigante, *m.* **1** brigand; bandit* **2** (*scherz.*) rogue; rascal.
brigantésco, *a.* brigandish; brigand-like.
brigantino, *m.* (*naut.*) brigantine; brig.
brigare, *v. t.* to scheme; to intrigue: **Sta brigando per ottenere la promozione**, he's intriguing for promotion.
brigata, *f.* **1** (*mil.*) brigade: **b. di cavalleria**, cavalry brigade **2** (*comitiva*) company; group; set, gang (*fam.*): **Erano una b. di otto giovanotti**, they were a gang of eight young men. ● (*prov.*) **Poca b., vita beata**, the more the merrier, but the fewer the better cheer.
Brigida, *f.* Bridget.
brigidino, *m.* (*cucina*) aniseed biscuit.
briglia, *f.* **1** bridle: **allentare la b.**, to slacken the bridle; (*fig.*) to slacken the reins **2** (*naut.*) bobstay **3** (*mecc.*) bridle; (*di tornio*) dog **4** (*pl.*: **dande**) leading reins; leading strings (*USA*). ● **a b. sciolta**, at full gallop □ **voltare la b.** (*tornare indietro*), to turn back.
brillaménto, *m.* blasting; shooting; firing; explosion.
brillantare, *v. t.* **1** (*sfaccettare*) to cut*; to facet **2** (*mecc.*) to buff; to polish **3** (*falegnameria*) to polish; to furbish **4** (*cucina*) to ice; to frost.
brillantatura, *f.* **1** cutting **2** (*cucina*) icing, frosting **3** (*tecn.*) buffing; polishing.
brillante, **A** *a.* bright; (*di luce molto intensa, anche fig.*) brilliant; (*splendente*) shining; (*sfavillante*) sparkling, glittering: **colori brillanti**, bright colours; **b. oratore**, brilliant speaker; **discorso b.**, brilliant speech. ● (*teatr.*) **attore b.**, comic actor □ (*teatr.*) **commedia b.**, light comedy □ **fare una b. riuscita**, to strike twelve (*fam.*). □ **poco b.**, lacklustre: **un risultato poco b.**, a lacklustre performance. **B** *m.* **1** diamond: **b. solitario**, solitaire diamond **2** (*anello con b.*) diamond ring.
brillanteménte, *avv.* brilliantly.
brillantézza, *f.* brilliance; lustre; brightness.
brillantina, *f.* brilliantine.
brillanza, *f.* (*fis.*) brilliancy.
brillare, **A** *v. i.* **1** to shine* (*anche fig.*); (*sfavillare*) to sparkle; (*scintillare*) to glitter, to scintillate **2** to twinkle; (*di luce debole*) to gleam: **I diamanti brillano**, diamonds sparkle; **Gli occhi le brillavano per la gioia**, her eyes were shining with joy; **Non brilla nella conversazione**, he does not shine in conversation **2** (*di mina*) to burst*; to explode **3** (*di vino*) to sparkle. **B** *v. t.* **1** (*far esplodere*) to blast; to fire: **b. una mina**, to blast a mine **2** (*il riso, l'orzo, e sim.*) to mill; to husk and polish. ● (*scherz.*) **Brillava per la sua assenza**, he was outstanding in his absence.
brillatóio, *m.* **1** (*macchina per brillare il riso*) mill **2** (*stabilimento ove si effettua la brillatura*) rice mill.
brillatura, *f.* milling; husking, polishing (of rice).
brillio, *m.* sparkling; glitter; glittering; glisten; glistening.
brillo, *a.* intoxicated; tipsy; tight.
brina, *f.* frost; hoarfrost; rime.
brinare, **A** *v. i. impers.* – **È brinato la notte scorsa**, last night there was a frost. **B** *v. t.* **1** (*coprire di brina*) to frost; to frost over; to cover with frost **2** (*un bicchiere*) to frost; (*con lo zucchero*) to sugar.
brinata, *f.* (fall of) frost (*o* hoarfrost): **La b. ha imbiancato il prato**, the hoarfrost has whitened the lawn.
brinato, *a.* **1** covered with frost (*o* hoarfrost). **2** (*di bicchiere*) frosted. ● (*lett.*) **capelli brinati**, hoary locks; grizzled hair.
brindare, *v. i.* to toast; to drink* a toast: **b. a q.** (*a q.c.*), to toast sb. (st.). ● **b. alla salute di q.**, to drink sb.'s health □ **Brindate con noi!**, join in the toast!
brindèllo, *m.* rag; tatter: **a brindelli**, in rags; tattered.
brindellóne, *m.* sloven; slovenly person; tatterdemalion.
brindisi, *m.* toast: **fare un b. a q.**, to give (*o* to propose) a toast to sb. ● **fare un b. alla salute di q.**, to drink sb.'s health.
brinèll, *m.* (*metrologia*) Brinell number. ● **durezza b.**, Brinell hardness.
brinóso, *a.* frosty; frost-covered.
brio, *m.* brio (*anche mus.*); liveliness, gaiety; high spirits (*pl.*); go

(*fam.*). ● **una canzone piena di b.**, a song full of brio □ **Quel ragazzo è pieno di b.**, that boy is full of beans (*fam.*).
brioche (*franc.*), *f.* (*cucina*) bun; brioche.
briòfite, *f. pl.* (*bot.*) Bryophyta; bryophytes.
briologìa, *f.* (*bot.*) bryology.
briònia, *f.* (*bot.*, *Bryonia dioica*) bryony.
briosità, *f.* gaiety; cheerfulness; liveliness.
brióso, *a.* gay; lively; full of life; full of beans (*fam.*).
briscola, *f.* **1** «briscola» (sort of Italian card game) **2** (*carta importante nel gioco di b.*) trump **3** (*fig.*) blow: **Che b.!**, what a blow! ● (*fig.*) **essere l'asso di b.**, to be the most important person □ (*fig.*) **contare come il due di b.**, to count for nothing.
bristol (*ingl.*), *m.* Bristol board.
Britànnia, *f.* (*geogr., stor.*) Britain.
britànnico, *a.* British: **l'Impero B.**, the British Empire. ● **Sua Maestà Britannica**, Her (*o* His) Britannic Majesty.
britanno, *m.* Briton.
brivido, *m.* **1** shiver; shudder: **un b. di paura**, a shudder of fear; **Era il b. della morte**, it was the shudder of death **2** (*fig.*) thrill: **un b. di piacere**, a thrill of pleasure. ● **classico del b.**, thriller □ **Mi fa venire i brividi**, it gives me the shudders □ **Un b. le scorse per tutto il corpo**, she shuddered all over.
brizzolato, *a.* grizzled: **un uomo b.**, a grizzled-haired man.
brizzolatura, *f.* grizzling.
bròcca (1), *f.* **1** jug; pitcher **2** (*il contenuto*) jugful.
bròcca (2), *f.* bud: **le brocche dei biancospini**, the buds of hawthorn.
bròcca (3), *f.* (*borchia*) stud.
broccatèllo, *m.* **1** (*tessuto*) brocatel(le) **2** (*marmo*) brocatello.
broccato, *m.* brocade.
bròccia, *f.* (*mecc.*) broach: **b. di spinta**, push broach; **b. di trazione**, pull broach.
brocciare, *v. t.* (*mecc.*) to broach.
brocciatrice, *f.* (*mecc.*) broaching machine.
brocciatura, *f.* (*mecc.*) broaching.
bròcco (1), *m.* **1** (*stecco*) stick **2** (*centro del bersaglio*) bull's-eye.
bròcco (2), *m.* **1** (*ronzino*) nag **2** (*fig.*) second-rater; (*sport*) rabbit (*fam.*).
bròccolo, *m.* **1** (*bot., Brassica oleracea*) broccoli **2** (*fig.*) blockhead; dolt.
broche (*franc.*), *f.* brooch.
bròda, *f.* **1** dishwater **2** (*di minestra*) thin broth; watery soup; (*di caffè*) weak coffee **3** (*per maiali*) swill.
brodàglia, *f.* watery soup; dishwater.
brodétto, *m.* (*cucina*) **1** broth with egg and lemon juice in it **2** «brodetto» (fish soup).
bròdo, *m.* **1** broth; soup; bouillon (*franc.*): **b. lungo**, thin broth; **b. ristretto**, jelly broth; clear soup; **b. di pesce**, fish soup; **b. di vitello**, veal broth; **b. di pollo**, chicken broth; **b. di verdura**, vegetable soup. ● (*biol.*) **b. di coltura**, culture medium ● **b. di manzo**, beef tea □ (*fig.*) **lasciare cuocere q. nel suo b.**, to let sb. stew in his own juice □ **prendere un b.**, to take a cup of broth □ (*fig.*) **Tutto fa b.**, it's all grist to one's mill □ (*prov.*) **Gallina vecchia fa buon b.**, old hens make the best soup.
brodocultura, *f.* culture medium.
brodolóne, *m.* **1** messy eater **2** (*fig.*: *persona sciatta*) sloven.
brodóso, *a.* watery. ● **minestra brodosa**, thin soup.
brogliàccio, *m.* (*comm.*) daybook; waste-book **2** (*scartafaccio*) scribbling block; notebook.
brogliare, *v. i.* to intrigue; to scheme: **Ha brogliato per ottenere la carica di segretario**, he schemed to get the job of secretary.
bròglio, *m.* intrigue. ● **b. elettorale**, gerrymander.
brokeràggio, *m.* (*Borsa, fin.*) brokerage.
bromato, *m.* (*chim.*) bromate.
bromatologia, *f.* (*chim.*) bromatology; chemistry of food.
bromatològico, *a.* bromatologic.
bromìdrico, *a.* (*chim.*) hydrobromic.
bromidròsi, *f.* (*med.*) brom(h)idrosis.
bromismo, *m.* (*med.*) bromism.
bròmo, *m.* (*chim.*) bromine.
bromofòrmio, *m.* (*chim.*) bromoform.
bromògrafo, *m.* (*fotogr.*) contact printer.
bromòlio, *m.* (*fotogr.*) bromoil process.
bromurazióne, *f.* (*chim.*) bromination.
bromuro, *m.* (*chim.*) bromide: **b. d'argento**, silver bromide; (*fotogr.*) **carta al b.**, bromide paper.
bronchiale, *a.* (*anat.*) bronchial.
bronchiolo, *m.* (*anat.*) bronchiole.
bronchite, *f.* (*med.*) bronchitis*.
bronchìtico, *a. e m.* (*med.*) bronchitic.
bróncio, *m.* pout. ● **avere il b.**, to pout □ **tenere il b.**, to sulk.
brónco (1), *m.* (*specialm. al pl.*) (*anat.*) broncus*.
brónco (2), *m.* (*ramo nodoso*) knotty branch.

broncografìa, *f.* (*med.*) bronchography.
broncopolmonare, *a.* (*med.*) bronchopulmonary.
broncopolmonite, *f.* (*med.*) bronchopneumonia; bronchial pneumonia.
broncotomìa, *f.* (*med.*) bronchotomy.
brontolaménto, *m.* grumbling; muttering; mumbling.
brontolare, A *v. i.* **1** to grumble; to mutter **2** (*del tuono, dell'intestino*) to rumble. **B** *v. t.* to mumble; to mutter: **b. una giustificazione,** to mumble an excuse.
brontolìo, *m.* **1** grumbling; muttering; mumbling **2** (*del tuono, dell'intestino*) rumble; rumbling.
brontolóne, *m.* grumbler.
brontosàuro, *m.* (*paleontologia*) brontosaurus.
bronzare, *v. t.* to bronze.
bronzatura, *f.* bronzing.
brónzeo, *a.* bronze (*attr.*); made of bronze; bronzy.
bronzétto, *m.* (*arte*) small bronze (sculpture).
bronzina, *f.* (*mecc.*) **1** bushing; bush **2** (*cuscinetto*) bearing.
bronzino, *a.* bronze (*attr.*).
bronzista, *m.* bronzesmith.
brónzo, *m.* **1** bronze: **l'età del b.,** the Bronze Age **2** (*oggetto d'arte*) bronze: **la sala dei bronzi etruschi,** the room of Etruscan bronzes. □ (*poet.*) **bronzi guerreschi,** cannon(s) □ (*fig.*) **dal cuore di b.,** flint-hearted □ (*fig.*) **dalla faccia di b.,** brazen-faced □ (*poet.*) **sacri bronzi,** bells □ (*fig.*) **stomaco di b.,** stomach like leather.
brossura, *f.* paperback (binding). ● **libro in b.,** paperback (book).
brucare, *v. t.* **1** to nibble; to browse (on): **I bachi brucano le foglie del gelso,** silkworms nibble mulberry leaves **2** (*sfogliare*) to strip (leaves) □ (*olive*) to pick (olives).
brucatura, *f.* browsing. ● **la b. dei gelsi,** the stripping of mulberry leaves □ **la b. delle olive,** the olive picking.
brucèlla, *f.* (*biol.*) brucella*.
brucellòsi, *f.* (*med.*) brucellosis; Malta fever.
bruciacchiare, *v. t.* **1** to singe; to scorch **2** (*detto del gelo*) to frost.
bruciacchiatura, *f.* burn; scorch.
bruciaménto, *m.* burning.
bruciapélo, a, *locuz. avv.* **1** (*da molto vicino*) point-blank; at close range: **Gli sparò contro a b.,** he fired at him point-blank **2** (*fig.: alla sprovvista*) point-blank; unawares: **Me lo chiese a b.,** he asked me point-blank.
bruciare, A *v. t.* **1** to burn*; to burn* up; to burn* down; (*incendiare*) to set* on fire, to set* fire to: **b. l'arrosto,** to burn the joint; **Ho bruciato la lettera,** I burnt the letter; **L'acido ha bruciato il panno,** the acid has burnt the cloth; **Il sole brucia l'erba,** the sun burns up the grass; **Il nemico bruciò tutte le case,** the enemy burnt down all the houses **2** (*cauterizzare*) to cauterize: **b. una ferita,** to cauterize a wound. **B** *v. i.* **1** to burn* (*anche fig.*); (*essere in fiamme*) to be on fire: **Questa legna non brucia bene,** this wood doesn't burn well; **Il fuoco bruciava allegramente,** the fire was burning away cheerfully; **La fronte gli brucia dalla febbre,** his forehead is burning with fever; **Hai la fronte che brucia** (*per la febbre*), you've a burning forehead; **La casa di fronte brucia,** the house in front of us is on fire **2** (*provare, procurare una sensazione dolorosa*) to smart; to sting; (*solo fig.*) to rankle: **Il fumo mi faceva b. gli occhi,** the smoke made my eyes smart; **Lo iodio brucia sulle ferite,** iodine stings when it is put on a cut; **Gli bruciava l'ingiustizia,** he was smarting under the injustice; **Il ricordo della sconfitta ci brucia ancora in petto,** the memory of that defeat still rankles in our bosoms. ● (*fig.*) **b. le cervella a q.,** to blow sb.'s brains out □ **b. dal desiderio di fare q.c.,** to be yearning (*o* to be longing) to do st. □ **b. dalla sete,** to be aflame with thirst □ **b. di passione,** to be aflame with passion □ (*fig.*) **b. il paglione,** to break a promise □ (*fig.*) **b. la propria vita,** to burn oneself out □ **un sole che brucia,** a scorching sun □ **Si brucia dal caldo,** it is burning hot. **bruciarsi, C** *v. rifl.* **1** to burn* (oneself): **Mi sono bruciato un dito,** I've burnt my finger **2** (*con un liquido*) to scald (oneself) **3** (*fig.: esaurirsi; fallire*) to burn* out: **Di questo passo si brucerà presto,** at this rate he'll soon burn out. ● (*fig.*) **b. le cervella,** to blow one's brains out.
bruciata, *f.* (*caldarrosta*) roast chestnut.
bruciatìccio, *m.* **1** residue (of st. burnt) **2** (*odore di b.*) smell of burning. ● **sapere di b.,** to taste burning.
bruciato, A *a.* burned, burnt; (*dal gelo*) nipped: **un viso b. dal sole,** a sunburnt face. ● (*fig.*) **gioventù bruciata,** burnt-out generation. **B** *m.* burnt taste (*o* smell): **sapere di b.,** to have a burnt taste. ● **odore di b.,** burning smell □ (*fig., fam.*) **La cosa puzza di b.,** there's something fishy here.
bruciatóre, *m.* **1** burner. ● **b. a ugello,** nozzle burner; **b. di gas,** gas burner; **b. per nafta,** oil burner **2** (*di rifiuti*) incinerator **3** (*cannello*) torch.

bruciatura, *f.* **1** (*il bruciare*) burning **2** (*ustione*) burn; (*causata da un liquido*) scald **3** (*cauterizzazione*) cauterization.
brucina, *f.* (*chim.*) brucine.
brucióre, *m.* burning; burning sensation; smart, sting (*anche fig.*). ● (*med.*) **b. di stomaco,** heartburn.
bruco, *m.* caterpillar; grub; worm.
brùf(f)olo, *m.* pimple; spot; small boil.
brufolóso, *a.* spotty; pimply.
brughièra, *f.* moor; heath.
brugo, *V.* **bréntolo.**
brûlé (*franc.*), *a.* – **vino b.,** mulled wine; **latte b.,** caramel custard.
brulicame, *m.* swarm.
brulicante, *a.* swarming; teeming.
brulicare, *v. i.* **1** to swarm; to teem **2** (*di persone*) to swarm; to crowd: **La piazza brulicava di gente,** the square was swarming with people **3** (*fig.: pullulare*) to teem: **Gli brulicavano in mente molte idee nuove,** many new ideas were teeming in his mind.
brulichìo, *m.* swarming.
brullo, *a.* bare; bleak; naked: **una montagna brulla,** a bare mountain.
brulòtto, *m.* fire ship.
bruma (1), *f.* mist.
bruma (2), *f.* (*zool., Teredo navalis*) shipworm.
Brumàio, *m.* (*stor.: secondo mese del calendario rivoluzionario francese*) Brumaire (*franc.*).
brumóso, *a.* (*lett.*) misty; hazy.
bruna, *f.* brunette: **la bionda e la bruna,** the blonde and the brunette.
brunastro, *a.* brownish; darkish.
brunétta, *f.* (pretty) brunette.
bruniménto, *m.* (*di metalli*) burnishing; polishing.
brunire, *v. t.* to burnish; to polish.
brunito, *a.* burnished; polished.
brunitóio, *m.* burnisher.
brunitóre, *m.* burnisher.
brunitrice, *f.* (*mecc.*) burnishing machine.
brunitura, *f.* burnishing; polishing.
bruno, A *a.* brown; dark: **carnagione bruna,** dark complexion; **Era un ragazzo alto e b.,** he was a tall, dark boy; **capelli di colore b. scuro,** dark brown hair. **B** *m.* **1** (*colore*) brown **2** (*uomo*) dark(-haired) man* **3** (*lutto*) mourning.
brusca, *f.* brush.
bruscaménte, *avv.* **1** (*seccamente, con malgarbo*) brusquely; abruptly; bluntly; roughly **2** (*improvvisamente*) suddenly; all at once.
bruschézza, *f.* **1** brusqueness; abruptness **2** (*asprezza*) sourness; sharpness.
bruschinare, *v. t.* to brush.
bruschino, *m.* scrubbing-brush.
brusco, A *a.* **1** brusque; abrupt; blunt; rough: **un uomo b.,** a man with an abrupt manner; **un rough-mannered man 2** (*aspro*) sharp; sourish: **vino b.,** sharp wine **3** (*improvviso*) abrupt; sudden; sharp: **una curva brusca,** a sharp bend. ● **con le brusche,** roughly; brusquely □ (*fig.*) **tempi bruschi,** hard times. **B** *m.* sourish taste. ● **tra lusco e b.,** at dusk; at twilight.
brùscolo, *m.* mote; speck.
brusìo, *m.* buzz; buzzing; hum.
brustolino, *m.* salted and roasted pumpkin seed.
brutale, *a.* brutal; savage: **un uomo b.,** a brutal man. ● **modi brutali,** rough manners.
brutalità, *f.* **1** brutality; savagery **2** (*azioni, parole, ecc. brutali*) brutal things (words, etc.): **È capace di commettere delle brutalità,** he is capable of doing brutal things.
brutalizzare, *v. t.* to brutalize; to treat (sb.) brutally.
bruto, A *a.* brute; brutal: **forza bruta,** brute force; **materia bruta,** brute matter. ● (*chim.*) **formula bruta,** empirical formula. **B** *m.* animal; brute.
Bruto, *m.* (*stor.*) Brutus.
brutta, *f.* **1** (*donna b.*) ugly woman* **2** (*b. copia*) rough copy.
bruttare, *v. t.* (*lett.*) to dirty; to soil; to sully.
bruttézza, *f.* **1** ugliness; unsightliness: **la b. di questi edifici,** the unsightliness of these buildings **2** (*cosa brutta*) ugly thing; ugliness.
brutto (1), *a.* **1** ugly; (*cattivo*) bad; (*sgradevole*) nasty; (*b. a vedersi*) unsightly: **una brutta abitudine,** a bad habit; **b. come il demonio** (**come il peccato**), as ugly as the devil (as sin); **una donna brutta,** an ugly woman; **una brutta faccenda,** a bad business (*fam.*); (*pop.*) **b. muso,** ugly mug; (*fig.*) arrogant fellow, bully; **brutte notizie,** bad news; **una brutta parola,** a bad word; **un b. segno** (*presagio*), a bad omen; **b. tempo,** bad (*o* foul, filthy) weather; **un b. tipo,** a nasty type; **un uomo b.,** an ugly man; **Sono brutti vizi,** these are nasty vices **2** (*abietto*) base; mean: **È stata una brutta azione,** it was a mean action; it was a base

thing to do. ● **brutta copia**, rough copy □ **alle brutte**, at (the) worst; if the worst comes to the worst: **Alle brutte, pagheremo**, if the worst comes to the worst, we'll pay □ **avere dei brutti modi**, to be ill-mannered □ **con le brutte**, by the use of threats (*o* force) □ **fare una brutta figura**, to cut a poor (*o* sorry) figure □ **farsi b.**, (*di persona*) to frown; (*del tempo*) to change for the worse □ **sentirne delle brutte**, to hear bad news □ **vederne delle brutte**, to see all sorts of nasty things □ **vedersela brutta**, to see death in the face; to be (*o* to feel) lost; to think that one is in for it: **Quando la nostra guida ci abbandonò, ce la vedemmo brutta**, when our guide left us, we saw death in the face; **Quando mi chiesero quel teorema, me la vidi brutta**, when they asked me that theorem, I was (*o* felt) lost □ **venire alle brutte** (*a contesa*), to come to blows □ **B. ignorante!**, you silly ass! □ **B. cattivo!**, you naughty one! □ **Stamani hai una brutta cera**, you don't look well this morning □ **La situazione è bruttissima**, things are at their worst.

brutto (2), *m.* 1 (*astratto*) (the) ugly; ugliness 2 (*uomo b.*) ugly man*. ● **Il b. è che...**, the worst of it is that... □ **Il tempo si mette** (*o* **volge**) **al b.**, the weather is changing for the worse.

bruttura, *f.* 1 ugly (*o* horrible, shocking) thing: **La vita è piena di brutture**, life is full of horrible things 2 (*sudiciume*) filth 3 (*azione abietta*) base action; (*cosa meschina*) mean thing.

Bruxelles, *f.* (*geogr.*) Brussels.

bua, *f.* (*infant.*) pain; ache. ● **avere la bua al pancino**, to have a tummyache □ **farsi la bua**, to hurt oneself.

buàggine, *f.* dullness; stupidity.

bùbbola, *f.* 1 (*fandonia*) fib; story 2 (*inezia*) (mere) trifle.

bubbolièra, *f.* (horse's) collar with bells.

bùbbolo, *m.* harness bell.

bubbóne, *m.* (*med.*) bubo*.

bubbònico, *a.* (*med.*) bubonic: **peste bubbonica**, bubonic plague.

buca, *f.* 1 hole (*fossa*) pit; (*tana*) den; (*avvallamento*) hollow: **colmare una b.**, to fill in a hole; **scavare una b.**, to dig a hole 2 (*ristorante posto sotto il livello stradale*) «buca» (underground restaurant). ● **b. del biliardo**, pocket □ **b. delle lettere**, letter box; post box; mailbox (*USA*) □ (*teatr.*) **b. del suggeritore**, prompter's box.

bucanéve, *m.* (*bot., Galanthus nivalis*) snowdrop.

bucanière, *m.* buccaneer; pirate.

bucare, A *v. t.* 1 (*fare un buco*) to hole; to make* (*o* to punch) a hole in: **b. un biglietto**, to punch a hole in a ticket 2 (*pungere*) to prick; (*ferire*) to pierce. B *v. i.* (*di automobilista, ciclista*) to get* a puncture; to puncture. ● (*tennis*) **b. la palla**, to miss the ball. **bucarsi**, C *v. rifl.* 1 (*di pneumatico*) to puncture 2 (*pungersi*) to prick oneself 3 (*gergo: iniettarsi droga*) to shoot* up (*pop.*).

Bùcarest, *f.* (*geogr.*) Bucharest.

bucatini, *m. pl.* (*cucina*) «bucatini» (thick hollow spaghetti).

bucato (1), *a.* holed; punched. ● **avere le mani bucate**, to be a spendthrift.

bucato (2), *m.* wash; washing; laundry: **fare il b.**, to do the washing; **mettere le lenzuola in b.**, to put the sheets in the wash; **stendere il b.**, to hang out the washing. ● **di b.**, freshly laundered.

bucatura, *f.* 1 holing; punching 2 (*buco*) hole 3 (*di pneumatico*) puncture.

bùccia, *f.* 1 (*di frutta*) peel, rind, skin; (*di patata*) peel; (*di legumi*) pod, husk shuck (*USA*); (*corteccia*) bark: **b. di mela**, apple peel; **b. di cocomero**, watermelon rind 2 (*pellicola*) skin: **la buccia del salame**, the skin of the salami 3 (*fam.: pelle umana*) skin; hide (*fam.*). ● (*fig.*) **rivedere le bucce a q.**, to give sb. a telling off □ **uva di b. grossa**, thick-skinned grapes □ (*fig.*) **Quel ragazzo ha la b. dura**, he's a thick-skinned boy.

bùccina, *f.* (*mus., stor.*) bugle.

buccinatòrio, *a.* (*anat.*) buccinatory.

bùccola, *f.* 1 (*orecchino*) earring 2 (*ricciolo*) lock; curl.

bucèfalo, *m.* (*scherz.*) nag; hack; bucephalus*.

Bucèfalo, *m.* (*mitol.*) Bucephalus.

bucherellare, *v. t.* to riddle (with holes).

bucherellato, *a.* riddled.

buco, *m.* 1 hole (*anche fig.*): **buchi delle orecchie**, ear holes; **b. della chiave**, keyhole; **fare un b. in un muro**, to bore a hole through a wall; (*astron., fis.*) **b. nero**, black hole; **tappare un b.**, to stop a hole; (*fig.*) to pay a debt; **Dormiva in un b. di stanza**, he slept in a hole of a room 2 (*pop.: iniezione di droga*) shot (*pop.*); fix (*pop.*). ● **buchi delle guance** (*fossette*), dimples □ **cercare q.c. in tutti i buchi**, to look everywhere for st. □ (*fig.*) **fare un b. nell'acqua**, to get nowhere; to waste one's time □ **Ho un b. dalle dieci alle undici**, I have a gap (*o* a free hour) from ten to eleven.

bucòlica, *f.* pastoral poem. ● **le Bucoliche**, the Bucolics.

bucòlico, *a.* bucolic; pastoral; rural.

bucrànio, *m.* (*archit.*) bucrane; bucranium*.

Budda, *m.* (*relig.*) Buddha.

buddismo, *m.* Buddhism.

buddista, *m. e f.* Buddhist.

buddìstico, *a.* Buddhist; Buddhistic(al).

budèllo, *m.* 1 (*pop.: pl. femm.* **budèlla**) intestine; guts, bowels, entrails (*pl.*) 2 (*fig.: vicolo stretto*) alley 3 (*tubo sottile*) narrow tube. ● (*fig.*) **cavare le budella a q.**, to do away with sb.; to dispatch sb. □ **riempirsi le budella**, to stuff oneself (with food).

budget (*ingl.*), *m.* (*fin., rag.*) budget: **b. pubblicitario**, advertising budget.

budgetàrio, *a.* (*fin., rag.*) budgetary.

budino, *m.* (*cucina*) pudding.

bue, *m.* 1 (*zool., Bos*) ox*: **bue da lavoro**, draught-ox; **bue da macello**, ox for slaughtering; **aggiogare i buoi**, to yoke the oxen 2 (*fig.*) blockhead; ox (*USA*). ● **bue macellato di fresco**, freshly slaughtered beef □ **carne di bue**, beef □ (*fig.*) **chiudere la stalla quando sono scappati i buoi**, to shut the stable door after the horse has gone □ (*fig.*) **mettere il carro innanzi ai buoi**, to put the cart before the horse □ (*fig.*) **occhi di bue**, protruding (*o* bulging) eyes □ (*archit.*) **occhio di bue**, bull's-eye (window).

bùfalo, *m.* (*zool., Bubalus bubalis*) buffalo*.

bufèra, *f.* storm (*anche fig.*); tempest: **b. di neve**, snowstorm; blizzard. ● **b. di vento**, windstorm.

buffa, *f.* 1 (*cappuccio*) hood 2 (*di elmo*) visor.

buffare, A *v. t.* (*nel gioco della dama*) to huff. B *v. i.* (*soffiare*) to puff; to huff.

buffata, *f.* (*di vento, fumo e sim.*) puff.

buffet (*franc.*), *m.* 1 (*sorta d'armadio*) cupboard; (*credenza*) sideboard 2 (*tavola con vivande*) buffet 3 (*caffè ristorante*) buffet; refreshment room.

buffetteria (1), *f.* buffet service.

buffetteria (2), *f.* (*mil.*) soldier's paraphernalia (*pl.*).

buffétto, *m.* pat; tap. ● **dare un b. sulla gota**, to pat on the cheek.

buffo (1), A *a.* 1 funny; comical; droll 2 (*teatr.*) comic: **opera buffa**, comic opera. B *m.* 1 (*cosa buffa*) funny thing 2 (*teatr.*) comic actor.

buffo (2), *m.* (*di vento*) gust.

buffonata, *f.* tomfoolery; (piece of) buffoonery.

buffóne, *m.* 1 buffoon; droll; clown 2 (*zimbello*) laughing stock. ● **b. di corte** (*o* **del re**), jester; fool □ **fare il b.**, to play the fool.

buffoneggiare, *v. i.* to play the fool (*o* the buffoon).

buffoneria, *f.* buffoonery; drollery.

buffonésco, *a.* buffoonish: **gesti buffoneschi**, clownish actions.

buganvillea, *f.* (*bot., Bougainvillea spectabilis*) bougainvillea.

buggerare, *v. t.* (*fam.*) to trick; to cheat.

buggeratura, *f.* (*fam.*) trick; fraud.

buggettàrio, *V.* budgetario.

bugìa (1), *f.* lie; untruth; (*frottola*) fib: **b. pietosa**, white lie; **dire un monte di bugie**, to tell a heap of lies; **infilare una b. dopo l'altra**, to tell a string of lies; **Questa è una b. bella e buona**, that's a whopping lie. ● **Non dico bugie**, I'm not exaggerating; no kidding, no lie (*fam.*) □ **Ti vedo la b. negli occhi**, I can see you are lying from your eyes □ (*prov.*) **Le bugie hanno le gambe corte**, lies have short legs.

bugìa (2), *f.* candlestick.

bugiardàggine, *f.* untruthfulness; deceitfulness.

bugiardo, A *a.* lying; untruthful; deceitful; false: **lingua bugiarda**, lying tongue; **dottrine bugiarde**, false doctrines. B *m.* liar. ● **dare del b. a q.**, to accuse sb. of lying.

bugigàttolo, *m.* 1 storeroom; closet (*specialm.* USA) 2 (*abitazione ristretta*) hole.

bugliòlo, *m.* 1 (*naut.*) bucket; bail 2 (*nelle carceri*) commode.

bugna, *f.* 1 (*archit.*) ashlar 2 (*naut.*) clue, clew.

bugnare, *v. t.* (*archit.*) to ashlar.

bugnato, *m.* (*archit.*) ashlar(-work). ● **b. rustico**, rusticated ashlar; **b. liscio**, smooth ashlar.

bugno, *m.* beehive; skep.

bùio, A *a.* dark: **una notte buia**, a dark night. ● **b. come la notte**, as black as night. B *m.* 1 darkness; dark: **essere al b.**, to be in the dark (*anche fig.*); **tenere al b.**, to keep in the dark about his affairs; **b. pesto**, pitch dark; **Ormai fa b.**, now it's dark 2 (*fig.*) mystery: **Nella sua vita c'è del b.**, there's some mystery about his life.

bulbare, *a.* bulbar.

bulbicoltura, *f.* (*bot.*) bulb-growing.

bulbifero, *a.* bulbiferous.

bulbifórme, *a.* bulbiform; bulb-shaped.

bulbo, *m.* 1 bulb 2 (*dell'occhio*) eyeball.

bulbocàstano, *m.* (*bot., Bunium bulbocastanum*) earthnut; pignut.

bulbóso, *a.* bulbous.

bùlgaro, A *a.* Bulgarian. **B** *m.* **1** Bulgarian **2** (*cuoio*) Russia leather.
bulimìa, *f.* (*med.*) bulimia; bulimy; canine hunger.
bulinàre, *v. t.* to engrave.
bulinatóre, *m.* engraver; burinist.
bulinatura, *f.* engraving.
bulino, *m.* burin; graver.
bulldog (*ingl.*), *m.* (*cane*) bulldog.
bulldozer (*ingl.*), *m.* bulldozer.
bullétta, *f.* **1** (*chiodo*) tack **2** (*per scarpe*) hobnail.
bullettàme, *m.* nails and tacks (*pl.*).
bullettàre, *v. t.* to tack; to nail.
bullettatura, *f.* tacking; nailing.
bullionismo, *m.* (*econ.*) bullionism.
bullionista, *a.* e *m.* bullionist.
bullo, *m.* (*fam.*) bully; tough (*specialm. USA*).
bullonàre, *v. t.* (*mecc.*) to bolt.
bullonatura, *f.* (*mecc.*) bolting.
bullóne, *m.* (*mecc.*) bolt; screw bolt: **b. a chiavetta,** cotter bolt; **b. passante,** through bolt. □ **dado del b.,** nut □ **gambo del b.,** body; shank □ **testa del b.,** bolthead.
bullonerìa, *f.* (*mecc.*) bolts and nuts (*pl.*).
bum, *inter.* v. bom; bang.
bùmerang, *m.* boomerang.
bùngaro, *m.* (*zool.*, *Bungarus fasciatus*) krait.
bunker (*ted.*), *m. invar.* (*mil.*) bunker.
buonafede, *f.* **1** good faith **2** (*leg.*) bona fides (*lat.*) **3** (*fiducia*) candour; confidence; innocence: **approfittare della b. di q.,** to take advantage of sb.'s candour.
buonagràzia, *f.* kindness; courtesy.
buonalàna, *f.* rascal; scoundrel; scapegrace; fine fellow (*iron.*).
buonànima, A *f.* (the) dear departed. **B** *a.* late-departed; late-lamented; late: **mio nonno b.,** my late grandfather (*o* my grandfather, God rest his soul).
buonanòtte, *inter.* e *f.* good night.
buonaséra, *inter.* e *f.* good evening; (*nel tardo pomeriggio*) good afternoon; hello.
buoncostume, *m.* (*anche leg.*) (public) morality; (public) decency. ● **squadra del b.,** vice squad.
buoncuòre, *m.* good-naturedness. ● **Mi raccomando al vostro b.,** I put myself in your hands.
buondì, *inter.* e *m.* good morning.
buongiórno, *inter.* e *m.* good morning; (*di primo pomeriggio*) good afternoon.
buongovèrno, *m.* good government.
buongrado, di, *locuz. avv.* willingly; with pleasure.
buongustàio, *m.* **1** (*chi ama la buona tavola*) gourmet **2** (*intenditore*) connoisseur.
buongusto, *m.* good taste.
buòno (1), *a.* **1** (*di persona*) good; good-natured; kind; kindly; nice: **un buon autista,** a good driver; **essere b. con q.,** to be kind to sb.; **un buon diavolo,** a good sort; a good-natured fellow; a nice chap; **una buona donna,** a good sort; a kind soul; **una buona figliola,** a good (*o* good-natured) girl; **un buon figliolo,** a good chap; a good-natured boy; **buona gente,** kindly people; **un buon insegnante,** a good teacher; **un buon lavoratore,** a good worker; **una buona madre,** a good mother; **un buon marito,** a good husband; **un buon padre,** a good father; **un buon uomo,** a good chap; a good fellow; a good sort; **un'anima buona,** a kind soul; **una donna buona,** a good (*o* a kind) woman; **un uomo b.,** a good man; **Venite, buon uomo!,** come here, my good man!; **Buoni, ragazzi!,** be good, children!; **È un buon partito,** he's a good match **2** (*di cose*) good; kind; (*di animali*) good, fine: **un buon cavallo,** a good (*o* fine) horse; **un buon cane da guardia,** a good watchdog; **buona condotta,** good behaviour; good conduct; **buona fede,** good faith; **un buon lavoro,** a good piece of work; **buone maniere,** good manners; **buone notizie,** good news; **una buona occasione,** a good opportunity; **buone parole,** kind words; **buoni proponimenti,** good intentions; **buon senso,** good (*o* common) sense; **buon tempo,** good (*o* fine, nice) weather; **buona volontà,** good will; **un'automobile con i freni buoni,** a car with good brakes; **cibo b.,** good food; **mettere (dire) una buona parola per q.,** to put in (to say) a good word for sb.; **moneta buona,** (*econ.*) good money; (*comm.*) valid currency; **opere buone,** good works; **una ragazza di buona famiglia,** a girl of good family; **il suo buon cuore,** his kind heart; **terreno b.,** good soil; **trovare una buona scusa,** to find a good excuse; **vino b.,** good wine; **C'è aria buona,** the air is good here (*o* there); **Non è una buona ragione,** that's not a good reason; **Ho la vista ancora buona,** my eyesight is still good **3** – **b. a** (*capace di*), good for (*o* at); fit for: **È un b. a nulla,** he is a good-for-nothing (fellow); he is a wimpy (*fam.*). **È solo b. a promettere,** he's very good at making promises; **È solo b. a sgridare,** he's only fit for scolding; all he can do is scold **4** – **b. da** (*adatto a*), good to; fit to: **Queste bacche sono buone da mangiare,** these berries are fit to eat; **È buona da bere quest'acqua?,** is this water good to drink? **5** – **b. per,** (*adatto per*) good for, fit for; (*valido per*) good for: **una medicina buona per il mal di testa,** a medicine good for headaches; **Il biglietto è b. per tre giorni,** the ticket is good (*o* valid) for three days **6** (*rafforzativo: forte, abbondante*) good; (*pl.*) a good; (*almeno*) at least: **una buona dose di medicina,** a good (*o* strong) dose of medicine; (*fig.*) **una buona lavata di testa,** a good scolding; **un buon tratto di strada,** a good stretch of road; **Abbiamo fatto un buon tratto di strada,** we've come a good way; **Ci vorrà un'ora buona,** it will take a good hour; **S'è mangiato una buona metà della torta,** he has eaten a good half of the cake; **Ci sono due miglia buone di qui alla chiesa,** it's a good two miles to the church; **Dovrò stare a letto una settimana buona,** I'll have to stay in bed at least one week **7** (*nelle esclamazioni*) good, happy (*o idiom.*): **Buon appetito,** (*non ha equivalente in ingl.*); **Buon divertimento!,** have a good time!; **Buona fortuna,** good luck!; **Buon giorno!,** good morning!; (*di primo pomeriggio*) good afternoon!; **Buon Natale!,** happy (*USA:* merry) Christmas!; **Buona notte!,** good night!; (*fig.*) **e buona notte!** (*pop.:* **e buona notte al secchio!**), and that's (*o* that was, that will be) the end of it; **Buona permanenza!,** have a nice time at home!; **Buon pranzo!,** have a good meal!; **Buon pro ti faccia!,** much good may it do you!; **Buon proseguimento!,** all the best for the remainder of your holidays! (*raro*) **Buon riposo!,** sleep well!; **Buona sera!,** good evening!; (*nel tardo pomeriggio*) good afternoon!; **Buon viaggio!,** have a good journey!; bon voyage!; **Dio b.** (*o* **buon Dio**)**!,** Good Lord!; Goodness gracious! ● **la buon'anima di mio zio** (*o* **mio zio buon'anima**), my late lamented uncle □ **essere b. come un agnellino,** to be as good as gold □ **essere b. come il pane,** to have a heart of gold □ (*leg.*) **buon costume,** (public) morality (*o* decency) □ (*fig.*) **una buona lana,** a fine fellow (*iron.*); a scapegrace □ **la buona società,** high society □ (*fig.*) **la buona tavola,** good cooking □ **un buon tempo,** a long time: **Stetti un buon tempo senza vederla,** it was a long time before I saw her again □ **a buon prezzo,** cheap □ **a buon diritto,** by right □ **l'abito b.,** one's Sunday best □ (*leg.*) **acquirente (possessore, terzo) di buona fede,** bona fide purchaser (holder, third party) □ **a farla buona,** to be on the safe side; (*a un dipresso*) broadly speaking; (*almeno*) at least: **A farla buona ci vorranno tre chilometri di strada,** it must be at least three kilometres away □ **alla buona,** informal, simple, unsophisticated (*agg.*); informally; simply, plainly, without any fuss (*avv.*): **un discorso alla buona,** an informal talk; **una riunione alla buona,** an informal meeting; **Faremo un desinare alla buona,** we will have a simple meal; **È gente alla buona,** they are quite simple people; **una ragazza alla buona,** an unsophisticated girl; **Era vestito alla buona,** he was plainly dressed; **Fecero le cose alla buona,** it was an informal affair; they did everything without any fuss (*fam.*) □ **alla buon'ora!,** at last!; finally; (*grazie a Dio!*) thank goodness! □ **al momento b.,** at the right moment □ **amare la buona tavola,** to enjoy good food; to be a gourmet □ **ammettere (q.c.) come buona,** to approve (st.) □ **avere una buona cera,** to look well □ **averla buona,** to get off cheaply (*o* lightly): **L'hai avuta buona!,** you got off cheaply!; you had a narrow escape! □ **bell'e b.** V. **bèllo (1),** *def.* **7** □ **un clima b.,** a mild (*o* healthy) climate □ **con le buone,** kindly; politely; in a friendly manner: **trattare q. con le buone,** to treat sb. kindly □ **con le buone o con le cattive,** by hook or by crook; willy-nilly □ **darsi buon tempo,** to have a good (*o* a gay) time; to lead a life of pleasure □ **di buon grado,** willingly; with pleasure □ **di buon'ora,** early □ **essere di buon umore,** to be in a good mood □ **di buon umore,** good-humoured (*agg.*); good-humoured (*avv.*) □ **di buona voglia,** willingly; with a will; (*con energia*) energetically □ **far b. (q.c.),** to pass (st.) as correct □ **far buon viso a cattivo gioco,** to put a good face on a bad matter □ (*fig.*) **fare (***o* **menare) una buona vita,** to live well; to lead a life of luxury □ **guardare q. (q.c.) di buon occhio,** to look favourably upon sb. (st.) □ **essere in buona,** to be in a good mood □ **essere in buona con q.,** to be on good terms with sb. □ (*fig.*) **essere in buone acque,** to be well off □ **in buon punto,** at the right moment □ **menare b.,** to bring good luck □ **mettersi di buzzo b. a fare q.c.,** to put one's back into st. □ **oro b.,** real gold □ **perle buone,** genuine pearls □ **un ragazzo che ha buone maniere,** a good-mannered boy □ (**rapporti di**) **buon vicinato,** good-neighbourliness □ **il salotto b.,** the best parlour □ **la squadra del buon costume,** the vice squad □ **stare di buon animo,** to be in good spirits □ **un uomo b. di carattere,** a good--tempered man □ **un uomo di buon cuore,** a kind-hearted man □ **un uomo tre volte b.,** (*sciocco*) a simpleton □ **Il lavoro è a buon punto,** the work is making good progress □ **Sono a buon punto,** I've almost finished □ **Questa sì che è buona!,** that's rich!; that's really a good one! □ **Questa è un'ora buona,** this

buòno (2) is a good moment (*o* a convenient time) □ **Il mare è b. oggi**, the sea is calm today □ **Essi sono di nuovo in buona**, they're good friends again □ (*iron.*) **L'hai fatta buona!**, you've put your foot into it! □ **Buon per te!**, lucky for you! □ **Quel buon Carlo, che ci credeva!**, poor simple-minded Charles who fell for it! □ **Finiscila una buona volta!**, stop it once and for all!; have done with it! □ **B. per te se ti riesce**, good for you if you succeed □ **Dio ce la mandi buona**, let's hope for the best.

buòno (2), *m.* **1** (*astratto*) (the) good; goodness: **il b. e il bello**, the good and the beautiful **2** (*col partitivo*) good: **Qui c'è del b.**, there's some good here; **C'è del b. in questo libro**, there are some parts in this book that are good; **niente di b.**, nothing (*o* anything) good: **C'è niente di b. al cinema stasera?**, is there anything good on at the cinema tonight?; **qualcosa di b.**, something (*o* anything) good; **sapere di b.**, to taste (*o* to smell) good **3** (**uomo b.**) good man*; (*pl. collett.*) good people, the good, (*talora*) good **2** (*fig.*) **È un b.**, he is a good man; **i buoni**, (*o* virtuous) people; **i buoni e i cattivi**, the good and the wicked; **Buoni e cattivi, tutti rispettano il maestro**, good and bad alike respect the teacher **4** (*comm.*) bond; bill; note; order; warrant: **b. di carico** (*di magazzino*), warehouse bond; **b. di consegna**, delivery order; **b. d'incasso**, money order; **b. del Tesoro** Treasury bond (*o* bill) **5** (*tagliando*) coupon; voucher: **b. d'acquisto**, purchase voucher; **b. benzina**, petrol coupon; **b. di sconto**, discount voucher; **b. di cassa**, cash voucher. ● **un b. a nulla**, a good-for-nothing □ **del bello e del b.**, *V.* **bèllo** (2) □ **fare il b.**, to be good: **Fate i buoni, bambini!**, be good, children! □ (*del tempo*) **rimettersi al b.**, to turn fine (*o* fair); to change for the better □ **Che cosa hai mangiato di b.?**, what nice things did you eat? □ **È un poco di b., quel ragazzo**, that boy is (a bit of) a rascal □ **C'è del b. in quel che dici**, there's something in what you say □ **Ha questo di b., che...**, he has this point in his favour, that... □ **Questa carne è insipida; tutto il b. se n'è andato nella bollitura**, this meat is tasteless; all the goodness has boiled out.

buonóra, *f.* – **di b.**, early; **alla b.!**, at last!; finally!

buonsènso, *m.* common sense; good sense.

buontempóne, *m.* carefree person; jolly fellow (*o* dog, *fam.*).

buonumóre, *m.* good mood; high spirits (*pl.*): **essere di b.**, to be in a good mood.

buonuòmo, *m.* good-natured man*; easy-going man*.

buonuscita, *f.* **1** (*per un appartamento*) key money **2** (*a un negoziante, ecc.*) goodwill money **3** (*fin.*: *a un direttore, consigliere d'amministrazione, ecc.*) compensation for loss of office; golden hand shake (*fam.*) **4** (*a un dipendente*: *per pensionamento*) retirement (*o* leaving) bonus (*non esiste in G.B.*).

burattare, *v. t.* to sieve.

burattinàio, *m.* **1** puppeteer **2** (*fabbricante*) puppet maker **3** (*venditore*) puppet seller.

burattinata, *f.* (*fig.*) foolish action.

burattinésco, *a.* puppet-like; foolish.

burattino, *m.* puppet (*anche fig.*): **b. di legno**, wooden puppet; **teatro dei burattini**, puppet theatre. ● **fare la figura del b.**, to cut a sorry figure.

buratto, *m.* cheesecloth.

burbanza, *f.* haughtiness; arrogance: **Non ho mai visto un impiegato con tanta b.**, I have never seen a clerk with so much arrogance.

burbanzóso, *a.* haughty; arrogant.

bùrbera, *f.* (*mecc.*) windlass.

bùrbero, *a.* surly; gruff; crusty. ● **un b. benefico**, a rough diamond.

burchièllo, *m.* «burchiello» (sort of rowing boat).

bùrchio, *m.* «burchio»; barge.

bure, *f.* (*di aratro*) beam.

bureau (*franc.*), *m.* (*in un albergo*) reception desk.

burétta, *f.* (*chim.*) burette.

burgraviato, *m.* burgraviate.

burgràvio, *m.* burgrave.

burgundo, *a. e m.* (*stor.*) Burgundian.

buriana, *f.* (*fig., pop.*: *trambusto*) turmoil; uproar; (*chiasso*) racket: **far b.**, to kick up (*o* make) a racket.

burina, *f.* (*naut.*) bowline. ● **andar di b.**, to go with a side wind.

burino, *m.* (*spreg.*) **1** (*contadino*) peasant **2** (*persona zotica*) boor; lout.

burla, *f.* joke; trick: **per b.**, in joke; for fun: **fare q.c. per b.**, to do st. for fun; **mettere in b. q.c.**, to make a joke about st.; **Non è un nemico da b.**, he's no joke of an enemy; **Parlare a 2000 persone non è mica una b.**, talking to 2,000 people is no joke; **fare una b. a q.**, to play a joke on sb. ● **da b.**, farcical (*agg.*) □ **Lasciamo le burle e facciamo sul serio**, let's leave off joking and be serious.

burlare, A *v. t.* to make* a fool of (sb.). **B** *v. i.* to joke (at, about): **C'era poco da b.**, there was little to joke about; **Burla-**

te *o* fate sul serio?, are you joking or serious? **burlarsi, C** *v. rifl.* to make* fun (of); to poke fun (at): **Alcuni si burlano delle leggi**, the laws are made fun of by some people.

burlésco, *a.* burlesque; farcical; funny.

burlétta, *f.* joke. ● **mettere q.c. in b.**, to make fun of st.

burlóne, *m.* joker; jester.

burnùs, *m.* burnous.

buròcrate, *m.* **1** bureaucrat; civil servant **2** (*fig.*) red-tapist.

burocratése, *m.* (*iron., spreg.*) bureaucratese.

burocraticaménte, *avv.* bureaucratically.

burocràtico, *a.* bureaucratic. ● **linguaggio b.**, officialese; bureaucratese.

burocratismo, *m.* bureaucratism.

burocratizzare, *v. t.* to bureaucratize.

burocratizzazióne, *f.* bureaucratization.

burocrazia, *f.* **1** bureaucracy; civil service: **La b. comincia a sveltirsi**, bureaucracy is speeding up **2** (*fig.*) red tape: **Questa è tutta b.**, this is all red tape. ● **gergo della b.**, bureaucratese.

burrasca, *f.* **1** storm; gale; tempest (*anche fig.*): **avviso di b.**, gale warning. **2** (*fig.*) trouble; quarrel; disturbance: **Ci sarà b. in famiglia**, there'll be trouble in the family. ● **b. da sudovest**, sou'wester □ **cuore in b.**, troubled heart □ **mare in b.**, stormy sea □ **tempo di b.**, stormy weather.

burrascóso, *a.* stormy (*anche fig.*): **mare b.**, stormy sea; **discussione burrascosa**, stormy discussion.

burrièra, *f.* butter dish.

burrificare, *v. t.* to churn; to make* (cream) into butter.

burrificazióne, *f.* churning; butter-making.

burrifìcio, *m.* creamery; butter factory.

burro, *m.* butter: **tenero come il b.**, as soft as butter; **un panetto di b.**, a roll of butter. ● **b. di cacao**, cacao butter; cocoa butter; (*fig.*) **avere le mani di b.**, to be butterfingered.

burróne, *m.* ravine; gorge: **La guida e due alpinisti precipitarono in un b.**, the guide and two climbers fell into a ravine.

burróso, *a.* buttery.

bus, *m.* (*abbr. di* **autobus**) bus.

busca, *f.* search: **andare in b. di q.c.**, to go in search of st.

buscare, *v. t.* **buscarsi**, *v. rifl.* to get*; to obtain; to catch*: **Finirà per b. i quattrini dello zio**, he'll finish by getting his uncle's money; **Ha buscato una solenne ramanzina**, he got a good scolding; **Mi buscai un forte raffreddore**, I caught a bad cold. ● **buscarle**, to catch it □ **Le vuoi b.?**, do you want to be beaten?

buscherare, *v. t.* (*pop.*) to trick; to cheat.

buscheratura, *f.* (*pop.*) trick; cheat.

buscherio, *m.* **1** (*fam.*) uproar; noise: **Si sentiva un b. d'inferno**, a hellish noise was heard **2** (*gran quantità*) quite a lot; large quantity; heaps (*pl.*): **Ne ha un b.**, he has quite a lot.

busìllis, *m.* – **Qui sta il b.**, there's the rub.

bussa, *f.* (*specialm. al pl.*) blow; beating: **Attento che prendi le busse**, look out or you'll get a beating.

bussare, A *v. i.* to knock; to rap; to tap: **b. alla porta**, to knock at the door; **Prima di entrare, si bussa**, before entering, please knock. ● (*fig.*) **b. a quattrini**, to ask for money. **B** *v. t.* (*percuotere*) to beat*.

bussata, *f.* **1** knock **2** (*fig.*: *batosta*) blow.

bussétto, *m.* (*arnese da calzolaio*) slicker, sleeker.

busso, *m.* knock: **M'è parso di sentire un b. alla porta**, I thought I heard a knock on the door.

bùssola (1), *f.* **1** (*naut.*) compass: **b. azimutale**, azimuth compass; **b. di declinazione**, variation compass; declinometer; **b. di rotta**, steering compass; **ago della b.**, compass needle; **b. giroscopica**, gyrocompass **2** (*mecc.*) bush. ● (*fig.*) **navigare senza b.**, to rush into things blindly □ (*fig.*) **perdere la b.**, to lose one's bearings.

bùssola (2), *f.* **1** (*specie di portantina*) sedan chair **2** (*seconda porta d'ingresso*) inner door.

bussolòtto, *m.* **1** can; tin **2** (*per il gioco dei dadi*) dice-box. ● **gioco dei bussolotti**, sleight-of-hand.

busta, *f.* **1** envelope: **b. chiusa**, closed envelope; **b. sigillata**, sealed envelope **2** (*cartella per documenti*) portfolio; briefcase (*USA*) **3** (*astuccio, custodia*) case: **b. degli occhiali**, spectacle case. ● **b. paga**, pay-packet; pay-envelope □ **spedire q.c. in b. a parte**, to send st. under separate cover.

bustàia, *f.* corset-maker.

bustarèlla, *f.* (*fig.*) bribe. ● **prendere la b.**, to accept bribes; to be on the take (*fam.*) □ **È questione di b.**, it's a matter of bribing.

bustina, *f.* **1** (*farm.*: *piccola busta per farmaci in polvere*) paper; (*contenuto della bustina*) powder **2** (*mil.*) forage-cap.

bustino, *m.* (*indumento*) corselet.

busto, *m.* **1** (*anat., scult.*) bust: **b. di marmo**, marble bust **2** (*indumento*) corset (*anche med.*); foundation garment. ● **a b. eretto**, standing up straight □ **farsi fare una fotografia a mezzo b.**, to have a half-length photo taken.

butadiène, *m.* (*chim.*) butadiene.
butano, *m.* (*chim.*) butane.
butile, *m.* (*chim.*) butyl.
butilène, *m.* (*chim.*) butylene.
butìlico, *a.* (*chim.*) butyl (*attr.*).
butìrrico, *a.* (*chim.*) butyric.
butirróso, *a.* buttery.
buttafuòri, *m.* **1** (*teatr.*) call-boy **2** (*di locale notturno*) chucker--out; bouncer (*pop.*) **3** (*naut.*) bumpkin.
buttare, A *v. t.* **1** to throw*; to fling*; to cast*; to pitch; to chuck (*fam.*): **b. q.c. in terra,** to throw st. on the ground; **b. q. a terra,** to throw sb. to the ground; **b. in aria il cappello,** to throw (*o* to fling) one's hat up (in the air); **b. i dadi,** to cast (*o* to throw) the dice; **b. una palla a q.,** to throw a ball to sb.; **b. un sasso a un cane,** to throw (*o* to fling) a stone at a dog; (*fig.*) **b. la polvere negli occhi a q.,** to throw dust in sb.'s eyes; **essere buttato in prigione,** to be flung into prison; **Mi buttò le braccia al collo,** he threw (*o* flung) his arms round my neck; **L'u-briacone fu buttato fuori,** the drunkard was thrown (*o* pitched) out **2** (*b. via, sprecare*) to throw* about; to waste: **b. il proprio denaro,** to throw about one's money; **tempo buttato,** wasted time **3** (*versare*) to spout: **una tubatura rotta che butta acqua,** a broken pipe spouting water **4** (*metall.*) to cast*. **B** *v. i.* **1** (*versare acqua*) to spout water; (*gocciolare*) to drip: **Il rubinetto butta,** the tap is dripping **2** (*di fontana ornamentale*) to play: **La fontana non butta più,** the fountain doesn't play any more **3** (*di ferita*: *b. sangue*) to bleed*; (*suppurare*) to suppurate **4** (*germogliare*) to shoot*; to sprout: **I rosai buttano di nuovo dopo essere stati potati,** rosebushes shoot again after being pruned. ● **b. giù,** to throw down; (*abbattere*) to knock down, to cut down; (*rovesciare*) to overthrow; (*del vento*) to blow down; (*inghiottire*) to gulp down, to gobble down; (*scrivere in fretta*) to throw off, to jot down; (*alla meglio*) to scribble down; (*criticare*) to disparage; (*screditare*) to discredit; (*scoraggiare*) to discourage, to dishearten; (*far deperire*) to pull down: **b. giù un vecchio edificio,** to knock down an old building; **b. giù un albero,** to cut down a tree; **b. giù il governo,** to overthrow the government; **b. giù quattro bocconi,** to gobble down a few mouthfuls; **Buttò giù due cucchiaiate di minestra,** he gulped down two spoonfuls of soup; **b. giù versi (un epigramma),** to throw off lines of poetry (an epigram); **b. giù un articolo,** to scribble down an article; **Il direttore ha buttato giù il mio lavoro,** the director has disparaged my work; **Quella malattia l'ha buttato giù,** that illness has pulled him down; (*cucina*) **b. giù il riso,** to put on the rice (to cook) □ **b. là,** to throw out: **b. là una proposta,** to throw out a suggestion □ **un'osservazione buttata là,** a throwaway remark □ **b. gli occhi (lo sguardo) su q.c.,** to cast an eye (a glance, a look) at st.; to glance at st.: **Buttò gli occhi sul telegramma e svenne,** she glanced at the telegram and fainted □ (*fig.*) **b. sassi in piccionaia,** to foul one's nest □ **b. tutto all'aria,** to turn everything upside down □ **b. via,** to throw away; to throw (*o* to fling to cast) off; (*sprecare*) to throw about, to waste: **Butta via quel sigaro!,** throw that cigar away!; **b. via i vestiti** (*svestendosi in fretta*), to throw off one's clothes; **b. via un abito vecchio,** to cast off an old suit; **b. via i propri denari,** to throw about (*o* to waste) one's money; **b. via tempo e fatica,** to waste one's time and efforts; **b. via il fiato,** to waste one's breath; **b. via una buona occasione,** to miss a good opportunity □ **I peri buttano bene,** the pear trees are promising a rich crop (*o* harvest). **buttarsi, C** *v. rifl.* **1** to throw* (oneself); to fling* (oneself): **b. a terra,** to throw oneself on the ground; (*fig., fam.*) to get depressed, to lose heart; **b. dalla finestra,** to throw oneself (*o* to jump) out of the window; **b. sul letto,** to throw oneself on the bed; **Si buttò su una sedia,** he flung himself into a chair; **b. addosso i vestiti,** to throw (*o* to fling) one's clothes on; **b. una sciarpa sulle spalle,** to throw a scarf over one's shoulders **2** (*assalire improvvisamente*) to swoop down (on); to fall* (upon): **L'aquila si buttò sulla lepre,** the eagle swooped down on the hare; **Ci buttammo sul nemico,** we fell upon the enemy **3** (*darsi, dedicarsi a*) to throw* oneself (into); to take* (to): **b. al commercio,** to throw oneself into business; **Si è buttato al bere,** he's taken to drink. ● **b. a carponi,** to go on all fours □ (*fig.*) **b. ai piedi del vincitore,** to throw oneself upon the mercy of one's captor □ (*del tempo*) **b. al buono (al cattivo),** to turn fine (bad) □ **b. allo sbaraglio,** to risk one's life; (*fig.*) to risk one's fortune (one's reputation, etc.) □ **b. giù,** to throw oneself down; (*fig.*) to get depressed, to lose heart □ **b. in mare,** to jump into the sea; (*da una nave*) to jump overboard □ **b. nell'acqua,** to plunge into the water □ **b. nella mischia,** to plunge (oneself) into the fray □ (*specialm. fig.*) **Buttati!,** take the plunge! □ **Si butterebbe nel fuoco per te,** he would go through thick and thin (*o* through fire and water) for you.
buttasèlla, *m.* (*mil.*) boot and saddle; saddle up.
buttata, *f.* **1** throw: **alla prima b.,** at the first throw **2** (*di piante*) shooting; sprouting.
butterare, *v. t.* to pockmark.
butterato, *a.* pockmarked: **un viso b. dal vaiolo,** a pockmarked face.
butteratura, *f.* pockmarks (*pl.*).
bùttero (1), *m.* (*cicatrice*) pockmark.
bùttero (2), *m.* (*mandriano a cavallo*) cowboy.
buzzo, *m.* (*pop.*) belly; paunch: **mettere su b.,** to get a paunch. ● (*fig.*) **mettersi di buzzo buono,** to put one's back into it.
buzzóne, *m.* (*pop.*) **1** (*persona panciuta*) potbelly **2** (*mangione*) glutton.
buzzurro, *m.* (*spreg.*) boor; lout.
by-pass (*ingl.*), *m.* by-pass.
byroniàno, *a.* (*letter.*) Byronic.
byte, *m.* (*elab.*) byte.

c, C

C, c, *f.* e *m.* (*terza lettera dell'alfabeto ital.*) C, c. ● (*tel.*) **c come Como,** c for Charlie.

càbala, *f.* **1** (*relig.*) cab(b)ala **2** (*arte divinatoria*) sorcery; divination **3** (*intrigo*) intrigue; cabal; plot. ● **Vive facendo la c. ai vicini,** she earns her living by forecasting the «lotto» winning numbers for her neighbours.

cabalista, *m.* e *f.* **1** cab(b)alist **2** (*indovino del lotto*) diviner of «lotto» results; «lotto» fortune-teller.

cabalìstico, *a.* **1** (*relig.*) cab(b)alistic **2** (*misterioso, oscuro*) magic; mysterious; (*illeggibile*) undecipherable, illegible: **Non riesco a leggere le tue cabalistiche zampe di gallina,** I cannot read your undecipherable scribble.

cabaret (*franc.*), *m.* cabaret.

cabarettìstico, *a.* cabaret (*attr.*): **repertorio c.,** cabaret repertory.

cabestano, *m.* (*naut.*) capstan.

cabila, *f.* **1** Kabyle tribe **2** (*collett.*) (the) Kabyles.

cabina, *f.* **1** (*naut., aeron.*) cabin: **c. pressurizzata,** pressurized cabin **2** – **c. telefonica,** telephone kiosk (*o* booth); call box; phone box **3** (*negli stabilimenti balneari*) bathing hut **4** (*di funicolare*) cage; car **5** (*di funivia*) telpher; (telpher) carriage. ● (*ferr.*) **c. di comando dei segnali,** signal box □ (*naut.*) **c. di coperta,** deckhouse □ (*ferr.*) **c. di locomotiva,** cab □ (*naut.*) **c. di lusso,** stateroom □ **c. di navigazione,** (*naut.*) chart house; (*aeron.*) navigator compartment □ (*aeron.*) **c. di pilotaggio,** cockpit □ (*cinem.*) **c. di proiezione,** projection booth □ **c. di registrazione,** recording room □ **c. elettorale,** polling booth □ (*aeron.*) **c. passeggeri,** passenger compartment.

cabinato, (*naut.*) **A** *a.* cabin (*attr.*). **B** *m.* cabin cruiser.

cabinista, *m.* **1** electrical technician **2** (*cinem.*) projectionist.

cabinovia, *f.* carway; cableway.

cablàggio, *m.* (*elettr.*) wiring.

cablare, *v. t.* **1** (*elettr.*) to wire **2** (*tel.*) to cable.

cablo, *m.* cable; cablegram.

cablogramma, *m.* cablegram; cable.

cabotàggio, *m.* (*naut.*) coasting trade; cabotage: **grande c.,** foreign coasting trade; **piccolo c.,** coasting trade (in national waters). ● (*naut.*) **nave di piccolo c.,** coaster; coasting vessel.

cabotare, *v. i.* (*naut.*) to coast.

cabotière, *m.* (*naut.*) coaster; skipper.

cabotièro, A *a.* coasting. **B** *m.* coasting vessel; coaster.

cabrare, *v. i.* (*aeron.*) to pull up; to fly* tail-down.

cabrata, *f.* (*aeron.*) pull-up.

cabriolè, cabriolet, *m.* (*cutom.*) cabriolet; convertible.

cacadùbbi, *m.* e *f.* (*spreg.*) unduly cautious person.

cacào, *m.* **1** (*bot., Theobroma cacao*) cacao*; cacao tree **2** (*polvere e bevanda*) cocoa. ● **burro di c.,** cocoa (*o* cacao) butter □ **semi di c.,** cocoa beans; cacao seeds.

cacare, *v. i.* e *t.* (*volg.*) to shit.

cacarèlla, *f.* (*volg.*) looseness of the bowels.

cacasénno, *m.* e *f.* (*spreg.*) prig.

cacata, *f.* (*volg.*) shit.

cacatòa, cacatùa, *m.* (*zool., Cacatua*) cockatoo*.

cacatura, *f.* (*volg.: specialm. di insetti*) excrement.

cacca, *f.* (*volg.*) shit; stool (*quasi sempre al pl.*). ● **Non toccare, c.!,** don't touch, it's dirty! □ **Il bambino oggi non ha fatto la c.,** the child hasn't had a motion today.

càcchio, *m.* **1** (*getto infruttifero*) non-fruit-bearing tendril **2** (*volg.: cazzo*) prick.

cacchióne, *m.* (*zool.*) **1** (*di ape*) bee-larva* **2** (*di mosca*) fly-blow **3** (*pl.*) bird's first feathers.

càccia, *f.* **1** hunt(ing); shooting; chase: **La c. è passata di qui,** the hunt passed here; **trofeo di c.,** hunting trophy; trophy of the chase **2** (*inseguimento, ricerca*) chase; pursuit; hunt: **c. all'uomo,** man hunt; (*naut., fig.*) **mettersi in c.,** to set off in pursuit **3** (*cacciagione*) game: **bandita** (*o* **riserva**) **di c.,** game preserve; game sanctuary **4** (*aeron.*) fighter; pursuit plane **5** (*naut.*) destroyer **6** (*mus.*) hunt in canon form. ● **c. al capanno,** shooting of birds from a hut (*USA: from a blind*) □ **c. al cervo,** deer-hunting □ **c. al cinghiale,** boar-shooting; (*stor.: in Asia*) pig-sticking □ **c. alla lepre,** hare-shooting; (*a cavallo*) coursing □ **c. alla volpe,** fox-hunting □ (*fig.*) **c. alle streghe,** witch hunt □ **c. col falco,** hawking; falconry □ **c. di appostamento,** shooting with pointer □ **c. grossa,** big-game hunting □ **c. in palude,** wild-fowling; water fowling □ **c. subacquea,** underwater fishing □ **aeroplano da c.,** fighter □ **andare a c.,** (*a cavallo*) to go hunting; (*d'uccelli, ecc.*) to go shooting □ **andare a c. di onori,** to go after honours □ **andare a c. di guai,** to look for trouble □ **dare la c. a q.,** to chase (*o* to pursue) sb. □ **licenza di c.,** game licence; shooting licence □ **nave da c.,** destroyer □ **partita di c.,** shooting party; shoot □ **«Bandita** (*o* **divieto, riserva**) **di c.!»,** «hunting (*o* shooting) forbidden!».

cacciabombardière, *m.* (*aeron.*) fighter-bomber.

cacciagióne, *f.* game.

cacciare, A *v. t.* e *i.* **1** to go* hunting; to hunt; (*con fucile*) to go* shooting; to shoot* **2** (*con trappole e sim.*) to set* traps for; to trap; to snare **3** (*esiliare*) to banish **4** (*mettere in fuga, scacciare*) to drive* (*o* to chase, to send*) away; to throw* out; to turn out: **c. il nemico da un colle,** to drive the enemy from a hill; **Cacciò di casa tutti gli inquilini,** he turned out all the tenants **5** (*ficcare*) to drive*; to thrust*; to stick* **6** (*riporre, mettere*) to put*; to throw*; to shove: **Caccia la valigia dove ti pare,** shove the suitcase anywhere you like; **c. q. in prigione,** to throw sb. into prison. ● **c. fuori un coltello,** to whip out (*o* to pull out) a knife □ **c. fuori la lingua,** to put out one's tongue □ **c. fuori il portafogli,** to pull out one's wallet □ **c. innanzi q.,** (*con le mani*) to push sb. on; (*con il bastone, ecc.*) to prod sb. on □ **c. via q. in malo modo,** to spurn sb. □ **c. via q. senza tanti complimenti,** to send sb. packing. **cacciarsi, B** *v. rifl.* **1** (*introdursi, ficcarsi*) to plunge (into); to thrust* oneself (into): **Si cacciò tra la folla,** he plunged into the crowd **2** (*andare a finire*) to get* to; (*nascondersi*) to hide*: **Dove s'è cacciato il mio ombrello?,** where has my umbrella got to? ● **c. le dita nel naso,** to put (*o* to shove) one's fingers into one's nose □ **c. in un ginepraio,** to get oneself into a fix □ **c. in un'impresa disperata,** to embark on a desperate enterprise □ **c. in testa q.c.,** to get st. into one's head □ **S'è cacciato in testa un'ubbia** (*o* **un'idea sbagliata**)**,** he's got a bee in his bonnet □ **Non cacciarti il dito in bocca,** don't stick your finger in your mouth.

cacciasommergibili, *m.* (*naut.*) submarine chaser.

cacciata, *f.* **1** shooting; hunting **2** (*espulsione*) banishment; expulsion: **la c. dei Medici da Firenze,** the expulsion of the Medici from Florence.

cacciatóra, *f.* (*indumento*) shooting jacket. ● (*cucina*) **alla c.,** cacciatore; cacciatora: **pollo** (**lepre, ecc.**) **alla c.,** chicken (hare, etc.) cacciatore.

cacciatóre, *m.* **1** hunter; huntsman* **2** (*per diletto*) sportsman*; hunter, hunting man*, huntsman*; (*col fucile*) man* keen on (*o* fond of, given to) shooting **3** (*mil.*) light infantry man*; (*cavalleggero*) light cavalryman*. (*fig.*) **c. di donne,** skirt chaser □ (*fig.*) **c. di dote,** fortune-hunter □ **c. di frodo,** poacher □ **c. di palude,** water fowler □ **c. di teste,** head-hunter.

cacciatorpedinière, *m.* (*naut.*) torpedo-boat destroyer.

cacciatrice, *f.* **1** (*poet.*) huntress: **Diana c.,** Diana the huntress **2** (*per diletto*) sportswoman*. ● **È un'appassionata c.,** (*col fucile*) she is very keen on shooting (*o* on hunting).

cacciavite, *m. invar.* screwdriver.

cacciù, *m.* (*ind.*) cachou; catechu.

cacciucco, *m.* (*cucina*) «cacciucco»; (spiced) fish soup.

càccola, *f.* **1** (*pop.: cispa degli occhi*) eye-gum **2** (*pop.: muco del naso*) snivel; snot. **3** (*pl.: sterco di alcuni animali*) droppings **4** (*fig., pop., specialm. al pl.: ciarle*) cackle.

cachemire (*franc.*), *m.* cashmere.

cachessìa, *f.* (*med.*) cachexy.

cachet (*franc.*), *m.* **1** (*farm.*) (wafer) capsule, cachet; (per il

mal di testa) headache pill **2** (*per i capelli*) (colour-)rinse **3** (*teatr., mus.: compenso*) fee; (*contratto temporaneo*) booking.
cachèttico, *a.* (*med.*) cachectic(al).
cachi (1), *m.* (*bot., Diospyros kaki; albero e frutto*) Japanese persimmon; kaki*.
cachi (2), *a. e m.* khaki*: **uniforme c.**, khaki uniform.
cachinno, *m.* (*lett.*) cachinnation; cackling laughter.
cacicco, *m.* cacique (*anche fig.*).
càcio, *m.* cheese: **una forma di c.**, a whole cheese. ● **alto come un soldo di c.**, very short; (*di bambino*) a mite of a child □ **Ci sta proprio come il c. sui maccheroni**, it's the very thing; it's just the job (*fam.*).
caciocavallo, *m.* «caciocavallo» (gourd-shaped kind of cheese from Southern Italy).
caciòtta, *f.* «caciotta» (a sort of soft cheese).
cacodèmone, *m.* cacod(a)emon.
cacofonìa, *f.* cacophony.
cacofònico, *a.* cacophonous; harsh-sounding.
cacografìa, *f.* cacography.
cacologìa, *f.* cacology.
cacóne, *m.* (*fig., volg.*) funk.
cacto, cactus, *m.* (*bot., Cactus*) cactus*.
cadauno, *a. e pron. indef.* (*bur., comm.*) each.
cadàvere, *m.* (dead) body; corpse; cadaver (*terminologia medica*): **Sei cadaveri nel primo atto sono molti**, six bodies in the first act is a lot; (*fig.*) **un c. ambulante**, a living corpse.
cadavèrico, *a.* **1** cadaverous; corpse-like **2** (*med.*) cadaveric **3** (*fig.*) ghostly; deadly pale: **un viso c.**, a deadly-pale face.
cadaverìna, *f.* (*chim.*) cadaverine.
cadènte, *a.* **1** falling: **una stella c.**, a falling star **2** (*di cose*) crumbling; derelict; (*di edificio*) grungy (*fam.*); (*di persone*) enfeebled, feeble, gone-to-pieces: **un vecchio c.**, a feeble old man.
cadènza, *f.* **1** cadence: **la c. dei versi**, the cadence of the lines **2** (*accento*) intonation; cadence **3** (*ritmo*) rhythm; cadence; beat: **la c. di un ballo**, the rhythm of a dance. ● **Amavo la c. (melodiosa) di quella voce**, I loved that lilting voice □ (*balistica*) **c. di tiro**, rate of fire.
cadenzare, *v. t.* to mark (*o* to emphasize) the rhythm of (*st.*).
cadenzato, *a.* cadenced; rhythmic. ● **passo c.**, measured tread.
cadére (1), *v. i.* **1** to fall* (down); to drop; to tumble; (*dei capelli*) to fall* out; (*di soldati, fortezze*) to fall*: **c. morto**, to fall down dead; **Il bambino cadeva di continuo**, the child kept tumbling; **Il lapis gli cadde di mano**, the pencil fell (*o* dropped) from his hand; **Cadde dal treno**, he fell out of the train; **L'operaio cadde dal tetto**, the workman fell off the roof; **Il vento è caduto**, the wind has fallen (*o* dropped); (*fig.*) **La Pasqua cade presto quest'anno**, Easter falls early this year; (*fig.*) **I prezzi caddero improvvisamente**, suddenly prices fell **2** (*fig.*) to sink*: **Non ti credevo caduto tanto in basso**, I didn't think you had sunk so low **3** (*fig.: far fiasco*) to fail; to be a failure; to be a flop (*fam.*); to flop (*fam.*): **La commedia cadde**, the play was a failure (*o* a flop); **Cadde agli esami**, he failed at his exams **4** (*fig.: tramontare*) to set*: **Il sole cadeva a occidente**, the sun was setting in the west **5** (*d'abiti o stoffe*) to hang*; to fit: **Quest'abito cade bene**, this dress hangs well. ● **c. a capofitto**, to fall headlong □ (*anche fig.*) **c. ai piedi di q.**, to fall at sb.'s feet □ (*fig.*) **c. ammalato**, to fall ill □ (*fig.*) **c. a proposito**, (*di oggetto*) to come in handy; (*essere tempestivo*) to come at the right moment; (*di citazione, ecc.*) to be apt, to be «à propos» □ **c. bocconi**, to fall down flat on one's face □ (*fig.*) **c. dalle nuvole**, to be taken aback; (*meravigliarsi*) to be astounded, to be very surprised □ (*fig., fam.*) **c. dalla padella nella brace**, to fall out of the frying pan into the fire □ (*fig.*) **c. dal sonno**, to be very sleepy □ (*fig.*) **c. in deliquio**, to faint; to swoon □ (*fig., fam.*) **c. in desuetudine**, to become obsolete □ (*fig.*) **c. in disgrazia**, (*ignominiosamente*) to fall into disgrace; (*per capriccio del padrone, della persona amata, ecc.*) to fall out of favour □ (*fig.*) **c. in disuso**, to fall into disuse □ **c. in ginocchio**, (*in genere*) to fall on one's knees; (*di ballerino*) to drop (on) to one knee □ **c. in mare**, (*da una barca*), to fall overboard □ (*fig.*) **c. in miseria**, to fall on evil days □ (*fig.*) **c. in piedi**, to fall on one's feet □ (*fig.*) **c. in servitù**, to fall into captivity □ (*fig.*) **c. nel volgare**, to lapse into vulgarity □ (*fig.*) **c. sotto una regola**, to come within a rule □ **far c. q.**, (*inavvertitamente*) to make sb. fall; (*apposta*) to knock sb. down □ (*fig.*) **far c. q.c. dall'alto**, to grant st. condescendingly □ **lasciare c.**, to drop; to let (st.) drop: **lasciare c. il fazzoletto**, to drop one's handkerchief; (*fig.*) **lasciare c. l'argomento**, to let the matter drop □ **lasciarsi c. su una poltrona**, to sink into an armchair □ (*fig.*) **non c. a proposito**, to be out of place □ (*fig.*) **Il discorso cadde sulla superstizione**, the subject of superstition cropped up □ (*fam.*) **Cada il mondo**, whatever happens; come what may □ (*fig.*) **Gli cadde l'occhio su q.c. che luccicava nella ghiaia**, his eye fell upon st. glittering in the gravel □ (*fig.*) **Caddi dalle nuvole**,

non avrei mai sospettato..., you could have knocked me down with a feather, never would I have thought... □ (*fig.*) **Gli caddero le braccia**, his spirits fell; he was disheartened □ (*fig.*) **Le sue parole caddero nell'indifferenza generale**, his words fell on deaf ears □ **I capelli le cadevano sulle spalle**, her hair hung down on her shoulders.
cadére (2), *m.* falling: **il c. delle foglie**, the falling of the leaves. ● **al c. del giorno**, at the close of day □ **al c. della notte** (*o* **delle tenebre**), at nightfall □ **al c. del sole**, at sunset.
cadétto, A *a.* younger; cadet (*attr.*); junior. **B** *m.* **1** younger son; cadet **2** (*mil.*) cadet.
Càdice, *f.* (*geogr.*) Cadiz.
caditóia, *f.* **1** (*stor.: di fortezza*) trap door **2** (*stradale*) drain (in a gutter).
cadmìa, *f.* (*metall.*) cadmia.
cadmiatura, *f.* (*metall.*) cadmium plating.
càdmio, *m.* (*chim.*) cadmium. ● **giallo di c.**, cadmium yellow.
caducèo, *m.* (*mitol.*) caduceus*; Hermes' staff.
caducità, *f.* **1** frailty; caducity; transitoriness **2** (*leg.: di testamento, ecc.*) lapse.
caduco, *a.* **1** short-lived; fleeting; transitory: **speranze caduche**, short-lived hopes **2** (*bot., zool., med.*) deciduous. ● **denti caduchi**, milk teeth □ (*fam.*) **mal c.**, epilepsy.
caduta, *f.* **1** fall, falling, drop (*anche fig.*): **una brutta c.**, a bad fall; **la c. del governo**, the fall of the government; **c. della temperatura**, drop in temperature; **la c. dei prezzi**, fall in prices; (*di paracadute*) **c. ritardata**, delayed drop **2** (*fig.*) downfall; failure; ruin: **la c. del tiranno**, the downfall of the tyrant. ● (*aeron.*) **c. catastrofica**, crash □ **c. d'acqua**, waterfall □ (*Bibbia*) **la c. dell'uomo**, the Fall (of man) □ (*autom.*) **c. massi** (*cartello*), falling rocks.
caduto, A *a.* fallen. **B** *m.* **1** man* who died for his country (*o* for a cause) **2** (*pl.*) (the) fallen; (the) dead. ● **monumento ai caduti**, war memorial.
caffè, *m.* **1** (*pianta*) coffee (tree): **piantagione di c.**, coffee plantation **2** (*chicchi*) coffee (beans) **3** (*bevanda*) (cup of) coffee: **Vorrei un c. ristretto (lungo)**, I should like my coffee strong (weak); **prendere il c.**, to have coffee **4** (*bar, pasticceria, ecc.*) café; espresso bar; coffee house; caff (*pop.*). ● **c. amaro**, coffee without sugar; unsweetened coffee □ **c. concerto**, «café chantant»; café with band □ **c. corretto con cognac**, coffee with a dash of cognac □ **c. doppio**, double espresso; two espresso coffees in one cup □ **c. espresso**, espresso coffee □ **c. in polvere**, ground coffee □ **c. macchiato**, coffee with a dash of milk □ **c. nero**, black coffee □ **c. color c.**, coffee-coloured □ **cucchiaino da c.**, coffee spoon □ **fondi di c.**, coffee grounds (*o* dregs) □ **macchinetta da c. (a filtro)**, percolator □ **macinino da c.**, coffee mill □ **tazza da c.**, coffee cup.
caffeàrio, *a.* coffee (*attr.*): **mercato c.**, coffee market.
caffeìcolo, *a.* coffee-growing (*attr.*).
caffeìfero, *a.* coffee-producing: **regione caffeifera**, coffee–producing region.
caffeìna, *f.* (*chim.*) caffeine.
caffellatte, *m.* coffee with milk; white coffee.
caffettano, *m.* caftan.
caffetterìa, *f.* **1** (*generi serviti in un caffè*) coffee and light refreshments **2** (*reparto di un esercizio alberghiero*) hotel coffee shop.
caffettièra, *f.* **1** (*bricco*) coffeepot **2** (*macchinetta*) espresso maker; «macchinetta» (*ital.*) **3** (*fig.: scherz.: automobile, locomotiva sgangherata*) old crock; old rattletrap.
caffettière, *m.* coffee-house keeper.
cafonàggine, *f.* **1** (*l'essere cafone*) boorishness; caddishness; vulgarity **2** (*azione*) boorish (*o* caddish, vulgar) action.
cafonata, *f.* boorish (*o* caddish, vulgar) action.
cafóne, A *m.* **1** southern Italian peasant **2** (*fig., spreg.*) boor; cad; bounder; (*pop.*). **B** *a.* boorish; caddish; vulgar.
cafonésco, *a.* boorish; caddish; vulgar.
cagionare, *v. t.* to cause; to be the cause of; to bring* about.
cagióne, *f.* cause; motive; reason.
cagionévole, *a.* **1** (*rif. a salute*) delicate; weak **2** (*rif. a persona*) sickly.
cagliare, *v. i.* **cagliarsi**, *v. rifl.* to curdle.
cagliaritano, A *a.* of Cagliari. **B** *m.* inhabitant of Cagliari.
cagliata, *f.* curd (*spesso al pl.*).
cagliatura, *f.* curdling.
càglio, *m.* **1** rennet **2** (*bot., Galium verum*) cheese rennet.
cagna, *f.* **1** (*femmina del cane*) bitch **2** (*fig.: donna di facili costumi*) bitch **3** (*fig.: cattiva attrice*) bad actress; (*cattiva cantante*) bad singer **4** (*ferr.*) jim-crow.
cagnàccio, *m.* cur.
cagnara, *f.* (*fig., fam.*) noisy squabble; rumpus; hubbub.
cagnésco, *a.* – **in c.**, balefully; with hostility. ● **Mi guardò in c.**, he scowled at me; he gave me a dirty look (*pop.*).

cagnétto, *m.* (*vezzegg.*) doggie; doggy.
cagnolino, *m.* **1** doggy, doggie; little dog **2** (*cucciolo*) puppy **3** (*di lusso*) lap dog.
cagnòtto, *m.* (*sicario*) hired ruffian.
caicco, *m.* (*naut.*) caique.
caimano, *m.* (*zool.*, *Caïman*) cayman, caiman.
Caino, *m.* **1** Cain **2** (*fig.*) fratricide; unnatural brother; traitor.
cairòta, **A** *a.* of Cairo; Cairene (*USA*). **B** *m.* e *f.* inhabitant of Cairo; Cairene (*USA*).
cala, *f.* **1** (*insenatura*) inlet; cove **2** (*naut.*) (ship's) hold.
calabrache, *m.* e *f.* (*volg.*) weakling; funk (*pop.*).
calabrése, **A** *a.* Calabrian. **B** *m.* e *f.* Calabrian.
calabróne, *m.* (*zool.*, *Vespa crabro*) hornet.
calafàtaggio, *m.* (*naut.*) caulking.
calafatare, *v. t.* (*naut.*) to caulk.
calafato, *m.* (*naut.*) caulker.
calamàio, *m.* **1** ink bottle; ink pot **2** (*con portapenne*) inkstand **3** (*infossato in un banco*) inkwell **4** (*di macchina da stampa*) (ink) fountain **5** *V.* **calamaro**.
calamaro, *m.* **1** (*zool.*, *Loligo vulgaris*) squid*; calamary **2** (*pl.*, *fig.*: *occhiaie*) (dark) rings under the eyes.
calamina, *f.* (*miner.*) calamine.
calamita, *f.* magnet (*anche fig.*). **c. a ferro di cavallo**, horseshoe magnet. ● **c. naturale**, lodestone, loadstone.
calamità, *f.* calamity; disaster.
calamitare, *v. t.* to magnetize (*anche fig.*).
calamitato, *a.* magnetic.
calamitóso, *a.* (*lett.*) calamitous.
càlamo, *m.* **1** (*bot.*: frutto di alcune piante e tipo di palma) calamus* **2** (*parte basale dello scapo delle penne degli uccelli*) calamus*; quill **3** (*cannuccia per scrivere*) quill pen **4** (*poet.*: *freccia*) arrow; reed (*poet.*). ● (*bot.*) **c. aromatico** (*Acorus calamus*), calamus; sweet flag; sweet sedge □ (*anat.*) **c. scrittorio**, calamus scriptorius.
calanca, *f.* (*insenatura*) creek; cove.
calanco, *m.* (*geol.*) gully.
calando, *m.* (*mus.*) calando.
calandra, *f.* **1** (*zool.*, *Melanocorypha calandra*) calandra lark **2** (*mecc.*) calender; (*per tessili*) rotary press; (*per carta*) rolling press **3** (*autom.*) radiator grill. ● (*zool.*) **c. del grano** (*Calandra granaria*), grain weevil.
calandrare, *v. t.* (*ind.*) to calender.
calandratura, *f.* (*ind.*) calendering.
calandrino, *m.* dupe; simpleton.
calandro, *m.* (*zool.*, *Anthus campestris*) tawny pipit.
calante, *a.* **1** falling; declining; decreasing **2** (*del sole*) setting **3** (*della luna*) waning; on the wane **4** (*di peso*) short; below specification **5** (*stor.*, *comm.*) below weight: **moneta c.**, coin below weight **6** (*mus.*: di tono) falling; descending. ● **marea c.**, ebb tide.
calàppio, *m.* snare (*anche fig.*).
calapranzi, *m.* service lift; food lift; dumbwaiter.
calare (1), **A** *v. t.* **1** (*abbassare*) to lower; to let* down: **c. un carico**, to lower a load; **c. i prezzi**, to lower prices; **Calai un secchio nel pozzo**, I let down a pail into the well **2** (*assestare*, *ammainare*) to strike*: **c. un fendente**, to strike a downward blow (with a sword); **c. le vele**, to strike sails; to haul down the sails **3** (*nei lavori a maglia*) to cast* off; to decrease: **c. una maglia alla fine di ogni ferro**, to cast off a stitch at the end of each row. **B** *v. i.* **1** (*abbassarsi*) to sink*; to drop; to (get*) lower; to set*; to fall*; to abate; to ebb: **Il livello dell'acqua calava**, (the level of) the water was sinking (*o* dropping); **Il sole calava**, (nel pomeriggio) the sun was getting lower; (*al tramonto*) the sun was setting; **Cala il sipario** (o la tela), the curtain falls (*o* drops); **La piena** (la febbre) **calava**, the flood (the fever) was abating; **La marea calava**, the tide was ebbing; (*comm.*) **Le azioni calano**, stocks are falling **2** (*accorciarsi*) to grow* shorter: **I giorni sono calati**, the days have grown shorter **3** (*diminuire di peso*) to lose* (weight): **È calata di quasi tre chili e mezzo**, she has lost half a stone **4** (*scendere*) to go* down; to come* down: **Le greggi calano al piano**, the flocks come down to the plains **5** (*assalire*) to drop (*o* to fall*) upon; to invade: **Il falco calò sull'uccellino**, the hawk dropped upon the little bird; **Calammo sul nemico**, we fell upon the enemy; **L'esercito calò nelle Fiandre**, the army invaded Flanders **6** (*di suono*) to become* lower; to sink*: **Con l'influenza m'è calata la voce**, the flu has lowered the pitch of my voice **7** (*mus.*) to drop in pitch. ● (*fig.*) **c. le brache**, to give in; to show the white flag □ **c. una perpendicolare**, to draw (*o* to drop) a perpendicular line □ (*di merce*) **c. di prezzo**, to cheapen. **calarsi**, **C** *v. rifl.* to let* oneself down: **Si calò lungo la scogliera**, he let himself down the cliff. ● **c. il cappello sugli occhi**, to pull one's hat (down) over one's eyes.
calare (2), *m.* – **al c. del sole**, at sunset; **al c. della notte** (*o* delle tenebre), at nightfall.
calata, *f.* **1** (*discesa*) descent; (*invasione*) invasion **2** (*caduta*) fall; drop **3** (*abbassamento*) lowering **4** (*china*) descent; slope **5** (*cadenza*) intonation; cadence **6** (*banchina di porto*) quay; wharf*; pier. ● **c. del sipario**, fall of the curtain □ **c. del sole**, sunset □ (*fig.*) **c. di brache**, abject surrender □ (*comm.*) **diritto di c.**, wharfage; pierage.
calca, *f.* (tightly-packed) crowd; throng; mob: **fendere la c.**, to force one's way through the crowd. ● **fare c.**, to throng (around).
calcagno, *m.* heel. ● (*fig.*) **lavoro fatto con le calcagna**, poor work; shoddy piece of work □ (*scherz.*) **mostrare** (*o* **voltare**, **battere**) **le calcagna**, to show a clean pair of heels □ **Era innamorato e la stava sempre alle calcagna**, he was in love and dogged her every step.
calcara, *f.* (*forno da calce*) limekiln.
calcare, *m.* (*geol.*) limestone. ● **pietra c.**, limestone.
calcare (2), *v. t.* **1** to tread*; to tread* (heavily) upon: **c. le scene**, to tread the boards; (*fig.*) **c. le orme di q.**, to tread in the footsteps of sb. **2** (*ricalcare*) to trace **3** (*esagerare*, *sottolineare*) to emphasize; to stress; to underline. ● **c. la mano**, to overdo it □ **c. pelli conciate**, to press water out of washed hides □ **c. l'uva**, to tread grapes ● **c. la voce**, to speak emphatically □ **Uscì calcandosi il cappello sugli occhi**, he went out pulling his hat down over his eyes □ **Calcava un po' troppo la mano sopra il ragazzo**, he was rather heavy-handed in handling the boy.
calcàreo, *a.* calcareous, calcarious.
calcata, *f.* – **dare una c. a q.c.**, to ram (*o* to press) st. down.
calcatóio, *m.* **1** (*min.*) tamper; stemming rod; tamping bar **2** (*mil.*) ramrod; loader.
calce (1), *f.* lime: **c. spenta**, slaked lime; hydrated lime: **c. idraulica**, hydraulic lime; **latte di c.**, lime milk. ● **c. viva**, quicklime; caustic lime □ **acqua di c.**, lime water □ **bianco di c.**, whitewash.
calce (2), *m.* foot; bottom. ● (*bur.*) **in c.**, at the foot; at the bottom; below.
calcedònio, *m.* (*miner.*) chalcedony.
calceolària, *f.* (*bot.*, *Calceolaria*) calceolaria; slipperwort.
calcestruzzo, *m.* (*costr.*) concrete.
calciare, *v. t.* e *i.* to kick: (*sport*) **c. in porta**, to kick at goal.
calciatóre, *m.* (*sport*) (association) footballer; soccer player.
càlcico, *a.* (*chim.*) calcic.
calcificare, *v. t.* **calcificarsi**, *v. rifl.* to calcify.
calcificazióne, *f.* (*biol.*, *med.*) calcification; hardening of tissues.
calcimetria, *f.* (*chim.*) calcimetry.
calcimetro, *m.* (*chim.*) calcimeter.
calcina, *f.* (lime) mortar.
calcinàccio, *m.* **1** flake of plaster **2** (*pl.*) masonry debris.
calcinàio, *m.* (*costr.*) pit for slaking quicklime.
calcinare, *v. t.* **1** (*conceria*, *agric.*) to lime **2** (*chim.*) to calcine.
calcinatura, **calcinazióne**, *f.* (*chim.*) calcination.
calcinóso, *a.* limy.
càlcio (1), *m.* **1** kick (*anche sport*): **assestare un c.**, to give a well-aimed kick; **c. d'angolo**, corner-kick; **c. d'inizio**, kick-off; **c. di punizione**, free kick; **c. di rigore**, penalty kick; (*rugby*) **c. laterale**, cross kick **2** (*gioco*) (association) football; soccer **3** (*di un'arma*: *estremità*) butt; (*di fucile*) gunstock; (*di pistola*) stock; (*di pistola*) handle. ● **c. storico** (*o* **in costume**), Florentine football pageant □ **cacciar via q. a calci**, to throw (*o* to kick) sb. out □ (*fig.*) **dare un c. alla carriera** to throw one's career to the winds □ (*fig.*) **dare un c. alla fortuna**, to throw away an opportunity; to miss the bus (*fam.*) □ (*fig.*) **dare a q. il c. dell'asino**, to hit a man when he's down □ (*fig.*) **fare a calci**, to be at variance; to clash □ (*fig.*) **fare a calci col buon senso**, to be preposterous □ **tirare calci**, to kick.
càlcio (2), *m.* (*chim.*) calcium.
càlcio-balilla, *locuz. m.* table-football.
calciocianam(m)ìde, *f.* (*chim.*) calcium cyanamide.
calcistico, *a.* football, soccer (*attr.*): **società calcistica**, football club; **incontro c.**, football match.
calcite, *f.* (*miner.*) calcite.
calco, *m.* **1** (*con carta*) tracing **2** (*arte*) moulding; (*negative*) mould: **fare il c. d'una statua**, to make the mould of a statue **3** (*linguistica*) calque.
calcografia, *f.* **1** (*tecnica*) copperplate engraving; chalcography **2** (*incisione*) copperplate.
calcogràfico, *a.* chalcographic(al).
calcògrafo, *m.* copperplate engraver; chalcographer.
càlcola, *f.* (*ind. tessile*) treadle.
calcolàbile, *a.* calculable; that can be reckoned.
calcolare, *v. t.* e *i.* **1** to reckon; to allow: **senza c. le conseguenze**, without reckoning the consequences; **c. un possibile margine d'errore**, to allow for a possible margin of error **2** (*mat.*) to

calma

compute; to calculate 3 (*fare una stima*) to estimate; to put* the value at; to value: **c. il costo**, to estimate the cost. ● **c. approssimativamente**, to make a rough calculation □ **c. q. fra i presenti**, to include sb. among those present; to count sb. in □ **c. vantaggi e svantaggi**, to weigh the pros and cons □ **non avere calcolato** (*avere fatto i calcoli senza prevedere*), not to have bargained for: **Non avevo calcolato che fosse tonta del tutto**, I hadn't bargained for a complete nincompoop □ **Calcolo di partire domani**, I plan on leaving tomorrow □ **Tutto calcolato, preferisco rinunciare**, all things considered, I'd rather give it up.
calcolato, *a.* (*deliberato*) deliberate.
calcolatóre, A *a.* calculating (*anche fig.*): **macchina calcolatrice**, calculating machine; calculator; **mente calcolatrice**, calculating mind. **B** *m.* **1** (*mecc.*) calculator **2** (*fig.*) calculator; calculating person. ● **c. elettronico**, electronic computer □ **regolo c.**, slide rule.
calcolatrice, *f.* (*mecc.*) calculating machine; calculator.
calcolitografia, *f.* (*tipogr.*) copperplate printing.
càlcolo (1), *m.* **1** calculation; estimate **2** (*mat.*) calculus*; calculation; reckoning: **c. differenziale**, differential calculus **3** (*pl.*) accounts; figures: **essere bravo nei calcoli**, to be quick at figures. ● **a calcoli fatti**, everything considered; after all □ **un errore di c.**, a miscalculation (*anche fig.*); (*più fam.*) a mistake in the sum, a mistake in adding up (subtracting, etc.) □ **fare bene i propri calcoli**, to weigh the pros and cons; to work out a schedule □ **fare q.c. per c.**, to do st. with an eye to the main chance □ **Agisce sempre per c.**, everything he does is premeditated □ **Fece c. sul mio aiuto**, he counted on my help.
càlcolo (2), *m.* (*med.*) calculus*; stone: **c. epatico** (*o biliare*), biliary calculus; gallstone; **c. vescicale**, vesical calculus; stone in the bladder.
calcolòsi, *f.* (*med.*) calculosis*.
calcoloso, *a.* (*med.*) calculous.
calcomania, *f.* decalcomania.
calcopirite, *f.* (*miner.*) chalcopyrite; copper pyrites.
calcotipia, *f.* copperplate printing.
caldàia, *f.* boiler; furnace: (*ferr.*) **c. della locomotiva**, steam-engine boiler; **c. del termosifone**, central-heating boiler; furnace (*USA*); **c. a nafta**, oil-fired boiler.
caldàio, *m.* cauldron.
caldalléssa, *f.* boiled chestnut.
caldaméente, *avv.* warmly; heartily.
caldana, *f.* **1** (the) hottest time of day **2** (*pl.*: *specialm. della menopausa*) hot flushes; hot flashes (*USA*): **Soffriva di caldane**, she was subject to hot flushes **3** (*fig.*: *scatto d'ira*) fit of rage.
caldarròsta, *f.* roast chestnut.
caldeggiare, *v. t.* to support warmly; to favour.
caldèo, *a. e m.* (*stor.*) Chaldean; Chaldee.
caldèra, *f.* (*geol.*) caldera.
calderàio, *m.* **1** (*ramaio*) coppersmith **2** (*stagnino*) tinker.
calderóne, *m.* **1** (*recipiente*) cauldron **2** (*fig.*) medley; hotchpotch. ● **c. di gente**, motley crowd □ **c. di razze**, melting pot of many races □ (*fig.*) **mettere tutto nello stesso c.**, to put everything into the same pot.
caldo, A *a.* **1** warm; (*molto c.*) hot: **tinte calde**, warm colours; **stagione calda**, hot weather; **acqua calda e fredda**, hot and cold water **2** (*fig.*: *caloroso*) warm; ardent; fervent; passionate: **una calda raccomandazione**, a warm recommendation; **calde preghiere**, fervent prayers **3** (*fig.*: *critico, difficile*) hot; critical; difficult: (*polit., mil.*) **punto c.**, hot spot; **autunno c.** (*nelle vertenze sindacali*), hot autumn. ● **animale a sangue c.**, warm-blooded animal □ (*fig.*) **a sangue c.**, in hot blood □ (*fig.*) **battere il ferro quando è c.**, to strike while the iron is hot □ **notizie calde**, the latest news □ **piangere a calde lacrime**, to cry one's heart out □ **pigliarsela calda per q.c.**, to take st. to heart □ **È una testa c.**, he is a hothead □ (*nelle istruzioni culinarie*) **Questo piatto va servito c.**, serve hot. **B** *m.* **1** heat; hot weather: **Mia zia teme il c.**, my aunt dislikes the heat; **quando verrà il c.**, when the hot weather comes; **c. soffocante**, stifling heat **2** (*fig.*) heat; ardour; fervour: **nel c. della lite**, in the heat of the quarrel; (*di animali*) **essere in c.**, to be in heat; **Certe cose è meglio farle a c.**, some things are better done in the heat of the moment. ● **avere c. a sufficienza**, to be warm enough □ **avere** (*o sentire*) **un gran c.**, to feel very warm □ **un golf che tiene c.**, a warm cardigan □ **mettere vivande in c.**, to keep food warm □ **ondata di c.**, heat wave □ **Fa più c. oggi**, (*sensazione piacevole*) today it's warmer; (*spiacevole*) today it's hotter □ (*nelle istruzioni*) (*Questa pomata*) **teme il c.**, keep (this ointment) in a cool place □ **Quell'anno fece molto c.**, it was very hot that year □ (*fig.*) **Non mi fa né c. né freddo**, I couldn't care less.
caldura, *f.* summer heat; sultriness.
calefazióne, *f.* (*fis.*) calefaction.
caleidoscòpio, *m.* kaleidoscope.
calendàrio, *m.* **1** calendar: **c. Gregoriano**, Gregorian calendar **2** (*almanacco*) calendar; almanac: **c. a fogli mobili**, tear-off calendar; **c. scolastico**, school calendar **3** (*programma*) calendar; programme: **c. di borsa**, stock-exchange calendar.
calènde, *f. pl.* kalends, calends. ● (*fig.*) **rimandare q.c. alle c. greche**, to put st. off till doomsday.
calendimàggio, *m.* (*lett.*) May Day; festival of Spring.
calèndola, *f.* (*bot.*, *Calendula officinalis*) pot marigold.
calepino, *m.* **1** dictionary **2** (*volume di gran mole*) tome **3** (*taccuino*) notebook.
calére, *v. i. difett.* (*raro*) to matter: **Non mi cale**, I care not; it matters not (to me). ● **porre** (*o mettere*) **in non cale**, to attach no importance to (st.); to neglect (st.).
calèsse, *m.* (*senza mantice*) gig; (*con mantice*) calash, calèche.
calétta, *f.* mortise, mortice. ● **c. a coda di rondine**, dovetail.
calettaménto, *m. V.* calettatura.
calettare, A *v. t.* (*mecc.*) **1** (*a freddo*) to key; to force-fit **2** (*a caldo*) to shrink* on **3** (*a coda di rondine*) to dovetail. **B** *v. i.* (*anche fig.*) to fit (together); to match.
calettatura, *f.* (*mecc.*) **1** (*a freddo*) keying **2** (*a caldo*) shrinking on **3** (*a coda di rondine*) dovetailing.
calìa, *f.* (*limatura*) gold dust; gold filings (*pl.*).
calibrare, *v. t.* (*mecc.*) to gauge; to calibrate.
calibratóio, calibratóre, *m.* (*mecc.*) gauge; cal(l)ipers (*pl.*).
calibratura, *f.* (*mecc.*) gauging; calibration.
càlibro, *m.* (*mecc.*) **1** gauge; bore; calibre, caliber (*anche fig.*): **un uomo di grosso c.**, a man of large calibre; (*mil.*) **cannone di grosso** (*medio, piccolo*) **c.**, large-caliber (medium-caliber, small-caliber) cannon; **fucile di c. dodici**, twelve-gauge (*o* twelve-bore) shotgun; **c. passa**, go gauge; **c. non passa**, no-go gauge; **c. passa e non passa**, go no-go (*o* difference) gauge **2** (*strumento*) cal(l)ipers (*pl.*); gauge: **c. per esterni** (**per interni**), outside (inside) calipers. ● **grossi calibri**, big guns (*anche fig.*); (*fig.*) big shots □ **uno sproposito di grosso c.**, a big mistake □ (*fig.*) **la tavolata dei grossi calibri**, the table of the V.I.P.s (very important persons) □ **Sono tutti d'un c. i tuoi amici**, your friends are all alike.
calicanto, *m.* (*bot.*) **1** – **c. d'estate** (*Calycanthus floridus*), calycanthus; Carolina allspice **2** – **c. d'inverno** (*Chimonanthus praecox*) Japan allspice.
càlice, *m.* **1** wine glass; champagne glass; (*antico o pregiato*) goblet **2** (*relig.*) chalice; calix* **3** (*bot.*) calyx*. ● **il c. dell'amarezza**, the cup of bitterness □ **l'amaro c.**, the bitter cup □ **Ha bevuto il c. dei piaceri fino in fondo**, he has had his fill of pleasure(s).
calicétto, *m.* (*bot.*) calycle.
calicò, *m.* (*ind. tessile*) calico*.
calidàrio, *m.* (*archeol.*) calidarium*.
califfato, *m.* caliphate, califate.
califfo, *m.* caliph, calif.
californiano, *a. e m.* Californian.
califòrnio, *m.* (*chim.*) californium.
càliga, *f.* (*stor.*) caliga*.
caligine, *f.* **1** haze **2** (*nebbia mista a fumo*) smog **3** (*fig.*) haze; fog.
caliginóso, *a.* **1** foggy; murky **2** (*oscuro*) dark.
calipso, *m.* (*ballo*) calypso.
calla, *f.* (*bot.*) **1** (*Calla palustris*) calla; water arum **2** (*Zantedeschia aethiopica*; *anche* **c. dei fioristi**) calla (lily).
calle, *f.* «calle» (narrow Venetian street).
càllido, *a.* (*lett.*) crafty; cunning.
callifugo, *m.* corn-plaster.
calligrafia, *f.* **1** (*bella scrittura*) calligraphy; penmanship: **lezioni di c.**, lessons in calligraphy **2** (*scrittura personale*) handwriting; script: **una c. illeggibile**, illegible handwriting.
calligràfico, *a.* **1** pertaining to calligraphy; calligraphic **2** (*fig.*) minutely finished; over-refined; meticulous: **uno stile c.**, a minutely-finished style.
calligrafo, *m.* **1** calligrapher; calligraphist; master of penmanship **2** (*fig.*) over-refined stylist. ● (*leg.*) **perito c.**, handwriting expert.
callista, *m. e f.* chiropodist.
callo, *m.* **1** (*med.*) corn; callus* **2** (*bot.*) callus*. ● (*fig.*) **pestare i calli a q.**, to thread on sb.'s toes □ (*fig.*) **Ci ho fatto il c.**, I'm hardened to it.
callosità, *f.* **1** (*callo*) callus*; callosity **2** (*l'essere calloso*) callousness.
callóso, *a.* **1** (*di piede*) full of corns; with corns **2** (*di mano*) horny; calloused **3** (*fig.*) callous. ● (*anat.*) **corpo c.**, corpus callosum □ (*fig.*) **coscienza callosa**, hardened conscience.
calma, *f.* **1** (*tranquillità*) calm; calmness; peacefulness; tranquillity **2** (*bonaccia*) (dead) calm. ● **mai un momento di c.**, never a moment's peace □ **regione delle calme equatoriali**, (the) doldrums □ **La loro grande c. era riposante**, their being so calm was restful □ **Cerca di avere c. e sangue freddo**, try to be calm

calmante

and collected □ **Se la prese con c.**, he took things calmly □ **Gli feci perdere la c.**, I made him lose his temper.
calmante, A *a.* calming; soothing. **B** *m.* (*farm.*) sedative; calmative.
calmare, A *v. t.* **1** to calm (down); (*lenire, rabbonire*) to soothe: **Volevo c. la sua ansia**, I wanted to calm his fears; **Riuscimmo a calmarlo**, we succeeded in soothing him **2** to soothe; to lessen: **c. il dolore**, to lessen the pain. **calmarsi, B** *v. rifl.* **1** to grow* calm; to calm down; to wind* down; to cool it (*fam.*): **Il mare si calmò**, the sea grew calm; **Finalmente il colonnello si calmò**, at last the colonel calmed down **2** (*placarsi, anche fig.*) to abate: **La tempesta si calmò**, the storm abated. ● **Il mal di stomaco si è calmato**, my stomach ache his gone away.
calmierare, *v. t.* to fix a ceiling price for (st.).
calmière, *m.* **1** ceiling price (fixed by the authorities) **2** (*listino prezzi*) official list of prices. ● **prezzo di c.**, controlled price.
calmo, *a.* calm; tranquil; peaceful; quiet: **Il mare era c.**, the sea was calm. ● (*fam.*) **mettersi c.**, to cool it (*fam.*).
calmucco, *a. e m.* Kalmuck.
calo, *m.* (*comm.*) **1** (*del prezzo*) fall, drop (in prices) **2** (*di volume*) shrinkage **3** (*di qualità*) falling-off (in quality) **4** (*di peso*) shortage; short weight **5** (*di liquidi*) leakage; ullage; (*del livello dell'acqua*) draw down. ● (*econ.*) **c. della domanda**, drop in demand □ **c. di prestigio**, loss of prestige □ **c. di produzione**, drop in production; lowering drop.
calomelano, *m.* (*farm.*) calomel.
calóre, *m.* **1** (*tepore*) warmth: **c. estivo**, summer heat; **Un c. delizioso emanava dalla stufa**, the stove gave out a delightful warmth **2** (*fig.*) heat; warmth; fervour; ardour: **nel c. della discussione**, in the heat of the argument; **il c. della loro accoglienza**, the warmth of their reception **3** (*di animali*) heat: **La femmina è in c.**, the female is in (*o* on) heat **4** (*fis.*) heat: **c. di fusione**, melting heat; **calor bianco**, white heat; **calor rosso**, red heat. ● **Parlò con c.**, (*concitatamente*) he spoke excitedly; (*con accesa convinzione*) passionately; (*arrabbiandosi*) heatedly.
caloria, *f.* (*fis., biol.*) calorie, calory: **piccola c.**, small calorie; **grande c.**, large (*o* great) calorie.
calòrico, *m.* (*fis., biol.*) caloric.
calorìfero, *m.* **1** (*l'impianto*) central heating **2** (*radiatore*) radiator.
calorìfico, *a.* (*fis.*) calorific.
calorimetrìa, *f.* (*fis.*) calorimetry.
calorimètrico, *a.* (*fis.*) calorimetric(al).
calorimetro, *m.* (*fis.*) calorimeter.
calorosaménte, *avv.* warmly; heartily: **sostenere c. q.**, to support sb. warmly. ● **applaudire c.**, to clap (*o* to applaud) enthusiastically.
calorosità, *f.* warmth; heartiness.
caloróso, *a.* **1** warming: **Il curry è molto c.**, curry is very warming **2** (*fig.*) warm; hearty: **un'accoglienza calorosa**, a warm welcome. ● **discussione calorosa**, heated argument □ **Gira sempre senza cappotto: è un uomo c.**, he always goes about without a coat: he doesn't feel the cold.
calòscia, *f.* galosh, golosh.
calòtta, *f.* **1** (*mecc.*) cap; cover **2** (*zucchetto*) calotte (*papalina*) skullcap **3** (*di orologio*) watchcase **4** (*aeron.: di paracadute*) canopy **5** (*di cappello*) crown **6** (*autom., elettr.*) cap: **c. distributrice** (*dello spinterogeno*). distributor cap **7** (*archit.*) calotte. ● (*anat.*) **c. cranica**, skullcap □ (*geogr.*) **c. polare**, (Polar) icecap.
calpestare, *v. t.* to trample down; to tread* upon; to stamp on; to trample on (*anche fig.*): **Calpestai la coda al cane**, I trod upon the dog's tail; **Ha calpestato il mio amore**, he has trampled on my love. ● **un popolo calpestato**, a downtrodden people □ **È vietato c. l'erba**, keep off the grass.
calpestìo, *m.* stamping: **Sentivo il c. degli zoccoli dei cavalli**, I could hear the stamping of the horses' hoofs **2** (*strisciando i piedi*) shuffling **3** (*di armento preso dal panico*) stampede.
calta, *f.* (*bot., Calendula officinalis*) pot marigold. ● **c. palustre** (*Caltha palustris*), marsh marigold.
calùgine, *f.* (*lanugine*) down.
calumare, A *v. t.* (*naut.*) to lay* out (a cable). **calumarsi, B** *v. rifl.* to slide* down a rope.
calumet (*franc.*), *m.* peace pipe; calumet (*fig.*) **fumare il c. della pace**, to smoke the peace pipe.
calùnnia, *f.* calumny; slander; defamation.
calunniare, *v. t.* to calumniate; to slander; to defame ● **molto calunniato**, much maligned.
calunniatóre, *m.* slanderer; calumniator; defamer.
calunnióso, *a.* slanderous; calumnious; defamatory.
calura, *f.* (*lett.*) great heat; sultriness.
calutróne, *m.* (*fis.*) calutron.
calvàrio, *m.* **1** Calvary **2** (*fig.*) trial; ordeal; cross.
calvinìsmo, *m.* (*stor. relig.*) Calvinism.

calvinìsta, *m. e f.* (*stor. relig.*) Calvinist.
calvinìstico, *a.* Calvinistic(al).
calvìzie, *f.* baldness.
calvo, A *a.* bald; bald-headed. **B** *m.* bald man*; baldhead; baldpate (*fam.*).
calza, *f.* **1** (*da donna*) stocking: **un paio di calze**, a pair of stockings; **calze di nylon**, nylon stockings **2** (*da uomo*) sock **3** (*di lume a petrolio, a gas*) wick **4** (*rivestimento di cavi e sim.*) braiding. ● **fare la c.**, to knit □ **ferro da c.**, knitting needle □ **venditore di calze**, hosier.
calzamàglia, *f.* tights (*pl.*); leotards (*pl.*); (*pesante, invernale*) long underwear.
calzante, A *a.* apt; fitting; «à propos» (*franc.*): **un paragone c.**, an apt comparison; **una punizione c.**, a fitting punishment; **La citazione sembrava molto c.**, the quotation seemed very à propos. **B** *m.* (*calzatoio*) shoehorn.
calzare (1), A *v. t.* **1** (*indossare*) to wear*: **Calzava scarpe di coppale**, he was wearing patent-leather shoes **2** (*infilare q.c. a q.*) to help on (with st.); to help to pull on (st.); (*provare q.c. a q.*) to try on: **Calza le scarpe a quel vecchio signore**, help that old gentleman on with his shoes; **Dal guantaio prima di c. i guanti al cliente ci mettono del borotalco**, at glove shops they put talc in the gloves before trying them on **3** (*mettersi*) to put* on; to get* on: **Ho i piedi gonfi e non riesco a c. le scarpe**, my feet are swollen and I can't get my shoes on **4** (*di un calzolaio*) to be (sb.'s) shoemaker: **Son dieci anni che La calzo**, I've been your shoemaker for ten years **5** (*provvedere di calzature*) to fit out (*o* to supply) with shoes (boots, etc.): **Ci vuole un patrimonio per c. quel ragazzo**, you need a fortune to fit that boy out with shoes **6** (*puntellare con biette*) to put* wedges under (st.). **B** *v. i.* to fit; (*fig.*) to be fitting; to be apt: **Questo guanto calza perfettamente**, this glove fits perfectly; **La citazione calzava**, the quotation was apt; **Il paragone calza a pennello**, the comparison fits to a «t». ● **Che numero (di scarpe) calzi?**, what size do you take?
calzare (2), *m.* (*lett.*) boot; tight-fitting top boot.
calzascarpe, *m.* shoehorn.
calzatóia, *f.* chock.
calzatóio, *m.* shoehorn.
calzatura, *f.* (*spesso pl.*) footwear: **calzature per uomo e per signora**, ladies' and gents' footwear. ● **negozio di calzature**, shoe shop.
calzaturière, *m.* shoe manufacturer.
calzaturièro, A *a.* shoe (*attr.*): **industria calzaturiera**, shoe industry. **B** *m.* worker in a shoe factory.
calzaturifìcio, *m.* shoe factory.
calzerótto, *m.* thick sock.
calzétta, *f.* (*calzino*) sock. ● (*fig.*) **mezza c.**, second-rate person.
calzettàio, *m.* hosier.
calzetterìa, *f.* hosiery.
calzettóne, *m.* knee sock (with turnover). ● **calzettoni da portare con i pantaloni alla zuava**, socks to go with plus fours.
calzifìcio, *m.* stocking factory.
calzino, *m.* sock.
calzolàio, *m.* shoemaker; shoe repairer.
calzoleria, *f.* **1** shoemaker's (shop) **2** (*negozio*) shoe shop.
calzoncini, *m. pl.* shorts.
calzóne, *m.* **1** (*cucina*) «calzone»; pastry roll (*o* fritter) stuffed with cheese, tomato, etc. and spiced; Neapolitan cheese roll **2** *V.* **calzóni**.
calzóni, *m. pl.* **1** trousers; pants (*USA*): **calzone** (*sing.*), trouser leg; **Va rammendato il c. di sinistra**, the left trouser leg needs mending **2** (*corti e stretti al ginocchio*) breeches; (*settecenteschi e ancora in certe divise*) knee breeches; (*da cavallo*) riding breeches; (*da giardinaggio*) dungarees; (*a campana*) bell-bottom trousers **3** (*alla zuava*) plus fours; knickerbockers. ● (*fig.*) **Si vede chi porta i c.** (*cioè, chi comanda*) **in quella casa**, it's easy to see who wears the trousers in that house.
calzuòlo, *m.* (*cuneo, bietta*) wedge; quoin.
Cam, *m.* (*Bibbia*) Ham.
camaldolése, camaldolènse, A *m.* Camaldolite; Camaldolese*. **B** *a.* of the Camaldolites: **regola c.**, order of the Camaldolites. ● **monaco c.**, Camaldolite; Camaldolese.
cameleónte, *m.* (*zool., Chamaeleo*) chameleon (*anche fig.*).
camaleòntico, *a.* (*anche fig.*) chameleonic.
camaleontìsmo, *m.* chameleonism (*anche fig.*).
camarilla (*spagn.*), *f.* **1** camarilla **2** (*cricca*) camarilla; clique.
cambiàbile, *a.* changeable.
cambiadischi, *m.* record changer. ● **c. automatico**, autochanger.
cambiale, *f.* (*comm.*) bill of exchange; bill; draft: **Questa c. scade il 6 marzo**, this bill falls due on the 6th of March. ● **c. a breve (a lunga) scadenza**, short-dated (long-dated) bill □ **c. all'incasso**, bill for collection □ **c. a vista**, bill at sight; sight bill □ **c.**

camicia

di comodo (*o* di favore), accommodation bill; kite (*fam.*) □ **c. in bianco**, blank bill □ **c. in circolazione**, outstanding bill □ **c. in sofferenza**, unpaid bill □ **c. pagabile all'interno**, inland bill □ **c. pagabile su piazza**, local bill □ **c. tratta**, draft □ **accettare una c.**, to accept (*o* to take up) a bill □ **avallare una c.**, to back a bill □ **emettere una c.**, to issue a bill □ **girare una c.**, to endorse a bill □ **incassare una c.**, to cash (*o* to collect) a bill □ **non pagare una c.**, to dishonour a bill □ **protestare una c.**, (*con protesto preliminare*) to note a bill; (*definitivo*) to protest a bill □ **scontare una c.**, to discount a bill □ **spiccare una c. su q.**, to draw on sb.

cambiaménto, *m.* **1** change: **un c. d'aria**, a change of air; **c. in meglio** (**in peggio**), change for the better (for the worse); **brusco c. di tempo**, sudden change in the weather **2** (*modifica*) alteration: **Ogni minimo c. di programma comporta un forte aumento dei costi di produzione**, the slightest alteration in the schedule greatly increases the cost of production. ● (*in una casa*) **cambiamenti (di arredamento)**, alterations □ **c. di casa**, change of house; move □ **c. di marea**, turn of the tide □ **c. di scena**, (*teatr.*) change of scene; scene-change; (*fig.*) change of scene (*o* of situation) □ **c. di vento**, shift in the wind □ **c. totale** (*radicale*), changeover □ **fare** (**produrre**) **un c.**, to make (to bring about) a change □ **Ha fatto un gran c.** (*è mutato*), he is greatly changed □ **Ho bisogno di un c.** (*di vita, lavoro, aria, ecc.*), I need a change □ **C'è stato un c. di proprietario**, the property (house, etc.) has changed hands □ **C. di proprietario** (*avviso*), Under New Management.

cambiamonéte, *V.* **cambiavalute**.

cambiare, **A** *v. t.* **1** to change; (*modificare*) to alter: **Ho cambiato idea**, I have changed my mind; **Devi c. treno a Bologna**, you must change trains at Bologna; **Hanno cambiato un po' la casa**, they've altered the house a little; **Puoi cambiarmi diecimila lire?**, can you change a ten thousand lire note for me? **2** (*sostituire*) to replace: **Ho cambiato le lancette all'orologio**, I have replaced the hands of my watch. **B** *v. i.* **1** to change: **È cambiata in meglio dall'anno scorso**, she has changed for the better since last year **2** (*del vento, ecc.*) to shift; to turn. ● **c. un bambino**, to change a baby □ (*fig.*) **c. le carte in tavola**, to shift one's ground □ **c. casa**, to move (to a new house) □ **c. colore**, to change colour; (*impallidire*) to turn pale □ **c. di mano** (*o* di padrone), to change hands □ **c. (di) posto**, to change (one's) place; (*a sedere*) to change one's seat □ (*autom.*) **c. marcia**, to change gear □ (*polit.*) **c. partito**, to change political parties □ **c. il passo**, to change step □ (*d'uccelli*) **c. le penne**, to moult □ **c. posto con q.**, to change seats (with sb.) □ (*naut., fig.*) **c. rotta**, to change course □ **c. strada**, to take another road □ **c. tono**, to change one's tune □ **c. vestito**, to change clothes □ **c. vita**, to turn over a new leaf; to start a new life □ **tanto per c.**, just for a change □ **Le sue parole cambiarono tutto**, his words showed the matter in an entirely different light. **cambiarsi**, **C** *v. rifl.* **1** to change; (*mutarsi d'abito*) to change (one's) clothes **2** (*mutarsi*) to turn (into): **La pioggia si cambiò in nevischio**, the rain turned into sleet. ● **c. per uscire**, to change before going out □ **c. le scarpe**, to change one's shoes □ **Non mi cambierei con nessuno**, I wouldn't change places with anyone.

cambiàrio, *a.* (*comm.*) exchange (*attr.*); pertaining to a bill of exchange. ● **titoli cambiari**, bills; drafts □ **vaglia c.**, permissory note.

cambiavalute, *m.* e *f.* money-changer.

càmbio, *m.* **1** change; (*modifica*) alteration: **c. di cavalli**, change of horses; **c. d'abiti**, change of clothes; **c. di biancheria**, change of linen **2** (*scambio*) exchange; swap, swop (*fam.*): **Vuoi fare un c. con la mia penna?**, do you want to exchange your pen for mine?; **Si fa un c.? la mia palla per il tuo temperino**, let's do a swop! my ball for your pen-knife **3** (*fin.*) exchange (rate); rate (of exchange): **c. favorevole** (**sfavorevole**), favourable (unfavourable) exchange; **c. d'apertura** (**di chiusura**), opening (closing) exchange; **lettera di c.**, bill of exchange; **guadagnare al c.**, to gain on (*o* by) the exchange; **corso di c.**, rate of exchange); **oscillazioni del c.**, fluctuations (in the rate) of exchange; **c. alla pari**, rate at par; par of exchange; **il c. attuale**, the present rate(s) **4** (*mecc.*) change gear; speed gear: **c. a settori**, gate-change gear **5** (*mecc.: di bicicletta*) derailleur **6** (*autom.*) gear; (*la scatola*) gearbox: **c. sincronizzato**, synchromesh gear; **c. in folle**, gear in neutral **7** (*spiccioli*) (small) change: **Mi spiace, non ho c.**, sorry, I haven't any change **8** (*sport: pallacanestro* e sim.) turnover. ● (*autom.*) **c. a cloche**, shift on the floor □ (*mecc.*) **c. a mano**, stick shift □ (*mecc.*) **c. a pedale**, foot-lever gearshift □ (*autom.*) **c. al volante**, shift on the steering column □ **c. della guardia**, (*mil.*) changing of the guard; (*fig.*) change in the management, changing of the guard □ (*Borsa*) **agente di c.**, stock broker □ (*mecc.*) **albero del c.**, gearshaft □ **dare il c. a q.**, to relieve sb. □ **darsi il c.**, to take st. in turns □ **in c. di**, in exchange for; (*invece di*) instead of, for □ (*mecc.*)

leva del c., gear lever □ (*mecc.*) **manopola del c.**, gear twist grip □ (*mecc.*) **selettore del c.**, gearshift.

cambista, *V.* **cambiavalute**.

Cambògia, *f.* (*geogr.*) Cambodia; Kampuchea.

cambogiano, *a.* e *m.* Cambodian.

cambrétta, *f.* staple.

cambri, *m.* cambric.

cambriano, **càmbrico**, *a.* e *m.* (*geol.*) Cambrian.

cambuṣa, *f.* (*naut.*) storeroom; galley.

cambuṣière, *m.* (*naut.*) storekeeper.

camèlia, *f.* (*bot.*, *Camellia japonica*) camellia.

càmera, *f.* **1** (*stanza*) room; chamber (*poet.*): **c. ammobiliata**, furnished room; lodgings (*pl.*); **camere da affittare**, rooms to let; **c. sulla strada**, front room; **c. sul retro**, back room **2** (*da letto*) bedroom: «**Dov'è la mamma?**» «**È in c.**», «where's mother?» «she's in her bedroom»; **c. a due letti** (*o* **c. doppia**), double bedroom; **room with two beds**; **c. a un letto** (*o* **c. singola**), single bedroom; **Non ha ancora fatto le camere**, she hasn't done the bedrooms yet **3** (*polit.*) Chamber; House: **C. dei Deputati** (*o* **la C.**), Chamber of Deputies; **C. alta**, Higher (Upper) House; **C. bassa**, Lower House; **la C. dei Comuni**, the House of Commons; the Commons; the House; **la C. dei Pari**, the House of Lords; the Lords; **C. di Commercio**, Chamber of Commerce; Board of Trade (*USA*); (*USA*) **C. dei Rappresentanti**, House of Representatives; (*leg.*) **C. di Consiglio**, Council Chambers **4** (*cinem., fotogr., telev.*: **macchina da presa**) camera. ● **c. a gas**, gas chamber □ **c. ardente**, mortuary chapel; «**chapelle ardente**» (*franc.*) □ **c. blindata**, strong-room □ **c. d'affitto**, lodgings (*pl.*) □ **c. da letto**, bedroom; (*i mobili*) bedroom suite □ **c. da letto e salotto** (*tutt'uno*), bed-sitting room; bedsitter (*fam.*) □ **c. da letto e studio** (*tutt'uno*), study-bedroom □ **c. d'aria**, (*di pneumatico*) tube, inner tube; (*di pallone*) bladder; (*intercapedine*) air space □ **c. degli ospiti**, spare room □ **c. dei bambini**, nursery □ **C. del lavoro**, trade-union headquarters □ **c. di combustione**, (*di motore*) combustion chamber; (*di forno*) firebox □ (*Banca*) **c. di compensazione**, clearing house □ **c. di custodia valori**, safe-room □ (*naut.*) **c. di lancio**, torpedo room □ (*naut.*) **c. di poppa**, after cabin □ **c. di scoppio**, (*di motore*) combustion chamber; (*d'arma*) cartridge chamber □ **c. di servizio**, maid's room □ **c. di sicurezza**, (*cella*) detention room, cell; (*nelle banche*) strongroom □ **c. oscura**, (*fis.*) «camera obscura»; (*fotogr.*) dark room □ **C. vitalizia** (*il Senato*), the Senate □ **un appartamento di tre camere**, a three-roomed flat □ **compagno di c.**, roommate □ (*polit.*) **le due Camere**, (the Houses of) Parliament □ **musica da c.**, chamber music □ **veste da c.**, dressing gown.

cameraliṣmo, *m.* (*stor. econ.*) cameralism.

cameralista, *m.* (*stor. econ.*) cameralist.

camerata (1), *f.* (*dormitorio*) dormitory.

camerata (2), *m.* e *f.* comrade; chum, pal (*fam.*).

cameratésco, *a.* friendly; comradely. ● **un ambiente c. e allegro**, a jolly, informal atmosphere □ **solidarietà cameratesca**, «esprit de corps» (*franc.*) □ **essere uniti da un senso c.**, to be bound by a sense of comradeship.

camerati ṣmo, *m.* comradeship.

camerièra, *f.* **1** maid; maidservant **2** (*di ristorante, albergo, ecc.*: quella che serve a tavola) waitress; (*quella che fa le camere*) chambermaid **3** (*in casa privata*: quella che fa le pulizie) housemaid; (*quella che serve a tavola*) parlour-maid; (*personale*) lady's maid; (*di un'attrice*) dresser **4** (*nei college di Oxford e Cambridge*) bedder. ● **c. a ore**, char; daily (*fam.*).

camerière, *m.* **1** (*in una casa privata*) manservant*; (*se funge da maggiordomo*) butler; (*dipendente dal maggiordomo*) footman* **2** (*che serve a tavola in un locale pubblico*) waiter: **capo c.**, head waiter; maître d'hôtel **3** (*di un attore, ecc.*) dresser **4** (*nei college di Oxford*) scout; (*di Cambridge*) bed-maker, bedder. ● **c. di sala**, room servant □ **c. personale**, valet.

camerino, *m.* **1** small room **2** (*di teatro*) dressing room **3** (*naut.*) cabin **4** (*fam.: latrina*) lavatory; toilet; loo.

camerista, *f.* waiting maid; waiting woman*.

cameristico, *a.* (*mus.*) relating to chamber music.

camerlengo, *m.* (*relig.*) papal chamberlain; camerlengo*, camerlingo*.

Càmerun, *m.* (*geogr.*) Cameroons.

càmice, *m.* **1** (*di dottori, infermieri, ecc.*) white coat **2** (*relig.*) alb.

camiceria, *f.* **1** (*negozio*) shirt shop **2** (*fabbrica*) shirt factory.

camicétta, *f.* **1** blouse **2** (*di foggia maschile*) shirt.

camicia, *f.* **1** (*da uomo*) shirt; (*da donna, anche*) blouse **2** (*bur.: cartella*) folder; file: **Riponi tutto l'incartamento nella sua c.**, put all the papers into their file **3** (*mecc., costr., ecc.: rivestimento*) jacket; cover; lining; case: **c. di raffreddamento**, cooling jacket. ● **c. da notte**, (*da uomo*) nightshirt; (*da donna*) nightgown, nightdress, nighty (*fam.*) □ **c. di forza**, straitjacket □ **camicie brune** (*nazisti*), brownshirts □ **camicie nere** (*fascisti*),

camiciàia

blackshirts □ **camicie rosse** (*garibaldini*), (Garibaldi's) redshirts □ (*fig.*) **cavarsi di dosso .la c.**, to give away the shirt off one's back □ **in maniche di c.**, in one's shirtsleeves □ (*fig.*) **essere lasciato in c. da q.**, to be fleeced by sb.; to be stripped of everything by sb. □ (*fig.*) **essere ridotto in c.**, to have lost the shirt off one's back □ (*fig.*) **ridursi** (*o* **rimanere**) **in c.**, to give everything one has □ (*cucina*) **uova in c.**, poached eggs □ (*fig.*) **vendere la c.**, to sell the shirt off one's back □ (*fig.*) **M'ha fatto sudare sette camicie, ma alla fine ci sono riuscito**, it was an awful sweat, but in the end I managed it □ (*fig.*) **È nato con la c.**, he was born with a silver spoon in his mouth.

camiciàia, *f.* **camiciàio**, *m.* **1** (*chi fa camicie*) shirtmaker **2** (*chi le vende*) shirt-seller.

camiciòla, *f.* **1** vest **2** (*camicetta estiva*) sports shirt.

camiciòtto, *m.* (labourer's) smock; overall.

caminétto, *m.* fireplace.

caminièra, *f.* **1** (*parafuoco*) fireguard **2** (*mensola*) mantelpiece **3** (*specchio*) looking glass over a mantelpiece.

camino, *m.* **1** (*focolare*) fireplace; hearth **2** (*gola del camino*) chimney; flue **3** (*comignolo*) chimneypot; (*più comignoli riuniti*) chimney stack **4** (*geol.*) chimney **5** (*alpinismo*) chimney. ● **nero come la cappa del c.**, as black as soot □ **essere seduti accanto** (*intorno*) **al c.**, to sit at (round) the fireside.

càmion, *m.* lorry; motor-lorry; motortruck, truck (*USA*): **c. con rimorchio**, lorry with trailer.

camionàbile, camionale, A *a.* open to lorry traffic; that can be used by lorries. **B** *f.* road open to lorry traffic.

camioncino, *m.* light lorry; van.

camionétta, *f.* jeep.

camionista, *m.* lorry-driver; truck driver, truckman*; teamster (*USA*).

camisàccio, *m.* sailor's blouse.

camìta, *m. e f.* Hamite.

camìtico, *a.* Hamitic.

camma, *f.* (*autom.*, *mecc.*) cam. ● **albero a camme**, camshaft.

cammellato, *a.* camel-borne.

cammellière, *m.* cameldriver; cameleer.

cammèllo, *m.* **1** (*zool.*, *Camelus bactrianus*) camel; Bactrian camel **2** (*pelo di c.*) camel's hair: **soprabito di c.**, camel's-hair overcoat. ● **color c.**, camel.

cammellòtto, *m.* (*ind. tessile*) camlet.

cammèo, *m.* cameo*.

camminaménto, *m.* (*mil.*) communication trench.

camminare, *v. i.* **1** to walk; (*andare a piedi*) to go* on foot; (*marciare*) to march; (*procedere*) to proceed: **Le piace c.?**, do you like walking?; **c. al passo**, to walk in step; **c. di buon passo**, to walk at a good pace **2** (*funzionare*) to work; to go*; to run*: **Quell'orologio non cammina**, that clock isn't working; **Gli ho prestato il grammofono e ora non cammina**, I lent him my gramophone and now it won't go **3** (*fig.: progredire*) to move; to make* progress; to grow*: **Le cose camminano**, things are moving; **È un'idea che cammina**, it's an idea that is growing (*o* spreading, becoming prevalent) **4** (*fig.: di frase, discorso, ecc.*) to go*; to sound: **Il dialogo camminerebbe meglio se fosse più spezzettato**, the dialogue would sound better if it were more split up. ● **c. a grandi passi**, to stride □ **c. a passi pesanti**, to tramp □ **c. carponi** (*o* **a quattro zampe**), to go on all fours □ (*fig.*) **c. diritto**, to walk the straight and narrow □ **c. in fretta**, to walk fast □ **c. in punta di piedi**, to walk on tiptoe; to tiptoe □ **c. per i quaranta** (**anni**), to be getting on for forty □ **c. sul sicuro**, not to risk anything □ **c. zoppicando**, to limp □ (*nelle fiabe*) **Cammina, cammina e cammina, arrivò a...**, on and on and on he went, till he got to... □ (*comm.*) **Gli affari camminano**, business is brisk □ **Pare un morto che cammini**, he looks like death □ **Su, cammina!**, come on!, get a move on! (*pop.*) □ **Il mondo cammina**, life won't wait.

camminata, *f.* **1** (long) walk: **fare una c.**, to take (*o* to go for) a walk; **Oggi abbiamo fatto una bella c.!**, we've been for a good long walk today! **2** (*andatura*) gait: **riconoscere q. alla c.**, to recognize sb. by his gait.

camminatóre, *m.* walker: **È un c. straordinario**, he's a remarkable walker.

camminatura, *V.* **camminata**, *def. 2.*

cammino, *m.* **1** walk; way: **Il ragazzo è già in c.**, the boy is already on his way; **dopo un lungo c.**, after a long walk; **per tutto il c.**, all the way **2** (*sentiero*) path; track: **aprirsi il c.**, to open oneself a path; (*fig.*) **il c. della gloria**, the path to glory; **Il c. si perdeva nella brughiera**, the track lost itself in the moor **3** (*strada*) road: **Sono sempre in c.; è il mio mestiere**, I'm always on the road; it's my job **4** (*itinerario*) route; (*fig.*) course: **Nessuno può distogliermi dal suo c.**, no one can divert him from his course **5** (*viaggio*) journey: **Il c. fu freddo e disagevole**, the journey was cold and difficult **6** (*di astro, fiume, ecc.*) path. ● **cammin facendo**, on the (*o* one's) way □ **fare molto c.**, to go a long way; (*fig.*) to go far, to get on □ **fare un tratto di c. con q.**, to accompany sb. a part of the way □ (*fig.*) **lasciare il retto c.**, to go astray; to stray □ **mettersi in c.**, to set out; to start off □ **mostrare il c. a q.**, to show sb. the way; (*precedendolo*) to lead the way □ **riprendere il c.**, to resume one's journey □ **Cammin facendo mangiavano il gelato**, they ate their ice creams as they walked □ **Ci sono cinque minuti di c.**, it is five minutes away □ **Ci sono due ore di c.**, it is a two hours' walk from here (*o* from there) □ **La merce è in c.**, the goods are en route.

camomilla, *f.* **1** (*bot.*, *Matricaria chamomilla*) (wild) c(h)amomile **2** (*infuso di c.*) camomile-tea.

camòrra, *f.* **1** «camorra» (Neapolitan underworld secret society) **2** (*metodo di guadagno*) (extortion) racket **3** (*insieme di persone disoneste*) gang; mob (*fam.*).

camorrista, *m. e f.* **1** member of the «camorra»; camorrist **2** racketeer; (*scherz.*) wire-puller; intriguer.

camòscio, *m.* **1** (*zool.*, *Rupicapra rupicapra*) chamois*: **c. delle Alpi**, Alpine chamois **2** (*pelle di c.*) chamois (leather); shammy (leather); **guanti di c.**, shammy-leather gloves.

campagna, *f.* **1** country; farmland; land; countryside: **Non mi piace vivere in c.**, I don't like living in the country; **gente di c.**, country folk; country people; **Questa c. frutta poco**, this land doesn't yield much; **Mi piace la c. inglese**, I like the English countryside; (*fig.*) **battere la c.**, to scour the countryside **2** (*mil. e fig.*) campaign: **le campagne di Napoleone**, Napoleon's campaigns; **c. di stampa**, press campaign; **c. elettorale**, electoral campaign; **c. contro il fumo**, campaign against smoking **3** (*tenuta*) estate; property (in the country); land. ● (*geogr.*) **la c. romana**, the Campagna □ **andare in c.**, to go into the country □ **artiglieria da c.**, field artillery □ (*scherz.*) **avere fatto le proprie campagne**, to be a seasoned old trooper; (*di anziano donnaiolo*) to be a seasoned Don Juan □ (*fig.*) **buttarsi alla c.**, to take to the woods □ (*fig.*) **fare una c.** (**in favore di**), to campaign (in favour of) □ **Quest'automobile ha fatto le sue campagne**, this car has been through thick and thin.

campagnòla, *f.* **1** countrywoman*; country girl **2** (*autom.*; *marchio*) off-road vehicle.

campagnòlo, A *a.* countrified; rustic; country (*attr.*): **ballo c.**, country dance. ● **alla campagnola**, in a countrified manner. **B** *m.* countryman*; peasant.

campale, *a.* field (*attr.*); open-field: **battaglia c.**, open-field battle. ● **batteria c.**, field battery □ **giornata c.**, (*mil.*) day of the decisive battle; (*fig.*) exhausting day □ **vittoria c.**, victory in the open field.

campana, *f.* **1** bell: **suonare le campane a distesa**, to peal the bells **2** (*di vetro*) glass dome: **ninnoli ottocenteschi sotto campane di vetro**, Victorian knickknacks in glass domes **3** (*naut.: di palombaro*) diving bell **4** (*pl.*, *mus.*) bells; chimes. ● **calzoni a c.**, bell-bottom trousers □ **gioco della c.**, hopscotch □ **suonare le campane a morto**, to toll (the knell) □ **sordo come una c.**, as deaf as a post □ **sottana a c.**, bell-shaped skirt □ (*fig.*) **tenere q. sotto una c. di vetro**, to mollycoddle sb. □ (*fig.*) **Vorrei sentire l'altra c.**, I should like to hear what the other side has to say.

campanàccio, *m.* cowbell; cattle bell.

campanàrio, *a.* bell (*attr.*): **torre campanaria**, bell tower.

campanaro, *m.* bell-ringer.

campanatùra, *f.* (*mecc.*) camber angle.

campanèlla, *f.* **1** little bell **2** (*anello di tenda*) curtain ring **3** (*battente d'uscio*) (ring-shaped) knocker **4** (*orecchino*) ring--shaped earring.

campanèllo, *m.* **1** (*da tavolo*) handbell **2** (*elettrico*) (electric) bell **3** (*all'uscio*) doorbell **4** (*pl.*, *mus.*) glockenspiel (*sing.*). ● **c. d'allarme**, alarm-bell.

campanifórme, *a.* **1** bell-shaped: **fiore c.**, bell-shaped flower **2** (*arch.*) bell-shaped; campaniform.

campanile, *m.* bell tower; church tower; belfry: «campanile». ● **alto come un c.**, as tall as a beanstalk □ **rivalità di c.**, parochial rivalry □ (*fig.*) **Non vede più in là del suo c.**, he doesn't see anything further than his own village (*o* town).

campanilismo, *m.* local patriotism; parochialism.

campanilista, *m. e f.* (narrow-minded) local patriot.

campanilìstico, *a.* parochial.

campano (1), A *a.* of Campania. **B** *m.* «campano*»; inhabitant of Campania.

campano (2), *m.* cowbell.

campanóne, *m.* **1** great bell **2** (*mil.*) bombard; mortar.

campànula, *f.* (*bot.*) **1** (*Campanula*) campanula; bellflower **2** (*Campanula rotundifolia*) harebell; bluebell (*Inghilterra sett.*, *Scozia*, *USA*).

campanulato, *a.* bell-shaped: **fiore c.**, bell-shaped flower.

campare, *v. i. e t.* **1** to live: **c. d'aria**, to live on air; **Campa del suo lavoro**, he lives by his work; **Campa su quel po' di terra**, he lives off that bit of land **2** (*tirare avanti*) to earn one's living

somehow; to get* along somehow; to keep* body and soul together: **Con quella cifra non si campa**, you can't keep body and soul on that figure **3** (*lett.: salvare*) to save; to rescue. ● **c. alla giornata**, to lead a hand-to-mouth existence □ **Campa cavallo! prima che arrivi quell'assegno, io sarò bell'e morto di fame**, well that's a comfort! before that cheque gets here, I shall be starved to death □ **Tira a c.**, take it easy! □ «**Come state?**» «**Eh! si tira a c.!**», «how are you?» «we just manage to get along!» □ **Guadagnava un salario che gli permetteva appena di c.**, he earned what was barely a living wage □ (*prov.*) **Campa cavallo che l'erba cresce!**, while grass grows the horse starves.
campata, *f.* **1** (*d'arco*) span **2** (*di ponte*) span; bay: **c. centrale**, central bay; **c. estrema**, end bay.
campato, *a.* – **c. in aria**, unrealistic; unfounded; unsound; groundless: **Tutto il progetto mi sembra c. in aria**, I consider the whole scheme unsound.
campeggiare, *v. i.* **1** (*fare campeggio*) to camp; to go* camping **2** (*mil.: essere accampati*) to camp; to encamp **3** (*spiccare*) to stand* out: **Nell'affresco campeggiano due sole figure**, only two figures stand out in the fresco.
campeggiatóre, *m.* (holiday) camper.
campéggio (1), *m.* (*bot.*, *Haematoxylon campechianum*) logwood.
campéggio (2), *m.* **1** (*l'attendarsi*) camping **2** (*attendamento*) camp; holiday camp **3** (*il terreno*) camping ground. ● **fare un c. in un'isola**, to go camping on an island.
campeggista, *m. e f.* (holiday) camper.
camper (*ingl.*), *m.* camper.
campèstre, *a.* rural; countrified; country (*attr.*): **vita c.**, rural life; **guardia c.**, country policeman.
campicchiare, *v. i.* to get* along as best one can.
campicèllo, *m.* little (*o* small) field; patch: **c. di cavoli**, cabbage-patch.
Campidòglio, *m.* (*stor.*) Capitol. ● (*fig.*) **salire in C.**, to triumph.
campièllo, *m.* «campiello» (small square in Venice).
camping (*ingl.*), *m.* – (*autom.*) **c. per roulotte**, caravan park; trailer park (*USA*).
campionaménto, *m.* (*comm., stat.*) sampling.
campionare, *v. t.* (*comm., stat.*) to sample.
campionàrio (1), *m.* (*comm.*) **1** sample collection; set of samples **2** (*di tessuti, ecc.*) pattern book; pattern card.
campionàrio (2), *a.* – **fiera campionaria**, trade fair.
campionarista, *m. e f.* (*comm., stat.*) sampler.
campionato, *m.* championship. ● **Ai campionati di Stoccolma si è classificato settimo**, at the Stockholm Games he was placed seventh.
campionatóre, *m.* (*comm., stat.*) sampler; sampleman*.
campionatura, *f.* (*comm., stat.*) sampling.
campióne, **A** *m.* **1** (*anche sport*) champion: **c. del mondo**, world champion; **c. italiano dei pesi massimi**, Italian heavyweight champion; (*fig.*) **il c. dei deboli**, the champion of the weak **2** (*comm.*) sample; (*di tessuti*) pattern **3** (*esemplare*) specimen. ● **c. in erba**, budding champion □ **a titolo di c.** (*o* **come c.**), as a sample □ **farsi c. di**, to champion the cause of □ (*di merce*) **non corrispondere** (*o* **non essere conforme**) **al c.**, not to be up to sample □ (*iron.*) **un bel c.!**, a fine specimen! □ (*comm.*) **vendita su c.**, sale by sample □ **In Inghilterra non si può spedire come c. senza valore un oggetto che non sia un c. commerciale**, in England you can't send things by sample-post if they are not commercial samples. **B** *a.* **1** champion, championship (*attr.*): **squadra c.**, championship side; champion team **2** sample, model, demonstration (*attr.*): **appartamento c.**, model (*o* demonstration) flat **3** (*elettr., fis., metrologia*) standard (*attr.*): **metro c.**, standard meter.
campionéssa, *f.* (*sport*) (woman*, lady) champion; championess: **c. di sci**, woman ski-champion.
campionissimo, *m.* champion of champions; great champion.
campire, *v. t.* (*pitt.*) to paint (in) the background.
campitura, *f.* (*pitt.*) background painting.
campo, *m.* **1** (*generalm.*) field: **c. di grano**, cornfield; **c. aurifero**, goldfield; **c. di battaglia**, battlefield; **campi di neve** (*o* **di sci**), snowfields; **c. di mine**, minefield; **c. elettrico** (**magnetico**), electric (magnetic) field; **c. visivo**, field of vision; (*araldica*) **un giglio rosso in c. argento**, a lily gules in a field argent; a red lily on a silver field **2** (*mil.*) field; camp: **lettera scritta al c.**, letter written in the field; **c. militare**, army camp; **c. di concentramento**, concentration camp; **c. di prigionia**, prisoner-of-war camp; **c. trincerato**, entrenched camp; **c. di sterminio**, death camp **3** (*fig.*) field; reach; range; scope: **È un'autorità nel suo c.**, he is an authority in his own field; **un vasto c. d'azione**, a wide field of action; **a wide range 4** (*sport*) ground; field; course: **c. sportivo**, sports ground; playing field; **c. di calcio**, football ground; **c. di golf**, golf course; golf links (*pl.*) **5** (*pitt.*) background **6** (*cinem.*) shot: **c. lungo**, distance (*o* long) shot. ● **c. d'atterraggio**, landing field □ **c. d'aviazione**, airfield □ (*aeron.*) **c. di fortuna**, emergency landing field; airstrip □ **c. di gioco**, playground □ **c. di Marte**, drill ground; parade ground □ **c. di pattinaggio**, skating rink □ **c. di tennis**, (tennis) court; (*erboso*) grass court; (*in terra battuta*) hard court □ **c. di tiro**, (*poligono*) rifle range, firing ground; (*di cannone*) field of fire □ (*radio*) **c. d'onda**, wave band □ **c. minato**, mine field □ **c. petrolifero**, oilfield □ (*mil.*) **aiutante di c.**, aide-de-camp □ **artiglieria da c.**, field artillery □ (*fig.*) **avere c. libero**, to have a free hand □ **fiori di c.**, wild flowers □ (*cinem., telev.*) **fuori c.**, off screen: **voce fuori c.**, off-screen voice; voice-over □ **in c. aperto**, in the open (field) □ (*di città*) **a c. aperto**, (*mil.*) **levare il c.**, to strike camp □ (*fig.*) **mettere** (*o* **portare**) **in c.**, to put forward; to bring up (for discussion): **Mise in c. valide ragioni**, he put forward some good reasons □ **morire sul c.**, to die in battle □ **ospedale da c.**, field hospital □ (*mil.*) **porre** (*o* **piantare**) **il c.**, to pitch camp □ (*anche fig.*) **scendere in c.**, to take the field □ (*fig.*) **scendere in c. contro q.**, to cross swords with sb. □ (*fig.*) **tenere il c.**, to hold one's ground □ **la vita dei campi**, life in the country; life on a farm □ **Datemi c. di riflettere**, give me time to think it over.
camposanto, *m.* **1** cemetery **2** (*presso una chiesa*) churchyard.
camuffaménto, *m.* **1** disguisement; disguise; masquerading; masquerade **2** (*mimetizzazione*) camouflage.
camuffare, **A** *v. t.* **1** disguise **2** (*mimetizzare*) to camouflage. **camuffarsi**, **B** *v. rifl.* to disguise oneself; to masquerade: **Si era camuffata da vecchietta**, she had disguised herself as an old woman.
camuṣo, *a.* flat-nosed; snub-nosed. ● **naso c.**, snub nose.
can, *m.* (*principe tartaro*) khan.
Canada, *f.* (*geogr.*) Canada.
canadése, *a., m. e f.* Canadian. ● **tenda c.**, pup tent.
canàglia, *f.* **1** (*lett., spreg.: plebaglia*) rabble; mob; scum: **La c. urlava sotto le sue finestre**, the rabble was yelling under his windows **2** (*mascalzone*) scoundrel; rascal: **Quell'uomo è una vera c.**, that man is an out-and-out scoundrel. ● (*scherz.*) **Quella c. di Vittorio!**, that wicked old Victor!
canagliata, *f.* rascally trick; blackguardly (*o* scoundrelly) action.
canagliésco, *a.* rascally; scoundrelly.
canagliume, *m.* rabble; mob; scum.
canale, *m.* **1** (*artificiale*) canal: **Una rete di canali irrigava il piano**, a network of canals watered the plain; **c. di Panama**, Panama Canal; **Compagnia del C.**, Suez Canal Co.; **il Canal Grande a Venezia**, the Grand Canal in Venice **2** (*naturale; anche radio, telev. e fig.*) channel: **il c. della Manica**, the (English) Channel; **il c. di Bristol**, the Bristol Channel; **c. linguistico**, linguistic channel **3** (*scanalatura*) duct; channel; groove **4** (*metall.*) gate; runner **5** (*anat.*) duct; canal: **canali biliari**, biliary ducts. ● **c. di chiusa**, sluice □ **c. di scolo**, drain; ditch; gutter □ **c. navigabile**, shipway; ship canal.
canalétta, *f.* **1** (*d'irrigazione*) small ditch; channel; trench **2** (*e-lettr.*) raceway.
canalicolo, *m.* (*biol.*) canaliculus*.
canalizzare, *v. t.* to canalize.
canalizzazióne, *f.* canalization.
canalóne, *m.* gully.
cananèo, **A** *a.* Canaanite; Canaanitic; Canaanitish. **B** *m.* Canaanite.
cànapa, *f.* (*bot.*, *Cannabis sativa*) hemp. ● (*bot.*) **c. indiana** (*Cannabis indica*), Indian hemp; cannabis; marijuana □ **tela di c.**, hempen cloth.
canapàia, *f.* hemp field.
canapàio, *m.* **1** (*chi lavora la c.*) hemp dresser **2** (*venditore di c.*) hemp dealer.
canapé, *m.* sofa.
canapicolo, *a.* hemp-growing; hemp (*attr.*).
canapicoltura, *f.* hemp growing.
canapièro, *a.* hemp (*attr.*): **industria canapiera**, hemp industry.
canapifìcio, *m.* hemp mill.
canapina, *f.* hemp lining.
canapino, **A** *m.* hemp dresser. **B** *a.* hempen: **tela canapina**, hempen cloth.
cànapo, *m.* (thick) hempen rope; cable.
canapóne, *m.* rope hemps.
canapule, *m.* (*fusto della canapa*) stalk (of hemp).
Canàrie, *f. pl.* (*geogr.*) (the) Canary Islands.
canarino, **A** *m.* (*zool., Serinus canarius*) canary. ● (*fig.*) **mangiare quanto un c.**, to eat like a bird. **B** *a.* (*color c.*) canary yellow; canary-coloured.
canasta, *f.* (*gioco di carte*) canasta.
cancàn, *m.* **1** (*ballo*) (French) cancan **2** (*fig.: chiasso*) racket **3** (*fig.: scandalo*) scandal. ● (*fig.*) **fare un c.**, to raise hell.
cancellàbile, *a.* eras(e)able; effaceable.

cancellare, *v. t.* **1** (*con una croce*) to cross out; to cancel **2** (*con un frego*) to strike* off **3** (*con la gomma*) to rub out; to erase **4** (*con cimosa, straccio, ecc., anche fig.*) to wipe (out): **c. un'offesa,** to wipe out an offence **5** (*disdire*) to annul; to cancel; **c. un appuntamento,** to cancel an appointment **6** (*fig.*) to wipe out; to erase; to efface; to obliterate: **c. il ricordo di q.c.,** to obliterate the memory of st. ● (*leg.*) **c. una causa dal ruolo,** to cancel an action from the cause list □ (*comm.*) **c. un debito,** to write off a debt.

cancellata, *f.* railing; iron fence.

cancellatura, *f.* cancellation; erasure. ● **una lettera con molte cancellature,** a letter with many words crossed out.

cancellazione, *f.* **1** cancellation; crossing (out); striking off **2** (*annullamento*) annulment; cancellation **3** (*telev.*) blanking.

cancelleresco, *a.* officialese (*attr.*); legal; chancery (*attr.*): **gergo c.,** legal jargon; officialese.

cancelleria, *f.* **1** (*polit.*) chancellery **2** (*di tribunale*) office of the clerk (of a Court) **3** (*leg.: in Italia*) clerk's office **4** (*articoli per scrivere*) stationery. ● **diritti di c.,** registry dues.

cancellierato, *m.* chancellorship.

cancelliere, *m.* **1** (*leg.*) registrar; (*di tribunale*) clerk (of the Court), magistrate's clerk **2** (*polit.*) Chancellor: **il C. della Repubblica Federale,** the Chancellor of the Federal Republic; **il C. dello Scacchiere,** the Chancellor of the Exchequer.

cancellino, *m.* (*per la lavagna*) blackboard duster (*o* eraser).

cancello, *m.* gate. ● (*leg.*) **comprare** (**vendere**) **una villa a c. chiuso,** to buy (to sell) a country house with all that is in it.

cancerizzarsi, *v. rifl.* (*med.*) to become* cancerous.

cancerizzazione, *f.* (*med.*) cancerization.

cancerogeno, (*med.*) **A** *a.* carcinogenic; cancerogenic. **B** *m.* carcinogen; carcinogenic agent.

cancerologia, *f.* (*med.*) cancerology.

cancerologo, *m.* (*med.*) cancerologist; cancer specialist.

canceroso, (*med.*) **A** *a.* cancerous. **B** *m.* cancer patient.

cànchero, *m.* (*pop.*) **1** (*cancro*) cancer **2** (*fig.: scocciatore*) nuisance; bore **3** (*fig.*) ailment; illness.

cancrèna, *f.* **1** (*med.*) gangrene **2** (*fig.*) canker, cancer: **La corruzione è la c. della nostra società,** corruption is the canker of our society. ● **andare in c.,** to gangrene; (*fig.*) to degenerate.

cancrenóso, *a.* (*med.*) gangrenous.

cancro, *m.* **1** (*med.*) cancer: **Ha un cancro alla gola,** he's got a cancer in his throat **2** — (*astron., astrologia*) **il C.,** Cancer, the Crab (*costellazione e IV segno dello Zodiaco*): **Tropico del C.,** Tropic of Cancer. ● (*astrologia*) **persona nata sotto il segno del C.,** Cancer; Cancerian.

candeggiante, A *a.* bleaching. **B** *m.* bleach.

candeggiare, *v. t.* to bleach; to whiten. ● **non candeggiato,** unbleached.

candeggiatóre, *m.* bleacher; laundryman*.

candeggina, *f.* (*marchio*) bleach.

candéggio, *m.* bleaching. ● **dare il c. a q.c.,** to bleach st.

candéla, *f.* **1** candle: **c. di cera,** wax candle; **c. romana,** Roman candle; **c. stearica,** tallow candle; **mozziconi di c.,** candle-ends **2** (*autom.*) spark(ing) plug: **Le puntine delle candele sono sporche,** the sparking-plug points are dirty **3** (*fis.*) candela: **lampadina da venticinque candele,** twenty-five candela bulb **4** (*canoismo*) endo. ● **a c.,** vertically, straight up (*o* down): **sparare a c.,** to shoot straight up □ (*fig.*) **accendere una c. a Dio e una al diavolo,** to have a foot in both camps □ (*fig.*) **accendere una c. alla Madonna,** to thank one's lucky stars □ **a lume di c.,** by candlelight □ (*fig.*) **struggersi come una c.,** to grow very thin □ **tenere la c.,** to hold the candle; (*fig.*) to play gooseberry □ (*scherz.*) **Hai la c. al naso,** your nose is dirty □ (*nelle aste*) **Le offerte s'accettano a estinzione di c. vergine,** bids are accepted till new candle burns out □ (*prov.*) **Né donna né tela a lume di c.,** choose neither a woman nor linen by candlelight.

candelabro, *m.* candelabrum*.

candelàggio, *m.* (*fis.*) candlepower.

candelàio, *m.* chandler; candle-maker.

candelétta, *f.* (*farm.*) vaginal suppository.

candelière, *m.* **1** candlestick **2** (*naut.*) stanchion.

candelòra, *f.* (*relig.*) Candlemas.

candelòtto, *m.* squat candle. ● **c. di dinamite,** stick of dynamite □ **c. fumogeno,** smoke bomb □ **c. lacrimogeno,** tear-gas bomb.

candidaménte, *avv.* candidly; frankly; innocently.

candidato, *m.* **1** candidate **2** (*aspirante a un posto*) applicant. ● **presentarsi c.,** to stand as a candidate; to run (*speciam. USA*): **Si presentò c. alla Presidenza,** he stood as a candidate (*o* he ran) for the Presidency.

candidatura, *f.* candidature; candidacy. ● **presentare la propria c.,** to stand as a candidate.

candidézza, *f.* **1** whiteness **2** (*fig.*) purity; innocence.

càndido, *a.* **1** snow-white; white: **lenzuola candide,** snow-white sheets **2** (*fig.*) naive; innocent; candid **3** (*immacolato*) spotless.

candire, *v. t.* to candy.

candito, A *m.* (piece of) candied fruit. **B** *a.* candied: **frutta candita,** candied fruit. ● **zucchero c.,** sugar candy; candy.

canditore, *m.* (*ind.*) candying machine.

canditura, *f.* (*ind.*) candying.

candore, *m.* **1** brilliant (*o* immaculate) white; snowy whiteness **2** (*fig.*) purity; innocence; candour.

cane (1), *m.* **1** dog: **Questo c. è un incrocio,** this dog is a crossbreed; **aizzare un c. contro q.,** to set a dog on sb. **2** (*da seguito o da corsa*) hound: **una muta di cani,** a pack of hounds **3** (*insulto*) dog: **C. d'un rinnegato!,** dog of a renegade!; **Brutto c.!,** you dirty dog! **4** (*spreg.: d'attore*) bad actor; ham; (*di cantante*) bad (*o* rotten) singer; screecher: **Quel cantante è un c.,** he's a rotten singer **5** (*persona spietata*) brute: **Quel c. di marito!,** that brute of a husband! **6** (*d'arma*) cock; hammer: **fucile col c. in sicura,** rifle at half cock **7** (*mecc.*) catch; jaw. ● **c. alsaziano,** Alsatian (dog) □ **c. a pelo raso,** smooth-haired dog □ **c. a pelo ruvido,** rough-haired dog □ **c. barbone,** poodle □ **c. bassotto,** dachshund □ **c. bastardo,** mongrel □ **c. da caccia,** sporting dog; (*per la caccia col fucile*) gun dog □ **c. da cerca,** field spaniel; water spaniel □ **c. da ferma,** setter □ **c. da guardia,** watchdog (*anche fig.*) □ **c. da lepre,** harrier □ **c. da pagliaio,** watchdog; (*spreg.*) cur □ **c. da pastore,** sheepdog; (*per cacciare i lupi*) wolfhound □ **c. da pastore scozzese,** collie □ **c. da pastore tedesco,** German shepherd (*USA*); Alsatian □ **c. da penna,** bird dog □ **c. da punta,** pointer □ **c. da riporto,** retriever; spaniel □ **c. da salotto,** lap dog □ **c. da slitta** (*esquimese*), husky □ **c. da tana,** badger dog □ **c. da traino,** harness dog □ **c. da volpe,** foxhound □ **c. di razza,** pure-bred (*o* pedigree) dog; thoroughbred (dog) (*fig.: pezzo grosso*) □ **c. grosso,** big noise; big bug (*fam.*) □ **c. levriere,** greyhound □ **c. lupo** (*ibrido*), wolf-dog □ (*astron.*) **il C. Maggiore,** the Greater Dog □ (*astron.*) **il C. Minore,** the Lesser Dog □ **c. poliziotto,** police dog □ **c. randagio,** stray dog □ **c. segugio,** bloodhound □ **accogliere q. come un c. in chiesa,** to give sb. the cold shoulder (*o* a poor reception); to treat sb. abominably □ (*fig.*) **essere come c. e gatto,** to be like cat and dog □ (*fig.*) **fatica da cani,** very hard work □ **Figlio di un c.!,** (*vocat.*) you son of a bitch!; (*altrimenti*) the son of a bitch! □ **lasciare q. solo come un c.,** to leave sb. utterly alone □ **un lavoro fatto da cani,** a bad job; a slipshod piece of work □ (*fig.*) **menare il c. per l'aia,** to beat about the bush □ **morire come un c.,** to die abandoned by all; (*senza prete*) to die without the comforts of religion; (*in miseria*) to die in the gutter □ (*fig.*) **roba da cani,** loathsome stuff □ **sentirsi solo come un c.,** to feel desperately lonely □ (*fig.*) **voler raddrizzare le gambe ai cani,** to attempt a hopeless task □ **È una vita da cani,** it's a dog's life □ **È un c.!,** he's a heartless fellow □ **Fa un freddo c.,** it's terribly cold □ (*fig.*) **Non c'era un c.,** there wasn't a soul there □ (*prov.*) **C. non mangia c.,** there's honour among thieves □ (*prov.*) **C. che abbaia non morde,** barking dogs seldom bite □ (*prov.*) **C. scottato dall'acqua calda, ha paura della fredda,** once bit, twice shy □ (*prov.*) **Non svegliare il c. che dorme,** let sleeping dogs lie.

cane (2), *m.* (*principe tartaro*) khan.

canèa, *f.* **1** barking of many dogs **2** (*fig.*) hue and cry: **Seguitava la c., ma noi ne eravamo fuori,** the hue and cry was still going on, but we were out of it.

canèfora, *f.* (*archeol.*) canephora*.

canésca, *f.* (*zool., Prionace glauca*) blue shark.

canèstra, *f.* wicker basket.

canestràio, *m.* **1** (*chi fa canestri*) basket maker **2** (*chi vende canestri*) basket seller.

canestrata, *f.* basketful.

canèstro, *m.* **1** basket; (*con coperchio*) hamper **2** (*contenuto di un c.*) basketful **3** (*sport: la rete e il punto*) basket.

cànfora, *f.* (*chim.*) camphor.

canforato, *a.* camphorated: **olio c.,** camphorated oil.

cànforo, *m.* (*bot., Cinnamomum camphora*) camphor tree; camphor laurel.

cangiante, *a.* changing; shot (*attr.*): **seta c.,** shot silk.

cangiare, (*lett.*) *V.* **cambiare.**

canguro, *m.* (*zool., Macropus*) kangaroo.

canicola, *f.* summer heat; noonday heat. ● **giorni della c.,** dogdays.

canicolare, *a.* hot; burning. ● **giorni canicolari,** dogdays □ **pazzia c.,** midsummer madness.

cànidi, *m. pl.* (*zool., Canidae*) canidae.

canile, *m.* **1** kennel (*nel senso di allevamento, al pl.*): **c. che fa pensione,** boarding kennel; **Il cane dormiva sempre nel c.,** the dog always slept in his kennel; **Andiamo al c. a comprare un cane di razza!,** let's go to the kennels and buy a pedigree dog! **2** (*fig.*) (*stanza sporca*) den; (*letto sporco*) sty. ● **c. municipale,** municipal dog pound.

canino, A *a.* canine; of a dog. ● **dente c.**, canine (tooth) □ **mosca canina**, horsefly □ **mostra canina**, dog show □ **rosa canina**, dog rose □ **tosse canina**, whooping cough. **B** *m.* (*dente canino*) canine (tooth*).

canizie, *f.* **1** white hair* **2** (*fig.*: *vecchiaia*) old age.

canizza, *f.* **1** (*caccia*) baying (of hounds) **2** (*fig.*: *gazzarra*) uproar; hubbub; din.

canna, *f.* **1** (*bot.*, *Arundo donax*) reed **2** (*bot.*, *Canna*) canna **3** (*bot.*: *c. coltivata*) cane*: **c. da zucchero**, sugar cane **4** (*bastone, bastoncino*) stick; cane **5** (*del camino*) flue; chimney **6** (*del fucile*) barrel **7** (*dell'organo*) pipe **8** (*da pesca*) (fishing-)rod **9** (*di bicicletta*) crossbar. ● **fucile a c. liscia**, smooth-bore shotgun □ **fucile a c. rigata**, rifle □ (*fig.*) **essere povero in c.**, to be very poor; to be as poor as a church mouse □ **tremare come una c.**, to shake like a leaf.

cannabàcee, *f. pl.* (*bot.*, *Cannabacae*) cannabaceae.

cannabismo, *m.* (*med.*) cannabism.

cannèlla (1), *f.* (*bot.*, *Cinnamomum zeylanicum*; *cucina*) cinnamon. ● **giacca color c.**, cinnamon-coloured coat.

cannèlla (2), *f.* **1** (*rubinetto*) tap: **acqua fresca di c.**, water fresh from the tap **2** (*di botte*) spigot.

cannèllo, *m.* **1** (*pezzo di canna tagliato fra un nodo e l'altro*) (cane) stem section (between two joints) **2** (*tubo di piccolo diametro*) narrow tube; small pipe **3** (*chim.*: *pipetta*) pipette **4** (*portapenne*) penholder **5** *V.* **cannolìcchio**. ● **c. di ceralacca**, stick of sealing wax □ (*chim.*) **c. ferruminatorio**, blowpipe □ (*mil.*) **c. fulminante** (**a strappo**), (pull) igniter □ (*mecc.*) **c. per saldature**, welding blowpipe (*o* torch).

cannellóni, *m. pl.* (*cucina*) «cannelloni» (big macaroni stuffed with seasoned minced meat and baked).

cannerèllo, *m.* (*fusto della canapa*) hemp stalk.

cannéto, *m.* cane thicket; canebrake (*USA*); bed of reeds.

cannétta, *f.* **1** small cane **2** (*bastoncino da passeggio*) cane; walking stick.

cannettato, (*ind. tessile*) **A** *m.* grosgrain. **B** *a.* grained.

cannìbale, *m.* **1** cannibal; man-eater **2** (*fig.*) fierce, cruel man*. ● (*scherz.*) **cannibali della strada**, road hogs.

cannibalésco, *a.* cannibalistic; cannibal-like.

cannibalismo, *m.* **1** cannibalism **2** (*fig.*) barbarous cruelty.

cannibalizzare, *v. t.* (*tecn.*) to cannibalize.

cannibalizzazióne, *f.* (*ind.*) cannibalization.

cannicciata, *f.* trelliswork.

cannìccio, *m.* **1** (*per soffitti*) lathwork; laths (*pl.*); (*per finestre*) screen of rushes **2** (*per seccare la frutta*) trelliswork; wicker work tray.

cannocchiale, *m.* **1** telescope; spyglass: **c. telemetrico**, range--finder telescope **2** (*binocolo*) binoculars (*pl.*); field glasses (*pl.*). ● **a c.**, telescoping □ **fucile a c.**, rifle with a telescope sight.

cannolìcchio, *m.* (*zool.*, *Solen vagina*) razor clam; razor-shell.

cannòlo, *m.* (*cucina*) «cannolo» (spiced pastry roll stuffed with custard or «ricotta»).

cannonata, *f.* **1** cannon-shot; gunshot **2** (*pl.*) cannonade (*sing.*): **Le cannonate seguitarono un'altra mezz'ora**, the cannonade lasted another half hour **3** (*sport*: *nel calcio*) shot at goal **4** (*fig.*: *chi, o ciò che ha qualità straordinarie*) smasher, knock-out (*pop.*). ● **Non lo sveglierebbero neanche le cannonate**, an earthquake wouldn't wake him.

cannoncino, *m.* **1** (*mil.*) light gun **2** (*piega in vestiti femminili*) box pleat **3** (*di collarino elisabettiano*) tubular fold; flute: **a cannoncini**, (ornamented) with flutes; fluted; goffered.

cannóne, *m.* **1** (*mil.*) gun; (*antiquato*) cannon: **c. da costa** (**da montagna**, **da campo**), coast (mountain, field) gun; **palla di c.**, cannonball; **c. antiaereo**, anti-aircraft gun; **c. ad avancarica**, muzzle-loading gun; muzzle-loader; (*naut.*) **c. lanciasagole**, life--saving gun (*anche* mortar; *naut.*) **c. poppiero**, after-gun; **c. a retrocarica**, breech-loading gun; **c. rigato**, rifled cannon; **c. a tiro rapido**, quick-fire gun **2** (*piega in vestiti femminili*) box pleat **3** (*tubo*) pipe; tube **4** (*fig.*) ace; champion; wizard: **È un c. nello sport**, he is a champion at sport. ● **affusto di c.**, gun carriage □ (*fig.*) **carne da c.**, cannon fodder □ **la donna c.**, the fat woman (at a fair) □ **gonna a cannoni**, box-pleated skirt.

cannoneggiaménto, *m.* cannonade; gunfire; shelling.

cannoneggiare, *v. t. e i.* to cannonade; to fire; to shell.

cannonièra, *f.* **1** (*naut.*) gunboat **2** (*mil.*) embrasure.

cannonière, *m.* **1** (*naut.*) gunner **2** (*sport*) goal-scorer.

cannòtto, *m.* (*tecn.*) metal tube.

cannùccia, *f.* **1** small reed; thin cane **2** (*di pipa*) stem **3** (*portapenne*) penholder **4** (*per bibite*) (drinking) straw.

cànnula, *f.* (*med.*) cannula*.

canòa, *f.* canoe. ● **andare in c.**, to canoe.

canòcchia, *f.* (*zool.*, *Squilla mantis*) squill; mantis-shrimp.

canoismo, *m.* (*sport*) canoeing.

canoista, *m. e f.* (*sport*) canoeist.

cañón (spagn.), *m. invar.* canyon.

cànone, *m.* **1** (*norma*) canon; rule; precept **2** (*relig.*, *mus.*) canon **3** (*d'affitto*) rent; rental; fee: **c. agricolo**, ground rent. ● **c. d'abbonamento**, subscription (*o* licence) fee.

canònica, *f.* parsonage; rectory; vicarage (*fam.*).

canonicato, *m.* **1** canonicate; canonry **2** (*fig.*, *scherz.*) sinecure.

canonicità, *f.* canonicity; canonicalness.

canònico, A *a.* **1** canonical; canon (*attr.*): **diritto c.**, canon law; **ore canoniche**, canonical hours **2** (*fig.*) appropriate; suitable. **B** *m.* canon: **c. regolare**, canon regular. ● (*fig.*) **stare da c.**, to lead an easy life.

canonista, *m.* (*leg.*) canonist.

canonizzare, *v. t.* **1** (*relig.*) to canonize **2** (*fig.*) to sanction; to ratify.

canonizzazióne, *f.* (*relig.*) canonization.

canòpo, *m.* (*archeol.*) canopic jar; canopic vase.

canorità, *f.* melodiousness.

canòro, *a.* melodious; singing: **uccelli canori**, singing birds.

Canòssa, *f.* (*geogr.*) Canossa. ● (*fig.*) **andare a C.**, to humble oneself; to eat humble pie (*fam.*).

canottàggio, *m.* **1** (*per diletto*) boating; (*a un remo*) rowing; (*a due remi*) sculling **2** (*sport*) boat racing. ● (*sport*) **gara di c.**, boat race.

canottièra, *f.* **1** (*maglia*) singlet; vest **2** (*cappello*) boater.

canottière, *m.* oarsman*; rowing man*. ● **circolo dei canottieri**, boat club; rowing club.

canòtto, *m.* **1** (*canoa*) canoe **2** (*barchetta*) small boat; boat; dinghy: **c. di gomma**, rubber boat; **c. a remi**, rowing-boat; rowboat (*USA*); dinghy; **c. a vela**, sailing-boat; sailboat (*USA*); **c. a motore**, motorboat. ● **c. ausiliario**, dinghy □ (*aeron.*) **c. pneumatico di salvataggio**, parachute boat.

canovàccio, *m.* **1** (*per asciugare*) drier **2** (*per spolverare*) duster **3** (*tela da ricamo*) canvas; cross-stitch canvas **4** (*schema, abbozzo*) draft **5** (*trama di un'opera*) plot. ● (*stor.*) **commedia a c.**, play with improvised dialogue.

cantàbile, **A** *m.* **B** *m.* (*mus.*) cantabile.

cantafàvola, *f.* interminable, improbable tale.

cantalupo, *a. e m.* (*bot.*) cantaloup(e).

cantante, *m. e f.* (*professional*) singer. ● **c. di blues**, blues singer □ **c. di musica leggera**, pop singer □ **c. rock**, rock singer.

cantare (1), *v. t. e i.* **1** (*dell'uomo*, *degli uccelli*) to sing*; (*celebrare in versi*) to sing* (of); to chant (*poet.*): **La Malibran cantò nella** «**Sonnambula**», Malibran sang in «La Sonnambula»; **c. da tenore** (**da soprano**), to sing tenor (soprano); **Cantami una canzone**, sing me a song; **Canto una fanciulla che non ha pari**, I sing of a maiden that is matchless **2** (*del gallo*) to crow* **3** (*della gallina*) to cackle **4** (*del grillo e sim.*) to chirp **5** (*dire con enfasi*) to tell* over and over again: **Gliel'ho cantata in tutti i toni**, **speriamo abbia capito**, I told him over and over again (*o* I've tried to ram it into him), let's hope he has understood **6** (*tradire i complici*, *confessare*) to squeal, to sing (*fam.*): **Se lo arresteranno, Slim canterà**, if they arrest Slim, he'll squeal. ● **c. a bocca chiusa**, to hum □ **c. a orecchio**, to sing by ear □ **c. a voce spiegata**, to sing loudly (*o* at the top of one's voice) □ **c. canti di chiesa**, to chant □ **c. con accompagnamento di piano**, to sing to the piano □ **cantarla chiara**, to speak one's mind □ **cantarle a q.**, to give sb. a piece of one's mind □ **c. le lodi di q.**, to sing sb.'s praises □ **c. messa**, to celebrate high mass □ (*fig.*) **c. sempre la stessa canzone**, to harp on the same string □ **c. vittoria**, to exult in one's victory; to crow: **c. vittoria su un nemico sconfitto**, to crow over a defeated enemy □ (*fig.*) **far c. q.**, to make sb. speak out □ (*scherz.*) **Canta che ti passa**, cheer up and you'll get over it □ (*fig.*) **Lascialo cantare**, don't attach importance to his words.

cantare (2), *m.* **1** (*atto e modo*) singing **2** (*letter.*) «cantare»; bard's poem; popular ballad.

cantàride, *f.* **1** (*zool.*, *Lytta vesicatoria*) cantharis*; Spanish fly **2** (*farm.*) cantharides (*pl.*); Spanish fly.

cantaridina, *f.* (*farm.*) cantharidin.

càntaro, *m.* (*archeol.*) cantharus*.

cantastòrie, *m. e f.* ballad-singer; story-teller.

cantata, *f.* **1** (*mus.*) «cantata» **2** (*fam.*) singing; sing-song: **Facciamo una bella c.!**, let's have a nice sing-song!

cantautóre, *m.* singer (and) songwriter; song singer-writer.

canterano, *m.* chest of drawers.

canterellare, *v. t. e i.* to sing* softly; (*a bocca chiusa*) to hum (to oneself).

canterellio, *m.* low-voiced singing; (*a bocca chiusa*) humming.

canterino, A *m.* **1** (*uccello che canta*) singing bird **2** (*uccello di richiamo*) decoy bird **3** (*cantante*) singer **4** (*pl.*: *cantori popolari*) folk singers. **B** *a.* singing; warbling. ● **grillo c.**, chirping cricket.

càntero, *m.* chamber pot.

càntica, *f.* (*letter.*) religious (*o* narrative) poem. ● **le tre cantiche della** «**Divina Commedia**», the three books of the «Divina

canticchiare

Commedia».
canticchiare, *V*. canterellare.
càntico, *m*. 1 (*letter.*) hymn; religious poem (*o* song) 2 (*relig.*) canticle. ● **il C. dei Cantici**, the Song of Songs; the Canticle of Canticles.
cantière, *m*. 1 yard: **c. stradale**, road yard; (*naut.*) **c. di raddobbo**, refitting yard 2 (*naut.*; *anche* **c. navale**) shipyard; dockyard 3 (*min.*) stope. ● **c. di demolizione**, scrapyard ▫ **c. edile**, building yard ▫ **c. scuola**, workshop ▫ (*naut.*) **in c.**, on the stocks ▫ (*fig.*) **avere q.c. in c.**, to be preparing st.
cantieristico, *a*. (pertaining to) shipbuilding: **industria cantieristica**, shipbuilding industry.
cantilèna, *f*. 1 sing-song 2 (*intonazione monotona*) sing-song voice: **Perché parli con quella c.?**, why do you speak in that sing-song voice? 3 (*ninna nanna*) lullaby 4 (*discorso uggioso e prolisso*) boring, long-winded speech.
cantilenare, *v. t. e i.* to sing-song.
cantina, *f*. 1 cellar; wine vault 2 (*bottega di vinaio*) wine shop; vintner's (shop) 3 (*luogo umido e buio*) hovel. ● **c. sociale**, cooperative store (for the sale of wine) ▫ (*fig.*) **andare in c.**, to drop (the tone of) one's voice.
cantinière, *m*. 1 cellarman*; butler 2 (*di monastero*) cellarer 3 (*oste*) tavern keeper 4 (*mil.*) sutler.
cantino, *m*. (*mus.*) E-string.
canto (1), *m*. 1 (*canzone*) song: **c. di guerra**, war song; **c. indiano**, Indian song 2 (*il cantare*) singing: **lezioni di c.**, singing lessons; **maestro di c.**, singing master 3 (*liturgico*) chant: **c. gregoriano**, Gregorian chant; **c. fermo**, plainchant 4 (*d'uccelli*) song; singing; (*cinguettio*) chirrup, chirruping; (*gorgheggio*) warble, warbling: **il c. degli uccellini**, the chirruping of little birds; **il c. dell'usignolo**, the song of the nightingale 5 (*del gallo*) crow, crowing: **al c. del gallo**, at cock's crow 6 (*della gallina*) cackle, cackling 7 (*del grillo e sim.*) chirp, chirping 8 (*parte di poema*) canto* 9 (*poesia*) poem; lyric. ● (*fig.*) **c. del cigno**, swan song ▫ **c. di Natale**, Christmas carol ▫ **studiare c.**, to study singing; (*come professione*) to train as a singer.
canto (2), *m*. 1 (*angolo*) corner; (*di strada*) street corner 2 (*fig.*) way; hand: **Da un c. capisco il tuo punto di vista**, in a way I understand your point of view; **Dall'altro c. devo pensare ai miei interessi**, on the other hand, I've got to look out for number one. ● **dal c. mio**, as for me; as far as I am (*o* was) concerned: **Dal c. mio non ci saranno obiezioni**, as far as I am concerned, there will be no objections; **Dal c. mio, farò del mio meglio**, as for me, I shall do my best ▫ **da ogni c.**, on all sides ▫ **mettere q.c. in un c.**, to put st. aside ▫ **per ogni c.**, everywhere.
cantonale (1), *a*. (*geogr.*) cantonal: **elezioni cantonali**, cantonal elections.
cantonale (2), *m*. (*mobile*) corner cupboard.
cantonata, *f*. 1 (*street*) corner 2 (*fig.*: *grosso errore*) blunder: **Ha licenziato il segretario: secondo me ha preso una c.**, he has dismissed his secretary; in my view this was a blunder. ● **Non voleva ammetterlo di aver preso una c.**, he wouldn't admit he had been grossly mistaken.
cantóne (1), *m*. 1 (*angolo*) corner 2 (*cantonata*) (*street*) corner 3 (*araldica*) canton. ● **gioco dei quattro cantoni**, puss-in-the-corner.
cantóne (2), *m*. (*regione*) district; (*specialm. della Svizzera*) canton. ● (*geogr.*) **lago dei Quattro Cantoni**, Lake of the Four Forest Cantons.
cantonièra, *f*. 1 (*casa c.*) road-tender's house 2 (*ferr.*) trackman's (*o* signalman's) house 3 (*angoliera*) corner cupboard; (*vetrina*) corner cabinet.
cantonière, *m*. 1 (*c. stradale*) road tender; road inspector 2 (*c. ferroviario*) trackman*; signalman*.
cantóre, *m*. 1 (*relig.*) member of a choir; chorister; (*solista*) cantor 2 (*poeta*) singer; bard; poet. ● **Maestri cantori**, Mastersingers.
cantorìa, *f*. choir stalls (*pl.*); choir.
cantorino, *m*. (*relig.*) choir book; psalter; psalm book.
cantùccio, *m*. 1 corner (of a room); nook: **Fu fatto stare nel c. per punizione**, he was stood in the corner as a punishment; **quel bel c. accanto al fuoco**, that cosy nook by the fire 2 (*di pane o cacio*) crust; crusty end. ● (*fig.*) **stare in un c.**, to keep apart.
canutìglia, *f.* 1 (*pass. pl.*) tinsel 2 (*cannellino di vetro colorato*) cylinder-shaped glass bead.
canuto, *a*. white-haired; hoary: **un vecchio c.**, a white-haired old man.
canzonare, **A** *v. t.* to tease; to make* fun of (sb.). **B** *v. i.* (*raro*) to joke. ● (*prov.*) **Spesso chi va per c. resta canzonato**, often he who goes for wool comes home shorn.
canzonatóre, *m*. mocker; tease (*fam.*).
canzonatòrio, *a*. teasing; mocking: **con un sorriso c.**, with a mocking smile.
canzonatura, *f*. 1 (*il canzonare*) teasing; joking 2 (*scherzo*) joke (at the expense of sb.); mockery.
canzóne, *f*. 1 song: **c. popolare**, folk song 2 (*poesia*) canzone. ● **c. a ballo**, ballad ▫ **c. rock**, rocksong ▫ **festival della c.**, popular song festival ▫ (*fig.*) **È sempre la solita c.!**, it's always the same old story!
canzonèlla, *f*. tease; mockery. ● **mettere q. in c.**, to tease sb.; to pull sb.'s leg.
canzonétta, *f*. 1 (*light music*) song; popular (*fam.*: pop) song: **una c. di successo**, a very popular song 2 (*poesia*) canzonet. ● **Si è fatta un nome cantando canzonette alla radio**, she has made a name for herself by singing light music on the radio.
canzonettista, *m. e f.* music-hall singer.
canzonière, *m*. 1 (*letter.*) (collection of) lyrics; lyrical output: **il c. del Petrarca**, the lyrics of Petrarch; **i canzonieri fiorentini del Trecento**, the lyrical output of the «trecento» Florentine poets 2 (*raccolta di canzoni*) song-book 3 (*compositore di canzoni*) songwriter; author of light music songs.
caolinite, *f*. (*miner.*) kaolinite.
caolinizzazióne, *f*. (*miner.*) kaolinization.
caolino, *m*. (*miner.*) kaolin.
caos, *m*. chaos (*anche fig.*).
caòtico, *a*. chaotic (*anche fig.*).
capace, *a*. 1 able; capable (*anche leg.*): **Non fui c. di attraversare il fiume a nuoto**, I wasn't able to swim across the river; **Non credo sia c. di farlo da sola**, I don't think she's capable of doing it alone; **State in guardia: quell'uomo è c. di tutto!**, I warn you: that man is capable of anything; **capacissimo di mentire**, quite capable of lying; (*leg.*) **c. di agire**, legally capable of contracting 2 (*abile, esperto*) capable; clever; skilful: **un medico c.**, a clever doctor; **un chirurgo c.**, a skilful surgeon 3 (*atto, idoneo*) fit: **È perfettamente c. di occupare quel posto**, he's perfectly fit for that job 4 (*ampio*) capacious; roomy; spacious; ample: **una poltrona c.**, a capacious armchair 5 (*atto a contenere*) having a capacity of: **una sala c. di cento persone**, a hall having (*o* with) a seating capacity of one hundred. ● (*leg.*) **essere c. di fare q.c.**, to be entitled to do st. ▫ (*fam.*) **farsi c.** (*capacitarsi*), to realize: **Devi farti c. che è inutile insistere**, you must realize it's no use insisting ▫ (*fam.*) **È c. che**, may be; it may be that: **È c. siano già usciti**, may be they're out; they may be out.
capacimetro, *m*. capacitance meter.
capacità, *f*. 1 (*abilità*) ability; capacity; capability; (*perizia*) skill; (*intelligenza*) cleverness: **un compito che oltrepassa le loro c.**, a task beyond their capability; **la sua c. manuale**, his manual skill; **Ammiro la sua c. come infermiera**, I admire her capability as a nurse 2 (*capienza*) capacity: **la c. di una sala** (**di un teatro, ecc.**), the seating capacity of a hall (of a theatre, etc.) 3 (*fis.*) capacity: **c. termica**, thermal (*o* heat) capacity; **c. dell'accumulatore**, capacity of the battery 4 (*leg.*) capacity; ability; qualification: **c. di testare**, testamentary capacity; **c. d'intendere e di volere**, mental capacity (*o* competence); **c. ricettiva** (*di albergo, ospedale, ecc.*), bedspace.
capacitanza, *f*. (*elettr.*) capacitance.
capacitare, **A** *v. t.* to persuade: **Voglio capacitarti della verità delle mie parole**, I want to persuade you that I have spoken the truth. **capacitarsi**, **B** *v. rifl.* to realize; to understand*. ● **non potersi capacitare** (*o* **non capacitarsi**) **di q.c.**, not to be able to believe st.; not to get over st.; not to understand st. ▫ **Non posso capacitarmene**, I can't believe it; I can't get over it; I can't understand it.
capacitivo, *a*. (*elettr.*) capacitive: **reattanza capacitiva**, capacitive reactance.
capanna, *f*. 1 hut; cabin: **c. di tronchi**, log cabin 2 (*catapecchia*) hut; hovel 3 (*casetta*) cottage: **un cuore e una c.**, love in a cottage. ● **Ventre mio, fatti c.!**, tuck in!
capannèllo, *m*. small knot of people discussing current topics. ● **formare capannelli**, to gather by twos and threes.
capanno, *m*. 1 (*al mare*) bathing hut 2 (*da caccia*) hide; blind (*USA*).
capannóne, *m*. 1 shed: **c. doganale**, bonded shed 2 (*aeron.*) hangar.
caparbierìa, *f*. 1 (*l'essere caparbio*) obstinacy; stubbornness 2 (*azione*) act of obstinacy.
caparbietà, *f*. obstinacy; stubbornness.
capàrbio, *a*. obstinate; stubborn: **È c. vuole sempre fare a modo suo**, he's stubborn: he will always have his own way.
caparra, *f*. 1 earnest (money); deposit: **dare la c. a q. per q.c.**, to give sb. a deposit on st. 2 (*fig.*) earnest; pledge. ● **Il prezzo è di mille sterline, di cui trecento in contanti come caparra**, the price is one thousand pounds, three hundred down, and the rest to follow.
capata, *f*. 1 (*assestata*) blow with one's head; (*ricevuta*) bump on one's head 2 *V*. **capatina**. ● **dare una c.**, to bang (*o* to bump) one's head.
capatina, *f*. – **fare una c.**, to put in an appearance; to look in;

to drop in: **Forse farò una c. a casa tua verso le sei**, I may look in at your house (*o* on you) about six o'clock; **Non importa che tu ti trattenga**; **basterà (fare) una c.**, you needn't stay long; just put in an appearance.

capécchio, *m.* tow: **un soldato con i baffi di c.**, a tow-moustached soldier.

capeggiàre, *v. t.* to lead*; to head: **c. la ribellione**, to lead the rebellion; to be the leader of the rebellion; **La delegazione italiana era capeggiata dal ministro degli Esteri**, the Italian delegation was led by the Foreign Secretary. ● **c. una banda**, to be the ringleader.

capeggiatóre, *m.* ringleader.

capellatura, (*lett.*) *V.* **capigliatura**.

capellini, *m. pl.* (*cucina*) «capellini» (hair-fine spaghetti in long strands).

capéllo, *m.* **1** hair: **un c. nella minestra**, a hair in the soup; **Hai due o tre capelli sul vestito**, you have two or three hairs on your dress **2** (*pl. collett.: capigliatura*) hair (*solo sing.*): **Ho molti capelli**, I have a lot of hair; **capelli folti (radi)**, thick (thin) hair; **capelli lisci (ricciuti)**, smooth (curly) hair; **capelli ondulati (crespi)**, wavy (crisp) hair; **capelli biondi (neri, ecc.)**, fair (dark, etc.) hair; **Mi cadono i capelli**, my hair is falling out. ● (*cucina*) **capelli d'angelo**, «capellini» □ (*cartello*) **capelli: lire 10 000**, haircut: 10,000 lire □ **a c.**, to a hair; exactly; perfectly; to a tee: **L'hai descritto a c.**, you have described him to a hair (*o* to a tee); **Ti va (o sta) a c.**, it fits (*o* suits you) perfectly □ **essere a un c. dalla vittoria**, to be within a hair's-breadth of winning □ **avere più debiti che capelli**, to have as many debts as one hairs on one's head; to be head over ears in debt □ **avere un diavolo per c.**, to be in a very bad temper; to have got out of bed on the wrong side; to be on edge □ **averne fin sopra i capelli**, to be fed up (with); to be sick to death (of): **Ne ho fin sopra i capelli di te**, I am fed up with you □ (*fig.*) **cacciarsi le mani nei capelli**, to wring one's hands; not to know which way to turn □ **una donna in capelli**, a woman not wearing a hat; a bareheaded woman □ **fare i capelli bianchi in un lavoro**, to grow old on a job □ **far rizzare i capelli a q.**, to make sb.'s hair stand on end □ **farsi tagliare i capelli**, to have one's hair cut □ **forcina per capelli**, hairpin □ **essere infangato fino ai capelli**, to be up to the eyes in mud □ **lavarsi i capelli**, to wash one's hair □ **mancarci un c. che**, to be within an ace of: **Ci mancò un c. che non parlassi**, I was within an ace of speaking □ **non torcere un c. a q.**, not to touch a hair of sb.'s head □ (*fig.*) **prendersi per i capelli**, to come to blows □ (*di donna*) **portare i capelli molto corti**, to wear one's hair very short; to have bobbed hair □ **salvarsi per un c.**, to escape by a hair's breadth; to have a narrow escape □ (*fig.*) **sospeso** (*o* **attaccato**) **a un c.**, hanging by a hair □ (*fig.*) **spaccare un c. in quattro**, to split hairs □ **spazzola per capelli**, hairbrush □ **strapparsi i capelli** (*per la disperazione*), to tear one's hair (in despair) □ **taglio di capelli**, haircut □ **tirare i capelli a q.**, to pull sb.'s hair □ (*fig.*) **tirare q. per i capelli**, to drag (*o* to force) sb. (into st.) □ **tirato per i capelli** (*stiracchiato*), far-fetched; unnatural; forced □ **C'è da mettere i capelli bianchi**, it's enough to turn one's hair white.

capellóne, **A** *m.* **1** long-haired (*o* shaggy-haired) man* (*o* boy) **2** (*fam.*) «capellone» (long-haired Italian beatnik); mophead. **B** *a.* **1** hippy; beatnik: **moda capellona**, hippy fashion (*o* style) **2** (*con capelli molto lunghi*) long-haired.

capellùto, *a.* **1** hairy; with thick hair **2** (*dai capelli lunghi*) long-haired; mop-headed. ● **cuoio c.**, scalp.

capelvènere, *m.* (*bot., Adiantum capillus Veneris*) maidenhair.

capestreria, *f.* dissipated behaviour (*o* action).

capèstro, *m.* **1** (*corda usata per impiccare*) (hangman's) halter; noose: **il c. intorno al collo del condannato**, the noose round the condemned man's neck **2** (*cavezza*) halter. ● **condannato al c.**, sentenced to be hanged □ (*fig.*) **persona da c.**, gallows-bird.

capetìngio, *a.* e *m.* (*stor.*) Capetian.

capezzàle, *m.* **1** (*stretto cuscino*) bolster **2** (*letto*) bedside; (*di malato*) sick-bed; (*di moribondo*) death-bed: **La madre non lasciava mai il c. del figlio**, the mother never left her son's sick-bed.

capezzièra, *f.* antimacassar.

capézzolo, *m.* nipple; teat; (*di animali*) dug.

capidòglio, *V.* **capodòglio**.

capiènte, *a.* capacious.

capiènza, *f.* capacity. ● **c. d'un magazzino**, storage.

capigliatùra, *f.* hair*; head of hair.

capillàre, *a.* **1** (*fis., anat.*) capillary **2** (*fig.*) detailed; widespread.

capillarità, *f.* (*fis., anat.*) capillarity.

capillìfero, *a.* generating hair. ● **bulbo c.**, hair roots.

capinéra, *f.* (*zool., Sylvia atricapilla*) blackcap.

capintèsta, *m.* e *f.* **1** (*sport*) leader **2** (*scherz., spreg.*) ringleader.

capìre, **A** *v. t.* **1** to understand*; to see*: **Non lo capisco**, I don't understand him; **Capisco quel che volete dire**, I see what you mean; **Capirà che nella mia posizione...**, you see, in my position... **2** (*rendersi conto*) to realize: **Capisci cosa vuol dire per me questo viaggio?**, do you realize what this journey means to me? **3** (*interpretare, decifrare*) to make* out: **Non capisco che cosa è scritto qui**, I can't make out what's written here. ● **c. a volo**, to understand right away (*o* in a flash); to grasp at once; to be quick on the uptake (*fam.*) □ (*fig.*) **c. l'antifona**, to see what sb. is driving at; to take the hint □ **c. male**, to misunderstand □ **far c. a q. (che)**, to give sb. to understand (that) □ **farsi c.**, to make oneself understood □ (*fig.*) **non c. in sé** (*o* **nella pelle, nei panni**) **dalla gioia**, to be beside oneself with joy □ **Si capisce!**, of course!; naturally!; certainly!: «**Vieni anche tu?**» «**Si capisce!**», «are you coming too?» «of course!». **capìrsi**, **B** *v. rifl. recipr.* to understand* one another.

capiròsso, *V.* **cardellino**.

capitàgna, *f.* (*agric.*) headland.

capitàle (1), *a.* **1** (*leg.*) capital: **pena c.**, capital punishment; **sentenza c.**, capital sentence; death sentence **2** (*principale*) capital; prime; primary; main; chief: **punto c.**, main point; **d'importanza c.**, of prime (*o* primary) importance. ● (*tipogr.*) **lettera c.**, capital letter □ **nemico c.**, mortal enemy □ (*relig.*) **peccato c.**, deadly (*o* mortal) sin □ **punire un delitto con la pena c.**, to punish a crime with death □ **questione d'importanza c.**, question of vital importance.

capitàle (2), *m.* **1** (*comm.*) capital: **c. e interessi**, capital (*o* principal) and interest; **c. azionario**, share capital; **c. d'esercizio**, working capital; **c. di maneggio**, trading capital **2** (*fig.*) (a) lot of money; fortune: **valere un c.**, to be worth a lot of money; **un c. in gioielli** a fortune in jewels **3** (*fig.*) store; wealth: **un c. di nozioni**, a wealth of information **4** (*iron.: di persona*) ne'er-do-well; scamp: **Quel bel c. di suo marito!**, that scamp of a husband of hers! ● **c. a fondo perduto**, subsidy capital □ **c. circolante**, floating capital; current assets □ **c. e lavoro** (*o* **mano d'opera**), capital and labour □ **c. immobile**, real estate; realty □ **c. interamente versato**, fully paid-up capital □ **c. liquido**, cash assets □ **c. mobile**, movable goods; movables □ (*leg., comm.*) **c. sociale**, capital; nominal capital; share (*o* stock) capital (of a company) □ (*fig.*) **avere un c. di cognizioni**, to have a store of knowledge □ **avere un c. di centomila sterline**, to be capitalized at a hundred thousand pounds □ **mettere a c.**, to invest; to use as capital □ **I capitali abbondano**, money is plentiful.

capitàle (3), *f.* capital; capital city: **Roma è la c. d'Italia**, Rome is the capital of Italy.

capitalìsmo, *m.* capitalism.

capitalìsta, *a., m.* e *f.* capitalist.

capitalìstico, *a.* capitalist(ic).

capitalizzàre, *v. t.* (*econ.*) to capitalize. ● **c. gli interessi (il guadagno)**, to plough interest (earnings) back into an undertaking.

capitalizzàto, *a.* (*econ.*) accumulative.

capitalizzazióne, *f.* (*econ.*) capitalization: **c. degli interessi**, capitalization of interests.

capitàna, *f.* (*naut.*) flag-ship.

capitanàre, *v. t.* to lead*; to command; to head: **c. la pattuglia di soccorso**, to lead the rescue party. ● **c. una squadra di calcio**, to captain a football team.

capitaneria, *f.* territory under port authorities. ● **c. di porto**, harbour office.

capitàno, *m.* **1** captain; leader: (*stor.*) **c. di ventura**, leader of mercenary troops; «condottiere»; **c. d'industria**, captain of industry; **c. di una squadra di calcio**, captain of a football team **2** (*mil.*) captain: **È stato promosso c.**, he has been promoted to captain; **Sulla busta scrissi: Cap. E. R. Brown**, I addressed the envelope: Capt. E. R. Brown **3** (*naut.*) captain; master; skipper (*fam., vocat., sempre*) captain: **c. di porto**, harbour master; **c. di lungo corso**, master of ocean-going vessels; master; **c. di piccolo cabotaggio**, skipper **4** (*aeron.*) flight lieutenant. ● (*teatr., fig.*) **C. Ammazzasette** (*o* **Spaventa, Fracassa, ecc.**), «miles gloriosus»; braggart □ (*naut.*) **c. di corvetta**, lieutenant commander (*abbr.*: Lt. Cdr.) □ (*naut.*) **c. di fregata**, commander □ (*naut.*) **c. di vascello**, sea-captain □ (*naut.*) **c. in seconda**, mate.

capitàre, *v. i.* **1** (*accadere*) to happen; to befall* (*lett.*): **Capita a tutti**, it happens to everyone; **Mi capitò di rivederla in chiesa**, I happened to meet her again in church **2** (*presentarsi, saltar fuori*) to turn up; to arise*; to occur: **se capita l'occasione**, if the opportunity should occur; should the occasion arise **3** (*arrivare casualmente*) to find* oneself; to happen to go; to pass through; to arrive: **Jack capitò in un paese sconosciuto**, Jack found himself in a strange land; **Capitai a Parigi**, I happened to go to Paris. ● **c. bene (male)**, to be lucky (unlucky) □ **c. da q.**, to happen to look in at sb.'s (house) □ **c. di imbattersi in q.**, to come upon sb.; to run into sb. □ **c. tra capo e collo**, to arrive

capitato

(*o* to turn up) unexpectedly □ **c. tra le mani** (*finire nelle mani*) **di q.**, to fall into the hands of sb. □ (*iron.*) **Siamo capitati bene!**, this is a fine kettle of fish!; this is just fine! ● **Per puro caso la lettera mi capitò tra le mani**, quite by chance I came upon the letter.

capitato, *a.* (*bot.*) capitate; capitated.
capitazióne, *f.* capitation; poll-tax.
capitèllo, *m.* **1** (*archit.*) capital **2** (*legatoria*) headband.
capitolare (1), *v. i.* **1** (*mil.*) to capitulate; to surrender on terms **2** (*fig.*) to capitulate; to give* in; to surrender.
capitolare (2), *m.* capitulary: **i capitolari di Carlo Magno**, the capitularies of Charlemagne.
capitolare (3), *a.* (*relig.*) capitular; of a cathedral chapter. ● **sala c.**, chapter-house.
capitolato, *m.* **1** (*leg.*) specifications (*pl.*) **2** (*d'appalto*) tender.
capitolazióne, *f.* **1** (*mil.*) capitulation; terms of surrender (*pl.*) **2** (*fig.*) capitulation; surrender **3** (*pl., stor.*) Capitulations.
capitolino, *a.* Capitoline.
capitolo, *m.* **1** (*di libro*) chapter **2** (*relig.*) chapter; cathedral chapter **3** (*letter.*) humorous (*o* comic) poem in «terza rima»: **I capitoli del Berni sono famosi**, Berni's comic poems in «terza rima» are famous **4** (*rag.: di bilancio*) item. ● (*fig.*) **avere voce in c.**, to have a say in the matter □ **Si è concluso un c. della mia vita**, a period of my life has come to an end.
capitombolare, *v. i.* to fall* (*o* to tumble) down headlong; to fall* head over heels. ● **Lo sciatore capitombolò giù per il pendio**, the skier rolled over and over down the slope.
capitómbolo, *m.* **1** headlong fall; tumble **2** (*fig.*) downfall. ● **a capitomboli** (*o* **capitomboloni**), head over heels □ **fare un c.**, to tumble down; (*fig., fam.*) to come a cropper.
capitóne, *m.* (*zool.*) (female) eel; yellow eel.
capitòzza, *f.* (*agric.*) pollard.
capitozzare, *v. t.* (*agric.*) to pollard.
capo, *m.* **1** (*testa*) head: **Mi duole il c.**, my head aches; **chinare il c.**, to bend one's head; **a c. alto**, with one's head held high; **a c. chino**, with one's head lowered **2** (*cima, estremità*) end; head; end; (*bot.*) bulb: **da c. a fondo**, from top to bottom; **da un c. all'altro**, from end to end; **in c. alla pagina**, at the head (*o* top) of the page; **sedere a c. della tavola**, to sit at the head of the table; **in c. alla scala**, at the top of the stairs; **andare in c. al mondo**, to go to the ends of the earth; **un c. d'aglio**, a bulb of garlic **3** (*persona autorevole*) head; chief; boss (*fam.*); (*polit.*) leader; (*di «clan» scozzese*) chieftain; (*di pellirosse*) chief; (*in un'azienda*) manager: **il c. dell'Istituto**, the Head of the Institute; **il c. di una tribù**, the chief of a tribe; **È il mio c.** (*lavoro ai suoi ordini*), he's my chief (*fam.*: my boss); **il c. di un partito**, the leader of a party; **c. del personale**, personnel manager **4** (*posizione di comando*) head: **essere a c. di un esercito** (*di un'azienda*), to be at the head of an army (*of a business*) **5** (*singolo animale*) head*; animal; beast: **Contai cinquanta capi di bestiame**, I counted fifty head of cattle; **il più bel c. della mandria**, the finest animal in the herd **6** (*singolo oggetto*) article; item; (*di enumerazione*) item; (*d'argomento*) head, heading, paragraph: **un c. di vestiario**, an article of clothing; **scegliere c. per c.**, to choose each item individually; **Descrissi i tre capi rubati**, I described the three stolen articles; **Dividerò la questione in tre capi**, I shall consider the question under three heads (*o* headings) **7** (*di fune*) strand: **Questo spago è a tre capi**, this string has three strands **8** (*geogr.*) cape; headland; promontory; (*nei toponimi*) head, point: **La nave doppiò il C. di Buona Speranza**, the ship doubled the Cape of Good Hope; **C. San Luca**, Luke's Head; **C. Horn**, Cape Horn **9** (*naut.*) chief petty officer **10** (*araldica*) chief. ● (*fig.*) **un c. ameno**, a merry soul □ (*leg.*) **c. d'accusa** (*o d'imputazione*), charge; count of indictment □ **C. del Governo**, Premier □ **C. dello Stato**, Head of State □ (*mil.*) **C. di Stato Maggiore**, Chief of Staff □ **c. officina**, chief foreman □ **c. operaio**, foreman □ (*cinem.*) **c. operatore**, first cameraman □ (*fig.*) **c. scarico**, scatter-brain; jolly dog (*fam.*) □ (*ferr.*) **c. stazione**, stationmaster □ **c. ufficio**, head clerk; boss (*fam.*) □ (*fig.*) **a c. basso**, humbly □ **a c. fitto**, headlong; head first □ **a c. scoperto**, bare-headed; without a hat □ (*fig.*) **alzare il c.**, to rebel □ **andare a c.** (*scrivendo*), to start a new paragraph □ **avere altro per il c.**, to have other things to think of □ **cameriere c.**, head-waiter □ **cascare a c. all'ingiù**, to fall down head foremost (*o* head first) □ (*fig.*) **chinare** (*o abbassare*) **il c.**, to resign oneself □ **Città del C.**, Capetown □ (*mil.*) **comandante in c.**, Commander in Chief (*abbr.*: C.-in-C.) □ **coprirsi il c.**, to put one's hat on □ **da c.**, over again; from the beginning; (*mus.*) «da capo» □ **da c. a piedi**, from head to foot (*o* from top to toe); (*di cosa*) from top to bottom □ (*del vino, del successo, ecc.*) **dare al c. a q.**, to go to sb.'s head □ **dare di c.**, to bump one's head (*against st.*) □ **dire per sommi capi**, to give a summary; to give the main outline □ **dirigente c.**, top executive □ **fare c. a**, (*di persona*) to link up with; (*di strada*) to end

up at, to lead to: **Tutti gli agenti fanno c. all'ufficio di Milano**, all agents link up with the Milan office; **Tutte le strade fanno c. al Duomo**, all the streets end up at the Cathedral □ (*fig.*) **fare le cose col c. nel sacco**, to do things with one's eyes shut □ **far girare il c. a q.**, (*dare le vertigini*) to make sb.'s head turn round; (*fig.*) to turn sb.'s head □ **giramento di c.**, giddiness; dizziness □ **in c. a quattro mesi**, after (*o* at the end of) four months; within four months □ **lana a tre capi**, three-ply wool □ (*fig.*) **lavare il c. all'asino**, to waste time doing st. useless □ **lavata di c.**, dressing-down; scolding; lecture; stern rebuke; wigging (*fam.*) □ **levarsi q.c. dal c.**, to get st. out of one's head; (*naut.*) **macchinista c.**, chief engineer □ **mal di c.**, headache □ **mettere il c. a partito**, to see reason; to settle down □ (*fig.*) **mettersi in c. q.c.**, to get st. into one's head □ **non sapere dove sbattere il c.**, to be at a loss □ (*fig.*) **non sapere dove posare il c.**, not to know where to lay one's head □ **per sommi capi**, in short; summarily □ **ragioniere c.**, head accountant □ (*fig.*) **rompersi il c.** (*scervellarsi*), to cudgel (*o* to rack) one's brains □ (*fig.*) **scaldare il c. a q.**, to egg sb. on □ (*fig.*) **senza c. né coda**, without rhyme or reason: **Non ha né c. né coda**, there's neither rhyme nor reason about it; it's utter nonsense; **È un ragionamento senza c. né coda**, that's all nonsense! □ **tenere il cappello in c.**, to keep one's hat on □ **tenere** (*o* **portare**) **il c. alto**, to hold one's head high □ (*fig.*) **tra c. e collo**, unexpectedly □ **una relazione per sommi capi**, a summary account □ **venire a c. di q.c.**, to get to the bottom of st.; (*condurre a termine*) to get to the end of st. □ (*med.*) **venire a c.** (*maturare*), to come to a head □ **C. primo, tu non c'eri**, first of all, you were not present □ (*dettando*) **A c.!**, new line!; new paragraph! □ **Felice C. d'Anno**, Happy New Year! □ **Ti vedrò a C. d'Anno**, I'll see you on New Year's Day □ **Vuoi sempre fare di c. tuo**, you always want to have (*o* to get) your own way □ (*prov.*) **Cosa fatta c. ha**, what's done is done (and can't be undone).

capoàrea, *m.* (*comm.*) area manager.
capobanda, *m.* **1** (*mus.*) bandmaster **2** (*caporione*) ringleader **3** (*di delinquenti*) head of a gang.
capobarca, *m.* skipper.
capocàccia, *m.* (chief) huntsman*.
capocameriére, *m.* head-waiter.
capocannonière, *m.* **1** (*mil.*) master gunner **2** (*sport*) top goal-scorer.
capocantière, *m.* foreman*.
capocarcerière, *m.* chief warder; head warder.
capocarro, *m.* (*mil.*) tank commander.
capocchia, *f.* head: **c. di chiodo**, nail head; **c. di fiammifero**, head of a match; **c. di spillo**, pinhead.
capòccia, **A** *m.* **1** head of a farmer's family; farmer; patriarch **2** (*scherz.*) boss; leader **3** (*di operai*) works superintendent; overseer; foreman* **4** (*spreg.: caporione*) ringleader. **B** *f.* (*dial.*) head.
capocciata, *f.* (*fam.*) header.
capocèllula, *m.* e *f.* (*polit.*) cell leader.
capocentùria, *m.* (*stor.*) centurion.
capo-claque, *m.* claque leader.
capoclasse, *m.* e *f.* head of one's form; (class-)captain (*masch.*).
capocòllo, *m.* (*taglio di carne*) neck (of beef).
capocòmico, *m.* (*teatr.*) actor- (*o* actress-)manager.
capocommèssa, *m.* e *f.* (*comm.*) prime contractor.
capoconvòglio, *m.* **1** (*ferr.*) chief conductor **2** (*naut.*) leader of a convoy.
capocòrda, *m.* **1** *V.* **capocordata 2** (*elettr.*) terminal; lug.
capocordata, *m.* e *f.* (*alpinismo*) leader of mountain-climbers; roped-party leader.
capocrònaca, *m.* leading article.
capocronista, *m.* e *f.* news editor; city editor (*USA*).
capocuòco, *m.* head cook; chef.
capodanno, *m.* New Year's Day. ● **auguri di c.**, New--Year wishes.
capodipartiménto, *m.* head of department.
capodivisióne, *m.* head of a (Government) department.
capodòglio, *m.* (*zool.*, *Physeter macrocephalus*) sperm-whale.
capofàbbrica, *m.* (*ind.*) works (*o* plant) manager.
capofabbricato, *m.* **1** spokesman* of residents in a block of flats **2** (*nella seconda guerra mondiale*) air-raid warden.
capofacchino, *m.* head porter.
capofamiglia, *m.* e *f.* head of a family. ● **il c.**, the master of the house; the man of the house.
capofficina, *V.* **capoofficina**.
capofila, *m.* e *f.* **1** first of a line **2** (*fig.: esponente principale*) leader. ● **essere il c.**, to head the line.
capofitto, *a.*, *locuz. avv.* headlong; head-first; head foremost: **precipitare a c.**, to fall headlong; **tuffarsi a c.**, to dive head--first. ● (*fig.*) **buttarsi a c. in un lavoro**, to throw oneself wholeheartedly into a job.

capofòsso, *m.* main ditch.
capogatto, *m.* (*vet.*) (the) staggers.
capogiro, *m.* giddiness; dizziness: **un improvviso c.**, a sudden giddiness. ● **fare venire il c. a q.**, to make sb. giddy □ **Se vado lassù mi viene il c.**, if I climb up there I feel giddy.
capogruppo, *m.* e *f.* group-leader.
capoguàrdia, *m.* commander of (prison) guards.
capolavóro, *m.* masterpiece.
capolinea, *m.* terminus*; terminal (station): **Scesi alla fermata prima del c.**, I got out at the stop before the terminus.
capolino, *m.* 1 – **fare c.**, to peep (out, in); to poke one's head (through): **Fece c. dalla fessura della porta e sparì**, he poked his head through the door and vanished; **Sotto al mantello faceva c. una sottana rossa**, a red skirt peeped out from under the coat 2 (*bot.*: *infiorescenza*) (flower) head. ● **Il gattino fece c. e sparì**, one peep and the kitten was gone.
capolista, A *m.* e *f.* 1 first name on a list 2 (*polit.*) head of a list. ● **essere c.**, to head a list. B *f.* (*sport*) leading team; leader. C *a.* leading; list-leading. ● **candidato c.**, candidate heading the (electoral) list; candidate at the head of the list □ **squadra c.**, league leader.
capoluògo, *m.* 1 (*di provincia*) chief town (of a province); (*di contea*, *in G.B.*) county town; (*in USA*) county seat 2 (*di regione*) seat of local government.
capomacchinista, *m.* 1 (*ferr.*, *naut.*) chief engineer 2 (*teatr.*) chief machinist; chief stage-carpenter.
capomastro, *m.* (*costr.*) master builder; master mason.
capomissióne, *m.* head of a diplomatic mission.
capomovimento, *m.* (*ferr.*) chief of traffic.
capomùsica, *m.* bandleader.
caponàggine, *f.* obstinacy; pig-headedness.
caponare, *v. t.* (*naut.*) to cat.
capóne, *m.* (*naut.*) cathead; cat.
capoofficina, *m.* chief (*o* shop) foreman*.
capopàgina, *m.* (*tipogr.*) head-piece.
capoparte, *m.* leader of a political faction.
capopattùglia, *m.* (*mil.*) patrol officer.
capopèzzo, *m.* (*mil.*) gun commander; (*naut.*) gun captain.
capopòpolo, *m.* mob-leader; leader of a riot.
capopósto, *m.* (*mil.*) commander of the guard.
caporale, *m.* 1 (*mil.*) lance-corporal 2 (*pop.*: *d'operai*) foreman* 3 (*persona autoritaria, di modi bruschi*) martinet. ● **c. maggiore**, corporal.
caporalésco, *a.* (*fig.*) over-bearing. ● **Mio zio ha una mentalità caporalesca**, my uncle is a martinet.
caporalmaggióre, *m.* (*mil.*) corporal.
caporedattóre, *m.* editor in chief.
caporeparto, *m.* e *f.* 1 (*di operai*) foreman* (*di officina*) chief foreman's assistant 2 (*di negozio, di ufficio*) department head; (*di grande magazzino*) shopwalker.
caporióne, *m.* ringleader.
caposala, *f.* e *m.* 1 (*med.*) head nurse; nurse in charge of a ward 2 (*di stabilimento industriale*) foreman*; forewoman*.
caposaldo, *m.* 1 (*costr.*) bench mark; datum point (*o* line, plane) 2 (*mil.*) strong point; stronghold 3 (*fig.*) cornerstone; basis*.
caposcala, *m.* staircase landing.
caposcàrico, *m.* scatter-brain; (*buontempone*) jolly dog (*fam.*).
caposcuòla, *m.* e *f.* 1 founder of a school (of poetry, painting, ecc.); leader of a (literary, etc.) movement.
caposervizio, *m.* e *f.* head of a department.
caposezióne, *m.* e *f.* (*bur.*) head of a department.
caposquadra, *m.* 1 (*di operai*) foreman*; chargeman*; overman*; (*sport*) team captain 2 (*mil.*) squad leader.
capostadriglia, *m.* (*naut., aeron.*) squadron leader.
capostazióne, *m.* stationmaster.
capostìpite, *m.* founder of a family.
capostórno, *m.* (*vet.*) (the) staggers.
capotare, *V.* **cappottare**.
capotasto, *m.* (*mus.*) bridge (of violin, 'cello, etc.).
capotàvola, *m.* e *f.* head of the table.
capote (*franc.*), *f.* (*autom.*) *V.* **cappòtta**.
capotècnico, *m.* (*ind.*) technical director.
capotimonière, *m.* (*naut.*) coxswain.
capotrèno, *m.* (*ferr.*) guard; conductor (*USA*).
capotribù, *m.* chief; chieftain.
capòtta, *V.* **cappòtta**.
capottare, *V.* **cappottare**.
capoturno, *m.* e *f.* head of a shift.
capoufficio, *m.* e *f.* head clerk; chief clerk; boss (*fam.*).
capovèrso, *m.* 1 beginning of a paragraph 2 (*di verso*) beginning of a line 3 (*paragrafo*) paragraph: **Leggi l'intero c.!**, read the whole paragraph! 4 (*tipogr.*) indention, indent; indentation.

capovóga, *m.* (*sport*) stroke. ● **fare da c.**, to stroke.
capovòlgere, A *v. t.* 1 to turn upside-down; to overturn; to stand* (st.) on its head; to upset*: **Capovolsi il bicchiere e non ne uscì nulla**, I turned the glass upside-down and nothing came out of it; **Il vento capovolse la barca**, the wind upset the boat 2 (*fig.*) to invert; to reverse: **c. la procedura**, to reverse the procedure. **capovòlgersi**, B *v. rifl.* 1 to overturn; to upset*; to capsize: **Stai attento! la barca può c.**, be careful! the boat may capsize (*o* upset, overturn) 2 (*fig.*) to be reversed: **La loro posizione s'è ora capovolta**, their positions are now reversed.
capovolgiménto, *m.* 1 overturn; upsetting; capsizing 2 (*fig.*) reversal; inversion.
capovòlto, *a.* upside-down; topsy-turvy.
cappa (1), *f.* 1 (*mantello senza maniche*) cape; mantle (*lett.*); (*anche con maniche*) cloak 2 (*relig.*) cope; (*di frate*) cowl 3 (*del camino*) cowl; (*ind.*: *di fucina*) chimney 4 (*di cucina a gas, elettrica*) cooker-hood 5 (*naut.*: *copertura*) hood; cover: **c. dell'argano**, capstan cover 6 (*naut.*: *regalia al capitano*) primage; (master's) hat-money. ● **la c. del cielo**, the canopy (*o* the vault) of heaven □ **c. di boccaporto**, companion □ **c. di visone**, mink coat □ (*naut.*) **essere alla c.**, to lie to; to lay to □ **nero come la c. del camino**, as black as soot □ **romanzo di c. e spada**, cloak-and-dagger novel □ **Mi sentivo addosso una c. di piombo**, there was an atmosphere of oppression around me □ (*prov.*) **Per un punto Martin perse la c.**, for want of a nail the shoe is lost.
cappa (2), *f.* (*zool.*) bivalve shellfish; clam.
cappa (3), *m.* e *f.* 1 (*lettera*) kay; the letter k 2 (*decima lettera dell'alfabeto greco*) kappa.
cappalunga, *f. V.* **cannolìcchio**.
cappasanta, *f.* (*zool., Pecten jacobaeus*) scallop.
cappeggiare, *v. i.* (*naut.*) to lie* to; to lay* to.
cappèlla (1), *f.* (*archit.*) chapel: **c. gentilizia**, family chapel; family vault; **c. mortuaria**, mortuary (chapel); **c. dedicata alla Madonna**, Lady Chapel 2 (*complesso dei cantori*) choir. ● (*mus.*) **maestro di c.**, kapell-meister; choir-master □ (*mus.*) **musica a c.**, a cappella music; music for voices without accompaniment.
cappèlla (2), *f.* 1 (*di fungo*) cap 2 (*di chiodo*) head 3 (*gergo mil.*: *recluta*) raw recruit; rookie (*fam.*).
cappellàccia, *f.* (*zool., Galerida cristata*) crested lark.
cappellàccio, *m.* 1 shabby hat 2 (*miner.*) outcrop.
cappellàio, *m.* hatter.
cappellano, *m.* (*relig.*) chaplain: **c. militare**, army chaplain.
cappellata, *f.* hatful. ● **quattrini a cappellate**, bags of money.
cappelleria, *f.* hat shop; hatter's shop.
cappellétto, *m.* 1 (*pl., cucina*) «cappelletti» 2 (*della calza*) toe of a stocking (*o* sock) 3 (*della scarpa*) toe-cap 4 (*di falco*) hood 5 (*d'ombrello, di camera d'aria*) cap 6 (*nei fucili a percussione*) initiator for a breech-loading arm.
cappellièra, *f.* hat-box.
cappellificio, *m.* hat factory.
cappèllo, *m.* 1 hat: **c. cardinalizio**, cardinal's hat (*anche fig.*); **con il c. sulle ventitré**, wearing one's hat askew (*o* at a rakish angle); **mettersi il c. sulle ventitré**, to tilt one's hat to one side; **Avevo il c. (in testa)**, I had my hat on 2 (*mecc.*) cap; (*di sicurezza, di mina, ecc.*) safety cover 3 (*di fungo*) cap 4 (*preambolo*) preamble; opening paragraph; (*di articolo*) head. ● **c. a cencio**, soft (*o* felt, homburg) hat □ **c. a cilindro** (*o* **a staio, a tuba**), top hat; (*rivestito di seta*) silk hat; (*gibus*) opera hat □ **c. a cono** (*o* **a pan di zucchero**), sugar-loaf hat □ **c. a larga tesa**, broad-brimmed hat □ **c. a tre punte**, three-cornered hat; cocked hat; tricorn □ **c. duro**, bowler □ **calotta d'un c.**, crown (of a hat) □ (*fig.*) **fare tanto di c. a q.**, to take one's hat off to sb. □ **Giù il c.!**, hat(s) off! □ (*fig.*) **prender c.**, to fly into a rage; to take umbrage □ **tesa d'un c.**, hat brim.
cappellóne, *m.* 1 large hat 2 (*gergo cinematografico*) cowboy 3 (*gergo mil.*) raw recruit; rookie (*fam.*). ● **film c.**, western.
cappellòtto, *m.* 1 cap 2 (*elettron.*) grid cap.
càpperi, *inter.* by Jove!; good heavens!; gosh!
càppero, *m.* (*bot., Capparis spinosa*) caper. ● (*cucina*) **salsa di capperi**, caper sauce.
càppio, *m.* slip knot; loop; (*capestro*) noose.
capponàia, *f.* 1 capon coop 2 (*fig., spreg.*: *prigione*) quod, coop (*pop.*).
cappóne, *m.* capon. ● (*fig.*) **fare la pelle di c.**, to shudder.
cappòtta, *f.* (*autom., aeron.*) hood: **c. di tela**, canvas hood. ● **c. a mantice**, folding top □ **c. rigida**, hard top.
cappottare, *v. i.* 1 (*autom.*) to turn over; to overturn 2 (*aeron.*) to somersault; to nose over.
cappottata, *f.* (*aeron.*) ground loop.
cappòtto, *m.* 1 (over)coat 2 (*al gioco*) capot; (*nel bridge*) slam. ● **fare** (*o* **dare**) **c. a q.**, to capot sb.
Cappuccétto Rósso, *m.* Little Red Riding Hood.

cappuccina, f. 1 (bot., Lactuca sativa) lettuce 2 (bot., Tropeolum maius) nasturtium.
cappuccino, m. 1 (relig.) Capuchin (friar) 2 (bevanda) «cappuccino»; white coffee.
cappùccio (1), m. 1 hood 2 (di stilografica) cap 3 (di frate) cowl 4 (tecn.) cap; (autom.: di valvola) nipple.
cappùccio (2), a. – (bot.) cavolo c. (Brassica oleracea capitata), (head) cabbage.
càpra, f. 1 (zool., Capra) goat: **due capre e un caprone,** two she-goats (fam.: nanny goats) and a he-goat (fam.: billy goat) 2 (cavalletto) trestle. ● (fig.) **salvare capra e cavoli,** to have one's cake and eat it.
capràio, m. goatherd.
capraréccia, f. goat-pen.
caprétto, m. kid: **guanti di c.,** kid gloves.
capriata, f. (costr.) truss: **c. a due monaci,** queen truss. ● **catena di c.,** tie beam.
capriccio, m. 1 whim; passing fancy; vagary; caprice: **i capricci della moda,** the vagaries of fashion; **togliersi** (o **levarsi, cavarsi**) **un c.,** to satisfy (o to indulge) a whim 2 (mus.) capriccio* 3 (arte) whimsical composition; unconventional work. ● **a c.,** whimsically; in one's own sweet way □ **avere o un. per q.c.,** to fancy st.; to have a fancy for st. □ **fare i capricci** (piagnucolando) to nag and whimper; (fare le bizze) to have tantrums □ **fare sempre i capricci,** to be very naughty.
capriccióso, a. 1 capricious; (stravagante) whimsical; (testardo) wayward; (lunatico) moody 2 (di bambino) naughty. ● **un cappellino c.,** an original (o a coquettish) little hat.
capricòrno, m. 1 (zool., Antilope cervicapra) black buck 2 (astron., astrologia) il **C.,** Capricorn, the Goat (costellazione e X segno dello Zodiaco): **il Tropico del C.,** the Tropic of Capricorn. ● (astrologia) **persona nata sotto il segno del C.,** Capricorn; Capricornean.
caprifico, m. (bot., Ficus carica caprificus) wild fig.
caprifogliàcee, f. pl. (bot., Caprifogliaceae) caprifoliaceae.
caprifòglio, m. (bot., Lonicera caprifolium) honeysuckle.
caprigno, V. caprino.
caprimulgo, m. (zool., Caprimulgus europaeus) goatsucker; nightjar.
caprini, m. pl. (zool., Caprinae) capridae.
caprinico, a. (chim.) capric, caprinic.
caprino, A a. goat-like; goatish; caprine; goat (attr.). ● **pelle caprina,** goatskin □ (fig.) **questioni di lana caprina,** captious arguments. B m. 1 (odore) smell of goats 2 (sterco) goat manure 3 (formaggio) goat's milk cheese.
capriòla (1), f. 1 somersault; caper 2 (equitazione) capriole 3 (danza classica) «cabriole». ● **fare una c.,** to turn head over heels; to turn a somersault; to cut a caper; (equitazione) to capriole.
capriòla (2), f. (zool.) doe (of a roe deer).
capriòlo, m. (zool., Capreolus capreolus) roe deer*; (il maschio) roe-buck: **Vidi due caprioli, un maschio e una femmina,** I saw two roe deer, a buck and a doe. ● **saltare come un c.,** to leap like a fawn.
capro, m. he-goat; billy goat (fam.). ● (fig.) **c. espiatorio,** scapegoat.
capróne, m. he-goat; billy goat (fam.).
caprònico, a. (chim.) caproic.
caprùggine, f. croze.
càpsula, f. 1 (di miscela fulminante) primer; (percussion) cap; capsule 2 (miss., bot., farm.) capsule: **c. spaziale,** space capsule 3 (chim.) scodelletta) evaporating dish 4 (di dente) crown. ● (anat.) **c. surrenale,** adrenal gland; suprarenal gland (o body, capsule) □ **tappo a c.,** crown cap.
capsulatura, f. (tecn.) fitting of capsules to bottles.
capsulismo, m. (tecn.) rotary pump. ● **compressore** (o **pompa**) **a c.,** rotary blower.
captare, v. t. 1 (radio) to pick up; to get*; to intercept: **Ho captato New York verso mezzanotte,** I picked up New York about midnight 2 (accattivarsi) to capture; to gain 3 (fig.: cogliere, intuire) to catch* on.
captazióne, f. (leg.) captation.
capufficio, V. capoufficio.
Capuléti, m. pl. (letter.) Capulets.
capziosità, f. captiousness.
capzióso, a. captious.
carabàttola, f. (fam.) 1 (pl.) odds and ends; things 2 (fig.) trifle; bauble.
carabina, f. rifle; carbine.
carabinière, m. carabineer; «carabiniere».
càrabo, m. (zool., Carabus) ground beetle.
carabottino, m. (naut.) grating: **c. di boccaporto,** hatch grating.
caracca, f. (naut.) car(r)ack.

carachiri, m. hara-kiri.
caracollare, v. i. (equitazione) to caracol(e).
caracòllo, m. (equitazione) caracol(e).
caracùl, m. (zool.) karakul, caracul.
caràdrio, m. (zool., Charadrius) plover.
caraffa, f. carafe; decanter.
caraìbico, a. Caribbean.
caraìbo, m. Carib*; Carib(b)ee*; Caribbean*. ● (geogr.) **il Mar dei Caraibi,** the Caribbean Sea.
caràmbola, f. (biliardo) carambole; cannon. ● (anche fig.) **fare c.,** to cannon: **Un'automobile urtata da un autocarro fece c. con un autobus,** a car hit by a lorry cannoned into a bus.
carambolare, v. i. (biliardo) to cannon.
caramèlla, A f. 1 sweetmeat; sweet; caramel; toffee; candy (USA) 2 (lente) monocle. ● **c. per la tosse,** cough drop. B a. – **rosa c.,** candy pink.
caramellàio, m. sweet vendor.
caramellare, v. t. 1 to coat with burnt sugar 2 (candire) to candy. ● **c. lo zucchero,** to caramelize sugar.
caramèllo, m. caramel.
caramellóso, a. 1 caramellike 2 (fig.) namby-pamby.
carampana, f. (donna sciatta e volgare) slut; foul slattern.
carapace, m. (zool.) carapace.
caratare, v. t. to weigh in carats.
caratèllo, m. keg.
caratista, m. 1 (naut.) part-owner 2 (comm.) shareholder.
carato, m. 1 (unità di misura) carat: **oro a 24 carati,** 24-carat gold 2 (comm.: quota di una società) share 3 (naut.: di comproprietà di una nave) one twenty-fourth (of the value of a ship).
caràttere, m. 1 (indole, fermezza) character; disposition; temper; nature: **È una donna di c.,** she is a woman of character; **la formazione del c.,** character building; **un c. dolce,** a gentle disposition 2 (caratteristica) (distinctive) character; characteristic; peculiarity: **il c. peculiare di q.c.,** the distinctive character (o the characteristic) of st. 3 (lettera, scrittura) character; (a mano) hand: **I caratteri dell'iscrizione erano quasi indecifrabili,** the characters of the inscription were almost undecipherable; **Il poeta scriveva con un bel c. nitido,** the poet wrote a fine clear hand 4 (lettera) letter: **c. gotico,** black (o Gothic, Old English) letter; **caratteri a stampatello,** block letters; (maiuscoli) block capitals; (fig.) **scritto a caratteri d'oro,** written in letters of gold 5 (tipogr.) type: **c. aldino,** Aldine type; **caratteri schiacciati,** worn type; **fonderia di caratteri,** type foundry; **fonditore di caratteri,** type founder 6 (relig., teatr.) character. ● **c. bodoniano,** Bodoni-book type □ **c. comune,** body type □ **c. corsivo,** italic type; italics (pl.) □ **c. diamante,** diamond type □ **c. elzeviro,** Elzevir type □ **c. fantasia,** fancy type □ **c. grassetto** (o **neretto**), boldface type □ **caratteri mobili,** movable type □ **avere c.,** to have character (o backbone) □ **avere un buon c.,** to be good-natured; to be good-tempered; to have a kindly disposition □ **avere un caratteraccio,** to be very bad-tempered (o ill-natured) □ **avere un c. volubile,** to have a changeable disposition □ **ballerino** (o **ballerina**) **di c.,** character dancer □ **ballerino** (o **ballerina**) **di mezzo c.,** «demi-caractère» dancer □ **ballo di mezzo c.,** «demi-caractère» dance □ **caratteri di testo,** book-face □ **commedia di c.,** comedy of types (o humours) □ **commedia di mezzo c.,** semi-serious comedy □ **essere in c.,** to be in character □ **incisore di caratteri,** type-cutter □ **mancare di c.,** to lack strength of character; to have no backbone □ **non essere in c.,** to be out of character □ **scritto a caratteri di sangue,** written in blood □ (tipogr.) **serie di caratteri,** fount; font (USA) □ **una persona senza c.,** a fickle (o a spineless) person □ **C'erano titoli a caratteri di scatola su tutti i giornali,** there were banner headlines in all the papers □ **L'ho scritto ben chiaro, a caratteri di scatola,** I wrote it very clearly in big block capitals.
caratteriale, A a. 1 character (attr.); personality (attr.) 2 (psic.) suffering from behaviour disorders. B m. e f. (psic.) person with behaviour disorders.
caratterino, m. (bad) temper; difficult character: **Bellissima! ma un c.!...,** a beauty! but what a temper!...
caratterista, m. e f. (teatr.) character actor (masch.); character actress (femm.): **Il primo attore era anche un buon c.,** the leading-man was a good character actor too.
caratteristica, f. 1 characteristic; (caratteristica) feature; peculiarity; trait 2 (mat.) characteristic 3 (radio) pattern 4 (pl.: di motori, macchine, ecc.) specifications.
caratteristico, a. characteristic; typical; distinctive. ● **una cittadina antica, molto caratteristica,** a quaint little old town □ (in passaporti, ecc.) **segni caratteristici,** special peculiarities.
caratterizzare, v. t. to be characteristic of; to characterize: **Il mentire caratterizza i vili,** lying is characteristic of cowardly people.
caratterizzazióne, f. characterization.

caratterologìa, f. (psic.) characterology.
caratterològico, a. (psic.) characterologic(al).
caratùra, f. **1** (comm.) share **2** (naut.) part-ownership.
caravanserràglio, m. **1** caravanserai **2** (fig.) bedlam.
caravèlla, f. (naut.) caravel, carvel.
carbammàto, m. (chim.) carbamate.
carbàmmico, a. (chim.) carbamic.
carbazòlo, m. (chim.) carbazole.
carboidràto, m. (chim.) carbohydrate.
carbonàdo, m. (miner.) carbonado*; carbon diamond.
carbonàia, f. **1** (buca in cui si fa il carbone) charcoal pit **2** (luogo dove si conserva il carbone) coal cellar **3** (naut.) bunker **4** (fig.) dungeon.
carbonàio (1), m. **1** (chi fa il carbone) charcoal burner **2** (chi lo vende) coalman*; coal seller; dealer in coal.
carbonàio (2), a. – **nave carbonaia,** collier.
carbonàro, m. e a. (stor.) Carbonaro*: **moti carbonari,** Carbonari uprisings.
carbonatazióne, f. (chim.) carbonation.
carbonàto, m. (chim.) carbonate: **c. di potassio,** potassium carbonate; **c. di sodio,** sodium carbonate. ● **c. basico di rame,** verditer.
carbónchio, m. **1** (miner.) carbuncle; ruby **2** (vet.) anthrax **3** (med.) carbuncle **4** (agric.) black blight; smut.
carbonchióso, a. **1** (med.) carbuncular **2** (rif. a cereali) smutty.
carboncìno, m. (arte) charcoal (crayon). ● **disegno a c.,** charcoal (drawing).
carbóne, A m. **1** (miner.) coal: (fig.) **c. bianco,** white coal; **c. bituminoso,** bituminous coal; soft coal; **c. fossile,** fossil coal; **mucchio** (o **deposito**) **di c.,** coal dump; **deposito** (o **sistemazione**) **del c.,** coal storage; (naut.) **stiva da c.,** coal hold; **filone di c.,** coal seam; **miniera di c.,** coal mine **2** (di legna) charcoal **3** (elettr.) carbon **4** (agric.) V. **carbònchio,** def. 4. ● (chim.) **c. di storta,** retort graphite □ **c. dolce,** charcoal □ **c. per piroscafo,** bunker coal □ **bidone del c.,** coal scuttle □ (naut.) **fare c.,** to coal; to bunker □ **giacimento di c.,** coalfield □ **nero come il c.,** as black as soot □ (fig.) **stare sui carboni ardenti,** to be on tenterhooks. **B** a. coal (attr.); carbon (attr.); coal black: **occhi color c.,** coal-black eyes; **carta c.,** carbon paper; **copia c.,** carbon copy.
carbonèlla, f. charcoal slack.
carbonerìa, f. (stor.) secret society of the Carbonari.
carbonicazióne, f. (enologia) carbonation.
carbònico, A a. **1** (chim.) carbonic; carbon (attr.): **acido c.,** carbonic acid; **anidride carbonica,** carbon dioxide **2** (geol.) carboniferous. **B** m. (geol.) Carboniferous (period).
carbonièra, f. **1** V. **carbonaia 2** (naut.) collier; (chiatta) coal barge **3** (ferr.) tender.
carboniére, m. **1** (minatore) coal miner **2** (industriale e commerciante) coal dealer.
carboniéro, a. (pertaining to) coal: **industria carboniera,** coal industry.
carbonìfero, A a. (anche geol.) carboniferous; coal (attr.): **strato c.,** coal seam. ● **bacino** (o **giacimento**) **c.,** coalfield. **B** m. (geol.) Carboniferous (period).
carbonìle, m. (naut.) (coal) bunker.
carbònio, m. (chim.) carbon: **acciaio al c.,** carbon steel. ● **ossido di c.,** carbon monoxide.
carbonìte, f. (chim.) carbonite.
carbonizzàre, v. t. **carbonizzàrsi,** v. rifl. **1** (trasformare in carbone) to carbonize; (legno) to char **2** (bruciare) to burn; (parzialmente) to char. ● **morire carbonizzato,** to be burned to death.
carbonizzazióne, f. carbonization. ● **c. parziale,** charring □ (ind. tessile) **forno di c.,** carbonizing stove.
carborùndo, V. **carborundum.**
carborùndum, m. (marchio: ind.) Carborundum.
carbosiderùrgico, a. coal and steel (attr.).
carbossiemoglobìna, f. (biol., chim.) carbonylhemoglobin; carboxyhemoglobin.
carbossìle, m. (chim.) carboxyl.
carbossìlico, a. (chim.) carboxylic.
carburànte, m. **1** (in genere) fuel: **c. antidetonante,** antiknock fuel **2** (benzina) petrol. ● **fare rifornimento di c.,** to refuel □ **rifornimento di c.,** refuelling.
carburàre, A v. t. to carburize; to carburet **B** v. i. to run; to go* (fam.). ● (fam.) **Oggi non carburo,** I'm just not myself today.
carburatóre, m. (autom., aeron.) carburettor, carburetter; carburetor (USA): **c. a iniezione,** injection carburetter; **c. a galleggiante,** float-type carburetter; **c. doppio,** twin carburetter; **c. ingolfato,** carburettor flooding; **vaschetta del c.,** carburetter float chamber.

carburazióne, f. carburetion, carburation. ● (autom.) **c. magra,** weak mixture □ **c. ricca,** rich mixture.
carbùro, m. (chim.) carbide: **c. di calcio,** calcium carbide; **lampada al c.,** carbide lamp.
carcadè, m. **1** (bot., Hibiscus sabdariffa) roselle **2** (bevanda) «karkadè».
carcàme, m. (lett.) carcass, carcase.
carcàssa, f. **1** (di animali) carcass, carcase **2** (intelaiatura) framework; skeleton; (naut.) hulk: **c. di nave,** ship's hulk **3** (mecc.) casing: **c. esterna,** outer casing **4** (fig.: di macchina) decrepit piece of machinery; (di veicolo) old crock (pop.); (di persona) aged frame; (old) bones (pl.): **Come resisterà all'infezione quella vecchia c.?,** how will those old bones stand up to the infection?
carcerare, v. t. to imprison; to commit to prison.
carceràrio, a. prison (attr.): **ordinamento c.,** prison regulations; **guardia carceraria,** prison guard; jailor; gaoler; warder.
carceràto, m. prisoner; prison inmate.
carcerazióne, f. incarceration; imprisonment.
càrcere, m. prison; jail; gaol; (la pena, anche) imprisonment: **Le carceri sono a nord della città,** the prison is north of the town; **Fu condannato a cinque anni di c.,** he was sentenced to five years' imprisonment; he was sent to prison for five years. ● **c. preventivo,** (preventive) detention.
carcerière, m. jailor; gaoler; warder.
carcinòma, m. (med.) carcinoma*.
carcinomatóso, a. (med.) carcinomatous.
carcinòsi, f. (med.) carcinosis*.
carciofàia, f. artichoke bed; artichoke garden.
carciòfo, m. **1** (bot., Cynara cardunculus scolymus) artichoke **2** (fig.) booby. ● (bot.) **c. selvatico** (Cynara cardunculus silvestris), cardoon.
càrda, f. (ind. tessile) carding machine; card: **dente di c.,** card wire. ● **lana di c.,** carding wool.
cardamòmo, m. (bot., Elettaria cardamomum) cardamom.
cardànico, a. (mecc.) cardanic; cardan (attr.): (autom.) **giunto c.,** cardan (o universal) joint. ● **sospensione cardanica,** gimbals (pl.).
càrdano, m. (mecc.) cardan (o universal) joint.
cardàre, v. t. (ind. tessile) to card; to tease: **lana cardata,** carded wool.
cardàta, f. **1** carding; teasing **2** (quantità di lana cardata) as much wool as can be carded in one go.
cardatóre, m. (ind. tessile) carder; teaser.
cardatrìce, f. (ind. tessile) **1** carder; teaser **2** V. **carda.**
cardatùra, f. (ind. tessile) carding; teasing.
cardellìno, m. (zool., Carduelis carduelis) goldfinch.
carderìa, f. (ind. tessile) carding-house; carding-room.
cardéto, m. cardoon patch (o field).
càrdia, V. **càrdias.**
cardìaco, (med.) **A** a. cardiac; heart (attr.): **un attacco c.,** a heart attack; **trapianto c.,** heart transplant; **Soffriva di attacchi cardiaci,** he suffered from heart failure. **B** m. heart patient; cardiopath.
cardialgìa, f. (med.) cardialgia.
càrdias, m. (anat.) cardia*.
cardigan (ingl.), m. (abbigliamento) cardigan.
cardinalàto, m. (relig.) cardinalate; cardinalship.
cardinàle (1), A a. cardinal: **punti cardinali,** cardinal points; **numeri cardinali,** cardinal numbers; **virtù cardinali,** cardinal virtues. **B** m. (relig.) cardinal: **c. diacono,** cardinal deacon; **c. vescovo,** cardinal bishop. ● (fig.) **boccone da c.,** tit-bit □ **rosso c.,** deep scarlet red; cardinal (red).
cardinàle (2), m. (zool., Richmondena cardinalis) cardinal (bird).
cardinalésco, cardinalìzio, a. (relig.) of (o pertaining to) a cardinal; cardinal (attr.). ● **cappello c.,** cardinal's hat □ **vestire la porpora cardinalizia,** to don the scarlet.
càrdine, m. **1** hinge; pivot **2** (mecc.) pintle **3** (fig.: sostegno, fondamento) support; foundation; cornerstone.
cardiochirurgìa, f. heart (o cardiac) surgery; surgery of the heart.
cardiochirùrgo, m. heart surgeon.
cardiocinètico, (farm.) **A** a. cardiokinetic. **B** m. cardiac stimulant.
cardiogènico, a. (med.) cardiogenic.
cardiografìa, f. (med.) cardiography.
cardiogràfico, a. (med.) cardiographic.
cardiògrafo, m. (med.) cardiograph.
cardiogràmma, m. (med.) cardiogram.
cardiologìa, f. (med.) cardiology.
cardiòlogo, m. (med.) cardiologist; heart specialist.
cardiomiopatìa, f. (med.) cardiomyopathy.
cardiopàlmo, m. (med.) palpitation of the heart.

cardiopatìa, *f.* (*med.*) cardiopathy.
cardiopàtico, *m.* (*med.*) cardiopath; heart patient.
cardioplegìa, *f.* (*med.*) cardioplegia.
cardiopolmonare, *a.* (*med.*) cardiopulmonary.
cardiosclerósi, *f.* (*med.*) cardiosclerosis.
cardiospàsmo, *m.* (*med.*) cardiospasm.
cardiotònico, *a.* e *m.* (*farm.*) cardiotonic.
cardiovascolare, *a.* (*med.*) cardiovascular.
cardo, *m.* 1 (*bot., Carduus: c. selvatico*) thistle 2 (*bot., Cynara cardunculus altilis: c. coltivato*) cardoon 3 (*ind. tessile*) carding thistle; teasel. ● (*bot.*) **c. benedetto** (*o santo*) (*Cnicus benedictus*), holy thistle; blessed thistle □ (*bot.*) **c. dei lanaioli** (*Dipsacus fullonum*), (fuller's) teasel □ (*bot.*) **c. mariano** (*o della Madonna*) (*Silybum marianum*), milk thistle.
cardóne, *V.* **cardo**, def. 2.
carèna, *f.* 1 (*naut.*) bottom; keel; hull: **c. sporca** (*o incrostata*), foul bottom 2 (*zool.*) carina*. ● (*naut.*) **abbattere in c.**, to careen; to heave down.
carenàggio, *m.* (*naut.*) careening; dry-docking; graving. ● **bacino di c.**, dry dock.
carenare, *v. t.* 1 (*naut.*) to careen; to dry-dock 2 (*aeron.*) to streamline; to fair.
carenatura, *f.* (*aeron., naut.*) fairing.
carènte, *a.* lacking, wanting (in).
carènza, *f.* 1 (*mancanza*) lack; want 2 (*scarsità*) shortage; scarcity; inadequacy: **c. di alloggi**, housing shortage 3 (*med.*) deficiency: **una c. vitaminica nell'alimentazione**, a deficiency of vitamins in the diet; **malattia da c.**, deficiency disease.
carestìa, *f.* famine: **La minaccia della c. incombeva su di noi**, the threat of famine hung over us 2 (*anche fig.*) dearth; scarcity; shortage.
carézza, *f.* 1 caress 2 (*pl.: vezzeggiamento*) endearments. ● **fare una c. a q.**, to caress sb.; to stroke sb.'s cheek (hand, etc.).
carezzare, *v. t.* 1 to caress; to stroke 2 (*fig.: lusingare*) to flatter.
carezzévole, *a.* caressing; endearing; tender.
carezzevolménte, *avv.* caressingly; endearingly; tenderly.
cargo, *m.* 1 (*naut.*) cargo boat; cargo vessel; freighter 2 (*aeron.*) cargo plane; freighter.
cariare, A *v. t.* to decay; to cause caries in (a tooth). **cariarsi**, B *v. rifl.* to decay; to grow* carious.
cariàtide, *f.* 1 (*archit.*) caryatid* 2 (*fig.: persona vecchia e brutta*) old, ugly person. ● (*fig.*) **fare da c.**, to remain still and silent.
cariato, *a.* (*di dente*) decayed; carious.
caribù, *m.* (*zool., Rangifer caribou*) caribou*.
càrica, A *f.* 1 (*ufficio, dignità*) office: **occupare una c. pubblica**, to hold public office; **entrare in c.**, to take (*o* to come into) office; **essere in c.**, to be in office; **restare in c.**, to continue in office; **lasciare la** (*o* **uscire di**) **c.**, to leave (*o* to relinquish) office; **dimettersi da una c.**, to resign office; **Giolitti non era più in c.**; Giolitti was out of office 2 (*impiego*) post; position: **È stato nominato a una c. all'estero**, he has been nominated to a post abroad; **una c. universitaria**, a university post; **una c. di grande responsabilità**, a highly responsible position; **La sua c. non glielo consente**, in his position he can't 3 (*mil.*) charge; onslaught; (*stor.*) **la c. dei Seicento**, the charge of the Six Hundred; **c. di cavalleria**, cavalry charge; **suonare la c.**, to sound the charge; **c. di esercitazione**, practice charge 4 (*d'arma da fuoco*) charge: **c. di lancio**, (*mil., naut.*) propelling (*o* powder) charge; (*anche di siluro*) impulse charge; **c. di mina, bomba**) **c. di scoppio**, blasting charge; (*naut.*) **c. di profondità**, depth charge; (*naut.*) **c. di saluto** (*salva*), saluting charge 5 (*elettr.*) charge: **c. a tensione costante**, constant voltage charge; (*radio*) **c. spaziale**, space charge 6 (*d'orologio*) winding (up) 7 (*metall.*) charge: **c. del minerale e del fondente**, charge of ores and fluxes; **prima c. di metallo**, bed charge 8 (*ind. tessile*) weighting. 9 (*sport*) tackle 10 (*fig.: slancio*) energy; drive; **c. affettiva**, affective charge. ● **accettare una c. onorifica**, to accept an honorary appointment □ **le alte cariche dello Stato**, the dignities (*personificato:* the dignitaries) of the State □ **a passo di c.**, at the charge □ **dare la c. all'orologio**, to wind up the clock (*o* one's watch) □ (*fis.*) **entità di c.**, charging rate; (*di batteria elettrica*) storage □ (*fis.*) **potenziale di c.**, charging potential □ **tornare alla c.**, (*mil.*) to charge again; (*fig.*) to try again, to insist □ **Su, torna alla c.!**, come on, have another go! □ **Ha una forte c. di simpatia**, he's a very likeable person. B *inter.* charge!
caricabatterìa, *m. invar.* (*elettr.*) battery charger.
caricafièno, *m. invar.* hay-loader.
caricaménto, *m.* 1 (*di veicolo*) loading; (*di nave, anche*) lading 2 (*di orologio o di strumento a molla*) winding (up) 3 (*elettr.*) charging 4 (*di arma da fuoco*) charging; loading 5 (*di pompa*) priming. ● **un orologio a c. automatico**, a self-winding watch.
caricare, A *v. t.* e *i.* 1 (*in genere*) to load (up); to charge: **c. una nave** (*un camion, un vagone, ecc.*), to load a ship (a lorry, a truck, etc.); (*naut.*) **c. alla rinfusa** (*grano, carbone, ecc.*), to load in bulk; **La nave sta caricando ora**, the ship is loading now 2 (*raro*) to lade* (*raro*): **c. di merce una nave**, to lade a ship with a cargo 3 (*di nave*) to embark (*merce, passeggeri*); to take* on board 4 (*fig.*) to load; to cover; to burden; to weigh down: **Lo caricarono d'onori** (*d'insulti, ecc.*), they loaded him with honours (insults, etc.); **c. q. di responsabilità**, to burden sb. with responsibilities 5 (*riempire*) to fill: **c. la pipa**, to fill one's pipe; **c. la stufa**, to fill (*o* to load) the stove 6 (*mil.*) to charge: **La cavalleria caricò il nemico**, the cavalry charged the enemy 7 (*un'arma da fuoco*) to load; to charge 8 (*elettr.*) to charge: **c. una batteria**, to charge a battery 9 (*una macchina fotografica*) to load; to thread 10 (*un orologio, un giocattolo, ecc.*) to wind* (up) 11 (*una trappola*) to set* 12 (*una pompa*) to prime 13 (*ferr., naut.: una caldaia*) to stoke 14 (*metall.: un forno*) to charge 15 (*elettr.: elevare la tensione*) to boost. ● **c. la dose**, to increase the dose; (*fig.*) to lay it on thick □ **c. eccessivamente**, to overload; (*elettr.*) to overcharge □ **c. la mano con q.**, to bear more heavily on sb.; to put the screws on sb. □ (*mil.*) **c. una mina**, to arm a mine □ (*comm.*) **c. il prezzo di q.c.**, to raise the price of st. □ **c. q. di botte**, to give sb. a sound thrashing □ **c. lo stomaco** (*di cibo*), to overeat; to load one's stomach with food □ **c. le tinte**, to paint in deeper colours; (*fig.*) to exaggerate. **caricarsi**, B *v. rifl.* 1 to hoist: **Si caricò il ferito sulle spalle**, he hoisted the wounded man on his shoulders 2 (*fig.: gravarsi*) to burden oneself (with st.) 3 (*fig.: raccogliere in sé le energie*) to summon (*o* to muster up, to collect) all one's energies; to gear oneself up. ● **c. di debiti**, to plunge into debt □ **c. di lavoro**, to take on too much work.
caricato, *a.* affected; over-elaborate: **il dialogo c. dei personaggi di Wilde**, the affected dialogue of Wilde's characters; **uno stile c.**, an over-elaborate style.
caricatóre, *m.* 1 (*anche mil.*) loader 2 (*comm., naut.*) shipper 3 (*di fucile, ecc.*) magazine 4 (*fotogr., cinem.*) magazine. ● (*ferr.*) **piano c.**, (loading) platform.
caricatrice, *f.* (*tecn.*) loader.
caricatura, *f.* 1 caricature 2 (*vignetta*) cartoon. ● **mettere in c.**, to caricature; to mock; to take off.
caricaturale, *a.* grotesque; ludicrous; exaggerated.
caricaturista, *m. e f.* caricaturist; cartoonist.
càrice, *f.* (*bot., Carex*) sedge.
càrico (1), *a.* 1 loaded; laden; burdened: **un vagone c. d'arance**, a truck loaded with oranges; **Sei molto c.: dammi una valigia**, you're heavily laden: give me a bag; **c. di doni**, laden with gifts; **c. di debiti**, burdened with debts 2 (*di caffè, vino*) strong 3 (*di colore*) thick; deep; strong 4 (*pieno*) full; filled (with): **È carica la tua pipa?**, is your pipe full? 5 (*del cielo*) overcast; louring; threatening 6 (*d'arma da fuoco*) loaded; charged; (*di proiettile, bomba*) live; (*innescato*) armed; **Hai il fucile c.?**, is your gun loaded?; **un proietto c.**, a live shell 7 (*elettr.*) charged; live: **un filo c. d'elettricità**, a live wire 8 (*d'orologio*) wound (up). ● **c. di anni**, laden with years (*lett.*) □ **c. di gloria**, covered with glory □ **c. d'onori**, laden with honours □ **c. di pensieri**, weighed down with cares □ **un mulo c. di legna**, a mule with a load of timber □ **troppo c.**, overloaded □ **La conversazione era carica di sottintesi**, the conversation was fraught with innuendos □ **La nave era carica di sale**, the ship had a cargo of salt □ **Lo vidi c. di pacchi**, I saw him carrying lots of parcels.
càrico (2), *m.* 1 load; burden; weight: **un c. di passeggeri** (*di un torpedone*), a coach-load of passengers; **il c. di un mulo**, the burden of a mule; (*mecc., fis.*) **c. massimo**, peak load; (*aeron.*) **c. pagante**, payload; (*ing.*) **c. di prova**, proof load; **c. totale**, full load; **un c. di pensieri**, a load (*o* a burden) of cares; **un c. di responsabilità**, a load of responsibility 2 (*di nave*) bulk; cargo*; shipload; shipment; freight: **nave da c.**, cargo boat (*o* ship); **c. misto**, mixed cargo; **c. di coperta**, deck cargo (*o* load); **un piccolo c. di carbone**, a small shipment of coal; **c. alla rinfusa**, cargo in bulk; bulk load 3 (*aggravio, spesa*) charge; expense: **Ogni modifica sarà a vostro c.**, any alteration will be made at your expense 4 (*accusa*) charge; accusation; (*leg.*) prosecution: **testimone a c.**, witness for the prosecution 5 (*di imposte*) taxation; burden: **c. tributario**, burden of taxation; **un pesante c. fiscale**, heavy taxation 6 (*geol.*) burden 7 (*a briscola*) ace (*o* three) of each suit which is not trumps. ● (*aeron.*) **c. d'apertura**, span loading □ **un c. di bestemmie**, a stream of bad language (*o* of blasphemous words) □ (*naut.*) **c. di carbone** (*quanto ne sta in una chiatta*), barge-load of coal; keel (*dial.*) □ **un c. di legnate**, a sound thrashing □ (*mecc.*) **c. di rottura**, breaking load □ **c. utile**, payload; useful load □ (*comm.*) **a c. del destinatario**, at consignee's expense □ (*comm.*) **essere a c. di q.**, to be charged to sb.; to be paid by sb.; **Il trasporto sarà a vostro c.**, carriage (*o* freight) will be charged to you; **dogana a vostro c.**, customs duty to be paid by you □ **avere q. a c.**,

to have sb. to support ☐ **fare c. a q. di q.c.**, to charge sb. with st.; to blame sb. for st.: **Gli fecero c. di non avere soccorso il ferito**, they blamed him for not helping the injured man ☐ (*elettr.*) **fattore di c.**, load factor ☐ **operazioni di c.**, loading; (*di nave, anche*) lading ● **persone a c.**, dependants ☐ (*comm., naut.*) **polizza di c.**, bill of lading ☐ (*comm.*) **segnare una somma a c. di q.**, to debit sb. with an amount ☐ (*comm.*) **spese a c. del nostro conto**, expenses to be debited to us (*o* charged to our account) ☐ (*comm.*) **vendere il c. completo di una nave**, to sell in bulk ☐ **vivere a c. di q.**, to be dependant on sb.

Cariddi, *f.* (*geogr., mitol.*) Carybdis. ● **trovarsi tra Scilla e C.**, to be between the Devil and the deep blue sea.

càrie, *f.* **1** (*med.*) caries*; decay **2** (*bot.*) caries; (*del frumento*) bunt.

carillon (*franc.*), *m.* carillon.

carino, *a.* **1** attractive; charming; delightful; cute **2** (*specialm. di ragazza*) pretty; nice; kind **3** (*di barzelletta*) witty; good: **Ne ho sentita una carina**, I've heard a good one. ● (*iron.*) **Questa è carina! Ora che si fa?**, this is a fine kettle of fish! now what?

cariocinèsi, *f.* (*biol.*) karyokinesis.

cariocinètico, *a.* (*biol.*) karyokinetic.

carioplasma, *m.* (*biol.*) nucleoplasm.

cariòsside, *f.* (*bot.*) caryopsis*.

carìsma, *m.* (*relig. e fig.*) charisma*; charism.

carismàtico, *a.* (*relig. e fig.*) charismatic.

carissimo, *a.* **1** old boy; dear chap; (*relig.*) dearly beloved; dearest; (my) dear: **Come stai c.?**, how are you, old boy?; **fratelli carissimi!**, my dear brethren **2** very expensive: **tessuto c.**, very expensive material.

carità, *f.* **1** charity; charitableness: **c. fiorita**, true charity; true charitableness; **vivere di c.**, to live on charity; **c. pelosa**, pretended (*o* self-seeking) charity **2** (*lett.: amore*) love: **c. di patria**, love of one's country; **c. fraterna**, brotherly love **3** (*relig.*) charity **4** (*elemosina*) alms: **fare la c.**, to give alms. ● **chiedere la c.**, to beg ☐ **istituto di c.**, charitable institution ☐ **opere di c.**, charities; good works ☐ **Fammi la c. di stare zitto cinque minuti!**, kindly (*o* please) be quiet just for five minutes! ☐ **Fammi la c.: impostami questa lettera!**, be a dear and post this letter for me! ☐ **Per c.!**, for goodness' sake!; (*Dio me ne guardi!*) God forbid!; (*no davvero!*) not on your life!; Good Heavens, no!; (*mi auguro proprio di no!*) God forbid!; (*non ti disturbare!*) please, don't bother!; (*non mi sono disturbato affatto*) it was no trouble at all ☐ **Suore di C.**, Sisters of Charity.

caritatévole, *a.* charitable; benevolent.

caritatevolménte, *avv.* benevolently; kindly; charitably.

carlina, *f.* (*bot., Carlina acaulis*) carline (thistle).

carlinga, *f.* (*aeron.*) **1** nacelle **2** (*fusoliera*) fuselage.

carlino, *m.* (*stor.*) carlin(e).

Carlo, *m.* Charles: **C. il Temerario**, Charles the Bold; **C. il Bello**, Charles the Fair.

Carlomagno, *m.* (*stor.*) Charlemagne.

carlóna, alla, *locuz. avv.* carelessly; approximately; roughly; in a slapdash manner.

Carlòtta, *f.* Charlotte.

carme, *m.* (*letter.*) (solemn, classical) poem.

carmelitana, *f.* (*relig.*) Carmelite (nun).

carmelitano, (*relig.*) **A** *a.* Carmelite. **B** *m.* Carmelite (friar). ● **carmelitani scalzi**, discalced (*o* barefooted) Carmelites.

carminativo, *a. e m.* (*farm.*) carminative.

carmìnio, **A** *m.* carmine. **B** *a.* (*attr.*) carmine: **rosso c.**, carmine red.

carnagióne, *f.* complexion: **una c. chiara** (**scura**), a fair (dark) complexion: **una c. rosea**, a pink complexion.

carnàio, *m.* **1** charnel house; shambles: **A sera il campo di battaglia era un c.**, when evening came, the battlefield was a shambles **2** (*fig.: strage*) massacre; slaughter **3** (*spreg.: luogo molto affollato*) crush; (*spiaggia molto affollata*) flesh heap.

carnale, *a.* carnal; sensual. ● **cugino c.**, first cousin ☐ **fratelli carnali**, blood-brothers.

carnalità, *f.* carnality; sensuality.

carname, *m.* mass of carcases; carnage.

carnascialésco, *a.* (*lett.*) carnivalesque. ● (*stor., letter.*) **canto c.**, Carnival song.

carnaùba, **A** *f.* (*bot., Copernicia cerifera*) carnauba. **B** *a.* (*chim.*) **cera c.**, carnauba wax.

carne, **A** *f.* **1** (*di animale*) flesh; (*come alimento, generalm.*) meat; (*di frutto*) flesh, pulp: **Dopo il pesce servirono la c.**, after the fish they served the meat; **Era di rigore servire pesce, c. rossa e c. bianca**, it was de rigueur to serve fish, flesh and fowl; **La c. della trota è saporita**, the flesh of the trout is tasty; **c. fresca** (**salata**, **cruda**, **cotta**), fresh (salted, raw, cooked) meat; **c. bianca**, white meat; **c. congelata**, frozen meat; **c. in scatola**, tinned meat; **c. in stufato**, stewed meat; **c. rossa**, red meat; (*talora*) flesh (*in frasi fatte*) **2** (*dell'uomo*) flesh; (*pl.: carnagione*) complexion **3** (*fig.*) flesh: **la risurrezione della c.**, the resurrection of the flesh; **tentazione della c.**, temptation of the flesh; carnal temptation; **Lo spirito è pronto, ma la c. è debole**, the spirit is willing, but the flesh is weak; **i peccati della c.**, the sins of the flesh. ● (*fig.*) **c. da cannone** (*o* **da macello**), cannon fodder ● **c. di maiale**, pork ☐ **c. di manzo**, beef ☐ **c. di manzo conservata**, corned beef ☐ **c. di pecora**, mutton ☐ **c. insaccata**, sausage ☐ **c. sotto sale**, salt meat; junk ☐ **c. viva**, (the) quick: **La lama gli penetrò nella c. viva**, the blade pierced him to the quick ☐ **essere di c. e d'ossa**, to be made of flesh and blood ☐ **essere** (**bene**) **in c.**, to be well covered; to be full-fleshed ☐ (*fig.*) **mettere** (**avere**) **troppa c. al fuoco**, to put (to have) too many irons in the fire ☐ **non essere né c. né pesce**, to be neither flesh, nor fowl, nor good red herring ☐ **rimettersi in c.**, to put on flesh (*o* weight) ☐ **Lo vidi in c. e ossa**, I saw him in the flesh ☐ **Non è c. per i miei denti**, it is not my cup of tea; I am not up to the job ☐ **Non mettere troppa c. al fuoco!**, don't bite off more than you can chew! ☐ **Era c. della mia c., non potevo nuocergli**, he was my own flesh and blood, I could not harm him. **B** *a.* flesh-coloured; flesh: **calze color c.**, flesh-coloured stockings; **rosa c.**, flesh pink.

carneade, *m.* unknown (person); dark horse: **La gara l'ha vinta un c. qualsiasi**, the race was won by a dark horse.

carnéfice, *m.* **1** executioner **2** (*nelle impiccagioni*) hangman* **3** (*fig., lett.*) torturer.

carneficìna, *f.* slaughter; carnage; massacre; butchery. ● **fare una c.**, to slaughter; to massacre.

càrneo, *a.* meat (*attr.*): **alimentazione carnea**, meat diet.

carnet (*franc.*), *m.* – **c. di ballo**, dance programme; **c. d'assegni bancari**, chequebook; checkbook (*USA*).

carnevalata, *f.* **1** festive celebration in Carnival **2** (*fig.*) buffoonery; farce.

carnevale, *m.* **1** Carnival **2** (*fig.*) merry-making; revelry. ● **fare c.**, to make merry; to make whoopee (*fam.*) ☐ (*prov.*) **Di c. ogni scherzo vale**, all jokes are allowed (*o* anything goes) at Carnival.

carnevalésco, *a.* carnival (*attr.*); carnival-like: **carro c.**, carnival chariot. ● **personaggio c.**, figure of fun.

carnìccio, *m.* (*brandelli di carne attaccati alla pelle di bestia scuoiata*) shred of flesh.

Càrniche, Alpi, *f. pl.* (*geogr.*) (the) Carnic Alps.

carnicìno, *a.* flesh-coloured. ● **color c.**, flesh colour.

carnière, *m.* game-bag.

carnificazióne, *f.* (*med.*) carnification.

carnìvori, *m. pl.* (*zool., Carnivora*) carnivores.

carnìvoro, **A** *a.* flesh-eating; (*zool., bot.*) carnivorous. **B** *m.* flesh-eater; (*zool., bot.*) carnivore.

carnosità, *f.* **1** fleshiness; plumpness **2** (*med.: escrescenza carnosa*) fleshy excrescence.

carnóso, *a.* **1** fleshy; plump; fat; well-covered (*fam.*) **2** (*bot.*) fleshy; pulpy: **foglia carnosa**, fleshy leaf. ● (*med.*) **escrescenza carnosa**, *V.* **carnosità**, *def.* 2.

caro, **A** *a.* **1** dear: **È una cara ragazza**, she's a dear girl; **È una cara personcina**, she's a dear little thing; **C. Paolo, è sempre la stessa musica**, my dear Paul, it's the same old story; **C. mio, questa è la verità**, my dear, this is the truth; **Cara mia, questa è la verità**, my dear girl (*o col nome*: my dear Alice, etc.), this is the truth **2** (*costoso*) dear; expensive; costly (*lett.*): **Il regalo più c.**, the dearest (*o* most expensive) present; **Quel negoziante è carissimo**, that's a very dear shop. ● **C. Lei!**, my dear Mr Smith (*o altro nome*) ☐ (*nella corrispondenza*) **cari saluti**, kind regards; best wishes ☐ **C. te!**, my dear John (*o altro nome*) ☐ **la cara tua** (*sottinteso:* **lettera**), your dear letter ☐ **carissimo**, darling; (*iron.*) my dear chap: **Ciao, carissimo, a presto, goodbye, darling, I'll be seeing you soon**; **Firenze, 3 marzo. carissima, scrivimi presto...**, Florence, March 3rd. Darling, write soon...; **Dunque, carissimo, me li dai questi soldi, sì o no?**, so, my dear chap, are you going to give me the money or not? ☐ **un attore c. al pubblico**, a popular actor ☐ **avere c. l'aiuto di q.**, to value sb.'s help ☐ **avere c. q.**, to care for sb.; to love sb.: **Il bambino mi è c.**, I care for the child; the child is dear to me ☐ **avere c. di fare q.c.**, to do st. gladly ☐ **no, c.**, no, dear ☐ **rendersi c. a q.**, to endear oneself to sb. ☐ **sì, c.**, yes, dear ☐ **tenere cara una persona**, to cherish sb. ☐ **tenere c. il ricordo di q.c.** (**di q.**), to cherish the memory of st. (of sb.) ☐ **vendere** (**comprare**) **a c. prezzo**, to sell (to buy) dear ☐ **Avrei c. che tu sposassi**, it would please me more than I can say if you were to marry her (*o* I should be delighted if you married her) ☐ **Avrei c. che tu lo facessi subito**, I should be grateful if you would do it at once ☐ **Correggimi: l'avrò c.**, I shall be grateful if you correct me ☐ **La salute mi è cara**, my health matters to me ☐ (*prov.*) **Patti chiari, amici cari**, short reckonings make long friends. **B** *m.* **1** (*pl.*) dear ones; beloved ones: **i miei cari**, my dear ones; my family **2** (*alto costo*) high

carógna cost; high price: **il c. (dei) viveri** (*il carovita*), the high cost of living. ● **il c. estinto**, the dear departed; the beloved one. **C** *avv.* dear: **M'è costato c.**, it cost me dear; (*fig.*) **Venderemo c. la vita**, we will sell our lives dear; **comprare a buon prezzo e vendere c.**, to buy cheap and sell dear; **Se è una colpa, l'ho pagata assai c.**, if it is a fault, I have paid dear for it.

carógna, *f.* **1** carcass, carcase **2** (*fig.*) blackguard; skunk; mean scoundrel.

carognata, *f.* mean, contemptible action.

caròla, *f.* (*letter.*) carol; roundel; roundelay.

Carolina, *f.* Caroline.

carolingio, *a.* e *m.* Carolingian; Carlovingian. ● (*letter.*) **il ciclo c.**, the Charlemagne cycle.

caropane, *m.* cost of living: **indennità di c.**, cost of living allowance.

carosèllo, *m.* **1** (*torneo cavalleresco*) carousel **2** (*giostra*) merry-go-round; roundabout **3** (*fig.*) swirl; whirl; maelstrom: **un c. d'idee**, a whirl of ideas. ● (*telev.*) **c. pubblicitario**, commercial □ **c. televisivo**, short.

caròta, *f.* **1** (*bot.*, *Daucus carota*) carrot **2** (*fig.*, *fam.*) tall story: **piantare** (*o* **vendere**) **carote**, to tell tall stories **3** (*min.*) core. ● (*fig.*) **pel di c.**, carrot-top (*pop.*).

carotàggio, *m.* (*ind. min.*) core boring.

carotare, *v. t.* (*ind. min.*) to core.

carotène, *m.* (*biol.*) carotene.

caròtide, *f.* (*anat.*) carotid (artery).

carotidèo, *a.* (*anat.*) carotid: **ghiandola carotidea**, carotid gland.

carotière, *m.* (*ind. min.*) core barrel.

carovana, *f.* **1** caravan **2** (*comitiva*) party; large company; horde (*scherz.*) **3** (*fila di veicoli*) caravan; procession **4** (*convoglio*) convoy. ● (*fig.*) **aver fatto la propria c.**, to have had one's training □ (*fig.*) **fare un po' di c.**, to do some practice.

carovanièra, *f.* caravan route.

carovanière, *m.* caravan guide; caravaneer; caravan(n)er.

carovanièro, *a.* of (*o* pertaining to) caravans. ● **strada carovaniera**, caravan route; track (for caravans).

carovita, caroviveri, *m.* **1** high cost of living **2** (*indennità di c.*) cost-of-living bonus.

carpa, *f.* (*zool.* Cyprinus carpio) carp*.

carpale, *a.* (*anat.*) carpal.

carpàtico, *a.* (*geogr.*) Carpathian.

Carpazi, *m. pl.* (*geogr.*) (the) Carpathian Mountains.

carpèllo, *m.* (*bot.*) carpel.

carpenteria, *f.* **1** (*l'arte*) carpentry **2** (*la bottega*) carpenter's shop. ● (*costr.*) **c. in ferro**, structural steel work.

carpentière, *m.* **1** carpenter **2** (*naut.*) shipwright.

carpétta, *f.* folder.

carpiato, *a.* (*sport*) pike (*attr.*): **tuffo c.**, pike dive.

càrpine, *m.* (*bot.*, *Carpinus betulus*) hornbeam.

càrpio, *m.* (*sport*) pike.

carpionare, *v. t.* (*cucina*) to souse in vinegar.

carpire, *v. t.* **1** (*strappare*) to wring*; to seize: **Le carpii una promessa mentre stava partendo**, I wrung a promise from her just as she was leaving; **Dopo una cruenta guerra civile, Boris carpì il potere**, after a bloody civil war, Boris seized power **2** (*estorcere*) to extort **3** (*con la frode*) to swindle (*o* to cheat) (sb.) out of (st.): **Mi carpì cento sterline**, he cheated me out of a hundred pounds.

carpo, *m.* (*anat.*) carpus*; wrist joint.

carpologìa, *f.* (*bot.*) carpology.

carpóni, *avv.* on all fours; on one's hands and knees: **mettersi c.**, to get down on one's hands and knees; **trascinarsi c.**, to crawl on all fours.

carràbile, *a.* suitable for carts (*o* vehicles).

carradóre, *m.* cartwright; wheelwright.

carràia, *f.* cart way; cart road.

carràio, A *a.* cart, carriage (*attr.*): **passo c.**, carriage entrance; **porta carraia**, carriage gateway. **B** *m. V.* **carradóre**.

carraréccia, *f.* **1** cart way; cart road **2** (*traccia delle ruote*) rut; wheel track.

carrata, *f.* cartful; cartload. ● (*fig.*) **a carrate**, in abundance, galore: **Quest'anno abbiamo avuto pesche a carrate**, this year we've had peaches galore.

carreggiàbile, A *a.* practicable for four-wheel traffic. **B** *f.* cart road.

carreggiare, *v. t.* to cart.

carreggiata, *f.* **1** roadway; carriageway **2** (*traccia delle ruote*) rut; wheel track **3** (*scartamento*) track; tread; gauge. ● (*fig.*) **mettersi in c.**, to get into line; (*mettersi in pari*) to catch up with the others; (*entrare in argomento*) to come to the point □ (*fig.*) **rimettere q. in c.**, (*rimetterlo sulla retta via*) to set sb. right; (*farlo rientrare in argomento*) to bring sb. back to the point □ **uscire di c.**, (*di automobile e sim.*) to go off the track (*o* the road); (*fig.*: *lasciare la retta via*) to go astray (*o* off the rails); (*uscire d'argomento*) to stray from the point.

carréggio, *m.* **1** (*trasporto con carri*) cartage; carting **2** (*min.*) haulage **3** (*mil.*: *salmerie*) baggage train.

carrellare, *v. i.* (*cinem.*, *telev.*) to track; to dolly: **c. indietro**, to track (*o* to dolly) out; **c. avanti**, to track (*o* to dolly) in.

carrellata, *f.* (*cinem.*, *telev.*) tracking (*o* running) shot; dolly shot.

carrellista, *m.* **1** (*cinem.*, *telev.*) operator **2** (*nelle stazioni*) platform vendor.

carrèllo, *m.* **1** (*ferr.*: *per ispezionare i binari*) trolley **2** (*ferr.*: *telaio di carrozza*) bogie **3** (*ferr.*: *per portare bagagli*) trolley; hand-car **4** (*ferr.*: *per spostare carrozze*) bogie **5** (*di supermercato*) shopping trolley; shopping cart (*USA*) **6** (*vagoncino di teleferica*) cabin **7** (*di miniera*) truck; trolley **8** (*aeron.*) undercarriage; landing gear: **c. a pattini**, ski undercarriage; **c. con sci**, ski landing gear; **c. retrattile**, retractable undercarriage; **ritirare il c.**, to draw up (*o* to pull in) the undercarriage **9** (*di macchina per scrivere*) carriage **10** (*portavivande*) tea trolley; trolley (table) **11** (*cinem.*, *telev.*) dolly **12** (*di trasformatore elettrico*) truck.

carrétta, *f.* **1** cart **2** (*naut.*: *nave da carico*) tramp **3** (*spreg.*: *veicolo malridotto*) old crock (*pop.*); jalopy (*pop. USA*). ● (*fig.*) **tirare la c.**, to plod along; to slave □ **Il mio lavoro non mi dà soddisfazioni**: **tiro la c.**, my job is not rewarding: it's just drudgery □ **Chi veramente tira la c. è lei**, she is the real breadwinner.

carrettata, *f.* cartload; cartful. ● (*fig.*) **a carrettate**, in abundance; galore.

carrettière, *m.* carter; carman*.

carrettino, *m.* **1** (*bancarella*) barrow **2** (*giocattolo*) toy cart.

carrétto, *m.* handcart; pushcart; wheelbarrow.

carrettóne, *m.* big cart; wagon.

carriàggio, *m.* (*mil.*) **1** (*carro*) wagon; baggage wagon **2** (*pl.*: *salmerie*) baggage train.

carrièra, *f.* (*in tutti i sensi*) career: **un diplomatico di c.**, a career diplomat. ● **andare di c.**, to go at full speed; to career; to hot foot (*fam.*) □ **di c.** (*o* **di gran c.**), at a gallop; full tilt; hot foot (*fam.*): **Lo vidi passare il ponte di c.**, I saw him cross the bridge at a gallop □ **fare c.**, to get on; to gain advancement; to go up the ladder (*fam.*): **Ha scelto ingegneria, ma non credo che farà c.**, he has chosen engineering, but I don't think he will get on; **Ha fatto una c. rapidissima**, he has gained advancement very rapidly ■ **funzionario di c.**, civil servant □ (*mil.*) **ufficiale di c.**, regular officer.

carrierismo, *m.* careerism.

carrierista, *m.* e *f.* careerist.

carriòla, *f.* wheelbarrow.

carriolante, *m.* **1** (*manovale*) barrowboy **2** (*operaio agricolo*) wagoner.

carrista, *m.* (*mil.*) tank crew-member; tankman*. ● **È nei carristi**, he is in the Tank Corps.

carro, *m.* **1** (*a due ruote*) cart **2** (*a quattro ruote*) cart; wag(g)on: **c. per trasporti agricoli**, farm cart; farm wagon; **c. da circo**, circus wagon; **c. per il trasporto del concime**, manure cart; tumbrel, tumbril **3** (*contenuto di un c.*) cartload: **Ne ho comprato sei carri**, I have bought six cartloads **4** (*stor.*) chariot: **c. da guerra**, war chariot; **c. trionfale**, triumphal chariot. ● (*mil.*) **c. armato**, tank; (*pl. collett.*) armour: **Trasferì i carri armati al fronte meridionale**, he transferred the armour to the southern front □ (*autom.*) **c. attrezzi**, breakdown van; wrecker (*USA*) □ **c. bagagli**, luggage van □ **c. da salmerie**, baggage wagon (*USA*) □ **c. dei pionieri dell'Ovest**, prairie schooner; covered wagon □ **c. di Carnevale**, float □ (*ferr.*) **c. di scorta**, tender □ **c. di Tespi**, travelling theatre □ **c. funebre**, hearse □ (*ferr.*) **c. merci**, truck; goods wagon; freight car (*USA*) □ (*ferr.*) **c. ribaltabile**, dumping wagon □ (*ferr.*) **c. senza sponde**, flat truck □ **c. trainato da buoi**, ox cart □ (*astron.*) **il Gran C.**, the Great Bear; the Dipper; the Plough □ (*fig.*) **mettere il c. davanti ai buoi**, to put the cart before the horse □ (*astron.*) **il Piccolo C.**, the Little Bear □ (*fig.*) **essere l'ultima ruota** (*o* **la quinta**) **ruota del c.**, to be a fifth wheel.

carròccio, *m.* (*stor. ital.*) «carroccio».

carropónte, *m.* bridge crane.

carròzza, *f.* **1** (*tirata da cavalli*) carriage; (*da cerimonia*) coach; (*di capo di Stato, ecc.*) state-coach **2** (*ferr.*) carriage; coach; (*railway*) car: **una c. di seconda classe**, a second-class carriage; **c. diretta**, through carriage; **c. panoramica** (*o* **belvedere**) observation car; **c. passeggeri**, passenger car; **c. con letti** (*o* **cuccette**), sleeping car; sleeper (*fam.*); **c. ristorante**, restaurant car; dining car; diner (*fam.*); **c. ristoro**, refreshment car. ● **c. di piazza**, cab □ (*fig.*) **andare in paradiso in c.**, to go to heaven in a coach and pair ■ **In c.!**, all aboard!

carrozzàbile, A *a.* carriageable; carriage (*attr.*): **strada c.**, carriage road. **B** *f.* carriage road.

carrozzàio, *m.* coachmaker; carriage-builder.
carrozzare, *v. t.* (*autom.*) to make* (*o* to build*) the body of (a car).
carrozzèlla, *f.* **1** (*per invalidi*) wheelchair; Bath chair **2** *V.* **carrozzina.**
carrozzerìa, *f.* **1** coachwork; styling; bodywork; body: **c. da corsa,** racing body; **c. fuori serie,** custom-built body **2** (*fabbrica*) body shop; (*officina*) car repairer's. ● **un'automobile con c. italiana,** an Italian-styled car.
carrozzière, *m.* (*autom.*) **1** (*chi fa carrozzerie*) car stylist, car-body builder; (*per autobus e sim.*) coach-body builder **2** (*chi le ripara*) car-body repairer; (*per autobus e sim.*) coach-body repairer.
carrozzina, *f.* (*per bambini*) perambulator; pram (*fam.*); baby carriage (*USA*); (*pieghevole*) push-chair.
carrozzino, *m.* **1** light carriage **2** (*di motocicletta*) sidecar **3** *V.* **carrozzina.**
carrozzóne, *m.* **1** large coach; lumbering coach **2** (*furgone*) van; wagon **3** (*per il trasporto dei detenuti*) prison van; patrol wagon (*USA*); paddy wagon (*fam.*); Black Maria (*pop.*) **4** (*degli zingari, di circo, ecc.*) caravan **5** (*fig.*) bureaucratic monster.
carruba, *f.* (*bot.*) carob.
carrubo, *m.* (*bot., Ceratonia siliqua*) carob (tree); locust (tree).
carrùcola, *f.* **1** pulley **2** (*naut.*) dead-eye. ● **staffa di c.,** pin; gudgeon.
carrucolare, *v. t.* **1** to raise with a pulley **2** (*fig.*) to swindle; to cheat.
càrsico, *a.* (*geol.*) karst (*attr.*).
carsismo, *m.* (*geol.*) karst phenomena (*pl.*).
carta, *f.* **1** paper: **un foglio di c.,** a sheet of paper; **c. a quadretti,** squared paper; **c. asciugante** (*o* **assorbente**), blotting paper; **c. autoadesiva,** self-sticking (*o* adhesive) paper; **c. bollata,** stamped paper; **c. carbone** (*o* **da calco**), carbon paper; **c. crespata,** crepe paper; **c. da disegno,** drawing paper; **c. da involtare** (*o* **da imballaggio**), wrapping paper; **c. da lettere,** letter paper; writing paper; (*a fogli piccoli*) note paper; **c. da lucidi,** tracing paper; **c. da musica,** music paper; **c. da pacchi,** packing paper; **c. da parati,** wallpaper; **c. gommata,** gum-coated paper; **c. igienica,** toilet paper; **c. millimetrata,** graph paper; **c. moneta,** paper money; paper currency; **c. moschicida,** flypaper; **c. oleata,** grease-proof paper; **c. patinata,** art paper; **c. pergamena,** vellum paper; **c. per posta aerea,** airmail paper; (*fotogr.*) **c. sensibile,** photographic paper; **c. smerigliata,** emery paper; **c. straccia,** waste paper; **c. uso bollo,** paper used for legal documents (in Italy); **c. velina,** tissue paper; (*per macchina da scrivere*) copy paper, flimsy; onionskin (*USA*); **c. vetrata,** sandpaper; **fabbricazione della c.,** paper manufacturing; **industria della c.,** paper manufacture; **una risma di c.,** a ream of paper **2** (*c. geografica*) map; plan; chart: **c. automobilistica,** motoring map; **c. reticolata,** gridded map; **c. muta,** map without words; **c. topografica,** topographic map; (*di città*) plan, town plan; **una c. d'Italia e una di Firenze,** a map of Italy and a plan of Florence; **c. lunare,** map of the moon; **c. nautica,** chart; **c. meteorologica,** weather chart **3** (*statuto*) charter: **la C. Atlantica,** the Atlantic Charter **4** (*pl.: documenti*) papers; documents: **Tutte le mie carte erano in regola,** all my papers were in order; (*naut.*) **carte di bordo,** ship's papers **5** (*da gioco*) card; playing card: **carte francesi** (*o* **da poker**), playing cards; **carte italiane** (*o* **napoletane**), Italian playing cards; **alzare le carte,** to cut (the cards); **mescolare le carte,** to shuffle (the cards); (*fig.*) **Poi, verso la fine del discorso, scoprii la c. più importante,** then, towards the end of what I was saying, I played my trump card. ● **c. da giornale,** newsprint □ (*banca*) **c. di credito,** bank card; credit card □ **c. di Francia,** wallpaper □ **c. d'identità,** identity card □ **c. protocollo,** foolscap (paper) □ **c. reattiva,** test paper □ (*med.*) **c. senapata,** mustard plaster □ **c. stagnola,** tinfoil □ **carte valori,** stamps; stamped paper, paper money, etc. □ **affidare alla c. i propri pensieri,** to put one's thoughts in writing □ (*fig.*) **cambiare le carte in tavola,** to shift one's ground □ **copiare con la c. carbone,** to carbon-copy □ (*fig.*) **costringere l'avversario a mettere le carte in tavola,** to force a showdown □ **dare c. bianca a q.,** to give sb. «carte blanche»; to give sb. a free hand □ **fare le carte a q.,** to read sb.'s fortune in cards □ **foglio di c. intestata,** letterhead (sheet) □ **giocare le carte scoperte,** to play with one's cards on the table; (*fig.*) to act above board □ **imbrattare la c.,** to scribble □ (*stor.*) **la Magna C.,** the Magna Charta □ **mandare q.c. a carte quarantotto,** to ruin everything; to send st. up in smoke □ **mettere sulla c. q.c.,** to put st. (down) in writing; to put st. down in black and white □ **pranzare alla c.,** to dine à la carte □ **le sacre carte** (*la Bibbia*), the Holy Writ (*sing.*); the Scriptures □ (*fig.*) **tentare una c.,** to take a chance □ (*fig.*) **l'ultima c.,** the last trick in the bag □ (*fig.*) **Farei carte false per aiutarlo,** I would go to any lengths to help him □ (*prov.*) **C. canta e villan dorme,** down in black and white, farmer sleeps tight.

cartacarbóne, *f.* carbon paper.
cartàccia, *f.* **1** (*carta straccia*) waste paper **2** (*peggiorativo di carta*) bad paper **3** (*nei giochi*) bad card **4** (*pl.: scritti di nessun valore*) rubbish (*sing.*).
cartàceo, *a.* papery; paper (*attr.*): **moneta cartacea,** paper money; paper currency; **codici cartacei e membranacei,** paper and membranaceous codices.
Cartàgine, *f.* (*geogr., stor.*) Carthage.
cartaginése, *a., m. e f.* Carthaginian.
cartaglòria, *f.* (*relig.*) altar card.
cartàio, *m.* paper manufacturer.
càrtamo, *m.* (*bot., Carthamus tinctorius*) safflower.
cartamodèllo, *m.* paper pattern.
cartamonéta, *f.* paper money; paper currency.
cartapècora, *f.* vellum; parchment.
cartapésta, *f.* «papier-mâché» (*franc.*). ● (*fig.*) **eroe di c.,** tin god.
cartàrio, *a.* paper (*attr.*); papermaking: **industria cartaria,** paper industry.
cartastràccia, *f.* waste paper.
cartata, *f.* bag; cornet: **una c. di patatine fritte,** a cornet of french fries.
carteggiare, *v. i.* **1** (*naut.*) to plot a course; to plot on a chart **2** (*corrispondere*) to correspond with (sb.).
cartéggio, *m.* **1** correspondence **2** (*raccolta di lettere*) collection of letters.
cartèlla, *f.* **1** (*di cartone, per pratiche*) folder **2** (*pratica*) file: **La segretaria gli portò le cartelle relative alla questione,** the secretary brought him the files connected with the question **3** (*per disegni, stampe, ecc.*) portfolio **4** (*di scolaro*) satchel (school-)bag **5** (*d'uomo d'affari, ecc.*) briefcase; attaché case **6** (*pagina dattiloscritta*) typewritten page (*o* sheet): **La traduzione sarà pagata un tanto a c.,** the translation will be paid at so much the typewritten page **7** (*della tombola*) tombola scorecard **8** (*della lotteria*) lottery ticket **9** (*fin.*) certificate. ● (*fin.*) **c. azionaria,** share certificate □ **c. clinica,** case sheet □ **c. del debito pubblico,** Government bond □ **c. delle imposte,** tax assessment.
cartellino, *m.* **1** (*etichetta*) label; ticket; tag: **c. del prezzo,** price-tag; reader **2** (*scheda*) card **3** (*ind.: per segnare le ore di lavoro*) timecard.
cartèllo, *m.* **1** signboard; sign; (*di bottega*) shop sign, (shop-)front inscription **2** (*indicatore*) road sign; traffic sign; (*in cima a un palo*) signpost; (*che indica una direzione con un dito o una mano*) finger post **3** (*econ., fin.*) cartel; syndicate; combine; pool. ● **c. di divieto,** warning notice □ **c. di sfida,** cartel; (written) challenge □ **c. pubblicitario,** poster; placard; bill □ **c. segnaletico** (*stradale*), guidepost □ (*fam.*) **c. stradale,** road sign □ (*fig.*) **artista di c.,** well-known performer.
cartellóne, *m.* **1** (*anche* **c. pubblicitario**) poster; placard; bill; billboard, board (*USA*) **2** (*teatr.*) playbill. ● **c. della tombola,** tombola scorecard □ **il c. di un festival** (**d'una stagione d'opera, ecc.**), the programme and cast of a festival (an opera season, etc.) □ (*teatr.*) **tenere il c.,** to have a long run; to be a hit ● **Tiene il c. da tre mesi,** it has been running for three months.
cartellonista, *m. e f.* poster designer.
càrter, *m.* **1** (*di bicicletta, ecc.*) chain guard **2** (*autom.*) oil sump.
cartesianismo, *m.* (*filos., mat.*) Cartesianism.
cartesiano, *a. e m.* (*filos., mat.*) Cartesian.
Cartèsio, *m.* (*stor., filos.*) Cartesius (René Descartes).
cartevalóri, *f. pl.* stocks; shares; securities; banknotes.
cartièra, *f.* paper mill; paper factory.
cartifìcio, *m.* paper mill.
cartìglio, *m.* (*archit.*) cartouche; scroll ornament.
cartilàgine, *f.* (*anat.*) cartilage; gristle.
cartilagìneo, cartilaginóso, *a.* (*anat.*) cartilaginous; gristly.
cartìna, *f.* **1** (*geogr.*) small map **2** (*med.*) dose: **una c. di chinino,** a dose of quinine **3** (*per sigarette*) cigarette paper. ● **c. di aghi,** paper of needles □ **c. di tornasole,** litmus paper.
cartocciata, *f.* bagful; cornetful.
cartòccio, *m.* **1** (*paper*) bag; cornet: **un c. di caramelle,** a cornet of sweets **2** (*archit.*) cartouche; (*nell'ordine ionico*) roll **3** (*mil.: artiglieria*) powder charge **4** (*brattee che avvolgono la pannocchia di granoturco*) maize leaves (*pl.*).
cartografìa, *f.* (*geogr.*) cartography; map-making.
cartogràfico, *a.* (*geogr.*) cartographic(al).
cartògrafo, *m.* (*geogr.*) cartographer; map-maker.
cartogramma, *m.* (*geogr.*) cartogram.
cartolàio, *m.* stationer.
cartolerìa, *f.* stationer's (shop); stationery shop: **L'inchiostro si compra in c.,** you buy ink at a stationer's.
cartolibrerìa, *f.* stationery and book shop.
cartolina, *f.* **1** (*postale*) postcard: **c. illustrata,** picture

cartomante   1242

postcard **2** (*mil.*: **c. precetto**) call-up notice. • **c. di Natale**, Christmas card.
cartomante, *m.* e *f.* fortune-teller (by cards).
cartomanzia, *f.* cartomancy; fortune-telling (by cards).
cartonare, *v. t.* to bind* in paper boards.
cartonato, *a.* hardbound: **libro c.**, handbound book.
cartoncino, *m.* **1** (piece of) thin pasteboard **2** (*biglietto*) card.
cartóne, *m.* **1** cardboard; pasteboard; (*grosso*) millboard **2** (*arte*) cartoon **3** (*imballaggio di c.*) carton. • (*cinem.*) **c. animato**, (animated) cartoon □ **c. ondulato**, corrugated fibreboard.
cartonificio, *m.* cardboard factory.
cartonista, *m.* e *f.* cartoonist.
cartotèca, *f.* **1** (*schedario*) card-index: **la c. di una biblioteca**, the card-index of a library **2** (*collezione di carte geografiche*) map and chart collection.
cartotècnica, *f.* paper industry.
cartotècnico, **A** *m.* paper-worker; employee of the paper industry. **B** *a.* pertaining to the paper industry.
cartùccia (1), *f.* **1** cartridge: **c. da caccia**, shotgun cartridge; **c. da esercitazioni**, drill cartridge; **c. a pallottola**, ball cartridge; **c. a (proiettile) tracciante**, tracer cartridge; **c. a salva**, blank (*o* dummy) cartridge **2** (*per la ricarica di penne stilografiche*) refill. • (*fig.*) **mezza c.**, pygmy, pigmy □ (*fig.*) **sparare l'ultima c.**, to play one's last card.
cartùccia (2), *f.* (*nei giochi di carte*) low card.
cartuccièra, *f.* cartridge belt.
carùncola, *f.* (*anat., bot., zool.*) caruncle.
casa, *f.* **1** (*abitazione*) house; (*in certi casi*) building, dwelling, block (of flats), cottage: **una c. di mattoni**, a brick house; **una c. ben costruita**, a well-built house; **una c. isolata**, a detached house; **affittasi c.**, house to let; **c. prefabbricata**, prefabricated house; prefab (*fam.*); **c. colonica**, farmhouse; farm; **c. popolare**, (*ad appartamenti*) tenement (house); Council house; (*appartamento*) Council flat; **c. di campagna**, country house; **c. di città**, town house; **case di operai**, workmen's dwellings; (*in campagna*) cottages; **una c. neogotica**, a neo-Gothic building; **la C. Bianca**, the White House; **una vista senza case**, a view without buildings; **All'angolo c'era una grande c.** (*divisa in appartamenti*), there was a big block of flats at the corner; **Feci il giro della c.** (*dell'isolato*), I walked round the block **2** (*specialm. la propria abitazione, come ambiente familiare*) home; (*come edificio*) house: **Sono sempre in c.**, vieni quando vuoi, I am always at home, come when you like; **C. mia, c. mia!**, home, sweet home!; **Vado a c.**, I'm going home; **Prima era soltanto una c., ora è un «focolare»**, before, it was just a house, now it is a home; **La nonna non è in c., è in giardino**, grandmother is not in the house, she's in the garden; **Non lo voglio in c. mia**, I won't have him in my house; **mandare avanti la c.**, to run the house. **3** (*casato, famiglia, dinastia*) house; family: **la c. reale** (*o* **la real c.**), the royal family (*o* household); **Nasce bene, di una vecchia c.**, she is well-born, of an old family; **la C. di Windsor**, the House of Windsor; **C. Savoia**, the House of Savoy **4** (*governo di casa*; *dignitari*; *domestici, ecc.*) household: **la c. civile del re**, the Royal Household; **il capo di c.**, the head of a household; **doveri** (**spese, ecc.**) **di c.**, household duties (expenses, etc.) **5** (*ditta*) house; firm: **un'antica c. commerciale**, an old trading house; **c. editrice**, publishing house; publisher(s); **una c. fondata nel 1858**, a firm founded in 1858 **6** (*convento*) religious house; monastery; convent **7** (*edificio pubblico*) house; home; hall: **la c. di Dio**, the house of God; **c. da gioco**, gambling house; **c. di malaffare** (*o* **malfamata**), house of ill fame; **c. di cura** (*o* **di salute**), nursing home; **c. comunale**, town hall; city hall. • **c. astrologica**, house □ (*baseball*) **c. base**, home (base) □ **c. cantoniera**, road-minder's house □ **c. d'appuntamenti** (*o* **squillo**), house of ill repute □ **c. degli scacchi**, square □ **c. dello studente**, residence hall; (*students'*) hostel □ **c. di correzione**, reformatory □ **c. di pena**, prison □ **c. di tolleranza**, (licensed) brothel □ **c. grande e signorile**, mansion; hall □ **c. madre**, (*relig.*) mother house; (*comm.*) head office □ **c. per malattie mentali**, mental home □ **abitare a c. del diavolo**, to live at the back of beyond □ **amico di c.**, family friend □ **andare di c. in c.**, to go from door to door □ **essere di c.**, to be like one of the family; to be an old friend □ **fare una c. del diavolo**, to kick up a row; to raise hell □ **fare gli onori di c.**, to receive one's guests □ **fatto in c.**, home-made □ **essere fuori c.**, to be out (of doors) □ (*sport*) **giocare fuori c.**, to play away □ (*sport*) **giocare in c.**, to play at home □ **maestro di c.**, butler □ **mettere su c.**, to set up house; (*sposarsi*) to get married □ **non avere né c. né tetto**, to be homeless □ **nostalgia di c.**, home-sickness □ **stare a c. del diavolo**, to live at the back of beyond □ **tornare a c.**, to go back home □ **l'uscio di c.**, the front door □ **Andrò a c. di mio cugino**, I'll go to my cousin's (house) □ **Andai a c. loro**, I went to them (*o* to their house) □ **Fai come se fossi a c. tua!**, make yourself at home! □ **Non sono in c. per nessuno!**, I'm not at home to anybody! □ **Stanno**

di c. troppo lontano, they live too far off □ **Ehi, di c.!**, is there anybody there? □ **È una donna di c.**, (*esce poco*) she's the stay-at-home sort of woman; (*è una massaia*) she's a housewife □ **Non sa dove sta di c.**, l'educazione, he has no idea what good manners are □ **Questa, a c. mia, si chiama cocciutaggine**, in my opinion, that is just stubbornness □ (*prov.*) **A c. del ladro non ci si ruba**, there's honour among thieves.
casacca, *f.* **1** coat; jacket **2** (*di fantino*) jacket **3** (*mil.*) cassock; cloak. • (*fig.*) **voltare** (*o* **mutare**) **c.**, to be a turncoat.
casàccio, *m.* – **a c.**, at random (*avv.*); random (*a. attr.*).
casale, *m.* **1** hamlet **2** (*casolare*) farmhouse.
casalinga, *f.* housewife*.
casalingo, **A** *a.* **1** (*che ama la casa*) home-loving **2** (*fatto in casa*) home-made: **pane c.**, home-made bread **3** (*modesto, di poche pretese*) homely; unpretentious; plain: **abitudini casalinghe**, homely habits. • **alla casalinga**, simply; plainly □ **cucina casalinga**, home cooking. **B** *m. pl.* (*oggetti per la casa*) household articles.
casamatta, *f.* (*mil.*) pillbox; casemate.
casaménto, *m.* **1** tenement (house); block (of flats) **2** (*gli inquilini*) tenants (*pl.*).
casamòbile, *f.* (*autom.*) caravan.
casanòva, *m.* «casanova»; philanderer.
casaréccio, *V.* **caseréccio**.
casaro, *m.* dairyman*.
casata, *f.* lineage; clan; family: **In Scozia il legame consanguineo della c. è fortemente sentito**, in Scotland the blood-tie of the clan is strongly felt.
casato, *m.* **1** (*family*) name; surname: **L'arciduca sposò una ragazza di nobilissimo c.**, the archduke married a girl of very noble birth **2** (*stirpe*) stock; family; lineage; (*origine*) birth.
casba, *f.* **1** kasbah: **la c. d'Algeri**, the kasbah in Algiers **2** (*quartiere malfamato*) red-light quarter.
cascame, *m.* (*ind. tessile*) waste; (*di seta*) schappe. • **Le tende erano di c. di seta verde**, the curtains were of a rough-surfaced green silk.
cascamòrto, *m.* languishing lover; love-sick man*. • **fare il c.**, to philander, pretending to be madly in love □ **fare il c. con una ragazza**, to court a girl making a great show of being in love.
cascante, *a.* **1** (*debole*) feeble **2** (*cadente*) falling; drooping; droopy **3** (*flaccido*) flabby.
càscara sagrada, *f.* **1** (*bot., Rhamnus purshiana*) cascara buckthorn **2** (*farm.*) cascara sagrada.
cascare, *v. i.* to fall*; to drop; to tumble: **Cascò dal letto**, he fell out of bed; **c. dalla fame**, to be dropping with hunger. • **c. dalle nuvole**, to be dumbfounded (*o* flabbergasted) □ **c. male**, to fall badly; (*fig.*) to be unlucky, to come off badly: **Siamo cascati male: è un albergaccio**, we've been unlucky: it's a rotten hotel □ **fare c. q.c. dall'alto**, to do st. as a special favour □ **Mi è cascata addosso una disgrazia**, something dreadful has happened to me □ **Caschi il mondo, domani parto!**, I am leaving tomorrow, whatever happens (*o* come what may) □ **Non cascherà poi il mondo, se non parti**, the bottom of the world won't drop out if you don't leave □ **Quando vidi quanto c'era da fare, mi cascarono le braccia**, when I saw what a lot there was to do, I threw up the sponge (*o* I got discouraged) □ **Qui casca l'asino**, there's the rub □ **C'è cascato**, he fell into the trap; he swallowed the bait.
cascarilla, *f.* (*bot., Croton eluteria*) cascarilla.
cascata, *f.* **1** (*caduta*) fall; (*fam., scherz.*) tumble **2** (*d'acqua*) waterfall; cascade; (*preceduto dal nome*) Falls (*pl.*): **le cascate del Niagara**, the Niagara Falls **3** (*di stoffe, perle, ecc.*) cascade: **una c. di velluto rosso**, a cascade of red velvet. • (*elettron.*) **collegamento in c.**, cascade connection.
cascatóre, *m.* (*cinem.*) stunt man*.
cascina, *f.* (*casa colonica*) farmhouse.
cascinale, *m.* **1** farmhouse **2** group of farmhouses.
casco (1), *m.* **1** (*anche mil., polit.*) helmet: **c. blu**, blue helmet **2** (*di protezione*) safety helmet; (*coloniale*) sun helmet, topee; (*di motociclista, ecc.*) crash helmet **3** (*per asciugare i capelli*) hair dryer.
casco (2), *m.* (*di banane*) bunch.
caseàrio, *a.* – **industria casearia**, dairy-farming.
caseggiato, *m.* **1** (*abitato*) built-up area **2** (*casamento*) block of flats. • **L'urbanistica sconsiglia i caseggiati lungo le vie di grande comunicazione**, town planning is against ribbon development.
caseificio, *m.* dairy; cheese factory.
caseina, *f.* (*chim.*) casein.
casèlla, *f.* **1** (*cassetta*) box: **c. postale**, post-office box **2** (*di uno schedario*) pigeonhole **3** (*della carta a quadretti*) square.
casellante, *m.* **1** (**c. ferroviario**) signalman*; trackman* **2** (**c. stradale**) road tender.

casellàrio, *m.* filing cabinet; files (*pl.*). ● (*leg.*) **c. giudiziario,** judicial register □ (*leg.*) **c. penale,** criminal records.
casellista, *m.* e *f.* holder of a post(-office) box.
casèllo, *m.* 1 (*ferr.*) trackman's lodging 2 (*di autostrada*) tollbooth; tollgate. ● **c. daziario,** tollhouse.
caseóso, *a.* caseous.
casereccio, *a.* home-made: **pane c.,** home-made bread.
casèrma, *f.* (*mil.*) barracks (*pl.*): **consegnato in c.,** confined to barracks.
casermàggio, *m.* (*mil.*) barrack equipment.
casermistico, *a.* barrack-like: **ambiente c.,** barrack-like environment.
casermóne, *m.* (*fig.*) ugly barrack-like building.
casigliano, *m.* fellow-tenant; neighbour.
casinista, *m.* e *f.* (*pop.*) hell-raiser; heller; bungler; blunderer.
casino, *m.* 1 (*residenza signorile rustica*) country house 2 (*circolo*) club; clubhouse 3 (*capanno da caccia*) shooting lodge 4 (*pop.: bordello*) brothel 5 (*fig., pop.: pasticcio*) mess; (*baccano*) racket, row, hubbub: **trovarsi in un bel c.,** to be in a nice mess; **fare c.,** to kick up a racket; to make a hubbub. ● **Succederà un c. quando tuo padre lo verrà a sapere,** there'll be hell to pay when your father finds out.
casinò, *m.* (*casa da gioco*) casino*; gambling house.
casista, *m.* 1 (*relig.*) casuist 2 (*fig.: persona troppo scrupolosa*) over-scrupulous person; casuist.
casistica, *f.* 1 (*relig.*) casuistry 2 (*med., leg., ecc.*) case histories (*pl.*).
caso, *m.* 1 (*destino, combinazione, probabilità*) chance: **Lasciai che decidesse il c.,** I left the matter to chance; **Lo vidi per puro c.,** it was sheer chance that I saw him; **Non c'è che cambi idea,** there isn't a chance that he will change his mind 2 (*fatto, vicenda, situazione*) case; circumstance; event; affair: **È un c. disperato** (*difficilissimo, ecc.*), it's a hopeless (very pitiful, etc.) case; **un c. di coscienza,** a case (*o* matter) of conscience; **un c. di malaria,** a case of malaria; **un c. clinico,** a clinical case; (*fig.*) fam **un oddball** (*fam.*); **In questo c. credo d'aver ragione io,** in this case I think I am right; **c. giuridico,** legal case; **tutti i casi di una vita,** all the circumstances (*o* the events) of a lifetime; **c. fortuito,** fortuitous event; **i casi altrui,** other people's affairs; **Pensa ai casi tuoi!,** look after your own affairs!; mind your own business! 3 (*possibilità, evenienza*) possibility; alternative; opportunity: **I casi sono due,** there are two possibilities (*o* alternatives); **se ti capitasse il c. di un bel viaggio,** if the opportunity of a lovely journey should come your way 4 (*modo, possibilità*) way; possibility: **Non c'è c. di persuaderlo,** there's no way of persuading him 5 (*gramm.*) case: **c. accusativo,** accusative case. ● **c. mai,** if; in that case; possibly: **C. mai tu non potessi venire, me lo farai sapere,** if you can't come (*o* should you be unable to come), you'll let me know; **Forse dirà di no;** **c. mai, cambieremo programma,** perhaps he will refuse; in that case we shall change our plan; **c. mai fra qualche anno,** possibly in a year or two □ **a c.,** at random; in a haphazard fashion; **at a guess; at a venture; carelessly; casually: Aprii il libro a c.,** I opened the book at random; **I mobili erano disposti a c.,** the furniture was arranged in a haphazard fashion; **Rispose a c. «Carlo II»,** I answered «Carlo II» at a guess (*o* at a venture); **Fa le cose sempre a c.,** he always does things casually (*o* carelessly) □ **esporre il proprio c. a q.,** to put one's case to sb. □ **fare al c.,** to suit the case; to be fit (*o* suitable) □ **fare a q.c. (q.),** to pay attention to st. (sb.): **Non ci fare c.!,** pay no attention to it!; don't take any notice! □ **fare c. di q. (q.c.),** to set great store by sb. (st.) □ **in c., V. c. mai** □ **in c. affermativo,** in the affirmative □ **in certi casi,** in certain cases; (*talvolta*) sometimes □ **in ogni c.,** in any case; anyway □ **in qualunque c.,** in any case; whatever happens □ **in tal c.,** in that case □ **in tutti i casi,** in any case; at all events □ **nel c. contrario,** otherwise □ **nel migliore dei casi,** if all goes well; at best □ **per c.,** by (any) chance: **Per c., hai mica visto la mia penna?,** have you seen my pen by any chance?; do you happen to have seen my pen?; **Lo trovai per c. da un antiquario,** I found it by chance at an antique dealer's □ (*lett.*) **Acerbo c.!,** alack-a-day! □ **Questo fa proprio al mio c.,** it's exactly what I need □ **Si dà il c. che...,** it so happens that... □ **Spesso si danno casi strani,** odd things often happen □ **Caro mio, sono i casi della vita,** it's the ups and downs of life, old chap □ **Hai sentito il c. di Lavinia?,** have you heard about Lavinia? □ **Il medico disse che non era il c. di preoccuparsi,** the doctor said there was no need to worry (*o* it was not a serious matter) □ **Nel c. che non potesse venire,** in the case of his being unable to come □ (*iron.*) **Ecco davvero un bel c.!,** (*un bel pasticcio*) here's a fine kettle of fish!; (*una bella coincidenza*) what an extraordinary coincidence! □ **Mettiamo** (*o* **poniamo**) **il c. che non venga,** (let's) suppose he doesn't come.
casolare, *m.* homestead; farmhouse; cottage.
casomài, *cong.* if; in case.

casòtto, *m.* 1 wooden shelter 2 (*cabina per bagnanti*) bathing hut 3 (*della sentinella*) sentry box 4 (*del cane*) kennel 5 (*pop.: casa di tolleranza*) brothel 6 (*fig., pop.: baccano*) racket; row; hubbub: **fare** (*o* **piantare**) **c.,** to make a hubbub. ● (*naut.*) **c. del timone** (*o* **di navigazione**), pilot house; wheelhouse.
Càspio, *a.* (*geogr.*) Caspian: **il Mar C.,** the Caspian Sea.
caspita, *inter.* cripes!; you don't say so!; confound it all!: «**Ha vinto con trenta minuti di vantaggio su tutti gli altri**» «**C.!**», «he won the race with a thirty-minute lead» «you don't say so!»; **C.! Abbi un po' di pazienza,** confound it all! don't be so impatient.
cassa, *f.* 1 case; chest; box; (*forziere*) coffer: **una c. di libri,** a case of books; **una c. da imballaggio,** a packing case; **una c. di tè,** a chest of tea 2 (*dove sta il cassiere*) cash desk; cashier's desk; till; (*banco, sportello*) counter; (*di supermercato e sim.*) check-out counter: **La c. era accanto alla porta,** the cash desk was beside the door; **Pagare alla c.!,** pay at the counter! 3 (*comm.: fondo*) fund: **c. malattie,** sickness fund; **fondo di c.,** reserve fund; **C. del Mezzogiorno,** Southern Italy Development Fund 4 (*banca*) bank: **c. di risparmio,** savings bank 5 (*ufficio c.*) cash department; cashier's office 6 (*rag.: contante*) cash; cash on hand: **pronta c.,** cash down; by cash 7 (*mus.*) case: **c. del pianoforte,** piano case; **c. del violino,** violin case 8 (*tipogr.*) case: **c. alta** (**bassa**), upper (lower) case 9 (*fis., naut.*) tank: **c. di rapida immersione,** crash-diving tank; **c. di emersione** (*di un sottomarino*), buoyancy tank 10 (*gabbia da imballaggio*: per frutta, ecc.) crate. ● (*mus.*) **c. armonica,** soundbox □ **c. continua** (*banca*), night safe □ **c. da morto,** coffin □ (*naut.*) **c. d'aria,** airlock □ **c. del fucile,** rifle stock □ (*ind. tessile*) **c. del fuso,** spindle box □ **c. dell'orologio,** watch-case □ (*fig.*) **c. di risonanza,** resonance box □ **c. integrazione** (**guadagni**), body responsible for unemployment benefits □ (*fin.*) **c. sociale,** company's cash on hand □ (*anat.*) **c. toracica,** chest □ **avere denaro in c.,** to have money on hand □ (*fig.*) **battere c.,** to ask for money □ **libro di c.,** cash book □ **registratore di c.,** cash register □ **tenere la c.,** to be treasurer (*anche di una comitiva di amici, ecc.*); (*fig.: disporre del denaro*) to hold the purse strings □ **vuoto di c.,** deficit.
cassafòrma, *f.* (*costr.*) mould; formwork.
cassafòrte, *f.* 1 safe; strongbox 2 (*camera blindata*) strongroom.
cassàio, *m.* 1 (*chi fa casse*) case maker 2 (*chi le vende*) case seller.
cassandra, *f.* cassandra; forecaster of ill omen. ● **fare la c.,** to prophesy misfortunes.
cassapanca, *f.* chest; (*munita di dorsale*) settle.
cassare, *v. t.* 1 (*cancellare con un frego*) to score out; to cross out; (*con la gomma*) to erase 2 (*leg.*) to reverse; to quash; to vacate. ● **c. dall'albo,** to strike off the rolls.
cassata, *f.* «cassata» (Sicilian cake or ice cream with candied fruits).
cassazióne, *f.* (*leg.: di una sentenza*) cassation. ● **Corte di C.,** Court of Cassation.
càssero, *m.* 1 (*naut.*) quarterdeck 2 (*per costruire sott'acqua*) caisson 3 (*stor.: maschio di un castello*) keep; donjon 4 *V.* **cassafòrma.** ● (*naut.*) **c. di poppa,** poop (deck).
casseruòla, *f.* casserole; saucepan. ● (*cucina*) **pollo in c.,** chicken casserole.
cassétta, *f.* 1 box; (small) case: **c. delle lettere,** letter box (*ingl.*); mailbox (*USA*); **c. da fiori,** flower box; (*su una finestra*) window box; **c. degli attrezzi** (*o* **portautensili**), tool box; **c. postale,** post(-office) box; (*banca*) **c. di sicurezza,** safe-deposit box 2 (*per preziosi*) casket; jewel box 3 (*mus.*) cassette: **registratore a cassette,** cassette recorder 4 (*sedile del cocchiere*) box; coachman's seat: **montare a c.,** to mount the box 5 (*cassa privata di sovrano*) privy purse. ● **c. della spazzatura,** dustbin □ **c. di pronto soccorso,** first-aid kit □ (*teatr.*) **fare c.,** to be (good) box office □ **stare a c.,** to drive (a carriage); (*fig.*) to be in control, to hold the reins □ **un successo di c.,** a box-office success; a money-spinner (*fam.*).
cassettièra, *f.* chest of drawers.
cassettista, *m.* (*banca*) renter of a safe-deposit box.
cassétto, *m.* drawer. ● (*di macchina a vapore*) **c. di distribuzione,** slide valve; distributing valve.
cassettóne, *m.* 1 chest of drawers; (*altissimo, talora in due pezzi*) tallboy; (*il pezzo inferiore*) lowboy 2 (*archit.*) caisson; coffer: **soffitto a cassettoni,** caisson ceiling; lacunar (ceiling).
càssia, *f.* (*bot., Cassia*) cassia; senna.
Càssididi, *m.* *pl.* (*zool.*) Cassididae.
cassière, *m.* 1 cashier; (*di banca, anche*) teller 2 (*fin.: tesoriere*) treasurer; receiver. ● **c. contabile,** cashier and book-keeper.
cassinènse, cassinése, *a. m.* 1 (*relig.*) Cassinese.
cassino (1), *m.* (*carretto*) dust-cart.
cassino (2), *m.* blackboard duster (*o* eraser).
Càssio, *m.* (*stor.*) Cassius.

cassiterite, *f.* (*miner.*) cassiterite.
cassóne, *m.* **1** large case **2** (*di fornaio*) flour chest **3** (*mil.*) ammunition chest (*o wagon*); caisson **4** (*costr.*) caisson; (*a compartimento stagno*) cofferdam; (*a tenuta idraulica*) tank **5** (*di autocarro*) body. ● (*autom.*) **c. di scarico** (*di autocarro*), dump box □ **c. ribaltabile con sollevatore idraulico**, hydraulic hoist dump (*o* tipping) body □ (*med.*) **malattia dei cassoni**, caisson disease.
cassonétto, *m.* (*per persiane o tende*) box.
cast (*ingl.*), *m.* (*cinem.*) cast.
casta, *f.* caste (*anche fig.*).
castagna, *f.* **1** chestnut: **c. lessa** (*arrostita*), boiled (roast) chestnut; **castrare una c.**, to slit a chestnut **2** (*vet.*) chestnut **3** (*naut.*) pawl. ● (*bot.*) **c. d'acqua** (*Trapa natans*), water chestnut; caltrop □ (*fig.*) **cavare le castagne dal fuoco con la zampa del gatto**, to get sb. to pull the chestnuts out of the fire □ (*fig.*) **prendere q. in c.**, to catch sb. out.
castagnàccio, *m.* (*cucina*) chestnut cake.
castagnéto, *m.* chestnut wood.
castagnétta (1), *f.* (*petardo*) cracker; petard.
castagnétta (2), *f.* **1** (*pl., mus.*) castanets **2** (*schiocco fatto con le dita*) snap (of the fingers).
castagno, A *m.* **1** (*bot., Castanea sativa*) chestnut (tree) **2** (*legno*) chestnut (wood). B *a.* chestnut-coloured; nut-brown; hazel. ● (*bot.*) **c. d'India** (*Aesculus hippocastanum*), horse chestnut.
castagnòla, *V.* **castagnétta (1)**.
castaldo, *m.* **1** land agent **2** (*stor.*) steward.
castale, *a.* caste (*attr.*); of a caste.
castàlio, *a.* (*mitol.*) Castalian.
castano, *a.* chestnut-coloured; nut-brown; (reddish) brown; hazel: **capelli castani**, brown hair; **occhi castani**, hazel eyes.
castellana, *f.* lady of a castle.
castellano, *m.* lord of a castle.
castellatura, *f.* frame.
castellétto, *m.* **1** (*edil.*) scaffold; staging **2** (*banca*) credit line; line of credit.
castèllo, *m.* **1** castle; (*maniero*) manor house; (*fortezza*) stronghold: **fare castelli in aria**, to build castles in the air (*o* in Spain) **2** (*edil.*: *impalcatura a torre*) movable tower-shaped scaffolding **3** (*dei bachi da seta*) (structure of) shelves; scaffolding. ● **c. d'acqua**, water tower □ (*anche fig.*) **un c. di carte**, a house of cards □ (*naut.*) **c. di poppa**, aftercastle □ (*naut.*) **c. di prua**, forecastle □ (*autom.*) **c. motore**, engine mount(ing) □ **letto a c.**, bunk; bunk bed □ (*prov.*) **Tre fratelli, tre castelli**, there are quarrels in families when legacies cannot be divided.
castigamatti, *m.* **1** (*bastone*) stick; cudgel **2** (*fig., scherz.*) martinet; bogeyman*: **Ora viene il c.**, here comes the bogeyman.
castigare, *v. t.* **1** to punish; to chastise; to discipline **2** (*lett.: emendare*) to chasten; to emend.
castigatézza, *f.* **1** (*castità, purezza*) chastity; purity; decency; propriety **2** (*correttezza*) correctness; faultlessness.
castigato, *a.* **1** (*casto, puro*) chaste; pure; decent; proper **2** (*corretto*) correct; impeccable; faultless **3** (*di edizione*) bowdlerized; expurgated.
castigatóre, *m.* punisher; chastiser.
Castiglia, *f.* (*geogr.*) Castile.
castigliano, *m.* e *a.* Castilian.
castigo, *m.* punishment; chastisement. ● **c. di Dio**, scourge; (*calamità*) act of God, calamity □ **essere in c.**, to be in disgrace □ **mettere un bambino in c.**, to put a child in a corner □ **Quel ragazzo è un c. di Dio**, that boy is a holy terror.
castità, *f.* chastity; purity: **voto di c.**, vow(s) of chastity.
casto, *a.* **1** chaste; continent **2** (*fig.*) chaste; pure; innocent.
castóne, *m.* collet; setting; bezel.
Càstore, *m.* (*mitol.*) Castor.
castòreo, *m.* (*farm., profumeria*) castor; castoreum.
castorino, *m.* **1** (*zool., Myocastor coypus*) coypu*; nutria **2** (*pellicia*) nutria.
castòrio, *V.* **castòreo**.
castòro, *m.* **1** (*zool., Castor*) beaver* **2** (*pellicia*) beaver(-fur). ● (*zool.*) **c. di montagna** (*Aplodontia rufa*), mountain beaver; boomer □ **cappello di c.**, beaver-felt hat.
castracani, *m.* **1** dog gelder **2** (*spreg.: cattivo chirurgo*) sawbones.
castrametazióne, *f.* (*archeol.*) castrametation.
castrare, *v. t.* **1** to castrate; to geld; to emasculate **2** (*fig.: uno scritto, ecc.*) to mutilate; to expurgate; to bowdlerize. ● **c. le castagne**, to slit chestnuts (before cooking them).
castrato, A *m.* **1** (*agnello, ariete*) wether (*animale in genere*) gelding, neuter **2** (*cucina*) mutton; lamb **3** (*eunuco*) eunuch. B *a.* **1** castrated; gelded **2** (*fig.*) expurgated; bowdlerized.
castratóio, *m.* castrating knife*.
castratura, castrazióne, *f.* castration; gelding.

castrènse, *a.* castrensian. ● (*relig.*) **vescovo c.**, bishop in charge of chaplains in the field.
castrismo, *m.* (*polit.*) Castroism; Fidelismo, Fidelism.
castrista, *a., m.* e *f.* (*polit.*) Castroist; Castroite; Fidelista, Fidelist.
castronàggine, *f.* (*volg.*) stupidity; foolishness.
castróne, *m.* **1** (*agnello castrato*) wether **2** (*puledro castrato*) gelding **3** (*volg.: di uomo*) ninny; simpleton.
castroneria, *f.* (*volg.*) **1** stupidity; foolishness **2** (*sbaglio grossolano*) idiotic mistake.
casuale, *a.* accidental; fortuitous; casual; chance (*attr.*); random (*mat., elab.*); throwaway: **un incontro c.**, a chance encounter. ● (*leg.*) **diritti casuali**, special bonuses □ **spese casuali**, sundry expenses □ (*mat.*) **variabile c.**, random variable.
casualismo, *m.* (*filos.*) fortuitism.
casualità, *f.* fortuitousness; fortuity; casualness.
casualménte, *avv.* by chance; accidentally; fortuitously.
casuàrio, *m.* (*zool., Casuarius casuarius*) cassowary.
casuista, *m.* (*relig. e fig.*) casuist.
casùpola, *f.* poor house; mean dwelling; hovel.
casus belli (*lat.*), *m.* (*polit.*) casus belli*.
catabòlico, *a.* (*biol.*) catabolic.
catabolismo, *m.* (*biol.*) catabolism.
catàclasi, *f.* (*geol.*) cataclasis*.
cataclisma, *m.* **1** cataclysm; deluge **2** (*fig.*) cataclysm; upheaval; disaster.
catacómba, *f.* **1** catacomb **2** (*fig.*) dark, airless place.
catacrèsi, *f.* (*retor.*) catachresis*.
catadiòttro, *m.* rear reflector.
catafalco, *m.* catafalque.
catafascio, *a., locuz. avv.* topsy-turvy; higgledy-piggledy; pell-mell. ● **andare a c.**, to go to bits; to go to the dogs.
catafillo, *m.* (*bot.*) cataphyll.
cataforèsi, *f.* (*biol., chim., fis.*) cataphoresis*.
catafratta, *f.* (*stor.: armatura*) cataphract.
catafratto, *m.* (*soldato coperto d'armatura intera*) cataphract.
catalano, *a.* e *m.* Catalan.
catalèssi (1), *V.* **catalessìa**.
catalèssi (2), *f.* (*poesia*) catalexis*.
catalessìa, *f.* (*med.*) catalepsy.
catalèttico (1), *a.* (*med.*) cataleptic.
catalèttico (2), *a.* (*poesia*) catalectic.
catalètto, *m.* (*bara*) coffin; bier.
catàlisi, *f.* (*chim.*) catalysis*.
catalitico, *a.* (*chim.*) catalytic.
catalizzare, *v. t.* (*chim.*) to catalyze (*anche fig.*).
catalizzatóre, *m.* (*chim.*) catalyst (*anche fig.*).
catalogàbile, *a.* classifiable; catalogable.
catalogare, *v. t.* to catalogue; to catalog (*USA*).
catalogatóre, *m.* cataloguer; cataloguist; cataloger (*USA*).
catalogazióne, *f.* cataloguing; cataloging (*USA*).
Catalógna, *f.* (*geogr.*) Catalonia.
catàlogo, *m.* **1** catalogue; catalog (*USA*): **c. per materie**, subject catalogue **2** (*elenco*) list. ● **c. per vendite per corrispondenza**, mail-order catalogue □ **c. ragionato**, «catalogue raisonné».
catalpa, *f.* (*bot., Catalpa bignonioides*) Indian bean.
catamarano, *m.* (*naut.*) catamaran.
catapécchia, *f.* hovel; hut; slum.
cataplasma, *m.* **1** (*med.*) poultice; cataplasm **2** (*fig.: persona che è o si crede piena di acciacchi*) valetudinarian; hypochondriac **3** (*fig.: persona noiosa*) bore; nagger.
cataplessia, *f.* (*med.*) cataplexy.
catapulta, *f.* (*mil., stor.*) catapult. ● (*naut.*) **c. di portaerei**, deck catapult.
catapultaménto, *m.* catapulting.
catapultare, *v. t.* (*naut., aeron. e fig.*) to catapult.
cataràffio, *m.* (*naut.*) caulking iron.
cataratta, *V.* **cateratta**.
catarifrangènte, A *a.* reflecting (back). B *m.* (rear) reflector; (*di paracarro, ecc.*) cat's eye: **c. di bicicletta**, bicycle rear reflector.
catarismo, *m.* (*stor. relig.*) Catharism.
càtaro, *a.* e *m.* (*stor. relig.*) Catharist.
catarrale, *a.* (*med.*) catarrhal.
catarrina, *f.* (*zool.*) cata(r)rhine.
catarro, *m.* (*med.*) catarrh.
catarróso, *a.* catarrhal.
catarsi, *f.* catharsis*; purification.
catàrtico, *a.* cathartic.
catasta, *f.* pile; stack; heap: **una c. di legna per il falò**, a stack of wood for the bonfire; **una c. di legna scaricata dal camion**, a heap of wood unloaded from the lorry. ● **a cataste**, in piles; in heaps.
catastale, *a.* (*leg., econ.*) cadastral; land (*attr.*).

catasto, *m.* (*leg.*, *econ.*) **1** cadastre; land register **2** (*ufficio*) general land office.
catàstrofe, *f.* catastrophe; disaster; crash.
catastròfico, *a.* catastrophic(al).
catatermòmetro, *m.* (*fis.*) kata-thermometer.
catatonìa, *f.* (*med.*) catatony.
catatònico, *a.* e *m.* (*med.*) catatonic.
catechèsi, *f.* (*relig.*) catechesis*.
catechètico, *a.* catechetic(al).
catechina, *f.* (*chim.*) catechin.
catechismo, *m.* (*relig.*) catechism: **c. anglicano,** Church Catechism.
catechista, *m.* catechist; catechizer.
catechìstico, *a.* catechistic(al).
catechizzare, *v. t.* **1** to catechize **2** (*fig.*) to lecture.
catechizzatóre, *m.* catechizer; catechist.
catecù, *m.* **1** (*bot.*, *Acacia catechu*) catechu **2** (*ind.*) cachou; catechu.
catecumenato, *m.* (*relig.*) catechumenate.
catecùmeno, *m.* (*relig.*) catechumen.
categorìa, *f.* **1** category; class; (*naut.*) rating **2** (*di merce*) grade.
categòrico, *a.* **1** categoric(al) (*anche filos.*); unconditional: **imperativo c.,** categorical imperative **2** (*reciso*) explicit; outspoken: **essere c. nelle proprie risposte,** to be outspoken in one's replies.
caténa, *f.* **1** chain: (*mecc.*) **c. di bicicletta,** bicycle chain; (*mecc.*) **c. articolata,** flat link (*o* sprocket) chain; (*ind.*) **c. di convogliamento,** conveyor chain; (*autom.*) **catene da neve,** snow chains; tyre chains; (*naut.*) **dell'ancora,** chain cable; **c. dell'orologio,** watch chain; **c. dell'uscio,** door chain; (*mecc.*) **trasmissione a c.,** chain drive **2** (*pl.*, *fig.*) chains; bonds; fetters: **tenere in catene,** to keep in chains; **spezzare le catene** to break the bonds; **le catene dell'amicizia,** the bonds of friendship **3** (*geogr.*) chain; range: **c. di montagne,** mountain chain; **Si vedeva una seconda c. dietro la prima,** one could see a second range beyond the first one **4** (*serie, successione*) chain; sequence: **una c. di avvenimenti,** a chain of events **5** (*chim.*, *fis.*) chain: **c. aperta** (**chiusa**), open (closed) chain (of atoms); **reazione a c.,** chain reaction **6** (*archit.*) chain; tie rod **7** (*ind. tessile*: *di ordito*) chain; warp. **c. di giornali,** newspaper chain □ **c. di montaggio,** assembly line □ **mettere un cane alla c.,** to chain a dog □ **negozi a c.,** multiple shops, chain stores (*USA*) □ (*fig.*) **tenere q. alla c.,** to keep sb. under.
catenàccio, A *m.* **1** bolt; bar; padlock **2** (*fig.*: *vecchia automobile*) old crock (*pop.*); jalopy (*pop. USA*) **3** (*sport*) defensive tactics (*pl.*). ● (*sport*) **fare c.,** to range the team in defence. **B** *a.* blocking; freezing; bolting. ● **decreto c.,** decree with immediate effect.
catenària, *f.* (*mat.*) catenary.
catenèlla, *f.* **1** (*collana*) chain: **c. d'oro,** gold chain **2** (*della porta*) door-chain **3** (*dell'orologio*) watch-chain. ● **punto c.,** chain stitch.
cateratta, *f.* **1** (*chiusura di canale, ecc.*) sluice; sluice-gate **2** (*cascata*) cataract **3** (*med.*) cataract. ● **piovere a cateratte,** to pour (with rain); to rain cats and dogs (*fam.*).
Caterina, *f.* Catherine, Catharine; Katherine, Katharine; (*dim.*) Kate, Kitty, Cathy: **Santa C. da Siena,** St. Catherine of Siena.
caterpillar (*ingl.*), *m.* (*trasporti*) caterpillar.
catèrva, *f.* **1** (*di persone*) horde; mob **2** (*di cose*) heap; pile. **C'era una c. di vecchi libri,** there was no end of old books.
catetère, *m.* (*med.*) catheter: **c. molle,** rubber catheter.
cateterismo, *m.* (*med.*) catheterization; catheterism.
cateterizzare, *v. t.* (*med.*) to catheterize.
catèto, *m.* (*geom.*) cathetus*.
catetòmetro, *m.* (*fis.*) cathetometer.
catgut (*ingl.*), *m.* (*med.*) catgut; catling.
catilinària, *f.* (*fig.*) philippic; bitter invective.
catinèlla, *f.* basin. ● **Pioveva a catinelle,** it was raining cats and dogs (*fam.*); it was pouring.
catino, *m.* basin; washing-up basin.
catióne, *m.* (*fis.*) cation.
catiùscia, *f. invar.* (*lanciarazzi sovietici*) katyusha.
catòdico, *a.* (*fis.*) cathode (*attr.*): **raggi catodici,** cathode rays.
càtodo, *m.* (*fis.*) cathode.
Catóne, *m.* (*stor.*) Cato.
catóne, *m.* (*fig.*) puritanical person; stern moralist. ● **fare il c.,** to pose as castigator of morals; to take a high moral tone.
catòrcio, *m.* (*fig.*, *fam.*: *oggetto vecchio*) old crock (*pop.*).
catòttrica, *f.* (*fis.*) catoptrics (*pl. col verbo al sing.*).
catòttrico, *a.* (*fis.*) catoptric(al).
catramare, *v. t.* to tar. ● **cartone catramato,** tar paper.
catramatura, *f.* tarring.
catrame, *m.* tar: **c. di carbon fossile,** coal tar; **c. di legna,** wood tar; **c. di torba,** peat tar.

catramóso, *a.* tarry.
càttedra, *f.* **1** (*tavolo d'insegnante*) (teacher's) desk **2** (*posto d'insegnante medio*) teaching post **3** (*di professore universitario*) chair; professorship: **la c. d'inglese,** the chair of English **4** (*vescovile*) (bishop's) throne; (episcopal) chair; cathedra*: **la c. di S. Pietro,** St. Peter's chair (*o* See). ● (*fig.*) **stare** (*o* **montare, parlare**) **in c.,** to be pedantic (*o* pompous); to pontificate.
cattedrale, *a.* e *f.* cathedral: **chiesa c.,** cathedral church.
cattedràtico, A *a.* **1** professorial; of (*o* pertaining to) a university chair; university (*attr.*): **corso c. di lezioni,** university course of lectures **2** (*pedante*) pedantic; priggish. **B** *m.* professor.
cattivarsi, *v. rifl.* to win*; to gain; to earn: **c. il favore di q.,** to gain sb.'s favour; **c. la stima di q.,** to win sb.'s respect. ● **c. la simpatia di q.,** to win sb. over; to captivate sb.
cattivèllo, A *a.* naughty. **B** *m.* imp; little rascal.
cattivèria, *f.* **1** wickedness; malice; spite: **la c. di quell'uomo,** the wickedness of that man; **Fu pura c. da parte di Iago,** it was sheer malice on Iago's part; **fare q.c. per** (**pura**) **c.,** to do st. out of (mere) spite **2** (*di bambino bizzoso*) naughtiness **3** (*atto malvagio*) wicked action **4** (*detto malvagio*) spiteful word; malicious remark. ● **fare** (**dire**) **una c.,** to do (to say) an unkind thing ○ **È una vera c. da parte sua!,** it's really nasty of him!
cattività, *f.* (*lett.*) captivity; bondage.
cattivo, A *a.* **1** bad; wicked; evil: **È un uomo c.,** he is a bad man; **la matrigna cattiva,** the wicked stepmother; **pensieri cattivi,** evil thoughts; **cattive maniere,** bad manners; **cattive notizie,** bad news; **cattiva reputazione,** bad name; **cattiva scelta,** bad choice; (*fam.*) **c. soggetto,** bad fellow; scoundrel; bad hat (*pop.*); **cattiva sorte** (*o* **fortuna**), bad luck **2** (*detto di bambino o per scherzo*) naughty; bad: **Sei c., lasciami stare!,** you naughty boy, leave me alone!; **C.! L'uccellino è morto!,** you bad boy: the little bird is dead! **3** (*inetto, non idoneo*) bad; poor: **È un brav'uomo, ma un c. elettricista,** he's a good man, but a poor (*o* a bad) electrician; **un c. soldato,** a bad soldier; **Ho una cattiva memoria,** I have a bad memory; **La mia vista è molto cattiva,** my eyesight is very poor **4** (*sgradevole*) bad; nasty; horrid: **Questa medicina è proprio cattiva,** this medicine is really nasty; **Questo pesce è c.: non lo mangiare!,** don't eat it!; **I cachi, o sono squisiti o sono cattivi,** persimmons are either delicious or else nasty **5** (*crudele*) unkind; hard-hearted: **Perché sei così cattiva con quella vecchietta?,** why are you so unkind to that poor old woman?; **È un uomo cattivo,** he's a hard-hearted man **6** (*amaro, pungente*) bitter; harsh: **parole cattive,** bitter (*o* harsh) words. ● **aria cattiva,** unhealthy air; (*di luogo chiuso*) stuffiness □ **avere una cattiva cera,** to look ill □ **con le buone o con le cattive,** by fair means or foul; by hook or by crook □ **essere di c. umore,** to be in a bad temper □ **farsi c. sangue per q.c.,** to be rubbed up the wrong way by st.; to brood over st.; to meditate resentfully on st. □ **essere in c. stato,** to be in a bad (*o* sorry) plight □ **mare c.,** rough sea □ **tempo c.,** bad weather □ **C'è c. sangue fra me e lui,** there is bad blood between him and me □ **La questione ha un lato buono e uno c.,** there is a good side to the matter and a bad one □ **Sei arrivato in un c. momento,** you've come at a bad moment □ **Non è una cattiva idea,** it's not a bad idea □ **Se non riesci con le buone, prova con le cattive,** if persuasion (*o* kindness) fails, try stronger measures. **B** *m.* **1** bad person; wicked man*; (*pl.*, *collett.*) (the) wicked: **I buoni saranno ricompensati, i cattivi puniti,** the good will be rewarded, the wicked punished **2** (*il male*) (the) bad: **prendere il buono e il c.,** to take the bad with the good **3** (*parte cattiva*) bad (part): **Mangia il buono di questa mela, e getta il c.,** eat the good part of this apple and throw away the bad.
cattolicésimo, cattolicismo, *m.* (Roman) Catholicism.
cattolicità, *f.* **1** catholicity **2** (*i cattolici*) (the) Catholics (*pl.*).
cattòlico, *a.* e *m.* (Roman) Catholic.
cattura, *f.* **1** arrest (*anche leg.*); capture; seizure: (*leg.*) **mandato di c.,** warrant of arrest **2** (*naut.*) prize **3** (*fis.*) capture.
catturare, *v. t.* **1** to capture; to seize; (*un indiziato, anche*) to arrest **2** (*un soldato*) to take* (sb.) prisoner **3** (*naut.*: *una nave nemica, ecc.*) to prize; (*una nave, sbarrandole il ritorno alla base*) to cut* out **4** (*un fiume*) to capture **5** (*fis.*) to capture.
Catullo, *m.* (*stor. letter.*) Catullus*.
caucàsico, *a.* e *m.* Caucasian.
Caucaso, *m.* (*geogr.*) Caucasus.
cauccìù, *m.* India rubber; caoutchouc.
caudale, *a.* (*zool.*) caudal: **pinna c.,** caudal fin.
caudatàrio, *m.* **1** (*relig.*) train bearer **2** (*fig.*) satellite.
caudato, *a.* **1** (*zool.*) caudate **2** (*poesia*) tailed: **sonetto c.,** tailed sonnet.
caudino, *a.* — **Forche Caudine,** (*stor.*) Caudine Forks; (*fig.*) bitter humiliation; dust and ashes. ● (*fig.*) **passare sotto le Forche Caudine,** to eat humble pie; to put on sack-cloth

and ashes.

càule, *m.* (*bot.*) stem; stalk; caulis*.

càusa, *f.* **1** cause: **c. ed effetto**, cause and effect; **La negligenza è spesso c. d'incendi**, carelessness is often the cause of fires; **le cause della guerra**, the causes of war; **la C. prima** (*Dio*), the First Cause **2** (*motivo*) motive; reason; ground; cause: **dare c.**, to give cause; **senza una giusta c.**, without good cause; **Dimmi la vera c. della tua offerta**, tell me the real reason for your offer **3** (*credenza, partito*) cause: **operare per una buona c.**, to work for a good cause; **abbracciare** (*o* **sposare**) **la c. della libertà**, to embrace the cause of liberty; **Sono morti per la C.**, they died for the Cause **4** (*leg.*) (law) suit; case; action; cause: **c. civile**, civil suit; **c. penale**, criminal case; **La c. fu giudicata dal solo giudice** (*senza giuria*), the case was tried by the judge alone; (*anche fig.*) **perorare una c.**, to plead a cause; (*anche fig.*) **avvocato delle cause perse**, advocate (*o* pleader) of lost causes. ● **a c. di**, because of; in consequence of; owing to; by reason of (*lett.*): **A c. di una bronchite, persi l'occasione**, because of a bronchitis, I missed the opportunity; **A c. dello sciopero, non sono potuto venire**, owing to the strike I was unable to come □ **dare c. vinta a q.**, (*darsi per vinto*) to throw up the sponge; (*dare ragione a q.*) to grant sb. the point □ **fare c. a q.**, to sue sb. □ **fare c. comune con q.**, to make common cause with sb. □ **essere in c.**, to be the subject under discussion; (*leg.*) to be at law □ **intentare c. a q.**, to bring a suit (*o* to take legal action) against sb. □ **non essere in c.**, not to be in doubt (*o* in question): **La tua onestà non è in c.**, your honesty is not in doubt; there's no question of your being dishonest □ **parlare con cognizione di c.**, to speak with authority; to speak with a full knowledge of the facts □ **essere parte in c.**, (*leg.*) to be a party in a suit; (*fig.*) to be concerned in the matter □ (*leg.*) **le parti in c.**, the parties □ **per c. tua**, through your fault.

causale, **A** *a.* causal: **rapporto c.**, causal relation; (*gramm.*) **congiunzione c.**, causal conjunction. **B** *f.* **1** motive; ground; cause **2** (*banca, rag.*) description **3** (*leg.*) consideration **4** (*gramm.*) causal proposition.

causalità, *f.* (*filos.*) causality.

causare, *v. t.* to cause; to be the cause of; to bring* about; to produce; to give* rise to: **c. danni e perdite**, to cause damages and losses; **c. una trasformazione**, to bring about a change; **c. malcontento**, to give rise to discontent. ● **Il ritardo fu causato dallo sciopero**, the delay was due to the strike.

causativo, *a.* (*specialm. gramm.*) causative.

causìdico, *m.* **1** (*stor.*) pleader **2** (*spreg.*) pettifogger.

càustica, *f.* (*fis.*) caustic (surface).

causticità, *f.* (*chim.*) causticity (*anche fig.*); corrosiveness.

càustico, *a.* **1** (*chim.*) caustic; corrosive **2** (*fig.*) caustic; mordant; biting; cutting: **un'osservazione caustica**, a biting remark.

caustificare, *v. t.* (*chim.*) to causticize.

cautèla, *f.* caution; circumspection; prudence.

cautelare (1), *a.* precautionary: **provvedimento c.**, precautionary measure.

cautelare (2), **A** *v. t.* to protect; to defend; to insure the safety of (sb.). **cautelarsi**, **B** *v. rifl.* to take* precautions; to protect (*o* to cover) oneself.

cautèrio, *m.* (*med.*) **1** cautery **2** (*cauterizzazione*) cauterization.

cauterizzare, *v. t.* (*med.*) to cauterize.

cauterizzazióne, *f.* (*med.*) cauterization.

càuto, *a.* cautious; circumspect; prudent; wary.

cauzionale, *a.* – (*leg.*) **deposito c.**, caution money; security.

cauzionare, *v. t.* to guarantee.

cauzióne, *f.* (*leg.*) **1** (*deposito di garanzia*) caution money; security **2** (*per ottenere la libertà provvisoria*) bail: **essere rilasciato dietro c.**, to be released on bail.

cava, *f.* quarry: **c. di marmo**, marble quarry; **c. d'ardesia**, slate quarry; **c. di pietra**, stone quarry **2** (*miniera*) pit: **c. a cielo aperto**, surface pit **3** (*fig.*) mine: **una c. inesauribile di motti arguti**, an inexhaustible mine of witticisms. ● **scavare una c.**, to quarry □ **Credi che io abbia la c. dei quattrini?**, what do you take me for, the Bank of England?

cavachiòdi, *m.* nail extractor; pincers.

cavadènti, *m.* (*spreg.*) tooth drawer; lousy dentist.

cavafango, *m.* (*mecc.*) dredge.

cavalcare, **A** *v. i.* to ride*; to go* on horseback. ● **c. all'amazzone**, to ride side-saddle. **B** *v. t.* **1** to ride* **2** (*stare a cavalcioni*) to straddle; to bestride* **3** (*passare sopra*) to span: **Un ponte cavalca il fiume**, a bridge spans the river. ● **c. a pelo** (*o* **a bisdosso**), to ride bareback.

cavalcata, *f.* **1** ride: **fare una c.**, to go for a ride **2** (*comitiva a cavallo*) cavalcade **3** (*corteo a cavallo*) cavalcade.

cavalcatóre, *m.* **1** rider **2** (*esperto*) horseman*.

cavalcatrice, *f.* **1** rider **2** (*esperta*) horsewoman*.

cavalcatura, *f.* mount.

cavalcavìa, *m. invar.* **1** (*ponte che attraversa una via*) flyover; overpass **2** (*fra due case*) bridge; covered passageway (between two buildings) **3** (*ferr.*) railway bridge.

cavalcióni, *avv.* – **a c.** (**di**), astride: **Sedeva a c. del muro**, he sat astride the wall.

cavalierato, *m.* knighthood.

cavalière, *m.* **1** (*chi va a cavallo*) rider; horseman*: **Cavallo e c. apparvero sul ciglio del colle**, horse and rider appeared on the brow of the hill **2** (*stor. medievale*) knight: **c. errante**, knight errant; **i Cavalieri della Tavola Rotonda**, the Knights of the Round Table **3** (*mil.*: *soldato a cavallo*) cavalryman*; trooper **4** (*nobiluomo*) gentleman*; squire; cavalier: **il c. di Ripafratta**, the squire of Ripafratta; (*stor.*) **puritani e cavalieri**, Roundheads and Cavaliers **5** (*chi accompagna una donna*) escort **6** (*nel ballo*) partner **7** (*chi è cortese con le donne*) gentleman*; chivalrous (*o* gallant, courteous) man* **8** (*grado di ordine cavalleresco*) knight: **i Cavalieri di Malta**, the Knights of Malta **9** (*nelle fortificazioni*) cavalier. ● **essere c.**, to be a gentleman □ (*scherz.*) **c. d'industria**, adventurer; chevalier of industry □ (*zool.*) **c. d'Italia** (*Himantopus himantopus*), stilt; stilt bird; stilt plover ● **c. servente**, «cavalier servente»; gallant; swain □ **a c. di due valli**, dominating (*o* commanding) two valleys □ **a c. di due secoli**, spanning (*o* bestriding) two centuries □ **fare c. q.**, to knight sb.

cavalierino, *m.* **1** (*di bilancia*) rider **2** (*di schedario*) signal; card-index tab.

cavalla, *f.* mare.

cavallàio, *m.* **1** (*commerciante*) horse dealer **2** (*guardiano*) herdsman*.

cavalleggèro, *m.* (*mil.*) light cavalryman*; trooper. ● **i cavalleggeri del Re**, the King's Light Horse.

cavallerésco, *a.* **1** (*di un ordine di cavalieri*) knightly; of knighthood: **La giarrettiera è un ordine c.**, the Garter is an order of knighthood **2** (*stor. medievale*) chivalrous; of chivalry: **romanzi cavallereschi**, romances of chivalry **3** (*fig.*: *nobile, generoso*) chivalrous; (*cortese*) courteous, gentlemanly: **comportamento c.**, chivalrous behaviour.

cavalleria, *f.* **1** (*mil.*) cavalry **2** (*stor. medievale*) chivalry **3** (*fig.*: *nobile comportamento*) chivalry. ● **c. leggera**, light horse.

cavallerizza (1), *f.* (*maneggio*) riding school.

cavallerizza (2), *f.* **1** (*amazzone*) horsewoman* **2** (*da circo*) circus rider.

cavallerizzo, *m.* **1** skilled (*o* professional) horseman* **2** (*maestro di equitazione*) riding master **3** (*da circo*) circus rider. ● **corredo da c.**, riding kit.

cavallétta, *f.* **1** (*zool.*) grasshopper **2** (*fig.*: *persona avida e vorace*) locust.

cavallétto, *m.* **1** (*mecc.*) stand **2** (*di pittore*) easel **3** (*di macchina fotografica, cannocchiale, ecc.*) tripod **4** (*costr.: capra*) trestle; (*di gru*) gantry **5** (*per segare*) sawhorse **6** (*stor.: strumento di tortura*) rack.

cavallina, *f.* **1** filly; young mare **2** (*attrezzo ginnico*) vaulting horse **3** (*gioco infant.*) leapfrog. ● (*fig.*) **chi corre la c.**, swinger (*fam.*) □ **correre la c.**, to sow (one's) wild oats; to swing (*fam.*) □ (**il**) **correre la c.**, swinging (*fam.*).

cavallino, **A** *a.* horsy; horse (*attr.*): **faccia cavallina**, horsy face; **mosca cavallina**, horsefly; **risata cavallina**, horse laugh. ● **tosse cavallina**, whooping cough. **B** *m.* **1** (*puledro*) colt; young horse **2** (*di razza nana*) pony.

cavallo, *m.* **1** horse; (*fam., o di razza piccola*) pony: **un c. da corsa**, a race horse; **una corsa di cavalli**, a horse race; **c. a dondolo**, rocking horse; **c. da giostra** (*o* **da gioco**), hobby horse; **c. da sella**, saddle horse; **c. da soma**, pack horse; **c. da tiro**, draft horse; **c. di razza** (*purosangue*), thoroughbred (horse); **c. bigio**, dun horse **2** (*pl. collett. coi c. v. al sing.*) cavalry; horse*: **Aveva mille fanti e cinquecento cavalli**, he had a thousand foot and five hundred horse **3** (*scacchi*) knight **4** (*inforcatura dei calzoni*) fork (in the trousers) **5** (*attrezzo ginnico*) vaulting horse: **volteggi sul c.**, horse vaulting (*o* vaults). ● **c. da caccia**, hunter □ **c. di battaglia**, warhorse; charger; (*fig.*) forte, strong point, bag (*pop.*); (*fig., teatr.*) actor's (*performer's*, etc.) favourite (*o* most popular, most successful) part (*o* aria, piece, number): **L'Amleto era il suo c. di battaglia**, Hamlet was his most famous part □ (*mil.*) **c. di Frisia**, cheval-de-frise □ (*fig.*) **il c. di S. Francesco**, Shanks' (*o* Shank's) mare (*o* pony); one's own legs: **andare col c. di S. Francesco**, to go on Shank's pony □ (*zool.*) **c. marino** (*Odobenus rosmarus*), morse; walrus □ (*mecc.*) **c. vapore**, horsepower (*abbr.*: H.P.): **un motore di 65 cavalli vapore**, a 65 H.P. engine □ **cavallini da circo**, circus ponies □ **c. on horseback** □ **a c. di q.c.**, astride st.: **a c. di una sedia**, astride a chair □ (*fig.*) **essere a c.**, to be safe; to be well on the way to success □ **andare (essere) a c.**, to go (to be) on horseback; to ride: **Lei andò in carrozza e lui a c.**, she went by carriage and he went on horseback □ **Ero a c. d'un mulo** (**d'un asino**, **d'un**

dromedario), I rode a mule (a donkey, a dromedary) □ **coda di c.** (*acconciatura*), ponytail □ **febbre da cavallo**, very high temperature; raging fever □ **ferro da c.**, horseshoe □ **a ferro di c.**, like a horseshoe: **Il tavolo era a ferro di c.**, the table was shaped like a horseshoe □ **montare a c.**, to mount (a horse) □ **polizia a c.**, mounted police □ **scendere da c.**, to dismount □ (*mil.*) **A c.!**, to horse! □ (*prov.*) **A caval donato non si guarda in bocca**, you don't look a gift horse in the mouth □ (*prov.*) **L'occhio del padrone ingrassa il c.**, the master's eye maketh the horse fat.
cavallóne, *m.* **1** (*maroso*) billow; roller; surge **2** (*frangente*) breaker **3** (*fig.*) clumsy person.
cavallùccio, *m.* **1** small horse **2** (*di razza nana*) pony. ● (*zool.*) **c. marino** (*Hippocampus*), sea horse □ **a c. di q.**, on sb.'s shoulders; piggyback.
cavalòcchio, *m.* (*pop.*) pettifogger.
capapiètre, *m.* quarryman*.
cavare, **A** *v. t.* **1** (*tirare fuori*) to take* out; to draw* (out); to pull out; to extract: **c. un dente**, to take out (*o* to draw out, to extract) a tooth; **c. un coltello di tasca**, to draw a knife out of one's pocket; **c. sangue**, to draw blood **2** (*togliere*) to take* off; to remove: **Cava la mano!**, remove your hand! **3** (*ricavare, ottenere*) to get*; to obtain; to gain: **Non le ho cavato una parola di bocca**, I couldn't get a word out of her. ● **c. un segreto di bocca a q.**, to worm a secret out of sb. □ **farsi c. un dente**, to have a tooth out □ (*fig.*) **non saper c. un ragno da un buco**, to be absolutely good for nothing □ (*prov.*) **Non si può c. sangue da una rapa**, you can't get blood out of a stone. **cavarsi**, **B** *v. rifl.* **1** (*togliersi*) to take* off: **c. il cappello**, to take off one's hat; **c. il soprabito**, to take off one's coat **2** (*liberarsi*) to get* out; to free oneself: **Non riesco a cavarmi dalla testa quel motivo**, I can't get that tune out of my head; **c. d'impaccio**, to get out of trouble; **c. da un impegno**, to free oneself from an engagement. ● **c. di torno q.**, to get rid of sb. □ **c. la fame**, to eat one's fill □ (*fig.*) **c. gli occhi**, to strain one's eyes; to ruin one's sight; (*litigare furiosamente*) to fight (each other) to the death: **Gianni e Mino si caverebbero gli occhi per quella ragazza**, Jack and Jim would fight each other to the death for that girl □ **c. la sete**, to quench one's thirst □ **c. il sonno**, to have one's fill of sleep □ **c. la voglia di fare q.c.**, to give oneself the satisfaction of doing st. □ **c. una voglia**, to satisfy one's wish □ **cavarsela**, (*a buon mercato*) to get off (cheaply); (*farcela*) to find a way out; (*a fatica*) to wriggle out of it; (*senza danno*) to get away with it □ **Cavati di torno!**, clear out!
cavastivali, *m.* bootjack.
cavata, *f.* **1** extraction; taking out; taking off **2** (*mus.*) touch. ● **c. di sangue**, (*med.*) blood-letting; (*fig.*: *spesa ingente*) great expense.
cavatappi, *m.* corkscrew.
cavatina, *f.* **1** (*mus.*) cavatina **2** (*fig.*) expedient; dodge (*fam.*).
cavatóre, *m.* quarryman*.
cavatrice, *f.* (*mecc.*) slotting (*o* mortising) machine; mortiser.
cavaturàccioli, *m.* corkscrew.
cavazióne, *f.* (*scherma*) disengage.
càvea, *f.* (*archeol.*) cavea*; horseshoe shaped auditorium*.
caveau (*franc.*), *m.* (*banca*) vault.
cavedagna, *f.* access path.
cavédano, *m.* (*zool.*, *Leuciscus cephalus*) chub*.
cavèdio, *m.* **1** (*archit.*) skylight passage **2** (*archeol.*) cavaedium*.
cavèrna, *f.* **1** cave; cavern: **uomo delle caverne**, caveman **2** (*mil.*) dugout **3** (*med.*) cavity.
cavernicolo, **A** *m.* cave dweller. **B** *a.* cave dwelling.
cavernóso, *a.* cavernous; (*di voce*) hollow, deep. ● (*anat.*) **corpo c.**, corpus cavernosum.
cavétto, *m.* (*elettr.*) small cable.
cavézza, *f.* halter. ● **mettere la c. a un cavallo**, to halter a horse □ (*fig.*) **tenere q. a c.**, to keep sb. under.
càvia, *f.* (*zool.*, *Cavia cobaya*) guinea pig (*anche fig.*); cavy. **B** *in funzione di agg. invar.* experimental.
caviale, *m.* caviar(e).
cavìcchia, *f.* **1** (*mecc.*) large peg **2** (*chiavarda*) (screw) bolt.
cavìcchio, *m.* **1** (*mecc.*) wooden pin; peg **2** (*piolo di scala*) rung **3** (*mus.*) peg **4** (*agric.*) dibble.
cavicòrno, *a.* (*zool.*) cavicorn; hollow-horned.
caviglia, *f.* **1** (*anat.*) ankle: **c. slogata**, sprained ankle **2** (*naut.*) belaying pin; (*di legno*) treenail; (*per impiombare*) marlinespike, fid **3** (*ferr.*) screw spike; sleeper screw **4** (*costr.*) wooden peg **5** (*ind. tessile*) spindle.
caviglièra, *f.* **1** (*fascia elastica*) ankle band **2** (*naut.*) belaying-pin rack.
caviglière, *m.* (*mus.*) head; peg box.
cavillare, *v. i.* **1** to quibble; to cavil; to split* hairs **2** (*di ceramica*) to craze; to crackle.

cavillatóre, *m.* quibbler; captious person.
cavillatura, *f.* (*di ceramica*) craze; crackle.
cavillo, *m.* **1** quibble; cavil **2** (*leg.*) chicanery.
cavillosità, *f.* **1** captiousness **2** (*leg.*) chicanery.
cavillóso, *a.* quibbling; captious; hair-splitting.
cavista, *m. e f.* **1** one who works for cable television **2** advocate of cable television.
cavità, *f.* hollow; cavity (*anche anat.*).
cavitàrio, *a.* (*med.*) cavitary.
cavitazióne, *f.* (*naut., mecc.*) cavitation.
cavo (1), **A** *a.* hollow; hollowed; concave. ● (*mil.*) **carica cava**, shaped charge □ (*anat.*) **vena cava**, vena cava. **B** *m.* hollow; cavity: **nel c. della mano**, in the hollow of one's hand; (*anat.*) **c. orale**, oral cavity. ● **il c. dell'onda**, the trough of the wave.
cavo (2), *m.* **1** cable: **c. armato**, armoured cable; **c. di acciaio**, steel cable; **c. telefonico**, telephone cable; **c. telegrafico sottomarino**, submarine telegraph cable; (*elettr.*) **c. elettrico** (*sotterraneo, sottomarino*), electric (subterranean, submarine) cable; **complesso di cavi**, trunk of cables **2** (*naut.*) rope; fast; cable; (*specialm. d'acciaio*) hawser; **c. da tonneggio**, kedge rope; **c. di ammarraggio**, mooring rope; fast; **c. piano**, plain-laid rope; **filare un c.**, to pay out a rope. ● (*naut.*) **c. dei bozzelli**, tackle fall □ (*naut.*) **c. di draggaggio**, sweep □ (*naut.*) **c. di ormeggio**, mooring line (*o* rope) □ (*naut., autom.*) **c. di traino**, tow rope; tow line □ **televisione via c.**, cable television.
cavolàia, *f.* **1** (*luogo piantato a cavoli*) cabbage patch **2** (*zool.*, *Pieris brassicae*) garden white; cabbage butterfly.
cavolata, *f.* (*pop.*; *detto balordo*) nonsense; (*azione balorda*) stupid action: **Non dire cavolate!**, oh, come on!; don't say such stupid things!
cavolfióre, *m.* (*bot.*, *Brassica oleracea botrytis*) cauliflower.
càvolo, **A** *m.* (*bot.*, *Brassica oleracea*: *specie erbacea*) wild cabbage. ● (*bot.*) **c. cappuccio** (*Brassica oleracea capitata*), cabbage □ (*bot.*) **c. di Bruxelles** (*Brassica oleracea gemmifera*), Brussels sprout □ (*bot.*) **c. marino** (*Crambe maritima*), sea kale □ (*bot.*) **c. rapa** (*Brassica oleracea gongylodes*), turnip cabbage; kohlrabi □ (*bot.*) **c. verde** (*Brassica oleracea acephala*), kale, kail □ (*bot.*) **c. verzotto** (*o* **verza**) (*Brassica oleracea sabauda*), savoy □ (*fig.*) **andare a ingrassare i cavoli**, to go to feed the worms □ **entrarci come i cavoli a merenda**, to be completely beside the point □ (*fig.*) **salvare capra e cavoli**, to have the best of both worlds; to have one's cake and eat it □ (*volg.*) **Sono cavoli miei!**, it's none of your business! □ (*pop.*) **testa di c.**, blockhead; clot (*pop.*) □ (*pop.*) **Non me ne importa un c.**, I don't give a fig (for it); I don't give a damn. **B** *inter.* (*pop.*) (*sì, certo!*) of course!, (*USA*) sure!; (*no! davvero?*) no!, wow!, oh, my God!: **Ci stai? C.!**, are you in? of course! □ **col c.!**, like Hell! (*pop.*); my eye (*o* foot)!
cazza, *f.* **1** (*fonderia*) melting-pot; crucible: **c. per fondere i metalli**, crucible for the melting of metals **2** (*mestolo metallico*) ladle.
cazzàre, *v. t.* (*naut.*) to haul (in).
cazzata, *f.* (*volg.*: *detto balordo*) bloody nonsense; (*azione balorda*) bloody thing. ● **Non fare cazzate!**, don't do anything stupid!
cazzo, (*volg.*) **A** *m.* prick. **B** *inter.* hell!; shit!
cazzottare, **A** *v. t.* (*pop.*) to punch; to fight* (sb.) with one's fist; to give* blows to (sb.). **cazzottarsi**, **B** *v. rifl. recipr.* to fight*; to come* to blows.
cazzottata, cazzottatura, *f.* (*pop.*) punching.
cazzòtto, *m.* (*pop.*) blow with one's fist; punch. ● **fare a cazzotti con q.**, to come to blows with sb.
cazzuòla, *f.* (*costr.*) trowel. ● **lisciare con la c.**, to trowel off.
ce (1), *avv.* there: **Ce n'è quanto basta per implicarlo**, there is enough to compromise him; **Ce ne sono tre**, there are three. □ **Andai a casa sua, ma non ce lo trovai**, I went to his house, but I did not find him (*o* I did not find him in) □ **Ce n'è voluto per farglielo capire!**, it has been a terrible job to get it into his head!
ce (2), *particella pron.* us; to us: **La lettera ce l'ha mandata venerdì**, he sent us the letter on Friday.
cèbo, *m.* – (*zool.*) **c. cappuccino** (*Cebus capucinus*), capuchin monkey.
cèca, *f.* (*giovane anguilla*) elver.
cecàggine, *V.* **cecità**.
cecale, *a.* (*anat.*) caecal.
cecchino, *m.* **1** (*stor., mil.*) sharpshooter; sniper; «cecchino» **2** (*fig., polit.*) defector; one who secretly votes against his own party.
céce, *m.* **1** (*bot.*, *Cicer arietinum*) gram; chickpea: **minestra di ceci**, chickpea soup **2** (*med.*) fleshy excrescence. ● **grosso come un c.**, the size of a pea.
cecidio, *m.* (*bot.*) cecidium*; gall.
cecidiologia, *f.* (*bot.*) cecidiology.
cecidomia, *f.* (*zool.*, *Cecidomya*) gall midge; gall gnat.

Cecìlia, *f.* Cecily.
cecìlia, *f.* (*zool.*, *Coecilia*) caecilian.
Cecìlio, *m.* Cecil.
cecità, *f.* **1** blindness **2** (*fig.*) blindness; obtuseness; stupidity; unawareness. ● (*med.*) **c. ai colori**, colour blindness □ (*med.*) **c. da neve**, snow blindness.
cèco, *a.* e *m.* Czech.
Cecoslovàcchia, *f.* (*geogr.*) Czechoslovakia.
cecoslovacco, *a.* e *m.* Czechoslovak, Czecho-Slovak.
cedènte, *m.* e *f.* (*leg.*) **1** (*specialm. di beni*) alienor; surrenderor; transferor **2** (*specialm. di diritti*) assignor; grantor **3** (*di beni o di diritti*) releasor.
cedènza, *f.* (*banca*) drop: **c. delle azioni**, a drop in the stock exchange.
cèdere, **A** *v. i.* **1** (*arrendersi*) to surrender; to yield; to give* up; to give* in: **c. a un nemico più forte**, to surrender to a stronger enemy; **c. alle preghiere di q.**, to yield to sb.'s prayers; **Dobbiamo tener duro e non c.**, we must hang on and not give up; **Sembrava intransigente, ma poi cedette**, he seemed adamant, but then he gave in **2** (*sprofondare*) to give* way; to subside; to sink* down; to cave in: **Il pavimento ha ceduto**, the floor gave way; **Il terreno cede**, the ground is subsiding **3** (*allentarsi*) to give*: **Il ramo cedette, ma non si spezzò**, the branch gave but didn't break **4** (*essere inferiore*) to be second; to yield the palm: **In cortesia, non la cede a nessuno**, he is second to none in courtesy. **B** *v. t.* **1** (*dare*) to give* (up): **c. il posto a q.**, to give (up) one's place (*o* seat) to sb.; **c. il turno a q.**, to give up one's turn to sb. **2** (*consegnare*) to give* up; to surrender; to yield; (*con trattato*) to cede: **c. una città al nemico**, to surrender a town to the enemy; **c. terreni**, to give up (*o* to cede) land; **c. terreno al nemico**, to yield (*o* to give) ground to the enemy **3** (*trasferire*) to make* over; to hand over; to transfer; to cede; to assign (*anche leg.*): **c. una cambiale**, to transfer a bill; **c. la direzione di un'azienda**, to hand over the management of a business; **c. i propri diritti a q.**, to make over (*o* to transfer, to cede) one's rights to sb.; **c. una tenuta**, to make over (*o* to transfer) an estate **4** (*vendere*) to sell*; to dispose of: **c. azioni**, to sell (*o* to dispose of) shares. ● (*di pavimento, ecc.*) **c. al centro**, to sag □ (*mil.*) **c. le armi**, to surrender □ **c. la destra** (*o* **mano**) **a q.**, to give sb. the right of way □ **c. il passo a q.**, to make way for sb.; to let sb. pass □ (*fig.*) **c. le redini a q.**, to let sb. take the lead; to hand over to sb.: **Quando arrivò il nuovo direttore, gli cedetti le redini**, when the new director arrived, I handed over to him.
cedévole, *a.* **1** that gives; yielding; pliable: (*del terreno*: *per la pioggia, la neve*) soft: **È c. perché è di gomma**, it gives because it's made of rubber **2** (*fig.*: *arrendevole, ragionevole*) apt to give in; yielding; docile; amenable; accommodating: **Lui si ostina, ma lei è c.**, he holds on, but she is apt to give in; **Il socio è una persona c.**, the partner is an accommodating person. ● (*costr.*) **terreno c.**, soft ground; loose soil.
cedevolézza, *f.* **1** (*di materiali*) pliability **2** (*fig.*: *arrendevolezza*) amenability, docility; tendency to be conciliating.
cedìbile, *a.* (*comm.*, *leg.*) transferable; assignable. ● **non c.**, untransferable.
cedibilità, *f.* (*comm.*, *leg.*) transferability; assignability.
cedìglia, *f.* (*linguistica*) cedilla.
cediménto, *m.* **1** giving in (*anche fig.*) **2** (*costr.*) settling, settlement; (*di una trave*) yielding; (*di terreno*) sinking, subsiding; (*avvallamento del fondo stradale*) sag.
cèdola, *f.* (*fin.*) coupon. ● **c. di assegno bancario**, check counterfoil □ **c. di commissione libraria**, bookseller's order form □ (*fin.*) **c. di dividendo**, dividend warrant.
cedolare, (*fin.*) **A** *a.* coupon (*attr.*). **B** *f.* (*imposta c.*) tax on dividend warrants; capital gains tax.
cedràngolo, *m.* sour orange.
cedrata, *f.* citron juice.
cedrina, *f.* (*bot.*, *Lippia citriodora*) lemon verbena.
cédro (1), *m.* (*bot.*, *Citrus medica*) citron.
cedro (2), *m.* **1** (*bot.*, *Cedrus*) cedar: **c. del Libano** (*Cedrus libani*), cedar of Lebanon **2** (*legno*) cedar.
cedróne, *a.* – (*zool.*) **gallo c.** (*Tetrao urogallus*), capercaillie.
ceduazióne, *f.* (*bot.*) felling.
cèduo, *a.* (*bot.*) to be cut periodically. ● **bosco c.**, copse; coppice.
cefalalgìa, **cefalèa**, **cefalgìa**, *f.* (*med.*) cephalalgia; headache.
cefàlico, *a.* (*anat.*) cephalic. ● (*antropologia*) **indice c.**, cephalic index.
cefalina, *f.* (*biol.*) cephalin.
cèfalo, *m.* (*zool.*, *Mugil cephalus*) grey mullet.
cefalòpodi, *m. pl.* (*zool.*, *Cephalopoda*) cephalopods.
ceffata, *f.* slap; smack; cuff.
cèffo, *m.* **1** (*muso*) snout **2** (*spreg.*) mug (*fam.*); ugly (*o* sinister) face. ● **È un brutto c.**, he's an ugly-looking fellow; he's a sinister type.
ceffóne, *m.* slap; smack; cuff. ● **dare un c. a q.**, to slap sb.; to give sb. a slap □ **prendere a ceffoni q.**, to cuff sb.
celare, **A** *v. t.* to conceal; to hide*: **c. a q. la verità**, to hide the truth from sb. **celarsi**, **B** *v. rifl.* **1** (*nascondersi*) to hide* (*o* to conceal) oneself **2** (*stare nascosto*) to be hidden; to hide*.
celata, *f.* (*stor.*) sallet.
celebèrrimo, *a.* (*superl. di* **celebre**) of great renown; very famous.
celebrante, *m.* (*relig.*) celebrant.
celebrare, *v. t.* **1** (*lodare*) to celebrate; to praise; to sing* the praises of; to exalt; to extol **2** (*relig.*) to celebrate; to officiate **3** (*festeggiare*) to celebrate. ● (*relig.*) **c. le feste**, to observe feast days prescribed by the Church □ **c. la messa**, to say mass □ **c. le nozze di q.**, to officiate at sb.'s wedding □ **c. un processo**, to hold a trial.
celebrativo, *a.* celebration (*attr.*); commemorative.
celebratóre, *m.* celebrator.
celebrazióne, *f.* celebration.
cèlebre, *a.* celebrated; famous; renowned; notorious (*spreg.*).
celebrità, *f.* celebrity.
celenterati, *m. pl.* (*zool.*, *Coelenterata*) coelenterates.
cèlere, *a.* **1** (*svelto*) swift; quick: **Camminava con passo c.**, he walked at a swift pace **2** (*pronto*) prompt **3** (*rapido*) accelerated; rapid: **corso c. di stenografia**, accelerated course of shorthand. ● **la C.** (*corpo di polizia*), the Flying Squad.
celerino, *m.* (*pop.*) member of the Flying Squad.
celerità, *f.* swiftness; quickness; rapidity.
cèlesta, *f.* (*mus.*) celesta.
celèste, **A** *a.* **1** (*divino*) heavenly; celestial: **consolazione c.**, heavenly consolation; **il C. Impero**, the Celestial Empire **2** (*del cielo*) heavenly: **corpi celesti**, heavenly bodies **3** (*di color c.*) sky-blue; light-blue; pale-blue. ● **la volta c.**, the heavens; the sky □ **sotto la volta c.**, under the sun. **B** *m.* (*colore*) sky blue; light blue; pale blue.
celestiale, *a.* celestial; heavenly.
Celestina, *f.* Celestine.
celestino, *a.* bluish; pale-blue.
Celestino, *m.* Celestine.
cèlia, *f.* jest; joke: **dire q.c. per c.**, to say st. as a joke. ● **per c.**, for (*o* in) fun.
celìaco, *a.* (*anat.*) coeliac.
celiare, *v. i.* to jest; to joke.
celibato, *m.* celibacy; bachelorhood; single state.
cèlibe, **A** *a.* celibate; unmarried; single. **B** *m.* bachelor; unmarried (*o* single) man.
celidònia, *f.* (*bot.*, *Chelidonium majus*) celandine; swallowwort.
celite, *f.* (*chim.*, *miner.*) celite.
cèlla, *f.* **1** (*di convento, prigione, alveare; fis., chim.*) cell **2** (*dispensa*) cellar; larder; storeroom **3** (*archeol.*) cella*; naos*. ● **c. campanaria**, belfry □ **c. di rigore**, solitary-confinement cell □ **c. frigorifera**, cold store; refrigerator □ **essere messo in c. di rigore**, to be put in solitary confinement.
celleràio, **celleràrio**, *m.* (*nei conventi*) cellarer.
cèllofan, *V.* **cellophane**.
cellophane (*franc.*), *m.* cellophane.
cèllula, *f.* **1** (*biol., fis., polit.*) cell **2** (*aeron.*) cell; wing cell; wing unit. ● (*fis.*) **c. fotoelettrica**, electric eye; photoelectric cell.
cellulare, **A** *a.* (*biol.*) cellular: **tessuto c.**, cellular tissue. ● (*leg.*) **segregazione c.**, solitary (*o* close) confinement. **B** *m.* (*leg.*) **1** (*carcere*) gaol (*divided into cells*); jail **2** (*furgone*) prison van; Black Maria (*pop.*); paddy wagon (*pop. USA*).
cellulite, *f.* (*med.*) cellulitis.
cellulòide, *f.* (*marchio: chim.*) celluloid. ● (*cinem.*) **il mondo della c.**, the motion-picture industry; filmland.
cellulósa, *f.* (*biochimica*) cellulose. ● (*ind.*) **ovatta di c.**, Cellucotton.
cellulòsico, *a.* (*chim.*) cellulosic; cellulose (*attr.*).
cellulóso, *a.* cellulose.
celòma, *m.* (*zool.*) coelom*.
celòsia, *f.* (*bot.*, *Celosia cristata*) cockscomb.
celòstata, **celòstato**, *m.* (*astron.*) coelostat.
celotomìa, *f.* (*med.*) kelotomy; herniotomy.
cèlta, *m.* (*stor.*) Celt.
cèltico, *a.* e *m.* Celtic (*anche la lingua*).
cembalista, *m.* e *f.* cymbalist.
cémbalo, *m.* (*mus.*) **1** (*stor.*) cymbal **2** *V.* **clavicémbalo**.
cémbro, *m.* (*bot.*, *Pinus cembra*) stone pine.
cementare, *v. t.* **1** to cement (*anche fig.*) **2** (*metall.*) to case-harden.
cementazióne, *f.* **1** cementation **2** (*metall.*) case-hardening.
cementière, *m.* cement manufacturer.
cementièro, **A** *a.* (*pertaining to*) cement: **industria cementiera**, cement industry. **B** *m.* cement-maker.

cementificio, *m.* cement factory.
cementista, *m.* cement layer.
cementite, *f.* (*metall.*) cementite.
cementizio, *a.* (pertaining to) cement: **industria cementizia,** cement industry.
cemento, *m.* cement: **c. a presa lenta** (**a presa rapida, dentario, idraulico**), slow-setting (quick-setting, dental, hydraulic) cement; **intonaco di c.,** cement plastering. ● **c. armato,** (reinforced) concrete.
cemento-amianto, *locuz. m.* (*costr.*) asbestos cement.
céna, *f.* **1** (*frugale*) supper **2** (*lauta*) dinner. ● **andare a letto senza c.,** to go to bed supperless □ (*relig.*) **l'Ultima C.,** the Last Supper.
cenàcolo, *m.* **1** (*archeol.*) cenaculum*; cenacle; supping room **2** (*fig.*) coterie. ● (*pitt.*) **il C. di Leonardo,** Leonardo's Last Supper.
cenare, *v. i.* **1** (*frugalmente*) to have supper; to be at supper; to sup (*lett.*): **Sto cenando,** I'm at supper; I'm having supper **2** (*lautamente*) to have dinner; to dine.
cenciàio, cenciaiòlo, *m.* rag-and-bone-man*; junkman* (USA).
céncio, *m.* **1** piece (*o* scrap) of cloth **2** (*logoro*) rag **3** (*per spolverare*) duster **4** (*per pavimenti*) floor-cloth. ● (*fig.*) **cadere come un c.,** to flop; to collapse □ **coperto di cenci,** in rags (*o* in tatters) □ (*fig.*) **pallido come un c.,** as white as a sheet □ (*fig.*) **essere ridotto un c.,** to be the shadow of one's former self □ (*fig.*) **essere (sembrare) un c.,** to feel (to look) washed-out □ (*fig.*) **I cenci sudici vanno lavati in casa,** one shouldn't wash one's dirty linen in public □ (*fig.*) **Non ho un c. da mettermi,** I haven't a rag to put on □ (*prov.*) **I cenci vanno all'aria,** the poor always get the worst of it.
cencióso, A *a.* ragged; tattered; in rags: **una donna cenciosa,** a woman in rags. **B** *m.* (*spreg.: povero*) pauper; tramp.
ceneràio, ceneratóio, *m.* (*di stufa*) ash-pan; (*di fucina*) ash-hole; (*di locomotiva*) ash-pan, ash-pit.
cénere, *f.* **1** (*anche fig.*) ash(es); (*specialm. di carbone, legna, ecc.*) cinders (*pl.*): **c. di sigaretta,** cigarette ash; **c. vulcanica,** volcanic ash; **grigio c.** (*o* color c.), ash grey; **Tolsi la c. dal camino,** I removed the ashes from the fireplace; **andare in c.,** to be burnt to a cinder; **le Ceneri** (*o* **il mercoledì delle Ceneri**), Ash Wednesday **2** (*pl.: di morto*) ashes; (*fig.*) mortal spoils (*lett.*): **Le ceneri del poeta furono portate al suo luogo di nascita,** the poet's ashes were taken to his birthplace. ● **capelli biondo c.,** ash-blond hair □ (*fig.*) **ridurre in c.,** to destroy; to wipe out □ **Si cosparse il capo di c. e chiese perdono,** he begged forgiveness in sackcloth and ashes.
Cenerèntola, *f.* Cinderella (*anche fig.*).
cenerino, *a.* ashen; pale ash grey.
cenerógnolo, *a.* ash-grey; stone-grey; fawny-grey.
cenestèsi, *f.* (*psic.*) coenaesthesia.
cenestèsico, *a.* (*psic.*) coenaesthetic.
céngia, *f.* (*alpinismo*) ledge (on the rock face).
cennamèlla, *f.* (*mus.*) bagpipe(s).
cénno, *m.* **1** sign; signal: **Aspettavamo un tuo c. per cominciare,** we were waiting for a sign (*o* signal) from you to start **2** (*gesto*) gesture: **Faceva grandi cenni per farsi capire,** he was making great gestures to make himself understood **3** (*col capo*) nod: **Gli feci un c.,** I gave him a nod (*o* I nodded to him) **4** (*con la mano*) wave (of the hand) **5** (*con gli occhi*) wink **6** (*trafiletto*) short notice: **Sul giornale c'era un c. sulla sua morte,** there was a short notice in the newspaper about his death **7** (*allusione*) hint; mention; allusion **8** (*di solito al pl.: sunto, traccia*) outline; short account; notes (*pl.*): **cenni di letteratura inglese,** an outline of English literature; **cenni sulle opere del Foscolo,** a short account of Foscolo's works; **Non è un quadro sistematico, ma soltanto alcuni cenni,** this is not a systematic picture, but just a few scattered notes **9** (*indizio, sintomo*) sign; pointer. ● **dare un c. di risposta** (a una lettera), to acknowledge receipt (of a letter) □ **fare c. a q.c.,** to hint at st.; to mention st. □ **fare c. a q.,** to beckon to sb.; (*col capo*) to nod to sb.; (*alludere*) to mention sb.: **Mi fece c. di seguirlo,** he beckoned to me to follow him □ **fare c. di no,** (*col capo*) to shake one's head; (*col dito*) to shake one's finger □ **fare c. di sì,** to nod; (to nod one's) assent □ **A un vostro c., Vi spediremo la merce,** on hearing from you, we'll ship you the goods □ **Non ne ho fatto c. con nessuno,** I have mentioned it to no one □ **Prima di decidere, attendiamo un vostro c. in proposito,** before taking a decision, we await your instructions on the matter.
cenòbio, *m.* **1** (*bot., zool.*) coenobium* **2** (*relig.*) coenoby, cenoby.
cenobita, *m.* (*relig.*) coenobite, cenobite. ● (*fig.*) **fare il c.,** to lead a retired life.
cenobitico, *a.* (*relig.*) coenobitic(al), cenobitic(al).
cenotàfio, *m.* cenotaph.

cenozòico, (*geol.*) **A** *a.* Cenozoic, Cainozoic, Caenozoic. **B** *m.* Cenozoic era.
censiménto, *m.* (*stat.*) census: **fare il c.,** to take a census; **scheda di c.,** census paper; **c. della popolazione,** census of population.
censire, *v. t.* **1** (*stat.*) to take* a census of; to census **2** (*fin.*) to assess (property).
censito, *a.* **1** (*stat.*) counted in a census **2** (*fin.*) assessed.
censitóre, *m.* (*stat.*) census taker.
cènso, *m.* **1** estate; wealth **2** (*fin., raro*) assessable income (of an estate).
censóre, *m.* **1** censor **2** (*fig.*) (severe) critic; fault-finder.
censòrio, *a.* **1** censorial **2** (*fig.*) censorious; critical; fault-finding.
censura, *f.* **1** (*di scritti e spettacoli*) censorship **2** (*collett.*) board of censors: **sottoporre alla c.,** to submit to the board of censors **3** (*postale*) censorship **4** (*sanzione disciplinare*) censure **5** (*biasimo*) censure; disapproval; severe criticism. ● (*psic.*) **c. onirica,** dream censorship.
censuràbile, *a.* censurable.
censurare, *v. t.* **1** to censor: **La mia lettera fu censurata,** my letter was censored **2** (*criticare*) to censure; to criticize: **Come osi c. la mia condotta?,** how dare you criticize my conduct?
censuratóre, *m.* censurer; (severe) critic.
centaurèa, *f.* (*bot., Centaurea*) centaury; knapweed.
centàuro, *m.* **1** (*mitol.*) centaur **2** (*corridore motociclista*) motorcycle racer.
centellinare, *v. t.* to sip.
centellino, *m.* sip: **a centellini,** sip by sip; in sips.
centenàrio, A *a.* **1** (*che ha cento anni*) centenarian; centennial **2** (*che ricorre ogni cento anni*) centenary; centennial. **B** *m.* **1** (*persona di cento anni*) centenarian **2** (*commemorazione*) centenary: **il c. di Purcell,** Purcell's centenary.
centennale, *a.* centennial; secular. **B** *m.* centenary.
centènne, A *a.* centennial; secular. **B** *m.* e *f.* centenarian.
centènnio, *m.* (period of a) hundred years; century: **Esaminiamo l'ultimo centennio,** let us examine the last hundred years.
centesimale, *a.* centesimal.
centèsimo, A *a. num. ord.* hundredth. **B** *m.* **1** (a, one) hundredth **2** (*centesima parte della lira*) centesimo*. ● **c. di dollaro,** cent □ **c. di franco,** centime □ **non valere un c.,** not to be worth a farthing □ **ripagare q. fino all'ultimo c.,** to pay sb. to the last penny □ **essere senza un c.,** to be penniless; to be broke (*o* stony-broke) (*pop.*).
centiara, *f.* centare, centiare.
centigrado, *a.* centigrade: **un termometro c.,** a centigrade thermometer.
centigrammo, *m.* centigram(me).
centìlitro, *m.* centilitre; centiliter (*USA*).
centimetrare, *v. t.* to divide into centimetres.
centimetrato, *a.* subdivided into centimetres: **nastro c.,** tape measure.
centimetro, *m.* centimetre; centimeter (*USA*): **c. quadrato,** square centimetre; **c. cubo,** cubic centimetre.
cèntina, *f.* **1** (*edil.*) centr(e)ing; centre; center (*USA*) **2** (*aeron.*) rib: **c. alare,** wing rib. ● (*fig.*) **a c.,** slightly arched □ (*cucito*) **bordo a c.,** scalloped edge.
centinàio, *m.* (a) hundred; about a hundred. ● **I turisti arrivano a centinaia,** tourists are arriving by the hundred (*o* in hundreds).
centinaménto, *m.* (*edil.*) arching.
centinare, *v. t.* **1** (*edil.*) to support with a centring **2** (*sagomare ad arco*) to camber **3** (*cucito*) to scallop.
centinatura, *f.* **1** (*edil.*) centr(e)ing; centering (*USA*) **2** (*mecc.*) camber.
centista, *V.* **centometrista.**
cènto, *a. num. card.* e *m. a* (*o* one) hundred: **c. sterline,** a hundred pounds; **i c. libri migliori,** the hundred best books; **Te l'ho detto c. volte,** I've told you a hundred times. ● **al c. per c.,** a hundred per cent; completely □ **un aumento del dieci per c.,** a ten per cent increase □ **novantanove volte su c.,** ninety-nine times out of a hundred □ **una volta su c.,** hardly ever □ **C. di questi giorni!,** many happy returns of the day!
centochilòmetri, *f.* (*sport*) race over 100 kilometres.
centodièci, *a. num. card.* e *m.* **1** one hundred and ten **2** full marks. ● **Si è laureato con c. e lode,** he has been awarded an honours degree.
centometrista, *m.* e *f.* (*sport*) hundred-metre runner (*o* sprinter).
centomila, A *a. num. card.* **1** a (*o* one) hundred thousand **2** (*moltissimi*) thousands (*pl.*); ten thousand: **Sono passato davanti al negozio c. volte senza vederlo,** I've passed the shop thousands of times without noticing it. **B** *m.* a (*o* one) hundred thousand.
centomillèsimo, *a. num. ord.* e *m.* hundred thousandth.
centónchio, *m.* (*bot., Stellaria media*) chickweed.
centóne, *m.* **1** (*letter.*) cento*; miscellany **2** (*spreg.*) hotchpotch.

centonovèlle, *m.* collection of one hundred stories.
centopèlle, *m. invar.* (*zool.*) omasum*; manyplies (*pl.*, *col verbo generalm. al sing.*).
centopièdi, *m.* (*zool.*) centipede.
centotrédici, **A** *a. num. card.* one hundred and thirteen. **B** *m.* – **chiamare il c.**, to dial nine-nine-nine; to dial the emergency number.
centràggio, *m.* V. centratura.
centrale, **A** *a.* **1** central: **Vorrei un albergo più c.**, I should like a more central hotel **2** (*fig.: principale*) main; central: **l'ufficio c.**, the main office; **il governo c.**, the central government. **B** *f.* – **c. telefonica**, telephone exchange; **c. atomica**, atomic power plant; **c. del latte**, municipal milk-distributing centre; **c. elettrica**, power station; power plant; **c. idraulica**, water-power plant; **c. idroelettrica**, hydroelectric power plant; (*mil.*) **c. di tiro**, central control.
centralinista, *m.* e *f.* telephone (*o* exchange) operator; operator; telephonist.
centralino, *m.* **1** (*della compagnia telefonica*) telephone exchange **2** (*di un istituto, albergo, ecc.*) switchboard.
centralismo, *m.* (*polit.*) centralism.
centralità, *f.* centrality.
centralizzare, *v. t.* to centralize.
centralizzato, *a.* centralized: **economia centralizzata**, centralized economy.
centralizzatóre, **A** *a.* centralizing. **B** *m.* centralizer.
centralizzazióne, *f.* centralization.
centrare, **A** *v. i.* to hit* the centre; to hit* the mark (*anche fig.*); to hit* the nail on the head (*fig.*). **B** *v. t.* **1** (*colpire nel centro*) to hit* the centre of (st.): **c. il bersaglio**, to hit the centre of the target; to hit the bull's eye **2** (*mecc.*) to centre; to true (up) **3** (*gioco del calcio*) to centre **4** (*fig.*) to get* to the heart of (a problem, etc.).
centrato, *a.* (*mecc.*) true; balanced. ● (*fig.*) **una risposta centrata**, a reply right on the mark ☐ **una ruota ben centrata**, a well-balanced wheel.
centratrice, *f.* (*mecc.*) cent(e)ring machine.
centrattacco, *m.* (*sport*) centre forward.
centratura, *f.* (*mecc.*) cent(e)ring; truing.
centravanti, V. centrattacco.
cèntrico, *a.* (*scient.*) centric.
centrifuga, *f.* centrifuge; centrifugal machine.
centrifugare, *v. t.* to centrifuge; to centrifugate.
centrifugazióne, *f.* centrifugation.
centrifugo, *a.* (*fis.* e *fig.*) centrifugal: **forza centrifuga**, centrifugal force.
centrino, *m.* doily.
centripeto, *a.* (*fis.*) centripetal: **forza centripeta**, centripetal force.
centrismo, *m.* (*polit.*) centrism.
centrista, (*polit.*) **A** *a.* centre (*attr.*); moderate; middle-of-the-road (*attr.*). **B** *m.* e *f.* centrist.
cèntro, *m.* **1** centre; center (*USA*): (*fis.*) **c. di gravità**, centre of gravity; (*mecc.*) **c. di forza**, centre of force; (*geom.*) **c. di un poligono**, centre of a polygon; (*med.*) **c. nervoso**, nerve centre; (*astron.* e *fig.*) **c. d'attrazione**, centre of attraction **2** (*luogo abitato*) centre; resort; town: **Alcuni centri sono sorti lungo la ferrovia**, a few centres have grown up along the railway; **c. commerciale**, commercial centre; **c. balneare**, seaside resort; **c. industriale**, industrial town **3** (*di città*) centre; town centre; heart; downtown (*USA*): **Vorrei evitare il c.**, I should like to avoid the town centre; **c. degli affari**, business centre; **Queste vecchie stradine sono il vero c. di Firenze**, these narrow old streets are the very heart of Florence **4** (*istituto*) centre; institute: **c. artistico**, artistic centre; **C. di Studi Italiani**, Institute of Italian Studies **5** (*zona mediana, il mezzo*) middle: **una tavola nel c. della stanza**, a table in the middle of the room; **nel c. della folla**, in the middle of the crowd **6** (*fig.: essenza, vero significato*) core; heart: **Al c. della crisi attuale sta il dissidio fra questi due uomini**, the hard core of the present crisis is the hostility between these two men; (*di una questione*, the heart of the matter **7** (*sport*) centre: **c.-avanti** (*o* **c.-attacco**), centre forward; **c.-mediano** (*o* **c.-sostegno**), centre half **8** (*del bersaglio*) bull's eye: **Colpi i cerchi interni del bersaglio, ma non il c.**, he hit the inner target, but not the bull's eye **9** (*della ruota*) hub (of the wheel). ● **c. da tavola** (*ornamento*), centrepiece: **un c. da tavola di tulipani**, a centrepiece of tulips ☐ **c. di ricerca**, research center ☐ **c. elettronico**, data-processing centre ☐ **c. meccanografico**, tabulating department ☐ **c. sismico**, epicentre ☐ **c. termale**, spa (*anche fig.*) **al c. della mischia**, in the thick of the battle (*o* of it) ☐ **far centro**, (*sparando*) to hit the bull (*o* the bull's eye); (*nel gioco del calcio*) to score (a goal); (*fig.*) to hit the nail on the head ☐ **essere nel proprio c.**, to be quite at home ☐ **nel** (*o* **verso il**) **c. di Nuova York**, downtown New York ☐ (*polit.*) **partiti di c.**, centrist parties.
centrocampista, *m.* (*sport*) centre fielder.
centrocampo, *m.* (*sport*) centre field.
centrodèstra, *m.* (*polit.*) Centre-Right.
centrodèstro, *m.* (*sport*) inside right.
centroeuropèo, *a.* mid-European.
centromediano, *m.* (*sport*) centre halfback.
centròmero, *m.* (*biol.*) centromere.
centrosinistra, *m.* (*polit.*) Centre-Left.
centrosinistro, *m.* (*sport*) inside left.
centrosòma, *m.* (*biol.*) centrosome.
centrosostégno, V. centromediano.
centrotàvola, *m.* centrepiece.
centroterzino, *m.* (*sport*) centre back.
centumvirato, *m.* (*stor. romana*) centumvirate.
centùmviro, *m.* (*stor. romana*) centumvir*.
centuplicare, *v. t.* **1** to centuplicate; to centuple **2** (*fig.*) to increase greatly (*o* a hundredfold); to multiply.
cèntuplo, *a.* e *m.* centuple (*lett.*); hundredfold; (a) hundred times as much. ● **Dà uno per avere il c.**, he gives one to get a hundred.
centùria, *f.* (*stor. romana*) century.
centurióne, *m.* (*stor. romana*) centurion.
ceppàia, *f.* (*bot.*) stump (of a tree). ● **tenere un bosco ceduo a c.**, to keep a coppice cut down.
ceppata, *f.* **1** V. **ceppàia 2** (*naut.*) group of poles for mooring.
cèppo, *m.* **1** (*d'albero*) base (of a tree) **2** (*fig.: capostipite*) family founder; (*stirpe*) stock, branch: **Il Principe Eugenio è di un altro c.**, Prince Eugene belongs to another branch **3** (*da ardere*) log **4** (*per tagliare la carne*) block; chopping block **5** (*per la decapitazione*) block **6** (*mecc.: di freno*) (brake) shoe; brake block **7** (*naut.: di ancora*) (anchor) stock **8** (*pl.: di prigionieri* e *fig.*) bonds; fetters; shackles **9** (*di aratro*) plough stock **10** (*c. di Natale*) Yule log; (*festività del Natale*) Yule(tide), Christmas; (*strenna natalizia*) Christmas present.
céra (1), *f.* wax; (*per lucidare, anche*) polish: **candele di c.**, wax candles; **bambola di c.**, wax doll; **struggersi come la c.**, to melt like wax; **c. da calzolaio**, cobblers' wax; **c. da pavimento**, floor wax. ● **c. d'api**, beeswax ☐ **c. da scarpe**, shoe polish ☐ **c. per mobili**, furniture polish ☐ (*metall.*) **c. persa**, cire perdue ☐ **bianco come la c.**, as pale as a ghost; (*lett.*) waxen (*attr.*) ☐ **dare la c. ai pavimenti**, to polish (*o* to wax) the floors ☐ **museo delle cere**, waxworks.
céra (2), *f.* (*aspetto*) look; appearance. ● **avere buona** (*o* **bella**) **c.**, to look well ● **avere cattiva** (*o* **brutta**) **c.**, not to look well ☐ **fare buona** (**cattiva**) **c. a q.**, to give sb. a hearty (cool) welcome.
ceralacca, *f.* sealing wax.
ceràmica, *f.* **1** (*arte*) ceramics (*pl.*, *col verbo al sing.*); pottery: **una mostra di ceramiche**, an exhibition of ceramics **2** (*materiale*) baked clay **3** (*oggetto*) piece of pottery.
ceràmico, *a.* ceramic: **l'arte ceramica**, the ceramic art.
ceramista, *m.* e *f.* ceramist.
cerargirite, *f.* (*miner.*) cerargyrite.
ceraséto, *m.* cherry orchard.
ceraste, *m.* (*zool.*, *Cerastes cerastes*) cerastes*; horned viper.
cerato, *a.* waxed; wax (*attr.*). ● **tela cerata**, oilcloth; oilskin.
ceratura, *f.* waxing; polishing.
cèrbero, *m.* **1** (*mitol.*) Cerberus* **2** (*custode arcigno*) watchdog: **Ha una vecchia zia che le fa da c.**, she has an old aunt who acts as watchdog **3** (*fig.: persona intrattabile*) cantankerous person.
cerbiatto, *m.* (*zool.*) fawn.
cerbottana, *f.* **1** blowpipe; blowgun **2** (*giocattolo*) pea-shooter.
cérca, *f.* **1** search; quest (*lett.*): **Sei personaggi in c. d'autore**, Six Characters in Search of an Author **2** (*questua*) collection of alms **3** (*di cane da caccia*) tracking; scenting. ● (*relig.*) **andare alla c.**, to collect alms ● **andare in c. di q.** (**q.c.**), to look (*o* to search) for sb. (st.) ☐ **mettersi in c. di q.** (**q.c.**), to set out to look for (*o* to search for) sb. (st.).
cercafughe, *m. invar.* leak detector.
cercametalli, *m. invar.* metal detector.
cercamine, *m. invar.* mine detector.
cercapersóne, *m.* bleeper; bleep (*fam.*); paging device. ● **chiamare q. col c.**, to bleep.
cercare, **A** *v. t.* **1** to look for; to seek*; to search for; to try to find; to hunt for: **c. q. nella folla**, to look for sb. in the crowd; **c. casa**, to look for a house; to go house-hunting; **c. fortuna**, to seek one's fortune; **c. guai** (*o* **briga**), to look for trouble; **Tutti cercarono la spilla nel giardino**, they all searched for the brooch in the garden; **Cercò una via d'uscita**, he tried to find a way out; **Cercavo Radio Lussemburgo**, I was trying to find (*o* to get) Radio Luxembourg; **Ho cercato quel libro per mare e per terra**, I've hunted for that book everywhere **2** (*richiedere*) to ask for (st.); to want: **Cercasi cuoca per una piccola famiglia**, wanted: a cook for a small family **3** (*a tastoni*) to fumble

for; to grope (for): **c. la via al buio**, to grope one's way in the dark; **c. la maniglia dell'uscio**, to grope for the door handle; **c. la chiave in tasca**, to fumble in one's pocket for the key **4** (*una parola, ecc.*) to look up: **Cercalo nel dizionario**, look it up in the dictionary. **B** *v. i.* **1** (*tentare*) to try; to endeavour: **Cercai di aprire la scatola**, I tried to open the box; **Cercai di persuaderlo; invano!**, I endeavoured to persuade him; in vain!; **Cerca di ricordarti!**, try to remember! **2** (*sforzarsi*) to strive*. ● **c. q. con gli occhi**, to look round for sb □ (*fig.*) **c. il pelo nell'uovo**, to split hairs □ (*prov.*) **Chi cerca, trova**, nothing seek, nothing find.
cercata, *f.* — **dare una c.**, to give a look around.
cercatóre, *m.* **1** searcher; seeker **2** (*relig.: frate cercatore*) mendicant (*o* begging) friar **3** (*di telescopio*) checker **4** (*fis.*) finder **5** (*radio*) detector. ● **c. d'oro**, gold digger.
cérchia, *f.* **1** circle; ring: **c. di monti**, ring of mountains **2** (*fig.*) circle; group; set: **c. di amici**, circle of friends; **I miei amici sono di un'altra c.**, my friends belong to a different set; **c. familiare**, familiary circle. ● **c. delle mura**, city walls.
cerchiàio, *m.* hooper; cooper.
cerchiare, *v. t.* to bind* with hoops; to hoop.
cerchiata, *f.* (*graticolato per una spalliera di rampicanti*) latticework.
cerchiato, *a.* — **avere gli occhi cerchiati**, to have shadows round the eyes.
cerchiatura, *f.* **1** hooping **2** (*insieme dei cerchi*) hoops (*pl.*).
cerchiétto, *m.* **1** (*braccialetto*) bangle **2** (*anello*) ring **3** (*pl., gioco*) (the) graces.
cerchio, *m.* **1** (*mat.*) circle: **la circonferenza del c.**, the circumference of the circle **2** (*di ruota*) rim: **i raggi infissi nel c.**, the spokes inserted in the rim **3** (*di botte, per allargare le sottane; giocattolo*) hoop: **i cerchi intorno alla botte**, the hoops round the cask; **i cerchi della crinolina**, the hoops of the crinoline; **La bambina correva dietro al suo c.**, the little girl was bowling her hoop. ● **c. della morte**, (*di motociclisti*) wall of death; (*aeron.*) loop: **fare il c. della morte**, to loop the loop □ **danzare in c.**, to dance in a ring □ (*fig.*) **dare un colpo al c. e uno alla botte**, to run with the hare and hunt with the hounds □ **fare c. attorno a q.**, to gather round sb.; to form a circle round sb. □ **in c.**, in a circle; in a ring: **Le sedie erano disposte in c.**, the chairs were placed in a circle.
cerchióne, *m.* (*di ruota*) rim; (*ferr.: di ruota di vagone*) tread.
cércine, *m.* head-ring; pad.
cereale, A *a.* cereal. **B** *m. pl.* cereals; grain, corn (*sing.*).
cerealicolo, *a.* cereal (*attr.*).
cerealicoltura, *f.* cereal growing.
cerebellare, *a.* (*anat.*) cerebellar: **peduncolo c.**, cerebellar peduncle.
cerebrale, *a.* (*anat.*) cerebral (*anche fig.*); brain (*attr.*): (*med.*) **emiplegia c.**, cerebral hemiplegia; (*fig.*) **musica c.**, cerebral music.
cerebralismo, *m.* cerebralism.
cerebralità, *f.* cerebralism.
cerebroléso, *a. e m.* (*med.*) encephalopathic.
cerebropatìa, *f.* (*med.*) cerebropathy; encephalopathy.
cerebrospinale, *a.* (*anat.*) cerebrospinal.
cèreo, *a.* **1** (*di cera*) wax (*attr.*) **2** (*pallido*) waxen; very pale.
cererìa, *f.* **1** (*fabbrica*) candle factory **2** (*negozio*) wax chandler's shop.
cerétta, *f.* shoe polish **2** (*per depilare*) (depilatory) wax.
cerfòglio, *m.* (*bot., Anthriscus cerefolium*) chervil.
cerimònia, *f.* **1** ceremony; ritual: **la c. dell'incoronazione**, the ceremony of the Coronation; **maestro delle cerimonie**, master of ceremonies; **La c. si attenne alla tradizione**, the ritual closely followed tradition **2** (*relig.*) service: **c. nuziale** (**funebre**), wedding (funeral) service **3** (*pompa*) ceremony; pomp: **Le nozze furono celebrate con gran c.**, the wedding was celebrated with great pomp **4** (*pl.: convenevoli*) ceremony (*sing.*). ● **dire** (**fare**) **q.c. per c.**, to say (*to* do) st. out of politeness □ **fare cerimonie**, to stand upon ceremony □ **persona che fa tante cerimonie**, formal person □ **senza cerimonie**, informally; without ceremony □ **visita di c.**, formal visit □ **Quante cerimonie!**, what a fuss!
cerimoniale, A *a.* (*lett.*) ceremonial. **B** *m.* ceremonial; etiquette.
cerimonière, *m.* master of ceremonies.
cerimoniosità, *f.* ceremoniousness.
cerimonióso, *a.* ceremonious; formal **2** (*di discorso*) flowery.
cerino, *m.* **1** (*fiammifero*) wax match; vesta **2** (*stoppino incerato per accendere candele*) taper.
cèrio, *m.* (*chim.*) cerium.
cernécchio, *m.* untidy lock of hair.
cèrnere, *v. t.* **1** to grade; to sort; to class; to pick; (*ind. tessile: scegliere secondo la qualità della fibra*) to staple.
cèrnia, *f.* (*zool., Epinephelus*) grouper*.
cernièra, *f.* **1** (*a cardine; anche geol., zool.*) hinge **2** (*di borsa di donna*) metal frame (with clasp). ● **c. lampo**, zip (fastener); zipper □ **munito di c.**, zip-fastened.
cernière, *m.* (*naut.*) scuttlebutt.
cernita, *f.* selection; grading; sorting. ● **fare la c.**, (*scegliere*) to select; (*dividere per qualità*) to grade, to sort.
cernitrice, *f.* (*mecc.*) grading machine.
céro, *m.* (tall wax) candle; church candle: **c. pasquale**, Paschal candle.
ceròma, *m.* (*zool.*) cere.
ceróne, *m.* (*teatr., cinem.*) grease paint.
ceroplàstica, *f.* (*arte*) ceroplastics (*pl. col verbo al sing.*).
ceroplàstico, *a.* (*arte*) ceroplastic.
ceróso, *a.* **1** (*che contiene cera*) containing wax **2** (*simile alla cera*) waxy; wax-like.
ceròtico, *a.* (*chim.*) cerotic.
ceròtto, *m.* **1** (*farm.*) (adhesive) plaster; sticking plaster; adhesive bandage (*USA*); Band Aid (*marchio*); (*con medicazione*) antiseptic plaster (*o* bandage) **2** (*fig.: persona malaticcia*) person with poor health; crock.
cerretano, *m.* (*lett.*) mountebank; fair-ground quack.
cerréto, *m.* wood of turkey oaks.
cèrro, *m.* **1** (*bot., Quercus cerris*) turkey oak **2** (*legno*) bitter oak.
certame, *m.* (*lett.*) contest; test; challenge: **c. poetico**, poetic contest. ● **singolar c.**, single combat.
certaménte, *avv.* certainly; surely; no doubt: **C. è un po' presto**, it's certainly rather early; **C. vorrai vederlo, no?**, you'll surely want to see him, won't you? ● **Ma c.!**, of course!; definitely!; sure! □ **Verrà c.**, he's sure to come.
certézza, *f.* certainty; certitude: **sapere con c.**, to know for a certainty (*fam.*: for a cert) **2** (*convinzione*) conviction **3** (*garanzia*) assurance. ● **avere la c.**, to be certain □ **Lo affermo con c.**, I am certain about it.
certificare, *v. t.* to certify; to attest; to certificate: **Fu certificato che era pazzo**, he was certified as insane; **c. un decesso**, to certify a death; (*leg.*) **copia certificata** (*conforme all'originale*), certified copy.
certificato, *m.* certificate: **c. di nascita**, birth certificate; **c. medico**, medical certificate; **c. d'igiene**, sanitary certificate; **c. di sana costituzione**, health certificate; (*comm.*) **c. di origine**, certificate of origin; **c. azionario**, share certificate; **c. di navigabilità**, (*naut.*) certificate of navigation (*o* seaworthiness); (*aeron.*) certificate of airworthiness. ● **c. di servizio**, testimonial □ (*naut.*) **c. di stazza**, measurement brief □ (*naut.*) **c. sanitario**, bill of health.
certificazióne, *f.* certification; certifying.
cèrto (1), A *a.* **1** (*sicuro*) certain; sure: **Sono c. che m'aiuterete**, I am sure you will help me; **La data non è certa**, the date isn't certain; **Ne sono certissimo**, I am absolutely sure (*o* certain) of it **2** (*degno di fede*) reliable **3** (*nelle frasi impers.*) certainly true: **Non si sa cosa sia successo, c. è che ora** (*o* **c. ora**) **sono di nuovo amici**, nobody knows what happened, but it is certainly true that (*o* but certainly) they are friends again. ● (*leg.*) **data certa**, fixed date □ (*leg.*) **prova certa**, irrefutable evidence. **B** *m.* certainty; (*sicurezza*) safety: **lasciare il c. per l'incerto**, to give up safety (*o* certainty) for the uncertain; to plunge into the unknown. **C** *avv.* certainly; surely: **C. che partirà**, he will certainly leave; **C. che lo conosci**, surely you know him; you certainly do know him. ● **dare per c.**, to state (*o* to give out) as a fact □ **sapere** (**tenere**) **per c.**, to know (to hold) for certain □ **Ma c.!**, by all means!; of course!; certainly!; sure! □ **No c.!**, certainly not □ **Sì c.!**, yes indeed!; to be sure!; definitely!
cèrto (2), A *a. indef.* **1** certain: **una certa signorina Austen**, a certain Miss Austen; **Una certa timidezza lo distingueva**, a certain shyness distinguished him; **Certe parole è meglio non dirle**, certain words are better not said **2** (*qualche, alcuno*) some: **Rimasi un c. tempo**, I stayed some time; **Mi rifiuto di parlare con certa gente**, there are some people I refuse to speak to. **B** *pron. indef. pl.* **1** some; some people: **Certi dicono che il ladro fuggì**, some say the thief fled; **Certi dicono che l'ordine arrivò troppo tardi**, some people say the order arrived too late **2** (*in senso restrittivo*) some of them (*of you, of us*): **Tutti i miei amici lessero il libro e a certi piacque**, all my friends read the book and some of them liked it. ● **un c. John Black**, one (*o* a certain) John Black □ **di una certa età**, oldish; getting on in years: **un signore di una certa età**, an oldish gentleman □ **La ragazza aveva un c. non so che**, there was an indefinable something about the girl □ **C'era certa gente!**, what dreadful people were there! □ **Non dovete usare certe parole!**, you must not use such words.
certósa, *f.* (*relig.*) Carthusian monastery; «Chartreuse» (*franc.*).
certosino, A *m.* **1** (*relig.*) Carthusian monk **2** (*fig.*) solitary man*; hermit (*fig.*). **B** *a.* Carthusian. ● **lavoro da c.**, (finicking) job requiring infinite patience □ **una pazienza da c.**, the patience of Job.
certuno, *pron. indef.* (*generalm. al pl.*) some people; some: **Cer-**

cerùleo

tuni cambiarono idea, some (people) changed their minds.
cerùleo, cèrulo, *a.* (*lett.*) cerulean; sky-blue; pale-blue.
cerume, *m.* (*med.*) cerumen; earwax.
cerùsico, *m.* (*scherz.*) surgeon.
cerussa, *f.* (*chim.*) ceruse; white lead.
cerussite, *f.* (*miner.*) cerussite.
cèrva, *f.* (*zool.*) hind; doe*.
cervellétto, *m.* (*anat.*) cerebellum*.
cervellino, *m.* hare-brained person. ● **essere un c.**, to be hare--brained □ **Con un c. come il suo, c'era da aspettarselo**, with a nitwit like him, it was to be expected.
cervèllo, *m.* **1** (*anat.*) brain (*talora usato al pl.*): **un chirurgo specializzato in operazioni al c.**, a brain surgeon; (*cucina*) **c. fritto**, fried brains **2** (*fig.*: *intelligenza, senno*) brain(s); mind; head: **essere persona di gran c.**, to have a very good brain; to have plenty of brains; **avere un c. di formica** (*o di gallina, d'oca*), to have the brain of a fly; to be hare-brained; **avere il c. a posto**, to have one's head screwed on; **Gli ha dato di volta il c.**, he has gone off his head; he is out of his mind; **Ho lavorato troppo: mi si è svuotato il c.**, I've worked too hard: my mind is a blank (*o has gone blank*); **Il vino gli ha dato al c.**, the wine has gone to his head **3** (*fig.: mente direttiva*) brains (*pl.*): **essere il c. della banda**, to be the brains of the gang. ● **essere un c. balzano**, to be an eccentric; to be an odd fish (*pop.*) □ **c. elettronico**, electronic brain □ **avere un c. fine**, to be sharp-witted □ **avere un c. piccino**, to be narrow-minded □ **bruciarsi** (*o farsi saltare*) **le cervella**, to blow one's brains out □ **fare le cose con poco c.**, to do things without thinking (*o without thinking them out*) □ **fare saltare le cervella a q.**, to knock out sb.'s brains □ (*fig.*) **fuga dei cervelli**, brain drain □ (*fig.*) **lambiccarsi il c.**, to cudgel one's brains □ (*fig.*) **lavaggio del c.**, brain-washing; menticide (*USA*) □ (*fig.*) **mettere il c. a partito**, to become reasonable; to turn over a new leaf; to settle down □ (*fig.*) **senza c.**, brainless; thoughtless; scatter-brained □ **Non ha un briciolo di c.**, he has not a grain of sense □ (*prov.*) **Testa grossa, c. piccino**, a big head often goes with a small brain.
cervellóne, *m.* **1** (*fam.*) (good) brain **2** (*fam.: sapientone*) know-it-all **3** (*spreg., iron.: zuccone*) dimwit **4** (*tecn.*) (big) electronic brain.
cervellòtico, *a.* **1** (*strano*) eccentric; odd; whimsical **2** (*irragionevole*) unreasonable. ● **Queste sono supposizioni cervellotiche**, these are wild suppositions.
cervicale, *a.* (*anat.*) cervical.
cervicapra, *f.* (*zool. Redunca redunca*) reedbuck*.
cervice, *f.* (*anat.*) cervix*. ● (*fig.*) **piegare la c.**, to bow; to submit.
cèrvidi, *m. pl.* (*zool., Cervidae*) cervidae.
cervino, *a.* deer (*attr.*); cervine.
Cervino (il), *m.* (*geogr.*) (the) Matterhorn.
cèrvo, *m.* (*zool., Cervus*) deer*; (*il maschio*) stag, hart; (*la femmina*) doe. □ (*zool.*) **c. europeo** (*Cervus elaphus*), red deer □ (*zool.*) **c. mulo** (*Odocoileus hemionus*), mule deer; jumping deer □ **c. volante**, (*zool., Lucanus cervus*) stag beetle; (*aquilone*) kite □ **carne di c.**, venison.
Césare, *m.* Caesar: **Date a C. quel che è di C.**, render unto Caesar that which is Caesar's.
cesàreo, *a.* (*di Cesare*) Caesarean, Caesarian; (*imperiale*) imperial. ● **poeta c.**, court poet; poet laureate □ (*med.*) **taglio c.**, caesarian section.
cesarismo, *m.* Caesarism; military dictatorship.
cesellaménto, *m.* chiselling; (*incisione*) chasing, engraving.
cesellare, *v. t.* **1** to chisel; (*incidere*) to chase, to engrave **2** (*in rilievo*) to emboss **3** (*fig.*) to work finely; to craft; to polish.
cesellato, *a.* **1** chiselled (*anche fig.*); wrought; chased; engraved: **lineamenti cesellati**, chiselled features **2** (*in rilievo*) embossed **3** (*fig.*) polished; finely worked: **versi cesellati**, polished verses. ● **una scatola di argento c.**, a wrought-silver box.
cesellatóre, *m.* chiseller; chaser; (*in oro*) goldsmith; (*in argento e altri metalli*) silversmith.
cesellatura, *f.* (*di metalli*) chiselling; chasing; (*anche di gemme*) engraving.
cesèllo, *m.* chisel.
cesèna, *f.* (*zool., Turdus pilaris*) fieldfare; storm-cock.
cèsio, *m.* (*chim.*) caesium.
cesóie, *f. pl.* shears: **c. da sarto**, tailor's shears; **c. per potare**, pruning-shears; **c. da lamiere**, tinner's shears; snips.
cèspite, *m.* **1** (*lett.*) V. **céspo 2** (*econ.*) source of income; yielder.
céspo, *m.* (*bot.*) tuft.
cespùglio, *m.* (*bot.*) bush; shrub: **un c. di more**, a blackberry bush.
cespuglióso, *a.* bushy (*anche fig.*); shrubby.
cessare, A *v. i.* **1** to stop; to leave* off; to cease: **Cessavo di lavorare verso sera**, I stopped working towards evening; **La pioggia cessò**, the rain stopped; **Il pianto cessò improvvisamente**

com'era incominciato, the weeping ceased as suddenly as it had begun **2** (*calmarsi*) to abate; to subside: **Il temporale cessò**, the storm abated; **La mia febbre era cessata**, my fever had abated. **B** *v. t.* to stop: **Cessate questo rumore**, stop this noise. ● **c. dal commercio**, to leave (*o* to give up) business □ **cessate il fuoco!**, hold your fire! □ **c. di vivere**, to depart this life; to die □ **Cessato pericolo!**, all clear!
cessazióne, *f.* **1** (*econ.*) cessation; discontinuance **2** (*leg.*) cesser. ● **c. del lavoro** (*per sciopero, serrata, ecc.*), tie-up □ (*leg.*) **c. di una locazione**, termination of a lease.
cessionàrio, *m.* (*leg.*) transferee; assignee.
cessióne, *f.* (*leg.*) assignment; cession; conveyance; transfer: **c. di credito**, assignment of a claim. ● **c. di beni ai creditori**, assignment of property to creditors □ **c. di stipendio**, loan (*o* advance) on one's salary □ **atto di c.**, transfer; deed of transfer □ **fare c. di q.c. a q.**, to assign st. to sb.
cèsso, *m.* (*pop., fam.*) lavatory; loo; john; (*fam. USA*); (*di caserma, campo militare*) latrine.
césta, *f.* (large) basket; (*con coperchio*) hamper. ● (*fig.*) **a ceste**, in basketfuls.
cestàio, *m.* basket maker.
cestèllo, *m.* **1** (*contenitore per bottiglie*) bottle-holder **2** (*nella lavabiancheria*) cilinder; central agitator; cup **3** (*recipiente per sterilizzare*) sterilizer.
cestinare, *v. t.* **1** to throw* into the wastepaper basket; to throw* away **2** (*fig.: rifiutare*) to discard; to reject.
cestino, *m.* **1** small basket: **c. da viaggio**, lunch basket; lunch bag; **c. da lavoro**, work basket **2** (*per la carta straccia*) wastepaper basket; wastebasket. ● **c. per i rifiuti** (*in un luogo pubblico*), litterbin; wastebasket (*USA*).
cestista, *m. e f.* (*sport*) basketball player.
césto (1), *m.* **1** (*anche sport*) basket **2** (*d'insalata, ecc.*) head: **un c. di lattuga**, a head of lettuce **3** (*di grano*) ear. ● **fare c.**, (*di pianta*) to tuft; (*a pallacanestro*) to make (*o pop.*: to shoot) a basket.
cèsto (2), *m.* (*stor.*) cestus*.
cestòde, *m.* (*zool.*) cestoid.
cestóne, *m.* big basket; hamper.
cestóso, *a.* (*di pianta*) having a good head.
cesura, *f.* (*poesia*) caesura*.
cetàcei, *m. pl.* (*zool., Cetacea*) cetaceans.
cetàceo, *a.* (*zool.*) cetacean.
cetano, *m.* (*chim.*) cetane: **numero di c.**, cetane number.
cetina, *f.* (*chim.*) cetin.
cèto, *m.* (*social*) class; rank; order: **il c. medio**, the middle classes. ● **c. impiegatizio**, clerkdom; white-collar(ed) workers (*o* employees) □ **c. operaio**, working classes; blue-collar(ed) workers.
cetònia, *f.* (*zool., Cetonia*) cetonian beetle; chafer. ● (*zool.*) **c. dorata** (*Cetonia aurata*), goldsmith beetle; rose beetle; rose chafer.
cétra, *f.* **1** (*archeol., mus.*) cithara; lyre **2** (*mus.: strumento in uso nel Rinascimento*) cittern, cither **3** (*mus.: strumento bavarese, austriaco, ecc.*) zither **4** (*fig.: poesia*) lyre; poetry.
cetràngolo, *V.* **cedràngolo**.
cetriolino, *m.* (*bot.*) gherkin.
cetriòlo, *m.* (*bot., Cucumis sativus*) cucumber. ● (*zool.*) **c. di mare** (*Holothuria*), sea cucumber.
cha cha cha (*spagn.*), *m.* (*ballo*) cha-cha(-cha).
chaise-longue (*franc.*), *f.* «chaise-longue»; lounge-chair.
chalet (*franc.*), *m.* chalet.
champagne (*franc.*), *m.* champagne. ● **color c.**, champagne.
chansonnier (*franc.*), *m.* «chansonnier»; cabaret singer.
chanteuse (*franc.*), *f.* «chanteuse»; concert-hall singer.
chantilly (*franc.*), *m.* **1** (*pasticceria*) chantilly **2** (*ind. tessile*) (silk lace) chantilly.
chaperon (*franc.*), *f.* chaperon.
charleston (*ingl.*), *m.* (*ballo*) charleston.
charlotte (*franc.*), *f.* **1** (*abbigliamento*) woman's hat trimmed with ribbons and lace **2** (*cucina*) charlotte.
charter (*ingl.*), (*aeron.*) **A** *a.* charter (*attr.*): **volo c.**, charter flight. **B** *m.* (*l'aereo*) chartered plane.
chartreuse (*franc.*), *f.* «chartreuse» (liqueur).
châssis (*franc.*), *m.* **1** (*autom.*) chassis **2** (*fotogr.*) plate-holder.
chauffeur (*franc.*), *m.* «chauffeur»; driver (of a motorcar).
che (1), (*pronuncia ché*) *pron. relat.* **1** (*sogg.*) who, that (*rif. a persona*); which, that (*rif. a cose o ad animali di sesso imprecisato*); that (*per persone, cose e animali, insieme*): **L'uomo che venne a pranzo**, the man who (*o* that) came to dinner; **l'erba che cresceva sulla soglia**, the grass which (*o* that) grew on the threshold; **Mio padre, che non ama viaggiare, resterà a casa**, my father, who doesn't like travelling, will stay at home; **Fido, che ha paura dei topi, è bravissimo a dare la caccia ai gatti**, Fido, who is afraid of mice, is very clever at chasing cats; (*pop.: omes-*

so) **C'è qualcuno che ti vuole al telefono**, there's somebody (who) wants you on the 'phone. **2** (*ogg.: spesso sottinteso*) whom, that (*rif. a persone*); which, that (*rif. a cose o ad animali di sesso impreciasto*); that (*per persone, cose e animali, insieme*): **l'uomo che incontrai ieri**, the man whom (*o* that) I met yesterday; the man I met yesterday; **la vita che ti diedi**, the life which (*o* that) I gave you; the life I gave you; **Mio padre, che non vedevo da anni, è appena tornato dall'Africa**, my father, whom I hadn't seen for years, has just come back from Africa; **È il ragazzo più intelligente che abbia mai incontrato**, he is the cleverest boy (that) I ever met; **la ragazza e il cane che hai visto or ora**, the girl and the dog (that) you saw just now; **L'uomo che guardavi è mio zio**, the man you were looking at is my uncle **3** (*in cui, quando*) that, in which, on which, when (*spesso sottintesi*): **il giorno che c'incontrammo**, the day on which (*o* that) we met; the day we met; **l'anno che nascesti**, the year in which (*o* that) you were born; the year you were born **4** (*la qual cosa*) which: **In quel caso non potrei venire, il che sarebbe un peccato**, in that case I couldn't come, which would be a pity; **Mi chiese se ero ammogliato, al che gli dissi ch'ero vedovo**, he asked me if I were married, to which I replied I was a widower **5** (*correlativo di stesso, medesimo*) as; that: **Ebbi gli stessi fastidi che avesti tu**, I had the same trouble as you (had); **Dice le medesime cose che dicevi tu**, he says the same things as you did; **Lo stesso che sempre**, the same as before. ● **di che**, something; (*in frasi negative*) anything; nothing: **avere di che sfamarsi**, to have something to eat; **Non c'è di che vergognarsi**, it's nothing to be ashamed of □ **Non ha di che lamentarsi**, he has no reason for complaint □ **Non c'è di che!**, don't mention it! □ **Non è quello stupido che sembra**, he is not such a fool as he looks □ (*prov.*) **Paese che vai, usanza che trovi**, when in Rome, do as the Romans do.

che (2), (*pronuncia ché*) **A** *a. interr.* **1** (*rif. a un numero imprecisato di cose o persone*) what: **Che regalo vorresti?**, what present would you like?; **Che libri leggi?**, what books do you read?; **Che tipo d'albergo vuole** (*Lei*)**?**, what sort of hotel do you want?; **Che ora è?** (*o* **che ore sono?**), what time is it?; what's the time?; **A che pagina?**, on what page? **2** (*rif. a un numero limitato di cose o persone*) which: **Che libro dell'Iliade preferisci?**, which book of the Iliad do you like best?; **A che albergo** (*dei tuoi soliti*) **sei sceso?**, which hotel did you put up at?; **Che vestito** (*fra quest*) **devo mettere?**, which dress shall I put on?; **Da che parte andremo ora?**, which way shall we go now? **B** *pron. interr.* (*che cosa?*) what: **A che pensi?**, what are you thinking of?; **Gli chiesi che cercasse**, I asked him what he was looking for; **Che hai?**, what's the matter with you?; **Che fare?**, what are we to do? ● **che cosa?**, what?: **Che cosa hai detto?**, what did you say? □ **che è, che non è**, all of a sudden; suddenly; unexpectedly □ **che specie (sorta, tipo) di...?**, what kind (sort, type) of...?; what...? □ **a che?** (*a qual fine?*), what for?; why?; to what end?: **A che seguitare?**, why go on?; what is (*o* was) the good of going on? □ **Che altro** (**c'è da aspettarsi**)**?**, what next? □ **Che differenza c'è?**, what difference does that make?

che (3), (*pronuncia ché*) **A** *a. escl.* what a (*seguito da sost. sing.*); what (*seguito da sost. pl.*); how (*seguito da agg.*): **Che bella giornata!**, what a lovely day!; **Che bel dono!**, what a nice present!; **Che bei fiori!**, what beautiful flowers!; **Che coraggio!**, what courage!; how brave of him!; **Che pazienza!**, what patience!; **Che megera!**, what a shrew (*o* bitch)!; **Che stupidi sono!**, what fools they are!; **Che vergogna!**, what a shame!; **Che seccatura!**, what a nuisance!; **Che peccato!**, what a pity!; **È partito, che bella cosa!**, he's gone; what a good riddance!; **Che bello!**, how lovely! **B** *pron. escl.* **1** what: **Ma che dici!**, what on earth are you saying?; **Che! già alzato e in giro a quest'ora?**, what! up and about so early?; **Che! vuoi proprio dire che non vieni?**, what! do you really mean you're not coming? **2** (*come inter.: negativo*) certainly not; never; not on your life: **Che! non è possibile**, never! it's impossible. ● **«Lo vuoi? È un'occasione!» «Che! Che!»**, «do you want it? it's bargain!» «not I!» (*fam.:* «not me!»).

che (4), (*pronuncia ché*) *pron. indef.* something: **C'è un che di strano in quella casa**, there's something strange about that house; **L'uomo aveva un che di romantico con quel mantello**, there was something romantic about the man in the cloak. ● **Il libro non mi è parso un gran che**, I didn't think much of the book; the book didn't seem anything very noteworthy to me □ **La festa non fu un gran che**, the party was nothing to write home about (*fam.*) □ **Mi colpì un non so che di ambiguo nel suo sguardo**, I was struck by something ambiguous in his look □ **Quella ragazza ha un certo non so che**, that girl has something; that girl is strangely attractive.

che (5), (*pronuncia ché*) *cong.* **1** (*dichiarativa; dopo verbi che esprimono opinione, sentimento, ecc.*) that (*spesso sottinteso*): **Mi disse che avrebbe scritto**, he told me (that) he would write; **So che è un buon ragazzo**, I know (that) he is a good boy; **Mi dispiace che tu non possa venire**, I'm sorry (that) you can't come; **Che sia stato qui, è vero**, that he was here it true **2** (*dichiarativa; dopo verbi di volontà o comando, o dopo locuz. impers., è idiom.*): **Voglio che tu stia in casa**, I want you to stay at home; **Ordinò che i soldati lo seguissero**, he ordered the soldiers to follow him; **Vorrei che capisse che ho ragione io**, I wish he would understand (that) I am right; **Vuoi che apra la finestra?**, shall I open the window?; **È impossibile ch'egli venga con noi**, it's impossible for him to come with us **3** (*causale*) for (*col gerundio*): **Mi ringraziò che lo avevo invitato**, he thanked me for inviting him **4** (*consecutiva*) that: **Mi gingillai tanto che persi il treno**, I dawdled so much that I missed the train; **Le ho dato una sgridata tale che se la ricorderà**, I've given her such a scolding that she will remember **5** (*finale*) that (*spesso sottinteso*); so that; (*in frase neg.*) lest (*che... non*): **Bada che non si raffreddi**, mind it doesn't get cold; **Bada che non ti caschi**, be careful (that) it doesn't drop (*o* not to drop it); **Sta' attento che il prigioniero non scappi**, be careful that the prisoner doesn't run away; **Cercai di sorridere, che non mi credessero offeso**, I tried to smile, so that they should not think I was offended **6** (*comparativa*) than (*di maggioranza*); as (*di uguaglianza*): **Quel ragazzo ha più fortuna che intelligenza**, that boy has more luck than intelligence; **Ne sa tanto lui che il maestro**, he knows as much as his teacher; **più che mai**, more than ever; **prima che tu non creda**, sooner than you think; **più presto che potrò**, as soon as I can **7** (*temporale*) when; after; as soon as; no sooner... than (*invertendo l'ordine*): **Lo incontrai che era mezzogiorno**, when I saw him, it was noon (*o* I saw him at noon); **Cominciai che erano le dieci**, it was ten when I began (*o* I began at ten); **passata che fu la burrasca**, after the storm was over; **Salutato che ebbe l'ospite, rientrò in casa**, as soon as he had said good-bye to his guest, he went in again (*o* no sooner had he said good-bye to his guest than he went in again) **8** (*disgiuntiva*) whether: **Che tu venga o no, mi è indifferente**, it's immaterial to me whether you come or not **9** (*ottativa; è idiom.*): **Che vada!**, let him go!; **Che tu sia benedetta fra le donne!**, may you be blessed among women; **Che il cielo non voglia!**, heaven forbid! **10** (*eccettuativa*) but; only: **Non fece (altro) che brontolare**, he did nothing but grumble; **È un uomo che non pensa (altro) che a sé**, he's a man who thinks only of himself **11** (*nelle cong. composte*) **già che**, *V.* **giacché**; **salvo che**, *V.* **salvo**, ecc. ● **Che io sappia**, no, not as far as I know □ **da che mondo è mondo**, since the beginning of time; always □ **Correva che era un fulmine**, he ran like lightning.

ché, *cong.* (*lett.*) **1** (*causale*) since; as; because; for: **Alzai il bavero, ché la nebbia era più fitta**, I turned up my coat collar, since the fog had grown thicker; **Il signore piegò il giornale, ché il tè oramai era pronto**, the gentleman folded the paper, since tea was ready; **Ti ringrazio, ché mi hai confortato**, thank you for comforting me **2** (*finale*) so that; (*in frase neg.*) lest (*ché... non*): **Affrettatevi, ché non facciate tardi!**, hurry up, lest you should be late; (*più comune:* hurry up, or you'll be late).

checché, *pron. rel. indef.* whatever: **C. tu dica, non è un gran cuoco**, whatever you may say, he's not a great cook; you can say what you like, but he is not a great cook.

checchessia, *pron. indef.* (*lett.: qualunque cosa*) anything.

check-up (*ingl.*), *m.* (*med.; anche fig.*) check-up.

chef (*franc.*), *m.* chef: **specialità dello c.**, chef's speciality.

chela, *f.* (*zool.*) chela*; nipper.

chelato, *a.* e *m.* (*chim.*) chelate.

chelicerato, *a.* (*zool.*) chelicerate.

cheliceri, *m. pl.* (*zool.*) chelicerae; chelicers.

chelidra, *f.* (*zool., Chelydra serpentina*) chelydra.

chellerina, *f.* barmaid.

chemin-de-fer (*franc.*), *m.* (*giochi*) chemin-de-fer.

chemiochirurgia, *f.* (*med.*) chemosurgery.

chemiochirùrgico, *a.* (*med.*) chemosurgical.

chemiotassi, *f.* (*biol.*) chemotaxis*.

chemioterapia, *f.* (*med.*) chemotherapy.

chemioteràpico, *a.* (*med.*) chemotherapeutic(al).

chemiotròpico, *a.* (*biol.*) chemotropic.

chemiotropismo, *m.* (*biol.*) chemotropism.

chemisier (*franc.*), *m.* (*moda*) shirtwaister (dress); shirtdress.

chenopodiàcee, *f. pl.* (*bot., Chenopodiaceae*) Chenopodiaceae.

chenopòdio, *m.* (*bot., Chenopodium*) goosefoot.

chepì, cheppì, *m.* kepi.

chéppia, *f.* (*zool., Alosa alosa*) allice shad.

cheque (*franc.*), *m.* cheque; check (*USA*): **emettere uno c.**, to write out a cheque.

cheratina, *f.* (*biol.*) keratin.

cheratinizzare, *v. t.* to keratinize.

cheratinizzazione, *f.* keratinization.

cheratite, *f.* (*med.*) keratitis.

cheratoplàstica, *f.* (*med.*) keratoplasty.

chèrmes, *m.* (*colorante*) kermes.

cherosène, *m.* (*chim.*) kerosene.
cherùbico, *a.* cherubic.
cherubino, *m.* (*relig.*) cherub* (*anche fig.*): **la schiera celeste dei cherubini**, the heavenly host of the cherubim.
chetare, **A** *v. t.* **1** to make* (sb.) be quiet; to make* (sb.) be still; to quiet; to still; to hush **2** (*un creditore*) to pacify. ● **chetarsi**, **B** *v. rifl.* to quiet down; to hush. ● **Chetati!**, be quiet!; shut up! (*fam.*).
chetichèlla, alla, *locuz. avv.* secretly; furtively; silently. ● **entrare alla c.**, to slip in □ **uscire alla c.**, to slip out.
chéto, *a.* **1** quiet **2** (*silenzioso*) silent. ● **Quella è un'acqua cheta**, she's a deep one (*pop.*).
chetóne, *m.* (*chim.*) ketone.
chetònico, *a.* (*chim.*) ketonic.
chevreau (*franc.*), *m.* kid leather.
chewing-gum (*ingl.*), *m.* chewing gum.
chi (1), *pron. interr.* **1** (*sogg.*) who: **Chi è quell'uomo (quella donna)?**, who is that man (that woman)?; **Chi sono quegli uomini (quelle donne)?**, who are those men (those women)?; **Mi domando chi sia costui**, I wonder who this man is; **Chi lo sa?**, who knows?; **Chi non lo sa?**, who doesn't know that?; **Ch'è?**, who is it?; **Chi è** (*o* **va**) **là?**, who is (*o* goes) there?; **Chi mai te l'ha detto?**, who ever told you that?; **Chi fu che non venne?**, who did not come? **2** (*ogg. e compl. indir.*) whom; who (*fam.*): **Chi preferisci?**, who(m) do you prefer?; **A chi dovrei scrivere?**, to whom should I write?; who(m) should I write to?; **Di chi parlano?**, who(m) are they talking about?; **Non so a chi darlo**, I don't know to whom to give it (*o* who(m) to give it to) **3** (*rif. a un numero limitato di persone*) which: **Chi di voi va a teatro?**, which of you is (*o* are) going to the theatre?; **Chi di noi preferisci?**, which of us do you prefer?; **Con chi di loro vorresti andare?**, which of them would you like to go with? ● **di chi?**, (*compl. di specificazione*) of whom?; (*poss.*) whose?: **Di chi hai paura?**, of whom are you afraid?; who(m) are you afraid of?; **Di chi è?**, whose is it?; **Di chi è quella casa?**, whose house is that? ● **Di chi è il libro che hai preso?**, whose book did you take? □ **Un tale, non so chi**, someone, I don't know who it was.
chi (2), *pron. relat.* **1** (*colui che*) he (*compl.*: him) who (*compl.*: whom); the man (*o* the boy) who (*compl.*: whom): **Chi ha detto ciò deve essere pazzo**, the man who said that must be mad **2** (*colei che*) she (*compl.*: her) who (*compl.*: whom); the woman (*o* the girl) who (*compl.*: whom): **Chi vedemmo non era Anna, ma Giulia**, the girl (whom) we saw was Julie, not Anne **3** (*colui o colei che*) the person who (*compl.*: whom); who (*sogg.*); whom (*compl.*): **Chi t'informò non disse il vero**, the person who informed you did not tell the truth; **Dillo a chi ti pare**, tell whom you like **4** (*coloro che*) they (*compl.*: them) who (*compl.*: whom); those who(m), people who(m): **Sono gentile con chi è gentile con me**, I am kind to those who are kind to me; (*lett. o arc.*, *con those omesso*) **Chi è amato dagli dèi, muore giovane**, whom the gods love die young **5** (*chiunque*) (*sogg.*) whoever, anyone who, anybody that; (*compl.*) whomever, anyone whom, anyone that: **Chi dice ciò, sbaglia**, whoever (*o* anyone that, anybody who) says that is mistaken; **Dallo a chi ti pare**, give it to whomever (*fam.*: to whoever) you like **6** (*uno che*) someone (*o* somebody) who; (*alcuni che*) some who: **C'è chi mi aiuterà**, there's someone who (*o* that) will help me; there are some who (*o* that) will help me; **Non c'è chi sappia capirmi**, there isn't anyone (*o* there's no one) who can understand me **7** (*se alcuno*) in case you; if one; if you: **Chi non lo sapesse, non c'è più acqua**, in case you don't know it, there's no more water **8** (*purché uno*) provided (that) you; if you: **La poesia, chi la legga con attenzione, è bellissima**, the poem, provided you (*o* if you) read it with attention, is beautiful. ● **chi... chi** (*pron. indef.*), some (people).... some; some (people)... others: **Chi rideva, chi piangeva**, some (people) were laughing, others were weeping; **Chi dice una cosa, chi ne dice un'altra**, some say this, (and) some say that □ (*prov.*) **Chi rompe paga**, if you break, you pay □ (*prov.*) **Chi s'aiuta Dio l'aiuta**, God helps those who help themselves.
chi (3), *m. e f.* (*ventiduesima lettera dell'alfabeto greco*) chi.
chiàcchiera, *f.* **1** chat; chatter; talk; chit-chat (*fam.*): **Vogliamo fare due chiacchiere?**, shall we have a chat?; **Troppe chiacchiere!**, too much talk! **2** (*pettegolezzo, invenzione*) gossip; talk; tale; rumour: **È una c. diffusa dai giornali**, it's a tale (*o* a rumour) put about by the papers; **Ci sono state delle chiacchiere sul conto di lei**, there has been some gossip about her **3** (*loquacità*) loquacity; gift of the gab (*fam.*). ● **A chiacchiere promette tutto**, he is very glib in promising everything.
chiacchierare, *v. i.* **1** to talk; to chat: **Mi piace c. con gli amici al caffè**, I like chatting with my friends at the café **2** (*fare pettegolezzi*) to gossip **3** (*parlare molto, ciarlare*) to chatter; to be a chatterbox: **Quanto chiacchiera quella donna!**, what a chatterbox that woman is!

chiacchierata, *f.* **1** chat; talk; chit-chat (*fam.*): **Faremo una bella c. accanto al fuoco**, we'll have a good chat by the fire **2** (*discorso prolisso*) rigmarole.
chiacchiericcio, *V.* chiacchierìo.
chiacchierino, **A** *m.* **1** chatterer; chatterbox **2** (*tipo di merletto*) tatting. **B** *a.* chattering; chatty.
chiacchierìo, *m.* chatter; chattering: **Non so come faccia a lavorare in mezzo a tutto quel c.**, I don't know how he can work with all that chattering going on around him.
chiacchieróne, **A** *m.* **1** great talker; chatterbox **2** (*pettegolo*) gossip. ● **È un gran c.**, he would talk the hind leg off a donkey (*fam.*) □ **Non dirgli il tuo segreto: è un gran c.**, don't tell him your secret: he can't hold his tongue. **B** *a.* **1** talkative **2** (*pettegolo*) gossipy.
chiama, *f.* roll call. ● **fare la c.**, to call the roll.
chiamare, **A** *v. t.* **1** to call; (*a voce alta*) to call out (for): **Il pranzo è pronto: chiama il babbo**, dinner's ready: call father; **Chiamai Maria, ma rispose Marta**, I called (*o* called out for) Mary, but Martha replied; **Chiamai tanto, ma non rispose nessuno**, I called and called, but nobody answered; **Chiamalo per nome**, call him by his name **2** (*leg.*) to call; to summon: **c. q. a testimone**, to call sb. to witness; (*con mandato di comparizione*) to subpoena sb. as witness; **c. una causa**, to call a case; **c. q. in giudizio** (*o* **in causa**), to summon sb.; to serve sb. with summons **3** (*dare nome a*) to call; to name: **La chiamarono Letizia in memoria della nonna**, they called her Letitia after her grandmother **4** (*fare venire*) to call; to send* for: **Bisogna c. il dottore**, we must send for the doctor **5** (*al telefono*) to call (up); to ring* up: **Chiamami alle cinque**, call me up at five **6** (*invocare*) to call for; to invoke; to call down: **c. aiuto**, to call for help; **c. la collera di Dio su q.**, to call down God's wrath upon sb.; **c. una benedizione**, to invoke a blessing **7** (*alle carte*) to call; to declare; to bid*: **Avarelli aveva chiamato due quadri**, Avarelli had called two diamonds **8** (*naut.*: *marinai, col fischio*) to pipe: **c. tutti i marinai in coperta**, to pipe all hands on deck. ● **c. a raccolta truppe** (**il coraggio, ecc.**), to muster soldiers (to muster up one's courage, etc.) □ (*teatr.*) **c. alla ribalta**, to call to the footlights □ **c. alle armi**, to call to arms; to call up □ **c. il cane con un fischio**, to whistle for one's dog □ **c. le cose col loro nome** (*o* **c. pane il pane, vino il vino**), to call a spade a spade □ **c. disgrazia**, to bring bad luck □ (*naut.*) **c. l'equipaggio ai posti di combattimento**, to call all hands to battle stations; to beat to quarters □ **c. q. presso di sé**, to send for sb. □ **c. un taxi**, to hail a taxi; (*per telefono*) to call (*o* to ring for) a taxi □ (*teatr.*) **essere chiamato alla ribalta**, to take a curtain call □ **essere chiamato a render conto**, to be called to account □ (*fig.*) **essere chiamato in causa**, to get involved; to be concerned □ **mandare a c. q.**, to send for sb. □ **Dio l'ha chiamato a sé**, he's been called to his fathers □ **Il dovere mi** (*o* **ci**) **chiama**, duty calls □ **La condotta del ragazzo chiamava gli schiaffi**, the boy was asking for it; the boy's behaviour made my palms itch □ **Lo chiamai da parte e glielo dissi**, I took him on one side and told him □ **Non sono chiamato in causa**, I don't come into it; I don't come into the picture (*fam.*) □ **Un errore chiama l'altro**, one mistake leads to another. ● **chiamarsi,** **B** *v. rifl.* **1** (*avere nome*) to be called: **Questo oggetto si chiama penna**, this thing is called a pen; «**Come ti chiami?**» «**Mi chiamo Andrea**», «what's your name?» «my name is Andrew» **2** (*considerarsi*) to consider oneself; to count oneself: **Puoi ben chiamarti fortunato**, you may well consider yourself lucky! ● (*nei giochi*) **c. fuori**, to call oneself out □ **c. in colpa**, to plead guilty; to admit one is in the wrong □ **Questo, sì, si chiama un Natale!**, this really is a Christmas! □ **Questo si chiama parlar chiaro!**, this is plain speaking!
chiamata, *f.* **1** call; (*urgente o imperativa*) summons: **Rispose alla c. della patria**, he answered the call of his country; **c. telefonica**, telephone call **2** (*leg.*) summons **3** (*appello*) roll call **4** (*alla ribalta*) curtain call **5** (*alle armi*) call to arms; call-up **6** (*tipogr.*: *di rinvio*) cross-reference mark; (*di nota a piè di pagina*) footnote reference; (*di correzione*) proofreader's mark; (*a margine*) margin note. ● (*per un medico*), message: **Gli ho lasciato la c. in farmacia**, I've left a message for the doctor at the chemist's □ **c. interurbana**, trunk-call; long-distance call (*USA*); (*a breve distanza*) toll call □ (*mil.*) **la c. di una classe**, the calling-up of a class □ **Quel dottore ha poche chiamate**, that doctor has few patients.
chianti, *m.* (*enologia*) Chianti.
chiappa, *f.* (*pop.*) buttock.
chiappanùvole, *m. e f.* day dreamer.
chiappare, *v. t.* (*pop.*) to catch*.
chiapparèllo, chiapperèllo, *m.* **1** catch; trap **2** (*gioco infantile*) tig; tag.
chiara, *f.* (*fam.*) white (of an egg): **Sbatti tre chiare d'uovo**, beat the whites of three eggs.

Chiara, *f.* Clara, Clare.
chiaraménte, *avv.* **1** (*in modo chiaro*) clearly; plainly; distinctly **2** (*in modo esplicito*) openly; frankly **3** (*in modo evidente*) evidently; obviously.
chiarétto, *m.* (*vino*) claret.
chiarézza, *f.* clearness; clarity; lucidity: **la c. dell'acqua,** the clearness of the water; **la c. di questo filosofo,** the clearness (*o* clarity, lucidity) of this philosopher. ● **c. d'idee,** clearness of ideas; (*rif. ai propri scopi*) know-what □ **spiegare con c.,** to explain clearly.
chiarificante, *m.* clarificant; clarifier; clarifying agent.
chiarificare, *v. t.* **1** to clarify **2** (*fig.*) to clear up; to explain.
chiarificatóre, A *m.* clarifier. **B** *a.* clarifying.
chiarificazióne, *f.* **1** clarification (*anche fig.*) **2** (*fig.*) explanation; clearing up.
chiariménto, *m.* explanation; clearing up (of a point). ● **Ho letto la tua relazione e desidererei qualche c.,** I have read your report and should like you to clear up one or two points.
chiarire, A *v. t.* **1** to (make*) clear; to clarify **2** (*fig.*) to clear up; to explain; to make* clear: **Ti prego di c. questo punto,** I should like you to clear up this point; **c. una questione,** to explain a question; **c. un mistero,** to clear up a mystery. ● **c. certi dubbi,** to remove certain doubts. **chiarirsi, B** *v. rifl.* **1** to (become*) clear **2** (*del tempo*) to clear up.
chiarissimo, *a.* most distinguished; renowned; (*negli indirizzi si omette*): **C. Prof. G. Rossi,** Professor G. Rossi.
chiaritóio, *m.* (*filtro*) filter for liquids.
chiaro (1), A *a.* **1** (*limpido*) clear; limpid; unclouded: **acqua chiara,** clear water; **vino (olio, suono, ecc.) c.,** clear wine (oil, sound, etc.); **una voce chiara,** a clear voice **2** (*di colore*) light; pale: **azzurro c.,** light blue; **grigio c.,** pale grey **3** (*luminoso*) bright: **una stanza chiara, piena di sole,** a bright, sunny room **4** (*fig.: evidente*) clear; plain; obvious: **uno stile c.,** a clear style; **una spiegazione chiara,** a clear explanation; **c. come il sole,** as clear as the day; **È c. che non lo sa,** it's obvious he doesn't know **5** (*fig.: illustre*) celebrated; famous; distinguished; renowned: **uno scienziato di chiara fama,** a celebrated (*o* renowned) scientist; **c. ingegno,** distinguished mind. **B** *m.* **1** (*luminosità*) brightness; lightness **2** (*colore chiaro*) (a) light colour **3** (*l'opposto di «scuro»*) light: **i chiari di un dipinto,** the lights in a painting. ● **c. di luna,** moonlight; moonshine □ (*fam.*) **c. d'uovo,** white of an egg □ (*fig.*) **a** (*o con*) **questi chiari di luna,** in these hard times □ **dire a chiare note,** to give (sb.) a piece of one's mind; to do some plain speaking □ **in c.,** uncoded; in clear: **messaggio in c.,** message in clear □ **mettere in c. q.c.,** to make st. clear □ **un no c. e tondo,** an unmistakable no; a very definite no □ **venire in c. di q.c.,** to clear up st.; to unravel st.; to get to the bottom of st. □ **una verità chiara e lampante,** a self-evident truth; an obvious truth □ **vestire di c.,** to dress in light colours □ **Si fa c.,** it is dawning □ **Era giorno c.,** it was broad daylight □ (*prov.*) **Patti chiari, amici cari,** short reckonings make long friends.
chiaro (2), *avv.* **1** clearly **2** (*con franchezza*) clearly; frankly; directly: **parlare c.,** to speak clearly (*o* frankly); to put one's cards on the table; to make (st.) plain; **vederci c.** (**in q.c.**), to see (st.) clearly; to understand (st.). ● **c. e tondo,** plainly; in plain English □ **non vederci c. (in q.c.),** to feel there is something shady (in st.).
chiaróre, *m.* **1** dim light; faint light; glimmer; patch of light; shaft of light **2** (*della luna*) moonshine; radiance. ● **al c. dell'alba,** at the first light of dawn.
chiaroscurare, *v. t.* (*pitt.*) to shade.
chiaroscuro, *m.* (*pitt.*) light and shade; chiaroscuro.
chiaroveggènte, A *a.* clairvoyant; (*fig.*) clear-sighted, far-seeing. **B** *m.* e *f.* clairvoyant.
chiaroveggènza, *f.* **1** far-sightedness **2** (*divinazione*) clairvoyance.
chiasma, chiasmo, *m.* **1** (*retor.*) chiasmus* **2** (*anat.*) chiasma*: **c. dei nervi ottici,** optic chiasma.
chiassata, *f.* **1** (*schiamazzo*) row; hubbub; racket **2** (*lite clamorosa*) row; shindy: **fare una c.,** to kick up a row (*o* a shindy). ● **fare una c. a q.,** to fly at sb. in a rage.
chiassile, *m.* (*edil.*) window frame.
chiasso (1), *m.* uproar; din; noise; hubbub; clatter and row. ● **fare c.,** to make a noise (*o* a row); (*di bambini che giocano*) to romp; (*fig.: fare scalpore*) to cause a stir, to create (*o* to cause) a sensation: **Questo romanzo ha fatto molto c.,** this novel has caused a great sensation □ **fare un c. del diavolo,** to make the devil of a row; (*per protesta*) to raise hell (*pop.*).
chiasso (2), *m.* (*vicolo*) lane; row.
chiassóne, A *a.* noisy; rowdy. **B** *m.* noisy person.
chiassosità, *f.* noisiness; rowdiness.
chiassóso, *a.* **1** noisy: **strada chiassosa,** noisy street; **comitiva chiassosa,** rowdy group **2** (*fig.*) gaudy; showy. ● **colore c.,** loud colour.

chiatta, *f.* (*naut.*) **1** barge; flatboat; float; hoy; keel; pontoon; scow; wherry: **ponte di chiatte,** pontoon bridge **2** (*nei porti*) lighter. ● **scaricare** (*o* **trasportare**) **con chiatte,** to lighter.
chiavàccio, *m.* (big) bolt. ● **Di lì non si passa, c'è tanto di c.,** you can't get through there, it's all bolted and barred.
chiavàio, chiavaiòlo, *m.* locksmith.
chiavarda, *f.* bolt: (*ferr.*) **c. da rotaia,** track bolt; **c. della ganascia,** fishbolt; (*costr., mecc.*) **c. di fondazione,** foundation bolt.
chiavare, *v. t.* (*volg.*) to screw; to fuck.
chiavata, *f.* (*volg.*) screw; fuck.
chiave, A *f.* **1** key: **c. femmina,** hollow key; **c. maschio,** key with a full (*o* solid) shaft; (*relig.*) **chiavi di S. Pietro,** St. Peter's keys; (*fig.*) **le chiavi del cuore di q.,** the key to sb.'s heart **2** (*mus.*) clef: **c. di fa,** F clef; bass clef; **c. di sol,** G clef; treble clef **3** (*di un cifrato*) code; cipher key **4** (*mecc.*) spanner; wrench: **c. inglese** (*o* **a rollino**), adjustable spanner; monkey wrench; **c. per le candele,** plug spanner. ● **c. d'accordatore,** tuning hammer □ (*fig.*) **c. d'un enigma,** clue to a puzzle □ (*archit.*) **c. di volta,** keystone □ **chiavi in mano,** ready (for operation) □ (*autom.*) **prezzo chiavi in mano,** price on the road □ **c. maestra,** master key □ **buco della c.,** keyhole □ **chiudere a c.,** to lock □ **in c. umoristica,** in a humorous vein □ **mettere** (**tenere**) **sotto c.,** to put (to keep) under lock and key □ (*letter.*) **romanzo a c.,** «roman à clef» □ **serrare a sette chiavi,** to double-lock; to bolt and bar. **B** *a.* key (*attr.*): **industria c.,** key industry; **teste c.,** key witness; **parola c.,** key word. ● **punto c.,** essential point.
chiavétta, *f.* **1** (*rubinetto*) tap **2** (*di giocattolo, ecc.*) key; winder **3** (*mecc.*) spline; key. ● (*mecc.*) **montare una c.,** to spline.
chiavìca, *f.* drain; sewer.
chiavistèllo, *m.* latch; bolt. ● **c. a saliscendi,** thumb latch □ **mettere il c. a una porta,** to latch a door.
chiazza, *f.* (*spreading*) stain; large spot: **c. di sangue,** bloodstain.
chiazzare, *v. t.* **1** to stain; to spot **2** (*variegare*) to dapple; to chequer.
chiazzato, *a.* **1** (*macchiato*) stained; spotted **2** (*variegato*) variegated; dappled; mottled; chequered.
chiazzatura, *f.* **1** staining; spotting **2** (*insieme di chiazze*) stains, spots (*pl.*).
chic (*franc.*), *a.* chic; stylish; elegant; smart.
chicane (*franc.*), *f.* (*bridge, autom.*) chicane.
chicca, *f.* (*infant., fam.*) sweet; goody, sweetie (*fam.*).
chicchera, *f.* cup: **c. da caffè,** coffee cup.
chicchessìa, *pron. indef.* anyone; anybody.
chicchiriare, *v. i.* to crow*.
chicchirichì, *inter.* cockadoodledoo. ● **fare c.,** to crow □ **la mattina al primo c.,** in the morning at cockcrow.
chicco, *m.* **1** (*di cereale*) grain **2** (*di melagrana*) seed **3** (*di un rosario e sim.*) bead. ● **c. di caffè,** coffee bean □ **c. di grandine,** hailstone □ **c. d'uva,** grape.
chièdere, A *v. t.* **1** (*per sapere*) to ask; to request; (*imperiosamente*) to demand; (*umilmente*) to beg; (*informarsi*) to inquire: **Chiedigli come si chiama,** ask (him) his name; **Bisogna c. il prezzo,** we must ask the price; **Mi chiese d'andare con lui,** he asked me to go with him; **Chiedo l'onore d'accompagnarla,** I request the honour of accompanying you; **Il poliziotto mi chiese nome e indirizzo,** the policeman demanded my name and address; **Chiedigli del suo lavoro,** to inquire (about) his work **2** (*per avere, per comprare q.c.*) to ask for: **c. q.c. a q.,** to ask sb. for st.; **c. un libro,** to ask for a book; **c. q.c. in prestito,** to ask for the loan of st. **3** (*come prezzo*) to ask; to charge: **Chiedono quindici sterline di quel tavolo,** they are asking fifteen pounds for that table; **Quanto chiedete per vitto e alloggio?,** how much do you charge for board and lodging? ● **c. di q.,** to ask for sb. □ **Nessuno ha chiesto di me?,** has anybody asked for me? □ **c. l'elemosina,** to beg (for alms) □ **c. un favore a q.,** to ask a favour of sb. □ **c. grazia,** to ask for mercy □ **c. il permesso a q.,** to ask sb.'s permission □ **c. licenza di fare q.c.,** to ask leave to do st. □ **c. la mano di una ragazza,** to ask for a girl's hand □ **c. notizie di q.** (*o* **c. come stia q.**), to ask after sb.; to inquire after sb. □ **c. perdono a q.,** to ask sb. to forgive one; to apologize to sb. □ **c. scusa a q.,** to apologize to sb.; to beg sb.'s pardon □ **c. se c'è un libro in un negozio,** to inquire for a book in a shop □ **Chiedo scusa,** excuse me; I'm sorry □ **Chiedo scusa, come ha detto?,** I beg your pardon? □ **Non c'è che da chiederlo** (*per averlo*), it's yours for the asking. **chièdersi, B** *v. rifl.* to wonder: **Mi chiedo cosa voglia,** I wonder what he wants; **Mi chiedevo se sarebbe venuto,** I wondered whether he would come.
chiérica, *f.* **1** (*relig.*) tonsure **2** (*scherz.: calvizie*) baldness **3** (*fig., pl.: cleri*) le chiavi del cuore di q., in holy orders □ (*scherz.*) **Anche tu cominci a fare la c.,** you're going bald too.
chiericato, *m.* (*relig.*) **1** (*condizione di ecclesiastico*) clerical status **2** (*clero*) clergy.
chierichétto, *m.* **1** altar boy **2** (*corista*) choirboy.

chiérico, *m.* (*relig.*) **1** altar boy **2** (*ecclesiastico*) cleric; clergyman* **3** (*lett.*: *dotto*) scholar.
chièsa, *f.* **1** church; (*di monastero*) minster; (*protestante*) chapel: **andare in c.**, (*per pregare*) to go to church; (*nell'edificio*) to go into a church; **musica di c.**, church music **2** (*l'unione dei fedeli*) Church: **C. anglicana**, Church of England; **C. cattolica**, (Roman) Catholic Church; **la C. militante**, the Church Militant; **C. scozzese (presbiteriana)**, Church of Scotland; **padri della C.**, Fathers of the Church. ● (*prov.*) **In c. coi santi, in taverna coi fanti**, when you're in Rome do as the Romans do.
chiesàstico, *a.* ecclesiastical; church (*attr.*).
chiesuòla, *f.* **1** small church **2** (*fig.*, *spreg.*: *conventicola*) group; clique; coterie **3** (*naut.*) binnacle.
chifel, *m.* (*cucina*) crescent-shaped pastry; croissant.
chiffon (*franc.*), *m.* (*tessuto*) chiffon.
chìglia, *f.* (*naut.*) keel: **c. di rollio**, bilge keel; rolling chock (*USA*); **c. piatta**, flat keel.
chignon (*franc.*), *m.* (*crocchia*) chignon; bun.
chihuaua (*spagn.*), *m.* (*zool.*) chihuahua.
chilìfero, *a.* (*fisiologia*) chyliferous.
chilificare, *v. t.* (*fisiologia*) to chylify.
chilificazióne, *f.* (*fisiologia*) chylification.
chilo (1), *m.* kilogram(me).
chilo (2), *m.* (*fisiologia*) chyle. ● **fare il c.**, to sit and rest after a meal.
chiloampere, *m.* (*fis.*) kiloampere.
chilocaloria, *f.* (*fis.*) kilocalorie.
chilociclo, *m.* (*radio*) kilocycle.
chilogràmmetro, *m.* (*fis.*) kilogrammetre; kilogrammeter (*USA*).
chilogrammo, *m.* kilogram(me).
chilohertz, *m.* (*fis.*) kilohertz.
chilòlitro, *m.* kilolitre; kiloliter (*USA*).
chilometràggio, *m.* **1** distance in kilometres **2** (*distanza in miglia*) mileage.
chilomètrico, *a.* **1** kilometric(al) **2** (*fig.*) never-ending; interminable. ● (*fig.*) **un discorso c.**, a speech a mile long □ **la distanza chilometrica**, the distance in kilometres.
chilòmetro, *m.* kilometre; kilometer (*USA*). ● (*sport*) **c. lanciato**, flying kilometre.
chilòpodi, *m. pl.* (*zool.*, *Chilopoda*) chilopods.
chilowatt, *m.* (*fis.*) kilowatt.
chilowattóra, *m.* (*fis.*) kilowatt-hour.
chimèra, *f.* **1** (*mitol.*) chim(a)era **2** (*fig.*) fancy; illusion; dream; chim(a)era.
chimèrico, *a.* chimerical; unreal; utopistic; visionary; dreamlike.
chìmica, *f.* chemistry.
chìmico, **A** *a.* chemical: **stabilimento c.**, chemical plant. **B** *m.* (*research*) chemist: **Mio fratello è farmacista e mio marito è c.**, my brother is a chemist and my husband is a research chemist.
chimificare, *v. t.* (*fisiologia*) to chymify.
chimificazióne, *f.* (*fisiologia*) chymification.
chimìsmo, *m.* (*chim.*, *med.*) chemism.
chimo, *m.* (*fisiologia*) chyme.
chimòno, *m.* kimono.
china (1), *f.* (*pendio*) slope; declivity; descent. ● (*fig.*) **mettersi su una brutta c.**, (*di persone*) to take a wrong turning; (*di cose*) to take a turn for the worse □ (*fig.*) **risalire la c.**, to get back on top.
china (2), *f.* **1** (*bot.*, *Cinchona*) cinchona (tree): **corteccia di c.**, cinchona (bark); Peruvian bark **2** (*liquore*) «china»: **elisir di c.**, «elisir di china».
china (3), *f.* (*inchiostro di china*) Indian ink; India ink (*USA*): China ink.
chinare, **A** *v. t.* to bend*; to bow; to lower: **c. gli occhi**, to lower one's eyes; to look down; **Chinate il busto in avanti senza piegare le ginocchia**, bend the bust forward (*o* bend over) without bending the knees; **c. il capo**, to bend one's head; (*per dire di sì o per il sonno*) to nod; (*per salutare*) to bow; (*fig.*: *cedere*) to bow one's head, to accept the inevitable, to give in. ● **c. lo sguardo**, to look down. **chinarsi**, **B** *v. rifl.* **1** to stoop (down); to bend* (down); to bow: **c. sopra q.c.**, to bend over st.; **Mi chinai per raccattare il fazzoletto**, I stooped (*o* I bent down) to pick up my handkerchief **2** (*fig.*: *sottomettersi*) to submit; to give* in. ● (*fig.*) **Bisogna c. di fronte a tanta costanza**, one must respect so much tenacity.
chinato, *a.* (*che contiene china*) containing cinchona.
chincàglie, *f. pl.* trinkets; knickknacks.
chincaglière, *m.* seller of knickknacks.
chincaglierìa, *f.* **1** (*generalm. pl.*) trinkets; knickknacks; knickknackery (*sing.*) **2** (*negozio*) knickknack shop; gift shop.
chinina, *f.* (*chim.*) quinine.
chinino, *m.* (*farm.*) quinine.
chino, *a.* lowered; bowed; bent: **Eccolo a capo c.**, there he is with his head lowered (*o* bowed).
chinóne, *m.* (*chim.*) quinone.
chinòtto, *m.* **1** (*bot.*, *Citrus aurantium myrtifolia*; *frutto*) variety of sour orange **2** (*bibita*) «chinotto» (*soft drink flavoured with sour orange*).
chintz (*ingl.*), *m.* (*ind. tessile*) chintz.
chiòccia, *f.* brooding (*o* sitting) hen; hen with a brood of chicks.
chiocciare, *v. i.* to cackle; to cluck.
chiocciata, *f.* brood of chicks.
chiòccio, *a.* clucking; shrill; hoarse; husky; harsh.
chiòcciola, *f.* **1** (*zool.*, *Helix pomatias*) snail **2** (*mecc.*) female screw **3** (*anat.*: *coclea*) cochlea* **4** (*mus.*: *di violino*, *violoncello e sim.*) scroll. ● **scala a c.**, winding (*o* spiral) staircase.
chioccolare, *v. i.* **1** (*del merlo*, *ecc.*) to whistle; to warble **2** (*gorgogliare*) to gurgle.
chioccolatóre, *m.* decoy (bird).
chioccolìo, *m.* **1** (*di uccelli*) whistling; warbling **2** (*di fonte*, *ruscello*, *ecc.*) gurgling.
chiòccolo, *m.* bird whistle.
chiodàia, *f.* (*mecc.*) swage block.
chiodàio, *m.* nail maker; nailer.
chiodaiòlo, *m.* **1** nail maker; nailer **2** (*fig.*, *spreg.*) person with many debts.
chiodame, *m.* (assortment of) nails.
chiodato, *a.* spiked; nailed: **bastone c.**, spiked stick. ● **scarpe chiodate**, hobnailed boots.
chiodatrice, *f.* (*mecc.*) riveting machine; riveter.
chiodatura, *f.* (*mecc.*) riveting: **c. a caldo**, hot riveting; **c. a catena**, chain riveting; **c. ermetica**, tight riveting; **c. semplice**, single riveting.
chioderìa, *f.* **1** nailery; nail factory **2** (*chiodame*) nails (*pl.*).
chiodino, *m.* (*bot.*, *Armillaria mellea*) honey agaric; honey mushroom.
chiòdo, *m.* **1** nail; (*mecc.*) rivet; (*a capocchia larga*) stud; (*da scarpone*) hobnail; (*di scarpe da sport*, *di battistrada di pneumatico*) spike: **c. da cavallo**, horseshoe nail; **c. senza testa**, headless nail; **c. tubolare**, tubular rivet; **conficcare** (*o piantare*) **un c.**, to drive (*o* to hammer in) a nail; **ribadire un c.**, to rivet a nail **2** (*fig.*: *idea fissa*) fixed idea: **È un suo c. e nessuno glielo toglie di testa**, it's a fixed idea of his and no one can get it out of his head **3** (*pop.*, *fig.*: *dolore*, *fitta*) pain; pang **4** (*fig.*, *fam.*: *debito*) debt: **piantare chiodi**, to make debts; to run into debt. ● **c. da ghiaccio** (*o roccia*), piton; peg □ **c. di garofano**, clove □ (*fig.*) **ribadire il c.**, to hammer away at a point □ **essere magro come un c.**, to be as thin as a lath □ (*fig.*) **tenere q. al c.**, to keep sb. at it; to keep sb.'s nose to the grindstone □ **È roba da chiodi!**, it's incredible!; it's terrible!; it's shocking! □ **È un giornale che campa di ricatti: roba da chiodi**, it's a paper that lives on blackmail; sheer dirt! □ (*fig.*) **Ha attaccato la racchetta al c.**, he's hung up his racket; he has given up tennis □ (*prov.*) **C. scaccia c.**, one nail drives out another; one worry (pain, etc.) takes one's mind off another.
chiòma, *f.* **1** head of hair; long thick hair; (flowing) locks (*pl.*): **chiome dorate (nere, ecc.)**, golden (raven, etc.) locks **2** (*criniera*) mane **3** (*di cometa*) tail **4** (*d'albero*) foliage.
chiomato, *a.* **1** with long hair **2** (*d'albero*) leafy.
chiòsa, *f.* gloss; note.
chiosare, *v. t.* to gloss; to annotate.
chiosatóre, *m.* glossator; glossarist; annotator.
chiòsco, *m.* **1** stall; stand; kiosk **2** (*di giornalaio*) newsstand **3** (*per vendita di bibite*, *ecc.*) refreshment booth.
chiòstra, *f.* **1** (*recinto*) enclosure **2** (*di monti*) encircling chain. ● **la c. dei denti**, the fence of one's teeth.
chiòstro, *m.* cloister: **un c. affrescato**, a cloister with frescos.
chiòtto, *a.* quiet; unobtrusive; still. ● **c. c.**, without stirring.
chiòvolo, *m.* peg; bolt; pole-bolt: **c. del giogo**, yoke peg.
chiozzòtta, *f.* (*naut.*) «chiozzotta» (Chioggia cargo boat).
chippendale (*ingl.*), *a. e m.* Chippendale: **mobili c.**, Chippendale furniture.
chiragra, *f.* (*arc.*, *med.*) chiragra; gout in the hand.
chirografàrio, *a.* (*leg.*) chirographary. ● **credito c.**, unsecured debt.
chirògrafo, *m.* (*leg.*) chirograph.
chiromante, *m. e f.* palmist; fortune-teller; chiromancer.
chiromàntico, *a.* chiromantic(al).
chiromanzìa, *f.* palmistry; fortune-telling; chiromancy.
chiropràtica, *f.* (*med.*) chiropractic. ● **specialista in c.**, chiropractor.
chiropràtico, *m.* chiropractor.
chiròtteri, *m. pl.* (*zool.*, *Chiroptera*) chiropters.
chiròttero, *m.* (*zool.*) chiropteran.
chirurgìa, *f.* (*med.*) surgery.
chirùrgico, *a.* (*med.*) surgical.
chirurgo, *m.* (*med.*) surgeon. ● **medico c.**, surgeon; doctor.

Chisciòtte, *m.* (*letter.*) Quixote.
chisciottésco, *a.* (*raro*) quixotic.
chissà, *avv.* **1** who (*o* heaven) knows; I wonder (whether): **C. quando e dove ci rivedremo,** who knows when and where we shall meet again; **C. se pioverà domani,** I wonder whether it will rain tomorrow **2** (*forse*) perhaps; maybe; possibly: «**Verrai a Roma quest'estate?**» «**C.!**», «are you coming to Rome next summer?» «possibly!».
chitarra, *f.* guitar: **pizzicare una c.,** to pluck the strings of a guitar.
chitarrista, *m.* e *f.* guitarist; guitar player.
chitina, *f.* (*biol.*) chitin.
chitinóso, *a.* (*biol.*) chitinous.
chitóne, *m.* (*stor., zool.*) chiton.
chiù, *m.* **1** (*zool., Otus scops*) scops owl **2** (*verso dell'assiolo*) tu-whoo.
chiudènda, *f.* **1** (*recinzione*) hedge; fence; enclosure **2** (*saracinesca*) rolling shutter.
chiùdere, A *v. t.* **1** to shut*; to close: **c. una porta** (**una finestra, un cancello**), to shut a door (a window, a gate); **c. un cassetto** (**un libro**), to shut a drawer (a book); (*anche fig.*) **c. la porta in faccia a q.,** to shut the door in sb.'s face; to shut the door upon sb.; **c. un circuito elettrico,** to close an electric circuit; **chiuso al traffico,** closed to traffic; **c. un conto,** to close an account **2** (*recingere*) to enclose: **c. una proprietà con una siepe,** to enclose a property with a hedge; **Il campo non è chiuso, chiunque può entrare,** the field is not enclosed, anyone can get in **2** (*rinchiudere; chiudere definitivamente*) to shut* up; to shut* down; to close down: **Il gatto era chiuso in casa,** the cat was shut up in the house; **c. bottega,** (*per la notte*) to shut up shop; (*definitivamente*) to close down; **Chiuderò casa e andrò in un albergo,** I'll shut up house and go to a hotel; **c. una fabbrica,** to shut down a factory **4** (*concludere*) to close; to conclude; to end; to finish; to wind* up (*fam.*): **c. un discorso** (**una conferenza**), to conclude a speech (a lecture) **5** (*venire per ultimo*) to bring* up the rear of; to come* at the end of: **c. un corteo,** to bring up the rear of a procession **6** (*staccare, spegnere, disinserire*) to shut* off; to turn off; to switch off: **Chiudi il gas!,** shut off (*o* turn off) the gas!; **c. un rubinetto,** to turn off a tap; **c. la radio,** to turn off (*o* to switch off) the radio; **c. la luce,** to switch off the light **7** (*limitare, circondare*) to shut* in; to surround: **La valle era chiusa da due catene di monti,** the valley was shut in by two mountain ranges **8** (*tappare*) to stop; to plug; (*con un sughero*) to cork; (*con un tappo di gomma*) to bung: **c. un buco,** to stop a hole; **c. una bottiglia,** to cork a bottle **9** (*sbarrare*) to bar; to lock: **Se non arrivi a casa entro le dieci, ti chiuderò fuori,** if you don't get home before ten o'clock, I'll bar you out. **B** *v. i.* **1** to shut*; to close (down): **La finestra non chiude,** the window won't close; **L'ufficio chiude alle sei,** the office shuts at six; **I negozi chiudono alle sette,** shops close (down) at seven **2** (*finire*) to close; to end; to finish: **c. in bellezza,** to finish well. ● **c. a catenaccio,** to bolt □ **c. a chiave,** to lock □ (*mecc.*) **c. l'aria in un carburatore,** to choke a carburettor □ **c. la bocca a q.,** (*perché non parli*), to gag sb.; to shut sb. up □ (*naut.*) **c. i boccaporti di una nave,** to batten down the hatches of a ship □ **c. con un lucchetto,** to padlock □ (*costr.*) **c. con un muro,** to wall (up) □ **c. con uno steccato,** to fence (in) □ **c. il cuore alla pietà,** to harden one's heart □ (*polit.*) **c. un dibattito,** to wind up a debate □ **c. ermeticamente,** to seal (hermetically) □ (*cinem., telev.*) **c. in dissolvenza,** to fade out □ **c. in una morsa,** to grip □ **c. una lettera,** to seal a letter; (*mettere i saluti*) to conclude a letter □ (*fig.*) **c. un occhio,** to shut one's eyes (to st.); to let (st.) pass; to wink at (st.): **Decisi di c. un occhio,** I decided to let it pass; **Chiusi un occhio sulla manifesta iniquità della decisione,** I winked at the manifest iniquity of the decision □ (*fig.*) **c. gli occhi** (*o* **c. i propri giorni**), to end one's days; to end one's life; to close one's eyes for the last time □ **c. il passo,** to block (*o* to bar) the way □ **c. il pugno,** to clench one's fist □ **non c. occhio** (*non dormire*), not to sleep a wink □ **Chiudi la bocca!,** shut your mouth!; (*taci*) hold your tongue!; shut up! (*fam.*) □ **Egli chiuse in petto il suo rancore,** he bottled up his resentment □ **Si chiude!,** closing time!
chiùdersi, C *v. rifl.* **1** to shut*; to close: **La porta si chiude bene,** the door closes (*o* shuts) easily; **Le acque si chiusero sulla nave che affondava,** the water closed over the sinking ship **2** (*rinchiudersi*) to shut* oneself up (*anche fig.*): **Egli si chiuse nel suo dolore,** he shut himself (up) in his grief **3** (*del cielo, del tempo*) to cloud over; to become* overcast **4** (*stringersi intorno*) to close in: **La nebbia si chiuse su di loro,** the fog closed in on them **5** (*di ferita: rimarginarsi*) to heal over. ● **c. in se stesso,** to retire (*o* withdraw) into oneself □ **c. nel silenzio,** to withdraw into silence.
chiudilèttera, *m.* charity stamp.
chiudipòrta, *f. invar.* door-check.

ci (2)

chiùnque, A *pron. relat. indef.* **1** (*sogg.*) whoever; anyone (*o* anybody) who (*o* that); (*enfatico*) whosoever: **C. venga, digli di aspettare,** whoever comes, tell him to wait; **C. entri per ultimo è pregato di chiudere,** whoever (*o* the person who) comes in last is requested to bolt the door; **C. non fosse d'accordo è libero di andarsene,** anyone that (*o* whoever) doesn't agree is free to go **2** (*ogg. e compl.*) who(m)ever; anyone (*o* anybody) who(m) (*o* that); (*enfatico*) whomsoever: **Dallo a c. tu voglia,** give it to whomever (*fam.*: to whoever) you like; **C. tu incontri, fermalo,** stop anyone (whom) you meet; **Farò vedere il quadro a c. lo desideri,** I'll show the picture to anyone who wants to see it **3** (*sogg., ogg. e compl.: rif. a un numero ristretto di persone*) whichever; any(one) who(m): **C. di loro mi cerchi, digli che non sono in casa,** whichever of them calls (*o* may call), tell him I'm not at home; **Dallo a c. di loro te lo chieda,** give it to any (*o* anyone) of them who ask (*o* asks) for it; **Lo darò a c. di voi incontrerò per primo,** I'll give it to whomever I meet first. **B** *pron. indef.* (*chicchessia*) anyone; anybody: **C. è capace di farlo,** anybody can do that; **C. avrebbe fatto altrettanto,** anyone would have done just the same; **Sa fare questo genere di lavoro meglio di c. altro,** he can do that sort of work better than anybody else. ● **di c.,** (*compl. di argomento*) who(m)ever... of (*o* about); (*poss.*) whosever: **Di c. parli, ne dice sempre male,** whomever (*fam.*: whoever) he talks about, he always speaks badly of him; **Be', di c. sia, non è il mio,** well, whosoever it is, it isn't mine □ **È una bellissima casa, di c. essa sia,** it's a very fine house, whomever (*fam.*: whoever) it belongs to.
chiurlare, *v. i.* to hoot; to tu-whit; to tu-whoo.
chiùrlo, *m.* (*zool., Numenius arquata*) curlew. ● (*zool.*) **c. piccolo** (*Numenius phaeopus*), whimbrel.
chiùsa, *f.* **1** (*di corso d'acqua*) dyke; dam; weir **2** (*di canale*) lock; sluice **3** (*di fiume a valle*) narrowing **4** (*conclusione*) end; ending; conclusion.
chiusino, *m.* **1** (*di fogna*) trap **2** (*dial.: di forno*) oven door **3** (*stradale*) manhole cover.
chiuso, A *a.* **1** closed; shut: **vocale chiusa,** closed vowel **2** (*comm.*) balanced; settled: **conto c. il 30 giugno,** account settled on the 30th of June **3** (*fig.: riservato, poco espansivo*) reserved; uncommunicative **4** (*di tempo: coperto*) overcast; cloudy. ● (*mus.*) **cantare a bocca chiusa,** to hum □ (*fig.*) **a occhi chiusi,** with complete confidence □ (*leg.*) **a porte chiuse,** in camera □ **circolo c.,** exclusive club □ **essere di mente chiusa,** to be narrow-minded □ (*fig.*) **Vacci a occhi chiusi!,** don't hesitate! **B** *m.* **1** enclosure; enclosed land **2** (*per animali*) pen; (*per pecore*) fold. ● **odore di c.,** musty (*o* stuffy) smell □ **sapere di c.,** to smell musty □ **starsene al c.,** to stay indoors.
chiusura, *f.* **1** (*serratura*) fastening; fastener; lock: **c. lampo,** zip (fastener); zipper (*USA*) **2** (*il chiudere*) closing; shutting; (*di iscrizioni, ecc.*) closing-date: (*comm.*) **bilancio di c.,** closing balance; **ora di c.,** closing time **3** (*leg., polit.: di un dibattito*) closure **4** (*conclusione*) close; conclusion **5** (*Borsa*) close **6** (*di un'azienda*) shut-down **7** (*rag.: di conti*) closing; settling. ● (*leg.*) **c. del fallimento,** discharge of the bankrupt □ (*naut.*) **c. di boccaporto,** hatch □ **c. di sicurezza,** safety catch □ **a c. automatica,** self-locking.
choc (*franc.*), *m. invar.* (*med.* e *fig.*) shock: **L'uomo investito è ancora in uno stato di c.,** the man who was run over is still in shock; **c. ritardato,** deferred (*o* delayed) shock.
chow-chow (*ingl.*), *m.* (*zool.*) Chow-chow.
ci (1), A *pron. pers. di 1ª pers. pl.* **1** (*compl. ogg. e di termine*) us: **Questo bambino ci ama,** this child loves us; **Dicci la verità,** tell us the truth; **Perdonateci,** forgive us; **Ci parlò Giovanni,** John spoke to us; **Non ci videro,** they didn't see us; **Ascoltaci,** listen to us **2** (*fam. per «con lui, con lei; da lui, da lei»*) with him (*o* her); to him (*o* her): **Vorrei parlarci** (**con quella donna**), I should like to speak to her (*o* to that woman); **Da lui, non ci vado,** I won't go to his place **3** (*coi v. rifl.*) ourselves (*spesso sottinteso*): **Non ci vediamo come ci vedono gli altri,** we don't see ourselves as others see us; **Ci lavammo e vestimmo in un attimo,** we washed and got dressed in a jiffy; **Ci lavammo le mani,** we washed our hands **4** (*coi v. rifl. recipr.: fra due*) each other; (*fra più di due*) one another (*talora sottintesi*): **Ci vedevamo tutti i giorni,** we saw each other every day; **Dobbiamo aiutarci,** we must help one another (*o* each other); **Ci baciammo,** we kissed. **B** *pron. dimostrativo* it; this; that: **Non ci credo,** I don't believe it; **Ci penso io,** I'll see to it; **Ci penserò,** I'll think it over.
ci (2), *avv.* **1** (*di luogo: qui*) here; (*là, lì*) there: **Il dottore non c'è,** the doctor isn't here (*o* is not in, is not at home); **Io ci abito, in questa strada,** I live here, in this street; **L'Inghilterra? Ci ho abitato alcuni anni,** England? I lived there several years; **Ci vado spesso,** I often go there **2** (*pop., di causa: spesso si omette*) of it; because of it: **Dunque vieni? Ci ho piacere,** so you're coming? I'm glad (of it) **3** (*enclitico, con «ecco»*) here: **Eccoci!,** here we are! ● **c'è,** there is: **C'è una qualità migliore,** there is a better type

□ **ci sono**, there are: **Ci sono molti treni**, there are many trains □ **correrci**, to be a far cry: **Dalla seta artificiale alla naturale ci corre**, it's a far cry from real silk to imitation □ **Non ci sente bene**, he doesn't hear very well □ (fig.) **Io ci sto**, I'll be in it □ **Non ci feci caso**, I didn't take any notice.

ci (3), f. e m. (lettera) cee, ce; the letter c.

ciabatta, f. 1 (pantofola) slipper; (da donna, con tacco, ma senza tomaia dietro) mule 2 (scarpa malandata) old shoe; down-at-heel shoe 3 (fig.: di persona) useless (o worn-out) person, slipshod (o down-at-heel) person; (di donna) slatternly woman*, slut, slattern. ● **in ciabatte**, in bedroom slippers; (fig.) informally, comfortably □ (fig.) **essere nelle ciabatte di q.**, to be in sb.'s shoes □ (fig.) **non stimare q. una c.**, not to care a fig for sb. □ (fig.) **Mi ha trattato come una c.**, he treated me badly.

ciabattàio, m. 1 (fabbricante) slipper maker 2 (venditore) seller of slippers.

ciabattare, v. i. to shuffle along (o about) in one's slippers. ● **La sentivo c. per la casa**, I could hear her slip-slopping about the house.

ciabattata, f. blow with a slipper. ● **Ti darò una c.**, I'll take a slipper to you.

ciabattino, m. 1 cobbler; shoe repairer 2 (fig.) cobbler; bungler; botcher.

ciabattóna, f. 1 slipshod woman* (anche fig.) 2 (fig.: pasticciona) cobbler; bungler.

ciabattóne, m. 1 slipshod fellow (anche fig.) 2 (fig.: pasticcione) cobbler; bungler.

ciàc, **A** inter. squash!; whack!; slap! **B** m. (cinem.) clapper boards (pl.). ● (cinem.) **C.! si gira!**, camera!

ciacchista, m. (cinem.) clapper boy.

ciaccóna, f. (mus.) chaconne.

cià(c)k, V. **ciàc.**

cialda, f. wafer.

cialdóne, m. (cucina) «cialdone»; cornet: **panna e cialdoni**, whipped cream and cornets.

cialtróna, f. 1 (donna sciatta) slovenly (o slipshod, blowzy) woman*; slattern; slut 2 (abborracciona) bungler; botcher.

cialtronata, f. shabby trick; rascally action.

cialtróne, m. 1 (uomo sciatto) slovenly fellow; sloven 2 (abborraccione) careless worker; bungler; botcher 3 (individuo spregevole) cad; mean (o contemptible, vulgar) person.

cialtroneria, f. 1 shabby (o mean) behaviour 2 V. **cialtronata.**

ciambèlla, f. 1 (cucina) ring-shaped cake; bun 2 (di salvataggio) life ring 3 (per bambini durante la dentizione) teething ring 4 (oggetto a forma di ciambella) ring; hoop. ● (prov.) **Non tutte le ciambelle riescono col buco**, one can't be successful every time; there are bound to be some failures.

ciambellano, m. chamberlain; steward.

ciampicare, v. i. 1 (strascicare i piedi) to walk slowly dragging one's feet; to drag along 2 (barcollare) to stagger (along); to shuffle along 3 (inciampare) to stumble.

cianamide, cianammide, f. (chim.) cyanamide.

cianato, m. (chim.) cyanate.

cianca, f. (scherz.) shank; leg.

ciància, f. (specialm. al pl.) vain words (pl.); idle talk; gossip; tittle-tattle.

cianciafrùscole, f. pl. trifles; bagatelles.

cianciare, v. i. to talk idly; to chatter; to talk through one's hat (fam.).

ciancicare, v. i. (fam.) 1 (pronunciare male) to mumble; to stammer 2 (biascicare) to mumble 3 (operare lentamente) to dawdle over one's work.

cianfrinare, v. t. (metall.) to caulk.

cianfrinatóre, m. (metall.) caulker.

cianfrinatura, f. (metall.) caulking.

cianfrino, m. (metall.) caulking iron.

cianfrugliare, v. t. e i. to bungle; to botch.

cianfruglióne, m. bungler; botcher.

cianfrusaglie, f. pl. knickknacks; gewgaws; gimcracks.

ciangottare, **A** v. i. 1 to stammer; to stutter 2 (rif. a bambini) to prattle 3 (gorgogliare) to bubble; to burble. **B** v. t. to stammer; to mutter: **Ciangottai due parole in francese**, I stammered one or two words in French. ● **Ciangotta un po' l'inglese**, he speaks a little English.

ciangottio, m. 1 stammering; stuttering 2 (chiacchierio) chatter, chattering 3 (rif. a bambini) prattle, prattling 4 (gorgoglio) bubbling; burbling.

ciànico, a. (chim.) cyanic: **acido c.**, cyanic acid.

cianidrico, a. (chim.) hydrocyanic; prussic: **acido c.**, hydrocyanic (o prussic) acid.

cianina, f. (chim.) cyanine dye.

cianògeno, m. (chim.) cyanogen.

cianografia, f. blueprint; cyanotype.

cianogràfico, a. blueprint (attr.): **carta cianografica**, blueprint paper.

cianògrafo, m. blueprinter.

cianòsi, f. (med.) cyanosis*.

cianòtico, a. (med.) cyanotic.

cianotipia, V. **cianografia.**

cianurare, v. t. (chim., metall.) to cyanide.

cianurazióne, f. 1 (chim.) cyanidation 2 (metall.) cyanide process.

cianuro, m. (chim.) cyanide: **c. di potassio**, potassium cyanide; **c. di argento**, silver cyanide.

ciao, inter. (fam.) 1 (incontrando q.) hullo; hi (USA) 2 (lasciando q.) bye-bye; cheerio; so long. ● **Fai c. c. con la manina!**, wave your hand, ducky, say bye-bye.

ciaramèlla, f. (mus.) bagpipe(s).

ciarda, f. (danza ungherese) czardas*, csardas*.

ciarla, f. 1 (loquacità) gift of the gab; loquaciousness 2 (notizia falsa, spesso malevola) baseless (o unfounded, malicious) rumour; gossip; slander. ● **fare quattro ciarle con q.**, to have a chat with sb.

ciarlare, v. i. to chat; to chatter; to gossip.

ciarlatanata, f. humbug; quackish action.

ciarlataneria, f. quackery; charlatanry.

ciarlatanésco, a. quackish; quack (attr.); charlatan (attr.): **rimedio c.**, quack remedy.

ciarlatano, m. charlatan; quack; mountebank: **un c. alla fiera**, a mountebank at the fair; **Il dottore di mia sorella è un c.**, my sister's doctor is a quack.

ciarlièro, a. talkative; loquacious.

ciarlóne, m. chatterbox; great talker. ● **Quel tale è un c.**, that man would talk the hind leg off a donkey.

ciarpa, f. (generalm. al pl.) 1 (roba priva di valore) trash; rubbish 2 (fig.: parole vane) idle talk; verbiage.

ciarpame, m. trash; rubbish.

ciascuno, **A** a. indef. 1 (ogni) every: **Ciascuna donna sa questo per istinto**, every woman knows this by instinct 2 (distributivo) each: **Parlai con ciascuna donna, ciascuna ragazza**, I spoke to each woman, to each girl. **B** pron. indef. 1 (ognuno) everybody; everyone; every person (one, man, woman): **C. esitava**, everyone hesitated; **È una commedia che piace a c.**, it's a play that appeals to everybody; **A c. il suo**, give every man his due 2 (distributivo) each; each person (one, man, woman): **Avevano una banana (per) c.**, they had a banana each; **Guardai ciascuna delle presenti**, I looked at each (o every) woman present; **A c. il suo**, to each his own.

cibare, **A** v. t. to feed*. **cibarsi**, **B** v. rifl. to feed* (on st.): **La mucca si cibava di trifoglio**, the cow fed on clover; (fig.) **Mi cibavo di speranze**, I fed on hopes.

cibàrie, f. pl. provisions; foodstuffs.

cibernètica, f. cybernetics (pl., col verbo al sing.).

cibernètico, a. cybernetic.

cibernetizzato, a. (ind., tecn.) cybernated: **uno stabilimento c.**, a cybernated plant.

cibernetizzazióne, f. (ind., tecn.) cybernation.

cibo, m. 1 food (anche fig.): **il c. dell'anima**, the soul's food; **Io penserò al cibo, se tu penserai alle bevande**, I'll see to the food if you'll see to the drink 2 (pasto) meal: **Dopo il c. mi piace stare un po' in piedi**, after meals I like to stand a little 3 (pietanza) dish: **Portarono cibi prelibati**, they brought delicious dishes. ● **non toccare c.**, not to eat (a thing); to fast □ **Gli ci vogliono cibi senza amido**, he needs a diet without starch.

cibòrio, m. 1 (archit.) ciborium* 2 (relig.) ciborium*; tabernacle.

cicala, f. 1 (zool., Cicada) cicada*; balm cricket 2 (campanello elettrico) buzzer 3 (fig.: chiacchierone) chatterbox. ● (zool.) **c. di mare** (Squilla mantis), squill; mantis shrimp □ (fig.) **grattare la pancia alla c.**, to coax sb. to talk.

cicalare, v. i. to chatter; to jabber; to twaddle. ● **Tutto il giorno non smettono di c.**, all day long their tongues are wagging.

cicalata, f. long boring talk; twaddle; rigmarole.

cicaléccio, m. 1 chatter; chit-chat; chattering; jabbering 2 (di uccelli o insetti) chirping; chirruping; twittering.

cicalino, m. buzzer.

cicalìo, m. buzz; chatter.

cicalóne, m. chatterbox; habitual chatterer.

cicatrice, f. 1 (med.) cicatrix*; scar 2 (fig.) scar; mark: **Quell'amore sfortunato ha lasciato una c.**, that unfortunate love affair has left a scar.

cicatriziale, a. (med.) cicatricial.

cicatrizzante, a. (farm.) cicatrizant.

cicatrizzare, v. t. e i. **cicatrizzarsi**, v. rifl. (med.) to cicatrize; to heal; to scar.

cicatrizzazióne, f. (med.) cicatrization; process of healing.

cicca (1), f. 1 cigarette end; cigar end; fag end; stump; stub; butt: **Il portacenere era pieno di cicche**, the ashtray was full of

cigarette ends 2 (*da masticare*) quid: **biascicare una c.**, to chew a quid. ● **Non vale una c.**, it's not worth a brass farthing; it's not worth the paper it's written on.

cicca (2), *f.* (*fam.*: *gomma da masticare*) chewing gum.

ciccaiòlo, *m.* one who picks up (and sells) cigarette ends.

ciccare, *v. i.* **1** to quid; to chew a quid (*o* tobacco) **2** (*fig.*) to sulk.

cicchettare, **A** *v. i.* (*fam.*) to tipple. **B** *v. t.* (*rif. a motore*) to prime.

cicchétto, *m.* (*fam.*) **1** (*bicchierino di liquore o vino*) nip; drop; dram; pick-me-up (*fam.*); shot (*pop.*) **2** (*autom.*) priming **3** (*fig.*: *rimprovero*) sharp rebuke; talking-to; lecture (*fam.*): **Gli ho dato un c.**, I've read him a lecture; I've given him a talking-to. ● (*autom.*) **dare un c.**, to prime □ **prendersi un c.**, to be called on the carpet (*fam.*).

ciccia, *f.* **1** (*fam.*) meat: **Lo vuoi un pezzetto di c.?**, would you like a little piece of meat? **2** (*scherz.*: *carne umana*) flesh: **Era ben coperto di c.**, he was well-covered in flesh. ● **avere molta c.**, to be fat.

cicciòlo, *m.* **1** (*pop.*) small excrescence of fat **2** (*pl.*, *cucina*) cracklings.

cicciòna, *f.* (*fam.*) very fat woman*; fatty (*fam.*).

cicciòne, *m.* (*fam.*) very fat man*; fatty (*fam.*): **Ehi, c., non mi sfondare il sedile!**, look out, fatty, don't you mash my seat!

cicciòtto, *m.* fleshy excrescence.

cicciùto, *a.* fat; plump.

cicèrbita, *f.* (*bot.*, *Sonchus*) sow thistle.

cicèrchia, *f.* (*bot.*, *Lathyrus sativus*) chickling.

cìcero, *m.* (*tipogr.*) cicero.

Cìcero, *m.* — **C. pro domo sua**, charity begins at home.

Ciceróne, *m.* (*stor.*) Cicero.

ciceróne, *m.* guide; cicerone*: **fare da c.**, to act as guide. ● **fare da c. a q.**, to show sb. around.

ciceroniano, *a.* (*letter.*) Ciceronian.

cicisbèo, *m.* **1** (*stor.*) «cicisbeo»; «cavalier servente» **2** (*vagheggino*) ladies' man*; lady-killer (*pop.*); gallant; (*bellimbusto*) fop.

ciclàbile, *a.* cycle, cycling (*attr.*); for bikes: **pista c.**, cycle path; (*corsia della strada*) bike lane; bikeway (*USA*).

ciclamino, **A** *m.* (*bot.*, *Cyclamen europaeum*) cyclamen. **B** *a.* cyclamen-coloured; cyclamen (*attr.*).

ciclicità, *f.* cyclicity.

cìclico, *a.* cyclic(al): (*mat.*) **permutazione ciclica**, cyclic permutation; (*letter.*) **i poeti ciclici**, the cyclic poets.

ciclismo, *m.* (*sport*) cycling; bicycling.

ciclista, *m. e f.* **1** cyclist; cycler (*USA*) **2** (*sport*) cyclist **3** (*dial.*: *chi ripara biciclette*) bicycle repairer. ● (*moda*) **collo alla c.**, turtleneck ● **officina di c.**, cyclery □ **portare la bici dal c.**, to take one's bike to the cyclery.

ciclìstico, *a.* bicycle, cycle (*attr.*): **gara ciclistica**, bicycle race; **pista ciclistica**, cycle track.

ciclizzare, *v. t.* (*chim.*) to cyclize.

ciclizzazióne, *f.* (*chim.*) cyclization.

ciclo (1), *m.* **1** cycle: (*letter.*) **c. carolingio**, Carlovingian cycle; (*mecc.*) **c. a due tempi**, two-stroke cycle; **c. di avviamento**, starting cycle; (*astron.*) **c. solare**, cycle of the sun; solar cycle; (*astron.*) **c. lunare**, cycle of the moon; (*mus.*) **c. di canzoni**, song cycle; (*fisiologia*) **c. cardiaco**, cardiac cycle; (*econ.*) **c. produttivo**, cycle of production; production cycle **2** (*di cure mediche*) course. ● (*fis.*) **c. di isteresi**, hysteresis loop □ (*econ.*) **c. di lavorazione**, operation (*o* working) schedule □ (*ind.*) **rimettere in c.**, to recycle.

ciclo (2), *m.* (*abbr. fam.*: *bicicletta*) cycle; bike (*fam.*).

ciclocampèstre, (*sport*) **A** *a.* cross-country cycle (*attr.*). **B** *f.* cross-country cycle race.

ciclocròss, *m.* (*sport*) cross-country cycle racing; cyclo-cross.

ciclocrossìsta, *m.* (*sport*) cross-country cyclist.

cicloesàno, *m.* (*chim.*) cyclohexane.

ciclofurgóne, *m.* carrier-tricycle.

cicloidàle, *a.* (*geom.*) cycloidal.

ciclòide, *f.* (*geom.*) cycloid.

ciclometrìa, *f.* (*mat.*) cyclometry.

ciclomotóre, *m.* motor-bicycle; moped.

ciclomotorìsta, *m. e f.* motorcyclist.

ciclóne, *m.* **1** (*meteorologia*) cyclone **2** — (*meteorologia*) **c. tropicale**, (*nelle Indie Occidentali*) hurricane, (*nell'estremo Oriente*) typhoon **3** (*fig.*: *persona eccessivamente vivace*) ball of fire; tornado*; dynamo*.

ciclònico, *a.* cyclonic.

ciclonìte, *f.* (*chim.*) cyclonite.

ciclòpe, *m.* (*mitol.*) Cyclop(s)*.

ciclòpico, *a.* (*mitol.*, *archeol.*, *fig.*) cyclopean: **mura ciclopiche**, cyclopean walls.

ciclopismo, *m.* (*med.*) cyclopia; cyclopy.

ciclopìsta, *f.* cycle path; (*corsia della strada*) bike lane.

ciclopropàno, *m.* (*chim.*) cyclopropane.

ciclostilàre, *v. t.* to cyclostyle; to duplicate; to mimeograph; to stencil.

ciclostìle, *m.* (*mecc.*) cyclostile; duplicator; Mimeograph (*marchio*). ● **copie a c.**, duplicated copies.

ciclotróne, *m.* (*fis. nucl.*) cyclotron.

cicloturismo, *m.* tourist cycling.

cicloturìsta, *m. e f.* tourist cyclist.

cicógna, *f.* **1** (*zool.*, *Ciconia*) stork: (*fig.*) **l'arrivo della c.**, a visit from the stork **2** (*aeron.*) grasshopper **3** (*autom.*: *autotreno per trasporto di automobili*) haulaway.

cicòria, *f.* (*bot.*, *Cichorium intybus*) chicory; succory.

cicùta, *f.* **1** (*bot.*, *Conium maculatum*) hemlock **2** (*veleno*) hemlock. ● (*bot.*) **c. acquatica** (*Cicuta virosa*), cowbane; water hemlock.

ciecaménte, *avv.* blindly; rashly.

cièco, **A** *a.* **1** blind (*anche fig.*): **c. da un occhio**, blind in one eye; **c. alla bellezza**, blind to beauty; **L'amore è c.**, love is blind; **La fortuna è cieca**, fortune is blind; **ubbidienza cieca**, blind obedience; (*fisiologia*) **punto c.**, blind spot; (*aeron.*) **volo c.**, blind flight; **muro c.**, blind wall; **vicolo c.**, blind alley; (*fig.*) dead end **2** (*buio*, *impenetrabile*) dark; gloomy; blind: **i ciechi meandri di questo bosco**, the gloomy (*o* blind) mazes of this wood. ● **c. come una talpa**, as blind as a bat (*o* as a mole) □ **andare alla cieca**, to grope one's way □ **diventare c.**, to go (*o* to become) blind □ **fare q.c. alla cieca**, to do st. rashly (*o* blindly) □ (*anat.*) **intestino c.**, caecum; blind gut (*pop.*) □ **lanterna cieca**, dark lantern □ **mosca cieca**, blind-man's buff. **B** *m.* **1** blind man* **2** (*pl.*, *collett.*) (the) blind. ● **ciechi di guerra**, blinded war veterans □ (*prov.*) **In terra di ciechi, beato chi ha un occhio**, in the kingdom of blind men, the one-eyed is king.

cièlo, *m.* **1** sky; heaven(s) (*lett.*): **c. azzurro**, blue sky; **c. grigio**, grey sky; **c. seréno**, clear (*o* cloudless) sky; **c. nuvoloso**, cloudy sky; **c. coperto**, overcast sky; **c. stellato**, starry sky; **c. trapunto di stelle**, star-spangled sky; **c. da temporale**, stormy sky; **il c. sopra di noi**, the heavens above us; **la volta del c.**, the vault of heaven **2** (*paradiso*) heaven(s); (*Dio*) Heaven: **Pregai il C.**, I prayed to Heaven; **il Regno dei Cieli**, the Kingdom of Heaven; **per amor del c.!**, for Heaven's sake!; **grazie al c.!**, thank Heavens!; **Il c. mi aiuti!**, Heaven help me!; **mandato dal c.**, sent from heaven; heaven-sent **3** (*sfera celeste*) heaven: **i cieli del Paradiso di Dante**, the heavens of Dante's Paradise; (*fig.*) **essere al settimo c.**, to be in seventh heaven **4** (*clima*) climate; clime (*lett.*); sky: **sotto un c. più benigno**, in a milder climate; in a gentler clime; **Ero cresciuto sotto altri cieli**, I had grown up under other skies **5** (*soffitto*) ceiling; (*volta*) vault: **il c. della stanza**, the ceiling of the room **6** (*d'automobile*) top **7** (*d'una galleria*) roof. ● **dormire a c. aperto** (*o* **scoperto**), to sleep in the open air (*o* under the open sky) ● (*un fulmine*) **a ciel sereno**, (a bolt) out of a blue sky □ **muovere c. e terra**, to move heaven and earth; to leave no stone unturned □ **non stare né in c. né in terra**, to have neither rhyme nor reason; not to make sense □ **portare q. al c.**, to laud (*o* to praise) sb. to the skies; to praise sb. sky-high □ **rassegnarsi ai voleri del C.**, to resign oneself to God's will □ **salire al c.**, to go to Heaven □ **santo** (*o* **giusto**) **c.!**, good heavens! □ (*fig.*) **toccare il c. con un dito**, to walk on air; to be in heaven □ **Il C. non voglia!**, Heaven forbid! □ **Se il C. lo vorrà**, God willing □ **Voglia il C. (che)...**, God grant (that)... □ **Volesse il C.!**, would to Heaven! □ **Volesse il C. che questa lite fosse finita!**, if only this quarrel were finished! □ **È scritto in c.**, it's written in the stars □ **Le loro grida arrivavano al c.**, their cries rent the air □ **Apriti c.!**, Heavens above!

cifòsi, *f.* (*med.*) kyphosis*.

cifra, *f.* **1** figure; numeral: **cifre arabe e numeri romani**, Arabic numerals and Roman numerals; **Scrivi il numero anche in cifre**, write the number in figures too; **Prego stampare le cifre in corsivo**, please print the numerals in italics **2** (*somma di denaro*) figure; sum; amount: **Cento sterline è una bella c.**, a hundred pounds is quite a figure (*o* a considerable sum); **Costa novantanove «penny»; in c. tonda, una sterlina**, it costs ninety-nine pence, in round figures, a pound **3** (*monogramma*) initials (*pl.*); monogram: **le mie cifre sul fazzoletto**, my initials on the handkerchief **4** (*linguaggio convenzionale*) cipher, cypher; code: **scrivere in c.**, to write in cipher; **la chiave della c.**, the key of the cipher; **la cifre key**; **un telegramma in c.**, a telegram in code **5** (*mat.*) digit; figure; place: **un numero di tre cifre**, a three-digit number; **L'ultima c. è un nove**, the last digit is a nine; **calcolare i decimali fino alla terza c.**, to calculate to three places of decimals.

cifrare, *v. t.* **1** (*ricamare in cifra*) to mark (st.) with initials (*o* with a monogram); to embroider sb.'s initial (*o* monogram) on (st.) **2** (*scrivere in cifra*) to code; to cipher, to cypher.

cifràrio, *m.* **1** cipher, cypher; code **2** (*chiave del cifrario*) cipher key.

cifrato, *a.* **1** with a monogram; with initials: **fazzoletto c.**, handkerchief with a monogram **2** (*scritto in cifra*) in cipher, in cypher: **un messaggio c.**, a message in cipher.

cifratura, *f.* **1** ciphering; coding **2** (*mus.*) notation: **c. del basso**, bass notation.

cigliato, *a.* (*bot., zool.*) ciliate(d).

ciglio, *m.* **1** (*pl.*) eyelashes: **La mia nipotina ha ciglia lunghissime**, my little niece has very long eyelashes **2** (*sopracciglio*) eyebrow; brow (*generalm. pl.*): **aggrottare le ciglia**, to knit one's brows; **inarcare le ciglia**, to arch one's eyebrows **3** (*poet.: sguardo*) eyes (*pl.*): **Egli levò le ciglia**, he raised his eyes (*o* his brow); **abbassare le ciglia**, to lower one's eyes **4** (*orlo: pl. cigli*) edge; brink; rim: **il c. del monte**, the brow of the hill, **il c. del fosso**, the edge of the ditch **5** (*pl., bot., zool.*) cilia. ● **a c. asciutto**, dry-eyed □ **in un batter di c.**, in the twinkling of an eye □ **senza batter c.**, without flinching; without turning a hair.

ciglióne, *m.* **1** bank; embankment **2** (*bordo*) edge; border; brink.

cigno, *m.* **1** (*zool., Cygnus*) swan*: (*la femmina*) pen: **c. reale** (*Cygnus olor*), mute swan **2** (*fig.*) swan: **canto del c.**, swan song: **Bellini fu detto il c. di Catania**, Bellini was called the swan of Catania **3** (*astron.*) Swan; Cygnus. ● (*zool.*) **c. giovane**, cygnet □ (*zool.*) **c. trombetta** (*Cygnus buccinator*), trumpeter; trumpeter swan.

cigolare, *v. i.* **1** (*di congegni non lubrificati, ecc.*) to squeak; to creak; to grate **2** (*di legna verde che brucia, ecc.*) to hiss.

cigolio, *m.* **1** squeaking; creaking: **Non ho potuto dormire per il c. di quella porta**, I couldn't sleep because of the squeaking of that door **2** (*di legna, ecc.*) hissing.

Cile, *m.* (*geogr.*) Chile.

cilécca, *f.* – **fare c.**, (*di arma da fuoco*) not to go off; to misfire; (*fig.*) not to succeed; to be no go (*pop.*): **Ho cercato di convincerlo, ma ho fatto c.**, I tried to convince him but I didn't succeed (*o* but it was no go).

ciléno, *a. e m.* Chilean.

cilestrino, *a.* (very) pale blue.

cilèstro, *a.* (*lett.*) sky-blue.

ciliare, *a.* ciliary; of the eyelashes.

ciliati, *m. pl.* (*zool., Ciliata*) Ciliata.

ciliato, *V.* **cigliato**.

cilicio, *m.* **1** (*relig.*) cilice; hair shirt **2** (*il panno*) haircloth **3** (*fig.: tormento*) torment; agony: **Queste scarpe sono un c.**, these shoes are agony. ● (*fig.*) **È un c. che devo portare**, it is a cross I have to bear.

ciliegéto, *m.* cherry orchard.

ciliègia, **A** *f.* cherry: **un nocciolo di c.**, a cherry stone. ● (*scherz.*) **l'amico c.**, old so-and-so □ (*prov.*) **Una c. tira l'altra**, once you've started you just go on. **B** *a.* cherry (*attr.*); cherry--coloured: **rosso c.**, cherry red; cerise.

ciliègio, *m.* **1** (*bot., Prunus avium*) cherry (tree): **fior di c.**, cherry blossom **2** (*legno*) cherry (wood): **Il cassetto è di c.**, the drawer is made of cherry.

cilindràia, *f.* **1** (*min.*) cornish rolls **2** (*tecn.*) roll mill; roller pulverizer.

cilindrare, *v. t.* **1** (*carta, stoffa*) to calender **2** (*una strada*) to roll; to press. ● (*metall.*) **c. a caldo** (**a freddo**), to hot-roll (to cold-roll).

cilindrasse, *m.* (*anat.*) axon; axis cylinder.

cilindrata, *f.* **1** (*mecc., autom.*) (piston) displacement; swept volume **2** (*ind. cartaria*) charge. ● (*autom.*) **auto di grossa** (**di piccola**) **c.**, high-powered (low-powered) car □ **auto di media c.**, intermediate.

cilindratóio, *m.* (*tecn.*) calender.

cilindratrice, *f.* **1** (*ind. tessile*) calender **2** – **c. stradale**, roller.

cilindratura, *f.* **1** (*di stoffa, di carta*) calendering **2** (*d'una strada*) (road) rolling.

cilindrico, *a.* **1** (*geom.*) cylindrical **2** (*mecc.: di albero*) parallel.

cilindro, *m.* **1** (*geom.*) cylinder **2** (*autom.*) cylinder: **rettifica di un c.**, grinding of a cylinder; **cilindri in linea**, cylinders in line; **a due cilindri**, twin-cylinder **3** (*per cilindrare carta o stoffa*) calender **4** (*cappello*) top hat **5** (*tipogr.*) cylinder **6** (*rullo*) roll; roller.

cilindròide, *m.* (*geom.*) cylindroid.

cima, *f.* **1** top; (*cresta, ciglio di monte*) crest, brow; (*vetta*) summit, peak, top; (*di montagna*) mountain-top; (*di collina*) hill--top; (*di albero*) tree-top: **Mettilo in c.!**, put it on top!; **Eravamo in c. alla collina e si vedevano le due valli**, we were on the top (*o* crest, brow) of the hill and could see both valleys; **l'orologio in c. alle scale**, the clock at the top of the stairs; **Gli uccelli facevano il nido in c. agli alberi**, the birds were nesting in the tree--tops; **cime di rapa**, turnip tops **2** (*fam.: persona intelligente*) genius: **Non è una c. ma studia molto**, he's no genius but he studies hard **3** (*naut.*) line; hawser; rope; cable: **c. da ormeggio**, mooring line. ● **da c. a fondo**, from top to toe (*o* to bottom); thoroughly; entirely; (*di libro*) from cover to cover: **La casa è stata pulita da c. a fondo**, the house has been cleaned from top to bottom; **Ho letto il tuo libro da c. a fondo**, I have read your book from cover to cover □ **L'idea di non perdere tempo era in c. ai miei pensieri**, my chief thought was not to waste time □ **L'idea di un viaggio in Grecia era in c. ai miei pensieri**, the idea of a journey to Greece dominated my thoughts.

cimare, *v. t.* **1** to crop; to trim **2** (*un albero*) to poll; to lop **3** (*ind. tessile*) to shear*; to clip.

cimasa, *f.* **1** (*archit.*) cyma*; cymatium*; moulding on a cornice **2** (*costr.*) coping **3** (*di mobile*) decoration (*o* carving) on top of a piece of furniture.

cimata, *f.* **1** cropping; trimming **2** (*di albero*) polling; lopping **3** (*ind. tessile*) shearing; clipping.

cimatóre, *m.* **1** poller **2** (*ind. tessile*) clipper; shearer.

cimatrice, *f.* (*ind. tessile*) shearing (*o* clipping) machine.

cimatura, *f.* **1** polling; lopping; (*cime tagliate*) toppings (*pl.*) **2** (*ind. tessile*) shearing; clipping; (*il pelo tagliato*) sheared nap; shearings, clippings (*pl.*).

cimbalo, *m.* (*mus.*) cymbal. ● (*fig.*) **andare** (*o* **essere**) **in cimbali**, to be tipsy.

cimèlio, *m.* **1** relic **2** (*oggetto antico*) curio*; antique **3** (*trofeo*) trophy.

cimentare, **A** *v. t.* **1** (*mettere alla prova*) to put* (sb.) to the test; to try: **Lo cimentai prima di fargli la proposta**, I put him to the test before making him the proposition **2** (*provocare*) to goad: **Lo cimentai sperando di farlo arrabbiare**, I goaded him hoping to make him angry **3** (*rischiare*) to risk: **Il marinaio cimentò la sua vita per salvare il passeggero**, the sailor risked his life to save the passenger **4** (*oreficeria*) to assay; to test. **cimentarsi**, **B** *v. rifl.* **1** (*mettersi alla prova*) to put* oneself to the test; to test oneself: **Si è unito alla spedizione per c.**, he has joined the expedition to test himself **2** (*tentare*) to make* an (*o* the) attempt; to try; to make* a bid (for st.): **Non so se riuscirò, ma vorrei cimentarmi**, I don't know whether I shall succeed, but I want to try (*o* but I want to make the attempt). ● **c. con q.**, to measure oneself against sb.; to compete with sb. □ **c. in q.c.**, to venture upon st. □ **L'anno venturo mi cimenterò nel tedesco**, next year I shall take on German.

ciménto, *m.* **1** (*prova*) test **2** (*rischio*) risk; danger. ● **mettere a c.**, (*rischiare*) to risk, to endanger; (*provare*) to put to the test.

cìmice, *f.* (*zool., Cimex*) bug; cimex*. ● (*zool.*) **c. dei letti** (*Cimex lectularius*), bedbug.

cimiciàio, *m.* **1** bug-infested place; place crawling with bugs **2** (*fig.: luogo sudicio*) pigsty.

cimicióso, *a.* buggy; bug-ridden; bug-infested.

cimiero, *m.* **1** (*ornamento in cima all'elmo*) crest **2** (*lett.: elmo*) helmet **3** (*araldica*) crest.

ciminièra, *f.* **1** (*di fabbrica*) (factory) chimney; smokestack **2** (*di nave*) funnel.

cimiteriale, *a.* graveyard, churchyard (*attr.*); cemeterial.

cimitèro, *m.* **1** graveyard; cemetery; (*annesso a una chiesa*) churchyard **2** (*fig.*) graveyard; morgue: **La sala del Convegno sembrava un c., non c'era un'anima**, the Conference Hall was like a morgue, not a soul there. ● **c. di automobili**, car cemetery (*o* dump) □ **c. degli elefanti**, elephants' burial ground □ (*fig.*) **fare un c.**, to make a massacre.

cimolo, *m.* (*bot.*) (the) tenderest part (of a vegetable).

cimòmetro, *m.* (*fis.*) cymometer; wavemeter.

cimósa, *f.* **1** (*ind. tessile*: *vivagno*) selvage; selvedge; listing **2** (*cancellino per lavagna*) blackboard duster (*o* eraser).

cimurro, *m.* **1** (*vet.: di cani*) distemper; (*di cavalli*) glanders (*pl.*) **2** (*scherz.: forte raffreddore*) bad cold.

Cina, *f.* (*geogr.*) China.

cinabro, *m.* **1** (*miner.*) cinnabar **2** (*poet.: rosso vermiglio*) vermilion.

cincia, *f.* (*zool., Parus*) titmouse*.

cinciallégra, *f.* (*zool., Parus major*) (great) titmouse*.

cincilla, *f.* (*zool., Chinchilla laniger*) chinchilla.

cincin, *inter.* cheers!; here's to you!; cheerio! (*fam.*) ● **fare c.**, to clink glasses.

cincinno, *m.* (*poet.: ricciolo*) curl.

cincischiare, **A** *v. t.* **1** (*tagliuzzare*) to cut* up badly (*o* clumsily); to cut* into shreds; to shred **2** (*sgualcire*) to crease; to crush **3** (*le parole*) to mumble; to mutter. **B** *v. i.* to fiddle (about); to dawdle; to potter about. **cincischiarsi**, **C** *v. rifl.* (*sgualcirsi*) to get* creased; to crease; to crush.

cinciscióne, *m.* potterer; dawdler.

cincóna, *V.* **china**.

cinconina, *f.* (*chim.*) cinchonine.

cinconismo, *m.* (*med.*) cinchonism.

cine, (*abbr. fam.*) *V.* **cinematògrafo**.

cineamatóre, *m.* amateur film-maker; film amateur.

cineasta, *m.* e *f.* **1** film expert; cinema expert **2** (*regista*) director; (*produttore*) producer; (*in genere*) person connected with the motion-picture industry, cineworker. ● **un ristorante frequentato da cineasti**, a restaurant patronized by film people.
cinecàmera, *f.* (*cinem.*) cine camera; movie camera (*USA*).
cineclub, *m.* cine club; film club.
cinedilettante, *V.* **cineamatóre**.
cinedilettantismo, *m.* amateur film-making.
cinefòrum, *m.* film debate.
cinegètica, *f.* cynegetics (*pl. col verbo al sing.*).
cinegètico, *a.* cynegetic; hunting (*attr.*).
cinegiornale, *m.* newsreel.
cinelàndia, *f.* filmland; filmdom.
cinema, (*abbr.*) *V.* **cinematògrafo**.
cinemascope, *m.* (*marchio*) Cinemascope.
cinemateatro, *m.* cinema theatre; movie theater (*USA*).
cinemàtica, *f.* (*fis.*) kinematics (*pl. col verbo al sing.*).
cinemàtico, *a.* (*fis.*) kinematic(al).
cinematografare, *v. t.* to film.
cinematografaro, *m.* (*spreg.*) second-rate film producer.
cinematografia, *f.* cinematography; cinema: **c. muta**, silent cinema. ● **c. sonora**, sound pictures.
cinematogràfico, *a.* film, cinema (*attr.*); cinematographic; movie (*attr., USA*): **studio c.**, film studio.
cinematògrafo, *m.* **1** (*teatro, sala*) cinema; picture house; picture hall; picture palace: **Hanno costruito un nuovo c. nel paese**, they've built a new cinema in the village; **Andiamo al c.!**, let's go to the cinema! **2** (*arte*) cinema; (moving) pictures (*pl., USA*); movies (*pl., fam. USA*): **Nell'ultimo decennio quella del c. è stata la nostra più genuina espressione**, during the past ten years the cinema has been our most genuine expression **3** (*ind.*) motion-picture industry: **Il c. sta attraversando un periodo di crisi**, the motion-picture industry is going through a period of depression **4** (*fig.*) sight; show: **La sua casa era un c.**, his house was quite a sight. ● **il mondo del c.**, filmdom □ **stella del c.**, film star.
cineparco, *m.* drive-in cinema.
cineprésa, *f.* cine camera; movie camera (*USA*).
cinerama, *m.* (*marchio: cinem.*) Cinerama.
cineraria, *f.* (*bot., Senecio cruentus*) cineraria.
cineràrio, **A** *a.* cinerary: **urna cineraria**, cinerary urn. **B** *m.* (*di caldaia*) ash pit; ash pan.
cinèreo, *a.* ashen; ashy; ash-coloured; ashen-grey; cinereous: **pallore c.**, ashen hue.
cineromanzo, *m.* photo-strip story.
cinescòpio, *m.* (*telev.*) kinescope; picture tube.
cinése, *m.* e *a.* Chinese* (*anche la lingua*). ● **una c.**, a Chinese woman.
cineseria, *f.* chinoiserie (*franc.*).
cinèsica, *f.* kinesics (*pl. col verbo al sing.*).
cinesiologìa, *f.* (*med.*) kinesiology.
cinesiterapìa, *f.* (*med.*) kinesitherapy; kinesiatrics (*pl., col verbo al sing.*).
cinesiterapista, *m.* e *f.* (*med.*) kinesitherapist.
cinetèca, *f.* motion-picture film library.
cinètica, *f.* (*fis.*) kinetics (*pl., col verbo al sing.*). ● **c. dei gas**, kinetic theory of gases.
cinètico, *a.* (*fis.*) kinetic: **energia cinetica**, kinetic energy; **teoria cinetica dei gas**, kinetic theory of gases.
cingalése, *a.*, *m.* e *f.* Cingalese*; Sinhalese*.
cingallégra, *V.* **cinciallégra**.
cìngere, *v. t.* **1** to put* a belt (*o* girdle) round; to gird on; to wreathe: **c. una spada**, to gird on a sword; **c. la fronte di q. di alloro**, to wreathe (*o* to crown) sb.'s brow with laurel **2** (*circondare*) to encircle; to surround; to encompass; to embrace: **Le cinsi la vita con il mio braccio**, I encircled her waist with my arm; **c. la città di mura**, to surround the city with walls; **c. l'orto con una siepe**, to enclose the kitchen garden with a hedge. ● **c. le armi**, to arm oneself □ **c. la corona**, to put on the crown; (*fig.*) to be crowned □ **c. d'assedio una città**, to besiege a city; to lay siege to a city.
cinghia, *f.* **1** strap; (*di cuoio*) thong; (*per affilare rasoi*) strop **2** (*cintura*) belt **3** (*mecc.*) belt: **c. ad anello**, endless belt; **c. di trasmissione**, driving belt; (*autom.*) **c. del ventilatore**, fan belt. ● **c. del fucile**, sling □ **c. della sella**, girth □ **c. delle staffe**, (stirrup) straps (*pl.*) □ (*fig.*) **tirare la c.**, to pull in (*o* to tighten) one's belt.
cinghiale, *m.* (*zool., Sus scropha*) wild boar. ● **guanti** (*portafoglio, ecc.*) **di c.**, pigskin gloves (wallet, etc.) □ **pelle di c.**, pigskin.
cinghiata, *f.* blow with a strap. ● **Gli darò una c.**, I'll take the strap to him.
cingolato, *a.* tracked: **veicolo c.**, tracked vehicle.
cingolétta, *f.* (*mil.*) small tracked vehicle.
cingolo, *m.* **1** (*mecc.: di carro armato, trattore*) track; crawler track; (*di ruota*) wheel belt: **c. a catena**, chain track; **maglia di c.**, track link **2** (*relig.*) cingulum*. ● **trattore a cingoli**, caterpillar (*o* crawler) tractor.
cinguettare, *v. i.* **1** to chirrup; to twitter (*anche fig.*) **2** (*di bambini*) to prattle.
cinguettìo, *m.* **1** chirruping; twittering (*anche fig.*) **2** (*chiacchierio*) prattling.
cìnico, **A** *a.* **1** cynical **2** (*stor. filos.*) Cynic. **B** *m.* **1** cynic **2** (*stor. filos.*) Cynic.
ciniglia, *f.* chenille.
cinipe, *f.* (*zool., Cynips*) gall wasp.
cinismo, *m.* cynicism.
cinnamòmo, *m.* (*bot., Cinnamomum*) cinnamon.
cinocèfalo, **A** *a.* (*lett.*) cynocephalous; dog-headed. **B** *m.* (*mitol., zool.*) cynocephalus*.
cinòdromo, *m.* (*sport*) greyhound track.
cinofilìa, *f.* love of dogs.
cinòfilo, **A** *m.* cynophilist; dog fancier. **B** *a.* dog-loving.
cinquanta, *a. num. card.* e *m.* fifty. ● **negli anni C.**, in the fifties.
cinquantamila, *a. num. card.* e *m.* fifty thousand.
cinquantenàrio, **A** *a.* (*raro: che ha cinquant'anni*) fifty years old (*pred.*); fifty-year-old (*attr.*). **B** *m.* fiftieth anniversary.
cinquantènne, **A** *a.* fifty years old (*pred.*); fifty-year-old (*attr.*). **B** *m.* e *f.* man* (*o* woman*) of fifty: **Maria ha sposato un c.**, Mary has married a man of fifty.
cinquantènnio, *m.* (period of) fifty years: **In un solo c. si sono avute due guerre mondiali**, there were two world wars in a period of fifty years.
cinquantèsimo, *a. num. ord.* e *m.* fiftieth.
cinquantina, *f.* about fifty; fifty or so: **essere sulla c.** (*o* **avere una c. d'anni**), to be about fifty; to be in one's fifties; «**Quanti erano?**» «**Una c.**», «how many were they?» «fifty or so»; **È un posto di grande responsabilità e cercano un uomo sulla c.**, it's a very responsible post, and they want a man of about fifty. ● **una c. d'anni fa**, some fifty years ago □ **aver passato la c.**, to be over fifty □ **avvicinarsi alla c.**, to be getting on for fifty.
cinque, *a. num. card.* e *m.* five: **un biglietto da c. sterline**, a five-pound note; a fiver (*fam.*). ● **in c. copie** (*di documento*), in quintuplicate.
cinquecentésco, *a.* sixteenth-century (*attr.*); (*in Italia*) of the «cinquecento»; (*in G. B., talora*) Elizabethan: **architettura cinquecentesca italiana**, Italian sixteenth-century architecture; «cinquecento» architecture; **Credo che parli del teatro inglese c.**, I think he is talking about the Elizabethan theatre.
cinquecentèsimo, *a. num. ord.* e *m.* fivehundredth.
cinquecentista, *m.* e *f.* **1** sixteenth-century writer (artist, etc.) **2** (*dell'arte o della letter. ital.*) cinquecentist.
cinquecentìstico, *a.* relating to the Cinquecento.
cinquecènto, **A** *a. num. card.* five hundred. **B** *m.* **1** five hundred **2** (*il secolo*) (the) sixteenth century; (*per l'arte italiana*) «cinquecento»: **La tendenza verso il manierismo è tipica del C. italiano**, the trend towards mannerism is typical of the «cinquecento».
cinquefòglie, *m.* (*bot., Potentilla reptans*) cinquefoil.
cinquemila, *a. num. card.* e *m.* five thousand.
cinquènne, *a.* five years old (*pred.*); five-year-old (*attr.*).
cinquina, *f.* **1** set of five **2** (*al lotto: giocata*) set of five numbers played **3** (*al lotto, nella tombola: vincita*) row of five winning numbers; winning line **4** (*mil., teatr.*) five days' pay.
cinta, *f.* **1** (*di città*) city walls (*pl.*); (*di castello*) castle walls (*pl.*) **2** (*recinto*) (enclosure) wall; fence **3** (*cintura*) belt **4** (*naut.*) gunwale. ● **c. daziaria**, town customs barrier □ **muro di c.**, boundary wall.
cintare, *v. t.* to wall; (*con un recinto*) to fence in.
cinto (1), *a.* **1** (*da muro*) walled; (*da stecconata*) fenced in **2** (*circondato*) enclosed; surrounded; bound: **proprietà cinta da un filo spinato**, property enclosed (*o* bound) by a barbed wire.
cinto (2), *m.* girdle; belt. ● (*zool.*) **c. di Venere** (*Cestus veneris*), Venus's girdle □ (*med.*) **c. erniario**, truss.
cintola, *f.* **1** waist: **L'acqua mi arrivava alla c.**, the water reached to my waist; **dalla c. in giù**, below the waist; **dalla c. in su**, above the waist **2** (*cintura*) belt. ● (*fig.*) **cucirsi q. alla c.**, to tie sb. to one's apron-strings □ (*fig.*) **starsene con le mani alla c.**, to twiddle one's thumbs.
cintura, *f.* **1** belt; waist-band; (*fascia decorativa*) sash; girdle (*lett.*): **c. di cuoio**, leather belt; **un vestito bianco con una c. di nastro celeste**, a white frock with a blue sash; **un costume medioevale con una c. ingioiellata**, a medieval costume with a jewelled girdle **2** (*cintola, vita*) waist **3** (*lotta, judo, ecc.: presa*) waist-lock. ● (*naut.*) **c. corazzata**, armour-plated belt □ (*mil.*) **c. di cuoio con cinturino a tracolla**, Sam Browne belt □ (*mil.*) **c. d'imbarcazione**, swifter □ (*naut.*) **c. di salvataggio**, safety belt; life belt □ (*aeron., autom.*) **c. di sicurezza**, safety belt; seat belt: **allacciare le cinture di sicurezza**, to fasten seat belts □ **c. (di**

cinturare

sicurezza) addominale, lap belt □ **avere la cintura di sicurezza (allacciata)**, to wear one's seat belt □ (*sport*) **c. marrone**, brown belt □ (*sport*) **c. nera**, black belt □ (*anat.*) **c. pelvica**, pelvic girdle □ (*anat.*) **c. toracica**, thoracic girdle.
cinturare, *v. t.* (*sport*) to grip an adversary.
cinturato, *a.* (*marchio: autom.*) radial-ply (*attr.*): **pneumatico c.**, radial-ply tyre.
cinturino, *m.* **1** strap: **c. d'orologio**, watch strap **2** (*della sciabola*) (sword) belt.
cinturóne, *m.* (*mil.*) belt.
Cinzia, *f.* Cynthia.
ciò, *pron. dimostrativo* this; that; it: **Ciò era vero in parte**, this was partly true; **con tutto ciò**, for all that. ● **ciò che**, what: **Spiegai ciò che volevo**, I explained what I wanted □ **ciò detto**, having said that; that said □ **ciò non di meno** (*o* **ciò nonostante**), in spite of this (*o* that) □ **a ciò**, to this end; for that purpose □ **con ciò**, therefore; so; consequently □ (*di persona*) **essere da ciò**, to be capable of that □ **oltre a ciò**, besides (this, that); moreover; furthermore □ **E con ciò?**, so what?; and so?
ciòcca, *f.* (*di capelli*) lock. ● **c. di capelli sulla fronte**, forelock.
ciòcco, *m.* **1** log; block (of wood) **2** (*fig.*) dolt; blockhead. ● (*fig.*) **dormire come un c.**, to sleep like a log □ (*fig.*) **stare lì come un c.**, to stand there like a fool.
cioccolata, *f.* **1** chocolate: **c. con panna**, chocolate and whipped cream **2** (*in polvere o solida*) chocolate: **una tavoletta di c.**, a cake (*o* bar) of chocolate; **c. al latte**, milk chocolate; **c. amara**, bitter chocolate. ● **color c.**, chocolate-coloured; chocolate (*attr.*).
cioccolataio, *m.* **1** (*chi fabbrica cioccolata*) chocolate manufacturer **2** (*chi vende cioccolata*) chocolate seller.
cioccolatièra, *f.* (*bricco*) chocolate pot.
cioccolatièro, *V.* **cioccolataio**.
cioccolatino, *m.* chocolate. ● **c. farcito**, chocolate cream.
cioccolato, *m.* chocolate: **c. fondente**, plain chocolate.
ciòcia, *f.* «ciocia» (sandal held on by thongs laced round the leg).
cioè, *avv.* **1** that is (to say); (*davanti a un elenco*) i. e. (*id est*); which means (*o* meant) that; I refer to; namely: **Ho messo insieme le cose che mi chiedesti, c. sei fazzoletti e un paio di occhiali neri**, I've got together the things you asked for, i. e. six handkerchiefs and a pair of dark spectacles; **Il progetto che tutti desideriamo attuare, c. un nuovo edificio scolastico, sarà presto una realtà**, the scheme we all wish to see carried out — I refer to the new school buildings — will soon be a fact **2** (*o piuttosto*) or rather; or better; (*davanti a una rettifica*) at least, at any rate: **Sono stata sempre qui, c., quasi sempre**, I've been here all the time, at least, nearly all the time **3** (*in frasi interr.*) what does that mean?; what do you mean?
ciómpo, *m.* (*stor.*) «ciompo» (wool carder in Florence): **il tumulto dei Ciompi**, the revolt of the Ciompi.
cioncare, *v. t. e i.* (*tracannare*) to swill; to guzzle.
ciondolaménto, *m.* **1** swinging (to and fro) **2** (*fig.*) dawdling.
ciondolare, **A** *v. i.* **1** to be suspended; to hang* (from st.); to dangle: **Lo vedevo c. nel vuoto aggrappato allo strapiombo**, I could see him suspended in the void, clinging to the overhang; **Dal braccialetto ciondolava un portafortuna**, a lucky charm hung from the bracelet **2** (*oscillare*) to swing* (to and fro, *o* backwards and forwards, *o* aimlessly): **La lanterna ciondolava al venticello**, the lantern swung to and fro in the breeze **3** (*fig.*) to dawdle; to hang* around (*o* about): **Trascorreva il tempo ciondolando per casa**, he spent his time hanging around in the house. **B** *v. t.* to loll; to swing*: **c. il capo**, to loll one's head.
cióndolo, *m.* pendant.
ciondolóne, **A** *m.* idler; loafer. **B** *avv.* *V.* **ciondolóni**.
ciondolóni, *avv.* **1** hanging; swinging (to and fro); dangling: **Se ne andò con la sciabola c. al fianco**, he went off with his sabre swinging at his side **2** (*fig.*) hanging around (*o* about); dawdling (about); idling: **Sono stati tutto il giorno c. in casa**, they've been hanging about indoors all day; **Eccoli c. al caffè**, there they are idling at the café.
ciononostante, *avv.* in spite of this (*o* of that).
ciòtola, *f.* **1** cup; bowl **2** (*il contenuto*) bowl, bowlful; cup, cupful.
ciotolata, *f.* **1** (*contenuto*) bowlful **2** (*colpo*) blow with a bowl.
ciottolare, *v. t.* to pave with cobblestones; to cobble.
ciottolata, *f.* blow with a stone.
ciottolato, *m.* cobblestone paving; cobblestones (*pl.*).
ciòttolo, *m.* **1** pebble; (*sasso*) stone **2** (*per fondo stradale*) cobblestone: **In Piemonte ci sono ancora molte strade a ciottoli**, in Piedmont there are still many streets paved with cobblestones.
ciottolóso, *a.* pebbly; stony: **una spiaggia ciottolosa**, a pebbly beach; **una strada ciottolosa**, a stony road.
cip (1), *inter.* chirp!
cip (2), *m.* (*nel poker*) chip.
cipiglio, *m.* **1** frown; scowl **2** (*aspetto corrucciato*) frowning;

scowling countenance. ● **guardare q. con c.**, to frown (*o* to scowl) at sb. □ **Il generale mi accolse con un terribile c.**, the general received me looking very grim.
cipólla, *f.* **1** (*bot., Allium cepa*) onion **2** (*pop.: bulbo*) bulb **3** (*di annaffiatoio*) rose (of watering can); perforated nozzle **4** (*scherz.: orologio da taschino*) large pocket watch; turnip (*scherz.*). ● **a c.**, onion-shaped □ (*fig.*) **mangiare pane e c.**, to live on poor fare □ **velo di c.**, onionskin.
cipollàio, *m.* **1** (*campo*) onion field **2** (*venditore*) onion seller.
cipollato, *a.* (*rif. a legno*) ring-shaky; cup-shaken, cup-shaky.
cipollatura, *f.* ring shake; cup shake.
cipollina, *f.* (spring) onion: **cipolline sottaceto**, pickled onions.
cipollino, *m.* (*miner.*) cipolin.
cipollóso, *V.* **cipollato**.
cippo, *m.* **1** (*archeol.*) cippus*; inscribed pillar; (*funerario*) memorial stone **2** (*di confine*) boundary stone.
cipressàia, *f.* **cipresséto**, *m.* cypress grove (*o* wood).
ciprèsso, *m.* (*bot., Cupressus sempervirens*) cypress.
cipria, *f.* powder. ● **darsi la c.**, to powder oneself □ **piumino da c.**, powder puff.
cipriòta, *a., m. e f.* Cypriot; Cyprian.
Cipro, *m.* (*geogr.*) Cyprus.
circa, **A** *avv.* or so; or thereabouts; (*anteposto al termine di cui si vuole indicare l'approssimazione*) about, roughly, approximately, nearly, around: **Il viaggio durerà tre giorni c.**, the journey will last about three days (*o* three days or so); **C. ventimila uomini presero parte alla battaglia**, approximately twenty thousand men took part in the battle; **alle tre c.**, at about three o'clock. **B** *prep.* (*riguardo a*) with regard to; concerning; about; on: **Scrissi c. il contratto che speravo di concludere**, I wrote about the contract I hoped to conclude.
circasso, *a., m. e f.* Circassian.
Circe, *f.* **1** (*mitol.*) Circe **2** (*fig.*) enchantress.
circènse, *a.* (*stor. romana*) circus (*attr.*); circensian: **giochi circensi**, circus games.
circo, *m.* **1** (*equestre*) circus: **I ragazzi vanno al c.**, the children are going to the circus **2** (*archeol.*) circus **3** (*geol.*) cirque; corrie.
circolante, **A** *a.* circulating. ● **biblioteca c.**, lending library. **B** *m.* (*fin.*) circulating medium; currency.
circolare (1), **A** *a.* circular; round: **lettera c.**, circular letter; **moto c.**, circular motion; **viaggio c.**, round trip; (*ferr.*) **biglietto c.**, circular ticket; **sega c.**, circular saw. **B** *f.* circular: **Manderemo una c. a tutti i soci**, we shall send a circular to all members **2** (*linea di tram, autobus e sim.*) circle (line); belt line.
circolare (2), *v. i.* **1** to move on; to keep* moving; to move; to circulate: **Troppe macchine, non si circola più nel centro**, too many cars, you just can't move in the centre of the town; **Circolate, circolate, disse la guardia**, (now then) move on there, said the policeman; **C., prego!**, keep moving, please! **2** (*del sangue, di aria*) to circulate **3** (*del denaro*) to circulate; to be current **4** (*di notizie*) to spread*; to go* round; to pass from mouth to mouth **5** (*di veicoli*) to run*: **Gli autobus circolano fino a mezzanotte**, the buses run until midnight **6** (*di un liquido*) to circulate; to flow: **Ora la benzina circola bene**, now the petrol flows properly **7** (*passare di mano in mano*) to pass (*o* to go*) from hand to hand; to circulate.
circolarménte, *avv.* circularly; round in a circle.
circolatòrio, *a.* (*scient.*) circulatory. ● (*anat.*) **apparato c.**, circulatory system.
circolazióne, *f.* **1** circulation (*anche econ.*): **c. del sangue**, circulation of the blood; **È stata messa in c. una nuova moneta**, a new coin has been put into circulation **2** (*del traffico*) traffic; flow: **Uno scontro all'incrocio impediva la circolazione**, an accident at the crossroads was holding up the traffic; **c. intensa**, heavy traffic; **c. rotatoria**, rotary traffic; **valuta in c.**, currency. ● **c. monetaria**, currency □ **c. vietata** (*cartello*), no thoroughfare □ (*autom.*) **carta di c.**, (car) registration □ **tassa di c.**, road tax.
circolo, *m.* **1** circle; ring; round **2** (*geom.*) circle: **quadratura del c.**, quadrature of the circle; (*fig.*) squaring the circle **3** (*associazione*) club: **c. del tennis**, tennis club **4** (*ambiente, gruppo di persone*) circle; group: **Mio cugino frequentava i circoli più eleganti**, my cousin moved in the best circles; **Ho invitato un ristretto circolo di amici**, I have invited a small group of friends **5** (*filos., astron.*) circle: **c. polare**, polar circle; **c. vizioso**, vicious circle (*o circolazione*) circulation: **Il veleno è entrato in c.**, the poison has got into the circulation (of the blood).
circoncidere, *v. t.* to circumcise.
circoncisióne, *f.* circumcision.
circonciso, *a.* circumcised.
circondàbile, *a.* that can be surrounded.
circondare, **A** *v. t.* **1** to surround; to encircle; to enclose: **Una folla plaudente circondò il campione**, an applauding crowd

surrounded the champion; **I nostri circondarono il campo nemico**, our men surrounded the enemy camp; **Tutta l'impresa era circondata di mistero**, the whole enterprise was surrounded with mystery **2** (*fig.*) to load; to overwhelm: **c. q. di cure**, to overwhelm sb. with attention. **circondarsi**, B *v. rifl.* to surround oneself; to gather round oneself: **L'uomo si era circondato di personaggi ambigui**, the man had surrounded himself with dubious characters; **Il grande scrittore si era circondato di giovani di talento**, the great writer had gathered a number of talented young people round himself.

circondàrio, *m.* **1** (*circoscrizione*) district **2** (*territorio circostante*) neighbourhood; surroundings (*pl.*).

circondurre, *v. t.* (*ginnastica*) to rotate: **c. le braccia**, to rotate one's arms.

circonduzióne, *f.* (*nella ginnastica*) circling.

circonferènza, *f.* **1** (*geom. e di terreni*) circumference **2** (*di persona, di albero*) girth.

circonflessióne, *f.* circumflexion, circumflection.

circonflèsso, *a.* **1** (*piegato a cerchio*) curved; bent round **2** circumflex: **accento c.**, circumflex (accent); **nervo c.**, circumflex nerve.

circonflèttere, *v. t.* **1** to curve; to bend* round **2** (*fon.*) to circumflex.

circonfuso, *a.* surrounded (by, with); bathed (in): **c. di luce**, bathed in light.

circonlocuzióne, *f.* circumlocution.

circonvallazióne, *f.* **1** ring road **2** (*mil.*) circumvallation.

circonvenire, *v. t.* to cheat; to swindle; to trick; to circumvent; to dupe; to diddle.

circonvenzióne, *f.* circumvention; duping; (*leg.*) **c. di incapace**, circumvention of an incapable.

circonvicino, *a.* surrounding; neighbouring: **La Società è proprietaria delle zone circonvicine**, the Company owns the neighbouring areas.

circonvoluzióne, *f.* **1** circumvolution **2** (*anat.*) convolution: **circonvoluzioni cerebrali**, cerebral convolutions.

circoscritto, *a.* **1** (*geom.*) circumscribed; circumscribing: **un cerchio c. a un poligono**, a circle circumscribing a polygon; a polygon circumscribed by a circle **2** (*fig.: contenuto, limitato*) circumscribed; limited; restricted.

circoscrivere, *v. t.* **1** (*geom.*) to circumscribe: **un cerchio a un poligono**, to circumscribe a polygon with a circle **2** (*fig.: moderare*) to circumscribe; to restrain; to limit: **c. l'autorità di q.**, to restrain sb.'s authority **3** (*fig.: un incendio e sim.*) to get* under control.

circoscrizióne, *f.* district; area; territory. ● **c. elettorale**, constituency (*in G. B.*); district (*in USA*) □ **c. giudiziaria**, area of jurisdiction.

circospètto, *a.* circumspect; cautious; wary.

circospezióne, *f.* circumspection; caution; wariness.

circostante, A *a.* surrounding; encompassing; neighbouring: **i villaggi circostanti**, the surrounding (*o* neighbouring) villages; **l'aria c.**, the encompassing (*o* circumambient) air. B *m. pl.* those nearby; those present; bystanders.

circostanza, *f.* **1** circumstance: **Mi dica tutte le circostanze**, tell me all the circumstances; **in queste** (*o* **quelle**) **circostanze**, in (*o* under) the circumstances; (*leg.*) **c. attenuante**, extenuating circumstance; extenuation; (*leg.*) **c. aggravante**, aggravating circumstance; aggravation **2** (*occasione, condizione temporanea*) occasion; circumstances (*pl.*): **Spero che alla c.** (**Lei**) **si ricorderà di me**, should the occasion arise, I hope you will remember me; **Lo conobbi in una c. drammatica**, I met him in dramatic circumstances; **Dipende dalle circostanze**, it depends on circumstances. ● **parole di c.**, words suitable to the occasion.

circostanziale, *a.* circumstantial.

circostanziare, *v. t.* to circumstantiate; to describe circumstantially; to detail.

circostanziataménte, *avv.* circumstantially; in detail.

circostanziato, *a.* circumstantial; detailed.

circuire, *v. t.* **1** (*raro: girare intorno*) to circle; to go* round **2** (*raro: chiudere*) to encircle; to enclose **3** (*fig.*) to deceive; to entrap; to circumvent.

circuitale, *a.* circuit (*attr.*).

circùito, *m.* **1** (*fis.*) circuit: **corto c.**, short circuit; **c. chiuso**, closed circuit; **c. aperto**, open (*o* broken) circuit; **c. di comando**, control circuit; **c. magnetico**, magnetic circuit; **interrompere il c.**, to break the circuit **2** (*sport*) circular track; closed race-course **3** (*di teatri, cinema*) circuit **4** (*cinta*) circuit; circumference. ● (*radio*) **circuiti accoppiati**, coupled circuits □ (*fis.*) **c. di arresto**, wave trap □ (*tel.*) **c. interurbano**, trunk system □ **inserire in un c.**, to join up; to connect.

circuizióne, *f.* **1** (*raro: il girare intorno*) circling; going round **2** (*raro: il circondare*) encircling **3** (*fig.*) circumvention; entrapment.

circumlunare, *a.* (*astron., miss.*) circumlunar.

circumnavigare, *v. t.* to circumnavigate; to sail round.

circumnavigatóre, *m.* circumnavigator.

circumnavigazióne, *f.* circumnavigation.

circumplanetàrio, *a.* (*astron., miss.*) circumplanetary.

circumpolare, *a.* circumpolar.

circumsolare, *a.* (*astron.*) circumsolar.

circumstellare, *a.* (*astron.*) circumstellar.

circumterrèstre, *a.* (*astron., miss.*) circumterrestrial.

circumzenitale, *a.* (*geogr.*) circumzenithal.

ciré (*franc.*), A *m.* (*tessuto*) ciré. B *a. invar.* ciré (*attr.*); **ciréd**.

Cirenàica, *f.* (*geogr.*) Cyrenaica.

cirenàico, *a.* e *m.* Cyrenaic.

cirenèo, A *a.* of Cyrene; Cyrenean; Cyrenian. B *m.* **1** inhabitant of Cyrene **2** (*fig.*) one who labours for another's benefit.

cirillico, *a.* Cyrillic: **alfabeto c.**, Cyrillic alphabet.

Cirillo, *m.* Cyril.

ciripà, *m.* nappy; napkin; diaper (*USA*).

cirrifórme, *a.* cirriform.

cirripedi, *m. pl.* (*zool., Cirripedia*) cirripeds; barnacles.

cirro, *m.* **1** (*meteorologia*) cirrus*; fleecy cloud **2** (*bot.*) cirrus*; tendril **3** (*zool.*) cirrus*; (*di certi pesci*) barbel **4** (*lett.: ricciolo*) curl.

cirrocùmulo, *m.* (*meteorologia*) cirro-cumulus*.

cirròsi, *f.* (*med.*) cirrhosis*: **c. epatica**, cirrhosis of the liver.

cirróso, *a.* cirrous: **cielo c.**, cirrous sky.

cirrostrato, *m.* (*meteorologia*) cirro-stratus*.

cirròtico, *a.* e. m. (*med.*) cirrhotic.

cisalpino, *a.* cisalpine: **Repubblica cisalpina**, Cisalpine Republic.

cislunare, *a.* (*astron., miss.*) cislunar.

cismontano, *a.* cismontane.

cispa, *f.* (*med.*) eye rheum.

cispadano, *a.* cispadane.

cisposità, *f.* bleariness.

cispóso, *a.* blear, bleary; rheumy. ● **una vecchia cisposa**, a blear(y)-eyed old woman.

cista, *f.* (*archeol.*) cist.

ciste, *V.* **cisti**.

cistectomia, *f.* (*med.*) cystectomy.

cistercènse, *a.* (*relig.*) Cistercian.

cistèrna, *f.* reservoir; cistern; (*serbatoio*) tank. ● **acqua di c.**, rainwater □ **auto c.**, (*per trasporto di liquidi*) tanker; (*per annaffiare*) watering lorry □ **nave c.**, (*per petrolio, ecc.*) tanker; (*per acqua*) water-supply ship.

cisternista, *m.* tanker driver.

cisti, *f.* (*biol., med.*) cyst.

cisticèrco, *m.* (*biol.*) cysticercus*.

cisticercòsi, *f.* (*med., vet.*) cysticercosis*; measles.

cistico, *a.* (*anat.*) cystic: **dotto c.**, cystic duct.

cistifèllea, *f.* (*anat.*) gall bladder.

cistite, *f.* (*med.*) cystitis*.

cisto, *m.* (*bot., Cistus*) rock rose.

cistografia, *f.* (*med.*) cystography.

cistopielite, *f.* (*med.*) cystopyelitis*.

cistoscopia, *f.* (*med.*) cystoscopy.

cistoscòpio, *m.* (*med.*) cystoscope.

cistostomia, *f.* (*med.*) cystostomy.

cistotomia, *f.* (*med.*) cystotomy.

citàbile, *a.* quotable; citable.

citante, *m.* e *f.* (*leg.*) plaintiff.

citare, *v. t.* **1** (*riportare parole scritte o dette da q.*) to quote: **Citai Leopardi**, I quoted Leopardi **2** (*addurre come esempio o prova*) to cite; to instance; to mention: **Citai il caso dell'uomo che aveva perso la memoria**, I instanced the case of the man who had lost his memory; **Citai Beccaria in appoggio dell'abolizione della pena capitale**, I cited Beccaria in support of the abolition of capital punishment **3** (*leg.*) to summon(s); to subpoena: **Fu citata come testimone**, she was summoned as a witness **4** (*leg.: chiamare in giudizio*) to sue; to convene; to process: **Lo citai per danni**, I sued him for damages; **c. q. davanti al tribunale**, to convene sb. before the Court.

citarista, *m.* e *f.* (*mus., lett.*) **1** (*suonatore di cetra antica*) cithara player; citharist **2** (*suonatore di cetra moderna*) zither player.

citazióne, *f.* **1** quotation; citation: **c. calzante**, apt quotation **2** (*leg.: in giudizio*) summons; (*come testimone*) subpoena.

citerióre, *a.* (*nei toponomi antichi*) hither (*arc.*).

citiso, *m.* (*bot., Cytisus laburnum*) laburnum.

citochìmica, *f.* (*biochimica*) cytochemistry.

citocròmo, citocròmio, *m.* (*biol.*) cytochrome.

citofagìa, *f.* (*biol.*) cytophagy.

citofonare, *v. i.* to speak* (to sb.) by intercom; to call (sb.) on the housephone.

citòfono, *m.* internal telephone; (*d'ufficio, ecc.*) intercom,

citogènesi

interphone; (*di casa*) housephone; buzzer (*specialm. USA*).
citogènesi, *f.* (*biol.*) cytogenesis*; cytogeny.
citogenètica, *f.* (*biol.*) cytogenetics (*pl., col verbo al sing.*).
citologìa, *f.* (*biol.*) cytology.
citològico, *a.* (*biol.*) cytologic(al).
citòlogo, *m.* (*scient.*) cytologist.
citoplasma, *m.* (*biol.*) cytoplasm.
citostàtico, *a.* (*biol., farm.*) cytostatic.
citostòma, *m.* (*zool.*) cytostome.
citrato, *m.* (*chim.*) citrate: **c. di magnesia,** magnesium citrate.
citrico, *a.* (*chim.*) citric: **acido c.,** citric acid.
citrino, A *a.* (*lett.*) citrine; lemon-coloured. **B** *m.* **1** (*color c.*) citrine **2** (*miner.*) citrine.
citronèlla, *f.* (*bot., Cymbopogon nardus*) citronella.
citrullàggine, citrullerìa, *f.* **1** silliness; foolishness **2** (*azione da citrullo*) (*o* foolish) action.
citrullo, A *a.* silly; foolish. **B** *m.* fool; ninny; simpleton; silly billy.
città, *f.* **1** city; (*meno importante*) town: **c. capitale,** capital city; **c. giardino,** garden city; **c. industriale,** industrial town; **c. marittima,** sea town; **c. murata,** walled town; **c. natale,** native town; **c. di provincia,** provincial city; country town; **c. dell'entroterra,** inland town **2** (*contrapposto a «campagna»*) town: **la c. e la campagna,** town and country; **Vado in c.,** I'm going to town; **Il dottore non è in c.** (*è fuori c.*), the doctor is not in town (is out of town) **3** (*la popolazione*) town: **Tutta la c. è uscita per le strade per vederlo passare,** the whole town has turned out to see him pass. ● **la c. alta e la c. bassa,** the lower town and the upper town □ **c. capoluogo di contea,** county town; county seat (*USA*) □ **c. capoluogo di provincia (di regione),** provincial (regional) capital □ (*lett.*) **c. dei morti** (*necropoli*), graveyard; cemetery □ **c. degli studi,** university centre □ **C. del Capo,** Cape Town □ **C. del Messico,** Mexico City □ **la C. del Vaticano,** the Vatican City □ **la C. di Dio,** the City of God □ **la c. di New York,** New York City □ **la C. Eterna,** The Eternal City □ **una c. in cima a una collina,** a town perched on a hill □ **una c. in cui vi è una cattedrale,** a cathedral town □ **c. satellite,** dormitory town □ **le città stato della Grecia antica,** the city-states of ancient Greece □ **c. universitaria,** university town □ **casa di c.,** town-house □ **gente di c.,** townspeople; townsfolk; city dwellers □ **vita di c.,** town life.
cittadèlla, *f.* citadel; stronghold (*anche fig.*).
cittadina (1), *f.* small town; country town.
cittadina (2), *f.* **1** (*chi ha la cittadinanza*) citizen **2** (*chi vive in città*) town-dweller; townswoman*.
cittadinanza, *f.* **1** (*popolazione d'una città*) inhabitants of a city (*pl.*); citizens (*pl.*); townspeople, townsfolk (*pl.*) **2** (*condizione di cittadino*) citizenship; nationality: **diritto di c.,** right of citizenship. ● **c. onoraria,** freedom of the city □ **Sono fiera della mia c. fiorentina,** I am proud of being a Florentine □ **Acquistò la c. britannica,** he became a British subject □ **Tutta la c. è stata vaccinata,** everybody in the town has been vaccinated.
cittadino, A *a.* **1** town, city (*attr.*); urban; civic: **usanze cittadine,** urban customs; **centro c.,** city centre; civic centre; **milizia cittadina,** town militia **2** (*cittadinesco*) townish; citified: **Quel vestito è molto c.,** that suit is very townish. ● **un punto di vista c.,** a townsman's point of view. **B** *m.* **1** (*chi gode della cittadinanza*) citizen **2** (*chi vive in città*) town (*o* city) dweller; (*contrapposto a «campagnolo»*) townsman* **3** (*di un «borough»*) burgess: **re, baroni e cittadini,** King, barons and burgesses. ● **c. britannico,** British subject □ **c. del mondo,** citizen of the world; cosmopolitan □ **c. onorario di una città,** freeman of a city.
ciucàggine, *f.* stupidity; ignorance; pig-headedness.
ciucca, *f.* (*pop.: sbornia*) drunkenness. ● **prendere la c.,** to get drunk □ **prendere una bella c.,** to get as drunk as a lord.
ciucciare, *v. t. e i.* (*fam.*) to suck.
ciùccio, *m.* (*tettarella*) comforter; dummy; pacifier (*USA*).
ciucco, *a.* (*pop.: ubriaco*) drunk; high (*pop.*).
ciuco, *m.* **1** (*fam.: zool., Equus asinus*) ass; donkey; cuddy (*specialm. scozz.*) **2** (*fig.*) donkey; dunce.
ciuffo, *m.* **1** tuft: **un c. d'erba (di penne),** a tuft of grass (feathers) **2** (*di capelli: sulla fronte*) forelock; (*ritto e un po' ispido*) tuft of hair, wisp of hair: **Prendere la fortuna per il c.,** to seize Fortune by the forelock; **Ciuffi grigi uscivano di sotto il cappello alla vecchia,** grey wisps of hair showed under the old woman's hat. ● **uccello col c.,** tufted bird.
ciuffolòtto, *m.* (*zool., Pyrrhula pyrrhula*) bullfinch.
ciurlare, *v. i.* – (*fig., fam.*) **c. nel manico,** to play fast and loose.
ciurma, *f.* **1** (*naut.*) crew; (ship's) company; hands (*pl.*) **2** (*fig., spreg.: marmaglia*) riff-raff; rabble; mob **3** (*stor.: di galera*) galley slaves (*pl.*); (all the) rowers of a galey (*pl.*).
ciurmàglia, *f.* riff-raff; rabble; mob.
ciurmare, *v. t.* to humbug; to swindle; to take* in.
civètta, *f.* **1** (*zool., Carine noctua*) owl **2** (*fig.*) coquette; flirt; minx **3** (*di giornali*) headline board. ●'(*zool.*) **c. delle nevi** (*Nyctea nyctea*), snow owl □ (*zool.*) **c. zibetto** (*Civettictis civetta*), civet cat; musk cat □ **auto c.,** squad car □ **far c.,** to duck one's head □ **fare la c.,** to coquette; to flirt □ (*mil.*) **nave c.,** decoy ship □ **naso di** (*o a*) **c.,** beaked nose □ (*zool.*) **piccola c.,** owlet.
civettare, *v. i.* to coquette; to flirt: **È sempre lì che civetta con q.,** she's always flirting with sb.
civetterìa, *f.* **1** coquetry; coquettishness **2** (*arti*) wiles (*pl.*). ● **avere la c. di,** to make a point of: **Ho la c. della puntualità,** I make a point of always being punctual □ **con c.,** coquettishly.
civettóne, *m.* (*fig.: uomo vanesio*) fop.
civettuòlo, *a.* **1** coquettish **2** (*grazioso, attraente*) perky; spruce; spick-and-span: **un cappellino c.,** a perky little hat; **una casetta linda e civettuola,** a pretty little spick-and-span cottage.
civico, *a.* civic; municipal; town (*attr.*): **diritti e doveri civici,** civic rights and duties; **banda civica,** town (*o* municipal) band; **guardia civica,** municipal (*o* home) guard. ● **educazione civica,** civics □ **persona con molto senso c.,** public-spirited person □ **senso c.,** public spirit.
civile, A *a.* **1** (*leg., stor.*) civil: **diritto c.,** civil law; **diritti civili,** civil rights; **matrimonio c.,** civil marriage; registry-office (*o* register-office) marriage; **guerra c.,** civil war; **codice c.,** Civil Code; «Code Napoleon» **2** (*contrapposto a «militare»*) civilian: **La popolazione c. non collaborò,** the civilian population did not collaborate; **in abiti civili,** in civilian (*o* plain) clothes; in mufti **3** (*contrapposto a «barbaro»*) civilized: **popoli civili,** civilized peoples **4** (*cortese*) civil; polite; urbane: **un'accoglienza c.,** a civil welcome **5** (*decoroso*) respectable; decent: **Il giovane è di famiglia c.,** the young man comes of a respectable family. ● **abitazione c.,** dwelling house □ (*leg.*) **costituirsi parte c.,** to sue for damages in a criminal case □ **fare un matrimonio c.,** to be married at a registry office □ **feste civili,** public holidays □ **il Genio C.,** the Civil Engineers (*pl.*); the Office of Works □ **medaglia al valore c.,** medal awarded for valour to civilians □ **morte c.,** civil death; loss of all civil rights □ **responsabilità c.,** tort liability □ **ufficiale dello stato c.,** registrar (of Births, Marriages and Deaths) □ **ufficio dello stato c.,** registry (office); register office. **B** *m.* (*borghese*) civilian.
civilista, *m. e f.* (*leg.*) civilian.
civilistico, *a.* concerning civil law.
civilizzare, A *v. t.* to civilize. **civilizzarsi, B** *v. rifl.* to become* civilized.
civilizzato, *a.* civilized.
civilizzatore, A *a.* civilizing: **influsso c.,** civilizing influence. **B** *m.* civilizer.
civilizzazióne, *f.* civilization.
civilménte, *avv.* **1** civilly (*anche leg.*) **2** (*educatamente*) civilly; politely. ● **sposarsi c.,** to be married at a registry office.
civiltà, *f.* **1** civilization: **c. egiziana,** Egyptian civilization; **La c. non aveva raggiunto quella tribù,** civilization had not reached that tribe **2** (*gentilezza*) civility; courtesy.
civismo, *m.* public spirit; (good) citizenship; civic virtue.
clacchista, *m. e f.* member of the claque; claquer; hired applauder.
clàcson, *m.* hooter; (motor) horn.
cladòdio, cladofillo, *m.* (*bot.*) cladophyll.
clamidato, *a.* **1** (*bot.*) chlamydeous **2** (*stor.*) wearing a chlamys.
clàmide, *f.* (*stor.*) chlamys*; short cloak.
clamóre, *m.* **1** clamour; din; noise **2** (*fig.: scalpore*) outcry: **suscitare c.,** to cause an outcry.
clamoróso, *a.* **1** clamorous; loud; resounding **2** (*fig.*) resounding; causing a great stir: **vittoria clamorosa,** resounding victory.
clan, *m.* **1** (*tribù*) clan: **c. scozzese,** Scottish clan **2** (*fig.*) clique; clan; set.
clandestinità, *f.* clandestineness; clandestinity.
clandestino, A *a.* clandestine; covert; underground, back--street (*attr.*): **pubblicazione clandestina** clandestine publication; **azione clandestina,** covert action; (*polit.*) **movimento c.,** underground movement; **stampa clandestina,** underground press; **aborti clandestini,** back-street abortions. ● **lotto c.,** unlicensed lottery □ (*aeron., naut.*) **passeggero c.,** stowaway □ (*radio*) **trasmissione clandestina,** pirate broadcast; (*in tempo di guerra*) clandestine broadcast. **B** *m.* (*aeron., naut.*) stowaway.
clangóre, *m.* (*lett.*) clangour; clangor (*USA*); clang: **il c. del gong,** the clang of the gong.
claque (*franc.*), *f.* (*teatr.*) claque; hired applauders (*pl.*).
Clara, *f.* Clare, Clara.
Clarice, *f.* Clarice.
clarinettista, *m. e f.* (*mus.*) clarinet player; clarinettist.
clarinétto, *m.* (*mus.*) clarinet.
clarinista, *m. e f.* (*mus.*) **1** clarino player **2** *V.* **clarinettista.**
clarino, *m.* (*mus.*) **1** clarino* **2** *V.* **clarinétto.**

clarissa, f. (*relig.*) (Poor) Clare; Minoress.
classe, f. **1** class: **c. dirigente,** ruling class; **c. operaia,** working class(es); **c. media** (*o borghese*), middle class(es); **lotta di c.,** class struggle; **odio di c.,** class hatred; **La c. degli avvocati è caratterizzata dalla prudenza,** lawyers as a class are cautious men **2** (*zool., bot., miner.*) class **3** (*sui mezzi di trasporto*) class; (*dei panfili, ecc.*) rating: **Viaggio sempre in prima c.,** I always travel first class; (*naut.*) **seconda c.,** second class; cabin class; (*naut.*) **c. turistica,** tourist class **4** (*l'insieme degli scolari*) class; (*corso*) form; (*aula*) classroom, schoolroom: **compagno di c.,** classmate; **la sesta c.,** the sixth form; **Il ragazzo entrò in c.,** the boy went into the classroom **5** (*mil.: leva*) class (*poco usato*); year; contingent: **reclute della stessa c.,** recruits of the same year; **la c. del 1960,** the class of 1960; the 1960 contingent. ● **di c.,** elegant; luxurious; first-class; exclusive □ **fuori c.,** in a class apart; of superlative quality; superlative □ **A che c. militare appartieni?,** what year are you (*o* were you) due for call-up?
classicheggiare, v. i. to classicize.
classicismo, m. classicism.
classicista, m. e f. classicist.
classicistico, a. classicistic; classical.
classicità, f. **1** classicism **2** (*antichità classica*) classical antiquity.
classicizzare, v. t. e i. to classicize.
classico, A a. (*della civiltà classica*) classical; (*di modello o esemplare*) classic: **studi classici,** classical studies; **di linea classica,** of classic line. ● **musica classica,** classical music □ **Studio** (*fam.*: **faccio**) **lettere classiche,** I am reading Classics (at the University). **B** m. classic: **i classici,** the classics; **Questo libro è un c.,** this book is a classic.
classifica, f. **1** classification; classing **2** (*sport*) results (*pl.*); placings (*pl.*): **Ora daranno la c.,** now they will give the results **3** (*posto in classifica*) position. ● **essere terzo in c.,** (*a un esame*) to be classed third; (*sport*) to be placed third.
classificàbile, a. classifiable. ● **non facilmente c.,** not easy to classify; not easily classified.
classificare, A v. t. **1** (*dividere in gruppi*) to classify **2** (*assegnare a un gruppo*) to class **3** (*un compito*) to mark; (*uno studente*) to grade **4** (*naut.*) to rate. **classificarsi, B** v. rifl. to be classed; to be placed.
classificatóre, m. **1** (*chi classifica*) classifier **2** (*contenitore*) classified file **3** (*mecc., miner.*) classifier. ● (*ind. tessile*) **c. della lana,** stapler □ **c. di merci,** classer.
classificazióne, f. **1** classification; classing: (*naut.*) **certificato di c.,** certificate of classification **2** (*graduatoria*) grading **3** (*voto scolastico*) mark; grade **4** (*stima, valore attribuito*) rating.
classismo, m. class-consciousness.
classista, A a. class (*attr.*): **lotta c.,** class conflict. ● **atteggiamento c.,** class-conscious point of view. **B** m. e f. class-conscious person.
classistico, a. class (*attr.*).
clastico, a. (*geol.*) clastic.
Clàudia, f. Claudia.
claudicante, a. **1** lame; limping; hobbling **2** (*fig.*) halting: **versi claudicanti,** halting lines.
claudicare, v. t. (*lett.*) to limp; to hobble.
claudicazióne, f. claudication (*med.*); lameness.
Clàudio, m. Claude; (*stor.*) Claudius.
claunésco, a. clownish; clown's (*attr.*).
clàusola, f. **1** clause; stipulation **2** (*restrittiva*) proviso* **3** (*leg.*) clause: **c. risolutiva,** resolutory clause; **c. compromissoria,** arbitration clause; **c. penale,** penal clause. ● **c. aggiuntiva,** rider; additional clause □ (*naut.*) **clausole d'ingaggio,** ship's articles □ (*leg.*) **secondo le clausole** (*di un contratto*), under the terms.
claustrale, a. claustral; cloistered.
claustrofobia, f. (*psic.*) claustrophobia.
claustrofòbico, a. (*psic.*) claustrophobic.
claustrofobo, a. (*psic.*) claustrophobic.
clausura, f. (*relig.*) **1** seclusion **2** (*convento*) cloister. ● **di c.,** cloistered: **Non sono suore di c.,** they are not cloistered nuns.
clava, f. **1** (*mazza*) club; cudgel; bludgeon **2** (*da ginnastica*) (Indian) club **3** (*di poliziotto*) truncheon; baton.
clavària, f. (*bot., Clavaria*) clavaria; club fungus.
clavicembalista, m. e f. (*mus.*) harpsichordist; harpsichord player.
clavicémbalo, m. (*mus.*) harpsichord.
clavicola, f. (*anat.*) clavicle; collarbone.
clavicolare, a. (*anat.*) clavicular.
clavicòrd(i)o, m. (*mus.*) clavichord.
clàxon, V. **clàcson.**
cleistogamia, f. (*bot.*) cleistogamy.
cleistògamo, a. (*bot.*) cleistogamic.
clemàtide, f. (*bot., Clematis*) clematis*.
clemènte, a. **1** merciful; mild; lenient; clement: **governo c.,** mild rule; **Il sovrano fu c. e perdonò,** the sovereign was merciful and gave his forgiveness **2** (*del clima*) mild: **Il tempo fu sempre c.,** the weather was always mild.
Clemènte, m. Clement.
Clementina, f. Clementina, Clementine.
clementina, f. (*mandarancio*) clementine.
clemènza, f. **1** mercifulness; leniency; mildness; mercy; clemency **2** (*del clima*) mildness.
cleptòmane, A m. e f. (*psic.*) kleptomaniac. **B** a. (*in ingl. manca l'agg.*): **Quell'uomo è c.,** that man is a kleptomaniac.
cleptomania, f. (*psic.*) kleptomania.
clergyman (*ingl.*), m. (Catholic) priest's black suit.
clericale, A a. clerical. **B** m. e f. clerical; clericalist.
clericaleggiare, v. i. to favour (*o* to support) the clerical party.
clericalismo, m. (*polit.*) clericalism.
clèro, m. (*relig.*) clergy; (*cattolico, anche*) priesthood: **c. secolare,** secular clergy; **c. regolare,** regular clergy.
clessidra, f. **1** (*a sabbia*) hourglass; sandglass **2** (*ad acqua*) water clock; clepsydra*.
clic, inter. e m. click: **il c. dell'interruttore,** the click of the switch.
cliché (*franc.*), m. **1** (*tipogr.*) block; cliché: **c. a mezzatinta,** halftone block **2** (*fig.*) cliché; hackneyed (*o* commonplace) phrase.
cliènte, m. e f. **1** (*d'avvocato o altro professionista*) client **2** (*di medico*) patient **3** (*di negozio, ecc.*) customer **4** (*d'albergo*) guest **5** (*stor. romana*) client **6** (*spreg.*) hanger-on. ● **c. abituale,** regular customer; patron.
clientèla, f. **1** (*l'insieme dei clienti*) clientele: **Questo albergo ha per lo più una c. straniera,** this hotel has mostly a foreign clientele **2** (*di professionista in genere*) clients (*pl.*): **L'avvocato è sgarbato con la c.,** the solicitor is rude to his clients **3** (*di medico*) patients (*pl.*); practice: **È un dottore con una vasta c.,** he is a doctor with a large practice **4** (*di negozio, ecc.*) customers (*pl.*); custom **5** (*di teatro, ecc.*) patrons (*pl.*): **La c. dei concerti estivi è quasi tutta di turisti,** the patrons of the summer concerts are nearly all tourists **6** (*spreg.*) hangers-on (*pl.*).
clientelismo, m. (*spreg.*) patronage system; favouritism; favoritism (*USA*).
clima, m. **1** climate **2** (*fig.*) atmosphere; climate: **un c. d'austerità,** an atmosphere of austerity.
climatèrico, a. **1** (*med.*) climacteric **2** (*fig.*) critical; dangerous; unpropitious: **anno c.,** critical year.
climatèrio, m. (*med.*) climacteric. ● **c. femminile,** menopause □ **c. maschile,** andropause.
climàtico, a. climatic. ● **stazione climatica,** health resort.
climatizzare, v. t. to air-condition.
climatizzatóre, m. air-conditioning unit.
climatizzazióne, f. air-conditioning.
climatologia, f. climatology.
climatològico, a. climatologic(al).
climatòlogo, m. climatologist.
climax, m. (*retor.*) climax.
cline, m. (*biol.*) cline.
clinica, f. **1** (*insegnamento*) clinic; clinical instruction **2** (*reparto ospedaliero*) clinic; hospital department; (*di università*) teaching hospital (*o* clinic) **3** (*casa di cura*) nursing home; clinic: **Vado in c. mercoledì,** I am going into a nursing home Wednesday. ● **c. medica,** medical clinic; (*l'insegnamento*) clinical medicine.
clinico, A a. (*med.*) clinical. ● **caso c.,** medical case; (*fig.*) oddball (*fam.*) □ **fatti clinici,** facts observed during treatment □ **occhio c.,** ability to make a swift and perspicacious diagnosis; (*fig.*) penetrating eye. **B** m. **1** (*med.*) clinician **2** (*docente universitario*) clinical professor.
clinker (*ingl.*), m. (*tecn.*) clinker.
clinòmetro, m. (*geol., naut., ecc.*) clinometer.
clip, m. invar. **1** (*fermaglio per fogli*) paperclip; clip **2** (*anche orecchino a c.*) clip earring.
clipeato, a. (*zool.*) clypeate.
clipeo, m. (*archeol.*) clypeus* (*anche zool.*); buckler.
clipper, m. (*naut.*) clipper.
clisma, m. (*med.*) enema*: **c. opaco,** barium enema.
clistère, m. (*med.*) enema*; clyster.
clitòride, f. e m. (*anat.*) clitoris.
clivàggio, m. (*geol.*) cleavage: **piano di c.,** cleavage plane.
clivia, f. (*bot., Clivia*) clivia; Kafir lily.
clivo, m. (*lett.*) hillock.
cloaca, f. **1** (*fogna*) sewer; principal drain; cloaca* **2** (*zool.*) cloaca* **3** (*fig.*) cesspool; sink of iniquity; cloaca*.
cloche (*franc.*), f. **1** (*aeron.*) control stick **2** (*autom.*) gear shift on the floor **3** (*cappello*) cloche (hat).
clonale, a. (*biol.*) clonal.
clóne, m. (*biol.*) clon(e).
clònico, a. (*med.*) clonic: **spasmo c.,** clonic spasm.

clòno, *m.* (*med.*) clonus*.
cloràlio, *m.* (*chim.*) chloral.
cloramfenicòlo, *m.* (*farm.*) chloramphenicol.
clorato, *m.* (*chim.*) chlorate.
clorazióne, *f.* (*chim.*) chlorination.
clòrico, *a.* (*chim.*) chloric.
cloridrato, *m.* (*chim.*) chlorhydrate; hydrochlorate.
cloridrico, *a.* (*chim.*) hydrochloric: **acido c.**, hydrochloric acid.
clorimetrìa, *f.* (*chim., fis.*) colorimetry.
clorite, *f.* (*miner.*) chlorite.
clòro, *m.* (*chim.*) chlorine.
clorofilla, *f.* (*bot.*) chlorophyl(l).
clorofilliano, *a.* (*bot.*) chlorophyl(l) (*attr.*).
cloroformio, *m.* (*chim.*) chloroform.
cloroformizzare, *v. t.* to chloroform; to chloroformize.
cloroformizzazióne, *f.* (*med.*) chloroformization.
cloromicetina, *f.* (*marchio: farm.*) Chloromycetin.
cloroplasto, *m.* (*bot.*) chloroplast.
cloroprène, *m.* (*chim.*) chloroprene.
cloròsi, *f.* **1** (*med.*) chlorosis*; greensickness (*pop.*) **2** (*bot.*) chlorosis*.
clorotetraciclina, *f.* (*farm.*) chlorotetracyclin.
cloròtico, *a.* (*med.*) chlorotic.
clorurare, *v. t.* (*chim.*) to chlorinate; to chlorinize.
clorurazióne, *f.* (*chim.*) chlorination.
cloruro, *m.* (*chim.*) chloride: **c. d'argento**, silver chloride.
clou (*franc.*), *m.* climax; chief attraction; high spot (*pop.*).
clown (*ingl.*), *m.* clown.
clownésco, *V.* **claunésco**.
club (*ingl.*), *m.* club.
cluniacènse, cluniacése, (*relig.*) **A** *a.* Cluniac; Cluniacensian; Clunisian. **B** *m.* Cluniac; Clunist.
coabitare, *v. i.* to cohabit; to live together.
coabitazióne, *f.* cohabitation; living together.
coacervare, *v. t.* (*lett.*) to accumulate.
coacèrvo, *m.* (*lett.*) accumulation.
coadiutorato, *m.* (*relig.*) office of coadjutor.
coadiutóre, *m.* **1** assistant; coworker; coadjutor **2** (*relig.*) coadjutor: **vescovo c.**, (*cattolico*) coadjutor bishop; (*protestante*) bishop coadjutor.
coadiuvante, **A** *a.* assisting; coadjutant. ● **farmaco c.**, adjuvant (drug). **B** *m. e f.* assistant; coadjutor. **C** *m.* (*farm.*) adjuvant.
coadiuvare, *v. t.* to help (sb.); to cooperate with (sb.); to be (sb.'s) coadjutor.
coagulàbile, *a.* coagulable.
coagulaménto, *m.* coagulation.
coagulante, (*farm.*) **A** *a.* coagulative. **B** *m.* coagulant.
coagulare, **A** *v. t.* to coagulate. **coagularsi**, **B** *v. rifl.* **1** to coagulate: **Il sangue si coagulò subito**, the blood coagulated at once **2** (*dei colloidi*) to gel **3** (*del latte*) to curdle.
coagulativo, *a.* coagulative.
coagulazióne, *f.* coagulation.
coàgulo, *m.* **1** coagulum*; clot **2** (*caglio*) curd (*spesso pl.*).
coalescènza, *f.* (*fis.*) coalescence.
coalizióne, *f.* **1** coalition; alliance: **governo di c.**, alliance government **2** (*econ., fin.*) combination; combine.
coalizzare, **A** *v. t.* **1** to form into a coalition **2** (*econ., fin.*) to combine. **coalizzarsi**, **B** *v. rifl.* **1** to form a coalition (*o* an alliance) **2** (*econ., fin.*) to combine.
coamministratóre, *m.* (*comm.*) joint manager.
coana, *f.* (*anat.*) choana*.
coartare, *v. t.* to coerce (sb. into doing st.); to force.
coartazióne, *f.* **1** coercion; constraint **2** (*med.*) coarctation.
coassiale, *a.* (*mecc.*) coaxial. ● **cavo c.**, coaxial cable.
coassicurazióne, *f.* (*ass.*) coinsurance. ● **c. contro l'incendio**, concurrent fire insurance.
coattazióne, *f.* (*med.*) coaptation.
coattività, *f.* coerciveness; compulsoriness.
coattivo, *a.* coercive; compulsory: **mezzi coattivi**, coercive measures.
coatto, *a.* forced; compulsory: (*leg.*) **domicilio c.**, forced residence; **vendita coatta**, forced sale.
coautóre, *m.* **1** coauthor **2** (*leg.*) joint author.
coazióne, *f.* (*leg.*) coercion; compulsion (*anche psic.*); constraint. ● (*psic.*) **c. a ripetere**, repetition compulsion.
cobalto, *m.* **1** (*chim.*) cobalt: **bomba al c.**, cobalt bomb (*colore; anche* **blu c.**) cobalt blue.
cobaltoterapia, *f.* (*med.*) cobalt radiotherapy.
cobelligerante, *a. e m.* cobelligerent.
cobelligeranza, *f.* cobelligerency.
cobòldo, *m.* (*mitol.*) kobold.
còbra, *m.* (*zool., Naja*) cobra. ● (*zool.*) **c. dagli occhiali** (*Naja naja*), Indian cobra; hooded cobra.

còca, *f.* (*bot., Erythroxylon coca*) coca.
còca-còla, *f.* (*marchio*) Coca-Cola; Coke (*fam.*).
cocaina, *f.* cocaine; coke, snow (*pop.*).
cocainico, *a.* cocaine (*attr.*).
cocainismo, *m.* (*med.*) cocainism.
cocainòmane, *m.* cocaine addict.
cocainomanìa, *f.* addiction to cocaine; cocaine addiction.
còcca (1), *f.* **1** (*angolo di fazzoletto, tovagliolo, ecc.*) corner **2** (*di freccia*) nock; notch **3** (*di fuso*) tip.
còcca (2), *f.* (*fam., vezzegg.*) sweety; honey.
coccarda, *f.* cockade; rosette.
cocchière, *m.* **1** coachman* **2** (*vetturino di piazza*) cabman*; cab driver; cabby (*fam.*).
còcchio, *m.* **1** coach; carriage: **c. reale**, state coach **2** (*stor. romana*) chariot.
cocchiume, *m.* **1** (*buco da cui si riempie la botte*) bunghole **2** (*tappo*) bung.
còccige, *m.* (*anat.*) coccyx*.
coccìgeo, *a.* (*anat.*) coccygeal.
coccinèlla, *f.* (*zool., Coccinella*) ladybird; ladybug (*USA*).
coccinèllo, *m.* (*naut.*) toggle.
cocciniglia, *f.* **1** (*zool., Coccus cacti*) cochineal (insect) **2** (*lett.: il colore*) cochineal.
còccio, *m.* **1** (*oggetto di terracotta*) crock; earthen pot **2** (*terracotta*) earthenware: **un vaso di c.**, a pot made of earthenware **3** (*pop., pl.: stoviglie*) crockery: **I cocci li voglio imballare io**, I want to pack the crockery myself **4** (*pl.: pezzi rotti*) fragments; broken bits; bits and pieces **5** (*fig.: persona malaticcia*) crock. ● **Con quel vassoio tanto carico stai attenta a non fare cocci**, with that tray so loaded up, mind you don't smash everything!
cocciutàggine, *f.* (*fam.*) obstinacy; pig-headedness; stubbornness.
cocciuto, *a.* (*fam.*) obstinate; pig-headed; stubborn.
còcco (1), *m.* **1** (*bot., Cocos nucifera*) coco; coco palm; coconut palm **2** (*il frutto*) coconut: **latte di c.**, coconut milk; **burro di c.**, coconut butter; **stuoia di c.**, coconut mat.
còcco (2), *m.* (*fam.: uovo*) (hen's) egg.
còcco (3), *m.* (*fam., vezzegg.*) ducky; darling; apple of sb.'s eye: **Quel bambino è il c. del nonno**, that child is the apple of his grandfather's eye.
còcco (4), *m.* (*biol.*) coccus*.
coccodè, *inter. e m.* cackle. ● **La gallina fa c.**, the hen is cackling.
coccodrillo, *m.* **1** (*zool., Crocodilus*) crocodile: (*fig.*) **lacrime di c.**, crocodile tears (*pelle di c.*) crocodile (*attr.*): **una borsetta di c.**, a crocodile bag **3** (*elettr.*) alligator clip **4** (*giornalismo*) pre-obit. ● (*zool.*) **c. palustre** (*Crocodilus palustris*), mugger.
còccola, *f.* (*bot.*) berry.
coccolare, **A** *v. t.* to cuddle; to pet; to cosset. **coccolarsi**, **B** *v. rifl.* to nestle.
còccolo, *m.* (*fam., vezzegg.*) pet; little darling; cuddlesome little thing.
coccolóni, *avv.* squatting; crouching. ● **stare c.**, to squat; to be squatting.
cocènte, *a.* **1** scorching; burning; scalding; very hot: **sole c.**, scorching sun **2** (*fig.*) scalding; scorching: **lacrime cocenti**, scalding tears; **rimprovero c.**, scorching rebuke; **frasi cocenti**, scalding remarks. ● **È un ricordo c.**, the memory still rankles.
cocker (*ingl.*), *m.* (*zool.*) cocker (spaniel).
cocktail (*ingl.*), *m.* **1** (*bevanda*) cocktail **2** (*ricevimento*) cocktail party.
còclea, *f.* **1** (*anat.*) cochlea* **2** (*archeol.*) wild animals' gate **3** (*mecc.*) Archimedean screw; (*di pompa centrifuga, ecc.*) scroll, volute: **alimentatore a c.**, screw feeder.
cocleare, *a.* (*med.*) cochlear: **nervo c.**, cochlear nerve.
cocleària, *f.* (*bot., Cochlearia officinalis*) scurvy grass.
cocólla, *f.* (*relig.*) cowl.
cocomeràio, *m.* watermelon vendor.
cocómero, *m.* (*bot., Citrullus vulgaris*) watermelon. ● (*bot.*) **c. asinino** (*Ecballium elaterium*), squirting cucumber.
cocorita, *f.* (*zool.*) lovebird.
cocuzza, *f.* (*dial.*) **1** (*zucca*) pumpkin **2** (*scherz.: testa*) head; pate (*fam.*) **3** (*specialm. al pl.: denaro*) money; lolly; dough (*pop.*).
cocùzzolo, *m.* **1** (*di monte, ecc.*) top; summit **2** (*della testa, di un cappello*) crown.
códa, *f.* **1** tail (*anche fig.*); (*di volpe*) brush: **Il mio cane ha la c. lunga**, my dog has a long tail; **la c. dell'aeroplano**, the tail of the aeroplane; **la c. della cometa**, the comet's tail; **la c. d'un corteo**, the tail (*o* tail end) of a procession **2** (*fila di persone*) queue; line (*USA*): **fare la c.**, to stand in a queue (*o* to queue (up)); **mettersi in c.**, to join the queue **3** (*strascico*) train; tail: **un vestito da sera con la c.**, an evening dress with a train; **reggere la c.**, to be a train bearer **4** (*di discorso, scritto, ecc.*) tail end;

end; conclusion: **la c. d'un discorso**, the tail end of a speech **5** (*di colonna in marcia, ecc.*) tail; tail end; rear: **essere in c.**, to bring up the rear **6** (*mus.*) coda: **Le variazioni terminano con una c.**, the variations are concluded by a coda **7** (*bot.*: *d'aglio, porro, cipolla*) leaves (*pl.*) **8** (*fig.: persona retrograda*) reactionary; die-hard **9** (*treccia di capelli*) pigtail **10** (*pettinatura femm.*; *anche* «*coda di cavallo*») ponytail **11** (*comm.*) allonge **12** (*chim.: nella distillazione*) end. ● **c. di cavallo**, (*bot., Equisetum*) horsetail; (*bot., Hippuris vulgaris*) mare's-tail; (*pettinatura femm.*) ponytail □ (*naut.*) **c. di ratto**, rat's-tail □ (*bot.*) **c. di topo** (*Phleum pratense*), timothy; timothy grass □ (*bot.*) **c. di volpe** (*Alopecurus pratensis*), foxtail □ (*anat.*) **c. equina**, cauda equina □ (*zool.*) **c. lunga** (*Alopias vulpinus*), thresher shark; sea fox □ (*zool.*) **c. nera** (*Odocoileus hemionus*), jumping deer □ (*fig.*) **andarsene con la c. fra le gambe**, to go off with one's tail between one's legs □ (*fig.*) **avere la c. di paglia**, to have a guilty conscience □ **fanale di c.**, rear light; taillight (*USA*) □ (*fig.*) **essere il fanalino di c.**, to be Paddy last; to be always the last □ **giacca a c. di rondine**, tail coat; tails (*pl.*) □ **guardare q. con la c. dell'occhio**, to look at sb. out of the corner of one's eye □ (*mecc.*) **incastro a c. di rondine**, dovetail joint; dovetailing □ **mettersi in c.**, to join the queue; (*della folla*) to form a queue □ (*fig.*) **non avere né capo né c.**, to be utter nonsense; not to make sense □ (*mus.*) **pianoforte a c.**, grand piano □ (*mus.*) **pianoforte a gran c.**, concert grand (piano) □ (*mus.*) **pianoforte a mezza c.**, baby grand (piano) □ **restare in c. a tutti**, to fall behind everyone □ (*fig.*) **sapere dove il diavolo tiene la c.**, to know a thing or two □ (*aeron.*) **scivolata di c.**, tail slide □ **senza c.**, tailless □ (*fig.*) **senza capo né c.**, without rhyme or reason □ (*poesia*) **sonetto con la c.**, tailed sonnet □ (*stor.*) **essere tirato a c. di cavallo** (*supplizio*), to be tied to a horse's tail and dragged □ **il vagone di c.**, the last carriage □ **L'incidente avrà una c.**, the incident will have its aftereffects □ **Da quel momento il diavolo ci mise la c.**, from that moment things began to go wrong □ **Il diavolo ci aveva ficcato la c.**, the devil had a finger in the pie □ (*prov.*) **Nella c. sta il veleno**, the sting is in the tail.

codardìa, *f.* cowardliness; cowardice.
codardo, **A** *a.* cowardly. **B** *m.* coward; poltroon.
codazzo, *m.* (*fam.*) train (of people): **La guida trascinava il suo c. di turisti**, the guide dragged along his train of tourists.
codeìna, *f.* (*chim.*) codeine.
codésto, *a.* e *pron. dimostrativo* that*: **C. vostro quadro è troppo grande**, that picture of yours is too big; **Non mi piace questo vestito, prenderò c.**, I don't like this dress, I'll take that one.
còdice, *m.* **1** (*leg.*) code (*anche fig.*): **c. penale**, penal (*o* criminal) code; **c. civile**, civil code; **c. (d'avviamento) postale (CAP)**, post-code; zip code (*USA*: *abbr. di zone improvement plan*); **provedere di c. postale**, to zip-code (*USA*); **c. cavalleresco**, code of chivalry; **c. della buona creanza**, code of good manners; (*biol.*) **c. genetico**, genetic code **2** (*cifrario*) code: **c. telegrafico**, telegraphic code; (*fin.*) **c. fiscale**, fiscal code **3** (*manoscritto*) codex*; manuscript. ● **c. della strada**, rules of the road □ (*naut., mil.*) **c. dei segnali**, signal book □ (*naut.*) **c. marittimo**, navigation law.
codicillàre, *a.* (*leg.*) codicillary.
codicillo, *m.* **1** (*leg.*) codicil **2** (*poscritto*) postscript.
codìfica, *V.* codificazione.
codificàre, *v. t.* **1** to codify **2** (*trascrivere o tradurre in codice*) to code.
codificatóre, *m.* **1** codifier **2** (*di cifrari*) coder.
codificazióne, *f.* **1** codification **2** (*di cifrari*) coding.
codinìsmo, *m.* reactionism.
codìno, **A** *m.* **1** pigtail **2** (*fig.*) reactionary; die-hard. **B** *a.* reactionary.
codinzòlo, *m.* short tail. ● **dimenare il c.**, to wag one's tail.
codióne, *V.* codrióne.
codirósso, *m.* (*zool., Phoenicurus phoenicurus*) redstart; redtail.
còdolo, *m.* tang.
codóne (1), *m.* (*zool., Dafila acuta*) pintail (duck).
codóne (2), *m.* (*genetica*) codon.
codrióne, *m.* **1** (*zool.*) rump **2** (*scherz.: coccige*) coccyx*.
coeditóre, *m.* copublisher. ● **i coeditori**, the joint publishers.
coedizióne, *f.* coedition; joint edition.
coeducazióne, *f.* coeducation.
coefficiènte, *m.* **1** (*mat., fis., chim., mecc.*) coefficient; factor: **c. di assorbimento**, absorption coefficient; **c. di attrito**, friction coefficient; **c. di diffusione**, coefficient of diffusion; **c. di risonanza (di selettività)**, resonance (selectivity) factor; (*scienza delle costr.*) **c. di sicurezza**, coefficient of safety; **c. numerico**, numerical coefficient **2** (*concausa*) factor: **i coefficienti della crisi economica**, the factors in the economic crisis.
coefficiènza, *f.* coefficient cause; cofactor.
coèfora, *f.* (*stor. greca*) libation bearer.

coenzìma, *m.* (*biol.*) coenzyme.
coercìbile, *a.* coercible.
coercibilità, *f.* **1** coercibility **2** (*fis.*) compressibility: **c. di un gas**, compressibility of a gas.
coercitìvo, *a.* coercive: **misure coercitive**, coercive measures.
coercizióne, *f.* (*anche leg.*) coercion; compulsion; duress: **Ho firmato sotto c.**, I signed under duress (*o* coercion).
coerède, **A** *m.* joint heir; coheir. **B** *f.* joint heiress; coheiress.
coeredità, *f.* (*leg.*) coinheritance.
coerènte, *a.* **1** coherent (*anche fis., geol.*); well-knit; cohering **2** (*fig.*) consistent; logical; coherent: **La condotta del mio socio è sempre stata c.**, my partner's conduct has always been consistent; **È un ragionamento inumano ma c.**, the reasoning is inhuman but logical (*o* consistent). ● **essere c. con se stesso**, to be consistent.
coerènza, *f.* **1** cohesion; coherence **2** (*fig.*) coherence; consistency; logical connexion: **La febbre è calata e ora il malato parla con c.**, the fever has abated and the patient now speaks with coherence (*o* coherently); **Non c'è c. nella politica estera di quel paese**, there is no consistency in that country's foreign policy.
coesecutóre, *m.* (*leg.*) coexecutor.
coesecutrìce, *f.* (*leg.*) coexecutrix*.
coesióne, *f.* cohesion.
coesistènte, *a.* coexistent.
coesistènza, *f.* coexistence: **c. pacifica**, peaceful coexistence.
coesìstere, *v. i.* to coexist.
coesìvo, *a.* cohesive.
coesóre, *m.* (*fis.*) coherer.
coetàneo, **A** *a.* contemporary (with); (of the) same age (as): **Mio cugino e io siamo coetanei**, my cousin and I are the same age. **B** *m.* (*generalm. al pl.*) person of the same age; (*della stessa generazione*) contemporary. ● **È naturale che il ragazzo si scelga gli amici fra i suoi coetanei**, it's natural that the boy should choose his friends among children of his own age.
coèvo, *a.* coeval; contemporary.
cofanétto, *m.* casket. ● **c. custodia** (*di un libro*), sleeve □ **c. dei gioielli**, jewel box; jewel case.
còfano, *m.* **1** chest; (*per oggetti di valore*) coffer **2** (*per munizioni*) ammunition chest **3** (*autom.*) bonnet; hood (*USA*): **Sollevai il c. per guardare il motore**, I raised the bonnet to look at the engine.
coferménto, *m.* (*biol., chim.*) coferment.
còffa, *f.* (*naut.*) top; crow's nest. ● **c. di maestra**, maintop □ **c. di mezzana**, mizzentop □ **c. di trinchetto**, foretop □ **in c.**, aloft.
cofirmatàrio, *m.* cosignatory.
cogerènte, *m.* joint manager.
cogestióne, *f.* joint management.
cogitabóndo, *a.* (*lett.*) thoughtful; in a brown study: **Guardava il fuoco c.**, he was looking at the fire in a brown study.
cogitàre, *v. i.* (*lett.*) to be deep in thought; to cogitate.
cogitazióne, *f.* (*lett.*) cogitation; ponderation; meditation.
cògliere, *v. t.* **1** (*fiori, frutta*) to pick (*specialm. fiori*); to pluck (*specialm. frutta*); **2** (*sorprendere*) to find*; to catch*; to come* upon: **La notte ci colse ancora lontani dalla meta**, night found us (*o* came upon us) still far from our goal; **Non lasciatevi c. dal temporale!**, don't get caught in the storm! **3** (*colpire*) to get*; to hit*: **La pallottola lo colse alla spalla destra**, the bullet got him in the right shoulder **4** (*in fallo*) to catch* (out): **L'hanno colto che rubava**, they've caught him stealing; **c. q. in flagrante**, to catch sb. in the act (*o* red-handed) **5** (*capire*) to understand*; to grasp; to catch*. ● **c. un cavo** (*o* **una cima**), to worm a rope □ **c. nel segno**, to hit the target (*o* the bull's eye); to score a point; (*fig.*) to hit the nail on the head □ **c. l'occasione**, to take the opportunity; to seize one's chance: **Colgo l'occasione per dirle quanto le sono riconoscente**, I am taking this opportunity to tell you how grateful I am □ (*fig.*) **c. la palla al balzo**, to seize an opportunity □ **c. q. alla sprovvista**, to catch sb. unawares □ **c. q. di sorpresa**, to take sb. by surprise □ **c. il senso**, to gather the sense (*o* the meaning).
coglionàta, *f.* (*volg.*) fuck-up.
coglióne, *m.* (*volg.*) **1** (*pl.: testicoli*) testicles; balls (*volg.*) **2** (*fig.: sciocco*) fool; ass (*volg.*).
cognac, *m.* (*franc.*) cognac; brandy.
cognàta, *f.* sister-in-law.
cognàto, *m.* brother-in-law.
cognìto, *a.* (*lett.*) known: **quantità cognite**, known quantities.
cognizióne, *f.* **1** knowledge; notion: **acquistare nuove cognizioni**, to acquire new knowledge; **giudicare con c. di causa**, to pronounce judgement with full knowledge of the facts; **cognizioni utili**, useful notions **2** (*leg.*) cognizance: **c. di una causa da parte del tribunale**, cognizance of a case by a Court **3** (*filos.*) cognition.
cognóme, *m.* surname; family name; cognomen*; last name (*U-

coguaro

SA): **nome e c.**, Christian (*o* first) name and surname; **c. da nubile**, maiden name.
coguaro, *m.* (*zool.*, *Felis concolor*) cougar*.
coibentare, *v. t.* to insulate. ● **c. acusticamente**, to soundproof.
coibentazióne, *f.* insulation: **c. termica**, thermic insulation. ● **c. acustica**, soundproofing.
coibènte, (*fis.*) A *a.* insulating; nonconductive, nonconducting: **materiale c.**, nonconducting (*o* insulating) material. B *m.* heat insulator; nonconductor.
coibènza, *f.* (*fis.*) nonconductivity.
coiffeur (*franc.*), *m.* «coiffeur»; hairdresser.
coimputato, *m.* (*leg.*) co-defendant.
coincidènte, *a.* coinciding; coincident.
coincidènza, *f.* 1 (*corrispondenza*) coincidence (*anche geom.*); correspondence 2 (*combinazione*) coincidence: **Che c. trovarci qua!**, what a coincidence meeting you here! 3 (*ferr.*) connection: **Ho perso la c. a Mestre**, I missed my connection at Mestre. ● **Il treno è in c. con la corriera**, the train connects with the bus.
coincìdere, *v. i.* 1 (*geom.*) to coincide: **I due triangoli coincidono**, the two triangles coincide 2 (*collimare*) to coincide; to agree (exactly): **Le mie idee non coincidono con quelle di mio fratello**, my ideas don't coincide with my brother's 3 (*accadere contemporaneamente*) to coincide; to occur at the same time: **La caduta di Granada coincise con la scoperta dell'America**, the fall of Granada coincided with the discovery of America.
coinè, *f.* (*linguistica*) koine.
coinquilino, *m.* co-tenant; fellow tenant.
cointeressare, *v. t.* (*comm.*) to give* (sb.) a share in the profits (*o* a percentage on the sales); to associate.
cointeressato, (*comm.*) A *a.* profit-sharing. B *m.* copartner; joint partner.
cointeressènza, *f.* (*comm.*) profit-sharing.
coinvòlgere, *v. t.* to involve: **restare coinvolto**, to get involved.
coiòte, *V.* coyòte.
coitale, *a.* coital.
còito, *m.* coition; coitus; sexual intercourse.
coke, *m.* coke: **c. di fonderia**, foundry coke; **c. da gas**, gas coke; **c. minuto**, coke dust; **scorie di c.**, coke breeze.
cokerìa, *f.* cokery.
còla (1), *f.* (*bot.*, *Cola*) cola, kola. ● **noce di c.**, cola nut; cola seed.
còla (2), *f.* 1 (*costr.*) sieve 2 (*enologia*; *strumento per pigiare l'uva*) strainer.
colà, *avv.* there; over there; down there; up there. ● (*fam.*) **così c.**, so so.
colabròdo, *m.* colander; strainer.
colàggio, *m.* (*perdita di liquidi*) leakage; ullage.
colagògo, *m.* (*farm.*) cholagogue.
colangiografìa, *f.* (*med.*) cholangiography.
colangìte, *f.* (*med.*) cholangitis*.
colapasta, *m.* colander.
colare, A *v. t.* 1 (*filtrare*) to strain; to filter; to drain: **c. il tè**, to strain the tea; **L'acqua del fiume va colata**, the river water should be filtered 2 (*metall.*) to cast*; to pour: **c. il bronzo nella forma**, to cast the bronze in the mould 3 (*goccia a goccia*) to drip: **Gli abeti colavano resina**, the fir trees were dripping resin 4 (*versare adagio*) to pour out slowly: **c. l'olio**, to pour out (the) oil slowly 5 (*il brodo*, *la pasta*) to strain 6 (*naut.*) to sink*: **c. a picco una nave nemica**, to sink an enemy ship. B *v. i.* 1 (*filtrare*) to strain; to drain; to filter; to ooze; to seep; to percolate; to trickle: **L'acqua cola attraverso il terreno sabbioso**, the water strains through the sand 2 (*gocciolare*) to drip; to trickle; (*abbondantemente*) to pour; (*per una perdita*) to leak: **Gocce di pioggia colavano dal ramo**, raindrops dripped from the branch; **Gli cola il naso**, his nose is dripping; **Il sudore gli colava giù per la schiena**, sweat trickled (*più forte*: poured) down his back; **La pioggia colava lungo i vetri**, the rain trickled down the windowpanes; **Il rubinetto cola**, (*perché non è chiuso bene*) the tap drips (*o* trickles); (*perché è guasto*) the tap leaks 3 (*del sangue*) to bleed*: **La ferita colava**, the wound was bleeding 4 (*per il caldo*) to melt: **La cera colava**, the wax was melting 5 (*del caffè*) to percolate: **Il caffè non è ancora colato**, the coffee has not yet percolated. ● (*naut.*) **c. a picco** (*o* **a fondo**), to sink; to founder: **La nave colò a picco**, the ship sank (*o* foundered) □ **c. la ghisa in pani**, to pig.
colascióne, *m.* (*mus.*) «colascione».
colata, *f.* 1 (*metall.*) casting; pouring; tapping: **c. a sorgente**, bottom casting; **c. diretta**, casting 2 (*quantità di metallo fuso*) tap; melt; cast 3 (*geol.*) flow: **c. di lava**, lava flow; **c. di fango**, mud flow 4 (*geol.*: *lava consolidata*) bed (*o* sheet) of lava. ● (*metall.*) **attacco di c.**, runner □ **foro di c.**, gate □ **secchia di c.**, ladle.
colatìccio, *m.* 1 drippings (*pl.*): **il c. di una candela**, candle drippings 2 (*metall.*: *scorie*) drippings from a mold.

colato, *a.* (*raffinato*) pure; refined: **oro c.**, pure gold; (*fig.*) gospel truth; **Non prendere per oro c. tutto quel che ti dice**, don't take everything he tells you as gospel truth.
colatóio, *m.* 1 filter; strainer 2 (*per il tè*) tea strainer 3 (*da cucina*) colander 4 (*metall.*: *crogiolo*) crucible.
colatóre, *m.* (*metall.*) caster.
colatura, *f.* 1 (*il colare*) straining; filtering; draining 2 (*metall.*) casting 3 (*il gocciolare*) dripping 4 (*il versare*) pouring out 5 (*del brodo*, *ecc.*) straining 6 (*la materia colata*) strained substance 7 (*residui*) dregs (*pl.*) 8 (*materia che trabocca nelle fornaci di metalli*, *vetro*, *ecc.*) overflow.
colazióne, *f.* 1 (*del mattino*) breakfast: **una c. all'italiana e una all'inglese**, a continental breakfast and an English one 2 (*di mezzogiorno*) lunch; luncheon: **Vieni a c. domani**, come to lunch tomorrow; **la c. offerta dall'ambasciatore**, the luncheon offered by the ambassador. ● **c. affrettata**, quick lunch □ **c. alla forchetta**, (stand-up) buffet lunch □ **c. di lavoro**, working luncheon □ **c. sull'erba**, picnic ● **fare c.**, (*la prima*) to have breakfast, to breakfast; (*a mezzogiorno*) to have lunch, to lunch.
colbàc, **colbàcco**, *m.* busby; bearskin.
colchicina, *f.* (*chim.*) colchicine.
còlchico, *m.* (*bot.*, *Colchicum autumnale*) meadow saffron; naked lady.
colcòs, *m.* kolkhoz*.
colcosiano, *m.* kolkhoznik*.
colecistectomìa, *f.* (*med.*) cholecystectomy.
colecìsti, *f.* (*anat.*) cholecyst; gall bladder.
colecistìte, *f.* (*med.*) cholecystitis*.
colecistografìa, *f.* (*med.*) cholecystography.
colecistostomìa, *f.* (*med.*) cholecystostomy.
coledocìte, *f.* (*med.*) choledochitis*.
colèdoco, *m.* (*anat.*) common bile duct; choledoch (duct).
colèi, *pron. dimostrativo f.* 1 (*sogg.*) she; that woman* (*spreg.*): **Chi è c.?**, who is she?; **Se c'è c.**, **allora non vado io**, if that woman is there, then I'm not going 2 (*compl.*) her; that woman* (*spreg.*): **Con c.**, **no!**, not with her! ● **c. che**, (*sogg.*) she who, she whom, the woman who (*o* whom); (*compl.*) her who, her whom: **Lesbia**, **c. che il poeta amò**, Lesbia, the woman whom the poet loved; **Darò il premio a c. che farà meglio**, I will give the prize to her who does the best.
colelitiasi, *f.* (*med.*) cholelithiasis*.
colemìa, *f.* (*med.*) cholemia.
coleòtteri, *m. pl.* (*zool.*, *Coleoptera*) coleoptera.
coleòttero, *m.* (*zool.*) coleopter.
colèra, *m.* (*med.*) cholera: **c. asiatico**, Asiatic (*o* malignant, epidemic, spasmodic) cholera; **c. sporadico**, sporadic (*o* summer) cholera.
colèrico, *a.* (*med.*) choleric; cholera (*attr.*): **epidemia colerica**, cholera epidemic.
colerina, *f.* (*med.*) cholerine; summer cholera.
coleróso, (*med.*) A *a.* affected with cholera. B *m.* cholera patient.
colestasi, *f.* (*med.*) cholestasis*.
colesterina, *f.* **colesteròlo**, *m.* (*biol.*) cholesterol.
còlf, *f.* (*acronimo di* **collaboratrice familiare**) housemaid; domestic; help (*specialm. USA*); home help (*specie se inviata dal servizio sociale*).
coliàmbico, *a.* (*poesia*) choliambic.
coliambo, *m.* (*poesia*) choliamb; choliambus*; scazon.
colibacìllo, *m.* (*med.*) coli bacillus*, colon bacillus*.
colibrì, *m.* (*zool.*) hummingbird. ● (*zool.*) **c. dal becco a spada** (*Docimaster ensiferus*), swordbill □ (*zool.*) **c. topazio** (*Topaza pella*), topaz.
còlica, *f.* (*med.*) colic: **c. epatica**, hepatic (*o* biliary) colic; liver attack (*pop.*).
còlico, *a.* 1 (*med.*) colic(al): **dolori colici**, colic pains 2 (*anat.*: *del colon*) colic: **arteria colica**, colic artery.
colìna, *f.* (*biol.*) choline.
colinèrgico, *a. e m.* (*farm.*) cholinergic.
colinesterasi, *f.* (*biol.*, *chim.*) cholinesterase.
colino, *m.* (*small*) strainer: **c. da tè**, tea strainer.
colìte, *f.* (*med.*) colitis.
colìtico, (*med.*) A *a.* colitic; affected with colitis. B *m.* colitic patient.
còlla, *f.* 1 glue; cement: **c. a caldo**, hot glue; **c. alla caseina**, casein glue 2 (*di farina*) paste. ● **c. di pesce**, isinglass □ **c. di resina**, resin size.
collaborare, *v. i.* 1 to cooperate; to work together (on st.); to collaborate (*anche polit. e spreg.*): **I due fratelli hanno collaborato a quella storia delle Crociate**, the two brothers worked together on the History of the Crusades; **Quell'uomo collaborò con i Nazisti quando occuparono il suo paese**, that man collaborated with the Nazis when they occupied his country 2 (*a un giornale*) to contribute (to); to write* (for).

collaboratóre, *m.* **1** collaborator; member of a team **2** (*di un giornale*) contributor. ● **c. esterno** (*di un giornale, ecc.*), free lance □ **Questo dizionario fu compilato da tre collaboratori,** this dictionary was compiled by a team of three.
collaboratrice, *f.* collaborator. ● **c. familiare,** *V.* **colf.**
collaborazióne, *f.* **1** teamwork; joint work; joint effort; cooperation; collaboration **2** (*a un giornale*) contribution.
collaborazionismo, *m.* (*polit.*) collaborationism; quislingism.
collaborazionista, *m. e f.* (*polit.*) collaborationist; quisling.
collage (*franc.*), *m.* (*arte*) collage. ● **fare un c. con q.c.,** to collage st.
collàgene, collàgeno, *m.* (*biol.*) collagen.
collana, *f.* **1** necklace; (*di perle*) string: **c. di smeraldi,** emerald necklace **2** (*serie*) series*: **una c. di libri per ragazzi,** a series of children's books **3** (*di sonetti e sim.*) collection; sequence. ● **c. di fiori,** garland.
collant (*franc.*), *m.* pantyhose; tights (*pl.*).
collante, *m.* adhesive; glue.
collare, *m.* **1** (*di cane, ecc.*) collar **2** (*di cavallo*) breastband; collar **3** (*moda*) neckband **4** (*di ordine cavalleresco*) collar; (*la persona insignita*) knight: **Il ministro era un c. dell'Annunziata,** the minister was a knight of the Annunziata **5** (*relig.*) (priest's) neckband; clerical collar; dog collar (*pop.*) **6** (*zool., mecc.*) collar. ● (*fig.*) **mettersi il c.,** to take holy orders □ (*fig.*) **portare il c.,** to be in holy orders.
collarino, *m.* **1** (*relig.*) (priest's) neckband; clerical collar **2** (*archit.*) collarino.
collasso, *m.* (*med.*) collapse; breakdown. ● **c. cardiaco,** heart failure.
collaterale, **A** *a.* (*leg.*) collateral: **parentela in linea c.,** relationship by collateral line. ● **effetti collaterali,** side effects. **B** *m.* collateral (kinsman*). **C** *f.* collateral (kinswoman*).
collaudare, *v. t.* to test; to try out; to approve, to pass (after testing): **c. una macchina,** to test a car.
collaudatóre, **A** *m.* **1** tester **2** (*di officina, ecc.*) inspector **3** (*di automobili*) test driver **4** (*di aeroplani*) test pilot. **B** *a.* test (*attr.*).
collàudo, *m.* (*mecc.*) test; trying; testing; approval (after test); (*di officina*) inspection: **c. definitivo,** final inspection; **ingegnere addetto ai collaudi,** test engineer; **superare un c.,** to stand (*o* to pass) a test; **volo di c.,** test flight.
collazionare, *v. t.* to collate; to compare.
collazionatóre, *m.* proofreader.
collazióne, *f.* **1** collation; comparing **2** (*leg.*) hotchpotch; hotchpot.
còlle, *m.* **1** hill: **i sette colli di Roma,** the seven hills of Rome **2** (*passo di montagna*) col.
collèga, *m. e f.* colleague. ● **Essendo colleghi, abbiamo lo stesso punto di vista,** as members of the same profession, we have the same point of view □ **Preferisco non vedere i colleghi all'infuori delle ore d'ufficio,** I would rather not see the people from the office (*o* the people I work with) after office hours.
collegaménto, *m.* **1** connection, connexion **2** (*fig.*) association; (*rapporto*) relation **3** (*elettr., mecc.*) connection: **collegamenti elettrici,** electrical connections; **c. in serie,** series connection; **c. telefonico,** telephone connection **4** (*cosa che collega*) link; liaison **5** (*mil.*) liaison: **ufficiale di c.,** liaison officer. ● (*mecc.*) **c. articolato,** linkwork, linkage □ **c. radiofonico,** radio link □ (*telev.*) **c. via satellite,** satellite hook-up □ **radiocronista** (*o* **telecronista**) **di c.,** anchorman □ **trasmissione in c. diretto,** (*radio*) live broadcast; (*telev.*) live telecast.
collegare, **A** *v. t.* **1** to connect; to join; to link: **Una ferrovia collega le due valli,** the two valleys are connected by a railway; (*elettr.*) **collegato a stella,** star-connected **2** (*fig.*) to connect; to relate **3** (*leg.: ditte, ecc.*) to incorporate ● (*naut.*) **c.** (*o* **cavi**) **intrecciandone i capi,** to splice ropes □ **c. i fili (dell'accensione) di un'automobile** (*per rubarla*); to hot-wire (*fam.*). **collegarsi,** **B** *v. rifl.* **1** to join; to unite; to associate; to establish a liaison (*o* connexion) **2** (*allearsi*) to confederate; to join in a league **3** (*leg.: di ditte, ecc.*) to incorporate. ● (*tel., ecc.*) **c. con q.,** to get the connection with sb.
collegatàrio, *m.* (*leg.*) co-legatee.
collegiale, **A** *a.* **1** (*collettivo*) group, team, joint (*attr.*); collegiate; collegial; everybody's; **È stato uno sforzo c.,** it has been a joint effort; **Non è giusto che la responsabilità sia tua, dev'essere c.,** it isn't fair that the responsibility should be yours, it should be everybody's; **Una sceneggiatura è quasi sempre un lavoro c.,** a film script is nearly always done by a team **2** (*rif. a collegio*) college (*attr.*); collegial; collegiate: **vita c.,** college life. **B** *m. e f.* **1** boarder **2** (*fig.*) (awkward) schoolboy (*m.*); (demure) schoolgirl (*f.*): **Con il colletto bianco e gli occhi abbassati, sembrava una c.,** with her white collar and lowered eyes, she looked like a demure schoolgirl; **Sembrava un c. piuttosto che un esploratore esperto,** he looked more like a schoolboy than a seasoned explorer; **Ballava come un c.,** he danced like an awkward schoolboy. ● **fila di collegiali condotti a passeggio,** crocodile (*fam.*).
collegialità, *f.* **1** collegiate (*o* group) character; joint (*o* collective) nature **2** (*relig.: dei vescovi col papa*) collegiality: **Il principio della c. è ormai accettato in tutti i laboratori,** the principle of teamwork is by now accepted in all laboratories.
collegialménte, *avv.* jointly; as (*o* in) a body; as (*o* in) a group.
collegiata, *f.* (*relig.*) collegiate church.
collegiato, *a.* – (*relig.*) **chiesa collegiata,** collegiate church.
collègio, *m.* **1** (*convitto*) boarding school; public school; (*talora*) college: **c. maschile,** boys' (boarding) school; **c. femminile,** girls' (boarding) school; **Eton è un famoso c. inglese,** Eton is a famous (English) public school; **c. militare,** military college; **i collegi delle università anglo-americane,** the colleges of Anglo-American universities **2** (*per studenti universitari*) hall of residence; dormitory (*USA*): **il c. Irnerio,** the Irnerio hall of residence **3** (*consesso di persone*) college; corporation; body: (*relig.*) **c. dei cardinali,** College of Cardinals; **c. dei docenti,** teaching body; (*stor.*) **c. dei fornai,** Corporation (*o* Guild) of Bakers **4** (*comitato*) board; committee: **c. arbitrale,** arbitration board; arbitrators (*pl.*); **c. dei revisori dei conti,** auditors' committee **5** (*polit.:* circoscrizione elettorale) constituency: **c. uninominale,** uninominal (*o* single-number) constituency; **c. plurinominale,** plurinominal (*o* polinominal) constituency. ● (*leg.*) **c. di difesa,** (the) defence; counsel (*o* lawyers) for the defence.
collènchima, *f.* (*bot.*) collenchyma*.
còllera, *f.* anger; (bad) temper: **Ruppe il vaso in un impeto di c.,** he broke the vase in a fit of temper. ● **la c. degli elementi,** the wrath of the elements □ **la c. di Dio,** God's wrath □ **andare** (*o* **montare**) **in c.,** to lose one's temper; to get (*o* to become) angry; to fly into a rage □ **essere in c.,** to be angry; to be cross: **Sei in c. con me?,** are you angry with me? □ **parole dette in un momento di c.,** words spoken in anger.
collèrico, *a.* irascible; quick-tempered; choleric.
collètta, *f.* **1** collection: **fare una c.,** to make a collection **2** (*relig.*) collect. ● (*naut.*) **caricare a c.,** to load a mixed cargo.
collettame, *m.* (*comm.*) packages (*pl.*). ● (*naut.*) **trasporto a c.,** general cargo service.
collettivismo, *m.* collectivism.
collettivista, *a., m. e f.* collectivist: **teoria c.,** collectivist theory.
collettivistico, *a.* collectivistic.
collettività, *f.* collectivity; community; public. ● **lavorare per la c.,** to work for the good of the community.
collettivizzare, *v. t.* (*polit.*) to collectivize.
collettivizzazióne, *f.* (*polit.*) collectivization.
collettivo, **A** *a.* **1** collective; everybody's; general: **sicurezza collettiva,** collective security; **È nell'interesse c.,** it is in everybody's interest; **un sentimento c. di ostilità,** a general feeling of hostility **2** (*gramm.*) collective: «**Folla**» **è un nome c.,** «crowd» is a collective noun. ● **biglietto c.,** group ticket □ (*leg.*) **società in nome c.,** general partnership. **B** *m.* collective (*anche gramm.*).
collétto, *m.* **1** collar: **c. di camicia** (da uomo), shirt collar; **c. staccabile,** detachable collar; **c. floscio,** soft collar; **c. inamidato,** starched collar; **c. alla marinara,** sailor collar **2** (*per signora, di trine*) collaret(te) **3** (*bot.*) collar **4** (*di dente*) neck.
collettóre, **A** *m.* **1** (*esattore*) collector: **c. delle imposte,** tax collector **2** (*autom., mecc.*) manifold; (*di caldaia*) header: **c. di scarico,** exhaust manifold **3** (*elettr.: della dinamo*) commutator; collector ring **4** (*di tram*) trolley **5** (*elettron.: di transistor*) collector. ● **c. dei rifiuti,** (garbage) chute □ **c. di fognatura,** drain trunk line □ **c. solare,** solar collector. **B** *a.* collecting. ● (*geol.*) **bacino c.,** catchment basin □ **canale c.,** catchment (*o* collection) drain.
collettoria, *f.* collector's office: **c. delle imposte,** tax-collector's office.
collezionare, *v. t.* to collect; to be a collector of.
collezióne, *f.* **1** collection: **una c. di francobolli,** a stamp collection **2** (*il collezionare*) collecting: **La c. di esemplari rari è diventata una mania per lui,** the collecting of rare specimens has become a mania with him. ● **c. di giornali,** file of newspapers □ **fare c. di,** to collect.
collezionismo, *m.* hobby of collecting things.
collezionista, *m. e f.* collector: **c. di francobolli,** stamp collector; **c. di miniature,** collector of miniatures.
collidere, *v. i.* to collide.
collie (*ingl.*), *m.* (*zool.*) collie.
collier (*franc.*), *m.* necklace.
colligiano, **A** *a.* hill (*attr.*); of the hills. **B** *m.* hill-dweller.
collimare, **A** *v. i.* to agree; to coincide; to fit; to tally: **I due manoscritti non collimano,** the two manuscripts do not agree; **Le nostre versioni collimano perfettamente,** our versions coincide perfectly; **In certi punti la testimonianza del barista non collima con i fatti,** at several points the barman's evidence does not

collimatóre

fit the facts (o does not tally with the facts). **B** v. t. (scient.) to collimate.
collimatóre, m. (scient.) collimator.
collimazióne, f. **1** coincidence **2** (scient.) collimation.
collina, f. **1** hill **2** (zona collinosa) hills (pl.); hill country: **villeggiare in c.**, to spend one's holidays in the hills; **un podere in c.**, a farm in the hill country. ● **le colline ai piedi delle Alpi**, the foothills of the Alps □ **pendio di c.**, hillside □ **la sommità della c.**, the hilltop □ **un vino di c.**, a hill wine; a hill-grown wine.
collinare, a. hilly. ● **laghetti collinari**, little lakes in the hills.
collinétta, f. hillock.
collinóso, a. hilly.
collirio, m. (farm.) eye wash; eye drops (pl.); collyrium*.
collisióne, f. **1** collision: **c. nella nebbia al largo del Capo Gris Nez**, collision in the fog off Cape Gris Nez **2** (fig.) collision; clash; conflict: **c. d'interessi**, conflict of interests; **Ci fu una c. fra la volontà del padre e quella della figlia**, there was a clash of wills between father and daughter. ● (autom.) **a prova di c.**, crashworthy.
còllo (1), m. **1** (anat.) neck: **il c. taurino di Federico da Montefeltro**, Federico of Montefeltro's bull neck; **il c. di cigno di Carlotta Grisi**, Carlotta Grisi's swan neck; (macelleria) **c. di bue (d'agnello, ecc.)**, neck of beef (of lamb, etc.); **Avevo un fazzoletto rosso al c.**, I wore a red scarf (round my neck); **La bambina mi gettò le braccia al c.**, the little girl flung her arms round my neck **2** (fig.) neck: **Il c. della bottiglia è sporco**, the neck of the bottle is dirty; **Il c. di questa camicia è troppo largo**, the neck of this shirt is too loose; **c. tondo (quadrato, ecc.)**, round (square, etc.) neck **3** (del piede o della scarpa) instep **4** (naut.) hitch; (dell'ancora) trend; (giro di cavo) hank, coil (of a rope): **mezzo c.**, half-hitch. ● (anat.) **c. dell'utero**, cervix uteri = (mecc.) **c. d'oca**, gooseneck □ (fig.) **essere un c. torto**, to be a sanctimonious person □ (mecc.) **albero a c. d'oca**, crankshaft □ **allungare il c.**, to crane one's neck ● **a rotta di c.**, at breakneck speed; headlong □ **avere (o portare) al c.**, to wear round one's neck □ **bere a c.**, to drink from (o out of) a bottle □ (fig.) **essere con la corda al c.**, to have a sword over one's head; to be in the direst extremity □ (naut.) **doppio c.**, builder's knot; clove hitch □ (fig.) **fare allungare il c. a q.**, to keep sb. waiting; to keep sb. waiting for her dinner; to make sb. cool his heels (fam.) □ **fiaccarsi il c.**, to break one's neck □ (fig.) **giocarsi l'osso del c.**, to stake everything; to stake all one has; to put one's shirt (on st.) □ (fig.) **mettere il piede (o i piedi) sul c. a q.**, to trample on sb.; to treat sb. like a slave □ (fig.) **essere nei debiti fino al c.**, to be head over heels in debt □ (macelleria) **parte posteriore del c.** (dell'agnello), scrag end (of lamb) □ (fig.) **piegare il c.**, to submit; to give in; to resign oneself (to) □ **prendere q. per il c.**, to take sb. by the scruff of the neck; (fig.) to demand cut-throat prices from (o of) sb., to squeeze sb., to get sb. by the short hairs □ (anche fig.) **rompersi l'osso del c.**, to break one's neck □ **tirare il c. a un pollo**, to wring a chicken's neck □ **tenere in c.**, to hold in one's arms: **La mamma teneva il bambino in c.**, the mother held (o had) the baby in her arms □ **tra capo e c.**, suddenly; unexpectedly: **Ci è capitata tra capo e c. la visita della zia**, aunt has descended upon us unexpectedly □ (naut.) **vele a c.**, sails aback □ **Avevo il braccio al c.**, I had my arm in a sling □ (fig.) **Gli affari gli vanno a rotta di c.**, his business is going from bad to worse.
còllo (2), m. item; item (o piece) of luggage; package; (porzione di bagaglio) bale: **In tutto erano dieci colli**, there were ten items all told.
collocàbile, a. placeable; that can be placed.
collocaménto, m. **1** disposal; placing; (di fili, di cavi, ecc.) laying; **il c. dei mobili**, the disposal of the furniture **2** (impiego) employment; appointment; (di persona di servizio) situation; (di alta gerarchia) appointment to a post: **agenzia di c.**, employment agency; **ufficio di c.**, employment exchange; **Ha trovato un buon c. come cuoca**, she has found a good situation as a cook **3** (comm.: di merci, prodotti, ecc.) placement. ● (bur.) **c. a riposo**, pensioning off; retirement; superannuation □ (bur.) **c. in aspettativa**, temporary discharge (from one's duties); (talora) placing (o being placed) on half pay □ (mil., bur.) **chiedere il c. a riposo**, to apply for retirement; to apply to be put on the retired list □ **Il fornaio ha collocato a sua figlia un buon c.**, the baker has married off his daughter satisfactorily.
collocare, A v. t. **1** to place; to put*; to arrange: **Ho collocato i tuoi mobili in soffitta**, I've put your furniture in the loft; **c. libri in ordine alfabetico**, to place (o to arrange) books in alphabetical order; (fig.) **c. tutte le proprie speranze in q.**, to place all one's hopes in sb. **2** (mettere in un impiego) to place; to find* a job for (sb.): **L'agenzia ha collocato venti segretarie**, the agency has placed twenty secretaries; **È difficile collocarlo**, it's difficult to find him a job **3** (maritare) to marry off: **La signora Bennet pensava solo a c. le figlie**, Mrs Bennet thought only of marrying

off her daughters **4** (comm.: merci, prodotti, ecc.) to place; to find* a market for. ● (bur.) **c. a riposo**, to pension off; to retire; to superannuate □ **c. denaro**, to invest money □ (bur.) **c. q. in aspettativa**, to discharge sb. (from his duties); (talora) to place sb. on half pay. **collocarsi**, B v. rifl. **1** to place oneself **2** (ottenere un impiego) to find* a job; to settle into a job.
collocazióne, f. (posizione) **1** position; placing; place: **Questi numeri indicano la c. del libro**, these numbers indicate the place of the book **2** (sistemazione) arrangement: **È una c. provvisoria**, it's a temporary arrangement **3** (leg.: di creditori) classification ● (segnatura di libri nelle biblioteche) pressmark.
collòdio, m. (chim.) collodion.
colloidale, a. (chim.) colloidal.
collòide, m. (chim.) colloid.
colloquiale, a. colloquial.
colloquiare, v. i. to talk (with sb.); to converse (with sb.).
collòquio, m. **1** interview; conversation; talk: **chiedere un c.**, to request an interview; **È in programma un c. con il Ministro degli Esteri**, a conversation with the Foreign Secretary is on the schedule; **dolce c.**, sweet conversation **2** (esame universitario preliminare) preliminary oral exam.
collosità, f. stickiness; viscosity; tackiness.
collóso, a. glutinous; sticky; viscous; (specialm. di vernice) tacky.
collotòrto, m. hypocrite; sanctimonious person.
collòttola, f. (fam.) nape (of the neck); scruff of the neck. ● **far c.**, to put on weight.
collusióne, f. **1** (leg.) collusion **2** (polit.: accordo segreto) secret pact (o understanding).
collusivo, a. (leg.) collusive.
collutòrio, m. (farm.) mouthwash; gargle; collutorium*.
colluttare, v. i. **colluttarsi**, v. rifl. recipr. (lett.) to grapple; to come* to blows; to scuffle.
colluttazióne, f. fray; brawl; scuffle.
colluviale, a. (geol.) colluvial.
collùvie, f. **1** (lett.) colluvies*; sewage **2** (fig.) hotchpotch; hodgepodge (USA).
cólma, f. high water.
colmare, v. t. **1** to fill to the brim; to fill up: **c. i bicchieri**, to fill the glasses to the brim **2** (fig.) to fill; to load; to cover: **La notizia mi colmò di gioia**, the news filled me with joy; **L'imperatrice lo colmò di favori**, the empress loaded him with marks of her favour; **c. q. di lodi**, to cover sb. with praise **3** (agric.: bonificare) to reclaim; to fill: **c. una valle del delta padano**, to reclaim a lagoon of the Po delta **4** (una strada) to crown. ● (fig.) **c. una lacuna**, to fill a gap □ **c. il sacco**, to pass all limits; to go too far □ (fig.) **La misura era colma e mi licenziai**, it was the last straw, and I gave notice.
colmata, f. **1** (naturale) silting up **2** (agric.: bonifica) land reclamation; (land) fill **3** (terreno bonificato) reclaimed area; (land) fill **4** (di strada) crowning.
colmatura, f. **1** (il colmare) filling to the top (o to the brim) **2** (delle botti) filling up **3** V. **colmata**.
cólmo, A a. full; full to the brim; brimful; (traboccante) overflowing (with). ● **Quando perfino il nonno mi sgridò, fu colma la misura e mi misi a piangere**, when even grandfather scolded me, my cup was full (o it was the last straw), and I burst out crying. B m. **1** (sommità) summit; top **2** (fig.) height; depths (pl.); peak: **il c. della sfacciataggine**, the height of effrontery; **Lo trovai al c. della disperazione**, I found him in the depths of despair; **Il c. dello scalpore si ebbe un mese fa**, the peak of the outcry was a month ago **3** (di strada) crown **4** (di tetto) ridge **5** (di marea) high tide. ● **il c. dei colmi, l'assoluto limit** □ **essere al c. dell'ira**, to be in a towering rage □ **È il c.!**, that's the limit!; it is too much!; it is too bad! □ (in certi indovinelli) **Qual è il c.…?**, what is the utmost for…?
colocàsia, f. (bot., Colocasia antiquorum) taro.
colofóne, m. (tipogr.) colophon.
colofònia, f. rosin; colophony.
cologaritmo, m. (mat.) cologarithm.
colómba, f. **1** (zool.) dove (anche fig.); pigeon **2** (dolce pasquale) (Easter) dove-cake **3** (fig., polit.: sostenitore di soluzioni pacifiche) dove. ● (polit.) **l'essere una c.**, dov(e)ishness.
colombàccio, m. (zool., Columba palumbus) wood pigeon; ringdove.
colombàia, f. dovecote. ● (fig.) **tirare sassi in c.**, to throw a boomerang; to cut off one's nose to spite one's face.
colombàrio, m. **1** (costruzione funeraria) vault lined with burial niches **2** (stor. romana) columbarium*.
colombèlla, f. (zool., Columba oenas) stock dove.
colombiàno, A a. **1** (rif. a Cristoforo Colombo) Columbian **2** (rif. alla Colombia) Colombian. B m. e f. (abitante della Colombia) Colombian.
colombicoltóre, m. pigeon breeder.
colombicoltura, f. pigeon breeding.

colombière, m. (naut.) masthead.
colombina, f. «colombina» (dove-shaped rocket, in Florentine Easter ceremony).
Colombina, f. (teatr.) Columbine.
colómbo, m. (zool., Columba, ecc.) dove; pigeon. ● (zool.) **c. viaggiatore,** homing pigeon; carrier pigeon □ (fig.) **i due colombi,** the (two) turtledoves.
Colómbo, m. (stor.) Columbus.
còlon, m. (anat.) colon*.
colònia (1), f. **1** colony: **la c. italiana a Parigi,** the Italian colony in Paris; (med.) **c. di bacilli,** colony of bacilli **2** settlement: **le prime colonie inglesi nell'America del Nord,** the first English settlements in North America; **c. penale,** penal settlement. ● **c. dei villeggianti,** holiday population □ **c. montana (marina, ecc.),** mountain (seaside, etc.) camp.
colònia (2), f. – **acqua di c.,** eau de Cologne.
colonia (3), f. (leg.) farming contract. ● (leg.) **c. parziaria,** share-cropping.
Colònia, f. (geogr.) Cologne.
coloniale, A a. colonial. ● **generi coloniali,** groceries. **B** m. **1** colonial; colonist **2** (pl.: **generi coloniali**) groceries.
colonialismo, m. (polit.) colonialism.
colonialista, A m. e f. **1** (studioso di cose coloniali) colonial expert **2** (polit.) supporter of colonialism; colonialist. **B** a. V. **colonialistico.**
colonialistico, a. colonialist(ic): **politica colonialistica,** colonialist policy.
colònico, a. farmer's, farm (attr.). ● **casa colonica,** farmhouse.
colonizzare, v. t. to colonize; to colonialize.
colonizzatóre, A m. colonizer. **B** a. colonizing.
colonizzazióne, f. colonization; colonialization; settlement.
colónna, f. **1** (generalm.) column: **una c. dorica,** a Doric column; **C. Traiana,** Trajan's column; **I soldati avanzavano in c.,** the soldiers advanced in a column; (mil.) **c. d'attacco,** attack column; **Il libro è stampato a due colonne,** the book is printed in two columns; (autom.) **c. dello sterzo,** steering column; (rag.) **c. del dare (dell'avere),** debit (credit) column; **una c. di fumo,** a column of smoke; (chim.) **c. di distillazione (di frazionamento),** distillation (fractionating) column **2** (anche fig.) (Bibbia) **la c. di fuoco,** the pillar of fire; (mitol.) **le colonne d'Èrcole,** the pillars of Hercules; **una c. della Chiesa,** a pillar of the Church (fig.: sostegno) mainstay; pillar (of support): **Mi rivolgo sempre a lui; è una c.,** I always turn to him; he's a pillar of support. ● (naut.) **c. d'alaggio (per ormeggio),** mooring post; dolphin △ (iron.) **c. dell'università,** superannuated undergraduate □ **c. di automezzi,** motorized column □ (edil.) **c. di sostegno,** supporting column □ (mecc.) **c. in ferro,** iron stanchion □ **c. miliare,** milestone □ (cinem.) **c. sonora,** sound track □ **c. spezzata,** cippus □ (anat.) **c. vertebrale,** spine; backbone □ (cinem.) **c. visiva,** scene (o picture) track □ (tipogr.) **bozza in c.,** galley proof; galley □ **letto a colonne,** four-posted bed; four-poster (fam.) □ **mettersi in c.,** to form a column □ **numeri in c.,** column of figures □ (polit.) **quinta c.,** fifth column □ **saldo come una c.,** as firm as a rock □ **senza c.,** astylar □ **Quel giovane è la c. della famiglia,** the young man is the breadwinner (in his family).
colonnare, a. columnar.
colonnato, A m. (archit.) colonnade; (coperto) portico. **B** a. colonnaded.
colonnèllo, m. (mil.) colonel: **tenente c.,** lieutenant colonel.
colonnétta, colonnina, f. **1** (della benzina) petrol pump; gas pump (USA) **2** (archit.) cippus* **3** (di ringhiera) rail post **4** (mecc.) stud; studbolt.
colòno, m. **1** (agric.: contadino) farmer; peasant **2** (affittuario) tenant **3** (mezzadro) share-cropper **4** (stor.) colonist; settler.
còlophon, V. **colofóne.**
coloquìntide, f. **1** (bot., Citrullus colocynthis) colocynth = bitter-apple **2** (il frutto) colocynth.
coloràbile, a. dyeable.
colorante, A a. colouring: **sostanza c.,** colouring matter; dye; dyestuff. **B** m. (chim.) dye: **coloranti alimentari,** food dyes.
colorare, A v. t. **1** to colour; to color (USA); to tinge; to tint: **carta (stampa, stoffa) colorata,** coloured paper (print, material); **vetro colorato,** coloured glass; **lenti colorate,** tinted lenses **2** (tingere) to dye. **colorarsi, B** v. rifl. to colour (up); (arrossire) to blush, to flush.
colorazióne, f. **1** colouring; colouration **2** (tintura) dyeing **3** (tinta) colour; hue; tint: **una c. rossastra,** a reddish hue; ● **c. con pigmenti,** pigmentation.
colóre, m. **1** colour, (USA) color (anche fig.); hue; (lett.) (tintura) dye: **i colori dell'arcobaleno,** the colours of the rainbow; **c. cinereo,** ashen hue; **c. solido** (che non stinge), fast colour (o dye); **un tino di c.,** a vat of dye; **colori fondamentali** (o **primitivi**), primary colours; **colori nazionali (di una città, di un colle**ge), national (city, college) colours; (fig.) **c. locale,** local colour; **Ora gli torna il c.** (in viso), his colour is coming back **2** (per dipingere) paint; colour: **una scatola di colori,** a paint box; **una fabbrica di colori,** a paint factory; **colori a olio,** oil-colours; **colori ad acquerello,** water-colours **3** (come agg.) coloured: **un uomo di c.,** a coloured man; a man of colour; **velluto color caffè,** coffee-coloured velvet; **illustrazione a colori,** coloured illustration **4** (seguito da agg. indicante colore, si omette): **c. rosso,** red; **c. (verde) pisello,** pea green **5** (carte) suit: **una mano di carte dello stesso c.,** a hand of cards all of the same suit **6** (nel poker) flush. ● **c. a tempera,** distemper; tempera □ **c. (politico),** politics; (political) colour; shade: **Mio cugino ha cambiato c. (politico),** my cousin has changed his politics □ **a colori,** in colour; colour: **film a colori,** film in colour; colour film; **televisione a colori,** colour television □ **cambiare c.,** to change colour □ **dai molti colori,** of many colours □ **dare il c. a una parete,** to paint a wall □ (fig.) **dirne di tutti i colori a q.,** to cover sb. with insults □ **diventare di mille colori,** to turn scarlet; (fig.) **not to know which way to look** □ (fig.) **farne di tutti i colori,** (di ragazzi) to be up to all sorts of mischief (o of tricks); (più grave) to be a thorough-going rascal □ **mano di c.,** coat of paint □ **non sapere di che c. sia q.c.,** to have never set eyes on st. □ **senza c.,** colourless □ (lett.) **sotto c. di,** (o under) the guise of; under pretext (o colour, cover) of: **Si presentò sotto c. di amico disinteressato,** he presented himself in the guise of a disinterested friend □ **uomini politici di ogni c.,** politicians of all shades □ (fig.) **vedere tutto color di rosa,** to look at things through rose-coloured glasses □ (fig.) **Ne disse di tutti i colori,** there was nothing he didn't say □ **Vorrei una gradazione di c. più chiara,** I should like a lighter shade.
colorerìa, f. paint shop.
colorifìcio, m. paint factory.
colorimetrìa, f. (chim., fis.) colorimetry.
colorìmetro, m. colorimeter.
colorìre, A v. t. **1** to colour; to color (USA); (dipingere) to paint. **2** (fig.: abbellire) to gild; to embellish; to embroider; to touch up **3** (fig.: caricare le tinte) to lay* it on thick (pop.). **colorìrsi, B** v. rifl. **1** to take* on (a colour, a hue): **Il cielo si colorì di rosa,** the sky took on a rosy hue **2** (in viso) to colour (up); to blush; to flush.
colorista, m. e f. colourist.
colorìstico, a. colouristic; colour (attr.): **effetti coloristici,** colour effects.
colorìto, A a. **1** coloured **2** (di viso) rosy; pink **3** (fig.) colourful; highly-coloured; lively: **un racconto colorito,** a highly-coloured tale. ● **avere un viso c.,** to have a high (o good) colour. **B** m. **1** colouring; colour **2** (carnagione) complexion; colour **3** (vivacità espressiva) vivacity; picturesqueness; liveliness.
coloritóre, m. **1** colourer **2** (fig.) embellisher; embroiderer.
coloritura, f. colouring.
colóro, pron. dimostrativo m. e f. pl. **1** (sogg.) they; those people (spreg.): **Chi sono c.?,** who are they? **2** (compl.) them; those people (spreg.): **Con c., mai!,** never, with them! ● **c. che,** (sogg.) they (o those) who, they (o those) whom; (compl.) them (o those) who, those (o them) whom.
colossale, a. colossal; huge; enormous.
Colossèo, m. (archeol.) Coliseum, Colosseum.
colòsso, m. **1** colossus* (anche fig.): **c. di Rodi,** Colossus of Rhodes **2** (fig.: persona di grande talento) genius; giant.
colòstro, m. (biol.) colostrum.
cólpa, f. **1** fault: **essere in c.,** to be at fault (o in the wrong); **Di chi è la c.?,** whose fault is it?; **Io non ci ho c.** (o **non è c. mia**), it isn't my fault **2** (morale) sin; wrong: **le colpe dei nostri avi,** the sins of our fathers; **commettere una c.,** to commit a sin; **espiare (o scontare) una c.,** to expiate a sin (o a crime) **3** (colpevolezza) guilt: **aggravare (attenuare) le proprie colpe,** to aggravate (to extenuate) one's guilt; **oppresso da un senso di c.,** oppressed by a sense of guilt **4** (responsabilità di una c.) blame: **dare la c. a q.,** to lay the blame on sb.; to blame sb.; **addossarsi la c.,** to take the blame (upon oneself) **5** (leg.) offence; (negligenza) negligence; (delitto) crime: **c. grave,** gross negligence; **c. lieve,** slight negligence; **concorso di c.,** contributory negligence. ● **per c. di,** through; owing to; because of; thanks to □ (scherz.) **Non è una grande c.!,** it is no great crime!
colpétto, m. **1** tap; (affettuoso) pat **2** (col gomito) nudge.
colpévole, A a. guilty; to be blamed; culpable: **Si dice che l'imputato sia c. di furto,** the accused is said to be guilty of theft; **dichiararsi (essere dichiarato) c.,** to plead (to be found) guilty; **negligenza c.,** culpable negligence; **Sono stata c. di averlo trascurato,** I am to be blamed for having neglected him; **pensiero c.,** guilty thought. **B** m. e f. **1** culprit; guilty person **2** (leg.) offender: **Il c. fu visto da due testimoni,** the offender was seen by two witnesses. ● **gli innocenti e i colpevoli,** the innocent and

colpevolézza, *f.* guilt; culpability: **stabilire (provare) la c. dell'accusato**, to establish (to prove) the guilt of the accused.
colpevolismo, *m.* upholding of an accused person's guilt.
colpevolista, *m. e f.* upholder of an accused person's guilt.
colpevolizzare, *v. t.* to make* (sb.) feel guilty.
colpire, *v. t.* 1 to hit*; to strike* (*anche fig.*); to knock: **c. il bersaglio**, to hit the target; **c. la palla**, to hit the ball; (*calcio*) **c. un palo**, to hit a goal post; **Mi colpì alla testa**, he hit (*o* struck) me on the head; **c. q. con una spada (una frusta, ecc.)**, to strike sb. with a sword (a whip, etc.); **una casa colpita dalla folgore**, a house struck by lightning; **Mi colpì la tua sincerità**, I was struck by your sincerity; **Mi colpì la somiglianza**, I was struck by the likeness; **c. q. con una clava (col calcio del fucile, con le nocche)**, to knock sb. with a club (with the butt of a gun, with one's knuckles) 2 (*con arma da fuoco*) to shoot*: **Il colpito alla gamba** (*da un proiettile*), he was shot in the leg 3 (*lett.*) to smite*: **Il Signore colpì Nabal**, the Lord smote Nabal. ● (*anche fig.*) **c. q.c. alle radici**, to strike st. at the root □ **c. q. con un pugno facendolo cadere**, to knock sb. down □ (*fig.*) **c. il contribuente**, to affect the taxpayer □ (*naut.*) **c. una nave in pieno** (*con cannonata o siluro*), to hull a ship □ **c. nel segno**, to hit the target; to hit the mark; (*fig.*) to hit the nail on the head □ (*fig.*) **c. q. nel vivo**, to hurt sb. to the quick; to get (*o* to touch) sb. on the raw □ **colpito da paralisi**, struck (down) by paralysis □ (*fig.*) **rimanere colpito da q.c.** (**da q.**), to be struck by st. (by sb.).
cólpo, *m.* 1 blow, hit, stroke (*anche fig.*); knock; bang (*fam.*): **assestare un c.**, to deliver a blow; **dare un c. con un pugno (con un martello)**, to give a blow with one's fist (with a hammer); **c. fortunato**, lucky hit; stroke of luck; **c. di sciabola (di spada)**, sabre (sword) stroke; (*anche fig.*) **c. di grazia**, finishing stroke; «coup de grâce»; **c. maestro**, masterstroke; **un c. sulla testa (alla porta)**, a knock (*o* bang, blow) on the head (on the door); **La perdita del figlio fu per lei un grave c.**, the loss of her son was a great blow to her 2 (*specialm. d'arma bianca*) cut; (*di taglio*) slash, cut; (*di punta*) thrust; (*pugnalata*) stab; (*di scure e sim.*) chop: **Un c. di quella frusta gli aveva lasciato un segno**, a slash of that whip had left its mark on him; **essere ferito da un c. di baionetta**, to be wounded by the stab of a bayonet; **Un sol c. e la testa rotolò sul patibolo**, one chop and the head rolled on to the scaffold 3 (*d'arma da fuoco*) shot; (*salva*) round: **sparare un c.**, to fire a shot; (*mil.*) **c. con proiettile**, live round; (*mil.*) **c. in bianco**, blank round 4 (*spinta, impulso*) touch; push; stroke: **c. di pedale**, (*di pianoforte, ecc.*) touch of the pedal; (*di bicicletta*) push at the pedal 5 (*tennis*) stroke; drive (*o idiom.*): **c. di rovescio**, backhand stroke; **c. diritto**, forehand drive; **c. schiacciato**, smash; **c. sbalzato**, lift; **c. tagliato**, chop; **c. a volo**, volley 6 (*pugilato*) hit; blow; punch; (*golf, biliardo*) shot 7 (*rumore: d'arma da fuoco*) shot; report; (*di pistola*) pistol shot; (*di fucile*) rifle shot, gunshot; (*di cannone*) firing (*o* booming) of the cannon, gunshot 8 (*di cosa che sbatte, rimbombo*) bang; (*colpo sordo, di cosa sbattuta*) whack; (*di panno al vento, ecc.*) flap; (*leggero*) tap; (*secco e sordo*) rap: **La porta sbatté con un forte c.**, the door shut with a bang 9 (*mus.: di strumento a percussione*) tap; beat; (*pl.: colpi ripetuti, di tamburo, ecc.*) beating, throbbing (*sing.*). ● (*med.*) **c. (apoplettico)**, stroke □ **c. d'aria**, chill □ **c. di fortuna**, (*fortunato*) stroke of luck; (*fortunato o sfortunato*) turn of the wheel □ **c. di fulmine**, lightning stroke; (*fig.*) love at first sight, «coup de foudre» □ (*fig., mil.*) **c. di mano**, «coup de main»; sudden attack □ **c. di mare**, big wave; breaker □ (*pugilato*) **c. d'incontro**, counter □ **c. d'occhio**, «coup d'oeil»; glimpse; sight □ **c. di sole**, sunstroke □ **c. di scena**, «coup de théâtre»; sensation □ **c. di stato**, «coup d'état» □ (*fam.*) **c. di telefono**, (telephone) call □ **c. di testa**, (*fig.*) whim, impulse, impetuous action; (*sport*) header □ **c. di vento**, gust; puff □ **c. giornalistico**, scoop □ **un c. gobbo** (*o* **mancino**), a dirty trick; a fast one: **Gli ho tirato un c. gobbo**, I pulled a fast one on him □ **andare c. sicuro**, to be quite sure; to have the certainty □ **un bel c.**, a «coup» □ **cancellare con un c. di spugna**, to wipe out □ **che fa c.**, striking; kicky (*fam. USA*): **È una ragazza che fa c.**, she is a striking girl □ (*fig.*) **dare un c. al cerchio e uno alla botte**, to run with the hare and hunt with the hounds □ **di c.**, suddenly; all of a sudden □ **fare c.**, to cause a sensation; to impress: **L'attrice voleva far c.**, the actress wanted to impress □ **fare un bel c.**, to bring it off; to have a success □ (*autom.: del motore*) **perdere colpi**, to miss □ (*di arma da fuoco e fig.*) **sbagliare il c.**, to misfire □ **senza c. ferire**, without striking a blow; without firing a shot □ (*fig.*) **tentare il c.**, to have (*o* to give it) a shot; to give it a try □ (*fam.*) **Che mi venga un c.!**, well, I'll be damned! □ **Ho indovinato al primo c.**, I guessed right straight off (*o* first go) □ **Vinse al primo c.**, he won at the first attempt □ **Restò ucciso sul c.**, he was killed outright.

colposcopìa, *f.* (*med.*) colposcopy.
colpóso, *a.* (*leg.*) culpable; without malice aforethought (*o* prepense) (*pred.*). ● **omicidio c.**, manslaughter.
còlt, *f.* Colt revolver.
coltèlla, *f.* large knife (with a broad blade).
coltellàccio, *m.* 1 cutlass 2 (*vela*) studding sail; stunsail; stuns'l.
coltellame, *m.* cutlery.
coltellata, *f.* 1 stab; knife thrust 2 (*fig.*) stab; pang; stunning blow: **Quelle parole furono per me una c. al cuore**, those words were a stab in the heart for me.
coltellerìa, *f.* 1 cutlery 2 (*fabbrica*) cutlery works 3 (*negozio*) cutler's (shop).
coltellièra, *f.* knife box.
coltellinàio, *m.* cutler.
coltellino, *m.* 1 small knife*; (*da frutta*) fruit knife* 2 (*temperino*) pocket-knife*.
coltèllo, *m.* 1 knife*: **c. anatomico**, surgical knife; **c. da tavola (da tasca, da caccia, da pesca)**, table (pocket, hunting, fish) knife; **c. a molla** (*o* **a cric, a serramanico**), clasp knife; jackknife; flick knife (*USA*: switchblade) 2 (*della bilancia*) knife edge 3 (*dell'aratro*) coulter 4 (*mecc.*) knife*; cutter; blade: **c. per finitura**, finishing cutter; **lima a c.**, knife file. ● (*fig.*) **avere il c. per il manico**, to have the upper hand □ (*fig.*) **essere con il c. alla gola**, to have one's back against the wall □ (*fig.*) **lotta a c.**, fierce struggle; fight to the death.
coltivàbile, *a.* 1 cultivable; tillable 2 (*di miniera e sim.*) workable.
coltivabilità, *f.* cultivability.
coltivare, *v. t.* 1 (*agric.*) to cultivate; to till; (*una regione*) to farm, to grow*; (*c. in modo esclusivo*) to go* in for (*fam.*): **c. grano (pomodori, fragole, ecc.)**, to grow corn (tomatoes, strawberries, etc.); **c. un terreno a prato (a grano, a vigna)**, to grow grass (wheat, vines) on a piece of land; **L'anno venturo coltiverò solo piselli**, next year I shall go in for peas 2 (*un giacimento minerario*) to work; to exploit 3 (*fig.*) to cultivate; to encourage; to go* in for; to promote; to develop: **L'amicizia va coltivata**, friendship must be cultivated; **Coltivai in lui un senso di fiducia**, I cultivated (*o* encouraged) his self-confidence; **c. rapporti amichevoli tra due paesi**, to promote friendly relations between two countries; **Ora il progetto va coltivato**, now the project needs to be developed; **c. la danza (la pesca, gli affari, un passatempo)**, to go in for dancing (fishing, business, a hobby). ● **c. la pastorizia**, to sheep-farm.
coltivato, **A** *a.* (*agric.*) cultivated; under cultivation. ● **perle coltivate**, cultivated (*o* cultured, culture) pearls. **B** *m.* (*agric.*) cultivated land; land under cultivation.
coltivatóre, *m.* 1 grower; cultivator 2 (*agricoltore*) farmer: (*leg., agric.*) **c. diretto**, farmer (who owns the farm).
coltivazióne, *f.* 1 (*agric.*) cultivation; tillage; farming: **c. intensiva**, intensive cultivation; **c. a secco**, dry farming 2 (*di una determinata cultura*) growing: **c. del tabacco**, tobacco growing 3 (*terreno coltivato*) plantation; land under cultivation 4 (*pl.: specie coltivate*) crops 5 (*di giacimento minerario*) working; exploitation.
coltivo, *a.* 1 (*coltivabile*) cultivable 2 (*coltivato*) cultivated.
cólto, *a.* (*erudito*) cultivated; (well-)educated; learned; cultured: **classe colta**, educated class(es).
cóltre, *f.* 1 (*coperta di lana*) (wool) blanket 2 (*drappo funebre*) pall 3 (*fig.: strato*) blanket; carpet: **una c. di neve**, a blanket of snow.
cóltro, *m.* (*agric.*) coulter.
coltróne, *m.* 1 (*da letto*) quilt 2 (*tenda imbottita*) quilted curtain.
coltura, *f.* 1 (*agric.*) cultivation; (large-scale) farming; growing 2 (*pl.: specie coltivate*) crops 3 (*allevamento*) rearing: **la c. dei bachi da seta**, the rearing of silkworms 4 (*med., biol.*) culture; colony: **c. di bacilli**, culture of bacilli; **c. di batteri**, colony of bacteria. ● **c. della vite**, viticulture; vine growing □ **occuparsi della c. dei bachi da seta**, to rear silkworms.
colubrìna, *f.* (*mil., stor.*) culverin.
còlubro, *m.* 1 (*zool., Coluber*) coluber 2 (*lett.: qualunque serpente*) snake; serpent; adder.
colùi, *pron. dimostrativo m.* 1 (*sogg.*) he; that man* (*spreg.*): **Chi era c.?**, who was he?; **Guardati da c.!**, beware of that man! 2 (*compl.*) him; that man* (*spreg.*): **Con c., mai!**, never, with him! ● **c. che**, (*sogg.*) he who, he whom, the man* who (*o* whom); (*compl.*) him who, him whom: **C. che perde la vita per me la troverà**, he who loses his life for my sake shall find it □ **c. di cui parlammo in principio**, the man we spoke of at first.
colùmbio, *m.* (*chim.*) columbium (*raro*); niobium.
colùro, *m.* (*astron.*) colure.
còlza, *f.* (*bot., Brassica napus arvensis*) colza; coleseed; rape. ● **olio di c.**, colza oil.

còma, *m.* (*med.*) coma: **Il malato è entrato in c.**, the patient is now in a coma.

comandaménto, *m.* **1** (*relig.*) commandment: **i dieci comandamenti**, the Ten Commandments **2** (*comando*) command; order.

comandante, *m.* **1** (*mil.*) commander; commanding officer (*abbr.*: C.O.): **il c. della fortezza**, the officer commanding the fort **2** (*naut., mil.: appellativo*) Sir: **C., è mio dovere informar-La...**, Sir, it is my duty to inform you... **3** (*naut.: di nave da trasporto*) captain; (*di nave da carico*) skipper, (ship's) master; (*di porto*) harbour master **4** (*di fortezza*) commandant **5** (*aeron.*) captain; first pilot. ● **c. in capo**, commander-in-chief □ (*naut., mil.*) **c. in seconda**, second-in-command (*di mercantile*) mate.

comandare, *v. t. e i.* **1** to order; to give* orders; to command; to issue commands; to be the master; to be the boss (*fam.*); to enjoin: **Mio padre mi comandò di uscire dalla stanza**, my father ordered me to go out of the room; **Qui comando io**, I am master here; I am the boss here (*fam.*); **l'arte di c.**, the art of giving orders (*o* of commanding) **2** (*mil., naut.*) to command; to be in command (of); (*dare un comando*) to give* an order (*o* a command): **c. una nave (un reggimento, una pattuglia)**, to command (*o* to be in command of) a ship (a regiment, a patrol) **3** (*una vivanda*) to order: **Sarà meglio c. subito il secondo** (*piatto*), we had better order the second course at once **4** (*mecc.*) to control; to operate; (*azionare*) to drive* **5** (*bur.: destinare a un nuovo incarico*) to second: **Mio zio è stato comandato al Ministero della Guerra**, my uncle has been seconded to the War Office. ● **c. a bacchetta**, to be a martinet; to rule with a rod of iron □ (*elettr.*) **c. a mezzo di relè**, to relay □ **c. l'ubbidienza**, to command obedience □ **comandato a distanza**, remote-controlled □ **comandato a distanza a mezzo radio**, radio-controlled □ **comandato a mano**, hand-driven □ **comandato meccanicamente**, machine-driven; power-operated; mechanically actuated □ **come Dio comanda** (*bene*), well; properly □ (*relig.*) **feste comandate**, feast days (prescribed by the Church) □ **Comandi!**, what can I get you, sir (*o* madam)?; (*in risposta a una chiamata per nome*) yes, sir (*o* madam)! □ **Le lacrime non si comandano**, you cannot shed tears at will □ (*prov.*) **Chi comanda e fa da sé, è servito come un re**, you're never so well served as when you serve yourself.

comandata, *f.* (*naut.*) fatigue duty.

comando, *m.* **1** (*ordine*) order; command; (*leg.*) order, injunction; bidding; behest (*lett.*): **dare un c.**, to give (*o* to issue) an order (*o* a command); **eseguire un c.**, to carry out an order (*o* a command); **ubbidire a un c.**, to obey an order (*o* a command); (*mil.*) **c. di «attenti!»** (**di «riposo!»**), order to stand at attention (at ease); (*leg.*) **un c. del magistrato**, an injunction of the Court; **ultimi comandi** (*di chi parte*), parting injunctions; **Dea, al tuo c. ecco io vengo**, Goddess, at thy behest I am here **2** (*autorità*) command: **avere il c.** (*o* **essere al c.**) **di un reggimento**, to be in command of a regiment; **prendere** (*o* **assumere**) **il c.**, to take command; to take on the leadership; **Ha cento uomini al suo c.**, he has a hundred men under his command **3** (*sede del comandante*) headquarters (*pl., col verbo al sing.* o *al pl.; abbr.*: H. Q.): **Il c. fu bombardato**, the headquarters were (*o* was) bombed; the H. Q. was bombed; **c. di divisione**, division H. Q. **4** (*mecc., elettr.*) control; (*leva*) lever control, drive, driving gear: **c. a distanza** (*telecomando*), remote control; remote drive; **c. a mano**, hand drive; **c. a pulsante**, push-button control; **c. automatico**, automatic control; **c. centralizzato**, central control system; **c. meccanico**, drive; (*autom.*) **comandi sul volante**, controls on the steering wheel; **unità di c.** (*di macchina calcolatrice*), control unit. **5** (*aeron.*) control: **comandi di volo**, flying controls; **c. doppio**, dual control; **c. del gas**, throttle control; **c. ausiliario**, servo-control; **c. a volante**, wheel control **6** (*sport: posizione di testa*) head; lead: **È al c. del gruppo**, he is at the head of the group **7** (*naut.*) captainship. ● (*fig.*) **avere la bacchetta del c.**, to have full authority □ (*mil.*) **avere ricevuto il c. di partire per il fronte**, to be under orders to start for the front □ **essere sempre ai comandi di q.**, to be at sb.'s beck and call □ **Ai suoi comandi**, at your service!

comare, *f.* **1** (*madrina*) godmother **2** (*vicina di casa*) neighbour; (*vecchia*) old woman*; (*pettegola*) gossip: **Tutte le comari davano consigli a mia moglie**, all the neighbours were giving my wife advice; **Una vecchia c. apparve sulla soglia**, an old woman appeared on the threshold. ● (*nelle fiabe*) **C. Oca**, Mother Goose □ **C. Volpe**, Mistress Fox □ **Le allegre comari di Windsor**, The Merry Wives of Windsor □ **storie da comari**, old wives' tales □ **Litigavano come due comari**, they were squabbling like two fishwives.

comatóso, *a.* (*med.*) comatose.

cómba, *f.* (*geogr.*) combe.

combaciaménto, *m.* **1** fitting together **2** (*giuntura*) joint; point of contact **3** (*mecc.*) mating; matching. ● (*mecc.*) **c. imperfetto**, mismating; mismatching.

combaciare, *v. i.* **1** to fit (properly); to meet* **2** (*congiungersi*) to join; to fit together **3** (*mecc.*) to mate; to match **4** (*fig.: coincidere*) to agree; to coincide; to tally: **opinioni che non combaciano**, views which do not agree.

combattènte, A *m.* **1** fighter; combatant **2** (*mil.*) man* in the fighting services; serviceman* **3** (*zool.: Philomacus pugnax*) ruff. ● (*mil., fig.*) **c. di prima linea**, front-liner □ **ex c.**, ex-serviceman; (war) veteran. **B** *f.* fighter. **C** *a.* fighting; combatant.

combattentìstico, *a.* ex-servicemen's (*attr.*).

combàttere, A *v. t. e i.* **1** to fight*; to combat; to be at war; to wage war: **c. per una giusta causa**, to fight for a just cause; **c. contro q.**, to fight sb. (*o* against sb.); **c. accanitamente**, to fight tooth and nail; **c. una buona battaglia**, to fight a good fight; **c. con armi nucleari**, to wage war with nuclear weapons; **Combattono da un mese**, they have been at war for a month **2** (*fig.*) to fight*; (*opporsi a*) to oppose; (*contendere*) to vie, to strive*, to contend (with): **Intendo c. il nuovo progetto di legge**, I mean to oppose (*o* to fight) the new bill; **c. contro il sonno**, to fight off sleep; **c. l'inflazione**, to fight inflation; **Poverino! deve sempre c. con la cattiva salute**, poor thing! he has always got his bad health to contend with. ● (*comm.*) **c. la concorrenza**, to fight the competition. **combàttersi, B** *v. rifl. recipr.* to fight*.

combattiménto, *m.* **1** fighting; battle; fight; combat; action: **Il c. durò tutto il giorno**, the fighting went on all day; **c. di galli**, cockfight; **c. di cani**, dog-fight; **c. all'ultimo sangue**, a fight to the last; **c. corpo a corpo**, hand-to-hand fight; **ucciso in c.**, killed in action **2** (*fig.*) conflict; clash; skirmish; contest **3** (*pugilato, ecc.*) match; bout. ● **di c.**, combat (*attr.*): **truppe di c.**, combat troops □ (*pugilato*) **essere messo fuori c.**, to be knocked out □ (*fig.*) **mettere fuori c. un avversario**, to put an opponent out of action □ (*mil.*) **Ai posti di c.!**, battle stations!

combattività, *f.* combativeness; pugnacity.

combattivo, *a.* combative; pugnacious; fighting; aggressive.

combattuto, *a.* **1** (*travagliato*) troubled; distressed **2** (*incerto*) uncertain; undecided; torn (*pred.*). ● **essere c.**, to be drawn this way and that; to be unable to make up one's mind.

combinàbile, *a.* combinable (*anche mecc.*).

combinare, A *v. t.* **1** to combine; to match: **c. la precisione con la grazia**, to combine precision with grace; **c. un buon rendimento con un prezzo modesto**, to combine a good performance with a moderate price; **c. i colori**, to match colours **2** (*organizzare, concludere*) to arrange; to conclude; to plan; to organize: **c. una gita**, to arrange an excursion; **un programma mal combinato**, a badly arranged programme; **c. un accordo**, to conclude an agreement; **c. un viaggio**, to plan a trip; **un matrimonio combinato**, an arranged marriage **3** (*chim.*) to combine **4** (*fam.: fare*) to do*; to be (*o* to get*) up to (*fam.*): **Che diamine stai combinando?**, what ever are you doing?; **Cosa starà combinando Pierino?**, what is Pierino up to, I wonder?; **Ogni giorno ne combina una**, every day he gets up to some new mischief. **B** *v. i.* (*accordarsi*) to agree; to go* together; to fit in: **Le due versioni non combinano**, the two versions don't agree; **Questi grigi e questi rossi combinano bene**, these greys and reds go well together; **Purtroppo il tuo invito non combina con l'orario dei treni**, unfortunately your invitation doesn't fit in with the times of the trains. ● **c. un affare**, to put through (*o* to bring off) a business deal □ **c. un buon affare**, to make (*o* to strike) a bargain □ **c. definitivamente**, to make definite arrangements; to fix up (st.) definitely □ **Quell'uomo non combinerà mai nulla**, that man will never achieve anything. **combinarsi, C** *v. rifl. recipr.* **1** to come* to an agreement; to agree **2** (*chim.*) to combine.

combinata, *f.* (*sport*) combined (competition).

combinatóre, *m.* **1** combiner **2** (*fis.*) controller. ● **disco c.** (*del telefono*), dial.

combinatòrio, *a.* combinatorial: (*mat.*) **calcolo c.**, combinatorial analysis.

combinazióne, *f.* **1** (*caso*) luck; chance; coincidence: **Fu una pura c.**, it was sheer chance; **per c.**, by chance; **Guarda che c.!**, what a coincidence! **2** (*chim., mat.*) combination **3** (*sottoveste femminile*) combinations (*pl.*); combs (*pl., fam.*); (*tuta*) suit; (*di operaio*) overalls (*pl.*): **c. di volo**, flight suit; **c. spaziale**, space suit. ● (*mecc.*) **c. di ingranaggi**, gear combination; play of gears □ **serratura a c.**, combination lock.

combine (*franc.*), *f.* (*sport: accordo illecito*) combine.

combriccola, *f.* **1** (*gruppo di persone equivoche*) gang; shady coterie; set of mischief makers **2** (*compagnia di amici*) band; set; group; gang (*scherz.*): **Andammo, tutta la c., a fare il tifo per i nostri**, the whole gang of us went to cheer our side.

comburènte, A *a.* burning. **B** *m.* supporter of combustion.

combustìbile, **A** *a.* combustible. **B** *m.* fuel; combustible (material): **c. a basso (ad alto) potere calorifico**, low-grade (high--grade) fuel; **usato come c.**, used as fuel; **c. gassoso (liquido, solido)**, gaseous (liquid, solid) fuel. ● (*naut., aeron., ferr.*) **rifornirsi di c.**, to fuel; to refuel.

combustibilità, *f.* combustibility.

combustióne, *f.* combustion; (*il bruciare*) burning: **c. lenta**, slow combustion; (*mecc.*) **ritardo di c.**, combustion lag. ● (*mecc.*) **arresto della c.**, flameout □ **camera di c.**, (*di caldaia*) firebox; (*di motore*) combustion chamber □ **gas di c.**, fuel gas.

combusto, *a.* (*lett.*) burnt.

combutta, *f.* gang. ● **in c.**, in cahoots (*fam.*); in collusion □ **mettersi in c. con q.**, to go into cahoots with sb. (*fam.*); to enter into collusion with sb.

cóme (1), *avv.* e *cong.* **1** (*simile a*, *a somiglianza di*; *allo stesso modo di*, *nel modo in cui*) as, like (*davanti a un nome o a un pron.*); as (*davanti a un verbo*): **chiaro c. la luce del giorno**, as clear as daylight; **dormire c. un ghiro**, to sleep like a log; **È c. tutti gli altri**, he is just like everybody else; **scrivere c. si parla**, to write as one speaks; **Non riesco a farlo c. te**, I cannot do it like you (*o* as you do it); **Fa' c. me** (*come faccio io*), do as I do!; **Fa' c. vuoi**, do as you like **2** (*esemplificativo: quale*) like; such as: **Dove lo trovi un vino c. questo?**, where can you find a wine like this?; **animali che si arrampicano sugli alberi, c. i gatti**, animals that climb trees, such as cats **3** (*nei compar. d'uguaglianza*) as... as (*in frasi afferm. e interr.*); so... as (*in frasi neg.*, *ma non sempre*): **Sembrava grande c. una casa**, it seemed to be as big as a house; **Questo bastone non è lungo c. l'altro**, this stick is not so long as the other one; **Non posso farlo (così) presto c. vorrei**, I can't do it as quickly as I should like to **4** (*in qualità di*; *in quanto*) as; speaking as: **Tu, c. amico, potévi anche difendermi**, you, as his friend, might have taken his side; **C. amico, posso dirti che hai torto!**, speaking as a friend, may I tell you that you are wrong? **5** (*correlativo*) both... and; as well... as: **tanto i Greci c. i Romani**, both the Greeks and the Romans; **così** (*o* **tanto**) **di giorno c. di notte**, by day as well as by night **6** (*interr.: in che modo*) how: **C. stai?**, how are you?; **C. sei venuto?**, how did you come?; **Vediamo c. se la cava, poveraccio**, let's see how the poor chap manages **7** (*escl.: con agg. e avv.*) how: **C. è gentile da parte tua venire!**, how kind of you to come!; **C. sei pallido!**, how pale you are!; **C. canta bene!**, how well she sings! **8** (*interr.: quanto*, *quanto bene*) how (well); what... like: **C. lo sai l'inglese?**, how well do you know English?; what's your English like?; **Non so c. guidi**, I don't know how (well) you drive (*o* what your driving is like) **9** (*escl.*, *enfat.*) what; do you mean to say...?: **Ma c.!**, what!; **C.! non ci sono ostriche?**, do you mean to say there are no oysters?; **C.! vorresti farmi credere che non lo sapevi?**, what! you expect me to believe you didn't know? **10** (*temporale*) as; as soon as; when: **C. lo vidi, lo chiamai**, as soon as I saw him, I called out to him **11** (*dichiarativo*) that (*spesso sottinteso*): **Sapevo c. fossero in combutta**, I knew (that) they were in cahoots. ● (*comm.*) **c. da campione**, as per sample □ **c. d'accordo**, as agreed (upon) □ (*comm.*) **c. da vostro desiderio**, according to your wishes; in compliance with your request □ **com'è?**, (*come mai?*) how is it?; (*com'è fatto*, *che aspetto ha?*) what is it (*o* he, she) like?: **Com'è che non scrive?**, how is it that he doesn't write?; **Com'è tuo cugino?**, what is your cousin like? □ **com'è, c. non è**, as things are; as it is □ **c. è vero che sono qui**, as true as I'm standing here □ **C. fare?**, what's (*o* what was) to be done? □ **c. mai?**, why; why on earth; why ever; how (*o* why) is that; how (*o* why) is it that: **C. mai sei venuto?**, why (*o* why on earth, why ever) did you come?; **Sei venuto? c. mai?**, you've come? how is that?; **Non capisco c. mai tu sia venuto**, I can't understand why it is that you've come (*o* why on earth you've come) □ **c. non detto**, as you were □ **c. prima**, as before □ **c. pure**, as well as; (*se i termini sono solo due, anche*) both... and...: **Parlo l'italiano c. pure l'inglese**, I speak English as well as Italian; I speak both Italian and English; **Parlo l'italiano c. pure l'inglese e il francese**, I speak English and French as well as Italian □ **c. quando**, as... when: **Nevicava c. quando ci conoscemmo**, it was snowing as it was when we first met □ **c. se**, as though; as if: **c. se fosse colpa mia**, as though (*o* as if) it were my fault; □ **Mi tratta c.** (**se fossi**) **uno sconosciuto**, he treats me as (if I were) a stranger □ **c. sempre** (*c. di solito*), as usual: **sorridendo c. sempre**, smiling as usual; with one's usual smile □ **c. sia, be that as it may**; however that may be □ **c. si suol dire**, as people say □ **c. sopra**, as above □ (**così**) **c. stanno le cose**, as it is; as things are: **Così c. stanno le cose, la situazione peggiora**, as it is, things are getting worse □ (*tel.*) **«A» c. Ancona**, «A» for Andrew □ **«A» c. in «father»** (*cioè* [a:]), «a» as in «father» □ **e c.**, *V.* **eccóme** □ **c. Dio volle**, eventually; at last; somehow or other □ **C. Dio vuole, il lavoro è finito!**, thank God (*o* goodness) the job is done (*o* done at last!) □ **Com'è vero Dio, lo farò**,

upon my word I will do it □ **Oggi c. oggi, le cose vanno bene**, just at present things are going well.

cóme (2), *m.* means; way; manner: **Gli manca il c.**, he has not the means. ● **il c. e il perché**, the whys and the wherefores.

comecché, *cong.* (*lett.: benché*) though; although.

comedóne, *m.* (*med.*) comedo*; blackhead (*pop.*).

coménto, *m.* (*naut.*) seam.

cométa, *f.* **1** (*astron.*) comet **2** (*aquilone*) kite.

còmica, *f.* (*cinem.*) short slapstick-type silent film; comic.

comicità, *f.* comic spirit (*o* effect); comicality; comicness.

comicizzare, *v. t.* to turn (st.) into comedy.

còmico, **A** *a.* **1** comic(al); laughable; funny: **una storiella comica**, a comic story; **un individuo c.**, a funny fellow **2** (*di commedia*) comic; comedy (*attr.*): **situazione comica**, comedy (*o* comic) situation. ● **compagnia comica**, company of players □ **teatro c.**, comedy. **B** *m.* **1** (*comicità*) comic spirit (*o* effect); comicality **2** (*attore*) comic actor; comedian; comic (*specialm. di varietà*) **3** (*scrittore di commedie*) writer of comedies; comedian; comedywright.

comìgnolo, *m.* **1** (*di camino*) chimney pot **2** (*di tetto*) roof ridge.

cominciaménto, *m.* (*lett.*) beginning; commencement.

cominciare, *v. t.* e *i.* to begin*; to start; to commence: **c. col dire**, to begin by saying; **parole che cominciano per vocale**, words that begin with a vowel; **c. da principio**, to begin at the beginning; **La gara comincia di lì**, the race starts from there; **Comincia tu!**, you begin!; you start! ● (*naut.*) **c. a scaricare**, to break bulk □ **a c. da oggi**, from this day (on); starting from today □ (*iron.*) **Si comincia bene!**, (that's) a fine beginning! □ (*prov.*) **Chi ben comincia è a metà dell'opera**, well begun is half done.

comino, *V.* **cumino**.

comitale, *a.* of (*o* pertaining to) a count (*o in G. B.:* an earl). ● **corona c.**, earl's (*o* count's) coronet.

comitato, *m.* committee: **riunione del c.**, committee meeting; **essere in un c.**, to be on a committee; **fare parte del c.**, to be a member of the committee; **c. permanente**, standing committee; (*leg.*) **c. esecutivo** (*di una società*), executive committee. ● (*leg.*) **c. d'inchiesta**, board of inquiry □ (*econ.*) **c. per la programmazione**, planning board.

comitìva, *f.* party; band; group; company.

comiziale (1), *a.* (*lett.: di*, *da comizio*) comitial (*specialm. stor. romana*); of a (political) meeting. ● **eloquenza c.**, stump oratory.

comiziale (2), *a.* (*med.*) epileptic. ● **morbo c.**, epilepsy.

comiziante, *m.* e *f.* **1** person attending a political meeting **2** (*chi pronuncia un discorso a un comizio*) stump orator.

comìzio, *m.* **1** (*political*) meeting: **indire (tenere) un c.**, to call (to hold) a meeting; **c. elettorale**, electioneering meeting; meeting in an electioneering campaign **2** (*stor. romana: il luogo*) comitium*; (*l'assemblea*) comitia (*pl.*). ● **convocare i comizi** (*elettorali*), to appeal to the country; to have a general election.

còmma, *m.* **1** (*leg.*) paragraph **2** (*gramm.*) (parenthetic) clause **3** (*mus.*) comma.

commando, *m.* (*mil.*) commando*.

commèdia, *f.* **1** comedy; play: **c. musicale**, musical comedy; **c. di carattere**, comedy of character; comedy of humours (*stor.*); **c. di costume**, comedy of manners; **c. d'intreccio**, comedy of intrigue (*stor.*) **c. dell'arte**, «commedia dell'arte», Italian Comedy; **c. a soggetto**, improvised comedy; «commedia dell'arte»; **c. a tesi**, problem play; **le commedie di Pirandello**, Pirandello's plays **2** (*fig.: finzione*) play-acting; sham; pretence; make-believe: **Io gli credetti, ma era tutta una c.**, I believed him, but it was just play-acting (*o* just a sham) **3** (*fig.: situazione ridicola*) farce; comedy: **Abbracci, litigi, di nuovo abbracci, era una c.**, embraces, quarrels, and embraces again; it was like a farce. ● **la Divina C.**, the Divine Comedy □ (*fig.*) **fare più parti in una c.**, to act shiftily; to vacillate; to change opinions □ (*fig.*) **mettere in c.**, to make fun (of) □ (*fig.*) **personaggio da c.**, figure of fun; clown.

commediante, *m.* e *f.* **1** (*teatr.*) comedian; (*femm.*, *anche*) comedienne **2** (*teatr.*, *spreg.*) third-rate actor (*o* actress); mummer **3** (*fig.*) humbug; shammer; person who is not sincere. ● (*fig.*) **fare il c.**, to put on an act (*fam.*) □ **Non te la prendere: è una c.**, don't be upset; she's not sincere (*o* she's putting on an act).

commediògrafo, *m.* writer of comedies; comedywright; playwright.

commemoràbile, *a.* commemorable.

commemorare, *v. t.* to commemorate (*anche relig.*).

commemorativo, *a.* memorial (*attr.*); commemorative: **lapide commemorativa**, memorial tablet. ● **monumento c.**, memorial □ **Questo è un francobollo c.**, this is a commemorative stamp.

commemorazióne, *f.* commemoration (*anche relig.*). ● (*relig.*) **il giorno della c. dei defunti**, All Souls' Day.

commènda, *f.* – (*relig.*) **avere un beneficio in c.**, to hold a

benefice «in commendam».
commendàbile, *a.* (*lett.*) commendable; laudable.
commendare, *v. t.* (*lett.*) **1** (*lodare*) to commend; to praise **2** (*raccomandare*) to commend; to recommend.
commendatàrio, (*relig.*) **A** *a.* commendatory. **B** *m.* commendator.
commendatizio, *a.* commendatory; of commendation: **una lettera commendatizia**, a commendatory letter.
commendatóre, *m.* **1** (*titolo della Repubblica Italiana*) «commendatore» **2** (*grado di vari ordini cavallereschi*) knight commander.
commendévole, *a.* (*lett.*) commendable; laudable.
commensale, *m.* e *f.* **1** table companion; fellow guest **2** (*mil.*) messmate **3** (*biol.*) commensal. ● **il mio c. di sinistra**, the person sitting on my left (at the dinner table).
commensalismo, *m.* (*biol.*) commensalism.
commensuràbile, *a.* (*mat.*) commensurable.
commensurabilità, *f.* (*mat.*) commensurability.
commensurare, *v. t.* (*lett.*) to compare.
commentare, *v. t.* **1** (*annotare un testo*) to annotate; (*illustrare*) to expound; to provide a commentary for **2** (*parole, fatti*) to comment on; (*sfavorevolmente*) to criticize **3** (*alla radio o alla televisione, un avvenimento mentre si svolge*) to keep* up a running commentary on; to comment on **4** (*fare un'osservazione*) to remark.
commentàrio, *m.* commentary.
commentatóre, *m.* **1** (*di un testo*) annotator; expounder **2** (*anche alla radio* e *alla telev.*) commentator; (*del notiziario*) newscaster.
comménto, *m.* **1** (*serie di note apposta ad un testo*) commentary; notes (*pl.*) **2** (*ogni singola nota*) note; annotation; comment; (*a piè di pagina*) footnote **3** (*critica, apprezzamento*) comment; remark: **Fu l'unico c. che feci**, was my only comment; **Puoi immaginare i commenti!**, you can imagine the remarks people made! **4** (*pl.*: *pettegolezzi*) talk, gossip (*sing.*) **5** (*cinem., radio, telev.*) commentary; (*di un evento mentre si svolge*) running commentary: **c. parlato**, spoken commentary; **Ascoltai il c. del radiocronista presente alla partita**, I listened in to the sports reporter's running commentary on the game. ● (*cinem.*) **c. musicale**, background music.
commerciàbile, *a.* saleable; marketable; merchantable. ● **non c.**, unmerchantable; unmarketable ▫ (*fin.*) **valuta c.**, negotiable currency.
commerciabilità, *f.* saleability; marketability.
commerciale, *a.* commercial; trade (*attr.*); business (*attr.*); trading: **impresa c.**, business enterprise; **negoziati commerciali**, trade talks; **lettere commerciali**, business (*o* commercial) letters; (*leg.*) **diritto c.**, commercial law; business law; mercantile law; **scambi commerciali**, trade (exchanges). ● **direttore c.**, sales manager.
commercialista, *m.* e *f.* **1** (*leg.*) expert in commercial law **2** (*dottore in Economia e Commercio*) graduate in economics and commerce **3** (*consulente*) business consultant. ● **rassegna c.**, commercial-law review.
commercializzàbile, *a.* (*econ.*) marketable.
commercializzare, *v. t.* **1** (*econ.*) to market; to commercialize **2** (*fig.*) to commercialize; to debase: **c. l'arte**, to commercialize art.
commercializzazióne, *f.* (*econ.*) marketing; commercialization: **la c. dei prodotti**, the marketing of goods.
commerciante, *m.* e *f.* **1** dealer; trader; (*specialm. all'ingrosso*) merchant: **c. in pellami**, trader in skins **2** (*uomo d'affari*) businessman* **3** (*negoziante e sim.*) tradesman*. ● **c. all'ingrosso**, wholesaler ▫ **c. al minuto**, retailer ▫ **essere un c.**, to be in trade; (*spreg.*) to be a mere tradesman ▫ **c. in ferramenta**, ironmonger.
commerciare, *v. i.* to deal*; to trade; to carry on trade; to handle; to merchant: **c. in articoli di merceria**, to deal in haberdashery goods; **c. con l'Inghilterra**, to trade with England.
commèrcio, *m.* **1** commerce; trade; trading; business; market: **Camera di C.**, Chamber of Commerce; (*naut.*) **c. costiero**, coasting trade; **il c. fra i due paesi**, the trade between the two countries; **c. con l'estero**, foreign trade; **c. bancario**, banking business; **c. con il nemico**, trading with the enemy; **c. all'ingrosso** (*al minuto*), wholesale (retail) trade; **darsi al c.**, to go into trade; **c. d'importazione ed esportazione**, import and export trade; **essere in c.**, (*di persona*) to be in trade; (*di articoli*) to be on the market; **c. nazionale**, home trade **2** (*lett., fig.*) intercourse; dealings (*pl.*): **c. carnale**, sexual intercourse. ● (*lett.*) **c. epistolare**, correspondence ▫ (*fig.*) **fare c. di sé**, to sell oneself ▫ **essere fuori c.**, (*d'articolo*) not to be on the market, to be out of sale; (*di un libro*) to be out of print ▫ **istituto (facoltà) di economia e c.**, school (faculty) of economics ▫ **mettersi in c.**, to go into business ▫ **viaggiatore di c.**, commercial traveller; (travelling)

salesman.
commèssa, *f.* **1** (*di negozio*) shop girl; salesgirl; saleswoman*; shop assistant; sales clerk (*USA*) **2** (*econ.: ordinazione*) (work) order: **una c. libraria**, a book order.
commèsso, *m.* **1** (*di negozio*) salesman*; shop assistant; sales clerk (*USA*) **2** (*d'ufficio, di banca*) messenger; walk-clerk. ● **c. viaggiatore**, commercial traveller; (travelling) salesman; bagman (*fam.*).
commessura, *f.* juncture; join; joint.
commestibile, **A** *a.* edible; eatable. **B** *m.* (*pl.*) foodstuffs; eatables.
comméttere, **A** *v. t.* **1** (*compiere, fare*) to commit; to perpetrate; to do*; to make*: **c. un delitto**, to commit (*o* to perpetrate) a crime; **c. un errore**, to make a mistake; **c. un'ingiustizia**, to do a wrong **2** (*lett.: affidare*) to commit; to entrust: **Commisi il giovanetto alle sue cure**, I committed the youth to his care **3** (*ordinare*) to order; to commission: **c. cento sedie alla fabbrica**, to order a hundred chairs from the factory **4** (*congiungere, fare combaciare*) to join (together); to joint; to fit (together); (*incastrare*) to embed; to insert; (*mecc.*) to assemble. **B** *v. i.* (*combaciare*) to fit (closely). **commétersi**, **C** *v. rifl.* to commit oneself (to); to rely (upon); to place one's trust (in).
commettitura, *f.* **1** (*l'unire più parti*) joining together **2** (*punto d'incastro*) juncture; joint; join: **Non si vede la c.**, you can't see the join.
commiato, *m.* **1** (*permesso di partire*) leave; (*partenza*) departure: **dare c. a q.**, to grant sb. leave to depart; **prendere c. da q.**, to take (one's) leave of sb. **2** (*congedo*) dismissal: **Dopo il c. dal presidente non potevo trattenermi**, after my dismissal from the President, I couldn't stay on **3** (*poesia*) envoy.
commilitóne, *m.* fellow soldier; comrade-at-arms (*lett.*).
comminare, *v. t.* (*leg.*) to inflict; to threaten (with a penalty).
comminatòria, *f.* warning; threatening.
comminatòrio, *a.* threatening.
comminazióne, *f.* (*leg.*) infliction; threatening.
comminuto, *a.* (*med.*) comminuted: **frattura comminuta**, comminuted fracture.
comminuzióne, *f.* (*med.*) comminution.
commiseràbile, *a.* (*lett.*) commiserable; pitiable.
commiserare, *v. t.* to commiserate (sb., with sb.); to pity.
commiserazióne, *f.* commiseration; pity.
commiserévole, (*lett.*) *V.* **commiseràbile**.
commissariale, *a.* commissarial.
commissariato, *m.* **1** (*mil.*) commissariat **2** (*carica*) commissionership. ● **c. di polizia**, (divisional) police station.
commissàrio, *m.* **1** commissioner; officer: **c. per gli alloggi**, housing officer; housing magistrate **2** (*di Pubblica Sicurezza*) officer in the police force **3** (*mil.*) commissary: **c. generale**, commissary general **4** (*in URSS*) commissar: **c. del popolo**, people's commissar **5** (*sport*) steward; commissioner (*USA*) **6** (*membro d'una commissione*) commissioner; member of a committee (*o* of a board): **c. d'esame**, member of an examining board. ● (*naut.*) **c. di bordo**, purser; (*di nave da carico*) supercargo; (*di nave militare*) paymaster ▫ (*mil., stor.*) **c. di leva**, recruiting officer.
commissionare, *v. t.* **1** (*comm.*) to order; to place an order for **2** (*opere d'arte*) to commission.
commissionàrio, *m.* **1** (*comm.*) commission (*o* selling) agent **2** (*Borsa*) broker.
commissióne, *f.* **1** (*incarico*) errand; commission; message: **L'ho mandato a fare una commissione**, I sent him on an errand **2** (*pl.*: *compere*) shopping (*sing.*): **Stamani devo fare delle commissioni in città**, this morning I've got some shopping to do in town **3** (*collegio di funzionari o esperti*) committee; board; commission: **c. esaminatrice** (*o* **d'esame**), examining board; board of examiners; **c. parlamentare**, Parliamentary Committee; (*ristretta*) Select Committee; **c. d'inchiesta**, commission (of inquiry); (*ind.*) **c. interna**, membro della **c. interna**, shop deputy; **fare parte** (*o* **essere membro**) **di una c.**, to be on a committee (*o* on a board); to be a member of a committee (*o* of a board); **c. arbitrale**, committee of arbitration; (*polit.*) **c. permanente**, standing committee **4** (*comm.*) commission: **comprare (vendere) per c.**, to buy (to sell) on commission **5** (*comm.: ordinazione*) order: **fatto su c.**, made to order. ● (*leg.*) **contratto di c.**, factor agreement.
commistióne, *f.* (*lett.*) mixture; medley.
commisurare, *v. t.* to proportion. ● **c. la pena al delitto**, to make the punishment fit the crime.
commisurazióne, *f.* proportioning.
committènte, *m.* e *f.* **1** (*comm.*) customer; purchaser; buyer: **spese a carico del c.**, costs to be charged to the buyer **2** (*di un'opera d'arte*) client **3** (*leg.*) principal, consigner.
commodòro, *m.* (*naut.*) commodore.
commoriènza, *f.* (*leg.*) simultaneous death.

commòsso, *a.* touched; moved: **c. fino alle lacrime**, moved to tears. ● **parole commosse**, deep-felt words.

commotivo, *a.* (*med.*) concussive.

commovènte, *a.* touching; moving; pitiful; pathetic: **uno spettacolo c.**, a touching sight; **essere allo stesso tempo c. e ridicolo**, to be both pitiful and ridiculous.

commozióne, *f.* emotion; compassion; (show of) sympathy: **non potere nascondere la propria c.**, to be unable to hide one's emotion; **suscitare la c. di q.**, to arouse sb.'s compassion (*o* sympathy); **Tutta questa c. m'imbarazzò**, all this show of sympathy embarrassed me. ● (*med.*) **c. cerebrale**, concussion □ **La c. fu generale**, everybody was touched □ **Non potevo parlare per la c.**, there was a lump in my throat, and I couldn't speak □ **Il fatto destò viva c.**, the fact caused a great stir.

commuòvere, A *v. t.* to touch; to move; to affect; to disturb; to excite (sb.'s) pity: **Ero commossa, ma non cambiai idea**, I was touched but did not change my mind; **Il mendicante voleva commuoverci**, the beggar wished to excite our pity; **Le mie parole lo commossero profondamente**, my words affected him deeply; **Il pensiero di quell'uomo che soffre mi commuove**, the thought of that man's suffering disturbs me. ● **c. sino alle lacrime**, to move to tears. **commuòversi, B** *v. rifl.* to be touched; to be moved; to be affected; to break* down: **Arrivata a quel punto, mi commuovo sempre**, on reaching that point, I always break down; **È stupido c. così**, it's foolish to be so moved; **c. alle sventure altrui**, to be affected by other people's misfortune. ● **essere sul punto di c.**, to be on the verge of tears □ **Mi ascoltò senza c.**, he listened to me unperturbed.

commutàbile, *a.* commutable.
commutabilità, *f.* commutability.
commutare, *v. t.* **1** to commute; to change: (*leg.*) **c. la pena di morte nell'ergastolo**, to commute a death sentence into life imprisonment **2** (*elettr.*) to commute; to commutate; to change over; to switch over. ● (*autom.*) **c. le luci** (*abbassarle*), to dim the lights.

commutatività, *f.* (*leg.*, *mat.*, *ecc.*) commutativity.
commutativo, *a.* commutative (*anche mat.*): **giustizia commutativa**, commutative justice; **proprietà commutativa**, commutative law.

commutatóre, *m.* **1** (*elettr.*) commutator **2** (*interruttore*) switch: (*autom.*) **c. delle luci anabbaglianti**, dipping (*USA:* dimmer) switch. ● **c. d'inversione**, rheotrope □ (*radio*) **c. d'onda**, band switch.

commutatrice, *f.* (*elettr.*) rotary converter; commutator; rectifier.

commutazióne, *f.* **1** (*elettr.*) switching; change of connection; commutation: (*radio*) **c. d'onda**, band switching **2** (*leg.*) commutation: **c. di una pena**, commutation of a punishment. ● **campo** (**polo**) **di c.**, commutating field (pole).

comò, *m.* commode; chest of drawers.
còmoda, *f.* commode; close-stool.
comodaménte, *avv.* **1** comfortably; at one's ease **2** (*facilmente*) easily.

comodante, *m.* e *f.* (*leg.*) bailer, bailor (in a commodatum).
comodare (1), *v. t.* (*leg.*) to loan in a commodatum.
comodare (2), *v. i.* **1** (*fare comodo*) to be convenient: **Gli comoda venire qui?**, is it convenient for him to come here? **2** (*fam.: fare piacere*) to like, to please (*pers.*): **Fa' come ti comoda**, do as you like; please yourself.

comodatàrio, *m.* (*leg.*) commodatary; bailee (in a commodatum).
comodato, *m.* (*leg.*) commodatum*; bailment.
comodino, *m.* **1** bedside table **2** (*teatr.*) drop curtain **3** (*gergo teatr.: attore che sostituisce*) stand-in. ● (*fig.*) **fare da c. a q.**, to be sb.'s doormat.

comodità, *f.* convenience; comfort; amenity; comfortableness: **per la maggiore c. del cliente**, for the customer's greater convenience; **con tutte le c. moderne**, with all modern conveniences; **pensare sempre alla propria c.**, to be always thinking of one's own comfort; **le c. di un luogo di villeggiatura**, the amenities of a holiday resort; **la c. di una poltrona**, the comfortableness of an armchair.

còmodo, A *a.* **1** (*opportuno*) convenient: **un'ora comoda**, a convenient time; **È comodissimo avere la fermata** (**dell'autobus**) **così vicina**, it is very convenient to be so near the bus stop **2** (*confortevole*) comfortable: **stare comodi**, to be comfortable; **un viaggio c. nel nuovo tipo di carrozza**, a comfortable journey in the new type of carriage **3** (*ampio*) comfortable; roomy; loose--fitting; commodious: **una giacca molto comoda**, a loose-fitting jacket; **una bella manica comoda**, a nice roomy sleeve. ● **prendersela comoda**, to take it easy □ **un tipo c.**, an easy-going chap □ **Stia c., prego**, (*non si alzi*) please, don't get up!; (*si segga*) please, sit down; (*non si disturbi*) please, don't trouble. **B** *m.* **1** convenience: **per tuo c.**, for your convenience; **Vorrei leggere la mia relazione, a suo c.**, I should like to read my report to you, at your convenience **2** (*comodità*) comfort; convenience: **i comodi della vita**, the comforts of life. ● **cambiale di c.**, accommodation bill □ **fare c.**, to be convenient; to be useful; to be a help: **Un impermeabile non sarà bello, ma fa c.**, a mackintosh may not be beautiful, but it's useful □ **Ti farà c. sapere l'inglese**, it will be a help to you to know English □ **Dimmi se ti fa c. passare di qui**, tell me whether it's convenient for you to come this way □ **fare il proprio c.**, (*prendersela calma*) to take one's time (*o* ease); (*fare quel che aggrada*) to please oneself, to do just as one likes; (*badare ai propri comodi*) to think only of one's own convenience □ **una soluzione di c.**, an accommodation □ **Non c'è fretta: fallo con c.**, there is no hurry: take your time.

comodóne, *m.* (*fam.*) slowcoach; slowpoke (*USA*).
compadróne, *m.* co-proprietor; joint owner.
compaesano, *m.* **1** (*concittadino*) fellow townsman* **2** (*compatriota*) fellow countryman*. ● **È mio c.**, he comes from my home town □ **Siamo compaesani**, we both come from the same town (*o* country).

compàgine, *f.* **1** structure; framework: **la c. dell'esercito**, the framework (*o* structure) of the army **2** (*squadra sportiva*) team.
compagna, *f.* **1** companion; mate **2** (*moglie*) wife*.
compagnìa, *f.* **1** company; companionship: **Con una così gradevole c. il viaggio sembrò breve**, in such pleasant company the journey seemed short; **fare** (*o* **tenere**) **c. a q.**, to keep sb. company; **non amare la c.**, not to like company; **essere di buona c.**, to be good company; **Si era abituato alla mia c.**, he had got used to my companionship **2** (*fin.*, *leg.: società*) company; corporation (*USA*): **c. di assicurazioni**, insurance company; **c. aerea di bandiera**, national airline company; **la C. delle Indie Orientali**, the East India Company **3** (*gruppo di persone*) gathering; group; band; set; party; circle: **un'allegra c.**, a jolly gathering; **Spero che farai parte della c.**, I hope you'll be one of the party; **Una c. di studenti veniva avanti cantando**, a band of students came along singing; (*stor.*) **c. di ventura**, band of professional soldiers (*o* of mercenaries) **4** (*teatr.*) company: **c. drammatica**, theatrical company; **c. ambulante**, touring company. ● (*mil.*) **c. da sbarco**, landing party; landing force □ (*naut.*) **C. del Lloyd** (*di Londra*), Lloyd's □ (*relig.*) **la C. di Gesù**, the Society of Jesus □ **dama di c.**, (*di personaggio reale*) lady-in-waiting; (*di signora anziana*) lady companion □ (*fam.*) **e c. bella**, and Co.; and all that; and so on □ **essere in dolce c.**, to be with one's sweetheart □ **Gli piace stare in c. anche quando lavora**, he likes to be among people even when he is working.

compagno (1), *m.* **1** companion; mate; chum (*fam.*); (*in combinazione*) fellow: **Il mio c. era molto silenzioso**, my companion was very silent; **l'autista del camion e il suo c.**, the lorry driver and his mate; **Albertino e i suoi compagni irruppero nel negozio di giocattoli**, little Albert and his chums burst into the toy shop **2** (*comm.*) partner; (*pl.*) partners, company: **Rossi e C.** (*e Compagni*), Rossi and partner; **Rossi e C.** (*e Compagni*), Rossi and partners; (*nelle società per azioni*) Rossi and Co. **3** (*membro di partito di sinistra*) comrade **4** (*marito*) husband; life-companion **5** (*al gioco, a un ballo*) partner **6** (*di un paio d'oggetti*) other; companion; fellow: **Non trovo il c. di questo guanto**, I can't find the other glove (of this pair); I can't find the glove that matches this one. ● **c. d'armi**, fellow soldier □ (*naut.*) **c. di bordo**, shipmate □ **c. di carcere** (*o* **di prigionìa**), (*politico, di guerra, ecc.*) fellow prisoner; (*delinquente comune*) prisonmate □ (*a scuola*) **c. di classe**, classmate □ **c. di giochi**, playfellow; playmate □ **c. di soffrenze**, fellow sufferer □ **c. di stanza**, roommate □ (*polit.*) **c. di strada**, fellow traveller □ **c. di studi**, fellow student □ **c. di sventura**, companion in misfortune ● **essere compagni di fede**, to have the same creed; (*di religione, anche*) to be coreligionists □ **essere compagni di lavoro**, to be working together □ **essere compagni d'ufficio**, to work in the same office □ **c. di viaggio**, fellow traveller; travelling companion □ **essere stati compagni di scuola**, to have been at school together □ **essere stati compagni d'arme**, to have been soldiers together; to have been in the army together.

compagno (2), *a.* (*fam.*) like; alike; similar; (the) same: **Il secondo pasto fu c. al primo**, the second meal was like the first; **Il mio ventaglio è c. al tuo**, my fan is the same as yours.

compagnóne, *m.* boon companion; jolly fellow; buddy (*fam.*).
companàtico, *m.* something to go with bread: **pane e c.**, bread and something; **Mi diedero del cacio come c.**, they gave me cheese to go with my bread. ● **pane senza c.**, just (*o* dry) bread.

comparàbile, *a.* comparable.
comparabilità, *f.* comparability.
comparàggio, *m.* connivance (between pharmaceutical companies and doctors).
comparare, *v. t.* to compare; to liken.
comparativo, A *a.* comparative (*anche gramm.*): **aggettivo c.**,

comparative adjective. **B** m. (gramm.) comparative (degree).
comparato, a. comparative: **filologia (anatomia) comparata**, comparative philology (anatomy).
comparatóre, m. (mecc.) comparator; gauge; gage (USA).
comparazióne, f. **1** comparison: **gradi di c.**, degrees of comparison **2** (similitudine) simile.
compare, m. **1** (padrino) godfather **2** (alle nozze: **c. d'anello**) best man* **3** (amico) good old friend; crony (fam.) **4** (davanti a n. pr.) master: **c. Alfio**, master Alfio **5** (complice) accomplice; (chi fa da spalla) stooge.
comparènte, m. e f. (leg.) appearer; appearing party.
comparire, v. i. **1** to appear; to show* oneself; to turn up, to show* up (fam.): **Comparve all'improvviso**, he turned up unexpectedly; **Il finanziatore è lui, ma non vuole c.**, he is the backer, but he doesn't want his name to appear; **non avere coraggio di c.**, not to dare to show up **2** (di libri) to appear; to come* out: **Una nuova edizione comparirà in estate**, a new edition will appear (o come out) in the summer **3** (leg.) to appear before the court; to file an appearance **4** (fare figura, risaltare) to show* up; to make* a show; to be much in evidence: **Le piace c.**, she likes to be much in evidence **5** (di nave) to heave* into sight.
comparizióne, f. (leg.) appearance (in court): **mancata c.**, nonappearance; **termine di c.**, time limit for appearance. ● **mandato di c.**, summons to appear.
comparsa, f. **1** (il comparire) appearance **2** (teatr., cinem.) supernumerary; super, extra, walk-on (fam.) **3** (leg.) statement; brief; pleading: **la c. conclusionale**, the final statement of the case. ● (fig.) **essere una c.**, to be a mere cipher ○ **fare c.**, to make a fine show; to cut a fine figure □ (fig.) **fare da c.**, to be a mere onlooker □ (teatr., cinem.) **parte di c.**, walking-on part, walk-on (fam.).
compartecipare, v. i. **1** to participate; (dividere con altri) to share **2** (comm.) to be a shareholder; to have a financial stake (in a business).
compartecipazióne, f. **1** participation; sharing **2** (leg.) copartnership **3** (parte) share. ● (fin.) **c. agli utili**, profit sharing.
compartécipe, a. sharing; participating. ● (fin.) **c. agli utili**, profit-sharing.
compartimentale, a. departmental.
compartimentazióne, f. division into compartments.
compartiménto, m. **1** division; section **2** (circoscrizione amministrativa) department **3** (ferr., naut.) compartment: **c. stagno**, watertight compartment (anche fig.). ● (ferr.) **c. per fumatori**, smoker.
compartire, v. t. (lett.) to divide; to share out; to distribute; to arrange: **c. indumenti fra i profughi**, to distribute garments among the refugees; **c. il proprio tempo fra divertimento e lavoro**, to share out one's time between fun and work.
compartizióne, f. division; section.
comparto, m. **1** division; section **2** (econ.) section.
compassato, a. measured; cool and collected; deliberate; stiff.
compassionare, v. t. to sympathize with; to feel* compassion for; to pity.
compassióne, f. compassion; pity; sympathy: **fare c.**, to arouse pity (o compassion); **fare c. a q.**, to arouse sb.'s pity; **muovere a c.**, to move to compassion (o to pity). ● **Ho tanta c. per lui**, I feel so sorry for him.
compassionévole, a. **1** (che fa compassione) pitiful; pathetic **2** (che ha compassione) compassionate; sympathetic; pitying.
compasso, m. **1** (pair of) compasses; compass: **c. a balaustro**, bow compasses; **c. a punte regolabili**, scribing compasses; **c. di riduzióne**, proportional compass; **c. a tre punte**, triangular compass **2** (mecc.) calipers (pl.): **c. a molla**, spring calipers. ● **c. a punte fisse**, dividers (pl.) □ (fig.) **fare q.c. col c.**, to be pedantic; to act with exaggerated circumspection □ **scatola di compassi**, set of drawing instruments.
compatibile, a. **1** (conciliabile) compatible (anche elab.); consistent: **La sua pratica non è c. con le sue teorie**, his practice is not consistent with his theories **2** (da compatire) forgivable; excusable. ● **È un difetto, ma c. in un malato**, it is a defect, but one for which allowances must be made in a sick person.
compatibilità, f. compatibility (anche elab.); consistency.
compatibilménte, avv. compatibly; in line. ● **c. con i miei impegni**, my engagements permitting.
compatiménto, m. **1** pity **2** (condiscendenza) condescension: **I cugini ricchi ci consideravano con c.**, our rich cousins regarded us with condescension **3** (comprensione pietosa) sympathy: **Il mio c. per le vostre sofferenze era genuino**, my sympathy for your suffering was genuine **4** (tolleranza) forbearance; indulgence: **chiedere il c. degli spettatori**, to crave the indulgence of the audience.
compatire, v. t. **1** (provare compassione) to pity; to be sorry for; to sympathize with: **Bisognava compatirlo anziché punirlo**, he was to be pitied rather than punished; **Lo compatisco e vorrei aiutarlo**, I am sorry for him, and would like to help him **2** (scusare) to forgive*; to make* allowances for: **Lo compatisca! non conosce gli usi di città**, please forgive him, he doesn't know town ways. ● **farsi c.** (esporsi alle critiche), to make a pitiful exhibition of oneself.
compatriòta, m. e f. (fellow) countryman* (masch.); (fellow) countrywoman* (femm.); fellow citizen; compatriot.
compatròno, m. (relig.) joint patron saint.
compattézza, f. compactness; compactedness; firmness; solidity.
compatto, a. **1** compact; close-packed; close: **in schiera compatta**, in a compact formation; **La stampa è troppo compatta**, the print is too close **2** (sodo) firm; dense; thick; solid **3** (miner.) of compact texture **4** (di stoffa e fig.) close-knit; (di tessuto) close-woven. ● (polit.) **un fronte c.**, a united front ● **Se saremo compatti, vinceremo**, if we hang together we shall win □ **Aderirono compatti allo sciopero**, they supported the strike to a man.
compendiare, A v. t. to sum up; to summarize; to condense; to abridge; to epitomize: **c. un romanzo**, to abridge a novel; **c. una filosofia**, to epitomize a philosophy. **compendiarsi**, B v. rifl. to be summed up.
compendiatóre, m. abridger; epitomizer; summarizer.
compèndio, m. **1** abridged version; (di un libro) abridged edition **2** (sunto) précis; outline; summary; abstract; digest: **un c. di storia inglese**, an outline of English history. ● **c. statistico**, abstract (o digest) of statistics.
compendiosità, f. brevity; shortness; conciseness.
compendióso, a. brief; shortened; concise; compendious.
compenetràbile, a. penetrable; permeable.
compenetrabilità, f. penetrability; permeability.
compenetrare, A v. t. to penetrate; to imbue; to permeate. **compenetrarsi**, B v. rifl. **1** (essere conscio) to realize; to be fully aware of: **Mi compenetrai della situazione e lo aiutai**, I realized the situation and helped him **2** (essere pervaso da un sentimento) to be overwhelmed (with): **Mi compenetrai (o fui compenetrato) di dolore**, I was overwhelmed with grief. **C** v. rifl. recipr. to interpenetrate.
compenetrazióne, f. (deep) penetration; permeation.
compensàbile, a. **1** that can be compensated; compensable **2** (indennizzabile) indemnifiable.
compensabilità, f. compensability.
compensare, A v. t. **1** to compensate; to make* up for; to offset*; to counterbalance: **Non so se la vitalità compensa la mancanza di spirito**, I don't know whether vitality makes up for lack of wit; **La mia inesperienza era in parte compensata dalla buona volontà**, my inexperience was partially offset by my goodwill **2** (indennizzare) to pay* compensation for; to indemnify **3** (ricompensare) to reward; to recompense **4** (biol., chim., ecc.) to compensate. **compensarsi**, B v. rifl. to balance each other.
compensativo, a. compensatory; compensative; compensation (attr.).
compensato, m. (legno c.) plywood.
compensatóre, m. **1** (elettr.) compensator; phase advancer **2** (aeron.) tab **3** (radio) trimmer; trimming condenser: **c. di antenna**, aerial trimmer **4** (naut.) compass corrector; compensator. ● **c. a bilanciere**, balance beam metre.
compensazióne, f. **1** compensation: (naut.) **c. della bussola**, compass compensation **2** (comm.: di debito) set-off **3** (fin.: di debiti e crediti) clearing; clearance: **stanza (o banca) di c.**, clearing house **4** (Banca) cutting out; make-up. ● (psic.) **meccanismo di c.**, compensation □ **pendolo a c.**, compensation pendulum.
compènso, m. **1** remuneration; pay: **Non chiedo un c.**, I do not ask for remuneration **2** (onorario) fee: **Il c. che chiede è troppo alto**, the fee he is asking is too high **3** (premio, riconoscimento) recompense; reward: **Quell'uomo ha avuto un lauto c. per i suoi servigi**, that man has had an ample reward for his services. ● (naut.) **c. pagato per il recupero marittimo**, salvage; salvage money ○ **c. simbòlico**, token payment □ **in c.**, in compensation; to make up for it; (d'altro canto) on the other hand; (in cambio) in return, in exchange: **in c. della tua gentilezza**, in return for your kindness □ **un piccolo c.** (mancia), gratuity.
cómpera, f. **1** purchase; buying; buy (fam.): **Quella fu la mia prima c.**, that was my first purchase; **c. a credito**, purchase on credit; **c. a scadenza**, purchase on term; **c. di seconda mano**, second-hand purchase; **fare una c.**, to make a purchase **2** (pl.: commissioni) shopping (sing.): **Fammi vedere le tue compere**, show me your shopping; **fare compere**, to do some shopping.
comperare, V. comprare.
competènte, A a. **1** (adeguato) fair; suitable; adequate; due (dopo il nome): **una mancia c.**, a fair (o a suitable) compensation

competènza

La somma c. secondo lui sarebbe stata centomila lire, the amount due according to him was one hundred thousand lire **2** (*esperto*) competent; expert: **essere c. a giudicare**, to be competent (*o* qualified) to judge **3** (*leg.*) competent; cognizant: **tribunale c.**, competent court; court having jurisdiction. ● **l'ufficio c.**, the proper office. **B** *m.* expert; connoisseur (*specialm. d'arte*).

competènza, *f.* **1** (*abilità, capacità*) competence; capacity; ability; expertise **2** (*autorevolezza*) authority: **non discutere la c. di q.**, not to dispute sb.'s authority **3** (*fig.: spettanza*) province; job (*fam.*): **My dispiace, questo non è di mia c.**, I am sorry, this is not my job (*o* within my province) **4** (*pl.: onorario*) fees; fee (*sing.*) **5** (*leg.*) competence; cognizance: **La questione non rientra nelle competenze del tribunale**, the matter is beyond the competence of the court. (*leg.*) **c. territoriale**, cognizance «ratione loci» □ **di c. di**, pertaining to □ **(non) avere c.**, (not) to be competent.

compètere, *v. i.* **1** (*gareggiare*) to compete (with sb.); to vie (with sb.); to rival (sb.) **2** (*spettare*) to be due; to be owing; (*essere compito*) to be up to (sb.) (*fam.*); to be (sb.'s) province (*o* duty): **Dategli quel che gli compete**, give him what is due to him; **Mi compete tutto il settore delle lingue moderne**, all the modern-language side is my province; **Sentivo che competeva a me dirglielo**, I felt it was my duty to tell him; I felt it was up to me to tell him.

competitività, *f.* (*specialm. comm.*) competitiveness.
competitivo, *a.* competitive (*anche comm.*).
competitóre, *m.* competitor; rival.
competizióne, *f.* competition; contest. ● **automobile da c.**, racing car; racer.
compiacènte, *a.* **1** obliging; complaisant **2** (*spreg.: rif. a donna*) easy; fast.
compiacènza, *f.* **1** (*il compiacere*) obligingness; affability; complaisance: **Certe compiacenze sono colpevoli**, certain kinds of complaisance are culpable **2** (*contentezza*) pleasure; gratification; satisfaction. ● **avere la c. di**, to be good (*o* kind) enough to: **Abbia la c. di rispondere presto**, be kind enough to answer soon; kindly answer soon □ **un sorriso di c.**, a condescending smile.
compiacére, **A** *v. t. e i.* to gratify; to please; to humour: **c. al desiderio di q.**, to gratify sb.'s wish; **Per compiacerla le dissi che aveva una bella voce**, to humour her, I told her she had a fine voice. **compiacérsi**, **B** *v. rifl.* (*provare piacere*) to delight (in); to be delighted (*o* glad): **c. di prendere in giro q.**, to delight in teasing sb.; **Me ne compiaccio**, I am (very) glad of it **2** (*congratularsi*) to congratulate oneself (on): **c. di non essere andato**, to congratulate oneself on not having gone **3** (*degnarsi*) to be graciously pleased; to be so good as (to): **Il primo ministro si è compiaciuto di visitare l'istituto**, the Premier was graciously pleased to visit the institute; **Si compiaccia di mettere la Sua firma qui**, be so good as to put your signature here. ● **c. con q. per q.c.**, to congratulate sb. on st.
compiaciménto, *m.* **1** gratification; satisfaction: **esprimere il proprio c. a q.**, to express one's satisfaction to sb. **2** (*congratulazioni*) congratulations (*pl.*).
compiàngere, *v. t.* **1** to pity; to be sorry for; to sympathize with: **c. q. di cuore**, to pity sb. from the heart; **Non compiangerlo, non se lo merita**, don't be sorry for him; he doesn't deserve it **2** (*lamentare*) to lament; (*un morto*) to mourn.
compianto, **A** *a.* lamented: **il suo c. marito**, her lamented husband. **B** *m.* **1** mourning; grief: **fra il c. generale**, amidst universal mourning **2** (*canto funebre*) lament.
compiegare, *v. t.* (*accludere*) to enclose.
cómpiere, **A** *v. t.* **1** (*finire*) to finish; to complete; to bring* to an end; to round off; to conclude: **Infine compirò il viaggio con cinque giorni a Parigi**, then I shall round off my trip with five days in Paris **2** (*effettuare*) to accomplish; to do*; to achieve; to perform: **c. un lavoro**, to accomplish a task **3** (*adempiere*) to fulfil; to discharge; to do*: **c. il proprio dovere**, to do one's duty **4** (*commettere*) to commit: **c. un delitto**, to commit a crime **5** (*di età*) to be: **Compirò 15 anni lunedì**, I shall be fifteen on Monday. ● **c. un percorso**, to cover a distance □ (*fig.*) **per c. l'opera**, to crown (*o* to top) it all; on top of it all (*fam.*) □ **Quando compi gli anni?**, when is your birthday?
cómpiersi, **B** *v. rifl.* **1** (*giungere a termine*) to end; to be over: **Si è compiuto un periodo**, a period has ended **2** (*avverarsi*) to be fulfilled; to come* true. ● **Si è compiuto il mio desiderio**, my wish has been satisfied.
compièta, *f.* (*relig.*) complin(e).
compilare, *v. t.* to compile; to edit; to put* together; to draw* up; (*un modulo*) to fill in: **c. un'antologia**, to compile an anthology; **c. un programma**, to draw up a programme. ● **c. un elenco**, to make out a list.
compilatóre, *m.* compiler; editor.
compilazióne, *f.* compilation; drawing up; (*di un modulo*) filling in.

compiménto, *m.* ending; end; conclusion; completion; accomplishment; achievement: **portare a c.**, to bring to an end. ● **il c. d'un dovere**, the discharge of a duty □ **A c. dell'opera, mi ammalai**, to crown all, I fell ill.
compire, *V.* **cómpiere**.
compitaménte, *avv.* in a finished manner; with polished manners; politely; courteously.
compitare, *v. t.* to spell* (out).
compitazióne, *f.* spelling.
compitézza, *f.* politeness; refined manners (*pl.*); courtesy.
compito (1), *a.* polite; with polished manners; refined; courteous. ● **un c. gentiluomo**, a perfect gentleman.
cómpito (2), *m.* **1** task; duty; job; (*specifico*) assignment: **Non è un c. facile**, it's not an easy task; **essere all'altezza di un c.**, to be equal to a task; **È un funzionario con vari compiti non ben definiti**, he is an official with various indefinite duties; **Il c. dell'ufficiale era di raggiungere le linee nemiche**, the officer's assignment was to make his way to the enemy lines **2** (*di scuola, ecc.*) preparation; prep (*fam.*); (*di ragazzino e scherz. di adulto*) homework; (*spesso si specifica: esercizio*) exercise; (*componimento*) essay; (*di studente universitario*) paper: **Vai a fare il tuo c. di latino**, go and do your Latin homework; **c.** (*universitario*) **di spagnolo**, Spanish paper. ● **c. in classe**, classwork.
compiutaménte, *avv.* fully; entirely; completely.
compiutézza, *f.* completeness.
compiuto, *a.* finished; completed; done (*pred.*). ● **Ha vent'anni compiuti**, he has turned twenty □ **fatto c.**, «fait accompli».
compleanno, *m.* birthday: **fare a q. gli auguri per il suo c.**, to wish sb. a happy birthday.
complementare, *a.* complementary: **angoli** (**colori**) **complementari**, complementary angles (colours). ● **imposta c.**, income tax □ (*all'università*) **materia c.**, subsidiary subject.
complementarità, *f.* complementarity.
compleménto, *m.* complement. ● (*gramm.*) **c. diretto** (*o* **oggetto**), direct object □ (*gramm.*) **c. indiretto**, indirect object □ (*mil.*) **truppe di c.**, reserves □ (*mil.*) **ufficiale di c.**, reserve officer.
complessato, (*psic.*) **A** *a.* full of complexes; neurotic. **B** *m.* person full of complexes; neurotic.
complessióne, *f.* constitution: **È di c. robusta**, he has a robust constitution.
complessità, *f.* complexity.
complessivaménte, *avv.* in all; altogether; as a whole: **Egli ha scritto c. quindici libri**, he has written fifteen books in all; altogether he has written fifteen books; **Visto c., il problema mi spaventa**, seen as a whole, the problem frightens me.
complessivo, *a.* general; overall (*attr.*); comprehensive: **L'effetto c. è buono**, the overall effect is good; **uno studio c. della seconda guerra mondiale**, a comprehensive study of the Second World War. ● **cifra complessiva**, total (figure) □ **entrata complessiva**, gross income □ **voti complessivi**, aggregate marks.
complèsso, **A** *a.* **1** complex; complicated; intricate; involved; (*pieno di sfumature*) subtle: **questione complessa**, complex question; **intreccio c.**, intricate plot; **stile c.**, subtle style; (*gramm.*) **proposizione complessa**, complex sentence **2** (*mat.*) complex: **numeri complessi**, complex numbers. **B** *m.* **1** combination; number; set; series*: **un c. di circostanze**, a combination of circumstances; **Un c. di ragioni me lo ha impedito**, a number of reasons have prevented me; **un c. di opere notevoli**, a remarkable set of works **2** (*ind.*) plant; unit; set; assembly: **un c. produttivo**, a productive plant **3** (*mus.*) ensemble; band; group: **un c. francese**, a French group **4** (*psic.*) complex: **c. d'inferiorità**, inferiority complex. ● (*ferr.*) **c. di binari**, railroad trunk □ **c. industriale**, industrial area (*o* park) □ **in c.**, (*in generale*) on the whole, taken all in all; (*in tutto*) altogether, in all: **In c. fu una serata riuscita**, on the whole, it was a successful evening.
completaménte, *avv.* completely; wholly; fully; thoroughly; outright.
completaménto, *m.* completion.
completare, *v. t.* to complete; to finish; to conclude. ● **per c. l'opera**, to crown (*o* to top) it all.
completézza, *f.* completeness; entirety.
complèto, **A** *a.* **1** complete; entire; whole: **le opere complete**, the complete works; **un pranzo c.**, a complete dinner; a whole dinner **2** (*assoluto*) outright; thorough **3** (*pieno*) full (up): **Questo autobus è c.** (*o* **al c.**), this bus is full up; **Il teatro è c.**, there is a full house; all the theatre is sold out. ● **Siamo al c.** (*ci siamo tutti*), we're all here. **B** *m.* **1** (*per uomo*) suit **2** (*per donna*) suit, outfit, costume; (*di maglia*) twin-set **3** (*insieme di oggetti per un uso determinato*) set: **c. da toletta**, dressing-table set; a toilet set. ● **c. da sci**, ski outfit.
complicare, **A** *v. t.* to complicate. **complicarsi**, **B** *v. rifl.* **1** to become* complicated **2** (*di malattia*) to become* worse **3**

(*di trama e fig.*) to thicken: **Le cose si complicano!**, the plot thickens! ● **La polmonite dello zio si è complicata**, a complication has set in in my uncle's pneumonia.
complicato, *a.* **1** complicated; complex **2** (*fig.: di persona, di stile*) involved.
complicazióne, *f.* complication: **salvo complicazioni**, if no complications arise.
còmplice, *m. e f.* accomplice; accessory, accessary: **c. in un delitto**, accessory to a crime.
complicità, *f.* complicity.
complimentare, **A** *v. t.* to compliment: **c. q. per q.c.**, to compliment sb. on st. **complimentarsi**, **B** *v. rifl.* to congratulate (sb. on st.).
compliménto, *m.* **1** compliment: **fare un c. a q.**, to pay sb. a compliment; **complimenti esagerati**, fulsome compliments; (*iron.*) **Grazie del c.!**, thanks for the compliment! **2** (*pl.*: *ossequi*) compliments; regards; respects: **I miei complimenti a sua moglie**, my compliments to your wife **3** (*pl.*: *rallegramenti*) congratulations: **I miei complimenti! è stata un'esecuzione memorabile, congratulations!** it has been a memorable performance **4** (*pl.*: *cortesia eccessiva*) flowery speeches (*elaborate*) courtesies; ceremoniousness (*sempre sing.*): **Maria era tutta sorrisi e complimenti**, Mary was all smiles and ceremoniousness; **Tutti quei complimenti mi davano fastidio**, all those elaborate courtesies (*o* flowery speeches) irritated me. ● **fare complimenti**, to stand on ceremony; to hesitate (politely): **Non faccia complimenti, mi dica quel che le occorre**, please don't hesitate to tell me what you need □ **senza complimenti**, frankly; really: **Grazie, no, senza complimenti**, no, thank you, I really mean it (*o* I really don't want any more) □ **senza tanti complimenti**, without ceremony.
complimentóso, *a.* **1** (*di persona*) full of polite attentions; ceremonious **2** (*lezioso*) mincing **3** (*manierato*) mannered; affected **4** (*di cose*) flattering; complimentary.
complottare, *v. i.* to plot; to conspire.
complòtto, *m.* plot; conspiracy.
complùvio, *m.* **1** (*archeol.*) compluvium* **2** (*archit.*) valley.
componènte, **A** *a.* component: (*fis.*) **forze componenti**, component forces. **B** *m. e f.* **1** (*persona*) component; member: **i componenti la squadra**, the members of the team **2** (*cosa*) component (part). **C** *m.* (*chim., mat.*) component. **D** *f.* **1** (*fis.*) component: **la c. di un vettore**, the component of a vector **2** (*fig.*) element; constituent; component: **le componenti del pensiero di uno scrittore**, the elements of a writer's thought.
componìbile, *a.* (*ind.*) sectional; modular: **mobili componibili**, modular (*o* unit) furniture.
componiménto, *m.* **1** (*scolastico*) essay; composition: **c. d'inglese**, English essay **2** (*mus.*) composition: **i componimenti (musicali) di Purcell**, Purcell's compositions **3** (*letter.*) work; writing: **i componimenti drammatici di Marlowe**, Marlowe's theatrical works **4** (*leg.*) settlement: **c. amichevole di una controversia**, settlement of a dispute.
compórre, *v. t.* **1** (*costituire*) to make* up; to constitute; to form: **Tre turisti americani componevano il resto della comitiva**, three American tourists made up the rest of the party **2** (*creare*) to compose; to invent; to create: **c. la musica di un'opera**, to compose the music of an opera **3** (*ordinare*) to tidy (up); to put* in order; to arrange; to adjust: **c. i capelli**, to tidy one's hair; **c. gli oggetti in vetrina**, to arrange the objects in the window **4** (*conciliare*) to compose; to settle: **c. una lite**, to settle (*o* to compose) a quarrel **5** (*tipogr.*) to set* (type); to compose **6** (*un cadavere*) to lay* out **7** (*chim.*) to compound. ● (*tel.*) **c. un numero**, to dial a number □ **La «Vita Nuova» si compone di prose e poesie**, the «Vita Nuova» consists (*o* is composed) of prose and verse.
comportamentismo, *m.* (*psic.*) behaviourism; behaviorism (*USA*).
comportamentista, *m. e f.* behavioural scientist.
comportamentistico, *a.* behavioural.
comportaménto, *m.* behaviour; behavior (*USA*); conduct.
comportare, **A** *v. t.* **1** (*richiedere*) to involve; to take*: **Questo comporterà una spesa enorme**, this will involve an enormous expenditure **2** (*permettere*) to allow (of); to permit. **comportarsi**, **B** *v. rifl.* to behave; to act: **c. da eroe**, to behave like a hero; **c. bene**, to behave well; to acquit oneself well; **c. male**, to behave badly; to misbehave.
compòrto, *m.* **1** grace; respite: **concedere due giorni di c. a q.**, to give sb. two days' grace **2** (*ferr.*) admitted delay (in a train's departure).
compòsite, *f. pl.* (*bot., Compositae*) composites.
compositivo, *a.* **1** component; constituent **2** (*relat. al comporre*) of composition. ● **avere attitudini compositive**, to have a bent for composition; **elemento c.**, component.
compòsito, *a.* **1** composite (*anche archit., bot.*) **2** (*mecc.*) compound: **macchina composita**, compound machine.

compositóio, *m.* (*tipogr.*) composing stick; setting stick.
compositóre, *m.* **1** (*mus.*) composer **2** (*tipogr.*) compositor; typesetter.
compositrice, *f.* **1** (*mus.*) composer **2** (*tipogr.*) typesetter; composing machine. ● (*tipogr.*) **c. meccanica**, mechanical typesetter.
composizióne, *f.* **1** composition: **Il ragazzo studia c. al conservatorio**, the boy is studying composition at the Conservatoire; (*mecc.*) **c. di forze**, composition of forces **2** (*di una lite, ecc.*) composition; settlement; agreement; reconciliation **3** (*tipogr.*) composition; setting; typesetting; (*piombo*) matter: **c. da conservare**, live (*o* standing) matter; **c. a mano**, hand composition; **c. dopo la stampa**, dead matter; **c. interlineata**, leaded matter. ● (*fis.*) **c. di vettori**, addition of vectors □ (*tipogr.*) **c. stretta**, close spacing □ (*tipogr.*) **sala della c.**, composing room.
compossèsso, *m.* (*leg.*) joint possession.
compossessóre, *m.* (*leg.*) joint possessor.
compósta, *f.* **1** (*cucina*) stewed fruit; compote **2** (*agric.*: *materiale fertilizzante*) compost.
compostézza, *f.* **1** composure; calmness; self-possession **2** (*dignità*) decorum; dignity **3** (*moderazione*) moderation; decency.
compostièra, *f.* compote jar.
compósto, **A** *a.* **1** (*costituito*) composed, consisting, made up (of): **un appartamento c. di due camere**, a flat made up of two rooms **2** compound: (*gramm.*) **una parola composta**, a compound word; (*mat.*) **numero c.**, compound number; (*comm.*) **interesse c.**, compound interest **3** (*ordinato*) tidy, neat; (*decoroso*) decorous, dignified; (*calmo, sereno*) composed, self-possessed **4** (*bot.*) composite; compound: **infiorescenza composta**, composite inflorescence. **B** *m.* **1** mixture; compound **2** (*chim.*) compound: **composti alifatici**, aliphatic compounds.
cómpra, *V.* **cómpera**.
compràbile, *a.* buyable; purchasable.
comprare, *v. t.* **1** to buy*; to purchase (*sostituibile a* to buy *in tutte le frasi, salvo le prov.*): **c. al minuto**, to buy retail; **c. all'ingrosso**, to buy wholesale; **c. a (pronti) contanti**, to buy cash; to pay cash; **c. q.c. di seconda mano**, to buy st. second-hand; **c. a credito**, to buy on credit; **c. q.c. a buon mercato** (*o* **a buon prezzo**), to buy st. cheap; **c. all'asta** (*o* **all'incanto**), to buy at an auction (*o* at auctions); **c. q.c. da q.**, to buy st. from sb.; **c. q.c. in un negozio**, to buy st. in a shop; **c. q.c. a mille lire**, to buy st. for one thousand lire; **c. a rate**, to buy on the instalment plan; (*fig.*) **c. la gatta nel sacco** (*o* **c. a occhi chiusi**), to buy a pig in a poke **2** (*corrompere*) to bribe; to buy*: **c. i giurati**, to bribe the jurors; **c. il silenzio di q.**, to bribe sb. to silence. ● (*fig.*) **c. guai**, to ask (*o* to look) for trouble □ (*fig.*) **essere un uomo che compra e non vende**, to be a man who gives away nothing □ (*fig.*) **Io la vendo come l'ho comprata**, I'm just passing on what I heard.
compratóre, *m.* **1** buyer; purchaser: **a rischio e pericolo del c.**, at the buyer's risk **2** (*leg.*: *specialm. di beni immobili*) vendee **3** (*cliente*) shopper; customer **4** (*addetto agli acquisti*) buyer; purchasing agent: **Al salone della moda erano ammessi solo i compratori delle ditte, non i compratori privati**, only (professional) buyers were admitted to the fashion show, no private customers.
compravéndita, *f.* **1** (*fin., comm.*) trading; buying and selling **2** (*leg.*: *il contratto*) contract of sale. ● **atto di c.**, deed of sale.
comprèndere, **A** *v. t.* **1** (*contenere*) to include; to cover; to comprise; to take* in; to comprehend; to contemplate: **c. varie sezioni**, to comprise (*o* to include) various sections; **Il libro comprende un capitolo sulla scherma**, the book includes a chapter on fencing; **La nuova legge comprende anche questo caso**, the new law also contemplates (*o* covers) this case; **Il prezzo è di diciottomila lire al giorno tutto compreso**, the price is eighteen thousand lire a day everything included **2** (*capire*) to understand*; to see*; to be able to make out (*specialm. in frasi neg.*); to comprehend: **Non comprendo quale sia il tuo punto di vista**, I can't make out what your point of view is; **Comprendo quello che intendi**, I see what you mean; **c. la lingua di q.**, to understand sb.'s language. **comprèndersi**, **B** *v. rifl. recipr.* to understand* each other (*o* one another). ● **Ci siamo compresi?**, is that clear?; right (*fam.*)?
comprendònio, *m.* (*fam., scherz.*) brains, wits (*pl.*); intelligence; understanding. ● **duro di c.**, dull-witted; slow on the uptake (*fam.*).
comprensìbile, *a.* understandable; comprehensible; intelligible: **un punto di vista c.**, an understandable point of view; **La tua scrittura non è c.**, your writing is not intelligible.
comprensibilità, *f.* comprehensibility; intelligibility.
comprensióne, *f.* **1** (*il capire*) understanding; grasp; intelligence; comprehension: **una lezione adatta per la c. degli allievi**, a lesson suited to the understanding of the pupils; **L'autore ha una rara c. degli attuali problemi economici**, the author has a remarkable grasp of current economic problems; **Mi**

comprensività

fidai della sua c. delle conseguenze politiche, I trusted to his intelligence of the political consequences 2 (*partecipazione a sentimenti altrui*) sympathy: **In quelle ore tragiche il mio amico mi mostrò la sua c.**, in those tragic hours my friend showed me his sympathy. ● **di facile c.**, easy to understand.
comprensività, *f.* comprehensiveness; inclusiveness.
comprensivo, *a.* **1** comprehensive; inclusive: **c. di tutte le spese**, inclusive of all charges **2** (*che dimostra comprensione*) sympathetic; understanding.
comprensòrio, *m.* area; district; territory: **c. di bonifica**, reclamation district.
comprèso, *a.* **1** included: **fino al 10 aprile c.**, up to the 10th of April included **2** (*conscio*) fully aware; fully conscious (*o* impressed): **Partii in missione c. delle mie responsabilità**, I set off on my mission fully aware of my responsibilities. ● **tutto c.** (*di prezzo*), all-inclusive (*attr.*); everything included (*pred.*) □ **La donna stava tutta compresa davanti all'altare**, the woman stood in front of the altar unaware of her surroundings.
comprèssa, *f.* **1** (*med.*: **c. di garza**) compress **2** (*farm.*: *pastiglia*) tablet.
compressibile, *a.* (*fis.*) compressible.
compressibilità, *f.* (*fis.*) compressibility.
compressióne, *f.* **1** pressure; compression: (*fis.*) **grado di c.**, compression ratio; (*mecc.*) **prova alla c.**, compression test; (*autom.*) **rapporto di c.**, compression ratio **2** (*stretta*) squeeze (*anche fig.*): **c. creditizia**, credit squeeze.
compressivo, *a.* compressive; compressing. ● **fasciatura compressiva**, bandage.
comprèsso, *a.* **1** compressed; pressed: (*metall.*) **acciaio c. allo stato fluido**, fluid-compressed steel; (*mecc.*) **freno ad aria compressa**, compressed-air brake; air brake **2** (*fig.*) suppressed; repressed: **ira compressa**, suppressed anger.
compressóre, **A** *m.* **1** (*mecc.*) compressor: **c. d'aria**, air compressor **2** (*di motore a scoppio*) supercharger **3** (*ind. tessile*) condenser. ● **c. stradale**, road-roller. **B** *a.* compressing.
comprimàrio, *m.* **1** (*teatr.*) second lead **2** (*med.*) co-head (*o* joint head) physician.
comprimere, *v. t.* **1** to press (hard); to compress; to constrict: **c. un'arteria**, to compress an artery **2** (*anche econ.*) to squeeze: **c. la spesa pubblica**, to squeeze public expenditure **3** (*fig.*: *frenare*) to repress; to suppress; to restrain; to bottle up (*fam.*): **Non potei c. lo sdegno**, I was unable to restrain my indignation **4** (*fis.*) to compress.
comprimibile, *a.* **1** (*reprimibile*) restrainable **2** (*fis.*) compressible **3** (*econ.*) squeezable; that can be squeezed.
comprimibilità, *f.* **1** (*fis.*) compressibility **2** (*econ.*) squeezability.
compromésso, *m.* **1** compromise; give and take; half-measure: **soluzione di c.**, compromise solution; **senza compromessi**, without half-measures **2** (*leg.*: *contratto preliminare di compravendita*) agreement to sell. ● (*leg.*) **c. arbitrale**, arbitration agreement; reference; submission □ (*polit.*) **c. storico**, historic compromise.
compromettènte, *a.* compromising.
comprométtere, **A** *v. t.* **1** (*mettere a repentaglio*) to compromise; to endanger; to jeopardize: **C'è il rischio di c. tutto**, there is the risk of jeopardizing everything **2** (*coinvolgere*) to implicate; to involve: **Queste ammissioni hanno compromesso le due sorelle**, these admissions have implicated the two sisters.
comprométtersi, **B** *v. rifl.* **1** to compromise oneself: **Forse è colpevole ma è sempre stato attento a non c.**, he may be guilty but he has always been careful not to compromise himself **2** (*impegnarsi*) to commit oneself: **Gli ho chiesto la sua opinione, ma non ha voluto c.**, I asked him his opinion, but he refused to commit himself.
compromissòrio, *a.* – (*leg.*) **clausola compromissoria**, arbitration clause.
comproprietà, *f.* (*leg.*) joint ownership, co-ownership.
comproprietàrio, *m.* joint owner; co-owner; co-proprietor.
compròva, *f.* proof; confirmation: **in c.**, in (*o* as) proof.
comprovàbile, *a.* provable; demonstrable.
comprovare, *v. t.* to prove; to confirm: **Nuovi indizi hanno comprovato la colpevolezza dello Smith**, new evidence has proved Smith's guilt.
compulsare, *v. t.* to consult (a work of reference); to examine.
compunto, *a.* **1** conscience-stricken; regretful; sorry; contrite **2** (*atteggiato a compunzione*) exaggeratedly (*o* hypocritically) penitent.
compunzióne, *f.* **1** compunction; regret; scruple **2** (*atteggiamento non sincero*) exaggerated penitence.
computàbile, *a.* calculable; computable.
computare, *v. t.* **1** to reckon; to calculate **2** (*per calcoli di precisione*) to compute: **Computai la distanza tra le due città**, I computed the distance between the two cities **3** (*addebitare*) to charge; to debit.
computazionale, *a.* computational: **linguistica c.**, computational linguistics.
computer (*ingl.*), *m.* computer; processor. ● **calcolare con un c.**, **usare un c.**, to compute.
computerizzàbile, *a.* computerizable.
computerizzare, *v. t.* to computerize.
computerizzazióne, *f.* computerization.
computista, *m.* e *f.* **1** calculator; reckoner **2** (*contabile*) book-keeper.
computisteria, *f.* **1** (*mat.*) business mathematics **2** (*rag.*: *contabilità*) book-keeping.
còmputo, *m.* **1** reckoning; calculation; account **2** (*calcolo specialm. complicato*) computation **3** (*edil.*) estimate: **c. metrico**, estimate of quantities. ● (*relig.*) **c. ecclesiastico**, ecclesiastical calendar.
comunale, *a.* **1** municipal; town, city, borough, local government (*attr.*): **il palazzo c.**, the town hall; **amministrazione c.**, municipal administration; **consiglio c.**, Town Council; **Borough Council 2** (*in Italia, ecc.*) municipal; communal: **elezioni comunali**, communal elections.
comunanza, *f.* (*lett.*) community: **c. d'interessi**, community of interests; **una c. religiosa**, a religious community.
comunardo, *m.* (*stor.*) Communard.
comune (1), **A** *a.* **1** (*generale, condiviso*) common; general: **per il bene c.**, for the common good; **La mancanza di una lingua c. c'impediva di comunicare**, the lack of a common language prevented us from communicating; **amico c.**, common (*o* mutual) friend; **pascolo c.**, common land; common; **di c. accordo**, by common (*o* mutual) consent; (*gramm.*) **genere c.**, common gender; (*gramm.*) **nome c.**, common noun; (*polit.*) **Mercato C.**, Common Market **2** (*abituale, normale*) common; ordinary; normal; everyday (*attr.*); usual: **senso c.**, common sense; **Le cose più comuni acquistavano un significato nuovo**, the most ordinary (*o* everyday) things acquired a new meaning; **una c. valigia marrone**, an ordinary brown bag; **la vita c. di una tipica famiglia inglese**, the everyday (*o* normal) life of a typical English family; **Questo è l'uso c.**, this is the usual practice **3** (*medio*) average: **statura (intelligenza) c.**, average height (intelligence) **4** (*ordinario, volgare*) common; cheap: **maniere comuni**, common manners; **un tipo c. di merce**, a common make of goods. ● **fare vita c.**, to share the same life; to live together □ (*comm.*) **in conto c.**, in joint account □ **intelligenza non c.**, uncommon intelligence □ **un luogo c.**, a platitude; (*meno spreg.*) a commonplace □ **l'uomo c.**, the common man; the man in the street □ (*prov.*) **Mal c. mezzo gaudio**, misery loves company; fellowship in woe doth woe assuage. **B** *m.* – **avere q.c. in c.**, to share st. (*o* the same thing); (*di gusti, qualità, ecc.*) to have st. in common; **fuori del c.**, out of the ordinary; uncommon; exceptional; unusual; **in c.**, in common. ● **essere più intelligente del c.**, to be cleverer than the average. **C** *f.* (*teatr.*) main stage door: **uscire per la c.**, to exit by the main stage door; (*fig.*) to disappear from the scene, to sneak off.
comune (2), *m.* **1** (*governo eletto di città*) commune (*in Italia, Francia, ecc.*); municipality, municipal corporation, town (*o* city) council (*in G. B. e USA*) **2** (*la città*) town; city; (*talora*) borough: **il c. di Chelsea**, the borough of Chelsea **3** (*il palazzo*) town hall: **sposarsi in c.**, to get married in Town Hall **4** (*stor.*) (*medievale*) commune; city-republic. ● (*polit.*) **la Camera dei Comuni**, the House of Commons; the Commons.
comune (3), *f.* **1** – (*stor.*) **la C.**, the Commune (of Paris) **2** (*polit.*) commune; collective.
comunèlla, *f.* **1** (*chiave*) master key; skeleton key **2** – **fare c.**, to be in league; to gang up; to gang together; to hang together: **La favola del fuoco, dell'acqua e dell'onore che fecero c. insieme**, the tale of Fire, Water and Honour who were in league together.
comuneménte, *avv.* **1** (*di solito*) commonly; usually; generally **2** (*in comune*) jointly.
comunicàbile, *a.* communicable.
comunicabilità, *f.* communicability.
comunicando, *m.* (*relig.*) communicant.
comunicante, **A** *a.* communicating: **vasi comunicanti**, communicating vessels. **B** *m.* (*relig.*) priest administering Holy Communion.
comunicare, **A** *v. t.* **1** to impart; to communicate; to share: **c. la scienza**, to impart knowledge; **c. il proprio entusiasmo a q.**, to communicate one's enthusiasm to sb. (*o* to share one's enthusiasm with sb.) **2** (*relig.*) to administer Holy Communion (to); to communicate **3** (*trasmettere per contagio*) to transmit: **c. una malattia a q.**, to transmit a disease to sb.; to infect sb. with a disease. **B** *v. i.* to communicate: **La camera comunica con la stanza da bagno**, the bedroom communicates with the bathroom; **c. per telefono**, to communicate by telephone; **c. in francese per mezzo di un interprete**, to communicate in French

through an interpreter. ● **c. a q. un'informazione su q.c.**, to inform sb. of st. □ **c. via radio**, to broadcast. **comunicarsi, C** *v. rifl.* **1** to be communicated; to be transmitted **2** (*relig.*) to receive Holy Communion. **D** *v. rifl. recipr.* to communicate to each other (*o* to one another); to tell* each other (*o* one another).

comunicativa, *f.* power(s) of communication; communicativeness.

comunicativo, *a.* **1** communicative; loquacious; chatty (*fam.*) **2** (*cordiale*) cordial; genial; open (*contagioso*) contagious.

comunicato, *m.* **1** (*diplomatico e mil.*) «communiqué»; (*ufficiale*) statement, announcement **2** (*di privati*) notice **3** (*c. medico*) bulletin. ● **c. stampa,** press release.

comunicazióne, *f.* **1** communication: **interrompere tutte le comunicazioni con la terraferma,** to cut off all communications with the mainland; **comunicazioni ferroviarie,** railway communications; **linee di c.,** communication lines; **mezzi di c.,** means of communication **2** (*messaggio, annuncio, ecc.*) announcement; message; communication; letter: **avere da fare una c.,** to have a message to give; (*a voce*) to have an announcement to make; **c. scritta,** written communication; **ricevere una c. da q.,** to receive a letter from sb.; to hear from sb. **3** (*relazione scientifica e sim.*) paper **4** (*mecc.*) transmission. ● (*tel.*) **c. interurbana,** trunk call; long-distance call (*USA*) □ **c. telefonica,** telephone call; (*collegamento*) telephone connection □ (*tel.*) **dare la c. a q.**, to put sb. through □ (*tel.*) **essere in c.** (*in linea*), to be through □ **mettere in c. due persone,** to put two persons in touch with each other □ **mezzi di c. di massa,** mass media □ **Ministero delle Comunicazioni,** Ministry of Transport □ **strada di grande c.**, arterial road □ **togliere la c. (telefonica) a q.**, to cut sb. off.

comunióne, *f.* **1** (*spirituale*) communion: **la c. dei Santi,** the communion of Saints; **c. con Dio (con la natura, con un amico)** communion with God (with nature, with a friend) **2** (*relig.*) (Holy) Communion: **prima c.**, first Communion; **ricevere la c.**, to receive (*o* to go to) Holy Communion **3** (*comunanza*) community: **c. dei beni,** community of property; **la c. di vedute dei due ministri,** the community of views of the two secretaries of State **4** (*società degli appartenenti ad una stessa confessione religiosa*) communion: **la c. greco-ortodossa,** the Greek-Orthodox communion. ● (*leg.*) **c. ereditaria,** co-ownership by the heirs of the estate left by a deceased person □ **avere in c.**, to share.

comunismo, *m.* (*polit.*) Communism.

comunista, (*polit.*) **A** *a.* communist: **il partito c.**, the Communist party. **B** *m. e f.* Communist; commie, commy (*pop.*): **i comunisti cinesi,** Chinese Communists.

comunistico, *a.* (*raro, polit.*) communist(ic): **propaganda comunistica,** communistic propaganda.

comunistizzare, *v. t.* **1** (*rendere conforme alla dottrina comunista*) to communize, to communise; to put* on a communistic basis; to develop according to the principles of communism **2** (*convertire al comunismo*) to communize, to communise; to convert to communism.

comunità, *f.* **1** community: **c. religiosa,** religious community; **per il bene della c.**, for the good of the community **2** (*di animali*) colony: **una c. di marmotte,** a colony of marmots. ● **C. carbosiderurgica (C. europea del carbone e dell'acciaio),** Coal and Steel Pool □ **a spese della c.**, on the taxpayer (*fam.*) □ **Paga la c.**, the taxpayer pays.

comunitàrio, *a.* community (*attr.*); public.

comùnque, A *avv.* however; anyhow; in any case; in any event: **C., avresti dovuto dirmelo,** in any case, you should have told me. **B** *cong.* however; no matter how; in whatever way; whatever: **C. vada, starò fino alla fine,** however (*o* no matter how, in whatever way) it turns out, I shall stay to the end; **Non cambierà nulla, c. tu faccia,** nothing will change, whatever you may do. ● **c. sia** (*o* **si sia**), however that may be.

cón, *prep.* **1** (*compagnia, unione, comparazione*) with: **Lo vidi con te,** I saw him with you; **Porta con te tua moglie,** bring your wife with you; **Hai denaro con te?**, have you any money with you?; **L'olio non si mescola con l'acqua,** oil will not mix with water; **Non hai pazienza con me,** you have no patience with me; **essere in pace (in guerra) con q.**, to be at peace (at war) with sb.; **tenersi in contatto con q.**, to keep in touch with sb.; **confrontare l'originale con la copia,** to compare the original with the copy **2** (*mezzo o strumento*) with; by; by means of; (*rif. a mezzi di trasporto*) by: **Vediamo con gli occhi e udiamo con le orecchie,** we see with our eyes and hear with our ears; **tagliare q.c. con il coltello (con le forbici, ecc.),** to cut st. with a knife (with a pair of scissors, etc.); **uccidere q. con la spada,** to kill sb. with a sword; **coprire q.c. con un panno,** to cover st. with a cloth; **fabbricare oggetti con le macchine,** to make things by (*o* with) machinery; **illuminare le strade con l'elettricità,** to light the streets with (*o* by) electricity; **arrivarci con la scala a pioli,** to reach it with (*o* by means of) a ladder; **leggere con la luce elettrica,** to read by electric light; **arrivare (partire, viaggiare) col treno (col battello, con l'automobile, ecc.),** to arrive (to leave, to travel) by train (by boat, by car, etc.); **Si guadagna il pane con l'insegnamento,** he earns his bread and butter by teaching **3** (*maniera*) with; in: **fare q.c. con cura (facilità, difficoltà, forza, ecc.),** to do st. with care (ease, difficulty, force, etc.); **procedere con cautela,** to proceed with caution (*o* cautiously); **accogliere q. con un sorriso amichevole,** to welcome sb. with a friendly smile; **con l'ultimo respiro,** with one's last breath; **con tutto il cuore,** with all one's heart; **con grande sforzo,** with a great effort; **rispondere con tono irato,** to answer in an angry tone **4** (*caratteristica, proprietà*) with: **un uomo con i capelli bianchi,** a man with white hair; a white-haired man; **un uomo con un occhio solo,** a man with only one eye; a one-eyed man; **una giacca con tre tasche,** a jacket with three pockets **5** (*in senso temporale*) with; at; on: **Ci alzavamo col sole,** we used to get up with the sun (*o* at sunrise); **col tramonto,** at sunset; **con la tua venuta,** on your arrival; when you come; when you came **6** (*verso*) with; to; towards: **essere cortese con i clienti,** to be polite to one's customers; **È sempre gentile con me,** he's always kind to me; **essere generoso con i vinti,** to be generous with (*o* towards) the conquered **7** (*contro*) with; against: **litigare con q.**, to quarrel with sb.; **combattere con un drago,** to fight with (*o* against) a dragon; to fight a dragon **8** (*materia*) from; out of: **Il vino si fa con l'uva,** wine is made from grapes; **Con una vecchia cassa, ho fatto questo tavolino,** I made this table out of an old box **9** (*avversativa*) with; in spite of: **Con tutti i suoi difetti, lo trovo simpatico,** with all his faults, I like him; **Con tutta la sua intelligenza, non è stato promosso,** with all his brains, he hasn't passed **10** (*consecutiva*) to: **con nostra grande gioia** (**stupore, fastidio, ecc.**), to our great delight (astonishment, annoyance, etc.). ● **con l'aiuto di Dio,** with God's help □ **con tutto che,** although: **Con tutto che si vogliono bene, non fanno che bisticciare,** although they are fond of each other, they are always bickering □ **avere studiato con Carducci,** to have studied with (*o* under) Carducci □ **essere conosciuto col nome di,** to go by (*o* under) the name of □ **insieme con,** together with, along with □ (*sport*) **un otto con,** a coxed eight □ **Ci riuscì, ma con un lavoro durissimo,** he succeeded only by dint of hard work □ **Con ciò s'alzò in piedi e lasciò la stanza,** with that, he got up and left the room □ **Con tutto questo, è un cretino,** for all that, he's an idiot □ **Non ho denaro con me,** I have no money about me □ **Uscì con i guanti e il cappellino,** she went out with her gloves and hat on □ **Uscii con la chiave in tasca,** I went out with the key in my pocket.

conato, *m.* effort; attempt. ● (*med.*) **conati di vomito,** retching (*sing.*) □ (*med.*) **avere conati di vomito,** to retch.

cónca, *f.* **1** (*tinozza per bucato*) large (earthenware) basin **2** (*serbatoio*) reservoir **3** (*di canale*) lock **4** (*geogr.*: *concavità*) hollow; (*valletta*) dell **5** (*lett.*: *conchiglia*) shell; conch **6** (*anat.*) conch; concha. ● (*archit.*) **c. absidale,** conch; concha □ (*prov.*) **Dura più una c. fessa che una sana,** a creaking door hangs long on its hinges □ **far c. con le mani,** to cup one's hands.

concatenaménto, *m.* concatenation; connection, connexion.

concatenare, A *v. t.* (*anche fig.*) to link (together *o* up); to connect; to concatenate: **Queste idee sono logicamente concatenate,** these ideas are logically connected (*o* linked together).

concatenarsi, B *v. rifl.* to be linked together; to be connected.

concatenato, *a.* concatenate; linked together.

concatenazióne, *f.* **1** connection, connexion; link; concatenation **2** (*chim.*) linkage.

concàusa, *f.* **1** concomitant cause; concause **2** (*leg.*) joint cause.

concavità, *f.* **1** concavity **2** (*di terreno*) hollow.

còncavo, *a.* concave: **uno specchio c.**, a concave mirror. ● (*fis.*) **c. convesso,** concavo-convex.

concedènte, *m. e f.* (*leg.*) grantor.

concèdere, *v. t.* **1** to grant; to allow; to accord; to give*; to award; to bestow: **Concedimi più tempo,** give (*o* allow) me more time; **c. una borsa di studio,** to grant a scholarship; (*leg.*) **c. un prestito,** to grant a loan; (*leg.*) **c. una dilazione di pagamento,** to grant an extension of payment; **c. un'udienza,** to grant an audience; **c. un segno del proprio favore,** to accord a sign of one's favour; **c. un favore a q.**, to bestow a favour on sb.; **Gli fu concessa la medaglia d'oro,** he was awarded the gold medal **2** (*ammettere*) to admit; to agree; to concede: **Concessi che ciò era vero,** I conceded this was true; **Concedo che ho fatto tardi, ma potevi aspettare un pochino,** I admit (*o* I agree) I was late, but you might have waited a bit. ● (*leg.*) **c. un brevetto d'invenzione,** to issue (*o* to grant) a patent □ **c. la cittadinanza a q.**, to naturalize sb. □ (*leg.*) **c. un'esclusiva a q.**, to patent sb. □ **c. in affitto,** to let (out); to lease □ (*leg.*) **c. un rinvio,** to adjourn

a suit □ (*comm.*) **c. sconti**, to rebate.
concedìbile, *a.* allowable; grantable.
concelebrante, *m.* (*relig.*) concelebrant.
concelebrare, *v. t.* (*relig.*) to concelebrate.
concelebrazióne, *f.* (*relig.*) concelebration.
concènto, *m.* (*lett.*) harmony (*anche fig.*).
concentraménto, *m.* **1** concentration: **campo di c.**, concentration camp **2** *V.* **concentrazióne**, *def.* 5. ● (*mil.*) **c. di tiro**, convergence of fire.
concentrare, **A** *v. t.* **1** to assemble; to gather together (at one point) **2** (*mil.*) to mass; to concentrate: **c. truppe**, to mass troops; **c. il fuoco dell'artiglieria**, to concentrate artillery fire **3** (*chim.*) to concentrate **4** (*econ.*, *fin.*: *aziende e sim.*) to combine; to amalgamate; to merge. **concentrarsi**, **B** *v. rifl.* **1** to gather; to assemble; to concentrate **2** (*fig.*) to concentrate: **c. in q.c.**, to concentrate on st.; **Come posso concentrarmi con quella radio accesa?**, how can I concentrate with that radio on? **3** (*econ.*, *fin.*) to combine; to amalgamate; to merge.
concentrato, **A** *a.* concentrated: (*mil.*) **fuoco c.**, concentrated fire. **B** *m.* **1** concentrated food **2** (*di conserve*, *ecc.*) concentrate **3** (*fig.*: *cumulo*) heap; lot: **un c. di sciocchezze**, a lot of nonsense. ● (*chim.*) **c. di allume**, concentrated alum.
concentratóre, *m.* (*mecc.*) concentrator; thickener. ● (*elettron.*) **c. di dati**, data concentrator.
concentrazióne, *f.* **1** concentration **2** (*chim.*) concentration; strength **3** (*mil.*) massing **4** (*fis.*) focusing **5** (*econ.*, *fin.*) combination; amalgamation; consolidation; merger. ● (*chim.*, *fis.*) **aumentare (diminuire) la c. della soluzione**, to strengthen (to dilute) the solution □ (*med.*) **prova di c.**, concentration test.
concentricità, *f.* (*anche geom.*) concentricity.
concèntrico, *a.* (*geom.*) concentric(al).
concepìbile, *a.* conceivable; imaginable.
concepibilità, *f.* conceivability; conceivableness.
concepiménto, *m.* conception.
concepìre, *v. t.* **1** (*generare*, *anche fig.*) to conceive: **Maria concepì un figlio maschio**, Mary conceived a male child; **Il romanzo fu concepito come trilogia**, the novel was conceived as a trilogy; **Non concepisco un pasto senza pane**, I can't conceive a meal without bread **2** (*comprendere*) to understand*; (*immaginare*) to imagine: **Non lo concepisco**, I don't understand it; **Quasi non riesco a concepirlo**, I can hardly imagine it **3** (*provare*, *nutrire*) to form; to entertain; to conceive; to feel*: **c. stima per il talento di q.**, to form a high opinion of sb.'s talent; **c. un affetto**, to form an attachment; **c. avversione**, to feel aversion; **c. speranze** (**sospetti**, **dubbi**), to entertain hopes (suspicions, doubts) **4** (*formulare*) to draw* up; (*escogitare*) to contrive; to devise: **c. un piano di risanamento dei quartieri poveri**, to draw up a slum clearance plan; **c. un piano di fuga**, to contrive (*o* to devise) a plan of escape **5** (*un messaggio e sim.*) to word: **un telegramma così concepito**, a telegram worded as follows.
concerìa, *f.* **1** (*locale*) tannery **2** (*tecnica della concia*) tanning; tannage.
concernènte, *a.* concerning; relating to: **carte concernenti un vecchio processo**, papers relating to an old lawsuit.
concèrnere, *v. t.* to concern; to relate to; to pertain to: **Questa lettera concerne i tuoi piani**, this letter concerns your plans; **tutto ciò che concerne Byron a Ravenna**, everything pertaining to Byron at Ravenna. ● **per quanto concerne quel progetto**, as regards (*o* with regard to) that plan.
concertante, *a.* (*mus.*) concertante: **duo c.**, duo concertante.
concertare, **A** *v. t.* **1** (*mus.*) to orchestrate **2** (*fig.*: *combinare*) to plan; to arrange; to deliberate (*lett.*): **Concertammo un nuovo piano di lavoro**, we planned a new work schedule. **concertarsi**, **B** *v. rifl.* (*accordarsi*) to agree: **Ci concertammo di fare un lungo viaggio**, we agreed to go on a long journey.
concertato, **A** *a.* **1** concerted; united: **azione concertata**, concerted action; **decisione concertata**, unanimous decision **2** (*mus.*) polyphonic; concerted: **pezzo c.**, concerted piece. **B** *m.* (*mus.*) concertato.
concertatóre, *m.* − (*mus.*) **maestro c. e direttore d'orchestra**, conductor (of opera).
concertazióne, *f.* (*mus.*) orchestration; orchestral arrangement.
concertino, *m.* (*mus.*) concertino.
concertìsta, *m. e f.* (*mus.*) concert musician (*o* player).
concertìstico, *a.* concert (*attr.*): **stagione concertistica**, concert season.
concèrto, *m.* **1** (*mus.*) concert; (*di un solista*) recital: **c. sinfonico**, symphony concert; **sala per concerti**, concert hall **2** (*mus.*: *composizione musicale*) concerto*: **c. per violino e orchestra**, violin concerto **3** (*iron.*) chorus; symphony: **c. di bambini che strillano**, chorus of screaming children; **c. di asini che ragliano**, symphony of braying asses **4** (*fig.*: *accordo*) agreement; concert; harmony: **agire di c.**, to act in concert (*o* in agreement). ● **c. di campane**, chimes.

concessionàrio, (*leg.*, *comm.*) **A** *a.* concessionary. **B** *m.* concessionaire; grantee; agent: **c. esclusivo**, sole (*o* exclusive) agent. ● **c. d'auto**, car distributor □ **c. di brevetto**, patentee □ **c. di licenza**, licensee.
concessióne, *f.* **1** concession: **Come grande c. del medico, oggi posso alzarmi per un'ora**, as a great concession, I can get up for an hour today, the doctor says **2** (*leg.*) concession: **c. petrolifera**, oil concession **3** (*leg.*: *comunale*, *governativa*, *ecc.*) franchise; (*permesso di caccia*, *ecc.*) permit, licence.
concessiva, *f.* (*gramm.*: *congiunzione*) concessive conjunction; (*proposizione*) concessive clause.
concessivo, *a.* **1** (*anche gramm.*) concessive **2** (*permissivo*) permissive.
concèsso, *a.* − **Dato e non c. che...**, granted, for the sake of argument, that...
concessóre, *m.* **1** (*largitore*) bestower **2** (*leg.*) grantor.
concettìsmo, *m.* (*letter.*) concettism; (*nella letter. ingl.*) euphuism.
concètto, *m.* **1** concept: **c. morale (matematico, filosofico)**, moral (mathematical, philosophical) concept **2** (*opinione*, *idea*) opinion; (*general*) idea; conception: **farsi un c. di q.c.**, to get the general idea of st.; to form an opinion on st.; to get the hang of st. (*fam.*); **non avere un buon c. di q.**, to have a poor opinion of sb.; **non avere il più lontano c. di cosa significhi compilare un dizionario**, not to have the faintest idea of what compiling a dictionary means; **c. e forma**, idea and form **3** (*concezione*) conception; design; plan; project: **un c. grandioso**, a magnificent conception; a great design; **Il c. di una città giardino fu realizzato**, the project (*o* the plan) of a garden city was carried out **4** (*letter.*) conceit; «concetto*»: **i concetti dei secentisti**, the conceits of seventeenth-century writers. ● (*bur.*) **di c.**, responsible: **un elemento di c.**, a responsible clerk (*o* accountant, etc.) □ **Questo è un lavoro meccanico, quello era un lavoro di c.**, this work is mechanical, that was creative to some extent □ **morire in c. di santità**, to die in the odour of sanctity □ **operai e lavoratori di c.**, labourers and white-collar workers.
concettosità, *f.* **1** pithiness; conciseness **2** (*letter.*) frequent (*o* excessive) use of conceits.
concettóso, *a.* **1** (*denso di concetti*) pithy; concise; meaty (*fam.*) **2** (*pieno di concetti lambiccati*) full of conceits.
concettuale, *a.* conceptual.
concettualìsmo, *m.* (*arte*, *filos.*) conceptualism.
concettualìsta, *m. e f.* (*arte*, *filos.*) conceptualist.
concezionale, *a.* conceptional.
concezióne, *f.* **1** conception: **l'Immacolata C.**, the Immaculate Conception **2** (*fig.*) conception; idea; concept; (*il concepire*) conceiving, shaping; (*concezione politica*) policy: **La lettura di Proust influenzò la c. del mio nuovo romanzo**, reading Proust influenced the conception of my new novel; **avere una c. sbagliata di q.c.**, to have the wrong idea about st.; **La c. dell' «Arianna» straussiana fu laboriosa**, the conceiving of «Ariadne» by Strauss was laborious; **perseguire la c. di un'Europa unita**, to pursue the policy of a United Europe.
conchìfero, *a.* (*zool.*, *geol.*) conchiferous.
conchìglia, *f.* **1** (*zool.*) shell; test **2** (*sport*) cup protector.
conchilìfero, *a.* (*geol.*) conchiferous.
conchilifórme, *a.* (*scient.*) conchiform; shell-shaped.
conchiliologìa, *f.* conchology.
conchiliòlogo, *m.* conchologist.
conchino, *m.* (*gioco di carte*) conquian.
conchiùdere, (*raro*) *V.* **conclùdere**.
cóncia, *f.* **1** (*il procedimento e la sostanza*) tanning **2** (*del tabacco*) curing **3** (*delle olive*) pickling **4** (*conceria*) tannery.
conciante, *m.* (*ind.*) tanning; tan.
conciapèlli, *m.* tanner.
conciare, **A** *v. t.* **1** (*pelli*) to tan; (*pelli e tessuti*) to dress **2** (*tabacco*) to cure **3** (*olive*) to pickle **4** (*pietre*) to cut*; to hew* **5** (*fig.*: *maltrattare*) to ill-treat; to beat* up **6** (*sporcare*) to dirty; to soil; to mess up. ● **c. q. per il dì delle feste**, to give sb. a thorough dressing down (*o* a good thrashing). **conciarsi**, **B** *v. rifl.* **1** (*insudiciarsi*) to dirty oneself; to mess oneself up; to get* into a filthy mess: **Guarda come s'è conciato!**, look what a filthy mess he's got into!; look what a state he is in! **2** (*vestirsi in modo strano o ridicolo*) to get* oneself up: **Sarebbe bella se non si conciasse così**, she would be good-looking if she didn't get herself up like that.
conciàrio, **A** *m.* tanner. **B** *a.* tanning: **industria conciaria**, leather tanning industry.
conciatétti, *m.* (*costr.*) tiler; slater.
conciatóre, *m.* **1** tanner **2** (*di tabacco*) curer.
conciatura, *f.* **1** (*di pelli*) tanning; dressing: **c. vegetale**, vegetable tanning **2** (*di tabacco*) curing **3** (*di olive*) pickling.
conciliàbile, *a.* **1** compatible; consistent (with); reconcilable **2** (*leg.*: *di multa*) which can be settled out of court.

conciliabilità, *f.* compatibility; reconcilability.
conciliàbolo, *m.* furtive gathering; clandestine (*o* secret) meeting; conventicle; powwow (*scherz.*): **essere in c. con q.**, to hold a powwow with sb.
conciliante, *a.* conciliating; conciliatory.
conciliare (1), A *v. t.* **1** to reconcile; to conciliate; to pacify: **c. opinioni disparate**, to reconcile discrepant opinions; **c. due amici che hanno bisticciato**, to reconcile two friends who have quarrelled; to bring about a reconciliation between friends who have quarrelled **2** (*procurare*) to gain: **Il suo comportamento gli concilia la simpatia di tutti**, his behaviour gains everybody's love. ● **c. il diavolo e l'acqua santa**, to have the best of both worlds □ (*leg.*) **c. una lite**, to make up a quarrel □ (*leg.*) **c. una multa**, to settle a fine out of court; to pay a fine □ **c. il sonno**, to make sleepy; to have a soporific effect: **Il caldo del casco (dal parrucchiere) mi concilia sempre il sonno**, the heat of the drier always makes me sleepy □ **La voce dell'oratore conciliava il sonno (al pubblico)**, the voice of the orator had a soporific effect on the audience. **conciliarsi, B** *v. rifl.* **1** (*mettersi d'accordo*) to become* reconciled; to make* up; (*andare d'accordo*) to be compatible; to agree: **Studio e pigrizia non si conciliano**, study and laziness are incompatible **2** (*cattivarsi*) to conciliate; to gain: **c. la stima di q.**, to conciliate (*o* to gain) sb.'s esteem **3** (*farsi alleato q.*) to win* (sb.) over (to one's side).
conciliare (2), A *a.* of a council; conciliar. **B** *m.* member of a council.
conciliarìsmo, *m.* (*relig.*) conciliarism.
conciliativo, *a.* conciliative; conciliating; conciliatory.
conciliatóre, A *m.* peacemaker; conciliator. **B** *a.* conciliatory. ● (*leg.*) **giudice c.**, Justice of the Peace.
conciliatòrio, *a.* conciliatory; conciliative; conciliating.
conciliatorìsmo, *m.* conciliatoriness.
conciliazióne, *f.* reconciliation; conciliation: (*stor.*) **la C.**, the Conciliation between the (Italian) State and the (Roman Catholic) Church in 1929.
concìlio, *m.* **1** (*relig.*) council: **c. ecumenico**, (o)ecumenical council; **C. di Trento**, Council of Trent; **C. Vaticano II**, Second Vatican Council **2** (*di laici*) council; committee; assembly; confabulation, huddle (*scherz.*): **fare un c.**, to have a confabulation; to go into a huddle.
concimàia, *f.* **1** (*a buca*) manure pit; dung pit **2** (*a mucchio*) manure heap; dunghill.
concimare, *v. t.* to manure; to fertilize.
concimatrice, *f.* (*agric.*) fertilizer spreader.
concimazióne, *f.* manuring; fertilization.
concime, *m.* **1** (*letame*) manure; dung **2** (*in genere*) fertilizer; (*artificiale*) fertilizer; chemical (*o* artificial) manure **3** (*combinazione dosata di vari concimi naturali*) compost.
concinnità, *f.* (*lett.*) concinnity; studied elegance (of literary style).
cóncio, A *a.* **1** (*ind.*: *conciato*) tanned **2** (*acconcio*) suitable; convenient. **B** *m.* (*archit.*) ashlar. ● **c. d'angolo**, quoin □ **c. di chiave**, keystone.
concionare, *v. i. e t.* **1** (*lett.*) to harangue; to address: **Il deputato concionò i suoi elettori**, the M.P. harangued his constituents **2** (*iron.*) to declaim.
concionatóre, *m.* haranguer.
concionatòrio, *a.* concionatory; oratorial.
concióne, *f.* **1** (*lett.*) solemn oration; harangue; public speech **2** (*iron.*) pompous speech.
conciossiaché, conciossiacosaché, *cong.* (*lett.*, *scherz.*) insomuch as; since.
concisióne, *f.* concision; conciseness; brevity.
concìso, *a.* concise; brief; succinct; laconic; pithy.
concistoriale, *a.* (*relig.*) consistorial.
concistòro, *m.* (*relig.*) consistory.
concitaménto, *m.* (*lett.*) agitation; excitement.
concitato, *a.* agitated; in agitation; moved; excited: **Il suo modo di suonare era c. ma preciso**, his playing was agitated and yet precise; **Arrivò tutto c.: l'acqua continuava a salire**, he arrived in great agitation; the water was still rising.
concitazióne, *f.* excitement; agitation.
concittadino, *m.* **1** fellow citizen **2** (*connazionale*) fellow countryman*. ● **Siamo concittadini**, we come from the same town.
conclamare, *v. t.* (*lett.*) **1** (*acclamare*) to acclaim; to hail **2** (*proclamare*) to proclaim.
conclave, *m.* (*relig.*) conclave.
conclavista, *m.* (*relig.*) conclavist.
concludènte, *a.* **1** (*che ha forza risolutiva*) conclusive: **prova c.**, conclusive proof **2** (*di persona*) energetic; efficient: **La segretaria è una donna c.**, the secretary is an efficient woman.
conclùdere, A *v. t.* **1** (*condurre a termine*) to conclude; to end; to end off; to bring* to an end; to clinch; to round off (*fam.*):

c. un trattato, to conclude a treaty; **c. col dire**, to conclude by saying; **Un coro marziale conclude felicemente il primo atto**, a martial chorus brings the first act to a successful end; **c. un affare**, to clinch a deal; **Un buon pranzo concluse la giornata**, a good dinner rounded off the day **2** (*finire con buon risultato*) to achieve; to carry out; to effect: **le riforme concluse in quel periodo**, the reforms carried out in that period; **Oggi ho concluso poco**, I've achieved pretty little today **3** (*dedurre*) to conclude; to infer; to deduce: **Conclusi che doveva essere malato**, I concluded that he must be ill. ● **c. un'alleanza**, to form an alliance □ **c. un ottimo affare**, to bring off an excellent stroke of business □ **c. la pace**, to make peace. **B** *v. i.* to be conclusive: **Il tuo ragionamento non conclude**, your argument is not conclusive. **conclùdersi, C** *v. rifl.* to end up; to conclude.
conclusionale, *a.* – (*leg.*) (**comparsa**) **c.**, final statement (of a case).
conclusióne, *f.* **1** (*di una trattativa, ecc.*) conclusion; settlement: **la c. della pace**, the conclusion of peace **2** (*deduzione*) conclusion; inference: **trarre la c.**, to draw the conclusion **3** (*fine, termine*) conclusion; end; ending: **la c. della questione**, the end of the affair; **Il libro non ha una vera c.**, the book hasn't got a proper ending **4** (*pl., leg.*) summing up **5** (*risultato*) result; issue: **portare a conclusione una faccenda a una felice c.**, to bring matters to a successful issue. ● **in c.**, well; in short; to sum up; in conclusion: **In c., cosa te ne pare?**, well, what do you think of it?; **In c., volevo sapere che cosa gliene paresse**, in short, I wanted to know what he thought of it; **In c., abbiamo motivo di credere che le prove siano truccate**, to sum up, we have reason to believe that the evidence is faked □ **senza c.**, inconclusively.
conclusivo, *a.* conclusive; final.
conclùso, *a.* **1** (*compiuto*) concluded; effected **2** (*completo, esauriente*) complete; thorough; exhaustive **3** (*lett.: racchiuso*) enclosed.
concòide, A *f.* (*geom.*) conchoid. **B** *a.* conchoidal.
concomitante, *a.* (*anche med.*) concomitant; concurrent; contributory: **causa c.**, contributory cause.
concomitanza, *f.* concomitance, concomitancy; concurrence.
concordàbile, *a.* reconcilable; compatible **2** (*gramm.*) that may be made to agree.
concordante, *a.* concordant; agreeing; harmonious.
concordanza, *f.* **1** (*anche gramm.*) agreement: **c. in genere, numero e caso**, agreement in gender, number and case; **c. di parole e di fatti**, agreement of word and deed **2** (*di testi letterari*) concordance.
concordare, A *v. t.* **1** (*opinioni discordi e sim.*) to reconcile **2** (*stabilire di comune accordo*) to agree upon: **c. il prezzo**, to agree upon the price **3** (*combinare, negoziare*) to arrange; to negotiate: **c. tutto per la fiera campionaria**, to arrange everything for the trade fair; **c. l'armistizio**, to negotiate the armistice. **B** *v. i.* (*essere d'accordo*) to agree (*anche gramm.*): **Tutti i testi concordano**, all the texts agree; **c. con il complemento oggetto**, to agree with the direct object.
concordatàrio, *a.* **1** (*relig., polit.*) concordatory; of (*o* pertaining to, in accordance with) a concordat **2** (*leg.*) composition (*attr.*).
concordato, *m.* **1** (*accordo*) agreement **2** (*relig., polit.*) concordat; pact **3** (*leg.*) arrangement; composition (with creditors); settlement **4** (*leg.: il documento*) deed of arrangement.
concòrde, *a.* **1** concordant; agreeing; in agreement; united; unanimous; of the same opinion (*o* mind): **essere concordi sui punti essenziali**, to be in agreement on the main lines; **sempre amici, non sempre concordi**, always friends, though not always of the same mind **2** (*simultaneo*) simultaneous.
concordeménte, *avv.* with one accord; unanimously.
concòrdia, *f.* concord; harmony; peace; good will; good-fellowship: **la c. in famiglia**, harmony in the family; **la c. fra i popoli**, good will among nations.
concorrènte, A *a.* **1** concurrent **2** (*anche comm.*) competing: **ditte concorrenti**, competing (*o* rival) business firms **3** (*mat.*) converging; concurring: **linee concorrenti**, converging lines. **B** *m. e f.* **1** candidate; applicant **2** (*sport*) competitor **3** (*comm.*) competitor; opponent; rival: **un c. temibile**, a serious rival.
concorrènza, *f.* (*afflusso*) concourse: **C'era molta c. di persone**, there was a great concourse of people **2** (*comm.*) competition: **c. accanita** (**sleale, spietata, ecc.**), keen (unfair, ruthless, etc.) competition; **I nostri prezzi non temono la c.**, our prices defy all competition **3** (*comm., collett.: i concorrenti*) competitors (*pl.*). ● **fare c. a un'altra ditta**, to compete with another firm □ **fare fronte alla c.**, to meet competition □ (*bur.*) **fino alla c. di mille sterline**, to the extent of one thousand pounds □ **libertà di c.**, free competition □ **sostenere** (**battere**) **la c.**, to stand (to beat) the competition.
concorrenziale, *a.* competitive; competing.

concórrere, *v. i.* **1** (*lett.*: *affluire*) to come* (together); to assemble; to converge: **c. da tutte le parti,** to come from everywhere; **La folla concorreva verso le Tuileries,** the crowd converged towards the Tuileries **2** (*contribuire*) to contribute; to concur: **Vari motivi concorsero a questa mia decisione,** various motives contributed to this decision of mine (*o* concurred in bringing me to this decision) **3** (*partecipare*) to contribute; to share (in); to take* part (in): **c. alla spesa,** to contribute to (*o* to share in) the expense; **Non volle c. all'impresa,** he refused to take part in the enterprise **4** (*gareggiare*) to compete, to enter, to go* in (for); (*aspirare*) to apply (for): **c. alla Coppa Sirena,** to compete (*o* to enter) for the Mermaid Cup; **c. al posto di giardiniere comunale,** to apply for the post of municipal gardener **5** (*concordare*) to concur; to agree; to be in agreement (on): **Tutti concorrono a credere che...,** all concur in the belief that... **6** (*convergere*) to converge.

concórso, *m.* **1** (*afflusso*) concourse; throng: **Ci fu un gran c. di popolo,** there was a great concourse of people **2** (*concomitanza*) concurrence; coincidence; combination: **per il c. di circostanze favorevoli,** through the concurrence of favourable circumstances **3** (*partecipazione*) contribution; sharing: **c. alla spesa,** sharing in the expense **4** (*gara*) competition; contest; (*esame di c.*) competitive exam: **bandire un c.,** to announce (*o* to advertise) a competition; **bando di c.,** announcement of competition; **c. per titoli e per esami,** competitive examination in which a candidate's publications and academic record are considered; **c. musicale,** musical contest **5** (*leg.*) complicity; concurrence: **c. di reato,** complicity in a crime. ● (*comm.*) **c. d'appalto,** request (*o* call) for bids □ (*leg.*) **c. di colpa,** contributory negligence □ (*leg.*) **c. dei creditori,** concurrence of creditors □ **c. ippico,** horse show □ **coprire un posto per c.,** to fill a post by open competition □ **fuori c.,** out of competition; not for competition; unclassified □ **«fuori c.»** (*nelle mostre*), «not classed» □ **mettere a c.,** to announce a competition for: **Misero a c. dieci cattedre,** a competition for ten teacher's posts (*se d'università*: for ten chairs) was announced.

concreato, *a.* innate; inborn; congenital.
concretaménte, *avv.* concretely; positively.
concretare, A *v. t.* **1** (*concludere*) to embody; to make* (st.) concrete **2** (*concludere, realizzare*) to carry out; to get* (st.) done: **Parlano sempre e non concretano mai nulla,** they talk and talk, and nothing gets done. ● **c. un sogno,** to make a dream come true □ **Lasciamo questi progetti rosei e cerchiamo di c.!,** let us leave these rosy schemes and get down to brass tacks! **concretarsi,** B *v. rifl.* to take* shape; to be realized; to come* true.
concretézza, *f.* concreteness; concrete form.
concretismo, *m.* (*arte, letter.*) concretism.
concretista, *m.* e *f.* (*arte, letter.*) concretist.
concretizzare, V. **concretare.**
concrèto, A *a.* **1** concrete; actual; positive; real: **Mi faccia una domanda concreta,** ask me a concrete question; **Veniamo a un caso c.,** let us consider an actual case; **affermazione concreta,** positive statement **2** (*chim., filos., gramm.*) concrete. ● **in c.,** actually; in reality. B *m.* **1** (the) concrete **2** (*gramm.*) concrete noun.
concrezióne, *f.* (*geol., med.*) concretion.
concubina, *f.* concubine.
concubinàrio, *a.* concubinary.
concubinato, *m.* concubinage.
concubino, *m.* concubinary.
conculcaménto, *m.* (*lett.*) oppression; trampling down; frustration.
conculcare, *v. t.* (*lett.*) to oppress; to trample upon; to crush; (*speranze e sim.*) to dash, to frustrate, to daunt (*lett.*).
concupire, *v. t.* (*lett.*) to covet.
concupiscènte, *a.* lustful; concupiscent.
concupiscènza, *f.* lust; concupiscence.
concupiscìbile, *a.* concupiscible.
concussionàrio, *m.* (*leg.*) extortioner.
concussióne, *f.* (*leg.*) extortion; graft.
condanna, *f.* **1** (*leg.*: *penale*) sentence; conviction; condemnation; (*civile*) judg(e)ment, condemnation: **leggere (revocare) la c.,** to read (to revoke) the sentence; **pronunziare una c.,** to pass sentence (*o* judgment); **scontare una c.,** to serve a sentence; **c. capitale,** death (*o* capital) sentence; **c. in contumacia,** condemnation by default; **c. a vita,** life sentence; **La sua c. era data per certa,** his conviction was taken for granted **2** (*riprovazione*) condemnation; (strong) censure: **La mia c. della sua condotta non lo sgomentò,** he was not dismayed at my condemnation of his conduct. ● (*leg.*) **c. condizionale,** probation □ (*leg.*) **riportare una c.,** to be sentenced.
condannàbile, *a.* condemnable; (*riprovevole, anche*) censurable.
condannare, *v. t.* **1** to convict; (*se seguito dalla pena, anche*) to sentence; to condemn (*anche fig.*): **c. a morte,** to sentence to death; **c. q. per furto con scasso,** to convict sb. of burglary; **Non credo che la corte lo condannerà,** I don't think the court will condemn him; **I posteri potranno c. questa politica,** posterity may condemn this policy **2** (*fig.*) to damn: **condannato dai critici,** damned by the critics **3** (*relig.*) to censure **4** (*archit.*: *una porta, una finestra*) to wall up; to close; to block. ● (*fig.*) **essere condannato all'insuccesso,** to be doomed to failure □ **È condannato** (*di un malato*), his life is despaired of; there's no hope; he's a dying man.
condannato, *m.* (*leg.*) convict.
condannatóre, *m.* condemner.
condebitóre, *m.* (*comm., leg.*) joint debtor.
condènsa, *f.* (*tecn.*) condensation.
condensàbile, *a.* (*fis.*) condensable.
condensabilità, *f.* (*fis.*) condensability.
condensaménto, *m.* condensation; condensing.
condensare, A *v. t.* **1** (*chim., fis.*) to condense **2** (*fig.*) to condense; to compress; to concentrate: **Condensa le tue idee in un sonetto,** compress your ideas into a sonnet. **condensarsi,** B *v. rifl.* to condense.
condensato, A *a.* condensed (*anche fig.*): **latte c.,** condensed milk. B *m.* **1** (*compendio*) summary; digest **2** (*fam.*: *mucchio*) mass; heap; pile: **Questa traduzione è un c. di errori,** this translation is a mass of errors.
condensatóre, *m.* **1** condenser **2** (*fis.*) condenser; capacitor: **c. ad aria,** air condenser; (*radio*) **c. di sintonia,** tuning condenser; **c. di vapore,** steam condenser.
condensazióne, *f.* (*fis.*) condensation; condensing.
còndilo, *m.* (*anat.*) condyle.
condiloidèo, *a.* (*anat.*) condyloid.
condilòma, *m.* (*med.*) condyloma*.
condiménto, *m.* **1** flavouring; seasoning; (*per l'insalata*) dressing: **Colgo gli odori per il c.,** I am picking herbs for the flavouring (*o* the seasoning); **c. per l'insalata,** salad dressing **2** (*specialm. di pepe, spezie, ecc.*) condiment: **Gli piacciono i condimenti pepati,** he likes condiments **3** (*salsa*) sauce: (*prov.*) **La fame è il miglior c.** (*del cibo*), hunger is the best sauce.
condire, *v. t.* **1** to flavour; to season; (*l'insalata*) to dress: **c. l'insalata,** to dress the salad **2** (*con odori, spezie, ecc.*) to season: **c. con pepe e sale** (**con cannella, ecc.**), to season with salt and pepper (with cinnamon, etc.) **3** (*con una salsa*) to add a sauce to; to serve with a sauce: **c. i maccheroni con sugo di carne,** to add a meat sauce to the macaroni; to serve the macaroni with a meat sauce **4** (*fig.*) to season, to sprinkle, to pepper (with): **un discorso condito di citazioni latine,** a speech seasoned with Latin quotations. ● **una pietanza molto condita,** a very tasty dish.
condirettóre, *m.* **1** co-director; joint director; joint manager **2** (*di giornale, rivista*) coeditor; associate editor.
condirettrice, *f.* **1** joint manager (*o* manageress) **2** (*di giornale, rivista*) coeditor; associate editor.
condirezióne, *f.* joint management.
condiscendènte, *a.* **1** (*compiacente*) condescending; indulgent **2** (*arrendevole*) compliant; yielding.
condiscendènza, *f.* **1** (*compiacenza*) condescension; indulgence **2** (*arrendevolezza*) compliance.
condiscéndere, V. **accondiscéndere.**
condiscépolo, *m.* fellow disciple. ● **Erano condiscepoli di Tolstoi,** they were both disciples of Tolstoi.
condividere, *v. t.* to share: **c. l'opinione di q.,** to share sb.'s opinion.
condizionale, A *a.* **1** (*anche gramm.*) conditional **2** (*leg.*) provisory. B *m.* (*gramm.*) conditional (mood). C *f.* **1** (*gramm.*) conditional clause **2** (*leg.*) probation.
condizionaménto, *m.* conditioning (*anche psic.*): **c. d'aria,** air conditioning.
condizionare, *v. t.* **1** (*anche psic.*) to condition: **essere condizionato dalla propria educazione** (**dall'ambiente dell'infanzia, ecc.**), to be conditioned by one's education (by one's early environment, etc.) **2** (*sottoporre a condizioni*) to make* conditional; to qualify: **Condizionai la mia partecipazione a una nostra vittoria elettorale,** I made my participation conditional on our winning the elections **3** (*confezionare*) to prepare; to treat; (*imballare*) to pack (up), to make* up. ● **c. l'aria di una stanza,** to air-condition a room.
condizionataménte, *avv.* conditionally.
condizionato, *a.* **1** (*subordinato*) conditional: **assenso c.,** conditional assent **2** (*psic.*) conditioned: **riflesso c.,** conditioned reflex **3** (*linguistica*) conditioned. ● (*comm.*) **accettazione condizionata,** qualified acceptance □ **cinema con aria condizionata,** air-conditioned cinema □ (*leg.*) **libertà condizionata,** probation.
condizionatóre, *m.* conditioner: **c. d'aria,** air conditioner.
condizionatura, *f.* (*ind. tessile*) conditioning.
condizióne, *f.* **1** condition; term; (*nelle frasi neg. anche*)

account: **a c. che venga anche Martino**, on condition that Martin will come too; **a una (sola) c.**, on one condition; **Non devi uscire a nessuna c.**, on no condition (*o* on no account) must you go out; **Le condizioni della resa furono molto dure**, the terms of surrender were very harsh; **condizioni di vendita**, terms (*o* conditions) of sale; **Non sta a lui fare delle condizioni**, it's not up to him to make conditions **2** (*stato; spesso al pl. ital. corrisponde un sing. ingl.*) condition; position; state: **le condizioni del paese dopo la guerra**, the condition of the country after the war; **Non ero in condizioni di viaggiare**, I was in no condition to travel; **Nelle mie condizioni preferirei dire di no**, in my condition, I would rather refuse; **comprare un'automobile usata, ma in buone condizioni**, to buy a second-hand car, but in good condition; **essere in c. di fare q.c.**, to be in a position (*o* to be able) to do st.; **mettere q. in c. di fare q.c.**, to put sb. in a position (*o* to enable sb.) to do st.; **In che condizioni ti sei ridotto!**, what a state you are in! **3** (*condizione adatta*) (fit) condition; (fit) state: **non essere in c. di presentarsi a un esame**, not to be in a fit state to take an exam **4** (*ceto, ambiente*) condition (*o* state) of life; social class; background: **gente di tutte le condizioni**, people of every condition (*o* state) of life; **La donna era di c. molto diversa**, the woman had a very different background **5** (*qualità, requisito*) quality; qualification; requirement: **Non ha le condizioni richieste per quell'impiego**, he lacks the necessary qualifications (*o* requirements) for that post **6** (*leg.: clausola contrattuale*) condition; clause; provision: **c. risolutiva**, resolutory condition; **c. sospensiva**, suspensive condition; **c. potestativa**, potestative condition; **c. espressa (tacita)**, express (implied) condition. ● (*leg.*) **c. provvisionale**, proviso □ **la c. umana**, man's (*o* human) nature □ (*naut.*) **essere in buone condizioni**, to be in repair □ **essere in buone (cattive) condizioni di salute**, to be in good health (in bad health) □ (*d'atleti, cavalli, merce, ecc.*) **essere in buone condizioni**, to be in good condition □ (*di macchina*) **essere in cattive condizioni**, to be out of repair; not to be in good repair □ **un pacifico signore di c. borghese**, a peaceable middle-class gentleman □ **La ditta era in buone condizioni finanziarie**, the firm was prosperous □ **Le condizioni finanziarie della famiglia erano buone**, the family was well off □ **La ragazza era di buona c.**, the girl came from a good respectable family □ **Era gente di c. assai modesta**, they were very simple people; they were not at all well off.

condoglianza, *f.* condolence; sympathy: **con profonde condoglianze**, with deepest sympathy; **per c.**, with sympathy; **La prego di trasmettere le mie condoglianze**, kindly convey my condolences. ● **fare le proprie condoglianze**, to condole (with sb.); to express one's sympathy: **Vorrei fare le mie condoglianze alla vedova**, I want to condole with the widow.

condolersi, *v. i.* to condole, to sympathize (with sb.).

condominiale, *a.* (*leg.*) of (*o* relating to) joint ownership. ● **spese condominiali**, expenses shared by the owners (*se inquilini*: the tenants) of a block of flats.

condominio, *m.* **1** (*leg.*) joint ownership; joint control; condominium **2** (*collett.*) (the) joint owners **2** (*il caseggiato*) jointly owned block of flats; apartment building; condominium (*USA*); condo (*abbr. fam. USA*). ● **calcolare un tanto al mese per le spese di c.**, to reckon so much a month for lighting, cleaning the stairs, etc.

condòmino, *m.* joint owner; co-owner. ● **Siamo condomini al N° 33**, we both own flats at No. 33 □ **Bisogna chiederlo agli altri condomini**, we must ask the other owners.

condonàbile, *a.* **1** (*di debito*) remissible **2** (*lett.: di colpa*) forgivable; excusable.

condonare, *v. t.* **1** to remit: **c. un debito (una pena)**, to remit a debt (a penalty) **2** (*lett.: perdonare*) to condone; to forgive*; to excuse.

condonazione, *f.* remission.

condóno, *m.* (*leg.*) remission; pardon. ● (*fin.*) **c. fiscale**, conditional amnesty for tax evaders.

còndor, *m.* (*zool., Vultur gryphus*) condor.

condòtta, *f.* **1** (*comportamento*) behaviour; conduct: **un premio per la buona c.**, a prize for good conduct; **c. irreprensibile**, unimpeachable behaviour **2** (*svolgimento*) handling; treatment; management **3** (*med.*) district served by a municipal doctor: (**la carica**) post of municipal doctor **4** (*il condurre acque*) conveyance, conveying (of water supply) **5** (*tubazione*) pipes (*pl.*); piping **6** (*ferr.*) goods train. ● (*leg.*) **c. disonesta**, malfeasance □ **c. forzata** (*idraulica*), penstock □ **c. sleale**, foul play □ **La città provvederà alla c. dell'acqua**, the town will lay on the water (*o* the water supply).

condottièro, *m.* **1** (*stor., mil.*) «condottiere»*; leader of a troop of mercenaries **2** (*fig.*) captain; general; commander.

condótto, **A** *a.* — **medico c.**, municipal (*o* communal town) doctor (with a fixed paid salary from the rates). **B** *m.* (*tubo, canale, ecc.*) pipe; channel; conduit; duct; (*talora se flessibile*) tube; (*a lunga distanza; specialm. per il petrolio*) pipeline; (*di caldaia*) flue: **c. dell'aria**, air duct; ventiduct **2** (*anat.*) duct: **c. alimentare** (**lacrimale, epatico**), alimentary (lacrimal, hepatic) duct. ● **c. di aerazione**, local vent.

condrina, *f.* (*biol.*) chondrin.

condriòma, *m.* (*biol.*) chondrioma, chondriome.

condrite, *f.* (*med., geol.*) chondrite.

condrologìa, *f.* chondrology.

condròma, *m.* (*med.*) chondroma*.

conducènte, *m.* e *f.* **1** driver; «chauffeur» (*masch.*); «chauffeuse» (*femm.*): **c. di autobus**, bus driver **2** (*leg.: conduttore*) lessee; tenant.

conducìbile, *a.* conductible.

conducibilità, *f.* (*fis.*) conductivity; conductibility.

condurre, **A** *v. t.* **1** to lead*; to conduct (*lett.*): **c. le truppe alla vittoria**, to lead the troops to victory; **c. un bambino per mano**, to lead a child by the hand; **c. un cieco attraverso la strada**, to lead a blind man across the street; **c. una vita piacevole**, to lead a pleasant life **2** (*accompagnare*) to take*; (*verso chi parla*) to bring*: **c. i ragazzi a spasso**, to take the children for a walk; **c. una comitiva di turisti alla stazione**, to take a party of tourists to the station; **c. le bestie al pascolo**, to take the animals to graze; **M'hanno condotta qui dal teatro**, they have brought me here from the theatre; **Mio fratello mi condurrà lì in macchina**, my brother will take me there in the car **3** (*un veicolo*) to drive*; (*una nave*) to steer: **c. una macchina**, to drive a car; **Conducimi a casa in macchina**, drive me home (in your car) **4** (*fis., elettr.*) to conduct; to transmit **5** (*dirigere, amministrare*) to conduct; to manage: **c. male i propri affari**, to manage (*o* to conduct) one's affairs badly; **c. un'azienda**, to manage a firm **6** (*geom.: tracciare*) to draw*: **c. una retta**, to draw a straight line. **B** *v. i.* **1** (*sport: essere in vantaggio*) to lead*: **La squadra conduceva per tre a zero**, the team was leading by three-nil **2** (*andare, per es. di strada*) to go*; to lead*: **Questa strada conduce al mare**, this road goes to the sea. ● **c. a termine**, to bring to an end; to finish □ **c. le trattative**, to handle negotiations; to negotiate □ «**Scirocco» condotto da Lerici trionfa nel trentesimo Derby di trotto**, «Scirocco» driven by Lerici triumphs in the 30th Trotting Derby □ (*prov.*) **Tutte le strade conducono a Roma**, all roads lead to Rome. **condursi**, **C** *v. rifl.* **1** (*comportarsi*) to behave: **Si è sempre condotto benissimo**, he has always behaved very well **2** (*lett.: recarsi*) to betake* oneself.

conduttanza, *f.* (*fis.*) conductance.

conduttività, *f.* (*fis.*) conductivity.

conduttivo, *a.* (*fis.*) conductive.

conduttometrìa, *f.* (*chim.*) conductometry.

conduttòmetro, *m.* (*elettr., fis.*) conductometer.

conduttóre, **A** *m.* **1** conductor; leader; guide: **c. di un gruppo**, group leader **2** (*conducente di tram, autobus, ecc.*) driver: **Non parlate al c.**, don't speak to the driver **3** (*controllore, sui treni*) guard; conductor (*USA*): **Chiederò al c. di cambiarmi il biglietto**, I shall ask the conductor to change my ticket **4** (*fis.*) conductor: **Attento alle scosse: il rame è un buon c.**, be careful of shocks: copper is a good conductor **5** (*direttore*) manager **6** (*leg.*) lessee; tenant **7** (*naut.*) flotilla leader. ● (*elettr.*) **c. elettrico**, (electric) wire □ (*elettr.*) **c. isolato**, insulated wire □ (*elettr.*) **c. pilota**, pilot wire. **B** *a.* leading; guiding: (*fig.*) **filo c.**, guiding principle. ● **motivo c.**, theme.

conduttura, *f.* plumbing; pipes (*pl.*); (*di sistema pubblico*) mains: **Bisogna riparare tutta la c.**, all the plumbing has got to be overhauled (*o* all the pipes have got to be overhauled); **c. dell'acqua**, water mains; **c. del gas**, gas mains.

conduzióne, *f.* **1** (*il condurre*) management **2** (*fis.*) conduction **3** (*leg.*) leasehold. ● (*leg.*) **avere 2 000 ettari in c. diretta**, to be the leaseholder of 2,000 hectars □ (*leg.*) **locazione-c.**, locatio conductio.

conestàbile, *m.* (*stor.*) constable.

confabulare, *v. i.* to confabulate; to powwow (*scherz.*).

confabulazióne, *f.* **1** confabulation; powwow (*scherz.*) **2** (*psic.*) confabulation; fabrication.

confacènte, *a.* becoming (to); suitable, fitting (for).

confagrìcolo, *a.* of the General Federation of Italian Landowners.

confarsi, *v. rifl.* (*lett.*) to become*; to suit; to agree (with): **La cucina francese mi si confà**, French cooking suits me (*o* agrees with me).

confederale, *a.* confederal; federal.

confederare, **A** *v. t.* to federate. **confederarsi**, **B** *v. rifl.* (*formare una confederazione*) to form a confederation; to federate.

confederativo, *a.* confederative.

confederato, *a.* e *m.* confederate. ● (*stor.*) **Stati Confederati d'America**, Confederate States of America.

confederazióne, *f.* **1** confederation; confederacy: **La Svizzera**

conferènza

è una c., Switzerland is a confederation 2 (*di sindacati, ecc.*) federation.

conferènza, *f.* 1 lecture: una c. su Verga, a lecture on Verga 2 (*riunione, congresso*) conference: **la c. dei ministri degli esteri,** the conference of the foreign ministers; **c. stampa,** press (*o* news) conference; **c. al vertice,** summit conference. ● **tenere una c. su q.c.,** to lecture on st.

conferenzière, *m.* lecturer; speaker.

conferiménto, *m.* 1 conferring; conferment; bestowal; grant; award: **il c. della medaglia al valore,** the conferring of the award for valour; **il c. di un premio,** the award of a prize 2 (*d'una carica*) appointment (to an office) 3 (*fin.: apporto di capitale*) contribution.

conferire, A *v. t.* 1 (*assegnare*) to confer, to bestow (on sb.); to give*; to grant; to award: **c. a q. una laurea ad honorem,** to confer an honorary degree on sb. 2 (*una carica*) to appoint (to an office) 3 (*dare, aggiungere*) to lend*; to give*: **La sua esitazione conferisce naturalezza al discorso,** his hesitation lends naturalness to his speech; **Il basilico conferisce un sapore particolare alla salsa,** basil gives a special flavour to the sauce. **B** *v. i.* 1 (*avere un colloquio*) to confer, to be in conference (with sb.) 2 (*giovare*) to agree; to be beneficial: **Questo clima non mi conferisce,** this climate doesn't agree (*o* disagrees) with me 3 (*fin.*) to contribute: **c. una somma di denaro a una società,** to contribute an amount of money to a partnership. ● (*naut.*) **c. a un ufficiale il comando d'una nave,** to commission an officer □ **c. merci all'ammasso,** to convey goods to a common pool.

confèrma, *f.* confirmation: **a c.,** in confirmation. ● **dare c. di q.c.,** to confirm st.

confermare, A *v. t.* to confirm; to attest; to bear* witness to; to corroborate; (*ratificare*) to ratify: **La notizia di un terremoto in Cile è stata ora confermata,** the report of an earthquake in Chile has now been confirmed; **Le capacità di quell'uomo furono confermate dalla sua rapida promozione,** the man's ability was attested by his rapid promotion; **c. una teoria,** to corroborate a theory; **c. una nomina,** to ratify an appointment. ● **c. un impiegato per un altro anno,** to retain an employee for another year □ (*prov.*) **L'eccezione conferma la regola,** the exception proves the rule. **confermarsi, B** *v. rifl.* to confirm oneself; to become* firmer: **Si sta confermando nelle vecchie opinioni,** he is confirming himself in his old opinions. ● (*nella chiusa d'una lettera: raro*) **Mi confermo,** I remain.

confermativo, *a.* confirmative; confirmatory.

confermazióne, *f.* (*anche relig.*) confirmation.

confessàbile, *a.* which can be confessed; admissible.

confessare, A *v. t.* 1 (*ammettere*) to confess, to admit; (*riconoscere*) to acknowledge, to own, to own up to: **Devo c. che in principio non gli credetti,** I must confess (*o* admit) that at first I did not believe him; **Confesso che sono stato io a cominciare,** I acknowledge (*o* I admit) that it was I who began it; **Confesso che aveva ragione il dottore,** I own that the doctor was right; **Uno di voi ha rotto il vetro; chi confessa?,** one of you has broken the windowpane; who is going to own up (to it)? 2 (*relig.*) to confess; to hear* confessions: **c. i propri peccati,** to confess one's sins; (*relig.*) **Il priore non può venire: sta confessando,** the prior can't come: he's hearing confessions 3 (*professare, attestare*) to confess; to attest: **Il martire morì confessando la sua fede,** the martyr died confessing his faith. **confessarsi B** *v. rifl.* 1 to confess; to acknowledge: **c. colpevole,** to confess one's guilt; to plead guilty 2 (*relig.*) to confess: **Volevo confessarmi prima di Pasqua,** I wanted to confess before Easter.

confessionale, A *a.* confessional; denominational: (*polit.*) **un partito c.,** a confessional political party; **istruzione c.,** denominational education. ● **segreto c.,** secret of the confessional. **B** *m.* (*relig.*) confessional.

confessióne, *f.* 1 (*leg.: di un reato*) confession; (*in una causa civile*) admission, concession: **dare alla polizia una c. firmata,** to give the police a signed confession; **c. giudiziale (stragiudiziale),** judicial (extrajudicial) admission (*o* confession) 2 (*relig.*) confession: **la c. dei propri peccati,** the confession of one's sins 3 (*setta religiosa, ecc.*) creed; sect; religion; confession: **Nella città ci sono chiese di due confessioni diverse,** in the city there are churches of two different sects (*o* confessions); **Sono tutt'e due maomettani ma di confessioni diverse,** they are both Mohammedans but of different sects 4 (*pl., letter.*) confessions; memoirs: **le Confessioni di S. Agostino,** the Confessions of St. Augustine.

confèsso, *a.* (who has) confessed; self-acknowledged: **È un ladro c.,** he is a self-acknowledged thief. ● (*leg.*) **essere reo c.,** to have pleaded guilty.

confessóre, *m.* confessor.

confettare, *v. t.* to candy.

confetteria, *f.* 1 (*fabbrica*) confectionery 2 (*negozio*) confectionery; confectioner's shop 3 (*assortimento*)

confectionery; sweets (*pl.*).

confettièra, *f.* sweet box (*o* jar).

confettière, *m.* confectioner.

confètto, *m.* 1 sweet; (*specialm.*) sugar-coated almond; sugared almond 2 (*farm.*) pill. ● (*fig.*) **mangiare i confetti,** to celebrate a wedding.

confettura, *f.* (*marmellata*) jam; (*di arance*) marmalade.

confezionare, *v. t.* 1 (*capi d'abbigliamento*) to manufacture (*ind.*); to make*: **c. vestiti da spiaggia,** to make beach wear; **confezionato su misura,** made to measure; made to order 2 (*cibi, ecc.*) to concoct; to prepare; to make*: **c. un dolce delizioso,** to make a delicious cake 3 (*comm.: impacchettare*) to make* up; to wrap up; to pack; to package: **Ora tutto si confeziona con il cellofan,** now everything is packed in cellophane; **c. un pacco,** to make up a parcel.

confezionato, *a.* (*d'abito*) ready-made; ready-to-wear; off-the-peg (*fam.*).

confezionatóre, *m.* 1 (*di pacchi, merci*) packer; wrapper 2 *V.* confezionista.

confezionatrice, *f.* (*tecn.*) packer.

confezióne, *f.* 1 (*industria dell'abbigliamento*) clothing industry: **lavorare nel settore della c.,** to work in the clothing industry 2 (*abito*) garment; article of clothing; (*da uomo*) suit; (*da donna*) dress, confection: **c. pronta,** ready-made suit (*o* dress, etc.) 3 (*ind.: fabbricazione*) manufacture; manufacturing 4 (*comm.: imballaggio*) wrapping; packaging.

confezionista, *m. e f.* (*di capi di abbigliamento*) manufacturer of ready-made articles of clothing.

conficcare, A *v. t.* to hammer (in); to drive*, to transfix; to stick*; (*inchiodare*) to nail: **c. chiodi a tutto spiano,** to hammer in nails for all one is worth; **la mano del Cristo conficcata alla croce,** the hand of the Christ nailed to the cross. **conficcarsi, B** *v. rifl.* to run*, to stick* (into): **Il pugnale si conficcò nella porta,** the dagger stuck in the door. ● (*fig.*) **c. q.c. in mente,** to get st. into one's head.

confidare, A *v. i.* (*avere fiducia*) to confide (in); to trust; to put* one's trust (in); to feel* sure; to believe firmly: **c. in q.,** to trust (*o* to confide in) sb.; **c. nella Provvidenza,** to put one's trust in Providence; **Confido che il dottore verrà,** I feel sure the doctor will come; **Confido che vincerai,** I am sure you will win; (*più solenne*) I firmly believe you will win. **B** *v. t.* 1 to confide: **c. un segreto (le proprie pene) a q.,** to confide a secret (one's troubles) to sb. 2 (*affidare*) to confide; to entrust: **c. q.c. a q.,** to entrust st. to sb.; to entrust sb. with st. **confidarsi, C** *v. rifl.* to confide (in); to open one's heart to: **La povera ragazza si è confidata con me,** the poor girl has confided in me.

confidènte, A *a.* confiding; trusting. **B** *m. e f.* 1 confidant (*masch.*); confidante (*femm.*) 2 (*della polizia, ecc.*) (police) informer. ● **Anna era la mia c.,** I used to tell Ann all my secrets.

confidènza, *f.* 1 (*familiarità*) intimacy; familiarity: **Non c'è molta c. fra le due famiglie,** there is no great intimacy between the two families 2 (*fiducia*) confidence; trust. ● **in c.,** in confidence; confidentially: **Glielo dissi in c.,** I told him in confidence (*o* confidentially) □ **prendersi una c.,** to take a liberty □ **essere in troppa c.,** to be (too) familiar □ **Non mi cambio, tanto con Gianni sono in c.,** I'm not going to change, I needn't stand upon ceremony with Jack □ **È un giovane che si piglia troppe confidenze,** he is a fresh young man (*fam.*) □ **Ti voglio fare una c.,** I want to tell you st. in confidence.

confidenziale, *a.* 1 confidential 2 (*cordiale*) friendly; familiar. ● **a titolo c.,** confidentially □ **in via strettamente c.,** strictly in confidence.

confidenzialménte, *avv.* confidentially; in confidence.

configgere, *v. t.* 1 to drive* in: **c. un chiodo,** to drive in a nail 2 (*inchiodare*) to nail: **Gesù confitto in croce,** Jesus nailed to the cross.

configurare, A *v. t.* (*raro*) to shape. **configurarsi, B** *v. rifl.* to assume a form (*o* a shape); to take* on a shape.

configurazióne, *f.* configuration; shape; outline; lay; lay-out.

confinante, A *a.* neighbouring, (*USA*) neighboring; adjoining; bordering (on): **tribù confinanti,** neighbouring tribes. ● **Il mio giardino è c. con il suo,** my garden borders on his; my garden is next to his. **B** *m. e f.* neighbour; (*USA*) neighbor.

confinare, A *v. t.* (*leg.: come pena*) to intern; to confine (sb.) to; to force (sb.) to live in (*o* on): **Il governo lo confinò in una piccola isola,** the government forced him to live on a small island 2 (*fig.*) to confine; to restrict: **È confinato nella sua stanza,** he's confined to his room. **B** *v. i.* 1 to border (on); to adjoin; to be bounded (by): **A sud la Svizzera confina con l'Italia,** to the south, Switzerland borders on Italy 2 (*fig.*) to border (on): **una franchezza che confina con l'impertinenza,** a frankness bordering on impertinence. **confinarsi, C** *v. rifl.* to withdraw*; to seclude oneself; to shut* oneself up (in).

confinàrio, *a.* 1 boundary (*attr.*) 2 (*di uno Stato*) frontier

(*attr.*): **polizia confinaria**, frontier police. ● **palo c.**, pole marking the boundary.
confinato, (*leg.*) **A** *a.* interned; confined (to a particular place). **B** *m.* person subjected to political confinement; internee.
Confindùstria, *f.* Italian Manufacturers' Association.
confindustriale, *a.* of (*o* relating to) the Italian Manufacturers' Association.
confine, *m.* **1** boundary; limit: **Un cipresso segnava il c. fra i due poderi**, a cypress marked the boundary between the two farms; **Ci sono molte pompe di benzina ai confini della città**, there are many petrol pumps at the limits of the town **2** (*di nazione*) frontier; border: **Il contrabbandiere varcò il c.**, the smuggler crossed the border; **Chiasso è al c.**, Chiasso is on the frontier **3** (*stor.*: *tra Scozia e Inghilterra*) Border: **ballate del c. scozzese**, ballads of the Scottish Border.
confino, *m.* **1** (*leg.*: *la condanna*) (political) confinement; internment **2** (*la zona*) place of internment; area of forced domicile. ● **mandare q. al c.**, to intern sb.
confisca, *f.* (*leg.*) forfeiture; confiscation.
confiscàbile, *a.* forfeitable; confiscable.
confiscare, *v. t.* (*anche leg.*) to forfeit; to confiscate.
confiscatóre, **A** *m.* confiscator. **B** *a.* confiscating.
confiteor (*lat.*), *m.* (*relig.*) confiteor. ● (*fig.*) **recitare il c.**, to do penance; to put on sackcloth and ashes.
conflagrare, *v. i.* **1** (*lett.*) to blaze up; to conflagrate **2** (*fig.*: *rif. a guerre e sim.*) to break* out (suddenly).
conflagrazióne, *f.* (*lett.*) conflagration (*anche fig.*) **2** (*fig.*: *accensione di ostilità*) outbreak of hostilities.
conflitto, *m.* conflict; (*contrasto*) clash, collision; (*leg.*) **c. di giurisdizione**, conflict of jurisdiction; **c. d'interessi**, conflict (*o* clash) of interests. ● **c. mondiale**, world war □ **a** (*o* **in**) **c.**, conflicting: **interessi in c.**, conflicting interests.
conflittuale, *a.* conflictual.
conflittualità, *f.* (*specialm. in campo sindacale*) conflict; strife: **c. permanente**, permanent (*o* continual) conflict; continual labour unrest; (*scioperi a catena*) strike epidemics.
confluènte, **A** *a.* confluent. **B** *m.* confluent (stream).
confluènza, *f.* (*geogr.*) confluence.
confluire, *v. i.* **1** (*di corsi d'acqua*) to flow into each other; to mix; (*di valli, di strade*) to meet*: **Il Missouri e il Mississippi confluiscono**, the Missouri and the Mississippi flow into each other **2** (*fig.*) to join; to meet*; to come* together; to join forces: **Varie teorie confluirono nell' «Encyclopédie»**, various theories came together in the «Encyclopédie».
confocale, *a.* (*mat.*) confocal.
confóndere, **A** *v. t.* **1** (*mescolare*) to muddle (up); to make* a muddle of (st.); to confuse; to confound (*lett.*): **Hanno confuso tutti i libri**, they have muddled up all the books; **c. «ingenuo» con «ingegnoso»**, to confuse «ingenuous» with «ingenious» **2** (*q., q.c. con q., q.c. altro*) to take*, to mistake* (sb., st. for sb., st. else); to confuse (sb., st. with sb., st. else): **Scusi, la confondevo con Suo fratello**, I'm sorry, I took you for your brother **3** (*far perdere il filo*) to confuse; to muddle; to mix up; (*mettere in imbarazzo*) to embarrass; (*turbare*) to upset; (*sbalordire*) to amaze: **c. le idee a q.**, to muddle sb.; **Mi confondi con la tua gentilezza**, you embarrass me with all your kindness. **confóndersi**, **B** *v. rifl.* **1** (*mescolarsi*) to mingle; (*di colori*) to blend: **Il vero e il falso si confondevano**, truth mingled with falsehood **2** (*perdere il filo, non capire*) to be (*o* to get*) confused; to find* (st.) confusing; (*turbarsi*) to get* upset, to be bothered: **Si confuse con tutti quei complimenti**, he was embarrassed by all the compliments; **Mi confondo con tutti quei nomi russi**, I find all those Russian names confusing **3** (*divenire indistinto*) to become* blurred.
confondìbile, *a.* confusable; likely to be confused; easily mistaken.
conformàbile, *a.* conformable; adaptable.
conformare, **A** *v. t.* to conform; to adapt; to proportion; to shape; to form: **c. le proprie maniere all'ambiente**, to conform one's manners to the usages of society. **conformarsi**, **B** *v. rifl.* to conform (to); to comply (with); to meet*: (*leg.*) **c. alla legge**, to comply with the law.
conformato, *a.* shaped: **ben c.**, well-shaped.
conformatóre, *m.* (*per cappelli*) conformator.
conformazionale, *a.* (*fis.*) conformational.
conformazióne, *f.* conformation; shape; structure.
confórme, **A** *a.* **1** corresponding; conforming; modelled (upon): **un comportamento c. al carattere del bambino**, a behaviour corresponding to the child's character; **un costume c. a una vecchia stampa**, a costume modelled upon an old print **2** (*simile*) similar; analogous; like: **essere c. all'originale**, to be similar to (*o* to be like) the original; **un contratto c. a quello dell'altro inquilino**, a contract analogous to the one drawn up for the other tenant. ● **essere c.**, to correspond □ (*comm.*: *di merce*) **essere c. al campione**, to be up to sample □ (*leg.*) **copia c.**, certified copy; true copy. **B** *avv.* in conformity (with); in accordance (with): **agire c. al regolamento**, to act in conformity with the regulations; **c. ai vostri desideri**, in accordance with your wishes.
conformeménte, *avv.* accordingly. ● **c. a**, according to; in conformity with; (*leg.*) in pursuance of.
conformismo, *m.* **1** (*relig., polit.*) conformity **2** (*convenzionalismo*) conventionality.
conformista, *m. e f.* **1** (*relig., polit.*) conformist: **i conformisti e i protestanti delle altre sette**, the conformists and the nonconformists **2** conventional person; stickler for (the outward forms of) propriety.
conformistico, *a.* conformist (*attr.*); conforming; straight (*fam.*).
conformità, *f.* conformity; compliance; accordance. ● **in c.**, accordingly □ **in c. a** (*o* **di, con**), in conformity with; in compliance with; (*leg.*) in pursuance of, pursuant to.
confortàbile, *a.* consolable.
confortante, *a.* comforting; (*rassicurante*) reassuring: **notizie confortanti**, reassuring news.
confortare, **A** *v. t.* **1** (*consolare*) to comfort; to console; (*rassicurare*) to reassure: **Cercai di c. il bambino che piangeva**, I tried to comfort the child that was crying **2** (*incoraggiare*) to encourage; to put* heart into (sb.) **3** (*sostenere*) to bear* out; to support; to strengthen: **c. l'accusa con prove**, to support the accusation with proofs. **confortarsi**, **B** *v. rifl.* to console oneself; to take* comfort. **C** *v. rifl. recipr.* to console each other (*o* one another).
confortatóre, **A** *m.* comforter. **B** *a.* comforting; reassuring.
confortatòrio, *a.* consolatory.
confortévole, *a.* **1** comforting; cheering: **parole confortevoli**, comforting words **2** (*comodo*) comfortable: **poltrona c.**, comfortable armchair.
confòrto, *m.* **1** reassurance; encouragement; consolation; comforting; comfort: **La sua lettera fu di grande c. per me**, his letter was a great encouragement to me; **S'è fatto male alla zampina, ha bisogno di c.**, it has hurt its paw and needs comforting; **cercare c. nella preghiera**, to seek consolation in prayer; **i conforti religiosi**, the comforts of religion **2** (*sostegno*) support: **a c. di questa teoria**, in support of this theory **3** (*comodità*) comfort.
confratèllo, *m.* **1** (*relig.*) brother* **2** (*fig., lett.*) colleague.
confratèrnita, *f.* (*relig.*) brotherhood; confraternity.
confrontàbile, *a.* comparable.
confrontare, *v. t.* **1** to compare: **c. la copia con l'originale**, to compare the copy with the original; **c. i prezzi in diversi negozi**, to compare the prices in various shops **2** (*mettere a confronto*) to confront: **c. due testimonianze**, to confront two testimonies **3** (*collazionare*) to collate.
confrónto, *m.* **1** comparison: **Non c'è c.**, there is no comparison **2** (*anche leg.*) confrontation **3** (*collazione*) collation. ● **a c. di** (*o* **in c. a**), in comparison with; compared with: **A c. di tutti quegli asini Mino è un genio**, compared with all those donkeys, Jim is a genius □ **mettere a c.**, to compare; (*leg.*) to confront: **Non si possono mettere a c.**, they can't be compared; **I due testimoni furono messi a c.**, the two witnesses were confronted □ **nei confronti di**, to; towards; with respect (*o* regard) to □ **senza confronti**, beyond comparison; incomparably: **L'altro libro è più serio, senza confronti**, the other book is incomparably sounder □ **Il fratello è un musicista migliore, senza confronti**, the brother is a better musician, without the slightest doubt □ **È un quadro di un certo effetto, ma non regge al c. con quello**, it's a fairly effective picture, but it won't bear comparison with that one (*o* but it can't stand up to that one).
confucianésimo, *m.* (*relig.*) Confucianism.
confuciano, *a. e m.* (*relig.*) Confucian.
Confùcio, *m.* (*stor. relig.*) Confucius.
confusaménte, *avv.* confusedly.
confusionale, *a.* confusional. ● (*psic.*) **stato c.**, confusional state.
confusionàrio, **A** *a.* bungling; muddling; addle-headed muddleheaded. **B** *m.* bungler; muddler; addle-head; muddlehead.
confusióne, *f.* **1** (*disordine, ecc.*) muddle; confusion; disorder; mess: **C'è stata c. nell'orario**, there has been a muddle in the timetable; **c. indescrivibile**, indescribable confusion; **La c. della sua stanza aveva un certo fascino**, the disorder of his room had a certain charm **2** (*trambusto*) bustle; (*baccano*) hullabaloo **3** (*smarrimento*) confusion; (*imbarazzo*) embarrassment: **La mia c. era evidente**, my confusion was evident **4** (*leg.*: *estinzione di diritti per c.*) merger; confusion. ● **c. di razze**, medley of races □ (*psic.*) **c. mentale**, confusion □ **fare c.**, to make a muddle (of st.); to muddle (up); to make a mess (of st.); to

confusionismo

be a muddler: **È una cara donna, ma fa tanta c.**, she's a dear, but such a muddler; **Faccio c. fra i due**, I muddle (up) the two of them; **Non toccare niente, non fare c.!**, don't touch anything; don't make a mess.

confusionismo, *m.* **1** (*stato di estrema confusione*) state of extreme confusion **2** (*tendenza a creare confusione*) tendency to confuse matters **3** (*psic.*) (tendency to) confused behaviour.

confusionista, *m. e f.* one who creates confusion; muddler.

confuso, *a.* **1** confused; muddled; addled: **idee confuse**, confused (*o* muddled) ideas; **spiegazione confusa**, muddled explanation **2** (*indistinto*) confused; blurred; indistinct; vague **3** (*che non capisce, che ha perso il filo*) confused, bewildered; (*imbarazzato*) embarrassed, disconcerted **4** (*turbato*) upset; (*mortificato*) mortified; covered with confusion; very sorry: **Sono c. che Lei si sia disturbato**, I am very sorry that you should have been troubled.

confutàbile, *a.* confutable; refutable; disprovable.

confutare, *v. t.* to confute; to refute; to disprove; (*specialm. leg.*) to rebut.

confutativo, *a.* confutative.

confutatóre, *m.* confuter; refuter.

confutatòrio, *a.* confuting; disproving.

confutazióne, *f.* confutation; refutation; (*specialm. leg.*) rebuttal.

cònga, *f.* (*danza cubana*) conga.

congedàbile, *a.* (*mil.*) dischargeable.

congedaménto, *m.* (*mil.*) discharge.

congedando, *m.* (*mil.*) dischargee.

congedare, **A** *v. t.* **1** (*lasciare libero q. di andarsene*) to dismiss **2** (*licenziare*) to discharge; to dismiss; to sack (*fam.*) **3** (*mil.*) to discharge (from the army); (*smobilitare*) to demobilize; to demob (*fam.*) **4** (*mandare in pensione*) to discharge (from service); to retire. **congedarsi**, **B** *v. rifl.* **1** to take* one's leave **2** (*licenziarsi*) to leave* (work); to quit (*fam.*); (*andare in pensione*) to retire.

congedato, (*mil.*) **A** *a.* discharged. **B** *m.* discharged soldier.

congèdo, *m.* **1** (*commiato*) leave; leave-taking; farewell: **visita di c.**, farewell call; **prendere c.**, to take one's leave **2** (*permesso*) leave (of absence): **essere in c.**, to be on leave; **chiedere un c. per motivi di salute**, to apply for sick leave; **mandare in c.**, to send on leave **3** (*mil.*) discharge **4** (*licenziamento*) dismissal; discharge **5** (*pensionamento*) retirement; discharge **6** (*poesia*) envoy. ● (*mil.*) **c. assoluto**, discharge (from military service) □ (*mil.*) **c. illimitato** (*o provvisorio*), temporary exemption (from military service) □ **c. per motivi di salute con stipendio pieno** (*ridotto*), sick leave on full (on reduced) pay □ (*mil.*) **foglio di c.**, discharge papers.

congegnare, *v. t.* **1** to put* together; to invent; to design; to devise: **È un'automobile ben congegnata**, it's a cleverly designed car **2** (*fig.*) to plan; to construct: **I drammi di Ibsen sono ben congegnati**, Ibsen's plays are well constructed **3** (*mecc.*) to assemble; to fit together.

congégno, *m.* (*mecc.*) device; contrivance; apparatus; gear; machine; (*strumento*) instrument; (*meccanismo*) mechanism; (*piccolo*) gadget; contraption (*fam.*): **Un c. complesso riproduce il suono da vari punti della sala**, a complex apparatus reproduces the sound from various points of the room; **c. di elevazione**, elevating gear; **c. di sicurezza**, safety device; **un piccolo c. che spruzza acqua sul parabrezza**, a gadget (*o* contrivance, device) that splashes water on the windscreen. ● (*mil.*) **c. di puntamento**, sighting system.

congelaménto, *m.* **1** (*fis.*) freezing; congelation: **metodo** (**punto**) **di c.**, freezing process (point) **2** (*med.*) frostbite; congelation **3** (*econ.*) freeze: **c. dei prezzi**, price freeze.

congelare, **A** *v. t.* **1** to freeze* (*anche econ.*); to congeal **2** (*med.*) to frostbite*. **congelarsi**, **B** *v. rifl.* **1** to freeze*; to congeal; to become* congealed (*o* frozen): **Andiamo, mi sto congelando**, let's go, I'm freezing **2** (*med.*) to become* frostbitten.

congelato, *a.* **1** congealed; frozen (*anche econ.*): **carne congelata**, frozen meat; (*econ.*) **crediti congelati**, frozen assets **2** (*med.*) frostbitten: **avere un piede c.**, to have a frostbitten foot.

congelatóre, **A** *m.* freezer. **B** *a.* freezing.

congelazióne, *f.* (*med.*) frostbite.

congènere, *a.* similar; of the same sort (*o* kind); congenerous (*anche biol.*).

congeniale, *a.* congenial. ● **Questo lavoro non mi è c.**, this work does not suit me.

congenialità, *f.* congeniality.

congènito, *a.* (*anche med.*) congenital.

congèrie, *f.* heap; congeries* (*lett.*); conglomeration; confused mass.

congestionare, **A** *v. t.* **1** (*med.*) to congest **2** (*fig.*) to congest; to overcrowd. **congestionarsi**, **B** *v. rifl.* **1** (*med.*) to become (*o* get) congested **2** (*fig.*) to congest; to get*

congestionato, *a.* **1** (*med.*) congested **2** (*fig.*) congested, overcrowded: **traffico c.**, congested traffic. ● **viso c.**, flushed face.

congestióne, *f.* congestion: (*med.*) **c. polmonare**, pulmonary congestion; (*fig.*) **c. del traffico**, traffic congestion.

congestizio, *a.* (*med.*) congestive.

congettura, *f.* conjecture; supposition; presumption.

congetturàbile, *a.* conjecturable.

congetturale, *a.* conjectural.

congetturare, **A** *v. t.* to conjecture; to suppose; to presume. **B** *v. i.* to conjecture.

congiùngere, **A** *v. t.* to connect; to join (together); to link; to unite; (*le mani*) to clasp; (*travi, binari*) to splice; (*a mortasa*) to mortise; (*a incastro*) to cog: (*mat.*) **c. due punti**, to connect two points; **c. due città per mezzo del telefono**, to connect (*o* to link) two towns by telephone; **c. due pezzi saldandoli**, to join two parts by soldering; **c. in matrimonio**, to join in matrimony; **c. le mani**, to clasp one's hands. **congiùngersi**, **B** *v. rifl.* to join; to be joined; to meet*; to unite; to link up; to join forces (*anche fig.*): **c. in matrimonio**, to be joined in matrimony; **La galleria italiana e quella francese si congiungono sotto il Monte Bianco**, the Italian tunnel and the French one meet under Mount Blanc; **L'esercito piemontese e i volontari garibaldini si congiunsero presso Napoli**, the Piedmontese army and Garibaldi's volunteers joined forces near Naples; **Forse questi piccoli partiti si congiungeranno**, these minor political parties may join forces. ● **c. carnalmente**, to have sexual intercourse.

congiungiménto, *m.* **1** joining; union **2** (*mil.*) link-up.

congiuntaménte, *avv.* jointly; conjointly.

congiuntiva, *f.* (*anat.*) conjunctiva*.

congiuntivale, *a.* (*anat.*) conjunctival.

congiuntivite, *f.* (*med.*) conjunctivitis.

congiuntivo, **A** *a.* **1** conjunctive **2** (*gramm.*) subjunctive: **modo c.**, subjunctive mood. **B** *m.* (*gramm.*) subjunctive: **La proposizione dipendente dovrebbe essere al c.**, the dependant clause should be in the subjunctive.

congiunto, **A** *a.* **1** joined; connected; linked; united **2** (*solidale*) joint. **B** *m.* relative; relation: **un mio c.**, a relative of mine; **informare i congiunti**, to let the relations know.

congiuntóre, *m.* (*elettr.*) connector.

congiuntura, *f.* **1** joint; joining **2** (*anat.*) joint; articulation **3** (*fig.*) juncture; occasion; conjuncture **4** (*econ.: situazione*) economic situation; (*tendenza*) economic tendency (*o* trend); (*prospettiva*) economic outlook **5** (*situazione critica*) crisis; emergency **6** (*econ.: ciclo*) business cycle. ● (*econ.*) **c. alta**, boom □ (*econ.*) **c. bassa**, slump; depression □ (*econ.*) **c. negativa**, recession; negative business cycle.

congiunturale, *a.* (*econ.*) **1** connected with the current economic situation; conjunctural **2** (*ciclico*) cyclical: **una crisi c.**, a cyclical crisis **3** (*a breve termine*) short-term (*attr.*): **fluttuazioni congiunturali della domanda**, short-term fluctuations of demand.

congiunzióne, *f.* **1** junction; meeting; joining: **la c. dei due eserciti**, the junction of the two armies **2** (*gramm.*, *astron.*) conjunction: «**E**» **è una c.**, «and» is a conjunction. ● (*naut.*) **c. di due cavi mediante intreccio dei capi**, splice.

congiura, *f.* conspiracy; plot: **c. del silenzio**, conspiracy of silence.

congiurare, *v. i.* to conspire; to plot: **c. a danno di q.**, to conspire against sb. ● **Si congiura q.c. di terribile**, some dreadful plot is afoot.

congiurato, *m.* conspirator; plotter.

conglobaménto, *m.* conglobation; lumping together; (*di crediti, imposte, ecc.*) combining.

conglobare, *v. t.* to conglobate; to roll into one; to lump together; (*crediti, imposte, ecc.*) to combine.

conglobazióne, *f.* V. **conglobaménto**.

conglomerare, *v. t.* to conglomerate.

conglomerato, *m.* **1** conglomerate; mass; pile; conglomeration (*anche fig.*) **2** (*geol.*) conglomerate; pudding stone **3** (*costr.: calcestruzzo*) concrete; mix. ● **c. etnico**, conglomeration of races.

conglomerazióne, *f.* conglomeration.

conglutinare, *v. t.* **conglutinarsi**, *v. rifl.* to conglutinate.

conglutinazióne, *f.* conglutination.

congolése, *a., m. e f.* Congolese*; Congoese*.

congratularsi, *v. rifl.* to congratulate: **c. con q. per q.c.**, to congratulate sb. on st.

congratulazióne, **A** *f.* (*generalm. al pl.*) congratulation: **La prego di accettare le mie congratulazioni**, please accept my congratulations. **B** *inter.* congrats (*pl., fam.*).

congrèga, *f.* **1** band; bunch (*fam.*); set; gang: **Li sbatterò fuori, tutta la c.!**, I shall throw them out, the whole bunch of them

2 (*relig.*) congregation; confraternity.
congregare, A *v. t.* to congregate; to gather together; to call together. **congregarsi, B** *v. rifl.* to congregate; to band together.
congregazióne, *f.* **1** assembly; gathering; congregation **2** (*relig.*) congregation.
congregazionista, *m.* e *f.* (*relig.*) member of a congregation.
congressista, *m.* e *f.* member of a congress; participant; attendee.
congrèsso, *m.* congress; conference; convention: **il c. di Versailles**, the congress of Versailles; **c. medico**, medical congress; **c. di ministri degli esteri**, conference of foreign ministers. ● (*USA*) **il C.**, the Congress.
congressuale, *a.* congressional; congress (*attr.*).
còngrua, *f.* (*relig.*) State supplementation of the income from a benefice.
congruaménte, *avv.* congruously; fittingly; adequately.
congruènte, *a.* congruent.
congruènza, *f.* congruence (*anche mat.*); congruity; congruency.
congruità, *f.* congruousness; congruity.
còngruo, *a.* **1** congruous; suitable; fitting; proper; (*adeguato*) adequate: **un c. compenso**, an adequate reward **2** (*mat.*) congruent: **numeri congrui**, congruent numbers.
conguagliaménto, (*raro*) V. **conguaglio**.
conguagliare, *v. t.* (*fin., rag.*) to adjust; to settle; to balance.
conguàglio, *m.* (*fin., rag.*) adjustment; settlement; balance: **c. monetario**, currency adjustment.
coniare, *v. t.* to coin, to mint (*anche fig.*); to strike*: **c. una medaglia per l'evento**, to strike a medal to commemorate the event; (*fig.*) **c. una parola nuova**, to coin a new word.
coniatóre, *m.* (*anche fig.*) coiner; minter.
coniatura, coniazióne, *f.* (*anche fig.*) coinage; mintage.
cònica, *f.* (*mat.*) conic section.
conicità, *f.* **1** conicalness; conicity **2** (*mecc.*) taper.
cònico, *a.* **1** conical; cone-shaped **2** (*mat.*) conic: **sezioni coniche**, conic sections **3** (*mecc.*) taper (*attr.*). ● **la teoria delle sezioni coniche**, conics (*pl., col verbo al sing.*).
conìdio, *m.* (*bot.*) conidium*.
conìfere, *f. pl.* (*bot., Coniferae*) conifers.
conìfero, *a.* (*bot.*) coniferous.
coniglicoltóre, V. **cunicoltóre**.
coniglicoltura, V. **cunicoltura**.
conigliéra, *f.* **1** (*gabbia per conigli*) rabbit hutch **2** (*recinto per conigli*) rabbit warren (*o* pen).
coniglietta, *f.* (*fig.: ragazza*) bunny.
conìglio, *m.* **1** (*zool., Oryctolagus cuniculus*) rabbit; (*la femmina*) doe; bunny, bunny rabbit (*infant. e fam.*) **2** (*fig.*) chicken-hearted person; coward. ● **c. coda di cotone** (*Sylvilagus*), cottontail ● **pelliccia di c.**, cony, coney.
cònio, *m.* **1** (*punzone per coniare*) minting die **2** (*l'impronta sulle monete*) stamp (on a coin); mint mark **3** (*fig.*) stamp; type; sort: **Cerca di evitare uomini del suo c.**, try to avoid men of his stamp **4** (*coniatura, anche fig.*) coinage; mintage. ● (*anche fig.*) **di nuovo c.**, newly minted; newly coined; brand new.
coniugàbile, *a.* (*gramm.*) conjugable.
coniugale, *a.* (*specialm. leg.*) conjugal: **diritti coniugali**, conjugal rights. ● **vincolo c.**, marriage tie □ **vita c.**, married life.
coniugare, A *v. t.* **1** (*gramm.*) to conjugate; to inflect **2** (*raro: unire in matrimonio*) to marry; to unite (*o* to join) in matrimony. **coniugarsi, B** *v. rifl.* to marry; to get* married.
coniugato, A *a.* **1** married; joined in marriage **2** (*mat., bot.*) conjugate. **B** *m.* married man*.
coniugazióne, *f.* (*gramm.*) conjugation; inflexion.
còniuge, *m.* consort; spouse; (*marito*) husband; (*moglie*) wife **2** (*pl.*) married couple; husband and wife. ● (*pl., spesso scherz.*) **i coniugi Micawber**, Mr and Mrs Micawber; the Micawber couple.
connatale, *a.* (*med.*) congenital.
connato, *a.* (*bot.*) connate.
connaturale, *a.* connatural.
connaturalità, *f.* connaturality.
connaturare, A *v. t.* to make* (st.) connatural. **connaturarsi, B** *v. rifl.* to become* (*o* to be) second nature; to be natural; to be grafted (on): **A poco a poco il vizio si connatura**, little by little vice becomes second nature; **L'oratoria si è connaturata in lui**, speech making is second nature to him.
connaturato, *a.* **1** connatural; innate **2** (*radicato*) ingrained; inveterate; deeply rooted: **abitudine connaturata**, inveterate habit.
connazionale, A *a.* of the same nationality (*o* nation) (*pred.*): **In fin dei conti eravamo connazionali**, after all, we were (of) the same nationality. **B** *m.* fellow countryman*. **C** *f.* fellow countrywoman*.

connessióne, *f.* **1** connexion, connection (*anche elettr.*): **c. dei fili**, wire connection; **c. in serie**, mesh connection **2** (*falegnameria, mecc.*) joint; juncture; join; link (*anche fig.*).
connèsso, A *a.* **1** connected, affiliated (with); relative (to) **2** (*elettr.*) connected; joined **3** (*mecc.*) linked; jointed; joined. **B** *m.* – **con tutti gli annessi e connessi**, with all appurtenances (*o* appendages, accessories).
connestàbile, V. **conestàbile**.
connèttere, A *v. t.* **1** (*unire*) to join; to connect (*anche fig.*); to link (*anche mecc.*); **c. le idee**, to connect (*o* to link) ideas **2** (*pensare*) to think* straight; to be conscious: **Ho tanta fame che non riesco a c.**, I'm so hungry I can't think straight. ● **Era stata colta di sorpresa e non sembrava c.**, she was taken by surprise and seemed bewildered □ **Ero troppo malato, non connettevo più molto bene**, I was too ill and no longer fully conscious. **connèttersi, B** *v. rifl.* to be connected; to be linked.
connettivo, A *a.* connective: (*anat.*) **tessuto c.**, connective tissue. **B** *m.* (*anat.*) connective.
connettóre, *m.* (*tecn.*) connector. ● (*elettr.*) **c. a spina**, jack.
connivènte, (*leg.*) **A** *a.* conniving. ● **essere c.**, to connive. **B** *m.* e *f.* conniver; accomplice.
connivènza, *f.* (*leg.*) connivance.
connotato, *m.* personal characteristic; (*pl.*) description (*sing.*): **I connotati dell'uomo furono mandati a tutte le questure**, a description of the man was circulated to all police stations; **prendere nome, indirizzo e connotati**, to register name, address and personal characteristics. ● (*fam.*) **cambiare i connotati a q.**, to beat sb. black and blue.
connotazióne, *f.* connotation.
connùbio, *m.* **1** (*lett.*) matrimony; marriage **2** (*fig.: accordo armonico*) union; marriage **3** (*fig.: alleanza*) alliance; understanding; partnership; (*peggiorativo*) cabal: **Tentarono il c. con i liberali**, they tried to form an alliance (*o* to come to an understanding) with the Liberals.
còno, *m.* cone: (*geom.*) **la superficie di un c.**, the surface of a cone; **c. gelato**, ice-cream cone; (*bot.*) **c. di pino**, pine cone; (*geol.*) **c. vulcanico**, volcanic cone; (*geom.*) **tronco di c.**, frustum of a cone; (*astron.*) **c. d'ombra**, cone of shadow. ● **a c.**, cone-shaped; conical □ (*zool.*) **conchiglia a c.**, cone shell.
conòcchia, *f.* **1** bunch of flax (wool, etc.) wound round a distaff **2** (*rocca*) distaff. ● **trarre la c.**, to spin.
conoidale, *a.* (*geom.*) conoidal.
conòide, *m.* **1** (*geom.*) conoid **2** (*geol.*) cone: **c. di deiezione**, alluvial cone.
conopèo, *m.* (*relig.*) ciborium veil.
conoscènte, *m.* e *f.* acquaintance.
conoscènza, *f.* **1** (*il sapere*) knowledge: **Il lavoro richiede qualcosa di più di una c. superficiale di quel periodo**, the work requires something more than a superficial knowledge of the period; **È giunto a nostra c. che...**, it has come to our knowledge that...; **Sono venuto a c. di un progetto**, a plan has come to my knowledge **2** (*l'essere cosciente, consapevole*) consciousness: **Il morente aveva perso c.**, the dying man had lost consciousness; **riprendere c.**, to recover (*o* to regain) consciousness **3** (*il conoscere una persona; la persona conosciuta*) acquaintance: **fare la c. di q.**, to make sb.'s acquaintance; to become acquainted with sb.; **Roberto ha molte conoscenze ma pochi amici**, Robert has many acquaintances but few friends **4** (*leg., bur.*) cognizance **5** (*filos.*) cognition. ● **essere a c. di q.c.**, to be acquainted with st.; to know st.; to be aware of st. □ **avere una buona** (**una certa**) **c. del francese**, to have a good knowledge of (*o* some acquaintance with) the French language □ (*bur.*) **per c.**, copy to □ **portare q.c. a c. di q.**, to bring st. to sb.'s knowledge; to acquaint sb. with st. □ **prendere c. di q.c.**, to make oneself acquainted with st.; to acquaint oneself with st.; (*bur.*) to take cognizance of st. □ **privo di c.** (*svenuto*), unconscious; in a faint □ **venire a c. di q.c.**, to become acquainted with st.; to learn st.; to get to know st. □ **C'era tra noi una certa c.**, we were slightly acquainted □ **Lieto di fare la Sua c.**, glad (*o* pleased) to meet you □ **Si sposò senza che i genitori ne fossero a c.**, he married without the knowledge of his parents □ (*scherz.*) **È una vecchia c. della polizia**, he is well known to the police; he is a habitual offender.
conóscere, A *v. t.* **1** to know*: **c. tutti**, to know everybody; **non c. nessuno**, not to know anybody; **c. le lingue** (**la strada**, **il proprio dovere**), to know languages (the way, one's duty); **c. q. di nome** (**di fama**), to know sb. by name (by reputation); **c. q. di vista** (**personalmente, un poco, a fondo**), to know sb. by sight (personally, slightly, thoroughly); **c. bene il paese**, to know the country (very) well; **c. q.c. per filo e per segno**, to know st. thoroughly (*o* inside out, *o* from A to Z); **Se lo conosco? Altro che!**, do I know him? I'll say I do! **2** (*avere coscienza*) to be conscious: **Il malato non conosceva più**, the patient was no longer conscious **3** (*riconoscere*) to recognize; to know*: **Lo**

conoscìbile

conobbi all'andatura (alla voce), I recognized (o I knew) him by his gait (by his voice) **4** (*fare la conoscenza di*) to make* the acquaintance of; to become* acquainted with; to meet*; (*essere presentato a*) to be introduced to: **Fammelo c.!**, introduce him to me (*o me to him, secondo i casi*); **Desideravo conoscerLa**, I wanted to meet you **5** (*distinguere*) to know*; to be able to tell; to discern; to distinguish: **Sono gemelli: è difficile c. l'uno dall'altro**, they're twins: it's difficult to know one from the other; **non c. il bene dal male**, not to be able to tell the good from the bad (*o, in senso assoluto*: good from evil); **Non si conosce qual è quello vero**, you can't tell which is the real one; **Non si conoscevano i colori in quella luce**, one couldn't discern the colours in that light **6** (*leg., bur.*) to take* cognizance of. ● **c. una città come le proprie tasche**, to know every inch of a city ☐ (*leg.*) **c. una causa**, to hear a case; to entertain a case ☐ **c. q. solo di saluto**, to have a nodding acquaintance with sb. ☐ **avere conosciuto giorni migliori**, to have known better days ☐ **avere conosciuto la miseria**, to have known poverty (*o* what it is to be poor) ☐ **darsi a c.**, to prove (*o* to show) oneself: **S'è dato a c. per un vile (un bugiardo, ecc.)**, he proved himself (to be) a coward (a liar, etc.) ☐ (*comm.*) **far c. un articolo**, to advertise an article ☐ **farsi c.** (*acquistare fama*), to make a name for oneself; to become famous ☐ **farsi c.** (*riconoscere*) **da q.**, to make oneself known to sb. ☐ **finire con il c.** (*riuscire a c., imparare*) **q.** (*q.c.*), (finally) to get to know sb. (st.) ☐ **non c. affatto q.**, not to know sb. from Adam ☐ **non c. il mondo**, to be ignorant of the world ☐ **È furibondo, non conosce ragione**, he is furious, he won't listen to reason ☐ **Non fare l'ingenuo! Conosco i miei polli**, don't feign innocence! I know what you are like (*o* I know better) ☐ **Vuol farsi c. come avvocato**, he wants to be known as a successful lawyer ☐ (*prov.*) **All'opera si conosce il maestro**, the work commends the workman ☐ (*prov.*) **Nelle sventure si conoscono gli amici**, a friend in need is a friend indeed ☐ (*prov.*) **Dal frutto si conosce l'albero**, a tree is known by its fruit ☐ (*prov.*) **Dal buon giorno si conosce dal mattino**, well begun is half done. **conóscersi**, B *v. rifl.* to know* oneself: **Conosci te stesso!**, know thyself! C *v. rifl. recipr.* **1** to know* each other (*o* one another) **2** (*far conoscenza*) to meet*: **Ci conoscemmo da mio zio**, we met at my uncle's; **Ci siamo già conosciuti?**, have we met before?

conoscìbile, A *a.* knowable. B *m.* knowledge.
conoscibilità, *f.* knowability; knowableness.
conoscimento, *m.* knowledge; understanding.
conoscitivo, *a.* cognitive.
conoscitóre, *m.* expert; connoisseur: **un c. di vecchie porcellane**, a connoisseur of old china; **un c. di musica classica**, an expert in classical music.
conosciuto, A *a.* well-known: **uno specialista c.**, a well-known specialist; **fatti conosciuti**, well-known facts. B *m.* (*ciò che si conosce*) the known.
conoscòpio, *m.* (*fis.*) conoscope.
conquassare, *v. t.* (*lett.*) **1** to shake* violently **2** (*fracassare*) to smash up; to shatter.
conquibus, *m.* (*scherz., fam.*) (the) wherewithal; dough (*pop.*): **Vorrei fare la crociera, ma mi manca il c.**, I should like to go on the cruise, but I haven't got the wherewithal.
conquìdere, *v. t.* (*lett.*) to conquer; to subdue.
conquista, *f.* **1** conquest; victory; subjugation; (*di città, fortezza, altura, ecc.*) capture: **diritto di c.**, right of conquest; **la c. dello spazio**, the conquest of space; **dopo ogni c., un trionfo**, after every victory, a triumph; **la c. di un popolo**, the subjugation of a people **2** (*territorio conquistato*) conquered territory: **Ora bisognava amministrare la c.**, now we had to administer the conquered territories **3** (*fig.*) attainment; achievement: **la c. del potere**, the attainment of power; **le conquiste dei fisici moderni**, the achievements of modern physicists **4** (*fig.: successo amoroso, persona conquistata*) conquest. ● **Quell'attore ha fatto molte conquiste ai suoi tempi**, that actor broke many hearts in his day.
conquistàbile, *a.* conquerable.
conquistador, *m.* conquistador*.
conquistare, *v. t.* **1** (*mil.*) to conquer; to capture: **c. vasti territori**, to conquer vast territories; **Conquistarono la rocca**, they captured the citadel **2** (*fig.: cattivarsi, ecc.*) to win*; to win* over (to one's side): **c. il rispetto di tutti**, to win everybody's respect; **c. tutti i cuori**, to win all hearts **3** (*raggiungere*) to achieve; to get*; (*lottando*) to win* through to: **c. il successo**, to achieve success; **conquistarsi la felicità**, to win through to happiness; **Si è conquistato un bel posticino**, he has got himself a cushy job **4** (*fig.: far innamorare*) to conquer. ● **c. il potere**, to come to power; (*con la forza*) to seize power ☐ **c. l'uditorio**, to grasp one's audience ☐ **Si è conquistato una posizione molto in alto**, he has got to the top of the tree.
conquistatóre, A *m.* **1** conqueror **2** (*fig.: chi fa conquiste amorose*) lady-killer; don Juan. B *a.* conquering.

conquistatrice, *f.* **1** conqueress **2** (*fig.*) heartbreaker.
consacràbile, *a.* that can be consecrated.
consacrante, *V.* consacratóre.
consacrare, A *v. t.* **1** to consecrate; (*un ecclesiastico, anche*) to ordain; (*una chiesa, anche*) to dedicate; (*un monarca, anche*) to anoint: **c. l'ostia**, to consecrate the host **2** (*fig.*) to consecrate; to hallow; (*dedicare*) to devote, to give* (up): **usi consacrati dalla tradizione**, usages consecrated (*o* hallowed) by tradition; **c. tutto il proprio tempo al lavoro**, to devote (*o* to give up) all one's time to work. **consacrarsi,** B *v. rifl.* (*fig.*) to devote oneself.
consacratóre, (*relig.*) A *a.* consecratory. B *m.* consecrator.
consacrazióne, *f.* **1** consecration; (*di un sacerdote, anche*) ordination; (*di una chiesa, anche*) dedication; (*di un monarca, anche*) anointment **2** (*fig.*) (final) seal; blessing; approval: **Queste parole furono la c. della fama del giovane pittore**, these words put the final seal on the fame of the young painter.
consanguineità, *f.* (*leg.*) blood relationship; consanguinity; kinship.
consanguìneo, (*anche leg.*) A *a.* consanguineous; akin. B *m.* blood relation; kinsman*. ● **Siamo consanguinei**, we are (one) kin.
consapévole, *a.* (fully) aware; (fully) conscious; (*con senso di biasimo*) self-conscious: **Era c. del pericolo**, he was aware of the danger; **c. delle proprie responsabilità**, fully conscious of one's responsibilities; **Quell'arte così c., così poco spontanea, non mi commuoveva**, that self-conscious artistry, so lacking in spontaneity, left me cold. ● **rendere q. c. di q.c.**, to inform sb. about st.; to make sb. aware of st.
consapevolézza, *f.* awareness; consciousness.
consapevolménte, *avv.* consciously; knowingly. ● **Agì c.**, he acted quite aware of what he was doing.
cònscio, A *a.* conscious; aware. B *m.* – (*psic.*) **il c.**, the conscious.
consecutiva, *f.* (*gramm.: congiunzione*) consecutive conjunction; (*proposizione*) consecutive clause.
consecutivaménte, *avv.* consecutively; on end.
consecutivo, *a.* **1** consecutive; running; on end: **per tre giorni consecutivi**, for three consecutive days (*o* for three days on end) **2** (*successivo*) following; next: **Sarà rivelato nella puntata consecutiva, it will be revealed in the next instalment 3** (*gramm.*) consecutive: **proposizione consecutiva**, consecutive clause.
conségna, *f.* **1** (*anche leg.*) delivery: **pagamento alla c.**, cash on delivery; **c. a domicilio**, home delivery; **c. in deposito franco**, delivery in bond; **c. sul luogo**, spot delivery; **franco c.**, free delivery; **spese di c.**, delivery charges; **ricevere in c.**, (*di merce*) to take delivery; (*avere cura di q.c.*) to take into one's care **2** (*partita di merce*) consignment: **La prima c. è arrivata ieri, un'altra dovrebbe venire fra un mese**, the first consignment arrived yesterday, another should come in a month's time **3** (*anche leg.: deposito*) consignment: **merce in c.**, goods on consignment **4** (*mil.: punizione*) confinement to barracks **5** (*mil.: ordine*) orders (*pl.*): **mancare alla c.**, to disobey orders; **Ebbe la c. di non far passare nessuno**, his orders were to let no one through. ● **la c. di un riscatto**, the handover of a ransom ☐ **dare** (*o* **passare**) **le consegne**, to hand over: **Il ministro uscente diede le consegne al suo successore**, the outgoing minister handed over to his successor ☐ **dare q.c. in c. a q.**, to entrust st. to sb. (*o* to sb.'s care): to leave st. with sb.: **Ho dato il pacco in c. al portiere**, I left the parcel with the porter ☐ (*comm.*) **mancata c.**, nondelivery ☐ **prendere le consegne**, to take over (formally): **Il contratto è firmato, ma devo ancora prendere le consegne dal padrone di casa**, the contract is signed, but I have still to take over from the landlord ☐ (*mil.*) **venire meno alla c.**, not to carry out an order.
consegnare, *v. t.* **1** (*dare*) to give*; to deliver (*specialm. al passivo*); (*a mano*) to hand; (*distribuire*) to give* out, to hand out: **Ho consegnato la lettera al segretario**, I gave the letter to the secretary; **Mi tolsi l'orologio e glielo consegnai**, I took off my watch and handed it to him **2** (*affidare*) to commit; to consign to (sb.'s) care; to entrust; to hand over: **c. i pensieri alla carta**, to commit one's thoughts to paper; **c. il denaro a una banca**, to hand over (*o* to consign) the money to a bank; **Il bambino fu consegnato a una donna**, the child was committed to the care of a woman; **Consegnai i documenti a una persona fidata**, I entrusted a reliable person with the documents **3** (*mil.*) to confine (*o* to consign) (sb.) to barracks **4** (*comm.*) to deliver; to consign. ● **c. q. alla polizia**, to give sb. in charge to the police.
consegnatàrio, *m.* **1** (*comm.*) consignee **2** (*leg.*) bailee; consignee; trustee.
consegnato, *a.* **1** (*comm.*) delivered **2** (*mil.*) confined (*o* consigned) to barracks (*abbr. C. B.*).
conseguènte, A *a.* **1** consequent **2** (*coerente*) consistent; consequent. ● **c. a se stesso**, self-consistent. B *m.* (*mat.*) consequent.

conseguenteménte, *avv.* as a consequence; consequently; therefore; so.
conseguènza, *f.* 1 consequence; result; outcome: **Ecco le premesse; qual è la c.?**, these are the premises; what is the consequence?; **L'inflazione è c. diretta di quelle misure**, inflation is the direct consequence (*o* result) of those measures 2 (*importanza*) consequence; importance; moment: **cose di grande c.**, matters of great moment (*o* consequence) 3 (*pl.*, *anche med.*) aftereffects. ● **di c.**, as a consequence; consequently; therefore □ **agire di c.**, to act accordingly.
conseguenziale, *a.* consequential.
conseguìbile, *a.* achievable; attainable.
conseguiménto, *m.* achievement; attainment.
conseguire, A *v. t.* (*ottenere*) to achieve; to attain; to gain; to win*: **c. la promozione**, to gain promotion; **c. ciò che ci si era prefisso**, to achieve what one set out to; **c. le cariche più alte**, to attain the highest office; **c. la celebrità**, to win fame. B *v. i.* to follow; to ensue; to be the result; to be the consequence: **Ne consegue che...**, it follows that...; **Ne conseguì una rottura delle relazioni diplomatiche**, the severance of diplomatic relations was the result. ● **c. il diploma**, to get one's diploma; to graduate (*USA*) □ **c. la laurea**, to graduate; to get one's degree □ (*fin.*) **c. profitti**, to chalk up profits.
consensivo, *a.* consenting; permitting.
consènso, *m.* 1 consent; permission; agreement: **per comune c.**, by common consent; **dare il proprio c.**, to give* one's consent; **senza il mio c.**, without my consent (*o* permission; agreement) 2 (*giudizio favorevole*) approval 3 (*leg.*) consent; assent.
consensuale, *a.* (*leg.*) by mutual consent (*pred.*); consensual: **separazione c.**, separation by mutual consent.
consensualménte, *avv.* by mutual (*o* common) consent; consensually.
consentaneità, *f.* consentaneity; consentaneousness.
consentàneo, *a.* 1 (*corrispondente*) consentaneous 2 (*coerente*) consistent.
consentiménto, *m.* (*lett.*) consent.
consentire, A *v. i.* 1 (*essere d'accordo*) to agree; to concur: **Consento pienamente con Lei**, I entirely agree with you; **Dissi che era ora di andare a casa e tutti consentirono**, I said that it was time to go home and everybody concurred with me 2 (*acconsentire*) to assent; to consent: **c. a una proposta**, to assent (*o* to be agreeable) to a proposal 3 (*permettere, rendere possibile*) to enable; to make* it possible: **Il nuovo servizio di autobus gli consente di tornare a casa a mezzogiorno**, the new bus service makes it possible for him to go home at midday (*o* at noon). B *v. t.* (*concedere*) to allow; to give*; to grant: **Il nuovo incarico non gli consente molta libertà di movimento**, his new post does not allow him much freedom of movement. ● **c. una richiesta**, to grant a request □ **Consentimi di spiegare ciò che è successo**, let me explain what happened □ **Consento che un po' di torto l'ho anch'io**, I'll allow that I am partly to blame.
consenziènte, (*anche leg.*) A *a.* agreeable (to); consenting (with); **essere c. a una proposta**, to be agreeable (*o* to assent) to a proposal. ● **Firmò, c. il marito**, she signed with her husband's consent. B *m. e f.* consenting party.
consequenziale, *a.* consequential.
consèrto (1), *a.* (*intrecciato*) intertwined; interwoven. ● **braccia conserte**, folded (*o* crossed) arms.
consèrto (2), *m.* ● **di c.**, in concert; together.
consèrva, *f.* 1 preserve 2 (*serbatoio*) reservoir. ● **c. di arance**, marmalade □ **c. di frutta**, jam □ **c. di pomodoro**, tomato sauce □ (*di cibi*) **in c.**, preserved; (*in recipienti di vetro*) bottled; (*di latta*) canned, tinned; (*di terraglia, ecc.*) potted: **alimenti in c.**, preserved foods; **pere in c.**, bottled pears; **latte in c.**, tinned (*o* canned) milk; **carne in c.**, tinned (*o* canned) meat.
consèrva, di, *locuz. avv.* 1 (*mil.*) in convoy: **navigare di c.**, to sail in convoy 2 (*fig.*) with one accord; together.
conservàbile, *a.* preservable; conservable.
conservante, *a. e m.* (*ind.*) preservative. ● (*di cibo*) **trattato con conservanti**, preservatized.
conservare, A *v. t.* 1 (*tenere, custodire*) to keep*; still to have; (*dalla distruzione, dal deperimento, dalla dimenticanza*) to preserve, to conserve, to retain: **Dio ti conservi!**, God keep you!; **c. gli abiti puliti**, to keep one's clothes clean; **Il nonno conserva la sua ottima memoria**, grandfather still has his excellent memory; **c. le bellezze del paesaggio**, to preserve the beauties of the landscape; **I mattoni conservano il calore**, bricks retain the heat 2 (*tenere caro*) to cherish; to treasure; to keep*: **La nonna conservava una ciocca dei capelli di Sandrino**, grandmother kept (*o* cherished; treasured) a lock of Sandrino's hair 3 (*mettere da parte*) to put* by; (*risparmiare*) to save 4 (*cibi*) to preserve; to conserve, (*in recipienti di vetro*) to bottle; (*di terraglia*) to pot; (*di latta*) to tin, to can: **c. q.c. sott'olio**, to preserve st. in oil. ● **c. la calma**, to keep calm □ **c. sotto sale**, to salt; to corn. **conservarsi,** B *v. rifl.* to keep*: **c. in buona salute**, to keep fit; **Le mele si conservano a lungo**, apples keep a long time.
conservativo, A *a.* conservative. ● (*leg.*) **sequestro c.**, attachment. B *m. V.* **conservante.**
conservato, *a.* 1 preserved; kept: **È una donna ben conservata**, she is a well-preserved woman 2 (*di cibo*) preserved; conserved; (*in recipienti di vetro*) bottled; (*di terraglia*) potted; (*di latta*) tinned, canned.
conservatóre, A *m.* (*polit.*) conservative: **Chi vincerà le elezioni? i conservatori o i laburisti?**, who will win the election? the Conservatives or Labour? ● (*leg.*) **c. delle ipoteche**, registrar of mortgages. B *a.* (*anche polit.*) conservative: **politica conservatrice**, conservative policy; **il partito c.**, the Conservative party.
conservatòrio, *m.* 1 (*mus.*) conservatoire; conservatory 2 (*educandato relig. per ragazze*) convent school for young ladies.
conservatorismo, *m.* (*polit.*) conservatism.
conservazióne, *f.* preservation: **la c. degli affreschi**, the preservation of frescoes. ● **in ottimo stato di c.**, in excellent condition □ **istinto di c.**, instinct of self-preservation.
conservière, *m.* cannery man*; canner; tinner.
conservièro, *a.* (*cannery*) (*attr.*).
conservifìcio, *m.* cannery.
consèsso, *m.* assembly; meeting.
considerabile, *a.* considerable.
considerare, A *v. t.* 1 (*esaminare*) to consider; to examine; to think* over; to ponder; to weigh: **c. i pro e i contro**, to weigh the pros and cons 2 (*guardare*) to observe; to scrutinize; to consider; to contemplate: **Il turista considerò attentamente l'affresco**, the tourist considered (*o* observed) the fresco attentively 3 (*reputare*) to consider; to look* upon; to regard; to deem (*lett.*): **È forte, considerata la sua età**, he is strong, considering his age; **L'ho sempre considerato un uomo sincero**, I have always looked upon (*o* thought of) him as a sincere man 4 (*tenere presente*) to consider; to bear* (*o* to keep*) in mind; to take* into consideration (the fact that): **Bisogna c. che...**, it should be borne in mind that...; **Devi c. che è una bambina**, you must consider her youth; you must take into consideration the fact that she is just a child 5 (*riflettere*) to think* over; to stop to think; to turn over in one's mind: **È un ragazzo, non considera**, he's just a lad, he doesn't stop to think; **È una proposta interessante, lascia che la consideri**, it's an interesting proposal; let me think it over; **So che ha trovato la proposta interessante: la sta considerando**, I know he has found the proposition interesting: he is turning it over in his mind. 6 (*di leggi, decreti, ecc.: contemplare*) to provide for: **La legge non considera questo caso**, the law does not provide for this case. ● **c. molto q.** (*stimarlo*), to think highly of sb.; to have a good (*o* high) opinion of sb.: **È molto considerato tra i colleghi**, he is thought well of by his colleagues □ **c. la possibilità di fare q.c.**, to contemplate doing st. **considerarsi,** B *v. rifl.* to consider oneself: **Si considera molto importante**, he considers himself very important; **Consideratevi agli arresti!**, consider yourself under arrest!
consideratamente, *avv.* deliberately; (*a ragion veduta*) after due consideration.
consideratézza, *f.* caution; wariness; carefulness; prudence.
considerato, *a.* 1 cautious; wary; careful; prudent 2 (*stimato*) esteemed; highly thought of. ● **c. che...**, bearing in mind that...; whereas... □ **tutto c.**, all things considered.
considerazióne, *f.* 1 consideration; reflection; thought: **brevi considerazioni sull'uso del congiuntivo**, brief considerations on the use of the subjunctive 2 (*stima*) consideration; regard; esteem; repute: **essere tenuto in grande c.**, to be held in great esteem (*o* in great consideration) 3 (*il considerare*) consideration; considering: **prendere in c. una proposta**, to take a proposal into consideration; to consider a proposal; **degno di c.**, worth considering. ● **agire senza c.**, to act inconsiderately (*o* thoughtlessly) □ **godere di grande c.**, to be thought of (very) highly □ **in c. di**, in consideration of; in view of.
considerévole, *a.* considerable; conspicuous; substantial: **una somma c.**, a substantial sum; **una perdita c.**, a considerable loss.
consigliàbile, *a.* advisable.
consigliare (1), A *v. t.* to advise; to recommend; to suggest; to counsel (*lett.*); to advocate: **Ti consiglio di cambiare tono!**, I advise you to change your tone!; **Consigliamo l'applicazione di questa crema tutte le sere**, we recommend applying this cream every night; **c. il moto**, to recommend exercise; **Consiglio sempre questo libro**, I always recommend (*o* suggest) this book; **Il tempo minaccioso consigliava la prudenza**, the threatening weather counselled prudence. ● **Te lo consiglio**, that's my advice to you. **consigliarsi,** B *v. rifl.* to ask* for (*o* to seek*) (sb.'s) advice; to consult: **Mi consigliavo sempre con lui**, I always sought his advice; I always consulted him. ● **volere c. con q.**, to want sb.'s advice.
consigliare (2), *V.* **consiliare.**

consiglière, *m.* **1** adviser; counsellor, (*USA*) counselor: **Cecil si dimostrò un saggio c.**, Cecil proved himself a wise counsellor **2** (*membro di un consiglio*) councillor; councilman*: **c. comunale**, town councillor; (*leg.*) **C. (del Consiglio) di Stato**, Councillor of the Council of State; (*leg.*) **C. della Corte dei Conti**, Councillor of the State Auditors' Department. ● (*fin.*) **c. d'amministrazione**, director □ (*leg.*) **C. di Cassazione** (*in Italia*), judge of the Court of Cassation □ (*leg.*) **C. di Corte d'Appello**, judge of the Court of Appeal □ (*fin.*) **c. delegato**, managing director.

consiglio, *m.* **1** (*avvertimento, suggerimento, ecc.*) advice (*solo sing.*); suggestion: **dare un c.** (*o* **consigli**), to give advice; **seguire il c.** (*o* **i consigli**) **di q.**, to follow sb.'s advice; **Ascolta il mio c.**, take my advice; **È solo un c.**, it is only a suggestion **2** (*parere e sim.*) counsel; opinion: **Si era ritirato dalla politica, ma il suo c. era sempre ricercato**, he had retired from politics, but his counsel was still sought after **3** (*organo amministrativo collegiale*) council; board: **c. comunale**, town council; council of the commune; **C. dell'ordine degli avvocati**, Bar Council; **c. di famiglia**, family council; **C. di Stato**, Council of State; **C. Superiore della Magistratura**, Senior Council of Magistrates; **c. di gestione** (*o* **di fabbrica**), works council; **c. direttivo** (*o* **d'amministrazione**), board of directors; **c. di amministrazione** (*di scuola, istituzione filantropica, ecc.*), Board of Governors; **riunione del c.**, board meeting. ● **c. dei ministri**, Cabinet; Council of Ministers □ **C. di sicurezza** (*delle Nazioni Unite*), Security Council □ (*leg.*) **Camera di C.**, Court Chambers □ **ridurre q. a miglior c.**, to make sb. change his mind □ **riunione del C. dei Ministri**, Cabinet council □ **venire a più miti consigli**, to relent; to see reason □ **Gli diedi il c. di accettare**, I advised him to accept □ (*prov.*) **La notte porta c.**, night is the mother of counsel.

consiliare, *a.* board, council (*attr.*).

consimile, *a.* (*lett.*) similar; like (*attr.*); alike (*pred.*).

consistènte, *a.* **1** substantial; firm: **una stoffa più c. che piombi meglio**, a firmer material that will hang better **2** (*denso, spesso*) thick; **essere liquido ma piuttosto c.**, to be liquid but rather thick **3** (*fig.*: *valido*) sound; convincing; valid.

consistènza, *f.* **1** (*anche chim.*) consistence, consistency: **Dovrebbe avere la c. della panna montata**, it should have the consistence of whipped cream **2** (*solidità*) firmness; solidity; substantial character: **la c. di un investimento finanziario**, the solidity of a financial investment; **Vuole scrivere un articolo che abbia maggiore c.**, he wants to write an article of a more substantial character **3** (*fig.*: *validità*) soundness; validity. ● (*comm.*) **c. di cassa**, cash on hand □ (*comm.*) **c. di magazzino**, stock on hand □ **senza c.**, (*vago*) vague, flimsy, airy; (*senza fondamento*) groundless, unfounded: **progetti senza c.**, vague plans (with nothing solid to go on); **scuse senza c.**, flimsy excuses; **sospetti senza c.**, groundless suspicions.

consistere, *v. i.* **1** (*essere costituito*) to consist (of); to be composed (of): **La famiglia consiste in due giovani sposi e un bambino**, the family consists (o is composed) of a young married couple and a baby; **Ormai la proprietà consiste in un campo tutto sassi**, the property now consists merely of a stony field **2** (*avere fondamento*) to consist (in); to lie* (in); to depend (on): **Il segreto consiste nel sapersi organizzare**, the secret lies in knowing how to plan.

consociàbile, *a.* associable.

consociare, A *v. t.* to join in partnership; to associate; to consociate. **consociarsi**, B *v. rifl.* to associate; to consociate.

consociata, *f.* (*fin.*) subsidiary company; subcompany; (*fellow*) subsidiary.

consociato, A *a.* consociate; associated. B *m.* partner; associate; fellow member.

consociazióne, *f.* **1** (*l'associarsi*) association; consociation; copartnership **2** (*società*) club; society; union **3** (*agric.*) intercropping.

consòcio, *m.* consociate; copartner.

consolàbile, *a.* consolable.

consolante, *a.* comforting; consoling.

consolare (1), A *v. t.* **1** to console; to soothe; to comfort: **Cercai di c. il bambino che piangeva**, I tried to soothe the crying child; **Beati coloro che piangono perché essi saranno consolati**, blessed are they that mourn, for they shall be comforted **2** (*ricreare, ristorare*) to cheer; to do* (sb.) good; to be a comfort: **la bevanda che consola**, the cup that cheers; **Vedere quel bel fuoco di legna, consola**, it does one good to see that nice log fire **3** (*allietare*) to cheer (up): **La mia visita consolò il malato**, my visit cheered (up) the sick man. ● **un'arietta che consola**, a bracing air □ (*iron.*) **Il ragazzo ha una faccia da imbecille che consola**, the boy looks an utter fool. **consolarsi**, B *v. rifl.* **1** to take* comfort; to be comforted; to get* over it: **Il poveretto ha perso il posto e non riesce a c.**, the poor thing has lost his job and can't get over it; **c. con il Vangelo**, to take comfort in the Gospels **2** (*rallegrarsi*) to cheer up; to take* heart: **Si consolò subito quando promisi d'aiutarlo**, he cheered up at once when I promised to help him.

consolare (2), *a.* consular: **la carriera c.**, the consular career. ● **visto c.**, consul's visa.

consolato, *m.* consulate.

consolatóre, A *m.* consoler; comforter. B *a.* consoling; comforting.

consolatòrio, *a.* consolatory; consoling; comforting.

consolazióne, *f.* **1** consolation; comfort; solace (*lett.*): **La notizia mi ha dato grande c.**, the news has brought great comfort to me; (*anche iron.*) **È proprio una bella c.!**, it's a great comfort, indeed! **2** (*gioia, allegrezza*) joy; delight. ● **premio di c.**, consolation prize □ (*iron.*) **Per maggior c., s'è ammalata la bambina**, on top of all that, my little girl has fallen ill.

cònsole (1), *m.* consul: **c. generale**, consul general.

console (2) (*franc.*), *f.* **1** console (table) **2** (*di elaboratore, ecc.*) console.

consòlida, *f.* (*bot.*, *Symphytum officinale*) comfrey.

consolidaménto, *m.* **1** consolidation **2** (*rinforzamento*) strengthening **3** (*fin.*) consolidation; (*d'un debito, anche*) funding.

consolidare, A *v. t.* **1** (*assodare*) to consolidate; to stiffen **2** (*rafforzare*) to consolidate; to strengthen; to firm; to bolster (up): **c. la propria posizione**, to consolidate one's position **3** (*fin.*) to consolidate; (*un debito, anche*) to fund. **consolidarsi**, B *v. rifl.* to consolidate.

consolidato, A *a.* consolidated. B *m.* (*fin.*) consolidated annuities (*pl.*); consols (*pl.*).

consolidatóre, A *a.* consolidative. B *m.* consolidator.

consolidazióne, *f.* V. **consolidamento**.

consolista, *m.* e *f.* (*addetto alla tastiera di un apparecchio*) console operator.

consòlle, V. **console (2)**.

consommé (*franc.*), *m.* (*cucina*) clear soup; consommé.

consonante, *f.* (*fon.*) consonant.

consonàntico, *a.* (*fon.*) of a consonant; consonantal; consonantic; consonant (*attr.*).

consonantismo, *m.* (*fon.*) consonantism.

consonanza, *f.* **1** consonance; harmony; agreement **2** (*mus.*) consonance; consonant interval; concord.

consonare, *v. i.* (*lett.*) to go* (with); to harmonize (with).

cònsono, *a.* consistent, consonant (with).

consorèlla, *f.* **1** (*relig.*) sister **2** (*fin.*: *società*) subsidiary company; (*filiale*) sister branch.

consòrte, A *m.* **1** consort **2** (*scherz.*) husband. B *f.* **1** consort **2** (*scherz.*) wife*; spouse; one's better half (*scherz.*): **Allora, ti aspettiamo con la c.**, well then, we shall expect you with your wife. ● **principe c.**, prince consort.

consorteria, *f.* faction; clique; junto. ● **Formano una c.**, they all hang together.

consortile, V. **consorziale**.

consorziale, *a.* of a league (*o* of an association, etc.).

consorziare, A *v. t.* **1** to associate **2** (*fin.*: *fondi, risorse, ecc.*) to pool. **consorziarsi**, B *v. rifl. recipr.* (*fin.*: *di imprese*) to pool.

consòrzio, *m.* **1** (*lett.*: *società*) society; league; association: **il c. umano**, human society **2** (*leg.*: *accordo fra imprenditori*) syndicate; union; consortium*: **c. agrario**, farmers' union **3** (*fin.*: *c. monopolistico*) cartel; trust **4** (*fin.*: *di imprese*) pool.

constare, *v. i.* **1** (*essere costituito*) to consist (of); to be composed (of); to be made up (of): **Il libro consta di venti capitoli**, the book consists of twenty chapters; **L'uomo consta di anima e di corpo**, man is made up of body and soul **2** (*risultare*) to appear: **Consta che non si erano mai visti**, it appears that they had never seen each other before. ● **Occorreva una licenza? non mi consta**, was a licence required? not to my knowledge (*o* not so far as I know).

constatare, *v. t.* **1** (*accertare*) to ascertain; to establish (as a fact); to state: **c. l'entità del danno**, to ascertain the extent of the damage **2** (*notare*) to note; to observe: **Non ha constatato nulla di nuovo**, he noted nothing new **3** (*riconoscere*) to recognize; to admit; to own.

constatazióne, *f.* **1** (*l'accertare*) ascertainment; statement **2** (*il notare*) noting; observation **3** (*il riconoscere*) recognition; admission. ● **fare una c.**, to state a fact.

consuèto, *a.* usual; customary; ordinary: **all'ora consueta**, at the usual time; **la consueta gita domenicale**, the usual (*o* customary) Sunday jaunt. ● **come di c.**, as customary; as usual □ **mangiare più del c.**, to eat more than usual □ **Di c. si alza presto**, he is a habitual early riser.

consuetudinàrio, A *a.* **1** customary; habitual **2** (*leg.*) consuetudinary; customary: **diritto c.**, consuetudinary (*o* customary) law. **B** *m.* creature of habit.

consuetùdine, *f.* **1** custom; habit: **avere la c. di**, to be in the habit of; **le consuetudini del paese**, the customs of the country **2** (*leg.*) custom; (*con forza di legge*) law-way **3** (*regola*) rule: **com'è nostra c.**, as is our rule. ● (*lett.*) **avere c. con q.**, to be on friendly terms with sb.

consulènte, **A** *m.* e *f.* consultant. **B** *a.* consulting; consultant (*attr.*). ● (*leg.*) **c. di parte**, expert witness □ **c. legale**, legal adviser □ (*leg.*) **c. tecnico**, expert witness appointed by the court □ **chiamare un medico c.**, to call in a consultant.

consulènza, *f.* advice: **c. legale**, legal (*o* counsel's) advice.

consulta, *f.* **1** (*riunione*) conference; consultation: **essere a c.**, to be in conference **2** (*corpo consultivo*) council: **la c. cittadina**, the city council. ● **c. araldica inglese**, Royal College of Heralds □ (*relig.*) **Sacra C.**, «Consulta».

consultàbile, *a.* consultable.

consultare, **A** *v. t.* **1** to consult; to see*; to advise (with): **c. un medico (un avvocato)**, to consult a doctor (a lawyer) **2** (*libri, scritti*) to consult; to look (st.) up in: **c. un orario ferroviario**, to consult a railway guide; **Non so la data: consulterò l'enciclopedia**, I don't know the date, I'll look it up in the encyclopaedia. ● **c. un dizionario (un diagramma, ecc.)**, to refer to a dictionary (a graph, etc.) □ **c. l'oroscopo**, to examine one's horoscope □ **c. le fonti originali**, to go to the original sources □ **c. gli elettori** (*o il popolo*), to go to the country. **consultarsi**, **B** *v. rifl.* to confer (with sb.); to seek* the advice (of sb.); to consult (sb.); to talk (st.) over (with sb.) (*fam.*): **I capi dei dicasteri si consultarono con il primo ministro**, the heads of departments conferred with the prime minister; **Mi consultai con il vecchio statista**, I sought the advice of the old statesman; **Mi sono consultata con la famiglia**, I've consulted the family; I've talked it over with the family. **C** *v. rifl. recipr.* to consult together (*o* each other).

consultatóre, *m.* consultant.

consultazióne, *f.* **1** consultation **2** (*bibliografica*) reference **3** (*riunione*) conference; meeting **4** (*pl.*, *polit.*) discussions; talks. ● (*polit.*) **c. elettorale**, election □ **libro di c.**, reference book.

consultivo, *a.* advisory; consultative; consultatory: **assemblea consultiva**, consultative body; (*leg.*) **comitato c.**, advisory committee; (*leg.*) **parere c.**, consultative advise.

consulto, *m.* (*med.*) consultation; second opinion: **un c. fra il medico curante e il cardiologo**, a consultation between the general practitioner and the heart specialist; **Che ne diresti di (chiedere) un c.?**, would you care for a second opinion?

consultóre, *m.* **1** consultant **2** (*relig.*) consultor.

consultòrio, **A** *a.* (*raro*) consultatory. **B** *m.* advisory (*o* advice) bureau: **c. civico**, citizens' advice bureau; **c. prematrimoniale**, prematrimonial advisory bureau.

consumàbile, *a.* consumable.

consumare, **A** *v. t.* **1** to consume; to use; to expend; (*esaurire*) to use up; (*abiti*) to wear* (out); (*sprecare*) to waste: **È una macchina che consuma troppa benzina**, it's a car that uses too much petrol; **c. molto fiato ed energia**, to expend much breath and energy; **c. gli avanzi del pranzo**, to use up what is left over from dinner; **c. tutto il sapone**, to use up all the soap; **c. le scarpe (i vestiti)**, to wear out one's shoes (clothes); **c. inutilmente il tempo**, to waste one's time (*dissipare*) to consume; to spend*; to waste; to get* through (*fam.*); to dissipate: **c. tempo ed energia**, to spend time and energy; **c. un patrimonio**, to get through (*o* to consume) a fortune **3** (*mangiare*) to eat*; to consume: **c. il rancio**, to eat (*o* to consume) one's rations; **c. un pasto in un ristorante**, to eat (*o* to have) a meal in a restaurant **4** (*compiere*) to complete; to accomplish; to carry out; to consummate; (*un delitto*) to commit: **c. un matrimonio**, to consummate a marriage; **c. un delitto**, to commit a crime. ● (*relig.*) **c. il pane e il vino**, to take Communion. **consumarsi**, **B** *v. rifl.* **1** to consume; (*di vestiario*) to wear* (out); (*di combustibili*) to burn* out **2** (*struggersi*) to long; to be consumed; to pine; to waste away: **c. di desiderio**, to be consumed by desire; **Mi consumavo dalla voglia di vederti**, I was longing to see you. ● **Si consumava pensando al suo amore**, she pined for her love.

consumato, *a.* **1** (*logoro*) worn out; used up: **maniche consumate ai gomiti**, sleeves worn at the elbows **2** (*sprecato*) wasted; useless **3** (*perfetto*) consummate; (*di persona, anche*) accomplished: **abilità consumata**, consummate skill; (*bugiardo, ecc.*) **c.**, accomplished actor (liar, etc.) **4** (*roso*) consumed: **c. d'invidia**, consumed with envy.

consumatóre, *m.* **1** (*econ.*) consumer **2** (*cliente di bar o ristorante*) customer; guest. ● (*econ.*) **fautore degli interessi del c.**, consumerist □ (*econ.*) **promozione degli interessi del c.**, consumerism.

consumazióne, *f.* **1** (*anche leg., relig.*) consummation: **la c. del matrimonio**, the consummation of marriage **2** (*consumo*) consumption **3** (*al bar o sim.*) refreshment; (*bibita*) drink; (*spuntino*) snack: **pagare la propria c.**, to pay for one's drink; to pay for what one has had. ● **sino alla c. dei secoli**, until the end of time (*o* of the world) □ **Il cameriere sta portando la tua c.**, the waiter is bringing your order.

consumismo, *m.* (*econ.*) consumerism.

consumista, *m.* e *f.* (*econ.*) consumerist.

consumistico, *a.* (*econ.*) consumeristic; consumer(s') (*attr.*): **questa nostra società consumistica**, this consumers' society of ours.

consumo, *m.* consumption; expenditure; use; (*usura*) wear: **c. domestico**, home consumption; **per mio (uso e) c.**, for my own use; **c. dovuto all'uso**, wear and tear. ● (*econ.*) **beni di c.**, consumers' (*o* consumer, consumption) goods; consumer products □ **cooperativa di c.**, co(-)operative store; co(-)op (*fam.*) □ (*econ.*) **dazio di c.**, excise (duty) □ (*econ.*) **imposta sui consumi**, consumption tax □ **pagare a c.**, (to pay only) for what one uses □ **la società dei consumi**, the consumer(s') society □ **vino a c.**, wine paid for according to consumption.

consuntivo, **A** *a.* (*rag.*) final; definitive; ex post (*attr.*). **B** *m.* **1** (*rag.*) final balance; aggregate **2** (*fig.*) survey. ● (*fig.*) **fare il c. di un anno di lavoro**, to take stock of a year's work.

consunto, *a.* **1** (*logoro*) worn (out); shabby **2** (*di persona*) run down; (*smunto, dimagrito*) wasted; (*sfinito*) worn out.

consunzióne, *f.* (*med.*) consumption.

consuòcera, *f.* one's son's (*o* daughter's) mother-in-law. ● **Vado al mare con mia figlia Anna e con la mia c.**, I am going to the seaside with my daughter Ann and with her mother-in-law.

consuòcero, *m.* one's son's (*o* daughter's) father-in-law.

consustanziale, *a.* (*relig.*) consubstantial.

consustanzialità, *f.* (*relig.*) consubstantiality.

consustanziazióne, *f.* (*relig.*) consubstantiation.

cónta, *f.* – **fare la c.**, to count out.

contàbile, **A** *a.* **1** book-keeping (*attr.*): **sistema c.**, book-keeping system **2** accounting: **macchina c.**, accounting machine. ● **valore c.**, book value. **B** *m.* e *f.* **1** (*impiegato*) book-keeper **2** (*ragioniere*) accountant.

contabilità, *f.* (*rag.*) **1** book-keeping; accounting; accountancy **2** (*i conti*) accounts (*pl.*): **tenere la c.**, to keep the accounts; to be in charge of the book-keeping (*o* of the accounts). ● **ufficio c.**, accounting (*o* accounts) department.

contabilizzare, *v. t.* (*bur.*) to enter; (*computare*) to reckon.

contachilòmetri, *m.* (*mecc.*, *sport*) **1** mileometer; odometer (*USA*) **2** (*tachimetro*) speedometer; speed indicator.

contadina, *f.* countrywoman*.

contadiname, *m.* (*spreg.*) peasant «canaille»; rabble.

contadinésco, *a.* **1** (*campagnolo*) country (*attr.*); rustic; rural: **trattenimento c.**, rustic entertainment **2** (*spreg.: rozzo*) rough; boorish; oafish. ● **ballo c.**, country dance.

contadino, **A** *m.* **1** (*agricoltore*) farmer; (*salariato*) farm worker; (*fittavolo*) tenant farmer **2** (*chi abita in campagna*) countryman* **3** (*stor. e di paese non anglosassone*) peasant. ● (*prov.*) **Contadini, scarpe grosse e cervelli fini**, farmers have thick boots but not thick wits. **B** *a.* **1** (*campagnolo*) country (*attr.*); rustic; rural **2** (*contadinesco*) rough; boorish; oafish: **modi contadini**, oafish manners.

contadinòtta, *f.* strapping country girl.

contado, *m.* **1** country (round a town); country roundabout; countryside; surrounding country **2** (*stor.*) surrounding castles and villages: **Siena era ormai padrona del c.**, Siena was by now mistress of the surrounding castles and villages. ● **gente del c.**, country folk; country people.

contafili, *m.* (*tecn.*) counting glass; pick glass.

contafilm, *m.* (*cinem.*) film counter.

contafotogrammi, *m. invar.* (*cinem., fotogr.*) frame counter.

contafròttole, *m.* e *f. invar.* (*fam.*) story-teller (*fam.*); liar.

contagiare, **A** *v. t.* **1** to infect (*anche fig.*); to communicate (a contagious disease) to. **contagiarsi**, **B** *v. rifl.* to be infected.

contàgio, *m.* (*med.*) **1** contagion (*anche fig.*); infection: **pericolo di c.**, danger of infection; **il c. delle idee fanatiche**, the contagion of fanatical ideas **2** (*malattia contagiosa*) contagious disease.

contagiosità, *f.* contagiousness; infectiousness.

contagióso, *a.* **1** contagious, infectious (*anche fig.*); catching (*fam.*): **malattia contagiosa**, contagious (*o* infectious) disease; **risate contagiose**, contagious laughter. **B** *m.* contagious patient.

contagiri, *m.* (*autom., mecc.*) revolution counter; rev counter. ● **c. a registratore**, gyrograph □ **c. motore**, engine-speed indicator.

contagócce, *m.* dropper; medicine dropper. ● **bottiglietta a c.**, dropping bottle □ (*fig.*) **dare q.c. col c.**, to give st. in dribs and drabs.

container (*ingl.*), *m.* (freight) container.

containerizzare, *v. t.* (*comm.*) to containerize.

containerizzazióne, *f.* (*comm.*) containerization.

contaminàbile, *a.* contaminable.

contaminare, **A** *v. t.* **1** to contaminate; to infect; to pollute;

to taint **2** (*fig.*) to contaminate; to corrupt; to taint. **contaminarsi,** **B** *v. rifl.* to be contaminated (*o* infected, polluted, tainted).
contaminatóre, A *m.* contaminator; polluter; corruptor. **B** *a.* contaminating; polluting.
contaminazióne, *f.* **1** contamination (*anche fig.*); infection; pollution **2** (*letter.*) contamination.
contaminuti, *m.* (*orologeria*) timer.
contante, A *m.* ready money; cash: (*rag.*) **c. netto,** net cash. ● **in** (*o* **a**) **contanti,** cash; in (*o* for) cash; for prompt cash; cash down; down; (cash) on the nail (*fam.*): **pagare in contanti,** to pay cash □ **pagamento in** (*o* **per**) **contanti,** spot payment □ **prezzo in** (*o* **per**) **contanti,** cash price □ **Se lo paga in contanti, sono venti sterline, se lo paga a rate Le viene ventiquattro,** the cash price is twenty pounds; if you buy it by instalments you pay twenty-four □ **Niente credito, caro Lei: in contanti,** no credit, my dear sir; cash on the nail □ **Pagherò £ 10 in contanti e il resto fra tre mesi,** I shall pay £ 10 down, and the rest in three months' time. **B** *a.* – **denaro c.,** ready money; cash. ● (*fig.*) **prendere per moneta c.,** to take for granted.
contapassi, *m. invar.* odometer.
contare (1), *v. t.* e *i.* **1** to count (up); (*numerare*) to number, to enumerate; (*fare di conto*) to calculate, to reckon: **Non ha ancora imparato a c.,** he hasn't learnt to count yet; **c. fino a dieci,** to count (up) to ten; **Conterò le ore fino al tuo arrivo,** I'll be counting the hours until you come; **c. il bucato,** to count (up) the laundry; **Saremo in cinque senza c. l'autista,** we shall be five without counting the driver **2** (*annoverare*) to count; to number; to reckon: **L'ho sempre contato fra i miei amici,** I've always counted him among my friends **3** (*aspettarsi, prevedere*) to expect; to propose; to intend: **Conto di esserci,** I expect to be there **4** (*fig.: lesinare*) to count (out); to (be)grudge; to dole out: **Gli contava i bocconi in bocca,** he begrudged his every mouthful; he grudged him even the food he ate **5** (*importare*) to count; to be of importance: **Ogni minuto conta,** every minute counts; **Uomini siffatti non contano nulla,** such men don't count for anything; **una persona che non conta nulla,** a person of no importance; **c. molto** (*poco*), to count for much (for little) **6** (*fare assegnamento*) to count, to rely, to depend (on): **Puoi c. su di me,** you can rely on me; **Conto che tu mi aiuti,** I count on you to help me; **Contavo che tu gli avessi scritto,** I counted on your having written to him; **Potete contarci!**, you may depend on it! ● (*anche missilistica*) **c. alla rovescia,** to count down □ (*sport*) **c. un pugile per il conto totale,** to count a boxer out □ (*fig.*) **c. quanto il due di briscola,** to be just a pawn in the game □ **avere il denaro contato,** (*averne poco*) to have very little money; not to have a penny to spare; (*avere la somma occorrente precisa*) to have the exact amount □ **avere i minuti contati,** not to have a minute to spare □ **e, ciò che più conta...,** and, what is more... □ **Contano più i fatti che le parole,** actions speak louder than words □ **Il governo aveva le ore contate** (*cioè stava per cadere*), the days (o the hours) of the government were numbered □ **I buoni film quest'anno si contano sulle dita,** good films this year can be counted on the fingers of one hand □ **Gianni conta più di sessant'anni,** Jack is over sixty (years old) □ **Il vecchio Tom conta più di trent'anni di servizio,** old Tom has been in our service for over thirty years □ **Gli errori non si contano,** there are countless mistakes □ (*prov.*) **Conta più la pratica che la grammatica,** practice makes perfect.
contare (2), *v. t.* (*fam.: raccontare*) to tell*: **contarne delle belle,** to tell a tall story (*o* an amazing tale); (*scherz.*) **Contala a chi vuoi, ma non a me!,** tell that to the horse-marines!
contarighe, *m. invar.* (*nelle macchine da scrivere*) line-counter.
contasecóndi, *m.* stopwatch.
contata, *f.* rough reckoning; rough check-up. ● **Potresti dare una c.,** you might take an approximate count.
contatèmpo, *m. invar.* timer.
contatóre, *m.* **1** (*del consumo di q.c.*) meter: **c. del gas,** gas meter; **c. dell'acqua,** water meter; **c. della luce,** electric (power) meter; **c. a gettoni,** slot meter; (*fis.*) **c. registratore,** recording meter **2** (*fis.*) counter: **c. di Geiger,** Geiger counter. ● (*fis.*) **c. di impulsi,** scaler □ **orologio c.,** timer.
contatorista, *m.* meter-man*.
contattare, *v. t.* to contact; to get* in touch with (sb.).
contatto, *m.* **1** (*anche elettr.*) contact: **Bisogna evitare il c. con il malato,** we must avoid contact with the patient; **A c. con l'aria cambia colore,** in contact with the air it changes colour; **lenti a c.,** contact lenses; **c. ausiliario,** auxiliary contact; **c. girevole,** revolving contact; **c. mobile,** movable contact; **c. scorrevole,** slider; sliding contact; **bottone di c.,** contact button; **filo di c.,** contact wire; **puntine di c.,** contact points; **spina di c.,** contact plug; **vite di c.,** contact screw; (*elettr.*) **stabilire il c.,** to make contact; to switch on; (*elettr.*) **togliere il c.,** to break contact; to switch off; (*mil.*) **prendere c. con il nemico,** to make contact with (*o* to engage) the enemy **2** (*fig.*) contact; touch: **stare in** (*o* **a**) **c. con q.**, to be in contact (*o* touch) with sb.; **Vorrei mettervi in c. con il nostro rappresentante francese,** I should like to put you in touch with our French agent; **Ho dei contatti utili nel Brasile,** I've got some useful contacts in Brazil. ● (*naut.*) **c. a mezzo dell'ecogoniometro,** sonar contact □ (*elettr.*) **c. a terra,** earth; ground (*USA*) □ **Non intendo avere contatti con loro,** I'll have nothing to do with them.
contattóre, *m.* (*elettr.*) contactor.
cónte, *m.* **1** count: **c. palatino,** count palatine **2** (*nella nobiltà ingl.*) earl; (*al vocat., seguito dal cognome*) lord; (*senza cognome*) my lord; (*più ossequioso*) your lordship: **Mi dica, c.,** tell me, my lord; **Il signor c. è servito,** your lordship is served.
contèa, *f.* **1** (*divisione amministrativa simile alla provincia*) county; (*nei composti*) shire: **la c. di Chester,** Chestershire; **la c. di York,** Yorkshire **2** (*territorio, grado, ecc. di conte ingl.*) earldom; (*di conte palatino*) county palatine; (*di altro conte: grado*) rank; (*tenuta*) estate; (*stor.: territorio*) territory of a count: **Questa era la c. di Nizza,** this used to be the territory of the Counts of Nice; (*scherz.*) **conte senza c.,** earl without an earldom; impoverished count (*o* lord).
conteggiare, A *v. t.* **1** (*mettere nel conto*) to include; to charge (sb.) for (st.) **2** (*calcolare*) to reckon; to calculate; to count. **B** *v. i.* to reckon; to calculate; to count.
contéggio, *m.* reckoning; calculation; computation; count. ● (*miss.*) **c. alla rovescia,** countdown.
contégno, *m.* **1** (*comportamento*) behaviour; behavior (*USA*): **c. irreprensibile,** irreproachable behaviour **2** (*atteggiamento*) attitude; bearing; demeanour: **avere un c. dignitoso,** to have a dignified bearing (*o* demeanour); **darsi un c.,** to strike an attitude **3** (*attitudine dignitosa e altera*) dignity; aloofness; reserve (of manner).
contegnóso, *a.* sedate; staid; dignified; (*riservato*) reserved.
contemperaménto, *m.* **1** (*adattamento*) adaptation **2** (*moderazione*) mitigation; moderation; tempering.
contemperare, *v. t.* (*adattare*) to adapt; to make* (st.) fit: **c. la propria conversazione all'occasione,** to adapt one's conversation to the occasion; **c. il castigo al delitto,** to make the punishment fit the crime **2** (*moderare*) to mitigate; to moderate; to temper; to soften.
contemplàbile, *a.* contemplable.
contemplare, *v. t.* to gaze at (sb., st.); to contemplate (*anche fig.*): **Cosa stai contemplando?**, what are you gazing at? ● (*leg.*) **non contemplato nel contratto,** not provided for in the agreement.
contemplativo, *a.* e *m.* contemplative.
contemplatóre, A *m.* contemplator. **B** *a.* (*anche relig.*) contemplative.
contemplazióne, *f.* (*anche relig.*) contemplation.
contèmpo, *m.* – **nel c.,** meanwhile; in the meantime.
contemporaneaménte, *avv.* at the same time; simultaneously.
contemporaneità, *f.* contemporaneity; contemporaneousness.
contemporàneo, A *a.* **1** contemporary; contemporaneous **2** (*dei giorni nostri*) contemporary; present-day (*attr.*): **un poeta c.,** a present-day poet. **B** *m.* contemporary.
contendènte, A *a.* contending: **eserciti contendenti,** contending armies. **B** *m.* e *f.* **1** contestant; contender **2** (*leg.*) litigant. ● (*leg.*) **le parti contendenti,** the litigants; the involved parties.
contèndere, A *v. t.* to contend; to contest; to dispute. **B** *v. i.* (*gareggiare*) to compete, to contend (with) **2** (*litigare*) to dispute, to quarrel (with sb., over st.): **c. per futili motivi,** to quarrel over trifles. **contèndersi, C** *v. rifl. recipr.* to contend, to compete, to be rivals (for); to rival each other (*o* one another): **c. un premio,** to be rivals for a prize.
contenènte, *m.* container: **il c. e il contenuto,** container and content.
contenènza, *f.* (*capacità di contenere*) capacity.
contenére, A *v. t.* **1** to contain; (*comprendere*) to include, to comprise, to consist of; (*avere la capacità di*) to hold*: **c. un avvertimento,** to contain a warning; **Il libro contiene alcuni articoli giovanili,** the book includes some «juvenilia»; **Ogni volume contiene 300 pagine,** each volume consists of 300 pages; **Questo promemoria contiene tutti i dati che abbiamo,** this memorandum comprises all the known facts; **La damigiana contiene venticinque litri,** (*cioè ha la capacità di 25 l*) the demijohn holds twenty-five litres; (*li contiene in questo momento*) the demijohn contains twenty-five litres **2** (*reprimere*) to contain; to repress; to force back; to check; to curb: **c. il nemico,** to contain the enemy; **c. le lacrime,** to force back one's tears; **c. un impeto,** to check an impulse; **c. l'ira,** to curb one's anger. **contenérsi, B** *v. rifl.* **1** (*dominarsi*) to contain oneself; to control oneself: **Alla fine non potei più contenermi,** at last I could no longer contain myself; **non c. dalla gioia,** not to contain oneself for joy **2** (*comportarsi*)

to act; to behave; to take* a line (*fam.*): **Non so come contenermi,** I don't known what line to take; **Chiedi consiglio su come contenerti,** ask advice on how you should act (*o* behave).
conteniménto, *m.* control: **il c. delle spese,** control of expenditure.
contenitóre, *m.* container. ● **c.** (*bottiglia, fusto, ecc.*) «**a perdere**», disposable.
contentàbile, *a.* satisfiable.
contentare, A *v. t.* **1** to satisfy; to please; to give* in to; to do* what sb. wants: **La spiegazione non mi contenta,** the explanation doesn't satisfy me; **Egli fa di tutto per contentarmi,** he does his best to please me; **Alla fine lo contentai,** in the end, I gave in to him (*o* I did what he wanted) **2** (*di un negozio, di una persona di servizio*) to give* satisfaction: **Quel cuoco non ci ha mai contentati,** that cook has never given satisfaction. **contentarsi, B** *v. rifl.* **1** to be content; to be pleased (*o* satisfied): **Quell'uomo certo non si contenterà di così poco,** that man certainly won't be content with so little. ● «**Come sta?**» «**Contentiamoci!**», «how are you?» «not too bad (*o* I can't complain)» □ (*prov.*) **Chi si contenta, gode,** content is happiness; who wants too much risks all.
contentatura, *f.* – **di difficile c.,** exacting; hard to please; difficult; **di facile c.,** easily pleased.
contentézza, *f.* cheerfulness; happiness; joy; gladness; contentment: **raggiante di c.,** beaming with cheerfulness; **non stare nella pelle dalla c.,** to be beside oneself with joy.
contentino, *m.* (bit) extra; bonus; (*per placare q.*) sop: **Non potendo versare l'intera somma, gli ho dato un c.,** as I was unable to pay the sum in full, I gave him a sop. ● (*iron.*) **Gli diedi un altro calcio per c.,** I kicked him again for good measure.
contentivo, (*med.*) **A** *a.* retentive. **B** *m.* truss.
contènto, *a.* **1** (*appagato*) content; satisfied: **mai c.,** never content; never satisfied; **C. te...!,** as long as you're satisfied; **essere c. di q.c.** (**di q.**), to be satisfied (*o* content) with st. (with sb.); **tenersi c.,** to consider oneself satisfied **2** (*allegro, felice*) pleased; contented; glad; happy; cheerful; cheery (*fam.*): **un'espressione contenta sul viso,** a pleased expression on one's face; **una vita placida e contenta,** a placid and contented life; **Sono proprio c. che tu sia venuto,** I am really glad you've come. ● **c. come una Pasqua,** as happy as a lark; as merry as a cricket; as pleased as Punch □ **cuor c.,** happy soul □ (*prov.*) **Chi è c. è ricco,** he who is happy is rich.
contenutismo, *m.* (*letter., arte*) (placing of) emphasis on content over form.
contenutista, (*letter., arte*) **A** *a.* that emphasizes content over form. **B** *m. e f.* artist (*o* writer, critic) who emphasizes content over form.
contenutìstico, *a.* of (*o* relating to) the subject matter.
contenuto, A *m.* **1** (*ciò che è contenuto in q.c.*) contents (*pl.*): **il c. della borsa,** the contents of the handbag **2** (*chim.*) content: **c. sulfureo,** sulphur content **3** (*argomento*) content; subject matter; matter: **La forma del sonetto ne riflette il c. spirituale,** the form of the sonnet reflects its spiritual content **4** (*sostanza, tenore*) substance; content; tenor: **Non leggermelo tutto: dimmi il c.,** don't read it all (to me): just tell me the substance; **Il c. del mio discorso non era molto lusinghiero,** the tenor of my speech was not very flattering. **B** *v.* **a.** contained; measured; restrained; reserved: **emozione contenuta,** restrained emotion. ● **prezzi molto contenuti,** very reasonable (*o* moderate) prices.
contenzióne, *f.* (*med.*) retention.
contenzióso, A *a.* **1** (*leg.*) contentious **2** (*nelle aziende*) legal. **B** *m.* **1** (*leg.:* **la giurisdizione**) contentious jurisdiction; (*il procedimento*) contentious procedure; (*il complesso delle cause*) (the) cases (*pl.*) **2** (*nelle aziende*: **ufficio o reparto**) legal department (*o* office). ● **c. amministrativo,** administrative cases □ **c. tributario,** fiscal cases.
conterie, *f. pl.* (glass) beads.
contèrmine, *a.* conterminous; conterminal. ● **c. a,** bordering on.
conterràneo, A *a.* of the same country. **B** *m.* fellow countryman*.
contésa, *f.* argument; dispute; contest; contention: **c. educata,** polite argument; **La c. degenerò in rissa,** the argument degenerated into a brawl.
contéso, *a.* contested; disputed; contended.
contéssa, *f.* **1** countess **2** (*in G. B. al vocat.; seguito dal cognome*) lady; (*senza cognome*) my lady; (*più deferente*) your ladyship.
contéssere, *v. t.* (*lett.*) to weave* (together); to interweave*.
contessina, *f.* count's daughter; «**contessina**».
contestàbile, *a.* contestable; challengeable; questionable.
contestare, *v. t.* **1** (*anche leg.*) to contest; to challenge; to question; to object to: **c. a q. il diritto di fare q.c.,** to contest sb.'s right to do st. **2** (*negare formalmente*) to deny **3** (*notificare*) to notify **4** (*sottoporre a critica istituzioni culturali, economiche e sociali*) to protest (against). ● (*leg.*) **c. una contravvenzione a q.,** to fine sb. for a breach of police regulations; to intimate the breach of police regulations to sb.
contestatàrio, A *a.* protesting; protest (*attr.*). **B** *m.* protester, protestor.
contestatóre, A *m.* **1** contestant; challenger **2** (*fautore della «contestazione»*) protester, protestor. **B** *a.* protest (*attr.*); protesting.
contestazióne, *f.* **1** (*anche leg.*) contestation; challenge; objection: **in caso di c.,** in case of contestation; **sollevare contestazioni,** to raise objections **2** (*diniego*) denial **3** (*notifica*) intimation (of a fine); notification **4** (*opposizione nei confronti delle strutture sociali, economiche e culturali*) protest.
contèste, contestimòne, *m. e f.* co-witness; fellow witness.
contèsto, *m.* **1** context **2** (*fig.*) framework: **il c. economico,** the economic framework.
contestuale, *a.* **1** contextual **2** (*leg.*) happening at the same time.
contestualizzare, *v. t.* to contextualize.
contestualizzazióne, *f.* contextualization.
contézza, *f.* (*lett.*) information; account.
conticino, *m.* little bill; little check (*USA, scozz.*): **lasciare un c. in sospeso,** to leave a little bill unpaid.
contiguità, *f.* contiguity; contiguousness.
contìguo, *a.* **1** adjoining; adjacent; contiguous: (*anat.*) **ossa contigue,** contiguous bones; (*geom.*) **angoli contigui,** contiguous angles **2** (*di casa, giardino, ecc.*) next door: **I due uffici sono contigui,** the two offices are next door to each other. ● **Il suo appartamento è c. al mio,** his flat is next to mine.
continentale, *a., m. e f.* continental. ● **l'Europa c.,** continental Europe; (*per gli inglesi*) the Continent.
continentalità, *f.* continentality.
continentalizzazióne, *f.* (*geol.*) continentalization.
continènte (1), *a.* continent; temperate; (*che si domina*) self-controlled.
continènte (2), *m.* continent; (*terraferma*) mainland.
continènza, *f.* continence; temperance; self-restraint.
contingentaménto, *m.* (*econ.*) **1** (*il contingentare*) curtailing; curtailment: **il c. delle importazioni,** the curtailment of imports **2** (*il sistema*) quota system **3** (*razionamento*) rationing: **Alcuni paesi hanno deciso il c. della benzina,** some countries have decided on the rationing of petrol.
contingentare, *v. t.* (*econ.*) **1** to curtail; to fix a quota for **2** (*razionare*) to ration.
contingènte, A *a.* (*anche filos.*) contingent: **spese contingenti,** contingent expenses. **B** *m.* **1** (*anche filos., mil.*) contingent **2** (*econ.*) quota; share. ● (*mil.*) **c. di leva,** conscriptable men of a given age.
contingentismo, *m.* (*filos.*) philosophy of contingency.
contingènza, *f.* **1** (*anche filos.*) contingency **2** (*circostanza*) contingency; occasion; circumstance; chance event; event: **Come si comporterà in una simile c.?,** how will he behave in such a contingency? ● **indennità di c.,** cost-of-living bonus (*o* allowance).
contino, *m.* count's son; «**contino**»; young count.
continuàbile, *a.* continuable.
continuaménte, *avv.* **1** (*ininterrottamente*) continuously; nonstop; unceasingly **2** (*frequentemente*) continually.
continuare, A *v. t.* **1** to go* on (with); to continue; to keep* up (*o* on): **Il ministro continuò la politica del suo predecessore,** the minister continued his predecessor's policy; **c. una tradizione,** to keep up (*o* to continue) a tradition **2** (*riprendere*) to resume; to take* up: **Dopo un intervallo continuai la mia narrazione,** after an interval, I resumed my narrative. **B** *v. i.* **1** to go* on; to continue; to keep* on (*o* up): **Cambiano gli allievi ma la scuola continua,** pupils change but the school goes on; **c. a rimestare,** to keep on (*o* to go on) stirring; **La strada continua e continua,** the road goes on and on **2** (*estendersi*) to continue; to extend; to stretch on: **Il mio giardino continua sino al fiume,** my garden extends as far as the river. ● **Continua** (*di uno scritto a puntate*), to be continued.
continuativo, *a.* continuative.
continuato, *a.* continuous; uninterrupted.
continuatóre, *m.* **1** continuator; continuer **2** (*seguace*) follower.
continuazióne, *f.* continuation.
continuità, *f.* **1** continuity; continuousness **2** (*durata*) continuance **3** (*connessione logica*) coherence: **Il racconto manca di c.,** the story lacks coherence. ● **senza soluzione di c.,** without a halt; without interruption.
contìnuo, *a.* **1** (*ininterrotto*) continuous: **tre giorni di febbre continua,** three days of continuous fever; (*costr.*) **trave continua,** continuous beam **2** (*frequente*) continual; everlasting; (che

contitolare

non cessa mai) constant: **andirivieni c.**, continual coming and going; **In quella casa è un bisticciarsi c.**, in that house there is everlasting (*o* continual) quarrelling; **I ragazzi sono una preoccupazione continua**, children are a constant worry **3** (*elettr.*) direct: **corrente continua**, direct current. ● (*mus.*) **basso c.**, basso continuo; thorough bass □ **di c.**, continually; constantly □ (*mat.*) **funzione continua**, continuous function.

contitolare, *m.* e *f.* (*fin., leg.*) co-owner.

cónto, *m.* **1** account (*anche rag.*): **fare i conti**, (*in un'azienda, ecc.*) to draw up the accounts; (*fam.*) to do the accounts; (*anche fig.*) to reckon; **tenere i conti**, to keep accounts; **far tornare i conti**, to balance the accounts; **bravo nei conti**, good at accounts; quick at figures; **libro dei conti**, account book; **c. corrente**, current account; checking account (*USA*); **aprire** (*o* **accendere**) **un c.**, to open an account; **chiudere** (*o* **liquidare, spegnere**) **un c.**, to close an account; **c. scoperto**, overdrawn account **2** (*di ristorante, d'albergo, ecc.*) bill; reckoning; check (*USA, scozz.*); (*fattura*) invoice: **pagare** (**saldare**) **un c.**, to pay (to settle) a bill; **Mi porti il c., per piacere**, bring me the bill, please; **mandare il c.**, to send (in) the bill; **Il conto torna**, the bill is correct **3** (*calcolo*) calculation; reckoning: **sbagliarsi nel fare i propri conti**, to be out in one's reckonings. ● (*miss.*) **c. alla rovescia**, countdown □ (*anche mil.*) **c. delle vittime**, body count □ **c. in banca**, bank-account □ (*avv.*) **a buon c.**, anyhow; in any case □ **a conti fatti**, taken all in all; all things considered □ **la Corte dei Conti**, the Audit Office □ **dare c. di sé**, to give an account of oneself □ **essere di gran c.**, to be of great account □ **dover fare i conti con la giustizia**, to be brought to book (for one's crimes) □ (*comm.*) **estratto c.**, statement of account □ **far c. di**, (*immaginare*) to imagine, to suppose; (*proporsi*) to propose, to intend: **Fai c. che io non l'abbia detto**, forget it!; try to imagine I never said it; disregard what I said □ **far c.** (*assegnamento*) **su q.c.** (**q.**), to count on (*o* to rely on) st. (sb.): **Puoi farci c.**, you can count on it □ **fare i conti in tasca a q.** (*o* **addosso a q.**), to gossip about (*o* to guess about, to comment on) sb.'s money (*o* income) □ (*fig.*) **fare i conti senza l'oste**, to reckon without an obstacle; to count one's chickens before they're hatched □ **in fin dei conti**, after all □ **leggere, scrivere e far di c.**, reading, writing and arithmetic (*anche*: the three R's) □ **mettere c.**, to be worth (while); to pay: **Non mette c. andarci**, it's not worth going there; **Non mette c. lavorare tanto**, it doesn't pay to work so hard □ **mettersi per proprio c.**, to set up (in business) for oneself □ **non sapere rendersi c. di**, to be unable to account for □ **non tener c. di**, not to take into account; not to consider □ **per c. di q.**, on behalf of sb.; for sb.; (*da parte di q.*) from sb.: **L'avvocato agisce per c. mio**, the solicitor is acting for me (*o* is acting on my behalf); **Diglielo per c. mio**, tell him from me □ **per c. mio**, (*in quanto a me*), as far as I am concerned □ **prendere informazioni sul c. di q.**, to get information about (*o* regarding) sb. □ **regolare i conti con q.**, to balance accounts with sb.; (*fig.*) to reckon with sb. □ **rendere c. di q.c. a q.**, to render an account of st. to sb. □ **rendersi c. di q.c.**, to realize st. □ **sapere il c. proprio**, to know one's job; to know what one is about □ **saper fare di c.**, to know a little (*o* some) arithmetic; to do easy sums □ **sbagliare il c.**, to make a mistake in the accounts; (*in un'addizione*) to add it up wrong □ **tenere di** (*o* **da**) **c. q.c.**, (*avere molto caro*) to set great store by st., to cherish st.; (*custodire con cura*) to keep st. with (great) care, to take care of st. □ **trovarci il proprio c.** (*tornaconto*), to get st. out of it for oneself □ **Fai c. che sia stato provato**, you can take it as proved □ **Non mette** (*o* **merita**) **c.** (*non importa*), it's of no account □ **Devo rendergli c. di tutto**, I have to account (*o* I am accountable) to him for everything □ **Ti torna c. farlo pulire in tintoria?**, is it worth your while having it dry-cleaned? □ **Gli chiederò c. di quel che ha detto** (*di quel che ha fatto*), I shall demand an explanation of what he said (of what he did) □ **Non c'è nulla da dire sul suo c.**, there is nothing to be said against him □ **È un altro c.**, that's another matter; that's different □ (*fig.*) **Dovrà fare i conti con me**, he'll have to reckon with me □ (*fig.*) **Ho fatto bene i miei conti**, I've worked it out carefully; I've weighed the pros and cons □ **I conti tornano**, the accounts balance (*o* are right); . (*fig.*) it tallies □ **I conti non tornano**, the accounts do not balance (*o* are wrong); (*fig.*) something does not tally □ (*prov.*) **Conti chiari amicizia lunga**, short reckonings make long friends.

contòrcere, *A v. t.* **1** to twist; to contort; (*panni bagnati*) to wring*: **Il mio avversario mi contorceva il braccio**, my opponent was twisting my arm. **contòrcersi**, *B v. rifl.* to twist (about); to writhe; (*dalle risate*) to roll (about): **L'uomo avvelenato si contorceva**, the poisoned man was writhing.

contorcimento, *m.* contortion; writhing.

contornare, *v. t.* **1** to edge; to border (all round); to decorate (round the edge): **aiuola contornata da viole del pensiero**, flowerbed bordered with pansies; **soffitto contornato da stucchi**, ceiling decorated with stuccowork (round the edge) **2** (*dipingere il contorno*) to outline: **c. le figure di nero**, to outline the figures in black **3** (*circondare*) to surround (*anche fig.*): **Era contornato dagli amici**, he was surrounded by friends.

contórno, *m.* **1** (*profilo, sagoma*) contour; outline **2** (*cosa fatta per contornare*) edging **3** (*cucina*) vegetables (*pl.*); side dish **4** (*pl.*: *dintorni*) surroundings; neighbourhood (*sing.*).

contorsióne, *f.* **1** contortion; writhing **2** (*fig.*) involution.

contorsionismo, *m.* contortionism.

contorsionista, *m.* e *f.* contortionist.

contòrto, *a.* **1** twisted; contorted **2** (*fig.*) involved; (*deformato*) warped: **stile c.**, involved style; **una mente contorta**, a warped mind **3** (*di legno*: *imbarcato*) warped.

contrabbandare, *v. t.* to smuggle; to contraband.

contrabbandière, *A m.* **1** smuggler; contrabandist **2** (*di liquori*) bootlegger. **B** *a.* – **nave contrabbandiera**, smuggler.

contrabbando, *m.* smuggling; contraband. ● (*fig.*) **di c.**, clandestinely; illicitly □ **esportare** (**importare**) **q.c. di c.**, to smuggle st. out (in) □ **fare q.c. di c.**, to do st. secretly (*o* stealthily), against the law □ **merce di c.**, smuggled (*o* contraband) goods.

contrabbassista, *m.* e *f.* (*mus.*) double-bass player.

contrabbasso, *m.* (*mus.*) **1** double bass; contrabass: **voce di c.**, contrabass voice **2** (*registro d'organo*) bourdon. ● (*scherz.*) **fare il c.** (*russare sonoramente*), to snore like a foghorn.

contraccambiare, *v. t.* **1** to return; to reciprocate; to repay*: **c. l'ospitalità di q.**, to return sb.'s hospitality; **E tu lo contraccambi così?**, is this how you repay him? **2** (*un'offesa e sim.*) to retaliate.

contraccàmbio, *m.* return; reciprocation; (*scambio*) exchange; swap (*fam.*): **ricevere** (**dare**) **in c. di q.c.**, to receive (to give) in exchange (*o* in return) for st. ● **rendere il c.**, to give as good as one gets; to give tit for tat (*fam.*).

contraccàrico, *m.* counterbalancing load.

contraccettivo, *A a.* contraceptive; antifertility: **un nuovo metodo c.**, a new contraceptive method. **B** *m.* contraceptive. ● **c. intrauterino**, intrauterine device (*abbr.*: IUD).

contraccezióne, *f.* contraception.

contracchiave, *V.* controchiave.

contraccólpo, *m.* **1** counterblow (*anche fig.*); (*rimbalzo*) rebound **2** (*di arma da fuoco e mecc.*) kick; recoil **3** (*fig.*) repercussion; consequence; effect.

contraccusa, *f.* (*leg.*) countercharge.

contrada, *f.* **1** (*quartiere di città*) «contrada*»; district: **le contrade intorno al duomo**, the districts round the town; **le contrade di Siena**, the «contrade» of Siena **2** (*lett.*: *paese, regione*) land; country: **le belle contrade**, the fair lands **3** (*strada*) (main) road; street.

contraddanza, *f.* contradance; contredanse.

contraddire, *A v. t.* to contradict; to be contrary to: **La mia conclusione contraddice la sua**, my conclusion contradicts his (*o* is contrary to his). **contraddirsi**, *B v. rifl.* to contradict oneself. **C** *v. rifl. recipr.* to contradict each other (*o* one another).

contraddistinguere, *v. t.* **1** to check; to mark **2** (*con un'etichetta*) to label **3** (*con la firma*) to countersign; (*con le iniziali*) to initial.

contraddittóre, *m.* opposer; contradictor.

contraddittòrio, *A a.* contradictory; contradicting. **B** *m.* **1** debate **2** (*leg.*: *di testimoni*) cross-examination. ● (*leg.*) **sentenza emessa in c. delle parti**, judgment given after full argument by both sides □ (*di un candidato politico*) **subire un c.** (*da parte degli elettori*), to be heckled.

contraddizióne, *f.* contradiction; (*meno forte*) discrepancy: **una c. in termini**, a contradiction in terms; (*di persona*) **essere un ammasso di contraddizioni**, to be a mass of contradictions; **C'è qualche c. fra le due teorie**, there are some discrepancies between the two theories. ● **cadere in c.**, to contradict oneself □ **spirito di c.**, contrariness.

contraènte, (*leg.*) **A** *a.* contracting. **B** *m.* e *f.* contractor; contracting party; party (to a contract).

contraèrea, *f.* (*mil.*) anti-aircraft artillery; ack-ack (*fam.*).

contraèreo, *a.* (*mil.*) anti-aircraft (*attr.*).

contraffare, *A v. t.* **1** (*la voce, i gesti, mettendoli in ridicolo*) to mimic*; to copycat (*fam.*): **Contraffacevo la sua voce al telefono**, I mimicked her voice on the 'phone **2** (*imitare*) to imitate; to counterfeit; (*alterare, sofisticare*) to adulterate; (*fingere*) to simulate **3** (*falsificare*: *firme, banconote, ecc.*) to counterfeit; to forge; (*documenti in genere*) to falsify. **contraffarsi**, *B v. rifl.* to disguise (oneself).

contraffatto, *a.* **1** counterfeit; false; mock; bogus (*attr.*) **2** (*falsificato*) counterfeit; forged; (*sofisticato*) adulterated: **monete contraffatte**, counterfeit coins.

contraffattóre, *m.* **1** imitator **2** (*falsario*) counterfeiter; forger;

falsifier **3** (*sofisticatore*) adulterator.

contraffazióne, *f.* **1** imitation **2** (*falsificazione*) counterfeit; counterfeiting; falsification; forgery: **c. di sigilli**, counterfeit of seals **3** (*sofisticazione*) adulteration. ● (*leg.*) **c. di brevetto**, infringement of a patent.

contrafforte, *m.* **1** (*archit.*) buttress; counterfort **2** (*geogr.*) spur.

contraggènio, *m.* – **a** (*o* **di**) **c.**, against the grain; reluctantly; unwillingly.

contràlbero, *m.* (*mecc.*) countershaft.

contraltare, *m.* (*fig.*) counterattraction; rival show (*fam.*). ● **Hanno costruito un monumento che serva di c. all'obelisco del villaggio vicino**, they have put a monument in answer to the obelisk of the neighbouring village.

contraltino, *m.* (*mus.*) contraltino.

contralto, *a.* e *m.* (*mus.*) contralto*.

contrammiràglio, *m.* (*naut.*) rear admiral.

contrappasso, *m.* retaliation; talion (*raro*). ● (*scherz.*) **applicare la legge del c.**, to make the punishment fit the crime □ **Nella banda vigeva la legge del c.**, the law of an eye for an eye and a tooth for a tooth prevailed in the gang.

contrappèllo, *m.* second roll-call.

contrappèlo, *V.* contropélo.

contrappesare, **A** *v. t.* **1** to balance (st.) against (st. else); to counterpoise; to counterbalance; to counterweigh **2** (*fig.*) to examine thoroughly; to weigh: **c. i lati positivi e negativi** (*o* **il pro e il contro**), to weigh the pros and cons. **contrappesarsi**, **B** *v. rifl. recipr.* (*anche fig.*) to counterbalance; (*fig.*) to even out: **I vantaggi e gli svantaggi si contrappesano**, the pros and cons even out; the pros counterbalance the cons.

contrappéso, *m.* (*anche fig.*) counterpoise; counterbalance; counterweight: **fare da c. a q.c.**, to act as a counterpoise to st. ● (*costr.*) **c. per telaio di finestra**, sash weight.

contrapponibile, *a.* opposable.

contrappórre, **A** *v. t.* **1** (*opporre, mettere contro*) to oppose; to counter: **eserciti contrapposti**, opposing armies; (*autom.*) **cilindri contrapposti**, opposed cylinders **2** (*confrontare*) to compare; to match; to set* up (st.) against (st. else): **c. la propria opinione a quella d'altri**, to set up one's opinion against other people's. ● (*leg.*) **c. all'argomentazione dell'accusa un nuovo testimone per la difesa**, to counter the arguments of the prosecution with a new witness for the defence. **contrappórsi**, **B** *v. rifl.* **1** (*opporsi*) to oppose; to contrast **2** (*contrastare*) to clash; to contrast.

contrapposizióne, *f.* **1** contrast; contraposition; juxtaposition **2** (*confronto*) comparison; setting up (of st.) against (st. else).

contrappósto, *a.* e *m.* opposite; contrary: **Piero è il c. di suo fratello**, Peter is the opposite of his brother.

contrappuntista, *m.* e *f.* (*mus.*) contrapuntist.

contrappuntìstico, *a.* (*mus.*) contrapuntal; counterpoint (*attr.*).

contrappunto, *m.* (*mus.*) counterpoint (*anche fig.*); contrapunto.

contrare, *v. t.* **1** (*bridge*) to counter **2** (*pugilato*) *colpire d'incontro*) to counter **3** (*calcio: contrastare*) to tackle.

contràrgine, *m.* counterdike.

contrariaménte, *avv.* contrarily; the other way round; (*altrimenti*) otherwise. ● **c. a**, contrary to: **c. a quanto pensavo**, contrary to what I thought □ **c. al solito**, just for once.

contrariare, *v. t.* **1** to cross; to thwart; to oppose: **Non è bene contrariarlo**, it doesn't do to cross him; **c. q. in tutto**, to thwart sb. in (*o* over) everything **2** (*irritare*) to put* out; to vex; to annoy; to irritate: **Il suo comportamento mi ha molto contrariato**, his behaviour has greatly put me out **3** (*contraddire*) to contradict.

contrariato, *a.* put out; vexed; cross (*pred.*, *fam.*): **Ero stanca e contrariata dopo una mattina in cui tutto era andato di traverso**, I was tired and cross after a morning in which everything had gone wrong; **Quando seppe che Lisetta non c'era, il giovane parve c.**, when he found that Lizzy was not there, the young man seemed put out.

contrarietà, *f.* (*l'essere contrario*) **1** contrariety; contrariness **2** (*sentimento d'avversione*) aversion; dislike: **provare c. per gli spettacoli all'aperto**, to have an aversion for outdoor shows **3** (*impedimento*) setback; impediment; adversity; misfortune: **c. imprevista**, unexpected setback (*o* impediment).

contràrio, **A** *a.* **1** (*opposto*) contrary; opposite: **movimento c.**, contrary movement; **punto di vista c.**, contrary (*o* opposite) point of view; **direzione contraria**, opposite direction **2** (*sfavorevole*) unfavourable; adverse; unpropitious: **stagione contraria**, unfavourable weather **3** (*riluttante*) unwilling; reluctant; averse: **Era c. ad accettare**, he was unwilling to accept. ● (*leg.*) **c. alla legge**, contrary to law □ **c. alla salute**, bad for (one's) health □ **fino ad avviso c.**, until further notice □ **in caso c.**, otherwise: **In caso c., avvertitemi**, otherwise let me know □ (*leg.*) **prova contraria**, evidence to the contrary □ (*leg.*) **salvo patto c.**, unless otherwise provided for □ **Il vento era c.**, the wind was against us □ **Mio marito è c.**, my husband is against it (*o* against the idea, the plan, *e sim.*). **B** *m.* contrary; opposite: **È vero il c.**, the contrary is true; **Lui è il c. di lei**, he is the opposite of her. ● **al c.**, on the contrary; (*a ritroso*) backwards □ **in c.**, to the contrary; against: **Non ho nulla (da dire) in c.**, I have nothing to say to the contrary (*o* against it); **Va pure, io non ho nulla in c.**, I have nothing against your going; you go, I have nothing against it.

contrarre, **A** *v. t.* **1** to contract: (*anat.*) **c. un muscolo**, to contract a muscle; (*gramm.*) **c. suoni (sillabe)**, to contract sounds (syllables) **2** (*prendere*) to contract; to form; to acquire; to get* into: **c. una malattia**, to contract an illness; **c. un vizio**, to acquire a vice; to get into a bad habit; **c. un'abitudine**, to form a habit **3** (*concludere*) to contract; to make*; to enter into: **c. matrimonio (un prestito, un debito)**, to contract marriage (a loan, a debt). **contrarsi**, **B** *v. rifl.* **1** to shrink*; to become* smaller **2** (*econ.*: *della domanda*, *ecc.*) to fall* off; (*di prezzi*, *ecc.*) to fall*, to decline, to drop.

contrassalto, *m.* (*mil.*) counterattack.

contrassegnare, *v. t.* **1** to mark; to check; to earmark; to countermark **2** (*con un cartellino*) to label **3** (*elettr.*, *ind.*, *tecn.*: *fili, tubi, ecc., con colori diversi*) to colour-code; to color-code (*USA*).

contrasségno (1), *m.* **1** countersign; countermark; check **2** (*pegno*) token: **Accetti questo dono come c. della mia stima**, accept this token of my esteem **3** (*distintivo*) badge; (*mil.*) badge of rank **4** (*di un aereo*, *ecc.*) marking **5** (*elab.*) mark; tag. ● **c. di riconoscimento**, card □ **c. elettorale**, party symbol; party emblem.

contrasségno (2), *avv.* – **pagamento c.**, cash on delivery.

contrastàbile, *a.* contestable; questionable.

contrastante, *a.* contrasting.

contrastare, **A** *v. t.* **1** (*impedire*) to impede; to oppose; to put* obstacles in the way of **2** (*resistere a*) to oppose; to resist: **c. i desideri di q.**, to oppose sb.'s wishes **3** (*contendere*) to dispute: **La nostra squadra contrastò loro la vittoria fino all'ultimo**, our team disputed the victory right to the end. **B** *v. i.* to contrast (with); to be a contrast (to); to war (with) (*lett.*). **contrastarsi**, **C** *v. rifl.* (*contendersi*) to struggle, to contend (for).

contrastato, *a.* **1** (*combattuto*) hard-won **2** (*ostacolato*) (strongly-)opposed **3** (*discusso*) (much) disputed **4** (*fotogr.*, *tipogr.*) that has high contrast.

contrasto, *m.* **1** (*opposizione*) contrast (*anche fotogr.*): **Il c. dei due colori era di molto effetto**, the contrast between the two colours was very effective; **in c. con**, in contrast with **2** (*conflitto*) conflict: **c. d'interessi**, conflict of interests **3** (*litigio*) altercation; wrangle; dispute **4** (*sport: calcio*) tackle; defensive action **5** (*letter.*: *disputa dialogata in versi*) disputation in verse; «contrasto»: **il c. di Cielo d'Alcamo**, Cielo d'Alcamo's «contrasto». ● **senza c.**, without opposition □ **venire a c. con q.**, to disagree (*o* to quarrel) with sb. □ **vincitore senza c.**, uncontested winner □ **Era il migliore, senza c.**, he was the best without a doubt □ **Piero si è messo in c. con Paolo**, Peter and Paul have fallen out.

contrattàbile, *a.* negotiable.

contrattaccare, *v. t.* (*mil.*) to counterattack (*anche fig.*).

contrattacco, *m.* (*mil.*, *scherma*) counterattack (*anche fig.*).

contrattare, **A** *v. t.* to bargain over; to negotiate over: **I due antiquari contrattavano un quadro**, the two antique dealers were bargaining over a picture; **Contrattai il quadro**, I negotiated over (*o* about) the price of the picture. **B** *v. i.* **1** to negotiate; to discuss a business deal **2** (*mercanteggiare*) to bargain; to haggle (*fam.*): **Quella vecchia avara non compra mai niente senza c.**, that mean old woman never buys anything without haggling.

contrattazióne, *f.* **1** negotiation; bargaining; dealing: **c. collettiva**, collective bargaining **2** (*mercanteggiamento*) bargaining; haggling (*fam.*).

contrattèmpo, *m.* **1** contretemps; setback; mishap; hitch (*fam.*): **Il piano funzionò senza nessun c.**, the plan worked without a hitch; **L'acquazzone fu l'unico c.**, the shower was the only contretemps **2** (*mus.*) syncopation; contretemps (*franc.*).

contràttile, *a.* (*anche anat.*) contractile, contractible.

contrattilità, *f.* (*scient.*) contractility, contractibility.

contrattista, *m.* e *f.* (*nelle università*) holder of a four-year scholarship (*o* grant); grantee.

contratto, **A** *a.* **1** contracted **2** (*ritirato*, *rattrappito*) shrunk. **B** *m.* (*anche leg.*) agreement; contract: **stipulare un c.**, to draw up an agreement; **risolvere un c.**, to rescind (*o* to avoid) an agreement; **c. a favore di terzi**, contract for the benefit of third parties. ● **c. bilaterale**, indenture □ **c. (collettivo) di lavoro**, collective agreement □ (*naut.*) **c. di arruolamento**, ship's articles □ **c. di noleggio**, lease; (*naut.*) charter party □ **c. formale**,

contrattuale specialty contract □ (*filos.*, *polit.*) **c. sociale**, social contract □ **come da c.**, as per contract □ **stabilire per c. di fare q.c.**, to contract to do st.

contrattuale, *a.* of (*o* pertaining to) a contract; contractual: **inadempienza c.**, breach of contract.

contrattualismo, *m.* (*filos.*, *polit.*) contractualism.

contrattura, *f.* (*med.*) contracture.

contravveléno, *m.* (*anche fig.*) antidote.

contravvenìre, *v. i.* (*leg.*) to transgress; to contravene; to infringe; to violate. ● **c. a un obbligo**, to fail to meet an obligation.

contravventóre, *m.* (*leg.*) transgressor; infringer; offender.

contravvenzióne, *f.* 1 (*leg.*) transgression; contravention; infringement; offence; violation 2 (*multa*) fine: **una c. di cinque sterline**, a five-pound fine. ● **cadere in c.**, to commit a minor offence; to be liable to be fined □ **fare la c. a q.**, to fine sb.

contrazióne, *f.* 1 (*anche anat.*, *gramm.*) contraction 2 (*econ.*, *comm.*) shrinkage; decline; drop; fall-off: **c. dei prezzi**, shrinkage of prices; **c. delle esportazioni**, fall-off in exports.

contribuènte, *m.* e *f.* (*econ.*) 1 contributor 2 (*di imposte statali*) taxpayer; (*di imposte locali*) ratepayer: **ruolo dei contribuenti**, list of taxpayers.

contribuìre, *v. i.* 1 to contribute 2 (*partecipare*) to take* part in 3 (*condividere*) to share; (*pagare la propria quota*) to pay* one's share 4 (*concorrere*) to help: **c. a diffondere una teoria**, to help to spread a theory.

contributivo, *a.* contributing; contributive; contributory.

contributo, *m.* 1 contribution; (*forzoso*, *anche*) tax, levy 2 (*nel titolo di pubblicazioni accademiche*) (some) notes : **c. allo studio delle fonti del Tasso**, some notes on Tasso's sources 3 (*specialm. pl.*) levy for public expenses (*sewers, etc.*) 4 (*pl.: della Previdenza Sociale*) social-insurance taxes paid by an employer; (*trattenute*) deductions for social insurance. ● **contributi sindacali**, union dues □ (*fin.*) **c. statale**, grant-in-aid ● **avere dato il proprio c.** (*avere fatto la propria parte*), to have done one's bit.

contribuzióne, *f.* contribution.

contristare, **A** *v. t.* to sadden; to distress; to make* (sb.) sad (*o* miserable); to grieve (*quasi lett.*): **Mi contrista vederti sciuparre la tua vita**, it saddens me to see you waste your life; **Le tue parole mi hanno proprio contristato**, your words have made me thoroughly miserable; **Mi contrista che Ella abbia subito una perdita così grave**, it grieves me that you should have sustained so serious a loss. **contristarsi**, **B** *v. rifl.* to be distressed; to grieve.

contrito, *a.* contrite; penitent; remorseful.

contrizióne, *f.* (*anche relig.*) contrition.

cóntro, **A** *prep.* e *avv.* 1 against: **combattere c. q.** (**q.c.**), to fight against sb. (st.); **Sei pro o c.?**, are you for it or against it?; **l'un c. l'altro armati**, in arms one against the other; **c. il muro**, against the wall; **La ragazza fu maritata c. la sua volontà**, the girl was married against her will; **Ma è c. la legge!**, that's against the law!; **Tutti gli sono c.**, everybody is against him 2 (*ai danni di*) at: **sparare c. q.**, to shoot at sb.; **Gli si avventò c. brandendo un pugnale**, he sprang at him brandishing a dagger 3 (*in contrasto con*) counter to; contrary to; in opposition to: **agire c. i desideri di q.**, to act counter to sb.'s wishes; **andare c. le proprie inclinazioni**, to go counter to one's inclinations; **una dottrina c. ragione**, a doctrine contrary to reason; **agire c. l'opinione pubblica**, to act in opposition to public opinion 4 (*sport*, *leg.*) versus 5 (*comm.*) against; on: **c. assegno**, cash on delivery; **c. pagamento**, on payment; **pagamento c. documenti**, payment against documents. ● **c. di me** (**te, lui, ecc.**), against me (you, him, etc.) □ **c. luce**, against the light □ **c. vento**, into the wind; (*aeron.*) with a head wind □ **c. voglia**, unwillingly □ (*anche fig.*) **andare c. corrente**, to go against the stream □ **dare c.**, to go against; to contradict: **Gli dò sempre c. perché è così presuntuoso**, I always contradict him because he's so smug □ **di c.**, opposite: **Prova al negozio di c.**, try at the shop opposite □ **per c.**, on the contrary; on the other hand □ **remare c. corrente**, to row upstream □ **rivoltarsi c. q.**, to turn against sb. □ **sbattere c. il muro** (*di veicolo*), to crash into the wall □ **sbattere c. un palo** (*di persona*), to bump into a post □ **scommettere tre c. uno**, to bet three to one □ **Ho fatto tutto il tragitto c. vento**, I had the wind against me all the way. **B** *m.* con(s): **pro e c.**, pro and con; **valutare il pro e il c.**, to weigh the pros and cons.

controalisèi, *m. pl.* (*geogr.*) antitrades.

controavviso, *m.* countermand.

controbàttere, *v. t.* 1 to counter (*anche fig.*) 2 (*a parole*) to answer back 3 (*confutare*) to confute.

controbatteria, *f.* (*mil.*) counterbattery.

controbelvedére, *m.* (*naut.*) mizzen skysail.

controbilanciare, **A** *v. t.* to counterbalance; to countervail; to counterweigh; to set* off. **controbilanciarsi**, **B** *v. rifl. recipr.* to counterbalance each other.

controbórdo, *m.* – (*naut.*) **di c.**, on the opposite tack.

controbuffè, *m.* second sideboard.

controcampióne, *m.* (*comm.*) counterpart sample.

controcampo, *m.* (*cinem.*) reverse shot.

controcanto, *m.* (*mus.*) countermelody.

controcarèna, *f.* (*naut.*) bulge.

controcarro, *a.* (*mil.*) antitank (*attr.*).

controcassa, *f.* outer casing.

controcaténa, *f.* (*archit.*) collar beam.

controchiave, *f.* (*mecc.*) 1 (*chiave di riserva*) duplicate key 2 (*seconda mandata*) second turn (of a key) 3 (*chiave falsa*) false (*o* skeleton) key.

controchìglia, *f.* (*naut.*) false keel.

controcondizionaménto, *m.* (*psic.*) counterconditioning.

controcopèrta, *f.* (*naut.*) spar deck.

controcorrènte, *f.* e *avv.* countercurrent. ● (*fig.*) **andare c.**, to go against the stream.

controcrédito, *m.* (*comm.*) countervailing credit.

controcultura, *f.* counterculture. ● **esponente della c.**, counterculturist.

controculturale, *a.* countercultural.

controdado, *m.* (*mecc.*) lock nut; jam nut; check nut.

controdichiarazióne, *f.* counterdeclaration.

controfagòtto, *m.* (*mus.*) double bassoon; contrabassoon.

controffensìva, *f.* (*mil.*) counteroffensive (*anche fig.*). ● **passare alla c.**, to counterattack.

controffensìvo, *a.* (*mil.*) counteroffensive (*attr.*).

controffèrta, *f.* counteroffer.

controfigura, *f.* (*cinem.*) stand-in; double; stunt man*. ● **fare la c.**, to double.

controfilétto, *m.* (*cucina*) fillet; sirloin; loin.

controfilo, *m.* grain: **il c. delle fibre**, fibres grain.

controfinèstra, *f.* double (*o* outer) window; (*di finestra a ghigliottina*) storm window.

controfiòcco, *m.* (*naut.*) flying jib.

controfirma, *f.* countersignature.

controfirmare, *v. t.* to countersign.

controfòdera, *f.* interlining. ● **avere una c.**, to be interlined.

controfóndo, *m.* false bottom.

controfòsso, *m.* countertrench; counterditch.

controfuga, *f.* (*mus.*) counterfugue.

controgambétto, *m.* (*scacchi*) countergambit.

controguàrdia, *f.* counterguard.

controguerrìglia, *f.* military action against guer(r)illas, counterinsurgency.

controindicare, *v. t.* (*med.*) to contraindicate.

controindicato, *a.* (*med.*) inadvisable; contraindicated.

controindicazióne, *f.* (*med.*) contraindication.

controinterrogatòrio, *m.* (*leg.*) counter-interrogation; cross-examination.

controistruzióni, *f. pl.* counterinstructions.

controllàbile, *a.* controllable; checkable; verifiable.

controllàre, **A** *v. t.* 1 (*verificare*, *riscontrare*) to check; to verify; to inspect; to examine; to control; to check up on (*fam.*); (*collaudare*) to test: **c. cifre** (**biglietti, informazioni, ecc.**), to check figures (tickets, information, etc.); **c. un'asserzione** (**i particolari, ecc.**), to verify a statement (details, etc.); **c. una macchina** (**uno strumento**), to inspect a machine (an instrument); **c. i passaporti**, to examine passports 2 (*avere il controllo di*) to control; to syndicate: **Controllano tutta la produzione di petrolio della zona**, they control all the oil production of this area 3 (*rag.*) to audit: **c. i conti**, to audit the books 4 (*sport*: *marcare*) to mark. ● (*fig.*) **c. i propri nervi**, to control oneself □ **c. una seconda volta**, to double-check □ (*polit.*) **chi controlla molti voti**, power-broker. **controllarsi**, **B** *v. rifl.* to control oneself. ● **non sapere c.**, to have no self-control.

controllato, *a.* 1 controlled 2 (*padrone dei propri nervi*) self--controlled. ● (*econ.*) **dallo Stato**, State-controlled.

contròllo, *m.* 1 (*verifica, ispezione*) check; verification; inspection; examination; control; (*collaudo*) test: **fare un c. di q.c.**, to keep a check on st.; **c. dei biglietti**, ticket inspection; **c. doganale**, customs examination; **c. sanitario**, sanitary inspection; (*sport*) **posto di c.**, control station; checkpoint; **sotto c.**, under control; **il c. delle cifre**, the verification of figures 2 (*mecc.*: *apparecchio di c.*) control apparatus; (the) controls (*pl.*) 3 (*dominio, regolamentazione*) control: **Perse il c. dell'automobile**, he lost control of his car; **Non perdere il c.!**, don't lose (control of) your temper!; **c. del traffico**, traffic control; **c. delle nascite**, birth control 4 (*aeron.*, *radio*) control; check: **torre di c.**, control tower; **controlli a terra**, ground checks; **c. del volume**, volume control 5 (*naut.*: *visita di c.*) search 6 (*rag.*: **la contabilità di una ditta o di un ente**) audit; auditing. ● (*tel.*) **c. delle conversazioni**, wire-tapping □ (*anche miss.*) **c. finale**, checkout □ **giro di c.**, round; checkup: **Un sorvegliante, facendo un giro di**

c., ha notato il fumo, a guard noticed the smoke while going his round □ **prendere (riprendere) il c. di q.c.**, to get (to regain) control over (*o* of) st. □ **tenere sotto c.**, to keep under control 4 (*med.*) **visita di c.**, checkup.

controllóre, *m.* 1 controller; inspector; supervisor; superintendent: **c. della Zecca**, controller of the Mint; **c. degli approvvigionamenti**, food controller 2 (*rag.*: *della contabilità di una ditta*) auditor 3 (*sui treni, sui mezzi pubblici*) ticket collector; guard; conductor (*USA*).

controluce, **A** *m.* (*fotogr.*) backlighted photograph; photograph taken facing the light. **B** *f.* (*cinem.*) backlighting. **C** *avv.* 1 (*in cattiva luce*) in a bad light; with the light in one's eyes: **Non posso veder bene il quadro perché è c.**, I can't see the picture properly because it's in a bad light 2 (*in trasparenza*) against the light: **guardare un bicchiere di vino c.**, to look at a glass of wine against the light 3 (*cinem.*) with backlighting.

contromanifestazióne, *f.* counter-demonstration.

contromano, *avv.* in the wrong direction; on the wrong side of the road.

contromanòvra, *f.* countermanoeuvre; countermanouver (*USA*).

contromarca, *f.* 1 (*comm.*) countermark 2 (*teatr.*) pass-out check 3 (*numismatica*) counterstamp 4 (*zootecnia*) counterbrand.

contromarcare, *v. t.* 1 (*comm.*) to countermark 2 (*numismatica*) to counterstamp 3 (*zootecnia*) to counterbrand.

contromàrcia, *f.* 1 (*mil.*) countermarch 2 (*mecc.*) reverse motion.

contromezzana, *f.* (*naut.*) mizzen topsail. ● **c. volante**, lower mizzen topsail.

contromina, *f.* (*mil. e fig.*) countermine.

controminare, *v. t.* (*mil., fig.*) to countermine.

contromisura, *f.* countermeasure.

contromòssa, *f.* (*anche scacchi*) countermove.

contronòta, *f.* counternotice; countermand.

contropàrte, *f.* 1 counterpart 2 (*leg.*) opposite party.

contropartita, *f.* 1 counterpart 2 (*rag.*) contra; set-off 3 (*fig.*) compensation; return.

contropedale, *m.* (*tecn.*) coaster brake.

contropélo, *avv. e m.* – **spazzolare c.**, to brush against the nap; (*fig.*) **prendere q. di c.**, to rub sb. the wrong way; **fare il c.**, to shave against the hair; (*fig.*) **fare il pelo e il c. a q.**, to criticize sb.; to pick sb. to bits.

contropendènza, *f.* reverse gradient; counterslope.

contropiède, *m.* – (*sport*) **azione di c.**, (*nel calcio*) counterattack; (*nel tennis*) wrong footing; (*fig.*) **cogliere q. in c.**, to catch sb. off balance.

contropòrta, *f.* 1 second (*o* inner) door 2 (*antiporta*) outer door.

contropotére, *m.* (*polit.*) counterpower.

controproducènte, *a.* having the opposite effect; counterproductive.

controprogètto, *m.* counterplan; counterproject. ● **Gli proposi un c.**, I countered his plan with another.

contropropaganda, *f.* counter-propaganda.

contropropósta, *f.* counterproposition; counterproposal.

contropròva, *f.* 1 double check; countercheck; new test with a different method; (*nelle votazioni*) recount 2 (*leg.*) counterevidence; counterproof; rebutting evidence.

controprovare, *v. t.* to counter-prove.

contropunta, *f.* (*tecn.*) footstock; tailstock.

contropunzóne, *m.* (*tecn.*) counter punch.

controquerèla, *f.* (*leg.*) countercharge; counterclaim; cross-complaint.

controquerelare, *v. t.* (*leg.*) to countercharge; to counterclaim.

controranda, *f.* (*naut.*) gaff-sail.

contrórdine, *m.* counterorder; countermand. ● **dare un c.**, to alter (*o* to cancel) one's order □ **salvo c.**, unless we hear to the contrary.

controreazióne, *f.* negative feedback.

controrelatóre, *m.* examiner (during the discussion of a thesis).

controrelazióne, *f.* (*polit., amministrazione*) minority report.

controrèplica, *f.* (*leg.*) rejoinder.

controreplicare, *v. t.* (*leg.*) to rejoin.

controricórso, *m.* (*leg.*) counterclaim.

controrifórma, *f.* (*stor., relig.*) Counter-Reformation.

controripa, **controriva**, *f.* opposite bank.

controrivoluzionàrio, *a. e m.* counter-revolutionary.

controrivoluzióne, *f.* (*stor., polit.*) counter-revolution.

controrotàia, *f.* (*ferr.*) guardrail; checkrail.

controrotante, *a.* (*mecc.*) counter-rotating: **eliche controrotanti**, counter-rotating propellers.

controscarpa, *f.* (*costr., mil.*) counterscarp.

controscèna, *f.* (*teatr.*) by-play.

controsènso, *m.* 1 contradiction in terms 2 (*assurdità*) nonsense.

controserratura, *f.* double (*o* extra, safety) lock.

controsoffitto, *m.* (*edil.*) false ceiling.

controspallina, *f.* epaulette.

controspionàggio, *m.* (*mil.*) counterespionage.

controstallìa, *f.* (*naut., comm.*) demurrage.

controstampa, *f.* (*tipogr.*) counterproof; offset.

controstampare, *v. t.* (*tipogr.*) to counterprove; to offset*.

controstampato, *a.* (*tipogr.*) offset.

controstampo, *m.* (*tecn.*) die.

controsterzare, *v. i.* (*autom.*) to countersteer.

controsterzata, *f.* (*autom.*) countersteer.

controstèrzo, *m.* (*autom.*) countersteer.

controstìmolo, *m.* counterstimulus*.

controstòmaco, **A** *m.* 1 repugnance; disgust 2 (*nausea*) nausea. **B** *avv.* 1 with one's stomach heaving 2 (*fig.*) against the grain; unwillingly; reluctantly: **Lo feci c.**, I did it reluctantly; I was reluctant to do it.

controstràglio, *m.* (*naut.*) jackstay.

controtàglio, *m.* 1 cross-hatch: **i controtagli di un'incisione**, the cross-hatch of an engraving 2 blunt edge: **c. d'una lama**, the blunt edge of a blade 3 (*armi*) back edge.

controvalóre, *m.* 1 equivalent 2 (*econ.*) exchange value.

controvapóre, *m.* (*mecc.*) reverse steam. ● **dare il c.**, to reverse steam.

controvelàccio, *m.* (*naut.*) skysail: **c. di maestra**, main skysail.

controventatura, *f.* 1 (*aeron.*) wind bracing 2 (*costr.*) bracing.

controvènto, **A** *avv.* 1 (*con verbi di moto*) into the wind; against the wind; (*naut.*) windward, head wind, on the wind: **navigare c.**, to sail into the wind 2 (*di cosa o persona ferma*) facing the wind; in the teeth of the wind (*solo se il vento è forte*); (*rispetto a qualcos'altro*) upwind: **Evitiamo il lato c.**, let us avoid the side facing the wind. **B** *m.* (*costr.*) wind-brace.

controvèrsia, *f.* 1 controversy; dispute; contention; contest; debate 2 (*leg.*) litigation.

controvèrso, *a.* discussed; controversial; disputed; (*discutibile*) debatable: **un libro molto c.**, a much-discussed book; **È una commedia controversa**, it is a controversial play; **È un'attribuzione controversa**, it is a debatable attribution.

controvèrtere, **A** *v. t.* (*raro*) to controvert. **B** *v. i.* to argue.

controvertibile, *a.* controvertible; disputable; questionable.

controvetrata, *f.* double window.

controviale, *m.* service road.

controvòglia, *avv.* unwillingly; against the (*o* one's) grain.

contumace, (*leg.*) **A** *a.* contumacious. **B** *m. e f.* defaulter. ● **essere c.**, to default.

contumàcia, *f.* 1 (*leg.*) default; absence; contumacy; absentia (*lat.*): **Fu processato in c.**, he was tried in his absence; **giudizio in c.**, judgment by default; **condannare q. in c.**, to sentence sb. by default; **essere condannato in c.**, to be condemned in absentia 2 (*med.: quarantena*) quarantine.

contumaciale, *a.* 1 (*leg.*) by default: **sentenza c.**, judgment by default 2 (*med.*) for infectious diseases; quarantine (*attr.*).

contumèlia, *f.* (*lett.*) contumely; insult: **coprire q. di contumelie**, to heap contumelies on sb.

contundènte, *a.* blunt: **corpo c.**, blunt instrument.

contùndere, *v. t.* to contuse.

conturbamento, *m.* 1 perturbation; agitation; excitement 2 (*ansietà*) anxiety.

conturbante, *a.* 1 perturbing 2 (*eccitante*) exciting.

conturbare, **A** *v. t.* to perturb; to upset*; to disturb. **conturbarsi**, **B** *v. rifl.* to get* upset; to be disturbed; to be under a strain.

contusióne, *f.* bruise; (*med.*) contusion.

contùso, **A** *a.* bruised; contused: (*med.*) **ferita lacero-contusa**, lacerated-contused wound. **B** *m.* person suffering from contusions.

contuttoché, *cong.* although; though.

contuttociò, *cong.* nevertheless; however.

conurbazióne, *f.* conurbation.

convalescènte, *a., m. e f.* (*med.*) convalescent.

convalescènza, *f.* (*med.*) convalescence. ● **essere in c.**, to be convalescing.

convalescenziàrio, *m.* (*med.*) nursing home; convalescent home; rest home.

convàlida, *f.* 1 (*conferma*) corroboration; confirmation 2 (*ratifica*) ratification 3 (*leg.*) validation; confirmation.

convalidaménto, *m.* (*leg.*) validation.

convalidare, *v. t.* 1 (*confermare*) to bear* out; to strengthen (an argument); to confirm; to corroborate: **Questa notizia convalida quel che dissi**, this news bears out what I said; **Il nuovo teste non convalida la mia testimonianza**, the new witness does not corroborate (*o* confirm) my evidence 2 (*ratificare*) to

convalidazióne

make* (st.) valid; to confirm; to ratify: **Il secondo conteggio convalidò l'elezione del Buti**, the recount confirmed Buti's election **3** (*leg.*) to validate; to confirm; to affirm; to sanction.
convalidazióne, (*raro*) *V.* **convàlida**.
convalle, *f.* (*lett.*) valley; dale (*lett.*); vale (*poet.*).
convegnista, *m. e f.* person taking part in a conference; member of a convention; conferee; conventioner, conventionist.
convégno, *m.* **1** meeting; conference; convention; (*congresso*) congress: **c. di studi**, study congress **2** (*abboccamento*) appointment; rendezvous; (*luogo di c.*) meeting place: **andare a un c.**, to go to an appointment; **mancare a un c.**, to fail to go to an appointment; not to turn up at an appointment (*fam.*). ● **sala di c. degli ufficiali**, officers' mess; officers' club.
convenévole, **A** *a.* (*lett.*) convenient; suitable; proper. **B** *m.* **1** what is suitable: **oltre il c.**, beyond what is suitable **2** (*pl.*: *atti di cortesia*) polite remarks; conventional compliments; greetings: **fare i convenevoli a q.**, to pay conventional compliments to sb. ● **Non fate tanti convenevoli**, don't stand on ceremony.
convenevolézza, *f.* (*raro*) suitability; propriety.
conveniènte, *a.* (*adatto*) suitable; fitting; convenient **2** (*decoroso*) proper; decorous; seemly (*lett.*) **3** (*di prezzo*) moderate; low; (*d'un articolo*) cheap; good value (*attr.*) **4** (*opportuno*) expedient.
conveniènza, *f.* **1** (*l'essere adatto*) convenience; suitability; fitness **2** (*l'essere decoroso*) propriety **3** (*di prezzo*) moderateness; (*d'un articolo*) cheapness **4** (*opportunità*) expedience, expediency; advantage; convenience: **matrimonio di c.**, marriage of convenience. ● **convenienze sociali**, social conventions □ **non trovarci la propria c.**, not to find it worthwhile.
convenire, **A** *v. i.* **1** (*impers.*: *essere necessario*) to be necessary; must (*difett.*, *pers.*); (*essere opportuno*) to be better (*o* expedient); (*essere vantaggioso*) to suit; (*valere la pena*) to be worthwhile: **Conviene avvertirlo**, we must warn him; he must be warned; **Conviene lasciar fare a lei**, it is (*o* it would be) better to let her do it; **Conviene tenersi amici i compagni di lavoro**, it is expedient to keep on good terms with the people one works with; **Conviene fare la spesa al mercato?**, is it worthwhile doing one's c. (*does one save by*) shopping at the market? **2** (*riunirsi*) to come* (together); to gather; to assemble; to meet*: **Convennero qui da tutta la Scozia**, they came here from all over Scotland; **c. nel cortile**, to assemble in the courtyard **3** (*essere d'accordo*) to agree: **Convennero di riunirsi di nuovo fra sei mesi**, they agreed to meet again in six months' time; **Convennero sul prezzo**, they agreed upon the price **4** (*ammettere*) to allow; to grant; to admit: **Convengo che questa volta hai ragione**, I admit (*o* grant, allow) that you are right this time **5** (*confarsi*) to suit: **Le condizioni mi convengono**, the conditions suit me. **B** *v. t.* **1** (*pattuire*) to agree upon; to negotiate: **Abbiamo convenuto il prezzo**, we have agreed upon the price **2** (*leg.*) to summon: **c. q. in giudizio**, to summon sb. (to appear in court); to sue sb.
convenirsi, **C** *v. rifl.* to suit; to become; to be appropriate.
conventìcola, *f.* (*lett.*) secret meeting; (*estens.*: *gruppo ristretto*) cabal, clique.
convènto, *m.* (*relig.*) convent; (*di suore*) nunnery; (*di frati*) monastery. ● (*scherz.*) **mangiare quello che passa il c.**, to take potluck.
conventuale, *a.* (*relig.*) conventual; convent (*attr.*); of a convent.
convenuto, **A** *a.* agreed (upon): **il prezzo c.**, the price agreed upon. **B** *m.* **1** agreement; settlement **2** (*leg.*) defendant. ● **i convenuti**, those present; the persons present □ **secondo il c.**, as agreed.
convenzionale, **A** *a.* **1** conventional **2** (*mil.*: *di arma*) conventional; non-nuclear. ● **linguaggio c.**, jargon □ **persona c.**, straight (*fam.*). **B** *m.* (*stor.*) Conventionalist.
convenzionalismo, *m.* conventionality.
convenzionalista, *m. e f.* conventionalist.
convenzionalità, *f.* conventionality.
convenzionalménte, *avv.* conventionally; in accordance with convention.
convenzionare, **A** *v. t.* to reach agreement on; to settle; to arrange. **convenzionarsi**, **B** *v. rifl.* to settle; to reach an agreement.
convenzionato, *a.* **1** (*di ospedale, medico, ecc.*) operating within the national health service **2** (*di medico*) on the panel.
convenzióne, *f.* **1** (*leg.*: *detto di accordo, contratto*) agreement; covenant; convention; (*detto di clausola*) provision: **c. internazionale**, international convention (*o* treaty) **2** (*pl.*: *consuetudine*) convention (*spesso sing.*): **essere schiavo delle convenzioni**, to be a slave to convention; **le convenzioni sociali**, social conventions. ● (*stor.*) **la C.**, the Convention.
convergènte, *a.* **1** converging: **lente c.**, converging lens **2** (*mat.*, *biol.*) convergent: **strabismo c.**, convergent squint.

convergènza, *f.* convergence.
convèrgere, **A** *v. i.* (*anche mat.*) to converge; (*fig.*, *anche*) to draw* together. **B** *v. t.* to converge.
convèrsa, *f.* **1** (*relig.*) lay sister **2** (*costr.*) valley.
conversare, *v. i.* to converse; to talk.
conversatóre, *m.* talker; conversationalist.
conversazióne, *f.* **1** conversation; talk; (*colloquio*) interview: **La c. diventò generale**, the conversation involved everyone **2** (*c. telefonica*) (telephone) call **3** (*breve discorso*) talk: **tenere una c. al terzo programma**, to read a talk on the third programme. ● **persona di piacevole c.**, pleasant conversationalist.
conversióne, *f.* **1** (*anche polit.*) conversion: (*radio*) **c. di frequenza**, frequency conversion; (*astron.*) **angolo di c.**, conversion angle; (*fis.*) **coefficiente di c.**, conversion ratio; **la c. degli Anglosassoni al cristianesimo**, the conversion of the Anglo-Saxons to Christianity **2** (*mil.*) wheeling movement **3** (*autom.*) U-turn: **divieto di c.**, no U-turn. ● (*mil.*) **c. a destra (a sinistra)!**, right (left) wheel! □ (*fin.*) **c. del debito pubblico**, refunding □ (*econ.*, *fin.*) **c. in contanti**, realization.
convèrso, *m.* (*relig.*) lay brother*.
convertìbile, **A** *a.* convertible. **B** *f.* (*autom.*) convertible (car).
convertibilità, *f.* convertibility: **c. della moneta**, currency convertibility.
convertiplano, *m.* convertiplane.
convertire, **A** *v. t.* (*trasformare*) to change; to turn: **c. in pietra**, to turn to stone **2** (*relig.*, *fin.*, *filos.*, *polit.*) to convert: **c. q. al cristianesimo**, to convert sb. to Christianity; **c. dei titoli di stato**, to convert some bonds; **c. una proposizione**, to convert a proposition; **c. in legge un decreto legge**, to convert a «decree-law» into law. **convertirsi**, **B** *v. rifl.* **1** (*trasformarsi*) to change: **La timidezza del ragazzo si convertì in cordialità**, the boy's shyness changed to cordiality **2** (*relig.*, *fin.*, *filos.*) to be converted. ● **c. al buddismo**, to become a Buddhist.
convertito, *m.* convert.
convertitóre, *m.* **1** (*chi converte*) converter **2** (*elettr.*) converter, convertor: **c. di fase**, phase converter.
convessità, *f.* convexity.
convèsso, *a.* convex.
convettivo, *a.* (*fis.*) convective.
convettóre, *m.* convector.
convezióne, *f.* (*fis.*) convection: **corrente di c.**, convection current.
convincènte, *a.* **1** convincing **2** (*soddisfacente*) satisfactory.
convincere, **A** *v. t.* to convince; to persuade. **convincersi**, **B** *v. rifl.* to convince oneself; (*lasciarsi convincere*) to become* convinced.
convincìbile, *a.* convincible.
convinciménto, *m.* **1** (*il convincere*) convincement **2** (*opinione*, *convinzione*) conviction; persuasion; belief: **È mio c. che...**, it is my belief that...
convìnto, *a.* **1** convinced; persuaded **2** (*leg.*) convicted.
convinzióne, *f.* (*firm*) belief; conviction; persuasion: **È mia c. che è innocente**, it's my firm belief that he is innocent; **convinzioni politiche**, political persuasion.
convitare, *v. t.* (*lett.*) to invite (sb.) to dinner.
convitato, *m.* guest (at a banquet, etc.).
convito, *m.* (*lett.*) banquet.
convitto, *m.* **1** boarding school: **c. maschile (femminile)**, boys' (girls') boarding school; **c. nazionale**, state boarding school **2** (*insieme dei convittori*) boarders (*pl.*).
convittóre, *m.* boarder; pupil of a boarding school.
convivènte, **A** *a.* living together. **B** *m. e f.* cohabitant.
convivènza, *f.* **1** living together: **Non dev'essere facile la c. con quel vecchietto**, living with that old man can't be easy **2** (*specialm. di persone non sposate*) cohabitation.
convìvere, *v. i.* **1** to live together **2** (*specialm. di persone non sposate*) to cohabit.
conviviale, *a.* convivial.
convìvio, *m.* (*lett.*) banquet.
convocare, *v. t.* **1** to summon; to send* for: **Fui convocato alla presenza dell'ammiraglio**, I was summoned to the admiral's presence; **Il re convocò le tribù**, the king summoned the tribes **2** (*un'assemblea*, *ecc.*) to convoke; to convene a meeting of: **c. i creditori (gli azionisti)**, to convene a meeting of the creditors (of the shareholders). ● **essere convocato**, to meet: **Il parlamento sarà convocato fra un mese**, Parliament will meet in a month's time.
convocazióne, *f.* **1** convocation; summons **2** (*riunione*) meeting.
convogliaménto, *m.* carriage; conveyance.
convogliare, *v. t.* **1** (*trasportare*) to carry; to convey: **Il fiume convoglia grandi quantità di rena**, the river conveys a lot of sand **2** (*con tubazioni*) to pipe: **Il petrolio è convogliato attraverso**

il deserto, the petrol is piped across the desert **3** (*scortare*) to escort; (*navi*) to convoy **4** (*dirigere*) to divert; to converge; to direct.

convogliatóre, *m.* (*ind.*) conveyor.

convòglio, *m.* **1** (*soprattutto mil. e naut.*) convoy; escort: **viaggiare in c.**, to travel in convoy **2** (*c. ferroviario*) train.

convolare, *v. i.* – (*scherz.*) **c. a giuste nozze**, to get married.

convoluto, *a.* (*bot.*) convolute.

convòlvolo, *m.* (*bot., Convolvulus*) convolvulus*.

convulsionàrio, *a.* (*med.*) convulsionary.

convulsióne, *f.* **1** (*anche med.*) fit; convulsion: **c. epilèttica**, epileptic fit; **c. di riso**, fit of laughter **2** (*fig.: cataclisma violento*) upheaval; convulsion. ● **Era scosso da una c. di riso**, he was shaken by a gale of laughter.

convulsivaménte, *avv.* convulsively; frantically.

convulsivante, *a.* e *m.* (*farm.*) convulsant.

convulsivo, *a.* convulsive.

convulso, A *a.* convulsive; jerky; feverish (*fig.*): **attesa convulsa**, feverish expectation. ● **tosse convulsa**, whooping cough. **B** *m.* (*pop.*) fit(s): **Fu preso da un c. di riso**, he went into fits of laughter.

coobbligato, *a.* (*leg.*) jointly liable.

coobbligazióne, *f.* (*leg.*) joint obligation.

cooccupante, *m.* e *f.* (*leg.*) joint occupier.

coonestare, *v. t.* (*lett.*) to justify; to find* an excuse for (st.); to gloss over.

cooperare, *v. i.* to cooperate; to collaborate: **c. con q. a q.c.**, to cooperate with sb. in st. (*o* to st.).

cooperativa, *f.* (*econ.*) cooperative; co-op; coop: **c. di consumo**, consumers' cooperative; cooperative store.

cooperativismo, *m.* cooperativism.

cooperativo, *a.* cooperative.

cooperatóre, *m.* cooperator; collaborator.

cooperazióne, *f.* (*anche econ.*) cooperation; collaboration.

cooptare, *v. t.* to coopt.

cooptazióne, *f.* (*leg.*) cooptation; cooption: **la c. di un amministratore**, the cooptation of a director.

coordinaménto, *m.* coordination; coordinating.

coordinare, *v. t.* **1** (*anche scient.*) to coordinate **2** (*trovare un rapporto fra*) to connect.

coordinata, *f.* (*mat., gramm., geogr.*) coordinate: **coordinate geografiche**, geographic coordinates; **coordinate cartesiane**, Cartesian coordinates.

coordinativo, *a.* coordinative.

coordinato, A *a.* coordinate; co(-)ordinated; connected: (*gramm.*) **proposizioni coordinate**, coordinate clauses. **B** *m.* **1** (*abbigliamento*) suit; outfit **2** (*in genere*) (matching) set; (*di biancheria intima*) matching underwear.

coordinatóre, A *m.* coordinator. **B** *a.* coordinating.

coordinazióne, *f.* coordination.

coòrte, *f.* **1** (*stor. romana e scherz.*) cohort **2** (*schiera*) band; troop.

copale, *m.* e *f.* **1** (*resina*) copal **2** (*pelle verniciata*) patent leather: **scarpe di c.**, patent-leather shoes.

copèco, *m.* (*moneta*) kopeck, copeck.

Copenàghen, *f.* (*geogr.*) Copenhagen.

copèrchio, *m.* cover; (*di pentola e sim.*) lid; (*mecc.*) cap: **mettere il c. sulla pentola** (**sulla teiera, ecc.**), to put the lid on the pot (the teapot, etc.); **c. di cilindro**, cylinder cap.

copernicano, *a.* Copernican.

Copèrnico, *m.* (*stor.*) Copernicus.

copèrta, *f.* **1** blanket: **È aprile, ma dormo ancora con tre coperte**, it's April, but I am still sleeping with three blankets on my bed **2** (*copriletto*) bedspread; counterpane **3** (*da viaggio*) rug; travel blanket **4** (*naut.*) (upper) deck: **sotto c.**, below deck; **sopra c.**, on deck. ● (*naut.*) **c. di prua**, foredeck □ **ficcarsi sotto le coperte**, to snuggle down under the blankets; (*fig.*) to go to bed □ (*naut.*) **Tutti in c.!**, all hands on deck!

copertaménte, *avv.* **1** (*di nascosto*) secretly; stealthily **2** (*velatamente*) covertly.

copertina, A *f.* (*di libro rilegato*) binding; (*non rilegato*) (paper) cover; (*sopraccoperta*) dust jacket; (*di disco grammofonico*) sleeve; jacket (*USA*). ● **libro con c. di carta**, paperback. **B** *a.* – **ragazza c.**, cover girl.

copèrto (1), A *a.* (*chiuso*) closed: **una carrozza coperta**, a closed carriage **2** covered: **un ponte c.**, a covered bridge; **piscina coperta**, covered swimming pool; **c. di sudore**, covered with sweat **3** (*vestito*) clothed; (*rivestito*) clad: **Ho caldo: sono troppo c.**, I'm feeling hot; I am too heavily clothed; **c. di ferro**, clad with iron; ironclad **4** (*del sole*) covered, hidden; (*del cielo*) overcast, cloudy **5** (*nascosto*) hidden; concealed; covert; (*segreto*) secret: **odio c.**, concealed hatred **6** (*econ., ass.*) covered. ● (*mil.*) **batteria coperta**, masked battery □ (*mil.*) **cammino c.**, path sheltered from enemy fire. **B** *m.* (*luogo protetto, riparato*)

cover; shelter. ● **al c.**, under cover; under shelter; (*dal vento*) out of the wind; (*dalla pioggia*) out of the rain; (*fig.*) safe, secure □ **mettersi al c.**, to get under cover; to take shelter.

copèrto (2), *m.* **1** place (laid at table); cover **2** (*prezzo del c.*) cover charge; «couvert» (*franc.*). ● **una tavola con dieci coperti**, a table laid for ten.

copertóne, *m.* **1** (*incerata*) tarpaulin **2** (*pneumatico*) tyre; tire (*USA*).

copertura, *f.* **1** (*cosa con cui si copre*) cover; (*anche il coprire*) covering: **Questa cassa ha una c. impermeabile**, this box has a waterproof cover (*o* covering); **c. di un tetto**, roof covering; roofing; **c. con tegole (d'ardesia, ecc.)**, tile (slate, etc.) covering **2** (*econ., ass.*) covering; coverage: **c. delle spese**, covering of expenses; **una c. aurea del 40% delle banconote in circolazione**, a 40% gold coverage of paper currency **3** (*fin.*) *d'una cambiale e sim.*) coverage of a bill of exchange **4** (*fin.*) (*di un'emissione di banconote*) coverage, backing. ● (*mil.*) **c. aerea e navale**, air and naval cover □ **c. con lamiere di ferro**, iron sheeting □ **c. in cemento armato**, reinforced concrete (*o* ferro-concrete) ceiling □ (*sport*) **fare un gioco di c.**, to play a defensive game □ (*costr.*) **materiali da c.**, roofing □ (*mil.*) **truppe di c.**, covering party (*o* force).

còpia (1), *f.* **1** copy; (*trascrizione*) transcript; (*imitazione*) imitation; (*riproduzione*) reproduction; (*duplicato*) duplicate: **c. fedele** (*o* **scrupolosa, precisa**), accurate copy; **collazionare la c. con l'originale**, to collate the copy with the original **2** (*stesura*) draft; copy: **bella c.**, final draft; (*in dattilografia*) top copy; **brutta c.**, rough draft; **c. carbone**, carbon copy; (*leg.*) **c. conforme**, true (*o* certified) copy; (*leg.*) **per c. conforme**, the above is a certified (*o* true) copy **3** (*esemplare*) copy: **vendere diecimila copie**, to sell ten thousand copies; **c. (in) omaggio**, complimentary copy **4** (*fotogr.*) print: **c. rapida**, rush print **5** (*esatta riproduzione*) counterpart. ● **c. cianografica**, blueprint □ **c. tipo**, master pattern ■ **in duplice c.**, in duplicate.

còpia (2), *f.* (*lett.: abbondanza*) abundance; plenty; quantity: **gran c.**, great abundance.

copiacommissióne, *m.* (*comm.*) order book.

copiafatture, *m. invar.* invoice book; invoice ledger.

copialèttere, *m.* **1** (*registro*) letter book **2** (*macchina*) copying press; letterpress.

copiare, *v. t.* **1** to copy (out); (*imitare*) to imitate; (*trascrivere*) to transcribe **2** (*un compito scolastico*) to crib **3** (*q. nei gesti, ecc.*) to mimic. ● **c. a macchina**, to type (out).

copiativo, *a.* copying; indelible: **inchiostro c.**, copying ink; **lapis c.** (*o* **matita copiativa**), indelible pencil.

copiatóre, *m.* **1** (*imitatore*) imitator; copycat (*fam.*) **2** (*chi copia per professione*) V. **copista**.

copiatrice, *f.* copying machine.

copiatura, *f.* **1** (*l'atto del copiare*) copying **2** (*copia*) copy **3** (*imitazione*) imitation **4** (*di un compito scolastico*) crib.

copìglia, *f.* (*mecc.*) cotter; cotter pin; split pin. ● **c. di sicurezza**, safety pin (*o* device).

copilòta, *m.* (*aeron.*) co-pilot.

copióne, *m.* **1** (*teatr.*) prompt copy; promptbook **2** (*cinem., radio*) script.

copiosità, *f.* (*lett.*) copiousness; abundance.

copióso, *a.* (*lett.*) copious; plentiful; abundant.

copista, *m.* e *f.* **1** copyist; copier **2** (*dattilografo*) typist.

copisteria, *f.* **1** copying office **2** (*dattilografica*) typing office (*o* agency).

copolìmero, *m.* (*chim.*) copolymer: **c. a innesto**, graft copolymer.

còppa (1), *f.* **1** goblet; (*per macedonia, ecc.*) compote **2** (*relig.*) chalice; calix* **3** (*sport*) sporting trophy; cup **4** (*archeol., arte, lett.*) goblet; **5** (*di bilancia*) scale; dish of balance **6** (*di reggiseno*) (brassière) cup **7** (*pl.: carte*) «coppe» (one of the suits of the Italian pack of playing cards) **8** (*mecc.: dell'olio*) pan; sump. ● **c. per champagne**, champagne glass.

còppa (2), *f.* (*lett.: nuca*) nape **2** (*cucina*) «coppa» (pork sausage).

coppale, *V.* **copale**.

coppèlla, *f.* (*crogiolo*) cupel; test. ● **oro di c.**, finest gold □ (*fig.*) **Ricordati che non bisogna prendere tutto per oro di c.**, bear in mind that all that glitters is not gold.

coppellare, *v. t.* (*metall.*) to cupel; to test; to assay.

coppellazióne, *f.* (*metall.*) cupellation; assaying. ● **sottoporre a c.**, to refine; to cupel; to assay.

coppétta, *f.* **1** (*pl.: di ballerina, ecc.*) pasties. ● (*med.*) **applicazione di coppette**, cupping.

còppia, *f.* **1** (*di persone, animali, cose*) pair; couple*; (*di sposi*) married couple: **Lo sposo e la sposa sono una bella c.**, the bride and groom are a fine-looking pair (*o* couple); **c. di cavalli**, pair of horses; **carrozza tirata da una c. di cavalli**, carriage and pair; (*iron.*) **essere una c. e un paio**, to be a fine pair; **c. di ballerini**, couple of dancers **2** (*di selvaggina*) brace*: **due coppie**

coppière

di quaglie, two brace of quails **3** (*fis.*) couple; torque: **c. antagonista**, restoring torque; **c. di lavoro**, working torque **4** (*mat.*) dyad **5** (*nelle carte*) pair. ● **una c. di buoi**, a yoke of oxen □ **a coppie**, in pairs; two by two; in twos: (*di frati*, ecc.) **andare a coppie**, to walk two by two.

coppière, *m.* (*lett.*) cupbearer.
coppiglia, *V.* **copiglia**.
coppiòla, *f.* double shot.
còppo, *m.* **1** (*orcio*) oil jar **2** (*tegola*) pantile.
còpra, *f.* (*ind.*) copra.
copribusto, *m. invar.* bodice.
copricanna, *m. invar.* handguard.
copricapo, *m.* headgear (*spesso scherz.*); hat: **Ammiravo il suo c. maestoso**, I admired her majestic headgear.
copricatèna, *m.* (*mecc.*) chain guard.
copricostume, *m.* beach robe.
coprifiamma, *m. invar.* flash hider.
coprifuòco, *m.* curfew.
coprigiunto, *m.* (*mecc.*) butt strap; (*ferr.*) fishplate; (*edil.*) staff bead.
coprilètto, *m.* bedspread; bedcover.
coprimorsétto, *m.* (*fis.*) terminal cover.
coprimòzzo, *m.* (*autom.*) hubcap.
copripiatti, *m.* dish cover.
copripisside, *m.* (*relig.*) ciborium veil.
copriradiatóre, *m.* radiator cover.
coprire, **A** *v. t.* **1** to cover (*anche fig.*): **Si coprì il viso col mantello**, he covered his face with (*o* in) his cloak; **essere coperto di polvere** (**fango**, ecc.), to be covered with dust (mud, etc.); **c. una torta con uno strato di panna**, to cover a cake with a layer of cream; **c. il pavimento con un tappeto**, to cover the floor with a carpet; (*mil.*) **c. uno sbarco** (**una ritirata**), to cover a landing (a retreat); **c. una distanza** (**trenta miglia**, ecc.), to cover a distance (thirty miles, etc.); (*comm.*) **c. le spese**, to cover one's expenses; (*di uno stallone*) **c. una cavalla**, to cover a mare **2** (*celare*) to cover; to conceal; to hide*: **Per c. l'imbarazzo della ragazza, mi misi a parlare**, to cover the girl's confusion, I began to talk; **c. le proprie intenzioni**, to conceal one's intentions; **c. i propri difetti**, to hide one's faults **3** (*ricoprire interamente*) to cover up: **La neve copriva ogni cosa**, the snow covered up everything; **Rovesciò il vino per c. le macchie di sangue**, he upset the wine to cover up the bloodstains; (*fig.*) **c. q.** (*fare da scudo a q.*), to cover (up) for sb. **4** (*un suono*) to smother; to drown: **Un tuono coprì le mie parole**, a clap of thunder drowned my words; **La voce del soprano era coperta dall'orchestra**, the soprano's voice was smothered by the orchestra **5** (*occupare*) to hold*; to fill; to have: **c. un posto** (*o* un impiego), to fill a position; **c. un'alta carica**, to hold a high office **6** (*riempire*) to cover in: **La tomba fu tosto coperta**, the grave was soon covered in **7** (*turare*) to cover over: **Copri quel buco!**, cover that hole over! **8** (*rattoppare*, *anche fig.*) to patch up. ● **c. una casa** (col tetto), to roof a house □ **c. q. di baci**, to smother sb. with kisses □ **c. q. d'ingiurie** (*o* d'insulti), to pour scorn on sb.'s head; to pour a torrent of abuse on sb. □ **c. q. di regali**, to shower gifts on sb. □ **c. una pentola** (**un tegame**, ecc.), to put the lid (*o* the cover) on a pot (a saucepan, etc.) □ **c. un tetto con tegole**, to tile a roof □ **essere chiamato a c. l'incarico di ambasciatore**, to be called to the post of ambassador □ **C'è chi lo copre** (*lo protegge*), there is sb. backing him □ **Sei coperto abbastanza** (**a letto**)?, have you got enough blankets on your bed? **coprirsi**, **B** *v. rifl.* **1** to cover oneself (up); to wrap (oneself) up: **Fa un freddo cane, copriti bene**, it's terribly cold, wrap up well (*o* cover yourself up warmly); **coprirsi di gloria** (**di ridicolo, di vergogna**, ecc.), to cover oneself with glory (ridicule, shame, etc.) **2** (*la testa*) to put* on one's hat (*cappello*), one's cap (*berretto*) **3** (*del cielo*) to become* overcast (*o* cloudy) **4** (*scherma*) to be on (one's) guard. ● **c. il volto con le mani**, to bury one's face in one's hands □ **non avere di che c.**, not to have a rag to one's name; to have nothing to put on.
copriteièra, *m.* tea cosy.
coprivivande, *V.* **copripiatti**.
coproduttóre, *m.* (*cinem.*) co-producer.
coproduzióne, *f.* (*cinem.*) coproduction.
coprofagìa, *f.* (*psic.*) coprophagy.
coprófago, (*psic., zool.*) **A** *a.* coprophagous; dung-eating. **B** *m.* coprophagist; dung eater.
coprolalìa, *f.* (*psic.*) coprolalia.
coprolito, *m.* (*geol.*) coprolite.
coprologìa, *f.* (*med.*) coprology; scatology.
còpto, **A** *a.* (*anche relig.*) Coptic. **B** *m.* **1** Copt **2** (*la lingua*) Coptic.
còpula, *f.* **1** (*gramm.*) copula*; (*congiunzione copulativa*) copulative (conjunction) **2** (*accoppiamento*) copulation.
copulativo, *a.* (*gramm.*) copulative: **congiunzione copulativa**, copulative (conjunction).
copulazióne, *f.* copulation.
copyright (*ingl.*), *m.* copyright.
coque (*franc.*), *f.* – (*cucina*) **uovo à la** (*o* **alla**) **c.**, soft-boiled egg.
coràggio, *m.* **1** bravery; fearlessness; courage; fortitude; (*in combattimento*; *spesso retor.*) valour; valor (*USA*); (*nelle citazioni mil.*) gallantry; (*audacia*) daring; (*quasi fam.*) impeto audace; dash; (*il non lasciarsi intimidire*) spirit; (*specialm. ove si tratti di darne prova*) mettle; (*quasi fam.*) pluck; («fegato») grit; guts (*pl., fam.*); (*fam.*: *baldanza*) spunk; (*lett. e scherz.*) derring-do: **il c. degli insorti**, the bravery of the rebels; **Il c. dell'acrobata mi mozzava il respiro**, the acrobat's fearlessness took my breath away; **prendere il c. a due mani**, to take one's courage into one's hands; **farsi c.**, to screw up one's courage; **il c. di una donna nell'avversità**, a woman's fortitude in adversity; **L'oratore elogiò il c. dei caduti**, the orator praised the valour of the dead; **Mostrò il suo c. nell'estinguere le fiamme**, he showed his gallantry in extinguishing the flames; **Portò i suoi uomini all'assalto con il suo solito c.**, he led his men to the assault with his customary dash; **dar prova di c.**, to show one's mettle; **mettere alla prova il c. di q.**, to test sb.'s mettle; **Scommetto che non lo farai; non ne hai il c.**, I bet you won't do it; you haven't got the guts; **Era un simpatico ragazzetto, e aveva molto c.**, he was a jolly little boy and had plenty of spunk; **storie di c. e di amor cortese**, tales of courtly love and derring-do. **2** (*iron.*: *sfacciataggine*) nerve; face; effrontery; sauce (*fam.*): **avere il c. di fare q.c.**, to have the nerve to do st. ● **armarsi di c.**, to put a bold front on it □ **avere un c. da leone**, to be as brave as a lion; (*se si tratta di coraggio aggressivo*) to be as bold as a lion □ **avere c. e sangue freddo**, to be cool and collected □ **cercare di farsi c.**, to try to bear up □ **fare c. a q.**, (*consolarlo*) to comfort sb.; (*incoraggiarlo*) to encourage sb.; (*fargli animo*) to cheer sb. (up) □ **infonderе c. a q.**, to put (some) heart into sb. □ **perdersi di c.**, to lose heart □ **Non ho avuto il c. di dire di no**, I hadn't the heart to say no □ **C.! fra poco ci siamo!**, cheer up! we'll be there soon! □ **Che c.!**, the cheek of it!
coraggióso, *a.* brave; courageous; fearless; (*lett.*: *prode*) intrepid; (*lett.*, *spesso mil.*) valiant; (*valoroso*) gallant; (*audace*) daring, bold; (*impetuoso*) dashing; (*focoso*) spirited, mettlesome; (*spesso di donne o bambini*) plucky.
corale, **A** *a.* **1** choral **2** (*unanime*) unanimous. **B** *m.* **1** (*mus.*) choral(e); hymn; choral song; anthem **2** (*relig.*) anthem book.
coralità, *f.* choralism.
corallàio, *m.* worker in coral.
corallìfero, *a.* coral (*attr.*); coralliferous: **banco c.**, coral reef.
corallina, *f.* (*bot., Corallina officinalis*) coralline.
corallino, **A** *a.* coral (*attr.*); (*scient.*) coralline: **industria corallina**, coral industry; (*fig.*) **labbra coralline**, coral lips. **B** *m.* (*marmo rosso screziato*) corallite.
corallo, **A** *m.* coral: **banco di c.**, coral reef. ● (*geogr.*) **il Mar dei Coralli**, the Coral Sea. **B** *a.* coral (*attr.*): **rosso c.**, coral red.
corame, *m.* stamped leather.
coramèlla, *f.* (*razor*) strap; strop.
coramina, *f.* (*marchio: farm.*) Coramine.
corànico, *a.* (*relig.*) Koranic.
corano, *m.* (*relig.*) Koran.
corata, coratèlla, *f.* pluck.
corazza, *f.* **1** cuirass; body armour; body armor (*USA*) **2** (*zool.*) cuirass; carapace; (*di tartarughe e sim.*, anche) shell **3** (*naut.*: *di corazzata e sim.*) armour (*USA*: armor) plating **4** (*scherma*) fencing jacket; (*rugby*) chest protector.
corazzare, **A** *v. t.* **1** to equip with armour (*USA* armor); to armour, (*USA*) to armor **2** (*fortificare*) to strengthen; to fortify **3** (*naut.*) to plate **4** (*fig.*) to harden. **corazzarsi**, **B** *v. rifl.* **1** to equip oneself with armour (*USA* armor) **2** (*fig.*: *proteggersi*) to protect oneself; (*fortificarsi*) to harden oneself; to become* armoured.
corazzata, *f.* (*naut.*) battleship: **c. tascabile**, pocket battleship.
corazzato, *a.* armour-plated. ● (*mil.*) **mezzi corazzati** (*blindati*), armour (*collett.*).
corazzatura, *f.* (*naut.*) armour plating.
corazzière, *m.* **1** (*mil.*) cuirassier **2** (*fig.*) strapping fellow.
còrba, *f.* big wicker basket.
còrba (2), *f.* (*vet.*) curb.
còrba (3), *f.* (*naut.*) rib.
corbame, *m.* (*naut.*) framework.
corbeille (*franc.*), *f.* **1** corbeille; basket of flowers **2** (*Borsa*) floor; pit (*USA*).
corbellare, (*pop.*) **A** *v. t.* **1** (*canzonare*) to tease; to make* fun of (sb.); to ridicule **2** (*ingannare*) to bamboozle. **B** *v. i.* to joke.
corbellatóre, *m.* (*pop.*) teaser; practical joker.
corbellatura, *f.* (*pop.*) **1** (*il corbellare*) teasing; joking; (*l'ingan-*

nare) bamboozling **2** (*burla*) joke; (*scherzo*) practical joke.
corbellería, *f.* (*pop.*) **1** (*pezzo*) foolishness; folly: **Per quella c. fu ben punito,** for that piece of foolishness he got what he deserved **2** (*pl.*) nonsense (*sing.*); foolish words: **L'uomo disse un sacco di corbellerie,** the man talked a lot of nonsense **3** (*errore assurdo e madornale*) howler (*fam.*): **Le corbellerie più grosse le ha fatte proprio il perito,** the biggest howlers were made by the expert himself.
corbèllo (1), *m.* basket: **un c. di mele,** a basket full of apples; **la corba e il c.,** the biggest and next-biggest basket.
corbèllo (2), *m.* **1** (*fig., pop.: persona sciocca*) blockhead **2** (*pl., volg.: testicoli*) balls (*volg.*).
corbézzola, *f.* (*bot.*) arbutus berry.
corbézzoli, *inter.* good gracious!; goodness (me)!
corbézzolo, *m.* (*bot., Arbutus unedo*) arbutus; strawberry tree.
corcontènto, *m.* happy-go-lucky person.
còrda, *f.* **1** (*in genere*) rope; (*più sottile*) cord; (*cavo*) cable: **c. d'alpinista** (*o da montagna*), mountain-climber's rope; **c. di funambolo,** tightrope; **c. per saltare,** skipping rope; **c. di canapa** (*seta, fil di ferro, nailon*), hempen (silk, wire, nylon) cord (*o* rope); **eseguire esercizi d'equilibrio sulla c.,** to perform on the tightrope; (*pugilato*) **essere alle corde,** to be on the ropes **2** (*per impiccare*) hangman's rope; (*con nodo scorsoio*) noose, halter **3** (*spago e mus.*) string: (*mil., stor., sport*) **c. dell'arco** (*per tirare frecce*), bowstring (*anche*: cord); (*fig.*) **avere un'altra c. al proprio arco,** to have another string to one's bow; (*sport*) **tagliare la c. di una racchetta,** the strings of a racket; (*mus.*) **strumenti a c.,** stringed instruments; (the) strings; (*mus.*) **i suonatori degli strumenti a c. in un'orchestra,** the strings; (*mus.*) **c. picchiata** (*pizzicata*), struck (plucked) string; (*mus.*) **c. fregata,** string made to vibrate **4** (*geom.: di un arco*) chord (of an arc) **5** (*archit.: di un arco*) span (of an arch) **6** (*anat.*) cord; nerve; sinew; tendon: **corde vocali,** vocal cords (*o* chords); **c del timpano,** tympanic nerve; chorda tympani; **c. magna** (*tendine d'Achille*), Achilles' tendon; **c. ombelicale,** V. **cordóne 7** (*biliardo*) balk-line **8** (*per bucato*) line **9** (*pl., naut.*) cordage, rigging (*collett.*); shrouds. ● (*anat.*) **c. del collo,** sternomastoid muscle; sternocleidomastoid □ (*ind.*) **c. di rame,** copper plait □ (*fig.*) **avere la c. al collo,** to be like a rat in a hole □ **cominciare a mostrare la c.,** to show signs of wear and tear □ (*fig.*) **dare c. a q.,** (*dargli libertà*) to give sb. a free hand, to give sb. rope; (*per scoprire un segreto*) to worm a secret out of sb. □ **dare la c. a un orologio,** to wind a clock (*o* a watch) □ (*fam.*) **essere giù di c.,** to be out of form; to be down; to be depressed □ (*fig.*) **mettere la c. al collo a q.,** to rope sb. in □ **mostrare la c.,** (*di tessuto*) to be threadbare; (*fig.*) to be worn out □ **parlare di c. in casa dell'impiccato,** to mention the skeleton in sb.'s cupboard □ (*di ragazzi, pugili, ecc.*) **saltare con la c.,** to skip □ **una spiritosaggine che mostra la c.,** a hoary old joke; an old chestnut (*fam.*) □ (*fig.*) **tagliare la c.,** to slink off; to slip away unobtrusively; to take French leave □ (*fig.*) **tenere q. sulla c.,** to keep sb. on tenterhooks □ (*fig.*) **toccare la c. giusta,** to touch the right chord □ (*stor.*) **tratti di c.** (*tortura*), strappado; pulley: **Fu condannato a tre tratti di c.,** he was condemned to be hoisted three times on the strappado □ (*fig.*) **Non bisogna tirare troppo la c.,** you mustn't go too far.
cordàio, *m.* **1** (*chi fa corde*) rope maker; roper **2** (*venditore*) seller of ropes.
cordame, *m.* **1** ropes (*pl.*); cordage **2** (*naut.*) rigging; cordage.
cordata, *f.* (*alpinismo*) roped party; band of climbers roped together. ● **capo c.,** roped-party leader □ **in c.,** on the rope; (*di più persone*) roped together: **La fotografia mostra Bonatti in c.,** the photo shows Bonatti on the rope; **Salirono in c.,** they climbed roped together.
cordati, *m. pl.* (*zool., Chordata*) chordates.
cordellina, *f.* braid.
cordería, *f.* rope factory; ropery.
cordiale, A *a.* cordial; genial; warm; hearty; affable; good-natured. ● **cordiali saluti,** best wishes; (*nelle lettere commerciali*) Yours sincerely. **B** *m.* (*liquore*) cordial.
cordialità, *f.* cordiality; geniality; warmth; heartiness.
cordialménte, *avv.* cordially; warmly; heartily.
cordialóne, *m.* (*fam.*) jolly good fellow; good mixer.
cordièra, *f.* (*mus.*) tailpiece.
cordiglièra, *f.* (*geogr.*) cordillera.
cordiglio, *m.* (*relig.*) **1** (*di frate*) knotted cord **2** (*di prete*) girdle.
cordino, *m.* (*alpinismo*) spare rope.
cordite (1), *f.* (*esplosivo*) cordite.
cordite (2) *f.* (*med.*) chorditis.
cordòfono, *m.* (*mus.*) chordophone.
cordòglio, *m.* **1** (*profondo dolore*) (deep) sorrow; affliction; grief **2** (*condoglianze*) condolences (*pl.*); sympathy.
còrdolo, *m.* kerb; curb (*USA*).

cordonata, *f.* stone ramp; (town street with) stone steps.
cordonato, *a.* (*ind. tessile*) ribbed.
cordoncino, *m.* **1** cord; string; (*per cucire*) thread **2** V. **cordóne,** *def.* 6. ● (*cucito*) **punto a c.,** couching stitch.
cordóne, *m.* **1** cord; string: **c. del campanello,** (cord of) bell pull; **c. della tenda,** curtain cord; (*anat.*) **c. ombelicale,** umbilical cord **2** (*di ordine cavalleresco*) cordon; ribbon: **gran c.,** grand cordon **3** (*mil.*) cordon: (*fig.*) **c. sanitario,** «cordon sanitaire»; **c. di polizia,** police cordon **4** (*di marciapiede*) kerb; curb (*USA*) **5** (*archit.*) cordon; string course **6** (*geogr.: c. litoraneo*) sandbank; (sand) bar **7** (*naut.: c. portato al collo per fischietto, ecc.*) lanyard. ● **c. di stoppa** (*per calafatare*), pledget.
cordovano, *m.* (*varietà di marocchino*) coloured Moroccan leather.
corèa, *f.* (*med.*) chorea; St. Vitus's dance.
Corèa, *f.* (*geogr.*) Korea.
coreano, *a. e m.* Korean.
corèggia, V. **corréggia.**
corègono, *m.* (*zool., Coregonus*) whitefish*.
corèico, *a.* (*med.*) choreic.
corèo, *m.* (*poesia*) choree.
coreografia, *f.* (*teatr.*) choreography.
coreogràfico, *a.* (*teatr.*) choreographic.
coreògrafo, *m.* (*teatr.*) choreograph(er).
corétto, *m.* (*archit., relig.*) tribune with a grate (for hearing mass separately from the congregation); private chapel.
corèuta, *m.* (*teatr. greco*) choral dancer.
corèutica, *f.* (*lett.*) dancing.
coriàceo, *a.* (*anche fig.*) leathery; tough; coriaceous: **carne coriacea,** tough meat.
coriale, *a.* (*anat.*) chorial.
coriàmbico, *a.* (*poesia*) choriambic.
coriambo, *m.* (*poesia*) choriamb; choriambus*.
coriàndolo, *m.* **1** (*bot., Coriandrum sativum*) coriander: **semi di c.,** coriander seeds **2** (*pl.: dischetti di carta*) confetti (*pl., col verbo al sing.*).
coribante, *m.* (*relig.*) Corybant*.
coribàntico, *a.* **1** (*relig.*) Corybantic; Corybantian **2** (*lett.: orgiastico*) frenzied; orgiastic.
coricare, A *v. t.* **1** (*adagiare*) to lay* (down, down flat); to place in a recumbent position: (*agric.*) **c. una vite,** to lay a vine in the ground **2** (*mettere a letto*) to put* to bed. **coricarsi, B** *v. rifl.* **1** (*adagiarsi*) to lie* down; to lie* down flat **2** (*andare a letto*) to go* to bed; to retire **3** (*tramontare*) to set*.
còrifa, *f.* (*bot., Corypha umbraculifera*) talipot.
corifèna, *f.* (*zool., Coryphaena hippurus*) coryphene; dolphin.
corifèo, *m.* **1** (*archeol., teatr.*) coryphaeus* **2** (*fig.*) coryphaeus*; leader.
corimbo, *m.* (*bot.*) corymb.
corindóne, *m.* (*miner.*) corundum.
Corinna, *f.* Corinne.
corinzio, *a. e m.* Corinthian: (*archit.*) **ordine c.,** Corinthian order.
còrio(n), *m.* (*biol., anat.*) chorion.
corista, (*mus.*) **A** *m. e f.* **1** (*relig.: di coro*) member of a choir; singer in a choir; chorister; choirboy (*ragazzo*) **2** (*di coro non relig.*) member of (*o* singer in) a chorus. **B** *m.* (*diapason*) tuning fork; diapason.
còriz(z)a, *f.* (*med.*) coryza.
cormòfita, *f.* (*bot.*) cormophyte.
cormorano, *m.* (*zool., Phalacrocorax carbo*) cormorant; sea crow.
cornàcchia, *f.* **1** – (*zool.*) **c. nera** (*Corvus corone*), carrion crow; **c. grigia** (*Corvus cornix*), hooded crow **2** (*fig.: persona ciarliera*) magpie; (*persona di cattivo augurio*) croaker. ● (*zool.*) **c. celeste** (*Coracias garrulus*), roller.
cornalina, V. **corniòla (2).**
cornamusa, *f.* (*mus.*) bagpipe(s). ● **suonatore di c.,** bagpiper.
cornata, *f.* butt. ● **ricevere una c.,** to be butted; (*essere trafitto*) to be gored.
còrnea, *f.* (*anat.*) cornea.
corneale, *a.* (*anat.*) corneal.
còrneo, *a.* horny; corneous.
corner, (*ingl.*) *m.* (*calcio*) **1** (*angolo*) corner **2** (*calcio d'angolo*) corner-kick; corner: **bandierina del c.,** corner flag.
cornétta, *f.* **1** (*mus.*) cornet **2** (*del telefono*) receiver. ● **suonatore di c.,** cornet-player; cornetist; cornettist (*USA*).
cornettista, *m.* (*mus.*) cornet player; cornetist; cornettist (*USA*).
cornétto, *m.* **1** (*amuleto*) horn-shaped amulet **2** (*panino*) crescent(-shaped) roll; croissant **3** (*mus.*) cornett; (*mus.*) woodwind cornet **4** (*pl.: fagiolini*) French beans **5** (*gelato*) cornet; (ice-cream) cone (*USA*). ● **c. acustico,** ear trumpet.
cornice, *f.* **1** frame (*anche fig.*): **c. di quadro,** picture frame; **c. dorata,** gilt frame **2** (*archit.*) cornice; (*modanatura*) moulding

corniciàio

3 (*alpinismo*) cornice. ● **fare da c. a q.c.**, to frame st.; (*fig.*) to set st. off □ **mettere in c.**, to frame.

corniciàio, *m.* **1** (*chi fabbrica cornici*) frame maker **2** (*chi vende cornici*) frame seller.

corniciatura, *f.* framing.

corniciòne, *m.* (*archit.*) cornice; (*modanatura*) moulding. ● **c. di finestra** (*o di porta*), label □ **c. di gronda**, eaves.

cornificare, *v. t.* (*pop.*) *V.* **fare le corna**, *sotto* **còrno**.

còrniola (1), *f.* (*bot.*) cornel; cornelian cherry.

còrniola (2), *f.* (*miner.*) cornelian, carnelian.

còrniolo, *m.* (*bot.*, *Cornus mas*) cornel tree; cornelian cherry tree.

cornista, *m. e f.* (*mus.*) horn player.

còrno, *m.* (*pl.* **còrna** *nelle def.* 1, 2 *e* 7; **corni** *nelle def.* 3, 4, 5, 6) **1** (*zool.*; *anche la materia e fig.*) horn: **corna lunate**, crescent-shaped horns; **le corna di una lumaca**, the horns of a snail; **bottoni di c.**, horn buttons; **c. per calzare le scarpe**, shoehorn; **c. dell'abbondanza**, horn of plenty; **i corni del dilemma**, the horns of the dilemma **2** (*c. ramificato*) antler: **le corna di un cervo**, the antlers of a deer **3** (*mus.*) horn: **suonare il c.**, to play the horn; **c. inglese**, English horn; **cor anglais*** **4** – **c. da caccia**, hunting horn: **suonare il c.**, to sound (*poet.*: to wind) the horn **5** (*delle diligenze postali*) post horn **6** (*di montagna*) peak **7** (*scherz.*: *bernoccolo*) bump. ● (*volg.*) **un c.!**, rubbish!; not at all! □ **c. acustico**, *V.* **cornétto** □ **corni di un arco**, tips of a bow □ **c. d'incudine**, beak; beakiron □ (*stor.*) **c. dogale** (*o ducale*), doge's cap □ (*fis.*) **c. polare**, pole horn; pole tip □ (*fis.*) **c. polare d'entrata**, leading pole tip □ (*fis.*) **c. polare d'uscita**, trailing pole tip □ (*zool.*) **a corna cave**, hollow-horned □ (*zool.*) **a corna piene**, solid-horned □ (*fig.*) **alzare le corna**, to get on one's high horse □ (*pop.*) **avere q. sulle corna**, to dislike sb. □ **dire** (*peste e*) **corna di q.** (*q.c.*), to give a bad account of sb. (st.); to paint sb. (st.) in very black colours □ **fare le corna** (*come scongiuro*), to cross one's fingers; to touch wood □ (*pop.*) **fare le corna**, (*al marito*) to make a cuckold (of one's husband); (*alla moglie*) to be unfaithful to (one's wife) □ (*fig.*) **prendere il toro per le corna**, to take the bull by the horns □ (*fig.*) **ritirare** (*o* **abbassare**) **le corna**, to draw in one's horns □ (*fig.*) **rompere le corna a q.**, to give sb. a good thrashing; to tan sb.'s hide (*pop.*) □ (*fig.*) **rompersi le corna**, to get the worst of it □ (*pop.*) **Non me ne importa un c.**, I don't give a damn □ (*pop.*) **Non hai capito un c.**, you haven't understood a blasted word.

Cornovàglia, *f.* (*geogr.*) Cornwall.

cornucòpia, *f.* cornucopia; horn of plenty.

cornuto, A *a.* (*zool.*) horned; with horns. ● (*logica*) **argomento c.**, dilemma. **B** *m.* **1** (*pop.*: **marito tradito**) cuckold **2** (*insulto generico*) bugger.

còro, *m.* **1** chorus: **la funzione del c. nella tragedia greca**, the function of the chorus in Greek tragedy; **Fui salutato da un c. di domande**, I was greeted by a chorus of questions; **in c.**, in chorus; **fare parte del c.** (*di un'opera*, *di una rivista*), to be a member of the chorus **2** (*relig.*: *gruppo di cantori*) choir; chorus: **fare parte del c.** (*di una chiesa*), to be a member of the choir **3** (*di angeli*) choir: **c. celeste**, heavenly choir **4** (*archit.*) choir: **seggio del c.**, choir stall.

corografia, *f.* (*geogr.*) chorography.

coroprafico, *a.* (*geogr.*) chorographic(al).

corògrafo, *m.* (*geogr.*) chorographer.

coròide, *f.* (*anat.*) choroid (coat).

coroidèo, *a.* (*anat.*) choroid(al).

coroidite, *f.* (*med.*) choroiditis.

coròlla, *f.* (*bot.*) corolla. ● **gonna a c.**, full-flared skirt.

corollàrio, *m.* **1** (*filos.*, *mat.*) corollary **2** (*aggiunta*) addition; appendix*.

coròna, *f.* **1** (*di re*, *di regina e fig.*) crown; (*potere regio*) Crown, Throne: **c. di re** (**di martire**, **di poeta**), king's (martyr's, poet's) crown; **rinunciare alla c.**, to renounce the throne; **una colonia della C.**, a Crown Colony; **principe della c.**, crown prince; **tappo a c.** (*di bottiglia*), crown cap **2** (*nobiliare*) coronet: **c. ducale** (**comitale**, **di un pari**, **ecc.**), ducal (earl's, count's, peer's, etc.) coronet **3** (*ghirlanda*) wreath; garland; (*solo se da portarsi in testa*) crown, chaplet (*lett.*): **deporre una c. sulla tomba di q.**, to lay a wreath on sb.'s tomb; **c. d'alloro**, crown of laurel (o of bay-leaves); **c. mortuaria**, funeral wreath; **La fanciulla aveva in capo una c. di rose**, the girl wore a garland of roses **4** (*rosario*) rosary; beads (*pl.*): **recitare** (*o* **dire**) **la c.**, to recite the rosary; to tell one's beads **5** (*di persone o cose*) circle; ring: **a c.**, in a ring; **fare c. a q.** (*q.c.*), to form a ring (*o* a circle) round sb. (st.); to throng round sb. **6** (*serie*, *sfilza*) set; sequence: **una c. di venti sonetti**, a sequence of twenty sonnets **7** (*anat.*: *di dente*) crown **8** (*della gamba del cavallo*) coronet **9** (*moneta ingl.*) crown: **una mezza c.**, a half-crown; (*il valore*) half a crown **10** (*moneta svedese*) (Swedish) krona* **11** (*astron.*, *mus.*) corona*: **c. solare**, solar corona **12** (*d'albero*) crown; head **13** (*mecc.*) rim. ● (*mat.*) **c. circolare**, annulus □ (*mecc.*) **c. dentata**,

crown wheel □ (*bot.*) **c. imperiale** (*Fritillaria imperialis*), crown imperial □ **il discorso della C.** (*in G.B.*), the King's (*o* Queen's) speech □ (*elettr.*) **effetto c.**, corona discharge □ **mettere la c. a un dente** (*incapsularlo*), to crown a tooth □ **un re di c.**, a king regnant; a real king (*pop.*) □ (*fig.*) **sfilare la c.**, to let fly a stream of abuse □ **La città è circondata da una c. di monti**, the town is ringed by mountains.

coronale, *a.* (*anat.*, *astron.*) coronal.

coronaménto, *m.* **1** (*compimento*) completion; (*ultimo tocco*) finishing touch; (*dell'opera di una vita*) crowning achievement (of sb.'s life) **2** (*naut.*) taffrail; tafferel.

coronare, *v. t.* **1** (*ricompensare*) to reward; to crown: **c. le fatiche di q.**, to reward sb.'s labours; **I miei sforzi furono coronati da un buon successo**, my efforts were crowned with success **2** (*concludere*) to complete; to bring* (st.) to an end **3** (*circondare*) to surround; to encircle; to ring **4** *V.* **incoronare**. ● **E per c. l'opera...**, and to top it all... □ (*prov.*) **Il fine corona l'opera**, the end crowns the work.

coronàrico, *a.* (*anat.*) coronary; heart (*attr.*).

coronàrie, *f. pl.* (*anat.*) coronary arteries; coronaries (*fam.*).

coronàrio, *a.* (*anat.*) coronary.

coronaropatìa, *f.* (*med.*) coronary disease.

coronato, *a.* crowned. ● **c. da successo**, successful.

coronèlla, *f.* (*zool.*, *Coronella*) horned snake.

corònide, *f.* (*gramm. greca*) coronis.

coronògrafo, *m.* (*astron.*) coronograph.

coronòide, *a.* (*anat.*) coronoid.

coròzo (*spagn.*), *m.* **1** (*bot.*, *Phytelephas macrocarpa*) corozo* **2** (*avorio vegetale*) corozo; vegetable ivory.

corpacciuto, *a.* corpulent; stout.

corpétto, *m.* **1** (*panciotto*) waistcoat **2** (*corpino*) bodice **3** (*camiciola*) vest.

corpino, *m.* bodice; top.

còrpo, *m.* **1** body: **anima e c.**, body and soul; **c. celeste**, heavenly body; **corpi estranei**, foreign bodies (*o* matter); (*anat.*) **c. pineale**, pineal body (*o* gland) **2** (*anat.*; *raccolta di leggi*, *scritti*, *ecc.*) corpus*: (*anat.*) **c. calloso**, corpus callosum (*anat.*) **corpi striati**, corpora striata; (*leg.*) **c. del reato**, corpus delicti; material evidence; (*leg.*) **c. del diritto**, corpus iuris; **L'intero c. delle tragedie greche giunte a noi starebbe in questo scaffale**, the whole corpus of Greek tragedies that have come down to us could be arranged on this shelf **3** (*collettività*) corps*; staff; (*mil.*) **corps***, force: **c. d'armata**, army corps; **il C. del Genio**, the Corps of Engineers; **c. di spedizione**, expeditionary force; **c. diplomatico**, diplomatic corps; **corps diplomatique**; **c. consolare**, consular corps; (*teatr.*) **c. di ballo**, corps de ballet (*franc.*); **c. insegnante**, the teaching staff; **spirito di c.**, esprit de corps (*franc.*); team spirit **4** (*parte principale*) main body; (*parte centrale*) central body, core, kernel: **il c. dell'edificio**, the main body of the building **5** (*pancia*) belly (*fam.*); tummy (*fam.*): **dolori di c.**, tummy ache; belly ache **6** (*consistenza*, *corposità*) substance; matter: **dare c. a un'accusa**, to give substance to an accusation **7** (*di voce*) volume; range **8** (*di nave*) hull **9** (*cassa*, *custodia*) body; casing (*mecc.*) **c. del filtro**, filtre casing **10** (*tipogr.*) type size; point size; (*in ingl. ogni corpo ha un nome*): **c. 4**, brilliant; **c. 4 1/2**, diamond; **c. 5**, pearl; **c. 5 1/2**, ruby; agate (*USA*); **c. 6**, nonpareil; **c. 7**, minion; **c. 8**, brevier; **c. 9**, bourgeois; **c. 10**, long primer; **c. 11**, small pica; **c. 12**, pica; **c. 14**, English; **c. 16**, Columbian; **c. 18**, great primer **11** (*di pompa*) body; casing; (*di caldaia*) boiler shell. ● (*naut.*) **C. delle Armi Navali**, Naval Armament Branch □ (*naut.*) **C. del Genio Navale**, Engineer Branch □ **c. di Bacco** (**o di mille bombe**)!, by Jove! □ (*relig.*) **il C. di Cristo**, the Eucharist □ **c. di guardia**, (*gli uomini*) guard; (*il locale*) guardroom □ **c. morto**, (*chim.*) inert body; (*naut.*) mooring buoy □ **a c. morto**, (*pesantemente*) heavily; like a dead weight; (*con accanimento*) whole-heartedly; with all one's might □ **a c. pieno** (**vuoto**), on a full (an empty) stomach □ **andare di c.**, to have a motion; to defecate □ **avere il diavolo in c.**, to be like one possessed; (*non stare mai fermo*) to be on the go all the time □ **combattere** (**a**) **c. a c.**, to fight man to man □ **combattimento c. a c.**, man-to-man (*o* hand-to-hand) fighting; (*pugilato*) clinch □ (*fig.*) **dare c. alle ombre**, to believe imaginary things □ **darsi anima e c. a q.c.**, to throw oneself soul and body into st. □ **guardia del c.**, bodyguard □ **mettere q.c. in c. a q.c.**, to eat st. □ **mortificare il c.**, to mortify the flesh □ **non tenere un segreto in c.**, to be unable to keep a secret □ (*fig.*) **passare sul c. di q.**, to trample on sb. □ **prendere c.**, (*concretarsi*) to take shape; (*rif. a notizie*) to gain credit □ **ricacciare le parole in c. a q.**, to make sb. eat his words □ **senza c.**, bodiless.

corpomòrto, *m.* (*naut.*) heavy anchor; mooring.

corporale (1), *a.* corporal; corporeal; bodily: **pene corporali**, corporal punishment (*sing. collett.*).

corporale (2), *m.* (*relig.*) corporal (cloth).

corporalità, *f.* corporality.

corporativismo, *m.* (*stor., polit.*) corporativism; corporatism.
corporativistico, *a.* (*stor., polit.*) corporatist.
corporativo, *a.* (*stor., polit.*) corporative; corporate.
corporatura, *f.* build; physique; frame.
corporazióne, *f.* **1** corporation **2** (*stor.*) guild.
corporeità, *f.* corporeality; corporeity.
corpòreo, *a.* bodily; corporeal.
corpóso, *a.* full-bodied (*anche di vino*); that has body (*o* bulk); thick.
corpulènto, *a.* corpulent, stout; bulky; (*tarchiato*) stocky; (*grasso*) fat.
corpulènza, *f.* corpulence; stoutness; bulkiness; (*l'essere tarchiato*) stockiness; (*grassezza*) fatness.
corpuscolare, *a.* (*fis.*) corpuscular.
corpùscolo, *m.* (*anat., fis.*) corpuscle.
Corpus Domini (il), *m.* (*relig.*) Corpus Christi (Day).
Corrado, *m.* Conrad(e), Konrad.
corredare, A *v. t.* **1** to equip; to supply; to fit out; to furnish (sb. with st.) **2** (*aggiungere*) to add. ● **corredato di note e di un indice,** complete with notes and index; notes and an index accompany the text. **corredarsi, B** *v. rifl.* to supply (*o* to provide) oneself (with st.).
corredentrice, *f.* (*attributo della Madonna*) co-redemptrix.
corredino, *m.* layette; baby's outfit.
corrèdo, *m.* **1** outfit; equipment; kit: **c. di bordo** (*di marinaio*), sea kit; slops (*pop.*); **un c. da falegname,** a carpenter's outfit **2** (*di sposa*) trousseau **3** (*fig.*) store; fund; wealth: **un ampio c. di cognizioni,** a rich store of knowledge; **c. di erudizione,** fund of learning **4** (*c. di note*) commentary; (*c. bibliografico*) (extended) bibliography. ● (*biol.*) **c. cromosomico,** chromosome complement □ **c. di vele** (*da usare insieme*), suit of sails.
corrèggere, A *v. t.* **1** to correct; to rectify; to adjust: **Lo strabismo si può...,** squint can be corrected; **c. un errore di tre gradi,** to rectify an error of three degrees **2** (*raddrizzare*) to straighten; to right (*anche fig.*): **c. la curva di una strada,** to straighten the bend in a road; (*naut.*) **c. la corsa,** to right the course; **c. un abuso,** to right a wrong **3** (*emendare, modificare*) to amend; to modify **4** (*castigare*) to punish; (*rimproverare*) to scold; (*ammonire*) to admonish **5** (*rif. a bevande*) to lace: **c. il caffè con rum,** to lace one's coffee with rum. ● **c. le bozze,** to read the proofs. **corrèggersi, B** *v. rifl.* to correct oneself; (*migliorarsi*) to improve.
corréggia, *f.* (leather) strap; (leather) belt.
correggiato, *m.* (*agric.*) (thresher's) flail.
correggìbile, *a.* corrigible.
corregionale, A *a.* coming from the same part of the country. **B** *m.* fellow countryman*. **C** *f.* fellow countrywoman*.
correità, *f.* (*leg.*) complicity.
correlare, *v. t.* to correlate.
correlativo, *a.* (*anche gramm., geom.*) correlative.
correlato, *a.* correlated.
correlazióne, *f.* (*anche geom., biol., filos.*) correlation. ● (*gramm.*) **c. dei tempi,** sequence of tenses □ **I due avvenimenti sono in c.,** the two events are correlated.
correligionàrio, A *a.* of the same religion; (*anche polit., ecc.*) of the same persuasion. **B** *m.* coreligionist.
corrènte (1), A *a.* **1** running; flowing: **acqua c.,** running water **2** (*attuale, in vigore*) current; (*comm.: del mese*) instant: **opinione (conto, prezzo) c.,** current opinion (account, price); **il c. anno,** the current year; **in risposta alla Sua del 4 c.,** in reply to your letter of the 4th instant (*abbr.:* inst.); **meglio:** of the 4th of this month **3** (*di lingua, stile*) fluent: **Parla un francese c.,** he speaks fluent French **4** (*comune, ordinario*) ordinary; everyday; common or garden (*fam.*): **Preferisco la parola c.,** I prefer the common or garden word **5** (*andante*) standard; ordinary; of middling (*o* average) quality; (*di poco prezzo*) cheap: **vino c., cheap wine.** ● (*naut.*) **manovre correnti,** running rigging □ (*econ.*) **moneta c.,** currency □ (*comm.*) **qualità c.,** going (*o* standard) quality □ (*tipogr.*) **titolo c.,** running headline. **B** *m.* − **essere al c.** (**di q.c.**), to be (well) informed (about st.); **mettere q. al c.** (**di q.c.**), to inform sb. (about st.); to post up sb.; **tenere q. al c. di q.c.,** to keep sb. informed (of st.); **tenersi al c.,** to keep up to date.
corrènte (2), A *f.* **1** stream; (*anche atmosferica*) current; (*d'aria*) draught; draft (*USA*): **la C. del Golfo,** the Gulf Stream; **la C. del Labrador,** the Labrador Current; **Sento una c. d'aria sul collo,** I feel a draught on my neck; **secondo (la) c.** (*d'acqua*), down stream (*o* downstream) **2** (*elettr.*) current: **c. continua,** direct current; **c. alternata,** alternating current; **c. di convezione,** convection current; **c. parassita** (*o* **vorticosa, di Foucault**), eddy (*o* Foucault) current; **c. a bassa (alta) tensione,** low (high) voltage current; **c. di compensazione,** equalizing current; **riduttore di c.,** current transformer **3** (*fig.*) trend; tendency; current; stream; (*di un partito e sim.*) wing; (party) faction: **una c. letteraria,** a literary current; **la c. di sinistra,** the left wing **4** (*mus.:* in origine danza) courant(e). **B** *m.* **1** (*travicello*) batten; stringer **2** (*tipogr.*) running headline. ● (*naut.*) **c. di marea,** ebb current; tidal current □ (*anche fig.*) **andare contro (la) c.,** to swim against the stream □ (*elettr.*) **presa di c.,** socket □ (*anche fig.*) **seguire la c.,** to go (*o* to swim) with the stream.
correnteménte, *avv.* **1** (*in modo spedito*) fluently; easily **2** (*comunemente*) usually; generally.
correntézza, *f.* **1** (*speditezza*) fluency; speed **2** (*facilità nel concedere*) easy-goingness.
correntino, *m.* (*edil.*) batten.
correntista, *m. e f.* (*comm.*) holder of a current account (*USA:* of a checking account); depositor. ● **Sono c. presso questa banca,** I have a current account in this bank.
correntizio, *a.* (*spreg., polit.*) factional; of a party faction. ● **l'essere c.,** factionalism.
correntocrazìa, *f.* (*polit.*) prevalence of factions; extreme factionalism.
còrreo, *m.* (*leg.*) codefendant.
córrere, *v. i. e t.* **1** (*specialm. di persona o animale*) to run*; (*precipitarsi*) to rush; (*specialm. di veicolo con ruote*) to speed*, to fly*, to roll (along): **Eccolo che corre e salta!,** there he is running and jumping!; **Dovrai c. per prenderlo!,** you'll have to run (*o* to hurry, to fly) to catch it; **Corri a chiamarlo,** run and fetch him!; **Un mormorio corse fra il pubblico,** a whisper ran through the audience; (*anche fig.*) **c. dietro a q.** (**q.c.**), to run after sb. (st.); **c. in aiuto di q.,** to run to sb.'s help; **c. a chiamare aiuto,** to run for help; **I tram corrono su rotaie,** trams run on rails; **La macchina correva sulla strada,** the car sped (*o* rolled) along the road; **Il ciclista corse giù per la china,** the cyclist flew down the slope **2** (*fig.: estendersi*) to run* along: **Il sentiero correva sopra il crinale,** the path ran along the crest **3** (*scorrere*) to run*; (*anche fig.*) to flow: **I fiumi corrono al mare,** rivers run to (*o* flow into) the sea **4** (*sport*) to race; to run*: **c. i cento metri,** to run the hundred metres; **c. una corsa,** to run a race **5** (*andare avanti*) to run* on, to go* on; (*andare veloce*) to go* fast: **Corri troppo; non posso starti dietro,** you're going too fast (*o* running on too fast); I can't keep up with you **6** (*fig.: con il pensiero, ecc.*) to turn; to go*; to fly*: **Corsi con il pensiero subito a te,** my thoughts went straight to you; **Il mio pensiero corse a quel primo incontro,** my thoughts turned to that first meeting; **L'occhio mi corse alla firma,** my eyes flew to the signature **7** (*esserci, intercorrere*) to be: **Da qui a lì ci corre un miglio,** it is a mile from here to there; **Tra me e lui ci corre troppo,** there is too great a disparity between us; **Fra noi ci corre un abisso,** we are poles apart; **Ci corrono cinque anni da me a te,** there is a difference of five years between us **8** (*di moneta*) to be in circulation **9** (*di tempo: trascorrere*) to pass; to elapse; to go* by: **Dalla prima alla seconda volta ci corsero sei anni,** six years elapsed between the first and second time **10** (*circolare, diffondersi*) to circulate; to be circulated; to be current: **Corrono strane voci sul suo conto,** strange rumours are being circulated about him. ● **c. a gambe levate,** to show a clean pair of heels □ **c. ai ripari,** to take measures □ (*mil.*) **c. alle armi,** to fly to arms; to take up arms □ **c. la cavallina,** to sow one's wild oats □ **c. come una lepre,** to run like a hare □ **c. come il vento (come un lampo),** to run like the wind (like lightning) □ **c. i mari,** to sail the seas; (*di pirati*) to rove the seas □ (*lett.: di un esercito*) **c. un paese,** to scour a country; to plunder □ **c. pericolo,** to be in danger □ **c. qua e là,** to run about □ **c. il rischio di morire,** to run the risk of dying □ **coi tempi che corrono,** as things are at present □ **far c. un cavallo,** to run (*o* to race) a horse □ **far c. una voce,** to spread rumours (*o* a rumour) □ (*fig.*) **lasciar c. l'acqua per la sua china,** to let things take their course □ **lasciar c. q.c.,** to wink at st.; to close an eye on st.; not to take st. up (*fig.*) □ **Corre voce che...,** there is a rumour that...; it is rumoured that... □ **Correva l'anno 1905,** (it was) in the year 1905 □ **Ci corre!,** there's such a big difference! □ **Ci corse poco ch'io non perdessi il treno,** I nearly missed the train.
corresponsàbile, (*leg.*) **A** *a.* jointly liable. **B** *m. e f.* person jointly responsible; (*in diritto penale*) accomplice.
corresponsabilità, *f.* (*leg.*) **1** joint liability **2** (*in diritto penale*) complicity.
corresponsióne, *f.* (*pagamento*) payment.
correttaménte, *avv.* **1** correctly **2** (*educatamente*) politely; properly **3** (*onestamente*) honestly; fairly.
correttézza, *f.* **1** (*esattezza*) correctness **2** (*condotta corretta*) correctitude, propriety; (*onestà, serietà*) honesty. ● **c. commerciale,** fair-trade practices.
correttivo, *a. e m.* corrective.
corrètto, *a.* **1** correct **2** (*educato*) polite; proper; decorous; civil: **comportamento c.,** proper behaviour **3** (*giusto*) right; accurate;

correttóre

una risposta corretta, a right answer 4 (*onesto*) honest; straightforward. 5 (*rif. a bevande*) laced; fortified: caffè c., black coffee laced with brandy (*o* rum, etc.). ● una condotta non molto corretta, behaviour not above reproach.

correttóre, *m.* 1 corrector 2 (*tipogr.*) proofreader. ● (*aeron.*) c. di miscela, mixture control □ (*aeron.*) c. di quota, altitude mixture control.

correzionale, *m.* (*raro: riformatorio*) reformatory.

correzióne, *f.* 1 correction; alteration; rectification; revision: (*tipogr.*) c. in piombo, correction in type 2 (*ammonimento*) admonition; reproof; lesson: Gli servirà da c., it'll be a lesson to him. ● (*tipogr.*) c. di bozze, proofreading □ casa di c., reformatory.

corrida, *f.* bullfight.

corridóio, *m.* 1 passage; corridor: c. d'albergo, hotel corridor; Ci sono molti corridoi nelle vecchie case, there are many passages in old houses; (*stor.*) il c. polacco, the Polish Corridor 2 (*tra file di posti a sedere*) aisle 3 (*naut.*) between decks; 'tween--decks (*corsia di strada*) traffic lane; lane. ● (*polit.*) manovre di c., lobbying.

corridóre, A *a.* 1 running; (*sport*) racing 2 (*zool.*) cursorial. B *m.* 1 runner 2 (*cavallo da corsa*) racehorse 3 (*chi partecipa a una gara*) racer: c. automobilista, motor racer. ● c. ciclista, racing cyclist.

corrièra, *f.* 1 coach; (*autobus di linea*) local bus 2 (*diligenza*) mail coach.

corrière, *m.* 1 (common) carrier; (*per pacchi*) parcel service 2 (*diplomatico, ecc.*) courier; government dispatch bearer; (*della G.B.*) Queen's (*o* King's) Messenger 3 (*corrispondenza portata dal corriere diplomatico*) (diplomatic) bag 4 (*posta*) mail; post: il c. dall'estero, the overseas mail; a volta di c., by return (of post) 5 (*titolo di giornale*) Courier. ● c. della droga, drug runner.

corrigèndo, A *m.* (*leg.*) juvenile offender. B *a.* to be corrected.

corrimano, *m.* handrail; banister.

corrispettività, *f.* correspondence; correspondency.

corrispettivo, A *a.* corresponding; correspondent; equivalent. B *m.* 1 equivalent 2 (*compenso*) compensation 3 (*comm., leg.*) consideration: per un c. in denaro, for a money consideration.

corrispondènte, A *a.* corresponding. B *m.* e *f.* 1 correspondent: Sono il c. a Londra di un giornale italiano, I am the London correspondent of an Italian paper 2 (*comm.*) agent; correspondent. ● c. di guerra, war correspondent.

corrispondènza, *f.* 1 (*in tutti i sensi*) correspondence; (*corrispondenza epistolare*) letters (*pl.*), post, mail; (*armonia*) agreement, harmony: essere (entrare) in c. con q., to be in (to enter into) correspondence with sb.; c. commerciale, commercial correspondence; c. amorosa, love letters; distribuire (firmare, spedire) la c., to deliver (to sign, to send) the mail; c. in arrivo (in partenza), incoming (outgoing) letters (*o* mail); c. di gusti, agreement of tastes 2 (*giornalistica*) dispatch; article. ● c. di affetti, reciprocity of feeling; mutual affection □ in c. di (*o* con), connected with: C'è una macchia d'umido in c. del tubo dell'acqua, there's a damp patch connected with the water pipe □ insegnare q.c. per c., to teach st. by correspondence □ mettersi in c. con q., to get (*o* to put oneself) in touch with sb. □ scuola per c., correspondence school □ Non c'è c. fra i vari capitoli, the various chapters don't hang together □ Le voglio bene, ma non trovo c., I am fond of her, but my feeling is not returned.

corrispóndere, A *v. i.* 1 (*fare riscontro*) to correspond (to, with st.): Non trovo la parola francese che corrisponde a questa, I can't think of the French word that corresponds to this one 2 (*essere in relazione epistolare*) to correspond (with sb.) 3 (*contraccambiare*) to return; to repay*; to reciprocate; (*in senso assoluto*) to respond: Giulietta corrispose al suo amore, Juliet returned his love; La ragazza mi corrispose con ingratitudine, the girl repaid me with ingratitude 4 (*soddisfare*) to answer; to come* up to: c. alle proprie speranze, to answer one's hopes 5 (*di luogo: comunicare*) to look (out) on (to); to open on (to); to communicate (with); to be at the back (of); to correspond (to): Questa porta corrisponde con la biblioteca, this door communicates with (*o* opens on to) the library; Le finestre corrispondono sul canale, the windows look out on (*o* look on to) the canal; Questo muro corrisponde alla cucina, this wall corresponds to (*o* is at the back of) the kitchen 6 (*fare il paio*) to match (st.) 7 (*confermare, convalidare*) to bear* out (sb., st.): to agree (with sb., st.): Ciò non corrisponde a quanto affermasti la scorsa settimana, that does not agree with what you stated last week 8 (*di cifre, numeri*) to tally. B *v. t.* to pay*; to pay* out; to give*: c. una somma a q., to pay out a sum to sb.; c. a q. un assegno mensile, to give sb. a monthly allowance. ● c. alle aspettative di q., to come up to sb.'s expectations □ (*comm.*) c. di merce) c. al campione, to be in conformity with the (*o* to

be up to) sample □ (*comm.*) c. alle esigenze della clientela, to meet the requirements of one's customers □ non c. alle aspettative (*o* alla speranza) di q., to fall short of sb.'s expectations; to disappoint sb. ● Quello che dici non corrisponde a verità, what you say is not true.

corrispósto, *a.* 1 requited (*lett.*); returned; mutual: amore c., requited love; un'antipatia corrisposta, a mutual dislike 2 (*di denaro*) paid (out): la somma corrisposta, the sum paid (out).

corrività, *f.* 1 (*indulgenza*) lenience, leniency; indulgence 2 (*avventatezza*) rashness.

corrivo, *a.* 1 (*indulgente, di manica larga*) easy-going; lenient 2 (*avventato*) rash; careless; hasty.

corroboraménto, *m.* corroboration.

corroborante, A *a.* 1 strengthening; invigorating 2 (*che conferma*) corroborative. B *m.* 1 corroborant 2 (*farm.*) tonic; energizer.

corroborare, A *v. t.* 1 (*fortificare*) to fortify; to invigorate; to strengthen: bevanda che corrobora, invigorating drink; c. la difesa, to strengthen the defence 2 (*confermare*) to corroborate; to confirm; to bear* out: c. un'ipotesi, to corroborate (*o* to confirm, to bear out) a hypothesis. **corroborarsi**, B *v. rifl.* (*fortificarsi*) to fortify oneself; to strengthen oneself.

corroborazióne, *f.* 1 (*rinvigorimento*) strengthening 2 (*conferma*) corroboration.

corródere, A *v. t.* to corrode; (*della ruggine*) to rust; (*dell'acqua*) to wear* away; (*fig.*) to eat* into, to consume: corroso dall'odio, consumed by hatred; La gelosia lo ha corroso, jealousy has eaten into him. **corródersi**, B *v. rifl.* to corrode; to wear* away.

corrodibile, *a.* corrodible.

corrodibilità, *f.* corrodibility; corrosibility.

corrómpere, A *v. t.* 1 (*guastare, contaminare, anche fig.*) to contaminate; to infect; to taint 2 (*fig.: traviare*) to corrupt; to deprave; to pervert 3 (*con denaro*) to bribe; to buy* off (*o* over) 4 (*subornare*) to suborn: c. un testimone, to suborn a witness. ● farsi c., to be on the take (*fam.*). **corrómpersi**, B *v. rifl.* 1 (*putrefarsi*) to rot; to putrefy 2 (*fig.*) to become* perverted; to be corrupted.

corrompibile, *a.* corruptible.

corrosióne, *f.* corrosion.

corrosività, *f.* corrosiveness.

corrosivo, A *a.* 1 corrosive 2 (*fig.*) caustic; corrosive: spirito c., caustic wit. B *m.* corrosive.

corrótto, *a.* 1 corrupt; bribed (*con denaro*) 2 (*dai costumi depravati*) vicious; depraved 3 (*di acqua, aria, ecc.*) foul; contaminated; tainted: aria corrotta, tainted air 4 (*putrefatto*) corrupt; rotten.

corrucciarsi, *v. rifl.* 1 to feel a mixture of sadness and anger; (*adirarsi*) to become* (*o* to get*) angry (*o* cross) 2 (*preoccuparsi*) to worry 3 (*in viso*) to frown.

corrucciato, *a.* 1 (*adirato*) angry; cross 2 (*preoccupato*) worried; (*di espressione*) frowning.

corrùccio, *m.* 1 (*sdegno, ira*) anger; indignation 2 (*cruccio*) worry.

corrugaménto, *m.* 1 wrinkling 2 (*geol.*) folding.

corrugare, A *v. t.* to wrinkle. ● c. la fronte, to knit one's brows. **corrugarsi** B *v. rifl.* 1 (*accigliarsi*) to knit* one's brows; to frown; to scowl 2 (*geol.*) to fold.

corrugato, *a.* wrinkled. ● guardare con fronte corrugata, to look (at sb., st.) with knitted brows; to frown.

corruscare, *v. i.* (*lett.*) to coruscate; to sparkle; to flash.

corrusco, *a.* (*lett.*) coruscating; flashing; scintillating.

corruttèla, *f.* corruption; immorality; depravity.

corruttibile, *a.* 1 corruptible 2 (*di funzionario, ecc.*) bribable.

corruttibilità, *f.* corruptibility.

corruttóre, *m.* 1 corrupter 2 (*con denaro*) briber.

corruzióne, *f.* 1 (*morale*) corruption; depravity: c. di minorenne, corruption of a minor 2 (*con denaro e sim.*) bribery 3 (*subornazione*) subornation 4 (*putrefazione*) putrefaction 5 (*alterazione di lingua, stile e sim.*) corruption.

córsa, *f.* 1 run; (*breve e rapida*) dash: c. di prova (*di una macchina*), test run; c. di resistenza (*di una macchina*), endurance run; andare a fare una c., to go for a run; Ansimavo dopo la c., I was panting after the run; Gianni è bravo nella c. e nel salto, Johnny is good at running and jumping 2 (*gara*) race; racing: le corse (di cavalli), the races; racing c. piana, flat race; c. su pista (su strada), track (road) race; corse al galoppo, flat racing 3 (*di treni, tram, ecc.*) journey; trip; route; run (*a volte si usa il nome del veicolo*): Si dovette arrestare il treno durante la c., the train had to be halted in the middle of the run (*o* journey); Fa otto corse al giorno, it does eight journeys (trips, runs) a day; Ci sarà tempo durante la c., there will be time on the journey (*o* along the route); Ho perso l'ultima c., I've missed the last bus (train, etc.) 4 (*fig.*) race; rush; run: la

c. all'oro, the gold rush; **la c. agli armamenti**, the armaments race **5** (*mecc.: di pistone*) stroke: **c. a vuoto**, idle stroke; **c. ascendente**, upstroke; **c. di ritorno**, return stroke; **c. discendente**, downstroke **6** (*aeron.*) run: **c. di atterraggio**, landing run; **v. di decollo**, take-off run **7** (*baseball, cricket*) run. ● (*sport*) **c. ad ostacoli**, (*atletica*) hurdles (*pl.*); (*ippica*) steeplechase; (*per gioco*) obstacle race □ **c. al trotto**, trotting □ **c. a staffetta**, relay race □ **c. campestre**, cross-country race □ **c. di cavalli**, horse race □ **c. nei sacchi**, sack race □ **c. periziata** (*o* **compensata**), handicap □ **c. podistica**, foot race □ **andare di c.**, to hotfoot it (*fam.*) □ **andare e tornare di c.**, to run all the way there and back □ **automobile** (**bicicletta**, ecc.) **da c.**, racing car (bicycle, etc.) □ **cavallo da c.**, racehorse □ **di c.**, (*correndo*) running, at a run, on the run; (*in fretta*) in a rush, in a hurry, at a gallop: **Il ragazzo entrò di c.**, the boy came in running (*o* ran in) □ **di gran c.**, at full speed; (*in fretta*) in great haste □ **fare una c.**, to go for a run; (*affrettarsi*) to run, to dash; (*sport*) to run a race □ **fare le cose di c.**, to do things in a hurry (o in a rush, at a gallop) □ (*naut., stor.*) **guerra di c.**, privateering □ (*naut., stor.*) **nave** (*o* **legno**) **da c.**, privateer; corsair □ **pagare il prezzo della c.** (*in treno, autobus, ecc.*), to pay one's fare □ **partire di c.**, to set off at a run □ **pigliare la c.**, to break into a run □ **scuderia da c.**, racing stable(s) □ **stagione delle corse**, racing season □ **Faccio una c. a casa a prendere l'ombrello**, I'll run (*o* I'll dash) home to get my umbrella □ **Non scendere mentre il treno è in c.**, don't get out while the train is moving □ **Faccio una c. e torno**, I won't be a minute.

corsalétto, *m.* **1** (*stor.: leggera corazza*) breastplate; cors(e)let **2** (*zool.*) corslet.

corsaro, A *a.* pirate: **una nave corsara**, a pirate (ship). **B** *m.* **1** (*stor.: chi faceva la guerra di corsa con patente sovrana*) privateer **2** (*pirata*) corsair; pirate; freebooter; buccaneer. ● (*naut., stor.*) **fare il c.**, V. **corseggiare** □ (*naut., stor.*) **nave corsara**, corsair, pirate ship; (*con patente sovrana*) privateer.

corseggiare, A *v. i.* to practice piracy; to buccaneer; to freeboot; (*con patente sovrana*) to privateer. **B** *v. t.* – **c. i mari**, to cruise about in search of plunder.

corsetteria, *f.* **1** corsetry **2** (*negozio di busti*) corset-maker's (shop).

corsétto, *m.* corset (*anche med.*); (*busto elastico*) girdle.

corsia, *f.* **1** passage; gangway; aisle **2** (*d'ospedale*) ward **3** (*di strada*) traffic lane; lane: **c. riservata agli autobus**, bus lane **4** (*sport*) lane; (*solo per il salto*) runway **5** (*tappeto lungo e stretto*) (carpet) runner **6** (*naut., stor.: di galea*) gangway. ● (*autom.*) **c. d'emergenza** (*d'autostrada, ecc.*), hard shoulder.

corsièro, *m.* **1** (*lett.*) steed **2** (*mil.*) charger.

corsista, *m. e f.* one who attends a course.

corsivista, *m. e f.* (*giornalismo*) writer of short articles, mostly of a polemic character, to be printed in italics.

corsivo, A *a.* **1** (*di scrittura*) cursive **2** (*tipogr.*) italic. **B** *m.* **1** (*scrittura*) cursive **2** (*tipogr.*) italics (*pl.*) **3** (*giornalismo*) short, often polemic, article printed in italics. ● **c. inglese**, script.

córso (1), *m.* **1** (*anche fig.*) course: **il c. del fiume**, the course of the river; **gli astri nei loro corsi**, the stars in their courses; **nel c. delle indagini** (**del viaggio, della settimana**), in the course of the investigation (of the journey, of the week); **Lascia che le cose seguano il loro c.!**, let things run their course!; **La legge deve seguire il suo c.**, the law must take its course; **La malattia seguì il suo c.**, the disease took (*o* ran) its course; **un c. sul Settecento**, a course (of lectures) on the 18th century; **un c. per studenti del primo anno**, a course for first-year students; **Il c. degli avvenimenti è alquanto insoddisfacente**, the course of events is rather unsatisfactory **2** (*anno di studio*) year: **studenti del primo c.**, first-year students **3** (*corso d'acqua*) stream; watercourse; (*specialm. navigabile*) waterway: **c. d'acqua navigabile interno**, inland waterway **4** (*strada*) main street; (town's) principal promenade; «corso»; avenue (*USA*) **5** (*di parole*) current use: **parole in c.**, words in current use; **parole fuori c.**, words not in current use; obsolete words **6** (*corteo*) procession: **c. di carnevale** (*o* **c. mascherato**), carnival procession **7** (*naut.: del fasciame*) strake: **c. di rivestimento**, skin strake **8** (*econ.: della moneta*) circulation: **mettere in c.**, to put into circulation. ● (*econ.*) **c. del cambio**, rate of exchange □ (*di moneta*) **c. forzoso**, forced currency □ (*comm.*) **affari in c.**, outstanding business □ **l'anno** (**il mese, ecc.**) **in c.**, the present (*o* current) year (month, etc.) □ (*econ. e fig.*) **avere c.**, to be current □ (*di moneta*) **avere c. legale**, to be legal tender □ (*naut.*) **capitano di lungo c.**, master mariner; captain of a merchant ship □ (*comm.*) **dare c. a un'ordinazione**, to carry out an order □ (*bur.*) **dare c. a una pratica**, to start off. a matter on its official course; to start a question through channels (*fig.*) □ **dare libero c. alla propria immaginazione**, to give free play to one's fancy □ **frequentare i corsi serali**, to attend evening classes □ **in c. di**, in the process (*o* in the course) of □ (*di edificio, ferrovia, nave, ecc.*) **in c. di costruzione**, under (*o* in course of) construction □ (*di un libro*) **in c. di stampa**, in press □ **lavori (stradali) in c.**, roadworks ahead □ **lavoro in c.**, work in progress □ **moneta fuori c.**, money no longer in circulation □ **moneta** (*o* **denaro**) **in c.**, currency □ (*naut.*) **nave di lungo c.**, deep-sea vessel □ **seguire il c. dei propri pensieri**, to pursue the train of one's thoughts □ **uno studente fuori c.**, an undergraduate who has failed to get a degree in the minimum time prescribed.

còrso (2), *a.* e *m.* Corsican.

corsóio, A *a.* – **nodo c.**, slipknot; running knot. **B** *m.* slider; (*di regolo calcolatore*) cursor.

córte, *f.* **1** (*di sovrano e sim.; anche fig.*) court: **avere un amico a c.**, to have a friend at court; **poeta di c.**, court poet **2** (*cortile*) court; courtyard; yard **3** (*di collegio universitario*) quadrangle; quad (*fam.*) **4** (*seguito*) retinue; train **5** (*leg.*) law court; court: **C. d'Appello**, Court of Appeal; **C. d'Assise**, Assizes; Court of Assize; **C. di Cassazione**, Court of Cassation; **C. Costituzionale**, Constitutional Court; (*mil., leg.*) **c. marziale**, court martial **6** (*corteggiamento*) courting; courtship; wooing. ● (*leg.*) **C. dei Conti**, State Auditors' Department □ **dama di c.**, lady-in-waiting □ **deferire alla c. marziale**, to court-martial □ **fare la c. a q.**, to court sb.; to woo sb. □ **gentiluomo di c.**, gentleman-in-waiting.

cortéccia, *f.* **1** (*bot.*) bark; rind **2** (*anat.*) cortex*: **c. cerebrale**, cerebral cortex **3** (*parte esterna di q.c.*) rind; (*crosta*) crust: **c. di formaggio**, cheese rind. ● (*bot.*) **c. interna di cannella bianca**, canella □ (*bot.*) **provvisto di c.**, corticate(d).

corteggiaménto, *m.* courtship; courting; wooing.

corteggiare, *v. t.* **1** to court; to woo **2** (*adulare, fare complimenti a, ecc.*) to flatter; to curry favour with (sb.).

corteggiatóre, *m.* admirer; suitor; wooer.

cortèggio, *m.* retinue; suite; court; train (*lett.*).

cortèo, *m.* **1** procession; cortege: **Guardavo il c.**, I was watching the procession; **un c. d'automobili**, a procession of cars; a motorcade **2** (*seguito, codazzo*) suite; train (*lett.*); party: **c. nuziale**, nuptial train (*lett.*); wedding party. ● **c. funebre**, funeral (procession).

cortése, *a.* **1** polite; kind; courteous; well-mannered **2** (*servizievole*) obliging **3** (*affabile*) gracious; affable **4** (*letter. medievale*) courtly: **romanzo c.**, courtly romance. ● **duello ad armi cortesi**, duel fought with blunted weapons □ **Era cortesissimo**, he was the flower of courtesy.

cortesìa, *f.* **1** courtesy; politeness; good manners (*pl.*); kindness **2** (*affabilità*) graciousness, affability **3** (*favore*) kindness; favour: **una delle sue numerose cortesie**, one of his many kindnesses. ● **colmare q. di cortesie**, to be very attentive to sb.; to shower one's attentions on sb.; to be all over sb. (*fam.*) □ **fare** (*o* **avere**) **la c. di**, to be kind (*o* good) enough to; to have the kindness to □ **per c.**, please; kindly; (*per ragioni di cortesia*) out of politeness, for politeness' sake: **Per c., chiuda la porta**, please shut the door; **L'ho ascoltato per c.**, I listened to him out of politeness □ **usare c. verso q.**, to be polite to sb.

cortézza, *f.* shortness. ● (*fig.*) **c. di mente**, dul(l)ness; obtuseness.

corticale, *a.* (*anat., bot.*) cortical.

corticòide, corticosteròide, *m.* (*biol., chim.*) corticoid; corticosteroid.

corticosteróne, *m.* (*biol., chim.*) corticosterone.

corticosurrenale, *a.* (*biol., chim.*) adrenocortical: **ormone c.**, adrenocortical hormones.

corticotropina, *f.* (*biol., chim.*) corticotropin.

cortigiana, *f.* courtesan.

cortigianerìa, *f.* **1** courtier's art (*adulazione*) flattery; adulation; (*servilità*) obsequiousness, servility. ● **Non mi piace la tua c. verso il produttore**, I don't like your courting the producer.

cortigianésco, *a.* **1** (*di cortigiano*) like a courtier; courtly **2** (*spreg.*) given to flattery; obsequious; subservient; adulatory.

cortigiano, A *m.* **1** courtier **2** (*spreg.: adulatore*) flatterer. **B** *a.* court (*attr.*).

cortile, *m.* **1** courtyard; court; yard **2** (*di locanda*) coachyard **3** (*chiostro*) cloister **4** (*di collegio universitario*) quadrangle; quad (*fam.*) **5** (*di casa colonica*) farmyard; barnyard **6** (*di palazzo ital.*) «cortile». ● **animali da c.**, poultry.

cortina, *f.* **1** curtain; (*fig., anche*) screen: **cortine del letto**, bed curtains; (*anche fig.*) **c. fumogena**, smoke screen; (*polit.*) **c. di ferro**, iron curtain; (*polit.*) **oltre c.**, behind the iron curtain; **I pioppi formavano una c.**, the poplars formed a screen **2** (*mil.*) curtain.

cortinàggio, *m.* hangings (*pl.*).

cortisóne, *m.* (*chim., farm.*) cortisone.

cortisònico, *a.* (*chim., farm.*) of (*o* relating to) cortisone.

córto, A *a.* short: **capelli corti**, short hair; **Una gamba è più corta**

cortocircuitare

dell'altra, one leg is shorter than the other; (*elettr.*) **c. circuito**, short circuit. ● **essere a c. di argomenti**, to be at a loss what to say □ **essere a c. di mano d'opera**, to be short-handed □ **essere a c. di quattrini**, to be out of money □ **Alle corte!**, come to the point □ (*fig.*) **andare per le corte**, to take a short cut □ (*ippica*) **cavalcare c.**, to ride short □ **essere di vista corta**, to be near-sighted; to be short-sighted (*anche fig.*) □ (*fig.*) **ingegno c.**, limited intelligence □ **per farla corta**, in short; to make a long story short □ (*fig.*) **prendere la via corta**, to take the quickest way out □ **rimanere a c. di q.c.**, to run short of st. □ **tenere q. a c. di q.c.**, to keep sb. short of st. **B** *m*. (*fam.*, *elettr.*) short circuit; short (*fam.*). ● **andare in c.**, to short (*fam.*).

cortocircuitare, *v. t.* (*elettr.*) to short-circuit.

cortocircùito, *m.* (*elettr.*) short circuit. ● **causare un c.**, to short-circuit.

cortometràggio, *m.* (*cinem.*) short film; short (*fam.*).

corvè, *f.* **1** (*stor.*) corvée **2** (*mil.*) fatigue (duty) **3** (*fig.*: *cosa faticosa*) tiring task; sweat; corvée (*lett.*): **Ho portato tutti i libri, che c.!**, I carried all the books; what a sweat!

corvétta, *f.* **1** (*naut.*) corvet; corvette; sloop **2** (*equitazione*) curvet. ● **capitano di c.**, lieutenant commander.

corvino, *a.* **1** (*di corvo*) corvine **2** raven (*attr.*); raven-black: **chiome corvine**, raven tresses (*o* locks).

còrvo, *m.* **1** (*zool.*, *Corvus*) crow: **c. imperiale**, (*Corvus corax*) raven; **c. comune** (*o* **c. nero**), (*Corvus frugilegus*) rook **2** (*naut.*, *stor.*) grappling iron; grapple. ● (*fig.*) **c. del malaugurio**, bird of ill omen; jinx (*fam.*); (*che predice sventure*) croaker.

còsa, *f.* **1** thing: **Hai fatto una c. meravigliosa, l'hai salvato**, you've done a wonderful thing, you've saved him; **È una delle cose più belle del Fattori**, it's one of Fattori's best things; **Passerò a prendere le mie cose con la macchina**, I'll come and fetch my things with the car; **Non mangiare cose fritte**, don't eat fried things (*o* anything fried); **Per prima c., bagna il foglio**, the first thing to do is to (*o* first of all) wet the sheet of paper; **È una c. difficile da spiegare**, it's a difficult thing to explain; **Le cose andarono di male in peggio**, things went from bad to worse; **fare le cose una per volta**, to do things one at a time; **fra una c. e l'altra**, what with one thing and another; **se le cose vanno lisce**, if things go smoothly; if all goes well **2** (*faccenda*) matter; affair; proceeding; business: (*stor.*) **le cose d'Italia**, the affairs of Italy; **La c. deve restare tra noi**, the matter must remain between us; **Non è una c. da ridere**, it's no laughing matter; **Che c. hai?**, what's the matter with you?; **Guardalo! che c. ha?**, look! what's the matter with him? **3** (*escl. e interr.: che cosa*) what: **Che c. importa?**, what does it matter?; (**Che**) **c. vuoi?**, what do you want?; **So** (**che**) **c. sia la timidezza**, I know what shyness is; **Non so** (**che**) **c. farmene**, I don't know what to do with it; I've no use for it. ● (*leg.*) **cose assicurate**, (the) insured property □ (*leg.*) **c. giudicata**, final judgment; res judicata □ (*leg.*) **cose immobili**, real property (*o* estate); immovables □ (*leg.*) **cose mobili**, personal property; chattels; movables □ **la c. pubblica**, the State; the general (*o* common) good; the common weal; the commonwealth □ **a cose fatte**, when all is (*o* was) over; when all's said and done □ **avere qualche c. contro q.**, to bear sb. a grudge □ **dire una c. per un'altra**, to make a mistake; to make a slip of the tongue □ **nessuna c.**, nothing: **Nessuna c. al mondo può dividerci**, nothing in the world can divide us □ **ogni c.**, everything: **Ogni c. al suo posto**, everything in its place □ **per la qual c.**, wherefore □ **prendere le cose alla leggera**, to take things lightly; to be an easy-going person □ **prendere le cose per il verso buono**, to put a good face upon st.; to take things as they come □ **qualche c.** (*o* **qualcosa**), something, anything; (*rif. a persona*) somebody, someone: **qualche c. da mangiare**, something to eat; **Dimmi qualche c.**, tell me something; **Ti dirige qualche c.?**, did he tell you anything?; **Il direttore non ha rifiutato, è già qualche c.**, the director has not refused, which is something; **credersi qualche c.**, to think one is somebody □ **qualsiasi c.**, anything; whatever: **Farei qualsiasi c. per lui**, I'd do anything for him; **Qualsiasi c. dica, non credergli**, whatever he says, don't believe him □ **Tante cose al dottore!**, my regards to the doctor! please remember me to the doctor! □ **la qual c. tutti auspicavano**, which was what everyone had hoped for □ **Dimmi una c.**, tell me (this); tell me something □ **Sono cose dell'altro mondo**, it's unbelievable (*o* incredible); it's a shocking state of affairs □ **È una c. da nulla, ma è sintomatica**, it's only a small point (*o* a minor point, a very little thing) but it's symptomatic □ **È una c. da nulla**, it's (a mere) nothing □ **È un'altra** (*o* **tutt'altra**) **c.**, it's quite another (*o* a different) thing! □ **La c. va da sé**, it's a matter of course □ **Che c. costa?**, how much is it? □ **Fai una c.: paga e non pensarci più**, take my advice: pay up, and think no more about it □ **Fai** (*hai intrapreso*) **troppe cose**, you've taken on too much □ **Belle cose si dicono sul suo conto!**, there are some nice things going round about him □ **C. vuoi, son ragazzi**, after all, boys will be boys □ **C. vuoi, sono cose che capitano**, don't take it to heart, such things happen □ (*prov.*) **Da c. nasce c.**, one thing leads to another; something may come of it □ (*prov.*) **Le cose lunghe diventano serpi**, when proceedings (*o* affairs) are too drawn out, they tie themselves into knots □ (*prov.*) **C. fatta capo ha**, what is done is done (and can't be undone).

cosà, *avv.* (*fam.*) **1** – **così o c.**, this way or that way **2** – **così c.**, so so.

cosacco, *a. e m.* Cossack.

cosare, *v. t.* (*fam.*) to do*; to what-d'you-call-it (*fam.*).

còsca, *f.* «cosca»; Mafia cell.

còscia, *f.* **1** (*anat.*) thigh **2** (*cucina*) hind leg; leg; haunch **3** (*costr.*) haunch; abutment **4** (*mecc.*) jaws (*pl.*).

cosciale, *m.* **1** (*stor. mil.*) cuisse; cuish **2** (*protesi che supplisce la coscia amputata*) artificial thigh.

cosciènte, *a.* aware (*pred.*); conscious. ● **una persona c.**, a responsible person.

cosciènza, *f.* **1** conscience: **avere la c. pulita**, to have a clear conscience; **avere q.c. sulla c.**, to have st. on one's conscience; **caso di c.**, case of conscience; **contro c.**, against one's conscience (*o* one's scruples); **esame di c.**, an examination of one's conscience; **soul-searching**; **fare un esame di c.**, to examine one's conscience; **gravarsi la c. di**, to burden one's conscience with; **In c. non posso accettare**, in all conscience, I can't accept **2** (*coscienziosità*) conscientiousness: **fare tutto con molta c.**, to do everything with great conscientiousness **3** (*consapevolezza*) awareness: **La c. dei suoi meriti lo rende borioso**, his awareness of his merits makes him haughty; **c. sociale**, social awareness **4** (*conoscenza*, *anche fig.*) consciousness: **perdere** (**la**) **c.**, to lose consciousness. ● **avere la c. sporca**, to have a guilty conscience □ **avere piena c. di aver fatto q.c.**, to be fully aware of having done st. □ **mettersi una mano sulla c.**, to put a hand on one's heart □ **obiettore di c.**, conscientious objector □ **per scarico di c.**, (*per dovere*) as a matter of duty; (*per togliersi un peso dalla coscienza*) so as to have a clear conscience □ **senza c.**, unscrupulous (*agg.*); unscrupulously (*avv.*) □ **Mi sento rimordere la c.**, I was conscience-stricken □ **È un uomo di c.**, he is a conscientious man.

coscienziosaménte, *avv.* conscientiously.

coscienziosità, *f.* conscientiousness.

coscienzióso, *a.* conscientious; scrupulous; careful.

còscio, *m.* V. **còscia**, def. 2.

cosciòtto, *m.* (*macelleria*) **1** (*di ovini*, *di vitello*) leg **2** (*di selvaggina*) leg; haunch.

coscritto, *m.* (*mil.*) conscript; recruit; draftee (*USA*). ● (*stor.*) **padri conscritti**, conscript fathers.

coscrivere, *v. t.* (*mil.*) to enrol(l); to conscript; to draft (*USA*).

coscrizióne, *f.* (*mil.*) conscription; enrolment; draft (*USA*).

cosecante, *f.* (*mat.*) cosecant (*abbr.*: cosec).

coséno, *m.* (*mat.*) cosine (*abbr.*: cos).

cosfì, *m. invar.* (*elettr.*) power factor.

cosfimetro, *m.* (*elettr.*) power factor meter.

così, A *avv.* **1** so; thus (*lett.*): **un bambino grande c.**, a child so high; **C. è**, so it is; **C. pare** (*o* **sembra**), so it seems; **C. parlò Zaratustra**, thus spoke Zarathustra; **È c.?**, is that so?; **E c. è accaduto che non ci siamo trovati**, and so it came about that we didn't meet **2** (*in questa maniera*) like this; like that; this way: **Prova a girarlo c.**, try turning it this way (*o* like this); **Li fanno sempre c.**, they always make them like that; **Era fatto c.**, he was like that; **È finita c.**, it ended like that; **C. facendo non otterrai nulla**, behaving like this won't get you anywhere **3** (*altrettanto*) so: **L'ho preso in uggia, e c. farai anche tu**, I've grown to dislike him, and so will you **4** (*rif. a cosa già detta*) that is what; that is how: **Ha detto c.**, that is what he said; **Non ho detto c.**, that is not what I said; **La cosa sta c.**, that is how the matter stands **5** (*tanto*) so (*con avv.*); so, such (*con agg.*): **Non voglio aspettarlo c. a lungo**, I don't want to wait so long for him; **c. bene**, so well; **È c. facile!**, it is so easy!; **Sono c. contento di vederti**, I'm so glad to see you; **È un ragazzo c. intelligente**, he is such a clever boy; **Non m'aspettavo un conto c. grosso**, I didn't expect such a big bill **6** (*correlativo di* «**come**» *e* «**quanto**») as...as; (*in frasi neg. non siano anche interr.*) so...as: **È c. pigro come una volta?**, is he as lazy as he used to be?; **Non sono c. svelto come vorrei**, I am not so quick as I should like to be **7** (*correlativo di* «**che**» *e* «**da**») so...that; so...as: **Quel gradino è c. basso che non si vede**, that step is so low (that) you can't see it; **Fui c. fortunato da scamparla**, I was so lucky as to escape **8** (*correlativo di* «**come**», *nel senso di: parimenti*, *entrambi*) both...and: **È responsabile c. il marito come la moglie**, both husband and wife are responsible **9** (*ottativo*) so: **C. m'assista Iddio!**, so help me God!; **C. volesse il Cielo!**, God willing!; **C. sia!**, so be it! **B** *cong.* **1** (*dunque*, *allora*) so; then: **C. non sei stato tu**, so it wasn't you; **C. hai perso l'impiego, eh?**, so you've lost your job! **2** (*perciò*, *quindi*) so;

therefore: **Era tardi, e c. andammo a casa**, it was late, so we went home; **C. non mi presero**, so they didn't take me. **C** *a.* (*tale, siffatto*) such: **Non s'è mai visto un bambino c.**, never was there such a baby; **Come puoi dire delle cose c.?**, how can you say such things? ● **c. c.**, so so: «**Come stai?**» «**C. c.**», «how are you?» «so so» □ **c. che**, *V.* **cosicché** □ **c. e c.**, so so □ (*fam.*) **c. cosà**, so so □ «**Come vanno gli affari?**» «**C. cosà**», «how's business?» «so so» □ (*fam.*) **c. o cosà**, this way or that way □ **c. via, and so on**; and so forth □ **E c.?**, well?; what about it?; (and) so?; so what? (*fam.*) □ **per c. dire**, so to speak; so to say; as it were □ **proprio c.**, just so; quite so □ **Se è c....**, if so... □ (*comm.*) **un telegramma c. concepito**: «**Spedite merce immediatamente**», a telegram reading: «Send goods immediately» □ **Basta c.!**, that will do! □ **C. non fosse vero!**, would that it were not true! (*lett.*); I wish it weren't true! □ **Gli articoli erano elencati c.:...**, the items were listed as follows:... □ **Non è poi c. ingenua**, she isn't so very innocent □ **C. potessi aiutarti!**, if only I could help you! □ **C. l'avessi saputo!**, if only I had (*lett.*: had I but) known (it, this, that) □ **L'ho dipinto c. com'è**, I've painted him just as he is □ **Il banchiere mi disse di fare c. e c.**, the banker told me exactly what to do □ **E c., com'è andata?**, so, how did it go? □ **Se n'è andata, meglio c.**, she's gone, and a good thing too.
cosicché, *cong.* so that; that: **Diede la vita alla patria c. noi potessimo vivere**, he gave his life for his country, that we might live.
cosiddétto, *a.* so-called.
cosiffatto, *a.* like that; such (*attr.*): **Cosa vuoi fare con un uomo c.?**, what can you do with a man like that?
cosinusòide, *f.* (*mat.*) cosine curve.
cosmèsi, cosmètica, *f.* cosmetics (*pl. col verbo al sing.*); beauty treatment.
cosmètico, *a.* e *m.* cosmetic.
cosmetista, *f.* e *m.* beautician; cosmetologist.
cosmetologìa, *f.* cosmetology.
còsmico, *a.* **1** cosmic(al): **raggi cosmici**, cosmic rays **2** (*universale*) universal: **dolore c.**, universal sorrow.
còsmo, *m.* cosmos; universe.
cosmòdromo, *m.* (*miss.*) cosmodrome.
cosmogonìa, *f.* cosmogony.
cosmogònico, *a.* cosmogonic(al).
cosmografìa, *f.* (*geogr.*) cosmography.
cosmogràfico, *a.* (*geogr.*) cosmographic(al).
cosmògrafo, *m.* (*geogr.*) cosmographer.
cosmologìa, *f.* (*filos.*) cosmology.
cosmològico, *a.* (*filos.*) cosmological.
cosmòlogo, *m.* (*filos.*) cosmologist.
cosmonàuta, *m.* e *f.* cosmonaut.
cosmonàutica, *f.* cosmonautics, astronautics (*pl., col verbo al sing.*).
cosmonàutico, *a.* cosmonautical.
cosmonave, *f.* spaceship.
cosmopolita, *a., m.* e *f.* cosmopolitan; cosmopolite.
cosmopolìtico, *a.* cosmopolitan; cosmopolite.
cosmopolitismo, *m.* cosmopolitism; cosmopolitanism.
cosmorama, *m.* cosmorama.
cosmosonda, *f.* space probe.
còso, *m.* (*fam.*) **1** thingummy; thingumabob; thingumajig; thingamajig **2** (*solo di cosa*) what-d'you-call-it **3** (*solo di persona*) what's-his-name.
cospàrgere, *v. t.* **1** to scatter; to strew*: **Il pavimento era cosparso di petali**, the floor was strewn with petals **2** (*con un liquido*) to sprinkle; to pour; to bedew (*lett.*): **c. con acqua santa**, to sprinkle with holy water; **C. di rum e servire caldo**, pour rum over it and serve hot.
cospètto, A *m.* – **al c. di**, in the presence of; before; in front of: **al c. di tutti**, in front of everybody; **al c. di Dio**, before God; in the presence of God. **B** *inter.* good gracious!; my goodness!
cospicuità, *f.* conspicuousness.
cospìcuo, *a.* conspicuous; remarkable; outstanding; (*considerevole*) considerable, substantial: **una somma cospicua**, a considerable sum.
cospirare, *v. i.* to conspire (*anche fig.*); to plot: **c. contro un tiranno**, to conspire against a tyrant.
cospirativo, *a.* conspirative; conspiratorial.
cospiratóre, *m.* conspirator; plotter.
cospirazióne, *f.* conspiracy; plot.
còsta, *f.* **1** (*geogr.*) coast; coastline; (*anche rilievo delle coste*) seaboard; (*litorale*) shore; (*scogliera sul mare*) cliff: **c. frastagliata**, indented coastline; **la c. atlantica**, the Atlantic seaboard; **una c. sabbiosa (sassosa, rocciosa, ecc.)**, a sandy (pebbly, rocky, etc.) shore **2** (*pendio*) slope; hillside; mountainside; side (*o* flank) of a hill (*o* of a mountain): **una c. ripida**, a steep slope; **essere a mezza c.**, to be halfway up (*o* down) the hill (*o* hillside). **La pista prosegue a mezza c.**, the track continues across the mountainside **3** (*anat.: costola*) rib **4** (*naut., bot., zool.*) rib: **le coste di una nave** (**di una foglia, dell'ala di un insetto**), the ribs of a ship (of a leaf, of an insect's wing) **5** (*di libro*) spine; back **6** (*di coltello*) back **7** (*di tessuto*) cord: **velluto a coste**, cord velvet; corduroy. ● **la C. Azzurra**, the Côte d'Azur □ **la C. d'Avorio**, the Ivory Coast □ **la C. d'Oro**, the Gold Coast □ (*naut.*) **andare c.**, to hug the coast □ **lungo la c.**, along the coast; coastwise □ (*lavoro a maglia*) **punto a c.**, rib stitch □ **traversare a mezza c.**, to traverse □ (*alpinismo, sci*) **traversata a mezza c.**, traverse □ **verso la c.**, towards the coast; coastward(s).
costà, *avv.* there; over there; (*nel paese della persona cui si parla*) in your home town: **Lèvati di c.**, get away from there; get out of there.
costaggiù, *avv.* down there.
costale, *a.* (*anat.*) costal.
costantana, *f.* (*metall.*) costantan.
costante, A *a.* **1** constant; faithful; persevering; steadfast; steady: **preoccupazione c.**, constant worry; **marito c.**, faithful husband; **c. nello studio**, persevering in one's studies; **essere c. nell'affermare la verità**, to be steadfast in upholding the truth **2** (*stabile*) steady; settled; even; unchanged; invariable: **pioggia c.**, steady (*o* incessant) downpour; **temperatura c.**, even temperature **3** (*fis., mat.*) constant. **B** *f.* (*mat.* e *fig.*) constant.
costantiniano, *a.* Constantinian.
Costantino, *m.* Constantine.
Costantinòpoli, *f.* (*geogr.*) Constantinople.
costanza, *f.* constancy; faithfulness; steadfastness, perseverance. ● **Ammiro la tua c.**, I admire the way you've stuck to it (to him, to her, etc.).
Costanza, *f.* Constance.
costardèlla, *f.* (*zool., Scomberesox saurus*) saury pike.
costare, *v. i.* **1** to cost* (*anche fig.*); to come* to; to sell* for; (*valere*) to be worth: **Mi è costato una sterlina**, it cost me a pound; I paid a pound for it; **Gli è costato la nomina**, it cost him his appointment; **Il suo errore gli è costato caro**, his error cost him dear **2** (*fig.*) to be a great wrench (*o* effort, ordeal); to require a great effort (on one's part): **Mi è costato (molto) lasciarla andare**, it was a great wrench for me to let her go; **Mi è costato (molto) confessare pubblicamente**, it was a great effort (*o* ordeal) for me to confess publicly. ● **c. caro**, to be dear □ **c. un occhio** (*o* **l'osso del collo, salato**), to cost the earth (*o* a pretty penny, a fortune) □ **c. poco**, to be cheap □ **Costi quel che costi!**, cost what it may! □ (*prov.*) **Costa più la salsa che il pesce**, one cannot pay more for the sauce than for the fish.
Costarica, *f.* (*geogr.*) Costa Rica.
costaricano, *a.* e *m.* Costa Rican.
costassù, *avv.* up there.
costata, *f.* (*cucina*) chop: **c. d'agnello**, lamb chop.
costatare, *V.* **constatare**.
costatazióne, *V.* **constatazione**.
costato, *m.* **1** (*anat.*) chest; ribs (*pl.*) **2** (*di animale da macello*) side.
costeggiare, A *v. t.* **1** (*naut.*) to sail along; to coast along: **La nostra barca costeggiò il promontorio**, our boat sailed (*o* coasted) along the promontory **2** (*fig.: da terra*) to skirt; to go* (*o* to walk, to run*, to drive*, etc., along) along the edge of): **Costeggiammo il lago**, we went along (*in automobile*: we drove along) the edge of the lake; **La strada costeggia il monte e poi il fiume**, the road skirts the mountain and then runs along the river. **B** *v. i.* to coast; to sail along (*o* to hug) the coast.
costéi, *pron. dimostrativo f.* she (*sogg.*); her (*compl.*); this (*o* that) woman*: **Chi è c.?**, who is this woman?
costellare, *v. t.* to spangle; to deck; to stud; to powder; to shower: **una corona costellata di smeraldi**, a crown studded with emeralds; **una sala costellata di coriandoli**, a hall showered (*o* powdered) with confetti. ● **un golfo costellato di luci**, a bay sparkling with lights.
costellazióne, *f.* (*astron., fig.*) constellation.
costernare, *v. t.* to dismay; to consternate: **La notizia mi costernò**, I was dismayed at the news.
costernato, *a.* dismayed: **Si mostrò veramente c. a quella notizia**, he looked quite dismayed at the news.
costernazióne, *f.* dismay; consternation.
costì, *avv.* there; over there.
costièra, *f.* **1** stretch of coast; (rocky) coastline **2** (*pendio montano*) slope.
costièro, *a.* coastal; coast (*attr.*); coasting: **difesa costiera**, coast(al) defences (*pl.*); **commercio c.**, coasting trade. ● **nave costiera**, coaster.
costipaménto, *m. V.* **costipazione**.
costipare, A *v. t.* **1** (*stipare*) to condense; to compress; to pack tight; to squeeze in **2** (*il terreno*) to pack down; to tamp **3**

costipato

(*med.*) to constipate. **costiparsi**, B *v. rifl.* **1** (*med.*) to become* constipated **2** (*fam.*: *prendersi un raffreddore*) to catch* a bad cold.

costipato, *a.* **1** (*med.*) constipated **2** (*fam.*: *raffreddato*) with a bad cold **3** (*stipato*) condensed; compressed; packed.

costipazióne, *f.* **1** (*med.*) constipation **2** (*fam.*: *raffreddore*) bad cold **3** (*di un terreno*) consolidation.

costituènte, A *a.* constituent: **assemblea c.**, constituent assembly. B *m.* **1** member of a constituent assembly **2** (*chim.*) constituent. C *f.* constituent assembly.

costituire, A *v. t.* **1** (*fondare, stabilire*) to constitute; to form; to establish; to set* up; to make* (up): **c. un comitato**, to constitute a committee; **c. una società**, to form a partnership; **c. un nuovo Stato**, to establish a new state; **c. gli organi di governo necessari**, to set up the required government machinery **2** (*formare, comporre*) to constitute; to form; to compose; to make* up: **Dodici mesi costituiscono un anno**, twelve months constitute a year; **La confederazione è costituita di vari Stati**, the confederation is constituted by (*o* consists of) various states; **Gli elementi che costituiscono il sangue**, the elements that make up blood **3** (*eleggere, nominare*) to constitute; to appoint; to make*: **Il tutore lo costituì suo unico erede**, the guardian constituted (*o* made) him his sole heir; **Lo costituii mio consulente principale**, I appointed (*o* constituted) him my chief adviser; **c. q. presidente d'una società**, to make sb. the chairman of company **4** (*assegnare, dare*) to give*; to settle: **c. una dote a q.**, to give a dowry to sb. (*o* to settle a dowry on sb.); **c. q.c. in dote**, to give st. as dowry. ● (*leg.*) **c. un reato**, to amount to an offence (*o* to a crime) □ (*leg.*) **c. una società commerciale**, to establish a company. **costituirsi**, B *v. rifl.* **1** (*leg.*) to give* (*o* to deliver) oneself up: **L'assassino si costituì alla polizia**, the murderer gave himself up to the police **2** (*formarsi, comporsi*) to constitute (*o* to form) oneself; to become*: **Vogliono c. in comitato**, they want to constitute themselves into a committee; **L'Italia s'è costituita in repubblica**, Italy has become a republic **3** (*nominarsi, erigersi*) to constitute oneself; to appoint oneself: **S'è costituito giudice della mia condotta**, he has constituted himself a judge of my conduct. ● (*leg.*) **c. in giudizio**, to appear before the court □ (*fin.*) **c. in sindacato**, to syndicate □ (*leg.*) **c. parte civile**, to prosecute; to sue (in a civil case).

costituito, *a.* constituted; established: **le autorità costituite**, the established authorities; the Authorities.

costitutivo, *a.* constitutive. ● (*leg.*) **atto c.**, deed (of partnership); (*di una società per azioni*) memorandum of association.

costitutóre, *m.* constituter, constitutor.

costituzionale, *a.* (*polit., leg., med.*) constitutional: **diritto c.**, constitutional law.

costituzionalismo, *m.* (*polit.*) constitutionalism.

costituzionalista, *m. e f.* (*polit.*) constitutionalist.

costituzionalità, *f.* (*polit.*) constitutionality.

costituzionalménte, *avv.* constitutionally.

costituzióne, *f.* **1** constitution; establishment; settlement: **la c. di un composto**, the constitution of a compound; **la c. di una società commerciale**, the establishment of a company; **la c. della dote**, the marriage settlement **2** (*polit.*) constitution: **Carlo Alberto concesse la c.**, Carlo Alberto granted the constitution **3** (*struttura, conformazione*) constitution: **Te la caverai perché hai una c. robusta**, you'll pull through because you've got a strong constitution. ● (*leg.*) **c. in giudizio**, appearance before the court.

còsto, *m.* **1** (*econ., comm.*) cost; expense(s); (*prezzo*) price: **Qual è il c.?**, what is the price?; **calcolare il c. del viaggio**, to reckon the expense(s) of the journey; **Il c. della vita è aumentato**, the cost of living has gone up; **c. di esercizio**, operating cost; running cost; (*naut.*) **c.**, assicurazione e nolo, cost, insurance and freight **2** (*fig.*) cost: **a qualunque c.**, at any cost; **a tutti i costi**, at all costs; at any price; **Il pompiere la salvò a c. della vita**, the fireman saved her at the cost of his life. ● **a c. di**, at the cost of; (*anche se*) even if, even though: **a c. di sembrare pedante**, at the cost of seeming tedious □ **a nessun c.**, on no account; not for anything.

còstola, *f.* **1** (*anat., naut., archit., bot., cucina*) rib **2** (*di coltello*) back **3** (*di libro*) back; spine. ● (*fig.*) **rompere le costole a q.**, to break sb.'s bones □ **stare alle costole di q.**, to keep at (*o* on, upon) sb.'s heels; to stick to sb. like his shadow □ (*fig.*) **Gli si vedono (***o* contano**) le costole**, he's nothing but skin and bone □ (*scherz.*) **Siamo tutti della c. di Adamo**, we are all human.

costolétta, *f.* (*cucina*) **1** cutlet: **una c. di vitello**, a veal cutlet **2** (*braciola*) chop: **una c. d'agnello**, a lamb chop.

costolóne, *m.* (*archit.*) groin; rib.

costóne, *m.* (*cresta montana*) ridge; rib.

costóro, *pron. dimostrativo pl.* they (*sogg.*); them (*compl.*); these (*o* those) men (*o* women); these (*o* those) people: **Chi sono c.?**, who are these people?

costóso, *a.* dear; expensive; costly. ● **poco c.**, cheap; inexpensive.

costringere, *v. t.* **1** to oblige; to force; to compel; to constrain: **Mi costrinse a seguirlo**, he compelled me to follow him **2** (*lett.*: *comprimere*) to compress; to press; to squeeze.

costrittivo, *a.* compelling; constrictive; coercive.

costrittóre, *a.* – (*anat.*) **muscolo c.**, constrictor; retractor.

costrizióne, *f.* **1** pressure; constraint; compulsion **2** (*leg.*: *coercizione*) coercion.

costruìbile, *a.* constructable.

costruire, *v. t.* **1** to build*; to build* up; to make*; to construct; (*erigere*) to erect: **c. una casa (un muro, una nave)**, to build a house (a wall, a ship); **c. una nave (un'automobile, un razzo)** (*ideandoli*), to construct a ship (a motorcar, a rocket) **2** (*gramm.*) to construe. ● **c. una diga**, to dam; to build a dam □ **c. in muratura**, to mason □ (*ind.*) **c. in serie**, to mass-produce □ **c.** (*chiudere con*) **un muro**, to wall.

costruttivaménte, *avv.* constructively.

costruttivo, *a.* **1** (*costr.*) building (*attr.*): **materiale c.**, building materials **2** (*fig.*) constructive: **una politica costruttiva**, a constructive policy. ● (*mecc.*) **schema c.**, structural arrangement.

costrutto, *m.* **1** (*utilità*) profit; advantage; result: **lavorare con poco c.**, to work without much profit **2** (*senso*) sense; meaning: **Le sue parole erano senza c.**, his words didn't make sense (*o* were meaningless) **3** (*gramm.*) construction. ● **Non c'è molto c. nel loro piano**, their plan doesn't amount to much.

costruttóre, A *m.* builder; maker; constructor: **c. stradale**, road builder. ● **c. d'automobili**, car maker □ **c. navale**, shipbuilder. B *a.* building (*attr.*): **impresa costruttrice**, building firm.

costruzióne, *f.* **1** construction; building; (*ind.*) manufacture: **c. in appalto**, construction under public contract; **È in c. un nuovo ponte**, a new bridge is under construction; **c. interamente metallica**, all-metal construction; **c. in cemento armato**, reinforced-concrete construction **2** (*edificio*) building; erection (*spesso iron.*): **una c. in cemento armato**, a building in concrete; **Guardo questa c. con sgomento**, I look at this erection with dismay; **materiale da c.**, building materials **3** (*gramm.*) construction. ● (*costr.*) **c. dello scheletro**, framing □ **c. di giardini** (*all'inglese*) landscape gardening □ **c. in legno**, timbering □ (*naut.*: *di nave*) **essere in c.**, to be on the stocks.

costùi, *pron. dimostrativo m.* he (*sogg.*); him (*compl.*); this (*o* that) man*; this (*o* that) fellow: **Chi è c.?**, who is this man?

costumanza, *f.* custom; usage.

costumare, *v. i.* **1** (*impers.*) to be the custom (*o* the fashion): **Si costuma così dalle nostre parti**, this is the custom in our country (*o* district, etc.) **2** (*solere*) to be in the habit of (doing st.).

costumatézza, *f.* **1** (*buone maniere*) good (*o* polite) manners (*pl.*) **2** (*buoni costumi*) decency.

costumato, *a.* **1** (*di buone maniere*) well-behaved; well-mannered; civilized; polite **2** (*di buoni costumi*) decent. ● **vita costumata**, well-conducted (*o* well-regulated) life.

costume, *m.* **1** custom; usage; (*abitudine*) habit: **È un vecchio c. irlandese**, it's an old Irish custom; **Era mio c. uscire verso sera**, it was my custom (*o* habit) to go out towards evening **2** (*pl.*) morals; (*comportamento*) behaviour (*sing.*): **studiare i costumi di una tribù**, to study the behaviour of a tribe; **una donna di facili costumi**, a woman of loose morals (*o* of easy virtue) **3** (*abito*) costume; (*per mascherata, anche*) fancy dress: **c. autentico del Settecento**, genuine 18th-century costume; **disegnare i costumi per l'Enrico V**, to design the costumes for Henry V; **ballo in c.**, fancy-dress ball **4** (*leg.*: *buon c.*) public morality **5** (*da bagno*) (bathing) costume; bathing suit (*USA*). ● **c. da amazzone**, riding habit ● **contrario al buon c.**, immoral; indecent □ (*teatr.*) **prova in c.**, dress rehearsal □ **la squadra del buon c.**, the vice squad.

costumista, *m. e f.* **1** (*teatr., cinem.*: *bozzettista*) costume designer **2** (*addetto ai costumi*) costumier (*masch.*); costumière (*femm.*).

costura, *f.* seam.

cotale, *a. indef.* (*lett.*) such: **in cotal guisa**, in such a way; thus.

cotangènte, *f.* (*mat.*) cotangent (*abbr.*: cotan).

cotanto, A *a. indef.* (*lett.*) so great a; such a big: **c. uomo**, so great a man. B *avv.* **1** so much **2** (*così a lungo*) so long.

còte, *f.* whetstone; hone.

cotechino, *m.* «cotechino» (kind of big boiled pork sausage).

coténna, *f.* **1** hide; (*di porco*) pigskin (*also used as food*) **2** (*pelle dura*) thick skin (*anche fig.*). **3** (*del cranio*) scalp **4** (*del lardo*) rind. ● **c. erbosa**, turf.

cotennóso, *a.* thick in the hide. ● (*med.*) **angina cotennosa**, diphtheritic angina.

cotèsto, *V.* **codésto**.

cótica, *f.* **1** pigskin (*used as food*) **2** (*cotenna erbosa*) turf.
cotidale, *a.* (*geogr.*) cotidal: **linea c.**, cotidal line.
còtile, *f.* (*anat.*) cotyloid cavity.
cotiledonare, *a.* **1** (*anat.*) cotyloid **2** (*bot.*) cotyledonal.
cotilèdone, *m.* (*bot.*) cotyledon.
cotillon (*franc.*), *m.* **1** (*regalo*) present given during a hall **2** (*ballo*) cotillon, cotillion.
cotógna, *f.* (*bot.*) quince.
cotognata, *f.* (*cucina*) quince jam.
cotógno, *m.* (*bot., Cydonia vulgaris*) quince.
cotolétta, *f.* (*cucina*) cutlet: **c. alla bolognese**, fried cutlet Bolognese style (with a coating of beaten egg and bread crumbs and cheese and ham on top); **c. alla milanese**, fried cutlet Milan style (with a coating of beaten egg and bread crumbs).
cotonáceo, *a.* cottony.
cotonare, *v. t.* (*i capelli*) to back-comb.
cotonato, A *a.* **1** cotton (*attr.*); cottony **2** (*di capelli*) back-combed. **B** *m.* silk and cotton fabric.
cotonatura, *f.* back-combing.
cotóne, *m.* **1** (*bot., Gossypium*) cotton **2** (*filo*) cotton yarn (*o* thread); (*tessuto*) cotton material (*o* cloth): **rocchetto di c.**, reel of cotton; **filo ritorto di c.**, cotton twist; **c. idrofilo**, cotton wool; **c. fulminante**, guncotton; pyroxylin; **c. greggio**, raw cotton; **c. a fibra corta**, short-staple cotton; **c. rigenerato**, recovered cotton; **cascami di c.**, cotton waste. ● **olio di c.**, cottonseed oil ▫ **velluto di c.**, cotton velvet.
cotonerìe, *f. pl.* cotton fabrics; cotton goods.
cotonicoltóre, *m.* cotton grower.
cotonicoltura, *f.* cotton-growing.
cotonière, *m.* **1** (*industriale*) cotton manufacturer **2** (*operaio*) cotton worker; cotton spinner; cotton weaver.
cotonièro, *a.* cotton (*attr.*): **industria cotoniera**, cotton industry.
cotonifìcio, *m.* (*ind. tessile*) cotton mill.
cotonina, *f.* (*ind. tessile*) calico*.
cotonizzare, *v. t.* (*ind. tessile*) to cottonize.
cotonóso, *a.* cottony.
còtta (1), *f.* **1** (*relig.*) surplice **2** (*tunica sopra l'armatura*) surcoat. ● **c. d'arme**, tabard ▫ **c. di maglia**, chain mail; coat of mail.
còtta (2), *f.* **1** (*cottura*) cooking; baking: **alla terza c.**, at the third baking **2** (*infornata*) batch; (*ind.*) kilnful **3** (*fam.: innamoramento*) infatuation; crush (*specialm. di giovanissimi*): **La c. gli sta sbollendo**, his infatuation is cooling; **avere preso una c. per q.**, to have a crush on sb. **4** (*fam.: sbornia*) drunkenness. ● **un furfante di tre cotte**, an archvillain; a thorough scoundrel ▫ (*di un corridore, un atleta e sim.*) **prendere una c.**, to break down; to crack up.
còttile, *a.* (*lett.*) brick (*attr.*).
cottimista, *m. e f.* pieceworker; jobber.
còttimo, *m.* **1** (*contratto*) job contract; jobbing contract **2** (*lavoro*) jobwork; piecework **3** (*retribuzione*) incentive pay. ● **dare lavoro a c.**, to job out work ▫ **lavorare (prendere) a c.**, to work (to undertake) by the job ▫ **essere pagato a c.**, to be paid by the job.
còtto (1), *a.* **1** cooked; done (*pred.*) **2** (*infatuato*) in love; infatuated: **innamorato c.**, head over ears in love **3** (*sport*) exhausted; broken down **4** (*ubriaco*) drunk; tight. ● **c. ai ferri**, grilled ▫ **c. al forno**, baked ▫ **c. a puntino**, done to a turn ▫ **c. e stracotto**, overdone ▫ (*fig.*) **farne di cotte e di crude**, to paint the town red (*pop.*); to be up to all kinds of mischief ▫ (*fig.*) **né c. né crudo**, neither one thing nor the other ▫ **poco c.**, underdone ▫ (*fig.*) **Chi la vuole cotta, chi la vuole cruda**, some want it one way, some another.
còtto (2), *m.* **1** (*mattone*) brick **2** (*terracotta*) terra cotta **3** (*archit.*) brickwork.
cottura, *f.* cooking; (*al forno*) baking. ● **di facile c.**, easily cooked (*o* baked) ▫ **di mezza c.**, half-baked ▫ **passato di c.**, overcooked; overdone.
coturnato, *a.* (*lett.*) **1** buskined **2** (*fig.: di stile*) solemn; elevated.
coturnìce, *f.* (*zool., Alectoris graeca*) Greek partridge.
coturno, *m.* (*archeol., teatr.*) buskin: (*anche fig.*) **calzare il c.**, to wear the buskin.
coulisse (*franc.*), *f. invar.* (*nei vari significati*) coulisse. ● **porta a c.**, sliding door.
coulomb, *m.* (*fis.*) coulomb.
coupé (*franc.*), *m.* (*autom.*) coupé.
coupon (*franc.*), *m.* coupon; slip.
coutènte, *m. e f.* **1** co-user **2** (*abbonato a un «duplex»*) fellow subscriber; (*pl.*) joint subscribers (to a party line).
coutènza, *f.* co-use; joint use.
cóva, *f.* **1** (*il covare*) brooding; sitting on eggs **2** (*tempo*) brooding time. ● **fare la c.**, to brood; to sit (on eggs) ▫ **mettere in c.**, to put to brood.

covalènte, *a.* (*chim.*) covalent.
covalènza, *f.* (*chim.*) covalence.
covare, A *v. t.* **1** to sit* on (eggs); to brood (over eggs, over young birds); (*finché i piccoli non siano usciti dalle uova*) to hatch: **La chioccia sta covando**, the hen is brooding; **I rettili non covano le uova**, reptiles do not hatch their eggs **2** (*fig.*) to nurse; to brood over; to hatch: **c. il proprio risentimento**, to nurse one's resentment; **c. un'ingiustizia patita**, to brood over a wrong; **Covavo da tempo il mio piano**, I had been hatching my plan for a long time. **B** *v. i.* **1** (*di fuoco e fig.*) to smoulder; to lie* hidden: **Il fuoco cova sotto la cenere**, fire smoulders under the ashes; **L'odio covava nel suo cuore**, hatred was smouldering in his heart **2** (*di malattia*) to be latent. ● (*fig.*) **c. la cenere** (*o il fuoco*), to hug the fire ▫ (*fig.*) **c. le lenzuola**, to idle (*o* to laze) in bed ▫ **c. una malattia**, to be sickening for an illness ▫ **c. q. con gli occhi**, to look lovingly at sb. ▫ **c. risentimento contro q.**, to bear a grudge against sb. ▫ **Gatta ci cova!**, there is more to this than meets the eye.
covariante, *a.* (*mat.*) covariant.
covarianza, *f.* (*mat.*) covariance.
covata, *f.* (*anche fig.*) brood. ● (*zool.*) **c. d'uova**, set; clutch.
covatìccio, *a.* broody: **gallina covaticcia**, broody hen.
covatura, *V.* **cóva.**
coventrizzare, *v. t.* to destroy; to rase to the ground.
covile, *m.* **1** den; lair **2** (*cuccia del cane*) dog's bed **3** (*fig.*) hovel; hole.
cóvo, *m.* **1** (*tana, anche fig.*) den; lair: **c. d'iniquità**, den (*o* lair) of iniquity; **La polizia lo trovò nel suo c.**, the police found him in his lair (*o* den) **2** (*di coniglio, ecc.*) hole; burrow **3** (*di volpe*) earth; den.
covolume, *m.* (*fis.*) covolume.
covóne, *m.* (*agric.*) sheaf*.
cowboy (*ingl.*), *m.* cowboy. ● **lavoro da c.**, cowboying (*USA*).
coxalgìa, *f.* (*med.*) coxalgia; coxalgy.
coxite, *f.* (*med.*) coxitis*.
coyòte, *m.* (*zool., Canis latrans*) coyote; prairie wolf*.
Còzie, Alpi, *f. pl.* (*geogr.*) (the) Cottian Alps.
còzza, *f.* (*zool., Mytilus edulis*) mussel.
cozzare, A *v. i. e t.* **1** (*con le corna*) to butt **2** (*urtare*) to butt, to bang (into, against); (*di veicoli o corpi in movimento*) to crash (into), to collide (with) **3** (*fig.: essere in contrasto*) to clash, to collide (with). ● **c. contro un muro** (*di veicolo*), to crash into a wall ▫ **c. il capo contro il muro**, to run one's head against the wall. **cozzarsi, B** *v. rifl. recipr.* **1** to butt at each other **2** (*fig.*) to set* about each other (*fam.*).
cozzata, *f.* **1** (*con le corna*) butt(ing) **2** (*urto violento*) crash; collision.
còzzo, *m.* **1** *V.* **cozzata 2** (*fig.*) clash; conflict: **c. di idee**, clash of ideas.
crac, A *m.* **1** (*rumore*) crack; crash **2** (*crollo di potenza o prestigio*) downfall **3** (*anche econ.*) crash; ruin; collapse (of credit); debacle **4** (*crollo della resistenza fisica o psichica*) breakdown; crack-up (*fam.*). ● **arrivare a un c.**, to come a cropper (*fam.*). **B** *inter.* crack!; crash!
cracker (*ingl.*), *m.* cracker.
cracking (*ingl.*), *m.* (*chim.*) cracking.
Cracòvia, *f.* (*geogr.*) Cracow.
crafen, *m.* (*cucina*) batter-fritter.
crampo, *m.* (*med.*) cramp (*generalm. al sing.*): **Al nuotatore venne un crampo**, the swimmer was seized with a cramp.
craniale, cranico, *a.* (*anat.*) cranial. ● **scatola cranica**, cranium.
crànio, *m.* skull; (*anat., anche*) cranium*; (*fig.*) head.
craniografìa, *f.* (*antropologia*) craniography; descriptive craniology.
craniologìa, *f.* (*antropologia*) craniology.
craniològico, *a.* (*antropologia*) craniological.
craniòlogo, *m.* (*antropologia*) craniologist.
craniometrìa, *f.* (*antropologia*) craniometry.
craniomètrico, *a.* craniometric(al).
craniòmetro, *m.* craniometer.
cranioscopìa, *f.* (*med.*) cranioscopy.
craniotomìa, *f.* (*med.*) craniotomy.
craniòtomo, *m.* (*med.*) craniotome.
cràpula, *f.* (*rif. al bere*) guzzling; (*rif. al mangiare*) gluttony.
crapulóne, *m.* (*beone*) guzzler; (*mangione*) glutton.
crasi, *f.* (*med., gramm.*) crasis*.
crasso, *a.* **1** (*lett.: denso*) dense; thick: **fumo c.**, dense smoke **2** (*fig.: grossolano*) gross; crass: **ignoranza crassa**, gross (*o* crass) ignorance. ● (*anat.*) **intestino c.**, large intestine.
cratère, *m.* (*geol., archeol.*) crater: **c. lunare**, lunar (*o* moon) crater.
cratèrico, *a.* (*geol.*) craterous; crateral.
cràuti, *m. pl.* (*cucina*) sauerkraut (*sing.*).

cravatta, *f.* **1** tie; necktie (*USA*): **c. a farfalla,** bow tie **2** (*nella lotta*) stranglehold.
cravattàio, *m.* **1** (*fabbricante*) tie manufacturer **2** (*venditore*) tie seller.
crawl (*ingl.*), *m.* (*sport*) crawl.
crawlista, *m. e f.* (*sport*) crawl swimmer.
creanza, *f.* manners (*pl.*); politeness; (the) polite thing: **mala c.,** bad manners; **non avere c.,** to have no manners; **Sarebbe buona c. lasciare a lei la scelta,** it would be the polite thing to let her choose.
creare, *v. t.* **1** to create; to make*; to invent: **Dio creò il cielo e la terra,** God created the heaven and the earth; **c. una forma musicale nuova,** to invent a new musical form; **Il romanziere crea i suoi personaggi,** the novelist creates his characters; **c. un'illusione,** to create an illusion **2** (*nominare*) to create; to make*; to appoint: **c. q. console,** to make sb. a consul **3** (*procurare, suscitare*) to make*; **c. delle difficoltà,** to make difficulties; **Il suo comportamento gli creò molti nemici,** his behaviour made him a lot of enemies **4** (*causare, determinare*) to cause; to give* rise to; to originate: **c. dei malintesi,** to cause misunderstandings; **c. un nuovo stile di ballo,** to originate a new style of dancing **5** (*fondare*) to found; to establish; to set* up. ● **c. un precedente,** to establish a precedent □ **c. dei problemi a q.,** to give sb. problems.
creatina, *f.* (*biochimica*) creatine.
creatinina, *f.* (*biochimica*) creatinine.
creatività, *f.* creativity; creativeness.
creativo, A *a.* creative. **B** *m.* (*pubblicitario*) copywriter.
creato, A *a.* created. **B** *m.* creation: **in tutto il c.,** in the whole of creation.
creatóre, A *m.* creator; maker: **mandare q. al C.,** to send sb. to his Maker; **andare al C.,** to go to one's Maker. **B** *a.* creative: **potenza creatrice,** creative power.
creatura, *f.* **1** creature; (*c. umana*) human being: **È iniquo che si possano trattare così creature umane,** it's iniquitous that human beings should be treated like that **2** (*bambino*) baby; infant; sweet (*o* dear, poor) little thing: **La c. era un amore,** the baby was a darling; **La c. morì,** the poor little thing died **3** (*favorito*) creature (*spreg.*); «protégé»; favourite: **Era una c. del dittatore,** he was a creature of the dictator. ● **creature angeliche,** angels □ «**La mia c.!**», gridò la madre, «my child!» the mother cried □ **Ha sposato una c. adorabile,** he has married an adorable girl.
creazióne, *f.* **1** (*il creare*) creation; making **2** (*nomina*) appointment **3** (*il creato*) creation **4** (*fondazione*) foundation; establishment: **la c. di una nuova ditta,** the establishment of a new firm.
credènte, A *a.* believing. **B** *m. e f.* believer. ● (*collett.*) **i credenti,** the faithful.
credènza (1), *f.* **1** belief; (*relig., anche*) faith; (*credito*) credence: **Io ho la ferma c. che...,** it is my (firm) belief that...; **rispettare le credenze religiose,** to respect religious beliefs (*o* faiths); **La voce non trovò c.,** the rumour received no credence **2** (*comm.: credito*) credit: **vendere a c.,** to sell on credit. ● **lettera di c.,** letter of credence; credentials (*pl.*).
credènza (2), *f.* (*di sala da pranzo*) sideboard; (*di cucina*) kitchen dresser; dresser; kitchen cabinet.
credenziale, A *a.* – **lettera c.,** letter of credence; credentials (*pl.*). **B** *f.* **1** bank draft; banker's draft **2** (*pl.*: *lettere credenziali*) credentials.
credenzière, *m.* steward.
crédere (1), A *v. t. e i.* **1** (*ritenere vero, prestare fede*) to believe: **c. in q.,** **in q.c.** (*avere fede in loro*), to believe in sb., in st.; **c. in Dio** (**nel progresso, nella scienza**), to believe in God (in progress, in science); **c. (a) q.** (*cioè che dica la verità*), to believe sb.; **c. (a) q.c.** (*cioè che la cosa sia vera*), to believe st.; **Certo che ti credo!,** of course I believe you!; **Crede tutto ciò che gli si dice,** he believes everything he's told; **c. al dottore** (**a un testimone, ai giornali**), to believe the doctor (a witness, the papers); (*nella chiusa d'una lettera*) **Mi creda, Suo devotissimo,** Believe me (*ma si tende sempre più a tralasciarlo*), Yours sincerely **2** (*avere fiducia*) to have faith (in); to trust; to believe (in): **c. poco nei medici,** not to have much faith in doctors; **c. all'aria di montagna,** to believe (*o* to have faith) in mountain air; **Puoi credergli, te lo dico io,** you can trust him, I assure you **3** (*reputare*) to think*; to believe; to consider: **Lo credo un imbecille,** I consider him a fool; **I think** (*o* I believe) he is a fool; (*più raro*) **I believe him to be a fool**; **Credo che ci siamo già conosciuti,** I believe (*o* I think, *più vago*) we've met before; **Non l'avrei mai creduto,** I should never have thought it; **Credo di sì,** I think so; **Credo di no,** I don't think so; I think not (*meno fam.*); **Credo che farà bello,** I think it'll be fine **4** (*piacere, parere*) to like: **Come credi,** as you like; **Fa un po' quel che credi,** do as you like; do as you think best. ● **c. a q. sulla parola,** to take sb.'s word for it (for st.) □ **c. bene,** to think it best: **Ho creduto bene di non rispondere,** I thought it best not to answer □ **voler c.,** to trust; to hope: **Voglio c. che sia stato uno sbaglio,** I trust it was a mistake; **Voglio c. che verrai,** I trust (*o* I hope) you'll come □ **Lo credo bene!,** I should think so!; I can well believe it! □ **Non potevo c. ai miei occhi,** I could scarcely believe my eyes □ (*prov.*) **Quand'uno per bugiardo è conosciuto, anche se dice il ver non è creduto,** a liar is not believed when he speaks the truth. **crédersi, B** *v. rifl.* to consider oneself; to believe oneself (to be); to think* (one is): **Si crede un genio,** he considers himself a genius; he believes himself to be a genius; **Si crede un uomo molto importante,** he thinks he is a very important man.
crédere (2), *m.* judgment; opinion; belief: **a mio c.,** in my opinion; to my mind; **oltre ogni c.,** unbelievably; past all belief: **La rosa era bella oltre ogni c.,** the rose was unbelievably beautiful; the rose was beautiful past all belief.
credìbile, *a.* **1** (*di cosa*) credible; believable **2** (*di persona*) trustworthy; reliable. ● **È appena c. che...,** one can scarcely believe that... □ **Non è c. che...,** it's hard to believe that...; it's incredible (*o* unbelievable) that...
credibilità, *f.* **1** credibility; believableness **2** (*di persona*) trustworthiness; reliability.
creditìzio, *a.* credit (*attr.*): **la stretta creditizia,** the credit squeeze.
crédito, *m.* **1** (*anche comm.*) credit; (*fiducia, reputazione*) esteem, reputation: **In questo negozio non si fa c.,** no credit is given at this shop; **John Gilpin era un cittadino di c. e assai noto,** John Gilpin was a citizen of credit and renown; **Quel medico gode di molto c.,** that doctor is held in high esteem (*o* has a good reputation); **comperare** (**vendere**) **a c.,** to buy (to sell) on credit; **far c. a q.,** to give (*o* to grant) sb. credit; **debito e c.** (*dare e avere*), debit and credit; **istituto di c.,** credit institution; bank; **c. agrario** (*o* **fondiario**), land credit; **c. bancario,** bank credit; **aprire un c.,** to open a credit; **apertura di c.,** opening of credit; **lettera di c.,** letter of credit; **ottenere c. presso un negozio,** to open a credit account at a shop; **riscuotere un c.,** to recover a credit; **c. allo scoperto,** open credit **2** (*leg.*) debt: **c. inesigibile,** uncollectible (*o* bad) debt; **c. privilegiato,** privileged debt; **crediti ammessi al fallimento,** debts which have been proved and admitted **3** (*il credere*) credit; confidence; trust; credence: **dare c. a q.c.,** to put credit in st.; to give credit (*o* credence) to st.; to credit st.; **Non darei c. a una simile storiella,** I wouldn't credit such a tale. ● **degno di c.,** creditworthy □ **l'esser degno di c.,** creditworthiness □ (*leg.*) **millantato c.,** false pretences; fraudulent representation □ **rimanere in c. con q.,** to be sb.'s creditor □ **una teoria che non trova più c.,** an exploded theory □ (*leg.*) **titolo di c.,** negotiable instrument.
creditóre, A *m.* (*specialm. comm.*) creditor: **c. garantito,** secured creditor; **c. privilegiato,** preferential creditor; **creditori diversi,** sundry creditors; **un c. insistente,** an urgent creditor; a dun (*fam.*). ● **c. ipotecario,** mortgagee. **B** *a.* creditor (*attr.*): **società creditrice,** creditor company.
crèdo, *m.* (*relig., fig.*) creed: **c. letterario** (**politico, ecc.**), literary (political, etc.) creed. ● **cantare il c.,** to sing the Credo.
credulità, *f.* credulity.
crèdulo, *a.* credulous; naïve; gullible.
credulóne, A *a.* credulous; naïve; gullible. **B** *m.* gull; sucker (*fam.*).
crèma, A *f.* **1** cream (*anche fig.*); creamy substance: **c. di pomodoro,** (cream of) tomato soup; **c. di bellezza,** beauty cream; **Conteneva una c. inodore,** it contained an odourless creamy substance; (*fig.*) **la c. della società,** the cream of society **2** (*di zucchero, uova, ecc.*) custard **3** (*liquore*) «crème» (*franc.*): **c. di menta,** «crème-de-menthe» (*franc.*). **B** *a.* cream (*attr.*); cream-coloured.
cremaglièra, *f.* (*mecc.*) rack: **ferrovia a c.,** rack railway; cog railway; **c. campione,** master rack; **c. divisoria,** indexing rack.
cremare, *v. t.* to cremate.
crematóio, *m.* crematory; cremator.
crematòrio, A *a.* crematory; crematorial. ● **forno c.,** crematorium. **B** *m.* crematory; crematorium*.
cremazióne, *f.* cremation.
crème (*franc.*), *f.* (*fig.*) cream: **la c. dell'aristocrazia,** the cream of the aristocracy.
crème caramel (*franc.*), *locuz. femm.* cream caramel.
cremino, *m.* (*cioccolatino*) chocolate cream.
crèmisi, *a. e m.* crimson.
cremisino, *a. e m.* crimson.
Cremlino, *m.* Kremlin.
cremlinologia, *f.* (*polit.*) Kremlinology; Sovietology.
cremlinòlogo, *m.* (*polit.*) Kremlinologist; Sovietologist.
cremóre, *m.* – (*chim.*) **c. di tartaro,** cream of tartar.
cremortàrtaro, *m.* (*chim.*) cream of tartar.
cremóso, *a.* creamy.

crèn, *m.* **1** (*bot., Armoracia rusticana*) horseradish **2** (*salsa*) horse-radish.
crenato, *a.* (*bot.*) crenate(d).
crenatura, *f.* (*bot.*) crenature.
crènno, (*raro*) V. crèn.
crenoterapia, *f.* (*med.*) crenotherapy.
creolina, *f.* creolin.
creòlo, *a.* e *m.* Creole.
creosòto, *m.* (*chim.*) **1** (*di faggio*) creosote **2** (*di carbon fossile*) coal-tar oil.
crèpa, *f.* **1** crack; cleft; crevice; chink **2** (*fig.: dissapore*) disagreement.
crepàccio, *m.* **1** cleft; fissure **2** (*di ghiacciaio*) crevasse.
crepacuòre, *m.* heartbreak; broken heart: **La donna morì di c.**, the woman died of a broken heart.
crepapància, crepapèlle, a, *locuz. avv.* — **ridere a c.**, to split (*o* to burst) one's sides with laughter; to laugh fit to burst; to crease oneself (with laughter) (*pop.*); **mangiare a c.**, to eat one's head off; to eat fit to burst; to gorge oneself to bursting point.
crepare, *v. i.* **1** to crack; (*spaccarsi*) to split*; (*rompersi*) to break* **2** (*scherz.: scoppiare*) to burst*: **Se mangio un altro po', crepo**, if I eat any more, I shall burst **3** (*volg.: morire*) to give* up the ghost; to kick the bucket (*volg.*); to die (*con un epiteto spreg.*): **Lascialo c.!**, let the fool (*o* the scoundrel, etc.) die! ● **c. dalla fatica**, to be exhausted, to be worn out; to be dog-tired □ **dalle risa**, to burst one's sides with laughter □ **c. d'invidia**, to be green with envy □ **c. di rabbia**, to be eaten up with rage □ **c. di salute**, to be bursting with health □ **Crepi l'avarizia!**, just for once!; to hell with the expense! □ **Crepi l'astrologo!**, to hell with what the stars say!
crepatura, *f.* crack; crevice; fissure; chink.
crèpe (*franc.*), **A** *m.* (*ind. tessile*) crêpe, crepe. **B** *f.* (*cucina*) crêpe, crepe.
crepèlla, *f.* (*ind. tessile*) wool crepe.
crepitare, *v. i.* to crackle; to rattle; to pop; to crepitate (*lett.*); (*lett.: stormire*) to rustle: **Il fuoco crepita**, fire crackles; **La legna secca crepita**, dry wood pops; **Le foglie crepitano al vento**, the leaves are rustling in the wind.
crepitazióne, *f.* (*med.*) crepitus*; crepitation.
crepìtio, *m.* crackling; rattling; rustling.
crèpito, *m.* (*lett.*) crackle; rattle; rustle.
crepuscolare, A *a.* crepuscular; twilight (*attr.*): **bagliore c.**, twilight glow; (*letter.*) **i poeti crepuscolari**, the «twilight poets». ● **bellezza c.**, fading beauty □ **luce c.**, twilight □ (*psic.*) **stato c.**, twilight state. **B** *m.* (*letter.*) «twilight poet».
crepuscolarismo, *m.* (*letter.*) «twilight» school of poetry.
crepùscolo, *m.* **1** twilight; (*l'imbrunire*) dusk **2** (*fig.*) twilight; decline; (*fig.*) **il c. della vita**, the twilight of life.
crescèndo, *m.* (*mus. e fig.*) crescendo*.
crescènte, A *a.* **1** growing **2** (*della luna*) waxing. **B** *m.* (*falce di luna*) crescent.
crescènza, *f.* growth: **vestito a c.**, dress made to allow for (child's) growth.
créscere, A *v. i.* **1** to grow*; (*diventare adulto*) to grow* up; (*specialm. di statura*) to grow* taller: **Pierino mi sembra cresciuto**, I think Pierino has grown taller; **L'albero cresce lentamente, ma cresce**, the tree grows slowly, but it grows (all the same) **2** (*aumentare di volume, d'intensità*) to rise*: **L'acqua cresceva a vista d'occhio**, the water was rising apace; **La pasta non è cresciuta perché c'era poco lievito**, the dough hasn't risen because there wasn't enough yeast; **Il vento è cresciuto**, the wind has risen **3** (*aumentare di numero*) to increase; (*talora*) to grow* bigger: **La popolazione è cresciuta**, the population has increased (*o* has grown bigger); **I candidati sono cresciuti**, the number of candidates has increased **4** (*aumentare di peso*) to put* on: **Sono cresciuta (di) tre chili**, I've put on three kilos **5** (*di prezzi, ecc.*) to go* up; to rise*; to up: **È cresciuto il prezzo del carbone**, (the price of) coal has gone up; **I prezzi cresceranno ancora di più**, prices will rise still further **6** (*della luna*) to wax: **Queste notti la luna cresce**, the moon is waxing in these nights **7** (*aggiungere punti in lavori a maglia*) to increase; to add (on): **Al terzo ferro, comincia a c.**, at the third row, you begin to increase. **B** *v. t.* **1** (*fam.: allevare*) to rear; to bring* up: **I miei figli li ho cresciuti io**, I brought up my children myself **2** (*fam.: aumentare*) to raise; to increase; to advance; to put* up; to up: **Quel negozio cresce i prezzi**, that shop puts up the prices; **c. il prezzo della benzina**, to advance the price of petrol. ● (*fig.*) **c. nella stima di q.**, to rise in sb.'s esteem □ (*econ.*) **c. vertiginosamente** (*di prezzi, ecc.*), to spiral upward □ (*far*) **c.** (*coltivare*) **piante** (*fiori, ecc.*), to grow plants (flowers, etc.) □ **farsi c. la barba**, to grow a beard □ **farsi c. i capelli**, to let one's hair grow □ **Le esigenze del cliente crescevano**, the customer was getting more and more exacting □ **La mia fame cresceva** (*o non*

faceva che c.*), I was getting hungrier and hungrier □ **Quest'articolo cresce di 10 righe, this article is 10 lines too long.
cresciòne, *m.* (*bot., Nasturtium officinale*) watercress. ● (*bot.*) **c. d'orto** (*o inglese*) (*Lepidium sativum*), garden cress.
créscita, *f.* **1** (*anche fig.*) growth: **piante in piena c.**, plants in full growth; (*econ.*) **c. economica zero**, zero economic growth (*abbr.*: ZEG); (*ecol.*) **c. zero della popolazione**, zero population growth **2** (*aumento*) increase; rise: **la c. dei prezzi**, the rise in prices. ● **essere ancora in c.**, to be still growing.
cresciuto, *a.* **1** grown; (*adulto*) grown-up **2** (*aumentato*) increased **3** (*allevato*) brought up; reared.
crèsima, *f.* (*relig.*) confirmation. ● **tenere a c. q.**, to be sb.'s godparent (*o* godfather, godmother) at confirmation.
cresimando, *m.* (*relig.*) candidate for confirmation.
cresimare, (*relig.*) **A** *v. t.* to confirm. **cresimarsi, B** *v. rifl.* to be confirmed.
crèso, *m.* (*fig.*) Croesus*. ● **non essere un c.**, not to be as rich as Croesus.
cresòlo, *m.* (*chim.*) cresol, cressol.
crèspa, *f.* **1** (*di vestito*) gather (*specialm. al pl.*) **2** (*ruga*) wrinkle; crinkle **3** (*piccola onda*) ripple.
crespato, *a.* crisped; rippled; wrinkled; crinkled; puckered. ● **carta crespata**, crepe paper.
crespino, *m.* (*bot., Berberis vulgaris*) berberry, barberry.
crèspo, A *a.* **1** (*di capelli*) crisp; curly **2** (*di tessuto*) crisped; wrinkled; crinkled. **B** *m.* (*ind. tessile*) crepe, crêpe; (*da lutto*) crape: **c. di Cina**, crêpe de Chine.
crèsta, *f.* **1** (*zool.*) comb; crest (*anche fig.*) **2** (*crinale*) ridge; (*spartiacque*) watershed; (*cocuzzolo*) crest, peak, top **3** (*cuffia: antica*) frilly cap; (*di cameriera, ecc.*) white starched cap **4** (*di solco e sim.*) edge **5** (*dell'elmo*) crest **6** (*fis.*) crest; peak; (*mecc.*) crest, tip: (*fis.*) **valore di c.**, crest value. ● (*bot.*) **c. di gallo** (*Celosia cristata*), cockscomb □ (*anat.*) **c. iliaca**, iliac crest □ (*fig.*) **abbassare la c.**, to come off one's high horse □ (*fig.*) **alzare la c.**, to get on one's high horse; to get cocky □ (*di persona*) **con la c. abbassata**, crestfallen □ (*fig.*) **far abbassare la c. a q.**, to humiliate sb.; to take sb. down a peg or two □ (*fam.*) **fare la c. sulla spesa**, to chisel a bit on the shopping.
crestàia, *f.* milliner.
crestato, *a.* **1** (*zool., bot.*) cristate; cristated **2** (*di elmo*) crested.
crestina, *f.* maidservant's cap.
crestomazia, *f.* (*letter.*) chrestomathy.
créta, *f.* (*geol.: argilla*) clay.
Crèta, *f.* (*geogr.*) Crete.
cretàceo, A *a.* **1** chalky; cretaceous; clayey **2** (*geol.*) Cretaceous. **B** *m.* (*geol.*) Cretaceous (period).
cretése, *a., m.* e *f.* Cretan.
crètico, (*poesia*) **A** *a.* cretic; amphimacer. **B** *m.* cretic.
cretinata, *f.* stupid (*o* silly) thing to do (*o* to say).
cretineria, *f.* **1** foolishness; stupidity; silliness: **La loro c. è proverbiale**, their silliness is proverbial **2** (*atto, detto cretino*) piece of stupidity; stupid (*o* silly) thing to do (*o* to say): **Che c.!**, what a stupid thing to do!; how stupid of me (you, him)!
cretinétti, *m.* e *f.* nitwit (*fam.*); mug (*pop.*).
cretinismo, *m.* **1** (*med.*) cretinism **2** (*fig.*) stupidity.
cretino, A *a.* **1** stupid; foolish **2** (*med.*) cretinous. **B** *m.* **1** stupid (person); fool; idiot **2** (*med.*) cretin.
cretonne (*franc.*), *f. invar.* (*ind. tessile*) cretonne.
cretóso, *a.* chalky; clayey.
crìbbio, *inter.* cripes!; crikey!
cribróso, *a.* cribrose; cribriform: (*anat.*) **lamina cribrosa**, cribriform plate.
cric (1), *inter.* e *m.* crack; crackle; creak.
cric (2), *m.* (*mecc.*) jack; car jack. ● **sollevamento col c.**, jacking.
cricca (1), *f.* clique; cabal; set; gang (*fam.*): **una c. di giocatori**, a gambling set.
cricca (2), *f.* (*metall.*) crack.
criccàggio, *m.* (*specialm. aeron.*) jacking up.
cricchétto, V. nottolino.
cricchiare, *v. i.* to crack; to crackle; to crunch.
cricchio, *m.* cracking; crackling; crunching.
cricco, V. cric (2).
cricèto, *m.* (*zool., Cricetus cricetus*) hamster.
cricòide, *f.* (*anat.*) cricoid (cartilage).
cri cri, *inter.* e *m.* chirp. ● **fare cri cri**, to chirp.
crimenlèse, *m.* (*fig.*) crime of lese-majesty.
criminale, *a., m.* e *f.* criminal. ● **c. della strada**, road hog.
criminalista, *m.* e *f.* (*leg.*) criminal lawyer.
criminalità, *f.* criminality; crime: **La c. è in aumento**, crime is increasing (*o* on the increase).
criminalizzare, *v. t.* to criminalize.
criminalizzazióne, *f.* criminalization.
crimine, *m.* crime; grave offence.

criminologìa, *f.* criminology.
criminòlogo, *m.* criminologist.
criminosità, *f.* criminality.
criminóso, *a.* criminal.
crinale, *m.* crest; ridge.
crine, *m.* **1** horsehair **2** (*lett.: capigliatura*) hair; locks (*pl.*) **3** (*per imbottitura*) horsehair; hair: **c. vegetale,** vegetable hair.
crinièra, *f.* **1** (*zool.*) mane **2** (*astron.: di cometa*) tail **3** (*anche scherz.: capigliatura folta*) mane.
crinito, *a.* (*lett.*) with a flowing mane; with flowing locks.
crinòidi, *m. pl.* (*zool., Crinoidea*) crinoids.
crinolina, *f.* crinoline; hooped petticoat.
crioanestesìa, *f.* (*med.*) cryanesthesia.
criobiologìa, *f.* cryobiology.
criochìmica, *f.* cryochemistry.
criochirurgìa, *f.* (*med.*) cryosurgery.
criochirùrgico, *a.* (*med.*) cryosurgical.
criochirurgo, *m.* cryosurgeon.
criogenìa, *f.* (*fis.*) cryogenics (*pl. col verbo al sing.*).
criògeno, *a.* (*fis.*) cryogenic.
criolite, *f.* **1** (*miner.*) cryolite; ice spar; Greenland spar **2** (*chim.*) sodium fluoaluminate.
criometrìa, *f.* (*chim., fis.*) cryometry.
criomètrico, *a.* (*chim., fis.*) cryometric.
criòmetro, *m.* (*chim., fis.*) cryometer.
criònica, *f.* (*med.*) cryonics (*pl. col verbo al sing.*).
crioscopìa, *f.* (*chim. fis.*) cryoscopy.
crioscòpico, *a.* (*chim. fis.*) cryoscopic(al).
crioscòpio, *m.* (*chim., fis.*) cryoscope.
criosónda, *f.* (*med.*) cryoprobe.
criòstato, *m.* (*fis.*) cryostat.
crioterapìa, *f.* (*med.*) cryotherapy.
cripta, *f.* (*archit.*) crypt; vault.
criptico, *a.* (*lett., anche fig.*) cryptic(al); mysterious.
cripto, cripton, *m.* (*chim.*) krypton.
criptocomunista, *m. e f.* crypto-Communist; crypto (*pop.*).
criptogenètico, *a.* (*med.*) cryptogenetic.
criptografìa, e *deriv. V.* **crittografìa,** e *deriv.*
criptònimo, *m.* cryptonymous.
criptopòrtico, *m.* (*archit.*) cryptoporticus*.
crisàlide, *f.* (*zool.*) chrysalis*; pupa*; chrysalid. ● **c. di lepidottero,** aurelia.
crisantèmo, *m.* (*bot., Chrysanthemum*) chrysanthemum.
criselefantino, *a.* (*arte*) chryselephantine.
crisi, *f.* **1** (*med., polit., econ.*) crisis*: **una c. di governo,** a cabinet crisis; **la c. del petrolio,** the oil crisis **2** (*econ.*) crisis*; slump; depression; doldrums (*pl.*): **una c. della Borsa,** a slump on the stock exchange **3** (*parossismo*) paroxysm; fit; attack: **una c. di pianto,** a fit (*o* paroxysm) of tears; **c. di nervi,** attack of nerves; fit of hysterics; brainstorm (*pop.*). ● **la c. del 1929,** the 1929 Depression; the Depression □ **c. degli alloggi,** housing shortage (*o* problem) □ (*econ.*) **c. stagionale,** seasonal down (*o di tossicodipendente*) **in c. d'astinenza,** strung out (*pop.*) □ **mettere in c. q.,** to put sb. in a critical position; (*deprimere*) to depress sb.
crisma, *m.* **1** (*relig.*) chrism; holy (*o* consecrated) oil **2** (*fig.*) official blessing; sanction.
crisoberillo, *m.* (*miner.*) chrysoberyl.
crisoelefantino, *V.* **criselefantino.**
crisofìcea, *f.* (*bot.*) yellow-green alga*.
crisografìa, *f.* chrysography.
crisòlito, *m.* (*miner.*) chrysolite.
crisopàzio, crisopràsio, *m.* (*miner.*) chrysoprase.
Crispino, *n. pr. m.* (*stor., relig.*) Crispin.
cristallàio, *m.* **1** (*chi lavora il cristallo*) worker in crystal **2** (*chi lo vende*) dealer in crystal.
cristallerìa, *f.* **1** (*fabbrica*) crystal (glass) factory **2** (*negozio*) crystal (glass) shop **3** (*oggetti di cristallo*) crystal; glassware; (*da tavola*) table crystal; crystal tableware: **la c. e le stoviglie,** the crystal and china.
cristallièra, *f.* glass (*o* display) case.
cristallinità, *f.* crystallinity.
cristallino, A *a.* **1** crystalline; crystal (*attr.*): **cielo c.,** crystalline sky; (*filos.*) **cristalline heaven;** (*attr.*) **sistema c.,** crystal system **2** (*fig.*) crystal-clear: **coscienza cristallina,** crystal-clear conscience. **B** *m.* (*anat.*) crystalline lens.
cristallizzàbile, *a.* crystallizable.
cristallizzare, A *v. t.* to crystallize. **B** *v. i.* e **cristallizzarsi,** *v. rifl.* to crystallize (*anche fig.*). ● (*fig.*) **È proprio cristallizzato,** he is an old stick-in-the-mud.
cristallizzatóre, *m.* (*chim.*) crystallizer; crystallization vessel.
cristallizzazióne, *f.* (*miner. e fig.*) crystallization.
cristallo, *m.* **1** (*miner.*) crystal: **c. di quarzo (di rocca),** quartz (rock) crystal; **c. liquido,** liquid crystal **2** (*da lastra*) (plate) glass; (*la lastra stessa*) sheet of plate glass; (*di finestra*) windowpane; (*di vetrina*) shop window(pane); (*parabrezza*) glass: **mezzo c.,** medium-thick plate glass; **c. blindato,** armoured (*o* bullet-proof) glass; **c. molato,** glass with bevelled edge **3** (*pl.: oggetti di cristallo intagliato*) crystal (*collett.*): **I cristalli luccicavano sulla tavola da pranzo,** the dinner table sparkled with crystal **4** (*vetro speciale per bicchieri, vasi*) crystal (glass). ● **c. di Boemia,** Bohemian glass □ **c. fluorescente,** phosphor □ (*autom.*) **c. orientabile** quarterlight □ **limpido come il c.,** crystal clear.
cristallografìa, *f.* (*miner.*) crystallography.
cristallogràfico, *a.* crystallographic(al).
cristallògrafo, *m.* crystallographer.
cristallòide, *a. e m.* crystalloid.
cristianaménte, *avv.* **1** like (*o* as) a Christian; in a Christian way **2** (*caritatevolmente*) charitably.
cristianeggiare, *v. i.* (*lett.: atteggiarsi a cristiano*) to pose as a Christian.
cristianésimo, *m.* Christianity.
cristiània, *m.* (*sport*) christiania; christie (*fam.*).
cristianità, *f.* **1** Christianity **2** (*il mondo cristiano*) Christendom.
cristianizzare, *v. t.* to convert (sb.) to Christianity.
cristiano, A *a.* Christian: **era cristiana,** Christian era. ● **carità cristiana,** Christian love; caritas; charity. **B** *m.* **1** Christian **2** (*fam.: uomo*) soul; man; human being; chap; devil (*solo con* poor): **Non c'era un cristiano,** there wasn't a soul there; **Non è cibo da cristiani,** this is no food to give a man (*o a* chap); **Quel povero cristiano sta tremando,** the poor devil is shivering. ● **mangiare da cristiani,** to eat properly; to have a decent meal □ **Non è faccia da c.,** he has a most unholy face ■ **Non era tempo da cristiani,** it was the devil's own weather.
cristiano-sociale, *a. e m.* socio-christian.
Cristina, *f.* Christine, Christina.
Cristo, A *m.* **1** Christ: **avanti C.,** Before Christ (*abbr.:* B.C.); **dopo C.,** After Christ; Anno Domini (*abbr.:* A.D.); **nel 313 dopo C., in 313 A.D.** (*anche:* A.D. 313) **2** Christ; (*crocifisso*) crucifix. ● **gli anni di C.,** the Christian Era □ (*fam.*) **un povero c.,** a poor devil of a chap. **B** *inter.* (*volg.*) Christ!
cristocentrismo, *m.* (*relig.*) Christocentrism.
Cristòforo, *m.* Christopher.
cristolatrìa, *f.* Christolatry.
cristologìa, *f.* Christology.
cristològico, *a.* Christological.
cristòlogo, *m.* Christologist.
critèrio, *m.* **1** criterion*; principle; standard; rule: **Non so che criteri fisseranno,** I don't know what standards they will adopt; **un c. approssimativo,** a rough-and-ready rule; a rule of thumb **2** (*fam.: senno*) judiciousness; (common) sense; discernment. ● **farsi un c. di q.c.,** to form an opinion on st.; to make up one's mind about st. □ **un giovane di c.,** a sensible young man (*o* fellow) □ **senza c.,** senseless; unwise.
critèrium, *m.* (*sport*) restricted competition.
critica, *f.* **1** criticism: **scrivere c. d'arte,** to write art criticism; **molte critiche sfavorevoli,** much adverse criticism **2** (*recensione*) review: **scrivere la c. di una commedia,** to write the review of a play **3** (*l'insieme dei critici*) (the) critics (*pl.*): **La c. è unanime nel condannare il libro,** the critics are unanimous in condemning the book **4** (*biasimo*) criticism; censure: **prestare il fianco alla c.,** to invite (*o* to expose oneself to) criticism. ● (*filos.*) **C. della ragion pura,** Critique of Pure Reason □ **rivolgere critiche a q.,** to criticize sb.: **Le furono rivolte molte critiche,** she was much criticized.
criticàbile, *a.* **1** criticizable **2** (*biasimabile*) censurable.
criticare, *v. t.* **1** to criticize: **molto criticato,** much criticized **2** (*biasimare*) to criticize; to censure; to find* fault with. ● **farsi c.,** to expose oneself to criticism.
criticismo, *m.* (*filos.*) criticism.
criticità, *f.* (*fis.*) criticality.
critico, A *a.* **1** critical: **uno studio c. sul Leopardi,** a critical essay on Leopardi **2** (*di crisi*) critical; crucial; decisive: **momento c.,** crucial moment; **situazione critica,** critical situation **3** (*climaterico*) climacteric. ● **età critica,** (*pubertà*) puberty; (*climaterio*) change of life, climacteric; (*menopausa*) menopause □ **essere in circostanze critiche** (*specialm. econ.*), to be in difficulties. **B** *m.* **1** critic: **c. musicale,** music critic; **c. drammatico,** dramatic (*o* drama) critic; **c. letterario,** literary critic **2** (*recensore*) reviewer: **Il c. del tuo giornale non è un gran c.,** your paper's reviewer is not a great critic.
criticóne, *m.* (*fam.*) fault-finder; censorious person (*specialm. per motivi di morale*); (*brontolone*) grumbler.
crittògama, *f.* (*bot.*) **1** cryptogam **2** (*malattia della vite*) powdery mildew.
crittogamìa, *f.* (*bot.*) cryptogamy.

crittogàmico, *a.* (*bot.*) cryptogamic; cryptogamous.
crittografia, *f.* cryptography.
crittogràfico, *a.* cryptographic.
crittògrafo, *m.* cryptographer.
crittogramma, *m.* cryptogram; cryptograph.
crivellare, *v. t.* **1** to riddle; to pepper: **c. q. di pallottole,** to riddle sb. with bullets **2** (*raro: vagliare*) to sift; to sieve; to screen **3** (*min.*) to jig.
crivellatura, *f.* **1** (*il passare al crivello*) sifting; siftage; screening **2** (*min.*) jigging **3** (*ciò che resta nel crivello*) siftings (*pl.*).
crivèllo, *m.* **1** sieve; riddle; screen: (*ind. tessile*) **c. per bozzoli,** cocoon sieve **2** (*min.*) jig.
croato, A *a.* Croatian. **B** *m.* **1** Croat; Croatian **2** (*la lingua*) Croatian.
Croàzia, *f.* (*geogr.*) Croatia.
croccante, A *a.* crisp; crackling. ● **patatine croccanti,** potato crisps. **B** *m.* (*cucina*) almond sweetmeat; almond toffee.
crocchétta, *f.* (*cucina*) croquette.
cròcchia, *f.* chignon; bun: **Portava i capelli in una c.,** she wore her hair plaited and rolled into a bun.
crocchiare, *v. i.* **1** (*raro; scricchiolare*) to crackle; to crack **2** (*di gallina*) to cluck; (*dell'anatra*) to quack **3** (*di cose fesse*) to crack; to give* out a cracked sound.
cròcchio, *m.* knot (of people); small group: **Si formò subito un c.,** a knot of people gathered together immediately. ● **stare in c.,** to stand (*o* to sit) chatting in a small group.
croccolóne, *m.* (*zool., Capella media*) great snipe.
cróce, *f.* **1** (*in quasi tutti i sensi*) cross: **c. latina** (**greca, di S. Andrea** *o* **decussata, di Malta**)**,** Latin (Greek, St. Andrew's, Maltese) cross; **c. di cavaliere,** knight's cross; knight's insignia (*pl.*); (*fig.*) knighthood; **c. di guerra,** (*in G. B.*) Distinguished Service Cross; (*in Italia*) War Cross; **C. Rossa,** Red Cross; (*astron.*) **C. del Sud,** Southern Cross; (*arte*) **una deposizione dalla C.,** a Deposition (from the Cross) **2** (*fig.: tribolazione*) (sore) trial; cross; affliction; (heavy) burden: **Ciascuno ha la sua c.,** everyone bears his cross; **È una c. che tutti dobbiamo portare,** it's a burden we must all bear; **Il ragazzo è una c. per i genitori,** the boy is a sore trial for his parents **3** (*faccia di una moneta opposta a quella che rappresenta una testa*) tail(s): «**Testa o c.?**», «heads or tails?» **4** (*tipogr.*) dagger. ● (*bot.*) **c. di Malta** (*Lychnis chalcedonica*)**,** London pride ● **c. uncinata** (*o* **gammata**)**,** swastika; gammadion ● **a forma di c.,** cross-shaped; cruciform □ **a occhio e c.,** at a rough estimate; roughly; on the face of it; more or less □ (*fig.*) **farci una c. sopra,** to write it off; to think no more about st. □ **Sarà meglio che tu ci faccia una c. sopra,** you had better write it off □ **fare il segno della c.** (*per benedire, ecc.*)**,** to make the sign of the cross □ **fare** (*o* **farsi**) **il segno della c.,** to cross oneself □ **fare a testa o c.,** to toss (up) a coin □ **firmare con il segno della c.,** to make one's cross □ (*fig.*) **gettare la c. addosso a q.,** to throw the blame on sb. □ **in c.,** crosswise; across; (*incrociato*) cross(-shaped), crossed; **legare in c.,** to tie crosswise; **stare con le braccia in c.,** to have one's arms crossed (*o* folded); (*fig.: oziare*) to sit about doing nothing □ **inchiodare q. sulla c.,** to nail sb. on the cross □ (*fig.*) **mettere q. in c.,** to plague (*o* to pester) sb.; to put sb. through it □ (*stor.: di crociati*) **prendere la c.,** to take the cross □ **punto in c.,** cross-stitch □ (*fig.*) **tenere q. in c.,** to keep sb. on tenterhooks □ **testa o c.** (*il gioco*)**,** toss-up □ **tirare una c. su un debito,** to remit a debt □ **vincere a testa o c.,** to win the toss.
crocefiggere, e *deriv. V.* **crocifiggere,** e *deriv.*
cròceo, *a.* (*lett.*) saffron (yellow); croceous.
crocerista, *m.* e *f.* passenger on a cruise.
crocerossina, *f.* Red Cross nurse.
crocesegnare, *v. t.* to make* one's cross on.
croceségno, *m.* cross.
crocétta, *f.* **1** (*bot., Onobrychis viciaefolia*) sainfoin **2** (*naut.*) crosstree.
crocevìa, *m.* crossroads (*sing.*); road crossing.
crochet (*franc.*)**,** *m.* **1** (*uncinetto*) crochet hook **2** (*lavoro all'uncinetto*) crochet **3** (*pugilato: gancio*) hook.
crociano, A *a.* of B. Croce; Crocean. **B** *m.* follower of the philosophy of B. Croce.
crociata, *f.* (*stor.*) crusade (*anche fig.*): **bandire una c.,** to proclaim a crusade.
crociato, A *a.* cruciform; cross-shaped. ● **parole crociate,** crossword (puzzle). **B** *m.* (*stor.*) crusader.
crocicchio, *m.* crossroads (*sing.*); road crossing.
crocidare, *v. i.* (*lett.*) to caw.
crocièra, *f.* **1** (*naut.*) cruise **2** (*aeron.*) air cruise **3** (*archit.*) cross vault **4** (*mecc.*) spider; cross; cross journal: **c. del giunto cardanico,** universal joint spider (*o* cross). ● **andare in c.** (*o* **a fare una c.**)**,** to take (*o* to go on) a cruise; (*naut.*) to cruise □ (*naut.*) **essere di c.,** to be (on duty) cruising □ **nave da c.,**

holiday cruiser □ (*archit.*) **volta a c.,** cross vault; cross vaulting.
crocière, *m.* (*zool., Loxia curvirostra*) crossbill.
crocierista, *V.* **crocerista.**
crocifere, *f. pl.* (*bot., Cruciferae*) crucifers.
crocifero, A *a.* cruciferous (*anche bot.*); cross-bearing. **B** *m.* **1** crucifer; cross-bearer **2** (*relig.*) Crutched (*o* Crossed) Friar.
crocifiggere, A *v. t.* **1** to crucify **2** (*fig.*) to torment; to keep* (sb.) on the rack. **crocifiggersi, B** *v. rifl.* (*fig.*) to mortify oneself.
crocifissióne, *f.* crucifixion.
crocifisso, A *a.* crucified. **B** *m.* crucifix. ● **il C.,** the Crucified.
crocifissóre, *m.* crucifier.
crocifórme, *V.* **crucifórme.**
crocióne, *m.* **1** big cross **2** *V.* **crociere.** ● (*fig.*) **fare un c. su q.c.,** to think no more about st.
cròco, *m.* **1** (*bot., Crocus*) crocus* **2** (*bot., Crocus sativus*) saffron. ● (*chim.*) **c. di Marte,** crocus (of Mars).
cròda, *f.* crag.
crodaiòlo, *m.* cragsman*.
crogiolare, A *v. t.* to cook (st.) on a slow fire. **crogiolarsi, B** *v. rifl.* (*fig.*) to bask; to be snug: **c. al sole,** to bask in the sun; **c. a letto,** to be snug in one's bed. ● **c. in un pensiero,** to relish a thought.
crogiòlo, *m.* **1** crucible; melting pot (*anche fig.*): **c. metallico,** metal crucible (*o* pot); **c. per filtrazione,** filter crucible; **acciaio al c.,** crucible steel; (*fig.*) **un c. d'idee,** a melting pot of ideas **2** (*per vetro*) pot. ● (*metall.*) **c. di attesa,** foyer.
croissant (*franc.*)**,** *m.* (*cucina*) croissant.
crollare, A *v. i.* **1** (*anche fig.*) to collapse; to fall* down (*o* to pieces); to come* crashing down: **Il peso della neve fece c. il tetto,** the weight of the snow caused the roof to collapse; **Vidi c. i nostri piani,** I saw our plans collapse **2** (*fig.: cedere*) to give* way; to break* down **3** (*di costruzione*) to collapse; (*sotto il peso*) to give* way; (*di tetto*) to cave in **4** (*sgretolandosi*) to crumble (*anche fig.*): **speranze che crollano,** hopes that crumble **5** (*lasciarsi cadere*) to drop; to flop down; to slump (down) into: **Alla notizia crollò in una sedia,** when he heard the news he slumped into a chair **6** (*econ., fin.: di prezzi, ecc.*) to collapse; to slump; to fall*; to sag. **B** *v. t.* (*scuotere*) to shake*; to toss: **c. il capo,** to shake one's head. ● **c. le spalle,** to shrug one's shoulders.
cròllo, *m.* **1** (*anche fig.*) collapse; falling down (*o* to pieces); (*fig.*) breakdown, fall, ruin: **il c. di una tenda** (**di un tetto, di una torre**)**,** the collapse of a tent (of a roof, of a tower); **il c. delle proprie speranze,** the collapse of one's hopes; **il c. dell'Impero romano,** the fall of the Roman Empire; **un c. del sistema nervoso,** a nervous breakdown **2** (*scossa*) shake: **al primo c.,** at the first shake **3** (*econ., fin.*) slump; collapse; fall; crash; sag: **un c. dei prezzi,** a slump in prices. ● **avere un c.,** to collapse □ **dare un c.,** to shake; to totter □ (*anche fig.*) **dare il c. alla bilancia,** to tip the scales □ (*fig.*) **dare l'ultimo c. a q.c.,** to bring about the ruin of st.
cròma, *f.* (*mus.*) quaver.
cromare, *v. t.* (*ind.*) to chromium-plate.
cromàtico, *a.* **1** chromatic: (*mus.*) **scala cromatica,** chromatic scale **2** (*di colori*) chromatic; colour (*attr.*); color (*USA*: *attr.*)**:** **senso c.,** colour sense.
cromatina, *f.* (*biol.*) chromatin.
cromatismo, *m.* (*fis.*) chromatism.
cromato, A *a.* (*ind.*) chromium-plated. **B** *m.* (*chim.*) chromate: **c. di piombo,** lead chromate.
cromatografia, *f.* chromatography.
cromatura, *f.* (*ind.*) chromium-plating.
cromìa, *f.* (*pitt.*) shade of colour.
cròmico, *a.* (*chim.*) chromic.
crominanza, *f.* (*telev.*) chrominance.
cromite, *f.* (*miner.*) chromite.
cromizzazióne, *f.* (*metall.*) chromizing.
cròmo, A *m.* (*chim.*) chrome; chromium: (*ind.*) **c. puro,** straight chromium. ● **concia al c.,** chrome tanning. **B** *in funzione di agg. invar.* **giallo c.,** chrome yellow.
cromofotografìa, *f.* **1** (*procedimento*) chromophotography **2** (*fotografia*) chromophotograph.
cromolitografia, *f.* **1** (*procedimento*) chromolithography **2** (*riproduzione*) chromolithograph.
cromolitogràfico, *a.* chromolithographic.
cromoplasto, *m.* (*bot.*) chromoplast.
cromoscòpio, *m.* (*telev.*) chromoscope.
cromosfèra, *f.* (*astron.*) chromosphere.
cromosòma, *m.* (*biol.*) chromosome.
cromosòmico, *a.* (*biol.*) chromosomal.
cromoterapia, *f.* (*med.*) chromotherapy.
cromotipìa, *f.* (*tipogr.*) chromotypography; chromotypy.

cronaca, *f.* **1** (*stor.*) chronicle **2** (*di giornale, ecc.*) news (*sing.*); (*rubrica*) column; reporting; reportage; report(s): **c. teatrale**, theatre news; **c. mondana**, society news; **c. nera**, crime news **3** (*relazione orale*) account; (*alla radio, telev.*) commentary: **fare la c. di q.c.**, to give an account of st.; to report on st.; **la c. di una partita di calcio**, a football match commentary. ● **fatti** (*o* **notizie**) **di c.**, news items □ **piccola c.**, announcements (*pl.*).
cronachistica, *f.* chronicles (*pl.*).
cronachistico, *a.* of the chronicle; like a chronicle.
cronicario, *m.* hospital for chronic invalids.
cronicità, *f.* (*med.*) chronicity.
cronico, **A** *a.* chronic: **un caso c.**, a chronic case. **B** *m.* chronic invalid.
cronista, *m. e f.* **1** (*stor.*) chronicler **2** (*giornalista*) reporter; newshound (*fam.*): **c. di cronaca nera**, crime reporter. ● **c. mondano**, columnist.
cronistoria, *f.* **1** chronicle **2** (*fig.*) account (*of recent events*); record.
cronofotografia, *f.* (*fotogr.*) chronophotography.
cronofotografico, *a.* (*fotogr.*) chronophotographic.
cronografia, *f.* (*metrologia*) chronography.
cronografico, *a.* chronographic.
cronografo, *m.* chronograph.
cronoide, *a. e m.* (*farm.*) delayed-action: **capsula c.**, delayed-action capsule.
cronologia, *f.* chronology.
cronologico, *a.* chronologic(al).
cronologista, *m. e f.* chronologist; chronologer.
cronometraggio, *m.* (*precision*) timing.
cronometrare, *v. t.* to time.
cronometria, *f.* chronometry.
cronometrico, *a.* **1** chronometric(al) **2** (*fig.*) exact; absolute: **puntualità cronometrica**, absolute punctuality.
cronometrista, *m. e f.* timekeeper. ● **c. analista** (*o* **industriale**), V. **cronotecnico**.
cronometro, *m.* **1** chronometer **2** (*a scatto*) stopwatch **3** (*marino*) box (*o* marine) chronometer. ● (*sport*) **prova a c.**, time trial.
cronoscopio, *m.* chronoscope.
cronotecnica, *f.* (*ind.*) time study.
cronotecnico, *m.* (*ind.*) time-study engineer; time-study expert.
cronotopo, *m.* (*fis.*) space-time.
crosciare, *v. i.* (*lett.*) **1** (*della pioggia*) to pelt; to beat* down **2** (*delle foglie*) to rustle.
croscio, *m.* (*lett.*) **1** pelting; beating **2** rustling.
cross (*ingl.*), *m.* (*sport*) **1** (*calcio*) cross(-pass) **2** (*pugilato*) cross(-counter).
crossare, *v. i.* (*sport*) to cross-pass.
crosta, *f.* **1** crust **2** (*cucina: sopra un pasticcio*) pie-crust **3** (*di crostacei*) shell **4** (*med.: di lesione cutanea*) scab **5** (*incrostazione di caldaia, ecc.*) scale **6** (*fig.: brutto quadro*) daub. ● **c. cementata**, hardened crust □ **c. di formaggio**, cheese rind □ (*metall.*) **c. di un getto**, skin □ (*med.*) **c. lattea**, milk crust □ (*geol.*) **c. terrestre**, earth's crust.
crostacei, *m. pl.* (*zool.*, *Crustacea*) crustaceans.
crostaceo, *m.* (*zool.*) crustacean; shellfish*.
crostata, *f.* (*cucina*) jam tart.
crostino, *m.* (*cucina*) **1** «canapé» (fried bread or toast with savoury) **2** (*dado di pane dorato in burro o olio*) crouton; (*in brodo, sugo, ecc.*) sippet.
crostone, *m.* **1** (*cucina*) large piece of fried bread **2** (*geol.*) hardpan.
crostoso, *a.* **1** crusty **2** (*med.*) covered with scabs; scabby.
crotalo, *m.* **1** (*zool.*, *Crotalus*) rattlesnake **2** (*pl.*, *nacchere*) crotals.
croton, *m.* (*bot.*, *Codiaeum variegatum*) croton.
croupier (*franc.*), *m. invar.* croupier.
crucciare, **A** *v. t.* to vex; to torment; to worry. **crucciarsi**, **B** *v. rifl.* **1** to feel sadness mixed with anger **2** (*preoccuparsi*) to worry; to fret.
crucciato, *a.* vexed; annoyed; (*adirato*) angry.
cruccio, *m.* worry; torment; thorn in the flesh.
cruciale, *a.* crucial.
crucifige (*lat.*), *inter.* crucify him! ● (*fig.*) **gridare c. contro q.**, to attack sb. bitterly.
cruciforme, *a.* **1** cruciform; cross-shaped **2** (*bot.*) cruciate.
cruciverba, *m.* crossword (puzzle).
crudele, *a.* **1** cruel; barbarous; (*senza compassione*) merciless, pitiless; (*malvagio*) wicked: **un tiranno c.**, a merciless (*o* wicked) tyrant **2** (*doloroso*) painful: **spasimi crudeli**, painful spasms.
crudeltà, *f.* **1** cruelty; mercilessness; pitilessness; (*malvagità*) wickedness: **c. mentale**, mental cruelty **2** (*cosa crudele*) cruel thing: **È stata una c.**, it was a cruel thing to do.
crudezza, *f.* **1** rawness **2** (*fig.: rigidità, asprezza*) crudeness; severity. ● **c. di linguaggio**, coarseness of speech.
crudo, *a.* **1** raw; (*poco cotto*) underdone: **carne cruda**, raw meat; **un uovo c.**, a raw egg **2** (*fig.: rigido, aspro*) harsh; severe; (*crudele*) cruel: **stagione cruda**, harsh weather; **un c. destino**, a cruel fate; **giudizio c.**, severe judgment **3** (*acerbo*) unripe: **frutta cruda**, unripe fruit. ● (*chim.*) **acqua cruda**, hard water □ **essere nudo e c.**, to be as poor as a churchmouse; to be penniless □ **parlare nudo e c.**, to call a spade a spade; to speak plainly □ **seta cruda**, raw silk; shantung □ **la verità nuda e cruda**, the plain truth.
cruento, *a.* (*lett.*) bloody; sanguinary. ● (*med.*) **intervento c.**, incision; surgical act.
crumiraggio, *m.* blackleggery; blackleggism.
crumiro, *m.* blackleg; scab; strike-breaker.
cruna, *f.* eye (of a needle).
cruore, *m.* (*lett.*) blood.
crup, *m.* (*med.*) croup.
crurale, *a.* (*anat.*) crural.
crusca, *f.* **1** bran **2** (*pop.: lentiggini*) freckles (*pl.*). ● **La C.**, the «Accademia della Crusca» □ (*prov.*) **La farina del diavolo va tutta in c.**, the devil's meal is all bran.
cruscante, *m.* **1** member of the «Accademia della Crusca» **2** (*purista*) purist **3** (*scherz.: pedante*) pedant; affected writer (*o* talker).
cruschello, *m.* fine bran.
cruscherello, *m.* (*gioco di bambini*) lucky dip.
cruscone, *m.* coarse bran.
cruscoso, *a.* branny.
cruscotto, *m.* (*autom.*) dashboard; (*aeron.*) instrument panel.
csi, *m. e f.* (*quattordicesima lettera dell'alfabeto greco*) xi*.
ctenofori, *m. pl.* (*zool.*, *Ctenophora*) ctenophores.
cu, *m. e f.* (*lettera*) the letter q.
cubano, *a. e m.* Cuban.
cubare, *v. t.* (*mat.*) to cube.
cubatura, *f.* (*mat.*) cubature; cubage; cubic content (*o* measure); (*costr.*) cubature; cubic volume. ● **c. di spedizione**, shipment cubage.
cubebe, *m.* (*bot.*) **1** (*Piper cubeba: l'arbusto*) Java pepper; cubeb **2** (*il frutto*) cubeb.
cubetto, *m.* **1** (little) cube; cubelet: **un c. di ghiaccio**, a cube of ice **2** (*per pavimentazione*) Belgian block.
cubia, *f.* (*naut.*) hawse. ● **occhio di c.**, hawsehole.
cubica, *f.* (*mat.*) cubic.
cubicità, *f.* cubicity.
cubico, *a.* (*mat.*) cubic(al): **equazione cubica**, cubic equation; **curva cubica**, cubic curve. ● **radice cubica**, cube root.
cubicolo, *m.* **1** (*stor. romana*) cubicle; small bed chamber **2** niche (in a catacomb).
cubiforme, *a.* cubiform; cube-shaped.
cubilotto, *m.* (*metall.*) cupola furnace.
cubismo, *m.* (*arte*) cubism.
cubista, (*arte*) **A** *m. e f.* cubist. **B** *a.* cubist(ic).
cubistico, *a.* (*arte*) cubist(ic).
cubitale, *a.* (*anat.*) cubital. ● **lettere cubitali**, (big) block capitals □ **titolo a lettere cubitali**, banner headline.
cubito, *m.* **1** (*anat.*) ulna* **2** (*lett.: gomito*) elbow **3** (*antica unità di misura*) cubit.
cubo, (*mat.*) **A** *a.* cubic: **metro c.**, cubic meter. **B** *m.* cube; (*algebra, anche*) third power (of a number).
cuboide, **A** *a.* (*geom.*) cuboid. **B** *m.* **1** (*geom.*) cuboid **2** (*anat.*) cuboid bone.
cuccagna, *f.* **1** abundance; plenty **2** (*allegria*) fun; high jinks (*pl.*); merrymaking. ● **l'albero della c.**, the greasy pole □ **fare c.**, to make merry; to paint the town red; to have a high old time □ **il paese di C.**, Cockaigne, the land of Plenty.
cuccare, *v. t.* (*fam.*) to cheat.
cuccetta, *f.* **1** (*ferr.*) berth; couchette **2** (*naut.*) berth; bunk.
cucchiaia, *f.* **1** big spoon **2** (*di scavatrice*) shovel; dipper **3** (*di muratore*) (mason's) trowel.
cucchiaiata, *f.* spoonful.
cucchiaino, *m.* **1** (*da tè*) teaspoon (*anche la misura*); (*da caffè*) coffee spoon **2** (*per la pesca*) spoon.
cucchiaio, *m.* **1** spoon: **un c. da minestra**, a tablespoon; a soup spoon **2** (*cucchiaiata*) spoonful; (*misura in cucina*) tablespoon. ● (*fig.: di persona*) **essere da raccattare** (*o* **da raccogliere**) **col c.**, to be worn to a frazzle; to be as weak as a kitten (*o* as a rat).
cucchiaione, *m.* (*mestolo*) ladle.
cuccia, *f.* **1** dog's bed **2** (*fig., fam.*) bed. ● **C.!**, down!
cucciare, *v. i.* **cucciarsi**, *v. rifl.* to lie* down; to curl up.
cucciolata, *f.* **1** litter: **una c. di cagnolini**, a litter of puppies **2** (*fig., fam.: figliolanza*) brood.
cucciolo, **A** *m.* **1** (*cane piccolo*) pup, puppy; (*piccolo di volpe, leone, orso, lupo*) cub; (*piccolo di mucca, elefante, balena*) calf*;

(*piccolo di gatto*) kitten 2 (*fig.*) young inexperienced person; greenhorn (*pop.*). B *a.* – **cane c.**, puppy; **leone c.**, lion cub.
cucco, *m.* 1 *V.* **cuculo** 2 (*cocco*) darling; pet 3 (*sciocco*) fool; simpleton; gawk. ● **vecchio c.**, old dodderer □ **vecchio come il c.**, (*di persona*) as old as Methuselah; (*di cosa*) as old as the hills.
cuccù, *V.* **cucù.**
cùccuma, *f.* 1 (*per latte, ecc.*) jug 2 (*per bollire acqua*) kettle 3 (*da caffè*) coffeepot.
cucina, *f.* 1 (*la stanza*) kitchen: **una camera con l'uso di c.**, a room with use of kitchen 2 (*naut.*) galley; caboose; cuddy; cook-room 3 (*il cucinare*) cooking; (*arte del cucinare*) cookery, cuisine: **c. casalinga**, good plain (*o* home) cooking; **È brava per la c.**, she is good at cooking; **libro di c.**, cookery book; cookbook (*USA*); **la c. bolognese**, Bolognese cuisine 4 (*fornello*) burner; (*stufa*) cooker, stove: **c. economica**, cooker, stove (with oven and burners). ● **c. da campo**, field kitchen □ **c. incorporata** a quattro fuochi e col coperchio, cooking top □ **c. vegetariana**, vegetarian food □ **fare da c.**, to cook (one's own food).
cucinàbile, *a.* cookable.
cucinare, *v. t.* to cook. ● (*fig.*) **c. q. per le feste** (*o* **per benino**), to give sb. a good thrashing.
cuciniére, *m.* 1 (male) cook 2 (*mil.*) food officer.
cucinino, cucinòtto, *m.* kitchenette.
cucire, *v. t.* 1 to sew*; to stitch; (*imbastire*) to tack: **macchina da c.**, sewing machine; **cucito a mano**, hand-sewn 2 (*med.*) to suture; to stitch; to put* stitches in: **c. una ferita**, to sew up a wound 3 (*la carta, con cucitrice*) to staple 4 (*fig.: frasi, ecc.*) to string* together (*o* one after the other); to tack (*o* to join) together: **luoghi comuni cuciti insieme**, clichés strung one after the other. ● **c. la bocca a q.**, to silence sb.; to shut (*o* to stop) sb.'s mouth □ **cucirsi la bocca**, to keep silent; to keep it under one's hat; to clam up (*fam. USA*).
cucirino, *m.* sewing thread.
cucita, *f.* – **dare una c. a q.c.**, to put a few stitches in st.; to sew up st.: **Darò una c. allo strappo nei tuoi calzoni**, I'll sew up the tear in your trousers.
cucito, A *a.* sewn: **c. a mano**, hand-sewn. ● (*fig.*) **essere c. a filo doppio con q.**, to be very close to sb. □ **Ho la bocca cucita**, my lips are sealed. B *m.* 1 (*il cucire*) sewing 2 (*il lavoro*) sewing; needlework.
cucitóio, *m.* sewing press.
cucitóre, *m.* sewer.
cucitrice, *f.* 1 (*donna*) seamstress; needlewoman* 2 (*macchina*) sewing machine; (*per carta*) stapler, stapling machine; (*per libri*) stitcher.
cucitura, *f.* 1 (*costura*) seam 2 (*il cucire*) sewing 3 (*dei fogli di carta*) stapling 4 (*di fogli di libro*) stitch. ● **calze senza c.**, seamless stockings.
cucù, cucu, A *m.* 1 *V.* **cuculo** 2 (*canto del cuculo*) cuckoo. B *inter.* 1 (*canto del cuculo*) cuckoo! 2 (*richiamo nel gioco del nascondino*) peek-a-boo! ● **fare c.**, to play peek-a-boo (*o* bo-peep) □ **orologio a c.**, cuckoo clock.
cuculo, *m.* (*zool.*, *Cuculus canorus*) cuckoo*; gowk.
cucùrbita, *f.* 1 (*bot.*, *Cucurbita*) cucurbit; gourd 2 (*di alambicco*) retort.
cucurbitàcee, *f. pl.* (*bot.*, *Cucurbitaceae*) cucurbits.
cucùzzolo, *V.* **cocùzzolo.**
cudù, *m.* (*zool.*, *Strepsiceros strepsiceros*) koodoo*; kudu.
cùffia, *f.* 1 cap; bonnet: **c. da neonato**, baby's bonnet; **c. da bagno**, bathing cap 2 (*radio, tel.*) earphones, headphones (*pl.*) 3 (*autom.*) bonnet; cowling 4 (*di suggeritore*) prompt box; prompter's box 5 (*mecc.*) casing; shroud; cowling. ● **c. stereofonica**, stereo headphones (*pl.*) □ (*fig.*) **uscirne per il rotto della c.**, to get off (*o* to escape) by the skin of one's teeth.
cuginanza, *f.* cousinhood; cousinship.
cugino, *m.* cousin: **primo** (**secondo, ecc.**) **c.**, first (second, etc.) cousin; **c. germano**, cousin german. ● **È figlio di un mio primo c.**, he is a first cousin to me, once removed □ **È nipote** (*cioè figlio di figlio*) **di un mio primo c.**, he is my first cousin, twice removed.
cui, *pron relat. m. e f., sing. e pl.* 1 (*nei casi obliqui, rif. a persone*) whom; (*a cui*) to whom (*spesso sottinteso, posponendo la prep.*): **la persona cui mi rivolsi**, the person to whom I turned; the person I turned to; **il signore di cui ti parlavo**, the gentleman of whom I was speaking; the gentleman I was speaking of; **la donna da cui ricevette una lettera**, the woman from whom she received a letter; the woman he got a letter from 2 (*nei casi obliqui, rif. a cose e animali*) which; (*a cui*) to which (*spesso sottinteso, posponendo la prep.*): **la medicina cui ricorsi**, the medicine to which I resorted; the medicine I resorted to; **il libro di cui parlavo**, the book of which I was speaking; the book I was speaking of; **il paese da cui viene**, the country from which he comes; the country he comes from 3 (*genitivo poss.*) whose (*di persone*); of which, whose (*di cose e animali*): **la persona di cui ti dissi il nome**, the person whose name I mentioned; **l'uomo il cui fratello ci fece visita ieri**, the man whose brother came to see us yesterday; **I Clark, di cui vedi la casa, sono all'estero**, the Clarks, whose house you can see, are abroad; **la scatola di cui hai rotto il coperchio**, the box the lid of which (*fam.:* whose lid) you broke; **il cavallo la cui gamba è rotta**, the horse whose leg is broken; **la signora del cui figlio mi parlavi**, the lady of whose son you were talking. ● **in cui**, in which; (*compl. di luogo*) where; (*compl. di tempo*) when: **il paese in cui nacqui**, the village where (*o* in which) I was born; **il giorno in cui arrivai a Oxford**, the day (when) I arrived at Oxford □ **per cui** (*perciò*), therefore; so.
culàccio, *m.* (*cucina*) rump.
culata, *f.* (*volg.*) bump with the behind.
culatèllo, *m.* «culatello» (kind of ham).
culatta, *f.* 1 (*di arma da fuoco*) breech 2 (*di pantaloni*) seat 3 (*cucina*) rump.
culbianco, *m.* (*zool.*, *Oenanthe oenanthe*) wheatear.
cul-de-sac (*franc.*), *m.* (*anche fig.*) cul-de-sac*; blind alley.
culinària, *f.* gastronomy; cookery.
culinàrio, *a.* culinary; gastronomic; cookery (*attr.*): **lezioni culinarie**, cookery lessons.
culla, *f.* cradle (*anche fig.*): **fin dalla c.**, from the cradle. ● **c. a dondolo**, swing cot; rocking crib (*USA*).
cullare, A *v. t.* to rock; (*fra le braccia*) to cradle; (*sulle ginocchia*) to dandle; (*cantando la ninna nanna*) to lull 2 (*illudere*) to lull; to beguile **c.**, (*custodire un sentimento*) to nurse. **cullarsi**, B *v. rifl.* (*illudersi*) to delude oneself; to fool oneself (into) (*fam.*): **Mi cullavo nella speranza di succedergli**, I fooled myself into thinking I should be his successor. ● **Si cullava nell'illusione di sposarla**, he cherished the illusion that he would marry her.
culminante, *a.* 1 culminating 2 (*astron.*) culminant.
culminare, *v. i.* (*astron. e fig.*) to culminate.
culminazióne, *f.* (*astron.*) culmination.
cùlmine, *m.* 1 summit; peak; apex*; culmination 2 (*fig.*) climax; apex*.
culmo, *m.* (*bot.*) culm; (*di cereali, fagioli, ecc.*) haulm, halm.
culo, *m.* 1 (*volg.*) arse (*volg.*); ass (*volg. USA*); buttocks (*pl.*); backside, behind, bottom (*fam.*); seat; rump (*scherz.*) 2 (*di bottiglia, di bicchiere*) bottom 3 (*fig., fam.: fortuna*) luck. ● (*fig.*) **Che c. (che hai)!**, lucky bastard (*volg.*) □ (*fig.*) **essere c. e camicia con q.**, to be hand in glove with sb. □ **un fiasco a c. tondo**, a round-bottomed flask □ (*fig., volg.*) **leccare il c. a q.**, to lick sb.'s arse; to kiss sb.'s ass (*USA*) □ (*volg.*) **mandare q. a fare in c.**, to tell sb. to fuck off □ (*fig., volg.*) **prendere q. per il c.**, to pull sb.'s leg.
culòtte, *f. pl.* panties; knickers.
cùltivar, *f.* (*orticultura*) cultivar.
culto, *m.* 1 (*adorazione*) worship; adoration: **libertà di c.**, freedom of worship; **il c. di Dio**, the worship of God 2 (*venerazione*) veneration; cult: **un c. speciale per Santa Giovanna**, a special veneration for St. Joan; **il tuo c. per tua madre**, your veneration for your mother 3 (*relig.*) religion; creed: **il c. ebraico**, the Jewish religion; **le forme esterne del c.**, the outward forms of (a) religion (*o* of a creed). ● **fondo per il c.**, church fund.
cultóre, *m.* student: **un c. di politica estera**, a student of foreign affairs. ● **c. di balletto**, balletomane □ **c. di lettere**, man of letters □ **c. di scienze umane**, life scientist □ **essere un c. di q.c.**, to cultivate (*o* to profess) st.
cultura, *f.* 1 culture; education; learning 2 (*raro*) *V.* **coltura.**
culturale, *a.* cultural. ● **la Rivoluzione C.** (*cinese*), the Cultural Revolution.
culturalismo, *m.* ostentatious display of culture.
culturalista, *m. e f.* culturalist.
culturalìstico, *a.* culturalistic.
culturalménte, *avv.* culturally.
culturismo, *m.* physical culture.
culturista, *m. e f.* physical culturist.
culturìstico, *a.* of a physical culturist; physical culture (*attr.*).
cumarina, *f.* (*chim.*) coumarin.
cumino, *m.* (*bot.*, *Cuminum cyminum*) cumin, cummin. ● (*bot.*) **c. dei prati** (*o* **tedesco**) (*Carum carvi*), caraway.
cumulàbile, *a.* accumulable.
cumulare, A *v. t.* to accumulate; to cumulate; to heap up; to hoard. ● **c. due stipendi**, to draw two salaries. **cumularsi**, B *v. rifl.* to accumulate 2 (*fin.: d'interessi*) to accrue.
cumulativo, *a.* accumulative; cumulative (*anche fig.*); total; overall (*attr.*); combined: **effetto c.**, cumulative effect; **trasporto c. ferroviario e in corriera**, combined rail and motor-coach transport.
cumulazióne, *f.* (*raro*) accumulation.
cumulifórme, *a.* (*meteorologia*) cumuliform: **nubi cumulifórmi**, cumuliform clouds.

cùmulo, *m.* **1** heap; accumulation **2** (*meteorologia*) cumulus* **3** (*di stipendi, di impieghi, ecc.*) pluralism; plurality: **c. d'incarichi,** plurality of offices. ● (*leg.*) **c. di pene,** accumulative sentence; accumulative judgment □ (*leg.*) **c. di circostanze,** series of circumstances □ (*fin.*) **c. dei redditi,** combined income tax return.

cumulonémbo, *m.* (*meteorologia*) cumulonimbus*.

cuna, *f.* (*lett.*) cradle.

cuneato, *a.* cuneate(d).

cuneifórme, A *a.* cuneiform; wedge-shaped. **B** *m.* (*anat.*) cuneiform (bone).

cùneo, *m.* **1** wedge; quoin; chock: **a forma di c.,** wedge-shaped; **c. di arresto,** grip wedge **2** (*archit.*) quoin; wedge **3** (*archeol.*) cuneus* **4** (*mil.*) wedge-shaped battle formation. ● **c. per calzare le ruote** (*di veicoli*), scotch □ **fermare con un c.,** to wedge.

cunétta, *f.* **1** (*lungo una strada di campagna*) ditch **2** (*di città*) gutter **3** (*del fondo stradale*) road bump. ● **strada piena di cunette,** road full of bumps and holes.

cunìcolo, *m.* **1** tunnel; underground passage; subterranean passage (*più lett.*) **2** (*di animali*) burrow **3** (*min.*) drift; (*verticale*) shaft: **c. di comunicazione,** staple; **c. di ventilazione,** ventilation shaft.

cunicoltóre, *m.* rabbit breeder.

cunicoltura, *f.* rabbit breeding.

cuòca, *f.* (*woman**) cook: **c.-tuttofare,** cook-general.

cuòcere, A *v. t.* **1** to cook; to cook up **2** (*ceramiche, mattoni*) to bake; to fire; to kiln **3** (*bruciare, inaridire*) to burn*; to bake. **B** *v. i.* **1** to cook: **Il riso ci mette del tempo a c.,** rice cooks slowly **2** (*fig.*) to burn*; to sting*; to irk; to be galling: **Quell'ingiuria gli cuoceva ancora,** that insult was still burning in him. ● **c. al forno,** to bake □ **c. alla griglia,** to grill □ **c. a lesso,** to boil □ **c. arrosto,** to roast □ **c. in umido,** to stew □ **lasciar c. q. nel suo brodo,** to let sb. stew in his own juice.

cuòcersi, C *v. rifl.* **1** to cook **2** (*fam.: innamorarsi*) to fall* in love.

cuòco, *m.* cook; (*capo c.*) chef, «chef de cuisine*» (*franc.*); (*naut.*) sea*-cook.

cuoiàio, *m.* **1** (*chi concia il cuoio*) leather dresser; tanner **2** (*chi lo vende*) dealer in leather and hides.

cuoiame, *m.* **1** leather and hides (*pl.*); leather goods (*pl.*): **Lo zio ha comprato una grossa partita di c.,** my uncle has bought a large consignment of leather and hides **2** (*di bovini, cavalli, ecc.*) hides (*pl.*) **3** (*di ovini, vitelli, ecc.*) skins (*pl.*).

cuòio, *m.* **1** (*pl.* **cuòi**) leather; hide: **c. di Russia,** Russian leather; **c. conciato,** dressed leather; **c. artificiale,** imitation leather; **c. verniciato,** patent leather **2** (*fig., scherz.: pl.* **cuòia**) skin; hide: **rischiare di lasciarci le cuoia,** to risk one's skin. ● (*anat.*) **c. capelluto,** scalp □ **articoli (d'abbigliamento) di c.,** leatherwear □ (*fig.*) **avere le cuoia dure,** to be tough; to be able to take it □ **finto c.,** leatherette □ (*fig.*) **tirare le cuoia,** to kick the bucket (*pop.*).

cuòra, *f.* (*geogr.*) floating bog.

cuòre, *m.* (*anche fig.*) heart: **battiti del c.,** heartbeats; (*med.*) **una malattia di c.,** a heart disease; **Il c. dell'uomo non batteva più,** the man's heart had stopped beating; **essere malato di c.,** to have a bad heart; **soffrire di c.,** to suffer from heart disease; **chirurgia a c. aperto,** open-heart surgery; **i moti del c.,** the impulses of the heart; **avere a c. il benessere di q.,** to have sb.'s welfare at heart; **avere il c. sulle labbra,** to wear one's heart on one's sleeve; **avere un c. di pietra,** to have a heart of stone; to be stony-hearted; **farsi c.,** to take heart; **guadagnarsi il c. di tutti,** to win all hearts; **prendere a c. q.c.,** to take st. to heart; **spezzare il c. di q.,** to break sb.'s heart; **Mi si allargò il c. nel vederli,** it did my heart good (*o* it warmed the cockles of my heart) to see them; **Mi si strinse il c.,** it gave me a stab in the heart; it wrung my heart-strings; **Mi si struggeva il c. pensando a lui,** my heart bled for him; **Non mi regge la c. di dirglielo,** I haven't the heart to tell him **2** (*fig.: centro*) heart; centre; center (*USA*); core: **nel c. della città,** in the very heart of the city; **nel c. dell'inverno,** in the heart (*o* depth) of winter; **nel c. dell'Africa,** in the centre (*o* heart) of Africa; **il c. di un frutto,** the core of a fruit **3** (*pl.: nelle carte*) hearts: **dama di cuori,** queen of hearts **4** (*ferr.*) frog. ● **a forma di c.,** heart-shaped □ **l'amico del c.,** (*sb.'s*) best (*o* bosom) friend □ **avere buon c.,** to be kind-hearted; to have a kind heart □ **avere un c. affettuoso (insensibile, crudele, ecc.),** to be affectionate (insensitive, cruel, etc.) □ **avere un c. libero,** to be unattached; to be fancy-free (*lett.*) □ **avere un c. di leone** (*un c. di coniglio, ecc.*), to be lion-hearted (chicken-hearted, etc.) □ **avere un c. duro,** to be hard-hearted □ **avere il c. gonfio,** to be heavy-hearted □ **avere un c. tenero,** to be tender-hearted □ **avere la morte nel c.,** to be sick at heart □ **di buon c.,** wholeheartedly; with all one's heart; (*volentieri*) gladly, with pleasure □ **di c.,** heartily: **ridere di c.,** to laugh heartily; **rin-**graziare q. di c., to thank sb. heartily (*o* with all one's heart) □ **di (tutto) c.,** with all one's heart; wholeheartedly: **amare q. di tutto c.,** to love sb. with all one's heart □ **gente di (buon) c.,** kind-hearted people □ **leggere nel c. di q.,** to see into sb.'s heart □ **mettersi il c. in pace,** to set one's mind at rest □ **nel c. della notte,** in the dead of night □ **parlare a c. aperto,** to speak freely (*o* with an open heart) □ **una parola che viene dal c.,** a heartfelt word; a word from the heart □ **senza c.,** heartless □ **toccare il c. di q.,** to touch sb.: **Il racconto mi toccò il c.,** I found the tale touching □ **un uomo di gran c.,** a great-hearted man □ **una vista che fa male al c.,** a sickening sight □ **C. mio!,** my love!; my heart! (*lett.*) □ **Il progetto mi sta molto a c.,** I care about this scheme very much; this scheme is very close to my heart □ **Mi si allargò il c. (per la speranza),** hope surged up in me □ **Il c. mi dice che tornerà,** I feel in my heart that he will come back □ **Con che c. potrei chiederti questo?,** how could I ever ask you that? □ **Darei il c. per poterti aiutare,** I would give anything to be able to help you □ (*prov.*) **Freddo di mano, caldo di c.,** a cold hand and a warm heart □ (*prov.*) **Lontano dagli occhi, lontano dal c.,** out of sight, out of mind □ (*prov.*) **Il c. ha le sue ragioni che la ragione non conosce,** the heart has reasons that reason has not got □ (*prov.*) **C. forte vince cattiva sorte,** fortune favours the brave □ (*prov.*) **Occhio non vede, c. non duole,** what the eye sees not, the heart rues not.

cuorifórme, *a.* heart-shaped.

cupézza, *f.* **1** darkness **2** (*malinconia*) gloom **3** (*profondità*) depth.

cupidìgia, *f.* cupidity; covetousness; greed: **basse cupidigie,** base cupidity.

cùpido, *a.* (*lett.*) covetous; greedy.

Cupido, *m.* (*mitol., fig.*) Cupid.

cupo, *a.* **1** dark **2** (*malinconico*) gloomy **3** (*profondo*) deep **4** (*minaccioso*) sinister **5** (*taciturno*) taciturn. ● **c. in volto,** with a long face □ **un rumore c.,** a hollow sound □ **silenzio c.,** deep and gloomy silence □ **valle cupa,** (deep and) gloomy valley □ **una voce cupa,** a deep voice.

cùpola, *f.* **1** dome; cupola (*più piccola*) **2** (*bot.*) cupule **3** (*di cappello*) crown. ● **a c.,** dome-shaped □ **automobile con la c. di vetro,** bubble car.

cupolóne, *m.* (*a Roma*) dome of St. Peter's; (*a Firenze*) dome of Santa Maria del Fiore.

cupralluminio, *m.* (*metall.*) aluminium bronze.

cùpreo, *a.* (*lett.*) cupreous (*lett.*); copper (*attr.*); coppery: **di colore c.,** copper-coloured.

cùprico, *a.* (*chim.*) cupric.

cuprismo, *m.* (*med.*) copper poisoning.

cuprite, *f.* (*miner.*) cuprite.

cura, *f.* **1** care (*che spesso traduce anche il pl.* «*cure*»): **Hai bisogno di cure affettuose,** you need affectionate care; **prendersi c. di q.,** to take care of sb.; **l'unica mia c.,** my only care; **aversi c.,** to take care of oneself: **Abbiti c.!,** take care of yourself! **2** (*accuratezza, precisione*) care; carefulness; accuracy; attention: **fare q. con grande c.,** to do st. with great care; **La vostra ordinazione sarà eseguita con la massima c.,** your order will have our best attention **3** (*lett., pl.: preoccupazioni*) cares: **le cure e gli affanni,** cares and tribulations **4** (*pl.: premure*) attentions: **circondare q. di cure,** to surround sb. with attentions **5** (*med.: particolare metodo di c.*) treatment; (*se qualificato da altra parola, anche*) cure; (*vigilanza, l'accudire il malato*) care, nursing (*tutti quasi sempre al sing.*): **la c. di un malato dimesso** (*o* **cure postoperatorie**), aftercare (of a patient); **prescrivere una c.,** to prescribe a treatment; **prescrivere varie cure,** to prescribe different kinds of treatment; **c. del sonno,** deep-sleep treatment; **c. dimagrante,** slimming cure; **avere un malato in c.,** to have a patient in one's cure; **La malattia richiede le cure di un'infermiera esperta,** the disease needs skilled nursing **6** *V.* **canònica.** ● (*relig.*) **c. d'anime,** cure of souls □ **la c. della casa,** housekeeping □ **a c. di,** by; (*edito da*) edited by: **commento a c. di M. Rossi,** commentary by M. Rossi □ **avere c. della propria salute,** to take care of oneself □ **avere la c. dei beni di q.,** to have the management of sb.'s estate □ **avere c. di fare q.c.,** to be careful to do st. □ **casa di c.,** nursing home □ **fare una c. termale,** to take the waters □ **luogo di c. termale,** spa □ **senza c.,** carelessly □ **Lasciate a me la c. di quest'affare,** leave this matter to me □ **Sarà mia c. impedirlo,** I'll see that it doesn't happen.

curàbile, *a.* curable.

curabilità, *f.* curability; curableness.

curaçao (*franc.*), *m. invar.* (*liquore*) curaçao.

curante, *a.* - **medico c.,** doctor in charge (of a case); family doctor: **Chi è il medico c.?,** who is the doctor in charge?; **il nostro medico c.,** our family doctor.

curapipe, *m.* pipe cleaner.

curare, A *v. t.* **1** (*avere cura di*) to take* care of: **c. i propri**

affari, to take care of one's business **2** (*provvedere*) to see* (to): **Curate che tutto sia pronto**, see that everything is ready **3** (*l'edizione di un libro*) to see* (a book) through the press; to edit (a book) **4** (*med.*) to treat; (*guarire*) to cure; (*di un'infermiera*) to nurse: **c. l'insonnia con una nuova terapia**, to treat insomnia by a new therapy; **Lo curano a casa**, they are nursing him at home **5** (*comm.*) to see* to; to attend to; to provide for: **c. la spedizione della merce**, to see to the forwarding (*o* shipment) of the goods **6** (*relig.*) to have the cure of (souls). ● **c. l'accettazione di una cambiale**, to see that a bill is accepted □ **c. l'assicurazione della merce**, to effect insurance of the goods. **curarsi**, B *v. rifl.* **1** (*avere cura di sé*) to take* care of oneself **2** (*fare una cura*) to follow a treatment **3** (*badare a, occuparsi di*) to take* care of; to look after; to mind: **Curati di loro**, take care of them; **C. dei bambini**, look after the children; **Curati dei fatti tuoi**, mind your own business **4** (*darsi pensiero*) to care (for): **Non mi curo di nessuno e nessuno si cura di me**, I care for nobody, and nobody cares for me. ● **non c. di un avvertimento**, to disregard a warning.
curàrico, *a.* curare (*attr.*).
curarina, *f.* (*chim.*) curarine.
curarizzare, *v. t.* (*med.*) to curarize.
curarizzazióne, *f.* (*med.*) curarization.
curaro, *m.* curare.
curatèla, *f.* (*leg.*) **1** trusteeship **2** (*d'un minore, ecc.*) curatorship (*in Italia*); guardianship (*in G. B. e USA*) **3** (*fallimentare*) receivership (*in G. B.*).
curativo, *a.* (*med.*) curative.
curato, *m.* **1** (*cattolico*) parish priest **2** (*protestante*) vicar.
curatóre, *m.* (*leg.*) **1** trustee; administrator **2** (*d'un minore, ecc.*) curator (*in Italia*); guardian (*in G. B. e USA*) **3** (*fallimentare*) trustee (in bankruptcy); receiver.
curbàscio, *m.* kurbash, curbash.
curcas, *m.* (*bot., Jatropha curcas*) physic nut. ● **olio di c.**, curcas oil.
curculióne, *m.* (*zool., Curculio*) snout beetle; weevil.
cùrcuma, *f.* (*bot., Curcuma longa*) turmeric.
curcumina, *f.* (*chim.*) curcumin; turmeric jellow; turmeric.
curdo, A *a.* Kurdish. B *m.* **1** (*abitante*) Kurd **2** (*la lingua*) Kurdish.
cùria, *f.* **1** (*stor., archeol.*) curia* **2** (*relig.*) curia*: **c. romana**, Roman Curia; **c. vescovile**, diocesan curia **3** (*leg.*) law court(s); (*complesso degli avvocati di un luogo*) (the) Bar.
curiale, *a.* **1** (*stor., archeol.*) curial **2** (*aulico*) courtly; majestic.
curialésco, *a.* (*spreg.*) sophistical; involved.
curiato, *a.* (*stor. romana*) of a (Roman) curia. ● **comizi curiati**, «comitia curiata».
Curiazi, *m. pl.* (*stor.*) Curiatii.
curie, *m.* (*fis.*) curie: **c.-ora**, curie hour; **punto di c.**, curie temperature (*o* point).
cùrio, *m.* (*chim.*) curium.
curiosàggine, *f.* inquisitiveness.
curiosaménte, *avv.* **1** (*stranamente*) curiously; oddly; strangely **2** (*con curiosità*) curiously; inquisitively.
curiosare, *v. i.* **1** to look about; to have a look around **2** (*spreg.*) to look about inquisitively; to pry; to poke and pry; to snoop (*fam.*).
curiosità, *f.* curiosity: **per (pura) c.**, out of curiosity **2** (*spreg.*) inquisitiveness **3** (*oggetto raro*) curiosity; curio*. ● (*turismo*) **le c. d'un luogo**, the sights.
curióso, A *a.* **1** curious; inquisitive; prying **2** (*bizzarro*) curious; queer; eccentric; odd; bizarre; quaint: **Questa è curiosa**, here's an odd thing. ● **essere c. di sapere**, to wonder; to be dying to know (*fam.*) □ **Sarei c. di saperlo**, I should like to know. B *m.* curious person; nosy parker (*fam.*); (*spreg.*) inquisitive person. ● **una folla di curiosi**, a crowd of onlookers.
currìcolo, currìculum, *m.* **1** curriculum* vitae; record **2** (*di studi*) curriculum*.
curro, *m.* dolly; roller.
curry (*ingl.*), *m. invar.* (*cucina*) curry: **pollo al c.**, chicken curry.
cursóre, *m.* **1** – (*relig.*) **cursori pontifici**, papal messengers **2** (*di strumento mat.*) cursor **3** (*elettr.*) slider **4** (*di cerniera lampo*) slide fastener; (sliding) tab.

curule, *a.* (*archeol.*) curule: **sedia c.**, curule chair.
curva, *f.* **1** curve; arc: **c. di cedimento**, stress-strain curve; (*mat.*) **c. esponenziale**, exponential curve; (*econ.*) **c. della domanda**, demand curve **2** (*di strada*) bend; curve: **c. a forcella**, hairpin bend; **c. stretta**, sharp bend; **c. soprelevata**, banked curve; **prendere una c. troppo stretta**, to hug the curve **3** (*di proiettile*) trajectory **4** (*geogr.: altimetrica o di livello*) contour (line). ● (*fam.: di donna*) **avere molte curve**, to be curvaceous □ (*autom.*) **prendere una c.**, to corner.
curvàbile, *a.* bendable.
curvare, A *v. t.* **1** to bend*; to curve; (*leggermente, un ramo, ecc.*) to camber: **c. la fronte**, to bow one's head **2** (*assi di legno*) to warp. B *v. i.* to corner; to turn. **curvarsi**, *v. rifl.* **1** to bend*; (*abbassandosi*) to stoop; (*salutando*) to bow **2** (*per vecchiaia o malattia*) to become* bent.
curvatrice, *f.* (*mecc.*) bender; bending machine: **c. a ingranaggi**, geared bender; **c. per legno**, wood-bending machine.
curvatura, *f.* **1** (*anche mat.*) curvature; bending: **raggio di c.**, bending radius **2** (*mecc.*) camber **3** (*naut.: della carena*) bilge **4** (*archit.*) sweep.
curvilineo, A *a.* (*anche mat.*) curvilinear. B *m.* (*grafica*) French curve.
curvìmetro, *m.* opisometer.
cùrvo, *a.* curved; (*piegato*) bent: **le linee curve dell'arte barocca**, the curved lines of baroque art. ● **camminare c.**, to walk with a stoop □ **spalle curve**, round shoulders.
cuscinétto, *m.* **1** (*imbottitura*) pad **2** (*mecc.*) bearing: **c. antifrizione**, antifriction bearing; **c. a rulli**, roller bearing; **c. a sfere**, ball bearing; **c. di spinta**, thrust bearing; **c. intermedio**, intermediate bearing; **c. liscio**, friction (*o* plain) bearing; **c. oscillante**, self-aligning bearing; **sede di c.**, bearing housing. ● (*anat.*) **c. adiposo**, pad □ **c. per timbri**, ink pad □ (*polit.*) **stato c.**, buffer state.
cuscino, *m.* **1** cushion; (*guanciale*) pillow; (*capezzale*) bolster **2** (*mecc.: ammortizzatore*) pad. ● **c. d'aria** (*o* pneumatico), air cushion □ **veicolo su c. d'aria** (*per uso marittimo*), air-cushion vehicle; hovercraft.
cuscus, *m.* (*piatto arabo*) couscous.
cùscuta, *f.* (*bot., Cuscuta*) dodder; hellweed.
cuspidale, *a.* cuspidal; pointed.
cuspidato, *a.* (*bot., anat.*) cuspidate(d).
cùspide, *f.* **1** (*archit.*) spire **2** (*punta*) cusp; point; tip **3** (*vetta di montagna*) peak; summit **4** (*mat.*) cusp.
custòde, *m.* e *f.* **1** caretaker; keeper **2** (*portiere*) janitor; custodian; porter **3** (*leg.*) receiver. ● **c. delle carceri**, jailer □ **angelo c.**, guardian angel (*anche fig.*) □ (*fig.*) **fra due angeli custodi** (*poliziotti e sim.*), in the arms of the law; escorted by two policemen.
custòdia, *f.* **1** care; custody; guardianship: **Ho in c. i suoi gioielli**, I have her jewels in my care **2** (*leg.*) custody; (*rif. solo a persone*) guardianship **3** (*astuccio, ecc.*) case; holder; box; container; (*fodero*) sheath; (*di disco grammofonico*) sleeve; jacket (*USA*). ● **agente di c.**, prison guard □ **camera di c.**, strongroom.
custodire, A *v. t.* (*conservare*) to keep*; to guard; to preserve **2** (*avere cura di*) to take* care of; to look after; to watch over **3** (*leg.: rif. solo a persona*) to hold* in custody; to ward **4** (*fig.: serbare con cura*) to cherish. **custodirsi**, B *v. rifl.* to take* care of oneself.
cutàneo, *a.* cutaneous; skin (*attr.*): **malattia cutanea**, skin disease.
cute, *f.* (*anat.*) cutis*; skin.
cuticagna, *f.* (*scherz.: collottola*) nape; scruff of the neck.
cutìcola, *f.* (*bot., anat.*) cuticle.
cuticolare, *a.* (*scient.*) cuticular.
cutina, *f.* (*bot.*) cutin.
cutireazióne, *f.* (*med.*) cutireaction.
cutréttola, *f.* (*zool., Motacilla flava*) yellow wagtail.
cutter (*ingl.*), *m.* (*naut.*) cutter.
cyclette, *f. invar.* exercise bicycle.
czar, *V.* zar.
czarda, *V.* ciarda.
czèco, *V.* cèco.

d, D

D, d, *f. e m. (quarta lettera dell'alfabeto ital.)* D, d. ● *(tel.)* **d come Domodossola**, d for David *(USA:* d for Dog).

da, *prep.* **1** *(provenienza, origine, causa, separazione, ecc.)* from: **Arrivarono da Londra**, they arrived from London; **venire da Londra** *(essere di Londra)*, to come from London; **a partire** (*o* **a decorrere**) **da oggi**, (starting) from today; **derivato dal sanscrito**, derived from Sanskrit; **separarsi da q.**, to part from sb.; **proteggere q. da q.c.**, to protect sb. from st.; **dagli otto ai dodici anni** *(di età)*, from eight to twelve years of age; **L'ho appreso dai giornali**, I learned of it from the newspapers; **Certe forme di malinconia vengono dal vivere troppo soli**, certain forms of melancholy come from living too solitary a life **2** *(compl. d'agente, di causa efficiente)* by: **Fu ucciso da una freccia**, he was killed by an arrow; **scritto da Chaucer**, written by Chaucer; **spinto dalla curiosità**, driven by curiosity **3** *(origine, nel senso di appartenenza)* of: **sant'Antonio da Padova**, St. Anthony of Padua; **venire da antica schiatta**, to come of ancient lineage **4** *(tempo continuato: durata)* for *(che può essere sottinteso)*: **Da quanto tempo aspetti?**, how long have you been waiting?; **Aspetto da un'ora**, I've been waiting (for) an hour; **Non lo vedo da alcuni giorni**, I haven't seen him for the last few days **5** *(tempo continuato: a partire da, fin da)* since: **Aspetto dalle sei che aspetto**, I've been waiting since six o'clock; **dall'ultima volta che lo vidi**, since I saw him last; **da allora**, since then; **dal 1911**, since 1911 **6** *(modo)* as *(a volte sottinteso)*: **fare da guida a q.**, to act as sb.'s guide; **Da bambino lo avevo temuto**, as a child I had been afraid of him; **morire da vecchio**, to die an old man **7** *(moto per luogo)* through: **passare da Bologna**, to pass through Bologna **8** *(fuori di)* out of: **buttare q.c. dalla finestra**, to throw st. out of the window **9** *(presso)* at *(talora col genitivo sassone)*: **comprare q.c. dal farmacista**, to buy st. at the chemist's; **Ci troveremo dal dentista**, we'll meet at the dentist's **10** *(moto a luogo)* to: **Andiamo dall'avvocato**, let's go to the solicitor's; **Sono andato da loro**, I've been to them *(a casa loro:* to their house) **11** *(per indicare un attr.)* with: **la fata dai capelli turchini**, the fairy with blue hair; the blue-haired fairy **12** *(con valore limitativo)* in; on: **cieco da un occhio**, blind in one eye; **sordo da un orecchio**, deaf in one ear; **una finestra da ciascun lato**, a window on either side **13** *(causa)* for; with: **Piangevano dalla gioia**, they were crying for joy; **Tremavamo dalla paura**, we were trembling with fear **14** *(come, a somiglianza di)* like: **Non è da lui**, it's not like him; **Vive da nababbo**, he lives like a nabob. ● **da allora in poi**, ever since □ **da banda a banda**, from one side to the other; throughout □ **da basso**, downstairs; down; *(più giù)* lower down □ **da capo**, *(dall'inizio)* from the beginning; *(di nuovo)* over again □ **da capo a piedi**, from head to foot □ **da dentro**, from within □ **da fuori**, from outside □ **essere dalla parte del torto**, to be in the wrong □ **da lontano**, from afar □ **da mattina a sera**, from morning to (*o* till) night □ **da oggi in poi**, from today on □ **da parte**, apart; aside □ **da parte di**, on behalf of; from □ **da per tutto**, everywhere □ **da quelle parti**, thereabouts □ **(preso) dal vero**, (taken) from life □ **un accordo da galantuomini**, a gentleman's agreement □ **avere troppo da fare**, to have too much to do □ **farla da padrone**, to lord it; to play the lord and master □ **fare da sé**, to do it by oneself; to manage on one's own □ **fare tutto da sé**, to do everything by oneself; to manage all on one's own □ *(fig.)* **fare una vita da galera**, to drudge and slave □ **un francobollo da trenta lire**, a thirty-lire stamp □ **non avere niente da fare**, to have nothing to do □ **proprio dal principio**, from the very beginning □ **un racconto da ridere**, a funny story □ **tanto da**, *(consecutivo)* so much as; so hard as; *(a sufficienza)* enough: **Il ragazzo studiò tanto da essere lodato dal professore**, the boy studied so hard as to be praised by his teacher; **Ne comprai tanto da sfamarli tutti**, I bought enough to feed them all □ **Da me non c'è più stato**, he hasn't been back to see me □ **Dev'essere da queste parti**, it must be hereabouts; it must be roundabout here □ **Dammi da mangiare**, give me st. to eat □ **Dammi da bere**, give me st. to drink □ *(fam.)* **Su, da bravo!**, that's a good boy! □ **Da bambino ero molto timido**, when (I was) a little boy I was very shy □ **Non è un libro da leggere**, it isn't a book worth reading □ **Dalle mie parti si parla in dialetto**, in my part of the country people talk (*o* speak in) dialect.

dabbasso, *avv.* **1** (down) below **2** *(al piano di sotto)* downstairs: **scendere d.**, to go downstairs.

dabbenàggine, *f.* **1** credulity; credulousness; gullibility; simplemindedness; foolishness **2** *(azione)* piece of stupidity.

dabbène, *a.* respected; worthy; honest: **un uomo d.**, an honest (*o* a respected) man. ● *(iron.)* **un dabben uomo**, a gullible man; a silly ass; a fool □ **È gente d.**, they are decent folk.

daccanto, *avv.* nearby; *(a fianco)* beside: **La bambina mi sedette d.**, the little girl sat beside me.

daccapo, A *avv.* **1** over again; once more **2** *(dal principio)* from the beginning **3** *(punteggiatura)* (a new) paragraph: **punto e d.**, full stop and paragraph. ● **Siamo d.**, here we go again *(fam.).* **B** *m. (mus.)* da capo.

dacché, *cong.* **1** *(da quando)* since: **D. sono partiti, non mi hanno mai scritto**, since they left, they have never written to me **2** *(poiché, dal momento che)* since; as: **Gli scriverò, d. tu lo vuoi**, I shall write to him since you want me to.

dàcia, *f.* datcha, dacha.

dada *(franc.), (arte)* **A** *m,* **1** *(dadaismo)* Dadaism **2** *(dadaista)* Dadaist. **B** *a.* Dadaistic.

dadaìsmo, *m. (arte)* Dadaism.

dadaista, *(arte)* **A** *m.* Dadaist. **B** *a.* Dadaistic.

dado, *m.* **1** die*: **Il d. è tratto**, the die is cast; **giocare a dadi**, to play dice **2** *(mecc.) (screw)* nut: **d. a colletto**, flanged nut; **d. a corona**, castellated nut; **d. cieco**, cap nut; **d. zigrinato**, knurled nut; **incoppigliare un d.**, to split-pin a nut **3** *(archit.)* die*; dado **4** *(cubo)* cube: **tagliare q.c. a dadi**, to cut st. into cubes; to dice st. **5** *(cucina)* bouillon cube. ● *(fig.)* **gettare il d.**, to try one's luck.

daffare, *m. (lavoro)* work; task; grind *(fam.)*: **il d. quotidiano**, the daily task (*o* grind). ● **avere d.**, to be busy; to have a lot to do □ **avere un bel d.**, to be very busy; to have quite a lot to do □ **darsi d.**, to be on the go □ **darsi un gran d.**, to make a great to-do.

dafne, *f. (bot., Daphne)* daphne.

Dafne, *f. (mitol.)* Daphne.

dàfnia, *f. (zool., Daphnia pulex)* daphnia; water flea.

daga, *f.* dagger.

dagherrotipìa, *f. (fotogr.)* daguerreotypy; (the) daguerreotype process.

dagherròtipo, *m. (fotogr.)* daguerreotype.

dàgli, dai, *inter. (fam.)* **1** *(forza!)* go on!; come on! **2** *(picchia!)* let him (*o* her, etc.) have it! ● **Dai, non esagerare!**, give over!; come off it! *(fam.).*

dàina, *f. (zool.)* doe.

dàino, *m.* **1** *(zool., Dama dama)* fallow deer*; *(di età inferiore a un anno)* fawn; *(il maschio)* buck **2** *(pelle di d.)* doeskin; buckskin.

dàlia, *f. (bot., Dahlia)* dahlia.

Dàlila, *f. (Bibbia)* Delilah.

dallato, *avv.* near; nearby.

dàlmata, *m.* e *f.* Dalmatian.

dalmàtica, *f. (relig.)* dalmatic.

dalmàtico, *a.* Dalmatic.

Dalmàzia, *f. (geogr.)* Dalmatia.

daltònico, A *a.* colour-blind, *(USA)* color-blind; daltonic. **B** *m.* colour-blind person.

daltonìsmo, *m. (med.)* colour-blindness, *(USA)* color-blindness; daltonism.

daltrónde, *avv.* on the other hand.

dama (1), *f.* **1** lady (of rank) **2** *(nei balli)* partner **3** *(nelle carte da gioco)* queen **4** *(metall.)* dam. ● **d. di carità**, district visitor; *(suora)* sister of charity □ **d. di compagnia**, lady companion □

d. di corte, lady-in-waiting □ **fare la** (o **darsi arie da**) **gran d.**, to give oneself fine airs.

dama (2), *f.* **1** (*gioco*) draughts (*pl. col verbo al sing.*); checkers (*pl. col verbo al sing.*, *USA*): **giocare a d.**, to play draughts **2** (*pedina raddoppiata*) king **3** (*scacchiera*) draughtboard; checkerboard (*USA*). ● **fare** (o **andare a**) **d.**, to crown a draughtsman.

damare, *v. t.* to crown: **d. una pedina**, to crown a (draughts)man.

damascare, *v. t.* **1** to weave (damask); to damask **2** (*metall.*) to damask; to damascene.

damascato, *a.* damask (*attr.*).

damascatura, *f.* **1** damasking **2** (*metall.*) damasking; damascening.

damascèno, *a.* (*lett.*) Damascene; of Damascus. ● (*bot.*) **rosa damascena** (*Rosa damascena*), damask rose.

damaschinare, *v. t.* (*metall.*) to damask; to damascene.

damaschinatóre, *m.* damascener.

damaschinatura, *f.* (*metall.*) damaskeen; damascene.

damaschino, *a.* **1** of Damascus **2** (*del metallo lavorato*) damascene **3** (*del tessuto o della rosa*) damask (*attr.*).

damasco, *m.* damask.

Damasco, *f.* (*geogr.*) Damascus.

damerino, *m.* (*ricercato nel vestire*) dandy; fop **2** (*bellimbusto*) gallant; ladies' man*; beau*.

Damiano, *m.* Damian.

damièra, *f.* **damière**, *m.* draughtboard; checkerboard (*USA*).

damigèlla, *f.* **1** damsel **2** (*di una sposa*) bridesmaid. ● (*zool.*) **d. di Numidia** (*Anthropoides virgo*), demoiselle □ **d. d'onore**, maid of honour.

damigiana, *f.* **1** demijohn **2** (*ind. chim.*) carboy.

damista, *m. e f.* draughts player.

damméno, *a.* inferior; (*peggiore*) worse. ● **non essere d. di q.**, to be just such another.

Dàmocle, *m.* Damocles: **la spada di D.**, the sword of Damocles.

danaro, *V.* denaro.

danaróso, *a.* well-to-do; moneyed (*attr.*); rich; wealthy; well-off; of substance: **un uomo d.**, a man of substance; **gente danarosa**, well-to-do people.

dancing (*ingl.*), *m.* dance hall.

dande, *f. pl.* leading reins; leading strings (*USA*).

dandismo, *m.* dandyism.

danése, **A** *a.* Danish. **B** *m. e f.* Dane. **C** *m.* **1** (*la lingua*) Danish **2** (*il cane*) great Dane.

Danièle, *m.* Daniel; (*dim.*) Danny, Dan.

Danimarca, *f.* (*geogr.*) Denmark.

dannare, **A** *v. t.* to damn. ● **far d.** (**l'anima a**) **q.**, to drive sb. mad. **dannarsi**, **B** *v. rifl.* **1** to be damned **2** (*tormentarsi*) to worry (oneself to death); to be worried (to death). ● **d. l'anima** (o **la vita**), to go crazy.

dannato, **A** *a.* damned: **anima dannata**, damned soul; (*fig.*) wicked person. ● **avere una paura dannata**, to be terribly frightened □ **nella dannata ipotesi**, if the worst should come to the worst. **B** *m.* damned soul; (*pl.*, *collett.*) (the) damned: **le grida dei dannati**, the cries of the damned.

dannazióne, **A** *f.* eternal perdition; (eternal) damnation **2** (*fig.*) trial; curse; pest. ● **Quel ragazzo è la mia d.**, that boy will be the death of me. **B** *inter.* damn it all!

danneggiaménto, *m.* **1** (*il danneggiare*) damaging **2** (*danno*) damage.

danneggiare, **A** *v. t.* **1** to damage; to cause damage to: **Gli acquazzoni hanno danneggiato il grano**, the wheat has been damaged by heavy rains **2** (*sciupare*) to spoil* **3** (*menomare*) to impair; to injure: **d. la salute di q.**, to impair sb.'s health **4** (*nuocere a*) to harm; to do* harm to; to injure: **Le calunnie danneggiarono la sua reputazione**, his reputation was injured by slander. **danneggiarsi**, **B** *v. rifl.* to injure oneself; to suffer damage.

danneggiato, *a.* damaged; (*logorato dall'uso*) deteriorated: **merci danneggiate**, damaged goods; (*fig.*) **reputazione danneggiata**, damaged reputation. ● **i danneggiati del terremoto**, the victims of the earthquake □ (*leg.*) **la parte danneggiata**, the injured party.

danno, *m.* **1** damage (*anche leg.*): **fare** (**recare**, **portare**) **d. a q.c.**, to cause (to do, to bring) damage to st.; **La tempesta causò gravi danni**, the storm caused great damage; **pagare** (o **risarcire**) **i danni**, to pay (compensation for) damages; **danni gravi** (o **rilevanti**), heavy damage; **avere** (o **patire**, **soffrire**, **risentire**) **un d.**, to suffer damage (o loss); to be damaged; **d. diretto**, immediate damage; **chiedere a q. il risarcimento dei danni**, to claim damages from sb.; **citare q. per danni**, to sue sb. for damages; **reclamo per danni**, claim for damages; (*comm.*) **in caso di perdita o d.**, in case of loss or damage; **responsabilità per danni**, liability for damages; **ricuperare i danni**, to recover damages; **valutare i danni**, to estimate the damage; to assess damages **2** (*causato a persona*) harm; injury: **recare d. a q.**, to do sb. harm; to do sb. an injury. ● **a mio d.**, to my prejudice; to my detriment; (*a mie spese*) at my expense □ **Se non vieni, tuo d.!**, if you don't come, so much the worse for you! □ **(Non ci fu) nessun d. alle persone**, nobody was hurt; there were no casualties.

dannosità, *f.* harmfulness; noxiousness; injuriousness.

dannóso, *a.* harmful, injurious, detrimental (to); noxious, bad (for): **insetti dannosi**, noxious insects; **d. alla propria salute**, detrimental to (o bad for) one's health.

dannunziano, **A** *a.* of d'Annunzio. **B** *m.* follower (o imitator) of D'Annunzio.

Dante, *m.* Dante.

dantésca, *f.* (*arredamento*) Dante chair.

dantésco, *a.* Dantesque; Dantean.

dantismo, *m.* **1** (*espressione coniata da Dante*) Dantesque expression **2** (*studio di Dante*) study of Dante.

dantista, *m. e f.* Dantist.

dantistica, *f.* study of Dante and his works.

danubiano, *a.* Danubian.

Danùbio, *m.* (*geogr.*) the Danube.

danza, *f.* **1** dance: **una d. spagnola**, a Spanish dance **2** (*il danzare*) dancing: **lezioni di d.**, dancing lessons; **d. classica**, ballet dancing; **Mi piace la d.**, I like dancing; **studiare d.**, to learn dancing. ● **d. macabra**, «danse macabre» (*franc.*); dance of death.

danzante, *a.* dancing. ● **festa d.**, dance; ball □ **tè d.**, «thé dansant» (*franc.*); tea dance.

danzare, *v. i. e t.* to dance (*anche fig.*): **Continuarono a d. fino a notte inoltrata**, they went on dacing till late in the night; **I fiocchi di neve danzavano nell'aria**, the snowflakes were dancing in the wind; **d. una danza sfrenata**, to dance a wild dance.

danzatóre, *m.* **danzatrice**, *f.* dancer.

dappertutto, *avv.* everywhere; all over the place (*fam.*).

dappiè, **dappiède**, *avv.* at the foot.

dappiù, *a. pred.* **1** (*migliore*) better **2** (*più importante*) more important (than); superior (to).

dappocàggine, *f.* worthlessness; ineptitude.

dappòco, *a.* worthless; not worth much (*pred.*); inept.

dapprèsso, *avv.* **1** (*vicino*) near; nearby; close at hand **2** (*da vicino*) closely; at close quarters; close up: **seguire q. d.**, to follow sb. closely; to be close behind sb.

dapprima, *avv.* at first; first of all; in the first place.

dapprincipio, *avv.* first of all; in the first place; at the beginning.

Dardanèlli, *m. pl.* (*geogr.*) the Dardanelles.

dardeggiare, *v. t. e i.* **1** to dart **2** (*fig.*, *degli occhi*) to blaze (at); to flash (at). ● **Il sole dardeggiava i campi**, the sun was blazing down on the fields.

dardo, *m.* **1** (*anche fig.*) dart; (*di arco*) arrow **2** (*specialm. al pl.*, *fig.*, *lett.*: *fulmine*) bolt; (*raggio infocato*) burning ray; blaze (*solo al sing.*). ● (*fis.*) **d. elettronico**, electron beam.

dare (1), **A** *v. t.* **1** to give*: **d. un bacio** (**una spiegazione**, **dei consigli**), to give a kiss (an explanation, advice); **d. in matrimonio**, to give in marriage; **Non so cosa darei per essere libero**, I'd give anything to be free; **d. il segnale di via libera**, to give the all-clear **2** (*accordare*, *rilasciare*) to grant; to award; (*concedere*, *elargire*) to bestow (*lett.*); (*fare una donazione*) to donate: **d. a q. il permesso di fare q.c.**, to grant sb. permission to do st.; **d. il proprio perdono**, to grant one's pardon; **Gli fu dato il primo premio**, he was awarded the first prize **3** (*produrre*) to bear*; to yield: **Quest'albero non dà frutti**, this tree doesn't yield fruit **4** (*comm.*: *fruttare*) to bear*; to yield: **Questi investimenti danno ora il 10%**, these investments now yield 10%. **B** *v. i.* **1** (*battere*, *urtare*) to hit*; to bump; to bang: **d. nella porta con la testa**, to hit (against) the door with one's head; to bump one's head on the door **2** (*di porte*, *finestre*, *ecc.*: *guardare*) to look out (onto); to have a view (on); to overlook; (*aprirsi*) to open (onto): **La finestra dà sul giardino**, the window looks onto the garden; **La porta dà sul giardino**, the door opens onto the garden; **una camera che dà sul mare**, a room with a view on the sea (o with a sea-view). ● (*fig.*) **d. addosso a q.**, to come down on sb.; to give sb. the rough edge of one's tongue □ **d. a intendere** (o **a bere**) **q.c. a q.**, to get sb. to swallow st.: **Questa non me la dai a intendere**, you can't get me to swallow that □ **d. alla testa**, to go to one's head (*anche fig.*): **Il vino gli diede alla testa**, the wine went to his head; **Il successo gli ha dato alla testa**, success has gone to his head □ **d. a pensare**, to give (sb.) food for thought; to make (sb.) think □ **d. ascolto a q.**, to listen to sb. □ **d. l'assalto**, to attack □ **d. atto di q.c.**, to acknowledge st. □ **d. battaglia**, to give battle □ **d. il benvenuto a q.**, to welcome sb. □ **d. il buongiorno**, to say good-morning □ **d. un calcio a q.**, to kick sb. □ **d. le carte**, to deal (cards) □ **d. la colpa a q.**, to lay the blame on sb. □ **d. to say that it is sb.'s fault □ **dar da sedere a q.**, to give sb.

dare (2)

a chair; to let sb. sit down ☐ **d. del ladro (del cretino) a q.**, to call sb. a thief (an idiot) ☐ **d. del Lei**, to use the formal third person ☐ **d. del Lei a q.**, to address sb. as «Lei» ☐ **d. del tu**, to use the intimate «tu» form ☐ **d. del tu a q.**, to address sb. as «tu» ☐ **dar di piglio a q.c.**, to get hold of st; to catch st.; to seize st. ☐ **d. un esame**, to take an examination; to sit for an exam ☐ **d. una festa**, to give a party; to throw a party (pop.) ☐ (naut.) **dar fondo all'àncora**, to drop anchor ☐ **dar fuoco a q.c.**, to set fire to st. ☐ **d. in affitto**, to let; to rent ☐ **d. in lacrime**, to burst into tears ☐ **d. in risate**, to burst out laughing ☐ (naut.) **d. in secco**, to go aground; to run ashore; to strand ☐ **d. in smanie**, to storm; to rant; to rage; to have a tantrum; to have hysterics ☐ **d. la mano a q.**, to shake sb.'s hands ☐ **darle a q.**, to give sb. a good hiding (o beating) ☐ **darle tutte vinte a q.**, to give in to sb. all along the line ☐ **d. una mano di bianco**, to put on a coating of white (o a coat of white paint) ☐ **d. nell'occhio**, to attract attention ☐ **d. nel segno**, to be right on the mark; (fig.) to hit the nail on the head ☐ **d. q.c. per fatto**, to assure that st. is already done ☐ **q.c. per niente**, to give st. away (for nothing) ☐ **d. q. per spacciato**, to say that sb. is done for (o is through) ☐ **d. ragione a q.** (di persona) to say (o to admit) that sb. is right; (di cosa) to prove (o to show) that sb. is right! **Il risultato mi darà ragione**, the outcome will prove I am right ☐ **d. sul verde (sul rosso, ecc.)**, to verge (o to border) on green (on red, etc.) ☐ **d. sui nervi a q.**, to get on sb.'s nerves ☐ **d. un suono**, to sound; to give out a sound ☐ **d. torto a q.**, (di persona) to say that sb. is wrong; (di cosa) to prove (o to show) that sb. is wrong ☐ **d. la vernice**, to paint ☐ (fig.) **d. il via a q.c.**, to set st. in motion ☐ **d. il via a una gara**, to start a race ☐ **d. una voce a q.**, to give sb. a shout; to call out to sb. ☐ (naut.) **d. volta (a un cavo)**, to secure a rope ☐ (fam.) **darci dentro** (o sotto) (sgobbare, spendere e spandere, ecc.), to go at (o pop.) ☐ **E dàgli!**, there we go again! ☐ **Dàgli! Dàgli!**, come on, come on! ☐ **Dài, Tom!**, come on, Tom! ☐ **Quanti anni le dài?**, how old do you think she is? ☐ **Le darei cent'anni**, I'd put her age at fifty ☐ **Se le dettero di santa ragione**, they went at each other hammer and tongs ☐ **Ti ha dato di volta il cervello?**, have you gone off your head? ☐ **Dàgli oggi, dàgli domani**, ce l'hai fatta!, you've made it at last! ☐ (prov.) **Chi dà a ritoglie, il diavolo lo raccoglie**, give a thing, and take a thing, to wear the devil's gold ring ☐ (prov.) **Chi dà presto dà due volte**, he gives twice who gives quickly.
darsi, C v. rifl. **1** (dedicarsi) to devote oneself; to give* oneself up (to st.): **Si diede allo studio**, he devoted himself to study **2** (cominciare a fare, a studiare q.c.) to take* up; to take* to; to go* into; to start; to begin*: **d. alla fisica**, to take up physics; **d. al bere**, to take on drinking; **d. al commercio**, to go into business; **Si diede a correre**, he started running; he broke into a run **3** (di donna: concedersi) to give* oneself (to sb.) ● **d. ammalato**, to report sick ☐ **d. attorno** (per fare q.c.), to turn to st. and do one's best; to do everything in one's power (to do st.) ☐ **d. il belletto** (o il rossetto), to put on (o to wear) lipstick: **Non si dà (mai) il rossetto**, she never wears lipstick ☐ **d. bel tempo**, to have a good time; to lead a frivolous life ☐ **d. delle arie**, to give oneself airs ☐ **d. per vinto**, to throw in the sponge ☐ **d. prigioniero**, to give oneself up ☐ **d. vanto (di q.c.)**, to boast, to be proud (of st.) ☐ **darsela a gambe**, to take to one's heels ☐ **non darsela per inteso**, to turn a deaf ear; not to take any notice ☐ **può d.**, maybe; it may be: **Può d. che tu abbia ragione, ma...**, maybe you are right, but... ☐ **Può d. che arrivino domani**, they may arrive tomorrow ☐ **Si dà il caso che...**, it so happens that... ☐ **Si dette il caso che mio padre fosse assai occupato proprio quel giorno**, my father happened to be very busy on that particular day.
dare (2), m. (comm.) **1** debit: **d. e avere**, debit and credit; **la colonna del d.**, the debit column; **il d. di un conto**, the debit of an account **2** (lato del d.) debit side: **portare una somma al d. di un conto**, to carry an amount to the debit side of an account. ● **dalla parte del d.**, on the debit side.
dàrsena, f. (naut.) **1** wet basin; wet dock **2** (cantiere) shipyard; dockyard.
darviniano, a. e m. Darwinian; Darwinist.
darvinismo, m. Darwinism.
darvinista, m. e f. Darwinist; Darwinian.
dasiùro, m. (zool., Dasyurus maculatus) dasyure; (austral.) tiger cat.
data, f. date: **d. di emissione**, date of issue; **d. di nascita**, date of birth; (comm.: di una cambiale) **d. di scadenza**, date of maturity; **in d. d'oggi**, under today's date. ● **d. ultima**, deadline ☐ (comm.) **cambiale a trenta giorni d.**, bill at thirty days after date ☐ **con d. in bianco**, blank dated ☐ **d'antica d.**, old; long--standing (attr.) ☐ **di fresca d.**, recent ☐ **senza d.**, undated ☐ **mettere la d. (a)**, to date ☐ **portare la d. (di)**, to be dated.
datàbile, a. datable, dateable.

datare, v. t. e i. to date. ● **a d. da**, beginning (o dating) from; (con effetto da) with effect from.
datària, f. (relig.) datary.
datàrio, m. **1** dater; date stamp **2** (relig.) datary.
datazióne, f. dating.
dativo, a. e m. (gramm.) dative: **caso d.**, dative case.
dato, A a. **1** given; certain: **in una data situazione**, in a given situation; **in dati casi**, in certain cases **2** (dedito) given; addicted. ● **d. che**, since; as: **D. che non ho denaro, non posso comperarlo**, since I have no money, I can't buy it ☐ **D. ciò, ne segue che...**, therefore it follows that... ☐ **d. e non concesso**, supposing (that); even if: **D. e non concesso che piova, cosa faremo?**, supposing it rains, what shall we do? **B** m. datum*: **dati di stato civile**, vital data; **elaborazione (dei) dati**, data processing. ● **dati di fatto**, facts ☐ **dati di un problema**, data ☐ **dati statistici**, statistics (pl. col verbo al sing.); statistical data ☐ **dati tecnici**, specifications.
datóre, m. giver. ● **d. di lavoro**, employer.
datoriale, a. (econ.) concerning employers; employer (attr.).
dàttero, m. **1** (bot., Phoenix dactylifera) date palm **2** (il frutto) date. ● (zool.) **d. di mare** (Lithodomus lithophagus), date mussel (o shell).
dattìlico, a. (poesia) dactylic.
dattilìfero, a. — (bot.) **palma dattilifera**, date-palm.
dàttilo, m. (poesia) dactyl.
dattilògrafa, f. typist.
dattilografare, v. t. to typewrite*; to type.
dattilografìa, f. typewriting. ● **d. dal nastro (magnetico)**, audiotyping.
dattilogràfico, a. typewriting (attr.).
dattilògrafo, m. typist. ● **d. che trascrive da un nastro (magnetico)**, audiotypist.
dattiloscopìa, f. dactyloscopy.
dattiloscòpico, a. dactyloscopic.
dattiloscritto, A a. typewritten; typed. **B** m. typescript.
dattórno, avv. around; round about: **Non lo voglio più d.**, I don't want him around any more. ● **darsi d.**, to do all one can ☐ **togliersi q. d.**, to get rid of sb.
datura, f. (bot., Datura) datura.
davanti, A avv. in front. ● **Levati d.!**, clear out! **davanti a, B** locuz. prepositiva **1** in front of: **La lavagna è d. agli scolari**, the blackboard is in front of the pupils **2** (al cospetto di) before; in the presence of: **d. a Dio**, before God; **Egli parlò d. a un gran numero di persone**, he talked in the presence of a large number of people **3** (dirimpetto a) opposite; in front of: **La mia casa è d. al teatro**, my house is opposite the theatre. **C** m. front: **il d. del cappotto**, the front of the coat. **D** a. fore, front (attr.): **le ruote d.**, the front wheels; **le zampe d.**, the fore paws.
davantino, m. dicky; «jabot» (franc.).
davanzale, m. windowsill.
davanzo, avv. more than enough.
Dàvide, m. David; (dim.) Davy, Davie, Dave.
davvéro, avv. really; indeed: «**Ti piace d. quel libro?**» «**Sì, d.**», «do you really like that book?» «indeed I do»; **Sono d. gentili!**, they are really nice! ● **per d.**, really and truly ☐ **Dici d.?**, are you serious? ☐ **Dico proprio d.**, I'm perfectly in earnest ☐ **No d.!**, not at all!
dazebao, m. dazebao; (fig.) poster.
daziare, v. t. to tax; to lay* a duty on (st.); to subject (st.) to a duty.
daziàrio, a. customs (attr.): **casello d.**, customs house; **cinta daziaria**, customs barrier.
dazière, m. duty collector.
dàzio, m. **1** duty; (doganale) customs (duty): **d. d'entrata (d'uscita)**, import (export) duty; **esente da d.**, duty-free; **soggetto a d.**, liable to duty **2** (ufficio, casello daziario) customs house.
dèa, f. goddess.
deambulare, v. i. to walk (o to stroll) about.
deambulatòrio, A m. (archit.) (de)ambulatory. **B** a. (lett.) deambulatory.
deambulazióne, f. deambulation; walking (o strolling) about.
deamicisiano, a. **1** of E. De Amicis **2** (fig.) (patetico) pathetic; (moralistico) moralistic.
débâcle (franc.), f. invar. debacle.
debbiare, v. t. (agric.) to burnbeat*.
débbio, m. (agric.) burnbeating.
debellare, (lett.) v. t. **1** to vanquish; to defeat; to put* (sb.) to rout **2** (fig.) to subdue; to eliminate. ● **La malattia è stata debellata**, the disease is a thing of the past.
debilitante, a. weakening; enfeebling; debilitating.
debilitare, A v. t. to weaken; to enfeeble; to debilitate; to pull (sb.) down (fam.). **debilitarsi, B** v. rifl. to weaken; to grow* weak (o weaker).
debilitazióne, f. weakening; enfeeblement; debilitation.
debitaménte, avv. (dovutamente) duly; (al momento dovuto) in

due course; (*nel modo giusto*) properly, rightly.
débito (1), *m.* **1** (*anche comm., leg.*) debt: **debiti chirografari**, book debts; **d. d'onore**, debt of honour; **d. ipotecario**, mortgage debt; **debiti di gioco**, gambling debts; **d. pubblico**, national debt; **d. privilegiato**, preferential debt; **d. di lieve entità**, trifling debt; **addossarsi** (*o* **accollarsi**) **un d.**, to take a debt upon oneself; **avere un d. di gratitudine verso q.**, to owe sb. a debt of gratitude; **condonare un d.**, to remit a debt; **essere in d. verso q.**, to be in debt to sb.; (*fig.*) to be indebted to sb. **2** (*comm.*: «*dare*») debit: **nota di d.**, debit note **3** (*dovere*) duty: **Ci facciamo un d. d'aiutarli**, we consider it our duty to help them. ● **d. di coscienza**, matter of conscience; moral duty ▢ **comprare (vendere) a d.**, to buy (to sell) on credit ▢ (*fig.*) **pagare il d. alla natura**, to pay one's debt to nature; to die ▢ **essere pieno di debiti**, to be deeply (*o* up to one's ears) in debt ▢ (*comm.*) **segnare una somma a d. di q.**, to debit sb. with an amount ▢ **Lo voglio fare**: è **un d. di coscienza**, I want to do it: it's on my conscience.
débito (2), *a.* due; proper: **a tempo d.**, in due time; **con le debite cautele**, with due caution; **con la debita cura**, with proper care. ● **in ora debita**, not too late; at a respectable hour ▢ **nel modo d.**, in the right way.
debitóre, *m.* debtor. ● (*anche fig.*) **essere d. di q.c. a q.**, to owe sb. st.; to be in debt to sb. for st. ▢ **essere un d. moroso**, to be in arrears with a debt.
debitòrio, *a.* (*leg.*) debt, debit (*attr.*); of the debtor. ● **situazione debitoria**, indebtedness.
débole, **A** *a.* **1** weak; feeble; frail: **uomo (stomaco, vista) d.**, weak man (stomach, sight); **essere d. dopo una malattia**, to be weak after an illness; **stile (ragionamento) d.**, feeble style (argument); **essere d. di gambe**, to be weak in the legs; **essere d. di carattere**, to be weak in character; to be weak-kneed (*fig.*) **2** (*di luce*) dim; indistinct; faint; (*di colore*) dull, dim; (*di suono*) faint. ● **d. di mente**, weak-minded ▢ **avere un aspetto d.**, to look frail ▢ **avere la vista d.**, to be weak-sighted (*o* weak-eyed) ▢ **polso d.**, weak pulse ▢ **il sesso d.**, the weaker sex ▢ (*gramm.*) **verbo d.**, weak verb. **B** *m.* **1** (*punto debole*) weak point: **Il latino è il mio d.**, Latin is my weak point; **La timidezza è il tuo d.**, shyness is your weak point **2** (*persona debole*: *di carattere*) weak person; (*di salute*) weakling **3** (*inclinazione*) weakness; foible: **avere un d. per q.**, to have a weakness for sb.; **avere un d. per la speculazione in borsa**, to have a weakness for playing the markets **4** (*chi manca di forza fisica o morale*) weakling; (*pl., collett.*) the weak. ● **toccare q. nel d.**, (*commuovere*) to touch sb. greatly; (*ferire*) to cut sb. to the quick.
debolézza, *f.* **1** weakness; feebleness; frailty **2** (*difetto*) weakness; frailty; foible: **le debolezze umane**, human weaknesses (*o* frailties); **È una d. di Giovanni non saper dire di no**, it's a foible of John's not to be able to say no. ● **avere d. di stomaco**, to have a weak stomach.
Dèbora, *f.* Deborah; (*dim.*) Debby.
debordare, *v. i.* **1** to overflow **2** (*fig.*) to wander from the point.
debóscia, *f.* debauchery.
debosciato, **A** *a.* debauched; dissolute; depraved: **una vita debosciata**, a dissolute life. **B** *m.* debauchee.
debuttante, **A** *m.* e *f.* beginner; novice. **B** *m.* debutant. **C** *f.* debutante; deb (*fam.*).
debuttare, *v. i.* **1** to make* one's debut **2** (*iniziare un'attività*) to begin*; to start off: **d. come scrittore**, to begin as a writer. ● **d. in società**, to come out.
debutto, *m.* **1** debut **2** (*inizio di un'attività*) beginning; start. ● **fare il proprio d. come medico**, to start one's career as a doctor ▢ **fare il proprio d. in società**, to come out.
deca, **A** *f.* (*stor., letter.*) decade: **le deche di T. Livio**, the decades of Livy. **B** *m.* (*pop.: biglietto da diecimila lire*) ten-thousand-lire note.
dècade, *f.* **1** (*raro: dieci anni*) decade: **l'ultima d. del diciannovesimo secolo**, the last decade of the 19th century **2** (*dieci giorni*) (period of) ten days: **la prima d. del mese**, the first ten days of the month.
decadènte, *a., m.* e *f.* (*anche letter., arte*) decadent.
decadentismo, *m.* (*letter., arte*) decadentism; decadence.
decadentista, *m.* e *f.* (*letter., arte*) decadent.
decadentistico, *a.* (*letter., arte*) decadent.
decadènza, *f.* **1** decline; decay; falling off; (*specialm. morale*) decadence: **la d. dell'Impero Romano**, the decline of the Roman Empire **2** (*letter., arte*) decadence **3** (*leg.*) loss; withdrawal; foreclosure; lapse: **d. dalla patria potestà**, loss of parental authority; **d. dalla cittadinanza**, loss (*o* withdrawal) of nationality. ● **essere in d.**, (*di persona*) to be past one's prime; (*di cosa*) to decay.
decadére, *v. i.* **1** to decline; to fall* off; to decay **2** (*leg.*) to lose*; to forfeit: **d. da un diritto**, to lose (*o* forfeit) a right.
decadimento, *m.* **1** *V.* **decadènza 2** (*nucl.*) decay.
decaduto, *a.* (*impoverito*) impoverished. ● **signori decaduti**, gentlefolk who have fallen on evil days.
decaèdrico, *a.* (*geom.*) decahedral.
decaèdro, *m.* (*geom.*) decahedron*.
decaffeinare, decaffeinizzare, *v. t.* to decaffeinate; to decaffeinize.
decaffeinato, *a.* decaffeinated; caffeine-free: **caffè d.**, decaffeinated coffee.
decaffeinazióne, *f.* decaffeination.
decagonale, *a.* (*geom.*) decagonal.
decàgono, *m.* (*geom.*) decagon.
decagrammo, *m.* decagram(me).
decalcare, *v. t.* to transfer (a design); to trace (a drawing, etc.).
decalcificante, *a.* decalcifier.
decalcificare, *v. t.* (*chim., med.*) to decalcify.
decalcificazióne, *f.* (*chim., med.*) decalcification.
decalcomanìa, *f.* decalcomania; transfer.
decàlitro, *m.* decalitre; decaliter (*USA*).
decàlogo, *m.* (*relig.*) Decalogue.
Decameróne, *m.* (*letter.*) Decameron.
decàmetro, *m.* decametre; decameter (*USA*).
decampare, *v. i.* **1** (*levare il campo*) to decamp **2** (*fig.*) to climb* down (*fam.*); to abandon; to give* up.
decanato, *m.* deanery.
decano, *m.* **1** doyen; dean; senior member: **il d. dell'istituto**, the dean of the institute.
decantare (1), *v. t.* (*magnificare*) to extol; to sing* the praises of; to praise (highly).
decantare (2), **A** *v. t.* (*sottoporre a decantazione*) to settle (*di un solido*); to separate (*di due liquidi*). **B** *v. i.* to settle (*di un solido*); to separate (*di due liquidi*).
decantatóre, *m.* (*ind.*) decanter; settler.
decantazióne, *f.* settling (*di un solido*); separating (*di due liquidi*).
decapàggio, *m.* (*metall.*) pickling.
decapare, *v. t.* (*metall.*) to pickle.
decapitare, *v. t.* **1** to behead; to decapitate; to cut* off (sb.'s) head **2** (*recidere alla sommità*) to cut* off the top of; to poll.
decapitazióne, *f.* beheading; decapitation.
decàpodi, *m. pl.* (*zool., Decapoda*) decapods.
decappottàbile, *a.* e *f.* (*autom.*) convertible.
decappottare, *v. t.* (*autom.*) to take* the top off (a car).
decarbonatazióne, *f.* (*chim.*) decarbonization.
decarbonizzare, *v. t.* (*tecn.*) to decarbonize.
decarburare, *v. t.* (*chim.*) to decarburize.
decarburazióne, *f.* (*chim.*) decarbonization; decarburization.
decasillabo, (*poesia*) **A** *a.* decasyllabic. **B** *m.* decasyllable.
decàstilo, *a.* (*archit.*) decastyle.
dècathlon, decathlonèta, *V.* **dècatlon, decatlèta**.
decatissàggio, *m.* (*ind. tessile*) decating; decatizing.
decatizzare, *v. t.* (*ind. tessile*) to decatize.
decatlèta, *m.* (*sport*) decathlete.
dècatlon, *m.* (*sport*) decathlon.
Decauville, *f. invar.* Decauville (railway).
decèdere, *v. i.* to decease; to die.
deceduto, *a.* deceased; dead.
decelerare, *v. t.* e *i.* to decelerate.
deceleratóre, *a.* (*mecc.*) decelerating.
decelerazióne, *f.* deceleration.
decemvirale, *a.* (*stor. romana*) decemviral.
decemvirato, *m.* (*stor. romana*) decemvirate.
decèmviro, *m.* (*stor. romana*) decemvir*.
decennale, **A** *a.* decennial; ten-year (*attr.*): **giuochi decennali**, decennial games; **un periodo d.**, a decennial period; a period of ten years; **un piano d.**, a ten-year plan. **B** *m.* decennial; tenth anniversary.
decènne, **A** *a.* (*che ha 10 anni di età*) ten-year-old (*attr.*); ten years old (*pred.*); aged ten (*pred.*). **B** *m.* ten-year-old boy. **C** *f.* ten-year-old girl.
decènnio, *m.* decade; ten-year period; (period of) ten years; decennium*.
decènte, *a.* **1** (*conforme alle leggi del decoro*) decent; proper; respectable; decorous: **abiti decenti**, decent clothes; **parole decenti**, decent words; **Non fare mai racconti che non siano assolutamente decenti**, never tell stories that are not quite decent **2** (*accettabile*) satisfactory; fairly good; decent (*fam.*): **un pranzo d.**, a decent dinner.
decentralizzare, *V.* **decentrare**.
decentralizzazióne, *f.* **decentraménto**, *m.* decentralization. ● (*polit.*) **d. dei poteri**, devolution.
decentrare, *v. t.* to decentralize.
decènza, *f.* decency; propriety; respectableness; decorum: **un'offesa alla d. pubblica**, an offence against public decency. ● **luogo di d.**, toilet.

decerebrare, v. t. (med.) to decerebrate.
decerebrazióne, f. (med.) decerebration.
decèsso, m. (bur.) decease; death. ● (leg.) **atto di d.**, death certificate.
decibèl, m. (fis.) decibel.
decidere, **A** v. t. 1 (risolvere, definire) to decide; to settle; to solve: **d. una questione**, to settle (o to decide) a question 2 (stabilire, fissare) to decide; to resolve; to determine: **d. di fare q.c.**, to decide to do (o on doing) st.; **d. la guerra**, to decide on war; **Ha deciso di fare il commerciante**, he has decided to become (o that he will be) a businessman; **Decisi di partire di buon'ora**, I decided (o determined) to leave as early as possible; I resolved on making an early start. **B** v. t. e i. (avere valore determinante) to decide: **Quell'avvenimento decise il** (o **del**) **nostro destino**, that event decided our fate.
decidersi, **C** v. rifl. to make* up one's mind; to decide: **Deciditi una buona volta!**, make up your mind once (and) for all! ● **non saper d.**, to be undecided □ **Non so decidermi a lasciarlo**, I can't bring myself to leave him.
deciduo, a. (bot., zool.) deciduous: **foglie decidue**, deciduous leaves; **denti decidui**, deciduous teeth.
decifràbile, a. decipherable.
deciframénto, m. 1 deciphering; decipherment 2 (di un messaggio cifrato) decoding.
decifrare, v. t. 1 to decipher (anche un testo oscuro, ecc.); (un messaggio cifrato) to decode 2 (fig.) to make* out; to solve; to decipher.
decifratóre, m. decipherer; decoder.
decifrazióne, f. deciphering; decoding.
decigrammo, m. decigram(me).
decilitro, m. decilitre; deciliter (USA).
dècima, f. 1 (stor.) tithe 2 (mus.) tenth.
decimale, a. e m. decimal: **una frazione d.**, a decimal fraction; **sistema metrico d.**, metric system; **ridurre in decimali**, to reduce to decimals.
decimalizzare, v. t. to metricate; to metricize.
decimalizzazióne, f. decimalization.
decimare, v. t. to decimate: **Il terremoto decimò la popolazione**, the earthquake decimated the population.
decimazióne, f. 1 decimation 2 (fig.) drastic reduction.
decimetro, m. decimetre; decimeter (USA).
decimillimetro, m. decimillimetre; decimillimeter (USA).
dècimo, a. num. ord. e m. tenth: **la decima parte**, the tenth part, a tenth; **i nove decimi della popolazione**, the nine tenths of the population.
decimonòno, a. num. ord. nineteenth.
decimoprimo, a. num. ord. eleventh.
decimoquarto, a. num. ord. fourteenth.
decimoquinto, a. num. ord. fifteenth.
decimosecóndo, a. num. ord. twelfth.
decimosèsto, a. num. ord. sixteenth.
decimosèttimo, a. num. ord. seventeenth.
decimotèrzo, a. num. ord. thirteenth.
decimottavo, a. num. ord. eighteenth.
decina, f. 1 (dieci) ten; half-a-score 2 (circa dieci) about ten; ten or so; roughly ten: **una d. di quadri**, about ten pictures; **Eravamo una d.**, we were about ten 3 (mat.) ten (per lo più al pl.): **nella colonna delle decine**, in the column of the tens. ● **a decine**, by the dozen; by the score; in considerable number □ **Te l'ho detto una d. di volte**, I have told you over and over.
decisaménte, avv. 1 (con risolutezza) resolutely; decidedly 2 (senza dubbio) decidedly; definitely; quite: **Egli è d. superiore al suo avversario**, he is definitely superior to his opponent.
decisionale, a. decisional; decision-making: **potere d.**, decision-making power.
decisióne, f. 1 (anche leg.) decision; judgement; (leg.) ruling: **giungere** (o **pervenire**) **ad una d.**, to come to (o to arrive at) a decision; **prendere una d.**, to take a decision; to make up one's mind 2 (risolutezza) decision; resolution; firmness: **Quell'uomo manca di d.**, that man lacks decision 3 (di assemblea) resolution: **prendere una d.**, to pass a resolution.
decisivo, a. 1 decisive; conclusive: **una battaglia decisiva**, a decisive battle; **una prova decisiva**, conclusive evidence 2 (cruciale) crucial; critic: **momento d.**, crucial moment. ● **autorità decisiva**, authority (o power) to decide □ **voto d.**, casting vote.
deciso, a. 1 definite; fixed; settled: **La partenza è ormai decisa**, the departure is now definite. 2 (risoluto) firm; resolute; decided: **Sono proprio d. a farlo**, I'm quite decided to do it 3 (netto) clean; sharp; **un taglio d.**, a clean cut 4 (spiccato) decided; marked. ● **essere d. a tutto**, to be ready for anything.
decisòrio, a. decisive.
declamare, **A** v. t. to declaim; to recite. **B** v. i. 1 to declaim; to rant (iron.) 2 (inveire) to rail; to inveigh.
declamato, **A** a. declaimed. **B** m. (mus.) recitative.

declamatóre, m. declaimer; ranter.
declamatòrio, a. declamatory; ranting; bombastic.
declamazióne, f. 1 declamation; recitation 2 (spreg.: discorso enfatico) rhetorical speech; bombast.
declaratòria, f. (leg.) declaratory judgement.
declaratòrio, a. (leg.) declaratory.
declassaménto, m. degrading; declassing; down-grading.
declassare, v. t. to degrade; to declass; to down-grade. ● **È una carrozza di I, declassata in II**, it's a former I class carriage, now graded as II.
declinàbile, a. (gramm.) declinable.
declinare (1), **A** v. t. 1 to decline; to turn down; to refuse: **d. un'offerta**, to decline an offer; **d. ogni responsabilità**, to decline all responsibility 2 (gramm.) to decline. **B** v. i. 1 (calare, degradare) to sink*; to get* lower; to decline; to go* down; to slope down(wards): **terreno che declina verso il mare**, ground that sinks (o slopes down) to the sea 2 (del sole) to set*; to sink* 3 (diminuire) to decline; to wane: **La sua popolarità è declinata rapidamente**, his popularity has waned rapidly 4 (deviare) to deviate. ● **d. le proprie generalità**, to give one's particulars.
declinare (2), m. close; decline; wane: **il d. della vita**, the decline of life. ● **sul d. del giorno**, at dusk.
declinatòria, f. (leg.) declinatory exception.
declinazióne, f. 1 (gramm.) declension 2 (astron.) declination: (geofisica) **d. magnetica**, (magnetic) declination (o variation). ● **d. nord**, northing □ **d. sud**, southing.
declino, m. 1 decay; decline: **il d. di un impero**, the decline of an empire 2 (del sole) setting. ● (fig.) **essere in d.**, to be on the wane.
declinòmetro, m. (astron.) declinometer; variation compass.
declive, a. (lett.) sloping (downwards); declivous.
declivio, m. (downward) slope; declivity. ● **terreno in d.**, sloping ground.
declività, f. declivity; slope.
declorurare, v. t. (chim.) to dechlorinate.
declorurazióne, f. (chim.) dechlorination.
decodificare, v. t. to decode.
decodificatóre, m. decoder.
decodificazióne, f. decoding.
decollàggio, V. **decòllo**.
decollare (1), v. i. (aeron. e fig.) to take* off.
decollare (2), v. t. (decapitare) to behead; to decollate; to decapitate.
decollato, a. – **S. Giovanni D.**, St John Decollate.
decollazióne, f. decollation; beheading; decapitation: **la d. di S. Giovanni**, the decollation of St John.
décolleté (franc.), (moda) **A** m. invar. 1 (scollatura) décolletage; low-cut neckline 2 (abito femm. scollato) décolleté (dress); low-necked dress. **B** a. décolleté.
decòllo, m. (aeron. e fig.) take-off: **d. verticale**, vertical take-off; (fig.) **d. industriale**, industrial take-off; **pista di d.**, take-off runway.
decolonizzare, v. t. (polit.) to decolonize.
decolonizzazióne, f. (polit.) decolonization.
decolorante, (chim.) **A** a. decolo(u)rizing; bleaching. **B** m. decolorant.
decolorare, v. t. to decolo(u)rize; to bleach.
decolorazióne, f. decolorization; bleaching: **d. del cotone**, cotton bleaching.
decombènte, a. (bot., zool.) decumbent.
decomponìbile, a. decomposable.
decomponibilità, f. decomposability.
decompórre, **A** v. t. 1 (chim.) to decompose 2 (scomporre) to disintegrate; to dissolve; to decompose 3 (mat.) to factorize. **decompórsi**, **B** v. rifl. 1 (chim.) to decompose 2 (putrefarsi) to decay; to rot; to putrefy; to decompose.
decomposizióne, f. 1 decomposition 2 (putrefazione) putrefaction; decay 3 (mat.) factorization.
decompressióne, f. decompression: **camera di d.**, decompression chamber.
decomprimere, v. t. to decompress.
decondizionaménto, m. (anche med.) deconditioning.
decondizionare, v. t. (anche med.) to decondition.
decongelaménto, m. defrosting.
decongelare, v. t. 1 (scongelare) to defrost 2 (fig., econ.) to unfreeze*.
decongelatóre, m. defroster.
decongelazióne, f. thaw; defrosting.
decongestionaménto, m. (med. e fig.) decongestion.
decongestionante, m. (med.) decongestant; decongestive agent.
decongestionare, v. t. 1 (med.) to decongest 2 (fig.: il traffico e sim.) to keep* moving.
decontaminare, v. t. to decontaminate.

decontaminazióne, *f.* decontamination.
decorare, *v. t.* to decorate; to ornament: **Le strade erano decorate di bandiere per la visita del Presidente,** the streets were decorated with flags for the President's visit. ● **d. a stucco,** to stucco □ **essere decorato con la croce di cavaliere,** to be knighted.
decorativo, *a.* decorative; ornamental: **arte decorativa,** decorative art. ● (*iron.*) **personaggio d.,** figure-head.
decorato, A *a.* decorated. **B** *m.* holder of decoration.
decoratóre, *m.* **1** decorator **2** (*tappezziere*) paper-hanger.
decorazióne, *f.* **1** decoration; ornament **2** (*medaglia*) decoration; medal: **insignire d'una d.,** to award a decoration.
decòro, *m.* **1** (*dignità*) decorum; dignity; (*appropriatezza*) propriety, seemliness; (*di un arredamento*) sober elegance **2** (*fig.*: *persona che onora la città, la famiglia, ecc.*) ornament; honour: **Il prof. Righi è il d. della sua professione,** Professor Righi is an ornament to his profession.
decoróso, *a.* **1** decorous; dignified; proper **2** (*decente, rispettabile*) decent; respectable.
decorrènza, *f.* − (*comm.*) **con d. dal 1º aprile,** starting from the 1st of April; as from the 1st of April.
decórrere, *v. i.* **1** (*trascorrere: rif. a tempo*) to pass; to elapse; to go* by **2** (*avere effetto*) to start (from); to run*; to have effect: **L'aumento decorre dal prossimo mese,** the increase starts from next month. ● **a d. da oggi,** starting (*o* as) from today.
decórso, A *a.* **1** elapsed; past **2** (*scaduto*) due; overdue. **B** *m.* **1** (*il decorrere*) passing **2** (*periodo*) lapse: **un lungo d. di tempo,** a long lapse of time **3** (*svolgimento*) course: **il d. della malattia,** the course of the illness. ● (*leg.*) **d. (di un termine),** running (of a term).
decorticare, *v. t.* (*agric.*) to decorticate; to strip; to bark: **d. un tronco,** to bark a tree trunk.
decorticatrice, *f.* (*tecn.*) decorticator.
decorticazióne, *f.* decortication; stripping; barking.
decòtto, *m.* decoction.
decozióne, *f.* decoction. ● (*econ.*) **d. di un credito,** freezing of a credit.
decreménto, *m.* decrement (*anche mat.*): **d. logaritmico,** logarithmic decrement.
decrepitare, *v. i.* (*chim.*) to decrepitate.
decrepitazióne, *f.* (*chim.*) decrepitation.
decrepitézza, *f.* decrepitude.
decrèpito, *a.* **1** decrepit **2** (*fig.*) in decay; declining: **istituzioni decrepite,** institutions in decay. ● (*di persona*) **essere vecchio d.,** to be on one's last legs (*fam.*).
decrescèndo, *m.* (*mus.*) decrescendo.
decrescènte, *a.* decreasing; waning.
decrescènza, *f.* decrease; diminution. ● **essere in d.,** to be on the wane □ **popolazione in d.,** dwindling population.
decréscere, *v. i.* **1** to decrease; to diminish **2** (*di volume*) to dwindle **3** (*di suono*) to fade away **4** (*della luna*) to wane **5** (*delle acque, di un gonfiore*) to subside; to go* down **6** (*della marea*) to ebb.
decretale, *a. e f.* (*relig.*) decretal: **le Decretali,** the Decretals.
decretalista, *m.* decretist; decretalist.
decretare, *v. t.* **1** to decree; to command (authoritatively) **2** (*specialm. relig.*) to ordain.
decretazióne, *f.* decreeing.
decréto, *m.* decree; order; warrant; writ: **d. di Dio,** God's decree; **un d. ministeriale (prefettizio),** a departmental (prefectorial) order; **un d. legge,** a decree-law; **d. legislativo,** legislative decree. ● **d. di citazione (in giudizio),** summons; writ □ (*leg.*) **d. d'ingiunzione,** injunction □ (*leg.*) **d. penale,** (criminal) judgement.
decriminalizzare, *v. t.* (*leg.*) to decriminalize.
decriminalizzazióne, *f.* (*leg.*) decriminalization.
decriptare, decrittare, *v. t.* to decrypt.
decriptazióne, decrittazióne, *f.* decryption; decryptment; cryptanalysis.
decrittatóre, *m.* decipherer.
decùbito, *m.* (*med.*) decubitus*. ● **piaghe da d.,** bedsores.
deculturare, *v. t.* to deculturate; to deculture.
deculturazióne, *f.* deculturation.
decumano, A *a.* (*lett.*) decuman: **flutto d.,** decuman wave. **B** *m.* (*stor. romana*) **porta decumana,** decuman gate. **B** *m.* (*stor. romana*) **1** (*asse est-ovest preso come linea di orientamento*) decumanus* **2** (*pl.*) decuman soldiers.
decuplicare, *v. t.* to decuple; to multiply by ten.
decuplo, A *a.* tenfold; decuple. **B** *m.* decuple. ● **Cento è il d. di dieci,** a hundred is ten times ten.
decùria, *f.* (*stor. romana*) decury.
decurióne, *m.* (*stor. romana*) decurion.
decurtare, *v. t.* to curtail; to reduce; to dock; to retrench; to cut*: **d. un debito,** to reduce a debt; **d. uno stipendio,** to dock a salary.
decurtazióne, *f.* curtailment; reduction; cut.
decussato, *a.* (*anche bot.*) decussate: **foglie decussate,** decussate leaves.
dedàleo, *a.* **1** (*di Dedalo*) Daedalian, Daedalean **2** (*fig., lett.*: *ingegnoso*) daedal; ingenious.
dèdalo, *m.* maze; labyrinth.
Dèdalo, *m.* (*mitol.*) Daedalus.
dèdica, *f.* dedication.
dedicare, A *v. t.* **1** (*intitolare alla memoria di q.*) to dedicate; (*consacrare*) to consecrate: **Il monumento fu dedicato alla memoria dei caduti per la patria,** the monument was dedicated to the memory of soldiers killed in the defence of the country **2** (*rif. a opera letteraria o artistica*) to dedicate; to inscribe: **Dedicai il libro a mio padre,** I dedicated the book to my father **3** (*destinare*) to devote; to dedicate; to consecrate: **Egli dedica tutto il suo tempo allo studio,** he devotes all his time to study; **Soltanto uno sciocco dedica la propria vita al piacere,** only a foolish man dedicates his life to pleasure; **le ore che dedico alla meditazione,** the hours I consecrate to meditation. **dedicarsi, B** *v. rifl.* to devote (*o* to apply) oneself (to sb. *o* to st.).
dedicatàrio, *m.* dedicatee.
dedicatòria, *f.* dedicatory epistle.
dedicatòrio, *a.* dedicatory: **(lettera) dedicatoria,** dedicatory epistle.
dedicazióne, *f.* (*anche relig.*) dedication.
dèdito, *a.* **1** given (to); given over (to); devoted (to); (*rif. a vizio*) addicted (to): **essere d. al bere,** to be given (*o* addicted) to drinking **2** (*preso totalmente*) engrossed (in); absorbed (in): **d. allo studio del cinese,** engrossed in the study of Chinese. ● **essere d. alla droga,** to be a drug addict.
dedizióne, *f.* devotion: **la tua d. alla causa,** your devotion to the cause.
dedótto, *a.* deducted: **dedotte le spese,** once the expenses are deducted.
deducibile, *a.* **1** (*filos.*) deducible **2** (*che si può sottrarre*) deductible.
dedurre, *v. t.* **1** (*anche filos.*) to deduce; to infer **2** (*sottrarre*) to take* off; to deduct; to subtract **3** (*derivare*) to draw*; to take* **4** (*leg.*) to infer.
deduttivo, *a.* (*anche filos.*) deductive: **ragionamento d.,** deductive reasoning; **il metodo d.,** the deductive method.
deduzióne, *f.* **1** (*anche filos.*) deduction; inference **2** (*leg.*) inference **3** (*detrazione*) deduction.
deescalazióne, *f.* (*polit.*) de-escalation.
défaillance (*franc.*), *f. invar.* (*specialm. sport*) (sudden) breakdown.
defalcare, *v. t.* to deduct; to subtract; to cut*; to knock off (*fam.*).
defalcazióne, *f.* **defalco,** *m.* deduction; cut (*fam.*).
defascistizzare, *v. t.* (*polit.*) to purge of Fascists.
defascistizzazióne, *f.* (*polit.*) anti-Fascist purge.
defatigante, *a.* wearying; stressful.
defatigare, *v. t.* to weary.
defecare, A *v. t.* to defecate; to refine; to clear. **B** *v. i.* to evacuate (the bowels); to defecate.
defecazióne, *f.* **1** (*di liquido*) clarification; defecation **2** (*espulsione delle feci*) evacuation (of the bowels); defecation.
defenestrare, *v. t.* **1** to throw* (sb.) out of the window **2** (*fig.*) to throw* (sb.) overboard; to dismiss.
defenestrazióne, *f.* **1** defenestration: (*stor.*) **la d. di Praga,** the defenestration of Prague **2** (*fig.*) dismissal (from office).
defensionale, *a.* (*leg.*) of (*o* pertaining to) the defence.
deferènte, *a.* **1** deferential; respectful **2** (*anat.*) deferent: **canale d.,** deferent duct.
deferènza, *f.* deference: **per d. verso di lei,** in deference to her.
deferiménto, *m.* referring; submitting.
deferire, *v. t.* to refer; to report; to submit: **d. una causa al tribunale,** to refer (*o* to submit) a case to Court. ● (*leg.*) **d. un giuramento,** to tender (*o* to administer) an oath □ **d. q. alla giustizia,** to hand over (*o* to give up) sb. to justice.
defettibile, *a.* (*lett.*) defectible (*raro*); liable to fail (*o* to fall short).
defezionare, *v. i.* to desert; to defect; to rat (*fam.*): **Il Quarto Reggimento defezionò in massa,** the Fourth Regiment deserted in a body. ● **chi defeziona,** defector.
defezióne, *f.* defection; desertion (*anche mil.*); ratting (*fam.*).
defibrillazióne, *f.* (*med.*) defibrillation.
deficiènte, A *a.* **1** (*mancante*) deficient; defective; insufficient **2** (*med.*) mentally deficient **3** (*spreg.: stupido*) idiotic; stupid. **B** *m. e f.* (*med.*) mental deficient; moron **2** (*spreg.*) idiot; fool; imbecile.
deficiènza, *f.* **1** deficiency; lack; want: **d. di calcio,** deficiency of calcium; **per d. di denaro,** for lack of money; **supplire alla**

dèficit

d., to make up for the deficiency 2 (*scarsità*) shortage; insufficiency: **C'è d. di acqua**, there is a shortage of water 3 (*lacuna*) gap 4 (*med.*) mental deficiency.
dèficit, *m.* 1 (*econ.*, *rag.*) deficit; shortage; gap: **colmare il d.**, to make up the deficit; **d. di bilancio**, budget deficit; **il d. della bilancia commerciale**, the trade gap 2 (*rag.: perdita*) loss.
deficitàrio, *a.* 1 (*insufficiente*) insufficient 2 (*fin.*, *rag.*) showing a deficit (*o* a loss); debit, deficit (*attr.*); in the red (*fam.*): **Il bilancio pubblico è d.**, the budget shows a deficit.
defilaménto, *m.* 1 (*mil.*) defilade 2 (*naut.*) passing astern.
defilare, A *v. t.* (*mil.*) to defilade. B *v. i.* (*naut.*) to pass astern.
défilé (*franc.*), *m.* (*sfilata di moda*) fashion parade (*o* show).
definìbile, *a.* definable.
definire, *v. t.* 1 to define: **d. il confine**, to define the boundary; **d. una parola**, to define a word 2 (*determinare*) to fix; to determine; to make* clear; to settle: **d. la propria posizione**, to make one's position clear 3 (*risolvere*) to settle; to resolve: **d. una lite**, to settle a dispute.
definitézza, *f.* definiteness.
definitivaménte, *avv.* definitively; finally; once (and) for all; (*per sempre*) for good.
definitivo, *a.* definitive; final: **una risposta definitiva**, a final answer; (*leg.*) **una sentenza definitiva**, a final judgement. ● **in definitiva**, (*in conclusione*) in conclusion, in short; (*in fin dei conti*) after all.
definito, *a.* 1 definite; determinate 2 (*netto*) clear-cut; sharp.
definitóre, *m.* 1 definer 2 (*relig.*) definitor.
definizióne, *f.* 1 (*anche ottica*) definition 2 (*risoluzione*) settlement.
deflagrante, *a.* deflagrating; deflagrable.
deflagrare, *v. i.* 1 to deflagrate 2 (*fig.*) to burst* out; to break* out.
deflagrazióne, *f.* deflagration.
deflatòrio, *a.* (*fin.*) deflationary.
deflazionare, *v. t.* (*econ.*) to deflate; to disinflate.
deflazióne (1), *f.* (*econ.*) deflation; disinflation.
deflazióne (2), *f.* (*geol.*) deflation.
deflazionìstico, *a.* (*econ.*) deflationary; disinflationary.
deflemmare, *v. t.* (*chim.*) to dephlegmate.
deflemmatóre, *m.* (*chim.*) dephlegmator.
deflemmazióne, *f.* (*chim.*) dephlegmation.
deflessióne, *f.* (*fis.*) deflexion; deflection: **la d. della luce**, the deflection of light. ● **bobina di d.**, deflector coil.
deflèttere, *v. i.* 1 to deflect; to deviate; (*piegare*) to bend* 2 (*naut.*) to alter course 3 (*fig.: cedere*) to yield; to give* in (*o* way).
deflettóre, *m.* 1 (*mecc.*) deflector; baffle 2 (*aeron.*) flap 3 (*autom.*) quarter light.
deflorare, *v. t.* to deflower.
deflorazióne, *f.* defloration; deflowering.
defluènte, *a.* defluent.
defluire, *v. i.* 1 to flow down 2 (*fig.*) to flow; to stream.
deflusso, *m.* 1 downflow 2 (*del mare*) reflux; ebb 3 (*fig.*) outflow; streaming out.
defo(g)liante, *m.* (*agric.*, *mil.*) defoliant.
defo(g)liare, *v. t.* (*agric.*) to defoliate.
defogliazióne, *f.* defoliation.
deforestazióne, *f.* deforestation.
deformàbile, *a.* deformable; capable of being deformed.
deformabilità, *f.* deformability.
deformante, *a.* deforming; disfiguring; (*med.*) **artrite d.**, deforming arthritis. ● **specchio d.**, distorting mirror.
deformare, A *v. t.* 1 to deform; to disfigure; to misshape 2 (*deturpare*) to deface 3 (*alterare*, *anche fig.*) to alter; to warp; to distort: **Il suo viso era deformato dall'ira**, his (*o* her) face was distorted by rage; **I giornali spesso deformano i resoconti politici**, newspapers often distort accounts of political affairs 4 (*costr.*) to strain 5 (*mecc.*) to buckle 6 (*il legno*) to warp. **deformarsi**, B *v. rifl.* 1 to get* deformed; to lose* its shape; to become* disfigured 2 (*mecc.*) to buckle 3 (*del legno*) to warp.
deformazióne, *f.* 1 deformation; disfigurement 2 (*med.*) deformity; (*congenita*) malformation; (*stortura*) distortion 3 (*mecc.*) buckling 4 (*del legno*) warping 5 (*costr.*) strain: **d. elastica**, elastic strain. 6 (*costr.*) **d. permanente**, permanent set ◻ **d. professionale**, professional (*o* vocational) bias.
deforme, *a.* 1 deformed; disfigured; misshapen: **Il ragazzo aveva un piede d.**, the boy had a deformed foot 2 (*brutto*) ugly; hideous.
deformità, *f.* 1 deformity; (*congenita*) malformation 2 (*bruttezza*) ugliness; hideousness.
defosforare, *v. t.* (*metall.*) to dephosphorize.
defosforazióne, *f.* (*metall.*) dephosphorization.
defraudare, *v. t.* to cheat; to swindle; to trick: **d. q. dei suoi diritti**, to cheat sb. out of his rights. ● **d. q. del denaro**, to swindle sb. out of his money.
defraudatóre, *m.* cheat, cheater; swindler; trickster.
defraudazióne, *f.* cheating; defrauding; swindling.
defunto, A *a.* dead; deceased; defunct; late (*attr.*): **il mio d. marito**, my late husband. B *m.* dead person; (*leg.*) deceased; (*pl.*, *collett.*) (the) dead. ● **messa in suffragio dei defunti**, mass for the dead; mass of requiem; memorial service.
degasaménto, *m.* (*tecn.*) outgassing.
degasare, *v. t.* (*tecn.*) to outgas.
degassificare, *v. t.* (*tecn.*) to degas.
degassificatóre, *m.* (*tecn.*) deaerator.
degassificazióne, *f.* (*tecn.*) degasification.
degenerare, *v. i.* 1 to degenerate; to deteriorate 2 (*di una malattia*) to grow* worse.
degenerativo, *a.* degenerative.
degenerato, *a. e m.* degenerate.
degenerazióne, *f.* 1 degeneration; degeneracy 2 (*fig.*) degeneration; decline.
degènere, *a.* degenerate.
degènte, A *a.* ill in bed; bedridden. ● **È d. all'ospedale**, he's in hospital. B *m. e f.* patient; (*ricoverato in ospedale*) in-patient.
degènza, *f.* period in bed; (*in ospedale*) stay in hospital.
deglutire, *v. t.* to swallow.
deglutizióne, *f.* swallowing; deglutition.
degnare, A *v. t.* to deem (*o* to consider) (sb.) worthy (of st.); to condescend (*seguito da un inf.*); to deign: **Non mi degnò d'uno sguardo**, he did not deign to look at me; he did not deem me worthy of a glance; **Non lo degnai d'una risposta**, I did not deign him an answer; I did not deign to answer him. **degnarsi**, B *v. rifl.* to deign; to be kind enough (*o* so kind as) to (*seguito da un inf.*): **Il sindaco si degnò di venirmi a trovare**, the mayor was kind enough to come and see me; the mayor graciously came to see me; **Degnati di rispondermi!**, be so kind as to answer me!
degnazióne, *f.* 1 condescension 2 (*cortesia*) affability; graciousness; kindness: **fare q.c. per d. verso q.**, to do st. out of kindness for sb. ● **avere un'aria di d.**, to have a condescending air.
dégno, *a.* (*meritevole*) worthy; deserving; worth (*seguito dal gerundio*): **Non sono d.**, I am not worthy; I am unworthy; **La sua condotta è degna della massima lode**, his conduct is worthy (*o* deserving) of the highest praise; **una degna causa**, a deserving cause; **con uno zelo d. di miglior causa**, with a zeal worthy of a better cause; **un disco d. d'essere ascoltato**, a record worth listening to; **un libro d. d'essere letto**, a book worth reading 2 (*rispettabile*, *dignitoso*) respectable; worthy; dignified: **Mr Smith è una degna persona**, Mr Smith is a worthy (*o* a respectable) man (*che s'addice*) worthy: **Ciò non è d. di te**, this is not worthy of you. ● **d. di fiducia**, (*di persona*) trustworthy; (*di persona e di cosa*) creditable ◻ **d. di lode**, praiseworthy ◻ **d. di nota**, noteworthy ◻ **Erano presenti alcune degne persone**, several worthies were present (*scherz.*).
degradàbile, *a.* (*chim.*) degradable: **un detergente d.**, a degradable detergent.
degradabilità, *f.* (*chim.*) degradability.
degradante, *a.* degrading.
degradare, A *v. t.* 1 (*mil.*) to degrade (*anche relig.*); to reduce in rank; to demote 2 (*naut.*) to disrate 3 (*abbassare di grado*) to down-grade 4 (*fig.*) to debase; to degrade: **I vizi degradano l'uomo**, vice degrades man 5 (*geol.*, *fis.*, *chim.*) to degrade. B *v. i.* (*declinare*) to slope down; to decline. **degradarsi**, C *v. rifl.* to degrade (*o* to demean) oneself.
degradazióne, *f.* 1 (*mil.*, *relig.*) degradation; (*mil.*) demotion 2 (*morale*) degradation; depravity; degeneration 3 (*geol.*, *fis.*, *chim.*) degradation.
degrado, *m.* decay.
dègu, *m.* (*zool.*, *Octodon degus*) degu.
degustare, *v. t.* to taste; to sample.
degustatóre, *m.* taster.
degustazióne, *f.* tasting; sampling.
dèh, *inter.* (*lett.*) ah; oh; (*di dolore*) alas.
deicida, *m. e f.* deicide.
deicìdio, *m.* deicide.
deidratare, *v. t.* (*ind. della gomma*) to dewater.
deidratazióne, *f.* (*ind. della gomma*) dewatering.
deidrocongelazióne, *f.* (*ind.*) dehydrofreezing.
deidrogenare, *v. t.* (*chim.*) to dehydrogenate.
deidrogenazióne, *f.* (*chim.*) dehydrogenation.
deiezióne, *f.* 1 (*espulsione delle feci*) defecation 2 (*pl.*, *feci*) faeces 3 (*geol.*) alluvial deposit; detritus. ● **cono di d.**, alluvial cone.
deificare, *v. t.* to deify (*anche fig.*).
deificazióne, *f.* deification (*anche fig.*).
deifórme, *a.* (*lett.*) god-like (*attr.*); deiform. ● **questo giovane d.**,

this young Apollo.
deionizzare, *v. t.* (*fis.*) to deionize.
deionizzatóre, *m.* (*fis.*) deionizer.
deionizzazióne, *f.* (*fis.*) deionization.
deiscènte, *a.* (*bot.*) dehiscent.
deiscènza, *f.* (*bot.*) dehiscence.
deismo, *m.* (*filos.*) deism.
deista, *m.* e *f.* (*filos.*) deist.
deità, *f.* (*lett.*) deity; godhead.
déjà vu (*franc.*), *m.* déjà vu.
delatóre, *m.* (police) informer; police spy; (copper's) nark (*pop.*).
delazióne, *f.* (laying of) information; secret accusation; delation. ● (*leg.*) **d. di giuramento,** tender (*o* administration) of an oath.
del crédere, *m.* (*fin.*, *leg.*) del credere; guarantee commission.
deleatur (*lat.*), *m.* (*tipogr.*) dele.
delèbile, *a.* delible.
dèlega, *f.* **1** delegation **2** (*leg.: procura*) power of attorney; proxy ● **atto di d.,** proxy.
delegare, *v. t.* to delegate: **d. la propria autorità,** to delegate one's own powers.
delegatàrio, *m.* (*leg.*) delegatee.
delegato, A *a.* delegated; deputed. ● (*leg.*) **amministratore d.** (*di una società*), managing director □ (*comm.*) **consigliere d.,** company director appointed to manage the company; managing director □ (*leg.*) **giudice d.** (*nel fallimento*), official receiver. **B** *m.* **1** delegate; representative; (*relig.*) **d. apostolico,** Apostolic Delegate **2** (*leg.*) deputy; delegate; proxy. ● **d. del Tesoro,** Treasury official.
delegazióne, *f.* **1** delegation **2** (*deputazione*) deputation **3** (*commissione*) committee: **d. di sorveglianza,** committee of inspection.
deletèrio, *a.* injurious; noxious; harmful; deleterious.
delfinista, *m.* e *f.* (*sport*) dolphin swimmer.
delfino (1), *m.* **1** (*zool.*, *Delphinus delphis*) dolphin; (*gergo naut.*) porpoise, sea-pig **2** (*nuoto*) dolphin-stroke. ● **nuotare a d.,** to dolphin.
delfino (2), *m.* **1** (*stor. franc.*) dauphin **2** (*fig.*) probable successor.
delibare, *v. t.* **1** (*lett.*) to taste; to relish; to savour (*lett.*) **2** (*fig.*) to glance through; to examine superficially **3** (*leg.*) to recognize; to enforce.
delibazióne, *f.* **1** (*lett.*) tasting; relishing **2** (*leg.*) recognition; enforcement: **giudizio di d.,** enforcement proceedings.
delibera, *f.* **1** deliberation; (*di assemblea*) resolution **2** (*nelle aste*) knocking down.
deliberare, A *v. t.* **1** to deliberate **2** (*risolvere*) to decide; to resolve **3** (*aggiudicare*) to assign; to adjudge; (*nelle aste*) to knock down: **d. q.c. al miglior offerente,** to knock down st. to the highest bidder **4** (*leg.*) to decree. **B** *v. i.* to deliberate; to take* counsel; to weigh the pros and cons; to be in consultation. ● **La questione è all'esame della Commissione in sede deliberante,** the matter is at the committee stage □ **La Commissione è in sede deliberante,** the Commission is in session □ (*comm.*) **Signori, si delibera!,** ladies and gentlemen, the bidding is closed (and the written bids are being compared).
deliberataménte, *avv.* deliberately; on purpose.
deliberatàrio, *m.* **1** (*nelle aste*) highest bidder **2** (*per un appalto*) lowest bidder.
deliberativo, *a.* (*leg.*) deliberative.
deliberato, A *a.* decided; firm; resolved. ● **con animo d.,** quite decidedly. **B** *m.* deliberation.
deliberazióne, *f.* **1** deliberation; (*di assemblea*) resolution **2** (*decisione*) resolution: (*leg.*) **d. a maggioranza,** majority resolution **3** (*leg.*) decree.
delicatézza, *f.* **1** delicacy; (*di colore, di suono*) delicacy, softness: **la d. della pelle** (**dei lineamenti, del sentimento,** ecc.), the delicacy of one's skin (of one's features, of feeling, etc.); **la d. della situazione politica,** the delicacy of the political situation; **la d. del disegno,** the delicacy of the drawing **2** (*raffinatezza*) refinement; exquisiteness; daintiness (*talora per raffinatezza eccessiva*) **3** (*tatto*) tact: **agire con estrema d.,** to act with the greatest tact; to be very tactful **4** (*sensibilità*) sensitiveness **5** (*di salute*) delicacy; delicate health; frailty: **la d.** (**di salute**) **del bambino,** the child's delicacy **6** (*gentilezza di sentimenti*) consideration; thoughtfulness: **non mostrare d. nel dare una notizia a q.,** to show no consideration (*o* no delicacy of feeling) in breaking the news to sb. **7** (*atto gentile*) kind act **8** (*cibo squisito*) delicacy; dainty.
delicato, *a.* **1** (*in tutti i sensi*) delicate; (*di colore, di suono, anche*) tender, soft, gentle: **cibo delicato** (*leggero*), delicate food; **pelle delicata,** delicate skin; **un bambino d.,** a delicate child; **un tocco d.,** a delicate touch; **un'operazione delicata,** a delicate operation; **una tinta assai delicata,** a very delicate shade **2** (*fine*) dainty;

refined; exquisite; fine: **cibo d.** (*squisito*), dainty food; **gusti delicati,** refined tastes **3** (*pieno di tatto*) tactful; discreet **4** (*sensibile*) sensitive: **pelle delicata,** sensitive skin; **avere un orecchio d.** (*per la musica*), to have a sensitive ear **5** (*di salute*) weakly; frail (*specialm. d'aspetto*): **un bambino d.,** a weakly child **6** (*scrupoloso*) scrupulous; fastidious **7** (*sottile*) subtle: **odore d.,** subtle odour (*o* scent); **un umorismo d. che non tutti apprezzano,** a subtle humour that not everybody appreciates. ● **essere d. di stomaco,** to have a weak stomach □ **dall'aspetto d.,** delicate--looking □ **un tasto d.,** a sore point.
delimitare, *v. t.* **1** to delimit; to circumscribe; to mark the boundary of (st.) **2** (*definire*) to define.
delimitativo, *a.* delimitative.
delimitazióne, *f.* **1** delimitation **2** (*limite*) limits (*pl.*); (*confine*) boundary.
delineaménto, *m.* outline; delineation.
delineare, A *v. t.* to outline (*anche fig.*); to trace the outline of (st.); to sketch out; to delineate: **d. brevemente la situazione,** to outline the situation in brief. **delinearsi, B** *v. rifl.* **1** to be outlined; to loom: **La sagoma di una nave si delineò attraverso la nebbia,** the outline of a ship loomed through the fog **2** (*fig.*) to take* shape; to emerge; to come* forward: **Si delinea una nuova politica,** a new policy is taking shape.
delineato, *a.* defined; delineated: **Ha una personalità già delineata,** his personality is already delineated; **Questo progetto non è ancora ben d.,** this project is not yet well defined.
delinquènte, *m.* e *f.* **1** criminal; delinquent: **d. abituale,** habitual criminal **2** (*fig.*, *scherz.*) scoundrel; rogue; wretch; rascal.
delinquènza, *f.* criminality; delinquency: **d. minorile,** juvenile delinquency. ● **aumento della d.,** increase in crime.
delinquenziale, *a.* delinquent (*attr.*).
delinquere, *v. i.* (*leg.*) to commit a crime: **istigazione a d.,** instigation to commit a crime. ● **associazione a d.,** criminal association.
deliquescènte, *a.* (*chim.*, *bot.*) deliquescent.
deliquescènza, *f.* (*chim.*, *bot.*) deliquescence.
deliquio, *m.* swoon; fainting; black-out (*fam.*). ● **cadere in d.,** to faint; to go off in a faint; to swoon (away) □ **essere in d.,** to be in a faint.
delirante, *a.* **1** delirious; raving **2** (*fig.*) wild; frenzied: **entusiasmo d.,** wild enthusiasm.
delirare, *v. i.* **1** to be delirious; to rave: (*fig.*) **d. d'amore,** to be delirious with love **2** (*fig.*) to be wild (*o* frenzied).
delirio, *m.* **1** (*med.*) delirium*; (*vaneggiamento*) raving **2** (*fig.*) infatuation; frenzy; fever; raptures (*pl.*): **un d. patriottico,** a patriotic fever; **La folla era in d.,** the crowd was in a frenzy. ● **un d. di applausi,** delirious (*o* frenzied) applause □ **essere trascinato dal d. delle ricchezze,** to be swept off one's feet in one's feverish quest for riches.
delirium tremens (*locuz. lat.*), *m. invar.* delirium tremens.
delitescènza, *f.* (*med.*) delitescence.
delitto, *m.* **1** (*leg.*) crime; (*reato*) offence; (*assai grave*) felony; (*lieve*) misdemeanour: **commettere** (**perpetrare**) **un d.,** to commit (to perpetrate) a crime; **accusare q. di un d.,** to charge sb. with a crime; **d. capitale,** capital crime (*o* offence); **d. doloso,** wilful and malicious crime; **d. colposo,** crime committed without malice aforethought **2** (*fig.*) crime: **Sarebbe un d. mandarlo fuori con questo tempaccio,** it would be a crime to send him out in this nasty weather. ● **il corpo del d.,** corpus delicti; (the) body of the crime.
delittuóso, *a.* criminal. ● **azione delittuosa,** crime.
delizia, *f.* delight; pleasure: **con mia d.,** to my delight; **una d. per gli occhi,** a pleasure to the eye; **Questo libro è la d. degli eruditi,** this book is a scholar's delight; **Suona che è una d. sentirlo,** it's a real pleasure to hear him play. ● **Piove che è una d.,** it's pouring; it's raining cats and dogs (*fam.*).
deliziare, A *v. t.* to delight. **deliziarsi, B** *v. rifl.* to delight (in st.); to relish; to enjoy.
delizióso, *a.* **1** delightful; (*di sapore, profumo*) delicious **2** (*grazioso*) charming; lovely: **una ragazza deliziosa,** a charming girl.
Dèlo, *f.* (*geogr.*) Delos.
dèlta, A *m.* e *f.* (*quarta lettera dell'alfabeto greco*) delta. **B** *m.* (*geogr.*) delta: **il d. del Nilo,** the Nile Delta. ● (*aeron.*) **ala a d.,** delta wing (*metall.*) **ferro d.,** delta iron □ (*metall.*) **metallo d.,** delta metal.
deltaplano, *m.* (*sport*) hang-glider. ● **volo con il d.,** hang-gliding.
deltazióne, *f.* (*geol.*) deltafication.
deltìzio, *a.* (*geogr.*) deltaic; deltic.
deltòide, A *a.* deltoid(al); delta-shaped: **muscolo d.,** deltoid (muscle). **B** *m.* (*anat.*) deltoid (muscle).
deltoidèo, *a.* (*anat.*) deltoid (*attr.*).
delucidare, *v. t.* **1** to elucidate; to explain **2** (*ind. tessile*) to decatize.

delucidazióne, *f.* **1** elucidation; explanation **2** (*ind. tessile*) decatizing: **d. a secco**, dry-steam decatizing; **d. a umido**, hot-water decatizing.
deludènte, *a.* disappointing.
delùdere, *v. t.* **1** to disappoint: **d. l'aspettativa di q.**, to disappoint sb.'s expectations; **Mi hai profondamente deluso**, you have disappointed me deeply **2** (*lett.: trarre in inganno*) to delude; to deceive.
delusióne, *f.* disappointment.
deluso, *a.* disappointed.
demagliare, *v. t.* to unravel.
demagliazióne, *f.* unravelling.
demagnetizzare, *v. t.* (*fis.*) to demagnetize; (*elettron.*) to degauss.
demagnetizzazióne, *f.* (*fis.*) demagnetization; (*elettron.*) degaussing.
demagogia, *f.* demagogy.
demagògico, *a.* demagogic(al).
demagògo, *m.* demagogue.
demandare, *v. t.* **1** to remit; to refer **2** (*leg.*) to submit; to refer.
demaniale, *a.* of (*o* pertaining to) the property of the State; State (*attr.*); Federal (*attr.*, *USA*): **È una strada d.**, it's a State road.
demanialità, *f.* State ownership.
demànio, *m.* **1** State property; Crown property (*in G. B.*); Federal property (*in USA*) **2** (*ufficio*) State (*o* Crown, Federal) Property Office.
demarcare, *v. t.* to demarcate.
demarcazióne, *f.* demarcation: **linea di d.**, line of demarcation; boundary line.
demènte, **A** *a.* insane; mad; crazy (*pop.*). **B** *m. e f.* lunatic; madman* (*masch.*); madwoman* (*femm.*).
demènza, *f.* **1** insanity; madness; craziness (*pop.*) **2** (*med.*) dementia: **d. precoce**, dementia praecox.
demenziale, *a.* (*med.*) demential.
demeritare, **A** *v. t.* to fail to deserve; to forfeit; to lose*: **d. la stima dei propri amici**, to forfeit the good opinion of one's friends. **B** *v. i.* (*meritare biasimo*) to deserve censure. ● **d. della patria**, to deserve ill of one's country.
demeritévole, *a.* demeritorious.
demèrito, *m.* **1** demerit; unworthiness **2** (*biasimo*) discredit. ● (*nelle scuole, ecc.*) **voto di d.**, demerit.
Demètra, *f.* (*mitol.*) Demeter.
Demètrio, *m.* Demetrius.
demilitarizzare, *v. t.* (*mil.*) to demilitarize.
demilitarizzazióne, *f.* (*mil.*) demilitarization.
demineralizzare, *v. t.* to demineralize.
demineralizzazióne, *f.* demineralization.
demistificare, *v. t.* to demystify.
demistificazióne, *f.* demystification.
demitizzare, *v. t.* to demythicize.
demitizzazióne, *f.* demythicization.
demiùrgico, *a.* demiurgic(al).
demiurgo, *m.* (*filos., stor. greca*) demiurge.
dèmo, *m.* (*stor. greca*) deme.
democraticità, *f.* democratism.
democràtico, **A** *a.* democratic: **il partito d.**, the Democratic party. ● (*fam.*) **una persona democratica**, a good mixer. **B** *m.* democrat.
democratizzare, *v. t.* to democratize. ● **d. le istituzioni**, to make institutions increasingly democratic.
democrazia, *f.* democracy. ● (*polit.*) **D. Cristiana**, Christian Democrat party.
democristiano, (*polit.*) **A** *a.* Christian Democrat(ic). **B** *m.* Christian Democrat.
Demòcrito, *m.* (*stor., filos.*) Democritus.
démodé (*franc.*), *a.* «démodé»; demoded; outmoded; out of fashion.
demodossologia, *f.* study of the formation of public opinion.
demodulare, *v. t.* (*radio*) to demodulate.
demodulatóre, *m.* (*radio*) demodulator.
demodulazióne, *f.* (*radio*) demodulation.
demofobia, *f.* (*psic.*) ochlophobia.
demografia, *f.* (*stat.*) demography.
demogràfico, *a.* (*stat.*) demographic; population (*attr.*): **il controllo d.**, population control. ● **campagna demografica**, propaganda for an increase in births □ **pianificazione demografica**, planned parenthood.
demògrafo, *m.* (*stat.*) demographer.
demolire, *v. t.* **1** to demolish; to pull down; to destroy **2** (*fig.*) to demolish; to overthrow*; to eat* up (*pop.*).
demolitóre, **A** *m.* demolisher; destroyer. ● **d. d'auto**, car breaker; vehicle dismantler □ **d. navale**, ship breaker. **B** *a.* destroying.

demolizióne, *f.* demolition (*anche fig.*): **squadra di d.**, demolition squad.
demologia, *f.* demology.
demoltìplica, *f.* (*mecc.*) reduction gear.
demoltiplicare, *v. t.* (*mecc.*) to gear down.
demoltiplicatóre, *m.* (*elettron.*) scaler.
demoltiplicazióne, *f.* **1** (*mecc.*) gear down **2** (*elettron.*) scaling.
dèmone, *m.* **1** d(a)emon (*anche fig.*) **2** (*filos.*) daemon; daimonion **3** (*lett.: diavolo*) demon; devil.
demonetizzare, *v. t.* (*econ.*) to demonetize.
demonetizzazióne, *f.* (*econ.*) demonetization.
demoniaco, *a.* **1** demoniac(al); demonic; demon (*attr.*) **2** (*fig.*) demoniacal; devilish; fiendish.
demònico, *a.* demoniac(al); demonic.
demònio, *m.* devil; demon; fiend (*anche fig.*): **Quella donna è un d.**, that woman is a devil; **Quell'uomo è un demonio quando si tratta di lavorare**, that man is a demon for work; **Sei un d.!, come hai fatto?**, you old devil! how did you manage? ● **brutto come il d.**, as ugly as sin □ **diventare un d.**, to become furiously angry □ **Quel ragazzo è un vero d.**, that boy is full of high spirits (*o* is never still for a second).
demonismo, *m.* d(a)emonism.
demonologia, *f.* d(a)emonology.
demonomania, *f.* (*med.*) demonomania.
demopsicologia, *f.* folk psychology.
demoralizzare, **A** *v. t.* to demoralize; to dishearten.
demoralizzarsi, **B** *v. rifl.* to become* demoralized; to lose* heart.
demoralizzato, *a.* demoralized; (*avvilito*) downhearted, discouraged.
demoralizzazióne, *f.* demoralization.
demòrdere, *v. i.* – **non d.**, to stick it out (*fam.*).
dèmos, *m.* (*stor.*) demos.
demoscopia, *f.* public-opinion research.
demoscòpico, *a.* (public) opinion: **indagine demoscopica**, public opinion poll.
Demòstene, *m.* (*stor.*) Demosthenes.
demòtico, *a.* (*lett.*) demotic; popular; vulgar.
demotismo, *m.* popular word; popular idiom.
demulcènte, *a. e m.* (*farm.*) demulcent.
denaro, *m.* **1** money **2** (*contante*) cash; ready money **3** (*soldi, ricchezze*) wealth; riches (*pl.*) **4** (*pl., seme delle carte da gioco*) «denari» (*one of the suits of the Italian pack of playing cards*) **5** (*moneta romana*) denarius* **6** (*misura di peso per la titolazione dei filati*) denier. ● **d. a corso legale**, tender □ **d. cartaceo**, paper money □ **d. in contanti**, hard cash □ **d. spicciolo**, (*di piccolo taglio*) loose cash, (loose) change; (*per le piccole spese*) pocket money □ (*fig.*) **d. sporco**, black money □ **un uomo che ha molto d.**, a moneyed man □ **So io quanto d. mi costa**, I know what it's costing me □ (*prov.*) **Il tempo è d.**, time is money.
denaróso, *V.* **danaróso.**
denatalità, *f.* fall in the birth-rate.
denaturante, (*chim.*) **A** *a.* denaturing. **B** *m.* denaturant.
denaturare, *v. t.* (*chim.*) to denature; to methylate.
denaturato, *a.* denatured; methylated: **alcool d.**, methylated spirits; meths (*abbr. fam.*).
denaturazióne, *f.* (*chim.*) denaturation.
denazificare, *v. t.* (*polit.*) to denazify.
denazificazióne, *f.* (*polit.*) denazification.
denazionalizzare, *v. t.* (*econ.*) to denationalize.
denazionalizzazióne, *f.* (*econ.*) denationalization.
dendràspide, *m.* (*zool., Dendraspis*) mamba.
dendrite, **A** *f.* (*miner.*) dendrite. **B** *m.* (*anat.*) dendrite; dendron.
dendritico, *a.* (*miner., anat.*) dendritic(al).
dendrocronologia, *f.* dendrochronology.
dendrografia, *f.* (*bot.*) dendrography.
dendrogràfico, *a.* (*bot.*) dendrographic.
dendrologia, *f.* (*bot.*) dendrology.
dendrològico, *a.* (*bot.*) dendrologic(al).
dendrometria, *f.* (*silvicoltura*) dendrometry.
dendròmetro, *m.* (*silvicoltura*) dendrometer.
denicotinizzare, *v. t.* to denicotinize; to denicotine.
denicotinizzazióne, *f.* denicotinization.
denigrare, *v. t.* to denigrate; to disparage; to blacken; to defame; to run* down (*fam.*).
denigratóre, *m.* denigrator; disparager; defamer. ● **È un d. accanito**, he's always running everybody down.
denigratòrio, *a.* disparaging; defamatory: **parole denigratorie**, defamatory words.
denigrazióne, *f.* denigration; disparagement; defamation.
denitrificare, *v. t.* (*chim.*) to denitrify.
denitrificazióne, *f.* (*chim.*) denitrification; denitrifying.

denocciolare, *v. t.* to stone; to pit: **prugne denocciolate,** pitted prunes.
denocciolatrice, *f.* (*tecn.*) stoner.
denominale, *V.* **denominativo.**
denominare, A *v. t.* to name; to call; to denominate. **denominarsi, B** *v. rifl.* to be named (*o* called); to take* the name of.
denominativo, (*gramm.*) **A** *a.* denominative. **B** *m.* denominative (verb).
denominatóre, *m.* (*mat.*) denominator: **il massimo comun d.,** the greatest common denominator; **il minimo comun d.,** the lowest (*o* least) common denominator.
denominazióne, *f.* denomination. ● (*leg.*) **d. sociale,** company's name.
denotare, *v. t.* **1** to denote; to signify **2** (*implicare*) to imply.
denotazióne, *f.* denotation.
densimetria, *f.* (*fis.*) densimetry.
densimetro, *m.* (*fis.*) densimeter; hydrometer.
densità, *f.* **1** density (*anche fig.*) thickness: **la d. di una foresta,** the density of a forest; **d. di corrente,** current density; **d. di flusso,** flux density **2** (*fig.*) ful(l)ness; wealth: **d. di concetti,** wealth of concepts.
dènso, *a.* **1** dense; thick: **olio d.,** thick oil **2** (*fig.*) full (of); teeming, charged (with): **un libro d. d'idee,** a book teeming with ideas. ● **buio d.,** pitch dark.
dentale, A *a.* dental: (*med.*) **avere una carie d.,** to be suffering from dental decay (*o* tooth-decay). **B** *f.* (*fon.*) dental.
dentàrio, *a.* (*med.*) dental: **protesi dentaria,** dental prothesis; denture.
dentaruòlo, *m.* teething-ring.
dentata, *f.* **1** bite **2** (*segno lasciato dai denti*) tooth-mark.
dentato, *a.* **1** toothed; (*bot., zool.*) dentate; toothy (*scherz.*): **una foglia dentata,** a dentate leaf **2** (*dentellato*) dentate; dented; indented **3** (*mecc.*) toothed; (*di ruota*) cogged; (*di sega*) serrated. ● **ruota dentata,** cog-wheel □ **ruota dentata per cremagliera,** rack-wheel.
dentatrice, *f.* (*mecc.*) gear cutter. ● **d. a pialla,** gear-planer □ **d. conica,** bevel gear cutting-machine.
dentatura, *f.* **1** dentition; (set of) teeth: **L'uomo aveva una bella d.,** the man had a fine set of teeth; **d. di latte,** milk-teeth (*pl.*) **2** (*mecc.*) toothing; teeth (*pl.*). ● (*fig.*) **essere di buona d.,** to be a hearty eater.
dènte, *m.* **1** tooth*: **denti artificiali,** false teeth; **d. del giudizio,** wisdom teeth; **denti di latte** (*o* **lattaioli**), milk-teeth; **spazzolino da denti,** tooth-brush; **estrarre un d.,** to pull out a tooth; **digrignare i denti,** to gnash (*o* to grind) one's teeth; (*fig.*) **mostrare i denti,** to show one's teeth; **Battevo i denti,** my teeth were chattering; **Il bambino metteva i denti,** the baby was cutting its teeth; the baby was teething; **Lo stridio mi allegò i denti,** the squeaking set my teeth on edge **2** (*fig., pl.*: *di strumenti, ecc.*) teeth; tooth-like notches; (*di sega, anche*) serration(s); (*di forchetta, rastrello, tridente*) prongs; (*di ruota dentata*) cogs; (*di cremagliera*) rack teeth; (*di stanghetta di serratura*) talons: **i denti di un pettine** (**di una sega, di un rastrello**), the teeth of a comb (of a saw, of a rake); (*costr.*) **d. a becco,** gullet tooth; (*mecc.*) **d. a cuspide,** herring-bone tooth **3** (*fig: morso*) sting: **il dente dell'invidia,** the sting of envy **4** (*d'animale feroce*) fang **5** (*d'elefante*) tusk **6** (*di montagna*) jag; jagged peak **7** (*di muratura*) toothing. ● (*bot.*) **d. canino** (*Agropyrum repens*), dog('s)-grass; shear-grass; couch(-grass) □ **d. cariato,** decayed (*pop.:* rotten) tooth □ (*mecc.*) **d. d'arresto,** detent; pawl; click □ (*bot.*) **d. di cane** (*Erythronium dens-canis*), dog's-tooth □ (*mecc.*) **d. d'innesto,** clutch claw (*o* jaw) □ (*bot.*) **d. di leone** (*Taraxacum officinale*), dandelion □ **denti sporgenti,** buck-teeth □ **a dente di sega,** saw-toothed □ (*cucina*) **al dente,** underdone; «al dente» (*ital.*); not over-cooked; chewy (*fam.*): **spaghetti al dente,** underdone spaghetti □ (*fig.*) **armato fino ai denti,** armed to the teeth □ (*fig.*) **avere il dente avvelenato contro q.,** to bear sb. a grudge (*o* to have a grudge against sb.) □ (*fig.*) **avere i denti lunghi,** to be greedy □ **farsi cavare un d.,** to have a tooth out □ **farsi otturare un d.,** to have a tooth filled (*o* stopped) □ **mal di denti,** toothache □ **non avere nulla da mettere sotto i denti,** to have nothing to eat □ **parlare fra i denti,** to say st. between one's teeth; to mumble □ (*fig.*) **parlare fuori dei denti,** to speak out; to be outspoken □ (*fig.*) **reggere l'anima** (*o* **il fiato**) **con i denti,** to be within an ace of dying; to be at one's last gasp □ **restare a denti asciutti,** to go hungry; (*fig.*) to be disappointed □ **senza denti,** toothless □ **sorriso a denti stretti,** tight-lipped smile □ **stringere i denti,** to clench one's teeth; □ **tirato coi denti,** far-fetched: **un ragionamento tirato coi denti,** a far-fetched argument □ **Non è pane per i miei denti,** it's not my cup of tea □ **Non è pane per i tuoi denti,** (*è irraggiungibile*) it's out of your reach; (*è troppo per te*) you've bitten off more than you can chew □ (*prov.*) **La lingua batte dove il d. duole,** the tongue ever turns to the aching tooth.
dentellare, *v. t.* **1** to indent; to notch **2** (*una stoffa*) to pink **3** (*i francobolli*) to perforate.
dentellato, *a.* **1** indented; notched **2** (*archit.*) denticular **3** (*bot., zool.*) dentate; crenate(d); serrate(d) **4** (*di francobollo*) perforated. ● (*bot., zool.*) **finemente d.,** serrulate(d).
dentellatura, *f.* **1** indentation; notching **2** (*archit.*) denticulation **3** (*mecc.: tacca a V*) notch **4** (*a denti di sega*) serration **5** (*bot., zool.*) dentation; crenation; crenature; serration **6** (*ind. tessile*) pinking **7** (*di francobollo*) perforation.
dentèllo, *m.* **1** (*archit.*) dentil **2** (*mecc.*) tooth* **3** (*di francobollo*) perforation.
dèntice, *m.* (*zool., Dentex dentex*) dentex.
dentièra, *f.* **1** denture; set of false (*o* artificial) teeth; dental plate **2** (*mecc.: cremagliera*) rack: **ferrovia a d.,** rack-railway.
dentifricio, A *a.* tooth (*attr.*): **pasta dentifricia,** tooth-paste. **B** *m.* dentifrice; (*in polvere*) tooth-powder; (*in crema*) tooth-paste.
dentina, *f.* (*anat.*) dentine.
dentista, *m. e f.* dentist; dental surgeon. ● **meccanico d.,** dental mechanic (*o* technician).
dentìstico, *a.* dental: **laboratorio d.,** dental laboratory. ● **gabinetto d.,** dentist's rooms (*pl.*).
dentizióne, *f.* dentition; cutting of teeth; teething.
déntro (1), *prep.* **1** inside; in: **Ero d. l'autobus,** I was inside the bus; **d. la casa,** in (*o* inside) the house **2** (*entro*) within: **d. i confini** (**le mura, ecc.**), within the boundaries (the walls, etc.) **3** (*rif. a tempo*) by; (*per un periodo lungo*) within, in the course of; inside of (*fam.*): **Devo avere una risposta d. domani** (**d. il mese, d. la settimana**), I must have an answer by tomorrow (within the month, in the course of the month, inside of this week). ● (*fig.*) **essere d. a q.c.,** to be in on st. □ **d. al cassetto,** in the drawer □ **d. casa,** indoors □ **darci d.,** (*lavorare sodo*) to work hard; to slog away (*pop.*); (*indovinare*) to guess right; to hit the nail on the head (*fam.*) □ **Dacci d.!,** put your back into it! □ **Dagli dentro!** (*colpiscilo*), get at him! □ **D. di sé pensò che...,** he thought to himself that...
déntro (2), A *avv.* **1** in; inside: **volto** (*o* **girato**) **in d.,** turned in; **là** (**qui**) **d.,** in there (here); **Sto aspettando qui d.,** I am waiting in here **2** (*all'interno di una casa o altro edificio*) indoors; within; within doors (*lett.*) **3** (*fig.*) inwardly; under surface; in one's mind: **Tremavo d.** (**di me**) **al pensiero,** I trembled inwardly at the thought; **D. fremevo,** I was seething with rage under the surface; **Chi sa che idee gli frullavano d.,** who knows what was going on in his mind. ● **O d. o fuori!,** come in or go out!; (*fig.*) make up your mind! □ (*fam.*) **andare d.** (*in prigione*), to go to prison; to be jailed □ **una scatola con d. molti giocattoli,** a box with a lot of toys in it □ **Esci di d.!,** come away from there! □ **L'hanno messo d.,** they've popped him into jail; they've put him in clink (*fam.*) □ **È un ragazzo che non dice mai nulla; tiene tutto d.,** that boy keeps everything bottled up. **B** *m.* inside: **il di d.,** the inside; **La porta s'apre dal di d.,** the door opens from the inside.
denuclearizzare, *v. t.* (*polit.*) to denuclearize.
denuclearizzazióne, *f.* (*polit.*) denuclearization.
denudaménto, *m.* stripping; denudation.
denudare, A *v. t.* to bare (to strip (naked)); to lay* bare; to denude (*anche geol.*): **Mi denudai la gamba,** I bared my leg; **Lo denudarono,** they stripped him naked; **la verità denudata d'ogni fronzolo,** the truth stripped of all frills; the truth laid bare; (*fig.*) **d. q. di ogni avere,** to strip sb. of all his possessions. **denudarsi, B** *v. rifl.* to undress (off one's clothes); to undress.
denudazióne, *f.* denudation (*anche geol.*). ● (*relig.*) **fare la d. degli altari,** to strip the altars.
denùncia, *f.* **1** *V.* **denùnzia 2** (*disdetta*) denunciation.
denunciare, *v. t.* **1** *V.* **denunziare 2** (*disdire*) to denounce: **d. un trattato,** to denounce a treaty.
denùnzia, *f.* **1** declaration (*anche per il dazio*); statement; report; notification; denunciation; denouncement; return (*anche per i redditi*) **2** (*leg.*) accusation; complaint; (*per un reato grave*) impeachment.
denunziare, *v. t.* **1** to report; to make* a statement; to notify; to declare **2** (*leg.*) to denounce; to impeach **3** (*rendere palese, manifestare*) to reveal; to show*.
denunziatóre, *m.* denouncer; informer.
denutrito, *a.* underfed; undernourished.
denutrizióne, *f.* underfeeding; undernourishment; (*med.*) malnutrition.
deodara, *f.* (*bot., Cedrus deodara*) deodar (cedar).
deodorante, A *a.* deodorant. **B** *m.* deodorant; deodorizer.
deodorare, *v. t.* to deodorize.
deodorizzazióne, *f.* deodorization.
deontologia, *f.* **1** code of conduct (*o* of ethics) **2** (*filos.*) deontology. ● **d. medica,** medical ethics.
deontològico, *a.* (*filos.*) deontological.
deossiribonucleìco, *a.* — (*biol.*) **acido d.,** deoxyribonucleic

deossiribonucleoproteina, *f.* (*biol.*) deoxyribonucleoprotein.
deostruire, *v. t.* to clear; to unblock: **d. una conduttura**, to unblock a pipe.
deparaffinare, *v. t.* (*chim.*) to dewax.
deparaffinazióne, *f.* (*chim.*) dewaxing.
depauperaménto, *m.* depauperation; impoverishment.
depauperare, *v. t.* to pauperize; to depauperate; to impoverish.
depenalizzare, *v. t.* (*leg.*) to decriminalize.
depenalizzazióne, *f.* (*leg.*) decriminalization.
dépendance (*franc.*), *f.* (*edificio annesso*) annex(e).
depennare, *v. t.* (*bur.*) to strike* off; to cross out.
deperìbile, *a.* perishable. ● **merce d.**, perishables (*pl.*).
deperibilità, *f.* perishableness; perishability (*raro*).
deperiménto, *m.* 1 (state of) being run down in health 2 (*di cose*) deterioration.
deperire, *v. i.* 1 to waste away; to lose* strength; to decline 2 (*di cose*) to deteriorate; to perish; to decay 3 (*di piante*) to wither. ● (*di persona*) **essere deperito**, to be run down.
deperito, *a.* emaciated; run down: **un bambino d.**, an emaciated child.
depersonalizzazióne, *f.* (*psic.*) depersonalization.
depicciolare, *v. t.* (*agric.*) to remove the stalk (from fruit).
depigmentato, *a.* (*biol.*) depigmented.
depigmentazióne, *f.* (*biol.*) depigmentation.
depilare, *v. t.* to depilate; to pluck: **depilarsi le sopracciglia**, to pluck one's eyebrows.
depilatóre, *m.* hair remover.
depilatòrio, **A** *a.* depilatory. **B** *m.* depilatory; hair-remover.
depilatrice, *f.* (*conceria*) unhairing machine.
depilazióne, *f.* depilation.
depistare, *v. t.* to put* (sb.) off the track; to throw* (sb.) off the scent; to give* (sb.) a slip: **d. gli inseguitori**, to give one's pursuers the slip; **d. la polizia**, to put the police off the track.
dépliant (*franc.*), *m.* folder; leaflet; hand-out.
deploràbile, *V.* deplorévole.
deplorare, *v. t.* 1 (*compiangere*) to grieve for (sb., st.); to mourn; to lament: **d. la morte di q.**, to grieve for (*o* over) sb.'s death 2 (*biasimare*) to disapprove; to blame 3 (*lagnarsi di*) to complain of (st.); to deplore. ● **Non si deplorano vittime**, there are no casualties.
deplorazióne, *f.* (*biasimo*) disapproval; blame; censure.
deplorévole, *a.* 1 deplorable; lamentable; regrettable 2 (*biasimevole*) blameworthy.
depolarizzànte, (*fis.*) **A** *a.* depolarizing. **B** *m.* depolarizer.
depolarizzare, *v. t.* (*fis.*) to depolarize.
depolarizzatóre, *m.* (*fis.*) depolarizer.
depolarizzazióne, *f.* (*fis.*) depolarization.
depolimerizzare, *v. t.* (*chim.*) to depolymerize.
depolimerizzazióne, *f.* (*chim.*) depolymerization.
depoliticizzare, *v. t.* to depoliticize.
depolveraménto, *m.* 1 (*tecn.*) dust removing 2 (*min.*) dust exhausting.
depolverare, *v. t.* (*tecn.*) to free from dust.
deponènte (1), *a. e m.* (*gramm.*) deponent: **un (verbo) d.**, a deponent (verb).
deponènte (2), *m.* (*tipogr.*) subscript.
depórre, *v. t. e i.* 1 (*mettere giù*) to put* (st.) down; to lay* (st.) down (*anche fig.*); (*di un cadavere*) to lay* to rest; (*mettere da parte*) to lay* aside: **d. le armi**, to lay down arms; **Il corpo fu deposto (nella tomba)**, the body was laid to rest 2 (*sistemare, collocare*) to place; to deposit: **I manoscritti furono deposti nella Biblioteca Nazionale**, the manuscripts were placed (*o* deposited) in the National Library 3 (*togliersi di dosso*) to take* off: **Deponete il mantello!**, take off your cloaks! 4 (*una persona, da un grado*) to depose (*specialm. un sovrano*); to remove (sb.) from office (*negli uffici casi*) 5 (*leg.*) to testify; to depose; to bear* witness; to give* evidence; to depone: **d. a favore di q.**, to testify (*o* to give evidence) in sb.'s favour; **Il testimonio depose che aveva visto il ladro**, the witness testified that he had seen the burglar 6 (*depositare: di un corso d'acqua*) to deposit; (*ostruendo, colmando*) to silt up 7 (*fig.: abbandonare, rinunciare*) to give* up; to renounce; to abandon: **d. l'idea di partire subito**, to give up any idea of leaving at once; **l'odio**, to renounce one's hatred (of sb., st.). ● (*leg.*) **d. a carico di** (*o* **contro**) **q.**, to witness against sb. □ (*leg.*) **d. a discarico di q.**, to witness for sb. □ **d. il cappello (il soprabito, ecc.) al guardaroba**, to leave one's hat (overcoat, etc.) in the cloak-room □ (*leg.*) **d. il falso**, to give false testimony; to bear false witness □ **d. l'orgoglio**, to pocket one's pride □ **d. q. da una carica**, to remove sb. from office □ **d. uova**, to lay eggs; (*di pesci, molluschi, ecc.*) to spawn 2 □ (*fig.*) **Ciò non depone a suo favore**, that is not to his credit; that doesn't speak in his favour.
deportare, *v. t.* to deport; to transport: **d. un condannato**, to deport a convict.
deportato, **A** *a.* deported; transported. **B** *m.* deported convict.
deportazióne, *f.* deportation: **essere condannato alla d.**, to be sentenced to deportation.
depòrto, *m.* (*econ.*) backwardation.
depositànte, **A** *a.* depositing. **B** *m. e f.* 1 depositor 2 (*leg.*) bailor, bailer.
depositare, **A** *v. t.* 1 (*in banca*) to deposit; to bank 2 (*lasciare in custodia*) to leave* (st. with sb.); to entrust (sb. with st.) 3 (*immagazzinare*) to store 4 (*leg., comm.*) to bail. **B** *v. i.* (*di liquidi*) to make* a deposit. ● (*leg.*) **d. un marchio**, to register a trademark.
depositàrio, *m.* 1 depositary; trustee; consignee 2 (*leg., comm.*) bailee. ● (*fig.*) **essere il d. di un segreto**, to be the depository of a secret.
depositato, *a.* 1 deposited: **valori depositati**, valuables and securities deposited in a safe 2 registered: **modello (marchio) d.**, registered model (trademark).
depòsito, *m.* 1 deposit (*anche chim. e med.*) 2 (*in banca*) deposit; deposit account: **denaro in d.**, money on deposit 3 (*magazzino*) warehouse; storehouse; depository; depot; (*del carbone*) coal-yard 4 (*naut.: di munizioni, Santa Barbara*) powder-magazine; (*del nostromo*) store-room; (*del vestiario*) slop-room 5 (*mil.*) depot 6 (*ferr.: di locomotive, ecc.*) engine-shed; (*di autobus*) garage, (bus-)depot 7 (*di legname*) timber-yard 8 (*il depositare*) depositing; deposition; storing 9 (*leg.*) deposit; bailment. ● (*geol.*) **d. alluvionale**, drift; warp □ (*ferr.*) **d. bagagli**, left-luggage office; checkroom (*USA*) □ (*leg.*) **d. cauzionale**, deposit □ **d. di vino**, cellar □ (*comm.*) **d. franco**, bonded warehouse □ (*comm.*) **d. fruttifero**, interest-bearing deposit □ **d. vincolato** (*in banca*), time deposit □ **avere q.c. in d.**, to have st. in trust □ **camera di d. per preziosi**, strong-room (for valuables) □ **dare q.c. in d. a q.**, to commit st. to sb.'s trust; to entrust sb. with st.
deposizióne, *f.* 1 deposition: **la deposizione dal trono**, the deposition from the throne; **la deposizione** (*di Cristo*), the deposition (from the Cross) 2 (*da una carica*) removal (from office); dismissal 3 (*leg.*) deposition; testimony: **fare una d.**, to make a deposition; to testify; **raccogliere una d.**, to take sb.'s testimony 4 (*il deporre, il mettere giù o da parte*) putting down; laying down; laying aside; (*di uova*) laying. ● (*leg.*) **fare una d. in favore di q.**, to give witness on sb.'s behalf; to witness for sb.
depravare, *v. t.* to deprave; to pervert; to debauch; to corrupt.
depravato, **A** *a.* depraved; perverted; debauched; corrupt. **B** *m.* depraved person; pervert.
depravazióne, *f.* depravity; corruption; viciousness.
deprecàbile, *a.* to be deprecated.
deprecare, *v. t.* to deprecate.
deprecativo, *a.* deprecating; deprecatory. ● **esclamazione deprecativa**, interjection of imploration.
deprecatòrio, *a.* deprecatory.
deprecazióne, *f.* (*lett.*) deprecation.
depredare, *v. t.* to despoil; to plunder; to pillage; to rob.
depredatóre, (*lett.*) **A** *m.* plunderer; pillager; spoiler. **B** *a.* plundering.
depressionàrio, *a.* (*meteorologia*) of (*o* concerning) depression; depressional: **area depressionaria**, area of depression.
depressióne, *f.* 1 depression: **d. del terreno**, depression in the ground; **d. economica**, economical depression; slump 2 (*avvilimento*) dejection; depression 3 (*meteorologia*) depression; low; trough 4 (*astron., fis.*) depression. ● (*mecc.*) **a d.**, vacuum-operated; vacuum (*attr.*).
depressivo, *a.* depressive. ● **stato d.**, depressed state.
deprèsso, *a.* 1 depressed (*avvilito*) dispirited; dejected; depressed, in low spirits: (*econ.*) **aree depresse**, depressed (*o* underdeveloped) areas 2 (*materialmente*) lowered; sunk; low; low-lying (*anche di terreno*).
depressóre, **A** *m.* 1 (*anat.*) depressor (muscle) 2 (*mecc.*) vacuum pump. **B** *a.* (*anat.*) depressor.
depressurizzare, *v. t.* (*aeron., miss.*) to depressurize.
depressurizzazióne, *f.* (*aeron., miss.*) depressurization.
deprezzaménto, *m.* depreciation: **d. del denaro**, depreciation (*o* fall in the value) of money.
deprezzare, *v. t.* to depreciate.
deprimènte, *a.* 1 depressing: **notizie deprimenti**, depressing news 2 (*farm.: sedativo*) depressant; sedative. ● **cosa** (*persona, situazione, ecc.*) **d.**, downer (*fam.*).
deprimere, **A** *v. t.* 1 to depress; to press down 2 (*fig.*) to depress; to dishearten; to discourage; to sadden. **deprimersi**, **B** *v. rifl.* 1 to sink*; to subside 2 (*fig.*) to get* (*o* to become*) depressed.
deprivato, *a.* (*psic.*) deprived.
deprivazióne, *f.* (*psic.*) deprivation.

de profundis (*locuz. lat.*), *m. invar.* (*relig.*) de profundis.
deproteinizzazióne, *f.* (*chim.*) deproteinization.
depuraménto, *V.* depurazione.
depurare, **A** *v. t.* **1** to purify; to filter; to clean; to cleanse **2** (*chim., med.*) to depurate. **depurarsi**, **B** *v. rifl.* **1** to be purified; to be cleaned **2** (*chim., med.*) to depurate.
depurativo, *a.* e *m.* depurative; depurant.
depuratóre, **A** *m.* **1** depurator; purifier **2** (*mecc.*) cleaner: **d. d'olio**, oil cleaner. ● (*chim.*) **d. ad acqua**, washer □ **d. del gas**, scrubber □ (*chim., fis.*) **d. d'acqua**, water conditioner (*o* softener). **B** *a.* depurant; purifying.
depuratòrio, **A** *a.* depurative. **B** *m.* water-purifier.
depurazióne, *f.* **1** purification; filtering; (*ind.*) washing: **d. del gas**, gas purification **2** (*chim., med.*) depuration.
deputare, *v. t.* **1** to depute; to delegate **2** (*assegnare*) to appoint.
deputata, deputatéssa, *f.* (*polit.*) lady (*o* woman) deputy; lady (*o* woman) Member of Parliament.
deputato, *m.* **1** (*polit.*: *in Italia*) deputy; (*in G. B.*) Member of Parliament: **Camera dei Deputati**, Chamber of Deputies; (*in G. B.*) House of Commons **2** (*delegato*) delegate; representative.
deputazióne, *f.* **1** deputation **2** (*delegazione*) delegation.
dequalificare, *v. t.* to disqualify.
dequalificazióne, *f.* disqualification.
deragliaménto, *m.* derailment.
deragliare, *v. i.* to run* off the rails. ● **far d.**, to derail.
dérapage (*franc.*), *m.* (*autom., aeron.*) skid; side-slip.
derapare, *v. i.* (*autom., aeron.*) to skid; to side-slip.
derapata, *f.* (*autom., aeron.*) skid; skidding; side-slip. ● **fare una d.**, to skid; to side-slip.
derattizzare, *v. t.* to de-rat; to rid* of rats.
derattizzazióne, *f.* de-ratting; derattization.
derby (*ingl.*), *m.* **1** (*calcio*) match: **il d. della Madonnina**, Milanese football match **2** (*ippica*) Derby: **il d. di Epsom**, the (Epsom) Derby.
derelitto, **A** *a.* **1** abandoned; forsaken; forlorn **2** (*specialm. di nave*) derelict. **B** *m.* **1** wretch; down-and-out **2** (*specialm. di bambino o animale*) waif.
derelizióne, *f.* (*leg.*) dereliction.
derequisire, *v. t.* to derequisition.
derequisizióne, *f.* derequisitioning.
deretano, *m.* buttocks (*pl.*); sit-upon (*fam.*); behind, backside, bottom (*eufemistici*); bum (*volg.*).
deridere, *v. t.* to deride; to mock; to laugh at, to scoff at, to jeer at (*sb., st.*).
derisióne, *f.* derision; mockery; jeering; jeers (*pl.*); scoff: **la d. della folla**, the jeers of the crowd. ● **Questa vostra offerta è una vera e propria d.**, this offer of yours is merely ludicrous.
derisóre, *m.* derider; mocker; sneerer; scoffer; jeerer.
derisòrio, *a.* derisive; derisory; mocking; scoffing.
deriva, *f.* **1** (*naut., aeron.*) drift; driftage: **angolo di d.**, drift angle; **correzione di d.**, correction for drift **2** (*naut.*: *prolungamento della chiglia*) keel **3** (*aeron*: *piano fisso verticale della coda*) fin. ● **essere alla d.**, to be adrift (*o* afloat) □ **andare alla d.**, to drift; to go adrift; (*fig.*) to go downhill, to go off the rails □ (*aeron.*) **angolo di d.**, leeway □ (*aeron.*) **pennone di d.**, fin post.
derivàbile, *a.* derivable.
derivare, **A** *v. i.* **1** to derive, to come*, to result (from); to originate (in, from) **2** (*per nascita*) to be descended, to descend (from): **Secondo la Bibbia, noi deriviamo tutti da Adamo**, according to the Bible, we are all descended from Adam **3** (*di fiumi e sim.*: *scaturire*) to rise* **4** (*aeron.*) to drift. **B** *v. t.* **1** (*un fiume, un canale, ecc.*) to divert; to deflect **2** (*trarre*) to derive: **L'inglese ha derivato molte parole dal latino**, the English language derived many words from Latin **3** (*elettr.*) to shunt. ● **Ne** (*o* **Da ciò**) **deriva che...**, it follows that...; hence...
derivata, *f.* (*mat.*) derivative.
derivativo, *a.* derivative.
derivato, **A** *a.* **1** derived (*anche elettr.*): **circuito d.**, derived circuit; **corrente derivata**, derived current **2** (*di fiume, di canale*) diverted; deflected **3** (*elettr.*) shunted. **B** *m.* **1** (*sottoprodotto*) by-product: **i derivati del carbone**, the by-products of coal **2** (*prodotto secondario*) spin-off **3** (*chim.*) derivative **4** (*gramm.*) derivative (word).
derivatóre, *m.* **1** (*canale d.*) penstock **2** (*elettr.*) shunt.
derivazióne, *f.* **1** derivation; origin **2** (*elettr.*) shunt; branch: **derivation: d. magnetica**, magnetic shunt **3** (*balistica*) drift **4** (*di canale e sim.*) offtake; deviation. ● (*elettr.*) **punto di d.**, branch point; node.
derivòmetro, *m.* drift indicator; drift meter.
dèrma, *m.* (*anat.*) derm(a).
dermaschèletro, *m.* exoskeleton; dermoskeleton.
dermatite, *f.* (*med.*) dermatitis*.

dermatologìa, *f.* (*med.*) dermatology.
dermatològico, *a.* (*med.*) dermatologic(al).
dermatòlogo, *m.* (*med.*) dermatologist.
dermatòsi, *f.* (*med.*) dermatosis*.
dermatozòi, *m. pl.* (*zool.*) dermatozoa.
dermèste, *m.* (*zool., Dermestes lardarius*) larder beetle.
dèrmico, *a.* (*anat.*) dermic; dermal.
dermografìa, *f.* **dermografìsmo**, *m.* (*med.*) dermographia; dermographism.
dermòide, *f.* leatherette.
dermopatìa, *f.* (*med.*) dermopathy; dermatopathy.
dermopàtico, *a.* e *m.* (*med.*) dermopathic; dermatopathic.
dermosifilopatìa, *f.* (*med.*) dermosyphilopathy.
dermosifilopàtico, *a.* (*med.*) of dermosyphilopathy.
dermòtteri, *m. pl.* (*zool., Dermoptera*) dermopterans.
dèrno, *m.* – (*naut.*) **bandiera in d.**, rolled-up flag (as a signal of distress).
dèroga, *f.* (*leg.*) derogation; partial repeal (*o* revocation). ● **in d. alle norme vigenti**, notwithstanding the existing provisions of the law.
derogàbile, *a.* that can be derogated.
derogare, *v. i.* **1** to derogate, to depart (from st.) **2** (*contravvenire*) to contravene; to fail to conform (to st.).
derogativo, *a.* (*leg.*) derogatory.
derogatòria, *f.* (*leg.*) derogatory clause.
derogatòrio, *a.* (*leg.*) derogatory.
derogazióne, *f.* (*leg.*) derogation.
derrata, *f.* **1** commodity **2** (*pl., merce*) merchandise (*sing.*); goods. ● **derrate alimentari**, consumables; food-stuffs.
derrick (*ingl.*), *m.* (*min., trasporti*) derrick.
derubare, *v. t.* **1** (*rubare*) to steal*; to rob: **d. q. di q.c.**, to steal st. from sb.; to rob sb. of st. **2** (*privare*) to deprive (sb. of st.).
derubato, *m.* victim of a theft.
deruralizzazióne, *f.* flight from the land.
dervìscio, *m.* (*relig.*) dervish.
desacralizzare, *v. t.* to deconsecrate.
desacralizzazióne, *f.* deconsecration.
desalare, *v. t.* to desalt; to desalinate; to desalinize.
desalatóre, *m.* (*ind.*) desalter; desalinator.
desalazióne, *f.* desalination; desalinization.
desalinizzazióne, *f.* desalinization; desalination.
deschétto, *m.* (*di calzolaio*) shoemaker's (*o* cobbler's) bench.
désco, *m.* (*lett.*) dinner-table; dining table.
descolarizzare, *v. t.* to deschool.
descolarizzazióne, *f.* deschooling.
descrittivo, *a.* descriptive: **geometria descrittiva**, descriptive geometry.
descrittóre, *m.* describer.
descrìvere, *v. t.* **1** to describe: **Descrissi quello che avevo visto**, I described what I had seen; **Non trovo le parole per descrivertelo**, I am unable to find words to describe it to you; **Me lo avevano descritto come una perfetta canaglia**, he had been described to me as a thorough rascal **2** (*tracciare*) to describe; to trace; to draw*: **Descrissi una curva**, I described a curve. ● **d. nei particolari**, to specify □ **d. per sommi capi**, to outline.
descrivìbile, *a.* describable.
descrizióne, *f.* **1** description **2** (*particolareggiata*: *in un contratto, ecc.*) specification.
desensibilizzare, *v. t.* (*fotogr., med.*) to desensitize.
desensibilizzatóre, *m.* (*fotogr.*) desensitizer.
desèrtico, *a.* desert (*attr.*): **una zona desertica**, a desert zone.
desèrto, **A** *a.* **1** desert (*attr.*); wild: **un'isola deserta**, a desert island **2** (*abbandonato*) deserted; desolate; god-forsaken; waste (*attr.*): **strade deserte**, deserted streets; **un luogo d. in capo al mondo**, a god-forsaken spot at the ends of the world; **la terra deserta**, the waste land **3** (*spoglio*) bare **4** (*vuoto*) empty. ● (*leg.*) **asta deserta**, auction at which there have been no bids □ (*leg.*) **udienza deserta**, (court) hearing at which the interested parties have failed to appear. **B** *m.* desert; (*fig., anche*) wilderness: **il D. del Sahara**, the Sahara Desert. ● (*fig.*) **predicare** (*o* **parlare**) **al d.**, to talk to the winds □ **Predicavo al d.**, my warnings fell on deaf ears.
déshabillé (*franc.*), *m.* dishabille: **essere in d.**, to be in dishabille.
desiare, *V.* desiderare.
desideràbile, *a.* desirable.
desiderare, *v. t.* **1** to wish; to like; to want; to desire: **Desideri partire subito?**, do you wish to leave at once?; **Desideri, ch'io parta ora?**, do you wish me to leave now?; **Non posso d. nulla di meglio**, I cannot wish for anything better; **Desidererei aiutarti**, I should like to help you; **Desidererei un bicchiere d'acqua**, I should like a glass of water; **Era da tanto che desideravo dirtelo**, I had been wanting to tell you for a long time; **Desidero esprimere la mia gratitudine**, I wish to express my gratitude; I want to

desiderata

say how grateful I am; **Il direttore desidera che vi esprima il suo ringraziamento**, the director desires me to convey his thanks; **Che cosa desidera (Lei)?**, what do you want?; what can I do for you?; **d. q.c. da q.**, to want st. from sb. **2** (*augurare*) to wish: **d. ogni felicità a q.**, to wish sb. all happiness **3** (*d. ardentemente*) to be eager, to be longing (to do st.); to long for, to yearn for, to crave for, to hanker after (st.): **Desideriamo molto rivederti**, we are longing to see you again; **d. elogi**, to hanker after praise **4** (*concupire*) to covet: **Non desiderare la donna d'altri**, thou shalt not covet thy neighbour's wife. ● **farsi d.**, (*farsi aspettare*) to keep (people) waiting; (*essere in ritardo*) to be late; (*fare il prezioso*) to play difficult (*o* hard) to get (*fam.*) □ **lasciare a d.**, to leave much to be desired ● **essere molto desiderato** (*ricercato*), to be much sought after □ **non lasciare nulla a d.**, to leave nothing to be desired.
desideràta, (*lat.*), *m. pl.* (*richieste, desideri*) wants; desiderata.
desideratìvo, *a.* (*gramm. lat.*) desiderative; optative.
desidèrio, *m.* wish; desire: È mio d., it is my wish; **esprimere** (*o* **formulare**) **un d.**, to make a wish; **Lo infiammava il d.**, desire inflamed (*o* possessed) him. ● **d. ardente**, eagerness; longing; yearning; craving □ **accondiscendere al d. di q.**, to grant sb.'s request; to satisfy sb.'s desire □ **lasciare d. di sé**, to be very much missed ● **Mio cugino spera di avere quel posto, ma è un pio d.**, my cousin is counting on getting that job, but it's a vain hope.
desideróso, *a.* desirous, eager, longing (for st.): **essere d. di avere successo**, to be desirous of success; **essere d. di andare all'estero**, to be desirous of going abroad; **essere d. di pace**, to be longing for peace.
designàbile, *a.* that may be designated.
designàre, *v. t.* **1** to designate; to nominate; to appoint: **Lo designò come suo successore**, he appointed him as his successor **2** (*stabilire*) to set*; to fix; to appoint: **d. un giorno per l'incontro**, to set a day for the meeting; **nel luogo designato**, at the appointed place.
designàto, *a.* designate: (*stor. romana*) **Console d.**, consul designate.
designazióne, *f.* designation; nomination; appointment.
desinàre (1), *m.* dinner; lunch. ● **dopo d.**, early in the afternoon.
desinàre (2), *v. i.* to dine; to lunch; to have dinner (*o* lunch).
desinènza, *f.* (*gramm.*) ending; termination; desinence.
desinenziàle, *a.* (*gramm.*) desinential.
desìo, *m.* (*poet.*) desire.
desióso, *a.* (*poet.*) desirous.
desistènza, *f.* **1** desistance, desistence **2** (*leg.*) discontinuance: **d. da un'azione**, discontinuance of (an) action.
desìstere, *v. i.* **1** to desist; to leave* off; to forbear*: **d. dal porre delle domande**, to desist from asking questions **2** (*leg.: d. da*) to discontinue: **d. da una querela**, to discontinue a lawsuit.
desocializzàre, *v. t.* to desocialize.
desolànte, *a.* distressing; desolating.
desolàre, *v. t.* **1** (*devastare*) to lay* waste; to desolate **2** (*affliggere*) to afflict; to distress.
desolàto, *a.* **1** desolate; deserted; lonely **2** (*sconsolato*) desolate; disconsolate; distressed **3** (*spiacente*) sorry: **Sono d.**, I am sorry.
desolazióne, *f.* **1** desolation; devastation **2** (*dolore*) sorrow; grief; distress. ● **Il vederlo in quello stato è una vera d.**, to see him in that state is heart-rending.
desolforàre, *v. t.* (*chim.*) to desulfurize.
desolforazióne, *f.* (*chim.*) desulphurization; desulphuration.
desossiribonuclèico, *V.* **deossiribonucléico**.
dèspota, *m.* despot (*anche fig.*).
desquamatìvo, *a.* desquamative.
desquamazióne, *f.* desquamation.
dessert, (*franc.*), *m.* dessert: **un cucchiaino da d.**, a dessert-spoon; **vini da d.**, dessert wines.
désso, *pron. dimostrativo* (*lett.*) he himself.
destalinizzàre, *v. t.* (*polit.*) to destalinize.
destalinizzazióne, *f.* (*polit.*) destalinization.
destàre, **A** *v. t.* **1** to wake* (up); to awake*: **Non destare il bambino**, don't wake the baby **2** (*scuotere*) to wake* up; to rouse: **Ha bisogno di q. che lo desti**, he needs sb. to wake him up **3** (*suscitare*) to arouse; to stir; to awake*: **Le loro terribili sofferenze destarono la nostra compassione**, their terrible sufferings aroused our pity. ● **d. meraviglia**, to cause amazement. **destàrsi**, **B** *v. rifl.* (*anche fig.*) to wake* up; to awake*: **Di solito mi desto alle sei**, I usually awake at six.
destinàre, *v. t.* **1** to destine: **Era destinato alla carriera militare fin dalla nascita**, he was destined for the army from birth **2** (*assegnare, nominare*) to assign; to appoint: **Gli fu destinato per compagno (di gioco)**, he was assigned to him as his partner; **nel luogo e nell'ora destinati per l'incontro**, at the place and time appointed for the meeting **3** (*stanziare*) to set* aside; to assign; to appropriate: **d. una cifra per beneficenza**, to set aside a sum for charity **4** (*di lettere, ecc.*) to address **5** (*intendere, riservare*) to intend; to design; to mean*; to be: **La sua osservazione era destinata a me**, his remark was intended for me; **Il quadro era destinato a mio padre**, the picture was meant (*o* was) for my father **6** (*dedicare*) to devote: **Ha deciso di d. tutta la sua vita allo studio**, he has decided to devote all his life to study. ● **Era destinata al dolore**, sorrow was her destiny □ **la fanciulla che ti è destinata in moglie**, your destined bride □ **Il tuo piano è destinato al fallimento**, your plan is doomed (*o* bound) to fail.
destinatàrio, *m.* **1** receiver **2** (*di lettera, ecc.*) addressee **3** (*di merce*) consignee. ● (*comm.*) **spese a carico del d.**, charges forward.
destinàto, *a.* fated; destined: **una ragazza destinata a un brillante avvenire**, a girl destined to a brilliant future.
destinazióne, *f.* **1** destination: **arrivare** (*o* **giungere**) **a d.**, to reach one's destination; **porto di d.**, port of destination; (*comm.*) **merce che non giunge a destinazione**, goods falling short of destination **2** (*residenza assegnata a funzionario, ecc.*) posting: **avere un'altra d.**, to have a new posting; to be posted elsewhere. ● **una nave con d. San Francisco**, a ship bound for San Francisco.
destìno, *m.* **1** destiny; fate; (*avverso*) doom: **essere perseguitato dal d.**, to be pursued by destiny; **Non puoi sfuggire al d.**, you can't escape your fate; **È inutile prendersela col d.**, it's no use cursing your fate (*o* luck); **Un tragico d. lo attendeva**, a tragic doom awaited him **2** (*sorte*) lot: **rassegnarsi al proprio d.**, to be reconciled (*o* resigned) to one's lot. ● **Era d. che quel giorno tutto riuscisse male**, that day everything was fated to turn out badly.
destituìre, *v. t.* **1** to dismiss; to displace; to remove (sb. from office) **2** (*mil.*) to demote.
destituìto, *a.* devoid; destitute: **d. di senso comune**, devoid of common sense. ● **accusa destituita da ogni fondamento**, groundless charge.
destituzióne, *f.* **1** dismissal; displacement; removal **2** (*mil.*) demotion.
dèsto, *a.* **1** awake; wide-awake (*anche fig.*) **2** (*lett., fig.*) vigile] alert.
destr, *inter.* right: **squadra destr!**, squad right turn!
dèstra, *f.* **1** (*mano d.*) right hand **2** (*lato destro*) right; right side: **a d.**, on the right; to the right (of): **La chiesa è a d.**, the church is on the right; **La chiesa è a d. del monumento**, the church is to the right of the monument; **voltare a d.**, to turn right; **tenere la d.**, to keep (to the) right **3** (*polit.*) Right; Right Wing: **un deputato di d.**, a member of the Right; **un partito di d.**, a Right-Wing party **4** (*naut.*) starboard. ● **dare** (*o* **cedere**) **la d.**, to walk (*o* to stand, to sit) on sb.'s left (out of politeness).
destraménte, *avv.* dexterously; deftly; adroitly.
destreggiaménto, *m.* management; manoeuvring.
destreggiàre, *v. i.* **destreggiàrsi**, *v. rifl.* to manage (somehow or other); to steer one's course; to manoeuvre; to contrive.
destrézza, *f.* dexterity; deftness; adroitness; skill. ● **d. negli affari**, business acumen □ **gioco di mano**, sleight of hand; legerdemain.
destrière, **destrièro**, *m.* (*lett.*) **1** steed **2** (*da battaglia*) war-horse; charger.
destrìna, *f.* (*chim.*) dextrin(e).
destrìsmo, *m.* **1** right-handedness **2** (*polit.*) right-wing tendencies (*pl.*).
dèstro, **A** *a.* **1** right; right-hand: **la mano destra**, the right hand; **il lato d. della strada**, the right side of the road; **la riva destra del fiume**, the right bank of the river; (*fig.*) **essere il braccio d. di q.**, to be sb.'s right arm (*o* hand) **2** (*abile*) clever (at); adroit (in); able; (*di mano*) dexterous (in), skilful (at in), deft: **Il ladro fu veramente d.**, the thief was quite skilful **3** (*araldica*) dexter. **B** *m.* **1** opportunity; chance: **cogliere il d.**, to seize the opportunity **2** (*pugilato*) (straight) right **3** (*calcio*) right foot.
destrocàrdia, *f.* (*med.*) dextrocardia.
destrogìro, *a.* (*fis.*) dextro-rotatory.
destròide, (*polit.*) **A** *a.* right-wing. **B** *m. e f.* rightist; right-winger.
destròrso, *a.* **1** dextrorse; clock-wise (*attr.*) **2** (*mecc.*) right-hand, right-handed (*attr.*) **3** (*polit., scherz.*) right-wing; rightist.
destròsio, *m.* (*chim.*) dextrose; glucose.
desuèto, *a.* (*lett.*) **1** obsolete **2** (*antiquato*) out-of-date.
desuetùdine, *f.* **1** (*lett.*) desuetude; disuse: **cadere in d.**, to become obsolete; to fall into disuse **2** (*leg.*) desuetude.
desùmere, *v. t.* **1** (*dedurre*) to infer; to deduce; (*congetturare*) to conjecture, to guess **2** (*ricavare*) to glean; to gather: **Che cosa hai desunto dal suo rapporto?**, what did you gather from his

statement? **3** (*derivare*) to derive: **Migliaia di parole inglesi sono desunte dal latino**, thousands of English words are derived from Latin.
desumìbile, *a.* inferable; deducible.
desunto, *a.* inferred; deduced.
detassazióne, *f.* tax reduction; (*abolizione di un onere fiscale*) abolition of taxation.
detective (*ingl.*), *m.* detective.
detector (*ingl.*), *m.* (*elettron.*) detector.
detenére, *v. t.* to hold*: **d. un primato**, to hold a record; **Fu accusato di d. armi abusivamente**, he was accused of holding arms without a licence **2** (*tenere in prigione*) to detain (in custody). ● **d. un immobile**, to possess an immovable ▢ **d. il potere**, to be in power.
detentivo, *a.* detentive.
detentóre, *m.* (*leg.*, *sport*) holder: **il d. del titolo mondiale**, the holder of the world title; **il d. della refurtiva**, the holder of the stolen goods.
detenuto, *m.* prisoner; convict; (*specialm. polit.*) detainee.
detenzióne, *f.* **1** (*il detenere*) holding **2** (*leg.*) detention; (*di un bene*) possession **3** (*pena*) imprisonment; custody; detention.
detergènte, **A** *a.* cleansing; detergent: **crema d.**, cleansing cream. **B** *m.* detergent: **un d. degradabile**, a degradable detergent. ● **d. per il preammollo**, presoak.
detèrgere, *v. t.* **1** to cleanse; to clean; (*con acqua*) to wash off (*o* away) **2** (*med.*) to deterge.
deterioràbile, *a.* **1** subject to deterioration **2** (*di merce*) perishable.
deterioraménto, *m.* deterioration; wear and tear: **articoli soggetti a d.**, items subject to wear and tear.
deteriorare, **A** *v. t.* to deteriorate; to impair; to damage. **deteriorarsi**, **B** *v. rifl.* **1** to deteriorate; to be subject to wear and tear **2** (*di merce*) to perish; to go* bad.
deteriorato, *a.* deteriorated; damaged; (*andato a male*) gone bad.
deteriorazióne, *f.* deterioration.
deterióre, *a.* inferior; second-rate; low-grade (*attr.*).
determinàbile, *a.* determinable; definable.
determinante, **A** *a.* conclusive; determining; determinant; determinative: **prove determinanti**, conclusive evidence; **Questa fu la causa d.**, this was the determining factor. **B** *m.* e *f.* determining factor; principal motive; determinant (*anche mat.*).
determinare, **A** *v. t.* **1** (*definire*, *stabilire*) to determine; to establish; to define: **Le circostanze determinano il carattere di un uomo?**, do circumstances determine a man's character? **2** (*ass.*) to assess: **d. l'ammontare dei danni**, to assess the amount of damages **3** (*calcolare*) to determine; to reckon; to calculate **4** (*indurre*) to make* (sb. do st.); to get* (sb. to do st.) **5** (*produrre come immancabile effetto*) to be the determining factor of (st.); to bring* about; to cause. ● (*naut.*) **d. l'altezza del sole** (*con un sestante*), to shoot the sun. **determinarsi**, **B** *v. rifl.* **1** (*risolversi*) to decide, to determine, to resolve (to do st.) **2** (*verificarsi*) to occur; to come* about.
determinataménte, *avv.* determinately; with determination.
determinatézza, *f.* **1** (*risolutezza*) determination **2** (*precisione*) precision; exactness.
determinativo, *a.* **1** determinative **2** (*gramm.*) definitive: **articolo d.**, definite article.
determinato, *a.* **1** determinate; certain: **in determinate situazioni**, under certain circumstances **2** (*stabilito*, *convenuto*) determinate; certain; fixed: **in un giorno d.**, on a certain day **3** (*risoluto*, *deciso*) determined; resolute **4** (*mat.*) determinate. ● **agire con determinata volontà**, to act with determination.
determinatóre, (*raro*) **A** *m.* determining factor. **B** *a.* determinant; determinative; determining.
determinazióne, *f.* **1** determination: **Essi hanno ribadito la loro ferma d. di salvaguardare la libertà**, they have asserted once more their determination of safeguarding freedom **2** (*calcolo*) determination; reckoning; calculation **3** (*decisione*) determination; decision: **prendere una d.**, to make a decision; to make up one's mind **4** (*risolutezza*) resolution; determination. ● (*comm.*) **d. dei costi**, costing ▢ (*aeron.*, *naut.*) **d. della posizione**, reckoning ▢ **d. dei tempi di lavorazione**, scheduling.
determinismo, *m.* (*filos.*) determinism.
determinista, *m.* e *f.* (*filos.*) determinist.
deterministico, *a.* (*filos.*) deterministic.
deterrènte, *a.* e *m.* (*polit.*) deterrent: **d. nucleare** (*o* **atomico**), nuclear deterrent.
detersióne, *f.* cleansing.
detersivo, **A** *a.* (*lett.*) detersive; cleansing. **B** *m.* detersive; detergent; cleaning preparation.
detestàbile, *a.* detestable; hateful; odious.
detestare, **A** *v. t.* to detest; to hate; to loathe; to abhor; to abominate. **detestarsi**, **B** *v. rifl. recipr.* to detest (*o* to hate) each other.
detestazióne, *f.* detestation; hatred; loathing; abhorrence.
detonante, **A** *a.* detonating; explosive: **miscela d.**, explosive mixture. ● **capsula d.**, percussion cap. **B** *m.* explosive.
detonare, *v. i.* to detonate. ● **fare d.**, to detonate.
detonatóre, *m.* detonator: **un d. ad accensione elettrica**, an electric detonator; **un d. meccanico**, a percussion detonator. ● **d. secondario** (*di esplosivi*), booster charge.
detonazióne, *f.* **1** blast; detonation **2** (*mecc.*: *di un motore*) pinking; knock(ing) (*USA*).
detrarre, *v. t.* **1** to deduct; to detract; to discount; to allow: **d. le spese**, to deduct expenses **2** (*lett.*: *denigrare*) to depreciate; to disparage. ● (*comm.*) **detratto lo sconto**, discount off.
detratto, *a.* deducted; subtracted: **detratte le spese**, having deducted the expenses.
detrattóre, *m.* detractor.
detrazióne, *f.* deduction; detraction; discount; allowance: **d. fiscale**, tax allowance.
detriménto, *m.* detriment; harm; damage: **a d. di**, to the detriment of; **senza d. per...**, without detriment to...; **apportare d. a q.**, to damage sb.
detritico, *a.* (*geol.*) detrital.
detrito, *m.* **1** deposit; debris* **2** (*geol.*) detritus*; (*di terra*, *sabbia*, *ecc.*, *portati dall'acqua*) silt, alluvium* **3** (*di materiale edile*: *calcinacci*, *ecc.*) rubble.
detronizzare, *v. t.* **1** to dethrone; (*spodestare*) to depose **2** (*fig.*) to oust; to drive* out.
detronizzazióne, *f.* dethronement.
détta, *f.* – **a d. di**, according to: **a d. sua**, according to him (*o* her).
dettagliante, *m.* e *f.* (*comm.*) retailer; retail trader (*o* merchant).
dettagliare, *v. t.* **1** to detail; to give* full details of; to relate (st.) circumstantially **2** (*comm.*) to retail; to sell* by retail.
dettagliataménte, *avv.* in detail; with full particulars.
dettagliato, *a.* detailed; in detail.
dettàglio, *m.* **1** detail: **entrare nei dettagli**, to go (*o* to enter) into details **2** (*comm.*) retail: **comprare** (**vendere**) **al d.**, to buy (to sell) by retail.
dettame, *m.* precept; dictate; (*al pl.*) teachings: **i dettami della coscienza**, the dictates of conscience.
dettare, *v. t.* **1** to dictate: **d. una lettera**, to dictate a letter; **L'insegnante dettava chiaramente**, the teacher dictated clearly **2** (*indicare*, *ecc.*) to direct; to counsel; to suggest; to advise: **Farò come mi detta la coscienza**, I shall do as my conscience directs (*o* counsels) me; **norme dettate dal buon senso**, rules suggested by common sense **3** (*imporre*) to dictate; to impose; to prescribe: **d. le condizioni a un nemico sconfitto**, to dictate terms to a defeated enemy. ● (*anche fig.*) **d. legge**, to lay down the law.
dettato, *m.* dictation: **Facciamo un d.!**, let's have a dictation.
dettatura, *f.* dictation: **scrivere sotto d.**, to write from dictation.
détto, **A** *a.* **1** called; (*soprannominato*) known as, nicknamed, denominated: **Angelo Beolco d. il Ruzzante**, Angelo Beolco called (*o* known as) Ruzzante **2** (*sopraddetto*) said; above-mentioned; (*se rif. a persona*, *anche*) above-named **3** (*pl.*, *teatr.*: **nelle didascalie**) the same. ● **D. fatto**, no sooner said than done ▢ (*iron.*) **È presto d.!**, it's easier said than done ▢ **sia per non d.**, forget what I said. **B** *m.* **1** (*motto*) saying **2** (*parola*) word **3** (*facezia*) witticism; joke. ● (*prov.*) **Dal d. al fatto, c'è un gran tratto**, saying is one thing, and doing another.
detumescènza, *f.* (*med.*) detumescence.
deturpaménto, *V.* **deturpazione**.
deturpare, *v. t.* to disfigure; to deform; to deface; (*specialm. fig.*) to sully: **un viso deturpato dal vaiolo**, a face disfigured (*o* ravaged) by small-pox. ● **Questo episodio deturpa tutto il romanzo**, this episode is a blot on the whole novel.
deturpatóre, **A** *m.* disfigurer; deformer. **B** *a.* disfiguring.
deturpazióne, *f.* disfigurement; defacement.
deumidificare, *v. t.* to dehumidify.
deumidificazióne, *f.* dehumidification.
deus ex machina (*locuz. lat.*), *m. invar.* (*teatr. classico*, *anche fig.*) deus ex machina.
deuteragonista, *m.* (*nel dramma greco*) deuteragonist.
deutèrio, *m.* (*chim.*, *fis.*) deuterium.
deuteronòmio, *m.* (*Bibbia*) Deuteronomy.
deutóne, *m.* (*fis.*) deuteron; deuton.
deutoplasma, *m.* (*biol.*) deutoplasm.
devalutazióne, *f.* (*econ.*) devaluation; depreciation.
devastare, *v. t.* **1** to devastate; to lay* waste; to ravage (*anche fig.*); to trash (*fam.*): **L'esercito nemico devastò il territorio**, the enemy army devastated (*o* laid waste) the territory; **città devastate dalla guerra**, towns devastated by war; **un viso devastato dalla malattia**, a face ravaged by disease **2** (*di insetto nocivo*, *e fig.*) to blight: **d. il raccolto**, to blight the crop.
devastato, *a.* devastated; ravaged.

devastatóre, A *a.* devastating. **B** *m.* ravager; devastator.
devastazióne, *f.* devastation; destruction; ravages (*pl.*).
deverbale, deverbativo, (*linguistica*) **A** *a.* deverbal; deverbative. **B** *m.* deverbative (word).
deviaménto, *m.* **1** deflection; deviation **2** (*ferr.*) shunting.
deviante, (*med., psic.*) **A** *a.* deviant. **B** *m.* deviant; deviate.
devianza, *f.* **1** (*med., psic.*) deviance; deviancy **2** (*aeron.*) deviation; yaw.
deviare, A *v. t.* **1** to divert; to turn aside: **d. il traffico,** to divert the traffic **2** (*un fiume*) to divert **3** (*ferr.*) to shunt. **B** *v. i.* **1** to deviate; to swerve; to diverge **2** (*dalla propria strada*) to go* out of one's way; to turn aside **3** (*deragliare*) to leave* the line; to go* off the rails (*anche fig.*) **4** (*fig.: di persona*) to go* astray **5** (*naut.*) to yaw; to fall* off; to sheer. ● **Cercai di d. il discorso,** I tried to change the subject.
deviato, *m.* **1** diverted; re-routed **2** (*med., psic.*) deviant; deviate; (*sessualmente*) pervert.
deviatóio, *m.* (*ferr.: scambio*) points (*pl.*); switch.
deviatóre, *m.* **1** (*ferr.*) pointsman*; shunter; switchman* (*USA*) **2** (*elettr.*) switch.
deviazióne, *f.* **1** deviation: (*naut.*) **d. della bussola,** deviation of the compass **2** (*fis., mecc.*) deflexion: (*telev.*) **d. del quadro,** frame deflexion; **d. elettromagnetica,** electromagnetic deflexion **3** (*stradale*) diversion; detour; (*scorciatoia*) by-pass **4** (*ferr.*) shunt **5** (*naut.*) sheer **6** (*sessuale*) perversion. ● (*ferr.*) **d. ammessa,** alternative route (longer than journey originally booked) □ **d. della colonna vertebrale,** curvature of the spine □ **d. del pendolo,** swing of the pendulum.
deviazionismo, *m.* (*polit.*) deviationism.
deviazionista, *m.* e *f.* (*polit.*) deviationist.
deviazionistico, *a.* (*polit.*) deviationist (*attr.*).
deviscerare, *v. t.* to eviscerate; to disembowel; to gut.
devitalizzare, *v. t.* (*ind., med.*) to devitalize.
devitalizzazióne, *f.* (*ind., med.*) devitalization.
devitaminizzare, *v. t.* (*med.*) to devitaminize.
devitaminizzazióne, *f.* (*med.*) devitaminization.
devitrificare, *v. t.* (*fis.*) to devitrify.
devitrificazióne, *f.* (*fis.*) devitrification.
devoltare, *v. t.* (*elettr.*) to step down (voltage).
devolutivo, *a.* devolutionary.
devoluto, *a.* devolved; assigned.
devoluzióne, *f.* **1** (*anche leg.*) devolution **2** (*assegnazione*) assignment; allocation.
devòlvere, *v. t.* **1** (*un diritto e sim.*) to devolve; to devolute **2** (*assegnare*) to assign; to allocate: **d. una somma a scopo benefico,** to allocate a sum of money for benefit.
devoniano, *a.* e *m.* (*geol.*) Devonian.
devònico, *a.* (*geol.*) Devonian.
devotissimo, *a.* (*nello stile epistolare*) very obedient; very devotedly. ● **suo d.,** your obedient servant; yours very sincerely.
devòto, A *a.* **1** (*relig.*) devout; pious: **un uomo d.,** a pious person **2** (*affezionato*) devoted; sincere: **un amico d.,** a sincere friend **3** (*lett.: consacrato*) consecrated. ● **È d. alla Vergine,** he is a devotee of the Virgin Mary. **B** *m.* devout (*o* pious) person; (*chi pratica un culto particolare*) devotee.
devozióne, *f.* **1** piety; reverence; devoutness; devotion **2** (*pl.: preghiere*) devotions; prayers **3** (*dedizione*) devotion; attachment **4** (*affetto*) affection. ● **Gradisca i sensi della mia d.,** yours respectfully; yours faithfully.
devulcanizzare, *v. t.* (*tecn.*) to devulcanize.
devulcanizzazióne, *f.* (*tecn.*) devulcanization.
di (1), *prep.* **1** (*compl. di specificazione, denominazione, abbondanza, privazione, ecc.*) of: **parlare di q. (di q.c.),** to speak of sb. (of st.); **Di che cosa hai parlato?,** what did you speak of?; **dire bene** (**male**) **di q.,** to speak well (ill) of sb.; **Pensavo di andarmene,** I was thinking of going; **uno sguardo di stupore,** a look of amazement; **uomini di buona volontà,** men of good will; **il Cantico dei Cantici,** the Song of Songs; **Santo dei Santi,** Holy of Holies; **la città di Roma,** the city of Rome; **l'isola di Capri,** the isle of Capri; **il mese di maggio,** the month of May; **titolo di cavaliere,** title of knight; **amore del prossimo** (**dei libri, ecc.**), love of one's neighbour (of books, etc.); **il ricordo di quel giorno,** the memory of that day; **Quel diavolo di donna!,** that devil of a woman; **del valore di,** of the value of; **pieno di,** full of; **derubare** (**privare, ecc.**) **q. di q.c.,** to rob (to deprive, etc.) sb. of st.; **reo di furto,** guilty of theft; **uno di noi,** one of us; **alcuni di loro,** some of them; **una ragazza di buona famiglia,** a girl of good family; **morire di meningite,** to die of meningitis **2** (*possesso, appartenenza, relazione*) of (*o il genitivo sassone*): **i piccoli della gatta** (**delle gatte**), the cat's (the cats') kittens; the kittens of the cat(s); «**L'ora dei bambini**», «Children's Hour»; **l'itinerario dell'autobus** (**degli autobus**), the bus's (the buses') route; **la furberia della volpe** (**delle volpi**), the fox's (the foxes') cunning; **il colore del fez,** the colour of the fez; **il bagno di Venere,** Venus'
bath; **Venus' bath** (*lett.*); **il lavoro della giornata,** the day's work; **L'ostilità dei miei parenti la rattristava,** my relations' antagonism saddened her **3** (*quando introduce un attr.*) of (*o idiom.*): **società di costruzione,** building society; **metodo di recitazione,** acting-method; method of acting; **proposta di affari,** business proposition; **una casa di pietra,** a house of stone; **un tetto d'ardesia,** a slate roof; **un vassoio d'argento,** a silver tray; **un orologio d'oro,** a gold watch; **una testa di bronzo,** a bronze head (*o* a head of bronze); **una multa di cinque sterline,** a five-pound fine (*o* a fine of 5 pounds); **un carico di due tonnellate,** a two-ton load (*o* a load of two tons); **scrittori del ventesimo secolo,** twentieth-century writers (*o* writers of the 20th century); **un uomo di scarsa abilità,** a man of little or no ability **4** (*uso idiom.*: *davanti all'inf., nell'esprimere l'età, nelle prep. composte, ecc.*): **Sono lieto di accettare,** I am glad to accept; **Smettila di ridere,** stop laughing; **un uomo di trent'anni,** a thirty-year-old man; a man thirty years old; a man of thirty years of age; **fra di noi,** between us; **verso di me,** towards me; **senza di te,** without you; **Quel diavolo di sua moglie,** that devil of a wife (of his); **un che di misterioso,** something mysterious; **privo di q.c.,** lacking in st.; without st. **5** (*davanti a proposizioni soggettive o oggettive*) that (*che spesso si omette*): **Ammetto di avere avuto torto,** I admit (that) I was wrong; **Credo di avere ragione,** I think (that) I am right; **Mi rendo conto di saperne ben poco,** I realize (that) I know very little about it **6** (*davanti a pron. relat. o interr. con significato possessivo, si amalgama con essi nel pron.* whose): **l'autore del quale** (*o* **di cui**) **sto leggendo il libro,** the author whose book I am reading; **Di chi è questo cane?,** whose dog is this? **7** (*paragone: nei compar.*) than; (*nei superl.: rif. a persone*) of; (*rif. a luoghi*) in: **meglio** (**più, meno**) **di te,** better (more, less) than you; **il migliore di tutti,** the best of all; **il più grande albergo della città,** the biggest hotel in town **8** (*per indicare l'autore*) by: **quadro** (**libro, musica**) **del signor tal dei tali,** picture (book, music) by Mr So-and-So **9** (*partitivo*) some (*in frasi afferm. e interr.*); any (*in frasi neg. e interr.*): **Vorrei del pane,** I should like some bread; **Vuoi del pane?,** do you want some bread?; **Hai del latte?,** Have you any milk? **10** (*provenienza, moto da luogo, separazione; anche nelle prep. composte* **di tra, di su, ecc.**) from (*o idiom.*): **essere di Venezia,** to come from Venice; to be a Venetian; **Di dove viene?,** where does he come from?; **Di dove sei?,** where are you from?; **lontano di qui,** a long way from here; **M'è caduto di mano,** it fell from my hand; **andarsene di casa,** to go away from home; **di tra la folla,** from the midst of the crowd; **di sul tetto,** from the roof **11** (*tempo*) in; by: **di primavera,** in (the) spring; **di mattina,** in the morning; **di buon mattino,** early in the morning; **di giorno,** by day; in the day-time; **di sera,** in the evening; **di notte,** by (*o* at) night; in the night **12** (*davanti ai giorni della settimana*) on: **di sabato,** on Saturday(s) **13** (*vari compl. di moto*) in (*stato in, o moto verso luogo*); over, beyond (*al di là*); through (*transito*); (out) of (*idea di uscita*): **di qua,** over here (in here, here); **di là, nell'altra stanza,** in there, in the other room; **di là delle colline,** over the hills; beyond the hills; **transitare di qua,** to go through here; **uscire d'Italia,** to leave Italy; **uscire di casa,** to leave the house; to go outdoors **14** (*mezzo o strumento*) with; of; by; on: **un colpo di martello,** one blow with (*o* of) the hammer; **campare di elemosina,** to live on charity; **ferire di spada,** to wound with a sword. **15** (*argomento*) about; of: **So molte cose di lui,** I know a lot about him **16** (*causa*) with; for; of: **tremare di paura,** to tremble with fear; **fremere di sdegno,** to quiver with indignation; **piangere di gioia,** to cry for joy; **vergognarsi di q.c.,** to be ashamed of st.; **morire di spavento,** to die of fright **17** (*modo o maniera*) in; with: **mangiare di buon appetito,** to eat with a good appetite; **camminare di fretta,** to walk in haste; to hurry along **18** (*argomento*) about; of; on; concerning: **parlare di politica,** to talk of (*o* about) politics; **un trattato di fisica,** a treatise on physics. ● **di buon'ora,** early □ **di certo,** surely □ **di fretta,** in a hurry □ **di male in peggio,** from bad to worse □ **di nuovo,** again □ **di quando in quando,** from time to time; now and then □ **di solito,** usually □ **deliziarsi di q.c.,** to delight in st. □ **essere fratelli di padre ma non di madre,** to have the same father but a different mother □ **Matteo di Giovanni,** Matthew son of John □ **parlare di affari (di politica),** to talk business (politics) □ **ricco (povero) di proteine,** rich (poor) in proteins □ **ringraziare q. di q.c.,** to thank sb. for st. □ **essere soddisfatto del risultato,** to be satisfied with the result.
di, *m.* (*giorno*) day: **Buon dì!,** good morning!
di (2), *m.* e *f.* (*lettera*) dee, de; the letter d.
diabase, *f.* (*miner.*) diabase.
diabète, *m.* (*med.*) diabetes*.
diabètico, *a.* e *m.* (*med.*) diabetic.
diabòlico, *a.* diabolic(al); devilish; fiendish; satanic: **una congiura diabolica,** a devilish plot; **astuzia diabolica,** fiendish cunning; **Iago è un personaggio d.,** Iago is a satanic character.

diàbolo, m. (gioco) diabolo; devil-on-two-sticks.
diàclasi, f. (geol.) diaclase.
diaconale, a. (relig.) diaconal.
diaconato, m. (relig.) deaconship; diaconate.
diaconéssa, f. (relig.) deaconess.
diaconìa, f. (relig.) 1 cardinal-deacon's church 2 (stor.: l'ospizio) diaconia.
diàcono, m. (relig.) deacon: **cardinale d.**, cardinal deacon.
diacritico, a. diacritic(al). ● (linguistica) **segno d.**, diacritic.
diacronìa, f. (linguistica) diachrony.
diacrònico, a. (linguistica) diachronic; diachronistic.
diade, f. (anche chim.) dyad.
diadèma, m. 1 (di sovrano) diadem; crown 2 (ornamento per le signore) tiara; coronet.
diàdoco, m. (stor.) diadochos*.
diafanità, f. diaphaneity; diaphanousness; transparency.
diàfano, a. diaphanous; transparent 2 (fig.: delicato) slender; delicate; ethereal: **mani diafane,** slender hands.
diafanoscopìa, f. (med.) diaphanoscopy.
diafanoscòpio, m. (med.) diaphanoscope.
diàfisi, f. (anat.) diaphysis*.
diafonìa, f. 1 (mus.) diaphony 2 (tel.) cross-talk: **d. lontana,** far-end cross-talk; **d. vicina,** near-end cross-talk.
diafònico, a. (tel.) diaphonic.
diaforèsi, f. (med.) diaphoresis*.
diaforètico, a. e m. (farm.) diaphoretic.
diaframma, m. 1 (anche anat.) diaphragm: (fis.) **d. ad iride,** iris diaphragm 2 (tramezzo) screen 3 (miner.) brattice 4 (dispositivo anticoncezionale) diaphragm. ● **d. di microfono telefonico,** diaphragm; tympanum □ (fis.) **d. elettrodinamico,** electrodynamic pick-up □ (fotogr.) **d. variabile,** compensator □ (fotogr.) **apertura di d.,** diaphragm; stop.
diaframmare, v. t. (fotogr.) to diaphragm; to stop.
diaframmàtico, a. (anche anat.) diaphragmatic.
diaframmatura, f. (fis.) diaphragm opening.
diagènesi, f. (geol.) diagenesis*.
diàgnosi, f. (med.) diagnosis* (anche fig.): **fare una d.,** to make a diagnosis; to diagnose.
diagnòstica, f. (med.) diagnostics (pl. col verbo al sing.).
diagnosticare, v. t. (med.) to diagnose (anche fig.).
diagnòstico, (med.) **A** a. diagnostic. **B** m. diagnostician.
diagonale, A e f. diagonal. **B** m. 1 (tessuto) twill 2 (sport: lancio o tiro) through shot; (passaggio) through pass. ● (di un tessuto) **tagliato in d.,** cut on the bias.
diàgrafo, m. (tecn.) diagraph.
diagramma, m. diagram; graph; curve: **d. di produzione,** production curve; (fis.) **d. di carico,** load curve; **d. della distribuzione** (di un motore), timing diagram. ● (meteorologia) **d. delle precipitazioni medie in un anno,** hyetograph □ (costr.) **d. delle sollecitazioni,** stress diagram □ (mecc.) **d. di prova,** test chart □ (fis., ind.) **d. grafico,** chart.
diagrammare, v. t. to make* a diagram of; to diagrammatize; to diagram (raro).
dialettale, a. dialectal; dialect (attr.); (in dialetto) in dialect: **inflessioni dialettali,** dialect inflexions. ● **teatro d.,** regional theatre.
dialettalismo, m. dialectalism; provincialism.
dialèttica, f. (filos.) dialectics (pl. col verbo al sing.); argumentation.
dialèttico, (filos.) **A** a. dialectic(al). **B** m. dialectician.
dialettismo, V. dialettalismo.
dialètto, m. dialect; regional (o local) speech: **il d. genovese (scozzese),** the Genoese (Scots) dialect; **parlare in d.,** to speak (in) dialect; **Il d. di qui è difficile,** the local speech is difficult; **Gli altri viaggiatori parlavano una specie di d.,** the other passengers spoke some sort of regional speech.
dialettologìa, f. (filol.) dialectology.
dialettòlogo, m. (filol.) dialectologist.
dialipètalo, a. (bot.) dialypetalous.
dialisèpalo, a. (bot.) dialysepalous.
diàlisi, f. 1 (chim.) dialysis* 2 (retor.) inserted proposition; dialysis (raro).
dialìtico, a. (chim.) dialytic.
dializzare, v. t. (chim.) to dialyze, to dialyse.
dializzatóre, m. (chim.) dialyzer, dialyser.
diàllage, f. (retor.) diallage.
diallàgio, m. (miner.) diallage.
dialogare, A v. i. to talk; to converse. **B** v. t. (teatr.) to write* the dialogue of; to put* into dialogue form.
dialogato, A a. in the form of a dialogue. ● **parti dialogate,** dialogues. **B** m. (letter., cinem., telev.) dialogue.
dialògico, a. dialogue (attr.); dialogic(al).
dialogismo, m. (retor.) dialogism.
dialogista, m. e f. dialogist.

dialogizzare, V. dialogare.
diàlogo, m. 1 dialogue; dialog (USA): **I dialoghi sono doppiati,** the dialogue is dubbed 2 (fig.) talks, conversations (pl.) 3 (polit.) talks, negotiations (pl.).
diamagnètico, a. (fis.) diamagnetic.
diamagnetismo, m. (fis.) diamagnetism.
diamantare, v. t. to diamond.
diamantatura, f. (tecn.) diamonding.
diamante, m. 1 (miner.) diamond: **un d. difettoso,** a diamond with flaws; **un d. senza difetti,** a flawless diamond; **d. bianco-azzurro,** diamond of the first water; **d. bianco,** diamond of the second water; **d. bianco commerciale,** diamond of the third water 2 (per tagliare il vetro) glazier's diamond; glass-cutter 3 (tipogr.) diamond: **carattere (edizione) d.,** diamond type (edition) 4 (naut.: dell'ancora) crown 5 (nel baseball) diamond; infield. ● (archit.: di pietre) **a punta di d.,** cut into diamond points ● **duro come il d.,** as hard as rock; flint-like □ **frammenti di d.,** bort.
diamantifero, a. diamantiferous; diamondiferous.
diamantino, a. (lett., anche fig.) adamantine.
diametrale, a. (mat.) diametrical; diametral.
diametralménte, avv. (anche fig.) diametrically; diametrally: **opinioni d. opposte,** diametrically-opposed opinions.
diàmetro, m. (mat.) diameter: (mecc.) **d. interno,** inside diameter; (astron.) **d. apparente,** apparent diameter.
diàmine, inter. 1 (per esprimere impazienza) the devil!; the dickens!; the dence!; (disapprovazione) my goodness!, (good) heavens!: **D. che modi!,** heavens, what a way to behave! 2 (si, certo) certainly; of course; you bet ● **Che d.!,** what the devil!; I should think so!; dash it all! □ **Che d. stai cercando?,** what on earth are you looking for?
diammina, f. (chim.) diamine.
diana, f. 1 (mil.) reveille; dian (lett.): **sonare la d.,** to sound the reveille 2 (naut.) morning watch 3 (astron., lett.) Lucifer; morning star.
Diana, f. (mitol.) Diana. ● **Per D.!** (o **per d.!, perdiana!**), by jingo!; by Jove!
dianto, m. (bot., Dianthus) dianthus.
dianzi, avv. (poco fa) a little while ago; (or ora) just (now).
diàpason, m. (mus.) 1 tuning-fork 2 (estensione di un suono) reach; compass; range; diapason 3 (intonazione) pitch (anche fig.); diapason: **nota che dà il d.,** note that sets the pitch; (fig.) **La discussione era a un tale d. che nessuno voleva cedere,** the argument had reached such a pitch (of intensity) that nobody would give in.
diapositiva, f. 1 (fotogr.) filmslide; slide: **una d. a colori,** a colour slide 2 (tipogr.) direct reversal.
diarchìa, f. diarchy, dyarchy.
diària, f. daily allowance (for expenses); expense account per diem.
diàrio, m. 1 diary; journal (quasi antiquato): **tenere un d.,** to keep a diary 2 (d. scolastico) notebook (for homework) 3 (orario) timetable: **d. degli esami,** examination timetable 4 (comm.: registro) daybook.
diarista, m. e f. diarist.
diarrèa, f. (med.) diarrhea, diarrhoea.
diarròico, a. (med.) diarrhoeal; diarrhoeic.
diartròsi, f. (anat.) diarthrosis*.
diascopìa, f. (ottica) diascopy.
diascòpio, m. (ottica) diascope.
diàspora, f. (Bibbia) Diaspora; Dispersion.
diaspro, m. (miner.) jasper.
diastasato, a. pre-digested.
diàstasi, f. 1 (med.) diastasis* 2 (biol.) diastase.
diàstilo, a. (archit.) diastyle.
diastimòmetro, m. (topografia) diastimeter.
diàstole, f. (med., poesia) diastole.
diastòlico, a. (med.) diastolic.
diastrofismo, m. (geol.) diastrophism.
diatermanità, f. (fis.) diathermaneity; diatherma(n)cy.
diatermano, a. (fis.) diathermanous; diathermic.
diatermìa, f. (med.) diathermy; diathermia.
diatèrmico, a. (med.) diathermic.
diàtesi, f. (med., gramm.) diathesis*.
diatèsico, diatètico, a. (med.) diathetic; constitutional.
diatomèa, f. (bot., Diatoma) diatom.
diatonìa, f. (mus.) diatonism.
diatònico, a. (mus.) diatonic: **scala diatonica,** diatonic scale.
diatonismo, m. (mus.) diatonicism.
diàtriba, f. diatribe; invective.
diàvola, f. — **alla d.** (alla peggio), any old how; in a rough and ready manner. ● (cucina) **pollo alla d.,** broiled chicken.
diavoleria, f. 1 devilry; devilment; deviltry 2 (scherz.: birichinata) mischief; trick; devil(t)ry 3 (fig.) weird (o bizarre) thing

diavoléssa

(*o* event); freak; oddity.
diavoléssa, *f.* she-devil; fiend.
diavoléto, *m.* rumpus; uproar; hubbub: **fare un d.**, to kick up a rumpus.
diavolétto, *m.* **1** little devil; (*fig., anche*) imp **2** (*per i riccioli*) (hair-)curler; curl-paper. ● (*fis.*) **d. di Cartesio**, Cartesian diver.
diavolino, *m.* (*bigodino*) (hair-)curler; curl-paper.
diavolio, *m.* **1** rumpus; uproar; hubbub: **Che cos'è tutto questo d.?**, what's all this rumpus about? **2** (*fam.: gran numero*) a devil of a lot.
diàvolo, A *m.* devil; demon; fiend; (*il Diavolo per eccellenza*) Satan; (*fam.: nelle leggende, ecc.*) Old Nick, (the) Little Gentleman in Black, Bogy (Bogey), (the) Bogy-Man (*infant.*): **Che il diavolo ti porti!**, the devil take you!; **Il d. è che non sono assicurato**, the devil of it is that I am not insured; **fare la parte del d.** (*o* **fare l'avvocato del d.**), to play the devil's advocate; **Povero d.!**, poor devil!; **un povero d. di un ciabattino**, a poor devil of a cobbler; **Le donne ne sanno una più del d.**, any woman can always give points to the devil; women can always go one better than the devil. **B** *inter.* deuce!; devil!: **Corpo del d.!**, the deuce!; the devil!; **È un d. di problema**, it's a deuce of a problem; **Che d. fai?**, what the deuce are you doing?; **Come d. fai?**, how the deuce do you do it?; **Chi (dove) d. sei?**, who (where) the devil are you?; **Perché d...?**, why the deuce...? ● (*zool.*) **d. di mare**, (*Manta birostris*) sea-devil; (*Mobula*) devil-fish □ (*zool.*) **d. orsino** (*Sarcophilus harrisii*), Tasmanian devil □ (*zool.*) **d. spinoso** (*Moloch horridus*), moloch □ **abitare a casa del d.**, to live far-off (*o* off the track) □ **andare al d.**, (*specialm. di persone*) to go to the devil; (*specialm. di cose*) to go to rack and ruin □ **avere il d. in corpo**, to be bursting with energy; to be like one possessed; to be on the go all the time □ **avere un d. per capello**, to be in a (bad) temper; to be on edge; to have got out of bed on the wrong side □ **avere una paura del d.**, to be in a blue funk; to be scared to death □ **brutto come il d.**, as ugly as sin □ **buon d.**, good-natured chap □ **una casa del d.**, a row; a shindy; a rumpus □ **essere come il d. e l'acqua santa**, to be like cat and dog □ **fare il d. a quattro**, to raise hell (*o* Cain); to be up to all kinds of mischief □ **non essere mica il d.**, not to be so bad after all □ **un pezzo di d.** (*un omaccione*), a strapper □ **sapere dove il d. tiene la coda**, to know a thing or two □ **È un d. scatenato** (*di un bambino*), he's an imp; there's no holding him □ **Fa un caldo del d.**, it's boiling; the heat is appalling □ **Il d. ci ha messo la coda** (*o* **le corna**), the devil has had a hand in this; something has gone wrong □ **Ormai non lo vuole più né Dio né il d.**, by now he's managed to quarrel with every one (*o* with both sides); □ **Quel d. d'uomo ce l'ha fatta!**, he's got away with it, the devil!; (*o* the clever devil!, the lucky devil!) □ **Il d. è cattivo perché è vecchio**, the devil has had time to learn a trick or two □ **Ho una fame del d.**, I'm simply starving (*prov.*) **Un d. caccia l'altro**, one evil drives out another □ (*prov.*) **Il d. non è così brutto come lo si dipinge**, the devil is not so black as he is painted □ (*prov.*) **Il d. si fa frate**, the devil was sick, the devil a monk would be; the devil was well, the devil a monk was he □ (*prov.*) **Il d. insegna a far le pentole, ma non i coperchi**, the devil teaches us his tricks but not how to hide them.
diazocompósti, *m. pl.* (*chim.*) diazo compounds.
diazoreazióne, *f.* (*chim.*) diazo reaction.
diazotare, *v. t.* (*chim.*) to diazotize.
diazotazióne, *f.* (*chim.*) diazotization.
diazotipìa, *f.* (*fotogr.*) diazotype.
dibassare, *v. t.* to lower.
dibàttere, A *v. t.* **1** (*una questione*) to debate; to discuss; to dispute; to pro-and-con **2** (*le ali*) to flap. **dibàttersi, B** *v. rifl.* **1** to struggle; to wriggle; to writhe **2** (*fig.*) to be torn; to grapple (with).
dibattimentale, *a.* (*leg.*) of (*o* concerning) a trial.
dibattiménto, *m.* **1** (*dibattito*) debate; discussion; dispute **2** (*leg.*) trial; hearing.
dibàttito, *m.* debate; discussion; dispute; teach-in (*fam.*): **La questione è al d.**, the question is under discussion.
dibattuto, *a.* much-discussed: **una questione molto dibattuta**, a much-discussed question.
diboscaménto, *m.* deforestation.
diboscare, *v. t.* to deforest; to clear (of trees).
dibrucare, *v. t.* to prune.
dicace, *a.* (*lett.*) mordant; biting; sharp-tongued; caustic.
dicastèro, *m.* office; ministry; department (*USA*): **D. degli Esteri**, Foreign Office; State Department (*USA*).
dicco, *m.* (*geol.*) dike, dyke.
dicèmbre, *m.* December.
dicembrino, *a.* of December; December (*attr.*).
cicerìa, *f.* rumour; (*malicious*) gossip, hearsay (*solo al sing.*): **le solite dicerie**, the usual gossip.

dichiaràbile, *a.* declarable; avowable.
dichiarante, *m. e f.* **1** (*leg.*) declarant **2** (*nei giochi di carte*) bidder; (*nel bridge*) declarer.
dichiarare, A *v. t.* **1** to declare; to avow; to announce; to make* (*st.*) known; to proclaim; (*affermare ufficialmente*) to state, to make* a statement: **d. guerra**, to declare war; **d. il proprio reddito** (*al fisco*), to declare one's income; to make* one's income-tax return; **Dichiarai di non averlo mai conosciuto**, I stated that I had never met him; **Ho dovuto d. alla questura quel che avevo visto**, I had to make a statement to the police as to what I had witnessed; **d. q. vincitore**, to proclaim sb. (*o* to declare sb. to be) the victor **2** (*chiarire*) to explain **3** (*nei giochi di carte*) to bid*. ● (*leg.*) **d. che i danni ammontano a una certa cifra**, to lay (*o* to fix) the damages at a certain figure □ **d. il proprio amore a q.**, to declare oneself (*o* one's love) (to sb.) □ (*leg.*) **d. q. colpevole (innocente)**, to sentence (*o* to find) sb. guilty (not guilty) □ (*bur.*) **Si dichiara che...**, it is hereby certified that... **dichiararsi, B** *v. rifl.* **1** to declare (*o* to avow) oneself (to be) **2** (*confessare il proprio amore*) to declare one's love (*o* oneself); to propose **3** (*manifestare le proprie opinioni*) to declare oneself. ● **d. contrario a q. (a q.c.)**, to declare against sb. (*st.*) □ **d. favorevole a q. (a q.c.)**, to declare for sb. (*st.*) □ (*leg.*) **d. innocente (colpevole)**, to plead not guilty (guilty).
dichiarataménte, *avv.* declaredly; professedly.
dichiarativo, *a.* declaratory: **una clausola dichiarativa**, a declaratory clause.
dichiarato, *a.* declared; avowed: **un nemico d.**, a declared (*o* sworn) enemy.
dichiaratóre, *m.* **1** declarer **2** (*leg.*) declarant.
dichiaratòrio, *a.* declaratory.
dichiarazióne, *f.* **1** declaration; announcement; (*bur.*) statement; (*senza formalità*) remark: **d. di guerra**, declaration of war; **d. d'amore**, declaration of love; **d. dei diritti dell'uomo**, declaration of rights (*o* bill of rights); **d. per la dogana**, customs declaration; **firmare una d.**, to sign a statement; **Dobbiamo fare una d. ufficiale**, we must make an official announcement; **Queste mie dichiarazioni non furono bene accolte dagli altri ospiti**, my remarks were not well received by the other guests **2** (*nei giochi di carte*) bid; bidding. ● **d. d'avaria**, ship's protest □ (*leg.*) **d. dei redditi**, income-tax return □ (*naut.: d'un carico, di una nave, ecc.*) **d. d'entrata**, entry □ (*leg.*) **d. di fallimento**, adjudication of (*o* in) bankruptcy □ (*leg.*) **d. giurata**, sworn statement; affidavit □ **d. per la stampa**, press-release; hand-out □ **fare una d. d'amore a una ragazza**, to declare one's love to a girl.
diciannòve, *a. num. card. e m.* nineteen. ● **il d. maggio**, May 19th; the nineteenth of May.
diciannovènne, A *a.* nineteen years old; nineteen-year-old (*attr.*). **B** *m.* nineteen-year-old (youth). **C** *f.* nineteen-year-old (girl).
diciannovèsimo, *a. num. ord. e m.* nineteenth.
diciassètte, *a. num. card. e m.* seventeen. ● **il d. maggio**, May 17th; the seventeenth of May.
diciassettènne, A *a.* seventeen years old; seventeen-year-old (*attr.*). **B** *m.* seventeen-year-old (youth). **C** *f.* seventeen-year-old (girl).
diciassettèsimo, *a. num. ord. e m.* seventeenth.
dicibile, *a.* expressible (in words); utterable.
diciottènne, A *a.* eighteen years old; eighteen-year-old (*attr.*). **B** *m.* eighteen-year-old (youth). **C** *f.* eighteen-year-old (girl).
diciottèsimo, *a. num. ord. e m.* **1** eighteenth **2** (*tipogr.*) eighteenmo*.
diciòtto, *a. num. card. e m.* eighteen. ● **il d. maggio**, May 18th; the eighteenth of May.
dicitóre, *m.* **1** speaker **2** (*teatr.*) reciter: **un fine d.**, a music-hall (*o* cabaret) reciter; (*iron.*) a fine speaker.
dicitura, *f.* **1** wording; words (*pl.*) **2** (*didascalia*) caption.
dicotilèdone, *a.* (*bot.*) dicotyledonous.
dicotilèdoni, *f. pl.* (*bot., Dicotyledones*) dicotyledons.
dicotomìa, *f.* dichotomy.
dicotòmico, *a.* dichotomic; dichotomous: **ramificazione dicotomica**, dichotomous branching.
dicòtomo, *a.* (*specialm. bot.*) dichotomous.
dicròico, *a.* (*miner., ottica*) dichroic.
dicroismo, *m.* (*miner., ottica*) dichroism.
dicromàtico, *a.* dichromatic.
dicromatismo, *m.* (*med.*) dichromatism.
dicrotismo, *m.* (*fisiologia, med.*) dicrotism.
dìcroto, *a.* (*med.*) dicrotic.
dictàfono, *V.* dittafono.
didascalìa, *f.* **1** explanation; (*di illustrazioni*) caption; underline **2** (*teatr.*) stage direction **3** (*cinem.*) caption(s); sub-title(s).
didascàlico (1), *a.* didactic: **poesia didascalica**, didactic poetry.

didascàlico (2), m. (*tipogr.*) dash.
didatta, m. e f. (*insegnante*) teacher.
didàttica, f. didactics (*pl.*, *col verbo al sing. o al pl.*).
didàttico, a. didactic; educational; teaching (*attr.*): **un metodo d.**, a teaching method. ● **direttore d.**, (elementary school) headmaster □ **libro d.**, text-book; (*prescritto dal programma*) set book □ **programma d.**, syllabus; teaching programme.
didattismo, m. (*pedagogia*) didacticism.
didéntro, A avv. inside; within. **B** m. inside: **il d. del vaso**, the inside of the pot.
didiètro, A m. **1** (*di cosa*) back; rear **2** (*di animale*) rump **3** (*pop.*: *deretano*) backside; behind; bottom (*fam.*). **B** avv. V. **dietro.**
dìdimo, a. (*biol.*) didymous; twofold; twin.
Dìdimo, m. (*Bibbia*) Didymus.
Didóne, pr. (*letter.*) Dido.
dièci, a. num. card. e m. ten: **il Consiglio dei D.**, the Council of Ten. ● **il d. aprile**, April 10th; the tenth of April □ **a gruppi di d.** (*o* **d. alla volta**), in tens □ **Ci sono nove probabilità su d. che...**, it is ten to one that... □ **Sono le (ore) d.**, it's ten (o' clock).
diecimila, a. num. card. e m. ten thousand.
diecimillèsimo, a. num. ord. e m. ten thousandth.
diecina, V. **decina.**
dièdro, (*geom.*) **A** a. dihedral. **B** m. dihedron.
dielettricità, f. (*fis.*) dielectricity.
dielèttrico, a. e m. (*fis.*) dielectric.
diencèfalo, m. (*anat.*) diencephalon.
dièresi, f. di(a)eresis*.
diesel, (*mecc.*) **A** a. Diesel: **un motore d.**, a Diesel engine: **nafta per motori d.**, Diesel oil. **B** m. Diesel engine.
Dies irae (*lat.*), locuz. m. invar. **1** (*l'inno*) dies irae **2** (the) day of wrath. ● (*fig.*) **Verrà il dies irae**, the day of reckoning will come.
dièsis, a. e m. (*mus.*) sharp: **sonata in do d. minore**, sonata in C-sharp minor.
dièta (1), f. (*stor. polit.*) diet: **la D. di Worms**, the Diet of Worms.
dièta (2), f. (*med.*) diet: **una d. dimagrante**, a slimming diet; **essere a d.**, to be on a diet; **mettere q. a d.**, to put sb. on a diet; **tenere q. a d. assoluta**, to keep sb. on a starvation diet. ● (*fig.*, *scherz.*) **tenere q. a d.**, to give sb. very little to eat; to half-starve sb.
dietètica, f. (*med.*) dietetics (*pl. col verbo al sing.*).
dietètico, a. (*med.*) dietetic(al).
diètimo, m. (*interesse giornaliero in conti bancari*) day to day interest.
dietista, m. e f. (*med.*) dietician, dietitian; nutritionist.
dietòlogo, m. V. **dietista.**
dietoterapia, f. (*med.*) dietotherapy.
diètro, A avv. (*anche* **di d., in d.**) **1** behind; at the back; (*di un'automobile, ecc.*) in the back: **Tu siedi davanti e io mi siederò (di) d.**, you sit in front and I'll sit behind (*o* at the back, in the back of the car) **2** (*alla retroguardia*; *anche scherz.*) in the rear **3** (*naut.*) aft: **davanti e d.**, fore and aft. **B** prep. (*anche* **d. a**) behind; at the back of; after: **d. la casa** (*o* **d. alla casa**), behind (*o* at the back of) the house; **uno d. l'altro**, one after (*o* behind) the other; **d. a noi**, behind us; (*fig.*) **d. le quinte** (*o* **le scene**), behind the scenes; (*anche fig.*) **correre d. a q.** (*q.c.*), to run after (*o* to pursue) sb. (st.); (*fig.*) **mettersi** (*o* **gettarsi**) **tutto d. le spalle**, to put everything (*o* to put it all) behind one; (*fig.*) **stare d. a q.**, to be (*o* to go) after sb. **Bisogna sempre stargli d. perché finisca i compiti**, one always has to be after him to get him to finish his homework. ● (*fam.*) **essere d. a fare q.c.**, to be (just) doing st. (now); to be busy doing st.; to be in the process (*o* in the middle) of doing st.: **Sono d. a preparare la cena**, I'm busy getting supper ready □ (*comm.*) **d. ricevuta**, against receipt □ (*comm.*) **d. richiesta** (*orale*) on demand; (*scritta*) on application □ **d. richiesta di q.**, at the request of sb. □ (*anche fig.*) **andare d. a q.**, to follow sb.; (*fig.*) to follow in sb.'s foot-steps □ **portarsi d.**, to bring; to take: **Quando viene da noi, Betty si porta sempre d. quel bambino noioso**, when Betty comes to us, she always brings that tiresome child; **Ti porti sempre d. la macchina fotografica?**, do you always take your camera with you? □ (*anche fig.*) **tenere d. a q.**, to keep up with sb. □ **Ci lasciammo d. Ferrara** (**il mare**, **la nebbia**), we left Ferrara (the sea, the fog) behind us □ **Ci lasciammo d.** (*sorpassammo*) **l'altra macchina**, we got ahead of the other car; the other car fell behind. **C** a. back; hind: **stanza di d.**, back room; **zampe di d.**, hind legs. **D** m. **1** back; rear: **È sul d. della casa**, it is at the back of the house **2** (*naut.*) stern.
dietrofrónt, A inter. e m. (*mil.*) (right-)about turn. **B** m. (*fig.*) volte-face; about-face; u-turn (*fig.*): **fare d.**, to make a volte-face; to change over to the opposite camp.
dietrologia, f. excessive (and often misleading) research of the (supposedly) hidden causes (*of political events, etc.*).
difatti, cong. in fact; as a matter of fact.
difèndere, A v. t. **1** (*anche fig.*) to defend; to protect; to safeguard: **d. gli oppressi** (**il proprio onore**), to defend the oppressed (one's honour); **posizione ben difesa**, well-defended position; (*anche fig.*) **una posizione difficile da d.**, a position difficult to defend **2** (*leg.*) to defend **3** (*sostenere*) to maintain; to support; to uphold*: **d. una tesi**, to maintain an argument; **Non posso d. la sua condotta**, I cannot uphold his conduct. ● **d. un amico**, to stand up for a friend □ (*leg.*) **d. la causa di q.**, to plead sb.'s case. **difèndersi, B** v. rifl. **1** to defend oneself; to withstand*; (*parare*) to ward off; (*stare sulla difensiva*) to be on the defensive; (*fig.*) to justify oneself, to vindicate: **d. dall'attacco nemico**, to defend oneself from (*o* to ward off, to withstand) the enemy attack **2** (*resistere, proteggersi*) to be able to stand (st.); to stand* up well (to); to protect oneself (from): **Dal freddo mi difendo, ma dal caldo no**, I can stand the cold, but not the heat; **Il bambino si difende bene da questo clima**, the child stands up well to this climate; **Con quella pelliccia ti difendi bene**, you're well-protected with that fur; **Non volevo andare alla polizia, ma mi devo d.**, I didn't want to go to the police, but I must protect myself **3** (*fam.*: *andare avanti alla meglio*) to manage (somehow); to keep* afloat; to manage to keep afloat; (to be able) to get* along: **Gli affari non vanno bene, ma mi difendo**, business is bad, but I manage to keep afloat; **In francese mi difendo**, I can get along (*o* I can manage) in French. ● **d. brillantemente**, to put up a spirited defence □ **d. da un pericolo**, to counter a danger □ **d. fino all'ultimo**, to die hard □ **sapersi d.**, to know how to look after oneself.
difendibile, a. defensible; tenable.
difensiva, f. – **mettersi sulla d.**, to take up a defensive position; **stare sulla d.**, to be (*o* to stand) on the defensive.
difensivo, a. defensive: **arma** (**guerra**) **difensiva**, defensive weapon (warfare).
difensóre, A a. **1** defending: **avvocato d.**, defending counsel; counsel for the defence; defense attorney (*USA*) **2** (*sostenitore*) supporting; upholding. **B** m. **1** defender; (*nel diritto romano*) defensor **2** (*sostenitore*) advocate; supporter; upholder: **farsi d. di una causa**, to become the advocate of a cause; **d. della politica del governo**, supporter of the government's policy. ● **d. civico**, ombudsman; parliamentary commissioner (*G.B.*); (*donna*) ombudswoman.
difésa, f. **1** (*anche leg.*) defence; defense (*USA*): **la d. e l'accusa**, the defence and the prosecution; (*mil.*) **d. costiera**, coast defence; **collegio di d.**, counsels for the defence; **legittima d.**, self-defence **2** (*pl.*, *mil.*: *fortificazioni*) defences; defensive works: **le difese nemiche**, the enemy defences **3** (*leg.*) counsel for the defence: **Parla la d.**, the counsel for the defence is now pleading the case **4** (*sport*) defence. ● (*mil.*) **mettere un paese in stato di d.**, to fortify a country □ **mettersi in posizione di d.**, to take up a defensive position; to stand on one's guard □ **muro di d.**, protecting wall □ **prendere le difese di q.**, to defend sb.; to side with sb.; to take up the cudgels for sb. □ **senza d.**, defenceless; unprotected □ **una siepe a d. contro il vento**, a hedge against the wind (*o* as protection from the wind) □ **sparare per legittima d.** (*o* **d. personale**), to shoot in self-defence □ **venire in d. di q.**, to come to sb.'s rescue.
diféso, a. **1** (*riparato*) sheltered; protected **2** (*fortificato*) fortified.
difettare, v. i. to be defective; to be lacking (*o* wanting); to lack; to want: **Tu difetti nella pronuncia**, your pronunciation is defective; **d. di tatto**, to be lacking (*o* wanting) in tact; to be tactless; **d. di viveri**, to lack food.
difettivo, a. defective (*anche gramm.*): **un verbo d.**, a defective verb.
difètto, m. **1** (*mancanza*) deficiency; lack; want; shortage; dearth: **C'è d. di buoni fisici**, there's shortage of good physicists; **Fanno d. gli appartamenti economici**, there's a lack of flats at a low rent **2** (*fisico*) defect; (*morale*) fault, blemish, defect; (*irregolarità*) flaw: **difetti fisici**, physical (*o* bodily) defects; **un d. della vista**, a defect in the eye; **un d. nel bicchiere**, a flaw in the glass; **un d. in un carattere altrimenti perfetto**, a blemish in an otherwise perfect character; **Tutti abbiamo i nostri difetti**, we all have our faults **3** (*cattiva abitudine*) bad habit: **È un mio d.**, it's a bad habit I have. ● **essere in d.**, to be at fault □ **in d.**, failing: **In d. di un posto stabile, ne accetterei uno provvisorio**, failing a permanent job, I would accept a temporary one □ **senza difetti**, flawless; faultless □ **Ci dev'essere un d. nella trasmissione**, there must be something wrong with the transmission □ **Quella casa ha un solo d.: è troppo lontana**, there is only one thing wrong with that house: it's too far off.
difettosità, f. defectiveness; faultiness; imperfection.
difettóso, a. defective; faulty; imperfect; unsound (*anche fig.*): **Questa macchina è difettosa**, this machine is faulty; there's

something wrong with this machine.

diffalcare, V. defalcare.

diffamare, v. t. (anche leg.) to defame; to slander; (per iscritto) to libel.

diffamatóre, m. (anche leg.) defamer; slanderer; (per iscritto) libeller.

diffamatòrio, a. (anche leg.) defamatory; slanderous.

diffamazióne, f. (anche leg.) defamation; slander; (per iscritto) libel; **querela per d.**, libel suit; action for libel.

differènte, a. different (from, to); differing (from); (che non assomiglia) unlike, dissimilar: **È d. dai soliti romanzi**, it's different from the usual novel; **Si è dimesso per ragioni molto differenti da quelle date**, he resigned for reasons quite different from those given out; **Dai un'interpretazione d. dalla mia**, you give an interpretation which is different from mine; **Quei gemelli sono molto differenti**, those twins are very unlike. ● **Le due edizioni sono molto differenti**, the two editions differ considerably (o are quite different).

differenteménte, avv. **1** differently; in a different way **2** (altrimenti) otherwise.

differènza, f. difference: **d. di temperatura**, difference in temperature; **Non fa nessuna d.**, it makes no difference; **C'è una bella d.!**, that makes a great difference!; **La d. fra quindici e dieci è cinque**, the difference between fifteen and ten is five. ● (rag.) **d. a saldo**, balance □ (rag.) **d. in meno**, deficiency □ (rag.) **d. in più**, excess □ **a d. di**, unlike: **A d. dei suoi amici, è sempre presente**, unlike his friends, he's always present □ **fare d. fra i clienti**, to treat different customers differently □ **fare d. fra un quadro vero e uno falso**, to distinguish between a genuine painting and a fake □ (ferr.) **pagare la d.**, to pay the difference □ **C'è una bella d. tra Leopardi e Aleardi**, it's a far cry from Leopardi to Aleardi.

differenziàbile, a. differentiable.

differenziale, A a. differential: (mat.) **calcolo d.**, differential calculus; (mus.) **suono d.**, differential tone; (ferr.) **tariffa d.**, differential tariff; (mecc.) **moto d.**, differential motion. B m. **1** (mecc.) differential gear (o gearing); differential: **gruppo del d.**, differential unit; **scatola del d.**, differential carrier **2** (mat.) differential (coefficient).

differenziaménto, m. differentiation.

differenziare, A v. t. **1** to differentiate; to discriminate; to distinguish. **differenziarsi**, B v. rifl. (essere differente) to be different; to differ; (diventare differente) to differentiate, to become* different.

differenziato, a. specialized; differentiated. ● **insegnamento d.**, teaching the handicapped.

differenziatóre, m. differentiator.

differenziazióne, f. differentiation.

differìbile, a. postponable; defer(r)able.

differiménto, m. postponement; deferment.

differìre, A v. t. **1** (rinviare) to postpone; to put* off; to defer; to delay: **differito a data da stabilirsi**, indefinitely postponed; **differito a martedì**, put off to Tuesday; **pagamento differito**, deffered payment **2** (leg.) to defer; to delay; to adjourn. B v. i. to differ (from); to be* different (from); to vary (from): **L'italiano differisce dal latino in quanto non ha le declinazioni**, Italian differs (o is different) from Latin in having no declensions (o in that it has no declensions). ● **d. una riunione**, to postpone a meeting; (se già iniziata) to adjourn a meeting □ (comm.) **d. la scadenza di una cambiale**, to extend the maturity of a bill.

differita, f. (radio, telev.: trasmissione d.) recording (of public performance).

differito, a. deferred. ● **credito d.**, deferred credit; extended credit.

difficile, A a. **1** difficult; hard: **d. da trasportare (da capire, ecc.)**, difficult to carry (to understand, etc.); **tempi difficili**, hard times; **d. da credere**, hard to believe; **rendere la vita d. a q.**, to make life hard to sb.; **Quel luogo è di d. accesso**, the place is difficult of access **2** (che non si contenta facilmente) difficult; hard (o difficult) to please; exacting; fussy: **Sono un po' d. nel mangiare**, I am rather fussy about my food **3** (improbabile) unlikely; improbable: **Non è d. che io ripassi di qui**, it's not unlikely (o it's quite likely) that I shall come here again; **È d. che io lo incontri**, I'm not likely to meet him. ● (di persona) **d. da trattare**, difficult (o hard) to get on with □ **avere la digestione d.**, to have a poor digestion □ **un problema d.**, a hard (o knotty) question. B m. difficulty; difficult (o hard) part; what is difficult: **Qui sta il d.**, here lies the difficulty. C m. e f. difficult (o exacting) person.

difficilménte, avv. (con difficoltà) with difficulty; hardly; (con poche probabilità) unlikely (agg.): **Tim d. proverà di nuovo**, Tim is unlikely to try again.

difficoltà, f. **1** difficulty: **Ho d. a intenderlo**, I have difficulty in understanding him; **essere in d.**, to be in difficulties **2** (obiezione) objection; difficulty: **fare (o sollevare) d.**, to raise objections; **to raise (o to make) difficulties**. ● **in d.**, hung up (fam.) □ **in d. finanziarie (o economiche)**, in financial straits; in Queer Street (fam.); in deep water(s); distressed; uptight (fam.) □ **trovarsi in d.**, to be placed in difficult circumstances □ **Non ho d. a dirtelo**, I don't mind telling you □ **Non ho alcuna d. a fare ciò che mi chiedi**, I have nothing against doing what you ask.

difficoltóso, a. **1** difficult; tricky (fam.); full of problems; (che rende perplessi) puzzling **2** (di persona) particular; fastidious; fault-finding; difficult.

diffida, f. (leg.) warning; notice; intimation: **d. di pagamento**, notice to pay; **Non prestò attenzione alla d.**, he paid no attention to the warning.

diffidare, A v. i. **1** to mistrust; to distrust; to be suspicious (of); to have no faith (in); **d. della propria capacità**, to have no faith in one's capacity; **d. di q.**, to distrust sb.; **d. di tutto**, to be suspicious of everything **2** (guardarsi da) to beware (of): **Diffidate delle imitazioni**, beware of imitations. B v. t. (leg.) to warn; to enjoin: **d. q. a fare q.c.**, to warn sb. to do st.; **d. q. dal fare q.c.**, to warn sb. not to do st. ● **d. dei propri occhi**, not to be able to believe one's eyes.

diffidènte, a. mistrustful, distrustful, suspicious (of): **con quell'aria d.**, with that suspicious look.

diffidènza, f. mistrust; distrust; suspicion.

diffóndere, A v. t. **1** to spread*; to propagate; to diffuse; to shed*; to scatter; to radiate: **d. una voce (una malattia, il terrore)**, to spread a rumour (an illness, terror); **d. notizie**, to propagate news; **La luna diffondeva la sua luce sui prati**, the moon shed its light on the meadows; **d. il buon umore intorno a sé**, to radiate good humour **2** (divulgare) to spread* abroad; to put* about; (fare pubblicità a) to advertise, to publicize **3** (trasmettere: per radio) to broadcast*; (per televisione) to telecast* **4** (incrementare la vendita di un prodotto) to promote (o to step up, fam.) the sales of (st.). ● **d. un film**, to release a film. **diffóndersi**, B v. rifl. **1** to spread*; to propagate: **L'infezione si diffuse rapidamente**, the infection spread rapidly; **Un sorriso luminoso si diffuse sul volto della ragazza**, a bright smile spread over the girl's face **2** (dilungarsi) to expatiate; to dwell*: **d. su un argomento**, to expatiate upon a subject.

diffórme, a. unlike; dissimilar (to); different (from, to): **una copia d. dall'originale**, a copy unlike the original.

difformità, f. unlikeness; dissimilarity; difference.

diffràngersi, v. rifl. (fis.) to diffract.

diffratto, a. (fis.) diffracted: **un raggio d.**, a diffracted ray.

diffrattòmetro, m. (fis.) diffractometer.

diffrazióne, f. (fis.) diffraction.

diffusaménte, avv. diffusely; at length; fully.

diffusìbile, a. diffusible.

diffusibilità, f. diffusibility.

diffusióne, f. **1** diffusion; spread; propagation **2** (per radio) broadcast; (per televisione) telecast **3** (di un giornale, una rivista) circulation **4** (fis. nucl.) scattering.

diffusivo, a. diffusive.

diffuso, a. **1** diffuse(d); widespread: **una credenza molto diffusa**, a widespread belief; **luce diffusa**, diffused (o indirect) lighting **2** (di un giornale, una rivista) widely-circulated **3** (prolisso) diffuse; prolix (lett.). ● (bot.) **essere d.**, to range.

diffusóre, A m. **1** diffusor, diffuser; spreader; propagator **2** (mecc.: di carburatore) choke (tube) **3** (nucl.) scatterer **4** (di luce) disseminator; diffuser; (a globo) light globe **5** (radio) (sound) diffuser. B a. diffusing; diffusion (attr.): (fotogr.) **filtro d.**, diffusion disk.

difilato, avv. **1** (direttamente) straight; directly: **Me ne andai a casa d.**, I went straight home **2** (subito) straight away; straight off.

difrónte, avv. e a. **1** in front: **Siediti d. a me**, sit in front of me **2** opposite: **la casa d.**, the house opposite.

diftèrico, a. (med.) diphtheric; diphtheritic; diphtherial.

difterìte, f. (med.) diphtheria.

difteròide, a. diphtheroid: **sintomi difteroidi**, diphtheroid symptoms.

diga, f. **1** dike, dyke; dam; (terrapieno) embankment; (di fiume, canale, ecc.) lock; (frangiflutto) breakwater: **una d. a contrafforti**, a buttress dam; **una d. di sbarramento per mulino**, a mill-dam; **una d. a scogliera**, a rock-fill dam **2** (fig.) defence; barrier; dike; check. ● **opporre una d. alla delinquenza dilagante**, to stem (o to circumscribe) the increase in crime □ (fig.) **rompere le dighe**, to burst out; to break all bounds.

digamma, m. (linguistica) digamma.

digàstrico, a. (anat.) digastric.

digerènte, a. digestive: (anat.) **l'apparato d.**, the digestive tract.

digerìbile, a. digestible.

digeribilità, f. digestibleness; digestibility.

digerire, *v. t.* **1** to digest: **d. il maiale,** to digest pork; **Alcuni cibi si digeriscono meglio di altri,** some foods are digested (*o* digest) more easily than others **2** (*fig.*) to digest; to assimilate; (*tollerare*) to tolerate, to bear*, to stand*, to endure: **L'ho letto, ma non l'ho digerito,** I've read it, but I haven't digested it; **Non posso d. la tua imprudenza,** I cannot tolerate your imprudence. ● **d. bene** (*male*), to have a good (a bad) digestion □ (*fig.*) **d. la bile,** to cool off □ (*fig.*) **Non digerisco la matematica,** I cannot take in mathematics □ (*fig.*) **Questa non la digerisco,** I can't swallow that.
digestióne, *f.* digestion: **guastarsi la d.,** to ruin one's digestion; (*fig.*) to worry oneself sick, to make oneself miserable.
digestivo, A *a.* digestive: **soffrire d'un disturbo d.,** to suffer from digestive trouble. **B** *m.* digestive; digester.
digèsto, *m.* (*leg., stor.*) digest.
di già, *avv.* already: **Hai d. finito?,** have you finished already?
digiambo, *m.* (*poesia*) diiamb, diamb.
digitale (1), *a.* digital. ● **impronte digitali,** finger-prints.
digitale (2), *a.* (*numerico*) digital: **calcolatore d.,** digital computer.
digitale (3), *f.* (*bot., Digitalis purpurea*) digitalis; fox-glove (*pop.*).
digitalina, *f.* (*farm.*) digitalin.
digitalizzare, *v. t.* to digitize.
digitalizzatóre, *m.* digitizer.
digitare, *v. t.* e *i.* (*mus.*) to finger.
digitato, *a.* (*bot., zool.*) digitate(d); (*bot.*) fingered.
digitazióne, *f.* **1** digitation **2** (*mus.*) fingering.
digitìgrado, *a.* (*zool.*) digitigrade.
digiunare, *v. i.* **1** (*per penitenza*) to fast **2** (*fino a morire d'inedia*) to starve; (*di propria volontà*) to starve oneself **3** (*mangiare pochissimo, per dieta*) to be on a (strict) diet. ● (*fig.*) **far d. q.,** to starve sb.
digiunatóre, *m.* faster.
digiuno, A *a.* **1** – **essere d.,** not to have eaten: **Sono d. da ieri,** I haven't eaten since yesterday **2** (*fig.*) lacking (in); devoid (of): **d. di esperienza,** lacking in (*o* devoid of) experience; inexperienced. ● **essere completamente d. di latino,** to know no Latin at all. **B** *m.* **1** (*relig.*) fast: **osservare** (**rompere**) **il d.,** to observe (to break) one's fast **2** (*anat.*) jejunum **3** (*fig.*) privation. ● **a d.,** on an empty stomach; before meals (*o* eating): **A d. non bevo mai,** I never drink before meals □ **essere a d.,** not to have eaten anything □ **fare d.,** to fast □ (*scherz.*) **fare digiuni non comandati,** to have to pull in one's belt; to skip meals (constantly) □ **stare a d.,** not to eat □ (*prov.*) **È facile predicare il d. a pancia piena,** the fat man knoweth not what the lean thinketh.
diglossia, *f.* (*linguistica*) diglossia.
diglòssico, *a.* (*linguistica*) diglossic.
dignità, *f.* **1** dignity; self-respect: **La mia d. non mi consente di tacere,** my self-respect will allow me to be silent no longer **2** (*ufficio elevato*) high office; honour: **Rinunciai a ogni d.,** I renounced all honours **3** (*pl.: dignitari*) dignitaries. ● **parole piene di d.,** dignified words □ **privo di** (*o* **senza**) **d.,** undignified.
dignitàrio, *m.* dignitary.
dignitosaménte, *avv.* with dignity; in a dignified manner.
dignitóso, *a.* dignified; decorous; (*di aspetto*) decent: **una risposta dignitosa,** a dignified answer; **poverissimo, ma di aspetto d.,** very poor but of decent appearance.
digradante, *a.* **1** sloping **2** (*di colori*) shading off. ● **monti digradanti in lontananza,** ridge after ridge fading off into the distance.
digradare, *v. i.* **1** to descend gradually; to slope down **2** (*di colori*) to shade off.
digradazióne, *f.* **1** slope; sloping down **2** (*di colori*) shading off.
digramma, *m.* (*linguistica*) digraph; digram.
digrassare, *v. t.* **1** (*brodo, salsa, ecc.*) to remove fat (*o* grease) from **2** (*schiumare*) to skim **3** (*smacchiare*) to remove greasy stains (*o* spots) from **4** (*fibre tessili*) to degrease.
digrassatura, *f.* **1** removing of fat (*o* grease) **2** (*schiumatura*) skimming **3** (*di fibre tessili*) degreasing.
digressióne, *f.* **1** (*dal proprio cammino*) detour **2** (*divagazione*) digression: **fare una d.,** to make a digression; to digress; to wander from the point.
digressivo, *a.* digressive; wandering from the point.
digrignaménto, *m.* grinding; gnashing.
digrignare, *v. t.* to grind*; to gnash; (*di lupo, cane, ecc. e fig.*) to snarl: **d. i denti,** to grind one's teeth.
digrossaménto, *m.* **1** (*lo sbozzare*) roughing out; rough-shaping; rough-hewing **2** (*fig.*) refining.
digrossare, A *v. t.* **1** (*sgrossare*) to reduce; to thin down **2** (*sbozzare*) to rough out; to rough-shape; to rough-hew **3** (*fig.: cominciare a istruire*) to teach* (sb.) the rudiments (of st.) ● (*fig.: cominciare ad affinare*) to refine. **digrossarsi, B** *v. rifl.* to refine.
diguazzaménto, *m.* (*nell'acqua*) splashing about; (*nel fango*) wallowing, squelching, weltering.
diguazzare, *v. i.* (*nell'acqua*) to splash about; (*nel fango*) to wallow, to squelch, to welter.
diktàt, *m.* (*polit.*) diktat.
dilacerare, *v. t.* (*lett.*) to tear* to pieces; to lacerate.
dilacerazióne, *f.* (*specialm. med.*) laceration.
dilagante, *a.* on the increase; rampant: **vizio d.,** rampant vice.
dilagare, *v. i.* **1** to flood **2** (*fig.*) to spread*; to be rampant; to increase rapidly.
dilaniare, A *v. t.* **1** to tear* to pieces; to rend*; to lacerate; to mangle **2** (*fig.*) to gnaw (*o* to tear*) at one's vitals; to rend*; to tear* to pieces; to shred: **Il rimorso mi dilania,** remorse gnaws at my vitals; **Il partito è dilaniato dalla discordia,** the party is rent by discord; **d. il buon nome di q.,** to tear sb.'s reputation to pieces. **dilaniarsi, B** *v. rifl. recipr.* to tear* each other to pieces (*anche fig.*).
dilapidare, *v. t.* to squander; to waste; to dissipate.
dilapidatóre, A *m.* squanderer. **B** *a.* squandering.
dilapidazióne, *f.* squandering; waste; dissipation.
dilatàbile, *a.* expansible; expanding; dilatable.
dilatabilità, *f.* dilatability; expansibility; expansibleness.
dilataménto, *m.* V. **dilatazione.**
dilatare, A *v. t.* to dilate; to extend; to stretch; to expand (*anche fis.*); to broaden (*anche fig.*): **d. la mente,** to broaden the mind. ● **d. le narici,** to flare one's nostrils. **dilatarsi, B** *v. rifl.* **1** (*gonfiarsi*) to swell*; (*allargarsi*) to spread*, to widen out **2** (*fis.*) to expand.
dilatatóre, A *m.* **1** (*mecc.*) expansion bend (*o* joint) **2** (*med.*) dilator; dilator. **B** *a.* (*anche anat.*) dilator (*attr.*); dilating: **muscolo d.,** dilator (muscle).
dilatatòrio, *a.* dilator (*attr.*).
dilatazióne, *f.* dilatation; expansion (*anche fis.*): **curva di d.,** expansion bend; **d. dei gas,** expansion of gases; **d. termica,** thermal expansion.
dilatometria, *f.* (*fis.*) dilatometry.
dilatòmetro, *m.* (*fis.*) dilatometer.
dilatòrio, *a.* (*anche leg.*) dilatory; delaying; suspensive: **eccezione dilatoria,** dilatory plea.
dilavaménto, *m.* washing away.
dilavare, *v. t.* to wash away.
dilazionàbile, *a.* (*comm.*) extendible, extendable.
dilazionare, *v. t.* (*ritardare*) to delay **2** (*comm.: il pagamento di un debito*) to extend **3** (*posporre*) to postpone; to put* off.
dilazionato, *a.* deferred; postponed. ● **credito d.,** extended credit.
dilazionatòrio, *a.* dilatory.
dilazióne, *f.* **1** (*ritardo*) delay: **eseguire un ordine senza d.,** to carry out an order without delay **2** (*comm.: di pagamento di un debito*) extension: **accordare** (*o* **concedere**) **una d.,** to grant (*o* to agree to) an extension **3** (*rinvio*) postponement: **la d. del giorno di consegna,** the postponement of the date of delivery.
dileggiaménto, V. **dileggio.**
dileggiare, *v. t.* to mock; to deride; to scoff at (sb.); to taunt; to sneer at (sb.).
dileggiatóre, A *m.* mocker; scoffer. **B** *a.* mocking; scoffing.
diléggio, *m.* mockery; derision; scoffing: **per d.,** in derision.
dileguare, A *v. t.* to disperse; to dispel; to dissipate; to dissolve: **Il vento dileguò le nubi,** the wind dispersed the clouds; **d. ogni dubbio,** to dispel all doubt. **B** *v. i.* to vanish; to disappear; to fade away (*o* off, into the distance); to melt away. **dileguarsi, C** *v. rifl.* to vanish; to disappear; to fade away; to melt away: **Le tue speranze di successo si sono dileguate,** your prospects of success have vanished; **La neve si dileguò presto,** the snow soon melted away.
dilèmma, *m.* (*anche fig.*) dilemma: **trovarsi di fronte a un d.,** to be in a dilemma; **i corni del d.,** the horns of the dilemma.
dilettante, A *a.* amateur, dilettante (*attr.*): **attore d.,** amateur actor. **B** *m.* e *f.* amateur (*anche sport*); dilettante*: **campionato dilettanti,** amateur championship.
dilettantésco, *a.* amateurish.
dilettantismo, *m.* amateurishness; dilettantism.
dilettantistico, *a.* amateur (*attr.*); dilettantish; amateurish.
dilettare, A *v. t.* to give* pleasure (to sb.); to please; to delight (sb.). **dilettarsi, B** *v. rifl.* **1** to delight (in st.); to enjoy (st.): **Mi diletto della loro conversazione,** I delight in their conversation **2** (*occuparsi di q.c. per diletto*) to go* in (for st.); to delight (in st.): **Mi diletto di stampe giapponesi,** I go in for (*o* I collect) Japanese prints. ● **Mi diletto a suonare il flauto,** I play the flute as an amateur.
dilettévole, A *a.* delightful; pleasant; agreeable. **B** *m.* (the) delightful; pleasure; delight.

dilètto (1), A *a.* dear; beloved; darling; (*prediletto*) favourite: **mia diletta figlia**, my dear daughter; **La mia diletta è Anna**, Ann is my favourite (*o* my pet). **B** *m.* (*lett.*) beloved; darling.

dilètto (2), *m.* pleasure; delight: **con nostro grande d.**, to our great delight.

dilettóso, *a.* (*lett.*) delectable (*lett.*); delightful.

diligènte, *a.* **1** industrious; diligent: **uno scolaro d.**, an industrious (*o* a hard-working) pupil **2** (*accurato*) conscientious; careful: **un lavoro d.**, a conscientious (*o* a careful) piece of work.

diligènza (1), *f.* **1** conscientiousness; diligence; care; attention **2** (*premura, ecc.*) effort; eagerness; solicitude **3** (*leg.*) diligence: **normale d.**, ordinary diligence; **d. del buon padre di famiglia**, ordinary (*o* reasonable) diligence; prudent-man rule.

diligènza (2), *f.* **1** (*corriera*) stage-coach **2** (*postale*) mail-coach.

diliscare, *v. t.* to bone.

dilucidare, dilucidazióne, *V.* **delucidare, delucidazióne.**

diluènte, A *m.* diluent; (*per vernici*) thinner. **B** *a.* diluent; diluting.

diluire, *v. t.* to dilute; (*con acqua*) to water down (*anche fig.*); (*rendere meno denso*) to thin (out); (*sciogliere*) to dissolve: **D. la polvere in un bicchiere d'acqua**, dissolve the powder in half a glass of water.

diluizióne, *f.* dilution; (*di vernice*) thinning.

dilungarsi, *v. rifl.* **1** (*trattare diffusamente*) to expatiate; to dwell*: **d. su un argomento**, to expatiate upon a subject **2** (*trattenersi*) to tarry; to linger.

diluviale, *a.* torrential.

diluviare, *v. i.* **1** (*impers.*) to pour; to rain cats and dogs (*fam.*) **2** (*fig.*) to pour; to shower: **Le sassate diluviavano su di lui**, stones showered on him. • **Le leggi diluviavano**, laws poured forth in an unceasing flood.

dilùvio, *m.* **1** downpour; deluge **2** (*fig.*) shower; flood; torrent: **un d. di lacrime**, a flood of tears; **un d. di insulti**, a torrent of abuse. • **un d. di parole**, a stream of words □ (*Bibbia*) **il d. universale**, the Deluge; the Flood.

diluzióne, *V.* **diluizióne.**

dimagramento, *m.* thinning; slimming.

dimagrante, *a.* slimming: **dieta d.**, slimming diet.

dimagrare, A *v. i.* to grow* (*o* to become*) thin; to slim; to lose* weight. **B** *v. t.* to have a thinning (*o* slimming) effect on (sb.); to make* (sb.) thin.

dimagriménto, *V.* **dimagramento.**

dimagrire, *v. i.* to grow* (*o* to become*) thin; to slim; to lose* weight.

dimenaménto, *m.* **1** (*il dimenare*) wagging; waggling (*fam.*); swinging **2** (*il dimenarsi*) tossing (about); tossing and turning.

dimenare, A *v. t.* to wag; to waggle (*fam.*); to swing*: **d. la coda**, to wag one's tail; **Dimenava le braccia mentre marciava**, he swung his arms back and forth as he marched. **dimenarsi, B** *v. rifl.* **1** to toss (about), to toss and turn; (*con moto serpentino*) to wriggle (about); to writhe; (*nervosamente*) to fidget, to fuss; (*camminando*) to sway (one's hips); (*lottando*) to struggle **2** (*fig.*: *darsi da fare*) to try hard; not to rest (till); not to leave* a stone unturned: **Per quanto tu ti dimeni, non riuscirai**, however hard you try (*o* try as you will), you won't succeed. • (*prov.*) **Chi va a letto senza cena tutta la notte si dimena**, who goes to bed supperless, all night tumbles and tosses.

dimenìo, *m.* tossing about; tossing and turning.

dimensionale, *a.* dimensional.

dimensióne, *f.* dimension; (*grandezza*) size; (*costr.*: *di pietre, legname, profilati, ecc.*) scantling: **di piccole (grandi) dimensioni**, of small (large) dimensions; **Quali sono le dimensioni della stanza?**, what are the dimensions of the room?; (*fis.*) **d. critica**, critical size; (*mecc.*) **d. nominale**, nominal (*o* basic) size; **dimensioni d'ingombro**, overall dimensions; **d. limite**, clearance size; (*mat., fig.*) **quarta d.**, fourth dimension. • (*metall.*) **d. ricorrente**, ruling section □ **a tre dimensioni**, tridimensional (*abbr.*: 3-D).

dimenticàbile, *a.* forgettable; likely to be forgotten.

dimenticanza, *f.* **1** (*tendenza a dimenticare*) forgetfulness; (*una particolare d.*) thing (one has) forgotten: **Certe dimenticanze sono colpevoli**, sometimes forgetfulness is a crime; there are some things it is a crime to forget **2** (*inavvertenza*) inadvertence; (*svista*) oversight; (*omissione*) omission **3** (*oblio*) oblivion: **cadere in d.**, to fall (*o* to sink) into oblivion. • **per d.**, inadvertently; thoughtlessly.

dimenticare, A *v. t.* **1** to forget*: **Dimentico tutto**, I forget everything **2** (*trascurare*) to neglect; to overlook **3** (*omettere*) to omit; to leave* out **4** (*lasciare per dimenticanza*) to leave*: **Dimenticò l'ombrello dal barbiere**, he left his umbrella at the barber's **5** (*perdonare*) to forgive*: **d. un'offesa**, to forgive an offence. • **far d. col tempo uno scandalo**, to live down a scandal □ **Dimentichiamo il passato!**, let bygones be bygones! **dimenticarsi, B** *v. rifl.* to forget*: **Mi sono dimenticato di dirtelo**, I forgot to tell you.

dimenticatóio, *m.* — **mettere (lasciare, ecc.) q.c. nel d.**, to forget all about st.; **cadere nel d.**, to fall (*o* to sink) into oblivion.

diméntico, *a.* **1** forgetful (of); forgetting: **d. di sé**, forgetting oneself **2** (*incurante*) oblivious, unmindful, unaware (of): **d. dei propri doveri**, unmindful of one's duties.

dimero, A *a.* (*bot.*) dimerous. **B** *m.* (*chim.*) dimer.

dimèsso, *a.* (*di voce*) low, soft, subdued; (*umile*) modest, humble, unobtrusive; (*trascurato*) shabby, poor. • **in abito d.**, shabbily dressed.

dimestichézza, *f.* familiarity. • **avere d. con q., con q.c.**, to be (*o* to feel) at home with sb., in (*o* with) st.: **Ho più d. con lui che con lei**, I feel more at home with him (*o* I am better acquainted with him) than with her □ **Non ho molta d. con lui**, I'm not on familiar terms with him □ **Ho più d. con il francese che con il tedesco**, I am (*o* I feel) more at home in French than in German □ **Ho poca d. col francese**, I'm not very familiar with the French language.

dimetro, *m.* (*poesia*) dimeter.

diméttere, A *v. t.* **1** to discharge; (*dal carcere, anche*) to release: **L'ammalato sarà dimesso dall'ospedale domani**, the patient will be discharged from hospital tomorrow; **Il prigioniero fu riconosciuto innocente e dimesso**, the prisoner was found not guilty and discharged **2** (*da un pubblico ufficio*) to remove (from office); to dismiss; to discharge: **Fu dimesso dal suo posto di segretario**, he was removed from his post as secretary. **diméttersi, B** *v. rifl.* to resign; to retire; to step down: **Si dimise dalla carica di ministro**, he resigned from the Cabinet; **Il presidente si è dimesso**, the president has resigned.

dimezzaménto, *m.* halving.

dimezzare, *v. t.* **1** (*dividere in due metà*) to halve; to cut* (*o* to divide) into halves (*o* in half): **Dimezza le mele**, cut the apples into halves **2** (*ridurre d'una metà*) to halve; to reduce (st.) to a half: **La nuova ferrovia dimezzerà il tempo richiesto per il viaggio**, the new railway will halve the time needed for the journey.

diminuèndo, *m.* **1** (*mat.*) minuend **2** (*mus.*) diminuendo*.

diminuìbile, *a.* diminishable.

diminuire, A *v. t.* **1** to diminish; to decrease; to lessen; to lower; to reduce; to cut* down; (*lo stipendio, un finanziamento*) to cut*, to make* a cut in: **Gli diminuirono lo stipendio**, they cut his salary; **Diminuirono il finanziamento**, they made a cut in the money allocated; **d. le spese (il prezzo di q.c.)**, to cut down expenses (the price of st.); **d. la vitalità di q.**, to lower sb.'s vitality **2** (*nei lavori a maglia*) to cast* off. **B** *v. i.* to diminish; to grow* less; to lessen; to decrease; (*decadere*) to decline, to ebb, to wane; (*del vento, ecc.*) to drop, to abate, to fall*; (*di peso*) to lose* weight; (*di suono o immagine*) to fade out. • **d. d'importanza**, to lose importance; to become less important □ **d. la velocità**, to slow down; to reduce speed □ **d. il volume della radio**, to turn down the radio.

diminutivo, *a. e* (*anche gramm.*) diminutive. • **Gianni è un d. di Giovanni**, Jack is short for John.

diminutóre, *m.* (*mat.*) subtrahend.

diminuzióne, *f.* **1** diminution; lessening; lowering; decrease; (*riduzione, ribasso*) reduction; (*di vento, ecc.*) drop, fall: **forti diminuzioni nei prezzi**, great reductions in prices; **La popolazione è in d.**, the population is on the decrease; **d. della temperatura**, drop in temperature **2** (*nei lavori a maglia*) casting off. • **d. di peso**, loss of weight.

dimissionare, *v. t.* (*bur.*) to induce (sb.) to resign.

dimissionàrio, *a.* resigning; outgoing. • **Il Ministero francese è d.**, the French Cabinet has resigned.

dimissióni, *f. pl.* resignation(s): **dare (*o* presentare) le d.**, to hand in one's resignation; to resign.

dimissòria, *f.* (*relig.*: *lettera d.*) dimissory letter; letter(s) dimissory.

dimòra, *f.* **1** abode; home; dwelling: **senza fissa d.**, (of *o* with) no fixed abode; **stabilire la propria d. in un luogo**, to take up one's abode in a place; to settle in a place **2** (*permanenza*) stay; sojourn; residence: **breve (lunga) d.**, short (long) stay **3** (*lett.*: *indugio*) delay. • **fare d.**, to stay; to live □ (*fig.*) **l'ultima d.**, the last resting-place □ (*agric.*) **mettere a d.**, to plant out; (*una pianta annuale*) to bed out.

dimorare, *v. i.* to reside; to live; to stay; to dwell*.

dimorfismo, *m.* (*biol.*) dimorphism.

dimòrfo, *a.* (*biol.*) dimorphic; dimorphous.

dimostràbile, *a.* demonstrable.

dimostrabilità, *f.* demonstrability.

dimostrante, *m. e f.* demonstrator.

dimostrare, A *v. t.* **1** (*mostrare*) to show*; to display; to manifest; to demonstrate; (*avere l'aspetto*) to look, to appear; (*dare segno*) to give* signs (of): **d. fiducia**, to show confidence; **d. gli anni che uno ha**, to look one's age; **Hai cinquant'anni, ma**

non li dimostri, you're fifty, but you don't look it; **Dimostra di venire su come suo padre**, he gives signs of following in his father's footsteps **2** (*provare*) to show*; to prove; to establish; (*scientificamente*) to demonstrate: **d. la propria innocenza**, to prove one's innocence; **d. l'esistenza di Dio**, to demonstrate the existence of God. **B** *v. i.* (*prendere parte a una dimostrazione*) to demonstrate. ● (*mat. e scherz.*) **come volevasi d.**, q.e.d. (*lat.*: quod erat demonstrandum). **dimostrarsi, C** *v. rifl.* to show* oneself; to prove (to be); **Si dimostrò uno sciocco**, he showed himself to be (*o* he proved) a fool; **d. utile**, to prove useful.

dimostrativo, *a.* demonstrative: (*gramm.*) **aggettivo (pronome) d.**, demonstrative adjective (pronoun). ● (*mil.*) **azione dimostrativa**, demonstration.

dimostratóre, *m.* demonstrator.

dimostrazióne, *f.* **1** demonstration; (*manifestazione, anche non sincera*) show, display; (*prova*) proof, evidence; (*segno*) sign: **Quella d. di affetto mi lasciò fredda**, that show (*o* display) of affection left me cold; **a d. della mia tesi**, as evidence of my theory; **Ecco la d. di quel che dicevo**, here is the proof of what I said; **d. militare (logica, scientifica)**, military (logical, scientific) demonstration **2** (*manifestazione di protesta*) demonstration; demo (*abbr. fam.*): **una d. contro la guerra**, an antiwar demonstration. ● **fare una d. (politica, popolare)**, to demonstrate.

dina, *f.* (*fis.*) dyne.

Dina, *f.* Dinah.

dinàmica, *f.* (*fis.*) dynamics (*pl. col verbo al sing.*). ● **la d. dell'incidente**, the mechanism of the accident □ (*econ.*) **d. degli investimenti (dei consumi)**, investment (consumer) trends □ (*econ.*) **la d. dei prezzi**, the price increase; price rises (*pl.*) □ (*geol.*) **d. terrestre**, dynamic geology.

dinamicità, *f.* dynamism (*anche fig.*).

dinàmico, *a.* **1** (*fis.*) dynamic: **elettricità dinamica**, dynamic electricity; **forza dinamica**, dynamic force; **unità dinamica**, dynamic unity **2** (*fig.*) dynamic(al); energetic; always on the go (*fam., pred.*); restless; zippy (*fam.*) **3** (*econ.*) booming. ● **una persona dinamica**, a live wire (*fam.*).

dinamismo, *m.* **1** (*fis., filos.*) dynamism **2** (*fig.*) dynamism; energy; zip (*fam.*).

dinamitardo, A *m.* dynamiter; dynamitard. **B** *a.* dynamitic(al); dynamite (*attr.*): **attentato d.**, dynamite attack.

dinamite, *f.* dynamite: **fare saltare con la d.**, to blow up with dynamite; to dynamite.

dinamítico, *a.* dynamitic.

dìnamo, *f.* (*fis.*) dynamo*; generator: **una d. ad anello**, a ring winding dynamo; **una d. compensatrice**, a balancing dynamo; **una d. per carica di batterie**, a battery charging generator; **una d. unipolare**, a homopolar dynamo.

dinamoelèttrico, *a.* (*elettr.*) dynamoelectric.

dinamometrìa, *f.* (*mecc., med.*) dynamometry.

dinamomètrico, *a.* (*fis.*) dynamometric(al).

dinamòmetro, *m.* (*fis.*) dynamometer: **un d. elettrico**, an electric dynamometer; ● **d. di torsione**, torquemeter.

dinanzi, A *prep.* **1** in front of; opposite; before: **Guarda d. a te!**, look in front of you!; **Era seduto d. a me**, he was sitting opposite me; **comparire d. al giudice**, to appear before the judge; **d. ai miei stessi occhi**, before my very eyes **2** (*al cospetto di*) in the presence of: **d. alla morte**, in the presence of death **3** (*al confronto di*) in comparison with. ● (*fig.*) **avere q. (q.c.) sempre d. agli occhi**, to have sb. (st.) in one's mind's eye □ **fuggire da q.**, to run away from sb.; to fly before sb. □ **stare uno d. all'altro**, to face each other. **B** *avv.* in front; before; ahead: **D. marciava la banda**, the band marched in front; **Ho tutta la vita d.**, my whole life is before me. ● **assalire q. d.**, to attack sb. head-on □ **Lèvati d.!**, get out of my way!; get off! **C** *a.* **1** (*che si trova nella parte anteriore*) front, fore (*attr.*): **le stanze d.**, the front rooms **2** (*precedente*) previous; before: **il mese d.**, the previous month; the month before. **D** *m.* (*lett.*) front; (the) fore part: **il d. della casa**, the front of the house.

dìnaro, *m.* dinar.

dinasta, *m.* dynast.

dinastìa, *f.* dynasty.

dinàstico, *a.* dynastic(al).

dindi, *m. pl.* (*infant.*) pennies.

dindìn, din din, A *inter.* ding-ding; ting-a-ling. **B** *m.* tinkling.

dindón, din dòn, *inter.* e *m.* ding-dong.

dine, *V.* dina.

dìngo, *m.* (*zool., Canis dingo*) dingo*.

diniègo, *m.* denial; refusal: **un secco d.**, a flat denial; **scuotere il capo in segno di d.**, to shake one's head in denial.

dinitrofenòlo, *m.* (*chim.*) dinitrophenol.

dinnanzi, *V.* dinanzi.

dinoccolato, *a.* slouching; shambling; gangly, gangling. ● **andatura dinoccolata**, shamble □ **camminare d.**, to shamble; to slouch.

dinosàuro, *m.* (*paleontologia*) dinosaur.

dintórno (1), A *prep.* round; around: **la gente d. a lui**, the people round him; the people surrounding him. **B** *avv.* around; all round; roundabout: **guardarsi d.**, to look around; **D. c'erano le seggiole a cerchio**, there were chairs all round (*o* roundabout) in a circle.

dintórno (2), *m.* (*specialm. al pl.*) environs; outskirts; suburbs: **Roma e i suoi dintorni**, Rome and its environs. ● **nei dintorni**, nearby; not very far away.

dio, *m.* god: **cantare (ballare, ecc.) come un d.**, to sing (to dance, etc.) like a god; **d. della guerra (dell'amore, ecc.)**, god of war (of love, etc.); **gli dei dell'Olimpo**, the gods of Olympus. ● **il d. del sole**, the sun-god □ **credere di essere un d.**, to think one is God-almighty □ **simile a un d.**, godlike.

Dìo, *m.* **1** God: **Che Dio ti benedica!**, (God) bless you!; **Dio sia lodato**, thank God!; praise be (to God)!; **Dio non voglia**, God forbid; **Se Dio vorrà**, God willing; **Dio sa se ho cercato di aiutarlo**, God knows I tried to help him; **E ora dove sarà Roberto? Dio (solo) lo sa!**, and where is Robert now? God knows!; **Oh Dio, come sto male!**, (oh) my God, I feel awful!; **Dio mio (o mio Dio)!**, my God!; **Dio mio, quanto è noioso quell'uomo!**, my God (*o* God almighty)! what a bore that man is!; **come Dio volle**, thank God; somehow or other **2** (*fam.*) God; goodness; goodness gracious; (*per esprimere stizza, contrarietà, ecc.*) bother, dash; (*assai più forte, spesso blasfemo*) damn: **Dio che disgrazia!**, my God (*o* Goodness), how dreadful (terrible, etc.)!; **Dio santo (o Dio buono)!**, dash (*o* damn) it all!; **Gran Dio!**, good God!; Goodness gracious!; Great Scott! (*pop.*); **Dio voglia che io arrivi in tempo**, I hope to goodness (that) I get there in time; **per grazia di Dio**, by the grace of God (*o* thank goodness, luckily)!; **Grazie a Dio (o viva Dio, vivaddio), ho finito**, thank goodness (*o* thank God) I've finished. ● **andarsene con Dio**, to go off (*o* to go about one's business); (*morire in pace*) to die peacefully □ **l'ira di Dio**, the wrath of God □ **un'ira di Dio**, the devil of a lot (of); (*un vespaio*) a hornet's nest; (*di persona*) a young (*o* an old) devil: **C'era un'ira di Dio di gente**, there were the devil of a lot of people □ **ogni ben di Dio**, a lot of everything; every conceivable thing; a feast (*o* a sight) for the gods □ **per amor di Dio**, for heaven's sake □ **un servo di Dio** (*un prete, ecc.*), a clergyman □ **timorato di Dio**, god-fearing □ **tutta quella grazia di Dio**, such profusion □ **Vien giù come Dio la manda**, it is pouring; it is raining cats and dogs □ **Che Dio ce la mandi buona!**, let's hope for the best □ **Che Dio te la mandi buona!**, good luck to you! □ (*prov.*) **Ognuno per sé e Dio per tutti**, each man for himself, and God for us all □ (*prov.*) **Dio non paga il sabato**, the mills of God grind slowly (but they grind exceedingly small) □ (*prov.*) **Dio li fa e poi li accoppia**, birds of a feather flock together.

diocesano, *a.* (*relig.*) diocesan.

diòcesi, *f.* (*relig.*) diocese (*anche stor.*); see.

Diocleziàno, *m.* (*stor.*) Diocletian.

diodo, *m.* (*elettr.*) diode: **d. rivelatore**, detector diode; **d. a gas, gaseous diode**; **d. a vapori di mercurio**, mercury-vapour diode.

Diògene, *m.* Diogenes.

diòico, *a.* (*bot.*) dioicous; dioecious.

Diomède, *m.* (*mitol.*) Diomedes; Diomed.

diomedèa, *f.* (*zool., Diomedea exulans*) wandering albatross*.

dionèa, *f.* (*bot., Dionaea muscipula*) Venus's flytrap.

Dionigi, *m.* Den(n)is; Denys.

dionisìaco, *a.* Dionysian; Dionysiac. ● **le feste dionisiache**, Dionysia □ **i misteri dionisiaci**, Dionysiaca.

Diòniso, *m.* (*mitol.*) Dionysus.

diorama, *m.* diorama.

diorite, *f.* (*miner.*) diorite; greenstone.

diòspiro, *V.* cachi.

diossina, *f.* (*chim.*) dioxin.

diòttra, *f.* (*topografia*) alidad(e).

diottrìa, *f.* (*fis.*) diopter; dioptre.

diòttrica, *f.* (*fis.*) dioptrics (*pl. col verbo al sing.*).

diòttrico, *a.* (*fis.*) dioptric(al).

diòttro, *m.* (*fis.*) dioptric surface.

dipanare, *v. t.* **1** to wind* up; to wind* into a ball: **d. una matassa di lana**, to wind (up) a skein of wool into a ball **2** (*fig.: districare*) to unravel; to disentangle.

dipanatóio, *m.* (*ind. tessile*) skein-winder.

dipanatura, *f.* winding (up).

dipartimentale, *a.* departmental.

dipartiménto, *m.* **1** department **2** (*naut.*) naval district. ● (*USA*) **D. di Stato**, State Department.

dipartìrsi, *v. rifl.* **1** to depart; to go* away **2** (*morire*) to pass away; to depart this life **3** (*fig.: divergere*) to differ **4** (*di strada*) to branch off. ● (*fig.*) **d. dalla retta via**, to stray from the

dipartita

straight and narrow path.
dipartita, *f.* (*lett.*) **1** (*partenza*) departure **2** (*morte*) death.
dipendènte, A *a.* (*anche gramm.*) dependent; subordinate: **una proposizione d.**, a subordinate clause. **B** *m.* e *f.* **1** (*impiegato*) employee; subordinate: **Non ha voce in capitolo, è solo un d.**, he has no authority, he's just one of the employees **2** (*operaio*) workhand **3** (*pl.*) staff, personnel (*sing. collett.*): **una festa per i dipendenti**, a party for the staff. **C** *f.* (*gramm.*) subordinate clause. ● **dipendenti statali**, State employees; civil servants (*in G.B.*) ☐ **impiegati dipendenti del Comune**, municipal employees.
dipendènza, *f.* **1** dependence: **d. da q.c.** (**da q.**), dependence on (*o* upon) st. (sb.) **2** (*edificio annesso*) annex(e) **3** (*pl., annessi*) outbuildings; outhouses. ● **d. dalla droga**, drug addiction ☐ **essere alle dipendenze di q.**, to be under sb.; to be employed by sb.; to be on sb.'s pay-roll ☐ **in d. di**, in consequence of.
dipèndere, *v. i.* **1** (*essere subordinato, anche gramm.*) to depend (on): **Dipende solo da te**, it depends entirely on you; **Dipende dalle circostanze**, it depends on the circumstances; «**Vieni o no?**» «**Mah! dipende**», «are you coming or not?» «well, that depends» **2** (*derivare*) to come* (from); to be owing (*o* due) (to); to be (because of): **Dipende tutto dal mio fegato**, it all comes from my liver; it's all because of the liver; **Dipende solo dall'ignoranza**, it's entirely due to ignorance **3** (*essere alle dipendenze*) to be under the authority (of); to be subordinate (to); to come* (*o* to be) under **4** (*essere a carico*) to depend, to be dependent (on sb.). ● **d. l'uno dall'altro**, to interdepend ☐ **non d. che da se stesso**, to be one's own master ☐ **Se dipendesse da loro...**, if it were up to them... ☐ **Tutto il personale dipende da lui**, he's the head of the whole staff.
dipingere, A *v. t.* **1** (*in tutti i sensi*) to paint; to depict (*lett.*): **d. q.c. di** (*o* **in**) **giallo**, to paint st. yellow; **d. a olio**, to paint in oils; **d. su tela** (**su una tavola, ecc.**), to paint on canvas (on a panel, etc.) **2** (*ritrarre*) to portray (*anche fig.*): **Lo dipinse a cavallo di un destriero bianco**, he portrayed him riding a white steed **3** (*fig., anche*) to describe; (*evocare*) to convey, to conjure up: **d. nella fantasia**, to conjure up (to one's imagination); **Me lo dipingesti come un cretino**, you described him to me as a fool; you gave me the impression he was a fool; **Nessuna parola può d. il mio orrore**, words cannot convey (*o* describe) my horror. **dipìngersi, B** *v. rifl.* (*truccarsi*) to make* up; to put* on (*o* to use) make-up: **Quella ragazza si dipinge troppo**, that girl uses too much make-up; **d. gli occhi**, to make up one's eyes. ● **La delusione si dipinse sul suo viso**, disappointment was written all over his face ☐ **Il tramonto si dipingeva di rosso**, the sunset was turning red.
dipinto, A *a.* painted; depicted. ● **non voler vedere q. neanche d.**, to hate sb.; not to be able to stand sb. ☐ **Non ci starei neanche d.!**, I would not stay there for worlds! **B** *m.* painting: **un d. a olio**, an oil-painting.
diplegìa, *f.* (*med.*) diplegia.
diplocòcco, *m.* (*biol.*) diplococcus*.
dìploe, *m.* (*anat.*) diploe.
diplòide, *a.* (*biol.*) diploid.
diplòma, *m.* **1** diploma; certificate: **essere in possesso di un d.**, to hold a diploma **2** (*atto solenne emanato da re, papi, ecc.*) diploma*. ● **d. di maturità**, General Certificate of Education.
diplomare, A *v. t.* to grant (sb.) a diploma; to graduate (*USA*). **diplomarsi, B** *v. rifl.* to get* a diploma; to graduate (*USA*).
diplomàtica, *f.* diplomatics (*pl. col verbo al sing.*).
diplomàtico, A *a.* **1** (*che concerne la diplomazia*) diplomatic: **il corpo d.**, the diplomatic body (*o* corps); **intraprendere la carriera diplomatica**, to enter the diplomatic service **2** (*che concerne gli antichi documenti*) diplomatic(al); paleographic **3** (*fig.*) diplomatic(al); tactful: **in modo molto d.**, in a very diplomatic way; most tactfully. **B** *m.* diplomatist; diplomat (*anche fig.*).
diplomato, A *a.* trained; professional: **un'infermiera diplomata**, a trained nurse. **B** *m.* holder of a diploma; graduate (*USA*).
diplomazìa, *f.* **1** diplomacy (*anche fig.*) **2** (*il corpo*) diplomatic body; diplomacy; (*la professione*) diplomatic service: **entrare in d.**, to enter the diplomatic service.
diplopìa, *f.* (*med.*) diplopia; double vision.
dipnòo, *a.* e *m.* (*zool.*) dipnoan.
dipodìa, *f.* (*poesia*) dipody.
dipòi, A *avv.* afterwards; later. **B** *a.* following; next: **il giorno d.**, the following (*o* next) day; the day after.
dipolare, *a.* (*elettr.*) dipolar.
dipòlo, *m.* (*elettr.*) dipole.
dipòrto, *m.* recreation; amusement; pastime; hobby: **fare q.c. per d.**, to do st. for recreation (*o* as a pastime, a hobby).
diprèsso, a un, *locuz. avv.* approximately; roughly; about: **a un d. vent'anni**, about twenty years.
dipsòmane, (*med.*) **A** *a.* dipsomaniac(al); affected with dipsomania. **B** *m.* dipsomaniac.

dipsomanìa, *f.* (*med.*) dipsomania.
dìptero, *a.* (*archit.*) dipteral.
diradaménto, *m.* **1** thinning out **2** (*di nebbia, gas*) rarefaction.
diradare, A *v. t.* **1** to space (things) further apart **2** (*piante, capelli*) to thin out. ● **d. le visite**, to call (on sb.) less frequently; to make one's visits less frequent ☐ **Il sole diradò le tenebre**, the sun dissipated the clouds. **diradarsi, B** *v. rifl.* **1** to thin out; to grow* fewer (*con sogg. pl.*): **La folla si diradava**, the crowd was thinning out **2** (*di nebbia*) to clear up: **La nebbia si sta diradando**, the fog is clearing up.
diradato, *a.* **1** less frequent **2** (*di nebbia, gas*) rarefied.
diramare, A *v. t.* (*diffondere*) to issue; to circulate; to send* out (*o* round). ● **d. una circolare a tutti gli impiegati**, to circularize all the staff ☐ **d. notizie per radio**, to broadcast news. **diramarsi, B** *v. rifl.* to branch out; (*di strada*) to branch off.
diramazióne, *f.* **1** branch; ramification **2** (*ferr.*) branch-line **3** (*diffusione*) diffusion; sending out. ● **d. per radio**, broadcasting.
diraspare, *v. t.* (*enologia*) to pick grapes from the bunch.
dire (1), A *v. t.* **1** (*nel senso di affermare, enunciare, recitare e col discorso diretto*) to say*: **Parla molto, ma cosa dice?**, he talks a lot, but what does he say?; **Si dice che sarà eletto**, they say he'll be elected; **Si dice che sia un buon oratore**, he is said to be (*o* they say he's) a good public speaker; **Si disse che non era stato avvertito**, it was said that he had not been warned (*quasi lett.*); **Si ha un bel d., ma...**, you can say what you like, but...; **d. la propria**, to say (*o* to have) one's say; **vale a d.**, **o cioè a d.**), that is to say; in other words; **È tutto d.**, one (*o* I) can't say more; **Non faccio per d.**, well, I must say!; **Non dico che sia un capolavoro, ma non è neanche tanto brutto**, I'm not saying (*o* I don't go so far as to say that) it's a masterpiece but it's not too bad; **d. le preghiere**, to say one's prayers; «**Non posso partire**», **mi disse**, «I cannot leave», he said to me **2** (*parlare*) to talk (*spesso si può scambiare con* to say); to speak*: **Lascialo d.**, let him talk (on); let him say what he wants to; **d. bene di q.**, to speak well (*o* highly) of sb. **3** (*raccontare, riferire, comunicare, ordinare; nella frase attiva è sempre seguito dal compl. ogg.*) to tell*: **Dimmi il tuo pensiero**, tell me what you think; **Il cuore mi dice che è vero**, my heart tells me it is true; **Te lo dicevo io!**, I told you so!; **Ti dirò quello che mi ha detto**, I'll tell you what he said to me; **Fa' come ti si dice!**, do as you are told! **4** (*significare*) to mean*: **Dici sul serio?**, do you really mean that? **5** (*dimostrare*) to show*: **Questo ti dice quanto è onesto**, this shows you how honest he is **6** (*pensare*) to think*; to say*: **Che ne dici di questo libro?**, what do you think of this book?; **Che ne diresti di una bella passeggiata?**, what would you say to a nice walk?; what about going for a nice walk?; **Chissà che avrà detto dentro di sé!**, I wonder what he thought (*o* what he was thinking, what was going on) inside him; **E dire che doveva essere uno scherzo!**, and to think it was meant to be a joke! ● **d. all'asta** (*fare un'offerta*), to (make a) bid ☐ **d. a mezza bocca**, to say under one's breath ☐ **d. bugie**, to tell lies ☐ **d. davvero** (*o* **sul serio**), to be in earnest ☐ **d. di no**, to refuse; to say no (*poco comune*); to say one won't (wouldn't, etc.): **Gli chiesi se sarebbe venuto (se aveva pronto, se aveva impostato la lettera); disse di no**, I asked him whether he would come (he was ready, he had posted the letter); he said he wouldn't (he wasn't, he hadn't) ☐ **d. di sì**, to accept; to agree; to say yes (*poco comune*); to say one will (would, etc.): **Gli chiesi se sarebbe venuto (se era pronto, se aveva impostato la lettera); disse di sì**, I asked him whether he would come (he was ready, he had posted the letter); he said he would (he was, he had) ☐ **d. q.c. fra i denti**, to mutter st. under one's breath ☐ **d. male di q.**, to speak ill of sb.; to run sb. down ☐ **d. messa**, to say Mass ☐ **d. q.c. fra sé**, to say st. to oneself ☐ **d. q.c. per scherzo**, to be joking; to say st. as a joke ☐ **d. il rosario**, to tell one's beads ☐ **d. sempre l'ultima**, always to have the last word ☐ **d. la verità**, to tell the truth ☐ **dirsela con q.**, to get on well with sb.; to be on good terms with sb. ☐ **a dir poco**, to put it lightly; at the very least: **È un mascalzone, a dir poco**, he is a scoundrel, to put it mildly ☐ **avere da d. con q.**, to have a bone to pick with sb. ☐ **avere da d. su q.c.**, to find fault with st. ☐ **chi mi (ti, ecc.) dice...**, how do I (you, etc.) know...: **Chi mi dice che mi aiuterà?**, how do I know he will help me? ☐ **come si suol d.**, as they say ☐ **così dicendo...**, with these words... ☐ **inutile d. che...**, needless to say that...; it goes without saying that... ☐ **mandare a d.**, to send word ☐ **per così d.**, as it were; so to say (*quasi antiquato*); in a manner of speaking (*volg.*) ☐ **per meglio d.**, to be more exact ☐ **sentir d.**, to hear: **Ho sentito d. che è arrivato**, I've heard he has arrived ☐ **vale a d.**, that is (to say); namely; in other words ☐ **un viso che non dice nulla**, an expressionless (*o* a blank) face ☐ **voler d.**, to mean: **Non capisco che cosa vuoi d.**, I don't understand what you mean ☐ **Non vuol d. nulla**, it doesn't mean anything (*o fam.*: a thing) ☐ **A chi lo dici?** (e

lo dici a me?), are you telling me? □ **Che hai detto?** (*quando non s'è inteso*), I beg your pardon? (*o* pardon?) □ **Erano dieci, che dico? cento!**, there were ten, nay (*lett.*; or rather, *fam.*), one hundred! □ **Ehi! Di un po'**, look here (*o* I say) □ **Finirai male, te lo dico io**, you'll come to a bad end, you mark my words □ **Dica, dica!**, go ahead; fire away! (*pop.*) □ **Di su!**, go on, tell me (*o* tell us) □ **L'hai detto!** (*è proprio così*), quite so!; exactly! □ **Il grande Guglielmo, dico Shakespeare**, the great William, I refer (of course) to Shakespeare □ **In francese «grazie» si dice «merci»**, the French for «thank you» is «merci» □ **Lasciało d.!**, let him talk!; take no notice of him! □ **Lui me ne ha date, ma io gliene ho dette!**, he may have given me a beating, but I had the last word □ **Non c'è che d.**, there's no getting away from it; there's no denying it □ **Non hanno invitato nemmeno il console, dico nemmeno il console!**, they haven't even invited the consul, just think, not even the consul! □ **Non se l'è fatto d. due volte**, he didn't wait to be told twice □ **Non so cosa dica il libro** (**la lettera, ecc.**), I don't know what's in the book (in the letter, etc.) □ **Oso** (*o* oserei) **d.**, I dare say; I daresay □ **È proprio un buon amico**, non c'è d., he's really a good friend, and no mistake □ **Quando tornerai, il direttore te ne dirà un sacco e una sporta**, when you go back, the manager will have a lot to talk to you about □ **Quella persona (quel quadro, ecc.) non mi dice nulla**, that person (that picture, etc.) doesn't appeal to me (*o* doesn't interest me; doesn't mean a thing to me, *più fam.*) □ **È solo un si dice**, it's only a rumour □ **Vedi che vuol d. non dar retta a me?**, you see what comes of not doing what I say (*o* of not listening to what I say) □ **Vuol d. che un'altra volta mi saprò regolare**, (well,) next time I shall know what to do □ **Detto fatto**, no sooner said than done □ (*prov.*) **D. pane al pane (e vino al vino)**, to call a spade a spade. **dirsi**, B *v. rifl.* to say* one is; (*definirsi*) to style oneself; (*professarsi*) to profess (to be); (*spacciarsi*) to claim (to be): **Si diceva gravemente malato**, he said he was seriously ill; **Si diceva mio amico**, he professed to be my friend.

dire (2), *m.* speech; talk; words (*pl.*, *parole*); speaking; talking: **Interruppe il suo d.**, he broke off (speaking). ● **a d. di tutti**, by general consent □ **l'arte del d.**, rhetoric; elocution □ **oltre ogni d.**, beyond all description □ **stando al tuo d.**, according to what you say □ **Hai un bel d.**, you are talking to no purpose □ **Altro è il d., altro è il fare**, (it is) easier said than done.

direttamente, *avv.* directly; straight; direct.

direttissima, *f.* **1** (*ferr.*) shortest route **2** (*alpinismo*) «direttissima»; direct ascent. ● (*leg.*) **per d.**, summarily.

direttissimo, *m.* (*ferr.*) express (train).

direttiva, *f.* directive; direction; instruction: **le direttive del proprio partito politico**, the directives of one's political party **2** (*linea di condotta*) course (of action).

direttività, *f.* (*fis., tel.*) directivity.

direttivo, A *a.* **1** governing; directive; leading **2** (*comm.*) managing; managerial; executive: **un posto d.**, a managerial post. ● **consiglio d.**, (*di industria, azienda, ecc.*) board of directors; (*di istituzione filantropica, culturale, ecc.*) board of governors. B *m.* **1** board of directors (*o* governors) **2** (*di partito, sindacato*) leaders (*pl.*).

diretto, A *a.* **1** direct; straight: **luce diretta**, direct lighting; (*gramm.*) **discorso d.**, direct speech; **un'imposta diretta**, a direct tax; **un colpo d.**, a direct hit; (*mil.*) **tiro d.**, direct fire **2** (*immediato*) direct; immediate: **un discendente d.**, a direct descendant; **il d. erede al trono**, the immediate heir to the throne; **una risposta diretta**, an immediate answer; **essere in d. contatto con q.**, to be in immediate contact with sb. **3** (*indirizzato*) addressed; intended: **La lettera è diretta a me**, the letter is addressed to me; **una predica diretta a noi**, a sermon intended for us **4** (*di veicolo*) going (to); bound (for): **un autobus d. alla stazione**, a bus going to the station. ● **essere d. a casa (a scuola)**, to be on one's way home (to school) □ (*di nave o passeggero*) **d. a un porto straniero**, outward-bound □ **d. in su (in giù)**, upward (downward) □ **d. verso nord**, northbound □ **d. verso sud**, southbound □ (*radio, telev.*) **in (ripresa) diretta**, live (*agg.*): **una trasmissione radiofonica in diretta**, a live broadcast □ (*autom.*) **presa diretta**, top gear. B *avv.* direct; straight: **Se ne andò d. a casa**, he went straight home. C *m.* **1** (*pugilato*) straight (punch): (*d. destro*) straight right; (*d. sinistro*) straight left **2** (*ferr.*) fast (*o* through) train.

direttore, *m.* **1** manager; director: **d. commerciale**, sales manager; **d. della propaganda**, advertising manager; **d. del personale**, personnel manager; **d. di fabbrica**, works manager; **d. d'albergo**, hotel manager; (*cinem., teatr.*) **d. di scena**, stage manager; **d. d'azienda**, factory director; **d. generale** (*di una società*), general manager; president (*USA*) **2** (*di un giornale, ecc.*) editor **3** (*d'orchestra*) conductor **4** (*di scuola*) headmaster; head; principal; (*di «college» universitario*) principal **5** (*di prigione*) governor; warden (*USA*). ● **d. amministrativo**, (administrative) director □ (*naut.*) **d. dell'arsenale**, dock-master □ **d. delle poste**, Postmaster □ (*mil.*) **d. di lancio** (*di paracadutisti*), despatcher □ (*naut.*) **d. di macchina**, chief engineer □ (*aeron.*) **d. di pista**, runway controller □ (*relig.*) **d. spirituale**, (spiritual) director □ (*sport*) **d. tecnico**, team-manager.

direttoriale, *a.* **1** directorial **2** (*comm.*) managerial.

direttòrio, *m.* **1** directorate; body of directors **2** (*stor. franc.*) Directoire; Directory. ● **alla d.**, Directoire (*attr.*).

direttrice, A *f.* **1** manageress; directress **2** (*di un giornale, ecc.*) (lady) editor **3** (*di scuola*) headmistress; (*di «college» universitario*) lady principal **4** (*geom.*) directrix* **5** (*fig.*) guiding principle; general plan (*o* theme). B *a.* guiding: **linea d.**, guiding principle; general plan (*o* theme). ● **norma d.**, guide-line.

direzionale, A *a.* **1** directional: **antenna d.** directional antenna **2** (*comm.*) managerial; directional; executive: **incarico d.**, directional position. ● **centro d.**, office district. B *m.* (*aeron.*) direction indicator.

direzióne, *f.* **1** (*verso cui q.c. o q. va*) direction; course: **la d. del vento**, the direction of the wind; **cambiare d.**, to change one's direction; to alter one's course; (*naut. e fig.*) to veer **2** (*il dirigere*) directing; (*di albergo, reparto amministrativo, teatro, ecc.*) management; (*di giornale*) editorship; (*di partito*) leadership, guidance; (*di scuola*) headmastership: **d. commerciale**, sales management; **assumere la d. di un'azienda**, to take up the management of a firm **3** (*sede*) administrative department; (*ufficio del direttore*) director's (*o* manager's) office **4** (*collett.*: *i direttori*) board of directors; management. ● (*naut.*) **la d. della corrente**, the drift of the current □ (*naut.*) **la d. della marea**, the set of the tide □ (*geol.*) **la d. di un filone**, the bearing (*o* strike) of a vein ● **d. di marcia**, line (*o* route) of march □ (*naut.*) **d. marittima**, harbour master's office □ (*topografia*) **angolo di d.**, bearing □ **cambiamento di d.**, change of direction; (*naut.*) veer □ **in d. di**, towards: **Camminavano in d. del paese**, they were walking towards the village □ (*naut.*) **in d. del vento**, to windward □ **in d. nord** (**sud, est, ovest**), northwards (southwards; eastwards; westwards).

dirigènte, A *a.* **1** leading; ruling: **la classe d.**, the ruling class **2** (*comm.*) managing. B *m.* **1** manager; executive **2** (*polit.*) leader. ● **d. commerciale**, business executive.

dirigènza, *f.* **1** management; direction **2** (*carica*) managerial status.

dirigenziale, *a.* managerial; executive.

dirigere, A *v. t. e i.* **1** to direct; to be at the head of; (*un albergo, un teatro, un'azienda, ecc.*) to manage, to run*; (*sovrintendere*) to superintend, to supervise, to oversee*: **d. i lavori**, to superintend the work; **La guardia dirigeva il traffico**, the policeman directed the traffic; the policeman was on point-duty; **Dirige la società da dieci anni**, he has been at the head of the business for ten years **2** (*volgere*) to direct; to turn; (*indirizzare*) to address: **d. i propri passi verso casa**, to direct one's steps homewards; **La lettera era diretta a mia madre**, the letter was addressed to my mother **3** (*rivolgere, puntare*) to direct; to aim; to level; to point: **Le mie osservazioni non erano dirette a te**, my remarks were not directed to you; **d. un colpo a q.**, to aim (*o* to level) a blow at sb.; (*mil.*) **d. il fuoco**, to direct the fire; (*mil.*) **d. un cannone verso il nemico**, to point a gun at the enemy; **d. un'accusa a q.**, to level an accusation at sb. **4** (*mus.*) to conduct; to direct: **d. un'orchestra**, to conduct an orchestra; **Chi dirigeva ieri il concerto?**, who directed at yesterday's concert? **5** (*un giornale*) to edit. ● **d. una nave in porto**, to steer a ship into harbour □ **d. la parola a q.**, to address sb.; to speak to sb. □ (*naut.*) **d. la rotta verso nord**, to set a northerly course □ **d. una scuola**, to be headmaster of a school; to run a school.

dirigersi, B *v. rifl.* **1** to be on one's way (to); to go* (towards); to direct one's steps (towards); to head (for); to make* (for): **Eravamo diretti alla città**, we were on our way to the town; **Mi diressi verso il paese**, I directed my steps towards the village; **La nave si diresse verso il porto**, the ship headed for the harbour; **Mi diressi alla porta**, I made for the door **2** (*rivolgersi*) to turn (to): **Mi diressi a mio figlio**, I turned to my son.

dirigibile, A *a.* dirigible. B *m.* (*aeron.*) dirigible (balloon); airship.

dirigibilista, *m.* airship crew member.

dirigismo, *m.* (*econ.*) dirigisme. ● **d. economico**, economic planning.

dirigista, (*econ.*) A *a.* V. **dirigistico**. B *m. e f.* advocate of dirigisme.

dirigistico, *a.* (*econ.*) planned; State-controlled: **economia dirigistica**, planned economy.

dirimènte, *a.* — (*leg.*) **impedimento d.**, diriment impediment.

dirimere, *v. t.* (*lett.*) to settle; to resolve: **d. una controversia**, to settle a controversy.

dirimpettàio, *m.* neighbour living across the road; person living (in the flat) opposite.

dirimpètto

dirimpètto, A avv. opposite; face to face. **dirimpètto a, B** locuz. prep. opposite (to); facing: **la casa d. alla nostra**, the house opposite to ours.

dirittézza, f. 1 straightness 2 (rettitudine) uprightness; straightforwardness.

diritto (1), A a. 1 straight; upright; erect; direct: **una linea (strada, ecc.) diritta**, a straight line (road, etc.); **È d. il mio cappello?**, is my hat straight?; **calligrafia diritta**, upright handwriting; **un palo d.**, (non storto) a straight pole; (verticale) an upright post; **stare d.**, to stand upright (o erect); **tenere diritta una bandiera**, to hold a banner erect; **un colpo d.**, a direct hit (o shot) 2 (destro) right; right-hand: **il piede d.**, the right foot; **a mano diritta**, (stato) on the right-hand side; (moto) to the right; **a dritta e a manca**, right and left 3 (fig.: franco, onesto) straight; upright; straightforward: **un uomo d.**, an upright man; **condotta diritta**, straightforward conduct; **È un uomo veramente d.**, he's as straight as a die (pop.). ● **d. come un fuso**, as straight as a poker; bolt upright. **B** m. 1 (di stoffa) right side 2 (di medaglia, di moneta) obverse 3 (nel tennis) forehand (drive) 4 (nei lavori a maglia) plain. ● (fig.) **per d. e per traverso** (in un modo e nell'altro), both ways □ (prov.) **Ogni d. ha il suo rovescio**, every medal hath its reverse.

diritto (2), avv. straight; directly: **Vai d. a scuola**, go straight (o directly) to school; **non reggersi d.**, not to be able to stand (o to hold oneself) up straight. ● **andare d. per la propria strada**, to go one's way □ **far filar d. q.**, to make sb. toe the line □ **rigar d.**, to keep to the straight and narrow path; to toe the line □ **Vada sempre d.**, go straight on.

diritto (3), m. 1 (ciò che giustamente spetta, ecc.) right: **far valere i propri diritti**, to stick up for one's rights; (leg.) **d. di passaggio**, right of way; (leg.) **d. di appello**, right of appeal; **diritti acquisiti**, vested rights; **Ho d. di saperlo**, I have the right to know; **avere d. a q.c.**, to have a (o the) right to st.; to be entitled to st.; **il d. divino (dei re)**, the divine right (of kings); **il d. di voto**, the right to vote; **d. di brevetto**, patent (right); **È mio di d.**, it's mine by rights 2 (giurisprudenza) law; jurisprudence (solo come materia di studio): **studiare d.**, to study law; to read for the Bar; **cattedra di d.**, chair of jurisprudence; **d. canonico (civile, commerciale, marittimo, pubblico, privato, romano) law**, canon (civil, commercial, maritime, public, private, Roman) law; **d. penale**, criminal (o penal) law; **d. naturale**, natural law; law of nature 3 (quasi sempre pl.: tributi, ecc.) dues, fees (pl.); (diritti doganali o del dazio) duty (sing.): **diritti portuali**, harbour dues; **diritti doganali**, customs duties; **d. di bollo**, stamp duty; **diritti consolari**, consular fees. ● **d.** (o **diritti**) **d'autore**, (proprietà letteraria) copyright; (competenze) royalties (pl.) □ **il d. delle genti**, the law of nations □ **il d. dei terzi**, third-party rights □ (naut.) **d. di bacino**, dockage □ (naut.) **d. di banchina**, wharfage; quayage; pierage □ **diritti di canale**, canal tolls □ (naut.) **diritti d'ormeggio**, moorage □ **a buon d.**, rightly □ **avente d.**, entitled □ **avere d. di vita e di morte su q.**, to have power of life and death over sb. □ **di pieno d.**, by full right □ **essere nel proprio d.**, to be within one's rights □ **rivendicare un d.**, to set up (o to lay, to put in) a claim (to st.) □ **rivendicazione di un d.**, claim □ **vantare un d. su q.c.**, to have a claim to st.

dirittura, f. 1 straight line 2 (fig.) rectitude; uprightness; integrity; straightforwardness. ● (sport) **d. d'arrivo**, finishing straight □ **un uomo di grande d. morale**, a man of unquestioned integrity; an upright man.

dirizzare, V. drizzare.

dirizzóne, m. (cantonata) blunder: **prendere un d.**, to make a blunder. ● **prendere il d. per q.c.**, to get st. into one's head.

diro, a. (lett.) 1 (crudele) pitiless; cruel; ferocious 2 (atroce) dire; dreadful.

diroccaménto, m. demolition; dismantlement.

diroccare, v. t. to demolish; to dismantle: **d. una fortezza**, to dismantle a fortress.

diroccato, a. ruined; in ruins (pred.); tumble-down: **un castello d.**, a ruined castle.

dirompènte, a. bursting; disruptive. ● **esplosivo d.**, high explosive.

diròmpere, A v. t. (raro) to break*: **d. la canapa**, to break hemp. **diròmpersi, B** v. rifl. (lett., frangersi) to break*: **Le onde si dirompevano contro gli scogli**, the waves were breaking against the rocks. ● **d. alle fatiche**, to inure oneself to hard work.

dirottaménte, avv. copiously; in torrents. ● **piangere d.**, to cry one's heart out □ **piovere d.**, to come down in torrents; to rain cats and dogs (fam.).

dirottaménto, m. 1 (naut.) change of course 2 (aeron.) hijacking; skyjacking; air piracy 3 (fig.) diversion; deviation.

dirottare, A v. t. 1 (naut.) to change course of 2 (aeron.) to hijack; to skyjack 3 (fin.) to reroute: **d. gli investimenti**, to reroute investments 4 (fig.) to divert: **d. il traffico**, to divert traffic. **B** v. i. 1 (naut.) to change course 2 (fig.) to deviate; to turn off (o aside).

dirottatóre, m. hijacker; skyjacker, skyjack; air pirate.

diròtto, a. – **pioggia dirotta**, pouring rain; **un pianto d.**, an uncontrollable fit of weeping (o crying); heartfelt weeping; bitter sobs (pl.). ● **a d.**, V. dirottaménte.

dirozzaménto, m. 1 rough-hewing 2 (fig.) refinement; polishing.

dirozzare, A v. t. 1 (sbozzare) to rough-hew* 2 (fig.) to refine; to polish (up). **dirozzarsi, B** v. rifl. (fig.) to improve one's manners; to get* some refinement.

dirozzato, a. 1 rough-hewn 2 (fig.) refined; polished (up).

dirugginio, m. 1 (di ferro) grating; grinding 2 (di denti) grinding; gnashing.

dirugginire, v. t. 1 to take* the rust off (st.); to remove the rust from (st.); to de-rust (st.) 2 (i denti) to grind*; to gnash.

diruparsi, v. rifl. to descend steeply; to become* precipitous.

dirupato, a. precipitous; steep; abrupt.

dirupo, m. steep (o rocky) place; crag; (precipizio) precipice.

diruto, a. (lett.) ruined; in ruins (pred.).

disabbellire, (lett.) **A** v. t. to spoil* the beauty of. **disabbellirsi, B** v. rifl. to lose* one's beauty (o one's charm).

disabbigliare, A v. t. to undress. **disabbigliarsi, B** v. rifl. to undress (oneself).

disabilitare, v. t. to incapacitate; to disable.

disabilitato, a. incapacitated; disabled.

disabitato, a. uninhabited; (abbandonato) deserted; (di casa) empty.

disabituare, A v. t. to make* (sb.) lose the habit (of); to wean (sb.) from the habit (of); to disaccustom. **disabituarsi, B** v. rifl. to lose* (o to get* out of) the habit (of).

disaccàride, m. (chim.) disaccharide.

disaccentare, v. t. to remove the accent from (a word).

disaccentato, a. unaccented.

disaccóncio, a. (lett.) unfit (for); unsuitable (for); unbecoming (to).

disaccoppiaménto, m. (radio, telev.) de-coupling; uncoupling.

disaccoppiare, v. t. to uncouple.

disaccòrdo, m. 1 disagreement; variance: **essere in d.**, to be at variance 2 (mus.) discord.

disacerbare, (lett.) **A** v. t. to mitigate; to make* (st.) milder. **disacerbarsi, B** v. rifl. to grow* milder.

disacusìa, f. (med.) dysacousia.

disadattaménto, m. 1 (psic.) maladjustment 2 (psic., miss.) disadaption.

disadattare, v. t. 1 (psic.) to maladjust 2 (psic., miss.) to disadapt.

disadattato, A m. (psic.) maladjusted person; misfit. **B** a. 1 (psic.) maladjusted 2 (psic., miss.) disadapted.

disadatto, a. unsuitable (for); unfit (for); unbecoming (to).

disadórno, a. unadorned; simple; (fig., anche) plain, unvarnished.

disaerare, v. t. (fis.) to de-aerate.

disaerazióne, f. (fis.) de-aeration.

disaffezionare, A v. t. (lett.) to alienate (from); to estrange; to disaffect. **disaffezionarsi, B** v. rifl. to lose* one's affection (for sb.); to lose* interest (in st.).

disaffezionato, a. estranged; disaffected.

disaffezióne, f. 1 waning of affection; estrangement; disaffection 2 (nei confronti del lavoro) alienation.

disagévole, a. uncomfortable; (difficile) difficult; hard.

disàggio, m. (econ.) disagio.

disaggregare, v. t. **disaggregarsi**, v. rifl. to disaggregate.

disaggregazióne, f. disaggregation.

disagiato, a. 1 comfortless; uncomfortable; inconvenient 2 (povero) poor; needy. ● **condurre una vita disagiata**, to lead a hard life; to live in poverty.

disàgio, m. 1 uneasiness; discomfort 2 (disturbo) inconvenience; trouble: **Sopportai gravi disagi**, I suffered great inconvenience 3 (pl.: privazioni) poverty, hardship, privation, want (sing.): **vivere fra i disagi**, to live in poverty 4 (fig.) awkwardness; embarrassment; apprehension: **Me lo disse con malcelato d.**, he told me (this) with ill-concealed embarrassment; **Aspettammo notizie del volo con d. crescente**, we awaited news of the flight with increasing apprehension. ● **trovarsi a d.**, to feel uncomfortable (anche fig.); to be ill at ease.

disalberare, v. t. (naut.) to dismast.

disàmara, f. (bot.) double-winged samara.

disambientato, a. out of place.

disàmina, f. close examination.

disaminare, v. t. to examine carefully.

disamorare, A v. t. to estrange; to alienate; to disaffect. **disamorarsi, B** v. rifl. to become* estranged (from sb.); to lose* interest (in st.).

disamorataménte, *avv.* with one's heart elsewhere. ● **Si vede che lo fai d.**, it's obvious your heart isn't in it.
disamorato, *a.* loveless; cold-hearted; (*apatico*) apathetic.
disamóre, *m.* indifference; estrangement.
disancorare, A *v. t.* (*naut.*) to unanchor. **disancorarsi, B** *v. rifl.* **1** (*naut.*) to weigh anchor; to break* loose from the moorings **2** (*fig.*) to break* away (from).
disancorato, *a.* (*naut.*) unanchored.
disanimare, A *v. t.* to discourage; to dishearten; to daunt. **disanimarsi, B** *v. rifl.* to lose* heart.
disappeténza, *f.* lack of appetite; poor appetite. ● **avere d.**, to suffer from loss of appetite; to be off one's feed (*o* oats) (*pop.*).
disapprovare, *v. t.* to disapprove (of); to object (to).
disapprovazióne, *f.* disapproval; objection: **Sento la tua d.**, I can feel your disapproval. ● **parole di d.**, disapproving words.
disappunto, *m.* (*delusione*) disappointment; (*irritazione*) annoyance, vexation: **Con mio grande d., domenica pioveva,** to my great disappointment, it rained on Sunday.
disarcionare, *v. t.* to unseat; to unsaddle.
disarmante, *a.* disarming: **schiettezza d.**, disarming frankness; **un sorriso d.**, a disarming smile. ● **in modo d.**, disarmingly.
disarmare, A *v. t.* **1** to disarm (*anche fig.*) **2** (*una fortezza*) to dismantle **3** (*una nave*) to lay* up; to unrig; to put* out of commission; (*i remi*) to ship (one's oars) **4** (*costr.*) to take* (*o* to pull) down the scaffolding (from) **5** (*un'arma da fuoco*) to uncock. **B** *v. i.* **1** to disarm (*fig.*) to give* in; to yield: **Non disarma di fronte alle difficoltà,** he doesn't give in in the face of difficulty.
disarmato, *a.* **1** disarmed (*anche fig.*) **2** (*non armato*) unarmed **3** (*di fortezza*) dismantled **4** (*naut.*) laid up; out of commission.
disarmo, *m.* **1** disarmament: **d. mondiale,** world disarmament **2** (*di una fortezza*) dismantlement **3** (*di una nave*) laying up; unrigging.
disarmonìa, *f.* **1** (*mus.*) discord **2** (*fig.*) disharmony; discord; discordance.
disarmònico, *a.* discordant.
disarticolare, A *v. t.* **1** to put* (*st.*) out of joint; to dislocate **2** (*med.*) to disarticulate. **disarticolarsi, B** *v. rifl.* to get* dislocated.
disarticolato, *a.* (*anche fig.*) disjointed.
disarticolazióne, *f.* (*med.*) disarticulation (*anche fig.*).
disartrìa, *f.* (*psic.*) dysarthria.
disartròsi, *f.* (*med.*) dysarthrosis*.
disassortito, *a.* odd.
disassuefare, *v. t.* to make* (sb.) lose the habit (of).
disastrare, *v. t.* to bring* disaster upon; to strike* with calamity; to damage badly.
disastrato, A *a.* (*di cose*) heavily damaged, badly-hit; (*di persone*) stricken, badly-hit. **B** *m.* victim.
disastro, *m.* **1** (*calamità*) disaster; calamity **2** (*grave incidente*) serious accident; wreck; crash: **d. ferroviario,** railway accident, train crash; **d. aereo,** air-crash **3** (*fam., scherz.: rif. a cosa*) fiasco, flop; (*rif. a persona*) (utter) failure, flop: **A scuola era un d.,** he was a failure at school. ● **d. finanziario,** financial disaster; crash.
disastróso, *a.* disastrous; appalling; calamitous; ruinous.
disattendere, *v. t.* to disregard; to fail to comply with (*anche leg.*).
disattènto, *a.* inattentive; unmindful; careless.
disattenzióne, *f.* **1** inattention; carelessness **2** (*svista*) oversight. ● **un errore di d.,** (*scrivendo*) a slip of the pen; (*parlando*) a slip of the tongue.
disattivare, *v. t.* (*mil.*) to remove the detonator (of a bomb); to defuse; to disarm.
disattrezzare, *v. t.* (*naut.*) to strip; to unrig.
disavanzo, *m.* (*econ.*) deficit; gap: **d. della bilancia commerciale,** deficit in the balance of trade; trade gap; **colmare il d.,** to make up the deficit. ● **essere in d.,** to be in the red (*pop.*).
disavvedutézza, *f.* carelessness; thoughtlessness; heedlessness.
disavveduto, *a.* careless; thoughtless; heedless.
disavventura, *f.* misadventure; mishap; mischance.
disavvertènza, *f.* thoughtlessness; inadvertence.
disavvezzare, A *v. t.* to disaccustom; to make* (sb.) lose the habit (of). **disavvezzarsi, B** *v. rifl.* to lose* the habit (of).
disavvézzo, *a.* disaccustomed.
disbórso, *m.* disbursement.
disboscare, *V.* **diboscare.**
disbrigare, A *v. t.* to dispatch; to settle; to finish off. **disbrigarsi, B** *v. rifl.* (*lett.*) to extricate oneself (from); to get* rid (of).
disbrigo, *m.* dispatch; settlement.
discacciare, *v. t.* (*lett.*) to expel.

discanto, *m.* (*mus.*) descant, discant.
discapitare, *v. i.* to suffer loss; to lose*.
discàpito, *m.* detriment; damage; prejudice: **a d. di...,** to the prejudice of...
discàrica, *f.* **1** (*di miniera*) dump **2** (*naut.*) discharge; unloading.
discaricare, *v. t.* **1** to unload; to discharge; to unburden **2** (*fig.*) to clear; to relieve: **d. q. da ogni responsabilità,** to relieve sb. of all responsibility.
discàrico, *m.* **1** defence; excuse; justification: **Devo dirlo a tuo d.,** I must say so in your defence (*o* as an excuse for you) **2** (*naut.*) discharge; unloading. ● **a d. di coscienza,** to clear my conscience; to get it off my chest (*fam.*) □ (*leg.*) **testimoni a d.,** witnesses for the defence.
discatóre, *m.* **1** (*sport*) discus thrower **2** (*sport*) hockey player **3** (*fam., mus.*) disc jockey.
discendènte, A *a.* descending: (*mus.*) **una scala d.,** a descending scale. **B** *m. e f.* descendant. ● **d. in linea retta,** lineal descendant.
discendènza, *f.* **1** descent **2** (*i discendenti*) descendants (*pl.*); offspring; issue. ● **la d. d'Adamo,** Adam's breed.
discéndere, *v. i. e t.* **1** to descend; to go* (*o* to come*) down; to get* down: **Dio discese in terra,** God descended upon earth; **Discendi dalla scala!,** get down from the ladder!; **d. le scale,** to go down the stairs; **d. in un pozzo,** to go down a well **2** (*declinare, digradare*) to descend; to slope down; to fall* away: **I prati discendono verso il lago,** the meadows slope down to the lake; **Il monte discende ripido a settentrione,** the mountain falls steeply away to the north **3** (*di temperatura, prezzi, ecc.*) to fall*; to drop **4** (*del sole, ecc.*) to sink*; to set* **5** (*trarre origine*) to descend, to be descended (from) **6** (*aeron.: con manovra di avvitamento*) to spin*. ● (*naut.*) **d. a terra,** to go ashore; to land □ **d. da un'automobile (un autobus, ecc.),** to get out of a car (a bus, etc.) □ **d. dal treno,** to get off (*o* out of) the train □ **d. da cavallo,** to dismount.
discenderìa, *f.* (*min.*) inclined shaft.
discensionale, *a.* descensional.
discensivo, *a.* descending; descensive.
discènte, *m. e f.* pupil; learner; disciple (*spesso iron.*).
discentrarsi, *v. rifl.* to get* out of the centre.
discépolo, *m.* **1** disciple **2** (*scolaro*) pupil **3** (*seguace di un maestro*) adherent; (*devoted*) follower.
discèrnere, *v. t.* to discern; to perceive; to see* clearly; to distinguish.
discernìbile, *a.* discernible; perceptible.
discernimènto, *m.* discernment; perception; insight. ● **l'età del d.,** the age of reason □ **privo di d.,** imperceptive.
discésa, *f.* **1** (*movimento o strada in discesa*) descent: **fare una rapida d.,** to make a quick descent; **una d. ripida,** a steep descent **2** (*declivio, pendio*) slope; declivity: **una d. ripida,** a steep slope **3** (*di strada o ferrovia, dal punto di vista di un ingegnere*) down-grade **4** (*di barometro, ecc.*) fall; drop: **una d. dei prezzi,** a fall in prices **5** (*dei barbari, ecc.*) invasion (from the Alps) **6** (*calcio, rugby: azione rapida*) attack **7** (*radio*) lead-in. ● (*aeron.*) **a d. in picchiata,** nose-dive; (*sci*) **d. libera,** downhill (race) □ (*sci*) **d. obbligata,** slalom □ (*d'automobile, bicicletta, ecc.*) **andare in d. in folle,** to coast □ (*di stantuffo*) **corsa di d.,** down-stroke □ **in d.,** (*di terreno o strada*) downhill; downward; (*in altri casi*) going down.
discesìsmo, *m.* (*sport: sci*) downhill racing.
discesista, A *m. e f.* (*sport: sci*) downhill skier; downhiller. **B** *m.* (*ciclismo*) downhill racer.
discettare, *v. i. e t.* (*lett.*) to dispute; to debate; to discept (*arc.*).
discettatóre, *m.* (*lett.*) disputant; debater; disceptator (*arc.*).
discettazióne, *f.* (*lett.*) disputation; debate; disceptation (*arc.*).
dischiùdere, *v. t.* **1** to open (slightly) **2** (*manifestare*) to disclose; to reveal.
dischiuso, *a.* (slightly) open; ajar: **La porta era appena dischiusa,** the door was ajar.
discinesìa, *f.* (*med.*) dyskinesia.
discinètico, A *a.* dyskinetic. **B** *m.* dyskinetic sufferer.
discinto, *a.* **1** ungirt; half-undressed **2** (*poveramente vestito*) poorly-dressed; shabby; seedy(-looking): **una vecchia discinta,** a seedy poor old woman.
disciògliere, A *v. t.* **1** (*slegare*) to unbind*; to unfasten **2** (*liquefare*) to dissolve; to dilute; to melt; (*la neve*) to thaw **3** (*sciogliere*) to dissolve. **disciògliersi, B** *v. rifl.* **1** (*slegarsi*) to loosen **2** (*liquefarsi*) to dissolve; to melt; (*di neve*) to thaw **3** (*sciogliersi*) to dissolve.
disciplina, *f.* **1** discipline: **d. militare,** military discipline; **mantenere la d.,** to maintain discipline; **imporre la d.,** to enforce discipline **2** (*materia di studio*) discipline; subject **3** (*insegnamento*) teaching **4** (*relig.*) scourge **5** (*fig.*) school; teaching; discipline: **la d. del dolore,** the school of grief. ● **d. delle impor-**

disciplinàbile

tazioni, rules and regulations governing imports □ **d. del traffico**, traffic control □ **commissione di d.**, disciplinary commission □ (*relig.*) **darsi la d.**, to chastise (*o* to discipline, to scourge) oneself □ (*mil.*) **sala di d.**, place of confinement for warrant officers.

disciplinàbile, *a.* disciplinable.

disciplinaménto, *m.* disciplining.

disciplinare (1), *a.* disciplinary: **provvedimenti disciplinari**, disciplinary measures.

disciplinare (2), A *v. t.* **1** to discipline; to impose discipline (upon) **2** (*regolare*) to regulate; to control: **d. il traffico**, to regulate the traffic **3** (*relig.*) to chastise. **disciplinarsi, B** *v. rifl.* **1** to discipline oneself **2** (*relig.*) to scourge oneself.

disciplinataménte, *avv.* with discipline; in an orderly way.

disciplinatézza, *f.* submissiveness to discipline.

disciplinato, *a.* **1** disciplined; orderly **2** (*in manovre mil., balli, esercizi di ginnastica, ecc.*) well-drilled. ● **essere d.**, to be used to discipline □ **un ragazzo poco d.**, an undisciplined boy; an unruly child.

disco, *m.* **1** disk; disc: **il d. solare**, the sun's disk; (*med.*) **ernia del d.**, slipped disk **2** (*mus.*) record: **un d. microsolco**, a long-playing (*o* microgroove) record **3** (*sport*) discus*: **un lanciatore del d.**, a discus thrower **4** (*sport*: hockey sul ghiaccio) puck (disk) **5** (*ferr.*) railway signal target **6** (*bot.*) disk; disc; discoid floret **7** (*mecc., aeron.*) disk; wheel; plate: **il d. dell'elica**, the propeller disk; **il d. della frizione**, the clutch disk (*o* plate); **un d. dentato**, a toothed disk; **d. orario**, parking disk; **il d. paraolio**, the oil splash guard disk. ● (*del telefono*) **d. combinatore**, dial □ (*di pompa*) **d. inclinato**, swash-plate □ **d. volante**, flying saucer (*fig.*) **cambiare d.**, to change the subject □ (*mus.*) **vecchio d. di grande successo**, golden oldie.

discòbolo, *m.* (*sport*) **1** (*nell'antichità*) discobolus* **2** (*moderno*) discus thrower.

discòfilo, *m.* record collector.

discografia, *f.* **1** recording; record-making **2** (*industria*) record industry.

discogràfico, A *a.* record (*attr.*): **casa discografica**, record company. **B** *m.* person engaged in the record industry.

discoidale, *a.* discoid(al); disk-shaped.

discòide, A *a.* discoid(al); disk-shaped. **B** *m.* (*farm.*) tablet; discoid.

discolo, A *a.* mischievous; (*scapestrato*) wild; (*indisciplinato*) unruly. **B** *m.* scamp; rogue; rascal; (*birichino*) mischievous boy, little rascal.

discólpa, *f.* **1** evidence of (sb.'s) innocence; excuse; defence: **a mia d.**, in my defence; as evidence of my innocence; (*leg.*) **testimone a d.**, witness for the defence **2** (*leg.*) exoneration.

discolpare, A *v. t.* **1** to clear (sb. of a charge) **2** (*scusare*) to excuse; to justify **3** (*leg.*) to exonerate. **discolparsi, B** *v. rifl.* to clear oneself (of a charge); to prove (*o* to establish) one's innocence.

disconoscènte, *a.* ungrateful.

disconóscere, *v. t.* **1** to disown; to refuse to see (*o* to admit, to acknowledge); to ignore: **De Chirico disconosce la paternità di quel quadro**, De Chirico refuses to acknowledge the authorship of that picture **2** (*leg.*) to disclaim; to disown.

disconosciménto, *m.* (*leg.*) disownment; disavowal: **d. di paternità**, disownment of paternity.

disconosciuto, *a.* unacknowledged; unrecognized.

discontinuità, *f.* **1** discontinuity; break in continuity; gap **2** (*interruzione*) discontinuance.

discontinuo, *a.* discontinuous; intermittent.

discoprire, *v. t.* (*lett.*) **1** (*rinvenire*) to discover; to find* out; (*portare alla luce*) to bring* to light **2** (*palesare*) to disclose; to make* known.

discordante, *a.* **1** discordant; dissonant; (*in disaccordo*) conflicting, disagreeing, clashing: **elementi discordanti**, discordant elements **2** (*di suoni*) discordant; jarring **3** (*di colori*) clashing **4** (*geol.*) discordant; unconformable.

discordanza, *f.* **1** discordance; dissonance; (*disaccordo*) conflict, disagreement, clash: **una d. di opinioni**, a clash of opinions; **una d. di suoni (di colori)**, a discordance of sounds (of colours) **2** (*mus.*) discord **3** (*geol.*) discordance.

discordare, *v. i.* **1** to disagree (with); to clash (with); to be at variance **2** (*di suoni*) to be discordant; to discord; to jar **3** (*di colori*) to clash (with).

discòrde, *a.* **1** discordant; contradictory; of a different opinion (*pred.*); (*in disaccordo*) conflicting, disagreeing **2** (*mus.*) discordant. ● **essere discordi**, to differ; to disagree; to be at variance: **Le loro opinioni erano discordi**, their opinions varied □ **I soci erano discordi**, the members differed (*o* disagreed).

discòrdia, *f.* **1** discord; variance; disagreement: **il pomo della d.**, the apple of discord; **essere in d. con q.**, to be at variance (*o* in disagreement) with sb.; **C'è d. tra gli specialisti su questo punto**, there is disagreement among specialists on this point **2** (*discrepanza*) discrepancy: **C'è d. tra la mia testimonianza e la tua**, there is discrepancy between my evidence and yours. ● **seminare la d.**, to make mischief; to stir up trouble; to sow discord □ **In quella casa regna la d.**, they are all at loggerheads in that house.

discórrere (1), *v. i.* to talk (about st.); (*in modo fam.*) to chat, to chatter; (*in una lezione o conferenza*) to talk, to speak* (on st.), to give* a talk (upon st.): **d. del più e del meno**, to talk (*o* to chat) in a desultory fashion (*anche*: about this and that, «of cabbages and kings»); **d. alla buona, tra amici**, to chat informally, among friends; **Per carità, non ne discorriamo!**, for heaven's sake, let's not talk about it! ● **e via discorrendo**, and so on; and so forth □ **Facevo per d.**, I didn't mean what I was saying □ **Quella discorre perché ha la bocca**, she has nothing to say, and she says it.

discórrere (2), *m.* talk: **Si fa un gran d. sul tuo film**, your film has aroused a lot of talk.

discorsivaménte, *avv.* in a conversational (*o* a colloquial, an informal) style.

discorsività, *f.* **1** conversational style; colloquialism **2** (*loquacità*) talkativeness **3** (*filos.*) discursiveness.

discorsivo, *a.* **1** conversational; colloquial: **scrivere in stile d.**, to write in a conversational style **2** (*loquace*) conversational; talkative **3** (*filos.*) discursive.

discórso, *m.* **1** speech; (*conversazione*) talk, conversation; (*d. solenne*) discourse, oration (*lett.*): **fare un d.**, to make a speech (*o iron.*: to speechify); **il d. della Corona**, the speech from the Throne; **un d. preparato**, a set speech; **un d.** (*spesso ameno*) **a un banchetto**, an after-dinner speech; **primo d. di un deputato** (*ai Comuni*), maiden speech; **d. in piazza**, (public) speech: **Parla sempre come se facesse un d. in piazza**, he always talks as though he were making a speech; (*gramm.*) **d. diretto**, direct speech; (*gramm.*) **le parti del d.**, the parts of speech **2** (*cose dette*) remark; remarks, words (*pl.*): **Il suo d. mi lasciò perplessa**, his remark (*o* remarks, words) puzzled me **3** (*pl.*: *il discorrere*) conversation (*sing.*): **discorsi animati**, lively conversation **4** (*argomento*) subject; matter; story: **cambiare d.**, to change the subject; **Il d. cadde sulla nuova riforma**, the subject of the new reform cropped up; the conversation came round to the subject of the new reform; **Entrai in d. dicendo...**, I introduced the subject by saying...; **È un lungo d.**, it's a long story; **Questo è un altro d.**, that's quite another matter (*o* quite a different story) **5** (*d. futile, stravagante*) nonsense: **Che discorsi!**, what nonsense!; **Pochi discorsi, se no chiamo le guardie**, no nonsense now, or I'll call the police. ● **d. a quattrocchi**, tête-à-tête □ **d. fatto nell'intimità** (*o a letto*), pillow talk □ **attaccare d. con q.**, to address sb.; (*più a lungo*) to engage sb. in conversation □ **perdere il filo del d.**, to lose the thread (of what one was saying) □ **pronunciare** (*o* **tenere**) **un d.**, to deliver a speech □ **Che discorsi sono questi?**, what do you mean by that?; what the devil (*meno forte*: the dickens) do you mean? □ **Pochi discorsi, se no sparo!**, cut the gaff (*volg.*), or I'll shoot □ **Senza tanti discorsi, gli dissi che era impossibile**, I made no bones about it (*o* I came straight to the point), and said it was impossible.

discostare, A *v. t.* to move (st.) away (from). **discostarsi, B** *v. rifl.* to draw* (*o* to move) away (from).

discòsto, A *a.* **1** far; distant: **La tua casa è poco discosta dalla mia**, your house is not far from mine **2** (*fig.*: *alieno*) averse (to, from). **B** *avv.* far off; far away. **discòsto da, C** *locuz. prep.* far from: **poco d. dalla scuola**, not far from the school.

discotèca, *f.* **1** (gramophone-)record library **2** (*locale*) discothèque; disco (*abbr. fam.*).

discotecàrio, *m.* keeper of a record library.

discrasìa, *f.* (*med.*) dyscrasia.

discrasìte, *f.* (*miner.*) dyscrasite.

discreditare, A *v. t.* (*lett.*) to discredit; to bring* into discredit (*o* disrepute). **discreditarsi, B** *v. rifl.* to be discredited; to fall* into disrepute.

discrédito, *m.* disrepute; bad name; discredit: **cadere in d.**, to fall into disrepute; to go downhill (*fam.*); **mettere q.c. (q.) in d.**, to give st. (sb.) a bad name; **Questo tornerà a tuo d.**, this will bring discredit on yourself.

discrepante, *a.* discrepant; diverging; contradictory.

discrepanza, *f.* discrepancy; contradiction; disagreement; variance: **C'era una d. considerevole tra le nostre opinioni**, there was considerable discrepancy between our opinions.

discretaménte, *avv.* **1** (*con tatto, con discrezione*) discreetly **2** (*benino*) fairly well; quite nicely; not too badly **3** (*abbastanza*) quite; fairly.

discretézza, *f.* **1** discretion **2** (*moderazione*) moderation.

discréto, *a.* **1** (*che ha discrezione*) discreet: **È una donna invadente, per niente discreta**, she's a pushing woman, and not at all discreet **2** (*abbastanza buono*) fair; fairly (*o* quite) good: **un vino**

d., a fairly good wine **3** (*sufficiente*) adequate: **una mancia discreta**, an adequate tip **4** (*moderato*) moderate; (*giusto*) fair: **essere d. nei desideri**, to be moderate in one's desires; **un prezzo d.**, a fair (*o* moderate) price.

discrezionale, *a.* (*anche leg.*) discretionary; discretional: **poteri discrezionali**, discretionary powers.

discrezionalità, *f.* discretionary power.

discrezióne, *f.* **1** discretion: **gli anni della d.**, the years of discretion; **fidarsi della d. di q.**, to rely on sb.'s discretion **2** (*arbitrio*) discretion: **a d. di q.**, at sb.'s discretion **3** (*moderazione*) moderation. ● **arrendersi a d.**, to surrender at discretion □ **chiedere con d.**, to be moderate in one's requests □ **pane e vino a d.**, as much bread and wine as one likes □ **senza d.**, (*smoderatamente*) immoderately; (*senza tatto*) indiscreetly.

discriminante, **A** *a.* discriminating; discriminant. **B** *m.* (*mat.*) discriminant. **C** *f.* (*leg.*) extenuating circumstance.

discriminare, *v. t.* to discriminate; to distinguish.

discriminatóre, *m.* discriminator.

discriminatòrio, *a.* discriminatory; discriminating.

discriminatura, *f.* parting.

discriminazióne, *f.* **1** discrimination **2** (*misura discriminatoria*) discriminatory measure. ● **d. sessuale**, sexism.

discromatopsia, *f.* (*med.*) dyschromatopsia.

discussióne, *f.* **1** discussion; debate: **d. del bilancio pubblico**, budget debate **2** (*disputa*) dispute; argument. ● (*leg.*) **d. di una causa**, trial of a case; hearing; pleading □ **fuori d.**, beyond dispute □ **in d.**, under discussion □ **mettere in d.**, to discuss; to debate; (*criticare*) to censure, to blame.

discusso, *a.* discussed; debated; argued.

discùtere, *v. t. e i.* **1** to discuss; to debate; to talk over: **Non perdere tempo a d. con lui**, don't waste time arguing with him; **Stavamo discutendo se andare**, we were discussing (*o* debating) whether to go; **d. un progetto di legge**, to discuss a bill **2** (*litigare*) to argue; to quarrel. ● **d. sul prezzo**, to haggle □ **Questo non si discute**, there is no question about this.

discutìbile, *a.* **1** disputable; debatable **2** (*criticabile*) criticizable; that may be criticized: **Il metodo è d., ma la conclusione è giusta**, the method may be criticized, but the conclusion is right **3** (*dubbio, incerto*) questionable; doubtful. ● **È un punto d.**, it's a moot point.

discutibilità, *f.* disputableness.

disdegnare, *v. t.* to disdain; to despise; to scorn: **d. gli adulatori**, to disdain flatterers.

disdégno, *m.* disdain; scorn. ● **avere a d.**, to disdain.

disdegnóso, *a.* disdainful.

disdétta, *f.* **1** (*leg.*) notice: **dare la d.**, to give notice **2** (*comm.*) cancellation: **la d. di un'ordinazione**, the cancellation of an order **3** (*sfortuna*) (piece of) bad luck: **Che d.!**, what bad luck!; **Ma guarda che d.!**, isn't that bad luck!

disdettare, *v. t.* **1** (*annullare*) to call off; to cancel **2** (*leg.*) to give* notice (of termination of) **3** (*comm.*) to cancel; to rescind.

disdétto, *a.* retracted; cancelled.

disdicévole, *a.* (*lett.*) unbecoming; unsuitable.

disdìre (1), *v. t.* **1** (*un contratto e sim.*) to rescind; not to renew; (*annullare*) to cancel; to call off; (*rinunciare a*) to give* up: **d. la prenotazione**, to cancel one's booking; **d. un'opzione**, to give up one's option **2** (*ritrattare*) to retract; to take* back; to say* (*seguito da neg*): **d. le proprie parole**, to take back one's words; **L'uomo disdice di avere confessato**, the man says he never confessed (*cioè nega di aver mai confessato*) **3** (*contraddire*) to contradict; to give* the lie (to sb.): **I fatti disdicono le tue parole**, the facts give you the lie. ● **d. un abbonamento**, to discontinue a subscription □ **d. un affitto**, to give notice to one's landlord □ **dire e d.**, to go back on one's word.

disdìre (2), *v. i.* **disdìrsi**, *v. rifl.* (*essere sconveniente*) to ill become; to be unbecoming (to); to be unfitting (for): **Tale comportamento disdice a un uomo in vista**, such behaviour ill becomes a public figure.

disdòro, *m.* disrepute; shame; dishonour; discredit: **recare d. a q.**, to bring sb. into disrepute; **con mio grave d.**, to my shame. ● **Ero il d. della famiglia**, I was the black sheep.

diseccitare, *v. t.* (*elettr.*) to deenergize.

diseconomìa, *f.* diseconomy.

diseducare, *v. t.* to bring* up badly; to miseducate.

diseducativo, *a.* miseducating.

diseducazióne, *f.* miseducation.

disegnare, *v. t.* **1** to draw*; (*a contorno*) to outline; (*ricalcando*) to trace: **d. a matita (a carboncino, a penna)**, to draw in pencil (in charcoal, in pen and ink); **d. in scala**, to draw to scale **2** (*progettare un mobile, un costume, ecc.*) to design; to style (*USA*): **Si guadagna da vivere disegnando tappeti**, he earns his living by designing carpets **3** (*fig.*) to outline; to describe: **Gli disegnai le mie idee in proposito**, I outlined my ideas on the subject to him **4** (*progettare, stabilire*) to plan; to intend; to arrange: **Avevo disegnato di allontanarmi**, I had planned to leave.

disegnatóre, *m.* **1** draftsman*: **un d. impiegato da un architetto**, a draftsman employed by an architect **2** (*progettista*) designer; stylist (*USA*): **un d. di stoffe**, a textile designer.

diségno, *m.* **1** drawing; (*per un arazzo, affresco, ecc.*) cartoon: **un d. a matita (a carboncino, a pastello, a penna, a mano libera)**, a pencil (charcoal, crayon, pen and ink, free-hand) drawing; **un d. in scala**, a scale drawing; **una puntina da d.**, a drawing-pin; **un d. di particolari**, a detail drawing **2** (*arte, tecnica del disegnare*) draftsmanship: **Debbo esercitarmi nel d.**, I must practise draftsmanship **3** (*progetto, anche fig.*) design: **d. industriale**, industrial design; **il d. per la realizzazione di una macchina**, a design for a machine; **È buono nei particolari, ma il d. generale è confuso**, the details are good, but the general design is a muddle **4** (*di un motivo decorativo*) pattern: **un d. nero su fondo bianco**, a black pattern on a white ground; **L'ombra delle foglie formava un d. sul muro**, the shadows of the leaves made a pattern on the wall; (*autom.*) **d. del battistrada**, tread pattern **5** (*fig.: intenzione*) intention; (*piano, progetto*) plan, scheme: **Il mio d. era stato di stabilirmi qui**, it had been my intention to settle here; **Secondo il d. originale, il protagonista moriva**, in the original plan, the hero died **6** (*costr.*) plan. ● (*cinem.*) **d. animato**, (animated) cartoon □ (*leg.*) **d. di legge**, bill □ (*archit.*) **d. in alzata**, elevation □ (*archit.*) **d. in pianta**, plan □ **professore di d.**, art teacher.

diseguale, *V.* **disuguale**.

disellare, *v. t.* to unsaddle.

diserbante, (*agric.*) **A** *a.* herbicidal. **B** *m.* herbicide; weed-killer.

diserbare, *v. t.* (*agric.*) to weed; to free from weeds.

diserbatura, *f.* **disèrbo**, *m.* (*agric.*) weeding.

disèrbo, *m.* (*agric.*) weeding: **d. selettivo**, selective weeding.

diseredare, *v. t.* to disinherit.

diseredato, *a.* **1** disinherited **2** (*fig.*) poor; unfortunate; disadvantaged. ● **i diseredati dalla sorte**, the under-privileged; the have-nots (*fam.*).

diseredazióne, *f.* (*leg.*) disinheritance.

disergìa, *f.* (*med.*) dysergia.

disertare, **A** *v. t.* **1** (*lett.: distruggere*) to destroy **2** (*abbandonare*) to leave*; to desert. **B** *v. i.* to desert (*anche mil.*); to defect. ● **d. la scuola**, to stay away from school.

disertóre, *m.* deserter (*anche mil.*); defector.

diserzióne, *f.* (*mil., fig.*) desertion.

disfacìbile, *a.* that can be undone.

disfaciménto, *m.* **1** (*lett.: il disfare*) undoing **2** (*putrefazione*) decay: **il d. del cadavere**, the decay of the corpse **3** (*fig.: rovina*) ruin; destruction; (*lo sfaldarsi*) break-up: **il d. dell'impero di Alessandro**, the break-up of Alexander's empire.

disfagìa, *f.* (*med.*) dysphagia.

disfare, **A** *v. t.* **1** to undo*; to unmake*: **d. un nodo (un pacco, una benda)**, to undo a knot (a parcel, a bandage); **d. il lavoro che era stato fatto**, to undo the work that had been done **2** (*un tessuto*) to unravel; (*una cosa cucita*) to rip; (*una cosa imballata*) to unpack: **Penelope faceva e disfaceva la sua tela**, Penelope wove and unravelled her web; **d. l'orlo**, to rip the hem **3** (*una costruzione*) to take* down: **d. l'impalcatura (il teatro, le mura, ecc.)**, to take down the scaffolding (the theatre, the walls, etc.) **4** (*sciogliere, struggere*) to melt **5** (*sconfiggere*) to defeat; to rout; to break*. ● **d. la casa**, to shut up (*o* to give up) one's house □ **d. un letto**, to strip a bed □ **d. le valigie**, to unpack (one's bags). **disfarsi**, **B** *v. rifl.* **1** (*ridursi in pezzi*) to fall* to pieces **2** (*slacciarsi*) to come* undone **3** (*sciogliersi*) to melt **4** (*guastarsi*) to go* bad; to decay **5** (*liberarsi di q. o q.c.*) to get* rid (of sb., of st.). ● **d. in lacrime**, to dissolve in tears.

disfasìa, *f.* (*med.*) dysphasia.

disfatta, *f.* defeat; overthrow; rout.

disfattìsmo, *m.* defeatism.

disfattìsta, *a., m. e f.* defeatist.

disfatto, *a.* **1** undone **2** (*sciolto*) melted **3** (*sconfitto*) defeated **4** (*di un letto*) stripped **5** (*fig.: molto stanco*) worn-out.

disfavóre, *m.* (*lett.*) disfavour: **cadere in d.**, to fall into disfavour. ● **a d. di q.**, against sb.; to sb.'s disadvantage.

disfida, *f.* (*lett.*) challenge.

disfonìa, *f.* (*med.*) dysphonia.

disforìa, *f.* (*psic.*) dysphoria.

disfrasìa, *f.* (*med.*) dysphrasia.

disfunzionaménto, *m.* (*fig.*) disfunctioning.

disfunzióne, *f.* **1** (*med.*) dysfunction, disfunction (*anche fig.*); trouble; disorder: **d. epatica**, liver trouble **2** (*fig.*) malfunction; glitch (*pop., USA*).

disgelare, **A** *v. t.* to thaw out; (*un frigorifero, alimenti congelati, ecc.*) to defrost. **B** *v. i.* to thaw. ● **Quest'anno sta disgelando tardi**, the thaw has set in late this year.

disgèlo, *m.* thaw (*anche fig.*).

disgiùngere, **A** v. t. to separate; to sever; to disjoin.
disgiùngersi, **B** v. rifl. e rifl. recipr. to separate; to part.
disgiungiménto, m. separation.
disgiuntivo, a. (gramm.) disjunctive: **una congiunzione disgiuntiva**, a disjunctive conjunction.
disgiunto, a. disconnected; disjointed.
disgiuntóre, m. (fis.) disjunctor.
disgiunzióne, f. 1 disjunction; separation 2 (di fili telefonici, ecc.) disconnexion.
disgrafìa, f. (med.) dysgraphia.
disgràzia, f. 1 (incidente) accident: È successa una d. al crocevia, there has been an accident at the cross-roads; È stata una d., non l'ho rotto apposta, it was an accident: I didn't break it on purpose 2 (sventura) misfortune; bad luck; (guaio) trouble: **La d. lo perseguita**, misfortune dogs his foot-steps; **Che d.!, non potrai partecipare**, what bad luck!, you won't be able to take part; **Gli raccontai le mie disgrazie**, I told him my troubles. ● **cadere in d.**, to fall into disgrace □ **per d.**, (per caso) by accident, accidentally; (sfortunatamente) unfortunately, unluckily □ **È successa una d.**, something terrible happened □ **D. volle che mi vedessero**, as luck would have it, they saw me □ (prov.) **Le disgrazie non vengono mai sole**, it never rains but it pours.
disgraziataménte, avv. unfortunately; unhappily; unluckily.
disgraziato, **A** a. unfortunate; unlucky; wretched; ill-starred: **nascere d.**, to be born unlucky (o under an evil star); **quel viaggio d.**, that ill-starred journey. ● **Hanno un bambino d.**, (deforme) they have a misshapen child; (deficiente) they have a child who is not all there. **B** m. wretch: **D.! sei stato tu?**, so it was you, you wretch!; **Povero d.!**, poor wretch (o devil)! ● **Non te la prendere: in fondo è un d.**, don't take it to heart: he's not fully responsible.
disgregàbile, a. breakable.
disgregaménto, m. 1 breaking up 2 (fis.) disgregation.
disgregare, **A** v. t. 1 to break* up; to disrupt; to disintegrate; to separate: **Il gelo disgrega le rocce**, frost breaks up rocks 2 (fig.) to break* up; to disperse; to separate; to disunite 3 (fis.) to disgregate. **disgregarsi**, **B** v. rifl. 1 to disintegrate; to break* up (o down); to separate 2 (fig.) to disunite; to be dispersed; to break* up.
disgregativo, a. disintegrative; disruptive.
disgregatóre, a. disintegrating.
disgregazióne, f. 1 break-up; disruption; disintegration 2 (fis.) disgregation.
disguido, m. 1 miscarriage 2 (contrattempo) hitch; «contretemps» (franc.). ● **d. postale**, wrong delivery □ **perdersi per un d.** (di lettere), to miscarry; to be lost in the post.
disgustare, **A** v. t. to disgust; to make* (sb.) feel sick; to sicken: **Mi disgustarono il sudiciume e la brutalità**, the dirt and brutality disgusted me; **Questa medicina mi disgusta**, this medicine makes me feel sick. **disgustarsi**, **B** v. rifl. to become* disgusted (with sb.; at, by, with st.).
disgustato, a. disgusted; nauseated; sickened; revolted.
disgusto, m. disgust; (ripugnanza) repugnance, repulsion; (aversione) distaste, dislike: **suscitare il d. in q.**, to excite disgust in sb.; **avere d. per q.c.**, to feel disgust at st.; to have a dislike of (o for) st.; **con d.**, in disgust; with a feeling of nausea; **non riuscire a vincere il proprio d. per q.c.**, to be unable to overcome one's repugnance to st.
disgustóso, a. disgusting; repugnant; repulsive; sickening: **Che odore d.!**, what a disgusting smell!; **uno spettacolo d.**, a repulsive sight.
disidratante, (chim.) **A** a. dehydrating. **B** m. dehydrator.
disidratare, v. t. 1 (chim.) to dehydrate 2 (min.) to dewater.
disidratatóre, m. 1 (chim.) dehydrator 2 (min.) dewaterer.
disidratazióne, f. 1 (chim.) dehydration 2 (min.) dewatering.
disillabo, (lett.) **A** a. dis(s)yllabic; two-syllabled. **B** m. dis(s)yllable.
disillùdere, **A** v. t. to undeceive; to disenchant. **disillùdersi**, **B** v. rifl. to be disenchanted.
disillusióne, f. disillusion; disenchantment. ● **avere una d.**, to be disillusioned.
disilluso, a. disillusioned; disenchanted.
disimballàggio, m. unpacking.
disimballare, v. t. to unpack.
disimparare, v. t. 1 to forget*; to unlearn* 2 (perdere l'abitudine) to get* out of the habit (of, seguito dal gerundio): **Devono d. ad arrivare in ritardo**, they must learn not to be late.
disimpegnare, **A** v. t. 1 to get* (st.) out of pawn; to redeem: **d. la collana**, to redeem one's necklace 2 (liberare da un obbligo, da una promessa) to disengage; to release 3 (naut.) to disentangle 4 (adempiere) to fulfil; to carry out; to cope with; to perform: **d. i propri doveri**, to carry out one's duties; **d. le faccende di casa**, to cope with the housework 5 (una stanza, ecc.) to make* (a room, etc.) independent 6 (mil., sport) to relieve. ● (naut.) **d. un'ancora**, to clear an anchor. **disimpegnarsi**, **B** v. rifl. 1 to get* out (of); to disengage (o to release) oneself: **Cercherò di disimpegnarmi da quella promessa**, I shall try to disengage myself from that promise 2 (cavarsela) to manage: **Non sarò capace di disimpegnarmi senza aiuto**, I shan't be able to manage without help 3 (mil.) to disengage; to get* away.
disimpegnato, a. (anche polit.) disengaged.
disimpégno, m. 1 (il liberare una cosa data in pegno) redemption; redeeming 2 (il liberarsi da un obbligo) disengagement (anche polit.); release 3 (adempimento) fulfilment 4 (sport: parata) save. ● **stanza di d.**, boxroom □ **Ci vuole un corridoio di d.**, a corridor is wanted to make this room (o these rooms) independent □ **Lo faccio per d., ma non mi sta a cuore**, I'm doing it to fulfil what I undertook, but my heart isn't in it.
disimpiègo, m. (collett.) (the) unemployed.
disincagliare, **A** v. t. 1 (naut.) to refloat; to get* (a ship) afloat 2 (fig.) to get* going again. **disincagliarsi**, **B** v. rifl. 1 (naut.) to get* afloat again; to get* off: **Con l'alta marea la nave si disincaglierà**, the ship will get afloat again at high tide 2 (fig.) to get* going (o under way) again.
disincàglio, m. (naut.) refloating.
disincantare, v. t. to disenchant; to disillusion.
disincantato, a. 1 disenchanted; disillusioned 2 (smaliziato) knowing.
disincanto, m. disenchantment; disillusionment.
disincarnare, v. t. to disembody.
disincastrare, v. t. to extract: **d. un tubo da un altro**, to extract a pipe from another one.
disincastro, m. extraction.
disincentivare, v. t. (specialm. econ.) to discourage.
disincentivo, m. (specialm. econ.) disincentive.
disinceppare, v. t. to unwedge; to loosen; to unblock.
disincrociare, v. t. to unfold; to uncross: **d. le braccia**, to unfold one's arms.
disincrostante, m. (tecn.) scale-remover; (di caldaie) boiler compound, anti-incrustator.
disincrostare, v. t. (tecn.) to remove scale; to scale; to descale.
disincrostazióne, f. (tecn.) scaling; descaling.
disinfestante, (chim.) **A** a. disinfesting. **B** m. disinfestant; insecticide.
disinfestare, v. t. to disinfest.
disinfestatóre, m. disinfestor.
disinfestazióne, f. disinfestation.
disinfettante, a. e m. disinfectant.
disinfettare, v. t. to disinfect.
disinfettóre, m. disinfector.
disinfezióne, f. disinfection.
disinfiammare, v. t. to reduce inflammation in.
disinflazionare, v. t. (econ.) to disinflate.
disinflazióne, f. (econ.) disinflation.
disinflazionìstico, a. (econ.) disinflationary.
disinformazióne, f. (specialm. polit.) disinformation.
disingannare, **A** v. t. to undeceive; to disillusion. **disingannarsi**, **B** v. rifl. to be undeceived; to become* disillusioned.
disinganno, m. 1 undeceiving; disillusionment 2 (delusione) disappointment. ● **Talvolta il d. è peggio dell'inganno**, sometimes it is worse to be undeceived than to be deceived.
disingranare, v. t. (mecc.) to disconnect the gears of; to throw* out of gear (o of mesh); to disengage.
disinibire, v. t. (psic.) to disinhibit; to uninhibit.
disinibito, a. (psic.) disinhibited; uninhibited.
disinibitòrio, a. (med., psic.) disinhibitory.
disinibizióne, f. (psic.) disinhibition.
disinnamorare, **A** v. t. to estrange. **disinnamorarsi**, **B** v. rifl. to fall* out of love.
disinnescare, v. t. to defuse.
disinnésco, m. defusing.
disinnestare, **A** v. t. 1 (autom.) to disengage; to disconnect 2 (un contatto elettrico, ecc.) to switch off; to unswitch. ● (autom.) **d. la frizione**, to declutch; to disengage the clutch. **disinnestarsi**, **B** v. rifl. (autom.) to slip out of gear.
disinnestato, a. (autom.) disengaged; off, out (pred.): **La frizione è disinnestata**, the clutch is off.
disinnèsto, m. (mecc.) release; knock-off: **d. del carrello** (di macchina da scrivere), carriage release; **d. a scatto** (di macchina per maglieria), knock-off action.
disinquinare, v. t. to purify; to clean.
disinseriménto, m. (elettr.) switching off.
disinserire, v. t. 1 (elettr.) to disconnect; to switch off 2 (mecc.) to disconnect.

disinserito, *a.* (*elettr.*) disconnected; switched off; off (*pred.*).
disintasaménto, *m.* clearing; unblocking.
disintasare, *v. t.* to clear; to unblock; to free.
disintegrare, *v. t.* **disintegrarsi,** *v. rifl.* to disintegrate (*anche fig.*).
disintegratóre, *m.* (*mecc.*) disintegrator.
disintegrazióne, *f.* disintegration (*anche fig.*). ● **d. dell'atomo,** splitting of the atom.
disinteressaménto, *m.* lack of interest; indifference; turning off (*pop.*).
disinteressare, A *v. t.* to cause (sb.) to lose interest (in). **disinteressarsi, B** *v. rifl.* to take* no interest (in); to lose* one's interest (in); to wash one's hands (of); to turn off (*fam.*).
disinteressataménte, *avv.* disinterestedly; without any thought of self; with no ulterior motive.
disinteressato, *a.* disinterested; unselfish.
disinterèsse, *m.* **1** disinterestedness; unselfishness **2** (*indifferenza*) lack of interest; indifference: **Guardò la ragazza con d.**, he looked at the girl with indifference.
disintossicare, A *v. t.* (*med.*) to detoxicate; to detoxify. **disintossicarsi, B** *v. rifl.* to clear one's system.
disintossicazióne, *f.* (*med.*) detoxication; disintoxication.
disinvestire, *v. t.* (*econ.*) to disinvest.
disinvòlto, *a.* **1** unembarrassed; uninhibited; free and easy **2** (*sfacciato*) bold; impudent; fresh (*pop. USA*).
disinvoltura, *f.* **1** unembarrassment; ease; easy manner(s) **2** (*sfacciataggine*) boldness; impudence; freshness (*pop. USA*).
disistima, *f.* disesteem; lack of respect (*o* esteem). ● **cadere in d.**, to fall into discredit.
disistimare, *v. t.* to have a low opinion of (sb.); to despise.
dislalìa, *f.* (*med.*) dyslalia.
disleale, *a.* (*lett.*) disloyal.
dislealtà, *f.* (*lett.*) disloyalty.
dislessìa, *f.* (*med.*) dyslexia.
dislèssico, *a.* (*med.*) dyslexic.
dislivèllo, *m.* **1** difference in level; (*in altezza*) difference in height; (*in profondità*) difference in depth **2** (*fig.*: *disuguaglianza*) inequality; difference: **d. sociale**, social inequality. ● **Il d. complessivo dev'essere di quasi 8 000 piedi**, the aggregate vertical descent cannot be far short of 8,000 feet □ (*di acque in aumento*) **C'è un d. di parecchi centimetri**, the water has risen by several centimetres.
dislocaménto, *m.* **1** (*naut.*) displacement: **d. a pieno carico normale**, full-load displacement; **d. leggero**, light displacement **2** (*mil.*) dislocation; stationing.
dislocare, *v. t.* **1** (*naut.*) to displace **2** (*mil.*) to dislocate; to station.
dislocazióne, *f.* dislocation (*anche geol.*).
dislogìa, *f.* (*med.*) dyslogia.
dismenorrèa, *f.* (*med.*) dysmenorrh(o)ea.
dismenorròico, *a.* (*med.*) dysmenorrh(o)eic.
dismisura, *f.* excess. ● **a d.**, immoderately; excessively; to excess; out of all proportion.
disobbedire, e *deriv.* V. **disubbidire**, e *deriv.*
disobbligare, A *v. t.* to release; to relieve: **d. q. da un impegno**, to release sb. from an obligation. **disobbligarsi, B** *v. rifl.* to repay* an obligation; to do* st. in return (for st.).
disoccupato, A *a.* **1** unemployed; jobless; out of work (*pred.*): **essere d.**, to be out of work; to be on the dole (*fam.*) **2** (*lett.*: *ozioso*) idle. **B** *m.* unemployed (*o* jobless) person. ● **Vi sono due milioni di disoccupati**, there are two million unemployed.
disoccupazióne, *f.* unemployment: **sussidio di d.**, unemployment benefit; dole (*fam.*); **d. tecnologica**, technological unemployment. ● **coda** (*o* fila) **per il sussidio di d.**, dole queue (*fam.*).
disonestà, *f.* **1** dishonesty; deceit; deceitfulness **2** (*atto disonesto*) fraud.
disonèsto, A *a.* **1** dishonest; deceitful **2** (*immorale*) immoral; dishonourable. **B** *m.* dishonest person; cheat.
disonorante, *a.* dishonourable; shameful; disgraceful.
disonorare, A *v. t.* to dishonour; to disgrace; to put* to shame **2** (*sedurre*) to seduce. **disonorarsi, B** *v. rifl.* to be dishonoured; to disgrace oneself.
disonóre, *m.* dishonour; shame; disgrace. ● **Fuggire sarebbe un d.**, to run away would be dishonourable □ **Quel ragazzo è il d. della famiglia**, that boy is the black sheep of the family.
disonorévole, *a.* dishonourable; shameful; disgraceful.
disópra (1), *avv.* e *a.* V. **sópra.**
disópra (2), *m.* upper part; top (part); (the) part above.
disordinare, A *v. t.* **1** to put* out of order; to muddle (up); to confuse; to disorder; to disarrange; (*mescolare*) to mix (up) **2** (*scompigliare, anche mil.*) to throw* into disorder; to confound. **B** *v. i.* (*essere eccessivo*) to be immoderate; to do* (st.) to excess (*o* immoderately).

disordinataménte, *avv.* untidily; unmethodically; confusedly; (*capricciosamente*) in a wayward fashion; (*alla rinfusa*) pell-mell.
disordinato, A *a.* **1** untidy; disorderly; unmethodical; muddled: **un cassetto (armadio) d.**, an untidy drawer (cupboard); **È d. nello scrivere perché è d. nel pensare**, he's a muddled writer because he's a muddled thinker; **una lezione intelligente ma disordinata**, an intelligent but unmethodical lesson **2** (*sregolato*) irregular; intemperate; wild. **B** *m.* disorderly person; muddler.
disórdine, *m.* **1** disorder; untidiness; confusion; (*pasticcio*) mess, muddle: **in d.**, in disorder; in a mess **2** (*sregolatezza*) intemperance; irregularity; wildness **3** (*specialm. al pl.: tumulto popolare*) riot; disorder; tumult.
disorganico, *a.* incoherent.
disorganizzare, A *v. t.* to disorganize. **disorganizzarsi, B** *v. rifl.* to become* disorganized.
disorganizzazióne, *f.* disorganization.
disorientaménto, *m.* **1** disorientation **2** (*fig.*) confusion; bewilderment.
disorientare, A *v. t.* **1** to disorientate; to cause (sb.) to lose (his) bearings **2** (*fig.*) to confuse; to disconcert; to bewilder; to puzzle; to perplex: **Questa lettera mi disorienta**, this letter puzzles me. **disorientarsi, B** *v. rifl.* **1** to lose* one's bearings **2** (*fig.*) to get* confused.
disorientato, *a.* bewildered; puzzled; confused; at a loss (*pred.*).
disorlare, *v. t.* to unhem.
disormeggiare, *v. t.* e *i.* (*naut.*) to unmoor.
disorméggio, *m.* (*naut.*) unmooring.
disossare, *v. t.* to bone.
disossidante, (*chim.*) **A** *a.* deoxidizing. **B** *m.* deoxidizer.
disossidare, *v. t.* (*chim.*) to deoxidize; to deoxidate.
disossidazióne, *f.* (*chim.*) deoxidization.
disostòsi, *f.* (*med.*) dysostosis*.
disótto (1), *avv.* e *a.* V. **sótto.**
disótto (2), *m.* underneath; lower part (*o* side). ● **stare al d. di q.**, to be inferior to sb.
dispàccio, *m.* **1** (*documento epistolare*) dispatch, despatch; message **2** (*lettera privata*) letter. ● **d. telegrafico**, telegram; (*oltre oceano*) cable.
disparato, *a.* completely different; disparate. ● **fare i lavori più disparati**, to do all kinds of work.
dispari, *a.* odd; uneven: **1, 3, 5, ecc. sono numeri d.**, 1, 3, 5, etc. are odd numbers.
disparità, *f.* disparity; inequality; difference: **la d. d'età**, the disparity in age.
disparte, in, *locuz. avv.* aside; apart; aloof; (*con verbi di moto*) to one side; (*con verbi di stato*) on one side, on one's own: **mettere q.c. in d.**, to set st. apart; (*fig.*) to put st. on the shelf; **starsene** (*o* **tenersi**) **in d.**, to stay on one's own; to stand aloof. ● **che si tiene in d.**, self-effacing □ **il tenersi in d.**, self-effacement.
dispèndio, *m.* expenditure (*anche fig.*); expense; spending (on such a scale): **d. di tempo e denaro**, expenditure of time and money; **non permettersi tale d.**, not to allow oneself such heavy spending (*o* spending on such a scale).
dispendiosaménte, *avv.* expensively. ● **vivere d.**, to live like a lord.
dispendióso, *a.* expensive; costly; dear. ● **non d.**, unexpensive; cheap.
dispènsa, *f.* **1** (*stanza*) larder; pantry; (*mobile*) sideboard, cupboard **2** (*distribuzione*) dispensing; distribution **3** (*pubblicazione periodica*) instalment; number; (*pl.*: *dispense universitarie*) set of university lectures, course: **dispense di storia**, history course **4** (*leg.*, *relig.*) dispensation: **d. matrimoniale**, marriage dispensation **5** (*esenzione*) exemption: **d. dal servizio militare**, exemption from military service. ● **romanzo a dispense**, serial novel.
dispensàbile, *a.* dispensable.
dispensare, A *v. t.* **1** (*distribuire*) to dispense; to bestow (upon sb., *lett.*); to distribute; to give* out: **La natura dispensa i suoi doni**, Nature dispenses her bounties **2** (*esimere*) to dispense; to exempt; to release: **d. da un obbligo**, to dispense from an obligation; (*relig.*) **d. q. dal digiuno**, to dispense sb. from fasting; **d. q. dal servizio militare**, to exempt sb. from service in the army. ● **d. q. dal lavoro**, to relieve sb. from working □ **farsi d. dalla Chiesa**, to get a dispensation from the Church. **dispensarsi, B** *v. rifl.* to abstain (from); to excuse oneself (from); to get* out (of).
dispensàrio, *m.* (*med.*) dispensary; (*aggregato a un ospedale, anche*) clinic.
dispensatóre, *m.* distributor; dispenser; bestower.
dispensière, *m.* **1** (*lett.*) distributor; dispenser; bestower **2** (*che sovrintende alla dispensa*) steward.
dispepsìa, *f.* (*med.*) dyspepsia.
dispèptico, *a.* e *m.* (*med.*) dyspeptic.

disperare, A *v. i.* **1** to despair; to give* up hope: **Quando guardo l'umanità, dispero,** when I look at humanity, I despair **2** (*d. di, o che*) to despair (of); to have no hope (of): **Dispero di riuscire,** I despair (*o* I have no hope) of succeeding; **Dispero della vittoria,** I have no hope of victory; **Dispero che lo salvino,** I despair (*o* I have no hope) of their saving him; **Ho sempre disperato che lo salvassero,** I never had any hope (*o* I always despaired) of their saving him. ● **far d.**, to drive (sb.) mad; to bring (sb.) to the verge of despair; to be (sb.'s) despair: **Quel bambino (questa formula) mi fa d.**, that child (this formula) is driving me mad; **Spesso mi hai fatto d.**, you often brought me to the verge of despair; **Facevo d. la sarta,** I was my dress-maker's despair. ● **Non bisogna mai d.**, never say die (*fam.*). **disperarsi,** B *v. rifl.* to give* oneself up to despair.
disperataménte, *avv.* **1** desperately **2** (*con grande urgenza, anche*) with desperate speed; against time **3** (*alla disperata*) recklessly. ● **piangere d.**, to weep bitterly; to cry one's eyes (*o* heart) out.
disperato (1), *a.* **1** desperate; in despair (*pred.*); (*senza speranza*) hopeless; (*che non bada alle conseguenze*) reckless: **un caso d.**, a desperate case; **coraggio d.**, desperate courage; **essere in condizioni disperate,** to be in a hopeless state; **una lotta disperata,** a desperate struggle; **una malattia disperata,** a desperate illness; **Lo trovai d.**, I found him in despair **2** (*di disperazione*) despairing: **uno sguardo d.**, a despairing look **3** (*miserabile*) destitute; wretched; miserable; (*senza un soldo*) penniless; without a cent (*USA*). ● **alla disperata,** recklessly □ **essere d.**, to be in despair □ **un'anima disperata,** a lost soul.
disperato (2), *m.* **1** (*spiantato*) (penniless) wretch; person without a penny (*USA*: without a cent) to his name **2** (*persona che non ha nulla da perdere, che osa l'impossibile*) reckless (*o* desperate) man*; desperado. ● **gridare come un d.**, to shout like a madman □ **lavorare come un d.**, to work oneself to death; to slave away □ **I medici lo danno per d.**, the doctors say he is at death's door; the doctors say there's no hope (of saving him).
disperazióne, *f.* despair; hopelessness; desperation (*quasi esasperazione*): **in un accesso di d.**, in a fit of despair; **darsi alla d.**, to give oneself up to despair; **essere assalito (*o* preso) dalla d.**, to be overcome by despair (*o* by a sense of hopelessness); **per d.**, in desperation: **Finalmente, per d., glielo chiesi a bruciapelo,** finally, in desperation, I asked him straight out; **Tu sei la mia d.** (*o* **la d. dell'anima mia**), you're my despair; you'll be the death of me; **il coraggio della d.**, the courage of despair; **ridurre q. alla d.**, to drive sb. to despair.
disperdènte, *m.* (*chim.*) dispersant.
dispèrdere, A *v. t.* **1** to disperse; (*un esercito, un gregge*) to scatter; (*nebbia, nuvole*) to dissipate, to dispel: **La polizia disperse la folla,** the police dispersed (*o* scattered) the crowd; **Il vento disperse la nebbia,** the wind dispelled the fog **2** (*sconfiggere*) to rout **3** (*fig.*) to waste; to dissipate; to squander: **d. le energie,** to waste one's efforts **4** (*chim., fis.*) to disperse. **dispèrdersi,** B *v. rifl.* **1** to disperse; to scatter: **La folla si disperse all'arrivo della polizia,** the crowd dispersed when the police arrived **2** (*andare perduto*) to be lost (*o* scattered) **3** (*fig.*) to waste one's efforts (*o* one's time).
dispersióne, *f.* **1** dispersion; dispersal; scattering **2** (*fig.: spreco*) waste **3** (*fis.*) leak; leakage: **d. di elettricità,** leakage of magnetic force **4** (*chim., fis.*) dispersion **5** (*stat.*) spread. ● **d. del calore,** loss of heat.
dispersività, *f.* dispersiveness.
dispersivo, *a.* dispersive; (*fig., anche*) time-wasting.
dispèrso, A *a.* lost; missing. B *m.* (*mil.*) missing soldier. ● **i dispersi,** the missing: **I dispersi erano cinquanta,** the missing were fifty □ **due morti e un d.**, two men dead and one missing.
dispersóre, *m.* (*elettr.*) earth (*o* ground) plate.
dispètto, *m.* spite; spitefulness; (*irritazione*) irritation, vexation, annoyance: **a d. di,** in spite of: **a d. dei tuoi consigli,** in spite of your advice; **Con mio grande d. lo incontrai,** much to my vexation, I met him; **per d.**, out of spite. ● **a mio marcio d.**, in order to spite me; against my wishes □ **fare dispetti a q.**, to tease sb.; to annoy sb.
dispettóso, *a.* spiteful; (*impertinente*) saucy, impudent.
dispiacènte, *a.* **1** displeasing **2** (*dolente: nel chiedere scusa e sim.*) sorry: **Ne sono d.**, I'm sorry for it; I regret it.
dispiacére (1), *m.* **1** affliction; sadness (*solo sing.*); (*grave d.*) sorrow, grief: **il piacere e il d.**, pleasure and sadness; **È stato un forte d. per lui,** it has been a great sorrow for him **2** (*rammarico*) regret; sorrow: **con molto d.**, to my (your, etc.) great regret; **esprimere il proprio d.**, to express sorrow **3** (*preoccupazione*) worry; trouble: **Poverina, i dispiaceri l'hanno invecchiata,** poor thing, her troubles have aged her **4** (*disapprovazione*) displeasure; (*delusione*) disappointment: **Sarà d. anche per lui,** it will be a disappointment for him too. ● **avere (*o* provare, sentire) d.**, to be sorry (for); to regret □ **Sarà d. (per**

me) non vederlo, I'll be sorry not to see him.
dispiacére (2), A *v. i.* **1** (*riuscire sgradito*) to be displeasing (*o* unpleasant): **È un uomo che dispiace,** he is an unpleasant man **2** (*non piacere*) not to like, to dislike (*costruzione pers.*): **A me dispiace tutto di lui,** I dislike everything (*o* I don't like anything) about him; **A me non dispiace questo,** I don't dislike this **3** (*nelle frasi di cortesia*) to be sorry, to mind (*costruzione pers.*): **Mi dispiace (davvero) che tu non stia bene,** I'm sorry (*o* so sorry) you're not feeling well; **Mi dispiace se La disturbo,** sorry (*ellittico per*: I am sorry) to trouble you; **Ti dispiacerebbe fargli un'ambasciata?**, would you mind giving him a message?; **Se non ti dispiace, verrei un'altra volta,** if you don't mind, I'd rather come some other time **4** (*far dispiacere a*) to displease: **La sua condotta mi dispiaceva alquanto,** his conduct rather displeased me. ● (*di musica, ecc.*) **d. all'orecchio,** to offend sb.'s ear. **dispiacérsi,** B *v. rifl.* to be sorry (for): **Mi dispiaccio di quanto è accaduto ieri,** I am sorry for what happened yesterday.
dispiaciuto, *a.* **1** (*dolente*) sorry **2** (*contrariato*) annoyed; vexed.
dispiegare, A *v. t.* **1** (*naut.: di vele*) to unfurl **2** (*fig.*) to disclose. **dispiegarsi,** B *v. rifl.* **1** to unfold; to spread* out; (*di bandiera*) to unfurl, to flap: **una bandiera che si dispiega al vento,** a flag flapping in the wind.
displasìa, *f.* (*med.*) dysplasia.
displùvio, *m.* **1** (*geol.: spartiacque*) watershed **2** (*geol.: falda*) slope; mountain-side; hill-side **3** (*di tetto*) ridge **4** (*archit.*) hip. ● **linea di d.**, (*spartiacque*) watershed; (*di tetto*) ridge.
dispnèa, *f.* (*med.*) dyspn(o)ea.
dispnòico, (*med.*) A *a.* dyspn(o)eic. B *m.* patient affected with dyspn(o)ea.
dispondèo, *m.* (*poesia*) dispondee; double spondee.
disponibile, A *a.* **1** (*di cosa*) available; disposable **2** (*libero, vuoto*) vacant: **una camera d.**, a vacant room **3** (*di persona*) disposed, willing (*seguiti da inf.*) **4** (*fig.: libero da impegni*) free **5** (*fig.: aperto a esperienze nuove*) open-minded; receptive. ● **posto d.**, vacancy □ **Non essendoci più denaro d., l'avventuriero partì,** as there was no more money for him to lay his hands on, the adventurer departed. B *f.* (*leg., anche quota d.*) property of which testator can dispose; disposable portion.
disponibilità, *f.* **1** (*di cosa*) availability **2** (*di persona*) willingness **3** (*fig.: apertura ad esperienze nuove*) open-mindedness; receptiveness **4** (*specialm. al pl., econ.*) available funds (*pl.*); current assets (*pl.*). ● **essere in d.**, (*bur., mil.*) to be unattached; to be on half-pay; (*naut.*) to be in dry dock.
dispórre, A *v. t.* **1** (*assegnare a un posto, collocare*) to place; (*collocare in un certo ordine*) to arrange, to set* out, to dispose; (*schierare*) to range: **Disposi gli ospiti secondo le precedenze,** I placed my guests in order of precedence; **D. picchetti all'esterno dell'edificio,** to place pickets outside the building; **d. la propria roba in un baule** (**i mobili in una stanza, i fiori in un vaso, i libri nello scaffale, ecc.**), to arrange one's things in a trunk (the furniture in a room, the flowers in a vase, the books on a shelf, etc.); **Il coreografo dispose i ballerini in un gruppo,** the choreographer arranged (*o* placed, disposed) the dancers in a group; **Lungo il percorso erano disposti soldati,** soldiers were disposed all along the route **2** (*mettere in mostra*) to display: **arnesi disposti in una vetrina** (**a una fiera campionaria**), tools displayed in a shop-window (at a trade-fair) **3** (*predisporre*) to make* arrangements; to arrange: **d. tutto** (*o* **quanto occorre**) **per la propria partenza** (**per il ricevimento, ecc.**), to make all arrangements for one's departure (for the reception, etc.) **4** (*prescrivere, ordinare*) to prescribe; to order. B *v. i.* **1** (*leg., generalm.*) to dispose (of): **Mio nonno ha già disposto dei suoi beni,** my grandfather has already disposed of his property by will **2** (*avere a disposizione*) to have (sb., st.) at one's disposal; to have: **Dispongo dei migliori operai,** I had the best workmen at my disposal **3** (*comm.: di merce*) to have in stock; to have **4** (*essere dotato*) to have: **L'albergo dispone di 200 letti,** the hotel has 200 beds (*o* can accommodate 200 people) **5** (*comandare, decidere*) to provide; to order; (*combinare*) to arrange (for): **La legge dispone che gli impiegati siano assicurati,** the law provides that employees should be insured; **Ho disposto che comincino lunedì,** I've arranged for them to begin on Monday. ● **d. l'animo (per q.c.)**, to put oneself in the mood (for st., to do st.); to prepare oneself (to hear, to see, etc.) □ **d. benevolmente l'uditorio,** to get the audience on one's side; to get the right side of the audience □ (*naut.*) **d. le boe,** to buoy □ (*polit.*) **d. della stampa,** to command the press □ **ricorrere a tutti i mezzi di cui si dispone,** to have recourse to all available means □ **Puoi d. di me come vuoi,** I am entirely at your service □ (*prov.*) **L'uomo propone e Dio dispone,** man proposes, God disposes. **dispórsi,** C *v. rifl.* **1** (*porsi in un certo ordine*) to arrange (*o* to place) oneself; to set* out **2** (*prepararsi*) to prepare; to get* ready; to be about (to): **d. a ricevere q.**, to get ready to welcome sb.; **d. all'azione (alla lotta, ecc.)**, to prepare for action (for the

dispositivo (1), *a.* dispositive.
dispositivo (2), *m.* **1** (*leg.*) purview **2** (*mecc.*) device; contrivance; appliance; (*se complicato*) apparatus; (*accessorio*) gear, attachment; (*di blocco*) interlock: **d. di comando**, control device; **d. di comando del timone** (*o* **dello sterzo**), steering-gear. ● (*mil.*) **d. di lancio**, launcher □ (*mecc.*) **d. di riscaldamento**, heater □ **d. di sicurezza**, safety-bolt.
disposizione, *f.* **1** disposal: **essere a d. di q.**, to be at sb.'s disposal; **I quattrini sono a tua d.**, the money is at your disposal **2** (*collocamento*) disposition; placing; arrangement: **la d. delle truppe nei vari settori**, the disposition of the troops in the various sectors; **La d. dei libri** (**delle seggiole, ecc.**) **funziona bene**, the disposition of the books (of the chairs, etc.) is practical; **una d. di fiori nello stile giapponese**, a Japanese-style flower-arrangement **3** (*ordine*, *istruzione*) order; direction; instruction: **dare disposizioni**, to give orders (*o* to make arrangements); **fino a nuove disposizioni**, till further instructions; **per d. superiore**, by order (of one's superiors) **4** (*leg.*) provision: **secondo le disposizioni di legge**, under (*o* according to) the provisions of the law; **salvo diversa d. di legge**, if there is no provision to the contrary **5** (*inclinazione*, *temperamento*) disposition; (natural) gift; tendency; bent; turn: **una persona con una d. socievole**, a person with a sociable disposition; **La ragazza non ha studiato, ma ha d.**, the girl has not been trained, but she has a natural gift (*o* but she is gifted); **avere d. per le lingue**, to have a natural bent for languages; **Ha d. per la meccanica**, he is of a mechanical turn **6** (*stato d'animo*) frame of mind; mood: **Era in una d. (d'animo) piuttosto tetra**, he was in a rather gloomy mood. ● (*tipogr.*) **la d. di una pagina**, the lay-out (of a page) □ (*leg.*) **d. testamentaria**, disposition (by will) □ (*bur.*) **essere a d.** (*del Ministero, ecc.*), to be unattached; to be on half-pay □ **avere tempo a propria d.**, to have time to oneself □ **mettere q.c. a d. di q.**, to place st. at sb.'s disposal □ (*leg.*) **potere di d.**, power to dispose (of st.) □ **ultime disposizioni** (*prima di morire*), last wishes.
disposto, **A** *a.* disposed; inclined; ready; willing; open: **ben d. verso q.**, well-disposed towards sb.; **mal d.**, not well-disposed (*o* ill-disposed, *lett.*); **Sono d. ad accettare a una condizione**, I am willing to accept on one condition; **Sono d. a credergli**, I am inclined to believe him. **B** *m.* (*leg.*) provision(s): **ai sensi del d. di legge**, under (*o* according to) the provisions of the law.
dispotico, *a.* despotic.
dispotismo, *m.* despotism.
dispregiare, *v. t.* (*lett.*) to disparage; to depreciate; to despise.
dispregiativo, **A** *a.* **1** disparaging; depreciatory **2** (*gramm.*) pejorative. **B** *m.* (*gramm.*) pejorative.
dispregiatore, *m.* (*lett.*) disparager; despiser.
dispregio, *m.* disparagement; depreciation: **cadere in d.**, to incur disparagement. ● **tenere in d.**, to hold in contempt; to disdain; to despise.
disprezzabile, *a.* despicable: **un omino d.**, a despicable little man. ● **non d.**, considerable; no mean (*attr.*): **È stato un successo non d.**, it has been no mean (*o* a considerable) achievement.
disprezzare, **A** *v. t.* **1** to despise; to hold* in contempt; to contemn (*lett.*); to look down upon (sb., st.) **2** (*disdegnare*) to scorn; to spurn. ● (*prov.*) **Chi disprezza, compra**, never cheapen unless you mean to buy. **disprezzarsi**, **B** *v. rifl.* to feel* contempt for oneself; to despise oneself.
disprezzo, *m.* contempt; scorn; disdain: **occhi pieni di d.**, eyes full of scorn; scornful eyes. ● **agire con d. del pericolo**, to act with disregard of danger.
disprosio, *m.* (*chim.*) dysprosium.
disputa, *f.* **1** dispute; discussion; debate **2** (*lite*) quarrel; squabble (*fam.*) **3** (*filos.*) disputation.
disputabile, *a.* disputable.
disputabilità, *f.* disputability; disputableness.
disputare, **A** *v. i.* **1** to dispute (about, on st.); to discuss; to argue (with sb. about st.) **2** (*litigare*) to quarrel; to squabble (*fam.*). **B** *v. t.* to dispute: **d. il passo a q.**, to dispute sb.'s right of way. ● **d. una gara**, to take part in a contest. **disputarsi**, **C** *v. rifl. recipr.* to quarrel over (st.); to fight* over (st.); to contend for (st.): **d. il premio**, to contend for the prize.
disputatore, *m.* disputant.
disquisire, *v. i.* to dissert (*lett.*).
disquisitore, *m.* disquisitor; dissertator.
disquisizione, *f.* disquisition; dissertation.
dissabbiare, *v. t.* (*ing.*) to desilt.
dissacrare, *v. t.* **1** to desecrate **2** (*fig.*) to remove (st.) from its pedestal.
dissacratore, *m.* desacralizer.
dissacrazione, *f.* **1** desecration **2** (*fig.*) removing (of st.) from its pedestal.
dissalare, **A** *v. t.* to desalinate; to desalinize; to desalt; to remove salt from. **dissalarsi**, **B** *v. rifl.* to desalt; to desalinate. ● **mettere il baccalà a d.**, to put dried salted cod in water so as to get the salt out.
dissalatore, *m.* (*chim.*) desalter.
dissalazione, *f.* desalination; desalinization.
dissaldare, *v. t.* (*mecc.*) to unsolder (*anche fig.*).
dissanguamento, *m.* **1** bleeding; blood-letting **2** (*fig.*) bleeding (white).
dissanguare, **A** *v. t.* **1** to bleed*; to draw* blood from (sb.) **2** (*fig.*) to bleed* (white). **dissanguarsi**, **B** *v. rifl.* to bleed* oneself (*anche fig.*): **Mi sono dissanguato per mantenerlo**, I bled myself to keep him.
dissanguato, *a.* **1** bloodless **2** (*fig.*) bled (white). ● **morire d.**, to bleed to death.
dissapore, *m.* misunderstanding; slight disagreement.
dissecare, *v. t.* (*anat.*) to dissect.
disseccare, **A** *v. t.* to desiccate; to dry up; to parch. **disseccarsi**, **B** *v. rifl.* to dry up (*anche fig.*): **Il fiume si disseccò durante l'estate**, the river dried up during the summer.
disseccativo, *a.* desiccative.
disselciare, *v. t.* to unpave.
dissellare, *v. t.* to unsaddle.
disseminare, *v. t.* to disseminate; to sow* (the seeds of); to spread* (abroad); to scatter (abroad): **d. scuole in tutto il continente**, to disseminate schools all over the continent; **d. i sospetti**, to sow the seeds of suspicion; **d. il panico**, to spread panic.
disseminato, *a.* strewn (with). ● **un cielo d. di stelle**, a star-spangled sky.
disseminatore, *m.* disseminator; spreader.
disseminazione, *f.* (*anche bot.*) dissemination.
dissennatezza, *f.* madness; foolishness.
dissennato, *a.* mad; foolish; crazy.
dissensione, *f.* dissension; disagreement.
dissenso, *m.* **1** dissent; disagreement: **Manifestò il suo d.**, he gave voice to his dissent **2** (*discordia*) discord; variance; dissention. ● **scrittori del d.**, dissenting (*o* dissident) writers.
dissenteria, *f.* (*med.*) dysentery.
dissenterico, (*med.*) **A** *a.* dysenteric. **B** *m.* dysenteric patient.
dissentire, *v. i.* to dissent (from); to disagree (with).
dissenziente, **A** *a.* dissentient; in disagreement (*pred.*). **B** *m. e f.* **1** dissentient **2** (*relig.*) dissenter.
dissepolto, *a.* **1** exhumed; disinterred **2** (*archeol.*) excavated.
disseppellimento, *m.* exhumation; disinterment; unearthing (*anche fig.*).
disseppellire, *v. t.* **1** to exhume; to disinter; to unbury, to dig* up, to unearth (*anche fig.*) **2** (*archeol.*) to excavate: **d. un'antica città**, to excavate an ancient city.
dissequestrare, *v. t.* (*leg.*) to release (st.) from seizure; to dissequester.
dissequestro, *m.* (*leg.*) release from seizure; dissequester; dissequestration.
disserrare, **A** *v. t.* (*lett.*) **1** to unlock **2** (*fig.*) to disclose. **disserrarsi**, **B** *v. rifl.* to be released.
dissertare, *v. i.* to dissert, to discourse (on st.).
dissertatore, *m.* dissertator.
dissertatorio, *a.* dissertational.
dissertazione, *f.* dissertation; discourse. ● **d. di laurea**, thesis; dissertation □ **Pubblicai la mia d. sull'utilizzazione delle alghe marine**, I published my paper on the uses of sea-weed.
disservizio, *m.* poor service; inefficiency; disorganization: **Il d. telefonico è innegabile**, the inefficiency of the Telephone Company cannot be denied.
dissestare, *v. t.* **1** to disarrange; to unbalance; to impair **2** (*econ., fin.*) to ruin; to bring* about the failure of.
dissestato, *a.* **1** disarranged; in disorder (*pred.*) **2** (*econ., fin.*) ruined; in the red; encumbered with debts.
dissesto, *m.* **1** disarrangement; impairment; unbalance **2** (*econ., fin.*) ruin; failure **3** (*leg.*: *fallimento*) bankruptcy.
dissetante, **A** *a.* refreshing; thirst-quenching. **B** *m.* refreshing drink; thirst-quencher.
dissetare, **A** *v. t.* **1** to quench (*o* to slake) (sb.'s) thirst **2** (*fig.*) to satisfy. **dissetarsi**, **B** *v. rifl.* **1** to quench (*o* to slake) one's thirst; to refresh oneself **2** (*fig.*) to satisfy one's thirst of.
dissettore, *m.* (*med.*) dissector.
dissezione, *f.* dissection: **d. anatomica**, anatomical dissection. ● **sala di d.**, dissecting room.
dissidente, **A** *a.* **1** dissident; dissentient **2** (*relig.*) dissenting; (*in G. B.*) nonconformist. **B** *m. e f.* **1** dissident **2** (*relig.*) dissenter; (*in G.B.*) nonconformist.
dissidenza, *f.* dissidence; dissent; disagreement.
dissidio, *m.* **1** dissension; dissidence; disagreement; variance: **essere in d. con q.**, to be at variance with sb. **2** (*lite*) dissension; quarrel: **comporre un d.**, to settle a quarrel.
dissigillare, *v. t.* to unseal; to break* the seal of; to remove

dissimilazióne, f. (linguistica) dissimilation.
dissìmile, a. unlike (sb., st.); different (from sb., st.); dissimilar: **Egli è d. dal padre**, he is unlike (o different from) his father; **persone con gusti dissimili**, people with dissimilar tastes.
dissimilitùdine, f. (lett.) dissimilitude.
dissimmetrìa, f. dissymmetry; lack of symmetry.
dissimmètrico, a. dissymmetric(al).
dissimulàre, A v. t. 1 to dissimulate; to dissemble; to conceal; to disguise: **Sei un'anima candida e non sai d.**, you're a candid soul and can't dissemble; **Cercai di d. la mia ansietà di fronte agli amici**, I tried to conceal my anxiety from my friends 2 (fingere) to feign; to pretend; to simulate. B v. i. to dissemble; to dissimulate; to pretend.
dissimulatóre, m. dissimulator; dissembler.
dissimulazióne, f. dissimulation; dissembling; concealment.
dissipàbile, a. dispersible; that can be dispelled (o dissipated).
dissipàre, A v. t. 1 (le proprie energie, ecc.) to dissipate; to waste 2 (la nebbia, un dubbio, ecc.) to dispel; to disperse; to dissipate: **Il vento dissipò la nebbia**, the wind dispelled the fog 3 (scialacquare) to dissipate; to squander; to run* through (fam.): **Egli dissipò presto il suo patrimonio**, he soon dissipated (o ran through) his fortune. **dissipàrsi**, B v. rifl. 1 (dissolversi) to dissipate; to disperse; to vanish 2 (fig.) to dissolve; to fade away.
dissipatézza, f. dissipatedness; dissipation.
dissipàto, A a. dissipated; frivolous. B m. pleasure-seeker.
dissipatóre, m. spendthrift; squanderer.
dissipazióne, f. dissipation; (delle proprie sostanze, anche) squandering; wasteful expenditure.
dissociàbile, a. dissociable.
dissociabilità, f. dissociability.
dissociàre, A v. t. to dissociate; to separate; to disunite. **dissociàrsi**, B v. rifl. (anche chim.) to dissociate.
dissociativo, a. dissociative.
dissociàto, A a. dissociated (anche chim.). B m. (psic.) sufferer from dissociation.
dissociazióne, f. (anche chim., psic.) dissociation: **d. elettrolìtica (tèrmica)**, electrolytic (thermal) dissociation; **d. psìchica**, psychic dissociation.
dissodaménto, m. (agric.) ploughing; tillage.
dissodàre, v. t. (agric.) to plough; to till; to break* up.
dissolùbile, a. dissoluble; soluble; dissolvable.
dissolubilità, f. dissolubility; solubility; dissolvability.
dissolutézza, f. dissoluteness; licentiousness; depravity.
dissolutivo, a. disintegrative.
dissolùto, A a. dissolute; licentious; depraved; debauched. B m. dissolute person; debauchee; gay dog (pop.).
dissolutóre, m. 1 dissolver 2 (chim.) dissolvent.
dissoluzióne, f. 1 (il dissolvere) dissolution; breaking up; disintegration (anche fig.): **la d. della carne**, the dissolution of the flesh 2 (il dissipare) dissipation; dispelling; dispersing; driving away 3 (fig.: scioglimento) dissolution: (comm.) **la d. d'una società**, the dissolution of a partnership 4 (fig.: dissolutezza) dissoluteness; licentiousness.
dissolvènza, f. (cinem., telev.) fading. ● **d. in apertura**, fade-in □ **d. in chiusura**, fade-out □ **d. incrociata**, cross-fade.
dissòlvere, A v. t. 1 (disunire, disgregare; anche fig.) to dissolve; to break* up; to disintegrate 2 (dissipare, disperdere) to dissolve; to dispel; to disperse; to drive* away: **Le tue parole hanno dissolto ogni dubbio**, your words have dispelled all doubt 3 (sciogliere) to dissolve: **L'acqua dissolve lo zucchero**, water dissolves sugar. **dissòlversi**, B v. rifl. 1 to dissolve: **Lo zucchero si dissolve nell'acqua**, sugar dissolves in water 2 (fig.) to dissolve; to fade away.
dissolviménto, m. (lett.) V. **dissoluzióne**.
dissomigliànte, a. unlike (sb., st.); different; dissimilar: **Il ritratto della ragazza è d.**, the girl's portrait is unlike her.
dissomigliànza, f. unlikeness; dissimilarity. ● **Ci sono delle dissomiglianze fra i gemelli**, there are some points in which the twins differ.
dissomigliàre, v. i. **dissomigliàrsi**, v. rifl. to be unlike (sb., st.); to differ: **I due fratelli dissomigliano nei gusti**, the two brothers differ in their tastes.
dissonànte, a. (mus. e fig.) dissonant.
dissonànza, f. (mus. e fig.) dissonance.
dissonàre, v. i. 1 (mus.) to be out of tune; to jar 2 (fig.) to disagree; to clash.
dissotterràre, v. t. 1 (anche fig.) to exhume; to disinter; to unbury; to dig* up: **A che serve d. quel vecchio scandalo?**, what's the use of digging up that old scandal? 2 (archeol.) to excavate.
dissuadére, v. t. to dissuade (sb. from st., o against st.); to deter: **d. q. dal fare q.c.**, to dissuade sb. from doing st.; to argue sb. out of doing st.

dissuasióne, f. dissuasion.
dissuasivo, a. dissuasive.
dissuasóre, m. dissuader.
dissuèto, a. 1 (lett.: disavvezzo) unaccustomed; disaccustomed 2 (desueto) disused; obsolete.
dissuetùdine, f. desuetude; disuse: **cadere in d.**, to fall into disuse; to fall out of use.
dissuggellàre, v. t. to unseal.
distaccàbile, a. detachable.
distaccaménto, m. 1 detachment; separation 2 (mil.) detachment.
distaccàre, A v. t. 1 to detach; to separate 2 (allontanare) to alienate; to estrange: **d. un ragazzo dalla famiglia**, to alienate a boy from his family 3 (trasferire: un ufficio) to set* up; (un impiegato) to detail, to transfer; (mil.) to detach, to second: **d. un soldato presso un altro reparto**, to second a soldier to another unit. 4 (sport) to leave* behind; to outdistance 5 (miss.: un modulo da un altro, ecc.) to undock. ● **ufficio distaccato**, branch office. **distaccàrsi**, B v. rifl. 1 to be detached; to get* separated; to come* off 2 (distinguersi) to stand* out: **La sua opera si distacca da quella degli altri**, his work stands out from that of the others 3 (allontanarsi) to withdraw*; to retire: **d. dal mondo**, to withdraw from the world.
distaccàto, a. 1 detached; separated 2 (fig.: indifferente) detached; indifferent; aloof; standoffish. ● **un ufficio d.**, a branch office.
distàcco, m. 1 separation; detaching; removal 2 (partenza) parting; leaving; leave-taking: **il momento del d.**, the moment of parting 3 (aeron.: decollo) take-off 4 (miss.: di un modulo, ecc.) undocking 5 (fig.: indifferenza) detachment; indifference; aloofness; standoffishness: **Ora ne posso parlare con d.**, I can talk of it with detachment now. ● (med.) **d. della retina**, detachment of the retina □ (sport) **vincere con d.**, to win hands down (fam.).
distàle, a. (anat.) distal.
distànte, A a. 1 distant; remote; far; far-away; far-off: **un suono d.**, a distant sound; **Sono paesi distanti dalla città**, those villages are far from the town; **La scuola è d. cinque miglia**, the school is five miles distant (o five miles from here, from there); **paesi distanti, come la Nuova Zelanda**, far-off countries, like New Zealand 2 (fig.) distant; detached; indifferent; (di persona, anche) standoffish: **uno sguardo d.**, a distant look. B avv. far; far off; far away: **abitare molto d.**, to live very far; **Non ci vedo così d.**, I cannot see as far as that. ● **fatti distanti nel tempo**, events which took place a long time ago □ **poco d. dalla città**, a little way out of town.
distànza, f. 1 distance (anche fig.); (molta d.) a long way; (vuoto fra due punti) gap, space: **In d. si vedeva il mare**, in the distance one could see the sea; **Erano costruite a una d. di venti metri l'una dall'altra**, they were built at a distance of twenty metres from each other; **Dipingeva bene le distanze**, he painted distances well; **C'è molta d. da qui al Perù**, it's a long way from here to Peru; **Lascia più d. fra i quadri!**, leave bigger gaps (o more space) between the pictures; (fig.) **tenere (o mantenere) le distanze**, to keep one's distance; **alla d. di venti passi**, at a distance of twenty paces; (mecc.) **d. fra due centri**, distance between centres; (fis.) **d. frontale**, working distance; (naut.) **d. al traverso**, distance on beam; (naut.) **d. zenitale**, zenith distance 2 (sport) distance: **una corsa sulla d. di mille miglia**, a race over a distance of a thousand miles 3 (d. massima) range: (fis.) **d. visiva**, optical range; (aeron., naut.) **d. di visibilità**, range of visibility. ● (fis.) **d. focale**, focal length □ (mecc.) **d. tra due perni**, spread □ (mil.) **essere a d. di tiro**, to be within striking distance (o within gunfire range) □ **comando a d.**, remote control □ **stare a rispettosa d. da q.**, to keep at a safe distance from sb.; to give sb. a wide berth □ (fig.) **tenere q. a d.**, to keep sb. at arm's length □ (anche fig.) **tenere a d.**, to hold (o to keep oneself) aloof □ (fig.) **tenersi alla debita d.**, to know one's place □ **L'isola è a poca d. dalla costa**, the island is just off the coast □ **Ci corre parecchia d. tra lui e i suoi imitatori**, it's a far cry from him to his imitators.
distanziaménto, m. 1 (sport) outdistancing 2 (aeron.) separation.
distanziàre, v. t. 1 (sport) to leave* behind; to outdistance 2 (porre a una certa distanza) to space out 3 (fig.) to surpass; to outstrip; to outdo*.
distanziatóre, m. (mecc.) spacer: **anello d.**, spacer ring.
distanziomètrico, a. distance-measuring.
distanziòmetro, m. diastimeter.
distàre, v. i. to be distant; to be... away: **Dista due miglia di qui**, it is two miles away from here. ● **Quanto distano i due paesi?**, how far apart are the two villages?
distèndere, A v. t. 1 (orizzontalmente) to spread*; (ind. tessile) to tenter: **d. la tovaglia sulla tavola** (una coperta sull'erba, il

burro sul pane), to spread the cloth on the table (a rug on the grass, butter on bread); (naut.) **d. una vela**, to spread a sail **2** (*parti del corpo*) to stretch (out); (*le ali*) to stretch (out), to spread*, to open (out): **d. le braccia**, to stretch out one's arms; **L'uccello distese le ali**, the bird spread its wings **3** (*mettere a giacere*) to lay*: **Lo distesero sul letto**, they laid him on the bed **4** (*mus.: la voce*) to widen the range of (one's voice) **5** (*compilare*) to write* out (in full); to draw* up: **d. un trattato**, to write out a treatise: **d. un documento**, to draw up a document **6** (*rilassare*) to relax: **d. i muscoli**, to relax one's muscles. ● **d. il bucato** (*o* **i panni**), to hang out the washing □ **d. la mano** (**in aiuto**), to lend a (helping) hand □ **d. i nervi**, to relax □ (*cucina*) **d. la pasta**, to roll out dough □ **d. q. con un pugno**, to knock sb. down. **distèndersi, B** *v. rifl.* **1** (*sdraiarsi*) to lie* down; to lay* oneself down: **La ragazza si distese sulla sabbia**, the girl lay down on the sand **2** (*estendersi*) to spread* (out); to stretch; to extend **3** (*rilassarsi*) to relax. ● (*fig.*) **essersi disteso** (*sentirsi rilassato*), to feel relaxed.

distensióne, *f.* **1** stretching out; straining **2** (*rilassamento*) relaxation; relaxing: **la d. dei muscoli**, the relaxation of the muscles; **un periodo di d.**, a period of relaxation **3** (*polit.*) détente.

distensivo, *a.* relaxing; soothing: **un clima d.**, a relaxing climate. ● **politica distensiva**, conciliatory policy.

distésa, *f.* **1** expanse; stretch: **la d. del mare**, the expanse of the sea **2** (*fila di oggetti*) line; row; range. ● **a d.**, uninterruptedly; continuously ● **suonare le campane a d.**, to peal the bells □ **Le campane suonano a d.**, the bells are ringing a full peal.

distesaménte, *avv.* extensively; at (full) length; in detail; in full.

distéso, *a.* **1** extended; outstretched; stretched out; drawn out; (*di vela*) taut: **con le braccia distese**, with outstretched arms; **giacere d. sull'erba**, to lie outstretched on the grass; **essere d. per terra**, to be stretched out on the ground; to lie flat; **lungo d.**, stretched out at full length **2** (*rilassato*) relaxed. ● **per d.**, extensively; at (full) length; in full; in detail □ **cadere lungo d.**, to fall flat.

dìstico, *m.* (*poesia*) couplet; (*classico*) distich.

distillàbile, *a.* distillable.

distillàre, *v. t. e i.* to distil.

distillato, *m.* (*chim.*) distillate.

distillatóio, *m.* still (*specialm. per alcolici*); distiller.

distillatóre, *m.* (*chim.*) distiller; still.

distillazióne, *f.* (*chim.*) distillation: **d. nel vuoto**, vacuum distillation; **d. a secco**, dry distillation; **d. continua**, continuous distillation; **d. discontinua**, batch distillation; **d. in corrente di vapore**, steam distillation. ● **prodotto di d.**, distillate.

distillerìa, *f.* distillery.

dìstilo, *a.* **1** (*archit.*) distyle **2** (*bot.*) distylous.

distimìa, *f.* (*psic.*) dysthymia.

distìnguere, A *v. t.* **1** (*in quasi tutti i sensi*) to distinguish; to tell* (st. from st. else); (*percepire la differenza*) to realize the difference; to see* the difference (*anche fig.*); (*con gli altri sensi*) to hear* (to taste, etc.) the difference: **d. il bene dal male**, to distinguish between good and evil; **Non so distinguerlo da suo fratello: sono gemelli!**, I cannot tell him from his brother; they are twins!; **Non distinguo il «la» dal «la diesis»**, I can't hear the difference between an A and an A sharp **2** (*discernere*) to make* out; to see*: **Non si distingueva nulla nella nebbia**, one couldn't see anything (*o* one could see nothing) in the fog; **Lo si distingueva appena in lontananza**, I could just make him out in the distance **3** (*dividere*) to divide; to separate: **Di solito distinguiamo le opere di Chaucer in tre periodi**, we usually divide Chaucer's works into three periods **4** (*contrassegnare*) to mark (in a distinctive manner); (*caratterizzare*) to characterize, to distinguish; (*differenziare*) to differentiate: **Li distingueremo con un nastro rosso**, we shall mark them with a red ribbon; **Che cosa distingue questo periodo storico?**, what characterizes this historical period?; **La ragione distingue l'uomo dalle bestie**, reason distinguishes (*o* differentiates) man from beasts. **5** (*far spiccare, far emergere*) to mark out; to put* in a class apart: **La tua altezza ti distinguerebbe ovunque**, your height would mark you out anywhere; **Il talento di Ruggero lo distingue** (*dagli altri*), Roger's talent puts (*o* sets) him in a class apart. ● **L'amico mio rispose con quella mancanza di tatto che lo distingue**, my friend answered back with typical (*o* his usual) tactlessness. **distìnguersi, B** *v. rifl.* **1** to distinguish oneself: **Si distinse in guerra**, he distinguished himself in the war **2** (*farsi notare*) to be conspicuous; to make* oneself conspicuous: **Si distingueva per il suo coraggio**, he was conspicuous for his bravery; **Si distingue perché indossa abiti fuori del comune**, he makes himself conspicuous by wearing unusual clothes **3** (*differenziarsi*) to differ.

distinguìbile, *a.* distinguishable.

distinguo *m. invar.* subtle (*o* petty) distinction.

distinta, *f.* **1** (*comm.*) list; note; schedule: **d. dei prezzi**, price-list; **d. della merce**, packing list; **d. di sconto**, discount note **2** (*banca*) slip: **d. di versamento**, credit slip; paying-in slip (*G.B.*); deposit slip (*USA*).

distintaménte, *avv.* **1** distinctly; clearly **2** (*in modo signorile*) in a distinguished manner **3** (*separatamente*) severally; separately **4** (*nella chiusa di lettere*) Yours faithfully; Yours truly.

distintìssimo, *a.* **1** very distinguished; very refined; (*educatissimo*) very well bred: **una distintissima persona**, a very distinguished person **2** (*nello stile epistolare non va tradotto*): **d. signor Rossi**, Mr. Rossi; Dear Mr. Rossi.

distintivo, A *a.* distinctive; distinguishing. **B** *m.* **1** badge (*anche fig.*) **2** (*di poliziotto*) badge; shield: **consegnare il d.** (*dimettersi*), to turn in one's shield.

distinto, *a.* **1** distinct; (*separato, anche*) separate; (*chiaro, anche*) clear: **Sono due cose distinte**, they are two distinct things; **una pronuncia distinta**, a distinct pronunciation; **una nota distinta**, a clear note **2** (*raffinato*) refined; well-bred; distinguished: **modi distinti**, a well-bred manner; distinguished (*o* refined) manners; **un signore d.**, a distinguished gentleman; **avere un'aria distinta**, to look distinguished. ● (*nella chiusa di una lettera*) (**Con**) **distinti saluti**, Yours faithfully; Yours truly □ **gente distinta**, people of distinction □ (*teatr.*) **posti distinti**, stalls.

distinzióne, *f.* (*in ogni senso*) distinction; (*discriminazione*) discrimination; (*raffinatezza*) refinement; (*onorificenza*) honour; (*riguardo*) consideration, regard: **una d. sottile**, a fine distinction; **senza fare distinzioni**, without making any distinctions; without discrimination; **senza d. di grado**, without distinction of rank; **d. di razza** (*di religione*) racial (religious) discrimination; **conferire una d. a q.**, to confer a distinction on sb.; **Ha una grande d. di modi**, he has a great distinction of manner. ● **fare d.**, to distinguish □ **non fare nessuna d. fra un gioiello vero e uno falso**, not to be able to see the difference between a genuine jewel and a fake □ **senza d.**, without any distinction; (*indiscriminatamente*) indiscriminately (*in modo equo*) impartially, fairly.

distògliere, *v. t.* **1** (*dissuadere*) to dissuade; to persuade (*o* to get*) (sb.) not to do (st.): **Dovresti distoglierlo dal suo proposito**, you should get him not to go on with his idea **2** (*distrarre*) to take* (sb.) away (from st.); to put* (sb.) off (*fam.*); to take* (sb.'s) mind off; to sway, to turn* aside (*con neg.*): **Non distoglierlo dal lavoro**, don't take his mind off his work; **Nulla lo distoglierà**, nothing will sway him.

distoma, *m.* (*zool., Fasciola hepatica*) liver fluke.

distomatòsi, *f.* (*med.*) distomatosis*.

distonìa, *f.* (*med.*) dystonia.

distònico, *a. e m.* (*med.*) dystonic.

distòrcere, A *v. t.* to distort (*anche fig.*); to writhe; to twist; to wrench: **d. le membra**, to distort the limbs; **d. il significato d'una parola**, to distort the meaning of a word. **distòrcersi, B** *v. rifl.* to sprain: **d. la caviglia** (**il polso**), to sprain one's ankle (one's wrist).

distornare, *v. t.* (*lett.*) to divert; to avert; to turn away.

distorsióne, *f.* **1** distortion (*anche fig.*); writhing: **la d. della verità**, the distortion of the truth; (*telev.*) **d. del quadro**, frame distortion **2** (*med.*) sprain.

distòrto, *a.* **1** sprained; twisted: **piede d.**, sprained foot **2** distorted: **immagine distorta**, distorted image **3** (*fig.*) perverted: **piacere d.**, perverted pleasure.

distrarre, A *v. t.* **1** to distract (*da una preoccupazione o sim.*) to take* (sb.'s) mind off (st.): **Il rumore della radio mi distrae**, the noise of the radio distracts me **2** (*divertire*) to entertain; to amuse: **Aiutami a distrarlo**, help me entertain him **3** (*detrarre e destinare ad altro uso*) to divert; (*indebitamente*) to misappropriate. **distràrsi, B** *v. rifl.* **1** to take* one's mind off (st.); to let* one's mind (*o* one's thoughts) wander: **È inutile: alle conferenze mi distraggo**, it's no good: at all lectures, my mind wanders **2** (*svagarsi*) to amuse oneself; to have some fun: **La ragazza si distraeva suonando il piano**, the girl amused herself by playing the piano. ● **Non distrarti!**, pay attention!

distrattaménte, *avv.* absent-mindedly; without paying attention; with only half one's mind; heedlessly.

distratto, A *a.* absent-minded; (*disattento*) inattentive; (*sbadato*) careless, heedless. **B** *m.* absent-minded person.

distrazióne, *f.* **1** absent-mindedness; (*disattenzione*) inattention; (*sbadataggine*) carelessness, heedlessness **2** (*divertimento*) amusement; entertainment; distraction **3** (*di cosa detratta e destinata ad altro uso*) diversion; (*indebitamente*) misappropriation. ● **errore di d.**, careless mistake □ **Durante la convalescenza, la televisione fu una d. per me**, while I was convalescent, television took my mind off my aches and pains.

distrétto, *m.* **1** district **2** (*mil.*) recruiting office (*o* centre); (*in G.B.*) H.Q. ● **d. postale**, postal (delivery) zone; postal area.

distrettuale, *a.* district (*attr.*).
distribuibile, *a.* distributable.
distribuire, *v. t.* **1** (*in tutti i sensi*) to distribute; to dispense (*quasi lett.*); (*a mano*) to hand out: **d. pacchi** (**denaro, doni, premi, ecc.**), to distribute parcels (money, gifts, prizes, etc.); **d. la vernice su una porta** (**il concime su un campo, ecc.**), to distribute paint over a door (manure over a field, etc.); **d. le paghe**, to hand out wages **2** (*assegnare*) to allot; to allocate (*più burocratico*): **d. i profitti di un'azienda** to allot the profits of a business **3** (*dividere in porzioni e assegnare a più persone*) to share (out); to deal* (out): **d. cento sterline tra cinque persone**, to share (out) a hundred pounds among five persons; **d. le carte** (*da gioco*), to deal the cards **4** (*con parsimonia e magari avarizia*) to dole out **5** (*il petrolio, ecc., per mezzo di grandi tubazioni*) to pipe; (*erogare acqua, gas, ecc.*) to bring* **6** (*un giornale in una zona*) to see* to (*o* to be in charge of) the circulation of (a newspaper); (*mandare a più persone*) to send* out **7** (*disporre, collocare*) to place; to put*; to arrange; (*mil.*) to station: **Le truppe furono distribuite lungo il canale**, the soldiers were stationed along the canal. ● **d. colpi a manca e a dritta**, to deal out blows right and left □ **d. l'elemosina**, to distribute (*o* to deal out) alms □ **d. nel tempo**, to spread over a period of time; to stagger □ (*teatr.*) **d. le parti** (*di un dramma*), to cast a play (*cinem.*) **d. una pellicola**, to release a film □ **d. la posta**, (*del postino*) to deliver the mail; (*di altri*) to hand out the post (*o* the mail) □ **d. proporzionalmente**, to prorate □ **d. le provviste**, to hand out the food; (*bur., mil.*) to issue provisions.
distributivo, *a.* (*in tutti i sensi*) distributive.
distributóre, **A** *m.* **1** distributor; dispenser (*lett.*) **2** (*di benzina*) petrol pump; gasoline pump (*USA*) **3** (*automatico*) slot--machine; vending machine; (automatic) vendor **4** (*cinem.*: *di una pellicola*) releaser. ● (*autom.*) **d. d'accensione**, ignition distributor. **B** *a.* distributing; distributive; dispensing; distribution (*attr.*): **apparato d.**, distributive system; distribution machinery (*o* set-up). ● **macchinetta distributrice**, slot-machine; vending machine.
distribuzióne, *f.* **1** distribution: **la d. dei profitti** (**dei premi, della ricchezza, ecc.**), the distribution of profits (of prizes, of wealth, etc.) **2** (*assegnazione*) allotment; allocation **3** (*della posta*) (postal) delivery **4** (*di locomotiva, ecc.*) valve gear. ● (*mecc.*) **d. a cassetto**, slide valve gear □ **la d. delle camere in un appartamento**, the arrangement of the rooms in a flat □ **d. di energia elettrica**, electricity system □ (*mecc.*) **d. di un motore**, timing system □ (*teatr.*) **d. delle parti**, cast (*o* casting) of a play □ (*cinem.*) **d. d'una pellicola**, release of a film □ **albero della d.**, camshaft □ (*mecc.*) **cassetto della d.**, slide valve □ (*mecc.*) **catena della d.**, timing chain □ **una cattiva d. delle risorse economiche**, a maldistribution of economic resources.
districàbile, *a.* extricable.
districare, **A** *v. t.* **1** to disentangle; to sort out; to unravel; to extricate **2** (*fig.*) to extricate (from); to get* out (of). ● **d. un nodo**, to untie a knot. **districarsi**, **B** *v. rifl.* **1** to disentangle (*o* to extricate) oneself **2** (*fig.*: *cavarsela*) to manage; to wriggle (*o* to get*) out (of it.).
distrofia, *f.* (*med.*) dystrophia; dystrophy.
distròfico, *a.* (*med.*) **1** dystrophic **2** (*affetto da distrofia*) suffering from dystrophy.
distrùggere, **A** *v. t.* to destroy (*anche fig.*); (*fig.*) to shatter; to wipe out: **L'esercito fu distrutto**, the army was destroyed; **Il nemico distrusse la città**, the enemy destroyed the town; **Tutte le mie speranze furono distrutte**, all my hopes were destroyed (*o* shattered). **distrùggersi**, **B** *v. rifl.* **1** to be destroyed; (*consumarsi lentamente*) to waste away; to pine **2** (*fig.*: *andare in rovina*) to go* to (rack and) ruin.
distruttibile, *a.* destroyable; destructible.
distruttivo, *a.* destructive.
distrutto, *a.* **1** destroyed: **una città distrutta**, destroyed city **2** consumed: **un uomo d. dalla malattia**, a man consumed by illness **3** demolished: **edificio d.**, demolished building.
distruttóre, **A** *m.* destroyer. **B** *a.* destroying; destructive.
distruzióne, *f.* destruction; wipe-out.
disturbare, **A** *v. t.* **1** to bother; to disturb; to trouble; to inconvenience; to be a nuisance (to sb.): **Le mosche mi disturbavano**, the flies bothered me; **È un peccato di disturbare questa scena idillica**, it is a pity to disturb this idyllic scene; **Mi dispiace che (Lei) sia stato disturbato**, sorry you've been troubled; **Ho paura di d.**, I'm afraid of being a nuisance **2** (*turbare, sconvolgere*) to upset*: **d. i piani di q.**, to upset sb.'s plans; **d. lo stomaco**, to upset (sb.'s) stomach **3** (*trasmissioni radio*) to jam. ● **d. la pubblica quiete**, to break (*o* to disturb) the peace. **disturbarsi**, **B** *v. rifl.* to bother; to trouble; to take* the trouble: **La prego, non si disturbi!**, please don't bother (*anche fam.*); **Non disturbarti a telefonare**, don't trouble to phone; **Non importa che ti disturbi ad accompagnarmi a casa**, you needn't take the trouble to see me home.
disturbato, *a.* **1** disturbed; perturbed **2** (*tel.*) disturbed: **ricezione disturbata**, disturbed reception.
disturbatóre, **A** *m.* disturber. **B** *a.* disturbing; troubling; upsetting. ● **cause disturbatrici**, causes of disturbance.
disturbo, *m.* **1** bother; trouble; inconvenience (*cosa scomoda*); (*della quiete pubblica*) disturbance: **prendersi il d. di fare q.c.**, to take the trouble to do st.; **dare d. a q.**, to give trouble to sb.; to bother sb.; **causare d. a q.**, to cause inconvenience to sb.; **Non è stato nessun d.**, it was no trouble at all; **senza il minimo d.**, without the slightest inconvenience **2** (*med.*) indisposition; ailment; trouble; (slight) disorder: **disturbi di cuore**, heart ailments; **disturbi della dentizione**, teething troubles; **un d. di fegato**, a liver disorder **3** (*pl.*, *radio*) atmospherics; statics; (*intenzionale*) jamming (*sing.*). ● **recare molto d. a q.**, to put sb. to great inconvenience □ (*radio*) **ricezione senza disturbi**, noise--free reception □ **togliere il d.**, to go; to leave: **È tardi, togliamo il disturbo**, it's late, so we shall be leaving; it's time we were on our way.
disubbidiènte, **A** *a.* disobedient. **B** *m. e f.* disobedient person.
disubbidiènza, *f.* disobedience.
disubbidire, *v. i.* (*raro v.t.*) **1** to disobey: **d. alla mamma**, to disobey mother **2** (*trasgredire*) to break*: **d. ai comandamenti** (**alla legge**), to break the Commandments (the law).
disuguaglianza, *f.* **1** difference; inequality; unevenness: **la d. d'età**, the difference in age **2** (*mat.*) inequality.
disuguagliare, *v. t.* to make* (st.) unequal (*o* different).
disuguale, *a.* unequal; different; uneven: **umore d.**, unequal temper.
disumanare, **A** *v. t.* (*lett.*) to dehumanize. **disumanarsi**, **B** *v. rifl.* to become* brutish (*o* bestial); to lose* human form.
disumanità, *f.* inhumanity; brutality.
disumano, *a.* inhuman; brutal. ● **un grido d.**, a terrible cry.
disunióne, *f.* disunion; (*di opinioni*) dissension.
disunire, **A** *v. t.* to disunite (*anche fig.*); to disjoin. **disunirsi**, **B** *v. rifl.* to become* disunited.
disunito, *a.* **1** disunited; disjoined **2** (*irregolare*) uneven; unequal.
disùria, *f.* (*med.*) dysuria; dysury.
disusare, *v. t.* to cease to use; to disuse.
disusato, *a.* old-fashioned; no longer used; out-of-use; obsolete: **una parola disusata**, an obsolete word; **un abito d.**, an old--fashioned dress.
disuso, *m.* disuse; desuetude: **cadere in d.**, to fall into disuse (*o* out of use). ● **voci cadute in d.**, obsolete words.
disùtile, **A** *a.* useless; worthless; (*di persona*, *anche*) unhelpful. **B** *m. e f.* good-for-nothing.
disutilità, *f.* uselessness; inutility.
disvalóre, *m.* (*filos.*) negative value.
disvestire, *v. t.* **disvestirsi**, *v. rifl.* (*lett.*) to strip.
disviare, *v. t.* (*lett.*) to lead* (sb.) astray.
disvolére, *v. t.* (*lett.*) to want no longer; to cease to want. ● **volere e d.**, to change one's mind continually; to chop and change (*fam.*).
ditale, *m.* **1** thimble **2** (*per proteggere un dito malato*) finger-stall.
ditali, *m. pl.* (*cucina*) «ditali» (small grooved macaroni).
ditata, *f.* **1** (*impronta*) finger-print; finger-mark **2** (*colpo dato con un dito*) jab with a finger.
Dite, *m.* (*mitol.*) Dis.
diteggiare, *v. t.* (*mus.*) to finger.
diteggiatura, *f.* (*mus.*) fingering.
ditiràmbico, *a.* (*letter.*) dithyrambic.
ditirambo, *m.* (*letter.*) dithyramb.
ditisco, *m.* (*zool.*, *Dytiscus*) water beetle.
dito, *m.* **1** (*della mano, di un guanto*) finger **2** (*del piede*) toe **3** (*misura*) finger; (about an) inch: **allungare l'orlo di un paio di dita**, to lower the hem a couple of inches (*fig.*) **Gli dai un d. e si prende la mano**, give him an inch, he'll take an ell **4** (*anat.*, *zool.*) digit. ● **d. anulare**, ring finger □ (*med.*) **d. di gomma**, finger--stall □ **d. indice**, forefinger □ **d. medio**, middle finger □ **d. mignolo**, little finger □ **d. pollice**, thumb □ (*di cibo*) **da leccarsi le dita**, to make you smack your lips □ **dalle dita d'oro** (*abile*, *destro*), golden-fingered □ **dalle dita rosee**, rosy-fingered □ **leccarsi le dita**, to lick (*o* to smack) one's lips □ (*fig.*) **legarsela al d.**, to bear a grudge; not to forget (an offence); to have a grievance □ **mettersi le dita nel naso**, to pick one's nose □ (*fig.*) **mordersi le dita**, (*dalla rabbia*) to be (inwardly) raging; (*dal pentimento*) to repent bitterly □ **mostrare a d. q.**, to point at sb. □ **non avere la forza di alzare un d.**, not to have the strength to lift a finger; to be as weak as a rat (*fam.*) □ (*fig.*) **non muovere** (*o* **non alzare**) **un d. per q.**, not to stir a finger to help sb. □ **sapere** (*o* **avere**) **q.c. sulla punta delle dita**, to have st.

at one's finger-tips (*o* finger-ends) □ **toccare il cielo con un d.**, to be beside oneself with joy; to be in the seventh heaven □ (*fig.*) **Non voglio essere mostrato a d.**, I don't want to make an exhibition of myself □ (*prov.*) **Tra moglie e marito non mettere il d.**, when man and wife squabble, 'tis wise not to meddle.
dìtola, *f.* (*bot.*, *Clavaria*) club fungus; coral fungus.
ditta, *f.* firm; business; concern: **una d. familiare**, a family business; **una d. bancaria**, a banking concern. ● **d. fornitrice**, (firm of) suppliers □ **Spett. D.**, (*negli indirizzi*) Messrs.; (*nell'introduzione d'una lettera*) Dear Sirs.
dittàfono, *m.* (*marchio*) dictaphone.
dittamo, *m.* (*bot.*, *Dictamnus albus*) dittany; fraxinella; gas plant.
dittatóre, *m.* dictator.
dittatoriale, dittatòrio, *a.* dictatorial.
dittatura, *f.* dictatorship.
ditteri, *m. pl.* (*zool.*, *Diptera*) dipterans.
dìttero, *a.* (*archit.*) dipteral.
dìttico, *m.* (*arte*, *archeol.*) diptych.
dittongare, *v. t. e i.* (*fon.*) to diphthongize.
dittongazióne, *f.* (*fon.*) diphthongization.
dittòngo, *m.* (*fon.*) diphthong.
diurèsi, *f.* (*med.*) diuresis*.
diurètico, *a. e m.* (*farm.*) diuretic.
diurna, *f.* (*teatr.*) «matinée» (*franc.*); afternoon-performance.
diurnista, *m. e f.* day-labourer.
diurno, **A** *a.* **1** day-time (*attr.*) **2** (*zool.*, *astron.*) diurnal. ● **albergo d.**, public baths and lavatories (with barber, etc.) □ (*teatr.*) **spettacolo d.**, «matinée» (*franc.*); afternoon-performance. **B** *m.* (*relig.*) diurnal.
diuturnità, *f.* (*lett.*) diuturnity.
diuturno, *a.* (*lett.*) diuturnal.
diva, *f.* **1** (*lett.*) goddess **2** (*cinem.*) (film-)star; (*teatr.*) leading lady; (*di opera lirica o iron.*) prima donna, diva: **Il generale era capriccioso come una d.**, the general was as temperamental as a prima donna.
divagare, **A** *v. i.* to stray; to ramble; to wander; to digress: **d. dal tema**, to stray from the point. **B** *v. t.* to entertain; to amuse. **divagarsi**, **C** *v. rifl.* to amuse oneself.
divagazióne, *f.* digression; straying; wandering.
divampare, *v. i.* **1** to burst* into flame(s); to blaze forth (suddenly); to be all ablaze; (*di un incendio*, *un'epidemia*, *ecc.*) to spread* **2** (*fig.*) to spread* like wildfire: **La notizia divampò nella città**, the news spread like wildfire through the town. ● **d. d'ira**, to blaze with anger; to flare up.
divano, *m.* sofa; divan; settee. ● **d. letto**, sofa-bed; bed-settee.
divaricaménto, *m.* divarication.
divaricare, *v. t.* to open wide (*o* out); to divaricate.
divaricato, *a.* **1** wide apart: **a gambe divaricate**, with one's legs wide apart **2** (*bot.*, *zool.*) divaricate.
divaricatóre, *m.* (*med.*) retractor.
divaricazióne, *f.* divarication; opening out.
divàrio, *m.* discrepancy (*spesso pl.*); difference; gap: **C'è un certo d. fra i due racconti**, there are some discrepancies between the two stories; **d. tecnologico**, technological gap.
divedére, *v. t.* − **dare a d.**, (*dare a intendere*) to give* to understand; (*far credere*) to lead* to believe.
diveggiare, *v. i.* to act like a (film-)star.
divèllere, *v. t.* to uproot; to tear* up (by the roots); to eradicate (*anche fig.*).
divenire (1), *V.* diventare.
divenire (2), *m.* (*filos.*) becoming: **l'essere e il d.**, being and becoming.
diventare, *v. i.* to become*; (*per gradi*) to grow* (*seguito da agg.*), to grow* into (*seguito da nome*); (*rapidamente*) to turn (*seguito da agg.*), to turn into (*di cose concrete*), to turn to (*di cose astratte*); to get* (*fam.*, *seguito da agg.*): **d. un grand'uomo** (colonnello, il maggiore azionista, ecc.), to become a great man (a colonel, the biggest share-holder, etc); **d. amici**, to become friends; **d. vecchio** (grasso, ecc.), to grow (*o* to get) old (fat, etc.); **La ragazzina che ricordi è diventata una bella donna**, the little girl you remember has grown into (*o* has become) a beautiful woman; **La mia posizione diventa sempre più difficile**, my position gets more and more difficult; **Il latte è diventato acido**, the milk has turned sour; **d. un traditore**, to turn traitor; **Le foglie sono diventate rosse**, the leaves have turned red; **L'acqua è diventata ghiaccio**, the water has turned into ice; **La nostra gioia diventò tristezza**, our joy turned to sadness. ● **d. cavaliere**, to be knighted □ **d. di mille colori**, to turn scarlet; to blush to the roots of one's hair □ **d. sindaco**, to be elected mayor □ **d. (un) uomo**, to grow into a man □ **far d. matto q.**, to turn sb.'s brain; to drive sb. mad □ **Diventerà una brava moglie**, she will make a good wife (for him) □ **Diventerà un buon attore**, he will make a good actor □ **C'è da d. matti!**, it's enough to drive one mad! □ (*prov.*) **Le cose lunghe diventano serpi**, things

that trail on (*o* drag on) become as unmanageable as eels.
divèrbio, *m.* altercation; squabble; tiff.
divergènte, **A** *a.* **1** divergent; diverging **2** (*bot.*, *zool.*) divaricate. **B** *m.* (*pl.*, *naut.*) kites.
divergènza, *f.* divergence; divergency. ● **d. di opinioni**, difference of opinion.
divèrgere, *v. i.* (*anche fig.*) to diverge (from).
diversaménte, *avv.* **1** (*in modo diverso*) in a different way; differently; otherwise: **pensarla d.** (da q.), to think otherwise **2** (*altrimenti*) otherwise; if not; or else.
diversificare, **A** *v. t.* **1** (*rendere vario*) to diversify; to vary **2** (*rendere differente*) to differentiate. **diversificarsi**, **B** *v. rifl.* to differ; to be different.
diversificazióne, *f.* diversification; variation.
diversióne, *f.* **1** (*in tutti i sensi*) diversion **2** (*mil.*) feint; diversion: **fare una d.**, to create a diversion **3** (*delle acque e fig.*) deflection **4** (*di strada o rotta*) detour.
diversità, *f.* **1** difference; diversity: **una d. di opinioni**, a difference of opinion **2** (*varietà*) variety: **Nel gruppo c'era una grande d. di colori**, there was a great variety of colours in the group.
diversivo, **A** *a.* **1** diversionary **2** (*che distrae*) diverting. ● **canale d.**, diversion channel. **B** *m.* diversion; distraction; (*svago*) amusement: **Ci sono parecchi diversivi in una grande città**, there are plenty of distractions in a big city. ● **Fu un d. davvero piacevole**, it was a really pleasant change □ **È un d. ai suoi mali, poverina**, it takes her mind off her aches and pains, poor thing.
divèrso, **A** *a.* **1** unlike; different; diverse (*attr.*, *arc. o scherz.*): **È molto d. dal gemello**, he's very unlike his twin; **Sono diversi, ma tutt'e due simpatici**, they're completely different, but I like them both **2** (*pl.: parecchi, numerosi*) several; some; a number of; a good many (*fam.*); various; (*attr.*) sundry: **diversi giorni fa**, several (*o* some) days ago; **Me l'hanno detto diverse persone** (*o* **in diversi**), a good many people have told me so; **Provammo metodi diversi**, we tried various methods; **per diverse ragioni**, for various reasons; **creditori (debitori) diversi**, sundry creditors (debtors); **spese diverse**, sundry expenses. ● **essere d. da**, to differ from □ (*comm.*) **generi diversi**, sundries. **B** *pron. indef. pl.* several (people); a number of people; many (people). **C** *m.* social outcast; misfit; one who is different: **occuparsi del problema dei diversi**, to deal with the problems of misfits.
divertènte, *a.* amusing; entertaining; funny: **È un uomo divertentissimo**, he's a most amusing man; **una storiella d.**, a funny story. ● **È andata bene, è stato molto d.**, it went well, it was great fun.
diverticolite, *f.* (*med.*) diverticulitis.
diverticolo, *m.* **1** (*lett.*) byway; side-street; (*fig.*) subterfuge **2** (*anat.*) diverticulum*.
diverticolòsi, *f.* (*med.*) diverticulosis.
divertiménto, *m.* **1** fun; amusement; pleasure; (*passatempo*) recreation, hobby, pastime: **Lo faccio per d.**, I do it for fun; **È amante dei divertimenti**, he's fond of fun; **prendersi il d. di**, to give oneself the pleasure of; **Coltivare le rose è il mio d. preferito**, growing roses is my hobby **2** (*mus.*) divertimento*; divertissement. ● (*iron.*) **Bel d.!**, how lovely! □ **Buon d.!**, have a good time!; enjoy yourself! □ **La vita non è tutta un d.**, life is not all fun and games.
divertire, **A** *v. t.* **1** to amuse; to entertain **2** (*lett.: deviare*) to divert. **divertirsi**, **B** *v. rifl.* to amuse oneself; to have a good time; to have fun; to enjoy oneself: **Dunque, ti sei divertito?**, well, did you enjoy yourself?; **Divertiti!**, have a good time!; enjoy yourself! ● **Mi sono divertito un mondo** (*o* da matti), I had the time of my life.
divertito, *a.* amused: **La guardò con un'espressione divertita**, he looked at her with an amused look on his face.
divétta, *f.* (*cinem.*) starlet; (*canzonettista*) music-hall (*o* variety-show) singer.
divezzaménto, *m.* weaning.
divezzare, **A** *v. t.* to wean (*anche fig.*). **divezzarsi**, **B** *v. rifl.* to give* up, to stop (st.); to wean oneself (from st.): **d. dal fumo**, to give up smoking.
dividèndo, *m.* (*mat.*, *comm.*) dividend: **dichiarare (pagare) un d.**, to declare (to pay) a dividend; **col d.**, with (*o* cum) dividend; **senza d.**, ex dividend.
dividere, **A** *v. t.* **1** (*in tutti i sensi*) to divide; (**d. in tante parti**) to divide (st.) up: **La politica ci divise**, politics divided us; **Dobbiamo dividerlo fra noi tre**, we must divide it between the three of us; **d. q.c. in tre parti**, to divide st. into three parts; (*mat.*) **d. 20 per 5**, to divide 20 by 5; (*mat.*) **x diviso y**, x divided by y; **x over y**; **È troppo grande: sarà meglio dividerlo**, it's too big: we had better divide it up **2** (*chim.*, *fig.: scindere*) to split*: **d. l'atomo**, to split the atom; **L'affare Dreyfus divise il paese**, the Dreyfus affair split the country **3** (*condividere*)

divièto

to share: **Divido il tuo dolore (il tuo scetticismo, ecc.)**, I share your sorrow (your scepticism, etc.); **d. le spese**, to share expenses **4** (*in porzioni*) to share out; to parcel out (*fam.*): **Divisi ciò che rimaneva fra i bambini**, I parcelled out what was left among the children **5** (*separare*) to separate; (*litiganti, ecc.*) to part: **Facevano a pugni e cercai di dividerli**, they were fighting and I tried to part (*o* to separate) them; **Rifiutò di essere divisa dalla sua bambola**, she refused to be parted from her doll **6** (*distinguere secondo un criterio*) to sort (out): **Hanno confuso tutta la nostra roba, e sto cercando di dividerla**, they've muddled up all our things and I am trying to sort them out. ● **non avere nulla da d. con q.**, to have nothing in common with sb. □ **vivere divisi**, to live apart: **Vivono divisi, ma non sono separati legalmente**, they live apart, but are not separated legally □ **Le lotte intestine dividevano il nostro partito**, our party was torn by internal strife. **dividersi, B** *v. rifl.* **1** to separate; to divide: **Il Po si divide alla foce e forma un delta**, the Po divides at its mouth and forms a delta; **Ha deciso di d. dal marito**, she has decided to separate from her husband **2** (*separarsi, lasciarsi*) to part (company); (*di soci in commercio*) to dissolve one's partnership: **I due comici hanno deciso di d.**, the two comedians have decided to part (company) **3** (*fendersi, spaccarsi*) to split*; to break* (up): **La lastra si divise in quattro parti**, the slab broke into four parts. ● **Si divide tra la casa e il lavoro**, she divides her time between house and work.

divièto, *m.* prohibition (*anche leg.*); (*fig.*) embargo: **reclamare divieti d'importazione**, to cry out for import prohibitions. ● **d. d'accesso**, no entry □ **d. d'affissione**, stick no bills □ **d. di fumare**, no smoking □ **d. di parcheggio**, no parking □ **d. di sosta**, no waiting □ **d. di transito**, no thoroughfare.

divinamènte, *avv.* divinely; superbly; excellently; beautifully (*fam.*): **una signora d. bella**, a divinely beautiful lady; **cantare d.**, to sing divinely (*o* beautifully).

divinare, *v. t.* to divine; (*predire*) to foretell*: **Si guadagnava la vita divinando il futuro**, he made his living by divining the future.

divinatóre, A *m.* diviner; foreteller. **B** *a.* divining; prophetic: **mente divinatrice**, prophetic mind.

divinatòrio, *a.* divinatory; prophetic. ● **arte divinatoria**, art of divination.

divinazióne, *f.* **1** divination **2** (*fig.*) intuition; prescience; foreknowledge.

divincolaménto, *m.* wriggling.

divincolare, A *v. t.* to wriggle. **divincolarsi, B** *v. rifl.* to wriggle; to struggle; (*liberarsi*) to wriggle out (of st.): **L'anguilla si divincolò dalle mie dita**, the eel wriggled out of my fingers; **Può d. da ogni difficoltà**, he can wriggle out of any difficulty.

divinità, *f.* **1** divinity; godhead: **la d. di Cristo**, the divinity of Christ **2** (*essere divino*) divinity; god (*masch.*); goddess (*femm.*) **3** (*Dio*) Divinity; God.

divinizzare, *v. t.* to deify; to divinize.

divinizzazióne, *f.* deification; divinization.

divino, A *a.* **1** divine; godly; godlike: **re per diritto d.**, king by divine right; **la Divina Commedia**, the Divine Comedy; **il d. Poeta**, the divine Poet **2** (*fig.*) excellent; heavenly; divine: **una voce divina**, a heavenly voice. **B** *m.* **1** (*essenza divina*) (the) divine **2** (*vate*) prophet.

divisa (1), *f.* **1** (*uniforme*) uniform: **d. militare (collegiale)**, military (school) uniform; **stare bene in d.**, to look handsome in uniform **2** (*livrea*) livery **3** (*araldica*) device. ● **un ufficiale in d. ordinaria (di gala)**, an officer wearing service dress (full dress).

divisa (2), *f.* (*fin.*) foreign currency (*o* exchange).

divisare, *v. t.* (*lett.*) to devise; to plan: **d. un piano di battaglia**, to devise a plan of battle.

divisibile, *a.* (*anche mat.*) divisible: **d. per due**, divisible by two.

divisibilità, *f.* (*anche mat.*) divisibility.

divisionale, *a.* (*mil., mat., fin.*) divisional. ● **moneta d.**, divisional coin.

divisionàrio, *a.* (*mat., fin.*) divisional: **moneta divisionaria**, divisional coin.

divisióne, *f.* **1** (*in quasi tutti i sensi*) division: (*mat.*) **d. e moltiplicazione**, division and multiplication; (*polit.*) **la d. dei poteri**, the division of powers; (*econ.*) **la d. del lavoro**, the division of labour; (*mil.*) **sesta d. corazzata**, 6th Armoured Division; (*mil.*) **una d. motorizzata**, a mechanized division **2** (*separazione*) separation **3** (*discordia, ecc.*) discord; deep disagreement **4** (*spartizione*) distribution; partition; sharing out: **d. dell'eredità**, distribution of the estate; **La d. del bottino fu causa di molto astio**, the sharing out of the booty caused much ill-feeling **5** (*bur.*) government department; bureau, division (*USA*): **capo d.**, head of a department; chief of a division **6** (*mecc.*) indexing: **d. angolare**, angular indexing **7** (*leg.*) partition: **la d. dei beni**, the partition of goods. ● (*econ.*) **d. degli utili**, profit-sharing □ **divisioni intestine**, factions □ (*leg.*) **d. patrimoniale**, partition □ (*mil.*) **generale di d.**, major-general □ **muro di d.**, partition (wall) □ **La d. degli animi ostacolava il nostro successo**, we were deeply divided, which was an obstacle in the way of our success.

divisionìsmo, *m.* (*pitt.*) pointillism.

divisionista, *m.* e *f.* (*pitt.*) pointillist.

divisionìstico, *a.* (*pitt.*) pointillistic; pointillist (*attr.*).

divìsmo, *m.* **1** (*cinem.*) star system; star megalomania **2** (*infatuazione per i divi*) star worship **3** (*esibizionismo*) showing off. ● «**Viale del Tramonto**» **è la caricatura del d.**, «Sunset Boulevard» is the caricature of the larger-than-life stars.

divìso, *a.* **1** divided; separated **2** (*disunito, discorde*) divided; disunited; at variance (*pred.*). ● **vivere d. dal mondo**, to lead a secluded life.

divisóre, *m.* **1** (*mat.*) divisor: **il massimo comun d.**, the greatest common divisor (*abbr.*: *G.C.D.*) **2** (*mecc.*) dividing head; index head. ● (*fis.*) **d. di tensione**, voltage divider; potential divider.

divisòrio, A *a.* dividing; partition (*attr.*): **un muro d.**, a partition wall. **B** *m.* partition.

divìstico, *a.* film-star (*attr.*).

divo, A *a.* (*lett.*) divine; godlike. **B** *m.* (*attore o campione di grande popolarità*) star: **un d. della televisione**, a television star; **divi dello schermo**, film stars.

divorare, A *v. t.* to devour; to eat* up; (*tranguggiare*) to gobble up, to wolf down; (*solo fig.*) to consume, to rack: **essere divorato da un leone**, to be devoured by a lion; **d. un libro**, to devour a book; **d. q. con gli occhi**, to devour sb. with one's eyes; **d. la strada**, to eat up the miles; to rush along; **Le fiamme divorarono la foresta**, the flames devoured the forest; **d. un pollo intero**, to gobble up a whole chicken; **essere divorato dalla gelosia**, to be devoured (*o* consumed, racked) by jealousy; **essere divorato dalla sete**, to be racked by thirst. ● **d. un patrimonio**, to run through a fortune. **divorarsi, B** *v. rifl.* (*struggersi*) to be devoured (by st.); to be eaten up, to be consumed (with st.): **d. dalla rabbia**, to be eaten up with rage.

divoratóre, A *m.* devourer. **B** *a.* devouring. ● **un d. di libri**, an avid (*o* a keen) reader.

divorziare, *v. i.* to divorce: **Il signor Smith divorziò da sua moglie l'anno scorso**, Mr. Smith divorced his wife last year.

divorziata, *f.* divorcée.

divorziàto, A *m.* divorcé. **B** *a.* divorced.

divòrzio, *m.* (*anche fig.*) divorce: **chiedere il d.**, to apply for a divorce; **ottenere il d.**, to get a divorce.

divorzismo, *m.* advocacy of divorce.

divorzista, A *m.* e *f.* **1** supporter (*o* advocate) of divorce **2** (*leg.*) divorce lawyer. **B** *a.* divorce (*attr.*).

divorzistico, *a.* divorce (*attr.*).

divulgare, A *v. t.* **1** to divulge; to spread*; (*per radio*) to broadcast*; (*per telev.*) to telecast*: **d. un segreto**, to divulge a secret **2** (*in forma facile*) to popularize; to vulgarize: **d. la cultura**, to popularize knowledge. ● **d. clandestinamente**, to leak. **divulgarsi, B** *v. rifl.* **1** to spread*: **Le chiacchiere si divulgano velocemente**, rumours spread quickly **2** (*entrare nell'uso comune*) to catch* on.

divulgativo, *a.* popular: **una collana di manuali divulgativi**, a series of popular manuals.

divulgatóre, A *m.* divulger; popularizer. **B** *a.* popular. ● **fare opera divulgatrice**, to popularize.

divulgazióne, *f.* **1** divulgation; divulgence; spreading **2** (*in forma facile*) popularization; vulgarization: **la d. di una teoria filosofica**, the vulgarization of a philosophic theory.

divulsióne, *f.* (*med.*) divulsion.

dizionàrio, *m.* dictionary: **un d. francese e italiano**, a French and Italian dictionary. ● **d. geografico**, gazetteer.

dizionarista, *m.* e *f.* compiler of a dictionary; lexicographer.

dizióne, *f.* **1** diction: **d. poetica**, poetic diction **2** (*recitazione*) recitation; recital; reading **3** (*pronunzia*) pronunciation **4** (*locuzione*) idiom; expression; locution.

do, *m. invar.* (*mus.*) C; doh, do*: **chiave di do**, C clef.

dobermann (*ted.*), *m. invar.* (*cane*) Doberman pinscher.

dòbla, *f.* (*stor.*) dobla.

doblóne, *m.* (*stor.*) doubloon.

dóccia, *f.* **1** shower(-bath); douche; (*locale*) showers (*pl.*): **fare la d.**, to have (*o* to take) a shower **2** (*condotto*) conduit; (*tubo*) pipe; (*per acqua*) water-pipe; (*di scarico*) drain-pipe; (*grondaia*) rain-pipe, gutter **3** (*di mulino*) mill-race **4** (*apparecchiatura ortopedica*) plaster cast. ● **d. fredda**, cold shower; (*fig.*) wet blanket □ (*fig.*) **dare una d. fredda a q.**, to cool (*o* to dampen) to damp down) sb.'s ardour.

docciónè, *m.* **1** (*edil.*) drip edge **2** (*archit.*) gargoyle.

docènte, A *a.* teaching: **il corpo d.**, the teaching staff. **B** *m.* e *f.* teacher. ● **libero d.**, (*approssimativamente*) university lecturer.

docènza, *f.* teaching. ● **libera d.**, university teaching qualification □ **ottenere la libera d.**, to qualify for university teaching.

dòcile, *a.* **1** docile; meek (and mild); compliant (*lett.*); pliable;

manageable 2 (*di materiali*) soft; easy to work; malleable; (*di macchina, strumento, ecc.*) easy to handle (*o* to manage). ● essere d. con q., to be like wax (*o* putty) in sb.'s hands (*fam.*).

docilità, *f.* 1 docility; meekness 2 (*di materiali*) softness; malleability, malleableness.

docilménte, *avv.* docilely; with docility; meekly.

docimologia, *f.* (*pedagogia*) (statistical) analysis of tests.

documentàbile, *a.* documentable; that can be proved (by documents); for which there is written evidence.

documentale, *a.* – (*leg.*) prova d., documentary evidence.

documentare, A *v. t.* to document; to prove by documents; to supply with documentary evidence. **documentarsi**, B *v. rifl.* to gather information (about st.).

documentàrio, A *a.* documentary. B *m.* (*cinem.*) 1 documentary (film) 2 (*notiziario di attualità*) news-reel.

documentarista, *m. e f.* documentary-film maker.

documentaristico, *a.* documentary.

documentato, *a.* 1 documented 2 (*rif. a persona*) well-documented.

documentatóre, *m.* documentalist.

documentazióne, *f.* 1 documentation; documentary evidence 2 (*documenti*) records, documents (*pl.*).

documénto, *m.* document (*specialm. leg. o stor.*); paper(s); record: (*naut.*) documenti di bordo, ship's papers; esibire i propri documenti, to produce one's identity papers; Documenti, prego!, your papers, please!; autenticare un d., to certify a document; estratto di d., abstract of a document; documenti giustificativi, supporting documents; vouchers.

dodecaèdrico, *a.* (*geom.*) dodecahedral.

dodecaèdro, *m.* (*geom.*) dodecahedron*.

dodecafonia, *f.* (*mus.*) dodecaphony; twelve-note system.

dodecafònico, *a.* (*mus.*) dodecaphonic; twelve-note (*attr.*). ● È musica dodecafonica, it's music based on the twelve-note system.

dodecagonale, *a.* (*geom.*) dodecagonal: figura d., dodecagonal figure.

dodecàgono, *m.* (*geom.*) dodecagon.

dodecasillabo, (*poesia*) A *a.* twelve-syllable (*attr.*); dodecasyllabic. B *m.* twelve-syllable line; dodecasyllable.

dodicènne, A *a.* twelve years old (*pred.*); twelve-year-old (*attr.*). B *m.* twelve-year-old boy. C *f.* twelve-year-old girl.

dodicènnio, *m.* period of twelve years.

dodicesimale, *a.* duodecimal.

dodicèsimo, *a. num. ord. e m.* twelfth. ● (*tipogr.*) in d., in duodecimo (*abbr.*: 12mo).

dódici, *a. num. card., m. e f.* twelve: i d. apostoli, the twelve apostles; un servizio da pranzo per d., a dinner-set for twelve. ● il d. luglio, the twelfth of July □ Ti aspetterò alle d., I shall expect you at twelve o'clock.

dodicimila, *a. num. card. e m.* twelve thousand.

dóga, *f.* (*di botte, ecc.*) stave.

dogale, *a.* (*stor.*) dogal; of a doge.

dogana, *f.* 1 customs: dichiarazione per la d., customs declaration; esattore della d., customs collector; passare la d., to pass (*o* to get through) the customs 2 (*sede, specialm. in un porto*) customs-house 3 (*dazio doganale*) customs duty; duty; customs: pagare la d., to pay duty; La d. per il vino è molto alta, the duty on wine is very high.

doganale, *a.* customs (*attr.*): la visita d., the customs inspection; formalità doganali, customs formalities; dichiarazione d., customs declaration (*o* report); documenti doganali, customs bill of entry. ● magazzino d., bonded warehouse.

doganière, *m.* customs officer; surveyor (*USA*).

dogare, *v. t.* to stave.

dogarèssa, *f.* (*stor.*) dogaressa; doge's wife.

dogato, *m.* (*stor.*) dogate; office of a doge. ● nel d. del Michieli, under the rule of doge Michieli.

dòge, *m.* (*stor.*) doge.

dòglia, *f.* (*lett.*) pain; throe. ● doglie del parto, labour (*sing.*): labour pains: essere nelle doglie del parto, to be in labour □ (*prov.*) Chi ha buon cavallo e bella moglie non istà mai senza doglie, he that hath a white horse and a fair wife, never wants trouble.

dòglio, *m.* (*lett.*) (*di legno*) big barrel (*o* cask); (*di terracotta*) earthen jar.

dògma, *m.* dogma*.

dogmàtica, *f.* (*relig.*) dogmatics (*pl. col verbo al sing.*).

dogmàtico, A *a.* dogmatic: teologia dogmatica, dogmatic theology. B *m.* dogmatist.

dogmatismo, *m.* dogmatism.

dogmatizzare, *v. i.* to dogmatize.

dólce (1), *a.* 1 (*in molti sensi*) sweet; (*fig., anche*) gentle, mild (*mite*); dulcet (*lett.: da vedersi o sentirsi*): vino d., sweet wine; patata d., sweet potato; Il caffè mi piace d., I like my coffee sweet; dolci sogni (*ricordi*), sweet dreams (memories); una salita (discesa) d., a gentle gradient (slope); un clima d., a mild climate; un d. rimprovero, a mild (*o* gentle) reproof; (*di persona*) natura d., sweet (*o* gentle) nature; un'espressione d. negli occhi di q., a sweet (*o* mild, gentle) expression in sb.'s eyes 2 (*di materia facile da lavorare, di colore, e talora fig.*) soft: saldatura d., soft-soldering; ferro (legno) d., soft iron (wood); una pietra d., a soft stone; un verdolino d., a soft green; musica d., soft music; È troppo d., he is too soft (*spreg.*) 3 (*di aria*) balmy 4 (*di acqua*) fresh 5 (*di energia*) soft 6 (*fon.*) soft: Ci sono due «c» dolci in «church», there are two soft «c's» in «church». ● d. far niente, «dolce far niente»; pleasant idleness □ d. vita (*maglione a collo alto*), roll-neck (*o* turtle-neck) sweater □ la d. vita, «(la) dolce vita»; the good life (*iron.*); a gay life □ avere un carattere d., to be sweet-tempered □ farina d., chestnut flour □ parole dolci, kind words □ paroline dolci, sweet nothings □ (*fam.: di persona*) essere un po' d. di sale, to be rather silly □ Mi piacciono le cose dolci (*da mangiare*), I have a sweet tooth.

dólce (2), *m.* 1 (*il sapore; si concretizza in*) sweet things, sweet-tasting things, sweets (*tutti pl.*): Mi piace il d., I like sweet-(tasting) things; I like sweets; I have a sweet tooth (*fam.*); Il d. fa male ai denti, sweets (*o* sweet things) are bad for one's teeth 2 (*piatto, portata*) sweet; sweetmeat; (*confetto, caramella, ecc.*) sweet; candy (*USA*): servire un d. prima della frutta, to serve a sweet before the fruit; dolci per i bambini, sweets for the children 3 (*torta*) cake. ● (*prov.*) Dopo il d. vien l'amaro, after the sweet comes the sour.

dolceamaro, *a.* bitter-sweet.

dolcétto, *m.* (*il vino*) «dolcetto».

dolcézza, *f.* 1 sweetness; (*fig., anche*) gentleness; kindness (*bontà*); mildness (*mitezza*): la d. del miele, the sweetness of honey; la d. del suo carattere, the sweetness of her character; trattare q. con d., to treat sb. with kindness; la d. del clima, the mildness of the climate 2 (*di colore, suono*) softness: la d. della sua voce, the softness of her voice 3 (*di profumo*) fragrance 4 (*pl.: gioie*) sweets; pleasures; joys: le dolcezze e le amarezze della vita, the sweets and bitters of life. ● (*vocat.*) d. mia, darling; sweet.

dolciàrio, *a.* confectionery; sweet (*attr.*): l'industria dolciaria, the confectionery industry.

dolciastro, *a.* 1 sweetish; (*stucchevole*) unpleasantly sweet, sickly(-sweet) 2 (*fig.*) soft-spoken; ingratiating; cloying.

dolcificante, A *a.* sweetening. B *m.* sweetener.

dolcificare, *v. t.* to sweeten.

dolcificazióne, *f.* sweetening.

dolcisonante, *a.* (*poet.*) sweet-sounding.

dolciume, *m.* 1 (*pl.*) sweetmeats; sweets; sweet stuff, confectionery (*sing.*); candies (*USA*): Non mangiare troppi dolciumi, do no eat too many sweets! 2 (*dolcezza stucchevole*) cloying sweetness; sickly sweetness.

dolènte, *a.* 1 sorrowful; sad; doleful; (*spiacente*) (very) sorry: essere d. (per q.c.), to be very sorry (about st.) 2 (*che duole*) aching; sore. ● Sono d. per ciò che è accaduto, I deeply regret what has happened.

dolére, A *v. i.* 1 to ache; to hurt*: Mi duole la testa, my head aches; I have a headache; Duole quando lo tocchi, it hurts when you touch it 2 (*rincrescere*) to regret; to be sorry (about, for st.): Mi duole di non poter fare nulla per te, I am sorry I can't do anything for you; Mi duole di non poter venire, I regret being unable to come; I am sorry I can't come. **dolérsi**, B *v. rifl.* 1 (*lamentarsi*) to complain: non avere di che d., to have nothing to complain of; Se ne dolsero con me, they complained to me about it 2 (*essere spiacente*) to be (so, very, extremely) sorry; to regret: Mi dolgo di non averLa riconosciuta, I am so sorry I didn't recognize her.

dolerite, *f.* (*miner.*) dolerite.

dolicocefalìa, *f.* (*etnologia*) dolichocephaly; dolichocephalism.

dolicocèfalo, *a.* (*etnologia*) dolichocephalic; dolichocephalous.

dolina, *f.* (*geol.*) dolina, doline.

dòllaro, *m.* dollar; buck (*pop. USA*). ● moneta da cinque dollari, half eagle □ moneta da dieci dollari, eagle.

dòlman, *m.* dolman.

dòlmen, *m.* (*archeol.*) dolmen; cromlech.

dòlo, *m.* (*leg.*) 1 malice; wilfulness 2 (*truffa, inganno*) fraud; deceit.

dolomìa, *f.* (*geol.*) dolomite; dolomitic rock.

dolomite, *f.* (*miner.*) dolomite.

Dolomiti, *f. pl.* (*geogr.*) (the) Dolomites.

dolomitico, *a.* 1 (*miner.*) dolomitic 2 (*geogr.*) of the Dolomites.

dolomitizzazióne, *f.* (*geol.*) dolomitization.

dolorante, *a.* aching; sore; painful. ● essere tutto d., to ache all over.

dolorare, *v. i.* (*lett.*) to ache; to be in pain.

dolóre, *m.* 1 (*fisico e fig.*) pain; suffering: un d. acuto, a sharp pain; un d. sordo, a dull ache; dolori articolari, pains in the joints; d. di pancia, belly-ache (*volg.*); tummy-ache (*fam.*); un d. lancinante, an agonizing pain; gridare per il d., to cry with pain;

dolorifico

alleviare il d. di q., to relieve sb.'s suffering; **Si legge il d. sul suo viso**, you can see the suffering in his face **2** (*morale*) sorrow; grief; (*rincrescimento*) regret: **la Madonna dei Sette Dolori**, Our Lady of the Seven Sorrows; **esprimere il proprio profondo d.**, to express one's deep sorrow (*o* grief); **Lo vidi partire con vero d.**, I saw him depart with real regret; **Di d. non si muore**, sorrow can't kill you; nobody died of sorrow yet; **Il mio d. era sincero**, my grief (*o* my sorrow) was sincere. ● **d. di denti**, toothache □ **d. di testa**, headache □ (*relig.*) **atto di d.**, act of contrition □ **letto di d.**, sick-bed □ **Quel ragazzo è un gran d. per la famiglia**, that boy is a great trial to his family.
dolorifico, *a.* – **sensibilità dolorifica**, sensibility to pain.
doloróso, *a.* **1** (*che procura dolore*) painful; sorrowful; sad; dolorous; distressing: **d. a dirsi**, sad to relate **2** (*lett.*: *addolorato*) sorrowful; sorrow-laden.
dolosità, *f.* (*leg.*) malice; wilfulness.
dolóso, *a.* (*leg.*) fraudulent; malicious: **fallimento d.**, fraudulent bankruptcy. ● **incendio d.**, arson.
domàbile, *a.* **1** tamable **2** (*di cavallo, ecc.*) that can be broken in.
domanda, *f.* **1** question (*anche di esame, orale o scritto*): **rispondere a una d.**, to answer a question; **fare** (*o* **rivolgere**) **una domanda a q.**, to ask sb. a question; **una d. rimasta senza risposta**, an unanswered question; **Ma che d.!** (*o* **Ma è una d. da farsi?**), what a question!; (*leg., fig.*) **una d. formulata in modo da suggerire la risposta**, a leading question **2** (*bur.*: *in carta bollata o libera, ecc.*) application: **d. di ammissione a**, application for admission to; **compilare una d.**, to fill in (*o* to write) an application; **fare** (*o* **presentare**) **una d.**, to send in an application; **Bisogna presentare la domanda entro il 31**, the application must be sent in not later than the 31st; **respingere una d.**, to refuse an application **3** (*richiesta cortese di q.c.*) request: **fare una d.**, to make a request; **La mia d. fu respinta**, my request was refused; **accogliere una d.**, to grant a request; **d. di matrimonio**, request of sb.'s hand in marriage; (*anche*) proposal **4** (*richiesta che esige soddisfazione*) demand: (*econ.*) **la legge della d. e dell'offerta**, the law of supply and demand; **soddisfare la d.**, to meet (the) demand; **La d. fu pronunciata in tono minaccioso**, the demand was uttered in a threatening tone **5** (*leg.*) petition; action; claim: **d. di grazia**, petition for mercy; **d. di divorzio**, divorce petition; **d. riconvenzionale**, counter-claim. ● **d. di fondi**, application for funds □ **d. d'impiego**, application for a situation (*o* for a job) □ (*sui giornali*) **domande d'impiego**, situations wanted □ **d. di pensione**, pension claim □ (*comm.*) **d. di rappresentanza**, application for an agency □ **fare d. d'impiego**, to apply for a situation (*o* a job).
domandare, *v. t. e i.* **1** to ask; (*per ottenere q.c.*) to ask for (st.): **d. q.c. a q.**, to ask sb. st.; **Glielo domanderò**, I shall ask him; **Non glielo domanderei nemmeno**, I wouldn't even ask him; **Ho domandato l'indirizzo**, I asked for the address; **d. perdono**, to ask sb. to forgive one; to ask sb.'s forgiveness; **d. la strada per andare in un posto**, to ask the way to a place; **Domandano dieci sterline**, they're asking ten pounds **2** – **d. di q.**, (*chiedere se q. c'è*) to ask (*o* to inquire) for sb.; (*informarsi della salute di q.*) to ask (*o* to inquire) after sb.: **Suonai il campanello e domandai del dottore**, I rang the bell and asked for the doctor; **Domandai di tua madre e mi dettero buone notizie**, I asked after your mother and they gave me good news of her **3** – **d. di q.c.**, to ask (*o* to inquire) about st.: **Ho domandato di quella lettera, ma non è ancora arrivata**, I inquired about that letter, but it hasn't come yet **4** (*esigere*) to demand: **d. giustizia**, to demand justice; **d. ragione a q. di q.c.**, to demand satisfaction; to call sb. to account for st. **5** (*chiedersi*) to wonder; to ask oneself: **Mi domando se è sincero**, I wonder whether he is sincere; **Mi domando dove s'è cacciato**, I wonder where he's got to; **Mi domando: è giusto o non è giusto?**, I ask myself: is it fair or isn't it? ● **d. consiglio a q.**, to ask sb.'s advice □ **d. l'elemosina**, to beg □ **d. notizie della salute di q.**, to inquire after sb. □ **d. la parola**, to ask leave to speak □ **d. il permesso a q.**, to ask sb.'s permission □ **d. scusa** (a q.), to beg sb.'s pardon; to say one is sorry (for st.) □ **d. udienza a q.**, to request (*o* to ask) an audience of sb. □ **Domando e dico se è questo il modo di rispondere!**, I ask you, is this the way to answer?
domani, *A avv.* tomorrow: **d. mattina** (**pomeriggio, sera**), tomorrow morning (afternoon, evening); **d. l'altro** (*o* **dopo d.**), the day after tomorrow; **d. a otto**, tomorrow week; **d. a quindici**, tomorrow fortnight; a fortnight tomorrow; **A d.!**, goodbye till tomorrow; see you tomorrow; **D. pioverà**, it will rain tomorrow; **Oggi è qui, d. è già altrove**, here today, gone tomorrow. ● **dall'oggi al d.**, from one day to the next; suddenly; overnight: **Dall'oggi al d. ho dovuto cambiare tutti i miei progetti**, I've had to change all my plans from one day to the next □ **Dàgli oggi, dàgli d., alla fine lo persuasi**, by harping on and on, day after day, I ended by persuading him □ (*iron.*) **Sì, domani!**, some hope! □ **Dev'essere quasi pronto: se non è oggi è d.**, it must be nearly ready, if not today then tomorrow or the day after □ (*prov.*) **Oggi a me, d. a te**, I today, you tomorrow; today it is my turn, tomorrow yours; what haps today to me, tomorrow may to you. **B** *m.* tomorrow; (the) morrow (*lett., arc.*); (the) next day; (the) following day: **D. sarà domenica** tomorrow will be Sunday; **Il d. porterà consolazione**, tomorrow will bring comfort; **Il d. fu un giorno peggiore**, the next (*o* the following) day was worse. ● **Il d. è sempre incerto**, the future is always uncertain.
domare, *v. t.* **1** to tame (*anche fig.*): **d. un leone**, to tame a lion; **d. il proprio ardore**, to tame one's ardour; (*scherz.*) **Ho domato la mia inquilina e ora fa quel che le dico**, I've tamed my tenant and now she does what I tell her **2** (*cavalli, muli, ecc.*) to break* in **3** (*fig.*) to get* the better of; to crush; to subdue, to control (*specialm. i propri sentimenti*): **d. una ribellione**, to crush a rebellion; **Cercai di d. la mia rabbia**, I tried to control my anger. ● **Alle sette le fiamme erano domate**, by seven the flames were under control.
domatóre, *m.* tamer: **un d. di leoni**, a lion-tamer. ● **d. di cavalli**, horse-breaker.
domattina, *avv.* tomorrow morning.
domatura, *f.* **1** (*di animale selvaggio*) taming **2** (*di cavalli, muli, ecc.*) breaking-in.
domeneddìo, *V.* **domineddìo**.
domènica, *f.* **1** Sunday: **d. di Pasqua**, Easter Sunday; **d. in Albis**, Low Sunday; **d. delle Palme**, Palm Sunday; **Tutti s'erano messi il vestito della d.**, they had all put on their Sunday best; **d. a otto**, Sunday week (*o* a week on Sunday); **Arriverò d.**, I'll arrive on Sunday; **I negozi sono chiusi la d.**, shops are closed on Sundays **2** (*giorno di riposo prescritto dalla relig., specialm. protestante*) Sabbath: **rispettare** (*o* **osservare**) **la d.**, to keep the Sabbath; **non osservare la d.**, to break the Sabbath.
domenicale, *a.* Sunday (*attr.*): **un giornale d.**, a Sunday paper. ● **l'orazione d.**, the Lord's prayer.
domenicana, *f.* (*relig.*) Dominican nun.
domenicano, *a. e m.* (*relig.*) Dominican.
Doménico, *m.* Dominic.
domèstica, *f.* maid; servant; (*non fissa*) daily help; help (*fam.*).
domesticàbile, *a.* domesticable; tamable.
domesticare, *v. t.* (*raro*) to domesticate.
domestichézza, *V.* **dimestichézza**.
domesticità, *f.* (*qualità di domestico*) domesticity.
domèstico, **A** *a.* **1** domestic; household, home (*attr.*): **vita domestica**, domestic life; **utensili domestici**, household goods; (*relig.*) **prelato d.**, domestic prelate **2** (*di animali*) domestic: **I leoni non sono animali domestici**, lions are not domestic animals. ● **lavori domestici**, housework (*sing.*); (household) chores □ **pianta domestica**, cultivated plant. **B** *m.* man-servant; (*non fisso*) daily help; help (*fam.*).
domiciliare (1), *a.* domiciliary. ● (*leg.*) **perquisizione d.**, (police) search (of a house).
domiciliare (2), **A** *v. t.* (*comm.*) to domicile: **d. una cambiale**, to domicile a bill. **domiciliarsi**, **B** *v. rifl.* to settle; to take* up one's residence.
domiciliato, *a.* domiciled; resident; residing.
domiciliazióne, *f.* (*comm.*) domiciliation.
domicilio, *m.* **1** (*leg.*) domicile; (*place of*) residence: **d. eletto**, elected domicile; **d. d'elezione**, domicile of choice; **d. politico**, voter's registered domicile **2** (*abitazione*) domicile; house; home: **consegna a d.**, delivery at the customer's house; home delivery; **lavoro a d.**, work at home; (*leg.*) **violazione di d.**, house-breaking. ● (*leg.*) **d. coatto**, confinement □ (*leg.*) **d. fiscale**, residence □ **franco a d.**, free of charge □ **servizio a d.**, house-to-house service.
dominàbile, *a.* controllable.
dominante, **A** *a.* **1** dominant (*anche mus.*) **2** (*che predomina*) predominant; predominating; prevalent; prevailing; master (*attr.*): **la qualità d.**, the predominating quality; **la moda d.**, the prevailing fashion **3** (*meteorologia*) prevailing: **vento d.**, prevailing wind. ● **carattere d.**, outstanding feature □ **la classe d.**, the ruling class □ **in posizione d.**, in a commanding position. **B** *f.* (*mus.*) dominant.
dominanza, *f.* (*biol.*) dominance, dominancy.
dominare, **A** *v. t. e i.* **1** (*in molti casi*) to dominate; to hold* sway (*lett.*): **Arturo dominava per pura forza di carattere**, Arthur dominated by sheer force of character; **Dominavo gli altri anche perché ero il più vecchio**, I dominated over the others partly because I was the oldest; **Il corno del Cervino dominava la valle**, the Matterhorn dominated the valley; **Da quell'altura Pierre dominava la battaglia**, from that height Pierre dominated the battle; **Dominano la paura e il sospetto**, fear and suspicion hold sway **2** (*riuscire, vincere, dopo una lotta*) to prevail (over); to get* the better (of): **d. i ribelli**, to get the better of (*o* to subdue

the rebels; **Dominava il vento del nord**, the North wind prevailed; **Mi lasciai d. dall'ira**, I let my anger get the better of me **3** (*sovrastare*) to overlook: **La mia finestra dominava tutto il paese**, my window overlooked the whole village **4** (*comandare, signoreggiare*) to rule; to reign supreme (*lett. o scherz.*): **Gli Arabi dominavano in Sicilia**, the Arabs ruled over Sicily; **d. i mari**, to rule the seas; **Dominava il vento (la noia, la confusione, ecc.)**, the wind (boredom, confusion, etc.) reigned supreme **5** (*dispoticamente, quasi sempre scherz.*) to domineer; to lord it; to be the boss; to be top dog: **Le piace d.**, she likes to be the boss. **6** (*sapere bene*) to master: **Non domino ancora la nuova tecnica**, I haven't mastered the new technique yet; **d. un argomento**, to master a subject. ● **d. un auditorio**, to hold (*o* to grip) an audience □ **essere dominato da**, to be dominated by; to be (*o* to fall) under the sway of: **Il partito era dominato da alcuni spiriti bollenti**, the party had fallen under the sway of a few hot-heads □ **dominato da un senso d'incubo**, hag-ridden □ **dominato dal vento**, wind-swept □ **un marito dominato dalla moglie**, a henpecked husband □ **non riuscire a d. l'ira**, to be unable to control one's anger. **dominarsi**, B *v. rifl.* to control oneself; to master oneself: **Cerca di dominarti!**, try to control yourself! ● **non sapere d.**, to have no (*o* to lose one's) self-control.
dominatóre, *m.* dominator; ruler.
dominazióne, *f.* **1** domination; rule; sway **2** (*pl., relig.*) Dominations.
domineddìo, *m.* the (good) Lord: **Ci penserà d.**, the Lord will provide.
dominicale, *a.* **1** (*del Signore*) dominical; of the Lord: **l'orazione d.**, the Lord's Prayer **2** (*padronale*) of the landlord; of the (land-)owner: **i diritti dominicali**, the landlord's rights.
dominicano, *a. e m.* (*geogr.*) Dominican.
dominio, *m.* **1** (*in tutti i sensi*) dominion; (*della G. B.; polit.*) Dominion **2** (*il dominare*) domination; control; ascendancy; supremacy; rule; sway: **tenere q. sotto il proprio d.**, to keep sb. under one's control; **sotto il d. britannico**, under British rule; **Il paese è sotto il d. di un dittatore**, the country is under the sway of a dictator **3** (*proprietà*) property; ownership **4** (*campo, settore*) domain; field: **nel d. della letteratura (della filosofia, ecc.)**, in the domain of literature (of philosophy, etc.) ● **d. di sé**, self-control □ **avere il d. dei mari**, to rule over the seas □ **avere (*o* esercitare) il d. sopra q.** (*o* q.c.), to have control (*o* to hold sway) over sb. (*o* st.) □ **essere di d. pubblico**, (*leg.*) to be public property; (*fig.: essere noto a tutti*) to be common (*o* public) knowledge □ **Ciò è di d. pubblico**, everybody knows that.
dòmino (1), *m.* (*mantello*) domino.
dòmino (2), *m.* **1** (*il gioco*) dominoes (*pl. col verbo al sing.*): **giocare a d.**, to play at dominoes **2** (*la pedina*) domino*. ● **fare d.**, (to call) domino!
Domiziano, *m.* (*stor.*) Domitian.
dòmma, *V.* **dògma**.
dòmo (1), *m.* (*lett.: cupola*) dome.
dómo (2), *a.* (*lett.*) subdued.
dòn (1), *m.* **1** (*relig.*) Father; (*per i Benedettini e alcuni altri ordini monastici*) Dom (*titolo spagnolo o ital.*) Don: **don Giovanni**, Don Juan: **essere un don Giovanni**, to be a Don Juan (*o* a lady-killer, a philanderer); **Gli spetta il don**, he has a right to be addressed as «Don».
dòn (2), *inter. e m.* dong: **din don**, ding dong.
Donaldo, *m.* Donald.
donante, *m. e f.* (*leg.*) donor.
donare, A *v. t.* **1** to give* (sb. st.; st. to sb.) (as a present); to present (sb. with st.) (*prov.*) **Chi dona tosto, dona due volte**, he gives twice who gives quickly **2** (*leg.*) to donate. B *v. i.* (*addirsi*) to be becoming (to sb.); to suit (sb.); to become* (sb.): **Quel cappello non le dona**, that hat doesn't become her. **donarsi**, C *v. rifl.* (*lett.*) to devote one's life (to st.).
donatàrio, *m.* (*leg.*) donee.
donatismo, *m.* (*relig.*) Donatism.
donatista, *m.* (*relig.*) Donatist.
donativo, *m.* gift; present.
donatóre, *m.* donor (*anche leg.*); giver: **un d. di sangue**, a blood donor.
donazióne, *f.* (*leg.*) donation; gift: **d. testamentaria**, testamentary donation; **atto di d.**, deed of gift.
donchisciòtte, *m.* Don Quixote.
donchisciottésco, *a.* quixotic.
donchisciottismo, *m.* quixotism; quixotry.
dónde, *avv.* (*lett.*) **1** whence; from where: **D. veniste?**, whence came you? (*lett. o arc.*); where did you come from? **2** (*dalla qual cosa*) for which reason; wherefore **3** (*di cui, di che*) the means with which; the wherewithal. ● **Mi arrabbiai e ne avevo ben d.**, I was furious and with reason (*o* had good reason to be).
dondolaménto, *m.* rocking; swinging.
dondolare, A *v. t. e i.* **1** to swing*; to dangle: **Dondolava le braccia nel camminare**, he swung his arms as he walked **2** (*una culla, ecc.*) to rock; **d. un bambino nella culla**, to rock a baby in its cradle. ● **far d.**, to dangle. **dondolarsi**, B *v. rifl.* **1** to swing*; to rock (oneself) **2** (*fig.: bighellonare*) to dawdle about; to hang* about; to idle. ● **passare il tempo a d.**, to idle (*o* to dawdle, to loaf) away one's time.
dondolìo, *m.* rocking; swinging.
dóndolo, *m.* (*pop.: altalena*) swing; (*per giardino*) lawn-swing. ● **cavallo a d.**, rocking-horse □ **sedia** (*o* **poltrona**) **a d.**, rocking-chair.
dondolóne, *m.* loafer; dawdler; idler.
dòng, *V.* **dòn (2)**.
dongiovannésco, *a.* donjuanesque.
dongiovanni, *m.* Don Juan; philanderer; lady-killer (*fam.*).
dònna, *f.* **1** woman*: **È una d. di mondo**, she is a woman of the world; **uomini e donne**, men and women; **una voce di d.**, a woman's voice; **calzature da d.**, women's shoes; **nobil d.**, noble woman; aristocrat; **Buona d.!** (*o* **Cara la mia d., ecc.**), my good woman **2** (*giovane*) girl: **Gli piacciono le donne**, he likes girls (*o* women); **una bella d. di 25 anni**, a good-looking girl of 25 **3** (*d. di servizio*) servant; maid; help; (*a ore*) part-time help, char(woman*); (*a giornata*) daily help; daily (*fam.*): **Lascia detto alla d.!**, leave a message with the maid; **La d. puliva le scale dell'ufficio**, the char was cleaning the office stairs; **La d. era una svizzera che voleva imparare l'inglese**, the help was a Swiss girl (*o* woman) who wanted to learn English **4** (*titolo seguito da nome*) «donna» (*per un'Italiana*); doña (*per una Spagnola, ecc.*) **5** (*in senso medievale: signora*) lady: **donne e cavalieri**, knights and ladies; **Nostra D.**, Our Lady **6** (*nelle carte da gioco*) queen: **la d. di picche**, the queen of spades. ● **d. cannone**, fat lady □ **d. di campagna**, country-woman □ **d. di casa**, housewife (*massaia*); stay-at-home woman □ **d. di strada**, street-walker □ **d. nubile**, single woman □ **d. tutto fare**, maid-of-all-work □ **abiti da d.**, dresses □ **andare a donne**, to womanize □ **conquistatore di donne**, lady-killer □ **da d.** (*spesso spreg.*), womanish; powder-puff (*fig.*): **paure da d.**, womanish fears □ (*volg.*) **figlio di buona d.**, son of a bitch □ **lavori da d.**, (*di cucito*) needlework □ (*fam.*) **la mia d.**, my wife □ **le mie donne** (*della famiglia*), my women-folk □ **movimento di liberazione della d.**, Women's Liberation (Movement); Women's Lib; Fem Lib □ **nemico delle donne**, woman-hater □ **prima d.**, (*di prosa, operetta*) leading lady; (*di opera lirica e fig.*) «prima donna» □ **riunione di donne** (*sole*), women's meeting; hen-party (*fam.*) □ **sarto da d.**, dressmaker □ (*prov.*) **Donne e buoi dei paesi tuoi**, when choosing women or oxen, stick to the ones you know (*o* don't go outside your village).
donnàccia, *f.* (*spreg.*) woman* of loose morals; tart (*pop.*).
donnaiu(u)òlo, *m.* lady-killer; ladies' man*; flirt; womanizer. ● **essere un d.**, to womanize.
donnésco, *a.* (*di donna, di donne*) a woman's, women's; (*spesso spreg.*) womanish, feminine: **moine** (*o* **astuzie**) **donnesche**, feminine wiles. ● **lavori donneschi**, (*di cucito*) needlework; (*di casa*) housework.
donnicciòla, *f.* **1** silly woman* **2** (*persona pettegola*) gossip. ● **fantasie da d.**, silly womanish fancies.
donnina, *f.* **1** (pretty) little woman* **2** (*donna di facili costumi*) loose (*o* fast) woman*.
donnino, *m.* **1** (pretty) little woman* **2** (*uomo effeminato*) sissy (*fam.*).
dònnola, *f.* (*zool., Mustela nivalis*) weasel.
dóno, *m.* **1** gift; present: **avere q.c. in d.**, to get st. as a gift; **un d. del Cielo**, a gift from Heaven; **i doni di Natale**, Christmas presents **2** (*disposizione*) gift; talent: **avere un d. per le lingue**, to have a gift (*o* to be gifted) for languages. ● **i doni della terra**, the fruits of the earth □ (*in funzione di agg.*) **pacco d.**, gift parcel.
donzèlla, *f.* (*lett.*) **1** damsel (*lett., scherz.*); maiden (*lett.*) **2** (*ancella*) maid-in-waiting.
donzèllo, *m.* (*lett.: paggio*) page; (*scudiero*) squire; (*giovane nobile*) knight bachelor.
doping (*ingl.*), *m. invar.* (*sport*) doping.
dópo (1), A *prep.* **1** (*di tempo e luogo*) after: **Partii d. un anno**, I left after a year; **D. il pesce servirono carne**, after the fish they served meat; **Nacqui d. di lui**, I was born after him; **Vediamoci d. il concerto** (**d. pranzo, ecc.**), let's meet after the concert (after dinner, etc.); **D. tutto**, after all; **uno d. l'altro**, one after the other; **d. di che**, after which; **d. cena**, after supper; **Viene d. di te in elenco**, he comes after you in the list **2** (*di luogo*) after; beyond; past: **una valletta d. il lago**, a dale beyond the lake; **Il negozio è subito d. la chiesa**, the shop is just past the church **3** (*seguito dal p.p.*) after; when: **D. mangiato gli telefonerò**, when I have eaten, I shall ring him up; **D. dormito, ti sentirai meglio**, when you've had a sleep (*o* after a sleep, after sleeping), you'll feel better **4** (*talora, di tempo: a partire da*) since: **Non

dópo (2)

ci siamo più visti d. Pasqua, we haven't met since Easter. ● a d. (o fin d.), till after (o past): La riunione fu rinviata a d. Natale, the meeting was postponed till after Christmas; Non sarò libero fin d. le cinque, I shan't be free till past five o'clock. B avv. 1 (di tempo) after; afterwards; then: l'anno d., the year after; Vediamoci subito d., let's meet straight after; molto d., a long time after; Prima mangio e d. esco, I'll eat first, and then I'll go out 2 (di tempo: più tardi) later (on): un anno d., a year later; Me ne accorsi d., I found out later on; Partirò d., I shall leave later; Successe alcuni giorni d., it happened a few days later 3 (di luogo) after; next; (dietro) behind: Che cosa viene d.?, what comes next?; Camminava avanti e io d., he was walking in front and I behind; Prendi la strada che viene subito d., take the next road. ● d. che, V. dopoché □ il giorno d., the day after; on the following (o next) day □ né prima né d., neither before nor after □ Lascia la copiatura a d., leave the copying till later □ A d.!, see you later! □ E d.?, (che cosa accadde?) what happened next?; (che altro ancora?) what next?

dópo (2), m. (what comes) afterwards; (the) future: Non pensare al d., don't think about what comes afterwards; don't worry about the future.

dopobarba, m. invar. aftershave lotion.

dopobórsa, m. invar. (Borsa) after hours; street market.

dopocéna, a. e m. invar. evening; after dinner.

dopoché, cong. after (spesso seguito dal gerundio); when; (da quando) since: Fu dopo che lo vidi, it was after I saw (o I had seen) him; Dopo che ebbi letto il libro, cambiai idea, after reading the book, I changed my mind; since reading the book, I've changed my mind.

dopodiché, avv. (and) then; afterwards.

dopodomani, avv. the day after tomorrow.

dopoguèrra, m. invar. post-war period; post-war (attr.): una casa costruita nel d., a house built in the post-war period; la generazione del d., the post-war generation.

dopolavorìsta, m. e f. member of a «dopolavoro».

dopolavorìstico, a. of (o pertaining to) a «dopolavoro».

dopolavóro, m. «dopolavoro» (club with recreational facilities).

dopopranzo, A avv. after lunch (o dinner). B m. afternoon: Vieni nel d., come this afternoon.

doposcì, a. e m. après-ski: scarpe d., après-ski shoes; articoli per il d., après-ski wear (collett.).

doposcuòla, m. invar. «doposcuola» (institution where children may study or enjoy recreation activities after school-hours).

dopotutto, avv. after all: D. avevo ragione!, I was right after all!

dóppia, f. 1 (numismatica) dobla 2 (doppia lettera) double letter 3 (fam.: doppia paga) double pay. ● (al poker) una d., two pairs.

doppiàggio, m. (cinem.) dubbing.

doppiaménte, avv. 1 doubly; (due volte) twice as: Da allora mi è d. caro, since then he is twice as dear to me 2 (fig.: falsamente) deceitfully; with duplicity.

doppiare (1), v. t. 1 to double 2 (naut.) to double; to round: d. un'isola, to round an island 3 (sport) to lap 4 (metall.) to plate 5 (ind. tessile) to wind* together.

doppiare (2), v. t. (cinem.) to dub.

doppiato, (cinem.) A a. dubbed. B m. dub; dubbed soundtrack.

doppiatóre, m. (cinem.) dubber. ● il d. italiano di Olivier, the actor who dubs Olivier's voice in Italian.

doppiatura, f. V. doppiaggio.

doppieggiatura, f. (tipogr.) slur.

doppière, m. (lett.) two-branched candlestick (o chandelier).

doppiétta, f. 1 (fucile a due canne) double-barrelled gun 2 (nel calcio) couple of goals (scored by a player) 3 (nel pugilato) one-two.

doppiézza, f. 1 doubleness (poco comune) 2 (fig.) duplicity; deceitfulness; double-dealing.

doppino, m. 1 (elettr.) duplex cable 2 (naut.) bight.

dóppio, A a. 1 double: d. mento, double chin; punto (a croce) d., double cross-stitch; numero d. (di rivista), double number; (bot.) papavero d., double poppy; (naut.) d. scafo, double keel; finestra (misura, paga, ecc.) doppia, double window (measure, pay, etc.); d. gioco, double-cross; (comm.) partita doppia, double entry 2 (più lett.) twofold (quasi sempre pred.): Questo metodo aveva un d. vantaggio, the advantages of this method were twofold 3 (aeron., ecc.) dual: d. comando, dual controls (pl.); doppia cittadinanza, dual citizenship 4 (fig.: finto, ipocrita) double-dealing; deceitful; (più lett.) double-faced, double-tongued. ● (fig.: di persona) essere d., to wear a double face □ d. senso, double entendre» (specialm. se scabroso), double meaning (meno comune) □ arma a d. taglio, double-edged (o two-edged) weapon (anche fig.) □ avere una doppia vita, to lead a double life □ baule a d. fondo, double-bottomed (o false--bottomed) trunk □ fare il d. gioco con q., to double-cross sb.

□ fucile a doppia canna, double-barrelled gun □ giacca a d. petto, double-breasted jacket □ in d. esemplare, in duplicate □ (balistica) palla doppia, double-headed shot □ parola a senso d., ambiguous word □ persona che fa il d. gioco, double-crosser □ (mecc.) pompa a d. effetto, double-acting pump □ serrare a d. giro, to double-lock □ stampare a colonne doppie, to print in two columns. B m. 1 (doppia quantità) twice (the) amount; double quantity; twice as much (rif. a un n. sing.), twice as many (rif. a un n. pl.): Posso sollevare il d. rispetto a te, I can lift twice the amount you can; Io mangerò molto, ma tu mangi il d., I may eat a lot, but you eat twice as much (anche: double what I eat); Questo libro ha cento pagine e quello ne ha il d., this book has a hundred pages and that one has twice as many 2 (tennis) doubles (pl.): d. maschile (femminile, misto), men's (women's, mixed) doubles 3 (di numero) double; (anche) twice (due volte): Dieci è il d. di cinque, ten is the double of five; il d. di novantanove, twice ninty-nine. ● (fig.) a cento doppi (molte volte di più), many times as much (o as many) □ (di campane) sonare a d., to ring a full peal □ Ho il d. della tua età, I am twice your age □ Questo quadro è più caro del d., this picture is twice as expensive. C avv. double: vederci d., to see double (anche fig.). ● piegare q.c. d., to fold st. in two.

doppiofóndo, m. (anche naut.) double bottom.

doppiogiochìsta, m. e f. double-dealer; double-crosser.

doppiolavorìsta, m. e f. one who has a second job.

doppióne, m. 1 duplicate 2 (di parola) doublet.

doppiopètto, A a. double-breasted: un cappotto d., a double-breasted coat. B m. invar. (giacca) double-breasted jacket; (cappotto) double-breasted coat.

doppìsta, m. e f. (tennis) doubles-player.

dorare, v. t. 1 to gild*; (placcare d'oro) to gold-plate: (fig.) d. la pillola, to gild the pill 2 (cucina) to brown; to fry (st.) to a golden brown.

dorato, a. 1 gilt: mobili dorati, gilt furniture (sing.); argento d., silver gilt 2 (fig.) gilded: Povera figliola nella sua gabbia dorata!, poor girl in her gilded cage!; gioventù dorata, gilded youth 3 (color d'oro) golden: castano d., golden brown; uva dorata, golden grapes (pl.); luce dorata, golden light 4 (coperto di lamine d'oro) gold-plated 5 (cucina) browned; golden brown.

doratóre, m. gilder.

doratura, f. gilding; (con lamine d'oro) gold-plating: le dorature sulla carrozza, the gilding on the coach. ● d. galvanica, electro--plated gold; gold electro-plate.

dòrico, A a. (archit.) Doric: l'ordine d., the Doric order; un capitello d., a Doric capital. B m. (il dialetto) (the) Doric (dialect).

dòride, f. (zool., Doris) sea-lemon.

dorìfora, f. (zool., Doryphora decemlineata) potato-beetle.

dormicchiare, v. i. to doze; to drowse; to slumber; to snooze (fam.).

dormiènte, A a. sleeping; asleep (pred.). B m. e f. sleeper: i sette dormienti di Efeso, the seven sleepers of Ephesus. C m. (costr.) sleeper; ground-beam.

dormiglióne, m. sleepy-head.

dormire, v. i. e t. 1 to sleep*; to be asleep: mettere (mandare) q. a d., to put (to send) sb. to sleep; d. bene (profondamente), to sleep well (soundly): Dormi bene!, sleep well!; d. come un ghiro, to sleep like a top (o a log); d. come un masso, to sleep like a log; d. il sonno dei giusti, to sleep the sleep of the just; Dormici sopra, sleep on it; Dormi?, are you asleep?; Dormivo quando successe, I was asleep (cioè, stavo dormendo) when it happened; Questo ti farà d., this will put you to sleep; non trovare da d., not to find anywhere to sleep; d. sonni tranquilli, to sleep peacefully; d. per ventiquattro ore filate, to sleep the clock round; il sonno eterno, to sleep one's last sleep; d. leggero, to sleep lightly; be a light sleeper; d. nel Signore (essere morto), to sleep in the Lord 2 (essere provvisoriamente inattivo) to be dormant; to be in abeyance: La natura dorme d'inverno, Nature is dormant in winter; le passioni che dormono nel nostro cuore, the passions dormant in our hearts; Questa legge viene lasciata d., this law is in abeyance. ● d. a occhi aperti, to be dropping with sleep □ d. bene (non soffrire d'insonnia), to be a good (o sound) sleeper □ (fig.) d. con gli occhi aperti, to sleep with one eye open □ d. della grossa, to sleep soundly; to be fast asleep □ d. male (con difficoltà), to be a bad sleeper □ dormirsela, to be having (o enjoying) a cosy (o nice, comfortable) little sleep (o snooze) □ d. sugli allori, to rest on one's laurels □ andare a d., to go to bed □ un fiore che dorme di notte, a flower that closes up at night □ una pozione per d., a sleeping-draught □ un racconto che fa d., a boring tale □ Questo albergo dà da d. a duecento persone, this hotel sleeps two hundred guests □ Puoi d. tra due guanciali, you can set your mind at rest; there's absolutely no need to worry □ È un pezzo che quella pratica dorme, the matter has been shelved for some time □ (prov.) Chi dorme non piglia pesci, the early bird catches the worm □ (*prov.*) **Fortuna e dormi!**, if luck is with you, you can afford to sleep.

dormita, *f.* **1** sleep: **fare una buona** (*o* **bella**) **d.**, to have a good sleep **2** (*di baco da seta*) sleeping period; period of sleep.

dormitina, *f.* nap; forty winks (*pl., fam.*); shut-eye (*fam.*); zizz (*fam.*).

dormitòrio, *m.* dormitory. ● **d. pubblico**, free hostel; doss--house (*pop.*).

dormitura, *f.* (*bachicoltura*) sleep: **d. dei bachi da seta**, sleep of the silk worm.

dormivéglia, *m.* drowsiness; doziness. ● **stare in d.**, to be half--asleep (*o* only half-awake).

Dorotèa, *f.* Dorothy; Dorothea.

dorsale, **A** *a.* dorsal. ● (*anat.*) **spina d.**, backbone. **B** *m.* (*spalliera di sedia*) back. **C** *f.* (*di monte*) ridge.

dorsista, *m.* e *f.* (*sport*) back-stroke swimmer.

dòrso, *m.* **1** back: **giacere sul d.**, to lie on one's back **2** (*di libro*) back; spine **3** (*di monte*) ridge **4** (*nuoto*) backstroke: **cento metri d.**, hundred metres backstroke. ● **a d. di cammello**, on camel--back ● **a d. di cavallo**, on horseback.

dorsoventrale, *a.* dorso-ventral.

dosàbile, *a.* measurable.

dosàggio, *m.* **1** dosing; dosage **2** (*mecc.*) metering.

dosare, *v. t.* **1** to divide into doses; to dose; to proportion; to measure out (the correct quantity, proportions, of st.) **2** (*fig.: distribuire con parsimonia*) to dole out; to ration **3** (*autom.*) to meter **4** (*costr.*) to batch. ● **d. le forze**, to husband one's forces □ **d. le parole**, to weigh one's words.

dosatóre, *m.* proportioning device.

dosatura, *f.* V. **dosàggio**.

dose, *f.* dose (*anche fig.*); quantity; (*di un ingrediente*) amount: **la d. massima** (**minima**, **letale**), the maximum (minimum, lethal) dose; **una d. di sali**, a dose of salts; **Nel preparare la tisana misura bene le dosi**, when preparing the ptisan, measure the amounts carefully; **Non so la d.** (*di un ingrediente*), I don't know the amount; (*fig.*) **una buona d. di sfacciataggine**, a good dose (*o* dash) of brass. ● **una d. eccessiva**, an overdose □ **avere una buona d. di fortuna**, to have a good deal of luck □ **una buona d. di bastonate**, a sound thrashing ● (*fig.*) **rincarare la d.**, to pile it on; to lay it on thick.

dosimetria, *f.* (*fis.*) dosimetry.

dosimetro, *m.* (*fis.*) dosimeter.

dossale, *m.* **1** ornamental cover **2** (*paliotto*) dossal; altar--frontal.

dossier (*franc.*), *m.* dossier.

dòsso, *m.* **1** back: **il d. della mano**, the back of one's hand **2** (*prominenza*) prominence; (*cima*) top, summit **3** (*di fondo stradale*) hump; cat's back. ● **cavarsi** (*o* **levarsi**) **di d. i vestiti**, to take off one's clothes □ **togliersi q.c. di d.**, to get rid of st. □ **Mi sono levato di d. questo pensiero**, that's a big weight off my mind.

dossologìa, *f.* (*relig.*) doxology.

dotale, *a.* of (*o* pertaining to) a dowry; dotal: (*leg.*) **beni dotali**, dotal property.

dotare, *v. t.* **1** (*una sposa*) to give* (*o* to assign) a dowry to (*lett.*); to dower (*arc., lett.*); to settle money (*o* property) upon **2** (*assegnare un patrimonio a una istituzione*) to endow: **d. un o-spedale**, to endow a hospital **3** (*fornire*) to endow (*generalm. nella forma passiva*); to furnish; to supply (with); (*concedere*) to bestow upon, to grant, to allot to: **Quell'uomo è stato dotato dalla natura di una eccellente memoria**, that man has been endowed by nature with an excellent memory **4** (*attrezzare*) to equip; to provide: **d. i soldati di uniformi e armi**, to equip soldiers with uniforms and weapons.

dotato, *a.* **1** endowed, gifted (with): **essere d. di buona memoria**, to be endowed with a good memory **2** (*ricco di qualità intellettuali*) gifted; talented **3** (*attrezzato*) equipped, provided (with). ● (*di persona*) **d. dei requisiti richiesti**, qualified.

dotazióne, *f.* **1** endowment **2** (*attrezzatura*) equipment; outfit; supplies (*pl.*). ● **d. della corona**, civil list □ **avere in d. q.c.**, to be equipped with st.

dòte, *f.* **1** (*di sposa*) marriage settlement; dowry; dot **2** (*beni assegnati a istituto o ente*) endowment **3** (*pregio, qualità*) endowment; gift: **È una d. invidiabile ricordare i nomi**, it's an enviable gift to be able to remember names; **doti mentali**, mental endowments. ● **cacciatore di d.**, fortune-hunter □ **ragazza senza d.**, girl with no money □ **uomo di molte doti**, man of many parts; very gifted man □ **costituire la d. della figlia**, to set aside money (property, etc.) for one's daughter's marriage settlement □ **sposare la d.**, to marry money.

dòtto (1), **A** *a.* learned; deeply-read; scholarly; erudite; (*esperto*) skilled: **un uomo d.**, a learned man; **essere d. in q.c.**, to be skilled in st. ● **le lingue dotte**, the classical languages. **B** *m.* scholar; learned man*.

dòtto (2), *m.* (*anat.*) duct.

dottoràggine, *f.* (*lett., scherz.*) pontificating; donnishness.

dottorale, *a.* doctoral. ● (*iron.*) **aria d.**, learned look □ **laurea d.**, doctor's degree □ **assumere atteggiamenti dottorali**, to put on learned airs.

dottorato, *m.* doctorate.

dottóre, *m.* **1** (*medico*) doctor; (*abbr. davanti a nome*) Dr. (*o* Dr); physician: **Sono malato, chiama il d.**, I'm ill, call the doctor; **Manderò a chiamare il d.**, I'll send for the doctor; **Io farò il d. e mio fratello l'avvocato**, I'm going to be a doctor, and my brother a lawyer; **Il dott. Watson è il nostro medico di famiglia**, Dr. Watson is our family doctor **2** (*laureato in genere*) graduate; (*davanti a nome*) Mr: **Il dott. Scarpa è il mio avvocato** (**il mio chirurgo, ecc.**), Mr Scarpa is my lawyer (my surgeon, etc.) **3** (*erudito*) doctor: (*relig.*) **i dottori della Chiesa**, the Doctors of the Church. ● **d. in chimica**, Bachelor of Chemistry; B.C. □ **d. in filosofia**, Bachelor of Philosophy; B. Phil. □ **d. in legge**, Bachelor of Laws; LL.B. □ **d. in lettere**, Bachelor of Arts; B.A. □ **parlare come un d.**, to talk like a book □ **saperne quanto un d.**, to be very wise □ **Ne sa più lui che un d.**, he knows more (about it) than any great doctor □ (*prov.*) **Meglio un asino vivo che un d. morto**, a living dog is better than a dead lion.

dottoreggiare, *v. i.* (*scherz., spreg.*) to pontificate; to put* on learned airs.

dottorésco, *a.* (*spreg.*) donnish; pedantic.

dottoréssa, *f.* **1** (*in medicina*) (lady) doctor; (*abbr. davanti a nome*) Dr **2** (*laureata*) graduate; (*davanti a nome*) Miss, Mrs: **La dott.ssa Bianchi è assente**, Miss Bianchi is away.

dottrina, *f.* **1** doctrine; teaching: **Le dottrine di quella scuola precorrevano i tempi**, the teachings of that school were in advance of their time **2** (*erudizione*) learning; erudition: **un uomo di vasta d.**, a man of great learning **3** (*catechismo*) catechism. ● **andare alla d.**, to go to Sunday-school.

dottrinale, *a.* doctrinal.

dottrinàrio, *a.* e *m.* doctrinaire; doctrinarian.

dottrinarismo, *m.* doctrinairism; doctrinarianism.

double face (*franc.*), *a.* (*di tessuto*) double-faced; reversible.

dóve, **A** *avv.* **1** where (*anche interr.*): **Dov'è la macchina**? **Dimmi dov'è**, where is the car? tell me where it is; **D. vai?**, where are you going?; **È andato non so d.**, I don't (quite) know where he went; he went I know not where (*arc.*); **Guardai d. mi dissero**, I looked where they told me to; **la casa d. sono cresciuto**, the house where I grew up; **Di d. sei venuto?**, where did you come from?; **Di dov'è lui?**, where's he from (*fam.*)?; where does he come from?; **Sarà circa un miglio da d. abitavo prima**, I suppose it's about a mile from where I used to live; **D. si va a finire di questo passo?**, at this rate, where shall we end up? (*o* what are things coming to?; how will it all end?) **2** (*anche*: **d. che**, **dovunque**) wherever: **D. passano, c'è sempre folla**, wherever they go, there's always a crowd; **D. che io vada** (**d. che io sia**), **non lo posso dimenticare**, wherever I go (wherever I am), I can't forget him. ● **d. che sia** (*in un posto qualsiasi*), anywhere: **Mettilo d. che sia!**, put it anywhere! □ **di d.** (*moto per luogo*), through..., where: **La siepe sembra intatta: di d. sono passati?**, the hedge seems untouched: where did they get through? □ **Di d. è passato il ladro?**, where (*o* how) did the thief get in? □ **Per d. è passato?**, which way did he go? □ **Non so da d. cominciare**, I don't know where to begin □ **Fin d. l'accompagnasti?**, how far did you accompany him? □ **Ti aiuterò fin d. posso**, I will help you as far as I can. **B** *cong.* **1** (*se*) if (*o con* should): **D. non potessi venire, ti avvertirò**, if I am (*o* should I be) unable to come, I'll let you know **2** (*mentre*) while; whilst; whereas: **D. egli credeva che lo avrebbero salvato, si vide abbandonato da tutti**, while he thought he would be saved, he found himself forsaken by everybody. **C** *m.* where; (the) whereabouts: **il d. e il quando**, the where and when. ● **in** (*o per*) **ogni d.**, everywhere.

dovére (1), *v. i.* e *t.* **1** (*obbligo, comando*) must (*difett., al pres.*); to have to, to be to (+ *inf.*); shall (*difett., nella 2^a e 3^a pers. sing. e pl.*): **Dovete tacere quando parlo io**, you must keep silent when I speak; **Non devi dirlo**, you must not say that; **Il libro deve essere restituito subito**, the book must be returned at once; **Non dovete adirarvi**, you must not lose your temper; **Dovetti andarmene prima della fine**, I had to leave before the end; **Ho dovuto rimandare la riunione a domani**, I've had to postpone the meeting till tomorrow; **Dovrete imparare a memoria questa poesia**, you will have to memorize this poem; **Dovete chiamarmi «sir», secondo le regole in vigore qui**, you must call me «sir», according to the regulations in force here; **Quando arriverà in Inghilterra, dovrà presentarsi alla polizia**, when he arrives in England, he is to report to the police; **Devi farlo!**, you shall do it!; **Le domande devono essere spedite entro il 1° ottobre**, all applications shall be sent within October 1st **2** (*necessità, opportunità; mi tocca, ecc.: in frasi affern. e interr. positive*) to

dovére (2)

have to, have got to, must (*difett.*); (*in frasi interr. positive*) need (*difett.*), to need; (*in frasi neg.*) need not (*difett.*), not to need to (+ *inf.*), not to have to (+ *inf.*): **Devo chiederti di non farlo**, I have to (*o* I must) ask you not to do that; **Devo finire questo lavoro per stasera**, I have to (*o* I must) finish this work by to-night; **Se devi partire, prendi il treno delle sei**, if you have to leave, take the six o'clock train; **Devi passare qui la notte perché non ci sono più treni**, you have to stay here overnight, because there are no more trains; **Devi passare qui la notte, perché voglio parlare con te domattina**, you must stay here overnight, because I want to talk to you to-morrow morning; **A che ora devi partire oggi?**, what time have you got to leave (*o* must you leave) to-day?; **Non devo partire oggi; partirò domani**, I haven't got to leave to-day; I'll leave to-morrow; **Quante volte ci devi andare?**, how often do you have to go there?; **Devi proprio andartene subito?**, must (*o* need) you really go at once?; **Domani non devo alzarmi presto**, I needn't (*o* I haven't got to) get up early to-morrow; **Non tutte le mattine devo alzarmi presto**, I need not (*o* I don't have to) get up early every morning; **Non dovuté restare là la notte, perché c'era un treno a mezzanotte**, he didn't have (*o* he didn't need) to stay there overnight, because there was a train at midnight; **Secondo l'orario vecchio, non dovevo cambiare (treno)**, according to the old time-table, I did not have (*o* I did not need) to change trains; **Non devi alzarti presto domattina?**, haven't you got to get up early to-morrow morning?; **Non devi cambiar treno tutte le mattine?**, don't you have to change trains every morning? **3** (*accordo, impegno, programma stabilito, fatalità, inevitabilità, imbarazzo*) to be to (+ *inf.*): **Chi deve parlare ora?**, who is to speak next?; **A che ora devi incontrarlo?**, what time are you to meet him?; **Il presidente deve arrivare domani**, the president is to arrive tomorrow; **Il treno doveva arrivare alle 8**, the train was to arrive (*o* was due) at 8 o'clock; **In quelle condizioni, che cosa dovevo fare?**, under the circumstances, what was I to do?; **Il peggio deve ancora venire**, the worst is still to come; **Non credevo dovesse morire così giovane**, I didn't think he was to die so young; **Doveva diventare il capo del partito, ma fu coinvolto nello scandalo**, he was to have become the leader of the party, but he was involved in the scandal **4** (*forte probabilità*) must (*difett.*); (*certezza, destino*) to be bound to (+ *inf.*): **Deve essere già arrivato là**, he must be already there; **Dev'essere tardi**, it must be late; **Doveva essere tardi**, it must have been late; **Si chiama Bianchi, perciò dev'essere italiano**, his name is Bianchi, so he must be (an) Italian; **Tutti gli uomini devono morire**, all men are bound to die (*o* must die); **Il piano deve (*o* non può non) avere successo**, the plan is bound to succeed; **Ciò doveva accadere, presto o tardi**, sooner or later, that was bound to happen. **5** (*in frasi interr.: devo..?, dobbiamo..?, nel senso di: vuoi che..?, volete che..?*) shall I? (*o* shall we?) (*difett.*); am I (*o* are we) to (+ *inf.*)?: **Devo aspettarti?**, shall I wait for you?; **Devo aprire la finestra?**, shall I open the window?; **Dobbiamo rispondergli a nome tuo?**, shall we answer him on your behalf?; **Devo (farlo)?**, shall I? **6** (*al condiz.*) should (*difett.*); should have to (+ *inf.*); (*specialm. per un consiglio, un improvero*) ought to (+ *inf.*): **Dovresti fare più attenzione**, you should (*o* you ought to) pay more attention; **Dovrebbe venire oggi**, he should come to-day; **Perché non dovrei dirtelo?**, why should I not tell you?; **Non avresti dovuto dirglielo**, you shouldn't have told him; **Dovresti aiutarlo**, you ought to help him; **Dovremmo andarci, ma siamo ancora incerti**, we should have to go there, but we are still uncertain; **Dovremmo amare il prossimo**, we ought to love our fellow creatures **7** (*al congiunt. imperfetto*) should (*difett.*); were to (+ *inf.*): **Se dovesse arrivare, digli di attendere**, if he should (*o* should he) arrive, tell him to wait; **Se dovessi incontrarlo**, gli direi quel che penso di lui, if I were to meet him, I should give him a piece of my mind; **Se tu dovessi arrivare prima di domani, telefonami**, if you should arrive before to-morrow, ring me up. **8** (*nei modi e termini non coperti dai difettivi*) to have to (+ *inf.*); (*essere costretto, obbligato, forzato*) to be compelled (obliged, forced) to (+ *inf.*): **dovendo partire per un lungo viaggio...**, having to leave (*o* since I, you, he, etc. had to leave) on a long journey...; **se io avessi dovuto lavorare tanto...**, if I had to work so hard...; **Se non ci pagate subito, dovremo adire le vie legali**, if you don't pay us at once, we shall be obliged to take legal steps **9** (*essere dovuto; essere da pagare, da attribuire, ecc.*) to be due: **A che cosa fu dovuto l'incidente?**, what was the accident due to?; **Lo si dovette alla negligenza del conducente dell'autobus**, it was due to the bus-driver's negligence; **Questo è il saldo che ci è dovuto**, this is the balance due to us **10** (*essere debitore di*) to owe: **Ti devo dieci sterline (la mia posizione, la vita, ecc.)**, I owe you ten pounds (my position, my life, etc.); **Se sono ancora vivo, lo devo a te**, I owe it to you that I am still alive. ● **d. arrivare**, to be due (to arrive): **Il treno deve arrivare alle 6 e 50**, the train is due at 6.50 hs; **La nave doveva arrivare ieri**, the ship was due yesterday;

Mio padre deve arrivare domani, my father is due to arrive to-morrow □ **ciò che si deve fare e ciò che non si deve fare**, the do's and don'ts □ **una cosa che si deve fare**, a must (*fam.*) □ **un uomo che deve tutto a se stesso** (*che si è fatto da sé*), a self-made man □ **Non deve essere ancora arrivato**, I don't think he has arrived yet (*o* he isn't likely to have arrived yet).

dovére (2), *m.* **1** duty: **fare il proprio d.**, to do one's duty; **mancare al proprio d.**, to fail to do one's duty; to fail in one's duty; **doveri sociali**, social duties; **visita di d.**, duty call; (*fig.*) **una vittima del d.**, a slave to duty **2** (*pl.: ossequi*) respects; compliments: **I miei doveri!**, my respects!; my compliments! ● **avere il senso del d.**, to have a sense of duty □ **chi di d.**, the person responsible (*o* in charge) □ **credersi in d. di fare q.c.**, to feel bound to do st.; to make a point of doing st. □ **fare q.c. a d.**, to do st. correctly (*o* as it should be done, thoroughly, well) □ **sentire il d. di fare q.c.**, to feel bound to do st. □ **com'è** (*o* **era**) **mio (tuo, suo, ecc.) d.**, as in duty bound □ **un uomo ligio al d.**, a dutiful man □ **L'ho pagato più del d.**, I paid it more than it was worth □ **Morì vittima del d.**, he died while doing his duty; he fell a victim to duty □ (*prov.*) **Fa' il tuo d. e non temere**, do well and doubt no man □ (*prov.*) **Prima il d. e poi il piacere**, business before pleasure.

doverosaménte, *avv.* duly; properly.

doveróso, *a.* right (and proper): **Mi pare d. dirglielo**, it seems to me right to tell him. ● **È d. riconoscere che...**, it must be admitted that...

dovizia, *f.* (*lett.*) abundance; plentifulness; copiousness; wealth; plenty: **d. di esempi**, wealth of examples; **a d.**, in plenty.

dovizióso, *a.* (*lett.: rif. a cose*) abundant; plentiful; copious; (*rif. a persone*) wealthy, rich.

dovunque, *avv.* (*dappertutto*) everywhere; (*in qualsiasi luogo*) anywhere, wherever: **d. io sia**, wherever I am.

dovutaménte, *avv.* duly.

dovuto, A *a.* **1** due (*segue il sost.*); (*che si deve pagare*) payable: **i quattrini dovuti**, the money due; **la somma dovuta**, the amount due; **il prezzo d.**, the price payable; **Il mio mancato arrivo fu d. a un malinteso**, my non-arrival was due to a misunderstanding **2** (*debito*) due; rightful; proper; necessary: **coi dovuti riguardi**, with all proper regard. **B** *m.* amount due: **più del d.**, more than the amount due; more than is due.

dozzina, *f.* **1** dozen: **una mezza d.**, half a dozen; **sei dozzine di matite**, six dozen pencils; **novecento lire alla d.**, nine hundred liras a dozen **2** (*circa 12*) about a dozen: **Saranno una d.**, they must be about a dozen **3** (*pensione*) board and lodging: **stare a d.**, to pay for one's board and lodging. ● **a dozzine**, by the dozen; (*in gran quantità*) dozens, scores □ **di** (*o* **da**) **d.**, cheap, second-rate □ **prendere q. a d.**, to take in a lodger (*o* a boarder).

dozzinale, *a.* cheap(-looking); second-rate; commonplace. ● **alquanto d.**, cheapish.

dozzinalità, *f.* **1** vulgarity **2** mediocrity.

dozzinalménte, *avv.* in a second-rate way.

dozzinante, *m. e f.* (*monthly*) lodger; boarder.

dracèna, *f.* (*bot., Dracaena draco*) dragon-tree.

dracma, *f.* (*unità monetaria della Grecia*) drachma*; drachm.

draconiano, *a.* (*stor., fig.*) Draconian; Draconic.

dracònico, *a.* (*astron.*) draconitic.

dracunculòsi, *f.* (*med.*) dracunculosis.

draga, *f.* (*mecc.*) dredge: **d. aspirante**, suction dredge; **d. a secchie**, bucket dredge; **d. a catena di tazze**, bucket-ladder dredge; **d. galleggiante**, floating dredge; **d. succhiante**, hydraulic dredge.

dragàggio, *m.* **1** (*con draga*) dredging: **impianto di d.**, dredging plant **2** (*con dragamine*) mine-sweeping.

dragamine, *m.* (*naut.*) mine-sweeper.

dragare, *v. t.* **1** to dredge **2** (*mine*) to sweep*.

draghista, *m.* dredger.

dràglia, *f.* (*naut.*) stay: **d. dei fiocchi**, jib-stay.

drago, *m.* (*mitol., zool.*) dragon. ● (*aeron.*) **pallone d.**, observation balloon; kite balloon.

dragomanno, *m.* dragoman*.

dragóna, *f.* (*mil.*) sabre-knot.

dragoncèllo, *m.* (*bot., Artemisia dracunculus*) tarragon.

dragóne, *m.* **1** (*mitol.*) dragon **2** (*mil.*) dragoon **3** (*imbarcazione da regata*) dragon boat.

dramma (1), *m.* **1** (*teatr.*) play; drama: **un d. ben costruito**, a well-made play; **L' «Amleto» è un d. elisabettiano**, «Hamlet» is an Elizabethan play; **un corso sul d. elisabettiano**, a course on the Elizabethan drama **2** (*fig.*) drama; tragedy: **Questo d. gli rovinò la carriera**, this tragedy mined his career; **Quella donna crea il d. intorno a sé**, that woman conjures up drama wherever she goes. ● **Tutte le volte che gli facciamo il bagno è un d.**, every time we bath him he makes the most awful fuss.

dramma (2), *f.* **1** *V.* **dracma 2** (*misura di peso*) dram; drachm **3** (*fig., lett.: minima particella*) dram; mite.

drammàtica, *f.* dramatics (*pl. col verbo al sing.*); dramatic

art; drama.
drammaticità, *f.* dramatic force; drama.
drammàtico, *a.* dramatic: **una situazione drammatica,** a dramatic situation; **una rappresentazione drammatica,** a dramatic performance; (*mus.*) **un soprano d.,** a dramatic soprano. ● **arte drammatica,** dramatics (*pl. col verbo al sing.*); dramatic art; drama: **scuola di arte drammatica,** drama school ☐ **compagnia drammatica,** (theatrical) company ☐ **scrittore d.,** playwright; dramatist ☐ **spettacolo d.,** stage-play; dramatic (*o* stage) performance ☐ **A questo punto l'azione non è abbastanza drammatica,** at this point there isn't enough action.
drammatizzare, *v. t.* to dramatize. ● **Non drammatizziamo!,** we mustn't lose our heads; let's keep our heads; don't let's be melodramatic.
drammatizzazióne, *f.* dramatization.
drammaturgìa, *f.* dramatic composition; dramaturgy.
drammaturgo, *m.* playwright; dramatist.
drappeggiare, *v. t.* to drape.
drappéggio, *m.* drapery; drape.
drappèlla, *f.* (*mil.*) banderol(e).
drappèllo, *m.* **1** (*mil.*) squad; platoon **2** (*gruppo di persone*) group; band.
drapperìa, *f.* **1** drapery; draper's stock **2** (*negozio*) draper's (shop).
drappo, *m.* cloth; fabric. ● (*farm.*) **d. d'Inghilterra,** court-plaster ☐ **d. funebre,** pall.
dràstico, *a.* (*med., fig.*) drastic: **un rimedio d.,** a drastic remedy; **provvedimenti drastici,** drastic measures.
drenàggio, *m.* (*agric., med.*) drain; drainage. ● **d. fiscale,** fiscal drag.
drenare, *v. t.* (*agric., med.*) to drain.
dressage (*franc.*), *m. invar.* **1** (*gara di equitazione*) dressage **2** (*addestramento di animali*) dressage.
drìade, *f.* (*mitol.*) dryad; wood-nymph.
dribblàggio, *m.* (*sport*) dribbling.
dribblare, *v. i. e t.* (*sport*) to dribble. ● **d. con un passo laterale,** to sidestep.
dribblatóre, *m.* (*sport*) dribbler.
drillo, *m.* (*zool.*, *Mandrillus leucophaeus*) drill.
drindrìn, *inter.* e *m.* ting-a-ling.
drink (*ingl.*), *m.* drink: **offrire un d.,** to offer a drink.
dritta, *f.* **1** (*mano destra*) right hand **2** (*lato destro*) right(-hand) side **3** (*naut.*) starboard.
dritto, A *a.* **1** V. **diritto (1) 2** (*fam.: astuto*) astute; crafty; cunning; slick (*pop.*). **B** *m.* **1** V. **diritto (1) 2** (*fam.: persona astuta*) slicker (*pop.*). **3** (*naut.*) – **d. di poppa,** sternpost; **d. di prua,** stem; **d. del timone,** rudder post. **C** *avv.* straight; directly.
drittofilo, *m.* (*del cucire*) straight line (marked with needle before sewing).
drive-in (*ingl.*), *m.* drive-in. ● **inserviente di d.,** car hop (*USA*).
drizza, *f.* (*naut.*) halyard; halliard; haulyard. ● **d. di pennone,** jeer (*generalm. al pl.*).
drizzare, A *v. t.* **1** (*raddrizzare*) to straighten **2** (*rizzare*) to prick up: **d. le orecchie,** to prick up one's ears **3** (*innalzare*) to erect. ● **(naut.) d. un albero,** to spring a mast. **drizzarsi, B** *v. rifl.* **1** (*raddrizzarsi*) to straighten **2** (*alzarsi*) to rise*; (*in piedi*) to stand* up: **Si drizzò per darmi il benvenuto,** he rose to welcome me.
dròga, *f.* **1** (*spezie*) spice **2** (*stupefacente*) drug; dope. ● **essere dedito alla d.,** to be a drug addict ☐ **effetto della d.,** turn-on (*gergo*) ☐ **entrare sotto l'effetto della d.,** to turn on (*gergo*) ☐ **prendere la d.,** to take drugs; to drug; (*abitualmente*) to be a drug addict.
drogàggio, *m.* (*sport*) doping.
drogare, A *v. t.* **1** to season; to spice **2** (*somministrare droghe*) to drug; to dope: **d. un cavallo,** to dope a horse. ● **Il vino era stato drogato,** the wine had been drugged. **drogarsi, B** *v. rifl.* to take* drugs; to drug; to be a drug addict.
drogato, A *m.* drug addict. **B** *a.* **1** spiced; seasoned; flavoured: **intingoli troppo drogati,** over-spiced sauces **2** drugged: **avere un'espressione drogata,** to have a drugged expression **3** (*sport*) doped: **cavallo d.,** doped horse.
drogherìa, *f.* grocer's (shop); grocery (*USA*). ● **generi di d.,** groceries. ☐ **grossista in articoli di d.,** provision merchant.
droghière, *m.* **1** grocer **2** (*grossista*) provision merchant.
dromedàrio, *m.* (*zool.*, *Camelus dromedarius*) dromedary.
dromóne, *m.* (*stor.*) dromon(d).
dròsera, *f.* (*bot.*, *Drosera*) sundew.
drosòfila, *f.* (*zool.*, *Drosophila melanogaster*) drosophila; vinegar fly.
drosòmetro, *m.* (*fis.*) drosometer.
drudo, *m.* (*lett.*) paramour; lover.
drùida, V. **drùido.**
druìdico, *a.* (*stor.*) Druidic(al); Druid (*attr.*).

druidìsmo, *m.* (*stor.*) Druidism.
drùido, *m.* (*stor.*) Druid.
drupa, *f.* (*bot.*) drupe; stone-fruit.
drupàceo, *a.* (*bot.*) drupaceous.
drusa, *f.* (*miner.*) druse.
duàlberi, *m.* (*naut.*) two-master.
duale, *a.* e *m.* (*linguistica*) dual.
dualìsmo, *m.* **1** (*filos.*) dualism **2** (*fig.: antagonismo*) rivalry; antagonism.
dualista, *m.* e *f.* (*filos.*) dualist.
dualìstico, *a.* dualistic.
dualità, *f.* duality.
dubbiézza, *f.* doubtfulness; uncertainty.
dùbbio (1), *a.* doubtful; uncertain; dubious, questionable (*in senso cattivo*): **esito d.,** doubtful result; **autenticità (attribuzione) dubbia,** doubtful authenticity (attribution); **età dubbia** uncertain age; **Il tempo è d.,** the weather is uncertain; **dubbia fama,** dubious reputation; **un individuo d.,** a dubious individual (*o* a doubtful character); **un colore d.** (*indefinibile*), an uncertain colour; **un sapore d.** (*sospetto*), a dubious taste.
dùbbio (2), *m.* **1** doubt; uncertainty: **senza d.,** no doubt; without doubt; doubtless; **In quanto a ciò, ho i miei dubbi,** as to that, I have my doubts; **essere in d. sul da fare,** to be in doubt (about) what to do; **essere in d. se accettare o no,** to be in doubt whether to accept or not; **La riuscita dell'impresa è in d.,** the outcome of the enterprise is in doubt; **È soltanto un d. che mi è venuto,** it's just a doubt that crossed my mind; **dissipare un d.,** to remove a doubt **2** (*punto oscuro*) doubtful point: **Ci sono ancora molti dubbi** (*nell'interpretazione di un testo, nella conoscenza di un avvenimento storico, di un delitto, ecc.*), there are still many doubtful points **3** (*sospetto, anche*) suspicion: **Ho avuto nuove qualche d. che fosse lui,** I did have a suspicion (*o* I did half suspect) that it was he; **Non è che un d.,** it's only a suspicion. ● **avere (o nutrire) seri dubbi,** (*essere molto incerto*) to be very doubtful; (*essere perplesso*) to be puzzled; (*domandarsi*) to wonder: **Ho molti dubbi sul da farsi,** I am (very) puzzled (about) what to do ☐ **mettere in d.,** to doubt; to question; to challenge: **Non lo metto in d.,** I don't doubt it; **Metto in d. l'opportunità di dire tutto,** I question the advisability of saying everything; **mettere in d. l'affermazione di q.,** to challenge sb.'s statement ☐ **Non c'è d. che le sue intenzioni siano oneste,** no doubt he means well ☐ (*prov.*) **Nel d. astieniti,** when in doubt, do nowt (*o* nought, nothing).
dubbiosità, *f.* doubtfulness; uncertainty.
dubbióso, *a.* doubtful; uncertain; dubious: **Sono d. sul da farsi,** I'm doubtful (as to) what I ought to do.
dubitare, *v. i.* **1** (*credere improbabile*) to doubt: **Dubito della verità di questa storia,** I doubt the truth of this story; **Dubiti della mia parola?,** do you doubt my word?; **Non dubito che venga,** I do not doubt that he will come **2** (*credere probabile, temere*) to suspect; to be afraid: **Dubito che sia tardi,** I suspect (*o* I am afraid) it is late; **Dubitavamo che fosse un ladro,** we suspected him to be (*o* that he was) a thief **3** (*diffidare*) not to trust; to distrust; to be doubtful (about): **Dubitava delle sue forze,** he did not trust his strength; **Dubita di quell'impostore!,** distrust that impostor!; **Dubitavo del risultato,** I was doubtful about the result. ● **Me la pagherai, non d.!,** you'll pay for it and no mistake! ☐ **Ne dubito,** I have my doubts (about it); I doubt it ☐ **T'aiuterò, non d.!,** I will help you, depend on it; you may be sure that I will help you!
dubitativo, *a.* dubitative (*anche gramm.*).
dubitóso, V. **dubbióso.**
Dublino, *f.* (*geogr.*) Dublin.
duca, *m.* duke.
ducale, *a.* ducal.
ducato, *m.* **1** (*titolo di duca*) dukedom **2** (*feudo ducale*) dukedom; duchy; (*per i ducati di Cornwall e di Lancaster, sempre*) duchy **3** (*numismatica*) ducat.
ducatóne, *m.* (*numismatica*) ducatoon.
duce, *m.* **1** (*lett.*) captain; leader **2** (*titolo dato a B. Mussolini*) «duce».
duchéssa, *f.* duchess.
duchessina, *f.* duke's daughter; «duchessina».
duchino, *m.* duke's son.
due, *a. num. card.* e *m.* **1** two: **due uova,** two eggs; **Due più due fa quattro,** two and two is four; **a due a due,** two by two; by twos; **il due di quadri,** the two of diamonds; (*naut.*) **una due alberi,** a two-master; (*autom.*) **una due posti,** a two-seater; **un due pezzi,** (*costume da bagno*) a two-piece bathing-suit; (*abito*) a two-piece (costume); **un bambino di due anni,** a child two years old (*o* a two-year-old child); (*ippica*) **una corsa per i due anni,** a race for two-year-olds **2** (*fig.: quantità indeterminata*) a few; one or two; a couple of: **Vorrei dire due parole,** I should like to say a few words; **Portami due giornali,** get me one or two

papers; **Non ho mangiato niente, due fragole!**, I've eaten practically nothing, just a few strawberries!; **Siamo a due passi dalla posta**, it's only a few steps to the post (from here) **3** (*nelle date*) 2nd (second): **Arriverò il due**, I shall arrive on the 2nd; **Torino, 2 gennaio 1980**, Turin, January 2nd, 1980 **4** (*canottaggio*) pair(-oar): **due con** (*timoniere*), coxed pair; **due senza** (*timoniere*), coxless pair; (*sui programmi scritti, ecc.*) coxwainless pair. ● **due salti** (*ballo alla buona*), informal dance; hop (*fam.*) □ **due volte**, twice □ **andare a fare due passi**, to go for a stroll □ **farsi in due**, to do one's best □ **lavorare per due**, to work twice as hard as anybody else □ **mangiare per due**, to eat twice as much as anybody else □ **ogni due giorni**, every other day □ **tutti e due**, both (of them): **Sono qui tutti e due**, both of them are here □ **uno dei due**, either □ **E due!**, that's the second time!; not again! □ **Ho da dirgli due parole**, I want to have a word with him □ **Qui si usano due pesi e due misure!**, it isn't fair; it's not fair-play □ **Una delle due, o la smetti o ti caccio fuori**, either you stop it, or out you go □ (*prov.*) **Non c'è due senza tre**, when two things go wrong, a third does too; it never rains but it pours □ (*prov.*) **Due nocchieri affondano il bastimento**, too many cooks spoil the broth □ (*prov.*) **Due torti non fanno una ragione**, two wrongs don't make a right.

duecentésco, *a.* thirteenth-century (*attr.*): **scultura duecentesca**, 13th-century sculpture.

duecentèsimo, *a. num. ord. e m.* two-hundredth.

duecentista, *m. e f.* **1** thirteenth-century writer (*o* artist) **2** (*sport.*: *atletica*) two hundred metre sprinter; (*nuoto*) two hundred metre swimmer.

duecènto, **A** *a. num. card.* two hundred. **B** *m.* **1** two hundred **2** (*il secolo*) (the) thirteenth century; (*per l'arte italiana, anche*) «Duecento»: **una conferenza sulla letteratura del d.**, a lecture on the literature of the 13th century; **un castello del d.**, a 13th-century castle; **Pisa e il D.**, Pisa and the «Duecento».

duellante, *m. e f.* duellist.

duellare, *v. i.* to duel; to fight* a duel.

duellista, *m.* expert (*o* habitual) duellist.

duèllo, *m.* duel (*anche fig.*): **sfidare q. a d.**, to challenge sb. to a duel; **battersi in d.**, to fight (in) a duel; **un d. alla spada** (**alla sciabola, alla pistola**), a duel fought with rapiers (sabres, pistols). ● **d. letterario**, literary contest □ **d. all'ultimo sangue**, fight to the death.

duemila, *a. num. card. e m.* two thousand.

duepèzzi, *m.* **1** (*costume da bagno*) two-piece bathing-suit **2** (*abito*) two-piece (suit).

duétto, *m.* (*mus., fig.*) duet.

dùglia, *f.* (*naut.*) coil; fake.

dugòngo, *m.* (*zool., Dugong dugong*) dugong*; sea-cow.

dulcamara (1), *m.* (*scherz.*) quack; charlatan.

dulcamara (2), *f.* (*bot., Solanum dulcamara*) woody nightshade; bitter-sweet.

dulciana, *f.* (*mus.*) dulciana.

dulcina, *f.* (*chim., ind.*) dulcin.

dulcinèa, *f.* (*scherz.*) dulcinea; sweetheart.

dulcite, *f.* (*chim.*) dulcite; dulcin; dulcitol.

dulia, *f.* (*relig.*) dulia; douleia.

dumdum, *a.* – **proiettile d.**, dumdum (bullet).

duna, *f.* dune: **dune di sabbia**, sand dunes.

dunóso, *a.* duny.

dùnque, **A** *cong.* **1** (*per indicare conclusione, conseguenza*) so; therefore; well then: **Ho detto che ci sarei andata, d. ci andrò**, I said I would go, so I will; **È malato, d. non è colpa sua**, he's ill, so it's not his fault; **Era malato, no?, d. non fu colpa sua**, was he not ill?, well then, it was not his fault **2** (*rafforzativo*) then; so: **Perché d. dovrei farlo?**, why then should I do it?; so why should I (do it)?; **Eccoti d. arrivato!**, see here you are! **3** (*allora?*) well (then)?: **D., cosa facciamo?**, well, what shall we do? **4** (*incominciando o riprendendo un discorso*) well (then); so: **D., devi sapere che...**, well, you must know that...; **D. come dicevo...**, well (*o* so) as I was saying... **B** *m.* – **venire al d.**, to come to the point.

duo, *m.* (*mus.*) duo; duet.

duodècima, *f.* (*mus.*) twelfth.

duodecimale, *a.* duodecimal; duodenary.

duodècimo, *a. num. ord. e m.* (*lett.*) twelfth.

duodenale, *a.* (*anat.*) duodenal.

duodenite, *f.* (*med.*) duodenitis.

duodèno, *m.* (*anat.*) duodenum*.

duòlo, *m.* (*lett.*) grief; sorrow.

duòmo, *m.* **1** cathedral **2** (*mecc.*) dome; steam dome. ● (*mecc.*) **d. di vapore**, dry steam drum.

duopòlio, *m.* (*econ.*) duopoly.

duplex, *m.* (*tel.*) party-line; party-wire; shared line.

duplicare, *v. t.* to duplicate.

duplicato, *m.* duplicate; duplication; counterpart.

duplicatóre, *m.* **1** duplicator; duplicating machine **2** (*radio*) doubler: **d. di frequenza**, frequency doubler; **d. di tensione**, voltage doubler. ● **d. litografico**, multilith □ **d. tipografico**, multigraph.

duplicatrice, *f.* duplicator.

duplicazióne, *f.* duplication.

dùplice, **A** *a.* double; twofold: **avere un duplice vantaggio**, to have a double advantage; **un d. stipendio** a double salary; **in d. copia**, in two copies; in duplicate. **B** *f.* (*ippica*) double.

duplicità, *f.* **1** doubleness **2** (*raro, fig.*: *doppiezza, finzione*) duplicity; double-dealing; deceitfulness.

dura, *V.* **durra**.

duràbile, *V.* **durévole**.

durabilità, *f.* durability; durableness.

duràcino, *a.* (*bot.*) clingstone: **una pesca duracina**, a clingstone peach; **ciliegie duracine**, clingstone cherries.

duralluminio, *m.* (*metall.*) Duralumin (*marchio*).

duramadre, *f.* (*anat.*) dura mater.

durame, *m.* (*bot.*) duramen; heart-wood.

duraménte, *avv.* **1** (*aspramente*) harshly; (*in malo modo*) roughly: **trattare q. d.**, to treat sb. roughly **2** (*in modo duro, anche fig.*) hard: **lavorare d.**, to work hard; **essere d. colpito**, to be hard hit.

durante, *prep.* **1** during; in; in the course of; on (*solo con* way, journey, etc.): **Lo vidi uscire d. il concerto**, I saw him leave the hall during the concert; **Lo leggerò d. l'estate**, I shall read it in (*o* during) the summer; **Ne avrai bisogno d. il viaggio**, you'll need it on the journey; **D. la mia spiegazione, mi vide sbadigliare**, in the course of my explanation, I saw him yawn **2** (*per un intero periodo*) all through; for... on end; during (*o* for) the whole of; throughout: **È piovuto d. tutta la notte**, it rained all through the night; **D. tutto quel periodo fu gentilissima**, during the whole of that period she was most kind; **Le guerre di religione continuarono d. tutto il Seicento**, the wars of religion went on throughout the 17th century; **vita natural d.**, for the whole (*o* the rest) of one's life; for life.

durare, *v. i. e t.* **1** to last; to go* on (*fam.*: *spesso di cose spiacevoli o noiose*): **Quanto credi che durerà?**, how long do you think it will last?; **Lo spettacolo durava da tre ore**, the show had been going on for three hours; **in eterno**, to last forever; to be everlasting; **Purché la duri!** long may it last! **2** (*resistere*) to hold* out; to last out (*fam.*); to stay the course (*fam.*); to wear* well (*di cose, anche fig.*): **D. fino alla fine**, to hold out to the end; **Anche questo segretario non durerà**, this secretary won't stay the course any more than the others; **I calzini che fanno ora non durano niente**, the socks they make now don't wear well (*o* have no wear in them); **Non so fin quando potranno d. senza viveri**, I don't know how long they'll be able to last out without food **3** (*conservarsi*) to keep*: **Questa carne non durerà fino a domani**, this meat won't keep till tomorrow **4** (*persistere*) to persist: **Dura ancora la credenza nel potere degli astri**, the belief in the power of stars still persists **5** (*perseverare*) to persevere **6** (*lett.*: *sopportare*) to bear*; to stand*; to endure. ● **d. fatica**, to find it difficult (to); scarcely to be able (to); to be an effort for one; to have an awful job (*fam.*); to have difficulty (in, *con il gerundio*): **Durai fatica a imparare la lingua**, I found it difficult to learn (*o* I had difficulty in learning) the language; **Duro fatica a stargli dietro**, it's an effort for me to keep up with him; **Io non la posso (***o* hardly) keep up with him; **Durai fatica a fargli capire il problema**, I had an awful job making him understand the problem □ **d. in carica**, to remain in office □ **Così non può d.**, things can't go on like this □ (*prov.*) **Chi la dura la vince**, slow and steady wins the race □ (*prov.*) **Un bel gioco dura poco**, brevity is the soul of wit.

durata, *f.* **1** duration; length (of time): **Speriamo che la guerra sia di breve d.**, let's hope the war will be of short duration; **un soggiorno di una certa d.**, a stay of some length **2** (*periodo*) period; term: **Il film sarà programmato per la d. di dieci giorni**, the film will be on for a period of ten days; **per la d. di vent'anni**, for a term of twenty years; **la d. di una carica**, the term of an office **3** (*di un motore, ecc.*) life: **la d. media di un'automobile**, the average life of a car **4** (*di stoffa, ecc.*) wear: **Queste scarpe hanno scarsa d.**, there isn't much wear in these shoes. ● **d. in carica**, tenure of an office □ (*ass., stat.*) **d. media della vita** (*residua*), life expectancy □ **essere di (lunga) d.**, to last well; (*di stoffa, ecc.*) to wear well □ **per tutta la d. di q.c.**, all through (*o* throughout) st.; during the whole of st. □ (*di motore*) **prova di d.** (*al banco*), endurance test □ **un tessuto** (scarpe, ecc.) **di (lunga) d.**, a cloth that wears (shoes that wear, etc.) well.

durativo, *a.* (*linguistica*) durative.

duraturo, *a.* **1** lasting; long-lived; (*solido*) sound: **fama duratura**, lasting fame; **un'istituzione duratura**, a sound institution **2** (*di tinta*) fast: **un colore d.**, a fast colour.

durévole, *a.* lasting; durable; permanent: **una pace d.**, a lasting peace; **una stoffa d.**, a durable material. ● (*comm.*) **articoli dure-**

voli, durables.

durevolézza, *f.* lastingness; durability; durableness.

durézza, *f.* **1** (*anche fig.*) hardness: **la d. di questa pietra**, the hardness of this stone; **la d. di un compito**, the hardness of a task **2** (*tigliosità* e *fig.*) toughness: **la d. di questa carne (gomma, ecc.)**, the toughness of this meat (rubber, etc.) **3** (*rigidità*) stiffness; rigidity **4** (*asprezza*) harshness: **la d. della sua voce (dei suoi modi, ecc.)**, the harshness of his voice (of his manner, etc.) **5** (*ostinazione*) obstinacy; pig-headedness (*fam.*). ● (*chim.*) **la d. dell'acqua**, the hardness of the water □ **un legno di grande d.**, a very hard wood □ **trattare q. con d.**, to be very hard on sb.; to treat sb. severely.

durlindana, *f.* **1** (*spada di Orlando*) Durendal **2** (*scherz.*: *spada*) sword.

duro, A *a.* **1** hard (*anche fig.*): **legno (inverno ecc.) d.**, hard wood (winter, etc.); (*chim.*) **acqua dura**, hard water; (*agric.*) **terreno d.**, hard soil; **tempi duri**, hard times; **una «c» dura come in «cavo»**, a hard «c» as in «cavo»; **il tocco d. di una pianista**, the hard touch of a pianist; **le linee dure di un disegno**, the hard lines of a drawing; **È d. ricominciare la vita a cinquant'anni**, it's hard (*fam.*: tough) to begin life again at fifty; **È d. per lui dover ubbidire a uno più giovane**, it's hard on him having to obey sb. younger; **Non essere troppo d. con lui**, don't be too hard on him **2** (*tiglioso* e *fig.*) tough: **carne dura**, tough meat; **d. come il cuoio**, as tough as leather; **un compito d.**, a tough job **3** (*di meccanismo, ecc.*) stiff: **Lo sterzo è d.**, the steering is stiff **4** (*aspro*) harsh: **una voce dura e sgradevole**, a harsh, unpleasant voice **5** (*ostinato*) obstinate; pig-headed (*fam.*) **6** (*di energia*) hard. ● **essere d. come la pietra**, to be as hard as nails □ **essere d. di comprendonio**, to be dull (*o* dense, slow-witted) □ **essere d. d'orecchio**, to be hard of hearing; (*fig.*: *fingere di non sentire*) to turn a deaf ear □ (*anat.*) **dura madre**, V. **duramadre** □ **la dura verità**, the plain, unvarnished truth □ **a muso d.**, resolutely □ **avere il cuore duro**, to be hard-hearted □ **avere i lineamenti duri**, to be hard-featured □ **avere il sonno d.**, to sleep like a log □ **una barba dura**, a strong beard □ (*sport*) **una corsa molto dura**, an extremely punishing race □ (*di cavallo*) **di bocca dura**, hard-mouthed □ (*fig.*) **un muso d.**, an intractable person □ **pane d.** (*vecchio*), stale bread □ **pietra dura**, semiprecious stone □ **rendere la vita dura a q.**, to make sb.'s life a burden (*o* a misery) □ **tener d.**, not to give in; to hold out; to stick it out (*fam.*); to keep a stiff upper lip (*fam.*, *spesso iron.*) □ **trovarsi nella dura necessità di fare q.c.**, to find oneself in the dire necessity of doing st. □ **uova dure**, hard-boiled eggs □ (*fam.*) **È d. da morire**, he's a diehard □ **Ahimè, dura sorte!**, alas, a sad destiny! □ **Le vecchie superstizioni sono dure a morire**, old superstitions die hard. **B** *m.* **1** (*something*) hard: **Sento del d. qui sotto**, I can feel something hard under here **2** (*fig.*: *difficoltà*) hard part; difficulty; **Adesso viene il d.**, this is the hard part **3** (*fam.*: *prepotente*) tough; tough guy (*o* hoodlum) (*USA*) hooligan; bully: **i duri di Chicago**, the tough guys of Chicago **4** (*fam.*: *ultimo a cedere*) diehard. ● **fare il d. con q.**, to be hard on sb.; to bully sb. □ **Mi piace dormire sul d.**, I like a hard bed.

duròmetro, *m.* durometer.

duróne, *m.* callosity; corny skin.

durra, *f.* (*bot.*, *Sorghum vulgare*) Indian millet; durra, dhurra.

dùttile, *a.* **1** ductile; pliable; pliant **2** (*fig.*) pliable; supple.

duttilità, *f.* **1** ductility; pliability **2** (*fig.*) pliability; suppleness.

duumvirato, *m.* (*stor. romana*) duumvirate.

duùmviro, *m.* (*stor. romana*) duumvir*.

duvetina, *f.* (*ind. tessile*) duvetyn(e).

e, E

E, e (1), *f. e m. (quinta lettera dell'alfabeto ital.)* E, e. ● *(tel.)* **e come Empoli,** e for Edward *(USA:* e for Easy*)*.
e (2), *cong.* **1** and: **fratelli e sorelle,** brothers and sisters; **per miglia e miglia,** for miles and miles **2** *(in nomi di ditte)* &: **John Martin e Co.,** John Martin & Co **3** *(con valore avversativo)* but; yet: **Ha promesso di venire e non si è visto,** he promised to come, but he hasn't turned up **4** *(con valore enf. e esortativo)* well: **Vuoi proprio comprarlo? E compralo!,** do you really want to buy it? well, buy it. ● **tutti e due,** both (of them): **Li ho visti tutti e due,** I saw them both; I saw both of them □ **tutti e tre,** all three; *(anche)* the three of us (of you, of them) □ **L'ho bell'e fatto,** I've already done it.
ebanista, *m.* cabinet-maker.
ebanisteria, *f.* **1** *(negozio di ebanista)* cabinet-maker's (shop) **2** *(arte dell'ebanista)* cabinet-making.
ebanite, *f. (ind.)* ebonite; vulcanite.
èbano, *m. e a. (bot., Diospyros ebenum)* ebony: **nero come l'e.,** as black as ebony.
ebbène, *cong.* **1** *(concessivo)* well; well then: **E., può essere vero,** well, it may be true **2** *(nelle interr.)* well: **E., e gli altri?,** well, what about the others? **3** *(conclusivo)* well; and so: **Sei stanco, e. riposati,** you are tired, and so you must rest.
èbbio, *m. (bot., Sambucus ebulus)* danewort; dwarf elder.
ebbrézza, *f.* **1** intoxication; drunkenness **2** *(fig.)* intoxication; elation; rapture.
èbbro, *a.* **1** intoxicated; drunken *(attr.)*; drunk *(pred.)* **2** *(fig.)* intoxicated; elated; enraptured.
ebdomadàrio, *a. e m.* weekly.
Èbe, *f. (mitol.)* Hebe.
ebetàggine, *f.* stupidity; feeblemindedness; idiocy.
èbete, **A** *a.* half-witted; dull-witted; stupid; foolish; idiotic; obtuse; simple-minded; goofy *(pop.).* **B** *m.* idiot; blockhead; goof *(pop.).*
ebetismo, *m.* **1** dullness; stupidity; idiocy **2** *(med.)* hebetude.
ebollizióne, *f.* **1** *(anche fis.)* boiling; ebullition: **il punto di e.,** the boiling-point **2** *(fig.)* agitation. ● **portare a e.,** to bring (st.) to the boil.
ebraicista, *m. e f.* Hebraist.
ebràico, **A** *a.* Hebrew; Hebraic; Jewish: **la religione ebraica,** the Jewish religion. **B** *m. (la lingua)* Hebrew.
ebraismo, *m.* Hebraism.
ebraista, *V.* ebraicista.
ebrèa, *f.* Hebrew; Jewess.
ebrèo, **A** *a.* Hebrew; Jewish. **B** *m.* Hebrew; Jew *(anche spreg.).*
Èbridi, *f. pl. (geogr.)* (the) Hebrides.
ebrietà, *f.* inebriety; inebriation; intoxication.
ebulliometria, *f. (chim.)* ebulliometry.
ebulliomètrico, *a. (chim.)* ebulliometric.
ebulliòmetro, *m.* ebulliometer.
ebullioscopia, *f. (chim.)* ebullioscopy.
ebullioscòpico, *a. (chim.)* ebullioscopic.
ebullioscòpio, *m.* ebullioscope.
ebùrneo, *a.* **1** *(lett.: d'avorio)* ivory *(attr.)* **2** *(fig.)* ivory-like; ivory *(attr.).*
ecatómbe, *f.* **1** *(stor.)* hecatomb **2** *(fig.)* mass slaughter; massacre.
ecatòstilo, *a. (archit.)* hecatonstylar.
eccedènte, **A** *a.* **1** excess *(attr.);* in excess *(pred.);* surplus *(attr.)* **2** *(di peso)* overweight. **B** *m.* excess; surplus.
eccedènza, *f.* **1** excess; surplus **2** *(di peso)* overweight; *(di prezzo)* overcharge **3** *(econ., fin.)* surplus; overbalance.
eccèdere, **A** *v. t.* to exceed; to surpass. **B** *v. i.* to go* too far. ● **e. nel bere,** to drink too much.
ècce hòmo *(locuz. lat.),* *m. (arte)* ecce homo.
eccellènte, *a.* excellent; first-rate; first-class *(fam.).*
eccellentissimo, *a. superl. assoluto* Most Excellent.
eccellènza, *f.* **1** excellence **2** *(titolo)* Excellency: **Sua E., S. E.,** His *(o* Her*)* Excellency; *(abbr.)* H. E.; **Vostra E., V. E.,** Your Excellency *(non si abbrevia).* ● **per e.,** pre-eminently; «par excellence» *(franc.).*
eccèllere, *v. i.* to excel; to surpass; to stand* out: **e. in q.c.,** to excel at st.: **e. sugli altri** *(o* **tra gli altri),** to surpass all the others.
eccèlso, **A** *a.* sublime; lofty. **B** *m.* – **L'E.,** the Almighty.
eccentricità, *f.* **1** *(stravaganza)* eccentricity; whimsicality; oddity **2** *(geom.)* eccentricity **3** *(mecc.)* eccentricity; throw: **grado di e.,** degree of eccentricity.
eccèntrico, **A** *a.* **1** *(stravagante)* eccentric; whimsical; odd(ish) **2** *(geom.)* eccentric. **B** *m.* **1** *(persona stravagante)* eccentric *(o* odd*)* person; crank; queer card, queer fish, queer customer *(pop.)* **2** *(mecc.)* eccentric; cam: **scatola degli eccentrici,** cam box.
eccepibile, *a.* objectionable; exceptionable.
eccepire, *v. t.* **1** to object: **Trova sempre q.c. da e.,** he has always st. to object **2** *(leg.)* to plead; to demur.
eccessivamente, *avv.* excessively; exceedingly; to excess. ● **e. severo,** too severe □ **mangiare e.,** to eat too much; to over-eat.
eccessività, *f.* excessiveness.
eccessivo, *a.* excessive; exaggerated; extreme: **amore e.,** extreme love. ● **prezzo e.,** exorbitant price.
eccèsso, *m.* **1** *(parte eccedente)* excess; overplus; surplus: **un e. di gentilezza,** an excess of kindness **2** *(intemperanza)* immoderacy; excess; immoderation *(estremo)* extreme; limit: **bere all'e.,** to drink to excess; **commettere degli eccessi,** to commit excesses; **andare agli eccessi,** to go to the extremes; **La tua impertinenza è giunta all'e.,** your impertinence has reached the limit **3** *(leg.)* excess; misuse: **e. di potere,** misuse of power; action «ultra vires». ● **e. di produzione,** overproduction □ *(autom.)* **e. di velocità,** speeding □ **arrotondare una cifra per e.,** to round off *(o* up*)* a figure □ **dare in eccessi,** to fly into a temper; to go off the deep end □ **diligente fino all'e.,** extremely diligent; diligent to a fault.
eccètera, *avv.* et cetera *(abbr.:* etc.*)*; and so forth; and so on.
eccètto, *prep.* except (for); but; save: **qualunque giorno e. domani,** any day except tomorrow; **Ci siamo tutti, e. Marco,** we're all here, except for Mark; **La guerra non portò nulla e. miseria,** the war brought nothing but misery. ● **e. che,** unless: **Verrò, e. che piova,** I shall come, unless it rains.
eccettuàbile, *a.* exceptable; that may be excepted.
eccettuare, *v. t.* to except: **Se se ne eccettuano pochi, sono tutti favorevoli alla tua nomina,** excepting a few, all are favourable to your appointment.
eccettuativo, *a.* exceptive: *(gramm.)* **una congiunzione eccettuativa,** an exceptive conjunction; *(nella logica)* **una proposizione eccettuativa,** an exceptive proposition.
eccettuato, *a.* except for; excepting; excepted: **e. il bambino,** excepting the child; **eccettuati i presenti,** present company excepted.
eccezionale, *a.* exceptional. ● **in via e.,** as an exception; by way of exception □ **offerta e.,** special offer; bargain.
eccezionalità, *f.* exceptionality.
eccezionalménte, *avv.* exceptionally; as an exception.
eccezióne, *f.* **1** exception: **senza e.,** without exception; **un'e. alla regola,** an exception to the rule; **a e. di,** with the exception of; **non fare eccezioni per nessuno,** to make no exceptions; **in via d'e.,** as an exception **2** *(leg.)* objection; exception; plea: **sollevare un'e.,** to raise an objection; to plead; **e. di incompetenza,** declinatory exception; **e. dilatoria,** dilatory plea; dilatory exception **3** *(leg.: riserva)* saving clause; reservation. ● **un pittore d'e.,** an exceptional *(o* a remarkable*)* painter □ **superiore a ogni e.,** above all criticism.
ecchimosi, *f. (med.)* ecchymosis*; bruise.
ecchimòtico, *a. (med.)* ecchymotic.
ecci, *inter.* a-tish-oo!
eccidio, *m. (mass)* slaughter; massacre.
eccipiènte, *a. e m. (chim., farm.)* excipient.
eccitàbile, *a.* excitable; easily excited; flappable *(fam.).*

eccitabilità, *f.* excitability.
eccitaménto, *m.* 1 excitement 2 (*incitamento*) incitement; stimulation.
eccitànte, A *a.* exciting; stimulating. **B** *m.* 1 stimulant; excitant 2 (*farmaco*) upper (*fam.*). ● **esperienza e.,** groove (*fam.*).
eccitàre, A *v. t.* 1 to excite; to stimulate; to turn on; to groove (*fam.*): **La notizia della vittoria eccitò tutti,** everybody was excited by the news of the victory 2 (*istigare, provocare*) to excite; to rouse: **e. il pòpolo,** to rouse the people; **e. la gelosìa di q.,** to excite sb.'s jealousy 3 (*suscitare, risvegliare*) to excite; to rouse; to stir (up): **e. l'appetito (l'invidia) di q.,** to rouse sb.'s appetite (envy); **Il racconto eccitò l'immaginazione del ragazzo,** the story stirred up the boy's imagination 4 (*elettr.*) to excite. ● **e. q. alla rivòlta,** to urge sb. to revolt ● **e. il rìso,** to make (sb.) laugh. **eccitàrsi, B** *v. rifl.* to get* excited; to get* off, to get* it on, to turn on (*fam.*).
eccitatìvo, *a.* excitative; excitatory.
eccitatóre, A *m.* 1 exciter 2 (*elettr.*) exciting dynamo. **B** *a.* exciting; excitant.
eccitazióne, *f.* 1 excitement; turn-on (*fam.*): **La notizia provocò grande e.,** the news caused great excitement 2 (*elettr.*) excitation: **energìa di e.,** excitation energy. ● **un motore a e. compósta,** a compound motor.
ecclesiale, *a.* (*relig.*) ecclesiastical.
Ecclesiaste, *m.* (*Bibbia*) Ecclesiastes.
ecclesiàstico, A *a.* ecclesiastic(al); clerical: **una legge (stòria) ecclesiàstica,** an ecclesiastical law (history); **l'àbito e.,** the clerical dress; **la vita ecclesiàstica,** the ecclesiastic (*o* clerical) life. **B** *m.* ecclesiastic; priest; clergyman*.
ecclesiologìa, *f.* ecclesiology.
ecclesiòlogo, *m.* ecclesiologist.
ecclìmetro, *m.* (*topografìa*) clinometer.
ècco, *avv.* 1 (*e. qui*) here; (*e. là*) there: **E. la gomma che cercavo,** here's the rubber I was looking for; **E. un uòmo veramente fortunato,** there's a lucky man for you 2 (*con particèlle pron. enclitiche*) here; there: **Èccomi,** here I am; **Èccoci,** here we are; **Èccoli che pàssano,** there they go; **Èccoti finalmente,** here you are at last; **Èccoti il tuo giocàttolo accomodato,** here you are, your toy is mended 3 (*rafforzativo, in fóndo a una frase*) so there!: **Non te lo dico, e.!,** I won't tell you, so there! ● **e. cóme,** that's how: **E. cóme andàrono le còse,** that's how things went □ **e. perché,** that's why: **E. perché non te lo avevo détto,** that's why I hadn't told you □ **E. fatto,** there, that's that!; that's done! □ **E. tutto,** that's all □ **E., ti spiegherò...,** (well), it is (was) like this... □ **Quand'e. apparire una fata,** when who should appear but a fairy □ **E. che còsa succède a èssere onèsti!,** that's where honesty gets you (*fam.*)!
eccóme, *avv.* yes, indeed!; certainly!; sure!: «**Ti piace ballàre?**» «**E.!**», «do you like dancing?» «indeed, I do!».
ecdèmico, *a.* (*med.*) ecdemic; of foreign origin: **una malattìa ecdèmica,** an ecdemic disease.
echeggiàre, *v. i.* to echo (with st.); to resound (with st.).
echìdna, *f.* (*zool., Tachyglossus aculeatus*) echidna; porcupine ant-eater.
echìno, *m.* 1 (*zool., Echinus*) echinus*; sea-urchin 2 (*archit.*) echinus*.
echinocòcco, *m.* (*zool., Echinococcus granulosus*) hydatid worm.
echinococcòsi, *f.* (*med.*) echinococcosis*; hydatid disease.
echinodèrmi, *m. pl.* (*zool., Echinodermata*) echinoderms.
eclampsìa, *f.* (*med.*) eclampsia.
eclettìcismo, *V.* **eclettìsmo.**
eclèttico, *a. e m.* (*anche filos.*) eclectic.
eclettìsmo, *m.* (*anche filos.*) eclecticism.
eclissàre, A *v. t.* 1 (*astron.*) to eclipse 2 (*fig.*) to eclipse; to outshine*; to obscure; to overshadow; to surpass. **eclissàrsi, B** *v. rifl.* 1 (*astron.*) to suffer an eclipse 2 (*fig.*) to withdraw*; to make* oneself scarce; to disappear.
eclìssi, *f.* (*astron.*) eclipse: **un'e. parziale (totale),** a partial (total) eclipse; **un'e. di sóle (di luna),** a solar (lunar) eclipse.
eclìttica, *f.* (*astron.*) ecliptic.
eclìttico, *a.* (*astron.*) ecliptic(al).
èco, *m. e f.* (*sempre masch. al pl.*) echo (*anche fig.*). ● (*di un giornale*) **èchi di crònaca,** news-items □ **fare èco alle paròle di q.,** to echo sb.'s words □ **farsi èco di q.,** to repeat (*o* to go about repeating) what sb. has said □ (*di una notìzia*) **sollevàre mólta èco,** to cause a great deal of comment.
ecocatàstrofe, *f.* ecocatastrophe.
ecocìdio, *m.* ecocide.
ecofobìa, *f.* (*psic.*) oikophobia.
ecogoniòmetro, *m.* (*naut.*) sonar; echo-detection goniometer.
ecografìa, *f.* (*med.*) ultrasonography; echography.
ecolalìa, *f.* (*med.*) echolalia.

ecologìa, *f.* ecology, oecology.
ecològico, *a.* ecological.
ecòlogo, *m.* ecologist.
ecòmetro, *m.* (*naut.*) echo-sounder.
economato, *m.* 1 (*carica*) stewardship; (*nelle università*) bursarship 2 (*ufficio*) steward's office; (*nelle università*) bursar's office.
econometrìa, *f.* (*econ.*) econometrics (*pl. col verbo al sing.*).
econométrico, *a.* (*econ.*) econometric.
econometrìsta, *m. e f.* (*econ.*) econometrician; econometrist.
economìa, *f.* 1 (*risparmio*) economy; saving: **con notévole e. di tèmpo (di spazio),** with a considerable saving of time (of space); **Le hanno rubato tutte le economìe,** they have stolen all her savings 2 (*arte dell'amministrare*) economy: **e. domèstica (animale, vegetale),** domestic (animal, vegetable) economy; **l'e. di una nazióne (della natura),** the economy of a nation (of nature) 3 (*scienza*) economics (*pl. col verbo al sing.*) 4 (*di libro, lavóro, ecc.*) plan; distribution; organization. ● **e. domèstica** (*matèria di studio*), domestic science □ **e. pianificàta,** (state-)planned economy □ **fare e.,** to economize; to cut down expenses; to save money □ **sènza e.,** (*generosamente*) freely; liberally; (*abbondantemente*) plentifully, abundantly.
economicaménte, *avv.* economically; on the cheap (*fam.*).
economicìsmo, *m.* economism.
economicità, *f.* inexpensiveness; cheapness.
econòmico, *a.* 1 economic; inexpensive; cheap; (*che spènde pòco*) thrifty, frugal 2 (*che riguarda l'economìa*) economic: **polìtica econòmica,** economic policy.
economìsta, *m. e f.* economist.
economizzàre, A *v. t.* to economize; (*risparmiàre*) to save. **B** *v. i.* to economize; to practise economy.
economizzatóre, *m.* economizer; saver.
econòmo, A *a.* economical; saving; thrifty. **B** *m.* steward; treasurer; (*di collègio, università*) bursar; (*di amministrazióne pùbblica*) accountant, financial officer.
ecoscandàglio, *m.* (*naut.*) (sonic) depth finder.
ecosistèma, *m.* ecosystem.
ecotipo, *m.* (*biol.*) ecotype.
ectasìa, *f.* (*med.*) ectasia.
èctipo, *m.* (*tipogr.*) ectype.
ectipografìa, *f.* (*tipogr.*) embossed printing.
ectodèrma, *m.* (*biol.*) ectoderm.
ectopìa, *f.* (*med.*) ectopia.
ectòpico, *a.* (*med.*) ectopic.
ectoplàsma, *m.* (*metapsìchica*) ectoplasm.
ectoplasmàtico, *a.* ectoplasmic.
ecuadoriano, *a. e m.* Ecuadorian, Ecuadoran, Ecuadorean.
Ècuba, *f.* (*mitol.*) Hecuba.
ecumène, *f.* (*geogr.*) ecumene.
ecumenicità, *f.* (o)ecumenicity.
ecumènico, *a.* (o)ecumenical: (*relig.*) **concìlio e.,** oecumenical council.
ecumenìsmo, *m.* (o)ecumenism; (o)ecumenicalism.
eczèma, *m.* (*med.*) eczema.
eczematóso, *a.* (*med.*) eczematous.
ed, *V.* **e** (2).
edàce, *a.* (*lett.*) edacious; voracious; devouring.
èdafon, *m.* (*biol.*) edaphon.
edelweiss (*ted.*), *m.* (*bot., Leontopodium alpinum*) edelweiss.
edèma, *m.* (*med.*) (o)edema*.
edemàtico, edematóso, *a.* (*med.*) (o)edematous; (o)edematose.
Èden, *m.* (*Bibbia*) Eden; earthly Paradise.
edènico, *a.* Edenic; paradisiacal.
èdera, *f.* (*bot., Hedera helix*) ivy. ● **e. del Cànada** (*Rhus toxicodendron*), poison ivy □ **e. terrèstre** (*Nepeta hederacea*), ground ivy.
Edgàrdo, *m.* Edgar; (*dim.*) Eddy, Ned, Neddy.
edìcola, *f.* 1 newspaper kiosk; newsstand; bookstall 2 (*nìcchia*) niche; (*tabernàcolo*) shrine.
edicolante, edicolista, *m. e f.* newsvendor; bookstall-keeper.
edificàbile, *a.* suitable for building; building (*attr.*): **àrea e.,** building area.
edificante, *a.* edifying.
edificàre, A *v. t.* 1 (*costruìre*) to build* (up); to erect; to set* up: (*fig.*) **e. sulla sabbia,** to build on sand; (*fig.*) **e. sulla ròccia,** to build on a firm foundation 2 (*fig.*) to edify. **edificàrsi, B** *v. rifl.* (*fig.*) to be edified.
edificatóre, A *a.* building (*attr.*). **B** *m.* builder.
edificatòrio, *a.* (*fig.*) edifying; edificatory.
edificazióne, *f.* 1 building 2 (*fig.: buòn esèmpio*) edification.
edifìcio, *m.* 1 building; edifice (*lett. e pòco comune*): **un bell'e.,** a fine building 2 (*fig.*) structure; framework; fabric: **l'e. sociàle,** the structure of society; the social order.

edile, A *a.* building (*attr.*): **un'impresa e.**, a building society; **un perito e.**, a building surveyor; a master builder. ● **ingegnere e.**, architectural engineer. B *m.* 1 (*stor. romana*) aedile 2 (*operaio e.*) worker in the building industry; building worker.
edilizia, *f.* building; housebuilding; building trade (*o* industry): **materiale per l'e.**, building material. ● **e. popolare**, public housing.
edilizio, *a.* building (*attr.*): **impresa edilizia**, building contractors.
Edimburgo, *f.* (*geogr.*) Edinburgh.
edipico, *a.* of Oedipus. ● (*psic.*) **complesso e.**, Oedipus complex.
Edipo, *m.* (*mitol.*) Oedipus. ● (*psic.*) **complesso d'E.**, Oedipus complex.
èdito, *a.* published; (*stampato*) printed.
editóre, *m.* 1 publisher 2 (*chi cura l'edizione di opere altrui*) editor.
editoria, *f.* publishing (*o* book) trade.
editoriale, A *a.* publishing. B *m.* (*articolo di fondo*) editorial; leading article; leader.
editorialista, *m. e f.* editorialist.
editrice, *a.* – **casa e.**, publishers (*pl.*); publishing house. ● (*su una busta*) **Casa E. Zanichelli**, Messrs Zanichelli, Publishers.
edittale, *a.* edictal.
editto, *m.* edict.
edizióne, *f.* edition: **È un'e. riveduta e corretta**, it's a revised edition; **terza e. riveduta e corretta da N. N.**, third edition revised (and edited) by N. N.; **e. delle opere complete**, collected edition (of sb.'s works); **e. integrale (critica, definitiva, di lusso)**, unabridged (critical, definitive, de luxe) edition; (*di giornale*) **e. del mattino (della sera, locale)**, morning (evening, city) edition; **e. a tiratura limitata**, limited edition; **e. economica**, popular edition; **e. in folio (in ottavo)**, folio (octavo) edition. ● **e. principe**, «editio princeps» (*lat.*) □ (*di giornale*) **e. straordinaria**, special (edition); extra.
Edmóndo, *m.* Edmund; (*dim.*) Eddy, Neddy, Ned.
Edoàrdo, *m.* Edward; (*dim.*) Eddy, Neddy, Ned, Ted, Teddy.
edochiano, A *a.* Tokyo (*attr.*): **folclore e.**, Tokyo folklore. B *m.* inhabitant of Tokyo.
edonismo, *m.* (*filos.*) hedonism.
edonista, *m. e f.* (*filos.*) hedonist.
edonistico, *a.* (*filos.*) hedonistic.
edòtto, *a.* informed. ● **rendere e. q. su q.c.**, to inform sb. about st.
edredóne, *m.* 1 (*zool.*, *Somateria mollissima*) eider (duck) 2 (*le piume*) eider-down.
educàbile, *a.* educable; (*addestrabile*) trainable.
educanda, *f.* (girl) boarder.
educandato, *m.* girls' boarding school; (*annesso ad una comunità di religiose*) convent school.
educare, *v. t.* 1 to educate; (*abituare*) to train: **In che scuola educherai tuo figlio?**, at what school will you educate your son?; **Li hanno educati a non alzarsi fino alla fine del pasto**, they have trained them to wait till the end of the meal 2 (*allevare*) to bring* up: **Lo educò sua madre**, his mother brought him up.
educataménte, *avv.* politely.
educativo, *a.* 1 educational 2 (*istruttivo*) instructive.
educato, *a.* polite; well-bred; well brought-up (*rif. a ragazzi*). ● **poco e.**, not very polite.
educatóre, *m.* educator; (*di professione*) educationalist.
educazióne, *f.* 1 education: **e. tecnica (universitaria, liberale)**, technical (university, liberal) education; **sistema (metodi) di e.**, system (methods) of education 2 (*addestramento, istruzione professionale*) training: **e. fisica**, physical training; (*scherz.*) **physical jerks** 3 (*buone maniere*) (good) manners; good breeding: **gente senza e.**, people with no manners; **Chi t'ha insegnato l'e.?**, who taught you your manners?; **mancanza di e.**, lack of good manners; bad manners (*pl.*). ● **e. civica**, civics (*pl. col verbo al sing.*) □ **e. stradale**, road safety □ **secondo le regole dell'e.**, according to the rules of polite society.
edulcorante, A *a.* sweetening. B *m.* sweetener.
edulcorare, *v. t.* (*lett.*) 1 to sweeten 2 (*fig.*) to edulcorate; to soften.
edule, *a.* edible.
efèbico, *a.* ephebic.
efèbo, *m.* (*lett.*) 1 ephebe 2 (*spreg.*: *giovane effeminato*) effeminate youth.
efedrina, *f.* (*chim.*) ephedrine.
efèlide, *f.* freckle.
efèmera, *V.* **effimera**.
èffe, *f. e m.* (*lettera*) ef, eff; the letter f.
effemèride, *f.* 1 (*astron.*) ephemeris*; almanac 2 (*rassegna periodica*) periodical; journal. ● (*naut.*) **effemeridi astronomiche**, nautical almanac (*sing.*).
effemerotèca, *V.* **emerotèca**.

effeminare, A *v. t.* to make* (sb.) effeminate; to effeminize. **effeminarsi**, B *v. rifl.* to become* effeminate.
effeminatézza, *f.* effeminacy; camp (*fam.*).
effeminato, A *a.* effeminate; unmanly; campy (*fam.*). B *m.* effeminate man* (*o* youth); sissy, milksop (*pop.*).
effèndi, *m.* effendi.
efferatézza, *f.* ferocity; atrocity; cruelty; savagery.
efferato, *a.* ferocious; cruel; savage.
efferènte, *a.* (*anat.*) efferent: **dotti efferenti**, efferent ducts.
effervescènte, *a.* effervescent (*anche fig.*); sparkling; fizzy.
effervescènza, *f.* 1 effervescence; fizz (*fam.*) 2 (*fig.*) effervescence; commotion; excitement.
effettivaménte, *avv.* really; actually; indeed.
effettività, *f.* 1 reality; actuality 2 (*entrata in vigore*) effect: **con e. da...**, with effect from...
effettivo, A *a.* 1 (*reale, vero*) real; actual 2 (*efficace*) effective: (*fis.*) **valore e.**, effective value 3 (*mil.*) regular: **un ufficiale in servizio permanente e.** (*o* **un ufficiale e.**), a regular (army) officer (*o* a career officer) 4 (*rif. a personale*) on the regular staff; regular; permanent. ● **lavoro e.**, worked time □ **socio e.**, active member □ **soci onorari ed effettivi**, honorary members and members □ (*sport*) **tempo e.**, played time. B *m.* 1 permanent member 2 – (*rag.*) **e. di cassa**, cash on hand 3 (*mil.*) (effective) strength; force; effectives (*pl.*).
effètto, *m.* 1 effect: **causa ed e.**, cause and effect; **effetti acustici (di luce, ecc.)**, sound (lighting, etc.) effects; **dare e. a q.c.**, to give effect to st.; **Quella sciagura mi ha fatto molto e.**, that terrible accident had a great effect on me; **La purga non ha avuto e.**, the purge has had no effect; (*di una pompa*) **e. aspirante**, sucking effect; (*mecc.*) **e. frenante**, braking effect 2 (*cambiale*) bill; (*pagherò*) promissory note; (*titolo di credito*) paper: **e. cambiario**, bill of exchange; **effetti attivi (passivi)**, bills receivable (payable); **e. a vista**, bill on demand; **e. negoziabile**, negotiable paper. ● **effetti personali**, personal belongings □ (*aeron.*) **e. suolo**, ground-effect □ (*mecc.*) **a doppio e.**, double-acting □ (*leg.*) **a ogni e. di legge**, for all legal purposes □ **a tutti gli effetti**, in every respect; in all respects □ (*biliardo*) **dare l'e. a una palla**, to screw a ball □ **essere di grande e.**, to be very effective □ **fare e.**, to have (*o* to take) effect; (*sorprendendo*) to strike; to impress □ **fare l'e. di**, to give the impression of; to look like □ **frasi ad e.**, claptrap □ **in effetti**, actually; in (actual) fact □ **mandare q.c. a e.**, to carry out st. □ **per e. di**, owing to; because of □ (*leg.*) **prendere e.**, to take effect; to become operative; to go into operation (*o* into force, into effect) □ **senza e.**, of no effect; ineffectual; useless □ **una scena a e.**, a sensational scene □ **una scena di grande e.**, a very effective scene.
effettóre, *m.* (*anat.*) effector.
effettuàbile, *a.* practicable.
effettuabilità, *f.* practical possibilities (*pl.*); practicability; practicableness.
effettuale, *a.* actual; real.
effettuare, A *v. t.* to effect; to put* into practice; to carry out: **e. un pagamento**, to effect (*o* to make) a payment. **effettuarsi**, B *v. rifl.* to take* place; to be carried out.
effettuazióne, *f.* execution.
efficace, *a.* effective; efficacious; (*di parole, stile, ecc.*) telling. ● (*fis.*) **valore e.**, effective value; root-mean-square value.
efficaceménte, *avv.* effectively; efficaciously.
efficàcia, *f.* effectiveness; efficaciousness; efficacy; (*leg.*) effect. ● **l'e. delle sue parole**, the telling effect of his words □ **Ha molta efficacia**, it's very effective.
efficiènte, *a.* efficient.
efficienteménte, *avv.* efficiently.
efficientismo, *m.* (excessive) concern about efficiency.
efficiènza, *f.* efficiency. ● **essere in piena e.**, (*di macchinario*) to be in perfect working order; (*di un'azienda*) to be working full-time.
effigiare, *v. t.* to represent; (*scolpire*) to sculpture; (*ritrarre*) to portray.
effigie, *f.* effigy; image; (*ritratto*) portrait: **bruciare q. in e.**, to burn sb. in effigy.
effimera, *f.* (*zool.*, *Ephemera vulgata*) ephemera*; ephemeron*; may-fly; drake.
effimero, *a.* ephemeral; short-lived; fleeting. ● **un successo e.**, a flash in the pan (*fam.*).
efflorescènte, *a.* (*chim.*) efflorescent.
efflorescènza, *f.* (*chim.*) efflorescence.
effluènte, A *a. e m.* effluent. B *m.* (*ind.*) emission: **gli effluenti delle distillerie**, distillery emissions.
effluire, *v. i.* to flow out (*o* forth).
efflusso, *m.* efflux; outflow; outflux. ● (*med.*) **e. di sangue**, flow of blood; hemorrhage.
effluvio, *m.* 1 (*profumo naturale*) scent; (*lett.*) effluvium*; exhalation 2 (*elettr.*) glow discharge.

effóndere, A *v. t.* **1** to pour out (*o* forth) **2** (*fig.*) to give* vent to. **effóndersi, B** *v. rifl.* to spread*.
effrazióne, *f.* (*leg.*) effraction; house-breaking; burglary.
effrenato, *a.* (*lett.*) unbridled; uncurbed.
effusióne, *f.* effusion. ● **e. di lacrime,** shedding of tears □ **effusioni amorose,** show (*sing.*) of affection.
effusivo, *a.* (*anche geol.*) effusive: **rocce effusive,** effusive rocks.
effusóre, *m.* (*mecc.*) propelling nozzle.
èfod, *m.* (*relig.*) ephod.
eforato, *m.* (*stor. greca*) ephoralty; (*durata della carica*) ephorship.
èforo, *m.* (*stor. greca*) ephor.
egalitàrio, *V.* **egualitàrio.**
egèmone, A *m.* e *f.* leader. **B** *a.* hegemonic: **politica e.,** hegemonic policy; **stato e.,** hegemonic state.
egemonìa, *f.* **1** hegemony **2** (*fig.*) leadership; supremacy.
egemònico, *a.* hegemonic(al).
egèo, *a.* Aegean: (*geogr.*) **il Mare E.,** the Aegean Sea.
Egèria, *f.* (*mitol.*) Aegeria, Egeria.
ègida, *f.* **1** aegis **2** (*fig.*) aegis; shield; protection: **sotto l'e. della legge,** under the aegis (*o* protection) of the law.
Egidio, *m.* Giles.
egioco, *a.* solo sing. (*epiteto di Giove*) aegis-bearing.
ègira, *f.* (*stor.*) hegira, hejira.
Egisto, *m.* (*mitol.*) Aegisthus.
Egitto, *m.* Egypt.
egittologìa, *f.* Egyptology.
egittòlogo, *m.* Egyptologist.
egiziano, *a.* e *m.* Egyptian.
ègizio, *a.* e *m.* (*stor.*) (ancient) Egyptian.
eglantina, *f.* (*bot., Rosa eglanteria*) eglantine; sweet-brier; wild rose.
eglefino, *m.* (*zool., Gadus aeglefinus*) haddock.
égli, *pron. pers. m.* 3^a *pers. sing. sogg.* he: **e. stesso,** he himself.
ègloga, *f.* (*poesia*) eclogue.
ègo, *m.* (*filos., psic.*) ego.
egocentricità, *f.* egocentricity; self-centredness.
egocèntrico, A *a.* egocentric; self-centred. **B** *m.* egocentric (*o* self-centred) person.
egocentrismo, *m.* egocentricity; egocentrism; self-centredness.
egoismo, *m.* selfishness; egoism.
egoista, A *a.* selfish. **B** *m.* e *f.* egoist; selfish person.
egoistico, *a.* selfish; egoistic(al).
egotismo, *m.* egotism.
egotista, *m.* e *f.* egotist.
egotistico, *a.* egotistic(al).
egrègio, *a.* eminent; excellent; remarkable; distinguished; egregious (*solo iron.*). ● (*all'inizio di una lettera*) **E. Signore,** Dear Sir □ (*negli indirizzi*) **E. signor John Martin,** Mr. John Martin; John Martin Esq.
egrètta, *f.* (*zool., Egretta*) egret.
eguale, e *deriv., V.* **uguale,** e *deriv.*
egualitàrio, *a.* e *m.* (*polit.*) egalitarian; equalitarian.
egualitarismo, *m.* (*polit.*) egalitarianism; equalitarianism.
eh, *inter.* **1** (*per esprimere meraviglia*) eh!; phew! **2** (*per esprimere rimprovero*) ah!; eh! eh! ● **eh, eh!** (*avvertimento*), now, now! □ **Bellina, eh, la barzelletta?,** that is a good one, isn't it?
éhi, *inter.* hey!; hullo! you there!; (*naut.*) ahoy: **ehi, di bordo!,** ship ahoy! ● **ehi dico!,** I say!
ehilà, *inter.* **1** hello!: **E., voi laggiù!,** hello, you down there! **2** wow! gosh!: **E., che salto!,** wow! what a jump!
ehm, *inter.* hum!; humph!; (*per indicare un dubbio*) hem, ahem.
eiaculare, *v. i.* to ejaculate.
eiaculatóre, eiaculatòrio, *a.* (*anat.*) ejaculatory: **dotto e.,** ejaculatory duct.
eiaculazióne, *f.* ejaculation.
eiettàbile, *a.* ejector, ejection (*attr.*).
eiettare, *v. t.* (*mecc.*) to eject.
eiettóre, *m.* (*mecc.*) ejector.
eiezióne, *f.* ejection.
einsteiniano, *a.* Einsteinian; Einstein (*attr.*).
einstèinio, *m.* (*chim.*) einsteinium.
elaborare, *v. t.* **1** to work out; to elaborate; to draft; to frame **2** (*dello stomaco*) to digest **3** (*dati*) to process: **e. dati statistici,** to process statistical data.
elaboratézza, *f.* elaborateness.
elaborato, A *a.* elaborate; worked out. **B** *m.* (*compito*) paper.
elaboratóre, *m.* **1** elaborator **2** (*elettronico*) computer; processor. ● **e. di dati,** data processor.
elaborazióne, *f.* **1** elaboration; working-out; drafting; (*di un progetto*) formulation **2** — **e. dei dati,** data processing. ● **e. a distanza** (*di dati*), teleprocessing.
elargire, *v. t.* to give* liberally (*o* freely); to lavish: **e. cure e affetto ai propri bambini,** to lavish care and affection of one's children.
elargizióne, *f.* donation.
elasticità, *f.* **1** elasticity (*anche fig.*); resilience; (*di molle*) springiness: (*scienza delle costruzioni*) **e. di torsione,** torsional elasticity; (*scienza delle costruzioni*) **limite di e.,** limit of elasticity (*o* elastic limit); **e. allo sforzo di taglio,** elasticity to the shear stress **2** (*agilità*) nimbleness; agility **3** (*di mente*) broad-mindedness.
elasticizzato, *a.* elasticized.
elàstico, A *a.* **1** elastic (*anche fig.*); resilient; (*di molle*) springy **2** (*di coscienza, ecc.*) accommodating; easy-going **3** (*agile*) nimble; agile. ● **È una regola elastica,** it's not a hard and fast rule. **B** *m.* rubber band; (*il tessuto*) elastic. ● **elastici (delle calze),** (*da uomo*) sock-suspenders; (*da donna*) garters □ **stivaletti con l'e.,** elastic-sided boots.
elastòmero, *m.* (*chim.*) elastomer.
elatèrio, *m.* (*zool., Elater*) click beetle; snapping beetle.
élce, *m.* e *f. V.* **léccio.**
eldorado, *m.* El Dorado; land of Plenty; dream-land.
eleàtico, *a.* (*filos.*) Eleatic.
eleatismo, *m.* (*filos.*) Eleaticism.
electrón, èlectron, *m.* (*metall.*) electron, elektron.
elefante, *m.* (*zool., Elephas, Loxodonta*) elephant: **e. africano** (*Loxodonta africana*), African elephant; **e. indiano** (*Elephas indicus*), Asiatic (*o* Indian) elephant; **e. marino** (*Mirounga leonina*), sea-elephant; elephant seal; **e. solitario** (*che vive appartato dal branco*), rogue-elephant.
elefantésco, *a.* elephantine (*anche fig.*).
elefantéssa, *f.* (*zool.*) cow-elephant; female elephant.
elefantiaco, A *a.* **1** (*med.*) elephantiasic **2** (*fig.*) elephantine. **B** *m.* (*med.*) elephantiac.
elefantìasi, *f.* (*med.*) elephantiasis* (*anche fig.*).
elegante, *a.* smart; elegant; smartly-dressed; (*di un abito*) stylish; (*di un articolo*) fancy; (*aggraziato*) graceful; (*alla moda*) fashionable; (*dello stile, ecc.*) polished: **un pubblico e.,** a smart audience; **un matrimonio e.,** a fashionable wedding; **un giovane e.,** a smartly-dressed young man; **uno stile e.,** a polished style; **una figura e.,** a graceful figure. ● **una frase e.,** a well-turned phrase □ **Te la sei cavata in modo e.,** you got out of it gracefully.
elegantóne, *m.* dandy; fop; toff (*pop.*).
eleganza, *f.* **1** elegance; (good) style; smartness **2** (*grazia*) grace.
elèggere, *v. t.* **1** to elect; (*nominare*) to appoint, to nominate: **e. q. presidente,** to elect sb. president (*o* to the presidency) **2** (*bur.: fissare*) to fix: **e. il proprio domicilio a Roma,** to fix one's domicile in Rome.
eleggìbile, *a.* eligible.
eleggibilità, *f.* eligibility.
elegìa, *f.* (*poesia*) elegy.
elegìaco, *a.* **1** (*poesia*) elegiac: **un poeta e.,** an elegiac poet; an elegist; **distici elegiaci,** elegiac couplets **2** (*lett., fig.*: *mesto*) mournful; elegiac.
elèktron, *V.* **èlectron.**
elementare, A *a.* **1** elementary **2** (*facile, semplice*) simple; easy. **B** *f. pl.* primary school (*sing.*).
elementarità, *f.* **1** elementariness **2** (*semplicità*) simplicity.
elementarizzare, *v. t.* to simplify; to make* elementary.
eleménto, *m.* **1** (*anche chim.*) element: (*anche fig.*) **essere nel proprio e.,** to be in one's element; **la furia degli elementi,** the fury of the elements; **i quattro elementi: la terra, l'aria, il fuoco e l'acqua,** the four elements: earth, air, fire and water **2** (*componente*) component, constituent; (*ingrediente*) ingredient: **gli elementi della felicità,** the constituents of happiness; **gli elementi del carattere di un uomo,** the ingredients of a man's character **3** (*di radiatore*) section; (*di accumulatore*) battery cell; (*di certe macchine*) unit **4** (*parte di un pensiero, di un'idea, ecc.*) (contributing) factor; part; element (*meno comune*): **un e. della prosperità nazionale,** a (contributing) factor (*o* an element) in national prosperity **5** (*pl.: dati*) data; facts: **elementi di giudizio,** data (*o* facts) on which one's opinion is based; (*leg.*) **elementi costitutivi di un reato,** facts that constitute an offence **6** (*pl.: rudimenti*) rudiments; elements; first principles: **i primi elementi di geometria,** the rudiments of geometry **7** (*bur.: rif. a persona*) individual; member; (*lavoratore*) worker: **un e. sovversivo,** a subversive individual; **gli elementi di un partito,** the members of a party; **Ci sono buoni elementi in questa fabbrica,** there are good workers in this factory. ● (*mecc.*) **e. di rinforzo,** stiffener □ (*fis.*) **e. isolante,** insulating piece □ (*di persona*) **essere un cattivo e.,** to be a bad influence.
elemòsina, *f.* alms (*sing.* e *pl.*); alms-giving; (*carità*) charity: **dare** (*o* **fare**) **l'e.,** to give alms; **campare di e.,** to live on charity; **una cassetta per l'e.,** an alms-box; **dare molti quattrini in e.,** to give a lot of money to charity. ● **chiedere l'e.,** to beg □ **ridursi**

elemosinare

all'e., to be reduced to begging.
elemosinare, v. t. e i. to beg.
elemosinière, m. (stor., relig.) almoner.
Èlena, f. Helen, Helena.
elencare, v. t. 1 to list; to draw* up a list of (st.); to enrol 2 (enumerare) to enumerate; to list. ● **e. in ordine di priorità**, to prioritize.
elencazióne, f. 1 listing; enrolment 2 (enumerazione) enumeration; listing.
elènco, m. list; panel; roll: (naut.) **e. dei fari e fanali**, light list. ● **e. telefonico**, telephone directory □ **numero telefonico fuori elenco**, ex-directory (USA unlisted) number.
Eleonòra, f. Eleanor, Elinor; Leonora, (dim.) Ella, Nell, Nellie, Nora.
elètta, f. (lett.) 1 (scelta) choice 2 (gruppo) select company; «élite» (franc.).
elettività, f. electivity.
elettivo, a. elective: (fig.) **affinità elettiva**, elective affinity. ● **domicilio e.**, domicile of choice.
elètto, A a. 1 (prescelto) chosen; elect:... **perché molti sono i chiamati, pochi gli eletti**,... for many be called, but few chosen; **il popolo e.**, the chosen people 2 (pregiato, distinto) select; choice; distinguished; well-chosen; noble: **spiriti eletti**, choice spirits; **poche elette parole**, a few well-chosen words; **l'e. pubblico**, the select company here present. B m. elected person; elected member. ● **gli eletti**, the elect; the chosen.
elettorale, a. electoral; election (attr.): **campagna e.**, election campaign. ● **propaganda e.**, electioneering □ **scheda e.**, ballot-paper □ **urna e.**, ballot-box.
elettoralismo, m. (polit.) electoralism.
elettoralistico, a. (polit.) electoralistic.
elettorato, m. (polit.) 1 (gli elettori) electorate 2 (stor. germanica) Electorate.
elettóre, m. 1 elector; voter; person eligible to vote 2 (di un dato collegio) constituent 3 (stor. germanica) Elector: **E. Palatino**, Elector Palatine. ● **lista degli elettori**, poll-book.
Elèttra, f. (mitol.) Electra.
elettràuto, m. 1 (operaio) car electrician 2 (officina) car electrical repairs.
elettrice, f. 1 woman* elector (o voter) 2 (stor. germanica) Electress.
elettricista, m. 1 electrician 2 (installatore di impianti) electrical contractor.
elettricità, f. electricity (anche fig.): **e. di contatto**, contact electricity; **e. di strofinamento**, frictional electricity.
elèttrico, A a. 1 electric(al): **corrente (luce, scossa, sedia, scintilla) elettrica**, electric current (light, shock, chair, spark); **filo e.**, electric (light) wire; **una lampadina elettrica**, an electric (light) bulb; **una cucina elettrica**, an electric cooker; **forza elettrica**, electric power; **un bollitore e.**, an electric kettle; **assorbimento e.**, electrical absorption; **energia elettrica**, electric energy; **un impianto e.**, an electrical equipment; **una chitarra elettrica**, an electric guitar; **blu e.**, electric (o steely) blue 2 (fig.) electric; restless; uneasy. ● **arnese e.**, power tool □ **centrale elettrica**, power station □ **motore e.**, electromotor (generatore di elettricità) generator □ **giustiziare per mezzo della sedia elettrica**, to electrocute. B m. (operaio) electrical-industry worker; electricity worker.
elettrificàbile, a. electrifiable.
elettrificare, v. t. to electrify (anche fig.): **e. una linea ferroviaria**, to electrify a railway line.
elettrificazióne, f. electrification.
elettrizzante, a. 1 electrifying 2 (fig.) electrifying; exciting; thrilling.
elettrizzare, A v. t. 1 to electrify 2 (fig.) to electrify; to thrill: **Il gioco del baseball elettrizza la folla**, the baseball game thrills the crowd. **elettrizzarsi**, B v. rifl. 1 to become* electrified 2 (fig.) to be electrified (o thrilled).
elettrizzazióne, f. electrification.
elèttro, m. 1 (lett.) yellow amber 2 (stor.) electrum.
elettroacùstica, f. (fis.) electroacoustics (pl. col verbo al sing.).
elettroacùstico, a. (fis.) electroacoustic.
elettroaffinità, f. (chim., fis.) electron affinity.
elettrobiologia, f. electrobiology.
elettrobisturi, m. (med.) electrosurgical needle.
elettrocalamita, f. V. **elettromagnète**.
elettrocardiografia, f. (med.) electrocardiography.
elettrocardiògrafo, m. (med.) electrocardiograph.
elettrocardiogramma, m. (med.) electrocardiogram.
elettrocautèrio, m. (med.) electrocautery.
elettrochimica, f. electrochemistry.
elettrochìmico, A a. electrochemic(al). B m. electrochemist.
elettrochirurgia, f. (med.) electrosurgery.

elettrochoc, V. **elettroshock**.
elettrocinètica, f. electrokinetics (pl. col verbo al sing.).
elettrocinètico, a. (fis.) electrokinetic.
elettrocoagulazióne, f. (med.) electrocoagulation.
elettrodeposizióne, f. (metall.) electroplating.
elettrodiàlisi, f. (chim., fis.) electrodialysis*.
elettrodinàmica, f. electrodynamics (pl. col verbo al sing.).
elettrodinàmico, a. electrodynamic(al).
elettrodinamòmetro, m. electrodynamometer.
elèttrodo, m. (fis.) electrode.
elettrodomèstico, m. electric household appliance.
elettrodótto, m. power line; electroduct.
elettroencefalografia, f. (med.) electroencephalography.
elettroencefalogràfico, a. (med.) electroencephalographic.
elettroencefalògrafo, m. (med.) electroencephalograph.
elettroencefalogramma, m. (med.) electroencephalogram.
elettroesecuzióne, f. (leg.) electrocution.
elettrofiltro, m. electrofilter.
elettrofisiologia, f. (med.) electrophysiology.
elettroforèsi, f. (fis.) electrophoresis. ● **sottoporre a e.**, to electrophorese.
elettròforo, m. (fis.) electrophorus*; electrophore.
elettrogènesi, f. (biol.) electrogenesis.
elettrogenètico, a. (biol.) electrogenetic.
elettrògeno, a. generating electricity. ● **gruppo e.**, generator.
elettroidràulica, f. (chim., tecn.) electrohydraulics (pl. col verbo al sing.).
elettroidràulico, a. (chim., tecn.) electrohydraulic.
elettròlisi, f. electrolysis.
elettrolìtico, a. electrolytic(al).
elettròlito, m. electrolyte.
elettrolizzare, v. t. (chim.) to electrolyse.
elettrolizzatóre, m. (chim.) electrolyser.
elettrologia, f. electrology.
elettrològico, a. electrologic(al).
elettroluminescènte, a. (fis.) electroluminescent.
elettroluminescènza, f. (fis.) electroluminescence.
elettromagnète, m. electromagnet; magnet: **e. di campo**, field magnet; **e. di sollevamento**, lifting magnet.
elettromagnètico, a. electromagnetic(al).
elettromagnetismo, m. electromagnetism.
elettromeccànica, f. (fis.) electromechanics (pl. col verbo al sing.).
elettromeccànico, A a. electromechanic(al). B m. electrician.
elettrometallurgia, f. electrometallurgy.
elettrometrìa, f. (fis.) electrometry.
elettròmetro, m. electrometer: **un e. a bilancia**, a balance electrometer.
elettromotóre, A m. electromotor. B a. electromotive.
elettromotrice, f. electric rail-car.
elettronarcòsi, f. (med.) electronarcosis*.
elettróne, m. (fis.) electron: **e. rotante**, spinning electron. ● **e. negativo**, negative electron; negatron □ **e. positivo**, positive electron; positron.
elettronegatività, f. (fis., chim.) electronegativity.
elettronegativo, a. (fis., chim.) electronegative.
elettrònica, f. electronics (pl. col verbo al sing.).
elettrònico, a. electronic: **un apparecchio e.**, an electronic apparatus; **un cervello e.**, an electronic brain; **flusso e.**, electronic flow; **un tubo e.**, an electronic tube; **musica elettronica**, electronic music.
elettronvòlt, m. (fis.) electronvolt (abbr. eV).
elettroplaccare, v. t. (ind.) electroplate.
elettroplaccatura, f. (ind.) electroplating.
elettropneumàtico, a. (tecn.) electropneumatic.
elettropómpa, f. (mecc.) motor-driven pump; electropump.
elettropositività, f. (fis., chim.) electropositivity.
elettropositivo, a. (fis., chim.) electropositive.
elettroscòpio, m. electroscope.
elettrosensìbile, a. (fotogr.) electrosensitive.
elettroshock, m. (med.) electroshock.
elettrosincrotróne, m. (fis. nucl.) electrosynchrotron.
elettrostàtica, f. electrostatics (pl. col verbo al sing.).
elettrostàtico, a. electrostatic.
elettrostrittivo, a. (fis.) electrostrictive.
elettrostrizióne, f. (fis.) electrostriction.
elettrotècnica, f. electrotechnics (pl. col verbo al sing.); electrotechnology; electrical engineering.
elettrotècnico, A a. electrotechnical. B m. electrotechnician; electrical engineer.
elettroterapia, f. (med.: scienza) electrotherapeutics (pl. col verbo al sing.); electrotherapy.
elettrotèrmico, a. (fis.) electrothermal.

elettrotipìa, *f.* **1** (*tecnica*) electrotyping **2** (*riproduzione*) electrotype.
elettrotipo, *m.* electrotype; electro.
elettrotrazióne, *f.* electric traction.
elettrotrèno, *m.* electric (express) train.
elettrovalènza, *f.* (*chim.*) electrovalency.
elettuàrio, *m.* (*farm.*) electuary.
Eléusi, *f.* (*geogr., stor.*) Eleusis.
eleusino, *a.* Eleusinian: **misteri eleusini**, Eleusinian mysteries.
elevàbile, *a.* raisable.
elevaménto, *m.* raising; elevation.
elevare, A *v. t.* (*anche mat.*) to raise; (*specialm. fig.*) to elevate; (*rendere più alto*) to heighten; (*aumentare*) to increase; (*sollevare*) to lift (up); (*una costruzione*) to erect: **e. al trono**, to raise to the throne; **e. un numero al quadrato**, to raise a number to the 2nd power; to square a number; **e. un numero al cubo**, to raise a number to the 3rd power; to cube a number; **e. i prezzi**, to raise (*o* to increase) the prices; **e. la voce**, to raise (*o* to elevate) one's voice; **e. gli occhi**, to raise (*o* to lift up) one's eyes; **e. un monumento**, to raise (*o* to erect) a monument; **lettura che eleva (lo spirito)**, elevating reading. ● **e. (una) contravvenzione a q.**, to impose a fine on sb.; to fine sb.; to give sb. a ticket (*USA*) □ (*mat.*) **e. a potenza**, to raise to power □ **e. q. a generale (a direttore, ecc.)**, to promote sb. general (director, etc.): **Fu elevato a generale**, he was promoted general □ (*elettr.*) **e. la tensione**, to step up the tension. **elevarsi, B** *v. rifl.* **1** to rise*; to raise oneself: **La vetta del grattacielo si eleva sopra le nubi**, the top of the skyscraper rises above the clouds **2** (*dominare dall'alto*) to overlook; to tower (over). ● **e. con lo spirito**, to be uplifted.
elevatézza, *f.* **1** highness **2** (*fig.*) loftiness; nobility: **e. di stile**, loftiness of style; **e. di sentimenti**, nobility of feelings; highmindedness.
elevato, *a.* **1** elevated; high **2** (*fig.*) lofty; (*nobile*) noble, high-minded.
elevatóre, A *m.* **1** elevator (*anche anat., mecc.*): **e. a nastro**, belt (*o* endless) elevator **2** (*montacarichi*) service-lift **3** (*naut.: di munizioni*) ammunition hoist. ● (*ind.*) **e. per carbone**, coal heaver. **B** *a.* elevating. ● (*anat.*) **muscolo e.**, elevator.
elevazióne, *f.* **1** (*anche fig.*) elevation: **l'e. dell'Ostia**, the elevation of the Host **2** (*l'elevare*) raising (*anche mat.*); lifting (up): **e. al trono**, raising to the throne **3** (*del terreno*) elevation; height; raising (of the ground) **4** (*astron.*) elevation; altitude. ● (*mat.*) **e. a potenza**, raising to a power □ (*mil.*) **angolo di e.** (*di cannone*), angle of elevation.
elezióne, *f.* **1** election: **elezioni politiche**, general (*o* parliamentary) election; **elezioni amministrative**, local (government) elections; **e. non contestata**, uncontested election; **indire le elezioni**, to call an election **2** (*scelta*) choice: **la patria d'e.**, the country of one's choice. ● **elezioni suppletive**, by-election (*sing.*) □ **con elezioni segrete**, by secret ballot □ **di mia libera e.**, of my own free will □ **presentarsi come candidato alle elezioni politiche**, to stand for Parliament.
èlfo, *m.* (*mitol.*) elf*.
Elia, *m.* Elias; (*Bibbia*) Elijah.
elìaco, *a.* (*astron.*) heliacal.
eliàntemo, *m.* (*bot., Helianthemum vulgare*) rock-rose.
elianto, *m.* (*bot., Helianthus*) helianthus.
èlibus, *m.* helibus.
èlica, *f.* **1** (*geom.*) helix*; spiral **2** (*mecc., aeron., naut.*) (screw) propeller; (*di elicottero*) rotor: **e. destrorsa (sinistrorsa)**, right-hand (left-hand) propeller; **pala dell'e.**, (screw) blade; **e. a due pale**, two-bladed propeller; **e. tripala**, three-bladed propeller; **e. di coda**, tail rotor; **passo dell'e.**, screw pitch. ● (*naut.*) **e. di prua**, bow thruster.
èlice, *f.* **1** (*anat.*) helix* **2** (*zool., Helix*) helix*.
elicicoltura, *f.* (*zootecnia*) breeding of edible snails.
elicoidale, *a.* **1** (*geom.*) helicoidal **2** (*mecc.*) helical.
elicòide, *m.* (*geom.*) helicoid; screw-shaped surface.
Elicòna, *m.* (*geogr., mitol.*) Helicon.
eliconio, *a.* (*lett.*) Heliconian.
elicòttero, *m.* helicopter; `copter (*fam.*).
elidere, A *v. t.* **1** to annul **2** (*gramm.*) to elide **3** (*mat.: fattori comuni*) to cancel. **elidersi, B** *v. rifl. recipr.* to annul each other.
eliminàbile, *a.* eliminable.
eliminare, *v. t.* **1** to eliminate; to exclude; (*disfarsi di*) to get* rid of, to do* away with; (*concorrenti, candidati, ecc.*) to weed out: **Ho eliminato le tende** (*cioè ho deciso di non metterle*), I've eliminated curtains; **Ho eliminato le tende** (*che c'erano*), I've got rid of the curtains **2** (*sport*) to eliminate; (*pugilato*) to knock out **3** (*ammazzare*) to liquidate; to bump off (*fam.*); to do* in (*fam.*).
eliminatòria, *f.* – (*sport*) **gara e.**, preliminary heat.
eliminatòrio, *a.* eliminating; preliminary.
eliminazióne, *f.* elimination; (*rimozione*) removal; (*esclusione*) exclusion: **per e.**, by process of elimination.
èlio, *m.* (*chim.*) helium.
eliocèntrico, *a.* (*astron.*) heliocentric.
eliocentrismo, *m.* (*astron.*) heliocentrism.
eliocromìa, *f.* (*fotogr.*) **1** (*il metodo*) heliochromy **2** (*il prodotto*) heliochrome.
eliòfilo, *a.* (*bot.*) heliophilous; heliophilic.
eliofobìa, *f.* (*med.*) heliophobia.
eliòfobo, *a.* **1** (*bot.*) heliophobous; heliophobic **2** (*med.*) heliophobe.
eliografìa, *f.* **1** heliography **2** (*incisione eliografica*) heliograph; heliogravure.
eliogràfico, *a.* heliographic.
eliògrafo, *m.* (*mil., astron.*) heliograph.
eliòmetro, *m.* (*astron.*) heliometer.
elioscopìa, *f.* (*astron.*) helioscopy.
elioscòpio, *m.* (*astron.*) helioscope.
eliòstato, *m.* (*astron.*) heliostat.
elioteismo, *m.* (*relig.*) heliolatry; sun-worship.
elioterapìa, *f.* (*med.*) heliotherapy.
elioteràpico, *a.* (*med.*) heliotherapic. ● **cura elioterapica**, sun treatment.
eliotipìa, *f.* (*fotogr.*) **1** (*metodo*) heliotypy **2** (*prodotto*) heliotype.
eliotìpico, *a.* (*fotogr.*) heliotypic.
eliotropìa, *f.* (*miner.*) heliotrope.
eliotròpico, *a.* (*bot.*) heliotropic.
eliotròpio, *m.* **1** (*bot., Heliotropium europaeum*) turnsole **2** (*miner.*) heliotrope; bloodstone.
eliotropismo, *m.* (*bot.*) heliotropism.
elipòrto, *m.* (*aeron.*) heliport; helistop.
Elisa, *f.* Eliza.
Elisabétta, *f.* Elizabeth, Elisabeth; (*dim.*) Bess, Betsy, Betty, Lizzie.
elisabettiano, *a. e m.* (*stor.*) Elizabethan: **il periodo e.**, the Elizabethan age; **la letteratura elisabettiana**, Elizabethan literature.
elisio, A *a.* (*mitol., fig.*) Elysian: **i Campi Elisi**, the Elysian Fields. **B** *m.* Elysium*.
elisióne, *f.* (*gramm.*) elision.
elisir, elisire, *m.* elixir: **e. di lunga vita**, elixir of life.
Elìso, *m.* (*mitol.*) Elysium*.
elitàrio, *a. e m.* elitist.
elitarismo, *m.* elitism.
élite (*franc.*), *f.* élite; cream; flower; pick: **l'é. della società**, the cream of society.
èlitra, *f.* (*zool.*) elytron*; wing-case.
elitrasportato, *a.* (*mil.*) airmobile (*USA*).
élla, *f.* **1** *pron. pers.* 3ª *pers. sing. sogg.*: **E. era vestita di bianco**, she was dressed in white; **E. stessa me lo disse**, she herself told me **2** *pron. pers.* (*rivolgendosi cerimoniosamente a uomo o a donna*) you; (*nel senso di «Vostra Signoria»*) Your Lordship (*per un uomo*), Your Ladyship (*per una donna*): **Vuole E. farci l'onore d'una visita?**, will you please pay us a visit?; **E., signor conte, è troppo buono**, Your Lordship is too good.
Èllade, *f.* (*stor., geogr.*) Hellas.
èlle, *f. e m.* (*lettera*) el; the letter l.
elleborina, *f.* (*bot., Eranthis hiemalis*) winter aconite; wolf's--bane.
ellèboro, *m.* (*bot., Helleborus*) hellebore. ● **e. puzzolente** (*Helleborus foetidus*), fetid hellebore; bear's-foot; setterwort.
Ellèni, *m. pl.* (*stor., geogr.*) Hellenes.
ellènico, *a.* (*stor., geogr.*) Hellenic.
ellenismo, *m.* Hellenism.
ellenista, *m. e f.* Hellenist; Greek scholar.
ellenìstico, *a.* Hellenistic.
ellenizzare, *v. t. e i.* to Hellenize.
ellisse, *f.* (*geom.*) ellipse.
ellissi, *f.* (*gramm.*) ellipsis*.
ellissògrafo, *m.* (*geom.*) ellipsograph; elliptic compass; trammel.
ellissoidale, *a.* (*geom.*) ellipsoidal.
ellissòide, *a.* (*geom.*) ellipsoid.
ellìttico, *a.* (*geom., gramm.*) elliptic(al).
elmétto, *m.* helmet. ● **e. protettivo**, safety hat (*o* helmet).
elminti, *m. pl.* (*zool., Helminthes*) helminths.
elmintìasi, *f.* (*med.*) helminthiasis*.
elmintico, *a.* (*zool., med.*) helminthic.
elmintologìa, *f.* helminthology.
elmintològico, *a.* helminthologic(al).
elmintòlogo, *m.* helminthologist.
élmo, *m.* helmet.
elocuzióne, *f.* elocution.

elodèrma, m. (zool., *Heloderma*) Gila monster.
elogiàbile, a. praiseworthy.
elogiare, v. t. to praise; (*lett. o scherz.*) to sing* the praises of.
elogiativo, a. laudatory; eulogistic(al).
elogiatóre, m. praiser; eulogist.
elògio, m. praise; commendation; eulogy (*spesso iron.*): **meritati elogi**, well-deserved praise(s). ● (*come titolo*) **e. di q.c.**, in praise of st. □ **e. funebre**, funeral oration □ **fare a q. i propri elogi per q.c.**, to congratulate sb. on st. □ **fare gli elogi di q.**, to praise sb.
elogista, m. e f. eulogist.
elongazióne, f. (*astron.*) elongation.
eloquènte, a. **1** eloquent **2** (*fig.*: *espressivo*) eloquent; meaningful; significant: **uno sguardo e.**, a meaningful look.
eloquènza, f. **1** eloquence; gift of the gab (*fam.*) **2** (*fig.*) eloquence; meaningfulness; significance. ● **l'e. del denaro**, the power of money □ **essere un fiume d'e.**, to pour out a torrent of speech (*o* a spate of words).
elòquio, m. (*lett.*) speech; language.
élsa, f. hilt.
elucubrare, v. t. (*lett.*) to ponder (over); to burn* the midnight oil while working on (st.); to lucubrate.
elucubrazióne, f. lucubration.
elùdere, v. t. to elude; to dodge; to shirk; to evade; to sidestep (*fig.*): **e. la legge**, to evade the law.
eluènte, m. (*chim.*) eluant.
eluire, v. t. (*chim.*) to elute.
elusióne, f. elusion; evasion.
elusività, f. elusiveness; evasiveness.
elusivo, a. elusive; evasive.
eluviale, a. (*geol.*) eluvial.
elùvio, m. (*geol.*) eluvium.
elvètico, **A** a. Swiss; (*stor.*) Helvetic, Helvetian. **B** m. Swiss; (*stor.*) Helvetian.
elzeviriano, V. **elzeviro**, a.
elzevirista, m. e f. writer of literary articles.
elzeviro, **A** a. (*tipogr.*) Elzevir (*attr.*); Elzevirian: **carattere e.**, Elzevir type. **B** m. **1** (*carattere*) Elzevir (type); (*edizione*) Elzevir edition **2** (*giornalismo*) literary article (published in a daily newspaper).
emaciaménto, m. emaciation.
emaciare, **A** v. t. to emaciate. **emaciarsi**, **B** v. rifl. to become* emaciated.
emaciato, a. emaciated; lean and pale.
emaciazióne, f. (state of) emaciation.
emanare, **A** v. i. to emanate; to issue (from). **B** v. t. **1** (*mandare fuori*) to exhale; to give* off (*o* out) **2** (*fig.*: *emettere*) to issue; to enact: **e. una legge**, to issue a law; **e. regolamenti**, to enact regulations.
emanatismo, m. (*filos.*) emanationism.
emanazióne, f. **1** emanation; (*esalazione*) exhalation **2** (*emissione*) issuing: **e. di una legge**, issuing of a law. ● (*chim.*) **e. del radio**, radium emanation; radon.
emanazionismo, V. **emanatismo**.
emancipare, **A** v. t. to emancipate (*anche leg.*): **e. uno schiavo** (**un figlio dalla patria potestà**), to emancipate a slave (a son from paternal power). **emanciparsi**, **B** v. rifl. to become* emancipated; to free oneself.
emancipato, a. **1** emancipated **2** (*spregiudicato*) open-minded; unprejudiced.
emancipatóre, m. emancipator.
emancipazióne, f. emancipation (*anche leg.*): **l'e. della donna**, the emancipation of women; **l'e. di un minore**, the emancipation of a minor.
emangiòma, m. (*med.*) hemangioma*.
Emanuèla, f. Manuela.
Emanuèle, m. Em(m)anuel.
emarginare, v. t. **1** to make* marginal notes on **2** (*fig.*) to marginalize: **e. una classe sociale**, to marginalize a social class.
emarginato, a. **1** with marginal notes **2** (*fig.*) marginalized.
emarginazióne, f. marginalization.
emartro, m. (*med.*) hemarthrosis*.
emasculare, v. t. to emasculate.
emasculazióne, f. (*med.*) emasculation.
ematèmesi, f. (*med.*) hematemesis*.
emàtico, a. (*biol.*) hematic, haematic.
ematina, f. (*biol.*) hematin, haematin.
ematite, f. (*miner.*) hematite, haematite.
ematòfago, a. (*zool.*) hematophagous: **insetti ematofagi**, hematophagous insects.
ematògeno, a. (*med.*) hematogenous.
ematologìa, f. (*med.*) hematology, haematology.
ematòlogo, m. hematologist, haematologist.
ematòma, m. (*med.*) hematoma, haematoma.
ematopoièsi, f. (*med.*) hematopoiesis, haematopoiesis.

ematopoiètico, a. (*med.*) hematopoietic, haematopoietic.
ematòsi, f. (*med.*) hematosis, haematosis.
ematùria, f. (*med.*) hematuria, haematuria.
emàzia, f. (*biol.*) erythrocyte.
embargo, m. (*naut.*) embargo*: **Le merci sono sottoposte a e.**, goods are under embargo.
emblèma, m. emblem; device; symbol; badge: **Gli scolari inglesi hanno un e. sul berretto**, English school-boys wear badges on their caps; **un e. di pace**, an emblem of peace.
emblemàtico, a. emblematic; symbolic.
embolìa, f. (*med.*) embolism.
èmbolo, m. (*med.*) embolus*.
embricare, v. t. to tile; to cover with tiles.
embricato, a. **1** (*ricoperto di embrici*) tiled; tile-covered: **un tetto e.**, a tiled roof **2** (*bot.*, *zool.*) imbricate(d).
émbrice, m. flat roof tile.
embriciata, f. tiled roof.
embriogènesi, **embriogenìa**, f. (*biol.*) embryogenesis; embryogeny.
embriologìa, f. (*biol.*) embryology.
embriològico, a. (*biol.*) embryologic(al).
embriòlogo, m. embryologist.
embrionale, a. embryonal; embryonic (*anche fig.*). ● **allo stato e.**, in its infancy; at an early stage.
embrióne, m. embryo (*anche fig.*): **ancora in e.**, still in embryo; in the planning stage.
embriònico, a. embryonic.
embrocazióne, f. (*farm.*) embrocation; liniment.
emendàbile, a. amendable.
emendaménto, m. amendment; (*di un testo*) emendation.
emendare, **A** v. t. to amend; (*un testo*) to emend: **e. un progetto di legge**, to amend a bill. **emendarsi**, **B** v. rifl. to mend one's ways; to turn over a new leaf (*fam.*).
emendativo, a. amendatory; emendatory.
emendatóre, m. amender; (*di un testo*) emendator, emender.
emendazióne, f. emendation.
emeralopìa, f. (*med.*) hemeralopia; nyctalopia; night-blindness.
emergènte, a. emergent; emerging. ● (*leg.*) **danno e.**, consequential damage.
emergènza, f. emergency: **stato di e.**, state of emergency; **in caso di e.**, in an emergency.
emèrgere, v. i. **1** to emerge; to come* to the surface; (*naut.*: *di un sommergibile*) to surface **2** (*fig.*) to emerge; to come* out; (*distinguersi*) to stand* out, to distinguish oneself.
emèrito, a. emeritus; (*scherz.*) egregious, regular: **un e. bugiardo**, an egregious liar.
emerocàllide, f. (*bot.*, *Hemerocallis fulva*) hemerocallis; day-lily.
emerotèca, f. newspaper and periodical library.
emersióne, f. emersion (*anche astron.*); emergence; emerging. ● (*naut.*: *di sottomarino*) **in e.**, on the surface.
emèrso, a. emergent; above sea-level. ● **terre emerse**, dry land.
emètico, (*farm.*) **A** a. emetic(al). **B** m. emetic.
eméttere, v. t. **1** (*voce*, *suono*) to utter (*di persona*); to give* out (*di cosa*) **2** (*calore*, *ecc.*) to give* out; to send* forth; (*sudore*, *umidità*) to exude **3** (*mettere in circolazione*) to issue; to put* into circulation: **e. banconote**, to issue bank-notes **4** (*econ.*, *fin.*, *leg.*) to issue: **e. un assegno**, to issue a cheque; **e. un prestito**, to issue (*o* to float) a loan; **e. un mandato di cattura**, to issue a warrant of arrest **5** (*un'opinione*) to express. ● (*comm.*) **e. una cambiale**, to draw a bill of exchange □ (*leg.*) **e. un verdetto**, to bring in a verdict.
emettitóre, m. (*elettron.*) emitter.
emianopìa, **emianopsìa**, f. (*med.*) hemianopsia.
emicefalìa, f. (*med.*) hemicephaly.
emiciclo, m. hemicycle. ● **l'e. della Camera dei Deputati**, the floor of the House.
emicrània, f. (*med.*) hemicrania; megrim, migraine.
emigrante, a., m. e f. emigrant.
emigrare, v. i. to emigrate; (*di animali*) to migrate.
emigrato, m. emigrant. ● **e. politico**, political exile.
emigratòrio, a. emigratory; migratory.
emigrazióne, f. emigration; (*di animali*) migration.
Emìlia, f. Emily; Emilia.
emiliano, **A** a. Emilian; of Emilia. **B** m. Emilian; native (*o* inhabitant) of Emilia.
Emìlio, m. Emil.
eminènte, a. eminent; outstanding; distinguished.
eminenteménte, avv. eminently.
eminentìssimo, a. superl. His Eminence; (*vocativo*) Your Eminence.
eminènza, f. eminence (*anche fig.*): **Vostra E.**, Your Eminence.
emiono, m. (*zool.*, *Equus hemionus*) wild ass.
emiparèsi, **emiparèsia**, f. (*med.*) hemiparesis.

emiplegìa, *f.* (*med.*) hemiplegia, hemipegy.
emiplègico, *a.* e *m.* (*med*) hemiplegi(a)c.
emirato, *m.* (*stor.*, *geogr.*) emirate.
emiro, *m.* emir.
emisfèrico, *a.* hemispheric(al).
emisfèro, *m.* hemisphere: (*geogr.*) **l'e. boreale (australe)**, the northern (southern) hemisphere; (*anat.*) **e. cerebrale**, cerebral hemisphere.
emissàrio, *m.* **1** (*anche anat.*) emissary **2** (*geogr.*) effluent **3** (*idraulica*) outlet; drain.
emissióne, *f.* **1** (*econ.*, *fin.*) issue: **l'e. di un prestito**, the issue (*o* floating) of a loan (of debentures); **l'e. di un assegno**, the issue of a cheque **2** (*fis.*: *di calore, ecc.*) emission; (*di segnali, raggi*) sending out, giving out: (*radio*) **e. diretta**, beam emission; (*radio*) **e. termoionica**, thermionic emission **3** (*tel.*) impulse: **e. nulla**, zero current impulse. ● (*radio, telev.*) **antenna d'e.**, transmitting (*o* sending) aerial ● **banca d'e.**, issuing bank □ (*radio, telev.*) **stazione d'e.**, transmitting (*o* broadcasting) station.
emissività, *f.* (*fis.*) emissivity.
emissivo, *a.* emissive.
emistichio, *m.* (*poesia*) hemistich.
emittènte, A *a.* **1** (*econ.*) issuing: **banca e.**, issuing bank **2** (*radio, telev.*) broadcasting; transmitting: **stazione e.**, transmitting (*o* broadcasting) station. **B** *f.* **1** (*radio, telev.*) transmitting (*o* broadcasting) station; transmitter **2** (*fin.*) issuer. **C** *m.* e *f.* (*leg., comm.*: *di una cambiale*) drawer; (*d'un pagherò*) maker.
emitteri, *m. pl.* (*zool., Hemiptera*) Hemiptera.
Èmma, *f.* Emma; (*dim.*) Emm, Emmie.
èmme, *f.* e *m.* (*lettera*) em; the letter m.
emmenagògo, (*farm.*) **A** *a.* emmenagogic. **B** *m.* emmenagogue.
emmenthal, *a.* e *m.* emmenthal (*o* emmenthaler cheese).
emmètrope, *a.* (*med.*) emmetropic.
emmetropìa, *f.* (*med.*) emmetropia.
emodiàlisi, *f.* (*med.*) hemodialysis; haemodialysis.
emofilìa, *f.* (*med.*) hemophilia, haemophilia.
emofilìaco, **emofìlico**, *a.* e *m.* (*med.*) hemophiliac; hemophilic, haemophilic.
emofobìa, *f.* (*psic.*) hemophobia, haemophobia.
emoftalmìa, *f.* (*med.*) haemophthalmia.
emoglobìna, *f.* (*biol.*) hemoglobin, haemoglobin.
emoglobinurìa, *f.* (*med.*) hemoglobinuria, haemoglobinuria.
emolisi, *f.* (*med.*) hemolysis*, haemolysis*.
emolisìna, *f.* (*fisiologia*) hemolysin, haemolysin.
emolìtico, *a.* (*med.*) hemolytic, haemolytic.
emolliènte, *a.* e *m.* (*farm.*) emollient.
emoluménto, *m.* emolument; fee; honorarium*.
emometrìa, *f.* hemometry, haemometry.
emopoièsi, **emopoiètico**, *V.* **ematopoièsi, ematopoiètico**.
emorragìa, *f.* (*med.*) hemorrhage, haemorrhage.
emorràgico, *a.* (*med.*) hemorrhagic, haemorrhagic.
emorroidale, **emorroidàrio**, *a.* (*med.*) hemorrhoidal, haemorrhoidal.
emorròidi, *f. pl.* (*med.*) hemorrhoids, haemorrhoids; piles.
emòstasi, *f.* (*med.*) hemostasia, haemostasia; hemostasis.
emostàtico, *a.* e *m.* (*farm.*) hemostatic, haemostatic. ● **matita emostatica**, styptic pencil.
emotèca, *f.* (*med.*) blood bank.
emotività, *f.* emotionality; emotivity; emotiveness; sensitiveness.
emotivo, (*anche psic.*) **A** *a.* emotional; sensitive: **un appello e.**, an emotional appeal. **B** *m.* emotional person; emotionalist.
emottìsi, *f.* (*med.*) hemoptysis, haemoptysis.
emozionàbile, *a.* emotional; excitable.
emozionale, *a.* emotional.
emozionante, *a.* exciting; (*commovente*) moving.
emozionare, A *v. t.* to excite; (*commuovere*) to move. **emozionarsi, B** *v. rifl.* to get* excited; to get* off (*fam.*); (*commuoversi*) to be moved.
emozionato, *a.* excited; (*commosso*) moved.
emozióne, *f.* emotion; excitement.
empiaménte, *avv.* **1** impiously **2** (*spietatamente*) pitilessly; mercilessly; wickedly.
empièma, *m.* (*med.*) empyema*.
émpiere, *V.* **empire**.
empietà, *f.* **1** impiety **2** (*atto improntato a malvagità*) impiety; impious (*o* wicked) act.
émpio, *a.* **1** impious **2** (*spietato*) cruel; pitiless; (*malvagio*) wicked: **un'empia sorte**, a cruel fate.
empire, A *v. t.* to fill; (*colmare*) to fill up; (*affollare*) to crowd, to throng; (*rimpinzare, anche fig.*) to stuff (up), to cram: **e. di acqua il serbatoio**, to fill the tank with water; **e. l'aria delle proprie grida**, to fill the air with one's cries; **e. q. di gioia**, to fill sb. with joy; **Il teatro si stava empiendo**, the theatre was filling up; **Non l'hai empito completamente**, you haven't filled it right up; **e. il cervello di q. d'idee balzane**, to stuff sb.'s mind with nonsense. **empirsi, B** *v. rifl.* to fill (up); (*di gente*) to become* crowded: **La stanza si empì di gente**, the room filled up with people. ● **e. la bocca del nome di q.**, to roll sb.'s name round one's tongue □ **e. la pancia**, to gorge oneself; to stuff oneself.
empìreo, A *a.* empyreal; empyrean. **B** *m.* empyrean.
empìrico, A *a.* empiric(al). **B** *m.* empiric (*anche med.*).
empirismo, *m.* (*filos., med.*) empiricism.
empirista, *m.* e *f.* (*filos.*) empiricist.
empirìstico, *a.* (*filos.*) empiristic.
empito, *a.* full (up): **e. fino all'orlo**, full to the brim.
empòrio, *m.* **1** (*centro comm.*) emporium*; market **2** (*negozio*) emporium*; general shop; (*grande magazzino*) (department) stores (*pl.*) **3** (*fig.*) store; mine.
emù, *m.* (*zool., Dromiceius novae-hollandiae*) emu.
emulare, *v. t.* to emulate.
emulativo, *a.* emulative.
emulatóre, *m.* emulator.
emulazióne, *f.* emulation.
èmulo, A *a.* emulous. **B** *m.* emulator.
emulsionàbile, *a.* (*chim.*) emulsifiable; emulsible.
emulsionante, (*chim.*) **A** *a.* emulsifying. **B** *m.* emulsifier; emulsifying agent.
emulsionare, *v. t.* (*chim.*) to emulsify.
emulsionatóre, *m.* emulsifier.
emulsióne, *f.* (*chim., fotogr.*) emulsion.
emulsivo, *a.* (*chim.*) emulsive.
emuntòrio, *m.* (*anat.*) emunctory.
enàllage, *f.* (*retor.*) enallage.
enantèma, *m.* (*med.*) enanthem; enanthema*.
enantiòmero, *m.* (*chim.*) enantiomorph.
enantiomorfismo, *m.* (*chim.*) enantiomorphism.
enargite, *f.* (*miner.*) enargite.
enarmonìa, *f.* (*mus.*) enharmonic relation.
enarmònico, *a.* (*mus.*) enharmonic.
enartròsi, *f.* (*anat.*) enarthrosis*; ball-and-socket joint.
encarpo, *m.* (*archit.*) festoon; encarpus*.
encàustica, *f.* (*pitt.*) encaustic painting.
encàustico, *a.* (*pitt.*) encaustic.
encàusto, *m.* (*pitt.*) encaustic.
encefàlico, *a.* (*anat.*) encephalic.
encefalite, *f.* (*med.*) encephalitis*: **e. letargica**, lethargic encephalitis; sleeping sickness.
encefalìtico, *a.* (*med.*) encephalitic.
encèfalo, *m.* (*anat.*) encephalon*.
encefalografìa, *f.* (*med.*) encephalography.
encefalòide, *a.* (*med.*) encephaloid.
enciclica, *f.* (*relig.*) encyclical.
enciclico, *a.* (*relig.*) encyclic(al): **lettera enciclica**, encyclical (letter).
enciclopedìa, *f.* encyclopedia, encyclopaedia: (*scherz.*) **Sei un'e. ambulante**, you are a walking (*o* living) dictionary.
enciclopèdico, *a.* encyclopedic, encyclopaedic; encyclopedian.
enciclopedismo, *m.* encyclopedism; encyclopaedism.
enciclopedista, *m.* e *f.* encyclopedist, encyclopaedist.
enclave (*franc.*), *f.* enclave (piece of territory enclosed within foreign territory).
enclisi, *f.* (*gramm.*) enclisis*.
enclìtica, *f.* (*gramm.*) enclitic.
enclìtico, *a.* (*gramm.*) enclitic.
encomiàbile, *a.* praiseworthy; commendable.
encomiare, *v. t.* to praise; to commend.
encomiàstico, *a.* (*lett.*) encomiastic(al); laudatory; eulogistic.
encomiatóre, *m.* encomiast.
encòmio, *m.* **1** encomium*; commendation **2** (*mil.*) mention in dispatches.
endecàgono, *m.* (*geom.*) hendecagon.
endecasìllabo, (*poesia*) **A** *a.* hendecasyllabic. **B** *m.* hendecasyllable.
endemìa, *f.* (*med.*) endemic (disease).
endemicità, *f.* (*med.*) endemicity.
endèmico, *a.* (*med., zool., bot.*) endemic(al).
endìadi, *f.* (*retor.*) hendiadys.
éndice, *m.* (*uovo di richiamo*) nest-egg.
endocàrdico, *a.* (*anat.*) endocardial; endocardiac.
endocàrdio, *m.* (*anat.*) endocardium*.
endocardite, *f.* (*med.*) endocarditis.
endocarpo, *m.* (*bot.*) endocarp.
endocellulare, *a.* endocellular; intracellular.
endocrànico, *a.* (*anat.*) endocranial.
endocrànio, *m.* (*anat.*) endocranium*; endocrane.
endòcrino, *a.* (*anat.*) endocrine.

endocrinologìa, *f.* (*med.*) endocrinology.
endocrinòlogo, *m.* endocrinologist.
endodèrma, *m.* (*bot.*) endodermis; starch sheath.
endogamìa, *f.* (*antropologia*) endogamy.
endògamo, *a.* (*antropologia*) endogamous.
endogènesi, *f.* (*biol., geol.*) endogenesis*; endogeny.
endògeno, *a.* endogenous; (*geol.*) endogenic, endogenetic.
endolinfa, *f.* (*anat.*) endolymph.
endomètrio, *m.* (*anat.*) endometrium*.
endometrite, *f.* (*med.*) endometritis.
endomorfismo, *m.* (*geol.*) endomorphism.
endomuscolare, V. **intramuscolare.**
endoparassita, *m.* (*biol.*) endoparasite.
endoplasma, *m.* (*biol.*) endoplasm.
endoreattóre, *m.* rocket propeller.
endoreazióne, *f.* rocket propulsion.
endoschèletro, *m.* (*biol.*) endoskeleton.
endoscopìa, *f.* (*med.*) endoscopy.
endoscòpico, *a.* (*med.*) endoscopic.
endoscòpio, *m.* (*med.*) endoscope.
endosmòmetro, *m.* endosmometer.
endosmòsi, *f.* (*fis.*) endosmosis*; endosmose.
endòstio, *m.* (*anat.*) endosteum*.
endoteliale, *a.* (*anat.*) endothelial.
endotèlio, *m.* (*anat.*) endothelium*.
endotèrmico, *a.* (*chim.*) endothermic; endothermal.
endovenósa, *f.* (*med.*) intravenous injection.
endovenóso, *a.* (*med.*) intravenous.
Enèa, *m.* (*mitol.*) Aeneas.
Enèide, *f.* (*letter.*) Aeneid.
eneolìtico, *a.* (*geol.*) Aeneolithic; Eneolithic.
energètica, *f.* (*fis.*) energetics (*pl. col verbo al sing.*).
energètico, **A** *a.* **1** (*scient.*) energetic; of energy; of power; energy (*attr.*): **stabilità energetica**, energetic stability; **fonti energetiche**, sources of power; **crisi energetica**, energy crisis **2** (*anche med.*) energy-giving, invigorating; **alimento e.**, energy-giving food. **B** *m.* (*farm.*) energy-giving substance; energizer; tonic. ● **il problema e.**, the problem of the sources of power □ (*econ.*) **il programma e.**, the plan for the development of new sources of power.
energìa, *f.* **1** energy: **Non ho l'e. di protestare**, I haven't the energy to protest; **e. cinetica (potenziale)**, kinetic (potential) energy; **e. atomica**, atomic energy; **e. latente**, latent energy; **e. radiante**, radiant energy; **e. sonica**, sonic energy **2** (*vigore*) energy; vitality; vigour; zip (*fam.*). ● **e. elettrica**, (electric) power; electricity □ **e. idraulica**, hydraulic power □ (*di una medicina, un detersivo, ecc.*) **agire con molta e.**, to be very strong □ (*di persona*) **pieno di e.**, energetic.
enèrgico, *a.* **1** vigorous; forcible; energetic (*specialm. di attività fisica*); strong; zippy (*fam.*): **un governo e.**, a vigorous government; **Il sergente aveva un carattere e.**, the sergeant had a strong character **2** (*di rimedio, ecc.*) powerful; strong: **un rimedio e.**, a powerful (*o* a drastic) remedy **3** (*indicazione mus.*) «energico».
energùmeno, *m.* **1** (*persona infuriata*) spitfire; (*di donna*) fury, virago **2** (*raro: indemoniato*) energumen.
enervare, *v. t.* (*med.*) to denervate.
ènfasi, *f.* emphasis*; stress; (*spreg.*) bombast, grandiloquence. ● **con e.**, emphatically; (*iron.*) pompously.
enfàtico, *a.* emphatic; (*spreg.*) bombastic, grandiloquent.
enfatizzare, *v. t.* to emphasize.
enfiagióne, *f.* (*med.*) swelling.
enfiare, **A** *v. t.* to enflate; to blow* up. **enfiarsi**, **B** *v. rifl.* to swell*.
énfio, *a.* (*lett.*) swollen; blown up.
enfisèma, *m.* (*med.*) emphysema.
enfisematóso, *a.* (*med.*) emphysematous.
enfitèusi, *f.* (*leg.*) emphyteusis*.
enfitèuta, *m.* (*leg.*) emphyteuta*.
enfitèutico, *a.* (*leg.*) emphyteutic.
engagé (*franc.*), *a.* (*culturalmente impegnato*) «engagé»; committed.
enigma, *m.* **1** enigma*; puzzle **2** (*indovinello*) riddle: **l'e. della Sfinge**, the riddle of the Sphynx **3** (*fig.*) mystery; enigma*. ● **essere un e.**, (*di persona*) to be inscrutable; (*di cosa*) to be inexplicable; to be a puzzle □ **parlare per enigmi**, to speak in riddles.
enigmàtico, *a.* enigmatic(al); mysterious; inscrutable.
enigmista, *m. e f.* enigmatographer.
enigmìstica, *f.* puzzles (*pl.*); art of inventing or solving puzzles.
enigmìstico, *a.* puzzle (*attr.*): **un settimanale e.**, a puzzle weekly. ● **gioco e.**, puzzle.
ennàgono, *m.* (*geom.*) enneagon.
ennèsimo, *a.* (*mat., fig.*) nth: **all'e. grado**, to the nth degree; **per l'ennesima volta**, for the nth time; **elevare all'ennesima potenza**, to raise to the nth power.
enocianina, *f.* (*chim.*) oenocyanine.
enòfilo, **A** *a.* wine (*attr.*). **B** *m.* oenophilist; oenophile. ● **circolo e.**, Winegrowers' & Vintners' Society; Wine Society; Wine Trade Club.
enologìa, *f.* oenology.
enològico, *a.* oenological.
enòlogo, *m.* oenologist.
enòmetro, *m.* oenometer; alcoholometer.
enopòlio, *m.* co-operative wine cellar.
enórme, *a.* **1** enormous; huge; immense; colossal **2** (*fig.*) tremendous; (*in senso cattivo*) monstrous, shocking.
enormeménte, *avv.* enormously.
enormità, *f.* **1** enormousness; hugeness; immensity **2** (*fig.*) blunder; (*assurdità*) absurdity; (*mostruosità*) enormity.
enostòsi, *f.* (*med.*) enostosis*.
enotèca, *f.* stock of vintage wines.
en passant (*franc.*), *locuz. avv.* en passant; incidentally.
en plein (*franc.*), *m.* (*nel gioco della roulette*) en plein.
Enrico, *m.* Henry, Harry.
ensifórme, *a.* (*bot.*) ensiform; sword-shaped.
entalpìa, *f.* (*fis.*) enthalpy.
entàlpico, *a.* (*fis.*) enthalpy (*attr.*).
èntasi, *f.* (*archit.*) entasis*.
ènte, *m.* **1** (*relig., filos.*) being: **l'E. Supremo**, the Supreme Being **2** (*leg.*) corporation; society; body; board; agency (*USA*): **e. pubblico**, public body; State(-owned) agency (*USA*). ● (*leg.*) **e. privato**, institution; corporation; body corporate □ **E. Nazionale Italiano per il Turismo**, Italian State Tourist Bureau □ **enti statali e parastatali**, State-run organizations.
entelechìa, *f.* (*filos.*) entelechy.
entèllo, *m.* (*zool., Presbytis entellus*) entellus; entellus-monkey.
entèrico, *a.* (*med.*) enteric; intestinal.
enterite, *f.* (*med.*) enteritis*.
enterobattèrio, *m.* (*biol.*) enterobacterium*.
enterochinasi, *f.* (*biol.*) enterokinase.
enteroclisi, *f.* (*med.*) enema*; enteroclysis.
enteroclisma, *m.* (*med.*) **1** V. **enteroclisi 2** (*apparecchio*) enema syringe.
enterocolite, *f.* (*med.*) enterocolitis.
enteropatìa, *f.* (*med.*) enteropathy.
enteropatògeno, *a.* (*med.*) enteropathogenic.
enteroptòsi, *f.* (*med.*) enteroptosis*.
enterorragìa, *f.* (*med.*) enterorrhagia.
enterotomìa, *f.* (*med.*) enterotomy.
entità, *f.* **1** (*filos.*) entity **2** (*importanza*) importance; (*gravità*) gravity; (*grandezza*) size, magnitude; (*limiti*) extent: **l'e. dei danni**, the extent of the damage.
entomòfago, (*zool.*) **A** *m.* entomophagan. **B** *a.* entomophagous.
entomofilìa, *f.* (*bot.*) entomophily.
entomòfilo, *a.* (*bot.*) entomophilous.
entomologìa, *f.* entomology.
entomològico, *a.* entomologic(al); entomic.
entomòlogo, *m.* entomologist.
entozòo, *m.* (*zool.*) entozoon*.
entraîneuse (*franc.*), *f.* taxi dancer; taxi girl.
entrambi, *a. e pron. m. pl.* (*f.* **entrambe**) both: **Desidero e. i libri**, I want both books; **Li vidi e.**, I saw them both (*o* both of them).
entrante, *a.* (*nelle determinazioni di tempo*) next; coming: **la settimana (il mese) e.**, next week (month); the coming week (month).
entrare, *v. i.* **1** to enter (*non comune*); to go* in (*o* into) (*andare dentro*); to come* in (*o* into) (*venire dentro*): **Il treno entrò in una galleria**, the train entered a tunnel; **La legge entra in vigore a mezzanotte**, the law comes into force (*o* becomes effective) as from midnight; **Entrai in una casa (una chiesa, un negozio, un cinema, un parco, una foresta, ecc.)**, to go into a house (church, shop, cinema, park, forest, etc.); **Entrai nell'acqua a testa all'ingiù**, I went into the water head foremost; **Entri pure!**, come in! (*enfatico*: do come in!); **Bussa prima di e.!**, knock before coming (*o* going) in; **Entrai dalla porta di servizio**, I came (*o* went) in by the back door; (*mat.*) **Il tre entra nel quindici cinque volte**, three goes into fifteen five times; (*mil.*) **e. in azione**, to go into action; **e. nei particolari**, to go into details; **fare e. q.**, to let sb. (*o* come) in; (*cerimonioso*) to show sb. in **2** (*in locuz. particolari, e nel senso di* «*aggregarsi, iscriversi, arruolarsi*») to enter; to join: (*teatr.*) **Entra Arlecchino sgambettando**, enter (*mai enters, perché è la 3ª pers. dell'imper.*) Harlequin skipping; **Il sole entra in Ariete**, the sun enters the sign of Aries (*o* the Ram); **e. nell'esercito**, to enter (*o* to join) the army; **e. in possesso di q.c.**, to enter into (*o* to take) possession of st.; **e. in convalescenza**, to enter upon the convalescent stage; to start one's

convalescence; **e. in una fase nuova** (**una nuova impresa**, ecc.), to enter upon a new phase (a new enterprise, etc.); **e. nel vivo della questione**, to enter into the heart of the matter **3** (*penetrare; entrare con una certa difficoltà o arrampicandosi; starci, nei veicoli; e fig., sempre fam.*) to get* into; to get* on to (st.): **e. nel treno**, to get into the train; **M'è entrato il freddo addosso**, the cold has got into me; **Queste date non mi entrano** (*o* **non mi vogliono e.**) **in testa**, I can't get these dates into my head; **Finalmente gli è entrato nel cervello**, he's got it into his head (*o* he's grasped it) at last; **In quella macchina cinque persone non c'entrano** (*o* **non ci s'entra in cinque**), five people can't get into that car; the car won't hold five people; there simply isn't room for five in that car; **e. in argomento**, to get on to the (main) subject; **Non ricordo come siamo entrati in argomento**, I can't remember how we got on to the subject; **L'acqua** (**il fumo**, ecc.) **entra da questo buco**, the water (the smoke, etc.) gets (*o* comes) in through this hole; **e. in rapporto con q.**, to get in touch with sb.; to get to know sb.; to contact sb. (*USA*) **4** (*combaciare, corrispondere; stare bene; starci, nel tempo a disposizione*) to fit: **Guarda, il cappello ti entra benissimo**, look, the hat fits (you) perfectly; look, the hat is a perfect fit for you; **Le scarpe non gli entrano più**, his shoes no longer fit; he can't get into his shoes any more; **In questa scatola non c'entra bene**, this box doesn't fit; **Non mi c'entra di andare anche alla mostra**, I can't fit in the exhibition too **5** (*avere a che fare*) to have to do (with st., sb.): **Cosa c'entra?**, what's that got to do with it?; **Io non c'entro**, it's nothing to do with me; I've got nothing to do with it; it's no business of mine; **Tu che c'entri?**, what has it got to do with you?; (*più ostile*) what business is it of yours? ● **e. a cavallo**, to ride in □ **e. con l'automobile**, to drive in □ **e. furtivamente** (*o* **di soppiatto**), to steal in □ (*med.*) **e. in agonia**, to be on one's death-bed □ (*naut.*) **e. in bacino**, to dock □ (*mil.*) **e. in campagna**, to take the field □ (*fig.*) **e. in campo** (*o* **in gioco, in ballo**), to come into play; to be on the tapis: **Qui entrano in campo altre ragioni**, at this point other reasons come into play ● **e. in carica**, to take up one's post; (*specialm. di ministro*) to take office □ (*naut.*) **e. in collisione con**, to collide with; to fall foul of □ **e. in ebollizione**, to begin to boil □ **e. in funzione**, (*di persona*) to enter upon (*o* to begin) one's duties; (*di cosa*) to begin working □ **e. in guerra**, to go to war; (*in una guerra che c'è già*) to come into the war □ (*naut.*) **e. in porto**, to enter port (*o* harbour) □ (*di treno*) **e. in stazione**, to pull in □ (*fig.*) **e. negli affari altrui**, to meddle with other people's business □ **e. nel cuore a q.**, to find the way to sb.'s heart □ **e. nel ventesimo anno** (**di età**), to be over nineteen (years old); to be in one's twentieth year of age □ **e. precipitosamente**, to rush in □ **fare e. q.c. in testa a q.**, to drive st. into sb.'s head □ **impedire a q. di e.**, to keep sb. out □ **In questa pezza di stoffa c'entrano tre paia di calzoni**, this piece of material is sufficient for three pairs of trousers □ **M'è entrato q.c. in un occhio**, I've got st. in my eye □ **Possono e. in gioco** (*o* **in ballo**) **tante cose**, so many things may crop up.

entrata, *f.* **1** entrance (*anche mus.: di uno strumento in un'orchestra*); way in; (*di teatro: per gli attori*) stage door; (*di miniera*) adit: **incontrarsi all'e. del teatro**, to meet at the entrance of the theatre; **e. di servizio**, tradesmen's entrance; (*teatr.*) **Gli attori hanno le loro uscite e le loro entrate**, actors have their exits and their entrances; **Ci sono due entrate alla stazione**, there are two ways into the station; **Divieto d'e.** (*cartello stradale*), no entrance; no entry **2** (*solenne*) entry: **l'e. dell'America in guerra**, the entry of America into the war; **l'e. del presidente nella città**, the entry of the President into the town **3** (*ingresso, stanza per cui si entra in una casa, ecc.*) hall; (entrance) hall: **Tutte le stanze danno sull'e.**, all the rooms open into the hall **4** (*autom.: d'autostrada*) access: **segnale di e.**, access sign **5** (*reddito*) income; (*guadagno*) earning; (*rendita*) unearned income; (*provento*) revenue; (*incasso*) take: **Vive d'entrate**, he lives on unearned income **6** (*pl., fin., rag., econ.*) receipts; takings; revenue, income (*sing.*): **Le entrate sono diminuite**, receipts have dropped **7** (*di elaboratore elettronico*) input. ● (*di miniera*) **e. del pozzo**, shaft top □ (*teatr.*) **e. di favore**, complimentary ticket; (*USA, anche*) house seat □ **e. libera**, admission free □ **e. in carica come ministro**, entrance into (*o* upon) ministerial office □ **e. in scena**, entrance; (*fig.*) entry □ **e. in vigore**, coming into effect (*o* into force*) □ (*econ.*) **entrate pubbliche**, public revenue □ (*teatr., ecc.*) **biglietto d'e.**, admission ticket □ (*leg. e comm.*) **imposta generale sull'e.**, purchase tax; sales tax (*USA*) □ (*nel commercio estero*) turnover tax □ (*rag.*) **uscite e entrate**, debit and credit.

entratura, *f.* – **avere e. con q.**, to be on familiar terms with sb.; **avere e. in una famiglia**, to have the entrée into a family.

éntro, *prep.* **1** (*di luogo*) in; inside **2** (*di tempo*) within (*per un periodo non precisato*); not later than; by: **e. l'anno**, within the year; **e. il 1990**, by 1990; **Sarà pronto e. martedì**, it'll be ready by Tuesday.

entrobórdo, *m.* (*naut.*) inboard motorboat.
entropìa, *f.* (*fis.*) entropy.
entròpico, *a.* (*fis.*) entropy (*attr.*).
entrotèrra, *m. invar.* (*geogr.*) hinterland; inland.
entusiasmante, *a.* exciting; stirring.
entusiasmare, **A** *v. t.* to arouse enthusiasm in (sb. for st.); to stir; to excite; to enthrall; to thrill; to turn on (*fam.*). **B entusiasmarsi**, **B** *v. rifl.* to become* enthusiastic (over); to enthuse (over) (*fam. e spesso iron.*); to get* off, to get* it on, to turn on (*fam.*); to be excited (by, about).
entusiasmo, *m.* enthusiasm; excitement; turn-on (*fam.*). ● **facile all'e.**, easily fired.
entusiasta, **A** *a.* **1** (*pieno d'entusiasmo*) enthusiastic: **essere e. per q.c.**, to be enthusiastic about (*o* for) st. **2** (*molto soddisfatto*) highly satisfied; delighted; very pleased: **essere e. di q.c.**, to be highly satisfied with st. **B** *m. e f.* enthusiast.
entusiasticaménte, *avv.* enthusiastically; with enthusiasm.
entusiàstico, *a.* enthusiastic.
enucleare, *v. t.* to enucleate (*anche med.*).
enucleazióne, *f.* (*med.*) enucleation.
ènula, *f.* – (*bot.*) **e. campana** (*Inula helenium*), elecampane.
enumerare, *v. t.* to enumerate; to specify.
enumerazióne, *f.* enumeration; list.
enunciare, *v. t.* to enounce; to enunciate.
enunciativo, *a.* enunciative.
enunciato, *m.* (enunciative) proposition; terms (*pl.*): (*mat.*) **l'e. di un problema**, the terms of a problem.
enunciazióne, *f.* **1** enunciation **2** (*dicitura*) wording.
enurèsi, *f.* (*med.*) enuresis.
enzima, *m.* (*biol.*) enzym(e).
enzimàtico, *a.* (*biol.*) enzymic; enzymatic.
enzimologìa, *f.* (*biol.*) enzymology.
enzoozìa, *f.* (*vet.*) enzootic (disease).
eocène, *m.* (*geol.*) Eocene.
eocènico, *a.* (*geol.*) Eocene (*attr.*).
eòlico (1), **eòlio**, *a.* (*dell'Eolia*) Aeolic, Eolic; Aeolian, Eolian: **il dialetto e.**, the Aeolic dialect; (*mus.*) **il modo eolio**, the Aeolian (*o* Aeolic) mode.
eòlico (2), **eòlio**, *a.* **1** (*di Eolo*) Aeolian, Eolian **2** (*del vento, operato dal vento*) aeolian, eolian: (*geol.*) **depositi eolici**, aeolian rocks. ● (*mus.*) **l'arpa eolia**, the aeolian harp (*o* lyre).
Èolo, *m.* (*mitol.*) Aeolus.
eosina, *f.* (*chim.*) eosin, eosine.
eosinofilìa, *f.* (*med.*) eosinophilia.
eosinòfilo, (*med.*) **A** *a.* eosinophilic. **B** *m.* eosinophil.
èpa, *f.* paunch; belly.
epagòge, *f.* (*filos.*) epagoge; argument by induction.
epagògico, *a.* (*filos.*) epagogic; inductive.
eparchìa, *f.* (*stor., relig.*) eparchy.
eparco, *m.* (*stor., relig.*) eparch.
eparina, *f.* (*biol.*) heparin.
epatalgìa, *f.* (*med.*) hepatalgia.
epàtica, *f.* (*bot., Anemone hepatica*) hepatica; liverwort.
epàtico, **A** *a.* (*anat., med.*) hepatic; liver (*attr.*): **vene epatiche**, hepatic veins; **colica epatica**, liver attack. **B** *m.* person suffering from a liver complaint.
epatite, *f.* (*med.*) hepatitis: **e. virale**, viral hepatitis.
epatobiliare, *a.* (*anat.*) hepatobiliary.
epatologìa, *f.* (*med.*) hepatology.
epatomegalìa, *f.* (*med.*) hepatomegaly.
epatopatìa, *f.* (*med.*) hepatopathy.
epatoprotettóre, *a. e m.* (*farm.*) liver tonic; liver protective.
epatòsi, *f.* (*med.*) hepatosis*.
epatotomìa, *f.* (*med.*) hepatectomy.
epatotossicità, *f.* (*med.*) hepatotoxicity.
epatotossina, *f.* (*med.*) hepatotoxin.
epatta, *f.* (*astron.*) epact.
epèira, *f.* (*zool., Epeira diadema*) cross-spider.
epèntesi, *f.* (*filol.*) epenthesis*.
epentètico, *a.* (*filol.*) epenthetic.
eperlano, *m.* (*zool., Osmerus eperlanus*) smelt.
epesegèsi, *f.* epexegesis*.
epesegètico, *a.* epexegetic(al).
èpica, *f.* epic poetry; epos (*meno comune*).
epicàrdio, *m.* (*anat.*) epicardium*.
epicarpo, *m.* (*bot.*) epicarp.
epicèdio, *m.* (*lett.*) epicedium*.
epicèno, *a.* (*gramm.*) epicene.
epicèntro, *m.* (*geol.*) epicentrum; epicentre, focus* (*anche fig.*).
epicìclo, *m.* (*astron.*) epicycle.
epicicloidale, *a.* (*geom.*) epicycloidal.
epicicloìde, *f.* (*geom.*) epicycloid.
èpico, **A** *a.* epic (*anche fig.*): **un poeta e.**, an epic poet; **poesia epica**, epic poetry; **gesta epiche**, epic deeds. **B** *m.* epic poet.

epicòndilo, *m.* (*anat.*) epicondyle.
epicureismo, *m.* 1 (*filos.*) Epicureanism 2 (*fig.*) epicurism.
epicurèo, A *a.* (*filos.*) Epicurean. B *m.* 1 (*filos.*) Epicurean 2 (*fig.*) epicure.
Epicuro, *m.* (*filos.*) Epicurus.
epidemia, *f.* (*med.*) epidemic (*anche fig.*).
epidemicità, *f.* (*med.*) epidemicity.
epidèmico, *a.* (*med.*) epidemic(al) (*anche fig.*): **una malattia epidemica**, an epidemic disease.
epidemiologìa, *f.* (*med.*) epidemiology.
epidèrmico, *a.* 1 (*anat.*) epidermic; epidermal 2 (*fig.*) superficial; skin-deep.
epidèrmide, *f.* (*anat., bot.*) epidermis.
epidermomicòsi, *f.* (*med.*) epidermomicosis*.
epidiascòpio, *m.* epidiascope.
epidìdimo, *m.* (*anat.*) epididymis*.
epidìttico, *a.* epideictic.
epidoto, *m.* (*miner.*) epidote.
epidurale, *a.* (*anat.*) epidural.
Epifanìa, *f.* Epiphany; (*pop., anche*) Twelfth Night.
epifenòmeno, *m.* (*med., filos.*) epiphenomenon*.
epifisàrio, *a.* (*anat.*) epiphisary; epiphysial.
epifisi, *f.* (*anat.*) 1 (*estremità delle ossa lunghe*) epiphysis* 2 (*ghiandola pineale*) epiphysis*; pineal gland (*o body*).
epifita, *f.* (*bot.*) epiphyte.
epifonèma, *m.* (*retor.*) epiphonema.
epigàstrico, *a.* (*anat.*) epigastric.
epigàstrio, *m.* (*anat.*) epigastrium*.
epigènesi, *f.* (*biol.*) epigenesis.
epigenètico, *a.* (*anche geol.*) epigenetic.
epigèo, *a.* (*bot.*) epigeous.
epiglòttico, *a.* (*anat.*) epiglottic.
epiglòttide, *f.* (*anat.*) epiglottis*.
epigono, *m.* (*lett.*) imitator; follower.
epigrafe, *f.* epigraph.
epigrafia, *f.* (*anche archeol.*) epigraphy.
epigràfico, *a.* epigraphic(al); lapidary.
epigrafista, *m. e f.* epigrapher; epigraphist.
epigramma, *m.* epigram.
epigrammàtica, *f.* (*letter.*) 1 art of writing epigrams 2 (*insieme di epigrammi*) epigrams (*pl.*); epigrammatic production.
epigrammàtico, *a.* epigrammatic(al).
epigrammatizzare, *v. i.* (*lett.*) to epigrammatize.
epigrammista, *m. e f.* epigrammatist.
epilatòrio, *a.* depilatory.
epilazióne, *f.* depilation.
epilessìa, *f.* (*med.*) epilepsy.
epilèttico, *a. e m.* (*med.*) epileptic.
epilettòide, *a., m. e f.* (*med.*) epileptoid.
epilòbio, *m.* (*bot., Epilobium angustifolium*) epilobe; willow-herb.
epìlogo, *m.* epilogue (*anche fig.*).
epiploon, *m.* (*anat.*) omentum*.
Epiro, *m.* (*geogr.*) Epirus.
episcopale, A *a.* 1 (*relig.*) episcopal 2 (*rif. a certe chiese protestanti*) Episcopal; Episcopalian. B *m.* (*rif. a certe chiese protestanti*) Episcopalian. ● **sedia e.**, bishop's throne.
episcopaliano, *a.* (*rif. a certe chiese protestanti*) Episcopal; Episcopalian.
episcopato, *m.* (*relig.*) 1 (*i vescovi*) episcopacy; episcopate 2 (*dignità, durata della carica*) episcopate.
episcòpio (1), *m.* (*residenza vescovile*) bishop's palace.
episcòpio (2), *m.* (*fis.*) episcope.
episòdico, *a.* episodic(al); (*frammentario*) fragmentary. ● **Questo è un fatto e.**, this is a minor episode.
episòdio, *m.* 1 episode; event 2 (*di opera letteraria*) episode.
epispàstico, (*med.*) A *a.* vesicatory; epispastic. B *m.* vesicant; epispastic.
epistasi, *f.* (*genetica*) epistasis*.
epistassi, *f.* (*med.*) epistaxis; nosebleed.
epistemàtico, *a.* deductive.
epistemologìa, *f.* 1 (*teoria della conoscenza*) epistemology 2 (*filosofia della scienza*) philosophy of science.
epistemològico, *a.* (*filos.*) epistemological.
epistemòlogo, *m.* epistemologist.
epistìlio, *m.* (*archit.*) epistyle; architrave.
epistola, *f.* epistle (*anche relig.*).
epistolare, *a.* epistolary: **la forma e.**, the epistolary form. ● **corrispondenza e.**, correspondence (by letter).
epistolàrio, *m.* letters (*pl.*); correspondence: **l'e. del Foscolo**, Foscolo's letters.
epistolografìa, *f.* epistolography; letter-writing.
epistològrafo, *m.* epistoler; epistolographer (*anche scherz.*).
epistrofe, *f.* (*retor.*) epistrophe.

epistrofèo, *m.* (*anat.*) axis*.
epitàffio, *m.* epitaph.
epitalàmico, *a.* (*letter.*) epithalamic; epithalamial.
epitalàmio, *m.* (*letter.*) epithalamium*.
epitàlamo, *m.* (*anat.*) epithalamus*.
epiteliale, *a.* (*anat.*) epithelial.
epitèlio, *m.* (*anat.*) epithelium*.
epiteliòma, *m.* (*med.*) epithelioma*.
epitesi, *f.* (*gramm.*) paragoge.
epitètico, *a.* (*gramm.*) paragogic(al).
epiteto, *m.* epithet.
epitomare, *v. t.* to epitomize; to abridge; to summarize.
epitomatóre, *m.* epitomist; epitomizer.
epìtome, *f.* epitome; compendium*; abridgement.
Epittèto, *m.* (*filos.*) Epictetus.
epizòo, *m.* (*zool.*) epizoon*.
epizoòtico, *a.* (*vet.*) epizootic.
epizoozìa, *f.* (*vet.*) epizootic (disease).
època, *f.* 1 epoch; era; age: **l'e. elisabettiana**, the Elizabethan Age 2 (*tempo*) time; days (*pl.*); (*periodo*) period: **a quell'e.**, at that time; in those days; **all'e. del film muto**, at the time (*o* in the days) of silent films 3 (*geol.*) epoch: **l'e. glaciale**, the glacial epoch. ● **fare e.**, to mark a new epoch □ **una scoperta che fa e.**, an epoch-making discovery.
epòdico, *a.* (*poesia*) epodic.
epòdo, *m.* (*poesia*) epode.
epònimo, A *a.* eponymous. B *m.* eponym.
epopèa, *f.* 1 epic (poem) 2 (*insieme di leggende eroiche, ecc.*) epos.
èpos, *m.* epos.
epossidico, *a.* (*chim.*) epoxy: **resina epossidica**, epoxy (resin).
epòssido, *m.* (*chim.*) epoxide.
eppure, *cong.* and yet; (but) all the same; nevertheless: **E. non ci credo**, and yet, I don't believe it; **Tu non mi crederai, e. è vero**, you may not believe me, (but) all the same it's true. ● «Non è stata colpa mia» «**Eppure...!**», «I couldn't help it» «oh, come now!».
èpsilon, *m. e f.* (*quinta lettera dell'alfabeto greco*) epsilon.
epsomite, *f.* (*miner.*) epsomite; magnesium sulphate.
eptacòrdo, *m.* (*mus.*) heptachord.
eptano, *m.* (*chim.*) heptane.
eptasìllabo, (*poesia*) A *a.* heptasyllabic. B *m.* heptasyllable.
epùlide, *f.* (*med.*) epulis*; tumour of the gums.
epulóne, *m.* 1 (*nel Vangelo*) rich man* 2 (*fig.*) glutton 3 (*stor. romana*) epulo*.
epurare, *v. t.* (*eliminare*) to weed out; to expel; (*polit.*) to purge.
epurato, (*polit.*) A *a.* eliminated (in a purge). B *m.* purgee.
epuratóre, *m.* (*polit.*) purger.
epurazióne, *f.* expulsion; (*polit.*) purge.
equàbile, *a.* (*lett.*) equable.
equabilità, *f.* (*lett.*) equability.
equalizzare, *v. t.* to equalize.
equalizzazióne, *f.* equalization.
equaménte, *avv.* fairly; justly; equitably.
equànime, *a.* (*equilibrato*) even-tempered; (*imparziale*) impartial, fair, just.
equanimità, *f.* (*equilibrio*) equanimity; composure; (*imparzialità*) impartiality, fairness, justness.
equatóre, *m.* (*geogr., astron.*) equator: **l'e. terrestre** (**magnetico, celeste**), the terrestrial (magnetic, celestial) equator.
equatoriale, A *a.* (*geogr., astron.*) equatorial. ● **regione delle calme equatoriali**, the doldrums (*pl.*). B *m.* (*astron.*) equatorial (telescope).
equazióne, *f.* (*mat.*) equation: **un'e. differenziale**, a differential equation; **un'e. di primo grado**, a simple equation; an equation of the first degree; **un'e. di secondo grado**, a quadratic equation; an equation of the second degree; **risolvere un'e.**, to solve an equation.
equèstre, *a.* equestrian: **un monumento e.**, an equestrian monument. ● **circo e.**, circus □ **ordine e.**, order of knighthood.
equiàngolo, *a.* (*geom.*) equiangular.
èquidi, *m. pl.* (*zool., Equidae*) equids.
equidistante, *a.* (*anche geom.*) equidistant.
equidistanza, *f.* equidistance.
equidistare, *v. i.* to be equidistant.
equilàtero, *a.* (*geom.*) equilateral: **un triangolo e.**, an equilateral triangle.
equilibrare, *v. t.* **equilibrarsi**, *v. rifl.* to balance (*anche fig.*); to counterbalance.
equilibrato, *a.* well-balanced; (*fis., mecc.*) balanced; (*fig.*) level-headed.
equilibratóre, A *m.* 1 (*mecc., fis.*) equalizer: **e. di spinta**, thrust equalizer 2 (*aeron.*) elevator. B *a.* balancing (*anche fig.*).
equilibratrice, *f.* (*mecc.*) balancing-machine.

equilibratura, *f.* (*mecc.*) balancing.
equilibrio, *m.* **1** balance (*anche fig.*); equilibrium*: **perdere l'e.,** to lose one's balance; **mantenere l'e.** (*o* **stare in e.**), to keep one's balance; to balance; **e. stabile** (**instabile, indifferente**), stable (unstable, neutral) equilibrium **2** (*aeron.*) stability **3** (*fig.*) common sense; moderation; even-mindedness. ● **politica di e.,** policy of the balance of powers.
equilibrismo, *m.* acrobatics (*pl. col verbo al sing.*).
equilibrista, *m.* e *f.* acrobat; rope-walker; equilibrist.
equino, A *a.* equine; horse (*attr.*); of horse(s): **una razza equina,** a breed of horses; **carne equina,** horse meat. **B** *m.* (*zool.*) equid; equine. ● (*med.*) **piede e.,** club-foot.
equinoziale, *a.* equinoctial: **la linea e.,** the equinoctial line (*o* circle).
equinòzio, *m.* equinox: **l'e. di primavera** (**d'autunno**), the vernal (autumnal) equinox. ● (*fig., scherz.*) **prendere un e.,** to get hold of the wrong end of the stick.
equipaggiaménto, *m.* equipment; outfit; kit; gear; (*specialm. naut.*) rigging, rig. ● (*mecc.*) **e. di prova,** test set-up.
equipaggiare, A *v. t.* **1** (*fornire di equipaggiamento*) to equip; to fit out; to rig (out) **2** (*fornire di equipaggio*) to man; to fit out; (*specialm. naut.*) to rig. **equipaggiarsi, B** *v. rifl.* to equip oneself.
equipaggio, *m.* **1** (*naut.*) crew; (*esclusi gli ufficiali*) ship's company; hands (*pl.*): **e. addetto ai recuperi,** wrecking crew **2** (*aeron.*) crew **3** (*carrozza*) equipage (*lett. o arc.*). ● (*miss.*) **e. di un'astronave,** spacecrew □ **con e.,** manned (*attr.*) □ **senza e.,** unmanned (*attr.*).
equiparàbile, *a.* comparable.
equiparare, *v. t.* **1** (*paragonare*) to compare **2** (*uguagliare*) to equalize.
equiparazióne, *f.* **1** (*paragone*) comparison **2** (*uguagliamento*) equalization.
equipartizióne, *f.* equipartition; equal distribution.
équipe (*franc.*), *f.* team: **lavorare in é.,** to work as a team. ● **lavoro d'é.,** teamwork.
equipollènte, *a.* equivalent; equipollent (*anche filos.*).
equipollènza, *f.* equivalence; equipollence (*anche filos.*).
equipotenziale, *a.* (*fis.*) equipotential.
equisèto, *m.* (*bot., Equisetum*) equisetum*; horsetail.
equità, *f.* equity (*anche leg.*); fairness; impartiality. ● **giudicare con e.,** to judge fairly.
equitazióne, *f.* (horseback) riding; horsemanship; equitation; (*nelle Olimpiadi*) equestrian sports (*pl.*): **una scuola d'e.,** a riding--school. ● **«Tutto per l'e.»,** riding kit.
equivalènte, *a.* e *m.* equivalent: **Non conosco l'e. di questa parola francese,** I don't know the equivalent of this French word.
equivalènza, *f.* equivalence.
equivaléere, A *v. i.* **1** (*corrispondere*) to be equivalent, to be tantamount (to); to be the same (as): **Dire a q. asino equivale a dirgli somaro,** to call sb. a donkey is the same as calling him an ass **2** (*avere lo stesso valore*) to have the same value (as). **equivalérsi, B** *v. rifl.* to be equivalent.
equivocare, *v. i.* to misunderstand*, to mistake* (st.); to get* hold of the wrong end of the stick (*fam.*).
equivocità, *f.* equivocality; equivocalness.
equìvoco, A *a.* **1** equivocal; ambiguous: **una frase** (**una risposta**) **equivoca,** an equivocal sentence (reply) **2** (*dubbio, sospetto*) doubtful; dubious; suspicious; questionable; shady: **reputazione equivoca,** dubious fame; **condotta equivoca,** questionable behaviour; **una persona equivoca** a shady character. ● (*poesia*) **rima equivoca,** perfect rhyme. **B** *m.* **1** (*ambiguità*) equivocation **2** (*malinteso*) misunderstanding; (*errore*) mistake: **C'è stato un e.,** there has been a misunderstanding. ● **a scanso d'equivoci,** to avoid any misunderstanding □ **giocare sull'e.,** to equivocate □ **Non c'è possibilità d'e. sulle sue intenzioni,** there is no mistaking his intentions.
èquo, *a.* **1** equitable; fair; just **2** (*leg.*) rightful. ● **un e. compenso,** an adequate payment (fee, etc.).
èra, *f.* era; age; period: **l'era atomica** the atomic age; (*geol.*) **l'era paleozoica,** the Paleozoic Era; **l'era spaziale,** the space age.
Èra, *f.* (*mitol.*) Hera.
Eraclèa, *f.* (*geogr.*) Heraclea.
erariale, *a.* (*fin.*) revenue (*attr.*); fiscal: **imposte erariali,** revenue taxes. ● **introiti erariali,** revenues.
erario, *m.* (*fin.*) **1** national (*o* inland) revenue **2** (*lo Stato come amministrazione finanziaria*) (the) Treasury; (the) Exchequer (*G.B.*).
erasmiano, *a.* Erasmian.
Erasmo, *m.* Erasmus.
èrba, A *f.* **1** (*bot.*) grass: **un filo d'e.,** a blade of grass; **fare l'e.,** to cut the grass; **to mow the grass** (*specialm. con una macchina*) **2** (*aromatica, medicinale*) herb: **La menta è un'e. comune,** mint is a common herb **3** (*gergo: marihuana*) grass; pot. ● **e. amara** (*o* **di S. Pietro**) (*Chrysanthemum balsamita*), rosemary; costmary □ **e. calderina** (*Senecio vulgaris*), groundsel □ **e. calì** (*Salsola kali*), glasswort □ **e. cicutaria** (*Erodium cicutarium*), stork's-bill □ **e. cimicina** (*Geranium robertianum*), crane's bill □ **e. cipollina** (*Allium schoenoprasum*), chive □ **e. da porri** (*Chelidonium majus*), celandine □ **e. del cucco** (*Silene inflata*), bladder-campion □ **e. di S. Giacomo** (*Senecio jacobaea*), ragwort □ **e. di S. Giovanni** (*Hypericum*), Saint John's wort □ **e. dorata** (*Ceterach officinarum*), stonewort; ceterach □ **e. fragolina** (*Sanicula europaea*), sanicle □ **e. galletta** (*Lathyrus pratensis*), vetchling □ **e. gattaria** (*Nepeta cataria*), catmint □ **e. luisa** (*Lippia citriodora*), lemon-plant; lemon-verbena □ **e. luna** (*Lunaria annua*), satin-flower; moonwort; honesty □ **e. mazzolina** (*Dactylis glomerata*), cock's foot □ **e. medica** (*Medicago sativa*), lucerne; purple medic □ **e. morella** (*Solanum nigrum*), morel □ **e. pepe** (*Polygonum hydropiper*), smartweed □ **e. peperina** (*Filipendula hexapetala*), dropwort □ **e. seta** (*Vincetoxicum officinale*), swallow-wort □ **e. trinità** (*Anemone hepatica*), hepatic(a); liverwort □ **e. vellutina** (*Cynoglossum officinale*), hound's tongue; dog's tongue □ **e. vetturina** (*Melilotus officinalis*), yellow melilot □ **e. zolfina** (*Galium verum*), cheese-rennet □ (*tennis*) **campo d'e.,** grass court □ **chi cura con le erbe,** herbal practitioner; □ **coperto d'e.,** grassy □ (*scherz.*) **dare l'e. trastulla a q.,** to blarney (*o* to wheedle, to cajole) sb. □ **un dottore in e.,** a budding doctor □ (*fig.*) **fare d'ogni e. un fascio,** to lump everything together □ **fare merenda sull'e.,** to have a picnic on the grass □ **infuso di erbe,** herb-tea; «tisane» (*franc.*) □ **mal'e.,** weed; tare □ (*fig.*) **mangiare il grano in e.,** to reap before one has sown □ **Non vi cresce un filo d'e.,** nothing will grow there □ (*fig.*) **Questa non è e. del tuo orto,** this isn't your own work □ (*prov.*) **L'e. «voglio» non cresce neanche nel giardino del re,** the herb «I'll do as I please» grows nowhere, not even in the King's garden □ (*prov.*) **L'e. cattiva cresce in fretta,** ill weeds grow apace. **B** *a.* – **verde e.,** grass(-)green; (*ricamo*) **punto e.,** satin (*o* stem) stitch.
erbàccia, *f.* (*bot.*) weed. ● **togliere le erbacce da un giardino,** to weed a garden.
erbàceo, *a.* grassy; grass-like; herbaceous: **piante erbacee,** herbaceous plants.
erbaggi, *m. pl.* greens; vegetables.
erbàio, *m.* grass meadow.
erbaiòlo, *m.* greengrocer.
erbàrio, *m.* (*bot.*) herbarium.
erbàtico, *m.* (*leg.*) herbage.
erbato, *a.* grass-grown; grassy.
erbicida, *m.* (*agric., chim., mil.*) weed-killer; herbicide.
èrbio, *m.* (*chim.*) erbium.
erbivéndolo, *m.* greengrocer; (*ambulante*) costermonger.
erbivoro, (*zool.*) **A** *a.* herbivorous. **B** *m.* herbivore.
erborare, *v. i.* to gather herbs; to herborize.
erborazióne, *f.* (*l'andare in cerca di erbe medicinali*) herbalizing; herborization; herb-collecting.
erborista, *m.* e *f.* herbalist; herborist; herbal practitioner.
erboristeria, *f.* herbalist's shop.
erborizzare, *V.* **erborare.**
erbóso, *a.* grassy; grass-grown; grass (*attr.*): (*tennis*) **campo e.,** grass court. ● **tappeto e.** (*prato*), lawn.
Ercolano, *m.* (*geogr.*) Herculaneum.
Èrcole, *m.* (*mitol.*) Hercules. ● **essere un e.,** to be a sinewy, broad-shouldered individual.
ercùleo, *a.* Herculean.
erède, A *m.* (*leg.*) heir: **e. illegittimo,** wrongful heir; **e. legittimo,** heir general; legal heir; heir-at-law; rightful heir; **e. testamentario,** testamentary heir; **e. presunto,** heir presumptive; **e. apparente,** heir apparent; **e. di q.c.,** heir to st.; **e. universale,** sole heir. **B** *f.* heiress. ● **senza eredi,** heirless.
eredità, *f.* **1** (*leg.*) hereditament; inheritance, heritage (*anche fig.*) **2** (*biol.*) heredity; inheritance. ● (*leg.*) **e. giacente,** vacant succession.
ereditare, (*leg.*) **A** *v. t.* to inherit (*anche leg.*). **B** *v. i.* to come* into an inheritance.
ereditarietà, *f.* (*biol.*) heredity.
ereditàrio, *a.* hereditary (*anche biol.*): **carattere e.,** hereditary character. ● (*leg.*) **asse e.,** hereditament □ **principe e.,** crown prince; heir to the throne.
ereditièra, *f.* heiress.
eremita, *m.* hermit (*anche fig.*).
eremitàggio, *m.* hermitage.
eremitano, *m.* (*relig.*) Augustinian hermit.
eremitico, *a.* hermitic(al). ● **una vita eremitica,** a hermit's life □ **luogo e.,** solitary (*o* lonely) place.
èremo, *m.* hermitage (*anche fig.*).
erepsina, *f.* (*chim.*) erepsin.

eresìa, *f.* heresy. ● *(fig.)* **Non dire eresie!**, don't talk nonsense!
eresiarca, *m.* heresiarch.
ereticale, *a.* heretical.
erètico, **A** *a.* heretical. **B** *m.* heretic.
eretismo, *m.* *(psic.)* erethism.
eretistico, *a.* *(psic.)* erethismic.
erèttile, *a.* *(anat., bot.)* erectile: **tessuto e.**, erectile tissue.
erètto, *a.* erect; upright. ● **tenere il capo e.**, to hold one's head high.
erettóre, *a.* e *m.* *(anat.)* erector.
erezióne, *f.* **1** erection **2** *(costruzione)* building **3** *(fondazione)* establishment.
èrg, *m.* *(fis.)* erg.
ergastolano, *m.* *(leg.)* convict serving a life sentence; lifer *(pop.)*.
ergàstolo, *m.* **1** *(pena)* life sentence; penal servitude (for life) **2** *(luogo)* prison.
èrgere, **A** *v. t. (lett.)* to raise; to erect: **e. i pensieri al Cielo**, to raise one's thoughts to Heaven. **èrgersi**, **B** *v. rifl.* to rise*; to stand*.
èrgo, *cong.* *(scherz.)* «ergo»; therefore.
ergògrafo, *m.* *(med.)* ergograph.
ergòmetro, *m.* *(mecc.)* ergometer.
ergonomìa, *f.* ergonomy; ergonomics *(pl. col verbo al sing.)*.
ergonòmico, *a.* ergonomic.
ergònomo, *m.* ergonomist.
ergosteròlo, *m.* *(chim.)* ergosterol.
ergoterapìa, *f.* *(med.)* ergotherapy.
ergotina, *f.* *(chim.)* ergot.
ergotismo, *m.* *(med.)* ergotism.
èrica, *f.* *(bot., Erica)* heather; heath: **La brughiera è coperta di e.**, the moor *(o* heath) is covered with heather.
erigèndo, *a.* *(da erigersi)* to be built; *(da istituirsi)* to be founded.
erìgere, **A** *v. t.* **1** *(innalzare)* to erect; to put* up; to raise *(anche fig.)*; *(costruire)* to build*; to construct **2** *(fondare)* to found; *(istituire)* to institute; to set* up *(fam.)*. ● *(leg.)* **e. in ente morale**, to incorporate. **erìgersi**, **B** *v. rifl.* to set* oneself up: **e. a giudice**, to set oneself up as a judge.
erigibile, *a.* erigible.
Erinni, *f. pl.* *(mitol.)* Erinyes; Eumenides; Furiae.
erinòsi, *f.* *(agric.)* erineum.
eriòforo, *m.* *(bot., Eriophorum)* cotton-grass.
eriòmetro, *m.* eriometer.
erisìpela, *f.* *(med.)* erysipelas; St. Anthony's fire *(pop.)*.
erisipelatóso, *a.* *(med.)* erysipelatous.
erìstica, *f.* *(filos.)* eristic.
erìstico, *a.* *(filos.)* eristic.
eritèma, *m.* *(med.)* erythema. ● **e. solare**, sun-rash.
eritematóso, *a.* *(med.)* erythematous; erythematic.
eritremìa, *f.* *(med.)* erythremia.
eritrèo, *a.* e *m.* Eritrean.
eritroblasto, *m.* *(biol.)* erythroblast.
eritrocita, eritrocito, *m.* *(anat.)* erythrocyte.
eritrocitòsi, *f.* *(med.)* erythrocytosis*.
eritromicina, *f.* *(biol., farm.)* erythromycin.
eritròsi, *f.* *(med.)* erythrosis*.
èrma, *f.* *(archeol.)* herma*.
ermafroditismo, *m.* *(biol.)* hermaphroditism; hermaphrodism.
ermafrodito, *a.* e *m.* *(biol.)* hermaphrodite.
Ermanno, *m.* Herman.
ermellinato, *a.* *(araldica)* ermined.
ermellino, *m.* **1** *(zool., Mustela erminea)* ermine*; stoat **2** *(araldica)* ermine.
ermenèuta, *m.* hermeneut.
ermenèutica, *f.* hermeneutics *(pl. col verbo al sing.)*.
ermenèutico, *a.* hermeneutic(al).
Ermes, Ermète, *m.* *(mitol.)* Hermes.
ermeticaménte, *avv.* hermetically: **e. chiuso**, hermetically sealed.
ermeticità, *f.* **1** airtightness; watertightness **2** *(fig.)* obscurity; inscrutableness; inscrutability.
ermètico, *a.* **1** hermetic(al); air-tight; *(a tenuta d'acqua)* water-tight; *(a tenuta di gas)* gas-proof: **chiusura ermetica**, hermetic sealing **2** *(della poesia)* hermetic; obscure; cryptic **3** *(di un discorso, un'espressione, ecc.)* obscure; inscrutable.
ermetismo, *m.* **1** *(filos.)* Hermetic philosophy **2** *(oscurità, incomprensibilità)* obscurity; inscrutability **3** *(letter.)* «Ermetismo» (Italian school of poetry).
èrmo, *a.* *(lett.)* lonely; solitary; secluded.
Ernèsto, *m.* Ernest.
èrnia, *f.* *(med.)* hernia*; rupture: **e. strozzata**, strangulated hernia. ● *(bot.)* **e. dei cavoli**, club-root.
erniàrio, *a.* *(med.)* hernial; herniary. ● **cinto e.**, truss.
erniòso, *(med.)* **A** *a.* suffering from hernia. **B** *m.* hernia sufferer.

erniotomìa, *f.* *(med.)* herniotomy.
Èro, *f.* *(mitol.)* Heros.
Eròde, *m.* *(stor.)* Herod. ● *(fig.)* **mandare da E. a Pilato**, to send sb. from pillar to post.
eródere, *v. t.* to erode; to wear* away.
eròe, *m.* hero: **morire da e.**, to die like a hero; **il culto degli eroi**, hero-worship.
erogàbile, *a.* **1** distributable **2** *(fis., idraulica)* deliverable.
erogare, *v. t.* **1** *(denaro)* to disburse; to allocate **2** *(fornire)* to supply; to distribute; *(di condotto, sorgente, ecc.)* to deliver: **La nuova centrale elettrica eroga la luce a tutta la valle**, the new power-house supplies the whole valley with light *(o* produces light for the whole valley); **e. 1000 litri al minuto**, to deliver 1,000 litres per minute. ● **e. una somma a un'istituzione**, to endow an institution.
erogazióne, *f.* **1** *(di denaro)* disbursement; allocation; *(dotazione)* endowment **2** *(ind.: rendimento)* yield; output; distribution; *(di un condotto d'acqua, ecc.)* delivery.
erògeno, *a.* erogenic; erogenous: **zone erogene**, erogenous zones.
eroicaménte, *avv.* heroically. ● **morire e.**, to die like a hero.
eroicità, *f.* heroicness.
eroicizzare, *v. t.* to heroize.
eròico, *a.* *(in tutti i sensi)* heroic: **una vita (morte) eroica**, a heroic life (death); **l'età eroica della Grecia**, the heroic age of Greece; **verso e.**, heroic verse; dactylic hexameter; **il distico e.**, the heroic couplet. ● *(farm.)* **rimedio e.**, drastic remedy.
eroicòmico, *a.* mock-heroic; heroi-comic(al): **un poema e.**, a mock-heroic poem.
eroina (1), *f.* heroine.
eroina (2), *f.* *(chim.)* heroin.
eroinòmane, *m.* heroin addict.
eroismo, *m.* heroism. ● **atto d'e.**, heroic deed.
erómpere, *v. i.* **1** to burst* out *(o* forth); to break* out **2** *(di vulcani* e *med.)* to erupt.
èros, *m.* *(psic.)* eros.
Èros, *m.* *(mitol.)* Eros.
erosióne, *f.* *(geol., med.)* erosion.
erosivo, *a.* erosive.
eróso, *a.* corroded; eroded.
eròtico, *a.* erotic; *(solo letter.)* amatory.
erotismo, *m.* erotism; eroticism.
erotizzare, *v. t.* *(psic.)* to erotize.
erotizzazióne, *f.* *(psic.)* erotization.
erotògeno, *V.* **erògeno**.
erotologìa, *f.* erotology.
erotològico, *a.* erotological.
erotòmane, *m.* e *f.* *(med.)* erotomaniac.
erotomanìa, *f.* *(med.)* erotomania.
èrpete, *m.* *(med.)* herpes. ● **e. zoster**, herpes zoster; shingles *(pl.)*.
erpètico, *a.* *(med.)* herpetic.
erpetologìa, *f.* *(zool.)* herpetology.
erpetòlogo, *m.* herpetologist.
erpicare, *v. t.* *(agric.)* to harrow.
erpicatura, *f.* *(agric.)* harrowing.
érpice, *m.* *(agric.)* harrow: **un e. a catena (a denti fissi, a dischi)**, a chain (peg-tooth, disc) harrow; **un e. a frangizolle**, a pulverizer harrow.
errabóndo, *a.* *(lett.)* wandering; rambling.
errante, *a.* wandering; roving: **una stella (uno sguardo) e.**, a wandering star (look); **l'Ebreo e.**, the wandering Jew. ● **cavaliere e.**, knight errant.
errare, *v. i.* **1** *(vagare)* to wander (about); to roam; to rove; to ramble: **e. per i boschi**, to roam the woods **2** *(sbagliare)* to be mistaken; to err *(lett.)*; to be wrong; to be incorrect; to be faulty: **Se non erro**, if I am not mistaken; **Se erro, correggimi**, correct me if I'm wrong. ● **Errando s'impara**, we learn from our mistakes □ *(prov.)* **L'e. è umano, il perdono divino**, to err is human; to forgive, divine.
errata còrrige, *m.* errata *(pl.)*.
erràtico, *a.* **1** wandering **2** *(geol.)* erratic: **un masso e.**, an erratic block.
errato, *a.* wrong; incorrect; mistaken: **andare e.**, to be wrong *(o* mistaken).
èrre, *f.* e *m.* *(lettera)* ar; the letter r.
erroneità, *f.* wrongness; erroneousness.
erròneo, *a.* wrong; erroneous.
erróre, *m.* **1** mistake; error; *(grossolano)* blunder, howler: **un e. d'ortografia**, a spelling mistake; a misspelling; **un e. di copiatura**, a clerical error; a slip of the pen; **gli errori d'una vita peccaminosa**, the errors of a sinful life; **commettere un e.**, to make a mistake; **cadere in e.**, to fall into error; **essere in e.**, to be in error; to be wrong; **indurre q. in e.**, to lead sb. into error; **per e.**, by mistake; **salvo errori e omissioni**, errors and omissions

esaustivo

excepted; **un e. di giudizio**, an error of judgment; *(leg.)* **un e. di fatto**, *(in una sentenza)* an error of fact; *(in un contratto)* a mistake of fact; *(leg.)* **un e. di diritto**, an error of law; a mistake of law **2** *(lett.: peregrinazione)* wandering; error *(lett., raro)*: **gli errori di Ossian**, the wanderings of Ossian. ● **e. di calcolo**, miscalculation □ **e. di disattenzione**, slip; lapse □ **e. di stampa**, misprint; literal □ **errori giovanili**, youthful folly □ *(leg.)* **e. giudiziario**, miscarriage (of justice) □ **e. madornale**, blunder; gross mistake; clanger *(fam.)* □ **cadere in gravi errori**, to err □ **salvo e.**, if I am not mistaken.

érta, *f.* uphill street; steep ascent. ● **All'e.!**, look out!; take care! □ **stare all'e.**, to be on the qui vive *(o* on the look-out, on the alert).

érto, *a.* steep; precipitous.

erubescènte, *a. (lett.)* flushing; blushing; erubescent.

erudire, **A** *v. t.* to educate; to teach*; to instruct. **erudirsi**, **B** *v. rifl.* to get* educated; to acquire knowledge.

eruditismo, *m.* pedantry.

erudito, **A** *a.* learned; erudite; scholarly. **B** *m.* scholar.

erudizióne, *f.* learning; erudition; scholarship.

eruttaménto, *m.* belching; eructation.

eruttare, **A** *v. t.* to erupt; to throw* out; to belch. **B** *v. i.* to belch; to eruct.

eruttazióne, *f.* belch; eructation.

eruttivo, *a. (geol., med.)* eruptive: **rocce eruttive**, eruptive rocks.

eruzióne, *f.* **1** eruption: **l'e. d'un vulcano**, the eruption of a volcano **2** *(med.)* eruption; rash.

Erzegòvina, *f. (geogr.)* Herzegovina.

erziano, *a. (fis.)* Hertzian.

esacerbaménto, *m.* exacerbation; exacerbating; embitterment.

esacerbare, **A** *v. t.* to exacerbate; to exasperate; to embitter. **esacerbarsi**, **B** *v. rifl.* to exacerbate.

esacerbato, *a.* exacerbated; exasperated; embittered.

esacerbazióne, *f.* exacerbation; exasperation; embitterment.

esacisottaèdro, *m.* hexoctahedron.

esacòrdo, *m. (mus.)* hexachord.

esaèdrico, *a. (geom.)* hexahedral.

esaèdro, *m. (geom.)* hexahedron.

esagerare, **A** *v. t.* to exaggerate; to pile it on *(fam.)*. **B** *v. i.* to exaggerate; to go* too far *(fam.)*: **Trovo che ora quella donna esagera**, I consider that woman is going altogether too far; **Non e.!**, don't exaggerate! ● **e. nelle lodi**, to overdo one's praises □ **e. nel mangiare**, to overeat.

esagerato, **A** *a.* exaggerated; *(di prezzo)* exhorbitant, too high. ● **E. che sei!**, how you exaggerate!; how you pile it on! **B** *m.* exaggerator.

esagerazióne, *f.* exaggeration.

esagitare, *v. t. (lett.)* to trouble; to agitate.

esagitato, **A** *a.* troubled; restless. **B** *m.* troubled person.

esagonale, *a. (geom.)* hexagonal.

esàgono, *m. (geom.)* hexagon.

esalaménto, *m. V.* **esalazióne**.

esalare, **A** *v. t.* to exhale; to give* out. **B** *v. i.* to exhale; *(di cattivo odore)* to reek. ● **e. l'anima** *(o* **lo spirito**, **l'ultimo respiro)**, to breathe one's last.

esalatóre, *m.* vent; outlet.

esalazióne, *f.* exhalation; fumes *(pl.)*; vapour.

esaltànte, *a.* thrilling; exciting.

esaltare, **A** *v. t.* **1** *(magnificare)* to exalt; to extol; to magnify **2** *(innalzare a una dignità)* to exalt; to elevate; to raise **3** *(entusiasmare)* to thrill; to excite; to stir. **esaltarsi**, **B** *v. rifl.* **1** to get* excited *(o* thrilled, about st.); to become* elated **2** *(vantarsi)* to boast; to exalt oneself: **Chi si esalta sarà umiliato e chi si umilia sarà esaltato**, whosoever shall exalt himself shall be abased; and he that shall humble himself shall be exalted.

esaltato, **A** *a.* excited; thrilled; elated; *(fanatico)* fanatical, hot-headed. ● **testa esaltata**, hot-head. **B** *m.* fanatic, hot-head.

esaltatóre, *m.* exalter; extoller.

esaltazióne, *f.* **1** exalting; extolling **2** *(innalzamento a una dignità)* exaltation; elevation **3** *(infervoramento)* excitement; elation.

esàme, *m.* **1** examination *(anche leg.)*: **essere all'e.** *(di questione e sim.)*, to be under examination; *(leg.)* **l'e. di un teste**, the examination of a witness; **e. di coscienza**, examination of one's conscience; soul-searching **2** *(scolastico)* examination *(fam., ma molto comune)* exam: **l'e. di ammissione**, the entrance exam; **un e. orale**, an oral exam; a viva (voce) **dare un e.**, to sit for *(o* to take) an exam; to go in for an exam *(fam.)*; **essere bocciato** *(o* **respinto)** **a un e.**, to fail (in) an exam; to be ploughed *(fam.)*; **superare** *(o* **passare)** **un e.**, to pass an exam; to get through *(fam.)*; **un e. di concorso**, a competitive exam; **preparare il testo di un e. scritto**, to set an examination paper **3** *(verifica)* checking; check; control: **l'e. di un conto**, the checking of an account **4** *(ispezione)* inspection; *(indagine)* investigation

5 *(prova, ecc., anche med.)*: test: **e. del sangue**, blood-test; **e. di guida**, driving test; **e. di idoneità fisica**, fitness test. ● **e. di laurea**, finals *(pl.)*; *(a* Oxford e Cambridge) schools *(pl.)* □ **in e.**, on approval; *(abbr.)* on appro.: **mandare q.c. in e.**, to send st. on approval □ **prendere in e.**, to consider; to take into consideration.

esàmetro, *m. (poesia)* hexameter.

esaminando, *m.* candidate (for an examination); examinee.

esaminante, *a.* – *(leg.)* **giudice e.**, investigating magistrate.

esaminare, *v. t.* **1** *(anche leg.)* to examine; *(interrogare)* to interrogate: **e. le prove** *(o* **i dati)**, to examine the evidence **2** *(guardare bene)* to observe; to scrutinize; to inspect; to go* through (st.); to look into (st.): **e. i conti**, to inspect *(o* to scrutinize) the accounts; **e. i documenti**, to inspect the documents **3** *(verificare)* to check; to control **4** *(indagare)* to investigate; to inquire into **5** *(mettere alla prova)* to test.

esaminatóre, **A** *m.* examiner. **B** *a.* examining: **commissione esaminatrice**, examining body; board of examiners.

esàngue, *a.* **1** *(senza sangue)* bloodless **2** *(fig.)* (deadly) pale; colourless; as white as a sheet; wan: **un volto e.**, a deadly pale face **3** *(fig., lett.)* nerveless: **uno stile e.**, a nerveless style.

esanimare, **A** *v. t. (lett.)* to discourage; to dishearten. **esanimarsi**, **B** *v. rifl.* to become* discouraged.

esànime, *a.* lifeless; dead; exanimate.

esano, *m. (chim.)* hexane.

esantèma, *m. (med.)* exanthema*.

esantemàtico, *a. (med.)* exanthematous; exanthematic.

esarazióne, *f. (geol.)* glacial erosion.

esàrca, *m. (stor., relig.)* exarch.

esarcato, *m. (stor., relig.)* exarchate.

esasperante, *a.* exasperating; irritating; infuriating.

esasperare, **A** *v. t.* to exasperate; *(irritare)* to irritate, to infuriate. **esasperarsi**, **B** *v. rifl.* to become* exasperated.

esasperato, *a.* exasperated; irritated; fuming *(fam.)*: **essere e.**, to be exasperated; to be at the end of one's tether.

esasperazióne, *f.* exasperation; (extreme) irritation.

esàstico, *(poesia)* **A** *a.* hexastichic. **B** *m.* hexastich; hexastichon*.

esàstilo, *a. (archit.)* hexastyle.

esattaménte, *avv.* exactly; correctly; precisely; punctually.

esattézza, *f.* **1** exactness; exactitude **2** *(precisione)* precision; accuracy **3** *(puntualità)* punctuality.

esatto, *a.* **1** exact; correct; right: **una copia esatta**, an exact copy; **scienze esatte**, exact sciences **2** *(preciso)* precise; accurate: **Cerca di essere più e.**, try to be more accurate **3** *(puntuale)* punctual: **Mio zio ha detto le quattro ed è sempre e.**, my uncle said four o'clock and he's always punctual *(o* always on the dot, *fam.)* **4** *(di ore: in punto)* sharp; exactly: **alle dieci esatte**, at ten sharp; at exactly ten. ● *(come risposta)* **È e.!** *(o* **E.!)**, that's it!; just so!; quite (so)!, right on!

esattóre, *m.* collector: **un e. delle imposte**, a tax-collector. ● **e. del dazio**, exciseman **Stamani è venuto l'e. del gas**, the gasman came this morning □ **Verrà l'e. del circolo del tennis**, the man will be coming to collect the dues for the tennis club.

esattorìa, *f.* collector's *(o* tax) office. ● **e. comunale**, municipal office of rates □ **e. del dazio**, toll-booth.

esattoriale, *a.* of the collector's office. ● **cartella e.**, tax assessment.

esaudìbile, *a.* grantable; that may be granted.

esaudiménto, *m.* granting; fulfilment; satisfaction.

esaudire, *v. t.* to grant; to fulfil; to satisfy. ● **Signore, esaudisci la mia preghiera!**, Lord, hear my prayer!

esauribile, *a.* exhaustible.

esauribilità, *f.* exhaustibility.

esauriènte, *a.* exhaustive; thorough; extensive.

esauriménto, *m.* exhaustion; depletion: **uno stato di e. fisico**, a state of exhaustion. ● *(miss.)* **e. del combustibile**, burnout □ *(med.)* **e. nervoso**, nervous breakdown □ **fino ad e. della scorta**, until stocks are finished.

esaurire, **A** *v. t.* **1** to exhaust; to deplete; to wear* out *(anche fig.)*: **Questi viaggi mi esauriscono**, these journeys wear me out *(o* exhaust me); **e. la pazienza di q.**, to exhaust sb.'s patience; **Abbiamo esaurito l'argomento**, we've exhausted the subject **2** *(vendere sino all'esaurimento)* to sell* out. ● **e. la scorta di benzina**, to run out of petrol. **esaurirsi**, **B** *v. rifl.* **1** to get* exhausted; to wear* *(o* to work) oneself out **2** *(di merci, ecc.)* to run* short: **Le nostre provviste si esaurirono**, our supplies ran short **3** *(di sorgente e fig.)* to run* dry; to dry up **4** *(di libro)* to be *(o* to go*) out of print: **La prima edizione si è già esaurita**, the first edition is already out of print.

esaurito, *a.* **1** exhausted; worn out; run down **2** *(venduto fino all'esaurimento)* sold out; out of stock; *(di un libro)* out of print. ● **piatto e.**, off the menu □ *(teatr.)* **tutto e.**, full house.

esaustivo, *a. (lett.)* exhaustive.

esàusto, *a.* **1** (*vuoto*) empty; exhausted **2** (*spossato*) exhausted; worn out; tired out; clapped-out (*fam.*); dead beat (*pop.*).

esautorare, *v. t.* to deprive (sb.) of authority; to downgrade (*fam.*).

esautorazióne, *f.* deprivation of authority; downgrading (*fam.*).

esavalènte, *a.* (*chim.*) hexavalent.

esazióne, *f.* exaction; collection: (*leg.*) **e. delle imposte**, collection (*o* exaction) of taxes; (*leg.*) **e. di crediti**, collection of debts.

esborsare, *v. t.* (*bur.*) to disburse.

esbórso, *m.* **1** (*bur.*) disbursement **2** (*rag.*) cash outlay.

ésca (1), *f.* bait (*anche fig.*). ● **prendere q. all'e.**, to decoy sb.; to hook sb.

ésca (2), *f.* (*sostanza infiammabile*) tinder; touchwood; punk (*USA*). ● (*fig.*) **dare e. al fuoco**, to stir up st.; to add fuel to the flames □ (*fig.*) **dare e. alla gelosia (all'amore, ecc.) di q.**, to feed sb.'s jealousy (love, etc.) □ (*fig.*) **dare e. a q.**, to egg sb. on (*fam.*) □ **pigliare fuoco come l'e.**, to take fire easily (*anche fig.*).

escandescènza, *f.* – **dare in escandescenze**, to lose one's temper; to fly off the handle (*fam.*).

escapismo, *m.* (*arte, letter.*) escapism.

escapista, *a., m. e f.* (*arte, letter.*) escapist.

èscara, *f.* (*med.*) eschar.

escatologia, *f.* (*relig.*) eschatology.

escatològico, *a.* (*relig.*) eschatologic(al).

escatòlogo, *m.* eschatologist.

escavatóre, *m.* **escavatrice**, *f.* (*macchina*) excavator; digger: **e. a cucchiaia**, shovel excavator. ● **e. a vapore**, steam shovel.

escavazióne, *f.* excavation.

èschia, *V.* **fàrnia**.

eschileo, *a.* (*letter.*) Aeschylean.

Èschilo, *m.* (*letter.*) Aeschylus.

eschimése, *a., m. e f.* Eskimo*.

escissióne, *f.* (*med.*) exsection.

escisso, *a.* (*med.*) exsected.

esclamare, *v. t.* to exclaim; to cry (out): «**Mai!**», **esclamò Paolo**, «never!» cried Paul.

esclamativo, *a.* exclamatory; exclamation (*attr.*): **punto e.**, exclamation mark.

esclamazióne, *f.* **1** exclamation; ejaculation **2** (*gramm.*) exclamation; interjection.

esclùdere, A *v. t.* **1** to exclude; to leave* out; to debar (sb. from st.); to shut* out: **Hanno escluso Bill (dalla lista)**, they've left Bill out (of the list); **ad ogni possibilità di dubbio**, to exclude all possibility of doubt **2** (*negare*) to refuse to believe: **Escludo che fosse Ruggero**, I refuse to believe (*o* I can't believe) it was Roger **3** (*fis.*) to cut* out; to switch off. ● **Una cosa non esclude l'altra**, the two things are not incompatible □ **Non escludo che potresti aver ragione**, I admit (*o* I won't deny) you may be right. **esclùdersi, B** *v. rifl. recipr.* to annul each other.

esclusióne, *f.* **1** exclusion: **Procediamo per e.**, let's proceed by (the method of) exclusion **2** (*fis.*) cutting out; switching off. ● (*leg.*) **e. di un socio**, expulsion of a member □ **a e. di**, with the exception of; to the exclusion of; exclusive of □ **tutti senza e.**, all without exception.

esclusiva, *f.* **1** (*comm.*) exclusive (*o* sole) right; (*brevetto*) patent; (*rappresentanza in e.*) sole agency: **avere l'e. per la fabbricazione di un prodotto**, to have a patent for an article **2** (*relig.*) right of veto. ● **avere l'e. di q.c. per la Sicilia**, to be the only authorized agent for st. in Sicily □ **intervista in e. mondiale**, interview with world copyright □ (*giornalismo*) **una notizia in e.**, a scoop.

esclusivaménte, *avv.* exclusively; only; solely.

esclusivismo, *m.* exclusivism.

esclusivista, A *m. e f.* **1** (*comm.*) sole (*o* exclusive) agent **2** (*chi pecca di esclusivismo*) exclusivist; (*chi si mostra intollerante*) intolerant (*o* dogmatic) person. **B** *a.* **1** exclusivistic; dogmatic **2** (*polit., econ.*) monopolistic: **tendenza e.**, monopolistic tendencies.

esclusivistico, *a.* exclusivistic.

esclusività, *f.* exclusiveness.

esclusivo, *a.* **1** (*comm.*) exclusive; sole: **rappresentante e.**, sole agent; **diritto e.**, exclusive right **2** (*scelto, riservato*) exclusive: **i circoli più esclusivi**, the most exclusive clubs **3** (*intollerante*) intolerant; dogmatic. ● (*moda*) **modello e.**, model.

escluso, A *a.* **1** excluded; excepted: **esclusi i presenti**, present company excepted **2** (*di persona*) excluded; shut out; left out: **e. dalla società**, excluded from society **3** (*impossibile*) impossible; out of the question. **B** *m.* one who is excluded.

escogitare, *v. t.* to contrive; to devise; to think* up (*o* out) for; to excogitate: **e. un piano**, to devise a plan.

escogitatóre, *m.* contriver.

escogitazióne, *f.* **1** (*l'escogitare*) contrivance; contriving; excogitation **2** (*pensiero escogitato*) contrivance; device; plan.

escomiare, *v. t.* (*leg.*) to evict.

escòmio, *m.* (*leg.*) eviction; (*notifica*) notice to quit.

escoriare, *v. t.* to excoriate; to graze: **escoriarsi un ginocchio**, to graze one's knee.

escoriazióne, *f.* excoriation; abrasion; graze.

escreato, *m.* sputum*; expectoration.

escrementizio, *a.* excrementitious.

escreménto, *m.* excrement; faeces (*pl.*); (*di animale*) dung; droppings (*pl.*).

escrescènza, *f.* **1** bulge; protuberance; excrescence **2** (*med.*) excrescence; abnormal outgrowth.

escretivo, *a.* (*anat.*) excretory.

escrèto, *m. V.* **escrezióne**.

escretóre, escretòrio, *a.* (*anat.*) excretory.

escrezióne, *f.* (*med.*) excretion.

escudo (*portoghese*), *m. invar.* escudo*.

Esculàpio, *m.* Aesculapius.

esculènto, *a.* esculent; edible.

escursióne, *f.* **1** excursion; trip; outing; (*a piedi*) hike: **fare un'e. in montagna**, to make (*o* to go on) an excursion to the mountains **2** (*meteorologia*) range: **e. annua**, annual range.

escursionismo, *m.* touring; (*a piedi*) hiking.

escursionista, *m. e f.* excursionist; tripper (*fam.*); (*appiedato*) hiker.

escursionìstico, *a.* excursional; excursion (*attr.*).

escussióne, *f.* (*leg.*) examination: **e. dei testi**, examination of witnesses.

escùtere, *v. t.* (*leg.*) to examine: **e. un testimone**, to examine a witness. ● **e. un debitore**, to levy execution on a debtor.

esecràbile, *a.* execrable; abominable; rotten (*fam.*): **un pittore e.**, a rotten painter.

esecrabilità, *f.* execrableness; abominableness.

esecrando, *a.* execrable; abominable; detestable; (*maledetto*) accursed.

esecrare, *v. t.* to execrate; to abhor; to abominate; to loathe.

esecratóre, *m.* execrator.

esecratòrio, *a.* execratory; imprecatory.

esecrazióne, *f.* execration; abhorrence.

esecutività, *f.* (*leg.*) enforceability.

esecutivo, A *a.* (*anche leg.*) executive; executory; enforceable: **una sentenza esecutiva**, an enforceable judgment; **il potere e.**, the executive power (*o* branch); (*leg.*) **atti esecutivi**, execution. **B** *m.* executive: **l'e. di un partito**, the party executive.

esecutóre, *m.* **1** (*mus.*) performer; executant **2** (*leg.: e. testamentario*) executor **3** (*di giustizia*) executioner.

esecutorietà, *f.* (*leg.*) enforceability: **l'e. d'una sentenza**, the enforceability of a judgment.

esecutòrio, *a.* (*raro*) executive; executory; enforceable.

esecutrice, *f.* **1** (*mus.*) performer; executant **2** (*leg.*) executrix*.

esecuzióne, *f.* **1** execution; carrying out; performance: **mettere in e. un progetto**, to put a plan into execution; to carry out a plan; **l'e. di un contratto**, the performance of a contract **2** (*e. capitale*) execution **3** (*mus.*) performance: **la prima e. in Italia**, the first performance in Italy. ● (*leg.*) **e. della legge**, enforcement of the law □ (*leg.*) **e. d'una sentenza**, enforcement of a judgment □ **dare e. (a)**, to carry out; to enforce □ **plotone d'e.**, firing party.

esèdra, *f.* (*archit.*) exedra*; exhedra*.

esegèsi, *f.* exegesis*.

esegèta, *m.* exegete; exegetist.

esegètica, *f.* exegetics (*pl. col verbo al sing.*).

esegètico, *a.* exegetic(al).

eseguibile, *a.* that can be carried out (*o* performed, put into execution, put into practice); feasible; practicable; practical: **un progetto e.**, a practical plan; **La tua idea è difficilmente e.**, your idea is difficult to put into practice; **La tua musica non è e.**, your music can't be performed.

eseguibilità, *f.* feasibility, feasibleness; practicability, practicableness; practicality, practicalness.

eseguire, *v. t.* **1** (*realizzare*) to execute; to put* (st.) into execution (*o* practice); to carry out; to do*; to perform; to accomplish: **e. un progetto**, to execute (*o* to carry out) a plan; **e. un lavoro**, to do a piece of work **2** (*adempiere*) to execute; to carry out; to fulfil; to effect: **e. un ordine**, to carry out an order; **e. gli ordini di q.**, to execute sb.'s orders; **e. un pagamento**, to effect (*o* to make) a payment **3** (*mus.*) to perform; to execute (*meno comune*): **e. un brano musicale**, to perform a piece of music; **La parte di Macbeth fu eseguita male**, the part of Macbeth was badly executed **4** (*un ritratto, ecc.*) to paint; (*un disegno, ecc.*) to draw: **Ho già eseguito varie caricature di attori**, I've already drawn several caricatures of actors. ● **eseguito a regola d'arte**, workmanlike.

esèmpio, *m.* example; instance; (*modello*) model, pattern; (*esem-*

plare) specimen: **ad e.**, as an example; **per e.**, for instance; for example; **citare un e.**, to give an example; **dare il buon (cattivo) e.**, to set a good (bad) example; **essere un e. di decoro**, to be a model of propriety; **dare un e.** (*castigando q.*), to make an example of sb.; **prendere e. da q.**, to take example from sb.; **seguire l'e. di q.**, to follow sb.'s example; **È un bell'e. di pittura murale romana**, it is a fine specimen of Roman mural painting. ● **crudeltà senza e.**, unparalleled cruelty □ «**Per e.?**» (*interr. per invitare l'interlocutore a dare un esempio o a spiegarsi meglio*), «such as?» □ **Questo ti servirà d'e.!**, this will be a lesson (*o* a warning) to you!

eṣemplare, A *a.* exemplary; model (*attr.*): **una fattoria e.**, a model farm; **una vita (punizione, madre, ecc.) e.**, an exemplary life (punishment, mother, etc.). ● **dare a q. una punizione e.**, to make an example of sb. **B** *m.* **1** copy (*anche di libro*); specimen (*specialm. scient.*); (*modello*) model, pattern, exemplar: **un bell'e. di flora alpina**, a fine specimen of Alpine flora; **in due esemplari**, in duplicate; (*fig., iron.*) **Quel figlio è un bell'e.**, that son is a fine specimen **2** (*comm.: campione*) sample.

eṣemplarità, *f.* exemplariness.

eṣemplificare, *v. t.* to exemplify; to illustrate by examples.

eṣemplificativo, *a.* exemplifying; illustrative. ● **a titolo e.**, by way of example.

eṣemplificazióne, *f.* **1** exemplification **2** (*esempi*) examples (*pl.*): **una ricca e.**, a wealth of examples.

eṣencèfalo, *m.* (*med.*) exencephalus*.

eṣentare, A *v. t.* to exempt, to free (sb. from st.); to relieve (sb. of st.): **e. q. dal servizio militare**, to exempt sb. from service in the army; **e. q. da un incarico**, to relieve sb. of a job. **eṣentarsi, B** *v. rifl.* to free oneself (from st.).

eṣentasse, *a. invar.* tax-free.

eṣènte, *a.* **1** exempt; exempted; free: **e. da imposte**, duty-free; (*comm.*) **titoli esenti da imposte**, tax-exempt securities **2** (*immune*) immune: **e. da contagio**, immune from contagion. ● **e. da difetti**, faultless.

eṣenzióne, *f.* exemption: **e. fiscale**, tax exemption.

eṣèquie, *f. pl.* obsequies; funeral-rites (*lett.*); exequies (*lett.*); funeral service: **cantare le e.**, to perform the funeral rites (*o* the funeral service).

eṣercènte, *m. e f.* shop-keeper; trader; dealer; storekeeper (*USA*). ● **gli esercenti**, the trade (*collett.*).

eṣercire, *v. t.* to run*; to carry on; (*un negozio*) to keep*.

eṣercitàbile, *a.* exercisable.

eṣercitare, A *v. t.* **1** (*una professione*) to practise: **e. la medicina**, to practise medicine; **e. l'avvocatura**, to practise law **2** (*tenere in esercizio*) to exercise; to practise: **e. la mente (la mano, la memoria, ecc.)**, to exercise one's mind (one's hands, one's memory, etc.) **3** (*fare, o far fare, esercizi militari o ginnastici; addestrare*) to drill; to train: **e. le reclute**, to drill the recruits; **e. le coriste**, to train the chorus **4** (*il potere, ecc.*) to wield; to exert; to exercise: **e. un'influenza su q.**, to exert (*o* to wield) an influence over sb.; **e. pressioni su q.**, to exert pressure on sb.; **e. i propri diritti**, to exercise one's rights. ● (*leg.*) **e. un diritto**, to assert a right □ **e. un mestiere**, to carry on (*o* to ply) a trade □ (*di medico*) **non e. più**, to have given up one's practice. **eṣercitarsi, B** *v. rifl.* **1** to practise (*anche mus.: con uno strumento*); to get* some practice: **e. al salto (nel francese, con il violino, suonando le scale, ecc.)**, to practise jumping (one's French, one's violin, scales, etc.); **La ballerina si esercita alla sbarra**, the dancer practises at the bar (*o* does her exercises at the bar) **2** (*addestrarsi*) to drill; to train.

eṣercitato, *a.* exercised; trained: **avere l'occhio (l'orecchio) e.**, to have a well trained eye (ear).

eṣercitazióne, *f.* **1** exercise; practice; drill: **e. (di tiro) al bersaglio**, target practice; **e. col fucile**, rifle drill; **e. di conversazione**, conversation exercise; question-and-answer drill **2** (*allenamento*) training **3** (*lezione*) drill-lesson. ● **far fare esercitazioni a q.**, to drill sb.

eṣèrcito, *m.* **1** army (*anche fig.*); (*forze armate*) armed forces (*pl.*): **e. di terra**, land army; **arruolarsi nell'e.**, to join the army; to join up (*fam.*); **e. permanente**, standing army; **e. di occupazione**, army of occupation **2** (*fig.*) host; crowd.

eṣercizio, *m.* **1** exercise; practice; (*di ginnastica, ecc.*) drill: **un e. di latino**, a Latin exercise; **esercizi di composizione inglese**, exercises in English composition; (*leg.*) **e. dell'avvocatura**, law practice; **libro di esercizi**, book of exercises; **esercizi spirituali**, spiritual exercises; **mantenersi in e.**, to keep in practice (*o* in training); **essere fuori d'e.**, to be out of practice; (*naut.*) **esercizi di salvataggio**, boat-drill; (*mil.*) **e. ai pezzi**, gun-drill **2** (*econ., leg.*) financial year; fiscal year; (*rag.*) account, accounting period **3** (*bottega, ecc.*) shop; business; undertaking: **Gli hanno chiuso l'e.**, they have closed his shop. ● **l'e. dell'autorità**, the exertion of authority □ **l'e. del culto cattolico**, Roman Catholic practices □ (*leg.*) **e. di un diritto**, assertion of a right □ **esercizi**

ginnastici, gymnastic exercises; physical training □ (*ind.*) **costi di e.**, operational (*o* operation) expenses □ (*ind.: di un impianto*) **essere fuori e.**, not to be operating □ (*ind.: di un impianto*) **entrare in e.**, to go (*o* to be put) into operation □ **fare dell'e. (fisico)**, to take some exercise ■ **nell'e. delle mie funzioni**, in the fulfilment of my duties □ **porre in e.** (*in funzione*), to put into service.

esèrgo, *m.* (*numismatica*) exergue.

esfogliazióne, *f.* (*med.*) exfoliation.

eṣibire, A *v. t.* **1** to exhibit; to show*; (*mettere in mostra*) to display **2** (*documenti, prove, ecc.*) to produce; to exhibit. **eṣibirsi, B** *v. rifl.* **1** (*mettersi in mostra*) to show* off **2** (*teatr.*) to perform.

eṣibitóre, *m.* exhibitor.

eṣibizióne, *f.* **1** exhibition; show; display: **dare e. di sé**, to make an exhibition of oneself; **Che e. di cattivo gusto!**, what an exhibition of bad taste! **2** (*di documenti*) exhibition; production; presentation **3** (*offerta*) offer **4** (*teatr.*) show; performance.

eṣibizioniṣmo, *m.* (*anche psic.*) exhibitionism.

eṣibizioniṣta, *m. e f.* (*anche psic.*) exhibitionist.

eṣibizioniṣtico, *a.* exhibitionist(ic).

eṣigènte, *a.* exacting; exigent; demanding; (*per raffinatezza*) fastidious, particular; (*con pignoleria*) fussy.

eṣigènza, *f.* demand; requirement; (*bisogno*) need, exigency: **soddisfare le esigenze di q.**, to meet sb.'s requirements; **Quali sono le tue esigenze?**, what are your requirements?; **Le loro esigenze sono esorbitanti**, their demands are preposterous. ● **per esigenze di servizio**, for work reasons □ **essere pieno di esigenze**, to be very demanding (*o* very fussy) □ **secondo le esigenze del caso**, as occasion may require.

eṣigere, *v. t.* **1** (*richiedere*) to demand; to require; to call for (st.): **Questo lavoro esige molta pazienza**, this sort of work demands (*o* calls for) great patience **2** (*pretendere*) to require; to demand; to exact; to request: **Esigevano che stessi in silenzio**, they required me to keep silent; **e. soddisfazione**, to demand satisfaction; **e. obbedienza**, to exact obedience; **e. il pagamento di un credito**, to request payment of a debt **3** (*riscuotere*) to collect: **e. un credito**, to collect a credit.

eṣigibile, *a.* (*comm.*) due; payable; (*riscuotibile*) collectable.

eṣigibilità, *f. pl.* (*comm.*) current liabilities.

eṣiguità, *f.* smallness; exiguity; exiguousness; slightness; (*scarsità*) scantiness.

eṣiguo, *a.* small; exiguous; slight; (*scarso*) scanty.

eṣilarante, *a.* exhilarating; cheering. ● **gas e.**, laughing gas.

eṣilarare, A *v. t.* to exhilarate; to cheer up; to gladden. **eṣilararsi, B** *v. rifl.* to have the time of one's life.

èṣile, *a.* **1** slender; slight; slim: **una ragazza e. e bionda**, a slender fair-haired girl **2** (*fig.: debole*) feeble; faint; weak: **una voce e.**, a faint voice. ● **una speranza e.**, a gleam of hope.

eṣiliare, A *v. t.* to exile; to banish. **eṣiliarsi, B** *v. rifl.* to go* into exile.

eṣiliato, A *a.* exiled; banished. **B** *m.* exile.

eṣilio, *m.* exile; banishment: **vivere (morire) in e.**, to live (to die) in exile; **mandare q. in e.**, to send sb. into exile; to banish sb.; **dall'e.**, from exile.

eṣilità, *f.* **1** slightness; slenderness; slimness **2** (*fig.*) feebleness; faintness; weakness.

eṣimènte, *f.* (*leg.*) exempting.

eṣimere, A *v. t.* to exempt, to dispense, to release (sb. from st.): **e. q. dal servizio militare**, to exempt sb. from service in the army. **eṣimersi, B** *v. rifl.* to get* out of (st.); (*spesso con un avv.*) to refuse (to do st.): **Non posso esimermi dall'andarci**, I can't get out of going there (*fam.*); I can't possibly refuse to go there.

eṣimio, *a.* **1** distinguished; eminent **2** (*iron.*) egregious; prize; regular: **un e. birbante**, an egregious rogue.

eṣiodèo, *a.* (*letter.*) Hesiodic.

Eṣiodo, *m.* (*letter.*) Hesiod.

eṣistènte, *a.* existing; in existence. ● **tuttora e.**, (*di persona*) surviving; (*di cosa*) extant.

eṣistènza, *f.* **1** existence; life: **un'esistenza travagliata**, a troubled existence; **Minacciavano la nostra stessa e.**, they threatened our very existence; **È una cosa che mi avvelena l'e.**, it's a thing which poisons my whole life **2** (*presenza*) existence; presence. ● **Dopo pochi mesi di e. l'impresa fallì**, the enterprise only lasted a few months and then folded up.

eṣistenziale, *a.* (*filos.*) existential; (*riferito all'esistenzialismo*) existentialist.

eṣistenzialiṣmo, *m.* (*filos.*) existentialism.

eṣistenzialiṣta, *a., m. e f.* (*filos.*) existentialist.

eṣistenzialiṣtico, *a.* existentialist.

eṣistere, *v. i.* to be; to exist: **Non esiste nessuna differenza (nessuna scusa, alcun dubbio)**, there is no difference (no excuse, no doubt); **Quella torre è sempre esistita, ma non si vedeva**, the tower has always been there, but you couldn't see it; **Io credo che esista un Dio**, I believe there is a God; I believe God exists; **e. nel vuoto**, to exist in a vacuum; **e. da quando mondo è mondo**, to exist ever since the world began.

esitàbile, *a.* (*comm.*) saleable; salable.

esitabilità, *f.* (*comm.*) saleability; salability.

esitànte, *a.* **1** hesitating; doubtful **2** (*di voce*) faltering.

esitare (1), *v. i.* to hesitate; (*essere irresoluto*) to be unable to make up one's mind, to shilly-shally; (*titubare*) to waver; (*di voce*) to falter: **Esitava ad assumersi un rischio così grosso**, he hesitated to take such a big risk; **e. fra due opinioni**, to waver between two opinions; **Come cercò di parlare la sua voce esitò**, his voice faltered as he tried to speak.

esitare (2), *v. t.* (*comm.*) to sell*.

esitare (3), *v. i.* (*med.: di malattia*) to resolve.

esitazióne, *f.* hesitation; wavering; (*irresolutezza*) shilly--shallying.

èsito, *m.* **1** result; outcome; issue: **giudicare dall'e.**, to judge from results **2** (*comm.*) sale. ● **buon e.**, success: **Lascia sperare un buon e.**, it spells success □ **avere buon (cattivo) e.**, to come out well (badly); to be successful (unsuccessful) □ (*bur.*) **dare e. a una lettera**, to answer a letter.

esiziale, *a.* ruinous; deadly; fatal.

èskimo, *m.* (*giaccone con cappuccio*) parka.

eslège, *a.* extra-legal.

esocàrpo, *m.* (*bot.*) exocarp; pericarp.

esòcrino, *a.* (*anat.*) exocrine.

esodèrma, *m.* **esodèrmide**, *f.* (*bot.*) exoderm; exodermis.

èsodo, *m.* **1** exodus **2** (*di capitali*) flight; drain. ● (*Bibbia*) **l'E.**, the Exodus.

esofagèo, *a.* (*anat.*) (o)esophageal.

esòfago, *m.* (*anat.*) (o)esophagus*; gullet (*pop.*).

esoftàlmo, *m.* (*med.*) exophthalmus; exophthalmos.

esogamìa, *f.* (*antropologia*) exogamy.

esògamo, **esogàmico**, *a.* (*antropologia*) exogamous; exogamic.

esògeno, *a.* (*bot., geol., med.*) exogenous. ● (*bot.*) **pianta esogena**, exogen.

esonerare, *v. t.* to exonerate; to free; (*da un servizio, ecc.*) to exempt, to release (sb. from st.); (*da un onere*) to relieve (sb. of st.), to let* (sb. out of st.).

esoneràto, *a.* **1** exempt: **essere e. dalle tasse**, to be exempt from taxation **2** exonerated; exempt: **e. dall'obbligo di leva**, exonerated from the draft (USA), exempt from service.

esònero, *m.* exemption; release; exoneration; relief: **e. dalle tasse**, exemption from taxation; tax relief.

esòpico, *a.* (*letter.*) Aesopic.

Èsopo, *m.* (*letter.*) Aesop.

esorbitànte, *a.* exorbitant; excessive. ● **prezzi esorbitanti**, sky--high prices (*fam.*).

esorbitànza, *f.* exorbitance; excessiveness.

esorbitàre, *v. i.* to exceed; to go* beyond; to be (*o* to lie*) outside: **e. dai propri poteri**, to exceed one's powers; **Esorbita dal mio argomento**, it's outside my subject. ● **Esorbita dal mio compito**, it's not my job.

esorcìsmo, *m.* exorcism. ● **fare gli esorcismi**, to exorcize.

esorcìsta, *m. e f.* exorcist; exorcist (*anche relig.*).

esorcìstico, *a.* exorcistic(al).

esorcizzàre, *v. t.* to exorcize.

esorcizzatóre, *m.* exorcizer; exorcist.

esorcizzazióne, *f.* exorcization.

esordiènte, **A** *m. e f.* beginner. **B** *a.* just beginning (one's career). ● **attore e.**, «débutant» (*franc.*).

esòrdio, *m.* **1** exordium*; preamble **2** (*sulle scene o in società*) «début» (*franc.*); (*teatr.*) first appearance **3** (*fig.*) beginning; start; opening.

esordìre, *v. i.* **1** (*cominciare*) to begin*; to start off; (*di conferenziere*) to open **2** (*teatr., ecc.*) to make* one's «début» (*o* one's first appearance) **3** (*in una professione*) to begin* one's career.

esornatìvo, *a.* (*lett.*) ornamental; decorative.

esortàre, *v. t.* to urge; to beg of (sb.); to exhort: **Ti esorto a non credergli**, I beg of you: don't believe him; **Lo esortai a comportarsi diversamente**, I urged a different course of action upon him.

esortatìvo, *a.* exhortative; exhortatory; urging (*richiede un compl. ogg.*): **Feci un discorso e.**, I made a speech urging them (*o* him, etc.) on to action.

esortatóre, *m.* exhorter.

esortazióne, *f.* exhortation; urge.

esoschèletro, *m.* (*zool.*) exoskeleton.

esosfèra, *f.* (*geol.*) exosphere.

esosità, *f.* **1** (*avidità, avarizia*) greediness; meanness; stinginess **2** (*rif. a prezzi*) exorbitance; excessiveness.

esòso, *a.* **1** (*avido, avaro*) greedy; mean; stingy **2** (*rif. a prezzi*) exorbitant; excessive.

esostòsi, *f.* (*med.*) exostosis*.

esotèrico, *a.* esoteric (*anche filos.*).

esoterìsmo, *m.* esotericism; esoterism.

esotèrmico, *a.* (*fis., chim.*) exothermic.

esoticità, *f.* exotic character; exoticism.

esòtico, *a. e m.* esotic: **fiori esotici**, exotic flowers; **mode esotiche**, exotic fashions; **gusto dell'e.**, taste for the exotic.

esotìsmo, *m.* exoticism.

esotizzànte, *a. e f.* exoticist.

esotossìna, *f.* (*biol.*) exotoxin.

espàndere, *v. t.* **espàndersi**, *v. rifl.* to expand (*anche fig.*); to enlarge; to spread* (out); to extend: **Il mio giardino si espande sino al fiume**, my garden extends as far as the river; **I metalli riscaldati si espandono**, metals expand when they are heated; **Sta cercando di e. la sua azienda**, he is trying to expand his business.

espansìbile, *a.* expansible; expansile; expanding.

espansibilità, *f.* expansibility.

espansióne, *f.* **1** expansion (*anche chim., fis., mat.*); spread: **l'e. commerciale**, trade expansion; **e. economica**, economic expansion (*o* growth); **l'e. di un gas**, the expansion of a gas **2** (*fig.: effusione*) expansiveness; effusion. ● (*fis.*) **e. polare**, pole piece □ (*alpinismo*) **chiodo ad e.**, screw piton □ **essere in e.**, to be growing.

espansionìsmo, *m.* (*econ.*) expansionism.

espansionìsta, *a., m. e f.* (*econ.*) expansionist.

espansionìstico, *a.* expansionist(ic).

espansività, *f.* **1** expansiveness; expansivity **2** (*fig.*) expansivity; effusiveness; exuberance.

espansìvo, *a.* **1** expansive **2** (*fig.*) expansive; effusive; exuberant.

espànso, **A** *a.* (*anche chim.*) expanded. **B** *m.* expanded resin; expanded plastic; foamed plastic; plastic foam.

espansóre, *m.* (*tel.*) expander.

espatriàre, *v. i.* to leave* one's country; to go* abroad.

espàtrio, *m.* expatriation.

espediènte, *m.* contrivance; device; expedient; trick: **un e. ignobile**, a despicable trick; a dodge (*fam.*). ● **vivere d'espedienti**, to live by one's wits □ **Ce la caveremo con qualche e.**, we'll find a way out.

espèllere, *v. t.* **1** to eject; to expel; to turn out: **e. un ragazzo dalla scuola**, to expel a boy from school **2** (*med.*) to discharge.

esperantìsta, *m. e f.* Esperantist.

esperànto, **A** *m.* Esperanto. **B** *a.* Esperanto (*attr.*); Esperantist: **grammatica e.**, Esperanto grammar.

Espèria, *f.* (*geogr.*) Hesperia.

esperìbile, *a.* attemptable.

Esperìdi, *f. pl.* (*mitol.*) Hesperides.

esperidio, *m.* (*bot.*) hesperidium*.

esperiènza, *f.* **1** experience: **fare un'e.**, to have an experience; **Abbiamo bisogno della tua saggezza ed e.**, we need your wisdom and experience; **i frutti dell'e.**, the result of experience; **parlare per e.**, to speak from experience; **sapere per e.**, to know by experience **2** (*esperimento*) experiment; trial; test. ● **non avere nessuna e.**, to be completely inexperienced □ **persona di molta (di poca) e.**, experienced (inexperienced) person.

esperimentàre, *V.* sperimentare.

esperiménto, *m.* **1** experiment: **un e. chimico**, a chemical experiment **2** (*prova*) test; trial: **Sottoporremo la macchina a un ulteriore e.**, we shall put the machine to further trial.

espèrio, *a.* (*lett.*) Hesperian; western.

esperìre, *v. t.* — (*leg.*) **e. un'indagine**, to carry out an investigation.

èspero, *m.* (*lett.*) (*astron.*) Hesperus; evening star **2** (*occidente*) west; (*vento di ponente*) west wind.

espèrto, **A** *a.* experienced; expert; skilled; skilful. ● **e. delle cose del mondo**, worldly-wise □ **rendersi e. di q.c.**, to practise st.; to get (some) experience of st.; (*diventando un perito*) to become an expert in st. □ **un uomo e. (della vita)**, a man of experience; a man who knows his way about (*fam.*). **B** *m.* expert; (*consulente*) consultant.

espettorànte, *a. e m.* (*farm.*) expectorant.

espettoràre, *v. t.* to expectorate.

espettoràto, (*med.*) **A** *m.* sputum*; expectoration. **B** *a.* expectorated.

espettorazióne, *f.* (*med.*) expectoration.

espiàbile, *a.* expiable.

espiantàre, *v. t.* (*med.*) to explant.

espiànto, *m.* (*med.*) **1** (*l'azione*) explantation **2** (*il tessuto*) explant.

espiàre, *v. t.* **1** to expiate; to make* amends for: **e. la colpa**, to expiate one's guilt (*o* the wrong one has done) **2** (*leg.: una pena*) to serve.

espiatóre, **A** *a.* expiatory. **B** *m.* expiator.

espiatòrio, *a.* expiatory. ● (*fig.*) capro e., scapegoat.
espiazióne, *f.* expiation: **in e. della propria colpa,** in expiation of one's guilt.
espirare, *v. t.* to expire; to exhale; to breathe out.
espiratóre, *a.* (*anat.*) expiratory: **muscoli espiratori,** expiratory muscles.
espiratòrio, *a.* (*anche linguistica*) expiratory.
espirazióne, *f.* expiration; exhalation.
espletaménto, *m.* dispatch; fulfilment: **l'e. di un incarico,** the fulfilment of a task.
espletare, *v. t.* to dispatch; to see* (st.) through; to fulfil: **e. lo sdoganamento della cassa,** to see the case through the Customs.
espletivo, *a.* (*gramm.*) expletive.
esplicàbile, *a.* explicable.
esplicare, *v. t.* **1** (*lett.: spiegare*) to expound; to explain **2** (*svolgere*) to carry on; to perform.
esplicativo, *a.* explicative; explanatory.
esplicazióne, *f.* explication; explanation; interpretation.
esplicitaménte, *avv.* explicity; expressly; unequivocally.
esplicitare, A *v. t.* to render explicit. **esplicitarsi, B** *v. rifl.* to be explicit.
esplicito, *a.* **1** explicit; express; unequivocal; definite: **un'affermazione esplicita,** an explicit statement; **Fu suo e. desiderio che non lo aspettassimo,** it was his express wish that we should not wait for him **2** (*franco*) outspoken; clear **3** (*mat.*) explicit.
esplodènte, A *a.* exploding. **B** *m.* explodent.
esplòdere, *v. i.* **1** to explode; to burst*; (*di arma da fuoco*) to go* off **2** (*fig.*) to burst* out. ● **far e.,** to set off; to fire.
esploditóre, *m.* (*mecc.*) electric cap.
esploràbile, *a.* explorable.
esplorare, *v. t.* **1** to explore: **e. le regioni artiche,** to explore the Arctic regions **2** (*investigare*) to investigate; to inquire into; to search **3** (*mil.*) to reconnoitre; to scout **4** (*med.*) to probe; to explore; to sound **5** (*telev.*) to scan.
esplorativo, *a.* explorative; exploratory.
esploratóre, *m.* **1** explorer **2** (*mil.*) scout **3** (*naut.*) scout (ship). ● **giovane e.,** boy scout.
esploratrice, *f.* explorer. ● **giovane e.,** girl guide.
esplorazióne, *f.* **1** exploration **2** (*mil.*) scouting; reconnaissance **3** (*med.*) exploration; probing; sounding **4** (*telev.*) scanning.
esplosióne, *f.* **1** explosion; burst; (*di mine*) blast, blasting: **l'e. di una bomba,** a shell-burst; **un'e. nucleare,** a nuclear explosion **2** (*detonazione*) report **3** (*fig.*) outburst; outbreak; flare-up: **e. d'ira,** outburst of anger. ● (*scient.*) **e. originaria,** big bang.
esplosivo, *a.* e *m.* explosive.
esplòso, *a.* exploded; burst. ● **disegno e.,** exploded view.
esponènte, A *m.* **1** (*mat.*) exponent; index*; (*tipogr.*) superscript **2** (*lemma*) headword; entry word. **B** *m.* e *f.* **1** (*di un'istanza*) applicant; petitioner; (*tipogr.*) superscript **2** (*di un partito, ecc.*) exponent; member; representative; (*portavoce*) spokesman*.
esponenziale, (*mat.*) **A** *a.* exponential. **B** *f.* (*curva e.*) exponential curve.
espórre, A *v. t.* **1** (*anche fotogr.*) to expose: **e. il corpo al sole,** to expose one's body to the sunlight; **e. q. a un rischio (a un pericolo),** to expose sb. to a risk (to a danger); **e. un bambino (abbandonarlo),** to expose a child; (*relig.*) **e. il Santissimo,** to expose the Blessed Sacrament **2** (*in un'esposizione*) to exhibit; (*mettere in mostra*) to display, to show*, to expose: **e. merci in vetrina,** to display (*o* to show, to expose) goods in the shop-window **3** (*spiegare*) to expound; to explain; (*le proprie ragioni, un piano, ecc.*) to put* forth, to state; (*un dubbio*) to express: **e. una teoria,** to expound a theory; **e. le proprie idee,** to state one's ideas **4** (*mettere in vista*) to put* up; to stick* up: **e. una bandiera,** to put up a flag; **e. un avviso,** to stick up a notice. ● **e. la vita,** to risk one's life. **espórsi, B** *v. rifl.* **1** to expose oneself: **e. al sole,** to expose oneself to the sunlight **2** (*fig.: compromettersi*) to compromise oneself. ● **e. alle critiche,** to lay oneself open to criticism.
esportàbile, *a.* exportable.
esportare, *v. t.* to export.
esportatóre, A *m.* exporter. **B** *a.* exporting. ● **ditta esportatrice,** export firm.
esportazióne, *f.* export; exportation: **L'anno scorso le nostre esportazioni superarono le importazioni,** last year our exports exceeded our imports. ● **merci d'e.,** exports.
esposìmetro, *m.* (*fotogr.*) exposure meter.
esposìtivo, *a.* expository; expositive.
espositóre, A *m.* **1** exhibitor **2** (*chi spiega*) commentator; expositor. **B** *a.* exhibiting: **ditta espositrice,** exhibiting firm.
esposizióne, *f.* **1** (*anche fotogr.*) exposure: **l'e. del corpo al sole,** the exposure of the body to sunlight; **e. a un pericolo,** exposure to a danger; **una casa con e. a mezzogiorno,** a house with a southern exposure **2** (*mostra pubblica*) exhibition; exposition (*abbr. fam.:* expo); show; (*mostra*) display: **un'e. industriale,** an industrial exhibition (*o* exposition); **sala d'e.,** show-room; **e. di merci,** display of goods **3** (*lo spiegare*) expounding; explaining; exposition: **un'e. molto chiara,** a very clear exposition **4** (*dichiarazione*) statement: (*comm.*) **e. della situazione finanziaria,** statement of affairs. ● **scegliere l'e. della casa nuova,** to decide which way the new house is to face □ **L'e. della casa è a sud,** the house faces south.
espósto, A *m.* **1** (*leg.*) statement, account (of facts); «exposé» (*franc.*); (*petizione*) petition **2** (*trovatello*) foundling. **B** *a.* **1** exposed; displayed; exhibited **2** (*narrato*) explained; stated; (*manifestato*) expressed: **La situazione esposta non sembra grave,** the situation as stated doesn't seem to be serious **3** (*orientato*) facing: **edificio e. a nord,** building facing north **4** (*di avvisi*) put up; displayed; (*incollato*) stuck up; (*con puntine*) pinned up: **I nomi dei vincitori saranno esposti in municipio,** the winners' names will be put up (*o* displayed) at the Town Hall **5** (*med.*) exposed; open: **frattura esposta,** exposed (*o* open) fracture. ● **e. alle critiche,** open to criticism.
espressaménte, *avv.* (*chiaramente*) explicitly; (*apposta*) on purpose, expressly, specially (*o* particularly): **È detto e. nel regolamento,** it's explicitly stated in the rule; **Non l'avevano; l'hanno dovuto fare e. per me,** they hadn't got it; they've had to make it specially for me.
espressióne, *f.* **1** expression (*anche mat.*): **una e. felice,** a joyful expression; **La poesia deve essere letta con e.,** poetry should be read with expression **2** (*parola, frase*) expression; words, remarks (*pl.*); (*locuzione*) idiom.
espressionismo, *m.* (*arte, letter.*) expressionism.
espressionista, *a.*, *m.* e *f.* (*arte, letter.*) expressionist.
espressionistico, *a.* (*arte, letter.*) expressionist(ic).
espressività, *f.* expressiveness.
espressivo, *a.* expressive; eloquent; full of expression: **una voce espressiva,** an expressive voice; **uno sguardo e.,** an expressive look; **un silenzio e.,** an eloquent silence.
esprèsso, A *a.* **1** (*esplicito*) express; explicit; definite: **per e. ordine del comandante,** by explicit order of the commander **2** (*rapido*) express; fast: **un treno e.,** an express train. ● **caffè e.,** espresso (coffee) □ **nemico e.,** declared enemy. **B** *m.* **1** (*lettera*) express letter; (*francobollo*) express stamp **2** (*caffè*) espresso* **3** (*treno*) express **4** (*corriere, messaggero*) special messenger. ● **mandare q.c. per e.,** to send st. express; to express st.
esprìmere, A *v. t.* **1** to express; to voice; to word; to state: **e. il sentimento di tutti,** to voice the general feeling **2** (*significare*) to express; to mean* **3** (*di artista: rappresentare*) to render; to express; to portray. **esprìmersi, B** *v. rifl.* to express oneself.
esprimìbile, *a.* expressible.
espropriare, *v. t.* (*leg.*) to expropriate (sb. from st.); to dispossess (sb. of st.).
espropriazióne, *f.* **espròprio,** *m.* (*leg.*) expropriation; dispossession.
espugnàbile, *a.* that can be taken by force; conquerable.
espugnare, *v. t.* **1** to take* by storm; to storm **2** (*fig.*) to overcome*.
espugnatóre, *m.* conqueror.
espugnazióne, *f.* assault and capture; taking by storm.
espulsióne, *f.* expulsion. ● (*di un avvocato*) **e. dall'albo,** disbarment.
espulsivo, *a.* expulsive.
espulso, *a.* ejected; turned out; expelled.
espulsóre, *m.* (*di arma da fuoco*) ejector.
espùngere, *v. t.* to expunge.
espunzióne, *f.* expunction.
espurgare, *v. t.* to expurgate; to bowdlerize.
espurgatóre, *m.* expurgator.
espurgazióne, *f.* expurgation.
Esquilino, *m.* (*geogr.*) Esquiline.
esquimése, *V.* eschimése.
essa, *pron. pers. femm. 3ª pers. sing.* **1** (*rif. a cosa o animale di sesso imprecisato*) it: **Ho comprato una poltrona nuova: e. è molto comoda,** I bought a new armchair: it is very comfortable **2** (*rif. a femmina d'animale, o — fam. per* «ella» *e* «lei» — *a donna*) she (*sogg.*), her (*compl.*): **Guarda la cavalla! e. sta allattando il puledrino,** look at the mare! she's feeding her colt; **Di e. non abbiamo notizie,** we haven't heard from her.
essai (*franc.*), *m. invar.* — **d'e.,** experimental.
ésse (1), *pron. pers. femm. 3ª pers. pl.* they (*sogg.*), them (*compl.*): **Guarda quelle rose: e. sono rosse,** look at those roses: they are red; **Due di e. verranno domenica,** two of them will come on Sunday.
èsse (2), *f.* e *m.* (*lettera*) es, ess; the letter s.
essènza, *f.* essence: **e. di bergamotto,** essence of bergamot; **l'e. di un discorso,** the essence of a speech. ● **e. di rose,** attar of roses.

essenziale, A *a.* essential (*anche chim.*); fundamental; main: **la qualità e.**, the essential quality; (*chim.*) **olio e.**, essential oil. **B** *m.* (the) main thing (*o* point); (the) kernel.
essenzialità, *f.* essentiality.
essenzialménte, *avv.* essentially; fundamentally.
èssere (1), *v. i.* **1** (*nel senso di esistere, come copula, e come ausiliare nel passivo*) to be: **Penso, dunque sono**, I think, therefore I am; **E la luce fu**, and there was light; **Tutti gli uomini sono mortali**, all men are mortal; **Chi è?**, who is it?; **Sono io, it's I** (*fam.*: it's me); **C'era una volta un boscaiolo**, once upon a time there was a woodcutter; **Finalmente ci siamo!**, here we are at last!; **Fu ucciso in combattimento**, he was killed in action **2** (*ausiliare dei verbi di moto, impersonali e riflessivi*) to have: **È appena arrivato**, he has just arrived; **È piovuto**, it has been raining; **Non ti sei ancora lavato?**, haven't you washed (yourself) yet? **3** (*andare*) to be; (*arrivare*) to be (at, in); to get*: **Sono stato due volte a Londra**, I have been to London twice; **Siamo stati a trovarlo**, we've been to see him; **Siamo quasi a casa**, we've almost got home **4** (*accadere, avvenire*) to become*: **Che sarà di noi?**, what will become of us?; **Che mai sarà di lui?**, whatever will become of him? **5** (*consistere*) to consist; to lie*: **Il vero affetto non è nelle effusioni**, true affection does not consist in effusiveness; **La vera felicità non è nella ricchezza**, true happiness doesn't lie in wealth **6** (*costare*) to be; to cost*; (*valere*) to be worth; (*pesare*) to weigh; (*essere lungo*) to be... long: **Quant'è?**, how much is it?; (**Io**) **sono ottanta chili**, I weigh (*o* my weight is) eighty kilograms; **Questa pertica è due iarde**, this pole is two yards long **7** (*diventare*) to become*; to be; to grow*: **Quando sarai grande capirai**, when you grow up, you will understand **8** (*in varie locuz. temporali*) to be (*o* ago, *o idiom.*): **tre giorni or sono**, three days ago; **Siamo a mezzo inverno**, we're half way through the winter; **Saremo presto a Pasqua**, it'll (*o* it will) soon be Easter; **Sono ore che t'aspetto**, I've been waiting for you for hours (*o* for hours and hours); **Sono vent'anni che ti conosco**, I've known you for twenty years; **È un pezzo che lo conosco**, I've known him for some time now **9** – **e. da**, (*addirsi*) to be worthy of; to be like; (*essere idoneo a, fare per*) to be fit (*o* suitable) for: **Questo è (un gesto) da uomo onesto**, this is worthy of an honest man; **Questa casa non è da voi**, this house isn't fit for you **10** – **e. di** (*provenire da*), to come* from: **e. di Firenze, di Londra**, to come from Florence, from London; to be a Florentine, a Londoner; **e. di Bari, di Bergamo**, to come from Bari, from Bergamo **11** – **e. di** (*appartenere a*), to be (*con un poss.*) to belong to: **Di chi è questo libro?**, whose book is this?; **È di mio padre**, it is my father's; **Di chi è quella bella villetta sulla collina?**, whose pretty cottage is that on the hill?; whom does that pretty cottage on the hill belong to? **12** – **e. di** (*essere fatto di*), to be made of: **La tazza era d'argento**, the cup was made of silver (*o* it was a silver cup) **13** – **e. di** (*essere fatto da*), to be by: **Di chi è quest'articolo?**, who is this article by? **14** – **È** (*nel senso di: fatto sta*), the fact is, it so happens (that): **È che io ho pagato e lui no**, the fact is that I've paid up and he hasn't. ● **e. a balia**, to be out to nurse □ **e. alla disperazione**, to be in despair; to be desperate □ **e. alla fame**, to be practically starving □ **e. per** (*parteggiare*), to be on sb.'s side; to be for sb. □ **che è che non è**, unexpectedly ● **nei tempi che furono**, in time past □ **non esserci** (*non essere in casa, o anche non voler ricevere visite*), not to be at home □ **sia chi si sia**, whoever it may be □ **sia come sia**, however that may be ● **C'è da impazzire**, it's enough to drive you (*o* one) mad □ (*fig.*) **Ci siamo!**, (*ora viene il difficile, vengono i guai*) we're in for it; (*siamo alle solite; fam.*: *ci risiamo*) here we go (*o* he goes, etc.) again; (*eccoci*) here we are! □ **Cosa c'è?** (*che succede?*), what's the matter? □ **Così sia**, so be it; (*nelle preghiere*) amen □ **Deve e. da quella parte**, it must be somewhere over there □ **È per questo che sono venuto**, that's why I have come □ **E sia!**, very well, then; right (you are), agreed □ **Il lago è da questa (quella) parte**, the lake is over here (over there) □ **Ma sarà vero?**, do you suppose it's true? □ **Sarà!**, may be (you're right)!; that may be! □ **Com'è che non risponde?**, why doesn't he answer? □ **Se non fosse stato per te sarebbe ancora là**, but for you, he would still be there □ **Silvia Smith (del) fu Giosuè**, Sylvia Smith daughter of the late Joshua Smith.
èssere (2), *m.* **1** being; (*esistenza*) existence: **l'E. Supremo**, the Supreme Being; **l'e. e il divenire**, being and becoming; **l'e. dello spirito**, the existence of the spirit **2** (*creatura umana*) human being; being; human **3** (*creatura vivente*) creature; individual; fellow: **un e. spregevole (sfortunato, ecc.)**, a despicable (unfortunate, etc.) creature.
esserino, *m.* little creature; little being: **un e. delizioso**, a delightful little creature.
éssi, *pron. pers. masch. 3ª pers. pl.* they (*sogg.*), them (*compl.*): **E. verranno domani**, they will come tomorrow; **Due di e. se ne andarono**, two of them went away.
essiccaménto, *m.* desiccation; drying(-process); exsiccation.

essiccante, A *a.* drying; desiccative; dessicant. **B** *m.* (*farm.*) exsiccant; exsiccative.
essiccare, A *v. t.* **1** to desiccate; to exsiccate; to dry (up): **e. al sole**, to dry in the sun **2** (*prosciugare*) to drain. ● **e. al forno**, to kiln-dry. **essiccarsi, B** *v. rifl.* to dry up (*anche fig.*): **Il fiume si è essiccato durante questa calda estate**, the river dried up during this hot summer; **La sua vena poetica si è essiccata**, his poetic vein has dried up.
essiccativo, *a.* desiccative; desiccatory; exsiccative.
essiccato, *a.* dried: **e. all'aria**, air-dried; **e. al sole**, sun-dried.
essiccatóio, *m.* **1** (*ind.*) dryer, drier; (*chim.*) desiccator **2** (*ind. tessile*) drying-chamber **3** (*reparto di essiccazione*) drying-house; (*per legname*) dry kiln; (*per ceramiche*) kiln.
essiccatóre, *m.* **1** (*macchina*) dryer, drier; desiccator: **un e. ad aria calda**, a hot-air dryer **2** (*operaio*) drier.
essiccazióne, *f.* desiccation; drying(-process); exsiccation: **e. al forno**, oven-drying.
ésso, *pron. pers. masch. 3ª pers. sing.* **1** (*rif. a cosa o animale di sesso imprecisato*) it: **Vidi il cane; e. era cieco**, I saw the dog; it was blind **2** (*rif. ad animale maschio, o* – *fam. per «egli» e «lui»* – *a uomo*) he (*sogg.*), him (*compl.*): **Guardati da Sly; e. potrebbe morderti**, beware of Sly; he might bite you; **È un impostore; di e. non devi fidarti**, he's a humbug; you must not trust him. ● (*bur.*) **Il documento dev'essere firmato dal padre del richiedente o da chi per e.**, the document should be signed by the applicant's father or some other person in authority.
essotèrico, *a.* exoteric: **dottrine essoteriche**, exoteric doctrines; **exoterics** (*pl. col verbo al sing.*).
essoterìsmo, *m.* exoteric nature.
essudare, *v. i.* to exude.
essudativo, *a.* exudative.
essudato, *m.* (*med.*) exudate.
essudazióne, *f.* (*med.*) exudation.
èst, A *m.* east: **un vento di nord est**, a north-east wind. ● **un viaggio verso est**, an eastward journey □ **andare verso est**, to go eastward(s). **B** *a.* east; eastern: **una corrente est**, an east current.
èstasi, *f.* ecstasy; rapture. ● **andare in e.**, to go into raptures; to be enraptured; to be in one's seventh heaven □ **essere rapito in e.**, to be in ecstasy; (*med.*) to be in a trance.
estasiare, A *v. t.* to enrapture; to send* into raptures. **estasiarsi, B** *v. rifl.* to go* into raptures; to be enraptured; to be in one's seventh heaven.
estasiato, *a.* enraptured; in raptures. ● **La guardavo e.**, I was gazing at her with rapture.
estate, *f.* summer: **l'e. di San Martino**, St. Martin's summer; Indian summer; **tempo d'e.**, summer weather. ● **in e.**, in summertime.
estàtico, *a.* ecstatic; (*estasiato*) enraptured, rapturous: **una visione estatica**, an ecstatic vision. ● **rimanere e.**, to stand there (*o* here) in ecstasy; (*fig.*) to be speechless.
estemporaneaménte, *avv.* extempore; extemporarily; extemporaneously.
estemporaneità, *f.* extemporaneousness; spontaneity.
estemporàneo, *a.* extemporary; impromptu; extempore; extemporaneous: **un poeta e.**, an extemporary poet; **un discorso e.**, an extempore speech.
estèndere, A *v. t.* **1** (*una superficie*) to extend; to spread* out; to enlarge; (*in lungo*) to lengthen; (*fig.*) to expand: **e. la cerchia degli affari**, to expand one's range of business **2** (*di legge, diritti, ecc.*: *applicarli a più persone*) to bestow; to grant; to give*; **e. (il diritto di) voto alle donne**, to give women the vote. **estèndersi, B** *v. rifl.* **1** to extend; to stretch; to spread*: **Il mio giardino si estende fino al fiume**, my garden extends as far as the river; **e. per miglia e miglia**, to extend (for) miles and miles; **e. al nord**, to stretch to the north **2** (*diffondersi*) to spread*: **L'uso di quella parola si è esteso dopo la guerra**, that word has spread since the war; **L'infezione si estende**, the infection is spreading **3** (*espandersi*) to expand: **Il commercio giapponese si estese rapidamente dopo la guerra del 1914-18**, Japanese trade expanded rapidly after the war of 1914-18 **4** (*dilungarsi*) to dwell* (upon); to linger (over): **Si è esteso in una descrizione del paesaggio**, he has lingered over a description of the scenery.
estendìbile, estensìbile, *a.* extensible.
estènse, A *a.* of Este; Este (*attr.*). **B** *m. e f.* inhabitant of Este. ● (*stor.*) **gli Estensi**, the Estensi; the House of Este.
estensìmetro, *m.* (*metall.*) extensometer, extensimeter; strain gauge.
estensióne, *f.* **1** (*l'estendersi*) extension (*anche med.*): **per e.**, by extension **2** (*la superficie estesa*) extent; expanse; range: **L'ampia e. del Pacifico**, the broad expanse of the Pacific **3** (*mus.*) range; compass. ● **in tutta l'e. del termine**, in the full meaning of the word.
estensivo, *a.* **1** extensive: **coltura estensiva**, extensive

agriculture **2** (*fig.*) extended; broad; wide: **interpretazione estensiva della legge**, broad interpretation of the law.

estensóre, A *m.* **1** (*scrivente*) writer; compiler; author: **e. di un articolo**, writer of an article **2** (*leg.*) drafter; draftman*: **e. di un atto**, drafter of a deed **3** (*attrezzo ginnico*) chest-expander **4** (*anat.*) extensor (muscle). **B** *a.* extensor (*attr.*): (*anat.*) **muscolo e.**, extensor (muscle).

estenuante, *a.* weary; tiring; exhausting.

estenuare, A *v. t.* to wear* out; to tire out; to exhaust. **estenuarsi, B** *v. rifl.* to be (*o* to become*) worn out; to get* exhausted; to tire oneself out.

estenuativo, *a.* exhausting.

estenuato, *a.* worn out; tired out; exhausted.

estenuazióne, *f.* exhaustion; weariness.

Ester, *f.* Esther.

èstere, *m.* (*chim.*) ester.

esterificare, *v. t.* (*chim.*) to esterify: **olio esterificato**, esterified oil.

esterificazióne, *f.* (*chim.*) esterification.

esterióre, A *a.* external; outer, outward, outside (*attr.*); exterior: **le mura esteriori**, the outer wall(s); **il mondo e.**, the outside (*o* the external) world; **apparenza e.**, outward appearance. ● **un'arte tutta e.**, a superficial art; an art with no inward content. **B** *m.* **1** (*parte e.*) exterior (*anche archit.*); outside (*aspetto e.*) outward appearance.

esteriorità, *f.* outward appearance; (*superficialità*) superficiality.

esteriorizzare, *v. t.* to externalize; to exteriorize (*anche psic.*).

esteriorizzazióne, *f.* externalization; exteriorization (*anche psic.*).

esteriorménte, *avv.* outwardly; on (*o* from) the outside; on the surface; externally: **essere calmo e.**, to be calm outwardly.

esternaménte, *avv.* externally; outwardly; from the outside.

esternare, A *v. t.* to express; (*mostrare*) to show*; (*rivelare*) to disclose, to reveal. **esternarsi, B** *v. rifl.* to open one's heart (to sb.).

estèrno (1), *a.* **1** external; outer, outside, outward, out (*attr.*); (*all'aperto*) outdoor (*attr.*); (*geom.*) **angolo e.**, external angle; (*di medicina*) **per uso e.**, for external use only; **involucro e.**, outer wrapping; **scala esterna**, outside staircase; **piscina esterna**, outdoor swimming-pool; **aspetto e.**, outward appearance **2** (*di medico d'ospedale*) non-resident. ● **alunno e.**, day-boy; day-pupil.

estèrno (2), *m.* **1** (*allievo*) day-boy (*masch.*); day-girl (*femm.*); day-pupil; day-scholar (*meno comune*); day-boarder: **Quel ragazzo è un e.**, that boy is a day-pupil **2** (*medico d'ospedale*) non-resident doctor. ● **alunno e.**, day-pupil.

estèrno (3), *m.* **1** (*archit.*) exterior; outside (*più fam.*): **Palladio disegnò l'e.**, Palladio designed the exterior; **Mi piace l'e. di quella casa**, I like the outside of that house; **dall'e.**, from the outside **2** (*pl.*, *cinem.*) exteriors; location shots **3** (*sport*) *baseball* outfielder. ● (*cinem.*) **girare gli esterni in Scozia**, to shoot on location in Scotland □ **all'e.**, outside; on the outside.

èstero, A *a.* foreign: **commercio e.**, foreign trade; **politica estera**, foreign policy; **Ministero degli (Affari) Esteri**, Ministry of Foreign Affairs; (*in G.B.*) Foreign Office; (*in USA*) State Department; **Ministro degli (Affari) Esteri**, Minister of Foreign Affairs; (*in G.B.*) Foreign Secretary; (*in USA*) Secretary of State. ● **corrispondente in lingue estere**, foreign correspondent. **B** *m.* foreign countries (*pl.*): **mantenere buone relazioni con l'e.**, to keep good relations with foreign countries. ● **all'e.**, abroad: **essere (andare) all'e.**, to be (to go) abroad.

esterofilia, *f.* xenomania; mania for foreign things.

esterofilo, A *a.* xenophilous. **B** *m.* xenophile.

esterrefatto, *a.* **1** (*atterrito*) terrified; aghast (*pred.*); appalled: **Fui e. quando vidi i danni**, I was terrified when I saw the damage **2** (*sbigottito*) dismayed; nonplussed.

estesaménte, *avv.* **1** widely; extensively **2** (*dettagliatamente*) in detail; in full.

estesiologìa, *f.* (*med.*) (a)esthesiology.

estesiòmetro, *m.* (*fisiologia*) (a)esthesiometer.

estéso, *a.* wide; broad; extensive; extended. ● **per e.**, (*dettagliatamente*) in detail; (*in tutte lettere*) in full: **Scrivi il tuo nome per e.**, write your name in full.

estèta, *m.* e *f.* aesthete.

estètica, *f.* (*filos.*) aesthetics (*pl. col verbo al sing.*).

esteticaménte, *avv.* aesthetically; from an aesthetic point of view.

estètico, *a.* aesthetic(al): **critica estetica**, aesthetic criticism.

estetismo, *m.* (*filos.*) aestheticism.

estetista, *m.* e *f.* beauty specialist; beautician (*USA*).

estetìstico, *a.* of aestheticism.

estetizzare, *v. i.* to pose as an aesthete.

estimàbile, *a.* estimable.

estimare, e *deriv.* V. **stimare**, e *deriv.*

estimativa, *f.* judgment.

estimatóre, *m.* estimator; appraiser; esteemer.

estimatòrio, *a.* concerning a valuation. ● **rapporto e.**, valuation report.

èstimo, *m.* (*leg.*) **1** (*stima dei beni immobili*) estimate **2** (*ai fini dell'imposta sui beni immobili*) assessment.

estinguere, A *v. t.* **1** to extinguish; (*la sete*) to quench; (*un incendio*) to put* out **2** (*un debito*, *ecc.*) to settle; to pay* off; to discharge; (*riscattare*) to redeem: (*leg.*) **e. un'obbligazione**, to pay off a debt; to discharge an obligation. **estinguersi, B** *v. rifl.* **1** to die out **2** (*fig.*) to die away (*o* out); to fade away.

estinguìbile, *a.* extinguishable.

estìnto, A *a.* **1** (*spento*, *finito*) extinct; extinguished; quenched **2** (*morto*, *defunto*) deceased; dead; extinct **3** (*rif. a debito*, *ecc.*) paid off; discharged. **B** *m.* (the) deceased. ● **il caro e.**, the beloved one.

estintóre, *m.* (fire-)extinguisher: **un e. a schiuma**, a foam-extinguisher.

estinzióne, *f.* **1** extinction; (*della sete*) quenching; (*di un incendio*) putting out **2** (*di un debito*) settlement; paying-off; (*riscatto*) redemption. ● (*leg.*) **e. della pena**, release; discharge □ (*leg.*) **e. di un'obbligazione**, extinguishment (*o* payment) of a debt.

estirpàbile, *a.* eradicable; that may be extirpated

estirpare, *v. t.* **1** (*anche fig.*) to extirpate; to uproot; to eradicate **2** (*med.*) to extirpate; (*un dente*) to extract, to pull out.

estirpatóre, A *m.* **1** (*anche fig.*) extirpator; eradicator **2** (*agric.*) grubber. **B** *a.* extirpating; eradicative; exterminating (*fig.*).

estirpatura, *f.* (*agric.*) grubbing.

estirpazióne, *f.* (*anche fig.*) extirpation; eradication **2** (*med.*) extirpation; (*di un dente*) extraction.

estivare, *v. t.* (*zootecnia*) to summer.

estivazióne, *f.* **1** (*zootecnia*) summering **2** (*negli altri significati*) (a)estivation.

estìvo, *a.* summer (*attr.*); summery: **vacanze estive**, summer holidays; **un posto di villeggiatura estiva**, a summer resort; **la moda estiva**, summer fashions; **Questo vestito ha un'aria estiva**, this frock looks summery.

èstone, *a.* e *m.* Esthonian.

Estònia, *f.* (*geogr.*) Esthonia.

estòrcere, *v. t.* to extort; to wring* (st. out of sb.).

estorsióne, *f.* extortion.

estradare, *v. t.* (*leg.*) to extradite.

estradizióne, *f.* (*leg.*) extradition.

estradòsso, *m.* (*archit.*) extrados*.

estradotale, V. **extradotale**.

estragalàttico, V. **extragalàttico**.

estragiudiziale, V. **extragiudiziale**.

estraìbile, *a.* extractable, extractible.

estrale, *a.* (*chim.*, *biol.*) (o)estrous.

estralegale, V. **extralegale**.

estraneità, *f.* extraneity; extraneousness.

estràneo, A *a.* **1** extraneous; foreign: (*biol.*) **un corpo e.**, a foreign body **2** (*alieno*) alien: **La crudeltà era estranea alla sua natura**, cruelty was quite alien to his nature **3** (*che non ha relazione con*) unrelated (to); alien (to); unconnected (with); having no bearing (on). ● **essere e. a q.c.**, to have nothing to do with st.: **Ero e. al delitto**, I had nothing to do with the crime. **B** *m.* **1** stranger: **Non parliamone davanti ad estranei**, let's not talk about it in front of strangers; **Mi sentivo un'estranea**, I felt like a stranger **2** (*non membro*) outsider **3** (*straniero*) foreigner.

estraniare, A *v. t.* to estrange. **estraniarsi, B** *v. rifl.* to get* estranged.

estraparlamentare, V. **extraparlamentare**.

estrapolare, *v. t.* (*mat.*) to extrapolate.

estrapolazióne, *f.* (*mat.*) extrapolation.

estrarre, *v. t.* **1** to extract; to pull out; to take* out; to draw* out: **e. un dente**, to extract (*o* to pull out) a tooth; **e. un proiettile**, to extract a bullet; **e. un chiodo dal muro**, to take a nail out of a wall **2** (*da una cava*) to quarry **3** (*da una miniera*) to mine (*specialm. al passivo*); to dig* out **4** (*tirare a sorte*) to draw* **5** (*mat.*) to extract: **e. una radice (quadrata)**, to extract a (square) root.

estraterritoriale, e *deriv.* V. **extraterritoriale**, e *deriv.*

estrattivo, *a.* mining: **industria estrattiva**, mining industry.

estratto, A *m.* **1** (*succo concentrato*) extract; essence: **e. di carne**, meat extract; **e. di manzo**, beef extract **2** (*riassunto*) abstract; summary; (*parte desunta da uno scritto*) excerpt **3** (*articolo ristampato a sé*) off-print; separate **4** (*leg.*) estreat **5** (*di lotteria*, *ecc.*) draw. ● (*comm.*) **e. conto**, statement of account □ **e. di rose**, attar of roses. **B** *a.* **1** drawn (out); taken (out); extracted **2** (*di lotteria*, *ecc.*) winning: **numeri estratti a una lotteria**, numbers drawn (*o* winning numbers) in a lottery.

estrattóre, *m.* **1** (*di arma da fuoco*) extractor; ejector **2** (*mecc.*)

estrazióne

extractor; puller; stripper; (*espulsore*) expeller, knockout: **un e. per ruote**, a wheel puller **3** (*chim.*) extractor; stripper.

estrazióne, *f.* **1** extraction; pulling out: **l'e. d'un dente**, the extraction of a tooth **2** (*da una cava*) quarrying **3** (*da una miniera*) mining; digging (out) **4** (*il tirare a sorte*) drawing; (*l'effetto*) draw **5** (*mat.*) extraction: **l'e. d'una radice**, the extraction of a root **6** (*fig.*) extraction; origin; descent; birth: **gente di bassa e.**, people of low extraction.

estrèma, *f.* (*sport: ala*) wing.

estremaménte, *avv.* in the extreme; extremely; exceedingly.

estremismo, *m.* extremism.

estremista, *a., m. e f.* extremist. • (*polit.*) **e. di destra**, extreme right-winger; right-wing extremist □ (*polit.*) **e. di sinistra**, extreme left-winger; left-wing extremist.

estremistico, *a.* extremist(ic).

estremità, *f.* **1** extremity (*anche fig.*); (*parte estrema*) end, tail; (*punta*) tip, point: **l'e. di una corda**, the end of a rope; **l'e. di un dito (di un'ala)**, the tip of a finger (of a wing); **l'e. di un ago**, the point of a needle **2** (*punto più alto*) height; peak; acme; (*punto più basso o profondo*) depths (*pl.*) **3** (*pl., anat.*) extremities; limbs: **le estremità superiori (inferiori)**, the upper (lower) limbs. • **l'e. superiore (inferiore) di un lago**, the head (the foot) of a lake.

estrèmo, A *a.* **1** extreme; (*the*) utmost; (*il più lontano*) furthermost; (*the*) farthest; (*il più esterno*) (*the*) outermost; terminal: **il limite e.**, the furthermost (*o* the extreme) limit; (*relig.*) **dare (ricevere) l'estrema unzione**, to give (to receive) extreme unction; (*polit.*) **l'estrema sinistra (destra)**, the extreme Left (Right); **un caso e.**, an extreme case; **con estrema pazienza**, with the utmost patience **2** (*senza mezzi termini*) drastic: **provvedimenti estremi**, drastic measures **3** (*eccessivo*) eccessive: **freddo e.**, intense cold. • **l'E. Oriente**, the Far East □ **rendere gli estremi onori**, to pay a final tribute (in a funeral ceremony) □ (*prov.*) **A mali estremi, estremi rimedi**, desperate diseases must have desperate remedies (*o* cures). **B** *m.* **1** extreme (*anche mat.*); extremity; extreme point: **Gli estremi si toccano**, extremes meet **2** (*punto più alto*) height; (*punto più basso*) depth **3** (*pl., bur., leg.*) particulars; data; details **4** (*sport: nel rugby*) fullback. • **all'e. della disperazione**, in the depths of despair □ **essere all'e. della felicità**, to be at the heights of happiness □ **essere agli estremi**, (*sul punto di cedere*) to be at the end of one's tether; to be about to give up; (*in fin di vita*) to be at one's last gasp (*fam.*); to be at death's door (*quasi fam.*); to be dying □ **essere scrupoloso all'e.**, to be over-scrupulous **e** (*leg.*) **trovare gli estremi del reato**, to find sufficient grounds to proceed.

estrinsecare, A *v. t.* to express; to manifest; to evince. **estrinsecarsi, B** *v. rifl.* to be expressed.

estrinsecazióne, *f.* expression; manifestation.

estrinseco, *a.* extrinsic.

èstro, *m.* **1** (*fantasia, capriccio*) fancy; whim; caprice (*lett.*): **venire l'e. di fare q.c.**, to take a fancy to doing st. **2** (*ispirazione*) inspiration; (*creative*) impulse: **e. poetico**, poetic inspiration (*o* fire) **3** (*talento*) bent; gift: **avere un e. per la musica**, to have a gift for music; to have a musical bent **4** (*biol.*) (o)estrus; heat **5** (*zool., Oestrus*) gad-fly. • **quando mi salta l'e.**, when the fit (*o* the mood) is on me.

estroflessióne, *f.* (*biol.*) extroversion.

estrògeno, (*biol.*) **A** *a.* (o)estrogenic. **B** *m.* (o)estrogen.

estrométtere, *v. t.* to expel; to turn out; to oust.

estromissióne, *f.* expulsion; turning out; ousting.

estróne, *m.* (*biol.*) (o)estrone.

estróso, *a.* whimsical; capricious; moody. • **Mi piace il suo stile e.**, I like his fanciful style.

estroversióne, *f.* (*psic.*) extroversion.

estrovèrso, (*psic.*) **A** *a.* extroverted. **B** *m.* extrovert.

estrovèrtere, A *v. t.* to turn outwards. **estrovèrtersi, B** *v. rifl.* to look outside oneself.

estrovertito, *V.* estrovèrso.

estrùdere, *v. t.* (*metall.*) to extrude.

estrusióne, *f.* (*geol., metall.*) extrusion.

estrusivo, *a.* (*geol., metall.*) extrusive: **rocce estrusive**, extrusive rocks.

estrusóre, *m.* (*tecn.*) extruder.

estuàrio, *m.* (*geogr.*) estuary.

eṣuberante, *a.* **1** exuberant; excess (*attr.*) **2** (*fig.*) exuberant; lively.

eṣuberanza, *f.* **1** exuberance; superabundance; more than enough: **avere e. di latte**, to have more than enough milk **2** (*fig.*) exuberance; liveliness.

eṣulare, *v. i.* **1** (*raro*) to go* into exile (voluntarily) **2** (*fig.*) to be beyond; to lie* outside: **Questo esula dalle mie competenze**, this lies outside my province.

eṣulcerare, *v. t.* **1** (*med.*) to ulcerate **2** (*fig.*) to exacerbate; to embitter.

eṣulcerativo, *a.* **1** (*med.*) ulcerative **2** (*fig.*) exasperating; exacerbating.

eṣulcerazióne, *f.* **1** (*med.*) ulceration **2** (*fig.*) embitterment.

èṣule, A *a.* exiled. **B** *m. e f.* exile.

eṣultante, *a.* exultant; exulting; rejoicing.

eṣultanza, *f.* exultation.

eṣultare, *v. i.* to exult (at, in); to rejoice (over, at): **e. per una vittoria**, to exult in a victory; **e. per un successo**, to exult at a success.

eṣumare, *v. t.* **1** to exhume; to unearth; to disinter; to dig* up (*fam.*) **2** (*fig.*) to exhume; to bring* (st.) to light; to unearth.

eṣumazióne, *f.* **1** exhumation; disinterment **2** (*fig.*) exhumation; bringing to light; unearthing.

eṣùvia, *f.* (*zool.*) ecdysis*.

èta, *m. e f.* (*settima lettera dell'alfabeto greco*) eta.

età, *f.* **1** age: **Qual è la tua età?**, what age are you?; how old are you; **È una bella età**, it is a good age; **all'età di dodici anni**, at the age of twelve; **l'età della ragione**, the age of reason; (*iron.*) **alla mia tenera età**, at my tender age; **nella tarda età**, in one's old age; **essere in età da marito**, to be of a marriageable age; **non dimostrare la propria età**, not to look one's age **2** (*epoca*) age; period: **l'età della pietra**, the Stone Age; **l'età dell'oro**, the Golden Age. • **alla bella età di novanta anni**, at the ripe old age of ninety □ **essere in età minore**, to be under age □ **nel fiore dell'età**, in the bloom of youth □ **una persona di mezza età**, a middle-aged person □ **raggiungere la maggiore età**, to come of age □ **raggiungere i limiti d'età**, to reach the retiring age □ **un signore d'età**, an elderly gentleman □ **C'è un limite d'età?**, is there an age-limit?

etacismo, *m.* (*filol.*) etacism.

étagère (*franc.*), *f.* «étagère»; what-not.

etano, *m.* (*chim.*) ethane.

etci, *V.* eccì.

etèra, *f.* hetaera*; hetaira*.

ètere, *m.* **1** (*poet.*) ether; sky; (*the*) heavens (*pl., lett.*) **2** (*chim.*) ether: **e. solforico**, common ether. • (*chim.*) **e. etilico**, ethyl oxide.

etèreo, *a.* **1** ethereal; heavenly: **bellezza eterea**, ethereal beauty **2** (*chim.*) ethereal; etheric.

etèrico, *a.* (*chim.*) etheric.

eterificare, *v. t.* (*chim.*) to etherify.

eterificazióne, *f.* (*chim.*) etherification.

eterismo, *m.* (*med.*) etherism.

eterizzare, *v. t.* (*chim., med.*) to etherize.

eterizzazióne, *f.* (*med.*) etherization.

eternaménte, *avv.* eternally; for ever.

eternare, A *v. t.* to perpetuate; to immortalize; to make* (st.) last for ever. **eternarsi, B** *v. rifl.* to become* eternal; to grow* immortal; to last for ever.

eternit, *m.* (*costr.*) asbestos lumber; asbestos cement material.

eternità, *f.* eternity: **essere condannato per l'e.**, to be damned for all eternity; **Vivrà per l'e.**, it will live for ever (*o* for all eternity). • **metterci un'e.**, to take a very long time □ **È un'e. che non lo vedo**, I haven't seen him for ages.

etèrno, A *a.* **1** eternal: **la Città Eterna**, the Eternal City; **la vita eterna**, eternal life **2** (*interminabile*) eternal; everlasting; endless; unending; never-ending: **quell'e. brontolare**, that everlasting grumbling; **quelle eterne praterie**, those never-ending prairies; **Il viaggio parve e.**, the journey seemed endless (*o* never to end). • **Questa stoffa è eterna**, this material will last for ever. **B** *m.* eternity. • **l'E.**, the Eternal □ **in e.**, for ever; for all eternity.

eterociclico, *a.* (*chim.*) heterocyclic.

eteròclito, *a.* **1** (*gramm.*) heteroclite **2** (*fig.*) heteroclite; irregular; queer.

eterodina, *f.* (*radio*) heterodyne.

eterodossia, *f.* heterodoxy.

eterodòsso, *a.* heterodox.

eterofillia, *f.* (*bot.*) heterophylly.

eterofillo, *a.* (*bot.*) heterophyllous.

eterogamia, *f.* (*biol.*) heterogamy.

eterògamo, *a.* (*biol.*) heterogamous.

eterogeneità, *f.* heterogeneity; heterogeneousness.

eterogèneo, *a.* heterogeneous (*anche gramm.*); miscellaneous; mixed: **nomi eterogenei**, heterogeneous nouns.

eterogènesi, *f.* (*biol.*) heterogenesis.

eterogènesi, *f.* (*biol.*) heterogenesis.

eteromania, *f.* (*med.*) etheromania.

eteromorfismo, *m.* (*biol.*) heteromorphism.

eteromòrfo, *a.* (*biol.*) heteromorphic; heteromorphous.

eteronomìa, *f.* (*filos.*) heteronomy.

eterònomo, *a.* (*filos.*) heteronomous.

eteroplàstica, *f.* (*med.*) heteroplasty.

eteroplàstico, *a.* (*med.*) heteroplastic.

eteropolare, *a.* (*chim., fis.*) heteropolar.

eterosessuale, (*biol.*) **A** *a.* heterosexual; straight (*fam.*). **B** *m. e f.* heterosexual.

eterosessualità, *f.* (*biol.*) heterosexuality; heterosex.
eterosfèra, *f.* heterosphere.
eterotassìa, *f.* (*biol.*) heterotaxy; heterotaxia.
eterotèrmo, *a.* (*zool.*) ectothermic; cold-blooded.
eterotrofìa, *f.* (*biol.*) heterotrophy
eteròtrofo, *a.* (*biol.*) heterotrophic.
eterozigòte, (*biol.*) **A** *a.* heterozygous. **B** *m.* heterozygote.
etèsii, *m. pl.* etesian winds.
ètica, *f.* (*filos.*) ethics (*pl. col verbo al sing.*)
etichétta (1), *f.* (*cartellino*) label; docket: **un'e. da incollare**, a stick-on label. ● **e. del prezzo**, price tag □ **mettere un'e. a q.c.**, to docket st.
etichétta (2), *f.* (*cerimoniale*) etiquette. ● **ricevimento senza e.**, informal party □ **senza e.**, informally.
etichettare, *v. t.* to label; to docket.
etichettatrice, *f.* labelling machine.
etichettatura, *f.* labelling.
eticità, *f.* ethicality.
ètico (1), *a.* (*filos.*) ethical; moral.
ètico (2), *a. e m.* (*med.*) hectic; consumptive: **febbre etica**, hectic fever.
etilare, *v. t.* (*chim.*) to ethylate.
etile, *m.* (*chim.*) ethyl.
etilène, *m.* (*chim.*) ethylene.
etìlico, *a.* (*chim.*) ethyl (*attr.*); ethylic.
etilismo, *m.* (*med.*) alcoholism.
ètimo, *m.* (*filol.*) etymon*.
etimologìa, *f.* (*filol.*) etymology.
etimològico, *a.* (*filol.*) etymologic(al).
etimologista, *m. e f.* (*filol.*) etymologist.
etimologizzare, *v. i.* (*filol.*) to etymologize.
etimòlogo, *m.* (*filol.*) etymologist.
etiologìa, etiològico, *V.* **eziologìa, eziològico.**
etìope, *a., m. e f.* Ethiopian.
Etiòpia, *f.* (*geogr.*) Ethiopia.
etiòpico, **A** *a.* Ethiopian. **B** *m.* (*la lingua*) Ethiopic.
etisìa, *f.* (*med.*) phthisis; consumption.
etmoidale, *a.* (*anat.*) ethmoid(al).
etmòide, *m.* (*anat.*) ethmoid.
etnèo, *a.* (*geogr.*) Etnean.
etnìa, *f.* ethnic group.
ètnico, *a.* ethnic(al).
etnografìa, *f.* ethnography.
etnogràfico, *a.* ethnographic(al).
etnògrafo, *m.* ethnographer.
etnologìa, *f.* ethnology.
etnològico, *a.* ethnologic(al).
etnòlogo, *m.* ethnologist.
etòlico, *a.* (*geogr.*) Aetolian.
etologìa, *f.* ethology.
etològico, *a.* ethological.
etòlogo, *m.* ethologist.
etrusco, *a. e m.* Etruscan.
etruscologìa, *f.* Etruscan studies (*pl.*); Etruscology (*poco comune*).
etruscòlogo, *m.* Etruscologist.
ettacòrdo, *m.* (*mus.*) heptachord.
ettaèdro, *m.* (*geom.*) heptahedron.
ettagonale, *a.* (*geom.*) heptagonal.
ettàgono, (*geom.*) **A** *a.* heptagonal. **B** *m.* heptagon.
èttaro, *m.* hectare.
ètte, *m.* (*fam.*) jot. ● **Non m'importa un e.**, I don't give a damn (*pop.*) □ **Non ci capisco un e.**, it's double Dutch to me.
ètto, ettogrammo, *m.* hectogram(me).
ettòlitro, *m.* hectolitre; hectoliter (*USA*).
ettòmetro, *m.* hectometre; hectometer (*USA*).
Èttore, *m.* Hector.
eucalipto, *m.* (*bot.*, *Eucalyptus*) eucalyptus*; eucalypt.
eucaliptòlo, *m.* (*chim.*) eucalyptol(e).
eucarestìa, eucaristìa, *f.* (*relig.*) Eucharist; Holy Communion.
eucarìstico, *a.* (*relig.*) Eucharistic(al).
Euclide, *m.* Euclid.
euclidèo, *a.* Euclidean, Euclidian: **geometria euclidea**, Euclidean geometry.
eudemonìa, *f.* (*filos.*) eudaemonia.
eudemonismo, *m.* (*filos.*) eudaemonism.
eudemonista, *m. e f.* eudaemonist.
eudemonìstico, *a.* (*filos.*) eudaemonistic(al).
eudiometrìa, *f.* (*chim.*) eudiometry.
eudiòmetro, *m.* (*chim.*) eudiometer.
eufemismo, *m.* euphemism.
eufemìstico, *a.* euphemistic(al): **un'espressione eufemistica**, a euphemistic expression; a euphemism.
eufonìa, *f.* euphony.
eufònico, *a.* euphonic(al).
eufòrbia, *f.* (*bot.*, *Euphorbia*) Euphorbia; spurge.
euforìa, *f.* euphoria; elation.
eufòrico, *a.* elated; in high spirits; euphoric.
euforizzante, *a.* (*farm.*) – **sostanza euforizzante**, euphoric agent.
eufràsia, *f.* (*bot.*, *Euphrasia officinalis*) euphrasy; eye-bright.
Eufrate, *m.* (*geogr.*) Euphrates.
eufuismo, *m.* (*letter.*) euphuism.
eufuista, *m.* (*letter.*) euphuist.
eufuìstico, *a.* (*letter.*) euphuistic(al).
eugàneo, *a.* (*geogr.*) Euganean: **i Colli Euganei**, the Euganean Hills.
eugenètica, *f.* (*biol.*) eugenics (*pl. col verbo al sing.*).
eugenètico, *a.* (*biol.*) eugenic.
eugènia, *f.* (*bot.*, *Eugenia caryophyllata*) clove.
Eugènio, *m.* Eugene.
eugenista, *m. e f.* eugenist.
eugenòlo, *m.* (*farm.*) eugenol.
Eumènidi, *f. pl.* (*mitol.*) Eumenides.
eunuco, *m.* eunuch.
eupatòrio, *m.* (*bot.*, *Eupatorium cannabinum*) hemp agrimony.
eupepsìa, *f.* (*med.*) eupepsia; eupepsy.
eupèptico, *a.* (*med.*) eupeptic.
eurasiano, *a. e m.* Eurasian.
eurasiàtico, *a. e m.* Eurasian.
èureka, *inter.* eureka.
eurialino, *a.* (*biol.*) euryhaline.
Eurìdice, *f.* (*mitol.*) Eurydice.
Eurìpide, *m.* Euripides.
euripidèo, *a.* (*letter.*) Euripidean.
eurìstica, *f.* heuristics (*pl. col verbo al sing.*).
eurìstico, *a.* heuristic.
euritmìa, *f.* (*anche med.*) eurhythmy.
eurìtmico, *a.* eur(h)ythmic(al).
eurocomunismo, *m.* (*polit.*) Eurocommunism.
eurocomunista, *a., m. e f.* (*polit.*) Eurocommunist.
eurodivisa, *f.* (*fin.*) Eurocurrency.
eurodòllaro, *m.* (*fin.*) Eurodollar.
euromercato, *m.* (*econ.*) Euromarket.
euroobbligazióne, *f.* (*fin.*) Eurobond.
Euròpa, *f.* (*geogr.*) Europe.
europeismo, *m.* (*polit.*) Europeanism.
europeista, *m. e f.* (*polit.*) Europeanist.
europeìstico, *a.* (*polit.*) Europeanist (*attr.*).
europeizzare, **A** *v. t.* to Europeanize. **europeizzarsi**, **B** *v. rifl.* to become* Europeanized.
europeizzazióne, *f.* Europeanization.
europèo, *a. e m.* European.
euròpio, *m.* (*chim.*) europium.
eurosocialismo, *m.* (*polit.*) Eurosocialism.
eurosocialista, *a., m. e f.* (*polit.*) Eurosocialist.
eurovisióne, *f.* (*telev.*) Eurovision.
Eusèbio, *m.* Eusebius.
Eustàchio, *m.* Eustace. ● (*anat.*) **tromba d'E.**, Eustachian tube.
eutanasìa, *f.* euthanasia; mercy killing.
Eutèrpe, *f.* (*mitol.*) Euterpe.
eutèttico, *a.* eutectic: **una lega eutettica**, a eutectic alloy.
eutocìa, *f.* (*med.*) eutocia.
eutrofìa, *f.* (*med.*) eutrophy.
eutròfico, *a.* (*med.*) eutrophic.
Eva, *f.* Eve. ● **i figli d'Eva**, mankind (*sing.*); Adam's breed.
evacuaménto, *m.* evacuation.
evacuante, *a. e m.* (*farm.*) evacuant.
evacuare, **A** *v. t.* **1** to evacuate; to clear out **2** (*tecn.*) to evacuate; to drain (away); (*gas*) to remove. **B** *v. i.* to evacuate.
evacuativo, *a.* evacuative; evacuant.
evacuazióne, *f.* evacuation.
evàdere, **A** *v. i.* **1** to escape; to run* away; to get* away (*fam.*) **2** (*fin.*) to evade (*o* to dodge) taxes. **B** *v. t.* **1** (*sbrigare*) to dispatch; to get* through (*st.*) **2** (*fin.*) to evade; to dodge; to avoid: **e. le imposte**, to evade paying taxes. ● **e. la corrispondenza**, to clear correspondence □ **e. un ordine**, to carry out an order.
evaginarsi, *v. rifl.* (*biol.*) to evaginate.
evaginazióne, *f.* (*biol.*) evagination.
evanescènte, *a.* evanescent; vanishing; fading.
evanescènza, *f.* **1** evanescence **2** (*radio*, *telev.*) fading.
evangeliàrio, *m.* (*relig.*) evangelistary.
evangelicaménte, *avv.* evangelically.
evangèlico, **A** *a.* **1** gospel (*attr.*); evangelic(al) **2** (*protestante*) Protestant; (*specialm. di sette svizzere o tedesche*) Evangelical; (*di sette escluse dalla Chiesa Anglicana*) Nonconformist; (*di riti, ecc. anche anglicani lontani dalla prassi cattolica*) Low Church (*attr.*). **B** *m.* Evangelical.

Evangelina, *f.* Evangeline.
evangelismo, *m.* evangelism.
evangelista, *m.* evangelist.
evangelizzare, *v. t.* **1** to evangelize **2** (*fig.*) to win* over.
evangelizzatóre, *m.* evangelizer.
evangelizzazióne, *f.* evangelization.
evangèlo, *m.* Gospel: **l'e. secondo Giovanni**, the Gospel according to St. John.
evaporàbile, *a.* evaporable.
evaporare, *v. t. e i.* to evaporate (*anche fig.*).
evaporato, *a.* evaporated: **latte e.**, evaporated milk.
evaporatóre, *m.* **1** (*ind.*) evaporator **2** (*da applicare ad apparecchi di riscaldamento*) humidifier.
evaporazióne, *f.* (*fis.*) evaporation; vaporisation.
evaporimetro, *m.* (*fis.*) evaporimeter.
evaporometria, *f.* (*meteorologia*) evaporimetry.
evasióne, *f.* **1** (*di prigioniero*) escape; jail-break; get-away (*fam.*) **2** (*fin.*) evasion: **e. fiscale**, tax evasion. ● (*comm.*) **dare e. a un ordine**, to carry out an order □ **letteratura d'e.**, escapist literature.
evasivo, *a.* evasive: **una risposta evasiva**, an evasive answer.
evaso, *m.* fugitive; runaway.
evasóre, *m.* – **e. fiscale**, tax-evader; tax-dodger.
Evelina, *f.* Eveline, Evelyn.
evenienza, *f.* event; eventuality; occurrence; circumstance: **nell'e. di una guerra**, in the event of a war; **essere pronto a ogni e.**, to be prepared for any eventuality.
evènto, *m.* **1** event; happening **2** (*esito*) result. ● **in ogni e.**, in any case.
eventrazióne, *f.* (*med.*) eventration.
eventuale, *v. t.* possible; (*probabile*) probable, prospective. ● **Ogni tua e. scelta**, whatever choice you make □ **Un e. cambiamento di programma verrà notificato**, should there be any change in the programme, it will be notified □ **un e. risultato negativo**, if things turn out badly.
eventualità, *f.* eventuality; possibility; (*probabilità*) probability. ● **in ogni e.**, in all events.
eventualménte, *avv.* in case; if necessary.
eversióne, *f.* **1** destruction; subversion **2** (*rovesciamento*) overthrow.
eversivo, *a.* subversive; revolutionary: **un piano e.**, a subversive plot.
eversóre, *m.* (*lett.*) destroyer.
evezióne, *f.* (*astron.*) evection.
evidènte, *a.* evident; obvious; clear; plain.
evidenteménte, *avv.* evidently; obviously.
evidènza, *f.* obviousness; evidence; (*risalto*) emphasis. ● **mettere in e.**, to point out; to emphasize □ **mettersi in e.**, to make oneself conspicuous; to draw attention to oneself.
evidenziare, *v. t.* to underline; to point out; to emphasize; to stress.
evincere, *v. t.* **1** (*dedurre*) to deduce; to infer **2** (*leg.*) to evict.
evirare, *v. t.* to emasculate (*anche fig.*); to evirate; to castrate.
evirato, *a.* **1** emasculated; evirated **2** (*fig.*) spineless; nerveless.
evirazióne, *f.* emasculation; eviration.
eviscerare, *v. t.* (*med.*) to eviscerate.
eviscerazióne, *f.* (*med.*) evisceration.
evitàbile, *a.* avoidable.
evitare, *v. t.* **1** to avoid; to shun; to eschew (*lett.*); (*eludere*) to evade; to elude, to dodge; (*naut., fig.*) to steer clear of: **e. un incidente (di correre un rischio, ecc.)**, to avoid an accident (running a risk, etc.); **e. un colpo**, to avoid (*o* to evade, to dodge) a blow; **Non lo cercavo né lo evitavo**, I neither sought him out nor shunned him; **e. una domanda (la tassa di successione, ecc.)**, to evade a question (death-duties, etc.); **Era facile evitarlo nella folla (fra gli alberi, in quel dedalo di vicoli)**, it was easy to dodge him in the crowd (among the trees, in that maze of alleys); **Questa volta non potrai e. le conseguenze**, this time you won't be able to dodge (*o* to wriggle out of) the consequences; (*naut.*) **e. uno scoglio**, to steer clear of a reef; **Lo evito, quando è arrabbiato**, I steer clear of him, when he's angry **2** (*sfuggire a*) to escape: **e. la morte (una punizione, di farsi male, ecc.)**, to escape death (a punishment, being hurt, etc.) **3** (*risparmiare*) to spare: **e. un disturbo (una spesa) a q.**, to spare sb. a trouble (an expense). ● **Non posso e. d'ammirarlo**, I cannot help admiring him.
evizióne, *f.* (*leg.*) eviction: **garanzia per l'e.**, warranty against eviction.
èvo, *m.* epoch; ages, times (*pl.*): **il Medio E.**, the Middle Ages.
evocare, *v. t.* **1** to evoke; to conjure up; to summon (forth): **e. gli spiriti**, to conjure up spirits **2** (*rievocare*) to evoke; to recall.

evocativo, *a.* evocative.
evocatóre, **A** *m.* evocator. **B** *a.* evocatory; evocative.
evocazióne, *f.* evocation.
evoluire, *v. i.* (*mil., naut.*) to perform evolutions; to manoeuvre.
evoluta, *f.* (*mat.*) evolute.
evolutivo, *a.* evolutionary; evolutive.
evoluto, *a.* **1** evolved; (highly) developed **2** (*progredito*) progressive; advanced; highly-civilized; (*privo di pregiudizi*) open-minded. ● **È un uomo molto e.**, he's a man with very progressive views; he's a very modern man in his outlook.
evoluzióne, *f.* **1** evolution; progress **2** (*biol.*) evolution **3** (*mil., naut.*) manoeuvre; evolution.
evoluzionismo, *m.* (*biol., filos.*) theory of evolution; evolutionism.
evoluzionista, *m. e f.* evolutionist.
evoluzionistico, *a.* evolutionistic; evolutionist.
evòlvere, *v. t.* **evòlversi**, *v. rifl.* to evolve.
evònimo, *m.* (*bot., Euonymus*) euonymus.
evulso, *a.* uprooted; eradicated; torn up.
evviva, **A** *inter.* long live; hurrah, hurray; yippee (*fam.*): **E. la Regina!**, long live the Queen! ● (*iron.*) **E. la modestia!**, (there is) nothing like being modest! □ **E.! ci sono riuscito!**, thank goodness (*o* thank God) I've succeeded! **B** *m.* cheer; cheering; hurrah; jubilant-shout; jubilant-cry: **Entusiastici e. lo salutavano**, enthusiastic cheers greeted him; **Al passaggio del corteo esplosero gli e.**, as the procession passed by there was a burst of cheering (*o* jubilant-cries).
ex, *pref.* ex; former; old: **l'ex presidente**, the ex-president; **l'ex marito**, her ex-husband; her former husband; **un ex combattente**, an ex-serviceman; an old soldier (*fam.*); a veteran (*USA*).
ex abrupto (*lat.*), *locuz. avv.* suddenly.
ex aequo (*lat.*), *locuz. avv.* ex aequo.
ex cathedra, *locuz. avv.* **1** (*relig.*) ex cathedra; with authority **2** (*fig.*) dogmatically. ● (*fig.*) **sentenziare ex cathedra**, to lay down the law.
excursus (*lat.*), *m. invar.* excursus*; digression.
exequatur (*lat.*), *m. invar.* (*leg.*) exequatur.
exèresi, exérèsi, *f.* (*med.*) exeresis*.
exploit (*franc.*), *m. invar.* exploit; feat.
expo, *f. invar.* Expo (world exposition).
èxtra, **A** *a.* **1** (*in più*) extra **2** (*speciale*) super; first-rate: **il frigorifero e.**, the super fridge. **B** *m.* extra: **diecimila lire al giorno, più gli extra**, ten thousand lire a day plus the extras. **C** *prep.* extra.
extraconiugale, *a.* extraconjugal; extramarital.
extracontrattuale, *a.* not specified in the contract.
extracorpòreo, *a.* (*med.*) extracorporeal.
extracorrènte, *f.* (*elettr.*) extra current.
extradotale, *a.* extradotal. ● (*leg.*) **beni extradotali**, paraphernalia.
extraeuropèo, *a.* non-European.
extragalàttico, *a.* (*astron.*) extragalactic.
extragiudiziale, *a.* (*leg.*) extrajudicial; out-of-court (*attr.*): **raggiungere (o addivenire a) un accordo e.**, to settle out of court.
extralegale, *a.* (*leg.*) extralegal.
extralinguistico, *a.* extralinguistic.
extranucleare, *a.* (*mil.: di arma*) extranuclear.
extraparlamentare, (*polit.*) **A** *a.* extraparliamentary. **B** *m. e f.* member of an extraparliamentary party.
extrasensoriale, *a.* extrasensory; extrasensorial.
extrasìstole, *f.* (*med.*) extrasystole.
extrasistòlico, *a.* (*med.*) extrasystolic.
extrasolare, *a.* (*astron.*) extrasolar.
extratemporale, *a.* extratemporal.
extraterrèstre, **A** *a.* extraterrestrial. **B** *m. e f.* extraterrestrial; man* (*o* woman*) from outer space. ● **gli extraterrestri**, the extraterrestrials; people from outer space.
extraterritoriale, *a.* (*leg.*) extraterritorial; exterritorial.
extraterritorialità, *f.* (*leg.*) extraterritoriality; exterritoriality.
extraurbano, *a.* extra-urban; out-of-town.
extrauterino, *a.* (*med.*) extrauterine.
extremis, in, *locuz. avv.* **1** in extremis; at the point of death **2** (*all'ultimo momento*) last-minute (*attr.*); at the eleventh hour. ● **essere in e.**, to be at death's door; to be at one's last gasp.
ex voto, *m.* votive offering; ex voto.
Ezechìa, *m.* (*Bibbia*) Hezekiah.
Ezechièle, *m.* (*Bibbia*) Ezekiel.
eziologìa, *f.* (*med.*) (a)etiology.
eziològico, *a.* (*med.*) (a)etiologic(al).
eziopatogènesi, *f.* (*med.*) etiopathogenesis*.

f, F

F, f, *f. e m. (sesta lettera dell'alfabeto ital.)* F, f. ● *(tel.)* **f come Firenze**, f for Fred *(USA:* f for Fox).
fa (1), *m. (mus.)* F; **fa*: chiave di fa**, F clef.
fa (2), *avv.* ago: **un anno fa**, a year ago.
fabbiṣógno, *m.* needs, requirements *(pl.)*; requisite(s); (the) necessary *(generalm. al pl.)*: **f. alimentare**, food requirements.
fàbbrica, *f.* **1** factory; manufactory; *(stabilimento)* establishment; *(impianto)* plant, works, mill: **una f. di automobili**, a motor-works **2** *(costruzione)* building; construction. ● *(fig., scherz.)* **la f. di S. Pietro**, an interminable *(o* a never-ending) job □ **a prezzo di f.**, at cost price; at prime cost □ **essere in f.** *(essere in costruzione)*, to be building □ **marchio di f.**, trade-mark □ **nuovo di f.**, brand new; just out of the factory.
fabbricàbile, *a.* that can *(o* could) be built; manufacturable. ● **appezzamento f.**, building lot □ **area f.**, building site; building ground.
fabbricante, *m. e f.* manufacturer; maker: **È un f. di scatole**, he's a box-manufacturer; he runs a box-factory. ● **f. di birra**, brewer □ **f. di stoffe**, clothier.
fabbricare, *v. t.* **1** to manufacture; to produce **2** *(fare)* to make* **3** *(costruire)* to build*; to construct: *(fig.)* **f. sulla rena**, to build on sand **4** *(fig.: inventare)* to fabricate; to make* up; to invent; to trump up.
fabbricato, A *m.* building; edifice; *(isolato)* block (of flats); *(casa)* house. ● **f. annesso**, outbuilding □ *(leg.)* **imposta sui fabbricati**, house tax. **B** *a.* **1** *(costruito)* built; constructed; *(prodotto)* produced, manufactured: **edificio ben f.**, well-constructed building; **oggetti fabbricati in serie**, mass-produced goods **2** *(fig.)* fabricated; invented: **alibi f.**, fabricated *(o* invented) alibi.
fabbricatóre, *m.* **1** manufacturer **2** *(costruttore)* builder; constructor **3** *(fig.)* fabricator; inventor.
fabbricazióne, *f.* **1** make; making; manufacture; manufacturing: **un difetto di f.**, an error in the making; a manufacturing defect; **f. nazionale**, home manufacture **2** *(costruzione)* building **3** *(fig.: invenzione)* invention; fabrication. ● **f. di ceramiche**, potting □ **f. in eccedenza**, overrun □ **f. in serie**, mass-production □ **f. insufficiente**, underrun □ *(di un prodotto)* **di f. inglese**, made in England.
fabbriceria, *f. (relig.)* vestry-board.
fabbricière, *m. (relig.)* vestryman*.
fabbricóne, *m. (casamento grande e disarmonico)* sprawling apartment house.
fabbro, *m.* **1** smith; *(maniscalco)* blacksmith **2** *(fig., lett.)* craftsman*; artificer; contriver; maker: **il f. dell'universo**, the maker of the universe; **un f. d'inganni**, an artificer of fraud.
fabianismo, *m. (stor.)* Fabianism; Fabian socialism.
fabiano, *a. e m. (stor.)* Fabian.
Fàbio, *m.* Fabius.
fabulazióne, *f.* fabulation.
faccènda, *f.* **1** *(in tutti i sensi)* thing: **Ho ancora alcune faccende da sbrigare**, I've still got a few things to do **2** *(questione)* matter; affair; business: **È una brutta f.**, it's a bad business; **Non mi sono occupato della f.**, I haven't gone into the matter **3** *(pl.: lavori domestici)* housework *(sing.)*; household chores. ● **essere in faccende**, to be busy; to be bustling about □ **Sofia stava accudendo alle faccende (di casa)**, Sophy was busy about the house.
faccendière, *m.* busybody; meddler.
faccendóne, *m.* hustler; busy bee *(fam.)*.
faccétta, *f.* **1** little face **2** *(geom., miner.)* facet. ● **lavorato a f.**, faceted.
faccettatura, *f.* faceting.
facchinata, *f.* **1** *(parola triviale)* vulgar *(o* coarse) word **2** *(atto triviale)* vulgar *(o* coarse) action **3** *V.* **sfacchinata**.
facchinésco, *a.* porter's *(grossolano)* vulgar; coarse.
facchino, *m.* **1** porter **2** *(persona grossolana)* coarse person. ● **fare il f.** *(sfacchinare)*, to slave away □ **linguaggio da f.**, foul *(o* coarse) language □ **modi da f.**, coarse manners □ **una vita da f.**, a dog's life.
fàccia, *f.* **1** *(anat., geom. e fig.)* face; *(di cosa materiale, anche)* side: **una f. amica**, a friendly face; **sulla f. della terra**, on the face of the earth; **ridere in f. a q.**, to laugh in sb.'s face; **guardare q. in f.**, to look sb. in the face; **Glielo dissi in f.**, I told him to his face; **a f. a f.**, face to face; **Non oserò più mostrare la f. in quella casa**, I won't dare show my face again in that house; *(geom.)* **f. piana di un poliedro**, plane face of a polyhedron; **le facce di un cubo**, the faces *(o* sides) of a cube; **la f. di una moneta**, the face *(o* headside) of a coin **2** *(sfacciataggine, anche:* **f. tosta, di bronzo**, *ecc.)* face; nerve; *(impertinenza)* cheek; impudence, effrontery; *(audacia)* boldness, brashness: **Non ho la f. di chiederglielo**, I haven't the face to ask him; **Che f. tosta** *(o* **che f. di bronzo)!**, what cheek!; what impudence!; **Ha una bella f. tosta, quel ragazzo!**, that boy's got a nerve! **3** *(espressione)* expression; look; mien: **avere una f. addolorata**, to have a sorrowful expression (on one's face); **con una f. indignata**, with an indignant mien; **fare una f. da ebete**, to put on a vacant look. ● *(mecc.)* **la f. di un dado**, the pane of a nut *(archit., costr.)* **a f. convessa**, pulvinated □ **avere una f. da stupido**, to look a fool □ **avere una f. da uomo onesto**, to look like an honest man □ **avere una bella f.** *(un aspetto bello, sano)*, to look well □ **avere una brutta f.** *(un aspetto malaticcio)* not to look fit *(o* up to the mark); *(un'aria triste)* to look sad; to look blue *(fam.)* □ *(fig.)* **cambiare f.**, to change colour □ **di f.**, opposite; in front of: **la casa di f.**, the house opposite; **l'albergo di f. alla stazione**, the hotel in front of *(o* facing, opposite) the station □ **far f. a**, to face up to *(o* to cope with) □ **far f. al nemico**, to face the enemy □ **fare la f. lunga**, to pull a long face □ **fare le facce** *(fare boccacce)*, to make *(o* to pull) faces □ *(volg.)* **fare q.c. alla f. di q.**, to do st. in sb.'s teeth □ **farsi la f.** *(truccarsi)*, to make (oneself) up □ **guardare in f. il pericolo**, to face up to the danger □ **essere in f. a q.** (q.c.), to be facing sb. (st.): **La donna era seduta in f. a me**, the woman sat facing me □ **mettere due testimoni f. a f.**, to confront two witnesses □ *(fig.)* **non guardare in f. a nessuno**, to be no respecter of persons; to go ahead respectlessly of everyone □ *(fig.)* **perdere la f.**, to lose (one's) face □ **persona a due facce**, double-faced *(o* two-faced, double-dealing) person □ *(fig.)* **salvare la f.**, to save one's face □ **stoffa a due facce**, double-faced material □ *(naut., aeron.)* **vento in f.**, head-wind □ **visto di f.**, seen from the front □ *(fig.)* **voltare la f.**, to change one's mind *(o* not to keep one's word) □ **voltare la f. verso il nemico**, to run to face the enemy □ **Te lo si legge in f.**, you look it; it can be seen all over your face.
facciale, *a.* facial: **i muscoli facciali**, the facial muscles. ● *(comm.)* **valore f.**, face value.
facciata, *f.* **1** *(archit.)* front; façade; face **2** *(pagina)* page **3** *(fig.: apparenza)* outside; appearances *(pl.)*.
facciòle, *f. pl.* bands.
face, *f. (lett.)* torch.
facènte, *part. pres.* – **f. funzione** *(sost.)*, locum tenens; deputy; **f. funzione di** *(agg.)*, acting; pro-: **f. funzione di direttore**, acting manager; **f. funzione di console**, pro-consul.
facèto, *a.* humorous; jocular; facetious; waggish: **una persona faceta**, a facetious person; **un'osservazione faceta**, a humorous remark; **scherzi faceti**, waggish tricks. ● **detto f.**, witticism.
facèzia, *f.* humorous *(o* witty) remark; joke; pleasantry; witticism.
fachiro, *m.* fakir.
fàcie, fàcies, *f. (med., geol.)* facies*.
fàcile, *a.* **1** easy; simple; facile: **un compito f.**, an easy *(o* simple) task; **È più f. dirlo che farlo**, it's easier said than done; **una vittoria f.**, a facile victory **2** *(pronto)* ready: **Sei f. a credere tutto**, you are ready to believe anything **3** *(incline)* inclined; prone: **essere f. all'ira**, to be prone to anger; to be quick-tempered **4** *(arrendevole, trattabile)* amenable; yielding; tractable: **essere f. a sentire ragione**, to be amenable to reason **5**

facilità

(*probabile*) probable; likely: **È f. che piova**, it's likely to rain; **È f. che Leo non venga**, it's likely (*o* probable) that Leo won't come; Leo is likely not to come; probably Leo won't come. ● **essere f. alla commozione**, to be easily moved □ **avere il grilletto f.**, to be quick on the trigger; to be trigger-happy □ **avere la parola f.**, to have the gift of the gab; to have a glib tongue □ **essere di carattere f.**, to be easy-going; to be easy to get along with □ **di f. accontentatura**, easily pleased □ **donna f.** (*o di facili costumi*), loose woman; woman of easy virtue □ **È una bambina f. a piangere**, she's a child who cries (very) easily.

facilità, *f.* **1** ease; facility (*talora «superficialità»*): **Superai l'esame con la massima f.**, I passed the test with the greatest ease; **parlare con f. ma senza convinzione**, to speak with facility but without conviction **2** (*l'essere facile*) easiness: **Mi sorprese la f. dell'esame**, the easiness of the test surprised me **3** (*attitudine*) aptitude; facility; (*di parola*) fluency: **f. per le lingue**, an aptitude for languages. ● **avere grande f. di parola**, to have the gift of the gab; to have a ready tongue □ **parlare l'inglese con f.**, to speak English fluently.

facilitare, *v. t.* **1** to facilitate; to make* (st.) easy (*o* easier); to simplify: **per f. il tuo compito**, to make your task easier **2** (*aiutare*) to help: **per f. la digestione**, to help digestion.

facilitazióne, *f.* **1** facilitation **2** (*agevolazione*) facility; accommodation; concession: **facilitazioni di viaggio**, travelling facilities; **facilitazioni di pagamento**, facilities of payment; payment accommodations **3** (*pl.*: *condizioni speciali*) special (*o* easy) terms: **facilitazioni per gli abbonati**, special terms for subscribers.

facilménte, *avv.* **1** (*senza difficoltà*) easily **2** (*prontamente*) readily **3** (*probabilmente*) probably; (*molto probabilmente*) very likely.

facilóne, *m.* easy-going person; happy-go-lucky person.

faciloneria, *f.* carelessness; happy-go-luckyism; easy-goingness.

facinoróso, **A** *a.* ruffianly; violent; lawless. **B** *m.* ruffian.

facocèro, *m.* (*zool.*, *Phacochoerus aethiopicus*) wart-hog.

fàcola, *f.* (*astron.*) facula*.

facoltà, *f.* **1** faculty: **essere in pieno possesso di tutte le f.**, to be in full possession of one's faculties **2** (*potere*, *autorità*, *ecc.*) power, authority; (*diritto*) right; (*permesso*) leave, licence, permission: **dare a q. la f. di parlare**, to give sb. authority to speak; **Hai f. di accettare o rifiutare**, you have the right to accept or refuse **3** (*di università*) department; faculty; school, college (*USA*): **la f. di lingue straniere**, the faculty of modern languages. ● **f. di scelta**, option □ (*leg.*) **facoltà mentali**, mental powers.

facoltativo, *a.* optional; facultative. ● **fermata facoltativa**, request stop.

facoltóso, *a.* well-off; well-to-do; rich; wealthy; prosperous.

facóndia, *f.* (*lett.*) eloquence; flow of language; fluency; gift of the gab (*fam.*).

facóndo, *a.* (*lett.*) eloquent; fluent.

facsimile, *m.* facsimile.

factòtum, *m.* factotum; jack-of-all-trades, man* Friday (*fam.*).

faentina, *f.* (*ceramica di Faenza*) faience.

Faènza, *f.* (*geogr.*) Faenza. ● **terracotta di F.**, faience.

faetòn, *m.* phaeton.

faggéta, *f.* **faggéto**, *m.* beech-wood.

faggina, *f.* (*bot.*) beech-mast; beech-nut.

fàggio, *m.* (*bot.*; *Fagus silvatica*) beech.

fagiana, *f.* (*zool.*) hen-pheasant.

fagianèlla, *f.* (*zool.*, *Otis tetrax*) little bustard.

fagiano, *m.* (*zool.*, *Phasianus colchicus*) (common) pheasant; (*f. giovane*) poult. ● **f. argentato** (*Gemnaeus nychtemerus*), silver pheasant □ **f. di monte** (*Lyrurus tetrix*), heath-cock □ **f. dorato** (*Chrysolophus pictus*), golden pheasant.

fagiolino, *m.* French bean; string bean: (*cucina*) **fagiolini all'agro**, boiled string beans with oil and vinegar (*o* lemon).

fagiòlo, *m.* **1** bean: **pane abbrustolito e fagioli**, toast and beans **2** (*bot.*, *Phaseolus vulgaris*) kidney-bean **3** (*studente del secondo anno d'università*) second-year University student; sophomore (*USA*). ● (*bot.*) **f. di Spagna** (*Phaseolus coccineus*), scarlet runner □ (*fig.*, *fam.*) **capitare a f.**, to arrive just at the right moment □ (*fig.*, *fam.*) **Mi andava a f.**, it suited me to a t; it was just what I wanted.

fàglia (1), *f.* (*geol.*, *miner.*) fault: **piano di f.**, fault plane; **f. longitudinale**, strike fault; **f. a gradinata**, step fault; **f. obliqua**, oblique fault.

fàglia (2), *f.* (*tessuto di seta*) faille.

fagocita, *V.* **fagocito**.

fagocitare, *v. t.* **1** (*biol.*) to phagocyte; to phagocytize **2** (*fig.*: *assorbire*) to absorb; to engulf; to swallow up.

fagocito, *m.* (*biol.*) phagocyte.

fagocitòsi, *f.* (*biol.*) phagocytosis.

fagottista, *m.* e *f.* (*mus.*) bassoonist.

fagòtto, *m.* **1** bundle **2** (*mus.*) bassoon: **viola da f.**, bassoon viol **3** (*fig.*: *persona goffa*) awkward person. ● (*fam.*) **far f.**, to bundle off; to pack up and leave.

fàida, *f.* (*stor.*) feud.

fài-da-te, *loc. sost. m. invar.* do-it-yourself.

faille, *V.* **fàglia (2)**.

faina, *f.* (*zool.*, *Martes foina*) beech-marten.

falange, *f.* **1** (*stor.*, *anat.*) phalanx* **2** (*fig.*: *moltitudine*) host; multitude.

falangétta, *f.* (*anat.*) terminal phalanx*.

falangina, *f.* (*anat.*) middle (*o* second) phalanx*.

falangismo, *m.* (*polit.*) Falangism.

falangista (1), *m.* e *f.* (*polit.*) Falangist.

falangista (2), *m.* (*zool.*, *Trichosurus*) phalanger; bush-tailed opossum.

falanstèrio, *m.* **1** (*stor.*, *econ.*) phalanstery **2** (*grosso caseggiato*) big tenement house.

falaròpo, *m.* (*zool.*, *Phalaropus*) phalarope.

falasco, *m.* (*bot.*, *Carex*) sedge.

falcare, **A** *v. t.* (*piegare a guisa di falce*) to bend* (st.) in a sickle-shape. **B** *v. i.* (*equitazione*) to curvet.

falcata, *f.* **1** (*equitazione*) falcade; curvet **2** (*sport*: *di marciatore*) stride **3** (*di falco*) swoop.

falcato, *a.* **1** (*anche bot.*, *zool.*) falcate **2** (*di carro da guerra*) scythed: **un carro f.**, a scythed chariot. ● **la luna falcata**, the crescent (*o* falcated) moon.

falce, *f.* (*con impugnatura lunga*) scythe; (*con impugnatura corta*) sickle, reap-hook. ● **f. di luna**, crescent; sickle □ (*polit.*) **f. e martello**, hammer and sickle □ (*fig.*) **mettere la f. all'altrui messe**, to interfere in other people's business.

falcétto, *m.* sickle; reaping-hook.

falchétta, *f.* (*naut.*) gunwale; gunnel.

falchétto, *m.* (*zool.*) falconet.

falciante, *a.* − (*di mitragliatrice*) **tiro f.**, raking fire.

falciare, *v. t.* **1** (*agric.*) to scythe; to cut* down; (*con una macchina*) to mow* **2** (*fig.*) to mow* down.

falciata, *f.* **1** stroke (*o* sweep) of the scythe **2** (*l'erba tagliata in una f.*) swath. ● **dare una f. al prato**, to give the meadow a go with the scythe (*fam.*); to mow the lawn (*prato di giardino*, *di parco*).

falciatóre, *m.* scytheman*; mower.

falciatrice, *f.* **1** mower **2** (*macchina falciatrice*) mowing-machine; (*di giardino*) lawn-mower; (*a forbice*) motor-scythe.

falciatura, *f.* **1** mowing; scything; cutting **2** (*periodo della f.*) mowing-time.

falcìdia, *f.* **1** reduction; cut **2** (*strage*) massacre **3** (*fig.*) drastic elimination **4** (*stor.*, *leg.*) Falcidian portion. ● **subire una vera f.**, to be drastically reduced.

falcidiare, *v. t.* **1** to reduce; to cut* (down) **2** (*fig.*) to massacre.

falcifórme, *a.* falcate(d); sickle-shaped.

falcióne, *m.* scythe; fodder-cutter.

falco, *m.* **1** (*zool.*, *Falco*) hawk; (*giovane*, *da addestrare*) eyas; (*addestrato secondo l'uso medioevale*) falcon: **con occhi di f.**, hawk-eyed **2** (*fig.*: *persona rapace*) vulture **3** (*polit.*) hawk: **i falchi e le colombe**, the hawks and the doves. ● (*zool.*) **f. barletta** (*o* **lodolaio**) (*Falco subbuteo*), hobby □ (*zool.*) **f. di palude** (*Circus aeruginosus*), marsh harrier; duck-hawk □ (*zool.*) **f. pescatore** (*Pandion haliaetus*), fish hawk; osprey; ossifrage; breakbones □ (*polit.*) **l'essere un «falco»**, hawkishness.

falconara, *f.* **1** hawkery **2** (*mil.*: *feritoia*) embrasure.

falcóne, *m.* **1** (*zool.*, *Falco*) falcon **2** (*costr.*) derrick. ● **caccia col f.**, hawking.

falconeria, *f.* falconry; hawking.

falconétto, *m.* (*stor.*) falconet.

falconière, *m.* falconer.

falda, *f.* **1** (*geol.*) stratum*; layer; (*di roccia*) slab: **una f. freatica**, a water-bearing stratum; **una f. impermeabile**, an impermeable stratum **2** (*di neve*) flake: **Nevica a larghe falde**, the snow is falling in large flakes **3** (*di un abito da cerimonia*) tail: **un abito a falde**, a tail-coat; tails (*pl.*) **4** (*di cappello*) brim **5** (*di monte*) slope **6** (*di armatura*) back-piece **7** (*di sella*) skirt **8** (*di tetto*) pitch **9** (*di ovatta*) lap. ● (*fig.*) **attaccarsi alle falde di q.**, to dog sb. (*fam.*).

faldato, *a.* (*geol.*) stratified; layered.

faldistòrio, *m.* (*relig.*) faldstool.

falegname, *m.* carpenter; (*che fa lavori più leggeri e raffinati*) joiner: **una morsa da f.**, a carpenter's vice; **un banco da f.**, a carpenter's (*o* a joiner's) bench.

falegnameria, *f.* **1** carpentry; joinery **2** (*bottega di falegname*) carpenter's (*o* joiner's) shop.

falèna, *f.* (*zool.*) moth.

fàlera, *f.* (*archeol.*) phalera*.

falèrno, *m.* Falernian (wine).

falès(i)a, *f.* (*geol.*) cliff.

falla, *f.* (*anche naut.*) leak: **chiudere una f.,** to stop a leak. ● (*radio*) **f. di griglia,** grid leak □ (*fig.*) **tamponare una f.,** to fill a gap.
fallace, *a.* fallacious; misleading; deceptive.
fallàcia, *f.* fallaciousness; fallacy.
fallare, *v. i.* (*raro*) to be at fault; to be mistaken; to err: **Posso aver fallato,** I may have been at fault. ● (*prov.*) **Chi non fa, non falla,** he who makes no mistakes, makes nothing.
fallibile, *a.* fallible; liable to err (*o* to be mistaken): **Tutti gli uomini sono fallibili,** all men are fallible.
fallibilità, *f.* fallibility; liability to err.
fallicismo, *m.* phallicism; phallism.
fàllico, *a.* (*anche psic.*) phallic: **simbolo f.,** phallic symbol.
fallimentare, *a.* 1 (*leg.*) bankruptcy (*attr.*): **procedura f.,** bankruptcy proceedings (*pl.*); **tribunale f.,** Bankruptcy Court 2 (*fig.: disastroso*) ruinous; disastrous.
fallimento, *m.* 1 (*leg.*) bankruptcy: **curatore del f.,** trustee in bankruptcy; official receiver; **dichiarazione di f.,** adjudication of bankruptcy 2 (*econ., fin.*) smash; crash: **il f. di una società,** the crash of a company 3 (*fig.*) failure; flop; (*a teatro*) fiasco: **il f. del mio piano,** the failure of my plan. ● (*leg.*) **attivo (passivo) del f.,** bankrupt's assets (liabilities) □ **fare f.,** to go bankrupt; (*fig.*) to meet with failure.
fallire, **A** *v. i.* 1 (*leg.*) to go* bankrupt; to become* bankrupt; to fail 2 (*econ., fin.*) to smash (up); to crash 3 (*fig.*) to fail: **Il tentativo è fallito,** the attempt has failed 4 (*venir meno*) to fall* short (of): **f. all'aspettativa,** to fall short of expectations. **B** *v. t.* to miss: **f. il colpo,** to miss the mark (*anche fig.*); to muff the shot (*fam.*). ● **cercare di far f. un'impresa,** to rock the boat (*fig.*).
fallito, **A** *a.* 1 (*leg.*) bankrupt 2 (*fig.*) unsuccessful. **B** *m.* 1 (*leg.*) bankrupt 2 (*fig.*) unsuccessful person; failure: **essere un f.,** to be a failure.
fallo (1), *m.* (*errore*) fault (*anche in un gioco*); error; offence: **essere in f.,** to be at fault; **commettere un grave f.,** to commit a serious offence; to make a bad mistake; (*tennis*) **doppio f.,** double fault; (*tennis*) **f. di piede,** foot-fault. ● (*calcio*) **f. di mano,** hands □ (*calcio*) **f. laterale,** (ball in) touch □ **cogliere q. in f.,** to catch sb. out □ **mettere un piede in f.,** to slip; (*fig.*) to take a false step □ **senza f.,** without fail □ **La memoria mi fa f.,** memory fails me.
fallo (2), *m.* (*anat.*) phallus*.
fallòcrate, *m. e f.* phallocrat.
fallocràtico, *a.* phallocratic.
fallocrazìa, *f.* phallocracy.
fallosità, *f.* faultiness; defectiveness.
fallóso, *a.* 1 faulty; defective 2 (*sport*) foul; rough.
falò, *m.* bonfire: **Dovresti farne un f.,** you should make a bonfire of it 2 (*per segnale*) beacon.
falòppa, *f.* defective cocoon.
falpalà, *m.* flounce; frill; ruffle.
falsaménte, *avv.* falsely; deceitfully; insincerely.
falsare, *v. t.* 1 (*alterare*) to distort; to alter; to misrepresent 2 (*falsificare*) to falsify; (*monete*) to counterfeit; (*documenti*) to forge.
falsarìga, *f.* 1 guide sheet of ruled paper 2 (*fig.*) model; pattern. ● **sulla f. di,** along the lines of.
falsàrio, *m.* 1 (*di firma, scrittura, documenti, banconote*) forger; falsifier; counterfeiter 2 (*di monete metalliche*) coiner.
falsatura, *f.* insertion; «entre-deux» (*franc.*).
falsétto, *m.* (*mus.*) falsetto: **cantare in f.,** to sing falsetto.
falsificàbile, *a.* falsifiable.
falsificare, *v. t.* 1 to falsify; to fake: **f. un dipinto,** to fake a painting; **f. una notizia,** to falsify a piece of news 2 (*firma, scrittura, ecc.*) to forge; to counterfeit: **f. un testamento,** to forge a will.
falsificatóre, *m.* forger; falsifier; counterfeiter.
falsificazióne, *f.* 1 falsification 2 (*di firma, documenti, ecc.*) forgery; counterfeiting.
falsità, *f.* 1 falseness; falsity 2 (*doppiezza*) duplicity; deceitfulness 3 (*menzogna*) falsehood; lie; untruth: **dire una f.,** to tell a falsehood. ● **f. di comportamento,** double-dealing.
falso (1), *a.* 1 (*in molti casi*) false: **un amico, passo, allarme, ecc.), f.,** a false friend (step, alarm, etc.); (*anat.*) **costola falsa,** false rib (*mus., fig.*) **nota falsa,** false note; (*sport*) **partenza falsa,** false start 2 (*erroneo*) false; wrong; unfounded (*inconsistente, non vero*): **una conclusione falsa,** a wrong (*o* a false) conclusion; **f. sospetto,** unfounded suspicion; **notizia falsa** unfounded (*o* false) report 3 (*bugiardo, traditore, ecc.*) false; lying; deceitful; treacherous 4 (*fasullo*) false; sham; bogus; spurious; (*specialm. di mobile antico, d'opera d'arte*) fake; (*di gioiello, ecc.*) imitation (*spesso usati come sost.*): **un f. Rubens,** a fake Rubens; **Le sedie impero sono false,** the empire chairs are fakes; **rubino f.,** imitation ruby; **Il rubino è f.,** the ruby is an imitation; **È tutto f., non c'è una parola di vero,** it's all sham; there's not a word of truth in it 5 (*falsificato*) forged; counterfeit; false (*raro*): **firma (banconota) falsa,** forged signature (banknote); **una moneta falsa,** a counterfeit coin; a duffer (*pop.*). ● (*fis.*) **falsa immagine,** ghost □ **falsa modestia,** mock modesty □ (*leg.*) **falsa testimonianza,** perjury □ **documento f.,** forgery □ **fare un passo f.,** to take a false step (*anche fig.*) □ **luce falsa,** misleading light □ (*fig.*) **mettere in falsa luce,** to misrepresent □ **notizia (giornalistica) falsa,** canard □ **Quella ragazza è una falsa magra,** that girl isn't so thin as she looks □ **Le tue parole suonano false,** your words do not ring true.
falso (2), *m.* 1 falsehood: **distinguere il vero dal f.,** to distinguish truth from falsehood (*o* what is true from what is false) 2 (*fig.*) forgery: **Quella firma è un f.,** that signature is a forgery; **commettere un f.,** to commit a forgery 3 (*opera d'arte contraffatta*) fake; imitation. ● (*leg.*) **giurare il f.,** to commit perjury □ **essere nel f.** (*sbagliare*), to be mistaken □ (*leg.*) **reo di f. in atto pubblico,** liable for forging a notarial (or other public) deed □ (*leg.*) **testimoniare il f.,** to bear false witness.
falsopiano, *m.* apparently flat ground.
fama, *f.* 1 (*celebrità*) fame; renown: **f. imperitura,** undying fame; **uno scienziato di f. mondiale,** a scientist of worldwide renown; **acquistare gran f.,** to win fame 2 (*reputazione*) reputation; name; repute: **avere f. di essere un giudice severo,** to have the reputation of being a severe judge; **godere buona (cattiva) f.,** to have a good (a bad) name; **conoscere q. di f.,** to know sb. by repute; to know of sb.; **un uomo di dubbia f.,** a man of dubious reputation. ● **Corre (correva) f. che...,** there is (there was) a rumour that... □ **La sua f. di romanziere nacque quando pubblicò il suo primo volume,** as a novelist he was made when he published his first volume.
fame, *f.* 1 (*anche fig.*) hunger: **gli stimoli della f.,** the pangs of hunger; **cascare dalla f.,** to be faint with hunger; **morire di f.,** to die of hunger; to be simply starving; **f. di avventura (di piaceri, ecc.),** hunger for adventure (pleasure, etc.) 2 (*tale da portare a una condizione patologica o alla morte*) starvation: **morire di f.,** to die of starvation; **salario di f.,** starvation wages. ● **avere f.,** to be hungry □ **avere una f. da lupo,** to be ravenous □ **avere f. di gloria,** to hunger for glory □ **brutto come la f.,** as ugly as sin □ **far morire q. di f.,** to starve sb. to death □ **fare lo sciopero della f.,** to go on (a) hunger strike □ **lungo come la f.,** interminable □ (*fig.*) **un morto di f.,** a poor wretch (*o* devil) □ **persona brutta come la f.,** scarecrow of a person □ (*mil.*) **prendere per f.,** to starve into submission □ **soffrire la f.,** to be starved; to be starving; to starve.
famèdio, *m.* memorial chapel.
famèlico, *a.* ravenous; famished; starving.
famigerato, *a.* notorious; ill-famed.
famiglia, *f.* 1 family: **la Sacra F.,** the Holy Family; **una f. antica,** an old family; **di buona f.,** of good family; **aria (*o* somiglianza) di f.,** family likeness; **il capo di f.,** the head of the family; **Hai f.?,** have you any family?; **il capostipite della f.,** the founder of the family; **vincoli di f.,** family ties; **in seno alla f.,** in the bosom of one's family; **trattare q.c. in f.,** to keep st. in the family; **la f. reale,** the royal family; **una festa di f.,** a family celebration (*o* party); **un lutto di f.,** a death in the family 2 (*persone consanguinee, dipendenti e altri che vivono in una stessa casa*) household: **fare parte della f.,** to be a member of the household 3 (*in quanto sede di virtù domestiche*) home; hearth and home (*specialm. retor.*): **difendere la f.,** to defend hearth and home 4 (*zool., bot.*) family. ● **avere la f. a carico,** to have to support one's family □ **essere di f. con q.,** to be on familiar terms with sb. □ (*di persona*) **essere la disgrazia (*o* la rovina) della f.,** to be the black sheep (of the family) □ **mettere su f.,** to marry and set up house □ **passare la serata in f.,** to spend the evening at home with one's family □ **un segreto di f.,** a skeleton in the cupboard □ (*fig.*) **il sostegno della f.,** the breadwinner □ **tornare in f.,** to go back home □ **un uomo tutto f.,** a family man □ **Sono padre (madre) di f. anch'io,** I am a father (a mother) too.
famigliare, e *deriv.* V. **familiare,** e *deriv.*
famiglio, *m.* Town Hall attendant 2 (*servo*) servant.
famigliòla, *f.* – (*bot.*) **f. buona** (*Armillaria mellea*), honey mushroom.
familiare, **A** *a.* 1 family (*attr.*); domestic: **la vita f.,** family life; **cure familiari,** domestic cares; **faccende familiari,** family matters 2 (*fig.*) familiar: **La storia di quegli anni mi è f.,** I am familiar with the history of those years 3 (*semplice, senza cerimonie*) informal; homely: **un'accoglienza f.,** a homely welcome 4 (*consueto*) customary. ● **avere modi familiari,** to have an unaffected manner □ **linguaggio f.,** ordinary (*o* everyday) language. **B** *m.* member of the family; (*parente*) relation, relative. **C** *f.* (*autom.*) (station-)wagon.
familiarità, *f.* 1 familiarity: **Mi servì la mia f. con il dialetto,** my familiarity with the local dialect came in useful 2 (*confi-*

familiarizzare

denza) familiarity; informality.
familiarizzare, *v. i.* **familiarizzarsi,** *v. rifl.* **1** to familiarize oneself, to make* oneself familiar (with st.) **2** (*con una persona*) to become* friendly, to become* familiar (with sb.).
familiarménte, *avv.* with familiarity.
famóso, *a.* **1** famous; celebrated; renowned **2** (*famigerato*) notorious; ill-famed.
fan (*ingl.*), *m.* fan.
fanale, *m.* **1** lamp; (*lanterna*) lantern: **fanali stradali,** street lamps; **un f. di carrozza,** a carriage lamp **2** (*naut.*) light; lamp: **f. di fonda,** anchor light; riding-light; **f. di poppa,** stern light; **fanali di via,** navigation lights; **f. da segnali,** signal lamp **3** (*autom.*) light: **f. anteriore,** head-light; **f. di coda,** tail-light; **fanali di posizione,** parking (*o* side) lights; **a fanali spenti,** with lights out.
fanaleria, *f.* lighting equipment; lights (*pl.*); lamps (*pl.*).
fanalino, *m.* – **f. di coda,** tail-lamp; tail-light; (*fig.*) tail-ender; (*fig.*) **essere il f. di coda,** to be last; to bring up the rear.
fanalista, *m.* **1** (*di faro*) lighthouse-keeper **2** (*di lampioni*) lamp-lighter.
fanàtico, A *a.* fanatic(al): **un credente f.,** a fanatical believer; **essere f. per q.c.,** to be a fanatic for st. **B** *m.* fanatic; zealot; (*sostenitore accanito*) fan (*fam.*). ● **f. del ballo classico,** balletomane □ **f. della disciplina** (*della precisione, ecc.*), martinet.
fanatismo, *m.* **1** fanaticism **2** (*eccessivo entusiasmo*) wild enthusiasm; mania; craze.
fanatizzare, *v. t.* to fanaticize; to arouse fanaticism (in sb.).
fanciulla, *f.* (young) girl.
fanciullàccia, *f.* (*bot.*, *Nigella damascena*) love-in-a-mist.
fanciullàggine, *f.* childishness; puerility.
fanciullata, *f.* childish (*o* puerile) action.
fanciullésco, *a.* **1** childish; child-like; children's (*attr.*) **2** (*puerile*, *sciocco*) puerile; trivial.
fanciullézza, *f.* **1** childhood **2** (*fig.*) infancy; childhood; dawn.
fanciullo, A *m.* (young) boy; little boy. ● (*fig.*) **eterno f.,** person who has not grown up. **B** *a.* (*fig.*: *agli inizi*) in its early stages; young.
fanciullóne, *m.* (*fig.*) big baby; booby.
fandango, *m.* (*mus.*) fandango.
fandònia, *f.* (*piece of*) nonsense; (*frottola*) story; lie; fib (*fam.*): **raccontare fandonie,** to talk nonsense; **Sono tutte fandonie,** that's all nonsense; **Fandonie!,** nonsense!; humbug!; fiddlesticks!
fanèllo, *m.* (*zool.*, *Carduelis cannabina*) linnet; redpoll. ● **f. nordico** (*Carduelis flavirostris*), twite.
fanerògama, *f.* (*bot.*) phanerogam.
fanerògamo, *a.* (*bot.*) phanerogamous; phanerogamic.
fanfaluca, *f.* (*piece of*) nonsense; story.
fanfara, *f.* (*mus.*) **1** (*composizione per banda*) fanfare **2** (*banda*) brass-band: **una f. militare,** a military band.
fanfaronata, *f.* brag; boastful talk; swagger; gasconade.
fanfaróne, *m.* braggart; boaster; swaggerer. ● **fare il f.,** to brag; to boast; to show off.
fangàia, *f.* muddy stretch of road.
fangatura, *f.* (*med.*) mud-bath.
fanghiglia, *f.* **1** soft (*o* wet) mud; slush **2** (*geol.*) slime; ooze.
fango, *m.* **1** mud (*anche geol.*); mire (*lett.*); sludge; (*viscido*) slime: **un vulcano di f.,** a mud volcano; (*anche fig.*) **rotolarsi** (*o* **guazzare**) **nel f.,** to wallow in the mire; (*anche fig.*) **gettare f. addosso a q.,** to throw mud at sb. **2** (*pl.*, *med.*) mud-baths: **andare ai fanghi,** to go to the mud-baths; to go to a spa (for the mud-baths) **3** (*pl.*, *ind.*) mud (*sing.*); sediment (*sing.*); sludge (*sing.*): **collettore dei fanghi,** mud-drum **4** (*fig.*: *miseria morale*) degradation; filth. ● (*fig.*) **cadere nel f.,** to fall very low; to go to the dogs □ (*fig.*) **raccogliere q. dal f.,** to take sb. out of the gutter.
fangosità, *f.* muddiness.
fangóso, *a.* **1** muddy; miry; slimy **2** (*fig.*) depraved; corrupt; low.
fangoterapia, *f.* (*med.*) pelotherapy.
fannullóne, *m.* **1** idler; loafer; lounger; yob; yobbo (*spreg.*); (*pigrone*) lazy-bones (*fam.*): **C'erano alcuni fannulloni davanti al caffè,** there were a few loungers in front of the café.
fanóne, *m.* **1** whalebone **2** (*relig.*) fanon.
fànotron, *m.* (*elettron.*) phanotron.
fantaccino, *m.* foot soldier; infantryman*; mud-crusher (*pop.*).
fantapolitica, *f.* politics fiction.
fantapolitico, *a.* politics-fiction (*attr.*).
fantascientifico, *a.* science-fiction (*attr.*); sci-fi (*acronimo fam.*): **un racconto f.,** a sci-fi story.
fantascienza, *f.* science fiction.
fantasìa, A *f.* **1** (*facoltà immaginativa*) imagination: **f. accesa** (**sbrigliata, morbosa, ecc.**), vivid (untrammelled, morbid, etc.) imagination; **Non può fare il romanziere, non ha f.,** he can't be a novelist, he has no imagination **2** (*l'immaginare cose fantastiche, spesso soprannaturali*) fantasy; phantasy (*lett.*): **Per mettere in scena una fiaba ci vuole f.,** to stage a fairy-tale you must have fantasy **3** (*fisima, capriccio, fantasticheria*) fancy; whim; caprice: **Mi era venuta la f. di tornare in quei luoghi,** I had a fancy to go back to the place; **È abituata a levarsi ogni f.,** she's accustomed to satisfying her every whim; **Le fantasie di un convalescente,** the fancies (*o* the whims) of a convalescent; **Queste fantasie sparivano con la luce del giorno,** these fancies disappeared in the light of day **4** (*moda, ecc.*) fancy (*attr.*); (*contrario di «tinta unita»*) pattern, design, print (*stampato, anche «imprimé»*): **articoli di f.,** fancy goods; **Quest'anno le fantasie sono bruttissime,** patterns are hideous this year; **Portava una f. bianca e nera,** she was wearing a black and white print; **Vorrei una f. a fiori per le tende,** I should like a flowery design for the curtains **5** (*mus.*) «fantasia»; (*di compositore ingl. del Seicento o Settecento*) fancy. ● **perdersi in fantasie,** to lose oneself in day-dreams. **B** *a.* (*moda*) fancy (*attr.*); (*contrario di tinta unita*) patterned: **seta f.,** patterned silk. ● **gioielli f.,** imitation jewellery (*sing.*).
fantasiosaménte, *avv.* fancifully; imaginatively.
fantasióso, *a.* fanciful; fantastic; imaginative; (*irreale*) imaginary; (*strano, grottesco*) quaint, bizarre, odd: **uno scrittore f.,** a fanciful writer; **disegni fantasiosi,** fanciful drawings.
fantasista, *m.* e *f.* variety (*o* cabaret) artist; entertainer.
fantasma, A *m.* **1** (*spettro*) ghost; phantom; spectre: **Sembravo un f.,** I looked like a ghost **2** (*prodotto della fantasia*) fancy; figment; fantasy: **f. poetico,** poetic fancy; figment of the imagination. ● **essere il f. di se stesso,** to be the shadow of one's former self □ **Ero pallido come un f.,** I looked as though I had seen a ghost. **B** *a.* phantom; ghost (*attr.*): **governo f.,** phantom government; **parola f.,** ghost word. ● (*polit., raro*) **gabinetto f.,** shadow cabinet.
fantasmagoria, *f.* **1** phantasmagoria; phantasmagory **2** (*fig.*) fancy: **avere la testa piena di fantasmagorie,** to have one's head full of fancies.
fantasmagòrico, *a.* phantasmagoric(al).
fantasticare, A *v. t.* to dream* about: **Cosa stai fantasticando?,** what are you dreaming about? **B** *v. i.* to day-dream*; to let* one's imagination run away with one.
fantasticheria, *f.* day-dream; fancies (*pl.*); idle thoughts (*pl.*); reverie: **perdersi in fantasticherie,** to be lost in reverie.
fantàstico, *a.* **1** fantastic(al); fanciful **2** (*bizzarro*) eccentric; queer; odd; whimsical **3** (*fam.*: *straordinario*) marvellous; wonderful; terrific.
fante, *m.* **1** (*soldato*) infantryman*; foot-soldier **2** (*di carte da gioco*) knave, jack: **il f. di cuori,** the knave (*o* jack) of hearts. ● (*prov.*) **Scherza coi fanti e lascia stare i santi,** a bit of fun is all right, but you mustn't joke about holy things.
fanteria, *f.* (*mil.*) infantry; (*contrapposto a cavalleria*) foot: **Il principe Eugenio mandò un reggimento di f.,** Prince Eugene sent a regiment of foot. ● **f. carrista,** tank corps; troopers (*pl.*) □ **f. di marina,** (the) marines.
fantésca, *f.* maid; wench (*arc. o scherz.*).
fantino, *m.* jockey.
fantocciàio, *m.* puppet-maker.
fantòccio, A *m.* puppet (*anche fig.*); (*di cenci*) rag-doll. ● **essere solo un f. nelle mani di q.,** to be a mere tool in sb.'s hands. **B** *a.* – **governo f.,** puppet government.
fantolino, *m.* (*lett.*) infant; child*; baby.
fantomàtico, *a.* **1** (*spettrale*) spectral; phantom (*attr.*); ghostly **2** (*inafferrabile*) elusive; chimerical.
farabutto, *m.* rascal; rogue; crook; swindler.
fàrad, *m.* (*elettr.*) farad.
faràdico, *a.* (*elettr.*) faradaic, faradic.
faradizzazióne, *f.* (*med.*) faradization.
faraglióne, *m.* stack; (*isolated*) crag (in the sea); (needle-shaped marine) rock.
faraóna, *f.* (*zool.*, *Numida meleagris*) guinea-fowl; (*la femmina, anche*) guinea-hen.
faraóne, *m.* **1** (*stor.*) Pharaoh **2** (*gioco*) faro.
faraònico, *a.* (*stor.*) pharaonic.
fàrcia, *f.* (*cucina*) stuffing, force-meat.
farcino, *m.* (*vet.*) farcy.
farcire, *v. t.* (*cucina*) to stuff (*anche fig.*); to farce.
fardèllo, *m.* bundle; burden (*anche fig.*): **un f. di crucci,** a burden of cares. ● **far f.,** to pack up and leave.
fare (1), A *v. t.* **1** (*generico, astratto e nel senso di «agire»*) to do*: **f. q.c. bene,** to do st. well; **f. del bene** (**del male**) **a q.** (**q.c.**), to do good (harm) to sb. (to st.); **Farò del mio meglio,** I shall do my best; **Farò di tutto** (*o* **farò il possibile**) **per persuaderlo,** I shall do everything in my power) to persuade him; **Che si fa (di bello)?,** (*cosa facciamo?*) what shall we do?; well? (*fam.*); (*cosa fate?*) what are you doing?; what's going on? (*fam.*); **avere molto da f.,** to have a lot to do; **f. a meno di q.c.,** to do without st.; **Io non ci ho che f.,** I've got nothing to

fare (1)

do with it **2** (*creare, fabbricare, manipolare, formare, costruire, cucinare, confezionare; anche generico*) to make*: **f. una casa** (**un vestito, una legge, un soufflé, ecc.**), to make a house (a dress, a law, a soufflé, etc.); **f. il fieno**, to make hay; **f. una scoperta**, to make a discovery; **f. quattrini**, to make money; **Non fa nessuna differenza**, it makes no difference; **Che ora fai?**, what time do you make it?; what time is it by your watch?; **Io faccio le 3**, I make it three o'clock; it's three o'clock by my watch; **f. le boccacce**, to make faces **3** (*rendere*) to make*; (*trasformare*) to turn into: **Ne hanno fatto un eroe**, they've made a hero of him; **Quella ragazza lo farà felice**, that girl will make him happy; **fare un baule da una cassa di sapone**, to turn a soap-box into a trunk; to make a trunk out of a soap-box **4** (*dire*) to say*: «**Non posso**», feci io, «I can't», said I **5** (*dare, attribuire*) to give*: **f. credito a q.**, to give sb. credit **6** (*agire come, agire per; recitare*) to act: **f. le veci di q.**, to act for sb.; to act as sb.'s deputy; **Non f. l'ingenua!**, don't act the ingénue!; **Faccio una parte secondaria**, I act (*o* play) a secondary part; **Chi sa perché faccio così!**, I wonder why I am acting like this! **7** (*fingere*) to pretend; to feign: **f. l'ignorante**, to pretend to be ignorant; to feign ignorance; **f. il morto**, to pretend to be dead; to feign death **8** (*dedicarsi, darsi a*) to go* in for: **f. della politica** (**del ciclismo, ecc.**), to go in for politics (for sport, for cycling, etc.) **9** (*pulire, rassettare*) to clean; to do*; to make*: **f. una stanza**, to clean (*fam.:* to do) a room; **f. i letti**, to make the beds **10** (*fam.: credere, reputare*) to think*; to believe: **Non la facevo così suscettibile**, I did not think she was so touchy **11** (*procreare*) to bear*; to have: **La nostra gatta ha fatto tre gattini**, our cat has had three kittens **12** (*fam.: trascorrere, passare*) to spend*; to do*: **Dove hai fatto le vacanze?**, where did you spend your holidays?; **Ha fatto cinque anni di prigione**, he has done five years in prison **13** (*percorrere*) to go* (*o altro verbo di moto*); to do*: **f. molta strada**, to go a long way; **f. venti miglia a piedi** (**a cavallo, in automobile, ecc.**), to walk (to ride, to drive, etc.) twenty miles; **Quell'automobile fa cento miglia all'ora**, that car does a hundred miles an hour **14** (*avere*) to have: **f. un sogno**, to have a dream; to dream a dream; **f. un bagno**, to have a bath (*per pulizia*); to have a bathe (*per sport*) **15** (*in certi casi*) to take*: **f. un passo**, to take a step (*anche fig.*); **f. un esame**, to take (*o* to sit for) an exam **16** (*per evitare la ripetizione di un verbo*) to do*: **Rispondi come fa Agnese e sarai a posto**, answer as Agnes does, and you'll be all right; «**Posso guardare?**» «**Faccia pure!**», «may I look?» «please do» **17** (*seguito da inf. con senso attivo*) to make* (*in genere, o con costrizione*); to get* (*persuadere*); to let* (*permettere*); to cause (*causare*); to order, to bid* (*ordinare*); (*seguito da inf. con senso passivo*) to have, to get*: **Non farmi ridere**, don't make me laugh; **Non mi f. arrabbiare**, don't make me angry; **Glielo farò f. a tutti i costi**, I'll make him do it at any cost; **Glielo feci f. più grande**, I made him make it bigger; **Lo feci f. in pelle**, I had it made in leather; **Fallo f. subito**, get it done at once; **Fallo riparare dall'orologiaio**, get it repaired by the watchmaker; get the watchmaker to repair it; **Fammi vedere**, let me see; **Fu una bomba che fece cadere l'aeroplano**, it was a bomb that caused the plane to crash; **Il generale fece costruire un ponte di legno**, the general ordered a wooden bridge to be built **18** (*in molti casi un solo verbo ingl. corrisponde a* «**fare**» *e al suo compl. ogg.*): **f. la barba a q.**, to shave sb.; **f. il broncio**, to sulk; **f. il carico**, to load; **f. la coda**, to queue; **f. colazione**, to (have) lunch; **f. mostra** (*o*, *fam.:* **finta**), to pretend; **f. fuoco** (*sparare*) to fire; **f. male a q.**, to hurt sb.; (*nuoto*) **f. il morto**, to float on one's back; (*autom.*) **f. il pieno**, to fill up; **f. un sorriso**, to smile; **f. un sospiro**, to sigh; **f. un urlo**, to shout; **f. le valigie**, to pack; **f. il viso rosso**, to blush. **B** *v. i.* **1** (*essere, in aritmetica; di mestieri, ecc.*) to be: **f. caldo** (**freddo**), to be hot (cold); **Fa bel tempo**, it is fine weather; **f. presto**, to be quick; **Fa lo stesso**, it's all the same; **Tre più quattro fa sette**, three and four is seven; **f. il marinaio** (**lo spazzino, il chirurgo, ecc.**), to be a sailor (a roadsweeper, a surgeon, etc.) **2** — **f. per**, (*essere adatto*) to suit; (*accingersi a*) to be about to, to be on the point of, to start: **Sarà un buon posto, ma non fa per me**, it may be a good job, but it doesn't suit me (*o* it's not my cup of tea; it's not what I want); **Fece per entrare, ma poi ci ripensò**, he was about (*o* he made) to enter, but then thought better of it; **Fece per andarsene, ma poi si sedette di nuovo**, he was on the point of leaving (*o* he made for the door), but then sat down again **3** — **f. a** (*giocare*), to play at: **f. a mosca cieca**, to play at blindman's buff **4** — **f. da**, (*di persona*) to be (like); (*di cosa*) serve as (*o* for): **Le ha fatto da padre**, he was (like) a father to her; **Questa cassa farà da sedile**, this case will serve as a seat. ● (*di nave, ecc.*) to leak; (*fig.*) to be full of holes: **Il ragionamento di Murphy faceva acqua da tutte le parti**, Murphy's argument was full of holes □ **f. all'amore**, to make love □ **f. amicizia con q.**, to make friends with sb. □ **f. a pugni**, to fight; to come to blows □ **f. aspettare q.**, to keep sb. waiting □ **f. attenzione**, to pay attention (*dar retta*) □ **f. (una) bella figura**, to cut a fine figure; to cut a dash □ **f. un brindisi**, to drink a toast □ **f. brutta figura**, to cut a poor figure □ **f. cilecca**, to misfire □ **f. due passi**, to go for a stroll □ (*lett. o scherz.*) **f. d'uopo**, to be strictly necessary □ **f. entrare** (**uscire**) **q.**, to let sb. in (out) □ **f. l'erba**, to mow (*o* to cut) the grass □ **f. un errore**, to make a mistake □ **f. fagotto**, to pack up □ **f. festa** (*smettere di lavorare*) **alle 6**, to knock off at 6 □ (*pop.*) **f. la festa** (*o* **la pelle**) **a q.**, to bump sb. off; to do sb. in □ **f. fortuna**, to get on in the world; to make one's fortune □ **f. fronte al nemico**, to face the enemy □ (*pop.*) **f. fuori q.**, to do sb. in □ **f. furore** (*detto di libro, spettacolo, ecc.*), to be all the rage □ **f. una gita in automobile** (*o* **in carrozza**), to take a drive □ **f. lo gnorri**, to pretend not to know □ **f. la guerra**, to make (*o* to wage) war □ **f. in modo di...**, to try and...: **Fa' in modo di venire!**, try and come! □ **f. in tempo a**, to be in time to: **Feci appena in tempo a prendere l'autobus**, I was just in time to catch the bus □ **f. lezione**, to teach; (*all'università*) to lecture □ **f. naufragio**, to be shipwrecked □ **f. notare q.c. a q.**, to point out st. to sb. □ **f. la pace**, to make peace □ **f. pagare**, to charge: **Quanto lo fate pagare?**, how much do you charge for it? □ **f. pagare troppo**, to overcharge □ **f. una passeggiata**, to go for a walk □ **f. poco caso di**, to make light of □ **f. posto a q.**, to make room for sb. □ (*di colla*) **f. presa**, to stick □ **f. i** (*badare ai*) **propri affari**, to mind one's business □ **f. proseguire** (**lettere, merci, ecc.**), to forward (letters, goods, etc.) □ (*nei giochi*) **f. un punto**, to score a point □ **f. q.c. alla meglio**, to do st. carelessly □ **f. quattro chiacchiere**, to have a (nice) chat □ **f. il ritratto a q.**, to paint a portrait of sb. □ **f. sapere q.c. a q.**, to let sb. know st. □ **f. scattare una trappola**, to spring a trap □ **f. scoppiare** (*o* **f. esplodere**), to explode □ **f. scuola**, to teach; (*essere d'esempio*) to set an example □ (*di nave, autobus, ecc.*) **f. servizio**, to ply (between) □ **f. servizio dall'ottobre all'aprile**, to operate (*o* to be operative) from October to April □ **f. (si) che...**, (*provvedere*) to take care (*o* to see to it) that...; (*combinare*) to arrange; (*causare*) to cause: **Fa' che siano puntuali**, take care that they are punctual; **Fa' che si tenga una riunione al più presto**, arrange a meeting as soon as possible; **Il suo ritardo fece sì che perdessi la coincidenza**, his being late caused me to miss the connection □ **f. le uova**, to lay eggs □ **f. vela**, to set sail □ **f. venire q.**, to send for sb. □ **f. una visita a q.**, to call on sb. □ **f. vista di** (**non vedere, non sapere, ecc.**), to pretend (not to see, not to know, etc.) □ **farci la pelle**, to get used to it □ **farci un pensierino**, to think it over □ **farla a q.**, to get the better of sb.; to score off sb.; to diddle sb. (*pop.*) □ **farla franca**, to get away with it □ **farla lunga**, to draw things out □ (*fig.*) **la cosa da f.**, the name of the game (*fam.*) □ **darsi da f.**, to bestir oneself; to bustle about; to keep busy □ **strada facendo**, on the way □ **Fa lo stesso**, it is just the same; it doesn't matter □ **Fa' che non ti scorga!**, don't let him see you! □ **Fa' in modo di non farti vedere da nessuno**, take care not to be seen by anybody □ **Faresti meglio a studiare**, you had better study □ **Ce l'ho fatta!**, I've made it! □ **Non ce la faccio più**, I can't go on any more; I'm tired out; I'm fed up □ **Tutto fa** (*o* **tutto fa brodo**, *fam.*), every little helps □ **È un tipo che si dà da f.**, he's a go-getter □ **È una donna che ci sa f.**, she's a clever woman □ **Fai pure**, go ahead □ **L'hai fatta bella!**, that's torn it!; you've made a fine old hash of things □ **Lascialo f.**, leave him alone □ **Non faccio per dire!**, well, I must say...! (*fam.*) **Niente da f.!**, nothing doing! □ (*fig.*) **Non mi fa né caldo né freddo**, it's all the same to me □ **È ora di farla finita**, it's high time all this came to an end; it's time to put an end to all this □ **Falla finita!**, stop it! □ **Si fa presto a dire**, it's easy enough to talk □ **F. e disfare è tutto un lavorare**, it's all go □ (*prov.*) **Chi la fa, l'aspetti**, as they sow, so let them reap □ (*prov.*) **Chi fa per sé fa per tre**, if you want a thing (well) done, do it yourself. **farsi**, **C** *v. rifl.* **1** (*diventare*) to become*; to grow*: **f. prete** (**frate**), to become a priest (a monk); **S'è fatto meno timido** (**più uomo, più alto, ecc.**), he's grown less shy (more of a man, taller, etc.) **2** (*ordinare, combinare, fare in modo che*) to get* oneself; to have oneself: **f. misurare**, to get oneself measured; **f. annunciare** (**rappresentare, mandare altrove, ecc.**), to have oneself announced (represented, sent elsewhere, etc.) **3** (*rendersi*) to make* oneself: **f. capire** (**rispettare, ecc.**), to make oneself understood (respected, etc.) **4** (*del tempo: divenire*) to get*; to grow*: **Si fa buio** (**tardi, ecc.**), it's getting dark (late, etc.). ● **f. avanti**, to go forward □ **f. la barba**, to shave □ **f. beffe di q.**, to make fun of sb. □ (*di persona*) **f. bello**, to smarten oneself up □ **f. coraggio**, to pluck up courage; to pull oneself together; to face up to things □ **f. la** (*o* **il nodo alla**) **cravatta**, to tie one's tie □ (*fam.*) **f. fare i capelli**, to have one's hair cut □ **f. in là**, to step to one's side; to get out of the way □ **f. indietro**, to stand back □ **f. in quattro**, to do one's utmost □ **f. male**, to hurt oneself □ **f. un nemico di q.**, to make an enemy of sb. □ **f. un nome**, to make a name for oneself □ **f. notare**, (*involontariamente*) to attract attention; (*a bella posta*) to make oneself conspicuous □ **f. protestante**, to turn Protestant □ **f. una ragione**, to resign oneself (*o* to make the best of a bad job) □ (*del cielo*) **f. sereno**, to clear up □ **f. strada** (*o* **largo**), to make one's way (*anche fig.*); to clear a way for oneself □ **f. le unghie**, to trim (*o* to pare) one's nails □ **farsela addosso**, (*fam.*) to wet oneself; to do it in one's pants; (*fig.*) to be in a blue funk □ (*fam.*) **farsela con q.** (*avere rapporti amorosi con q.*), to have an affair (*o a love affair*) with sb.

fare (2), *m.* (*contegno, modo di fare*) manners (*pl.*); manner; behaviour: **Non mi piace il suo f.**, I don't like his manners; **Ha un f. molto simpatico**, he has a very pleasant manner. ● **sul f. del giorno**, at daybreak □ **sul f. della notte**, at nightfall.

farètra, *f.* quiver.
faretrato, *a.* quivered.
farfalla, *f.* **1** (*zool., diurna*) butterfly (*anche fig.*); (*notturna*) moth **2** (*fig.*: *persona leggera e volubile*) fickle person; flibbertigibbet. ● (*zool.*) **f. di mare** (*Pholis gunnellus*), gunnel □ (*fig.*) **andare a caccia di farfalle**, to trifle away one's time □ **cravatta a f.**, bow-tie □ **nuoto a f.**, butterfly (stroke) □ (*mecc.*) **valvola a f.**, butterfly valve; throttle valve.
farfallamento, *m.* (*mecc.*: *di valvole*) flutter; dancing; (*di ruota*) wobble.
farfallino, *m.* **1** (*fig.*) flibbertigibbet **2** (*cravatta*) bow-tie.
farfallista, *m. e f.* (*nuoto*) butterfly-stroke swimmer.
farfallóne, *m.* **1** (*vagheggino*) philanderer **2** (*sfarfallone*) bloomer.
farfaràccio, *m.* (*bot., Petasites officinalis*) butterbur.
tàrfaro, *m.* (*bot., Tussilago farfara*) colt's foot.
farfugliare, *v. i.* to mutter; to mumble.
farfuglióne, *m.* mutterer; mumbler.
farina, *f.* **1** meal; (*fiore*) flour: **f. di castagne**, chestnut flour; **f. di frumento**, wheat meal **2** (*min.*) flour: **f. fossile**, fossil flour. ● **f. d'avena**, oatmeal □ **f. di riso**, ground rice □ **f. gialla**, maize--meal □ **f. integrale**, wholemeal □ **f. lattea**, powdered milk □ (*fig.*) **Non è f. del tuo sacco**, it is not your own work □ (*prov.*) **La f. del diavolo va tutta in crusca**, the devil's meal is all bran.
farinàcei, *m. pl.* farinaceous (*o* starchy) foods.
farinàceo, *a.* farinaceous; starchy.
farinata, *f.* (*d'avena*) porridge; (*di grano*) wheatmeal porridge.
farinello, *m.* pollard (*usato come mangime*).
faringale, *a.* (*fon.*) pharyngeal.
faringe, *f. o m.* (*anat.*) pharynx*.
faringeo, *a.* (*anat.*) pharyng(e)al.
faringite, *f.* (*med.*) pharyngitis.
faringoiatria, *f.* (*med.*) pharyngology.
faringolaringite, *f.* (*med.*) pharyngolaryngitis*.
faringoscopia, *f.* (*med.*) pharyngoscopy.
faringoscòpio, *m.* (*med.*) pharyngoscope.
faringotomia, *f.* (*med.*) pharyngotomy.
farinoso, *a.* floury. ● **neve farinosa**, powdery snow.
farisàico, *a.* **1** Pharisaic(al); Pharisean **2** (*fig.*) pharisaic(al); hypocritical; self-righteous.
fariseismo, *m.* **1** Pharisaism, Phariseeism **2** (*fig.*) pharisaism; hypocrisy; self-righteousness.
fariseo, *m.* **1** Pharisee **2** (*fig.*) pharisee; hypocrite; whited sepulchre.
farmacèutica, *f.* (*chim.*) pharmaceutics (*pl. col verbo al sing.*).
farmacèutico, *a.* (*chim.*) pharmaceutical: **chimica farmaceutica**, pharmaceutical chemistry; **industriale f.**, pharmaceutical manufacturer; **manufacturing chemist**. ● **armadietto f.**, medicine cabinet.
farmacia, *f.* **1** (*la scienza*) pharmacy; pharmaceutics **2** (*negozio*) chemist's (shop); drugstore (*USA*): **andare in f.**, to go to the chemist's. ● **farmacie di turno**, chemists' shops open on a holiday □ **f. da viaggio**, medicine-case □ **f. notturna**, chemist's open at night; all-night drugstore (*USA*) □ **vasi da f.**, apothecary's pots.
farmacista, *m. e f.* chemist; druggist (*USA*).
fàrmaco, *m.* medicine; drug.
farmacologia, *f.* pharmacology.
farmacològico, *a.* pharmacological.
farmacòlogo, *m.* pharmacologist.
farmacopèa, *f.* pharmacopoeia.
farmacoterapia, *f.* pharmacotherapy.
farneticamento, *m.* delirium; raving.
farneticare, *v. i.* **1** to rave; to be delirious **2** (*fig.*) to talk nonsense.
farnètico, A *a.* crazy; delirious; raving. **B** *m.* delirium; raving.
fàrnia, *f.* (*bot., Quercus pedunculata*) oak; British oak.
faro, *m.* **1** (*naut.*: *la torre*) lighthouse; (*il lume*) light(s): **f. a luce fissa**, fixed lights; **f. girevole**, revolving lights; **f. galleggiante**, (*o* **battello f.**), floating lighthouse; lightship; light vessel; **f. a bagliori**, flashlights **2** (*aeron., naut.: segnale di navigazione*) beacon (*anche fig. per «guida»*): **f. d'aeroporto**, airport beacon; **f. d'atterraggio**, landing beacon; landing light; **f. di rotta**, airway beacon; **radio f.**, radio beacon; **f. girevole**, rotating beacon **3** (*autom.*) headlight; headlamp: **fari abbaglianti**, main headlights. ● (*autom.*) **fari antiabbaglianti** (*o* **anabbaglianti**), dipped headlights; low beams (*USA*) □ (*autom.*) **fari antinebbia**, fog-lights.
farràgine, *f.* farrago; hotch-potch; medley; jumble; muddle.
farraginóso, *a.* hotch-potch (*attr.*); muddled; woolly; farraginous: **ragionamento f.**, woolly reasoning.
farro, *m.* (*bot., Triticum spelta*) spelt.
farsa, *f.* **1** (*teatr.*) farce **2** farce; mockery.
Farsàglia, *f.* (*geogr.*) Pharsalus.
farsésco, *a.* farcical; ludicrous.
farsétto, *m.* doublet. ● **f. a maglia**, sweater; golf.
fascétta, *f.* **1** (*busto da donna*) girdle **2** (*di sigaro*) band **3** (*di giornale, di libro*) wrapper **4** (*mecc.*) clamp; clip.
fascettàia, *f.* girdler.
fascettàrio, *m.* mailing wrappers (*pl.*); mailing list.
fàscia, *f.* **1** band; (*di carta*) wrapper; (*di cuoio*) strap **2** (*intorno alla vita*) cummerbund; (*anche a tracolla*) sash **3** (*med.*) bandage: **f. elastica**, elastic bandage **4** (*pl.: di neonato*) swaddling clothes (*o* bands) **5** (*pl., mil.*) puttees **6** (*strato*) layer; (*di metallo, anche*) sheet **7** (*anat.*) **fascia* 8** (*archit.*) fillet; **fascia* 9** (*araldica*) fesse **10** (*astron.*) belt; **fascia* 11** (*autom.*) ring: **f. elastica**, piston ring; **f. elastica di tenuta** (*della compressione*), compression ring **12** (*mecc.*) band. ● (*archit.*) **f. ornamentale**, frieze □ **bambino in fasce**, baby in arms (*anche fig.*); infant □ **essere in fasce**, to be in swaddling clothes; (*fig.*) to be in one's infancy □ **spedire sotto f.**, to send under wrapper.
fasciale, *a.* (*anat.*) fascial.
fasciame, *m.* (*naut.*: *di legno*) planking; (*di metallo*) plating. ● **f. esterno**, shell-plating □ **f. interno**, backing.
fasciante, *a.* (*moda: molto aderente*) close-fitting: **blue-jeans fascianti**, close-fitting blue-jeans.
fasciare, **A** *v. t.* **1** to bandage; (*specialm. un arto lussato, ecc.*) to bind* up; to dress: **f. una ferita**, to dress a wound **2** (*avvolgere*) to wrap; to swathe (*lett.*) **3** (*naut.*) to serve; (*con legno*) to plank; (*con metallo*) to plate **4** (*un neonato*) to swaddle **5** (*fis.: con nastro isolante*) to tape. **fasciarsi, B** *v. rifl.* **1** to bandage oneself; to bind* oneself up **2** (*avvolgersi*) to wrap oneself.
fasciatura, *f.* **1** bandaging; binding; dressing **2** (*fasce*) bandages (*pl.*); dressings (*pl.*) **3** (*naut.*) service.
fascicolare, *a.* (*anat.*) fascicular: **contrazione f.**, fascicular contraction.
fascicolato, *a.* (*bot.*) fascicled.
fascicolo, *m.* **1** (*di rivista*) issue; number **2** (*opuscolo*) pamphlet **3** (*leg., bur.*) file **4** (*anat.*) fasciculus*; fascicle. ● (*di pubblicazioni*) **a fascicoli**, in numbers.
fascina, *f.* (*combustibile*) faggot; (*per opera di difesa, argine di fiume, ecc.*) fascine (*generalm. al pl.*).
fascinata, *f.* mattress.
fàscino, *m.* fascination; charm; glamour. ● **subire il f. di q.**, to be fascinated by sb.
fascinoso, *a.* fascinating; charming; glamorous.
fàscio, *m.* **1** bundle; bunch; sheaf*: **un f. di fiori**, a bunch of flowers; **un f. di fieno** (**di carte, di frecce**), a sheaf of hay (of papers, of arrows) **2** (*geom.*) sheaf*: **un f. di rette**, a sheaf of straight lines **3** (*anat.*) fasciculus*; fascicle; **fascio 4** (*di luce*) beam; shaft **5** (*stor. romana, fascismo*) fasces (*pl.*). ● **un f. luminoso**, a beam; a pencil of light □ **andare in un fascio**, to go to pieces □ (*fig.*) **fare d'ogni erba un f.**, to have no discrimination □ **mettere in un sol f.**, to bundle up.
fascismo, *m.* (*stor.*) Fascism.
fascista, *a., m. e f.* (*stor.*) Fascist.
fascistizzare, *v. t.* (*polit.*) to fascistize.
fascistizzazione, *f.* (*polit.*) fascistization.
fase, *f.* **1** stage; period; phase: **le fasi d'una malattia**, the phases of an illness; **f. critica**, critical stage **2** (*astron.*) phase **3** (*mecc.*) stroke: **f. di scarico**, exhaust stroke **4** (*elettr.*) phase: **fuori f.**, out-of-phase. ● (*fig.*) **essere fuori f.**, to be out of form □ **in f. di esecuzione**, in course of execution □ (*radio*) **modulazione di f.**, phase modulation □ (*sport*) **la prima f. del campionato**, the first round of the championship.
fasòmetro, *m.* (*elettr.*) phasemeter; phase indicator.
fastèllo, *m.* faggot; bundle.
fasti, *m. pl.* **1** (*stor. romana*) Fasti **2** (*fig.: imprese gloriose*) memorable events; glorious deeds.
fastidio, *m.* **1** nuisance; annoyance; bother: **Non ti danno f. le zanzare?**, aren't the mosquitoes a nuisance?; **Pietro non vuole avere il f. della manutenzione**, Peter doesn't want to have the bother of the upkeep **2** (*irritazione*) irritation; vexation **3** (*spe-*

cialm. al pl.: preoccupazione) trouble; worry; anxiety: **avere molti fastidi**, to have many worries (*o* troubles) **4** (*scomodo*) inconvenience: **Se lo puoi fare senza f., passa di lì**, go there, if you can do so without inconvenience **5** (*nausea*) nausea. ● **avere f. di q.** (*q.c.*), to dislike sb. (st.); to be sick of sb. (of st.) □ **dare f. a q.**, to bother sb.; (*quasi canzonando*) to tease sb.: **Non dare f. al ragazzo**, don't tease the boy □ **dare f. agli altri** (*in un gruppo*), to rock the boat (*fig.*) □ **darsi f.** (*disturbarsi*), to trouble; to bother; to take the trouble □ **Ti dà f. il fumo?**, do you mind if I smoke?

fastidiosaménte, *avv.* **1** troublesomely; tiresomely; irksomely **2** (*schifiltosamente*) fastidiously.

fastidióso, *a.* **1** troublesome; bothersome; tiresome; irksome; annoying; (*noioso*) boring **2** (*schifiltoso*) fastidious, finicky; fussy.

fastigiato, *a.* (*bot.*) fastigiate.

fastigio, *m.* **1** (*archit.*) fastigium* **2** (*fig.*: *grado massimo*) apex*; height; peak: **giungere ai più alti fastigi**, to reach great heights.

fasto (1), *a.* propitious; favourable.

fasto (2), *m.* pomp; magnificence; splendour; (*ostentazione*) display, ostentation.

fastosaménte, *avv.* pompously; gorgeously; sumptuously; ostentatiously; with ostentation.

fastosità, *f.* pomp; magnificence; splendour.

fastóso, *a.* pompous; gorgeous; magnificent; sumptuous; (*con sfoggio*) ostentatious.

fasullo, *a.* bogus; counterfeit; sham; fake; pinchbeck.

fata, *f.* fairy: **racconti di fate**, fairy-tales; (*fig.*) **Sei la nostra buona f.**, you are our good fairy. ● **la f. Morgana**, Morgan le Fay (*sorella di Artù*); «Fata Morgana» (*personaggio del Boiardo*; *tipo di miraggio*) □ **con dita di f.**, dainty-fingered □ **il paese delle fate**, Fairyland.

fatale, *a.* **1** fatal: **una malattia f.**, a fatal illness **2** (*inevitabile*) fated; destined **3** (*fig.: irresistibile*) irresistible; killing (*fam.*): **uno sguardo f.**, an irresistible look. ● **donna f.**, vamp.

fatalismo, *m.* fatalism.

fatalista, *m.* e *f.* fatalist.

fatalistico, *a.* fatalistic.

fatalità, *f.* **1** (*destino*) fate; destiny: **È una f., non ti trovo mai in casa**, it's just fate: I never find you in **2** (*evenienza fatale*) fatality; unfortunate circumstance; (*bad*) luck; mischance: **La f. volle che non lo vedessi più**, as luck would have it, I was never to see him again. ● **Fu una f.**, it was bound to happen.

fatalménte, *avv.* **1** (*inevitabilmente*) fatally; inevitably **2** (*per disgrazia*) fatally; unfortunately.

fatalóne, *m.* (*iron.*) lady-killer.

fatamorgana, *f.* (*fenomeno di miraggio*) Fata Morgana.

fatato, *a.* **1** spell-bound; enchanted; bewitched: **una foresta fatata**, an enchanted forest **2** (*di fata*) fairy (*attr.*): **una voce fatata**, a fairy voice. ● **mani fatate**, magic fingers.

fatica, *f.* **1** (*duro lavoro*) labour; hard work; toil: **le fatiche di Ercole**, the labours of Hercules; **Che f.!**, what hard work! **2** (*sforzo*) effort; exertion: **molta f. e uno scarso risultato**, much effort (*o* a great exertion) and not much to show for it **3** (*stanchezza*) tiredness; weariness; exhaustion; fatigue (*anche di metalli, ecc.*): **non reggersi in piedi dalla f.**, to be dropping with fatigue; **uniforme di f.**, fatigue-dress; **limite (prova) di f.**, fatigue limit (test) **4** (*opera*) work; job: **Fu l'ultima sua f.**, it was his last job; it was the last thing he did. ● **f. ingrata**, thankless task; drudgery □ **abito da f.**, working clothes □ **animale da f.**, beast of burden (*o* draught animal) □ **con f.** (*o* **a f.**), with difficulty; **camminare con f.**, to walk with difficulty; **respirare a gran f.**, to breathe with great difficulty □ **fare** (*o* **durare**) **f. a intendere**, to find it difficult to understand □ **non resistere alla f.**, to have no endurance; to be unable to stand up (to hard work, etc.) □ **prendersi la f. di fare q.c.**, to take pains to do st. □ **resistenza alla f.**, endurance; stamina; staying power □ **risparmiarsi la f. di fare q.c.**, to save oneself the trouble of doing st. □ **sprecare (buttare via) la f.**, to waste (to throw away) one's energy □ **uomo di f.**, man employed for heavy work □ **F. risparmiata!**, that's one job less to do; it's (all) effort saved.

faticare, *v. i.* **1** to toil; to labour; to slog along (*o* on, away): **f. tutto l'anno**, to toil (*o* to slog away) all through the year **2** (*stentare*) to find* it difficult (to); to have a job (to) (*fam.*): **Ho faticato a raggiungerlo**, I found it difficult to catch him up (*o* I had a job catching up with him). ● **f. molto**, to sweat (*fam.*).

faticata, *f.* **1** (*sforzo*) exertion; effort **2** (*lavoro ingrato*) exhausting experience; drudgery; grind (*pop.*); sweat (*pop.*): **È stata una tremenda f.**, it's been an awful sweat.

faticosaménte, *avv.* laboriously; with difficulty.

faticóso, *a.* **1** (*stancante*) tiring; fatiguing; exhausting: **un viaggio f.**, a tiring journey **2** (*fatto con fatica*) laborious **3** (*difficile*) difficult; hard: (*fig.*) **strada faticosa**, difficult road.

fatìdico, *a.* **1** prophetic **2** (*fatale*) fatal.

fatiscènte, *a.* crumbling.

fato, *m.* fate; destiny; (*sorte*) lot (*solo con un poss.*): **il mio tragico f.**, my tragic lot; **Così ha voluto il f.**, fate so willed.

fatta (1), *f.* (*specie, genere*) kind; sort: **gente d'ogni f.**, people of every kind (*o* of every sort). ● **male fatte**, misdeeds; wrong-doing (*sing.*).

fatta (2), *f.* (*escrementi di selvaggina*) droppings (*pl.*).

fattàccio, *m.* **1** evil (*o* foul) deed **2** (*delitto*) crime.

fatterèllo, *m.* **1** trifling matter **2** (*raccontino*) short story.

fattézze, *f. pl.* features.

fattìbile, *a.* feasible; practicable. ● **l'essere f.**, feasibility; practicability.

fattispècie, *f.* – (*leg.*) **nella f.**, in the case in point.

fattivo, *a.* **1** effective; positive **2** (*attivo*) active; busy; efficient.

fatto, *a.* **1** (*maturo*) ripe: **formaggio** (**fico, melone, ecc.**) **f.**, ripe cheese (fig, melon, etc.). ● **f. a macchina**, machine-made □ **f. a mano**, hand-made □ **f. in casa**, home-made; (*di tessuto*) home-spun □ **a conti fatti**, when all is said and done □ **a notte fatta**, when it is quite dark □ **abiti bell'e fatti**, ready-made clothes □ **abiti fatti su misura**, clothes made to measure; tailor-made clothes □ **ben fatto**, (*d'oggetto*) well-made; (*d'uomo*) handsome (*o* well-shaped) □ **Ben f.**, well done!; (*ben ti sta*) it serves you right! □ **frase fatta**, cliché; platitude □ **Con un uomo così f., che vuoi fare?**, with a man like that, what can you do? □ **È donna fatta**, she's a full-blown woman □ **È giorno f.**, it's broad daylight □ **È uomo f.**, he's a full-grown man □ **È un uomo f. così**, that's the sort of man he is; he's like that: you can't change him □ **Ecco f.**, here you are; that's done □ **Ormai è fatta**, well, it's done now; it can't be helped □ **Se ti vien f. d'incontrarlo, diglielo**, if you happen to meet him, tell him so.

fatto (2), *m.* **1** fact; event; affair; matter; business: **in f. e in diritto**, in fact and in law; **questioni di f.**, issues of fact; **I fatti parlano chiaro**, the facts are perfectly clear; these are the facts; **È un f. curioso che nessuno lo vide**, it's a curious (*o* an odd) fact that nobody saw him; **F. sta che non riesco a trovare quel foglio**, the fact is I can't find that paper; **Sia come si sia, sta di f. che il conto non fu mai pagato**, however that may be, it is a fact that the bill was never paid; **andarsene per i fatti propri**, to go about one's business; **Tu bada ai fatti tuoi**, mind your own business; **Non immischiarti nei fatti altrui**, don't meddle in other people's business; **i fatti del Congo**, the events in Congo; **i fatti di quella notte**, the events of that night; **È tutt'altro f.!**, it's quite a different matter! **2** (*azione*) action; deed: **Il f. si svolge a Milano**, the action takes place in Milan; the story is set in Milan; **passare dalle parole ai fatti**, to pass from words to deeds. ● **f. compiuto**, «fait accompli» (*franc.*) □ **f. d'arme**, skirmish; (*military*) action; engagement □ **f. di cronaca**, news item; (*piece of*) news □ **f. di sangue**, bloodshed; (*assassinio*) murder □ (*leg.*) **f. illecito**, tort; unlawful act □ **cogliere q. sul f.**, to catch sb. red-handed □ **il f. al fatto suo**, to give sb. a piece of one's mind □ **in f. di**, as regards; about; as for: **in f. di storia**, about history □ **sapere il f. proprio**, to know one's business (*o* job) □ **venire** (*o* **scendere, passare**) **a vie di f.**, to come to blows □ **È un f. di tutti i giorni**, it's an everyday occurrence □ **Ho trovato il f. mio**, I've found what I wanted (*o* what I was looking for) □ **Gli ho insegnato il f. suo**, I told him where he got off □ (*prov.*) **Dal detto al f. c'è un gran tratto**, saying is one thing, and doing another.

fattóre, *m.* **1** (*creatore*) maker: **il nostro F.** (*Dio*), Our Maker; **Cavour fu uno dei fattori dell'Italia unita**, Cavour was one of the makers of united Italy **2** (*elemento determinante*) factor (*anche mat. e in molti sensi tecnici*); element: **Molti fattori contribuirono al nostro successo**, many factors contributed to our success; (*fig.*) **f. di ampiezza**, crest factor; (*radio*) **f. di perdita**, loss factor; (*fis.*) **f. di potenza**, power factor **3** (*amministratore di beni rurali*) steward; land-agent; (*di una grande tenuta*) bailiff.

fattoréssa, *f.* bailiff's wife.

fattorìa, *f.* **1** (*azienda agricola*) farm; (*con vendita al pubblico*) farm shop **2** (*casa principale o nucleo di case di tale azienda*) farm-house; homestead **3** (*casa del fattore*) bailiff's (*o* steward's) house **4** (*in USA*) ranch.

fattoriale, *a.* (*specialm. mat.*) factorial.

fattorino, *m.* **1** messenger; messenger-boy; errand boy; (*di un ufficio, studio d'avvocato, ecc.*) office-boy **2** (*che recapita telegrammi*) telegraph-messenger; telegraph-boy; (*che recapita espressi*) special messenger (for express delivery) **3** (*d'albergo*) page; buttons (*fam.*); bell-hop (*pop. USA*) **4** (*di un'azienda*) floor boy.

fattrice, *f.* (*cavalla da riproduzione*) brood-mare.

fattuale, *a.* factual.

fattucchièra, *f.* witch; sorceress.

fattucchière, *m.* wizard; magician; sorcerer.

fattucchierìa, *f.* witchcraft; sorcery.

fattura, f. 1 (*il fare*) making; (*fabbricazione*) manufacture, make: **Mi si è sciupato nella f.**, it got spoilt in the making; **Questi articoli non sono di nostra f.**, these articles are not our make **2** (*confezione*) cut; making-up: **la f. di un abito**, the making-up of a suit; **Non mi piace la f.**, I don't like the cut (*o* the model, the design); I don't like the way it is made up **3** (*lavorazione*) workmanship: **un gioiello di squisita f.**, a jewel of exquisite workmanship **4** (*comm.*) invoice; bill of sale; (*conto*) bill: **f. legalizzata**, certified invoice; **f. saldata**, receipted invoice; **f. simulata**, pro forma invoice; **prezzo di f.**, invoice price; **rimettere la f. di q.c.**, to send an invoice for st. **5** (*pop.*: incantesimo, malia) charm; spell. ● (*stregoneria*) **fare la f. a q.**, to bewitch sb.

fatturare, v. t. 1 (*adulterare*) to adulterate **2** (*affatturare*) to cast* (*o* to put*) a spell upon; to bewitch **3** (*comm.*) to invoice; to bill (*USA*).

fatturato, A *a.* **1** (*adulterato*) adulterated **2** (*comm.*) invoiced. **B** *m.* (*comm.*) proceeds of sales; sales (*pl.*); (*giro d'affari*) turnover; billing (*USA*).

fatturatrice, *f.* invoicing machine.

fatturazióne, *f.* (*comm.*) invoicing; billing (*USA*).

fatturista, *m. e f.* (*comm.*) invoice (*o* accounts) clerk.

fatuità, *f.* fatuity; fatuousness.

fàtuo, *a.* fatuous; vain; silly. ● **fuoco f.**, ignis fatuus; will-o'-the-wisp; jack-o'-lantern.

fàuci, *f. pl.* (*anat.*) fauces; jaws (*anche fig.*): **nelle f. del mostro** (**della morte**), in the jaws of the monster (of death).

fàuna, *f.* fauna*.

faunésco, *a.* **1** (*mitol.*) faun (*attr.*) **2** (*simile a fauno*) faun-like.

faunìstica, *f.* zoogeography.

faunìstico, *a.* faunal; faunistic; concerning fauna.

fàuno, *m.* (*mitol.*) faun.

fàusto, *a.* fortunate; propitious; happy.

Fàusto, *m.* Faustus; Faust.

fautóre, *m.* advocate; partisan; supporter.

fauve (*franc.*), *m.* (*arte*) fauve; fauvist.

fauvìsmo, *m.* (*arte*) fauvism.

fava, *f.* (*bot., Vicia faba; anche il seme commestibile*) broad bean. ● **f. Tonka**, tonka(-bean) □ (*fig.*) **prendere due piccioni con una f.**, to kill two birds with one stone.

favagèllo, *m.* (*bot., Ranunculus ficaria*) lesser celandine; pilewort.

favèlla, *f.* speech; tongue; language: **il dono della f.**, the gift of speech; **perdere la f.**, to lose the power of speech.

favellare, *v. i.* (*lett.*) to speak*; to talk.

favilla, *f.* spark (*anche fig.*): **la f. dell'odio**, the spark of hatred. ● (*fig.*) **fare faville** (*riuscire brillantemente*), to shine □ **mandare faville**, to sparkle □ **La ragazza mandava faville dagli occhi**, the girl's eyes flashed.

favo, *m.* **1** honeycomb **2** (*med.*) favus.

fàvola, *f.* **1** fable; (*racconto*) story, tale; (*leggenda*) legend **2** (*fandonia*) tall story; (*idle*) tale; yarn (*fam.*) **3** (*oggetto di pettegolezzi*) laughing-stock; talk: **essere la f. del paese**, to be the talk (*o* the laughing-stock) of the town. ● **da f.** (*meraviglioso*), fabulous.

favoleggiare, *v. i.* to tell* legendary (*o* old) tales; to recount legends; to spin* yarns (*fam.*).

favoleggiatóre, *m.* story-teller.

favolèllo, *m.* (*letter.*) fabliau*.

favolista, *m. e f.* writer of fables; fabulist.

favolìstica, *f.* fables (*pl.*): **la f. medioevale**, medieval fables.

favolìstico, *a.* of fables.

favolosaménte, *avv.* fabulously.

favolosità, *f.* fabulosity; fabulousness.

favolóso, *a.* **1** fabulous; fabled; legendary **2** (*fam.: straordinario*) fabulous; fab (*fam.*); fantastic; terrific: **ricchezza favolosa**, fabulous riches.

favònio, *m.* (*lett.*) west wind.

favóre, *m.* (*in tutti i sensi*) favour; (*gentilezza*) kindness: **Parlai in tuo f.**, I spoke in your favour; **fare un f. a q.**, to do sb. a favour; to do sb. a kindness; **Fammi il f. di lasciarmi stare**, do me the favour of leaving me alone; **chiedere un f. a q.**, to ask a favour of sb.; **col f. della notte** (**delle tenebre**), under favour (*o* cover) of night (of darkness) (*lett.*); **godere il f. di q.**, to find favour in the eyes of sb.; to stand high in sb.'s favour. ● **f. popolare** (*o* **del popolo, della gente**), popularity: **Non fidarti troppo del f. del popolo**, don't trust too much in your popularity □ **avere scarso f. presso la propria generazione**, not to be popular (*o* to be unpopular) with one's generation (*comm.*) **a Vostro f.**, to your credit □ **biglietto di f.**, complimentary ticket □ (*comm.*) **cambiale di f.**, accommodation bill □ **col f. del vento**, with the help of the wind □ **fare una sottoscrizione a f. dei superstiti**, to get up a subscription for (*o meno comune*: in favour of) the survivors □ (*leg.*) **girata di f.**, accommodation endorsement □ **in f.** (**di**), pro □ **incontrare il f. del pubblico** (*rif. a prodotti, ecc.*), to meet with the public's approval; to find favour with the public □ **per f.**, please □ **prezzo di f.**, special price; special cheap rate (*o* price) □ **riempire q. di favori**, to heap favours (*o* kindnesses) on sb. □ **Accolsero la proposta con molto f.**, the proposal found favour in their eyes; the proposal was very well received □ (*con impazienza o sdegno*) **Mi faccia il f.!**, for goodness' sake!

favoreggiaménto, *m.* (*leg.*) aiding and abetting.

favoreggiare, *v. t.* **1** to support; to favour **2** (*leg.*) to aid and abet.

favoreggiatóre, *m.* **1** supporter **2** (*leg.*) abettor.

favorévole, *a.* favourable; propitious. ● **essere f. a q.c.**, to be in favour of st.; to be for st.

favorire, *v. t.* **1** to favour; to make* a favourite of (sb.); (*appoggiare, sostenere*) to support; (*aiutare*) to help, to aid: **La fortuna favorisce gli animosi**, fortune favours the brave; **Favoriva specialmente suo nipote**, he made a special favourite of his nephew; **La fitta nebbia favorì la loro fuga**, a thick fog favoured their escape **2** (*dare, concedere*) to favour; (*kindly*) to give*; (*kindly*) to pass: **Favorite rispondere alla mia lettera**, will you favour me with a reply to my letter?; **Mi hanno favorito due biglietti**, they've (kindly) given me two tickets; **Mi favorisca il sale**, kindly (*o* please) pass (me) the salt **3** (*promuovere, incoraggiare*) to foster; to promote; to encourage; to support: **f. l'amicizia fra i popoli**, to foster friendship among peoples; **f. le arti**, to promote the arts. ● **Favorite da questa parte**, kindly step this way □ **Favorite entrare**, please come in (*o* go in) □ **Favorite i biglietti!**, tickets, please! □ **La prego favorisca!** (*offrendo q.c.*), please help yourself! □ **Favorisca uscire subito!**, go out at once, will you? □ **Vuoi f. una fetta di torta?**, please help yourself to a piece of cake; may I offer you a piece of cake? □ **Tanto per f.** (*accettando q.c. da mangiare o bere*), just a taste, thank you □ **Vuole f.?** (*invitando q. alla propria tavola*), won't you join us for lunch (*o* dinner)?

favorita, *f.* favourite; (royal) mistress.

favoritìsmo, *m.* favouritism.

favorito, A *a.* favourite (*anche sport*); favoured: **il mio ristorante f.**, my favourite restaurant. **B** *m.* **1** favourite (*anche sport*); pet; darling: **il f. del re**, the king's favourite; **È il f. di sua madre**, he is his mother's darling; **Gli allibratori lo hanno dato f. per quattro a sette**, the bookmakers have made it a favourite at four to seven **2** (*pl.: fedine*) side-whiskers.

fazióne, *f.* faction.

faziosità, *f.* factiousness; party-spirit; faction: **La f. divideva la città**, faction divided the city.

faziόso, A *a.* factious; seditious. **B** *m.* factionist.

fazzolétto, *m.* handkerchief; (*da collo*) scarf; (*da testa*) head-square: **un f. di carta**, a paper handkerchief; a cleaning-tissue. ● (*fig.*) **un f. di terra**, a tiny plot of land.

fè, *V.* **féde**.

febbràio, *m.* February: **il primo f.**, the first of February; February the first.

fèbbre, *f.* **1** (*med.*) temperature; (*alta e in determinate malattie*) fever: **La f. è calata**, the (*o* his, her) temperature has gone down; **il grafico della f.**, the temperature chart; **Ti sei misurata la f.?**, have you taken your temperature?; **avere la f.**, to have (*o* to run) a temperature; to be feverish; **avere una f. da cavallo**, to run (*o* to be running) a high temperature; to have a high fever; **f. continua** (**intermittente**), continued (intermittent) fever; **f. da fieno**, hay-fever; **f. ondulante** (*o* **maltese**), undulant (*o* Malta) fever; **f. tifoidea**, typhoid fever; **f. gialla**, yellow (*o* jungle) fever; **yellow jack 2** (*pop.: erpete che appare sulle labbra*) cold sore **3** (*fig.*) fever; excitement; heat: **Avevo la f. addosso dalla voglia di partire**, I was in a fever to set off. ● **f. di crescenza**, growing pains (*pl.*) □ (*stor.*) **la f. dell'oro**, the gold rush □ **f. quartana**, quartan □ **f. terzana**, tertian □ **avere la f. addosso** (*fisicamente*), to be feverish □ **Sembra che tu abbia la f.**, you look feverish.

febbriciàttola, *f.* (*persistent*) slight fever.

febbricitante, *a.* **1** feverish; in a feverish state (*pred.*) **2** (*di febbri malariche, ecc.; tormentato da febbre*) shaking (*o* racked) with fever.

febbricola, *f.* (*med.*) febricula; slight fever.

febbrifugo, *a. e m.* (*farm.*) febrifuge.

febbrile, *a.* feverish; febrile; (*fig.*) restless.

febbrilménte, *avv.* feverishly.

febbróne, *m.* (*med.*) very high fever.

Fèbe, *f.* Phoebe.

Fèbo, *m.* Phoebus.

fecale, *a.* faecal, fecal.

féccia, *f.* (*anche fig.*) dregs, lees (*pl.*): **bere il calice sino alla f.**, to drain the cup to the lees; **la f. della società**, the dregs of society. ● (*prov.*) **Beva la f. chi ha bevuto il vino**, he who calls the tune must pay the piper.

feccióso, *a.* full of dregs; dreggy; dreggish.
fecciume, *m.* **1** dregs (*pl.*); lees (*pl.*) **2** (*fig.*) scum; rabble.
fèci, *f. pl.* (*fisiologia*) faeces.
feciale, *V.* **feziale.**
fècola, *f.* flour: **f. di patate,** potato flour.
fecondàbile, *a.* fertilizable.
fecondabilità, *f.* fertilizability.
fecondare, *v. t.* to fertilize (*anche fig.*); to fecundate; (*rendere fertile*) to make* fruitful (*o* fertile), to fructify; (*specialm. fig.*) to enrich, to impregnate.
fecondatìvo, *a.* fertilizing; fecundative.
fecondatóre, **A** *m.* fertilizer. **B** *a.* fertilizing.
fecondazióne, *f.* fertilization; fecundation; enrichment (*della terra o fig.*). ● (*biol.*) **f. artificiale,** artificial insemination □ (*bot.*) **f. incrociata,** allogamy; cross-fertilization.
fecondità, *f.* (*anche fig.*) fertility; fruitfulness; fecundity: **rito della f.,** fertility rite; **f. d'ingegno,** fertility of the mind.
fecóndo, *a.* **1** (*anche fig.*) fertile; prolific; productive; fruitful: **terreno f.,** fertile (*o* rich) soil; **un albero f.,** a fruitful tree; **uno scrittore f.,** a prolific writer **2** (*fig.*) productive; rich: **un incontro f. di promesse,** a meeting rich in promise; **lavoro f.,** productive labour.
fedain, *m.* (*polit.*) fedai*; fedayin*; fedayee*.
féde, *f.* **1** faith: **la f. cristiana (ebraica, maomettana, ecc.),** the Christian (Jewish, Mohammedan, etc.) faith; **avere f. in Dio (in q., in q.c.),** to have faith (*o* to believe) in God (in sb., in st.); **un uomo di poca f.,** a man of little faith; **in buona (mala) f.,** in good (bad) faith; **un martire della (propria) f.,** a martyr to one's faith; **riporre la propria f. in q.c.,** to pin one's faith on (*o* upon) st.; **atto di f.,** act of faith; **mantenere f.,** to keep faith; (*fig.*) **f. greca (*o* punica),** Punic faith **2** (*parola data*) faith; word: **In f. mia!,** upon my word!; honestly!; **giurare f.,** to give (*o* to pledge) one's word; **rinnegare la propria f.,** (*la propria parola*) to go back on one's word (*o, lett.*: to perjure one's faith); (*la propria religione, ecc.*) to renounce one's faith **3** (*relig., polit., ecc.*) belief (*spesso pl.*); (*relig., anche*) faith: **La mia f. politica non è cambiata,** my political beliefs have not changed **4** (*fiducia*) trust; confidence; (*talora*) credit **5** (*anello matrimoniale*) wedding ring. ● (*leg. e comm.*) **f. di deposito,** warehouse warrant □ (*comm.*) **f. di credito,** deposit receipt □ **f. di nascita,** birth certificate □ **degno di f.,** trustworthy □ **di f. provata,** trustworthy; of proved loyalty □ **far f.,** to bear witness; to attest; to swear (to st.); (*se il sogg. è una cosa, anche*) to prove: **Questi monumenti fanno fede della civiltà raggiunta,** these monuments bear witness to the degree of civilization attained; **Non potrei far f. di questo,** I couldn't swear to it; **Non c'è nulla che ne faccia f.,** there is nothing to prove it □ (*leg.*) **in f. di che,** in witness thereof □ **prestare f.** (**a**), to credit; to believe □ **tener f. a una promessa,** to keep a promise □ (*leg.*) **violazione della f. data,** breach of faith.
fedecommésso, *V.* **fidecommésso.**
fedéle, **A** *a.* **1** faithful; loyal; true; (*degno di fiducia*) trustworthy: **amico (moglie, traduzione) f.,** faithful friend (wife, translation); **un suddito f.,** a loyal subject; **essere f. alla parola data,** to be true to one's word; **cassiere (guida) f.,** trustworthy cashier (guide) **2** (*veritiero*) true; faithful; (*preciso*) accurate, exact; (*di persona*) reliable, accurate, faithful, exact: **la copia f. di un ritratto (di una lettera, ecc.),** the accurate copy of a portrait (of a letter, etc.); **interprete f.,** accurate interpreter; **traduttore f.,** reliable translator. ● **mantenersi f. a un patto,** to honour an agreement □ **restare f. alla parola data,** to keep one's word □ **restare f. a una promessa,** to keep a promise □ **restare f. alle proprie opinioni,** to hold fast (*o* to stick) to one's opinions. **B** *m. e f.* **1** (*credente*) believer: **i fedeli,** the believers; (*di una parrocchia, collett.*) the congregation **2** (*seguace*) follower; supporter.
fedelménte, *avv.* **1** faithfully; loyally **2** (*esattamente*) accurately.
fedeltà, *f.* **1** faithfulness; loyalty; (*di persona fidata*) trustworthiness **2** (*esattezza*) accuracy; fidelity; exactness: **documentare la f. storica di un film,** to document the historical accuracy of a film **3** (*radio, dischi o lett.*) fidelity: **alta f.,** high fidelity; **Hi-Fi 4** (*al signore feudale, alla patria, a un partito*) allegiance; loyalty: **giurare f. alla repubblica (al nuovo sovrano, ecc.),** to take one's oath of allegiance to the republic (to the new sovereign, etc.). ● (*polit.*) **giurare f.,** to swear to be faithful.
fèdera, *f.* pillow-case; pillow-slip.
federale, *a.* federal: **governo f.,** federal government. ● (*USA*) **Ufficio investigativo F.,** Federal Bureau of Investigation (F.B.I.)
federalismo, *m.* federalism.
federalista, *a., m. e f.* **1** federalist **2** (*stor. USA*) federal.
federalìstico, *a.* federalist; federalist (*attr.*).
federare, *v. t.* **federarsi,** *v. rifl.* to federate; to confederate.
federatìvo, *a.* federative.
federato, *a.* federate; confederate.

federazióne, *f.* federation; confederation. ● **f. calcistica,** football league □ **f. di un partito,** (local) party headquarters.
Federica, *f.* Frederica.
Federico, *m.* Frederic(k); (*dim.*) Fred, Freddie, Freddy.
fedìfrago, **A** *a.* faithless; treacherous. **B** *m.* faithless person; traitor.
fedìna, *f.* − **f. penale,** (police) record: **avere la f. penale pulita (sporca),** to have a clean (bad) record.
fedìne, *f. pl.* sideboards; side-whiskers; sideburns (*USA*).
Fèdra, *f.* Phaedra.
Fèdro, *m.* (*letter.*) Phaedrus.
fegatàccio, *m.* (*fig.*) dare-devil. ● **essere un f.,** to have guts (*fam.*).
fegatèlla, *f.* (*bot., Marchantia polymorpha*) (common) liverwort.
fegatèllo, *m.* (*cucina*) piece of pig's liver.
fegatìno, *m.* (*di pollo*) chicken('s) liver; (*di piccione*) pigeon('s) liver.
fégato, *m.* **1** (*anche cucina*) liver **2** (*fig.*) courage; pluck; guts (*pl., fam.*); nerve (*anche per «facciatosta»*): **un uomo (pieno) di f.,** a man with plenty of guts; **Hai un bel f.!,** you have a nerve! ● (*fig.*) **farsi venire il mal di f. per q.c.,** to get all worked up about it □ **mangiarsi** (*o* **rodersi**) **il f. per la rabbia,** to be seething with anger □ **olio di f. di merluzzo,** cod-liver oil.
fegatóso, **A** *a.* **1** (*med.*) hepatic **2** (*fig.*) liverish; bilious; irritable; quick-tempered; peevish. **B** *m.* **1** (*med.*) sufferer from liver trouble **2** (*fig.*) irritable (*o* quick-tempered) person.
félce, *f.* (*bot.*) fern (*anche collett.*): **una collinetta coperta di felci,** a hillock covered with fern; **f. maschio** (*Dryopteris filix-mas*), male-fern; **f. femmina** (*Athyrium filix-femina*), lady-fern; **f. fiorita** (*Osmunda regalis*), flowering fern; royal (*o* king) fern. ● **f. comune** (*o* **aquilina**) (*Pteris aquilina*), bracken; brake □ **f. dolce** (*o* **quercina**) (*Polypodium vulgare*), (common) polypody.
felcéta, *f.* **felcéto,** *m.* fernery; bracken.
feldmaresciallo, *m.* (*mil.*) field-marshal.
feldspàtico, *a.* fel(d)spathic.
feldspato, *m.* (*miner.*) fel(d)spar.
felice, *a.* **1** (*in tutti i sensi*) happy; (*contento*) pleased, glad; (*per una causa immediata*) delighted; (*beato*) blissful: **un matrimonio (una moglie, un temperamento, un pensiero) f.,** a happy marriage (wife, nature, thought); **giorni felici,** happy days; **far f. q.,** to make sb. happy; **un'idea molto f.** (*o* **felicissima**), a most happy idea; **Son f. di vedere che stai così bene,** I'm glad to see you looking so well; **Tutto quell'anno fui f.,** I was blissfully happy all that year; **Son f. di vederti,** I'm delighted to see you; **Non sembri molto f.,** you don't look very pleased **2** (*fortunato, anche*) lucky; fortunate; felicitous (*lett.*); (*ben riuscito*) successful; (*talora anche*) good: **F. notte!,** good night!; **una scelta f.,** a lucky choice; **F. te!,** how lucky you are!; **lucky you!** (*fam.*). ● **f. e contento,** perfectly satisfied; delighted □ **avere la mano f.,** to be able (*o* skilful) □ **avere la parola f.,** to speak with facility; to be a good speaker □ **avere la sua conoscenza,** to be crowned with success □ (*in fine di fiaba*) **E vissero felici e contenti,** and they lived happily ever after □ (*nelle presentazioni*) **F. di conoscerla** (*o* **di fare la sua conoscenza**), how do you do?; pleased (*o* glad) to meet you.
Felice, *m.* Felix.
felicemènte, *avv.* **1** happily; gladly **2** (*senza incidenti*) safely.
felicità, *f.* happiness; felicity; (*quasi arc.*); (*contentezza*) gladness; (*per una causa immediata*) delight; (*beatitudine*) bliss, blissfulness. ● **F.!** (*dopo uno starnuto*), bless you! □ **Ti auguro ogni f.,** I wish you all the best.
felicitarsi, *v. rifl.* **1** to congratulate: **f. con q. per q.c.,** to congratulate sb. on st. **2** (*essere contento*) to rejoice; to be glad.
felicitazióni, *f. pl.* congratulations.
fèlidi, *m. pl.* (*zool., Felidae*) felids.
felino, **A** *a.* **1** (*zool.*) feline **2** (*fig.*) catlike; feline; stealthy. **B** *m.* (*zool.*) feline. ● **i felini** (*Felidae*), the felids; the cat family.
fellà(h), *m. e f.* fellah*.
fellóne, *m.* **1** (*lett.: traditore*) traitor **2** (*scherz.: briccone*) rascal; rogue; villain.
fellonésco, *a.* (*lett.*) traitorous; treacherous.
fellonìa, *f.* (*lett.*) betrayal; treachery.
félpa, *f.* (*ind. tessile*) plush; (*per soprabiti, ecc.*) beaver.
felpato, **A** *a.* **1** plushy; (*rivestito di felpa*) plush-covered **2** (*fig.*) stealthy; soft. ● **a passi felpati,** stealthily. **B** *m.* (*tessuto*) plush.
feltràio, *m.* (*ind. tessile*) felter.
feltrare, *v. t.* (*ind. tessile*) to felt; to cover (*o* to line) with felt.
feltratura, *f.* (*ind. tessile*) felting.
féltro, *m.* (*tessuto*) felt: **un cappello di f.,** a felt hat. ● (*costr.*) **f. bitumato,** tarred felt.
felúca, *f.* **1** (*naut.*) felucca **2** (*cappello*) cocked hat.
félze, *m.* cabin (on a gondola).
fémmina, **A** *f.* **1** female; (*donna, generalm. spreg.*) woman*; (*bambina, ragazza*) girl: **i maschi da una parte e le femmine**

femminèlla

dall'altra, men on one side and women on the other; (*spreg.*) **una mala f.**, a loose woman; **Ho due figli, un maschio e una femmina**, I have two children, a boy and a girl **2** (*mecc.*) female (*attr.*): **la f. della vite**, the female screw **3** (*di animale*) female, she (*attr.*); (*di volatile*) hen (*attr.*); (*di bovino, foca, ecc.*) cow (*attr.*): **la f. del lupo**, the she-wolf; **la f. dell'elefante**, the cow-elephant; **la f. del fagiano**, the hen-pheasant. **B** *a.* **1** (*di animale*) female, she (*attr.*); (*di volatile*) hen (*attr.*); (*di bovino, foca, ecc.*) cow (*attr.*): **una lepre f.**, a female hare; **un passero f.**, a hen-sparrow **2** (*mecc.*) female (*attr.*): **una vite f.**, a female screw **3** (*femminile*) feminine; womanly.
femminèlla, *f.* **1** (*naut.*) brace **2** (*mecc.*) eye.
femmìneo, *a.* (*lett.*) **1** feminine; womanly **2** (*effeminato*) effeminate; womanish.
femminile, **A** *a.* **1** female: **il sesso f.**, the female sex **2** (*femmineo*) feminine; womanly: **astuzie femminili**, feminine wiles **3** (*gramm.*) feminine: **il genere f.**, the feminine gender. **B** **scuola f.**, girls' school □ **collegio universitario f.**, women's college. **B** *m.* **1** (*gramm.*) feminine (gender): **al f.**, in the feminine **2** (*sport: torneo f.*) women's tournament: **il f. di scherma**, women's fencing tournament.
femminilità, *f.* womanliness; femininity.
femminilizzare, *v. t.* (*biol.*) to feminize.
femminilizzazióne, *f.* (*biol.*) feminization.
femminilménte, *avv.* femininely; in a feminine way.
femminino, *a.* e *m.* (*lett.*) feminine: **l'eterno f.**, the eternal feminine.
femminismo, *m.* feminism.
femminista, *a.*, *m.* e *f.* feminist.
femminùccia, *f.* **1** little girl **2** (*di un uomo*) milksop; sissy.
femorale, *a.* (*anat.*) femoral.
fèmore, *m.* (*anat.*) femur*; thigh-bone.
fenacetina, *f.* (*chim.*) phenacetin.
fenantrène, *m.* (*chim.*) phenanthrene.
fenato, *m.* (*chim.*) phenate.
fendènte, *a.* (*scherma*) downward stroke. ● **menare un f.**, to strike a downward blow (with one's sabre).
fèndere, **A** *v. t.* **1** to cleave*; to cut* through; to break* up; to part; to split*: **f. la terra con l'aratro**, to cut through (*o* to break up) the soil with a plough **2** (*fig.*) to cleave*; to pierce*; to cut* through; to break*: **f. le onde**, to cleave the waves; **La luce dei fari fendeva la nebbia**, the beam of the headlamps pierced the fog. ● **f. la folla**, to force one's way through the crowd.
fèndersi, **B** *v. rifl.* to split*; to cleave*: **Questo ceppo si fende con facilità**, this log splits easily.
fendinébbia, *m.* (*autom.*) fog light.
fenditóre, *m.* (*tecn.*) cleaver.
fenditura, *f.* **1** fissure; crack; split; cleft **2** (*fis.*) slit.
fenicato, *a.* (*chim.*) carbolic; phenolic.
fenice, *f.* phoenix.
Fenicia, *f.* (*geogr., stor.*) Phoenicia.
fenìcio, *a.* e *m.* (*geogr., stor.*) Phoenician.
fènico, *a.* – (*chim.*) **acido f.**, phenol; carbolic acid.
fenicòttero, *m.* (*zool., Phoenicopterus*) flamingo*.
fenile, *m.* (*chim.*) phenyl.
fenìlico, *a.* (*chim.*) phenylic.
fènix, *f.* (*bot., Phoenix canariensis*) Canary Island date.
fenòlico, *a.* (*chim.*) phenolic; carbolic: **resine fenoliche**, phenolic resins.
fenòlo, *m.* (*chim.*) phenol; carbolic acid.
fenologia, *f.* (*biol.*) phenology.
fenològico, *a.* (*biol.*) phenological.
fenomenale, *a.* **1** phenomenal **2** (*eccezionale*) phenomenal; extraordinary; prodigious.
fenomènico, *a.* (*filos., scient.*) phenomenal.
fenomenismo, *m.* (*filos.*) phenomen(al)ism.
fenòmeno, **A** *m.* **1** (*filos., scient.*) phenomenon* **2** (*manifestazione, ecc.*) symptom: **Gli strani fenomeni di questa malattia**, the curious symptoms of this illness **3** (*esempio, caso*) case; instance: **un f. di suggestione**, a case (*o* an instance) of suggestion **4** (*persona o cosa straordinaria*) wonder; marvel: **un f. vivente**, a living wonder. **B** *a.* (*fam.*) straordinario; extraordinary; exceptional: **un ragazzo f.**, an extraordinary boy.
fenomenologia, *f.* (*filos., scient.*) phenomenology.
fenomenològico, *a.* (*filos., scient.*) phenomenologic(al).
fenoplasto, *m.* (*chim.*) phenoplast.
fenotipo, *m.* (*biol.*) phenotype.
ferace, *a.* (*lett.*) fertile, fruitful (*anche fig.*): **suolo f.**, fertile soil; **un'immaginazione f.**, a fertile imagination.
feracità, *f.* (*lett.*) fertility, fruitfulness (*anche fig.*).
ferale, *a.* (*lett.*) deadly; fatal.
Ferdinando, *m.* Ferdinand.
fèretro, *m.* coffin.
fèria, *f.* **1** (*relig.*) feria*; ferial day; week-day **2** (*pl.*) holidays

vacation (*sing., USA*): **ferie pagate**, holidays with pay; paid holidays; **essere in ferie**, to be on holiday (*o* on leave); **prendersi le ferie**, to take one's holidays. ● **ferie del Parlamento**, Parliamentary recess (*sing.*).
feriale, *a.* **1** (*relig.*) ferial **2** week, work, working (*tutti attr.*); (*d'ufficio*) business (*attr.*): **L'orario è differente nei giorni feriali**, the time-table is different on week-days.
feriménto, *m.* wounding.
ferinità, *f.* ferity; wildness.
ferino, *a.* (*lett.*) ferine; wild; feral: **un istinto f.**, a wild instinct.
ferire, **A** *v. t.* **1** to wound; (*fare del male*) to injure, to hurt*; (*colpire*) to strike*, to hit*: **Fui ferito al ginocchio**, I was wounded in the knee; **Fu ferito in combattimento**, he was wounded in action; **Fu ferito in un incidente automobilistico**, he was injured in a car accident; **f. q. a morte**, to wound sb. to death **2** (*fig.*) to offend; to wound; to hurt*: **f. gli occhi di q.**, to offend sb.'s eyes; **f. la mortalmente** (*o* **f. l'amor proprio, la sensibilità di q.**), to hurt sb.'s feelings; **f. q. nell'onore**, to wound sb.'s honour. ● **senza colpo f.**, without striking a blow □ **Un urlo terribile mi ferì gli orecchi**, a terrible cry assailed my ears □ (*prov.*) **Chi di spada ferisce di spada perisce**, he that striketh with the sword, shall be stricken with the scabbard. **ferirsi**, **B** *v. rifl.* to hurt* oneself; to wound oneself: **f. a un braccio** (**a una gamba, ecc.**), to hurt one's arm (leg, etc.).
ferita, *f.* (*anche fig.*) wound; injury; hurt: **una f. mortale** (**rimarginata, che sanguina, profonda, leggera**), a mortal (healed, bleeding, deep, slight) wound; **una f. lacero-contusa**, a lacerated and contused wound; **una f. al proprio orgoglio**, a wound to one's pride; **guarire** (*o* **sanare**) **una f.**, to heal a wound; **curare una f.**, to doctor (*o* to treat) a wound; **fasciare una f.**, to bandage a wound; **medicare una f.**, to dress a wound; **una f. da pallottola**, a bullet wound. ● (*fig.*) **riaprire una f.**, to open up an old sore □ **riportare gravi ferite in un incidente**, to be seriously injured in an accident □ (*fig.*) **vecchie ferite** (*d'amore, d'orgoglio, ecc.*), old scars.
ferito, **A** *a.* (*anche fig.*) wounded; injured: **il braccio f.**, the wounded (*o* injured) arm; **orgoglio f.**, wounded pride. **B** *m.* wounded (*o* injured) person; (*pl. collett.*) (the) wounded: **il trasporto dei feriti**, the carrying of the wounded.
feritóia, *f.* **1** (*nelle fortezze*) loop-hole (*anche mil.*) **2** (*fessura, apertura strettissima, anche mecc.*) slit.
feritóre, *m.* wounder. ● **Perdonai il mio f.**, I forgave the man who had wounded me.
férma, *f.* (*mil.*) (period, term of service): **f. di due anni**, two years' national service; **rinnovare la f. di q.**, to extend sb.'s term of service. ● **f. di leva**, conscription □ (*caccia*) **cane da f.**, setter.
fermacarro, *m.* (*ferr.*) buffer-stop.
fermacarte, *m.* paper-weight.
fermacravatta, *m.* tie-pin.
fermàglio, *m.* clasp; (*con chiusura a scatto*) clip; (*a fibbia*) buckle; (*spilla*) brooch: **un f. per carte**, a paper-clip. ● **f. di sicurezza**, safety-catch.
fermaimpòste, *m. invar.* shutter catch.
fermalibri, *m.* book-end.
fermaménte, *avv.* firmly; steadfastly; resolutely.
fermanèllo, *m.* guard-ring.
fermapièdi, *m.* toe-clip.
fermapòrta, *m.* door-stop.
fermare, **A** *v. t.* e *i.* **1** (*arrestare, trattenere*) to stop; to arrest; to check; to halt: **Fermai l'autobus**, I stopped the bus; **L'autobus ferma laggiù**, the bus stops over there; (*med.*) **f. un'emorragia**, to stop (*o* to check) a haemorrhage; **f. la crescita di q.c.**, to arrest the growth of st.; (*mil.*) **f. un attacco**, to check an attack; **f. il progresso**, to stop (*o* to block) progress **2** (*rinforzare*) to strengthen; (*cucendo*) to stitch (*o* to sew*) on firmly; (*raffermare, fissare*) to fix, to fasten; (*q.c. che trema o che oscilla*) to steady: **f. il ferro nel manico**, to fasten the blade in the handle; **f. gli occhi su q.c.**, to fasten (*o* to fix) one's eyes on st.; **f. la voce**, to steady one's voice **3** (*soldati in marcia, ecc.*) to halt: **Fermai una pattuglia**, I halted a patrol **4** (*leg.*) to hold*; to detain in custody **5** (*di cane da ferma*) to set* **6** (*una nave con un cavo, una cima*) to snub. ● **f. l'attenzione su q.c.**, to stop to consider st.; to concentrate on st. □ (*cucina*) **f. la carne**, to cook meat partially (in order to preserve it) □ (*comm.*) **f.** (**il pagamento di**) **un assegno**, to stop a cheque □ (*nel lavoro a maglia*) **f. i punti**, to cast off. **fermarsi**, **B** *v. rifl.* to stop; to halt; (*interrompendo brevemente un viaggio*) to stop off: **L'autobus si fermò**, the bus stopped; **Fermati!**, stop!; **Mi fermo un momento al caffè**, I shall stop a moment at the café; **L'orologio s'è fermato alle due**, the watch has stopped at two o'clock; **Mi fermerò a La Spezia per uno spuntino**, I'll stop off at La Spezia for a snack **2** (*di autoveicoli*) to pull up; (*mecc.: di motore, per un guasto*) to stall; to stop working: **Il motore si fermò**, the engine stalled (*o* stopped) **3** (*di soldati in*

ferrovìa

marcia, ecc.) to halt: **La pattuglia si fermò**, the patrol halted **4** (*soggiornare*) to stay: **Mi fermai una settimana a Parigi**, I stayed in Paris a week **5** (*fare una pausa*) to pause; to make* a pause **6** (*soffermarsi*) to dwell*: **f. su un argomento**, to dwell on a subject. ● **f. di colpo** (*o* **di botto**), to stop short □ **f. lungo il cammino**, to stop on one's way □ (*mil.*) **dare ordine di f.**, to call a halt.

fermata, *f.* stop; (*in una marcia o in un viaggio*) halt, stop-over; (*il luogo*) stopping-place: **f. facoltativa**, request stop; stop on request; **f. obbligatoria**, regular stop; **scendere alla prima f.**, to get off at the first stop; **La prima f. è Bologna**, Bologna is the first stop; **Ci fu una lunga f. per aspettare i ritardatari**, there was a long halt to wait for the stragglers; (*mil.*, *fig.*) **ordinare una f.**, to call a halt. ● (*autom.*) **divieto di f.** (*cartello*), no stopping □ **senza fermate**, non-stop: **Viaggiammo da qui a lì senza fermate**, we travelled from here to there non-stop.

fermato, *m.* (*leg.*) detainee; detained person.

fermatura, *f.* fastening.

fermentàbile, *a.* (*biol.*, *chim.*) fermentable.

fermentare, *v. i.* (*biol.*, *chim.*) to ferment, to work (*anche fig.*); (*di pasta*) to rise*: **Il lievito comincia a f.**, the yeast is beginning to work. ● **far f.**, to ferment; to leaven.

fermentativo, *a.* (*biol.*, *chim.*) fermentative.

fermentato, *a.* fermented; soured: **formaggio f.**, fermented cheese, soured cheese.

fermentatóre, *m.* (*chim.*) fermenter.

fermentazióne, *f.* (*biol.*, *chim.*) fermentation; (*di pasta*) rising: **f. alcolica**, alcoholic fermentation; **f. lattica**, lactic fermentation.

fermènto, *m.* **1** (*biol.*, *chim.*) ferment; (*sostanza che produce la fermentazione*) leaven; (*lievito*) yeast: **f. della birra**, beer yeast; **f. dell'uva**, wine yeast; **f. selezionato**, clean yeast **2** (*fig.*) ferment; unrest; agitation: **essere in f.**, to be in a ferment; **f. sociale**, social unrest.

fermézza, *f.* **1** firmness; stability; steadiness **2** (*solo fig.*) steadfastness; resoluteness. ● **f. d'animo**, strength of mind □ **agire con f.**, to act firmly.

fèrmio, *m.* (*chim.*) fermium.

fermióne, *m.* (*fis.*) fermion.

férmo, **A** *a.* **1** firm; (*che non si muove*) still, motionless; (*solo fig.*) steadfast, resolute: **essere f. come torre (che non crolla)**, to be as firm as a rock; **fede ferma**, firm faith; **Quei bambini non riescono a stare fermi**, those children can't keep still; **acque ferme**, still waters; **Bisogna essere fermi con i bambini**, one has got to be firm with children; **rimanere f. nel proprio proposito**, to be firm (*o* steadfast) in one's resolve; **rimanere f. nel proprio rifiuto**, to stand firm (*o* to persist) in one's refusal **2** (*stabile*) stable; steady; unwavering: **avere la mano ferma**, to have a steady hand; **f. sulle gambe**, steady on one's legs; **voce ferma**, unwavering voice **3** (*di veicolo*) stationary: **un'automobile ferma**, a stationary motor-car; **rimanere f.**, to remain stationary. ● (*mus.*) **canto f.**, plainsong; Gregorian chant □ **per f.**, for certain □ **punto f.**, full stop □ (*fig.*, *fam.*) **stare f. al chiodo**, to hold firm to one's beliefs (*o* to one's opinion) □ (*fig.*) **tenere per f. q.c.**, to be certain (*o* to feel sure) about st. □ **terra ferma**, dry land □ **f. restando che...**, it being understood that... □ **Gli affari sono fermi**, business is stagnant (*o* at a standstill) □ **La lettera è ferma in posta**, the letter was sent «poste restante» (*o* the letter is awaiting collection at the post) □ **Tienlo** (*o* **tenetelo**) **f.!**, hold him!; hold him tight! **B** *m.* **1** (*leg.*: *di polizia*) detention; provisional arrest **2** (*leg.*: *confisca*) seizure **3** (*leg.*: *di nave mercantile*) embargo **4** (*mecc.*) catch; lock; stop **5** (*dispositivo per fermare q.c.*) latch; (*di persiana*) shutter-latch. □ (*grammofono*) **f. automatico**, self-stopping device □ (*cucina*) **dare un f. alla carne**, to cook meat partially (in order to preserve it) □ (*comm.*) **mettere il f. su un assegno**, to stop a cheque.

fermopòsta, **A** *avv.* «poste restante»; general delivery (*USA*): **spedire una lettera f.**, to send a letter «poste restante». **B** *a.* «poste restante» (*attr.*): **lettere f.**, «poste restante» letters. **C** *m.* (*ufficio*) post office for «poste restante» mail; general delivery (*USA*).

fèrnet, *m.* fernet.

feróce, *a.* fierce; wild; savage; ferocious: **un animale f.**, a wild animal. ● **una fame f.**, a ravenous appetite.

ferocemènte, *avv.* fiercely; wildly; savagely; ferociously.

feròcia, *f.* ferocity; wildness; savagery; fierceness.

feròdo, *m.* (*marchio*; *mecc.*: *guarnizione di freni*) brake lining.

ferracavallo, *m.* farrier; blacksmith.

ferràccio, *m.* **1** (*ghisa*) pig-iron **2** (*rottami di ferro*) scrap-iron.

ferràglia, *f.* scrap-iron. ● **rumore di f.**, clanking noise.

ferragostano, *a.* mid-August.

ferragósto, *m.* **1** (*vacanze di f.*) mid-August holiday(s) **2** (*festa della Assunzione*) feast of the Assumption (of the Virgin Mary).

ferràio, **A** *m.* blacksmith. **B** *a.* – **fabbro f.**, blacksmith.

ferraiòlo, *m.* short cloak; circular cape.

ferrame, *m.* ironwork.

ferramènta, *f. pl.* hardware (*sing.*); ironware (*sing.*); iron goods; ironmongery (*sing.*). ● **negozio di f.**, ironmonger's shop; hardware store (*USA*).

ferramènto, *m.* iron tool.

ferrare, *v. t.* **1** to fit with iron **2** (*cavalli*) to shoe **3** (*scarpe*) to set* with iron; to hobnails.

ferraréccia, *f.* **1** (*negozio*) ironmonger's shop **2** (*oggetti*, *materiali di ferro*, *anche al pl.*) hardware (*sing.*); iron goods; ironmongery (*sing.*).

ferrata, *f.* (*impronta*) imprint left by a flat-iron.

ferrato, *a.* **1** shod **2** (*fig.*: *edotto*) well-versed, well-informed (in st.). ● **scarponi ferrati**, hobnailed boots □ **strada ferrata**, railway.

ferratura, *f.* **1** (*di cavalli*) shoeing **2** (*elementi in ferro*) iron fittings (*pl.*).

ferravècchio, *m.* dealer in old iron; scrap-metal dealer.

fèrreo, *a.* **1** iron (*attr.*): **la corona ferrea**, the Iron Crown **2** (*fig.*) iron (*attr.*); rigid; inflexible; hard-and-fast: **una volontà ferrea**, an iron will. ● **memoria ferrea**, excellent memory □ **salute ferrea**, cast-iron constitution.

ferrétto, *m.* (*fam.*: *arnese di ferro*) iron gadget.

fèrrico, *a.* (*chim.*) ferric.

ferrièra, *f.* ironworks; (iron-)foundry.

ferrìfero, *a.* (*scient.*) ferriferous; iron-yielding.

ferrigno, *a.* iron-like; (*nelle metafore*, *ecc.*, *spesso*) steel, steely: **di colore f.**, steel-grey; **occhi ferrigni**, steely eyes.

ferrite, *f.* (*metall.*, *chim.*) ferrite.

fèrro, *m.* **1** iron (*anche fig.*): **minerale di f.**, iron ore; **f. dolce**, soft iron; **f. fuso**, ingot iron; (*in stato di fusione*) molten iron; (*non battuto*) cast iron; **f. battuto**, wrought iron; (*più tecnicamente*) forged iron; **lamiera di f.** (*o* **f. in lamiera**), sheet iron; **f. laminato**, rolled iron; laminated iron; **f. zincato**, galvanized iron; **tondo** (*o* **tondino**) **di f.**, iron rod; **rivestito di f.**, lined with iron; iron-plated, iron-clad (*specialm. naut.*: *di corazzata*); **f. lavorato** (*o* **lavoro**, **lavori in f.**), ironwork (*collett.*); (*stor.*) **corona di f.**, iron crown; (*fig.*) **un uomo di f.**, a man of iron; (*anche fig.*) **battere il f. mentre** (*o* **finché**) **è caldo**, to strike while the iron is hot; **governare con mano di f.**, to rule with a rod of iron; (*archeol.*) **l'età del f.**, the Iron Age; **grigio f.**, iron grey **2** (*da stiro*) (flat-)iron: **un f. elettrico**, an electric iron **3** (*da calza*) knitting-needle **4** (*dei parrucchieri*) curling-tongs, curling-irons (*pl.*): **Ho solo tempo per un'ondulazione al f.**, I've only time to curl (*o* to wave) my hair with the (curling-)tongs **5** (*lett.*: *spada*) sword: (*fig.*) **f. e fuoco** (*distruzione*), fire and sword **6** (*pl.*: *ceppi*) irons; chains; fetters: **mettere q. ai ferri**, to put sb. in irons **7** (*pl.*: *strumenti*) instruments; tools: (*med.*) **i ferri del chirurgo**, surgical instruments; **i ferri del mestiere**, the tools of the trade. ● **f. a I** (a **T**, a **U**), I-bar (T-bar, U-bar) □ **f. di cavallo**, horse--shoe □ **a f. di cavallo**, shaped like a horse-shoe; horse-shoe shaped; horse-shoe (*attr.*); (*archit.*) **arco a f. di cavallo**, horse--shoe arch; **tavolo a f. di cavallo**, horse-shoe table; **portafortuna a f. di cavallo**, lucky charm shaped like a horse-shoe □ (*zool.*) **f. di cavallo** (*pipistrello*), horse-shoe bat □ (*fig.*) **essere ai ferri corti con q.**, to be at loggerheads with sb. □ **articoli di f.**, ironware (*sing.*); iron (*sing.*) □ **battere il f. finché è caldo**, to make hay while the sun shines □ **avere una memoria** (**uno stomaco**, **un alibi**) **di f.**, to have an excellent memory (the stomach of an ostrich, a cast-iron alibi) □ **avere una salute di f.**, to have a cast-iron constitution; to be as strong as a horse □ **cuocere la carne ai ferri**, to grill (*o* to broil) meat □ **filo di f.**, wire; (*solo se occorre distinguerlo da filo di rame*, *ecc.*) iron wire: **filo di f. spinato**, barbed-wire □ **mettere a f. e fuoco**, to lay waste □ **morire sotto i ferri**, to die in the course of an operation □ (*del cavallo*, *ecc.*) **perdere un f.**, to cast a shoe □ **Tocca ferro!** (*per scongiuro*), touch wood!

ferrocemènto, *m.* (*tecn.*) iron-ore cement.

ferroelettricità, *f.* (*fis.*) ferroelectricity.

ferroelèttrico, *a.* (*fis.*) ferroelectric.

ferrolèga, *f.* (*metall.*) ferro-alloy.

ferromagnètico, *a.* (*fis.*) ferromagnetic.

ferromagnetìsmo, *m.* (*fis.*) ferromagnetism.

ferromodellìsmo, *m.* model railway collecting (*o* construction).

ferromodellìsta, *m. e f.* model railway collector (*o* constructor).

ferróso, *a.* (*miner.*, *chim.*) ferrous: **solfato f.**, ferrous sulphate.

ferrotranviàrio, *a.* rail and tram (*attr.*).

ferrotranvièri, *m. pl.* rail and tram workers.

ferrovìa, *f.* railway; railroad (*USA*): **f. a un binario**, single-line (*o* single-track) railway; **f. a cremagliera**, rack railway; **f. a doppio binario**, double-line (*o* double-track) railway; **f. a scartamento normale**, standard-gauge railway; **f. a scartamento ridotto**, light railway; **f. aerea**, elevated railway; **f. di montagna**, mountain railway; **f. metropolitana**, underground (railway); tube (*fam.*, *in G.B.*); subway (*USA*); **Ferrovie dello Stato**, (*in Italia*)

ferroviàrio

Italian Railways; (*in G.B.*) British Railways. ● **f. monorotaia**, monorail □ **spedire per f.**, to send by rail □ **viaggiare in f.**, to travel by rail.
ferroviàrio, *a.* railway (*attr.*): **una stazione ferroviaria**, a railway station; **orario f.**, railway time-table; **un vagone f.**, a railway carriage; **un incidente f.**, a railway accident; **azioni ferroviarie**, railway shares; **tariffe ferroviarie**, railway rates. ● **disastro f.**, train-crash □ **materiale f.**, rolling stock.
ferrovière, *m.* **1** railwayman* **2** (*del personale viaggiante*) trainman*.
ferrugigno, *a.* (*lett.*) rusty; rust-coloured; ferruginous.
ferruginosità, *f.* ferruginous quality.
ferruginóso, *a.* ferruginous.
ferruminatòrio, *a.* — (*metall.*) **cannello f.**, blowpipe.
ferry-boat (*ingl.*), *m.* ferry; ferry-boat.
fèrtile, *a.* (*anche fig.*) fertile; fruitful: **una fantasia f.**, a fertile imagination; **un albero f.**, a fruitful tree.
fertilità, *f.* (*anche fig.*) fertility; fruitfulness.
fertilizzànte, **A** *a.* fertilizing. **B** *m.* fertilizer.
fertilizzàre, *v. t.* (*agric.*) to enrich; to fertilize (*quasi sempre con concime chimico*).
fertilizzazióne, *f.* (*agric.*) enrichment; fertilization.
fèrula, *f.* **1** (*bacchetta*) rod; (*per punire, anche*) ferule; (*di dignitario*) rod, wand (of office) **2** (*med.*) splint.
fervènte, *a.* (*anche fig.*) fervent; ardent.
fèrvere, *v. i.* **1** (*fig.*) to be intense (*o* fervent, ardent) **2** (*lett.*: *essere infiammato*) to be burning. ● **La disputa ferve**, the dispute is at its height □ **Il lavoro ferve**, the work is proceeding fast and furiously.
fèrvido, *a.* fervent; ardent; fervid; eager: **una fervida preghiera**, a fervent prayer. ● **con i miei più fervidi auguri**, with (all) my best wishes □ **immaginazione fervida**, lively imagination.
fervóre, *m.* heat; excitement; ardour; fervour: **il f. delle mie preghiere**, the fervour (*o* ardour) of my prayers; **nel f. della battaglia** (**della discussione**), in the heat of the battle (of the argument); **il f. dell'estate**, the summer's heat; **fare sbollire** (*o* **intiepidire**) **il f. di q.**, to dampen sb.'s ardour.
fervorino, *m.* **1** (*relig.*) exhortation **2** (*scherz.*) lecture; talking-to; pep-talk (*fam.*).
fervoróso, *a.* fervent; ardent.
fèrzo, *m.* (*naut.*) canvas bolt.
fésa, *f.* (*macelleria*) cut of rump (of veal).
fescennino, *a.* **1** (*poesia*) Fescennine: **versi fescennini**, Fescennine verses **2** (*fig.*) scurrilous; licentious.
fessacchiòtto, *m.* silly fool (*o* chump); ninny: **un f. qualunque**, a silly fool.
fesserìa, *f.* (*pop.*) **1** (*comportamento da sciocco*) foolishness; craziness; doltishness **2** (*parole sciocche*) nonsense; rubbish; baloney (*pop.*): **dire fesserie**, to talk nonsense; **È una f.!**, that's a piece of nonsense!; **Fesserìe!**, nonsense!; rubbish!; fiddlesticks! **3** (*cosa di nessun conto*) trifle; mere nothing.
fésso, **A** *a.* **1** (*incrinato*) cracked; (*spaccato*) cleft, cloven: **una campana fessa**, a cracked bell **2** (*rif. a suono*) cracked; harsh; (*stridulo*) shrill: **una voce fessa**, a cracked voice **3** (*pop.*: *sciocco*) cracked, dimwitted (*fam.*); crazy; foolish; doltish. **B** (*pop.*) (bloody) fool; dimwit (*fam.*); dolt: **fare f. q.**, to make a fool of sb.
fessura, *f.* **1** crack; cleft; fissure **2** (*per gettone o moneta*) slot; slit.
fèsta, *f.* **1** (*relig.*) feast-day; feast (*anche banchetto*); holy day: **la f. della Natività**, the feast of the Nativity; **f. mobile**, movable feast; **f. comandata** (*o* **di precetto**), feast (*o* day) of obligation; **cinghiali per la f. al castello**, wild boars for the feast at the castle **2** (*giorno festivo, vacanza*) holiday: **Domani è f.**, tomorrow is a holiday; **f. civile** (*o* **nazionale**), public holiday; (*in G.B.*) bank-holiday; **f. intera**, full holiday; **mezza f.**, half-holiday **3** (*pl.*) Christmas (holidays); Easter (holidays): **Vado via per le feste**, I'm going away for Christmas (*o* for Easter); **passare le feste in famiglia**, to spend Christmas (*o* Easter, one's holidays) at home; **augurare** (**le**) **buone feste a q.**, to wish sb. a happy Christmas (*o* Easter, New Year, etc.) **4** (*compleanno*) birthday; (*onomastico*) name-day, saint's-day, fête-day: **È la mia f.**, it's my birthday (*o* my name-day) **5** (*gioia*) (great, greatest) joy; (*espressione di gioia*) rejoicing, merriment; (*piacere eccezionale*) treat: **Sarà una f. per me vederlo**, it'll be the greatest joy (*o, fam.*: it'll be a treat) for me to see him **6** festivity (*festosità*; *al pl.*: *festeggiamenti*) festival (*festeggiamento*); party (*ricevimento*); entertainment (*trattenimento*); fête (*specialm. di beneficienza*): **la f. del paese**, the village festival; **f. di primavera**, spring festival; **la f. del raccolto**, harvest festival; **Darò una f. per i tuoi diciotto anni**, I shall give a party for your eighteenth birthday; **La f. durò diversi giorni**, the festivities lasted several days. ● **f. da ballo**, dance; ball (*ballo importante*) □ **f. del lavoro** (*o* **dei lavoratori**), labour day □ (*fig.*) **una f. di colori**, a riot of colours

□ **la f. di Sant'Antonio**, St. Anthony's Day □ **conciare q. per le feste**, to give sb. a sound (*o* good) thrashing; to tan sb.'s hide (*pop.*) □ **fare f.**, (**fare vacanza**) to have a holiday; (*stare allegri*) to make merry □ **fare f. a q.**, to welcome sb.; to give sb. a hearty welcome □ (*pop.*) **fare la f. a q.** (*ucciderlo*), to kill sb.; to do sb. in; to bump sb. off □ **fare un po' di f.**, to have a rather good time □ (*delle campane*) **suonare a f.**, to ring a joyous peal □ (*pop.*) **I bambini fecero la f. alla torta**, the children ate up the whole cake □ **Il cane mi fece le feste**, the dog jumped up and down on me barking a welcome □ **Erano vestiti a f.**, they were dressed in their Sunday best □ (*prov.*) **Passata la f., gabbato lo santo**, once on shore, we pray no more.
festaiòlo, **A** *a.* party-going (*attr.*); fond of parties (*pred.*). **B** *m.* reveller; gay dog (*pop.*).
festànte, *a.* (*lett.*) festive; joyful; jubilant.
festeggiaménto, *m.* **1** (*il festeggiare*) celebration **2** (*manifestazione con cui si festeggia*) festivity; festival; celebration.
festeggiàre, *v. t.* **1** to celebrate **2** (*accogliere festosamente*) to give* (sb.) a hearty welcome. ● **f. q.**, to give a party for sb.; to put down the red carpet for sb. (*fam.*).
festeggiàto, *m.* guest of honour.
festeggiatóre, *m.* reveller.
festeréccio, *a.* (*spreg.*) tinselly; tawdry.
festévole, *a.* light-hearted; gay; jovial.
festicciòla, *f.* family (*o* informal) party.
festino, *m.* (*ricevimento*) party; entertainment; (*ballo*) ball; (*con lanterne nel parco, ecc.*) fête (*franc.*).
fèstival, *m.* festival.
festività, *f.* **1** (*in tutti i sensi*) festivity **2** (*relig.*) feast. ● **una f. civile**, a public holiday.
festivo, *a.* **1** holiday, Sunday (*attr.*): **gli abiti festivi**, one's Sunday clothes **2** (*lett.*: *lieto*) festive; merry. ● **un biglietto f.**, a week-end ticket □ **giorni feriali e festivi**, week-days and Sundays; week-days and holidays □ **giorni festivi**, Sundays and (public) holidays.
festonato, *a.* festooned.
festóne, *m.* **1** (*anche archit.*) festoon **2** (*ricamo*: *smerlo*) scallop.
festosità, *f.* festiveness; merriness; joyfulness; gaiety.
festóso, *a.* festive; merry; joyful; gay.
festuca, *f.* **1** straw **2** (*bot., Festuca*) fescue (grass). ● **vedere la f. nell'occhio del prossimo e non la trave nel proprio**, to see the mote in one's brother's eye and not the beam in one's own.
fetàle, *a.* (*biol., med.*) f(o)etal.
fetènte, **A** *a.* **1** stinking; fetid **2** (*fig., volg.*) stinking (*volg.*); dirty (*pop.*); despicable. **B** *m. e f.* (*volg.*) stinker.
feticcio, *m.* (*anche fig.*) fetish, fetich.
feticìdio, *m.* (*leg.*) f(o)eticide.
feticismo, *m.* fetishism, fetichism; idolatry.
feticista, *m. e f.* fetishist, fetichist.
fètido, *a.* fetid; stinking.
fetidume, *m.* stench; stink.
fèto, *m.* (*biol.*) f(o)etus: **un f. morto**, a dead foetus.
fetologìa, *f.* (*med.*) f(o)etology.
fetòlogo, *m.* f(o)etologist.
Fetónte, *m.* (*mitol.*) Phaethon.
fetóre, *m.* stench; stink.
fétta, *f.* **1** slice: **tagliare q.c. a fette**, to cut st. into slices; to slice st.; **una f. di pane**, a slice of bread **2** (*piccolo pezzo*) piece; bit; (*grosso pezzo*) chunk; (*striscia*) strip: **una f. di torta**, a piece of cake; **una f. di terra**, a piece of land. ● (*fig.*) **fare a fette q.**, to make mincemeat of sb.
fettùccia, *f.* **1** tape **2** (*rettilineo*) straight stretch. ● (*sport: atletica leggera*) **la f. d'arrivo**, the finishing tape.
fettuccìne, *f. pl.* (*cucina*) «fettuccine» (alimentary paste in narrow strips).
feudàle, *a.* (*stor.*) feudal.
feudalésimo, feudalismo, *m.* (*stor.*) feudalism; feudal system.
feudalità, *f.* feudality.
feudatàrio, (*stor.*) **A** *a.* feudatory; feudal. **B** *m.* feudatory; (feudal) vassal.
fèudo, *m.* **1** (*stor.*) feud; fief **2** (*grande proprietà terriera*) (large) estate **3** (*fig.: possesso esclusivo*) domain: **L'orto era il f. della nonna**, the vegetable-garden was my grandmother's domain.
feuilleton (*franc.*), *m.* (*romanzo d'appendice*) feuilleton; serial (story).
fèz, *m.* fez.
feziàle, *a. e m.* (*stor. romana*) fetial.
fi, *m. e f.* (*ventunesima lettera dell'alfabeto greco*) phi.
fiaba, *f.* (*anche fig.*) fairy-tale; story.
fiabésco, *a.* **1** (*di fata*) fairy (*attr.*): **racconti fiabeschi**, fairy-tales **2** (*di fiaba*) fairy-like **3** (*favoloso*) fairy-tale (*attr.*); fantastic; magic; marvellous.
fiàcca, *f.* **1** (*stanchezza*) tiredness; weariness **2** (*pigrizia*)

laziness; slackness; sluggishness 3 (*debolezza*) weakness (*anche fig.*). ● **battere la f.**, to slack off □ **In quella banca hanno tutti la fiacca addosso**, they're all half-asleep in that bank □ **Non battere la f.!**, back up!; on yours toes!

fiaccaménte, *avv.* (*svogliatamente*) listlessly; (*lentamente*) slowly; (*senza convinzione*) without much conviction.

fiaccare, A *v. t.* **1** (*stancare*) to tire; to weary; (*spossare*) to exhaust, to tire out **2** (*indebolire*) to weaken **3** (*logorare*) to wear* down (*o* out); to break* down: **f. la resistenza di q.**, to wear down sb.'s resistance **4** (*scoraggiare*) to depress; to dispirit **5** (*rompere*) to break*. ● (*fig.*) **f. le corna a q.**, to humiliate sb.; to take sb. down a peg or two □ (*fig.*) **f. le ossa (o le costole, il collo) a q.**, to give sb. a good thrashing (*o* beating); to tan sb.'s hide (*pop.*). **fiaccarsi, B** *v. rifl.* to break*: **f. il collo**, to break one's neck.

fiaccheràio, *m.* (*tosc.*) driver (of a horse-cab); cabman*.

fiacchézza, *f.* **1** (*stanchezza*) tiredness; weariness **2** (*debolezza*) weakness (*anche fig.*): **f. morale**, moral weakness.

fiacco, *a.* **1** (*stanco*) tired, weary; (*spossato*) exhausted, tired out **2** (*indolente*) slack; sluggish; lazy **3** (*debole*) weak **4** (*svogliato*) listless; half-hearted. ● (*comm.*) **mercato f.**, slack (*o* dull) market.

fiàccola, *f.* (*anche fig.*) torch: **la f. della libertà**, the torch of liberty.

fiaccolata, *f.* torch-light procession.

fiacre (*franc.*), *m.* horse-cab; fiacre.

fiala, *f.* **1** phial; vial **2** (*per iniezione*) ampoule.

fiamma, *f.* **1** flame (*anche fig.*); (*molto viva*) blaze; (*oscillante*) flare: **f. ossidrica**, oxyhydrogen flame; **dare alle fiamme**, to give to the flames; to burn; **andare in fiamme**, to burst into flame(s); (*fig.*) **la f. dell'amore (della libertà)**, the flame of love (of freedom); **una mia vecchia f.** (*persona amata*), an old flame of mine **2** (*naut.: bandiera*) pennant; pennon; streamer **3** (*mil.: mostrina*) flash **4** (*pl.: rossore*) flush (*sing.*); blush (*sing.*). ● **le fiamme dell'inferno**, Hell-fire □ (*cucina*) **alla f.**, flambé: **pollo alla f.**, chicken flambé □ **color f.**, bright red □ **di f.**, flame-coloured; flaming; flame (*attr.*): **cielo di f.**, flaming sky □ **essere in fiamme**, to be on fire; to be aflame (*anche fig.*) □ **occhi che mandano fiamme**, eyes that flash fire; flashing eyes □ (*autom.*) **ritorno di f.**, back-fire □ (*ind.*) **tagliare con la f. ossidrica**, to flame-cut □ **Anna è la sua nuova f.**, Anna is his latest love.

fiammante, *a.* flaming; blazing; fiery: **rosso f.**, blazing scarlet; bright-red. ● **nuovo f.**, brand new.

fiammata, *f.* **1** blaze; flare **2** (*fig.*) blaze (of passion); flare-up.

fiammato, *a.* e *m.* (*di filato o tessuto*) iridescent; shot.

fiammeggiante, *a.* flaming; blazing; (*sfavillante*) sparkling, flashing: **occhi fiammeggianti d'ira (d'orgoglio)**, eyes flashing with anger (with pride).

fiammeggiare, A *v. i.* to be aflame; to blaze; to flame (with st.). **B** *v. t.* to flame; to singe: **f. un pollo**, to singe a chicken.

fiammiferàio, *m.* **1** (*fabbricante*) match-maker **2** (*venditore*) match-seller.

fiammifero, *m.* match: **una scatola di fiammiferi**, a box of matches; **un f. di sicurezza (o svedese)**, a safety-match; **un f. di cera**, a wax match; **fiammiferi da cucina**, household matches; **accendere un f.**, to strike a match. ● **f. antivento**, fusee □ (*fig.*) **accendersi come un f.**, to be quick-tempered (*o* hot-tempered); to flare up easily.

fiamminga, *f.* (*piatto ovale*) oval dish.

fiammingo, A *a.* Flemish. **B** *m.* **1** Fleming **2** (*la lingua*) Flemish **3** (*zool., Phenicopterus*) flamingo*.

fiancale, *m.* (*parte dell'armatura*) tuille.

fiancata, *f.* **1** (*naut.: bordata*) broadside: **tirare una f.**, to fire a broadside **2** (*fianco, lato*) side; flank **3** (*colpo dato col fianco*) blow with one's side **4** (*fig.: frase pungente*) quip: **dare una f. a q.**, to get off a quip at sb.'s expense.

fiancheggiaménto, *m.* **1** support; backing (up) **2** (*mil.*) flanking (support): **fuoco di f.**, flanking fire.

fiancheggiare, *v. t.* **1** to flank; to line; to border: **una strada fiancheggiata da alberi**, a road flanked (*o* lined) with trees **2** (*mil.*) to cover the flank of; to flank **3** (*fig.: spalleggiare*) to support; to back (up).

fiancheggiatóre, *m.* **1** (*polit.*) supporter; fellow-traveller **2** (*mil.*) flanker.

fianco, *m.* **1** (*fig., anche naut.*) side: **i fianchi della nave**, the sides of the ship; **il f. di una casa (di una collina)**, the side of a house (of a hill); **f. a f.**, side by side; **al mio f.**, at my side; beside me; **avere ai fianchi due guardie**, to have a policeman on either side **2** (*f. d'uomo o d'animale; fig. e mil.*) flank: **L'animale era ferito al f.**, the animal was wounded in the flank; **il f. sud della chiesa (della collina)**, the south flank of the church (of the hill); (*mil.*) **il f. sinistro dell'esercito**, the left flank of the army; (*mil.*) **Ci avvicinammo al f. del nemico**, we came up on the enemy's flank; (*mil.*) **girare il f. del nemico**, to turn the enemy's flank; (*mil.*) **f. di un baluardo**, flank of a bastion **3** (*soltanto dell'uomo*) hip (*propriamente, anca*): **stare con le mani sui fianchi**, to stand with one's hands on one's hips. ● (*mil.*) **fianc'arm!**, order arms! □ (*naut.*) **f. della nave**, ship's side □ (*naut.*) **f. destro**, starboard side □ (*mil.*) **f. destr', destr'!**, right about turn! □ (*mil.*) **f. sinistr', sinistr'!**, left about turn! □ (*naut.*) **f. sinistro**, port side; port □ **di f.**, sideways; on (*o* from) the side: **colpire q.c. di f.**, to hit st. on the side; **Il granchio procedeva di f.**, the crab proceeded sideways (*o* the crab sidled along) □ **prestare il f. alle critiche**, to lay oneself open to criticism □ **stare a f. di q.**, to stand by sb.; (*aiutarlo*) to give sb. one's help (*o* one's support) □ **tenersi i fianchi dal gran ridere**, to split one's sides with laughter (*o* nearly to die of laughter) □ **Era una storia che a sentirla tutti si tenevano i fianchi**, it was a side-splitting story.

fiandra, *f.* (*ind. tessile*) Flanders-linen; damask.

Fiandre, *f. pl.* (*geogr.*) Flanders.

fiasca, *f.* flask.

fiascàio, *m.* **1** (*operaio addetto alla soffiatura*) flask-blower **2** (*venditore*) flask-seller.

fiaschétta, *f.* (*tascabile*) hip-flask.

fiaschetteria, *f.* wine-shop.

fiasco, *m.* **1** flask: **rivestire un f.**, to cover a flask in straw; **un f. rivestito**, a flask with its straw cover **2** (*fig.*) fiasco; failure; flop: **Fu un f. assoluto**, it was a complete fiasco; it was a wash-out (*pop.*); it was a complete turkey (*pop. USA*); **fare f.**, to be a fiasco; to fall flat; to draw a blank; to come a cropper (*fam.*); to bomb (*pop. USA*).

fiat (*lat.*), *m.* — **in un f.**, in the twinkling of an eye; in a jiffy (*fam.*); in two shakes (*fam.*).

fiatare, *v. i.* **1** to breathe (*o* to say*) a word; to open one's mouth; to speak*: **Non fiatai**, I didn't open my mouth; **Non f. con nessuno!**, don't breathe a word to anyone! **2** (*raro: respirare*) to breathe. ● **senza f.**, (*in silenzio assoluto*) without (saying) a word; (*con impassibilità*) without batting an eyelid, without turning a hair.

fiato, *m.* **1** breath: **Scaldava i cuccioli col f.**, she warmed her cubs with her breath; **f. che puzza**, bad breath; breath that smells; (*med.*) foul breath, halitosis; **È f. sprecato**, it's a waste of breath; (*anche fig.*) **pigliare (*o* tirare) il f.**, to take (*o* to draw) breath; **trattenere il f.**, to hold (*o* to catch) one's breath; **La notizia mi fece restare senza f.**, the news took my breath away; **C'era un puzzo (un vento) che mozzava il f.**, there was a smell (a wind) that fairly took one's breath away **2** (*pl., mus.: strumenti a f.*) wind instruments **3** (*sport*) wind: **Aspettai che il pugile riprendesse f.**, I waited for the boxer to get his wind back **4** (*sport e fig.: resistenza*) stamina; staying power; (*forza*) strength: **È uno sport che richiede molto f.**, it's a sport that requires stamina (*o* staying power); **avere poco f.**, not to have much strength (*o* stamina). ● **essere all'ultimo f.**, (*morire*), to be at one's last gasp □ **analisi (*o* prova) del f.**, breath-test □ **analizzare il f. a q.**, to breath-test sb.; to breathalyse sb. □ **analizzatore del f.** (*strumento a palloncino*), breathalyser □ **avere il f. corto**, to be short of breath; to be short-winded □ **avere il f. grosso** (*o* **essere senza f.**), to be out of breath; to pant □ **bere q.c. tutto d'un f.**, to drink st. at a draught □ **gridare con quanto f. si ha in gola**, to shout at the top of one's voice □ **non avere più f. in corpo**, to be at one's last gasp; to have reached the end of one's tether □ **restare senza f.**, (*fisicamente*) to be winded; to be out of breath; to be breathless; (*fig.*) to be speechless, to be thunderstruck □ (*mus.*) **strumenti a f.**, wind instruments □ **tutto d'un f.**, without a pause; without stopping; all in one go (*fam.*); at one fell swoop (*scherz.*) □ **Lo dirò finché avrò f.** (**in corpo**), I shall say so as long as I live □ **Non sprecare il f. a dirglielo**, don't waste any words telling him □ **Sprechi il f. a dirmelo**, you can save your breath to cool your porridge □ (*prov.*) **Sin che c'è f. c'è speranza**, while there's life there's hope.

fiatóne, *m.* heavy breathing; panting. ● **avere il f.**, to be out of breath; to be breathless.

fibbia, *f.* buckle.

fibra, *f.* **1** fibre; fiber (*USA*): (*anat.*) **fibre muscolari**, muscle-fibres; **fibre sintetiche**, man-made fibres; **fibre tessili**, textile fibres; **f. ottica**, optical fibre; optical fiber (*USA*); **f. vulcanizzata**, vulcanized fibre; (*fig.*) **in ogni mia f.** (*o* **nelle mie più riposte fibre**), into my every fibre; (*fig.*) **f. morale**, moral fibre; **f. di cotone**, cotton fibre; **f. di ginestra**, broom fibre; (*ind. tessile*) **f. di stelo**, stalk fibre **2** (*tessile*) staple: **la f. del mohair**, the staple of mohair **3** (*sorta di cartone*) fibre: **una valigia di f.**, a fibre suit-case **4** (*fig.: complessione*) constitution: **un uomo di f. robusta**, a man with a strong constitution. ● **snervare la f. di q.**, to soften up sb.

fibrifórme, *a.* fibriform.

fibrilla, *a.* (*biol.*) fibril.

fibrillare (1), *a.* fibrillar(y).

fibrillare (2)

fibrillare (2), *v. i.* (*med.*) to fibrillate.
fibrillazióne, *f.* (*med.*) fibrillation.
fibrillóso, *a.* fibrillose; fibrillar.
fibrina, *f.* (*biol.*) fibrin.
fibrinògeno, *m.* (*biol.*) fibrinogen.
fibrinóso, *a.* fibrinous.
fibrocemènto, *m.* (*costr.*) asbestos cement.
fibròide, *a.* fibroid.
fibroina, *f.* fibroin.
fibròma, *m.* (*med.*) fibroma*.
fibroscòpio, *m.* (*med.*) fibrescope.
fibròsi, *f.* (*med.*) fibrosis*.
fibrosità, *f.* fibrousness.
fibróso, *a.* fibrous.
fibula, *f.* **1** (*archeol.*) fibula* **2** (*anat.*) fibula*; splint-bone.
fica, *f.* (*volg.*) cunt.
ficcanaso, *m.* meddler; busybody; nosey parker (*fam.*); Paul Pry (*fam.*).
ficcare, A *v. t.* **1** (*far entrare con forza*) to thrust*; (*ficcare dentro*) to poke, to stick*; (*con un martello*) to drive*, to hammer: **f. un palo in terra** (**un chiodo nel muro**), to drive a stake into the ground (a nail into the wall); **f. il naso nei fatti altrui**, to poke (*o* to stick) one's nose into other people's business **2** (*fam.*: *mettere*) to put*; to stuff: **Ficca queste scartoffie nel cassetto**, put these papers into the drawer. ● (*fig.*) **f. gli occhi addosso a q.**, to stare hard at sb. **ficcarsi, B** *v. rifl.* (*cacciarsi, mettersi*) to get* (into); to thrust* oneself: **f. in un imbroglio**, to get into a scrape. ● **f. le dita nel naso**, to pick one's nose □ (*fig.*) **f. in capo q.c.**, to get st. into one's head; to make up one's mind to do st. □ **f. in testa il cappello**, to put on one's hat □ **Dove si sarà ficcato il mio cappello?**, where has my hat got to?; where can my hat be?
fiche (*franc.*), *f.* **1** (*gettone usato nel gioco*) chip **2** (*scheda*) filing-card; index card.
fichéto, *m.* fig-orchard.
fico, *m.* (*bot.*, *Ficus carica*) fig-tree; (*il frutto*) fig: **fichi secchi**, dried figs; **fichi settembrini**, late summer figs; **una foglia di f.**, a fig-leaf; **Non me ne importa un fico**, I don't care a fig; (*fig.*) **Non vale un f. secco**, it's not worth a fig. ● (*bot.*) **f. d'India** (*Opuntia vulgaris*), prickly pear.
ficus, *m.* (*bot.*, *Ficus decora*) ficus.
fidanzaménto, *m.* engagement; betrothal (*lett.*).
fidanzare, A *v. t.* to engage; to betroth (*lett.*): **essere fidanzato con** (*o* **a**) **q.**, to be engaged to sb. **fidanzarsi, B** *v. rifl.* to get* engaged.
fidanzata, *f.* fiancée.
fidanzato, *m.* **1** fiancé **2** (*pl.*) engaged couple (*sing.*).
fidare, A *v. t.* (*lett.*: *affidare*) to entrust. **B** *v. i.* (*confidare*) to trust; to put* one's trust in (sb.); to depend on (sb., st.). **fidarsi, C** *v. rifl.* **1** to trust (sb.); to put* one's trust in (sb.); to rely on (sb., st.); to depend on (sb., st.): **Mi fido di lui**, I trust him; **Non bisogna f. che l'abbia fatto lui**, you mustn't trust to (*o* rely on) his having done it; **Non ci si può fidare di lui**, you can't trust him (*o* rely on him); **Mi fido della tua parola**, I depend (*o* rely) on your word; **Non ti fidare mai di nessuno**, never trust (*o* never put your trust in) anybody **2** (*fam.*: *osare*) to dare: **Non mi fido d'affrontarlo**, I don't dare to face him. ● **una persona di cui non ci si può f.**, an unreliable (*o* untrustworthy) person □ (*prov.*) **F. è bene, ma non f. è meglio**, he who trusteth not, is not deceived.
fidatézza, *f.* trustworthiness; reliability.
fidato, *a.* trustworthy; reliable; dependable. ● **non f.**, untrustworthy; unreliable.
fidecommésso, *m.* (*leg.*) fidei-commissum*; (deed of) trust.
fideismo, *m.* (*relig., filos.*) fideism.
fideista, *m.* e *f.* (*relig., filos.*) fideist.
fideistico, *a.* (*relig., filos.*) fideistic.
fideiussióne, *f.* (*leg.*) fidejussion; guaranty; bail. ● **dare f.**, to guarantee; to stand surety.
fideiussóre, *m.* (*leg.*) fidejussor; surety.
fidènte, *a.* (*lett.*) confident; confiding (in); trustful.
Fidia, *m.* (*stor.*) Phidias.
fidiaco, *a.* Phidian.
fido (1), A *a.* (*lett.*) faithful; devoted; (*di suddito*) loyal. **B** *m.* faithful attendant; devoted follower.
fido (2), *m.* (*econ.*) credit. ● (*banca*) **(limite di) f.**, credit limit; credit line.
fidùcia, *f.* **1** confidence; reliance: **guardare all'avvenire con f.**, to look to the future with confidence; (*polit.*) **voto (mozione) di f.**, vote (motion) of confidence; **perdere (conquistarsi) la f. di q.**, to lose (to gain) sb.'s confidence; **perdere la f. in sé**, to lose confidence; **non avere f. in sé**, to lack confidence; **acquistare f. in sé**, to gain confidence **2** (*più solenne e interiore*) trust: **avere f. in Dio**, to put one's trust in God; **tradire la f. di q.**, to betray sb.'s trust. ● **f. in se stesso**, self-confidence □ (*leg.*) **abuso di f.**, breach of trust □ **un accordo basato sulla f. reciproca**, a gentlemen's agreement □ **avere f.**, to be confident □ **avere f. in q.**, to trust sb. □ **degno di f.**, reliable; trustworthy □ **di f.**, confidential: **incarico di f.**, position of trust; confidential post (*o* mission, job); **uomo di f.**, confidential man □ (*polit.*) **porre la questione di f.**, to ask for a vote of confidence.
fiduciàrio, (*leg., econ.*) **A** *a.* fiduciary; trust (*attr.*): **un contratto (un erede) f.**, a fiduciary contract (heir); **un prestito f.**, a fiduciary loan; **circolazione fiduciaria** (*di carta moneta*), fiduciary circulation; **rapporti fiduciari**, fiduciary relations; **una società fiduciaria**, a trust company; **proprietà fiduciaria**, property held in trust. **B** *m.* trustee; fiduciary.
fiduciosaménte, *avv.* confidently; with confidence; trustfully; trustingly; hopefully.
fiducióso, *a.* confident; trustful; trusting; hopeful.
fièle, *m.* **1** (*anat.*) bile; gall **2** (*fig.*) gall; acrimony; bitterness; (*rancore*) grudge, resentfulness: **intingere la penna nel f.**, to dip one's pen in gall.
fienagióne, *f.* **1** (*il tagliare il fieno*) haymaking **2** (*tempo della f.*) hay-time; haymaking time.
fienàio, *a.* hay (*attr.*); for hay (*pred.*).
fienicoltura, *f.* (*agric.*) hay cultivation.
fienile, *m.* **1** barn **2** (*sopra alla stalla*) hay-loft **3** (*fig.*: *luogo sudicio*) pigsty.
fièno, *m.* hay: **fare il f.**, to make hay; **un mucchio di f.**, a haycock; **un covone di f.**, a hay-stack; (*med.*) **febbre da f.**, hay-fever. ● (*bot.*) **f. greco** (*Trigonella foenum-graecum*), fenugreek □ (*bot.*) **f. santo** (*Onobrychis viciaefolia*), sainfoin.
fièra (1), *f.* fair: **f. del bestiame**, cattle-fair; **la f. del paese**, the village fair. ● **f. campionaria**, trade-fair □ **f. di beneficenza**, (charity-)bazaar; fancy fair.
fièra (2), *f.* (*zool.*) wild beast.
fieraménte, *avv.* **1** (*orgogliosamente*) proudly **2** (*audacemente*) daringly; boldly **3** (*coraggiosamente*) valiantly; courageously; bravely.
fierézza, *f.* **1** (*orgoglio*) pride **2** (*ferocia, rabbia*) fierceness **3** (*audacia*) daring; boldness **4** (*coraggio*) intrepidity **5** (*crudeltà*) cruelty.
fieri (*lat.*), *m.* — **essere ancora in f.**, to be still «in fieri»; to be still in the making.
fieristico, *a.* fair (*attr.*).
fièro, *a.* **1** (*orgoglioso*) proud **2** (*feroce, rabbioso*) fierce **3** (*selvaggio*) wild **4** (*audace*) daring; bold **5** (*indomito*) untamed **6** (*coraggioso*) valiant; intrepid **7** (*crudele*) cruel **8** (*guerresco*) war-like **9** (*severo*) stern.
fièvole, *a.* faint; feeble; weak; (*di luce, suono*) dim.
fievolménte, *avv.* feebly; weakly; (*rif. a luce, suono*) dimly.
fifa (1), *f.* (*fam.*) funk. ● **avere f.**, to be in a funk; to have cold feet (*pop.*).
fifa (2), *f.* (*zool., Vanellus vanellus*) lapwing; pewit, peewit.
fifóne, *m.* (*fam.*) funk.
figaro, *m.* **1** (*scherz.*) barber **2** (*giubbetto*) bolero.
figgere, *v. t.* **1** (*fissare*) to fix: **f. gli occhi su q.c.**, to fix one's eyes on st. **2** (*conficcare*) to drive* in; to hammer in **3** (*trafiggere*) to transfix: **f. la lancia nello scudo**, to transfix the shield with one's lance. ● **figgersi in mente q.c.**, to get (*o* to take) st. into one's head.
Figi, Isole, *f. pl.* (*geogr.*) (the) Fiji (Islands).
figlia, *f.* **1** daughter: **f. d'Eva**, daughter of Eve **2** (*comm.*: *di un blocco o registro*) counterfoil; counterpart.
figliare, *v. t.* **1** (*in tutti i casi*) to breed*; to give* birth to; to bring* forth **2** (*di mucca*) to calve **3** (*di pecora*) to lamb **4** (*di cavalla*) to foal **5** (*di capra*) to kid **6** (*di cagna*) to pup; to whelp; to litter **6** (*di gatta*) to kitten; to litter **7** (*di scrofa*) to pig; to litter **8** (*di bestia feroce*) to whelp.
figliastra, *f.* step-daughter; step-child*.
figliastro, *m.* step-son; step-child*.
figliata, *f.* litter.
figlio, *m.* **1** (*maschio*) son: **F. mio!**, my son!; **due figli e tre figlie**, two sons and three daughters; **L'emofilia è ereditaria nei figli maschi**, hemophilia is hereditary in sons; **un f. adottivo**, an adopted (*o* adoptive) son **2** (*generico*) child*: **Ebbero due figli, Carlo e Maria**, they had two children, Charles and Mary; **Non so quanti figli abbiano**, I don't know how many children they have; **Non permetterei mai a mio f. di far così**, I would never let a child of mine do so; **il f. maggiore (minore)**, the eldest (youngest) child; (*di due*) the elder (younger) child; **f. unico**, an only child; **figli di primo letto**, children of the first marriage; **i figli d'Israele**, the Children of Israel. ● **f. del secolo**, man of his age □ (*volg.*) **F. di un cane!**, son of a bitch! □ **f. di nessuno**, foundling □ **f. di papà**, spoilt boy (*o* young man) □ **i figli di Adamo**, Adam's breed; mankind □ **Salute e figli maschi!**, bless you! □ (*volg.*) **F. d'un cane, ce l'ha fatta!**, well, I'll be

damned, he's managed it! □ **Era un f. d'arte**, the theatre had been his nursery.
figliòccia, *f.* goddaughter; godchild*.
figliòccio, *m.* godson; godchild*.
figliòla, *f.* **1** (*figlia*) daughter; child* **2** (*ragazza*) girl; lass, lassie: **F. mia, così non va!**, this won't do, my girl!; **F. mia, io non ho colpa**, my dear girl, it's no fault of mine; **una bella f.**, a good-looking girl; (*fiorente*) a well-set-up girl.
figliolame, *m.* swarm of children; offspring.
figliolanza, *f.* progeny; offspring; children (*pl.*).
figliòlo, *m.* **1** (*figlio*) son; child*: **il f. prodigo**, the Prodigal Son **2** (*ragazzo*) boy; lad; chap: **È un buon f.**, he's a good-natured chap.
figulina, *f.* (*lett.*: *arte del vasaio*) pottery.
figulo, *m.* (*lett.*) potter.
figura, *f.* **1** figure (*anche geom., ballo, pattinaggio, ecc.*): (*geom.*) **una f. piana** (**solida**), a plane (solid) figure; **una f. di bronzo**, a bronze figure; **una f. retorica**, a figure of speech; **avere una f. snella**, to have a slim figure; **fare una bella f.**, to cut a fine figure; to cut a dash (*fam.*); **fare una brutta f.**, to cut a poor figure **2** (*personaggio*) figure; character; personage: **È una f. ambigua ma interessante**, he is an ambiguous but interesting character **3** (*forma esterna di q.c.*) shape; form; (*contorno*) outline **4** (*illustrazione di un libro e sim.*) picture; illustration; (*tavola*) plate: **una f. a colori**, a coloured picture **5** (*mus.*) (written) note **6** (*nelle carte da gioco*) picture-card; court-card; face card (*USA*). ● **un cappellino che fa f.**, a showy hat □ **disegno di f.**, figure-drawing □ **fare f.**, to look smart □ **fare la f. dello sciocco**, to make a fool of oneself □ **fare buona** (**cattiva**) **f. con q.**, to make a good (a bad) impression on sb. □ **pittura di f.**, figure-painting □ **ritratto a mezza f.**, half-length portrait □ (*escl.*) **Che f.!**, what a disgrace!; what a poor show!
figuràccia, *f.* poor figure: **fare una f.**, to cut a poor figure.
figurante, (*teatr.*) **A** *m.* «figurant»; supernumerary. **B** *f.* «figurante».
figurare, **A** *v. t.* **1** (*rappresentare*) to represent: **La scena figura una taverna**, the scene represents a tavern **2** (*simboleggiare*) to symbolize; to stand* for: **Il leone figura la forza**, the lion stands for strength **3** (*immaginare*) to imagine; to fancy; (*pensare*) to think*: **Il giardino non è grande come me lo figuravo**, the garden is not so big as I had imagined it; **Figuriamoci** (*o* **figurati, ecc.**) **Paolo: era furente!**, you can imagine how furious Paul was!; **Mi figuravo d'esser ricevuto come un re**, I thought I would be given the reception of a king **4** (*fingere*) to pretend: **Figura di non conoscermi**, he pretends he doesn't know me. **B** *v. i.* **1** (*fare figura*) to look smart; (*farsi notare*) to show* off: **Non pensa ad altro che a f.**, her (*o* his) only thought is to look smart (*o* to cut a fine figure) **2** (*essere*) to be; (*apparire*) to appear; (*essere registrato*) to be down, to figure: **Il suo nome non figura nell'elenco**, his name does not figure on the list; **Accanto alla firma figura una croce**, there is a cross beside the signature; **Nel conto non figurava l'ultimo pranzo**, the last dinner didn't appear (*o* wasn't down) on the bill **3** (*spiccare*) to show* up: **Su quello sfondo le dalie non figurano**, the dahlias don't show up against that background. ● **Figurati che in tutto quel tempo mai una volta abbiamo litigato**, do you know that in all that time we never once quarrelled? □ **Ma si figuri! sarà un piacere**, say no more; I shall be delighted □ **Non avevo voluto la zia, figuriamoci poi gli amici un lontano parente!**, I hadn't wanted my aunt, and as for the friends of a distant relative... it was too much □ «**Ti do noia?**» «**Figurati!**», «am I disturbing you?» «of course not (*o* not at all)» □ **Figurarsi!**, just fancy!
figuratamènte, *avv.* figuratively; in a figurative sense.
figurativismo, *m.* (*arte*) representative art.
figurativo, *a.* figurative: **arti figurative**, figurative arts.
figurato, *a.* **1** figured; figure (*attr.*): **canto f.**, figure melody **2** (*di linguaggio*) figurative **3** (*illustrato*) illustrated.
figurazióne, *f.* figuration.
figurina, *f.* **1** (*statuetta*) figurine: **f. di Tanagra**, Tanagra figurine **2** (*piccola immagine stampata su cartoncino*) picture-card.
figurinista, *m.* e *f.* (*moda*) fashion-designer; dress-designer; stylist (*USA*).
figurino, *m.* **1** fashion-plate **2** (*rivista*) fashion-magazine. ● **Sembri un f.**, you look like a fashion-plate.
figurista, *m.* e *f.* (*pitt.*) figure-painter.
figuro, *m.* scoundrel; blackguard; shady character.
figuróne, *m.* – **fare un f.**, to cut a fine figure; to make a fine show; to cut a dash (*fam.*).
fila, *f.* **1** (*in genere*) line: **una f. di macchine**, a line of cars; **una f. di profughi**, a line of refugees; (*mil. e fig.*) **essere in prima f.**, to be in the front line **2** (*di persone o cose una dietro l'altra*) file: **in f. indiana**, in single file (*o* in Indian file) **3** (*di persone o cose l'una accanto all'altra*) row: **Abbiamo posti in seconda f.**, we have seats in the second row; **una f. di sedie** (**di tazze, di coriste, di case o di alberi lungo una strada**), a row of chairs (cups, chorus-girls, houses or trees by the side of a road); **una f. dietro l'altra**, row upon row **4** (*mil.*: *di soldati l'uno accanto all'altro; di tassì o facchini*) rank: **il primo tassì della f.**, the taxi at the head of the rank; (*mil.*) **Le file si spezzarono**, the ranks were broken; (*mil.*) **stare in f.**, to keep ranks **5** (*di persone che aspettano ordinatamente il turno*) queue: **Mi misi in f. con gli altri**, I joined the queue; **Facevano la f. ma io passai avanti**, I jumped the queue **6** (*fig.*: *serie*) string; series; succession: **una f. di disgrazie**, a succession of accidents. ● **f. di stanze**, suite of rooms (opening into each other) □ **avanzare in f.**, to file along □ **di f.**, (*di seguito*) running, in succession, on end; (*ininterrottamente*) continuously, uninterruptedly: **Nevicò per tre giorni di f.**, it snowed for three days running □ (*mil., fig.*) **disertare le file**, to desert □ **f. per aspettare il turno**, to queue up □ (*mil. e fig.*) **fuoco di f.**, quickfire □ **mettere** (*o* **mettersi**) **in f.**, to line up: **Misi i bambini in f.**, I lined up the children; **I bambini si misero in f.**, the children lined up □ **serrare le file**, to close the ranks □ (*mil.*) **per f. destr'!** (**per f. sinistr'!**), right wheel! (left wheel!) □ (*mil.*) **Rompete le file!**, dismiss!
filàbile, *a.* spinnable.
filàccia, *f.* ravelling; lint; bast. ● **fascia di f.**, lint bandage.
filacciccóso, filaccióso, *a.* **1** (*di tessuto*) frayed; threadbare **2** (*filamentoso*) **carne filacciccosa**, stringy meat.
Filadèlfia, *f.* (*geogr.*) Philadelphia.
filaménto, *m.* (*biol., elettr.*) filament.
filamentóso, *a.* filamentous; filamentary; threadlike.
filanca, *f.* (*marchio*) stretch-nylon.
filanda, *f.* spinning-mill; (*della seta*) silk mill.
filandàia, *f.* spinner.
filandière, *m.* spinning-mill owner.
filandra, *f.* (*cascame di filatura*) spinning waste; (*di tessitura*) weaving waste.
filante, *a.* (*sci.*: *rif. a percorso*) fast. ● **stella f.**, shooting star; (*fig.*) (paper) streamer.
filantropia, *f.* philanthropy.
filantròpico, *a.* philanthropic(al).
filantropismo, *m.* philanthropism.
filantropistico, *a.* philanthropistic.
filàntropo, **A** *m.* philanthropist; philanthrope. **B** *a.* philanthropic(al).
filare (1), **A** *v. t.* **1** (*lana, cotone, seta, ecc.*) to spin*: **Il baco fila il bozzolo**, the silk-worm spins its cocoon; **f. la seta**, to spin silk; **Il ragno fila la tela**, the spider spins its web **2** (*oro, argento*) to draw* out **3** (*naut.*: *una corda o cima*) to pay* out (*o* away); to ease off (*o* away); to slack away **4** (*versare a getto sottile*) to trickle (*usato come v.i.*): **La ferita filava sangue**, blood trickled from the wound. **B** *v. i.* **1** (*scappare*) to make* off; to clear off (*o* out); to get* off; to bugger off (*fam.*): **Il ladro se l'è filata col malloppo**, the thief has made off with the booty; **È ora di f.!**, let's clear off (*o* let's get away!) **2** (*andare veloce*) to sail swiftly (*di nave, o fig.*); to go* at full speed; to bowl along **3** (*di ragionamento*) to hang* together; to tally; to be logical; to make* sense **4** (*fam.*: *amoreggiare*) to go* (steady): **Tom fila con Shirley**, Tom is going with Shirley; **Filano da tre anni**, they have been going steady for three years **5** (*di liquido*: *scorrere adagio*) to trickle; (*essere vischioso*) to be ropy **6** (*di gatto*: *far le fusa*) to purr. ● (*fig.*) **f. diritto**, to behave (well); to toe the line □ (*naut.*) **f. i remi**, to rest on one's oars □ **far f. q.**, to make sb. behave properly; to make sb. toe the line □ **Fila (via)!**, off with you!; buzz off!; bugger off (*fam.*)!; scram! (*pop.*) □ **Fila subito a casa!**, go straight home! □ **filarsela all'inglese**, to take French leave □ **Filano il perfetto amore**, they're in love and not a cloud in the sky □ **Non è più il tempo che Berta filava**, these aren't the good old days any more.
filare (2), *m.* row: **un f. di viti**, a row of vines.
filària, *f.* (*zool., Filaria*) filaria*.
filarino, *m.* (*fam. scherz.*) boy-friend.
filariòsi, *f.* (*med.*) filariosis*, filariasis*.
filarmònica, *f.* philharmonic society.
filarmònico, **A** *a.* philharmonic. **B** *m.* lover of music.
filastròcca, *f.* **1** rigmarole **2** (*per bambini*) nonsense-rhyme; nursery-rhyme.
filatelia, filatèlica, *f.* philately; stamp-collecting.
filatèlico, **A** *a.* philatelic(al). **B** *m.* philatelist; stamp-collector; (*venditore*) stamp-dealer.
filatìccio, *m.* floss-silk.
filato, **A** *a.* **1** spun: **oro** (**vetro**) **f.**, spun gold (glass) **2** (*fig.*: *scorrevole*) smooth; easy; (*coerente*) well-arranged, logical: **discorso f.**, smooth speech; **ragionamento f.**, logical reasoning **3** (*fig.*: *ininterrotto*) running; on end (*pred.*): **due ore filate**, two hours on end. ● **zucchero f.**, candy floss. **B** *m.* yarn: **f. da maglieria**,

filatóio

filatóio, knitting yarn; **f. fantasia**, fancy yarn; **f. ritorto**, twisted yarn; **f. di lana**, woollen yarn. ● **f. cucirino**, sewing thread ▫ **f. a secco**, dry-spun ▫ **f. di lino**, linen ▫ **f. per calze**, fingering.
filatóio, *m.* **1** (*casalingo*) spinning-wheel **2** (*ind.*) spinner; spinning-machine **3** (*filanda*) spinning-mill.
filatóre, **A** *m.* spinner. **B** *a.* spinning (*attr.*): **macchina filatrice**, spinning-machine.
filatrice, *f.* **1** spinner **2** (*macchina f.*) spinning-machine.
filattèrio, *m.* (*relig. ebraica*) phylactery.
filatura, *f.* **1** (*ind. tessile*) spinning: **f. ad anello**, ring spinning; **f. a mano**, hand spinning; **f. della lana (del lino, del cotone)**, wool (flax, cotton) spinning **2** (*filanda*) spinning-mill.
fileggiare, *v. i.* (*naut.: sbattere, delle vele*) to flap.
filellènico, *a.* philhellenic.
filellenismo, *m.* philhellenism.
filellèno, **A** *a.* philhellenic. **B** *m.* philhellene; philhellenist.
filet (*franc.*), *m.* (*tipo di ricamo*) filet.
filètico, *a.* (*biol.*) phyletic.
filettàggio, *m.* (*mecc.*) screw-cutting.
filettare, *v. t.* **1** to decorate with fillets; to fillet **2** (*mecc.*) to thread. ● (*mecc.*) **f. col pettine**, to chase.
filettatrice, *f.* (*mecc.*) threader; threading-machine.
filettatura, *f.* **1** (*il filettare*) filleting **2** (*di vite*) threading; (*filetto*) (screw) thread: **f. destrorsa (sinistrorsa)**, right-handed (left-handed) screw thread; **f. multipla (semplice)**, multiple (single) screw thread; **spanare la f. di una vite**, to strip the thread of a screw **3** (*tipogr.*) ruling. ● (*mecc.*) **fare una f.**, to cut a thread; to thread ▫ **fare una f. al tornio**, to chase.
filétto, *m.* **1** border; fillet **2** (*mil.*) stripe; (*sulla manica*) sleeve-stripe, service-stripe; (*sui calzoni*) leg-stripe: **un f. d'oro**, a stripe of gold lace **3** (*cucina*) fillet; (*di carne*) fillet steak, tenderloin steak; (*dal macellaio*) tenderloin: **f. di sogliola**, fillet of sole; **f. ai ferri**, grilled fillet steak **4** (*di vite*) (screw) thread **5** (*tipogr.*) rule: **f. chiaro**, fine face rule; **f. ondeggiato**, wave rule **6** (*tratto di penna*) serif **7** (*morso di cavallo*) snaffle **8** (*anat.: della lingua*) fr(a)enum* **9** (*gioco da tavolo*) merels.
filiale, **A** *a.* filial. **B** *f.* (*comm.*) **1** (*di una ditta*) branch (office) **2** (*di una banca*) bank branch.
filiazióne, *f.* (*anche leg.*) filiation.
filibusteria, *f.* (*stor.*) freebootery; filibusterism; piracy.
filibustière, *m.* **1** (*stor.*) freebooter; filibuster; pirate **2** (*fig.*) adventurer; unscrupulous character; (*mascalzone*) rogue, rascal.
filièra, *f.* **1** (*mecc.*) screw-cutting die; (*trafila*) draw-plate: **f. per filettare**, threading die; **f. per filettare bulloni**, bolt die **2** (*ind. tessile, zool.*) spinneret.
filifórme, *a.* thread-like; filiform.
filigrana, *f.* **1** (*di oro, ecc.*) filigree **2** (*della carta*) watermark.
filigranato, *a.* (*di carta, banconote*) watermarked.
filigranoscòpio, *m.* (*filatelia*) watermark detector.
filipèndola, *f.* (*bot., Spiraea filipendula*) dropwort.
Filippi, *f.* (*geogr., stor.*) Philippi. ● **Ci rivedremo a F.**, thou shalt see me at Philippi.
filippica, *f.* philippic.
Filippine, *f. pl.* (the) Philippines.
filippino (1), **A** *a.* Philippine. **B** *m.* Filipino; native of the Philippines.
filippino (2), *a. e m.* (*relig.*) Oratorian. ● **i Filippini**, the Fathers of the Oratory.
Filippo, *m.* Philip.
filisteismo, *m.* philistinism.
filistèo, *a. e m.* **1** (*Bibbia*) Philistine **2** (*fig.*) philistine.
fillade, *f.* (*miner.*) phyllite.
fillio, *m.* (*zool., Phyllium siccifolium*) leaf insect; walking-leaf.
fillòdio, *m.* (*bot.*) phyllode.
fillòma, *m.* (*bot.*) phyllome.
fillòssera, *f.* (*zool., Phylloxera vastatrix*) phylloxera; vine-pest.
fillossèrico, *a.* phylloxeral; phylloxeric.
fillotassi, *f.* (*bot.*) phyllotaxis*; phyllotaxy.
film, *m.* film; (motion-)picture: **girare un f.**, to shoot a film (*o* a motion-picture); **un f. a passo ridotto**, a sixteen-millimeter film; **un f. a passo normale**, a 35-millimeter film; **un f. muto (sonoro, didattico, a lungo metraggio, a colori)**, a silent (a sound, an educational, a feature, a colour) film. ● **f. a corto metraggio**, short ▫ **f. a puntate**, serial ▫ **f. di attualità**, newsreel ▫ **f. giallo**, detective film; thriller ▫ **f. parlato**, talking film (*o* picture); talkie ▫ **f. pornografico**, blue movie; (*con molti nudi*) skin flick (*fam.*) ▫ **f. western**, western.
filmàbile, *a.* (*cinem.*) filmable: **un romanzo f.**, a filmable novel.
filmare, *v. t.* to film; to shoot*.
filmato, **A** *a.* filmed. **B** *m.* filmed sequence.
filmico, *V.* **filmistico**.
filmina, *f.* film-strip; cinestrip.
filmìstico, *a.* film (*attr.*); (motion-)picture (*attr.*).
filmografia, *f.* filmography; (list of) films (of a particular director, actor, etc.).
filmologia, *f.* study of cinematography.
filmotèca, *f.* (motion-picture) film library.
filo, *m.* **1** (*anche fig.*) thread; (*specialm. per corda o tessitura*) yarn; (*di canapa*) twine; (*di ordito*) warp; (*di trama*) woof, weft: **f. di cotone (di seta, di nailon)**, cotton (silk, nylon) thread; **un rocchetto di f.**, a reel of thread (*o* of cotton, of silk, etc.); **f. cucirino**, sewing thread; **f. per imbastire**, tacking thread; **f. di Scozia**, lisle thread; **f. difettoso**, spotted yarn; **Basterà una gugliata di f.**, one thread will be enough (*o* a needle and thread will do; a threaded needle is all you will need); **un f. di luce**, a thread of light; **il f. del ragionamento**, the thread of the argument; **perdere il f. del discorso**, to lose the thread of what one is (*o* was) saying (*o* of one's discourse); to wander from the point **2** (*di metallo*) wire: **f. di ferro**, (iron) wire; (*elettr.*) **f. adduttore**, leading wire; (*elettr.*) **f. di terra**, earth (*o* ground) wire; **f. di rame**, copper wire; **f. spinato**, barbed wire; **f. del telefono (del telegrafo)**, telephone (telegraph) wire; **f. elettrico**, electric wire (*o* cable); flex; cord (*USA*) **3** (*di lama, coltello, spada, ecc.*) edge: **il f. del rasoio**, the razor's edge **4** (*per la biancheria, ecc.*) line: **La biancheria era stesa sul f.**, the washing was hanging on the line **5** (*venatura*) grain: **il f. del legno**, the grain of wood **6** (*fig., pl.: fila*) threads; strands: **le fila della congiura** (*o* **dell'intreccio**), the threads (*o* the various strands) of the plot. ● **f. d'aria**, breath of air ▫ (*edil.*) **f. a piombo**, plumb-line ▫ **f. d'acqua**, trickle of water: **Dal rubinetto veniva solo un f. d'acqua**, only a trickle of water came from the tap ▫ (*fig.*) **il f. d'Arianna**, the key of the puzzle ▫ **f. dell'acqua** (*in un fiume*), stream; (flow of the) current ▫ **f. dell'alta tensione**, high-tension cable ▫ **f. d'erba**, blade of grass ▫ **f. della schiena** (*o* **delle reni**), spine ▫ (*elettr.*) **fili di collegamento**, leads ▫ **f. di perle**, string of pearls ▫ **f. di ragno**, spider's thread; cobweb ▫ **f. ritorto**, twine ▫ **f. di speranza**, ray of hope ▫ **i fili dei burattini**, the puppet strings ▫ (*fig.*) **essere appeso a un f.**, to hang by a thread ▫ **cambiare i fili elettrici**, to re-wire: **Andrebbero cambiati tutti i fili elettrici della casa**, the whole house needs re-wiring ▫ **con un f. di voce**, in a small voice ▫ (*fig.*) **dare f. da torcere a q.**, to lead sb. a dance (*o* to make things very hard for sb.) ▫ **fare il f. a q.**, to court sb. ▫ (*fig.*) **imbrogliare le fila**, to muddle up everything; to make a mess ▫ **lana a cinque fili**, five-ply wool ▫ **montare i fili elettrici**, to wire ▫ **montare su f. di ferro**, to wire: **I fiori erano montati su fili di ferro**, the flowers were wired ▫ **passare q. a f. di spada**, to put sb. to the sword ▫ **per f. e per segno**, in detail; exhaustively; thoroughly; leaving out nothing ▫ (*fig.: di persona*) **essere ridotto a un f.**, to be worn to a shadow ▫ (*elettr.*) **senza filo**, cordless ▫ **tagliare (la carne) secondo il f.**, to carve ▫ **telegrafia senza fili**, wireless ▫ (*fig.*) **tenere le fila**, to hold the reins ▫ **Non c'è un f. d'ombra**, there is no shade at all; there isn't an inch of shade.
filoamericano, *a. e m.* pro-American.
filobus, *m.* trolley-bus.
filocinèse, *a., m. e f.* pro-Chinese.
filocomunista, *a., m. e f.* pro-Communist.
filodèndro, *m.* (*bot., Philodendron*) philodendron.
filodiffusióne, *f.* wire broadcasting; wire(d) radio; rediffusion.
filodiffusóre, *m.* wire(d) radio(-set).
filodrammàtica, *f.* amateur dramatic society.
filodrammàtico, **A** *a.* amateur dramatic. ● **compagnia filodrammatica**, company of amateur actors ▫ **rappresentazioni filodrammatiche**, amateur theatricals. **B** *m.* amateur actor.
filogènesi, *f.* (*biol.*) phylogenesis; phylogeny.
filogenètico, *a.* (*biol.*) phylogenetic; phylogenic.
filologìa, *f.* **1** philology: **f. comparata**, comparative philology **2** (*linguistica*) linguistics (*pl., col verbo al sing.*).
filològico, *a.* philologic(al).
filòlogo, *m.* philologist.
Filomèla, *f.* Philomel; Philomela.
Filomèna, *f.* Philomena.
filoncino, *m.* (small) French loaf* (of bread).
filondènte, *m.* canvas.
filóne, *m.* **1** (*miner.*) vein; lode; (*strato sottile fra due più grandi*) seam, sill **2** (*di pane*) French loaf* **3** (*di fiume*) current **4** (*fig.: corrente*) trend; current **5** (*fam.: persona astuta*) wise guy.
filóso, *a.* stringy.
filosofale, *a.* – **pietra f.**, philosopher's stone.
filosofante, (*spreg.*) **A** *a.* philosophizing. **B** *m.* philosophaster; philosophist.
filosofare, *v. i.* to philosophize.
filosofastro, *m.* (*spreg.*) philosophaster.
filosofeggiare, *v. i.* (*spreg.*) to play the philosopher.
filosofèma, *m.* **1** (*filos.*) philosopheme **2** (*spreg.: sofisma*) sophism.
filosofèssa, *f.* **1** woman* philosopher **2** (*spreg.*) know-all.
filosofia, *f.* philosophy. ● **f. spicciola**, common sense ▫ **pren-**

dere le cose con f., to take it easy □ prendere q.c. con f., to take st. philosophically.
filosoficaménte, *avv.* philosophically.
filosòfico, *a.* philosophic(al).
filosofismo, *m.* philosophism.
filòsofo, *m.* philosopher. ● fare il f., to pose as a learned philosopher.
filosofume, *m.* (*spreg.*) 1 (*accolta di filosofastri*) bunch of third--rate philosophers 2 (*complesso d'idee*) muddle of pseudo--philosophical notions; half-baked philosophy; philosophastry.
filosoviètico, *a.* e *m.* pro-Soviet.
filòssera, *V.* fillòssera.
Filòstrato, *m.* Philostratus.
filotècnico, *a.* philotechnic(al).
filovìa, *f.* 1 trolley-bus line 2 (*il veicolo*) trolley-bus.
filoviàrio, *a.* trolley-bus (*attr.*).
filtràbile, *a.* (*anche biol.*) filterable, filtrable.
filtrabilità, *f.* filterability.
filtrare, *v. t.* e *i.* 1 to filter; to filtrate; to strain; to percolate: **Il caffè sta filtrando**, the coffee is percolating 2 (*fig.: trapelare*) to leak out; to filter (out): **La notizia filtrò attraverso alcune indiscrezioni**, the news filtered by means of leaks.
filtrato, *m.* filtrate.
filtrazióne, *f.* filtering; filtration; (*di liquidi, anche*) percolation: (*ind.*) **impianto di f.**, filtering plant.
filtro (1), *m.* 1 filter: (*autom., mecc.*) **f. del carburante**, fuel filter; (*mecc.*) **f. dell'olio**, oil filter; **f. della luce**, light filter; (*fotogr.*) **f. giallo**, yellow filter; (*fotogr.*) **f. polarizzante**, polaroid filter 2 (*da caffè*) percolator; (*da brodo, da tè*) strainer. ● **sigarette col f.**, filter-tip(ped) cigarettes; cork-tipped cigarettes.
filtro (2), *m.* (*bevanda magica*) philtre; philter (*USA*); magic potion. ● **f. d'amore**, philtre; love-potion.
filtropréssa, *m.* filter-press.
filugello, *m.* (*zool., Bombyx mori*) silkworm.
filza, *f.* 1 string (*anche fig.*): **una f. di perline** (*di salsicce, di fichi secchi, di bugie*), a string of beads (of sausages, of dry figs, of lies) 2 (*di documenti, carte, ecc.*) file 3 (*cucito: punto a f.*) running stitch. ● **f. di allodole allo spiedo**, (row of) larks impaled on a skewer.
fimòsi, fimosi, *f.* (*med.*) phimosis*.
finale, A *a.* (*in tutti i sensi*) final: **l'esito f.**, the final result; (*filos.*) **la causa f.**, the final cause; (*gramm.*) **una proposizione f.**, a final clause. B *f.* 1 ending 2 (*sport*) finals (*pl.*): **entrare in f.**, to get to the finals 3 (*rif. a concorso e sim.*) last round; final trial 4 (*gramm.*) final clause. C *m.* 1 end; ending; conclusion 2 (*mus.*) «finale».
finalino, *m.* (*tipogr.*) tailpiece; «cul-de-lampe» (*franc.*).
finalismo, *m.* (*filos.*) finalism.
finalìssima, *f.* (*sport*) grand final.
finalista, *m.* e *f.* (*filos., sport*) finalist.
finalìstico, *a.* (*filos.*) finalistic.
finalità, *f.* 1 finality 2 (*scopo*) aim; purpose; end.
finalizzare, *v. t.* to attach a practical aim to (st.); to finalize.
finalmente, *avv.* 1 (*alla fine*) at last; finally 2 (*da ultimo*) in the end; lastly.
finanche, *avv.* even.
finanza, *f.* 1 finance: **alta f.**, high finance; **Ministro delle Finanze**, the Minister of Finance; the Chancellor of the Exchequer (*in G. B.*) 2 (*pl.: dello Stato e scherz.*) finances: **Se me lo permetteranno le finanze**, if my finances allow me. ● **guardia di f.**, customs officer □ **intendenza di f.**, revenue office.
finanziaménto, *m.* 1 financing; finance; (*d'uno spettacolo, ecc.*) backing (*fam.*) 2 (*somma erogata*) funds (*pl.*).
finanziare, *v. t.* to finance; (*uno spettacolo, ecc.*) to back (*fam.*); (*un programma radio-televisivo*) to sponsor; (*un'impresa filantropica e sim.*) to endow.
finanziària, *f.* (*econ.*) holding company.
finanziàrio, *a.* financial. ● **consulente f.**, investment adviser □ (*econ.*) **società finanziaria**, finance company.
finanziatóre, *m.* financer; (*di uno spettacolo, ecc.*) backer (*fam.*).
finanzièra, *f.* 1 (*cucina*) «financière» sauce (*o* garnish) 2 (*moda*) frock-coat.
finanzière, *m.* 1 financier 2 (*doganiere*) customs officer.
finca, *f.* column.
finché, *cong.* 1 until; till: **Aspettami f. io (non) venga**, wait for me till I come 2 (*per tutto il tempo che*) as long as: **Puoi tenere il libro f. vuoi**, you can keep the book as long as you like; **F. seguita a piovere rimango qui**, as long as it goes on raining, I shall stay here.
fin de siècle (*locuz. franc.*), *a.* fin-de-siècle.
fine (1), *f.* end; ending; close; conclusion: **il principio e la f.**, the beginning and the end; **a f. mese** (*o* **alla f. del mese**), at the end of the month; **mettere f. a q.c.**, to put an end to st.; **volere vedere la f. di q.c.**, to want to see the end of st.; **fare una brutta f.**, to come to a bad end; (*mecc.*) **f. della corsa** (*dei pistoni nei cilindri*), end of stroke. ● **f. settimana**, week-end □ **alla f.**, (*in fin dei conti, dopotutto*) after all; (*finalmente*) at last; (*dopo un certo tempo*) in the end: **Alla f. ho dovuto dirglielo**, in the end I had to tell him □ **alla fin f.** (*o* **in fin dei conti**), after all; all things considered □ **avere f.**, to end; to come to an end □ **essere in fin di vita**, to be dying; to be at death's door (*fam.*) □ **porre** (*o* **dare**) **f. a q.c.**, to end st.; to finish (off) st. □ **senza f.**, without end, endlessly (*avv.*); endless, boundless (*agg.*): **un mondo senza f.**, a world without end; **Il primo atto è senza f.** (*iperbolico*), the first act is endless □ **dare prova di una bontà senza f.**, to show oneself to be endlessly kind □ **verso la f. dell'autunno**, in late Autumn □ **volgere alla f.**, to draw to an end (*o* to a close) □ **Che f. ha fatto il tuo amico?**, what has happened to your friend? □ **Buona f. e miglior principio!**, a Happy New Year (*Buon anno*)!
fine (2), *m.* 1 (*scopo, meta*) end; aim; object; purpose: **Il f. giustifica i mezzi**, the end justifies the means; **il f. ultimo**, the ultimate end (*o* aim); **raggiungere il proprio f.**, to gain one's end(s); **col solo f. d'aiutarlo**, with the sole object of helping him 2 (*conclusione, risultato*) conclusion; result; issue: **condurre a buon f. un'impresa**, to bring an enterprise to a successful conclusion; to round off an enterprise; **andare** (*o* **giungere**) **a buon f.**, to have a successful conclusion; to turn out well. ● **al f. di**, in order to □ **a fin di bene**, with the best of intentions; in the hope of doing good □ **A che f.?**, why?; what for? □ **a lieto f.**, with a happy ending ● **avere un secondo f.**, to have a hidden purpose; to have an ulterior motive □ (*comm.*) **salvo buon f.**, subject to collection.
fine (3), *a.* 1 fine; (*sottile*) thin; (*delicato*) delicate: **Voglio del filo più f.**, I want some finer (*o* thinner) thread; **oro f.**, fine (*o* pure) gold; **seta f.**, fine silk; **un f. senso dell'umorismo**, a fine sense of humour 2 (*acuto, sottile*) subtle: **una distinzione f.**, a subtle distinction; **un cervello f.**, a subtle mind 3 (*raffinato*) refined: **gusto f.**, refined taste. ● **avere l'udito f.**, to have a keen ear (*o* a good hearing) □ (*fam.*) **far f.**, to be (quite) refined; to be smart; to be the thing (*fam.*).
fine-settimana, *m.* e *f. invar.* week-end.
finèstra, *f.* 1 window: **f. ad abbaino** (**a bifora, a rosone, a vetri colorati**), dormer (mullioned, rose, stained-glass) window; **f. a ghigliottina**, sash-window; **f. gotica**, Gothic window; **f. a battenti**, French (*o* casement) window; **f. cieca**, blank (*o* blind) window; **f. sporgente**, jut-window; **doppia f.**, double window; **Mi affacciai alla f.**, I showed myself at the window; (*per guardare*) I looked out of the window; **La f. dà** (*o* **guarda**) **sul giardino**, the window looks on to the garden 2 (*a due battenti, anche*) casement 3 (*a lunetta, a mezzaluna*) fanlight. ● (*anat.*) **f. ovale** (*o* **vestibolare**), vestibulum; vestibule of the ear □ (*anat.*) **f. rotonda** (*o* **cocleare**), opening of the cochlea (*fig.*) **buttare i soldi dalla f.**, to throw money away □ **davanzale di f.**, window--sill □ **entrare dalla f.**, to climb in through the window; (*fig.*) to get in by the back-door □ **porta f.**, French window: **La porta f. dà sul giardino**, the French window opens on to the garden □ **vetro di f.**, window-pane □ (*fig.*) **Uscito dalla porta è rientrato dalla f.**, there's no getting rid of him.
finestrino, *m.* 1 (*di treno, di auto*) window: **il f. posteriore**, the rear window 2 (*naut.: oblò*) porthole.
finézza, *f.* 1 fineness; delicacy 2 (*sottigliezza*) subtlety 3 (*raffinatezza*) refinement 4 (*acutezza*) sharpness; keenness.
fìngere, A *v. t.* e *i.* 1 to pretend; to feign; to simulate; to put* on; to sham: **f. una malattia**, to feign illness; **Fingeva di essere addormentato**, he pretended to be asleep (*o* he was asleep) 2 (*immaginare, supporre*) to imagine; to suppose: **Fingi di essere in un'isola deserta**, imagine yourself (to be) on a desert island. **fìngersi**, B *v. rifl.* to pretend; to feign (oneself): **f. morto**, to feign to be dead; (*di animale*) to play possum; **f. malato**, to pretend to be ill; (*di soldato*) to malinger.
finiménto, *m.* 1 set; (*di gioielli, anche*) «parure»: **un f. di rubini**, a «parure» of rubies; a ruby-set 2 (*pl.: bardatura*) harness (*sing.*). ● **mettere i finimenti a un cavallo**, to harness a horse.
finimóndo, *m.* 1 end of the world 2 (*fig.*) bedlam; pandemonium; rumpus: **Successe un f.**, bedlam broke loose.
finire (1), A *v. i.* 1 to end; to end up; to come* to an end; to finish: **Tutte le cose belle devono f.**, all good things must end; **parole che finiscono in -ing**, words ending in -ing; **La strada finisce qui**, the road ends (*o* comes to an end) here; (*di un romanzo, una commedia; anche di una storia vera*) **f. bene** (**male**), to end happily (unhappily); **Di questo passo, dove si va a f.?**, (at this rate) where is it all going to end?; **f. all'ospedale** (**in prigione, ecc.**), to end up in hospital (in jail, etc.) 2 — to end (*o per*) (*seguito dall'inf.*), to end by (*seguito dal gerundio*): **Finii col promettere che l'avrei fatto io**, I ended by promising I would do it myself; in the end I promised I would do it myself; **Finirà per ammalarsi**, he will end by falling ill 3 (*smettere*) to

finire (2) stop; (*smettere di lavorare*) to stop work: **Alla fabbrica finiscono alle sei**, they stop work at six at the factory; **sapere f. a tempo**, to know when to stop **4** – **f. di** (*seguito dall'inf.*), to stop (*seguito dal gerundio*): **f. di piangere (di ridere, ecc.)**, to stop crying (laughing, etc.); **Non ha ancora finito di piovere**, it hasn't stopped raining yet **5** (*esaurirsi*) to finish up; (*di vestiti*) to wear* out; (*di merce*) to sell* out: **La nostra provvista (di merce) è finita**, our stock is sold out **6** (*fare una fine, morire*): **Finì gloriosamente**, he died a glorious death **7** (*rif. a fiume: sboccare*) to flow. **B** v. t. **1** to finish; to end; (*portare a termine, concludere*) to bring* to an end; (*porre fine a*) to put* an end to; (*completare*) to complete: **f. i propri giorni**, to end one's days; **Devo f. questa lettera**, I must finish this letter; **Non so come f. la lettera**, I don't know how to end the letter; **Ho finito di stirare**, I've finished my ironing; **f. in orario**, to finish on time **2** (*dare l'ultimo tocco a, dare il colpo di grazia a, mangiare tutto*) to finish off; (*fare piazza pulita di*) to polish off; (*senza lasciare avanzi*) to finish up: **La seconda pallottola lo finì**, the second bullet finished him off; **Ho finito tutte le ciliege**, I've finished (*o* polished) off all the cherries; **Su, finiscilo!** **Non si lascia la roba nel piatto**, come on, finish it up: you mustn't leave food on your plate; **Ho fatto un golf per la bambola per f. la lana rossa**, I've made a jumper for the doll to finish up the red wool. • **f. gli anni**, to have one's birthday: **Oggi finisco gli anni**, it's my birthday today □ **f. in bellezza** (*o* **in gloria**), to come off with flying colours □ **f. il patrimonio** (*o* **tutti i soldi, ecc.**), to get through all one's money □ **andare a f.**, to end up: **Andò a f. tutto bene**, it all ended up luckily; **Andò a finire che li accompagnai**, it ended up with my going with them □ **fare f. q.c**, to put an end to st. □ **Com'è finita Baby Jane?**, what's happened to Baby Jane? □ **Finiscila!**, stop it!; (*più garbato*) please stop!, do stop!, stow it! (*pop.*) □ **Finiscila (di urlare, cantare, parlare, ecc.)**, shut up!, do shut up (*fam.*) □ **È ora di finirla**, it's high time to stop (all this nonsense!) □ **Non mi finisce questa faccenda**, I don't like it □ **Non so dove vuoi andare a f.** (*con questo discorso, con questo comportamento, ecc.*), I don't know what you're driving at □ **Sarebbe ora che Tom la finisse**, it's high time that Tom stopped (playing the fool).
finire (2), *m.* end: **sul f. dell'inverno**, towards the end of winter.
finissàggio, *m.* (*ind.*) finishing.
finitézza, *f.* **1** perfection; perfect finish **2** (*limitatezza*) finiteness; limitedness.
finìtimo, *a.* neighbouring.
finito, A *a.* **1** (*terminato*) finished; ended; over (*pred.*); done (*pred.*): **Arrivammo a festa finita**, we arrived when the party was over; **La lezione è finita**, the lesson is over **2** (*perfetto, specialm. come attr.*) finished; (*compiuto, di perfetta tecnica*) perfect, exquisite, accomplished: **un artista f.**, a finished artist; as an artist, quite finished **3** (*che non si rialzerà più*) finished (*predizione*): **È un artista f.**, as an artist, he's finished **4** (*spacciato*) done for: **È un uomo f.**, he's done for **5** (*fallito, o gravemente malato*) broken: **È un uomo f.**, he is a broken man **6** (*mat., filos., gramm.*) (*contrario di «infinito»*) finite. • **non f.**, not finished; unfinished □ **È finita!**, it's all over; that's the end □ **Facciamola finita con questo chiasso!**, let's put an end to this noise □ **Con lui, l'ho fatta finita**, I'm through with him □ **Falla** (*o* **fatela**) **finita!**, have done with it!; stop it! □ **Il tempo (a disposizione) è f.**, my (your, etc.) time is up □ **Ho quarant'anni finiti**, I am forty (years old) □ **Non ho finito vent'anni**, I am not yet twenty. **B** *m.* (*filos., gramm.*) finite.
finitóre, *m.* finisher.
finitrice, *f.* (*mecc.*) finishing-machine.
finitura, *f.* **1** finish: **f. liscia** (**speculare**), smooth (mirror) finish **2** (*tocco finale*) finishing touch.
finlandése, A *a.* Finnish. **B** *m. e f.* Finn; Finlander. **C** *m.* (*la lingua*) Finnish.
Finlàndia, *f.* (*geogr.*) Finland.
fìnnico, *a.* (*stor.*) Finnic.
fino (1), *avv.* (*perfino*) even: **Mangiai tutto, f. le briciole**, I ate it all, even the crumbs.
fino (2), *prep.* **1** (*di tempo*) until; till; up to: **Sono qui f. a venerdì**, I'm here till (*o* until) Friday **2** (*di luogo, anche fig.*) as far as; to: **Siamo arrivati f. a pagina 22**, we've got as far as page 22; we've got to page 22; **Il velo arriva f. all'orlo**, the veil reaches to the hem; **La proprietà si estende f. al mare**, the property reaches to the sea **3** (*seguito dall'inf.*) so much that: **Corse f. a restare senza fiato**, he ran so much that he was breathless. • **f. a che**, *V.* **finché** □ **f. a ora**, *V.* **finóra** □ **f. all'ultimo**, to the last; to the end □ **f. da**, from; since: **f. dalla sua infanzia**, from his childhood; since he was a child; **Non piove f. dall'estate scorsa**, it hasn't rained since last summer □ **f. dal secolo XIII**, as far back as the 13th century □ **fin d'ora**, (*d'ora innanzi*) from now on (*o* henceforth); (*subito*) right now, straight away □ **fin dove?**, how far? □ **fin là**, as far as there (*o* semplicemente there) □ **F. a quando?**, till when?; (*per quanto tempo?*) how long? □ (*fig.*) **resistere f. all'ultimo uomo**, to resist to the last man.
fino (3), A *a.* **1** *V.* **fine (3) 2** (*di oro, argento*) pure. **B** *avv.* – **far f.**, to be smart; to be the thing (*fam.*).
finocchièlla, *f.* (*bot.*) (*Myrrhis odorata*) myrrh; sweet cicely.
finòcchio, *m.* **1** (*bot., Foeniculum vulgare*) fennel **2** (*fig., volg.: omosessuale*) queer, pansy, gay, nancy (*pop.*). • **f. dolce** (*Foeniculum dulce*), sweet (*o* Florence) fennel □ (*bot.*) **f. marino** (*Crithmum maritimum*), sea-fennel; samphire.
finóra, *avv.* till now; up to now; to date; yet: **F. non ho ricevuto sue notizie**, I have heard nothing from him up to now; **F. non l'ho fatto**, I have not done it yet.
finta, *f.* **1** pretence; feint; put-on: **È tutta una f.**, it is all pretence **2** (*scherma, sport, mil.*) feint **3** (*sartoria*) flap. • **far f.**, to pretend; to make believe □ **far f. di nulla**, to act as if nothing had happened.
fintàggine, *f.* duplicity; double-dealing; pretence.
fintantoché, *V.* **finché**.
fintare, *v. t. e i.* (*sport*) to feint.
finto, A *a.* **1** false; sham; mock; (*di persona, anche*) deceitful; (*di oggetto*) dummy; (*simulato*) feigned, simulated, make-believe: **un f. missile**, a dummy missile; **capelli finti**, false hair; **una finestra finta**, a false (*o* dummy) window; **perle finte**, sham pearls; **una battaglia finta**, a mock battle **2** (*comm.*) imitation (*attr.*): **f. cuoio** (*o* **finta pelle**), imitation leather **3** (*leg.*) fictitious. • **Credo che la malattia sia finta**, I think the illness is put on (*fam.*). **B** *m.* (*ipocrita*) hypocrite.
finzióne, *f.* **1** pretence; sham; make-believe: **È tutta una f.**, it's all pretence **2** (*falsità*) deceitfulness; falsehood **3** (*cosa immaginata*) fiction; invention. • **senza f.**, openly.
fio, *m.* penalty: **pagare il f. di q.c.**, to pay the penalty for st.
fiocàggine, *f.* (*raucedine*) hoarseness.
fiocaménte, *avv.* weakly; feebly; faintly; (*rif. a luce*) dimly.
fioccare, *v. i.* **1** (*della neve*) to fall* (in flakes); to snow: **Sta fioccando**, it's snowing **2** (*fig.*) to rain; to shower; to fall* on all sides. • **I colpi (le frecce, le benedizioni) fioccavano**, there was a shower of blows (arrows, blessings) □ **Fioccano le proteste**, we are snowed under with protests.
fiòcco, *m.* **1** (*di nastro, ecc.*) bow; knot: **legare con un f.**, to tie in a bow; **fare un f.**, to make a bow **2** (*di neve*) flake; snow-flake **3** (*ind. tessile*) tuft; flock; (*fibra*) staple **4** (*nappa*) tassel **5** (*naut.*) jib; staysail. • **fiocchi di avena**, oatmeal (*sing.*); (*breakfast cereals*) (*USA*) □ **fiocchi di granoturco**, corn-flakes □ (*fig.*) **coi fiocchi**, first-rate; first-class; excellent; capital; (*di pasto*) super, slap-up (*fam.*): **un professore coi fiocchi**, a first-class teacher □ **un pranzo coi fiocchi**, a slap-up dinner □ **farinata di fiocchi di avena**, porridge □ (*fig.*) **mettersi in fiocchi**, to dress up; to put on one's glad rags (*fam.*).
fioccóso, *a.* flocky; woolly: **nuvole fioccose**, woolly clouds.
fiochézza, *f.* weakness; feebleness; (*di suono*) faintness; (*di luce*) dimness.
fiòcina, *f.* harpoon.
fiocinare, A *v. t.* to harpoon. **B** *v. i.* to hurl (*o* to fire) a harpoon.
fiocinatóre, fiocinière, *m.* harpooner.
fiòcine, *m.* **1** (*vinacciolo*) grape-stone **2** (*buccia del chicco d'uva*) grape-skin.
fiòco, *a.* **1** weak; feeble; (*di suono*) faint; (*di luce*) dim **2** (*rauco*) hoarse.
fiónda, *f.* **1** sling **2** (*giocattolo*) catapult; slingshot (3USA).
fioràia, *f.* **1** florist **2** (*ambulante*) flower-girl; flower-seller.
fioràio, *m.* **1** florist **2** (*ambulante*) flower-seller.
fiorale, *a.* (*bot.*) floral.
fiorame, *m.* flower (*o* flowery, floral) pattern. • **a fiorami**, **flowered: seta a fiorami**, flowered silk.
fiorato, *a.* flowered; flowery; floral.
fiordalìso, *m.* **1** (*araldica*) lily; fleur-de-lis* **2** (*bot., Centaurea cyanus*) corn-flower; bluebottle.
fiòrdo, *m.* fiord, fjord.
fióre, *m.* **1** flower: **fiori recisi (selvatici, profumati)**, cut (wild, scented) flowers; **il profumo del f.**, the scent of the flower; **una mostra di fiori**, a flower-show; **il linguaggio dei fiori**, the language of flowers; **vaso di fiori**, (*per una pianta con terra*) flower-pot; (*per fiori recisi con acqua*) (flower-)vase; (flower-)bowl (*a forma di ciotola*); **serto** (*o* **ghirlanda, corona**) **di fiori**, wreath (*o* garland) of flowers; **fiori di zolfo**, flowers of sulphur; **f. doppio (singolo)**, double (single) flower; (*fig.*) **il (fior) f. della gioventù polacca**, the flower (*o* the cream) of Polish youth; **f. composto**, compound flower; **f. annuale (biennale, perenne)**, annual (biennial, perennial) flower; **È un f. annuale assai robusto**, it's a hardy annual; **essere in f.**, to be in flower (*o* in bloom) **2** (*di albero da frutto*) blossom: **f. d'arancio**, orange-blossom; **f. di mandorlo**, almond-blossom; **essere in f.**, to be in blossom **3** (*fioritura*) bloom (*anche fig.*): **essere in f.**, to be in

bloom (*o* in flower) **4** (*pl.*, *seme delle carte da gioco*) clubs: **il 4 (l'asso) di fiori**, the 4 (the ace) of clubs **5** (*superficie*) surface: **a fior d'acqua**, on the surface of the water **6** (*enologia*) flowers (*pl.*); mould. ● **f. all'occhiello**, button-hole: **Portavo sempre un f. all'occhiello**, I always wore a button-hole □ (*fig.*) **il f. della Divina Commedia**, a selection from the Divine Comedy □ **f. di farina**, flour □ **un fior di galantuomo**, a perfect gentleman; **a thoroughly trustworthy man** □ **f. di latte**, cream □ **un f. di ragazza**, a lovely girl □ **a fiori**, flowered □ **cassetta per fiori**, window box □ (*fig.*) **essere in f.** (*prosperare*), to flourish; to thrive □ **essere nel f. degli anni**, to be in one's prime □ **essere nel f. del proprio talento (della propria carriera, ecc.)**, to be at the height of one's powers (of one's career, etc.); to be in one's heyday □ **essere nel f. della salute**, to be in the pink of health (*fam.*) □ (*di una pianta*) **fare fiori**, to flower; (*improvvisamente*) to burst into flower □ **mazzo di fiori**, bunch of flowers; (*più formale*) bouquet □ **mazzolino di fiori**, nosegay □ **È costato fior di quattrini**, it has cost a pretty penny (*o* a tidy sum, a lot of money) □ **Ho i nervi a fior di pelle**, my nerves are on edge □ **Non è stato tutto rose e fiori**, it hasn't been plain sailing (*o* smooth going, a bed of roses).
fiorellino, *m.* (*bot.*) floret; floweret.
fiorènte, *a.* **1** (*fig.*) thriving; flourishing; (*di persona*) blooming **2** (*econ.*) blooming.
fiorentina, *f.* (*cucina*) grilled T-bone steak.
fiorentineggiare, *v. i.* to put* on (*o* to affect) a Florentine accent.
fiorentinismo, *m.* Florentine idiom.
fiorentino, *a. e m.* Florentine. ● (*cucina*) **bistecca alla fiorentina**, grilled T-bone steak.
Fiorènza, *f.* Florence; (*dim.*) Flossie.
fiorétta, *f.* (*enologia*) flowers (*pl.*); mould.
fiorettare, *v. t.* **1** to intersperse with flowery expressions **2** (*mus.*) to elaborate with figures and ornaments.
fiorettatura, *f.* **1** flourish; florid ornament **2** (*mus.*) fioritura*; embellishment.
fiorettista, *m.* (*sport*) foilsman*; fencer.
fiorétto, *m.* **1** (*sport*) foil **2** (*relig.*) act of mortification **3** (*bot.*) floret; floweret **4** (*pl.*, *letter.*) selection (*sing.*); selected passages **5** (*mus.*) grace; embellishment **6** (*elettr.*) insulating-rod.
fioricoltóre, **fioricoltura**, *V.* floricoltóre, floricoltura.
fiorièra, *f.* **1** (*per piante ornamentali*) flower-box **2** (*per fiori recisi*) flower-holder.
fiorìfero, *a.* (*bot.*) floriferous.
Fiorile, *m.* (*stor.*: *ottavo mese del calendario rivoluzionario francese*) Floréal (*franc.*).
fiorino, *m.* **1** (*anche stor.*) florin **2** (*olandese*) guilder.
fiorire, **A** *v. i.* **1** to flower; (*specialm. di alberi da frutto o lett.*) to blossom; (*se si pensa a tutto il periodo della fioritura*) to bloom; to be in flower (*o* in bloom) **2** (*sbocciare*, *apparire tutt'a un tratto fiorito*) to burst* into flower: **La mazza di S. Giuseppe fiorì**, St. Joseph's staff burst into flower **3** (*fare la muffa*) to grow* mouldy **4** (*prosperare*) to flourish; to thrive*; to prosper; (*econ.*) **Allora fiorivano i traffici**, trade was thriving then **5** (*econ.*) to boom **6** (*di uomini celebri*, *per indicare il tempo in cui operano*) to flourish; to be active: **Lippo Vanni fiorì fra il 1344 e il 1375**, Lippo Vanni was active from 1344 to 1375. **B** *v. t.* **1** (*raro*) (*spargere di fiori*) to strew* with flowers **2** (*ornare di fiori*) to deck with flowers **3** (*fig.*) to adorn; to embellish. ● **Il giardino fioriva di rose**, the garden was full of roses □ **La città fioriva di giovani talenti**, the city was full of talented young people □ (*prov.*) **Se son rose fioriranno**, the proof of the pudding is in the eating.
fiorista, *m. e f.* **1** florist **2** (*pittore*) flower painter **3** (*chi fa fiori artificiali*) maker of artificial flowers.
fiorita, *f.* **1** carpet of flowers **2** *V.* **florilègio**.
fiorito, *a.* **1** full of flowers **2** (*in fiore*) in flower, in bloom (*pred.*) **3** (*fig.*) florid; ornate; flowery. ● **carità fiorita**, real act of charity □ **un compito f. di strafalcioni**, a piece of homework full of howlers □ **conversazione fiorita**, choice (*o* elegant) conversation; flowery way of speaking.
fioritura, *f.* **1** flowering; blooming; (*di alberi da frutto*) blossoming: **varietà a f. ritardata**, late-flowering variety **2** (*il complesso dei fiori*) flowers (*pl.*); crop of flowers (*fig.*) flourishing **4** (*eruzione cutanea*) eruption; rash; efflorescence. ● **scrivere con troppe fioriture**, to write with too many embellishments (*o* in too flowery a style).
fioróne, *m.* **1** (*bot.*) early fig **2** (*archit.*) rose-window.
fiorrancino, *m.* (*zool.*, *Regulus ignicapillus*) fire-crested wren; firecrest.
fiorràncio, *m.* (*bot.*, *Calendula officinalis*) marigold.
fiòsso, *m.* **1** (*arco del piede*) arch **2** (*parte della scarpa*) shank.
fiottare, *v. i.* **1** (*uscire a fiotti*) to gush out (*o* forth) **2** (*lett.*: *fluttuare*) to surge; to ebb and flow.
fiòtto, *m.* gush; stream: **a fiotti**, in streams; in torrents. ● **sgorgare a fiotti**, to gush forth.
Firènze, *f.* (*geogr.*) Florence.
firma, *f.* signature: **apporre la (propria) f.**, to put one's signature (to st.); **falsificare una f.**, to forge a signature; **far onore alla propria f.**, to honour one's signature; **f. depositata**, specimen signature; (*leg.*) **legalizzare una f.**, to certify a signature. ● **apporre la f. in bianco**, to sign a blank cheque (*o* document, etc.) □ **registro delle firme**, visitors' book □ **Il ragazzo non sa nemmeno fare la f.**, the boy can't even sign his name □ **È una grande f.**, he's a big name.
firmaiòlo, *m.* (*gergo mil.*) lifer (*pop. USA*).
firmaménto, *m.* firmament.
firmare, *v. t.* to sign; to put* one's signature (on, to st.); (*sottoscrivere*) to subscribe (to st.): **Fui la prima a f.**, I was the first to sign; **Firmai il documento**, I signed the document.
firmatàrio, *m.* signatory; signer; signee; (*sottoscrittore*) subscriber.
fisàlia, *f.* (*zool.*, *Physalia physalis*) Portuguese man-of-war.
fisarmònica, *f.* (*mus.*) accordion.
fisarmonicista, *m. e f.* accordionist.
fiscale, *a.* **1** fiscal; revenue, tax (*attr.*): **esenzione f.**, tax exemption; «**paradiso**» **f.**, tax haven **2** (*fig.*) inquisitorial; strict; exacting.
fiscalismo, *m.* **1** fiscality **2** (*fig.*) inquisitorial methods (*pl.*).
fiscalista, *m. e f.* tax expert; taxation consultant; tax consultant.
fiscalità, *f.* **1** (system of) taxation **2** (*fig.*) strictness; rigour.
fiscalizzare, *v. t.* to exempt from (taxes): **f. gli oneri sociali**, to exempt from social-security taxes.
fiscalizzazióne, *f.* exemption (from taxes): **f. degli oneri sociali**, exemption from social-security taxes.
fiscèlla, *f.* wicker basket.
fischiare, **A** *v. i.* **1** to whistle: **Il vento fischia**, the wind is whistling **2** (*di un fischietto*) to whiz(z); to whir; to zip: **Una pallottola mi sfiorò fischiando**, a bullet whizzed past me **3** (*di un segnale acustico*) to hoot **4** (*dei serpenti*) to hiss **5** (*naut.*) to pipe. **B** *v. t.* **1** to whistle: **f. un motivetto**, to whistle a tune **2** (*per disapprovazione*) to hiss; to boo: **f. un attore**, to hiss an actor; **L'oratore fu fischiato**, the speaker was booed. ● (*sport*) **f. una punizione**, to blow (one's whistle) for a penalty □ **far f. una frusta**, to crack a whip □ **Mi fischiano le orecchie**, there is a buzzing (*o* a singing) in my ears; (*fig.*) my ears are burning.
fischiata, *f.* **1** whistling **2** (*per disapprovazione*) hissing; booing.
fischiatóre, *m.* whistler.
fischierellare, **fischiettare**, *v. t. e i.* to whistle (softly). ● **passare il tempo fischiettando**, to whistle one's time away.
fischiettio, *m.* (continuous) whistling.
fischiétto, *m.* **1** whistle **2** (*naut.*) pipe **3** (*arbitro*) referee.
fischio, *m.* **1** whistle **2** (*per disapprovazione*) hiss; hoot **3** (*di segnale acustico*) hoot **4** (*di un proiettile*) whiz(z); whir(r); zip **5** (*naut.*) pipe **6** (*nelle orecchie*) buzzing **7** (*fischietto*) whistle. ● **fare un f.**, to whistle; (*con strumento*) to blow a whistle □ (*fig.*) **prendere fischi per fiaschi**, to get hold of the wrong end of the stick □ **Richiamò il cane con un f.**, he whistled to the dog; he whistled the dog back.
fischióne, *m.* (*zool.*, *Anas penelope*) whistle duck; widgeon.
fisciù, *m.* fichu.
fisco, *m.* **1** (*erario*) (national) revenue; public (*o* inland) revenue **2** (*ufficio delle imposte*) tax office **3** (*chi ne cura le entrate*) revenue authorities (*pl.*); treasury officers (*pl.*). ● **Il popolo era oppresso dal f.**, the people were oppressed by taxation.
fisica, *f.* physics (*pl. col verbo al sing.*): **f. pura (applicata, nucleare)**, pure (applied, nuclear) physics; **un gabinetto di f.**, a physics laboratory; **f. matematica**, mathematical physics. ● **dottore in f.**, physicist.
fisicismo, *m.* (*filos.*) physicism.
fisicista, *m. e f.* (*filos.*) physicist.
fisico, **A** *a.* physical: **geografia fisica**, physical geography. **B** *m.* **1** (*scienziato*) physicist **2** (*costituzione*) physique; constitution; (*figura*) figure: **un uomo dal f. robusto**, a man of strong physique.
fisima, *f.* whim; fancy; (a) bee in one's bonnet (*fam.*).
fisiocinesiterapìa, *f.* (*med.*) physiokinesitherapy.
fisiocinesiterapista, *m. e f.* physiokinesitherapist.
fisiòcrate, *m.* (*econ.*) physiocrat.
fisiocràtico, (*econ.*) **A** *a.* physiocratic. **B** *m.* physiocrat.
fisiocrazìa, *f.* (*econ.*) physiocracy.
fisiognomìa, **fisiognòmica**, *f.* physiognomy.
fisiognòmico, *a.* physiognomic(al).
fisiògnomo, *m.* physiognomist.
fisiografìa, *f.* physiography.
fisiògrafo, *m.* physiographer.
fisiologìa, *f.* physiology.

fisiològico, *a.* physiologic(al).
fisiòlogo, *m.* physiologist.
fisionomia, *f.* physiognomy; (*volto*) face; (*espressione*) expression; (*aspetto*) aspect, appearance: **La sua f. non mi è nuova**, his face is familiar to me.
fisionòmico, *a.* physiognomical.
fisionomista, *m.* one who is good at remembering faces.
fisiopatologia, *f.* (*med.*) physiopathology.
fisioterapia, *f.* (*med.*) physiotherapy; physical therapy.
fisioteràpico, *a.* (*med.*) physiotherapeutic.
fisioterapista, *m.* e *f.* physiotherapist.
fisonomia, e *deriv.* V. **fisionomìa**, e *deriv.*
fissàbile, *a.* fixable.
fissàggio, *m.* **1** (*mecc.*: *l'atto del fissare*) fixing; fastening; clamping **2** (*dispositivo di fissaggio*) fastener; clamp **3** (*chim., fotogr.*) fixing: **bagno di f.**, fixing bath.
fissaménte, *avv.* fixedly. ● **guardare f.**, to stare.
fissare, **A** *v. t.* **1** (*rendere fisso*) to fix (*in quasi tutti i sensi*); to set*: (*fotogr.*) **f. la negativa** (*con un bagno di fissaggio*), to fix the negative; **f. i colori** (*un'imposta a una certa cifra, ecc.*), to fix (*o* to set) the colours (a tax at a certain figure, etc.); **f. il prezzo di q.c.**, to fix the price of st. **2** (*fermare*) to fasten; (*vele, funi*) to bend*; (*con un dispositivo di sicurezza*) to secure (with a safety--catch); (*con un paletto*) to stake; to peg; (*con un catenaccio*) to bolt; (*con uno spillo*) to pin; (*con una cinghia*) to strap: **Assicurati che lo sportello sia fissato**, make sure the door is secured (*o* well fastened) **3** (*stabilire*) to arrange; to decide upon; to appoint; to set*; to fix; **f. un appuntamento**, to fix an appointment (*o, fam.*: a date); **Che cosa hai fissato?**, what have you arranged?; **È già tutto fissato**, it's all arranged (*o* fixed) already; **Dobbiamo f. l'ora**, we must decide upon the time; **Hanno fissato una macchina che li porti alla stazione**, they've arranged for a car to take them to the station **4** (*assumere q.*) to engage; (*prendere q.c.*) to take*: **f. una guida** (**una domestica**, **un segretario, ecc.**), to engage a guide (a servant, a secretary, etc.); **Ho fissato una casa al mare**, I've taken a house at the sea **5** (*prenotare, ecc.*) to book: **f. una camera all'albergo** (**un posto a teatro**, **in aereo, ecc.**), to book a room at the hotel (a seat at the theatre, in an aeroplane, etc.) **6** (*guardare fisso*) to stare at; to gaze at; to look fixedly at; (*fissare l'attenzione su q.c.*) to cast* one's eyes on, to pay* particular attention to, to concentrate on. ● **f. la propria residenza**, to take up one's residence □ **f. q. in viso**, to look sb. in the face □ **La riunione è fissata per mercoledì alle quattro**, the meeting is to be Wednesday at four o'clock. **fissarsi**, **B** *v. rifl.* **1** (*stabilirsi*) to settle (down); to take* up one's residence **2** (*degli occhi, dello sguardo*) to be fixed **3** (*mettersi in testa*) to set* one's heart, to fix one's mind (on st.); (*ostinarsi*) to insist (on st.), to persist (in st.). ● (*di persona*) **Si è fissato!**, he has got a bee in his bonnet!
fissativo, *a.* e *m.* fixative.
fissato, **A** *a.* **1** fixed; set **2** (*stabilito*) arranged; fixed; appointed; set: **Lo incontrai il giorno f.**, I met him on the appointed day **3** (*che ha una fissazione*) with a bee in one's bonnet (*fam.*). ● **f. dalla legge**, statutory □ **Mi sembra un po' f.**, I think he's a bit touched □ **È proprio f.**, he has made up his mind and won't budge (an inch). **B** *m.* person with an obsession (*o, fam.*: with a bee in his bonnet); fiend; fanatic; fuss-pot (*fam.*). ● (*econ.*) **f. bollato**, contract note; (*d'acquisto*) bought note; purchase confirmation; (*di vendita*) sold note; sale confirmation.
fissatóre, *m.* **1** (*chim.*) fixer; fixing-agent **2** (*fotogr.*) fixing--bath **3** (*per capelli*) setting-lotion; (*lacca*) hair-spray.
fissazióne, *f.* **1** fixation; fixing **2** (*idea ossessiva*) obsession; fixed idea.
fissile, *a.* **1** (*geol.*) fissile; cleavable **2** (*fis. nucl.*) fissionable.
fissionàbile, *a.* (*fis. nucl.*) fissionable.
fissióne, *f.* (*fis. nucl.*) fission: **f. nucleare**, nuclear fission; **energia di f.**, fission energy. ● **suscettibile di f.**, fissionable.
fissità, *f.* fixity.
fisso, **A** *a.* **1** (*in quasi tutti i sensi*) fixed: **prezzi fissi**, fixed prices; (*astron.*) **una stella fissa**, a fixed star; **un'idea fissa**, fixed idea; **uno sguardo f.**, a fixed gaze **2** (*regolare*) regular: **un impiegato f.**, a regular employee **3** (*stabilito*) settled **4** (*immobile*) stationary. ● (*mil.*) **Fissi!**, eyes: front! □ **un impiego f.**, a steady job □ **occhi fissi**, staring eyes □ **Non ci sto f., vado e vengo**, I don't always live there, I come and go □ **Alcuni clienti dell'albergo sono fissi**, some of the hotel clients are residents. **B** *avv.* fixedly. ● **guardare f.**, to gaze; to stare. **C** *m.* **1** (*stipendio f.*) fixed salary **2** (*assegno f.*) fixed allowance.
fistola, *f.* **1** (*mus., lett.*) Pan-pipe(s); syrinx* **2** (*med.*) fistula*.
fistolizzazióne, *f.* (*med.*) fistulization.
fistolóso, *a.* (*med.*) fistulous; fistular.
fitina, *f.* (*chim.*) phytin.
fitobiologìa, *f.* phytobiology; plant biology.

fitochìmica, *f.* (*bot., chim.*) phytochemistry.
fitochìmico, *a.* (*bot., chim.*) phytochemical.
fitofàrmaco, *m.* (*agric.*) plant protection product.
fitogènico, *a.* (*geol.*) phytogenic.
fitogeografìa, *f.* phytogeography.
fitogeologìa, *f.* phytogeology.
fitografia, *f.* (*bot.*) phytography.
fitogràfico, *a.* (*bot.*) phytographic(al).
fitolacca, *f.* (*bot.*, *Phytolacca americana*) red weed.
fitologìa, *f.* phytology; botany.
fitològico, *a.* phytologic(al).
fitopatologìa, *f.* phytopathology; plant pathology.
fitopatòlogo, *m.* phytopathologist.
fitoterapìa, *f.* (*med., agric.*) phytotherapy.
fitotomìa, *f.* (*bot.*) phytotomy; vegetable anatomy.
fitta, *f.* **1** (*dolore acuto*) sharp pain; pang; twinge; stitch (*solo al sing.*) **2** (*calca*) crowd; crush. ● **provare una f. al cuore**, to feel a pang in one's heart.
fittaiòlo, **fittavolo**, *m.* tenant.
fittézza, *f.* thickness; denseness.
fittile, *a.* fictile; clay (*attr.*): **un vaso f.**, a clay pot.
fittizio, *a.* fictitious; imaginary; unreal; sham: **un nome f.**, a fictitious name.
fitto (1), **A** *a.* **1** (*ficcato*) stuck in; thrust in **2** (*denso*) thick; dense; close: **una nebbia fitta**, a thick fog. ● **f. di errori**, crammed with mistakes □ **alberi fitti**, closely-planted (*o* thickly--planted) trees □ **buio f.**, pitch dark □ **una spina fitta nel cuore**, a thorn in the flesh; st. pulling at one's heart-strings □ **tessuto f.**, closely-woven material. **B** *m.* (*la parte più fitta, il colmo*) (the) thick; (*il cuore, la profondità*) (the) dead: **nel f. della battaglia** (**della discussione**), in the thick of the fight (of the discussion); **nel f. della notte** (**dell'inverno**), at (*o* in) the dead of night (of the winter); **nel f. del bosco**, in the thick of the wood. **C** *avv.* (*anche ripetuto*: **f. f.**) thickly. ● **Pioveva (Nevicava) f.**, it was raining (snowing) heavily.
fitto (2), *m.* (*affitto*) rent; (*noleggio*) hire: **scadenza del f.**, date (*o* day) on which the rent falls due; **f. bloccato**, restricted rent. ● **dare a f.**, to let □ **prendere a f.**, to rent.
fittóne, *m.* tap-root; primary root.
fiumana, *f.* **1** swollen river; (*inondazione*) flood **2** (*fig.*) stream; flood: **una f. di popolo**, a flood of people; **una f. di parole**, a stream of words. ● **Una f. di gente scendeva da Via Veneto**, crowds poured down Via Veneto.
fiumara, *f.* torrent.
fiume, **A** *m.* **1** river: **un f. rapido**, a swift river; **il f. Tamigi**, the River Thames **2** (*fig.*) river; torrent; flow; stream; flood: **un f. di sangue**, a river of blood; **Un f. di parolacce uscì dalla sua bocca**, a stream (*o* a torrent) of foul language poured from his lips; **un f. d'eloquenza**, a flow of eloquence. ● (*fig.*) **a fiumi**, in floods; in abundance □ **Un f. di lacrime le rigava il volto**, tears poured down her face. **B** *a.* river (*attr.*); long-spun: **un romanzo f.**, a river-novel; a saga-novel; a «roman-fleuve» (*franc.*). ● **una seduta f.**, a never-ending sitting.
fiutare, *v. t.* **1** to smell*; to sniff; (*la selvaggina, ecc.*) to scent: **f. l'aria**, to sniff the air; **f. la lepre**, to scent a hare **2** (*fig.*: *intuire*) to smell*; to scent: **f. il tradimento**, to scent treachery; **f. q.c. di losco**, to smell a rat. ● **f. tabacco**, to take snuff.
fiutata, *f.* sniff: **dare una f.**, to give a sniff.
fiuto, *m.* **1** (*il fiutare*) smelling; sniffing; scenting **2** (*odorato*) sense of smell; (*di animali*) scent, nose **3** (*fig.*) flair; nose: **avere f.**, to have a flair (for st.). ● (*fig.*) **al f.** (*a prima vista*), at a glance □ (*fig.*) **al primo f.** (*subito*), straight off; at once □ **tabacco da f.**, snuff.
flabèllo, *m.* (*anche relig.*) flabellum*.
flaccidézza, *f.* flabbiness; limpness; flaccidity.
flàccido, *a.* flabby; limp; flaccid: **muscoli flacidi**, flabby muscles.
flacóne, *m.* bottle; phial: **un f. di profumo**, a bottle of perfume.
flagellante, *m.* (*stor. relig.*) Flagellant.
flagellare, **A** *v. t.* **1** to flagellate; to scourge; to lash; to whip **2** (*colpire con forza*) to lash: **La pioggia flagellava gli alberi**, the rain lashed the trees **3** (*fig.*) to scourge; to castigate. **flagellarsi**, **B** *v. rifl.* to flagellate oneself; to scourge oneself.
flagellatóre, *m.* flagellator; scourger.
flagellazióne, *f.* flagellation; scourging: **la f. di Cristo**, the scourging of Christ.
flagèllo, *m.* **1** (*frusta*) scourge; whip **2** (*fig.*) scourge; (*calamità*) calamity; (*castigo*) punishment: **il f. di Dio** (**dei principi**), the scourge of God (of princes) **3** (*fam.*: *gran quantità*) plenty; abundance: **un f. di frutta**, an abundance of fruit **4** (*biol.*) flagellum*.
flagrante, *a.* **1** (*leg.*) flagrant **2** (*evidente*) open; evident; flagrant: **essere in f. contraddizione**, to be in open contradiction. ● (*leg.*) **cogliere q. in f.**, to catch sb. in the (very) act; to catch sb. red-handed.

flagranza, *f.* (*leg.*) flagrancy. ● **in f. di reato**, red-handed (*attr.*).
flambare, *v.t.* (*cucina*) to flame.
flambé (*franc.*), *a.* flambé; flambéed.
flamènco, *m.* (*mus.*, *danza*) flamenco.
flàmine, *m.* (*stor. romana*) flamen*: **f. Diale**, flamen Dialis (*o* of Jupiter).
flan, *m.* **1** (*cucina*) flan **2** (*tipogr.*) flong.
flanèlla, *f.* flannel. ● **f. di cotone**, flannelette □ **pantaloni di f.**, flannels.
flàngia, *f.* (*tecn.*) flange: **f. cieca**, blank flange; **f. mobile**, loose flange. ● (*mecc.*) **accoppiamento a flange**, flange coupling.
flano, *m.* (*tipogr.*) flong.
flash (*ingl.*), *m.* **1** (*giornalismo*) (news) flash **2** (*fotogr.*) flash(light): **f. elettronico**, electronic flashlight.
flato, *m.* flatus*.
flatulènto, *a.* flatulent.
flatulènza, *f.* flatulence.
flautato, *a.* soft and musical; flute-like; fluty; fluted (*spesso scherz. o iron.*).
flautista, *m.* e *f.* (*mus.*) flautist, flutist.
flàuto, *m.* (*mus.*) **1** flute **2** *V.* **flautista**. ● **f. dolce**, recorder □ **f. di Pan**, Pan-pipes (*pl.*); syrinx*.
flavo, *a.* (*lett.*) yellow; fair; (*dorato*) golden.
flèbile, *a.* **1** (*fioco, fievole*) weak; feeble; faint **2** (*lamentoso*) plaintive; mournful.
flebilménte, *avv.* **1** (*fievolmente*) feebly; faintly **2** (*lamentosamente*) plaintively; mournfully.
flebite, *f.* (*med.*) phlebitis*.
flebitico, *a.* (*med.*) phlebitic.
fleboclisi, *f.* (*med.*) phleboclysis.
flebografia, *f.* (*med.*) phlebography.
flebotomìa, *f.* (*med.*) phlebotomy; venesection.
flebòtomo, *m.* **1** (*med.*) phlebotomist **2** (*lancetta per salassare*) lancet **3** (*zool.*, *Phlebotomus*) sand fly.
Flegetónte, *m.* (*mitol.*) Phlegethon.
flegrèo, *a.* – (*geogr.*) **Campi Flegrei**, (the) Phlegraean Fields (*o* Plain).
flèmma, *f.* **1** (*calma eccessiva*) phlegm; coolness **2** (*med.*) phlegm.
flemmàtico, *a.* **1** phlegmatic; cool **2** (*med.*) phlegmatic.
flèmmone, *m.* (*med.*) phlegmon.
flemmonóso, *a.* (*med.*) phlegmonic; phlegmonous.
flessibile, *a.* **1** (*anche fig.*) flexible; pliable; pliant; supple **2** (*fig.*) adaptable; elastic; accommodating. ● **copertina f.**, limp cover □ (*ind.*) **orario f.** (*per i lavoratori*), flex time.
flessibilità, *f.* (*anche fig.*) flexibility; pliability; pliancy; suppleness.
flessimetro, *m.* deflectometer.
flessióne, *f.* **1** bending; flexion, flection **2** (*progressiva riduzione*) decrease; decline; drop: **una f. del gettito fiscale**, a drop in state revenues **3** (*gramm.*) inflexion, inflection **4** (*mecc.*, *edil.*) flexure; flexion; bending: **sollecitazione di f.**, bending stress; stress of flexure; **prova a f.**, bending test. ● (*ginnastica*) **f. sulle braccia**, press-up; push-up (*USA*) □ **fare una f.**, to bend (down); **fare cinque flessioni**, to bend (down) five times.
flessivo, *a.* (*gramm.*) inflected: **lingue flessive**, inflected languages.
flèsso, *m.* (*mat.*) flex; inflection; flex point.
flessóre, *a.* e *m.* (*anat.*) flexor: **muscolo f.**, flexor (muscle).
flessuosità, *f.* suppleness; flexuosity.
flessuóso, *a.* supple; flexuous, flexuose.
flessura, *f.* (*geol.*) flexure.
flèttere, **A** *v. t.* **1** to bend*; to flex **2** (*gramm.*) to inflect.
flèttersi, **B** *v. rifl.* to bend*.
flicòrno, *m.* (*mus.*) flügelhorn.
flipper (*ingl.*), *m.* pin-table; pinball machine (*USA*).
flirt (*ingl.*), *m.* (*amore superficiale*) flirtation.
flirtare, *v. i.* to flirt.
flocculante, *a.* (*chim.*) coalescent.
flocculare, *v. i.* (*chim.*) to flocculate.
flocculazióne, *f.* (*chim.*) flocculation.
flogistico, *a.* (*med.*) phlogistic; inflammatory.
flogòsi, *f.* (*med.*) phlogosis*; inflammation.
flòra, *f.* (*bot.*) flora*.
Flòra, *f.* Flora.
floreale, *a.* floral. ● **stile f.**, Liberty style.
floricolo, *a.* **1** (*zool.*) flower (*attr.*); living on flowers (*della floricoltura*) floricultural.
floricoltóre, *m.* floriculturist; flower-grower.
floricoltura, *f.* floriculture; flower-growing.
floridézza, *f.* **1** glowing health; healthy glow **2** (*fig.*) flourishing state; prosperity; floridness.
flòrido, *a.* **1** (*di persona*) healthy; glowing with health; blooming **2** (*prospero*) flourishing; thriving; prosperous; florid.

florilègio, *m.* anthology; florilegium*.
floscézza, *f.* limpness; flabbiness; flaccidity.
flòscio, *a.* limp; flabby; flaccid; floppy; soft; (*fig.*, *anche*) spineless: **un cappello f.**, a soft hat.
flotta, *f.* (*naut.*) fleet; navy: **la f. del Mediterraneo**, the Mediterranean Fleet; **f. mercantile**, merchant fleet (*o* navy).
flottàggio, *m.* (*aeron.*) taxiing.
flottante, **A** *a.* (*ass.*, *econ.*) floating: **una polizza f.**, a floating policy; **cambio f.**, floating exchange rate. **B** *m.* (*econ.*) floating funds (*pl.*). ● (*Borsa*) **titoli a largo f.**, blue chips □ (*Borsa*) **titoli a scarso f.**, inactive stocks.
flottare, *v. i.* (*aeron.*) to taxi.
flottazióne, *f.* (*chim.*, *miner.*) flotation.
flottìglia, *f.* (*naut.*) flotilla; squadron: **una f. di torpediniere**, a torpedo-boat flotilla. ● **f. di pescherecci**, fishing-fleet.
flou (*franc.*), **A** *a.* **1** (*di abito e sim.*) flowing; loose-fitting **2** (*fotogr.*) fuzzy; blurred. **B** *m.* (*fotogr.*) soft focus*.
fluènte, *a.* **1** flowing **2** (*fig.*) fluent; flowing: **una barba f.**, a flowing beard.
fluidaménte, *avv.* **1** fluidly; with fluidity **2** (*fig.*) fluently; with fluency.
fluidica, *f.* (*cibernetica*) fluidics (*pl. col verbo al sing.*).
fluidificare, *v. t.* **fluidificarsi**, *v. rifl.* to fluidify.
fluidificazióne, *f.* fluidification.
fluidità, *f.* **1** fluidity **2** (*fig.*: *scorrevolezza*) fluency; smoothness **3** (*fig.*: *instabilità*) unstableness; unsettled state.
flùido, **A** *a.* **1** fluid; flowing **2** (*fig.*: *scorrevole*) fluent; flowing; smooth: **stile f.**, fluent style **3** (*fig.*: *instabile*) unstable; unsettled: **situazione fluida**, unsettled situation. **B** *m.* fluid: **f. magnetico**, magnetic fluid. ● (*chim.*) **f. protettivo**, inhibitor.
fluidodinàmica, *f.* (*fis.*) fluid dynamics (*pl. col verbo al sing.*).
fluire, *v. i.* to flow.
fluitare, *v. i.* to float downstream.
fluitazióne, *f.* floating; rafting: **f. del legname**, floating of timber; timber-floating.
fluorescènte, *a.* fluorescent: **illuminazione f.**, fluorescent lighting; **una lampada f.**, a fluorescent lamp.
fluorescènza, *f.* (*fis.*) fluorescence.
fluoridrico, *a.* – (*chim.*) **acido f.**, hydrofluoric acid.
fluorina, *f.* (*chim.*) fluorite.
fluorite, *f.* (*miner.*) fluorspar; fluorite.
fluorizzazióne, *f.* fluoridation.
fluòro, *m.* (*chim.*) fluorine.
fluorurazióne, *f.* fluorination.
fluoruro, *m.* (*chim.*) fluoride.
flussióne, *f.* (*med.*) fluxion.
flusso, *m.* **1** flow; (*del mare*) flood tide: **f. e riflusso**, ebb and flow (*anche fig.*) **2** (*fis.*) flux; stream: **f. elettrico**, electric flux **3** (*med.*) flux.
flussòmetro, *m.* **1** (*per i fluidi*) flowmeter **2** (*fis.*) fluxmeter.
flûte (*franc.*), *m.* flute glass.
flutto, *m.* (*lett.*) billow; (*onda*) wave; (*nel suo crescere*) surge.
fluttuante, *a.* (*anche fig.*) fluctuating: **prezzi fluttuanti**, fluctuating prices; (*econ.*) **un debito f.**, a floating debt; **gli elettori fluttuanti**, the floating vote; (*anat.*) **costola f.**, floating rib.
fluttuare, *v. i.* **1** to rise* and fall*; (*di marosi*) to heave and surge **2** (*fig.*) to fluctuate; to waver; to vacillate **3** (*econ.*: *di moneta*) to float. ● **il f. dei prezzi**, the swing of prices.
fluttuazióne, *f.* **1** fluctuation **2** (*econ.*: *di moneta*) floating; float.
fluviale, *a.* river (*attr.*); fluvial: **l'alveo f.**, the river-bed. ● **pesca f.**, fresh-water fishing □ **vie fluviali**, waterways.
fobia, *f.* phobia (*anche psic.*); aversion; dread.
fòbico, *a.* (*psic.*) phobic.
fòca, *f.* (*zool.*, *Phoca vitulina*) (common) seal; sea-calf*. ● **f. leopardo** (*Hydrurga leptonyx*), sea-leopard □ **una borsetta di f.**, a sealskin bag □ **pelle di f.**, sealskin.
focàccia, *f.* (*cucina*) (flat) cake; bun.
focàia, *a.* – **pietra f.**, flint.
focale, *a.* focal: (*fis.*) **la distanza f.**, the focal length.
focalizzare, *v. t.* (*fotogr.*) to focus; to focalize.
focalizzazióne, *f.* (*fotogr.*) focusing; focalization.
focàtico, *m.* (*stor.*) hearth-tax.
fóce, *f.* mouth; (*sbocco*) outlet. ● **f. a delta**, delta □ **f. a estuario**, estuary.
focèna, *f.* (*zool.*, *Phocaena phocaena*) porpoise; sea-pig; sea-hog.
fochista, *m.* **1** (*naut.*) stoker **2** (*di locomotiva*) fireman*; stoker **3** (*raro: chi fabbrica fuochi artificiali*) fire-worker; pyrotechnist.
focolàio, *m.* **1** (*med.*) focus*; centre of infection **2** (*fig.*) hotbed; breeding-ground; den; centre.
focolare, *m.* **1** hearth: **la pietra del f.**, the hearth-stone **2** (*camino*) fireplace; fireside **3** (*mecc.*) furnace: **un f. a combustibile liquido**, a liquid fuel furnace **4** (*fig.*: *famiglia*, *casa*) home; hearth. ● **f. domestico**, home; hearth and home.

focomelìa, *f.* (*med.*) phocomelia.
focomèlico, (*med.*) **A** *a.* phocomelic. **B** *m.* phocomelus.
focòmetro, *m.* (*fis.*) focimeter, focometer.
focóso, *a.* fiery; passionate; ardent; impetuous.
fòdera, *f.* **1** (*di vestito, ecc.*) lining **2** (*di libro*) dust-jacket; (dust-)cover **3** (*di poltrona, valigia, ecc.*) cover.
foderame, *m.* lining materials (*pl.*).
foderare, *v. t.* **1** (*rivestire internamente*) to line: **f. un mantello di seta**, to line a cloak with silk **2** (*rivestire esternamente*) to cover.
foderato, *a.* lined (with): **una gonna foderata**, a lined skirt. ● (*fig.*) **essere f. di carne**, to be well covered with flesh ☐ (*fig.*) **essere f. di soldi**, to have a mint of money.
foderatura, *f.* **1** (*interna*) lining **2** (*esterna*) covering.
fòdero, *m.* sheath; scabbard. ● **trarre la spada dal f.**, to unsheathe one's sword.
fóga, *f.* impetuosity; whole-hearted enthusiasm; keenness; ardour: **rallentare la f. di q.**, to dampen sb.'s ardour. ● **nella f. della discussione**, in the heat of the argument ☐ **Ci si mise con f.**, he went at it in a rush (*fam.*).
fòggia, *f.* manner; fashion; (*taglio*) cut; (*forma*) shape; (*stile*) style: **alla f. di**, in the style of; after the fashion of.
foggiare, *v. t.* to mould; to shape; to form.
foggiatura, *f.* moulding; shaping.
fòglia, *f.* **1** (*bot.*) leaf*: **f. di fico**, fig-leaf; **f. d'acanto** (*anche scolpita*), acanthus leaf; **f. di rosa**, rose-leaf; **Non si muoveva una f.**, not a leaf stirred; **mettere le foglie**, to put on leaves; to leaf; **tremare come una f.**, to tremble (*o* to shake) like a leaf (*o* like an aspen-leaf) **2** (*mecc.*) leaf*: **f. di molla**, spring leaf **3** (*di metallo*) foil; (*se sottile*) leaf*: **f. d'oro** (**d'argento, di stagno**), gold (silver, tin) foil **4** (*archit.*) foil. ● (*bot.*) **f. di betel**, pan → (*bot.*) **f. di palma**, frond ☐ **al cader delle foglie**, in autumn; in the fall (*USA*) ☐ (*fig.*) **mangiare la f.**, to smell a rat; to take the hint ☐ (*fig.*) **più che foglie di maggio** (*in gran quantità*), a great many ☐ **Non muoverò f.**, I shan't stir a finger ☐ (*nelle favole*) **Stretta la f. e larga la via**, dite la vostra che ho detto la mia, light the leaf and wide the way, now tell your tale, I've said my say ☐ (*prov.*) **Non si muove f. che Dio non voglia**, when God will, no wind but brings rain.
fogliàceo, *a.* (*bot.*) foliaceous.
fogliame, *m.* foliage; leaves (*pl.*); leafage.
fogliare, *a.* (*bot.*) foliar; leaf (*attr.*).
fogliato, *a.* **1** laminated; sheeted **2** (*bot.*) foliate. ● **oro f.**, gold leaf.
fogliazióne, *f.* (*bot.*) foliation.
foglietto, *m.* **1** slip of paper; (*volantino*) leaflet **2** (*anat.*) layer: **f. pleurico**, pleural layer. ● **f. pubblicitario**, handbill.
foglìfero, *a.* leaf-bearing.
fòglio, *m.* **1** sheet: **un f. di carta**, a sheet of paper **2** (*di metallo*) sheet; plate: **f. di lamiera di ferro**, iron sheet; **f. di latta**, tin plate; **f. di lamiera ondulata**, corrugated sheet **3** (*giornale*) (news)paper: **un f. della sera**, an evening paper **4** (*banconota*) (bank) note: **un f. da cinque sterline**, a five-pound note **5** (*pagina*) leaf* **6** – (*tipogr.*) **in f.**, folio (*attr.*): **lo Shakespeare in f.**, the folio Shakespeare. ● **f. bianco**, signed blank sheet; «carte blanche» (*franc.*) ☐ **f. di carta carbone**, carbon ☐ **f. di carta intestata**, letter-head ☐ **f. di via**, expulsion order ☐ **f. protocollo**, sheet of foolscap; (*leg.*) legal cap ☐ (*autom.*) **f. rosa**, learner's (driving) licence ☐ **f. volante**, fly sheet; leaflet; handbill ☐ **a fogli mobili** (*o* **staccati**), loose-leaf.
fogliolina, *f.* leaflet.
fógna, *f.* **1** sewer; drain **2** (*fig.*) cesspool.
fognare, *v. t.* to provide with sewers.
fognatura, *f.* **1** sewerage; drainage **2** (*l'insieme delle fogne*) sewers (*pl.*).
föhn (*ted.*), *m.* **1** (*meteorologia*) föhn, foehn **2** (*asciugacapelli*) (electric) hair-dryer.
fòia, *f.* sexual urge (*o* desire); lust (*lett.*); libido (*quasi med.*); (*di animali*) rut, heat.
fòiba, *f.* (*geol.*) doline.
foiòlo, *m.* (*cucina*) ox-tripe.
fòla, *f.* **1** (*favola*) fairy-tale **2** (*fandonia*) idle story.
fòlade, *f.* (*zool., Pholas dactylus*) piddock.
fòlaga, *f.* (*zool., Fulica atra*) coot; bald-coot.
folata, *f.* gust; puff: **una f. di vento**, a gust of wind.
folclóre, *m.* folklore.
folclorista, *m. e f.* student of folklore; folklorist.
folclorìstico, *a.* **1** (*di una manifestazione pop.*) folk (*attr.*): **musica folclorìstica**, folk-music; **un ballo f.**, a folk-dance; **una canzone folclorìstica**, a folk-song **2** (*che riguarda il folclore*) folklore (*attr.*); folkloric: **un convegno f.**, a folklore meeting (*o* conference, etc.).
folgorante, *a.* (*specialm. fig.*) dazzling; flashing: **occhi folgoranti**, flashing eyes.
folgorare, **A** *v. i.* **1** (*lett.: lampeggiare*) to lighten; to flash **2** (*fig.: risplendere di luce abbagliante*) to blaze; to shine*. **B** *v. t.* **1** to strike* with lightning **2** (*abbagliare*) to dazzle: **Le luci di quell'automobile mi folgorarono**, the lights of that car dazzled me **3** (*colpire con una scarica elettrica*) to electrocute. ● **f. q. con lo sguardo**, to crush sb. with a look.
folgorazióne, *f.* (*med.*) fulguration; (*da corrente*) electrocution.
fólgore, *f.* thunderbolt; (flash of) lightning.
folgorite, *f.* (*miner.*) fulgurite.
fòlio, *m.* – (*tipogr.*) **in f.**, folio (*attr.*).
folk (*ingl.*), *a. e m.* (*mus.*) folk. ● **un cantante f.**, a folk singer; a folkie (*pop.*).
folklóre, e *deriv.* V. **folclóre**, e *deriv.*
fólla, *f.* **1** crowd; throng; (dense) multitude; mob (*spreg.*): **Una f. esultante riempiva la piazza**, a jubilant crowd filled the square; **Si fece strada a fatica tra la f.**, he forced his way through the crowd; **piacere** (*o* **volere piacere**) **alla f.**, to appeal to the mob **2** (*fig.*) multitude; host; crowd: **Ho una f. d'idee**, I have a multitude of ideas; I have crowds of ideas (*fam.*); **una f. di ricordi**, a host of memories.
follante, *m.* (*ind. tessile*) fulling agent.
follare, *v. t.* **1** (*ind. tessile*) to full; to mill **2** (*l'uva*) to press.
follatóre, *m.* (*ind. tessile*) fuller.
follatrice, *f.* (*ind. tessile*) fulling-machine.
follatura, *f.* **1** (*ind. tessile*) fulling; milling **2** (*del vino*) wine-pressing.
fòlle, **A** *a.* **1** (*pazzo*) mad, insane, lunatic, crazy; (*sciocco*) foolish **2** (*mecc.*) idle **3** (*autom., mecc.*) neutral: **essere in f.**, to be in neutral. ● (*mecc.*) **girare in f.**, to idle. **B** *m.* madman*; lunatic. **C** *f.* madwoman*; lunatic.
folleggiaménto, *m.* merry-making; frolicking.
folleggiare, *v. i.* **1** (*agire da folle*) to act like a madman **2** (*scatenarsi in divertimenti*) to frolic.
folleménte, *avv.* madly; crazily: **essere f. innamorato di q.**, to be madly in love with sb.; to be head over heels in love with sb. (*fam.*).
follétto, **A** *m.* elf*; sprite; goblin; imp (*anche fig.*). **B** *a.* elf (*attr.*); elfish.
follìa, *f.* **1** (*pazzia*) madness; insanity; lunacy; craziness: **Sarebbe f. fare una cosa simile**, it would be madness to do such a thing **2** (*stoltezza*) folly; foolishness; (*sconsideratezza*) extravagance: **La tua f. ti procurerà molti guai**, your extravagance will cause you a lot of trouble **3** (*azione degna d'un folle*) folly; foolish act; (*idea folle*) foolish (*o* crazy) idea: **È una vera f. uscire con questo tempaccio**, it's sheer folly to go out in this bad weather; **Che f.!**, what a crazy idea! ● **amare q. alla f.**, to be madly in love with sb.; to love sb. to distraction ☐ **fare follie**, to frolic ☐ **fare follie per q.c.**, to be crazy about st.
follicolare, *a.* (*anat., bot., med.*) follicular.
follicolina, *f.* (*biol.*) folliculin.
follicolite, *f.* (*med.*) folliculitis.
follìcolo, *m.* (*anat., bot.*) follicle: **un f. sebaceo (pilìfero)**, sebaceous (a hair) follicle.
follóne, *m.* (*ind. tessile*) fulling-mill.
fólto, **A** *a.* **1** thick; dense: **un bosco f.**, a thick wood; **nebbia folta**, dense fog **2** (*numeroso*) large; numerous: **un f. gruppo**, a large group. ● **sopracciglia folte**, bushy eyebrows ☐ **tenebre folte**, impenetrable darkness. **B** *m.* thick; depths (*pl.*): **nel f. della mischia**, in the thick of the fray; **nel f. del bosco**, in the depths of the wood. ● **un f. d'alberi**, a clump of trees; a thicket.
fomentare, *v. t.* to foment; to instigate; to stir up: **f. una rivolta**, to foment a riot.
fomentatóre, *m.* fomenter; instigator. ● **f. di discordie**, troublemaker.
fomentazióne, *f.* **1** fomentation; instigation; stirring up **2** (*med.*) fomentation.
foménto, *m.* **1** (*med.*) fomentation **2** (*fig.*) instigation; incitement. ● (*fig.*) **dare f. all'incendio**, to add fuel to the flames.
fòmite, *m.* (*istigazione*) incitement; (*causa*) cause; source.
fòn (1), *m.* (*fis.*) phon.
fòn (2), *V.* **föhn**.
fonatòrio, *a.* (*fisiologia*) phonatory.
fonazióne, *f.* (*fisiologia*) phonation.
fóncola, *f.* (*agric.*) fork **2** (*naut.*) crutch.
fónda, *f.* (*naut.*) **1** anchorage **2** (*di pistola*) holster. ● (*naut.*) **essere alla f.**, to ride (*o* to be, to lie) at anchor.
fóndaco, *m.* (*magazzino*) warehouse; store.
fondale, *m.* **1** (*teatr.*) back-drop; back-cloth **2** (*naut.*) soundings (*pl.*). ● (*naut.*) **f. alto**, deep sea ☐ (*naut.*) **f. basso**, shoal.
fondame, *m.* dregs, lees (*pl.*).
fondamentale, *a.* fundamental; basic; meat-and-potatoes (*fig. fam.*).
fondamentalismo, *m.* (*relig.*) fundamentalism.
fondamentalista, *m.* (*relig.*) fundamentalist.

fondamentalménte, *avv.* fundamentally; basically; at bottom.
fondaménto, *m.* (*pl. femm.* **fondamenta** *per la def. 1*; *pl. masch.* **fondamenti** *per la def. 2*) **1** foundation: **gettare le fondamenta di q.c.,** to lay the foundations of st. **2** (*fig.*) basis*; foundation; ground(s); grounding: **Con quale f.?,** on what grounds?; **dare q. dei buoni fondamenti in latino,** to give sb. a good grounding in Latin. ● **un'accusa senza f.,** an unfounded accusation □ **fare f. su q.** (q.c.), to rely on sb. (st.).
fondant (*franc.*), *m.* (*confetto di zucchero*) fondant.
fondare, A *v. t.* **1** (*in tutti i sensi*) to found; (*costruire*) to build*; (*fig.*, *anche*) to base, to ground: **f. una città (monasteri, scuole, ecc.),** to found a town (monasteries, schools, etc.); **f. la propria difesa su q.c.,** to found (o to base) one's defence on st.; (*fig.*) **f. sulla rena,** to build on sand **2** (*costituire, formare*) to establish; to constitute; to institute; to set* up: **f. una ditta,** to establish a firm. **fondarsi, B** *v. rifl.* **1** (*di cosa*) to be founded (on st.) **2** (*basarsi*) to base oneself (on st.) **3** (*fare affidamento*) to rely: **f. sulle promesse di q.,** to rely on sb.'s promises.
fondataménte, *avv.* with good reason; on good grounds. ● **sapere q.c. f.,** to have good grounds for believing st.
fondatézza, *f.* validity; truth. ● **provare la f. della propria affermazione,** to support one's statement with facts (*coi fatti*), with evidence (*con prove, con indizi*), with proof (*con prove probanti*).
fondato, *a.* **1** founded: **una ditta fondata nel secolo scorso,** a firm founded in the last century **2** (*che ha fondamento*) founded; sound; valid: **un sospetto ben f.,** a well-founded suspicion; **fondate ragioni,** sound reasons. ● **un metodo f. sull'esperienza,** a method based on experience.
fondatóre, *m.* **1** founder **2** (*fin.: di una società*) promoter.
fondazióne, *f.* **1** foundation (*anche leg.*): **la f. di una città (di un monastero, ecc.),** the foundation of a town (of a monastery, etc.); **la f. di una ditta,** the foundation (*o* establishment) of a firm **2** (*istituzione*) institution; foundation: **una f. benefica,** a welfare institution **3** (*fin.*) promotion.
fondèllo, *m.* bottom.
fondènte, A *m.* **1** (*metall.*) flux **2** (*confetto di zucchero*) fondant. **B** *a.* melting. ● **caramella f.,** fondant □ **cioccolato f.,** plain chocolate.
fóndere, A *v. t. e i.* **1** (*liquefare*) to melt*: **Il ghiaccio fonde a 0 °F,** ice melts at 32 °F **2** (*con un calore intenso*) to fuse (*anche fig.*); to found **3** (*f. in forma*) to cast*; to mould **4** (*per estrarre il metallo dal minerale grezzo*) to smelt **5** (*mescolare colori, suoni, ecc.*) to blend **6** (*fig.: unire*) to amalgamate; to merge. ● (*autom.*) **f. le bronzine,** to burn out the bearings. **fóndersi, B** *v. rifl.* **1** to melt* **2** (*di colori, suoni, ecc.*) to blend **3** (*fig.: unirsi*) to merge; to amalgamate; to combine; to incorporate **4** (*elettr.*) to blow* out. ● **f. in lacrime,** to burst into tears.
fonderìa, *f.* foundry.
fondiàrio, *a.* (*econ.*) land, landed (*attr.*): **imposta fondiaria,** land-tax; **proprietà fondiaria,** landed property.
fondìbile, *a.* meltable; fusible.
fondìglio, *m.* sediment; dregs (*pl.*).
fondìna, *f.* **1** (*per pistola*) holster **2** (*piatto*) soup-plate.
fondìsta, *m. e f.* **1** (*sport*) long-distance runner; (*sciatore*) «langlaufer» (*ted.*) **2** (*giornalismo*) writer of leading articles.
fonditóre, *m.* founder; caster; smelter; foundryman*. ● (*tipogr.*) **f. di caratteri,** type-founder.
fonditrice, *f.* (*tipogr.*) casting-machine; caster.
fonditura, *V.* **fusióne.**
fóndo (1), *m.* **1** (*parte inferiore*) bottom: **il f. del bicchiere (della bottiglia, del pozzo, della valle, della barca),** the bottom of the glass (of the bottle, the well, the valley, the boat); (*min.*) **f. di pozzo,** shaft bottom; **f. sabbioso (fangoso),** sandy (muddy) bottom; **in f. alla pagina,** at the bottom of the page; (*fig.*) **andare a f. di q.c.,** to get to the bottom of st.; (*fig.*) **avere il f. buono,** to be a good fellow at bottom (*o* to be good at heart) **2** (*fine, estremità*) end: **da cima a f.,** from beginning to end (*o* from top to toe); (*da un capo all'altro*) from end to end (*o* mecc.) **f. di caldaia,** boiler end-plate; **in f. al corridoio (al libro, al discorso),** at the end of the passage (of the book, of the speech) **3** (*del mare e sim.*) ground: **toccare il f.,** to touch ground **4** (*parte posteriore*) back; (*sfondo*) background (*anche di un quadro, di una stoffa*): **stanza di f.,** back-room; (*tennis*) **a f. campo,** at the back of the court; (*in* **alla stanza,** in the back of the room **5** (*dei calzoni*) seat: **calzoni (da cavallo) con f. di pelle,** riding breeches with leather seat **6** (*strato*) bottom; bed: **il f. del mare,** the bottom of the sea; the sea-bed **7** (*pl.: di caffè*) (coffee-)grounds; (*feccia*) dregs, lees **8** (*pl.: merce invenduta*) remainders; remnants; odds and ends **9** (*giornalismo*) leader; leading article; editorial **10** (*sport: atletica*) long distance race; (*sci*) cross-country race; (*equitazione*) cross-country riding **11** (*nel calcio: linea di f.*) goal-line. ● **f. stradale,** road-bed; (co-mune, ma improprio) (road) surface □ **a f.** (*completamente*), thoroughly □ (*naut.*) **andare a f.,** to sink □ (*giornalismo*) **un articolo di f.,** a leading article; a leader; an editorial □ (*ferr.*) **carrozze** (*o* vagoni) **di f.,** rear carriages □ **conoscere a f. un argomento,** to have a thorough knowledge of a subject □ (*sport*) **corridore** (*o* cavallo) **di f.,** stayer □ (*naut.*) **dare f.,** to cast anchor □ **dare f. al proprio denaro,** to spend one's last penny; to run through all one's money □ **fino in f.,** (*fino alla fine*) to the end; (*in modo esauriente*) thoroughly □ **impegnarsi a f.,** to throw oneself into st. heart and soul (*o* to commit oneself deeply) □ **in f.,** after all; at bottom; when you come to think of it □ (*teatr.*) **in f. alla scena,** upstage; backstage □ **essere in un f. di carcere,** to lie (*o* to be mouldering) in some prison □ **essere in un f. di letto,** to be bed-ridden; to be confined to one's bed □ (*naut.*) **incagliarsi sul f.,** to run aground □ (*naut.*) **mandare a f. una nave,** to sink a ship □ (*di vernice*) **mano di f.,** priming coat; primer □ **senza f.,** bottomless; endless □ **sci di f.,** langlauf (*ted.*); cross-country skiing □ (*fig.*) **toccare il f. di q.c.,** to reach the height of st.; to sink to the depths of st.
fóndo (2), *m.* (*fin., rag.*) fund: **il f. per i profughi,** the refugee fund; **f. pensioni,** pension fund; **mancanza di fondi,** lack of funds; (*fin., polit.*) **fondi neri,** slush funds (*specialm. USA*); **fondi pubblici,** public funds; **f. vincolato,** time fund; **f. d'ammortamento,** sinking fund; **f. di riserva,** reserve fund; **f. comune d'investimento,** investment fund (*o* trust). ● **f. di cassa,** cash in hand; (*per le piccole spese*) petty cash ● **f. monetario comune,** pool □ **capitale a f. perduto,** sunk capital □ **dare una somma a f. perduto,** to lend a sum of money without security; to write off a loan □ **investire denaro a f. perduto,** to sink money.
fóndo (3), *m.* estate; property. ● **f. rustico,** country estate; farm □ **f. urbano,** building; (*casa*) house; (*negozio*) shop.
fóndo (4), *a.* (*profondo*) deep. ● **a notte fonda,** at dead of night □ **piatto f.,** soup-plate.
fondovalle, *m.* bottom of the valley; valley bottom. ● **giù nel f.,** down in the valley.
fonduta, *f.* (*cucina*) «fondue» (melted cheese with cream and eggs).
fonèma, *m.* (*linguistica*) phoneme.
fonemàtica, *f.* (*linguistica*) phonemics (*pl., col verbo al sing.*).
fonemàtico, *a.* (*linguistica*) phonematic, phonemic.
fonendoscòpio, *m.* (*med.*) phonendoscope.
fonètica, *f.* phonetics (*pl. col verbo al sing.*).
fonètico, *a.* phonetic(al).
fonetista, *m. e f.* (*linguistica*) phonetician.
fonia, *f.* (*tel.*) telephony; radiotelephony.
foniatria, *f.* (*med.*) phoniatrics (*pl. col verbo al sing.*).
foniàtrico, *a.* (*med.*) phoniatric.
fònico, A *a.* phonic. **B** *m.* (*cinem.*) sound-recordist; sound technician.
fonoassorbènte, *a.* sound absorbent.
fonodettatura, *f.* dictation of cables over telephone.
fonofìt, *m.* phonofit.
fonogènico, *a.* phonogenic.
fonografìa, *f.* phonography.
fonogràfico, *a.* phonographic.
fonògrafo, *m.* phonograph.
fonogramma, *m.* **1** (*tel.*) (written) telephone message **2** (*elemento di scrittura pittografica*) phonogram.
fonoincisóre, *m.* cutter, cutting head (of a recording apparatus).
fonoisolante, *a.* soundproof.
fonolite, *f.* (*miner.*) phonolite; clinkstone.
fonologìa, *f.* phonology.
fonològico, *a.* phonologic(al).
fonometria, *f.* (*fis.*) phonometry.
fonòmetro, *m.* (*fis.*) phonometer.
fonomontàggio, *m.* (*radio*) edited programme.
fonoregistratóre, *m.* tape-recorder.
fonoregistrazióne, *f.* sound recording.
fonoriproduttóre, *m.* **1** transcribing machine **2** (*altoparlante*) loudspeaker.
fonorivelatóre, *m.* pick-up.
fonoscòpio, *m.* phonoscope.
fonovaligia, *f.* portable gramophone.
fontana, *f.* **1** fountain **2** (*fonte, anche fig.*) source; spring.
fontanèlla, *f.* **1** (*a spillo*) drinking-fountain **2** (*anat.*) fontanelle.
fontanière, *m.* **1** (*idraulico*) plumber **2** (*addetto alle fontane di una città*) fountain-attendant.
fontanile, *m.* spring.
fónte, A *f.* **1** (*sorgente*) spring; (*fontana*) fountain: **Una f. scaturiva dal suolo,** a spring welled up through the soil **2** (*fig.*) source; (*causa*) cause; origin: **una f. di malintesi,** a source of misunderstandings; **le fonti del Re Lear,** the sources of King

fontina

Lear; **sapere q.c. da f. sicura (da una buona f.)**, to have it from a reliable source (from a good source); (*econ.*) **fonti alternative (di energia)**, alternative sources (of power); **la f. di tutti i mali**, the origin of all evil. ● **acqua di f.**, fresh water; plain water. **B** *m.* – **f. battesimale**, font.
fontina, *f.* «fontina» (Aosta cheese).
football (*ingl.*), *m.* (*sport*) football, soccer (USA).
footing (*pseudoanglicismo*), *m.* (*sport*) **1** jogging **2** (*corsa di allenamento di atleta*) roadwork.
foracchiare, *v. t.* to riddle; (*con uno spillo e sim.*) to prick (all over).
foracchiatura, *f.* **1** (*il foracchiare*) pricking; piercing **2** (*i fori*) holes (*pl.*).
foraggiaménto, *m.* foraging.
foraggiare, *v. i.* to forage; to fodder.
foraggière, *m.* (*stor.*) forager.
foraggièro, *a.* (*bot.*) forage, fodder (*attr.*): **piante foraggiere**, fodder plants.
foràggio, *m.* forage; fodder.
forame, *m.* (*anat., zool., bot.*) foramen*.
foraminifero, *m.* (*zool.*) **1** foraminifer **2** (*pl.*, *Foraminifera*) Foraminifera.
foràneo, *a.* **1** (*fuori del porto*) outer; offshore: **diga foranea**, outer breakwater **2** – (*relig.*) **vicario f.**, vicar forane; rural dean.
forapàglie, *m.* (*zool.*, *Acrocephalus schoenobaenus*) sedge-warbler.
forare, **A** *v. t.* **1** to perforate; to pierce; to punch: **Il controllore forò il biglietto**, the ticket-collector punched the thicket **2** (*attraverso un grosso spessore*) to bore **3** (*trapanare*) to drill **4** (*una gomma*) to puncture: **Il ragazzo forò la gomma**, the boy punctured the tyre. **B** *v. i.* (*una gomma*) to have (*o* to get*) a puncture; to puncture: **Ho forato due volte sulla Futa**, I had two punctures on the Futa Pass.
foratèrra, *m.* (*agric.*) dibble.
forato, **A** *a.* perforated. **B** *m.* (*mattone f.*) perforated brick; hollow tile.
foratóio, *m.* punch; pricker.
foratura, *f.* **1** perforation; piercing; punching **2** (*in profondità*) boring **3** (*con trapano*) drilling **4** (*di una gomma*) puncturing; puncture.
fòrbici, *f. pl.* **1** scissors (*anche sport*): **un paio di f.**, a pair of scissors; **f. tascabili (da unghie, da manicure, da occhielli, da cucina)**, pocket (nail, manicure, buttonhole, kitchen) scissors; **f. della ricamatrice**, embroidery scissors **2** (*grandi*) shears: **f. del sarto (del potatore)**, tailor's (pruning) shears **3** (*da giardino. anche*) secateurs **4** (*zool.*: *chele*) pincers **5** (*naut.*) kevel (*sing.*). ● (*fig.*) **le f. della censura**, the censor's scissors; censorship.
forbiciata, *f.* **1** scissor-cut; snip **2** (*sport*) scissors.
forbìcina, *f.* (*zool.*, *Forficula auricularia*) earwig.
forbire, **A** *v. t.* **1** to furbish; to clean up **2** (*fig.*) to polish.
forbirsi, **B** *v. rifl.* to clean oneself: **f. la bocca**, to clean one's mouth.
forbitézza, *f.* elegance; polish.
forbito, *a.* polished (*anche fig.*).
fórca, *f.* **1** (*agric.*) hay-fork; pitchfork **2** (*oggetto biforcuto*) fork; crutch **3** (*patibolo*) gallows; gibbet: **condannare q. alla f.**, to condemn sb. to the gallows **4** (*valico tra due monti*) col; (mountain) pass. ● **avanzo di f.** (*o* **pendaglio da f.**), jail-bird; gallows-bird □ (*fig.*) **fare f.** (*marinare la scuola*), to play truant □ (*fig.*) **fare la f. a q.** (*ingannarlo*), to take sb. in □ **Va' alla** (*o* **sulla**) **f.!**, go to the devil!
forcaiòlo, *m.* (*polit.*) reactionary.
forcata, *f.* **1** forkful: **una f. di fieno**, a forkful of hay **2** (*colpo dato con la forca*) thrust with a fork.
forcèlla, *f.* **1** (*cosa forcuta*) fork **2** (*mecc.*) staple; fork: (*autom.*) **f. del cambio**, gearshift fork **3** (*per capelli*) hairpin **4** – (*mil.*) **fare f.**, to bracket; to straddle **5** (*valico*) col; (mountain) pass **6** (*pop.*: *osso del petto dei volatili*) wish-bone **7** (*tel.*) rest.
forchétta, *f.* fork. ● **essere una buona f.**, to be a hearty (*o* a big) eater; to be a good trencher-man □ **parlare in punta di f.**, to speak mincingly.
forchettata, *f.* **1** forkful **2** (*colpo di forchetta*) fork-thrust.
forchétto, *m.* forked-stick.
forchettóne, *m.* carving-fork.
forcìna, *f.* hairpin.
forcing (*ingl.*), *m.* (*sport*) incessant (*o* insistent) attack.
fòrcipe, *m.* (*med.*) forceps (*sing. e pl.*).
fórcola, *f.* **1** (*agric.*) fork **2** (*naut.*) crutch.
forcóne, *m.* (*agric.*) pitchfork.
forcuto, *a.* forked; furcate.
forènse, *a.* (*leg.*) forensic: **eloquenza f.**, forensic eloquence.
forèsta, *f.* forest: **una f. vergine**, a virgin forest; **una f. demaniale**, a national forest. ● **una f. di capelli**, a mop of hair □ **la legge della f.**, the law of the jungle.
forestale, *a.* forest (*attr.*); forestry (*attr.*). ● **guardia f.**, forester; (*il corpo*) corps of foresters.
foresteria, *f.* guest-quarters (*pl.*); guest-rooms (*pl.*).
forestierìsmo, *m.* foreignism; (*locuz. straniera*) foreign idiom.
forestièro, **A** *a.* foreign; (*bur.*) alien. **B** *m.* **1** (*straniero*) foreigner; (*bur.*) alien; (*persona sconosciuta*) stranger **2** (*fam.*: *ospite*) guest: **la stanza dei forestieri**, the guest-room.
forestierume, *m.* (*spreg.*) **1** (*accozzaglia di forestieri*) motley crowd of foreigners **2** (*complesso di parole, usanze forestiere*) foreignisms (*pl.*).
forfait (1), *m.* lump sum. ● **pagamento a f.**, payment on a lump-sum basis.
forfait (2), *m.* – (*sport*) **dichiarare f.**, to withdraw; to scratch (*fam.*); (*fig.*) to give up.
forfécchia, *V.* **forbicina**.
forfetizzare, *v. t.* to predetermine a price; to fix a flat-rate payment.
forfet(t)àrio, *a.* contract (*attr.*): **prezzo f.**, contract price. ● **pagamento f.**, lump-sum payment.
fórfora, *f.* dandruff; scurf.
forforóso, *a.* scurfy; dandruffy.
fòrgia, *f.* forge; smithy.
forgiàbile, *a.* forgeable.
forgiabilità, *f.* forgeability.
forgiare, *v. t.* to forge; to shape; to mould (*anche fig.*): **f. il carattere di q.**, to mould sb.'s character.
forgiatóre, *m.* **1** forger **2** (*fig.*) moulder.
forgiatrice, *f.* forger; forging-machine.
forgiatura, *f.* forging.
forière, **A** *a.* heralding; foreboding. ● **essere f. di q.c.**, to herald st.; to presage st. ● **Quelle nuvole sono foriere di pioggia**, those clouds are the harbingers of rain. **B** *m.* forerunner; harbinger.
fórma, *f.* **1** shape; form (*specialm. astratto e filos.*): **la f. della stanza (del naso, ecc.)**, the shape of the room (of the nose, etc.); **f. di governo**, form of government; **la f. di una poesia**, the form of a poem; **prendere f.**, to take shape; **avere la f. di**, to have the shape (*o* form) of; to be shaped like **2** (*stampo*) mould; (*cucina, anche*) shape; (*mecc.*) die **3** (*di formaggio*) cheese: **una f. di parmigiano**, a Parmesan cheese **4** (*tipogr.*) form(e) **5** (*gramm.*) inflexion; form **6** (*per cappelli*) (hat-)block **7** (*per calzature*) last: **un paio di forme**, a pair of lasts **8** (*stile*) style: **il contenuto e la f. di un quadro**, the subject and style of a painting **9** (*pl.*: *conformazione del corpo umano*) figure (*sing.*): **forme giunoniche**, a Junoesque figure; **far risaltare le forme**, to show (off) the figure **10** (*anche pl.*: *quanto è prescritto o stimato conveniente*) procedure: **nelle debite forme**, according to the correct procedure. ● «**f. mentis**», cast of mind; point of view; angle; slant (*USA*) □ **a f. di**, shaped: **a f. di cuore (di pera, ecc.)**, heart-shaped (pear-shaped, etc.) □ **che non ha f.** (*o* **senza f.**), shapeless; formless □ (*sport e fig.*) **essere in f.**, to be in good form (*o* in fine fettle) □ **in f. privata**, in a private capacity □ **in f. ufficiale**, officially □ **per rispettare le forme**, to keep up appearances □ **La cerimonia fu solo «pro f.»**, the ceremony was a mere formality □ **Te lo chiedo solo «pro f.»**, I'm asking you this purely (*o* simply, merely, just) as a matter of form.
formàbile, *a.* formable; (*modellabile*) mouldable.
formaggétta, *f.* (*naut.*) truck.
formaggiàio, *m.* cheesemonger.
formaggièra, *f.* cheese-dish.
formaggino, *m.* (processed) cheese.
formàggio, *m.* cheese: **f. grattugiato**, grated cheese; **f. pecorino (di capra)**, sheep's (goat's) cheese; **f. dolce**, mild cheese; **f. magro**, skim cheese; **f. piccante**, strong cheese.
formaldèide, *f.* (*chim.*) formaldehyde.
formale, *a.* (*in tutti i sensi*) formal.
formalina, *f.* (*chim.*) formalin.
formalìsmo, *m.* formalism.
formalista, *m.* e *f.* formalist; red-tapist.
formalistico, *a.* formalistic.
formalità, *f.* formality. ● **senza f.**, informally (*avv.*); informal (*agg.*).
formalizzare, **A** *v. t.* (*filos.*) to formalize. **formalizzarsi**, **B** *v. rifl.* **1** to be shocked; to take* offence **2** (*osservare certe convenzioni*) to stand* on ceremony; to be too formal.
formalizzazióne, *f.* (*filos.*) formalization.
formare, **A** *v. t.* **1** to form; to create; to shape; (*fare*) to make*: **Le mie labbra formarono la parola**, my lips formed the word; **I bambini formavano un cerchio**, the children formed a circle; **f. una società**, to form (*o* to create) a society; (*mil.*) **f. il quadrato**, to form a square (*o* squares); **L'ho formato con le mie mani**, I shaped it with my own hands; **Il vasaio li forma tutti uguali**, the potter makes them all alike (*o* all the same shape) **2** (*plasmare*,

fòrte (1)

e nelle fonderie) to mould **3** (*al tornio*) to spin* **4** (*scult.*: *fare la forma*) to make* the cast of; (*gettare*) to cast* **5** (*istruire, addestrare*) to train; to form: **Fu formato dai Gesuiti**, he was trained by the Jesuits **6** (*essere*) to be; to form; to constitute: **f. l'orgoglio di q.**, to be sb.'s pride. ● **f. una famiglia**, to produce a family □ (*tel.*) **f. un numero**, to dial a number □ **non sapere f. un periodo** (*nello scrivere*), not to know how to construct a sentence □ **Quel viaggio lo ha formato**, that journey was the making of him □ **Non riuscivo a f.** (*articolare*) **una parola**, I couldn't get a word out. **formarsi, B** *v. rifl.* **1** to form: **Il ghiaccio si forma alla temperatura di 0° Celsius**, ice forms at a temperature of 0° Celsius **2** (*diventare adulto o più maturo*) to grow* up **3** (*plasmarsi*) to be trained (*o* formed): **f. alla scuola del dolore**, to be trained in the school of grief. ● **f. un'idea**, to form an opinion (*o* an idea); to get the (general) hang (of st.) (*fam.*) □ **Si è formato alla scuola di Pisa**, he got his training at Pisa; he is a product of the Pisa school.
formativo, *a.* formative.
formato, A *m.* size; (*di un libro*) format. ● (*di un libro*) **edizione f. tascabile**, pocket edition □ **fotografia f. tessera**, passport-size photograph. **B** *a.* fully-grown; fully-developed; grown-up; well-proportioned: **un giovane f.**, a fully-grown young man.
formatóre, *m.* **1** moulder **2** (*educatore*) educator.
formatrice, *f.* moulding-machine; moulder: **una f. a scossa e pressione**, a jolt squeeze moulding-machine.
formatura, *f.* (*metall.*) moulding: **f. a macchina**, machine moulding; **f. a mano**, hand moulding; **reparto f.**, moulding shop.
formazióne, *f.* **1** formation (*anche geol.*); forming: **la f. del carattere del ragazzo**, the forming of the boy's character; (*aeron.*) **f. di volo**, flying formation; (*aeron.*) **volare in f.**, to fly in formation; (*aeron.*) **volo in f.**, formation flying; (*mil.*) **in f. sparsa**, in scattered formation **2** (*aeron. mil.*: *stormo*) flight; **un'intera f.**, a whole flight **3** (*addestramento*) training; coaching: **f. professionale**, vocational training **4** (*sport*) line-up; formation.
formèlla, *f.* **1** (*mattonella*) tile; (*lastra di marmo*) marble slab **2** (*di cassettone, soffitto, ecc.*) panel **3** (*buca per albero*) hole (in the ground).
formica (1), *f.* (*zool.*) ant: **f. operaia**, worker ant; **f. rossa** (*Formica rufa*), red ant. ● (*zool.*) **f. bianca** (*Reticulitermes lucifugus*), termite; white ant (*pop.*) □ (*fig.*) **a passo di f.**, at a snail's pace □ (*fig.*) **avere il cervello di una f.**, to have the brains of a fly.
formica (2), *f.* (*marchio*: *ind.*) Formica: **uno scrittoio dal piano di f.**, a Formica-topped desk.
formicàio, *m.* **1** (*nido di formiche*) ants' nest; ant-nest; (*mucchio di terra sopra il f.*) ant-hill; ant-heap **2** (*insieme di formiche e fig.*) swarm. ● (*fig.*) **stuzzicare il f.**, to stir up a nest of hornets.
formicaleóne, *m.* (*zool.*, *Myrmeleon formicarius*) ant-lion.
formichière, *m.* (*zool.*, *Myrmecophaga tridactyla*) (giant) ant-eater.
fòrmico, *a.* (*chim.*) formic: **acido f.**, formic acid.
formicolare, *v. i.* **1** to swarm; to teem: **La strada formicolava di gente**, the street was swarming with people **2** (*fig.*: *essere pieno*) to be full (*o* thick): **Questo esercizio formicola di errori**, this exercise is full of mistakes **3** (*dare una sensazione di formicolio*) to tingle; to have pins and needles: **Mi formicola la gamba destra**, I've got pins and needles in my right leg. ● **Dall'elicottero vedevo f. la spiaggia**, from the helicopter I could see people like ants on the beach.
formicolìo, *m.* **1** (*brulichio*) swarming; teeming **2** (*di parti del corpo intorpidite*) pins and needles; tingling.
formidàbile, *a.* formidable; impressive; tremendous.
formile, *m.* (*chim.*) formyl.
formosità, *f.* **1** shapeliness; buxomness **2** (*pl.*: *parti formose*) curves.
formóso, *a.* shapely; buxom; curvaceous (*fam.*).
fòrmula, *f.* **1** formula* (*chim.*) **la f. di struttura**, the structural formula **2** (*dicitura*) wording **3** (*sistema*) form; system; lines (*pl.*). ● **trovare la f. del successo**, to find the key to success.
formulare, *v. t.* **1** to formulate **2** (*esprimere*) to express; to word.
formulàrio, *m.* **1** formulary **2** (*modulo*) form.
formulazióne, *f.* formulation; wording.
fornace, *f.* **1** (*metall.*) furnace (*anche fig.*) **2** (*per laterizi*) kiln: **una f. per la calce**, a lime-kiln; **una f. per il cemento**, a cement-kiln; **una f. per mattoni**, a brick-kiln **3** (*fabbrica di mattoni*) brickyard; brick factory.
fornaciàio, *m.* **1** (*operaio*) furnaceman*; kilnman* **2** (*proprietario*) furnace (*o* kiln) owner.
fornàio, *m.* **1** baker **2** (*il negozio*) baker's shop **3** (*zool.*, *Furnarius rufus*) oven-bird.
fornèllo, *m.* **1** cooking stove; (*a petrolio*) primus stove **2** (*a gas*) gas-ring **3** (*elettrico*) hot-plate **4** (*a spirito*) spirit-stove **5** (*della pipa*) bowl **6** (*min.*) rise; riser. ● (*chim.*) **f. da laboratorio**, chemist's furnace □ (*min.*) **f. di gettito**, ore chute.
fornicare, *v. i.* to fornicate.
fornicatóre, *m.* fornicator.
fornicatòrio, *a.* fornicatory.
fornicatrice, *f.* fornicatrix*.
fornicazióne, *f.* fornication.
fòrnice, *m.* **1** (*archit.*) barrel-vault **2** (*anat.*) fornix*.
fornire, A *v. t.* **1** to supply, to provide (sb. with st., st. for sb.); to furnish (sb. with st., st. to sb.) **2** (*equipaggiare*) to fit up; to equip. **fornirsi, B** *v. rifl.* **1** (*provvedersi*) to provide oneself, to supply oneself (with st.); to procure, to get* (st.) **2** (*comm.*) to deal* (with); to buy* (from): **f. presso una ditta**, to deal with a firm.
fornito, *a.* **1** supplied, provided, furnished (with st.) **2** (*equipaggiato*) fitted up; equipped **3** (*fig.*: *dotato*) endowed (with st.). ● (*di negozio*) **ben f.**, well-stocked.
fornitóre, *m.* supplier; furnisher; purveyor; (*navale*) ship-chandler. ● **f.** (*o* **fornitori**) **della Casa Reale**, by appointment to H. M. the Queen (*o* the King) □ **Conosco quella cartoleria: sono miei fornitori**, I know that stationer: it's the one I go to.
fornitura, *f.* **1** (*il fornire*) supplying **2** (*merci fornite*) supply, consignment **3** (*attrezzatura*) fittings (*pl.*); equipment: **forniture per ufficio**, office fittings.
fórno, *m.* **1** oven (*anche fig.*: *luogo caldissimo*): (*chim.*) **f. da coke**, coke oven. **2** (*per mattoni, calce, ecc.*) kiln; (*per ceramica*) stove: **un f. rotante**, a rotary kiln **3** (*metall.*) furnace: **un f. continuo**, a continuous furnace **4** (*negozio di fornaio*) bakery; baker's shop **5** (*fig.*: *bocca molto larga*) cavernous (*o* huge) mouth **6** (*teatr.*) empty house: **fare f.**, to play to an empty house **7** (*pl.*, *med.*: *terapia*) thermotherapy. ● **f. crematorio**, crematorium; crematory □ **cuocere al f.**, to bake (*pane, dolci, ecc.*); to roast in the oven (*carne, pollame, ecc.*) □ **pane fresco di f.**, bread just out of the oven.
fòro (1), *m.* hole.
fòro (2), *m.* **1** (*stor. romana*) forum* **2** (*leg.*: *tribunale*) law-court; court of justice: **il f. ecclesiastico**, the ecclesiastical court **3** (*leg.*: *l'avvocatura*) (the) Bar. ● (*leg.*) **f. competente**, place of jurisdiction.
forosétta, *f.* (*lett.*) peasant girl; country lass.
fòrra, *f.* gorge; ravine.
fórse, A *avv.* **1** perhaps; maybe **2** (*nelle interrogative*) perhaps; by any chance; (*spesso non si traduce*): **Ci ho f. colpa io?**, is it my fault?; **Non è f. vero?**, isn't it true?; **Non sono f. il tuo amico?**, am I not your friend? **3** (*circa*) about; almost; some: **Avevo f. due o tre sterline**, I had about two or three pounds. ● **F. f. accetterò**, I think I shall accept □ **F. che sì, f. che no**, the answer may be «yes» or it may be «no». **B** *m.* doubt; uncertainty: **senza f.**, without any doubt. ● **f. e senza f.**, probably or rather, certainly □ **essere** (*o* **stare**) **in f.**, to hesitate; to be in doubt; to be uncertain; to wonder: **Stavo in f., ma ora ho deciso**, I was hesitating, but now I've made up my mind □ **Sono in f. se andare**, I wonder (*o* I can't make up my mind) whether to go □ **mettere in f.**, to doubt: **Nessuno mise in f. la mia dichiarazione**, nobody doubted my statement.
forsennata, *f.* madwoman*; lunatic.
forsennatamènte, *avv.* madly; wildly.
forsennatézza, *f.* madness; (mad) fury.
forsennato, A *a.* mad; crazy; out of one's mind (*pred.*). **B** *m.* madman*; lunatic.
forsythia, *f.* (*bot.*, *Forsythia*) forsythia.
fòrte (1), *a.* **1** strong (*anche fig.*): **È un uomo f.**, he's a strong man; **un f. motivo** (**desiderio, ecc.**), a strong motive (desire, etc.); **un colore** (**vento, odore, nodo**) **f.**, a strong colour (wind, smell, knot); **una costruzione** (**colla, luce**) **f.**, a strong building (glue, light); **parole forti**, strong language (*sing.*). **2** (*di volume di suono*) loud; (*mus.*) «forte»: **una voce f.**, a loud voice; (*mus.*) **f. piano**, «forte-piano» **3** (*gravoso, violento*) heavy: **La spesa è f.**, the cost is heavy; **una f. perdita**, a heavy loss; **una f. burrasca**, a heavy storm; **pioggia f.**, heavy rain **4** (*robusto, grosso*) large; broad; ample: **fianchi forti**, broad hips **5** (*valido*) sound; convincing **6** (*del vino*) vinegary; (gone) sour **7** (*duro*) hard: **un f. schiaffo**, a hard slap **8** (*di sentimento, passioni, anche*) deep; intense; hearty; ardent; (*travolgente*) overwhelming **9** (*di studi*) severe; exacting **10** (*di colore, tinta*) fast **11** (*di malattia*) bad; severe: **un f. mal di capo**, a bad headache; **un f. raffreddore**, a severe cold. ● **un f. guadagno**, a large gain □ **essere f. in latino**, to be good at Latin □ **farsi f. di q.c.**, to rely on st. □ (*fin.*) **moneta f.**, hard currency □ **ricorrere alla maniera f.**, to have recourse to strong action □ **il sesso f.**, the sterner (*o* male) sex □ **una somma molto f.**, a very high figure □ (*stor.*) **spirito f.**, «esprit fort» (*franc.*) □ **È più forte di me** (*non ci posso far nulla*), I can't help it □ **A più f. ragione devi ascoltarlo**, (that is) all the more reason for listening to him □ **Questa è f.!**, this is too

fòrte (2), *m.* **1** (*opera fortificata*) fort; fortress **2** (*uomo forte, specialm. moralmente*) strong man*; (*pl. collett.*) (the) strong: **I forti devono aiutare i deboli**, the strong man must help the weak one, the strong must help the weak **3** (*qualità in cui si eccelle*) «forte»; strong point (*o* suit): **La puntualità non è il mio f.**, punctuality is not my strong point (*o* my strong suit, my «forte»). **4** (*mus.*) «forte». ● **il f. dell'esercito romano**, the main body (*o* the bulk) of the Roman army □ **La storia è il suo f.**, history is his strongest subject □ **Il vino ha un po' di f.**, the wine is slightly sour.

fòrte (3), *avv.* **1** (*fortemente*) strongly **2** (*duramente*) hard: **picchiare f.**, to hit hard; **piovere f.**, to rain hard; to pour **3** (*di volume di suono*) loudly; (*ad alta voce*) loud: **parlare f.**, to speak loudly; **Non ho paura di dirlo f.**, I'm not afraid to say it out loud **4** (*velocemente*) fast: **correre f.**, to run fast. ● **andare f.**, to go (*o* to drive, etc.) fast; (*fam.: avere successo*) to be doing very well, to be going strong □ **giocare f.**, to gamble heavily; to play for high stakes □ **mangiare f.**, to eat quite a lot □ **stare f.**, to hold on (*o* out); to hang on (*fam.*) □ **tenersi f.**, to hold tight □ **È stupido f.**, he is really stupid.

fortemènte, *avv.* **1** (*con forza*) strongly **2** (*moltissimo*) greatly; hard; heavily **3** (*valorosamente*) valiantly; bravely.

fortézza, *f.* **1** (*d'animo*) fortitude; strength **2** (*luogo fortificato*) fortress; fort; stronghold. ● (*aeron.*) **una f. volante**, a flying fortress.

fortificàbile, *a.* fortifiable.

fortificare, **A** *v. t.* **1** to strengthen; (*invigorire*) to invigorate, to brace **2** (*mil. e fig.*) to fortify: **f. lo spirito**, to fortify one's spirit. **fortificarsi**, **B** *v. rifl.* **1** to strengthen; to become* stronger **2** (*mil: trincerarsi*) to dig* oneself in.

fortificazióne, *f.* (*mil.*) **1** fortification **2** (*pl.: opere fortificate*) defensive works.

fortilizio, *m.* (*mil.*) small fort; small fortress.

fortino, *m.* blockhouse.

fortìssimo, *avv. superl. e m.* (*mus.*) «fortissimo».

fortitùdine, *f.* (*lett.*) fortitude.

fortóre, *m.* (*sapore acre*) sourness; acrid (*o* tart) taste **2** (*odore acre*) acrid (*o* sour) smell.

fortuitaménte, *avv.* by chance, accidentally; fortuitously.

fortùito, *a.* chance (*attr.*); casual; accidental; fortuitous: **un incontro f.**, a chance encounter; (*leg.*) **un caso f.**, a fortuitous event; **per un caso f.**, by (mere) chance.

fortuna, *f.* **1** fortune; (*meno solenne*) luck: **buona** (**cattiva**) **f.**, good (bad) luck; **Ti auguro buona f.**, I wish you good luck; **Ti porterà f.**, it'll bring you luck; **un colpo di f.**, a stroke of luck; **Come f. volle**, as luck would have it; **F. volle che non c'incontrassimo**, as luck would have it, we didn't meet; **tentare la f.**, to try one's luck; **non avere f.**, to be out of luck; **nella buona e nella cattiva f.**, in good fortune or bad; in or out of luck; **la dea F.**, the goddess Fortune; **Che f.!**, what luck!; **prendere** (*o* **afferrare**) **la f. per il ciuffo**, to seize fortune by the short hairs; **la ruota della F.**, the wheel of Fortune **2** (*prosperità, ricchezza*) fortune; success: **fare f.**, to make a fortune; **avere f.** (*avere successo*), to turn out a success; to be successful. ● (*naut.*) **albero (timone) di f.**, jury-mast (jury-rudder) □ (*aeron.*) **atterraggio di f.**, emergency (*o* forced) landing □ **avere f.** (*essere fortunato*), to be lucky □ **avere f. con le donne**, to be lucky in love □ **avere tutte le fortune**, to be luckier than one deserves □ **beni di f.**, wealth; means (*pl.*) □ (*aeron.*) **campo di f.**, makeshift landing-field □ **fare un atterraggio di f.** (*urtando*), to make a crash-landing □ **letto di f.**, makeshift bed; shakedown □ **mezzo di f.**, makeshift; stop-gap □ **per f.**, luckily; fortunately □ (*autom.*) **riparazione di f.**, roadside (*o* makeshift) repair □ (*naut.*) **vela di f.**, storm-sail □ **F. ch'eri rimasta a casa!**, how lucky that you had stayed at home! □ **Fu la sua f.**, it was the making of him; it was the beginning of his fortune □ **Ebbi tutte le fortune**, my luck was in □ (*prov.*) **La f. aiuta gli audaci**, fortune favours the brave □ (*prov.*) **Chi ha f. in amor non giochi a carte**, lucky at cards, unlucky in love □ (*prov.*) **L'uomo ordisce e la f. tesse**, man proposes, God disposes.

fortunale, *m.* storm (at sea); gale.

fortunataménte, *avv.* luckily; fortunately.

fortunatìssimo, *a. superl.* (*nelle presentazioni*) how do you do?; pleased (*o* delighted, very glad) to meet you.

fortunato, **A** *a.* **1** lucky; fortunate **2** (*coronato da successo*) successful: **un'impresa fortunata**, a successful enterprise.

fortunóso, *a.* eventful; chequered.

forùncolo, *m.* (*med.*) furuncle; boil.

foruncolòsi, *f.* (*med.*) furunculosis*.

forviare, **A** *v. i.* to go* astray; to go* off the tracks (*o* the rails). **B** *v. t.* to lead* astray; to mislead*.

fòrza, *f.* **1** strength (*anche mil.*): **f. muscolare**, muscular strength; **Non ho la f. di sollevarlo**, I haven't the strength to lift it; **la f. del vento**, the strength of the wind; (*fis.*) **f. di adesione**, adhesive strength; **una prova di f.**, a trial of strength **2** (*pl.: vigore fisico*) strength (*sempre sing.*): **ristorare le forze di q.**, to restore sb.'s strength; **riacquistare le forze**, to recover one's strength; **perdere le forze**, to lose strength; **Le forze gli vanno scemando**, his strength is sinking; **Le forze mi abbandonavano**, my strength was giving out **3** (*fis., mil.; o nel senso di «violenza»*) force: **f. di gravità**, force of gravity; **linea di f.**, line of force; **f. centrifuga**, centrifugal force; **f. d'inerzia**, force of inertia; **f. di coesione**, cohesive force; (*fis. e fig.*) **forze contrarie**, opposite forces; **le forze armate**, the armed forces; (the) (Armed) Forces; **forze di terra e di mare**, land and sea forces; **f. bruta**, brute force; **Non voglio ricorrere alla f.**, I don't want to use force; **Strane forze operavano**, strange forces were at work; **la f. dell'abitudine**, the force of habit **4** (*talora sinonimi*) strength; force: **la f. della mia passione** (**del ragionamento**, **ecc.**), the strength (*o* force) of my passion (of the argument, etc.) **5** (*potenza*) power: **f. motrice**, motive power **6** (*effetto*) effect: **Le iniezioni non avevano più f. su di lui**, the injections no longer had any effect on him **7** (*carabinieri, poliziotti, ecc.; anche* **f. pubblica**) (the) police; (the) Police Force: **Ci fu l'intervento della f.**, the police were called in. ● (*aeron.*) **f. ascensionale**, lift; buoyancy □ (*leg.*) **f. maggiore**, act of God; circumstances beyond one's control □ (*naut.*) **f. totale dell'equipaggio**, complement □ **f. vitale**, vitality; life force □ **a f. di**, by dint of □ **avere f. di**, to count as □ **a (viva) f.**, forcibly □ **a tutta f.**, at full speed □ (*naut.*) **Avanti a tutta f.!**, full speed ahead! □ (*mil.*) **la bassa f.**, the ranks; the rank-and-file □ (*fam.*) **Bella f.!**, I should think so! (*or* that wasn't very difficult!) □ **farsi f.**, to pluck up courage: **Mi feci f. e glielo dissi**, I plucked up courage and told him □ **far f. a q.**, to force sb. □ **in f. di**, as □ **essere in forze**, to be in good health □ **per amore o per f.**, by hook or by crook; willy-nilly □ **una pillola che dà f.**, a pill with strength-giving properties □ **propinare per f.** (*una materia, un autore, ecc.*), to force-feed (*fig.*) □ (*fig.*) **prova di f.**, show-down □ **A f. di dirlo finii col crederci**, I said it so often that I ended by believing it □ **«Allora accetti?» — «Per f.!»**, «so you accept?» — «I've got to» (*o* «what else can I do?») □ **Ho dovuto fare f. a me stesso**, I had to make myself (do it); I had to drive (*o* to prod, to push) myself (into doing it) □ **Ho dovuto ascoltarlo per f.**, I had to listen to him whether I wanted to or not □ **F.!**, (*dai, coraggio*) come on; (*sbrigati*) hurry up; (*sport*) come on; play up: **F. Milan!**, come on, Milan! □ (*prov.*) **Contro la f. la ragion non vale**, might is right □ (*prov.*) **L'unione fa la f.**, union is strength.

forzaménto, *m.* (*mecc.*) shrinking; shrinkage.

forzare, **A** *v. t.* **1** to force; to compel; to oblige: **f. la mano a q.**, to force sb.'s hand; **Fui forzato a cedere**, I was forced to give in; **f. l'andatura**, to force the pace **2** (*aprire con la forza*) to force (st.) open; to pick; (*scassinare*) to break* (st.) open: **Il ladro forzò la serratura**, the thief picked the lock **3** (*sforzare*) to force; to strain: **f. il senso di una parola**, to force (the meaning of) a word; **f. la vista**, to strain one's eyes. ● (*mil.*) **f. il blocco**, to run the blockade □ (*mil.*) **f. la consegna**, to disobey orders. **B** *v. i.* to be too tight; to pinch: **La scarpa sinistra forza**, the left shoe is too tight (*o* pinches me).

forzataménte, *avv.* forcedly; of necessity; necessarily.

forzato, **A** *a.* (*in tutti i sensi*) forced: **una marcia forzata**, a forced march; **cortesia forzata**, forced courtesy; **un atterraggio f.**, a forced landing; (*leg.*) **vendita forzata**, forced sale; **con un sorriso f.**, with a forced smile. ● **fare un sorriso f.**, to force a smile □ **lavori forzati**, hard labour □ **sottoporre (q.) ad alimentazione forzata**, to force-feed. **B** *m.* prisoner condemned to hard labour; convict.

forzatura, *f.* forcing; strain.

forzière, *m.* coffer; strong-box.

forzóso, *a.* (*econ.*) compulsory; forced: **un prestito f.**, a forced loan; **corso f.** (**dei biglietti di banca**), forced currency.

forzuto, *a.* (*physically*) strong; brawny; strongly-built; tough (*fam.*); as strong as an ox.

foschìa, *f.* haze; haziness; mist.

fósco, *a.* (*scuro*) dark; (*cupo, triste*) gloomy; (*avvolto nell'ombra*) shadowy; (*di cielo, di tempo*) hazy. ● **dipingere q.c. a fosche tinte**, to paint a black picture of st.

fosfatàsi, *f.* (*biol.*) phosphatase.

fosfàtico, *a.* (*chim.*) phosphatic; phosphate (*attr.*).

fosfatizzare, *v. t.* (*ind.*) to phosphatize.

fosfatizzazióne, *f.* (*ind.*) phosphatization; phosphatizing.

fosfato, *m.* (*chim.*) phosphate.

fosfène, *m.* (*med.*) phosphene.

fosfina, *f.* (*chim.*) phosphine.

fosfito, *m.* (*chim.*) phosphite.

fosfolipide, *m.* (*chim.*) phospholipid.

fosforare, *v. t.* (*chim.*) to phosphorate.

fosforato, *a.* (*chim.*) phosphorated.

fosforeggiare, v. i. to phosphoresce.
fosforescènte, a. phosphorescent. ● **gli occhi fosforescenti del gatto**, the cat's glowing eyes.
fosforescènza, f. phosphorescence.
fosfòrico, a. phosphoric: **acido f.**, phosphoric acid.
fosforilare, v. t. (chim.) to phosphorylate.
fosforilazióne, f. (chim.) phosphorylation.
fosforismo, m. (med.) phosphorism.
fosforite, f. (miner.) phosphorite.
fòsforo, m. **1** (chim.) phosphorus **2** (elettron.; sostanza luminescente) phosphor **3** (fig., fam.: ingegno, intelligenza) brains (pl.): **Gli manca molto f.**, he has no brains.
fosforóso, a. (chim.) phosphorous.
fosfuro, m. (chim.) phosphide.
fosgène, m. (chim.) phosgene.
fòssa, f. **1** (buca) pit; hole; (cavità) hollow: **una profonda f. nel terreno**, a deep hollow in the ground; **la f. degli orsi**, the bear pit; **f. di autorimessa**, inspection (o repair) pit **2** (fosso) ditch; (trincea) trench; (nelle fortificazioni) fosse **3** (per un cadavere) grave: (fig.) **essere con un piede nella f.**, to have one foot in the grave **4** (anat.) fossa*: **fosse nasali**, nasal fossae (o passages). ● **f. biologica**, cesspool; sump □ (metall.) **f. di colata**, casting pit □ **fosse oceaniche**, ocean deeps (o trenches) □ **f. settica**, septic tank □ **Daniele nella fossa dei leoni**, Daniel in the lions' den □ **scavarsi la f. sotto ai piedi**, to be one's own worst enemy □ (prov.) **Del senno di poi son piene le fosse**, it's easy enough to be wise after the event; after-wit is everybody's wit.
fossato, m. **1** ditch **2** (di fortificazione) moat.
fossétta, f. dimple. ● **ridere mostrando le fossette**, to dimple.
fòssile, **A** a. fossilized; fossil (attr.). ● **carbon f.**, (pit) coal. **B** m. **1** (geol.) fossil **2** (fig.: di persona) old fossil; old fogey (fam.); (old) stick-in-the-mud (fam.). ● **quei cari vecchi fossili**, those darling dodos (fam.).
fossilífero, a. (geol.) fossiliferous.
fossilizzare, **A** v. t. **1** (anche fig.) to fossilize **2** (fig.) to ossify. **fossilizzarsi**, **B** v. rifl. **1** (anche fig.) to fossilize; to become* a fossil **2** (fig.) to ossify.
fossilizzato, a. fossilized: **idee fossilizzate**, fossilized ideas.
fossilizzazióne, f. **1** (anche fig.) fossilization **2** (fig.) ossification.
fòsso, m. **1** ditch **2** (mil.) ditch; fosse; moat (con acqua, intorno a un castello) **3** (di scolo) drain: **un f. collettore**, a catchwater drain; a feeding-drain. ● (fig.) **saltare il f.**, to take the plunge.
fòt, m. (fis.) phot.
fòto, f. (fam.) photo; snapshot; snap: **f. d'archivio** (o **di repertorio**), stock photo; **f. ricordo**, souvenir photo.
fotoallergia, f. (med.) photoallergy.
fotocalcografia, f. (tipogr.) photocomposition.
fotocàmera, f. camera.
fotocàtodo, m. (elettron.) photocathode.
fotocèllula, f. (fis.) photoelectric cell; photocell.
fotoceràmica, f. (fotogr.) photoceramics.
fotochìmica, f. photochemistry.
fotochìmico, a. photochemical.
fotocoagulazióne, f. (med.) photocoagulation.
fotocòlor, m. (tipogr.) colour transparency.
fotocompórre, v. t. (tipogr.) to filmset*; to photocompose.
fotocompositrice, f. (tipogr.) photocomposer; filmsetter.
fotocomposizióne, f. (tipogr.) photocomposition; filmsetting.
fotoconduttività, f. (fis.) photoconductivity.
fotoconduttóre, **A** a. (fis.) photoconductive: **cellula fotoconduttrice**, photoconductive cell. **B** m. photoconductor.
fotocòpia, f. photocopy: **fare una f.**, to make a photocopy; to photocopy.
fotocopiare, v. t. to photocopy.
fotocopiatrice, f. photocopier; photocopying-machine.
fotocromia, f. (fotogr.) photochromy.
fotocrònaca, f. photo-report; photo-news.
fotocronista, m. e f. press-photographer.
fotodinàmico, a. (biol.) photodynamic.
fotodiodo, m. (elettron.) photodiode.
fotodisintegrazióne, f. (fis.) photodisintegration.
fotoelasticità, f. (fis.) photoelasticity.
fotoelàstico, a. (fis.) photoelastic.
fotoelèttrica, f. searchlight.
fotoelettricità, f. (fis.) photoelectricity.
fotoelèttrico, a. (fis.) photoelectric: **una cellula fotoelettrica**, photoelectric cell.
fotoelettróne, m. (fis.) photoelectron.
fotoeliografia, f. (fotogr.) photoheliography.
fotoemissivo, a. (elettron.) photoemissive: **cellula fotoemissiva**, photoemissive cell.
fotofinish, m. (sport) photo-finish.

fotofissióne, f. (fis.) photofission.
fotofit, m. (marchio) photofit.
fotofobia, f. (med.) photophobia.
fotoforèsi, f. (fis.) photophoresis*.
fotogènesi, f. (biol.) photogenesis.
fotogenìa, f. photogenic quality.
fotogènico, a. photogenic: **un viso f.**, a photogenic face.
fotogiornale, m. pictorial; illustrated (paper).
fotografare, v. t. to photograph; to take* a photograph of; to photo; to snap (fam.): **Fotografavo sempre i bambini**, I was always snapping the children. ● **f. su microfilm**, to microfilm □ **Li fotografai mentre uscivano dalla chiesa**, I took them leaving the church.
fotografìa, f. **1** (l'immagine) photograph; photo (fam.); (istantanea) snapshot, snap: **fare una f. a q.**, to take a photograph of sb.; **farsi fare una f.**, to have one's photograph taken; **una f. truccata**, a trick photograph **2** (l'arte) photography: **f. a colori**, colour-photography; photocromy; **f. a lampo di magnesio** (o **col flash**), flashlight photography. ● **chi sviluppa e ritocca fotografie**, photographic processor.
fotogràfico, a. photographic. ● **macchina fotografica**, camera.
fotògrafo, m. photographer.
fotogramma, m. **1** (cinem.) frame **2** (fotogr.) photogram.
fotogrammetria, f. photogrammetry.
fotogrammètrico, a. photogrammetric(al).
fotogrammetrista, m. photogrammetrist.
fotoincisióne, f. photoengraving; photogravure.
fotoincisóre, m. photoengraver.
fotoionizzazióne, f. (elettron.) photoionization.
fotolisi, f. (chim.) photolysis*.
fotolìtico, a. (chim.) photolytic.
fotolitografìa, f. **1** (la tecnica) photolithography **2** (riproduzione fotolitografica) photolithograph.
fotolitogràfico, a. photolithographic. ● **processo f.**, photolithography □ **riproduzione fotolitografica**, photolithograph.
fotolitògrafo, m. photolithographer.
fotoluminescènza, f. photoluminescence.
fotomeccànica, f. photomechanics (pl. col verbo al sing.).
fotomeccànico, a. photomechanical.
fotometrìa, f. photometry.
fotomètrico, a. photometric(al).
fotòmetro, m. photometer.
fotomodèlla, f. model; (per copertine) cover-girl.
fotomoltiplicatóre, m. (elettron.) photomultiplier; multiplier phototube.
fotomontàggio, m. (fotogr.) photomontage; montage.
fotóne, m. (fis.) photon.
fotoreazióne, f. (chim.) photoreaction.
fotorecettóre, a. (anat.) photoreceptive.
fotoreportage, m. invar. photoreport.
fotorepòrter, m. press-photographer.
fotoriproduzióne, f. dye transfer.
fotoromanzo, m. picture-story.
fotosensìbile, a. photosensitive.
fotosfèra, f. (astron.) photosphere.
fotosìntesi, f. (bot.) photosynthesis.
fotostàbile, a. (chim.) photostable.
fotostàtico, a. (fotogr.) photostatic: **copia fotostatica**, photostat.
fototèca, f. photograph library.
fototècnico, m. phototechnician.
fototelegrafìa, f. phototelegraphy.
fototerapìa, f. (med.) phototherapy.
fototeràpico, a. (med.) phototherapeutic.
fototipìa, f. phototypy; phototype.
fototìpico, a. phototypic. ● **riproduzione fototipica**, phototype.
fototipo, m. (tipogr.) phototypic.
fototopografìa, f. phototopography.
fototransistóre, m. (elettron.) phototransistor.
fototropìa, f. (chim.) phototropy; phototropism.
fototropismo, m. (biol.) phototropism.
fototubo, m. (fis.) phototube.
fotovoltàico, a. (elettron.) photovoltaic.
fotozincografìa, f. photozincography.
fóttere, v. t. **1** (volg.) to fuck (volg.) **2** (fig., pop.) to swindle; to cheat.
fottìo, m. (volg.) heap; hell of a lot: **un f. di denaro**, a heap of money.
fottuto, a. (volg.) fucking; bloody; damned.
foulard (franc.), m. **1** foulard; (silk) head-square **2** (sciarpa) (silk) scarf.
foyer (franc.), m. (teatr.) foyer.
fra (1), prep. **1** between (propriamente fra due termini; ma anche in altri casi): **una strada fra due muri**, a road between two walls; **C'era poco da scegliere fra di loro**, there was not much to choose

between them; **Fra quei due non so chi scegliere**, I can't make up my mind between those two; **La proprietà è divisa fra noi due**, the property is divided between (the two of) us **2** (*quando i termini sono più di due*) among, amongst: **La proprietà è divisa fra noi tre**, the property is divided among the three of us; **un esempio fra tanti**, one example among many; **Fra tutti quanti non ce n'è uno che mi piaccia**, there isn't a single one I like among the lot; **Vivo fra di loro**, I live among them **3** (*luogo*: *in mezzo a*) amid; amidst; in the middle of; in; (*attraverso*) through: **fra le onde**, amid the waves; **perso fra la folla**, lost in the crowd; **Mi feci largo fra la folla**, I made my way through the crowd **4** (*tempo*) in; within: **Roberto arriverà fra due giorni**, Robert is arriving in two days; **fra un mese**, within a month **5** (*partitivo*) of: **È il migliore fra tutti**, he is the best of all; **uno fra tanti**, one of (*o* among) many; **Chi fra di voi?**, which of you? ● **fra l'altro**, among other things; (*inoltre*) besides □ (*fig.*) **essere fra due fuochi** (*o* **fra l'incudine e il martello**), to be between the devil and the deep blue sea □ **fra poco**, in a little while; presently □ **fra il riso e il pianto**, half laughing and half crying □ **detto fra noi**, between ourselves; between you and me and the lamp--post (*o* the brick wall) □ **di fra la folla**, from among the crowd □ **parlare fra i denti**, to mutter □ **parlare fra sé**, to talk to oneself □ **essere sempre fra i piedi**, to be always in the way □ **Il pacco dovrebbe arrivare fra oggi e domani** (**fra il 5 e il 6**; **fra il 10 e il 20**), the parcel should arrive today or tomorrow (about the 5th or 6th; sometime between the 10th and the 20th) □ **Fra una cosa e l'altra m'è mancato il tempo**, what with one thing and the other, I didn't have time □ **Fra ringraziamenti e complimenti c'è voluta mezz'ora**, what with thank-yous and polite speeches, it took half an hour □ **Fra Venezia e Mestre ci corre** (**un abisso**), it's a far cry from Venice to Mestre □ **Fra una parola e l'altra si venne a parlare di gatti**, as we talked about this and that, the conversation fell upon cats □ **La strinsi fra le braccia**, I clasped her in my arms.
fra (2), *m.* (*frate*) Brother.
frac, *m.* tail-coat; tails (*pl.*, *fam.*).
fracassare, **A** *v. t.* to smash; to shatter; (*un veicolo*) to crash: **f. le stoviglie**, to smash the crockery. ● **f. le ossa a q.**, to break every bone in sb.'s body. **fracassarsi**, **B** *v. rifl.* to smash; to break* up; (*di un veicolo*) to crash: **S'è fracassato la testa**, he has broken (*o* smashed) his head; **L'aeroplano si fracassò in un campo**, the aeroplane crashed in a field.
fracasso, *m.* din; racket; noise; (*di cosa che si rompe*) crash; (*rumore metallico*) clang: **fare f.**, to make a noise; (*fig.*) to make a stir, to cause an uproar.
fracassóne, *m.* (*fam.*) clumsy person; (a) bull in a china shop.
fracco, *m.* (*fam.*) large quantity; lot(s) (*fam.*). ● **un f. di botte**, a sound beating.
fràdicio, **A** *a.* **1** (*zuppo*) wet through (*di vestito, stoffa., ecc.*); very wet; sopping wet (*fam.*); wet (*o* soaked) to the skin (*di persona*): **Le strade sono ancora fradice**, the roads are still very wet **2** (*guasto, marcio*) gone bad; rotten: **un uovo f.**, a bad egg **3** (*fig.*) corrupt; rotten. ● **ubriaco f.**, dead drunk; as drunk as a lord (*fam.*). **B** *m.* **1** (*parte guasta*) rotten (*o* bad) part **2** (*fig.*) corruption **3** (*fangosità*) muddiness.
fradiciume, *m.* **1** mass of wet (*o* rotten) things **2** (*umidità*) wetness **3** (*fig.*) corruption.
fràgile, *a.* **1** fragile; (*di ghiaccio, vetro, ecc.*) brittle **2** (*fig.*) frail; weak. ● (*sugli imballaggi*) **f.**, (handle) with care □ **speranze fragili**, faint hopes; hopes hanging by a thread.
fragilità, *f.* **1** brittleness; fragility **2** (*fig.*) frailty.
fràgola, **A** *f.* (*bot.*, *Fragaria*) strawberry (*anche il frutto*): **marmellata di fragole**, strawberry jam. **B** *a.* strawberry; dull crimson: **un vestito rosso f.**, a strawberry-red suit (*o* dress).
fragoléto, *m.* strawberry-bed.
fragóre, *m.* uproar; din; crash; roar; (*rumore metallico*) clang.
fragorosaménte, *avv.* uproariously; thunderously.
fragoróso, *a.* **1** crashing; roaring; (*di un rumore metallico*) clanging: **applausi fragorosi**, roaring applause **2** (*anche fig.*) uproarious; thunderous: **una risata fragorosa**, uproarious laughter; a roar of laughter.
fragrante, *a.* sweet-smelling; scented; fragrant.
fragranza, *f.* fragrance; (sweet) scent.
fraintèndere, *v. t.* to misunderstand*; to get* (st.) wrong.
fraintendiménto, *m.* misunderstanding.
frale, *a.* (*lett.*) frail.
fralézza, *f.* (*lett.*) frailty.
framboèsia, *f.* (*med.*) framb(o)esia; yaws.
frammassóne, *m.* Freemason.
frammassoneria, *f.* Freemasonry.
frammentare, *v. t.* to fragmenticize; to break* into fragments.
frammentarietà, *f.* fragmentariness; scrappiness.
frammentàrio, *a.* fragmentary; incomplete; scrappy.
frammentazióne, *f.* (*anche biol.*) fragmentation.

framménto, *m.* **1** (*in tutti i sensi*) fragment **2** (*scheggia*) splinter **3** (*di coccio, specialm. archeol.*) potsherd.
frammescolare, *v. t.* to mingle; to mix.
framméttere, **A** *v. t.* to insert; to interpose. **framméttersi**, **B** *v. rifl.* **1** (*frapporsi*) to interpose; to intervene **2** (*fig.*: *intromettersi*) to interfere; to meddle.
frammezzare, *v. t.* to interpolate.
frammèzzo, **A** *avv.* between; in the middle. **frammèzzo a**, **B** *locuz. prep. V.* **fra** (**1**).
frammischiare, *v. t.* to intermix; to mix together; to intermingle.
frammisto, *a.* intermixed; mixed together; intermingled: **neve frammista ad acqua**, snow mixed (together) with water.
frana, *f.* **1** landslide; landslip **2** (*fig.*) collapse. ● (*fam., scherz.*) **Sei una f.!**, you're a disaster!
franàbile, *a.* liable to slide.
franaménto, *m.* **1** (*il franare*) sliding down; slipping **2** (*frana*) landslide; landslip **3** (*di uno scavo*) cave-in **4** (*di un argine*) slip **5** (*di una casa*) cave-in; collapse.
franare, *v. i.* **1** (*del terreno*) to slide* down; to slip **2** (*di scavo, di miniera*) to cave in **3** (*di una casa*) to cave in; to collapse **4** (*cedere*) to give* way **5** (*sgretolarsi*) to crumble. ● **far f.**, to cause (*o* to start off) a landslide.
francaménte, *avv.* frankly; honestly; openly; candidly; sincerely: **parlare f.**, to speak frankly (*o* out).
francare, *v. t.* **1** (*lett.*) to enfranchise **2** (*raro: munire di francobolli*) to stamp.
francatura, *f. V.* **affrancatura**.
Francésca, *f.* Frances.
francescana, *f.* (*relig.*) Franciscan nun.
francescanésimo, *m.* (*relig.*) Franciscanism.
francescano, *a. e m.* (*relig.*) Franciscan.
Francésco, *m.* Francis.
francése, **A** *a.* French. **B** *m.* **1** (*cittadino f.*) Frenchman* **2** (*la lingua*) French. *f.* Frenchwoman*. ● **i Francesi**, the French.
franceseggiare, *v. i.* to affect (*o* to imitate) the French ways.
francesismo, *m.* Gallicism; Frenchism.
francesista, *m. e f.* specialist in French studies.
francesizzare, *v. t.* to Frenchify.
franchézza, *f.* frankness; candour; (*nel parlare*) outspokenness; plain speaking, straightforwardness: **Mi piace la f.** (**nel parlare**), I like outspokenness (*o* plain speaking). ● **parlare con f.**, to speak frankly (*o* out).
franchigia, *f.* **1** immunity; exemption; privilege (accorded by law): **f. diplomatica**, diplomatic immunity **2** (*ass., leg.*) franchise. ● (*aeron.*) **f. bagaglio**, free baggage allowance □ **mandare q.c. in f. postale** (**doganale**), to send st. post-free (duty--free) □ (*naut.*) **marinai in f.**, sailors on shore leave.
franchismo, *m.* (*stor., polit.*) Francoism.
franchista, *m. e f.* (*stor., polit.*) Francoist.
Francia, *f.* (*geogr.*) France.
francio, *m.* (*chim.*) francium.
franco (1), **A** *a.* **1** frank; open; candid; outspoken; straightforward; direct: **con piglio f.**, in a frank (*o* open, straightforward) manner **2** (*libero, comm.*) free: **porto f.**, free port; **f. di dazio**, duty-free; duty pre-paid; **f. banchina**, free on wharf (*abbr.* F.O.W.); **f. a bordo**, free on board (*abbr.* F.O.B.); **f. sotto bordo**, free alongside ship (*abbr.* F.A.S.); (*comm.*) **f. a domicilio**, free of charge; **f. di spese postali**, post-free; **zona franca**, free-trade area. ● **f. e libero**, free; without a care in the world □ **f. muratore**, freemason □ **f. tiratore**, «franc tireur» (*franc.*); sniper; sharpshooter; (*fig., polit.*) defector, one who secretly votes against his own party (*o* government) □ (*fig.*) **dare campo f. a q.**, to give sb. a free hand □ (*comm.*) **deposito f.**, bonded warehouse □ **farla franca**, to get off scot-free □ **lingua franca**, «lingua franca» □ (*comm.*) **merce consegnata f. magazzino**, goods delivered ex warehouse. **B** *avv.* frankly; openly; candidly: **parlare f. e tranquillo**, to speak frankly and calmly; **rispondere f.**, to answer openly.
franco (2), *m.* (*moneta*) franc.
franco (3), (*stor.*) **A** *a.* Frankish. **B** *m.* Frank.
franco (4), (*pref.*) Franco-: **f.-prussiano**, Franco-Prussian; **f.--italiano**, Franco-Italian.
Franco, *m.* Frank.
francobóllo, *m.* (postage) stamp. ● **senza f.**, unstamped.
francòfilo, *a. e m.* Francophil(e).
francòfobo, *a. e m.* Francophobe.
francòfono, *a.* French-speaking, Francophone.
Francofòrte, *f.* (*geogr.*) Frankfurt.
francolino, *m.* (*zool., Francolinus francolinus*) francolin; black partridge.
fráncone, **A** *a.* Franconian: **dialetti franconi**, Franconian dialects. **B** *m.* (*lingua f.*) Franconian.
frangènte, *m.* **1** (*onda*) breaker; roller; beach-comber (*USA*) **2**

fréddo (1)

(*scoglio affiorante*) reef; (*secca*) shallows (*pl.*) **3** (*fig.*: *caso difficile, ecc.*) emergency; predicament; terrible (*o* awkward, crucial) situation: **trovarsi in brutti frangenti**, to be in a nasty predicament. ● **in simili frangenti**, in a situation like this.
fràngere, *v. t.* **fràngersi**, *v. rifl.* to break*.
frangétta, *f.* (*acconciatura*) fringe.
fràngia, *f.* **1** (*anche fig.*) fringe: **le frange dell'ultrasinistra**, the fringes of the extra left **2** (*fig.*) embellishment; frills (*pl.*).
frangiare, *v. t.* to fringe; to border with a fringe.
frangiatura, *f.* **1** (*il frangiare*) fringing **2** (*frange*) fringes (*pl.*).
frangìbile, *a.* breakable; frangible.
frangiflutti, *m.* breakwater.
frangisóle, *m.* sunshade; sun blind.
frangitóre, *m.* olive-press.
frangitura, *f.* pressing; crushing.
frangivènto, *m.* (*agric.*) windbreak.
frangizòlle, *m.* (*agric.*) clod-breaker.
fràngola, *f.* (*bot.*, *Rhamnus frangula*) alder buckthorn; alder dogwood.
franklin, *m.* Franklin stove.
franóso, *a.* subject to landslides.
frantóio, *m.* **1** (*per olive*) oil press; oil-mill **2** (*per pietre*) crusher.
frantoista, *m.* (*operaio*) crusher.
frantumare, **A** *v. t.* **1** to break* up into small pieces; to shatter **2** (*un minerale*) to crush. **frantumarsi**, **B** *v. rifl.* to shatter; to crumble; to shiver.
frantumatóre, *m.* (*operaio*, *macchina*) crusher.
frantumazióne, *f.* **1** shattering; breaking **2** (*di minerali*) crushing.
frantumi, *m. pl.* splinters; fragments; shivers: **andare in f.**, to break into shivers (*o* into a thousand pieces); to be smashed to smithereens.
frappa, *f.* **1** fringe **2** (*arte*) painted foliage.
frappé (*franc.*), *m.* shake. ● **latte f.**, milk-shake.
frappórre, **A** *v. t.* to interpose. ● **f. indugi**, to delay; to retard □ **f. ostacoli a q.**, to put obstacles in sb.'s way. **frappórsi**, **B** *v. rifl.* to interpose; to come* in (between); to interfere.
frapposizióne, *f.* interposition; interference. ● **la f. di ostacoli**, the putting of obstacles in sb.'s way.
frasàrio, *m.* **1** vocabulary; language; (*linguaggio particolare*) jargon **2** (*raccolta di frasi*) phrase-book.
frasca, *f.* **1** (*leafy*) branch; (*leafy*) bough **2** (*pop.*: *insegna di osteria*) bush **3** (*fig.*: *persona volubile*) flibbertigibbet; light-minded (*o* flighty) person **4** (*pl.*, *fig.*: *capricci*) whims: **essere pieno di frasche**, to be full of whims **5** (*fronzoli*) frills; frippery (*sing.*): **senza tante frasche** without frills. ● (*prov.*) **Il buon vino si vende senza f.**, good wine needs no bush.
frascame, *m.* leafy boughs (*pl.*).
frascati, *m.* Frascati (wine).
frascato, *m.* shelter (*o* roof) made of branches.
frascheggiare, *v. i.* **1** (*lett.*) to rustle **2** (*fig.*) to flirt.
frascheria, *f.* **1** (*inezia*) trifle **2** (*pl.*, *fronzoli*) frills.
fraschétta, *f.* **1** small branch **2** (*fig.*: *donna leggera*) coquette; flirt.
frasconàia, *f.* thicket.
frascume, *m.* leafy boughs (*pl.*).
fraṣe, *f.* **1** (*di senso compiuto*) sentence; (*espressione*) phrase **2** (*gramm.*) clause **3** (*mus.*) phrase. ● **f. fatta**, «cliché»; hackneyed phrase; stereotyped expression □ **f. idiomatica**, idiom.
fraṣeggiare, *v. i.* to phrase (*anche mus.*).
fraṣeggiatóre, *m.* (*iron.*) phrase-monger.
fraṣéggio, *m.* phrasing (*anche mus.*).
fraṣeologia, *f.* phraseology.
fraṣeològico, *a.* phraseologic(al).
frassinèlla, *f.* (*bot.*, *Dictamnus fraxinella*) fraxinella; bastard dittany.
frassinéto, *m.* ash-grove.
fràssino, *m.* **1** (*bot.*, *Fraxinus excelsior*) ash(-tree) **2** (*il legno*) ash.
frastagliaménto, *m.* indentation.
frastagliare, *v. t.* to indent; to jag.
frastagliato, *a.* **1** indented; jagged **2** (*ineguale*) irregular **3** (*di roccia erosa*) fretted.
frastagliatura, *f.* indentation.
frastàglio, *m.* indentation; fret-work.
frastornante, *a.* deafening; confusing: **rumore f.**, deafening noise.
frastornare, *v. t.* **1** to disturb; to bewilder; to stun **2** (*distornare*) to divert; to distract. ● **f. q.**, to put sb. off his stride.
frastornato, *a.* bewildered; confused; stunned.
frastuòno, *m.* racket; noise; din; uproar; ballyhoo* (*fam.*).
frate, *m.* **1** (*relig.*) friar; monk (*pop.*): **frati agostiniani** (**carmelitani**, **domenicani**, **francescani**), Austin (White, Black, Grey) Friars; **farsi f.**, to become* a monk (*pop.*); (*fig.*) to join an order of friars **2** (*come appellativo*) brother*: **f. laico**, lay brother **3** (*specie di embrice*) hood-shaped tile. ● **convento di frati**, friary; monastery (*pop.*) □ (*fig.*, *scherz.*) **Sto coi frati e zappo l'orto**, I only do what I'm told.
fratellanza, *f.* **1** brotherhood **2** (*associazione*) fraternity.
fratellastro, *m.* half-brother; step-brother.
fratèllo, *m.* **1** brother: **un f. germano** (*o carnale*, **vero**), a brother-german; **un f. di latte**, a foster-brother **2** (*di confraternita o relig.*) brother*: **un f. di Cristo**, a brother in Christ; **i fratelli massoni**, the masonic brethren. ● **f. d'armi**, brother-in-arms □ **fratelli siamesi**, Siamese twins □ (*comm.*) **la ditta F.lli Rossi**, Rossi Bros.
fratería, *f.* friary.
fraternaménte, *avv.* like a brother (*o* a sister); fraternally.
fraternità, *f.* fraternity; brotherhood.
fraternizzare, *v. i.* to fraternize.
fraternizzazióne, *f.* fraternization.
fratèrno, *a.* brotherly; fraternal. ● **con sentimenti fraterni**, with the affection of a brother; (*nel senso di condividere un sentimento*) with sympathy □ **guerra fraterna**, civil (*o* fratricidal) war.
fratésco, *a.* monkish; monk-like.
fraticèllo, *m.* (*zool.*, *Sterna albifrons*) little tern.
fratina, *f.* refectory table.
fratino, *m.* **1** young friar **2** (*zool.*, *Charadrius alexandrinus*) Kentish plover.
fratricida, **A** *a.* fratricidal. **B** *m. e f.* fratricide.
fratricidio, *m.* fratricide.
fratta, *f.* thicket; brake; spinney.
frattàglie, *f. pl.* (*cucina*) chitterlings; pluck (*sing.*); (*rigaglie*) giblets.
frattanto, *avv.* in the meantime; meanwhile.
frattèmpo, *m.* – **in questo** (*o* **quel**) **f.**, in the meantime; meanwhile.
fratto, *a.* (*mat.*) **1** fractional **2** (*diviso*) divided by: **sei f. due**, six divided by two.
frattura, *f.* break; fracture (*anche med.*): (*metall.*) **una f. fragile**, a brittle fracture.
fratturare, *v. t.* to fracture; to break*: **fratturarsi una gamba**, to fracture one's leg.
fraudolènto, *a.* fraudulent.
fraudolènza, *f.* fraudulence.
frazionaménto, *m.* **1** splitting up; breaking up **2** (*mat.*) fractionization. ● (*fin.*) **f. azionario**, stock split.
frazionare, *v. t.* **1** to split* up; to break* up; to divide **2** (*mat.*) to fractionize **3** (*chim.*) to fractionate.
frazionàrio, *a.* (*mat.*) fractional; divisional.
frazionato, *a.* **1** divided; subdivided **2** (*mat.*) fractionized **3** (*chim.*) fractional **4** (*fin.*) split.
frazióne, *f.* **1** fraction: (*mat.*) **una f. composta** (**decimale**, **impropria**, **propria**, **continua**), a compound (decimal, improper, proper, continued) fraction **2** (*di un comune*) hamlet (without its own municipality). ● **in una f. di secondo**, in a split second □ (*sport*) **una staffetta di quattro frazioni**, a four-man relay.
frazioniṣmo, *m.* (*polit.*) fractionalism.
frazioniṣta, **A** *m. e f.* **1** (*polit.*) member of a splinter group **2** (*sport*) relay-runner. **B** *a.* (*polit.*) divisive.
freàtico, *a.* (*geol.*) water-bearing: **una falda freatica**, a water-bearing stratum.
fréccia, *f.* **1** arrow; dart **2** (*archit.*) height; rise; (*guglia*) spire, pinnacle **3** (*indicatore di bussola*, *ecc.*) needle; pointer **4** (*segnale di direzione*) arrow; (*autom.*) direction indicator; blinker **5** (*moda*: *baghetta*) clock **6** (*geom.*) camber. ● (*aeron.*) **ala a f.**, swept wing **f. del Parto**, Parthian shaft.
frecciare, *v. t. e i.* to shoot* arrows (at).
frecciata, *f.* **1** arrow-shot **2** (*fig.*: *motto pungente*) stinging remark; quip; gibe: **lanciare una f. contro q.**, to make a cutting remark about sb.
freddaménte, *avv.* **1** coldly; coolly: **Mi rispose f.**, he answered me coldly **2** (*a sangue freddo*) in cold blood.
freddare, **A** *v. t.* **1** to chill; to cool (down) **2** (*ammazzare*) to shoot* (sb.) dead; to bump (sb.) off (*fam.*). ● **Prima lascia f. la sua ira!**, let his anger cool down first! **freddarsi**, **B** *v. rifl.* to become* (*o* to get*) cold (*o* chilly); to cool down.
freddézza, *f.* **1** coldness (*fig.*, *anche*) coolness: **la f. della loro accoglienza**, the coldness (*o* coolness) of their reception **2** (*calma*) coolness; self-control.
freddino, *a.* chilly: **Fa f.**, it's chilly.
fréddo (1), *a.* (*fresco*: *anche fig.*) cold; cool; chill; chilly: **un'accoglienza fredda**, a cold (*o* chill) welcome; **un cool reception**; **acqua calda e fredda**, hot and cold water (*comm.*, *anche*: H. & C.); **un colore f.**, a cold colour; **un piatto f.**, a cold dish; **fare q.c. a mente fredda**, to do st. in cold blood (*o* with perfect sang froid); **una stanza fredda**, a chilly room; **un venticello f.**, a chill breeze; **Il suo modo di fare era molto f.**, his manner was very cool

fréddo (2) (o chilly); **Lo spettacolo mi lasciò freddo** (non mi entusiasmò), the show left me cold. ● **animale a sangue f.**, cold-blooded animal □ (fig.) **avere sangue f.**, to have a cool head □ (di persona) **che ha sangue f.**, cool-headed □ **coraggio e sangue f.**, courage and coolness (o self-control) □ **mostrarsi f. verso** (o con) **q.**, to act coldly towards sb. □ **serbare il proprio sangue f.**, to keep cool □ (prov.) **F. di mano, caldo di cuore**, a cold hand and a warm heart.

fréddo (2), m. **1** cold; chill: **Fa f.**, it is cold; **Fa molto f. questa mattina**, there's quite a chill in the air this morning; **Fa un f. cane**, it is bitterly (o terribly, extremely) cold; it is freezing; **tremare di f.**, to shiver with cold; **prendere f.**, to catch cold **2** (freddezza) coldness; chilliness **3** (clima rigido) cold weather: **Non uscire con questo f.!**, don't go out in this cold weather! ● **avere f.**, to be (o to feel) cold □ **fare q.c. a f.**, to do st. in cold blood □ **far sudare f. q.**, to terrify (o to frighten) sb.; to keep sb. on tenterhooks □ **l'industria del f.**, the refrigeration industry □ (metall.) **lavorazione a f.**, cold working □ **morire di f.**, to freeze to death; (fig.) to be freezing to death □ (med.) **operare a f.**, to operate after the inflammation has gone down □ **sudare f.**, to be in a cold sweat □ **Ho molto f. alle mani (ai piedi, ecc.)**, my hands (my feet, etc.) are very cold □ **Mi viene f. solo a pensarci**, it gives me the shivers only to think of it □ (fig.) **Non mi fa né caldo né f.**, it makes no difference at all to me.

freddolóso, a. — **essere f.**, to feel the cold very much.

freddura, f. pun; quip; witticism; (vecchia e risaputa) old chestnut (fam.).

freddurista, m. e f. punster; (habitual) joker.

freezer (ingl.), m. freezer; deepfreeze.

fregàccio, m. (a penna) pen-stroke; (a matita) pencil-stroke.

fregagióne, f. (pop.) rubbing down; friction; (massaggio) massage.

fregaménto, m. rubbing; massaging.

fregare, **A** v. t. **1** to rub; (massaggiare) to rub down, to massage **2** (volg.: truffare) to cheat; to dupe; to take* (sb.) in; to diddle (pop.) **3** (volg.: rubare) to pinch (fam.): **Chi me l'ha fregato?**, who pinched it? **fregarsi**, **B** v. rifl. (volg.: infischiarsi) not to care a rap; not to give* a damn: **E chi se ne frega?**, who gives a damn?

fregata (1), f. **1** rub; rubbing **2** V. fregatura.

fregata (2), f. (naut.) frigate. ● **capitano di f.**, commander.

fregata (3), f. (zool., Fregata aquila) frigate; frigate-bird.

fregatura, f. (volg.) cheat; swindle; sell (pop.): **Che f.!**, what a sell!

fregiare, **A** v. t. **1** (archit.) to frieze **2** (ornare) to decorate; to adorn; to embellish. **fregiarsi**, **B** v. rifl. **1** (di un titolo, un nome) to confer upon oneself; to style oneself **2** (di una coccarda, grado mil., ecc.) to wear* as a badge.

frégio, m. **1** (archit.) frieze **2** (ornamento) decoration; ornament **3** (segno distintivo) badge; (mil.) badge of rank, (al pl., anche) insignia **4** (tipogr.) flourish.

frégo, m. mark; stroke; line; (scarabocchio) scrawl. ● **dar di f. a q.c.**, to cross (o to wipe) st. out □ (volg.) **Mi è piaciuto un f.**, I liked it very much.

frégola, f. **1** (di animali in genere) heat; (di pesci) spawning; (di cervi e ovini) rutting **2** (fig.) urge; excitement; desire.

frégolo, m. (uova di pesce) roe; spawn.

frèisa, m. e f. freisa (wine).

fremebóndo, **fremènte**, a. quivering; shaking; quaking; trembling; shivering; thrilling; throbbing: **fremente d'ira**, quivering with rage.

frèmere, v. i. **1** (tremare, vibrare) to quiver; to shake*; to quake; to tremble; to shiver; to thrill: **f. di sdegno**, to quiver with indignation; **f. d'ira**, to tremble with anger; **La sua voce fremeva**, her voice quivered; **f. di gioia**, to thrill with delight; **Fremo al pensiero di quanto sarebbe potuto accadere**, I tremble to think what might have happened **2** (palpitare) to throb: **Il mio cuore fremette di gioia**, my heart throbbed with joy **3** (lett.: stormire) to rustle; (rumoreggiare) to rumble; (del mare) to roar. ● **f. d'orrore**, to shudder with horror.

frèmito, m. **1** quiver; shiver; thrill; (brivido) shudder **2** (palpito) throb **3** (delle foglie, ecc.) rustle; rustling **4** (del mare) roar.

frenàbile, a. restrainable; controllable.

frenàggio, m. **1** (mecc.) locking: **filo di f.** (di un dado), locking wire **2** (autom.) braking.

frenare, **A** v. t. **1** (un veicolo) to put* on the brakes to; to brake **2** (un cavallo, ecc.) to curb; to rein in **3** (fig.) to check; to curb; to restrain; to hold* back; to control: **f. l'ira**, to check one's anger; **f. le lacrime**, to hold back one's tears; **f. l'inflazione**, to curb inflation. **B** v. i. to put* on the brakes; to brake. **frenarsi**, **C** v. rifl. to control oneself: **Non poté più f.**, he couldn't control himself any longer. ● **Non potei frenarmi dal dirgli il fatto suo**, I couldn't help giving him a piece of my mind.

frenastenia, f. (med.) feeble-mindedness; mental deficiency.

frenastènico, a. (med.) feeble-minded; mentally deficient.

frenata, f. (autom.) **1** braking **2** (segno della f.) tyre marks (pl.). ● **fare una f.**, to brake.

frenato, a. controlled; curbed; braked: **motore f.**, controlled engine.

frenatóre, m. (ferr.) brakesman*; brakeman* (USA).

frenatura, f. **1** (mecc.: di dado) locking **2** (autom.) braking.

frenèllo, V. frènulo.

frenesìa, f. **1** (follia) frenzy; delirium; mad fit (lett. più che med.): **Nei momenti di f.**, nessuno lo teneva, when the mad fit was upon him, there was no holding him **2** (desiderio sfrenato) frenzy; mania: **f. del gioco**, frenzy of gambling; **Questo eterno viaggiare è una f.**, this everlasting travelling is a (perfect) mania.

frenètico, a. **1** frantic; phrenetic(al); frenzied; (delirante) raving: **pazzo f.**, raving mad **2** (entusiastico) frenzied; enthusiastic: **applausi frenetici**, frenzied acclamation **3** (fig.: sfrenato) frenzied: **una danza frenetica**, a frenzied dance.

frènico, a. (anat.) phrenic.

fréno, m. **1** (di veicolo) brake: **f. a mano**, hand brake; **f. a pedale**, foot brake; **f. a disco**, disc brake; (mecc.) **f. a tamburo**, drum brake; **f. a depressione**, vacuum (o depression, suction) brake; (mecc.) **f. a nastro**, band brake; (mecc.) **f. di sicurezza**, emergency brake; **f. ad aria compressa** (contropedale, idraulico, ecc.), air (coaster, hydraulic, etc.) brake; **zoccolo del f.**, brake shoe; **potenza di f.**, brake horsepower; **bloccare i freni**, to jam (o to slam) on the brakes; **dare un colpo di f.**, to clap on the brake; **togliere il f.**, to release the brake; **usare il f.**, to apply the brake **2** (fig.) check; curb; restraint; control: **Il vento fa da f. alla velocità**, the wind acts as a check on speed; **avidità senza f.**, cupidity without restraint **3** (morso del cavallo) bit. ● (fig.) **allentare il f. a q.**, to give sb. a freer hand □ **mettere un f. a q.c.**, to curb st.; to check st. □ **mordere** (o **rodere**) **il f.**, to be champing at the bit (anche fig.) □ (fig.) **non avere alcun f.**, to be unable to control oneself □ **non conoscere più (alcun) f.**, to break loose from all restraint □ (mecc.) **prova dei freni**, braking test □ **scuotere il f.** (del cavallo) to take the bit in (o between) one's teeth; (fig.) to fling one's cap over the windmill □ **stringere i freni**, to tighten the brakes; (fig.) to tighten the reins □ **tenere a f.**, to rein in, to pull up (un cavallo, ecc.); to curb, to restrain (anche fig.); (fig.) to keep in check □ **tenere a f. la lingua**, to hold one's tongue.

frenocòmio, m. mental hospital.

frenologìa, f. phrenology.

frenològico, a. phrenologic(al).

frenòlogo, m. phrenologist.

frenopatìa, f. (med.) mental disorder; mental disease.

frènulo, m. (anat.) fr(a)enulum*.

frèon, m. (marchio: chim.) Freon.

frequentàbile, a. frequentable.

frequentare, v. t. **1** to go* often to; to frequent (quasi lett.); to haunt: **Quel castello è frequentato dagli spiriti**, that castle is haunted by ghosts; (relig.) **f. i sacramenti**, to frequent the Sacraments **2** (scuola, lezioni, conferenze, ecc.) to attend; to go* to: **Frequentano la scuola nuova**, they attend (ma più comunemente: they go to) the new school **3** (un caffè, un ritrovo, un dato negozio, ecc.) to patronize (quasi scherz.) **4** (un dato tipo di persone) to go* about with; to associate with: **Frequenta cattivi soggetti**, he goes about with a bad lot. ● **f. un ambiente teatrale**, to be in a theatrical set □ **f. il bel mondo**, to be in the smart set.

frequentativo, a. (gramm.) frequentative: **un verbo f.**, a frequentative verb.

frequentato, a. **1** popular; frequented **2** (affollato) crowded; thronged (pred.): **strade frequentate**, crowded streets. ● **f. dai fantasmi**, haunted.

frequentatóre, m. **1** frequenter; haunter **2** (visitatore assiduo) frequent caller (o visitor) **3** (cliente abituale) regular customer; patron; «habitué» (franc.). ● **f. di cinema**, cinema-goer □ **f. di concerti**, concert-goer □ **f. di teatri**, theatre-goer.

frequentazióne, f. frequentation; habitual visiting.

frequènte, a. **1** frequent **2** (med.: del polso) quick; rapid. ● **di f.**, frequently; often.

frequenteménte, avv. frequently; often.

frequènza, f. **1** frequence; frequency; (in una casa) constant calling (o visiting); (assiduità) attendance, assiduity: **la f. di delitti**, the frequency of crimes; the crime rate; **un certificato di f.**, a certificate of attendance **2** (fis. e scient.) frequency: (radio, telev.) **ad alta f.**, high-frequency (attr.); (radio, telev.) **a bassa f.**, low-frequency (attr.); (radio) **modulazione di f.**, frequency modulation (abbr. F.M.); (radio, telev.) **media f.**, medium frequency; (fis.) **moltiplicatore di f.**, frequency multiplier; (fis.) **variatore di f.**, frequency changer. ● (med.) **la f. del polso**, pulse rate □ **con f.**, frequently; often □ **con troppa f.**, too often.

frequenzìmetro, **frequenziòmetro**, m. **1** (elettr., fis.)

frequency-meter: **f. registratore**, recording frequency-meter **2** (*radio*) wavemeter.
freṣa, *f.* (*mecc.*) (milling-)cutter; mill; miller; milling-machine: **una f. ad angolo**, an angle (*o* angular) cutter; **una f. a un taglio**, a plain milling-cutter; **una f. concava (convessa)**, a concave (convex) cutter.
freṣare, *v. t.* (*mecc.*) to mill.
freṣatóre, *m.* milling-machine operator.
freṣatrice, *f.* (*mecc.*) milling-machine; miller: **una f. a comando elettronico**, an electronically-controlled milling-machine; **una f. automatica**, a self-acting milling-machine.
freṣatura, *f.* (*mecc.*) milling: **f. angolare**, angular milling. ● **f. a profilo**, profiling.
frescheggiare, *v. i.* (*tosc.*) to enjoy the cool of the evening (*o* the evening breeze).
freschézza, *f.* freshness; (*di temperatura, anche*) coolness. ● **la f. della gioventù**, the bloom of youth □ **f. di stile**, purity of style.
freschista, *m.* e *f.* (*pitt.*) fresco-painter.
frésco (1), *a.* **1** (*in moltissimi casi*) fresh: **aria (carne, frutta, carnagione, bellezza) fresca**, fresh air (meat, fruit, complexion, beauty); **pane (pesce, latte, fiore) f.**, fresh bread (fish, milk, flower); **uovo f.**, fresh egg; (*appena deposto*) new-laid egg; **acqua fresca**, cool water; (*di rubinetto*) water fresh from the tap; **sentirsi freschi e riposati**, to feel fresh and rested; **Lo farò domani a mente fresca**, I shall do it tomorrow when I feel fresh; **studiare la questione a mente fresca**, to bring a fresh mind to bear on the problem; (*di giornale*) **f. di stampa**, fresh off the press; **f. come una rosa**, as fresh as a daisy **2** (*di temperatura*) cool (*non sempre sostituibile con* fresh); cooled (*rinfrescato; a cui è stato fatto prendere il fresco*); chilly (*spiacevolmente freddino*): **stanza (ombra, bibita) fresca**, cool room (shade, drink); **un venticello f.**, a cool breeze; **Il vino è f.**, **ma non gelato**, the wine is (*o* has been) cooled, but not iced; **Fa f. stasera**, it's chilly tonight **3** (*nuovo, recente*) new; recent; newly-made **4** (*riposato, rinvigorito*) refreshed. ● **essere arrivato f.**, to have just arrived this moment □ **notizie fresche**, the latest news; «hot news» (*gergo giornalistico*) □ **un uomo ancora f.**, a well-preserved man □ **vernice fresca**, wet paint □ **Stai f.!**, you've got a hope!; not on your life! □ **Sto f.!**, now I'm in for it!
frésco (2), *m.* **1** coolness; freshness; (the) cool of the evening (*della sera*); (*ma spesso si specifica*) cool air, cool breeze, etc. (*ricorrendo a un agg.*): **godersi il f.**, to enjoy the cool of the evening; **mettere q.c. al f.**, to put st. in a cool place **2** (*stoffa*) light wool material. ● **col (o per il) f.**, in the cool of the morning (*o* of the evening) □ **di f.**, just; recently; newly □ **dipingere a f.**, to paint in fresco; to fresco □ **tenere q.c. in f.**, to keep st. cool □ **Oggi c'è un po' più di f.**, it's a little cooler today □ (*fig.*) **L'hanno messo al f.**, they've put him in the cooler (*fam.*).
frescura, *f.* coolness; cool: **la f. della sera**, the cool of the evening.
freṣia, *f.* (*bot.*, *Freesia*) freesia.
frétta, *f.* hurry; haste: **avere f.**, to be in a hurry; **Non c'è f.**, there's no hurry; **fare q.c. in f.**, to do st. in a hurry; to do st. quickly. ● **far f. a q.**, to hurry sb. □ **in f. e furia**, helter-skelter; hotfoot (*fam.*); carelessly □ **ritornare in tutta f.**, to hurry back □ **una traduzione fatta in f.** (*approssimativamente*), a rough translation □ **troppo in f.**, too fast □ **Fai in f.!**, hurry up!
frettare, *v. t.* (*naut.*) to hog (*il fondo esterno*); to scrub (*i ponti*).
frettazza, *f.* **frettazzo**, *m.* (*naut.*) hog; scrubbing-brush; scrubber.
frettolosaménte, *avv.* hurriedly; hastily.
frettolóso, *a.* hasty; hurried; over-hasty: **passi frettolosi**, hurried footsteps. ● **un lavoro f.**, a rushed job.
freudiàno, *a.* (*psic.*) Freudian.
freudiṣmo, *m.* (*psic.*) Freudism; Freudianism.
friàbile, *a.* friable; crumbly.
friabilità, *f.* friability; friableness.
fricandò, *m.* (*cucina*) fricandeau*.
fricassèa, *f.* (*cucina*) fricassee.
fricativa, *f.* (*fon.*) fricative.
fricativo, *a.* (*fon.*) fricative: **una consonante fricativa**, a fricative (consonant).
friganèa, *f.* (*zool.*, *Phryganea*) caperer; caddis-fly.
friggere, **A** *v. t.* to fry: **f. nel burro (nell'olio)**, to fry with (*o* in) butter (oil). **B** *v. i.* **1** to fry **2** (*sfrigolare*) to sizzle; to frizzle; (*di un ferro rovente immerso nell'acqua*) to hiss **3** (*fig.*) to sizzle; to seethe; to fume: **f. di rabbia**, to sizzle with rage. ● (*fig.*) **mandare q. a farsi f.**, to send sb. to the devil □ **È tornato quel seccatore; vada a farsi f.**, that (old) bore is back: to hell with him!
friggitóre, *m.* **1** (*chi frigge*) fryer, frier **2** (*chi vende cibi fritti*) vendor of fried food.
friggitoria, *f.* fried-food shop; (*di pesce e patate*) fish-and--chips shop.
friggitrice, *f.* deep-fryer.

Frigia, *f.* (*geogr., stor.*) Phrygia.
frigidaire, (*marchio*) *m. invar.* refrigerator.
frigidàrio, *m.* (*archeol.*) frigidarium*.
frigidézza, **frigidità**, *f.* frigidity; frigidness.
frigido, *a.* frigid.
frigio, **A** *a.* Phrygian: **berretto f.**, Phrygian cap; (*mus.*) **il modo f.**, the Phrygian mode. **B** *m.* Phrygian.
frignare, *v. i.* to whimper.
frignio, *m.* continual whimpering.
frignóne, *m.* whimperer; cry-baby (*fam.*).
frigo, (*fam.*) *V.* frigorifero.
frigoria, *f.* (*fis.*) frigorie.
frigorifero, **A** *a.* refrigerating; refrigerant; freezing: **una macchina frigorifera**, a refrigerating engine. ● **cella frigorifera**, refrigerator; (*per surgelamento*) freezer. **B** *m.* refrigerator; fridge, frig (*fam.*).
frigorigeno, *a.* (*fis., tecn.*) frigorific.
frigorista, *m.* refrigerator technician.
Frimàio, *m.* (*stor.: terzo mese del calendario rivoluzionario francese*) Frimaire (*franc.*).
fringuèllo, *m.* (*zool.*, *Fringilla coelebs*) chaffinch.
frinire, *v. i.* to chirp.
frinosòma, *m.* (*zool.*, *Phrynosoma cornutum*) horned toad.
frinzèllo, *m.* **1** (*rammendo mal fatto*) clumsy darn **2** (*fig.*: *brutta cicatrice*) ugly scar.
friṣare, *v. t.* to graze.
Friṣia, *f.* (*geogr.*) Friesland.
friṣóne, *a.* e *m.* Frisian.
fritillària, *f.* (*bot.*, *Fritillaria imperialis*) crown imperial.
fritta, *f.* (*ceramica*) frit.
frittata, *f.* (*cucina*) omelette; omelet. ● (*fig.*) **fare una f.**, to make a mess (*o* a hash) of st. □ (*fig.*) **rivoltare la f.**, to change one's tune.
frittèlla, *f.* **1** pancake; fritter **2** (*fam.: macchia d'unto*) grease-stain.
fritto, **A** *a.* fried. ● (*fig.*) **f. e rifritto**, stale; hackneyed □ **essere bell'e f.**, to have had it; to be done for; to be played out □ (*fig.*) **Sono cose fritte e rifritte**, it's old hat now (*pop.*). **B** *m.* (*cucina: in genere*) fried food; (*piatto*) fry: **f. misto (di pesce)**, mixed (fish-)fry. ● **f. di gamberi**, fried prawns.
frittume, *m.* (*spreg.*) nasty fried stuff.
frittura, *f.* **1** (*il friggere*) frying **2** (*cucina: in genere*) fried food; (*piatto*) fry: **f. di pesce**, fish fry **3** (*di piccoli pesci*) small fry (*anche fig. per* «moltitudine di bambini»).
friulano, **A** *a.* of Friuli. **B** *m.* native (or inhabitant) of Friuli; Friulian; Furlan.
frivoleggiare, *v. i.* to behave (*o* to speak*) frivolously.
frivolézza, *f.* **1** (*l'essere frivolo*) frivolity **2** (*cosa frivola*) frivolity; frivolous word (act, etc.); trifle.
frivolo, *a.* frivolous; trifling (*di poca importanza*): **un pretesto f.**, a frivolous pretext.
frizionare, *v. t.* **1** to rub; to massage **2** (*autom.*) to declutch.
frizióne, *f.* **1** rubbing; (*massaggio*) friction, massage **2** (*fiṣ.*) friction; (*attrito*) attrition **3** (*mecc.*) clutch: **innestare la f.**, to engage the clutch; **disinnestare la f.**, to disengage the clutch; to declutch; **f. monodisco**, single-plate clutch; **disco della f.**, clutch disk; **pedale della f.**, clutch pedal **4** (*fig.*) conflict; friction. ● **f. per capelli**, dry shampoo.
frizzante, **A** *a.* **1** (*effervescente*) effervescent; fizzy; (*del vino*) sparkling **2** (*dell'aria*) bracing **3** (*fig.*) pointed; pungent; witty; mordant. **B** *m.* sparkle: **perdere il f.**, to lose sparkle.
frizzare, *v. i.* **1** (*di acque minerali, ecc.*) to fizz; to effervesce; (*del vino*) to sparkle **2** (*fig.*) to tingle; to smart; to sting*.
frizzo, *m.* quip; witticism; pungent saying; jibe, gibe.
frodare, *v. t.* to deceive; to cheat; to swindle; to defraud (*anche leg.*): **f. q. di q.c.** (*o* q.c. a q.), to cheat sb. out of st.; **f. la dogana**, to cheat the Customs; **f. l'erario**, to defraud the revenue.
frodatóre, *m.* defrauder; cheat; swindler.
fròde, *f.* fraud (*anche leg.*); deceit; cheat; sham: **carpire q.c. con la f.**, to get st. by fraud. ● **f. fiscale**, tax-evasion.
fròdo, *m.* — **cacciare di f.**, to poach; **cacciatore di f.**, poacher; **merce di frodo**, smuggled goods.
frògia, *f.* (*horse's*) nostril.
frollaménto, *V.* frollatura.
frollare, **A** *v. t.* to soften; to let* (st.) become soft (*o* tender); (*selvaggina*) to let* become high, to hang*. **B** *v. i.* to become* soft (*o* tender); (*di selvaggina*) to become* high.
frollatura, *f.* making soft (*o* tender); (*di selvaggina*) making high.
fròllo, *a.* **1** soft; tender; (*di selvaggina*) high **2** (*fig.*) spineless; nerveless; weak-minded; woolly (*fam.*). ● (*cucina*) **pasta frolla**, short pastry □ (*fig.*) **essere una pasta frolla**, to be spineless; to have no backbone.
fròmbola, *f.* (*lett.*) sling.

frombolière, m. (stor. mil.) slingsman*; slinger.
frónda (1), f. **1** leafy branch **2** (bot.) frond **3** (pl.: fogliame) foliage (sing.).
frónda (2), f. **1** (stor. franc.) Fronde **2** (fig.) rebellion; revolt; (opposizione) opposition: **Spira vento di f.**, there's a feeling of rebellion in the air; rebellion is in the air.
frondeggiante, a. leafy; verdant.
frondeggiare, v. i. to be leafy (o green, verdant).
frondista, m. e f. **1** (stor. franc.) Frondeur **2** (polit.) rebel; opponent.
frondosità, f. **1** leafiness **2** (fig.) over-ornateness; turgidity.
frondóso, a. **1** leafy **2** (fig.) ornate; over-decorated; turgid.
frontale, **A** a. frontal (anat.) **un osso f.**, a frontal bone; (mil.) **un attacco f.**, a frontal attack. **B** m. **1** (archit.) façade decoration; (di caminetto) ornamental mantelpiece **2** (parte della briglia) front **3** (stor.) frontal; frontlet.
frontalière, m. frontiersman*.
frontalino, m. (archit.: di scalino) riser.
frontalménte, avv. frontally; from the front.
frónte, **A** f. **1** forehead; brow (spesso pl.): **f. alta (bassa, ampia, spianata)**, high (low, broad, smooth) brow (o forehead); **una stella in f.**, a star on one's forehead; **Fu colpito in f.**, he was hit on the forehead; **bagnarsi la f.**, to bathe one's forehead; **il lauro sulla f. del poeta**, the laurel on the poet's brow; **col sudore della f.**, by the sweat of one's brow **2** (di edificio) front; façade; frontage: **le finestre sulla f.**, the front windows **3** (di animale) frontlet **4** (poesia) opening part (of a canzone or stanza) **5** (in certe frasi) face (faccia); head (testa): **a f. a f.**, face to face; **Gli si legge in f.**, you can see it in his face; **a f. alta**, with one's head held high; proudly; **abbassare la f.**, to lower one's head; to bend one's brows (lett.). **B** m. **1** (mil.) front (anche fig.): **un cambiamento di f.**, a change of front; **f. diplomatico (economico, popolare)**, diplomatic (economic, popular) front; **essere mandato al f.**, to be sent to the front **2** (meteorologia) front: **f. freddo (caldo)**, cold (warm) front. ● (mil.) **F. a destr'!**, right turn! □ (mil.) **F. a sinistr'!**, left turn! □ (geol.) **f. del ghiacciaio**, glacier front □ **a f.**, facing: **I due eserciti stavano a f.**, the two armies were drawn up facing each other □ **con traduzione a f.**, with parallel translation □ **corrugare la f.**, to frown; to knit one's brows □ **di f.**, (dirimpetto) opposite; (in confronto a) in comparison (with); compared (to); (in presenza di) in front (of), faced (with): **la casa di f.**, the house opposite; **Questo è niente di f. a quello che accadde dopo**, this is nothing compared to what happened after □ (mil.) **Dietro f.!**, about turn! □ **far f. al nemico**, to face (o to stand up to) the enemy □ **far f. alle spese**, to meet (o to cope with) the expenses □ (naut.) **linea di f.**, line-abreast □ **mettere a f. due cose**, to compare two things □ **mettere (o porre) a f. il testimone e l'imputato**, to confront the witness and the accused □ **tenere f. a q.**, to stand up to sb. □ **trovarsi di f. a gravi problemi**, to be confronted with big problems □ (lett.) **volgere la f. (fuggire)**, to run away.
fronteggiare, v. t. **1** to face; to oppose; to stand* up to; to withstand* (specialm. mil.): **f. un pericolo**, to face danger **2** (stare di fronte a) to face; to front; to be opposite to: **L'albergo fronteggia il mare**, the hotel fronts the sea.
frontespìzio, m. **1** (archit.) frontispiece; pediment **2** (di libro) title-page.
frontièra, f. **1** frontier; boundary; border: **passare la f.**, to cross the frontier **2** (fig.) bound; boundary: **le frontiere della scienza**, the bounds of science.
frontino, m. toupee.
frontismo, m. (polit.) tendency towards forming a political front.
frontista, m. e f. **1** (leg.) frontager **2** (polit.) supporter of a political front.
frontóne, m. pediment; fronton; (di porta, finestra) gable.
frónzolo, m. **1** frill; frippery **2** (pl.: dello stile) frills: **senza fronzoli**, without frills; simply. ● **Glielo dissi senza tanti fronzoli**, I told him the plain, unvarnished truth.
fronzuto, a. leafy; bushy.
frosóne, V. frusone.
fròtta, f. swarm; crowd; troop; flock: **a frotte**, in flocks; in swarms.
fròttola, f. **1** (idle) tale; (tall) story; (della stampa) canard, trumped-up story (fam.); (pl., anche) nonsense (sing.): **Sono tutte frottole**, that's all nonsense **2** (lett.) popular nonsense song **3** (mus.) «frottola*».
fru fru, frufrù, m. frou-frou; rustle; rustling.
frugacchiare, v. i. to rummage about.
frugale, a. **1** frugal **2** (parsimonioso) thrifty; saving. ● **persona f. (nel mangiare)**, light eater.
frugalità, f. **1** frugality **2** (parsimonia) thrift.
frugare, v. t. e i. **1** to rummage; to fumble; to search; (da cima a fondo) to ransack; (furtivamente) to pry; **f. q.**, to search sb.; **f. in un cassetto**, to rummage in a drawer.
frugata, f. rummage; search.
frugifero, a. (lett.) frugiferous; fruit-bearing.
frugivoro, a. frugivorous.
frugolare, v. i. **1** (frugare) to rummage **2** (grufolare) to root; to grub.
frùgolo, m. fidget; lively child*.
fruibile, a. enjoyable.
fruire, v. i. to use; to have the use (of); to enjoy; to benefit (from).
fruitóre, m. user.
fruizióne, f. fruition.
frullare, **A** v. t. (uova, ecc.) to beat* (up); to whip up; to whisk. **B** v. i. **1** (girare rapidamente) to whirl; to spin* round **2** (di ali) to flutter; to whirr. ● **Cosa gli frulla in capo?**, what is going on in his head? □ **Secondo come gli frulla**, according to his mood; as the spirit moves him.
frullato, (cucina) **A** m. shake: **un f. di latte**, a milk-shake. **B** a. whipped; whisked; beaten: **uova frullate**, whisked eggs.
frullatóre, m. mixer; blender.
frullino, m. **1** (cucina) whisk; beater **2** (zool., Limnocryptes minimus) jack-snipe.
frullìo, m. whirring; fluttering.
frullo, m. **1** flutter; whirr **2** (aeron.: mulinello) roll.
frullóne, m. (buratto) bolter.
frumentàceo, a. frumentaceous.
frumentàrio, a. grain (attr.); wheat (attr.); cereal (attr.).
fruménto, m. (bot., Triticum vulgare) wheat.
frumentóne, m. (bot., Zea mays) maize; Indian corn.
frusciare, v. i. to rustle.
fruscìo, m. **1** rustle; rustling **2** (di radio, giradischi, ecc.) ground noise.
frùscolo, m. dead twig.
frusóne, m. (zool., Coccothraustes vulgaris) hawfinch; grosbeak.
frusta, f. **1** whip; lash: **far schioccare la f.**, to crack one's whip **2** (frullino) whisk; beater.
frustare, v. t. **1** to whip; to flog, to lash (anche fig.): **f. q. a sangue**, to whip sb. till he bleeds; **f. un cavallo**, to lash a horse **2** (fig.: logorare) to wear* out.
frustata, f. lash (anche fig.). ● (fig.) **dare una f. a q.**, to prod sb.
frustino, m. riding-whip; hunting-crop.
frusto, a. **1** shabby; threadbare; worn-out **2** (fig.) old; stale: **una storiella frusta**, a stale joke.
frustrante, a. frustrating.
frustrare, v. t. to frustrate; to baffle: **Riuscimmo a f. i piani del nemico**, we succeeded in baffling the enemy's plans.
frustrato, **A** a. frustrated; thwarted. **B** m. (psic.) frustrated person.
frustrazióne, f. frustration (anche psic.).
frùtice, m. (bot.) frutex*; shrub.
fruticóso, a. (bot.) fruticose; shrubby.
frutta, f. (sing. collett.) fruit; (a fine pasto) dessert: **f. conservata**, preserved fruit; **f. fresca (acerba, matura)**, fresh (sour, ripe) fruit; **f. cotta**, stewed fruit; compote; **Siamo già alla f.**, we're already at dessert.
fruttaiòlo, V. fruttivéndolo.
fruttare, **A** v. i. (agric. e fig.) to yield; to produce; to bear*: to bring* forth **2** (econ.) to return a profit. **B** v. t. (econ.) to yield; to give*; to bring* (in) (anche fig.): **Questi investimenti ora fruttano il 10%**, these investments now yield 10% interest; **L'affare mi fruttò qualche milione**, the deal brought me a few millions; **L'invenzione gli fruttò grandi onori**, the invention brought him great honours. ● **fare f. un capitale**, to invest capital □ **Quel sapone gli deve f. parecchio**, he must make a lot on that soap □ **Quel sapone gli frutta il 30%**, he makes a 30% profit on that soap.
fruttato, m. **1** (agric.) yield **2** (econ.) profit.
fruttéto, m. orchard.
frutticolo, a. fruit (attr.): **mercato f.**, fruit market.
frutticoltóre, m. fruit-grower; fruit-farmer.
frutticoltura, f. fruit-growing; fruit-farming.
Fruttidòro, m. (stor.: dodicesimo mese del calendario rivoluzionario francese) Fructidor (franc.).
fruttièra, f. fruit-dish.
fruttifero, a. **1** (agric.) fruit-bearing; fruitful; fructiferous: **un albero f.**, a fruitful tree **2** (econ.) interest-bearing: **buoni fruttiferi**, interest-bearing securities **3** (utile) useful; profitable.
fruttificare, v. i. to produce fruit; to bear* fruit (anche fig.); to fructify.
fruttificazióne, f. (bot.) fructification.
fruttivéndolo, m. greengrocer; fruiterer. ● **negozio di f.**, greengrocer's (shop).
fruttivoro, V. frugivoro.
frutto, m. **1** fruit (nel senso di «frutta», quasi sempre sing. collett.):

Sembra il fiore, ma è il f. della pianta, it looks like a flower, but it's really the fruit of the plant; **un albero da f.**, a fruit-tree; **i frutti della terra**, the fruits of the earth; (*lett.*) **i frutti della libertà**, the fruits of liberty; (*fig.*) **f. proibito**, forbidden fruit; **La frutta era già stata servita**, fruit had already been served **2** (*quando occorre un vero sing.*) one of the fruits (*o specificare*: an apple, etc.): **Colsi un f. dal melo**, I picked one of the fruits from the apple-tree; I picked an apple **3** (*fig.*) result(s): **Hai voluto così, ed eccone i frutti**, that's what you wanted, and this is the result **4** (*econ.*: *interesse*) interest; (*reddito*) income; (*rendita*) revenue: **Queste azioni danno un f. del 6%**, these shares yield 6% interest. ● **frutti di mare**, shell-fish; seafood (*sing.*) □ **essere alla frutta**, to be at the end of the dinner (*o* of the lunch) □ **dare frutti**, to bear (*o* to yield) fruit □ **dare scarso f.** (*anche agric.*), to yield very little □ (*econ.*) **mettere a f.**, to put to interest □ **senza f.**, fruitlessly; (*fig.*) without any result □ **Ecco i frutti della distrazione**, this is what comes of being absent--minded □ (*prov.*) **Dal f. si conosce l'albero**, a tree is known by its fruit □ (*prov.*) **Ogni f. vuole la sua stagione**, everything in its own season.
fruttòsio, *m.* (*chim.*) fructose.
fruttuóso, *a.* **1** fruitful **2** (*fig.*) advantageous; profitable.
ftaleina, *f.* (*chim.*) phthalein.
ftàlico, *a.* (*chim.*) phthalic.
ftiriasi, *f.* (*med.*) phthiriasis*; pediculosis*.
fu, *a.* late: **Il f. Mattia Pascal**, the late Mattia Pascal. ● (*bur.*) **Stefano Bianchi fu Luigi**, Stefano Bianchi, son of the late Luigi Bianchi; (*leg.*) **Stefano Bianchi son of Luigi Bianchi**, deceased.
fucilare, *v. t.* to shoot*: **fucilato all'alba**, shot at dawn.
fucilata, *f.* gun-shot; (*di carabina*) rifle-shot. ● **Nelle strade fanno alle fucilate**, there's shooting in the streets.
fucilazióne, *f.* (execution by) shooting: **f. in massa**, mass shooting. ● **condannare q. alla f.**, to sentence sb. to be shot.
fucile, *m.* **1** gun; (*carabina*) rifle: **un f. da caccia**, a shot-gun; a sporting gun; **un f. a due canne**, a double-barrelled gun; **un f. mitragliatore**, a sub-machine gun; a tommy-gun (*pop.*); a light machine gun; an LMG; **un f. a ripetizione**, a repeating rifle; a repeater; **un f. ad aria compressa**, an air-gun; **un f. subacqueo**, a spear gun; **a tiro di f.**, within gun-shot **2** (*fig.*: *tiratore*) shot. ● **f. a retrocarica**, breech-loader.
fucileria, *f.* (*mil.*) (*scarica di molti fucili*) fusillade.
fucilière, *m.* (*mil.*) rifleman*.
fucina, *f.* **1** (*in tutti i sensi*) forge: **la f. di Vulcano**, Vulcan's forge **2** (*di fabbro ferraio*) smithy **3** (*fig.*) hotbed; mine; source: **una f. di congiure**, a hotbed of intrigue.
fucinare, *v. t.* **1** (*in tutti i sensi*) to forge **2** (*fig.*) to concoct; to cook up; to brew. ● (*metall.*) **f. alla pressa**, to press-forge □ (*metall.*) **f. entro stampi**, to drop-forge.
fucinatóre, *m.* (*metall.*) forger.
fucinatrice, *f.* (*metall.*) forging-machine.
fucinatura, *f.* (*metall.*) forging. ● **f. a stampo**, drop-forging.
fuco (1), *m.* (*zool.*) drone.
fuco (2), *m.* (*bot.*, *Fucus*) fucus*; tang; kelp.
fùcsia, *f.* (*bot.*, *Fuchsia*) fuchsia.
fucsina, *f.* (*chim.*) fuchsine; rosaniline.
fuègino, *a. e m.* Fuegian.
fuétto, *m.* (*ippica*) riding whip.
fuga, *f.* **1** escape; flight: **la storia emozionante di una f.**, an exciting escape story; **la f. del prigioniero**, the prisoner's escape; **f. precipitosa**, precipitous flight; stampede; **la f. in Egitto**, the flight into Egypt; **pigliare la f.** (*o* darsi alla f.), to take to flight; to make one's escape; to escape; **mettere in f. il nemico**, to put the enemy to flight **2** (*di due innamorati*) elopement **3** (*di gas, ecc.*) leak; leakage; escape **4** (*mus.*) fugue **5** (*successione d'alberi, ecc. in lunga prospettiva*) vista (receding into the distance) **6** (*nel ciclismo*) sprint; spurt. ● **la f. delle braccia** (*degli operai, ecc.*), brawn drain □ (*econ.*) **f. di capitali**, flight of capital □ **la f. dei cervelli**, brain drain □ **una f. di scalini**, a flight of stairs □ **una f. di stanze**, a suite of rooms.
fugace, *a.* fleeting; transient; transitory; short-lived: **l'attimo f.**, the fleeting moment; **gioia f.**, short-lived joy.
fugacemènte, *avv.* fleetingly; transiently; briefly.
fugacità, *f.* fleetingness; transiency.
fugare, *v. t.* to put* to flight; to chase; to banish; to rout.
fugato, *m.* (*mus.*) «fugato».
fuggènte, *a.* fleeing; fugitive.
fuggévole, *a.* fleeting; transient; transitory; short-lived.
fuggevolèzza, *f.* fleetingness; transience, transiency; transitoriness.
fuggiasco, *a. e m.* runaway; fugitive.
fuggifuggi, *m.* stampede; rush: **Ci fu un f. generale**, there was a general rush.
fuggire, *v. i. e t.* **1** to flee*; to run* away; to fly*; to escape: **Come fugge il tempo!**, how time flies!; **Fuggirono in Scozia**, they ran away (*o* fled) to Scotland; **f. da una gabbia**, to escape from a cage; **f. dalla prigione**, to escape from (*o* to break out of) jail **2** (*di due innamorati*) to elope **3** (*schivare*) to avoid; to shun; to eschew; to shunt. ● (*naut.*) **f. il vento**, to fly before the wind □ **a scappa e fuggi**, in a great hurry; in a rush □ **Mi lasciai f. quella parola (di bocca)**, I let that word escape me.
fuggitivo, *a. e m.* fugitive; runaway.
fulcro, *m.* **1** (*mecc.*) fulcrum* **2** (*fig.*) corner-stone; heart; hub: **il f. della questione**, the heart of the matter.
fulgènte, *a.* shining; splendid; brilliant; resplendent.
fùlgere, *v. i.* (*lett.*) to shine*; to glitter.
fulgidézza, *f.* brilliance; brilliancy; radiance, radiancy.
fùlgido, *a.* shining; bright; glittering; resplendent; radiant.
fulgóre, *m.* splendour; brightness; brilliance; glitter; radiance.
fuliggine, *f.* soot; (*una particella di f.*) smut: **M'è entrata un po' di f. in un occhio**, I've got a smut in my eye.
fuligginóso, *a.* sooty; smutty.
full, *m.* (*gioco del poker*) full house.
fulmicotóne, *m.* gun-cotton.
fulminante, **A** *a.* fulminant (*anche med.*); fulminating: **apoplessia (polvere) f.**, fulminant apoplexy (powder). **B** *m.* (*capsula f.*) primer.
fulminare, **A** *v. t.* **1** to strike* by lightning: **Durante il temporale rimase fulminato**, he was struck by lightning in the storm **2** (*colpire*) to strike* down; (*con arma da fuoco*) to shoot*; (*con una scarica elettrica*) to electrocute: **Una malattia infettiva lo ha fulminato**, he was struck down by an infectious disease **3** (*fig.*) to fulminate. **B** *v. i.* to thunder and lighten. ● **f. q. con uno sguardo**, to wither sb. (with a glance); to give sb. a withering glance. **fulminarsi**, **C** *v. rifl.* (*elettr.*) to burn* out: **La lampadina si è fulminata**, the bulb has burnt out.
fulminato, *m.* (*chim.*) fulminate.
fulminatóre, **A** *m.* thunderer; fulminator (*specialm. fig.*). **B** *a.* thundering; fulminating (*specialm. fig.*).
fulminazióne, *f.* fulmination (*specialm. fig.*).
fùlmine, *m.* **1** thunderbolt, bolt; (*lampo*) (flash of) lightning: **colpito da un f.**, struck by lightning; **come un f.**, like (a streak of) lightning; (*fig.*) **un f. a ciel sereno**, a bolt from the blue **2** (*fig.*: *persona attivissima, impetuosa*) whirlwind; tornado*. ● **andare come il f.**, to whiz, to whizz (*fam.*).
fulmineità, *f.* lightning speed.
fulmineo, *a.* instantaneous; fulminant (*specialm. med.*); as quick as lightning. ● **È stata una cosa fulminea**, it all happened with breath-taking speed.
fulminico, *a.* (*chim.*) fulminic: **acido f.**, fulminic acid.
fulvo, *a.* tawny; reddish-yellow.
fumàcchio, *m.* **1** (*legno*) smoky log; (*carbone*) smoky lump of charcoal **2** (*geol.*) fumarole, smoke-hole.
fumàggine, *f.* (*bot.*) fumagine; sooty mould.
fumaiòlo, *m.* **1** chimney-pot; chimney-top; chimney-stalk (*anche di fabbrica*) **2** (*di bastimento, di locomotiva*) funnel; smoke--stack **3** (*geol.*) fumarole; smoke-hole.
fumante, *a.* smoking; steaming (*specialm. di vivanda, ecc.*); reeking.
fumare, *v. i. e t.* **1** to smoke: **Il fuoco fuma, apri la finestra**, the fire is smoking, open the window; **Grazie, non fumo**, I don't smoke, thank you; **f. la pipa**, to smoke a pipe; **f. come un turco**, to smoke like a chimney **2** (*emettere vapore*) to fume **3** (*per ebollizione*) to steam. ● **f. abitualmente una sigaretta dietro l'altra**, to be a chain-smoker □ **vietato f.**, no smoking.
fumària, *f.* (*bot.*, *Fumaria officinalis*) fumitory.
fumàrio, *a.* smoke (*attr.*). ● **canna fumaria**, flue.
fumaròla, *f.* (*geol.*) geyser; (*vulcanica*) fumarole, smoke-hole.
fumata, *f.* **1** puff of smoke; smoke-signal: (*nel corso del conclave*) **una f. bianca (nera)**, a white (black) smoke-signal **2** (*il fumare tabacco*) smoke: **fare una f.**, to have a smoke; **Mi godevo la mia f. del dopo pranzo**, I was enjoying my after-dinner smoke. ● (*fig.*) **Non si vede ancora la f. bianca**, the election is still undecided.
fumatóre, *m.* smoker: **un f. accanito**, a heavy smoker; a chain--smoker. ● (*ferr.*) **carrozza (o scompartimento) per fumatori**, smoker.
fumé (*franc.*), *a.* (*color fumo*) smoke-grey.
fumeggiare, **A** *v. i.* to smoke. **B** *v. t.* (*arte*) to shade off.
fumeria, *f.* opium den.
fumettista, *m. e f.* **1** comic-strip writer **2** (*spreg.*: *scrittore di poco conto*) hack writer.
fumettistico, *a.* (*spreg.*) melodramatic; (*convenzionale*) stereotyped.
fumétto, *m.* **1** (*nuvoletta*) balloon; bubble **2** (*generalm. pl.*) comic-strip; cartoons (*pl.*); comics (*pl.*) **3** (*spreg.*) (hackneyed and) cheap melodrama. ● **giornale (romanzo) a fumetti**, comic--strip magazine (story).
fùmido, *a.* (*lett.*) **1** (*fumante*) smoking; steaming **2** (*fumoso*)

fumigare

smoky; reeky.
fumigare, *v. i.* to steam; to smoke.
fumigatòrio, *a.* fumigatory.
fumigazióne, *f.* (*med.*) fumigation.
fumista, *m.* 1 stove-repairer; boilerman* 2 heating contractor (*o* installer); heating engineer 3 (*fig.*: *persona che ama scherzare*) practical joker; (*spreg.*: *mistificatore*) charlatan, hot-air merchant.
fumivoró, *a.* smoke-consuming. ● (*ind.*) **apparecchio f.**, smoke--consumer.
fumo, *m.* 1 smoke: **una nuvola (una colonna) di f.**, a cloud (a column) of smoke; (*di cibo*) **saper di f.**, to taste of smoke 2 (*pl.*: *vapori o esalazioni anche odorose*) fumes: **i fumi del vino**, the fumes of wine 3 (*vapore acqueo*) steam 4 (*segnale*) smoke--signal 5 (*il fumare tabacco*) smoking 6 (*fig.*: *boria*) (ostentatious) vanity; conceit: **un uomo pieno di f.**, a man full of conceit; a conceited man. ● **f. di Londra** (*colore*), dark grey □ **andare in f.**, (*fallire*) to come to nothing, to go up (*o* to end) in smoke; (*svanire*) to vanish, to melt away: **Tutte le loro speranze sono andate in f.**, all their hopes have vanished □ **mandare in f. le speranze di q.**, to dash sb.'s hopes □ (*fig.*) **molto f. e poco arrosto**, (*fig.*) lot of hot air; much cry and little wool □ **spendere molto in f.**, to spend a lot (of money) on cigarettes (cigars, etc.) □ **vendere f. a q.**, to fool (*o* to humbug, to swindle) sb. □ **Il caminetto fa f.**, the fireplace is smoking □ **È stato mandato in f. tutto il progetto**, the whole plan has collapsed (*o* has been blown sky-high) □ **Per me quell'uomo è come il f. negli occhi**, I can't bear the sight of that man □ (*detto da un fumatore*) **La disturba il f.?**, do you mind if I smoke? □ (*prov.*) **Non c'è f. senza arrosto**, no smoke without fire.
fumògeno, A *a.* smoke (*attr.*): **una cortina fumogena**, a smoke--screen; **un candelotto f.**, a smoke-bomb. B *m.* smoke-producer.
fumoir (*franc.*), *m.* smoking-room.
fumosità, *f.* 1 smokiness 2 (*fig.*: *mancanza di chiarezza*) obscurity.
fumóso, *a.* 1 smoky 2 (*fig.*: *borioso*) conceited; supercilious; haughty 3 (*fig.*: *difficilmente intelligibile*) obscure.
fumostèrno, *V.* **fumària**.
funàio, funaiòlo, *m.* 1 (*chi fa funi*) roper; rope-maker 2 (*chi vende funi*) rope-seller.
funambolésco, *a.* funambulatory; acrobatic (*anche fig.*).
funambolismo, *m.* 1 tight-rope walking; funambulism; acrobatism 2 (*fig.*: *opportunismo*) opportunism; time-serving.
funàmbolo, *m.* 1 tight-rope walker; rope-dancer; funambulist; acrobat 2 (*fig.*: *opportunista*) opportunist; time-server.
funame, *m.* assortment of ropes.
fune, *f.* rope; cable; (*in opera*) line: (*mecc.*) **f. di trazione**, pull (*o* traction) rope; (*mecc.*) **f. portante**, carrying (*o* running) cable; **f. metallica**, wire rope; **f. di acciaio**, steel wire rope; **f. di canapa**, hemp rope; **f. di Manila**, Manila rope; **trasmissione a f.**, rope drive; **f. di rimorchio**, tow-line. ● (*naut.*) **f. di ormeggio**, painter; mooring-rope; mooring-line □ **anello di f.**, grummet, grommet □ (*sport*) **tiro alla f.**, tug-of-war.
fùnebre, *a.* 1 funeral (*attr.*): **un uffizio f.**, a funeral service; **una marcia f.**, a funeral march 2 (*lugubre*) funereal; mournful; gloomy: **immagini funebri**, funereal images. ● **carro f.**, hearse □ **elogio f.**, speech in praise of the deceased □ **imprenditore che costruisce cappelle e monumenti funebri**, monumental mason □ **imprenditore di pompe funebri**, undertaker □ **intonare un lamento f.**, to keen □ **monumento f.**, tomb-stone, grave-stone (*la pietra tombale*); monument on a grave □ **spese funebri**, burial expenses.
funerale, *m.* funeral: **Domani si farà il f.**, the funeral will take place tomorrow. ● **i funerali**, the obsequies □ (*fig.*) **avere una faccia da f.**, to have a long face □ (*fig.*) **sembrare un f.**, to look the picture of misery.
funeràrio, *a.* funeral; funerary: **un'urna funeraria**, a funeral urn. ● **iscrizione funeraria**, inscription on a grave-stone.
funèreo, *a.* funereal; mournful; gloomy.
funestare, *v. t.* 1 (*addolorare*) to afflict; to distress; to sadden: **Perché funestarla con quella notizia?**, why should you distress her with the news? 2 (*danneggiare*) to ruin; to oppress; to devastate.
funèsto, *a.* deadly; fatal; (*disastroso*) ruinous, disastrous; (*doloroso*) sad, woeful. ● **Giorno f.!**, day of woe!; evil day!
funga, *f.* mould; mouldiness.
fungàia, *f.* 1 mushroom-bed 2 (*spreg.*, *fig.*) swarm.
fùngere, *v. i.* to act (as); to exercise the office (of).
funghéto, *m.* mushroom-bed.
funghicoltóre, *m.* mushroom grower.
funghicoltura, *f.* mushroom growing.
funghire, *v. i.* (*ammuffire*) to grow* mouldy.
fungìbile, *a.* (*econ.*, *leg.*) fungible.
fungibilità, *f.* (*econ.*, *leg.*) fungibility.

fungicida, *m.* fungicide.
fungino, *a.* fungus (*attr.*).
fungo, *m.* 1 (*bot.*) fungus*; (*mangereccio*) mushroom: **il cappello d'un f.**, the cap of a mushroom; **a forma di f.**, mushroom--shaped; **funghi secchi**, dried mushrooms 2 (*med.*) fungus*. ● **f. atomico**, atomic mushroom □ **f. di annaffiatoio**, rose (of a watering-can) □ (*bot.*) **f. velenoso**, toadstool □ **andare a cogliere i funghi**, to go mushrooming □ **coltivatore di funghi**, mushroom grower □ (*fig.*) **crescere come i funghi**, to sprout up like mushrooms □ **In quella zona le case vengono su come i funghi**, there is a mushroom-growth of houses in that area.
fungosità, *f.* (*med.*) fungosity.
fungóso, *a.* fungous (*anche med.*); mushroom-shaped.
funicèlla, *f.* cord; string.
funicolare, *a.* funicular (railway).
funicolo, *m.* 1 strand (of a rope) 2 (*anat.*, *bot.*) funiculus*. ● **f. ombelicale**, funiculus; funis; umbilical cord □ **f. spermatico**, funiculus; spermatic cord.
funivìa, *f.* (*air*) cableway; telpherage. ● **carrello di f.**, cable--car; telpher.
funzionale, *a.* (*anche med.*, *mat.*) functional. ● **un apriscatole molto f.**, a very handy can opener.
funzionalismo, *m.* (*anche archit.*, *psic.*) functionalism.
funzionalità, *f.* functional character; functionality.
funzionaménto, *m.* working; running; operation; functioning. ● (*ind.*, *mat.*) **analisi del f. di un sistema**, system analysis □ **istruzioni sul f.**, operating directions □ **Spiegami il f.**, show me how it works.
funzionare, *v. i.* 1 (*fare funzione di*) to act (as) 2 (*di una macchina*, *ecc.*) to work; to operate; (*di un motore*, *anche*) to run* 3 (*fig.*: *di cosa astratta*) to work (well); to function; to go* right: **Il trattato funzionò finché convenne ad ambo le parti**, the treaty worked as long as it suited both sides. ● **non f.**, to be out of order; not to work: **L'ascensore non funziona**, the lift is out of order.
funzionàrio, *m.* official; officer; functionary: **un f. statale**, (*in Italia*) a functionary; (*in G. B.*) a civil servant; **un f. di polizia**, a police officer; **alti funzionari**, high officials.
funzióne, *f.* 1 function; role: **la f. del cuore**, the function of the heart; **la f. dell'istruzione**, the function of education 2 (*carica*) office; function in f., to enter upon office 3 (*relig.*) service; ceremony 4 (*mat.*) function. ● **il facente f. di capufficio**, the acting chief clerk □ **fare f. di**, to act as □ (*di macchina*, *ecc.*) **in f.**, in operation □ **nell'esercizio delle proprie funzioni**, while carrying out one's duties.
fuochista, *V.* **fochista**.
fuòco, *m.* 1 fire: **accendere** (**attizzare, spegnere**) **il f.**, to light (to stoke up, to put out) the fire; **scaldarsi al f.**, to warm oneself by the fire; **appiccare il f. a q.c.**, to set fire to st.; **dare f. a q.c.**, to set st. on fire; **pigliare f.**, to catch fire (*anche fig.*) to take fire; (*fig.*) **scherzare col f.**, to play with fire; **cuocere a f. lento** (**a f. vivo**), to cook on a slow (on a brisk) fire; **Al f.! Al f.!**, fire! fire! 2 (*anche mil.*) fire: **f. di carabina** (*o* **di carabine**), rifle-fire; **f. incrociato**, cross-fire; **f. di fila**, running fire (*anche fig.*); **aprire** (**cessare**) **il f.**, to open (to cease) fire; **fra due fuochi**, between two fires (*anche fig.*); **trovarsi** (*o* **stare**) **sotto il f.**, to be under fire 3 (*mat.*, *fis.*, *fotogr.*) focus*: **a f.**, in focus; **f. fisso**, fixed focus; **fuori f.** (*sfocato*), out of focus 4 (*fig.*: *ardore*) fire; ardour: **un discorso senza f.**, a speech lacking fire; **il f. della gioventù**, youthful ardour 5 (*pl.*, *naut.*) lights; (*delle caldaie*) fires: **lasciare spegnere i fuochi**, to let the fires go out. ● **fuochi artificiali** (*o* **del Bengala**), fireworks □ **f. di cannone** (*o* **di cannoni**), gunfire □ (*fig.*) **f. di paglia**, flare-up; flash in the pan □ (*med.*) **f. di Sant'Antonio**, shingles (*pl.*) □ (*naut.*) **f. di Sant'Elmo**, St. Elmo's fire; corposant □ (*mil.*) **f. di sbarramento**, barrage □ **f. fatuo**, will-o'-the-wisp; jack-o'-lantern □ (*naut.*) **f. indicatore** (*di siluro*), indicator flare □ (*mil.*, *stor.*) **f. greco**, Greek fire □ **f. sacro**, (*med.*) herpes zoster; shingles (*pl.*); (*fig.*) sacred fire, inspiration □ **a prova di f.**, fire-proof □ **armi da f.**, firearms (*non comune al sing.*) □ **bollato a f.**, branded □ (*fig.*) **buttarsi nel f. per q.**, to go through fire and water for sb. □ **cantuccio accanto al f.**, ingle-nook □ **carro di f.**, fiery chariot □ (*fotogr.*) **dispositivo di messa a f.**, focusing device □ (*fig.*: *di persona*) **diventare di f.**, to flush scarlet □ **fare f.** (*sparare*), to fire □ (*fig.*) **far f. e fiamme**, to go to any length □ **ferro da f.**, fire-iron □ (*fig.*) **investire q. con un f. di fila di domande**, to keep firing questions at sb. □ (*fotogr.*) **messa a f.**, focusing □ (*fotogr.*) **mettere a f.**, to focus; to focalize □ **mettere q.c. al f.**, to put st. on to cook □ **occhi di f.**, fiery eyes; eyes full of fire □ (*mil.*) **ordinare il f.**, to give the order to fire □ **parole di f.**, fiery words □ (*fig.*) **prendere f.** (*adirarsi*) per la minima cosa, to fly into a passion (*o* to flare up) at the least thing □ **prova del f.**, (*stor.*) ordeal by fire; (*fig.*) crucial test □ **segnare a f.**, to brand □ **soffiare nel f.**, to fan the flame □ (*fig.*) **versare**

acqua sul f., to pour oil on troubled waters □ **vigile del f.**, fireman □ **i Vigili del F.**, the Fire Brigade □ (*nei giochi, cercando q.c.*) **Fuochino... f.... fuocone** (*o* **ti bruci**)!, you're getting hot! □ (*fig.*) **Il f. covava sotto la cenere**, the matter ... (*o* the trouble, etc.) lay smouldering □ **Metterei la mano sul f. che non è vero**, I bet you anything it's not true; it's not true: I'd stake my life on it □ (*detto da un fumatore*) **Mi dà del f., per piacere?**, can you give me a light, please?

fuorché, *cong. e prep.* except; but; save: **Andiamo a scuola tutti i giorni f. la domenica**, we go to school every day except Sunday; **dappertutto f. in cucina**, everywhere except in the kitchen; **tutti f. mio fratello**, everybody except my brother; **nessuno f. me**, nobody except me (but I); **Farei qualunque cosa f. scrivere quella lettera**, I'd do anything but write that letter.

fuòri (1), fuòri di, *avv. e prep.* **1** out; out of: **È in casa o f.?**, is he in or out?; **essere f.** (*essere uscito di casa*), to be out; **guardare f. della finestra**, to look out of the window; **essere in f.** (*sporgere*), to stick out (*o* to jut out); **essere f. pericolo**, to be out of danger; **f. servizio**, (*mil. e fig.*) out of commission; (*di cosa*) out of order; (*di persona*) off duty; **f. portata** (*o* **f. del raggio d'azione**), out of range **2** (*il contrario di «in casa»*) outdoors; out-of-doors; (*e come agg. in posizione attributiva*) out-door (*corrisponde a* «**di fuori**»): **f. all'aria aperta**, out-of-doors in the open air; **F. fa molto freddo, ma le case sono scaldate bene**, it's very cold out-of-doors, but the houses are well heated; **Il malato stia f. il più possibile**, let the patient stay out-of-doors as much as possible **3** (*all'esterno*) outside: **Aspettate f.!**, wait outside!; **aspettare f. della porta**, to wait outside the door; **guardare f.**, to look outside **4** (*all'estero*) abroad: **notizie da f.**, news from abroad; **in Italia e f.**, in Italy and abroad **5** (*eccetto*) except; apart from; but: **F. di ciò non ebbi altro**, apart from this, I didn't get anything; **Nessuno lo sa f. di te**, nobody knows but (*o* except) you. ● **F.!**, get out! (*teatr.*) **F. l'autore!**, Author! □ (*naut.*) **f. bordo**, outboard □ **f. classe**, (*campione*) champion; first-rater; top-notcher (*fam.*) □ (*pugilato*) **f. combattimento**, knock-out □ **f. commercio**, not for sale (*di moneta, ecc.*) **f. corso**, no longer current □ **f. concorso**, «hors (de) concours» (*franc.*) □ **F. dai piedi!**, get off!; get away!; scram! (*pop.*) □ (*fig.*) **f. del seminato**, beside the point □ **f.** (**di**) **mano**, out of the way; remote; secluded □ **essere f. di sé**, to be beside oneself □ (*anche fig.*) **f. luogo**, out of place; uncalled for (*solo fig.*) □ (*naut.*) **f. tutto**, overall □ **con gli occhi di f.**, with one's eyes popping out □ (*di un liquido*) **dar di f.**, to overflow □ (*pop.*) **fare f. q.**, to do sb. in □ **edizione f. commercio**, privately printed (and circulated) edition □ **gente di f.**, strangers; foreigners □ **mettere f.** (*pubblicare*), to publish □ **scappare f. con una domanda buffa**, to come out with a funny question □ **tagliare f. q.**, to cut sb. off □ **tavola f. testo**, plate f. text (*o* **mettere**) **f. denaro**, to fork out money □ **O dentro o f.!**, in or out!; (*fig.*) make up your mind! □ **È f. centro**, it's not in the centre (*o* in the middle) □ **Siamo f. strada**, we're on the wrong road; (*fig.*) we are on the wrong track □ **Il risultato è f. discussione**, there is no doubt as to the result.

fuòri (2), di fuòri, *m.* outside: **il di f. della casa**, the outside of the house; **vedere le cose dal di f.**, to see things from the outside; **Si apre dal di f.**, it opens from the outside.

fuoribórdo, (*naut.*) **A** *m. invar.* **1** (*motore*) outboard motor **2** (*barca*) outboard (motorboat). **B** *a.* outboard. **C** *avv.* overboard: **avere una scotta f.**, to have a sheet overboard.

fuoribórsa, *m.* (*Borsa*) over-the-counter market; street market.

fuoricampo, *a.* (*cinem., telev.*) off-screen.

fuoriclasse, **A** *a.* first-rate; top-notch, tip-top (*fam.*). **B** *m. invar.* (undisputed) champion; first-rater; top-notcher, tip-topper (*fam.*).

fuoricombattiménto, *m. invar.* knock-out: **mettere f.**, to knock out; **vincere per f.**, to win by a knock-out.

fuoricórso, *a. invar.* **1** (*filatelia, numismatica*) withdrawn from circulation **2** – **studente f.**, student who has not got a degree within the prescribed time.

fuorigiòco, *m. invar.* (*sport*) off-side.

fuorilégge, *m. invar.* outlaw.

fuoriprogramma, *m. invar.* item (*o* number) not in the program.

fuorisèrie, **A** *a.* specially built. **B** *f. invar.* (*autom.*) car with specially-built body; custom-built car. **C** *m. e f.* (*fig. fam.*) first-rater; top-notcher, tip-topper (*fam.*).

fuoristrada, *m. e f. invar.* **1** (*autom.*) cross-country motor vehicle; land rover; funabout (*fam.*) **2** (*miss.: f. lunare*) lunar rover.

fuoriuscire, *v. i.* to come* out; to be discharged.

fuoriuscita, *f.* discharge; emission.

fuoriuscito, *m.* political exile.

fuoruscire, e *deriv.* V. **fuoriuscire**, e *deriv.*

fuorviare, V. **forviare**.

furbacchióne, *m.* (*fam.*) sly old thing; sly-boots (*fam.*); wily old fox.

furbaménte, *avv.* astutely; shrewdly; artfully; cunningly.

furbería, *f.* **1** astuteness; shrewdness; cunning; slyness **2** (*azione da furbo*) clever (*o* cunning) trick; ruse.

furbescaménte, *avv.* cunningly; slyly.

furbésco, *a.* cunning; sly: **un tiro f.**, a sly thrust. ● **lingua furbesca**, thieves' Latin (*o* cant).

furbìzia, V. **furbería**.

furbo, **A** *a.* astute; shrewd; artful; cunning; sly. ● **occhi furbi**, sharp eyes. **B** *m.* artful (*o* cunning) fellow; sly dog. ● **un f. matricolato**, an arrogant rogue; a tricky customer □ **fare il f.**, to try to be clever.

furènte, *a.* raging; furious: **Era f. per ciò che aveva fatto suo fratello**, he was furious at what his brother had done. ● **f. d'ira**, mad with rage.

furería, *f.* (*mil.*) orderly office.

furétto, *m.* (*zool., Mustela furo*) ferret.

furfante, *m.* scoundrel; rogue; rascal; scamp.

furfantería, *f.* **1** roguery; rascality; knavery **2** (*azione di furfante*) rascally act.

furfantésco, *a.* roguish; rascally; knavish.

furfantino, *a.* – **lingua furfantina**, thieves' Latin (*o* cant); argot.

furgoncino, *m.* delivery van; small van. ● **f. del lattaio**, milk float (*fam.*).

furgóne, *m.* van; delivery van. ● **f. cellulare**, prison van; Black Maria (*pop.*) □ **f. per traslochi**, furniture (*o* removal) van □ **f. postale**, mail-van.

furgonista, *m.* van driver.

fùria, *f.* **1** fury; rage; anger: **andare su tutte le furie**, to fly into a rage **2** (*veemenza*) fury; heat; frenzy: **la f. del vento (della loro passione)**, the fury of the wind (of their passion); **la f. della discussione**, the heat of the discussion **3** (*grande fretta*) great hurry; haste; rush: **avere f.**, to be in a great hurry; **Nella f. dimenticai la chiave**, in my haste I forgot the key; **nella f. della partenza**, in the last-minute rush **4** – **a f. di**, by dint of; by force of; by... again and again: **A f. di dirglielo, l'ho convinto**, by telling him again and again, I've convinced him **5** (*fig.: persona collerica*) fury: **La donna sembrava una f.**, the woman looked like a fury. ● (*mitol.*) **le Furie**, the Furies □ **a f. di popolo**, by mob violence □ **far andare q. su tutte le furie**, to make sb. very angry.

furibóndo, *a.* furious; enraged; incensed; wrathful; raging.

furière, *m.* **1** (*mil.*) quartermaster **2** (*naut.*) paymaster.

furiosaménte, *avv.* **1** furiously; ragingly **2** (*con impeto violento*) furiously; wildly; violently; like fury: **lavorare f.**, to work like fury.

furióso, **A** *a.* **1** furious; enraged; in a rage (*pred.*); raging; rageful; wild: **occhi furiosi**, rageful eyes; **Era f. per ciò che aveva fatto suo fratello**, he was furious at what his brother had done **2** (*violento*) furious; wild; violent: **un vento f.**, a violent wind. ● **mare f.**, tempestuous (*o* stormy) sea; raging billows (*lett.*) □ **pazzo f.**, raving mad. **B** *m.* raving madman*; violent maniac.

furlana, *f.* (*mus., danza pop.*) forlana*, furlana*.

furóre, *m.* **1** fury; rage **2** (*veemenza, passione*) frenzy; frenzied vehemence: **sacro** (*o* **poetico**) **f.**, poetic frenzy. ● **far f.**, to be a great success; to be (all) the rage; to be a hit (*fam.*) □ **invaso da sacro f.**, carried away by one's inspiration.

furoreggiare, *v. i.* to be a great success; to be (all) the rage; to be the craze of the moment; to be a hit (*fam.*).

furtivaménte, *avv.* furtively; stealthily; by stealth; secretly.

furtivo, *a.* **1** furtive; stealthy; surreptitious **2** (*leg.*) stolen.

furto, *m.* theft; larceny; rip-off (*anche fig.*): **f. di poca entità**, petty larceny; **commettere un f.**, to commit a theft; to steal; **congegno antifurto**, anti-theft device. ● **f. a mano armata**, hold-up □ (*leg.*) **f. con scasso**, burglary; housebreaking □ **f. in un negozio** (*taccheggio*), shoplifting □ **f. letterario**, plagiarism.

fusa, *f. pl.* – **fare le f.**, to purr.

fusàggine, *f.* (*bot., Evonymus europaeus*) spindle-tree.

fusaiòla, *f.* (*arch.*) fusarole.

fusata, *f.* spindleful.

fuscèllo, *m.* (*di legno, ramoscello*) twig; (*di paglia*) straw. ● **magro come un f.**, as thin as a lath.

fusciacca, *f.* sash.

fusellato, *a.* fusiform; spindle-shaped.

fusèllo, *m.* **1** (*mecc.*) spindle; journal; (*autom.*) **f. dell'assale**, axle-tree spindle **2** (*per merletti*) bobbin **3** (*tipogr.*) ornamental rule. ● (*autom.*) **f. di ruota**, stub axle.

fusìbile, **A** *a.* meltable; fusible: **lega f.**, fusible alloy; (*metall.*) **metallo f.**, fusible metal; **valvola f.**, fusible plug. **B** *m.* (*elettr.*) fuse.

fusibilità, *f.* (*metall.*) fusibility.

fusièra, *f.* (*ind. tessile*) spindle-holder.

fusifórme, *a.* spindle-shaped; fusiform.

fusióne, *f.* **1** fusion; founding; (*per estrarre un metallo*) smelting; (*in una forma*) casting; (*di materiale non metallico*) melting: **il punto di f.**, the melting-point **2** (*elettr.*) blowout **3** (*fig.*) fusion: **una f. d'idee**, a fusion of ideas **4** — (*leg.*) **f. di società**, merger.
fusionismo, *m.* (*polit.*) fusionism.
fusionista, *m. e f.* (*polit.*) fusionist.
fuso (1), *a.* fused; cast; smelted; (*di materiale non metallico*) melted, molten: **neve fusa**, melted snow; **piombo f.**, molten lead.
fuso (2), *m.* **1** (*ind. tessile e mecc.*) spindle **2** (*geom.*) lune **3** (*naut.: di ancora*) shank **4** (*archit.: di colonna*) shaft. ● (*geogr.*) **f. orario**, time zone □ **a f.**, spindle-shaped; fusiform □ **diritto come un f.**, as straight as a ramrod □ **Tornai da lui dritta come un f.**, I went back to him like a shot.
fusolièra, *f.* (*aeron.*) fuselage.
fusòrio, *a.* melting; casting. ● **forno f.**, blast-furnace.
fustagno, *m.* fustian.
fustàia, *f.* high forest.
fustanèlla, *f.* (*sopravveste masch. greca*) fustanella.
fustèlla, *f.* **1** (*mecc.*) (hollow) punch; die **2** (*talloncino recante il prezzo dei medicinali*) price-tag.
fustellare, *v. t.* (*mecc.*) to punch.
fustellatrice, *f.* (*mecc.*) punch cutter.
fustigare, *v. t.* **1** to flog; to lash; to scourge; to whip; to beat*; (*con una canna*) to cane **2** (*fig.*) to criticize with severity; to censure.
fustigatóre, *m.* **1** flogger; scourger; whipper **2** (*fig.*) severe critic.
fustigazióne, *f.* flogging; lashing; flagellation.
fustino, *m.* (*contenitore*) small container; tub; (*di metallo*) can.
fusto, *m.* **1** (*in molti sensi*) stem: **il f. della chiave**, the key stem **2** (*bot.: gambo*) stalk, stem; caulis*; (*tronco*) trunk **3** (*intelaiatura*) frame **4** (*naut.: di remo*) handle; (*dell'ancora*) beam **5** (*del corpo umano*) torso*; trunk **6** (*archit.*) shaft **7** (*recipiente di metallo per benzina, ecc.*) drum, can; (*di legno per vino, ecc.*) cask, barrel **8** (*fam.: giovane atletico*) he-man*; muscle--man*; stout and strong man*. ● **f. del letto**, bedstead.
fùtile, *a.* futile; trifling; frivolous; trivial; paltry: **un tentativo f.**, a futile attempt.
futilità, *f.* futility; frivolity; frivolousness; triviality.
futuribile, A *a.* possible in the future. B *m.* **1** (*studio dei possibili eventi futuri*) futurology **2** (*studioso di possibili eventi futuri*) futurologist; futurist.
futurismo, *m.* (*arte, letter.*) futurism.
futurista, *a.*, *m. e f.* (*arte, letter.*) futurist.
futuristico, *a.* (*arte, letter.*) futuristic.
futuro, A *a.* future; next; to come: **la vita futura**, the future life; the life to come; **in un tempo f.**, at a future time; **il mese f.**, next month; **gli anni futuri**, the years to come. ● **la futura sposa**, the bride-to-be. B *m.* **1** (the) future: **predire il f.**, to foretell the future **2** (*gramm.*) future (tense): **f. anteriore**, future perfect **3** (*pl.: i posteri*) future generations; posterity (*sing.*).
futurologia, *f.* futurology.
futurològico, *a.* futurological.
futuròlogo, *m.* futurologist; futurist.

g, G

G, g, *f.* e *m.* (*settima lettera dell'alfabeto ital.*) G, g. ● (*tel.*) **g come Genova,** g for George.
gabardine (*franc.*), *f.* e *m.* (*tessuto*) gabardine.
gabbamóndo, *m.* e *f.* cheat; swindler.
gabbana, *f.* **1** (*soprabito*) loose hooded overcoat **2** (*veste da lavoro*) smock-frock; overall. ● (*fig.*) **voltar g.,** to be a turncoat.
gabbanèlla, *f.* (doctor's) white coat (*o* overall).
gabbano, *m.* V. **gabbana.**
gabbare, A *v. t.* **1** to hoodwink; to dupe; to cheat; to deceive; to swindle **2** (*beffare*) to make* a fool of (sb.). **gabbarsi, B** *v. rifl.* to make* fun (of); to poke fun (at); to laugh (at).
gabbatóre, *m.* cheat; swindler.
gàbbia, *f.* **1** cage; (*per polli*) hen-coop; (*da imballaggio*) crate: **g. da uccelli,** bird-cage; **uccello da g.,** cage-bird; (*naut.*) **albero di g.,** cage mast; (*radio*) **antenna a g.,** cage antenna; **L'hanno messo in g.** (*in prigione*), they've put him in the cage **2** (*di ascensore*) lift-shaft; lift-well **3** (*naut.*) crow's-nest **4** (*leg.*: *degli imputati*) dock **5** (*cassa per imballaggio*) crate **6** (*di miniera*) skip; cage. ● (*fig.*) **g. di matti,** mad-house □ (*anat.*) **la g. toràcica,** the ribs (*pl.*); the chest.
gabbiano, *m.* (*zool., Larus*) (sea-)gull. ● **g. comune** (*Larus ridibundus*), black-headed (*o* pewit) gull □ **g. reale** (*Larus argentatus*), herring gull.
gabbiata, *f.* cageful.
gabbière, *m.* (*naut.*) topman*.
gabbióne, *m.* **1** big cage **2** (*per imputati*) dock **3** (*per argini*) gabion.
gabbo, *m.* joke; mockery. ● **farsi g. di q.** (*di q.c.*), to mock sb. (at st.).
gabbro, *m.* (*geol.*) gabbro*.
gabèlla, *f.* excise; tax; toll.
gabellare, *v. t.* **1** to tax **2** (*far passare per*) to pass off (as): **Lo gabellarono per sacerdote,** they passed him off as a priest **3** (*riconoscere per vero*) to believe; to swallow (*fam.*).
gabellière, *m.* exciseman*.
gabinétto, *m.* **1** (*polit.: ministero, complesso dei ministri*) cabinet, Cabinet; (*stor.: del re, ecc.*) Privy (*o* Cabinet) Council: **una crisi di g.,** a cabinet crisis; **riunione del g.,** Cabinet council; meeting of the Cabinet; (*in G. B.*) **g. ombra** (*o* **fantasma**), shadow cabinet **2** (*g. di decenza*) lavatory; water closet (*o* W. C.); toilet; washroom (*USA*); (*in un ristorante*) rest room (*USA*); loo (*fam.*); (*per uomini*) Gents (*sing.*); (*per donne*) Ladies (*sing.*) **3** (*in una scuola o università*) laboratory; lab (*fam.*): **il g. di fisica,** the physics laboratory **4** (*di medico, ecc.*) consulting-room (*spesso s.*); surgery: **gabinetto dentistico,** dental surgery **5** (*studio privato*) study. ● **g. di lettura,** reading-room.
Gabrièle, *m.* Gabriel.
Gabrièlla, *f.* Gabriella.
gadidi, *m. pl.* (*zool., Gadidae*) gadoids.
gadolinio, *m.* (*chim.*) gadolinium.
gadolinite, *f.* (*miner.*) gadolinite.
gaèlico, A *a.* Gaelic. **B** *m.* **1** (*abitante*) Gael **2** (*la lingua*) Gaelic.
gaffa, *f.* (*naut.*) boat-hook.
gaffe (*franc.*), *f.* «faux pas» (*franc.*); «gaffe» (*franc.*); blunder: **fare una g.,** to commit a «faux pas»; to drop a brick (*pop.*).
gagà, *m.* dandy; fop; toff (*pop.*).
gagate, *f.* (*miner.*) jet.
gaggia, *f.* (*bot., Robinia pseudoacacia*) false acacia.
gagliarda, *f.* (*ballo*) galliard.
gagliardaménte, *avv.* vigorously; bravely.
gagliardétto, *m.* (*anche naut.*) pennon; pennant.
gagliardìa, *f.* vigour; energy; hardiness; lustiness; pep, vim, go (*fam.*).
gagliardo, *a.* strong; vigorous; hardy; lusty; (*robusto*) robust, strapping; (*audace*) bold, brave; (*di un vino*) strong and generous. ● **alla gagliarda,** bravely; heartily; vigorously; with a will □ **quantità** (*o* **misura**) **gagliarda,** good measure.

gagliofFàggine, gaglioffería, *f.* oafishness; loutishness; caddishness.
gagliòffo, A *a.* oafish; loutish; caddish. **B** *m.* oaf; lout; cad.
gagnolare, *v. i.* to whine; to yelp.
gagnolìo, *m.* whining; yelping.
gaiaménte, *avv.* gaily, gayly; cheerfully; light-heartedly; merrily.
gaiézza, *f.* **1** (*allegria*) gaiety; cheerfulness; cheeriness **2** (*di colori*) brightness.
gàio, *a.* **1** gay; cheerful; light-hearted; merry **2** (*di colori*) bright.
gala, A *f.* **1** (*trina*) frill; flounce **2** (*lusso, sfarzo*) pomp; show **3** (*festa*) gala: **uno spettacolo di g.,** a gala performance. ● **in abito di g.,** in formal dress. **B** *m.* – (*naut.*) **g. di bandiere,** flag dressing; flags (*pl.*).
galalite, *f.* (*marchio: ind.*) Galalith.
galante, A *a.* gallant; (*amoroso*) love (*attr.*): **avventure galanti,** gallant adventures; **una letterina g.,** a love-letter. **B** *m.* gallant: **fare il g.,** to play the gallant.
galanteménte, *avv.* gallantly.
galantería, *f.* **1** courtesy; gallantry **2** (*complimento*) compliment: **dire una g.,** to pay a compliment.
galantina, *f.* (*cucina*) galantine: **g. di pollo** (**di vitello**), chicken (veal) galantine.
galantomismo, *m.* gentlemanly (*o* honourable) behaviour.
galantuòmo, A *m.* honest (*o* reliable, trustworthy, honourable) man*; man* of honour; gentleman*. ● **Ehi, g.,** my good man! □ **Parola di g.: non è vero,** I give you my word, it's not true □ **Era un fior di g.,** he was a real gentleman. **B** *a.* honest; upright. ● (*prov.*) **Il tempo è g.,** time will show.
galàssia, *f.* (*astron.*) galaxy (*anche fig.*). ● **la G.,** the Galaxy; the Milky Way.
Galatèa, *f.* (*mitol.*) Galathea.
galatèo, *m.* **1** book of etiquette **2** (*buone maniere*) manners of good society (*pl.*); (good) manners (*pl.*); etiquette: **non sapere il g.,** to have no manners; **Ha agito contro il g.,** it's a breach of etiquette (*o* good manners).
galattagògo, *a.* e *m.* (*farm.*) galactagogue; galactogogue.
galàttico, *a.* (*astron.*) galactic.
galattòforo, *a.* (*anat.*) galactophorous: **condotto g.,** galactophorous duct; galactophore.
galattòmetro, *m.* (*ind.*) galactometer; lactometer.
galattopoiètico, *a.* (*med.*) galactopoietic.
galattòsio, *m.* (*chim.*) galactose.
galavèrna, *f.* (*brina*) (hoar-)frost; rime.
galbano, *m.* (*resina*) galbanum.
gàlbulo, *m.* (*bot.*) galbulus*.
galèa (1), *f.* (*stor.: elmo*) helmet.
galèa (2), *f.* (*naut., stor.*) galley.
galeazza, *f.* (*naut., stor.*) galleass.
galèna, *f.* **1** (*miner.*) galena **2** (*radio*) galena crystal: **un apparecchio a g.,** a crystal set.
galènico, *a.* Galenic: **medicinali** (*o* **prodotti**) **galenici,** Galenic medicines.
Galèno, *m.* (*stor. med.*) Galen.
galèo, *m.* (*zool., Galeorhinus galeus*) tope.
galeóne, *m.* (*naut., stor.*) galleon.
galeopitèco, *m.* (*zool., Galeopithecus volans*) flying lemur.
galeòtta, *f.* (*naut., stor.*) galliot.
galeòtto (1), *m.* **1** (*schiavo su una galea*) galley-slave; galley-man* **2** (*carcerato*) convict **3** (*furfante*) scoundrel; ruffian.
galeòtto (2), *m.* (*mezzano*) pander; pimp; go-between.
galèra, *f.* **1** (*naut. stor.*) (*la condanna*) galleys (*pl.*): **condannare alla g.,** to condemn (*o* to send) to the galleys **2** (*prigione*) prison, gaol, jail; (*carcerazione*) imprisonment **3** (*fig.: vita, lavoro insopportabili*) treadmill. ● **avanzo di g.,** gaol-bird; jail-bird □ (*fig.*) **fare una vita da g.,** to drudge and slave.
galèro, *m.* (*relig.*) cardinal's hat.
galèstro, *m.* (*geol.*) marl.
Galilèa, *f.* (*geogr.*) Galilee.

galileiano, *a.* Galilean: **un cannocchiale g.**, a Galilean telescope.
galilèo, *a.* e *m.* Galilean.
Galìzia, *f.* (*geogr.*) Galicia.
galiziano, *a.* e *m.* Galician.
galla, *f.* 1 (*bot.*) gall: **g. di rosa canina**, rose-gall; **g. di quercia**, oak-gall; oak-apple 2 (*vescichetta*) blister; gall. ● **a g.**, afloat (*solo pred.*); floating: (*fig.*) **rimanere a g.**, to keep afloat; **tenere a g. q.** (**q.c.**), to keep sb. (st.) afloat; **Vedevo la barca a g. in lontananza**, I could see the boat floating in the distance □ **venire a g.**, to come to the surface; (*fig.*) to come to light, to come out.
gallare, *v. t.* fecundate (an egg).
gallato, *a.* (*di uovo*) fecundated.
galleggiabilità, *f.* buoyancy.
galleggiaménto, *m.* floating; flo(a)tation: (*naut.*) **il centro di g.**, the centre of floatation. ● (*naut.*) **linea di g.**, water-line □ (*naut.*) **spinta di g.**, buoyancy.
galleggiante, **A** *a.* floating; afloat (*solo pred.*). **B** *m.* 1 (*natante*) craft; float; barge; (*pontone*) pontoon 2 (*boa*) buoy 3 (*per la pesca, per idrovolanti, ecc.*) float. ● (*ind.*) **regolatore a g.**, ball-cock.
galleggiare, *v. i.* 1 to float 2 (*aeron.*) to plane.
galleria, *f.* 1 (*di un palazzo, di una miniera*) gallery; (*d'arte*) (art-)gallery 2 (*a porticato, in una città*) arcade 3 (*traforo per ferrovia, ecc.; o scavata da un animale*) tunnel: **sbocco di g.**, tunnel opening 4 (*passaggio sotterraneo, spesso segreto*) underground passage; subway 5 (*di teatro*) circle; (*di cinematografo*) balcony; (*loggione*) gallery 6 (*aeron.*) tunnel: **g. aerodinamica**, wind tunnel 7 (*mil.*) gallery. ● (*ind. min.*) **g. di accesso**, adit □ (*ind. min.*) **g. di livello**, drift □ (*ind. min.*) **g. di passaggio**, gangway □ (*ind. min.*) **g. di ventilazione**, windway □ (*ind. min.*) **g. in pendenza**, slant □ (*teatr.*) **prima g.**, dress-circle □ **scavare una g. sotto un monte** (**un fiume, ecc.**), to tunnel a mountain (a river, etc.) □ (*teatr.*) **seconda g.**, upper circle.
gallerista, *m.* e *f.* manager of an art-gallery.
Galles, *m.* (*geogr.*) Wales.
gallése, **A** *a.* Welsh. **B** *m.* 1 Welshman* 2 (*la lingua*) Welsh. **C** *f.* Welshwoman*.
gallétta, *f.* (military) biscuit; (*per marinai*) ship's-biscuit; hard-tack.
gallétto, *m.* 1 (*zool.*) cockerel; young cock; (*gallo di razza piccola*) bantam 2 (*fig.: ragazzo vivace*) young cock 3 (*mecc.*) wing-nut. ● **fare il g.**, (*essere arrogante*) to be cocky (*pop.*); (*fare il galante*) to play the gallant.
Gàllia, *f.* (*geogr., stor.*) Gaul.
gallicanismo, *m.* (*relig.*) Gallicanism.
gallicano, *a.* e *m.* (*relig.*) Gallican.
gallicismo, *m.* Gallicism; French idiom.
gàllico, *a.* 1 (*stor.*) Gallic 2 (*chim.*) gallic: **acido g.**, gallic acid.
gallina, *f.* (*zool.*) hen. ● (*zool.*) **g. faraona** (*Numida meleagris*), galeeny; Guinea-fowl; Guinea-hen □ (*zool.*) **g. prataiola** (*Otis tetrax*), little bustard □ (*fig.*) **andare a letto con le galline**, to go to bed very early □ (*fig.*) **zampe di g.**, (*scrittura illeggibile*) scrawl, scribble (*sing.*); (*rughe intorno agli occhi*) crow's feet □ (*prov.*) **G. vecchia fa buon brodo**, good broth may be made in an old pot □ (*prov.*) **G. che schiamazza ha fatto l'uovo**, «qui s'excuse s'accuse» (*franc.*); methinks the lady doth protest too much □ (*prov.*) **Chi di g. nasce, convien che razzoli**, like hen, like chicken; like father, like son □ (*prov.*) **Trista quella casa dove g. canta e gallo tace**, it is a sad house where the hen crows louder than the cock.
gallinàccio, *m.* 1 (*zool.*) turkey-cock 2 (*bot., Cantharellus cibarius*) chanterelle.
gallinàceo, **A** *a.* gallinaceous. **B** *m.* gallinacean.
gallinèlla, *f.* 1 (*pollastra*) pullet 2 (*bot., Antirrhinum orontium*) lesser snapdragon. ● (*zool.*) **g. d'acqua** (*Gallinula chloropus*), water-hen; moor-hen □ (*zool.*) **g. del Signore** (*Coccinella septempunctata*), seven-spot ladybird.
gàllio, *m.* (*chim.*) gallium.
gallismo, *m.* cocksure behaviour (towards girls). ● **È un campione di g.**, he is a Latin lover.
gallo (1), *m.* (*zool.*) cock; rooster (*lett., o USA*): **g. da combattimento**, fighting-cock; game-cock; **combattimento di galli**, cock-fight; **al canto del g.**, at cock-crow; at dawn. ● (*zool.*) **g. cedrone** (*Tetrao urogallus*), capercaillie; wood (*o* great) grouse; cock of the wood □ (*fig.*) **g. dei campanili**, weather-cock; weather-vane □ (*fig.*) **essere il g. della checca**, to be the cock of the walk □ **fare il g.**, (*insuperbirsi*) to be cocky; (*fare il galante*) to play the gallant □ (*pugilato*) **peso g.**, bantam-weight □ **essere vispo come un g.**, to be as lively as a cricket.
gallo (2), (*stor.*) **A** *a.* Gallic. **B** *m.* Gaul.
gallofìlia, *f.* Gallophilia.
gallòfilo, *m.* Gallophile.
gallofobìa, *f.* Gallophobia.
gallòfobo, *m.* Gallophobe.

gallòmane, *m.* e *f.* Gallomaniac.
gallomanìa, *f.* Gallomania.
gallonare, *v. t.* to trim with braid; to braid; to decorate with stripes.
gallonato, **A** *a.* braided; gallooned. **B** *m.* (*mil.: graduato*) non-commissioned officer.
gallóne (1), *m.* 1 braid; galloon 2 (*mil.*) chevron; stripe: **galloni di sergente**, sergeant's stripes.
gallóne (2), *m.* (*misura di capacità*) gallon.
gallòzzola, *f.* blister.
galoche (*franc.*), *f.* galosh; golosh.
galoppante, *a.* galloping: (*med.*) **tisi g.**, galloping consumption.
galoppare, *v. i.* 1 to gallop 2 (*fig.*) to proceed at great speed; to be always on the move. ● **g. con la fantasia**, to let one's imagination run away with one.
galoppata, *f.* 1 gallop (*anche fig.*) 2 (*fig.: lavoro lungo e intenso*) steady hard work; grind (*fam.*).
galoppatóio, *m.* riding-track.
galoppatóre, *m.* galloper.
galoppino, *m.* 1 (*fattorino*) messenger(-boy); errand-boy; (*di un ufficio*) office-boy 2 (*polit.: g. elettorale*) canvasser.
galòppo, *m.* 1 gallop: **gran g.**, full gallop; **andare al gran g.**, to ride at full gallop 2 (*danza*) galop. ● **andare di g.**, to gallop, to ride at full gallop (*anche fig.*); (*fig.*) to go at the double □ (*fig.*) **arrivare al g.**, to arrive at the double □ **partire al g.**, to gallop away □ **piccolo g.**, canter.
galvànico, *a.* (*fis.*) galvanic: **correnti galvaniche**, galvanic currents.
galvanismo, *m.* (*fis.*) galvanism.
galvanizzare, *v. t.* (*anche fig.*) to galvanize.
galvanizzazióne, *f.* (*anche fig.*) galvanization.
galvanocàustica, *f.* (*med.*) galvano-cauterization.
galvanocautèrio, *m.* (*med.*) galvano-cautery.
galvanometrìa, *f.* (*elettr.*) galvanometry.
galvanomètrico, *a.* (*elettr.*) galvanometric(al).
galvanòmetro, *m.* (*elettr.*) galvanometer: **un g. a specchio**, a mirror galvanometer.
galvanoplàstica, *f.* (*ind.*) galvanoplasty; galvanoplastics (*pl. col verbo al sing.*).
galvanoplàstico, *a.* galvanoplastic.
galvanoscòpio, *m.* (*fis.*) galvanoscope; rheoscope.
galvanostegìa, *f.* (*ind.*) electroplating. ● **trattare con g.**, to electroplate.
galvanostegista, *m.* e *f.* (*ind.*) electroplater.
galvanotipìa, *f.* (*tipogr.*) electrotype.
galvanotipista, *m.* e *f.* (*tipogr.*) electrotypist.
gamba, *f.* 1 leg (*di persona, animale, mobile, compasso*): **con la coda fra le gambe**, with one's tail between one's legs; **una gonna a mezza g.**, a skirt reaching half-way down the leg; a midi skirt; **uno stivale a mezza g.**, a boot reaching half-way up the leg 2 (*lett., e in frasi particolari*) shank; (*al pl.*) pins (*pop.*): **andare con le proprie gambe**, to go on shank's (*o* shanks') mare (*o* pony); **Non mi reggo sulle gambe**, I'm not very steady on my pins; I can hardly stand up 3 (*di una lettera*) shank; stem (*anche di nota mus.*) 4 (*puntello*) strut: (*aeron.*) **g. del carrello**, undercarriage strut (*o* leg) 5 (*in certe locuz., e sempre qualificato*) legged: **un tavolo a tre gambe**, a three-legged table; **un bambino con le gambe storte** (*o* arcuate), a bow-legged (*o* bandy-legged) child; **una ragazza con le gambe lunghe**, a long-legged girl. ● **a mezza g.** (**nel fango, nella neve, ecc.**), up to one's knees (in mud, in the snow, etc.) □ **andare a gambe all'aria**, to fall flat on one's back; (*fig.*) to come a cropper (*fam.*) □ **avere buone gambe**, to be a good walker □ **un bambino con le gambe a ics** (*con il ginocchio valgo*), a knock-kneed child □ **camminare a quattro gambe**, to go on all fours; to crawl □ **correre a gambe levate**, to run like the wind □ **darsela a gambe**, to take to one's heels □ **fare il passo più lungo della g.**, to bite off more than one can chew; to be too big for one's boots □ **fare il passo secondo la g.**, to cut one's coat according to one's cloth □ **fare q.c. sotto g.**, to do st. carelessly (*o* in a slapdash way) □ (*sport*) **gioco di gambe**, foot-work □ **essere in g.**, to be smart; to be on the spot; to be on the ball; to be all there □ **mandare q. a gambe levate**, to trip sb. up; (*fig.*) to ruin sb. □ **mettersi la via tra le gambe**, to start on a journey; to walk away briskly □ (*fig.*) **non cavarci le gambe**, to be unable to find a way out; to make neither head nor tail of st.; to be unable to solve st. □ **non reggersi sulle gambe**, to be hardly able to stand □ **non sentire** (*o* **non avere**) **più le gambe**, to be tired out □ **prendere q.** (*o* **q.c.**) **sotto g.**, to be off-hand with sb. (*o* st.); to treat sb. (*o* st.) in an off-hand (*o* in a cavalier) way □ **sentirsi in g.**, to feel well □ **stirare** (*o* **distendere**) **le gambe** (*morire*), to die; to kick the bucket (*pop.*) □ **tipo in g.**, groover (*fam.*) □ (*mus.*) **viola da g.**, bass viol; (*ma anche*) «viola da gamba» □ **Stai in g.!**, (*stai bene!*) keep well!; (*stai in guardia!*) watch out!, look

out!, keep your eyes open! □ (*prov.*) **Le bugie hanno le gambe corte**, lies have short legs (and don't travel far) □ (*prov.*) **Chi non ha testa abbia gambe**, if you don't use your head, you'll have to use your legs.

gambacórta, *m. e f.* (*scherz.*) lame person. ● (*scherz.*) **l'ultimo ad arrivar fu G.**, better late than never.

gambale, *m.* **1** legging **2** (*di uno stivale*) boot-leg **3** (*di armatura*) jamb.

gambalunga, *m. e f.* (*scherz.*) long-legs.

gambécchio, *m.* (*zool.*, *Erolia minuta*) little stint; (*Erolia minutilla*) least sandpiper.

gamberétto, *m.* (*zool.*) **1** (*Palaemon serratus*) prawn **2** (*Crangon vulgaris*) shrimp.

gàmbero, *m.* (*zool.*, *Astacus*, *Cambarus*) crayfish*; crawfish*. ● **fare come i gamberi**, to go backwards (like a crab) □ **rosso come un g.**, as red as a (boiled) lobster.

gamberóne, *m.* **1** (*di fiume*) large crayfish **2** (*di mare*) prawn.

gambétta, *f.* (*zool.*, *Philomachus pugnax*) ruff.

gambétto, *m.* (*scacchi*) gambit. ● **dare il g. a q.**, to trip sb. up (*anche fig.*); (*fig.*) to elbow sb. out of his place.

gambièra, *f.* **1** legging **2** (*di armatura*) jamb **3** (*sport*) shin-pad.

gambizzare, *v. t.* to shoot* (sb.) in the legs.

gambo, *m.* **1** (*in molti sensi*) stem **2** (*bot.*) stalk; stipe; stem **3** (*mecc.*) shank; stem: **un g. a sfera**, a ball-headed shank; **il g. della valvola**, the valve stem. ● (*bot.*) **piccolo g.**, stemlet.

gamèlla, *f.* (*mil.*) mess-tin.

gamète, *m.* (*biol.*) gamete.

gametogènesi, *f.* (*biol.*) gametogenesis.

gamìa, *f.* (*biol.*) gamic reproduction.

gàmico, *a.* (*biol.*) gamic.

gamma (1), *m. e f.* (*terza lettera dell'alfabeto greco*) gamma. ● (*fis.*) **raggi g.**, gamma rays.

gamma (2), *f.* **1** (*successione graduata, serie*) range; gamut: **la g. dei colori**, the gamut of colours; (*radio*) **g. delle frequenze udibili**, range of audible frequencies **2** (*mus.*) gamut; scale. ● (*radio*) **g. di lunghezza d'onda**, waveband □ (*radio*) **g. di sintonia**, tuning band.

gammaglobulina, *f.* (*biol.*) gamma globulin.

gammaterapìa, *f.* (*med.*) radium therapy.

gamopètalo, *a.* (*bot.*) gamopetalous.

gamosèpalo, *a.* (*bot.*) gamosepalous.

ganàscia, *f.* **1** jaw; (*pl.*: *di animale o spreg.*, *di persona*) chaps **2** (*pl.*, *mecc.*) jaws; (*di rotaia*) fish-plate (*sing.*); (*autom.*: *di freno*) (brake-)shoes. ● (*fig.*) **mangiare a quattro ganasce**, to eat like a horse; to gobble up.

ganascìno, *m.* – **prendere per il g.**, to chuck under the chin.

gàncio, *m.* **1** hook: **g. a occhiello**, eye hook; **g. a griffa**, claw hook; (*edil.*) **g. da muro**, wall hook; (*mecc.*) **g. doppio**, ram's hook; (*naut.*) **g. a scocco**, slip hook **2** (*ferr.*: *di trazione*) coupler **3** (*agric.*: *per attacco di aratro*) clevis **4** (*pugilato*) hook. ● (*pugilato*) **g. d'incontro**, cross □ **g. per rimorchio**, towing bracket.

ganga, *f.* **1** (*min.*) gangue; gang: **g. del carbone**, coal gangue **2** (*zool.*, *Pterocles alchata*) (pin-tailed) sand-grouse **3** (*fam.*: *combriccola*) gang; band.

Gange, *m.* (*geogr.*) Ganges.

gànghero, *m.* **1** (*di porte, finestre, ecc.*) hinge **2** (*gancetto*) hook. ● (*fig.*) **essere fuori dai gangheri**, to be beside oneself; to be in a furious temper □ (*fig.*) **uscire** (*o andar fuori*) **dai gangheri**, to fly into a temper; to lose one's temper.

gangliare, *a.* (*anat.*) ganglionic; ganglion (*attr.*).

ganglifórme, *a.* gangliform.

gànglio, *m.* **1** (*anat.*, *med.*) ganglion* **2** (*fig.*) ganglion*; nerve-centre; vital point.

gangliòma, *m.* (*med.*) ganglioma*.

gangrèna, *f.* **1** (*med.*) gangrene **2** (*fig.*) canker.

gangrenóso, *a.* (*med.*) gangrenous.

gangsterìsmo, *m.* gangsterism.

ganimède, *m.* dandy; beau*: **fare il g.**, to play the beau.

Ganimède, *m.* (*mitol.*, *astron.*) Ganymede.

ganza, *f.* (*spreg.*) mistress; doxy.

ganzo, *m.* **1** (*spreg.*) lover; paramour **2** (*pop.*: *persona scaltra*) smart fellow.

gara, *f.* **1** competition: **iscriversi a una g.**, to enter a competition; **una g. commerciale tra due nazioni**, a trade competition between two countries **2** (*sportiva*) competition; event; contest; match: **una g. libera**, an open event; **gare di nuoto**, swimming competitions; **una g. a vantaggio**, a handicap event; **una g. di campionato**, a test-match **3** (*corsa*) race: **Facciamo una g.** (*di canottaggio e sim.*), let's row a race; **gare ippiche**, horse-races. ● **g. d'appalto**, tender (for contract); bidding □ **g. di resistenza** (*per auto o moto*), enduro (USA) □ **g. eliminatoria**, heat □ **essere in g. con q.**, to compete with sb. □ **fare a g.**, to vie (with each other); to try to outdo (each other).

garage, *m.* garage.

garagista, *m.* garage hand; (*proprietario*) garage-owner.

garante, *m. e f.* (*anche leg.*) guarantor; guarantee; surety; warranter, warrantor (*meno comuni*). ● **farsi** (*o* **rendersi**) **g. di**, to vouch for; to answer for (*la bontà di un articolo*, *l'onestà di q.*, *ecc.*); to stand surety for (sb.); (*offrire una cauzione per q.*) to go bail for (sb.).

garantire, A *v. t.* **1** to guarantee; to warrant: **Questo orologio è garantito d'oro puro (per un anno, ecc.)**, this watch is guaranteed (*o* warranted) pure gold (for one year, etc.); **Non possiamo g. l'arrivo della merce entro la settimana**, we cannot guarantee the arrival of the goods within this week **2** (*rendersi garante di*) to vouch for; to answer for: **Sono pronto a g. la sua onestà**, I am ready to vouch for his honesty **3** (*assicurare*) to assure; to warrant: **Ti garantisco che ciò non si ripeterà**, I assure you that it won't happen again (*o* it won't happen again, I warrant you). **B** *v. i.* (*offrire una cauzione*) to go* bail (for sb.). ● (*fam.*) **Garantito!**, depend on it!, no doubt!; I'll warrant □ (*fam.*) **Te lo garantisco io!**, I can tell you. **garantirsi, C** *v. rifl.* to secure oneself.

garantismo, *m.* support of civil liberties; commitment for civil liberties.

garantista, *m. e f.* supporter of civil liberties; person committed for civil liberties.

garantito, *a.* (*anche leg.*) guaranteed; secured: **mutuo g.**, secured loan. ● (*leg.*) **g. con ipoteca**, collateral; (*fin.*) **g. da obbligazioni**, bonded.

garanzìa, *f.* **1** guaranty, security, warranty (*leg.*); guarantee; warrant: **dare una g. a un creditore**, to give a guaranty to a creditor; **Che g. puoi offrire?**, what guarantee can you offer?; **La sua condotta è g. della sua sincerità**, his behaviour is a warrant of his sincerity; **un articolo con la g. di un anno**, an article with a one-year guarantee (*o* warranty) **2** (*pegno*) security; pledge: **Posso offrire la mia casa a g. del mio debito**, I can offer my house in security for my debt. ● (*di persona*) **dare** (**non dare**) **g. di serietà**, to be reliable (to be unreliable) □ (*di un veicolo, ecc.*) **in g.**, under manufacturer's warranty □ (*di cambiale*) **senza g.**, without security; unsecured (*agg.*).

garbare, *v. i.* to like (sb., st.) (*costruzione pers.*): **Questa condotta non mi garba**, I don't like this behaviour; **gli garbi o non gli garbi**, whether he likes it or not.

garbataménte, *avv.* politely; nicely.

garbatézza, *f.* politeness; polite manners (*pl.*).

garbato, *a.* polite; pleasant-mannered; courteous.

garbino, *m.* (*libeccio*) south-west wind.

garbo, *m.* politeness; pleasant manners (*pl.*); (*tatto*) tact; (*grazia*) grace, charm; (*gentilezza*) kindness. ● **con g.**, nicely; politely: **fare q.c. con g.**, to do st. nicely □ **dare il g.** (**a un abito**), to give (a dress) more shape □ **senza g.**, (*in modo sgarbato*) rudely; (*goffo*) clumsily.

garbùglio, *m.* **1** entanglement; tangle **2** (*fig.*) muddle; mix-up.

garçonne (*franc.*), *f.* bachelor girl. ● **capelli alla g.**, bobbed hair; shingle.

garçonnière (*franc.*), *f.* bachelor flat.

gardènia, *f.* (*bot.*, *Gardenia*) gardenia.

gareggiare, *v. i.* to compete; to vie: **Nessuno può g. con lui**, no one can compete with him.

gareggiatóre, *m.* competitor.

garènna, *f.* (rabbit-)warren.

garganèlla, *f.* – **bere a g.**, to pour down one's throat; (*fig.*) to be a soak.

gargarismo, *m.* gargle. ● **fare i gargarismi**, to gargle.

gargarizzare, *v. i.* to gargle.

gargaròzzo, *m.* (*pop.*) gullet; throat.

gargòtta, *f.* (low, cheap, third-rate, etc.) tavern.

garibaldino, A *a.* **1** (*stor.*) Garibaldian; pertaining to Garibaldi **2** (*fig.*) dashing; daring; reckless. ● **alla garibaldina**, boldly; daringly; impetuously; recklessly. **B** *m.* follower of Garibaldi. ● **vecchio g.**, veteran of Garibaldi's campaigns.

garitta, *f.* **1** (*mil.*) sentry-box **2** (*ferr.*) brakesman's cabin.

garnettare, *v. t.* (*ind. tessile*) to garnett.

garnettatrice, *f.* garnett.

garnettatura, *f.* (*ind. tessile*) garnetting.

garnierite, *f.* (*miner.*) garnierite.

garofanata, *f.* (*bot.*, *Geum urbanum*) (herb) bennet.

garòfano, *m.* (*bot.*) **1** (*Dianthus*) pink **2** (*Dianthus caryophyllus*) carnation; gillyflower **3** (*Eugenia caryophyllata*) clove. ● **g. a mazzetti** (*Dianthus barbatus*), sweet-william □ **g. screziato**, picotee; flake □ (*farmacia, cucina*) **chiodi di g.**, cloves.

Garònna, *f.* (*geogr.*) (the) Garonne.

garrése, *m.* withers (*pl.*).

garrétto, *m.* **1** (*di quadrupede*) fetlock; hock **2** (*pop.*: *di persona*) (back of the) heel.

garrire, v. i. 1 (di uccelli) to chirp; to shriek; to screech 2 (lett.: di bandiera) to flap; to flutter.
garrito, m. chirping; shrieking.
garròtta, f. garrot(t)e.
garrottare, v. t. to garrot(t)e.
garrulità, f. garrulity; garrulousness.
gàrrulo, a. garrulous; talkative.
garza (1), f. V. airóne.
garza (2), f. gauze.
garzare, v. t. (ind. tessile) to teasel, to teazle.
garzatóre, m. (ind. tessile) teasel(l)er, teazler.
garzatrice, f. 1 (operaia) teasel(l)er, teazler 2 (macchina) teasel(l)ing-machine; teasel(l)er.
garzatura, f. (ind. tessile) teasel(l)ing, teazling.
garzétta, f. (zool., Egretta garzetta) little egret.
garzo, m. (ind. tessile) teasel, teazle. ● **dare il g.**, to teasel, to teazle.
garzóne, m. 1 boy (spesso qualificato): **g. di macellaio** (di fornaio, di stalla, ecc.), butcher's-boy (baker's-boy, stable-boy, etc.) 2 (di contadino) farm-hand.
gas, m. gas: **gas asfissiante**, poison gas; **gas illuminante**, coal (o illuminating) gas; **gas esilarante**, laughing gas; **gas lacrimogeno**, tear-gas; **becco a gas**, gas-burner; **gas-jet; conduttura del gas**, gas-pipe; **contatore del gas**, gas-meter; **esattore del gas**, gas-man; **apparecchi a gas**, gas-fittings; **forno** (o cucina) **a gas**, gas-oven; **fornello a gas**, gas-ring; **fuga di gas**, gas-leak; **serbatoio del gas**, gas-holder; **accendere (spegnere) il gas**, to turn on (to turn off) the gas; **alzare (abbassare) il gas**, to turn up (to turn down) the gas; **maschera antigas**, gas-mask; **officina del gas**, gas-works; **radiatore a gas**, gas-fire; **gas nobili**, noble gases; **esplosione di gas**, gas explosion; **illuminazione a gas**, gas-lighting; **installatore d'impianti a gas**, gas fitter; **Società del Gas**, Gas Company. ● **gas delle miniere**, fire damp; choke-damp □ (fam.) **andare a tutto gas**, to go at full speed; to go flat-out □ **essere avvelenato dal gas** (in una miniera, ecc.), to be gassed (in a mine, etc.) □ (autom.) **dare gas**, to accelerate.
gasare, V. gassare.
gascromatografia, f. (chim.) gas chromatography.
gascromatògrafo, m. (chim.) gas chromatograph.
gasdinàmica, f. (fis.) gas dynamics (pl. col verbo al sing.).
gasdòtto, m. gas-pipeline.
gasista, V. gassista.
gasògeno, V. gassògeno.
gasolina, f. gasolene; gasoline.
gasòlio, m. gas-oil; Diesel oil; Diesel fuel. ● **riscaldamento a g.**, oil-fired (central) heating.
gasòmetro, V. gassòmetro.
Gàspare, m. Jasper.
gassa, f. (naut.) eye; loop.
gassare, v. t. to gas. ● **g. un liquido**, to charge a liquid with gas; to aerate (o to carbonate) a liquid.
gassato, a. 1 gassed 2 (di un liquido) aerated; charged with gas; gassed.
gassificare, v. t. to gasify.
gassificazióne, f. gasification.
gassista, m. gas-man*; gas-fitter.
gassògeno, m. (ind.) gas-generator; gas-producer.
gassòmetro, m. (ind.) gas-holder; gasometer: **un g. a campana**, a bell-shaped gasometer; **un g. a secco (a umido)**, a dry (a wet) gasometer.
gassósa, f. «gassosa» (a fizzy drink tasting like lemonade).
gassóso, a. gaseous; gassy; fizzy.
gastaldo, m. (stor.) chamberlain.
gasteròpodi, m. pl. (zool., Gasteropoda) gast(e)ropods.
Gastóne, m. Gaston.
gastralgia, f. (med.) gastralgia.
gastràlgico, a. e m. (med.) gastralgic.
gastrectasìa, f. (med.) gastrectasis.
gastrectomìa, f. (med.) gastrectomy.
gàstrico, a. (med.) gastric: **succo g.**, gastric juice; **febbre gastrica**, gastric fever.
gastrite, f. (med.) gastritis*.
gastroduodenale, a. (anat., med.) gastroduodenal.
gastroentèrico, a. (med.) gastroenteric.
gastroenterite, f. (med.) gastroenteritis.
gastroenterologìa, f. (med.) gastroenterology.
gastroenterològo, m. (med.) gastroenterologist.
gastroepàtico, a. (med.) gastrohepatic.
gastrointestinale, V. **gastroentèrico**.
gastronomìa, f. gastronomy.
gastronòmico, a. gastronomic(al).
gastrònomo, m. gastronome; gastronomer; gastronomist.
gastropatìa, f. (med.) gastropathy.
gastroscopìa, f. (med.) gastroscopy.
gastroscòpio, m. (med.) gastroscope.
gastròsi, f. (med.) gastrosis.
gastrostomìa, f. (med.) gastrostomy.
gàstrula, f. (biol.) gastrula*.
gatta, f. cat; she-cat; female cat; tabby (cat); pussy(-cat) (fam.): **g. e gattini**, cat and kittens. ● **avere altre gatte da pelare**, to have other fish to fry □ **comprare la g. nel sacco**, to buy a pig in a poke □ **prendere una g. a pelare**, to take on a difficult job □ **G. ci cova!**, I smell a rat!; there is a snake in the grass! □ (prov.) **La g. frettolosa fece i gattini ciechi**, more haste, less speed □ (prov.) **Tanto va la g. al lardo che ci lascia lo zampino**, the pitcher goes so often to the well, that it leaves its handle or its mouth.
gattabùia, f. (scherz.) prison; quod, clink, stir, jug (pop.): **in g.**, in clink.
gattaiòla, f. hole in a door for a cat.
gattamòrta, f. (fam.) sly one. ● **fare la g.**, to act slyly; to play up to sb.
gatteggiaménto, m. gleaming; glinting.
gatteggiare, v. i. to gleam; to glint.
gattésco, a. cat-like; cattish; catty; feline.
gàttice, m. (bot., Populus alba) white poplar.
gattina, f. (female) kitten.
gattino, m. 1 (piccolo) little cat; (giovane) kitten 2 (bot., pop.: amento) ament; catkin. ● (fig., fam.) **fare i gattini**, to be sick; to cat (pop.).
gatto, m. cat; he-cat; male cat; tom cat; puss, pussy, puss-cat, pussy-cat (infant. e fam.): **un g. castrato**, a neutered cat; **g. d'Angora**, Angora (o Persian) cat; **g. fulvo**, marmalade cat; **g. maschio**, tom-cat; **g. rosso**, ginger cat; **g. selvatico** (Felis catus), wild cat; **g. soriano**, tabby (cat); **pelliccia di g.**, cat-fur; **essere come cani e gatti**, to be like cat and dog; **Il g. con gli stivali**, Puss-in-boots; **Il mio g. è un buon cacciatore di topi**, my cat is a good mouser. ● **g. a nove code** (frusta), cat-o'-nine-tails □ **g. delle nevi** (veicolo), snowmobile; snow-cat □ **g. mammone**, bogey □ **g. selvaggio** (forma di sciopero), wildcat strike □ (zool.) **g. tigre** (Felis tigrina), tiger-cat; margay □ (miner.) **occhio di g.**, cat's-eye □ **vivere come cane e g.**, to live a cat-and-dog life □ (fig.) **C'erano quattro gatti**, there was hardly anybody there □ (prov.) **Di notte tutti i gatti sono grigi**, all cats are alike grey in the night □ (prov.) **Quando il g. non c'è i topi ballano**, when the cat is away, the mice will play.
gattomammóne, m. bogey.
gattonare, v. t. e i. to stalk.
gattóni (1), avv. on all fours: **andare g.**, to go on all fours; to crawl. ● **gatton g.**, stealthily.
gattóni (2), m. pl. (pop.: parotite) (the) mumps (col verbo al sing.).
gattopardo, m. (zool., Felis serval) serval; tiger-cat.
gattùccio, m. 1 (sega) keyhole-saw; compass-saw 2 (zool., Scyliorhinus canicula) lesser-spotted dogfish; nursehound. ● (zool.) **g. maggiore** (Scyliorhinus stellaris), larger-spotted dogfish.
gauchismo, m. (polit.) proletarian leftism.
gauchiste (franc.), a. e m. (polit.) gauchist; (proletarian) leftist.
gaucho (spagn.), m. «gaucho» (herdsman of the pampas).
gaudènte, A a. pleasure-loving; pleasure-seeking. B m. playboy; gay spark; reveller. ● **Frati Gaudenti**, Knights of Our Lady.
gàudio, m. joy. ● (prov.) **Mal comune, mezzo g.**, fellowship in woe doth woe assuage.
gaudióso, a. (lett.) joyful: (relig.) **i cinque Misteri gaudiosi**, the five Joyful Mysteries.
gauss, m. (fis.) gauss.
gaussiano, a. (mat.) Gaussian: **curva gaussiana**, Gaussian curve.
gavazzare, v. i. to lead* a gay life; to be dissipated; to revel; to carouse (lett. o scherz.).
gavétta, f. (mil.) mess-tin. ● (mil.) **venire dalla g.**, to rise from the ranks; (fig.) to be a self-made man.
gaviale, m. (zool., Gavialis gangeticus) gavial.
gavina, f. (zool., Larus canus) common gull.
gavitèllo, m. (naut.) buoy. ● **g. luminoso**, beacon.
gavóne, m. (naut.) peak: **il g. di prua**, the forepeak; **il g. di poppa**, the after-peak.
gavòtta, f. (ballo e mus.) gavotte.
gazza, f. 1 (zool., Pica pica) magpie, pie 2 (fig., pop.: persona ciarliera) magpie (fam.); idle chatterer. ● (zool.) **g. marina** (Alca torda), razor-bill.
gazzarra, f. uproar; hubbub; din; hullabaloo.
gazzèlla, f. 1 (zool., Gazella) gazelle 2 (fig.: vettura veloce dei Carabinieri) patrol car.
gazzétta, f. gazette.
gazzettière, m. (spreg.) hack reporter.
gazzettino, m. 1 news-sheet 2 (parte del giornale) announcement section (o column) 3 (radio: notiziario locale)

local news round-up 4 (*fig.*) gossip; newsmonger: **essere un g.**, to be a gossip. ● **g. rosa**, gossip column.
gazzósa, *V.* **gassósa**.
gèco, *m.* (*zool.*; *Tarentola mauritanica*) gecko*.
Geènna, *f.* (*Bibbia*) Gehenna.
geisha (*giapponese*), *f. invar.* geisha*.
gèl, *m.* (*chim.*) gel.
gelare, *v. t. e i.* to freeze*; to congeal (*quasi lett.*); (*raffreddare con gniaccio*, *specialm. vino, bibita, ecc.*) to ice: **Stanotte gelerà**, it will freeze tonight; **Lì si gela**, it is freezing there; **Il fiume gelò**, the river froze; **Il vento mi gelò il naso**, the wind froze my nose; **Quella vista mi gelò il sangue**, the sight froze my blood; **È un freddo che gela gli orecchi**, it's so cold that one's ears freeze; it's cold enough to freeze your ears. ● **g. l'entusiasmo di q.**, to dampen sb.'s enthusiasm □ **pensiero (risposta) che gela**, horrifying thought (answer) □ **sarcasmo che gela**, withering sarcasm □ **Questo caffè è gelato**, this coffee is stone-cold □ **Hai le mani gelate**, your hands are like lumps of ice □ **Mi sentii g.**, I was terrified; my heart missed a beat □ **La mimosa gelò** (*mori*), the mimosa was killed by the frost.
gelata, *f.* frost.
gelatàio, *m.* ice-cream man*; ice-cream vendor.
gelateria, *f.* ice-cream shop.
gelatièra, *f.* ice-cream machine.
gelatina, *f.* 1 (*cucina*) jelly: **g. di pollo (di ribes)**, chicken (currant) jelly 2 (*chim.*) gelatin: **g. esplosiva**, blasting (*o* explosive) gelatin; (*fotogr.*) **g. cristallizzata**, frosted gelatine 3 (*colla di pesce*) isinglass 4 (*med.*) gel.
gelatinizzare, *v. t.* **gelatinizzarsi**, *v. rifl.* to gelatinize.
gelatinóso, *a.* jelly-like; gelatinous.
gelato, A *a.* icy; frozen. B *m.* ice-cream: **g. di fragole**, strawberry ice-cream; **un g. da passeggio**, an ice-cream on a stick.
gelicidio, *m.* (*meteorologia*) glaze; glazed frost.
gelidaménte, *avv.* icily; coldly.
gèlido, *a.* 1 icy; ice-cold 2 (*fig.*) icy; gelid; chilly; cold.
gelificare, (*chim.*) A *v. t.* to gel. B *v. i. e* **gelificarsi**, *v. rifl.* to gel.
gelificazióne, *f.* (*chim.*) gelation.
gèlo, *m.* 1 (*freddo intenso*) cold: **Non stare fuori al g.**, don't stay outside in the cold 2 (*ghiaccio*) ice; (*brina*) frost: **Il g. ha fatto morire tutti i fiori**, the frost has killed all the flowers 3 (*fig.*) chill; iciness: **il g. del sospetto**, the chill of suspicion. ● **il g. della morte**, the cold finger of death □ (*fig.*) **farsi di g.**, to freeze □ **È un uomo di g.**, he's a cold fish of a man; he's a cold--blooded man.
gelóne, *m.* (*med.*) chilblain.
gelosaménte, *avv.* 1 (*con gelosia*) jealously; (*con invidia*) enviously 2 (*con cura scrupolosa*) jealously; scrupulously; with loving care.
gelosia, *f.* 1 jealousy; (*invidia*) envy: **g. di mestiere**, professional jealousy; **rodersi di g.**, to be consumed with jealousy 2 (*cura scrupolosa*) solicitude; loving (*o* scrupulous) care 3 (*persiana*) jalousie; shutter 4 (*sportellino di persiana*) shutter flap (*o* hatch). ● **avere g. di q.**, to be jealous of sb. □ **segreto custodito con g.**, jealously guarded secret.
gelóso, *a.* 1 jealous; (*invidioso*) envious: **essere g. della moglie (del rivale)**, to be jealous of one's wife (one's rival) 2 (*sollecito, premuroso*) solicitous (for); particular (about).
gelséto, *m.* mulberry grove (*o* plantation).
gelsicoltóre, *m.* mulberry-grower.
gelsicoltura, *f.* mulberry-growing.
gèlso, *m.* (*bot., Morus*) mulberry(-tree).
Gelsomina, *f.* Jasmine.
gelsomino, *m.* (*bot., Jasminum*) jasmin(e); jessamin(e).
Geltrude, *f.* Gertrude; (*dim.*) Gertie, Trudy.
gemebóndo, *a.* moaning; groaning.
gemellàggio, *m.* twinning.
gemellare (1), *a.* twin (*attr.*): **parto g.**, twin birth.
gemellare (2), *v. t.* to twin.
gemellipara, *f.* mother of twins.
gemèllo, A *a.* twin (*attr.*): **anime gemelle**, twin souls; **letti gemelli**, twin beds. B *m.* 1 twin: **Hanno avuto due gemelli**, they have had twins; **gemelli siamesi**, Siamese twins 2 (*di polsino*) cuff-link 3 — (*pl., astron.*; *astrologia*) **i Gemelli**, Gemini; the Twins (*costellazione e III segno dello Zodiaco*). ● **cinque gemelli**, quintuplets; quins (*fam.*) □ (*astrologia*) **persona nata sotto il segno dei Gemelli**, Gemini; Geminian □ **quattro gemelli**, quadruplets; quads (*fam.*) □ **tre gemelli**, triplets.
gèmere, A *v. i.* 1 (*dolersi*) to moan; to groan; to wail: **La vecchia gemeva debolmente**, the old woman was moaning faintly; **g. sotto l'ingiustizia**, to groan under injustice; **Il vento gemeva fra gli alberi**, the wind was wailing among the trees 2 (*scricchiolare*) to groan; to creak: **La trave gemeva sotto il peso**, the beam

groaned under the weight 3 (*trasudare*) to drip; to leak; to ooze (out); to trickle: **La botte geme**, the barrel is leaking 4 (*tubare*) to coo. B *v. t.* (*emettere, versare a gocce*) to drip; to ooze; to trickle: **una ferita che geme sangue**, a wound oozing (with) blood. ● (*fig.*) **far g. i torchi**, to give a manuscript to the press.
geminare, *v. t.* (*anche fon.*) to geminate.
geminato, *a.* (*anche fon., bot., miner.*) geminate. ● (*geol.*) **cristalli geminati**, twin crystals.
geminazióne, *f.* (*anche fon., miner.*) gemination.
gèmino, *a.* (*lett.*) twin (*attr.*); twofold.
gèmito, *m.* 1 moan; groan; wail 2 (*cigolio*) creak; squeak.
gèmma, *f.* 1 gem (*anche fig.*); jewel: **Quel francobollo è la g. della collezione**, that stamp is the gem of the collection 2 (*bot.*) gemma*; bud; button 3 (*zool.*) gemma*. ● (*bot.*) **mettere le gemme**, to bud.
gemmare, A *v. i.* (*bot.*) to gemmate; to bud; to put* forth buds. B *v. t.* (*lett.*) to bejewel.
gemmato, *a.* 1 (*bot., biol.*) gemmate 2 (*lett.: ingioiellato*) bejewelled.
gemmazióne, *f.* (*bot., biol.*) gemmation.
gèmmeo, *a.* gemmeous.
gemmifero, *a.* (*bot., biol.*) gemmiferous.
gemmiparo, *a.* (*biol.*) gemmiparous.
gemmologia, *f.* (*scient.*) gemmology.
gemmòlogo, *m.* (*scient.*) gemmologist.
gemmóso, *a.* (*bot.*) full of buds.
gèmmula, *f.* (*biol.*) gemmule.
gendarme, *m.* 1 «gendarme»; policeman* 2 (*fig.: di donna*) battle-axe (*fam.*); virago.
gendarmeria, *f.* 1 «gendarmerie»; (the) police 2 (*caserma*) police-station.
gène, *m.* (*biol.*) gene.
genealogia, *f.* genealogy: **fare la g. di q.**, to work out (*o* to trace, to write out) sb.'s genealogy.
genealògico, *a.* genealogic(al): **un albero g.**, a genealogical tree; a family tree.
genealogista, *m. e f.* genealogist.
genepi, *m.* 1 (*bot., Artemisia*) wormwood 2 (*liquore*) genepi liqueur.
generalato, *m.* (*specialm. relig.*) generalship.
generale (1), A *a.* 1 general; common: **un'idea g.**, a general idea; (*med.*) **paralisi g.**, general paralysis; **perdono g.**, general pardon; **il bene g.**, the common good 2 (*nelle gerarchie*) general: **il direttore g.**, the general manager; (*a volte si pospone*) **console g.**, Consul General; (*relig.*) **Madre G.**, Mother General. ● **in g.**, generally (speaking); in general; as a (general) rule □ (*mil.*) **Quartier G.**, General Headquarters (*generalm. pl.*; *abbr.* G.H.Q.) □ **a richiesta g.**, by request □ (*rag.*) **spese generali**, overheads; overhead expenses. B *m.* (the) general: **distinguere il g. dal particolare**, to distinguish the general from the particular. ● **tenersi sulle generali**, to keep (*o* to stick) to generalities; not to descend to particulars.
generale (2), *m.* 1 (*mil., aeron.*) general: **g. di corpo d'armata**, lieutenant-general; **g. di divisione**, major-general; (*aeron.*) **g. di squadra**, lieutenant general 2 (*relig.*) general (*dei Gesuiti*); abbot--general (*dei Benedettini*); minister-general (*dei Francescani*). ● **g. di brigata**, brigadier; (*aeron.*) brigadier general □ **g. in capo**, commander-in-chief; supreme commander.
generalésco, *a.* (*autoritario*) authoritative; commanding; imperious.
generaléssa, *f.* 1 general's wife* 2 (*relig.*) (superior-)general 3 (*scherz.: donna autoritaria*) bossy woman*; battle-axe (*fam.*).
generalissimo, *m.* (*mil.*) generalissimo.
generalità, *f.* 1 generality; (*concreto, anche*) general (*o* ordinary, common) run; majority: **la g. delle attrici**, the general run of actresses 2 (*idea generale, ecc.*) generalization 3 (*pl.: dati per uso burocratico*) name and address: **declinare false g.**, to give a false name and address.
generalìzio, *a.* (*relig.*) of a superior-general.
generalizzare, *v. t. e i.* to generalize.
generalizzazióne, *f.* generalization.
generalménte, *avv.* generally; in general; as a rule.
generare, A *v. t.* 1 to give* birth to; to procreate; (*di animali*) to breed* 2 (*produrre*) to produce 3 (*scienza, tecn.*) to generate; to produce: **g. elettricità**, to generate electricity 4 (*fig.: causare*) to generate; to beget*; to cause; to arouse; to breed*: **Le guerre generano odio**, wars beget hatred; **Che cosa genera le maree?**, what causes the tides? **generarsi**, B *v. rifl.* 1 to be produced; to be born 2 (*fig.*) to come* about; to arise*.
generativo, *a.* generative.
generatóre, A *m.* (*fis., mecc.*) generator: **g. per corrente alternata e continua**, double current generator. ● **g. di radiofrequenza**, oscillator. B *a.* generating; generative: **organi generatori**, generative organs.

generatrice, *f.* (*geom.*) generatrix*.
generazionale, *a.* generational.
generazióne, *f.* **1** generation; procreation **2** (*scienza, tecn.*) generation; production **3** (*individui che hanno circa la stessa età*) generation: **la nuova g.**, the rising generation **4** (*razza*) breed.
gènere, *m.* **1** kind; sort; type; way: **di un g. nuovo**, of a new kind; **un nuovo g. di libro**, a new kind (*o* type) of book; **lo stesso g. di sbaglio**, the same kind (*o* sort) of mistake; **gente d'ogni g.**, all sorts of people; **Nel suo g. è un artista**, he is an artist in his way **2** (*biol.*) genus*: **ordine, g., specie**, order, genus, species **3** (*gramm.*) gender: **g. neutro**, neuter gender. ● **generi alimentari**, food-stuffs; provisions □ **il g. comico**, comedy □ **generi di prima necessità**, commodities □ **il g. drammatico**, drama □ **il g. epico**, epic poetry □ **il g. tragico**, tragedy □ **il g. umano**, mankind; the human race □ **in g.**, generally speaking; as a rule □ **pittura di g.**, «genre» painting □ **unico nel suo g.**, unique □ **Che g. d'affari trattate?**, what is your line (of business)?
genericaménte, *avv.* generically; in generic terms.
genericità, *f.* vagueness; lack of precision.
genèrico, A *a.* generic(al); general; vague: **un termine g.**, a generic term; **medico g.**, general practitioner; **discorsi generici**, general remarks; **Mi pare tutto molto g.**, it all seems very vague. **B** *m.* **1** (*ciò che è vago*) generalities (*pl.*); (the) general: **restare nel g.**, to keep (*o* to stick) to generalities **2** (*teatr.*) utility actor.
gènero, *m.* son-in-law*.
generosaménte, *avv.* generously; liberally; with open hands.
generosità, *f.* generosity; (*liberalità*) liberality, munificence.
generóso, *a.* **1** generous; liberal; open-handed: **un carattere g.**, a generous nature **2** (*fertile*) rich; generous: **terra generosa**, rich soil **3** (*abbondante*) plentiful; generous; bounteous: **messi generose**, a generous harvest. ● **scollatura generosa**, plunging neckline □ **vino g.**, full-bodied wine.
gènesi, *f.* **1** genesis*; origin; birth **2** (*Bibbia*) Genesis.
genètica, *f.* (*biol.*) genetics (*pl., col verbo al sing.*).
genètico, *a.* (*biol., filos.*) genetic: **mappa genetica**, genetic map. ● **che induce mutazioni genetiche**, mutagenic.
genetista, *m.* e *f.* geneticist.
genetliaco, A *a.* (*lett.*) genethliacal; birthday (*attr.*): **un'ode genetliaca**, a birthday ode (*o* a genethliacon). ● **giorno g.**, birthday. **B** *m.* birthday.
genétta, *f.* (*zool., Genetta genetta*) (common) genet.
gengiva, *f.* (*anat.*) gum; gingiva*.
gengivale, *a.* (*anat.*) gingival; of the gums. ● **ascesso g.**, gum-boil.
gengivàrio, *m.* (*farm.*) medicament for the gums.
gengivite, *f.* (*med.*) gingivitis.
genia, *f.* (*spreg.*) brood; tribe; evil breed.
geniale, *a.* **1** ingenious; clever; brilliant: **una mente g.**, an ingenious mind; **un'idea g.**, a brilliant idea **2** (*congeniale*) congenial **3** (*simpatico, piacevole*) genial: **un sorriso g.**, a genial smile.
genialità, *f.* **1** ingeniousness; cleverness; brilliance **2** (*simpatia*) geniality.
genialòide, A *a.* eccentric but gifted; talented and erratic. **B** *m.* e *f.* eccentric genius.
gènico, *a.* (*biol.*) genic.
genicolato, *a.* (*scient.*) geniculate(d).
genière, *m.* (*mil.*) sapper; engineer.
gènio (1), *m.* **1** genius: **un g. incompreso**, a misunderstood genius; **uomini di g.**, men of genius **2** (*divinità tutelare*) genius*: **buon (cattivo) g.**, good (bad) genius **3** (*spirito, folletto*) genie*: **Aladino fu aiutato da un g.**, Aladdin was helped by a genie **4** (*inclinazione*) genius; talent; flair; (natural) bent: **avere g. per le lingue**, to have a flair for languages; **Ha il g. della finanza**, he has a genius for finance. ● **il g. della lingua**, the nature of the language □ **il g. del luogo**, «genius loci» □ **persona di g.**, gifted (*o* talented) person □ **Non è persona di mio g.**, I don't like him (*o* her) at all □ **Il mio compagno mi andava a g.**, I liked my companion; my companion suited me (*o* was very much to my liking, to my taste) □ (*scherz.*) **I geni s'incontrano**, great minds think alike.
gènio (2), *m.* (*mil.*) Corps of Engineers; (*in G.B.*) (the) Royal Engineers (*abbr.* R. E.); (*in USA*) Engineer Corps. ● **G. Civile**, Civil Engineers □ **G. Navale**, Naval Engineers.
genitale, (*anat.*) **A** *a.* genital. **B** *m. pl.* genitals; genitalia.
genitivo, *a.* e *m.* (*gramm.*) genitive: **il (caso) g.**, the genitive (case); **il doppio g.**, the double possessive (*o* genitive). ● **g. sassone**, possessive case.
genitóre, *m.* father; parent: **i miei genitori**, my parents.
genitourinàrio, *a.* (*anat.*) genitourinary.
genitrice, *f.* mother; parent.
gennàio, *m.* January ● (*prov.*) **G. polveraio empie il granaio**, dust and drought in January, spells a full granary.

genocidio, *m.* genocide.
genòma, *m.* (*genetica*) genome.
genotipico, *a.* (*biol.*) genotypic(al).
genotipo, *m.* (*biol.*) genotype.
Gènova, *f.* (*geogr.*) Genoa.
Genovèffa, *f.* Genevieve.
genovése, *a., m.* e *f.* Genoese.
gentàglia, *f.* (*spreg.*) rabble; despicable people.
gènte, *f.* **1** (*numero indeterminato di persone*) people, folk (*collett., col verbo al pl.*): **C'è poca g.**, there aren't many people; **Quanta g.!**, what a lot of people!; **La g. dice...**, people say...; **troppa g.**, too many people; **g. allegra**, jolly people; **Povera g.!**, poor people!; poor things!; **g. di campagna**, country people; country folk; **g. di città**, town people; city folk; **La mia g. mi aiuterà**, my people will help me; **È buona g.**, they are good-natured (*o* kindly) people; **g. alla buona**, easy-going people; **brava g.**, nice people **2** (*lett.: popolo, nazione*) people: **Le genti dell'interno erano sul piede di guerra**, the peoples of the interior were on the war-path. ● **g. d'arme**, soldiers □ **g. del cinema**, film-actors □ **g. di chiesa**, (*fedeli*) church-goers; (*ecclesiastici*) clergymen □ (*naut.*) **g. di mare**, seamen; sailors □ **g. di teatro**, stage-folk □ **g. timorata di Dio**, God-fearing people □ (*leg.*) **il diritto delle genti**, the law of nations □ **Lo sa tutta la g.**, everybody knows □ **Non entrare: c'è g.**, don't go in: there's somebody there (*o* there are visitors).
gentildònna, *f.* gentlewoman*; lady.
gentile (1), *a.* **1** kind; (*garbato, cortese*) courteous, polite: **un pensiero (una lettera) g.**, a kind thought (letter); **essere g. con tutti**, to be kind (*o* polite) to everyone; **Vuol essere così g. da darglielo?**, would you be so kind as to give it to him? **2** (*dolce, mite, di nobile origine*) gentle: **la voce ruvida di lui e quella g. di lei**, his rough voice and her gentle one; **un'anima g.**, a gentle soul; **di casato g.**, of gentle birth; **il gentil sesso**, the gentle sex **3** (*delicato*) delicate; (*facile da lavorare*) soft: **un odore (sapore) g.**, a delicate odour (taste) **4** (*nelle lettere*) Dear: **G. Signore**, Dear Sir; **G. Signora** (*o* **Signorina**), Dear Madam. ● **G. Signora Anna Rossi**, (*su una busta*) Mrs Anna Rossi □ **Sii g., fallo tu**, be a good chap and do it for me.
gentile (2), *m.* **1** (*Bibbia: non Ebreo*) Gentile **2** (*pagano*) heathen.
gentilésimo, *m.* Gentilism.
gentilézza, *f.* kindness; (*dolcezza, tenerezza*) gentleness; (*garbo, cortesia*) courtesy, politeness: **Fammi la g. di accettare**, do me the kindness to accept; **Gli usarono molte gentilezze**, they showered kindnesses upon him; they surrounded him with kind attentions. ● **Per g.!**, please!
gentilissimo, *a.* **1** genteel; very kind; very courteous; (*fine*) very refined; (*elevato*) very noble: **una donna gentilissima**, a very kind (*o* refined) lady **2** (*nello stile epistolare*) dear, my dear: **gentilissima signora**, Dear Madam.
gentilizio, *a.* aristocratic; noble. ● **stemma g.**, coat-of-arms.
gentilménte, *avv.* kindly; (*con delicatezza*) gently; (*con cortesia*) courteously, politely.
gentiluòmo, *m.* gentleman*. ● **g. di campagna**, squire.
genuflessióne, *f.* genuflexion, genuflection. ● **fare una g.**, to genuflect.
genuflèttersi, *v. rifl.* to genuflect; to kneel* down.
genuinità, *f.* genuineness; authenticity.
genuino, *a.* genuine; authentic; unadulterated; unsophisticated.
genziana, *f.* (*bot., Gentiana lutea*) gentian. ● (*farm.*) **radice di g.**, gentian-root.
genzianèlla, *f.* (*bot., Gentiana acaulis*) gentianella.
geocèntrico, *a.* (*astron., geogr.*) geocentric(al).
geocentrismo, *m.* geocentricism.
geochimica, *f.* geochemistry.
geochimico, A *a.* geochemical. **B** *m.* geochemist.
geòde, *m.* (*miner.*) geode.
geodesìa, *f.* geodesy; geodetics (*pl. col verbo al sing.*); geodaesia.
geodèta, *m.* e *f.* geodesist.
geodètica, *f.* (*mat.*) geodetic line.
geodètico, *a.* (*mat.*) geodetic; geodesic: **linea geodetica**, geodetic line.
geodinàmica, *f.* (*geol.*) geodynamics (*pl. col verbo al sing.*).
geodinàmico, *a.* (*geol.*) geodynamic(al).
geofagia, *f.* (*med.*) geophagism; geophagy.
geòfago, *m.* (*med.*) geophagist.
geofìsica, *f.* (*fis.*) geophysics (*pl. col verbo al sing.*).
geofìsico, A *a.* geophysical. **B** *m.* geophysicist.
geognosìa, *f.* (*geol.*) geognosy.
geogonìa, *f.* geogony.
geografìa, *f.* geography.
geogràfico, *a.* geographic(al): **una carta geografica**, a (geographical) map.
geògrafo, *m.* geographer.

geòide, *m.* geoid.
geolinguistica, *f.* geolinguistics (*pl. col verbo al sing.*).
geologia, *f.* geology: **g. stratigrafica (tettonica, applicata)**, stratigraphic (tectonic, economic) geology.
geològico, *a.* geologic(al).
geòlogo, *m.* geologist.
geomagnètico, *a.* (*geol.*) geomagnetic.
geomagnetismo, *m.* geomagnetism; terrestrial magnetism.
geomante, *m.* geomancer.
geomàntico, *a.* geomantic(al).
geomanzìa, *f.* geomancy.
geòmetra, *m.* **1** building surveyor **2** (*agrimensore*) land--surveyor **3** (*zool.*) geometer; looper; inchworm.
geometrìa, *f.* geometry.
geometricaménte, *avv.* geometrically.
geometricità, *f.* geometric quality.
geomètrico, *a.* geometric(al): **progressione geometrica**, geometrical progression.
geomètride, *m.* (*zool.*) measuring worm.
geomorfologìa, *f.* geomorphology.
geopolìtica, *f.* geopolitics (*pl. col verbo al sing.*).
geopolìtico, *a.* geopolitical.
georgiàno, *a. e m.* Georgian.
geòrgico, *a.* (*letter.*) georgic(al). ● **poema g.**, georgic □ **le Georgiche**, the Georgics.
geosinclinale, *f.* (*geol.*) geosyncline.
geosónda, *f.* (*miss.*) geoprobe.
geostazionàrio, *a.* (*miss.*) geostationary: **orbita geostazionaria**, geostationary orbit.
geotècnica, *f.* geotechnics (*pl. col verbo al sing.*).
geotèrmica, *f.* (*geol.*) geothermics (*pl. col verbo al sing.*).
geotèrmico, *a.* (*geol., ind.*) geothermal; geothermic: **energia geotermica**, geothermal power.
geotròpico, *a.* (*bot.*) geotropic.
geotropismo, *m.* (*bot.*) geotropism: **g. positivo (negativo)**, positive (negative) geotropism.
Gèova, *m.* (*Bibbia*) Jehovah. ● (*relig.*) **testimoni di G.**, Jehovah's Witnesses.
Geraldina, *f.* Geraldine.
gerànio, *m.* (*bot.*) **1** (*Geranium*) (wild) geranium **2** (*Pelargonium*) (garden) geranium. ● **g. dei boschi** (*Geranium sanguineum*), crane's-bill □ **g. edera** (*Pelargonium peltatum*), ivy--leaved geranium.
gerarca, *m.* **1** (*relig.*) hierarch **2** (*polit.*) party leader.
gerarchìa, *f.* hierarchy.
geràrchico, *a.* hierarchic(al). ● **per via gerarchica**, through official channels.
gerarchizzare, *v. t.* to hierarchize.
Gerardo, *m.* Gerald, Gerard.
gerbèra, *f.* (*bot.*, *Gerbera jamesonii*) Transvaal daisy.
geremìa, *m.* (*persona lamentosa*) Jeremiah; grumbler; croaker.
Geremìa, *m.* Jeremy; (*dim.*) Jerry; (*Bibbia*) Jeremiah.
geremiade, *f.* jeremiad.
gerènte, **A** *m.* **1** manager; managing director **2** (*di un giornale*) editor. **B** *f.* manageress.
gerènza, *f.* management.
gergale, *a.* slangy; slang (*attr.*); cant (*attr.*): **un'espressione g.**, a slang expression.
gergalismo, *m.* slangism.
gèrgo, *m.* slang; cant; jargon: **parlare in g.**, to speak slang; **furbesco**, thieves' slang (*o* cant); **g. avvocatesco**, legal jargon. ● **g. accademico**, academese □ **g. burocratico**, officialese, bureaucratese □ **g. d'ufficio**, shoptalk □ **g. dei pedagogisti**, educationese □ **g. giornalistico**, journalese.
geriatra, *m. e f.* geriatrician; geriatrist.
geriatrìa, *f.* (*med.*) geriatrics (*pl. col verbo al sing.*).
geriàtrico, *a.* (*med.*) geriatric.
Gèrico, *m.* (*geogr.*) Jericho.
gèrla, *f.* pannier.
gèrlo, *m.* (*naut.*) gasket.
germanésimo, *m.* Germanism.
Germània, *f.* (*geogr.*) Germany.
germànico, *a.* **1** Teutonic; Germanic **2** (*tedesco*) German.
germànio, *m.* (*chim.*) germanium.
germanismo, *m.* Germanism.
germanista, *m. e f.* Germanist.
germanìstica, *f.* Germanic (*o* German) studies (*pl.*); Germanics (*pl., col verbo al sing.*).
germanizzare, **A** *v. t.* to Germanize. **germanizzarsi**, **B** *v. rifl.* to become* Germanized.
germanizzazióne, *f.* Germanization.
germano (1), *a. e m.* (*stor.*) German.
germano (2), *a.* german: **fratello g.**, brother-german; **sorella germana**, sister-german.
germano (3), *m.* – (*zool.*) **g. reale** (*Anas platyrhynchos*), mallard; wild(-)duck.
germanofilìa, *f.* Germanophilia.
germanòfilo, *a. e m.* Germanophile.
germanofobìa, *f.* Germanophobia.
germanòfobo, **A** *a.* Germanophobic. **B** *m.* Germanophobe.
gèrme, *m.* **1** (*biol.*) germ; (*embrione*) embryo: **in g.**, in embryo **2** (*fig.*) germ; seed; source: **il g. della rivolta**, the germ of the rebellion. ● (*biol., med.*) **senza germi**, germfree.
germicida, **A** *a.* germicidal. **B** *m.* germicide.
Germile, *m.* V. **Germinale**.
germinale, *a.* (*biol.*) germinal; embryonic.
Germinale, *m.* (*stor.*: *settimo mese del calendario rivoluzionario francese*) Germinal (*franc.*).
germinare, *v. i.* **1** to germinate; to sprout; to bud; to shoot* **2** (*fig.*: *trarre origine*) to arise*.
germinativo, *a.* germinative.
germinazióne, *f.* germination.
germogliaménto, *m.* budding; sprouting; germination.
germogliare, **A** *v. i.* **1** to bud; to sprout; to germinate; to shoot*; to spring* up **2** (*fig.*) to germinate; to spring* up. **B** *v. t.* to put* forth; to sprout.
germòglio, *m.* bud; sprout; shoot; offset: **germogli laterali**, lateral buds.
gerocòmio, *V.* **gerontocòmio**.
gerofante, *V.* **ierofante**.
geroglìfico, **A** *a.* hieroglyphic. **B** *m.* hieroglyph (*anche fig.*).
Geròlamo, Gerònimo, *m.* Jerome.
gerontocòmio, *m.* home for the aged.
gerontocrazìa, *f.* gerontocracy.
gerontoiatrìa, *V.* **geriatrìa**.
gerontologìa, *f.* (*med.*) gerontology.
gerontòlogo, *m.* gerontologist.
gerosolimitano, **A** *a.* of Jerusalem. **B** *m.* **1** inhabitant of Jerusalem **2** (*cavaliere di Malta*) Hospital(l)er; Knight (of the order) of St John of Jerusalem; Knight of Malta.
gerùndio, *m.* (*gramm.*) gerund.
gerundivo, (*gramm.*) **A** *m.* gerundive. **B** *a.* gerundial; gerundival.
Gerusalèmme, *f.* (*geogr.*) Jerusalem.
Gervàsio, *m.* Gervase; Jarvis; Jervis.
gessàia, *f.* chalk-pit; gypsum quarry.
gessàio, *m.* plasterer.
gessare, *v. t.* **1** (*il terreno*) to gypsum **2** (*il vino*) to plaster.
gessatura, *f.* **1** (*del terreno*) gypsuming **2** (*del vino*) plastering.
gessétto, *m.* piece of chalk; (*morbido*) crayon.
gèsso, **A** *m.* **1** chalk **2** (*med., scult., edil.*) plaster: **g. di Parigi**, plaster of Paris; **scultura in g.**, plaster cast **3** (*miner.*) gypsum **4** (*chim.*) calcium sulphate. ● **g. da stucchi**, gesso □ (*edil.*) **g. misto a cemento e altre sostanze fibrose**, staff □ **pietra di g.**, gypsum. **B** *a.* chalk (*attr.*): **bianco g.**, chalk-white.
gessóso, *a.* chalky; (*miner.*) gypseous.
gèsta, *f. pl.* (*lett.*) deeds; (heroic) achievements; feats. ● (*letter.*) **canzoni di g.**, «chansons de geste» (*franc.*).
gestante, *f.* pregnant woman*; expectant mother.
gestapo (*ted.*), *f.* (*stor.*) Gestapo.
gestatòrio, *a.* – (*relig.*) **sedia gestatoria**, gestatorial chair.
gestazióne, *f.* (*med.*) pregnancy; gestation (*anche fig.*). ● (*fig.*) **essere in g.**, to be in preparation.
gesticolaménto, *m.* gesticulation.
gesticolare, *v. i.* to gesticulate.
gesticolazióne, *f.* gesticulation.
gestionale, *a.* managerial.
gestióne, *f.* management; direction; administration: **g. solida**, sound management; (*di una fabbrica*) **consiglio di g.**, council of management. ● **g. degli affari**, conduct of business □ (*leg.*) **g. fiduciaria**, trusteeship □ **costi di g.**, operating (*o* operation) costs.
gestire (1), *v. i.* (*gesticolare*) to gesticulate.
gestire (2), *v. t.* (*amministrare*) to run*; to manage; to administer: **g. un'azienda**, to run a business.
gèsto, *m.* **1** (*movimento*) gesture; (*segno*) sign: **fare un g.**, to make a gesture **2** (*azione*) deed: **un nobile g.**, a noble deed.
gestóre, *m.* manager; administrator.
gestuale, *a.* (*anche arte*) gestural: **comunicazione g.**, gestural communication; **pittura g.**, gestural painting.
gestualità, *f.* (*capacità di gestire*) capacity for gesticulation: **Quell'attore ha una g. straordinaria**, that actor is endowed with an extraordinary capacity for gesticulation.
Gesù, *m.* Jesus: **G. Cristo**, Jesus Christ. ● **G. Bambino**, the Holy Child □ (*inter.*) **G.!**, goodness me!; goodness gracious!; Jesus (*USA*)!
gesuita, *m.* (*relig.*) Jesuit (*anche fig., spreg.*).
gesuitico, *a.* Jesuitic(al).

gesuitismo, *m.* 1 Jesuitism 2 (*fig., spreg.*) jesuitism; jesuitry.
gesummaria, *inter.* good heavens!
gèto, *m.* jess.
Getsèmani, *m.* (*Bibbia*) Gethsemane.
gettare, A *v. t.* 1 to throw* (*anche fig.*): **g. via (giù)**, to throw away (down); (*sport*) **g. il martello**, to throw the hammer; **g. a terra**, to throw to the ground; **g. q. a terra** (*nella lotta*), to throw sb.; **g. via tempo e denaro**, to throw away time and money; **seguitare a g. via denaro**, to throw good money after bad; (*fig.*) **g. i soldi dalla finestra**, to throw one's money out of the window; **g. q.c. in faccia a q.**, to throw (*o* to cast) st. in sb.'s teeth; **g. luce su q.c.**, to throw light on st.; **g. un bacio a q.**, to throw sb. a kiss 2 (*«fondere» in scultura; in certe frasi fatte, ecc.*) to cast*: **g. una statua in bronzo**, to cast a statue in bronze; (*naut.*) **g. l'ancora**, to cast anchor; **g. le reti**, to cast one's net(s) (*quasi lett.; la frase tecnica è*: to shoot the net, the seine); **g. lo scandaglio**, to cast the lead; **g. uno sguardo a q.**, to cast an eye (*o a glance, a look*) at sb.; **g. biasimo su q.**, to cast (*o* to throw) blame on sb.; **g. un'ombra su q.c.**, to cast (*o* to throw) a shadow on st. 3 (*con impeto*) to fling*; (*scagliare*) to hurl: **g. in aria il cappello**, to fling one's hat up (in the air); **g. un sasso a q.**, to fling (*o* to throw) a stone at sb.; **Fu gettato in carcere**, he was flung into prison; **g. olio bollente sul nemico**, to hurl boiling oil on the enemy 4 (*senza sforzo*) to toss: **g. una palla a q.**, to toss (*o* to throw) a ball to sb.; **Gettò una moneta al mendicante**, he tossed (*o* threw) a coin to the beggar; **Gettò indietro la testa con impazienza**, he tossed his head back with impatience 5 (*fig.: fruttare, rendere*) to yield; to bring* in 6 (*far sgorgare, versare*) to spout; to gush 7 (*naut.: il carico, la zavorra, ecc., per alleggerire*) to jettison. **B** *v. i.* 1 (*sgorgare*) to flow 2 (*di piante*) to put* forth; to sprout; to bud. ● **g. all'aria**, to turn upside-down □ **g. a mare** (*da una nave*), to throw overboard □ (*fig.*) **g. a mare q.**, to drop sb. □ **g. l'ancora in un porto**, to harbour □ **g. il fieno sul carro**, to pitch the hay on to the cart □ (*anche fig.*) **g. le fondamenta**, to lay the foundations □ **g. un grido**, to utter a cry □ (*sport*) **g. il peso**, to put the shot; to put the weight □ **g. un ponte su un fiume**, to build a bridge across a river □ **g. le radici**, to put out roots □ (*di una ferita*) **g. sangue**, to bleed □ **g. il seme della discordia**, to sow the seed of discord □ **g. via il proprio tempo**, to waste one's time □ (*di contenitore*) **da g.**, throwaway; disposable □ **Le fontane non gettano acqua da mesi**, the fountains haven't played for months. **gettarsi, C** *v. rifl.* 1 to throw* oneself; to cast* oneself: **g. in acqua**, to throw oneself into the water; **g. nelle braccia di q.**, to throw oneself into sb.'s arms; **g. ai piedi di q.**, to throw (*o* to cast) oneself at sb.'s feet 2 (*con impeto*) to fling* oneself; (*scagliarsi*) to hurl oneself: **g. sul letto** (**su una sedia, ecc.**), to fling oneself on to the bed (on to a chair, etc.); **Si gettarono sul nemico**, they hurled themselves at (*o* upon) the enemy 3 (*sfociare*) to flow; to empty: **Il Reno si getta nel Mare del Nord**, the Rhine flows into the North Sea. ● (*fig.*) **g. a capofitto in q.c.**, to throw oneself into st. □ **g. a terra**, to throw oneself down □ **g. addosso gli abiti**, to fling one's clothes on □ **g. al collo di q.**, to fall on sb.'s neck □ **g. in ginocchio**, to fall on one's knees.
gettata, *f.* 1 throw 2 (*metall.*) cast 3 (*costr.*) casting 4 (*diga*) jetty 5 (*bot.*) shoot; shooting 6 (*mil.*) range.
gèttito, *m.* 1 (*fin.*) yield; take; proceeds, takings (*pl.*): **il g. delle imposte**, the yield of taxes 2 (*naut., leg.*) jettisoned cargo (*o* goods); jetsam. ● **g. fiscale**, tax revenue.
gètto, *m.* 1 (*il gettare*) throwing; throw; hurl 2 (*di qualunque liquido*) jet (*forte e specialm. da un'apertura piccola, come in una fontana*); spouting (*come dal becco di un bricco*); gushing forth (*molto abbondante*); spurt (*improvviso e di breve durata*); (*med., anche*) flux, discharge (*di materia*) 3 (*fusione*) casting: **un g. in bronzo** (**in calcestruzzo, cavo, ecc.**), a bronze (concrete, hollow, etc.) casting 4 (*di q.c. in una forma*) moulding 5 (*mecc.*) jet; **g. di avviamento**, starting jet; **g. di potenza**, power jet 6 (*bot.*) shoot; sprout 7 (*il buttare a mare q.c. per alleggerire la nave*) jettison 8 (*sport: del peso*) putting the shot (*o* the weight). ● **a g. continuo**, in a continual stream; uninterruptedly; non-stop (*fam., avv. o agg.*) □ **arma da g.**, throwing weapon □ **di g.**, straight off; in one go (*fam.*) □ (*fig.*) **far g. di q.c.**, to squander st. □ **primo g.** (*abbozzo*), first draft.
gettonare, *v. t.* 1 (*telefonare a q.*) to ring* (sb.) up 2 (*scegliere un disco di un «juke-box»*) to select (a record) on a juke-box (by inserting a coin).
gettóne, *m.* 1 token; counter: **g. telefonico**, telephone counter 2 (*al gioco*) counter; chip (*solo di giochi d'azzardo*). ● **g. di presenza**, attendance-check; (*il compenso*) attendance fee □ **apparecchio** (*o* **macchina**) **a gettoni**, slot-machine.
gettonièra, *f.* automatic coin dispenser.
gettopropulsióne, *f.* (*aeron.*) jet propulsion.
geyser, *m.* (*geol.*) geyser.
geyserite, *f.* (*min.*) geyserite.

ghènga, *f.* 1 gang 2 (*scherz.: combriccola*) band; set; group; gang (*scherz.*).
ghepardo, *m.* (*zool., Acinonyx jubatus*) cheetah.
ghéppio, *m.* (*zool., Falco tinnunculus*) kestrel; windhover.
gheriglio, *m.* kernel.
gherlino, *m.* (*naut.*) hawser.
gherminèlla, *f.* trick.
ghermire, *v. t.* to seize; to snatch; to clutch.
gheróne, *m.* 1 gusset; gore 2 (*naut.*) gore 3 (*araldica*) gyron.
ghétte, *f. pl.* 1 (*alte*) gaiters; (*basse*) spats 2 (*pantaloncini per bambini*) breeches.
ghettizzare, *v. t.* to ghettoize; to ghetto.
ghettizzazióne, *f.* ghettoization.
ghétto, *m.* 1 ghetto (*anche estensivo*) 2 (*quartiere povero, malfamato*) slum.
ghìa, *f.* (*naut.*) whip; whip-and-derry.
ghiacciàia, *f.* 1 ice-house 2 (*frigorifero*) refrigerator; fridge; frig (*fam.*).
ghiacciàio, *m.* glacier.
ghiacciare, A *v. t.* to freeze*; to ice. **B** *v. i.* to freeze*; to ice over; to turn to ice; (*coprirsi di ghiaccio*) to frost: **Il fiume ghiacciò in gennaio**, the river froze in January. ● **Le sue parole mi ghiacciarono**, his words sent chills down my spine.
ghiacciata, *f.* iced drink.
ghiacciato, *a.* 1 (*gelato*) frozen 2 (*freddissimo*) icy; ice-cold: **una bevanda ghiacciata**, an ice-cold drink.
ghiàccio, A *m.* ice: **un pezzo** (**una lastra**) **di g.**, a lump (a sheet) of ice; **il secchiello del g.**, the ice-pail; (*anche fig.*) **rompere il g.**, to break the ice; **g. secco**, dry ice; **una fabbrica di g.**, an ice plant; **la fabbricazione del g.**, ice-making; **imprigionato nel g.** (*per es.: di una nave*), ice-bound; **un banco di g.**, an ice-floe; **un campo di g.**, an ice-field; **un pezzo di g. galleggiante** (*in un fiume, ecc.*), an ice-drift. ● (*fig.*) **essere di g.**, to be very cold □ **incrostazione di g.** (*sui vetri, ecc.*), frost □ (*fig.*) **rimanere di g.**, to be dumbfounded (*o* flabbergasted). **B** *a.* icy; cold: **sudore g.**, cold sweat.
ghiacciòlo, *m.* 1 icicle 2 (*di pietra preziosa*) flaw 3 (*tipo di gelato*) ice-lolly (*fam.*).
ghiàia, *f.* gravel; shingle (*specialm. su spiaggia marina*). ● (*ferr.*) **letto di g.**, ballast.
ghiaiata, *f.* (*layer of*) gravel.
ghiaiétto, *m.* fine gravel.
ghiaino, *m.* (*di fiume*) fine river gravel.
ghiaióne, *m.* (*geol.*) scree.
ghiaióso, *a.* gravelly.
ghianda, *f.* (*bot.*) acorn. ● (*fis.*) **valvola a g.**, acorn tube.
ghiandàia, *f.* (*zool., Garrulus glandarius*) jay. ● **g. marina** (*Coracias garrulus*), roller.
ghiàndola, *f.* (*anat.*) gland: **una g. endocrina**, an endocrine gland; **ghiandole salivari**, salivary glands. ● (*zool.*) **g. della seta**, silk gland □ (*zool.*) **g. odorifera**, scent gland; scent-bag.
ghiandolare, *a.* (*anat.*) glandular.
ghibellinismo, *m.* (*stor.*) Ghibellinism.
ghibellino, *a.* e *m.* (*stor.*) Ghibelline.
ghibli, *m.* gibli, ghibli; gibleh (*USA*).
ghièra, *f.* 1 (*di ombrello e sim.*) ferrule; metal ring 2 (*archit.*) arched lintel 3 (*mecc.*) metal ring; (*ring*) nut.
ghigliottina, *f.* guillotine. ● **finestra a g.**, sash-window.
ghigliottinare, *v. t.* to guillotine.
ghigna, *f.* (*fam.*) grim-frowning face; cheeky look.
ghignare, *v. i.* to sneer; to leer.
ghignata, *f.* sneer; leer.
ghigno, *m.* sneer; leer; sardonic grin.
ghinda, *f.* (*naut.*) hoist.
ghindare, *v. t.* (*naut.*) to hoist.
ghinèa, *f.* (*econ.*) guinea.
ghingheri, *m.* *locuz.* *avv.* in one's Sunday best; dressed up to the nines (*fam.*). ● **mettersi in g.**, to dress up.
ghiòtta, *f.* (*cucina*) dripping-pan.
ghiottaménte, *avv.* 1 greedily; gluttonously 2 (*fig.*) greedily; eagerly.
ghiótto, *a.* 1 (*di persona*) greedy; gluttonous 2 (*di cibo, ecc.*) delicious; dainty; appetizing 3 (*di altre cose*) desirable; enticing 4 (*avido*) eager. ● **essere g. di cose dolci**, to have a sweet tooth □ **essere g. di miele**, to have a weakness for honey □ **C'è chi ne è g.**, some people love it.
ghiottóne, *m.* 1 greedy person; glutton; gourmand 2 (*zool., Gulo gulo*) glutton; (*Gulo luscus*) wolverene, wolverine.
ghiottoneria, *f.* 1 greediness; gluttony 2 (*cibo ghiotto*) delicious dish; tit-bit; dainty morsel 3 (*fig.*) rarity.
ghiòzzo, *m.* (*zool., Gobius*) goby. ● **g. comune** (*o* **nero**) (*Gobius niger*), black goby.
ghirba, *f.* water-skin; water-bag. ● (*gergo mil.*) **salvare la g.**, to save one's skin.

ghiribizzo, *m.* whim; fantastical (*o* whimsical, capricious, quaint) notion; caprice. ● **Mi saltò il g. di farla tutta a piedi,** I suddenly took it into my head to do it all on foot.
ghirigòro, *m.* scribble; doodle; (*al pl.*) loops and squiggles. ● **fare ghirigori su un foglio,** to doodle on a piece of paper.
ghirlanda, *f.* wreath; garland. ● **far g.,** to form a circle.
ghiro, *m.* (*zool.*, *Glis glis*) dormouse*; loir. ● (*fig.*) **dormire come un g.,** to sleep like a top (*o* a log).
ghirónda, *f.* (*mus.*) hurdy-gurdy.
ghisa, *f.* (*metall.*) cast iron: **g. refrattaria,** heat-resisting cast iron; **g. sintetica,** synthetic cast iron; **g. temprata,** chilled iron. ● **g. da fonderia,** foundry pig □ **g. di prima fusione,** pig iron.
gi, *f.* e *m.* (*lettera*) gee, ge; the letter g.
già, *avv.* **1** already: **Sono già le quattro,** it's already four o'clock; **Sarà già arrivato,** he is probably here already; **È già tardi,** it's already late **2** (*un tempo*) former (*agg.*); formerly (*avv.*): **Ecco il Corsi, già campione della Toscana,** here is Corsi, former Tuscan champion; **Piazza Libertà, già degli Archi,** Piazza Libertà, formerly Piazza degli Archi **3** (*rafforzativo*) indeed (*spesso si omette*): **Rifiutai, non già per picca, ma...,** I refused, not (indeed) out of spite, but... **4** (*per indicare consenso*) of course; yes; indeed; absolutely; sure (*specialm. USA*): **Già, hai ragione,** of course, you're right; «**Sai leggerlo davvero?**» «**Già**», «can you really read this?» «yes, I can». ● **già citato,** above-mentioned □ **di già,** already □ **Di già?,** what, already?
Giacarta, *f.* (*geogr.*) Djakarta, Jakarta.
giacca, *f.* coat; jacket: **una g.** (*di completo*) **da città,** a lounge coat; **una g. sportiva,** a sports jacket (*o* coat); (*di lana con cintura della stessa stoffa*) a Norfolk jacket. ● **g. a vento,** wind-cheater; windjammer; windbreaker (*USA*); parka (*USA*); (*da sci*) anorak □ **g. nera** (*arbitro sportivo*) umpire; referee.
giacché, *cong.* as; since; in as much as (*lett.*): **G. è umido, staremo in casa,** as it is wet, we shall stay at home; **G. non abbiamo denaro, non possiamo comprarlo,** since we have no money, we can't buy it.
giacchétta, *f.* jacket.
giàcchio, *m.* casting-net.
giacènte, *a.* **1** (*in sospeso*) pending; outstanding; in abeyance **2** (*di lettera o pacco, ecc.*) undelivered; unclaimed (*anche lett.*) **3** (*di capitale*) uninvested; idle **4** (*di merce: in magazzino*) in stock; (*invenduta*) unsold **5** (*araldica*) couchant. ● (*leg.*) **eredità g.,** vacant succession □ **ufficio della posta g.,** dead-letter office.
giacènza, *f.* **1** (*fin., rag.*) cash in hand **2** (*comm.*) remainder **3** (*merce in magazzino*) stock (on hand); (*merce invenduta*) unsold goods (*pl.*). ● **capitale in g.,** uninvested capital □ **giorni di g.** (*controstallie*), demurrage □ **libri in g.** (*copie invendute*), unsold copies □ **merce in g.,** (*non consegnata*) undelivered goods; (*non ritirata*) unclaimed goods.
giacére, *v. i.* to lie*: **g. malato,** to be ill; **Qui giace...,** here lies...; **La valle giace fra due colline,** the valley lies between two hills; **g. bocconi** (**supino**), to lie on one's face (on one's back) **2** (*stare inerte, inattivo*) to lie* (idle); to stay. ● **g. nella miseria,** to be very poor; to live in great poverty □ (*prov.*) **Chi muore giace, chi vive si dà pace,** the dead lie still and the quick do as they will.
giaciglio, *m.* pallet; couch (*lett.*).
giaciménto, *m.* (*geol., min.*) layer; bed; body; deposit; field: **g. minerario,** ore body; **g. aurifero,** gold deposit; **g. alluvionale,** alluvial deposit. ● **g. di carbone,** coal seam □ **g. di petrolio,** oil- -field □ **g. di sale,** salt-mine.
giacinto, *m.* **1** (*bot., Hyacinthus orientalis*) hyacinth **2** (*miner.*) hyacinth.
giacitura, *f.* **1** lying position **2** (*geol.*) position.
giaco, *m.* (*stor., mil.*) coat of mail.
Giacòbbe, *m.* Jacob.
giacobinismo, *m.* (*stor.*) Jacobinism.
giacobino, (*stor.*) **A** *m.* Jacobin. **B** *a.* Jacobin; Jacobinic(al).
giacobita, *m.* e *f.* (*stor.*) Jacobite.
Giacomina, *f.* Jacqueline.
Giàcomo, *m.* James; (*dim.*) Jim, Jimmy, Jamie. ● (*pop.*) **Le gambe mi facevano g. g.,** my legs were shaking (under me).
giaconétta, *f.* (*ind. tessile*) jaconet.
giaculatòria, *f.* **1** (*relig.*) ejaculatory prayer **2** (*fig.: discorso noioso*) boring words (*pl.*) **3** (*fig.: imprecazione*) curse.
giada, *f.* (*miner.*) jade.
Giaèle, *m.* (*Bibbia*) Jael.
Giaffa, *f.* (*geogr.*) Jaffa.
giaggiòlo, *m.* (*bot., Iris*) iris*; (*lett., anche*) flower-de-luce.
giaguaro, *m.* (*zool., Felis onca, Panthera onca*) jaguar.
giaiétto, *m.* (*miner.*) jet.
giainismo, *m.* (*relig.*) Jainism.
giainista, *m.* e *f.* (*relig.*) Jain; Jainist.
gialappa, *f.* **1** (*bot., Exogonium purga*) jalap plant **2** (*farm.*) jalap.

giallastro, gialliccio, *a.* yellowish.
giallista, *m.* e *f.* detective-story writer.
giallistica, *f.* (*letter.*) detective fiction.
giallo, A *a.* **1** yellow: **terra gialla,** yellow ochre; **la stampa gialla,** the yellow press; **la razza gialla,** the yellow race; **il pericolo g.,** the yellow peril; (*tel.*) (**le**) **pagine gialle,** yellow pages **2** (*di carnagione*) sallow; (*di un pallore sinistro*: *della pelle o del cielo*) livid: **Il cielo era di un g. sinistro,** the sky had a livid hue. ● **g. dalla bile,** livid □ **farina gialla,** maize meal □ **un film g.,** a thriller □ **un libro g.,** a thriller; a detective story □ (*fotogr.*) **schermo g.,** filter. **B** *m.* **1** yellow: **g. cromo,** chrome yellow **2** (*d'uovo*) yolk **3** (*autom.*) amber (light): **Le auto devono fermarsi quando c'è il g.** (*o* **quando il semaforo segna g.**), cars must stop when amber light shows **4** (*romanzo o film poliziesco*) thriller; crime (*o* murder) story (*o* play, film); (*racconto poliziesco*) detective story. ● **un g. rosa,** a comedy-crime story (*o* play, etc.) with love interest.
giallógnolo, *a.* yellowish.
giallóre, *m.* yellowishness; (*di carnagione*) sallowness.
giallume, *m.* **1** unpleasant (*o* nasty, ugly) yellowness **2** (*bot., del pesco, ecc.*) (the) yellows (*pl.*).
Giamàica, *f.* (*geogr.*) Jamaica.
giamaicano, *a.* e *m.* Jamaican.
giàmbico, *a.* (*poesia*) iambic.
giambo, *m.* (*poesia*) **1** iambus*; iamb **2** (*satira in giambi*) iambics (*pl.*).
giammài, *avv.* never: **G. lo dimenticherò,** I'll never forget him.
giandùia, *m.* «gianduia» (soft, sweet Turin chocolate).
gianduiòtto, *m.* «gianduiotto» (Turin chocolate).
Gianìcolo, *m.* (*geogr.*) Janiculum.
Gianna, *f.* Janet.
giannétta, *f.* **1** walking-stick; (Malacca-)cane **2** (*stor.*) pike; lance.
Gianni, *m.* Jack.
giannìzzero, *m.* **1** janissary, janizary **2** (*fig.*) henchman*.
Giano, *m.* (*mitol.*) Janus.
giansenismo, *m.* Jansenism.
giansenista, *m.* e *f.* (*relig.*) Jansenist.
giansenistico, *a.* (*relig.*) Jansenistic(al).
Giappóne, *m.* (*geogr.*) Japan.
giapponése, *a.*, *m.* e *f.* Japanese. ● **lotta g.,** Japanese wrestling; ju-jitsu; judo.
giapponeseria, *f.* (*specialm. al pl.*) Japanese bric-à-brac.
giara, *f.* (earthenware) jar.
giardinàggio, *m.* gardening.
giardinétta, *f.* (*autom.*) estate car; station-wagon.
giardinétto, *m.* **1** (*naut.*) quarter; buttock **2** (*fin.*) spread investment.
giardinièra, A *f.* **1** (*mobile per vasi da fiori*) «jardinière» (*franc.*) **2** (*autom.*) estate car; station-wagon; char-à-banc, charabanc **3** (*cucina*) pickles, pickled vegetables (*pl.*). **B** *a.* − **maestra g.,** nursery school-teacher; kindergarten mistress □ (*cucina*) **zuppa g.,** jardinière soup; vegetable soup.
giardinière, *m.* gardener.
giardino, A *m.* garden: **giardini pubblici,** public gardens; park (*sing.*); **g. zoologico,** zoological gardens (*pl.*); (*molto comune*) zoo; **un g. all'italiana,** an Italian garden; **costruttore di giardini,** garden contractor; «**tutto per il g.**», garden centre; **un g. pensile,** a roof-garden. ● **g. d'infanzia,** kindergarten; nursery school □ **g. giapponese,** rockery □ **costruzione di giardini** (*all'inglese*), landscaping. **B** *a.* − **città g.,** garden city.
giarrettièra, *f.* **1** garter: **Ordine della G.,** Order of the Garter **2** (*di busto, reggicalze, ecc.*) suspender.
Giasóne, *m.* (*mitol.*) Jason.
giaurro, *m.* (*spreg.*) giaour; infidel.
Giava, *f.* (*geogr.*) Java.
giavanése, *a.* e *m.* Javanese; Javan.
giavazzo, *V.* giaietto.
giavellottista, *m.* e *f.* (*sport*) javelin thrower.
giavellòtto, *m.* javelin: (*sport*) **lancio del g.,** javelin (throwing).
gibbo, *m.* (*zool.*) gibbus.
gibbóne, *m.* (*zool., Hylobates*) gibbon.
gibbosità, *f.* gibbosity (*anche med.*).
gibbóso, *a.* **1** gibbous; (*di un animale*) humped; (*di una persona*) hump-backed, hunch-backed **2** (*di terreno*) undulating.
gibèrna, *f.* cartridge-box.
gibigian(n)a, *f.* (*lett.*) flash from a mirror.
Gibiltèrra, *f.* (*geogr.*) Gibraltar.
gibus, *m.* gibus (hat); opera-hat.
giga, *f.* **1** (*lo strumento*) gigue, giga **2** (*la danza*) gigue; jig.
gigante, A *m.* giant. ● **fare passi da g.,** to make great strides; to make astonishing progress. **B** *a.* huge; gigantic; colossal: **un albero g.,** a huge tree.
giganteggiare, *v. i.* to rise* like a giant; to tower (over).

gigantésco, *a.* gigantic; giant (*attr.*).
gigantéssa, *f.* giantess.
gigantismo, *m.* (*med.*) gigantism; giantism.
gigantista, *m. e f.* (*sci*) giant slalom racer.
gigantografia, *f.* (*fotogr.*) blow-up.
gigantomachìa, *f.* gigantomachy.
gìgaro, *m.* (*bot.*, *Arum maculatum*) cuckoo-pint; lords-and-ladies.
gigióne, *m.* (*gergo teatr.*) ham (actor) (*pop.*).
gigioneggiare, *v. i.* (*gergo teatr.*) to ham (*pop.*).
gigionésco, *a.* (*gergo teatr.*) ham, hammy (*pop.*).
gigionismo, *m.* (*gergo teatr.*) hamming (*pop.*).
gigliàceo, *a.* (*bot.*) liliaceous.
gigliato, *a.* **1** (*di moneta*) stamped with a lily **2** (*araldica*) lilied.
gìglio, *m.* **1** (*bot.*, *Lilium*) lily: **g. bianco** (*Lilium candidum*), Madonna (*o* white) lily; **g. cinese** (*Lilium tigrinum*), tiger-lily **2** (*araldica*) fleur-de-lis*; lily: **g. di Firenze**, Florentine fleur-de-lis; **g. di Francia**, (French) fleur-de-lis **3** (*fig.*) lily: **un g. immacolato**, an unspotted lily. ● (*bot.*) **g. d'acqua** (*Nymphaea alba*), white water-lily □ (*zool.*) **g. di mare**, sea-lily; crinoid □ (*bot.*) **g. fiorentino** (*Iris florentina*), Florentine iris; orris □ (*bot.*) **g. gentile** (*Lilium martagon*), Turk's-cap □ (*bot.*) **g. giallo** (*Iris pseudacorus*), yellow flag; fleur-de-lis.
gigolette (*franc.*), *f.* (*gergo: ragazza della malavita*) moll (*pop.*).
gigolò, *m.* (*gergo*) gigolo; lounge-lizard (*pop.*).
Gilbèrto, *m.* Gilbert.
gilda, *f.* (*stor.*) g(u)ild.
gilè, *m.* waistcoat; vest (*USA*).
gimcana, **gimkana**, *V.* gincana.
gimnospèrme, *f. pl.* (*bot.*, *Gymnospermae*) gymnosperms.
gimnòto, *m.* (*zool.*) **1** (*Gymnotus*) gymnotid **2** (*Electrophorus electricus*) electric eel.
gin, *m.* gin.
ginandro, *a.* (*bot.*) gynandrous.
gincana, *f.* (*sport*) gymkhana.
ginecèo, *m.* gynaeceum* (*anche bot.*).
ginecocrazìa, *f.* gynaecocracy.
ginecologìa, *f.* (*med.*) gyn(a)ecology.
ginecològico, *a.* (*med.*) gyn(a)ecological.
ginecòlogo, *m.* (*med.*) gyn(a)ecologist.
ginepràio, *m.* **1** (*bot.*) juniper thicket **2** (*fig.*) fix; hole (*fam.*); tight corner (*fam.*): **cacciarsi in un g.**, to get oneself into a (bad) fix.
ginépro, *m.* (*bot.*, *Juniperus communis*) juniper. ● **g. della Virginia** (*Juniperus virginiana*), (eastern) red cedar.
ginèstra, *f.* (*bot.*, *Genista*; *Cytisus*) broom.
ginestrèlla, *f.* (*bot.*, *Genista tinctoria*) dyer's broom; greenweed.
ginestrino, *m.* (*bot.*, *Lotus corniculatus*) five-finger.
ginestróne, *m.* (*bot.*, *Ulex europaeus*) furze; gorse.
Ginévra (1), *f.* (*letter.*) Guinevere.
Ginévra (2), *f.* (*geogr.*) Geneva.
ginevrino, **A** *a.* of Geneva; Geneva (*attr.*). **B** *m.* Genevan.
gingillare, **A** *v. t.* (*prendere in giro*) to make* a fool of (sb.). **B** *v. rifl.* **1** (*ciondolare*) to dawdle; (*oziare*) to idle: **Non gingillarti per la strada**, don't dawdle on the way **2** (*giocherellare*) to fiddle, to twiddle (with st.).
gingillo, *m.* **1** (*ninnolo*) knick-knack; trinket; gimcrack; gewgaw; bauble **2** (*balocco*) toy. ● **perdersi in gingilli**, to trifle away one's time.
gingillóne, *m.* dawdler; idler.
ginkgo, *m.* (*bot.*, *Ginkgo biloba*) ginkgo.
ginnasiale, **A** *a.* grammar-school (*attr.*); high-school (*attr.*, *USA*); (*in Europa*) gymnasial. **B** *m. e f.* grammar-school student; high-school student (*USA*); (*in Europa*) gymnasiast.
ginnàsio, *m.* **1** grammar school; (junior) high school (*USA*); (*in Europa*) gymnasium* **2** (*stor. greca*) gymnasium*.
ginnasta, *m. e f.* gymnast.
ginnàstica, *f.* gymnastics (*pl. col verbo al sing.*); gym (*fam.*); physical jerks (*pl.*, *fam.*, *scherz.*); physical training (*abbr.* P.T.); (*esercizi collettivi*) drill: **g. svedese**, Swedish drill (*o* gymnastics). ● (*fig.*) **g. della mente**, mental exercise □ **g. ritmica**, callisthenics (*pl. col verbo al sing.*).
ginnàstico, *a.* gymnastic; gym (*attr.*, *fam.*).
ginnico, *a.* gymnastic. ● **giochi ginnici**, athletic games.
ginnocarpo, *a.* (*bot.*) gymnocarpous; gymnocarpic.
ginocchiata, *f.* blow with the knee.
ginocchièllo, *m.* **1** (*per protezione*) knee-pad **2** (*di maiale*) pork leg (without the pettitoes) **3** (*dell'armatura*) genouillère; knee-piece. ● **Questi calzoni hanno i ginocchielli**, these trousers are baggy at the knees.
ginocchièra, *f.* **1** knee-cap; knee-band; knee-pad **2** (*sport*) knee-guard **3** (*mecc.*) toggle: **giunto a g.**, toggle-joint.
ginòcchio, *m.* **1** knee: **In g.!**, down on your knees!; **far piegare le ginocchia a q.**, to bring sb. to his (*o* to her) knees; **piegare il g.**, to bend one's knee; (*fig.*) to eat humble pie; **buttarsi in g.**, to fall (*o* to go down) on one's knees **2** (*parte dei pantaloni*) knee **3** (*di remo*) loom (of an oar) **4** (*mecc.*) bend. ● (*fig.*) **far venire il latte alle ginocchia a q.**, to bore sb. to death (*o* to tears) □ **gettarsi alle ginocchia di q.**, to throw oneself at sb.'s feet □ **in g.**, on one's knees; kneeling: **Lo vidi in g. davanti all'altare**, I saw him kneeling in front of the altar □ **essere nella neve** (**nel fango**, **ecc.**) **fino al g.**, to be knee-deep in the snow (in mud, etc.) □ **mettersi in g.**, to kneel down □ **stare in g.**, to kneel.
ginocchióni, *avv.* on one's knees; kneeling.
ginsèng, *m.* (*bot.*, *Panax ginseng*) ginseng.
Giòbbe, *m.* (*Bibbia*) Job.
giocare, **A** *v. i. e t.* **1** to play: **I ragazzi giocano in giardino**, the children are playing in the garden; **Il gatto ha voglia di g.**, the cat wants to play (*o* is feeling playful); **g. una carta** (**bene le proprie carte**), to play a card (one's cards well); **g. a palla** (**a bocce**, **a carte**, **a scacchi**), to play ball (bowls, cards, chess); **g. agli indiani** (**ai soldati**, **ecc.**), to play at being Indians (soldiers, etc.); **g. sul sicuro**, to play for safety; **g. somme forti**, to play high (*o* for high stakes); **g. per divertimento** (**per interesse**), to play for fun (for money); **g. sulle parole**, to play upon words; **g. un tiro a q.**, to play a trick on sb.; **g. correttamente** (**scorrettamente**), to play fair (foul); **Giochiamo in quattro**, there are four of us playing; **Tocca a te g.**, it's your turn to play; it's your play; (*sport*) **g. in porta**, to play as goalkeeper; **La Fiorentina giocherà contro la Juventus**, Fiorentina will play Juventus **2** (*d'azzardo*) to gamble: **g. in Borsa**, to gamble on the Stock-Exchange; to play the market (*fam.*) **3** (*scommettere*) to bet*; (*puntare*) to stake: **g. una somma forte**, to stake a big sum; **g. alle corse** (**ippiche**), to bet on horses **4** (*ingannare*, *prendere in giro*) to take* (sb.) in; to outwit (sb.); to make* a fool of (sb.). ● (*in Borsa*) **g. al rialzo**, to bull □ (*in Borsa*) **g. al ribasso**, to bear □ **g. d'astuzia**, to rely on one's wits; to resort to cunning □ **g. di gomiti per uscire da un luogo**, to elbow one's way out of somewhere □ **g. di mano**, to pilfer; to be light-fingered □ **g. la vita**, to risk one's life □ (*fig.*) **A che gioco giochiamo?**, what is your little game?; what are you up to? □ **A che gioco si gioca?**, what's the game? **giocarsi**, **B** *v. rifl.* **1** (*perdere*) to gamble away; (*fig.*) to lose*: **S'è giocato una fortuna**, he has gambled away a fortune; **S'è giocato il posto**, he has lost his job **2** (*scommettere*) to bet*: **Mi gioco mille lire che Jack vincerà la corsa**, I bet (you) one thousand lire that Jack will win the race; **g. la camicia**, to bet one's shirt **3** (*farsi gioco*) to make* game (of sb.). ● **g. l'anima**, to be an inveterate gambler.
giocata, *f.* **1** (*mossa del gioco*) move **2** (*puntata*) stake **3** (*partita*) game **4** (*spesso traducibile con una locuz. verbale*): **In due giocate persi tutto**, I played twice and lost everything; **Questa settimana ci sono molte giocate col 7 e col 21**, this week a lot of people have played (*o* have put their money on) 7 and 21.
giocatóre, *m.* **1** player: (*sport*) **g. di calcio**, football player; footballer; **g. di cricket**, cricket player; cricketer; **g. di golf**, golf player; golfer **2** (*d'azzardo*) gambler. ● (*di Borsa*) **g. al rialzo**, bull □ (*di Borsa*) **g. al ribasso**, bear □ **g. di Borsa**, speculator (on the Stock-Exchange) □ (*fig.*) **g. di bussolotti**, trickster.
giocattolàio, *m.* toy-maker; toy-shop owner.
giocàttolo, *m.* **1** toy: **un negozio di giocattoli**, a toy-shop **2** (*fig.*: *rif. a persona*) plaything: **È un g. nelle sue mani**, he's a plaything in her hands.
giocherellare, *v. i.* to play; to toy; (*nervosamente*) to fiddle.
giocherellóne, *a.* playful; frolicsome; gamesome.
giochétto, *m.* **1** (*scherzo*) joke; (*tiro mancino*) trick **2** (*lavoro molto facile*) child's play.
giòco, *m.* **1** game (*anche fig.*): **Che g. si fa?**, what game shall we play?; **il g. degli scacchi** (**della dama**, **del calcio**, **ecc.**), the game of chess (of draughts, of football, etc.); **i giochi olimpici**, the Olympic Games; **giochi all'aperto**, outdoor games; **g. d'azzardo**, game of chance; gambling; **g. di abilità** (*o* **di destrezza**), game of skill; **g. di società**, parlour game; **spassi e giochi**, fun and games; **Il tuo (suo**, **nostro**, **ecc.) g. è scoperto**, the game is up; **Ah, sarebbe questo il tuo g.?**, so that's your little game? **2** play: **g. leale** (**sleale**), fair (foul) play; **g. di luci**, play of light(s); **g. di parole**, play upon words; pun(ning); «**double entendre**» (*franc.*); (*fig.*) **mettere in g. q.c.**, to bring st. into play; (*sport*) **g. pesante**, rough play; **tempo per il g.**, time for play; **play-time 3** (*mecc.*) clearance; play: **g. parallelo**, uniform clearance; **g. assiale**, end play; **g. laterale**, side clearance (*o* play); **Non stringere troppo la vite**, **lascia un po' di g.**, don't tighten the screw too much, leave a little play **4** (*scherzo*) joke; fun: **Non ti offendere**, **lo dicevo per g.**, don't take offence: it was only a joke (*o* it was only said in fun); **prendersi di g.**, to make fun of sb.; to pull sb.'s leg **5** (*tutti gli attrezzi di un gioco*) game; set **6** (*di Borsa*) speculation (*o* gambling) on the Stock-Exchange. ● **g. dei dadi**, dice □ **giochi d'acqua**, waterworks □ (*sport*) **g. di gambe**, footwork □ **g. del lotto**, national (*o* state) lottery □ **g. di mano**,

gióvane

sleight of hand □ (*sport*) **g. pesante**, rough play □ **giochi di prestigio** (*o* **di bussolotti**), conjuring-tricks □ (*sport*) **g. di testa**, headwork □ **avere buon g.**, (*mano di carte*) to have a good hand; (*fig.*) to have all the advantages on one's side □ **barare al g.**, to cheat at games (*o* at cards); to be a card-sharper □ **campo di g.**, (*sportivo*) playing-field; (*per bambini*) playground □ **casa da g.**, gaming-house; (*illegale*) gambling den □ (*fig.*) **celare il proprio g.**, to play a deep game (*o* a close hand) □ **debiti di g.**, gambling debts □ **doppio g.**, double-crossing (*fig.*) □ **entrare in g.**, to come into play □ (*fig.*) **fare il g. di q.**, to play into sb.'s hands □ **fare il doppio g.**, to play a double game □ **fare il doppio g. ai danni di q.**, to double-cross sb. □ (*fig.*) **essere in g.**, to be involved (*o* at stake) □ **mettere in g. tutto**, to stake one's all □ **perdere una fortuna al gioco**, to gamble away a fortune □ **stanza dei giochi** (*per bambini piccoli*), nursery □ (*fig.*) **stare al g.**, to play (ball); to respond in like manner □ **tavolo da g.**, (*per gioco d'azzardo*) gaming-table; (*per giocare a carte*) card-table □ **terreno di g.** (*per bambini piccoli*), tot lot □ **vincere (perdere) al g.**, to win (to lose) money gambling □ **È un g. da ragazzi**, it's child's play! □ **Fate il vostro g.!**, stake your money!; put down your stakes! □ **Eravamo compagni di g.**, we used to play together □ **Non vorrei stare al g., I wouldn't play** □ (*prov.*) **Il g. non vale la candela**, the game is not worth the candle □ (*prov.*) **Ogni bel g. dura poco**, long jesting was never good.

giocofòrza, *m.* — **essere g.**, to be necessary (*o* unavoidable). ● **Ci disse di seguirlo e fu g. obbedire**, he told us to follow him and we had to obey.

giocolière, *m.* juggler.

giocondaménte, *avv.* joyously; gaily; cheerfully; jocundly.

giocondità, *f.* joyousness; gaiety; cheerfulness; mirth; jocundity.

giocóndo, *a.* joyous; gay; cheerful; jocund.

giocosità, *f.* playfulness; jocosity; merriment.

giocóso, *a.* playful; jocose; merry; gay; light-hearted. ● (*mus.*) **un'opera giocosa**, a light (*o* comic, gay) opera □ (*letter.*) **poesia giocosa**, burlesque poetry.

giogàia (1), *f.* (*di bovini*) dewlap.

giogàia (2), *f.* (*geogr.*) range of mountains.

giógo, *m.* **1** yoke (*anche fig.*): (*stor.*, *fig.*) **passare sotto il g.**, to pass under the yoke; (*fig.*) **scuotere il g.**, to throw off the yoke **2** (*di bilancia*) beam **3** (*geogr.*) mountain ridge; (*passo*) col.

giòia (1), *f.* joy; gladness; delight: **le gioie e i dolori della vita**, the joys and sorrows of life; **lacrime di gioia**, tears of joy; **saltare dalla g.**, to jump for joy. ● **darsi alla pazza g.**, to give oneself up to a whirl of pleasure; to fling oneself into a round of gaiety □ **G. mia!**, my love!

giòia (2), *f.* (*pietra preziosa*) jewel; gem; precious stone.

gioielleria, *f.* **1** (*l'arte*) jeweller's craft **2** (*negozio*) jeweller's shop.

gioiellière, *m.* jeweller.

gioièllo, *m.* jewel (*anche fig.*); piece of jewellery; (*al pl.*, *anche*) jewellery (*sing. collett.*): (*fig.*) **La mia cameriera è un g.**, my maid is a jewel; **Ho perso un g.**, I've lost a piece of jewellery; **I miei gioielli sono assicurati**, my jewellery is insured; **i gioielli della Corona**, the Crown Jewels.

gioiosaménte, *avv.* joyously; joyfully; happily.

gioióso, *a.* joyous; joyful; glad; happy; gay.

gioire, *v. i.* to rejoice (at st.); to delight (in st.).

Giòna, *m.* (*Bibbia*) Jonah.

Giònata, *m.* (*Bibbia*) Jonathan.

Giordània, *f.* (*geogr.*) Jordan.

giordano, *a. e m.* Jordanian.

Giordano, *m.* (*geogr.*) (the) Jordan.

giorgina, *V.* **dàlia**.

Giorgina, *f.* Georgina.

Giórgio, *m.* George.

giornalàio, *m.* news-agent; news-dealer; news-vendor; (*strillone*) news-boy.

giornale, *m.* **1** newspaper; paper; (*specificamente quotidiano*) daily; (*di un foglio solo*) news-sheet; (*della sera*) evening-paper: **giornali e riviste**, papers and periodicals; **g. murale**, wall newspaper; **essere abbonato a un g.**, to be a subscriber to a newspaper **2** (*diario*) diary; journal (*anche nel nome di certi periodici*, *specialm. scientifici*): **tenere un g.**, to keep a diary **3** (*naut.*: **g. di bordo**) journal; log(-book): **Lo scrissi nel g. di bordo**, I entered it in the log **4** (*rag.*) day-book; journal: **registrare a g.**, to enter it in the journal **5** (*cinem.*: *notiziario*) news-reel **6** (*pl. collett.*: **la stampa**) (the) Press. ● **g. di moda**, fashion magazine □ **g. di piccolo formato** (*e con molte fotografie*), tabloid □ **g. radio**, news bulletin; news broadcast; newscast □ **g. settimanale** weekly (newspaper) □ **gergo** (*o* **linguaggio**) **da g.**, journalese □ **ritagli di g.**, press cuttings.

giornalétto, *m.* children's paper.

giornalièro, **A** *a.* daily; everyday (*attr.*). **B** *m.* day-labourer;

day man*; journeyman*.

giornalino, *V.* **giornalétto**.

giornalismo, *m.* journalism; (*la stampa*) (the) Press: **g. scandalistico**, scandal journalism; tabloid journalism (*fam.*).

giornalista, **A** *m. e f.* journalist; publicist; (*cronista*) reporter. **B** *m.* newspaperman*; pressman*; newsman* (*USA*). **C** *f.* newspaperwoman*. ● **g. indipendente**, free lance ● **g. titolare di rubrica**, columnist.

giornalistico, *a.* journalistic; newspaper (*attr.*). ● **cronaca giornalistica**, reportage □ **montatura** (*o* **speculazione**) **giornalistica**, (newspaper) stunt (*fam.*) □ (*spreg.*) **stile g.**, journalese.

giornalmastro, *m.* (*comm.*) master ledger.

giornalménte, *avv.* daily.

giornante, *f.* daily-woman*; charwoman*; char (*fam.*).

giornata, *f.* day; (*lavoro di un giorno*) day's work; (*paga di un giorno*) day's wages (*pl.*): **una g. magnifica**, a wonderful day; **tutta la santa g.**, all day long; **Mi sbrigherò in due giornate**, I shall get through it in two days' work; **lavorare a g.**, to work by the day. ● **g. lavorativa**, working day; workday; weekday □ (*radio, telev.*) **la g. parlamentare**, today in Parliament □ **sergente di g.**, duty sergeant □ **uova di g.**, new-laid eggs □ **Va finito in g.**, it must be finished today □ **Telefoneranno in g.**, they'll telephone sometime today □ **Vivono alla g.**, they live hand-to-mouth.

giórno, *m.* **1** day: **un bel g.**, one fine day; **uno di questi giorni**, one of these days; **un g. o l'altro**, some day or other; **l'altro g.**, the other day; **di g. in g.**, day by day; **un g. dopo l'altro**, day after day; **giorni fa** (*o* **giorni or sono**), a few days ago; **un g. sì, un g. no** (*o* **a giorni alterni**), every other day; **l'uomo del g.**, the man of the day; **il fatto del g.**, the topic of the day; **g. solare (siderale, civile)**, solar (sidereal, civil) day; **Tornerò di g.**, I shall come back by day; **Dovrebbero arrivare a giorni**, they should come in a few days' time; in a few days they should be here **2** (*la luce del g.*) daylight; daytime; (*ma anche*) day: **Svegliati, è g.**, wake up, it's daylight (*o* daytime); **È g. chiaro**, it's broad day(light); **Lo cercherò di g.**, I shall look for it in (*o* by) daylight; **Il g. calava**, daylight was fading; **È chiaro come la luce del g.**, it's as clear as daylight **3** (*pl.*, *per «tempo»*, *ecc. anche*) time(s); spell: **Verranno giorni migliori**, better times will come; **giorni difficili**, hard times; **Ho passato dei brutti giorni**, I've been through a bad time; I've been through the mill (*fam.*) **4** — (*nel saluto*) **Buon g.!**, good morning (*prima di mezzogiorno*); good afternoon (*dopo mezzogiorno*). ● **il g. del Signore**, the Lord's Day; the Sabbath □ **il g. di Natale**, Christmas-Day □ **il g. di Pasqua**, Easter (Sunday) □ **g. di vacanza**, holiday □ **al g. d'oggi**, nowadays □ **al cader del g.**, at sunset □ **chiudere** (*o* **finire**) **i propri giorni**, to end one's days □ **da un g. all'altro**, (*improvvisamente*) all of a sudden, overnight; (*imminentemente*) at any moment, any day now □ **dare gli otto giorni** (**di preavviso**), to give a week's notice □ **fare di notte g.**, to turn night into day; to be a night-bird □ **illuminato a g.**, floodlit; brightly lit □ **lavorare g. e notte** (**tutto il g., tutto il santo g., tutti i santi giorni**), to work day and night (all day, the whole blessed day, every blessed day) □ **la moda del g.**, the current fashion □ **ordine del g.** (*gli argomenti da trattare in una seduta*), agenda: **questioni all'ordine del g.**, items on the agenda □ (*cucito*) **orlare a g.**, to hem-stitch □ (*cucito*) **punto a g.**, hem-stitch □ **quindici** (*o* **quattordici**) **giorni**, a fortnight □ (*sport*) **una «sei giorni»**, a six-day race □ **sul far del g.**, at daybreak □ **Che g. è oggi?**, (*del mese*) what's the date today?; (*della settimana*) what day of the week is it today? □ **Cento di questi giorni!**, many happy returns of the day!; happy birthday!

Giosafatte, *m.* (*Bibbia*) Jehoshaphat.

giòstra, *f.* **1** (*cavalleresca*) tournament; joust **2** (*nelle fiere*) merry-go-round; roundabout; carousel (*USA*). ● **correre la g.**, to joust □ (*fig.*) **far la g.**, to go round and round; to rush about.

giostrante, *V.* **giostratóre**.

giostrare, *v. i.* **1** to joust; to tilt **2** (*fig.: destreggiarsi*) to manage; to manoeuvre.

giostratóre, *m.* jouster; tilter.

Giosuè, *m.* Joshua; (*dim.*) Josh.

giottésco, **A** *a.* Giottesque. **B** *m.* follower of Giotto.

giovaménto, *m.* benefit; advantage; (*miglioramento*) improvement; (*anche finanziario*) relief; (*profitto*) profit.

gióvane, **A** *a.* **1** young: **g. di spirito**, young at heart; **rimanere** (*o* **mantenersi**) **g.**, to keep young; **Morirono in g. età**, they died young; they died at a young age **2** (*giovanile*) youthful: **un viso g.**, a youthful face. ● **Il g. Jones**, Jones junior □ (*teatr.*) **attor g.**, juvenile: **Era il primo attor g.**, he played the juvenile lead □ **l'età g.**, youth □ **il mio fratello più g.**, (*fra due*) my younger brother; (*fra più di due*) my youngest brother □ **Plinio il g.**, Pliny the younger □ **vino g.**, new wine □ **Sono più g. di lei di tre anni**, I am her junior by three years. **B** *m.* **1** young

giovanétta

man*; youth 2 (*aiutante*) assistant. ● (*naut.*) **g. di camera**, cabin-steward □ **g. di negozio**, shop-boy □ **g. di studio** (*praticante*), articled clerk □ **Da g. mi piaceva viaggiare**, when I was young (*o* in my youth) I liked travelling. **C** *f.* girl; young woman*. **D** *m. e f. pl.* young people. **E** *avv.* as a young man (*o* woman): **vestire g.**, to dress as a young man (*o* woman).

giovanétta, *f.* girl.

giovanétto, *m.* boy; lad (*fam.*).

giovanile, *a.* juvenile; youthful; young(-looking): **una poesia g.**, a juvenile; poem. ● **Ha un aspetto g.**, he looks young.

Giovanna, *f.* Joan; Jane; Jean.

giovannèo, *a.* (*relig.*) **1** of the gospel of St John **2** relating to Pope John XXIII.

Giovanni, *m.* John.

Giovannino, *m.* Johnny; Jack, Jacky.

giovanòtto, *m.* **1** young man*; young chap **2** (*fam.*: *scapolo*) bachelor.

giovare, **A** *v. i.* **1** (*essere utile*) to be useful; to be of use; to be a help: **Giova sapere**, it is useful to know; **La vostra presenza mi giovò molto**, your presence was of great use to me; **La mia conoscenza dell'inglese spesso mi giova**, my knowledge of English is often a help (*o* useful) to me **2** (*far bene*) to be good (for sb., st.); to do* (sb., st.) good: **La cura gli ha giovato**, the treatment has done him good; **Il moto mi giova**, exercise is good for me (*o* does me good); **Il moto giova alla salute**, exercise is good for the health. ● **Giova ricordare che...**, it should be remembered that... **giovarsi**, **B** *v. rifl.* to take* advantage (of); to make* use (of); to avail oneself (of); to use: **g. del nome di q.**, to make use of sb.'s name; to use sb.'s name; **Giovati di quest'occasione**, take advantage of this opportunity.

Giòve, *m.* (*mitol.*, *astron.*) Jupiter; Jove.

giovedì, *m.* Thursday: **di g.** (*o* **ogni g.**), on Thursdays; every Thursday; **g. (a) otto**, a week on Thursday; **g. santo**, Thursday before Easter; Maundy Thursday; **g. grasso**, Thursday before Lent.

Giovenale, *m.* (*letter.*) Juvenal.

giovènca, *f.* heifer.

giovènco, *m.* steer.

gioventù, *f.* **1** youth: **nella prima g.**, in one's early youth **2** (*i giovani*) young people; (the) young: **libri per la g.**, books for young people; **Che bella g.!**, what good-looking young people! ● **la g. bruciata**, the beat generation □ **errori di g.**, juvenile errors.

giovévole, *a.* beneficial; useful; advantageous; good (for sb., st.).

gioviale, *a.* jovial; cordial; jolly; good-humoured: **un'accoglienza g.**, a cordial welcome; **un volto g.**, a jolly face.

giovialità, *f.* joviality; jollity; good humour.

giovialóne, *m.* jolly (*o* cheery) fellow.

giovinastro, *m.* hooligan; hoodlum (*USA*).

giovincèllo, *m.* (*scherz.*) lad.

giovinézza, *f.* youth.

gipaèto, **gipèto**, *m.* (*zool.*, *Gypaetus barbatus*) lammergeyer; bearded vulture.

gippóne, *m.* large jeep.

gipsotèca, *f.* collection (*o* gallery) of plaster casts.

girabecchino, **girabacchino**, *m.* brace; (*completo di punta*) brace and bit.

giràbile, *a.* (*comm.*, *leg.*) endorsable.

giradischi, *m.* record-player.

giradito, *m.* (*med.*) whitlow.

giraffa, *f.* **1** (*zool.*, *Giraffa camelopardalis*) giraffe (*anche fig.*); camelopard **2** (*cinem.*, *radio*, *telev.*) boom.

giraffista, *m.* (*cinem.*, *radio*, *telev.*) boom operator.

girafilière, *m. invar.* (*mecc.*) diestock.

giramàschio, *m.* (*mecc.*) tap wrench.

giraménto, *m.* turning. ● **g. di capo**, fit of giddiness (*o* of dizziness); (*med.*) vertigo: **avere giramenti di capo**, to have fits of giddiness. ● **avere un g. di capo**, to feel dizzy.

giramóndo, *m. e f. invar.* tramp; vagrant; rolling-stone; globe--trotter; hobo (*USA*).

giràndola, *f.* **1** Catherine-wheel **2** (*banderuola*) weathercock (*anche fig.*) **3** (*giocattolo*) (toy) windmill **4** (*fig.*: *turbinio*) whirl.

girandolare, *v. i.* to stroll; to saunter; to gad about (*fam.*). ● **mooch around** (*pop.*).

girandolóne, *m.* stroller; saunterer; gad-about (*fam.*).

girandolóni, *avv.* – **andare g.**, to stroll; to mooch around (*pop.*).

girante, **A** *m. e f.* (*comm.*) endorser. **B** *f.* (*mecc.*: *di pompa*) impeller; (*di turbina*) rotor.

girare, **A** *v. t.* **1** to turn: **g. il volante** (**la testa**, **la chiave nella toppa**, **ecc.**), to turn the steering-wheel (one's head, the key in the key-hole, etc.); **saper g. un periodo**, to know how to turn a sentence **2** (*intorno a un ostacolo*, *anche fig.*; *andare intorno a q.c.*) to go* (*o* to get*) round; to avoid: **Il fregio gira tutta la stanza**, the frieze goes all around (*o* right round) the room; **Girammo la difficoltà così**, we got round the difficulty like this **3** (*esplorare*, *esaminare*) to go* (*o* to have been) all over: **Ho girato tutta la casa**, I've been all over the house **4** (*visitare viaggiando*) to tour; to travel; (*andare da un posto all'altro*) to go* round: **L'estate scorsa girammo la Francia e la Spagna**, last summer we toured France and Spain; **Vorrei g. il mondo**, I should like to travel all over the world; **Girò molti negozi**, he went around a lot of shops **5** (*comm.*) to endorse; (*trasferire*) to transfer: **g. una cambiale**, to endorse a bill; **g. un conto**, to transfer an account **6** (*cinem.*) to shoot*; to film. **B** *v. i.* **1** to turn; (*rapidamente sul proprio asse*, *anche*) to spin*; (*specialm. mecc.*) to revolve; (*del motore*) to run*, to turn over; (*turbinare*) to whirl: **La ruota (la terra) gira**, the wheel (the earth) turns; **La strada gira a sinistra**, the road turns left; **La ballerina (la trottola) gira**, the dancer (the top) spins; **Il disco gira 33 volte al minuto**, the record revolves 33 times to the minute **2** to go* (all around); (*serpeggiare*) to wind*: **La strada gira intorno al colle**, the road goes around the hill; **Il sentiero gira intorno al bosco**, the path winds around the wood **3** (*andare attorno*) to go* (*o* to be) about; to be on the go (*fam.*): **È tutto il giorno che giro**, I've been on the go all day; **Ho girato tutto il giorno per trovare casa**, I've been about all day house-hunting **4** (*vagare*) to wander; to ramble; to roam; to stroll: **g. per i boschi**, to ramble (*o* to roam) through the woods; **g. per le strade**, to wander (*o* to stroll) about the streets **5** (*essere in circolazione*, *anche fig.*) to circulate; to go* around: **Girano brutte notizie**, nasty rumours are going around **6** (*naut.*: *del vento*) to veer; (*della vela di taglio o dell'asta di fiocco*) to jibe, to gibe. ● (*mecc.*) **g. a vuoto** (*o* **in folle**), to idle □ **g. il discorso**, to change the subject □ **g. una domanda**, to evade a question □ (*elettr.*) **g. l'interruttore**, (*per accendere*) to switch on; (*per spegnere*) to switch off □ **g. la pagina**, to turn over the page □ (*naut.*) **g. sull'ancora**, to swing at anchor □ (*autom.*) **far g. il motore**, to run the engine □ **far g. la testa a q.**, to turn sb.'s head □ **Gira al largo!**, sheer off! □ (*fig.*) **Gira e rigira...**, no matter how hard I (*o* you, he, etc.) tried...; after looking here, there and everywhere... □ **Giratela come volete**, **si tratta di un ricatto**, whichever way you look at it (*o* turn it as you will, *lett.*), it's blackmail □ **Che ti gira?**, what's got into you?; what's the matter with you? □ (*cinem.*) **Silenzio, si gira!**, silence, shoot! □ **Mi gira la testa**, I feel dizzy □ **Se mi gira...**, if I feel like it...; if I'm in the mood... □ **La chiesa è lì girato l'angolo**, the church is just round the corner. **girarsi**, **C** *v. rifl.* **1** to turn; (*completamente*) to turn round: **g. verso il pubblico**, to turn to the audience; (*fig.*) **non sapere da che parte g.**, not to know which way to turn **2** (*cambiare posizione*) to turn over; (*agitarsi nel letto*, *ecc.*) to toss and turn.

girarròsto, *m.* roasting-jack; spit.

girasóle, *m.* (*bot.*, *Helianthus annuus*) sunflower.

girata, *f.* **1** turn; turning: **una g. di chiave**, a turn of the key **2** (*passeggiata*) walk, stroll; (*in bicicletta*, *auto*, *ecc.*) ride: **fare una g.**, to take* a walk; to go* for a stroll **3** (*comm.*) endorsement: **g. in bianco** (**di un assegno**), blank endorsement (of a cheque); **g. in pieno**, full endorsement; **g. di favore** (*o* **di comodo**), accommodation endorsement.

giratàrio, *m.* (*comm.*) endorsee.

giratòrio, *a.* rotatory; rotary: **moto g.**, rotary motion.

giratubi, *m.* (*mecc.*) pipe wrench.

giravite, *m.* screwdriver.

giravòlta, *f.* **1** full turn; twirl **2** (*fig.*: *mutamento repentino*) shift; (*sudden*) change **3** (*curva*) sharp bend; hair-pin bend. ● **fare una g.**, to turn right round □ (*fig.*) **Non posso star dietro a tutte le sue giravolte**, I can't follow all his turnings and twistings.

girèlla, **A** *f.* swivel joint; (*carrucola*) pulley. **B** *m.* (*voltagabbana*) weathercock; turn-coat.

girellare, *v. i.* to stroll; to saunter; to gad about (*fam.*).

girèllo, *m.* **1** (*per bambini*) go-cart; baby walker **2** (*di carciofo*) heart **3** (*macelleria*) silverside.

girellóne, *V.* **girandolóne**.

girétto, *m.* short walk; stroll; saunter: **fare un g.**, to take a short walk; to go for a stroll.

girévole, *a.* turning; revolving; rotating: **una porta g.**, a revolving door. ● **gru g.**, slewing-crane □ **poltrona g.**, swivel chair □ **ponte g.**, swing-bridge.

gir(i)falco, *m.* (*zool.*, *Falco rusticolus*) gerfalcon, gyrfalcon.

girigògolo, *m.* **1** (*svolazzo*) flourish **2** (*scarabocchio*) scrawl.

girino, *m.* (*zool.*) tadpole.

girl (*ingl.*), *f.* (*ballerina di rivista e varietà*) chorus-girl.

giro, *m.* **1** turn: **alcuni giri di manovella**, a few turns of the handle; **g. di vite** (*anche fig.*), turn of the screw; **il g. di una frase**, the turn of a sentence **2** (*cerchio*, *circuito*) circle; ring; circuit:

il g. delle mura cittadine, the circuit of the town walls; un g. vizioso, a vicious circle; a roundabout 3 (*di fune, ecc.*) coil 4 (*sport: percorso*) tour; (*giro di pista*) lap: il g. di Francia, the tour of France; Moss ha fatto il g. più veloce, Moss returned the fastest lap 5 (*viaggio*) tour: il g. del mondo, a tour around the world 6 (*passeggiata*) turn; stroll; walk; (*in auto*) drive, run; (*in bicicletta, in motocicletta*) ride: fare un g., to take a turn; to go for a stroll (*o* a drive, a ride) 7 (*del postino*) round 8 (*ambiente*) circuit; gang; ring: il g. del contrabbando, the smuggling circuit 9 (*deviazione*) detour: La strada principale era ostruita, perciò dovemmo fare un (lungo) g., the main road was blocked, so we had to make a detour 10 (*mecc.*) revolution (*abbr.* rev.): Questo motore fa cinquemila giri al minuto, this engine turns at five thousand revolutions per minute 11 (*nei lavori a maglia*) row. ● (*fin.*) g. d'affari, turnover: Quell'azienda ha un g. d'affari di un miliardo di dollari l'anno, that business has an annual turnover of 1,000 million dollars □ g. della manica, arm-hole □ (*rag.*) g. di capitali, circulation of funds □ g. di parole, circumlocution; roundabout expression □ (*rag.*) g. di partita, clearing □ (*fig.*) g. d'orizzonte, (wide-ranging) survey □ andare in g., to go around □ (*fig., fam.*) andare su di giri, to get off, to get it on, to groove (*fam.*) □ (*sport*) fare un g. (*di pista*), to lap: Moss fece il g. più veloce, Moss lapped fastest □ fare il g. dei locali notturni, to do the round of night-clubs □ fare il g. di q.c., to go round st.: Ho fatto il g. dell'isola, I've been round the island; La storiella fece il g. della città, the story went round the town; Di lì non si passa, bisogna fare il g., you can't go through there, you've got to go round □ fare il g. notturno di Roma, to do «Rome by night» □ essere in g., to be around; to be about somewhere; to be somewhere about □ (*mecc.*) mandare un motore su di giri, to rev up an engine □ (*fig., fam.*) mandare su di giri, to groove □ mettere in g. una chiacchiera, to spread (*o* to put about) a rumour □ mettere in g. del denaro, to put money into circulation □ nel g. di un anno, in a year; in a year's time □ (*rag.*) partita di g., clearing account (*o* transaction) □ portare q. in g. per un ufficio (una fabbrica, ecc.), to show sb. round an office (a factory, etc.) □ prendere in g. q., to tease sb.; to make fun of sb.; to pull sb.'s leg; to take the mickey out of sb. (*fam.*) □ una presa in g., a teasing; a banter; a leg-pull □ essere sempre in g., to be always on the move □ (*mecc.*) essere su di giri, to be revved up (*fig.*) to be in high spirits □ Il dottore (il lattaio, il postino) sta facendo il suo g., the doctor (the milkman, the postman) is going the rounds □ Il poliziotto faceva il suo g. (d'ispezione), the policeman was on his beat.

girobùssola, *f.* (*naut.*) gyrocompass.

girocòllo, *m.* (*moda*) round neck. ● maglietta a g., round-necked jumper.

girocónto, *m.* (*fin.*) transfer; giro.

girofrequènza, *f.* (*fis.*) cyclotron frequency; Larmor frequency.

Giròlamo, *m.* Jerome.

giròmetro, *m.* rate gyroscope.

girondino, *m.* (*stor. franc.*) Girondist.

giróne, *m.* 1 (*sport*) round; heat: un g. preliminare (eliminatorio), a preliminary (an eliminating) round 2 (*cerchio dantesco*) circle; ring. ● (*calcio*) g. di andata (di ritorno), first (second) half of the season.

gironzolare, *v. i.* to stroll about.

giropilòta, *m.* (*aeron.*) gyropilot; automatic pilot.

giroplano, *m.* (*aeron.*) gyroplane.

giroscòpico, *a.* (*mecc.*) gyroscopic.

giroscòpio, *m.* (*mecc.*) gyroscope.

girostabilizzatóre, *m.* (*naut., aeron.*) gyrostabilizer.

girostàtico, *a.* (*mecc.*) gyrostatic.

giròstato, *m.* (*mecc.*) gyrostat.

girotóndo, *m.* 1 round dance 2 (*di bambini*) ring-a-ring-o'-roses.

girovagare, *v. i.* to wander about.

giròvago, A *a.* wandering; itinerant; vagrant. ● (*teatr.*) attori girovaghi, strolling players. B *m.* 1 vagrant; wanderer; tramp; hobo (*USA*) 2 (*venditore ambulante*) hawker; pedlar.

gita, *f.* trip; excursion: una g. di fine settimana, a week-end trip; fare una g. in montagna, to make an excursion to the mountains; una g. turistica, a sightseeing trip.

gitano, A *m.* Spanish gipsy (*o* gypsy). B *a.* gipsy (*attr.*).

gitante, *m. e f.* tripper (*fam.*); excursionist.

gittaióne, *m.* (*bot., Agrostemma githago*) corn cockle.

gittata, *f.* (*balistica*) range.

giù, *avv.* 1 down: qua giù, down here; cadere giù, to fall down; buttare giù un muro, to knock down a wall; buttare giù gli appunti, to jot down some notes; Vieni giù!, come down! 2 (*sotto*) under; below: Il muro è stato rattoppato ma da giù non si vede, the wall has been patched up but from below it's not visible; Penso prenderanno da un milione in giù, I think they'll get a million or something under that figure (*o* a million or less) 3 (*dabbasso*) downstairs; (*talora*) down: Ti aspetto giù nell'ingresso, I'll wait for you downstairs in the hall; Scesi giù al primo piano, I went downstairs to the first floor. ● giù giù, and so on down: giù giù fino al più piccolino, and so on down to the smallest □ essere giù (*o* downstairs); (*di salute*) to be run down, to be weak; (*di morale*) to be in low spirits, to feel blue □ giù di lì, thereabouts; approximately; about; more or less: Lui deve avere quarant'anni o giù di lì, he must be forty or thereabouts; he must be about forty □ giù per, down: giù per le scale (la china, ecc.), down the stairs (the slope, etc.) □ a capo in giù, head foremost; head first; headlong: cadere a capo in giù, to fall headlong □ andare giù, to go down (*o* downstairs); (*in discesa*) to go downhill; (*cadere*) to fall down; (*perdere valore*) to lose value; (*deperire*) to get weaker □ in giù, down; downwards; (*secondo la corrente*) downstream; (*al di sotto*) under: venire (andare, guardare) in giù, to come (to go, to look) down; più in giù, lower down; In giù la barca andava più presto, the boat went faster downstream; ragazzi dai sedici anni in giù, children of sixteen and under; children under sixteen □ l'inquilino di giù, the downstairs tenant □ su per giù, more or less: Su per giù sono uguali, they are more or less alike □ tutti quelli di quarant'anni in giù, all the under-forties □ Giù le mani!, hands off! □ Giù il cappello!, take off your hat! □ (*fig.*) Giù la maschera!, drop your mask! □ È stato un boccone amaro, ma m'è toccato mandarlo giù, I didn't like it (*o* it was a bitter pill to swallow), but I had to put up with it □ Il caldo mi butta giù, the heat affects me (*o* takes it out of me) □ L'olio di ricino non lo mando giù, I can't swallow castor-oil □ Quella panzana non la mando giù, I can't swallow that tale.

giubba (1), *f.* (*giacca e sim.*) jacket (*anche naut.*); coat. ● (*fig.*) rivoltare la g. (*cambiare partito*), to turn one's coat; to be a turncoat.

giubba (2), *f.* (*lett.*: *criniera*) mane.

giubbétto, *m.* 1 (short) jacket 2 (*da donna*) bodice.

giubbóne, *m.* heavy jacket; (*di pelle*) leather jacket.

giubbòtto, *m.* 1 (sports) jacket 2 (*naut.*) reefer. ● g. antiproiettile, flak jacket □ (*naut.*) g. di salvataggio, life jacket; cork jacket.

giubilante, *a.* jubilant; exultant.

giubilare (1), A *v. i.* to rejoice; to be jubilant; to exult. B *v. t.* (*iron.*) to pension off.

giubilare (2), *a.* (*relig.*) jubilean; jubilee (*attr.*): indulgenza g., jubilee indulgence.

giubilazióne, *f.* pensioning off.

giubilèo, *m.* (*stor., relig.*) jubilee.

giùbilo, *m.* rejoicing; exultation; triumph.

giuda, *m.* (*fig.*: *traditore*) Judas: bacio di g., Judas kiss.

Giuda, *m.* Judas.

giudàico, *a.* Judaic(al).

giudaìsmo, *m.* Judaism.

Giudèa, *f.* (*geogr.*) Jud(a)ea.

giudèa, *f.* (*abitante della Giudea*) Jud(a)ean; (*ebrea*) Jewess.

giudèo, A *a.* (*della Giudea*) Judaic; (*ebreo*) Jewish. B *m.* (*abitante della Giudea*) Jud(a)ean; (*ebreo*) Jew.

giudicàbile, (*leg.*) A *a.* triable. B *m. e f.* defendant.

giudicante, (*leg.*) A *a.* judging. B *m.* judge.

giudicare, *v. t.* 1 to judge: Dio giudicherà tutti, God will judge all men; Non g. se non vuoi essere giudicato, do not judge others, or you yourselves will be judged 2 (*leg.*) to pass judgment (on sb.); (*processare*) to try: g. una causa, to judge a case; g. un imputato, to pass judgment on an accused man; g. q. per direttissima, to try sb. summarily 3 (*reputare*) to judge; to consider; to think*; to repute: Giudicai fosse meglio partire subito, I judged it (was) better to leave at once; Lo giudicai inadatto, I considered him unsuitable; La gente lo giudicava pazzo, people thought he was mad. ● g. male (bene), to think ill (well) of sb. □ (*leg.*) g. q. colpevole (innocente), to find sb. guilty (not guilty).

giudicato, *m.* (*leg.*) sentence; final judgment; «res judicata». ● passare in g., to become final.

giudicatóre, A *m.* judger; (*giudice*) judge. B *a.* judging; giving judgment (*pred.*).

giudicatòrio, *a.* (*lett.*) judiciary; judicial.

giùdice, *m. e f.* (*in ogni senso*) judge; (*in qualche caso*) justice: il g. (della Corte Suprema) Smith, Mr Justice Smith; g. di Tribunale, judge of the Tribunal; g. d'appello, justice of appeal. ● (*leg., collett.*) i giudici, the Bench; the judiciary □ (*leg.*) g. conciliatore, justice of the Peace □ (*sport*) g. di gara, umpire □ (*leg.*) g. istruttore, investigating magistrate □ (*Bibbia*) il Libro dei Giudici, the Book of Judges □ Non sei un buon g. (*non te ne intendi*), you're no judge.

Giuditta, *f.* Judith; (*dim.*) Judy.

giudiziale, *a.* (*leg.*) judicial.

giudiziàrio, *a.* (*leg.*) judicial; judiciary: **atti giudiziari**, judicial acts; **procedimento** g., judicial proceedings. ● **carcere** g., jail; gaol; prison □ **il potere** g., the judicial branch (*o* power); the judiciary □ **ufficiale** g., bailiff □ **vendita giudiziaria**, forced (*o* judicial) sale.

giudìzio, *m.* **1** judg(e)ment; (*discernimento, senno*) wisdom, (common) sense, reason, discretion: **Il g. gli fu sfavorevole**, the judgment was against him; **denti del g.**, wisdom-teeth; **Non mi fido del suo g.**, I don't trust his judgment; **una ragazza con molto g.**, a girl with a lot of sense; **l'età del g.**, the age of reason; **errore di g.**, error of judgment **2** (*leg.: processo*) trial, proceedings (*pl.*); (*sentenza*) sentence, decree, judg(e)ment; (*verdetto*) verdict: **g. sommario**, summary trial; (*fig.*) hasty judgment; **a g.**, on trial; **sospendere un g.**, to stay proceedings; **rinviare q. a g.**, to commit sb. for trial; **g. contumaciale**, judgment by default; **g. di primo grado**, judgment of first instance; **g. di ultima istanza**, judgment of last resort; **pronunciare un g. su q.**, to pass judgment on sb.; (*relig.*) **il G. universale**, the Last Judgment; (*relig.*) **Il giorno del G.**, the Day of Judgment; Doomsday **3** (*opinione*) opinion; judg(e)ment: **a g. di tutti**, in everybody's opinion (*o* estimation); **dare un g. su q.c.**, to give one's opinion (*o* to pass judgment) on st.; **I giudizi non sono concordi**, opinions differ; **Dimmi il tuo g.**, give me your opinion; tell me what you think; **a mio g.**, in my opinion; in my judgment. ● (*leg.*) **g. arbitrale**, award □ (*stor.*) **g. di Dio**, ordeal □ **g. temerario**, rash statement □ **aspettare il giorno del G.**, to wait till Doomsday □ **avere g.**, to be wise (*o* sensible) □ (*leg.*) **citare in g.**, to summon □ (*leg.*) **comparire in g.**, to appear before the Court □ (*leg.*) **deporre in g.**, to appear as a witness; to give evidence □ **mettere g.**, to settle down □ (*leg.*) **produrre documenti in g.**, to produce (*o* to bring, to exhibit) documents (*o* evidence) □ (*leg.*) **trascinare q. in g. per diffamazione**, to sue sb. for slander (*o* for libel) □ **Abbi g.!**, be careful!; watch your step! □ **Ci vuol g.**, you must look ahead; (*come consiglio*) look out, watch your step, look before you leap; (*come commento*) it's a matter of common sense.

giudizióso, *a.* judicious; sensible.

giùggiola, *f.* **1** jujube (*il frutto e la pasticca*) **2** (*fig.: cosa da nulla*) trifle; bagatelle. ● (*fig.*) **andare in brodo di giuggiole**, to go into raptures; to enthuse; to gush (*fam.*).

giùggiolo, *m.* (*bot.*, *Zizyphus jujuba-sativa*) jujube.

giuggiolóne, *m.* silly billy.

giugno, *m.* June: **il tre g.**, the third of June; June the third.

giugulare, *a.* (*anat.*) jugular: **vena g.**, jugular vein.

Giugurta, *m.* (*stor.*) Jugurtha.

giugurtino, *a.* (*stor.*) Jugurthine.

giulebbare, **A** *v. t.* to cook in syrup. **giulebbarsi**, **B** *v. rifl.* – (*fam.*, *scherz.*) **g. q.**, to pretend to enjoy sb.'s company.

giulèbbe, *m.* julep (*anche med.*).

Giùlia, *f.* Julia, Julie.

Giuliana, *f.* Juliana.

giuliano, *a.* Julian: **il calendario g.**, the Julian calendar.

Giuliano, *m.* Julian; (*dim.*) Jule.

Giùlie, Alpi, *f. pl.* (*geogr.*) (the) Julian Alps.

Giuliétta, *f.* Juliet.

Giùlio, *m.* Julius; (*dim.*) Jule.

giulivo, *a.* merry; joyful; joyous; blithe; festive.

giullare, *m.* minstrel; (*buffone*) jester.

giullarésco, *a.* jester-like, minstrel (*attr.*).

giumèlla, *f.* double-handful.

giuménta, *f.* (*cavalla*) mare.

giuménto, *m.* beast of burden; pack-animal.

giunca, *f.* (*naut.*) junk.

giuncàia, *f.* bed of rushes.

giuncata, *f.* (*cucina*) curds and whey; junket.

giunchéto, V. **giuncàia**.

giunchìglia, *f.* (*bot.*, *Narcissus jonquilla*) jonquil. ● **g. grande** (*Narcissus pseudo-narcissus*), lent-lily; daffodil.

giunco, *m.* (*bot.*, *Juncus*) rush. ● **g. di palude** (*Scirpus lacustris*), bulrush □ **g. odoroso** (*Cyperus longus*), galingale.

giùngere, **A** *v. i.* **1** to arrive (*a* in); to reach; to get* (to); to go* as far as; (*fig.*) to go* so far as: **Giunsero alla stessa conclusione**, they arrived at the same conclusion; **g. primo**, to be the first to arrive; **g. alla meta**, to reach one's goal; **g. a dire**, to go so far as to say; **fin dove giunge lo sguardo**, as far as the eye can reach; **Giunse perfino a minacciarmi**, he even went so far as to threaten me **2** (*riuscire*) to succeed (in doing st.); to manage (to do st.): **Non giunsi mai a scoprire la verità**, I never succeeded in discovering the truth. **B** *v. t.* (*congiungere*) to join; to clasp: **g. le mani**, to clasp one's hands. ● **g. a vie di fatto**, to come to blows □ **Mi giunge nuovo**, it's new (*o* news) to me □ **Mi giunse all'orecchio la notizia che...**, it has come to my knowledge that...

giungla, *f.* jungle (*anche fig.*).

Giunóne, *f.* (*mitol.*) Juno.

giunònico, *a.* Junoesque; majestic.

giunta (1), *f.* **1** (*aggiunta*) addition; appendix*; (*di stoffa, ecc.*) added (*o* extra) piece **2** (*sovrappiù*) surplus; (*soprappeso*) overweight; (*per arrivare al peso*) makeweight. ● **per g.**, in addition; furthermore; into the bargain; to boot.

giunta (2), *f.* (*persone riunite insieme per deliberare*) (deliberative) committee; council; board (of directors, governors, etc.); (*nei paesi latini*) junta (*anche mil.*): **g. municipale**, town-council; **g. comunale**, junta of the Commune.

giuntare, *v. t.* **1** to join; (*cucendo*) to sew* together **2** (*cinem.*) to splice.

giuntatrice, *f.* **1** (*cinem.*) splicer **2** (*falegnameria*) jointer.

giunto (1), *a.* – **a mani giunte**, with clasped hands.

giunto (2), *m.* (*mecc.*) joint; (*di accoppiamento*) coupling; (*naut.*) seam: **g. a cerniera**, hinged joint; **g. a ganasce**, fish joint; **g. a ginocchiera**, toggle joint; **g. a snodo**, knuckle joint; **g. a viti**, muff coupling; (*falegnameria*) **g. a incastro**, gain joint; **g. cardanico** (*o* **universale**), universal joint; **g. testa a testa**, butt (joint); **g. idraulico**, hydraulic coupling; **g. sferico**, ball (*o* ball-and-socket) joint. ● **g. assiale**, splice.

giuntura, *f.* joint (*anche anat.*); junction. ● (*anat.*) **le giunture delle dita**, the knuckles.

giunzióne, *f.* **1** junction; connection **2** (*mecc.*) joint: **una g. a maschio e femmina**, a tongue and groove joint. ● **fare una g.**, to joint □ **linea di g.**, seam □ **senza g.**, seamless.

giuòco, e *deriv.* V. **giòco**, e *deriv.*

Giura, *m.* (*geogr.*) Jura.

giuraménto, *m.* oath: **fare g.**, to take an oath; (*seguito da una proposizione dipendente*) to swear (st.); **g. di fedeltà**, oath of allegiance; (*leg.*) **g. decisorio** (**suppletorio**), decisive (suppletory) oath; (*leg.*) **sotto g.**, under oath; **prestare g.**, to take an oath; (*di testimonio a un processo, ecc.*) to be sworn in; **prestare g. nelle mani di q.**, to take an oath in sb.'s presence; **la formula del g.**, the wording of the oath; **mancare al g.**, to break one's oath. ● (*fig.*) **un g. di marinaio**, a dicer's oath.

giurare, *v. t. e i.* **1** to swear*; to take* one's oath: **g. su q.** (**q.c.**), to swear by sb. (st.); **g. davanti a Dio**, to swear before God; **g. fedeltà a una causa**, to swear allegiance to a cause; **g. sulla parola altrui**, to swear by sb.; **g. di dire la verità**, to swear to tell the truth; **Le giuro amore** (**odio**), I swear that I shall love (hate) her **2** (*assicurare*) to assure: **Ti giuro che l'ho visto**, I assure you that I saw him. ● **g. e spergiurare**, to swear: **Giurai e spergiurai che non sarei mai più tornato**, I swore I would never come back □ **g. il falso**, to perjure oneself.

giuràssico, *a. e m.* (*geol.*) Jurassic.

giurato, **A** *a.* sworn: **un nemico g.**, a sworn enemy. **B** *m.* (*leg.*) juryman*; juror. ● **i giurati**, the jury □ **lista dei giurati**, (jury) panel.

giureconsulto, *m.* (*leg.*) jurisconsult; jurist.

giurése, *a.* V. **giuràssico**.

giurì, *m.* – **g. d'onore**, court of honour.

giurìa, *f.* jury; (*di una gara, un concorso, anche*) judges (*pl.*).

giuridicaménte, *avv.* juridically.

giuridicità, *f.* lawfulness; legality.

giurìdico, *a.* (*leg.*) legal; juridical; law (*attr.*): **libri giuridici**, law books; **lo stato g.** the legal status.

giurisdizionale, *a.* jurisdictional.

giurisdizióne, *f.* (*leg.*) jurisdiction: **difetto di g.**, lack (*o* want) of jurisdiction.

giurisperito, *m.* jurisconsult; jurisprudent.

giurisprudènza, *f.* jurisprudence; law; (*insieme di decisioni*) case law.

giurisprudenziale, *a.* jurisprudential.

giurista, *m. e f.* jurist.

Giusèppe, *m.* Joseph; (*dim.*) Joe.

Giuseppina, *f.* Josephine.

giusnaturalismo, *m.* (*filos.*) doctrine of natural law.

giusquiamo, *m.* (*bot.*, *Hyoscyamus niger*) henbane.

giusta, *prep.* (*bur.*) according to; in conformity with.

giustacuòre, *m.* jerkin.

giustaménte, *avv.* **1** (*esattamente*) rightly: **Come osserva g. il mio collega, la frase non è chiara**, as my colleague has rightly observed, the sentence is not clear **2** (*con giustizia*) fairly; justly; with justice: **fare le cose g.**, to act fairly.

giustappórre, *v. t.* to juxtapose.

giustapposizióne, *f.* juxtaposition.

giustézza, *f.* **1** exactness; correctness; accuracy **2** (*tipogr.*) (line-)width.

giustificàbile, *a.* justifiable.

giustificante, *a.* **1** justifying **2** (*relig.*) redeeming: **grazia g.**, redeeming grace.

giustificare, **A** *v. t.* **1** to justify (*anche tipogr.*): **Il fine giustifica i mezzi**, the end justifies the means **2** (*scusare*) to excuse: **g. un'assenza**, to excuse an absence. **giustificarsi**, **B** *v. rifl.*

1 to justify oneself **2** (*scusarsi*) to excuse oneself.
giustificataménte, *avv.* justifiably; with good reason.
giustificativo, A *a.* justificative. **B** *m.* (*comm.*) voucher; receipt.
giustificato, *a.* justified: (*a scuola*) **un'assenza giustificata,** a justified absence.
giustificatòrio, *a.* justificatory; justifying; justificative.
giustificazióne, *f.* justification; excuse.
giustinianèo, *a.* of Justinian; Justinianian, Justinianean. ● **il codice g.,** the Justinian Code.
Giustiniano, *m.* (*stor.*) Justinian.
giustìzia, *f.* **1** justice; (*imparzialità*) fairness, equity: **g. sommaria,** rough justice; **rendere g. a q.,** to do justice to sb.; **per amore di g.,** in all fairness **2** (*leg.*) law; justice: **Se ne occuperà la g.,** the law will take the matter in hand; **Palazzo di G.,** Law Courts; **cadere nelle mani della g.,** to fall into the hands of the law. ● **con g.,** fairly; justly □ **farsi g. da sé,** to take the law into one's own hands □ **Ministero della G.** (*o di Grazia e G.*), Ministry of Justice; Lord Chancellor's Department (*G.B.*); Department of Justice (*USA*) □ **Ministro di Grazia e G.,** Minister of Justice; Lord (High) Chancellor (*G.B.*); Attorney General (*USA*) □ **presentarsi alla g.,** to give oneself up □ (*leg.*) **ricorrere alla g.,** to go to Court □ (*leg.*) **secondo g.,** by right □ **Gli voglio rendere questa g., non ha mai chiesto un soldo,** out of justice I must admit he has never asked for a penny.
giustiziare, *v. t.* to execute; to put* to death.
giustiziato, A *a.* executed. **B** *m.* executed man*.
giustizière, *m.* executioner; (*boia*) hangman*.
giusto, A *a.* **1** just; (*equo, imparziale*) fair; (*ben fatto, senza errori*) right: **Se il giudice non è g., chi lo sarà?,** if the judge isn't just, who will be?; **guerra (causa, ecc.) giusta,** just war (cause, etc.); **Non è g. dargli di più,** it's not fair to give him more; **un g. prezzo,** a fair price; **Siamo giusti!,** let's be fair!; **È scritto g. nella prima riga e sbagliato nella seconda,** it's spelt right in the first line and wrong in the second; **l'altezza** (**risposta, parola, ecc.**) **giusta,** the right height (word, answer, etc.); **Hai l'ora giusta?,** have you got the right time?; **trovare la nota giusta,** to strike the right note **2** (*corretto, esatto; anche*) correct; exact: **una risposta giusta,** a correct answer; **Il conto è g.,** the account is correct; **Qual è la traduzione giusta di questa frase?,** what is the exact translation of this sentence? **3** (*meritato, anche*) deserved: **g. premio** (**rimprovero, ecc.**), well-deserved prize (reproof, etc.) **4** (*legittimo*) lawful; legitimate: **una giusta rivendicazione,** a lawful claim; **un g. desiderio,** a legitimate aspiration (*o* wish). ● **arrivare all'ora giusta** (*o* **al momento g.**), to arrive on the stroke □ **tenersi al g. mezzo,** to stick to a happy medium □ **l'uomo g. al posto g.,** the right man in the right place. **B** *m.* **1** (*uomo retto*) just man*; (*al pl.*) just: **dormire il sonno dei giusti,** to sleep the sleep of the just **2** (*ciò che è giusto*) (the) right: **il g. e l'ingiusto,** the right and the wrong **3** (*ciò che spetta a q.*) one's due: **dare a ciascuno il g.,** to give every man his due. **C** *avv.* **1** (*esattamente*) correctly; precisely; justly: **Ha risposto g.,** he has answered correctly; his answer is right **2** (*proprio*) just: **È venuto g. ora,** he has just come; **Stavo g. dicendo...,** I was just saying...; **Cercavo g. te,** I was looking just for you; you're the one I was looking for; (*meno enfatico*) I was looking for you; **Arrivai g. g. prima che decollasse,** I managed to get there (*o* I got there) just before it took off; **starci g. g.,** just to fit in; just to manage to fit in. **D** *inter.* just so; right on; you're right (*in risposta a un'obiezione*). ● **G. quello lì!,** that's (just) the one!; that's the very one! □ **colpire g.,** to shoot straight; (*fig.*) to hit the nail on the head; (*indovinarci*) to make a lucky guess □ **Giust'appunto avevo preso quel treno anch'io,** as it happened (*o* by a curious coincidence) I had taken the same train.
glabro, *a.* hairless; smooth(-skinned); glabrous (*solo scient.*).
glacé (*franc.*), *a.* **1** glacé: **seta g.,** glacé silk; **guanti g.,** glacé-kid gloves **2** (*cucina*) iced; glacé: **marrons glacés,** marrons glacés.
glaciale, *a.* **1** (*geol.*) glacial; ice (*attr.*) **2** (*molto freddo*) icy; glacial (*anche fig.*): **un'accoglienza g.,** an icy welcome.
glaciazióne, *f.* (*geol.*) glaciation.
glaciologìa, *f.* (*geol.*) glaciology.
glaciòlogo, *m.* glaciologist.
gladiatóre, *m.* gladiator.
gladiatòrio, *a.* gladiator-like; gladiatorial.
glàdio, *m.* (*stor.*) gladius*.
gladìolo, *m.* (*bot.*, *Gladiolus*) gladiolus*; sword-lily.
glande, *m.* (*anat.*) glans.
glàndola, e *deriv.* V. **ghiàndola,** e *deriv.*
glassa, *f.* (*cucina*) icing.
glassare, *v. t.* (*cucina*) to ice; to glaze; to frost (*USA*).
glàuco, *a.* (*lett.*) blue-green; sea-green; glaucous.
glaucòma, *m.* (*med.*) glaucoma.
glèba, *f.* (*lett.*) glebe. ● **servo della g.,** serf.
glène, *f.* (*anat.*) glene; glenoid cavity.

glenoidale, *a.* (*anat.*) glenoid(al).
glenòide, *f.* (*anat.*) glenoid cavity.
gli (1), V. **i (2).**
gli (2), *pron. pers. compl.* **1** (*a lui: rif. a persona*) to him; him: **Gli scrissi una lettera,** I wrote a letter to him (*o* I wrote him a letter); **Gli hai fatto male,** you've hurt him **2** (*rif. a cosa o animale*) to it; it: **Povera bestia, diamogli qualcosa da mangiare!,** poor beast! let's give it something to eat! **3** (*fam.: a loro*) to them; them: **Gli manderò q.c., poveretti,** I shall send st. to them (*o* I shall send them st.), poor things.
glìa, *f.* (*anat.*) glia; neuroglia.
gliale, *a.* (*anat.*) glial.
glicemìa, *f.* (*med.*) glyc(a)emia.
glicèmico, *a.* (*med.*) glyc(a)emic: **tasso g.,** glycemic level.
glicerato, *m.* (*chim.*) glycerate.
glicèrico, *a.* (*chim.*) glyceric.
glicèride, *m.* (*chim.*) glyceride.
glicerina, *f.* (*chim.*) glycerin(e); glycerol.
glicerofosfato, *m.* (*chim.*) glycerophosphate.
gliceròlo, *m.* (*chim.*) glycerol.
glicide, V. **glucide.**
glicine, *m.* (*bot.*, *Wistaria sinensis*) wistaria, wisteria.
glicògeno, *m.* (*chim.*) glycogen.
glicol(e), *m.* (*chim.*) glycol.
glicosùria, *f.* (*med.*) glycosuria.
glicosùrico, *a.* (*med.*) glycosuric.
gliéla, *pron. pers. composto 3ᵃ pers.* **1** (*a lui*) it (to) him, her to him; (*a lei*) it (to) her, her to her: **G. spedirò domani,** I'll send it to him (*o* to her) tomorrow; **G. presentai io,** it was I who introduced her to him (*o* to her) **2** (*fam.: a loro*) it (to) them; her to them: **G. darò io,** I will give it to them; **G. presentai io,** it was I who introduced her to them.
gliéle, gliéli, *pron. pers. composto 3ᵃ pers.* **1** (*a lui*) them to him; (*a lei*) them to her: **G. diedi io,** it was I who gave them to him (*o* to her); **G. presenterò io,** I will introduce them to him (*o* to her) **2** (*fam.: a loro*) them to them: **G. diedi io,** it was I who gave them to them; **G. presenterò io,** I will introduce them to them.
gliélo, *pron. pers. composto 3ᵃ pers.* **1** (*a lui*) it (to) him, him to him; (*a lei*) it (to) her, him to her: **G. darò da tradurre,** I'll give it to him (*o* to her) to translate; **G. presentai io,** it was I who introduced him to him (*o* to her) **2** (*fam.: a loro*) it (to) them; him to them: **G. darò io,** I will give it to them; **G. presentai io,** it was I who introduced him to them. ● **Diglielo,** (*a lui*) tell him; (*fam.: a loro*) tell them.
gliéne, V. **gli (2).**
glifo, *m.* **1** (*archit.*) glyph **2** (*mecc.*) link-block: **g. oscillante,** crank and slotted link; **distribuzione a g.,** link-motion.
gliòma, *m.* (*med.*) glioma*.
gliptodónte, *m.* (*geol.*, *zool.*) glyptodont.
glissando, *m.* (*mus.*) glissando*.
glissare, *v. i.* (*sorvolare su q.c.*) to skate: **g. su un argomento pericoloso,** to skate over a dangerous subject.
glìttica, *f.* glyptic(s).
glìttico, *a.* glyptic.
glittografìa, *f.* glyptography.
glittògrafo, *m.* glyptographer.
glittotèca, *f.* glyptotheca*.
globale, *a.* over-all (*attr.*); total; comprehensive; all-inclusive; global. ● **importo g.,** total (sum) □ (*pedagogia*) **metodo g.,** global method.
globalismo, *m.* (*pedagogia*) global method.
globalità, *f.* globality.
globalménte, *avv.* overall; as a whole.
glòbo, *m.* **1** globe: **il g. del lume,** the globe of the lamp; **il g. e lo scettro,** the sceptre and the globe; **il g. terrestre,** the terrestrial globe; **il g. celeste,** the celestial globe **2** (*anat.: dell'occhio*) eye-ball; globe (of the eye).
globosità, *f.* globularity; globosity.
globóso, *a.* globose; globular.
globulare, *a.* globular; globe-shaped.
globulària, *f.* (*bot.*, *Globularia vulgaris*) globularia.
globulina, *f.* (*biol.*) globulin(e).
glòbulo, *m.* **1** globule **2** (*biol.*) corpuscle; blood cell.
globulóso, *a.* globular.
glo glo, V. **glu glu.**
glomèrulo, *m.* **1** (*bot.*) glomerule **2** (*anat.*) glomerule; glomerulus*: **glomeruli di Malpighi,** renal glomeruli.
glòmo, *m.* (*anat.*) glomus*.
glòria (1), *f.* **1** glory; (*o anche*) fame, renown, splendour: **coprirsi di g.,** to cover oneself with glory; **conseguire la g.,** to achieve fame; **per la maggior g. di Dio,** to the greater glory of God **2** (*vanto*) pride; glory: **essere la g. della famiglia,** to be the pride (and joy) of the family. ● **avido di g.,** very ambitious □ **farsi g.**

glòria (2)

di q.c., to glory in st. □ (*scherz.*) **lavorare per la g.**, to be paid little or nothing for one's work □ **rendere g. a Dio**, to glorify God □ (*scherz.*) **Lo feci per la g.** (*cioè, gratis*), I did it for love □ **Che Dio l'abbia in g.**, (may) God rest his soul; (*iron.*) may the devil take him: **Conoscevo il tuo povero babbo, che Dio l'abbia in g.**, I knew your poor father, God rest his soul.

glòria (2), *m. invar.* (*relig., mus.*) gloria. ● (*prov.*) **Tutti i salmi finiscono in g.**, it's always the same story.

gloriare, A *v. t.* (*lett.*) to glorify; to extol; to exalt. **gloriarsi, B** *v. rifl.* to glory (in); to be proud (of); to pride oneself (on); (*vantarsi*) to boast (of, about): **Sansone si gloriava della sua forza**, Samson gloried in his strength; **Mi gloriavo di essere il primo**, I prided myself on being the first one; **Di che si gloriano?**, what are they so proud of?; what have they got to boast about?

glorificare, A *v. t.* to glorify; to honour; to exalt. **glorificarsi, B** *v. rifl.* to pride oneself (on); (*vantarsi*) to boast (of, about).

glorificazióne, *f.* glorification.

glorióso, *a.* **1** glorious; illustrious **2** (*relig.*) glorified: **corpo g.**, glorified body. ● (*scherz.*) **g. e trionfante**, as proud (*o* as pleased) as Punch □ **andare g. di q.c.**, to be proud of st.; to boast about st.

glòssa, *f.* gloss; annotation; (*a margine*) marginal note.

glossare, *v. t.* to annotate; to gloss.

glossàrio, *m.* glossary.

glossatóre, *m.* **1** glossarist; annotator **2** (*stor.*) glossator.

glossèma, *m.* (*linguistica*) glosseme.

glossina, *f.* (*zool.*, *Glossina morsitans*) tsetse-fly.

glossite, *f.* (*med.*) glossitis.

glossografìa, *f.* glossography.

glossogràfico, *a.* glossographical.

glossògrafo, *m.* glossographer.

glòttide, *f.* (*anat.*) glottis*.

glottologìa, *f.* glottology.

glottològico, *a.* glottologic(al).

glottòlogo, *m.* glottologist.

glucide, *m.* (*chim.*) glucide.

glucinio, *m.* (*chim.*) glucin(i)um; beryllium.

glucoside, *m.* (*chim.*) glucoside.

glucòsio, *m.* (*chim.*) glucose.

glu glu, *inter.* e *m.* **1** glug glug **2** (*del tacchino*) gobble gobble. ● **fare g.**, (*di un liquido*) to gurgle; (*del tacchino*) to gobble.

gluma, *f.* (*bot.*) glume.

glumèlla, gluméta, *f.* (*bot.*) inner glume; (*inferiore*) lemma; (*superiore*) palea*.

glutammato, *m.* (*chim.*) glutamate. ● **g. di sodio**, monosodium glutamate.

glutàmmico, *a.* (*chim.*) glutamic; glutaminic: **acido g.**, glutamic acid.

glutammina, *f.* (*chim.*) glutamine.

glùteo, A *a.* (*anat.*) gluteal; glutaeal. **B** *m.* (*anat.*) gluteus*, glutaeus*.

glutinato, *a.* gluten (*attr.*): **pane g.**, gluten bread.

glùtine, *m.* gluten.

glutinosità, *f.* glutinosity.

glutinóso, *a.* **1** glutenous; gluten (*attr.*) **2** (*vischioso*) glutinous; sticky; gluey.

gnao, gnau, *inter.* e *m.* miaow. ● **fare g. g.**, to miaow; to mew.

gnaulare, *v. i.* **1** to mew; to miaow **2** (*scherz.*: *lamentarsi fastidiosamente*) to whine; to whimper.

gneis(s), *m.* (*geol.*) gneiss.

gnòcco, *m.* **1** (*pl.*, *cucina*) «gnocchi»: **gnocchi alla romana**, gnocchi Roman style; **semolina gnocchi 2** (*sciocco*) blockhead.

gnòme, *f.* (*letter.*) gnome; maxim; aphorism.

gnòmico, A *a.* gnomic. **B** *m.* (*letter.*) gnomic poet.

gnòmo, *m.* gnome; goblin.

gnomologìa, *f.* gnomology; gnomic writing.

gnomóne, *m.* (*astron., geom.*) gnomon.

gnomònica, *f.* (*astron.*) gnomonics (*pl. col verbo al sing.*).

gnòrri, *m.* e *f.* — **fare lo (la) g.**, to pretend not to understand.

gnoseologìa, *f.* (*filos.*) gnosiology.

gnoseològico, *a.* (*filos.*) gnosiological.

gnòsi, *f.* (*filos.*) gnosis*.

gnosticìsmo, *m.* (*filos., relig.*) gnosticism.

gnòstico, *a.* e *m.* (*filos., relig.*) gnostic.

gnu, *m.* (*zool.*, *Connochaetes gnu*) gnu; wildebeest.

gòbba, *f.* **1** hump; hunch: **la g. d'un cammello**, a camel's hump **2** (*fig.*) hump; bump; mound **3** (*donna g.*) humpback; hunchback; humpbacked (*o* hunchbacked) woman*. ● (*fig.*) **spianare la g. a q.**, to give sb. a good (*o* sound) thrashing.

gòbbo, A *a.* **1** humpbacked; hunchbacked **2** (*curvo*) hunched (up); bent (double). ● **camminare g.**, to walk with a stoop □ **naso g.**, hooked nose □ **Non stare g.!**, sit up straight! **B** *m.* **1** (*persona gobba*) humpback; hunchback **2** (*protuberanza*) hump;

lump; bump.

gobióne, *m.* (*zool.*, *Gobio gobio*) gudgeon.

góccia, *f.* drop; (*di liquore, anche*) tot; (*solo di g. che sta cadendo*) drip: **gocce per il cuore**, drops for the heart; **una g. di pioggia** (**di sangue**), a drop of rain (blood); **una g. di sudore**, a drop (*o* bead) of sweat; **Non ho bevuto che una g. di vino**, I only drank a drop of wine; **la g. che scava la pietra**, the drop of water that can wear through a stone. ● **la g. che fa** (*o* **fece**) **traboccare il vaso**, the feather that breaks (*o* broke) the camel's back; the last straw □ **a g. a g.**, drop by drop; in drops; (*fig.*) little by little □ **avere la g. al naso**, to have a runny nose □ (*mecc.*) **oliatore a gocce**, drip-feed lubricator □ **orecchini a g.**, drop-earrings; (*di perle*) pearl-drops □ **somigliarsi come due gocce d'acqua**, to be as like as two peas.

gócciola, *V.* góccia.

gocciolaménto, *m.* dripping; trickling.

gocciolare, A *v. t.* to drip; to drop. **B** *v. i.* to drip; to trickle; (*del naso*) to run*.

gocciolatóio, *m.* (*archit.*) dripstone; drip-moulding.

goccíolio, *m.* dripping; trickling.

góccíolo, *m.* drop.

godére, A *v. i.* **1** to enjoy; to be glad; to be delighted; to groove (*fam.*): **Godevo nel vederla così felice**, I enjoyed seeing her so happy; I was glad (*o* delighted) to see her so happy; **Ne godo davvero**, I'm very glad to hear it (*o* to see it, to know it, etc.) **2** (*essere avvantaggiato, fruire*) to enjoy: **g. della fiducia di q.**, to enjoy sb.'s confidence. **B** *v. t.* **1** (*gustare*) to enjoy; to take* delight in (st.): **g.** (*o* **godersi**) **le vacanze**, to enjoy one's holidays; **g.** (*o* **godersi**) **il panorama**, to enjoy the landscape; **g. la vita**, to enjoy life **2** (*possedere*) to enjoy; to have: **g. buona salute**, to enjoy good health; **g. un'ottima rendita**, to enjoy an excellent income. ● **godersela** (*divertirsi, far vita allegra*), to have a good time; to enjoy oneself; to enjoy life; to groove (*fam.*) □ (*iron.*) **Ci toccò godercelo fino a Milano**, we had to put up with him (*o* we were saddled with him) as far as Milan □ **L'hai voluto? Goditelo!**, you've made your bed; now you must lie in it.

goderéccio, *a.* **1** (*che dà piacere*) enjoyable; pleasant; pleasure-filled **2** (*che è dedito ai piaceri*) pleasure-loving. ● **fare una vita godereccia**, to lead a gay life.

godet (*franc.*), *m.* (*moda*) flare.

godìbile, *a.* enjoyable.

godiménto, *m.* **1** enjoyment; pleasure; delight **2** (*leg.*) enjoyment; possession.

godronare, *v. t.* (*mecc.*) to knurl.

godronatura, *f.* (*mecc.*) **1** (*il godronare*) knurling **2** (*l'effetto del godronare*) knurl.

godróne, *m.* (*mecc.*) knurl.

goffàggine, *f.* **1** awkwardness; clumsiness **2** (*detto, atto goffo*) blunder; awkward (*o* clumsy) remark (*o* action, etc.).

gòffo, *a.* awkward; clumsy (*specialm. di movimenti*).

goffrare, *v. t.* (*mecc.*) to emboss.

goffratrice, *f.* (*mecc.*) embosser; embossing-machine.

goffratura, *f.* (*mecc.*) embossing.

Goffrédo, *m.* Geoffrey; Godfrey.

gógna, *f.* pillory (*anche fig.*).

gogo, à (*franc.*), *locuz. avv.* galore: **whisky à gogo**, whisky galore.

go-kart (*ingl.*), *m.* (*sport*) (go-)kart, go-cart.

gòl, *m.* (*sport*) goal.

góla, *f.* **1** throat: **prendere q. per la g.**, to take sb. by the throat; **avere mal di g.**, to have a sore throat; **avere un nodo alla g.**, to have a lump in one's throat; **schiarirsi la g.**, to clear one's throat **2** (*golosità*) gluttony; greediness; greed: **peccato di g.**, sin of gluttony; **prendere q. per la g.**, to force sb. to do st. playing on his gluttony **3** (*geogr.*) gorge **4** (*di tiraggio, del camino, ecc.*) flue **5** (*mecc.: scanalatura*) groove **6** (*mecc.: di puleggia*) race **7** (*archit.*) cyma*. ● (*fig.*) **avere il coltello alla g.**, to be on the brink of disaster; to have the wolf at the door □ **avere il cuore in g.**, to be breathless (*o* to be panting) □ **cantare a piena g.**, to sing at the top of one's voice; to sing with a full-throated voice □ **col boccone in g.**, before one has had time to swallow one's meal properly □ (*fig.*) **essere con** (*o* **avere**) **l'acqua alla g.**, to be in desperate straits; not to have a minute to lose; to be at the eleventh hour □ **impiccare q. per la g.**, to hang sb. by the neck □ **mettere il capestro** (*o* **il laccio**) **alla g. di q.**, to put a noose round sb.'s neck □ **mortificare la g.** (*digiunare*), to fast □ (*fig.*) **pieno fino alla g.**, fed up (*pop.*) □ **ricacciarsi il pianto in g.**, to swallow one's tears □ **ridere a g. spiegata**, to roar with laughter □ **Gli ricaccerò l'offesa in g.**, I'll make him swallow his words □ **Mi fa proprio g.!**, it really tempts me! □ **È un'offerta che fa g.**, it's a very tempting offer □ **Quei gioielli lasciati lì fanno g.**, that jewelry left lying about is a great temptation □ **È un impiego che fa g. a parecchi**, it's a job that many people covet; a lot of people are after

that job □ (*prov.*) **Ne ammazza più la g. che la spada**, gluttony kills more than the sword.
goleador (*spagn.*), *m.* (*sport*) goal-kicker.
golèna, *f.* high-water bed.
golétta (1), *f.* (*naut.*) schooner: **una g. a vele quadre**, a topsail schooner.
golétta (2), *f.* **1** (*colletto*) collar **2** (*stor.*: *gorgiera*) ruff.
gòlf, *m.* **1** (*giacca di lana*) jersey; pullover; jumper (*specialm. da donna*); sweater (*specialm. da uomo, o USA*); cardigan (*aperto*) **2** (*sport*) golf.
golfare, *m.* (*naut.*) eyebolt; bee.
golfista, *m. e f.* (*sport*) golfer.
golfistico, *a.* (*sport*) golf (*attr.*).
gólfo, *m.* gulf: **la Corrente del G.**, the Gulf Stream.
Gòlgota, *m.* (*geogr.*) Golgotha.
Golia, *m.* (*Bibbia*) Goliath.
goliardia, *f.* **1** university spirit **2** (*l'insieme dei goliardi*) university students (*pl.*).
goliàrdico, *a.* student, university (*attr.*). ● **ballo g.**, students' ball □ **canti goliardici**, students' songs.
goliardo, *m.* university student; undergraduate.
gollismo, *m.* (*polit.*) Gaullism.
gollista, *a., m. e f.* (*polit.*) Gaullist.
golosità, *f.* **1** greediness **2** (*boccone prelibato*) titbit.
goloso, **A** *a.* greedy; gluttonous. **B** *m.* glutton; gourmand. ● **essere g. di dolci**, to have a sweeth tooth.
gólpe (1), *f.* (*agric.*) smut; blight.
golpe (2) (*spagn.*), *m.* (*polit.*) military «coup d'État»; «golpe».
golpista, *m.* (*polit.*) coupist.
gómena, *f.* (*naut.*) hawser; cable; (*da rimorchio*) tow-rope.
gomitata, *f.* push with the elbow; (*d'intesa, per attirare l'attenzione e sim.*) nudge. ● **dare una g. a q.** (*per richiamare la sua attenzione*), to nudge sb. □ (*anche fig.*) **farsi strada a gomitate**, to elbow one's way forward.
gomitièra, *f.* (*sport*) elbow-guard.
gómito, *m.* **1** (*anat.*) elbow **2** (*di albero a gomiti*) crank; (*raccordo di tubo*) elbow **3** (*fig.*: *di fiume, ecc.*) sharp bend. ● (*fig.*) **alzare troppo il g.**, to have a drop too much; **to bend** (*o* **to lift**) **an elbow** (*fam.*) □ (*fig.*) **olio di g.**, elbow-grease (*fam.*) **picchiare il g.**, to hit one's funny-bone □ **sedere g. a g.**, to sit side by side.
gomitolo, *m.* ball (of wool, etc.). ● **rannicchiarsi come un g.**, to curl (oneself) up.
gómma, *f.* **1** (*cauccù*) India rubber; rubber: **una piantagione di g.**, a rubber plantation; **stivali di g.**, rubber boots **2** (*per cancellare*) rubber; eraser (*meno comune*): **g. da inchiostro** (**da matita**), ink (pencil) eraser **3** (*sostanza resinosa*) gum **4** (*med.*) (*pneumatico*) tyre; tire (*specialm. USA*): **una g. ricostruita** (**piena, senza camera d'aria**), a retreaded (solid, tubeless) tyre; **avere una g. a terra**, to have a flat tyre. ● **g. adragante**, tragacanth □ **g. arabica**, gum Arabic □ **g. da masticare**, chewing-gum □ (*bot.*) **albero della g.**, rubber-tree □ **forare una g.**, to get a puncture.
gommagutta, *f.* (*ind.*) gamboge.
gommalacca, *f.* (*ind.*) shellac.
gommapiuma, *f.* (*marchio*) foam-rubber: **un materasso di g.**, a foam-rubber mattress.
gommare, *v. t.* **1** to gum **2** (*ind. tessile*) to rubberize **3** (*munire di pneumatici*) to tyre.
gommaschiuma, *f.* foam rubber.
gommato, *a.* **1** gummed **2** (*ind. tessile*) rubberized **3** (*di ruota*) with tyre(s): **una ruota gommata**, a wheel with tyre.
gommatura, *f.* **1** gumming **2** (*ind. tessile*) rubberizing **3** (*autom.*) set of tyres.
gommifero, *a.* gummiferous.
gommificio, *m.* rubber factory.
gommino, *m.* rubber top (*o* cap).
gommista, *m.* (*autom.*: *riparatore*) tyre repairer; (*rivenditore*) tyre distributor.
gommóne, *m.* (*naut.*) rubber dinghy.
gommorèsina, *f.* gum-resin.
gommòsi, *f.* (*bot.*) gummosis*.
gommosità, *f.* gumminess.
gommóso, *a.* gummy.
Gomòrra, *f.* (*Bibbia*) Gomorrah, Gomorrha.
gònade, *f.* (*anat.*) gonad.
gonadotropina, *f.* (*biochim.*) gonadotropin.
góndola, *f.* **1** (*naut.*) gondola **2** (*aeron.*: *del motore*) nacelle.
gondolière, *m.* gondolier.
gonfalóne, *m.* **1** banner **2** (*stor.*) gonfalon.
gonfalonière, *m.* **1** banner-bearer **2** (*stor.*) gonfalonier.
gonfiàggine, *f.* (*fig.*) conceit; bumptiousness.
gonfiàggio, *m.* inflation. ● **pressione di g. d'un pneumatico**, tyre pressure.

gonfiagióne, *f.* swelling.
gonfiaménto, *m.* **1** blowing up **2** (*fig.*) puffing up.
gonfiare, **A** *v. t.* **1** to blow* up (*o* out); to inflate; (*con una pompa*) to pump (up): **Ho fatto g. le gomme della macchina**, I've had the tyres of the car blown up (*o* inflated); **Il bambino gonfiò le gote**, the baby blew up (*o* puffed out) its cheeks; **La gomma davanti ha bisogno di essere gonfiata**, the front tyre needs pumping up **2** (*un fiume*) to swell*; (*distendere, anche*) to fill: **Le piogge hanno gonfiato il fiume**, the rains have swollen the river; **Il vento gonfiava le vele**, the wind filled (*o* swelled) the sails **3** (*dilatare*) to make* (st.) bulge **4** (*fig.*) to puff (up); to magnify; to boost (*q. o un prodotto, con la pubblicità*); (*esagerare*) to exaggerate, to puff up, to magnify. ● **g. la faccia di schiaffi a q.**, to give sb. a sound slapping. **gonfiarsi**, **B** *v. rifl.* **1** to swell* (*anche med.*): **Il legno si gonfia nell'acqua**, wood swells in water; **Cominciò a gonfiarglisi la faccia**, his face began to swell out; **Le vele si gonfiavano**, the sails swelled out **2** (*di corsi d'acqua, anche*) to rise*: **Il fiume s'è gonfiato**, the river has risen.
gonfiato, *a.* **1** (*riempito d'aria*) blown up; inflated; pumped up **2** (*fig.*) puffed up; conceited. ● (*fig.*) **essere un pallone g.**, to be puffed up.
gonfiatóio, *m.* pump.
gonfiatura, *f.* **1** swelling; blowing up; pumping up **2** (*fig.*) puff; puffing up; (*esagerazione*) exaggeration.
gonfiézza, *f.* **1** swelling **2** (*fig., lett.*) pomposity; bombast.
gónfio (1), *a.* **1** swollen: **una caviglia gonfia**, a swollen ankle; **un fiume g.**, a swollen river **2** (*riempito d'aria*) blown up; inflated: **una ruota ben gonfia**, a well-inflated tyre **3** (*dello stile*) bombastic; turgid; pretentious **4** (*altero, pieno di sé*) conceited; bumptious **5** (*bot., zool.*) incrassate. ● (*fig.*) **essere g. d'orgoglio**, to have (*o* to suffer from) a swelled (big) head (*pop.*) □ **a gonfie vele**, with a full wind in the sails; (*fig.*) swimmingly (*o* splendidly) □ **col cuore g.**, with a swelling heart □ **un portafoglio g.**, a well-filled wallet.
gónfio (2), (*pop.*) *V.* **gonfióre**.
gonfióre, *m.* swelling.
gòng, *m.* gong.
gongolante, *a.* delighted; overjoyed.
gongolare, *v. i.* to be delighted, to be overjoyed (at).
gongorismo, *m.* (*letter.*) Gongorism.
goniometria, *f.* goniometry.
goniomètrico, *a.* goniometric(al).
goniometro, *m.* goniometer: **un g. ad applicazione**, a contact goniometer; **un g. a riflessione**, a reflecting goniometer. ● **radio g.**, radiogoniometer; direction-finder.
gònna, *f.* **1** skirt: **una g. stretta (larga)**, a tight (full) skirt; **una g. svasata (a pieghe)**, a flared (pleated) skirt; **una g. pantalone**, a divided skirt; a pantskirt; a culotte skirt (*USA*) **2** (*stor.*) gown.
gonnèlla, *f.* skirt (*anche fig., ma volg.*). ● **stare attaccato alle gonnelle della mamma**, to be tied to one's mother's apron-strings □ **È sempre dietro a qualche g.**, he's always after some girl □ **Qui comandano le gonnelle**, this is petticoat government.
gonnellino, *m.* (*short*) skirt. ● **g. scozzese**, kilt.
gonnorròico, *a.* (*med.*) gonorrh(o)eal.
gonocòcco, *m.* gonococcus*.
gonorrèa, *f.* (*med.*) gonorrhoea.
gónzo, *m.* simpleton; oaf*; gull; ninny; noodle.
gòra, *f.* **1** (*canale*) canal; (*di mulino*) mill-race, mill-stream **2** (*conserva d'acqua per il mulino*) mill-pond **3** (*stagno*) pond.
górbia, *f.* (*puntale*) ferrule.
gordiano, *a.* Gordian: **il nodo g.**, the Gordian knot (*anche fig.*).
gorgheggiaménto, *m.* trill; trilling.
gorgheggiare, *v. i.* (*di uccello*) to warble; to trill **2** (*di cantante*) to trill.
gorgheggiatóre, *m.* warbler; triller.
gorghéggio, *m.* **1** (*di uccello*) warble; trill **2** (*di cantante*) trill; trilling.
gòrgia, *f.* (*lett.*: *gola*) throat.
gorgièra, *f.* **1** (*collare*) collar; (*pieghettato*) ruff **2** (*di armatura*) gorget.
górgo, *m.* eddy; whirlpool; vortex*; maelstrom.
gorgogliare, *v. i.* to gurgle; to bubble.
gorgogliatóre, *m.* (*chim.*) scrubber.
gorgóglio (1), *m.* gurgle; bubble.
gorgóglio (2), *m.* gurgling; bubbling.
gorgoglióne, *m.* (*zool., Aphis*) aphis*; green-fly.
Gorgóne, *f.* (*mitol.*) Gorgon.
gorgònia, *f.* (*zool., Gorgonia*) gorgonia*; sea-fan.
gorgonzòla, *m.* Gorgonzola (cheese).
gorgozzule, *m.* throat; gullet.
gorilla, *m.* **1** (*zool., Gorilla gorilla*) gorilla (*anche fig.*) **2** (*guardia del corpo*) bodyguard.
gòta, *f.* (*lett.*) cheek.

gòtico, *a.* e *m.* Gothic.
gòto, *m.* (*stor.*) Goth.
gótta, *f.* (*med.*) gout.
gottazza, *f.* (*naut.*) bail; bailer.
gòtto, *m.* mug; tankard. ● **Andiamo a bere un g.**, let's go and have a drink.
gottóso, (*med.*) **A** *a.* gouty. **B** *m.* gouty person.
gourmet (*franc.*), *m.* gourmet.
governàbile, *a.* governable.
governabilità, *f.* governability; governableness.
governale, *m.* 1 (*lett.: timone*) rudder 2 (*aeron.*) vane.
governante, **A** *m.* ruler; governor. ● **i governanti**, the men in power. **B** *f.* 1 (*istitutrice*) governess 2 (*chi regge la casa*) housekeeper.
governare, **A** *v. t.* 1 (*polit. e fig.*) to govern; to rule; to control: **Il re regna ma non governa**, the king reigns but does not govern; **g. una Chiesa**, to rule over a Church; **g. le proprie passioni**, to rule (*o* to control) one's passions 2 (*dirigere, amministrare*) to direct; to manage; to run*; **g. un'azienda**, to run (*o* to manage) a business; **La maggior parte delle scuole private è governata da enti religiosi**, most private schools are run by religious bodies 3 (*gli animali*) to tend; to look after; (*nutrirli*) to feed*; (*i cavalli*) to groom 4 (*naut.*) to steer; to control: **g. una nave**, to steer a ship 5 (*aeron.*) to control 6 (*il terreno*) to manure; to fertilize. ● **g. male**, to misgovern. **governarsi**, **B** *v. rifl.* (*comportarsi*) to behave (oneself); to rule oneself. ● **g. bene**, to take good care of oneself.
governativo, *a.* government, State (*attr.*): **una scuola governativa**, a State school.
governatorato, *m.* 1 (*carica di governatore*) governorship 2 (*territorio soggetto alla giurisdizione del governatore*) governorate.
governatóre, *m.* 1 governor: **g. generale**, governor-general (*precettore*) tutor. ● **poteri di g.**, gubernatorial powers.
governatoriale, *a.* gubernatorial.
governatura, *f.* 1 (*di animali*) tending; looking after; (*di cavalli*) grooming 2 (*di terreno*) manuring; fertilizing.
govèrno, *m.* 1 (*polit.*) government; (*dominio*) rule: **le redini del g.**, the reins of government; **un g. fantoccio**, a puppet government; **g. tirannico**, tyrannical rule; **g. di solidarietà** (*o* **di unità**) **nazionale**, national government 2 (*direzione*) direction; (*comm.*) management; running; administration; **il g. della famiglia** (**della casa, dell'impresa**), the running of the family (of the house, of the enterprise) 3 (*di animali*) tending; looking after; (*il nutrirli*) feeding; (*di cavalli*) grooming 4 (*naut.*) steering; steerage 5 (*aeron.*) control: (*anche naut.*) **in g.**, under control 6 (*del terreno*) fertilizing. ● **g. della casa**, (*anche*) house-keeping □ (*anche fig.*) **essere al g. della barca**, to be at the helm □ **buon g.**, good (*o* wise, sound) administration □ **mal g.**, bad (*o* unwise, unsound) administration; (*polit.*) misgovernment □ **uomo di g.**, statesman □ (*polit.*) **Il g. si riunì d'urgenza**, a Cabinet meeting was held at once.
gózzo, *m.* 1 (*med.*) goitre 2 (*zool.*) crop 3 (*pop.: gola*) throat; gullet; (*stomaco*) stomach. ● **empirsi il g.**, to stuff oneself with food; to gorge oneself.
gozzoviglia, *f.* debauch; carousal (*lett.*).
gozzovigliare, *v. i.* to go* on the spree; to carouse; to revel.
gozzuto, *a.* (*med.*) goitrous; goitred.
gracchiaménto, *m.* croak, croaking (*anche fig.*); cawing.
gracchiare, *v. i.* to croak (*anche fig.*); to caw.
gràcchio (1), *m.* (*verso del corvo*) croak; caw.
gràcchio (2), *m.* (*zool.*, *Pyrrhocorax graculus*) alpine chough. ● **g. corallino** (*Pyrrhocorax pyrrhocorax*), chough; sea-crow.
Gracco, *m.* (*stor.*) Gracchus: **i Gracchi**, the Gracchi.
gracidare, *v. i.* to croak (*anche fig.*).
gracidìo, *m.* croaking.
gràcile, *a.* 1 delicate; frail 2 (*spreg.*) puny; weak.
gracilità, *f.* 1 delicacy; frailness; frailty 2 (*spreg.*) puniness; feebleness; weakness.
gràcola, *f.* (*zool.*, *Gracula religiosa*) (hill) myna; grackle.
gradassata, *f.* brag; fanfaronade.
gradasso, *m.* braggart; blusterer; boaster. ● **fare il g.**, to brag; to bluster; to boast.
gradataménte, *avv.* gradually; by degrees; step by step.
gradazióne, *f.* 1 (*in tutti i sensi*) gradation; scale 2 (*di colori e fig.*) shade. ● **g. alcolica**, alcoholic strength; proof.
gradévole, *a.* pleasant; agreeable; pleasing. ● **cosa assai g.**, groove (*fam.*).
gradevolézza, *f.* pleasantness; agreeableness.
gradiènte, *m.* (*fis.*) gradient: **g. barometrico**, barometric gradient; **g. di pressione**, pressure gradient. ● **g. termico**, thermal gradient □ **g. verticale**, lapse rate.
gradiménto, *m.* 1 gratification; pleasure; liking: **È di tuo g.?**, is it to your liking?; **esprimere il proprio g.**, to express one's gratification 2 (*approvazione*) approval; (*nel gergo diplomatico*) agreement.
gradina, *f.* (*scult.*) gradine.
gradinare (1), *v. t.* (*scult.*) to chisel (with a gradine).
gradinare (2), *v. t.* (*alpinismo*) to cut* (steps).
gradinata, *f.* 1 flight of steps; steps (*pl.*) 2 (*di teatro, stadio*) tiers (*pl.*).
gradinatura, *f.* (*scult.*) chiselling (with a gradine).
gradino, *m.* 1 step (*anche fig.*): **un g. alla volta**, step by step; **salire** (**scendere**) **un g.**, to go up (down) a step 2 (*alpinismo*) foothold. ● (*fig.*) **arrivare all'ultimo g.**, to reach the last rung of the ladder.
gradire, *v. t.* 1 to appreciate; to enjoy; (*desiderare*) to like; to want: **Non gradii lo scherzo**, I did not appreciate the joke; **Gradirei un tè** (**una risposta, che tu tornassi domani**), I should like some tea (an answer, you to come back tomorrow); **Capii che non mi gradivano**, I realized they didn't want me; **Gradirei che lo facessi tu stessa**, I should like you to do it yourself 2 (*accettare*) to accept: **La preghiamo di g. questo dono**, we ask you to accept (*o* kindly accept, please accept) this gift. ● **Tanto per g.**, just to oblige □ (*di cibi*) **Vuole g.?**, won't you join us (in our meal, picnic, family dinner, etc.)?
gradito, *a.* 1 pleasing; pleasant: **un incontro g.**, a pleasant meeting 2 (*bene accetto*) welcome 3 (*nelle lettere*) kind (*ma spesso si tralascia*): **Ho ricevuto la tua gradita lettera**, I received your kind letter, **in risposta alla gradita vostra**, in reply to your letter. ● **essere** (*o* **riuscire**) **g.**, to please: **Voleva riuscire gradita a tutti**, she wanted to please everybody.
grado (1), *m.* 1 (*fis., geom., geogr., ecc.*) degree: **37 gradi centigradi**, 37 degrees centigrade; **un angolo di 45 gradi**, an angle of 45° (*o* of forty-five degrees); **g. di latitudine**, degree of latitude; **g. di amicizia, d'intensità, d'intelligenza, di precisione**, degree of friendship (of intensity, of intelligence, of accuracy); **un'inclinazione di 45 gradi**, an inclination of 45 degrees; **in piccolo g.**, to a small degree, in small measure; **in sommo g.**, in the highest degree; (*gramm.*) **il g. comparativo**, the comparative degree; **omicidio di primo** (**di secondo**) **g.**, murder in the first (in the second) degree 2 (*unità di una scala, di una graduatoria*) grade: **g. d'intelligenza**, grade of intelligence 3 (*mecc.*) limit 4 (*proporzione*) ratio: **il g. di umidità**, the humidity ratio, the degree of humidity 5 (*sociale, mil.*) rank: **gente di ogni g.**, people of all ranks; **avere il g. di capitano**, to hold the rank of captain; **Mi è superiore di g.**, he is above me in rank; **d'alto g.**, of high rank 6 (*mil.: gallone*) chevron. ● **a g. a g.**, step by step; gradually □ **cugino di primo** (**di secondo**) **g.**, first (second) cousin □ **essere in g. di fare q.c.**, to be able (*o* to be in a position) to do st.: **Non fui in g. di rispondere**, I wasn't able to answer; I couldn't answer; **Sei più in g. di me di aiutarlo**, you are in a better position to help him than I am □ (*di macchinario*) **in g. di funzionare**, in working order □ **per gradi**, by degrees; step by step □ (*mil.*) **privare q. del g.**, to reduce sb. to the ranks.
grado (2), *m.* (*gradimento*) liking; pleasure. ● **suo mal g.**, unwillingly □ (**assai**) **di buon g.**, (very) willingly; with pleasure □ **di mio** (**tuo**) **buon g.**, of my own (your own) accord □ **Quell'individuo non mi va a g.**, I don't like that individual at all □ **L'idea mi va a g.**, the idea appeals to me.
gradóne, *m.* (*agric.*) terrace.
graduàbile, *a.* that may be graduated.
graduale, *a.* e *m.* gradual: (*relig.*) **salmi graduali**, gradual psalms.
gradualismo, *m.* gradualism.
gradualistico, *a.* gradualistic.
gradualità, *f.* gradualness; graduality.
gradualménte, *avv.* gradually; by degrees; step by step.
graduare, *v. t.* 1 to graduate 2 (*uno strumento*) to graduate; to index; to scale.
graduato, **A** *a.* 1 graduated; graded 2 (*provvisto di scala graduata*) graduated. **B** *m.* (*mil.*) non-commissioned officer. ● **graduati e truppa**, rank and file.
graduatòria, *f.* 1 classification 2 (*in un concorso*) list: **Ero primo in g.**, I was first on the list.
graduazióne, *f.* graduation; scale.
grafèma, *m.* (*linguistica*) grapheme.
grafemàtica, *f.* (*linguistica*) graphemics (*pl. col verbo al sing.*).
graffa, *f.* 1 V. **graffétta** 2 (*tipogr.*) brace 3 (*mecc.*) belt fastener.
graffare, *v. t.* 1 to staple; to clip 2 (*edil.*) to cramp.
graffatrice, *f.* stapler.
graffatura, *f.* stapling.
graffétta, *f.* 1 staple; clip 2 (*edil.*) cramp-iron.
graffiante, *a.* biting; mordant; caustic: **satira g.**, biting satire.
graffiare, *v. t.* to scratch.
graffiata, *f.* scratch.
graffiatura, *f.* scratch: **È soltanto una g.**, it's a mere scratch.
gràffio (1), *m.* scratch. ● **fare un g. a q.**, to scratch sb.

gràffio (2), *m.* **1** (*del martello*) claw **2** (*uncino*) grapple; grappling-iron; (*naut.*) grapnel.
graffire, *v. t.* to scratch a graffito (*o* graffiti) (on).
graffito, *m.* graffito*.
grafìa, *f.* **1** (*scrittura*) handwriting; writing **2** (*ortografia*) spelling.
gràfica, *f.* graphics (*pl. col verbo al sing.*).
gràfico, **A** *a.* graphic: **arti grafiche**, graphic arts. ● **una mostra grafica d'un artista**, a show of an artist's black-and-white work. **B** *m.* **1** (*diagramma*) graph; diagram: **tracciare un g.**, to plot a graph **2** (*esperto di arti grafiche*) graphic designer; printing and engraving expert; printer; engraver; (*nell'ind. editoriale*) book-jacket, designer. ● **rappresentare con un g.**, to graph.
grafitare, *v. t.* (*ind.*) to graphitize.
grafitazióne, *f.* (*ind.*) graphitization.
grafite, *f.* (*miner.*) graphite; plumbago; black-lead: (*ind.*) **g. di storta**, retort graphite.
grafologìa, *f.* graphology.
grafològico, *a.* graphologic(al).
grafòlogo, *m.* graphologist.
grafomane, *m. e f.* incurable scribbler.
grafomanìa, *f.* **1** craze for writing; insatiable urge to write **2** (*psic.*) morbid desire to write.
grafòmetro, *m.* (*mat.*) graphometer.
grafospasmo, *m.* (*med.*) writer's cramp.
gragn(u)òla, *f.* **1** (*grandine*) hail **2** (*fig.*) shower; hail: **una g. di colpi**, a hail of blows.
Gràie, Alpi, *f. pl.* (*geogr.*) (the) Graian Alps.
gramàglia, *f.* **1** (*drappo funebre*) pall **2** (*pl.: lutto*) mourning (*sing.*); (*di una vedova*) widow's weeds.
gramigna, *f.* (*bot.*) **1** (*Cynodon dactylon*) dog's-tooth **2** (*Triticum repens*) couch-grass. ● (*fig.*) **crescere come la g.**, to spread like wild-fire.
graminàceo, **A** *a.* (*bot.*) graminaceous; gramineous. **B** *f. pl.* (*bot., Gramineae*) graminaceous (*o* gramineous) plants.
grammàtica, *f.* grammar: **g. comparata** (*o* **comparativa**), comparative grammar; **g. storica**, historical grammar; **g. generale**, general grammar; **g. trasformazionale**, transformational grammar. ● **errori di g.**, grammatical mistakes □ **fautore della g. trasformazionale**, transformationalist.
grammaticale, *a.* grammar (*attr.*); grammatical.
grammaticalménte, *avv.* grammatically.
grammàtico, *m.* **1** grammarian **2** (*spreg.*) pedant.
grammatura, *f.* weight in grams.
grammo, *m.* **1** gramme, gram **2** (*fig.: quantità minima*) grain.
grammoatomo, *m.* (*chim.*) gram atom.
grammofònico, *a.* gramophone (*attr.*); phonographic (*USA*): **un disco g.**, a gramophone record.
grammòfono, *m.* gramophone; phonograh (*USA*).
grammomolècola, *f.* (*chim.*) gram molecule.
gram-negativo, *a.* (*biol.*) gram-negative.
gramo, *a.* **1** (*lett.: infelice*) wretched **2** (*povero, scarso*) poor; scanty: **un raccolto g.**, a poor crop. ● **speranza grama**, slender hope.
gràmola, *f.* **1** (*ind. tessile*) brake; (*per cardare il lino*) ripple **2** (*per la pasta*) kneading-machine.
gramolare, *v. t.* **1** (*ind. tessile*) to brake; (*il lino*) to ripple **2** (*la pasta*) to knead.
gramolatura, *f.* **1** (*ind. tessile*) braking; (*del lino*) rippling **2** (*della pasta*) kneading.
gram-positivo, *a.* (*biol.*) gram-positive.
gran, V. **grande**. ● (*geogr.*) **G. Bretagna**, Great Britain.
grana (1), *f.* **1** (*struttura interna di metalli, marmi, ecc.*) grain: **g. grossa** (**media, fine**), coarse (medium, fine) grain **2** (*fam.: seccatura, fastidio*) trouble; bore; nuisance: **piantare una g.**, to cause trouble **3** (*pop.: soldi*) money; lolly, dough (*pop.*). ● **a g. grossa**, coarse-grained (*agg.*) □ **Quell'uomo ha un sacco di g.**, that man is rolling in money □ **Mi è scoppiata una g. in ufficio**, I've got into a mess at work.
grana (2), *m.* (*formaggio*) Parmesan cheese.
granàglie, *f. pl.* corn (*sing.*); grain (*sing.*); cereals. ● **commerciante in g.**, corn-merchant.
granàio, *m.* **1** barn; granary **2** (*solaio*) loft.
granàrio, *a.* corn, grain, wheat (*attr.*).
granata (1), *f.* (*scopa*) broom. ● (*fig.*) **pigliare la g.** (*mandare via tutti*), to make a clean sweep □ (*prov.*) **G. nuova spazza bene tre giorni**, a new broom sweeps clean.
granata (2), *f.* (*mil.*) grenade.
granata (3), *m.* (*miner.*) granato (2).
granatière, *m.* **1** (*mil.*) grenadier **2** (*fig.*) well-built strapping person.
granatìglio, *m.* (*legno*) granadilla (wood); cocuswood.
granatina, *f.* pomegranate syrup; grenadine.

granato (1), *a.* – **melo g.**, pomegranate.
granato (2), *m.* **1** (*melograno*) pomegranate **2** (*miner., pietra preziosa*) garnet. ● **rosso g.**, garnet red.
grancancellierato, *m.* High Chancellorship.
grancancellière, *m.* High Chancellor.
grancassa, *f.* (*mus.*) bass-drum. ● (*fig.*) **battere la g.**, to blow the trumpet; to make a splash.
grancèvola, *f.* (*zool., Maja squinado*) spider-crab.
grànchio, *m.* **1** (*zool.*) crab **2** (*parte del martello*) claw **3** (*fig.: errore*) blunder: **prendere un g.**, to make a blunder **4** (*pop.: crampo*) cramp.
grancipòrro, *m.* (*zool., Cancer pagurus*) edible crab.
grancróce, *f.* (*araldica*) grand cross.
grandangolare, (*fotogr.*) **A** *a.* wide-angle (*attr.*). **B** *m.* wide-angle lens.
grandàngolo, *m.* (*fotogr.*) wide-angle lens.
grande, **A** *a.* **1** (*specialm. in senso morale e fig.*) great: **un g. poeta**, a great poet; (*stor.*) **il Gran Cane**, the Great Khan; **la g. poesia**, great poetry; **un gran sollievo**, a great relief; **È un gran peccato**, it's a great pity; **un gran seccatore**, a great bore; **una gran signora**, a great lady; a «grand dame» (*franc.*); **Alfredo il G.**, Alfred the Great; **la G. Guerra**, the Great War **2** (*specialm. in senso materiale*) big; large: **Questa casa è troppo g.**, this house is too big; **un lago** (**cavallo, cappello**) **g.**, a big lake (horse, hat); **preoccupazioni grandi e piccole**, worries big and small; **una stanza g.**, a large (*o* big) room; **un g. errore**, a big mistake **3** (*in certi casi*) big; great; (*o anche, fam.*) great big: **un uomo di gran cuore**, a big-hearted (*o* a great-hearted) man; **grandi occhioni**, great big eyes; **un pesce g. g.**, a great big fish; **Era un omone g. e grosso**, he was a great big heavily-built man; **Gran S. Bernardo** (*il Passo e il cane*), Great St Bernard **4** (*grandioso, maestoso; nei titoli cavallereschi, ecc.*) grand: **in g. stile**, in grand style; **Il Canal G.**, the Grand Canal; **Gran Maestro**, Grand Master; **G. Elettore**, Grand Elector; (*stor.*) **la g. armata**, the Grand Army; (*fam.*) **Sei una gran donna!**, you're a grand woman; you're great! **5** (*ampio, largo*) broad; wide: **una g. esperienza**, a broad experience; **un g. fiume**, a wide river; **grandi pianure**, broad (*o* wide) plains **6** (*lungo*) long: **un gran viaggio**, a long journey **7** (*fam.: alto*) high; tall: **grandi montagne**, high mountains; **Come ti sei fatto g.!**, how tall you have grown!; **grandi latitudini**, high latitudes **8** (*fam.: adulto*) grown up: **Cosa farai quando sarai g.?**, what will you do when you're grown up?; **Ho due figli grandi**, I have two grown-up sons **9** (*quando rafforza un sost.*) very (*seguito da un agg.*): **avere un gran sonno** (**una gran fame, ecc.**), to be very sleepy (very hungry, etc.); **C'è un gran buio**, it's very dark; **C'è un gran vento**, it's very windy; **C'è un gran sole**, it's very sunny; the sun is very hot; **essere** (*o* **avere**) **un g. ingegno**, to be very gifted (*o* talented); **una gran bella donna**, a very beautiful woman **10** (*molti, una gran quantità di*) many; much; a lot of (*fam.*): **avere gran quattrini**, to have a lot of money; **C'era gran gente**, there were many people (*o* a lot of people; *o più fam.*: lots of people); **lasciare gran debiti**, to leave many (*o* a lot of) debts; **un gran correre**, a lot of (*o* much) running about; **Non ne so gran che**, I don't know much about it; **Non è un gran che**, it's not up to much; **una grande parte del libro**, much of the book; **una gran parte di loro**, many of them **11** (*maiuscolo*) capital; big: **una G g.**, a big (*o* a capital) G. ● **un g. bevitore**, a heavy drinker □ **un g. fumatore**, a heavy smoker □ **un g. mangiatore**, a big eater □ **il gran mondo**, high society □ **il g. pubblico**, the general public; the public at large □ **a gran voce**, in a loud voice; aloud □ **con mio g. stupore** (**rincrescimento, ecc.**), much to my astonishment (regret, etc.) □ **corse automobilistiche di Gran Premio**, «Grand Prix» racing □ **di gran lunga**, by far; far; far and away: **Il tuo è di gran lunga migliore del mio**, yours is far better than mine; **È di gran lunga il migliore della classe**, he is by far (*o* far and away) the best pupil in the class □ **farsi g.**, to grow (up); (*fam.: diventare alto*) to grow tall: **Come s'è fatto g.!**, how he's grown! □ **essere in gran faccende**, to be bustling about busily □ **in g. parte**, largely; to a great extent □ (*polit.*) **i Quattro Grandi**, the Big Four □ **Avrei gran desiderio di vederlo**, I should very much like to see him. **B** *m.* **1** (*adulto*) grown-up **2** (*uomo grande, importante*) great man*; (*pl. collett.*) the great: **i grandi e gli umili**, the great and the humble **3** (*grandezza*) greatness: **Vi è del g. nella sua poesia**, there is greatness in his poetry **4** (*grande di Spagna*) grandee. ● **fare le cose in g.**, to do things in a big way □ **su g.**, on a big (*o* large) scale; in the grand manner: **commerciare in g.**, to do business on a large scale.
grandeggiare, *v. i.* **1** to tower above (sb., st.); to rise* above (sb., st.); (*in modo minaccioso*) to loom large; to loom up **2** (*darsi arie*) to show* off; to put* on airs (of grandeur); (*esagerare*) to exaggerate, to boast.
grandeménte, *avv.* **1** greatly; hugely; very much: **Mi piace g.**, I like it very much **2** (*altamente*) highly; to a high degree;

grandézza

extremely: **M'addolora** g., I'm extremely sorry for it **3** *(profondamente)* deeply: **essere g. innamorato di q.**, to be deeply in love with sb.
grandézza, *f.* **1** greatness *(spesso morale)*; bigness *(fam.)*; *(in certi casi anche)* size *(spesso con sheer)*: **La g. dell'uomo era impressionante**, the man's sheer size was impressive; **la g. dell'artista (di un sacrificio, di una nazione)**, the greatness of the artist (of a sacrifice, of a nation); **Sua G.**, His (Her) Greatness **2** *(in senso materiale)* bigness, largeness; *(ampiezza, larghezza)* breadth, width; *(mole)* bulk: **la g. di un fiume**, the width of a river **3** *(altezza)* height, tallness; *(fig.)* loftiness: **la g. dei suoi sentimenti**, the loftiness of his feelings **4** *(misura, dimensione)* size: **g. media**, average size; **tegami di tutte le grandezze**, saucepans of all sizes; **una statua di g. naturale**, a life-size statue **5** *(fasto, grandiosità)* grandeur, grandness *(talora anche nobiltà, generosità)* **6** *(liberalità)* liberality; *(prodigalità)* lavishness: **La sua g. nello spendere è proverbiale**, his lavishness in spending is proverbial **7** *(mat., astron.)* magnitude *(anche fig.)*: **una stella di prima g.**, a star of the first magnitude; *(di un'attrice cinematografica)* a top star **8** *(mat., fis.)* quantity: **g. scalare**, scalar quantity.
grandguignol *(franc.)*, *m. (teatr.)* Grand Guignol.
grandiflòra, *a. (bot.)* grandiflora *(attr.)*; large-flowered.
grandigia, *f.* ostentation; pretentiousness.
grandiloquènza, *f.* grandiloquence.
grandinare, *v. i. e t.* **1** to hail: **È grandinato durante la notte**, it hailed during the night **2** *(fig.)* to hail; to shower: **Le frecce grandinavano tutt'intorno a noi**, arrows were hailing all round us.
grandinata, *f.* **1** hail-storm **2** *(fig.)* hail; shower.
gràndine, *f.* **1** hail: **un chicco di g.**, a hail stone **2** *(fig.)* hail; shower; torrent: **una g. di pugni (sassi, pallottole)**, a hail of blows (stones, bullets); **una g. d'insulti**, a torrent of abuse.
grandinifugo, *a.* anti-hail.
grandinio, *m.* heavy hail-storm.
grandiosaménte, *avv.* **1** grandly; magnificently; majestically; splendidly **2** *(con sfoggio di magnificenza)* grandiosely.
grandiosità, *f.* grandeur; grandness; magnificence.
grandióso, *a.* **1** grand; magnificent; majestic; splendid: **una vittoria grandiosa**, a splendid victory **2** *(che sfoggia magnificenza, che vuol essere grande)* grandiose.
granduca, *m.* Grand Duke.
granducale, *a.* Grand-ducal.
granducato, *m.* **1** *(territorio)* Grand Duchy **2** *(titolo)* title of Grand Duke **3** *(periodo di governo)* rule of a Grand Duke.
granduchéssa, *f.* Grand Duchess.
grand'ufficiale, *m.* Grand Officer.
gràndula, *f. (zool., Pterocles alchata)* pin-tailed sandgrouse.
granellare, *v. t.* to granulate.
granèllo, *m.* **1** grain; speck: **un g. di sabbia**, a grain of sand; **un g. di polvere**, a speck of dust **2** *(di cereale)* grain; seed; corn **3** *(di un frutto)* pip **4** *(fig.)* grain: **un g. di buon senso**, a grain of sense.
granellóso, *a.* granular; granulous; grainy.
grànfia, *f.* claw; talon *(specialm. di uccello rapace)*.
gràngia, *f.* **1** *(convento con podere)* grange; monastery with farmland **2** *(tipo di costruzione rurale)* grange; barn; shed.
granguignolésco, *a.* Grand Guignol *(attr.)*; blood-curdling: **un giallo g.**, a Grand Guignol thriller.
granicolo, *a.* wheat, grain, corn *(attr.)*.
granicoltura, *f.* wheat growing.
granifero, *a.* graniferous.
graniglia, *f.* grit.
granigliare, *v. t. (tecn.)* to grit blast; to sandblast.
granire, **A** *v. i. (agric.)* to seed. **B** *v. t.* **1** to granulate **2** *(una superficie metallica)* to grain.
granita, *f.* «granita» (crushed-ice drink).
granitico, *a.* **1** granitic **2** *(fig.)* rock-like; unflinching; granitic.
granito, *m. (miner.)* granite.
granitura, *f.* **1** *(agric.)* seeding **2** *(di superficie metallica)* graining.
granivoro, *a. (zool.)* granivorous.
grano, *m.* **1** *(bot., Triticum vulgare)* wheat: **farina di g.**, wheat flour *(o wheaten flour)*; **mietere un campo di g.**, to reap a field of wheat; **il raccolto del g.**, the wheat harvest **2** *(bot.: cereale in genere)* corn; grain: **il commercio del g.**, the corn trade; **la Borsa del g.**, the Corn-Exchange; **una nave con un carico di g.**, a ship with a cargo of grain **3** *(granello, anche fig.)* grain; *(solo di cereali)* kernel; *(anche di pepe)* corn: **un g. di sabbia**, a grain of sand; **un g. di pepe**, a peppercorn; *(fig.)* **con un g. di sale**, with a grain of salt **4** *(di rosario, di collana)* bead **5** *(unità di peso)* grain *(pari a g. 0,0648)*. ● *(bot.)* **g. saraceno** *(Polygonum fagopyrum)*, buckwheat □ *(bot.)* **g. turco** *(Zea mays)*, Indian corn; maize; corn *(USA)* □ **(rosario di) grani da far scorrere fra le dita** *(per rilassarsi)*, worry beads.
gran(o)turco, *m. (bot., Zea mays)* maize; Indian corn; corn *(USA)*. ● **pannocchia di g.**, corn-cob.
granturismo, *f. invar. (autom.)* two-seater sports car; grandtouring car.
granulare (1), *a.* granular; granulated.
granulare (2), *v. t.* to granulate.
granulatóio, *m. (ind.)* powder-mill.
granulazióne, *f. (anche med. e astron.)* granulation.
grànulo, *m. (anat., farm.)* granule.
granulocito, *m. (biol.)* granulocyte.
granulòma, *m. (med.)* granuloma*.
granulometria, *f. (tecn.)* granulometry.
granulomètrico, *a. (tecn.)* particle size *(attr.)*: **analisi granulometrica**, particle size analysis.
granulosità, *f.* granularity.
granulóso, *a.* granular; granulation *(attr.)*; granulous: **tessuto g.**, granulation tissue.
grappa (1), *f. (acquavite di vinacce)* «grappa».
gràppa (2), *f.* **1** *(edil.)* cramp **2** *(tipogr.)* brace.
grappétta, *f.* paper-clip.
grappino (1), *m. (bicchierino di grappa)* tot of «grappa».
grappino (2), *m. (naut.)* grapnel.
gràppolo, *m.* cluster, bunch *(anche fig.)*: **un g. d'uva**, a bunch of grapes. ● **grappoli umani**, people hanging in bunches □ **a grappoli**, in bunches.
graptòliti, *m. pl. (paleontologia)* graptolites.
grassàggio, *m. (autom.)* greasing.
grassatóre, *m.* bandit; robber; *(stor.)* highwayman*.
grassazióne, *f.* robbery.
grassèlla, *f. (vet.)* patella.
grassèllo, *m.* **1** *(calce spenta)* lime putty **2** *(pezzetto di grasso)* piece of fat.
grassétto, *m. (tipogr.)* heavy type; boldface (type).
grassézza, *f.* **1** fatness; *(corpulenza)* corpulence, stoutness **2** *(untuosità)* greasiness **3** *(abbondanza)* abundance **4** *(fertilità)* fertility; richness.
grasso, **A** *a.* **1** fat; *(corpulento)* corpulent, stout; *(flaccido)* flabby; *(grassottello)* plump: **carne grassa**, fat meat; **guadagni grassi**, a fat *(o* handsome*)* profit *(sing.)*; **bello g.**, good fat *(attr.)*; good and fat *(pred.)* **2** *(unto)* greasy; oily **3** *(prospero)* prosperous; *(abbondante)* abundant, plentiful: **un'annata grassa**, a prosperous year; **un g. raccolto**, a plentiful harvest **4** *(fertile)* fat *(solo lett.)*; rich; fertile: **terra grassa**, fertile land; rich soil **5** *(licenzioso)* licentious; coarse; lewd: **storielle grasse**, coarse *(o* smutty*)* stories; **parlare g.**, to make lewd remarks. ● *(fam.)* **a farla grassa**, at the most; at the best □ **cucina grassa**, rich cuisine; cooking with a lot of fat in it □ **fare grasse risate**, to laugh heartily □ **formaggio g.**, rich cheese □ **il giovedì g.**, the Thursday before Lent; «jeudi gras» *(franc.)* □ **mangiare di g.** *(non digiunare)*, not to fast; to eat meat □ **martedì g.**, Shrove Tuesday □ **pianta grassa**, cactus □ **risata grassa**, hearty laugh □ **la settimana grassa**, Shrovetide □ *(chim.)* **sostanza grassa**, fat □ **Questo brodo è troppo g.**, this broth has too much fat in it. **B** *m.* **1** fat: **g. di maiale**, pork fat **2** *(per lubrificare)* grease: **una macchia di g.**, a grease stain **3** *(di balena)* blubber. ● *(ind. tessile)* **g. di lana**, yolk.
grassòccio, *a.* plump; chubby.
grassóna, *f.* fat woman*; fatty *(fam.)*.
grassóne, *m.* fat man*; fatty *(fam.)*.
grassume, *m.* fat stuff; grease.
grata, *f.* grill *(specialm. di convento)*; grating; lattice: **una finestra con g.**, a lattice window.
gratèlla, *f. (cucina)* gridiron; grill. ● **bistecca in g.**, grilled steak □ **misto in g.**, mixed grill.
graticciata, *f.* **1** *(recinto)* hurdle; fence **2** *(per i rampicanti)* trellis(-work).
graticciato, *m.* wickerwork trellis.
graticcio, *m.* **1** hurdle; trellis **2** *(stuoia di canne o vimini)* rush matting **3** *(ind. tessile)* lattice.
graticola, *f.* **1** *(cucina)* gridiron; grill **2** *(inferriata)* grating **3** *(strumento di supplizio)* gridiron. ● **cucinare sulla g.**, to grill.
graticolato, *m.* **1** *(rete metallica)* wire net **2** *(per pergolati, ecc.)* trellis-work **3** *(di mattoni)* open-work brick fence.
gratifica, *f.* bonus; allowance; gratuity: **g. natalizia**, Christmas bonus.
gratificante, *a.* rewarding.
gratificare, *v. t.* **1** to give* a bonus *(o* an allowance*)* to (sb.) **2** *(essere gratificante)* to be rewarding. ● **g. q. di legnate**, to give sb. a sound thrashing.
gratificazióne, *f.* **1** *V.* **gratifica** **2** *(soddisfazione)* satisfaction; gratification.
gratile, *m. (naut.)* bolt-rope.
gratin *(franc.)*, *m.* − *(cucina)* **al g.**, au gratin.

gratinare, *v. t.* (*cucina*) to cook «au gratin»; to gratinate.
gratinato, *a.* (*cucina*) (au) gratin; gratiné.
gràtis, *avv.* free; gratis; for love; for nothing: **Si dà g.**, it's given free; **lavorare g.**, to work for nothing; **ingresso g.**, admission free.
gratitùdine, *f.* gratefulness; thankfulness: **mostrare g.**, to show one's gratefulness. ● **con g.**, gratefully; thankfully □ **provare g.**, to feel grateful.
grato, *a.* **1** (*riconoscente*) grateful; thankful: **con animo g.**, with a grateful heart **2** (*gradito*) pleasant; agreeable; pleasing. ● **Mi è g. confermare...**, I am delighted to confirm...
grattacapo, *m.* worry; bother; trouble; nuisance; headache (*fam.*): **Che g. è quel bambino!**, what a bother that child is!; **La vita è piena di grattacapi**, life is full of worries.
grattacièlo, *m.* skyscraper.
grattare, A *v. t.* **1** to scratch **2** (*raschiare*) to scrape **3** (*grattugiare*) to grate: **g. il formaggio**, to grate the cheese **4** (*scherz.*: *suonare male*) to scrape **5** (*fig., fam.*: *rubare*) to pinch. B *v. i.* **1** to scratch; to scrape: **Questo pennino gratta**, this nib scratches **2** (*autom.*: *ingranare male una marcia*) to grate; to clash. **grattarsi,** C *v. rifl.* to scratch oneself: **Smetti di grattarti**, stop scratching (yourself). ● (*fig.*) **grattarsi la pancia**, to twiddle one's thumbs.
grattata, *f.* scratching.
grattato, *a.* (*cucina*) grated: **formaggio g.**, grated cheese. ● **pane g.**, bread-crumbs (*pl.*).
grattatura, *f.* **1** scratching; scraping: **g. di scorza di limone**, scraping of lemon peel **2** (*segno*) scratch; scrape.
grattino, *m.* eraser; scraper.
grattùgia, *f.* grater.
grattugiare, *v. t.* to grate.
gratuità, *f.* gratuitousness (*anche fig.*).
gratuitaménte, *avv.* **1** (*senza spesa*) free; gratis; for nothing: **Fu fatto entrare g.**, he was admitted gratis **2** (*fig.*: *arbitrariamente*) gratuitously.
gratùito, *a.* **1** free; gratis: **un biglietto g.**, a free ticket **2** (*fig.*: *arbitrario*) gratuitous; unfounded; uncalled for: **un'azione gratuita**, a gratuitous action **3** (*di alloggio*) rent-free. ● (*leg.*) **g. patrocinio**, legal aid □ **prestito g.**, interest-free loan.
gravàbile, *a.* (*fin.*) taxable: **non g.**, non-taxable.
gravame, *m.* **1** burden, weight (*anche fig.*) **2** (*ipoteca*) mortgage; (*imposta*) tax **3** (*leg.*) encumbrance; encumberment.
gravare, *v. t. e i.* to burden; to load; to weigh (heavy) on (sb., st.); to lie* heavy on (sb., st.); **g. di imposte**, to burden with taxes; to overtax; **La colpa grava su di loro**, the blame lies (heavily) on them. ● **g. d'ipoteca**, to mortgage □ **g. la mano su q.**, to be hard on sb. □ **Grava tutto su di lui**, it all rests on his shoulders; he has to bear the brunt □ **La pigione grava troppo sul mio bilancio**, too much of my income goes on the rent □ **Il muro grava tutto su quell'arco**, the full weight of the wall rests on that arch.
gravato, *a.* **1** burdened **2** (*fin., leg.*) encumbered. ● (*fin.*) **g. d'imposta**, subject to tax □ (*leg.*) **g. da ipoteca**, mortgaged □ (*leg.*) **non g. da ipoteca**, unmortgaged.
grave, A *a.* **1** (*pesante*) heavy: **fardello (cibo) g.**, heavy burden (food); **occhi gravi di sonno**, eyes heavy with sleep; **aria umida e g.**, damp heavy (*o* oppressive) air **2** (*serio, importante*) grave, (very) serious, weighty, momentous; (*di contegno, ecc.*) sober, solemn, stern (*severo*): **un posto di g. responsabilità**, a position of grave responsibility; **una decisione g.**, a momentous decision; **accusa** (**malattia, danno, delitto**) **g.**, very serious accusation (illness, damage, crime); **stile g.**, serious (*o* solemn, sober) style; **gravi avvenimenti**, weighty events **3** (*fon.*) grave: **un accento g.**, a grave accent **4** (*di voce, suono*) deep; low: **con voce g.**, in a deep (*o* low) voice; (*mus.*) **nota g.**, low note **5** (*severo*) severe; stern: **un g. rimprovero**, a stern rebuke **6** (*gravemente malato*) seriously ill (*pred.*). ● **un g. compito**, a hard task **7 g. d'anni**, of a great age; bowed down by age □ **un g. dolore**, a deep sorrow □ **un g. errore**, a big (*o* serious) mistake □ **gravi preoccupazioni**, great worries □ **avere un aspetto g.**, to look grave □ **un peccato g.**, a big (*o* great) sin □ **Il malato è g.**, the patient is seriously ill; the condition of the patient is very serious. B *m.* (*fis.*) (heavy) body: **la caduta dei gravi**, the fall of bodies.
gravemènte, *avv.* **1** seriously: **ferito g.**, seriously wounded **2** (*solennemente*) gravely; solemnly.
graveolènte, *a.* (*lett.*) strong-smelling; offensive; (*fetido*) rank.
graveolènza, *f.* (*lett.*) strong (*o* offensive) smell.
gravézza, *f.* heaviness (*anche fig.*).
gravidanza, *f.* (*anche med.*) pregnancy. ● **essere al quinto mese di g.**, to be five months pregnant □ **analisi di g.**, pregnancy test.
gravidico, *a.* pregnancy (*attr.*); of pregnancy.
gràvido, *a.* **1** pregnant; with child; gravid: **una donna gravida**, a woman with child; an expectant mother **2** (*fig.*) pregnant (with); full (of); teeming (with), laden (with), (*lett., specialm. fig.*) heavy (with): **parole gravide di significato**, words pregnant with meaning. ● **nubi gravide di tempesta**, menacing (*o* lowering, louring) storm-clouds.
gravimetrìa, *f.* (*fis.*) gravimetry.
gravimètrico, *a.* (*fis.*) gravimetric(al).
gravìmetro, *m.* (*fis.*) gravimeter.
gravina (1), *f.* (*agric.*) mattock.
gravina (2), *f.* (*vallone*) ravine.
gravità, *f.* **1** (*fis. e fig.*) gravity: **g. specifica**, specific gravity; **centro di g.**, centre of gravity; (*fis.*) **forza di g.**, force of gravity; **la g. della situazione politica**, the gravity of the political situation; **la nobile g. del suo portamento**, the noble gravity of his demeanour **2** (*fig.*) seriousness; importance; weightiness; momentousness: **la g. di una malattia**, the seriousness of an illness **3** (*severità*) severity; sternness **4** (*di suono*) gravity; lowness (of pitch).
gravitare, *v. i.* (*anche fig.*) to gravitate.
gravitazionale, *a.* (*fis.*) gravitational.
gravitazióne, *f.* (*fis.*) gravitation: **costante di g.**, constant of gravitation; **la legge della g.**, the law of gravitation.
gravitóne, *m.* (*fis.*) graviton.
gravosità, *f.* burdensomeness; heaviness; oppressiveness.
gravóso, *a.* burdensome; onerous; (*opprimente*) oppressive; (*di costo, prezzo, ecc.*) heavy, high; (*di un lavoro, di un compito*: *che esige molto da chi lo fa*) exacting, demanding, taxing; (*che stanca, che sfibra*) exhausting.
Gràzia, *f.* Grace.
gràzia, *f.* **1** grace; (*armonia di movimenti, ecc.*) gracefulness; (*fascino*) charm, attractiveness: **Ella danzava con g.**, she danced with grace; **Ammirai la g. del suo portamento**, I admired the gracefulness of her demeanour; **la g. del suo modo di fare**, her charm of manner **2** (*favore, benevolenza*) favour(s); mark of (sb.'s) favour; boon (*lett.*); (*favore divino*) Grace: **fare una g.**, to grant a favour; **cadere dalla g. di q.**, to fall out of sb.'s favour; **godere la g. di q.**, to enjoy sb.'s favour; to be in sb.'s good books; **regina di Gran Bretagna per g. di Dio**, by Grace of God, Queen of Great Britain **3** (*leg.*) pardon; mercy: **concedere la g.**, to grant pardon; **una domanda di g.**, a petition for mercy; **domandare la g.**, to beg for mercy **4** (*relig.*) grace: **le dottrine della g.**, the doctrines of grace; **g. sufficiente**, sufficient grace; **g. giustificante**, grace of justification; **piena di g.**, full of grace; **nell'anno di g. 1980**, in the year of grace 1980 **5** (*pl.*: *ringraziamenti*) thanks: **rendere grazie a Dio**, to give thanks to God; **tante grazie** (*o* **molte grazie, mille grazie**), many thanks **6** (*tipogr.*) serif. ● **grazie a Dio**, thanks to God □ **grazie al cielo**, thank heavens; luckily □ **grazie di cuore**, heart-felt thanks □ **accogliere q. con g.**, to welcome sb. graciously □ **colpo di g.**, «coup de grace» (*franc.*); (*fig.*) finishing stroke □ **con buona g.**, with a good grace □ **con mala g.**, with a bad (*o* with an ill) grace □ **di g.**, if you please; pray □ **entrare nelle grazie di q.**, to ingratiate oneself with sb. □ **essere fuori dalla g. di Dio**, to be in a very bad temper □ **gioco di g.** (*o* **le grazie**), the graces (*e il cerchio di questo gioco è detto* grace-hoop) □ **in** (*o* **per) g. di**, thanks to; on account of; because of □ **ministro (ministero) di G. e Giustizia**, V. **giustizia** □ **per somma g.**, as a great concession (*anche iron.*) □ **rendimento di grazie**, thanksgiving □ **senza g.**, graceless; **uno stile senza g.**, a graceless style □ **sforzarsi di entrare nelle grazie di q.**, to curry favour with sb. □ (*mitol.*) **le tre Grazie**, the three Graces □ **Alla g.!**, good gracious!; goodness me!; good Heavens!; (*lo credo bene!*) I should think so! □ **Troppa g., Sant'Antonio**, it never rains but it pours; enough is as good as a feast □ **tutta quella g. di Dio**, all those good (*se commestibili*: delicious) things □ **Vostra G.** (*titolo*), Your Grace □ **Fammi la g. di lasciarmi lavorare**, will you please let me work? □ **Vi farò g. dei particolari**, I'll spare you the details □ (*prov.*) **Avuta la g., gabbato lo santo**, the devil was sick, the devil a monk would be; the devil was well, the devil a monk was he.
Graziano, *m.* (*stor.*) Gratian.
graziare, *v. t.* **1** (*leg.*) to pardon **2** (*concedere*) to grant: **Ella lo graziò di un sorriso**, she granted him a smile.
graziata, *f.* pardoned woman*.
graziato, *m.* pardoned man*.
gràzie, A *inter.* thank you!; thanks!: **tante g.** (*o* **molte g., g. mille**)**!**, many thanks!; thanks a lot; thanks very much; **G. di tutto!**, thanks for everything!; **g. no, no, thank you**. ● **g. sì**, yes, please □ **G., bella forza!**, no great effort, I should think so! B *m.* (word of) thanks: **un g. di cuore**, heartfelt thanks.
graziosaménte, *avv.* **1** (*con movimenti graziosi*; *e anche*: *con tatto*) gracefully **2** (*in modo piacente*) charmingly; attractively; delightfully **3** (*con benevola condiscendenza*) graciously.
graziosità, *f.* gracefulness; (*condiscendenza benevola*) graciousness.
graziόso, *a.* **1** graceful; pleasing; charming; delightful: **un com-**

grèca

plimento g., a graceful compliment; **una ballerina graziosa**, a graceful dancer **2** (*carino*) pretty **3** (*affabile*) gracious.
grèca, *f.* Greek fret.
grecale, A *a.* north-east (*attr.*). **B** *m.* (*vento*) north-east wind.
grecare, *v. t.* (*legatoria*) to notch.
Grècia, *f.* (*geogr.*) Greece.
grecismo, *m.* Gr(a)ecism; Hellenism.
grecista, *m.* e *f.* Greek scholar; Hellenist.
grecità, *f.* Gr(a)ecism; Hellenism.
grecizzare, *v. t.* e *i.* to Gr(a)ecize.
grèco, A *a.* Greek; Grecian (*quasi lett.*): **un naso** (**tempio**) **g.**, a Grecian (*o* Greek) nose (temple); **il calendario g.**, the Greek calendar; **calende greche**, Greek Calends. ● (*fig.*) **rimandare alle calende greche**, to procrastinate; to put (st.) off constantly. **B** *m.* **1** Greek: **imparare il g.**, to learn Greek; **i Greci antichi**, the ancient Greeks **2** (*vento*) north-east wind.
greco-ortodòsso, *a.* (*relig.*) Greek orthodox: **la Chiesa greco--ortodossa**, the Greek orthodox Church.
greco-romano, *a.* Gr(a)eco-Roman: **lotta greco-romana**, Graeco-Roman wrestling.
gregàrio, A *a.* (*zool., bot.*) gregarious; social. **B** *m.* **1** (*mil.*) private soldier **2** (*fig.*) follower **3** (*ciclismo*) minor member of a cycling team.
gregarismo, *m.* (*anche fig.*) gregariousness; herd instinct.
grégge, *m.* (*di ovini e fig.*) flock; (*di bovini*) herd: (*anche fig.*) **custodire** (*o* **guidare**) **il g.**, to shepherd one's flock; **il g. degli imitatori**, the anonymous flock of imitators. ● **Lo seguono come un g.**, they follow him like sheep.
gréggio, A *a.* **1** raw; crude; gross; rough; (*di metallo*) coarse; (*di tessuto*) unbleached: **materia greggia**, raw material; **cuoio g.**, raw hide **2** (*fig.*) crude; unrefined. ● **ferro g.**, pig (*o* crude) iron. **B** *m.* crude oil; raw petroleum.
gregoriano, *a.* Gregorian: **canto g.**, Gregorian chant; **il calendario g.**, the Gregorian calendar.
Gregòrio, *m.* Gregory; (*dim.*) Greg.
grembiulata, *f.* apronful.
grembiule, *m.* apron; overall; smock; (*da bambino*) pinafore.
grembiulino, *m.* (*da bambino*) pinafore.
grèmbo, *m.* **1** lap: **Teneva in g. il bambino**, she had the child on her lap; **La ciliegia le cadde in g.**, the cherry fell into her lap **2** (*ventre materno*) womb **3** (*fig.*) womb; bosom: **in g. alla terra**, in the womb of the earth; **in g. alla famiglia**, in the bosom of one's family. ● **avere** (*o* **portare**) **in g.** (*di chi è incinta*), to carry; to bear.
gremire, A *v. t.* to fill (up); (*stipare*) to stuff, to pack, to cram; (*affollare*) to crowd. **gremirsi, B** *v. rifl.* to fill up; to get* crowded.
gremito, *a.* full (up); packed (*fam.*); crowded: **g. di boccioli** (**di sbagli**), full of buds (of mistakes); **g. di gente**, crowded with people; **Il treno era g.**, the train was crowded (*o* packed); **Il baule era g.** (**di roba**), the trunk was quite full.
gréppia, *f.* manger; rack; crib.
grès, *m.* stoneware.
gréto, *m.* pebbly shore; shingle.
grétola, *f.* (*sbarra di una gabbia*) bar.
grettézza, *f.* **1** (*meschinità*) meanness **2** (*ristrettezza di vedute*) narrow-mindedness **3** (*spilorceria*) meanness; stinginess; miserliness.
grétto, *a.* **1** (*meschino*) mean **2** (*di vedute ristrette*) narrow--minded **3** (*spilorcio*) mean; stingy; miserly.
grève, *a.* heavy.
grézzo, *V.* **gréggio.**
grida, *f.* (*stor.*) proclamation; ban.
gridare, *v. t.* e *i.* to shout; to cry (out); (*strillare*) to scream, to shriek, to bawl; (*urlare*) to yell, to howl: **g. un ordine**, to shout (*o* to yell) an order; **g. un nome**, to cry out a name; **g. di dolore**, to shout with pain; **g. di rabbia**, to scream in anger; **g. vendetta**, to cry (out for) vengeance; **g. con quanto fiato uno ha in gola**, to shout with all one's might and main; **to shout at the top of one's voice**; **g. aiuto**, to cry for help. ● **g. evviva**, to cheer □ **Furono i primi a g. allo scandalo**, they were the first to label it (the event, affair, etc.) a scandal; they were very glib in calling it a scandal.
gridatóre, *m.* (*stor.: banditore*) town-crier; public crier.
gridellino, *a.* e *m.* mauve gray.
gridio, *m.* shouting; yelling; screaming.
grido, *m.* cry; (*urlo*) shout, yell, howl; (*strillo*) scream, shriek, (*acutissimo*) screech: **g. di guerra**, war-cry; **le grida dei venditori ambulanti**, street-cries; **il g. dell'anima**, a cry from the heart; **cacciare un g.**, to let out a yell; **un g. di angoscia**, a scream of anguish; **g. d'aiuto**, cry for help; **grida e fischi**, shouts and hoots. ● (*zool.*) **g. del tarabuso**, bump □ **grida e applausi**, cheers and applause □ **a g. di popolo**, by popular acclamation □ **dare** (*o* **emettere**) **un g.**, to cry out; to utter a cry □ **di g.**, famous; well-known; renowned; much acclaimed: **un architetto di g.**, a famous architect □ **una sarta di g.**, a fashionable dressmaker □ **l'ultimo g.** (*della moda*), the latest fashion (*o* thing).
grifagno, *a.* **1** (*lett.*) rapacious; predatory **2** (*fig.*) fierce; hawk--like: **dagli occhi grifagni**, hawk-eyed.
griffa, *f.* **1** (*mecc.*) claw; (*innesto a denti*) dog (*o* jaw, claw) clutch **2** (*cinem.*) claw.
griffóne, *m.* (*zool.*) griffon.
grifo, *m.* **1** (*del porco*) snout **2** (*spreg.: dell'uomo*) (ugly) face; snout **3** *V.* **grifóne**. ● (*fig.*) **torcere il g.**, to turn up one's nose.
grifóne, *m.* **1** (*mitol., araldica*) griffin; griffon; gryphon **2** (*zool., Gyps fulvus*) griffon-vulture.
grigiastro, *a.* greyish, grayish.
grigio, A *a.* **1** grey, gray; (*di capelli, anche*) hoary: **g. perla**, pearl-grey; **g. ferro**, iron-grey; (*anat.*) **materia grigia**, grey matter **2** (*di persona: brizzolato*) grey-haired; grizzled **3** (*fig.: monotono*) dull; (*malinconico*) melancholy, sad, gloomy: **pensieri grigi**, sad thoughts; **una vita grigia**, a gloomy life. ● **orso g.**, grizzly bear □ **essere d'umore g.**, to feel blue. **B** *m.* grey, gray: **vestito di g.**, dressed in grey.
grigióne, *m.* (*zool., Grison vittatus*) grison.
grigióre, *m.* (*anche fig.*) greyness, grayness.
grigiovérde, A *a.* grey-green; greenish-grey; greyish-green. **B** *m.* (*mil.*) grey-green uniform. ● (*fig.*) **indossare il g.** (*essere soldato*), to be a soldier; to be in the army.
griglia, *f.* **1** (*grata*) grill, grille; (*inferriata*) grate, grating: (*autom.*) **g. del radiatore**, radiator grille **2** (*graticola*) grill; gridiron **3** (*fis., radio*) grid: **g. catodica** (**di soppressione**), cathodic (suppressor) grid; **g. di schermo**, screen grid; **g. pilota**, control grid; **polarizzazione di g.**, grid bias; **resistenza di g.**, grid leak. ● **cuocere alla g.**, to grill □ **pesce alla g.**, grilled fish.
grillare, *v. i.* **1** (*gorgogliare*) to gurgle; to guggle **2** (*del vino*) to bubble **3** (*dell'olio, ecc.*) to frizz; to frizzle; to sizzle; to sputter.
grillettare, *v. i.* e *t.* to frizzle.
grillétto, *m.* trigger.
grillo, *m.* **1** (*zool., Gryllus*) cricket **2** (*fig.*) whim; fancy; caprice; crotchet. ● (*zool.*) **g. campestre** (*Gryllus campestris*), field--cricket □ (*fig.*) **il g. parlante**, the voice of conscience □ (*fig.*) **avere il capo pieno di grilli**, to have a maggot in one's head; to be full of fancies □ **Indovinala g.!**, who can tell?; your guess is as good as mine □ **È un mio g.**, it's a bee I have in my bonnet □ **Gli è saltato il g.** (**di**), he suddenly took it into his head (to).
grillotalpa, *m.* (*zool., Gryllotalpa gryllotalpa*) mole-cricket.
grimaldèllo, *m.* picklock.
grinfia, *f.* clutch (*anche fig.*): **cadere nelle grinfie di q.**, to fall into sb.'s clutches.
grinta, *f.* **1** grim countenance (*o* expression) **2** (*anche sport*) pluck; grit; guts (*pl., fam.*). ● **a g. dura**, severely.
grintóso, *a.* plucky.
grinza, *f.* wrinkle; (*di stoffa*) crease: **le grinze di un viso**, the wrinkles on a face. ● **non fare una g.**, (*di abito*) to fit like a glove; (*di ragionamento*) to be flawless.
grinzosità, *f.* wrinkledness.
grinzóso, *a.* wrinkled; wrinkly; (*di stoffa*) full of creases, creasy, creased.
grippàggio, *m.* (*mecc.*) seizure; seizing: **il g. del pistone**, the piston seizure.
grippare, *v. i.* **gripparsi,** *v. rifl.* (*mecc.*) to seize; to bind*.
grisàglia, *f.* (*ind. tess.*) grisaille.
grisèlla, *f.* (*naut.*) ratline; ratling.
grisou, *V.* **grisù.**
grissinificio, *m.* bread-stick bakery.
grissino, *m.* bread-stick.
grisù, *m.* (*min.*) firedamp.
groenlandése, A *a.* Greenlandic. **B** *m.* e *f.* Greenlander.
Groenlàndia, *f.* (*geogr.*) Greenland.
gròlla, *f.* beaker; wooden goblet.
grómma, *f.* tartar; incrustation, encrustation; (*di vino, anche*) argol.
grommare, A *v. t.* to incrust, to encrust. **B** *v. i.* e **grommarsi,** *v. rifl.* to incrust; to encrust; to become* incrusted (*o* encrusted).
grommato, grommóso, *a.* incrusted, encrusted; coated with argol (*o* tartar).
grónda, *f.* eaves (*pl.*): **Facevano il nido sotto la g.**, they were nesting under the eaves. ● **a g.**, cone-shaped; sloping □ (*naut.*) **cappello a g.**, sou'-wester.
grondàia, *f.* (eaves) gutter; (*condotto verticale*) rain-pipe.
grondante, *a.* dripping; soaking; drenched: **g. di sudore,**

dripping with sweat; **g. di pioggia**, drenched with rain.
grondare, A *v. i.* to drip; to trickle; to pour forth; to stream: **Il ragazzo grondava di sudore**, the boy was dripping sweat; **Dalla ferita gronda sangue**, blood is streaming from the wound. **B** *v. t.* to drip; to pour: **g. sangue**, to drip blood. ● *(fig.)* **g. lacrime**, to shed tears.
gróngo, *m.* (*zool.*, *Conger conger*) conger(-eel); sea-eel.
gròppa, *f.* **1** (*di quadrupede*) rump; (*di cavallo*, *anche*) crupper; back: **Saltai in g. al cavallo**, I jumped on the horse's back **2** (*fam.*, *scherz.: di persona*) back **3** (*di un monte*) rounded top. ● **avere molti anni sulla g.**, to be advanced in years □ **avere settanta anni sulla g.**, to be seventy years old □ *(fig.)* **rimanere sulla g.** (*rif. a q.c. di cui non ci si riesce a disfare*), to remain on one's hands.
groppata, *f.* buck-jump.
groppièra, *f.* crupper-strap.
gróppo, *m.* **1** knot; (*viluppo*) tangle: (*di fili*) **far g.**, to get into a tangle **2** (*raffica di vento*) squall. ● **un g. alla gola**, a lump in one's throat.
groppóne, *m.* (*fam.*, *scherz.*) back. ● **avere settant'anni sul g.**, to be seventy years old; to have seventy years on one's back □ *(fig.)* **piegare il g.**, to put one's back into st.
gros-grain (*franc.*), *m.* **1** (*nastro a coste*) petersham **2** (*tessuto*) grosgrain; grogram.
gròssa (1), *f.* (*comm.: dodici dozzine*) gross (*invar. al pl.*); twelve dozen.
gròssa (2), *f.* (*dei bachi*) silk-worms' third sleep. ● *(fig.)* **dormire dalla g.**, to be sound asleep; to sleep like a top.
grossézza, *f.* **1** bigness **2** (*dimensione*) size **3** (*spessore*) thickness **4** (*volume*) bulk **5** (*diametro*) width **6** (*fig.: grossolanità*) coarseness; roughness. ● **avere la** (*o* **essere della**) **g. di una mela**, to be as big as an apple; to be the size of an apple.
grossista, *m.* e *f.* (*comm.*) wholesaler; wholesale-dealer.
gròsso, A *a.* **1** big; large; great (*in senso astratto*): **un g. stipendio**, a big salary; **un torpedone g.**, a big bus (*o* coach); **grossi dirigenti d'azienda**, big businessmen; (*fam.*) **pezzo g.**, a big piece; (*una persona importante*) a big wig (*quasi antiquato*), a V.I.P. (*ossia*: Very Important Person); **un cane** (**piede**, **ecc.**) **g.**, a big dog (foot, etc.); **un g. sbaglio**, a big mistake; **un g. dispiacere**, a great disappointment; **I pesci grossi mangiano i piccoli**, big fishes swallow little ones; **caccia grossa**, big-game hunting **2** (*di spessore*) thick: **un bastone** (**muro**, **ecc.**) **g.**, a thick stick (wall, etc.); **scarpe grosse**, thick shoes; **panno g.**, thick cloth; **labbra grosse**, thick lips **3** (*composto di frammenti grossi*) coarse: **ghiaia grossa**, coarse gravel; **sale g.**, coarse salt **4** (*grossolano*) coarse (*spesso più forte dell'ital.*); rather broad: **tessuto g.**, coarse cloth; **trama grossa** (*di tessuto*), coarse weave **5** (*incinta*) pregnant. ● **g. come un pisello**, as big (*o* as small) as a pea □ **essere g. di mente** (*o* **di pasta grossa**), to be slow in the uptake □ **g. d'udito**, hard of hearing □ **g. modo**, roughly; approximately □ **aria grossa**, filthy air □ **avere il cuore g.**, to have a heavy heart □ **avere il fiato g.**, to be out of breath; to pant □ **dirle** (*o* **spararle**) **grosse**, to tell tall stories □ (*fam.*) **dito g.**, (*pollice*) thumb; (*alluce*) big toe □ **fare la voce grossa**, to speak in an imperious tone □ **fiume g.**, swollen river □ **grande e g.**, great big (strapping): **una ragazza grande e grossa come te**, a great big girl like you; **un omone grande e g.**, a great big strapping man □ **mare g.**, rough sea(s) □ **parole grosse**, offensive words □ **sbagliare di g.**, to make a big mistake □ **vino g.**, full-bodied (*o* heavy) wine □ **L'hai fatta grossa!**, now you've done it! □ **Questa è grossa!**, that's too much! □ **È g. come il tuo**, it is the same size as yours (*o* it is as big as yours). **B** *m.* **1** main (*o* big, greater) part; main body; bulk; majority; most of (st.): **il g. dell'esercito**, the main body of the army; **il g. del carico di una nave**, the bulk of the cargo (of a ship) **2** (*stor.: moneta*) gross.
grossolanaménte, *avv.* coarsely; grossly; roughly.
grossolanità, *f.* **1** coarseness; roughness **2** (*villania*) coarseness; grossness **3** (*di un errore*) grossness.
grossolano, *a.* **1** (*rozzo*) coarse; rough: **gusti grossolani**, coarse tastes; **stoffa grossolana**, coarse material **2** (*fig.: villano*) coarse; gross; rough: **maniere grossolane**, coarse manners; **linguaggio g.**, coarse language; **un individuo g.**, a rough fellow **3** (*madornale*) gross: **un errore g.**, a gross mistake; a blunder; a howler (*pop.*).
grossomòdo, *locuz. avv.* roughly; approximately.
gròtta, *f.* cave; (*artificiale o pittoresca*) grotto: **la G. Azzurra**, the Blue Grotto.
grottésca, *f.* (*arte*) grotesque painting.
grottésco, *a.* e *m.* grotesque.
grovièra, *V.* **gruvièra**.
groviglio, *m.* **1** knot; tangle: **un g. di filo**, a tangle of thread **2** *(fig.)* muddle; mess; confusion: **un g. d'idee**, a confusion of ideas.
gru, *f.* **1** (*zool.*, *Grus cinerea*) crane* **2** (*mecc.*) crane: **g. a braccio**, jib-crane; **g. a ponte manovrata dal basso**, travelling bridge--crane with floor control; **g. da porto**, quay-crane; **g. fissa manovrata a mano**, stationary hand-crane; **g. girevole**, slewing (*o* rotating) crane; **g. mobile**, travelling crane; **g. su cingoli**, crawler tractor-crane **3** (*naut.*) davit: crane: **g. galleggiante**, floating (*o* barge) crane; **g. d'imbarcazione**, boat davit; **g. a pontone**, pontoon crane. ● (*naut.*) **g. dell'ancora**, cathead □ (*autom.*) **carro g.**, wrecker crane.
grùccia, *f.* **1** (*stampella*) crutch: **camminare con le grucce**, to go on crutches **2** (*per appendere abiti*) dress-hanger **3** (*su cui si posa un uccello*) perch.
gruccióne, *m.* (*zool.*, *Merops apiaster*) bee-eater.
grufolare, A *v. i.* **1** (*di porci e fig.*) to root; to grub **2** (*frugare*) to rummage; to root about. **grufolarsi, B** *v. rifl.* to wallow in filth (*anche fig.*).
grugare, *v. i.* (*tubare*) to coo.
grugnire, *v. i.* to grunt; (*fig.*, *anche*) to growl and grumble.
grugnito, *m.* (*anche fig.*) grunt.
grugno, *m.* **1** snout **2** (*spreg.: viso*) snout; (ugly) face. ● **fare il g.** (*fare il broncio*), to pout □ **tenere il g.**, to sulk.
gruista, *m.* crane operator; craneman*.
grullàggine, *f.* silliness; foolishness.
grulleria, *f.* silly (*o* foolish) action. ● **È una g. dire di sì**, it's silly to say yes.
grullo, A *a.* **1** silly; foolish; stupid **2** (*intontito*) stunned. **B** *m.* fool; blockhead; fat-head. ● **Povero g.!**, you silly ass!; you are a donkey!
gruma, *f.* encrustation; (*delle condutture d'acqua*) fur; (*delle botti*) tartar.
grumo, *m.* clot; lump: **g. di sangue**, blood clot. ● **fare g.**, to clot.
grùmolo, *m.* heart (of a cabbage, of a lettuce).
grumóso, *a.* **1** clotted; lumpy **2** (*coperto di gromma*) coated with argol (*o* tartar).
gruppettaro, *m.* (*polit.*) member of a groupuscule.
gruppétto, *m.* (*mus.*) turn.
gruppo, *m.* **1** group (*anche mat.*, *med.*); cluster: **un g. di alberi** (**di case**), a group of trees (houses); **un g. sanguigno**, a blood group; (*polit.*) **g. parlamentare**, parliamentary group **2** (*scult.*) group **3** (*mecc.*, *fis.*) unit; set: **un g. elettrogeno**, a generating set; a generator (*o* power) unit; **un g. motore**, a power unit **4** (*di persone*) party; section; set **5** (*groppo*) knot. ● (*mecc.*) **g. compatto di pulegge**, pulley nest □ (*mecc.*) **g. d'ingranaggi**, gearset □ (*fis.*) **g. di lampade**, lamp cluster □ **g. di esperti**, team of experts; think--tank (*fam.*) □ **g. di lavoro**, team; work group □ **g. di sostenitori** (*di un uomo politico*), constituency □ (*econ.*) **g. monopolistico**, syndicate □ **lavoro di g.**, teamwork.
gruppùscolo, *m.* (*polit.*) groupuscule.
gruvièra, *m.* o *f.* Gruyère (cheese).
grùzzolo, *m.* hoard; (*risparmi*) savings (*pl.*), nest-egg. ● **mettere insieme il proprio g.**, to make up one's pile.
guaciaro, *m.* (*zool.*, *Steatornis caripensis*) guacharo; oil-bird.
guaco, *m.* (*bot.*, *Mikania guaco*) guaco.
guada (1), *f.* (*bot.*, *Reseda luteola*) weld; wild woad.
guada (2), *f.* square fishing-net.
guadàbile, *a.* fordable.
guadagnare, A *v. t.* **1** to earn (*anche: guadagnarsi, meritarsi*): **guadagnarsi la vita** (*o* **il pane**), to earn one's living; **Se l'è guadagnato col sudore della fronte**, he's earned it by the sweat of his brow; **Si guadagnò il rispetto del generale**, he earned the general's respect **2** to gain (*anche: ottenere*): **Accettando non hai nulla da perdere e tutto da g.**, you have nothing to lose and everything to gain by accepting; **g. tempo**, to gain time; **g. velocità**, to gain speed; (*aeron.*) **g. quota**, to gain altitude; to climb; (*mil. e fig.*) **g. terreno**, to gain ground **3** (*vincere*) to win*: **g. una scommessa**, to win a bet **4** (*realizzare un guadagno*) to make* (*sempre con un compl. ogg.*): **In quell'affare guadagnai un milione** (*netto*), in that transaction I made a million (*o* I made a profit of a million); **Non pensa ad altro che a g.** (*molto*), he thinks of nothing but making money; **Mio cugino guadagna bene ora**, my cousin is making a decent living (*o* a fair amount of money) now; **mio cugino is earning a fair salary now 5** (*buscarsi*) to catch*: **Ci ho guadagnato un bel raffreddore**, I've caught a bad cold. **B** *v. i.* to look better: **Vista di dietro, la casa ci guadagna**, the house looks (much) better if you look at it from the back. ● **g. al gioco**, to win at cards □ **g. la cima**, to reach (*o* to get to) the top □ **g. fama**, to earn (*o* to win) fame □ **g. il tempo perduto**, to make up for lost time □ (*sport*) **g. terreno sugli inseguitori**, to gain on the pursuers □ **guadagnarsi di che vivere**, to make a living □ **guadagnarsi di che**

guadagno

vivere a mala pena, to scrape a living; to earn a bare living □ **guadagnarsi la vita onestamente**, to turn an honest penny □ **guadagnarsi un soprannome**, to get a nickname □ **Dimmi: cosa ci ho guadagnato io?**, tell me: what have I got out of it? □ **Tanto di guadagnato!**, so much the better!

guadagno, *m.* **1** (*specialm. fig.: vantaggio*) gain; (*quasi sempre fig.*) profit: **Abbiamo cambiato segretario, ma non è stato un gran g.**, we've changed our secretary but it's no great gain (*o* but we haven't gained much by the change) **2** (*econ.: specialm. di denaro, di una azienda, ecc.*) profits (*pl.*; *meno comune al sing.*): **Tutto il g. lo reinvestiamo nell'azienda**, we plough back all the profits (into the firm); **g. lauto**, high profits; **g. puro** (*o* **netto**), net profit **3** (*in denaro, spesso di uno stipendiato, salariato, ecc.*) earnings (*pl.*): **Tutto il g. lo metto da parte**, I save all my earnings (*o* everything I earn) **4** (*a un gioco d'azzardo, al totocalcio, ecc.*) winnings (*pl.*) **5** (*ricompensa*) reward. ● **Bada solo al g.**, he thinks of nothing but making money □ **Per me che g. ci potrebbe essere?**, what do I stand to gain by it (*o* by that, etc.)?

Guadalupa, *f.* (*geogr.*) Guadeloupe.
guadare, *v. t.* to ford; to wade.
guaderèlla, *V.* **guada** (1).
guadino, *m.* landing-net.
guado (1), *m.* ford. ● **passare a g.**, to ford; to wade.
guado (2), *m.* (*bot., Isatis tinctoria*) woad; pastel.
guaglióne, *m.* (*dial.*) boy; youngster; (*monello*) urchin.
guài, *inter.* woe (betide): **G. a te se non lo fai**, woe betide you if you don't do it; **G. ai vinti!**, woe to the vanquished! ● **Se gli dicessi tutto, g.!**, if I told him everything, he'd be furious; if I were to tell him everything, the fat would be in the fire (*fam.*).
guaiaco, *m.* (*bot., Guaiacum officinale*) guaiacum; lignum vitae. ● (*farm.*) **resina di g.**, guaiac-resin; (gum) guaiacum.
guaiacòlo, *m.* (*farm.*) guaiacol.
guaiava, *f.* (*bot., Psidium guaiava*) guava.
guaime, *m.* (*agric.*) aftermath.
guaina, *f.* **1** (*fodero per armi*) scabbard; sheath **2** (*bot., anat.*) sheath: (*anat.*) **la g. sinoviale**, the synovial sheath **3** (*mecc.*) sheathing **4** (*busto*) foundation garment; girdle; roll-on (belt) (*fam.*).
guainato, *a.* (*bot.*) sheathed.
guàio, *m.* difficulty; trouble; fix (*fam.*): **andare in cerca di guai**, to look (*o* to ask) for trouble; **combinare guai**, to make trouble; **ficcarsi nei guai**, to get into trouble; to get into hot water (*fam.*); **essere nei guai**, to be in difficulty; to be in a fix; **essere in un mare di guai**, to be in great difficulties; to be in trouble whichever way one looks. ● **Il g. è che non lo conosco neanch'io**, unfortunately, I don't know him either □ **È un bel g.**, it's a real problem □ **Che g. hai combinato?**, what have you been up to?
guaiolare, guaire, *v. i.* to yelp; to whimper; to whine.
guaito, *m.* yelp, yelping; whimper, whimpering; whine, whining.
gualca, *f.* (*ind. tessile*) fulling.
gualcare, *v. t.* (*ind. tessile*) to full.
gualchièra, *f.* (*ind. tessile*) fulling-mill.
gualcire, *v. t.* **gualcirsi**, *v. rifl.* to crease; to crumple; to crush.
gualdrappa, *f.* (*coperta da sella*) saddle-cloth.
Gualtièro, *m.* Walter.
guanaco, *m.* (*zool., Lama guanicoe*) guanaco.
guància, *f.* cheek: **g. a g.**, cheek to cheek; (*fig.*) **porgere l'altra g.**, to turn the other cheek.
guanciale, *m.* pillow; (*cuscino in genere*) cushion. ● (*fig.*) **Puoi dormire fra due guanciali**, you can set your mind at rest.
guancialétto, *m.* **1** (*imbottitura*) padding; (*di spalla*) shoulder-pad **2** (*cuscinetto per timbri*) ink-pad.
guancialino, *m.* **1** small pillow (*o* cushion) **2** (*puntaspilli*) pin-cushion.
guano, *m.* guano.
guantàio, *m.* **1** glover; (*fabbricante, anche*) glove manufacturer; (*venditore, anche*) glove merchant **2** (*negozio*) glove-shop.
guanteria, *f.* glove factory.
guantièra, *f.* **1** (*scatola per guanti*) box (*o* case) for gloves **2** (*vassoio*) tray; sweet-dish.
guanto, *m.* **1** glove: **guanti di capretto (di cinghiale)**, kid (pig-skin) gloves (*fig.*) **trattare q. con i guanti**, to treat sb. with kid gloves **2** (*di cavaliere antico e da scherma*) gauntlet (*fig.*) **gettare (raccogliere) il g.**, to throw down (to take up) the gauntlet. ● **calzare come un g.**, (*aderire perfettamente*) to fit like a glove; (*adattarsi perfettamente*) to suit perfectly, to suit to a T □ **un ladro in guanti gialli**, a gentleman thief □ **mezzi guanti**, mittens.
guantóne, *m.* (*da pugile*) boxing-glove.
guappo, *m.* (*dial.*) **1** (*camorrista*) Camorrist **2** (*bravaccio*)

bully; (*persona violenta*) ruffian.
guarana, *f.* (*bot., Paullinia cupana; anche farm.*) guarana.
guardabarrière, *m. invar.* (*ferr.*) level-crossing keeper.
guardabòschi, *m. invar.* forester.
guardacàccia, *m. invar.* gamekeeper.
guardacòste, *m. invar.* (*naut.*) **1** coast-guard **2** (*nave*) coast-guard patrol-vessel; coastal defence vessel.
guardafili, *m. invar.* lineman*.
guardalinee, *m. invar.* **1** (*sport*) linesman* **2** (*ferr.*) track-walker; trackman*.
guardamàcchine, *m. invar.* car-park attendant.
guardamano, *m. invar.* **1** (*di spada*) sword-guard **2** (*naut.*) rope handrail.
guardaparco, *m. invar.* forester.
guardapésca, *m. invar.* fishing warden.
guardapòrto, *f. invar.* (*nave*) guard ship.
guardaportóne, *m.* door-keeper.
guardare, A *v. t. e i.* **1** to look (at): **g. il tramonto**, to look at the sunset; **Che guardi?**, what are you looking at?; **g. q. (q.c.) di traverso**, to look askance at sb. (st.); **Guardami!**, look at me!; **Guarda cos'hai fatto!**, look what you've done!; **Guarda chi c'è!** (*o chi si vede!*), look who's here!; **Guarda che ho trovato!**, look what I've found!; **Guarda dove metti i piedi!**, look where you're walking!; **Guarda, eccolo!**, look: there he is!; **g. q. negli occhi**, to look sb. in the eyes; **g. in faccia il pericolo (la morte)**, to look danger (death) in the face; **g. q. dall'alto in basso**, to look down on sb.; to look at sb. condescendingly **2** (*dare un'occhiata*) to have (*o* to take*) a look; **Guarda in giardino**, have (*o* take) a look in the garden; **Guarda e vedi se è lui**, have a look and see if it's him **3** (*squadrare, guardare fisso*) to stare at; to gaze at: **Perchè mi guardi così?**, why are you staring at me like that? **4** (*guardare di sfuggita*) to glance at; (*guardare furtivamente*) to peep: **Lo vidi g. dal buco della serratura**, I saw him peeping through the keyhole **5** (*osservare*) to watch; (*scrutare*) to eye: **g. la televisione**, to watch television; **guardato a vista**, closely watched; **g. q. con sospetto**, to eye sb. with suspicion **6** (*affacciarsi, essere orientato*) to look out (on, over); (*avere la facciata verso*) to face: **La finestra guarda a mezzogiorno** (**sul mare, sul giardino, verso la valle**), the window looks south (out to the sea, on to the garden, over the valley); **La chiesa guarda a ovest (sulla piazza, ecc.)**, the church faces west (on to the square, ecc.) **7** (*considerare*) to consider; to view; to look at (*o* upon): **Dobbiamo g. le cose da un altro punto di vista**, we must consider (*o* look at) things from another point of view **8** (*esaminare*) to look over; to look into: **Hai guardato la corrispondenza?**, have you looked over the correspondence?; **g. un libro**, to look into a book **9** (*custodire*) to look after; to take* care of: **Guardami i bambini**, look after the children for me **10** (*difendere*) to defend; to hold*; (*fare la guardia a*) to guard **11** — (*nell'imper.*) **guarda, guardate**, (*stai attento, bada, ecc.*) mind; (*nel senso di: cerca di, ecc.*) mind, try: **Guarda di non cascare!**, mind you don't fall!; **Guarda di non farti male!**, mind you don't get hurt!; **Guarda che ciò non si ripeta**, mind (*o* take care, *o* look to it) that this doesn't happen again!; (*iron.*) **Guarda se ti riesce di rompere qualcosa**, mind you don't break anything; **Guarda di far presto!**, try to be quick! **12** — **stare a g.**, to look on; to wait to see; to stand* (*o* to sit*) there staring (*o* looking on): **Stavo a g. come sarebbe finita**, I was waiting to see how it would end; **Non stare lì a g.: prendi una vanga anche tu!**, don't stand there staring: take a spade and dig!; **Mentre facevano a pugni, io stavo a g.**, I stood there looking on while they fought. ● **g. al microscopio**, to look through a microscope □ **g. q. a vista**, to watch sb. closely; to keep an eye on sb. □ **g. da un'altra parte**, to look another way □ **g. di buon occhio (di malocchio)**, to look favourably (unfavourably) on sb. □ **g. l'orologio**, to look at the time □ **farsi g.**, to attract attention; to make oneself conspicuous □ **senza g.** (*o* **non guardando**) **a spese**, regardless of expense □ **senza g. tanto per il sottile**, without making too fine a point of it □ **Dio ne guardi!**, God forbid! □ **Guarda a destra (a sinistra)**, look right (left)! □ **Guarda, se lo fai un'altra volta, mi arrabbio sul serio**, now look here, if you do it again, I shall get really angry □ **A g. bene, aveva ragione lui**, when all is said and done (*o* as a matter of fact), he was right □ **Se ho da dire una cosa la dico, senza g. in faccia a nessuno**, if I want to say something I say it, and I don't care where the chips fall (*o* I don't care who it is) □ **Guarda un po'!**, that's odd! □ **Guarda caso**, as luck would have it □ (*prov.*) **Dagli amici mi guardi Iddio che dai nemici mi guardo io**, God defend me from my friends, from my enemies I can defend myself. **guardarsi**, B *v. rifl.* **1** to look at oneself: **g. allo specchio**, to look at oneself in the looking-glass **2** (*guar-*

darsi da *q.* o *q.c.*) to beware (of); to be wary (of); to be careful (o to take* care, o to mind) not (to do st.): **Guardati dagli amici falsi** (**dai microbi, ecc.**), beware of false friends (of germs, etc.); **Guardati bene dal perderlo!**, mind you don't lose it!; **Mi guardai bene dal dirglielo**, I was careful (*o* I took good care) not to tell him. **3** (*astenersi*) to refrain; (*da bevande o alimenti*) to abstain: **Guardatevi dal fare troppo rumore**, refrain from making (*o* try not to make) too much noise; **Il dottore gli ordinò di g. dal vino e dalla birra**, the doctor ordered him to abstain from wine and beer. **C** *v. rifl. recipr.* **1** to look at each other (*o* at one another) **2** (*fissamente*) to gaze (*o* to stare) at each other (*o* at one another). ● **g. intorno**, to look about oneself; to look around □ **g. le spalle**, to guard against a surprise attack □ **Me ne guardo bene!**, Heaven forbid!; far be it from me!

guardaròba, *m. invar.* **1** (*stanza per biancheria*) linen-room **2** (*armadio per abiti*) wardrobe; (*per biancheria*) linen-cupboard **3** (*di locale pubblico*) cloak-room **4** (*naut.*) slop-room **5** (*abiti di cui una persona dispone*) wardrobe.

guardarobièra, *f.* **1** (*di casa privata o d'albergo*) servant in charge of linen **2** (*di locale pubblico*) cloak-room attendant.

guardasala, *m. invar.* (*ferr.*) attendant in charge of waiting-rooms.

guardasigilli, *m.* **1** (*stor.*) keeper of the seals **2** (*Ministro della Giustizia*) Minister of Justice; (*in G.B.*) Lord Chancellor, Lord Privy Seal.

guardata, *f.* look; glance.

guardavia, *m. invar.* (*ringhiera di protezione stradale*) guard-rail; safety-rail; traffic divider; crash barrier.

guàrdia, *f.* **1** (*in molti sensi*) guard: **g. d'onore**, guard of honour; **cambiare la g.**, to change the guard; **il cambio della g.**, the changing of the guard (*fig. anche*: changeover); **G. Nazionale** (**Pretoriana, ecc.**), National (Praetorian, etc.) Guard; (*polit.*) **g. rossa**, Red Guard; **guardie a piedi** (**a cavallo**), foot-guards (horse-guards); **la vecchia g.**, the Old Guard (*anche fig.*); (*mil.*) **corpo di g.**, guard-room; guard-house; **g. del corpo**, body-guard; (*del sovrano inglese*) Life-Guards; (*mil.*) **posto di g.**, guard-post; **fare la g. a q.** (**a q.c.**), to stand (*o* to keep) guard (*o* to keep watch) over sb. (st.); **mettere in g.**, to put sb. on his guard (*o* to warn sb.); (*mil.*) **essere di g.**, to be on guard; (*mil.*) **montare la g.**, to mount guard; (*mil.*) **dare il cambio alla g.**, to relieve guard; **stare in g.**, to be on one's guard; to be on the look-out; to be on the «qui vive»: **State in g. contro i borsaioli!**, be on your guard against pick-pockets; **non essere** (*o* **non stare**) **in g.**, to be off one's guard **2** (*azione del vigilare, anche naut.*) watch: **fare buona g.**, to keep a good watch; (*mil.*) **fare la g.**, to keep watch; to be on the watch; **restare a g. di una casa**, to keep watch over a house; **cane da g.**, watch-dog; **g. di porto**, anchor watch; **g. franca**, watch ashore **3** (*periodo di servizio, ma non naut.*) duty: **essere di g.**, to be on duty; (*di un soldato, ecc.*) **montare** (**smontare**) **la g.**, to come on (to go off) duty **4** (*poliziotto*) policeman*; constable: **g. municipale**, town policeman **5** (*sentinella*) sentry; sentinel: **fare la g. a q.c.** (**come sentinella**), to stand sentinel over st. (*o* to be on sentry-go) **6** (*sport*) guard: (*scherma*) **In g.!**, on guard!; «en guarde!» (*franc.*) **7** (*di spada*) guard; hilt-guard **8** (*di libro*) fly-leaf* **9** (*di un fiume*) safety highwater-mark: **Il Po era sopra il livello di g.**, the Po was above the safety highwater-mark. ● **g. campestre**, country warden □ **g. carceraria**, warder; prison guard □ **g. daziaria**, (Municipal) Customs officer □ **g. di pubblica sicurezza**, policeman; (*in Italia*) security guard □ **g. doganale** (*o di finanza*), Customs officer; (**g. costiera**) coast-guard □ (*gioco*) **guardie e ladri**, cops and robbers □ **g. forestale**, (State) forester □ **g. medica**, first-aid station □ **g. notturna**, night-watchman □ **mettere q. in g. contro q.c.**, to warn sb. about st. □ (*naut.*) **turno di g.**, watch: **Ero di servizio durante il turno di g. mattutino**, I was on duty during the morning watch □ **ufficiale della G.**, officer of the Guards □ **ufficiale di g.**, (*naut.*) officer of the watch; (*mil.*) duty officer.

guardiacàccia, *V.* **guardacàccia**.

guardiamarina, *m. invar.* (*naut.*) midshipman*; ensign (*USA*).

guardiano, *m.* **1** keeper, caretaker; guard; custodian; warden **2** (*di carcere*) warder **3** (*di armenti*) herdsman* **4** (*relig.*) guardian **5** (*di uno scalo*) wharfinger. ● **g. notturno**, night-watchman.

guardina, *f.* lock-up. ● **essere in g.**, to be in jail.

guardinfante, *m.* crinoline; farthingale.

guardingo, *a.* careful; circumspect; cautious; wary; canny.

guardiòla, *f.* **1** porter's (*o* gatekeeper's) lodge **2** (*mil.*) guard-room.

guardóne, *m.* «voyeur» (*franc.*); peeping Tom (*pop.*).

guarentigia, *f.* (*leg.*) guaranty; security.

guaribile, *a.* **1** curable: **una malattia g.**, a curable disease **2** (*di ferita*) healable. ● (*di persona*) **È g. in quindici giorni**, he will recover in fifteen days.

guarigióne, *f.* **1** recovery; cure: **avere una rapida g.**, to make a quick recovery; **garantire la g.**, to guarantee a cure; **Su cento casi di questa malattia ci sono state soltanto trenta guarigioni**, out of a hundred cases of this disease there have been only thirty cures **2** (*di ferita*) healing. ● **essere in via di g.**, to be on the way to recovery □ **Auguri di pronta g.!**, get well soon!

guarire, **A** *v. i.* **1** to recover (one's health); to get* well; (*al passato, più comune*) to get* over; (*di ferita, piaga, ecc.*) to heal: **Guarì subito**, he recovered at once; **La ferita guarì lentamente**, the wound healed slowly; **Sono guarito dalla bronchite ma non dall'anemia**, I have got over my bronchitis, but not my anaemia **2** (*fig.*) to be cured; to get* rid: **Il vecchio guarì per sempre dalla sua avarizia**, the old man was cured of his stinginess once for all; **g. da una cattiva abitudine**, to get rid of a bad habit. **B** *v. t.* **1** (*persone, malattie*) to cure; (*specialm. una ferita*) to heal; (*persone*) to restore to health: **Il dottore mi guarì dalla bronchite**, the doctor cured me of bronchitis **2** (*fig.*) to cure; to heal: **Lo guarirò dalle sue cattive abitudini**, I'll cure him of his bad habits; **Il tempo guarisce ogni dolore**, time heals all griefs; time is a great healer.

guaritóre, *m.* healer; (*chi guarisce con la preghiera, ecc.*) faith-healer.

guarnigióne, *f.* garrison: **essere di g.**, to be on garrison duty.

guarnire, *v. t.* **1** (*ornare*) to trim **2** (*cucina*) to garnish **3** (*fornire*) to furnish; to supply; to equip **4** (*fortificare*) to fortify **5** (*naut.*) to rig **6** (*mecc.*) to pack. ● (*cucina*) **un tacchino ben guarnito**, a turkey with all the trimmings.

guarnitura, *f.* **1** (*l'ornare, ornamento*) trimming **2** (*cucina*) garnishing **3** (*il fornire*) supply; equipment **4** (*naut.*) rigging.

guarnizióne, *f.* **1** (*ornamento*) trimming **2** (*cucina*) garnishing **3** (*mecc.*) gasket; packing: **g. metallica**, metal packing; **la g. della testata**, the gasket of the cylinder head.

Guascógna, *f.* (*geogr.*) Gascony.

guasconata, *f.* gasconade; bravado.

guascóne, **A** *m. e f.* **1** Gascon **2** (*fig.*) gascon; braggart. **B** *a.* Gascon.

guastafèste, *m. e f. invar.* spoil-sport; killjoy; wet blanket (*fam.*).

guastamestièri, *m. e f. invar.* bungler; botcher.

guastare, **A** *v. t.* **1** to spoil (*in quasi tutti i sensi*); (*un meccanismo*) to break*; (*disturbare*) to disturb; (*rovinare*) to ruin (*anche fig.*), to damage, to mar; (*lo stomaco e fig.*) to upset*: **g. l'appetito**, to spoil sb.'s appetite; **Le mie vacanze furono guastate dal cattivo tempo**, my holidays were spoilt by bad weather; **Il sigaro mi guasta lo stomaco**, cigars upset my stomach; **Il gelo ha guastato il raccolto**, the frost has ruined the crops; **Lo hanno guastato le cattive compagnie**, he has been ruined by bad company **2** (*far marcire*) to taint; to infect: **carne guastata dalle mosche**, meat tainted by flies. ● (*fig.*) **g. le uova nel paniere a q.**, to upset sb.'s apple-cart □ **Un po' di maldicenza non guasta!**, a little gossip won't do any harm; (*prov.*) **Troppi cuochi guastano la cucina**, too many cooks spoil the broth. **guastarsi**, **B** *v. rifl.* **1** to get* spoilt; to be upset **2** (*di una macchina, un meccanismo*) to break* down; (*fermarsi*) to go* wrong; (*di un motore*) to fail **3** (*del tempo*) to change for the worse; to cloud over: **Il tempo s'è guastato**, the sky has clouded over **4** (*rompere il buon accordo*) to quarrel; to fall* out: **Erano amici, ma si sono guastati**, they were friends, but they've quarrelled (*o* but now there's bad blood between them) **5** (*marcire*) to rot; (*andare a male*) to go* bad: **Queste uova si sono guastate**, these eggs have gone bad. ● **g. la reputazione**, to forfeit one's good name □ **g. il sangue**, to get annoyed; to lose one's temper □ **Si è guastato lo stomaco a forza di bere**, he's ruined his stomach with drink.

guastatóre, *m.* (*mil.*) sapper; pioneer.

guasto, **A** *a.* **1** (*sciupato, viziato*) spoilt, spoiled (*rovinato*) ruined, damaged **2** (*corrotto*) tainted; depraved **3** (*marcio*) rotten; gone bad: **una pera guasta**, a rotten pear **4** (*di uovo*) bad **5** (*di un dente, ecc.*) decayed **6** (*mecc.*) broken down; (*fuori uso*) out of order. **B** *m.* **1** (*di macchina o meccanismo*) breakdown; something wrong (*fam.*); (*di motore, anche*) failure: **Dev'esserci un g. al motore**, there must be something wrong with the engine **2** (*danno*) damage: **i guasti dell'inondazione**, the damage caused by the flood **3** (*fig.*) (*marciume, anche fig.*) something rotten; rot **4** (*fig.*: *dissapore*) disagreement.

guatare, *v. t.* (*lett.*) to look (*o* to gaze) at; to look askance at.

Guatemala, *m.* (*geogr.*) Guatemala.

guatemaltèco, *a. e m.* (*geogr.*) Guatemalan.

guattire, *v. i.* (*specialm. del cane che vede la lepre*) to give* voice.

guazza, *f.* heavy dew.
guazzabùglio, *m.* hotch-potch; medley; muddle; mess; mix-up.
guazzare, *v. i.* **1** to wallow, to welter, to roll (in) (*anche fig.*): **g. nell'oro**, to be rolling in money **2** (*di liquido in un recipiente*) to splash about. ● **In questa giacca ci guazzo**, this coat is too big (*o* too loose) for me.
guazzatóio, *m.* watering-place; horse-pond.
guazzétto, *m.* (*cucina*) stew. ● **carne in g.**, stewed meat.
guazzo, *m.* **1** pool; puddle **2** (*pitt.*) gouache: **pittura a g.**, gouache painting.
guelfismo, *m.* (*stor.*) Guelphism.
guèlfo, *a.* e *m.* (*stor.*) Guelph: **di parte guelfa**, of the Guelph party. ● **merlatura guelfa**, flat-topped battlements.
Guendalina, *f.* Gwendolen, Gwendoline; (*dim.*) Gwen.
guêpière (*franc.*), *f.* girdle; corset.
guèrcio, A *a.* squinting; squint-eyed; cross-eyed. ● **essere g.**, to have a squint: **essere g. di un occhio**, to have a squint in one eye. **B** *m.* squint-eyed person; squinter (*fam.*).
guèrra, *f.* **1** war: **una g. d'indipendenza** (**di liberazione, di logoramento, di religione, di successione**), a war of independence (of liberation, attrition, religion, succession); **teatro di g.**, theatre of war; **prigioniero di g.**, prisoner of war (*abbr.* P.O.W.); **Consiglio di G.**, Council of War; **Ministero della G.**, Ministry of War; (*in G.B.*) War Office; **Ministro della G.**, Minister of War; (*in G.B.*) Secretary (of State) for War; **g. civile** (**fredda, mondiale, ecc.**), civil (cold, world, etc.) war; **g. calda**, shooting war (*fam.*); **essere sul piede di g.**, to be on a war footing; **dichiarare g. a q.**, to declare war on (*o* upon) sb.; **dichiarazione di g.**, declaration of war; **andare in g.** (*partire per la guerra*), to go to the war; **entrare in g.**, to come into the war; (*contro q.*) to go to war with sb.; **essere in g.**, to be at war; **vincere** (**perdere**) **la g.**, to win (to lose) the war; **fare la g.**, to make (*lett.*: to wage) war; (*stor.*) **la G. delle due Rose**, the Wars of the Roses; (*stor.*) **la G. dei Cento Anni**, the Hundred Years' War; (*stor.*) **la Grande G.**, the Great War **2** (*il guerreggiare, tecnica guerresca*) warfare: **g. chimica** (**nucleare, economica**), chemical (nuclear, economic) warfare; **g. navale**, naval warfare; war at sea; **l'arte della g.**, the science of warfare. ● **una g. a colpi di spillo**, a scratching match □ **una g. a coltello**, a war to the death □ (*fig.*) **g. d'interessi**, clash of interests □ **g. lampo**, «blitzkrieg» (*ted.*); blitz (*fam.*) □ **canto di g.**, war-song □ **una dimostrazione contro la g.**, an antiwar demonstration □ **dio della g.**, war-god □ (*fig.*) **fare g. a q. per q.c.**, to fight sb. over st. □ **giocare alla g.**, to play soldiers □ **grido di g.**, war-cry □ (*naut. e fig.*) **in assetto di g.**, with decks cleared for action □ **nave da g.**, war-ship; man-of--war □ **nome di g.**, «nom de guerre» (*franc.*); pseudonym □ **profitti di g.**, war profits □ **propaganda di g.**, war propaganda □ (*ass.*) **rischio di g.**, war-risk □ (*stor.*) **la seconda g. mondiale**, World War II □ (*spesso fig.*) **sul sentiero di g.**, on the war--path □ **vedova di g.**, war-widow □ **zona di g.**, war-zone.
guerrafondàio, guerraiòlo, (*spreg.*) **A** *m.* warmonger. **B** *a.* warmongering.
guerreggiare, A *v. i.* to wage war; to fight*; to war (*lett.*).
guerreggiarsi, B *v. rifl. recipr.* to make* war upon each other (*o* upon one another).
guerrésco, *a.* **1** (*di guerra*) war (*attr.*) **2** (*bellicoso*) warlike.
guerrièro, A *m.* warrior. **B** *a.* warlike.
guerriglia, *f.* guer(r)illa (warfare).
guerriglièro, *m.* guer(r)illero; guer(r)illa.
gufàggine, *f.* misanthropy.
gufare, *v. i.* to hoot.
gufo, *m.* **1** (*zool., Bubo*) owl: **g. reale** (*Bubo bubo*), eagle-owl **2** (*fig.*) misanthrope.
gùglia, *f.* **1** (*archit.*) spire; (*di campanile*) steeple **2** (*alpinismo*) needle.
gugliata, *f.* needleful.
Guglielmina, *f.* Wilhelmina; (*dim.*) Wilmot, Willie, Mina, Minnie.
Guglièlmo, *m.* William; (*dim.*) Will, Willy, Willie, Bill, Billy.
Guiana, *f.* (*geogr.*) Guiana.
guida, A *f.* **1** guide: **una g. alpina** (**autorizzata, di museo, ecc.**), an Alpine (an official, a museum, etc.) guide; **fare da g. a q.**, to act as (*o* to be) sb.'s guide (*ma, nel senso di «fare strada»*: to show sb. the way); **fare la g.**, to be a guide; **Ti farò da g.** (*anche spirituale, ecc.*), I shall be your guide; **La tua coscienza ti serva da g.**, let your conscience be your guide; (*radio*) **g. d'onda**, wave guide; (*libro*) **g. alla grammatica**, a guide to grammar **2** (*libro turistico*) guide-book **3** (*ammaestramento*) guidance: **Sotto buona g.** (**sotto la g. dell'infermiera, ecc.**) **imparerai presto**, under good guidance (under the nurse's guidance, etc.) you'll learn fast; **Con la tua g. spero di riuscire**, with your guidance, I hope to succeed **4** (*direzione*) direction; (*comando*) leadership; (*capo*) leader: **sotto la g. dell'architetto**, under the architect's direction; **i Goti, sotto la g. di Alarico**, the Goths under the leadership of Alaric (*o* led by Alaric) **5** (*autom.: il guidare*) driving: **maestro** (**lezione, esame**) **di g.**, driving instructor (lesson, test); **scuola g.**, driving school; school of motoring **6** (*autom.: lo sterzo*) steering: **g. a sinistra** (**a destra**), left-hand (right-hand) steering; **volante di g.**, steering-wheel **7** (*mil., ecc.*) guide; scout **8** (*scoutismo*) Girl Guide **9** (*tappeto*) stair-carpet; runner **10** (*verga di ferro scanalata, ecc.*) slide; (*pl.*) runners **11** (*pl.: redini*) reins. ● **g. telefonica**, telephone directory. **B** *a.* leading; guiding; front-running; front-rank (*attr.*): **stato g.**, leader (*o* leading) state; **partito g.**, leading party. ● (*autom.*) **scuola g.**, school of motoring.
guidàbile, *a.* guidable.
guidafilo, *m. invar.* (*di telaio meccanico*) filament guide.
guidare, *v. t.* **1** (*fare da guida*) to guide: **g. q. nella visita agli Uffizi** (**in una grotta, in un labirinto di stradine, su per il Monte Rosa**), to guide sb. in the Uffizi Gallery (through a cave, through a maze of little streets, up Mount Rosa); **Mi lascerò g. da te**, I shall be guided by you; **g. la mano di un bambino**, to guide a child's hand **2** (*comandare, condurre come capo*) to lead*: **Guidò i suoi uomini attraverso molti pericoli**, he led his men through many dangers **3** (*un veicolo*) to drive*: **Non so g.**, I cannot drive; **g. un'automobile**, to drive a car **4** (*mus.: un'orchestra*) to conduct. ● **g. una barca**, to cox (*o* to manage) a boat □ **g. un cavallo**, to ride a horse □ **g. una motocicletta**, to ride a motor-cycle □ **g. una nave**, to steer a ship □ **sapersi guidare da sé**, to know how to conduct oneself.
guidatóre, *m.* driver: **g. della domenica**, Sunday driver.
guiderdóne, *m.* (*lett.*) reward; (*premio*) prize.
Guido, *m.* Guy.
guidóne, *m.* (*mil.*) pennant; guidon.
guidoslitta, *f.* (*sport*) bob-sleigh; bob-sled.
guidrigildo, *m.* (*leg., stor.*) wergeld, wergild.
guìndolo, *m.* (*ind. tessile*) bobbin.
guinzàglio, *m.* lead; leash: **un cane al g.**, a dog on the lead (*o* leash); **stare al g.**, to be on the lead; **tenere un cane al g.**, to keep a dog on a lead. ● (*fig.*) **tenere al g.**, to keep a tight rein on sb.
guìsa, *f.* manner; way; guise: **in questa g.**, in this manner; **alla g. francese**, in the French manner. ● **a g. di**, like □ (*o* **in**) **g. che**, so that.
guitto, *m.* strolling player; (*spreg.*) bad (*o* ham) actor, third--rate actor.
guizzare, *v. i.* **1** (*tremare*) to quiver: **Vidi una guizzante coda argentea**, I saw a quivering silver tail; **La fiammella guizzò e si spense**, the flame quivered and went out **2** (*muoversi rapidamente*) to dart; to flash: **I pesci guizzavano nella vasca**, the fishes darted to and fro in the pond **3** (*dimenarsi*) to wriggle **4** (*sgusciare*) to slither: **Mi guizzò di mano**, it slithered out of my hand **5** (*balzare*) to spring*; to jump: **g. in piedi**, to spring on to one's feet **6** (*della luce*) to flash; to flicker.
guizzo, *m.* **1** (*tremito*) quiver **2** (*movimento rapido*) dart **3** (*balzo*) spring **4** (*rif. a luce*) flash; flicker. ● **dare un g.**, to quiver; (*di pesce*) to dart.
Gulag (*russo*), *m.* Gulag.
gulasch (*ted.*), *m.* (*cucina*) (Hungarian) g(o)ulash.
guru, *m.* (*in India*) guru.
gùscio, *m.* **1** shell; (*bot., anche*) hull: **un g. di noce** (**di uovo, di tartaruga**), a nut-shell (an egg-shell, a tortoise-shell); (*anche fig.*) **non uscire mai dal proprio g.**, never to come out of one's shell; **rinchiudersi nel proprio g.**, to go back into one's shell **2** (*di legumi*) pod; (*di cereali*) husk, shuck. ● (*fig.*) **g. di noce** (*o* **d'uovo**), (*barchetta*) punt; (*appartamento minuscolo*) flatlet.
guṣla, *f.* (*mus.*) gusla, g(o)usle, guzla.
gustàbile, *a.* tastable.
gustare, A *v. t.* **1** (*assaggiare*; *sentire il sapore*) to taste; (*solo «assaggiare»*) to have a taste of: **Sono raffreddato e non posso g. nulla**, I have a cold and cannot taste anything; **Non vuoi g. un po' di dolce?**, won't you have a taste of this cake? **2** (*assaporare con piacere*) to relish (*specialm. fig.*) **3** (*fig.*) to appreciate; to enjoy: **g. un capolavoro**, to enjoy a masterpiece; **g. Dante**, to appreciate Dante. **B** *v. i.* to like (*costruzione pers.*): **La musica non sempre mi gusta**, I don't always like (*o* care for, feel like, feel in the mood for) music. ● **g. le gioie della libertà**, to taste the joys of freedom □ **g. la musica**, to have a taste for music.
gustativo, *a.* gustative; gustatory; taste (*attr.*): (*anat.*) **papille gustative**, taste-buds; gustatory bulbs.
gustatóre, *m.* connoisseur; expert.
Gustavo, *m.* Gustavus; (*dim.*) Gus, Gussie.

gusto, *m.* **1** (*senso del gusto*; *sapore*; *senso estetico*) taste; (*aroma*) flavour: **i sensi del g. e dell'odorato,** the senses of taste and smell; **Non mi piace il g. dell'acciuga,** I don't like the taste of anchovy; **ammobiliato (vestito, ecc.) con g.,** furnished (dressed, etc.) with taste (*o* tastefully); **cattivo (buon) g.,** bad (good) taste; **È questione di gusti,** it's a matter of taste; **È un g. acquisito,** it's an acquired taste; **Non è di buon g. vantarsene,** it is not good taste (*o* not in the best of taste) to brag about it; **Non è di mio g.,** it is not to my taste (*o* liking); I don't like it (*più comune*) **2** (*piacere intenso*) gusto; relish; enjoyment: **Ho visto lo spettacolo con grande g.,** I've seen the show with great enjoyment; I've enjoyed the show very much **3** (*voglia, desiderio*) fancy; whim: **un g. passeggero,** a passing fancy **4** (*qualità, sorta*) kind; flavour: **C'erano sei gusti di gelato,** there were six flavours of ice-cream. ● **un abito (mobile, ecc.) di g.,** a tasteful dress (piece of furniture, etc.) □ **avere il g.** (*il sapore*) **di q.c.,** to taste of st.: **Che g. ha quella zuppa?,** what does that soup taste of?; **Ha troppo il g. della cipolla,** it tastes too much of onion □ (*di cibo, sostanza*) **avere un g. buono (dolce, amaro, acido, ecc.),** to taste good (sweet, bitter, sour, etc.) □ **mangiare di g.,** to have a hearty appetite; to enjoy one's food; to eat with relish □ **prendere g. a q.c.,** to take a liking to st. □ **prendere g. a fare q.c.,** to get to enjoy doing st. □ **ridere di g.,** to laugh heartily □ **sentire il g. di q.c.,** to taste st. □ **senza g.,** tasteless: **una salsa senza g.** (*che non ha alcun sapore*), a tasteless sauce; **ornamenti senza g.,** tasteless decorations □ **Provo un g. matto a fare quel gioco,** I adore (*o* I love) that game □ **Ci provo un g. matto che sia stato escluso,** I'm delighted to hear he's been excluded; it serves him right (*ben gli sta*)! □ **Bel g. far la coda per un'ora!,** what's the fun of queueing for an hour? □ **Mi son cavata il g. di rispondergli a tono,** I've been waiting to answer him back and now I've done it □ (*prov.*) **Tutti i gusti sono gusti,** every man to his taste.

gustosaménte, *avv.* with gusto; with relish.

gustosità, *f.* **1** tastiness **2** (*fig.*) pleasantness.

gustóso, *a.* **1** (*saporito*) tasty; (*piccante o, comunque, non dolce*) savoury: **un piatto g.,** a savoury dish **2** (*fig.*) pleasant; amusing: **una storiella gustosa,** an amusing story.

guttapèrca, *f.* gutta-percha.

guttazióne, *f.* (*bot.*) guttation.

gutturale, *a.* guttural: **una consonante g.,** a guttural consonant.

gutturalismo, *m.* gutturalism.

gutturalizzazióne, *f.* gutturalization.

guzla, *V.* guṣla.

h, H

H, h, *f. e m. (ottava lettera dell'alfabeto ital.)* H, h. ● *(tel.)* **h come hotel,** h for Harry *(USA:* h for How) ◻ **bomba H,** H-bomb.
hàbitat, *m. (bot., zool.)* habitat *(anche fig.).*
habitué *(franc.), m.* habitué. ● **È un h.,** he is a regular.
hàbitus, *m. (bot., zool.)* habit.
haitiano, *a. e m.* Haitian.
halibut, *m. (zool., Hippoglossus hippoglossus)* halibut; butt.
hall *(ingl.), f.* hall; foyer; lobby *(USA).*
hallalì, *inter. e m.* tally-ho.
hamburger *(ingl.), m. (cucina)* hamburger (steak).
handicap *(ingl.), m. (sport e fig.)* handicap.
handicappare, *v. t. (sport e fig.)* to handicap.
handicappato, A *a.* handicapped *(anche fig.).* **B** *m.* **1** *(minorato)* handicapped person **2** *(minorato fisico)* physically handicapped *(o* disabled) person **3** *(minorato psichico)* mentally handicapped *(o* deficient) person. ● **gli handicappati,** the handicapped.
hangar *(franc.), m. (aeron.)* hangar.
hannoveriàno, *a. e m. (stor.)* Hanoverian.
hansa, *f. (stor.)* Hanse.
happening *(ingl.), m. (rappresentazione collettiva improvvisata)* happening.
harakiri *(giapponese), m.* hara-kiri.
hàrem, *m.* harem; seraglio.
harmònium, *m. (mus.)* harmonium.
hascisc, *m.* hashish, hasheesh; hash *(pop.).*
haute *(franc.), f.* high society; (the) smart set.
haute-couture *(franc.), f.* «haute couture»; high fashion.
hawaiano, *a. e m.* Hawaiian: **una chitarra hawaiana,** a Hawaiian guitar.
Hawaii, *f. pl. (geogr.)* Hawaii.
hegelianismo, *V.* **hegelismo.**
hegeliàno, *a. e m. (filos.)* Hegelian.
hegelismo, *m. (filos.)* Hegelianism; Hegelism.
hènna, *f.* **henné** *(franc.), m. (bot., Lawsonia inermis; tintura di h.)* henna.
henry, *m. (elettr.)* henry.
herpes *(lat.), V.* **èrpete.**
hertz, *m. (fis.)* hertz. ● **oscillatore di H.,** Hertzian oscillator.
hertziano, *a. (fis.)* Hertzian: **onde hertziane,** Hertzian waves.
hevéa, *f. (bot., Hevea brasiliensis)* hevea (tree).
hidalgo *(spagn.), m.* hidalgo.
hindi, *a. e f. invar.* Hindi: **dialetti h.,** Hindi dialects. ● **la lingua h.,** Hindi.
hinterland *(ted.), m. (geogr.)* hinterland.
hippy *(ingl.), m. e a.* hippy.
hitleriàno, *(stor.)* **A** *a.* Hitlerian; Hitler *(attr.).* **B** *m.* Hitlerite.
hitlerismo, *m. (stor.)* Hitlerism.
hobbista, *m. e f.* hobbyist.
hobby *(ingl.), m.* hobby.
hockeista, *m. (sport)* hockeyist; hockey player.
hockeistico, *a. (sport)* hockey *(attr.).*
hockey, *m. (sport)* hockey: **h. su prato,** (field) hockey; **h. su ghiaccio,** ice hockey.
holding, *f. (fin.)* holding company.
hollywoodiano, *a.* Hollywood *(attr.).*
honoris causa, *locuz. agg.* — **laurea honoris causa,** honorary degree; degree (conferred) honoris causa.
hostess, *f.* air-hostess; stewardess.
hôtel *(franc.), m.* hotel: **h. garni,** residential hotel.
hovercraft *(ingl.), m. (naut.)* hovercraft.
humus, *m.* **1** *(agric.)* humus **2** *(fig.)* fertile ground.
huroniano, *a. (geol.)* Huronian.
hurrà, *inter.* hurrah; hurray.

i, I

I (1), i, *f. e m. (nona lettera dell'alfabeto ital.)* I, i. ● *(tel.)* **i come Imola,** i for Isaac *(USA:* i for Item) □ *(fig.)* **mettere i puntini sugli i.,** to dot one's i's.

i (2), gli, *art. determ. m. pl.* **1** the: **Apri i cassetti, per favore,** open the drawers, please; **Dammi i libri,** give me the *(o* those) books; **i primi mesi,** the first months; **gli ultimi giorni,** the last days; **Sono andati ai giardini pubblici,** they have gone to the public gardens; **i vini di questa regione,** the wines of this region; **i libri che legge,** the books he reads; **i Sacramenti,** the Sacraments; **i cinque sensi,** the five senses; **i russi,** the Russians; **i tedeschi,** the Germans; **I Jones abitano in campagna,** the Joneses live in the country; **gli Apostoli,** the Apostles; **gli Appennini,** the Apennines; **gli Stati Uniti,** the United States; **i Paesi Bassi,** the Low Countries; **i Balcani,** the Balkans; **i ricchi e i poveri,** the rich and the poor; **I francesi e gli svizzeri sono popoli europei,** the French and the Swiss are European peoples **2** *(idiom., omesso in ingl.):* **Gli animali sono davvero amici simpatici,** animals are such agreeable friends; **I vini francesi sono molto buoni,** French wines are very good; **I tedeschi sono biondi,** Germans are fair-haired; **Dove sono i miei bauli?,** where are my trunks?; **Quel ragazzo ha gli occhi blu,** that boy has blue eyes **3** *(idiom., agg. poss. in ingl.):* **Non dimenticare di scrivere agli amici,** don't forget to write to your friends; **Si lavò i piedi,** he washed his feet; **Mettiti il cappello!,** put your hat on! **4** *(idiom., partitivo in ingl.)* some; any: **Va a comprare i fiammiferi,** go and buy some matches.

Iàcopo, *m.* James.
Iàfet, *m. (Bibbia)* Japheth.
iafètico, *a.* Japhetic.
ialino, *a. (miner.)* hyaline.
ialite, *f. (miner.)* hyalite.
ialografìa, *f.* hyalography.
ialòide, *m. (anat.)* hyaloid (membrane).
iamatologìa, *f.* Japanology.
iamatòlogo, *m.* Japanologist.
iarda, *f.* yard.
iato, *m. (gramm., anat.)* hiatus *(anche fig.)*.
iatrogenicità, *f. (med.)* iatrogenicity.
iatrògeno, *a. (med.)* iatrogenic.
iattanza, *f.* haughtiness; boastfulness; conceitedness.
iattura, *f.* misfortune; bad luck.
Ibèri, *m. pl. (stor.)* Iberians.
ibèrico, *a. (stor.)* Iberian.
ibernante, *a.* hibernating; hibernant. ● **essere i.,** to hibernate.
ibernare, *v. i.* to hibernate.
ibernazióne, *f.* **1** *(zool.)* hibernation **2** *(med.)* cryonics *(pl. col verbo al sing.).*
ibis, *m. (zool., Threskiornis)* ibis*. ● **i. rosso** *(Guara rubra),* scarlet ibis □ **i. sacro** *(Threskiornis aethiopica),* sacred ibis.
ibisco, *m. (bot., Hibiscus)* hibiscus; rose-mallow *(pop.).*
ibridare, *v. t. (biol.)* to hybridize.
ibridatóre, *m.* hybridizer.
ibridazióne, *f. (biol.)* hybridization; cross-breeding.
ibridismo, *m. (biol.)* hybridism *(anche fig.)*; hibridity.
ibrido, *a. e m. (biol.)* hybrid *(anche fig.)*.
ibseniano, *a. (letter.)* Ibsenian.
Icaro, *m. (mitol.)* Icarus.
icàstica, *f.* representative art.
icàstico, *a.* figurative; representational.
iceberg, *(ingl.), m.* iceberg. ● **la punta dell'i.,** the tip of the iceberg.
icnèumone, *m. (zool., Herpestes ichneumon)* ichneumon; Pharaoh's mouse *(o* rat).
icnografìa, *f.* ichnography; ground-plan.
icnogràfico, *a.* ichnographic(al).
icnògrafo, *m.* ichnographer.
icòna, *f.* icon.
icònico, *a.* iconic.

iconoclasta, *m. e f. (relig. e fig.)* iconoclast.
iconoclastìa, *f. (relig. e fig.)* iconoclasm.
iconoclàstico, *a. (relig. e fig.)* iconoclastic.
iconografìa, *f.* iconography.
iconogràfico, *a.* iconographic(al).
iconògrafo, *m.* iconographer.
iconolatra, *m. e f.* iconolater.
iconolatrìa, *f.* iconolatry.
iconologìa, *f.* iconology; interpretation of symbols (in art).
iconologista, *m. e f.* iconologist.
iconometrìa, *f. (fotogr.)* iconometry.
iconomètrico, *a. (fotogr.)* iconometric(al).
icònometro, *m. (fotogr.)* iconometer.
iconoscòpio, *m. (telev.)* iconoscope.
iconòstasi, *f. (archit.)* rood-screen; iconostasis*.
icóre, *m. (mitol., med.)* ichor.
icosaèdrico, *a. (geom.)* icosahedral.
icosaèdro, *m. (geom.)* icosahedron.
ics, *f. e m. (lettera)* the letter x.
ictus, *m. (poesia, med.)* ictus.
idatìde, *f. (med.)* hydatid.
idatodo, *m. (bot.)* hydathode; water pore.
Iddìo, *m.* God: **I. non voglia!,** God forbid!; **I. ve ne renda merito!,** may God reward you!
idèa, *f.* **1** idea: **Non è una cattiva i.,** it's not a bad idea; **(Ora) mi viene un'i.,** I've got an idea; **un'i. luminosa,** a bright idea *(anche iron.);* **Che i.!,** the idea (of such a thing)!; what an extraordinary *(o* an absurd, a ridiculous) idea!; *(iron.)* **Mi piace l'i.!,** I like the idea!; **i. platonica,** Platonic idea; **associazione d'idee,** association of ideas; **È ricco da non averne i.,** you have no idea *(o* you can't imagine) how rich he is **2** *(i. capricciosa o saltuaria, anche)* whim; notion; *(progetto, anche)* plan, scheme: **un'i. balzana,** a crazy notion **3** *(proposta)* suggestion: **Se hai un'i. migliore, sentiamola,** if you have a better suggestion, let's hear it; **cassetta delle idee,** suggestion-box **4** *(nelle locuz.:* **appena un'i., una pallida i., un principio d'i., ecc.)** glimmering *(barlume);* whiff *(sentore);* hint; touch; suspicion: **appena un'i. di aglio,** just a touch *(o* the barest whiff) of garlic; **appena un'i. di quel che vuole dire il libro,** (just) a glimmering of what the book means **5** *(opinione)* opinion; mind; view(s): **cambiare i.,** to change one's mind; **Siamo tutti della stessa i.,** we are all of one mind **6** *(intenzione)* intention; mind: **Non ho la minima i. di farlo,** I haven't the slightest intention of doing that; **Ho una mezza i. di dirglielo,** I have half a mind to tell him **7** *(ideale)* ideal: **l'i. del bello presso i greci,** the Greek ideal of beauty. ● **i. fissa,** «idée fixe» *(franc.);* bee in one's bonnet *(fam.)* □ **un'i. geniale,** a stroke of genius □ **farsi un'i. di q.c.,** to get the hang of st. *(fam.);* to get the general idea of st.; to imagine st. □ **filo delle idee,** train of thought □ **Nemmeno per i.!,** not on your life!; certainly not!; by no means! □ **Sono della tua i.,** I feel the same way as you do □ **Ho i. che non durerà,** I suspect *(o* I believe, I rather think) it won't last; I shouldn't be surprised if it didn't last □ **Ho i. d'andare a teatro stasera,** I'm thinking of going to the theatre tonight □ **L'ho fatto io, di mia i.,** I did it off my own bat *(fam.).*
ideale, A *a.* **1** *(perfetto, che è come si vorrebbe)* ideal; perfect: **un posto i. per una vacanza,** an ideal place for a holiday; **un tempo i.,** ideal weather **2** *(esistente solo nell'immaginazione)* ideal; imaginary: **una forma i.,** an ideal form; **la felicità i.,** ideal happiness. **B** *m.* ideal: **realizzare i propri ideali,** to realize one's ideals; **vivere secondo i propri ideali,** to live according to one's ideals; **Non ho ancora trovato il mio i.,** I haven't found my ideal yet.
idealismo, *m.* idealism *(anche filos.).*
idealista, *m. e f.* idealist *(anche filos.).*
idealistico, *a.* idealistic *(anche filos.).*
idealità, *f.* **1** ideality **2** *(pl.: sentimenti nobili, ecc.)* ideals.
idealizzare, *v. t.* to idealize.
idealizzazióne, *f.* idealization.

idealménte, *avv.* ideally.
ideare, *v. t.* **1** (*immaginare*) to conceive; to think* out; to devise; (*inventare*) to invent **2** (*progettare*) to plan.
ideatóre, *m.* author; inventor; conceiver.
ideatrice, *f.* authoress; inventress.
ideazióne, *f.* ideation (*anche psic.*).
idem (*lat.*), *pron.* e *avv.* the same; idem. ● **Lui è sciocco e tu i.**, he's silly and so are you (*o* and the same goes for you).
identicità, *f.* identicalness; identity.
idèntico, *a.* identical: **la stessa identica persona**, the same identical person; the very same person.
identificàbile, *a.* identifiable.
identificare, A *v. t.* to identify. **identificarsi, B** *v. rifl.* to identify oneself. **C** *v. rifl. recipr.* to be identical.
identificazióne, *f.* identification.
idèntikit, *m.* identikit.
identità, *f.* identity (*anche mat.*): **carta d'i.**, identity card (*o* paper); (*psic.*) **crisi d'i.**, identity crisis. ● **i. di vedute**, identical views.
ideografia, *f.* ideography.
ideogràfico, *a.* ideographic(al). ● **segni ideografici**, ideograms; ideographs.
ideogramma, *m.* ideogram; ideograph.
ideologìa, *f.* ideology (*anche filos.*).
ideològico, *a.* ideologic(al).
ideologismo, *m.* ideology.
ideòlogo, *m.* ideologist.
idi, *m.* e *m. pl.* (*stor.*) Ides: «Guardati dalle i. di marzo», «beware the Ides of March».
idilliaco, idillico, *a.* idyllic.
idillio, *m.* **1** (*letter.*) idyll **2** (*fig.: amore delicato*) romance **3** (*fig.: vita serena*) idyllic life.
idiòfono, *a.* (*mus.*) idiophonic.
idiolètto, *m.* (*linguistica*) idiolect.
idiòma, *m.* idiom; language; tongue: **l'i. italiano**, the Italian idiom; **l'i. materno**, one's mother tongue.
idiomàtico, *a.* idiomatic. ● **frasi idiomatiche**, idiomatic expressions; idioms.
idiomòrfo, *a.* (*miner.*) idiomorphic; euhedral.
idiosincrasìa, *f.* **1** idiosyncrasy (*anche med.*) **2** (*avversione*) aversion (for, to st.).
idiòta, A *a.* idiotic. **B** *m.* e *f.* idiot (*anche med.*). ● **comportamento da i.**, stupid behaviour.
idiotàggine, *f.* idiocy; stupidity.
idiotismo, *m.* **1** (*filol.*) idiom **2** (*med.*) idiocy.
idiozìa, *f.* **1** (*med.*) idiocy **2** (*azione, discorso da idiota*) idiocy; stupidity.
idolatra, A *a.* idolatrous. **B** *m.* idolater. **C** *f.* idolatress.
idolatrare, *v. t.* (*anche fig.*) to idolize; to worship.
idolatrìa, *f.* idolatry.
idolàtrico, *a.* idolatric(al); idolatrous.
idoleggiare, *v. t.* to idolize; to make* an idol of.
idolo, *m.* idol (*anche fig.*). ● **il culto degli idoli**, idol-worship.
idoneità, *f.* fitness; capacity; ability. ● **certificato d'i.**, pass certificate.
idòneo, *a.* fit; suitable; proper; (*qualificato*) qualified: **essere i. al servizio militare**, to be fit for military service. ● **non i.**, unfit; unsuitable.
idra, *f.* **1** (*zool., Hydra; anche fig.*) hydra* **2** (*mitol., astron.*) Hydra.
idràcido, *m.* (*chim.*) hydracid.
idrante, *m.* hydrant.
idrargirio, *m.* (*chim.*) quicksilver; mercury; hydrargyrum.
idrargirismo, *m.* (*med.*) mercurialism; hydrargyrism.
idrartro, *m.* **idrartròsi**, *f.* (*med.*) hydrarthrosis*.
idratante, A *a.* **1** (*chim.*) hydrating **2** (*cosmesi*) humectant; moisturizing. **B** *m.* (*cosmesi*) humectant; moisturizer.
idratare, *v. t.* **1** (*chim.*) to hydrate **2** (*cosmesi*) to moisturize.
idratazióne, *f.* (*chim.*) hydration.
idrato, (*chim.*) **A** *a.* hydrated. **B** *m.* hydrate.
idràulica, *f.* (*fis.*) hydraulics (*pl. col verbo al sing.*).
idràulico, A *a.* hydraulic. **B** *m.* plumber; plumbing contractor; sanitary engineer.
idrazina, *f.* (*chim.*) hydrazine.
idria, *f.* (*archeol.*) hydria*.
idrico, *a.* water (*attr.*): **rifornimento i.**, water-supply; **impianto i.**, waterworks.
idrobiologìa, *f.* (*scient.*) hydrobiology.
idrobiològico, *a.* (*scient.*) hydrobiological.
idrobiòlogo, *m.* (*scient.*) hydrobiologist.
idrocarburo, *m.* (*chim.*) hydrocarbon.
idrocefalìa, *f.* (*med.*) hydrocephalus; dropsy of the brain.
idrocefàlico, *a.* (*med.*) hydrocephalic.
idrocèfalo, (*med.*) **A** *a.* hydrocephalous. **B** *m.* hydrocephalic.

idrochinóne, *m.* (*chim.*) hydroquinone; hydrochinon(e).
idroclassificatóre, *m.* (*tecn.*) hydraulic classifier.
idrocoltura, *f.* (*agric.*) hydroponics (*pl. col verbo al sing.*).
idrocòro, *a.* (*bot.*) hydrochoric.
idrodinàmica, *f.* (*fis.*) hydrodynamics (*pl. col verbo al sing.*).
idrodinàmico, *a.* **1** (*fis.*) hydrodynamic(al) **2** (*naut.*) streamlined.
idroelèttrico, *a.* hydro-electric.
idroestrattóre, *m.* (*tecn.*) hydroextractor.
idròfide, *m.* (*zool., Hydrophis*) sea serpent.
idrofilìa, *f.* (*bot.*) hydrophily.
idròfilo, A *a.* **1** (*chim.*) hydrophile **2** (*bot.*) hydrophilous. ● **cotone i.**, cotton wool. **B** *m.* (*zool., Hydrophilus, ecc.*) scavenger-beetle.
idròfita, *f.* (*bot.*) hydrophyte.
idrofobìa, *f.* (*med.*) hydrophobia; rabies.
idròfobo, *a.* **1** (*med.*) hydrophobic; hydrophobous; rabid; mad: **un cane i.**, a mad dog **2** (*fig.*) furious.
idròfono, *m.* (*naut.*) hydrophone.
idròforo, *a.* water-bearing (*attr.*).
idrofugare, *v. t.* to waterproof.
idròfugo, *a.* waterproof.
idrogèl, *m.* (*chim.*) hydrogel.
idrogenare, *v. t.* (*chim.*) to hydrogenate; to hydrogenize.
idrogenato, *a.* (*chim.*) hydrogenated: **olio i.**, hydrogenated oil.
idrogenazióne, *f.* (*chim.*) hydrogenation.
idrogenióne, *m.* (*chim.*) hydrogen ion.
idrògeno, *m.* (*chim.*) hydrogen: **bomba all'i.**, hydrogen bomb.
idrogeologìa, *f.* hydrogeology.
idrografìa, *f.* hydrography.
idrogràfico, *a.* hydrographic(al). ● **bacino i.**, catchment-basin.
idrògrafo, *m.* hydrographer.
idrolasi, *f.* (*biol.*) hydrolase.
idròlisi, *f.* (*chim.*) hydrolysis.
idrolìtico, *a.* (*chim.*) hydrolytic.
idròlito, *m.* (*farm.*) hydrolyte.
idrolizzare, *v. t.* (*chim.*) to hydrolyze; to hydrolyse.
idrolizzato, *a.* (*chim.*) hydrolyzed, hydrolysed.
idrologìa, *f.* hydrology.
idrològico, *a.* hydrologic(al).
idròlogo, *m.* hydrologist.
idromante, *m.* e *f.* hydromancer.
idromanzìa, *f.* hydromancy.
idromeccànica, *f.* (*fis.*) hydromechanics (*pl. col verbo al sing.*).
idromèle, *m.* hydromel; mead.
idrometallurgìa, *f.* (*metall.*) hydrometallurgy.
idrometèora, *f.* (*meteorologia*) hydrometeor.
idròmetra, *m.* (*zool., Hydrometra*) water strider; pond skater.
idrometrìa, *f.* hydrometry.
idromètrico, *a.* hydrometric(al).
idròmetro, *m.* water-gauge; hydrometer.
idronàuta, *m.* e *f.* hydronaut.
idronàutica, *f.* hydronautics (*pl. col verbo al sing.*).
idròpico, (*med.*) **A** *a.* hydropic(al); dropsical. **B** *m.* sufferer from dropsy.
idropinoterapìa, *f.* (*med.*) mineral water cure.
idropisìa, *f.* (*med.*) dropsy.
idropittura, *f.* (*tecn.*) water paint; water-base paint.
idroplano, *m.* (*naut., aeron.*) hydroplane.
idropneumàtico, *a.* (*fis.*) hydropneumatic.
idropònica, *f.* (*agric.*) hydroponics (*pl. col verbo al sing.*).
idropòrto, *V.* **idroscalo**.
idrorepellènte, *a.* water-repellent.
idroricognitóre, *m.* (*aeron.*) reconnaissance flying-boat (*o* seaplane).
idroscalo, *m.* seaplane base.
idroscì, *m.* **1** (*sport*) water-skiing **2** (*attrezzo*) water ski.
idroscivolante, *m.* (*naut.*) airboat; swamp boat.
idroscòpio, *m.* hydroscope.
idrosfèra, *f.* (*geogr.*) hydrosphere.
idrosilurante, *m.* (*mil.*) torpedo-bomber.
idrosòl, *m.* (*chim.*) hydrosol.
idrosolùbile, *a.* water-soluble.
idròssido, *m.* (*chim.*) hydroxide.
idrostàtica, *f.* (*fis.*) hydrostatics (*pl. col verbo al sing.*).
idrostàtico, *a.* hydrostatic: **una bilancia idrostàtica**, an hydrostatic balance.
idròstato, *m.* hydrostat.
idroterapìa, *f.* (*med.*) hydrotherapeutics (*pl. col verbo al sing.*); hydrotherapy.
idroteràpico, *a.* (*med.*) hydrotherapeutic.
idrotermale, *a.* hydrothermal.
idrotropismo, *m.* (*bot.*) hydrotropism.
idrovia, *f.* waterway.

idroviàrio, *a.* of waterways; waterway (*attr.*): **una rete idroviaria**, a network of waterways.
idrovolante, *m.* (*aeron., naut.*) seaplane; hydroplane.
idròvora, *f.* water-scooping machine.
idròvoro, *a.* water-scooping (*attr.*).
idrozòi, *m. pl.* (*zool., Hydrozoa*) hydrozoans.
idruro, *m.* (*chim.*) hydrid(e).
ièlla, *f.* (*dial.*) bad luck; hoodoo (*fam.*): **portare i. a q.**, to bring bad luck to sb.; to be a hoodoo to sb. (*fam.*); to Jonah sb.; to jinx sb. (*pop.*).
iellato, *a.* (*dial.*) unlucky; jinxed (*pop.*).
iemale, *a.* (*lett.*) hiemal; wintry; winter (*attr.*).
lèmen, *m.* (*geogr.*) Yemen.
ièna, *f.* (*zool., Hyaena*) hy(a)ena (*anche fig.*): **i. striata** (*Hyaena hyaena*), striped hyena.
lèova, *m.* Jehovah.
ieraticità, *f.* gravity; solemnity.
ieràtico, A *a.* **1** hieratic(al) **2** (*fig.*: *grave, solenne*) grave; solemn. **B** *m.* (*scrittura ieratica*) hieratic (writing).
ièri, *avv.* e *m.* yesterday: **i. l'altro** (*o* **l'altro i.**), the day before yesterday; **i. mattina**, yesterday morning; **i. sera**, yesterday evening; (*fig.*) **Non sono nato i.**, I wasn't born yesterday. ● **i. notte**, last night □ **da i. a oggi**, in the last twenty-four hours □ (*fig.*) **Il fatto è di i.**, this happened some time ago.
iermattina, *avv.* yesterday morning.
iernòtte, *avv.* last night.
ierocràtico, *a.* (*polit.*) hierocratic(al).
ierocrazia, *f.* (*polit.*) hierocracy.
ierofante, *m.* **1** (*stor. relig.*) hierophant; high priest **2** (*fig., iron.*) Grand Panjandrum.
ierséra, *avv.* last night; yesterday evening.
iettato, *a.* (*sfortunato*) unlucky; unfortunate; jinxed (*pop.*).
iettatóre, *m.* hoodoo (*fam.*); Jonah; jinx (*pop.*).
iettatura, *f.* **1** (*malocchio*) evil eye **2** (*sfortuna*) bad (*o* ill) luck; hoodoo (*fam.*). ● **avere la i. addosso**, to be very unlucky.
ifa, *f.* (*bot.*) hypha*.
Ifigenìa, *f.* Iphigenia.
Igèa, *f.* (*mitol.*) Hyge(i)a.
igiène, *f.* (*med.*) hygiene; hygienics (*pl. col verbo al sing.*). ● **contro l'i.**, insanitary □ **ispettore d'i.**, sanitary inspector □ **norme d'i.**, sanitary regulations □ **ufficio d'i.**, public-health office.
igienicaménte, *avv.* hygienically.
igiènico, *a.* **1** hygienic(al); sanitary: **misure igieniche**, sanitary measures **2** (*salubre*) healthy: **cibi igienici**, healthy food **3** (*fig., fam.: opportuno*) timely; advisable. ● **carta igienica**, toilet paper □ **installatore di impianti igienico-sanitari**, sanitary engineer.
igienista, *m.* e *f.* **1** hygienist **2** (*scherz.*) valetudinarian.
iglò, iglù, *m.* igloo.
igname, *m.* (*bot., Dioscorea*) yam.
ignaro, *a.* unaware (of st.); unacquainted (with st.); ignorant (*quasi lett.*): **i. di quel che mi attendeva**, unaware of what was awaiting me; **i. della vita**, ignorant of life. ● **i. di tutto**, knowing nothing; in the dark (*fam.*).
ignàvia, *f.* (*lett.*) sloth; sluggishness.
ignavo, (*lett.*) **A** *a.* slothful; sluggish. **B** *m.* slothful person; sluggard.
Ignàzio, *m.* Ignatius.
ìgneo, *a.* (*lett.*) igneous.
ignìfero, *a.* (*lett.*) igniferous.
ignifugare, *v. t.* to fireproof.
ignifugazióne, *f.* fireproofing.
ignìfugo, *a.* anti-fire, fire-retardant (*attr.*).
ignitron, *m.* (*elettron.*) ignitron.
ignizióne, *f.* (*chim.*) ignition.
ignòbile, A *a.* ignoble; base; despicable. **B** *m.* e *f.* ignoble person.
ignobilménte, *avv.* ignobly; basely.
ignobiltà, *f.* ignobility; ignobleness; baseness.
ignominìa, *f.* **1** ignominy; disgrace; shame **2** (*azione ignominiosa*) disgraceful (*o* shameful) action **3** (*rif. a persona*) disgrace; shame **4** (*scherz.: cosa brutta*) outrage; horror.
ignominióso, *a.* ignominious; disgraceful; shameful.
ignorantàggine, *f.* crass ignorance.
ignorante, A *a.* **1** (*che non sa*) ignorant (of); unaware (of); knowing nothing (about) **2** (*incompetente*) unacquainted (with); ignorant (of) **3** (*incolto*) ignorant; uneducated; illiterate **4** (*villano*) boorish; rude; ill-mannered. **B** *m.* e *f.* **1** ignorant person; ignoramus; know-all **2** (*villano*) rude person; boor.
ignoranza, *f.* **1** ignorance: **per i.**, out of ignorance; (*leg.*) **L'i. della legge non scusa**, ignorance of the law excuses no one **2** (*villania*) boorishness; rudeness.
ignorare, *v. t.* **1** not to know*; to be unaware (of); to be ignorant (of): **Ignoravo d'essere malato**, I didn't know I was ill **2** (*trascurare*) to ignore: **Ignorò la mia domanda** he ignored my question. ● **Non possono i. che siamo qui**, they must know we're here □ **Ignoro di chi sia il quadro**, I haven't the slightest idea whom the picture is by.
ignorato, *a.* **1** (*sconosciuto*) unknown **2** (*escluso da un meritato apprezzamento*) neglected.
ignòto, A *a.* unknown: **il Milite I.**, the Unknown Warrior; **destinazione ignota**, destination unknown. ● **figlio d'ignoti**, child of unknown parents. **B** *m.* **1** (*l'ignoto*) (the) unknown **2** (*persona ignota*) unknown person; (*leg.*) person unknown: **sporgere querela contro ignoti**, to bring an action against a person or persons unknown; **delitto commesso dai soliti ignoti**, crime committed by the usual person or persons unknown. ● (*iron.*) **un illustre ignoto**, a nobody.
ignudo, A *a.* naked. **B** *m.* naked person; (*pl. collett.*) (the) naked: **vestire gli ignudi**, to clothe the naked.
igròfilo, *a.* hydric: **pianta igrofila**, hydric plant.
igròfita, *f.* (*bot.*) hygrophyte.
igrògrafo, *m.* hygrograph.
igrometrìa, *f.* (*scient.*) hygrometry.
igromètrico, *a.* (*scient.*) hygrometric(al).
igròmetro, *m.* hygrometer.
igroscopìa, *f.* (*scient.*) hygroscopy.
igroscopicità, *f.* hygroscopicity.
igroscòpico, *a.* hygroscopic(al).
igroscòpio, *m.* hygroscope.
igròstato, *m.* humidistat; hygrostat.
iguana, *f.* (*zool., Iguana iguana*) iguana; guana.
iguanodónte, *m.* (*paleontologia*) iguanodon(t).
ih, *inter.* (*di disgusto*) ugh; (*di sorpresa*) oh!, ah!
ikebana (*giapponese*), *m.* ikebana.
il, lo, *art. determ. m. sing.* **1** the: **Apri l'uscio, per favore**, open the door, please; **Dammi il libro**, give me the (*o* that) book; **Lo stesso giorno ricevetti una lettera**, on the same day I received a letter; **il primo giorno**, the first day; **l'ultimo mese**, the last month; **Sono andati al parco**, they have gone to the park; **La mamma porterà il tè fra un momento**, mother will bring the tea in a minute; **il vino di quella vigna**, the wine of that vineyard; **l'inverno che passai a Capri**, the winter I spent in Capri; **il rosso della tua gonna**, the red of your skirt; **il libro che ho letto**, the book I've read; **il sole**, the sun; **il vento**, the wind; **il mare**, the sea; **il re**, the King; **il Signore**, the Lord; **il Tamigi**, the Thames; **l'Adriatico**, the Adriatic; **il Bello**, the Beautiful; **Alfredo il Grande**, Alfred the Great; **il famoso dr. Johnson**, the famous doctor Johnson **2** (*idiom., omesso in ingl.*): **il prossimo mese**, next month; **lo scorso anno**, last year; **Non mi piace il tè**, I don't like tea; **È pronto il tè?**, is tea ready?; **Bevo sempre (il) vino**, I always drink wine; **Preferisco il vino rosso a quello bianco**, I like red wine better than white; **Il tempo è denaro**, time is money; **Dammi il tuo baule**, give me your trunk; **Non è il mio!**, it isn't mine!; **Questo è il libro di Tom**, this is Tom's book; **Studio l'italiano**, I'm studying Italian (*o* the Italian language); **L'oro è un metallo prezioso**, gold is a precious metal; **L'inverno è freddo qui**, winter is cold here; **Preferisco il rosso al verde**, I like red better than green; **il giorno di Natale**, Christmas Day; **il giorno di Pasqua**, Easter Sunday; **Il 17 è spesso omesso nella numerazione delle camere d'albergo**, 17 is often omitted from rooms in hotels; **il Babbo**, Father; **Baby has cut a tooth**; **Bevi il tè**, drink your tea; **Lo dirò al babbo**, I'll tell your father; **Lo zio vive con noi**, our uncle lives with us; **Ho perso il treno**, I've missed my (*o* the) train **4** (*idiom., art. indeterminativo in ingl.*) a; an: **Il cavallo è un animale domestico**, a (*lett.*: the) horse is a domestic animal (*o* horses are domestic animals); **Ha il naso lungo**, he has a long nose; **Hai preso il fazzoletto?**, have you taken a handkerchief?; **Ho il raffreddore**, I have (got) a cold **5** (*idiom., partitivo in ingl.*) some; any: **Non ci metti il sale?**, don't you put any salt in it?; **Va a comprare lo zucchero!**, go and buy some sugar!; **Non c'è il pane!**, there's no bread! **6** (*in luogo di «al»*, *come distributivo*) a; an: **mille lire al giorno**, one thousand lire a day; **duemila lire al chilo**, two thousand lire a kilogram; **due volte l'anno**, twice a year. ● **il Byron**, Byron □ **il Foscolo**, Foscolo.
ila, *f.* (*zool., Hyla arborea*) tree-frog.
ilare, *a.* merry; gay; cheerful; hilarious.
Ilàrio, *m.* Hilary.
ilarità, *f.* hilarity; merriment; mirth. ● **provocare l'i. generale**, to make everybody laugh.
ileite, *f.* (*med.*) ileitis*.

ìleo, *m.* (*anat.*) **1** (*osso*) ilium*; hip-bone **2** (*parte dell'intestino tenue*) ileum*.
ileocecale, *a.* (*anat.*) ileocaecal.
iliaco (1), *a.* (*anat.*) iliac: **vene iliache**, iliac veins.
iliaco (2), *a.* (*stor.*) Iliac; Trojan.
Iliade, *f.* (*letter.*) Iliad.
ilice, *V.* léccio.
ìlio, *m.* (*anat.*) ilium*; hip-bone.
Ilio, *m.* (*geogr., stor.*) Ilion; Ilium; Troy.
illacrimato, *a.* (*lett.*) unwept; unlamented.
illanguidiménto, *m.* weakening; enfeeblement.
illanguidire, A *v. t.* to weaken; to make* languid; to enfeeble. **B** *v. i.* e **illanguidirsi**, *v. rifl.* to languish; to droop (*specialm. di fiori*); to grow* feeble.
illativo, *a.* illative; inferential.
illazióne, *f.* illation; inference.
illécito, A *a.* illicit; illegitimate. ● (*leg.*) **responsabilità per fatto i.**, tort liability. **B** *m.* – (*leg.*) **i. civile**, tort; **i. penale**, offence crime; **i. privato**, private wrong.
illegale, *a.* illegal; unlawful; lawless; outlaw (*attr.*): (*leg.*) **l'esercizio i. di una professione**, the unlawful practice of a profession.
illegalità, *f.* **1** illegality; unlawfulness; lawlessness **2** (*atto illegale*) illegality; illegal act.
illegalménte, *avv.* illegally; unlawfully.
illeggiadrire, A *v. t.* to embellish; to make* (sb., st.) pretty. **B** *v. i.* e **illeggiadrirsi**, *v. rifl.* to grow* pretty (*o* prettier).
illeggìbile, *a.* illegible; unreadable.
illegìttimo, A *a.* illegitimate; unlawful. **B** *m.* (*figlio i.*) illegitimate child*; natural child*.
illegittimità, *f.* illegitimacy; unlawfulness.
illéso, *a.* unhurt; uninjured; unharmed; (*di cose*) undamaged.
illetterato, *a.* illiterate.
illibatézza, *f.* **1** chastity; purity **2** (*onestà*) blamelessness; irreproachability.
illibato, *a.* **1** chaste; pure **2** (*onesto*) blameless; irreproachable; uncorrupted.
illiberale, *a.* illiberal.
illiberalità, *f.* illiberality.
illiceità, *f.* (*leg.*) unlawfulness.
illimitatézza, *f.* boundlessness; unlimitedness.
illimitato, *a.* boundless; unlimited: **fiducia illimitata**, boundless faith; (*leg.*) **responsabilità illimitata**, unlimited liability. ● (*mil.*) **congedo i.**, indefinite leave.
Illiria, *f.* (*geogr., stor.*) Illyria.
illìrico, *a.* Illyrian.
illividiménto, *m.* turning livid.
illividire, A *v. t.* to make* livid. **B** *v. i.* to turn (*o* to become*) livid; (*del cielo, anche*) to grow* leaden.
illogicità, *f.* illogicality; illogicalness; inconsequentiality.
illògico, *a.* illogical; irrational; (*incoerente*) inconsequential, inconsistent.
illùdere, A *v. t.* to delude; to take* in; to deceive; to beguile; to fool (*fam.*): **Il trucco non illuse nessuno**, no one was taken in (*o* deceived) by the trick; **Ci illudevano con le loro promesse**, they beguiled us with their promises. **illùdersi, B** *v. rifl.* to delude oneself; to deceive (*o* to cheat) oneself; to fool oneself; (*sperare invano*) to hope against hope: **È inutile i.**, it's no use fooling oneself; **Continuavo a illudermi che saresti tornato**, I went on hoping against hope that you would come back.
illuminaménto, *m.* illumination (*anche fis.*).
illuminante, *a.* **1** illuminating: **gas i.**, illuminating gas **2** (*fig.*) enlightening.
illuminare, A *v. t.* **1** to light* up; to lighten; to illuminate; to shine* upon: **Il fuoco illuminava la stanza**, the fire lit up the room; **La luna illuminava il lago**, the moon was shining upon the lake **2** (*fig.*) to enlighten; to illuminate: **Che Dio v'illumini!**, may God enlighten you!; **Vorrei che tu m'illuminassi**, I wish you would enlighten me. ● **illuminare a giorno**, to flood-light □ **Un sorriso gli illuminò lo sguardo**, his eyes lit up with a smile. **illuminarsi, B** *v. rifl.* to light* up; to lighten; to brighten: **Il viso le si illuminò di gioia**, her face lit up (*o* brightened) with joy.
illuminato, *a.* **1** lit up; illuminated **2** (*fig.*) enlightened: **sovrano i.**, enlightened monarch; **menti illuminate**, enlightened minds.
illuminazióne, *f.* **1** lighting; illumination (*specialm. per feste, ecc.*): **i. artificiale**, artificial lighting; **i. a gas (elettrica, ecc.)**, gas (electric, etc.) lighting **2** (*fig.*) enlightenment. ● **i. con proiettori**, flood-lighting □ **ora d'inizio dell'i.** (*delle strade*), lighting-up time.
illuminìsmo, *m.* (*filos.*) (the) Enlightenment.
illuminista, (*stor., filos.*) **A** *a. V.* **illuminìstico. B** *m.* e *f.* Enlightenment thinker (*o* philosopher, etc.).
illuminìstico, *a.* (*stor., filos.*) Enlightenment (*attr.*); of the Enlightenment.
illuminòmetro, *m.* (*fìs.*) illuminometer.

illuminotècnica, *f.* lighting technique.
illusióne, *f.* delusion; illusion: **un'i. ottica**, an optical illusion. ● **farsi illusioni**, to cherish vain hopes.
illusionìsmo, *m.* conjuring; illusionism.
illusionista, *m.* e *f.* conjuror; illusionist.
illusionìstico, *a.* conjuring; illusionistic.
illuso, A *a.* deluded; deceived; hoodwinked. **B** *m.* dupe; dreamer.
illusòrio, *a.* illusory; deceptive; fallacious.
illustrare, *v. t.* **1** to illustrate: **i. un'opera con disegni**, to illustrate a work with drawings **2** (*spiegare*) to illustrate; to explain; to expound **3** (*lett.: rendere illustre*) to be an honour to; to make* famous.
illustrativo, *a.* illustrative; (*che spiega*) explanatory.
illustrato, *a.* illustrated: **un'edizione illustrata**, an illustrated edition. ● **cartolina illustrata**, picture-postcard.
illustratóre, *m.* illustrator.
illustrazióne, *f.* **1** illustration; picture; plate: **le illustrazioni di un libro**, the pictures of a book **2** (*spiegazione*) illustration; explanation. ● **illustrazioni fuori testo**, plates.
illustre, *a.* distinguished; renowned; famous; illustrious (*spesso scherz.*). ● (*scherz.*) **un i. sconosciuto**, a poor nobody.
illustrìssimo, *a. superl.* **1** most illustrious **2** (*negli indirizzi si omette*): **I. signor Alan Bullock**, Mr Alan Bullock.
illùvie, *f. invar.* (*lett.*) **1** (*sporcizia*) filth **2** (*inondazione*) flood **3** (*fig.*) large concourse of people.
ilo, *m.* (*bot., anat.*) hilum*.
ilòta, *m.* **1** (*stor.*) Helot **2** (*fig.*) helot; serf.
ilozoìsmo, *m.* (*filos.*) hylozoism.
ilozoista, *m.* e *f.* (*filos.*) hylozoist.
ilozoìstico, *a.* (*filos.*) hylozoistic; hylozoic.
imagismo, *m.* (*letter.*) imagism.
imano, *m.* imam.
imàtio, *m.* (*stor.*) himation.
imbaccucare, A *v. t.* to wrap up; to muffle up. **imbaccucarsi, B** *v. rifl.* to wrap oneself up; to muffle oneself up.
imbaldanzire, A *v. t.* to embolden; to make* (sb.) bold. **B** *v. i.* e **imbaldanzirsi**, *v. rifl.* to grow* (*o* to become*) bold.
imballàggio, *m.* **1** packing; packaging; (*in balle*) baling; (*in casse*) boxing: **franco d'i.**, packing free; **gabbia d'i.**, packing crate; **macchine da i.**, packaging machinery **2** (*spesa d'i.*) cost of packing.
imballare (1), *v. t.* to pack; to package; (*in gabbie*) to crate; (*in balle*) to bale; (*in casse*) to box up.
imballare (2), *v. t.* (*autom.*) to race: **i. il motore**, to race the engine.
imballato (1), *a.* packed; baled; boxed up.
imballato (2), *a.* **1** (*autom.*) raced **2** (*stordito*) punch-drunk.
imballatóre, *m.* packer; (*di merce in balle*) baler.
imballatrice, *f.* packing machine; (*di balle*) baler; baling machine.
imballatura, *f.* (*autom.*) racing.
imballo, *m.* **1** *V.* **imballàggio 2** (*tessuto per imballare*) burlap.
imbalsamare, *v. t.* to embalm; (*impagliare*) to stuff.
imbalsamatóre, *m.* embalmer; (*impagliatore*) stuffer, taxidermist.
imbalsamazióne, *f.* embalming; (*di animali*) stuffing, taxidermy.
imbambolato, *a.* **1** (*per meraviglia*) bewildered; (*per sonno*) drowsy **2** (*intontito*) stunned; dazed. ● **sguardo i.**, blank look.
imbandieraménto, *m.* decking (with flags); (*naut.*) dressing.
imbandierare, *v. t.* to deck with flags; (*naut.*) to dress.
imbandigióne, *f.* (*lett.*) **1** (*l'imbandire*) preparations (*pl.*) for a banquet **2** (*banchetto*) banquet; spread (*fam.*).
imbandire, *v. t.* to lay* (the table) for a banquet.
imbandito, *a.* set for a feast (*pred.*); laid: **una tavola ben imbandita**, a sumptuously laid table.
imbando, *m.* (*naut.*) slack.
imbarazzante, *a.* embarrassing; awkward; (*sconcertante*) puzzling: **una domanda i.**, an embarrassing question; **trovarsi in una situazione i.**, to be in an awkward position; to be in the wrong box (*fam.*).
imbarazzare, A *v. t.* **1** to embarrass; to place (sb.) in an embarrassing position; to make* (sb.) feel uncomfortable (*o* ill at ease) **2** (*ostacolare*) to embarrass; to encumber; to hamper; to hinder: **La gonna lunga l'imbarazzava nel correre**, her long skirt encumbered her while running **3** (*sconcertare*) to puzzle; to bewilder; to perplex: **La domanda m'imbarazzò**, the question puzzled me. ● **Ho paura che m'imbarazzi lo stomaco**, I'm afraid it'll upset my stomach. **imbarazzarsi, B** *v. rifl.* to be embarrassed.
imbarazzato, *a.* **1** embarrassed; ill at ease; uncomfortable; with egg on one's face (*fam.*) **2** (*impacciato*) hampered; (*goffo*) awkward **3** (*sconcertato*) puzzled; bewildered. ● **essere i. di**

imbarazzo, *m.* 1 embarrassment: **levare q. d'i.**, to relieve sb. of his (*o* her) embarrassment 2 (*impaccio*) awkwardness 3 (*disturbo*) trouble; hindrance: **Non vorrei darti i.**, I shouldn't like to give you any trouble. ● **i. di stomaco**, indigestion; stomach upset □ **essere d'i. a q.**, to be in sb.'s way □ **essere in i.**, to be embarrassed; to be in a quandary (*di fronte a una scelta difficile*); to be puzzled (*perplesso*) □ **mettere q. in i.**, to make sb. feel uncomfortable (*o* ill at ease) □ **togliere q. d'i.**, to help sb. out of a difficulty □ **uscire d'i.**, to get out of a difficulty □ **Non ho che l'i. della scelta**, I have too much to choose from □ **Non hai che l'i. della scelta**, you can take your pick.

imbarbariménto, *m.* barbarization.

imbarbarire, **A** *v. i.* e **imbarbarirsi**, *v. rifl.* to become* barbarous; (*della lingua*) to become* corrupt. **B** *v. t.* to barbarize, (*una lingua*) to corrupt.

imbarcadèro, *m.* landing-stage.

imbarcare, **A** *v. t.* to take* aboard; to ship; to embark (*anche fig.*): **Imbarcammo altri dieci passeggeri (un carico di carbone)**, we took on ten more passengers (a freight of coal); **Imbarcai le balle (il ragazzo) per Tunisi**, I shipped the bales (the boy) to Tunis; (*naut.*) **i. acqua**, to ship water (*o* a sea); **i. q. negli affari**, to embark sb. in trade. ● **i. q. clandestinamente**, to stow sb. away □ **Li ho imbarcati tutti nella mia macchina**, I piled them all into my car. **imbarcarsi**, **B** *v. rifl.* 1 to embark (*anche fig.*); to go* aboard; to board a (*o* the) ship; to sail: **M'imbarco domani**, I sail tomorrow; **M'imbarcai a Gibilterra**, I boarded the ship at Gibraltar; **Si è imbarcato in una nuova impresa**, he has embarked on a new enterprise 2 (*prendere servizio su una nave*) to ship; to sign on: **S'imbarcò come cuoco**, he signed on as a cook 3 (*rif. ad assi di legno, travi, ecc.*: *curvarsi*) to warp.

imbarcatóio, *m.* landing-stage.

imbarcazióne, *f.* boat; craft*: **un'i. a remi (a vela)**, a rowing-(sailing-)boat; **i. da carico (da diporto)**, cargo (pleasure) boat; **i. di salvataggio**, life boat; **imbarcazioni d'ogni genere**, all kinds of craft. ● **i. da cabotaggio**, coaster □ **i. leggera**, whiff □ **piccola i.** (*che si può portare sul tetto dell'auto*), car-topper.

imbarco, *m.* 1 embarkation; shipping; shipment 2 (*imbarcadero*) landing-stage. ● **porto d'i.**, port of shipment □ **spese d'i.**, loading expenses.

imbardare (1), *v. t.* to bard, to arm (a war-horse).

imbardare (2), *v. i.* (*aeron.*) to yaw.

imbardata, *f.* (*aeron.*) yaw.

imbarilare, *v. t.* to store (*o* to put*, to pack) in barrel(s); to barrel.

imbasciata, *f.* message.

imbastardiménto, *m.* degeneration; deterioration.

imbastardire, **A** *v. i.* e **imbastardirsi**, *v. rifl.* to degenerate; to become* degenerate; to deteriorate. **B** *v. t.* to debase; to bastardize.

imbastire, *v. t.* 1 to tack; to baste 2 (*fig.*) to plan out; to outline; to draft.

imbastitura, *f.* 1 tacking; basting (*fig.*) outline; sketch 3 (*sport*) break-down.

imbàttersi, *v. rifl.* – **i. in q.**, to meet* (*o* to fall* in) with sb.; to run* into (*o* across) sb.; **i. in q.c.**, to meet* with st.; to run* across st. ● **i. bene (male)**, to come off well (badly).

imbattibile, *a.* 1 unbeatable; invincible 2 (*insuperabile*) unsurpassable.

imbattibilità, *f.* invincibility.

imbattuto, *a.* unbeaten; undefeated.

imbaulare, *v. t.* to pack in a trunk.

imbavagliare, *v. t.* to gag (*anche fig.*).

imbavare, *v. t.* **imbavarsi**, *v. rifl.* to slaver.

imbeccare, *v. t.* 1 to feed* 2 (*fig.*) to prompt; to put* words into (sb.'s) mouth; to spoon-feed*.

imbeccata, *f.* 1 beakful 2 (*fig.*) prompt(ing). ● **dare l'i. a q.**, to prompt sb.

imbeccatóio, *m.* feeding-dish; feeding-trough.

imbecillàggine, *f.* stupidity; idiocy; imbecility (*specialm. med.*).

imbecille, **A** *a.* stupid; idiotic; foolish; imbecile. **B** *m.* e *f.* fool; idiot; imbecile: **I., non quella!**, not that one, you fool!

imbecillità, *V.* **imbecillàggine**.

imbèlle, *a.* (*lett.*) 1 unwarlike 2 (*vile*) cowardly.

imbellettare, **A** *v. t.* 1 to make* up 2 (*fig.*) to embellish; to put* frills on (st.). **imbellettarsi**, **B** *v. rifl.* to make* (oneself) up.

imbellettatura, *f.* (*l'imbellettarsi*) making up.

imbellire, **A** *v. i.* to grow* beautiful; to become* prettier; to improve in looks. **B** *v. t.* to embellish; to adorn.

imbèrbe, *a.* 1 beardless; smooth-faced 2 (*fig.*: *senza esperienza*) callow; inexperienced: **un giovinetto i.**, a callow youth.

imberrettare, **A** *v. t.* to put* a cap on (sb.). **imberrettarsi**, **B** *v. rifl.* to put* on one's cap; to put* one's cap on.

imberrettato, *a.* with one's cap on; wearing a cap.

imbestialire, *v. i.* **imbestialirsi**, *v. rifl.* to become* furious; to fly* into a rage.

imbévere, **A** *v. t.* to soak. **imbéversi**, **B** *v. rifl.* 1 to soak (in st.); to be imbued (with st.) 2 (*fig.*) to imbibe (st.).

imbevibile, *a.* undrinkable.

imbevuto, *a.* 1 soaked; sodden: **scarpe imbevute d'acqua**, sodden shoes 2 (*fig.*) imbued; **i. di pregiudizi**, imbued with prejudices.

imbiaccare, **A** *v. t.* 1 to paint with white lead (*o* ceruse) 2 (*fig.*: *imbellettare*) to paint; to make* up. **imbiaccarsi**, **B** *v. rifl.* 1 to paint oneself with white lead (*o* ceruse) 2 (*fig.*: *abusare di cosmetici*) to use too much make-up.

imbiaccatura, *f.* whitewash; coat of white lead (*o* paint).

imbiancaménto, *m.* 1 whitening; (*di tessuti, anche*) bleaching 2 (*di muri*) whitewashing.

imbiancare, **A** *v. t.* 1 to whiten; (*tessuti, anche*) to bleach 2 (*muri*) to whitewash; to paint (st.) white. **B** *v. i.* e **imbiancarsi**, *v. rifl.* 1 to grow* (*o* to turn) white 2 (*rischiararsi*) to light* up. ● **i. improvvisamente in volto**, to turn pale.

imbiancato, *a.* white washed; bleached; blanched; whitened. ● (*fig.*) **sepolcro i.**, hypocrite (*o* whitened sepulchre).

imbiancatura, *f.* 1 whitening; (*di tessuti, anche*) bleaching 2 (*di muri*) whitewashing.

imbianchiménto, *V.* **imbiancaménto**.

imbianchino, *m.* 1 whitewasher; house-painter 2 (*iron., spreg.*) bad painter; dauber.

imbianchire, *V.* **imbiancare**.

imbibizióne, *f.* (*fis.*) imbibition.

imbiettare, *v. t.* (*mecc.*) to wedge up (*o* in); to key.

imbiettatura, *f.* (*mecc.*) wedging up; keying.

imbiondire, **A** *v. t.* 1 to make* blond (*o* fair). **B** *v. i.* 1 to turn* blond (*o* fair) 2 (*del grano*) to turn golden; to ripen.

imbirbonire, *v. i.* to become* a rascal.

imbitumare, *v. t.* to bituminize.

imbizzarrire, *v. i.* **imbizzarrirsi**, *v. rifl.* 1 (*di cavallo*) to get* out of control; to become* restive (*o* frisky) 2 (*fig.*) to get* excited; to become* restless.

imbizzire, *v. i.* (*di cavallo*) to get* out of control; to become* restive (*o* frisky).

imboccare, **A** *v. t.* 1 to feed*: **i. un bambino**, to feed a child 2 (*fig.*: *suggerire*) to prompt; to put* words into (sb.'s) mouth; to spoon-feed* 3 (*una strada*) to come* on to; to run* straight into; to enter 4 (*mus.*) to put* (a wind instrument) to one's mouth. **B** *v. i.* 1 (*di arnesi, tubi, ecc.*) to fit* (into) 2 (*di strade, fiumi, ecc.*) to run* (into). ● (*fig.*) **i. la via del successo**, to find the way to success.

imboccatura, *f.* 1 mouth; opening 2 (*entrata*) entrance; way in; mouth 3 (*mus.*: *di strumento a fiato*) mouthpiece; embouchure 4 (*del morso*) mouthpiece.

imbòcco, *m.* entrance; way in; mouth: **l'i. dell'autostrada**, the entrance of the motorway.

imbolsire, *v. i.* 1 (*di cavallo*) to become* broken-winded 2 (*fig.*: *diventare fiacco*) to grow* weak 3 (*fig.*: *ingrassare a scapito della salute*) to become* swollen (*o* unhealthily fat).

imboniménto, *m.* 1 (*di venditore*) sales-talk 2 (*di presentatore di spettacolo*) showman's barking.

imbonire, *v. t.* to persuade (the public) to buy; to cry one's wares.

imbonitóre, *m.* 1 (*di fiera, ecc.*) barker; huckster; tout 2 (*di spettacoli*) showman*.

imborghesiménto, *m.* bourgeoisification; embourgeoisement (*franc.*); trend towards bourgeois ways.

imborghesire, **A** *v. t.* to make* bourgeois. **B** *v. i.* e **imborghesirsi**, *v. rifl.* to become* bourgeois.

imborghesito, *a.* bourgeoisified.

imboscaménto, *m.* 1 hiding in a wood 2 (*il sottrarsi al servizio mil.*) shirking (from military service) 3 (*di merce*) corner; cornering.

imboscare, **A** *v. t.* 1 to hide* (sb.) in a wood 2 (*sottrarre al servizio mil.*) to help (sb.) to evade military service 3 (*merce*) to corner. **imboscarsi**, **B** *v. rifl.* 1 to hide* in a wood; (*mettersi in agguato*) to lie* down in ambush 2 (*sottrarsi al servizio mil.*) to evade military service; to shirk.

imboscata, *f.* ambush: **cadere in un'i.**, to fall into an ambush; **tendere un'i.**, to lay an ambush.

imboscato, *m.* (*mil.*) shirker.

imboschiménto, *m.* afforestation.

imboschire, **A** *v. t.* to afforest. **B** *v. i.* e **imboschirsi**, *v. rifl.* to become* woody.

imbossolare, *V.* **imbussolare**.

imbottare, *v. t.* to put* into a cask (*o* into casks); to cask.

imbottatura, *f.* casking.

imbottavino, *m.* funnel.
imbótte, *f.* (*archit.*) intrados*.
imbottigliaménto, *m.* 1 bottling 2 (*mil.*) blockade 3 (*fig.: di traffico*) traffic jam.
imbottigliare, A *v. t.* 1 to bottle 2 (*mil.*) to blockade. **imbottigliarsi, B** *v. rifl.* to be held (*o* to get* caught) in a traffic jam.
imbottigliatóre, *m.* bottler.
imbottigliatrice, *f.* bottling-machine; bottler.
imbottire, *v. t.* 1 to stuff; to pad; to wad; (*trapuntare*) to quilt: **i. un cappotto**, to wad an overcoat 2 (*riempire con companatico*) to fill 3 (*fig.*) to stuff; to pack; to fill: **i. la testa di q. di sciocchezze**, to stuff sb.'s head with nonsense.
imbottita, *f.* quilt; eiderdown.
imbottito, *a.* 1 stuffed; filled; padded; wadded 2 (*fig.: vestito pesantemente*) muffled up; wrapped up. ● **coperta imbottita**, quilt ☐ **fodera imbottita**, quilted lining ☐ **panino i.**, sandwich; ham (cheese, etc.) roll.
imbottitura, *f.* stuffing; padding; filling; wadding.
imbozzacchire, *v. i.* to grow* up weedy (*o* puny, stunted).
imbozzare, *v. t.* (*naut.*) to stopper.
imbozzimare, *v. t.* 1 (*ind. tessile*) to size 2 (*sporcare*) to smear.
imbozzimatura, *f.* (*ind. tessile*) sizing.
imbraca, *f.* 1 (*del finimento da tiro*) breeching(-strap) 2 (*per sollevare un carico*) sling 3 (*cintura di sicurezza*) sling 4 (*di bambino*) baby's napkin; nappy (*fam.*); diaper (*USA*).
imbracare, *v. t.* to secure with a sling*.
imbracatóre, *m.* slinger.
imbracatura, *f.* 1 (*l'imbracare*) slinging 2 (*fune, cinghia*) sling 3 (*di paracadute*) harness.
imbracciare, *v. t.* to sling* on; (*il fucile*) to shoulder.
imbracciatura, *f.* 1 (*atto dell'imbracciare*) slinging on; shouldering 2 (*parte che serve per imbracciare*) sling; (*di scudi*) strap, loop.
imbranato, A *a.* (*pop.: inesperto*) raw; green; uncouth. **B** *m.* 1 greenhorn 2 (*recluta*) raw recruit.
imbrancare, *v. t.* **imbrancarsi**, *v. rifl.* to herd (together) (*anche fig.*).
imbrattacarte, *m.* e *f.* (*spreg.*) scribbler.
imbrattaménto, *m.* dirtying; soiling; smearing; daubing.
imbrattamuri, *m.* e *f.* (*spreg.*) dauber.
imbrattare, *v. t.* to dirty; to soil; to sully; to smear; (*d'inchiostro*) to blot; (*di vernice*) to daub; (*di fango*) to cake (with mud). **imbrattarsi, B** *v. rifl.* to dirty oneself; to get* dirty; to become* soiled.
imbrattatéle, *m.* e *f.* (*spreg.*) dauber; daubster.
imbrattatóre, *m.* soiler; (*imbrattatele*) dauber, daubster.
imbrattatura, *f.* 1 V. **imbrattaménto** 2 (*fig.: pittura mal fatta*) daub.
imbratto, *m.* 1 (*spreg.: dipinto scadente*) daub; (*scritto scadente*) third-rate writing 2 (*broda per maiali*) swill; pig-wash; hog-wash.
imbrecciare, *v. t.* to cover (a road) with gravel; to gravel.
imbrecciata, *f.* layer of gravel.
imbricato, *a.* imbricated.
imbrifero, *a.* (*geogr.*) drainage, irrigation (*attr.*). ● **bacino i.**, catchment basin.
imbrigliaménto, *m.* bridling.
imbrigliare, *v. t.* 1 to bridle: **i. un cavallo**, to bridle a horse 2 (*fig.: tenere a freno*) to bridle; to curb 3 (*un terreno*) to shore up; (*un corso d'acqua*) to dam 4 (*naut.*) to frap.
imbrillantinare, A *v. t.* to dress (hair) with brilliantine. **imbrillantinarsi, B** *v. rifl.* to dress one's hair with brilliantine.
imbrillantinato, *a.* brilliantined.
imbroccare, *v. t.* (*anche fig.*) to hit*: **i. il bersaglio**, to hit the target. ● **imbroccarla giusta**, to score a bull's eye; to hit the right nail on the head ☐ **Non ne imbrocca una**, he never gets anything right.
imbrodare, *v. t.* **imbrodarsi**, *v. rifl.* to soil; to stain. ● (*prov.*) **Chi si loda s'imbroda**, self-praise is no recommendation.
imbrodolare, *V.* imbrodare.
imbrodolatura, *f.* soiling.
imbrogliare, A *v. t.* 1 (*arruffare*) to tangle; to entangle (*fili, capelli*) 2 (*confondere*) to muddle; to confuse; to mix up; to embroil 3 (*ingannare*) to cheat; to bamboozle (*fam.*); (*truffare*) to swindle, to take* in; to hype (*fam.*) 4 (*naut.: le vele*) to clew up; to brail (up); to truss. ● (*fig.*) **i. le carte** (*o* **i fili, la matassa**), to mix up (*o* to confuse) things ☐ **una faccenda imbrogliata**, an intricate matter. **imbrogliarsi, B** *v. rifl.* 1 (*di fili, capelli*) to get* entangled; to get* tangled 2 (*confondersi*) to get* mixed up; to get* confused; (*esitare*) to hesitate; (*balbettare*) to stammer. ● **La faccenda s'imbroglia**, the plot thickens (*scherz.*).
imbrogliata, *f.* swindle; fraud.

imbròglio, *m.* 1 (*intrico*) tangle, entanglement; (*groviglio*) muddle, mix-up 2 (*inganno*) cheat; swindle; fraud; trick; shuck, hype, fiddle (*fam.*) 3 (*impiccio*) scrape; fix (*fam.*): **Ti sei cacciato in un bell'i.!**, a fine scrape you've gone into!; **togliere q. da un i.**, to get sb. out of a scrape; **essere in un i.**, to be in a fix 4 (*naut.*) brail. ● **far fare q.c. a q. con un i.**, to trick sb. into doing st. ☐ **Mi tolse il denaro con un i.**, he cheated me out of my money.
imbroglióne, *m.* swindler; cheat; trickster; crook (*pop.*).
imbronciare, *v. i.* **imbronciarsi**, *v. rifl.* to sulk; to pout.
imbronciato, *a.* sulky; pouting; grumpy.
imbrunire (1), *v. i.* (*anche impers.*) to grow* (*o* to get*) dark.
imbrunire (2), *m.* dusk; nightfall: **sull'i.**, at dusk; at nightfall.
imbruttire, A *v. t.* to make* (sb., st.) ugly; to uglify; to spoil the beauty of (sb., st.). **B** *v. i.* to grow* (*o* to become*) ugly.
imbucare, A *v. t.* 1 (*impostare*) to post; to mail (*specialm. USA*): **Aspettami, devo i.**, wait for me, I've got to post st. 2 (*mettere in un buco*) to put* into a hole. **imbucarsi, B** *v. rifl.* (*nascondersi*) to hide*.
imbullettare, *v. t.* to tack.
imbullonare, *v. t.* to rivet.
imburrare, *v. t.* to butter.
imbussolare, *v. t.* to put* into a ballot-box.
imbustare, *v. t.* to put* into envelopes.
imbutifórme, *a.* funnel-shaped.
imbutini, *m. pl.* (*bot.*, *Campanula trachelium*) Canterbury bell(s).
imbutire, *v. t.* (*metall.*) to deep-draw*.
imbutitóio, *m.* (*metall.*) drawing press.
imbutitura, *f.* (*metall.*) drawing; spinning.
imbuto, *m.* funnel. ● **a i.**, funnel-shaped.
imène, *m.* (*anat.*) hymen.
imenèo, *m.* 1 (*inno nuziale*) hymeneal; wedding-hymn 2 (*pl.: nozze*) hymeneals; nuptials.
imènio, *m.* (*bot.*) hymenium*.
imenòttero, *m.* (*zool.*) 1 hymenopteran 2 (*pl.*, Hymenoptera) Hymenoptera; hymenopterans.
imitàbile, *a.* imitable.
imitare, *v. t.* 1 to imitate; to copy 2 (*fare il verso*) to mimic; to ape 3 (*assomigliare*) to look (*o* to be) like; to be similar to; to imitate.
imitativo, *a.* imitative.
imitatóre, *m.* imitator; (*attore, anche*) impressionist.
imitazióne, *f.* 1 imitation; copy: **a i. di**, in imitation of; (*leg.*) **i. di un marchio**, imitation of a trade-mark 2 (*falsificazione, anche*) fake. ● (*leg.*) **i. di firma**, forged signature.
immacolato, *a.* spotless; immaculate; pure. ● **l'Immacolata**, the Virgin.
immagazzinàbile, *a.* storable.
immagazzinaménto, *m.* storage; storing.
immagazzinare, *v. t.* to store (up) (*anche fig.*); to warehouse.
imaginàbile, *a.* imaginable.
immaginare, *v. t.* 1 to imagine; to picture; to fancy: **È facile i. la mia gioia**, you can easily imagine my joy 2 (*inventare*) to invent; to think* out; to concoct 3 (*supporre*) to suppose; to think*; to presume; to take* it: **Immagino che tu voglia scherzare**, I suppose that you are joking; **Immagino che non verrà**, I think he won't come. ● **Immagina se potevo accettare!**, how could I possibly accept? ☐ **C'era da immaginarselo**, it was only to be expected ☐ **Te lo immagini come esploratore?**, can you fancy him as an explorer? ☐ **Immaginati! fare una cosa simile!**, fancy doing that! ☐ **S'immagini!**, just fancy!; (*formula di cortesia*) don't mention it!, no trouble at all!, you're welcome! (*USA*).
immaginàrio, *a.* imaginary (*anche mat.*); fictitious: **un personaggio i.**, a fictitious character. ● **malato i.**, «malade imaginaire» (*franc.*); hypochondriac.
immaginativa, *f.* imaginativeness; imagination.
immaginativo, *a.* imaginative.
immaginazióne, *f.* 1 imagination; fancy; fancifulness: **i. fervida**, lively imagination 2 (*cosa immaginata*) figment of the (*o* of sb.'s) imagination: **L'uomo non esiste: è una tua i.**, the man doesn't exist: he's a figment of your imagination. ● **Il palazzo superava ogni i.**, the palace surpassed everything I could have (*o* I had) imagined.
immàgine, *f.* 1 image; picture; (*al pl.*, *talora*) imagery (*sing. collett.*): **i. votiva**, votive image; **È proprio l'i. di suo padre**, he is the very image of his father; **È l'i. della salute**, he is the picture of health; **Il suo visino era l'i. dell'innocenza**, his little face was the picture of innocence; **i. aziendale**, corporate image; **Immagini romantiche ricorrono spesso nelle sue prime poesie**, his romantic imagery frequently recurs in the early poems; **immagini ardite, daring imagery** 2 (*figura disegnata*) figure 3 (*zool.*) imago*. ● (*telev.*) **i. spuria**, ghost (image).
immaginifico, *a.* (*lett.*) abounding in images.
immaginóso, *a.* imaginative; picturesque; vivid.

immalinconire, A *v. t.* to make* (sb.) melancholy. B *v. i.* e **immalinconirsi**, *v. rifl.* to grow* melancholy.
immancàbile, *a.* inevitable; unfailing.
immancabilménte, *avv.* without fail; unfailingly; without doubt; undoubtedly.
immane, *a.* 1 (*lett.: grandissimo*) huge; enormous; immense 2 (*spaventoso*) appalling; terrible; tremendous.
immanènte, *a.* (*filos.*) immanent.
immanentismo, *m.* (*filos.*) immanentism.
immanentista, *m.* e *f.* (*filos.*) immanentist.
immanentìstico, *a.* (*filos.*) immanentistic; immanentist.
immanènza, *f.* (*filos.*) immanence, immanency.
immangiàbile, *a.* uneatable.
immanità, *f.* enormity; hugeness.
immantinènte, *avv.* (*lett.*) immediately; at once.
immarcescìbile, *a.* (*lett.*) immarcescible; imperishable.
immateriale, *a.* immaterial; incorporeal; bodiless. ● (*leg.*) **beni immateriali**, intangible property.
immaterialità, *f.* immateriality; incorporeality.
immatricolare, A *v. t.* 1 (*uno studente*) to admit (to a university); to matriculate 2 (*un veicolo, ecc.*) to register. **immatricolarsi**, B *v. rifl.* (*di studente*) to matriculate.
immatricolazióne, *f.* 1 (*di uno studente*) admission; matriculation 2 (*di un veicolo, ecc.*) registration.
immaturaménte, *avv.* before one's time; too soon; immaturely.
immaturità, *f.* unripeness; immaturity.
immaturo, A *a.* 1 unripe; immature (*anche med.*): **frutta immatura**, unripe fruit; **una mente immatura**, an immature mind 2 (*prematuro*) premature; untimely; early: **una morte immatura**, a premature death; **in età immatura**, at an early age. B *m.* (*anche med.*) immature.
immedesimare, A *v. t.* to unify. **immedesimarsi**, B *v. rifl.* to identify oneself (with). ● **i. in una situazione**, to place oneself in a situation.
immedesimazióne, *f.* identification; self-identification.
immediataménte, *avv.* directly; immediately; at once; instantly.
immediatézza, *f.* immediacy; immediateness.
immediàto, *a.* 1 immediate: **il successore i.**, the immediate successor; **resa immediata**, immediate surrender; **nel futuro i.**, in the immediate future 2 (*comm.*) prompt: **consegna immediata**, prompt delivery 3 (*fig.: non meditato*) unpremeditated; offhand; (*spontaneo*) instinctive: **una reazione immediata**, an instinctive reaction. ● **pagamento i.**, down payment; cash down: **mediante pagamento i. di metà della somma**, by means of a down payment of half the sum.
immedicàbile, *a.* immedicable; unhealable.
immeditato, *a.* (*lett.*) unpremeditated.
immelanconire, V. immalinconire.
immelmare, A *v. t.* to bespatter (*o* to cover) with mud. **immelmarsi**, B *v. rifl.* 1 to get* spattered with mud; (*sprofondare nel fango*) to sink* in mud 2 (*fig.*) to besmirch one's good name.
immemoràbile, *a.* immemorial: **da tempo i.**, from time immemorial.
immèmore, *a.* oblivious; forgetful; unmindful: **i. degli obblighi**, forgetful of one's duties.
immensaménte, *avv.* 1 (*smisuratamente*) immensely; enormously 2 (*assai*) infinitely; very (much); awfully (*fam.*): **Mi dispiace i.**, I'm awfully sorry.
immensità, *f.* 1 immensity; vastness 2 (*grande quantità*) immense quantity; awful lot (*fam.*).
immènso, *a.* 1 immense; unbounded; boundless 2 (*assai esteso*) immense; vast; huge; enormous. ● **avere un desiderio i. di fare q.c.**, to yearn to do st.
immensuràbile, *a.* immensurable; immeasurable.
immensurabilità, *f.* immensurability; immensurableness; immeasurableness.
immèrgere, A *v. t.* (*brevemente*) to dip; (*impregnare*) to soak; (*lasciare immerso*) to bathe; (*tuffare*) to plunge (*anche fig.*); to immerse (*lett.*): Immergi il piede prima in acqua calda poi in acqua fredda, dip the foot first in hot water then in cold; Lascia la biancheria immersa in una saponata per un'ora, leave the washing to soak for an hour in soapy water; Gli immerse il pugnale nel cuore, he plunged the dagger into his heart.
immèrgersi, B *v. rifl.* 1 to dip; to plunge; to bathe 2 (*di un sommergibile*) to dive; to submerge 3 (*fig.*) to immerse oneself; to give* oneself up (to st.). ● (*naut.: di sommergibile*) **i. precipitosamente**, to crash-dive □ **immerso nella luce**, bathed (*o* steeped) in light □ **Immerso nel lavoro, non lo sentii**, immersed in (*o* deep in, absorbed by) my work, I didn't hear him.
immeritataménte, *avv.* undeservedly; unjustly.
immeritato, *a.* 1 (*non meritato*) undeserved; unmerited 2 (*ingiusto*) unjust: **un castigo i.**, an unjust punishment.
immeritévole, *a.* undeserving; unworthy.

immersióne, *f.* 1 immersion; dip; dipping; plunge 2 (*di sottomarino*) submersion; (*anche di palombaro*) dive: **i. rapida**, crash dive 3 (*naut.: pescaggio*) draught 4 (*astron.*) immersion. ● (*naut.*) **linea d'i.**, water-line.
immèttere, A *v. t.* to let* in; to introduce; to put* in (*o* on): **i. un prodotto sul mercato**, to put a product on the market; **i. q. nel possesso di un bene**, to put sb. in possession of a property. **immèttersi**, B *v. rifl.* to get* into.
immigrante, *a.*, *m.* e *f.* immigrant.
immigrare, *v. i.* to immigrate.
immigrato, *m.* immigrant.
immigratòrio, *a.* immigratory.
immigrazióne, *f.* 1 immigration 2 (*gli immigrati*) immigrants (*pl.*).
imminènte, *a.* imminent; (*minaccioso*) impending; (*sovrastante*) overhanging.
imminènza, *f.* imminence. ● **nell'i. delle feste**, with the approach of the holidays.
immischiare, A *v. t.* to involve; to mix up. **immischiarsi**, B *v. rifl.* to meddle (in, with); to interfere, to tamper (with). ● **Non t'immischiare!**, mind your own business!
immiscìbile, *a.* (*rif. a liquidi*) immiscible.
immiserimento, *m.* impoverishment.
immiserire, A *v. t.* to impoverish; to reduce to poverty. B *v. i.* e **immiserirsi**, *v. rifl.* 1 to become* poor 2 (*rinsecchire*) to wither; to waste away.
immissàrio, *m.* (*geogr.*) tributary.
immissióne, *f.* 1 immission 2 (*tecn.*) inlet; intake.
immistióne, *f.* (*lett.: ingerenza*) interference.
immite, *a.* (*lett.*) pitiless; merciless.
immòbile, A *a.* 1 (*che non si può spostare*) immovable 2 (*fermo*) motionless; stationary; still. ● (*leg.*) **beni immobili**, real estate (*o* property) (*sing. collett.*); immovables □ **Credevano che la Terra fosse i.**, they thought the Earth stood still (*o* did not move). B *m.* immovable property.
immobiliare, *a.* immovable. ● **credito i.**, credit guaranteed by mortgage □ **proprietà i.**, real estate □ **società i.**, building society; firm of builders.
immobilismo, *m.* (*polit.*) wait-and-see policy.
immobilìstico, *a.* (*polit.*) wait-and-see (*attr.*).
immobilità, *f.* immobility; motionlessness; stillness.
immobilizzare, *v. t.* 1 to immobilize 2 (*fin.*) to tie up; to lock up; to capitalize.
immobilizzato, *a.* 1 paralized; immobilised; pinned down: **arto i.**, immobilised limb; **restare i. dal terrore**, to be paralized with terror 2 (*fin.*) tied up; frozen: **capitale i.**, tied up capital; frozen assets.
immobilizzazióne, *f.* **immobilizzo**, *m.* 1 immobilization 2 (*fin.*) tying up; lock-up.
immoderataménte, *avv.* immoderately; without moderation; to excess.
immoderatézza, *f.* lack of moderation; immoderateness; immoderation; intemperance.
immoderato, *a.* immoderate; intemperate; unrestrained.
immodèstia, *f.* immodesty; (*mancanza di pudore, anche*) impropriety.
immodèsto, *a.* immodest; (*non pudico, anche*) improper.
immolare, A *v. t.* to sacrifice; to immolate. **immolarsi**, B *v. rifl.* to sacrifice oneself; to immolate oneself: **i. per la patria**, to sacrifice oneself for one's country.
immolatóre, *m.* immolator.
immolazióne, *f.* sacrifice; immolation.
immollare, A *v. t.* to soak; to wet. **immollarsi**, B *v. rifl.* to get* soaked.
immondézza, *f.* 1 foulness; uncleanliness; filthiness 2 (*spazzatura*) garbage; rubbish; refuse; trash (*USA*).
immondezzàio, *m.* 1 garbage dump 2 (*fig.*) gutter; sink.
immondizia, *f.* 1 filthiness, dirtiness 2 (*spazzatura*) garbage; rubbish; refuse; trash (*USA*). ● **recipiente per l'i.**, dustbin; garbage-box; trash-can (*USA*) □ **Vietato depositare le immondizie**, shoot no rubbish; no tipping; no dumping.
immóndo, *a.* filthy; dirty; unclean; foul: **spiriti immondi**, unclean spirits; **linguaggio i.**, foul language.
immorale, *a.* immoral.
immoralismo, *m.* (*filos.*) immoralism.
immoralità, *f.* immorality.
immorsare (1), *v. t.* to clamp; to joint; to scarf: **i. due pezzi**, to joint two pieces.
immorsare (2), *v. t.* to put* the bit (on): **i. il cavallo**, to put the bit on a horse.
immorsatura, *f.* (*edil.*) quoin.
immortalare, A *v. t.* to immortalize. **immortalarsi**, B *v. rifl.* to become* immortal.
immortale, *a.* immortal; eternal; everlasting: **gli dei immortali**,

immortalità

the immortal gods; **fama i.**, immortal fame.
immortalità, *f.* immortality.
immotivato, *a.* groundless.
immòto, *a.* motionless; still.
immucidire, *v. i.* to go* musty; to grow* mouldy.
immune, *a.* **1** exempt, free (from) **2** (*med., leg.*) immune (from).
immunità, *f.* immunity (*anche leg., med.*): **i. da imposte**, immunity from taxation; **le immunità ecclesiastiche**, the immunities of the clergy; **i. diplomatica**, diplomatic immunity.
immunitàrio, *a.* of immunity.
immunizzante, *a.* (*med.*) immunizing: **siero i.**, immune serum.
immunizzare, *v. t.* (*med.*) to immunize.
immunizzazióne, *f.* (*med.*) immunization.
immunodeficiènza, *f.* (*med.*) immunodeficiency.
immunologia, *f.* (*med.*) immunology.
immunològico, *a.* (*med.*) immunologic(al).
immunòlogo, *m.* (*med.*) immunologist.
immunoreattivo, *a.* (*med.*) immunoreactive.
immunoterapèutico, *a.* (*med.*) immunotherapeutic.
immunoterapia, *f.* (*med.*) immunotherapy.
immunsièro, *m.* (*med.*) immune serum*.
immusonirsi, *v. rifl.* to sulk; to pull a long face.
immusonito, *a.* sulky; cross.
immutàbile, *a.* unchangeable; unchanging; changeless; immutable.
immutabilità, *f.* immutability; unchangeableness; changelessness.
immutabilménte, *avv.* immutably; unchangingly; constantly.
immutato, *a.* unchanged; unaltered. ● **Con i. affetto**, with love as always.
imo, (*lett.*) **A** *a.* (the) lowest; bottom (*attr.*). **B** *m.* bottom.
impaccàggio, *m.* packing; packaging.
impaccare, impacchettare, *v. t.* to make* (up) a parcel; to make* a parcel (of st.); to pack; to package; to wrap (st.) up.
impaccatóre, *m.* packer.
impaccatura, *f.* packing; packaging.
impacciare, **A** *v. t.* **1** to encumber; to hamper; to hinder: **Il mantello m'impacciava**, the cloak hampered me **2** (*disturbare*) to trouble; to bother; to inconvenience: **Non volevo impacciarlo; era così indaffarato**, I didn't want to trouble him; he was so busy. **impacciarsi**, **B** *v. rifl.* (*immischiarsi*) to interfere (with); to meddle (in). ● **Non t'impacciare dei fatti altrui!**, mind your own business!
impacciato, *a.* **1** (*goffo*) awkward; clumsy **2** (*imbarazzato*) embarrassed; (*a disagio*) uneasy.
impàccio, *m.* **1** hindrance; encumbrance; obstacle: **Toglilo di mezzo; è più d'i. che d'aiuto**, take it away; it's more of a hindrance than a help **2** (*fastidio*) trouble; bother **3** (*situazione difficile*) awkward situation; scrape; fix (*fam.*); difficulty; predicament: **trarsi d'i.**, to get out of a difficulty (*o* of one's predicament, of a scrape) **4** (*imbarazzo*) embarrassment. ● **essere d'i. a q.**, to be in sb.'s way; to hinder sb.
impacco, *m.* (*med.*) compress.
impadronirsi, *v. rifl.* **1** to take* (*o* to get*) possession (of); to appropriate; (*con la violenza*) to seize; (*indebitamente*) to misappropriate; to embezzle; (*rubare*) to steal*: **Il ladro s'impadroni dei gioielli**, the thief seized the jewels **2** (*fig.*) to master: **i. di una lingua**, to master a language.
impagàbile, *a.* priceless; invaluable.
impaginare, *v. t.* (*tipogr.*) to paginate; to make* up; to page (up).
impaginatóre, *m.* (*tipogr.*) maker-up; make-up man*.
impaginatura, impaginazióne, *f.* (*tipogr.*) pagination; make-up; paging (up).
impagliare, *v. t.* **1** (*coprire di paglia*) to cover with straw: **i. un fiasco**, to cover a flask with straw **2** (*riempire di paglia*) to stuff (with straw): **i. un uccello**, to stuff a bird **3** (*imballare nella paglia*) to pack in straw. ● **i. una seggiola**, to bottom a chair with straw.
impagliato, *a.* **1** stuffed: **uccelli impagliati**, stuffed birds **2** covered with straw: **bottiglia impagliata**, bottle covered with straw. ● **sedie impagliate**, chairs with straw seat; straw-bottomed chairs.
impagliatóre, *m.* **1** (*di seggiole*) chair-mender **2** (*di animali*) taxidermist; stuffer.
impagliatura, *f.* **1** (*di seggiole*) chair-mending **2** (*di animali*) taxidermy; stuffing.
impala, *m. invar.* (*zool., Aepyceros melampos*) impala*; impalla*.
impalaménto, *m.* (*antico supplizio*) impalement.
impalare, **A** *v. t.* **1** to impale **2** (*viticoltura*) to prop up; to stake. **impalarsi**, **B** *v. rifl.* to stand* stiff; to stand* stock-still.
impalato, *a.* as stiff as a poker (*o* a ramrod); stock-still.

impalatura, *f.* (*agric.*) staking.
impalcare, *v. t.* to lay* the floor joists of (a room).
impalcato, *m.* (*edil.*) floor system.
impalcatura, *f.* **1** (*struttura provvisoria*) scaffolding **2** (*di soffitto*) timbers, beams (*pl.*); framework (*anche fig.*) **3** (*di cervo*) antlers (*pl.*) **4** (*di albero*) crotch.
impallare, *v. t.* (*nel biliardo*) to baulk.
impallidire, *v. i.* **1** to turn pale **2** (*di colori e fig.*) to fade.
impallinare, *v. t.* to hit* (*o* to pepper) with shot.
impalmare, *v. t.* (*lett., scherz.*) to marry.
impalpàbile, *a.* impalpable; (*sottilissimo*) wisp-like; gossamer (*attr.*); (*appena percettibile*) barely perceptible.
impalpabilità, *f.* impalpability.
impaludare, **A** *v. t.* to turn into a marsh (*o* swamp). **B** *v. i.* e **impaludarsi**, *v. rifl.* to become* marshy (*o* swampy).
impanare (1), *v. t.* (*cucina*) to crumb; to cover with (*o* to roll in) bread-crumbs; to bread.
impanare (2), *v. t.* (*mecc.*) to thread.
impanato, *a.* **1** (*cucina*) crumbed; bread-crumbed; breaded: **cotolette impanate**, breaded cutlets **2** (*mecc.*) threaded.
impanatura (1), *f.* (*cucina*) covering with bread-crumbs; breading.
impanatura (2), *f.* (*mecc.*) threading.
impancarsi, *v. rifl.* to set* oneself up (as).
impaniare, **A** *v. t.* **1** to lime **2** (*fig.*) to mix up; to entangle.
impaniarsi, **B** *v. rifl.* **1** to be caught with bird-lime **2** (*fig.*) to get* mixed up (with sb., in st.); to get* bogged down (in st.).
impannata, *f.* cloth-covering.
impantanare, **A** *v. t.* to reduce to (*o* to turn into) a bog. **impantanarsi**, **B** *v. rifl.* **1** to stick* in the mud **2** (*fig.*) to get* mixed up (in st.); to get* bogged down (in st.).
impaperarsi, *v. rifl.* to make* a slip; to slip up; to trip up (over a word).
impappinarsi, *v. rifl.* to falter; to stumble.
imparàbile, *a.* (*sport*) unstoppable.
imparacchiare, *v. t.* to pick up a smattering of (st.).
imparagonàbile, *a.* incomparable; unequalled; unparalleled.
imparare, *v. t.* to learn*: **i. la lezione**, to learn one's lesson; **i. q.c. a memoria**, to learn st. by heart; **i. a scrivere**, to learn (how) to write. □ **Così impari!**, that'll teach you! □ **Non è mai troppo tardi per i.**, live and learn; never too late to learn □ (*prov.*) **Impara l'arte e mettila da parte**, he that learns a trade, hath a purchase made.
imparaticcio, *m.* half-baked knowledge.
imparchettatura, *f.* cradle.
impareggiàbile, *a.* incomparable; matchless; peerless.
imparentare, **A** *v. t.* to ally (by marriage). **imparentarsi**, **B** *v. rifl.* to marry (into a family); to become* related (to).
ìmpari, *a.* **1** unequal; uneven: **una lotta i.**, an uneven struggle **2** (*inadeguato*) unfit (for st.) **3** (*dispari*) odd.
imparidigitato, *a.* (*zool.*) imparidigitate.
imparipennato, *a.* (*bot.*) imparipinnate; odd-pinnate.
imparisillabo, *a.* (*gramm.*) imparisyllabic.
imparruccare, **A** *v. t.* to bewig. **imparruccarsi**, **B** *v. rifl.* to put* on a wig.
imparruccato, *a.* bewigged; wearing a wig.
impartire, *v. t.* **1** (*in tutti i sensi*) to impart; to give*: **i. un ordine a q.**, to give an order to sb. **2** (*concedere*) to grant; to bestow.
imparziale, *a.* impartial; fair; unbias(s)ed.
imparzialità, *f.* impartiality; fairness.
imparzialménte, *avv.* impartially; with impartiality.
impasse (*franc.*), *f.* impasse; blind alley (*fig.*); deadlock.
impassìbile, *a.* impassive; imperturbable; unperturbed; phlegmatic; unflappable (*fam.*).
impassibilità, *f.* impassiveness; imperturbability; impassibility; impassibleness; phlegm; unflappability (*fam.*).
impassibilménte, *avv.* impassively; imperturbably; phlegmatically; unflappably (*fam.*).
impastaménto, *m.* (*med.*) petrissage.
impastare, *v. t.* **1** (*farina, ecc.*) to knead **2** (*colori*) to mix; (*creta, argilla*) to pug **3** (*ind.*) to pug.
impastato, *a.* **1** (*rif. a farina, creta, ecc.*) kneaded **2** (*rif. a colori*) mixed **3** (*imbrattato*) dirty; besmeared (with st.) **4** (*fig.*) full (of): **i. di menzogne**, full of deceit. ● **avere la lingua impastata**, to have a furred tongue □ **occhi impastati di sonno**, eyes heavy with sleep; slumberous eyes.
impastatóre, *m.* kneader.
impastatrice, *f.* **1** (*mecc.*) kneading-machine; mixer **2** (*costr.*) **del cemento**, cement mixer; (*della malta*) mortar mixing-machine.
impastatura, *f.* kneading (of dough); mixing.
impasticcarsi, *v. rifl.* (*pop.: drogarsi*) to drug oneself.
impasticciare, *v. t.* to make* a mess (*o* a muddle) of (st.); (*lavorare male*) to botch, to bungle.

impasto, *m.* **1** (*pasta del pane*) dough **2** (*pitt.*) «impasto» **3** (*miscuglio*) mixture.
impastocchiare, *v. t.* to cheat.
impastoiare, *v. t.* **1** to hobble; to tether; to fetter **2** (*fig.*) to trammel; to hamper.
impataccare, **A** *v. t.* (*fam.*) to splash; to stain; to spot; to smear. **impataccarsi**, **B** *v. rifl.* (*insudiciarsi*) to dirty oneself; to get* dirty.
impattare, **A** *v. t.* to draw*. **B** *v. i.* to draw*; (*ma più comune*) to be a draw (*detto del gioco anziché dei giocatori*): **Oggi hanno impattato**, the game was a draw today.
impattista, *m.* e *f.* impact supporter.
impatto, *m.* (*anche fig.*) impact.
impaurire, **A** *v. t.* to frighten; to scare; to terrify. **impaurirsi**, **B** *v. rifl.* to get* frightened; to take* fright (at st.).
impavesare, *v. t.* (*naut.*) to bulwark; to furnish with bulwarks.
impavesata, *f.* (*naut.*) bulwarks (*pl.*).
impàvido, *a.* (*lett.*) fearless; dauntless; undaunted.
impaziènte, *a.* impatient; eager; (*ansioso*) anxious: **Non essere così i.!**, don't be so impatient!; **i. di sapere il risultato**, anxious to know the result.
impazienteménte, *avv.* impatiently; eagerly; anxiously.
impazientire, *v. i.* **impazientirsi**, *v. rifl.* to lose* one's patience; to become* impatient.
impaziènza, *f.* impatience; eagerness; (*ansia*) anxiety. ● **con i.**, impatiently.
impazzare, *v. i.* **1** (*sfrenarsi*) to run* riot **2** (*cucina*) to curdle.
impazzata, all', *locuz. avv.* madly; wildly; like mad; (*precipitosamente*) at breakneck speed.
impazziménto, *m.* trying task; trouble. ● **Queste parole incrociate sono un i.**, this cross-word puzzle is enough to drive you mad.
impazzire, *v. i.* to go* mad; to become* insane (*med.*); to lose* one's head; to go* bonkers (*fam.*). ● **i. dalla voglia di fare q.c.**, to be dying to do st. □ **fare i. q.**, to drive sb. mad (*o* crazy); to drive sb. round the bend (*fam.*) □ **C'è da i.**, it's enough to drive you mad □ **È tutto il giorno che impazzisco per questi conti**, I've been pouring over (*o* pegging away at) these accounts all day □ **Sei impazzito?**, are you mad? □ **È impazzito per quella ragazza**, he's mad about the girl.
impeccàbile, *a.* faultless; impeccable.
impeccabilità, *f.* faultlessness; impeccability.
impeccabilménte, *avv.* faultlessly; impeccably.
impeciare, *v. t.* to tar; to pitch; to cover (*o* to coat; to smear) with pitch (*o* tar). ● **baffi impeciati**, waxed moustache.
impeciatura, *f.* tarring; covering with pitch.
impecorire, *v. i.* to become* like a lamb.
impedantire, **A** *v. i.* to become* pedantic. **B** *v. t.* to make* pedantic.
impedènza, *f.* (*elettr.*) impedance: **i. cinetica**, motional impedance; **i. di entrata (di uscita)**, input (output) impedance.
impediènte, *a.* impedient; hindering; obstructive.
impediménto, *m.* **1** impediment; hindrance; obstruction; obstacle **2** (*leg.*) impediment; bar. ● **essere d'i. a q.**, to hinder sb.; to be (*o* to stand) in sb.'s way □ **Verrò, salvo i.**, I shall come, unless I am (unavoidably) detained.
impedire, *v. t.* **1** to prevent; to keep*, to stop (sb. from doing st., sb. doing st.); (*non permettere*) not to allow: **Gli impedirò di commettere un tale errore**, I'll prevent him from making such a mistake; **Che cosa t'impedì di venire?**, what prevented you (from) coming (*o* your coming)?; **Affari urgenti m'impedirono di incontrarlo**, urgent business kept me from meeting him **2** (*ostruire*) to obstruct; to bar; to stop; to get* (*o* to be) in the way of: **Le case impediscono la vista del lago**, the houses obstruct the view of the lake **3** (*proibire*) to forbid*; to bar; to prohibit: **Te l'impedisco!**, I forbid you! **4** (*impacciare*) to encumber; to hamper; to hinder; to impede: **Il lungo mantello m'impediva i movimenti**, that long cloak hampered my movements.
impegnare, **A** *v. t.* **1** (*al monte di pietà*) to put* (st.) in pawn; (*anche fig.*) to pawn, to pledge: **Ho impegnato l'orologio**, I've put my watch in pawn; I've pawned my watch; **i. il proprio onore**, to pledge (*o* to pawn) one's honour **2** (*assumere*) to engage; to employ; (*noleggiare*) to hire: **i. q. come guida (domestico, ecc.)**, to engage sb. as a guide (a servant, etc.); **i. una carrozza per due ore**, to hire a coach for two hours **3** (*riservare, prenotare*) to book; to reserve: **i. un posto a teatro (in treno, ecc.)**, to book (*o* to reserve) a seat at the theatre (on the train, etc.) **4** (*vincolare*) to bind*; to tie: **Il documento non mi impegna affatto**, the document doesn't bind me at all; (*comm.*) **un'offerta che impegna**, a binding offer **5** (*assorbire*) to take* up: **i. tutto il tempo di q.**, to take up the whole of sb.'s time **6** (*intraprendere*) to begin*; to start; to engage: **i. una discussione con q.**, to begin a discussion with sb. **7** (*mil.*) to engage: **Avevamo l'ordine d'i. il nemico**, our orders were to engage the enemy (*o anche* solo to engage). ● **i. un ballo**, to put oneself down for a dance □ **i. battaglia con q.**, to attack sb.; to start fighting with sb. □ (*mil.*) **i. una compagnia** (*impiegarla in combattimento*), to throw in a company □ **i. la parola**, to give one's word □ **i. una ragazza per un ballo**, to engage a girl for a dance □ **una risposta che non impegna**, a non-committal answer. **impegnarsi**, **B** *v. rifl.* **1** to undertake*; to engage; to commit oneself; (*più solenne*) to pledge (*o* to bind*) oneself: **M'impegnai a farlo da solo**, I undertook to do it by myself; **M'impegnerò a dirigere l'azienda**, I will engage to manage the business; **Si impegnò a pagare tutte le spese**, he bound himself to pay all the expenses **2** (*leg.*: *farsi garante*) to go* bail; to stand* surety (for sb.). ● **i. a fondo in q.c.**, to throw oneself into st. heart and soul □ (*leg.*) **i. con giuramento**, to oblige oneself by oath; to pass one's oath.
impegnativo, *a.* **1** (*vincolante*) binding; (*comm.*) **un'offerta impegnativa**, a binding offer **2** (*che richiede impegno*) exacting; demanding: **un lavoro molto i.**, very exacting work.
impegnato, *a.* **1** engaged; (*occupato*) busy; (*riservato*) reserved, taken; (*prenotato*) booked: **Sono molto i.**, I am very busy; **Venerdì sono i.**, I'm engaged on Friday; **Questo posto è i.**, this seat is taken **2** (*di intellettuale o movimento culturale*) committed: **uno scrittore i.**, a committed writer **3** (*dato in pegno*) pledged; pawned. ● **essere impegnata per un ballo**, to be engaged (*fam.*: dated up) for a dance (*o* to sb.) □ (*polit.*) **paesi non impegnati**, non-aligned countries □ **Il mio tempo è tutto i.**, my time is all taken up; I have a full time-table.
impégno, *m.* **1** engagement; (*promessa, anche*) promise, pledge, undertaking; (*vincolo*) commitment; (*compito*) task: **adempiere un i.**, to fulfil (*o* to meet) an engagement; **mancare a un i.**, to break an engagement; **Ho un i. alle cinque**, I have an engagement at 5; **Non posso accettare, per via di un i. precedente**, I can't accept owing to a previous engagement; **con l'i. di mantenere il segreto**, under pledge of secrecy; **Ho detto che lo avrei fatto, ma non è un i. preciso**, I said I would do it, but it's not a formal undertaking **2** (*cura diligente*) care; diligence; zeal **3** (*comm.*) obligation: **far fronte ai propri impegni**, to meet one's obligations **4** (*attivo interessamento ai problemi sociali e politici*) commitment. ● **lavorare con i.**, to work with a will; to work industriously (*o* diligently, with concentration) □ **mettere molto i. in q.c.**, to do st. with a will □ **mostrare poco i.**, to show little enthusiasm □ (*comm.*) **senza i.**, without (any) obligation □ **L'ho fatto con tutto l'i.**, I did it to the best of my ability; (*o anche*) I did my best □ **Troviamoci, ma senza i.**, let's meet if we can, but let's leave it open □ **Presi quest'i.**, I undertook to do it (*o* to do the job).
impegolare, **A** *V.* impeciare. **impegolarsi**, **B** *v. rifl.* (*fig.*) to get* involved; to get* mixed up: **i. in un affare losco**, to get mixed up in st. shady.
impelagarsi, *v. rifl.* to get* involved; to get* mixed up. ● **Si è impelagato fino in fondo**, he's got in deep (*fam.*).
impellènte, *a.* impelling; pressing; driving. ● **desiderio i.**, urge.
impellicciare (1), *v. t.* to wrap in furs.
impellicciare (2), **impellicciatura**, *V.* impiallacciare, impiallacciatura.
impenetràbile, *a.* impenetrable (*anche fig.*). ● **i. all'aria**, airtight.
impenetrabilità, *f.* impenetrability; impenetrableness.
impenitènte, *a.* **1** impenitent; unrepentant **2** (*fig.*) incorrigible.
impenitènza, *f.* impenitence; impenitency.
impennacchiare, **A** *v. t.* to adorn (*o* to deck) with plumes; to plume. **impennacchiarsi**, **B** *v. rifl.* **1** to adorn one's head with plumes **2** (*scherz.*: *vestirsi in modo ridicolo*) to deck oneself out.
impennàggio, *m.* (*aeron.*) empennage.
impennare, **A** *v. t.* to feather. **impennarsi**, **B** *v. rifl.* **1** (*di cavallo*) to rear up **2** (*aeron.*) to pitch **3** (*di prezzi*) to run* up; to zoom **4** (*fig.*: *adirarsi*) to bridle; to fly* off the handle (*fam.*).
impennata, *f.* **1** (*di cavallo*) rearing **2** (*di motocicletta, bicicletta e sim.*) wheelie (*fam.*) **3** (*aeron.*) pitch **4** (*dei prezzi*) run-up; zoom **5** (*fig.*: *scatto d'ira*) fit of anger. ● **fare un'i.**, to rear suddenly.
impensàbile, *a.* unthinkable; inconceivable.
impensataménte, *avv.* **1** (*senza averci pensato*) thoughtlessly; unthinkingly; without thinking **2** (*inaspettatamente*) unexpectedly; unawares.
impensato, *a.* **1** (*non pensato*) unthought-of **2** (*inaspettato*) unexpected; unforeseen.
impensierire, **A** *v. t.* to make* (sb.) worry; to worry; to cause anxiety to (sb.). **impensierirsi**, **B** *v. rifl.* to worry (about); to get* worried.
impepare, *v. t.* to pepper; to season with pepper.
imperante, *a.* **1** (*regnante*) reigning **2** (*dominante*) ruling; prevailing; (*di una moda, ecc.*) current, prevalent.

imperare, v. i. (anche fig.) to reign; to rule. ● **Qui impera la legge,** this is the reign of law.
imperativale, a. (gramm.) imperatival.
imperatività, f. (leg.) imperativeness.
imperativo, A a. commanding; imperative (anche gramm.). ● (leg.) **norme imperative,** mandatory law. **B** m. (gramm., filos.) imperative: **l'i. categorico,** the categorical imperative.
imperatóre, m. emperor.
imperatòrio, a. imperial; imperatorial (lett.).
imperatrice, f. empress.
impercettibile, a. imperceptible.
impercettibilità, f. imperceptibility.
imperdonàbile, a. unforgivable; unpardonable.
imperdonabilità, f. unforgivableness; unpardonableness.
imperfètto, A a. **1** imperfect. **2** (difettoso) defective; faulty **3** (incompiuto) unfinished. **B** m. (gramm.) imperfect.
imperfezióne, f. imperfection; blemish; fault; flaw.
imperforàbile, a. unpierceable.
imperiale (1), a. imperial: **città i.,** imperial city.
imperiale (2), m. (di carrozza, ecc.) top deck.
imperialismo, m. imperialism.
imperialista, m. e f. imperialist.
imperialistico, a. imperialistic.
imperiosità, f. **1** imperiousness **2** (fig.) urgency.
imperióso, a. **1** imperious: **uno sguardo i.,** an imperious look **2** (fig.) pressing; urgent; impelling: **bisogno i.,** pressing need.
imperito, a. (lett.) unskilful; inexperienced.
imperituro, a. (lett.) imperishable; everlasting; undying.
imperizia, f. unskilfulness; inexperience.
imperlare, A v. t. **1** to adorn with pearls **2** (fig.) to pearl; to bead. ● **Il sudore gli imperlava la fronte,** beads of sweat stood upon his forehead. **imperlarsi, B** v. rifl. (fig.) to become* beaded (with). ● **Gli vidi la fronte i. di sudore,** I saw the sweat beading up on his forehead.
impermalire, A v. t. to annoy; to put* out. **impermalirsi, B** v. rifl. to take* offence.
impermeàbile, A a. **1** impermeable; waterproof; (di tessuto, anche) rainproof **2** (di terreno) impervious. **B** m. mackintosh; mack (fam.); waterproof; raincoat; (di tipo mil.) trench-coat.
impermeabilità, f. impermeability.
impermeabilizzante, A a. waterproofing. **B** m. waterproofing agent.
impermeabilizzare, v. t. to impermeabilize; (un tessuto) to waterproof.
impermeabilizzazióne, f. impermeabilization; (di tessuto) waterproofing.
impermutàbile, a. incommutable; unexchangeable.
impermutabilità, f. incommutability; incommutableness.
imperniare, v. t. **imperniarsi,** v. rifl. to hinge (upon st.); to pivot (on, upon st.): **Tutto s'impernia sul perdurare del bel tempo,** it all pivots on the weather continuing fine.
imperniatura, f. **1** hinging; pivoting **2** (cardine) hinge; (pernio) pivot.
impèro, m. **1** empire: **la caduta dell'i. romano,** the fall of the Roman Empire **2** (comando, autorità, ecc.) rule; sway; control: **l'i. della legge,** the rule of the law; **sotto l'i. di passioni violente,** under the sway of violent passions. ● **stile i.,** Empire style.
imperscrutàbile, a. inscrutable.
imperscrutabilità, f. inscrutability; inscrutableness.
impersonale, a. impersonal (anche gramm.).
impersonalità, f. impersonality; want of personality.
impersonalménte, avv. impersonally.
impersonare, A v. t. **1** to personify; to impersonate **2** (interpretare) to play; to act the part of. **impersonarsi, B** v. rifl. **1** to take* bodily form **2** (di attore: immedesimarsi) to live (a part).
impertèrrito, a. undaunted; fearless; cool (in the face of danger) **2** (impassibile) unmoved. ● **Tutti sbadigliavano, ma lui i. seguitava,** everyone was yawning, but he went on remorselessly.
impertinènte, A a. impertinent; pert; saucy; cheeky. **B** m. e f. impertinent person; cheeky one (fam.).
impertinènza, f. **1** impertinence; impudence; cheek; sauciness **2** (azione, detto impertinente) cheeky (o impudent) remark (o gesture, etc.); impertinence.
imperturbàbile, a. imperturbable.
imperturbabilità, f. imperturbability; unperturbedness.
imperturbato, a. unperturbed; unruffled; calm.
imperversare, v. i. **1** (infuriare) to rage: **Il temporale imperversa,** the storm is raging **2** (inveire) to rail, to inveigh, to rave (against) **3** (scherz., di mode, costumi) to be (all) the rage.
impervietà, f. inaccessibility; imperviousness.
impèrvio, a. inaccessible; impassable; impervious.
impestare, V. appestare.

impetigine, f. (med.) impetigo.
impetiginóso, a. (med.) impetiginous.
ìmpeto, m. **1** impetuosity; impetuousness; vehemence **2** (impulso) impulse; surge; (slancio) transport; (accesso) outburst; fit: **un i. d'ira,** a fit of temper **3** (violenza, urto violento) force; impact, assault (entrambi anche mil.): **L'i. del vento mi buttò a terra,** the force of the wind hurled me to the ground. ● **con i.,** impetuously; vehemently; (con forza) violently □ **nell'i. della corsa (del momento),** in the heat of the race (of the moment).
impetrare, v. t. **1** (ottenere supplicando) to impetrate **2** (domandare) to implore; to beseech*; to beg.
impetrazióne, f. (lett.) impetration.
impettito, a. stiff; upright: **tutto i.,** as stiff as a ramrod (o a poker). ● **camminare i.,** to strut.
impetuosità, f. impetuousness; impetuosity; vehemence.
impetuóso, a. impetuous; vehement; (del vento, anche) blustering. ● **Il torrente correva i. giù per il pendio,** the torrent rushed headlong down the slope.
impiagare, A v. t. to cause sores on (a part of the body). **impiagarsi, B** v. rifl. to become* covered with sores; to ulcerate.
impiallacciare, v. t. to veneer.
impiallacciatóre, m. veneerer.
impiallacciatura, f. **1** veneering **2** (legno per impiallacciare) veneer.
impiantare, v. t. **1** to install; to fit up; to set* up **2** (fondare) to set* up; to start; to found; to establish. ● (comm.) **i. conto,** to open an account □ **i. una discussione,** to formulate a discussion.
impiantire, v. t. to floor.
impiantista, m. installer.
impiantistica, f. (ind.) plant engineering.
impiantito, m. floor; flooring: **le assi dell'i.,** the floor boards; **un i. di legno,** a wooden (o parquet) floor.
impianto, m. **1** plant; system; installation; (attrezzatura) equipment: **i. della luce elettrica,** lighting plant; **i. di riscaldamento,** heating system; **i. idrico,** waterworks; **i. radio,** radio equipment **2** (l'impiantare) installation; setting up; establishment: **l'i. di un motore,** the installation of a motor; **l'i. d'una nuova fabbrica,** the setting up of a new factory. ● **i. antifurto,** burglar alarm.
impiastrare, impiastricciare, A v. t. **1** to smear, to daub, to soil (with) **2** (dipingere male) to daub. **impiastrarsi, impiastricciarsi, B** v. rifl. to (be) smear oneself; (imbrattarsi) to dirty oneself, to get* dirty.
impiastro, m. **1** (med.) poultice; plaster; cataplasm (poco comune): **un i. di semi di lino,** a linseed poultice **2** (fig.: persona noiosa) bore; nuisance; (persona malaticcia) sickly person.
impiccagióne, f. hanging.
impiccare, A v. t. to hang: **i. q. per la gola,** to hang sb. by the neck; **i. q. alla forca (a un albero),** to hang sb. on the gallows (from a tree); **Neanche a impiccarlo!,** not if you hanged him! **impiccarsi, B** v. rifl. to hang oneself. ● **Vada a impiccarsi!,** hang the man!; let him go hang!
impiccato, A a. hanged. **B** m. hanged man.
impicciare, A v. t. to be (o to get*) in sb.'s way; to encumber. **impicciarsi, B** v. rifl. to interfere, to meddle (in st.): **Non impicciarti dei fatti altrui,** don't interfere in other people's business; mind your own business.
impiccinire, A v. t. **1** to make* smaller **2** (svalutare) to depreciate. **impiccinirsi, B** v. rifl. **1** to get* smaller **2** (svalutarsi) to depreciate oneself.
impìccio, m. **1** hindrance; obstacle: **Il socio non è un aiuto, anzi è un i.,** the partner far from being a help, is a hindrance **2** (seccatura) trouble; bother **3** (situazione difficile) awkward situation; scrape; fix (fam.) **4** (imbarazzo) embarrassment. ● **cacciarsi in un brutto i.,** to get into a tight corner (o a hole) □ **cavare q. dagli impicci,** to help sb. out of a tight corner □ **essere d'impiccio,** to be in the way.
impicciolire, V. impiccinire.
impiccióne, m. meddler; busybody.
impiccolire, V. impiccinire.
impidocchiare, A v. t. to infest with lice. **impidocchiarsi, B** v. rifl. to become* lousy (o infested with lice).
impiegàbile, a. (di persona) employable; (di cosa) usable; (di capitale) that can be invested. ● **non i.,** unemployable.
impiegare, v. t. **1** (usare) to use; to employ; to make* use of: **Come impieghi il tuo tempo libero?,** how do you employ your spare time?; **i. la forza,** to use force **2** (di tempo: metterci) to take* (anche impers.): **Il treno impiega un'ora,** the train takes an hour; **Quanto ci si impiega di qui a Firenze?,** how long does it take (from here) to Florence? **3** (dare un impiego a; avere alle proprie dipendenze) to employ; to engage: **essere impiegato da q.,** to be employed by sb.; to be in sb.'s employ; **L'ho impiegato come autista,** I have engaged him as a driver **4** (spen-

dere, passare) to spend*: **Non so come i. il tempo libero**, I don't know how to spend my spare time; **Come impiegate il vostro denaro?**, what do you spend your money on? **5** (*fin.: investire*) to invest: **i. denaro in titoli**, to invest some money in securities. ● **i. male il proprio denaro** (**il proprio tempo**), to waste one's money (one's time). **impiegarsi, B** *v. rifl.* (*ottenere un impiego*) to get* (*o* to obtain) employment (*o* work); to get* (*o* to find*) a job.

impiegatizio, *a.* clerical; white-collar (*attr., fam.*): **lavoro i.**, clerical work; **la classe impiegatizia**, the white-collar(ed) (*o* black--coated) workers (*pl.*).

impiegato, *m.* **1** (*dipendente, in genere*) employee; member of the staff; (*al pl., anche*) staff (*sing. collett.*): **i. d'ordine**, line employee; **un pranzo per gli impiegati**, a dinner for the members of the staff; **Avevo cinque impiegati**, I had a staff of five; **Ero un i. dell'ospedale**, I was on the staff of the hospital **2** (*in certi uffici*) clerk; white-collar(ed) (*o* black-coated) worker: **un i. di banca**, a bank clerk; **i. delle poste**, post-office clerk. ● **i. statale**, civil servant.

impiègo, *m.* **1** (*posto di lavoro*) (regular) job; situation; position; post: (*nella pubblicità*) **domande** (**offerte**) **d'i.**, situations wanted (vacant); **una domanda** (**scritta**) **d'i.**, an application for a situation; **Ha un buon i.**, he has a good job; **essere senza i.**, to be out of a job; to be unemployed; **essere in cerca d'un i.**, to be looking for a job; to be job-hunting (*fam.*); **avere un buon i. come dirigente**, to have a good position as a manager; **trovare i. come insegnante**, to get a post as a teacher **2** (*occupazione*) employment: **avere un i. con la ditta X e Y**, to be in the employ(ment) of Messrs X & Y; **trovare i.**, to find employment; **una politica di pieno i.**, a policy of full employment **3** (*uso*) use; employment: **fare i. di q.c.**, to make use of st. **4** (*fin.: di denaro*) investment. ● **avere un i. statale**, to be in the Civil Service; to be a civil servant □ **le categorie del pubblico i.**, civil servants.

impietosire, A *v. t.* to move to pity. **impietosirsi, B** *v. rifl.* to be moved to pity.

impietóso, *a.* pitiless.

impietrire, A *v. t.* to petrify (*anche fig.*). **B** *v. i.* e **impietrirsi,** *v. rifl.* to become* petrified (*anche fig.*).

impietrito, *a.* turned to stone (*pred.*); petrified (*anche fig.*).

impigliare, A *v. t.* to entangle; to ensnare. **impigliarsi, B** *v. rifl.* to get* entangled (*o* ensnared, involved) (in st.) (*anche fig.*).

impignoràbile, *a.* (*leg.*) undistrainable: **bene i.**, undistrainable goods.

impignorabilità, *f.* (*leg.*) exemption from distraint.

impigrire, A *v. t.* to make* lazy. **impigrirsi, B** *v. rifl.* to grow* lazy.

impilàggio, *m.* piling; stacking.

impilare, *v. t.* to pile (up); to stack.

impillaccherare, *v. t.* to splash with mud.

impinguaménto, *m.* fattening.

impinguare, A *v. t.* **1** to fatten (*anche fig.*); (*la borsa*) to line **2** (*di notizie inutili, ecc.*) to stuff; to pad. **impinguarsi, B** *v. rifl.* (*poco comune*) to grow* fat (*anche fig.*).

impinzare, *v. t.* to cram, to stuff (with st.) (*anche fig.*): to gorge. **impinzarsi, B** *v. rifl.* to cram oneself, to stuff oneself (with st.) (*anche fig.*); to gorge oneself (with st.); to overeat*.

impiombare, *v. t.* **1** (*apporre i piombi*) to seal with lead; to put* a lead seal on to; to plumb **2** (*otturare*) to stop; to fill: **farsi i. un dente**, to have a tooth filled **3** (*coprire di piombo*) to lead; to coat with lead **4** (*naut.*) to splice.

impiombatura, *f.* **1** (*il sigillare*) sealing (with lead) **2** (*copertura di piombo*) leading **3** (*otturazione*) stopping; filling **4** (*naut.*) splice: **i. di gassa**, eye splice.

impiotaménto, *m.* (*agric.*) turfing.

impiotare, *v. t.* (*agric.*) to turf.

impiparsi, *v. rifl.* (*volg.*) not to give* (*o* not to care) a damn (for sb., st.). ● **Vadano pure, me ne impipo**, let them go: I couldn't care less.

impiumare, A *v. t.* **1** (*coprire di piume*) to feather **2** (*ornare di piume*) to trim with feathers; to emplume (*lett.*). **impiumarsi, B** *v. rifl.* (*mettere le piume*) to grow* feathers; to become* fledged.

implacàbile, *a.* implacable; relentless; unrelenting: **un i. nemico**, an implacable foe.

implacabilità, *f.* implacability; relentlessness.

implacabilménte, *avv.* implacably; relentlessly.

implantologia, *f.* (*med.*) implantology.

implementare, *v. t.* to implement.

implicare, A *v. t.* **1** to involve; (*compromettere, specialm. in azione criminosa*) to implicate: **Ormai sono implicato in questa faccenda**, by now I am involved in this matter; **essere implicato in uno scandalo**, to be implicated in a scandal **2** (*comporta-*

re) to imply; to entail; (*significare*) to mean*: **Questo implicherà una perdita di denaro**, this will imply a loss of money. **implicarsi, B** *v. rifl.* to involve oneself; to get* involved (in st.).

implicazióne, *f.* implication.

implicitaménte, *avv.* implicitly.

implìcito, *a.* implicit (*anche mat.*); implied.

implorante, *a.* imploring; beseeching.

implorare, *v. t.* to implore; to beg; to beseech*; to entreat: **i. il perdono di q.**, to implore sb. for forgiveness.

implorazióne, *f.* entreaty; supplication.

implosióne, *f.* (*fis., linguistica*) implosion.

implosivo, *a.* (*fis., linguistica*) implosive: **consonante implosiva**, implosive consonant.

implume, *a.* unfledged.

implùvio, *m.* **1** (*archeol.*) impluvium* **2** (*edil.*) valley; gutter. ● (*geogr.*) **linea d'i.**, watershed.

impoètico, *a.* unpoetical.

impolìtico, *a.* (*non politico*) unpolitical **2** (*inopportuno*) inexpedient; impolitic; unwise.

impollinare, *v. t.* (*bot.*) to pollinate; to pollen.

impollinazióne, *f.* (*bot.*) pollination.

impolpare, A *v. t.* **1** to fatten **2** (*fig.*) to stuff; to pad. **impolparsi, B** *v. rifl.* to put* on weight (*o* flesh).

impoltronire, A *v. t.* to make* lazy. **B** *v. i.* e **impoltronirsi,** *v. rifl.* to grow* lazy.

impolverare, A *v. t.* to cover with dust; to make* dusty. **impolverarsi, B** *v. rifl.* to get* dusty.

impolverato, *a.* dusty.

impolveratrice, *f.* (*tecn.*) duster.

impolverazióne, *f.* (*agric., tecn.*) dusting.

impomatare, A *v. t.* **1** (*i capelli*) to put* ointment (*o* cream) on (one's hair); to pomade; to plaster with brilliantine **2** (*i baffi*) to wax. **impomatarsi, B** *v. rifl.* to pomade one's hair; to put* brilliantine on one's hair.

impomiciare, *v. t.* to pumice.

imponderàbile, *a.* e *m.* imponderable.

imponderabilità, *f.* **1** imponderability **2** (*mancanza di peso*) weightlessness.

imponènte, *a.* imposing; grand; impressive.

imponènza, *f.* grandeur; impressiveness.

imponìbile, (*fin.*) **A** *a.* taxable; rateable; assessable: **valore i.**, rateable value; **reddito i.**, taxable income. **B** *m.* taxable income (*o* value); assessment.

imponibilità, *f.* (*fin.*) taxability.

impopolare, *a.* unpopular.

impopolarità, *f.* unpopularity.

imporporare, A *v. t.* to purple; to redden; to turn red. ● **Il tramonto imporporava il cielo**, the sunset was painting the sky crimson □ **La timidezza le imporporò il viso**, she flushed with shyness. **imporporarsi, B** *v. rifl.* to redden; to turn red; to blush.

imporrare, *v. i.* to rot; to mildew.

impórre, A *v. t.* **1** to impose: **i. la propria volontà** (**il silenzio**), to impose one's will (silence); **i. un compito a q.**, to impose a task on sb.; to set sb. a task; **i. la propria compagnia a tutti**, to impose one's company upon everybody **2** (*comandare, costringere*) to order; to command; to make*; to force: **i. il silenzio**, to command silence; **M'imposero di firmare** (*e lo feci*), they made me sign; they forced me to sign; they made it a condition that I should sign; **M'imposero di firmare, ma io rifiutai**, they ordered me to sign, but I refused. ● **i. un nome a q.**, to give sb. a name; to impose a name on sb.: **Gli fu imposto il nome di Cristoforo**, he was given the name of Christopher □ (*lett.*) **i. un peso sulle spalle di q.**, to lay a burden on sb.'s shoulders □ **i. rispetto a q.**, to command sb.'s respect □ **i. un soprannome a q.**, to give sb. a nick-name. **impórsi, B** *v. rifl.* **1** to impose oneself; to dominate; (*fare il prepotente*) to domineer: **Non devi importi a quelli che non ti vogliono**, you shouldn't impose yourself on people who don't want you **2** (*fissarsi un compito*) to set* oneself a task: **Mi sono imposto di tradurre dieci pagine al giorno**, I have set myself the task of translating ten pages a day **3** (*farsi valere*) to assert oneself (*o* one's authority); to make* oneself respected: **Sei un novellino; non sai ancora importi**, you're a greenhorn; you don't know yet how to assert yourself **4** (*avere successo*) to be successful; (*acquistare popolarità*) to become* popular, to make* a name for oneself: **È una moda che finirà per imporsi**, it's a fashion which will become very popular **5** (*rendersi necessario*) to become* necessary (*o* inevitable): **S'imponeva ormai una nuova linea politica**, the adoption of a new policy had now become inevitable. ● (*sport*) **i. agli avversari**, to beat (*o* to outdistance) one's opponents.

importàbile, *a.* (*comm.*) importable: **merci importàbili**, importable goods.

importante, A *a.* important: **È i. per me capire**, it's important

importanza

for me to understand. ● **poco i.**, unimportant; of little consequence. **B** *m.* important (*o* main) thing: **L'i. è capire**, the important thing (*o* what's important) is to understand. ● (*iron.*) **fare l'i.**, to throw one's weight about.

importanza, *f.* importance; consequence: **una faccenda di nessuna (di una certa) i.**, a matter of no (of some) importance (*o* consequence). ● **una cosa di grande i.**, a thing of great moment (*lett.*) □ **credersi una persona di grande i.**, to think oneself very important □ **darsi dell'i.**, to throw one's weight about; to show off; to give oneself airs □ **Non ha i.**, it doesn't matter □ **Forse dò troppa i. a quella faccenda**, perhaps I give too much weight to the matter.

importare, A *v. i.* **1** (*avere importanza*) to matter (*impers.*); to be of importance (*impers.*); (*stare a cuore*) to care (*pers.*): **Non importa**, it doesn't matter; **M'importa molto**, it matters to me very much; **Certo che m'importa, anzi m'importa troppo**, certainly I care; I care too much; **Non m'importa che cosa tu abbia detto**, I don't care what you said; **Cosa importa?**, what does it matter? (*o* who cares?) **2** (*essere necessario*) to be necessary (*impers.*); to need (*pers.*); to bother, to trouble (*pers.*, *fam.*): **Non importa che tu venga**, it isn't necessary for you to come; you needn't come; **Non importa che tu me lo renda**, don't bother (*o* don't trouble) to return it; **Non importava che tu ti scomodassi**, you shouldn't have bothered (*o* taken the trouble) to come (*o* to do it, etc.). **B** *v. t.* (*comm.*) to import: **i. grano dal Canadà**, to import corn from Canada **2** (*implicare*) to entail; to imply; to involve; (*significare*) to mean*: **Questo importa una grande spesa**, this involves great expenditure. ● (*fam.*) **Non me ne importa un fico (secco)**, I don't care a fig (for it).

importatóre, A *m.* importer. **B** *a.* importing: **paesi importatori**, importing countries.

importazióne, *f.* importation; import (*specialm. attr.*): **dazio (licenza) d'i.**, import duty (licence); **una ditta di importazioni ed esportazioni**, an import-export firm; **L'i. della carne è aumentata**, the importation of meat has increased. ● **merci d'i.**, imports.

impòrto, *m.* **1** amount **2** (*somma di denaro*) sum (of money). ● **un conto per un i. di 100.000 lire**, a bill amounting to (*o* totalling) 100,000 lire.

importunare, *v. t.* to importune; to pester; to bother; to trouble; to annoy.

importunità, *f.* importunity.

importuno, A *a.* importunate; pestering; troublesome; annoying; boring; tiresome. **B** *m.* pest; troublesome person; intruder.

importuóso, *a.* harbourless.

imposizióne, *f.* **1** imposition: **l'i. di nuove imposte**, the imposition of new taxes; (*relig.*) **l'i. delle mani**, the imposition (*o* the laying on) of hands; **l'i. di un nome a q.**, the imposition of a name on sb. (*o* the naming of sb.) **2** (*ordine*) order; command **3** (*fin.*: *tassa, imposta*) tax; duty; (*tassazione*) taxation: **doppia i. fiscale**, double taxation.

impossessaménto, *m.* appropriation: **i. illecito dei beni di q.**, illegal appropriation of somebody's goods.

impossessarsi, *V.* impadronirsi.

impossibile, A *a.* **1** impossible: **d'i. soluzione**, impossible to solve; **materialmente i.**, physically impossible; **Mi è i. andare**, it's impossible for me to go (*o* I can't go) **2** (*insopportabile*) impossible; unbearable: **È una persona i.!**, he's an impossible person! ● **Pare i.!**, it doesn't seem true!; you wouldn't think it possible, would you? **B** *m.* (the) impossible. ● **fare l'i.**, to do one's best (*o* one's utmost) □ **Farei l'i. per saperlo**, I should do anything to know it.

impossibilità, *f.* impossibility; (*incapacità*) inability. (*leg.*) **i. della prestazione**, impossibility of performance. ● **Mi trovo nell'i. di accettare**, it is impossible for me to accept □ **L'ho messo nell'i. di rifiutare**, I've made it impossible for him to refuse; I've got him so he can't refuse (*fam.*).

impossibilitare, *v. t.* **1** (*rendere impossibile*) to make* impossible **2** (*mettere nell'impossibilità*) to make* it impossible; to prevent: **i. q. a fare q.c.**, to make it impossible for sb. to do st.; to prevent sb. from doing st.

impossibilitato, *a.* unable; prevented: **Sono i. ad intervenire**, I am unable to be present; it is impossible for me to be present.

impòsta (1), *f.* **1** shutter **2** (*archit.*) impost; (*di arco*) springer.

impòsta (2), *f.* (*fin.*) tax; (*doganale, ecc.*) duty: **i. fondiaria**, land-tax; **imposte dirette (indirette)**, direct (indirect) taxes; **i. di successione**, inheritance tax; death (*o* succession) duty; **i. personale (reale)**, personal (real property) tax; **i. sul reddito**, income tax; tax on income; **i. sul valore aggiunto (IVA)**, value-added tax (VAT); **evadere un'i.**, to evade a tax; **esente da i.**, tax-free; duty-free; **esenzione dalle imposte**, tax exemption. ● **i. complementare sul reddito**, income surtax □ **i. sull'incremento di valore degli immobili**, tax on increases in real estate value □ **aliquota d'i.**, rate of taxation □ **al lordo delle imposte**, pretax.

impostare (1), A *v. t.* **1** (*stabilire, progettare*) to set* out; to draw*; to plan (out): **i. un lavoro**, to plan a piece of work **2** (*un problema, ecc.*) to state; to define (the terms of); to set* out; to formulate **3** (*un'azienda*) to set* up **4** (*rag.: un conto*) to open; to set* out **5** (*naut.*) to lay* down (on the stocks): **i. una nave**, to lay down a ship; **i. una chiglia**, to lay down the keel of a ship **6** (*archit.*) to build* **7** (*mus.*) to pitch: **i. la voce**, to pitch one's voice. **impostarsi, B** *v. rifl.* to position oneself.

impostare (2), *v. t.* to post; to mail (*più comunemente USA*): **Vado un momento a i.**, I'm just going to post a letter (*o* some letters, etc.).

impostazióne (1), *f.* **1** setting out; planning out **2** (*di un problema*) statement; definition; formulation **3** (*di un'azienda*) setting up **4** (*rag.: d'un conto*) opening (of an account) **5** (*naut.*) laying (on the stocks). ● (*mus.*) **l'i. della voce**, the pitch of the voice.

impostazióne (2), *f.* (*spedizione per posta*) posting; mailing (*specialm. USA*).

impósto, *a.* fixed; forced; imposed; enforced. ● **prezzo i.**, manufacturer's price; recommended (*o* suggested) retail price.

impostóre, *m.* impostor; fraud; swindler.

impostura, *f.* imposture; fraud; swindle.

impotènte, A *a.* impotent (*anche med.*); powerless; unable (to): **rabbia i.**, impotent rage. **B** *m.* (*med.*) impotent man*.

impotènza, *f.* impotence, impotency (*anche med.*); powerlessness; inability.

impoveriménto, *m.* impoverishment.

impoverire, A *v. t.* to impoverish: **i. il terreno**, to impoverish land. **impoverirsi, B** *v. rifl.* to grow* (*o* to become*) poor.

impraticàbile, *a.* (*di strada*) impassable; impracticable.

impraticabilità, *f.* impassability; impracticability; impracticableness.

impratichire, A *v. t.* to train; to exercise. **impratichirsi, B** *v. rifl.* to practise; to get* practice; to exercise oneself (in st.): **Devi impratichirti**, you must get some practice; **i. nella lingua inglese**, to practise the English language.

imprecare, *v. i.* to curse (sb., st.); to imprecate (against) (*lett.*).

imprecativo, *a.* imprecatory; maledictory. ● **formula imprecativa**, curse.

imprecazióne, *f.* imprecation; curse.

imprecisàbile, *a.* indeterminable.

imprecisato, *a.* indeterminate; indefinite; undefined; unsettled.

imprecisióne, *f.* inaccuracy; inexactness; want of precision.

impreciso, *a.* inaccurate; inexact; vague.

impregiudicato, *a.* unprejudiced.

impregnare, A *v. t.* **1** to impregnate; (*imbevere*) to soak, to sature **2** (*specialm. animali: ingravidare*) to impregnate; to fecundate **3** (*fig.*) to imbue, to impregnate (with st.): **È impregnato di odio**, he is imbued with hatred. **impregnarsi, B** *v. rifl.* **1** to become* impregnated **2** (*fig.*) to become* imbued (with st.).

impregnazióne, *f.* **1** impregnation; saturation **2** (*atto, effetto del fecondare*) impregnation; fecundation.

impremeditato, *a.* unpremeditated.

imprèndere, *v. t.* to undertake*; to start; to enter upon.

imprendìbile, *a.* impregnable; (*invincibile*) invincible.

imprenditóre, *m.* (*econ.*) entrepreneur; undertaker **2** (*appaltatore*) contractor: **un i. edile**, a building contractor. ● **i. agricolo**, farmer □ **i. di trasporti**, carrier.

imprenditoriale, *a.* entrepreneurial. ● **classe i.**, contracting class; contractors (*pl.*).

impreparato, *a.* unprepared.

impreparazióne, *f.* unpreparedness.

imprésa, *f.* **1** enterprise; undertaking: **accingersi a un'i.**, to embark on an enterprise; **riuscire nell'i.**, to succeed in the enterprise; **abbandonare l'i.**, to abandon the undertaking; **È un'i.** (*s'intende: grossa, difficile, ecc.*), it's a tremendous (*o* formidable, etc.) undertaking **2** (*azione gloriosa, ecc.*) exploit; feat; deed: **le imprese di Rolando**, the exploits of Roland **3** (*azienda, ditta*) firm; concern; business; undertaking: **i. edile** (*o* **di costruzioni**), building firm; contractors, builders (*pl.*) **4** (*appalto*) contract **5** (*araldica*) device; motto*. ● **i. coronata di successo** (*o* **felicemente completata, ecc.**), achievement □ **i. rischiosa**, venture □ **accingersi a una nuova i.**, to undertake something new □ (*prov.*) **È più la spesa che l'i.**, it's more trouble than it's worth; it doesn't pay.

impresàrio, *m.* **1** entrepreneur; undertaker **2** (*appaltatore*) contractor **3** (*teatr.*) manager; impresario; producer (*USA*). ● **i. di pompe funebri**, undertaker; funeral director.

imprescindìbile, *a.* not to be set aside; not to be ignored; unescapable; unavoidable.

imprescrittìbile, *a.* (*leg.*) indefeasible; imprescriptible: **diritto i.**, indefeasible right.

imprescrittibilità, *f.* (*leg.*) indefeasibility; imprescriptibility.

impreṣentàbile, *a.* unpresentable.
impressionàbile, *a.* **1** impressionable; sensitive; (*emotivo*) easily moved, excitable **2** (*che si spaventa facilmente*) easily frightened **3** (*fotogr.*) sensitive.
impressionabilità, *f.* **1** impressionability; sensitivity; sensitiveness **2** (*fotogr.*) sensitivity.
impressionante, *a.* **1** impressive; striking; kicky (*fam.*, *USA*) **2** (*che spaventa*) frightening; (*che scuote*) shaking, shocking.
impressionare, A *v. t.* **1** to make* an impression upon (sb.); to impress; to affect; to strike*: **Il suo discorso ha molto impressionato l'uditorio**, his speech has made a strong impression on the audience; **La notizia della sua morte ci ha molto impressionato**, the news of his death has affected us deeply; **Il progetto mi ha bene impressionato**, the plan impressed (*o* struck) me favourably **2** (*impaurire*) to frighten; to scare; (*scuotere*) to shake*, to shock: **i. l'opinione pubblica**, to shake public opinion **3** (*fotogr.*) to expose: **i. una pellicola**, to expose a film. **impressionarsi, B** *v. rifl.* **1** to be struck; to be upset: **T'impressioni troppo facilmente**, you are too easily upset **2** (*impaurirsi*) to be frightened; to be scared **3** (*fotogr.*) to be exposed.
impressionato, *a.* **1** impressed: **Rimarrà favorevolmente i.**, he will be favourably impressed **2** (*impaurito*) scared; (*scosso*) shocked; shaken: **Sono rimasto i. quando ho visto tutto quel sangue**, I was shocked when I saw all that blood **3** (*fotogr.*) exposed: **pellicola già impressionata**, a film already exposed.
impressióne, *f.* **1** impression; feeling: **fare buona i. a q.**, to make a good impression on sb.; to impress sb. favourably; **fare molta i.**, to make a great (*o* a strong) impression; **Avevo l'i. che tu non sapessi nulla**, I was under the impression (*o* I had a feeling) that you didn't know anything; **Ho l'i. che non voglia venire**, it's my impression (*o* I have the impression) that he doesn't want to come **2** (*sensazione*) feeling; sensation: **un'i. di freddo (di spavento**), a sensation of cold (*of* fear) **3** (*impronta*) impression; impress; imprint; mark: **l'i. del sigillo sulla cera**, the impression of the seal on the wax; **l'i. di un piede sulla rena**, the imprint (*o* mark) of a foot on the sand **4** (*tipogr.*) impression; printing. ● **che fa i.**, impressive; striking; kicky (*fam.*, *USA*) □ **dare a q. l'i. (di)**, to strike sb. (as): **Mi dà l'i. di una cosa del tutto insolita**, it strikes me as being quite unusual; **Mi diede l'i. che non dicesse la verità**, it struck me that he was not telling the truth □ (*in senso assoluto*) **fare i.**, to impress; to be frightening; to be a frightening (*o* a solemn) thought: **Fa impressione pensare che ogni anno siamo qualche milione di più**, it'a a solemn thought that every year there are a few more millions of us □ **fare i. a q.**, to impress (*o* to strike, to frighten) sb.: **Le fa i. il vuoto**, she's frightened of heights; **Che i. ti fece il progetto?**, how did the plan strike you?; **Mi fece una grande i.**, I was greatly impressed □ (*tipogr.*) **seconda i.: 1980 (terza i.: 1981, ecc.**), reprinted 1980 (reprinted 1981, etc.).
impressioniṣmo, *m.* (*arte*) impressionism.
impressionista, (*arte*) **A** *m.* e *f.* impressionist. **B** *a.* impressionistic.
impressionistico, *a.* (*arte*) impressionistic.
imprèsso, *a.* **1** *V.* **imprimere 2** = **rimanere i. a q.**, to stay (*o* to live on) in sb.'s memory; **M'è rimasto impresso**, I can still remember it.
impressóre, *m.* (*tipogr.*) printer.
imprestare, *v. t.* to lend*; to loan (*specialm. USA*).
imprevedibile, *a.* unforeseeable.
impreveduto, *a.* unforeseen; unexpected.
imprevidènte, *a.* improvident.
imprevidènza, *f.* improvidence.
imprevisto, A *a.* unforeseen; unexpected. **B** *m.* unforeseen (*o* unexpected) event (*o* occurrence); contingency: **Non è potuto venire a causa di un i.**, he was prevented from coming by an unexpected occurrence. ● **salvo imprevisti**, circumstances permitting, all being well.
impreziosire, *v. t.* to make* precious; to embellish (*spesso iron.*).
imprigionaménto, *m.* imprisonment.
imprigionare, *v. t.* **1** to put* in prison; to imprison; to gaol, to jail **2** (*rinchiudere*) to confine; to shut* in; to lock up (*fam.*): **È crudele i. un'allodola in gabbia**, it is cruel to confine a lark in a cage (*o* to cage a lark).
imprigionato, *a.* **1** imprisoned; gaoled, jailed (*USA*) **2** bound: **rimanere i. nella neve**, to be snow-bound **3** caught: **braccio i. sotto una ruota**, arm caught under a wheel. ● **tenere q. i.**, to hold sb. captive; to hold sb. imprisoned.
imprimatur (*lat.*), *m.* (*relig.*) imprimatur.
imprimé (*franc.*), *m.* (*ind. tessile*) print.
imprimere, A *v. t.* **1** (*più comune al fig.*) to impress; to engrave; to print; to imprint: **i. q.c. nella mente di q.**, to impress st. on sb.'s memory **2** (*dare, lasciare un'impronta, anche fig.*) to stamp; to mark; to engrave; to imprint: **i. il bollo su una lettera**, to stamp (*o* to imprint) a postmark on a letter; **i. q.c. nella propria memoria**, to engrave st. on one's memory **3** (*comunicare*) to communicate; to impart; to give*: **i. un movimento a q.c.**, to communicate motion to st.; (*o*, *anche fig.*) to set st. in motion; **i. un impulso**, to give an impulse **4** (*stampare*) to print. ● **i. forza a q.c.**, to exert force on st. □ **i. velocità a q.c.**, to speed st. up. **imprimersi, B** *v. rifl.* to be impressed (*o* engraved, etc.): **Le sue parole si sono impresse nella mia mente**, his words are impressed on my mind. ● **Imprimiti bene in mente ciò che ti dico**, remember (*o* bear in mind) what I am going to say; mark my words.
imprimitura, *f.* (*pitt.*) priming.
improbàbile, *a.* improbable; unlikely: **È i. che parta**, he's unlikely to leave.
improbabilità, *f.* improbability; unlikelihood.
improbità, *f.* (*lett.*) improbity; dishonesty; wickedness.
improbo, *a.* **1** dishonest; wicked **2** (*faticoso*, *duro*) laborious; toilsome, toilful; very hard: **una fatica improba**, very hard work.
improcedibilità, *f.* (*leg.*) lapse.
improducibile, *a.*
improduttività, *f.* unproductiveness.
improduttivo, *a.* unproductive; unfruitful. ● (*econ.*) **capitale i.**, idle money.
imprónta (1), *f.* (*anche fig.*) imprint; impression; print; mark; sign; trace: **l'i. di un piede**, a foot-print; **impronte digitali**, finger-prints; **l'i. del sigillo**, the impression of the seal; **cancellare tutte le impronte**, to wipe out (*o* to remove) all traces; **l'i. del genio**, the mark of genius; **C'era dappertutto l'i. della miseria**, everywhere poverty had left its mark.
imprónta (2), *nella locuz. avv.* **all'i.**, at sight; impromptu; extempore; extemporaneously: **tradurre dal latino all'i.**, to translate from Latin extempore. ● **traduzione all'i. in inglese**, extempore translation into English.
improntare, A *v. t.* **1** to impress; to imprint **2** (*fig.*) to leave* (*o* to set*) one's mark upon; to stamp, to mark (with). **improntarsi, B** *v. rifl.* to assume an expression (of).
improntato, *a.* (*fig.*) characterized (by); full (of); shaped (by). ● **col viso i. a tristezza**, with a sorrowful expression on one's face.
improntitùdine, *f.* effrontery; impudence.
imprónto, *V.* **imprónta (2).**
impronunciàbile, *a.* unpronounceable.
impropèrio, *m.* **1** insult; rude remark **2** (*pl.*) abuse (*sing. collett.*): **coprire q. d'improperi**, to heap abuse on sb.; to abuse sb.
improponibile, *a.* not to be proposed.
impropriaménte, *avv.* improperly; unsuitably; incorrectly.
improprietà, *f.* impropriety; inappropriateness.
impròprio, *a.* **1** improper; inappropriate; incorrect; wrong: **Una cura impropria può causare la morte del paziente**, improper treatment of disease may cause the death of the patient **2** (*sconveniente*) improper; unseemly **3** (*mat.*) improper: **una frazione impropria**, an improper fraction.
improrogàbile, *a.* that cannot be postponed (*o* delayed, put off); unalterable; (*di termine*) not to be extended.
improvvidènza, *f.* (*lett.*) improvidence.
impròvvido, *a.* (*lett.*) improvident; lacking in foresight (*o* in forethought).
improvviṣaménte, *avv.* unexpectedly; suddenly; all of a sudden; out of the blue (*fam.*).
improvviṣare, A *v. t.* to improvise (*anche mus.*); to make* up (on the spur of the moment); to extemporize: **Lo improvviso via via che lo dico**, I make it up as I go along. **improvviṣarsi, B** *v. rifl.* to play; to act as: **i. pittore**, to play the painter.
improvviṣata, *f.* surprise: **fare un'i. a q.**, to give sb. a surprise.
improvviṣatóre, *m.* improviser; improvisator.
improvviṣazióne, *f.* improvisation; extemporization.
improvviṣo, A *a.* (*inaspettato*) unexpected; (*repentino*) sudden; (*imprevisto*) unforeseen. ● **all'i.**, suddenly. **B** *m.* (*mus.*) impromptu.
imprudènte, A *a.* imprudent; incautious; unwary; (*temerario*, *audace*) rash. **B** *m.* e *f.* imprudent person.
imprudenteménte, *avv.* imprudently; incautiously; unwarily; (*temerariamente*) rashly.
imprudènza, *f.* **1** imprudence; incautiousness; unwariness; (*temerarietà*) rashness **2** (*atto*, *comportamento*, *ecc. imprudente*) imprudent (*o* incautious, etc.) act (*o* behaviour, etc.). ● **Non fare imprudenze**, take care of yourself!; be careful!
impubblicàbile, *a.* unpublishable.
impube, impùbere, *a.* (*lett.*) impuberal (*raro*); under the age of puberty.
impudènte, A *a.* shameless; insolent; impudent; cheeky; brazen-faced. **B** *m.* e *f.* impudent (*o* shameless) person; brazenface.
impudènza, *f.* effrontery; impudence; cheek.
impudicìzia, *f.* immodesty; impropriety; indecency.
impudìco, *a.* immodest; improper; indecent.

impugnàbile, *a.* (*leg.*) impugnable.
impugnabilità, *f.* impugnability; contestability (*anche leg.*).
impugnare (1), *v. t.* (*stringere in pugno*) to seize; to grasp; to grip: **i. un bastone**, to grasp a stick. ● **i. la racchetta**, to hold the racket □ **i. la spada** (*sguainarla*), to draw one's sword.
impugnare (2), *v. t.* **1** (*contestare*) to contest; to dispute **2** (*leg.*) to impugn; to contest.
impugnatóre, *m.* (*leg.*) impugner; contestant.
impugnatura, *f.* **1** (*manico*) handle; (*di spada, pugnale, ecc.*) hilt; (*di coltello*) haft; (*di arnese, leva, ecc.*) handgrip **2** (*modo d'impugnare*) grip; grasp.
impugnazióne, *f.* (*leg.*) impugnment; contest.
impulsività, *f.* impulsiveness; impulsivity.
impulsivo, *a.* **1** impulsive; (*impetuoso*) impetuous: **un carattere i.**, an impulsive nature **2** (*fis., mecc.*) impelling; propulsive: **forza impulsiva**, impelling force.
impulso, *m.* **1** impulse; impetus: **i. vitale**, vital impetus; **agire d'i.**, to act on impulse **2** (*spinta*) impulse; thrust; drive **3** (*fig.: incremento*) boost; drive: **Le vendite hanno ricevuto un notevole i.**, sales have been given a substantial boost **4** (*fis., mecc., psic.*) impulse. ● **dare i. a q.c.**, to boost st.
impune, *a.* (*lett.*) unpunished.
impuneménte, *avv.* with impunity.
impunìbile, *a.* unpunishable.
impunibilità, *f.* unpunishability.
impunità, *f.* impunity.
impunito, *a.* unpunished: **restare i.**, to go unpunished.
impuntare, A *v. i.* **1** (*inciampare*) to stumble **2** (*balbettare*) to stammer; to dry up (*fam.*). **impuntarsi, B** *v. rifl.* **1** to jib **2** (*fig.*) to be obstinate; to stick* to one's point; to dig* one's heels in (*fam.*).
impuntatura, *f.* obstinacy.
impuntigliarsi, *v. rifl.* to be obstinate; to take* it into one's head: **i. a fare q.c.**, to take it into one's head to do st.
impuntire, *v. t.* to stitch together; to quilt.
impuntitura, *f.* stitching together; quilting.
impuntura, *f.* (*punto nel cucito*) back-stitch. ● **grossa i.**, saddle-stitch.
impunturare, *v. t.* to backstitch.
impurità, *f.* impurity.
impuro, *a.* (*in ogni senso*) impure: **acqua impura**, impure water; **desideri impuri**, impure desires.
imputàbile, *a.* **1** imputable; attributable; due: **L'incidente è i. a distrazione**, the accident is due to absent-mindedness **2** (*leg.: accusabile, anche*) chargeable: **i. di omicidio**, chargeable with murder.
imputabilità, *f.* (*anche leg.*) imputability.
imputare, *v. t.* **1** (*attribuire*) to impute; to attribute; to ascribe **2** (*leg.: accusare*) to charge (with); to accuse (of); to consider (sb.) responsible (for): **i q. di un delitto**, to accuse sb. of a crime. ● **Questo non gli si può i. a colpa**, he cannot be blamed for this □ **Imputarono a lui quella sconfitta**, he was held responsible for that defeat.
imputato, *m.* (*leg.*) accused person; defendant.
imputazióne, *f.* (*leg.*) **1** imputation; charging **2** (*capo d'i.*) count (of indictment).
imputrescìbile, *a.* imputrescible; not subject to putrescence (*pred.*).
imputridiménto, *m.* putrefaction; rotting.
imputridire, A *v. i.* to rot; to decay; to putrefy; to go* bad. **B** *v. t.* to rot; to cause (st.) to decay.
imputridito, *a.* rotten.
impuzzolentire, *v. t.* to cause (st.) to stink; to make* (st.) stink.
in (1), *prep.* **1** (*stato in luogo, anche fig.*) in; at: **in una scatola**, in a box; **nella scatola**, in the box; **essere in città** (**in campagna, in Italia**), to be in town (in the country, in Italy); **essere in lutto** (**in maniche di camicia, ecc.**), to be in mourning (in one's shirt-sleeves, etc.); **vestire in bianco**, to dress in white; **Non vorrei essere in lui** (*o* **nei suoi panni**), I wouldn't like to be in his place (*o* in his shoes); **un'anima in pena**, a soul in anguish; **essere in cattive acque** (*o* **nei guai**), to be in a bad way; to be in trouble; **essere in uno stato terribile** (**in lacrime, in difficoltà, in «trance»**), to be in a terrible state (in tears, in difficulties, in a trance); **rimanere** (**essere**) **in casa**, to stay (to be) at home (*ma*: in the house); **in cima a**, at the top of; **in fondo a**, at the bottom of; **essere in alto mare**, to be at sea (*anche fig.*); **nel periodo di Natale**, at Christmas; **in punto di morte**, at the point of death **2** (*moto a luogo, anche fig.*) to: **andare in Italia**, to go to Italy; **di giorno in giorno**, from day to day; **di male in peggio**, from bad to worse; **andare in montagna**, to go to the mountains; **tornare in Inghilterra**, to go back to England **3** (*penetrazione in luogo chiuso*) into; in: **Entrai nel negozio**, I went into the shop (*fig.*) **ficcarsi in testa q.c.**, to get st. into one's head; **Lo misi nella scatola**, I put it in(to) the box; **salire in treno**, to get into (*o* on) a train; **entrare in relazioni di affari con q.**, to enter into business relations with sb. **4** (*moto per luogo*) in; round; throughout: **passeggiare in giardino** (**nel parco, ecc.**), to walk in (*o* round) the garden (the park, etc.); **viaggiare in Francia**, to travel in (*o* round) France; **in tutto il mondo**, throughout the world (*o* all over the world) **5** (*su, sopra*) on; upon: **mettersi un cappello in testa**, to put a hat on one's head; **in bicicletta** (**in motoretta, ecc.**), on a bicycle (on a motor-scooter, etc.); **in tavola**, on the table **6** (*dentro*) in; inside: **È in casa**, he is in; **Aspettami in macchina**, wait (for me) inside the car **7** (*tempo*) in; (*talora*) at, on: **in maggio**, in May; **nel 1981**, in 1981; **nel ventesimo secolo**, in the 20th century; **In un'ora si va e si torna**, in one hour you can go there and come back; **Lo feci in un mese**, I did it in a month; **in un batter d'occhio**, in the twinkling of an eye; **in pace e in guerra**, in war and peace; **arrivare in tempo**, (*puntualmente*) to arrive on time; (*in tempo utile*) to arrive in time; **nello stesso tempo**, at the same time; **in quel giorno**, (on) that day; **in questo momento**, at this time; **in una notte d'inverno**, on a winter night; one winter night **8** (*mezzo*) by: **Andrò in automobile** (**in treno, in aeroplano, in nave**), I shall go by car (by train, by plane, by boat); **viaggiare in macchina** (**in treno, in aereo**), to travel by road (by rail, by air) (*ma anche*: in a car, in a train, in an aeroplane) **9** (*trasformazione*) into: **in**: **cambiare lire in sterline**, to change lire into pounds; **La fata cambiò il rospo in principe**, the fairy changed the toad into a prince; **dividere una somma in quattro parti**, to divide a sum in(to) four parts **10** (*modo, condizione*) in: **Il nome era dipinto in rosso**, the name was painted in red; **in fretta**, in a hurry; **in fretta e furia**, in a tearing hurry; **in confidenza**, in confidence; **in breve**, in short; **in cambio**, in exchange; **in segreto**, in secret; **in lode di q.**, in praise of sb.; **in tuo onore**, in your honour; **in astratto**, in the abstract; **scritto in tedesco**, written in German; **essere in condizione di fare q.c.**, to be in a position to do st. **11** (*limitazione*) at; in: **bravo in francese** (**nello sci, ecc.**), good at French (at skiing, etc.); **debole in matematica**, weak in maths **12** (*in qualità di*) as: **avere** (**dare**) **q.c. in dono**, to have (to give) st. as a gift **13** (*materia; è idiom.*): **una statua in bronzo**, a bronze statue; **un vestito in seta**, a silk dress; **una borsa in pelle**, a leather bag **14** (*davanti a un avv. è idiom.*): **in su**, up (*o* uphill); **in giù**, down (*o* downhill) **15** (*davanti a un inf. è idiom.*): **L'ho rivisto nell'andare a scuola**, while going to school, I saw him again; **Nell'aprire la scatola ho rotto il coperchio**, on (*o* in) opening the box, I broke the lid. ● **in apparenza**, on the surface; apparently □ **essere in attesa di q.**, to be waiting for sb. □ (*mecc.*) **in folle**, out of gear (*o* in neutral gear) □ **essere in forse**, to hesitate; to be in doubt □ **in mezzo a**, in the middle of □ **essere in preda al terrore**, to be a prey to terror □ **in serata**, in the course of the evening □ **alzarsi in piedi**, to stand up □ **credere in Dio**, to believe in God □ **dottore in legge** (**medicina, ecc.**), doctor of law (medicine, etc.) □ **fatto in legno**, made of wood □ **Se fossi in te**, if I were you □ **stare in piedi**, to stand □ **Lucia Bianchi in Neri**, Lucia Neri, née Bianchi □ **È più in là**, it's further on □ **Siamo in estate**, it's summertime □ **Tim non è nel numero**, Tim is not among them □ **Eravamo in pochi**, there were only a few of us □ **Eravamo in quattro**, there were four of us □ **Si gioca in undici per parte**, you play it (with) eleven on a side (*o* eleven each side) □ **Lo saprò in giornata**, I shall know today (*o* before tonight, in the course of today).
in (2) (*ingl.*), *a.* (*alla moda, in voga, ecc.*) in. ● **l'essere in**, in-ness.
inabbordàbile, *a.* unapproachable.
inàbile, *a.* **1** unable (to); incapable (of): **i. al lavoro**, unable to work **2** (*mil.*) non-effective; unfit (for): **i. al servizio militare**, unfit for military service **3** (*leg.*) disabled: **i. a stipulare un contratto**, disabled to contract.
inabilità, *f.* **1** incapacity; inability **2** (*mil.*) unfitness **3** (*leg.*) disablement.
inabilitante, *a.* disqualifying; incapacitating.
inabilitare, *v. t.* **1** to disable; to render (sb.) unfit **2** (*leg.*) to disqualify; to incapacitate.
inabilitato, *m.* (*leg.*) disabled person.
inabilitazióne, *f.* **1** unfitness; disability **2** (*leg.*) disqualification; incapacitation.
inabissaménto, *m.* sinking.
inabissare, A *v. t.* to sink*; to engulf. **inabissarsi, B** *v. rifl.* to sink*; to be engulfed; to be swallowed up.
inabitàbile, *a.* uninhabitable.
inabitabilità, *f.* uninhabitableness.
inabitato, *a.* (*lett.*) uninhabited.
inabrogàbile, *a.* unrepealable.
inaccessìbile, *a.* **1** inaccessible (*anche fig.*): **i. alle lusinghe** (**alla pietà**), inaccessible to flattery (to pity) **2** (*fig.*) unapproachable.
inaccessibilità, *f.* **1** inaccessibility **2** (*fig.*) unapproachableness.

inaccettàbile, *a.* unacceptable.
inaccettabilità, *f.* unacceptableness.
inaccordàbile, *a.* unallowable; ungrantable.
inaccostàbile, *a.* unapproachable (*anche fig.*).
inacerbire, A *v. t.* to embitter; (*fig., anche*) to exacerbate. **inacerbirsi, B** *v. rifl.* to become* exacerbated; to sour.
inacetire, *v. t.* e *i.* to turn to (*o* into) vinegar.
inacidiménto, *m.* **1** acidification **2** (*fig.*) embitterment; souring.
inacidire, A *v. t.* **1** to make* acid; to (turn) sour **2** (*fig.*) to embitter; to sour. **B** *v. i.* e **inacidirsi,** *v. rifl.* **1** to (turn) sour **2** (*fig.*) to become* embittered; to be soured.
inacidito, *a.* sour (*anche fig.*). ● **una zitella inacidita,** an embittered spinster.
inacutire, A *v. t.* to sharpen; to make* more acute. **inacutirsi, B** *v. rifl.* to become* more acute.
inadattàbile, *a.* unadaptable; inadaptable.
inadattabilità, *f.* unadaptability.
inadatto, *a.* **1** unsuitable; unfit (for); unsuited (to) **2** (*incapace*) unable; incapable: È i. a comandare, he's unable to command.
inadeguatézza, *f.* **1** inadequacy; insufficiency **2** (*scarsità*) scarsity; scantiness
inadeguato, *a.* **1** inadequate; insufficient **2** (*scarso*) scarce; scanty.
inadempìbile, *a.* that cannot be fulfilled.
inadempiènte, (*leg.*) **A** *a.* defaulting: **parte i.,** defaulting party. **B** *m.* e *f.* defaulter; defaulting party.
inadempiènza, *f.* **inadempiménto,** *m.* non-fulfilment; default. ● (*leg.*) **i. contrattuale,** breach of contract ☐ **i. d'un obbligo,** default.
inadempito, inadempiuto, *a.* unfulfilled; broken: **un voto i.,** a broken vow.
inadopràbile, *a.* unserviceable; no longer of any use (*pred.*).
inafferràbile, *a.* **1** elusive; unseizable; uncatchable **2** (*fig.*) elusive; slippery.
inafferrabilità, *f.* (*anche fig.*) elusiveness.
inaffidàbile, *a.* unreliable.
inaffondàbile, *a.* (*naut.*) unsinkable.
inagìbile, *a.* unfit for use.
inagibilità, *f.* unfitness for use.
inagrestire, *v. i.* (*agric.*) **1** to remain unripe **2** to sour.
inagrire, *v. t.* to make sour: **Il caldo ha inagrito il latte,** the heat has made the milk turn sour.
inalare, *v. t.* (*med.*) to inhale.
inalatóre, *m.* (*med.*) inhaler.
inalatòrio, *a.* (*med.*) inhalant; inhaling. ● **per via inalatoria,** by inhalation.
inalazióne, *f.* (*med.*) inhalation.
inalberaménto, *m.* (*di bandiera, insegna*) hoisting.
inalberare, A *v. t.* **1** (*bandiera, insegna*) to hoist; to raise; (*naut., anche*) to run* up **2** (*piantare ad alberi*) to plant with trees. **inalberarsi, B** *v. rifl.* **1** (*di cavalli*) to rear (up) **2** (*adirarsi*) to get* angry; to fly* off the handle (*fam.*).
inalienàbile, *a.* (*leg.*) inalienable.
inalienabilità, *f.* (*leg.*) inalienability.
inalteràbile, *a.* **1** unalterable; unchangeable; not alterable; (*che non si restringe*) unshrinkable **2** (*del carattere*) even-tempered. ● **colori inalterabili,** fast dyes ☐ **serenità i.,** unshakable good-humour.
inalterabilità, *f.* **1** unalterability **2** (*di colori*) fastness.
inalterato, *a.* unchanged; unaltered.
inalveare, *v. t.* to canalize.
inalveazióne, *f.* canalization.
inamèno, *a.* unpleasant; (*triste e desolato*) dreary, dismal: **un paesaggio i.,** a dreary landscape.
inamidare, *v. t.* to starch.
inamidato, *a.* **1** starched **2** (*fig.: di persona*) starchy; stiff (*pred.*).
inamidatura, *f.* starching.
inammissìbile, *a.* inadmissible: (*leg.*) **prova i.,** inadmissible evidence.
inammissibilità, *f.* inadmissibility.
inamovìbile, *a.* irremovable.
inamovibilità, *f.* irremovability; irremovableness.
inane, *a.* (*lett.*) vain; useless; empty: **un tentativo i.,** a vain attempt.
inanellaménto, *m.* (*rif. ad uccello*) ringing.
inanellare, *v. t.* **1** (*arricciare*) to curl **2** (*munire d'anello: un uccello*) to ring.
inanellato, *a.* **1** (*arricciato*) curly **2** (*ornato di anelli*) ringed.
inanimato, *a.* **1** inanimate (*anche fig.*) **2** (*privo di vita*) dead; lifeless.
inanità, *f.* (*lett.*) inanity; uselessness; emptiness.
inanizióne, *f.* (*med.*) inanition.

inanònimo, *a.* non-anonymous.
inappagàbile, *a.* unsatisfiable; insatiable.
inappagaménto, *m.* (sense of) dissatisfaction; discontentment; discontentedness.
inappagato, *a.* unfulfilled; unsatisfied; dissatisfied.
inappellàbile, *a.* **1** (*leg.*) not open to appeal; unappealable; inappellable. **2** (*fig.*) final; ultimate: **un giudizio i.,** a final judgment.
inappellabilità, *f.* (*leg.*) inappellability.
inappellabilménte, *avv.* without appeal; irrevocably; inappellably.
inappetènte, *a.* without much appetite (*pred.*).
inappetènza, *f.* inappetence; lack of appetite.
inapplicàbile, *a.* inapplicable.
inapplicabilità, *f.* inapplicability.
inapprendìbile, inapprensibile, *a.* that cannot be learnt; difficult to learn.
inapprezzàbile, *a.* **1** (*inestimabile*) inestimable; invaluable **2** (*insignificante*) negligible.
inapprodàbile, *a.* on (*o* at) which it is impossible to land.
inappuntàbile, *a.* faultless; impeccable; irreproachable.
inappuràbile, *a.* unascertainable.
inarato, *a.* (*lett.*) unploughed.
inarcaménto, *m.* **1** arching; bending **2** (*tecn.*) cambering.
inarcare, A *v. t.* **1** to arch; to bend*: **i. la schiena,** to arch one's back **2** (*tecn.*) to camber. ● **i. le sopracciglia,** to raise one's eyebrows. **inarcarsi, B** *v. rifl.* **1** to arch; to bend* **2** (*naut.*) to hog.
inargentare, A *v. t.* to silver-plate; to silver (*anche fig.*). **inargentarsi, B** *v. rifl.* to silver; to take* on a silvery lustre.
inargentato, *a.* **1** silver-plated **2** (*fig.*) silvery; silvery.
inargentatura, *f.* silver-plating; silvering (*lett.*).
inaridiménto, *m.* drying up; withering.
inaridire, A *v. t.* to dry up; to parch; to make* arid (*anche fig.*). **B** *v. i.* e **inaridirsi,** *v. rifl.* to dry up; to wither; to become* arid (*anche fig.*).
inarmònico, *a.* (*lett.*) inharmonious.
inarrendévole, *a.* unyielding.
inarrestàbile, *a.* that cannot be stopped; relentless; (*inesorabile*) inexorable.
inarrivàbile, *a.* **1** unreachable; unattainable **2** (*fig.*) incomparable; unparalleled; unequalled.
inarticolato, *a.* inarticulate: **grida inarticolate,** inarticulate cries.
inascoltato, *a.* unheard; unheeded.
inasinire, *v. i.* **inasinirsi,** *v. rifl.* to become* stupid; to grow* rusty.
inaspettato, *a.* **1** unexpected; sudden **2** (*imprevisto*) unforeseen.
inasprimènto, *m.* **1** embitterment **2** (*fig., anche*) worsening; sharpening; increase in tension; tightening up.
inasprire, A *v. t.* **1** (*amareggiare*) to embitter; to exacerbate **2** (*acuire, aggravare*) to sharpen; to aggravate: **i. l'odio,** to sharpen hatred **3** (*rendere più aspro*) to make* harsher (*o* stricter); to tighten up. **B** *v. i.* e **inasprirsi,** *v. rifl.* **1** to turn bitter (*o* sour) **2** (*fig.*) to be embittered.
inasprito, *a.* **1** soured: **vino i.,** soured wine **2** (*fig.*) soured; embittered: **carattere i.,** soured temperament.
inastare, *v. t.* **1** (*una bandiera, ecc.*) to hoist **2** (*la baionetta*) to fix.
inattaccàbile, *a.* **1** unassailable; impregnable **2** (*fig.*) beyond all criticism; irreprehensible **3** (*resistente*) -proof: **i. dalle tarme,** moth-proof.
inattaccabilità, *f.* **1** unassailableness; impregnability **2** (*fig.*) irreprehensibility.
inattendìbile, *a.* unreliable; unfounded: **un commento i.,** an unfounded comment.
inattendibilità, *f.* unreliability.
inattènto, *a.* inattentive.
inattenzióne, *f.* inattention.
inattéso, *a.* unexpected.
inattìnico, *a.* (*fotogr., fis.*) adiactinic.
inattitùdine, *f.* inaptitude; inaptness.
inattivare, *v. t.* (*scient.*) to inactivate.
inattivazióne, *f.* (*biol.*) inactivation: **i. di un siero,** inactivation of a serum.
inattività, *f.* inactivity; inaction; stagnation.
inattivo, *a.* **1** inactive (*anche chim.*); idle; stagnant: **starsene i.,** to lie idle **2** (*mecc.*) standing. ● (*comm.*) **capitale i.,** unemployed capital.
inattuàbile, *a.* impracticable; unfeasible.
inattuabilità, *f.* impracticability; unfeasibility.
inattuale, *a.* behind the times; outdated; old-fashioned.
inattualità, *f.* lack of topical interest; outdatedness; obsolescence.
inaudito, *a.* unheard-of; unprecedented.

inaugurale, *a.* inaugural: **un discorso i.,** an inaugural address. ● **cerimonia i.,** opening ceremony ☐ (*naut.*) **viaggio i.,** maiden voyage.
inaugurare, *v. t.* to inaugurate; (*una mostra, ecc.*) to open; (*un monumento, ecc.*) to unveil.
inauguratóre, *m.* inaugurator.
inaugurazióne, *f.* inauguration; (*di una mostra, ecc.*) opening; (*di un monumento, ecc.*) unveiling.
inauspicato, *a.* (*lett.*) **1** inauspicious; ill-omened; unlucky **2** (*non desiderato*) undesired; unwelcome.
inavvedutaménte, *avv.* inadvertently; unintentionally.
inavvedutézza, *f.* inadvertence; carelessness; inattention.
inavveduto, *a.* inadvertent; careless; inattentive.
inavvertènza, *f.* inadvertence. ● **avere l'i. di fare q.c.,** to be careless enough to do st.
inavvertitaménte, *avv.* inadvertently; unintentionally.
inavvertito, *a.* unnoticed; overlooked: **passare i.,** to go unnoticed.
inavvicinàbile, *a.* unapproachable.
inazióne, *f.* inaction; idleness; drift.
inazzurrare, A *v. t.* to dye blue. **inazzurrarsi, B** *v. rifl.* to become* (*o* to turn) blue.
incadaverire, *v. i.* to become* corpse-like; to become* a corpse.
incagliaménto, *m.* **1** breakdown; stoppage **2** (*naut.*) running aground (*o* ashore); stranding.
incagliare, A *v. t.* to hinder; to hamper; to slow down; to hold* up. **B** *v. i.* e **incagliarsi,** *v. rifl.* **1** (*naut.*) to ground; to run* aground (*o* ashore); to strand; to strike* **2** (*fig.*) to come* to a stop (*o* to a standstill); (*nel parlare*) to stumble and stop.
incagliato, *a.* (*naut.*) aground.
incàglio, *m.* **1** (*ostacolo*) obstacle; hindrance; impediment **2** (*naut.*) running aground (*o* ashore); stranding.
incàico, *a.* Incaic: **l'impero i.,** the Incaic Empire.
incalcinare, *v. t.* **1** (*coprire con calcina*) to plaster (*o* to cover) with lime **2** (*agric.*) to dress with lime; to spread* lime on.
incalcinatura, *f.* **1** plastering (with lime) **2** (*agric.*) dressing with lime.
incalcolàbile, *a.* incalculable.
incalliménto, *m.* **1** hardening; callousness **2** (*med.*) callosity.
incallire, A *v. t.* to harden; to make* callous. **B** *v. i.* e **incallirsi,** *v. rifl.* to harden; to grow* callous.
incallito, *a.* hardened; indurated; callous (*specialm. fig.*); horny: **mani incallite,** horny hands. ● **un fumatore i.,** an inveterate smoker.
incaloriménto, *m.* (*med.*) inflammation.
incalorire, A *v. t.* to inflame; to heat. **incalorirsi, B** *v. rifl.* **1** to become* inflamed **2** (*infervorarsi*) to get* heated.
incalzante, *a.* pressing; urgent; insistent.
incalzare, A *v. t.* to press (upon); to urge; to be imminent: **Il momento incalza,** time presses (*o* is pressing); **Il pericolo incalza,** danger is imminent. **incalzarsi, B** *v. rifl. recipr.* to follow one another in rapid succession.
incameràbile, *a.* (*leg.*) that can be appropriated.
incameraménto, *m.* (*leg.*) appropriation; confiscation.
incamerare, *v. t.* (*leg.*) to appropriate; to confiscate.
incamiciare, *v. t.* to cover; to coat; to plaster; to line (*anche mecc.*).
incamiciatura, *f.* covering; coating; plastering; lining (*anche mecc.*).
incamminare, A *v. t.* **1** to put* (sb.) on one's way; to send* off **2** (*anche fig.*) to start off; to get* going. **incamminarsi, B** *v. rifl.* to set* out (*o* off); to start; to make* one's way (to): **Dobbiamo incamminarci presto,** we must start early. ● **i. bene nella vita,** to have a good start in life.
incanaglire, *v. i.* to become* a bad lot (*fam.*); to go* to the bad (*fam.*); to sink* low.
incanalaménto, *m.* **1** canalization (*anche fig.*) **2** (*fig.: avviamento*) starting; directing.
incanalare, *v. t.* **1** to canalize (*anche fig.*) **2** (*fig.: avviare*) to start; to direct.
incanalatura, *f.* **1** canalization (*anche fig.*) **2** (*canale*) canal.
incancellàbile, *a.* indelible.
incancherire, A *v. i.* to become* cancerous (*anche fig.*). **B** *v. t.* to render cancerous.
incancrenire, *v. i.* **incancrenirsi,** *v. rifl.* **1** (*med.*) to gangrene; to become* gangrenous **2** (*fig.*) to become* inveterate.
incandescènte, *a.* **1** incandescent; white-hot **2** (*fig.*) heated; burning; fiery.
incandescènza, *f.* incandescence; white heat. ● (*autom.*) **candela a i.,** glow-plug ☐ **lampada a i.,** incandescent lamp.
incannàggio, *m.* (*ind. tessile*) winding; spooling.
incannare, *v. t.* (*ind. tessile*) to wind*; to spool.
incannata, *f.* (*ind. tessile*) spindleful.
incannatóio, *m.* (*ind. tessile*) winder; weft-winder.
incannatóre, *m.* winder.
incannatura, *f.* (*ind. tessile*) winding; spooling: **i. a filo incrociato,** cross winding.
incannicciare, *v. t.* (*costr.*) to lath.
incannicciata, *f.* (*costr.*) lathwork; lathing.
incannicciatura, *f.* (*costr.*) lathing.
incannucciare, *v. t.* **1** (*coprire con cannucce*) to cover with reeds **2** (*sostenere con cannucce*) to stake.
incannucciata, *f.* trellis-work.
incannucciatura, *f.* **1** caning: **i. di un sedile,** caning of a chair **2** (*agric.*) staking with canes.
incantaménto, *m.* enchantment; charm; spell.
incantare, A *v. t.* to enchant; to charm; to bewitch; to hold* spellbound: **L'oratore c'incantò tutti,** the speaker held us all spellbound; **Sembravano incantati da quella donna,** they seemed to be bewitched by that woman. **incantarsi, B** *v. rifl.* **1** to be enchanted (*o* charmed, bewitched); to stand* as if spellbound; (*rimanere immobile, come intontito*) to seem spellbound; to stand* (*o* to be) in a daze; to stop and stare **2** (*incepparsi*) to stick*; to get* stuck; to jam; to break* down: **L'ascensore si è incantato fra due piani,** the lift has stuck between two storeys.
incantato, *a.* enchanted; bewitched; spellbound: **l'isola incantata,** the enchanted island; **Maria ascoltava incantata,** Mary listened spellbound.
incantatóre, A *m.* enchanter; (*mago, anche*) magician, wizard, sorcerer. ● **i. di serpenti,** snake-charmer. **B** *a.* enchanting; bewitching.
incantatrice, *f.* enchantress; (*maga*) witch, sorceress.
incantésimo, *m.* spell; charm; enchantment: **rompere l'i.,** to break the spell.
incantévole, *a.* enchanting; delightful; charming.
incanto (1), *m.* **1** spell; incantation; enchantment; fascination; charm: (*anche fig.*) **rompere l'i.,** to break the spell; **Chi poteva resistere all'i. di quella voce?,** who could resist the fascination of that voice? **2** (*fis.*) charm. ● **come per i.,** as if by magic ☐ **È un i. ascoltarlo,** it's delightful to listen to him ☐ **Il posto è un i.,** the place is heavenly ☐ **Il forestiero parlava ch'era un i.,** the stranger held everybody spellbound by his conversation ☐ **Ti sta d'i.!,** (*ti sta giusto*) it fits you like a glove; (*ti dona*) it's most becoming to you; it looks perfect on you.
incanto (2), *m.* (*asta*) auction: **mettere q.c. all'i.,** to put up st. for auction; to auction st.; **vendita all'i.,** sale by auction; **venduto all'i.,** sold by auction; auctioned.
incantucciare, A *v. t.* to put* in a corner. **incantucciarsi, B** *v. rifl.* to go* (*o* to hide*) in a corner.
incanutiménto, *m.* turning white; greying.
incanutire, A *v. t.* to cause to turn white. **B** *v. i.* to turn white.
incanutito, *a.* (*di capelli*) white, hoary; (*di persona*) white-haired, hoary-haired.
incapace, *a.* **1** incapable (of), unable (to) (*anche leg.*): **i. di decidere q.c.,** incapable of deciding st.; unable to decide st. **2** (*leg.*) incompetent; disabled; disqualified.
incapacità, *f.* **1** incapacity; inability (*anche leg.*) **2** (*leg.*) incompetence; disability; disqualification. ● (*leg.*) **i. d'intendere e di volere,** incapability.
incaparbire, *v. i.* **incaparbirsi,** *v. rifl.* to be obstinate; to take* a firm stand (on st.).
incaparbito, *a.* obstinate.
incapestrare, *v. t.* to put* a halter on.
incaponiménto, *m.* stubborness; obstinacy.
incaponirsi, *v. rifl.* to dig* in one's heels; to take* (it) into one's head (to do st.); to have a bee in one's bonnet (*fam.*); to be pig-headed (about st.).
incappare, *v. i.* (*imbattersi*) to run* (into); to get* oneself (into); to run* up (against): **Sono incappato in un altro ostacolo,** I've run up against another obstacle; **Sono incappato nell'ispettore,** I ran (straight) into the inspector; **Sono incappato in un mare di guai,** I've run into trouble; I've got myself into a mess (*fam.*).
incappato, *a.* wearing a cape (*pred.*); caped; cloaked.
incappellare, A *v. t.* (*naut.*) to rig (a mast). **incappellarsi, B** *v. rifl.* (*fig., fam.*) to take* offence (*o* umbrage).
incappiare, *v. t.* to tighten with a slip-knot.
incappottare, A *v. t.* to wrap (sb.) up in an overcoat. **incappottarsi, B** *v. rifl.* to put* on an overcoat; to wrap oneself up in an overcoat.
incappucciare, A *v. t.* to put* a hood on; to hood. **incappucciarsi, B** *v. rifl.* **1** to put* on one's hood **2** (*fig.*) to be covered (*o* clad).
incappucciato, *a.* hooded.
incapricciarsi, *v. rifl.* **1** to take* a fancy (to, for); to have a whim (for) **2** (*invaghirsi*) to fall* in love (with); to become* infatuated (with).
incapsulaménto, *m.* encapsulation; incapsulation; capsulation.

incapsulare, *v. t.* **1** (*rivestire di capsula*) to encapsulate, to incapsulate; to encapsule; to capsule **2** (*munire di capsula*) to capsule; to fit a capsule to: **i. una bottiglia,** to capsule a bottle **3** (*un dente*) to crown. ● (*tecn.*) **materiale per i.,** encapsulant.

incarceraménto, *V.* **incarcerazióne.**

incarcerare, *v. t.* to imprison; to jail; to gaol; to put* in prison; to incarcerate; to immure.

incarcerazióne, *f.* incarceration; imprisonment.

incardinare, *v. t.* **incardinarsi,** *v. rifl.* to hinge.

incardinazióne, *f.* (*relig.*) incardination.

incaricare, A *v. t.* to charge (sb. with st.); to entrust (st. to sb., sb. with st.); to commit to (sb.'s) charge: **Lo incaricai della traduzione,** I entrusted the translation to him; **La incaricai di badare al bambino,** I committed the child to her charge. ● **Lo incaricai di dirtelo,** I asked him (particularly) to tell you. **incaricarsi, B** *v. rifl.* to undertake*, to take* (it) upon oneself (to do st.); to see (to st.); to take* care (*o* charge) (of st.): **M'incaricherò io di tutto,** I shall take care of everything.

incaricato, A *a.* entrusted (with); charged (with); responsible (for); appointed (to). ● **il Primo Ministro i.,** the Prime Minister designed □ **Ero i. di rispondere alle lettere,** it was my job to answer the letters. **B** *m.* appointee; delegate **2** (*di q.c. di preciso*) man* in charge (of st.); agent; employee **3** (*professore i.*) teacher (*o* professor, *se universitario*) with a temporary appointment. ● **i. d'affari,** «chargé d'affaires» (*franc.*).

incàrico, *m.* **1** charge; commission; assignment; (*compito*) task; (*nomina*) appointment: **Se vai a Londra, ho due o tre incarichi per te,** if you're going to London, I have two or three commissions for you; **Ha ottenuto un buon i. in un'azienda commerciale,** he obtained a good appointment in a business firm **2** (*polit.*) nomination **3** (*posto d'insegnante*) temporary appointment.

incarnare, A *v. t.* to incarnate; to embody: **Il nuovo manuale incarna le mie teorie,** the new handbook embodies my theories. **incarnarsi, B** *v. rifl.* to become* incarnate.

incarnato (1), *a.* incarnate: **Sei l'onestà incarnata,** you are honesty incarnate. ● **il Verbo i.,** the Word made flesh.

incarnato (2), A *a.* (*che ha colore rosa carne*) flesh-coloured; rosy. **B** *m.* complexion.

incarnazióne, *f.* incarnation; embodiment.

incarnire, *v. i.* **incarnirsi,** *v. rifl.* to grow* into the flesh. ● (*med.*) **unghia incarnita,** ingrowing nail.

incarognire, *v. i.* **incarognirsi,** *v. rifl.* to let* oneself rot in idleness; to sink* into a state of sloth.

incarrucolare, A *v. t.* (*tecn.*) to reeve. **incarrucolarsi B** *v. rifl.* to be tangled: **La corda si è incarrucolata,** the rope is tangled in the pulley.

incartaménto, *m.* papers (*pl.*); documents (*pl.*).

incartapecorire, *v. i.* **incartapecorirsi,** *v. rifl.* to shrivel.

incartapecorito, *a.* wizened; shrivelled.

incartare, *v. t.* to wrap (up) in paper; to wrap up.

incartatrice, *f.* (*tecn.*) wrapping machine.

incarto, *m.* **1** *V.* **incartaménto 2** (*involucro*) wrapper; package; bag.

incartocciare, A *v. t.* to put* into a paper bag; to wrap up in paper. **incartocciarsi, B** *v. rifl. V.* **accartocciarsi.**

incartonare, *v. t.* (*rilegare*) to bind* in cardboard.

incasellare, *v. t.* to pigeon-hole.

incassàbile, *a.* (*comm.*) cashable; collectable.

incassaménto, *m.* packing; boxing.

incassare, A *v. t.* **1** to pack into a case (*o* into cases); to box; (*in gabbie*) to crate **2** (*una pietra preziosa*) to set* **3** (*mecc., edil.*) to embed; to build* in **4** (*comm.: riscuotere*) to cash; to collect: **i. un assegno,** to collect a cheque **5** (*pugilato*) to receive (a blow); to take* punishment. **incassarsi, B** *v. rifl.* (*di fiume*) to be (deeply) embanked; (*di sentiero, ecc.*) to be enclosed.

incassato, *a.* **1** enclosed; embanked **2** (*infossato*) deep-set; (deep-)sunken; hollow: **occhi incassati,** hollow eyes.

incassatóre, *m.* **1** packer; boxer **2** (*pugilato*) punchbag (*fig.*).

incassatura, *f.* **1** hollow; cavity **2** (*di gioiello*) setting **3** (*mecc., edil.*) embedment; embedding.

incasso, *m.* **1** collection **2** (*somma incassata*) takings (*pl.*); receipts (*pl.*); proceeds (*pl.*); returns (*pl.*).

incastellaménto, *m.* (*mil.*) battlements (*pl.*).

incastellare, *v. t.* (*mil.*) to fortify (with battlements).

incastellatura, *f.* **1** (*armatura*) frame: (*ind. min.*) **i. di estrazione,** head-frame **2** (*mecc.*) casing **3** (*edil.*) scaffolding **4** (*di macchina da scrivere*) carriage support. ● (*edil.*) **i. a colonna,** pillar □ (*mecc.*) **i. di appoggio** (*o* **di base**), sole-plate.

incastonare, *v. t.* to set*.

incastonatóre, *m.* setter.

incastonatura, *f.* setting.

incastrare, A *v. t.* **1** to insert; to fit in **2** (*edil.*) to fix **3** (*carpenteria*) to mortise **4** (*oreficeria*) to set* **5** (*fig.: mettere nei guai*) to put* (sb.) in a spot; to catch*; (*impegolare*) to involve; to mix up. ● **i. a linguetta,** to tongue. **incastrarsi, B** *v. rifl.* **1** (*penetrare tenacemente*) to stick* (in) **2** (*adattarsi*) to fit (into) **3** (*impigliarsi*) to get* stuck; to be jammed. **C** *v. rifl. recipr.* (*di veicoli*) to telescope.

incastrato, *a.* **1** mortised: **serratura incastrata nell'uscio,** mortised lock **2** (*costr.*) fixed **3** (*fig.*) trapped: **trovarsi i. in una situazione difficile,** to be trapped in a difficult situation.

incastratrice, *f.* (*min.*) slabbing machine.

incastratura, *f.* **1** fitting **2** (*edil.*) fixing **3** (*carpenteria*) mortising **4** (*incastro*) joint.

incastro, *m.* **1** joint **2** (*edil.*) fixed joint **3** (*carpenteria*) gain; dap joint **4** (*mecc.*) slot **5** (*gioco enigmistico*) (kind of) word-puzzle. ● **i. a coda di rondine,** dovetail □ **i. a dente,** cogging □ **i. a maschio e femmina,** groove-and-tongue joint.

incatenacciare, *v. t.* to bolt.

incatenaménto, *m.* chaining.

incatenare, A *v. t.* **1** to chain; to put* (sb.) in chains; (*ai piedi*) to fetter: **i. un prigioniero,** to put a prisoner in chains **2** (*edil.*) to reinforce with tie-rods **3** (*fig.*) to tie (up, down); to captivate: **i. q. a un contratto,** to tie (sb.) down to a contract; **i. i cuori,** to captivate hearts. **incatenarsi, B** *v. rifl. recipr.* to be linked to each other (*o* one another).

incatenatura, *f.* (*edil.*) reinforcement with tie-rods.

incatramare, *v. t.* to tar.

incattivire, A *v. t.* make* bad (*o* wicked). **B** *v. i.* to become* bad (*o* wicked). **incattivirsi, C** *v. rifl.* **1** (*di cibo, ecc.*) to go* bad **2** (*di persona*) to become* wicked; (*di bambini*) to become* naughty **3** (*adirarsi*) to get* cross; to lose* one's temper.

incautaménte, *avv.* incautiously; imprudently; unwarily; rashly.

incàuto, *a.* incautious; imprudent; unwary; rash.

incavalcare, *v. t.* (*mil.: dell'artiglieria*) to mount.

incavallatura, *f.* (*edil.*) truss.

incavare, *v. t.* to hollow out; to scoop out; to groove.

incavato, *a.* hollow; sunken; (*di occhi, anche*) deep-set: **guance incavate,** hollow cheeks; **dagli occhi incavati,** hollow-eyed.

incavatura, *f.* hollow; scoop; groove. ● **l'i. degli occhi,** the (eye-)sockets □ **i. di vita,** waist-line.

incavezzare, *v. t.* to halter; to put* a halter on.

incavicchiare, *v. t.* to peg down; to fasten with pegs.

incavigliare, *v. t.* to peg; to dowel; to pin.

incavigliatura, *f.* (*tecn.*) pegging; dowelling.

incavo, *m.* **1** hollow **2** (*scanalatura*) groove **3** (*mecc.*) notch **4** (*anat.*) socket.

incavolarsi, (*eufemistico*) *V.* **incazzarsi.**

incazzarsi, *v. rifl.* (*pop.*) to get* very angry; to fly* off the handle (*fam.*).

incazzatura, *f.* (*volg.*) (fit of) rage: **prendersi un'i.,** to fly into a rage; to get furiously angry; to blow one's top (*o* stack) (*pop.*).

incèdere (1), *v. t.* to advance; to proceed; to walk with an air of dignity.

incèdere (2), *m.* (solemn) gait.

incedibile, *a.* (*leg.*) non-transferable.

incendiare, A *v. t.* **1** to set* fire to (st.); to set* (st.) on fire **2** (*fig.*) to inflame; to fire. **incendiarsi, B** *v. rifl.* **1** to take* (*o* to catch*) fire; to burst* into flames; (*con fiammata improvvisa*) to flare up: **Il fabbricato s'incendiò,** the building burst into flames **2** (*fig.*) to flare up; to flame up.

incendiàrio, A *a.* incendiary, inflammatory (*anche fig.*): (*scherz.*) **una bionda incendiaria,** an incendiary blonde. **B** *m.* incendiary; arsonist.

incèndio, *m.* **1** fire: **rischio d'i.,** fire risk; **estinguere un i.,** to put out a fire; **Scoppiò un i.,** a fire broke out; **domare un i.,** to get a fire under control; **assicurazione contro l'i.,** fire insurance **2** (*fig.*) fire; flames (*pl.*); ardour. ● **i. doloso,** arson: **provocare un i. doloso,** to commit an arson.

incenerare, *v. t.* to strew* (*o* to sprinkle, to cover) with ashes.

inceneriménto, *m.* incineration.

incenerire, A *v. t.* **1** to burn* (*o* to reduce) to ashes; to incinerate **2** (*fig.*) to wither; to crush; to annihilate: **Lo incenerì con lo sguardo,** she withered him with a glance. **incenerirsi, B** *v. rifl.* to be burnt (*o* reduced) to ashes.

inceneritóre, *m.* incinerator.

incensaménto, *m.* **1** censing; incensing **2** (*fig.*) adulation; flattering.

incensare, A *v. t.* **1** to cense; to incense **2** (*fig.*) to flatter; to adulate. **incensarsi, B** *v. rifl. recipr.* to flatter each other (*o* one another).

incensata, *f.* **1** incensation; swing of censer **2** (*fig.*) flattery; adulation.

incensatóre, *m.* (*adulatore*) flatterer; adulator.

incensatura, *f.* **1** censing; incensing; incensation **2** (*fig.*) adulation; flattery.

incensazióne, f. (relig.) censing; incensing.
incensière, m. censer; thurible.
incènso, m. 1 incense 2 (fig.) flattery; adulation.
incensuràbile, a. above criticism, beyond reproach (pred.); irreproachable. ● **La mia condotta è, spero, i.,** no exception can be taken to my conduct, I trust.
incensurabilità, f. irreproachability.
incensurato, a. uncensured; blameless. ● (leg.) **essere i.,** to have a clean record.
incentivare, v. t. to stimulate; to enliven: **i. la produzione,** to stimulate production.
incentivazióne, f. 1 stimulation 2 (incentivo) incentive. ● (comm.) **i. delle vendite,** sales promotion.
incentivo, m. incentive; stimulant; stimulus*; (comm.) **incentivi di vendita,** sales incentives.
incentrare, A v. t. to place in the centre; to centralize. **incentrarsi, B** v. rifl. to centre: **Tutto s'incentra in questo,** it all centres in this.
incèntro, m. (geom.) incentre.
inceppaménto, m. (mecc.) jamming; jam.
inceppare, A v. t. 1 (bloccare) to clog (up); to block (up) 2 (fig.) to obstruct; to hamper; to hinder; to interfere with 3 (naut.: un'ancora) to foul. **incepparsi, B** v. rifl. 1 (mecc.) to jam; to be blocked; to stick*: **I denti della sega si incepparono a causa della segatura,** the teeth of the saw were clogged with sawdust 2 (naut.: di un'ancora) to foul.
inceppato, a. 1 jammed; stuck: **arma inceppata,** jammed weapon; **meccanismo i.,** jammed mechanism 2 (intralciato) hindered; hampered: **i. nei movimenti,** hampered in one's movements 3 (fig.) awkward; faltering: **stile i.,** faltering style 4 (naut.: detto di ancora) fouled.
inceralaccare, v. t. to seal with wax: **i. un pacco postale,** to seal a parcel with wax.
incerare, v. t. to wax; to polish.
incerata, f. oil-cloth; tarpaulin.
inceratino, m. (di cappello) sweat-band.
incerato, a. waxed; polished. ● **tela incerata,** oil-cloth; oil-skin; tarpaulin.
inceratura, f. waxing.
incerchiare, v. t. (cerchiare) to hoop.
inceronare, (teatr.) **A** v. t. to apply grease-paint to. **inceronarsi, B** v. rifl. to put* on grease-paint.
incertézza, f. 1 uncertainty; doubt: **dissipare ogni i.,** to remove any uncertainty (o all doubts) 2 (indecisione) indecision; hesitation; perplexity; irresolution. ● **essere nell'i.,** to be in a state of uncertainty; to be dubious; (essere indeciso) to be irresolute; to hesitate □ **tenere q. nell'i.,** to keep sb. on tenterhooks; to keep sb. in suspense.
incèrto, A a. 1 uncertain; doubtful; dubious: **tempo i.,** uncertain (o variable) weather; **luce incerta,** uncertain light; half-light; **esito i.,** uncertain (o doubtful, dubious) result; **vittoria incerta,** doubtful victory 2 (indeciso) undecided; hesitating; irresoluto e; (dubbioso) doubtful, dubious; (che non sa) not sure: **È ancora i. se partiremo,** it's still undecided whether we shall leave (or not); **Sono i. sul da farsi,** I am dubious (as to) what to do; **Sono i. se vi parteciperò,** I'm not sure whether I shall take part in it 3 (malsicuro) hesitant; faltering; unsteady: **rispondere con voce incerta,** to reply in a hesitant voice. ● **camminare con passo i.,** to walk unsteadily □ **colori incerti,** indefinite colours. **B** m. 1 – **l'i.,** the uncertain 2 (pl.: guadagni occasionali) perquisites; perks (fam.) 3 (pl.: casi imprevisti) uncertainties. ● **gli incerti del mestiere,** the risks inherent in one's job □ **rimanere nell'i.,** to remain in the dark □ **Vive d'incerti,** he earns a living by doing odd jobs.
incespicare, v. i. to stumble (over); to trip (up, over): **i. in un sasso,** to stumble over a stone; (fig.) **i. nel parlare,** to stumble over one's words.
incessàbile, a. that cannot stop (o cease).
incessante, a. incessant; ceaseless; unceasing; never-ending; perpetual.
incèsso, m. (lett.) gait.
incèsto, m. incest.
incestuóso, a. incestuous.
incètta, f. buying up; hoarding; cornering. ● **fare i. di q.c.,** to buy up st.; to make a corner in st. □ (anche scherz.) **Faccio i. di tutti i gialli nella casa,** I'm collecting all the thrillers in the house.
incettare, v. t. to buy* up; to corner.
incettatóre, m. cornerer; corner-man*; buyer-up.
inchiavardare, v. t. to bolt; to fasten with a bolt.
inchiavettare, v. t. (mecc.) to key; to forelock.
inchièsta, f. 1 investigation; inquiry: **un'i. su q.c.,** an inquiry into st.; an investigation of st.; **fare un'i.,** to conduct an inquiry 2 (i. giornalistica) survey; coverage 3 (sondaggio d'opinioni)

poll 4 (stat.) survey.
inchinare, A v. t. to bow*; to bend*; (abbassare) to lower: **i. il capo,** to bow one's head; **i. gli occhi,** to lower one's eyes. **inchinarsi, B** v. rifl. 1 to bow (to); to make* one's bow (before) 2 (di donna: fare la riverenza) to curtsey, to make* a curtsey (to) 3 (fig.) to give* in; to yield; to bow: **i. al volere di Dio,** to bow to the will of God.
inchino, m. bow; (di donna: riverenza) curtsey. ● **accennare un i.,** to bow slightly □ **con inchini e salamelecchi,** with much bowing and scraping □ **fare un i.,** to bow; (di donna) to curtsey □ **facendo grandi inchini,** bowing right and left.
inchiodare, A v. t. 1 to nail; (per chiudere una cassa, ecc.) to nail down; (per affiggere) to nail up: **i. a una parete (alla croce),** to nail to a wall (to the cross) 2 (mil.: un cannone) to spike 3 (fig.) to nail; to tie; to bind*: **essere inchiodato all'ufficio,** to be tied to the office; **essere inchiodato all'orario,** to be bound by one's time-table; **La malattia lo ha inchiodato a letto,** illness has tied (o confined) him to his bed. **inchiodarsi, B** v. rifl. (fam.) 1 (indebitarsi) to run* (o to get*) into debt 2 (fermarsi di colpo) to stop dead; to pull up short; (bloccarsi) to jam, to stick*.
inchiodatóre, m. nailer.
inchiodatrice, f. (mecc.) box-nailing machine; nailer.
inchiodatura, f. nailing.
inchiostrare, A v. t. (anche tipogr.) to ink. **inchiostrarsi, B** v. rifl. to become* blotted. ● **i. le dita,** to ink one's fingers.
inchiostratóre, m. inker; (tipogr., anche) inking-roller.
inchiostratura, inchiostrazióne, f. (tipogr.) inking.
inchiòstro, m. ink: **i. stilografico** (indelebile, da stampa, da china, simpatico), fountain-pen (indelible, printer's, Indian, sympathetic) ink; **nero come l'i.,** as black as ink; **i. copiativo,** copying ink; **una macchia d'i.,** an ink spot; a blot; (fig.) **fiumi d'i.,** rivers of ink. ● **Non voglio sprecare i. per questo,** I don't want to waste my time writing about it.
inciampare, v. i. 1 to trip (up, over); to stumble (over): **i. in un sasso,** to stumble over a stone; **Inciampai e caddi,** I stumbled and fell 2 (fig.) to stumble upon (o across) (st.); to bump into (sb.); to run* into (o across) (sb.); to bump into (st.); to bump into a creditor. ● **fare i.,** to trip (up): **È contro le regole del calcio fare i. un giocatore,** it is against the rules to trip a player in football.
inciampicare, v. i. to trip; to stumble.
inciampo, m. obstacle; hindrance. ● (fig.: di persona) **essere d'i. a q.,** to be in sb.'s way □ **Proseguimmo senz'altri inciampi,** we went on without further mishaps.
incidentale, a. 1 incidental; casual; occasional 2 (leg.) interlocutory: **sentenza i.,** interlocutory judgment 3 (gramm.) parenthetic(al).
incidentalménte, avv. 1 (a titolo di parentesi) incidentally; by the way; «en passant» (franc.) 2 (per caso) incidentally; casually; by chance.
incidènte, A a. incident: **raggio i.,** incident ray. **B** m. 1 incident; event; occurrence 2 (disgrazia) accident: **C'è stato un i. sulla Roma-Bari,** there has been an accident on the Rome-Bari line 3 (leg.) objection: **sollevare un i.,** to raise an objection. ● **i. aereo,** plane crash □ **i. sul lavoro,** (industrial) injury.
incidènza, f. 1 incidence; impact; (fis.) **angolo d'i.,** angle of incidence 2 (mecc.) clearance 3 (effetto) influence; effect. ● **per i.,** incidentally.
incidere (1), v. t. 1 to cut* into (st.); to engrave (anche fig.); (il rame con acidi, ecc.) to etch; (marmo, pietra, legno) to carve; (intagliare) to inlay*: **i. un nome su una lapide,** to engrave a name on a tombstone 2 (fig., anche) to impress (on, upon): **i. q.c. nella memoria,** to impress st. on one's memory 3 (un albero per ricavarne la resina, ecc.) to tap 4 (registrare) to record 5 (med.) to incise; to lance.
incidere (2), v. i. 1 (gravare) to weigh (on, upon): **Questa tassa incide sul consumatore,** this tax weighs on the consumer 2 (influire) to affect; to have repercussions (on): **L'ambiente incide sul carattere,** environment affects character.
incimurrito, a. 1 (vet.) suffering from distemper 2 (scherz.: raffreddato) suffering from a bad cold.
incinerare, v. t. 1 to incinerate; to burn* (o to reduce) to ashes 2 (cremare) to cremate.
incinerazióne, f. 1 incineration 2 (cremazione) cremation.
incinta, a. f. pregnant; with child; in the family way (fam.): **una donna i.,** a woman with child; an expectant mother; **rimanere i.,** to get pregnant; **essere i.,** to be with child; to be in the family way (fam.).
incipiènte, a. incipient.
incipriare, v. t. **incipriarsi,** v. rifl. to powder: **incipriarsi il naso,** to powder one's nose.
incirca, all', locuz. avv. about; approximately; more or less; roughly: **Ci vorrà un mese all'i.,** it'll take a month, more or less

(*o* about a month).
incisióne, *f.* **1** cut; incision (*specialm. med.*) **2** (*su metallo, legno, pietra, ecc.*) engraving; (*a tratto*) line-engraving; (*ad acquaforte*) etching; (*su rame*) copper-plate engraving; (*su linoleum*) linocut; (*su legno*) wood-engraving (*il procedimento*), wood-cut (*la stampa che se ne è tirata*) **3** (*di tronco d'albero per la resina, ecc.*) tapping **4** (*registrazione*) recording.
incisività, *f.* incisiveness.
incisivo, A *a.* incisive, sharp (*anche fig.*): **uno stile i.**, an incisive style. **B** *m.* (*anat.*) incisor.
inciso, A *a.* engraved; incised. **B** *m.* (*gramm.*) parenthesis*; interpolated clause. ● **per i.**, incidentally.
incisóre, *m.* engraver; (*d'acqueforti*) etcher.
incisoria, *f.* engraver's establishment.
incisòrio, *a.* **1** engraving **2** (*med.*) dissecting. ● **sala incisoria**, anatomical theatre.
incistaménto, *m.* (*biol.*) encystment.
incistarsi, *v. rifl.* (*biol., med.*) to encyst; to form a cyst.
incitaménto, *m.* incitement; incentive; spur; stimulus*; egging on (*fam.*): **La miseria è un i. alla rivolta**, poverty is a spur to rebellion. ● (*leg.*) **i. a delinquere**, instigation to commit a crime.
incitare, *v. t.* to incite; to spur on; to egg on, to goad (*fam.*); to stimulate; to instigate: **i. q. a fare q.c.**, to incite sb. to do st.; to egg. sb. on to do st.
incitatóre, A *m.* inciter; instigator. **B** *a.* incitive; instigative.
incitazióne, *V.* incitamento.
incitrullire, A *v. i.* **incitrullirsi,** *v. rifl.* to become* silly (*o* stupid). **B** *v. t.* to make* dull (*o* stupid). ● **Sono completamente incitrullita da tutto quel rumore**, all that noise has made me quite stupid in the head.
inciuchire, *v. i.* to become* an ass.
incivile, *a.* **1** (*barbaro*) uncivilized **2** (*maleducato*) uncivil; impolite.
inciviliménto, *m.* civilizing; civilization.
incivilire, A *v. t.* to civilize. **incivilirsi, B** *v. rifl.* to become* civilized.
inciviltà, *f.* **1** barbarism **2** (*maleducazione*) incivility; impoliteness; want of manners.
inclassificàbile, *a.* **1** unclassifiable **2** (*fig.*: *pessimo*) dreadful; disgraceful. ● **compito** (**scolastico**) **i.**, classwork (*o* homework) that is too bad for a mark.
inclemènte, *a.* **1** harsh; stern; inclement: **tempo i.**, inclement weather **2** (*spietato*) cruel; merciless; pitiless.
inclemènza, *f.* **1** harshness; sternness; inclemency **2** (*crudeltà*) cruelty; mercilessness; pitilessness.
inclinàbile, *a.* inclinable.
inclinare, A *v. t.* **1** to tilt; to tip; to incline; (*piegare*) to bend*, to bow: **i. la testa**, to bow (*o* to bend, to incline) one's head **2** (*fig.*: *rendere incline*) to dispose; to incline; to bend*; (*indurre*) to induce: **i. q. a fare q.c.**, to induce sb. to do st. **3** (*mecc.*) to rake. **B** *v. i.* **1** (*propendere*) to incline; to tend; to be on the verge of: **Inclino a credere che non sia vero**, I am inclined to believe it isn't true; **Inclino all'ozio**, I tend to be lazy **2** (*pendere*) to lean*; to slope **3** (*mecc.*) to rake. **inclinarsi, C** *v. rifl.* **1** to tilt; to tip; to incline; to slope; to slant; (*pendere*) to lean*; (*piegarsi*) to bend*: **una pianura che s'inclina dolcemente verso il mare**, a plain gently sloping to the sea; **L'asse si inclinò e io caddi**, the plank tipped up (*o* tilted) and I fell down; **I cipressi s'inclinavano al vento**, the cypresses were bending to the wind **2** (*naut.*: *sbandare*) to list **3** (*dell'ago magnetico*) to dip. ● (*aeron.*) **i. in curva** (*o* **in virata**), to bank.
inclinato, *a.* sloping; slanting; inclined; (*chinato*) bowed: **un piano inclinato**, an inclined plane **2** (*propenso, disposto*) disposed; inclined. ● **i. su un fianco**, lop-sided.
inclinazióne, *f.* **1** inclination; slope; slant; tilt; (*angolo d'inclinazione*) angle; (*pendenza di una strada*) gradient: **l'i. di un piano**, the inclination of a plane; **l'i. di un tetto**, the slope of a roof **2** (*fig.*: *propensione*) inclination; tendency; propensity; bent; (*simpatia*) liking: **i. alla malinconia**, an inclination to melancholy; a tendency to be melancholic; **i. all'obesità**, an inclination to stoutness (*o* to grow fat); **seguire le proprie inclinazioni**, to follow one's inclinations; **avere un'i. per q.**, to have a liking for sb. **3** (*i. magnetica*) dip; magnetic inclination **4** (*mecc. e archit.*) camber **5** (*teatr.*) rake: **l'i. del praticabile**, the rake of the stage **6** (*naut.*) rake; list. ● (*aeron.*) **i. trasversale** (*per virata*), bank.
incline, *a.* inclined; prone: **i. all'ira**, prone to anger.
inclinòmetro, *m.* (*aeron., fis.*) inclinometer.
inclito, *a.* (*lett.*) illustrious; famous.
inclùdere, *v. t.* **1** (*comprendere*) to include; to comprise **2** (*implicare*) to imply **3** (*allegare*) to enclose; to attach: **i. q.c. in una lettera**, to enclose st. in a letter.
inclusióne, *f.* inclusion.
inclusivo, *a.* inclusive.

incluso, *a.* **1** (*compreso*) inclusive; included: **tutto i.**, everything included **2** (*accluso*) enclosed; attached: **qui i.**, herewith enclosed. ● **prezzo tutto i.**, all-round (*o* all-in) price; inclusive terms.
incoagulàbile, *a.* incoagulable, uncoagulable.
incoagulabilità, *f.* incoagulability; uncoagulability.
incoativo, *a.* inchoative (*anche gramm.*): **un verbo i.**, an inchoative verb.
incoccare, *v. t.* to nock; to notch.
incocciare, A *v. t.* **1** (*naut.*) to reeve **2** (*dial.*: *incontrare q. per caso*) to bump into (sb.); to run* into (*o* across) (sb.); (*urtare q.c.*) to bump against (*o* into) (st.). **B** *v. i.* (*dial.*) – **i. bene**, to be lucky; **i. male**, to be unlucky. **incocciarsi, C** *v. rifl.* (*fam.*) to persist (obstinately).
incodardire, *v. i.* to become* cowardly.
incoercibile, *a.* incoercible; irrepressible.
incoercibilità, *f.* incoercibility; irrepressibility.
incoerènte, *a.* **1** incoherent: **idee incoerenti**, incoherent ideas **2** (*contraddittorio*) inconsistent: **Il suo resoconto di ciò che era avvenuto era i.**, his account of what had happened was inconsistent. ● (*geol.*) **roccia i.**, loose rock.
incoerènza, *f.* **1** incoherence **2** (*contraddizione*) inconsistency.
incògliere, *v. i.* to befall*. ● **Mal gliene incolse**, no good came of it ☐ **Mal te ne incoglierà**, you shall rue for it.
incògnita, *f.* **1** (*mat.*) unknown quantity (*o* value); unknown **2** (*fig.*) uncertainty; unknown factor. ● **L'avvenire è pieno d'incognite**, we can't tell (*o* we don't know) what the future has in store for us.
incògnito, A *a.* unknown. **B** *m.* **1** incognito; incog (*fam.*): **viaggiare in i.**, to travel incognito; **serbare l'i.**, to preserve one's incognito **2** (*ignoto*) (the) unknown: **temere l'i.**, to dread the unknown.
incoiare, *v. i.* **incoiarsi,** *v. rifl.* to become* leathery.
incollaménto, *m.* sticking.
incollare, A *v. t.* to stick*; (*legno, ecc.*) to glue; (*carta*) to paste; (*pellicola*) to splice; (*ind. tessile, cartaria*) to size: **i. fotografie in un album**, to stick photos in an album; **i. una busta**, to stick up an envelope. **incollarsi, B** *v. rifl.* to stick* (*anche fig.*).
incollatóre, *m.* sticker; poster.
incollatrice, *f.* **1** gluing-machine **2** (*ind. tessile*) sizing-machine **3** (*cinem.*) splicer.
incollatura (1), *f.* sticking; (*di legno*) gluing; (*di carta*) pasting; (*di pellicola*) splicing; (*ind. tessile*) sizing.
incollatura (2), *f.* (*ippica*) neck: **vincere di un'i.**, to win by a neck.
incollerire, *v. i.* **incollerirsi,** *v. rifl.* to lose* one's temper; to get* (*o* to fly*) into a temper.
incollerito, *a.* enraged; furious.
incolmàbile, *a.* (*specialm. fig.*) that cannot be filled.
incolonnaménto, *m.* column formation.
incolonnare, A *v. t.* **1** to draw* (*o* to set*) up in columns; (*con la macchina da scrivere*) to tabulate **2** (*mil.*) to form into columns. **incolonnarsi, B** *v. rifl.* to form columns; (*mettersi in fila*) to file up, to queue up.
incolonnatóre, *m.* (*di macchina da scrivere*) tabulator.
incolóre, incolòrito, *a.* colourless; (*fig.*) dull: **vita i.**, dull life.
incolpàbile, *a.* chargeable; that can be accused.
incolpare, A *v. t.* to blame (sb. for st.); to accuse (sb. of st.); to charge (sb. with st.). **incolparsi, B** *v. rifl.* to accuse oneself. **C** *v. rifl. recipr.* to accuse each other (*o* one another).
incolpévole, *a.* guiltless.
incolpevolézza, *f.* guiltlessness.
incólto, *a.* **1** (*di terreno, campo*) uncultivated; untilled **2** (*fig.*: *non istruito*) uneducated; uncultured; (*non curato*) untidy, unkempt. ● **barba incolta**, straggling beard.
incòlume, *a.* unhurt; unharmed; unscathed (*lett.*); safe and sound.
incolumità, *f.* safety.
incombènte, *a.* impending; overhanging; imminent.
incombènza, *f.* duty; charge; task; office; job (*fam.*).
incómbere, *v. i.* **1** to impend (over sb., st.) **2** (*spettare*) to be incumbent (on sb.); to be up (to sb.): **Il metterli in guardia incombe a te**, it is incumbent on you to warn them.
incombustibile, *a.* incombustible; non-flammable. ● **materiale i.**, fireproof material.
incombustibilità, *f.* incombustibility.
incombusto, *a.* unburnt.
incominciaménto, *m.* (*lett.*) commencement; beginning.
incominciare, *v. t. e i.* to begin*; to start; to commence: **i. un viaggio**, to begin a journey (*o anche solo* to start); **Incomincerò a studiare il russo**, I shall begin (*o* start) to study Russian; **Incominciò a piangere**, she began (*o* started) crying; **Incomincerò a pagina dieci**, I shall begin at (*o* start from) page ten; **Hai inco-**

incommensuràbile

minciato bene, you have started well; Come incominciò l'incendio?, how did the fire start? ● i. a lavorare, to start work □ i. un lavoro nuovo, to start on (o to begin) a new job □ a i. da domani, beginning from tomorrow □ tanto per i., to begin with; for a start □ (prov.) Chi ben incomincia è a metà dell'opera, well begun is half done.

incommensuràbile, a. 1 (mat.) incommensurable 2 (smisurato) measureless; immeasurable.

incommensurabilità, f. incommensurability.

incommerciàbile, a. unmarketable; unmerchantable.

incommerciabilità, f. unmarketability.

incommutàbile, a. incommutable.

incommutabilità, f. incommutability.

incomodare, A v. t. 1 to inconvenience; to bother; to trouble; to disturb 2 (materialmente) to make* uncomfortable. ● Incomodo?, (disturbo?) am I disturbing you?; (sono d'impaccio?) am I in the way?; (posso entrare?) may I (come in)? **incomodarsi**, B v. rifl. to disturb oneself; to trouble; to bother: Non t'incomodare, ci vado da solo, you needn't trouble, I'll go myself; Non s'incomodi, La prego, please, don't disturb yourself; Non importava che t'incomodassi a venire, you shouldn't have bothered to come.

incomodato, a. (indisposto) indisposed; unwell.

incòmodo, A a. uncomfortable (materialmente); inconvenient: una sedia incomoda, an uncomfortable chair; a un'ora incomoda, at an inconvenient (o awkward) time. B m. 1 (slight) inconvenience; bother: Lo posso fare senza i., I can do it: it's no bother (o trouble) at all; gli incomodi di un lungo viaggio in treno, the inconveniences of a long journey by train 2 (indisposizione) slight ailment. ● (di persona) essere d'i. (per q.), to disturb (sb.); to be in the way □ fare il terzo i., to play gooseberry □ pieno d'acciacchi e d'incomodi, full of aches and pains □ terzo i., unwanted third party; odd man out (detto anche di donna) □ togliere l'i. (andarsene), to take one's leave □ Scusi l'i.!, sorry to trouble you □ Se non ti è d'i., if it isn't inconvenient to you □ Quant'è il vostro i.?, what's your charge?

incomparàbile, a. incomparable; peerless; matchless.

incomparabilità, f. incomparableness; peerlessness; matchlessness.

incompatibile, a. 1 incompatible (anche leg.) 2 (inammissibile) unacceptable; inadmissible.

incompatibilità, f. 1 incompatibility (anche leg.): i. di carattere, incompatibility of character 2 (inammissibilità) unacceptableness; inadmissibility.

incompenetràbile, a. impenetrable (anche fig.).

incompenetrabilità, f. impenetrability; impenetrableness (anche fig.).

incompetènte, A a. (anche leg.) incompetent: Come insegnante d'inglese è i., he is incompetent as an English teacher (o to teach English). B m. e f. incompetent; duffer (pop.).

incompetènza, f. (anche leg.) incompetence: i. di un tribunale, incompetence of a court; lack of jurisdiction.

incompianto, a. (lett.) unwept; unregretted.

incompiutézza, f. unfinished state; incompleteness.

incompiuto, a. unfinished; incomplete.

incompletézza, f. incompleteness.

incomplèto, a. incomplete; imperfect; unfinished.

incompostézza, f. 1 (disordine) untidiness; disorder; dishevelment 2 (sconvenienza) unseemliness.

incompósto, a. 1 (disordinato) untidy; disorderly; dishevelled 2 (sconveniente) unbecoming; unseemly.

incomprensibile, a. incomprehensible.

incomprensibilità, f. incomprehensibility.

incomprensióne, f. incomprehension; lack of understanding.

incomprèso, a. (compreso male) misunderstood (anche iron.); (non apprezzato) unappreciated; (non compreso) not understood.

incompressibile, a. (fis.) incompressible.

incompressibilità, f. (fis.) incompressibility.

incomprimibile, a. 1 incompressible 2 (fig.) irrepressible.

incomputàbile, a. incomputable; incalculable.

incomunicàbile, a. incommunicable; (inesprimibile) inexpressible.

incomunicabilità, f. incommunicability.

inconcepibile, a. inconceivable; unthinkable; (incredibile, anche) incredible.

inconcepibilità, f. inconceivability.

inconciliàbile, a. irreconcilable; incompatible.

inconciliabilità, f. irreconcilability; incompatibility.

inconcludènte, A a. 1 inconclusive; unsuccessful: uno sforzo i., an unsuccessful effort 2 (di un discorso, ecc.) desultory; disconnected; incoherent; scattered: frasi inconcludenti, desultory remarks 3 (di persona) feckless; ineffectual; drifting; inefficient. B m. e f. ineffectual person; drifter.

inconcludènza, f. 1 inconclusiveness: l'i. dei suoi discorsi, the inconclusiveness of his speeches 2 (inefficacia) ineffectiveness; (inutilità) uselessness, pointlessness: l'i. dei suoi sforzi, the ineffectiveness of his efforts.

inconcluso, a. not concluded; unfinished.

inconcusso, a. (lett.) firm; unshaken; unshakable; unswerving.

incondizionataménte, avv. unconditionally; without reservation; without reserve.

incondizionato, a. unconditional; unconditioned: (mil.) resa incondizionata, unconditional surrender; (med.) riflesso i., unconditioned reflex.

inconfessàbile, a. unavowable; unmentionable.

inconfessato, a. unconfessed; unavowed; secret.

inconfèsso, a. 1 unconfessed; unshriven 2 (leg.) pleading not guilty.

inconfondibile, a. unmistakable; unique.

inconfortàbile, a. inconsolable.

inconfutàbile, a. irrefutable; incontestable; incontrovertible.

inconfutabilità, f. irrefutability; incontestability; incontrovertibility.

inconfutato, a. unrefuted.

incongelàbile, a. unfreezable; non-freezing. ● (autom.) miscela i., anti-freeze.

incongruènte, a. inconsistent; incongruous; incoherent; inconsequent: una risposta i., an inconsequent reply; un uomo i., an inconsistent man.

incongruènza, f. inconsistency; incongruity; incoherence; inconsequence.

incongruità, f. incongruity; incongruousness.

incòngruo, a. incongruous.

inconoscibile, a. unknowable.

inconoscibilità, f. unknowability; unknowableness.

inconsapévole, a. 1 (ignaro) unaware (of, that); ignorant (of): Era i. dell'accaduto, he was ignorant of the fact 2 (inconscio) unconscious.

inconsapevolézza, f. 1 (ignoranza) unawareness; ignorance 2 (l'essere inconscio) unconsciousness.

inconsapevolménte, avv. unawares; unconsciously.

incònscio, A a. unconscious. B m. – (psic.) l'i., the unconscious.

inconseguènte, a. inconsequent.

inconseguènza, f. inconsequence.

inconsideràbile, a. inconsiderable; negligible; trifling.

inconsideratézza, f. inconsiderateness; thoughtlessness; (avventatezza) rashness.

inconsiderato, a. inconsiderate; thoughtless; (avventato) rash.

inconsistènte, a. insubstantial; tenuous; flimsy; (di notizia, accusa) baseless, unfounded, groundless.

inconsistènza, f. insubstantiality; tenuousness; flimsiness; (di notizia, accusa) baselessness, groundlessness.

inconsolàbile, a. inconsolable; inconsolate (lett.).

inconsuèto, a. unusual; unaccustomed.

inconsulto, a. ill-advised; unadvised; rash.

inconsumàbile, a. inconsumable (anche econ.).

inconsunto, a. (lett.) unconsumed.

incontaminàbile, a. (lett.) that cannot be contaminated; incontaminate.

incontaminato, a. pure; uncontaminated.

incontenibile, a. uncontainable.

incontentàbile, a. 1 insatiable 2 (esigente) hard (o difficult, impossible) to please; exacting. ● sempre i., never satisfied.

incontentabilità, f. 1 insatiability 2 (l'essere esigente) exactingness.

incontestàbile, a. incontestable (anche leg.); indisputable; incontrovertible.

incontestabilità, f. incontestability (anche leg.); indisputability; incontrovertibility.

incontestato, a. undisputed.

incontinènte, a. incontinent; unrestrained.

incontinènza, f. (anche med.) incontinence.

incontrare, A v. t. incontrarsi, v. rifl. 1 to meet*: Lo incontro tutte le mattine, I meet him every morning; Incontriamoci sotto l'orologio, let's meet under the clock; Ci siamo incontrate da Betty, we met at Betty's; Vado a incontrarlo al treno, I'm going to meet him at the train (o, meglio, I'm going to meet his train); C'incontreremo a Filippi, we'll meet at Philippi 2 (davanti a un nome astratto) to meet* with: Non credevo d'i. tanta gentilezza (tanta ostilità), I didn't expect to meet with so much kindness (so much hostility); i. difficoltà, to meet with difficulties 3 (con ostacolo, un rifiuto, ecc.) to come* up against 4 (fam.: imbattersi per caso, anche) to run* into (sb.); to come* across (st.); to fall* in with (sb.): L'ho incontrata proprio ora, I've just run into her; Ho incontrato la citazione che volevi, I came across the quotation you wanted 5 (trovarsi d'accordo) to fall* in (with st.), to agree; (coincidere) to coincide,

incrostatura

to correspond, to match 6 (*sport: calcio, ecc.*) to play; (*pugilato*) to fight*: **Il Manchester United incontrerà** (*o* **s'incontrerà con**) **la squadra del Wolverhampton**, Manchester United will play the «Wolves». **B** *v. i.* (*avere successo*) to be popular (*o* successful); to be a success: **È un modello che incontra molto**, it's a very popular model; **La commedia non ha incontrato**, the play has not been a success. ● **i. il favore di q.**, to find favour with sb.; to meet with sb.'s approval □ **i. il gusto di q.**, to appeal to sb. □ **i. la morte**, to find death □ (*spesso iron.*) **I geni s'incontrano**, great minds think alike.

incontràrio, all', *locuz. avv.* on the contrary.

incontrastàbile, *a.* indisputable; incontestable; unquestionable.

incontrastabilménte, *avv.* indisputably; incontestably; unquestioningly.

incontrastato, *a.* uncontested; unopposed; undisputed.

incóntro (1), *m.* **1** meeting; (*ostile o casuale*) encounter: (*polit.*) **i. al vertice**, summit meeting; **breve i.**, brief encounter **2** (*sport*) match **3** (*rif. a strade*) junction **4** (*mat.*) point of intersection. ● **avere un i. con q.**, to meet sb. □ **fare un brutto i.**, to meet an unpleasant person; (*più forte*) to meet up with a nasty character (*un malvivente*) □ **fare da punto d'i.** (*con q. o q.c.*), to interface □ **punto d'i.** (*o* **d'intersezione**), interface □ (*come saluto*) **Che bell'i.!**, how lovely to see you!

incóntro (2), *avv.* (*e* **incontro a**, *prep.*) **1** toward(s); to: **Andiamo i. all'inverno**, we're going towards winter; **Il ragazzo mi si fece i.**, the boy came towards me **2** (*contro*) against: **i. al nemico**, against the enemy. ● **all'i.**, on the contrary □ **andare i. a difficoltà**, to come up against difficulties □ **andare i. a spese**, to incur expenses □ **andare** (**venire**, *ecc.*) **i. a q.** (*a incontrarlo*), to meet sb.; to go (*o* to come, etc.) to meet sb.: **Nessuno mi era venuto i.**, no one had come to meet me; **Corri i. al babbo!**, run to meet Daddy! □ **andare i. alla morte**, to go to one's death; to meet one's fate □ **andare i. ai desideri di q.**, to meet sb.'s wishes □ **andare i. a dispiaceri** (*o* **a guai**, **a una brutta sorpresa**), to be heading for trouble □ (*fig.*) **Cercheremo di venirvi i.**, we'll try to meet you half-way.

incontrollàbile, *a.* uncontrollable; incontrollable.

incontrollato, *a.* **1** (*privo di controllo*) uncontrolled; unrestrained: **reazioni incontrollate**, uncontrolled reactions **2** (*non accertato*) unconfirmed. ● **voce incontrollata**, rumour.

incontrovèrso, *a.* undisputed.

incontrovertibile, *a.* incontrovertible; indubitable.

inconturbàbile, *a.* imperturbable.

inconveniènte, **A** *m.* drawback; disadvantage: **È un i. non lieve**, it's a considerable drawback. **B** *a.* unsuitable.

inconveniènza, *f.* unsuitability; unsuitableness.

inconvertibile, *a.* inconvertible.

inconvertibilità, *f.* inconvertibility.

inconvincìbile, *a.* unconvincible.

incoordinazióne, *f.* incoordination (*anche med.*).

incoraggiaménto, *m.* **1** encouragement **2** (*fig.*) promotion; fostering; forwarding.

incoraggiante, *a.* encouraging.

incoraggiare, *v. t.* **1** to encourage **2** (*fig.: promuovere*) to promote; to foster; to forward.

incorare, *v. t.* (*lett.*) to hearten; to give* heart to.

incordare, **A** *v. t.* (*mus.: uno strumento*) to string*. **incordarsi**, **B** *v. rifl.* (*irrigidirsi*) to stiffen.

incordatura, *f.* **1** (*mus.: di strumento*) stringing **2** (*med.*) stiffness.

incornare, *v. t.* to gore.

incornata, *f.* goring.

incorniciare, *v. t.* (*anche fig.*) to frame.

incorniciato, *a.* framed.

incorniciatura, *f.* framing; frame.

incoronaménto, *m.* crowning (*anche fig.*).

incoronare, *v. t.* **1** to crown (*anche fig.*) **2** (*fig.: cingere*) to encircle.

incoronazióne, *f.* coronation.

incorporaménto, *m.* V. **incorporazióne**.

incorporante, *a.* (*gramm.*) incorporative; incorporating: **lingue incorporanti**, incorporative languages.

incorporare, **A** *v. t.* **1** to incorporate; to include **2** (*mescolare*) to blend **3** (*un territorio*) to annex **4** (*fin.*) to amalgamate; to combine; to merge. **incorporarsi**, **B** *v. rifl.* **1** to be incorporated **2** (*di sostanze*) to blend **3** (*di territori*) to join **4** (*fin.*) to amalgamate; to combine; to merge.

incorporazióne, *f.* **1** incorporation **2** (*di territori*) annexation **3** (*fin.*) amalgamation; combination; merger.

incorporeità, *f.* incorporeity.

incorpòreo, *a.* incorporeal; bodiless.

incorreggìbile, *a.* incorrigible; (*inveterato*) inveterate, hardened: **un bugiardo i.**, an incorrigible liar.

incorreggibilità, *f.* incorrigibility.

incórrere, *v. i.* to run* into; to incur: **i. nel pericolo**, to run into danger; **i. in una punizione**, to incur punishment.

incorrettézza, *f.* incorrectness; impropriety.

incorrètto, *a.* incorrect; improper.

incorrótto, *a.* uncorrupted; (*anche di un testo*) incorrupt.

incorruttìbile, *a.* incorruptible; (*di cosa materiale*) imperishable.

incorruttibilità, *f.* incorruptibility.

incorsatóre, *m.* (*ind. tessile*) passer.

incorsatura, *f.* (*ind. tessile*) pass.

incosciènte, **A** *a.* **1** unconscious **2** (*irresponsabile*) irresponsible; foolhardy; feckless. **B** *m. e f.* irresponsible person.

incosciènza, *f.* **1** unconsciousness **2** (*irresponsabilità*) irresponsibility; foolhardiness.

incostante, *a.* inconstant; fickle; changeable; variable: **un innamorato i.**, an inconstant lover.

incostanza, *f.* inconstancy; fickleness; variableness.

incostituzionale, *a.* (*leg.*) unconstitutional.

incostituzionalità, *f.* (*leg.*) unconstitutionality.

incravattare, *v. t.* **incravattarsi**, *v. rifl.* to put* a tie on.

increato, *a.* (*relig., filos.*) uncreated; uncreate.

incredìbile, *a.* incredible; unbelievable.

incredibilità, *f.* incredibility.

incredulità, *f.* incredulity.

incrèdulo, **A** *a.* **1** incredulous **2** (*miscredente*) unbelieving. **B** *m.* (*miscredente*) unbeliever.

incrementale, *a.* (*mat.*) incremental.

incrementare, *v. t.* to increase; to promote.

incremento, *m.* increase; growth; increment (*anche mat.*): **i. demografico**, increase in population; **i. produttivo**, growth of productivity.

incréscere, (*lett.*) V. **rincréscere**.

increscióso, *a.* (*most*) regrettable; unpleasant. ● **È molto i.**, it's a great pity.

increspaménto, *m.* **1** (*dell'acqua*) rippling **2** (*di una stoffa*) gathering **3** (*della pelle, della fronte*) wrinkling **4** (*dei capelli*) crisping.

increspare, *v. t.* **incresparsi**, *v. rifl.* **1** (*dell'acqua*) to ripple **2** (*di una stoffa*) to gather **3** (*della pelle, della fronte*) to wrinkle **4** (*dei capelli*) to crisp.

increspato, *a.* **1** (*di stoffa, carta*) crinkled; crepe (*attr.*) **2** (*fig.*) rippled; ripply.

increspatura, *f.* **1** (*dell'acqua*) ripple **2** (*pl.: di una stoffa*) gathers; (*gala*) frill (*sing.*) **3** (*della pelle, della fronte*) wrinkles (*pl.*) **4** (*dei capelli*) crisp.

incretinire, **A** *v. t.* to make* (sb.) quite stupid. **B** *v. i.* **e incretinirsi**, *v. rifl.* to become* stupid.

incrèto, *m.* (*fisiologia*) endocrine secretion.

incriminàbile, *a.* (*leg.*) accusable; chargeable; impeachable; indictable.

incriminare, *v. t.* (*leg.*) to incriminate; to accuse; to charge; to impeach; to indict.

incriminato, *a.* incriminated; impeached; indicted.

incriminazióne, *f.* (*leg.*) incrimination; accusation; charge; impeachment; indictment.

incrinare, *v. t.* **incrinarsi**, *v. rifl.* **1** to crack **2** (*fig.*) to break* up; to deteriorate.

incrinatura, *f.* crack; flaw (*anche fig.*); (*della ceramica*) craze.

incrociare, **A** *v. t.* **1** to cross: **i. le gambe**, to cross one's legs; **i. le braccia**, to cross (*o* to fold) one's arms; (*fig.: scioperare*) to down tools; **i. le spade**, to cross swords **2** (*zool.*) to cross; to crossbreed* **3** (*bot.*) to cross-fertilize. **B** *v. i.* (*naut., aeron.*) to cruise. **incrociarsi**, **C** *v. rifl.* **1** to cross; to intercross; to intersect: **Le nostre lettere si sono incrociate**, our letters crossed (in the post) **2** (*zool.*) to cross; to crossbreed* **3** (*bot.*) to cross-fertilize.

incrociato, *a.* crossed; cross: **tiro i.**, cross-fire; **parole incrociate**, cross-word (puzzle); **argini incrociati**, cross-dyking.

incrociatóre, *m.* (*naut.*) cruiser: **un i. leggero**, a light cruiser.

incrociatura, *f.* **1** (*l'incrociare*) crossing **2** (*il punto d'incrocio*) cross.

incrócio, *m.* **1** crossing **2** (*di razze*) cross; crossbreed **3** (*bot.*) cross-fertilization **4** (*di strade*) cross-roads; crossing: **ad un i.**, at a crossroads; **i. pericoloso**, dangerous crossing **5** (*autom.*) «**i.**» (*cartello*), cross-roads □ **i. a quadrifoglio**, cloverleaf junction.

incrodarsi, *v. rifl.* (*alpinismo*) to get* stuck half-way up (*o* down).

incrollàbile, *a.* indestructible; firm (*anche fig.*); unshakable: **essere i.**, to stand firm.

incrostaménto, *a.* encrusting; crusting.

incrostare, **A** *v. t.* to crust over; to encrust. **incrostarsi**, **B** *v. rifl.* to encrust; to become* encrusted; (*di caldaia*) to scale.

incrostatura, incrostazióne, *f.* **1** encrustment; incrustation,

incrudelire

encrustation 2 (*di tartaro*) scale; (*delle caldaie, anche*) fur. ● **togliere l'i. di una caldaia**, to scale a boiler.
incrudelire, *v. i.* to become* cruel (*o* pitiless); to pile cruelty upon cruelty. ● **i. contro q.**, to treat sb. ruthlessly.
incrudiménto, *m.* (*metall.*) work-hardening.
incrudire, A *v. t.* **1** to sharpen; to aggravate **2** (*metall.*) to work-harden. **B** *v. i.* e **incrudirsi,** *v. rifl.* **1** to grow* worse; to worsen; (*del tempo*) to become* (more) severe **2** (*metall.*) to be work-hardened.
incruènto, *a.* bloodless; without bloodshed. ● (*scherz.*) **battaglia incruenta**, armchair battle.
incruscare, *v. t.* to cover with bran.
incubare, *v. t.* to incubate.
incubatrice, *f.* incubator.
incubazióne, *f.* incubation (*anche med.*): **i. artificiale**, artificial incubation.
incubo, *m.* **1** nightmare; incubus* **2** (*fig., anche*) obsession; constant threat (*o* anxiety).
incùdine, *f.* **1** anvil **2** (*anat., anche*) incus*. ● **essere fra l'i. e il martello**, to be between the devil and the deep blue sea.
inculcare, *v. t.* to inculcate (on, upon).
incultura, *f.* lack of education (*o* culture).
incunabolista, *m.* e *f.* incunabulist.
incunàbolo, *m.* incunabulum*.
incuneare, A *v. t.* (*anche fig.*) to wedge (in). **incunearsi, B** *v. rifl.* (*fig.*) to wedge oneself in.
incupire, A *v. t.* to darken. **B** *v. i.* e **incupirsi,** *v. rifl.* to grow* (*o* to become*, to get*) dark (*o* gloomy); to darken: **Si incupì in volto**, his face darkened.
incuràbile, *a., m.* e *f.* incurable: **una malattia i.**, an incurable disease; **mali incurabili**, incurable evils.
incurabilità, *f.* incurability.
incurante, *a.* **1** heedless; careless; ignoring; regardless: **i. delle mie parole**, ignoring my words **2** (*indifferente*) indifferent.
incuranza, *f.* **1** heedlessness; carelessness **2** (*indifferenza*) indifference.
incùria, *f.* **1** carelessness; heedlessness; negligence **2** (*indifferenza*) indifference.
incuriosire, A *v. t.* to make* (sb.) curious; to excite (sb.'s) curiosity. **incuriosirsi, B** *v. rifl.* to become* curious.
incursióne, *f.* raid; incursion: **un'i. aerea**, an air-raid.
incursóre, *a.* raider.
incurvaménto, *m.* **1** bending; curving; (*di lamiera*) bulging; (*di piastra*) buckling **2** (*curva*) bend; curve; curvature.
incurvare, A *v. t.* **1** to bend* (over, round, etc.); (*in dentro*) to incurvate **2** (*le spalle*) to stoop. **incurvarsi, B** *v. rifl.* to bend*; to curve; (*di lamiera*) to bulge; (*di piastra*) to buckle.
incurvatura, *f.* **1** bend; curve; curvature (*anche med.*); (*di lamiera*) bulge: **i. della spina dorsale**, curvature of the spine **2** (*l'incurvare*) bending; curving.
incustodito, *a.* unguarded; unattended; with no-one on duty: **passaggio a livello i.**, unattended level crossing.
incùtere, *v. t.* to arouse; to excite; to strike*: **i. terrore a q.**, to strike terror into sb.; to strike sb. with terror.
ìndaco, *m.* indigo.
indaffarato, *a.* busy.
indagàbile, *a.* investigable.
indagare, *v. t. e i.* to investigate; to inquire (into); to look into.
indagatóre, A *m.* investigator; inquirer. **B** *a.* inquiring; searching: **uno sguardo i.**, an inquiring look.
indàgine, *f.* **1** investigation; inquiry: **fare delle indagini intorno a q.c.**, to make inquires about st. **2** (*ricerca*) research; search; searching: **i. di mercato**, market (*o* marketing) research. ● **i. demoscopica**, (opinion) poll; opinion survey.
indantrène, *m.* (*marchio: chim.*) indant(h)rene: **colori i.**, indant(h)rene dyes.
indarno, *avv.* (*lett.*) in vain; to no avail.
indebitaménte, *avv.* wrongfully; unduly. ● **appropriarsi i. di q.c.**, to misappropriate st.
indebitaménto, *m.* indebtedness.
indebitare, A *v. t.* to get* (sb.) into debt. **indebitarsi, B** *v. rifl.* to run* (*o* to get*) into debt.
indebitato, *a.* in debt: **essere i. fin sopra i capelli**, to be head over heels in debt.
indébito, *a.* **1** undue; (*immeritato*) undeserved: **pagamento i.**, undue payment **2** (*leg.*) unjust: **arricchimento i.**, unjust enrichment. ● (*leg.*) **appropriazione indebita**, embezzlement.
indeboliménto, *m.* **1** weakening; enfeebling **2** (*debolezza*) weakness; feebleness.
indebolire, A *v. t.* **1** to weaken; to enfeeble **2** (*fotogr.*) to reduce. **indebolirsi, B** *v. rifl.* **1** to grow* weak (*o* feeble); to weaken **2** (*di suoni, colori*) to fade.
indebolitóre, A *m.* (*fotogr.*) reducer. **B** *a.* reducing.
indecènte, *a.* **1** indecent; inproper **2** (*vergognoso*) disgraceful.

indecènza, *f.* **1** indecency **2** (*vergogna*) disgrace; shame.
indecifràbile, *a.* **1** indecipherable; illegible **2** (*incomprensibile*) unintelligible.
indecifrato, *a.* indeciphered.
indecisióne, *f.* **1** indecision; indecisiveness **2** (*irresolutezza*) irresoluteness; irresolution.
indeciso, *a.* **1** undecided; uncertain: **tempo i.**, uncertain weather; **un carattere i.**, an uncertain temper **2** (*irrisoluto*) irresolute.
indeclinàbile, *a.* (*gramm.*) indeclinable.
indeclinabilità, *f.* indeclinableness.
indecomponìbile, *a.* indecomposable.
indecompósto, *a.* (*chim.*) indecomposed.
indecoróso, *a.* indecorous; unseemly; undignified.
indefessaménte, *avv.* tirelessly; indefatigably; incessantly; without stopping.
indefèsso, *a.* tireless; indefatigable; untiring: **un lavoratore i.**, an indefatigable worker.
indefettìbile, *a.* (*lett.*) indefectible; unfailing.
indefettibilità, *f.* indefectibility.
indefinìbile, *a.* indefinable; (*indescrivibile*) indescribable.
indefinibilità, *f.* indefinability; indefinableness.
indefinitézza, *f.* indefiniteness; indefinitude.
indefinito, *a.* **1** indefinite (*anche gramm.*); indeterminate; vague: **l'articolo i.**, the indefinite article **2** (*non risolto*) undefined; (*non giudicato*) «sub judice»: **La vertenza è ancora indefinita**, the controversy is still sub judice.
indeformàbile, *a.* undeformable; non-deformable; crush-proof (*attr.*); (*irrestringibile*) unshrinkable.
indeformabilità, *f.* non-deformability.
indegnità, *f.* **1** unworthiness **2** (*atto indegno*) indignity.
indégno, *a.* **1** unworthy; (*immeritevole*) undeserving; (*immeritato*) undeserved: **Sono i. di tutto ciò**, I am unworthy of all this; **un sospetto i.**, an unworthy suspicion; **una punizione indegna**, an undeserved punishment **2** (*spregevole*) abominable; disgusting; disgraceful; worthless; wretched: **un individuo i.**, a worthless individual; **È riuscito grazie a una finzione indegna**, he has succeeded thanks to an abominable trick; **È una cosa indegna!**, it's disgusting!
indeiscènte, *a.* (*bot.*) indehiscent.
indeiscènza, *f.* (*bot.*) indehiscence.
indelèbile, *a.* **1** indelible: **inchiostro i.**, indelible ink **2** (*fig.*) ineffaceable; enduring.
indelebilménte, *avv.* indelibly.
indeliberataménte, *avv.* unpremeditatedly; without forethought.
indeliberato, *a.* unpremeditated.
indelicatézza, *f.* **1** indelicacy; tactlessness **2** (*atto indelicato*) tactless action; coarse act.
indelicato, *a.* indelicate; indiscreet; tactless; coarse.
indemagliàbile, *a.* non-run; (*di calza da donna*) ladder-proof.
indemaniare, *v. t.* (*leg.*) to escheat.
indemoniare, A *v. i.* **1** to be possessed (by the devil) **2** (*fig.*) to fly* into a rage. **indemoniarsi, B** *v. rifl.* to fly* into a rage; to be like one possessed.
indemoniato, A *a.* **1** possessed; demoniac **2** (*fig.*) frenzied; furious. **B** *m.* **1** demoniac **2** (*fig.*) maniac; one possessed: **gridare come un i.**, to shout like one possessed.
indènne, *a.* uninjured; unhurt; unharmed; (*che non ha subito danno*) undamaged.
indennità, *f.* **1** indemnity; compensation; consideration (money) **2** (*ass., leg.*) indemnity **3** (*al personale*) allowance; benefit; bonus. ● **i. di licenziamento**, severance payment; dismissal wage □ **i. di liquidazione**, retirement bonus □ **i. parlamentare**, emoluments of a Member of Parliament.
indennizzare, *v. t.* to indemnify; to compensate.
indennizzo, *m.* indemnification; compensation; (*il denaro*) indemnity, allowance. ● **domanda d'i.**, claim for damages.
indentare, *v. i.* (*mecc.*) to engage; to mesh.
indentatura, *f.* (*mecc.*) indentation; toothing.
indéntro, *avv.* in; (*con verbi di moto*) inwards: **Si apre i.**, it opens inwards; **più i.**, further in. ● **camminare con i piedi i.**, to turn in one's toes.
indeprecàbile, *a.* (*lett.*) inevitable; ineluctable.
inderogàbile, *a.* unbreakable; intransgressible: **un impegno i.**, an unbreakable commitment.
inderogabilità, *f.* unbreakability.
indescrivìbile, *a.* indescribable; beyond description.
indesideràbile, *a.* undesirable.
indesiderato, *a.* undesired; unwelcome.
indeterminàbile, *a.* indeterminable.
indeterminabilità, *f.* indeterminableness.
indeterminatézza, *f.* indeterminateness.
indeterminativo, *a.* (*gramm.*) indefinite.
indeterminato, *a.* indeterminate; indefinite; (*vago*) vague. ● **a**

tempo i., with no time limit; indefinitely.
indeterminazióne, *f.* indetermination.
indetonante, *a.* (*chim.*) antiknock.
indi, *avv.* (*lett.*) **1** (*di luogo*) whence **2** (*di tempo*) then; afterwards.
Ìndia, *f.* (*geogr.*) India. ● **le Indie Occidentali**, the West Indies.
indiana, *f.* (*tessuto*) printed calico.
indianista, *m. e f.* Indologist; specialist in Indian studies.
indianìstica, *f.* Indology.
indiàno, *a. e m.* **1** (*d'Asia*) Indian; Hindu, Hindoo (*pop.*) **2** (*d'America*) (Red) Indian. ● **in fila indiana**, in single file □ **fare l'i.**, to pretend not to know; to turn a deaf ear.
indiavolato, *a.* **1** possessed; demonic **2** (*impetuoso, travolgente*) devilish; furious; stormy: **un temporale i.**, a devilish storm **3** (*irrequieto*) restless. ● **musica indiavolata**, stirring music □ **ritmo i.**, frenzied rhythm □ **Lo zingaro suonò una ciarda indiavolata**, the gypsy played a czardas with flashing zest.
indicare, *v. t.* **1** (*con l'indice, e fig.*) to point to; to point at; to point out (*dà il senso di una scelta*): **Indicai il fumo all'orizzonte**, I pointed to the smoke on the horizon; **Mi mostrarono un gruppo e vi indicai mio marito**, they showed me a group and I pointed out my husband; **Indicai le difficoltà che ci aspettavano**, I pointed out the difficulties that awaited us **2** (*mostrare, dimostrare, provare*) to show*: **Indica la direzione del vento**, it shows the direction of the wind; **Questro scritto indica presunzione**, this writing shows conceit; **Indica che il ladro è passato di qui**, it shows the thief passed this way; **i. la strada a q.**, to show sb. the way **3** (*mostrare, accennare*) to indicate; to state: **Indicate la vostra preferenza**, indicate your preference; **Un cartello indicava la strada giusta**, a sign-post indicated the right road **4** (*segnare, anche*) to mark: **Faccio una croce per i. il posto**, I'm cutting a cross to mark (*o* to show, to indicate) the place **5** (*essere segno, sintomo di*) to be indicative (*o* a proof) of; to denote: **Questa parola indica disprezzo**, this term is indicative of contempt **6** (*significare*) to mean*: **Ciò indica che intendono attaccare**, it means (*o* shows) that they intend to attack **7** (*per sommi capi*) to outline; to suggest; (*non esplicitamente*) to hint at: **M'indicò lo schema, e gli dissi di scriverlo per esteso**, he outlined a sketch of the plot, and I told him to write it out in full; **Le parole di Sonia sembravano i. una gelosia repressa**, Sonia's words seemed to hint at repressed jealousy **8** (*con cartelli indicatori*) to sign-post: **La strada di Siena è indicata chiaramente**, the Siena road is well sign-posted **9** (*consigliare*) to advise; (*richiedere*) to need; (*prescrivere*) to prescribe: **Per talune malattie sono indicate cure energiche**, some illnesses need severe treatment.
indicativaménte, *avv.* approximately.
indicativo, **A** *a.* **1** indicative (*anche gramm.*) **2** (*di prezzo e sim.*) approximate. **B** *m.* **1** (*gramm.*) indicative **2** (*tel.*) routing code; code number.
indicato, *a.* **1** (*adatto*) suitable; apt **2** (*consigliabile*) advisable.
indicatóre, **A** *m.* **1** (*specialm. negli strumenti*) indicator; (*talora*) gauge: **i. ottico**, optical indicator; **i. di livello**, level gauge; **i. della benzina**, petrol gauge **2** (*guida, prontuario*) guide; guide-book; directory: **i. commerciale**, commercial directory; **i. telefonico**, telephone director **3** (*chim.*) indicator. ● (*autom.*) **i. della velocità**, speedometer □ **i. di direzione**, finger-post; (*econ.*) **i. stradale**, sign-post; road sign; guide-post. **B** *a.* indicative; indicating (*attr.*): **ago i.**, indicating needle. ● **cartello i.**, sign-post; road sign; guide-post.
indicazióne, *f.* **1** indication; sign: **L'uomo non dava nessuna i. di aver capito**, the man gave no indication (*o* no sign) of having understood **2** (*istruzione, spiegazione*) direction: **Ci hanno dato indicazioni sbagliate**, they gave us wrong directions; **indicazioni per l'uso**, directions for use **3** (*informazione*) information (*sempre sing.*). ● **i. sbagliata**, misdirection.
ìndice, **A** *m.* **1** (*in quasi tutti i sensi*) index*: **i. di rifrazione**, index of refraction; refractive index; (*di un libro*) **essere all'I.**, to be on the Index; **i. di mortalità**, index of mortality; mortality rate; **i. del costo della vita**, cost-of-living index; (*radio, telev.*) **i. di gradimento**, audience appreciation index; popularity rating **2** (*dito i., anche*) forefinger **3** (*dei capitoli, ecc. di un libro*) (table of) contents; (*ma: lista delle persone nominate in un testo, ecc.*) **index* 4** (*mat., anche*) exponent **5** (*lancetta, anche*) indicator; pointer; hand **6** (*indizio*) indication; sign: **Questo è un i. dei suoi veri sentimenti**, this is an indication of his real feelings. **B** *a.* indicative: **Questa pretesa è i. della sua cupidigia**, this claim is indicative of his avarice. ● (*econ.*) **i. guida**, leading indicator.
indicìbile, *a.* inexpressible; unutterable; unspeakable.
indicibilménte, *avv.* indescribably; inexpressibly; unutterably; unspeakably.
indicizzato, *a.* **1** (*econ.*) index-linked; indexed **2** (*fin.*) floating-rate (*attr.*).
indicizzazióne, *f.* (*econ.*) index-rating; indexation; indexing.
indietreggiaménto, *m.* withdrawal.
indietreggiare, *v. i.* **1** (*farsi indietro*) to draw* back; to withdraw* **2** (*ritirarsi camminando all'indietro*) to step backwards; to take* a step backwards **3** (*mil.*) to fall* back. ● **i. di pochi passi**, to step back a little.
indiètro, *avv.* **1** (*luogo, tempo*) back; behind: **tornare i.**, to go back; **guardare i.**, to look back; **I.!**, back!; **tirarsi** (*o* **farsi**) **i.**, to draw back; **rimanere i.**, to fall (*o* to be left) behind; **essere i. col lavoro**, to be (*o* to have fallen) behind with one's work **2** (*all'i., moto all'i., anche*) backwards: **avanti e i.**, backwards and forwards (*o* back and forth, to and fro); **non andare né avanti né i.**, to go neither backwards nor forwards (*o* to have come to a standstill); **cadere** (**camminare, ecc.**) **all'i.**, to fall (to walk, etc.) backwards **3** (*naut.*) astern: **I. a tutta forza!**, full speed astern! ● (*di orologio*) **essere i.**, to be slow □ **essere i. con i pagamenti**, to be in arrears with one's payments □ **dare i.**, to give back; to return □ **fare marcia** (*o* **macchina**) **i.**, to back; to go into reverse; (*fig.*) to go back (on what one has said); to beat a hasty retreat □ (*di orologio*) **restare i.**, to lose: **Il mio orologio resta i. di tre minuti al giorno**, my watch loses three minutes a day.
indifendìbile, *a.* indefensible.
indifeso, *a.* undefended; unprotected; helpless.
indifferènte, **A** *a.* **1** indifferent: **essere i. a q.**, to be indifferent to sb. **2** (*noncurante*) regardless **3** (*che non ha importanza*) unimportant; immaterial: **parlare di cose indifferenti**, to speak of unimportant things (*o* of this and that). ● **rimanere i.**, to be unmoved □ **L'uno o l'altro, per me è i.**, one or the other, it's the same to me □ **La notizia mi lascia i.**, the news leaves me cold. **B** *m. e f.* indifferent. ● **fare l'i.**, to pretend not to care.
indifferenteménte, *avv.* indifferently; with indifference.
indifferentismo, *m.* indifferentism.
indifferènza, *f.* indifference; lack of concern; apathy.
indifferenziato, *a.* undifferentiated.
indifferìbile, *a.* that cannot be deferred (*o* put off); undelayable.
indìgeno, **A** *a.* native; indigenous. **B** *m.* native.
indigènte, **A** *a.* very poor; needy; indigent; poverty-stricken; destitute. **B** *m. e f.* needy person; (*pl. collett.*) (the) needy.
indigènza, *f.* indigence; poverty; penury; destitution.
indigerìbile, *a.* indigestible (*anche fig.*).
indigestióne, *f.* indigestion. ● **fare i. di q.c.**, to get indigestion from st.; (*fig.*) to have an overdose (*o* a surfeit) of st.
indigèsto, *a.* **1** (*di cibo*) indigestible; heavy: **cibi indigesti**, heavy food **2** (*fig.: di persona*) unbearable; intollerable; (*di cosa*) boring; tiresome.
indìgete, *a.* (*lett.*) indigetes.
indignare, *v. t.* to make* indignant; to arouse the indignation of. **indignarsi**, **B** *v. rifl.* to be indignant; (*adirarsi*) to get* angry.
indignato, *a.* indignant: **essere i. contro q.** (**per q.c.**), to be indignant with sb. (at st.).
indignazióne, *f.* indignation: **suscitare l'i. di q.**, to arouse sb.'s indignation.
indigòfera, *f.* (*bot.*, *Indigofera*) indigo plant.
indigòide, *a. e m.* (*chim.*) indigoid.
indigotìna, *f.* (*chim.*) indigotin; indigo-blue.
indilatàbile, *a.* non-dilatable; inexpansible.
indilazionàbile, *a.* (*anche comm.*) that cannot be deferred (*o* put off); undelayable.
indimenticàbile, *a.* unforgettable; never-to-be-forgotten.
indimostràbile, *a.* indemonstrable.
indimostrabilità, *f.* indemonstrability.
indimostrato, *a.* unproven; unproved; undemonstrated* **teorie indimostrate**, unproven theories.
ìndio (1), *a. e m.* Indian.
indio (2), *m.* (*chim.*) indium.
indipendènte, **A** *a.* independent; (*di due fatti: senza connessione*) not connected, uncorrelated: **uno Stato i.**, an independent State; (*gramm.*) **proposizioni indipendenti**, independent (*o* main) clauses; **essere i. da q.** (**da q.c.**), to be independent of sb. (of st.); **avvenimenti del tutto indipendenti**, events not connected in any way. **B** *m. e f.* (*polit.*) Independent.
indipendenteménte, *avv.* independently (of); (*prescindendo*) apart, aside (from).
indipendentismo, *m.* (*polit.*) advocacy of the cause of independence.
indipendentista, **A** *m. e f.* (*polit.*) supporter of the cause of independence. **B** *a.* V. **indipendentistico**.
indipendentìstico, *a.* for independence (*pred.*); independence (*attr.*): **movimenti indipendentistici**, movements for independence.
indipendènza, *f.* independence: **guerra d'i.**, war of independence. ● **i. d'opinioni**, freedom of thought.

indire, *v. t.* to announce; to proclaim; to summon; to call: **i. una crociata**, to proclaim a crusade; **i. una riunione parlamentare**, to summon Parliament. ● **i. le elezioni**, to hold elections; to go (*o* to appeal) to the country.

indirètto, *a.* indirect: (*mil.*) **tiro i.**, indirect fire; (*leg.*) **prova indiretta**, indirect (*o* circumstantial) evidence. ● **per vie indirette**, indirectly.

indirizzàbile, *a.* (*elab.*) addressable: **memoria i.**, addressable memory.

indirizzaménto, *m.* (*elab.*) addressing: **i. assoluto** (**differito, indiretto, relativo, ripetitivo**), absolute (deferred, indirect, relative, repetitive) addressing.

indirizzare, A *v. t.* 1 (*corredare dell'indirizzo; rivolgere la parola a*) to address: **i. una lettera a q.**, to address a letter to sb.; **busta indirizzata e affrancata**, stamped addressed envelope; **i. la parola** (*o* **il discorso, ecc.**) **a q.**, to address sb. 2 (*rivolgere, negli altri casi*) to turn: **i. i passi** (**il pensiero**) **a q.** (**a q.c.**), to turn one's steps (one's thoughts) to sb. (to st.) 3 (*mandare q. da q. altro*) to send* (to); to direct (to); to refer (to): **Lo indirizzai al direttore del personale**, I sent him to the staff manager; **M'indirizzarono all'ufficio informazioni**, I was referred to the Enquiry Office 4 (*avviare q. a un'arte, a un mestiere, ecc.*) to train (*o* to educate, to bring* up) (as) (*seguiti dal concreto, per es. non «musica», ma «musicista»*); to have (sb.) trained (*o* educated, brought up) (as): **Fu lo zio che lo indirizzò al canto**, it was his uncle who had him trained as a singer. ● **i. i propri sforzi verso q.c.**, to direct one's efforts towards st. □ **La sua osservazione era indirizzata a me**, his remark was meant for me. **indirizzarsi**, B *v. rifl.* 1 (*dirigersi*) to direct one's steps (towards); to make* one's way (towards) 2 (*rivolgere la parola a*) to address (sb.); (*domandare a*) to ask (sb.); (*scrivere*) to write* (to sb.) 3 (*rivolgersi*) to apply, to turn (to sb.): **A chi dovrei indirizzarmi per informazioni?**, who(m) should I apply to for information?

indirizzàrio, *m.* mailing list; address book.

indirizzatrice, *f.* addressing machine.

indirizzo, *m.* 1 (*postale*) address: **i. del mittente**, sender's address 2 (*messaggio o discorso ufficiale*) address; speech; discourse 3 (*direzione, piega*) direction; turn: **un brutto i.**, a bad turn; **Le cose hanno preso un i. migliore**, things have taken a turn for the better 4 (*linea di condotta*) course; line; trend; approach: **Bisogna mutare i.**, we must follow a new course; **avere preso un buon i.**, to be (*o* to be working) on the right lines. ● **i. di governo** (*o* **della direzione di un'industria, ecc.**) policy □ **i. di studi**, curriculum (*o* idiom.): **Ha preso un i. di studi classici**, he has taken up «Classics» (*o* classical studies) □ **avere un buon i. sin dal principio**, to have a good grounding; to start on the right lines □ **macchina per indirizzi**, addressing machine; addressograph □ **Queste cose sono dette al tuo i.**, this is meant for you.

indisciplina, *f.* indiscipline; lack of discipline: **l'i. di una classe** (**scolastica**), the unruliness of a class. ● **atto d'i.**, breach of discipline.

indisciplinàbile, *a.* indisciplinable.

indisciplinatézza, *f.* unruliness; indiscipline.

indisciplinato, *a.* 1 undisciplined; unruly; insubordinate 2 (*disordinato*) disorderly; undisciplined.

indiscréto, *a.* indiscreet; pushing (*fam.*); (*invadente*) intrusive; (*curioso*) inquisitive.

indiscrezióne, *f.* 1 indiscretion; intrusiveness 2 (*pettegolezzo*) indiscretion; gossip 3 (*fuga di notizie*) leak.

indiscriminato, *a.* indiscriminate.

indiscusso, *a.* undiscussed; undisputed.

indiscutìbile, *a.* indisputable; unquestionable.

indiscutibilménte, *avv.* indisputably; unquestionably; without dispute; beyond controversy.

indispensàbile, A *a.* indispensable; necessary; prerequisite; vital. B *m.* what is necessary.

indispensabilità, *f.* indispensability.

indispettire, A *v. t.* to vex; to make* (sb.) cross; to annoy.
indispettirsi, B *v. rifl.* to get* vexed.

indispettito, *a.* vexed; cross; annoyed.

indisponènte, *a.* irritating; annoying.

indisponìbile, A *a.* 1 (*di cosa*) unavailable 2 (*di persona*) indisposed, unwilling (*seguito da inf.*): **È i. per una vera collaborazione**, he's indisposed to collaborate in a concrete manner 3 (*leg.: di bene*) that cannot be disposed of. B *f.* (*leg., anche quota i.*) portion of estate of which the testator cannot dispose freely; legitim (*in Scozia*); reasonable part (*un tempo, in G.B.*)

indisponibilità, *f.* 1 (*di cosa*) unavailability 2 (*di persona*) indisposition; unwillingness 3 (*leg.: di un bene*) impossibility to dispose of.

indispórre, *v. t.* to put* off; to irritate; to antagonize: **Basta quell'ingresso per i. il cliente**, that entrance is enough to put off any customer; **Cerca di non indisporlo**, try not to antagonize him.

indisposizióne, *f.* indisposition; slight ailment.

indispósto, *a.* unwell; indisposed.

indissociàbile, *a.* indissociable; inseparable.

indissolùbile, *a.* indissoluble.

indissolubilità, *f.* indissolubility.

indistinguìbile, *a.* indistinguishable.

indistintaménte, *avv.* 1 (*senza fare distinzioni*) without distinction; indiscriminately 2 (*in modo confuso*) indistinctly; vaguely.

indistinto, *a.* indistinct; vague; faint.

indistruttìbile, *a.* indestructible; imperishable.

indistruttibilità, *f.* indestructibility; imperishability; imperishableness.

indisturbato, *a.* undisturbed.

indìvia, *f.* (*bot.*, *Cichorium endivia*) endive.

individuale, *a.* 1 individual; personal 2 (*separato*) single; several. ● **gara i.**, race for individuals.

individualismo, *m.* individualism.

individualista, *m.* e *f.* individualist.

individualìstico, *a.* individualistic.

individualità, *f.* individuality.

individualizzare, *v. t.* to individualize.

individualizzazióne, *f.* individualization.

individualménte, *avv.* 1 individually 2 (*uno per uno*) one by one.

individuare, A *v. t.* 1 (*caratterizzare*) to individualize; to characterize 2 (*localizzare*) to locate; to determine; to spot 3 (*distinguere*) to single out; to pick out; to identify. **individuarsi**, B *v. rifl.* to be characterized.

individuazióne, *f.* 1 (*caratterizzazione*) individualization 2 (*localizzazione*) location; determination 3 (*riconoscimento*) individuation; singling out; spotting.

indivìduo, *m.* 1 (*singolo essere*) individual 2 (*spesso spreg.*) person; fellow, chap, dude (*fam.*); guy (*USA*).

indivisìbile, *a.* indivisible.

indivisibilità, *f.* indivisibility.

indivìso, *a.* undivided. ● (*leg.*) **proprietà indivisa**, joint ownership.

indiziare, *v. t.* to throw* suspicion on (sb.).

indiziàrio, *a.* (*leg.*) circumstantial; presumptive: **prova indiziaria**, circumstantial evidence. ● **processo i.** (*o* condotto su base indiziaria), trial based on circumstantial evidence.

indiziato, A *a.* suspected. B *m.* suspect.

indìzio, *m.* 1 sign; (*indicazione*) indication: **Non c'è i. di miglioramento**, there is no sign of any improvement; **È un i. di debolezza**, it's a sign of weakness; **È un i. di quel che ci aspetta**, it's an indication of what awaits us 2 (*traccia*) clue; clew: **Non posso risponderti, ma ti darò qualche i.**, I can't answer that, but I can give you a few clues; **non lasciare nessun i.**, to leave no clues; **Questo i. portò all'arresto di tutta la banda**, this clue led to the arrest of the whole gang 3 (*quasi sempre leg.*) (circumstantial) evidence: **Non vi sono indizi per incriminarlo**, there is no evidence to incriminate him; **Gli indizi contraddicono la vostra confessione**, the evidence contradicts your confession; **Non bastano alcuni indizi**, circumstantial evidence is not enough.

indizióne, *f.* 1 announcement; proclamation 2 (*stor.*) (cycle of) indiction.

Indo, *m.* (*geogr.*) (the) Indus.

indo-ariano, *a.* e *m.* Indo-Aryan.

indòcile, *a.* unruly; recalcitrant; rebellious; untamed.

indocilire, A *v. t.* to render docile; to discipline. **indocilirsi**, B *v. rifl.* to become* docile.

indocilità, *f.* unruliness; indocility.

Indocina, *f.* (*geogr.*) Indo-China.

indocinése, A *a.* e *m.* Indo-Chinese: **gli Indocinesi**, the Indo-Chinese. B *f.* Indo-Chinese woman* (*o* girl).

indoeuropèo, *a.* e *m.* Indo-European.

indogermànico, *a.* e *m.* Indo-Germanic.

indoiranico, *a.* e *m.* Indo-Iranian.

indolcire, A *v. t.* to sweeten. B *v. i.* e **indolcirsi**, *v. rifl.* to sweeten; to become* sweet(er).

ìndole, *f.* nature; disposition; character: **Marianna era di i. romantica**, Marianne had a romantic nature; **l'i. degli Italiani**, the Italian character; **pigro per i.**, lazy by nature. ● **essere d'i. buona** (**cattiva**), to be good-natured (bad-natured) □ **contrario all'i. degli Inglesi** (**degli Americani, ecc.**), un-English (un-American, ecc.).

indolènte, *a.* indolent; slothful; lazy; sluggish; slack.

indolènza, *f.* indolence; slothfulness; laziness; sluggishness; slackness.

indolenziménto, *m.* stiffening; stiffness; numbness.

indolenzire, A *v. t.* to make* sore; (*intorpidire*) to stiffen; to benumb. B *v. i.* e **indolenzirsi**, *v. rifl.* to stiffen; to be

indolenzito, *a.* aching; sore; stiff; numb.
indòlo, *m.* (*chim.*) indole.
indolóre, *a.* painless.
indomàbile, *a.* **1** untamable **2** (*fig.*) indomitable.
indomani, *m.* (the) following day; (the) next day: **L'i. ricominciammo,** the following day we began again.
indomato, *a.* (*lett.*) untamed; wild; (*di cavallo*) not broken.
indomenicato, *a.* in one's Sunday best.
indòmito, *a.* (*lett.*) indomitable: **con coraggio i.**, with indomitable courage.
indoneṣiàno, *a.* e *m.* Indonesian.
indoraménto, *m.* gilding.
indorare, A *v. t.* **1** to gild; (*dei raggi del sole, ecc.*) to touch with gold; (*fig.*) **i. la pillola,** to gild the pill **2** (*cucina*) to fry (st.) to a golden brown. **indorarsi, B** *v. rifl.* to take* on a golden hue.
indoratóre, *m.* gilder.
indoratura, *f.* gilding.
indossare, *v. t.* **1** to wear*; to have (st.) on **2** (*mettere addosso*) to put* (st.) on **3** (*di indossatrice*) to model.
indossatóre, *m.* male model; male mannequin.
indossatrice, *f.* model; mannequin: **i. volante,** free-lance model.
indòsso, *avv.* on: **avere i.**, to have on: **Non mi resta che quello che ho i.**, I've got nothing left but what I have on; **mettere** (*o* **mettersi**) **i.**, to put on. ● **portare i. q.c.**, to wear st.
Indostàn, *m.* (*geogr.*) Hindustan.
indostano, *a.* e *m.* Hindustani.
indòtto (1), *a.* (*lett.*) illiterate; unlearned.
indòtto (2), A *a.* (*anche fis.*) induced: (*econ.*) **consumi indotti,** induced consumption. **B** *m.* (*elettr.*) armature; rotor: **corpo dell'i.**, armature spider. ● **montare un i.**, to armature.
indottrinaménto, *m.* indoctrination.
indottrinare, *v. t.* to indoctrinate.
indovinàbile, *a.* guessable.
indovinare, *v. t.* **1** to guess: **Indovina chi ho visto!**, guess who I saw!; **i. giusto,** to guess right; **i. alla prima,** to guess straight off **2** (*con arte divinatoria*) to divine **3** (*azzeccare*) to hit* the mark (*o* the nail on the head); to hit* it; to guess right. ● **indovinarla** (*azzeccarla*), to hit the nail on the head ○ **tirare a i.**, to make a guess; to guess □ **Non ne indovino una,** I am never right □ **Chi l'indovina è bravo,** your guess is as good as mine □ **Torneranno? Indovinala grillo!,** will they come back? goodness only knows.
indovinato, *a.* successful; inspired; (*ben scelto*) felicitous, well-chosen.
indovinèllo, *m.* riddle; puzzle. ● **Quella donna è per me un i.**, that woman is a mystery to me.
indovino, A *a.* prophetic. **B** *m.* fortune-teller; soothsayer.
indù, *a.*, *m.* e *f.* Hindu; Hindoo.
indubbiaménte, *avv.* undoubtedly; without doubt; doubtless; no doubt; certainly.
indùbbio, *a.* undoubted; sure; certain.
indubitàbile, *a.* indubitable; unquestionable.
indubitabilità, *f.* indubitableness; unquestionability.
indubitato, *a.* undisputed.
inducènte, *a.* (*elettr.*) inductive.
indugiare, *v. i.* **indugiarsi,** *v. rifl.* **1** to take* a long time (over); to take* (so) long; to be slow (in, over); to stay too long; to delay: **Non hai indugiato!**, you didn't take long!; **Non credevo che il gassista indugiasse tanto,** I didn't expect the gas-man to take so long; **L'albergo indugia a rispondermi,** the hotel is slow over (*o* has delayed) answering me **2** (*con riluttanza a proseguire*) to linger (over); to hang* on (*fam.*): **Sì, bellissimo, ma non bisogna i.**, yes, splendid, but we mustn't linger; **Indugerò ancora qualche giorno,** I shall hang on a few more days **3** (*trattenersi*) to stay on; to stay behind: **Mi sono indugiato a parlare,** I stayed behind to talk. ● **senza i.**, without delay.
indùgio, *m.* delay: **senza i.**, without delay. ● **rompere gl'indugi,** to put an end to all the obstacles.
induiṣmo, *m.* (*relig.*) Hinduism.
induista, *m.* e *f.* (*relig.*) Hindu.
induistico, *a.* (*relig.*) Hindu; Hindoo.
indulgènte, *a.* **1** indulgent; lenient **2** (*rif. a cose: mite*) mild; light; lenient.
indulgènza, *f.* indulgence (*anche relig.*); leniency; forbearance: **i. plenaria,** plenary indulgence; **saper meritare l'i. di q.**, to win sb.'s indulgence; **per i. del pubblico,** thanks to the forbearance of the audience. ● **Ci vuole un po' d'i.!**, don't be hard on him (*o* her, them)!
indùlgere, *v. i.* **1** to indulge (in st.) **2** (*secondare*) to comply (with st.).
indulto, *m.* **1** (*leg.*) pardon **2** (*relig.*) indult.
induménto, *m.* garment; (*pl.*, *anche*) clothes. ● **indumenti da sci,** skiwear (*sing. collett.*) □ **indumenti intimi,** underwear (*sing. collett.*).
induriménto, *m.* hardening (*anche med.*).
indurire, A *v. t.* (*anche fig.*) to harden; (*del sole, della siccità, anche*) to bake (st.) hard. **indurirsi, B** *v. rifl.* **1** to grow* hard; to harden **2** (*del cemento, ecc.*) to set*.
indurre, A *v. t.* **1** to induce; to persuade; to lead*: **Tutto m'induce a credere che sia autentico,** everything leads me to believe that it is genuine; **Cerca d'indurlo a venire,** try to persuade him to come; **Non c'indurre in tentazione,** lead us not into temptation **2** (*filos.*) to infer; to induce **3** (*elettr.*) to induce. ● **i. in errore,** to mislead; (*fig.*) to lead astray. **indursi, B** *v. rifl.* (*decidersi*) to make* up one's mind; to decide: **Non sapeva i. a darci la brutta notizia,** he couldn't make up his mind to tell us the bad news.
indùṣio, *m.* (*bot.*) indusium*.
industre, *a.* (*lett.*) industrious; painstaking.
indùstria, *f.* **1** industry; manufacture; trade: **i. tessile** (**siderurgica, ecc.**), textile industry (iron and steel industry, etc.); **l'i. pesante,** the heavy industry; **le industrie leggere,** light industries; **l'i. cotoniera,** the cotton trade; **l'i. editoriale,** the publishing trade **2** (*operosità, diligenza*) industry; industriousness; diligence. ● **i. dello spettacolo,** show-business □ (*econ.*) **i. protetta,** sheltered industry □ (*econ.*) **i. sovvenzionata** (*dallo Stato*), subsidized industry.
industriale, A *a.* industrial: **chimica i.**, industrial chemistry; **una scuola i.**, an industrial school. **B** *m.* e *f.* industrialist; manufacturer. ● **i. del petrolio,** oil magnate.
industrialismo, *m.* industrialism.
industrializzare, *v. t.* to industrialize.
industrializzazióne, *f.* industrialization.
industriarsi, *v. rifl.* to try (hard); to do* one's best: **Per quanto m'industriassi, non riuscivo a sapere cos'era successo,** try as I might, I couldn't get to know what had happened; **M'industriai di fare come voleva lui,** I did my best to do as he wanted.
industrióso, *a.* industrious; hard-working.
induttanza, *f.* (*elettr.*) inductance.
induttivo, *a.* (*filos., elettr.*) inductive: **il metodo i.**, the inductive method.
induttòmetro, *m.* (*elettr.*) inductometer.
induttóre, (*elettr.*) **A** *m.* inductor: **i. a nucleo magnetico,** iron-core inductor. **B** *a.* inductive.
induzióne, *f.* (*in tutti i sensi*) induction.
inebetire, A *v. t.* to make* stupid; to stupefy; (*stordire*) to stun. **B** *v. i.* e **inebetirsi,** *v. rifl.* to become* stupid; to be stupefied.
inebetito, *a.* stupefied; stunned: **essere i. dal dolore,** to be stupefied by grief. ● **sguardo i.**, blank look □ **Ero completamente i.**, my mind was a complete blank.
inebriaménto, *m.* inebriety; inebriation; intoxication.
inebriante, *a.* intoxicating; (*fig.*) stirring.
inebriare, A *v. t.* (*anche fig.*) to intoxicate; to inebriate (*lett.*) **2** (*fig.*) to ravish. **inebriarsi, B** *v. rifl.* **1** to drink* oneself drunk **2** (*fig.*) to go* into raptures.
ineccepibile, *a.* unexceptionable.
inèdia, *f.* starvation. ● **morire d'i.**, to starve (to death); (*fig.*) to be bored to death.
inedificàbile, *a.* (land) on which building is forbidden.
inèdito, A *a.* **1** unpublished **2** (*fig.*) new. **B** *m.* unpublished work.
ineducàbile, *a.* ineducable; difficult to educate.
ineducato, *a.* impolite; ill-mannered; rude.
ineducazióne, *f.* impoliteness; ill-breeding; bad manners (*pl.*); rudeness.
ineffàbile, *a.* ineffable; inexpressible.
ineffabilità, *f.* ineffability.
ineffettuàbile, *a.* impracticable; unfeasible.
inefficace, *a.* inefficacious; ineffectual; ineffective.
inefficàcia, *f.* inefficacy; ineffectualness; ineffectiveness.
inefficiènte, *a.* inefficient; ineffective; (*di cosa*) ineffectual.
inefficiènza, *f.* inefficiency; ineffectiveness.
ineguagliàbile, *a.* matchless; peerless; without equal.
ineguaglianza, *f.* **1** inequality **2** (*di superficie*) unevenness.
ineguale, *a.* **1** unequal: **triangoli ineguali,** unequal triangles; **di condizione sociale i.**, of unequal social status **2** (*irregolare*) irregular; (*di superficie, ecc.*) uneven: **una strada buona ma con superficie i.**, a good road but with an uneven surface; **tessitura i.**, uneven weaving; (*med.*) **un polso i.**, an irregular pulse; **a intervalli ineguali,** at irregular intervals **3** (*variabile*) changeable; inconstant: **un umore i.**, a changeable disposition.
inegualità, V. **ineguaglianza.**
inelegante, *a.* inelegant; unpolished; ungraceful. ● **maniere ineleganti,** unrefined manners.
ineleganza, *f.* inelegance; ungracefulness.
ineleggìbile, *a.* ineligible.

ineleggibilità, *f.* ineligibility.
ineluttàbile, *a.* ineluctable.
ineluttabilità, *f.* ineluctability.
inenarràbile, *a.* untellable; indescribable; (*indicibile*) unspeakable.
inequivocàbile, *a.* unequivocal; unambiguous.
inerbire, *v. t.* to turf; to cover with turf; to grass.
inerènte, *a.* inherent (in); concerning (st.); attendant (on, upon); incident (to).
inerènza, *f.* inherence; inherency.
inèrme, *a.* unarmed; defenceless.
inerpicarsi, *v. rifl.* to climb (up); to clamber (up).
inèrte, *a.* inert (*anche chim.*); inactive; sluggish: **materia i.**, inert matter.
inèrzia, *f.* 1 inertness; inactivity; sluggishness: **La frattura lo condanna all'i. forzata**, his fracture condemns him to a forced inactivity 2 (*fis.*) inertia: **forza d'i.**, inertial force (*anche fig.*). ● (*fig.*) **andare avanti per forza d'i.**, to keep going; to go automatically on.
inerziale, *a.* (*fis.*) inertial.
inesattaménte, *avv.* inexactly; incorrectly.
inesattézza, *f.* inexactitude; inexactness; inaccuracy; (*svista*) slip. ● **i. di calcolo**, wrong calculation □ **pieno d'inesattezze**, very inaccurate.
inesatto (1), *a.* inexact; inaccurate; incorrect: **un testo i.**, an inaccurate text; **un indirizzo i.**, an incorrect address; **una persona inesatta**, an inexact sort of person.
inesatto (2), *a.* (*non riscosso*) uncollected.
inesaudìbile, *a.* that cannot be granted.
inesaudito, *a.* ungranted. ● **desiderio i.**, unsatisfied wish.
inesauribile, *a.* inexhaustible.
inesauribilità, *f.* inexhaustibility; inexhaustibleness.
inesàusto, *a.* inexhausted.
inescare, *v. t.* to bait: **i. un amo**, to bait a hook.
inescusàbile, *a.* (*lett.*) inexcusable.
ineseguìbile, *a.* 1 that cannot be carried out; impracticable 2 (*di opera teatrale*) that cannot be performed.
ineseguito, *a.* 1 not carried out 2 (*di opera teatrale*) unperformed.
inesigibile, *a.* irrecoverable; uncollectible: **un credito i.**, an irrecoverable debt (*o* credit); a bad debt.
inesigibilità, *f.* irrecoverableness.
inesistènte, *a.* inexistent; non-existent.
inesistènza, *f.* inexistence; non-existence: (*leg.*) **proscioglere per i. di reato**, to acquit for non-existence of a crime. ● **i. di un contratto**, contract null and of no effect.
inesoràbile, *a.* inexorable; relentless; unrelenting.
inesorabilità, *f.* inexorability; inexorableness; relentlessness.
inesperiènza, *f.* inexperience; lack of experience.
inespèrto, *a.* 1 inexpert; unpractised; unskilled: **un cuoco i.**, an inexpert cook; **un dottore i.**, an unpractised doctor 2 (*senza esperienza*) inexperienced; (*della vita, del mondo*) unsophisticated: **una ragazza ingenua e inesperta**, a naive unsophisticated girl.
inespiàbile, *a.* that cannot be expiated; inexpiable.
inespiato, *a.* unexpiated; inexpiate.
inesplicàbile, *a.* inexplicable; unaccountable.
inesplicabilità, *f.* inexplicability; unaccountableness.
inesplicato, *a.* unexplained.
inesploràbile, *a.* 1 that cannot be explored 2 (*fig.*) unfathomable; impenetrable.
inesplorato, *a.* unexplored.
inesplòso, *a.* unexploded. ● **proiettile i.**, live shell.
inespressivo, *a.* inexpressive.
inesprèsso, *a.* 1 unexpressed 2 (*fig.*) unspoken; tacit.
inesprimìbile, *a.* inexpressible.
inespugnàbile, *a.* 1 impregnable; inexpugnable 2 (*fig.*) incorruptible.
inespugnabilità, *f.* 1 impregnability 2 (*fig.*) incorruptibility; incorruptibleness.
inespugnato, *a.* unconquered.
inessiccàbile, *a.* (*lett.*) inexhaustible; ever-flowing.
inestensìbile, *a.* inextensible.
inestensibilità, *f.* inextensibility.
inestimàbile, *a.* inestimable; invaluable; priceless.
inestinguìbile, *a.* inextinguishable; unquenchable.
inestinto, *a.* (*lett.*) inextinct; unextinguished.
inestirpàbile, *a.* inextirpable; ineradicable.
inestricàbile, *a.* inextricable.
inettitùdine, *f.* ineptitude; ineptness.
inètto, A *a.* 1 unfit (for); unsuited (to, for); not up to: **i. alla politica**, unsuited to politics; **un uomo i. al suo lavoro**, a man not up to his job 2 (*dappoco*) inept. **B** *m.* bungler; botcher; incompetent (person); nitwit: **È un perfetto i.**, he's a complete bungler.
inevaso, *a.* (*bur.*) unanswered; outstanding.
inevitàbile, A *a.* inevitable; unavoidable. **B** *m.* (the) inevitable: **rassegnarsi all'i.**, to bow to the inevitable.
inevitabilità, *f.* inevitableness; unavoidableness.
in extremis (*locuz. lat.*), *locuz. avv.* 1 «in extremis»; at the point of death 2 (*fig.*) at the last moment.
inèzia, *f.* trifle; (*a*) mere nothing; (*rif. a denaro*) (*a*) mere bagatelle: **adombrarsi per un'i.**, to get angry over a mere nothing. ● **comprare q.c. per un'i.**, to get st. for a song.
infagottare, A *v. t.* to wrap up; to bundle up. **infagottarsi, B** *v. rifl.* 1 to wrap oneself up 2 (*vestire male*) to dress badly.
infaldare, *v. t.* (*ind. tessile*) to fold.
infaldatura, *f.* (*ind. tessile*) folding.
infallìbile, *a.* infallible.
infallibilità, *f.* infallibility.
infamante, *a.* defamatory; disgraceful. ● (*leg.*) **pena i.**, infamous punishment.
infamare, A *v. t.* to defame; to disgrace; (*con calunnie*) to slander. **infamarsi, B** *v. rifl.* to disgrace oneself.
infamatòrio, *a.* defamatory; (*calunnioso*) slanderous.
infame, *a.* 1 infamous; disgraceful; (*malfamato*) of ill-fame: **una casa i.**, a house of ill-fame 2 (*fig.*) awful; rotten; horrible; abominable; vile: **un pranzo i.**, a rotten dinner; **Che tempo i.!**, what vile weather! ● **nome i.**, bad name.
infàmia, *f.* 1 infamy; disgrace; shame 2 (*azione infame*) infamy; infamous (*o* shameful, disgraceful) action 3 (*scherz.*: *lavoro mal fatto*) bungle; clumsy performance.
infanatichire, A *v. i.* to fanaticize. **infanatichirsi, B** *v. rifl.* to become* fanatical (*o* a fanatic); to be mad (about) (*fam.*).
infangare, A *v. t.* 1 to cover with mud; (*inzaccherare*) to spatter with mud 2 (*fig.*) to throw* (*o* to fling*, to sling*) mud at (sb.); to disgrace; to besmirch: **i. il nome della famiglia**, to disgrace the family name. **infangarsi, B** *v. rifl.* 1 to get* muddy; to get* spattered with mud 2 (*fig.*) to disgrace oneself.
infangato, *a.* 1 muddy; bespattered with mud: **scarpe infangate**, muddy shoes 2 (*fig.*) disgraced.
infanta, *f.* (*stor.*) «infanta».
infante, A *m.* e *f.* infant (*lett.*); baby (*fam.*). **B** *m.* (*stor.*) «infante». **C** *a.* (*lett.*) infant (*attr.*).
infanticida, *m.* e *f.* infanticide.
infanticidio, *m.* infanticide.
infantile, *a.* infantile; infant (*attr.*); childish; (*puerile*) puerile: **malattie infantili**, infantile diseases; **mortalità i.**, infant mortality; **una mente i.**, an infantile mind; **giochi infantili**, childish games. ● **un asilo i.**, a nursery school; a kindergarten.
infantilismo, *m.* (*med.*) infantilism.
infantilità, *f.* infantility; childishness.
infànzia, *f.* infancy (*anche fig.*): childhood: **Siamo ancora nell'i. di questa impresa**, this enterprise is still in its infancy 2 (*bambini in generale*) children (*pl.*): **per l'i. cieca**, for blind children. ● **giardino d'i.**, nursery school; kindergarten.
infarciménto, *m.* (*anche fig.*) stuffing; cramming.
infarcire, *v. t.* (*anche fig.*) to stuff; to cram: **i. un saggio di citazioni**, to cram an essay with quotations.
infarinare, A *v. t.* 1 to flour; to cover (*o* to dredge) with flour 2 (*fig.*) to teach* (sb.) a smattering (of a subject). **infarinarsi, B** *v. rifl.* 1 to get* covered with flour 2 (*scherz.: incipriarsi*) to powder.
infarinatura, *f.* 1 sprinkling of flour 2 (*fig.*) smattering.
infarto, *m.* (*med.*) infarct; infarction.
infartuato, *a. m.* infarcted person.
infastidire, A *v. t.* to annoy; to vex; to irritate. **infastidirsi, B** *v. rifl.* to get* (*o* to feel*) annoyed; to get* bored.
infaticàbile, *a.* tireless; indefatigable; untiring.
infaticabilità, *f.* tirelessness; indefatigability.
infatti, *cong.* in fact; as a matter of fact; (*davvero*) really, actually, indeed; (*talora si omette*): **Dissero che venivano e i. sono venuti**, they said they would come and they have.
infatuare, A *v. t.* to infatuate. **infatuarsi, B** *v. rifl.* to become* (*o* to get*) infatuated (with sb., st.); to fall* (for) (*fam.*).
infatuato, *a.* 1 (*invaghito*) infatuated; madly in love (with); crazy over (*fam.*): **essere i. di una donna**, to be infatuated with a woman 2 (*eccessivamente entusiasta*) keen on; enthusiastic; mad (*o* nuts) about (*fam.*). ● **i. di se stesso**, full of oneself.
infatuazióne, *f.* infatuation.
infàusto, *a.* 1 inauspicious; unpropitious; ill-omened 2 (*mortale*) mortal; fatal: **prognosi infausta**, fatal prognosis.
infeconditá, *f.* sterility; barrenness; infecundity; infertility; unproductiveness.
infecóndo, *a.* sterile; barren; infecund; infertile; unproductive.
infedéle, A *a.* 1 unfaithful; faithless 2 (*fig.*) unfaithful; inaccurate; inexact. **B** *m.* e *f.* (*stor., relig.*) infidel.

infedeltà, *f.* **1** unfaithfulness; faithlessness **2** (*fig.*) unfaithfulness; inaccuracy.

infelice, A *a.* **1** unhappy; wretched; (*triste, anche*) sad; (*sfortunato, anche*) unfortunate, unlucky; (*che non riesce bene*) unfortunate, unsuccessful: **Lo vedevo così i.**, I could see he was so unhappy (*o* so sad); **un matrimonio i.**, an unhappy (*o* unsuccessful) marriage; **un oratore i.**, an unsuccessful (*o* poor) public speaker; **un esito (una scelta, ecc.) i.**, an unfortunate outcome (choice, etc.) **2** (*mal fatto*) bad; poor: **una traduzione i.**, a bad (*o* poor) translation **3** (*inopportuno*) ill-timed; untimely: **un'osservazione i.**, an untimely remark **4** (*scomodo, mal disposto*) uncomfortable; inconvenient: **una casa i.**, an inconvenient house. ● **avere l'aria i.**, to look unhappy □ **una situazione i.**, an awkward situation □ **un termine i.**, an inappropriate word. **B** *m.* e *f.* **1** unhappy (*o* unfortunate) person **2** (*sventurato*) (poor) wretch; poor devil: **Gli infelici furono truffati**, the poor wretches were cheated **3** (*chi è affetto da infermità mentale*) mental defective (*o* deficient); mentally handicapped person; (*menomato fisico*) physically handicapped person; (*storpio*) cripple. ● **In fondo sono degli infelici**, after all, they are people to be pitied □ **Sono degli infelici che non sanno quello che vogliono**, they are dissatisfied people, who don't know what they want.

infelicità, *f.* unhappiness; wretchedness.

infeltrimento, *m.* felting.

infeltrire, *v. t.* e *i.* **infeltrirsi,** *v. rifl.* to felt.

inferenza, *f.* (*filos., stat.*) inference.

inferi, *m. pl.* **1** (*regno dei morti*) Hades; (the) nether world (*sing.*) **2** (*dei infernali*) infernal gods.

inferiore, A *a.* **1** (*soprattutto spreg.*) inferior: **essere i. a q.**, to be inferior to sb.; **di qualità i.**, of inferior quality **2** (*più in basso*) lower: **La metà i. era in ombra**, the lower half was in shadow; (*anat.*) **mascella i.**, lower jaw; (*anat.*) **le estremità inferiori**, the lower extremities; **grado i.**, lower degree; **le classi inferiori**, the lower classes **3** (*sotto, di sotto*) below (*avv.*): **L'ascensore si è fermato al piano i.**, the lift has stopped at the floor below **4** (*meno*) less; (*minore*) lesser; (*di prezzo, anche*) cheaper: **a velocità i. alla solita**, with less speed than usual; **a un prezzo i.**, at a cheaper (*o* lower) price **5** (*di statura*) shorter: **Io sono di statura i. a te** (*o* **La mia statura è i. alla tua**), I am shorter than you are **6** (*in una gerarchia*) lower-ranking **7** (*geogr.*) southern. ● **essere i. alla media**, to be below average (*o* standard); to be sub-standard □ **essere i. alla propria fama**, not to be up to one's reputation □ **i. di forze**, weaker in force □ (*anat.*) **arti inferiori**, legs □ (*in una scuola*) **il corso i.**, the junior course □ **la parte i. di q.c.**, the underside (*o* the bottom) part of st. □ **ufficiale i.**, subaltern; subordinate officer □ **Era i. a quel che speravo**, it was not up to what I had expected. **B** *m.* e *f.* inferior; (*spreg.*) underling; (*subordinato*) subordinate; minion (*scherz.*).

inferiorità, *f.* inferiority: **i. di numero**, inferiority in numbers; **una condizione d'i.**, a condition of inferiority; (*psic.*) **complesso d'i.**, inferiority complex.

inferiormente, *avv.* lower down; at the bottom.

inferire, *v. t.* **1** (*dedurre*) to infer; to deduce **2** (*arrecare*) to cause; to inflict **3** (*naut.*) to bend*. ● **i. un colpo a q.**, to deal sb. a blow □ **i. una coltellata**, to knife; to stab.

inferitura, *f.* (*naut.*) bending (of a sail to its yard).

infermeria, *f.* infirmary; (*di bordo*) sick-bay.

infermiera, *f.* (hospital) nurse: **una i. diplomata**, a trained nurse. ● **capo i.**, matron □ **suora i.**, sister of nursing order.

infermiere, *m.* male nurse.

infermieristico, *a.* nursing (*attr.*): **assistenza infermieristica**, nursing service.

infermità, *f.* infirmity; illness. ● (*leg.*) **i. di mente**, insanity.

infermo, A *a.* invalid; ill (*pred.*); infirm. **B** *m.* invalid; (*pl. collett.*) (the) sick: **visitare gli infermi**, to visit the sick.

infernale, *a.* **1** infernal: **regione (spirito) i.**, infernal region (spirit); **le divinità infernali**, the infernal gods **2** (*maligno, anche*) diabolical; devilish; fiendish: **un ghigno i.**, a fiendish grin **3** (*fam.: terribile; spesso all'agg. si sostituisce la costruzione con* **hell** *o* **devil**) infernal; dreadful; awful; terrible: **chiasso i.**, infernal noise; **C'è un vento i.**, there's a hell (*o* a devil) of a wind; there's the Devil's own wind. ● **pietra i.**, lunar caustic; silver nitrate.

inferno, *m.* hell (*anche fig.*): **il Paradiso e l'I.**, Heaven and Hell; **un diavolo dell'i.**, a devil out of hell; **Vai all'i.!**, go to hell!; **hell with you!**; **Digli che vada all'i.**, tell him to go to hell; **Era una vita d'i.**, it was a hell of a life; life was hell; **Fecero della mia vita un i.**, they made my life a hell of life; **Sul ponte (della nave) s'era scatenato un i.**, upon deck there was hell let loose; all hell broke out upon the deck. ● **baccano d'i.**, infernal row; devilish noise □ **patire le pene dell'i.**, to suffer like a soul in hell □ (*prov.*) **La via dell'i. è lastricata di buone intenzioni**, (the) road to hell is paved with good intentions.

inferocire, A *v. t.* to make* fierce (*o* ferocious). **B** *v. i.* e **inferocirsi,** *v. rifl.* to grow* fierce (*o* ferocious).

inferriata, *f.* iron bars (*pl.*); grille; grating.

infertilire, *v. t.* to fertilize.

infervoramento, *m.* excitement; zeal; enthusiasm; fervour.

infervorare, A *v. t.* to arouse enthusiasm (in). **infervorarsi, B** *v. rifl.* to be filled with enthusiasm; to get* excited. ● **i. nella discussione**, to be carried away by an argument.

infervorato, *a.* full of fervour; excited.

infestamento, *m.* infestation.

infestante, *a.* infesting. ● (*bot.*) **piante infestanti**, weeds; infesting weeds.

infestare, *v. t.* to infest; (*fig.*) to pollute, to contaminate.

infestazione, *f.* infestation.

infesto, *a.* harmful; detrimental.

infettare, A *v. t.* **1** to infect (*anche med.*); to pollute; to contaminate **2** (*fig.*) to infect; to corrupt. **infettarsi, B** *v. rifl.* **1** (*med.*) to become* infected **2** (*fig.*) to become* corrupt.

infettatore, *m.* **1** infector **2** (*fig.*) corrupter.

infettivo, *a.* infectious; catching.

infetto, *a.* **1** infected (*anche med.*); polluted; contaminated; tainted **2** (*fig.*) corrupt.

infeudamento, *m.* enfeoffment; infeudation.

infeudare, A *v. t.* to enfeoff **2** (*assoggettare*) to subject. **infeudarsi, B** *v. rifl.* to become* the vassal (of).

infeudazione, *V.* **infeudamento**.

infezione, *f.* infection.

infiacchimento, *m.* enfeeblement.

infiacchire, A *v. t.* to weaken; to enfeeble; to enervate. **B** *v. i.* e **infiacchirsi,** *v. rifl.* to grow* weak; to lose* one's vigour.

infiacchito, *a.* weak; feeble.

infialare, infialettare, *v. t.* to put* into phials (*o* vials).

infiammabile, *a.* **1** inflammable; flammable **2** (*fig., anche*) quick-tempered; irascible. ● (*fig.*) **essere i.**, to flare up easily □ **non i.**, non-inflammable; flame-proof □ **sostanze infiammabili**, inflammables.

infiammabilità, *f.* inflammability.

infiammare, A *v. t.* **1** to set* on fire; to set* ablaze **2** (*fig.*) to inflame; to excite **3** (*med.*) to inflame. ● **La vergogna le infiammò le gote**, shame reddened her cheeks. **infiammarsi, B** *v. rifl.* **1** to burst* into flames; to blaze up; to flare up **2** (*fig.*) to get* excited; to flare up **3** (*med.*) to become* inflamed.

infiammatorio, *a.* (*med.*) inflammatory.

infiammazione, *f.* (*med.*) inflammation.

infiascare, *v. t.* to put* into flasks.

infiascatura, *f.* putting in flasks.

infibulazione, *f.* infibulation.

inficiare, *v. t.* (*leg.*) to invalidate; to impugn.

infido, *a.* treacherous; unreliable; untrustworthy: **un mare (alleato) i.**, a treacherous sea (ally); **Non contare su di lui: è piuttosto i.**, don't count on him: he's rather unreliable.

infierire, *v. i.* **1** (*imperversare con violenza*) to rage; to be (*o* to run*) rampant: **Infieriva la tempesta (la battaglia)**, the storm (the battle) was raging; **La peste infieriva**, the plague was rampant **2** (*agire crudelmente*) to act cruelly; to be pitiless (towards sb.). ● **Non i. contro di lui**, leave him alone; don't hit a man when he's down.

infiggere, A *v. t.* **1** to drive*; to plunge; to thrust: **i. un pugnale in q.c.**, to plunge a dagger into st. **2** (*fig.*) to stamp: **i. q.c. nella memoria**, to stamp st. on one's memory. **infiggersi, B** *v. rifl.* **1** to penetrate; to sink* (deeply) **2** (*fig.*) to sink* (into); to be stamped (*o* deeply impressed) (on).

infilacapi, infilanastri, *m.* bodkin.

infilare, A *v. t.* **1** (*con un filo e fig.*) to thread; to string*: **i. un ago**, to thread a needle **2** (*introdurre*) to slip; to insert; to put*: **Infilai la chiave nella toppa**, I slipped (*o* inserted) the key into the key-hole; **i. una mano in tasca**, to slip one's hand into one's pocket; **Infilai il mio braccio nel suo**, I slipped my arm through his **3** (*mettere, indossare*) to slip on; to put* on; to pull on: **Infilai una vestaglia**, I slipped on a dressing-gown; **Infilai una manica**, I slipped (*o* put, pulled) on one sleeve; **i. un anello a un dito**, to slip a ring on to a finger **4** (*imboccare una strada, ecc.*) to take*; (*una porta, ecc.*) to slip through; (*voltando*) to turn into: **Avevano infilato la strada a valle**, they had taken the low road; **Infilai la porta**, I slipped through the door; (*arrivando di lato*) **Infilai l'autostrada**, I turned into the motor-way **5** (*imboccare*) to strike*; to hit*; to enter upon: **Abbiamo infilato la strada giusta**, we've struck the right way; **Abbiamo infilato una serie di giornate calde**, we've entered upon (*o* we've struck) a hot spell **6** (*infilzare*) to run* (sb.) through; to drive* (st.) through; to pierce: **Lo infilai in duello**, I ran him through in a duel; **i. q. con la baionetta**, to drive the bayonet through sb. (*o* to bayonet sb.); (*in uno spiedo*) to spit*, to skewer **7** (*mil.: battere d'infilata*) to enfilade. ● **i. l'uscio**, (*entrando*) to slip in; (*uscendo*) to slip out. **infilarsi, B** *v. rifl.* **1** (*farsi largo*) to

infilata thread one's way: **M'infilai tra la folla**, I threaded my way through the crowd **2** (*introdursi*) to slip into (*o* through, etc.): **M'infilai a letto**, I slipped into bed **3** (*indossare*) to slip on; to put* on; to pull on: **M'infilai una vestaglia**, I slipped on (*o* into) a dressing-gown; **i. le calze**, to pull on one's stockings.

infilata, *f.* **1** string; suite; row **2** (*mil.*) enfilade. ● **un'i. d'insulti**, a string of insults □ **un'i. di stanze**, a procession of rooms □ (*mil.*) **battere d'i.**, to enfilade □ (*mil.*) **tiro d'i.**, enfilade.

infilatura, *f.* threading; stringing: (*ind. tessile*) **i. automatica**, self-threading.

infiltraménto, *m.* filtering; filtration.

infiltrarsi, *v. rifl.* **1** to infiltrate; to penetrate; to seep (through); to percolate **2** (*fig.*: *insinuarsi*) to worm one's way (into).

infiltrazióne, *f.* infiltration (*anche fig.*); penetration; seepage; percolation.

infilzaménto, *m.* (*il trafiggere*) piercing; spiking; spitting.

infilzare, A *v. t.* **1** (*trafiggere*) to pierce; to run* (sb.) through; (*con un ferro a punta*) to spike, to spit: **La freccia gl'infilzò una gamba**, the arrow pierced his leg; **Lo infilzai in duello**, I ran him through in a duel **2** (*conficcare*) to stick*: **Bisogna i. il palo nel terreno**, we must stick the pole in the ground; **i. una forchetta in una patata**, to stick a fork into a potato **3** (*infilare*) to string* together: (*fig.*) **i. bugie** (*imprecazioni*, *moccoli*), to string lies (curses, oaths) together. ● **i. un cinghiale con la lancia**, to stick a pig □ **i. sullo spiedo**, to spit; to skewer □ (*iron.*, *fig.*) **Pare una madonnina infilzata**, she looks as though butter wouldn't melt in her mouth. **infilzarsi**, B *v. rifl.* to be pierced (*o* spiked); to run* oneself through; (*conficcarsi*) to stick*: **Mi s'infilzò un ago nel dito**, a needle stuck in my finger.

infilzata, *f.* (*serie*) string; suite; row.

infilzatura, *f.* stringing together.

infimo, A *a.* lowest (*anche fig.*). B *m.* lowly (*o* humble) person.

infine, *avv.* **1** in the end; finally; at last **2** (*dopo tutto*) after all **3** (*insomma*) in short; well: **I., che cosa vuoi?**, in short, what do you want?

infingardàggine, *f.* sloth; laziness; sluggishness.

infingardaménte, *avv.* slothfully; lazily; sluggishly.

infingardire, A *v. t.* to make* lazy. B *v. i.* e **infingardirsi**, *v. rifl.* to sink* into sloth; to become* lazy.

infingardo, A *a.* slothful; lazy; sluggish. B *m.* sluggard; slacker; lazy-bones (*fam.*).

infingersi, *v. rifl.* (*lett.*) to feign; to simulate.

infingiménto, *m.* (*lett.*) feigning; simulation.

infinità, *f.* **1** infinity; infinitude: **l'i. divina**, the infinity of God **2** (*moltitudine*) tremendous number; infinity; infinitude. ● **un'i. di gente**, swarms of people □ **un'i. di modi**, infinite ways.

infinitaménte, *avv.* **1** infinitely; endlessly; (*senza limiti*) boundlessly **2** (*fam.*) awfully: **Mi dispiace i.**, I'm awfully sorry.

infinitesimale, *a.* (*anche mat.*) infinitesimal: **calcolo i.**, infinitesimal calculus.

infinitèsimo, *a.* e *m.* (*mat.*) infinitesimal.

infinitivo, *a.* (*gramm.*) infinitive.

infinito, A *a.* **1** infinite; endless; (*innumerevole*) countless, innumerable, numberless; (*senza limiti*) boundless, unbounded, unlimited; (*che non si può misurare*) measureless, immeasurable; (*che non ha fondo*, *sempre spreg.*) bottomless: **infinite qualità di dalie**, innumerable varieties of dahlia; **infiniti ritardi**, endless delays; **odio i.**, bottomless hatred; **i. amore**, infinite love **2** (*gramm.*) infinitive. ● **ringraziamenti infiniti**, a thousand (*o* many many) thanks □ **scuse infinite**, many apologies. B *m.* **1** infinity (*anche mat.*, *fis.*); endlessness **2** (*gramm.*) infinitive. ● **all'i.**, endlessly; without end; (*per sempre*) for ever.

infino, *V.* **fino (2)**.

infinocchiare, *v. t.* (*fam.*) to hoodwink; to bamboozle; to make* a fool of (sb.).

infioccare, **infiocchettare**, *v. t.* to tassel; to decorate with tassels (*o* bows).

infiorare, A *v. t.* **1** to deck (*o* to decorate, to adorn) with flowers **2** (*cospargere di fiori*) to strew* with flowers **3** (*fig.*) to adorn. **infiorarsi**, B *v. rifl.* to deck oneself with flowers.

infiorata, *f.* strewing of flowers.

infiorato, *a.* **1** covered (*o* decked, adorned) with flowers; flowered **2** (*fig.*) flowery; florid: **uno stile i.**, a flowery style.

infiorescènza, *f.* (*bot.*) inflorescence.

infiorettare, *v. t.* to intersperse with flowery expressions.

infiorettato, *a.* **1** flowery; florid; (excessively) ornate **2** (*iron.*: *cosparso*) scattered, crammed, packed (with): **una traduzione infiorettata di svarioni**, a translation packed with gross mistakes.

infirmare, *v. t.* to invalidate.

infischiarsi, *v. rifl.* not to care a rap (for); not to give* a damn (for, about).

infisso, A *m.* fixture; (*di porta*) frame; (*di finestra*) casing. B *a.* fixed; (*di chiodo*) nailed in, driven in.

infistolire, *v. i.* **infistolirsi**, *v. rifl.* (*med.*) to form a fistula.

infittire, A *v. t.* to thicken. B *v. i.* e **infittirsi**, *v. rifl.* to thicken; (*di lana*) to mat.

inflazionare, *v. t.* to inflate.

inflazióne, *f.* (*econ.*) inflation: **i. galoppante**, galloping (*o* runaway) inflation; hyperinflation.

inflazionismo, *m.* (*econ.*) inflationism.

inflazionista, *m.* e *f.* (*econ.*) inflationist.

inflazionistico, *a.* (*econ.*) inflationary; inflation (*attr.*): **tendenze** (*o* **spinte**) **inflazionistiche**, inflationary tendencies; **tasso i.**, inflation rate.

inflessìbile, *a.* inflexible; unbending; unyielding.

inflessibilità, *f.* inflexibility.

inflessióne, *f.* inflexion.

inflèttere, *v. t.* to inflect (*anche gramm.*).

infliggere, *v. t.* to inflict (st. on sb.). ● **i. un danno a q.**, to cause harm to sb. □ **i. un onere a q.**, to impose a task on sb.

inflizióne, *f.* infliction.

influènte, *a.* influential. ● (*polit.*, *USA*) **personaggio assai i.**, power-broker.

influènza, *f.* **1** influence; clout (*fam.*, *USA*): **essere sotto l'i. di q.c.**, to be under the influence of st.; **avere molta i. su q.**, to have a lot of clout with sb. **2** (*med.*) influenza; flu (*fam.*). ● **i. reciproca**, interaction.

influenzàbile, *a.* influenceable.

influenzale, *a.* (*med.*) influenza (*attr.*): **bacillo i.**, influenza bacillus.

influenzare, A *v. t.* to influence; to affect. **influenzarsi**, B *v. rifl.* to have an attack of influenza.

influenzato, *a.* **1** influenced **2** (*med.*) sick with influenza. ● **essere i.**, to have got the flu □ **essere a letto i.**, to be down with the flu.

influire, *v. i.* to be a (contributing) factor; to influence; to exert an influence (on); to bear* (on): **Hanno influito anche il freddo e la stanchezza**, cold and exhaustion were also contributing factors; **L'amicizia non ha influito sulla nostra decisione**, friendship has not influenced our decision.

influsso, *m.* influence: **un i. benefico** (**malefico**), a good (bad) influence. ● **i. reciproco**, interaction.

infocare, A *v. t.* **1** to make* red-hot **2** (*fig.*) to inflame; to excite; to kindle. **infocarsi**, B *v. rifl.* **1** to become* red-hot **2** (*fig.*) to kindle; to enflame.

infocato, *a.* **1** red-hot **2** (*fig.*) fiery; burning: **parole infocate**, fiery words. ● **guance infocate**, flushed cheeks.

infoderare, *v. t.* to sheathe.

infognarsi, *v. rifl.* to plunge (into); to get* deeply into: **i. nei debiti**, to get deeply into debt.

in-fòlio, A *a.* folio (*attr.*); in folio (*pred.*): **un volume (di formato) i.**, a folio volume; a volume in folio. B *m.* folio: **secondo l'i. shakespeariano**, according to the folio Shakespeare.

infoltire, A *v. t.* to make* (st.) grow thick(er): **far i. i capelli**, to make one's hair grow thick. B *v. i.* to grow* thick(er); to thicken.

infondatézza, *f.* groundlessness; baselessness.

infondato, *a.* groundless; unfounded; baseless: **timori infondati**, baseless fears; **voci infondate**, groundless rumours.

infóndere, *v. t.* to inspire (st. into sb. *o* sb. with st.); to imbue (sb. with st.): **i. coraggio nei soldati**, to infuse courage into soldiers; **i. la speranza in q.**, to inspire sb. with hope (*o* hope into sb.).

inforcare, *v. t.* **1** (*pigliare con la forca*) to pitchfork **2** (*un cavallo*) to bestride*; (*una bicicletta*, *ecc.*) to get* on to **3** (*gli occhiali*) to put* on.

inforcatura, *f.* fork; forking.

informale, *a.* **1** non-objective; non-representational: **arte i.**, non-objective (*o* non-representational) art **2** (*non ufficiale*) informal; unofficial: **un colloquio i.**, an informal talk.

informare, A *v. t.* **1** (*dare notizie*, *ragguagliare*) to inform; to acquaint: **i. q. di q.c.**, to inform sb. of st.; to acquaint sb. with st.; **C'informarono che il prigioniero era fuggito**, we were informed that the prisoner had escaped **2** (*improntare*) to imbue; (*pervadere*) to pervade: **un'opera informata a una sorprendente originalità**, a work imbued with a surprising originality; **Queste idee informano tutta la sua opera**, these ideas pervade all his work **3** (*plasmare*) to mould; to form; to shape: **i. le menti dei giovani**, to mould the minds of the young. **informarsi**, B *v. rifl.* **1** to inform oneself (about st.); to get* information; to inquire; (*verificare*) to check up: **i. su q.c.**, to inquire about st.; **i. della salute di q.**, to inquire after sb.'s health **2** (*essere improntato*, *pervaso*) to be imbued, to be pervaded (with st.) **3** (*prendere forma*) to take* on a form (*o* a shape).

informàtica, *f.* information science; computer science.

informàtico, *a.* computer (*attr.*).

informativo, *a.* informative. ● **a titolo i.**, for information □

note informative, report (on a clerk).
informatizzàre, *v. t.* to computerize.
informàto, *a.* informed; (*edotto*) acquainted: **bene i.**, well-informed; **male i.**, ill-informed; misinformed; **essere i. dei fatti**, to be acquainted with the facts. ● **da fonte ben informata**, from a reliable source.
informatóre, **A** *m.* informer; (*della polizia*) common informer; nark (*gergo*). **B** *a.* informing: **i principi informatori delle sue opere**, the principles informing his works.
informazióne, *f.* **1** information (*sing. collett.*): **Mi hanno fornito le informazioni che volevo**, they've given me the information I wanted; **ufficio informazioni**, information bureau (*o* inquiry office); **ultime informazioni**, up-to-date information; update; **Ho avuto un'i. sbagliata** (*o* **informazioni sbagliate**), my information was wrong; **Questa è un'i. utile**, that's a useful piece of information **2** (*mil., ecc.*) intelligence: **Servizio Informazioni Militari**, Intelligence (Service); **un ufficiale del Servizio Informazioni**, an Intelligence officer; **Il nemico non disponeva di un buon servizio informazioni**, the enemy Intelligence was not good. ● **assumere informazioni su q.**, to inquire after sb. □ **chiedere informazioni su q.c.**, to ask about st. □ **richiesta d'informazioni**, inquiry; (*se scritta*) letter of inquiry.
infórme, *a.* amorphous; formless; shapeless: **una massa i.**, a shapeless mass.
informicolaménto, informicoliménto, *m.* pins and needles (*pl.*); tingling.
informicolìrsi, *v. rifl.* to have pins and needles; to tingle: **Mi s'è informicolita una gamba**, I have pins and needles in my leg.
informità, *f.* formlessness; shapelessness.
infornaciàre, *v. t.* to put* into a furnace.
infornaciàta, *f.* furnace-full; heat.
infornapàne, *m.* baker's shovel; oven peel.
infornàre, *v. t.* to put* into the oven; (*cuocere al forno*) to bake.
infornàta, *f.* **1** batch; baking **2** (*fig.*) crop; batch.
infortìre, *v. i.* **infortìrsi**, *v. rifl.* to turn sour.
infortunàrsi, *v. rifl.* to get* injured; to have an accident.
infortunàto, **A** *a.* injured in an accident. **B** *m.* injured person; casualty; accident victim.
infortùnio, *m.* accident: **un i. sul lavoro**, an industrial accident; **assicurazione contro gli infortuni**, personal accident insurance.
infortunìstica, *f.* (*leg.*) (scientific) study of industrial accidents.
infortunìstico, *a.* (*leg.*) concerning industrial accidents; accident, injury (*attr.*). ● **legislazione infortunistica**, industrial injury legislation.
infoscàrsi, *v. rifl.* **1** to grow* dark **2** (*fig.*) to grow* gloomy; to take* on a gloomy cast of mind.
infossaménto, *m.* hollow: **C'è un i. nella strada perché ha ceduto il terreno**, there's a hollow in the road because the land has sunk.
infossàre, **A** *v. t.* to put* (st.) in a ditch (*o* a pit). **infossàrsi**, **B** *v. rifl.* to sink*; to become* hollow.
infossàto, *a.* hollow; deep-set; sunken: **gote infossate**, hollow (*o* sunken) cheeks; **occhi infossati**, hollow (*o* deep-set) eyes.
infracidìre, *v. i.* to go* bad; to rot.
infradiciaménto, *m.* rot, rotting; decay.
infradiciàre, **A** *v. t.* **1** to drench; to soak **2** (*rendere marcio*) to rot; to make* (st.) go bad. **infradiciàrsi**, **B** *v. rifl.* **1** to get* drenched (*o* soaked); to get* wet (through): **Cerca di non infradiciarti!**, try not to get wet! **2** (*diventare marcio*) to rot; to go* rotten (*o* bad).
infradiciàta, *f.* drench; drenching; soaking.
infradiciàto, *a.* wet through; drenched; soaked.
infradiciatùra, *f.* **1** rot; decay **2** (*infradiciata*) drenching; soaking: **prendersi una bella i.**, to get a good drenching (*o* soaking); to get wet through.
infragalàttico, *a.* (*astron.*) intragalactic.
inframmettènte, *a.* interfering; meddlesome; (*invadente*) pushing.
inframmettènza, *f.* interference; meddling.
inframméttere, **A** *v. t.* to interpose. **inframmétters**i, **B** *v. rifl.* to interfere; to meddle.
inframmezzàre, *v. t.* to interpolate.
infrancesàre, **A** *v. t.* to Frenchify. **infrancesàrsi**, **B** *v. rifl.* to become* Frenchified.
infràngere, **A** *v. t.* **1** to break*; to smash; to shatter: **i. il vetro (di una finestra)**, to shatter a window-pane **2** (*fig.*) to break*; (*una legge, ecc.*) to violate; (*diritti altrui, ecc.*) to infringe, to invade; (*speranze, illusioni, ecc.*) to dash. **infràngersi**, **B** *v. rifl.* **1** to break* down **2** (*fig.*) to be shattered. ● **i. su uno scoglio**, to split on a rock.
infrangìbile, *a.* **1** unbreakable **2** (*fig.*) infrangible **3** (*di un vetro, ecc.*) shatter-proof.
infrangiménto, *m.* **1** (*l'infrangere*) smashing; shattering **2** (*infrazione*) infringement.

infrànto, *a.* (*anche fig.*) broken: **cuore i.**, broken heart. ● (*fig.*) **idolo i.**, fallen idol.
infraròsso, (*fis.*) **A** *a.* infrared: **raggi infrarossi**, infrared rays. **B** *m.* infrared.
infrascàre, **A** *v. t.* **1** to cover with branches **2** (*puntellare*) to prop up with a branch **3** (*fig.*) to confuse; to obscure; to wrap up in a mist of words. **infrascàrsi**, **B** *v. rifl.* to hide* among the branches.
infrascrìtto, *a.* undermentioned.
infrasettimanàle, *a.* midweek (*attr.*).
infrasonòro, *a.* (*fis.*) infrasonic.
infrastruttùra, *f.* (*econ., ind.*) infrastructure.
infrasuòno, *m.* (*fis.*) infrasonic wave.
infrazióne, *f.* infringement; infraction; breach; violation: **i. di contratto**, breach of contract.
infreddàre, **A** *v. t.* **V. raffreddare. infreddàrsi**, **B** *v. rifl.* to catch* a cold.
infreddàto, *a.* having a cold. ● **essere i.**, to have a cold.
infreddatùra, *f.* cold; chill: **prendersi un'i.**, to catch a cold.
infreddolìmento, *m.* chill; feeling of cold.
infreddolìre, *v. i.* **infreddolìrsi**, *v. rifl.* to get* cold.
infreddolìto, *a.* cold; chilly: **essere i.**, to feel chilly.
infrequentàbile, *a.* not frequentable.
infrequènte, *a.* infrequent; rare.
infrequenteménte, *avv.* infrequently; rarely; seldom.
infrequènza, *f.* infrequency; rarity.
infrigidìre, **A** *v. t.* to render frigid. **B** *v. i.* e **infrigidìrsi**, *v. rifl.* to become* frigid.
infrolliménto, *m.* **1** tenderization; tenderizing **2** (*fig.*) softening; enfeeblement.
infrollìre, *v. i.* **infrollìrsi**, *v. rifl.* **1** (*di carni, specialm. selvaggina*) to become* high **2** (*di persona*) to weaken; to slacken.
infronzolàre, *v. t.* to trim, to decorate, to dress up (with frills and furbelows).
infruttescènza, *f.* (*bot.*) infructescence.
infruttìfero, *a.* unfruitful. ● **capitale i.**, idle capital.
infruttuosità, *f.* unfruitfulness; fruitlessness.
infruttuóso, *a.* unfruitful; fruitless; vain; unsuccessful.
ìnfula, *f.* (*archeol., relig.*) infula*.
infundiboliforme, *a.* (*bot.*) infundibuliform.
infundìbolo, *m.* (*anat.*) infundibulum*.
infunghìre, *v. i.* (*dial.*) to become* (*o* to get*) mouldy (*o* musty).
infungìbile, *a.* (*leg.*) non-fungible.
infungibilità, *f.* (*leg.*) non-fungibility.
infuocàre, *V.* infocare.
infuòri, *avv.* **1** out; outwards: **aprirsi i.**, to open outwards **2** — **all'i. di**, except; but; apart from: **Andiamo a scuola tutti i giorni all'i. della domenica**, we go to school every day except Sunday; **Non mangia niente all'i. della frutta**, he eats nothing but fruit.
infurbìre, *v. i.* **infurbìrsi**, *v. rifl.* to become* shrewd; to grow* cunning.
infuriàre, **A** *v. i.* to rage. **infuriàrsi**, **B** *v. rifl.* to fly* into a rage; to lose* one's temper.
infuriàto, *a.* furious; enraged. ● **un toro i.**, a raging bull.
infusìbile, *a.* (*fis.*) infusible.
infusibilità, *f.* (*fis.*) infusibility.
infusióne, *f.* infusion.
infùso, **A** *a.* infused. ● (*fig.*) **scienza infusa**, supernatural (*o* innate) knowledge. **B** *m.* infusion.
infusòri, *m. pl.* (*zool.*, *Infusoria*) infusorians.
infustìre, *v. t.* to line; to stiffen: **i. il collo di un cappotto**, to line the collar of a coat.
ingabbiaménto, *m.* caging.
ingabbiàre, *v. t.* **1** to shut* in a cage; to cage **2** (*imballare in gabbie*) to crate **3** (*fig.*) to shut* in; to coop up.
ingabbiatùra, *f.* (*edil.*) framework.
ingaggiàre, *v. t.* **1** to engage: **i. q. come guida**, to engage sb. as a guide **2** (*mil.*) to recruit; to enrol(l); to enlist **3** (*dare inizio a una lotta*) to engage; to join: **i. battaglia**, to join battle; to engage the enemy.
ingaggiatóre, *m.* (*mil.*) recruiting officer; recruiter.
ingàggio, *m.* **1** engagement **2** (*mil.*) recruitment; enlistment; enrolment.
ingagliardìre, **A** *v. t.* to invigorate; to strengthen. **ingagliardìrsi**, **B** *v. rifl.* to become* stronger; to grow* bold(er); to pluck up courage.
ingalluzzìre, *v. i.* **ingalluzzìrsi**, *v. rifl.* to perk oneself up; to become* (*o* to get*) cocky (*fam.*).
ingannàbile, *a.* deceivable.
ingannàre, *v. t.* **1** (*truffare*) to swindle; to cheat; to deceive; to beguile; to take* (sb.) in; to hype (*fam.*); (*di una cosa*) to be deceptive: **i. il nemico con un falso attacco**, to deceive the enemy by a false attack; **La loro somiglianza m'ingannò**, I was

ingannatóre

taken in by their likeness; **Con finte opere assistenziali ingannò perfino una banca**, with his non-existent welfare schemes he event took in (*o* swindled) a bank; **Le apparenze ingannano**, appearances are deceptive; **Le distanze ingannano in questa luce**, distances are deceptive in this light **2** (*essere infedele a*) to be unfaithful to **3** (*eludere*) to evade; to elude; to dogde: **i. la sorveglianza**, to evade supervision. ● **i. la fame**, to beguile one's hunger □ **i. la fiducia di q.**, to let sb. down □ **i. i sospetti di q.**, to allay sb.'s suspicions □ **per i. l'attesa**, to pass the time while waiting □ **per i. il tempo**, to while the time away □ **Ingannarono la nostra vigilanza**, they gave us the slip. **B ingannarsi**, **B** *v. rifl.* to deceive oneself; to be mistaken; to be wrong: **Se non m'inganno**, if I am not mistaken; **M'ingannerò, ma...**, I may be wrong, but...

ingannatóre, **A** *m.* deceiver; (*truffatore*) swindler, cheat. **B** *a.* deceiving.

ingannévole, *a.* deceptive; deceitful; misleading.

inganno, *m.* **1** deception; deceit **2** (*illusione*) self-deception **3** (*frode*) fraud; cheat; swindle; hype (*fam.*): **con l'i.**, by fraud. ● **cadere in i.**, to be mistaken □ **togliere q.c. a q. con l'i.**, to cheat sb. out of st. □ **trarre q. dall'i.**, to undeceive sb.; to open sb.'s eyes □ **trarre q. in i.**, to deceive sb.

ingarbugliare, **A** *v. t.* to muddle (up); to entangle. **ingarbugliarsi**, **B** *v. rifl.* to get* entangled (*o* mixed up).

ingarbugliato, *a.* muddled; involved.

ingavonarsi, *v. rifl.* (*naut.*) to list: **nave che s'ingavona**, listing ship.

ingavonato, *a.* (*naut.*) listing: **nave ingavonata**, listing ship.

ingegnarsi, *v. rifl.* **1** to strive*; to do* one's best **2** (*arrabattarsi*) to contrive; to manage. ● **i. per vivere**, to live by one's wits.

ingegnère, *m.* engineer: **i. minerario**, mining engineer.

ingegneria, *f.* engineering: **i. chimica (civile, elettrotecnica, idraulica, meccanica, militare, mineraria, navale)**, chemical (civil, electrical, hydraulic, mechanical, military, mining, marine) engineering; **i. dei sistemi**, systems engineering.

ingégno, *m.* **1** (*intelligenza, genialità*) brains (*pl.*); brain (*sempre con un agg.*); brilliance: **Non manca d'i.**, he's got his share of brains; **avere (*o* essere) un bell'i.**, to have a fine brain **2** (*astuzia, abilità*) ingenuity; wits (*pl.*): **John ci mise i. e ci riuscì**, John succeeded by dint of ingenuity; **aguzzare l'i.**, to sharpen one's wits; **dare prova d'i.**, to show ingenuity **3** (*talento*) talent; gift: **avere i. per la musica**, to have a talent (*o* a gift) for music; **un uomo di grande i.**, a man of great talent; **Non gli si può negare un certo i.**, you can't deny he has considerable talent **4** (*naturale disposizione della mente*) cast of mind: **avere un i. critico (poetico, femminile)**, to have a critical (poetical, feminine) cast of mind. ● **avere i.**, to be talented □ **bella alzata d'i.**, stroke of genius (*anche iron.*) □ **prontezza d'i.**, quick-wittedness; quickness of mind.

ingegnosità, *f.* cleverness; ingenuity.

ingegnóso, *a.* clever; ingenious.

ingelosire, **A** *v. t.* to make* (sb.) jealous; to arouse (sb.'s) jealousy. **ingelosirsi**, **B** *v. rifl.* to become* jealous.

ingemmaménto, *m.* (*miner.*) bejewelling.

ingemmare, **A** *v. t.* to adorn (*o* to deck) with jewels; to bejewel. **ingemmarsi**, **B** *v. rifl.* **1** to adorn oneself with jewels **2** (*bot.*) to bud.

ingenerare, **A** *v. t.* to generate; to cause; to give* birth to: **i. odio**, to generate hatred. **ingenerarsi**, **B** *v. rifl.* to be caused; (*avere origine*) to originate, to arise* (from).

ingenerosità, *f.* lack of generosity.

ingeneróso, *a.* ungenerous; illiberal.

ingènito, *a.* inborn; innate.

ingènte, *a.* huge; enormous; colossal.

ingentiliménto, *m.* refinement.

ingentilire, **A** *v. t.* to refine; to polish. **ingentilirsi**, **B** *v. rifl.* to become* (more) refined.

ingènua, *f.* (*teatr.*) «ingénue» (*franc.*).

ingenuità, *f.* ingenuousness; naïvety.

ingènuo, **A** *a.* ingenuous; naïve; simple-minded. **B** *m.* ingenuous person; simpleton. ● **fare l'i.**, to feign innocence □ **Non è un i.**, he wasn't born yesterday.

ingerènza, *f.* **1** (*intromissione non richiesta*) interference; meddling: **i. indebita**, unwarranted interference **2** (*partecipazione*) share; part: **avere i. in q.c.**, to have a share (*o* a part) in st.; to take part in st.

ingeriménto, *m.* ingestion; swallowing.

ingerire, **A** *v. t.* **1** to ingest; to swallow. **ingerirsi**, **B** *v. rifl.* to interfere, to meddle (in st.).

ingessare, *v. t.* **1** to plaster; (*chiudere con gesso*) to plaster up **2** (*med.*) to put* in plaster; to put* in a (plaster) cast: **Gli hanno ingessato la gamba**, they've put his leg in plaster; **Come posso con la gamba ingessata?**, how can I with my leg in plaster?

ingessatura, *f.* plaster; (*med.*) plaster cast.

ingestióne, *f.* ingestion.

inghiaiare, *v. t.* **1** (*viale, ecc.*) to cover with gravel; to gravel **2** (*ferr.*) to ballast.

Inghiltèrra, *f.* (*geogr.*) England.

inghiottiménto, *m.* swallowing (*anche fig.*).

inghiottire, *v. t.* **1** to swallow (*anche fig.*); to gulp (down) **2** (*sopportare offese, ecc., anche*) to put* up with **3** (*far sprofondare, assorbire*) to swallow up. ● **i. le lacrime**, to hold back one's tears.

inghiottitóio, *m.* (*geol.*) swallow-hole.

inghippo, *m.* (*dial.*) swindle; cheat.

inghirlandare, *v. t.* to wreathe; to garland.

ingialliménto, *m.* yellowing.

ingiallire, **A** *v. t.* to make* yellow; to yellow. **B** *v. i.* e **ingiallirsi**, *v. rifl.* to become* (*o* to turn) yellow; to yellow.

ingiallito, *a.* yellowed: **fotografie ingiallite dal tempo**, photos yellowed with age. ● **denti ingialliti dal tabacco**, tobacco-stained teeth.

ingigantire, **A** *v. t.* to magnify; to exaggerate. **ingigantirsi**, **B** *v. rifl.* to become* enormous (*o* gigantic).

ingigliare, *v. t.* to decorate with lilies.

inginocchiaménto, *m.* kneeling.

inginocchiarsi, *v. rifl.* to kneel* (down); to fall* (*o* to go*) on one's knees: **i. davanti a q.**, to kneel to sb.

inginocchiato, *a.* kneeling; on one's knees.

inginocchiatóio, *m.* «prie-dieu» (*franc.*); kneeling-stool.

ingioiellare, **A** *v. t.* **1** to embellish with jewels; to bejewel **2** (*fig.*) to embellish; to adorn. **ingioiellarsi**, **B** *v. rifl.* to put* on one's jewels; to adorn oneself with jewels.

in giù, ingiù, *avv.* down; downward(s) (*V. anche* **giù**): **Veniva i. verso di me**, he was coming down towards me; **Abitano più i.**, they live further down; **mettere q.c. faccia i.**, to lay st. face downwards; **guardare i.**, to look down(wards). ● **all'i.**, down, downward (*agg.*); down, downwards (*avv.*); **una pendenza all'i.**, a downward slope; a down grade □ (*appeso*) **con la testa all'i.**, hanging head down(wards) □ **da Napoli i.**, south of Naples □ **dalle due sterline i.**, from two pounds and under □ **dal più alto i.**, from the highest down to the lowest □ **ragazze dai dodici anni i.**, girls of twelve and under.

ingiudicato, *a.* (*leg.*) sub judice.

ingiùngere, *v. t.* to enjoin; to order; to command.

ingiuntivo, *a.* injunctive (*anche leg.*).

ingiunzióne, *f.* injunction (*anche leg.*).

ingiùria, *f.* **1** insult; affront: **lanciare un'i.**, to hurl an insult **2** (*leg.*) offence (to a person's dignity). ● **le ingiurie della sorte**, Fortune's blows; the arrows and slings of Fortune; the buffeting of Misfortune □ **le ingiurie del tempo**, the ravages of time □ **le ingiurie dei venti (delle onde)**, the onslaught of the wind (the waves) □ **fare (*o* recare) i.**, to insult.

ingiuriare, **A** *v. t.* to insult; to abuse; to wrong. **ingiuriarsi**, **B** *v. rifl. recipr.* to insult each other (*o* one another).

ingiurióso, *a.* insulting; offensive; injurious.

ingiustificàbile, *a.* unjustifiable.

ingiustificato, *a.* unjustified.

ingiustizia, *f.* **1** (*l'essere ingiusto*) injustice; unfairness; inequity **2** (*torto*) injustice; wrong: **fare un'i. a q.**, to do sb. an injustice; to wrong sb. ● **È un'i.!**, it's unfair (*o* it's not fair)!

ingiusto, **A** *a.* **1** unjust; unfair; inequitable: **essere i. con q.**, to be unfair to sb.; **una guerra ingiusta**, an unjust war **2** (*non meritato*) undeserved; unjust **3** (*leg.*) wrongful; wrong. **B** *m.* **1** (*persona ingiusta*) unjust person **2** (*ingiustizia*) wrong; injustice: **la differenza fra il giusto e l'i.**, the difference between right and wrong.

inglése, **A** *a.* English; (*britannico*) British: **un giardino all'i.**, an English garden. ● (*tipogr.*) **carattere i.**, italics (*pl.*) □ **filare (*o* andarsene, partirsene) all'i.**, to take French leave; to slip away □ (*chim.*) **sali inglesi**, Epsom-salts. **B** *m.* **1** Englishman* **2** (*la lingua*) English: **parlare i.**, to speak English; **parlare (scrivere) un buon i.**, to speak (to write) the King's English (*o se il sovrano regnante è donna*: the Queen's English); **l'i. americano**, American English. **C** *f.* Englishwoman*.

inglesìsmo, *m.* Anglicism.

inglobare, *v. t.* to englobe; to absorb.

inglorióso, *a.* **1** (*senza gloria*) inglorious; obscure: **una vita ingloriosa**, an inglorious life **2** (*disonorevole*) inglorious; dishonourable; ignominious: **una sconfitta ingloriosa**, an inglorious defeat.

inglùvie, *f.* (*zool.*) ingluvies*; crop.

ingobbire, *v. i.* **ingobbirsi**, *v. rifl.* to become* hunchbacked.

ingoffire, **A** *v. t.* to make* awkward (*o* clumsy). **B** *v. i.* e **ingoffirsi**, *v. rifl.* to become* awkward (*o* clumsy).

ingoiare, *v. t.* **1** to gulp down; (*specialm. fig.*) to swallow up, to engulf; (*divorare*) to devour: **La terra lo ingoiò**, the earth swallowed him up. ● **i. parecchi bocconi amari**, to have had a

bitter lesson; to have a lot to put up with.
ingolfaménto, *m.* engulfing; engulfment.
ingolfare, A *v. t.* **1** (*un motore*) to choke **2** (*fig.*) to plunge (into). **ingolfarsi, B** *v. rifl.* **1** to form a gulf **2** (*fig.*) to plunge (into); to be engulfed (in); (*in un'impresa difficile*) to embark (upon): **i. nei debiti**, to plunge into debt **3** (*autom.*) to get* flooded.
ingollare, *V.* ingoiare.
ingolosire, A *v. t.* **1** to make* greedy; to make* (sb.'s) mouth water **2** (*fig.*) to entice. **B** *v. i.* e **ingolosirsi**, *v. rifl.* **1** to become* greedy **2** (*fig.*) to take* a fancy (to).
ingombrante, *a.* cumbersome; bulky.
ingombrare, *v. t.* to encumber; to clutter up (with); to burden (with); to be in the way; to obstruct; to litter (with): **Troppi mobili ingombrano la casa**, the house is cluttered up with furniture; **Spostalo, ingombra il passaggio**, move it, it is in the way; **Non potevo correre perchè il bagaglio m'ingombrava**, I couldn't run because I was encumbered (*o* burdened) with luggage; **Carte e libri ingombravano la tavola**, the table was cluttered up with papers and books; **Non si vede, perchè il muro ingombra la vista**, you can't see it, because the wall obstructs your view.
ingómbro, A *a.* encumbered; obstructed. **B** *m.* encumbrance; obstruction; impediment. ● **essere d'i.**, to be in the way; to be cumbersome □ **dimensioni d'i.**, overall dimensions.
ingommare, *v. t.* to gum; to stick*.
ingommatura, *f.* **1** gumming: **i. delle buste**, gumming of envelopes **2** (*strato di gomma*) layer of rubber, layer of gum.
ingordigia, *f.* (*avidità*) greed; voracity; voraciousness; (*golosità, anche fig.*) greediness. ● **mangiare con i.**, to eat ravenously.
ingórdo, A *a.* **1** greedy (*anche fig.*); voracious **2** (*fig.*) eager; thirsty. **B** *m.* greedy person; (*ghiottone*) glutton.
ingorgare, A *v. t.* to choke up; to clog; to block (up). **ingorgarsi, B** *v. rifl.* to be choked up; to be blocked (up).
ingórgo, *m.* **1** block; blockage **2** (*del traffico*) (traffic) jam. ● **punto d'i.** (*del traffico*), bottleneck.
ingovernàbile, *a.* ungovernable.
ingozzare, *v. t.* **1** (*ingoiare avidamente*) to gobble; to gulp down **2** (*un'oca*) to stuff; to fatten **3** (*fig.*) to swallow.
ingracilire, *v. i.* **ingracilirsi**, *v. rifl.* to become* (*o* to grow*) frail (*poco robusto*); to weaken.
ingranàggio, *m.* **1** (*mecc.*) gear; (*sistema d'ingranaggi*) gearing: **i. conico**, bevel gear; **i. elicoidale**, worm gear; **i. a corona**, crown gear; **catena d'i.**, gearing-chain; **i. della prima (velocità)**, low gear; **i. della quarta (velocità)**, high gear; **i. della retromarcia**, reverse gear; **i. della seconda (velocità)**, second gear; **i. dello sterzo**, steering gear; **i. folle**, idle gear (*o* idler) **2** (*fig.*) mechanism. ● **dente d'i.**, cog; tooth □ **dente d'i. a catena**, sprocket □ **ferrovia a i.**, rack(-and-pinion)-railway □ **ruota d'i.**, cog-wheel □ **ruota d'i. a catena**, sprocket-wheel □ **senza ingranaggi**, gearless.
ingranaménto, *m.* (*mecc.*) **1** gearing **2** (*grippaggio*) seizing; seizure.
ingranare, A *v. t.* (*mecc.*) to put* into gear; to gear; to interlock; to engage: **i. la quarta**, to put into the high gear. **B** *v. i.* (*mecc.*) to engage; to come* into gear; to gear **2** (*mecc.: grippare*) to seize **3** (*fig.*) to get* along well; to get* on.
ingranchire, A *v. t.* to benumb. **ingranchirsi, B** *v. rifl.* to grow* numb; to be benumbed.
ingrandiménto, *m.* **1** (*anche fotogr.*) enlargement; (*estensione*) extension **2** (*l'ingrandirsi*) growth **3** (*in potenza*) aggrandizement. ● **lente d'i.**, magnifying glass.
ingrandire, A *v. t.* (*anche fotogr.*) to enlarge; (*estendere*) to extend; (*fotogr., fam.*) to blow* up: **i. una fotografia**, to enlarge a photo **2** (*di lente d'ingrandimento*) to magnify **3** (*esagerare*) to exaggerate; to magnify; to overstate: **i. i pericoli**, to exaggerate dangers **4** (*aumentare la potenza di*) to aggrandize: **i. uno Stato**, to aggrandize a State. **B** *v. i.* e **ingrandirsi**, *v. rifl.* **1** to become* larger; to grow* bigger **2** (*diventare più importante*) to become* more important **3** (*comm.*) to expand; to spread*: **La nostra ditta s'è ingrandita di recente**, we have expanded our business lately.
ingranditóre, A *m.* (*fotogr.*) enlarger. **B** *a.* enlarging; magnifying.
ingrassàggio, *m.* (*autom.*) greasing.
ingrassaménto, *m.* **1** fattening (up) **2** (*concimazione*) manuring; fertilizing.
ingrassare, A *v. t.* **1** to fatten (up); to make* (sb.) fat **2** (*concimare*) to manure; to fertilize; to fatten **3** (*lubrificare*) to grease; to lubricate; to oil: **i. gl'ingranaggi**, to lubricate the gears; **i. gli scarponi**, to grease one's boots **4** (*far apparire più grasso*) to make* (sb.) look fatter: **Quel vestito la ingrassa**, that dress makes her look fatter. **B** *v. i.* e **ingrassarsi**, *v. rifl.* **1** to fatten; to grow* fat; to put* on weight **2** (*fig.*) to thrive*: **Quell'in**dividuo ingrassa sulle sventure altrui**, that fellow thrives on other people's misfortunes. ● (*fig.*) **essere andato a i. i cavoli** (*morire*), to be pushing up daisies (*pop.*) □ (*autom.*) **far lavare e i. una macchina**, to have a car washed and serviced □ (*prov.*) **L'occhio del padrone ingrassa il cavallo**, the master's eye maketh the horse fat.
ingrassatóre, A *m.* **1** (*operaio*) greaser; oiler **2** (*mecc.*) lubricator; (*a pompa, a pressione*) grease gun. ● **i. per cuscinetti**, grease cup. **B** *a.* fattening.
ingrassatura, *f.* **1** fattening (up) **2** (*autom.*) greasing.
ingrasso, *m.* **1** fattening **2** (*di terreno*) manuring; fertilizing **3** (*concime animale*) manure. ● **animali da i.**, animals for fattening □ **dare l'i.** (**alla terra**), to manure; to fertilize □ **mettere** (*o* **tenere**) **animali all'i.**, to fatten animals.
ingraticciare, *v. t.* to trellis.
ingraticciata, *f.* trellis-work.
ingraticolare, *v. t.* to close with a grating.
ingratitùdine, *f.* ungratefulness; ingratitude; thanklessness.
ingrato, A *a.* **1** ungrateful; thankless: **i. verso q.**, ungrateful to sb. **2** (*di cosa*) thankless, unrewarding; (*sgradevole*) unpleasant, uncongenial, off-putting (*fam.*); (*ostico*) difficult, up-hill (*fam.*); (*povero*) poor: **un compito i.**, a thankless task; **terreno i.**, poor (*o* sterile) soil; **una voce ingrata**, an unpleasant (*o* an off-putting) voice; **È un lavoro i. che vorrei cambiare**, it's uncongenial work, and I should like to change it; **È un lavoro i. cercare di decifrarlo**, it's up-hill work trying to decipher it. **B** *m.* ungrateful person.
ingravidare, A *v. t.* to make* pregnant. **B** *v. i.* e **ingravidarsi**, *v. rifl.* to become* pregnant.
ingraziarsi, *v. rifl.* to ingratiate oneself (with sb.); to get* into sb.'s good books (*fam.*); to get* round sb.
ingrediènte, *m.* ingredient.
ingressivo, *a.* **1** (*linguistica*) ingressive; inchoative **2** (*fon.*) ingressive.
ingrèsso, *m.* **1** entrance: **La casa ha due ingressi**, the house has two entrances; **l'i. principale**, the front entrance; **Ti aspetterò all'i.**, I shall wait for you at the entrance **2** (*l'entrare*) entry; entrance; ingress: **l'i. delle truppe nella capitale**, the entry (*o* entrance) of the troops into the capital; **fare un i. trionfale**, to make a triumphal entry; **l'i. del primo attore**, the entrance of the leading man; **l'i. di q. in diplomazia**, sb.'s entrance into the diplomatic service **3** (*facoltà di entrare*) admission; (*biglietto d'ingresso*) ticket: **L'i. costa 5 000 lire**, admission is 5,000 lire; **Prendi due ingressi**, get two tickets; **i. libero**, admission free (*o* no charge for admission) **4** (*atrio*) hall: **L'i. è piccolissimo**, the hall is very small; **Ho lasciato l'ombrello nell'i.**, I left my umbrella in the hall **5** (*di elaboratore elettronico*) input. ● **i. di servizio**, back door □ **prezzo d'i.**, entrance-fee □ **Vietato l'i.**, no admittance.
ingrinzire, *v. t.* e **i. ingrinzirsi**, *v. rifl.* to wrinkle.
ingripparsi, *v. rifl.* (*mecc.*) to seize.
ingrommare, *v. t.* e **ingrommarsi**, *v. rifl.* to encrust; to fur up.
ingrossaménto, *m.* (*aumento di spessore*) thickening; (*rigonfiamento*) swelling; (*aumento*) increase.
ingrossare, A *v. t.* **1** (*aumentare di spessore*) to thicken; (*aumentare*) to increase; (*allargare*) to broaden, to widen; (*gonfiare, accrescere*) to swell*; (*ingrandire*) to enlarge: **Questo pennino ingrossa la mia scrittura**, this nib thickens my writing; **Le piogge hanno ingrossato il fiume**, the rain has swollen (*o* raised the level of) the river; **andare a i. le file degli scontenti**, to go to swell the ranks of the dissatisfied; **Questo vestito t'ingrossa sui fianchi**, this dress broadens you on the hips. **B** *v. i.* e **ingrossarsi**, *v. rifl.* **1** to become* (*o* to grow*) bigger **2** (*aumentare*) to increase; to swell*; to rise* **3** (*ingrassare*) to become* fat; to grow* stout; to put* on weight.
ingròsso, all', *locuz. avv.* **1** wholesale: **vendere all'i.**, to sell wholesale; **prezzi all'i.**, wholesale prices **2** (*all'incirca*) approximately; roughly; nearly.
ingrugnare, *v. i.* **ingrugnarsi**, *v. rifl.* to sulk; to pout.
ingrugnato, *a.* sulky; grumpy.
ingrullire, (*dial.*) **A** *v. t.* to make* stupid. **B** *v. i.* to grow* stupid; to work oneself silly.
ingrupparsi, *v. rifl.* to join a group.
inguadàbile, *a.* unfordable.
inguaiare, (*fam.*) **A** *v. t.* to get* (sb.) into trouble. **inguaiarsi, B** *v. rifl.* to get* oneself into trouble.
inguainare, *v. t.* to sheathe (*anche fig.*): **inguainata in raso nero**, sheathed in black satin.
ingualcibile, *a.* wrinkle-proof; no-crush; crease-resisting.
inguantare, A *v. t.* to put* gloves on. **inguantarsi, B** *v. rifl.* to put* on one's gloves.
inguantato, *a.* gloved; wearing gloves.
inguaribile, *a.* incurable.
inguinale, *a.* (*anat.*) inguinal.

ìnguine, *m.* (*anat.*) groin.
ingurgitare, *v. t.* to swallow; to ingurgitate.
inibire, *v. t.* **1** to forbid*; to prohibit **2** (*psic.*) to inhibit.
inibito, (*psic.*) **A** *a.* inhibited. **B** *m.* inhibited person.
inibitóre, A *a.* inhibiting, inhibitive: **influenza inibitrice,** inhibiting influence. **B** *m.* (*chim.*) inhibiter.
inibitòrio, *a.* (*anche psic.*) inhibitory.
inibizióne, *f.* **1** (*anche psic.*) inhibition **2** (*proibizione*) prohibition.
idoneità, *f.* unfitness; unsuitability. ● **i. alla navigazione,** unseaworthiness.
idoneo, *a.* unfit, unsuitable (for st.).
iniettàbile, *a.* injectable.
iniettare, *v. t.* to inject. ● **iniettarsi eroina,** to shoot heroin □ **Gli occhi le si iniettarono di sangue,** her eyes became bloodshot.
iniettóre, *m.* (*mecc.*) injector.
iniezióne, *f.* **1** injection (*anche fig.*): **i. intramuscolare (endovenosa, ipodermica),** intramuscular (intravenous, hypodermic) injection; **un'i. di capitali,** an injection of capital **2** (*fig.*, *fam.*) shot in the arm: **Quel prestito fu un'i. (di nuovo sangue) per la nuova ditta,** that loan was a shot in the arm for the new firm. ● **siringa per iniezioni,** hypodermic syringe.
inimicare, A *v. t.* (*rendere nemico*) to alienate; to estrange.
inimicarsi, B *v. rifl.* to make* an enemy of (sb.); to fall* out with (sb.).
inimicizia, *f.* enmity; hostility: **sentimenti d'i.,** feelings of hostility. ● **procurarsi inimicizie,** to make enemies.
inimitàbile, *a.* inimitable; peerless; matchless.
inimmaginàbile, *a.* unimaginable.
ininfiammàbile, *a.* uninflammable; fireproof; non-flammable.
inintelligìbile, *a.* unintelligible; (*di scritto, meglio*) indecipherable, undecipherable.
inintelligibilità, *f.* unintelligibility; undecipherability, indecipherableness.
inintermediari, *locuz. avv.* (*in avvisi economici*) «no agents».
ininterrottaménte, *avv.* uninterruptedly; non-stop; incessantly.
ininterrótto, *a.* **1** uninterrupted; continuous; incessant: **pioggia ininterrotta,** continuous (*o* incessant) rain **2** (*di viaggio*) non-stop (*attr.*).
iniquità, *f.* **1** iniquity; injustice; unfairness **2** (*atto iniquo*) iniquity.
iniquo, A *a.* **1** iniquitous; unjust; unfair: **iniqua sorte,** unjust fate; **È stata un'azione iniqua togliere il bambino alla madre,** it was an iniquitous thing to do, to take the child away from its mother **2** (*malvagio*) wicked: **un'iniqua matrigna,** a wicked stepmother. **B** *m.* wicked person.
iniziale, A *a.* initial; beginning; starting: **la fase (lettera) i.,** the initial stage (letter); **stipendio i.,** beginning (*o* commencing) salary; **la velocità i.,** the starting speed. **B** *f.* **1** (letter) initial **2** (*pl.*: *lettere con cui cominciano il nome e il cognome*) initials: **siglare con le iniziali,** to mark with one's initials. ● **scrivere con l'i. maiuscola,** to write with a capital letter.
inizialménte, *avv.* initially; at first; at the beginning.
iniziare, A *v. t.* **1** (*cominciare*) to begin*; to start (on); to initiate (*pedantesco in questo senso*): **i. il lavoro,** to begin working; to begin to work; to start work; **i. un lavoro (nuovo),** to start on a (new) job; **i. un'impresa commerciale,** to start on a new business enterprise; **i. un viaggio,** to start on a journey; **i. un piano di riforma,** to initiate a plan of reform **2** (*avviare*) to open; to start: **i. un dibattito,** to open a debate **3** (*una persona*) to initiate: **i. q. ai misteri di una nuova religione,** to initiate sb. into the mysteries of a new religion; **i. q. in una società segreta,** to initiate sb. into a secret society; **i. q. a una scienza,** to initiate sb. in a science. ● **i. una carriera,** to take up a career □ **i. un commercio,** to open up a trade; to go into business □ **i. la conversazione con q.,** to enter into (*o* to start) conversation with sb. □ **i. la pubblicazione di un giornale,** to start a newspaper □ **i. una riforma,** to start out a reform □ **i. le trattative con q.,** to enter into (*o* to start) negotiations with sb. □ **aiutare q. a i. un commercio,** to start sb. in business □ **Hanno iniziato le ostilità,** they have taken up arms (*quasi lett.*), the fighting has started; they have opened fire. **B** *v. i.* e **iniziarsi,** *v. rifl.* to begin*; to start: **Il concerto inizierà alle cinque,** the concert will begin at five o'clock.
iniziàtico, *a.* initiation (*attr.*): **riti iniziatici,** initiation ceremonies.
iniziativa, *f.* initiative; (*intraprendenza*) enterprise: **fare q.c. di propria i.,** to do st. on one's own initiative; **prendere l'i.,** to take the initiative; **avere i.,** to have initiative; to be enterprising; **non avere i.,** to have no initiative; to be lacking in drive; **spirito d'i.,** spirit of enterprise; drive; **per i. di q.,** on the initiative of sb. ● **uomo di molte iniziative,** man with many interests; man at the back of many enterprises.
iniziato, A *a.* initiated. ● **non i.,** uninitiated. **B** *m.* initiate.

iniziatóre, *m.* initiator.
iniziazióne, *f.* initiation.
inizio, *m.* beginning; start: **all'i.,** at the beginning; at the outset; **sin dall'i.,** from the (very) beginning. ● **dare i. a q.c.,** to begin st.; to start st. off.
innacquare, *v. t.* to water; to water down; to dilute: **Questo latte è stato innacquato,** this milk has been watered (down).
innaffiaménto, *m.* watering.
innaffiare, *v. t.* to water; to sprinkle; (*con un tubo di gomma*) to hose. ● **capretto arrosto innaffiato con buon vino rosso,** roast kid washed down with a good red wine.
innaffiatóio, *m.* watering-can.
innaffiatrice, *f.* sprinkler; (*stradale*) road-sprinkler.
innalzaménto, *m.* raising; elevation.
innalzare, A *v. t.* **1** (*elevare*) to raise; to lift up (*con reminiscenza biblica*): **i. q. al trono,** to raise sb. to the throne; **i. gli occhi al cielo,** to lift up (*o* to raise) one's eyes to heaven; **i. la mente (il cuore, l'anima) a Dio,** to lift up one's mind (heart, soul) to God; **i. una preghiera,** to lift up one's voice (*o* one's heart, etc.) in prayer; to utter a prayer; **i. un inno,** to raise a hymn **2** (*promuovere*) to raise; (*più solenne*) to elevate: **i. q. a un grado più alto (a una carica più alta),** to raise (*o* to elevate) sb. to a higher rank; to upgrade sb. **3** (*erigere*) to erect; to raise; to build*; to set* up: **i. una statua all'eroe,** to put up (*o* to erect) a statue to the hero; **i. una cattedrale,** to erect (*o* to build) a cathedral; **i. un monumento,** to raise a monument **4** (*rendere più alto*) to make* (st.) higher; (*fig.*) to heighten: **i. di un piano un palazzo,** to make a building one storey higher; **i. lo stile,** to heighten one's style. ● **i. q. (q.c.) al settimo cielo,** to praise sb. (st.) to the skies. **innalzarsi, B** *v. rifl.* **1** to rise*; (*di cosa statica, anche*) to stand*: **Una catena di monti s'innalzava alla nostra destra,** a range of mountains rose on our right; **La vetta s'innalzava azzurra sull'orizzonte,** the peak stood blue against the horizon **2** (*esaltarsi*) to exalt (*o* to extol) oneself. ● **i. a Dio,** to lift up one's soul to God □ **i. col proprio lavoro,** to rise in the world by one's work; to work one's way up.
innamoraménto, *m.* falling in love. ● **L'i. avvenne così,** this is how they fell in love.
innamorare, A *v. t.* (*suscitare amore in q.*) to make* (sb.) fall in love; to make* (sb.) love (one): **Seppe innamorarlo,** she managed to make him fall in love; she made him love her **2** (*di cose*) to enchant; to beguile; to charm; to fascinate: **Pensi che la bontà innamori più della bellezza?,** do you think goodness charms more than beauty? ● **La bambina innamora tutti,** everyone loves the child; she is an adorable child. **innamorarsi, B** *v. rifl.* to fall* in love*: **Non innamorarti di lei,** don't fall in love with her; **S'è innamorato,** he has fallen in love **2** to fall* in love (with st.); to take* a liking (to st.). **C** *v. rifl. recipr.* to fall* in love (with each other): **S'innamorarono subito,** they fell in love at once.
innamorata, *f.* sweetheart; girl-friend.
innamorato, A *a.* **1** loving, in love (*pred.*): **un ragazzo molto i.,** a boy very much in love **2** (*entusiasta*) fond (of st.); crazy (on, about st.): **È i. del nuoto,** he's crazy about swimming. ● **i. cotto,** madly (*o* head over heels) in love. **B** *m.* sweetheart; boy-friend.
innanzi, A *avv.* **1** (*di luogo*) forward; on; onward(s): **andare i.,** to go on; **farsi i.,** to come forward; **più i.,** further on **2** (*di tempo*) on; onward(s): **d'ora i.,** from now onwards; **più i.,** later on. **B** *prep.* **1** (*prima di*) before: **La sera, before evening 2 – i. a,** before; in front of; in sb.'s presence: **Fu portato i. al giudice,** he was brought before the judge. **C** *a.* previous; before: **l'anno i.,** the previous year; the year before. ● **essere i. con il lavoro,** to be ahead with one's work ● **essere i. negli anni,** to be getting on in years □ **i. tempo,** prematurely; too early □ **i. tutto,** in the first place; first of all ● **per l'i.,** up till now; formerly □ **tirare i.,** to get along.
innanzitutto, *avv.* in the first place; first of all.
innàrio, *m.* (*relig.*) hymnal; hymn-book.
innaspare, *v. t.* (*ind. tessile*) to reel.
innatismo, *m.* (*filos.*) innatism.
innato, *a.* innate; inborn: (*filos.*) **idee innate,** innate ideas; **È i. in lui il senso della giustizia,** he has an innate (*o* inborn) sense of justice.
innaturale, *a.* unnatural.
innavigàbile, *a.* unnavigable.
innavigabilità, *f.* unnavigableness.
innegàbile, *a.* undeniable; unanswerable.
inneggiare, *v. i.* **1** to sing* hymns (to); to hymn (*lett.*) **2** (*fig.*) to sing* the praises (of); to extol; to praise.
inneggiatóre, *m.* extoller; exalter.
innervare, *v. t.* (*anat.*) to innervate.
innervazióne, *f.* (*anat.*) innervation.
innervosire, A *v. t.* to get* on (sb.'s) nerves. **innervosirsi, B** *v. rifl.* to become* (*o* to get*) nervous.

innescaménto, *m.* 1 (*di un amo*) baiting 2 (*di un'arma da fuoco, un ordigno esplosivo*) priming.
innescare, *v. t.* 1 to bait: **i. un amo**, to bait a hook 2 (*ordigni esplosivi e sim.*) to prime.
innésco, *m.* primer.
innestare, A *v. t.* 1 (*agric.*) to graft: **i. viti americane sulle vecchie**, to graft American vines on to the old stocks 2 (*med.*) to graft; to inoculate: **i. sul viso pelle presa dal braccio**, to graft skin from the arm on to the face; **i. il vaiolo a q.**, to inoculate sb. with small-pox 3 (*inserire*) to insert 4 (*elettr.: una spina*) to plug in 5 (*autom.*) to engage: **i. la frizione**, to engage (*o* to let in) the clutch. **innestarsi, B** *v. rifl.* to be inserted (into st.); to be grafted (on st.).
innestatóio, *m.* (*agric.*) grafting-knife; grafter.
innestatóre, *m.* (*agric.*) grafter.
innestatura, *f.* (*agric.*) 1 (*l'innestare*) grafting; graftage 2 (*punto d'innesto*) graft.
innèsto, *m.* 1 (*agric.*) graft; grafting 2 (*med.*) graft; (*del vaiolo, ecc.*) inoculation 3 (*elettr.*) connection; (*spina*) plug 4 (*mecc.*) clutch; coupling: **i. a frizione**, friction-clutch; **i. di sicurezza**, slip-clutch; **i. meccanico**, positive clutch. ● (*mecc.*) **i. a baionetta**, bayonet-joint □ (*fis.*) **i. femmina**, receptacle; socket (*USA*).
innevaménto, *m.* bed of snow.
innevato, *a.* snow-clad; covered with snow (*pred.*).
inno, *m.* hymn; anthem: **l'i. nazionale**, the national hymn; **inni omerici**, Homeric hymns.
innocènte, A *a.* 1 innocent; (*senza colpa*) guiltless; (*leg.*) not guilty 2 (*innocuo*) innocent; harmless; (*ingenuo*) artless: **divertimenti innocenti**, innocent amusements. **B** *m. e f.* innocent: **la strage degli innocenti**, the slaughter of the innocents. ● **ospedale degli Innocenti**, Foundling Hospital.
innocentismo, *m.* upholding of an accused person's innocence.
innocentista, *m. e f.* upholder of an accused person's innocence.
innocènza, *f.* innocence. ● (*leg.*) **dichiarare la propria i.**, to plead not guilty □ **Beata i.!**, God bless the innocent!
Innocènzo, *m.* Innocent.
innocuità, *f.* innocuousness; harmlessness.
innòcuo, *a.* innocuous; harmless; inoffensive: **una bevanda cattiva ma innocua**, a nasty drink but innocuous; **facezie innocue**, harmless jokes.
innodìa, *f.* hymnody.
innografìa, *f.* 1 hymnography 2 (*raccolta d'inni religiosi*) hymnal.
innògrafo, *m.* hymnographer.
innologìa, *f.* hymnology.
innòlogo, *m.* hymnologist.
innominàbile, *a.* unnam(e)able; unmentionable.
innominato, *a.* 1 unnamed; unmentioned 2 (*anat.*) innominate: **osso i.**, innominate bone. ● (*letter.*) **l'I.**, the Unnamed.
innovaménto, *V.* **innovazióne**.
innovare, *v. t.* to introduce innovations (into); to innovate (in, on); to change; to reform.
innovatóre, A *a.* innovating; innovative; innovatory. **B** *m.* innovator.
innovazióne, *f.* innovation; change.
innumeràbile, *a.* (*lett.*) innumerable; numberless.
innumerabilità, *f.* (*lett.*) innumerability.
innùmere, *V.* **innumerévole**.
innumerévole, *a.* innumerable; countless; numberless: **la folla i. dei visitatori**, the innumerable visitors.
inoccultàbile, *a.* unconcealable; that cannot be concealed.
inoccupazióne, *f.* unemployment (of persons not previously employed).
inoculàbile, *a.* inoculable.
inoculabilità, *f.* inoculability.
inoculare, *v. t.* 1 (*med.*) to inoculate 2 (*fig.*) to sow* the seeds of; to inoculate.
inoculazióne, *f.* (*med.*) inoculation.
inodóre, inodóro, *a.* odourless; inodorous; (*di fiore*) scentless.
inoffensivo, *a.* harmless; inoffensive.
inofficióso, *a.* inofficious.
inoltrare, A *v. t.* to send* on; to forward. ● **i. per posta**, to mail □ **i. un reclamo a q.**, to lodge a complaint with sb. **inoltrarsi, B** *v. rifl.* 1 to advance; to penetrate; to go* forward 2 (*fig.*) to bury oneself (in); to go* ahead (with).
inoltrato, *a.* 1 advanced; well on: **essere i. negli anni**, to be advanced in years 2 (*di tempo*) late: **a stagione inoltrata**, late in the season; well into the season. ● **Parlammo fino a notte inoltrata**, we talked far into the night.
inoltre, *avv.* besides; moreover; what's more (*fam.*).
inóltro, *m.* forwarding. ● **Con preghiera d'i.**, please forward.
inombrare, *v. t.* (*lett.*) to cast* a shadow on to; to shade.
inondare, *v. t.* 1 to flood, to inundate (*anche fig.*): **Il fiume ha inondato la campagna**, the river has flooded the countryside; **La plastica ha inondato il mercato**, plastics have flooded the market 2 (*rovesciarsi come un torrente*) to pour down (*o* over, on to, into); to inundate: **Le lacrime le inondavano il viso**, tears poured down her cheeks 3 (*fig., anche*) to fill: **La gioia m'inonda il petto**, joy fills my heart.
inondato, *a.* flooded, filled (with): **i. di gioia**, filled with joy.
inondazióne, *f.* 1 (*atto*) flooding 2 (*effetto*) flood (*spesso al pl.*); inundation, deluge (*anche fig.*): **l'i. nella Valle Padana**, the floods in the Po Valley.
inonorato, *a.* (*lett.*) unhonoured.
inoperàbile, *a.* (*med.*) inoperable.
inoperante, *a.* inoperative. ● **Questo provvedimento è stato adottato dal governo ma è rimasto i.**, this measure has been adopted by the government but has remained a dead letter.
inoperosità, *f.* 1 inactivity; idleness 2 (*ind.: di un macchinario*) outage.
inoperóso, *a.* 1 inactive; idle; at a standstill (*pred.*): **Il braccio è i. da molto, ma col massaggio riprenderà**, the arm has been inactive for a long time, but massage should help (to) get it back to form; **L'industria se ne sta inoperosa da giugno**, the industry is at a standstill since June 2 (*ozioso*) idle; slack; lazy.
inòpia, *f.* (*lett.*) destitution; indigence; penury.
inopinàbile, *a.* (*lett.*) 1 (*imprevedibile*) unforeseeable 2 (*impensabile*) unimaginable.
inopinato, *a.* unforeseen; unexpected.
inopportunità, *f.* inopportunity; inappropriateness.
inopportuno, *a.* inopportune; inappropriate; untimely; out of place (*pred.*). ● **Non sarebbe i. ricordarglielo**, it wouldn't be a bad idea to remind him of it □ **È un momento i.**, it's not the right moment.
inoppugnàbile, *a.* 1 incontrovertible 2 (*leg.*) indefeasible.
inoppugnabilità, *f.* 1 incontrovertibility 2 (*leg.*) indefeasibility.
inorganicità, *f.* 1 inorganic nature: **i. di una sostanza**, inorganic nature of a substance 2 (*mancanza di unità organica*) incoherency; disjointedness.
inorgànico, *a.* inorganic.
inorgoglire, A *v. t.* to make* proud. **B** *v. i. e* **inorgoglirsi**, *v. rifl.* to become* proud; to pride oneself (upon st., upon doing st.); to take* a pride (in st., in doing st.).
inorgoglito, *a.* proud (of).
inorpellare, *v. t.* to decorate with tinsel; to tinsel.
inorridire, A *v. t.* to horrify; to strike* with horror; to shock: **Il solo pensiero m'inorridisce**, the mere thought of it horrifies me. **B** *v. i.* to be horrified; to be horror-struck; to be shocked: **Inorridii alla brutalità dell'uomo**, I was horrified by the man's brutality.
inosàbile, A *a.* (*lett.*) unattemptable; that should not be attempted. **B** *m.* – **osare l'i.**, to dare the impossible.
inosìna, inosìte, *f.* (*chim.*) inosite.
inospitale, *a.* inhospitable.
inospitalità, *f.* inhospitality.
inòspite, *a.* (*lett.*) inhospitable.
inosservàbile, *a.* that cannot be complied with.
inosservante, *a.* 1 failing to comply (with) 2 (*delle leggi, ecc.*) non-observant (of).
inosservanza, *f.* 1 non-compliance (with); failure to comply (with) 2 (*delle leggi, ecc.*) non-observance (of).
inosservato, *a.* 1 (*non avvertito*) unobserved; unnoticed 2 (*non rispettato*) not observed, not respected; (*inadempiuto*) unfulfilled.
inossidàbile, *a.* stainless; (*chim.*) inoxidizable: **acciaio i.**, stainless steel.
in-ottavo, *a.* (*tipogr.*) octavo (*attr.*).
inottusire, **A** *v. t.* to dull; to make* dull. **B** *v. i.* to grow* (*o* to become*) dull.
inquadraménto, *m.* 1 framing 2 (*disposizione*) arrangement 3 (*mil.*) organization.
inquadrare, A *v. t.* 1 (*mettere in cornice*) to frame 2 (*mil., bur.*) to organize 3 (*fig.*) to arrange; to set* 4 (*fotogr.*) to frame. **inquadrarsi, B** *v. rifl.* to fit (into); to be set.
inquadratura, *f.* 1 framing 2 (*fotogr., cinem.*) shot.
inqualificàbile, *a.* disgraceful; contemptible.
in quanto, A *avv.* as: **In quanto minorenne è soggetto alla patria potestà**, as a minor, he is subject to paternal authority. **B** *cong.* 1 as; because; since: **Non ho potuto parlargli in quanto non l'ho più rivisto**, I couldn't talk to him, since I never saw him again 2 (*in correlazione con* **tanto** *o* **in tanto** *nelle proposizioni compar.*) as: **Il suo gesto è tanto più ammirevole in quanto si trova in disagiata posizione economica**, his action is all the more admirable as he is in financial distress. **C** *nella locuz.* **in quanto a**, as: **in quanto a me, tacerò**, as for me, I'll keep silent.
in quanto che, *cong.* because: **Potrà fare molti progressi in quanto che è ancora giovanissimo**, he will make a lot of progress

inquartare

because he is still very young.
inquartare, *v. t.* (*araldica*) to quarter.
inquartata, *f.* (*scherma*) quart.
inquartato (1), *a.* (*araldica*) quartered.
inquartato (2), *a.* (*robusto*) well-set; sturdy; robust.
inquartatura, *f.* (*araldica*) quartering.
inquietante, *a.* disquieting; worrying; anxious; alarming: **una mezz'ora i.**, an anxious half-hour.
inquietare, A *v. t.* to make* uneasy; to worry; to alarm. **inquietarsi, B** *v. rifl.* **1** to get* worried; to worry **2** (*stizzirsi*) to get* angry (*o* cross).
inquièto, *a.* **1** (*che non ha requie*) restless; agitated **2** (*preoccupato*) uneasy; anxious; worried **3** (*crucciato*) vexed; cross.
inquietùdine, *f.* **1** restlessness; unrest **2** (*preoccupazione*) anxiety; worry: **tante inquietudini,** so much anxiety; **La condotta di nostro figlio è una continua i.,** our son's behaviour is a continual source of anxiety. ● **Levami da questa i.,** set my mind at rest.
inquilino, *m.* tenant; renter; lodger.
inquinamento, *m.* pollution: **i. atmosferico,** air pollution; **i. termico,** thermal pollution.
inquinante, *a.* polluting (*anche fig.*): **sostanze inquinanti,** polluting substances.
inquinare, *v. t.* to pollute; to foul; to defile (*anche fig.*).
inquinato, *a.* foul; polluted.
inquirènte, A *a.* examining; investigating. ● **commissione i.,** committee of enquiry. **B** *m. e f.* enquirer.
inquisire, *v. t. e i.* (*indagare*) to investigate; to inquire (into).
inquisitivo, *a.* inquisitorial (*spreg.*); probing.
inquisitóre, A *a.* inquiring; searching. ● **sguardo i.,** prying look. **B** *m.* inquisitor: (*stor.*) **il Grande I.,** the Inquisitor.
inquisitòrio, *a.* inquisitional; inquisitorial.
inquisizióne, *f.* inquisition: (*stor.*) **la Santa I.,** the Inquisition.
insabbiaménto, *m.* **1** sanding up; silting up **2** (*fig.: di una pratica, ecc.*) shelving; pigeon-holing.
insabbiare, A *v. t.* **1** to cover with sand; to sand; to silt up **2** (*fig.: una pratica e sim.*) to shelve; to pigeon-hole. **insabbiarsi, B** *v. rifl.* **1** to be covered with sand; to be sanded up; to silt up **2** (*fig.: di una pratica e sim.*) to be shelved; to be pigeon-holed **3** (*fig.: di persona*) to bury oneself.
insaccaménto, *V.* **insaccatura.**
insaccare, *v. t.* **1** to put* (*o* to pack) into a sack; to sack **2** (*carne di maiale*) to make* into sausages **3** (*intascare*) to pocket **4** (*vestire goffamente*) to bundle up **5** (*fig.: pigiare*) to pack; to cram. ● (*calcio*) **i. il pallone,** to score. **insaccarsi, B** *v. rifl.* **1** (*vestirsi goffamente*) to dress badly **2** (*pigiarsi*) to pack; to squeeze.
insaccata, *f.* **1** shaking down **2** (*urto che si riceve cadendo*) jolt; impact; blow.
insaccati, *m. pl.* sausages.
insaccatóre, *m.* packer: **i. di grano,** wheat packer.
insaccatrice, *f.* (*tecn.*) bagging machine.
insaccatura, *f.* **1** (*confezionamento in sacchi*) packing into sacks **2** (*di salumi*) sausage-making.
insacchettare, *v. t.* to put* into (small) bags; to bag.
insacchettatrice, *f.* (*tecn.*) bagging machine.
insalata, *f.* **1** salad: **i. di lattuga,** lettuce salad; **fagiolini in i.,** French bean salad; **i. russa,** Russian salad; **i. di mare,** salad of sea food; **i. mista,** vegetable salad; **condire l'i.,** to dress the salad **2** (*fig.*) muddle; jumble: **fare un'i.,** to get (st.) into a muddle.
insalatièra, *f.* salad-bowl.
insaldare, *v. t.* to starch.
insaldatura, *f.* starching.
insalivare, *v. t.* to insalivate.
insalivazióne, *f.* insalivation.
insalùbre, *a.* unhealthy.
insalubrità, *f.* unhealthiness.
insalutato, *a.* — **partire i. ospite,** to slip away without saying good-bye; to take French leave.
insalvàbile, *a.* not savable, unsavable; not rescuable.
insanàbile, *a.* incurable.
insanguinare, A *v. t.* to stain with blood. **insanguinarsi, B** *v. rifl.* to become* blood-stained.
insanguinato, *a.* blood-stained: **un fazzoletto i.,** a blood-stained handkerchief.
insània, *f.* insanity (*med.*); madness; folly: **Che i.!,** what folly!
insanire, *v. i.* (*lett.*) to become* insane (*med.*); to go* mad; to go* off one's head.
insano, *a.* insane; mad. ● (*leg.*) **di mente insana,** of unsound mind; insane.
insaponare, *v. t.* to soap (*anche fig.*); to lather.
insaponata, *f.* (quick) soaping.
insaponatrice, *f.* (*ind. tessile*) soaping-machine.
insaponatura, *f.* soaping; lathering.

insaponificàbile, *a.* (*chim.*) unsaponifiable.
insapóre, *V.* **insapóro.**
insaporire, A *v. t.* to flavour; to make* tasty; to season. **insaporirsi, B** *v. rifl.* to become* tasty.
insapóro, *a.* flavourless; tasteless.
insaputa, *f.* — **all'i. di q.,** without the knowledge of sb.; **a mia i.,** without my knowledge.
insaturàbile, *a.* (*chim.*) unsaturable.
insàturo, *a.* (*chim.*) unsaturated.
insaziàbile, *a.* insatiable; unappeasable; unquenchable (*di sete e fig.*).
insaziabilità, *f.* insatiability.
insaziato, *a.* insatiate.
inscatolaménto, *m.* **1** (*in scatole*) boxing; packing **2** (*in latte o lattine*) tinning; canning (USA).
inscatolare, *v. t.* **1** (*mettere in scatola*) to box; to pack **2** (*mettere in latte o lattine*) to tin; to can (USA).
inscatolatrice, *f.* (*tecn.*) **1** (*per scatole*) boxing machine **2** (*per latte o lattine*) tinning machine.
inscenare, *v. t.* to stage (*anche fig.*); to put* on the stage.
insciènte, *a.* (*lett.*) nescient, ignorant (of st.).
insciènza, *f.* (*lett.*) nescience; ignorance.
inscindibile, *a.* inseparable.
inscindibilità, *f.* inseparability; inseparableness.
inscrittibile, *a.* (*geom.*) inscribable.
inscritto, *a.* (*geom.*) inscribed.
inscrivere, *v. t.* (*geom.*) to inscribe.
inscrizióne, *f.* (*geom.*) inscription.
inscrutàbile, *a.* inscrutable.
inscrutabilità, *f.* inscrutability; inscrutableness.
inscurire, *v. t.* to darken; to make* darker.
inscusàbile, *a.* inexcusable.
insecchire, A *v. t.* to dry up. **B** *v. i.* **1** to become* dry; to dry up **2** (*diventare magro*) to grow* thin (*o* thinner).
insediaménto, *m.* **1** installation; taking over **2** (*lo stabilirsi*) settlement. ● **discorso per l'i.,** inaugural address; (*di un presidente, USA*) inaugural (message).
insediare, A *v. t.* to install; to institute: **i. q. in carica,** to institute sb. into office. ● (*leg.*) **i. una giuria,** to swear in a jury. **insediarsi, B** *v. rifl.* **1** to take* office; to take* over: **Arriva oggi e s'insedierà domani,** he arrives today and takes over tomorrow **2** (*stabilirsi*) to settle; to establish oneself.
inségna, *f.* **1** sign; sign-board: **insegne al neon,** neon signs; **all'i. del leon rosso,** at the sign of the Red Lion **2** (*bandiera*) ensign; banner; standard; flag: **i. di comando** (*su una nave ammiraglia*), admiral's flag **3** (*emblema*) badge (*specialm. da infilare all'occhiello*); (*pl., anche*) insignia: **le insegne reali,** the insignia of Royalty; **insegne episcopali,** episcopal insignia; **insegne cavalleresche,** badges of knighthood. ● (*fig.*) **abbandonare le insegne** (*disertare*), to desert □ (*fig.*) **all'i. di...,** under banner of...
insegnàbile, *a.* teachable.
insegnaménto, *m.* **1** teaching: **darsi all'i.,** to take up teaching; **metodi d'i.,** teaching methods **2** (*istruzione*) education: **i. primario (secondario, superiore),** primary (secondary, higher) education **3** (*privato*) tuition **4** (*precetto, norma*) precept, teaching; (*lezione*) lesson, warning: **gli insegnamenti dell'esperienza,** the lessons of experience; **Questo gli servirà d'i.!,** that will teach him a lesson! ● **essere abilitato all'i.,** to be qualified to teach; to be a qualified teacher □ **programma d'i.,** syllabus, curriculum.
insegnante, A *a.* teaching: **corpo i.,** teaching staff. **B** *m. e f.* teacher; school-master (*masch.*); school-mistress (*femm.*).
insegnare, A *v. t.* **1** to teach*: **i. q.c. a q.,** to teach sb. st.; to teach st. to sb.; **T'insegnerò a leggere,** I shall teach you to read (*più comune*: how to read); **La storia (l'esperienza) c'insegna che non bisogna perdersi d'animo,** history (experience) teaches us not to lose heart **2** (*addestrare, preparare per una professione*; *creare un'abitudine*) to train: **Insegnai al cane a portarmi la sua spazzola,** I trained the dog to bring me his brush; **i. a q. a fare il pilota (l'infermiera, ecc.),** to train sb. as a pilot (as a nurse, etc.) **3** (*indicare*) to tell*; to show*; to indicate: **Insegnami come ci si arriva,** tell me how to get there; **Insegnami la strada,** show me the way; (*con le sole parole*) tell me the way. **B** *v. i.* to teach*; to be a teacher: **i. a Oxford,** to teach at Oxford; **Sono stanco d'i.,** I'm tired of teaching.
inseguiménto, *m.* pursuit; chase: (*sport*) **i. a squadre,** team pursuit; team race.
inseguire, *v. t.* to pursue; to chase.
inseguitóre, A *m.* pursuer; chaser. **B** *a.* pursuing; following.
insellàggio, *m.* saddling.
insellaménto, *m.* saddling; (*di nave, aeroplano*) sag.
insellare, A *v. t.* **1** (*sellare*) to saddle **2** (*far incurvare*) to sag. **insellarsi, B** *v. rifl.* **1** (*montare in sella*) to get* into the saddle **2** (*incurvarsi*) to sag; to cave in (*fam.*).

insellatura, *f.* **1** (*di animali*) hollow of the back **2** (*di q.c. che ha ceduto*) sag **3** (*naut.*) sheer.

inselvatichire, A *v. t.* to make* (st., sb.) go wild. **B** *v. i.* e **inselvatichirsi**, *v. rifl.* to grow* (*o* to run*) wild.

inseminare, *v. t.* (*biol.*) to inseminate.

inseminazióne, *f.* (*med.*, *vet.*) insemination.

insenatura, *f.* inlet; cove; creek; small bay.

insensatézza, *f.* **1** senselessness; foolishness: **La sua i. li ha portati all'orlo della rovina**, his foolishness has brought them to the brink of disaster; **L'i. di quell'atto mi lasciò perplessa**, the senselessness of such an act puzzled me **2** (*azione, parola insensata*) nonsense.

insensato, A *a.* senseless; crazy; insensate; foolish: **Nel delirio il bambino pronunciò parole insensate**, in his delirium the child uttered senseless words; **Mi sembrò un'impresa insensata**, I thought it was a crazy scheme; **agire da ragazza insensata**, to behave like a foolish girl. **B** *m.* senseless (*o* foolish) person; fool.

insensibile, *a.* **1** insensitive; indifferent (to st.); insensible (*quasi lett.*): **un braccio reso i. dall'anestesia locale**, an arm made insensitive by the local anaesthetic; **i. al dolore**, indifferent to pain **2** (*che quasi non si avverte*) light; imperceptible; insensible **3** (*che non si commuove*) callous; unfeeling.

insensibilità, *f.* **1** insensitiveness; insensibility; indifference **2** (*impercettibilità*) slightness; imperceptibility.

insensibilménte, *avv.* **1** insensibly; insensitively; indifferently **2** (*in modo impercettibile*) slightly; imperceptibly.

inseparàbile, *a.* inseparable.

inseparabilità, *f.* inseparability; inseparableness.

insepólto, *a.* unburied.

insequestràbile, *a.* not liable to sequestration.

insequestrabilità, *f.* condition of not being confiscable; immunity from confiscation.

inseribile, *a.* which can be inserted; insertable.

inseriménto, *m.* **1** insertion; fitting up **2** (*inclusione*) inclusion **3** (*elettr.*) connection; plugging in; (*in derivazione*) shunting.

inserire, A *v. t.* **1** to insert; to fit in; to get* in (*fam.*): **i. una bietta nella crepa (un tubo in un altro)**, to insert a wedge in the crack (one pipe in another); **un verso inserito dopo**, a line inserted later; **Lo potremmo i. dopo il punto e virgola**, we could fit it in after the semicolon **2** (*allegare*) to enclose **3** (*includere*) to include; to put* in: **Inseriremo l'articolo nel giornale di domani**, we'll include the article in tomorrow's paper; **Hanno inserito il mio nome nella lista**, they've included my name in the list; **Hanno dimenticato d'i. quella clausola**, they've forgotten to put in that clause **4** (*elettr.*) to connect; to plug in; (*in derivazione*) to shunt: **i. la spina della lampada nella presa**, to plug in the lamp. ● **i. (dati) in un elaboratore**, to input □ (*autom.*) **i. la chiave nell'accensione**, to turn on the ignition □ **L'accensione è inserita**, the ignition is on □ **Il freno è inserito**, the brake is on. **inserirsi, B** *v. rifl.* to manage to get in (to); to become* part (of): **È riuscito a i. nelle semifinali**, he's managed to get into the semi-finals.

inseritóre, *m.* (*elettr.*) connector; switch: **i. automatico**, automatic connector.

insèrto, *m.* **1** file; dossier **2** (*fascicolo in un giornale e sim.*) insert; inset **3** (*cinem.*) insert. ● **i. centrale** (*di rivista*), centerfold.

inservibile, *a.* unserviceable; useless; of no use. ● **una bicicletta i.**, a broken-down old bicycle □ **rendere i. q.c.**, to put st. out of action.

inserviènte, A *m.* attendant; odd-job man*. **B** *f.* attendant.

inserzióne, *f.* **1** insertion **2** (*annuncio pubblicitario*) advertisement; announcement; insertion **3** (*elettr.*) connection; plugging in; (*in derivazione*) shunting. ● **fare inserzioni** (*su un giornale*), to advertise.

inserzionista, *m.* e *f.* advertiser.

inserzionistico, *a.* – **pubblicità inserzionistica**, newspaper advertising.

insettàrio, *m.* insectarium; insectary.

insetticida, *a.* e *m.* insecticide. ● **polvere i.**, insect-powder.

insettifugo, A *m.* insecticide. **B** *a.* insect-repelling (*attr.*).

insettìvoro, A *a.* (*zool., bot.*) insectivorous. **B** *m.* **1** (*zool., bot.*) insectivore **2** (*pl., zool., Insectivora*) insectivores **3** (*fig.: persona spregevole*) louse*; worm.

insètto, *m.* (*zool.*) insect; bug (*USA*).

insicurézza, *f.* insecurity.

insicuro, A *a.* insecure. **B** *m.* insecure (*o* unstable) person; person unsure of himself (*o* herself).

insidia, *f.* **1** (*trappola*) trap, snare; (*inganno*) trick, deceit, deception: **Sospettavo un'i.**, I suspected a trick; **Gli tesero un'i.**, they laid a trap for him; **Elusi le insidie**, I didn't fall into the trap **2** (*pericolo*) peril; (*insidioso*) danger: **Ero circondato da insidie**, I was beset by insidious dangers **3** (*fig.: allettamento*) allurement.

insidiare, *v. t.* e *i.* to lay* a trap, to lay* a snare (for sb.). ● **i. una ragazza**, to try to seduce a girl.

insidiatóre, *m.* tempter.

insidióso, *a.* insidious; treacherous; deceitful: **un nemico i.**, an insidious enemy; **una domanda insidiosa**, an insidious question; **un'arma insidiosa**, a treacherous weapon.

insième (1), A *avv.* **1** together: **Usciamo tutti i.!**, let's all go out together!; **Ora, per piacere, tutti i.!** (*s'intende*: *ripetete, cantate, ballate, ecc.*), now, all together, please!; **Volevamo stare i.**, we wanted to be together; **Le due cose non possono stare i.**, the two things don't go together; you can't have it both ways; **Se vogliamo salvarci, dobbiamo stare i.** (*sostenerci a vicenda*), if we want to save ourselves, we must stick together; **Per non perderci nella nebbia, dobbiamo stare i.**, we must keep together if we don't want to lose each other in the fog; **mettere i.**, to put (*o* to get) together: **Sono riuscito a mettere i. i quattrini per il viaggio**, I've managed to put together the money for the journey; **Misero i. uno spettacolo alla meglio**, somehow they got a show together; **È difficile mettere i. la gente adatta**, it's difficult to get together the right people **2** (*contemporaneamente*) at the same time: **Ero arrabbiata e divertita i.**, I was angry and amused at the same time; **Pagherò tutto i.**, I shall pay it all together; I shall pay everything at the same time **3** – **tutto i.**, (*generalm.*) all together (*v. def.* 1); (*in certi casi*) taken all in all; (*tutto considerato*) all things considered, altogether, all told; (*senza dividerlo*) as a unit, keeping it together; (*in una volta*) in one go, at one (fell) swoop: **Tutto i. sono contento dei risultati**, all things considered (*o* taken all in all, altogether), I'm pleased with the way things have turned out; **Tutto i. non vale una lira**, it's not worth a penny all told; **Voglio vendere la libreria tutta i.**, I want to sell the library as a unit (*o* as a whole, keeping it together); **Li abbiamo potati tutti i.**, we pruned them all at one swoop. **insieme a, insieme con, B** *locuz. prep.* with; (*nel senso di* «*e inoltre con*») together with, along with: **Verrò i. con gli altri**, I shall come with the others; **Vi spediamo i. con alcuni campioni, gli articoli che ci ordinaste**, we are sending you the articles you ordered (of us), together with a few samples. ● **mettere i. una fortuna**, to make (*o* to amass) a fortune □ **mettere i. una frase**, to make up a sentence □ **mettere i. i pezzi di una macchina**, to put a machine together; to assemble a machine □ **mettere i. un po' di denaro**, to scrape together some money.

insième (2), *m.* **1** whole: **l'i. di q.c.** (*o* **q.c. nel suo i.**), st. as a whole; (*se il q.c. a cui si riferisce è pl., anche*) taken together: **Mi piace poco nell'i.**, I don't like it as a whole; **Bisogna considerarlo nel suo i.**, it should be considered as a whole; **l'i. degli indizi**, the evidence as a whole; all the clues taken together **2** (*di un'opera d'arte*) unity; composition: **Sono buoni i particolari, ma è debole l'i.** (*di un quadro, libro, edificio, ecc.*), the detail is good, but the composition is weak **3** (*di cose affini*) set; outfit: **i. da viaggio**, travelling set; **i. da pesca**, fishing outfit **4** (*quando in ital. potrebbe stare l'agg. «generale»*) overall (*agg.*): **la direzione dell'i.** (*la direzione del progetto nel suo i.*), the overall direction of the scheme; **l'effetto d'i.**, the overall (*o* general) effect **5** (*moda*) outfit; ensemble **6** (*mat.*) set. ● (*teatr.*) **l'i. degli attori**, the (whole) cast □ **nell'i.**, on the whole; as a whole □ **uno sguardo d'i.**, a comprehensive view.

insiemistica, *f.* (*mat.*) theory of sets.

insiemistico, *a.* (*mat.*) set (*attr.*): **trattazione insiemistica**, set (theory) treatment.

insigne, *a.* great; famous; superlative; of great distinction (*pred.*): **un uomo i.**, a great man; **un artefice i.**, a superlative craftsman.

insignificante, *a.* **1** (*che non ha significato*) meaningless **2** (*trascurabile*) insignificant; negligible; trifling: **un omino i.**, an insignificant little man; **La differenza fra i due è i.**, the difference between the two is negligible.

insignire, *v. t.* (*di medaglia, al valore, ecc.*) to decorate; (*di un titolo*) to bestow, to confer (a title on sb.); (*del titolo di cavaliere*) to dub; (*di un titolo nobiliare*) to make*: **Fu insignito del titolo di barone**, he was made a baron; a barony was conferred on him.

insilaménto, *v. t.* to ensile; to store (fodder) in a silo.

insilare, *v. t.* to ensile; to store (fodder) in a silo.

insilatrice, *f.* ensilage blower.

insincerità, *f.* insincerity; disingenuousness.

insincèro, *a.* insincere; disingenuous: **una risposta insincera**, a disingenuous answer.

insindacàbile, *a.* unobjectionable; unquestionable.

insindacabilità, *f.* unobjectionableness; unquestionableness.

insino, *V.* **fino** (2).

insinuante, *a.* insinuating; (*che cerca d'ingraziarsi*) ingratiating; (*carezzevole*) wheedling.

insinuare, A *v. t.* **1** to penetrate (into... with); to introduce; to insinuate (*lett.*): **L'albero ha insinuato le radici nelle fessure**, the tree has penetrated into the cracks with its roots **2** (*fig.*) to

insinuatóre

insinuate; to imply; to hint: **Iago insinua che Desdemona non è fedele,** Iago insinuates that Desdemona is unfaithful; **Iago insinua il sospetto nell'animo di Otello,** Iago insinuates suspicion into Othello's mind; by subtle suggestion Iago makes Othello suspicious. ● (*leg.*) **i. un credito in un fallimento,** to prove a debt in a bankruptcy. **insinuarsi, B** *v. rifl.* **1** to insinuate oneself (into); to work one's way (into); (*più spreg.*) to worm one's way (into) **2** (*entrare furtivamente*) to creep* (into); (*in un'apertura stretta*) to squeeze oneself (into, through) **3** (*di un liquido*) to trickle; to seep.

insinuatóre, *m.* insinuator.

insinuazióne, *f.* (*in tutti i sensi*) insinuation; (*allusione*) hint. ● (*leg.*) **i. di un credito in un fallimento,** proof of a debt in a bankruptcy.

insipidézza, insipidità, *f.* tastelessness; insipidity, insipidness (*anche fig.*).

insìpido, A *a.* tasteless; insipid (*anche fig.*). **B** *m.* insipid taste; tastelessness.

insipiènte, *a.* foolish; unwise; insipient (*raro*).

insipiènza, *f.* ignorance; foolishness; insipience (*raro*).

insistènte, *a.* persistent; insistent; (*in modo noioso*) nagging; (*che non cessa, continuo*) incessant, unceasing: **mal di denti i.,** nagging toothache; **pioggia i.,** persistent (*o* incessant) rain; **È molto i. quel tuo amico, alla fine ce l'ha fatta,** that friend of yours is very persistent, he has ended by pulling it off.

insistènza, *f.* persistence; insistence. ● **con i.,** insistently.

insìstere, *v. i.* to persevere (in, with st.); to persist (in doing st.); to insist (on st.); to go* on, to keep* on (doing st.); to stick* (to st.) (*fam.*): **Devi aver pazienza e i.,** you must be patient and persevere; **Insisterò nella mia domanda,** I shall keep on asking; **Insisterò nel mio tentativo,** I shall go on trying; **L'uomo insiste nel negare,** the man sticks to his denial.

ìnsito, *a.* inherent; congenital; inborn.

insociàbile, *a.* (*che non sta volentieri in compagnia*) unsociable; (*contrario al bene della comunità*) unsocial; (*incompatibile*) incompatible.

insociale, *a.* unsocial.

insociévole, *a.* unsociable.

insocievolézza, *f.* unsociability; unsociableness.

insoddisfacènte, *a.* unsatisfactory.

insoddisfatto, *a.* unsatisfied; dissatisfied; discontented: **Sono i., non ho mangiato abbastanza,** I am unsatisfied, I haven't eaten enough; **Sono i., vorrei mangiare qualcosa di diverso,** I am dissatisfied, I should like something different to eat.

insoddisfazióne, *f.* dissatisfaction; discontent.

insofferènte, *a.* impatient; intolerant; (*di un cavallo e fig.*) restive: **i. a ogni indugio,** impatient of all delay; **È troppo i., non può stare lì fermo,** he's too impatient (*o* restless), he can't stay put; **È un uomo i. di ogni coercizione,** he's a man who gets restive at (*o* can't bear) any form of coercion.

insofferènza, *f.* impatience; intolerance; restlessness; restiveness.

insoffrìbile, *a.* unbearable; intolerable; insufferable.

insolazióne, *f.* **1** insolation **2** (*colpo di sole*) sunstroke: **prendere un'i.,** to get sunstroke.

insolènte, *a.* insolent; rude; impudent; pert.

insolenteménte, *avv.* insolently; rudely; impudently; pertly.

insolentire, *v. i. e t.* to be insolent, to be rude (to sb.).

insolènza, *f.* **1** insolence; impudence; pertness **2** (*detto o atto insolente*) insolent (*o* rude) remark; insolent behaviour.

insòlito, *a.* unusual; out of the ordinary; unaccustomed; uncommon; (*strano*) strange: **un'esperienza insolita,** a strange experience.

insolùbile, *a.* **1** insoluble **2** (*chim.*) undissolvable.

insolubilità, *f.* **1** insolubility **2** (*chim.*) undissolvability.

insolùto, *a.* **1** (*non risolto*) unsolved **2** (*non pagato*) unpaid; outstanding; unsettled; undischarged **3** (*chim.*) undissolved.

insolvènte, *a.* (*leg.*) insolvent.

insolvènza, *f.* (*leg.*) insolvency.

insolvìbile, *a.* **1** (*di un debito*) unpayable **2** (*di un debitore*) insolvent; (*di un'impresa*) wildcat (*attr.*).

insolvibilità, *f.* insolvency.

insómma, A *avv.* **1** (*in conclusione; spesso si omette*) in short; in conclusion; in a word; the fact is: **I., non ne ho voglia,** the fact is, I don't want to; **La pigione è alta, non c'è vista, la cucina è scomoda, i. ci sono molti inconvenienti,** the rent is high, there's no view, the kitchen is inconvenient; in short, there are a good many drawbacks **2** (*dunque*) then; well: **È chiaro i.?,** is it clear, then? **B** *inter.* (*ebbene*) well: **I., sì o no?,** well, is it yes or no?; **I., si fa tardi,** well, it's getting late. ● **I., finiscila!,** for heaven's sake, stop it!

insommergìbile, *a.* unsinkable.

insondàbile, *a.* unfathomable (*anche fig.*).

insònne, *a.* **1** sleepless **2** (*fig.*) tireless; indefatigable.

insònnia, *f.* insomnia (*anche med.*); sleeplessness.

insonnolito, *a.* sleepy; drowsy; half asleep.

insonorizzare, *v. t.* (*tecn.*) to sound-proof.

insonorizzazióne, *f.* (*tecn.*) acoustical treatment; sound-proofing.

insopportàbile, *a.* unbearable; unendurable; intolerable: **dolore (freddo) i.,** unendurable pain (cold); **i. sciatteria,** intolerable negligence. ● **La spesa per noi è i.,** the cost is more than we can sustain □ **Quel ragazzo è veramente i.!,** what a nuisance that boy is!

insopportabilità, *f.* unbearableness; intolerability; intolerableness.

insopportabilménte, *avv.* unbearably; unendurably; intolerably.

insopprimìbile, *a.* insuppressible.

insordire, *v. i.* to grow* (*o* to become*) deaf.

insorgènte, *a.* arising; initial; incipient.

insorgènza, *f.* beginning; onset.

insórgere, *v. i.* **1** (*ribellarsi*) to rise*, (up); to revolt; to rebel: **La popolazione insorse contro l'oppressore,** the population rose up against the oppressor **2** (*manifestarsi all'improvviso*) to arise*, to turn up, to crop up; (*di tempesta e sim.*) to arise* (*fam.*): Insorgevano continuamente nuove difficoltà, new difficulties arose (*o* turned up) continually; **Una bufera insorse durante la notte,** a gale arose in the night **3** (*protestare*) to protest: **Insorsero tutti contro quella proposta,** they all protested against that proposal.

insormontàbile, *a.* unsurmountable.

insórto, A *a.* rebellious; rebel (*attr.*); insurgent. **B** *m.* insurgent; rebel.

insospettàbile, *a.* above (*o* beyond) suspicion.

insospettato, *a.* **1** unsuspected **2** (*imprevisto*) unexpected.

insospettire, A *v. t.* to make* suspicious; to arouse (sb.'s) suspicions; to put* (sb.) on the alert. **B** *v. i.* e **insospettirsi,** *v. rifl.* to become* suspicious. ● **Mi ero insospettito,** my suspicions were aroused.

insostenìbile, *a.* **1** untenable **2** (*insopportabile*) unendurable; unbearable; intolerable. ● **spese insostenibili,** expenses that cannot be met.

insostenibilità, *f.* **1** untenability; untenableness **2** (*insopportabilità*) unbearableness; intolerability; intolerableness.

insostituìbile, *a.* irreplaceable.

insostituibilità, *f.* irreplaceability; indispensability.

insozzare, A *v. t.* **1** to soil; to dirty **2** (*fig.*) to sully; to disgrace. **insozzarsi, B** *v. rifl.* **1** to dirty oneself **2** (*fig.*) to degrade oneself.

insperàbile, *a.* not to be hoped for.

insperato, *a.* **1** unhoped-for: **un successo i.,** an unhoped-for success **2** (*inaspettato*) unexpected.

inspessire, e *deriv.* V. **ispessire,** e *deriv.*

inspiegàbile, *a.* inexplicable; unaccountable.

inspiegato, *a.* unexplained.

inspirare, *v. t.* to inhale; to breathe in: **i. aria (un gas tossico),** to inhale air (a poisonous gas).

inspiratóre, (*anat.*) **A** *a.* inspiratory. **B** *m.* inspiratory muscle.

inspiratòrio, *a.* inspiratory.

inspirazióne, *f.* inhalation; (*med., anche*) inspiration.

instàbile, *a.* **1** unstable; unsteady; insecure; undependable; (*su cui non si può contare*) unreliable; (*variabile*) unsettled: (*fis.*) **equilibrio i.,** unstable equilibrium; **un temperamento i.,** an unstable (*o* undependable, unreliable) temperament; **tempo i.,** unsettled (*o* changeable) weather **2** (*di persona*: *incostante*) inconstant; fickle; unsteady. ● **essere di umore i.,** to be moody.

instabilità, *f.* **1** instability; unstableness; unsteadiness; insecurity **2** (*di persona: incostanza*) inconstancy; fickleness; instability.

installare, A *v. t.* **1** (*insediare*) to install; to institute **2** (*collocare e montare*) to install; to seat; to set* up. **installarsi, B** *v. rifl.* to install oneself (in); to settle (in).

installatóre, *m.* installer; fitter; contractor.

installazióne, *f.* installation; (*impianto, anche*) plant.

instancàbile, *a.* indefatigable; untiring; tireless: **un lavoratore i.,** an indefatigable worker; **con pazienza i.,** with untiring patience.

instancabilità, *f.* indefatigability; tirelessness.

instare, *v. i.* **1** (*incombere*) to impend (over) **2** (*chiedere con insistenza*) to insist.

instaurare, A *v. t.* to found; to establish; to set* up. **instaurarsi, B** *v. rifl.* to be established; (*avere inizio*) to begin*; to start.

instauratóre, *m.* founder; establisher.

instaurazióne, *f.* foundation; establishment.

insterilire, V. **isterilire.**

instillare, *v. t.* to instil(l) (*anche fig.*): **i. l'odio nell'animo di q.,** instil hatred into sb.'s mind.

instillazióne, *f.* instilment; instillation.

instintuale, *a.* instinctual.
institóre, *m.* (*leg.*) institor; agent.
institòrio, *a.* (*leg.*) institorial.
istituire, e *deriv., V.* **istituire,** e *deriv.*
instradaménto, *m.* routing; setting (of sb.) on his way.
instradare, A *v. t.* to route; to direct; to set* (*o* to put*) sb. on his way (to). **instradarsi, B** *v. rifl.* to take* up (a profession, etc.).
insù, *avv.* **1** up; upwards: **Guardavo i.,** I was looking up (*o* upwards); **camminare i. e ingiù,** to walk up and down; **mettere q.c. a faccia i.,** to lay st. face upwards; **Abitano più i.,** they live further up **2** (*d'età, tempo, prezzo, ecc.*) on; upwards; and more; and over: **candidati dai 15 anni i.,** candidates of fifteen and over; **Può costare dalle 10.000 lire i.,** it can cost 10,000 lire and more (*o* and upwards); it can cost anything over 10,000 lire; **Dai 40 anni i. questa facoltà diminuisce,** from the age of forty on (*o* after forty) this faculty decreases. ● **all'i.,** up, upward (*agg.*); up, upwards (*avv.*): **un naso all'i.,** a turned-up nose; a tip-tilted nose □ **con i piedi all'i.,** feet up(wards) □ **da Firenze i.,** north of Florence (*in G. B.*) **l'esame per ragazzi dagli undici anni i.,** the eleven-plus exam □ **navigare all'i.** (*in un fiume*), to sail up a river □ **Questo disco piace ai ragazzi dai 15 anni i.,** this record is popular with the over-fifteens.
insubordinatézza, *f.* insubordination.
insubordinato, *a.* e *m.* insubordinate.
insubordinazióne, *f.* **1** insubordination **2** (*atto di insubordinazione*) act of insubordination.
insuccèsso, *m.* failure; flop (*fam.*).
insudiciare, A *v. t.* to dirty; to soil. **insudiciarsi, B** *v. rifl.* to dirty oneself; to get* dirty: **i. le mani** (*anche fig.*), to dirty one's hands.
insufficiènte, *a.* **1** (*di quantità*) insufficient; not enough; scanty: **Le commesse sono insufficienti** (*di numero*), there are not enough sales-girls; **una spiegazione i.,** an inadequate explanation; **I quattrini sono insufficienti,** the money is not enough; **assolutamente i.,** not nearly enough **2** (*inadeguato*) inadequate; unfit; not equal to **3** (*nella valutazione scolastica*) unsatisfactory; below standard.
insufficiènza, *f.* **1** insufficiency (*anche med.*); (*mancanza*) deficiency, shortage, scantiness: **i. di dati,** an insufficiency of data; (*med.*) **i. cardiaca,** cardiac insufficiency; **alcune gravi insufficienze,** several serious deficiencies **2** (*inadeguatezza*) inadequacy; unfitness **3** (*scolastica*) mark below standard; low mark; (*agli esami*) failure. ● (*leg.*) **i. di prove,** lack of evidence.
insufflare, *v. t.* to blow* into; to insufflate (*specialm. med.*).
insufflatóre, *m.* (*med.*) insufflator.
insufflazióne, *f.* (*med.*) insufflation.
insulare, A *a.* insular; island (*attr.*). **B** *m.* e *f.* islander. ● (*anat.*) **lobo i., insula*.**
insularità, *f.* insularity; insularism.
insulina, *f.* (*chim.*) insulin.
insulinico, *a.* insulin (*attr.*): (*med.*) **shock i.,** insulin shock.
insulinismo, *m.* (*med.*) intolerance to insulin therapy.
insulinoterapia, *f.* (*med.*) insulin therapy.
insulsàggine, *f.* **1** insipidity; silliness; foolishness **2** (*cosa insulsa*) nonsensical thing; nonsense: **Dovetti ridere delle sue insulsaggini,** I had to laugh at the silly things he said.
insulso, *a.* insipid; silly; foolish; dull.
insultante, *a.* insulting; offensive.
insultare, *v. t.* to insult; to affront; to abuse.
insultatóre, A *m.* insulter. **B** *a.* insulting; offensive.
insulto, *m.* **1** insult; affront; abuse (*sing. collett.*): **un i. alla memoria di q.,** an insult to sb.'s memory; **gridare degli insulti contro q.,** to hurl abuse at sb.; **ricoprire q. d'insulti,** to heap insults on sb. **2** (*accesso*) fit; attack; (*med.*) insult. ● **patire un i. da parte di q.,** to be insulted by sb.
insuperàbile, *a.* insuperable; unbeatable (*fam.*).
insuperabilità, *f.* insuperability; insurableness.
insuperato, *a.* unsurpassed.
insuperbire, A *v. t.* to make* proud (*o* haughty). **B** *v. i.* e **insuperbirsi,** *v. rifl.* to become* (*o* to be) proud; to pride oneself (on st.). ● **Non c'è da i.,** there's nothing to be proud of.
insurrezionale, *a.* insurrectional; insurrectionary; of revolt (*pred.*): **moti insurrezionali,** insurrectionary movements.
insurrezióne, *f.* insurrection; revolt: **reprimere un'i.,** to suppress a revolt; **È scoppiata l'i.,** an insurrection has broken out.
insuscettibile, *a.* insusceptible (of, to).
insussistènte, *a.* inexistent; groundless; baseless: **timori insussistenti,** baseless fears; **pericolo i.,** inexistent danger.
insussistènza, *f.* inexistence; groundlessness; baselessness: **l'i. di un fatto,** the inexistence of a fact; **l'i. di un'accusa,** the baselessness of an accusation.
intabaccare, *v. t.* to stain with tobacco; (*sporcare di tabacco da fiuto*) to soil with snuff.

intabarrare, A *v. t.* to wrap up in a cloak. **intabarrarsi, B** *v. rifl.* to wrap oneself up in one's cloak.
intaccàbile, *a.* **1** corrodible **2** (*fig.*) easily injured.
intaccare, A *v. t.* **1** (*fare una tacca*) to make* a notch (*o* notches) in; to notch; to dent **2** (*guastare il filo di un coltello, ecc.*) to blunt **3** (*corrodere*) to corrode; to eat* into (*o* away): **Gli acidi intaccano i metalli,** acids eat into metals **4** (*consumare in parte*) to break* into; to draw* on; to nibble at (*fam.*); to bite* into; (*cominciare a consumare*) to start (*o* to begin*) upon: **Ora intaccano anche il capitale,** now they've begun upon the capital **5** (*fig.*) to impair; to damage; to injure **6** (*med.*) to affect. **B** *v. i.* (*tartagliare*) to stutter; to stammer.
intaccatura, *f.* **1** notching; nicking; indentation **2** (*tacca*) notch; nick; indentation; dent.
intacco, *m.* notch; nick; indentation; dent.
intagliare, *v. t.* **1** (*il legno, l'avorio*) to carve; (*pietra o metallo*) to engrave, to incise, to intaglio: **l'arte dell'i.,** the art of carving (*o* of engraving) **2** (*nel ricamo*) to cut* out.
intagliatóre, *m.* carver; engraver; inciser.
intàglio, *m.* (*su legno, avorio*) carving; (*su pietra o metallo*) engraving, incision, intaglio*.
intanarsi, *v. rifl.* **1** (*di animale*) to go* to earth; to hide* (in one's den) **2** (*di persona*) to shut* oneself up; to hide* away.
intangibile, *a.* **1** untouchable; intangible **2** (*fig.:* inviolabile) inviolable.
intangibilità, *f.* **1** untouchability; intangibility; intangibleness **2** (*fig.*) inviolableness.
intanto, *avv.* **1** (*nel frattempo*) in the meantime; meanwhile (*quasi lett.*); while; (*nello stesso tempo*) at the same time: **Tu telefona, io i. prendo i posti,** you telephone, while I get seats (*o* in the meantime I'll get the seats) **2** (*ad ogni buon conto*) anyhow: **Non saranno condizioni ideali, ma cominciamo i. a provare,** conditions may not be ideal, but let's start rehearsing anyhow **3** (*per dirne una, per cominciare*) for one thing; just to begin with: «**Cosa vuoi di più?**» «**Be', i. vorrei essere consultato più spesso**», «what more do you want?» «well, for one thing, I should like to be consulted more often» **4** (*resta il fatto che*) the fact remains that: **Può dire quello che vuole, i. i documenti sono spariti,** he can say what he likes, the fact remains that the papers have disappeared. ● **i. che,** while; as: **I. che parlavo, lui mi guardava trasecolato,** while (*o* as) I spoke, he looked at me in amazement □ (*fam.*) **per i.,** for the moment.
intarlare, *v. i.* **intarlarsi,** *v. rifl.* to become* worm-eaten.
intarlatura, *f.* worm-hole.
intarmare, *v. i.* **intarmarsi,** *v. rifl.* to become* moth-eaten.
intarsiare, *v. t.* to inlay* **2** (*fig.*) to embellish.
intarsiatóre, *m.* inlayer.
intarsiatura, *f.* inlaying.
intàrsio, *m.* inlaid work; inlay; marquetry.
intasaménto, *m.* stoppage; clogging; block; obstruction.
intasare, A *v. t.* to stop up; to clog; to obstruct; to choke (up): **L'acquaio è intasato,** the kitchen-sink is stopped up; **Ho il naso intasato,** my nose is stopped up; **L'apertura è intasata dalle foglie,** the aperture is choked up (*o* clogged) with leaves; (*traffico e sim.*) to jam; to block; to obstruct. ● **scarico intasato,** blocked drain. **intasarsi, B** *v. rifl.* to get* stopped up; to become* obstructed.
intasatura, *f.* stoppage; obstruction; blockage.
intascare, *v. t.* to pocket; to put* into one's pocket: **Intascai l'assegno e me ne andai,** I pocketed the cheque and off I went.
intatto, *a.* **1** intact; untouched; unbroken; (*intero*) whole: **terra intatta dall'aratro,** land untouched by the plough; **Il sigillo è i.,** the seal is unbroken (*o* intact) **2** (*illeso*) uninjured; undamaged **3** (*puro*) unsullied; unblemished. ● **Tutto era i.,** nothing had been touched.
intavolare, *v. t.* **1** to start; to begin*; to set* forth; (*aprire*) to open: **i. trattative,** to begin negotiations **2** (*nel gioco degli scacchi*) to set* out; to put* on the board. ● **i. una discussione,** to bring up a subject for discussion.
intavolato, *m.* planking.
intavolatura, *f.* (*mus.*) tablature.
intavolazióne, *f.* (*stat.*) tabulation.
intedescare, A *v. t.* to Germanize. **intedescarsi, B** *v. rifl.* to become* Germanized.
integèrrimo, *a.* of the utmost integrity; strictly honest.
integràbile, *a.* integrable.
integrabilità, *f.* integrability.
integrale, *a.* integral (*anche mat.*); total; complete; (*non ridotto*) unabridged: **parti integrali, ma non essenziali,** integral, but not essential, parts; **calcolo i.,** integral calculus; **edizione i.,** unabridged edition. ● **abbronzatura i.,** all-over tan □ **pagamento i.,** payment in full □ **pane i.,** wholemeal bread. **B** *m.* (*mat.*) integral.
integralismo, *m.* (*polit.*) «intégrisme».

integralista, *m.* e *f.* (*polit.*) «intégriste».
integralménte, *avv.* in full; integrally.
integrante, *a.* integrant; integrating.
integrare, **A** *v. t.* **1** to integrate (*anche mat.*); to complete; to make* up **2** (*lo stipendio, ecc.*) to supplement. **integrarsi**, **B** *v. rifl.* to make* up a whole; to become* integrated; to integrate oneself.
integrativo, *a.* integrative.
integrato, *a.* (*in tutti i sensi*) integrated: **un circuito (elettronico) i.**, an integrated circuit; **un sistema economico e politico più strettamente i.**, a more closely integrated economic and political system; **corsi integrati**, integrated courses.
integratóre, **A** *m.* integrator. **B** *a.* integrating.
integrazióne, *f.* integration: **i. razziale**, racial integration.
integrazionismo, *m.* integrationism; doctrine of (racial) integration; movement for (racial) integration.
integrazionista, **A** *m.* e *f.* (racial) integrationist. **B** *a.* (racial) integration (*attr.*).
integrazionistico, *a.* (racial) integration (*attr.*); for (racial) integration.
integrità, *f.* **1** integrity; wholeness, entirety **2** (*onestà*) uprightness; integrity; honesty.
integro, *a.* **1** (*intero*) integral; entire; whole **2** (*di un testo*) full; unabridged **3** (*onesto, incorruttibile*) upright; honest.
integuménto, *m.* (*bot., zool.*) integument.
intelaiare, *v. t.* **1** to mount the frame-work of **2** (*mecc.*) to assemble.
intelaiatura, *f.* **1** (*mecc.*) framework, trestle; (*di finestra*) sash **2** (*edil.*) framework; fabric **3** (*l'intelaiare*) framing **4** (*fig.*) framework; structure. ● (*edil.*) **i. di fondazione**, grillage □ **i. di sostegno**, (*aeron.*) outrigger; (*naut.*) cradle.
intelare, *v. t.* to line: **i. una giacca**, to line a jacket.
intellettivo, *a.* intellective; intellectual: **la facoltà intellettiva**, the intellectual faculty.
intellètto, *m.* brain; intellect: **uno dei migliori intelletti d'Italia**, one of the best brains in Italy; **un uomo corto d'i.**, a man with very little brain; (*spesso pl.*) a man with very few brains; **un uomo di grande i.**, a man of great intellect. ● **avere il bene dell'i.**, to have brains; to be brainy (*fam.*) □ **perdere il bene dell'i.**, to lose one's wits.
intellettuale, **A** *a.* intellectual. **B** *m.* e *f.* intellectual; highbrow; bluestocking (*femm.*); egghead. ● **lavoro i.**, brain-work.
intellettualismo, *m.* intellectualism (*anche filos.*).
intellettualista, *m.* e *f.* intellectualist (*anche filos.*).
intellettualistico, *a.* intellectualistic.
intellettualità, *f.* intellectuality.
intellettualizzare, *v. t.* to intellectualize.
intellettualòide, **A** *m.* e *f.* would-be intellectual; highbrow. **B** *a.* pseudo-intellectual; highbrow (*attr.*).
intellezióne, *f.* (*lett.*) intellection.
intelligènte, *a.* intelligent; (*perspicace, anche*) clever, bright; (*sensato*) sensible: **un uomo i.**, an intelligent (*o* a clever) man; **un medico i.**, a clever doctor; **Il piano era i. ma senza estro**, the plan was sensible but uninspired.
intelligènza, *f.* intelligence, brain (*spesso pl.*); (*perspicacia, anche*) cleverness: **un'i. vivace**, a lively intelligence; **dimostrare scarsissima i.**, to show very little intelligence; **L'i. del candidato era indiscutibile**, the candidate's intelligence was beyond question; **È una bella i.**, he has a fine brain (*o* mind); **Non basta la memoria; ci vuole i.**, memory is not enough; you need brains; **Le migliori intelligenze del paese erano in prigione**, the best brains in the country were in prison; **Nonostante la sua i. il vecchio non aveva capito nulla**, in spite of all his cleverness the old man had understood nothing. ● **note utili per una migliore i. del testo**, notes useful for a better understanding of the text □ **quoziente d'i.**, intelligence quotient □ **studiare con i.**, to study in a methodical way □ **Correva un'i. fra i due**, there was an understanding between the two of them.
intellighènzia, *f.* intelligentsia, intelligentzia.
intelligìbile, *a.* intelligible; (*che si può udire*) audible.
intelligibilità, *f.* intelligibility; (*mediante l'udito*) audibility.
intemerata, *f.* rebuke; (good) lecture: **fare un'i. a q.**, to administer a rebuke to sb.; to read sb. a lecture.
intemerato, *a.* unblemished; irreproachable; spotless.
intemperante, *a.* intemperate; immoderate. ● **essere i. nel mangiare**, to overeat.
intemperanza, *f.* intemperance; excess. ● **i. nel mangiare**, overeating.
intempèrie, *f.* severity (*o* inclemency) of the weather; bad weather: **ripararsi dalle i.**, to take shelter from the bad weather. ● **i danni causati dalle i.**, the havoc caused by the wind and rain □ (*di oggetto*) **resistente alle i.**, weather-proof □ **uscire anche sotto le i.**, to go out in all weathers □ **volto solcato dalle i.**, weather-beaten face □ **Questa pianta non può essere esposta alle i.**, this plant can't be out in all weathers.
intempestività, *f.* untimeliness; unseasonableness.
intempestivo, *a.* **1** untimely; unseasonable; unsuitable: **Evidentemente il mio arrivo era i.**, obviously my arrival was untimely **2** (*spesso è traducibile con locuz. avv.*) out of place; (in and) out of season; at the wrong moment; too soon (*troppo presto*); too late (*troppo tardi*): **La concessione della costituzione sembrò a molti intempestiva**, many people thought the constitution had been granted too soon; **Fai sempre domande intempestive**, you're always asking questions in and out of season; **neve intempestiva**, snow out of season.
intendènte, *m.* **1** superintendent; intendant **2** (*mil.*) Quartermaster. ● **i. di finanza**, Chief Financial Officer (in a province).
intendènza, *f.* **1** superintendency; intendancy **2** (*mil.*) Quartermaster-general's branch.
intèndere, **A** *v. t.* **1** (*capire*) to understand*; to grasp; (*talora*) to see*: **i. il significato di q.c.**, to understand (*o* to see) the meaning of st.; **far i.**, to give to understand: **Mi fece i. che non ne sapeva nulla**, he gave me to understand that he did not know anything about it **2** (*udire*) to hear* (*anche fig.*): **Ho inteso dire che è venuto su a gomitate**, I have heard it said that he elbowed his way up; **Il padre del bambino non vuol i.** (*cioè: non ne vuole sapere*), the child's father won't hear of it; **Non osate tornare qui; m'intendete?**, don't dare come back here, do you hear me?; **Chi ha orecchie intenda** (*cioè: senta o capisca*), anyone with ears in his head can hear (*o* grasp) that **3** (*avere intenzione, significare*) to mean*; (*con ferma volontà*) to intend: **Non intendevo questo**, that is not what I meant to say; **Che cosa intendi dire?**, what do you mean by that?; **Non intendeva offendere**, he meant no harm; **Intendo essere obbedito**, I intend to be obeyed **4** (*dar retta*) to listen to; to heed: **non i. ragione**, not to listen to reason; **Non intende consigli**, he won't heed advice **5** (*lett.: badare*) to attend (to st.). ● **i. a rovescio**, to misunderstand; to get hold of the wrong end of the stick (*fam.*) □ **intendersela con q.**, (*avere una relazione amorosa*) to have an affair with sb.; (*avere un'intesa segreta*) to have an understanding with sb. □ **dare a i.**, to lead (sb.) to believe □ **farsi i.**, to make oneself understood □ (*avvertimento o minaccia*) **Intendimi bene!**, (now) understand me! □ **Non la intendo come Lei**, I don't agree with you □ **Non intendo essere beffato**, I don't want (*o* intend) to be fooled □ **Non la intendo così**, that's not the way I look at it □ **Che intendi fare nella vita?**, what's your aim in life? □ **Voi due ve l'intendete a meraviglia**, you two get on very well together □ (*prov.*) **Chi non intende la sua scrittura, è un asino addirittura**, if your writing you can't read, then an ass you are indeed. **intèndersi**, **B** *v. rifl. recipr.* **1** (*capirsi*) to understand* each other (*o* one another): **Ci siamo subito intesi**, we understood each other at once **2** (*raggiungere un accordo, la comprensione reciproca*) to come* to an understanding; to come* to terms; to reach an agreement; (*illecitamente o in modo clandestino*) to be in cahoots (with sb., *fam.*); (*raggiungere una soluzione, ecc.*) to arrange matters (with sb.); to fix things up (with sb.). **C** *v. rifl.* (*essere esperto di q.c.*) to know* a lot (about st.); to be an expert (in st.); to be a connoisseur (of st.): **i. di pittura** (*di vini, ecc.*), to be a connoisseur of painting (of wine, etc.); **Mia zia se ne intende davvero di giardinaggio**, my aunt really does know a lot about gardening; **S'è guastato il termosifone; tu te ne intendi?**, the central heating has broken down; do you understand how it works?; **Mi dispiace, non me ne intendo**, I'm sorry, I don't know anything about it. ● **S'intende** (*o* **ben inteso**), of course; naturally; (*nelle risposte*) certainly □ **Intendiamoci (bene)!**, mind you; let me make it quite clear (that...).
intendiménto, *m.* **1** understanding; knowledge; intelligence **2** (*intenzione*) intention.
intenditóre, *m.* connoisseur; expert. ● (*prov.*) **A buon i., poche parole**, a word to the wise is enough.
inteneriménto, *m.* **1** softening **2** (*tenerezza*) tenderness.
intenerire, **A** *v. t.* **1** (*ammorbidire*) to soften **2** (*commuovere*) to arouse a feeling of tenderness in; to move; to touch (to the heart) **3** (*ind.: la carne*) to tenderize. **intenerirsi**, **B** *v. rifl.* to be moved (*o* touched).
intenerìtóre, *m.* (*per la carne*) tenderizer.
intensificare, **A** *v. t.* **1** to intensify **2** (*rendere più frequente*) to make* more frequent. **intensificarsi**, **B** *v. rifl.* **1** to become* more intense; to intensify **2** (*diventare più frequente*) to become* more frequent.
intensificazióne, *f.* intensification.
intensità, *f.* **1** intensity; intenseness: **i. acustica**, sound intensity; **i. luminosa**, luminous intensity **2** (*della luce*) power **3** (*del vento*) force: **misurare l'i. del vento**, to measure the force of the wind. ● **desiderare q.c. con i.**, to long for st.

intensivo, *a.* intensive: (*agric.*) **la coltura intensiva**, the intensive method of cultivation; (*gramm.*) **un suffisso i.**, an intensive suffix.

intènso, *a.* intense; strong; deep.

intentàbile, *a.* (*leg.*: *che si può intentare*) that can be proceeded upon; that can be taken to court.

intentare, *v. t.* – (*leg.*) **i. un'azione giudiziaria contro q.**, to bring* an action against sb.; to sue sb.

intentato, *a.* unattempted. ● **non lasciare nulla d'i.**, to leave no stone unturned.

intènto (1), *a.* intent, concentrating (upon st.); entirely taken up (with, by st.); (*occupato*) busy: **Aveva uno sguardo i.**, he had an intent look; **Sono i. al mio compito (a risolvere un problema, ecc.)**, I am intent (*o* concentrating) upon my task (on solving a problem, etc.); **Sembrava tutto i. al suo calcolo**, he seemed to be entirely taken up with his calculation; **Era i. a scrivere**, he was busy writing.

intènto (2), *m.* **1** (*scopo, meta*) purpose; aim; goal; object: **conseguire** (*o* **ottenere, raggiungere**) **l'i.**, to reach one's goal; to achieve one's object; **riuscire (fallire) nell'i.**, to succeed (to fail) in one's object **2** (*intenzione*) intention; design; intent (*specialm.* *leg.*): **con l'i. di fare q.c.**, with the intention of doing st.

intenzionale, *a.* intentional; deliberate **2** (*leg.*) wilful.

intenzionalità, *f.* **1** intentionality **2** (*leg.*) wilfulness.

intenzionalménte, *avv.* **1** purposely; intentionally; on purpose **2** (*leg.*) wilfully; scienter.

intenzionato, *a.* inclined; determined; intending. ● **essere i. di fare q.c.**, to intend (*o* to have an intention) to do st. ◻ **bene i.**, well-disposed; well-intentioned ◻ **male i.**, ill-disposed; ill-intentioned.

intenzióne, *f.* intention; intent (*specialm.* *leg.*); purpose; (*idea*) mind; (*desiderio*) wish: **Le sue intenzioni sono buone**, his intentions are good; he means well; **Non ha cattive intenzioni**, his intentions aren't bad; he means no harm; **sparare con l'i. di uccidere q.**, to shoot with the intention of killing sb. (*leg.*: with the intent to kill sb.); **mutare i.**, to alter one's purpose; to change one's mind; **Ho una mezza i. di dirglielo**, I have half a mind to tell him; (*leg.*) **con buone (con cattive) intenzioni**, with good (with evil) intent. ● **l'andare oltre le proprie intenzioni**, to overshoot ◻ **avere i. di fare q.c.**, to have an intention to do st.; to intend to do st. (*o* doing st.) ◻ **con i.**, on purpose; intentionally; deliberately ◻ **non avere i.**, to have no intention: **Non ha i. di sposarla**, he has no intention of marrying her; **Non ha la minima i. d'aiutarmi**, he hasn't the least intention of helping me ◻ **senza i.**, without intention; unintentionally ◻ (*prov.*) **Di buone intenzioni è lastricato l'inferno**, the road to Hell is paved with good intentions.

intepidire, A *v. t.* **1** (*scaldare un po'*) to warm (up); (*raffreddare un po'*) to cool (down), to make* (st.) lukewarm; (*togliere il gelo*) to take* off the chill: **Questa stufa non è che scaldi, ma almeno intepidisce un po' la stanza**, this stove doesn't really heat the room, but it does take the chill off **2** (*fig.*) to cool; to dampen; to damp: **Tutto ciò aveva intepidito il mio entusiasmo**, all this had cooled (*o* dampened) my enthusiasm. **B** *v. i.* e **intepidirsi,** *v. rifl.* **1** (*scaldarsi un po'*) to grow* warm (*o* warmer); (*raffreddarsi un po'*) to cool down, to become* lukewarm: **Aspetto che le giornate intepidiscano**, I'm waiting for the days to grow warmer **2** (*fig.*) to cool off (*o* down).

interagènte, *a.* (*chim., fis.*) interactive: **sistemi interagenti**, interactive systems.

interagire, *v. i.* to interact.

interalleato, *a.* inter-allied.

interaménte, *avv.* wholly; entirely; completely; quite.

interasse, *m.* (*autom.*) wheel-base.

interatòmico, *a.* (*fis.*) interatomic.

interaziendale, *a.* (*econ.*) intercompany, interenterprise (*attr.*).

interazióne, *f.* interaction.

interbancàrio, *a.* interbank (*attr.*).

interbèllico, *a.* interbella, interbellum; interwar; **il periodo i.**, the interwar period.

interbinàrio, *m.* (*ferr.*) six-foot way.

interblòcco, *m.* (*ing.*) interlock.

intercalare (1), *v. t.* to intercalate; to insert; to interpolate.

intercalare (2), A *a.* intercalary: **giorno i.**, intercalary day. **B** *m.* stock (*o* pet) phrase **2** (*poesia*) refrain.

intercalazióne, *f.* interpolation; intercalation.

intercambiàbile, *a.* interchangeable.

intercambiabilità, *f.* interchangeability.

intercapèdine, *f.* **1** (*edil.*) air space; hollow space **2** (*naut.*) cofferdam; (*di sommergibile*) interspace.

intercèdere, *v. i.* to intercede: **i. presso q. per q. altro**, to intercede for sb. for sb. else.

intercellulare, *a.* (*biol.*) intercellular.

intercessióne, *f.* intercession.

intercessóre, *m.* intercessor; interceder.

intercettaménto, *m.* interception.

intercettare, *v. t.* (*in tutti i sensi*) to intercept; (*tel.*, *anche*) to tap.

intercettatóre, A *m.* intercepter, interceptor. **B** *a.* interceptive.

intercettazióne, *f.* interception. ● **i. telefonica**, wire-tapping.

intercettóre, *m.* (*aeron.*) interceptor.

interclassismo, *m.* (*polit.*) interclass collaboration.

interclassista, A *m.* e *f.* (*polit.*) supporter of interclass collaboration. **B** *a.* interclass (*attr.*).

interclassìstico, *a.* (*polit.*) interclass (*attr.*).

intercolùnnio, *m.* (*archit.*) intercolumn.

intercomunale, *a.* between communes. ● **telefonata i.**, trunk-call; long-distance call; toll-call.

intercomunicante, *a.* communicating.

intercomunicazióne, *f.* intercommunication.

interconfessionale, *a.* (*relig.*) interconfessional.

interconnessióne, *f.* (*elettr.*) interconnection.

interconnèttere, *v. t.* (*elettr.*) to interconnect.

intercontinentale, *a.* intercontinental.

intercorrènte, *a.* (*med.*) intercurrent: **malattia i.**, intercurrent illness.

intercórrere, *v. i.* **1** (*di tempo*) to elapse; to pass; to intervene **2** (*di spazio*) to lie* (between) **3** (*esistere*) to exist; to be.

intercostale, *a.* (*anat.*) intercostal.

interdétto, A *a.* **1** interdicted (*anche relig.*); forbidden **2** (*leg.*) deprived of civil rights **3** (*sorpreso, turbato*) dumbfounded; abashed. **B** *m.* (*relig.*) interdict.

interdigitale, *a.* (*anat.*) interdigital.

interdipendènte, *a.* interdependent.

interdipendènza, *f.* interdependence.

interdire, *v. t.* **1** to interdict (*anche relig.*); to forbid* **2** (*leg.*) to deprive (sb.) of civil rights.

interdisciplinare, *a.* interdisciplinary; cross-disciplinary.

interdizióne, *f.* **1** interdiction (*anche relig.*); prohibition **2** (*leg.*) deprivation of civil rights. ● (*leg.*) **i. dai pubblici uffici**, disqualification from holding public office ◻ (*mil.*) **tiro d'i.**, barrage fire.

interessaménto, *m.* **1** interest, trouble (taken by sb. in sb. else's case, affairs, etc.); (*intervento*) good offices (*pl.*): **Il mio i. per quella ragazza è del tutto platonico**, my interest in that girl is entirely Platonic; **Vorrei ringraziarla del Suo i. per il mio passaporto**, I should like to thank you for the trouble you have taken over (*o* in the matter of) my passport; **avere un posto per l'i. di un amico**, to have a job through the good offices of a friend **2** (*sollecitudine*) concern, interest; (*partecipazione agli stati d'animo altrui, specialm. tristi*) sympathy: **Sono commosso dal tuo i.**, I am touched by your sympathy.

interessante, *a.* interesting: **un libro (un uomo, ecc.) i.**, an interesting book (man, etc.). ● **essere in stato i.**, to be expecting a baby; to be an expectant mother; to be in the family way (*fam.*).

interessare, A *v. t.* **1** (*destare interesse, attenzione*) to be interesting for, to interest; to hold* (*tenere desto*), to arouse (sb.'s) interest: **È un libro che interessa molto un fiorentino come me**, it's a most interesting book for a Florentine like me; **Non ci vado perché l'argomento non m'interessa**, I shan't go because the subject doesn't interest me; **Interessa il lettore dalla prima pagina all'ultima**, it holds the reader's interest from the first page to the last; **M'interessò fin dalla prima pagina**, it aroused my interest from the first page **2** (*riguardare*) to concern; to involve; to be of interest to: **La questione interessa la polizia oltre alla compagnia d'assicurazione**, the matter concerns the police (*o* it's a matter for the police) as well as the insurance company; **Temo sia interessato nel disastro di quella banca**, I am afraid he is involved in that banking disaster; **Queste notizie interesserebbero la marina**, this information would be of interest to the navy **3** (*essere nell'interesse di*) to be in the interest of; to be the concern of: **Interessa tutti che le ferrovie funzionino bene**, efficient railways are in everybody's interest (*o* are everybody's concern) **4** (*econ.*) to give* (sb.) a financial interest (in); (*al passivo*: **essere interessato**) to have a share (in), to be a shareholder: **M'hanno interessato nell'azienda**, they've given me a financial interest in the firm **5** (*indurre q. a occuparsi di q.c.*) to draw* (sb.'s) attention (to); to get* (sb.) to take an interest (in): **Il giornale riuscì a interessare il governo al caso**, the paper managed to draw the Government's attention to the case (*o* to get the Government to take an interest in the case, to get the Government to take up the case). **B** *v. i.* (*essere nell'interesse di, importare a*) to be in the interest (of); to be the concern (of); to matter; to be important (for): **Interessa a tutti che questa legge sia fatta rispettare**, it is everybody's concern that this law should be enforced; **Ciò non interessa**, that doesn't matter; **Non m'inte-**

ressa affatto, it's quite unimportant for me; I couldn't care less (about it). ● **L'archeologia t'interessa davvero?**, are you really interested in archaeology? **interessarsi, C** *v. rifl.* **1** (*occuparsi di q.c. che risponde ai propri gusti*) to be interested in; to take* an interest in: **M'interesso di storia del costume**, I'm interested in the history of customs; **È un peccato che non t'interessi del lavoro di quel giovane chimico**, it's a pity you don't take an interest in that young chemist's work **2** (*occuparsi di una pratica, ecc.*) to go* into; to take* up; to take* care (of): **Mi sono interessato di finire al più presto**, I took care (o I did my best) to finish as soon as possible; **Ora la stampa s'interessa del caso**, now the press has taken up the case; **M'interesserò io stesso presso l'ambasciata**, I shall take the matter up myself with the embassy; **Non ho ancora avuto tempo d'interessarmene**, I haven't had time to go into the matter yet **3** (*curarsi di*) to care: **Non m'interesso di queste inezie**, I don't care about these trifles; **Nessuno s'interessa di lui**, nobody cares for him **4** (*badare a*) to mind; to look after: **Interessati degli affari tuoi!**, mind your own business!; **M'interesserò io dei bambini**, I will look after the children.

interessataménte, *avv.* from interested motives.

interessato, A *a.* **1** interested; concerned: **le parti interessate**, the parties concerned **2** (*mosso dal proprio tornaconto*) interested; selfish; (*pred.: opportunista*) with an eye to the main chance. **B** *m.* person concerned; interested party. ● **essere i. in un'azienda**, to be interested (*o* to have a share) in a firm □ **amore i.**, cupboard love.

interèsse, *m.* **1** interest (*nel senso econ. l'ingl. usa spesso il sing. in luogo del pl. ital.*): (*econ.*) **il capitale e gli interessi accumulatisi**, the capital and accumulated interest; (*econ.*) **i. semplice (composto)**, simple (compound) interest; **l'i. degli interessi**, the interest on the interest; (*econ.*) **fruttare un i. del 9%**, to yield a 9% interest; **L'i. del dramma è tutto in questo conflitto**, the interest of the play rests entirely on this conflict; **prendere i. a q.c.**, to take an interest in st.; **È nel tuo i. accettare**, it's in your interest to accept; **È una faccenda di nessun i. per chiunque**, it's a matter of no interest to anyone; **I tuoi veri interessi mi stanno a cuore**, I have your true interests at heart; **Faccio il tuo i.**, I'm acting in your interest **2** (*pl.: affari privati*) affairs; business (*sing.*): **badare ai propri interessi**, (*curarli*) to attend to (*o* to look after) one's affairs; (*non intromettersi negli affari altrui*) to mind one's business **3** (*desiderio di lucro*) money; money-making; love of gain; economic considerations (*pl.*); (*a svantaggio degli altri*) self-interest: **C'è di mezzo l'i.**, there is money involved; **mirare solo all'i.**, to think of nothing but money-making; **essere dominato dall'i.**, to be ruled by a love of gain (*o* by economic considerations, by self-interest). ● **avere un i. nascosto (in q.c.)**, to have an axe to grind □ **cura dei propri interessi privati**, privatism □ **mettere denaro a i.**, to invest money □ **prendere (prestare) denaro a i.**, to borrow (to lend) money at interest □ **sapere far bene i propri interessi**, (*anche troppo*) to know how to look after number one; to know how to paddle one's own canoe; (*senza l'idea di biasimo*) to know how to take care of oneself □ **Si sono bisticciati per questioni d'interessi**, they've quarrelled over money □ **Non ha nessun i. a tacere**, he has nothing to gain from keeping silent □ **Non è nel mio i.**, I have nothing to get out of it.

interessènza, *f.* (*comm.*) profit-sharing; share (in the profits); (*sulle vendite*) percentage on sales: **Oltre allo stipendio ho un'i.**, besides my salary I get a share in the profits (*o* a percentage on all sales).

interézza, *f.* wholeness; entirety; totality: **Dobbiamo esaminare il problema nella sua i.**, we must examine the question in its entirety (*o* as a whole).

interfàccia, *f.* (*fis., elab.*) interface.

interfacoltà, *f.* (university) students' council. ● **comitato i.**, students' council.

interferènza, *f.* **1** (*elettr., fis.*) interference **2** (*fig.*) interference; meddling.

interferenziale, *a.* (*fis.*) interferential; interference (*attr.*): **filtro i.**, interference filter.

interferire, *v. i.* **1** (*fis.*) to interfere **2** (*fig.*) to interfere with (*o* in); to meddle in (*o* with); to butt in (*fam.*).

interferometria, *f.* (*fis.*) interferometry.

interferòmetro, *m.* (*fis.*) interferometer.

intérferon, *m.* (*med.*) interferon.

interferóne, *m.* (*biol., chim.*) interferon.

interfogliare, *v. t.* (*tipogr.*) to interleave; to slip-sheet.

interfogliatura, *f.* (*tipogr.*) interleaving; slip-sheeting.

interfòglio, *m.* interleaf*.

interfòno, *m.* (*tel.*) intercom; interphone.

intergalàttico, *a.* (*astron.*) intergalactic: **spazio i.**, intergalactic space.

interglaciale, *a.* (*geol.*) interglacial.

intergovernativo, *a.* (*polit.*) intergovernmental.

interiettivo, *a.* (*gramm.*) interjectional.

interiezióne, *f.* (*gramm.*) interjection.

interim, *m.* interim. ● **assumere l'i.**, to carry on (during a vacancy).

interinale, *a.* temporary; pro tempore; caretaker (*attr.*): **un governo i.**, a caretaker Government.

interinato, *m.* interim; temporary (*o* pro tempore) office.

interino, A *a.* temporary, pro tempore; caretaker (*attr.*). **B** *m.* (*specialm. di medico*) locum (tenens*): **Il dott. Levi non c'è, ma c'è l'i.**, Dr. Levi is away, but there's his locum.

interiònico, *a.* (*chim., fis.*) interionic.

interióra, *f. pl.* entrails; bowels.

interióre, *a.* **1** (*interno*) internal; interior (*attr.*) **2** (*intimo*) inner, inward, interior (*attr.*): **la vita i.**, the inner life. ● **parte i.**, inside; interior: (*archit.*) **La parte i. è stata restaurata**, the interior has been restored.

interiorità, *f.* innerness, internality, interiority (*tutti rari*).

interiorizzare, *v. t.* to interiorize.

interiorizzazióne, *f.* interiorization.

interlinea, *f.* **1** space between the lines; line space **2** (*tipogr.*) lead.

interlineare (1), *a.* interlinear: **una traduzione i.**, an interlinear translation.

interlineare (2), *v. t.* **1** to interline **2** (*tipogr.*) to lead*.

interlineatura, *f.* **1** interlineation **2** (*tipogr.*) leading.

interlocutóre, *m.* interlocutor.

interlocutòria, *f.* (*leg.*) interlocutory judgment.

interlocutòrio, *a.* (*anche leg.*) interlocutory.

interlocuzióne, *f.* (*raro*) interlocution.

interloquire, *v. i.* to join in a conversation; to chip in (*fam.*).

interlùdio, *m.* (*anche mus.*) interlude.

intermascellare, *a.* (*anat.*) intermaxillary: **osso i.**, intermaxillary bone.

intermediàrio, A *a.* intermediary; intermediate. **B** *m.* **1** intermediary; go-between: **fare da i.**, to act as go-between **2** (*comm.*) middleman*; (*sensale*) broker.

intermèdio, *a.* intermediate; intermediary; mean; middle: (*chim.*) **coloranti intermedi**, intermediate dyestuffs.

intermèzzo, *m.* **1** (*teatr., mus.*) intermezzo* **2** (*intervallo*) interval.

interminàbile, *a.* interminable; endless; never-ending.

interminato, *a.* boundless; infinite; without end.

interministeriale, *a.* interdepartmental; intragovernmental.

intermissióne, *f.* (*lett.*) intermission. ● **senza i.**, without a pause; ceaselessly.

intermittènte, *a.* intermittent; periodic(al): **febbre i.**, intermittent fever; (*fis.*) **corrente i.**, intermittent current.

intermittènza, *f.* intermittence. ● **a i.**, intermittent.

intermodulazióne, *f.* (*radio*) intermodulation.

intermolecolare, *a.* (*chim.*) intermolecular.

internaménte, *avv.* internally; inside; within.

internaménto, *m.* internment.

internare, A *v. t.* **1** to intern **2** (*in un manicomio*) to place (sb.) in a mental home (*o* under restraint). **internarsi, B** *v. rifl.* **1** to penetrate; to bury oneself (deep-down in); to go* in (further, deeper); (*allontanarsi dalla costa*) to go* inland: **La pallottola s'è internata tra i muscoli**, the bullet has buried itself between the muscles (*fig.*) to go* deeply (into).

internato (1), A *a.* interned. **B** *m.* (*polit.*) internee.

internato (2), *m.* **1** (*collegio*) boarding-school **2** (*periodo di pratica professionale*) internship.

internazionale, A *a.* international: **diritto (esposizione) i.**, international law (exhibition). **B** *f.* (*associazione socialista*) International.

internazionalismo, *m.* internationalism.

internazionalista, A *m. e f.* internationalist. **B** *a.* internationalist(ic).

internazionalìstico, *a.* internationalistic.

internazionalità, *f.* internationality.

internazionalizzare, *v. t.* to internationalize.

internazionalizzazióne, *f.* internationalization.

internista, *m. e f.* (*med.*) specialist in internal medicine.

intèrno, A *a.* **1** inside; interior; internal; inner (*solo attr.*, *anche fig.*): **parete interna**, inside wall; **cerchio i.** (*cioè dentro un altro*), inner circle; **gioia interna**, inner (*o* inward) joy; **Volevo un posto i.**, I wanted an inside seat (*o* a seat inside); (*mat.*) **angolo i.**, interior angle; (*med.*) **medicina** (*emorragia, ecc.*) **interna**, internal medicine (haemorrhage, etc.); (*med.*) **lesioni interne**, internal injuries; **stanza interna** (*cioè: più interna delle altre*), inner room **2** (*solo attr.; opposto di «estero»*) home; inland (*anche di terraferma*): (*econ.*) **mercato i.**, home market; **commercio i.**, home (*o* inland) trade; **mare i.**, inland sea; **navigazione interna**, inland navigation **3** (*opposto di «esterno», «all'aria aperta»*) indoor:

una piscina interna, an indoor swimming-pool. ● alunno i., boarder □ (ind.) commissione interna, shop committee □ impianto telefonico i., intercom; intercommunication system: Lo chiamai col telefono i., I called him on the intercom □ medico i., intern □ il più i., the innermost: la parte più interna del tempio, the innermost part of the temple □ la voce interna, the voice of conscience. B m. 1 (il di dentro di q.c.) inside; (stanza, vano) interior: L'i. della scatola (del mantello, ecc.) era foderato di seta, the inside of the box (of the coat, etc.) was lined with silk; (anche) the box (the coat, etc.) was lined with silk inside; L'i. è stato restaurato, the interior (più pop.: the inside) has been restored; È troppo buio per fotografare gli interni, it's too dark to take the interiors 2 (di un continente, un'isola, in rapporto alla costa) interior; hinterland: viaggiare verso l'i. (del paese), to travel towards the interior; (anche) to travel inland 3 (studente) boarder 4 (medico i.) intern 5 (fodera) lining: un cappotto con un i. di pelliccia, a coat with fur lining (o a fur-lined coat) 6 (numero interno di telefono o di complesso di abitazioni) extension; (numero interno di condominio) flat; apartment: Abito al 7, i. 15, I live at No. 7, apartment 15 7 (nel calcio: mezzala) inside forward 8 (telev., cinem.) interior shot; studio shot. ● all'i. (opposto di «fuori», «all'aria aperta»), indoors □ Ministero dell'I., Ministry of the Interior; (in G. B.) Home Office; (USA e Canadà) Department of the Interior □ Ministro dell'I., Minister of the Interior; Home Secretary, (per intero) Secretary of State for Home Affairs (in G. B.); Secretary of the Interior (USA e Canadà) □ Nell'i. dell'animo (o nel mio i.) gli davo ragione, deep down inside me (o in my heart of hearts) I knew he was right.
internòd(i)o, *m.* (*biol.*) internode.
internografato, *a.* non-transparent: **una busta internografata,** a non-transparent envelope.
inter nos (*lat.*), *locuz. avv.* between ourselves; (*in confidenza*) in confidence, confidentially.
internucleare, *a.* (*biol., fis.*) internuclear.
internùnzio, *m.* (*relig.*) internuncio.
intéro, A *a.* **1** whole; entire; (*mat.*) **un numero i.,** a whole number; an integer; **latte i.** (*non scremato*), whole (*o* full cream) milk; **bere un'intera bottiglia,** to drink a whole bottle; **vaccinare l'intera famiglia,** to vaccinate the whole (*o* the entire) family; **Non si saprà mai l'intera verità,** the whole truth will never be known; **rifare l'i. pavimento,** to do over the entire floor; **Piovve una settimana intera,** it rained the whole (*o* for one whole) week; **perdere un'intera giornata,** to waste a whole (*o* an entire) day **2** (*in un sol pezzo*) whole (*sempre pred.*): **inghiottire intera la pastìcca,** to swallow the tablet whole; **Non pagherò quel prezzo per il Capodimonte se non è i.,** I won't pay that price for the Capodimonte if it's not whole **3** (*intatto*) intact: **Il manoscritto ci è pervenuto i.,** the manuscript has reached us intact; **conservare intera la propria freschezza,** to keep one's freshness intact **4** (*completo, totale*) complete; total; sweeping: **La vittoria sarà intera,** the victory will be total (*o* complete, sweeping) **5** (*pieno*) full: **avere intera fiducia,** to have full confidence. ● (*archit.*) **arco i.,** round (*o* full-centre) arch □ **biglietto i.** (*non ridotto*), full fare □ **mille lire intere,** a thousand-lire note □ **Hai la mia piena e intera fiducia,** you have my full confidence. **B** *m.* **1** whole **2** (*mat.*) integer. ● **per i.,** in full; wholly; in its entirety: **La storiella non si può raccontare per i.,** the story can't be told in full □ **pubblicare le lettere per i.,** to publish the letters in full.
interoceànico, *a.* interoceanic.
interoculare, *a.* (*anat.*) interocular.
interòsseo, *a.* (*anat.*) interosseous.
interparietale, *a.* (*anat.*) interparietal.
interparlamentare, *a.* interparliamentary (*attr.*).
interpartitico, *a.* interparty (*attr.*): **un accordo i.,** an interparty agreement.
interpellante, *m.* e *f.* (*polit.*) interpellant; interpellator.
interpellanza, *f.* (*polit.*) interpellation; question.
interpellare, *v. t.* **1** to consult; to contact; (*chiedere a*) to ask **2** (*polit.*) to interpellate.
interpersonale, *a.* interpersonal: **rapporti interpersonali,** interpersonal relations.
interplanetàrio, *a.* interplanetary.
interpolàbile, *a.* capable of interpolation.
interpolaménto, *m.* interpolating.
interpolare, *v. t.* to interpolate.
interpolatóre, *m.* interpolator.
interpolazióne, *f.* interpolation.
interpónte, *m.* (*naut.*) between-decks.
interpórre, A *v. t.* to interpose; to put* between. ● (*leg.*) **i. appello,** to lodge an appeal; to appeal. **interpórsi, B** *v. rifl.* to intervene; to interpose; (*fare da intermediario*) to mediate.
interposizióne, *f.* interposition; (*a favore di q.*) intervention.
interpósto, *a.* — **per interposta persona,** through (the medium of) a third party.
interpretàbile, *a.* interpretable.
interpretare, *v. t.* **1** to interpret; to explain: **i. un passo difficile di un libro,** to interpret a difficult passage in a book; **Interpretò il mio silenzio come un rifiuto,** he interpreted my silence as a refusal **2** (*teatr., mus., cinem.*) to interpret; to play; to perform: **i. Amleto,** to play Hamlet. ● **i. male** (*fraintendere*), to misinterpret □ **i. la parte principale in un film,** to star in a film.
interpretariato, *m.* interpreting.
interpretativo, *a.* interpretative; explanatory.
interpretazióne, *f.* **1** interpretation **2** (*leg., comm., anche*) construction: **La tua i. di questa clausola mi pare errata,** the construction you put upon this clause seems wrong to me; I don't agree with your interpretation of this clause.
intèrprete, *m.* e *f.* **1** interpreter: **fare da i.** (*senza veramente esserlo*), to act as an interpreter; **lavorare come i. per l'ONU,** to work as an interpreter for UNO **2** (*mus.*) interpreter; (*teatr., cinem.*) actor (*masch.*), actress (*femm.*). ● **farsi i. delle richieste di q.,** to voice sb.'s claims □ **farsi i. dei sentimenti di q.,** to represent (*o* to express) sb.'s feelings: **Mi sono fatto i. della riconoscenza che noi tutti sentiamo per Lei,** I wish to express the gratitude we all feel for you.
interprovinciale, *a.* interprovincial.
interpùngere, *v. t.* to punctuate.
interpunzióne, *f.* punctuation: **segni d'i.,** punctuation marks.
interraménto, *m.* **1** (*il coprire di terra*) covering with earth **2** (*seppellimento*) burial; sepulture; interment.
interrare, A *v. t.* **1** (*coprire di terra*) to cover with earth **2** (*sotterrare*) to bury; to inter **3** (*sistemare sotto terra: cavi e sim.*) to lay* underground. **interrarsi, B** *v. rifl.* (*riempirsi di terra*) to get* silted up; to silt up.
interrato, *A a.* **1** (*che è sotto terra*) underground **2** (*ostruito*) silted up. **B** *m.* (*piano i.*) basement.
interrazziale, *a.* interracial.
interregionale, *a.* interregional.
interrégno, *m.* interregnum*.
interrelazióne, *f.* interrelation; mutual relation.
interriménto, *m.* (*geogr.*) silting up.
interrogante, *m.* e *f.* interrogator; questioner.
interrogare, *v. t.* **1** to ask (sb. about st.): **Mi interrogò intorno al mio lavoro,** he asked me about my work **2** (*un candidato a un esame, un imputato, ecc.*) to interrogate; to question; (*un testimone*) to examine; (*in contraddittorio*) to cross-examine. ● **i. la coscienza,** to appeal to one's conscience; to look into one's conscience □ **i. il proprio cuore,** to look into one's heart □ **i. la storia,** to go to history.
interrogativaménte, *avv.* interrogatively.
interrogativo, A *a.* interrogative; inquiring. ● (*gramm.*) **punto i.,** question mark. **B** *m.* **1** interrogative; (*domanda*) question; (*dubbio*) doubt **2** (*fig.: di persona o cosa*) unknown quantity; (*di cosa, anche*) open question.
interrogatóre, *m.* **1** interrogator; questioner **2** (*esaminatore*) examiner.
interrogatòrio, A *a.* interrogatory. **B** *m.* **1** interrogation **2** (*leg.*) interrogation; questioning; (*di testimoni*) examination; (*in contraddittorio*) cross-examination.
interrogazióne, *f.* **1** (*domanda*) question (*anche al Parlamento*); query; (*gramm.*) **i. diretta, indiretta,** rhetorical (direct, indirect) question **2** (*scolastica*) oral test **3** (*leg.*) interrogation; questioning; (*di testimoni*) cross-examination. ● **eludere un'i.,** to reply evasively.
interrómpere, A *v. t.* **1** (*chi parla, il discorso altrui*) to interrupt: **Non i.!,** don't interrupt!; **Scusa se t'interrompo,** excuse my interrupting; **i. un oratore** (**una conversazione**), to interrupt a speaker (a conversation) **2** (*negli altri casi*) to break* off (up, in upon); to break*; to make* a break in; to stop (for the time being): **i. le trattative,** to break off negotiations; **Non vorrei i. la festa, ma dobbiamo andarcene,** I don't want to break up the party, but we've got to be going; **È difficile i. una vecchia consuetudine,** it is difficult to break (*anche*: to make a break in) an old habit; **i. il viaggio,** to break one's journey; **i. le lunghe giornate d'ospedale,** to make a break in the long hospital days; **Ho dovuto i. le lezioni di tennis,** I've had to stop my tennis lessons (for the time being); **Non volevo i. il filo delle tue idee,** I didn't want to break in upon (*o* to interrupt) your train of thought; **Uno strillo spaventoso interruppe il mio sonno,** a horrible shrieking broke in upon my sleep **3** (*elettr.*) to disconnect; to discontinue; (*spegnere con un interruttore*) to switch off: **i. la corrente,** to switch (*o* to cut) off the current. ● **i. una conversazione telefonica,** to cut off a 'phone call □ **i. seccamente q.** (*che parla*), to cut sb. short □ **belle giornate interrotte da qualche pioggerella,** fine weather with occasional showers □ **sonni brevi e interrotti,** fitful sleep □ **strada interrotta** (*cartello stradale*), no thoroughfare □ **Le comunicazioni**

con la capitale sono interrotte, communications with the capital are (temporarily) cut (*o* severed) □ **La monotonia del deserto era qua e là interrotta da qualche palma**, the monotony of the desert was here and there relieved by a palm □ **Possiamo i. per dieci minuti**, we can have a ten-minute break □ **La strada è interrotta**, the road is up (*o* is closed to traffic, is impassable) □ «**Strada interrotta!**», «road up». **interrómpersi, B** *v. rifl.* to stop; to break* off.

interruttóre, *m.* 1 interrupter 2 (*fis.*) switch: **un i. a scatto**, a snap switch; (*autom.*) **i. dell'accensione**, ignition switch.

interruzióne, *f.* 1 interruption; (*della corrente elettrica, delle comunicazioni*) black-out 2 (*piccolo intervallo*) break; pause: **lavorare diverse ore senza i.**, to work several hours without a break 3 (*nel funzionamento di q.c.*) breakdown. ● (*ind.*) **i. del lavoro**, work stoppage; shut-down □ **i. della gravidanza**, miscarriage; (*procurata*) abortion □ **Di qua non si passa, c'è un'i.**, you can't get through here, the road is up.

interscàmbio, *m.* 1 (*comm.*) import-export movements (*pl.*) 2 (*opere stradali*) cloverleaf.

interscapolare, *a.* interscapular.

intersecaménto, *m.* intersecting; intersection.

intersecare, *v. t.* **intersecarsi**, *v. rifl.* to intersect (*anche geom.*).

intersecazióne, *f.* intersection.

intersezióne, *f.* 1 intersection 2 (*autom.: d'autostrada*) interchange; junction: **i. a quadrifoglio**, cloverleaf junction.

intersiderale, *a.* interstellar.

interspinóso, *a.* (*anat.*) interspinal: **muscoli interspinosi**, interspinal muscles.

interstellare, *a.* interstellar.

interstiziale, *a.* interstitial.

interstizio, *m.* interstice.

intertèmpo, *m.* (*sport*) partial time; half-time.

intertrigine, *f.* (*med.*) intertrigo.

intertropicale, *a.* intertropical.

interurbana, *f.* (*tel.*) trunk call; long-distance call; toll-call.

interurbano, *a.* interurban. ● **telefonata interurbana**, trunk call; long-distance call; toll-call.

intervallare, *v. t.* to space (out); to alternate.

intervallato, *a.* spaced (out); alternating (with).

intervallo, *m.* 1 interval: **un i. di tre giorni**, a three days' interval; **a brevi intervalli**, at short intervals 2 (*di tempo, anche*) pause; break; intermission: **i. per il tè** (*durante il lavoro*), tea break; **con un breve i. a mezzogiorno**, with a short intermission at noon 3 (*di spazio*) space 4 (*mus.*) interval.

intervenire, *v. i.* 1 to intervene; (*intromettersi*) to interfere: **Dovetti i. per impedire una rissa**, I had to intervene to prevent a fight; **Intervenne il caso**, chance intervened; **Il Governo dovrebbe intervenire**, the Government ought to intervene; **Non volevo i. in cose che non mi riguardavano**, I didn't want to interfere in what was not my business 2 (*assistere*) to be present; to attend; to come*; to go*; (*partecipare*) to take* part in: **Spero che interverrà anche Lei alla nostra festa**, I hope you'll come to our party; **Intervenne tutto il corpo diplomatico**, all the members of the diplomatic corps were present 3 (*lett.: accadere*) to happen; to occur 4 (*med.*) to operate. ● **i. in favore di q.**, to take sb.'s part; to stand up for sb.

interventismo, *m.* (*polit.*) interventionism.

interventista, (*polit.*) **A** *a.* interventionist (*attr.*). **B** *m. e f.* interventionist.

interventistico, *a.* (*polit.*) interventionist (*attr.*); interventional.

intervènto, *m.* 1 intervention (*anche leg.*); interference: **il principio del non i.**, the principle of non-intervention 2 (*presenza*) presence; attendance; (*partecipazione*) participation 3 (*med.*) operation. ● **squadra di pronto i.** (*della polizia*), flying squad.

intervenuto, **A** *a.* present. **B** *m.* person present. ● **gli intervenuti**, the people present; those present; the audience.

intervertebrale, *a.* intervertebral.

intervista, *f.* interview.

intervistare, *v. t.* to interview.

intervistato, *m.* interviewee.

intervistatóre, *m.* interviewer.

intervocàlico, *a.* (*fon.*) intervocalic.

interzato, *a.* (*araldica*) tiercé; tierced.

interzonale, *a.* interzonal, interzone (*attr.*).

intésa, *f.* 1 agreement; understanding: **agire d'i.**, to act in agreement 2 (*polit.*) «entente» (*franc.*). ● (*leg.*) **i. fraudolenta**, covin □ **essere d'i.**, to be agreed; to agree.

intéso, *a.* 1 (*mirante*) meant (to) 2 (*convenuto*) understood; agreed upon: **Siamo intesi** (*o* resta i.) **che...**, it's understood that... **Intesi!**, good!; right!; fine!; O.K.! (*fam.*) □ **non darsene per i.**, to pay no heed (to st.); to turn a deaf ear (to st.).

intèssere, *v. t.* 1 to interweave*; to weave* (*anche fig.*): **i. inganni**, to weave a web of deceit 2 (*fig.: ordire*) to contrive; to

scheme; to hatch. ● **i. le lodi di q.**, to sing sb.'s praises.

intessitura, *f.* (*ind. tessile*) interweaving.

intessuto, *a.* interwoven; woven. ● **un discorso i. di bugie**, a tissue of lies.

intestàbile, *a.* that may be registered (under sb.'s name).

intestardirsi, *V.* **intestarsi**.

intestare, **A** *v. t.* 1 to head 2 (*comm.: una proprietà*) to register; (*un conto*) to open; (*un assegno*) to make* out: **i. delle azioni (dei titoli) a q.**, to register shares (bonds) under sb.'s name; **i. un conto a favore di q.**, to open an account in sb.'s name; **L'assegno era intestato al mio socio**, the cheque was made out to my partner. **intestarsi**, **B** *v. rifl.* to get* it into one's head; to persist (in doing st.); to be determined (to do st.).

intestatàrio, *m.* (*comm.*) holder; registered holder.

intestato (1), *a.* 1 headed 2 (*comm.*) registered 3 (*incaponito*) obstinate; stubborn. ● **foglio di carta intestata**, letter-head.

intestato (2), *a. e m.* (*leg.:* che, chi non ha fatto testamento) intestate: **morire i.**, to die intestate.

intestazióne, *f.* 1 heading; title 2 (*su carta da lettere*) letter-head.

intestinale, *a.* (*anat.*) intestinal.

intestino (1), *a.* intestine (*lett.*); internal; civil: **lotta intestina per il potere**, internal power struggle.

intestino (2), *m.* (*anat.*) intestine, bowel, gut (*usati per lo più al pl.*): **i. tenue**, small intestine; **i. crasso**, large intestine.

intiepidire, *V.* **intepidire**.

intièro, *V.* **intéro**.

intignare, *v. i.* **intignarsi**, *v. rifl.* 1 (*intarlare*) to be (*o* to become*) worm-eaten 2 (*ammalarsi di tigna*) to catch* ringworm.

intimaménte, *avv.* 1 intimately 2 (*in stretta relazione*) closely.

intimare, *v. t.* 1 (*ordinare*) to enjoin (*anche leg.*); to command; to order; to summon: **i. la resa a q.**, to summon sb. to surrender 2 (*leg.*) to serve 3 (*dichiarare*) to declare: **i. la guerra**, to declare war.

intimazióne, *f.* 1 injunction; order; command; summons 2 (*leg.*) intimation; formal notice; precept 3 (*dichiarazione*) declaration.

intimidatòrio, *a.* intimidatory; threatening.

intimidazióne, *f.* intimidation; (*minaccia*) threat.

intimidire, **A** *v. t.* 1 (*rendere timido*) to make* shy 2 (*impaurire*) to intimidate; to cow. **B** *v. i. e* **intimidirsi**, *v. rifl.* to grow* shy.

intimidito, *a.* intimidated; cowed.

intimismo, *m.* (*arte*) intimism.

intimista, *a., m. e f.* (*arte*) intimist.

intimistico, *a.* (*arte*) intimist (*attr.*).

intimità, *f.* 1 intimacy; privacy: **l'i. della propria casa**, the privacy of one's home; **disturbare l'i. di q.**, to intrude upon sb.'s privacy 2 (*familiarità*) familiarity. ● **avere** (*o* essere in) **i. con q.**, to be on intimate terms with sb. □ **nell'i.**, (*tra amici*) among friends; (*nella vita privata*) in one's private life; (*nel proprio animo*) in one's heart of hearts.

intimo, **A** *a.* 1 intimate; close: **un amico i.**, an intimate (*o* a close) friend; **sentimenti (pensieri) intimi**, intimate feelings (thoughts) 2 (*profondo, radicato, sentito*) deep-set; deep-seated; heart-felt: **cause intime**, deep-set (*o* deep-seated) causes; **dolore i.**, heart-felt sorrow 3 (*come superl. di* «*interno*») innermost; inmost; intimate: **sentimenti intimi**, innermost feelings 4 (*per intimi*) private; tête-à-tête; informal: **un pranzo i.**, an informal dinner; **una cena intima**, a tête-à-tête dinner. ● **biancheria intima**, underclothes (*pl.*); underclothing (*collett.*) □ **parti intime**, private parts. **B** *m.* 1 (*amico i.*) close (*o* intimate) friend; (*parente i.*) close (*o* intimate) relation: **Saranno invitati solo pochi intimi**, only a few close friends and relations will be invited 2 (*parte più interna*) heart (of hearts): **nel mio i.** (*o* nell'i. del mio cuore, del mio animo, ecc.), in my heart of hearts; at heart. ● **un i. di casa**, an intimate friend of the family □ **nell'i.**, at bottom; fundamentally: **Nell'i. è un buon uomo**, he's a good fellow at bottom.

intimorire, *v. t.* 1 to frighten; to intimidate; to cow. ● **costringere q. a fare q.c. intimorendolo**, to cow sb. into doing st.

intimorirsi, **B** *v. rifl.* to get* frightened; to be cowed.

intingere, *v. t.* 1 to dip: **i. la penna nell'inchiostro**, to dip one's pen into the ink 2 (*inzuppare*) to soak: **i. il pane nel latte**, to soak bread in milk.

intingolo, *m.* 1 (*sugo*) gravy; (*salsa*) sauce 2 (*carne in umido*) stew 3 (*pietanza gustosa*) tasty dish.

intirizziménto, *m.* benumbment; numbness.

intirizzire, **A** *v. t.* to benumb; to numb. **intirizzirsi**, **B** *v. rifl.* to grow* numb.

intirizzito, *a.* benumbed; numb: **essere i. dal freddo**, to be numb with cold.

intisichire, *v. i.* 1 to go* into consumption; to become*

intravedére

consumptive 2 (*fig.*) to languish; to grow* weak 3 (*di pianta*) to wilt.

intitolare, A *v. t.* 1 to entitle; to give* a title to: **un libro intitolato «Senilità»**, a book entitled «Senility» 2 (*dedicare*) to dedicate 3 (*una strada, ecc.*) to call; (*commemorando q. o q.c.*) to call (*o* to name) after: **La piazza è intitolata a Tommaseo**, the square is called after Tommaseo. **intitolarsi**, B *v. rifl.* to be entitled; to be called. ● **Come s'intitola il libro?**, what is the title of the book?

intitolazióne, *f.* 1 entitling 2 (*titolo*) title 3 (*dedica*) dedication.

intoccàbile, A *a.* untouchable. B *m. e f.* untouchable; (*paria*) pariah.

intolleràbile, *a.* intolerable; unendurable; insufferable; unbearable: **intromissione i.**, intolerable interference; **uno scocciatore i.**, an insufferable bore.

intollerabilità, *f.* intolerability; intolerableness.

intollerante, *a.* intolerant; (*allergico*) allergic; (*impaziente*) impatient: **un giovane fanatico e i.**, a fanatical, intolerant young man; **i. della penicillina**, allergic to penicillin; **i. delle cerimonie**, impatient of formality. ● **Sono i. del freddo**, I can't stand the cold.

intolleranza, *f.* intolerance; (*allergia*) allergy.

intonacare, *v. t.* to plaster; to parget; (*a spruzzo*) to spray with plaster.

intonacatóre, *m.* plasterer.

intonacatrice, *f.* (*edil.*) plaster sprayer.

intonacatura, *f.* (*edil.*) plastering; (*intonaco*) plaster, parget: **i. a spruzzo**, gun plastering.

intonachino, *m.* (*edil.*) plaster finish.

intònaco, *m.* plaster; parget.

intonare, A *v. t.* 1 (*incominciare a cantare*) to tune up; to intone; to start to sing; (*a suonare*) to strike* up; (*accordare*) to tune 2 (*fig.*) to harmonize; to match. ● **i. le lodi di q.**, to sing sb.'s praises. **intonarsi**, B *v. rifl.* 1 to be in tune; to harmonize; to match (with st.).

intonato, *a.* 1 (*di persona*) able to sing in tune; (*di voce*) tuneful; (*di strumento*) in tune 2 (*di colori*) matching; well-matched: **calzini intonati alla cravatta**, tie and matching socks 3 (*fig.: in armonia*) harmonizing (with); suitable (for).

intonazióne, *f.* 1 intonation: **i. sarcastica**, sarcastic intonation 2 (*mus.: tono*) tone: **dare l'i.**, to set the tone 3 (*armonia*) harmony; matching.

intònso, *a.* (*lett.*) 1 (*non tagliato*) uncut 2 (*non raso*) unshaven; (*di animale*) unshorn.

intontiménto, *m.* stun; daze; dazedness.

intontire, A *v. t.* to stun; to daze. B *v. i. e* **intontirsi**, *v. rifl.* to be stunned; to be dazed.

intoppare, A *v. i.* **intopparsi**, *v. rifl.* 1 to run* into; to bump into (*o* against): **i. negli scogli**, to run into the rocks (*in un ostacolo*) to come* up (against): **i. in difficoltà burocratiche**, to come up against red tape 3 (*inciampare, anche fig.*) to stumble: **i. nella verità**, to stumble upon the truth. B *v. t.* (*raro: incontrare all'improvviso*) to come* across, to bump into, to run* into (sb.).

intòppo, *m.* 1 obstacle 2 (*fig.*) stumbling-block; hindrance; impediment.

intorbidaménto, *m.* turbidity; clouding.

intorbidare, **intorbidire**, A *v. t.* 1 to make* turbid; to cloud (*anche fig.*): **Una cosa sola intorbidava la nostra gioia**, only one thing clouded our joy 2 (*turbare*) to confuse; to trouble: (*fig.*) **i. le acque**, to trouble the waters. B *v. i. e* **intorbidarsi**, *v. rifl.* 1 to become* turbid; to become* muddy (*fangoso*); to become* foul (*inquinato*) 2 (*divenire confuso*) to become* troubled 3 (*offuscarsi*) to cloud over; to grow* dim: **La mia vista s'intorbida**, my eyesight is clouding over.

intormentire, A *v. t.* to benumb. **intormentirsi**, B *v. rifl.* to grow* numb.

intórno (1), A *avv.* round; around; (round) about: **guardarsi i.**, to look round (*o* around); **dare un'occhiata i.**, to have a look round; **tutto il vicinato**, **per un miglio i.**, all the neighbours, for a mile round; **Ha sempre molti amici i.**, She always has a lot of friends around (*o* round about). ● **andare i.** (*a zonzo*) to go around; to walk about □ **d'ogni i.**, (*moto*) from all sides; (*stato*) on every side □ **lì i.**, thereabouts □ **qui i.**, hereabouts □ **tutt'i.** (*o* **i.**), all around; right round. B *a.* surrounding; nearby; around (*pred.*): **il paesaggio i.**, the surrounding country-side.

intórno a (2), *locuz. prep.* 1 round; around: **viaggiare i. al mondo**, to travel round the world; **Aveva una collana i. al collo**, she wore a necklace round her neck; **tutt'i. a noi**, all round us 2 (*circa*) about; around: **L'opera fu composta i. al 1900**, the opera was composed around 1900; **Ci andai i. alle sei**, I went there about six (o' clock); **È intorno ai sessanta** (*d'età*), he is about sixty 3 (*riguardo a*) about; on: **Lavoravo i. a un progetto di un ponte**, I was working on a project for a bridge. ● **discutere i. a un problema**, to discuss a problem □ (*fig.*) **stare i. a q.**, to stick to sb.; to be always about with sb.

intorpidiménto, *m.* numbness; torpor.

intorpidire, A *v. t.* 1 to make* torpid; to benumb 2 (*fig.*) to dull; to make* sluggish. B *v. i. e* **intorpidirsi**, *v. rifl.* 1 to become* torpid (*o* numb) 2 (*fig.*) to become* sluggish.

intorpidito, *a.* torpid; numb: **i. dal freddo**, numb with cold.

intossicare, A *v. t.* (*med.*) to poison (*anche fig.*): **i. il sangue**, to poison the blood; **idee che intossicano l'animo**, ideas that poison the mind. **intossicarsi**, B *v. rifl.* to be poisoned.

intossicazióne, *f.* (*med.*) poisoning; intoxication.

intracellulare, *a.* intracellular.

intracerebrale, *a.* intracerebral.

intracrànico, *a.* intracranial.

intradèrmico, *a.* intradermic; intradermal.

intradermoreazióne, *f.* (*med.*) intradermal reaction. ● **i. alla istoplasmina**, histoplasmin test.

intradòsso, *m.* (*archit.*) intrados*.

intraducibile, *a.* untranslatable.

intraducibilità, *f.* untranslatability; untranslatableness.

intralciare, A *v. t.* to hamper; to impede; to hinder; to handicap: **essere intralciato nel lavoro**, to be hindered in one's work; **Quel pesante cappotto m'intralcia**, that heavy overcoat hampers me. **intralciarsi**, B *v. rifl. recipr.* to get* in each other's way.

intràlcio, *m.* hindrance; obstacle; impediment; handicap.

intralicciatura, *f.* lattice work; bracing.

intrallazzare, *v. i.* 1 (*praticare traffici illeciti*) to have illicit dealings; (*fare mercato nero*) to black-market 2 (*intrigare*) to intrigue; to scheme; to manoeuvre.

intrallazzatóre, *m.* 1 (*borsanerista*) black marketeer 2 (*intrigante*) intriguer; schemer.

intrallazzo, *m.* 1 (*mercato nero*) black market; illicit trade 2 (*intrigo*) intrigue; manoeuvre.

intramezzare, *v. t.* to interpose; to sandwich (*fam.*).

intramolecolare, *a.* (*fis.*) intramolecular.

intramontàbile, *a.* 1 undying; everlasting; eternal 2 (*fig.*) ever-popular.

intramurale, *a.* (*anat.*) intramural.

intramuscolare, *a.* intramuscular.

intransigènte, A *a.* uncompromising; intransigent; intolerant. B *m. e f.* intransigent person; uncompromising person; hard-liner; unyielding person.

intransigènza, *f.* intransigence; intolerance.

intransitàbile, *a.* impracticable: **una strada i.**, an impracticable road.

intransitabilità, *f.* impracticability; impracticableness.

intransitivo, *a. e m.* (*gramm.*) intransitive: **verbi intransitivi**, intransitive verbs.

intranucleare, *a.* (*fis.*) intranuclear.

intraoculare, *a.* intraocular.

intrapèlvico, *a.* intrapelvic.

intrapolmonare, *a.* intrapulmonic.

intrappolare, *v. t.* to trap; (*specialm. fig.*) to entrap.

intraprendènte, *a.* enterprising; resourceful.

intraprendènza, *f.* enterprise; initiative.

intraprèndere, *v. t.* to undertake*; to embark (up)on; to enter (up)on; (*dedicarsi a*) to go* in for; to take* up: **i. una nuova carriera**, to enter upon a new career. ● **i. un viaggio**, to set out on a journey.

intrasferibile, *a.* (*leg.*) non-transferable.

intrasferibilità, *f.* (*leg.*) non-transferability.

intrasmissibile, *a.* 1 incommunicable; ineffable 2 (*leg.*) non-transferable.

intrasmissibilità, *f.* (*biol.*) intransmissibility.

intrasportàbile, *a.* not transportable.

intratellùrico, *a.* (*geol.*) intratelluric.

intratoràcico, *a.* intrathoracic.

intrattàbile, *a.* intractable; unmanageable; impossible (*fam.*).

intrattabilità, *f.* intractability; intractableness.

intrattenére, A *v. t.* 1 (*divertire*) to entertain; to amuse: **Non so come intrattenerli**, I don't know how to entertain them 2 (*conversando*) to engage (sb.) in conversation: **La vecchia signora intratteneva prima uno e poi l'altro dei suoi ospiti**, the old lady would engage first one then another of her guests in conversation. **intrattenérsi**, B *v. rifl.* 1 (*trattenersi*) to stop; to linger 2 (*soffermarsi a parlare*) to dwell* (upon st.).

intrattenimento, *m.* entertainment.

intrauterino, *a.* intrauterine: **contraccettivo i.**, intrauterine device (*abbr.* IUD).

intravascolare, *a.* intravascular.

intravedére, *v. t.* 1 (*vedere di sfuggita*) to see* indistinctly; to glimpse; to catch* a glimpse of: **Lo intravidi nella folla**, I caught

intravertebrale, *a.* intravertebral.
intrecciaménto, *m.* interlacement.
intrecciare, A *v. t.* **1** to weave*; to interweave*; to interlace; to intertwine; to twist; to twine (*lett.*); (*giunchi, rami, ecc.*) to pleach; (*capelli*) to plait, to braid: **i. fiori per farne una ghirlanda**, to twist flowers into a wreath **2** (*le mani*) to clasp. ● **i. le danze**, to dance □ **i. una relazione amorosa**, to embark on a love affair. **intrecciarsi, B** *v. rifl. recipr.* to interlace; to intertwine; to be interwoven.
intrecciato, *a.* interwoven; interlaced; (*di rami, ecc.*) pleached; (*di capelli*) plaited, braided: **A e C intrecciate in cifra**, A and C interwoven in a monogram. ● **lana intrecciata**, matted wool.
intrecciatura, *f.* **1** (*l'intrecciare*) weaving; interweaving; interlacing; intertwining; (*di giunchi, rami*) pleaching; (*di capelli*) plaiting, braiding **2** (*treccia*) plait; braid.
intréccio, *m.* **1** interlacement **2** (*trama*) plot: **dipanare l'i.**, to unravel the plot; **L'i. si complica**, the plot thickens.
intrepidézza, intrepidità, *f.* intrepidity; undauntedness.
intrèpido, *a.* intrepid; undaunted; fearless.
intricare, A *v. t.* to entangle. **intricarsi, B** *v. rifl.* to get* entangled (*o* involved).
intricato, *a.* intricate; involved.
intrico, *m.* **1** tangle; network: **Guardavo l'i. di rami sopra me**, I gazed at the network of branches over my head; **Non riuscivo ad andare avanti tra l'i. del sottobosco**, I couldn't make my way through the tangle of brushwood **2** (*fig.*) predicament; tangle.
intridere, *v. t.* **1** to soak **2** (*la farina*) to knead.
intrigante, A *a.* intriguing; scheming; meddling. **B** *m. e f.* intriguer; schemer; meddler.
intrigare, A *v. t.* to entangle. **B** *v. i.* to intrigue; to manoeuvre; to plot; (*fare manovre di corridoio*) to lobby. **intrigarsi, C** *v. rifl.* to interfere (in); to stick* one's nose (into); to get* mixed up (in): **Non me ne voglio i.**, I don't want to get mixed up in it.
intrigato, *a.* complicated; intricate; confused; muddled.
intrigo, *m.* **1** (*situazione confusa*) mess; nasty situation **2** (*manovra*) intrigue; manoeuvre; plot. ● **fiutare un i.**, to smell a rat.
intrinseco, A *a.* **1** intrinsic; inherent **2** (*intimo*) intimate; inner (*attr.*): **un amico i.**, an intimate friend. **B** *m.* **1** (*valore reale*) intrinsic value **2** (*l'essenziale*) essence. ● **nel proprio i.**, in one's heart of hearts.
intrinsichézza, *f.* intimacy.
intriso, A *a.* soaked (in); drenched (with); sodden (with): **I nostri vestiti erano intrisi di pioggia**, our clothes were sodden with rain; **i. di sangue**, blood-soaked. **B** *m.* dough.
intristiménto, *m.* pining away; languishing.
intristire, *v. i.* **1** (*di pianta*) to wilt; to droop; to wither: **I fiori intristirono presto**, the flowers soon withered **2** (*di persona*: *deperire*) to pine away; to languish.
introdótto, *a.* **1** (*conosciuto*) well-known; well-established: **È i. nell'alta società**, he's well-known in high society **2** (*esperto*) well-acquainted (with). ● (*comm.*: *di persona*) **ben i.**, with many contacts.
introducibile, *a.* introducible; introduceable.
introdurre, *v. t.* **1** to introduce: **i. parole nuove in una lingua** (**personaggi storici in un romanzo**), to introduce new words into a language (historical characters into a novel); **I gelsi furono introdotti in Inghilterra da Guglielmo III**, mulberry-trees were introduced into England by William III **2** (*inserire*) to insert; to put* in; (*un gettone, ecc.*) to put* in the slot: **i. la chiave nella toppa**, to insert (*o* to put) the key in the key-hole; **Lo vidi i. una moneta e prendere delle sigarette**, I saw him put a coin in the slot and take some cigarettes **3** (*solenne*, *per «far entrare»*) to show* in; to lead* in; to usher in: **Fu introdotto al cospetto del re**, he was shown into the presence of the King; **Il maggiordomo m'introdusse in salotto**, the butler ushered me into the drawing-room **4** (*portare, condurre dentro*) to bring* in; to take* in: **i. merci in un paese**, to bring (*o* to import) goods into a country; **Lo introdussi nella sala d'aspetto**, I took (*o* I showed) him into the waiting-room. ● **i. con la forza**, to push (*o* to thrust) in □ **i. un discorso**, to bring up a subject □ **i. il discorso dicendo...**, to preface one's remarks by saying... □ **i. il discorso su q.c.**, to bring the talk round to st. □ **i. una modifica**, to make an alteration □ **i. q.c. di contrabbando**, to smuggle st. in □ **i. q.c. di soppiatto**, to sneak st. in □ **i. q.c. piano piano**, to slip st. in. **introdursi, B** *v. rifl.* to get* in; to manage to get in: **Si sono introdotti da quella finestra**, they got in by that window. ● **i. con la forza**, to break; to force one's way in □ **i. con molta difficoltà**, to worm one's way in □ **i. di soppiatto**, to sneak in □ **i. strisciando**, to creep in.
introduttivo, *a.* introductory; introductive; preliminary. ● (*leg.*)

atto i. (*del giudizio*), summons; complaint.
introduttóre, *m.* introducer.
introduttòrio, *a.* introductory.
introduzióne, *f.* **1** introduction **2** (*preliminare*) preliminary.
introflessióne, *f.* introflection; introflexion.
introflèsso, *a.* introflexed.
introflèttersi, *v. rifl.* to introflex.
introiezióne, *f.* (*psic.*) introjection.
introitare, *v. t.* (*comm.*) to collect; to cash; to take* in.
intròito, *m.* **1** (*relig.*) introit **2** (*comm.*: *entrata*) income, revenue; (*incasso*) receipts, takings, proceeds (*pl.*).
introméttere, A *v. t.* to insert; to interpose. **intromèttersi, B** *v. rifl.* to intervene; to interpose; (*ingerirsi*) to interfere, to intrude (upon); to butt in (*pop.*): **i. in una lite**, to interpose in a dispute; **i. nella vita privata di q.**, to intrude upon sb.'s privacy; **Non intrometterti!**, don't interfere!
intromissióne, *f.* intervention; (*ingerenza*) interference, intrusion.
intronaménto, *m.* deafening; stunning.
intronare, *v. t.* (*assordare*) to deafen; (*intontire*) to stun. ● **Avevo il capo intronato dal fracasso**, my head was ready to split with the racket.
intronato, *a.* (*fam.*) deafened; stunned; dazed; in a daze: **i. dal rumore**, deafened by noise.
intronfiare, *v. i.* to be puffed up.
intronizzare, *v. t.* to enthrone.
intronizzazióne, *f.* enthronement.
intrórso, *a.* (*bot.*) introrse.
introspettivo, *a.* (*psic.*) introspective.
introspezióne, *f.* (*psic.*) introspection.
introvàbile, *a.* that cannot be found; not to be found; (*di un libro, ecc.*) unobtainable. ● **Marisa era i.**, Marisa had disappeared.
introversióne, *f.* (*psic.*) introversion.
introvèrso, *a. e m.* (*psic.*) introvert.
introvèrtere, A *v. t.* to introvert (*anche zool.*). **introvèrtersi, B** *v. rifl.* (*psic.*) to become* introverted.
introvertito, *V.* **introvèrso**.
intrùdere, A *v. t.* (*lett.*: *cacciar dentro a forza*) to thrust* in. **intrùdersi, B** *v. rifl.* to intrude (oneself); to thrust* oneself (in).
intrufolare, A *v. t.* to slip; to slide*. **intrufolarsi, B** *v. rifl.* to intrude (oneself); to slither in; to slide* in: **Il ladro s'intrufolò nella stanza**, the thief slid into the room.
intrugliare, A *v. t.* to mix; to concoct. **intrugliarsi, B** *v. rifl.* to get* oneself into a mess.
intrùglio, *m.* **1** concoction; (*broda*) slop **2** (*fig.*) muddle; jumble; hotchpotch; (*imbroglio*) intrigue. ● **rovinarsi lo stomaco con intrugli**, to ruin one's stomach with sauces and made-up dishes.
intruppaménto, *m.* trooping.
intrupparsi, *v. rifl.* to troop; to flock together.
intrusióne, *f.* intrusion (*anche geol.*); interference.
intrusivo, *a.* (*geol.*) intrusive.
intruso, *m.* intruder; outsider. ● **Mi sentivo un i.**, I felt I didn't belong.
intubare, *v. t.* **1** (*med.*) to intubate **2** (*tecn.*) to duct.
intubato, *a.* **1** (*med.*) intubated **2** (*tecn.*) ducted: **elica intubata**, ducted fan engine; **ventilatore i.**, ducted fan.
intubazióne, *f.* (*med.*) intubation.
intubettare, *v. t.* to put* into tubes.
intuìbile, *a.*
intuire, *v. t.* to apprehend instinctively; to perceive; to know* (by intuition); to understand* (immediately); (*rendersi conto*) to realize; (*indovinare*) to guess: **L'avevo intuito che non sarebbe tornato**, I knew he wouldn't come back; **Prima intuisco la verità, poi cerco la prova**, first I apprehend the truth instinctively; then I try to prove it; **Come l'hai intuito?**, how did you guess?
intuitivaménte, *avv.* intuitively; by intuition.
intuitività, *f.* intuitiveness.
intuitivo, *a.* intuitive; intuitional: **la facoltà intuitiva**, the intuitive faculty. ● **È i. !**, it is evident!
intùito (1), *m.* **1** intuition: **sapere q.c. per i.**, to know st. by intuition **2** (*acume, fiuto*) flair.
intuito (2), *a.* intuitively sensed; guessed. ● **una verità intuita**, a truth intuitively recognised.
intuizióne, *f.* intuition; perception.
intuizionismo, *m.* (*filos.*) intuitionism.
intuizionista, *m. e f.* (*filos.*) intuitionist.
intumescènte, *a.* (*med.*) intumescent.
intumescènza, *f.* (*med.*) intumescence.
intumidire, *v. i.* (*med.*) to swell* up; to become* tumid.
inturgidiménto, *m.* swelling (up); turgescence.
inturgidire, *v. i.* **inturgidirsi**, *v. rifl.* to swell* up; to become* turgid.

inturgidito, *a.* turgid; swollen: (*fig.*) **uno stile i.**, a turgid (*o* bombastic) style.
inuguale, e *deriv.* V. **ineguale,** e *deriv.*
inumanità, *f.* inhumanity; cruelty.
inumano, *a.* inhuman; cruel; unfeeling.
inumare, *v. t.* to bury; to inter.
inumazione, *f.* burial; interment.
inumidimento, *m.* dampening; moistening.
inumidire, A *v. t.* to dampen; to moisten: **Inumidite il telo prima di stirare,** dampen the cloth before ironing; **inumidito dalla rugiada,** moistened by dew; **S'inumidì le labbra,** he moistened his lips. **inumidirsi, B** *v. rifl.* to become* damp; to grow* moist; to moisten.
inurbamento, *m.* urbanization.
inurbanità, *f.* inurbanity; incivility.
inurbano, *a.* inurbane; uncivil; impolite.
inurbarsi, *v. rifl.* **1** to become* citified (*o* townified); to move to the town **2** (*fig.*) to acquire polish; to become* refined.
inusato, *a.* (*lett.*) unaccustomed; unusual.
inusitato, *a.* unusual; out-of-the-way; uncommon.
inùtile, *a.* **1** useless; (of) no use (*pred.*); no good (*pred.*); (*inservibile*) unserviceable: **È un oggetto decorativo ma i.**, it's a decorative object but useless; **Fu tutto i.**, it was all no good **2** (*non necessario*) unnecessary; superfluous: **Mi dispiace del litigio: è stato così i.**, I'm sorry about the quarrel: it was so unnecessary; **Mi pare i. dirglielo,** I think it's unnecessary to tell him. ● **Vedo che qui sono i.**, I see I'm one too many here.
inutilità, *f.* uselessness.
inutilizzàbile, *a.* unusable.
inutilizzare, *v. t.* to make* useless.
inutilizzato, *a.* **1** unused **2** (*di denaro*) unemployed.
invadènte, A *a.* intrusive; pushing; interfering. **B** *m.* e *f.* intruder; busy-body.
invadènza, *f.* intrusiveness.
invàdere, *v. t.* **1** to invade; to overrun*: **Il nemico invase il nostro territorio,** the enemy invaded our territory **2** (*delle acque*) to flood **3** (*di un'epidemia, ecc.*) to spread* all over **4** (*di uno stato d'animo*) to overcome*; to take* possession of: **Lo invase un senso di sfiducia,** a sense of discouragement took possession of him; **Lo invase il rimorso,** he was overcome by remorse **5** (*usurpare*) to encroach upon; to trespass upon: **i. la terra di q.**, to encroach upon sb.'s land. ● **I tifosi invasero il campo,** the fans swarmed onto the playing field.
invaghimento, *m.* (*lett.*) infatuation; fancy.
invaghire, A *v. t.* (*lett.*) to enchant; to charm. **invaghirsi, B** *v. rifl.* **1** to take* a fancy (to); to become* infatuated (with) **2** (*innamorarsi*) to fall* in love (with).
invaginazione, *f.* (*med.*) intussusception.
invàlere, *v. i.* to become* established; to take* root. ● **È invalsa l'opinione,** it has come to be accepted; now it is thought; the opinion has come to be held.
invalicàbile, *a.* **1** impassable **2** (*fig.*) insurmountable.
invalicabilità, *f.* **1** impassability **2** (*fig.*) insurmountability; insurmountableness.
invalidàbile, *a.* (*leg.*) voidable.
invalidamento, *m.* (*leg.*) invalidation; invalidating.
invalidare, *v. t.* (*leg.*) to invalidate; to nullify; to null; to void.
invalidazione, *f.* (*leg.*) invalidation.
invalidità, *f.* **1** (*med.*) invalidism; (chronic) infirmity; (*al lavoro*) disablement, disability, inability **2** (*leg.*) invalidity.
invàlido, A *a.* **1** invalid (*attr.*); infirm; (*al lavoro, ecc.*) disabled **2** (*leg.*) invalid; void. **B** *m.* invalid; (*al lavoro*) disabled person. ● **invalidi di guerra,** disabled soldiers (*o* seamen, airmen).
invallarsi, *v. rifl.* to run* through a valley.
invalso, *a.* widespread; established.
invano, *avv.* in vain; uselessly; to no purpose: **Telefonai, telegrafai: fu tutto i.**, I telephoned and telegraphed, all to no purpose.
invariàbile, *a.* **1** invariable; steady; constant **2** (*gramm.*) indeclinable; uninflected. ● **Il clima è i.**, the climate shows no variation.
invariabilità, *f.* invariability; steadiness; constancy.
invariante, *a.* (*mat., fis.*) invariant.
invarianza, *f.* (*mat., fis.*) invariance.
invariato, *a.* unchanged; stationary: **Le condizioni del malato sono invariate,** the patient's condition is unchanged.
invasamento, *m.* obsession.
invasare (1), *v. t.* **1** to possess: **essere invasato dal demonio,** to be possessed (by the devil) **2** (*ossessionare*) to obsess. ● **invasato dalla rabbia,** fuming (*o* seething) with rage.
invasare (2), *v. t.* **1** (*mettere in vaso*) to pot **2** (*naut.*) to cradle.
invasato, *m.* person possessed.
invasatura, *f.* **1** potting **2** (*naut.*) launching cradle.

invasione, *f.* invasion; overrunning.
invaso (1), *a.* invaded; overrun (with).
invaso (2), *m.* **1** (*invasatura*) potting **2** (*capacità di un serbatoio*) storage.
invasore, A *m.* invader. **B** *a.* invading.
invecchiamento, *m.* ag(e)ing: (*metall.*) **i. naturale (artificiale, rapido),** natural (artificial, quick) ageing.
invecchiare, A *v. i.* **1** to age; to grow* old; (*d'aspetto*) to look old (*o* older): **L'ho trovata molto invecchiata,** I found her very much aged; **Com'è invecchiato!,** how old he looks!; **È invecchiato al servizio di questo paese,** he has grown old in the service of this country; **A tavola non s'invecchia,** nobody grows old at table; **Non sei invecchiato per niente!,** you don't look a day older!; **l'arte d'i. bene,** the art of growing old gracefully **2** (*fig.: passare di moda*) to become* old-fashioned; to go* out of date; (*di un mobile, un vestito ecc.*, ormai un po' logoro) to become* old and shabby. **B** *v. t.* to age; to make* (sb.) old; (*far apparire più vecchio*) to make* (sb.) look older: **La barba lo invecchia,** this beard makes him look older; **La vita che fa lo ha invecchiato prima del tempo,** the life he leads has aged him prematurely; **i. il vino (il cognac),** to age wine (brandy). ● **i. nel vizio,** to harden in sin ☐ **Invecchiando, si era fatta più mite,** with age, she had grown milder ☐ **Le opere dello Shakespeare non invecchiano,** Shakespeare's works are timeless ☐ **Il cuore non invecchia,** the heart is ever young.
invéce, *avv.* instead; on the contrary; on the other hand; but; whereas: **Aveva detto che non veniva, i. è venuto,** he had said he wasn't coming, but he has come; **Non è vero che sia disattento, i. è coscienziosissimo,** it's not true that he's careless, on the contrary, he's most conscientious; **Dovevo andare via, i. sono sempre qui,** I was to have left, but I'm still here; **Il modello nuovo è di plastica, i. il vecchio era di vetro,** the new model is plastic, whereas the old one was glass. ● **i. che,** instead of; (*piuttosto di*) rather than ☐ **E invece no!,** not at all!
invéce di, *prep.* instead of: **I. di brontolare, potresti darci una mano,** instead of grumbling, you might give us a hand; **Vengo io i. di Bob,** I'm coming instead of Bob.
inveire, *v. i.* to inveigh (against); to rail (at, against).
invelenire, A *v. t.* to embitter; to envenom. **B** *v. i.* e **invelenirsi,** *v. rifl.* to be embittered; (*contro q.*) to be at daggers drawn (with sb.).
invelenito, *à.* embittered; envenomed.
invendibile, *a.* unsalable, unsaleable.
invendibilità, *f.* unsal(e)ability.
invendicato, *a.* unavenged; unrevenged.
invenduto, *a.* unsold.
inventare, *v. t.* **1** to invent; to devise: **Chi inventò la macchina a vapore?,** who invented the steam-engine?; **i. un metodo nuovo,** to invent (*o* to devise) a new method **2** (*raccontare frottole, ecc.*) to make* up; to fabricate; to invent: **inventarne una al giorno,** to invent a tale a day; **i. q.c. di sana pianta,** to make st. up from start to finish. ● **inventare di tutti i colori,** to come up with all sorts of tricks.
inventariare, *v. t.* to make* an inventory of; to inventory; to take* stock of.
inventàrio, *m.* inventory (*anche fig.*); stock-taking. ● (*leg.*) **beneficio d'i.**, benefit of inventory ☐ **fare l'i.** (*della merce in magazzino*), to take stock.
inventiva, *f.* inventiveness; creativity. ● **ricco d'i.**, imaginative; inventive.
inventivo, *a.* inventive; creative.
inventóre, A *m.* inventor: **il primo i.**, the original inventor. **B** *a.* inventive.
invenzione, *f.* **1** invention: **l'i. della stampa,** the invention of printing **2** (*frottola*) lie; story; tale: **Sono invenzioni di quella donnaccia a mio carico,** it's lies invented about me by that horrid woman. ● (*leg.*) **i. brevettata,** patent.
inverdire, A *v. t.* to make* green. **B** *v. i.* e **inverdirsi,** *v. rifl.* to become* (*o* to turn) green.
inverecóndia, *f.* immodesty; shamelessness; impudence.
invergare, *v. t.* (*ind. tessile*) to lease.
invergatura, *f.* (*ind. tessile*) lease.
invermigliare, A *v. t.* (*lett.*) to vermilion; to colour with vermilion. **invermigliarsi, B** *v. rifl.* to redden.
inverminire, *v. i.* **inverminirsi,** *v. rifl.* to become* infested with worms.
invernale, A *a.* **1** winter (*attr.*); wintry: **abiti invernali,** winter clothes; **una giornata i.**, a wintry day; **È un lavoro i.**, it's a winter job; it's a job for the winter **2** (*che accade durante l'inverno*) overwinter: **mortalità i.**, overwinter mortality. ● **la stagione i.**, wintertime. **B** *f.* (*alpinismo*) winter ascent.
invernata, *f.* winter.
inverniciare, A *v. t.* (*con colore opaco*) to paint; (*con vernice trasparente*) to varnish: **i. un quadro,** to varnish a picture; **i. le**

inverniciata

persiane di verde, to paint the shutters green. **inverniciarsi**, B *v. rifl.* (*scherz.*) to powder and paint.
inverniciata, *f.* coat of paint (*o* varnish): **dare un'i.**, to slap on a coat of paint.
inverniciatura, *f.* 1 (*opaca*) painting; (*trasparente*) varnishing 2 (*fig.*) varnish; veneer; (*di una lingua, di una materia*) smattering: **Ho un'i. di spagnolo e me la caverò**, I have a smattering of Spanish and I'll manage; **un'i. di buona educazione**, a veneer of good manners.
invèrno, *m.* winter: **un i. aspro (mite, rigido)**, a hard (mild, severe) winter; **un giardino d'i.**, a winter garden; **nel cuore dell'i.**, in the depth of winter.
invéro, *avv.* (*lett.*) in truth; indeed.
inverosimiglianza, *f.* improbability; unlikelihood.
inverosimile, *a.* 1 improbable; unlikely; (that) doesn't seem true: **È i. ma vero**, it doesn't seem true but it is; **un intreccio i.**, an improbable plot 2 (*incredibile*) incredible; unbelievable; impossible to believe: **È una storia che ha dell'i.**, it's a story that is almost unbelievable.
inversaménte, *avv.* inversely; in an inverse order.
inversióne, *f.* inversion (*anche gramm., psic.*); reversal (*anche mecc., fis., fotogr.*). ● (*leg.*) **i. dell'onere della prova**, shifting the burden of proof □ **i. di flusso**, backflow □ (*autom.*) **i. di marcia**, U-turn; reversing □ (*naut.*) **i. di rotta**, turn-about □ (*mecc.*) **a i. di marcia**, reversible □ (*fotogr.*) **bagno d'i.**, reversing bath.
invèrso, A *a.* 1 inverse; inverted: (*mat.*) **una proporzione (funzione) inversa**, an inverse proportion (function); (*gramm.*) **costruzione inversa**, inverted order 2 (*opposto*) opposite; contrary: **in senso i.**, in the opposite direction; **Ora consideriamo il caso i.**, now let us consider the opposite case. ● **Prova la posizione inversa** (*capovolta*), try it upside-down. B *m.* (the) opposite; (the) contrary: **È vero l'i.**, the opposite is true.
inversóre, *V.* **invertitóre**.
invertebrato, A *a.* 1 (*zool.*) invertebrate 2 (*fig., spreg.*) spineless; weak-kneed. B *m.* (*zool.*) invertebrate. ● (*zool.*) **gli invertebrati**, the Invertebrata.
invertibile, *a.* reversible; invertible.
invertibilità, *f.* reversibility.
invertire, *v. t.* 1 to reverse; to invert (*anche mat., mus.*): **i. l'ordine**, to invert (*o* to reverse) the order; **i. una proposizione**, to invert a proposition; (*fis.*) **i. la corrente**, to reverse the current 2 (*capovolgere*) to turn (*st.*) upside down. ● **i. le parti**, to exchange roles □ (*naut.*) **i. la rotta** (*di nave*), to turn about □ (*naut.*) **i. la rotta di una nave**, to bring about a ship □ (*autom.*) **divieto d'i. la marcia** (*cartello*), no U-turn.
invertito, A *a.* 1 reverse; inverted 2 (*chim.*) invert(ed): **zucchero i.**, invert sugar. B *m.* invert; homosexual.
invertitóre, *m.* 1 (*fis.*) inverter; reverser 2 (*mecc.*) reversing gear.
invescaménto, *m.* (*lett.*) 1 catching; liming 2 (*fig.*) enticement.
invescare, (*lett.*) A *v. t.* 1 to lime; to catch* with bird-lime 2 (*fig.*) to entice. **invescarsi**, B *v. rifl.* (*fig.*) to get* ensnared.
investibile, *a.* (*comm.*) that can be invested.
investigàbile, *a.* investigable.
investigare, A *v. t.* to investigate; to inquire into (*st.*); to research. B *v. i.* to make* inquiries: **La polizia investiga**, the police are making inquiries.
investigativo, *a.* investigative; investigating; detective (*attr.*): **agenzia investigativa**, detective agency. ● **agente i.**, investigator; detective □ **nucleo i.**, detective branch.
investigatóre, A *m.* investigator; detective: **i. privato**, private detective. B *a.* investigating.
investigazióne, *f.* investigation; inquiry; research.
investiménto, *m.* 1 (*fin., mil.*) investment: **un i.** (*di capitale*) **sicuro** (*redditizio*), a sound (a profitable) investment; **i. in ipoteche**, mortgage investment 2 (*d'automobili, ecc.*) collision, crash; (*urto da parte di un veicolo*) running down; (*se il veicolo passa sopra la persona investita*) running over; (*incidente stradale*) road (*o* street) accident: **Morì in un i.**, he died in a road accident. ● (*fin.*) **fare investimenti**, to invest □ **subire un i.** (*automobilistico*), to be run over (by a car).
investire, A *v. t.* 1 (*stor., fin., mil.*) to invest: **i. q. di un feudo**, to invest sb. with a fief (*anche*: to enfeoff sb.); **i. q. di pieni poteri**, to invest sb. with full powers; **i. del denaro in buoni del Tesoro**, to invest money in Treasury bonds 2 (*assalire*) to attack; to assault: **i. le posizioni nemiche**, to attack the enemy positions; **Fummo investiti da ogni parte**, we were attacked on all sides 3 (*con l'automobile, ecc.*) to run* down; (*passando sopra*) to run* over; (*cozzando contro*) to collide with, to run* (*o* to crash) into: **Purtroppo investii un ciclista**, unfortunately I ran down a man on a bicycle; **Fu investita su un passaggio pedonale**, she was run over on a pedestrian crossing; **Un camion investì la nostra macchina all'incrocio**, a lorry ran into our car at the cross-roads 4 (*naut.*: *di navi*) to collide with (*st.*); to foul; to fall* foul of (*st.*). ● (*scherz.*) **i. denaro in un cappellino nuovo**, to invest in a new hat □ **i. q. con domande (con ingiurie)**, to assail sb. with questions (with insults). **investirsi**, B *v. rifl.* to invest oneself (with *st.*). ● (*teatr.*) **i. della parte**, to sink (*o* to lose*) oneself in one's part (*o* one's role) □ **i. delle proprie responsabilità**, to be fully conscious of one's responsibilities. C *v. rifl. recipr.* to collide; to run* into each other (*o* into one another): **Due treni (due navi) s'investirono nella nebbia**, two trains (two ships) collided (*o* ran into each other) in the fog.
investitóre, *m.* 1 person who runs (sb.) down; driver 2 (*fin.*) investor.
investitura, *f.* (*stor.*) investiture.
inveterato, *a.* inveterate. ● **uno scapolo i.**, a confirmed bachelor.
invetriare, *v. t.* to glaze.
invetriata, *f.* (*finestra*) glass window; (*porta a vetri*) glass door.
invetriato, *a.* glazed: **terracotta invetriata**, glazed earthenware.
invetriatura, *f.* glaze; glazing.
invettiva, *f.* invective; diatribe: **le invettive di Dante**, Dante's diatribes.
inviàbile, *a.* dispatchable.
inviare, *v. t.* 1 to dispatch; to forward; to send* ; (*per nave*) to ship: **i. un pacco** (**gli auguri, i ringraziamenti**), to send a parcel (good wishes, many thanks); **Un messaggio personale del Presidente fu inviato immediatamente**, a personal message from the President was dispatched immediately 2 (*denaro*) to remit.
inviato, *m.* 1 (*diplomazia*) envoy: **i. straordinario**, envoy extraordinary 2 (*giornalismo*) correspondent: **un i. speciale**, a special correspondent.
invidia, *f.* envy: **crepare d'i.**, nearly to die of envy; **Il tarlo dell'i. lo rodeva**, envy was eating into his soul; **essere l'i. di tutta la scuola**, to be the envy of the whole school. ● **da fare i.**, enviable: **Il ragazzo aveva una memoria da fare i.**, the boy had an enviable memory □ **fare i. a tutti**, to make everybody envious □ **sentire i. per q.**, to envy sb. □ **Non mi fa i. quella tua casa enorme**, I don't envy you your huge house.
invidiàbile, *a.* enviable.
invidiare, *v. t.* to envy: **i. q.c. a q.**, to envy sb. st.; **Se gli devi parlare oggi, non t'invidio**, I don't envy you, if you've got to speak to him today; **È meglio essere invidiati che compatiti**, better envied than pitied. ● **non avere nulla da i. a**, to be in no way inferior to; to be just as good as: **Il nuovo modello non ha nulla da i. alle migliori marche straniere**, the new model is in no way inferior to the best foreign brands □ **Non ho nulla da i. a nessuno**, I'm just as good as the next man; I'm second to none.
invidióso, A *a.* envious: **essere i. di q.**, to be envious of sb. B *m.* envious person.
invido, *a.* (*lett.*) envious.
invigilare, *v. i.* to see* to; to attend to.
invigliacchire, *v. i.* **invigliacchirsi**, *v. rifl.* to grow* cowardly; to lose* one's nerve. ● **La malattia mi aveva invigliacchito**, illness had made a coward of me.
invigoriménto, *m.* invigoration; bracing.
invigorire, A *v. t.* to invigorate; to brace: **L'aria di montagna invigorisce**, mountain air is bracing. **invigorirsi**, B *v. rifl.* to gain strength.
invilire, A *v. t.* 1 (*avvilire*) to depress; to dishearten 2 (*far perdere stima*) to lower; to debase. B *v. i.* e **invilirsi**, *v. rifl.* 1 to lose* heart 2 (*diminuire di pregio*) to be lowered.
inviluppaménto, *m.* wrapping up; enveloping.
inviluppare, A *v. t.* 1 to wrap up; to envelop: **Lo invilupparono in una coperta**, they wrapped him up in a blanket 2 (*fig.*) to snare; to trap; to inveigle. **invilupparsi**, B *v. rifl.* 1 to wrap oneself up; to envelop oneself 2 (*fig.*) to get* involved (*o* mixed up) (in *st.*).
inviluppo, *m.* 1 wrapper; envelopment 2 (*intrico*) tangle.
invincibile, *a.* invincible; unconquerable.
invincibilità, *f.* invincibility; unconquerableness.
invìo, *m.* 1 dispatch; forwarding; sending 2 (*di merce*) shipment (*specialm. per nave*); consignment; delivery: **Sono sospesi tutti gli invii di armi e munizioni**, all shipments (*o* deliveries) of arms and munitions are suspended; **fare un i.**, to send a consignment 3 (*di denaro*) remittance.
inviolàbile, *a.* inviolable; (*tabù*) taboo (*pred.*): **È mio diritto i.**, it is my inviolable right.
inviolabilità, *f.* inviolability.
inviolato, *a.* inviolate; unprofaned.
inviperire, *v. i.* **inviperirsi**, *v. rifl.* to become* furious; to flare up; to fly* into a temper.
inviperito, *a.* furious.
invischiare, A *v. t.* 1 to catch* with bird-lime; to lime 2 (*fig.*) to entice; to entangle. **invischiarsi**, B *v. rifl.* to get* entangled (*o* involved) (in *st.*).
inviscidire, *v. i.* to become* slimy (*o* viscid).

invisìbile, *a.* invisible. ● (*scherz.*) **Si era fatto i.,** he had vanished into thin air.
invisibilità, *f.* invisibility.
inviso, *a.* unpopular; disliked; hated: **i. a q.,** unpopular with (*o* disliked, hated by) sb.
invitante, *a.* inviting; tempting; attractive.
invitare (1), A *v. t.* **1** to invite; to ask: **i. q. a pranzo** (**a rimanere per la notte**), to invite (*o* to ask) sb. to dinner (to stay the night); **i. q. ad entrare,** to invite sb. in; **L'ho invitato a venire a stare da me,** I asked him to stay with me; **i. q. con (senza) formalità,** to invite sb. formally (informally); **L'ho fatto i. dal comitato (dalla mamma)**, I arranged for the committee (I got mother) to invite him; **Sono invitato dalla signora Veneering,** I'm invited to Mrs Veneering's; **Sono stato invitato dalla signora Veneering,** I was invited by Mrs Veneering **2** (*chiedere cortesemente*) to ask (kindly); to request; to beg: **V'invito a riflettere mentre c'è ancora tempo,** I beg (*o* invite) you to reflect while there is still time; **Fui invitato a esprimere un'opinione,** I was requested to express an opinion; **Lo invitai a dire le sue ragioni,** I asked him to state his reasons; **Fui invitato ad andarmene,** I was kindly asked to leave **3** (*convocare*) to summon; to call; to convoke **4** (*invogliare*) to be conducive; to induce; to look (*o* to sound) inviting; to beckon: **Il caldo invitava alla pigrizia,** the heat was conducive to laziness; **Quel sentierino invitava** (*gli occhi, o a percorrerlo*), the little path looked inviting (*o* was beckoning) **5** (*a carte*) to call; to bid*: **i. a cuori,** to call for hearts. ● (*fig.*) **i. q. a nozze,** not to have to ask sb. twice (to do st.). **invitarsi, B** *v. rifl.* to come* unasked (*o* uninvited); to invite oneself; to be a gate-crasher (*fam.*). **C** *v. rifl. recipr.* to invite each other (*o* one another).
invitare (2), *v. t.* (*avvitare*) to screw up (*o* on, in, down): **i. un coperchio,** to screw a lid on; **i. il coperchio di una cassa,** to screw down the lid of a case.
invitato, *m.* guest.
invitatòrio, *a. e m.* (*relig.*) invitatory.
invitatura, *f.* screwing.
invito, *m.* **1** invitation: **spedire gli inviti,** to send out (*o* off) the invitations; **solo per i.,** by invitation only; **fare un i.,** *V.* **invitare (1) 2** (*richiamo, allettamento*) call; invitation; inducement; (*fascino*) charm: **Non resistetti all'i. della bella neve,** I couldn't resist the call (*o* the charm) of that beautiful snow; **Tutto in quella stanza era un i. a studiare,** everything in that room was an inducement to study **3** (*convocazione*) summons; request to call in. ● (*relig.*) **i. sacro,** church notice □ **biglietto d'i.,** invitation card; card of admission □ **su i.,** at (*o* by) request.
in vitro (*lat.*), *locuz. agg. invar.* (*biol.*) in vitro (outside the living body).
invitto, *a.* (*lett.*) **1** (*non mai vinto*) unconquered; undefeated: **un guerriero i.,** an unconquered warrior **2** (*indomito*) indomitable; unswerving: **invitta lealtà,** unswerving loyalty. ● **con animo i.,** with unabated courage.
invivìbile, *a.* unlivable.
in vivo (*lat.*), *locuz. agg. invar.* (*biol.*) in vivo (in the living body).
invizzire, *v. i.* to wither; to fade.
invocare, *v. t.* **1** to invoke; to call for; to cry out for: **i. il nome di Dio,** to invoke the name of God; **i. aiuto,** to call for help; (*fig.*) **La terra inaridita invoca la pioggia,** the parched earth cries out for rain **2** (*far appello a*) to call upon; to appeal to: **i. la testimonianza di q.,** to call upon sb. to give evidence. ● (*leg.*) **i. un alibi,** to plead an alibi □ (*leg.*) **i. la legge,** to rely on the law.
invocativo, *a.* (*lett.*) invocative; invocatory.
invocatóre, A *m.* invoker. **B** *a.* invoking.
invocatòrio, *a.* invocatory.
invocazióne, *f.* invocation. ● **i. d'aiuto,** call for help.
invogliare, A *v. t.* to make* (sb.) want (to do st.); to induce; to tempt: **Niente potrebbe invogliarmi ad andare al cinema,** nothing would tempt me to go to the cinema. **invogliarsi, B** *v. rifl.* to take* a fancy for (st.).
invogliato, *a.* eager (for); interested (in); attracted (by).
involare, A *v. t.* (*lett.*) to steal*. **involarsi, B** *v. rifl.* to vanish; to fly* away; to take* flight.
involgarire, A *v. t.* to render vulgar. **B** *v. i. e* **involgarirsi,** *v. rifl.* to become* vulgar.
invòlgere, A *v. t.* to wrap up; to envelop. ● **carta da i.,** wrapping-paper. **invòlgersi, B** *v. rifl.* **1** to get* entangled **2** (*fig.*) to get* involved (*o* mixed up) (in st.).
involgiménto, *m.* wrapping up; envelopment.
invòlo, *m.* (*aeron.*) take-off.
involontariaménte, *avv.* unintentionally; involuntarily.
involontàrio, *a.* unintentional; involuntary; accidental: **causa involontaria,** unintentional cause; **un movimento i.,** an involuntary movement.

involtare, A *v. t.* (*fam.*) to wrap up; to envelop. **involtarsi, B** *v. rifl.* (*fam.*) to wrap oneself up.
involtino, *m.* (*cucina*) roulade.
invòlto, *m.* **1** (*fagotto*) bundle; (*pacco*) parcel, package **2** (*involucro*) wrapping(s); wrapper; cover.
invòlucro, *m.* **1** cover(ing); wrapping(s); wrapper; case; (*fodero*) sheath; (*struttura esterna*) shell: **rompere** (*o* **spezzare**) **l'i.,** to tear open the wrappings (*o* the case, envelope) **2** (*bot.*) involucre **3** (*aeron.: di dirigibile*) envelope.
involutivo, *a.* involutional.
involuto, *a.* **1** involved; intricate; complex: **uno stile i.,** an involved style **2** (*bot., zool.*) involute.
involuzióne, *f.* **1** involution (*anche med.*) **2** (*regresso*) regression.
invòlvere, *v. t.* (*lett.*) to involve.
invulneràbile, *a.* invulnerable.
invulnerabilità, *f.* invulnerability.
invulnerato, *a.* unscathed; unhurt; unwounded.
inzaccherare, A *v. t.* to splash (*o* to spatter) with mud. **inzaccherarsi, B** *v. rifl.* to get* splashed (*o* spattered) with mud.
inzavorrare, *v. t.* to load with ballast; to ballast.
inzeppare, A *v. t.* **1** (*mettere una zeppa*) to wedge; to fix with a wedge **2** (*riempire*) to stuff; to cram; to fill to bursting.
inzeppatura, *f.* wedging.
inzolfaménto, *m.* sulphuring.
inzolfare, *v. t.* to fumigate (*o* to spray) with sulphur; to sulphur.
inzolfatóio, *m.* sulphur bellows (*pl.*).
inzolfatura, *f.* sulphuration.
inzotichire, A *v. t.* to make* boorish. **B** *v. i. e* **inzotichirsi,** *v. rifl.* to become* boorish.
inzuccare, A *v. t.* (*fam.: ubriacare*) to make* drunk; to go* to (sb.'s) head. **inzuccarsi, B** *v. rifl.* **1** (*fam.: ubriacarsi*) to get* drunk; to be tipsy **2** (*ostinarsi*) to be obstinate; to get* it into one's head (that).
inzuccherare, *v. t.* **1** to sugar; to sweeten: **Mi hai inzuccherato il tè?,** have you sugared (*o* put sugar into) my tea? **2** (*fig.: lusingare, ecc.*) to flatter; to butter up. ● **i. la pillola,** to gild the pill.
inzuccherata, *f.* sugaring.
inzuppare, A *v. t.* **1** (*infradiciare*) to soak; to drench **2** (*immergere*) to dip; to soak: **i. un biscotto nel caffè,** to dip a biscuit in one's coffee; **i. il pane nel vino,** to soak bread in wine. **inzupparsi, B** *v. rifl.* to get* soaked (*o* drenched, wet through).
inzuppato, *a.* soaked; drenched; wet through: **Piove molto e siamo tutti inzuppati,** it's raining hard and we're all wet through.
io, A *pron. pers. m. e f. 1ª pers. sing.* **1** I: **io sottoscritto,** I the undersigned; **Ci andremo io e lui,** he and I, we're both going; **Non ci andremo né io né lui,** neither of us is going; neither I am going nor is he; **Io, dunque, non ti avevo avvertito?,** oh, so I hadn't warned you?; **Sono qua io,** I am here; **Io per me non ci vedo nessun inconveniente,** personally, I have no objection; **Dunque, dicevo io...,** well, as I was saying...; **So ben io di che si tratta,** I know very well what it's all about; **Io, no!,** not I!; **E io a lui: non ci credo,** I don't believe it, said I **2** (*fam.*) me: «**Chi è?» «Sono io»,** «who is it?» «it's me»; **Chi deve venire, io o Giovanni?,** who's to come, me or John? ● **E io, nulla?,** and what about me?; do I get nothing? □ **Da quel giorno non sono stato più io,** since then I haven't been myself. **B** *m.* ego; (the) self: (*filos.*) **l'io e il non io,** the ego and the non-ego; **L'ometto era gonfio del suo io,** the little man was puffed up with his ego (*o* was full of himself).
iodare, *v. t.* (*med., fotogr.*) to iodize; to iodate.
iodato, *m.* (*chim.*) iodate.
iòdico, *a.* (*chim.*) iodic: **acido i.,** iodic acid.
iòdio, *m.* (*chim.*) iodine.
iodismo, *m.* (*med.*) iodism.
iodofòrmio, *m.* (*chim.*) iodoform.
iodoterapìa, *f.* (*med.*) iodotherapy.
iodurare, *v. t.* to iodinate.
ioduro, *m.* (*chim.*) iodide.
iòga, *m.* (*filos.*) yoga.
iògurt, *m.* yog(h)urt.
ioide, *m.* (*anat.*) hyoid (bone).
ioidèo, *a.* (*anat.*) hyoid; hyoidal; hyoidean.
iòle, *f.* (*naut.*) jolly-boat; yawl.
ióne, *m.* (*fis.*) ion. ● **i. idrogeno,** hydrogen ion.
iònico (1), *a.* (*stor., archit.*) Ionic: **ordine (dialetto) i.,** Ionic order (dialect).
iònico (2), *a.* (*geogr.*) Ionian.
iònico (3), *a.* (*fis., chim.*) ionic.
iònio, *m.* (*geogr.*) (the) Ionian Sea.
ionio, *m.* (*chim.*) ionium.
ionizzante, *a.* (*fis.*) ionizing.
ionizzare, *v. t.* (*fis.*) to ionize.

ionizzazióne, *f.* (*fis.*) ionization.
ionoforèsi, *f.* (*med.*) iontophoresis*.
ionosfèra, *f.* (*scient.*) ionosphere.
ionoterapìa, *f.* (*med.*) iontotherapy.
iòsa, a, *locuz. avv.* galore; in plenty; in great quantity; in abundance: **Erano arrivati i rifornimenti e ora c'era whisky a i.**, supplies had arrived and now there was whisky galore.
iòta, *m. e f.* (*nona lettera dell'alfabeto greco*) iota: (*fig.*) **Non m'importa un i.**, I don't care an iota.
iotacismo, *m.* (*filol.*) iotacism.
ipàllage, *f.* (*retor.*) hypallage.
ipecacuana, *f.* (*bot.*, *Cephaëlis ipecacuanha*; *med.*) ipecacuanha.
iperacidità, *V.* **ipercloridrìa**.
iperacusìa, *f.* (*med.*) hyperac(o)usia; hyperac(o)usis.
iperalgesìa, *f.* (*med.*) hyperalgesia; hyperalgesis.
iperalimentazióne, *f.* (*med.*) hyperalimentation; hypernutrition; supernutrition.
iperazotemìa, *f.* (*med.*) hyperazotemia.
ipèrbato, *m.* (*linguistica*) hyperbaton*.
ipèrbole, *f.* **1** (*retor.*) hyperbole **2** (*mat.*) hyperbola* **3** (*esagerazione*) exaggeration.
iperboleggiare, *v. i.* to hyperbolize.
iperbòlico, *a.* **1** (*retor.*, *mat.*) hyperbolic(al) **2** (*esagerato*) exaggerated.
iperbòreo, *a.* (*lett.*) hyperborean.
ipercalòrico, *a.* hypercaloric; high-calory (*attr.*).
ipercloridrìa, *f.* (*med.*) hyperchlorhydria; hyperacidity.
ipercorrètto, *a.* hypercorrect.
ipercorrezióne, *f.* hypercorrection.
ipercrìtica, *f.* **ipercriticìsmo**, *m.* hypercriticism.
ipercrìtico, **A** *a.* hypercritical. **B** *m.* hypercritic.
iperdulìa, *f.* (*relig.*) hyperdulia.
ipereccitàbile, *a.* hyperexcitable; overexcitable.
ipereccitabilità, *f.* hyperexcitability; overexcitability.
iperemèsi, *f.* (*med.*) hyperemesis.
iperemìa, *f.* (*med.*) hyper(a)emia.
iperèmico, *a.* (*med.*) hyperemic.
iperestesìa, *f.* (*med.*) hyper(a)esthesia.
iperfocale, *a.* (*ottica*) hyperfocal.
iperglicemìa, *f.* (*med.*) hyperglyc(a)emia.
iperglicemizzante, *a.* (*med.*) hyperglycemic.
iperglobulìa, *f.* (*med.*) hyperglobulia.
ipergòlo, *m.* hypergolic fuel.
iperidròsi, *f.* (*med.*) hyper(h)idrosis.
iperinflazióne, *f.* (*econ.*) hyperinflation.
Iperióne, *m.* (*mitol.*) Hyperion.
ipermercato, *m.* hypermarket.
ipermetrìa, *f.* (*poesia*) hypermetry.
ipèrmetro, *a.* (*poesia*) hypermetric(al).
ipermètrope, (*med.*) **A** *a.* hypermetropic. **B** *m. e f.* hypermetrope.
ipermetropìa, *f.* (*med.*) hypermetropia.
ipernutrizióne, *f.* (*med.*) hypernutrition; overnutrition; supernutrition.
iperóne, *m.* (*fis.*) hyperon.
iperossiemìa, *f.* (*med.*) hyperoxemia.
iperpiressìa, *f.* (*med.*) hyperpyrexia.
iperplasìa, *f.* (*med.*, *biol.*) hyperplasia.
ipersecrezióne, *f.* (*fisiologia*) hypersecretion.
ipersensìbile, *a.* hypersensitive.
ipersensibilità, *f.* hypersensitivity; hypersensitiveness.
ipersònico, *a.* (*aeron.*) hypersonic; supersonic.
ipersostentatóre, *m.* (*aeron.*) (wing) flap.
iperspàzio, *m.* (*mat.*) hyperspace.
ipersurrenalìsmo, *m.* (*med.*) hyperadrenalism.
ipertensióne, *f.* (*med.*) hypertension; high blood pressure.
ipertensivo, *m.* (*farm.*) hypertensive drug.
ipertermìa, *f.* (*med.*) hyperthermia.
ipertèso, *a. e m.* (*med.*) hypertensive.
ipertiroidèo, *a. e m.* (*med.*) hyperthyroid.
ipertiroidìsmo, *m.* (*med.*) hyperthyroidism.
ipertonìa, *f.* (*med.*) hypertonia; hypertonicity.
ipertòssico, *a.* (*med.*) hypertoxic.
ipertricòsi, *f.* (*med.*) hypertrichosis*.
ipertrofìa, *f.* (*med.*, *biol.*) hypertrophy.
ipertròfico, *a.* (*med.*, *biol.*) hypertrophic.
iperuricemìa, *f.* (*med.*) hyperuricemia.
ipervelocità, *f.* (*fis.*) hypervelocity.
ipervitamìnico, *a.* vitamin-rich.
ipervitaminòsi, *f.* (*med.*) hypervitaminosis*.
ipnagògico, *a.* hypnogogic, hypnagogic.
ipnologìa, *f.* hypnology.
ipnopedìa, *f.* hypnop(a)edia; sleep-learning; sleep-teaching.
ipnòsi, *f.* hypnosis*.
ipnoterapìa, *f.* (*psic.*) hypnotherapy.
ipnòtico, *a. e m.* hypnotic.
ipnotìsmo, *m.* (*anche med.*) hypnotism.
ipnotizzare, *v. t.* to hypnotize.
ipnotizzatóre, *m.* hypnotist.
ipoacusìa, *f.* (*med.*) hypoac(o)usia.
ipoalimentazióne, *f.* (*med.*) hypoalimentation.
ipoazotìde, *f.* (*chim.*) nitrogen tetroxide.
ipoblasto, *m.* (*biol.*) hypoblast.
ipocalòrico, *a.* hypocaloric; low-calory (*attr.*).
ipocàusto, *m.* (*archeol.*) hypocaust.
ipocèntro, *m.* (*geol.*) focus.
ipociclòide, *m.* (*mat.*) hypocycloid.
ipocloridrìa, *f.* (*med.*) hypochlorhydria.
ipoclorito, *m.* (*chim.*) hypochlorite.
ipoclorόso, *a.* (*chim.*) hypochlorous.
ipocondrìa, *f.* (*psic.*) hypochondria; hypochondriasis*.
ipocondrìaco, *a. e m.* (*psic.*) hypochondriac.
ipocòndrio, *m.* (*anat.*) hypochondriac; hypochondrial.
ipocrisìa, *f.* hypocrisy; cant: **la maschera dell'i.**, the mask of hypocrisy.
ipòcrita, **A** *a.* hypocritical. **B** *m. e f.* hypocrite.
ipodèrma, *m.* (*anat.*) hypoderma.
ipodèrmico, *a.* hypodermic: (*med.*) **un'iniezione ipodermica**, a hypodermic injection.
ipodermoclìsi, *f.* (*med.*) hypodermoclysis*.
ipofisàrio, *a.* (*anat.*) hypophysial, hypophyseal.
ipòfisi, *f.* (*anat.*) hypophysis*.
ipofosfato, *m.* (*chim.*) hypophosphate.
ipofosfito, *m.* (*chim.*) hypophosphite.
ipofosfòrico, *a.* (*chim.*) hypophosphoric.
ipofosforóso, *a.* (*chim.*) hypophosphorous.
ipogàstrico, *a.* (*anat.*) hypogastric.
ipogàstrio, *m.* (*anat.*) hypogastrium*.
ipogèo, **A** *a.* (*biol.*) hypogeous; hypogean. **B** *m.* (*archeol.*) hypogeum*.
ipoglicemìa, *f.* (*med.*) hypoglyc(a)emia.
ipoglicèmico, *a.* (*med.*) hypoglycemic.
ipoglobulìa, *f.* (*med.*) hypoglobulia.
ipoglòsso, *a. e m.* (*anat.*) hypoglossal.
ipoglòttide, *f.* (*anat.*) hypoglottis.
ipomèa, *f.* (*bot.*, *Ipomoea*) ipomoea.
ipometropìa, *f.* (*med.*) hypometropia.
iponutrizióne, *f.* hyponutrition.
ipoplasìa, *f.* (*med.*) hypoplasia.
iposcòpio, *m.* (*mil.*) hyposcope.
iposecrezióne, *f.* (*med.*) hyposecretion.
iposolfito, *m.* (*chim.*) hyposulphite.
iposolforόso, *a.* (*chim.*) hyposulphurous.
ipospadìa, *f.* (*med.*) hypospadias*.
ipossiemìa, *f.* (*med.*) hypoxia.
ipòstasi, *f.* hypostasis*.
ipostàtico, *a.* hypostatic.
ipòstilo, *a.* (*archit.*) hypostyle.
iposurrenalìsmo, *m.* (*med.*) hypoadrenia.
ipotàlamo, *m.* (*anat.*) hypothalamus*.
ipotassi, *f.* (*gramm.*) hypotaxis.
ipotàttico, *a.* (*gramm.*) hypotactic.
ipotèca, *f.* (*leg.*) mortgage: **estinguere un'i.**, to redeem a mortgage; **accendere un'i.**, to raise a mortgage; **garantito da un i.**, secured by a mortgage; **i. di primo grado**, first mortgage. ● (*fig.*) **mettere un'i. su q.c.**, to lay a claim to st. □ **La proprietà è gravata da ipoteche**, the property is heavily mortgaged.
ipotecàbile, *a.* mortgageable.
ipotecare, *v. t.* to mortgage.
ipotecàrio, *a.* (*leg.*) mortgage (*attr.*): **certificato i.**, mortgage deed; **debito i.**, mortgage debt. ● **creditore i.**, mortgagee □ **debitore i.**, mortgagor.
ipotènar, *a.* (*anat.*) hypothenar; hypothenal.
ipotensióne, *f.* (*med.*) hypotension; low blood pressure.
ipotensivo, *m.* (*farm.*) hypotensive drug.
ipotenùsa, *f.* (*mat.*) hypotenuse.
ipotermìa, *f.* (*med.*) hypothermy.
ipòtesi, *f.* **1** (*filos.*, *mat.*) hypothesis* **2** (*supposizione*) surmise; conjecture; supposition; assumption; explanation; (*eventualità*) possibility: **Le i. sono due**, there are two possibilities; **È un'i. ragionevole**, that's a reasonable assumption; **L'i. mi sembra poco probabile**, it doesn't seem to me a likely explanation. ● **nella migliore delle i.**, at the best □ **nella peggiore delle i.**, if the worst comes to the worst □ **Ammettiamo per i.**, let's suppose that...; supposing that...
ipotèso, *a. e m.* (*med.*) hypotensive.
ipoteticaménte, *avv.* hypothetically.

ipotètico, *a.* hypothetical.
ipotipòsi, *f.* (*retor.*) hypotyposis*.
ipotiroidèo, *a. e m.* (*med.*) hypothyroid.
ipotiroidismo, *m.* (*med.*) hypothyroidism.
ipotizzare, *v. t.* to suppose; to assume; to hypothesize.
ipotonìa, *f.* (*med.*) hypotonia; hypotonicity.
ipotònico, *a.* (*med.*) hypotonic.
ipotrofìa, *f.* (*med., bot.*) hypotrophy.
ipotròfico, *a.* (*bot., med.*) hypotrophic.
ipovitaminòsi, *f.* (*med.*) hypovitaminosis*.
ippica, *f.* horse-racing. ● (*scherz.*) **Datti all'i.!**, take up knitting!
ippico, *a.* horse (*attr.*): **concorso i.**, horse show.
ippocampo, *m.* (*zool., Hippocampus*) hippocampus*; sea-horse.
ippocastano, *m.* (*bot., Aesculus hippocastanum*) horse-chestnut.
Ippòcrate, *m.* (*stor. med.*) Hippocrates.
ippocràtico, *a.* Hippocratic(al).
ippocrène, *f.* (*mitol.*) Hippocrene.
ippòdromo, *m.* **1** race-course **2** (*archeol.*) hippodrome.
ippoglòsso, *m.* (*zool., Hippoglossus hippoglossus*) halibut*; butt.
ippogrifo, *m.* (*mitol.*) hippogriff, hippogryph.
Ippòlita, *f.* Hippolyta.
Ippòlito, *m.* Hippolytus.
ippologìa, *f.* hippology.
ippopòtamo, *m.* (*zool., Hippopotamus amphibius*) hippopotamus*.
ippotrago, *m.* (*zool., Hippotragus equinus*) roan antelope.
ippotrainato, *a.* (*mil.*) horse-drawn.
iprite, *f.* (*chim.*) mustard-gas; yperite.
ipsilon, *m. e f.* **1** (*lettera*) the letter y **2** (*ventesima lettera dell'alfabeto greco*) upsilon.
ipsòfono, *m.* (*tel.*) automatic answering service.
ipsometrìa, *f.* (*geofisica*) hypsometry.
ipsomètrico, *a.* hypsometric(al).
ipsòmetro, *m.* hypsometer.
ira, *f.* anger; wrath; rage; fury: **L'i. lo accecava**, anger (*o* wrath) blinded him; **ardere d'i.**, to burn with anger; **fremere d'i.**, to tremble with rage; **suscitare l'i. di q.**, to arouse sb.'s anger; **l'i. del vento (delle onde)**, the fury of the wind (of the waves); **placare l'i. di q.**, to assuage sb.'s wrath (*o* anger); **frenare la propria i.**, to curb one's wrath; **covare la propria i.**, to nurse one's anger; **La mia i. era sopita**, my wrath lay dormant. ● (*Bibbia*) **l'i. di Dio**, the wrath of God □ (*fig.*) **dire un'i. di Dio di q.**, to run sb. down □ (*fig.*) **essere un'i. di Dio**, to be a pest □ **sguardo d'i.**, angry (*o* baleful) look □ (*fig.*) **Se arrivi in ritardo, sarà un'i. di Dio**, if you're late, there'll be the devil to pay.
irace, *m.* (*zool., Hyrax*) rock-rabbit; hyrax*.
irachèno, *a. e m.* Iraqi, Iraki.
iracòndia, *f.* (*lett.*) wrath; ire.
iracòndo, *a.* wrathful; choleric; quick-tempered.
Iran, *m.* (*geogr.*) Iran; Persia.
iraniàno, *a. e m.* Iranian.
irànico, *a. e m.* Iranian.
iranista, *m. e f.* specialist in Iranian studies.
iranìstica, *f.* Iranian (*o* Persian) studies (*pl.*).
Iraq, *m.* (*geogr.*) Iraq.
irascìbile, *a.* irascible; irritable; quick-tempered; cantankerous.
irascibilità, *f.* irascibility; irritability; cantankerousness.
irato, *a.* irate; enraged; angry.
irbis, *m.* (*zool., Panthera uncia*) ounce; snow-leopard; mountain-panther.
ire, (*poet.*) *V.* andare.
irènico, *a.* (*anche relig.*) irenical.
irenismo, *m.* (*relig.*) irenics.
irenista, *m. e f.* **1** (*relig.*) proponent of irenic theology **2** (*pacifista*) irenicist; pacifist.
ìreos, *m.* (*bot., Iris*) iris*.
iridàcee, *f. pl.* (*bot., Iridaceae*) Iridaceae; (the) iris family.
iridare, *v. t.* to colour with the colours of the rainbow; to iridize; to iris.
iridato, *a.* rainbow-coloured; iridescent; irised. ● (*sport*) **campione i.**, world cycling champion.
iridazióne, *f.* iridization; irisation.
Iride, *f.* Iris.
ìride, *f.* **1** (*anat.*) iris* **2** (*bot., Iris*) iris* **3** (*arcobaleno*) rainbow: **i colori dell'i.**, the colours of the rainbow.
iridectomìa, *f.* (*med.*) iridectomy.
iridèo, *a.* (*anat.*) iridic; iridian; iridial.
iridescènte, *a.* iridescent.
iridescènza, *f.* **1** iridescence **2** (*fotogr.*) fringe.
irìdio, *m.* (*chim.*) iridium.
iridòsmina, *f.* (*miner.*) iridosmine.
ìris, *f.* (*bot., Iris*) iris*.
irìte, *f.* (*med.*) iritis.
Irlanda, *f.* (*geogr.*) Ireland; (*polit.*) Eire.

irlandése, **A** *a.* Irish. **B** *m.* **1** Irishman* **2** (*la lingua*) Irish. **C** *f.* Irishwoman*.
ironeggiare, *V.* ironizzare.
ironìa, *f.* irony. ● **fare dell'i.**, to speak (*o* to write) ironically.
ironicaménte, *avv.* ironically.
irònico, *a.* ironic(al).
ironista, *m. e f.* ironist.
ironizzare, **A** *v. t.* to be ironical about; to ironize; to mock. **B** *v. i.* to be ironical; to speak* ironically.
irosaménte, *avv.* angrily; wrathfully; irately (*lett.*).
iróso, *a.* prone to anger; wrathful.
irradiaménto, *m.* radiation; irradiation (*solo fis.*).
irradiare, **A** *v. t.* to irradiate (*anche fis., med.*); to radiate: **i. felicità**, to irradiate happiness. **B** *v. i. e* **irradiarsi**, *v. rifl.* to radiate: **I viali s'irradiano dalla piazza**, the boulevards radiate from the square.
irradiazióne, *f.* irradiation (*anche fis., med.*); radiation.
irraggiaménto, *m.* radiation.
irraggiare, *V.* irradiare.
irraggiungìbile, *a.* unattainable.
irraggiungibilità, *f.* unattainableness.
irragionévole, *a.* unreasonable; irrational; unreasoning: **Non è i. concludere che l'autore è lui**, it is not unreasonable to conclude that he is the author; **dimostrarsi i.**, to show oneself unreasonable; **un'opinione i.**, an unreasonable opinion; **un impulso i.**, an irrational impulse; **una rabbia cieca, i.**, a blind unreasoning rage.
irragionevolézza, *f.* unreasonableness; irrationality.
irrancidiménto, *m.* growing rancid.
irrancidire, *v. i.* to grow* rancid.
irrappresentàbile, *a.* (*di spettacolo*) unsuitable for the stage; (*alla fantasia, ecc.*) unimaginable.
irrazionale, *a. e m.* irrational.
irrazionalismo, *m.* (*filos.*) irrationalism.
irrazionalista, *m. e f.* (*filos.*) irrationalist.
irrazionalìstico, *a.* (*filos.*) irrationalist (*attr.*); irrationalistic.
irrazionalità, *f.* irrationality.
irreale, *a.* unreal; (*come visto in sogno*) dream-like. ● **paesaggio i.**, dreamscape.
irrealizzàbile, *a.* unattainable; impracticable; unrealizable: **L'accordo fra le due parti sembra i.**, agreement between the two sides seems unattainable; **un progetto i.**, an impracticable scheme.
irrealizzabilità, *f.* impracticability; impracticableness.
irrealizzato, *a.* unrealized; unaccomplished.
irrealtà, *f.* unreality.
irreconciliàbile, *a.* irreconcilable.
irreconciliabilità, *f.* irreconcilability.
irrecuperàbile, *a.* irrecoverable; irretrievable.
irrecuperabilità, *f.* irrecoverableness; irretrievability.
irrecusàbile, *a.* irrecusable; irrefutable.
irredentismo, *m.* (*polit.*) irredentism.
irredentista, *m. e f.* (*polit.*) irredentist.
irredentìstico, *a.* irredentist (*attr.*).
irredènto, *a.* unredeemed.
irredimìbile, *a.* (*anche fin.*) irredeemable; unredeemable.
irredimibilità, *f.* (*anche fin.*) irredeemability; irredeemableness.
irrefrenàbile, *a.* uncontrollable: **un impulso i.**, an uncontrollable impulse; **riso i.**, uncontrollable laughter.
irrefrenabilità, *f.* uncontrollableness.
irrefutàbile, *a.* irrefutable; indisputable.
irrefutabilità, *f.* irrefutability; indisputability; indisputableness.
irreggimentare, *v. t.* (*mil.*) to regiment (*anche fig.*).
irregolare, **A** *a.* **1** irregular: (*gramm.*) **un verbo i.**, an irregular verb; (*med.*) **un polso i.**, an irregular pulse; **tratti irregolari**, irregular features **2** (*ineguale*) uneven: **respiro i.**, uneven breathing; **La stagione è stata molto i.**, the weather has been very uneven **3** (*non conforme alle regole*) irregular; incorrect; against the rules:. **La concessione è del tutto i.**, the concession is highly irregular **4** (*di movimento e, anche fig., di stile*) jerky **5** (*leg.: illegale*) illegal; unlawful **6** (*sport*) foul. ● (*sport*) **azione i.**, foul □ **milizie irregolari**, irregulars; irregular troops. **B** *m. pl.* (*mil.*) irregulars.
irregolarità, *f.* **1** irregularity **2** (*del terreno, ecc.*) unevenness **3** (*non conformità alle regole*) irregularity; incorrectness **4** (*leg.: illegalità*) illegality; unlawfulness **5** (*sport*) foul; fouling; breach of rules.
irreligióne, *f.* irreligion.
irreligiosità, *f.* irreligiousness; irreligiosity.
irreligióso, *a.* irreligious.
irremissìbile, *a.* irremissible.
irremissibilità, *f.* irremissibility; irremissibleness.
irremovìbile, *a.* **1** inflexible; unshakable **2** (*pervicace*) stubborn; obstinate.

irremovibilità, *f.* **1** inflexibility; unshakableness **2** (*pervicacia*) stubbornness; obstinacy.
irreparàbile, *a.* irreparable; irretrievable.
irreparabilità, *f.* irreparability; irretrievability.
irreperìbile, *a.* nowhere to be found. ● **rendersi i.,** to make oneself scarce (*fam.*).
irreperibilità, *f.* impossibility to find (sb., st.).
irreprensìbile, *a.* faultless; irreproachable.
irreprensibilità, *f.* faultlessness; irreproachability.
irreprimìbile, *a.* irrepressible.
irrequietézza, *f.* restlessness; uneasiness; fidgetiness.
irrequièto, *a.* restless; uneasy; fidgety; fretful: **quel tuo camminare i. in su e in giù,** your restless walking up and down; **sonno i.,** uneasy sleep; **un carattere i.,** a restless nature. ● **Sempre i.! Stai un po' fermo,** always fidgeting! keep still for a bit!
irrequietùdine, *f.* restlessness.
irresistìbile, *a.* irresistible.
irresistibilità, *f.* irresistibility; irresistibleness.
irresolùbile, *a.* insoluble (*anche fig.*).
irresolubilità, *f.* insolubility (*anche fig.*).
irresolutézza, *f.* irresoluteness; irresolution; indecision.
irresolùto, *a.* **1** (*di persona*) irresolute; undecided **2** (*lett.*: *non risolto*) unsolved.
irresoluzióne, *f.* irresolution; indecision.
irrespiràbile, *a.* **1** unbreathable; irrespirable; (*che sa di rinchiuso*) stuffy; (*afoso*) sultry, close **2** (*fig.*) oppressive; stifling.
irresponsàbile, *a.* irresponsible.
irresponsabilità, *f.* irresponsibility.
irrestringìbile, *a.* unshrinkable.
irretìre, *v. t.* to snare; to ensnare; to trap, to entrap; to inveigle.
irretroattività, *f.* (*leg.*) non-retroactivity.
irretroattìvo, *a.* (*leg.*) non-retroactive.
irreverènte, e *deriv. V.* **irriverènte,** e *deriv.*
irreversìbile, *a.* irreversible.
irreversibilità, *f.* irreversibility.
irrevocàbile, *a.* irrevocable: **un giudizio i.,** an irrevocable judgment.
irrevocabilità, *f.* irrevocability.
irrevocàto, *a.* unrevoked.
irricevìbile, *a.* (*leg.*) unreceivable.
irriconoscìbile, *a.* unrecognizable.
irrìdere, *v. t.* (*lett.*) to deride; to mock.
irriducìbile, *a.* irreducible (*anche mat., med.*); unshakable.
irriducibilità, *f.* irreducibility (*anche mat., med.*); unshakableness.
irriferìbile, *a.* unrepeatable.
irriflessióne, *f.* thoughtlessness.
irriflessìvo, *a.* thoughtless; unreflecting.
irrigàbile, *a.* irrigable.
irrigare, *v. t.* **1** (*artificialmente*) to irrigate; to water **2** (*di un fiume, ecc.*) to water (*quasi sempre al passivo*); to drain; to flow through: **Il Magra irriga la Lunigiana,** Lunigiana is watered by the Magra; **Il Nilo irriga una vasta zona dell'Africa nord--orientale,** the Nile drains a vast area in North-East Africa **3** (*med.*) to irrigate. ● **irrigato di sangue,** bathed in blood.
irrigatóre, A *a.* irrigational; irrigation (*attr.*). B *m.* irrigator (*anche med.*).
irrigatòrio, *a.* irrigational; irrigation (*attr.*); irrigative.
irrigazióne, *f.* **1** irrigation (*anche med.*): **canale d'i.,** irrigation canal **2** (*di fiumi, ecc.*) draining; watering. ● **i. a pioggia,** sprinkling.
irrigidiménto, *m.* **1** stiffening; (*di cadavere*) «rigor mortis» **2** (*di clima*) increasing cold **3** (*fig.*: *inflessibilità*) inflexibility; (*ostinazione*) persistence, obstinacy.
irrigidìre, A *v. t.* to make* (more) rigid; to make* stiff; to stiffen. **irrigidirsi,** B *v. rifl.* **1** to become* rigid (*o* stiff); to stiffen: **i. per il freddo,** to become stiff from the cold; **S'irrigidì sull'attenti,** he stiffened at attention **2** (*di clima*) to become* (*o* to turn) colder **3** (*fig.*: *diventare inflessibile*) to become* inflexible (*o* hard); (*ostinarsi*) to stick* obstinately (to), to be stubborn (about).
irriguardóso, *a.* disrespectful; irreverent.
irrìguo, *a.* **1** (*irrigato*) (well-)watered; (well-)irrigated **2** (*che irriga*) irrigation (*attr.*).
irrilevante, *a.* insignificant; unimportant; trifling.
irrilevanza, *f.* insignificance.
irrimediàbile, *a.* irremediable; irreparable; irretrievable.
irrimediabilità, *f.* irrimediableness; irreparability; irreparableness.
irrinunciàbile, *a.* that cannot be given up (*o* renounced, resigned).
irripetìbile, *a.* unrepeatable.
irripetibilità, *f.* **1** quality of st. unrepeatable **2** (*unicità*) uniqueness.

irriproducìbile, *a.* irreproducible.
irriprovévole, *a.* irreproachable.
irrisióne, *f.* derision; mockery.
irrìso, *a.* derided; mocked.
irrisòlto, *a.* unsolved.
irrisòrio, *a.* **1** derisory; derisive **2** (*insignificante*) ridiculous; trifling; trivial. ● **prezzo i.,** ridiculously low price.
irrispettóso, *a.* disrespectful.
irritàbile, *a.* irritable (*anche med.*); peevish.
irritabilità, *f.* irritability (*anche med.*); peevishness.
irritante, *a.* irritating (*anche med.*); annoying; vexatious; provoking.
irritare, A *v. t.* to irritate (*anche med.*); to vex; to provoke. ● **i. i nervi a q.,** to get on sb.'s nerves. **irritarsi,** B *v. rifl.* to become* irritated (*anche med.*); to get* annoyed (*o* angry).
irritativo, *a.* (*med.*) irritative.
irritàto, *a.* irritated (*anche med.*); vexed; annoyed. ● **avere la gola irritata,** to have a sore throat.
irritazióne, *f.* irritation (*anche med.*); vexation; annoyance.
ìrrito, *a.* (*leg.*) void; null and void; of no effect.
irrituale, *a.* (*leg.*) amicable: **una transazione i.,** an amicable composition.
irriverènte, *a.* irreverent; disrespectful.
irriverènza, *f.* irreverence; disrespect.
irrobustìre, A *v. t.* to strengthen. **irrobustirsi,** B *v. rifl.* to grow* stronger.
irrogare, *v. t.* (*leg.*) to inflict; to impose.
irrogazióne, *f.* (*leg.*) imposition; infliction.
irrompente, *a.* impetuous; bursting (forth).
irrómpere, *v. i.* **1** to storm, to burst*, to break* (into); (*fig.*) to break* (out): **i. nella chiesa,** to burst into the church; **L'iniquità irrompe ovunque,** iniquity is breaking out everywhere; **La folla irruppe nel castello,** the mob stormed into the castle; **I ragazzi irruppero nella stanza,** the children burst into the room **2** (*riversarsi impetuosamente*) to pour, to flood (into): **Gli invasori irruppero nella valle,** the invaders poured into the valley; **Abbattuto l'argine, l'acqua irruppe nei campi,** the dyke was overthrown and water poured into the fields.
irrorare, *v. t.* **1** to bedew; to sprinkle **2** (*agric.*) to spray. ● **La rugiada irrorava le foglie del sicomoro,** the dew lay on the leaves of the sycamore.
irroratóre, *m.* **irroratrìce,** *f.* (*agric.*) sprayer.
irrorazióne, *f.* **1** sprinkling **2** (*agric.*) spraying.
irruènte, *a.* vehement; impetuous.
irruènza, *f.* vehemence; impetuousness.
irrugginìre, *v. i.* **irrugginirsi,** *v. rifl.* to grow* rusty; to rust.
irruvidìre, *v. t. e i.* **irruvidirsi,** *v. rifl.* to roughen.
irruzióne, *f.* inroad; raid; bust (*fam., specialm. della polizia*): **fare i.,** to make an irruption; (*della polizia*) to bust (*fam.*).
irsùto, *a.* hairy; shaggy; hirsute.
ìrto, *a.* **1** (*ispido*) bristly; shaggy **2** (*che presenta molte sporgenze acuminate*) bristling; spiked: **Lo stretto è i. di scogli,** the straits are spiked with jagged rocks **3** (*fig.*) bristling; fraught: **un passo i. di citazioni,** a passage bristling with quotations.
isabèlla (1), *a. e m.* (*color i.*) Isabella, Isabel; light buff.
isabèlla (2), *f.* (*bot., Vitis labrusca*) Isabella; fox grape.
Isabèlla, *f.* Isabel, Isabella; (*dim.*) Bel, Bella.
isabellino, *a.* isabelline.
Isacco, *m.* Isaac; (*dim.*) Ike.
isagòge, *f.* (*lett.*) isagoge.
isagògico, *a.* (*lett.*) isagogic.
Isaìa, *m.* (*Bibbia*) Isaiah.
isallòbara, *f.* (*geogr.*) isallobar.
isallotèrma, *f.* (*geogr.*) isallotherm.
isba, *f.* isba, izba.
Iscariòta, *m.* (*fig.: traditore*) Iscariot.
ischeletrìre, A *v. t.* to reduce to a skeleton. B *v. i.* e **ischeletrirsi,** *v. rifl.* to be reduced to a skeleton.
ischemìa, *f.* (*med.*) isch(a)emia.
ischèmico, *a.* (*med.*) isch(a)emic.
ischialgìa, *f.* (*med.*) ischialgia; sciatica.
ischiàtico, *a.* (*anat.*) ischiatic; ischial.
ischio, *m.* (*anat.*) ischium*.
iscritto (1), A *m.* **1** (*abbonato*) subscriber **2** (*a una gara, a un concorso*) competitor; entrant **3** (*a un partito, ecc.*) member: **un i. al partito repubblicano,** a Republican party member; a member of the Republican party **4** (*a un club, ecc.*) card member. B *a.* **1** enrolled **2** (*registrato*) registered **3** (*geom.*) inscribed.
iscritto (2), *p. p.* ― **per i.,** in writing; in black and white (*fam.*): **mettere q.c. per i.,** to put st. (down) in writing.
iscrìvere, A *v. t.* **1** (*q.*) to enrol(l); to enter; to put* (sb.'s) name down (for): **i. q. a un circolo,** to enrol sb. as a member of a club; **i. q. a una gara (a un concorso, a un esame),** to enter sb. for a competition (for a competitive examination, an exam)

2 (*q.c.*) to enter; to register; to record; to set* down: **i. un nome in un elenco**, to enter a name on a list; **i. un'impresa negli annali**, to record a deed in the annals **3** (*incidere*) to inscribe; to engrave: **i. un nome su una lapide**, to inscribe a name on a tombstone **4** (*geom.*) to inscribe. **iscriversi, B** *v. rifl.* to enrol(l) oneself; to enter (st.); to enter one's name (for st.); to join (st.); to put* one's name (*o* oneself) down (for st.): **i. a un corso di lezioni**, to enroll (oneself) for a course of lessons; **i. a una scuola (a un circolo)**, to enter a school (a club); **Voglio iscrivermi alla gara di salto in lungo**, I want to enter my name for the broad jump; **i. a un partito**, to join a (political) party. ● **i. all'università**, to matriculate.

iscrizióne, *f.* **1** (*a un corso, ecc.*) enrol(l)ment; (*a un esame, a un concorso, a una gara*) entrance, entry; (*registrazione*) registration: **certificato d'i.**, certificate of enrolment (*o* of registration); **i. anagrafica**, registration (*o* entry) of a birth (*o* a death); (*leg.*) **i. di una causa a ruolo**, entry of a suit in the list of cases; (*leg.*) **i. ipotecaria**, registration of a mortgage; (*sport*) **Ci sono solo dieci iscrizioni a questa corsa**, there are only ten entries for this race **2** (*su una lapide, un monumento, ecc.*) inscription: **un'i. latina**, a Latin inscription **3** (*all'università*) matriculation. ● **chiedere l'i.**, (*a un corso, ecc.*) to apply for admission; (*a un circolo, ecc.*) to apply for membership; (*a una gara, ecc.*) to ask (*o* to apply) to be entered; (*generico, bur.*) to submit an application □ **domanda d'i.**, application for admission (*o* for membership, etc.) □ **fare l'i.**, (*per altri*) *V.* **iscrivere**; (*per sé*) *V.* **iscriversi** □ **modulo (per la domanda) d'i.**, application form □ **tassa d'i.**, (*a un corso, ecc.*) admission fee; (*a un circolo, ecc.*) membership fee; (*a una gara, ecc.*) entrance fee; (*all'università*) matriculation fee.

iscùria, *f.* (*med.*) ischuria; retention of urine.
isìaco, *a.* (*mitol.*) of Isis; Isiac(al).
Ìside, *f.* (*mitol.*) Isis.
Isidòro, *m.* Isidor(e).
islam, *V.* **islamìsmo**.
islàmico, **A** *a.* Islamic. **B** *m.* Muslim; Mohammedan; Moslem.
islamìsmo, *m.* (*stor., relig.*) Islamism.
islamìta, *m.* e *f.* Islamite.
islamìtico, *a.* Islamitic.
islamizzare, *v. t.* to Islamize.
islamizzazióne, *f.* Islamization.
Islanda, *f.* (*geogr.*) Iceland.
islandése, **A** *a.* Icelandic. **B** *m.* e *f.* Icelander.
Ismaèle, *m.* (*Bibbia*) Ishmael.
ismaeliano, **ismaelita**, *a., m.* e *f.* Ismaelite.
ismailìsmo, *m.* (*relig.*) Ismailism.
ismailìta, *m.* e *f.* (*relig.*) Ismaili; Ismailian; Ismailite.
isoalìna, *f.* (*geogr.*) isohaline.
isòbara, *f.* (*geogr.*) isobar.
isobàrico, *a.* (*geogr.*) isobaric: **una carta isobarica**, an isobaric chart.
isòbaro, *a.* (*chim.*) isobaric: **atomi isobari**, isobars.
isòbata, *f.* (*geogr.*) isobath.
isòclina, *f.* (*geogr.*) isoclinal (line); isoclinic (line).
isoclinale, *a.* (*geogr.*) isoclinal.
isocromàtico, *a.* (*fis.*) isochromatic.
isocronìsmo, *m.* (*fis.*) isochronism.
isòcrono, *a.* (*fis.*) isochronous; isochronal.
isodinàmica, *f.* (*geogr.*) isodynamic line.
isodinàmico, *a.* (*fis.*) isodynamic.
isoelèttrico, *a.* (*fis.*) isoelectric.
isogamète, *m.* (*biol.*) isogamete.
isogamìa, *f.* (*biol.*) isogamy.
isògamo, *a.* (*biol.*) isogamous.
isògona, *f.* (*geogr.*) isogonic (line).
isogònico, **isògono**, *a.* **1** (*geom.*) isogonal **2** (*geogr.*) isogonic.
isoièta, *f.* (*geogr.*) isohyet.
isoìpsa, *f.* (*geogr.*) contour line.
ìsola, *f.* **1** island (*anche fig.*); isle: **un'i. corallina**, a coral island; **l'i. d'Elba**, the Island of Elba; **l'i. di Man**, the Isle of Man; **i. linguìstica**, linguistic island **2** (*isolato*) block; island **3** (*med.*) island: **isola di Langerhans**, island of Langerhans; islet of the pancreas. ● **i. spartitraffico**, traffic island.
isolàbile, *a.* isolable.
isolaménto, *m.* **1** isolation (*anche med.*): **un reparto di i.** (*di un ospedale*), an isolation ward **2** (*solitudine*) loneliness; (*segregazione*) segregation, confinement **3** (*mecc., elettr.*) insulation: **verificatore di i.**, insulation tester; **i. termico**, heat insulation. ● **i. acùstico**, sound-proofing; (*edil.*) deadening □ **i. dall'umidità**, damp-proofing.
isolano, **A** *a.* island (*attr.*); insular. **B** *m.* islander.
isolante, (*fis.*) **A** *a.* insulating; insulation (*attr.*). **B** *m.* insulator.
isolare, **A** *v. t.* **1** to isolate (*anche chim., med.*); to cut* off **2** (*segregare*) to segregate; to confine **3** (*mecc., elettr.*) to insulate; (*acustica*) to sound-proof. **isolarsi**, **B** *v. rifl.* to go* off by oneself; to seclude oneself; to keep* oneself to oneself (*fam.*).
isolato, **A** *a.* **1** isolated; lonely; (*fuori mano*) out-of-the-way: **una casa isolata**, a lonely house **2** (*mecc., elettr.*) insulated; (*acustica*) sound-proof. **B** *m.* block.
isolatóre, **A** *m.* (*elettr.*) insulator: **i. passante**, lead-in insulator; **i. portante**, stand-off insulator. **B** *a.* insulating; insulation (*attr.*).
isolazionìsmo, *m.* (*polit.*) isolationism.
isolazionìsta, *a., m.* e *f.* (*polit.*) isolationist.
isolazionìstico, *a.* (*polit.*) isolationist (*attr.*).
isolétta, *f.* **isolòtto**, *m.* islet.
isomerìa, *f.* (*chim.*) isomerism. ● (*fis.*) **i. nucleare**, nuclear isomerism.
isomèrico, *a.* (*chim.*) isomeric.
isomerizzazióne, *f.* (*chim.*) isomerization.
isòmero, (*chim.*) **A** *a.* isomeric. **B** *m.* isomer.
isomètrica, *f.* isometric line.
isomètrico, *a.* isometric.
isomorfìsmo, *m.* (*chim.*) isomorphism.
isomòrfo, *a.* (*chim.*) isomorphous; isomorphic.
isonomìa, *f.* (*stor.*) isonomy.
isoottano, *m.* (*chim.*) isooctane.
isòpodi, *m. pl.* (*zool.*, *Isopoda*) isopods.
isoprène, *m.* (*chim.*) isoprene.
isòscele, *a.* (*geom.*) isosceles.
isosìsmica, *f.* (*geol.*) isoseismal.
isosìsmico, *a.* (*geol.*) isoseismal; isoseismic.
isòstasi, **isostasìa**, *f.* (*geol.*) isostasy; isostacy.
isostàtico, *a.* (*fis.*) isostatic.
isotàttico, *a.* (*chim.*) isotactic.
isòtera, *f.* (*geogr.*) isothere.
isotèrma, *f.* (*geogr.*) isotherm; isothermal (line).
isotèrmico, *a.* (*geogr., fis.*) isothermal.
isotèrmo, *a.* (*geogr.*) isothermal: **linea isoterma**, isothermal line; isotherm.
isòtero, *a.* (*geogr.*) isotheral.
isotònico, *a.* (*med.*) isotonic.
isotopìa, *f.* (*chim.*) isotopy.
isòtopo, (*chim.*) **A** *a.* isotopic. **B** *m.* isotope. ● **i. radioattivo**, radioisotope.
isotropìa, *f.* (*fis.*) isotropy.
isotròpico, **isòtropo**, *a.* (*fis.*) isotropic; isotropous.
Isòtta, *f.* Iseult; Isolde.
ispànico, *a.* Hispanic; Spanish.
ispanìsmo, *m.* Hispanicism.
ispanìsta, *m.* e *f.* Hispanist.
ispanità, *f.* Spanish-speaking peoples (*pl.*).
ispanizzare, *v. t.* to Hispanicize.
ispanizzazióne, *f.* Hispanicization, Hispanization.
ispano, *a.* (*nei composti*) Hispano: **i.-americano**, Hispano-American; Spanish-American; **i.-moresco**, Hispano-Moresque.
ispessiménto, *m.* thickening.
ispessire, **A** *v. t.* to thicken. **ispessirsi**, **B** *v. rifl.* to thicken; to become* thicker.
ispettivo, *a.* inspection (*attr.*); inspectorial.
ispettorato, *m.* **1** (*ufficio e grado*) inspectorate **2** (*durata in carica*) inspectorship **3** (*sede dell'ispettore*) inspector's office.
ispettóre, *m.* inspector; surveyor; overseer; supervisor: **i. di polizìa**, detective inspector; **i. scolàstico**, school inspector; **i. generale**, inspector general; **i. doganale**, surveyor of customs; (*comm.*) **i. alle véndite**, sales supervisor. ● (*cinem.*) **i. di produzióne**, casting director; executive producer.
ispettrice, *f.* inspectress; lady inspector.
ispezionare, *v. t.* to inspect; (*controllare*) to check; (*revisionare*) to overhaul.
ispezióne, *f.* inspection; (*controllo*) check; (*revisione*) overhaul. ● **i. doganale**, customs examination.
ispidézza, *f.* **1** bristliness; shagginess **2** (*fig.*) intractability.
ìspido, *a.* **1** bristly; shaggy **2** (*fig.*) intractable.
ispirare, **A** *v. t.* to inspire: **Il quadro lo ispirò**, the picture inspired him; **i. fiducia**, to inspire confidence; **i. a q. il desiderio di scrivere**, to inspire sb. with the desire to write. ● **Chi ti ha ispirato la buona idea di venire?**, who gave you the (good) idea of coming? **ispirarsi**, **B** *v. rifl.* to draw* inspiration; to be inspired: **M'ispiravo nei caffè di Montmartre**, I drew inspiration from (*o* I was inspired by) the Montmartre cafés. ● **i. al regolamento**, to stick to the rules □ **per ispirarsi**, to seek inspiration; in search of inspiration; for inspiration: **Dickens girava di notte per Londra per ispirarsi**, Dickens used to walk about London by night in search of inspiration.

ispirato, *a.* inspired; infused (with): **parole ispirate,** inspired words; **i. a un gretto puritanesimo,** infused with a narrow puritanical outlook; **un articolo i. dal governo,** a government-inspired article.

ispiratóre, A *a.* inspiring. **B** *m.* inspirer.

ispirazióne, *f.* **1** inspiration **2** (*idea felice*) good idea; happy thought; inspiration (*fam.*). ● **una buona i.,** a brain-wave.

Israèle, *m.* (*geogr.*) Israel.

israeliano, *a.* e *m.* Israeli.

israelita, A *m.* Israelite; Jew. **B** *f.* Israelite; Jewess.

israelitico, *a.* Israelite; Jewish.

issa, *inter.* heave ho!; heave away!

issare, A *v. t.* to hoist; to heave*: **i. la bandiera,** to hoist the flag; (*naut.*) **i. una vela,** to hoist a sail. ● **i. a bordo** (*una lancia, ecc.*), to turn in. **issarsi, B** *v. rifl.* to pull oneself up.

issòpo, *m.* (*bot.,* *Hyssopus officinalis; pianta citata nella Bibbia*) hyssop.

istallare, e *deriv.* V. **installare** e *deriv.*

istamina, *f.* (*biol.*) histamin(e).

istaminico, *a.* (*biol., farm.*) histaminic.

istantànea, *f.* snapshot (*abbr. fam.* snap).

istantaneaménte, *avv.* instantly; on the instant; immediately.

istantaneità, *f.* instantaneousness.

istantàneo, *a.* instantaneous; instant.

istante (1), *m.* instant; moment; (*al pl. più comune*) second, minute: **Torno fra un i.,** I shall be back in an instant; **all'i.,** on the instant; **fra qualche i.,** in a few seconds; in a minute or two; **in questo stesso i.,** this very instant (*o* moment); **Un i.!,** just a moment! ● **È stato un i.,** it was a matter of seconds.

istante (2), *m.* e *f.* (*leg.*) petitioner.

istanza, *f.* **1** (*richiesta*) request; application: **viva i.,** urgent request; **su vostra i.,** at your request **2** (*esigenza, aspirazione*) need; requirement; expectation; aspiration: **istanze sociali,** social expectations **3** (*leg.*) instance; petition; application; motion: **tribunale di prima i.,** court of first instance. ● (*leg.*) **fare un'i.,** to petition □ (*leg.*) **fare un'i. al tribunale,** to apply to the Court □ (*leg.*) **tribunale di seconda i.,** court of appeal.

istaurare, e *deriv.* V. **instaurare,** e *deriv.*

isterectomia, *f.* (*med.*) hysterectomy.

isterèsi, *f.* (*fis.*) hysteresis*.

isteria, *f.* V. **isterismo.**

istèrico, (*psic.*) **A** *a.* hysteric(al). ● **avere un attacco i.,** to go into hysterics. **B** *m.* hysteric.

isteriliménto, *m.* sterilization.

isterilire, A *v. t.* **1** to render sterile; to sterilize **2** (*fig.*) to dry up; to kill the vitality of. **B** *v. i.* e **isterilirsi,** *v. rifl.* **1** to become* barren (*o* sterile, unproductive) **2** (*fig.*) to dry up; to lose* vitality.

isterismo, *m.* (*psic.*) hysteria; hysterics (*pl. col verbo al sing.*).

isterografia, *f.* (*med.*) hysterography.

isterotomia, *f.* (*med.*) hysterotomy.

istigaménto, V. **istigazione.**

istigare, *v. t.* to instigate; to incite; to stir up; to egg (sb.) on (*fam.*): **i. alla ribellione,** to stir up rebellion; **i. q. al male,** to incite sb. to evil.

istigatóre, *m.* instigator.

istigazióne, *f.* instigation; incitement: (*leg.*) **i. a delinquere,** instigation (*o* incitement) to commit a crime.

istillare, e *deriv.,* V. **instillare** e *deriv.*

istintivaménte, *avv.* instinctively; (*per istinto*) by instinct; (*senza riflessione*) without reflection.

istintività, *f.* instinctivity.

istintivo, *a.* instinctive.

istinto, *m.* instinct: **fare q.c. per i.,** to do st. by instinct; **d'i.,** on instinct.

istintuale, *a.* instinctual.

istiocita, istiocito, *m.* (*biol.*) histiocyte.

istituire, *v. t.* **1** to found; to establish; to institute; to set* up; (*dare inizio a*) to initiate: **i. un ordine religioso** (**una società, una scuola, una borsa di studio**), to found a religious order (a society, a school, a scholarship); **i. una tradizione,** to initiate a tradition; **i. una commissione d'inchiesta** (**una mostra**), to institute a board of enquiry (an exhibition) **2** (*leg.*) to appoint; to nominate: **i. q. erede** (**successore**), to appoint sb. heir (successor). ● (*leg.*) **i. un procedimento legale,** to prosecute an action.

istitutivo, *a.* institutive.

istituto, *m.* **1** institute; (*i. scolastico, anche*) school; (*universitario, anche*) department: **la biblioteca dell'i.,** the institute library; **i. tecnico,** technical high school; **I. di Economia Politica,** Department of Economics **2** (*istituzione*) institution: **La casa grigia è un i. di qualche genere, mi pare un orfanotrofio,** the grey house is an institution of some sort, an orphanage, I think. ● **i. di bellezza,** beauty parlour □ **i. di credito** (*banca*), credit institution; bank □ (*fin.*) **i. d'emissione,** note-issuing bank □ **i. di ricerca,** research institute; (*interdisciplinare*), think factory, think tank.

istitutóre, *m.* **1** (*fondatore*) founder **2** (*precettore*) tutor.

istitutrice, *f.* governess.

istituzionale, *a.* **1** institutional **2** (*fondamentale*) elementary; basic.

istituzionalizzare, *v. t.* to institutionalize.

istituzionalizzazióne, *f.* institutionalization.

istituzióne, *f.* **1** institution: **le istituzioni repubblicane,** the institutions of the republic **2** (*pl.: principi fondamentali*) institutes; elements: **le istituzioni di Giustiniano,** the Institutes of Justinian; **istituzioni di diritto,** institutes in law. ● (*leg.*) **i. di erede,** appointment of an heir.

istmico, *a.* isthmian. ● (*stor.*) **giochi istmici,** Isthmian games.

istmo, *m.* (*geogr., anat.*) isthmus*.

istochimica, *f.* (*chim.*) histochemistry.

istogènesi, *f.* (*biol.*) histogenesis.

istogramma, *m.* (*stat.*) histogram.

istolisi, *f.* (*biol.*) histolysis*.

istologia, *f.* histology.

istològico, *a.* histological.

istòlogo, *m.* histologist.

istoriare, *v. t.* to decorate with historical (*o* legendary) scenes; to story.

istoriògrafo, *m.* historiographer.

istradare, V. **instradare.**

Istria, *f.* (*geogr.*) Istria.

istriano, *a.* e *m.* Istrian.

istrice, *m.* **1** (*zool.,* *Hystrix*) porcupine **2** (*fig.*) prickly person.

istrióne, *m.* **1** (*teatr.*) histrion; ham actor (*pop.*) **2** (*ciarlatano, impostore*) mountebank.

istrionésco, *a.* (*spreg.*) histrionic; stag(e)y.

istriònico, *a.* histrionic; theatrical.

istrionismo, *m.* histrionism; staginess.

istruire, A *v. t.* **1** (*nel senso più lato*) to educate; (*in una particolare scienza o tecnica, ecc.*) to instruct; (*insegnare*) to teach*; (*addestrare*) to train: **L'ho istruito in latino,** I have taught him Latin; **S'è istruito da sé,** he is a self-taught man **2** (*dare istruzioni*) to direct; to give* directions to **3** (*informare*) to inform (sb. of st.). ● (*leg.*) **i. un processo,** to prepare a case for trial. **istruirsi, B** *v. rifl.* **1** to learn*; to improve one's education **2** (*assumere informazioni*) to inquire (about); to ask for information.

istruito, *a.* educated; learned: **È una donna istruita,** she is an educated woman. ● **i. da sé,** self-taught.

istruttivo, *a.* instructive.

istruttóre, A *m.* **1** instructor; teacher **2** (*sport*) trainer; coach **3** (*mil.*) drill-sergeant. **B** *a.* **1** instructing **2** (*leg.*) investigating; examining: **giudice i.,** investigating judge.

istruttòria, *f.* (*leg.*) judicial inquiry; preliminary investigation (of a case).

istruttòrio, *a.* (*leg.*) preliminary. ● **processo i.,** inquiry.

istruzióne, *f.* **1** education; (*addestramento*) training; (*insegnamento*) teaching; (*cultura*) learning, knowledge: **i. obbligatoria** (**elementare, secondaria, tecnica**), compulsory (elementary, secondary, technical) education; **i. militare,** military training; **periodo d'i.,** training period; **Ministero della Pubblica I.,** Ministry of Education; **È una donna semplice, senza i.,** she is a simple woman without any education (*o* she is a simple, uneducated woman) **2** (*norma, ecc. che si dà a q.*) instruction, direction (*spesso pl.*); (*pl., mil.*) orders: **Fu mandato con istruzioni segrete per negoziare un prestito,** he was sent with secret instructions to negotiate a loan; **Le istruzioni per l'uso sono stampate sul cartellino,** directions for use are printed on the label; **Le mie istruzioni sono di aspettare qui,** my instructions are to wait here; **secondo le** (*o* **come da**) **vostre istruzioni,** according to your instructions; **attenersi alle istruzioni,** to follow the instructions **3** (*leg.*) V. **istruttòria.** ● (*bur., mil.*) **foglio d'istruzioni,** directive □ **secondo le istruzioni,** as instructed.

istupidiménto, *m.* **1** stupefaction **2** (*stupidità*) stupidity.

istupidire, *v. t.* to make* stupid; to stupefy; to stun. **B** *v. i.* e **istupidirsi,** *v. rifl.* to become* stupid.

Itaca, *f.* (*geogr.*) Ithaca.

itacése, A *a.* of Ithaca. **B** *m.* e *f.* citizen of Ithaca.

itacismo, *m.* itacism.

itacistico, *a.* itacistic.

Itàlia, *f.* (*geogr.*) Italy.

italianaménte, *avv.* in the Italian way; like an Italian.

italianeggiare, *v. i.* to imitate the Italians (*o* Italian ways).

italianismo, *m.* Italianism.

italianista, *m.* e *f.* Italianist.

italianità, *f.* Italianism; Italianity.

italianizzare, *v. t.* **italianizzarsi,** *v. rifl.* to Italianize.

italianizzazióne, *f.* Italianization.

italiano, *a.* e *m.* Italian. ● (*fig.*) **Questo si chiama parlare i.**, this is plain speaking.
itàlico, A *a.* **1** (*stor.*) Italic **2** (*geogr.*) Italian: **la penisola italica**, the Italian peninsula. **B** *m.* (*tipogr.*) italic(s).
italiòta, *a.*, *m.* e *f.* (*stor.*) Italiot(e).
italo, *a.* Italian; (*nei composti*) Italo: **Associazione i.-britannica**, Italo-British Society; (*più comune*) Anglo-Italian Association.
iter (*lat.*), *m.* procedure; routine.
iterare, *v. t.* (*lett.*) to iterate; to repeat.
iteratamente, *avv.* repeatedly; iteratively.
iterativo, *a.* **1** iterative; repetitive **2** (*gramm.*) iterative; frequentative.
iterazióne, *f.* (*lett.*) iteration; repetition.
itinerante, *a.* itinerant; wandering.
itineràrio, A *m.* itinerary; route. **B** *a.* itinerary (*attr.*).
ittèrbio, *m.* (*chim.*) ytterbium.
ittèrico, *a.* e *m.* (*med.*) icteric.
itterizia, *f.* (*med.*) jaundice.
ittero, *m.* (*med.*) icterus; jaundice.
ìttico, *a.* ichthyic; (*nei composti*) ichthyo; fish, fishing (*attr.*): **allevamento (mercato) i.**, fish culture (market); **industria ittica**, fishing-industry.
ittiocòlla, *f.* fish-glue.
ittiòfago, A *a.* ichthyophagous. **B** *m.* ichthyophagist.
ittiofàuna, *f.* ichthy(o)fauna.
ittiòlo, *m.* (*farm.*) ichthyol.
ittiologìa, *f.* ichthyology.
ittiològico, *a.* ichthyologic(al).
ittiòlogo, *m.* ichthyologist.
ittiosàuro, *m.* (*paleontologia*) ichthyosaur(us).
ittiòsi, *f.* (*med.*) ichthyosis*.
ittiòtico, *a.* (*med.*) ichthyotic.
ittita, *a.*, *m.* e *f.* Hittite.
ittrio, *m.* (*chim.*) yttrium.
iùgero, *m.* (*archeol.*) juger.
iugoslàvia, *f.* (*geogr.*) Jugoslavia, Yugoslavia.
iugoslavo, *a.* e *m.* Jugoslav, Yugoslav.
iugulare, *a.* (*anat.*) jugular.
iunióre, *a.* junior.
iuta, *f.* jute: **un sacco di i.**, a jute bag.
iutièro, *a.* jute (*attr.*).
iutificio, *m.* jute-factory.
lùtland, *m.* (*geogr.*) Jutland.
Ivànoe, *m.* Ivanhoe.
ivi, *avv.* **1** (*lett.*) there **2** (*nelle citazioni*) «ibidem» (*abbr.* ibid.). ● **ivi incluso**, enclosed therein.
ivoriano, *a.* Ivory Coast (*attr.*).

j, J

J, j, *f.* e *m.* J, j. ● (*tel.*) **j come jolly**, j for Jack (*USA:* j for Juliett).
jabot (*franc.*), *m.* jabot; frill.
Jàcopo, *m.* James.
jacquard (*franc.*), *m.* e *a.* (*ind. tessile*) jacquard.
jais (*franc.*), *m.* (*miner.*) jet.
jazz, *m.* e *a.* jazz: **un'orchestra j.**, a jazz band.
jazzista, *m.* jazz player.
jazzistico, *a.* jazz (*attr.*): **un complesso j.**, a jazz band.
jeep, *f.* jeep.
Jèova, *m.* (*Bibbia*) Jehovah.
jersey (*ingl.*), *m.* (*abbigliamento, ind. tessile*) **1** (*indumento*) jersey: **j. di lana, di cotone**, cotton, woollen jersey **2** (*stoffa*) jersey-cloth: **una gonna in j.**, a jersey-cloth skirt.
jet, *m.* (*aeron.*) jet.
jogging (*ingl.*), *m. invar.* jog, jogging.
jolly (*ingl.*), *m.* (*nei giochi di carte*) joker.
joule, *m. invar.* (*fis.*) joule.
joyciano, *a.* (*letter.*) Joycean.
judo, *m.* (*sport*) judo.
judoista, *m.* e *f.* (*sport*) judoist; judoka*.
jugoslavo, *V.* iugoslavo.
juke-box (*ingl.*), *m.* juke-box.
jumbo (*ingl.*), *m.* (*aeron.*) jumbo-jet; jumbo; wide-body airliner.
jumbo-jet (*ingl.*), *m.* (*aeron.*) jumbo-jet.
junior (*lat.*), *a.* junior: **Carlo Rossi j.**, Carlo Rossi, Junior (*o* abbr. Jun., Jr.).
juta, *V.* iuta.

k, K

K, k, *f.* e *m.* K, k. ● (*tel.*) **k come Kursaal**, k for King.
kafkiàno, *a.* **1** (*letter.*) of Kafka; Kafkaesque **2** (*fig.: allucinante*) hallucinating.
kaki (1), *a.* e *m.* khaki.
kaki (2), *m.* (*bot., Diospyros kaki*) Japanese persimmon.
kamikaze (*giapponese*), *m.* kamikaze.
kantiano, *a.* e *m.* (*filos.*) Kantian.
kantismo, *m.* (*filos.*) Kantianism; Kantism.
kapòk, *m.* kapok.
kaput(t) (*ted.*), *a.* kaput (*pop.*); done for (*fam.*); ruined.
karakiri, *m.* hara-kiri.
karakùl, *m.* (*zool.*) karakul, caracul.
karatè, *m.* (*sport*) karate.
kart, *m.* (*sport*) go-kart.
kartismo, *m.* (*sport*) (go-)karting.
kartòdromo, *m.* (*sport*) go-kart track.
Katanga, *m.* (*geogr.*) Katanga.
katanghése, *a., m.* e *f.* Katangese.
kayak, *m.* kayak.
kayakista, *m.* e *f.* kayaker.
kedivè, *m.* khedive.
Kènia, *m.* (*geogr.*) Kenya.
keniòta, *a., m.* e *f.* Kenyan.
Kent, *m.* (*geogr.*) Kent. ● **del Kent**, Kentish (*agg.*).
képi (*franc.*), *m.* kepi.
kepleriàno, *a.* (*astron.*) Keplerian.
Keplèro, *m.* Kepler.
kermesse (*franc.*), *f.* kermess; kermis; village fair.
keroṣène, *m.* (*chim.*) kerosene.
kibbùtz (*ebraico*), *m.* kibbutz*.
kimòno, *m.* kimono: **maniche a k.**, kimono sleeves.
kinderheim (*ted.*), *m.* «crèche» (*franc.*); day nursery.
kinesiterapìa, *f.* (*med.*) kinesitherapy.
kippùr (*ebraico*), *m.* Yom Kippur; Day of Atonement.
kirsch (*ted.*), *m.* kirsch; kirschwasser.
kit (*ingl.*), *m.* kit.
kitsch (*ted.*), **A** *m.* kitsch. **B** *a.* kitschy.
kivi, kiwi, *m.* **1** (*zool., Apteryx*) kiwi. **2** (*bot., Actinidia chinensis*) kiwi.
Kleenex (*ingl.*), *m. invar.* (*marchio*) Kleenex.
knock out (*ingl.*), *m.* e *locuz. avv.* (*pugilato*) knock-out (*o* k.o.): **essere, mettere k.o.**, to be knocked-out; to knock sb. out; **vincere per k.o. tecnico**, to win on a technical knock-out (*o* k.o.).
koala, *m.* (*zool., Phascolarctos cinereus*) koala.
koinè (*greco*), *f.* (*linguistica*) koine.
kolossal, *a.* e *m.* (*cinem.*) spectacular.
krapfen (*ted.*), *m.* (*cucina*) krapfen*; doughnut; bismarck.
kriss (*malese*), *m.* kris; creese.
kulak (*russo*), *m.* kulak*.
kümmel (*ted.*), *m.* kümmel.
Kùrdistan, *m.* (*geogr.*) Kurdistan.
kursaal (*ted.*), *m.* kursaal.
k-way (*ingl.*), *f. invar.* (*marchio*) K-Way; wind jacket.
kyrie, *m.* (*relig.*) Kyrie: **k. eleison**, Kyrie eleison.

l, L

L, l, *f.* e *m.* (*decima lettera dell'alfabeto ital.*) L, l. ● (*tel.*) **l come Livorno,** l for Lucy (*USA:* l for Love) ☐ **a (forma di) L,** L-shaped.

la (1), *art. determinativo f. sing.* **1** the: **Apri la porta, per favore,** open the door, please; **Dammi la spazzola,** give me the (*o* that) brush; **la prima (l'ultima) settimana,** the first (the last) week; **Sono andati alla stazione,** they have gone to the station; **la rivista che leggevo,** the magazine I was reading; **l'ardesia di quel tetto,** the slate of that roof; **la bellezza di quel paesaggio,** the beauty of that landscape; **la Francia odierna,** the France of today; **l'Italia del passato,** the Italy of the past; **la regina,** the queen; **la terra,** the earth; **la luna,** the moon; **la Crimea,** the Crimea; **l'Unione Sovietica,** the Soviet Union; **la vedova Brown,** the widow Brown; **la Vergine Maria,** the Virgin Mary **2** (*idiom., omesso in ingl.*): **la prossima volta,** next time; **L'ardesia è fragile,** slate is breakable; **Non mi piace la marmellata,** I don't like jam; **L'estate è calda qui,** summer is hot here; **la stazione Vittoria,** Victoria station; **la Francia,** France; **l'Italia,** Italy; **la regina Anna,** Queen Anne; (*fam.*) **la Maria (la Gianna, ecc.),** Mary (Jane, etc.); **la vigilia di Natale,** Christmas Eve; **la (domenica di) Pasqua,** Easter (Sunday); **la mamma,** mother; mummy (*fam.*); **Prestami la tua bicicletta,** lend me your bicycle; **Non è la mia!,** it isn't mine!; **la sorella di Tom,** Tom's sister; **la signora Brown,** Mrs Brown; **la zia Alice,** aunt Alice; **la Bellezza,** Beauty **3** (*idiom., agg. poss. in ingl.*): **Prestami la penna,** lend me your pen; **Mettiti la giacca,** put on your jacket; **Bevi la limonata,** drink your lemonade; **Lo dirò alla mamma,** I'll tell your mother; **La zia vive con noi,** our aunt lives with us; **Ho perso la corriera,** I've missed my (*o* the) coach **4** (*idiom.*), a; an: **La tigre è un animale feroce,** a (*lett.*: the) tiger is a wild animal (*o* tigers are wild animals); **Ha la bocca larga,** she has a wide mouth; **Fumo la pipa,** I smoke a pipe; **So guidare l'automobile,** I can drive a car; **Ha la febbre alta,** he has a high fever **5** (*idiom.*; *agg. partitivo in ingl.*) some; any: **Va a comprare la farina,** go and buy some flour; **Non c'è la carne,** there's no meat **6** (*in luogo di «alla», come distributivo*), a; an: **tre volte la settimana,** three times a week; **cento chilometri l'ora,** a hundred kilometres an hour; **ottanta «penny» la libbra,** eighty pence a pound. ● **la Regina Elisabetta,** Queen Elizabeth ☐ **la «Queen Elizabeth»** (*la nave*), the «Queen Elizabeth».

la (2), *pron. pers. f. 3ª pers. sing.* **1** (*compl. ogg.: rif. a persona*) her; (*a cosa o animale*) it: **Quella ragazza mi piace e la vedo spesso,** I like that girl and I see her often; **Devi mescolarla bene,** you must mix it thoroughly; **Chiamala!,** call her!; **Leggila!,** read it!; **Non te la prendere,** don't take it amiss **2** (*dando del «Lei»*) you: **La ringrazio,** I thank you.

la (3), *m.* (*mus.*) A; lah, la: **È un la bemolle,** it's an A flat; **la minore,** A minor; **dare il la,** (*mus.*) to give the A; (*fig.*) to set the tone; **dare il la alla conversazione,** to set the tone of the conversation.

là, *avv.* **1** there: **qua e là,** here and there; **là dentro (fuori),** in (out) there; **Sono partiti di là,** they have left there; **Chi è là?,** who's there?; **Chi va là?,** who goes there?; **«Dov'è il bambino?» «Eccolo là!»,** «where's the boy?» «there he is!»; **«Dov'è il ditale?» «Eccolo là!»,** «where's the thimble?» «there it is!»; **quei libri là,** those books there; **Voglio quello là,** I want that one (there); **Zitti là!,** quiet there! **2** (*preceduto da «in» in varie locuz.: è idiom.*): **Più in là c'è un ponte,** further on there's a bridge; **Decideremo più in là,** we'll decide later on; **tirarsi in là,** to step to one side; **farsi in là,** to make way; **essere in là con gli anni,** to be getting on in years; to be of good age; **andare troppo in là** (*di spazio e fig. col discorso*), to go too far; **Se aspettiamo il 27, andiamo troppo in là** (*di tempo*), if we wait till the 27th, it will be too late; **da quel giorno in là,** from that day on; **di qui in là** (*d'ora innanzi*), from now on; **guardare (in) qua e (in) là,** to look here and there (*o* to look around). ● **là per là** (*sul momento*), there and then (*o* on the spot; on the spur of the moment) ☐ **l'al di là,** the after life (*o* the hereafter; the other world) ☐ **di là** (*in un'altra stanza*), in there; over there (*o idiom.*): **Se cerchi il giornale, è di là,** if you're looking for the paper, it's in the other room; **Piero dev'essere di là,** Peter must be in there (*o* over there, somewhere over there) ☐ **(per) di là** (*da quella parte*), that way: **Sono andati (per) di là,** they went that way ☐ **di là da (al di là di),** beyond; on the other side of: **di là dal fiume,** on the other side of the river; **di là dai monti,** beyond the hills ■ **essere di là da venire,** to be yet to come ☐ **mandare in là** (*posticipare*), to defer; to put off ☐ (*fig.*) **essere più di là che di qua,** to be more dead than alive ☐ **Ehi, là!,** heigh, you!; hey (you)! ☐ **Alto là!,** halt! ☐ **Ma va là!,** go on (with you)!; come off it!; you don't say so! ☐ **Il libro era proprio là dove l'avevo lasciato,** the book was just where I had left it.

làbaro, *m.* labarum*; standard; banner. ● (*fig.*) raccolti sotto lo stesso l., united by the same faith (*o* ideals).

labbo, *m.* (*zool., Stercorarius parasiticus*) parasitic jaeger.

labbro, *m.* **1** lip; (*anat., anche*) labium*: **il l. superiore (inferiore),** the upper (lower) lip; **leccarsi (mordersi) le labbra,** to lick (to bite) one's lips; **labbra screpolate,** chapped lips; **pendere dalle labbra di q.,** to hang on sb.'s lips; **morire col nome di q. sulle labbra,** to die with sb.'s name on one's lips; **Increspai le labbra a un sorriso,** my lips parted in a smile; **Era lui, ma dal suo l. non uscì una parola,** it was he, but not a word escaped his lips; **Le parole le morirono sulle labbra,** the words died on her lips **2** (*orlo*) edge; lip; brim; rim: **Accostai il bicchiere alle labbra** (*o* **le labbra al bicchiere**), I put the glass to my lips; **i labbri di una ferita,** the lips (*o* edges) of a wound. ● (*med.*) **l. leporino,** hare-lip ☐ **avere il cuore sulle labbra,** to wear one's heart upon one's sleeve ☐ (*fig.*) **bagnarsi le labbra,** to have a drink; to wet one's whistle (*fam.*) ☐ **dire bene di q.c. a fior di labbra,** to pay lip service to st. ☐ **un invito a fior di labbra,** a half-hearted invitation ☐ **una persona dalle labbra sottili (grosse),** a thin-lipped (thick-lipped) person ☐ **scusarsi a fior di labbra,** to make a half-hearted apology ☐ **sorridere a fior di labbra,** to force a smile ☐ **Come si chiama? Ce l'ho sulle labbra...,** what is it called? it's on the tip of my tongue.

labdacìsmo, *m.* (*med.*) la(m)bdacism.

labèllo, *m.* (*bot.*) labellum*.

labiale, A *a.* labial (*anche fon.*). **B** *f.* (*fon.*) labial (consonant).

labializzare, *v. t.* (*fon.*) to labialize.

labializzazióne, *f.* (*fon.*) labialization; (lip-)rounding.

labiate, *f. pl.* (*bot., Labiatae*) labiates.

labiato, *a.* **1** (*bot.*) labiate(d) **2** (*fon.*) labialized; rounded.

làbile, *a.* **1** (*fugace*) fleeting; transitory; transient; ephemeral **2** (*debole*) weak: **una memoria l.,** a weak (*o* slippery) memory **3** (*chim.*) labile.

labilità, *f.* **1** (*fugacità*) transience, tranciency; transitoriness **2** (*debolezza*) weakness **3** (*chim.*) lability.

labiodentale, *a.* e *f.* (*fon.*) labiodental.

labiolettura, *f.* lip-reading.

labionasale, *a.* e *f.* (*fon.*) labionasal.

labiopalatale, *a.* e *f.* (*fon.*) labiopalatal.

labiovelare, *a.* e *f.* (*fon.*) labiovelar.

labirìntico, *a.* labyrinthine (*anche anat.*).

labirintite, *f.* (*med.*) labyrinthitis.

labirinto, *m.* labyrinth (*anche anat.*); maze: **l. membranoso,** membranous labyrinth.

laboratòrio, *m.* **1** laboratory; lab (*fam.*): **un l. chimico,** a chemical laboratory **2** (*annesso a un negozio, ecc.*) workshop; workroom.

laboratorista, *m.* e *f.* laboratory technician.

laboriosaménte, *avv.* laboriously; industriously.

laboriosità, *f.* **1** (*difficoltà*) laboriousness; arduousness **2** (*fatica*) wearisomeness **3** (*operosità*) industriousness.

laborióso, *a.* **1** (*difficile, faticoso*) laborious; toilsome; arduous: **parto l.,** laborious delivery **2** (*industrioso*) hard-working; laborious; industrious; (*denso di lavoro*) busy: **una giornata (città, vita) laboriosa,** a busy day (town, life); **una donna labo-**

labradorite

riosa, a hard-working woman. ● **avere una digestione laboriosa**, not to digest easily; to suffer from dyspepsia.
labradorite, *f.* (*miner.*) labradorite.
labro, *m.* (*zool.*, *Labrus*) wrasse.
laburismo, *m.* (*polit.*) labourism.
laburista, (*polit.*) **A** *a.* Labour (*attr.*). **B** *m.* e *f.* member of the Labour Party; Labourite.
laburistico, *a.* (*polit.*) Labour (*attr.*).
laburno, *m.* (*bot.*, *Laburnum anagyroides*) laburnum.
lacca, *f.* **1** lacquer **2** (*per capelli*) hair spray. ● **l. a tampone** (*per il legno*), French polish □ **l. per unghie**, nail varnish □ **l. giapponese**, japan. ● **colori a l.**, lakes.
laccamuffa, *f.* (*chim.*) litmus; lacmus.
laccare, *v. t.* **1** (*con vernice a smalto*) to enamel **2** (*il legno*) to lacquer; to japan **3** (*i capelli*) to spray.
laccato, *a.* **1** (*con vernice a smalto*) enamelled **2** (*di legno*) lacquered; japanned.
laccatóre, *m.* lacquerer.
laccatura, *f.* **1** enamelling **2** (*smaltatura*) lacquering; japanning **3** (*dei capelli*) spraying.
lacchè, *m.* lackey, lacquey, running dog (*anche fig.*, *spreg.*); footman*.
làccia, *f.* (*zool.*, *Alosa sapidissima*) shad.
làccio, *m.* **1** noose; (*nodo scorsoio*) slip-knot **2** (*capestro*) halter **3** (*trappola*, *anche fig.*) snare; trap **4** (*da scarpe*) shoe-lace; shoe-string **5** (*med.*) loop: **l. emostatico**, h(a)emostatic loop; h(a)emostat. ● **cadere nel l.**, to fall into the trap □ **prendere al l.**, to ensnare.
lacciòlo, *m.* (small) snare.
laccolite, *m.* e *f.* (*geol.*) laccolith.
lacedèmone, *a.* e *m.* (*stor. greca*) Lacedaemonian; Spartan.
laceràbile, *a.* lacerable.
laceraménto, *m.* lacerating; tearing; rending.
lacerante, *a.* **1** lacerating; tearing **2** (*fig.*) lacerating; piercing; shrill: **grida laceranti**, shrill cries.
lacerare, **A** *v. t.* (*anche fig.*) to lacerate; to tear*; to rend*: **un cuore lacerato dal dolore**, a heart torn by grief; **Alte grida lacerarono l'aria**, loud cries rent the air. **lacerarsi**, **B** *v. rifl.* to tear*.
lacerazióne, *f.* **1** laceration; tearing; rending **2** (*strappo*) laceration; rent; tear **3** (*med.*) laceration; (lacerated) wound.
làcero, *a.* (*di un vestito*) torn; rent; (*di una persona*) ragged, tattered, in rags.
làcero-contuso, *a.* (*med.*) lacerated-contused.
lacertifórme, *a.* lacertiform.
lacèrto, *m.* **1** (*anat.*) biceps **2** (*dial.*: *zool.*, *Scomber scombrus*) mackerel.
Lachèsi, *f.* (*mitol.*) Lachesis.
lacinia, *f.* (*bot.*, *zool.*) lacinia*.
laciniato, *a.* (*bot.*, *zool.*) laciniate; laciniated.
laconicaménte, *avv.* laconically; concisely; pithily.
laconicità, *f.* laconicism, laconism; brevity, conciseness, pithiness.
lacònico, *a.* laconic; concise; pithy: **una persona laconica**, a laconic person; **una risposta laconica**, a laconic answer.
laconismo, *m.* laconism.
làcrima, *f.* **1** tear; (*al sing.*, *anche*) tear-drop: **prorompere** (*o* **scoppiare**) **in lacrime**, to burst into tears; **non versare una l.**, not to shed a single tear; **piangere a calde lacrime**, to shed scalding tears; **lacrime di coccodrillo**, crocodile tears; **commuoversi fino alle lacrime**, to be moved to tears; **La donna mi pregò di farlo con le lacrime agli occhi**, the woman begged me to do it with tears in her eyes; (*fig.*) **questa valle di lacrime**, this vale of tears; **un rigato di lacrime**, a tear-stained face; **asciugare** (**ingoiare**) **le lacrime**, to dry (to swallow) one's tears **2** (*goccia*, *piccola quantità*) drop; drip: **una l. di vino**, a drop of wine. ● (*fig.*) **asciugare le lacrime a q.**, to comfort sb. □ **avere le lacrime in tasca**, to cry easily □ **con voce piena di lacrime**, in a tearful voice □ **non avere più lacrime**, to be past crying □ **ridere fino alle lacrime**, to laugh till one cries □ **sciogliersi in lacrime**, to cry one's heart out.
lacrimàbile, *a.* (*lett.*) pitiful; pathetic.
lacrimale, *a.* (*anat.*) lachrymal: **ghiandola** (**sacco**) **l.**, lachrymal gland (sac). ● (*archeol.*) **vaso l.**, tear-bottle; lachrymatory.
lacrimare, *v. i.* **1** (*versare lacrime*) to shed* tears; to weep*; to cry **2** (*per irritazione*) to water: **Il fumo mi fa l. gli occhi**, smoke makes my eyes water **3** (*stillare*) to ooze; to drip.
lacrimatóio, *m.* (*archeol.*) tear-bottle; lachrymatory.
lacrimazióne, *f.* lacrimation, lachrymation (*anche med.*).
lacrimévole, *a.* lacrimal; pitiful; pathetic; heart-rending. ● **storia l.** (*o* **film, ecc.**) **l.**, tear-jerker (*fam.*).
lacrimògeno, **A** *a.* **1** lachrymatory; tear- (*attr.*): **una bomba lacrimogena**, a tear-bomb; **gas l.**, tear-gas **2** (*scherz.*, *spreg.*: *commovente*) tear-jerking (*fam.*). ● **attaccare** (*dimostranti*, *ecc.*) **con liquido l.**, to mace (*USA*) □ **liquido l.** (*contro dimostranti*, *ecc.*), Mace (*marchio USA*). **B** *m.* (*chim.*) tear-gas; lachrymator.
lacrimóso, *a.* **1** (*pieno di lacrime*) tearful: **occhi lacrimosi**, tearful eyes **2** (*che è causa di pianto*) tearful; pitiful; pathetic: **una vecchia storia lacrimosa**, an old moving story.
lacuale, *a.* lake (*attr.*): **un porto l.**, a lake harbour.
lacuna, *f.* **1** lacuna*; hiatus* (*lett.*); gap; blank: **Quel libro riempie una l.**, that book fills a gap **2** (*tipogr.*) blank. ● **Ebbi una l. della memoria**, I had a lapse of memory; my mind was a blank.
lacunare, *m.* (*archit.*) lacunar.
lacunosità, *f.* incompleteness; sketchiness.
lacunóso, *a.* full of gaps (*o* blanks); (*incompleto*) incomplete, sketchy.
lacustre, *a.* lake (*attr.*); lacustrine: **un'abitazione l.**, a lake dwelling; **il periodo l.**, the lacustrine period.
laddóve, (*lett.*) **A** *avv.* where. **B** *cong.* whereas; whilst; while.
ladino, *a.* e *m.* Ladin.
ladra, *f.* (woman*) thief*.
ladreria, *f.* robbery; thievery; stealing: **Dei conti così sono una vera l.**, bills like this one are sheer robbery.
ladrésco, *a.* thievish: thieving. ● **linguaggio l.**, thieves' Latin (*o* cant).
ladro, **A** *a.* thieving; dishonest: **C'era un cassiere l.**, there was a thieving cashier. ● **avere una sete ladra**, to be as thirsty as the devil □ **occhi ladri**, roguish (*o* killing) eyes □ **tempo l.**, foul (*o* dirty, horrible) weather □ **Faceva un freddo l.**, it was as cold as the devil. **B** *m.* thief*; robber; (*scassinatore*) house-breaker; (*di notte*) burglar; (*borsaiolo*) pickpocket; (*di oggettini di poco conto*) pilferer: **È una ladra**, she is a thief; **gridare:** «**Al l.!**», to cry «Stop thief!»; **aceto dei sette ladri**, thieves' vinegar; **un l. in guanti gialli**, a gentleman thief; **dare del l. a q.**, to call sb. a thief. ● **l. acrobata**, cat burglar; cat (*fam.*); second-story man (*USA*) □ **l. d'automobili**, carnapper □ **l. di cuori**, lady-killer □ **l. di strada**, highway robber □ **l. internazionale**, international crook □ **buio da ladri**, pitch-black dark □ **cacciare q. come un l.**, to send sb. away with a flea in his (*o* her) ear □ **tempo da ladri**, foul (*o* dirty) weather □ **vergognarsi come un l.**, to be terribly ashamed □ **vestito come un l.**, dressed like a tramp □ (*prov.*) **L'occasione fa l'uomo l.**, opportunity makes the thief □ (*prov.*) **Tant'è l. chi ruba, che chi tiene il sacco**, the receiver is as bad as the thief.
ladrocinio, *m.* **1** theft; robbery **2** (*leg.*) larceny; theft.
ladroncèllo, *m.* young (*o* boy) thief*.
ladróne, *m.* robber; highwayman*.
ladroneria, *f.* robbery; thievery.
ladronésco, *a.* thievish.
ladrùncolo, *m.* **1** (*ragazzo che ruba*) young (*o* boy) thief* **2** (*ladro da poco*) petty thief*; pilferer.
Laèrte, *m.* Laertes.
lager (*ted.*), *m.* concentration camp.
laggiù, *avv.* **1** down there; (*lontano*) over there: **Vedi quell'uomo l.?**, do you see that man over there? **2** (*al sud*) down South.
lagna, *f.* (*fam.*) **1** whining; whimpering **2** (*cosa o persona noiosa*) bore. ● **essere tutta una l.**, to be always grumbling.
lagnanza, *f.* complaint: **fare le proprie lagnanze**, to make complaints.
lagnarsi, *v. rifl.* **1** to moan; to groan; to whimper; to whine **2** (*lamentarsi*) to grumble; to complain **3** (*dolersi*) to complain; to lodge a complaint: **l. per l'ascensore che non va**, to complain about the lift not working; **Non mi posso lagnare**, I can't complain.
lagno, *m.* (*lett.*) moan; groan.
lagnóso, *a.* **1** complaining; grumbling **2** (*pop.*: *noioso*) boring.
lago, *m.* **1** lake; loch (*scozz.*); lough (*irlandese*): **il l. Trasimeno**, Lake Trasimeno; **un l. chiuso**, a lake with no inlet or outlet **2** (*piccolo*) pond, pool; (*di montagna*) tarn **3** (*fig.*) lake; (huge) puddle; pool: **Tutte le volte che piove c'è un l. davanti al cancello**, whenever it rains, there's a huge puddle in front of the gate; **un l. di sangue**, a pool of blood. ● **essere in un l. di sudore**, to be in a bath of perspiration; to be dripping with sweat.
lagoftalmo, *m.* (*med.*) lagophthalmus; lagophthalmia.
làgrima, e *deriv. V.* **làcrima**, e *deriv.*
laguna, *f.* lagoon.
lagunare, *a.* lagoon (*attr.*).
lai (1), *m.* (*stor. letter.*) lay.
lai (2), *m. pl.* (*poet.*) lamentations; laments.
làica, *f.* laywoman*.
laicale, *a.* lay (*attr.*); laic(al); secular.
laicato, *m.* **1** (*condizione*) lay status **2** (*i laici*) laity.
laicismo, *m.* laicism; secularism.
laicista, **A** *V.* **laicale**. **B** *m.* e *f.* supporter of laicism.
laicistico, *a.* secularistic; secularist.
laicità, *f.* lay status; laicality.
laicizzare, *v. t.* to laicize; to secularize.

laicizzazióne, *f.* laicization; secularization.
làico, A *a.* secular; lay (*attr.*); laic(al). ● **scuola laica,** nondenominational school. **B** *m.* **1** layman* **2** (*frate converso*) lay brother.
laidézza, *f.* **1** foulness; filth **2** (*oscenità*) obscenity.
làido, *a.* **1** foul; dirty; filthy **2** (*osceno*) obscene.
laidume, *m.* filth; dirt.
lallazióne, *f.* (*med.*) lallation.
lalofobìa, *f.* (*psic.*) lalophobia.
lalopatìa, *f.* (*med.*) lalopathy.
laloplegìa, *f.* (*med.*) laloplegia.
lama (1), *f.* blade: **l. di rasoio,** razor-blade; **l. a doppio taglio,** two-edged blade; **arrotare una l.,** to sharpen a blade; **il filo della l.,** the blade's edge. ● **una l. a doppio taglio,** a double-edged weapon □ (*fig.*) **una buona l.,** a good swordsman.
lama (2), *m. invar.* (*zool., Auchenia lama*) llama.
lama (3), *m. invar.* (*sacerdote buddista*) Lama.
lama (4), *f.* (*terreno paludoso*) swamp.
lamaìsmo, *m.* (*stor. relig.*) Lamaism.
lamantino, *m.* (*zool., Trichechus manatus*) manatee; lamantin.
lamare, *v. t.* (*ind. meccanica*) to spot-face.
lamatura, *f.* (*ind. meccanica*) spot-facing.
lambda (1), *m.* e *f.* (*undicesima lettera dell'alfabeto greco*) lambda.
lambda (2), *m.* (*anat.*) lambda.
lambdacìsmo, *m.* (*med.*) lambdacism.
lambèllo, *m.* (*araldica*) label; file.
Lambèrto, *m.* Lambert.
lambiccaménto, *m.* **1** distilling **2** (*fig.*) racking of one's brains.
lambiccare, A *v. t.* **1** to distil **2** (*fig.*) to think* over carefully; to ponder. ● **l. il cervello,** to cudgel (*o* to rack) one's brains.
lambiccarsi, B *v. rifl.* to rack one's brains; to puzzle.
lambiccato, *a.* (*fig.*) far-fetched; stilted.
lambicco, *m.* alembic; retort.
lambire, *v. t.* to lick (up); to lap: **Le fiamme lambivano ogni cosa,** the flames licked up everything.
lambrecchini, *m. pl.* (*araldica*) lambrequins.
lambrusca, *f.* (*bot., Vitis labrusca*) labrusca grape; fox-grape (*USA*).
lambrusco, *m.* «lambrusco» (kind of Italian wine).
lamé (*franc.*), *V.* **laminato (2).**
lamèlla, *f.* **1** thin plate; thin layer **2** (*biol.*) lamella*.
lamellare, *a.* **1** lamellar; laminate **2** (*di metallo*) foliated.
lamellibranchi, *m. pl.* (*zool., Lamellibranchiata*) lamellibranchs; lamellibranchiates.
lamentare, A *v. t.* to lament; to mourn: **l. la morte di un amico,** to lament (*o* to mourn) the death of a friend; to mourn over a friend's death. **lamentarsi, B** *v. rifl.* **1** (*gemere*) to groan; to moan: **Il ferito si lamentava,** the wounded man was moaning **2** (*fare rimostranze*) to complain; to grouse; (*brontolare*) to grumble: **Mi lamenterò col direttore,** I shall complain to the manager; **Quanto è noiosa, si lamenta sempre,** what a bore she is, (she is) always complaining; **Non posso lamentarmi,** I have nothing to complain about. ● (*fam.*) **«Come stai?» «non mi lamento»,** «how are you?» «nicely, thank you».
lamentazióni, *f. pl.* lamentations; wailings: **le l. di Geremia,** the Lamentations of Jeremiah.
lamentèla, *f.* complaint.
lamentévole, *a.* **1** (*degno di compianto*) lamentable; pitiful; deplorable **2** (*che esprime lamento*) complaining; plaintive; mournful: **con voce l.,** in a plaintive (*o* mournful) voice.
lamentìo, *m.* wailing; lamentations (*pl.*).
laménto, *m.* **1** moan; groan; cry; (*al pl., spesso*) moaning, groaning, wailing (*tutti sing.*): **Udivo i lamenti dei feriti,** I could hear the moaning of the wounded **2** (*reclamo, ecc.*) complaint **3** (*composizione lett. o mus.*) lament: **un l. funebre,** a funeral lament; a dirge.
lamentosaménte, *avv.* plaintively; mournfully.
lamentóso, *V.* **lamentévole.**
lamétta, *f.* (*di rasoio*) razor-blade.
làmia, *f.* **1** (*mitol.*) lamia* **2** (*strega*) witch; (*incantatrice*) enchantress.
lamièra, *f.* (*ind. metallurgica*) plate; sheet: **l. bugnata,** buckle-plate; **l. di acciaio,** sheet-steel; **l. di zinco,** sheet-zinc; **l. liscia,** smooth plate; **l. ondulata,** corrugated sheet-iron; **l. zincata,** galvanized sheet-iron. ● **l. d'auto,** auto panel ■ **battitore di lamiere (d'auto),** panel beater.
lamierino, *m.* (*ind. metallurgica*) sheet metal. ● **l. di acciaio,** sheet-steel □ **l. di ottone,** sheet-brass □ **l. di stagno,** sheet-tin □ (*fis.*) **l. per trasformatori,** transformer core plate.
lamierista, *m.* sheet-metal worker.
làmina, *f.* **1** (*anche miner.*) lamina*; thin plate; thin layer; thin sheet **2** (*anat., geol., bot.*) lamina*; (*scaglia*) scale: **lamine di ardesia,** slate laminae; **rompersi** (*o* **sfaldarsi**) **in lamine,** to split into laminae. ● **l. d'oro,** gold leaf □ **l. di ottone,** brass foil □ (*fis.*) **l. magnetica,** magnetic shell □ **essere a lamine,** to be laminated.
laminare (1), *a.* laminar: (*mecc.*) **corrente** (*o* **flusso, moto**) **l.,** laminar flow; (*geol.*) **uno strato l.,** a laminar layer.
laminare (2), *v. t.* **1** (*metall.*) to roll; (*in fogli sottili*) to laminate: **l. a caldo,** to hot-roll; **l. a freddo,** to cold-roll **2** (*coprire con lamine*) to laminate.
laminària, *f.* (*bot., Laminaria*) sea-tangle.
laminato (1), A *a.* (*metall.*) rolled: **ferro l.,** rolled iron. **B** *m.* rolled section: **l. di acciaio,** rolled steel section; **l. di ferro,** rolled iron section.
laminato (2), *m.* (*tessuto*) lamé.
laminatóio, *m.* (*mecc.*) rolling-mill: **l. per barre,** bar rolling-mill; **l. per lamiere,** plate rolling-mill; **l. per lamiere sottili,** sheet rolling-mill; **l. per profilati,** section rolling-mill; **l. per tubi,** tube rolling-mill.
laminatóre, *m.* (*mecc.*) roller; laminator.
laminatura, *f.* (*metall.*) lamination; rolling.
laminazióne, *f.* **1** (*geol.*) lamination **2** (*metall.*) rolling: **l. a caldo,** hot-rolling; **l. a freddo,** cold-rolling.
làmpada, *f.* lamp; light: **l. a olio** (**elettrica, a incandescenza, al neon, fluorescente**)**,** oil (electric, incandescent, neon, fluorescent) lamp; **l. di sicurezza,** safety-lamp; (*med.*) **l. a raggi ultravioletti,** sun-lamp; **l. da tavolo,** reading-lamp; **l. ad «applique»,** bracket-lamp; **l. a stelo,** floor-lamp. ● **l. a pila,** flashlight; torch □ **lampade e lampadari,** lighting equipment (*o* fittings) □ **l. spia,** warning light.
lampadàrio, *m.* chandelier.
lampadina, *f.* (electric-light) bulb: **l. smerigliata,** frosted bulb; (*fotogr.*) **l. da «flash»,** flash bulb. ● **l. di fase,** phase lamp □ **l. tascabile,** pocket torch.
lampante, *a.* (*chiaro*) clear; evident; obvious. ● **nuovo l.,** brand new □ **prova l.,** positive proof.
lampara, *f.* (*naut.*) «lampara» (fishing light).
lampasso, *m.* (*ind. tessile*) lampas.
lampeggiaménto, *m.* flashing; (*di un lampo*) lightning; (*nelle segnalazioni*) blinking, winking.
lampeggiare, *v. i.* **1** (*impers.*) to lighten: **Tuonava e lampeggiava,** it was thundering and lightening **2** (*di luce e fig.*) to flash: **I suoi occhi lampeggiarono d'ira,** his eyes flashed with anger **3** (*di segnalazioni*) to blink; to wink. ● **Lampeggiava sui monti,** there was lightning on the hills.
lampeggiatóre, *m.* **1** (*autom.*) flashing indicator; winking light **2** (*semaforo stradale*) flashing amber light **3** (*fotogr.*) flash gun. ● (*fotogr.*) **l. elettronico,** flash-lamp.
lampéggio, *m.* flashing.
lampionàio, *m.* lamp-lighter.
lampioncino, *m.* Chinese lantern; fairy-lamp.
lampióne, *m.* **1** (*di strada*) street-lamp; (*il palo*) lamp-post **2** (*di carrozza*) carriage-lamp.
lampista, *m.* (*ferr., min.*) lampman*.
lampisterìa, *f.* (*ferr., min.*) lamp room.
lampo, *m.* **1** lightning (*sempre sing.*): **lampi e tuoni,** thunder and lightning; **lampi a zigzag,** forked lightning; **lampi diffusi,** sheet lightning **2** (*al sing., spesso*) flash of lightning: **il bagliore dei lampi,** the flashes of lightning **3** (*guizzo di luce; anche fig.*) flash; (*bagliore*) flashing: **il l. delle spade** (**degli occhi**)**,** the flashing of swords (of eyes); (*fig.*) **un l. di speranza,** a flash of hope; (*fotogr.*) **l. al magnesio,** magnesium flash; (*fig.*) **in un l.,** in a flash (*o* in a trice). ● **un l. di genio,** a stroke of genius □ **aprire la chiusura l. di un abito,** to unzip a dress □ **chiudere la chiusura l. di un abito,** to zip up a dress □ **chiusura l.,** zip (fastener); zipper (*USA*) □ **correre come un l.** (*cioè, prestissimo*)**,** to run like lightning (*o* as quick as lightning, like greased lightning) □ **guerra l.,** blitzkrieg □ (*degli occhi*) **mandare lampi di collera,** to flash with anger □ **passare via come un l.,** to flash by; to whizz by □ **telegramma l.,** express telegram.
lampóne, *m.* **1** (*bot., Rubus idaeus*) raspberry; raspberry-cane **2** (*il frutto*) raspberry.
lamprèda, *f.* (*zool., Petromyzon*) lamprey.
lana, *f.* **1** wool: **pura lana,** pure wool; **l. da rammendo,** darning wool; **gomitolo** (**matassa**) **di l.,** ball (skein) of wool; **l. agnellina,** lamb's wool; **cardare** (**pettinare**) **la l.,** to card (to comb) wool; **un sacco di l.,** a wool-sack **2** (*laniccio*) fluff **3** — (*fatto*) **di l.** (*specialm. per un capo di vestiario*)**,** woollen (*o* wool, *attr.*); woolly: **golf** (**camiciola, coperta, ecc.**) **di l.,** woollen (*o* wool, woolly) cardigan (vest, blanket, etc.). ● **l. a fibra corta,** mungo □ **l. a fibra lunga,** long-stapled wool □ (*ind. tessile*) **l. da carda,** carding (*o* clothing) wool □ (*ind.*) **l. d'acciaio,** steel wool (*ind. tessile*) **l. da concia,** pulled wool □ (*costr.*) **l. di legno,** wood wool □ (*ind.*) **l. di vetro,** glasswool; fibreglass □ **l. gréggia,** raw wool □ **l. ordinaria,** broad wool □ **l. per lavori a maglia** (*fatti a mano*)**,** knitting wool □ **l. rigenerata,** shoddy (wool) □ **l. ver-**

lanaiòlo

gine, virgin wool □ (*fig.*) **fare questioni di l. caprina**, to split hairs □ (*tessuto*) **pettinato di l.**, worsted (cloth) □ (*ind. tessile*) **pettinatura della l.**, wool-combing □ **tessitura della l.**, wool--weaving □ **Quella buona l. di Oscar non si è fatto vivo**, that rascal (*o* scamp) of an Oscar hasn't shown up.

lanaiòlo, *m.* (*mercante di lana*) wool merchant; dealer in wool.
lanàrio, *m.* (*zool.*, *Falco biarmicus feldeggi*) lanner.
lanca, *f.* (*geol.*) meander scar.
lanceolato, *a.* (*anche bot.*) lanceolate; lance-shaped.
lancétta, *f.* **1** (*med.*) lancet **2** (*di orologio*) hand: **la l. dei minuti**, the minute hand **3** (*di bussola*) needle; (*di altro strumento*) pointer.
lància (1), *f.* **1** lance; spear: (*fig.*) **spezzare una l. in favore di q.**, to break a lance in sb.'s defence; **con la l. in resta**, with lance in rest **2** (*lanciere*) lance **3** (*becco di estintore*) nozzle.
lància (2), *f.* (*naut.*) ship's boat; launch. ● **l. armata**, cutter □ **l. a vapore**, steam pinnace □ **l. di bordo**, dinghy, dingey □ **l. di salvataggio**, lifeboat.
lanciàbile, *a.* that can be thrown.
lanciabómbe, *m. invar.* (*mil.*) bomb-thrower; (*naut.*) depth--charge thrower.
lanciafiamme, *m. invar.* (*mil.*) flame-thrower.
lanciagranate, *m.* (*mil.*) mortar.
lanciamissili, (*mil.*) **A** *a.* rocket (*o* missile) launching. **B** *m. invar.* rocket (*o* missile) launcher.
lanciarazzi, *m. invar.* (*mil.*) rocket launcher; (*per segnalazione*) rocket gun.
lanciare, **A** *v. t.* **1** to throw* (*anche sport*); to hurl; to fling*; to pitch: **l. il disco** (**il giavellotto**), to throw the discus (the javelin); **l. una palla a q.**, to throw a ball to sb.; **l. sassi contro q.**, to throw (*o* to fling) stones at sb.; **l. minacce contro q.**, to hurl threats at sb. **2** (*da un aereo*) to drop: **l. bombe**, to drop bombs; **Cento paracadutisti furono lanciati nella zona**, a hundred parachutists were dropped in the area **3** (*siluri*) to fire; to discharge; to launch **4** (*talora*) to cast*: **l. la rete nell'acqua**, to cast the net into the water; **l. un'occhiata a q.**, to cast a glance at sb.; to glance at sb. **5** (*talora*) to launch: **l. un razzo**, to launch a rocket; **l. un giovane negli affari**, to launch a young man into business **6** (*comm.*) to launch; to boost; to boom: **l. un articolo** (**un prodotto**), to launch an article (a product); **l. una moda**, to launch (*o* to set) a fashion. ● **l. al galoppo un cavallo**, to start a horse off at full gallop □ **l. un'imprecazione**, to rap out an oath □ **l. un'idea** (**un suggerimento**), to throw out an idea (a suggestion) □ **l. in aria una moneta**, to toss up a coin □ (*mecc.*) **l. un motore**, to speed up an engine □ (*sport*) **l. il peso**, to put the shot □ **l. un urlo**, to utter (*o* to give) a cry; to shout.
lanciarsi, **B** *v. rifl.* **1** to throw* (*o* to hurl) oneself; to fling* oneself; to dash: **Il pompiere si lanciò tra le fiamme**, the fireman threw himself (*o* dashed) amidst the flames; **La donna si lanciò fuori della stanza**, the woman flung herself (*o* dashed) out of the room; **Si lanciarono contro il nemico**, they hurled themselves at (*o* upon) the enemy; they dashed at the enemy **2** (*col paracadute*) to drop, to jump; (*in caso di emergenza*) to ball out, to bail out **3** (*fig.*) to launch (out) (into st.): **l. in una discussione**, to launch into a discussion; **Si sta lanciando ora** (*negli affari, ecc.*), he is launching out now. ● **l. all'inseguimento di q.**, to dash off in pursuit of sb. □ **l. in avanti**, to dash (*o* to rush) forward.
lanciasiluri, *m.* (*mil.*) torpedo-tube.
lanciàto, *a.* **1** (*di veicolo*) speeding (*o* racing) along; going at full speed **2** (*sport: di prove di velocità*) flying: **chilometro l.**, flying kilometre **3** (*fig.*: *infervorato*) off; rolling.
lanciatóre, *m.* (*atletica*) thrower; (*baseball*) pitcher; (*cricket*) bowler.
lancière, *m.* **1** (*mil.*) lancer **2** (*pl.*: *ballo*) lancers.
Lancillòtto, *m.* Lancelot.
lancinante, *a.* lancinating; shooting; piercing; acute: **dolore l.**, acute pain.
làncio, *m.* **1** (*il lanciare*) throwing; flinging; hurling; (*sport, anche*) pitching; (*singolo l., distanza del l., modo di lanciare*) throw, fling, hurl; (*sport, anche*) pitch: **un l. di dadi**, a throw (*o* a fling) of the dice; **il l. del disco**, the discus throw; (*cricket, baseball*) **un buon l.**, a good pitch **2** (*con paracadute*) parachuting; drop: **l. fatto di notte**, night-drop; **l. con apertura ritardata**, delayed drop; **l. di rifornimenti**, air-drop **3** (*di siluri*) firing; discharge; launching **4** (*pubblicitario*) launching; advertising campaign: **il l. di un articolo**, the launching of an article; **il l. di un libro** (**di un attore, ecc.**), the launching of a book (of an actor, etc.) **5** (*miss.*) launching; launch; shot; shoot (*specialm. USA*): **un l. sulla luna**, a moon shot; **un l. «abortito»**, a launch abort. ● (*sport*) **l. del peso**, putting the shot (*aeron.*) **l. di bombe**, dropping of bombs □ **cabina di l.**, torpedo compartment □ (*comm.*) **offerta di l.**, introductory offer □ (*miss.*) **rampa di l.**, launching pad.

landa, *f.* moor; heath.
landò, *m.* landau.
laneria, *f.* woollen goods (*pl.*); woollens (*pl.*).
lanétta, *f.* **1** (*lana leggera*) light wool **2** (*lana mista*) mixed wool.
Lanfranco, *m.* Lanfranc.
langraviato, *m.* (*stor.*) landgraviate.
langràvio, *m.* (*stor.*) landgrave.
languènte, *a.* languishing.
languidaménte, *avv.* languidly; listlessly; faintly.
languidézza, *f.* **1** languor; weakness; faintness **2** (*svenevolezza*) simpering; languishing look.
lànguido, *a.* **1** languid; listless; weak; faint: **con voce languida**, in a languid voice **2** (*svenevole*) languishing; simpering: **guardare q. con occhi languidi**, to look at sb. with languishing eyes **3** (*di luce*) dim; faint.
languire, *v. i.* **1** to languish; to pine: **l. in prigione** (**in miseria**), to pine in prison (in poverty); **l. d'amore**, to languish for love **2** (*di una pianta*) to droop **3** (*della luce*) to grow* dim (*o* faint) **4** (*di una fiamma*) to die down **5** (*del commercio, degli affari*) to be slack.
languóre, *m.* **1** languor; listlessness; weakness; faintness **2** (*pl.*: *svenevolezze*) simpering (*o* languishing) looks. ● **l. di stomaco**, pangs of hunger.
laniccio, *m.* fluff.
lanière, *m.* woollen manufacturer.
lanièro, *a.* wool(len) (*attr.*): **industria laniera**, wool industry.
lanificio, *m.* wool(len) mill; wool(len) factory.
lanolina, *f.* (*chim.*) lanolin(e); wool-fat.
lanosità, *f.* woolliness.
lanóso, *a.* **1** woolly; wool, woollen (*attr.*) **2** (*simile alla lana*) woolly; wool-like.
lantana, *f.* (*bot.*, *Viburnum lantana*) wayfaring-tree.
lantànide, *m.* (*chim.*) lanthanide; lanthanon.
lantànio, *m.* (*chim.*) lanthanum.
lantèrna, *f.* **1** lantern: **una l. magica**, a magic lantern; **lo sportellino della l.**, the lantern shutter; **una l. cieca**, a dark lantern **2** (*faro*) lighthouse; (*fanale*) light, beacon.
lanternino, *m.* – (*fig.*) **cercare q.c. col l.**, to search high and low for st.; (*fig.*) **cercarsele col l.** (*andare in cerca di guai*), to be asking for trouble.
lanùgine, *f.* down.
lanuginóso, *a.* downy.
lanuto, *a.* (*lett.*) wool-covered.
lanzichenécco, lanzo, *m.* (*stor.*) lansquenet.
Laocoónte, *m.* (*mitol.*) Laocoon.
laónde, *cong.* (*lett.*) therefore; wherefore.
laotiano, *a.* e *m.* Laotian.
lapalissiano, *a.* obvious; self-evident.
laparoscopìa, *f.* (*med.*) laparoscopy.
laparotomia, *f.* (*med.*) laparotomy.
lapicida, *m.* stone-cutter.
lapidare, *v. t.* to stone (to death); to pelt with stones; to lapidate.
lapidària, *f.* **1** (*arte dell'incisione delle iscrizioni*) art of inscriptions **2** (*epigrafia*) epigraphy.
lapidàrio, **A** *a.* **1** lapidary: **iscrizioni lapidarie**, lapidary inscriptions **2** (*fig.*: *sentenzioso*) lapidary; sententious; aphoristic; (*conciso*) concise. **B** *m.* **1** (*incisore di lapidi*) stone--cutter **2** (*museo*) epigraphic museum **3** (*trattato medievale*) lapidary.
lapidatóre, *m.* stoner.
lapidatrice, *f.* (*tecn.*) honing machine.
lapidatura, *f.* (*tecn.*) honing.
lapidazióne, *f.* stoning; lapidation.
làpide, *f.* **1** (*funeraria*) tombstone; gravestone **2** (*commemorativa*) memorial tablet.
lapidèllo, *m.* (*tecn.*) hone.
lapideo, *a.* stony; stone (*attr.*).
lapillo, *m.* (*geol.*) lapillus*.
lapin (*franc.*), *m.* rabbit fur.
làpis, *m.* pencil: **temperare un l.**, to sharpen a pencil; **un l. copiativo**, an indelible pencil.
lapislàzzuli, *m.* (*miner.*) lapis-lazuli.
lappa, *f.* (*bot.*, *Arctium lappa*) burdock.
lappare (1), *v. t.* e *i.* to lap (up): **Il cane lappa il brodo**, the dog laps (up) the broth.
lappare (2), *v. t.* (*metall.*) to lap.
lappatura, *f.* (*metall.*) lapping.
làppola, *f.* (*bot.*) bur(r).
lappóne, **A** *a.* Lappish; Lapp. **B** *m.* e *f.* Laplander; Lapp. **C** *m.* (*la lingua*) Lappish.
Lappònia, *f.* (*geogr.*) Lapland.
làpsus (*lat.*), *m.* lapse; slip: **l. calami**, slip of the pen; **l. linguae**, slip of the tongue.

laràrio, *m.* (*archeol.*) lararium*.
lardàceo, *a.* lardaceous; lard-like.
lardellare, *v. t.* **1** (*cucina*) to lard (*anche fig.*) **2** (*fig.*) to interlard; to cram; to fill.
lardèllo, *m.* strip of bacon; lardo(o)n.
lardo, *m.* lard; bacon fat. • (*fig.*) **friggersi nel proprio l.**, to stew in one's own juice □ (*fig.*) **nuotare nel l.**, to be rolling in money.
lardóso, *a.* fat; fatty.
lare, *m.* **1** (*mitol.*) Lar*: **portare con sé i propri lari**, to take one's Lares with one **2** (*pl.: famiglia*) lares; home (*sing.*). • (*fig.; scherz.*) **tornare ai patri lari**, to return home.
larga, alla, *locuz. avv.* at a distance; away: **stare alla l. da q.**, to keep away from sb. • **alla l.!**, clear off!
largheggiare, *v. i.* to be generous (with st., in doing st.); to be profuse (in st.); to be lavish (of st., in doing st.): **Tu puoi anche l.**, you can afford to be generous; **Il proprietario largheggiò in ringraziamenti**, the owner was profuse in his thanks. • **l. in mance**, to be a generous tipper; to tip lavishly.
larghézza, *f.* **1** breadth (*più comune al fig.*); broadness; width: **la l. della strada (della bocca, della scala)**, the width of the road (of the mouth, of the stairs); **la stanza ha una l. di dieci piedi**, the room is ten feet in breadth; **l. d'idee (d'interessi, ecc.)**, breadth of mind (of interests, etc.) **2** (*fig.: abbondanza*) largeness; abundance; a lot of; great number: **con l. di particolari**, with a lot of details; **l. di mezzi**, largeness of means **3** (*fig.: generosità*) generosity; liberality: **mostrare grande l.**, to show great liberality. • **l. di vedute**, broad-mindedness □ **l. eccessiva nello spendere**, extravagance □ (*naut.*) **l. massima** (*di una nave*), beam □ **intendere q.c. con una certa l.**, to take st. with a grain of salt, not literally □ **usare l.**, to give generously.
largire, *v. t.* (*lett.*) to bestow (st. upon sb.); to grant; to give* liberally.
largitóre, *m.* bestower.
largizióne, *f.* **1** (*atto del largire*) donation; bestowal **2** (*dono*) gift; donation.
largo, A *a.* **1** broad; wide: **una strada larga**, a broad (*o* wide) street; **una tavola larga un metro**, a table one metre broad (*o* wide); **un cappello a tesa larga**, a wide-brimmed (*o* a broad--brimmed) hat; **Ha la fronte larga**, he has a broad (*meno comune:* wide) brow; **un fosso l. sessanta piedi**, a ditch sixty feet wide; **attraversare un fiume nel punto più l.**, to cross a river at its widest point **2** (*in certi casi*) wide: **pantaloni larghi**, wide trousers; **un risvolto l.**, a wide lapel; **nel più l. significato**, in the widest sense; **a gambe larghe**, with legs wide apart **3** (*e in altri casi*) broad: **di spalle larghe**, broad-shouldered; **una schiena larga**, a broad back; **una vocale larga**, a broad vowel; **Ha un accento l.**, he has a broad accent; **a tratti larghi**, with broad strokes; **l. di mente** (*o* **di vedute larghe**), broad-minded **4** (*ampio; anche fig.*) ample; wide; large: **C'è l. spazio per tutti (voi)**, there's ample room for all of you; **avere larghi interessi**, to have wide views; **a larghi intervalli**, at wide intervals; **vedute larghe**, large views; **un uomo d'idee larghe**, a man with large ideas **5** (*di veste, ecc.: troppo ampio*) loose: **Ti è l. in vita**, it's too loose for you in the waist **6** (*fig.: generoso*) generous; free; liberal; (*nello spendere*) open-handed: **essere l. nel promettere**, to be free with one's promises; **essere l. nelle mance**, to be a generous tipper; to tip lavishly. • **a larghi tratti**, in outline; with (broad) strokes □ **essere di manica larga**, to be easy-going (*o* indulgent) □ **fare larghe concessioni**, to make big concessions □ **in larga misura**, to a great extent □ **una sottana larga**, a full skirt □ **stare larghi**, to have plenty of room □ **su larga scala**, on a large scale; large-scale (*attr.*). **B** *m.* **1** (*larghezza*) breadth; width **2** (*mare aperto*) open sea; offing **3** (*mus.*) largo* **4** (*piazzetta: in Italia*) «largo»; (*altrove*) square; (*se è seguito dal nome, anche*) place. • **L.!** (*fate l.!*), make way! □ (*naut.*) **al l.**, off shore; in the open sea; in the offing: **Scorsi un piroscafo al largo**, I saw a steamer in the offing □ (*naut.*) **al l. della costa francese**, off the French coast □ (*naut.*) **essere al l.**, to be out at sea □ (*naut.*) **andare al l.**, to go out to sea □ (*fig.*) **farsi l. nella vita**, to get on in life □ **farsi l. tra la folla**, to make (*o* to elbow) one's way through the crowd □ **in lungo e in l.**, in all directions; far and wide □ **per il l.** (*o* **sul lato l.**), broadways □ **prendere il l.**, (*naut.*) to bear off; (*fig.*) to make oneself scarce; to take to one's heels □ **prenderla (alla) larga**, to approach a subject in a roundabout way □ **tenersi al l.**, to keep (*o* to steer) clear (of sb., of st.): **Tieniti al l.!**, keep clear of the whole business! □ **vento dal l.**, onshore wind □ **viaggiare in lungo e in l. per l'Europa**, to travel across the length and breadth of Europe □ **Fate l.!**, make way (*o* room!) □ (*fig.*) **L. ai giovani!**, let the young have a chance.
làrice, *m.* (*bot.*, *Larix europaea*) larch. • (*bot.*) **l. americano** (*Larix americana*), hackmatack.
laringale, *a.* (*fon.*) laryng(e)al.
laringe, *f.* (*anat.*) larynx*.

laringectomìa, *f.* (*med.*) laryngectomy.
laringeo, *a.* (*anat.*) laryngeal.
laringite, *f.* (*med.*) laryngitis.
laringoiatra, *m. e f.* throat-specialist; laryngologist.
laringoiatrìa, *f.* (*med.*) laryngology.
laringologìa, *f.* (*med.*) laryngology.
laringoscopìa, *f.* (*med.*) laryngoscopy.
laringoscòpio, *m.* (*med.*) laryngoscope.
laringotomìa, *f.* (*med.*) laryngotomy.
laringotracheìte, *f.* (*med.*) laryngotracheitis*.
larva, *f.* **1** (*zool.*) larva; (*d'insetto*) grub **2** (*fig.*) shadow; (mere) semblance **3** (*lett.: fantasma*) ghost. • **essere la l. di se stesso**, to be a shadow of one's former self □ **essere ridotto una l.**, to be reduced to a skeleton.
larvale, *a.* (*zool.*) larval.
larvato, *a.* masked; hidden; concealed.
lasagne, *f. pl.* (*cucina*) «lasagne».
lasca, *f.* (*zool.*, *Leuciscus rutilus*) roach. • **sano come una lasca**, as sound as a roach (*o* as a bell).
lascare, *v. t.* (*naut.*) to slacken.
lasciapassare, *m.* pass; permit.
lasciare, A *v. t. e i.* **1** to leave*: **l. una macchia (un'orma, una buona impressione, q. alla stazione, q. dopo tre anni)**, to leave a stain (a footprint, a good impression, sb. at the station, sb. after three years); (*morendo*) **l. una moglie e due figli (un patrimonio, tutto all'ospedale, un'eredità, q.c. a q. per testamento)**, to leave a wife and two children (a fortune, everything to the hospital, a legacy, st. to sb. in one's will); **l. Londra (la propria casa, la scuola, il posto di lavoro)**, to leave London (home, school, one's job); **Lascia aperto!**, leave it open; **Lascia del posto per il termos**, leave room for the thermos; **Ti lascio la chiave (il bambino)**, I'm leaving the key for you (the child with you); **l. fuori q.** (*anche fig.*), to leave sb. out; **Il suo ottimismo non lo lascia mai**, his optimism never leaves him; **Lasciammo la città sulla destra**, we left the town on our right; **L'ho lasciato di ottimo umore**, I left him in excellent spirits **2** (*dimenticare, non portare con sé, anche*) to leave* (st.) behind: **Lasciai il libro in treno**, I left the book behind on the train; **la vita che lasciavo...**, the life I was leaving behind me... **3** (*permettere*) to let*: **Lasciami andare!**, let me go (away)!; **Lasciami entrare!**, let me in!; **l. passare l'aria**, to let the air through; **Lascialo dire**, let him say what he likes **4** (*abbandonare, l. per sempre*) to abandon; to give* up; to desert: **l. ogni speranza**, to abandon (*o* to give up) all hope; **l. di frequentare le bische**, to give up gambling; **I marinai dovettero l. la nave**, the sailors had to abandon the ship; **Lasciò la famiglia e andò in Australia**, he deserted his family and went to Australia **5** (*interrompere*) to break* off; (*desistere*) to stop, to leave* off: **l. la carriera**, to leave off one's career; **Lascia di stuzzicarmi!**, stop teasing me!; **Lasciate di bisticciarvi!**, leave off quarrelling! **6** (*l. andare, l. la presa*) to let* go; to leave* hold (of st.): **Lascia (andare) la corda!**, let go the rope!; **Tieni il manico e non lasciarlo**, hold the handle and don't let go **7** (*l. da parte, serbare*) to keep*: **l. q.c. per usarlo in futuro**, to keep st. for future use; **Lascia (da parte) il pollo per il pranzo di domani**, keep the chicken for tomorrow's dinner **8** (*dare, concedere*) to give*; to let* (sb.) have: **Me lo lasciò per due sterline**, he let me have it for two pounds; **Te lo lascerò per mille lire**, you may have it for one thousand lire **9** — **lasciarci**, (*perdere*) to lose*; (*rimetterci*) to cost* (*impers.*): **Ci lasciai un braccio**, I lost an arm in it; **Il giornalista ci lasciò la pelle**, it cost the journalist his life. • **l. andare un colpo**, (*col pugno*) to hit out; (*con un'arma da fuoco*) to fire a shot (*o* to let fly at sb.) □ (*fig.*) **l. correre**, to let things go their own way □ **l. detto a q.**, to leave word with sb. □ **l. in libertà q.** (*rilasciarlo*), to set sb. free □ **l. cadere una maglia** (*in un lavoro a uncinetto, ecc.*), to drop a stitch □ **l. molto a desiderare**, to leave much to be desired □ **l. q.c. in testamento a q.**, to will (*o* to bequeath) st. □ **l. q. a bocca asciutta**, to disappoint sb.; to let sb. down □ **l. q. in asso** (*o* **nelle peste**), to leave sb. in the lurch (*o* high and dry) □ **l. q. perplesso**, to puzzle sb. □ **l. q. sul lastrico**, to leave sb. stranded (*o* without a penny) □ **l. stare q.** (q.c.), to leave sb. (st.) alone □ **l. uscire q.**, to let sb. out □ **O prendere o l.**, you can take it or leave it □ **Vivi e lascia vivere!**, live and let live! □ **Lascia o raddoppia**, double or quit(s) □ **Questo lascia il tempo che trova**, it makes no difference; it leaves things as they were □ **Lasciamo fare a Dio!**, let's leave it in the hands of God! □ **Lascia andare!**, forget it! □ **Lascia fare a me!**, leave it to me! □ **Lasciamo stare!**, let's drop it! □ **Lasciategli il suo segreto**, let him keep his secret □ **La nuova strada lascia fuori la città**, the new road bypasses the town □ **Questa tosse non mi lascia**, I can't get rid of this cough □ (*prov.*) **Chi lascia la via vecchia per la nuova sa quel che lascia ma non sa quel che trova**, who leaves the old way for the new, will find himself deceived. **lasciarsi, B** *v. rifl.* to let* oneself; (*o anche semplicemente*) to be (*seguito dal p. p.*):

làscito

Alla fine si lasciò persuadere, at last he let himself be persuaded; (anche fig.) l. andare, to let oneself go; Non mi lascerò ingannare!, I'm not going to be cheated! ● l. indietro q. (superarlo in velocità, ecc.; specialm. fig.), to leave sb. far behind; to outstrip sb. ☐ La zuppa si lasciava (appena) mangiare, the soup was (barely) eatable ☐ Da allora, non s'è più lasciato vedere qui, since then he hasn't turned up here. C v. rifl. recipr. to leave* each other (o one another); to part; to separate: Chiacchierammo fino a mezzanotte e poi ci lasciammo, we talked until midnight and then separated.

làscito, m. (leg.) legacy; bequest: Fece lasciti in denaro a tutti i suoi domestici, he left bequests of money to all his servants.
lascìvia, f. lasciviousness; lewdness; wantonness.
lascivo, a. lascivious; lewd; wanton.
lasco, A a. loose; slack: (mecc.) un bullone l., a loose bolt. **B** m. (naut.) slack.
laser, (fis.) **A** m. laser. **B** a. laser (attr.). ● (med.) chirurgia con il l., laser surgery.
laserfòto, f. (scient., tecn.) laserphoto.
lassa, f. (poesia) laisse.
lassativo, a. e m. (farm.) laxative.
lassismo, m. laxity; permissivism.
lassista, A m. e f. laxist; permissivist; permissionist. **B** a. permissive.
lasso (1), a. (lett.) weary. ● Ahi l.!, alas!
lasso (2), a. (lett.) **1** (allentato) loose; slack **2** (fig.) lax; indulgent.
lasso (3), m. lapse: un lungo l. di tempo, a long lapse of time.
lassù, avv. **1** up there **2** (in cielo) up above; in heaven **3** (al nord) up North. ● Aspettiamo la giustizia di l., we await justice from above.
lastra, f. **1** slab: selciato con lastre di pietra, paved with slabs of stone (o flagstones) **2** (di metallo; fotogr.) plate: una l. di ottone, a brass plate; una l. di rame, a copper plate; una l. fotomeccanica, a process plate **3** (di vetro o ghiaccio) sheet: Il pavimento era come una l. di ghiaccio, the floor was like a sheet of ice **4** (pellicola radiografica) X-ray (photograph): farsi una l., to have an X-ray. ● (tipogr.) l. stereotipa, stereotype.
lastricare, v. t. to pave; to flag.
lastricato, A a. paved; flagged. **B** m. (stone) pavement; paving.
lastricatòre, m. paver.
lastricatura, f. paving; flagging.
làstrico, m. (stone) paving (o pavement). ● (fig.) gettare (o ridurre) q. sul l., to turn sb. out of house and home; to reduce sb. to poverty ☐ (fig.) sul l., in dire want; in extreme poverty.
lastróne, m. **1** large slab **2** (alpinismo) sheer face of rock.
latèbra, f. (lett.) **1** secret place **2** (fig.) innermost recess.
latènte, a. latent; dormant. ● intenzione l., hidden intention.
latènza, f. latency; dormancy.
laterale, A a. side (attr.); lateral: una porta l., a side-door; una vista l., a side-view; una navata l., a side-aisle. ● linea l., (calcio) touch-line; (tennis) side-line ☐ (calcio) fallo l., (ball in) touch; via l., by-street. **B** m. (sport) half-back.
lateralmènte, avv. laterally; sideways.
lateranènse, a. Lateran (attr.).
Laterano, m. Lateran.
laterite, f. (geol.) laterite.
laterizio, A a. brick (attr.). **B** m. (pl.) bricks; tile(s). ● fabbrica di laterizi, brick-works.
làtice, m. (bot.) latex*.
laticlàvio, m. (archeol.) laticlave.
latifòglia, f. (bot.) broadleaf.
latifòglio, a. (bot.) broad-leaved.
latifondista, m. e f. big landowner.
latifóndo, m. **1** large landed estate **2** (stor., econ.) latifundium*.
latineggiante, a. Latinizing; Latinistic.
latineggiare, v. i. to Latinize; to use Latinisms.
latinismo, m. Latinism.
latinista, m. e f. Latin scholar; Latinist.
latinità, f. Latinity.
latinizzare, v. t. to Latinize.
latinizzatóre, m. Latinizer.
latinizzazióne, f. Latinization.
latino, a. e m. Latin: l. maccheronico, dog-Latin; l. tardo, post-classical Latin; basso l., vulgar Latin. ● (naut.) vela latina, lateen sail ☐ Per me è l., it's Greek to me.
latitante, A a. (leg.) absconding; at large. **B** m. e f. absconder; fugitive from justice.
latitanza, f. (leg.) absence to avoid arrest. ● darsi alla l., to abscond.
latitare, v. i. to abscond.
latitudinale, a. latitudinal.
latitùdine, f. latitude. ● dieci gradi di l. a nord dell'equatore, ten degrees North of the equator.
lato (1), a. broad; wide. ● in senso l., broadly speaking.
lato (2), m. **1** side: il l. soleggiato della valle, the sunny side of the valley; (mat.) i tre lati di un triangolo, the three sides of a triangle; i lati di una moneta, the sides of a coin; un cugino dal l. di madre, a cousin on one's mother's side; Lo minacciavano da ogni l., they threatened him on all sides; vedere i due lati di una questione, to see both sides of a question; vedere il lato buffo, to see the funny side; (naut.) l. sopravvento, weather side **2** – l. destro, l. sinistro, (si può omettere): Mi fa male il l. sinistro, it hurts me on the left (side); Si abbottona sul l. destro, it buttons up on the right (side) **3** (punto di vista) point of view; standpoint: dal l. religioso, from the religious standpoint **4** (parte) end: all'altro l. del negozio (della stanza), at the other end of the shop (room). ● il l. che non taglia (di una lama), the safe edge ☐ a l. di, beside; by (o at) the side of: Era sempre al l. del suo marito, she was always at her husband's side ☐ farsi da un l., to stand aside; to make way (o room) ☐ Per un l. è bene, in one way it's a good thing.
latomìa, f. (archeol.) latomia; stone quarry.
latóre, m. bearer; conveyer, conveyor.
latrare, v. i. to bark; (ululare) to howl.
latrato, m. bark; howl.
latrìa, f. (relig.) latria.
latrìna, f. latrine; lavatory; water-closet.
latrocìnio, m. ladrocinio.
latta, f. **1** (lamiera) tin; tin-plate: l. bianca (o stagnata), tin-plate; un foglio di l., a tin sheet; rivestito di l., tin-plated; tinned **2** (recipiente) can; tincan; tin: una l. di benzina, a can of petrol **3** (contenuto) tinful.
lattàia, f. milkwoman*.
lattàio, m. milkman*.
lattante, A a. breast-fed; (di animali) sucking. **B** m. e f. suckling; baby.
Lattànzio, m. (letter.) Lactantius.
lattasi, f. (biol.) lactase.
lattato, m. (chim.) lactate.
lattazióne, f. lactation.
latte, m. milk: l. di mucca (di asina, ecc.), cow's (ass's, etc.) milk; l. condensato (in polvere, intero, scremato, cagliato), condensed (powdered, whole o full-cream, skim, curdled) milk; l. di cocco (di mandorle, ecc.), coconut milk (milk of almonds, etc.). ● (cucina) l. alla portoghese, crème caramel; caramel cream ☐ l. di calce, milk of lime; lime-wash ☐ l. di gallina, (bot., Ornithogalum umbellatum) star of Bethlehem; (frullato) egg-flip; (fig.) rare delicacy ☐ l. di pesce, milt; soft roe ☐ (fam., fig.) avere ancora il l. alla bocca, to be a young whipper-snapper; to be still wet behind the ears (pop.) ☐ balia da l., wet-nurse ☐ bidone da l., churn; (più piccolo) milk-can ☐ (cucina) carne di vitello di l., veal of calf about eight weeks old; veal of sucking-calf ☐ centrale del l., milk distribution centre ☐ dare il l. (allattare), to breast-feed; to nurse; to suckle ☐ dente del l., milk-tooth ☐ febbre del l., milk fever ☐ figlio di l., foster-son ☐ fratello di l., foster-brother ☐ mucca da l., milch cow; dairy cow ☐ succhiare un principio col l., to imbibe a principle in (o from) one's cradle ☐ togliere il l. a un bambino (svezzarlo), to wean a baby ☐ (fig.) essere tutto l. e miele, to be all smiles and amiability.
lattemiéle, m. whipped cream.
làtteo, a. milky; milk (attr.); (che ha il colore del latte) milk-white: una dieta lattea, a milk diet; (med.) crosta lattea, milk-crust; (astron.) la Via Lattea, the Milky Way. ● farina lattea, baby-food.
lattería, f. **1** (cascina) dairy-farm; (stabilimento) dairy **2** (negozio) dairy; milk-shop.
lattescènte, a. (scient.) lactescent; milky.
lattescènza, f. (scient.) lactescence; milkiness.
làttice, V. làtice.
latticèllo, m. buttermilk; churn-milk.
latticini, m. pl. dairy (o milk) products.
làttico, a. (chim.) lactic: acido l., lactic acid.
lattièra (1), f. (recipiente) milk-jug.
lattièra (2), f. (fabbrica di latta) tin-plate factory.
lattièro, a. dairy, milk (attr.).
lattìfero, a. lactiferous (anche med.); (di un animale) milch (attr.): una mucca lattifera, a milch cow.
lattiginóso, a. **1** milky **2** (bot.) laticiferous; lactescent.
lattìme, m. (pop. crosta lattea) milk-crust.
lattina, f. tin; can (USA).
lattivéndolo, m. milkman*.
lattobacillo, m. (biol., chim.) lactobacillus*.
lattodensìmetro, m. (scient.) lactometer.
lattogenètico, lattògeno, a. (farm.) lactogenic.
lattóne, m. (chim.) lactone.

lattonière, *m.* tinker; tinsmith.
lattónzolo, *m.* sucking-pig; sucker.
lattoscòpio, *m.* (*scient.*) lactoscope.
lattòsio, *m.* (*chim.*) lactose; milk-sugar.
lattuga, *f.* **1** (*bot., Lactuca sativa*) lettuce **2** (*stor., moda*) ruff. ● (*bot.*) **l. cappuccina** (*Lactuca sativa capitata*), cabbage lettuce □ (*bot.*) **l. di mare** (*Ulva lactuca*), sea lettuce; green laver.
làuda, *f.* (*letter.*) laud.
làudano, *m.* (*farm.*) laudanum.
laudàrio, *m.* (*letter.*) laud-book.
laudativo, *a.* laudative; laudatory; of praise.
laudése, *m.* (*stor.*) **1** singer of lauds **2** (*scrittore di laude*) laudist.
lauràcee, *f. pl.* (*bot., Lauraceae*) (the) laurel family.
làurea, *f.* (university) degree; doctorate: **una l. ad honorem,** an honorary degree; **conseguire una l.,** to get (*o* to take) a degree; **l. in medicina,** degree in medicine; medical degree; **conferire una l. a q.,** to confer a degree on sb. ● **esame di l.,** (*discussione di una tesi*) disputation of a thesis; (*esame scritto*) finals (*pl.*): **sostenere l'esame di l.,** to take (*o* to sit for) one's finals.
laureando, *m.* graduand; final-year student.
laureare, A *v. t.* to confer a degree on (sb.). **laurearsi, B** *v. rifl.* to take* a degree; to take* one's degree; to graduate: **l. a pieni voti,** to graduate with full marks and honours.
laureato, *a. e m.* graduate. ● **essere l.,** to have a degree □ **poeta l.,** (poet) laureate.
laurenziano, *a.* Laurentian.
laurènzio, *m.* (*chim.*) lawrencium.
lauréto, *m.* laurel grove.
làuro, *m.* (*bot., Laurus nobilis*) laurel; bay-tree. ● **corona di l.,** bay (*o* laurel) wreath; bays (*pl.*).
laurocèraso, *m.* (*bot., Prunus laurocerasus*) cherry laurel.
lautézza, *f.* lavishness; sumptuousness.
làuto, *a.* lavish; sumptuous. ● **lauti guadagni,** large profits.
lava, *f.* lava: **una colata di l.,** a stream of lava; **l. basaltica,** basaltic lava.
lavaàuto, *m.* car-washer.
lavabiancheria, *f. invar.* washing-machine.
lavàbile, *a.* washable.
lavabilità, *f.* washability.
lavabo, *m.* **1** (*lavandino*) wash-basin; (*stanza*) lavatory **2** (*di sacrestia o artistico*) lavabo.
lavabottiglie, A *m. invar.* bottle-washer. **B** *a.* bottle (*attr.*); bottle-washing: **spazzola l.,** bottle brush.
lavacristallo, *m.* (*autom.*) windscreen washer; windshield washer (*USA*).
lavacro, *m.* (*lett.*) bath; lavacre: **un l. di sangue,** a blood-bath. ● **santo l.,** laver.
lavadita, *m. invar.* finger-bowl.
lavàggio, *m.* **1** washing: **l. e ingrassaggio,** washing and greasing; **l. a immersione,** immersion washing **2** (*di gas di scarico*) scavenge; scavenging. ● **l. a secco,** dry-cleaning □ (*fig.*) **l. del cervello,** brainwashing; menticide (*USA*).
lavagna, *f.* **1** (*miner.*) slate **2** (*per aula scolastica, ecc.*) blackboard. ● **l. luminosa,** overhead projector.
lavamàcchine, A *m. invar.* car-washer. **B** *f. invar.* automatic car-wash machine.
lavamano, *m.* wash-stand.
lavanda (1), *f.* (*bot., Lavandula officinalis*) lavender.
lavanda (2), *f.* **1** washing; wash **2** (*med.*) lavage: **l. gastrica,** gastric lavage. ● (*relig.*) **l. dei piedi,** Maundy.
lavandàia, *f.* **1** washerwoman*; laundress **2** (*fig.: donna volgare*) fishwife*.
lavandàio, *m.* washerman*.
lavanderia, *f.* laundry; (*con apparecchi automatici*) launderette; laundromat (*USA*). ● **l. (a secco) self-service,** washeteria □ **titolare di l.,** launderer.
lavandino, *m.* wash-basin; (*acquaio*) sink.
lavapiatti, A *m.* (*sguattero*) dish-washer. **B** *f.* (*sguattera*) scullery-maid. **C** *m. e f.* dish-washing machine.
lavare, A *v. t.* to wash; (*con il bruschino*) to scrub; (*con detersivi*) to scour; (*le stoviglie*) to wash up; (*le finestre, il pesce, la carne*) to clean; (*fig.: purificare, anche*) to cleanse: **l. i panni sporchi** (il bambino, l'automobile, ecc.), to wash the dirty clothes (the baby, the car, etc.); **l. per terra,** to scrub the floor. ● **l. a secco,** to dry-clean □ **l. i piatti,** (*anche*) to do the washing up; to wash up □ **bianco come un cencio lavato,** as white as a sheet □ (*prov.*) **I panni sporchi si lavano in famiglia,** wash your dirty linen at home □ (*prov.*) **Una mano lava l'altra e tutte e due lavano il viso,** one hand washeth the other and both the face □ (*prov.*) **A l. la testa dell'asino si perde il ranno e il sapone,** there's no washing a blackamoor white. **lavarsi, B** *v. rifl.* to wash oneself; to Oash: **l. le mani,** to wash one's hands; (*fig.*) **lavarsene le mani,** to wash one's hands of it. ● **Questa stoffa si lava bene,** this material washes easily.
lavarèllo, *m.* **1** (*zool., Coregonus lavaretus*) lake whitefish **2** (*naut.*) manger.
lavasécco, A *m.* e *f. invar.* **1** (*lavanderia a secco*) dry-cleaning establishment; dry cleaners (*pl.*) **2** (*macchina*) dry-cleaning machine (*o* washer). **B** *a.* dry-cleaning.
lavastoviglie, *m.* e *f. invar.* dish-washer; dishwashing machine.
lavata, *f.* wash. ● (*fig.*) **l. di capo,** dressing down; talking-to: **dare una l. di capo a q.,** to give sb. a (good) dressing down; to have sb. on the mat (*pop.*).
lavativo, *m.* **1** (*pop.: clistere*) enema* **2** (*fig.*) slacker; malingerer; scrimshanker (*gergo mil.*).
lavatóio, *m.* wash-house; (*recipiente*) washing-trough, wash-tub; (*asse per lavare*) wash-board.
lavatóre, *m.* **1** washer **2** (*di lana, ecc.*) scourer.
lavatrice, *f.* **1** washing-machine **2** (*ind. min.*) washer; (*ind. tessile*) scouring-machine. ● (*ind.*) **l. ultrasonica,** ultrasonic cleaning-machine.
lavatura, *f.* **1** washing **2** (*l'acqua dove si è rigovernato*) dish-water; dish-wash. ● (*fig.*) **l. di piatti,** slops (*pl.*).
lavèllo, *m.* sink.
làvico, *a.* lava (*attr.*); lavic.
lavina, *f.* avalanche.
lavoràbile, *a.* **1** workable; (*malleabile*) malleable, soft **2** (*coltivabile*) arable; tillable.
lavorabilità, *f.* **1** workability; (*malleabilita*) malleability, softness **2** (*di terreno*) arability.
lavoracchiare, *v. i.* to work half-heartedly.
lavoràccio, *m.* terrific (*o* devilish) job.
lavorante, A *m.* worker; workman*. **B** *f.* worker; workwoman*.
lavorare, *v. i. e t.* **1** to work; (*con fatica*) to labour, to toil; (*con scarso compenso o poca soddisfazione*) to drudge: **l. molto** (*o* **sodo**), to work hard; **l. sotto q.,** to work under (*o* for) sb.; **l. per la gloria** (*senza compenso*), to work for love; **l. a ore** (**a giornata, ecc.**), to work by the hour (by the day, etc.); **l. per conto proprio,** to work on one's own; **l. intorno a q.c.,** to work on (*o* at) st.; **l. otto ore al giorno** (**cinque giorni la settimana**), to work an eight-hour day (a five-day week); **l.** (*o* **lavorarsi**) **q.,** to work on sb. (*o* to get round sb.) **2** (*stare lavorando, agire*) to be at work: **Il male intanto lavorava dentro,** meanwhile the disease was at work inside **3** (*fare un certo tipo di lavoro*) to do*...-work: **l. a mano,** to do hand-work; to work by hand; **l. d'ago,** to do needle-work; **l. il ferro** (**il cuoio**), to do iron-work (leather-work); **l. di cervello,** to do brain-work **4** (*di una ditta, ecc.*) to do* business: **l. molto** (**poco**), to do (not to do) good business; to be (not to be) busy; **l. con q.,** to do (*o* to carry on) business with sb. **5** (*funzionare*) to operate; to work: **È caricato, ma non lavora,** it's wound, but it won't work **6** (*trattare*) to process **7** – **far l.,** to employ; to give* work to; to keep* busy: **far l. mille uomini,** to give work to (*o* to employ) one thousand men; **Questa epidemia mi fa l. molto,** this epidemic is keeping me (very) busy. ● **l. a cottimo,** to do piece-work □ (*metall.*) **l. a freddo** (**a caldo**), to cold-work (to hot-work) □ **l. a macchina,** to machine □ **l. a maglia,** to knit □ **l. come un cane** (**come un negro**), to work like a dog (like a nigger) □ **l. da sarto,** to work (*o* to have a job) as a tailor; to be a tailor □ **l. di bastone,** to beat; to cane □ **l. di cervello,** to use one's head □ **l. di fantasia,** (*sognare*) to day-dream; (*esagerare*) to exaggerate, to tell tall stories □ **l. di fino,** to act cunningly □ **l. di ganasce,** to eat voraciously □ **l. di gomiti,** to elbow one's way □ **l. d'intarsio,** to inlay □ (*fam.*) **l. di mano,** (*rubare*) to steal; (*rubacchiare*) to pinch; to pilfer □ **l. di testa,** to do brain-work □ **l. in coloniali,** to deal in groceries □ **l. il legno** (**la pietra**), to wood (stone) carving □ **l. la terra,** to till (*o* to plough, to cultivate) the soil (*o* the land) □ **l. troppo,** to overwork (oneself) □ **lavorarsi q.,** to talk sb. round □ **far l. troppo,** to overwork □ **l'Italia che lavora,** the Italian working classes □ **Ha una fantasia che lavora troppo,** he has too lively an imagination; his imagination is working overtime □ **Chi non lavora non mangia,** no mill, no meal □ (*prov.*) **Chi è svelto a mangiare è svelto a l.,** quick at meat, quick at work.
lavorata, *f.* work; job.
lavorativo, *a.* **1** working **2** (*di terreno*) tillable; arable. ● **giorno l.,** workday; week-day.
lavorato, A *a.* worked; (*di metallo*) wrought; (*di pietra, marmo, legno*) carved; (*di pellame*) tooled; (*sottoposto a processo industriale*) machined, processed; (*non grezzo*) finished; (*di terreno*) cultivated, tilled: **ferro l.,** wrought iron. ● **l. a mano** (**a macchina**), hand-made (machine-made). **B** *m.* finished work; machined product.
lavoratóre, A *m.* **1** worker: **un l. accanito,** a hard worker; a toiler **2** (*dipendente*) employee; (*operaio*) workman*; (*che fa un lavoro faticoso*) labourer: **un l. qualificato** (**specializzato, ecc.**),

lavorazióne

a qualified (skilled, etc.) workman; **i lavoratori agricoli**, agricultural labourers; **l. a giornata**, day-labourer. ● **l. a cottimo**, piece worker □ **l. agricolo**, (*anche*) farm-hand □ **l. intellettuale**, brain-worker □ **sindacato dei lavoratori**, trade union. **B** *a.* working; **le classi lavoratrici**, the working classes.

lavorazióne, *f.* working; work; manufacture; (*metodo di l.*) processing; (*esecuzione*) make, workmanship; (*del terreno*) cultivation, tillage: (*metall.*) **l. a caldo (a freddo)**, hot-(cold-)working; (*ind.*) **l. a mano**, handwork; **l. a pieno ritmo**, full-scale processing; **una coppa di squisita l.**, a goblet of exquisite workmanship. ● (*ind.*) **l. a catena**, line (*o* belt) production □ (*mecc.*) **l. a macchina**, machining □ **l. a maglia**, knitting □ (*mecc.*) **l. al maglio**, machine hammering □ **ciclo di l.**, operation (*o* working) schedule.

lavoricchiare, *v. i.* to do* very little work; to work half-heartedly; (*di negozio*) to do* very little business.

lavorìo, *m.* **1** constant work **2** (*fig.*) intrigue.

lavóro, *m.* **1** work (*solo al sing.*): **l. manuale**, manual work (*o* labour); **l. della mente** (*o* **intellettuale**), brain-work; **giorno di l.**, working day; workday; **lavori in corso**, work in progress; **l. a contratto**, contract work; **l. a ore (a giornata)**, work by the hour (by the day); **l. a cottimo**, piece-work; **l. specializzato**, skilled work; **abile al l.**, fit for work; **inabile al l.**, unfit for work; **turno di l.**, work-shift; **essere sovraccarico di l.**, to be snowed under with work; to be over-worked; **cestino da l.** (*per il cucito*), work-basket; **tavolino da l.** (*per il cucito*), work-table; **mettersi al l.**, to set to work; **essere al l.**, to be at work; **essere senza l.**, to be out of work; **cominciare (cessare) il l.**, to start (to stop) work **2** (*spesso work è un collett.*, *di cui il sing. è:*) piece of work: **È un bel l.!**, it's a fine piece of work!; **Questi sono bei lavori**, this is fine work **3** (*impiego*, *ecc.*) work; job (*fam.*): **essere al (andare al) l.**, to be at (to go to) work; (*anche*) to be at (to go to) one's job; **cercare l.**, to look for work (*o* for a job); **avere un buon l.**, to have a good job; **avere un l. stabile** (*o* **fisso**), to have a regular (*o* steady) job; **un l. a metà tempo**, a part-time job; **l. sgradevole**, dirty work; unpleasant job; **un l. che sporca**, a dirty job **4** (*faticoso*) labour (*anche*: **mano d'opera**); labor (*USA*); toil; exertion: **i frutti del proprio l.**, the fruits of one's labours; (*leg.*) **lavori forzati**, hard labour; (*leg.*) **diritto del l.**, labour law; **conflitto fra capitale e l.**, conflict between Capital and Labour; (*econ.*) **domanda (offerta) di l.**, labour demand (supply); **mercato del l.**, labour market **5** (*mecc.*) work: **l. di attrito**, work due to friction; **l. di deformazione**, deformation (*o* strain) work. ● **l. a mano**, hand-work □ **l. da «cowboy»**, cowboying (*USA*) □ (*geol.*) **il l. dei venti e delle acque**, the action of the wind and the water □ **i lavori della Commissione**, the work (*sing.*; *o* the terms of reference) of the Commission □ **l. di casa** (*compito*), homework □ **l. di cucito** (*di ago*, *ecc.*), needlework □ (*mil.*) **lavori di difesa**, defences □ **l. di gruppo** (*o* **d'équipe**), team-work; group work □ (*ind. min.*) **lavori di scavo**, mining □ (*comm.*) **i lavori di una società**, the proceedings of a Company □ **l. drammatico**, (*autom.*) play; drama □ **lavori in corso** (*o* **in esecuzione**) (*cartello*), roadworks ahead; men working (*USA*) □ **l. in legno**, wood-work □ **l. in pietra**, stonework; masonry □ **l. in proprio**, self-employment □ **l. nero**, (*econ.*: *in violazione delle norme contrattuali*, *ecc.*) moonlighting; (*leg.*: *illegale*, *disonesto*) dirty work □ **l. penoso** (*estenuante*, *di scarsa soddisfazione*), drudgery □ **l. straordinario**, overtime □ (*econ.*, *mecc.*) **l. utile**, output □ **abiti da l.**, working clothes □ **ammazzarsi di l.**, to work oneself to death □ **apparecchi che fanno risparmiare l.**, labour-saving devices □ **condizioni di l.**, working conditions □ **datore di l.**, employer □ (*nella pubblicità*) **domande (offerte) di l.**, situations wanted (vacant) □ **eccesso di l.**, overwork □ **fare i lavori di casa** (*le faccende*), to do the housework □ **medicina del l.**, industrial medicine □ **mettere mano a un l.**, to start on a new piece of work □ **Ministero dei Lavori Pubblici**, Ministry of Public Works; Office of Works □ **orario di l.**, working hours □ **senza l.**, workless □ **uno sporco l.** (*o* **affare**), a dirty trick □ **strumenti di l.**, tools □ **È un l. facilissimo**, it's a piece of cake (*fam.*) □ **La Camera riprenderà fra quindici giorni i suoi lavori**, Parliament will reopen (*o* will resume) in a fortnight □ **È stato fatto Cavaliere del L.**, he has been knighted for his services to industry (to commerce, etc.) □ **Hai fatto un bel l.!**, you've made a good job (of it); (*iron.*) now you've gone and done it! (*o* now you've put your foot in it!).

laziale, *a.* of Latium.

Làzio, *m.* (*geogr.*) Latium.

lazo (*spagn.*), *m.* lasso*.

lazzarétto, *m.* **1** quarantine station; (*ospedale*) isolation hospital **2** (*stor.*) lazaretto, lazaret.

lazzarista, *m.* (*relig.*) Lazarist.

Làzzaro, *m.* Lazarus.

lazzaronata, *f.* rascally (*o* dirty) trick.

lazzaróne, *m.* **1** rascal; ruffian **2** (*poltrone*) sluggard; lazy-boots, lazy-bones (*fam.*).

lazzeruòla, *f.* (*frutto del lazzeruolo*) azarole.

lazzeruòlo, *m.* (*bot.*, *Crataegus azarolus*) azarole; Neapolitan medlar.

lazzo, *m.* joke; jest; drollery.

le (1), *art. determinativo f. pl.* **1** the: **le stagioni**, the seasons; **le stelle**, the stars; **le tre Grazie**, the three Graces; **le chiese che visitammo**, the churches we visited; **le tigri che uccisi**, the tigers I shot; **le mele del mio giardino**, the apples of my garden; **le ultime notizie**, the latest news; **Apri le finestre!**, open the windows!; **le Alpi**, the Alps; **le Montagne Rocciose**, the Rocky Mountains; **le (isole) Ebridi**, the Hebrides; **le Nazioni Unite**, the United Nations; **le signorine Brown**, the Miss Browns; (*meno comune*) the Misses Brown **2** (*idiom.*; *omesso in ingl.*): **le chiese inglesi**, English churches; **Le tigri sono animali feroci**, tigers are wild animals; **Non mi piacciono le mele**, I don't like apples; **Dove sono le nostre valigie?**, where are our suit-cases?; **le sorelle di Andrea**, Andrew's sisters; **Tom ha le gambe lunghe**, Tom has long legs; **le Fiandre**, Flanders (*sing.*); **tutte le volte che lo vedo**, every time I see him **3** (*idiom.*: *agg. poss. in ingl.*): **Fammi vedere le mani**, show me your hands; **Mettiti le calze!**, put on your stockings!; **Chiama le sorelline!**, call your sisters! **4** (*idiom.*; *agg. partitivo in ingl.*) some; any: **Va a comprare le sigarette!**, go and buy some cigarettes; **Non ho comprato le banane**, I haven't bought any bananas.

le (2), *pron. pers. f. 3ª pers.* **1** (*sing.*: *compl. indir.*) to her; her: **Chi le parlò?**, who spoke to her?; **Le diedi la lettera**, I gave her the letter; (*o*, *enfatico*) I gave the letter to her; **Le dissi di andarsene**, I told her to go away **2** – **Le**, (*sing.*: *compl. indir.*; *forma di cortesia*) to you; you: **Chi Le parlò?**, who spoke to you?; **Le darò la lettera**, I'll give you the letter; (*o*, *enfatico*) I'll give the letter to you; **Posso dirLe quello che penso di lui?**, may I tell you what I think of him? **3** (*pl.*: *compl. ogg.*) them: **Le conosco appena**, I hardly know them; **Le vidi correre via**, I saw them run away; **Dammele tutte**, give me them all (*o* all of them).

leacril, *m.* (*marchio*: *ind. tessile*) leacril (metacrilic resin).

leader (*ingl.*), **A** *m.* **1** leader: **il l. del partito**, party leader **2** (*sport*) front-runner; leader: **il l. della gara**, the front-runner in the race; the race leader. **B** *a.* leading: **industria l.**, leading industry.

leale, *a.* **1** faithful; loyal: **un l. sostenitore**, a loyal supporter **2** (*onesto*) fair; honest; upright.

lealìsmo, *m.* (*polit.*) loyalism, loyalty.

lealìsta, *m.* e *f.* (*polit.*) loyalist.

lealménte, *avv.* faithfully; loyally.

lealtà, *f.* **1** faithfulness; loyalty **2** (*onestà*) fairness; honesty; uprightness.

Leàndro, *m.* Leander.

leàrdo, *a.* (*grigio*) grey; (*storno*) dapple-grey.

leasing (*ingl.*), *m.* (*fin.*) lease; leasing.

lèbbra, *f.* (*med.*) leprosy (*anche fig.*).

lebbrosàrio, *m.* leper hospital (*o* colony).

lebbróso, (*med.*) **A** *a.* leprous. **B** *m.* leper.

lecca lécca, *m.* lollipop; lolly (*fam.*).

leccapiatti, *m.* e *f.* **1** (*ghiottone*) guzzler; greedy-guts **2** (*parassita*) toady; (*scroccone*) scrounger, cadger.

leccapièdi, *m.* e *f.* toady; lick-spittle; boot-licker; spaniel.

leccarda, *f.* (*cucina*) dripping-pan.

leccare, **A** *v. t.* **1** to lick **2** (*fig.*: *adulare*) to butter (up); to flatter **3** (*fig.*: *rifinire con eccessiva cura*) to overpolish. **leccarsi**, **B** *v. rifl.* **1** to lick oneself: **l. le ferite**, to lick one's wounds **2** (*lisciarsi*, *ecc.*) to titivate (oneself). ● **l. i baffi**, to smack one's lips.

leccata, *f.* lick.

leccato, *a.* **1** (*eccessivamente rifinito*) overpolished; overelaborate **2** (*affettato*) affected.

leccatura, *f.* **1** licking **2** (*fig.*: *adulazione*) flattery **3** (*fig.*: *eccessiva rifinitura*) overelaboration.

leccéto, *m.* ilex grove.

léccio, *m.* (*bot.*, *Quercus ilex*) ilex; holm-oak.

leccóne, *m.* (*pop.*) **1** (*ghiottone*) glutton; guzzler **2** (*adulatore servile*) servile flatterer; toady; spaniel; lick-spittle.

leccornìa, *f.* dainty; delicacy; titbit.

lecitaménte, *avv.* lawfully; legitimately.

lecitina, *f.* (*chim.*, *biol.*) lecithin.

lécito, **A** *a.* **1** right; permitted; (*ammissibile*) permissible, allowable: **Ti pare l.?**, do you think it's right?; **Sarà l., ma non è bello**, it may be permissible, but it's not a good thing **2** (*leg.*) licit; lawful; legitimate. ● **Crede che a lei tutto sia l.**, she thinks she can get away with anything □ **È sempre l. tentare**, one (*o* you) can always try □ **Mi sia l. osservare...**, allow me to point out... **B** *m.* right: **il l. e l'illecito**, right and wrong.

lèdere, *v. t.* to injure; to impair; to harm. ● (*leg.*) **l. un diritto**

altrui, to trespass (*o* to prejudice) a right of a third party □ **l. gli interessi di q.**, to be prejudicial to sb.'s interests.

léga (1), *f.* **1** (*polit.*) league; alliance: **la l. delle Nazioni**, the League of Nations **2** (*associazione*) combination; combine; union: **l. operaia**, combination of workers **3** (*metall.*) alloy: **l. d'acciaio**, alloy steel; **l. fusibile**, fusible alloy; **l. leggera**, light alloy; **l. pesante**, heavy alloy. ● **l. antifrizione**, babbit □ **l. di stagno**, pewter □ **l. per saldature a stagno**, soft solder □ (*fig.*) **di buona l.**, of good quality; good hearty; sterling: **È umorismo di buona l. anche se vecchiotto**, it's good hearty humour though a little old-fashioned □ (*fig.*) **di cattiva l.**, of inferior quality; cheap; shoddy □ **fare l. insieme**, to gang up.

léga (2), *f.* (*misura*) league: **stivali delle sette leghe**, seven-league boots.

legàccio, *m.* string; lace.

legale, A *a.* **1** (*in molti sensi*) legal; law (*attr.*): **interesse l.**, legal interest; legal rate of interest; **spese legali**, legal costs; (*econ.*) **denaro di corso l.**, legal tender; **procedere per vie legali**, to take legal proceedings **2** (*legittimo*) lawful; legitimate: **Il loro matrimonio è l.**, their marriage is lawful **3** (*giuridico*) juridical; juristic(al). ● (*med.*) **medicina l.**, forensic medicine □ **numero l.**, quorum □ **ora l.**, summer-time; daylight saving time □ **prova l.**, conclusive evidence □ **studio l.**, solicitor's office; chambers (*pl.*) (of a barrister) □ **termini legali**, prescribed times. B *m.* lawyer; legal adviser; attorney (*USA*).

legalismo, *m.* legalism.

legalista, *m.* e *f.* legalist.

legalistico, *a.* legalistic.

legalità, *f.* lawfulness; legality. ● **rimanere nella l.**, to keep within the law.

legalitàrio, *a.* respectful of legality; legalistic.

legalizzare, *v. t.* **1** to legalize; to authenticate; to certify **2** (*di notaio*) to notarize.

legalizzazióne, *f.* legalization; authentication; certification. ● **l. notarile**, notarization.

legalménte, *avv.* legally; lawfully.

legame, *m.* **1** tie; bond; (*sentimentale*) attachment; (*relazione amorosa*) liaison: **un l. d'amicizia**, a bond of friendship; **Non sono libero di partire, ho troppi legami**, I'm not free to go away, I've got too many ties; **legami di consanguineità**, blood-ties **2** (*rapporto*) link; connexion; nexus: **spezzare ogni l.**, to sever every link; **Non c'è nessun l. fra i due episodi**, there is no connexion between the two episodes **3** (*chim.*) bond; link.

legaménto, *m.* (*anat.*) ligament.

legante (1), *m.* (*chim., edil.*) binder.

legante (2), *m.* e *f.* (*leg.*) legator (*di beni mobili*); devisor (*di beni immobili*).

legare (1), A *v. t.* **1** to tie (up); to fasten (up): **l. un pacco con dello spago**, to tie (up) a parcel with string; **l. un animale a un albero**, to tie (up) an animal to a tree; **Legalo!**, tie it up!; (*fig.*) **Ho le mani legate**, my hands are tied; (*fig.*) **l. la lingua a q.**, to tie sb.'s tongue **2** (*l. insieme*) to tie together: **l. due chiavi**, to tie two keys together **3** (*una cosa su una più grande*) to tie (on to): **l. un cartellino a una valigia**, to tie a label on to a suitcase **4** (*l. forte; fasciare; rilegare*) to bind*: **l. strettamente**, to bind fast; **l. q. mani e piedi**, to bind sb. hand and foot; (*relig.*) **la facoltà di sciogliere e di l.**, the power to bind and loose; **essere legato da una promessa**, to be bound by a promise; **L'affetto che mi lega a lei non mi impedisce di vedere i suoi difetti**, the affection that binds me to her does not prevent my seeing her faults; **l. un libro in pelle**, to bind a book in leather **5** (*collegare*) to connect: **l. un'idea con un'altra**, to connect an idea with another **6** (*chim.*) to bind* **7** (*metall.*) to alloy **8** (*ridurre al silenzio*) to silence: **l. le campane**, to silence the bells **9** (*gemme*) to set*; to mount **10** (*naut.*) to reeve*; to seize. B *v. i.* **1** (*fare lega*) to join up, to get* in (with sb.) **2** (*essere collegato*) to be connected; to connect: **Le due parti del racconto non legano bene** (*fra di loro*), the two parts of the story do not connect properly **3** (*accordarsi, stare bene con*) to go* well (with): **Quel cappello lega bene col vestito**, that hat goes well with your suit **4** (*di crema, ecc.*) **rassodarsi**) to thicken **5** (*metall.*) to alloy. ● **l. q. come un salame**, to truss up sb. □ (*mus.*) **l. due note**, to play (*o* to sing) two notes legato □ (*prov.*) **Bisogna l. l'asino dove vuole il padrone**, he who pays the piper calls the tune. **legarsi**, C *v. rifl.* **1** to tie oneself, to bind* oneself (to st., to sb.) **2** (*fig.*: *con q.*) to make* friends; to strike* up a friendship (with sb.); to become* attached (to sb.); (*anche per affari e senza amicizia*) to form a connexion (with sb.); (*fam.*: *per calcolo o ambizione*) to get* in (with sb.). ● **l. un braccio al collo**, to put one's arm in a sling □ (*fig.*) **legarsela al dito**, to bear (a wrong, an offence) in mind: **Me la legherò al dito**, I will bear it in mind; I won't forget this.

legare (2), *v. t.* (*leg.*) to bequeath; to leave*; to will (*di beni mobili*); to devise (*di beni immobili*).

legata, *f.* tying up. ● **dare una l. a q.c.**, to tie up st.

leggèro

legatàrio, *m.* (*leg.*) legatee (*di beni mobili*); devisee (*di beni immobili*).

legatìzio, *a.* (*relig.*) legatine.

legato (1), *m.* **1** (*relig.*) legate: **L. Apostolico** (*o* **Pontificio**), Apostolic Legate; **L. a latere**, Legate a latere **2** (*ambasciatore*) ambassador.

legato (2), *m.* (*leg.*) legacy, bequest (*di beni mobili*); devise (*di beni immobili*): **fare un l.**, to make a bequest; to leave a legacy.

legato (3), A *a.* (*impacciato*) stiff; awkward; (*di stile e sim.*) stilted, stiff. B *m.* (*mus.*) legato.

legatóre, *m.* bookbinder.

legatoria, *f.* bookbinding establishment; bookbindery (*USA*).

legatura, *f.* **1** tying; binding **2** (*di libro*) bookbinding **3** (*tipogr.*) ligature **4** (*mus.*) ligature; slur **5** (*di gemme*) setting; mounting.

legazióne, *f.* legation.

légge, *f.* **1** law: **l. civile** (**divina**, **draconiana**, **ecclesiastica**, **marziale**, **naturale**, **penale**, **romana**, **statutaria**), civil (divine, Draconic, canon, martial, natural, penal, Roman, statute) law; **la l. antica** (**la religione ebraica**), the Old Law; **l. imperativa**, mandatory law; **la l. di natura**, the law of nature; **lettera** (**spirito**) **della l.**, letter (spirit) of the law; **a norma** (*o* **a termini**) **di l.**, by law; **raccolta delle leggi**, digest (*o* systematic collection) of the law; **il braccio della l.**, the strong arm of the law; **in nome della l.**, in the name of the law; **essere fuori della** (**rimanere nella**) **l.**, to be outside (to be within, to be on the right side of) the law; **dettare l.**, to lay down the law; **La l. vieta** (**entra in vigore**, **parla chiaro**), the law forbids (comes into force, is explicit on this point); **abrogare** (**modificare**, **promulgare**) **una l.**, to abrogate (to amend, to promulgate) a law; **infrangere la l.**, to break the law **2** (*regola, anche*) rule; principle: **le leggi della buona educazione**, the rules of good manners **3** (*votata dal Parlamento*) act (of Parliament): **una l. del 1883**, an act of 1883; **la L. Butler sull'istruzione in Gran Bretagna**, the Butler Act; the 1944 Education Act **4** (*l. parlamentare*; *spesso stor.*) bill. ● **articolo di l.**, article, section (of a statute) □ **disegno** (*o* **progetto**) **di l.**, bill: **presentare** (**discutere**, **votare**, **approvare**, **respingere**) **un disegno di l.**, to introduce (to debate, to vote, to pass, to reject) a bill □ **dottore in l.**, doctor of laws □ **facoltà di l.**, faculty of law □ **proposta di l.**, draft bill □ **ricorrere alla l.**, to go to Court (*o* law) □ **studiare l.**, to read (*o* to study) law □ **uomo di l.**, lawyer; man of law (*arc. o scherz.*) □ **un uomo rispettoso delle leggi**, a law-abiding man □ (*prov.*) **Chi fa la l., la serva**, law-makers should not be law-breakers □ (*prov.*) **Fatta la l., trovato l'inganno**, every law has a loop-hole.

leggènda, *f.* **1** legend **2** (*fig.*) tale **3** (*iscrizione*) inscription; legend **4** (*didascalia*) caption.

leggendàrio, A *a.* **1** legendary **2** (*meraviglioso*) wonderful; extraordinary: **una bellezza leggendaria**, a wonderful beauty. B *m.* (*relig.*) legendary.

lèggere, *v. t.* e *i.* **1** to read* (*anche fig.*): **l. un libro** (**una carta geografica**), to read a book (a map); **l. ad alta voce**, to read aloud; **l. negli occhi** (**nell'animo**, **nei pensieri**) **di q.**, to read in sb.'s eyes (to read sb.'s mind, sb.'s thoughts); **l. la mano a q.**, to read sb.'s hand. ● **l. a prima vista** (*specialm. mus.*), to sight-read; to read at sight □ **l. da capo a fondo**, to read through; (*un libro*) to read from cover to cover □ **l. fra le righe**, to read between the lines □ **l. per addormentarsi**, to read oneself to sleep □ **l. q.c. con gli occhi** (*o* **in silenzio**), to read st. to oneself (*o* silently) □ **a chi legge**, to the reader □ (*comm.*) **nell'attesa di leggerVi**, awaiting to hear from you □ **Di Santa Brigida si legge che...**, it is said that St Bridget... □ **È un libro che si fa l.**, it's a very readable book □ **Questo romanzo si legge meglio dell'altro**, this novel reads better than the other □ **È un uomo che ha letto molto**, he is a well-read man □ (*prov.*) **Chi non sa l. la sua scrittura è un asino per natura**, if your own writing you can't read, then an ass you are indeed.

leggerézza, *f.* **1** lightness: **la l. di questo vino**, the lightness of this wine; **l. di tocco**, lightness of touch **2** (*agilità*) nimbleness; agility **3** (*fig.*: *spensieratezza*) thoughtlessness; (*mancanza di serietà*) irresponsibility; (*incostanza*) fickleness; (*tendenza a civettare*) flirtatiousness **4** (*fig.*: *l'atto concreto*) piece of thoughtlessness; thoughtless action. ● **È stata una l. da parte tua**, it was thoughtless of you □ **agire con l.**, to act thoughtlessly.

leggerménte, *avv.* **1** (*con tocco leggero*) lightly; gently **2** (*lievemente*) slightly **3** (*agilmente*) lightly; nimbly **4** (*alla leggera, sconsideratamente*) lightly; thoughtlessly; heedlessly; inconsiderately.

leggèro, *a.* **1** light: **l. come una piuma**, as light as a feather; **musica leggera**, light music; **vino** (**sonno, tocco, ecc.**) **l.**, light wine (sleep, touch, etc.); **passi** (**cibi, ecc.**) **leggeri**, light steps (food, etc.); **avere la mano leggera**, to have a light hand; **a cuor l.**, with a light heart; light-heartedly **2** (*di una stoffa, o moneta, anche*)

leggiadraménte

light-weight: **un mantello l.**, a light-weight coat; **una coperta leggera**, a light-weight blanket **3** (*agile*) nimble; light-footed; light on one's feet (*pred.*): **dita leggere**, nimble fingers; **È grasso, ma quando balla è molto l.**, he's fat, but when he dances he's very light on his feet **4** (*non grave, lieve*) slight: **un l. accento** (*disturbo, aumento, ecc.*), a slight accent (indisposition, increase, etc.); **una ferita leggera**, a slight wound **5** (*spensierato*; *che non pensa agli altri*) thoughtless; (*irresponsabile*) irresponsible; (*che ha poco cervello*) feather-brained; (*incostante*) fickle; (*incline alla civetteria*) flirtatious; (*di donna*) loose: **condotta leggera**, thoughtless (*o* fickle) behaviour; **una donna leggera**, a loose (*o*, *meno forte*: a light-minded) woman **6** (*di droga, stupefacente, ecc.*) soft. ● **alla leggera**, lightly: **prendere q.c. alla leggera**, to take st. lightly (*o* not to take st. seriously) ☐ (*sport*) **atletica leggera**, track-and--field sports (*o* events) (*pl.*); athletics (*pl. col verbo al sing.*) ☐ **avere il sonno l.**, to be a light sleeper ☐ **caffè (tè) l.**, weak coffee (tea) ☐ **cavalleria leggera**, light horse; light cavalry (*naut.*) **nave leggera** (*non carica*), light (*o* unladen) ship ☐ (*aeron.*) **più l. dell'aria**, lighter-than-air (*attr.*) ☐ **un po' leggera** (*di donna o ragazza*), rather a flirt ☐ (*mil.*) **reparti con armamento l.**, light--armed troops ☐ (*mil.*) **soldato di cavalleria leggera**, light horseman ☐ **tenersi l.** (*nel mangiare*), to eat lightly ☐ **essere vestito l.**, to be lightly dressed ☐ **È una salita leggera**, the road (the path, etc.) rises slightly (*o* is not steep).
leggiadraménte, *avv.* gracefully; prettily.
leggiadria, *f.* loveliness; prettiness; gracefulness.
leggiadro, *a.* fair; lovely; pretty; graceful.
leggibile, *a.* **1** legible **2** (*che merita di essere letto*) readable; worth reading.
leggibilità, *f.* **1** (*di scrittura*) legibility **2** (*di libro e sim.*) readability.
leggicchiare, *v. t. e i.* to read* in a cursory fashion.
leggièro, *V.* **leggèro**.
leggina, *f.* (*leg.*) by-law; bye-law.
leggìo, *m.* **1** book-rest; reading-desk **2** (*mus.*) music-stand; music-rest **3** (*relig.*) lectern.
leggiucchiare, *V.* **leggicchiare**.
legiferare, *v. i.* **1** to legislate **2** (*fig., scherz.*) to lay* down the law.
legionàrio, *a. e m.* (*stor.*) legionary.
legióne, *f.* legion: **la L. Straniera**, the Foreign Legion.
legislativo, *a.* legislative: **il potere l.**, the legislative power (*o* branch); the legislature.
legislatóre, *m.* legislator; lawmaker; lawgiver.
legislatura, *f.* (*polit.*) **1** (*assemblea*) legislature **2** (*periodo*) «legislatura»: period during which both Houses remain in office **3** (*attività*) legislation.
legislazióne, *f.* legislation.
legista, *m.* jurist; legist.
legittima, *f.* (*leg.*) legitime; portion of estate of which a testator cannot dispose freely.
legittimaménte, *avv.* legitimately; legally.
legittimare, *v. t.* (*leg.*) to legitimate; to legitimatize; to legitimize; (*giustificare*) to justify.
legittimàrio, *m.* (*leg.*) «heres necessarius» (*lat.*); forced heir.
legittimazióne, *f.* (*leg.*) legitimation: **la l. d'un figlio naturale**, the legitimation of a bastard.
legittimismo, *m.* (*polit.*) legitimism.
legittimista, *m. e f.* (*polit.*) legitimist.
legittimistico, *a.* (*polit.*) legitimist (*attr.*).
legittimità, *f.* (*leg., polit.*) legitimacy: **una questione di l. costituzionale**, a question of constitutional legitimacy.
legìttimo, *a.* **1** legitimate; lawful: **un figlio l.**, a legitimate child **2** (*giusto*) right; proper; lawful: **Le tue opinioni sono del tutto legittime**, your opinions are quite right. ● **legittima difesa**, self--defence ☐ **erede l.**, legal heir; heir at law.
légna, *f.* wood; (*da ardere*) firewood; (*pezzo di tronco, ramo grosso*) log: **comprare l. e carbone**, to buy wood and coal; **spaccare la l.**, to chop wood; **andare a fare l.**, to go to get firewood (*o* some logs); **fuoco di l.**, log-fire. ● (*fig.*) **aggiungere l. al fuoco**, to add fuel to the flames ☐ (*fig.*) **portare l. alla selva** (*o al bosco*), to take coals to Newcastle.
legnàceo, *a.* woody; ligneous.
legnàia, *f.* wood-shed.
legnaiòlo, *m.* carpenter.
legname, *m.* timber; lumber: **l. piallato**, surfaced timber. ● **commercio di l.**, lumbering.
legnare, *v. t.* to beat*; to thrash.
legnata, *f.* blow with a stick. ● **Per questi teppisti ci vorrebbero legnate**, these hooligans should get a beating-up.
légno, *m.* **1** wood: **l. dolce** (**duro, stagionato**), soft (hard, seasoned) wood; **l. compensato**, plywood; (*xilografia*) wood--cut; wood-engraving **3** (*nave*) boat; vessel: **un l. mercantile**, a cargo-boat **4** (*carrozza*) carriage **5** (*pl., mus.*) woodwind: **Il tema è ripreso dai legni**, the theme is taken up by the woodwind. ● **l. della croce**, rood ☐ **di l.**, wooden; wood (*attr.*): **cavallo di l.**, wooden horse ☐ (*edil.*) **lavoro in l.**, timber-work ☐ (*edil.*) **rivestimento in l.**, wainscot ☐ (*fig.*) **testa di l.**, blockhead.
legnosità, *f.* **1** woodiness; woodenness **2** (*di carne*) toughness **3** (*fig.*) stiffness.
legnóso, *a.* **1** woody; wooden **2** (*rif. a carne*) tough **3** (*fig.*) stiff.
leguléio, *m.* (*spreg.*) pettifogger.
legume, *m.* (*bot.*) **1** (*baccello*) pod; legume **2** (*pl.*) legumes; pulse (*sing.*) **3** (*pl.: ortaggi*) vegetables.
legumièra, *f.* vegetable-dish.
legumina, *f.* (*chim.*) legumin.
leguminóse, *f. pl.* (*bot.*, *Leguminosae*) Leguminosae.
lèi, *pron. pers. f. 3ª pers. sing.* **1** (*compl. ogg. e indir.*) her: **Vidi lei, non lui**, I saw her, not him; **Dallo a lei**, give it to her; **Eri con lei?**, were you with her? **Beata Lei!**, lucky her! **2** (*fam., sogg.*) she: **Lei stessa lo disse**, she herself said so; **Era lei che voleva venire, non lui**, it was she who wanted to come, he didn't; **Contenta lei, contenti tutti**, as long as she's satisfied, everyone else will be **3** (*sogg., compl. ogg. e indir.; forma di cortesia*) — **Lei, you**: **Buon giorno a Lei!**, good morning to you!; **È stata Lei a chiamare?**, was it you who called? ● **dare del lei a q.**, to address sb. in the third person; to address sb. using the «lei» form ☐ **Povera donna, non sembra più lei**, poor woman, she's not what she was; I shouldn't have recognized her: she's not herself.
Lèida, *f.* (*geogr.*) Leyden, Leiden.
leishmaniòsi, *f.* (*med.*) leishmaniosis*, leishmaniasis*.
leitmotiv (*ted.*), *m.* (*mus.*) leitmotiv, leitmotif, leading motif (*anche fig.*).
Lemano, *m.* (*geogr.*) (Lake) Leman.
lèmbo, *m.* **1** (*estremità, orlo*) edge; border: **i lembi di una ferita**, the edges of a wound **2** (*piccola parte*) strip; shred: **un l. di terra**, a strip of land **3** (*bot.*) blade.
lèmma, *f.* **1** (*filos., mat.*) lemma* **2** (*di dizionario*) headword; entry.
lemmàrio, *m.* word-list.
lemmatizzare, *v. t.* to list (a word) as a headword; to insert (a word) in a dictionary.
lèmme lèmme, *locuz. avv. fam.* very slowly; in one's own good time. ● **andare avanti l. l.**, to go jogging along.
lèmure, *m.* **1** (*zool.*, *Lemur*) lemur; macaco **2** (*pl., mitol.*) lemures.
léna, *f.* **1** (*vigore*) vigour; energy; enthusiasm; (*resistenza*) stamina: **Gli manca la l.**, he hasn't the stamina **2** (*lett.: respiro*) breath. ● **lavorare di (buona) l.**, to work with a will.
lènci, *m.* (*ind. tessile*) «lenci» (light cloth for dolls, artificial flowers, cushions).
lèndine, *m.* nit.
lendinóso, *a.* nitty.
lène, *a.* (*lett.*) soft; gentle; mild.
leniménto, *m.* softening; mitigation; soothing; allaying.
Leningrado, *m.* (*geogr.*) Leningrad.
leninismo, *m.* (*polit.*) Leninism.
leninista, *a., m. e f.* (*polit.*) Leninist; Leninite.
lenire, *v. t.* to soften; to mitigate; to allay; to assuage; to soothe.
lenitivo, *a.* (*farm.*) **A** *a.* lenitive; pain-killing; soothing; sedative. **B** *m.* lenitive; sedative; pain-killer.
lenocinio, *m.* **1** (*leg.*) procuring; procuration (and) connivance) **2** (*fig.*) blandishment.
lenóne, *m.* (*lett.*) pander (*lett.*); pimp; ponce (*pop.*).
lentàggine, *f.* (*bot.*, *Viburnum tinus*) laurustine, laurustinus.
lentaménte, *avv.* **1** slowly **2** (*pigramente*) sluggishly; lazily **3** (*mus.*) lentamente.
lènte, *f.* **1** (*fis.*) lens: **lenti a contatto**, contact lenses; **una l. biconcava**, a biconcave lens; **una l. convergente**, a converging lens; **una l. divergente**, a diverging lens **2** (*pl.: occhiali*) glasses; spectacles; specs (*fam.*) **3** *V.* **lenticchia 4** (*rif. ad orologio a pendolo*) bob. ● **l. d'ingrandimento**, magnifying glass; magnifier.
lentézza, *f.* slowness. ● **con l.**, slowly.
lenticchia, *f.* (*bot.*, *Lens esculenta*) lentil.
lenticolare, *a.* lenticular; lentiform.
lentìggine, *f.* freckle.
lentigginóso, *a.* freckled.
lentischio, **lentisco**, *m.* (*bot.*, *Pistacia lentiscus*) lentisk; mastic tree.
lènto, *a.* **1** slow: (*cucina*) **cuocere a fuoco l.**, to cook on a slow fire; (*med.*) **un polso l.**, a slow pulse **2** (*pigro*) sluggish; lazy; (*tardo*) slow-witted, stupid, tardy, dull: **una mente lenta**, a dull mind **3** (*non teso*) loose; slack: **abiti lenti**, loose-fitting clothes **4** (*mus.*) lento.
lènza, *f.* **1** fishing-line **2** (*fig.*) wild old fox.
lenzuòlo, *m.* (*pl. f.* **lenzuola**; *pl. m.* **lenzuoli**) **1** sheet **2** (*fig.*,

lètto

strato) blanket; layer: **l. di neve**, blanket of snow. ● **l. da bagno**, bath-towel □ **l. funebre**, shroud □ **cacciarsi sotto le lenzuola**, to dive into bed.
leonardésco, *a.* in (*o* after) the manner of Leonardo.
Leonardo, *m.* Leonard; (*stor.*) Leonardo.
leoncino, *m.* (*zool.*) lion cub.
leóne, *m.* **1** (*zool.*, *Panthera leo*) lion: **combattere come un l.**, to fight like a lion; **avere un cuor di l.**, to be lion-hearted; **il l. di S. Marco**, the lion of St. Mark; **l'asino nella pelle del l.**, the ass in the lion's skin; (*fig.*) **farsi la parte del l.**, to take the lion's share **2** — (*astron.*, *astrologia*) **il L.**, Leo; the Lion (*costellazione e V segno dello Zodiaco*). ● (*zool.*) **l. marino** (*Otaria*), sea-lion □ (*astrologia*) **persona nata sotto il segno del L.**, Leo; Leonian □ **Riccardo cuor di l.**, Richard the Lion-Heart.
Leóne, *m.* Leo.
leonéssa, *m.* lioness.
Leònida, *m.* (*stor.*) Leonidas.
leonino (1), *a.* (*poesia*) Leonine: **versi leonini**, Leonine verse (*sing.*); leonines.
leonino (2), *a.* (*di, da leone*) leonine; lion-like (*attr.*). ● **avere un coraggio l.**, to be as brave as a lion.
leontiasi, *f.* (*med.*) leontiasis*.
leopardo, *m.* (*zool.*, *Panthera pardus*) leopard. ● (*zool.*) **l. delle nevi** (*Felis uncia*), snow-leopard; ounce.
Leopòldo, *m.* Leopold.
lèpade, *f.* (*zool.*, *Lepas anatifera*) goose barnacle.
lepidézza, *f.* **1** wit; facetiousness **2** (*detto lepido*) witticism.
lèpido, *a.* facetious; witty.
Lèpido, *m.* (*stor.*) Lepidus.
lepidòtteri, *m. pl.* (*zool.*, *Lepidoptera*) Lepidoptera.
lepisma, *f.* (*zool.*, *Lepisma saccharina*) silver-fish.
leporino, *a.* leporine. ● (*med.*) **labbro l.**, hare-lip.
lèpre, *f.* (*zool.*, *Lepus*) hare: **correre come una l.**, to run like a hare.
lepròma, *m.* (*med.*) leproma*.
lepròtto, *m.* leveret.
leptocèfalo, *m.* (*zool.*) leptocephalus*; leptocephalous larva*.
leptóne, *m.* (*fis.*) lepton.
lèrcio, *A a.* filthy; foul. **B** *m.* grime; filth; dirt: **Che l. in questo ufficio!**, what filth there is in this office!
lerciume, *m.* filth.
lèsbica, *f.* lesbian.
lèsbico, *a.* lesbian. ● **amore l.**, lesbianism.
lesbismo, *m.* lesbianism.
Lèsbo, *f.* (*geogr.*) Lesbos.
lesèna, *f.* (*archit.*) pilaster strip.
lésina, *f.* **1** awl: **una l. a occhiello**, a sewing awl **2** (*fig.*: *taccagneria*) stinginess; miserliness **3** (*fig.*: *taccagno*) miser; skinflint.
lesinare, *A v. t.* to skimp; to grudge. **B** *v. i.* to be stingy: **l. sul cibo**, to skimp on the food. ● **l. il centesimo**, to count the pennies □ **l. q.c. a q.**, to dole out st. grudgingly to sb. (*fam.*) □ **l. sul prezzo**, to higgle.
lesionare, *v. t.* **1** to damage **2** (*med.*) to lesion.
lesióne, *f.* **1** (*danno*) damage **2** (*med.*) lesion **3** (*leg.*) injury: **l. personale**, personal injury **4** (*crepa*) crack.
lesivo, *a.* injurious; prejudicial.
léso, *a.* injured; offended. (*leg.*) **parte lesa**, injured party. ● (*leg.*) **lesa maestà**, lese-majesty; high treason.
lessare, *v. t.* to boil; (*lentamente*) to stew.
lessata, *f.* boil(ing).
lessatura, *f.* boiling; stewing.
lessèma, *m.* (*linguistica*) lexeme.
lessicale, *a.* lexical.
lèssico, *m.* lexicon; (*insieme dei vocaboli di una lingua, anche*) vocabulary. ● **studio del l.**, word-study.
lessicografìa, *f.* lexicography.
lessicogràfico, *a.* lexicographic(al).
lessicògrafo, *m.* lexicographer.
lessicologìa, *f.* lexicology.
lessicològico, *a.* lexicologic(al).
lessicòlogo, *m.* lexicologist.
lésso, *A a.* boiled; stewed. **B** *m.* boiled beef; boiled meat: **l. di vitello (di pollo)**, boiled veal (chicken). ● (*prov.*) **Chi la vuol lessa e chi arrosto**, one man's meat is another man's poison.
lestaménte, *avv.* **1** quickly; swiftly **2** (*agilmente*) nimbly.
lestézza, *f.* quickness; nimbleness.
lèsto, *A a.* quick; swift; (*agile*) nimble, agile; (*sbrigativo*) hasty, hurried. ● **l. di mano**, light-fingered □ **alla lesta**, hastily; quickly □ **Su, l.!**, hurry up!; be quick! **B** *avv.* quickly; in a hurry.
lestofante, *m. e f.* swindler; cheat; slippery customer (*fam.*).
let (*ingl.*), *m.* (*ping-pong, tennis*) let.
letale, *a.* lethal; mortal; deadly.
letalità, *f.* death-rate; mortality.

letamàio, *m.* **1** dunghill; manure-heap **2** (*fig.*) pigsty; (*dirty*) hovel.
letame, *m.* **1** manure; dung **2** (*fig.*) dirt.
letargìa, *f.* (*med.*) lethargy.
letàrgico, *a.* **1** (*med.*) lethargic **2** (*di animali*) hibernating.
letargo, *m.* **1** (*med.*) lethargy: **cadere in l.**, to fall into a state of lethargy; (*scherz.*) to fall fast asleep **2** (*di animali*) hibernation.
Lète, *m.* (*mitol. classica*) Lethe.
letèo, *a.* (*mitol. e fig.*) Lethean.
Letìzia, *f.* Letitia; (*dim.*) Letty.
letizia, *f.* joy; happiness. ● **vivere in l.**, to live happily.
lètta, *f.* glance (through). ● **dare una l. a q.c.**, to skim (through) st.
lèttera, *f.* **1** (*in quasi ogni senso*) letter: **l. maiuscola**, capital (*tipogr.*: upper case) letter; **l. minuscola**, small (*tipogr.*: lower case) letter; **l. d'amore** (*anonima, aperta, d'affari, minatoria*), love (anonymous, open, business, threatening) letter; **lettere patenti**, letters patent; (*comm.*) **l. di avviso**, letter of advice; (*comm.*) **l. di credito**, letter of credit; **l. di condoglianze** (*di presentazione, di raccomandazione, di ringraziamento*), letter of condolence (of introduction, of recommendation, of thanks); (*fin.*) **l. d'intenti**, letter of intention; **attenersi alla l. della legge**, to keep to the letter of the law; **eseguire un ordine alla l.**, to carry out an order to the letter; **rimanere l. morta**, to remain a dead letter; **un uomo di lettere**, a man of letters; **la repubblica delle lettere**, the commonwealth (*o* republic) of letters **2** (*pl., anche* **belle lettere**) literature (*sing.*); letters; (*studi umanistici*) Arts, humanities: **studiare lettere**, to read Arts; **laurearsi in lettere**, to take an Arts degree; **dottore in lettere**, Bachelor of Arts (*abbr.* B.A.); (*di livello superiore*) Master of Arts (*abbr.* M.A.); D. Litt. (*abbr. di* Doctor Litterarum) **3** (*Bibbia*) epistle: **l. di S. Paolo ai Corinti**, St. Paul's Epistle to the Corinthians. ● (*comm.*) **l. di vettura**, waybill □ **lettere a stampatello**, block capitals □ **lettere corsive**, italics □ **lettere cubitali**, block capitals □ **lettere e filosofia**, the humanities □ **alla l.**, (*letteralmente*) literally; (*letterale*) literal (*agg.*): **tradurre alla l.**, to translate literally (*o* word for word) □ (*fig.*) **un giorno da scrivere a lettere d'oro**, a red-letter day □ **scrivere una somma in lettere**, to write an amount in words (*pop.*: in full) □ (*di giornale*) **titolo a lettere cubitali**, banner-headline.
letterale, *a.* literal: **fare una traduzione l.**, to make a literal translation.
letteralménte, *avv.* literally.
letterariaménte, *avv.* from a literary point of view.
letterarietà, *f.* literariness.
letteràrio, *a.* literary; bookish (*fam.*). ● **proprietà letteraria**, copyright.
letterato, *A a.* lettered; well-read. **B** *m.* literary man*; man* of letters.
letteratura, *f.* literature.
lettièra, *f.* **1** bedstead **2** (*strame*) litter.
lettiga, *f.* **1** stretcher; litter **2** (*portantina*) litter.
lettighière, *m.* stretcher-bearer; litter-bearer.
lettistèrnio, *m.* (*archeol.*) lectisternium*.
lètto, *m.* **1** bed: **essere a l.**, to be in bed; **un l. a una piazza** (*o* a un posto), a single bed; **un l. a una piazza e mezzo**, a three-quarter bed; **un l. a due piazze** (*o* matrimoniale), a double bed; **letti gemelli**, twin-beds; **l. a castello**, bunk bed; **un l. di ferro**, an iron bed; **un l. parato**, a curtained bed; **divano l.**, divan bed; **l. ad armadio**, box-bed; **l. pieghevole**, folding bed; **rollaway bed**; **l. da campo**, camp-bed; (*anat.*) **il l. dell'unghia**, the nail-bed; **l. di fiume**, river-bed (*o* bed of a river); **sul l. di morte**, on one's death-bed; (*fig.*) **un l. di rose**, a bed of roses; **andare a l.**, to go to bed; (*eufemistico*) **andare a l. con q.**, to sleep with sb.; **ficcarsi a l.**, to dive (*o* to spring, to snuggle down) into bed; **balzare** (**cascare, scendere, tirare le gambe fuori**) **dal l.**, to jump (to fall, to get, to drag oneself) out of bed; **rifare** (**disfare**) **un l.**, to make (to strip) a bed; **mandare** (**mettere**) **q. a l.**, to send (to put) sb. to bed; **mettersi a l.** (*per malattia*), to take to one's bed **2** (*ferr., naut.*: **cuccetta**) berth. ● **l. ad acqua**, water-bed □ **l. a quattro colonne**, four-poster; four-post bed □ (*naut.*) **il l. del vento**, the teeth of the wind □ **l. di dolore**, sick-bed □ **alzarsi dal l.**, to get up □ **biancheria da l. e coperte**, bed-clothes □ **camera a un l.** (a due letti), single (double, twin) bedroom (*o anche* room) □ **camera da l.**, bedroom □ (*ferr.*) **carrozza con letti** (*o* **vagone l.**), sleeping-car; sleeper (*fam.*) □ **colonna di l.**, bedpost □ **figlio** (*o* **figlia**) **di primo** (**di secondo**) **l.**, child of the first (of the second) marriage □ **fusto di l.**, bedstead □ (*fig.*) **essere in un letto di rose**, to be in clover (*fam.*); to be in a bed of roses (*meno comune*) □ (*ferr.*) **inserviente di vagone l.**, sleeping-car attendant □ **numero di letti** (in albergo, ecc.), bedspace □ (*ferr.*) **prenotare un l.** (*un posto nel vagone l.*), to book a sleeper □ **rincalzare il l.**, to tuck in the sheets (and blankets) □ **rivoltarsi nel l.**, to

lèttone toss about (in one's bed) □ (fig.) **essere in un l. di spine**, to be on tenterhooks □ **È ora d'andare a l.**, it's bedtime.

lèttone, A m. Latvian; Lettish. **B** m. e f. Latvian; Lett. **C** m. (la lingua) Lettish.

Lettònia, f. (geogr.) Latvia.

lettorato, m. **1** (d'università) lectorship; lectureship; assistantship (USA) **2** (relig.) lectorate.

lettóre, m. **1** reader **2** (d'università) lecturer; assistant (USA) **3** (relig.) lector. ● **l. per microfilm**, micro-reader □ **il pubblico dei lettori**, the reading public.

lettura, f. **1** (atto, modo di leggere; interpretazione) reading (anche di un progetto di legge): **Sono amante della l.**, I am fond of reading; **brani di l.**, reading passages **2** (lo scritto che si legge) text (to be read); reading-text; (per il pl., anche) reading (sing. collett.): **troppe letture**, too much reading **3** (conferenza) lecture. ● **letture amene**, light literature □ (di elaboratore elettronico) **l. numerica**, digital read-out □ **una biblioteca con letture adatte**, a library with suitable reading-matter □ **libro di letture** (elementari), primer; reader □ **La commedia è più bella alla l. che sul palcoscenico**, the play reads better than it acts.

letturista, m. meter-reader; meter inspector. ● **l. del gas**, gas-man.

leucemia, f. (med.) leuk(a)emia.

leucèmico, (med.) **A** a. leuk(a)emic. **B** m. person suffering from leuk(a)emia.

leucisco, m. (zool., Leuciscus rutilus) roach.

leucite, f. (miner.) leucite.

leucocita, m. (biol.) leucocyte, leukocyte.

leucocitàrio, a. (biol.) leucocytic, leukocytic; leucocytal, leukocytal.

leucocito, V. leucocita.

leucocitolisi, f. (med.) leucocytolysis*, leukocytolysis*.

leucocitopoièsi, V. leucopoiesi.

leucocitòsi, f. (med.) leucocytosis, leukocytosis.

leucòma, m. (med.) leucoma, leukoma.

leucoplasto, m. (bot.) leucoplast.

leucopoièsi, f. (biol.) leucopoiesis, leukopoiesis; leucotopoiesis*, leukocytopoiesis*.

leucorrèa, f. (med.) leucorrh(o)ea; leukorrh(o)ea.

lèva (1), f. (mecc.) lever (anche fig.): **l. a forcella**, forked lever; **l. a mano**, hand lever; **l. a pedale**, foot (control) lever; **l. articolata**, toggle lever; **l. del freno**, brake lever; **l. del cambio**, gear lever; gear shift (USA); (fig.) **le leve del comando**, control levers; **l. di arresto**, cut-off lever; **l. di avviamento**, starting lever; **l. di disinnesto**, release lever; **l. di disinnesto a scatto**, trip lever; **l. di innesto**, engaging lever; **l. di manovra**, operating lever; **l. di sgancio**, uncoupling lever. ● (aeron.) **l. di comando**, cloche; control stick; joy stick (gergo aeron.) □ (autom.) **l. del cambio di direzione**, indicator switch □ **l. liberacarrello** (di macchina da scrivere), carriage release □ **far l.**, to lever □ (fig.) **far l. su q.c.**, to appeal to st.

lèva (2), f. (mil.) **1** (chiamata alle armi) call-up; conscription; levy **2** (soldati di leva) levy; conscripts (pl.). ● **chiamare alla l.**, to call up □ **essere di l.**, to be liable to call-up; to be liable for National Service □ (fig.) **le nuove leve**, the new (o rising) generation.

levàbile, a. removable.

levacàpsule, m. invar. bottle-opener.

levachiòdi, m. nail-puller.

levante, A m. **1** east **2** (vento) East wind; (nel Mediterraneo, anche) levanter. **B** a. rising: **sol l.**, rising sun; **Impero del Sol L.**, Empire of the Rising Sun; Japan.

Levante, m. (geogr.) Levant (lett.); Near East.

levantino, a. e m. Levantine.

levare (1), A v. t. **1** (togliere) to take* away; to remove; to take* from; (specialm. di sopra a q.c.) to take* off; (specialm. dall'interno di q.c.) to take* out (of); (estrarre) to pull out; (sradicando) to pull up: **Levano i mobili dal corridoio**, they're taking away (o removing) the furniture from the passage; **Questo basta a l. ogni dubbio**, that's enough to remove all doubts; **Leva la lampada dal tavolo e portala qui**, take the lamp from the table and bring it here; **Lo levarono dalla scuola**, they took him away from the school; **Lo levarono da una scuola e lo mandarono ad un'altra**, they took him from one school and sent him to another; **Me l'hai levato di bocca**, you have taken the words from my mouth; **Leva il coperchio!**, take the lid off!; **È uno spettacolo che leva il fiato**, it's a sight that takes one's breath away; it's a breath-taking sight; **Leva il 10%!**, take off 10%!; **l. q.c. da una tasca (da una valigia)**, to take st. out of a pocket (out of a bag); **l. una macchia**, to take out (o to remove) a stain; **l. un dente**, to pull out a tooth; **l. le erbacce**, to pull up the weeds **2** (togliersi di dosso) to take* off; to remove: **levarsi il cappello (le scarpe, ecc.)**, to take off one's hat (shoes, etc.) **3** (con un'operazione chirurgica) to have (st.) out: **Devo levarmi un dente (l'appendice, ecc.)**, I've got to have a tooth (my appendix, etc.) out **4** (alzare, sollevare) to raise; (con senso di sforzo) to lift (up), to lift bodily: **l. gli occhi al cielo**, to raise one's eyes to heaven; **l. la mano**, to raise one's hand; **non avere la forza di l. un dito**, not to have the strength to lift a finger; **l. il baule di peso**, to lift up the trunk; **Dovettero levarmi di peso dai rottami**, they had to lift me bodily out of the wreck **5** (stanare, far alzare nella caccia) to flush; to put* up **6** (eccettuare) to except; to make* allowance(s) for: **Se si levano un paio di libri, il resto non vale nulla**, if you except (o make allowance for) a couple of books, the rest isn't worth anything; **senza levarne nessuno**, none excepted. ● (naut.) **l. l'ancora**, to weigh anchor; to unanchor □ **l. un assedio**, to raise a siege □ **l. il bicchiere alla salute di q.**, to raise one's glass to sb. □ **l. il bollore**, to come to the boil □ **l. il campo**, to strike camp □ **levarsi un capriccio**, to satisfy a whim □ (fig.) **l. il disturbo**, to take one's leave □ **levarsi la fame**, to appease one's hunger □ **l. un grido**, to utter a cry □ **l. il latte a un bambino**, to wean a baby □ **levarsi la maschera**, to drop the mask □ **l. la messa a un prete**, to lay a priest under an interdict □ **l. la pelle a q.**, to skin sb.; to flay sb. (alive) □ **l. q. di mezzo**, to get rid of sb.; (pop.: ucciderlo) to do sb. in □ **l. q.c. di mezzo**, to get st. out of the way; (fig.) to get rid of st.: **Leva di mezzo tutte quelle biciclette**, get all those bicycles out of the way; **Hanno levato di mezzo i più moderati**, they've got rid of the more moderate ones □ (fig.) **l. q. al cielo**, to praise sb. to the skies □ **l. il saluto a q.**, to cut sb. □ **l. una seduta**, to close a sitting; to adjourn a meeting □ **levarsi la sete**, to quench one's thirst □ **l. le tende**, to strike tents; (fig.) to pack up (and go); to pitch one's tent elsewhere □ **l. un vizio a q.**, to break sb. of a bad habit □ **l. la voce**, to raise one's voice □ **Lo levarono di lì a stento**, they got him away with difficulty □ **Levati dalla testa di poter fare da te**, get it out of your head that you can manage on your own □ **Finalmente te lo sei levato d'attorno**, you've got rid of him at last □ **Mi leverei il pane di bocca per lui**, I'd give him the shirt off my back □ **Mi sono levata la voglia di dirgli quello che penso di lui**, I told him at last what I thought of him □ **Mi sono levata la voglia di andare in Sicilia**, my dream of going to Sicily has come true. **levarsi, B** v. rifl. **1** (alzarsi) to get* up; (sorgere) to rise; (alzarsi in piedi) to stand* up: **Mi levo sempre alle sette**, I always get up at seven; **Il sole si leva alle cinque**, the sun rises at five; **S'è levato un vento gelido**, an icy wind has risen; **Levatevi in piedi!**, stand up! **2** (in volo: d'uccello) to take* flight; to take* wing; (d'aeroplani) to take* off **3** (togliersi da un luogo) to get* out (of): **l. dal letto di malumore**, to get out of bed on the wrong side; **Levati di lì!**, get out of the way (o of my way)! **4** (insorgere) to rise* up: **Il popolo si levò contro il tiranno**, the people rose up against the tyrant. ● **l. da tavola**, to leave the table.

levare (2), m. **1** rise; rising **2** (mus.) upbeat. ● **al levar del sole**, at sunrise.

levata, f. **1** rise; rising: **la l. della luna**, the rising of the moon **2** (della posta) collection: **tre levate al giorno**, three collections a day **3** (l'alzarsi dal letto) getting up (o out of bed) **4** (l'ora di alzarsi, specialm. in un collegio) rising-bell; first bell; getting-up time **5** (acquisto all'ingrosso) wholesale purchase **6** (agric.) germination; sprouting. ● **la l. del sole**, sunrise □ (fig.) **l. di scudi**, rebellion; revolt □ (fig.) **di prima l.**, first thing in the morning □ **La l. della luna è alle nove**, the moon rises at nine.

levatàccia, f. very early rising. ● **Domani dovrò fare una l.**, I shall have to get up very early tomorrow.

levatàrtaro, m. scaler.

levato, a. **1** (alzato dal letto) up: **È già l.**, he is already up (o out of bed); **Rimasi l. fino a mezzanotte**, I stayed up till midnight **2** (in costruzioni assolute: «salvo», «eccetto») except for; apart from: **L. quello del fumare, non ha altri vizi**, apart from smoking he has no other bad habits. ● **andare a gambe levate**, to go head over heels □ **fuggire a gambe levate**, to run away as fast as one's legs will take one.

levatóio, a. - **ponte l.**, drawbridge.

levatrice, f. (pop.) midwife*.

levatura, f. standing; calibre; talent: **un uomo di grande l.**, a man of excellent calibre.

leveràggio, m. (mecc.) compound lever.

leviatano, m. (Bibbia) leviathan.

levigare, v. t. **1** to smooth; (lucidare) to polish **2** (mecc.: smerigliare) to lap; (un metallo) to face; (un cilindro) to hone **3** (edil.: una pietra) to face, to dress; (pomiciare) to rub down.

levigatézza, f. smoothness.

levigato, a. smooth; polished.

levigatrice, f. (mecc.) lapping machine; (di cilindri) honing machine.

levigatura, levigazióne, f. **1** smoothing; polishing **2** (smerigliatura) lapping: (mecc.) **l. degli ingranaggi**, gear lapping. ● **l. del cilindro**, cylinder honing.

levirato, *m.* (*stor. ebraica*) levirate.
levita, *m.* (*Bibbia*) Levite.
levità, *f.* **1** lightness **2** (*fig.*) levity.
levitare, *v. i.* to levitate. ● **far l.,** to levitate.
levitazióne, *f.* levitation.
Levitico, *m.* (*Bibbia*) Leviticus.
levitico, *a.* (*Bibbia*) Levitical.
levogiro, *a.* (*fis.*) l(a)evo-rotatory; l(a)evo-gyrate.
levrière, levrièro, *m.* harrier; greyhound: **corse di levrieri,** greyhound racing. ● **l. per la caccia al cervo,** deer-hound; buck-hound.
levulòsio, *m.* (*chim.*) laevulose, levulose.
lèzio, *m.* (*generalm. al pl.*) affectation; affected (*o* mawkish) manners (*pl.*).
lezióne, *f.* **1** lesson; (*collettiva*) class; (*universitaria*) lecture; (*compito a casa*) homework: **una l. privata,** a private lesson; **una l. di francese,** a French lesson; **una l. di musica,** a lesson in music; **A che ora comincia la l.?,** what time does the class begin?; **Mr Smith sta facendo l.,** Mr Smith is taking a class **2** (*di un testo*) reading; variant **3** (*rimprovero*) reprimand, rebuke; (*ammonimento*) lesson, warning: **Gli servirà di l.,** it will be a lesson to him. ● **fare** (*o* **dare**) **l.,** to teach; to take a class; (*all'università*) to lecture □ **ora di l.,** period □ **saltare le lezioni,** to play truant.
leziosàggine, *f.* affectedness; affectation; camp.
leziosaménte, *avv.* affectedly; with affectation.
leziosità, *f.* affectedness.
lezióso, *a.* affected; simpering; mincing; campy: **uno stile l.,** an affected style. ● **cosa leziosa,** camp.
lézzo, *m.* **1** stench; stink **2** (*fig.*) filth.
li (1), *pron. pers. m. 3ª pers. pl.* (*compl. ogg.*) them: **Non li conosco,** I don't know them; **Mandameli per posta aerea,** send them to me by air mail; **Guardali!,** look at them! ● **Eccoli!,** here they are!
li (2), *art. determinativo m. pl.* (*arc.: talora usato nelle date, omesso in ingl.*): **lì 27 agosto 1978,** August 27th 1978.
lì, *avv.* there: **qui e lì,** here and there; **lì dentro** (**fuori, intorno**), in (out, round) there; **Sono partiti di lì,** they've left there; **Dov'è il bambino?» «Eccolo lì!»,** «where's the boy?» «there he is!»; **«Dov'è il ditale?» «Eccolo lì!»,** «where's the thimble?» «there it is!»; **Voglio quello lì,** I want that one (there); **salire su di lì,** to go up there; **Scendi giù di lì!,** get down from there. ● **lì per lì,** (*sul momento*) there and then; on the spot; on the spur of the moment; (*dapprima*) at first □ **essere lì lì per fare q.c.** (*sul punto di fare q.c.*), to be on the point (*o* on the verge) of doing st. □ **di lì a un anno,** a year later; after a year □ **di lì a poco,** soon after; after a while □ **fin lì,** as far as there; (*fig.*) up to that point, so far: **Fin lì, aveva ragione lui,** so far, he was right □ **o giù di lì** (*pressappoco*), or so; or thereabouts □ **(per) di lì** (*da quella parte*), that way: **Sono andati (per) di lì,** they went that way □ **quei libri lì,** those books there □ **uno lì e uno là,** one there and the other over there □ **Fermo lì!,** stop! □ **Guarda lì che confusione!,** just look at the mess! □ **Zitto lì!,** quiet there! □ **Ha un po' di pensione, e finisce lì,** he has a small pension and that's all (*o* and nothing else) □ **Era proprio lì dove l'avevo lasciato,** it was just where I had left it □ **Per quel giorno tutto finì lì,** that was the end of it for that day □ **Se non sono cento miglia, saremo lì,** if it isn't a hundred miles, it can't be far from it (*o* far short of it) □ **Se non hai speso centomila lire, siamo lì,** you must have spent something like a hundred thousand lire.
liana, *f.* (*bot.*) liana, liane.
Lias, *m.* (*geol.*) Lias.
liàssico, *a.* (*geol.*) Liassic.
libagióne, *f.* libation; (*scherz., anche*) potation (*generalm. al pl.*).
libanése, *a., m. e f.* Lebanese: **i libanesi,** the Lebanese.
Libano, *m.* (*geogr.*) Lebanon.
libare, *v. t.* **1** to libate **2** (*gustare*) to sip; to taste.
libatòrio, *a.* libatory.
libbra, *f.* **1** (*stor.*) libra* **2** (*nel sistema anglosassone dei pesi*) pound.
libecciata, *f.* south-westerly gale.
libéccio, *m.* south-west wind.
libellista, *m. e f.* libeller, libellist.
libèllo, *m.* libel.
libèllula, *f.* (*zool.*) dragon-fly.
liberale, A *a.* **1** liberal; (*generoso*) generous, open-handed: **educazione l.,** liberal education **2** (*polit.*) Liberal: **il partito l.,** the Liberal party. **B** *m. e f.* **1** liberal **2** (*polit.*) Liberal.
liberaleggiante, *a.* liberalistic.
liberalismo, *m.* (*polit.*) liberalism. ● **l. economico,** free trade.
liberalistico, *a.* (*polit.*) liberalist (*attr.*); liberalistic.
liberalità, *f.* liberality; generosity. ● (*leg.*) **atti di l.,** gifts.
liberalizzare, *v. t.* **1** to liberalize; to free **2** (*econ.: prezzi, affitti, ecc.*) to deregulate; to decontrol; to unfreeze*.
liberalizzazióne, *f.* **1** liberalization **2** (*econ.*) deregulation; decontrol; unfreezing. ● **l. degli accessi** (*all'università*), open enrollment.
liberalménte, *avv.* liberally; generously; with open hands.
liberalòide, *m.* (*polit.*) would-be Liberal.
liberaménte, *avv.* **1** freely **2** (*a proprio piacimento*) at discretion: **andare e venire l.,** to come and go at discretion.
liberare, A *v. t.* **1** to free; to set* (sb., st.) free (*specialm. uno schiavo, un animale legato o in gabbia*); to liberate (*specialm. un popolo soggetto*); to release (*un prigioniero, ecc.*): **Abbiamo aggiunto un corridoio per l. quelle stanze,** we've added a passage so as to free those rooms; **Aprì la gabbia e liberò il canarino,** he opened the cage and set the canary free; **l. un paese oppresso,** to liberate (*o* to free) a country from oppression; **l. alle stampe,** to release for publication **2** (*sbarazzare*) to deliver; to rid*: «**E non indurci in tentazione, ma liberaci dal male**», «and lead us not into temptation, but deliver us from evil»; **l. un paese dai banditi** (**una regione dalle zanzare, ecc.**), to rid a country of bandits (a district of mosquitoes, etc.) **3** (*salvare*) to save; to rescue: **l. q. dalla morte,** to save sb. from death; **l. q. da un pericolo,** to rescue (*o* to save) sb. from a danger; (*mil.*) **l.** (*riscattare*) **prigionieri di guerra,** to rescue prisoners **4** (*sgombrare*) to clear: **l. una stanza,** to clear a room; **l. un tubo intasato,** to clear (*o* to free) a choked-up pipe; (*ferr.*) **l. un binario,** to clear a track **5** (*mecc.*) to release; to trip **6** (*chim.*) to liberate **7** (*fin., leg.*) to redeem. ● (*leg.*) **l. q. da un'obbligazione,** to free (*o* to release) sb. from an obligation □ **Dio ce ne scampi e liberi,** God forbid.
liberarsi, B *v. rifl.* **1** to free oneself (from): **l. dai propri impegni,** to free oneself from one's commitments; **l. dai debiti,** to free oneself from debt (*o* to pay off one's debts) **2** (*sbarazzarsi*) to rid* oneself; to get* rid (of): **Alla fine mi liberai del visitatore sgradito,** at last I got rid of the unwelcome visitor; **l. di un debito,** to rid oneself of a debt. ● **liberarsi dal giogo straniero,** to shake off the foreign yoke.
liberatóre, A *m.* liberator. **B** *a.* liberating. ● **Cristo L.,** the Redeemer.
liberatòrio, *a.* (*fin., leg.*) redeeming.
liberazióne, *f.* **1** liberation (*anche di popolo soggetto*); freeing; release; (*leg.: d'un fondo, di un titolo azionario*) redemption: **la l. degli schiavi,** the liberation (*o* freeing) of slaves; **l. da un'ipoteca,** redemption of a mortgage; **l. da un'obbligazione,** release from an obligation **2** (*lo sbarazzarsi di q.*) riddance: **Finalmente se n'è andato: che l.!,** he's gone at last: good riddance! **3** (*il salvare*) rescue: **l. dal pericolo** (**dalla morte**), rescue from danger (from death) **4** (*sgombero; anche ferr.*) clearing: **la l. di un binario,** the clearing of a track. ● **fautore della l.,** libber (*fam.*) □ **fautore della l. della donna,** women's libber.
libèrcolo, *m.* worthless book.
Libèria, *f.* (*geogr.*) Liberia.
liberiàno, *a. e m.* Liberian.
liberismo, *m.* (*econ.*) free-trade; «laissez-faire» (*franc.*).
liberista, (*econ.*) **A** *m. e f.* free trader. **B** *a.* free-trade, laissez-faire (*attr.*).
libero, A *a.* **1** free: **l. come l'aria,** as free as the wind; **l. da preoccupazioni,** free from worry; **l. da pregiudizi,** free from prejudice; **l. arbitrio,** free will; **l. pensatore,** free-thinker; **versi liberi,** free verse; **entrata libera,** admission free; **Questo posto è l.,** this seat is free; **essere l. di pensare** (**di fare**) **come uno vuole,** to be free (*o* to be at liberty) to think (to do) as one likes; **essere l. di fare q.c.,** to be free to do st.; (*econ.*) **l. scambio,** free trade (*o* Free Trade); **lasciar l. q.,** to set sb. free; to let sb. go free; **avere** (**dare**) **mano libera,** to have (to give) a free hand **2** (*non impegnato, anche*) disengaged (*il cui contrario è* engaged): **Il direttore non è l.,** the Manager is engaged (*o* is busy); **Ora è l.,** now he's free to receive you (*o* now he's disengaged and can receive you) **3** (*vacante*) vacant: **C'è un posto l. nella ditta,** there's a vacant position (*o* a vacancy) in the firm **4** (*non ostruito*) clear: **La strada è libera da qui in avanti,** the road is clear from here on; **l. dai ghiacci,** clear of ice **5** (*licenzioso, ecc., anche*) broad; loose; licentious; uninhibited: **discorsi** (**troppo**) **liberi,** free (*o* loose) talk; **comicità alquanto libera,** broad humour; **La conversazione era molto libera,** the conversation was very uninhibited **6** (*disponibile*) available: **Non c'è un posto l.,** there isn't a seat available. **7** (*mecc.*) free; clear: **ruota l.,** free wheel **8** (*chim.*) free: **un elemento l.,** a free element **9** (*di tassi*) for hire. ● **l. da dazio o dogana** (**da imposta**), duty-free (tax-free) □ (*leg.*) **l. da ipoteche,** unencumbered □ **essere l. di sé,** to be free to do what one likes □ **l. professionista,** professional man □ **essere a piedi l.,** not to be detained in custody □ **essere a piede l. dietro pagamento di cauzione,** to be out on bail □ **all'aria libera,** in the open air □ (*chim.*) **allo stato l.,** loose □ **andare a ruota libera** (*in bicicletta*), to free-wheel □ **avere campo l.,** to have freedom of action □ **carta libera** (*non da bollo*), ordinary paper; unstamped paper □ **disegno a mano libera,**

liberoscambismo

free-hand drawing □ **donna di liberi costumi**, woman of unconventional (*o, più forte*: of loose) morals □ (*ginnastica*) **esercizi a corpo l.**, free exercises □ (*mil.*) **essere in libera uscita**, to be off duty □ **lasciare l. q.** (*dal lavoro*), to let sb. off (work) □ (*sport*) **lotta libera**, all-in wrestling □ **non avere un minuto l.**, not to have a moment to spare □ (*nuoto a*) **stile l.**, free-style (swimming) □ **sentirsi finalmente l.** (*dopo un periodo di costrizione morale*), to be one's own man at last □ **tempo l.**, spare time; free time; leisure: **Che fai nel tempo l.?**, how do you spend your spare time? □ (*sport*) **tiro ad arma libera**, free-rifle (range) □ **uscire l.** (*dal carcere, ecc.*), to come out a free man (*o* woman) □ (**segnale di**) **via libera**, go-ahead signal □ **Qual è il tuo giorno l.?**, which is your day off? □ (*di un dipendente, ecc.*) **L'ho lasciato libero nel pomeriggio**, I've given him the afternoon off. **B** *m.* (*calcio*) sweeper.
liberoscambismo, *m.* (*econ.*) free trade.
liberoscambista, (*econ.*) **A** *a.* free-trade (*attr.*). **B** *m.* e *f.* free trader.
libertà, *f.* **1** freedom; liberty; release: **l. dal bisogno**, freedom from want; **l. di culto**, freedom of worship (*o* of religion); **l. di parola**, freedom of speech; **l. di stampa** (**di pensiero, ecc.**), freedom (*o* liberty) of the press (of thought, etc.); **prendersi la l. di dire** (**di fare**) **q.c.**, to take the liberty of saying (*o* doing) st.; **combattere per la l.**, to fight for freedom and liberty; (*leg.*) **l. provvisoria**, release on bail; **prendersi troppe libertà**, to take too many liberties **2** (*licenziosità, ecc.*) broadness; looseness: **l. di costumi**, looseness of conduct; loose morals. ● (*leg.*) **l. vigilata**, probation: **essere in l. vigilata**, to be on probation □ (*leg.*) **accordare a q. la l. provvisoria**, to let sb. out on bail □ **avere due ore di l.**, to be free (*o* to be off duty) for two hours □ **in l.**, at liberty; free; (*a proprio agio*) comfortable, at home, at ease □ (*leg.*) **essere in l. provvisoria**, to be out on bail □ **in tutta l.**, freely; frankly □ **mettere q. in l.**, to set sb. free; to release sb. □ **mettersi in l.**, to make oneself at home □ **trattare q. con troppa l.**, to be too familiar with sb. □ **Ieri era il mio giorno di l.**, yesterday was my day off.
libertàrio, **A** *a.* anarchic(al). **B** *m.* anarchist.
liberticida, *a., m.* e *f.* liberticide.
liberticidio, *m.* liberticide.
libertinàggio, *m.* libertinism; libertinage; licentiousness.
libertino, *a.* e *m.* libertine.
libertismo, *m.* (*filos.*) libertarianism.
libèrto, *m.* (*stor.*) freedman*.
liberty (*ingl.*), *a.* - **stile l.**, art nouveau (*franc.*); modern style.
Libia, *f.* (*geogr.*) Libya.
lìbico, *a.* e *m.* Libyan.
libidine, *f.* lust; lechery: **l. del potere**, lust for power.
libidinóso, *a.* lustful; lewd; lecherous; libidinous.
libido (*lat.*), *f.* (*psic.*) libido.
Libra, *f.* (*astron.*) Libra.
libràio, *m.* bookseller.
librale, *a.* weighing a pound; (one) pound (*attr.*).
libràrio, *a.* book (*attr.*): **commercio l.**, book trade.
libràrsi, *v. rifl.* to hover. ● **l. in aria**, to soar.
librata, *f.* blow with a book.
librato, *a.* - (*aeron.*) **volo l.**, gliding.
libratóre, *m.* (*aeron.*) glider.
libraziòne, *f.* (*astron.*) libration.
librerìa, *f.* **1** (*negozio*) bookshop; bookseller's (shop); bookstore (*USA*) **2** (*mobile*) bookcase **3** (*raccolta di libri*) library.
librésco, *a.* bookish.
librettista, *m.* e *f.* writer of librettos; librettist.
librétto, *m.* **1** (small) book; booklet: **un l. di banca**, a bank-book; **l. degli assegni**, cheque-book; (*mil.*) **l. di matricola**, pay-book; **l. di deposito a risparmio**, pass-book **2** (*mus.*) libretto*. ● **l. di lavoro**, employment-card.
libro, *m.* **1** book: **l. illustrato** (**rilegato, non rilegato, scompaginato, usato, intonso**), illustrated (bound, unbound, odd, second-hand, uncut) book; **l. di testo**, text-book; (*lettura prescritta*) set-book; **l. di preghiere**, prayer-book; (*della Chiesa Anglicana, anche*) Book of Common Prayer; **proibire un l.**, to ban a book; **l. dei conti di cassa**, account book; cash-book; (*relig.*) **l. delle ore**, book of Hours; (*fig.*) **essere un l. chiuso per q.**, (*cioè* indecifrabile), to be a closed book to sb.; (*leg.*) **libri contabili**, books of account; (*leg.*) **libri sociali**, company's books; (*comm.*) **l. giornale**, book of entries **2** (*registro*) register: **l. delle anime**, parish register; **l. battesimale**, baptismal register; **l. catastale**, real estate register; property-register **3** (*bot.*) liber. ● (*comm.*) **l. a madre e figlia**, counterfoil book □ (*relig.*) **l. all'indice**, book on the Index □ **l. bianco** (*del Governo*), White Paper □ **l. da messa**, missal □ **l. di lettura**, reader □ **l. giallo**, thriller; detective story □ **l. manoscritto**, manuscript □ (*comm.*) **l. mastro**, ledger □ **l. nero**, black-list; (*rif. alla polizia*) police records (*pl.*) □ (*comm.*) **l. paga**, pay-roll □ **l. poliziesco**, detective novel □ (*comm.*) **met-**

tere a l., to book; to enter.
licantropìa, *f.* (*med.*) lycanthropy.
licàntropo, *m.* (*med.*) lycanthrope; wer(e)wolf.
licàone, **licaóne**, *m.* (*zool.*, *Lycaon pictus*) hyena-dog; (African) hunting dog.
Licaóne, *m.* (*mitol.*) Lycaon.
licciaiòla, *f.* saw-set; saw-wrest.
liccio, *m.* (*ind. tessile*) heddle; heald: **l. di filo metallico**, wire heddle; **intrecciatrice per licci**, heddle braiding-machine; **macchina per la preparazione dei licci**, heddle knitting-machine.
liceale, *a.* «liceo» (*attr.*); high-school (*attr.*). ● **licenza l.**, school-leaving examination □ (**studente**) **l.**, student at a «liceo»; high-school student.
liceità, *f.* (*leg.*) lawfulness.
licènza, *f.* **1** licence; license (*USA*): **l. di pesca**, fishing-licence; **chiedere** (**ottenere, concedere**) **una l.**, to apply for (to be granted, to grant) a licence; **l. di porto d'armi**, licence to carry arms; gun licence; **togliere la l. a q.**, to take away sb.'s licence; **l. di vendere** (**di stampare**) **q.c.**, licence to sell (to print) st.; (*leg.*) **l. di esercizio**, licence to carry on a business; **l. poetica**, poetic licence **2** (*autorizzazione, anche*) permit: **l. d'importazione**, import permit **3** (*permesso di andarsene o assentarsi*) leave; furlough (*USA*): **andare** (**essere**) **in l.**, to go (*o* to be) on leave; **l. per malattia**, sick-leave; **prendersi una l. di un mese**, to take a month's leave; **con vostra buona l.**, by your leave **4** (*scolastica*) (school-leaving) certificate; diploma **5** (*licenziosità*) licentiousness; licence **6** (*poesia*) envoy. ● (*leg.*) **l. di un brevetto** (**di un marchio**), licence □ **dare l. a q.**, to give sb. notice (to quit) □ **essere munito di regolare l.** (*specialm. a vendere q.c.*), to be licensed □ **prendersi la l. (di)**, to take the liberty (of).
licenziamènto, *m.* dismissal; discharge; sack, boot, kick(out); turnout, firing (*tutti fam.*): (*leg.*) **l. per giusta causa**, dismissal (*o* discharge) for cause; **l. in tronco**, dismissal without notice.
licenziando, *m.* student about to take his final examination (for school-leaving certificate).
licenziare, **A** *v. t.* **1** to dismiss; to discharge; to sack, to boot, to kick out, to turn out, to fire (*tutti fam.*) **2** (*dare un diploma*) to grant a diploma (*o* a school-leaving certificate). ● **l. le bozze** (**per la stampa**), to pass proofs (for the press). **licenziarsi**, **B** *v. rifl.* **1** (*congedarsi da q.*) to take* one's leave **2** (*dimettersi da un impiego, ecc.*) to give* notice; to hand in one's notice; to resign **3** (*ottenere un diploma*) to take* a diploma (*o* a school-leaving certificate); to graduate from high school.
licenziatàrio, *m.* (*leg.*) licensee.
licenziosità, *f.* licentiousness.
licenzióso, *a.* licentious; dissolute.
licèo, *m.* «liceo»; lycée; high school: **l. artistico**, art lycée; **l. classico**, classical lycée; **l. scientifico**, scientific lycée. ● **l. musicale**, Academy of Music.
lichène, *m.* (*bot.*) lichen: **l. d'Islanda** (*Cetraria islandica*), Iceland lichen; **l. pissidato** (*Cladonia pyxidata*), cup-lichen; cup-moss.
Lìcia, *f.* (*geogr., stor.*) Lycia.
licio, *a.* e *m.* (*stor.*) Lycian.
licitare, *v. i.* to bid* (at an auction).
licitazióne, *f.* **1** (*offerta a un'asta*) bid **2** (*offerta a una gara d'appalto*) tender **3** (*vendita all'asta*) auction (sale) **4** (*nel bridge*) bid.
licopòdio, *m.* (*bot., Lycopodium clavatum*) lycopodium; club-moss. ● (*farm.*) **polvere di l.**, lycopodium-powder; vegetable brimstone.
licoressia, *f.* (*med.*) bulimia; canine hunger.
Licurgo, *m.* (*stor. greca*) Lycurgus.
lidar, *m.* (*tecn.*) (*laserlocalizzatore*) lidar.
liddite, *f.* (*chim.*) lyddite.
Lìdia, *f.* (*geogr. stor.*) Lydia.
lìdico, **lìdio**, *a.* e *m.* (*stor.*) Lydian.
lido, *m.* shore; beach: **tornare ai patri lidi**, to return to one's native shores. ● **il L.** (*di Venezia*), the Lido □ **prendere il volo per altri lidi**, to leave for far-away countries □ **Ha preso il volo per altri lidi**, the bird has flown.
lied (*ted.*), *m. invar.* (*mus.*) lied*.
liederistico, *a.* (*mus.*) in the style of a lied.
Liègi, *f.* (*geogr.*) Liège.
lietaménte, *avv.* happily; gladly; joyfully; joyously; cheerfully; merrily.
lietìssimo, *a.* delighted; thrilled; happy: **Sono l. di conoscerla**, delighted to meet you.
lièto, *a.* **1** (*felice*) happy; (*gioioso*) joyful, joyous; (*di buon umore, allegro*) cheerful, merry; (*contento*) glad, pleased, delighted: **un l. evento**, a happy event; **un fine l.**, a happy ending; **Sono l. di accettare il vostro invito**, I am glad to accept your invitation; **Sono l. che tu sia venuto**, I'm glad you've come; **Era sempre l.**, he was always cheerful (*o* merry); **una lieta canzone**, a merry song **2** (*buono, anche*) good: **Hai udito la lieta novella?**, have you

linea

heard the good (*o* glad) news?; **di umore l.**, in a good humour **3** (*poet.: ameno*) serene; smiling: **lieti colli**, smiling hills. ● **l. di conoscerla!** (*o* **molto lieto!**), pleased (*o* delighted) to meet you; how do you do?

lièmaybe, a. 1 (*leggero*) light; gentle: **l. come una piuma**, as light as a feather; **un peso l.**, a light burden; **un l. tocco**, a light (*o* gentle, delicate) touch; **a lievi passi**, with light footsteps; **una l. brezza**, a gentle breeze **2** (*tenue*) slight; faint: **una malattia l.**, a slight illness; **una l. vena d'umorismo**, a slight touch of humour; **un l. sorriso**. a faint smile.

lieveménte, *avv.* **1** lightly; gently; delicately **2** (*appena, un po'*) slightly.

lievità, *f.* **1** lightness; gentleness **2** (*tenuità*) slightness; faintness.

lievitare, **A** *v. t.* to leaven. **B** *v. i.* **1** to rise*; to ferment **2** (*di prezzi*) to rise*; to increase; to go* up.

lievitazióne, *f.* **1** leavening; rise **2** (*dei prezzi*) rise; increase.

lièvito, *m.* (*anche fig.*) yeast; leaven.

lift (*ingl.*), *m.* liftman*, liftboy; elevator attendant (*USA*).

ligio, *a.* **1** faithful; loyal: **l. al dovere**, faithful to one's duty **2** (*stor.*) liege.

lignàggio, *m.* lineage; ancestry; pedigree.

ligneo, *a.* wooden; woody; ligneous.

lignificare, *v. t.* **lignificarsi**, *v. rifl.* (*bot.*) to lignify.

lignificazióne, *f.* (*bot.*) lignification.

lignina, *f.* (*bot.*) lignin.

lignite, *f.* lignite; brown coal.

ligure, *a., m. e f.* Ligurian.

ligustro, *m.* (*bot., Ligustrum vulgare*) privet.

liliàceo, *a.* (*bot.*) liliaceous.

liliale, *a.* lily-like (*attr.*).

Liliana, *f.* Lil(l)ian; Lily.

lilion, *m.* (*marchio: ind. tessile*) lilion (polyamide resin).

lilla, lillà, A *m.* (*bot., Syringa vulgaris*) lilac. **B** *m. e a.* (*colore*) lilac.

lillipuziano, *a. e m.* Lilliputian.

lima, *f.* file: **l. a coltello**, knife-file; **l. a losanga**, lozenge file; **l. da legno**, rasp file; **l. mezzo tonda**, half-round file; **l. piatta**, flat file; **l. triangolare**, three square (*o* triangular) file; **l. per unghie**, nail-file. ● **l. sorda**, silent-file; (*fig.: pensiero angoscioso*) gnawing worry; (*persona che agisce copertamente*) sly (*o* underhand) fellow □ **lavorare di l.** (*ai propri scritti, ecc.*), to polish □ **lavoro di lima**, finishing touches (*pl.*).

limàccia, *f.* (*zool.*) snail.

limàccio, *m.* (*mota*) slime; sludge.

limaccióso, *a.* slimy; sludgy; (*fangoso*) muddy, miry.

limare, **A** *v. t.* **1** (*mecc.*) to file; (*con la raspa*) to rasp **2** (*fig.: gli scritti*) to polish. **limarsi**, **B** *v. rifl.* to worry; (*rodersi*) to eat* one's heart out (*fam.*). ● **l. le unghie**, to file one's finger-nails.

limatóre, *m.* **1** filer **2** (*fig.*) polisher; (*di uno scrittore*) perfectionist.

limatrice, *f.* (*mecc.*) shaper; shaping-machine: **l. da banco**, bench shaping-machine; **l. universale**, universal shaping-machine.

limatura, *f.* **1** (*il limare*) filing **2** (*polvere dell'oggetto limato*) filings (*pl.*).

limbo, *m.* limbo (*anche fig.*).

limétta (1), *f.* (*per unghie*) nail-file.

limétta (2), *f.* (*bot., Citrus aurantifolia*) lime.

limìcolo, *a.* (*zool.*) limicolous.

limine, *m.* (*lett.: soglia*) limen. ● (*relig.*) **visita ai limini**, visit «ad limina».

limitàbile, *a.* limitable.

limitabilità, *f.* limitableness.

limitàneo, *a.* frontier, boundary (*attr.*).

limitare (1), *m.* (*lett.*) threshold (*anche fig.*): **essere sul l. della vita**, to be on the threshold of life.

limitare (2), A *v. t.* **1** to limit; to set* a limit to (*porre un limite a*): **l. le spese**, to limit one's expenditure (*o* expenses); **l. il tempo per le risposte**, to set a time-limit for the answers; **l. le proprie ambizioni**, to set a limit to one's ambitions **2** (*specialm. con l'autorità o la forza*) to restrict: **l. i traffici tra uno Stato e l'altro** (*in USA*), to restrict inter-State trade; **Gli alberi limitavano la visuale**, the trees restricted our vision **3** (*moderare, anche*) to moderate; (*frenare*) to curb: **l. le pretese** (**lo zelo, ecc.**), to moderate (*o* to curb) one's demands (one's zeal, etc.) **4** (*delimitare*) to bound; to surround: **Il campo era limitato dalla strada e dal fiume**, the field was bounded by the road and river. **limitarsi, B** *v. rifl.* **1** to confine (*o* to limit) oneself: **Mi limiterò a parlare della prima fase**, I shall confine myself to (talking about) the first phase; **Voglio limitarmi a dieci sigarette al giorno**, I want to limit myself to ten cigarettes a day **2** (*contenersi*) to stint oneself **3** (*ridursi a*) to be restricted to: **l. a una piccola zona**, to be restricted to a small area. ● **Si sono limitati a dare un'occhiata**, they merely gave a look round.

limitataménte, *avv.* to a limited degree; within (certain) limits. ● **l. alle mie possibilità**, in so far as I can.

limitatézza, *f.* narrowness; exiguousness.

limitativo, *a.* restrictive; limitative; limiting.

limitato, *a.* **1** limited; (*ristretto*) restricted, narrow; (*scarso*) scanty: **avere un reddito l.**, to have a limited income; **Abbiamo un tempo l.**, our time is limited; **La loro libertà è limitata**, their freedom is restricted; **un salario assai l.**, very scanty wages (*pl.*) **2** (*di mentalità*) narrow-minded: **La (loro) zia è una donna limitata**, their aunt is a narrow-minded woman. ● (*comm.*) **responsabilità limitata**, limited liability □ **un uomo l. di mezzi**, a man with scanty means.

limitatóre, *m.* (*mecc.*) limiting device; (*elettr.*) limiter: **l. di carico**, load limiting device; **l. di corrente**, current limiter; **l. di velocità**, speed limiting device. ● **l. di tensione**, aerial discharger.

limitazióne, *f.* limitation; restriction; limit; (*rif. a spese*) retrenchment: **porre limitazioni al commercio con l'estero**, to place restrictions on foreign trade. ● **l. degli armamenti**, arms control □ **l. delle nascite**, birth control □ **l. di responsabilità**, limited liability □ **Accetterò solo se non ci sono limitazioni** (*condizioni che vincolano*), I shall accept only if there are no strings attached (*fam.*).

limite, A *m.* **1** limit (*anche mat.*): **Non ci sono limiti alla pazienza (insolenza, ecc.) di quell'uomo**, there are no limits to that man's patience (impudence, etc.); **porre un l. all'ambizione di q.**, to set a limit to sb.'s ambition; **entro certi limiti**, within (certain) limits; **l. di età**, age limit; (*edil.*) **l. di elasticità**, limit of elasticity; elastic limit **2** (*confine, anche*) boundary (*anche fig.*); border (*orlo, contorno*): **Una siepe segna i limiti della proprietà**, a hedge marks the boundaries of the estate; **definire i limiti di un nuovo Stato africano**, to define the boundary of a new African state; **arrivare ai limiti del territorio svizzero**, to go as far as the Swiss border **3** (*fig., anche*) limitation: **Ha la coscienza dei suoi limiti**, he knows his limitations. ● (*geogr.*) **l. delle nevi perenni**, snow-line □ **l. di elasticità convenzionale**, proof-stress □ **limiti d'età**, retirement (*o* pensionable) age □ (*edil.*) **l. di rottura**, breaking point □ (*autom.*) **l. di velocità** (*cartello*), maximum speed limit □ **caso l.**, extreme case □ **entro i limiti**, within bounds □ **fuori dai limiti**, out of bounds □ (*ferr.*) **indicazione del l. di portata**, marked capacity □ **passare i limiti**, to go too far; to be beyond the bounds: **Passa i limiti della probabilità**, it's beyond the bounds of probability □ **senza limiti**, without limit; limitless; boundless (*agg.*): **cortesia senza limiti**, boundless kindness □ **Questo passa ogni l.!**, that's the limit! □ **Tutto ha un l.**, there's a limit to everything. **B** *a.* – **caso l.**, borderline case.

limitrofo, *a.* neighbouring; bordering; adjacent (to).

limnìmetro, *m.* (*scient.*) limnimeter.

limnologìa, *f.* (*scient.*) limnology.

limnòlogo, *m.* (*scient.*) limnologist.

limo, *m.* **1** slime; mud; mire **2** (*geol.*) silt.

limonàia, *f.* lemon-house.

limonàio, *m.* lemon-seller.

limonare, *v. i.* (*fam.: amoreggiare*) to pet; to neck (*pop.*).

limonata, *f.* lemonade; (*spremuta*) lemon juice.

limóne, *m.* **1** (*frutto*) lemon: **succo di l.**, lemon-juice **2** (*albero*) lemon tree. ● (*fig.*) **l. spremuto**, person who has been squeezed dry.

limonéto, *m.* lemon-orchard.

limonicolo, *a.* lemon (*attr.*).

limonite, *f.* (*miner.*) limonite.

limosino, *a.* of Limoges; Limoges (*attr.*): **ceramiche limosine**, Limoges ware.

limosità, *f.* sliminess.

limóso, *a.* slimy; muddy; miry.

limpidaménte, *avv.* limpidly.

limpidézza, *f.* transparency; limpidity; limpidness; clearness.

lìmpido, *a.* clear; transparent; limpid: **una mente limpida**, a clear brain.

linaiòla, *V.* **linària**.

linaiòlo, *m.* **1** (*chi lavora il lino*) flax-dresser **2** (*venditore*) linen-draper.

linària, *f.* (*bot., Linaria vulgaris*) toadflax.

lince, *f.* (*zool., Lynx*) lynx. ● (*zool.*) **l. rossa** (*Lynx rufus*), bay lynx; bobcat □ (*fig.*) **dagli occhi di l.**, lynx-eyed.

lìnceo (1), *a.* lynx-like; lynx (*attr.*).

lincèo (2), *m.* – **Accademia dei Lincei**, Academy of the Lincei.

linciàggio, *m.* lynching.

linciare, *v. t.* to lynch.

linciatóre, *m.* lyncher.

lindézza, *f.* neatness.

lindo, *a.* neat (and clean); clean (and shining); spick and span.

lindura, *f.* neatness; cleanliness.

linea, *f.* **1** line: **l. grossa**, thick line; **l. sottile**, fine (*o* thin, narrow

lineaménti

line; (*chiromanzia*) **la l. del cuore**, the line of the heart; (*tipogr.*) **la seconda l. alla pagina quattro**, the second line on page four; (*tennis*) **l. di fondo campo**, base-line; (*mus.*) **le cinque linee del pentagramma**, the five lines of the stave; (*mat.*) **l. retta (curva)**, straight (curved) line; (*geogr.*) **l. altimetrica**, contour line; (*sport*) **l. d'attacco**, forward line; **battuto su tutta la l.**, beaten all along the line; (*mat.*) **linee convergenti (divergenti, parallele)**, converging (diverging, parallel) lines; (*geogr.*) **l. equinoziale**, equinoctial line; **l. delle nevi permanenti**, snow-line; **in l. diretta (collaterale) di successione**, in the direct (collateral) line of succession; **l. di confine**, border-line; boundary-line; (*fra Scozia e Inghilterra*) (the) Border; **l. spartitraffico**, traffic line; (*elettr.*) **l. di raccordo**, connecting line; **semplicità delle linee** (*di un edificio, ecc.*), simplicity of line (*raro il pl.*); **l. di condotta**, line of conduct; (*comm., ind.*) **l. di prodotti**, line of products; **seguire una certa l.**, to take a certain line; **Mi piace la l. di quell'automobile**, I like the line of that car **2** (*nell'alfabeto Morse*) dash **3** (*di comunicazione*) line; (*talora*) route: **l. telegrafica (telefonica, ferroviaria, di navigazione)**, telegraph (telephone, railway, shipping) line; **È interrotta la l.** (*ferroviaria*), the line is up; **le grandi linee di comunicazione**, the great travel routes; the main lines of communication; **l. tranviaria**, tram-line; (*tel.*) **stendere una l.**, to lay a line; (*tel.*) **La l. è occupata**, the line is engaged (*USA:* busy); **viaggiare sulla l. Calais-Basilea**, to travel by the Calais-Basel route (*o line*) **4** (*naut. e mil.*) line: **l. di massima immersione**, Plimsoll line; **l. d'acqua** (*di galleggiamento*), (*a pieno carico, normale*) load water-line; (*a vuoto*) light water-line; (*mil., stor.*) **un vascello di l.**, a ship of the line; a line-of-battle ship; **l. di battaglia** (*di tiro*), line of battle (of fire); **essere sulla l. del fuoco**, to be in the firing-line; **la l. Gotica** (**Maginot, ecc.**), Gothic (Maginot, etc.) line; **truppe di prima l.**, front-line troops **5** (*del corpo, con riferimento all'essere grassi o magri*) figure: **mantenere la l.**, to keep one's figure; **guastarsi la l.**, to ruin one's figure. ● **l. aerea**, airline; air-route; air-way □ **l. di displuvio** (*o spartiacque*), (*geogr.*) watershed; (*mil.*) ridge, crest (*naut.*) **l. di rispetto**, limit of territorial waters □ (*naut.*) **l. di rotta**, (ship's) course □ (*geogr.*) **la l. equatoriale**, the Line (*o the* Equator*) □ **aeroplano di l.**, airliner □ (*autom., mecc.*) **in l.**, in-line □ **un motore in l.**, an in-line engine □ (*fig.*) **l. d'aria**, in a bee-line; as the crow flies □ **in l. di massima**, as a rule □ **essere in l.**, to be lined up; to be in a row □ (*mil. e fig.*) **essere in prima l.**, to be in the front line □ **mettersi in l.**, to line up; (*naut.*) to take up station □ (*fig.*) **mettersi in l. con le tendenze attuali**, to get into line with current trends □ (*autom.*) **motore a otto cilindri in l.**, straight-eight engine □ **nave di l.**, liner □ (*mil., stor.*) **soldati di l.**, infantry □ **tracciare q.c. a grandi linee**, to trace the broad outline of st.; to outline st.; to trace (*fig.: to describe*) st. with a few broad strokes (*o lines*) □ (*tel.*) **Rimanga in linea**, hold on; hold the line □ (*tel.*) **Non riesco ad avere la l. libera**, I can't get through.

lineaménti, *m. pl.* **1** features; lineaments: **un uomo dai bei l.**, a man of handsome features **2** (*fig.: elementi principali*) outlines; main features: **l. di matematica**, outlines of mathematics.

lineare, *a.* **1** linear **2** (*fig.*) steadfast; coherent.

linearità, *f.* **1** linearity **2** (*fig.*) steadfastness; coherence.

lineatura, *f.* lining.

lineétta, *f.* (*tratto d'unione*) hyphen; (*tratto lungo*) dash.

linerìa, *f.* linen goods (*pl.*).

linéto, *m.* flax-field.

linfa, *f.* **1** (*bot.*) sap **2** (*biol.*) lymph **3** (*fig.*) sap; nourishment; food.

linfadenite, *f.* (*med.*) lymphadenitis.

linfadenòma, *m.* (*med.*) lymphadenoma*.

linfangiòma, *m.* (*med.*) lymphangioma*.

linfangite, *f.* (*med.*) lymphangitis*. ● (*vet.*) **l. epizootica**, epizootic lymphangitis.

linfàtico, *a.* (*anat., med.*) lymphatic: **ghiandole linfatiche**, lymphatic glands.

linfatismo, *m.* (*med.*) lymphatism.

linfocita, linfocito, *m.* (*biol.*) lymphocyte.

linfocitòsi, *f.* (*med.*) lymphocytosis*.

linfògeno, *a.* (*anat., fisiologia*) lymphogenic: **tessuto l.**, lymphogenic tissue.

linfogranulòma, *m.* (*med.*) lymphogranuloma*.

linfòide, *a.* (*anat.*) lymphoid: **tessuto l.**, lymphoid tissue.

linfòma, *m.* (*med.*) lymphoma*.

linfonòdo, *m.* (*anat.*) lymph-node.

linfopenìa, *f.* (*med.*) lymphocytopenia.

linfopoièsi, *f.* (*fisiologia*) lymphopoiesis*.

linfosarcòma, *m.* (*med.*) lymphosarcoma*.

lingerìa, *f.* linen.

lingottièra, *f.* (*metall.*) ingot-mould.

lingòtto, *m.* **1** ingot; bar **2** (*tipogr.*) reglet. ● **oro in lingotti**, bullion.

lingua, *f.* **1** (*anat., cucina e fig.*) tongue: **avere la l. impastata (sporca)**, to have a coated (furred) tongue; **l. biforcuta**, forked tongue; **avere la l. mordace**, to have a caustic tongue; (*fig.*) **avere perso la l.**, to have lost one's tongue; to be tongue-tied; (*cucina*) **l. di bue**, ox-tongue; neat's tongue; **mettere fuori (mordersi) la l.**, to put out (to bite) one's tongue; **tenere a posto** (*o frenare*) **la l.**, to hold one's tongue; **L'avevo sulla punta della l.**, I had it on the tip of my tongue **2** (*linguaggio*) language; tongue: **la l. italiana**, the Italian language; **l. straniera (morta, ecc.)**, foreign (dead, etc.) language; **la l. madre** (*o materna*), one's mother tongue; **avere attitudine per le lingue**, to have a flair for languages **3** (*striscia*) tongue; strip: **l. di terra**, strip of land. ● (*fig.*) **l. blasfema** (*bestemmiatore*), blasphemous person □ (*bot.*) **l. cervina** (*Phyllitis scolopendrium*), hart's-tongue □ (*bot.*) **l. d'acqua** (*Potamogeton natans*), pond-weed (*sing. collett.*) □ (*bot.*) **l. di bue** (*Anchusa*), bugloss; alkanet □ (*bot.*) **l. di cane** (*Plantago lanceolata*), ribwort plantain □ **lingue di gatto** (*biscotti*), finger biscuits □ (*bot.*) **l. di serpe** (*Ophioglossum vulgatum*), adder's-tongue □ **l. popolare**, slang □ **l. franca**, lingua franca □ **l. furbesca**, (thieves') cant □ **l. volgare**, vulgar tongue; (*stor.:* **il Volgare**) early Italian □ (*fig.*) **arrivare con tanto di l. di fuori**, to arrive quite breathless; to arrive puffing and panting □ **avere la l. sciolta**, to have a glib (*o* ready) tongue; to have the gift of the gab □ (*fig.*) **avere il cuore sulla l.**, to wear one's heart upon one's sleeve □ (*di oratore*) **dalla l. d'oro**, golden-tongued □ **genti** (*paesi*) **di l. inglese**, English-speaking peoples (countries) □ (*fig.*) **in l. povera**, in plain words; not to put too fine a point on it □ **essere una mala l.** (*o* **avere la l. lunga**), to have a dangerous (*o* a long) tongue; (*più comune*) to be a gossip; to be a mischief-maker (*seminare zizzania*); to be catty (*essere maldicente per dispetto o gelosia*) □ (*fig.*) **mettere l.** (*in un discorso o affare altrui*), to interfere; to stick one's oar in □ **sapere bene le lingue**, to be a good linguist □ **scrivere in l.**, to write in Italian (English, French, etc.); not to write in dialect □ **tradotto in l. dal siciliano (dal cockney)**, translated from Sicilian into Italian (from Cockney into standard English) □ **Parla solo perchè ha la l.** (**in bocca**), he talks just for the sake of talking □ (*prov.*) **Ferisce più la l. che la spada**, words cut more than swords □ (*prov.*) **La l. batte dove il dente duole**, the tongue ever turns to the aching tooth.

linguàccia, *f.* (*persona maldicente*) evil tongue; slanderer; backbiter. ● **essere una l.**, to have a wicked tongue.

linguacciuto, **A** *a.* gossipy; slanderous. **B** *m.* slanderer; backbiter.

linguàggio, *m.* **1** language; (*facoltà di parlare*) speech: **l. umano**, human speech; **l'origine del l.**, the origin of speech; **l. dei cenni**, sign language; **il l. degli occhi**, the language of the eyes **2** (*di un gruppo particolare*) special language; terms (*pl.*); jargon; slang; lingo: **Imparai il l. delle redazioni giornalistiche**, I learnt the special language of the newspaper world; **Ho evitato il l. tecnico**, I've avoided technical terms (*o* jargon); **Non puoi stamparlo: è l. di caserma**, you can't print it: it's army slang; **Un marinaio ubriaco cantava in un l. incomprensibile**, a drunk sailor was singing in some strange lingo. ● **l. della burocrazia**, officialese □ **l. forense**, legal parlance □ **l. infantile**, baby talk □ **l. giornalistico**, journalese □ **in l. corrente**, in common parlance; in everyday speech.

linguaiòlo, *m.* (*spreg.*) linguistic pedant.

linguale, *a.* (*anat., fon.*) lingual.

linguèlla, *f.* (*filatelia*) stamp hinge.

linguétta, *f.* **1** (*di scarpa*) tongue **2** (*mus.*) reed **3** (*mecc.*) tang; spline; tongue.

linguifórme, *a.* tongue-shaped; linguiform.

linguista, *m. e f.* linguist.

linguistica, *f.* linguistics (*pl. col verbo al sing.*).

linguistico, *a.* linguistic; linguistical.

linièro, *a.* linen (*attr.*): **industria liniera**, linen industry.

linifìcio, *m.* (*ind. tessile*) flax-mill.

liniménto, *m.* (*farm.*) liniment; embrocation.

linizzare, *v. t.* to linenize.

linizzato, *a.* linenized.

linnèa, *f.* (*bot., Linnaea borealis*) twinflower.

linneano, *a.* (*bot.*) Linn(a)ean.

linnèo, *m.* (*stor., bot.*) Linnaeus.

lino, *m.* **1** (*bot., Linum usitatissimum*) flax **2** (*ind. tessile*) flax: **l. scotolato**, scutched flax; **filatura del l.**, flax spinning; **pettinatura del l.**, flax hackling **3** (*tessuto*) linen: **l. d'Irlanda**, Irish linen. ● **biancheria di l.**, linen (articles) □ **olio di l.**, linseed-oil.

linoleina, *f.* (*chim.*) linolein.

linolènico, *a.* (*chim.*) linolenic.

linòleum, *m.* (*ind.*) linoleum (*abbr.* lino).

linóne, *m.* (*ind. tessile*) lawn.

linósa, *f.* linseed.

linotipìa, *f.* **1** (*procedimento*) linotyping **2** (*stabilimento*

linotype shop.
linotipista, *m. e f.* linotypist; linotyper.
linotype (*ingl.*), *f.* (*tipogr.*; *marchio*) Linotype.
linséme, *m.* linseed.
liocòrno, *m.* (*mitol.*) unicorn.
liofilizzare, *v. t.* (*fis.*, *ind.*) to lyophilize; to freeze-dry.
liofilizzatóre, *m.* (*fis.*, *ind.*) lyophilizer.
liofilizzazióne, *f.* (*fis.*, *ind.*) lyophilization; freeze-drying.
liòfilo, *a.* (*fis.*) lyophilic; lyophile.
liòfobo, *a.* (*fis.*) lyophobic; lyophobe.
lionato, *a.* (*lett.*) lion-coloured.
Lióne, *f* (*geogr.*) Lyon; Lyons.
Lionèllo, *m.* Lionel.
lionése, *a.*, *m. e f.* Lyonese: **i lionesi**, the Lyonese.
liparite, *f.* (*miner.*) liparite.
lipaṣi, *f.* (*chim.*) lipase: **l. pancreatica**, steapsin.
lipemìa, *f.* (*med.*) lipaemia, lipemia.
lipèmico, *a.* (*med.*) lipaemic, lipemic.
lipide, *m.* (*chim.*, *biol.*) lipid(e).
lipidico, *a.* (*chim.*, *biol.*) lipidic.
lipizzano, *a. e m.* Lippizaner: **cavallo di razza lipizzana**, Lippizaner horse.
lipòide, *m.* (*chim.*) lipoid.
lipòma, *m.* (*med.*) lipoma*.
lipomatòṣi, *f.* (*med.*) lipomatosis*.
lipomatóṣo, *a.* (*med.*) lipomatous.
liposarcòma, *m.* (*med.*) liposarcoma*.
liposolùbile, *a.* (*chim.*) liposoluble.
lipotimìa, *f.* (*med.*) lipothymia; lipothymy.
lipòtropo, *a.* (*chim.*, *farm.*) lipotropic; lipotrophic.
lippa, *f.* (*gioco infant.*) tip-cat.
Lipsia, *f.* (*geogr.*) Leipzig.
liquame, *m.* (liquid) sewage.
liquazióne, *f.* (*metall.*) liquation.
liquefare, *v. t.* **liquefarsi**, *v. rifl.* to liquefy; to melt: **l. un gas**, to liquefy a gas; **l. il burro**, to melt butter.
liquefattìbile, *a.* liquefiable.
liquefatto, *a.* liquefied; (*fuso*) melted: **gas l.**, liquified gas.
liquefazióne, *f.* liquefaction; melting.
liquescènte, *a.* (*fis.*) liquescent.
liquescènza, *f.* (*fis.*) liquescence.
liquidàbile, *a.* (*comm.*) that can be liquidated (*o* settled).
liquidare, *v. t.* **1** (*leg.*, *fin.*) to liquidate; to wind* up; (*pagare*) to pay* off, to settle; (*merci*) to sell* off, to clear off; (*merce invenduta*) to remainder; **l. una società**, to liquidate a company; **l. i propri debiti**, to pay off (*o* to settle) one's debts **2** (*uccidere*) to kill; to eliminate; to liquidate; to knock off **3** (*sbarazzarsi di*) to get* rid of, to dispose of; (*licenziare*) to dismiss, to sack, to fire (*fam.*).
liquidatóre, *m.* (*leg.*) liquidator; (*d'avaria*) average adjuster; (*di fallimento*) official receiver. ● **perito l.**, loss adjuster.
liquidazióne, *f.* **1** (*leg.*, *fin.*) liquidation; winding-up; (*di un debito*) settling **2** (*di merce*) sale: **prezzi di l.**, sale prices **3** (*indennità: per cessazione di rapporto di lavoro*) severance pay; gratuity **4** (*indennità: per pensionamento*) retirement bonus (*non esiste in Inghilterra*). ● **l. di avaria**, average adjustment.
liquidità, *f.* **1** liquidness; liquidity **2** (*econ.*) liquidity; liquid assets (*pl.*).
lìquido, **A** *a.* **1** liquid; fluid: **essere in uno stato l.**, to be in a liquid state; **rendere l.**, to reduce to a liquid state; **L'inchiostro non è abbastanza l.**, the ink isn't fluid enough **2** (*comm.*) ready; available: **denaro l.**, ready cash; **fondi liquidi**, available funds **3** (*fon.*) liquid. **B** *m.* **1** liquid **2** (*econ.*) ready money; cash.
liquirìzia, *f.* (*bot.*, *Glycyrrhiza glabra*; *sostanza estratta dalle radici della l.*) liquorice; licorice.
liquóre, *m.* **1** liqueur; liquor; (*pl.: alcolici in genere*) spirits: **tassa sui liquori**, tax on spirits **2** (*lett.: sostanza liquida*) liquid.
liquoreria, *f.* **1** (*spaccio*) liquorshop **2** (*fabbrica*) liquor--distillery.
liquorista, *m.* **1** (*commerciante*) dealer in spirits **2** (*fabbricante*) liquor-distiller.
liquoristico, *a.* liquor, liqueur (*attr.*).
liquorìzia, V. **liquirìzia**.
liquoróṣo, *a.* liqueur-like; (*specialm. di vino*) sweet.
lira (1), *f.* **1** (*mus.*) lyre **2** (*lett.: poesia lirica*) lyric poetry **3** (*zool.*) **uccello l.** (*Menura superba*), lyre-bird **4** (*astron.*) Lyra, Lyre; Harp.
lira (2), *f.* (*moneta*) lira*. ● **l. sterlina**, pound (sterling) □ **non avere una l.**, to be penniless; to be (stony-)broke (*pop.*) □ (*prov.*) **Una l. risparmiata è una l. guadagnata**, a penny saved is a penny gained.
lìrica, *f.* **1** lyric poetry **2** (*componimento lirico*) lyric; lyrical poem **3** (*mus.*) opera.
liricità, V. **lirismo**.

lìrico, **A** *a.* **1** lyric; (*d'intonazione lirica*) lyrical **2** (*mus.*) opera (*attr.*): **un teatro l.**, an opera house; **la stagione lirica**, the opera season. **B** *m.* lyric poet; lyrist.
lirismo, *m.* lyricism; (*iron.*) high-flown sentiments (*pl.*).
Lisbóna, *f.* (*geogr.*) Lisbon.
lisca, *f.* **1** (*di pesce*) fish-bone **2** (*parte legnosa della canapa*) hards (*pl.*); hurds (*pl.*). ● **avere la l.**, to lisp.
lìscia, *f.* (*strumento da calzolaio*) slicker.
lisciaménto, *m.* **1** smoothing; sleeking; burnishing **2** (*fig.*) flattery.
lisciare, **A** *v. t.* **1** (*rendere liscio*) to smooth; to sleek; (*rendere lucido*, *specialm. di metalli*) to burnish: **l. un abito (un lenzuolo, ecc.)**, to smooth (down) a dress (a sheet, etc.); **lisciarsi i capelli (il pelo, ecc.)**, to sleek one's hair (one's fur, etc.) **2** (*accarezzare*) to stroke; to pat: **l. un cavallo (un cane, ecc.)**, to stroke (*o* to pat) a horse (a dog, etc.) **3** (*fig.: lusingare*) to flatter; to coax; (*assecondare*) to pander to (sb.) **4** (*levigare*, *anche fig.*) to polish: **l. il proprio stile**, to polish one's style **5** (*ind. cartaria*) to glaze **6** (*conceria*) to slick; to sleek. ● (*costr.*) **l. un muro**, to finish (*o* to dress, to trowel off, to strike off) a wall. **lisciarsi**, **B** *v. rifl.* **1** (*agghindarsi*) to doll (*o* to prink) oneself up **2** (*d'uccello*) to preen oneself.
lisciata, *f.* **1** smoothing **2** (*fig.*) flattery. ● **darsi una l. ai capelli**, to give one's hair a smooth.
lisciatóio, *m.* slicker; sleeker.
lisciatura, *f.* **1** smoothing; sleeking; burnishing **2** (*fig.: adulazione*) flattery.
liscio, *a.* **1** smooth; (*anche lucido*) sleek; (*levigato*) polished: **pelle (superficie) liscia**, smooth skin (surface); **un fucile a canna liscia**, a smooth-bore rifle; **un cane a pelo l.**, a smooth-haired dog; **tutto l. e impomatato**, all sleek and brilliantined **2** (*opposto di ricciuto*) straight: **capelli lisci**, straight hair **3** (*di una bevanda alcoolica*) neat; straight **4** (*fig.*) simple; clear; plain; straightforward: **un abito l.**, a plain dress. ● (*fig.*) **andare l.**, to go smoothly; to be plain sailing □ **passarla liscia**, to get away with it; to get off scot-free □ (*fig.*) **L'affare non è l.**, the affair is rather tricky.
lìsciv(i)a, *f.* lye. ● **l. bianca**, white liquor.
lisciviare, *v. t.* to leach; to lixiviate (*anche chim.*).
lisciviatóre, *m.* **1** (*chim.*) leacher; lixiviating-tub **2** (*ind. cartaria*) boiler; kier; digester.
lisciviatrice, *f.* **1** (*lavatrice*) washing-machine **2** (*ind. cartaria*) boiler; kier; digester.
lisciviatura, *f.* (*ind. cartaria*) boiling.
lisciviazióne, *f.* (*chim.*) leaching; lixiviation.
liscóṣo, *a.* full of bones.
liṣèrgico, *a.* – (*chim.*) **acido l.**, lysergic acid.
liseuse (*franc.*), *f.* bed-jacket.
liṣi, *f.* (*chim.*, *biol.*, *med.*) lysis*.
Lisimaco, *m.* (*stor.*) Lysimachus.
liṣina, *f.* (*biol.*) lysin.
Lisippo, *m.* (*stor.*) Lysippus.
liṣo, *a.* worn; worn-up; threadbare.
lisofòrmio, *m.* (*chim.*) lysoform.
liṣòlo, *m.* (*ind. chim.*) lysol.
lisoẓima, *m.* (*biol.*) lysozyme.
lista, *f.* **1** (*striscia*) strip; (*larga*) band, stripe; (*riga*) line **2** (*elenco*) list: **l. civile**, civil list; **essere in l.**, to be on the list; **l. dei vini**, wine list; **l. di nozze**, list of wedding presents; **fare una l.**, to make (*o* to draw up) a list **3** (*registro*) register; roll: (*polit.*) **l. elettorale**, electoral register; register of voters; **l. delle vivande**, menu; **mettere in l.**, to list; (*polit.*) **scrutinio di l.**, voting for party list.
listare, *v. t.* to border; to edge.
listèllo, *m.* (*archit.: di modanatura*) fillet; listel; (*di colonna*) cincture.
listino, *m.* list: **l. di Borsa**, Stock-Exchange list; **l. (dei) prezzi**, price-list.
litanìa, *f.* **1** (*specialm. al pl.*, *relig.*) litany **2** (*fig.*) *sfilza*) string: **una l. d'ingiurie**, a string of insults.
litantrace, *m.* (*miner.*) low-grade anthracite.
litargirio, *m.* (*chim.*) litharge.
lite, *f.* **1** quarrel; wrangle; squabble; bicker; altercation; punch--up (*fam.*): **attaccare l.**, to start a quarrel; **La l. è nata per un malinteso**, the quarrel came about through a misunderstanding; **Scoppiò una l. furibonda**, a furious altercation broke out **2** (*leg.*) lawsuit: **vincere (perdere) una l.**, to win (to lose) a lawsuit. ● (*leg.*) **muovere (o intentare) l. a q.**, to bring an action against sb.; to sue sb.
litìaṣi, *f.* (*med.*) lithiasis.
litiàṣico, *a.* (*med.*) lithiasic.
lìtico (1), *a.* (*di pietra*) lithic.
lìtico (2), *a.* (*chim.*) lithic; lithium (*attr.*).
litigante, *m. e f.* **1** quarreller; brawler **2** (*leg.*) litigant. ● (*prov.*)

litigare

Fra due litiganti il terzo gode, two dogs strive for a bone, and a third runs away with it.
litigare, A *v. i.* **1** to quarrel; to wrangle; (*per motivi meschini*) to squabble; (*avere un battibecco*) to bicker; (*avere una rissa*) to brawl **2** (*leg.*) to litigate. **litigarsi, B** *v. rifl. recipr.* to contend for; to dispute; to wrangle about: **Si litigano l'automobile**, they are wrangling about the car.
litighino, *m.* quarrelsome person; trouble-maker.
litigio, *m.* quarrel; altercation; tiff; spat (*USA*).
litigiosità, *f.* **1** quarrelsomeness; contentiousness **2** (*leg.*) litigiousness.
litigioso, *a.* **1** quarrelsome; contentious **2** (*leg.*) litigious.
litina, *f.* (*chim.*) lithia.
litio, *m.* (*chim.*) lithium.
litioso, *a.* (*chim.*) lithic; lithium (*attr.*).
litoclasi, *f.* (*geol.*) lithoclase.
litofago, *a.* lithophagous: **molluschi litofagi**, lithophagous mollusks.
litofita, *f.* (*bot.*) lithophyte.
litogenesi, *f.* (*geol.*) lithogenesis.
litoglifo, *m.* lithoglyph.
litografare, *v. t.* to lithograph.
litografia, *f.* **1** (*procedimento*) lithography **2** (*riproduzione*) lithograph **3** (*stabilimento*) lithographic printing works.
litografico, *a.* lithographic(al).
litografo, *m.* lithographer.
litoide, *a.* (*scient.*) lithoid(al).
litologia, *f.* lithology.
litologico, *a.* lithologic(al).
litologo, *m.* lithologist.
litopone, *m.* (*chim.*) lithopone.
litorale, A *a.* coastal; (*attr.*). littoral. **B** *m.* shore; coast; littoral: **il l. adriatico**, the Adriatic coast.
litoranea, *f.* (*strada l.*) coast road.
litoraneo, *a.* shore, coast (*attr.*); littoral: **una strada litoranea,** a coast road.
litosfera, *f.* (*geol.*) lithosphere.
litostratigrafia, *f.* (*geol.*) lithostratigraphy.
litostroto, *m.* (*archeol.*) tessellated pavement.
litote, *f.* (*retor.*) litotes*.
litotomia, *f.* (*med.*) lithotomy.
litotomo, *m.* (*med.*) lithotome.
litotripsia, *f.* (*med.*) lithotrity; lithotripsy.
litotritore, *m.* (*med.*) lithotrite.
litro, *m.* litre; liter (*USA*): **mezzo l.**, half a litre.
littore, *m.* (*stor. romana*) lictor.
littorina, *f.* (*ferr.*) Diesel-powered rail-car.
littorio, *a.* **1** (*stor. romana*) of the lictors; lictorian: **fascio l.**, fasces (of the Roman lictors) **2** (*fascista*) Fascist. ● **Gioventù del l.**, Fascist youth organization.
Lituània, *f.* (*geogr.*) Lithuania.
lituano, *a. e m.* Lithuanian.
lituo, *m.* (*stor.*) lituus*.
liturgìa, *f.* (*relig.*) liturgy.
liturgico, *a.* liturgical.
liturgista, *m. e f.* liturgist.
liutaio, *m.* (*fabbricante di liuti*) lutist; lute-maker; (*di strumenti a corda*) maker of stringed instruments.
liuteria, *f.* **1** art of making stringed instruments **2** (*laboratorio di liutaio*) lutist's workshop.
liutista, *m. e f.* lute-player; lutanist; lutist.
liuto, *m.* lute.
livella, *f.* level: **una l. a bolla d'aria**, a spirit level; **una l. a cannocchiale**, a surveyor's level; a dumpy-level; **una l. ad acqua**, a water-level; **una l. a ferrovia**, a railroad track-level.
livellamento, *m.* levelling (up, down, out); evening (up).
livellare (1), A *v. t.* to level (up, down, out); to even up. **livellarsi, B** *v. rifl.* to level out; to find* a common level.
livellare (2), *v. t.* (*leg.*) to lease by emphyteusis.
livellàrio, A *a.* emphiteutic(al). **B** *m.* emphyteuta*.
livellatóre, A *m.* leveller. **B** *a.* levelling.
livellatrice, *f.* (*mecc.*) bulldozer; grader.
livellazione, *f.* levelling.
livello (1), *m.* **1** level: **essere a 500 metri sopra il l. del mare**, to be 500 metres above sea level; **sotto al l. del mare**, below sea level; (*ferr.*) **un passaggio a l.**, a level crossing **2** (*fig.*) level; standard: **il l. generale è molto basso**, the general standard is very low; **il l. di vita (d'istruzione)**, the standard of living (of education); **sotto al l. normale**, below standard; **essere allo stesso l. (di)**, to be on a level (with) **3** (*strumento*) level: **un l. a cannocchiale**, a surveyor's level; a dumpy-level; **indicatore di l.**, level-gauge. ● (*di fiume*) **l. di guardia**, danger level □ (*naut.*) **l. di scarico**, unladen immersion line □ (*fis.*) **l. elettronico**, shell □ **l. massimo**, peak; high; (*di prezzi*) ceiling □ (*naut.*) **l. medio delle alte maree**, mean high-water springs □ **l. minimo**, low; (*di prezzi*) floor □ (*fig.*) **ad alto l.**, high-level, top-level (*attr.*); (*al vertice*) summit: **conferenza ad alto l.**, top-level (*o* summit) conference □ **segno del l. dell'alta marea**, high-water mark.
livello (2), *m.* (*leg.*) emphyteusis. ● **libero da livelli e censi**, freehold.
lividezza, *f.* lividness; lividity.
livido, A *a.* livid (*anche fig.*); leaden; (*per le percosse*) black-and-blue; (*contuso*) bruised: **l. di rabbia**, livid (*o* white) with rage. **B** *m.* bruise.
lividore, *m. V.* **lividezza**.
lividura, *f.* bruise.
Livio, *m.* (*stor., letter.*) Livy.
livore, *m.* spite; envy; malice.
livornese, A *a.* Leghorn (*attr.*). **B** *m. e f.* inhabitant of Leghorn.
Livorno, *f.* (*geogr.*) Leghorn.
livrèa, *f.* **1** livery **2** (*zool.*) plumage. ● (*fig.*) **non portare la l. di nessuno**, to be one's own master; to be nobody's flunkey □ **portare la l. di q.**, to be sb.'s servant (*o* flunkey) □ **servitore in l.**, liveried (*o* livery) servant.
lizza, *f.* (*stor. e fig.*) lists (*pl.*): **scendere** (*o* **entrare**) **in l.**, to enter the lists.
lo (1), *art. determinativo m. sing.* the (*V. anche* **il**).
lo (2), *pron. pers. m. 3ª pers. sing.* **1** (*compl. ogg.*: *rif. a persona*) him; (*rif. a cosa o animale*) it: **Lo amo**, I love him; **Chiamalo**, call him; **Lo bevo spesso**, I often drink it; **Fallo!**, do it! **2** (*nel senso di «ciò», «questo», è idiom.*): **Lo so**, I know; **Dillo a me!**, tell me!; **Non lo credi?**, don't you think so? (*ma, nel senso di prestare fede*: don't you believe it?); **Lo si dice**, so they say **3** (*rif. a un'intera frase, è idiom.*; *omesso in ingl.*): **Si capirebbe se fossi ghiotta, ma non lo sono**, it would be understandable if I were greedy, but I am not; «**È intelligente?**» «**Certo che lo è**», «is he clever?» «of course he is». ● **Lo dicevo, io!**, what did I tell you?; I told you so! □ **L'autore? eccolo!**, the author? here he is! □ **Il copione? eccolo!**, the script? here it is!
lobato, *a.* (*bot., zool.*) lobed; lobate.
lobbia, *f. e m.* Homburg (hat).
lobectomia, *f.* (*med.*) lobectomy.
lobelia, *f.* (*bot., Lobelia*) lobelia.
lobelina, *f.* (*farm.*) lobeline.
lobo, *m.* (*anat., biol.*) lobe: **il l. dell'orecchio**, the lobe of the ear.
lobulare, *a.* (*anat.*) lobular.
lobulo, *m.* (*anat.*) lobule.
locale (1), *a.* local: **anestesia l.**, local anaesthesia.
locale (2), *m.* **1** room: **un appartamento con tre locali più servizi**, a flat with three rooms, kitchen and bathroom **2** (*pl.*: *sede di q.c.*) premises: **Non hanno locali adatti**, they haven't got suitable premises **3** (*treno l.*) slow (*o* stopping) train. ● **l. delle caldaie**, the boiler room; (*naut.*) stokehold □ **l. notturno**, night-club.
località, *f.* place; locality; (*di villeggiatura*) resort: **una l. balneare**, a bathing (*o* seaside) resort.
localizzàbile, *a.* **1** locatable **2** (*che si può circoscrivere*) localizable.
localizzare, A *v. t.* **1** (*determinare una posizione*) to locate **2** (*circoscrivere*) to localize. **localizzarsi, B** *v. rifl.* to be localized; to localize.
localizzazione, *f.* **1** location **2** (*delimitazione*) localization.
locanda, *f.* inn. ● **La mia casa non è una l.**, my house is not a hotel.
locandiera, *f.* landlady (of an inn); innkeeper.
locandière, *m.* landlord (of an inn); innkeeper.
locandina, *f.* play-bill.
locare, *v. t.* (*leg.*) to let*; to rent. ● **Si loca**, (house) to let.
locatario, *m.* tenant (*inquilino*); lessee; renter.
locativo (1), *a.* (*leg.*) rental: **valore l.**, rental value.
locativo (2), *a. e m.* (*gramm.*) locative.
locatizio, *a.* relating to a let (*o* lease). ● **canone l.**, leasing rental (*o* rent).
locatóre, *m.* (*leg.*) landlord (*padrone di casa*); lessor.
locazione, *f.* location; (*leg.*) lease; (*di macchinari e sim.*) leasing.
lochi, *m. pl.* (*med.*) lochia.
locomòbile, *m.* (*mecc.*) portable steam-engine.
locomotiva, *f.* locomotive; (railway) engine: **una l. articolata**, an articulated locomotive; **una l. a vapore**, a steam-engine; **una l. con serbatoio**, a tank-locomotive; **una l. elettrica**, an electric locomotive. ● **sbuffare come una l.**, to puff and pant.
locomotóre, A *m.* (electric) locomotive; (electric) engine: **un l. con motore Diesel**, a Diesel locomotive. **B** *a.* locomotor.
locomotòrio, *a.* (*fisiologia, med.*) locomotor: **atassia locomotoria**, locomotor ataxia.
locomotorista, *m.* locomotive-driver; engineer (*USA*).

locomotrice, *f.* (electric) locomotive.
locomozióne, *f.* locomotion. ● **mezzi di l.,** vehicles; means of transport.
lòculo, *m.* **1** burial niche **2** (*archeol.*) loculus*.
locusta, *f.* (*zool., Locusta migratoria*) locust.
locuzióne, *f.* idiom; expression; locution.
lodàbile, *a.* praiseworthy.
lodabilità, *f.* praiseworthiness.
lodare, A *v. t.* to praise; to laud (*lett.*): **Sia lodato Dio** (*o* **il Cielo**)!, praise be to God!; thank God (*o* heavens)!; **l. q. per avere fatto q.c.,** to praise sb. for doing st. ● (*prov.*) **Loda il mare e tienti alla terra,** praise the sea, but keep on land. **lodarsi, B** *v. rifl.* (*vantarsi*) to praise oneself; to boast; to brag. ● (*prov.*) **Chi si loda s'imbroda,** self-praise is no recommendation.
lodativo, *a.* laudatory; eulogistic.
lodatóre, *m.* praiser; (*adulatore*) flatterer.
lòde, *f.* praise; laud (*lett.*): **una poesia in l. di q.,** a poem in praise of sb.; **cantare** (*o* **tessere, fare**) **le lodi di q.,** to sing the praises of sb.; **dare** (*o* **rendere**) **l. a Dio,** to give praise unto God (*arc. o solenne*) (*più comune*) to praise God. ● **a l. del vero,** to tell the truth □ **cantare** (*o* **tessere**) **le proprie lodi,** to blow one's own trumpet □ **una laurea con la l.,** (*per università inglesi*) a first-class (*o* full-honours) degree; (*per le altre*) a degree taken «summa cum laude» □ **senza infamia e senza l.,** without praise or blame □ **l. a Dio!,** God be praised! □ **Il giornalista non lo pubblicò, il che torna a sua l.,** the journalist didn't publish it, which is very much to his credit.
loden (*ted.*), *m.* **1** (*panno di lana*) loden (cloth) **2** (*cappotto di l.*) loden coat.
lodévole, A *a.* praiseworthy; commendable. **B** *m.* (*voto scolastico*) «excellent».
lodevolménte, *avv.* laudably; commendably; admirably.
lòdo, *m.* (*leg.*) (arbitrator's) award.
lòdola, *V.* **allodola.**
lodolàio, *m.* (*zool., Falco subbuteo*) hobby.
Lodovico, *m.* Ludovic; Ludwig.
logaèdico, *a.* (*poesia*) logaoedic.
logaèdo, *m.* (*poesia*) logaoedic.
logaritmico, *a.* (*mat.*) logarithmic(al): **curva** (**spirale**) **logaritmica,** logarithmic curve (spiral).
logaritmo, *m.* (*mat.*) logarithm (*abbr.* log): **tavola di logaritmi,** table of logarithms; **l. decimale,** common logarithm; **l. naturale,** natural (*o* hyperbolic) logarithm; **l. addizionale,** addition logarithm; **l. di sottrazione,** subtraction logarithm.
lòggia, *f.* **1** loggia* **2** (*massonica*) lodge **3** (*anat.*) cavity **4** (*bot.*) loculus*.
loggiato, *m.* portico; gallery.
loggióne, *m.* (*teatr.*) gallery; (*scherz.*) (the) gods; nigger heaven (*pop. USA*).
loggionista, *m. e f.* (*teatr.*) spectator in the gallery.
lògica, *f.* logic: **l. formale,** formal logic; **la l. dei fatti,** the logic of events. ● **a fil** (*o* **a rigor**) **di l.,** logically speaking □ **essere di una l. spietata contro gli altri,** to be remorselessly logical where others are concerned □ **privo di l.,** illogical; inconsistent □ **essere senza l.,** (*di q.*) to be inconsistent; (*di q.c.*) to be nonsense □ **Ciascuno ha la sua l.,** every man is reasonable according to his own lights.
logicaménte, *avv.* **1** logically **2** (*naturalmente*) naturally; obviously.
logicismo, *m.* (*filos.*) logicism.
logicista, *m. e f.* (*filos.*) logicist.
logicità, *f.* logicality.
lògico, A *a.* **1** logical; (*coerente*) consistent: **Siamo logici!,** be consistent! **2** (*naturale*) natural; (*ovvio*) obvious: **La cosa più logica sarebbe parlargli,** the obvious thing would be to speak to him. **B** *m.* logician.
logistica, *f.* (*mil.*) logistics (*pl. col verbo al sing.*).
logistico, *a.* (*mil.*) logistic(al); supply (*attr.*). ● **servizi logistici,** supply and transport; supplies and communications.
loglierèllo, *m.* (*bot., Lolium perenne*) rye-grass.
lòglio, *m.* (*bot., Lolium temulentum*) darnel. ● **separare il grano dal l.,** to separate the goats from the sheep (*o* the grain from the chaff).
logografia, *f.* logography.
logògrafo, *m.* logographer.
logogrifo, *m.* logogriph.
logomachìa, *f.* (*letter.*) logomachy.
logopatìa, *f.* (*med.*) logopathia; logopathy.
logopedìa, *f.* (*med.*) logopaedics; logopedics (*USA*); speech therapy.
logoplegìa, *f.* (*med.*) logoplegia.
logoraménto, *m.* (*anche fig.*) wear and tear.
logorante, *a.* wearing (*anche fig.*).
logorare, A *v. t.* to wear* out; (*specialm. fig.*) to wear* down; (*intaccare*) to impair: **l. le suole** (**i gomiti**), to wear out (*o* through) one's soles (one's elbows); **l. scarpe** (**vestiti**), to wear out shoes (clothes); **l. i tacchi** (*delle scarpe*), to wear down the heels of one's shoes; **essere logorato dall'ansia,** to be worn by (*o* worn out with) anxiety; **l. la resistenza di q.,** to wear down sb.'s resistance; **l.** (*o* **logorarsi**) **la vista,** to impair one's sight. ● **logorarsi l'anima per ottenere q.c.,** to work oneself to the bone to get st. □ **l. miseramente il proprio ingegno,** to fritter away one's talent □ **Questi avvenimenti hanno logorato la mia fiducia,** these events have undermined (*o* impaired) my confidence □ **La malattia lo ha logorato,** his illness has taken it out of him. **logorarsi, B** *v. rifl.* **1** (*di cosa*) to wear* out (*o* down): **Questa stoffa si logora presto,** this material wears out quickly; **Questi tacchi si stanno logorando,** the heels of these shoes are wearing down **2** (*di persona*) to wear* oneself out; (*intaccare*) to impair: **Si logora con tutto quel duro lavoro,** he wears himself out with all that hard work.
logorio, *m.* wear and tear; (*fig.*) strain: **il l. della vita moderna,** the strain of modern life.
lógoro, *a.* worn; worn down; worn out; battered; (*specialm. di macchinario*) clapped-out (*fam.*): **Queste scarpe sono logore,** these shoes are worn down (*o* are down-at-heel); **abiti logori,** worn-out (*o* shabby) clothes; **È un uomo l.,** he is a worn-out man; **un cappellaccio l.,** a battered old hat.
logorrèa, *f.* (*med.*) logorrhea.
logorròico, *a.* (*med.*) logorrheic.
lògos, *m.* (*filos., relig.*) logos.
logotipo, *m.* (*tipogr.*) logotype.
lolita, *f.* nymphet.
lòlla, *f.* husk (*generalm. al pl.*); chaff.
lombàggine, *f.* (*med.*) lumbago.
Lombardìa, *f.* (*geogr.*) Lombardy.
lombardo, *a. e m.* Lombard.
lombare, *a.* (*anat.*) lumbar: **la regione l.,** the lumbar region; (*med.*) **una puntura l.,** a lumbar puncture.
lombata, *f.* (*macelleria*) loin; chine.
lómbo, *m.* **1** (*anat.*) loin **2** (*di animale macellato*) loin; (*di manzo*) sirloin **3** (*fianco*) hip **4** (*fig., anim.: stirpe*) line; stock. ● **avere buoni lombi,** to be strong and healthy.
lombosacrale, *a.* (*anat.*) lumbo-sacral.
lombricale, *a.* (*anat.*) lumbrical: **muscolo l.,** lumbrical (muscle).
lombrico, *m.* (*zool., Lumbricus*) worm; earthworm.
londinése, A *a.* London (*attr.*): **nebbia l.,** London fog. **B** *m. e f.* Londoner.
Lóndra, *f.* (*geogr.*) London.
longànime, *a.* long-suffering; forbearing.
longanimità, *f.* forbearance; tolerance.
longarina, *V.* **longherina.**
longaróne, *V.* **longheróne.**
longevità, *f.* longevity.
longèvo, *a.* long-lived. ● **Furono tutti longevi,** they all lived to a ripe old age.
longherina, *f.* (*costr.*) iron girder.
longheróne, *m.* **1** (*autom.*) side-member **2** (*aeron.: di fusoliera*) longeron; (*di ala*) spar: **l. a cassone,** box-type spar; **l. anteriore,** front spar; **l. inferiore,** sub-spar.
longilineo, *a.* long-limbed; (*allampanato*) lanky.
longitipo, *m.* (*antropologia*) long-limbed, long-headed type.
longitudinale, *a.* (*geogr.*) longitudinal.
longitudinalménte, *avv.* longitudinally; lengthwise.
longitùdine, *f.* (*geogr.*) longitude: **l. ovest,** longitude West; **l. in ore e minuti** (**in gradi**), longitude in time (in arc).
longobàrdico, *a.* Longobardic; Longobard (*attr.*).
longobardo, *a. e m.* Longobard.
long play (*ingl.*), *a.* long player, long playing (*abbr. LP*).
lontanaménte, *avv.* **1** distantly; remotely **2** (*appena un po'*, *vagamente*) vaguely; slightly. ● **neanche l.,** not (even) for a moment.
lontananza, *f.* (*distanza*) distance; remoteness; (*l'essere lontano*) being far off (*o* away): **La l. da casa mi rattrista,** being far (away) from home makes me sad. ● **in l.,** in the distance □ **seguire q. in l.,** to follow sb. at a distance □ **Quando avrà fine la nostra l.?,** when shall we be together again?
lontano (1), *a.* **1** far (*usato come agg. solo in poche locuz.*); far-away, far-off; distant; remote: **il l. Oriente,** the Far East; **una città lontana,** a far-off city; **un parente l.,** a distant relative; **in un paese l.,** in a distant(-) country; **una terra lontana,** in a distant land; **La scuola è lontana tre miglia,** the school is three miles distant; **una città lontana dal mare,** a town remote from the sea; **un l. antenato,** a remote ancestor **2** (*distante nel tempo*) distant; remote; far-off; early: **nel l. passato** (**in un l. futuro**), in the distant (*o* remote, far) past (future); **in tempi lontani,** in far-off times; **nei miei ricordi più lontani,** in my earliest recollections **3** (*spesso all'agg. ital. fa riscontro un avv. o locuz.*

lontano (2)

avv. ingl.) far away; far off; far; far from here (*lontano da qui*); in the distance (*in lontananza*); far out (*lontano dal centro, dalla città*); away (*con una misura precisa*): **Mia madre (la scuola, Parigi) è lontana**, my mother (the school, Paris) is far away (*o* far off, far from here); **La scuola è lontana un miglio**, the school is a mile away (*o* from here); **La scuola è lontana**, the school is a long away off; it's a long way to the school; **È lontana la scuola?**, is the school far away?; is it far to the school?; **La loro casa è troppo lontana** (*dal centro, dalla città*), their house is too far out; **Gli esami erano ancora lontani**, exams were still far off; **Vedevo la nave lontana**, I could see the ship in the distance; **È l. dalla perfezione**, it is far from perfect; **Sono l. dal credere tutto quello che sento**, I am far from believing (*più enfatico o iron.*: far be it from me to believe) everything I hear **4** (*vago*) remote; faint; slight; dim; foggy (*fam.*): **Lo sentivo l.**, he seemed remote; **un l. sospetto**, a faint suspicion; **una lontana somiglianza**, a remote (*o* faint, distant) resemblance; **un l. ricordo**, a remote (*o* dim, distant) memory; **Non ho la più lontana idea dove siano**, I haven't the remotest (*o* faintest, slightest) idea where they are **5** (*assente*) absent: **Brindiamo agli amici lontani!**, let's drink a toast to absent friends! ● **conoscere q. alla lontana**, to have a slight acquaintance with sb. □ **molto l. dal vero**, far from the truth □ **più l.**, farther; further: **il lato più l. della tavola**, the farther side of the table □ **il più l.**, the farthest (*o* furthest); the farthermost: **nel punto più l.** (*di tutti*), on the farthest point □ (*fig.*) **prenderla alla lontana**, to approach a subject in a roundabout way □ **tenersi l. da q.c.**, to keep away from st. □ (*fig.*) **tenersi l. da q.**, to give sb. a wide berth ● **Ora viviamo lontani**, now we are living far apart (*o* a long way from each other) □ **Siamo molto lontani da quel mondo ingenuo**, it's a far cry from that naive world □ **Siamo ancora lontani da una soluzione**, we're still no nearer (*o* still a good way from) a solution.

lontano (2), *avv.* **1** far from here; far away; far off; away; a long way (off): **Abito l.** (**di qui**), I live far from here (*o* far off); **Lo stadio non è l.**, the stadium isn't far from here; **andare il più l. possibile**, to go as far away as possible; **andare più l.**, to go further off; **Andammo l.**, we went a long way; **È andato l., chissà dove**, he's gone away, who knows where; **Dobbiamo andare l.?**, have we got a long way to go?; **da l. e da vicino**, from far and near (*solo nelle frasi interr. e neg.*) far: **Siete andati l.?**, did you go far?; **Non siamo andati molto l.**, we didn't go very far (*o* we went only a short way). ● **l. nel futuro**, in the distant future □ **nel passato**, far back in the past □ **al di là dei monti, l. l.**, over the hills and far away □ (*anche fig.*) **andare l.**, to go far: **Quell'uomo andrà l.**, that man will go far □ (*fig., fam.*) **che arriva l.**, far-reaching □ (*fam.*) **che ci vede bene da l.**, far-sighted □ **di** (*o* **da**) **l.**, from a distance; from far away; from afar (*lett.*) □ (*fig.*) **mirare l.**, to aim high □ **più l.**, farther; further □ **il più l.** (*nel punto più l.*), the farthest; the furthest □ **tenere l. q.**, to keep sb. at a distance □ (*fig.*) **vedere l.**, to be far-sighted □ **Così l. non ci vedo**, I can't see as far as that □ (*prov.*) **L. dagli occhi l. dal cuore**, out of sight, out of mind.

lóntra, *f.* (*zool., Lutra lutra*) otter. ● **l. marina** (*Enhydra lutris*), sea otter.

lónza (1), *f.* (*arc., zool.*) leopard; panther.

lónza (2), *f.* (*cucina*) **1** loin (of pork) **2** (*tipo di salume*) pork sausage (made from the loin).

lòppa, *f.* **1** chaff **2** (*metall.*) slag; dross.

loquace, *a.* **1** loquacious; talkative; garrulous **2** (*fig.: eloquento*) eloquent.

loquacità, *f.* loquacity; talkativeness; garrulity.

loquèla, *f.* (power of) speech; way of talking.

lord (*ingl.*), *m.* **1** lord: **il l. cancelliere**, the Lord Chancellor **2** (*fig., fam.*) lord; king of the castle: **vestirsi come un piccolo l.**, to dress like little Lord Fauntleroy.

lordare, A *v. t.* to dirty; to soil. **lordarsi, B** *v. rifl.* to dirty oneself.

lórdo, *a.* **1** filthy; (*di unto*) besmeared; foul (*anche fig.*) **2** (*comm.*) gross: **peso l.**, gross weight; **stipendio l.**, gross salary. ● (*fin.*) **al l. delle imposte**, pretax; before-tax: **stipendio al l. delle imposte**, before-tax salary □ **coscienza lorda**, guilty (*o* heavy) conscience.

lordòsi, *f.* (*med.*) lordosis*.

lordume, *m.* **lordura**, *f.* filth.

Lorèna, *f.* (*geogr.*) Lorraine.

lorenése, A *a.* of Lorraine; Lorraine (*attr.*). **B** *m.* e *f.* Lorrainer.

Lorènzo, *m.* Laurence, Lawrence.

lòri, *m.* (*zool., Loris*) loris.

lorica, *f.* (*stor.*) lorica*.

lorichétto, *m.* (*zool., Lorius domicella*) lorikeet.

lóro (1), *pron. pers. m.* e *f.* 3ᵃ *pers. pl.* **1** (*compl. ogg. e indir.*) them: **Diedi l. un regalo** (*o* **diedi un regalo a l.**), I gave them a present; I gave a present to them; **Andai con l.**, I went with them; **Invita anche l.**, invite them too; **secondo l.**, according to them; **Viene uno di l.**, one of them is coming; **fortunati l.!**, it's lucky for them (*o* lucky people, etc.)!; **Sta a l. decidere**, it's up to them to decide; **Cercavo (proprio) l.**, I was looking for them; (*anche*) they are the ones (the people, etc.) I was looking for **2** (*pred. nominale*) them; they (*lett.*): **Non sono l.**, it isn't them; **Non sembrano l.**, it doesn't look like them; **Sono l.** (**che sono**) **da biasimare**, it's they who are to blame **3** (*sogg.*) they: **Vengono anche l.**, they're coming too; **Lo desideriamo quanto l.**, we want it as much as they do; **Tu parli come l.**, you talk as they do; **L. non vogliono**, they don't want to; **L'hanno inventato proprio l.**, it was they who invented it **4** (*forma di cortesia*) — **Loro**, you: **L. cosa prendono?**, what will you have? ● **l. due** (**l. tre**, etc.), the two of them (the three of them, etc.) □ **da l.** (*in sostituzione di «da sé»*), on their own; by themselves: **L'hanno fatto da l.**, they did it by themselves □ **Non sembrano più l.**, they are not what they were; (*anche*) I shouldn't have recognized them: they are not themselves.

lóro (2), A *a. poss.* **1** their; (*loro proprio*) their own: **il l. campo**, their field; **i l. campi**, their fields; **la l. barca**, their boat; **le l. barche**, their boats; **C'erano alcuni amici l.**, some of their friends were present; there were some friends of theirs **2** (*pred. nominale*) theirs; their own: **La colpa è l.**, the fault is theirs; **Questi libri sono l.**, these books are their own **3** (*forma di cortesia*) — **Loro**, your; (*pred. nominale*) yours: **Grazie per la L. gentile lettera**, thank you for your kind letter; **Signori miei, la colpa è L.**, gentlemen, the fault is yours. **B** *pron. poss.* **1** theirs: **miei e i l.**, mine and theirs; **Abitano in una grande casa, ma non è la l.**, they live in a big house, but it isn't theirs (*o* their own) **2** (*forma di cortesia*) — **Loro**, yours: **Questa valigia è la L.?**, is this suit-case yours? ● **È una l. abitudine**, it's a habit of theirs □ **Le L. Maestà apparvero sullo schermo**, their Majesties appeared on the screen □ **Io sto dalla l.** (**parte**), I'm on their side □ **Hanno un panfilo (tutto) l., non è vero?**, they've got a yacht of their own, haven't they? □ **Ho appena ricevuto la l.** (**la L.**) **del 1° settembre**, I've just received their (your) letter of 1st September □ **Non hanno niente che sia l.**, they have nothing of their own □ **Ora vivono per conto l.** (**da soli**), now they are (living) on their own. **C** *m.* **1** (*il loro, i loro averi*) their own; what is theirs; their income: **Hanno riavuto il l., finalmente**, at last they've come into their own; **Non fanno che difendere il l.**, they're only defending what is theirs anyway; **Campano del l.**, they live on their income (*o* on what they have, on what they earn, etc.) **2** (*pl.: familiari*) their relatives; their family (*sing.*); (*seguaci*) their followers, their supporters: **Viene uno dei l.**, one of their relatives (*o* followers, supporters) is coming.

losanga, *f.* (*geom., araldica*) lozenge.

losangato, *a.* (*araldica*) lozengy.

Losanna, *f.* (*geogr.*) Lausanne.

lósco, *a.* **1** (*bieco*) sinister: **un viso l.**, a sinister face **2** (*di dubbia onestà*) shady; shady-looking; suspicious; disreputable: **un affare l.**, a shady deal; **un tipo l.**, a shady-looking fellow.

lossodromia, *f.* (*naut.*) rhumb-line; loxodrome.

lossodròmico, *a.* (*naut.*) loxodromic(al): **rotta lossodromica**, loxodromic course.

Lotàrio, *m.* (*stor.*) Lothair; (*letter.*) Lothario.

lòto (1), *m.* (*lett.: fango*) mud; mire.

lòto (2), *m.* (*bot., Lotus*) lotus.

lotòfago, *m.* (*mitol.*) lotus-eater.

lòtta, *f.* **1** (*sport*) wrestling: **l. greco-romana**, Graeco-Roman wrestling; **l. libera**, all-in wrestling **2** (*combattimento*) fight; (*prova di forza; contesa*) struggle: **La l. per la vita** (**per la sopravvivenza**), the struggle for life (for survival); **l. impari**, uneven struggle; **la l. per il potere**, the struggle for power; **È una l. continua**, it's a never-ending struggle (*o* fight). ● (*polit.*) **l. di classe**, class war(fare); class struggle □ (*fig.*) **la l. fra il desiderio e il senso del dovere**, the conflict between duty and desire □ **l. giapponese**, jujitsu □ **lotte interne** (**intestine**), infighting □ (*sport*) **fare alla l.**, to wrestle □ **essere in l. con q.**, to be fighting sb.; (*fig.*) to be at loggerheads with sb. □ **essere pronto alla l.** (*a battersi*), to show fight □ **sostenere una l. con q.**, to have (*o* to put up) a fight with (*o* against) sb. □ (*fig.*) **Le sue passioni contrastanti erano in l.**, conflicting passions were struggling within him.

lottare, *v. i.* (*sport e fig.*) to wrestle; to grapple; (*col rischio d'essere sopraffatto*) to struggle; (*battersi*) to fight*; (*allontanare lottando*) to fight* off: **l. con qualsiasi arma**, to fight with any weapon; **Il naufrago lottava ancora**, the drowning man was still struggling; **Laocoonte che lotta col serpente**, Laocoon struggling (*o* grappling) with the serpent; **l. col sonno**, to fight off sleep; **l. contro la miseria**, to struggle against poverty. ● **l. fino alla fine**, to fight to a finish □ (*fig.*) **farsi strada nella vita lottando**, to fight one's way in life □ (*fig.*) **I medici lottano contro le**

malattie, doctors fight disease □ **Non posso più l.**, I haven't any fight left in me.
lottatóre, *m.* **1** (*sport*) wrestler: **lottatori giapponesi**, Japanese wrestlers **2** (*chi combatte*) fighter; struggler: **avere la tempra di un l.**, to have the temperament of a fighter; to be a fighter.
lottería, *f.* lottery (*anche fig.*); (*abbinata a una gara ippica*) sweepstake: **l. di Merano**, Merano Sweepstake; **una l. di beneficenza**, a charity lottery.
lottizzare, *v. t.* **1** to lot (out); to parcel; to apportion **2** (*fig.*, *polit.*) to allow (o to bestow) as spoils.
lottizzazióne, *f.* **1** lotting; parcellation; apportionment **2** (*fig.*, *polit.*) bestowal of spoils. ● **il sistema della l.**, the spoils system; patronage and spoils.
lòtto, *m.* **1** (State) lottery: **estrazione del l.**, drawing of the lottery; **giocare al l.**, to put one's money on the lottery; **vincere al l.**, to win a prize at a lottery **2** (*appezzamento*) lot: **un l. fabbricabile**, a building lot **3** (*comm.*) batch; parcel. ● (*fig.*) **dare i numeri del l.**, to talk nonsense □ **dividere in lotti**, to lot □ (*fig.*) **vincere un terno al l.**, to have a stroke of luck □ **È come indovinare un terno al l.**, it's mere guesswork.
lozióne, *f.* lotion: **l. per i capelli**, hair lotion.
Lubècca, *f.* (*geogr.*) Lübeck.
lubricità, *f.* **1** slipperiness **2** (*fig.*) lubricity; lewdness; wantonness.
lùbrico, *a.* **1** (*lett.: scivoloso*) slippery **2** (*fig.*) lubricous; lewd; wanton.
lubrificante, **A** *a.* lubricating; lubricant: **olio l.**, lubricating oil. **B** *m.* lubricant: **l. per ingranaggi**, gear lubricant. ● **l. per imbutitura**, drawing compound □ **l. per ponti**, axle grease.
lubrificare, *v. t.* to lubricate; to grease; to oil.
lubrificativo, *a.* lubricative; lubricant; lubricating.
lubrificatóre, **A** *m.* lubricator. **B** *a.* lubricatory.
lubrificazióne, *f.* lubrication; greasing; oiling: **l. a circuito chiuso**, loop lubrication; **l. ad anello**, ring lubrication; **l. a olio**, oiling; **l. a sbattimento**, splash lubrication. ● **siringa per l.**, oil gun.
Luca, *m.* Luke.
Lucano, *m.* (*stor. letter.*) Lucan.
lucchétto, *m.* padlock. ● **mettere un l. a q.c.**, to padlock st.
luccicante, *a.* twinkling; glittering; sparkling; glimmering.
luccicare, *v. i.* to twinkle; to glitter; to sparkle; to glimmer; to shine*: **Le stelle luccicano in cielo**, the stars are twinkling in the sky; **I suoi occhi luccicavano di gioia**, his eyes twinkled with joy; **Il brillante luccicava**, the diamond sparkled; **La spada luccicava al sole**, the sword shone in the sun.
luccichìo, *m.* twinkling; glittering; sparkling; glimmering.
luccicóne, *m.* (big) tear; tear-drop: **Le erano venuti i luccicconi**, tears welled up in her eyes; her eyes were brimming with tears.
lùccio, *m.* (*zool.*, *Esox lucius*) luce; pike.
lùcciola, *f.* **1** (*zool.*, *Luciola*; *Lampyris*) fire-fly; glow-worm **2** (*mascherina*) usherette. ● **dare a intendere lucciole per lanterne**, to throw dust in (sb.'s) eyes □ **prendere lucciole per lanterne**, to get hold of the wrong end of the stick.
luce, *f.* **1** light (*anche fig.*): **l. diretta** (**riflessa**, **rifratta**, **elettrica**, **a gas**), direct (reflected, refracted, electric, gas) light; **mezza l.**, half light; **luci di posizione**, (*naut.*) navigation lights; (*autom.*) parking lights; sidelights; (*autom.*) **luci di direzione**, indicator lights; (*autom.*) **l. interna** (**automatica**), courtesy light; (*autom.*) **luci d'arresto**, brakelights; stop-lights; **accendere** (**spegnere**) **la l.** (*specialm. con l'interruttore*), to turn the light on (off); **spegnere la l.** (*specialm. se non è elettrica*), to put out the light; **La l. si spense**, the light went out; **lavorare con la l. artificiale**, to work in artificial light (*o* by lamplight); **lasciare passare la l.**, to let the light through; (*autom.*) **luci abbaglianti**, high beam; headlights; (*autom.*) **luci anabbaglianti**, anti-dazzle lights; dipped headlights; traffic (*o* low) beams; (*arte*) **luci e ombre**, light and shade; **alla l. del sole**, by the light of the sun; (*fig.*) openly, frankly, publicly; (*fig.*) **alla l. delle informazioni più recenti**, in the light of the latest information; **mettere q. in buona** (**in cattiva**) **l.**, to put sb. in a good (in a bad) light; **mettere q. in una l. falsa**, to put sb. in a false light; (*archeol.*) **portare alla l.**, to bring to light; **venire alla l.** (*nascere*), to see the light (of day); to be born; **venire in l.** (*essere scoperto*), to come to light; **togliere la l. a q.** (*fargli ombra*), to stand in sb.'s light; (*fig.*) **fare l. su q.c.**, to shed light upon st.; **La dispensa prende l. da un lucernario** (**dal cortile**, **ecc.**), the light comes into the storeroom through a skylight (through a window opening on to the courtyard, etc.); **Tu sei la l. dei miei occhi**, you are the light of my eyes **2** (*sistema d'illuminazione*) lighting: **Hanno installato la l. al neon**, they've put in neon lighting **3** (*apertura*) opening; aperture; light (*raro*) **4** (*archit.: di ponte*) archway; span: **un ponte a tre luci**, a three-span bridge **5** (*finestra*, *vetrina*) window: **un negozio con quattro luci**, a shop with four windows **6** (*specchio*) looking-glass; mirror: **un armadio a tre luci**, a wardrobe with three mirrors **7** (*pl.*, *poet.*) **occhi**, eyes. ● **l. della luna**, moonlight; (*scient.*) lunar light □ (*teatr.*) **luci della ribalta**, footlights □ **l. del sole**, sunlight; (*scient.*) solar light □ **l. diurna**, daylight □ **chiaro come la l. del sole**, as clear as daylight □ **dare alla l. un bambino**, to give birth to a child □ **mettere in l.** (*far notare*, *far risaltare*), to point out; to emphasize □ **mettersi in l.**, to draw attention to oneself □ **prendere l. da q.c.**, to be lit by st. □ **Vedevo i giochi di l. sotto il ponte**, I could see the light dancing (*o* flickering, playing) under the bridge.
lucènte, *a.* shining; bright; glossy.
lucentézza, *f.* brilliance; brightness; glossiness; gloss; lustre.
lucèrna, *f.* **1** (*lume*) oil-lamp **2** (*pop.*, *scherz.: cappello dei carabinieri*) three-cornered hat; (*berretta dei preti*) biretta. ● **sapere di l.**, to smell of the lamp.
Lucèrna, *f.* (*geogr.*) Lucerne.
lucernàrio, *m.* skylight.
lucèrtola, *f.* (*zool.*, *Lacerta*) lizard: **pelle di l.**, lizard-skin.
lucherino, *m.* (*zool.*, *Carduelis spinus*) siskin.
Lucìa, *f.* Lucy.
Luciano, *m.* (*anche stor. letter.*) Lucian.
lucidare, *v. t.* **1** to polish; (*a cera*) to wax **2** (*mecc.: con pulitrice a disco*) to buff; (*brunire*) to burnish **3** (*ricalcare disegni*) to trace.
lucidatóre, *m.* **1** (*di pavimenti*) floor-polisher; (*a cera*) floor-waxer **2** (*di mobili*) furniture-polisher **3** (*di disegni*) (drawing) tracer.
lucidatrice, *f.* floor-polisher.
lucidatura, *f.* **1** polishing; (*a cera*) wax finishing **2** (*mecc.: con pulitrice a disco*) buffing; (*brunitura*) burnishing **3** (*ricalco di disegno*) tracing.
lucidézza, *f.* brightness; shine.
lucidista, *m.* e *f.* design tracer.
lucidità, *f.* **1** (*fig.*) lucidity; clearness **2** (*l. di mente*) clear-headedness; clear-sightedness **3** *V.* **lucidézza**. ● **momenti di l.**, lucid intervals.
lùcido, **A** *a.* **1** (*che è stato lucidato*) polished; (*spesso*) highly-polished; well-polished; (*che risplende*) bright, shining, gleaming, shiny (*più fam.*), glossy; (*come il raso*) satiny: **ottone** (**marmo**, **pavimento**, **legno**) **l.**, polished brass (marble, floor, wood); **scarpe lucide**, well-polished shoes; **naso rosso e l.**, red and shiny nose; **carta lucida**, shiny (o glossy) paper; (*di un animale*) **mantello** (*o* **pelo**) **l.**, glossy coat; **foglie di un verde l.**, glossy green leaves **2** (*fig.*) lucid (*anche scient.*); clear: (*med.*) **intervalli lucidi**, lucid intervals; **avere idee lucide**, to have clear ideas (*o* to be clear-headed); **mente lucida**, lucid mind; **non l.** (*rif. a vernice e sim.*), matt; flat. **B** *m.* **1** (*materia che dà il l.*) polish; polishing-cream: **l. da scarpe** (**da mobili**, **ecc.**), shoe-polish (furniture-polish, etc.) **2** (*lucidezza*) gloss; brightness; shine; shininess (*fam.*): **il l. della seta**, the gloss of silk **3** (*ricalco*) tracing: **fare il l. di un disegno**, to make the tracing of a drawing. ● **l. nero** (*da scarpe*, *ecc.*), blacking □ **dare il l. alle scarpe**, to polish (one's) shoes.
lucifero, *a.* (*lett.*) light-bearing; light-giving.
Lucifero, *m.* (*Bibbia*, *astron.*) Lucifer.
lucifugo, *a.* (*zool.*) lucifugous; lucifugal.
lucignolo, *m.* wick. ● **Il ragazzo sembra un l.**, the boy is as thin as a lath.
Lùcio, *m.* Lucius.
luciopèrca, *f.* (*zool.*, *Lucioperca lucioperca*) zander.
lucóre, *m.* (*lett.*) (diffused) light.
lucràbile, *a.* to be gained.
lucrare, *v. t.* **1** to make* (money); to earn; to gain: **l. grosse somme**, to make a lot of money **2** – (*relig.*) **l. indulgenze**, to gain indulgences.
lucrativo, *a.* lucrative; gainful; remunerative.
Lucrèzia, *f.* Lucrece; Lucretia.
Lucrèzio, *m.* (*stor.*) Lucretius.
lucro, *m.* lucre; profit; gain. ● (*leg.*) **l. cessante e danno emergente**, loss of profit and accruing damage □ **a scopo di l.**, for money; to make money.
lucróso, *a.* lucrative; profitable.
luculliano, *a.* Lucull(i)an. ● **pranzo l.**, dinner (*o* meal) fit for the gods; sumptuous banquet; gourmet's delight.
Lucullo, *m.* (*stor.*) Lucullus.
lucumóne, *m.* (*stor.*) lucumo(n).
lucumònia, *f.* (*stor.*) lucumony.
luddismo, *m.* (*stor.*) Luddism; Ludditism. ● **seguace del l.**, Luddite.
luddista, *m.* e *a.* Luddite.
ludìbrio, *m.* **1** (*scherno*) mockery: **esposto al l. della gente**, held up to everybody's mockery **2** (*oggetto di scherno*) butt; laughing-stock. ● **mettere in l. q.**, to mock sb.
lùdico, *a.* ludic.
ludióne, *m.* Cartesian devil (*o* diver).

ludo, *m.* game: (*stor.*) **ludi circensi**, circus games.
ludoterapia, *f.* (*psic.*) play therapy.
lue, *f.* (*med.*) lues; syphilis.
luètico, (*med.*) **A** *a.* luetic; syphilitic. **B** *m.* syphilitic.
luffa, *f.* (*bot.*, *Luffa cylindrica*) sponge gourd; dishcloth gourd.
lugliàtico, *a.* (*agric.*) ripening in July.
lùglio, *m.* July: **il 26 l.**, the 26th of July; July 26th.
lùgubre, *a.* gloomy; lugubrious; dismal: **un'espressione l.**, a dismal look.
lugubreménte, *avv.* gloomily; lugubriously; dismally.
lui, *pron. pers. m. 3ᵃ pers. sing.* **1** (*compl. ogg. e indir.*) him: **Rivolgiti a lui**, turn to him; **Voglio lui, non lei**, I want him, not her **2** (*pred. nominale*) him; (*lett.*) he: **È lui**, it's him; **È lui (che è) da biasimare**, it's he who is to blame **3** (*sogg.*) he: **Lui vuole partire, e lei rimanere**, he wants to go and she wants to stay; **Lo saprà lui**, he must know. ● **Beato lui!**, lucky man (*o* boy, devil, chap, etc.)! ● **Contento lui...**, as long as he's happy... ● **Cercavo proprio lui**, he is the man I was looking for ● **Non è da lui** (*non è cosa degna di lui*), it's not like him □ **di ritratto**) **È tutto lui**, it's just like him □ **Non sembra più lui**, he is not what he was; (*anche*) I shouldn't have recognized him: he is not himself.
lui, *m.* (*zool.*, *Phylloscopus*) warbler. ● **lui piccolo** (*Phylloscopus collybita*) chiff-chaff.
luigi, *m.* (*moneta*) louis (d'or).
Luigi, *m.* Lewis; Louis.
Luisa, *f.* Louise; Louisa.
Luisiana, *f.* (*geogr.*) Louisiana.
lumaca, *f.* **1** (*zool.*) snail: **a passo di l.**, at a snail's pace; **camminare come una l.**, to crawl along like a snail **2** (*fig.*) slow-coach (*fam.*).
lumachèlla, *f.* (*miner.*) lumachella; fire-marble.
lumacóne, *m.* **1** (*zool.*) slug **2** (*fig.*) slow-coach (*fam.*).
lumàio, *m.* (*chi fa lumi*) lamp-maker; (*chi li vende*) lamp-seller; (*chi li ripara*) lamp-mender.
lume, *m.* **1** (*lampada*) lamp; light: **l. a olio**, oil-lamp; **l. a gas**, gas-light; **Avvicina il l.!**, bring the light (*o* the lamp) nearer **2** (*luminosità*) light (*spesso in parole composte*): **al l. di luna** (**delle stelle, di candela**), by moonlight (by starlight, by candlelight); **La lampada faceva poco l.**, the lamp gave a poor light (*o* didn't give much light); (*fig.*) **il l. della ragione**, the light of reason; (*fig.*) **il l. della fede**, the light of Faith **3** (*spesso pl.*: *chiarimento*; *e con riferimento ai filosofi del '700*) enlightenment; light: **ricorrere a q. per avere lumi**, to turn to sb. for enlightenment; **il secolo dei lumi**, the Age of Enlightenment; **Può darmi un po' di l. su questo punto?**, can you shed any light (*o* can you enlighten me) on this point? **4** (*candela*) candle: **accendere un l. alla Madonna**, to light a candle to Our Lady; (*fig.*) to thank one's lucky stars **5** (*pl.*, *poet.*) eyes **6** (*biol.*) lumen*. ● **l. ad acetilene**, acetylene burner □ **l. dell'intelletto**, brains; brain-power; the power of reasoning □ **a l. di naso**, at a guess; by (sheer) intuition □ **a** (*o* **con**) **questi lumi di luna**, in these hard times (*fig.*) **chiedere lumi**, to take advice □ **fare l. a q.** (*accompagnare q. con un l.*), to show sb. the way with a pocket-torch (*o* a lantern, a candle, etc.); to light sb. (*ma richiede sempre un avv. o compl.*): **fare l. a q. su** (**giù**) **per le scale**, to light sb. up (down) the stairs; **fare l. a q. che esce**, to light sb. out (*o* to the door) □ (*fig.*) **fare l. a q.**, to enlighten sb. □ (*fig.*) **fare l. su q.c.**, to shed light on sth. □ (*fig.*) **perdere il l. degli occhi**, to see red □ (*fig.*) **perdere il l. della ragione**, to lose one's temper □ (*fig.*) **ricorrere ai lumi di un avvocato** (**di un medico, ecc.**), to take legal advice (to consult a doctor, etc.) □ (*fig.*) **tenere il l.** (*reggere il moccolo*), to play gooseberry.
lumeggiaménto, *m.* **1** (*pitt.*) heightening **2** (*fig.*) illumination.
lumeggiare, *v. t.* **1** (*pitt.*) to heighten **2** (*fig.*: *chiarire*) to throw* light upon; (*dare rilievo*) to highlight **3** (*illuminare*) to illuminate.
lùmen, *m.* (*fis.*) lumen*.
lumenóra, *m. invar.* (*fis.*) lumen-hour.
lumicino, *m.* small light; small lamp. ● (*fig.*) **cercare i guai col l.**, to go looking for trouble □ (*fig.*) **cercare q.c. col l.**, to go through everything with a toothcomb □ (*fig.*) **ridursi al l.**, to be at death's door.
lumièra, *f.* chandelier; (*a torciera*) standard-lamp.
lumìnanza, *f.* (*fis.*) luminance.
luminare, *m.* (*anche fig.*) luminary.
luminària, *f.* illuminations (*pl.*).
luminèllo, *m.* wick-holder.
luminescènte, *a.* (*fis.*) luminescent.
luminescènza, *f.* (*fis.*) luminescence. ● **lampada a l.**, gas (*o* glow-)lamp.
luminìsmo, *m.* (*pitt.*) luminarism.
luminista, *m. e f.* (*pitt.*) luminarist.
luminìstica, *f.* (*teatr.*) lighting technique.
lumino, *m.* small oil-lamp; (*da notte*) night-light.

luminosaménte, *avv.* brightly; luminously.
luminosità, *f.* **1** brightness; luminosity; luminousness; brilliance **2** (*fotogr.*) f-number. ● (*telev.*) **eccessiva l.** (*dello schermo*), over-brilliance.
luminóso, *a.* **1** bright (*anche fig.*); luminous; shining; of light: **colori luminosi**, bright colours; (*astron.*) **un corpo l.**, a luminous body; **una sorgente luminosa**, a source of light; **un raggio l.**, a ray of light; **un'idea luminosa**, a bright idea **2** (*fig.*: *chiaro*) pellucid; obvious; clear: **verità luminosa**, obvious truth.
luna, *f.* **1** moon (*spesso femm. anche in ingl.*; *talora in parole composte*): **C'è la l. stasera?**, is there a moon tonight?; **Non c'è la l.**, there's no moon; **La l. sorge** (**tramonta, cresce, scema**), the moon rises (sets, waxes, wanes); **l. nuova** (**piena, falcata**), new (full, crescent) moon; **primo** (**ultimo**) **quarto di l.**, moon's first (last) quarter; **lume di l.**, moonlight; moonshine; **raggio di l.**, moon-beam; **disco** (**faccia, corni, orbita, rotazione, rivoluzione, fasi**) **della l.**, moon's disk (face, horns, orbit, rotation, revolution, phases) **2** (*mese lunare*) lunar month; moon(-month); (*lunazione*) lunation. ● **l. di miele**, honeymoon □ **abbaiare alla l.**, to bay at the moon □ **avere la l. (di traverso)**, to be in a bad mood; to have got out of bed on the wrong side □ **che va verso la l.**, translunar □ **chiaro di l.**, moonlight; moonshine □ **chiedere** (*o* **volere**) **la l.**, to ask for the moon □ (*fig.*) **una faccia di l. piena**, a face like a full-moon; a moon-face □ (*fig.*) **fare vedere la l. nel pozzo a q.**, to lead sb. up the garden path □ **finestra a mezza l.** (*divisa da raggi*), fan-light □ (*miss.*) **lancio sulla l.**, moon shot; moon shoot (*specialm. USA*) □ (*fig.*) **essere nella l.** (*o* **avere la testa nel mondo della l.**), to live in a world of one's own; to be out of this world □ **un paesaggio illuminato dalla l.**, a moonlit landscape □ (*miner.*) **pietra di l.**, moonstone □ **promettere la l.**, to promise the moon (and the stars) □ **Era una notte di l.**, it was a moonlight night.
lunale, *f.* (*anat.*) lunula*; lunule; half-moon.
luna-park, *m.* fun-fair; amusement park.
lunare, *a.* lunar: (*miss.*) **modulo l.**, lunar module. ● (*miss.*) **passeggiata l.**, moon walk.
lunària (1), *f.* **1** (*bot.*, *Botrychium lunaria*) moonwort **2** (*bot.*, *Lunaria annua*) honesty; satinpod.
lunària (2), *f.* (*miner.*) moonstone.
lunàrio, *m.* almanac. ● **sbarcare il l.**, to make both ends meet.
lunàtico, **A** *a.* moody; whimsical; changeable; full of whims and fancies. **B** *m.* moody person; changeable person.
lunato, *a.* half-moon shaped.
lunàuta, *m. e f.* (*miss.*) lunarnaut, lunanaut.
lunazióne, *f.* (*astron.*) lunation.
lunedì, *m.* Monday: **l. pomeriggio**, Monday afternoon.
lunétta, *f.* **1** (*archit.*, *relig.*) lunette **2** (*mecc.*: *di tornio*) steady rest. ● **l. a ventaglio**, fanlight.
lunga, *f.* (*fon.*) long (vowel).
lungàggine, *f.* slowness. ● **avere delle lungaggini**, to be long-winded (*solo nel parlare o nello scrivere*); to be very slow.
lungagnata, *f.* **1** long-winded speech; rigmarole **2** (*faccenda che va per le lunghe*) long-drawn-out affair.
lungaménte, *avv.* for a long time; at (great) length.
lungarno, *m.* «lungarno»; street along the bank of the Arno.
lunghézza, *f.* **1** length: (*naut.*) **l. complessiva**, overall length; (*mecc.*) **l. di contatto**, length of contact; (*fis.*) **l. di diffusione**, diffusion-length; (*radio*) **l. d'onda**, wave-length; **l. utile**, working length; (*sport*) **vincere per mezza l.**, to win by half a length **2** (*estensione*, *anche*) extent: **Il fiume non è ancora stato esplorato in tutta la sua l.**, the full extent of the river has not yet been explored. ● **l. in iarde**, yardage □ **l. in piedi**, footage □ **Che l. ha?**, how long is it?
lungi, **A** *avv.* (*lett.*) far; far off: **da l.**, from far (*o* afar): **Vengono da l.**, they come from afar. **l. da**, **B** *locuz. prep.* (*anche fig.*) far from: **non l. da qui**, not far from here; **Tutto quello che mi dissero era** (**ben**) **l. dalla verità**, everything they told me was far from being true. ● **L. da me il biasimarlo**, I am far from blaming him □ **Ero l. dal pensare che lo avrei rivisto**, little did I think I should see him again.
lungimirante, *a.* far-seeing; far-sighted; far-reaching.
lungimiranza, *f.* far-sightedness.
lungo (1), *a.* **1** long: **una strada lunga e stretta**, a long narrow street; **manica** (**commedia**, **estate**) **lunga**, long sleeve (play, summer); **l. un miglio**, one mile long; (*fon.*) **una vocale lunga**, a long vowel; (*fig.*) **con il muso l.**, with a long face **2** (*diluito*) diluted; weak; watery; watered-down; thin: **caffè l.**, weak coffee; **vino l.**, watered-down wine; **brodo l.**, thin (*o* watery) soup **3** (*fam.*: *alto*) tall: **Quel ragazzo è l. l.**, that boy is ever so tall; **l. come un palo** (*o* **come una pertica**), as tall as a lamp-post (*o* pikestaff) **4** (*troppo lungo*; *protratto*) lengthy; long-drawn-out: **una lunga disquisizione**, a lengthy disquisition; **una visita lunga**, a long-drawn-out visit **5** (*fam.: lento*) (very) slow; tedious; long-

-drawn-out: **Sono sempre lunghi in quell'ufficio**, they are always very slow (*o* they always take a long time) at that office; **Quanto sei l.! spicciati!**, how slow you are! hurry up! ● (*fam.*) **essere l. a fare q.c.**, to take a long time in doing st. □ **l. come la fame** (*o* **come la quaresima**), interminable; endless □ **l. disteso**, stretched out; flat on one's back: **cadere l. disteso**, to fall flat □ (*fon.*) **le lunghe e le brevi della metrica latina**, the long and short vowels of Latin prosody □ **lunga esperienza**, long years of experience; much experience □ **l. studio**, long years of study; hard study □ **a l.**, (*per molto tempo*) a long time; (*con tutti i particolari*) at (great, considerable) length: **aspettare a l.**, to wait a long time; **Parlai a l. della nostra organizzazione**, I spoke at great length about our organization □ **a l. andare, alla lunga**, in the long run; with the passing of time □ **alla più lunga** (*al più tardi*), at the latest □ **andare per le lunghe**, to take a long time; to drag on □ **avere la barba lunga**, to be long-bearded □ **avere la vista lunga**, to be long-sighted (*più comune*: far-sighted) □ **calzoni lunghi**, (long) trousers □ (*comm.*) **cambiale a lunga scadenza**, long-dated bill □ (*mil.*) **cannone a lunga gittata** (*o* **di lunga portata**), long-range gun □ **di gran lunga**, far (*davanti a un compar.*); by far (*davanti a un superl.*); (very) much: **Il motore nuovo è di gran lunga più potente del vecchio**, the new engine is far (*o* much) more powerful than the old one; **Questo è di gran lunga il migliore**, this is by far the best; this is much the best □ **di lunga durata**, long-lasting □ **dopo un l. aspettare**, after waiting a long time □ (*fam.*) **fare il muso l.**, to pull a long face □ **fare progetti di lunga scadenza**, to plan far ahead □ (*fam.*) **farla lunga**, to keep on □ **mandare per le lunghe**, to postpone; to defer; to put off □ (*fig.*) **non guardare q. quant'è l.**, not to give sb. so much as a glance □ **progetto di lunga scadenza**, long--term plan □ **un puledro dalle lunghe gambe**, a long-legged colt □ **saperla lunga**, to know a thing or two; to know what's what □ **tirare di l.**, to carry (*o* to go) on without stopping □ **tirarla in l.**, to spin (*o* to draw) it out □ **L'assicurazione pagherà, ma si andrà per le lunghe**, the insurance will pay, but it's bound to take time □ **Quanto la facevi lunga!**, I thought you were never going to finish!

lungo (2), *m.* length: **Dev'essere dieci metri per il l.**, it must be ten metres in length; **misurare q.c. in l. e in largo**, to measure the length and breadth of st. ● **in l. e in largo**, far and wide; everywhere □ **per il l.** (*per il verso della lunghezza*), lengthwise; lengthways; longways □ (*sport*) **salto in l.**, broad jump; long jump □ **Ho girato la Spagna in l. e in largo**, I've travelled all over Spain.

lungo (3), *prep.* **1** along; by (the side of): **Navigammo l. la costa**, we sailed along the coast; **C'erano alberi l. la strada**, there were trees by the side of the road (*o* by the road-side) **2** (*di tempo*) during; (*per l'intera durata*) throughout: **L'ho perso l. il tragitto**, I lost it during the journey; I lost it on my way here (*o* there). ● **La folla si era assiepata l. le strade**, crowds had lined the streets.

lungofiume, *m.* riverside; embankment.
lungolago, *m.* lake-front.
lungomare, *m.* sea-front; promenade.
lungometràggio, *m.* (*cinem.*) feature (*o* full-length) film.
lungotévere, *m.* «lungotevere»; street along the bank of the Tiber.
lunòtto, *m.* (*autom.*) back (*o* rear) window; backlight.
lùnula, *f.* **1** (*anat.*) lunula*; lunule; half-moon **2** (*geom.*) lune.
luògo, *m.* **1** place; locality; scene: **l. di nascita**, birth-place; **l. di provenienza**, place of origin; **l. d'affari**, place of business; **luoghi di divertimento**, places of amusement; **in primo (in secondo) l.**, in the first (in the second) place; **fuori di l.**, out of place; **Agiremo a tempo e l.**, we will act at the right (*o* at the suitable) time and place; **a suo l.**, in its (*o* at the) proper place; **in l. di**, in the place of; instead of; **i Luoghi Santi**, the Holy Places (of Palestine); (*anche fig.*) **luoghi alti**, high places; **Erano luoghi malfamati**, the locality had a bad reputation; **il l. del delitto**, the scene of the crime **2** (*l. particolare o ristretto*) spot: **Questo è proprio il l. in cui avvenne l'assassinio**, this is the very spot where the murder was committed; **sul l.**, on the spot **3** (*letter.: passo d'autore*) passage: **un l. difficile del «Paradiso»** dantesco, a difficult passage in Dante's «Paradise» **4** (*geom.*) locus* **5** (*raro, nel senso di «posto»*) room: **Fatevi avanti c'è l. per tutti**, come on, there's room for everybody. ● **l. citato** (*abbr.*: *loc. cit.*), loco citato □ **l. comune**, commonplace; platitude; cliché □ (*lett.*) **i luoghi danteschi (carducciani, ecc.)**, the places where Dante (Carducci, etc.) lived and wrote; (*oppure*) the places celebrated by Dante (Carducci, etc.) in his poems □ **l. di decenza**, lavatory □ **l. di pena**, penitentiary □ **l. pio**, charitable institution □ **avere l.**, to take place: **Le nozze ebbero l. in maggio**, the wedding took place in May □ (*fig.*) **dare l. a**, (*causare*) to cause; to give rise to; (*condurre a*) to lead to, to be conducive to: **dare l. a dubbi**, to give rise to doubts □ **dare l. a** **critiche**, to be open to criticism □ **dare l. a lagnanze**, to give cause for complaint □ **del l.** (*del paese, ecc.*), local: **secondo l'uso del l.**, according to local usage □ (*fig.*) **essere in alto l.**, to move in high circles; to be an influential person; to be a string-puller (*fam.*) □ **in nessun l.**, nowhere □ **in ogni l.**, everywhere □ **in qualche l.**, somewhere □ **in qualsiasi l.**, anywhere; wherever (*nelle frasi concessive*): **Puoi trovarlo in qualsiasi l.**, you can find it anywhere; **In qualsiasi l. si trovi, mi manda sempre una cartolina**, wherever he is (*o* may be), he always sends me a postcard □ **in ultimo l.**, lastly; last of all □ (*leg.*) **non l. a procedere**, nonsuit: **pronunciare un non l. a procedere**, to enter a nonsuit □ **lo scambio di corrispondenza che ha avuto l. fra di noi**, the correspondence that has passed between us □ **il sindaco del l.**, the mayor of the town □ **tenere l. di segretario (di consigliere, ecc.)**, to act as secretary (as advisor, etc.) □ **C'è l. a sperare che...**, there is reason to hope that... □ (*Egli*) **non è del l.**, he doesn't live here; he is a stranger; he doesn't belong here □ **La riunione avrà l. a Ginevra**, the meeting is to be held in Geneva.

luogotenènte, *m.* **1** deputy; representative; locum-tenens **2** (*mil.*) lieutenant.
luogotenènza, *f.* **1** deputyship **2** (*mil.*) lieutenancy.
lupa, *f.* **1** she-wolf* **2** (*bot.*: *carie dell'olivo*) dry-rot.
lupacchiòtto, *m.* wolf-cub.
lupàia, *f.* wolf's lair.
lupanare, *m.* (*lett.*) brothel.
lupara, *f.* **1** (*fucile*) sawn-off shotgun **2** (*cartuccia*) buckshot.
lupària, *f.* (*bot., Aconitum lycoctonum*) wolf's bane.
lupercale, *a.* Lupercalian.
lupercali, *m. pl.* Lupercalia.
lupésco, *a.* wolfish; lupine.
lupétto, *m.* **1** wolf-cub **2** (*nell'associazione dei giovani esploratori*) cub.
lupinàio, *m.* lupin-seller.
lupinèlla, *f.* (*bot., Onobrychis sativa*) sainfoin.
lupino, *m.* (*bot., Lupinus*) lupin(e): **lupini dolci**, salted lupins.
lupinòsi, *f.* (*vet.*) lupinosis*; lupin poisoning.
lupo, *m.* **1** wolf*: **I lupi cacciano in branco**, wolves hunt in a pack; **gridare al l.**, to cry wolf **2** (*ind. tessile*) willow: **l. cardatore**, carding-willow. ● **l. di mare** (*vecchio marinaio*), old salt □ **l. mannaro**, werewolf □ (*ind. tessile*) **l. sfibratore**, teasing machine □ **avere una fame da l.**, to be ravenously hungry □ **mangiare come un l.**, to eat like a horse □ **tempo da lupi**, foul weather □ **In bocca al l.!**, good luck! □ (*prov.*) **Il l. perde il pelo, ma non il vizio**, can the leopard change his spots?
luppoléto, *m.* hop-field.
luppolino, *m.* (*bot.*) lupulin.
luppolizzare, *v. t.* to hop.
luppolizzazióne, *f.* hopping.
lùppolo, *m.* (*bot., Humulus lupulus*) hop. ● **raccoglitore di luppoli**, hop-picker.
lupus, *m.* (*med.*) lupus.
lurco, *a.* (*lett.*) gluttonous.
luridézza, *f.* filth; filthiness; griminess.
lùrido, *a.* filthy; grimy.
luridume, *m.* filthy mess; filth.
luscéngola, *f.* (*zool., Chalcides chalcides*) seps*.
lusco, *a.* — **tra il l. e il brusco**, at dusk; at twilight; at nightfall.
lusinga, *f.* **1** flattery; allurement: **Non farti ingannare dalle sue lusinghe**, don't be deceived by her flatteries **2** (*lett.: speranza illusoria*) fallacious hope; illusion. ● **indurre q. a fare q.c. con le lusinghe**, to wheedle sb. into doing st.
lusingaménto, *m.* flattery.
lusingare, **A** *v. t.* **1** to flatter; to allure: **Mi sento lusingato dal suo invito**, I feel flattered by her invitation **2** (*illudere*) to deceive; to delude: **Non cercare di lusingarmi**, don't try to deceive me. **lusingarsi**, **B** *v. rifl.* **1** to flatter oneself: **Mi lusingo che sarete d'accordo**, I flatter myself that you will agree **2** (*illudersi*) to entertain illusions **3** (*sperare*) to hope; to trust.
lusingatóre, **A** *m.* flatterer. **B** *a.* flattering.
lusinghévole, *a.* flattering; alluring.
lusinghièro, *a.* flattering; alluring; tempting: **una proposta lusinghiera**, a tempting proposition. ● **complimenti lusinghieri**, gratifying compliments.
Lusitània, *f.* (*geogr., stor.*) Lusitania.
lusitano, *a. e m.* Lusitanian.
lussare, *v. t.* to dislocate; to luxate.
lussazióne, *f.* (*med.*) dislocation; luxation.
lussemburghése, **A** *a.* Luxemb(o)urgian. **B** *m. e f.* Luxemb(o)urger. **C** *m.* (*la lingua*) Luxemb(o)urgian.
Lussemburgo, *m.* (*geogr.*) Luxemb(o)urg.
lusso, *m.* luxury; sumptuousness; (*lo spendere troppo*) extravagance: **È un l. che non mi posso permettere**, it's a luxury I can't afford; **vivere nel l.**, to live in (the lap of) luxury; **fare una**

lussuóso

vita di l., to lead a life of luxury. ● **un articolo con gran l. di citazioni**, an article swamped (*o* weighed down) by an excess of quotations □ (*fig.*) **colpire il l.**, to discourage luxury; to put a special tax on luxury articles □ **di l.**, luxury (*attr.*); «de luxe» (*franc.*): **articoli di l.**, luxury articles □ **edizione di l.**, «édition de luxe»; limited edition; «de luxe» edition □ (*ferr.*) **un treno di l.**, a special express train; a pullman (train) □ **Che l.!**, how very grand (*o* smart)! □ **Era vestita con l.**, she was richly dressed.
lussuóso, *a.* luxurious; grand.
lussureggiante, *a.* luxuriant.
lussureggiare, *v. i.* (*essere rigoglioso*) to grow* luxuriantly.
lussùria, *f.* lust; lechery; lasciviousness.
lussurióso, *a.* lustful; lecherous; lascivious.
lustrale, *a.* **1** (*stor.*) lustral **2** (*lett.*: *che avviene ogni lustro*) quinquennial. ● (*relig.*) **acqua l.**, holy water.
lustrare (1), **A** *v. t.* to polish; (*metalli*) to burnish: **l. l'argenteria**, to polish the silver. **B** *v. i.* to shine*; to be glossy: **Le lustravano gli occhi**, her eyes shone.
lustrare (2), *v. t.* (*stor.*) to lustrate.
lustrascarpe, *m.* shoeblack; shoe-shine (*USA*).
lustrata, *f.* polish; shine.
lustratura, *f.* **1** polishing; (*di metalli*) burnishing **2** (*di tessuti*) lustring.
lustrazióne, *f.* (*stor.*) lustration.
lustrino, *m.* sequin; spangle.
lustro (1), **A** *a.* shiny; lustrous; (*di pelo, pelliccia, ecc.*) glossy; (*di q.c. cui è stato dato il lucido*) polished: **occhi lustri**, lustrous eyes; **perle lustre**, lustrous pearls; **capelli lustri**, glossy hair; **scarpe lustre**, polished shoes; **argenteria lustra**, (well-)polished silver(-ware). ● **occhi lustri** (*per le lacrime*), eyes glistening with tears. **B** *m.* **1** (*lucentezza*) lustre; polish; gloss; sheen: **il l. della seta**, the lustre of silk **2** (*fig.*: *l'essere illustre*) lustre (*lett.*); distinction; glory; illustriousness (*spesso iron.*): **dare l. a q.**, to impart lustre to sb. (*o* to throw lustre on sb.); **acquistare nuovo l.**, to add lustre to one's name. ● (*fig.*) **tirato a l.**, spick and span: **La sua stanza è sempre tirata a l.**, her room is always spick and span.
lustro (2), *m.* **1** (*quinquennio*) five-year period; lustre **2** (*stor. romana*) lustrum*.
lutare, *v. t.* (*tecn.*) to lute.
lutatura, *f.* (*tecn.*) luting.
luteina, *f.* (*biol., chim.*) lutein.
lùteo, *a.* (*lett.*) luteous. ● (*med.*) **corpo l.**, corpus luteum; yellow body □ **macchia lutea**, yellow spot; macula lutea.
lutèola, *f.* (*bot., Reseda luteola*) dyer's rocket; dyer's mignonette; weld.
luteolina, *f.* (*chim.*) luteolin.
luteranésimo, luteranismo, *m.* (*relig.*) Lutheranism.
luterano, *a.* e *m.* (*relig.*) Lutheran.
Lutèro, *m.* (*stor.*) Luther.
lutèzio, *m.* (*chim.*) lutetium.
luto, *m.* (*tecn.*) lute.
lutrèola, *f.* (*zool., Mustela lutreola*) mink.
lutto, *m.* **1** mourning: **essere in l. per q.**, to be in mourning for sb.; **prendere (portare) il l.**, to go into (to wear) mourning; **smettere il l.**, to come out of mourning; **mezzo l.**, half-mourning; **l. stretto**, full (*o* deep) mourning; **giorno di l. (nazionale)**, day of (national) mourning; **una fascia da l.**, a mourning-band **2** (*perdita, dolore*) loss; bereavement: **partecipare al l. di q.**, to take part in sb.'s loss; **un grave l. per tutta la nazione**, a great loss for the whole nation **3** (*decesso*) death: **chiuso per l. (di famiglia)**, closed: death in the family. ● **carta listata a l.**, black-edged paper.
luttuóso, *a.* sad; woeful; mournful: **un avvenimento l.**, a sad event.
lutulènto, *a.* (*lett.*) muddy; turbid.
lùvaro, *m.* (*zool., Luvarus imperialis*) louvar.
lux, *m.* (*fis.*) lux*.
lùxmetro, *m.* (*fis.*) lux meter; illuminometer.

m, M

M, m, *f.* e *m.* (*undicesima lettera dell'alfabeto ital.*) M, m. ● (*tel.*) m come Milano, m for Mary (*USA*: m for Mike).

ma, A *cong.* **1** (*generalm.*) but: **non per lui, ma per me,** not for him, but for me; **Credevo di potere andare, ma non posso,** I thought I could go, but I can't; **Ma ti dico che sapevo tutto,** but I tell you I knew all about it; **Non è bella, ma bellissima,** she isn't just pretty, but beautiful **2** (*eppure, tuttavia*) yet; still: **È strano, ma vero,** it is strange, yet true; **Stava male, ma non si lamentò,** he was not well, still (*o* but) he did not complain **3** (*comunque*) however; nevertheless: **Era stanco, ma continuò a lavorare,** he was tired; nevertheless, he went on working **4** (*al contrario*) on the contrary: **Non è stupido, ma intelligente,** he isn't a fool; on the contrary, he's a clever boy **5** (*enfatico; rafforzativo*) why: **Ma sì!,** why, of course!; **Ma se lo ha detto a me!,** why, he said so to me! ● **Ma che!,** (*neanche per idea*) not at all!; nothing of the kind! □ **Ma no!,** (*neg. enfatica*) certainly not!; (*se esprime stupore, incredulità*) really?; you don't say so! □ **non solo...ma anche,** not only....but also □ **Ma come! se te lo dico io!,** why, I tell (*o* assure) you □ **Ma bravo!,** (*iron.*) you clever one! □ **Ma che briccone!,** what a rascal! □ **Ma che hai?,** what's the matter with you? □ **Ma come?** (*com'è possibile?*), but how? □ **Ma come!** (*inter. di stupore*), really?; I can't believe it! □ **Ma finitela!,** have done once for all! □ **Ma insomma, piantala,** for heaven's sake, stop it! □ **Ma no che non lo devi fare,** of course you mustn't do it □ **Ma sì che ci vado!,** of course I'm going, I tell (*o* assure) you □ **Ma va!** (*fam.*: *non ci credo*), go along with you!; get away! □ **Ha risposto bene, ma proprio bene,** he answered well, very well indeed. **B** *inter.* who knows!; goodness knows!: «**Chi è quel tizio?**» «**Ma!**», «who is that fellow?» «goodness knows!» **C** *m.* but (*usato al pl.*): **A forza di ma e di se, non risolve mai niente,** with all his ifs and buts, he never makes up his mind. ● **Non c'è ma che tenga!,** it's no use talking about it! □ **Con i ma e con i se, non si conclude nulla,** if ifs and an's were pots and pans, there'd be no trade for tinkers (*prov.*).

màcabro, A *a.* macabre; ghastly; gruesome; grim: **un racconto m.,** a macabre tale; **un sorriso m.,** a ghastly smile; **un aspetto m.,** a grim countenance. ● **danza macabra,** dance of death. **B** *m.* macabre element; the macabre.

macaco, *m.* **1** (*zool., Macacus*) macaque **2** (*fig.*: *uomo goffo e sciocco*) simpleton; fool. ● **Che m.!,** what an awkward fellow!

macadàm, *m.* (*rivestimento stradale*) macadam.

macadamizzare, *v. t.* to macadamize.

macào (1), *m.* (*zool., Ara*) macaw.

macao (2), *m.* (*gioco d'azzardo*) macao, makao.

macaóne, *m.* (*zool., Papilio machaon*) swallow-tail.

Macàrio, *m.* Macarius.

maccabèo, *m.* (*sciocco*) fool; blockhead. ● **i Maccabei,** the Maccabees.

maccarèllo, *m.* (*zool., Scomber scombrus*) mackerel.

maccartismo, *m.* (*polit.*) McCarthyism.

maccartista, *m.* e *f.* (*polit.*) McCarthyist.

macché, *inter.* of course not!; certainly not!; (*neanche per idea*) not at all!; nothing of the kind.

maccheronata, *f.* **1** good dish of macaroni **2** (*cena fra amici*) macaroni party **3** (*fig.*: *errore grossolano*) blunder.

maccheróne, *m.* **1** (*specialm. al pl.*) macaroni **2** (*fig.*: *pasticcio di maccheroni,* macaroni cheese **2** (*fig.*: *persona stupida*) blockhead; dolt. ● (*fam.*) **cascare come il cacio sui maccheroni,** to come just at the right moment; to be just the job □ **È proprio il cacio sui maccheroni,** it's the very thing we want!

maccheronèa, *f.* (*letter.*) macaronic.

maccherònico, *a.* (*letter.*) macaronic: **poesia maccheronica,** macaronic poetry. ● **latino m.,** dog-Latin.

màcchia (1), *f.* **1** stain; spot; blot; blur; smear; speck; (*piccola*) speckle, fleck: **La m. non è andata via,** the stain is still there; **levare una m.,** to remove (*o* take out) a stain; **una giacchetta che è tutta macchie,** a jacket covered with stains; **una m. di caffè,** a coffee-stain; **una m. di vino,** a wine-stain; **una m. di sangue,** a blood-stain; a smear of blood; **fare una m. su q.c.,** to make a spot upon st.; to spot st.; to stain st.; **macchie di fango,** spots of mud; **una m. d'inchiostro,** an inkspot; a blot; **le macchie del leopardo,** the spots on a leopard; **una m. di colore,** a speck of colour; **Quell'enorme edificio è una vera m. nel paesaggio,** that huge building is a blot on the landscape **2** (*fig.*) stain; spot; blot; defect; blemish; flaw: **una m. sul proprio buon nome,** a stain on one's reputation; a blot on one's character; **un nome senza m.,** a reputation without blemish **3** (*astron.*) spot; patch: **macchie solari,** sun-spots; **le macchie della luna,** the patches on the moon **4** (*med.*) macula*; spot **5** (*pittura*) sketch (in outline). ● **m. sulla pelle** (*voglia*), birth-mark □ **a macchie bianche,** white-spotted; white-speckled □ **un cavaliere senza m. e senza paura,** a fearless, blameless knight □ (*pitt.*) **un particolare che fa m. in un quadro,** a detail that stands out in a picture □ **senza m.,** (*anche fig.*) stainless, spotless; (*solo fig.*) unblemished, flawless □ **Non ho macchie sulla coscienza,** I have a clear conscience.

màcchia (2), *f.* **1** (*boscaglia*) bush; copse; thicket; scrub: **la m. australiana (mediterranea, ecc.),** the Australian (Mediterranean, etc.) bush **2** – (*polit.*: *i partigiani francesi*) **la M.,** the Maquis. ● **m. bassa,** undergrowth; underwood □ **alla m.,** (*agg.*) clandestine, secret; (*avv.*) clandestinely, surreptitiously: **stampare un libro alla m.,** to print a book clandestinely □ **darsi** (*o* **buttarsi**) **alla m.,** to take to the bush; to take (to) the highway; (*polit.*) to join the Maquis □ **vivere alla m.,** to be a bush-ranger; (*da bandito*) to be an outlaw (*o* a highwayman).

macchiaiòlo (1), *a.* **1** wild: **un suino m.,** a wild hog **2** (*fig.*) piratical.

macchiaiòlo (2), *m.* (*pitt.*) one of the Macchiaioli; Florentine impressionist painter.

macchiare, A *v. t.* **1** to stain; to spot; (*d'inchiostro*) to blot; (*di fango*) to spatter, to bespatter; (*di cosa untuosa*) to smear, to besmear; (*sporcare*) to dirty, to soil, to sully, to tarnish, to foul; (*tipogr.*) to blur, to mackle: **m. la tovaglia di vino,** to stain the cloth with wine; **m. di sangue,** to stain (*o* to smear) with blood; **La pagina è macchiata,** the page is blotted; **L'automobile ci macchiò di fango,** the car spattered us with mud; **Hai macchiato tutto il vestito,** you have dirtied (*o* soiled) your dress; **Il testo era tutto macchiato e di difficile lettura,** the text was all blurred and difficult to read **2** (*fig.*) to stain; to soil; to blemish; to foul; to sully: **m. il nome** (**l'onore, la coscienza**) **di q.,** to stain (*o* to soil, to sully) sb.'s reputation (honour, conscience) **3** (*pitt.*) to sketch. **macchiarsi, B** *v. rifl.* to stain (oneself); to soil (oneself); to dirty oneself; to get* dirty; to get* soiled; (*fig.*) to disgrace oneself: **Questo tessuto si macchia facilmente,** this material stains easily; **m. tutto,** to get all dirty; **m. le dita,** to stain one's fingers; (*anche fig.*) **m. le mani,** to soil one's hands; **L'argento si macchia prima dell'oro,** silver soils sooner than gold. ● **m. di molti delitti,** to be guilty of many crimes □ **m. la reputazione,** to sully one's reputation.

macchiato, *a.* **1** stained; (*chiazzato*) spotted, mottled; (*variegato*) variegated: **m. di sangue,** blood-stained; **marmo m.,** spotted (*o* variegated) marble; **legno m.,** mottled wood **2** (*di cavallo*) dappled; dapple **3** (*ind. cartaria*) foxed. ● **m. di fango,** bespattered with mud **2** (*fig.*) **essere m. d'una stessa pece,** to be tarred with the same brush □ **caffè m.,** coffee with a dash of milk □ **latte m.,** milk with a drop of coffee □ **un pelame nero m. di bianco,** a black coat with white spots.

macchiétta, *f.* **1** (*piccola macchia*) little spot; speckle; fleck **2** (*teatr.*) sketch; (*caricatura*) caricature **3** (*tipo originale*) character; queer card (*o* customer); odd fish (*pop.*): **È una m.!,** he's an odd fish!

macchiettare, *v. t.* to spot; to speckle; to dapple; to mottle.

macchiettato, *a.* spotted; speckled; dappled; mottled. ● **grigio m.,** dapple-grey.

macchiettatura, *f.* dapple speckledness; mottlement.

macchiettista, *m.* e *f.* **1** caricaturist **2** (*teatr.*) character actor.
màcchina, *f.* **1** (*produttrice di energia*) engine: **James Watt inventò la m. a vapore**, James Watt invented the steam engine; **m. pneumatica**, pneumatic engine; **m. ad acqua** (*o* **idraulica**), hydraulic engine; **m. a gas**, gas-engine; (*ind., naut.*) **sala-macchine**, engine-room; **fare andare una m.**, (*metterla in moto*) to start a machine (*o* an engine); (*manovrarla*) to work a machine (*o* an engine); **montare una m.**, to assemble a machine (*o* an engine); **smontare una m.**, to take a machine (*o* an engine) to pieces **2** (*produttrice di lavoro*) machine: **l'età delle macchine**, the age of machines; **cervelli e macchine**, minds and machines; **Le macchine sono capaci di pensare?**, can machines think?; **m. calcolatrice**, calculating machine; (*tipogr.*) **m. compositrice**, composing machine; **m. composta**, compound machine; **m. contabile**, accounting machine; **m. elettrica**, electric machine; **m. semplice**, simple machine; **m. da cucire**, sewing-machine **3** (*pl.: macchinario*) machinery (*sing.*): **attrezzare una fabbrica con macchine nuove**, to equip a factory with new machinery **4** (*automobile*) car, motor (*car*); (*locomotiva*) engine: **una m. da corsa**, a racing car; **Ci vogliono due macchine per questo treno**, this train needs two engines; (*mil.*) **m. da guerra**, military engine; (*raro*) machine; **m. ferroviaria**, railway engine **5** (*teatr.*) machine; (*pl.*) stage machinery **6** (*fig.: di persona*) machine; automaton*; robot: **Non è un uomo, è una m.**, he is no man, he is a robot **7** (*macchinazione*) machination; plot **8** (*edificio grandioso*) huge building. ● **m. automatica a gettone** (*o* a **moneta**), slot-machine □ (*cinem.*) **m. da presa**, cine-camera □ **m. da proiezione cinematografica**, motion-picture projector □ **m. da scrivere**, typewriter □ **m. da stampa**, printing-press; printing-machine □ **la m. del mondo** (*lat.*: **to machina mundi**), the engine of the world; the universal frame □ (*polit.*) **la m. del partito democratico** (*in USA*), the Democratic machine □ (*fig.*) **la m. dello stato**, the structure of the state □ **m. della verità**, lie-detector □ (*naut.*) **m. di governo**, steering-engine □ (*cinem.*) **m. di registrazione sonora**, sound camera □ (*stor.*) **m. filatrice**, spinning-jenny □ **m. fotografica**, camera □ **m. fotografica a lastre**, plate camera □ **m. fotografica a soffietto**, folding camera □ **m. idrostatica**, hydrostatic press □ **m. lavastoviglie**, dish-washer □ **m. mangiasoldi** (*apparecchio a gettone*), fruit machine; slot machine (*USA*); one-armed bandit (*pop.*) □ **m. per battere il grano**, threshing-machine; thresher □ **m. per maglieria**, knitting-machine; knitter ● (*agric.*) **m. per mietere e trebbiare** (*mietitrebbia*), combine(-harvester) □ (*agric.*) **m. per la mietitura**, reaping-machine; harvester □ (*tipogr.*) **m. rotativa**, rotary printing-press □ **m. tipografica**, printing-press □ (*fig.*) **la m. umana**, the human body (*o* frame) □ **m. utensile**, machine-tool □ (*tipogr.*) **andare in m.**, to go to press □ **fare m. indietro**, to reverse (the engine) □ **fatto a m.**, machine-made □ (*tipogr.*) **essere in m.**, to be in the press □ **lavorazione a m.**, machine-work.
macchinale, *a.* mechanical; automatic: **un movimento m.**, a mechanical movement.
macchinare, *v. t.* to plot; to contrive; to scheme: **m. un tradimento**, to plot a treason; **m. inganni**, to contrive stratagems; **m. la rovina di q.**, to plot (*o* to conspire) sb.'s ruin. ● **Cosa stai macchinando?**, what are you up to?
macchinàrio, *m.* machinery: (*ind. tessile*) **m. per l'essiccazione**, drying machinery.
macchinatóre, *m.* plotter; contriver.
macchinazióne, *f.* machination; plot; intrigue; scheme: **sventare le macchinazioni dei propri nemici**, to frustrate (*o* to baffle) the machinations of one's enemies.
macchinétta, *f.* **1** small machine; small engine **2** (*fam.: accendisigari*) lighter. ● **m. da caffè**, coffee-percolator; **macchinetta** (*ital.*).
macchinismo, *m.* (*filos.*) mechanism.
macchinista, *m.* **1** (*ferr.*) engine-driver; engineer (*USA*) **2** (*ind.*) machine-operator **3** (*naut.*) engineer **4** (*teatr.*) stage-hand; scene-shifter.
macchinosaménte, *avv.* complicatedly; in a complex manner.
macchinosità, *f.* complexity, complexness; involution.
macchinóso, *a.* complicated; complex; intricate; involved; far-fetched: **un intreccio m.**, an intricate plot; **uno stile m.**, an involved style.
macèdone, *a.* e *m.* (*stor., geogr.*) Macedonian. ● **Filippo il M.**, Philip of Macedon.
macedònia, *f.* (*cucina*) fruit-salad; macedoine.
macedònico, *a.* (*stor., geogr.*) Macedonian.
macellàbile, *a.* fit for slaughtering.
macellàio, *m.* butcher (*anche fig.*).
macellare, *v. t.* to butcher, to slaughter (*anche fig.*).
macellatóre, *m.* butcher; slaughterer.
macellazióne, *f.* butchery; slaughter.
macellerìa, *f.* butcher's shop.
macèllo, *m.* **1** (*mattatoio*) slaughter-house; shambles **2** (*macelleria*) butcher's shop **3** (*il macellare*) butchery; slaughter(ing): **bestie da m.**, animals for slaughter **4** (*fig.*) slaughter; shambles (*pl. col verbo al sing.*); butchery; massacre; havoc: **Che m.!**, what a shambles! ● (*fig.*) **mandare al m.** (*a morte sicura*), to send to one's death.
maceràbile, *a.* fit for maceration.
macerare, **A** *v. t.* **1** to macerate; to steep; (*tessili*) to ret; (*pelli*) to bate: **m. la creta**, to macerate clay **2** (*fig.*) to macerate; to mortify: **m. le proprie carni**, to mortify one's body. **macerarsi**, **B** *v. rifl.* **1** to macerate **2** (*fig.*) to waste away; to wear* away (*o* out): **m. con i digiuni**, to waste (*o* wear) away by fasting. ● **m. di dolore**, to pine away □ **m. d'odio** (**d'invidia**), to be consumed with hatred (with envy).
macerato, *a.* **1** macerated; steeped; (*rif. a tessili*) retted; (*rif. a pelli*) bated **2** (*fig.*) worn out; consumed. ● **un cuore m.**, a heart overwhelmed with grief (*o* anguish).
maceratóio, *m.* (*ind. tessile*) retting-pit; rettery.
maceratóre, *m.* (*ind. cartaria*) macerator.
macerazióne, *f.* **1** maceration; steeping; (*ind. tessile*) retting; (*di pelli*) bating **2** (*fig.*) mortification: **le macerazioni del corpo**, the mortifications of the body.
macèrie, *f. pl.* ruins; rubble (*sing.*); (*rottami*) débris (*sing.*): **un cumulo di m.**, a heap of ruins; **estrarre q. di sotto alle m.**, to extract sb. from the ruins.
màcero, **A** *a.* **V. macerato**. **B** *m.* **1** (*macerazione*) maceration **2** (*maceratoio*) retting-pit; rettery. ● **carta da m.**, waste-paper.
Mach, *m.* (*fis.*) Mach number: **numero di M. di volo**, flight Mach number. ● **indicatore del numero di M.**, Machmeter.
machete (*spagn.*), *m.* matchet; machet(t)e.
machiavelliàno, *a.* Machiavellian.
machiavellicaménte, *avv.* according to Machiavel's principles; in a Machiavellian way; cunningly.
machiavèllico, *a.* Machiavellian; cunning; crafty: **arti machiavelliche**, Machiavellian principles.
machiavellismo, *m.* Machiavellianism; Machiavellism.
machiavellista, *m.* e *f.* Machiavellian; Machiavellist.
machiavèllo, *m.* **1** (*rif. a persona*) Machiavel **2** (*espediente insidioso*) cunning device.
màchmetro, *m.* (*aeron.*) Machmeter.
macigno, *m.* **1** (*miner.*) (siliceous) sandstone; gritstone **2** (*masso di notevoli dimensioni*) boulder; rock. ● **dal cuore di m.**, flint-hearted; stone-hearted; hard-hearted □ **duro come un m.**, as hard as flint.
macilènto, *a.* lean; meagre; emaciated.
macilènza, *f.* leanness; meagreness; emaciation.
màcina, *f.* **1** millstone: **m. inferiore**, nether millstone; **m. superiore**, upper millstone **2** (*fig.*) burden; heavy load: **Mi pareva di avere una m. addosso**, I felt as if a burden had been laid on me (*o* I felt oppressed).
macinàbile, *a.* capable of being ground (*o* milled); pulverizable. ● **grano m.**, grist □ **orzo m.**, grinding barley.
macinacaffè, *m.* coffee-grinder.
macinacolóri, *m.* (*pitt.*) muller.
macinapépe, *m.* pepper-mill; quern.
macinare, *v. t.* **1** to grind*; to mill; (*grano*) to grist: **m. il caffè**, to grind coffee; **m. fino**, to grind small (*o* fine) **2** (*polverizzare*) to powder; to pulverize; (*colori*) to muller; (*col pestello*) to pound **3** (*schiacciare*) to crush; to smash; (*olive*) to press. ● (*fig.*) **m. a due palmenti**, to eat greedily; to gobble □ (*fig.*) **m. chilometri**, to eat up the miles.
macinata, *f.* grinding. ● **dare una m.**, to grind hastily (*o* quickly).
macinato, **A** *a.* **1** ground; milled **2** (*schiacciato*) crushed; smashed **3** (*pestato*) pounded. **B** *m.* flour; meal; grist. ● **tassa sul m.**, grist-tax.
macinatóio, *m.* mill; press; (*per olive*) oil-press; (*per minerali*) edge-mill.
macinatóre, *m.* grinder; miller.
macinatura, *f.* grinding; milling: **spesa della m.**, charge for grinding.
macinazióne, *f.* grinding; milling (*di grano*) gristing; (*col pestello*) pounding. ● **pista circolare di m.** (*d'un mulino*), bottom grinding ring.
macinèllo, *m.* (*pitt.*) muller.
macinino, *m.* **1** mill; grinder: **un m. da caffè**, a coffee-mill; **un m. da pepe**, a pepper-mill **2** (*scherz.: automobile malridotta*) crock (*fam.*), jalopy (*fam.*); (*automobile rumorosa*) banger.
màcis, *m.* e *f.* (*bot.*) mace.
maciste, *m.* (*scherz.*) colossus; giant.
maciulla, *f.* (*ind. tessile*) brake; scutch; swingle.
maciullaménto, *m.* (*ind. tessile*) braking; scutching.
maciullare, *v. t.* **1** (*ind. tessile*) to brake; to scutch: **m. canapa**

(lino), to brake hemp (flax) **2** (*schiacciare*) to crush; to smash.
macramè, *m.* (*merletto pesante*) macramé; knotted-work.
macrobiòtica, *f.* macrobiotics (*pl. col verbo al sing.*).
macrobiòtico, *a.* macrobiotic.
macrocefalìa, *f.* (*med.*) macrocephaly.
macrocèfalo, *a.* (*med.*) macrocephalic; macrocephalous.
macroch(e)ilìa, *f.* (*med.*) macroch(e)ilia.
macrochirìa, *f.* (*med.*) macroch(e)iria.
macrocòsmo, *m.* macrocosm.
macrocristallino, *a.* (*miner.*) macro-crystalline.
macrodattilìa, *f.* (*med.*) macrodactyly.
macrodàttilo, *a.* macrodactyl; macrodactylic; macrodactylous.
macrodontismo, *m.* (*med.*) macrodontism.
macroeconomìa, *f.* (*econ.*) macroeconomics (*pl. col verbo al sing.*).
macroeconòmico, *a.* (*econ.*) macroeconomic.
macrofotografìa, *f.* macrophotography.
macroftalmìa, *f.* (*med.*) macrophthalmy.
macrografìa, *f.* macrography.
macrologìa, *f.* macrology.
macromelìa, *f.* (*med.*) macromelia.
macromolècola, *f.* (*chim.*) macromolecule; macromole.
macromolecolare, *a.* (*chim.*) macromolecular.
macroorganismo, *m.* macroorganism.
macropsìa, *f.* (*med.*) macropsia; macropsy.
macroscòpico, *a.* **1** macroscopic **2** (*fig.*) gross; glaring: **un errore m.**, a gross mistake.
macrosòma, (*med.*) **A** *a.* macrosomatic. **B** *m.* macrosoma.
macrosomìa, *f.* (*med.*) macrosomia.
macrostruttura, *f.* macrostructure.
macuba, *m.* e *f.* (*tabacco da fiuto*) Macuba snuff.
màcula, *f.* **1** (*anat.*) macula* **2** V. **macchia (1).**
maculato, *a.* spotted; dappled.
maculatura, *f.* (*biol.*) maculation.
madama, *f.* **1** gentlewoman*; noblewoman* **2** (*scherz.*) madam; (fine) lady: **darsi arie da m.**, to play the fine lady.
madamigèlla, *f.* (*scherz. o iron.*) mademoiselle.
madapolàm, *m.* madapollam.
madaròsi, *f.* (*med.*) madarosis.
Maddalèna, *f.* Magdalene; (*dim.*) Maud.
madèra, *m.* Madeira (wine).
Madèra, *f.* (*geogr.*) Madeira.
màdia, *f.* kneading-trough. ● (*fig.*) **avere la m. piena**, to be well-stocked; to be well-provided □ (*fig.*) **avere il gatto nella m.** (*essere povero*), to have the wolf at the door.
màdido, *a.* wet; damp; dank; moist: **erba madida di rugiada**, grass wet with dew; **mani madide di sudore**, hands moist with perspiration.
madière, *m.* (*naut.*) floor; (*di nave di legno*) floor timber; (*di nave di ferro*) floor plate: **m. obliquo** (*o* **deviato**), cant floor. ● **per m.**, athwartships.
madònna, *f.* **1** Our Lady; (the) Virgin Mary; (the) Madonna: **M. Addolorata**, Our Lady of Sorrows **2** (*lett.: titolo rispettoso*) madonna; my lady. ● **M. (santa)!**, goodness me!; goodness gracious! □ (*fig.*) **essere tutto santi e madonne**, to be a pious humbug □ (*fig.*) **viso da m.**, angelic face.
madonnina, *f.* (*iron.*) demure (*o* prudish) young lady. ● **avere un fare di m.**, to have coy manners □ **avere un viso di m.**, to be demure-looking.
madoqua, *f.* (*zool.*, *Madoqua*) dik-dik.
madóre, *m.* slight perspiration.
madornale, *a.* enormous; huge; gross. ● **una bugia m.**, a thumping lie; a banger (*fam.*); a bouncer (*fam.*) □ **un errore m.**, a blunder; a gross mistake; a clanger (*fam.*); a howler (*fam.*).
madornalità, *f.* enormousness; hugeness; grossness.
madòsca, *inter.* heavens!; my goodness!
madràs, *m.* (*tessuto*) madras (muslin).
madre, *A f.* **1** mother: **m. di famiglia**, mother of a family; **la festa della M.**, Mother's Day; **m. di quattro figli**, mother of four children **2** (*d'animali*) dam **3** (*relig.*) Mother: **M. Superiora**, Mother Superior; **M. Badessa**, Mother (*o* Lady) Abbess **4** (*nadrevite*) female screw (*feccia*) dregs (*pl.*); lees (*pl.*) **6** (*anat.*) mater: **dura (pia) m.**, dura (pia) mater **7** (*bot.: pianta m.*) stock **8** (*comm.: matrice*) counterfoil **9** (*chim.*) mother: **m. dell'aceto**, mother of vinegar. ● (*fig.*) **la m. comune** (*o* **la m. terra**), mother earth □ **m. natura**, mother nature □ **m. patria**, motherland; mother country □ (*relig.*) **m. spirituale**, godmother □ **amor m.**, maternal love; a mother's love □ **antenati da parte m.**, ancestors on the maternal side □ **essere come m. ci ha fatti**, to be in one's birthday suit □ **divenire m.**, to give birth to a child □ **fare da m. a q.**, to mother sb. □ **lingua m.**, mother tongue □ **non aver cuore di m.**, to be an unnatural mother □ **nonno da parte di m.**, (one's) maternal grandfather □ (*comm.*) **registro a m. e figlia**, counterfoil register □ **rendere m. una donna**, to give a woman a child □ **uno scherzo di m. natura**, a freak of nature □ **senza m.**, motherless. **B** *a.* **1** mother (*attr.*): **lingua m.**, mother tongue; **Chiesa M.**, Mother Church **2** (*fig.: principale*) fundamental; basic; chief: **idea m.**, fundamental idea. ● **ragazza m.**, unmarried mother □ **regina m.**, Queen Mother.
madrecìcala, *f.* (*zool.*) larval case (of a cicada).
madrefórma, *f.* (*ceramica*, *tecn.*) mold.
madreggiare, *v. i.* **1** (*somigliare alla madre*) to take* after one's mother **2** (*comportarsi da madre*) to be like a mother.
madrelingua, *f.* mother tongue.
madrepàtria, *f.* motherland; mother country; native land.
madrepèrla, **A** *f.* mother-of-pearl; nacre. **B** *a.* pearly; nacreous. ● **color m.**, pearl-coloured.
madreperlàceo, *a.* pearly; nacreous.
madrepòra, *f.* (*zool.*, *Madrepora*) madrepore.
madrepòrico, *a.* (*zool.*) madreporic; madreporiform.
madresélva, *f.* (*bot.*, *Lonicera caprifolium*) honey-suckle.
madrevite, *f.* (*mecc.*) **1** nut screw; female thread: **m. di tornio**, lead screw **2** (*filiera*) die: **m. per bulloni**, bolt die; **m. per tubi**, pipe die.
madrigale, *m.* (*poesia*, *mus.*) madrigal.
madrigaleggiare, *v. i.* **1** (*comporre madrigali*) to write* (*o* to compose) madrigals **2** (*cantare madrigali*) to sing* madrigals.
madrigalésco, *a.* madrigalian.
madrigalista, *m.* madrigalist.
madrilèno, *m.* e *a.* Madrilenian.
madrina, *f.* godmother; sponsor (*anche rif. al varo di una nave*): **m. di Cresima**, sponsor at Confirmation.
maestà, *f.* **1** majesty; dignity; loftiness: **la m. dell'impero romano**, the majesty of the Roman Empire; **la m. del linguaggio**, the dignity of language; **m. d'aspetto** (**di portamento**), loftiness of mien (of bearing); **la m. d'un edificio**, the stateliness of a building **2** (*titolo*) Majesty: **Vostra M.**, Your Majesty; **le Loro M.**, Their Majesties; **Sua M. il Re** (**la Regina**), His Majesty the King (Her Majesty the Queen); **Sua M. Britannica**, His (*o* Her) Britannic Majesty (*abbr.*: H.B.M.) **3** (*arte*) majesty. ● (*fig.*) **delitto di lesa m.**, lese-majesty; high treason.
maestosaménte, *avv.* majestically; solemnly.
maestosità, *f.* majesty; dignity; grandeur; loftiness; stateliness.
maestóso, *a.* **1** majestic; grand; lofty; stately; solemn: **un edificio m.**, a stately building; **un canto m.**, a solemn song; **un aspetto (portamento) m.**, a lofty mien (bearing); **uno stile m.**, a lofty (*o* an elevated, a sublime) style **2** (*mus.*) maestoso.
maèstra, *f.* **1** teacher; school-teacher; school-mistress: **una m. giardiniera**, a nursery school-teacher **2** (*naut.*) mainsail. ● (*naut.*) **albero di m.**, mainmast □ (*naut.*) **coffa di m.**, maintop □ (*naut.*) **pennone di m.**, main yard □ (*naut.*) **straglio di m.**, mainstay.
maestrale, *m.* **1** north-west wind **2** (*della Francia meridionale*) mistral.
maestranza, *f.* (*specialm. al pl.*) hands (*pl.*); workers (*pl.*); (*in genere*) employees (*pl.*): **le maestranze di un cantiere navale**, the dockyard hands. ● **maestranze portuali**, dockers.
maestrìa, *f.* **1** mastery; (masterly) skill; dexterity: **con grande m.**, with masterly skill; **eseguire q.c. con vera m.**, to perform st. with consummate skill **2** (*accortezza*, *furberia*) cunning; shrewdness. ● **giocare di m.**, to act cunningly (*o* with cunning).
maèstro, **A** *a.* **1** (*principale*) main; chief: (*edil.*) **muro m.**, main wall **2** (*magistrale*) master (*attr.*); masterly; skilful: **colpo m.**, master-stroke; **mano maestra**, master-hand; skilful hand. ● (*naut.*) **albero m.**, mainmast □ (*zool.*) **penne maestre**, quills □ **strada maestra**, high-road; highway. **B** *m.* **1** master; (*di scuola*) school-master; (*insegnante*) teacher; (*istruttore*) instructor: **un m. dell'ironia**, a master of irony; **il divino M.**, the divine Master; **sommo m.**, supreme master; **m. di scherma**, fencing-master; **m. d'equitazione**, riding-master; **m. di ballo**, dancing-master; (*sport*) **m. di sci**, ski instructor **2** (*artigiano provetto*) master: **m. muratore**, master-mason **3** (*mus.*) Maestro **4** (*maestrale*) north-west wind. ● (*mus.*) **m. compositore**, composer □ **m. d'ascia**, carpenter; (*naut.*) shipwright □ **m. delle cerimonie**, master of ceremonies □ **m. di campane**, founder □ **m. di casa**, steward □ **m. di cappella**, chapel-master □ (*canottaggio*) **m. d'equipaggio**, boatswain □ **m. di musica**, music-master □ (*mus.*) **m. di rettore d'orchestra**, conductor □ **essere m. in q.c.**, to know st. thoroughly; to master st. □ **maestri cantori**, master-singers □ **Gran M.**, Grand Master □ (*prov.*) **L'esercizio è buon m.**, practice makes perfect.
màfia, **màffia**, *f.* **1** Mafia; (*USA anche*) Cosa Nostra **2** (*scherz.: eleganza vistosa*) swank (*fam.*). ● **fare la m.**, to show off; to swank (*fam.*).
mafióso, **A** *a.* affiliated to the Mafia; «mafioso». **B** *m.* **1** member of the Mafia **2** (*scherz.: chi sfoggia un'eleganza vistosa*) swanker (*fam.*).

maga, *f.* sorceress; enchantress; magician.

magagna, *f.* **1** (*difetto*) defect; (*vizio*) vice; (*manchevolezza*) imperfection, flaw: **coprire le proprie magagne**, to hide one's defects **2** (*acciacco*) infirmity; ailment: **le magagne della vecchiaia**, the infirmities of old age.

magagnare, *v. t.* to spoil; to mar; to damage. ● (*prov.*) **Una pera bacata ne magagna cento**, the rotten apple injures its neighbours.

magari, A *inter.* **1** of course!; and how!; you bet!; I should say so **2** (*volesse il cielo*) if only!; would to God (o Heaven)! **B** *cong.* **1** (*anche se*) even if: **Ci arriverò, m. dovessi fare a piedi tutta la strada**, I'll get there, even if I have to walk all the way **2** (*volesse il cielo che*) if only. **C** *avv.* (*perfino*) even; (*forse*) perhaps, maybe: **È capace m. di fare lo gnorri**, he is even capable of pretending not to know; **M. non ne sa nulla**, perhaps he does not know anything about it.

magazzinàggio, *m.* (*comm.*) storage; warehousing. ● **spese di m.**, storage (charges).

magazzinière, *m.* storekeeper; storeman*; warehouseman*.

magazzìno, *m.* **1** storehouse; store; warehouse: **magazzini a catena**, chain-stores; **magazzini militari**, military stores; **m. doganale**, customs warehouse (o store); (*ind.*) **m. pezzi finiti**, finished goods storehouse; (*ind.*) **m. (prodotti) semilavorati**, goods-in-process storehouse; **ricevuta di m.**, warehouse receipt **2** (*negozio*) shop; store (*specialm. USA*): **grande m.**, department store **3** (*fotogr., tipogr.*) magazine **4** (*elettron.*) memory. ● **magazzini di bacino**, docks ☐ (*ferr.*) **m. merci**, goods shed ☐ (*ind. mecc.*) **m. utensili**, tool crib ☐ (*naut.*) **m. (per) viveri**, victualling-yard ☐ **in m.**, in stock; on hand ☐ **in m. doganale**, in bond.

Magdebùrgo, *f.* (*geogr.*) Magdeburg.

Magellàno, *m.* (*stor.*) Magellan: (*geogr.*) **lo Stretto di M.**, the Straits of Magellan.

magènta, *a. e m.* (*colore*) magenta.

maggèngo, *a.* – **fieno m.**, May hay.

maggesàre, *v. t.* (*agric.*) to fallow.

maggése, A *a.* May (*attr.*); of May: **ulive maggesi**, May olives. **B** *m.* fallow; fallow land: **tenere in m.**, to lay fallow; **m. intero**, a year's fallow; **mezzo m.**, six months' fallow; **m. produttivo**, cropped fallow.

màggio, *m.* **1** May **2** (*fig.*) bloom; prime; heyday: **il m. della vita**, the prime of life. ● **un'acqua di m.**, a beneficent rain ☐ (*scherz.*) **cantore di m.** (*l'asino*), brayer; ass ☐ **parere una rosa di m.**, to be young and blooming ☐ **il primo m.**, (*la festa*) May Day; (*festa dei lavoratori*) Labour Day.

maggiociòndolo, *m.* (*bot., Cytisus laburnum*) laburnum.

maggiolàta, *f.* May song.

maggiolìno (1), *m.* (*zool., Melolontha melolontha*) cockchafer; May-bug.

maggiolìno (2), *m.* «maggiolino» (piece of furniture with inlaid decoration).

maggioràna, *f.* (*bot., Origanum majorana*) sweet marjoram.

maggioranza, *f.* **1** majority; greater number; great part; most: **la m. degli uomini**, the majority of men; most men; **La m. fu favorevole**, the majority was (o were) favourable; **la m. silenziosa**, the silent majority **2** (*polit.*) majority: **esser eletto a m. di voti**, to be elected by a majority (of votes); **a grande m.**, by a large majority; **m. assoluta**, absolute majority; **m. semplice**, simple majority; **ottenere la m.** (*dei voti*), to get the majority; **unirsi alla m.**, to join (o to go over to) the majority. ● (*polit.*) **m. relativa**, plurality.

maggiorare, *v. t.* (*comm.*) to increase; to raise. ● **m. il prezzo di q.c.**, to surcharge st.

maggiorascàto, maggiorasco, *m.* (*leg., stor.*) majorat.

maggioràta, *f.* shapely woman*; sex bomb (*fam.*).

maggioràto, *a.* **1** (*comm.*) increased; raised **2** (*mecc.*) oversize.

maggiorazióne, *f.* (*comm.*) **1** increase; raise **2** (*di prezzo*) surcharge.

maggiordòmo, *m.* butler; house-steward; (*di corte*) majordomo.

maggióre, A *a.* **1** (*più grande, specialm. in senso morale e astratto*) *compar.* greater; *superl. relat.* (*fra due*) (the) greater, (*fra più di due*) (the) greatest; (*più importante*) major: **Il tuo bisogno è m. del mio**, your need is greater than mine; **con m. diligenza**, with greater diligence; **Dei due artisti, Jones è il m.**, of the two artists, Jones is the greater; **il m. pericolo** (**fra tutti**), the greater danger (of all); **Dante è il nostro m. poeta**, Dante is our greatest poet; **le arti maggiori**, the major arts; (*astron.*) **astri maggiori**, major stars **2** (*più grande, in senso materiale*) *compar.* larger, bigger; *superl. relat.* (*fra due*) (the) larger, (the) bigger; (*fra più di due*) (the) largest, (the) biggest: **Il tutto è m. di ciascuna delle parti**, the whole is bigger (o larger) than each of its parts; **Quale delle due somme è la m.?**, which amount is (the) bigger?; **Questa è la spesa m. che possa sostenere**, this is the biggest expenditure I can afford **3** (*più alto*) *compar.* higher; (*di statura*) taller; *superl. relat.* (*fra due*) (the) higher, (the) taller; (*fra più di due*) (the) highest, (the) tallest: **la torre m.** (**della città**), the highest tower (in the town); **La merce sarà venduta al m. offerente**, the goods will be sold to the highest bidder **4** (*di età*) *compar.* older, (*fra due consanguinei*) elder; *superl. relat.* (*fra due*) (the) older, (the) elder; (*fra più di due*) (the) oldest, (the) eldest: **Il mio amico è m. di me**, my friend is older than I; **Chi è il m. di voi due?**, which of you is (the) older?; **mio fratello m.**, my elder (o eldest, *se ho più di due fratelli*) brother; **la figlia m.**, the elder (o eldest, *se le figlie sono più di due*) daughter **5** (*di grado superiore*) senior **6** (*relig., filos., mus., mat., mil.*) major: **ordini maggiori**, major orders; **premessa m.**, major premiss (o proposition); **scala m.**, major scale; **la chiave di do m.**, the key of C major; **accordo m.**, major chord; **una terza m.**, a major third; **asse m.**, major axis; **m. generale**, major-general. ● **il m. degli Smith**, Smith major ☐ **il maggior numero**, the majority; the major part ☐ (*mil.*) **aiutante m.**, adjutant ☐ **altare m.**, high altar ☐ **andare per la m.**, to be (very) popular; to be in (*fam.*) ☐ (*fig.*) **astri maggiori** (*le persone più cospicue*), stars ☐ **casi di forza m.**, uncontrollable events; acts of God ☐ **Catone m.**, Cato the Elder ☐ **essere d'età m.**, to be of age ☐ **l'età m.**, majority; full age ☐ **forza m.**, the force of circumstances; (*leg.*) force majeure (*franc.*) ☐ **per la maggior parte**, mostly; mainly ☐ **la porta m.** (*d'una città*), the main gate ☐ **raggiungere l'età m.**, to come of age; to reach one's majority ☐ **sempre m.**, ever-increasing ☐ (*mil.*) **Stato M. Generale**, General Staff ☐ **Il Po è il m. fiume d'Italia**, the Po is the longest river in Italy ☐ **la parte m. della propria vita**, the major part of one's life ☐ **Quell'artista va per la m.**, that artist's name is in every mouth. **B** *m.* **1** (*di grado*) superior **2** (*d'età*) elder: **i propri maggiori**, one's elders **3** (*mil.*) major **4** (*aeron.*) squadron leader **5** [*pl.:* **maggiorenti**] leading figures; (*di una città*) elders, (*scherz.*) bigwigs **6** [*pl.:* **antenati**] forefathers; ancestors.

maggiorènne, A *a.* of age; of full age: **divenire m.**, to come of age; **essere m.**, to be of (full) age; to have attained one's majority. **B** *m. e f.* major.

maggiorènte, *m.* (*specialm. al pl.*) notable (man*); magnate; (*scherz.*) bigwig.

maggiorità, *f.* (*mil.*) staff office.

maggioritàrio, *a.* (*polit.*) majority (*attr.*).

maggiormènte, *avv.* mostly; chiefly; mainly; (*di più*) more, to a greater extent.

magìa, *f.* **1** magic; (*stregoneria*) witchcraft; (*incantesimo*) spell: **m. nera**, black magic (o art); **m. bianca**, white magic; **per m.**, by magic **2** (*fig.*) magic; charm; enchantment: **la m. dei boschi in autunno**, the magic of the woods in autumn; **la m. della bellezza**, the charm of beauty; **la m. del chiaro di luna**, the enchantment of moonlight.

magiàro, *a. e m.* Magyar.

magicaménte, *avv.* magically; by magic.

màgico, *a.* **1** magic; magical: **arte magica**, magic art; **uno specchio m.**, a magic glass (o mirror); **un potere m.**, a magical power; **una lanterna magica**, a magic lantern **2** (*fig.*) charming; enchanting; fascinating: **un sorriso m.**, a charming smile; **bellezza magica**, fascinating beauty. ● **una bacchetta magica**, a magician's wand ☐ (*fis.*) **occhio m.**, visual tuning indicator; magic eye (*fam.*).

màgio, *m.* (*stor. relig.*) Magus*. ● **i re Magi**, the three Magi; the three wise men.

magióne, *f.* (*lett.*) abode; mansion. ● **m. di Dio**, house of the Lord.

magiostrìna, *f.* (*paglietta*) straw hat.

magìsmo, *m.* Magism; Magianism.

magistèro, *m.* **1** (*maestria*) mastery; skill; command; thorough knowledge: **m. di stile**, mastery of style; **m. della lingua** (**delle parole**), command of language (of words) **2** (*professione di maestro*) mastership; (*insegnamento*) teaching: **dedicarsi al m.**, to devote oneself to teaching **3** (*negli ordini cavallereschi*) magistery; mastership: **gran m. dell'Ordine dei Ss. Maurizio e Lazzaro**, magistery of the Order of St. Maurice and St. Lazarus **4** (*facoltà di m.*) arts faculty **5** (*chim.*) magistery: **m. di bismuto**, magistery of bismuth. ● **esercitare il m.**, to be a teacher (by profession).

magistràle, *a.* **1** (*di maestro*) magistral **2** (*da maestro*) magisterial; masterly; skilful; (*cattedratico*) professorial, authoritative: **un tono m.**, a professorial tone; **un discorso m.**, a masterly speech. ● **congresso m.**, meeting of teachers ☐ **istituto m.**, training-college; teacher's college ☐ (*mil.*) **linea m.**, magistral line.

magistralménte, *avv.* magisterially; skilfully; in a masterly manner; with masterly skill: **un libro scritto m.**, a book written with masterly skill.

magistràto, *m.* **1** magistrate; judge: **un m. integerrimo**, a thoroughly honest magistrate; **È figlia d'un m.**, she is the daughter of a judge **2** (*funzionario*) magistrate; officer;

magnòlia

official: **Il sindaco è il primo m. della città**, a mayor is the chief magistrate of a city. ● **m. delle acque**, Water magistracy □ **Egli sarà giudicato dal m. competente**, he will be judged by the competent tribunal (*o* Court).
magistratura, *f.* **1** (*ufficio di magistrato*) magistrature; magistracy **2** (*insieme di magistrati*) (the) magistracy; (the) Bench; (the) Court. ● **M. del Lavoro**, Labour Courts ● **entrare in m.**, to become a magistrate; to be appointed judge □ **esercitare la m.**, to be a magistrate (*o* judge).
màglia, *f.* **1** stitch: **m. a diritto**, plain stitch; **m. a rovescio**, inverted stitch; purl; **m. doppia**, double stitch; **m. lenta**, loose stitch; **accavallare una m.**, to pass over a stitch; **lasciare cadere** (*o* **perdere**) **una m.**, to drop a stitch; **riprendere una m.**, to take (*o* to pick) up a stitch **2** (*lavoro a maglia*) knitting; knitted work **3** (*tessuto*) jersey; tricot; (*indumento da portare sulla pelle*) vest; undershirt (*USA*); (*giacchetta di lana a maglia*) cardigan; (*maglia a forma di camicia*) jersey; (*calzamaglia*) tights (*pl.*) **4** (*d'una rete e sim.*) mesh: **rete a maglie grosse**, large-meshed net; (*rif. a pesciolini*) **scappare attraverso le maglie**, to escape through the meshes (*o* from the net) **5** (*mecc.: di catena*) link: **le maglie della catena d'un orologio**, the links of a watch-chain; **m. a molinello**, swivel-link; **m. per cingoli da trattore**, tractor track-link **6** (*parte dell'armatura*) coat of mail; mail. ● (*sport, fig.*) **m. arcobaleno**, *V.* **m. iridata** □ **m. azzurra**, (*moda*) blue jersey; (*sport, fig.*) member of the Italian national team: (*fig.*) **indossare la m. azzurra**, to become a member of the Italian national team □ **m. gialla**, (*moda*) yellow jersey; (*sport, fig.*) cyclist placed first (*o* score leader) in the Tour de France; winner of the Tour □ (*sport, fig.*) **perdere la m. gialla** (**rosa**), to lose the first place in the Tour de France (in the tour of Italy) □ **m. iridata**, (*moda*) stripped jersey; (*sport, fig.*) cycling world champion: (*fig.*) **indossare la m. iridata**, to win the world cycling championship □ **m. rosa**, (*moda*) pink jersey; (*sport, fig.*) cyclist placed first (*o* score leader) in the tour of Italy; winner of the «Giro» □ **di m.**, knitted; knit (*agg.*): **calze di m.**, knit stockings □ **fare le maglie della rete** (*comunemente*: **fare la rete**), to net; to make network □ **indumenti di m.**, knitwear □ **lavorare a** (*o* **fare la**) **m.**, to knit.
magliàia, *f.* knitter.
magliaro, *m.* «magliaro» (travelling clothier).
maglieria, *f.* hosiery; knitwear. ● **macchina per m.**, knitting-machine □ **negozio di m.**, hosier's shop.
magliétta, *f.* **1** (*indumento intimo*) vest; (*maglia attillata*) (light) jersey **2** (*asola a cordoncino*) loop **3** (*anello della cinghia di un fucile*) sling swivel. ● **gancio e m.**, hook and eye.
maglificio, *m.* hosiery (mill); knitwear factory.
màglio, *m.* **1** (*martello grande di legno*) maul, mall; (*mazzapicchio*) beetle; (*mazzuolo*) mallet; (*battipalo*) monkey, rammer; (*pallamaglio*) pall-mall **2** (*mecc.*) hammer; (*a comando meccanico*) power-hammer: **m. a caduta libera**, drop-hammer; **m. ad aria compressa**, (compressed-)air hammer; **m. a leva**, helve--hammer; **m. a vapore**, steam-hammer; **m. pneumatico**, pneumatic hammer. ● **stampaggio al m.**, drop-forging.
magliòlo, *m.* (*agric.*) shoot (of a vine).
magliòne, *m.* sweater; jumper. ● (*moda*) **m. attillato** (*a coste*), poorboy.
magma, *m.* (*geol.*) magma*.
magmàtico, *a.* (*geol.*) magmatic.
magnàccia, *m.* (*dial. spreg.*) pamper; pimp.
magnàlio, *m.* (*metall.*) magnalium.
magnanimaménte, *avv.* magnanimously; with magnanimity.
magnanimità, *f.* magnanimity; generosity; loftiness of spirit; nobility of feeling: **la m. del popolo romano**, the magnanimity of the Roman people.
magnànimo, *a.* magnanimous; noble (of feeling); generous; high-souled; high-minded: **Si mostrò m.**, he proved (to be) magnanimous; **Siate magnanimi!**, be noble and generous!; **il suo cuore m.**, his noble heart. ● **magnanime imprese**, heroic deeds □ (*iron.*) **i magnanimi lombi**, one's noble ascendants □ **propositi magnanimi**, lofty aims.
magnano, *m.* (*fabbro*) locksmith.
magnate, *m.* magnate; grandee; tycoon, baron (*USA*): **un m. del petrolio**, an oil magnate; **magnati terrieri**, territorial magnates; big landowners.
magnatìzio, *a.* pertaining to a magnate; of a magnate (*o* a tycoon, a baron).
magnèsia, *f.* (*chim.*) magnesia; magnesium oxide. ● **m. effervescente**, magnesium citrate □ **m. usta** (*o* **bruciata**), magnesia usta; calcined magnesia □ **latte di m.**, milk of magnesia.
magnesiaco, magnèsico, *a.* (*chim.*) magnesian; magnesic.
magnèsio, *m.* (*chim.*) magnesium: **solfato di m.**, magnesium sulphate; (*fotogr.*) **lampo di m.**, magnesium light.
magnesite, *f.* (*miner.*) magnesite.
magnète, *m.* **1** (*fis.*) magnet: **m. artificiale**, artificial magnet;

m. permanente (**temporaneo**), permanent (temporary) magnet **2** (*mecc.*) magneto: **m. d'accensione**, ignition magneto; **m. schermato**, screened (*o* shielded) magneto.
magnètico, *a.* **1** (*fis.*) magnetic; magnetical: **un ago m.**, a magnetic needle; **il campo m.**, the magnetic field; **curve magnetiche**, magnetic curves; **la deviazione magnetica**, the magnetic deviation **2** (*fig.*) magnetic: **un sorriso m.**, a magnetic smile.
magnetismo, *m.* **1** (*fis.*) magnetism: **m. animale**, animal magnetism; mesmerism; **m. terrestre**, terrestrial magnetism **2** (*fig.*) magnetism; attractive power; personal charm.
magnetite, *f.* (*miner.*) magnetite; loadstone, lodestone; magnetic iron.
magnetizzàbile, *a.* (*fis.*) magnetizable.
magnetizzare, *v. t.* **1** (*fis.*) to magnetize **2** (*fig.*) to magnetize; to fascinate; to charm.
magnetizzatóre, *m.* (*fis.*) magnetizer.
magnetizzazióne, *f.* (*fis.*) magnetization: **m. residua**, residual magnetization.
magnetochimica, *f.* (*chim.*) magnetochemistry.
magnetoelèttrico, *a.* (*fis.*) magneto-electric(al).
magnetòfono, *m.* (*marchio*) tape-recorder. ● **m. a filo**, wire--recorder.
magnetògrafo, *m.* (*fis.*) magnetograph.
magnetoidrodinàmica, *f.* (*fis.*) magnetohydrodynamics (*pl. col verbo al sing.*).
magnetoidrodinàmico, *a.* (*fis.*) magnetohydrodynamic.
magnetolettóre, *m.* magnetic character reader.
magnetolettura, *f.* magnetic character recognition.
magnetometria, *f.* (*scient.*) magnetometry.
magnetòmetro, *m.* (*scient.*) magnetometer.
magnetomotóre, *a.* (*fis.*) magnetomotive: **forza magnetomotrice**, magnetomotive force.
magnetóne, *m.* (*fis.*) magneton.
magnetoòttica, *f.* (*fis.*) magnetooptics (*pl. col verbo al sing.*).
magnetoòttico, *a.* (*fis.*) magnetooptic: **effetto m.**, magnetooptic effect.
magnetosfèra, *f.* (*scient.*) magnetosphere.
magnetostàtica, *f.* (*fis.*) magnetostatics (*pl. col verbo al sing.*).
magnetostàtico, *a.* (*fis.*) magnetostatic.
magnetostrizióne, *f.* (*fis.*) magnetostriction.
magnetoterapia, *f.* magnetotherapy.
magnetoteràpico, *a.* magnetotherapeutic.
màgnetron, magnetróne, *m.* (*radio*) magnetron.
magnificaménte, *avv.* **1** magnificently; splendidly; excellently **2** (*in modo munifico*) munificently; liberally; generously.
magnificare, **A** *v. t.* to glorify; (*esaltare*) to exalt, to extol, to praise (highly); (*mettere in particolare rilievo*) to emphasize: **m. Iddio**, to glorify God; **m. le bellezze del creato**, to exalt the beauty of all created things; **m. le proprie imprese**, to extol one's exploits. **magnificarsi**, **B** *v. rifl.* to praise oneself; to glorify oneself.
magnìficat, *m.* (*relig.*) Magnificat.
magnificatóre, *m.* magnifier; extoller; praiser.
magnificazióne, *f.* extolment; magnification.
magnificènza, *f.* **1** magnificence; grandeur; grandiosity; majesty; (*grandezza*) greatness; (*splendore*) splendour; (*sontuosità*) sumptuosity: **la m. dell'ingegno umano**, the greatness of human intellect; **la m. delle Alpi**, the grandeur of the Alps; **Il ricevimento fu fatto con grande m.**, the reception was held with great sumptuosity **2** (*liberalità*) liberality; munificence **3** (*cosa magnifica*) splendid thing; marvel. ● **un quadro che è una m.**, a really magnificent picture □ **Che m.!**, how wonderful!
magnifico, *a.* **1** magnificent; grand; grandiose; majestic; (*splendido*) splendid; (*sontuoso*) sumptuous: **Lorenzo il M.**, Lorenzo the Magnificent; **una casa magnifica**, a magnificent (*o* splendid) house; **una festa magnifica**, a sumptuous feast; **abiti magnifici**, sumptuous clothes **2** (*liberale, generoso*) liberal; munificent: **doni magnifici**, liberal (*o* munificent) gifts **3** (*bellissimo*) marvellous; wonderful; splendid; excellent; (*straordinario*) capital; (*del tempo atmosferico*) glorious: **un'idea magnifica**, a splendid (*o* great) idea; **una situazione magnifica**, a capital situation; **Che tempo m.!**, what glorious weather! ● **fare il m.**, to spend (*o* to give) lavishly; to throw one's money about (*fam.*).
magniloquènte, *a.* (*lett.*) magniloquent; grandiloquent; bombastic.
magniloquènza, *f.* (*lett.*) magniloquence; bombast.
magnitùdine, *f.* (*astron., geofisica*) magnitude.
magno, *a.* great: **Alessandro M.**, Alexander the Great; (*scherz.*) **in pompa magna**, with great pomp. ● (*stor.*) **Magna Carta**, Magna C(h)arta □ (*stor.*) **Magna Grecia**, Graecia Magna □ **aula magna**, main hall □ **in cappa magna**, in one's long robe; in pomp and ceremony □ (*fig.*) **mare m.**, great confusion: **nel mare m. della metropoli**, in the great confusion of the metropolis.
magnòlia, *f.* (*bot., Magnolia*) magnolia.

mago, *m.* magician; wizard; sorcerer; conjuror: **il m. Merlino,** Merlin the Magician. ● *(fig.)* **È un gran m.!,** he does (*o* works) wonders!
magóna, *f.* **1** iron-foundry; ironworks **2** (*industria metallurgica*) iron industry.
magóne, *m.* (*fam.*) **1** (*ventriglio*) gizzard **2** (*fig.*) grief. ● (*fig.*) **avere il m.,** to have a lump in one's throat; to be upset.
Magónza, *f.* (*geogr.*) Mainz.
magra, *f.* **1** low water **2** (*scarsità*) shortage. ● (*fam.*) **fare una m.** (*una figuraccia*), to cut a bad figure □ (*di un fiume*) **essere in m.,** to be low □ **tempi di m.,** lean years.
magraménte, *avv.* thinly; poorly; scantily; stingily; scarcely.
magrézza, *f.* **1** thinness; meagreness; leanness; slimness (*V.* **magro**): **la spaventosa m. della lupa dantesca,** the frightful leanness of Dante's she-wolf **2** (*scarsità*) scarcity; scantiness; poorness **3** (*del terreno*) poorness; barrenness. ● **m. delle acque,** low level of the water □ (*fig.*) **mostrare le ossa per m.,** to be all skin and bones.
magro, A *a.* **1** thin; (*scarno*) meagre; (*sottile*) slender; (*macilento*) lean; (*sparuto*) gaunt; (*snello*) slim; (*smilzo*) spare; (*sottile e muscoloso*) wiry: **Come ti sei fatto m.!,** how thin you have got!; **una faccia magra,** a thin (*o* gaunt) face; **dita magre,** slender fingers; **un uomo m.,** a lean man; **carne magra,** lean meat; **prosciutto m.,** lean ham; (*Bibbia*) **le sette vacche magre,** the seven lean cows; **un lupo m. m.,** a gaunt wolf; **un ragazzo m.,** a slim boy; **una donna alta e magra,** a tall, spare woman **2** (*insufficiente*) meagre, insufficient, poor; (*scarso*) scarce, scanty, spare, lean: **È una ben magra consolazione!,** it's a very meagre (*o* poor) consolation!; **un pasto m.,** a poor (*o* meagre, spare, scanty) meal; **un m. stipendio,** a poor salary; **un raccolto m.,** a scanty crop; **pascoli magri,** scanty pastures; **annate magre,** lean years **3** (*debole*) weak, lame; (*meschino*) paltry: **una scusa magra,** a lame (*o* slim, thin) excuse; **una magra difesa,** a weak defence **4** (*sterile*) poor; barren; jejune: **terra magra,** poor (*o* barren, jejune) land. ● **essere m. stecchito,** to be as thin as a lath; to be as lean as a rake □ **acque magre,** low water □ **dal viso m.,** thin-faced; meagre-faced □ **giorno di m.,** maigre day; day of abstinence □ **mangiare di m.,** to abstain from (eating) meat □ **minestra di m.,** maigre (*o* vegetable) soup □ **pranzo di m.,** meal without meat □ **un ragazzo lungo lungo e m. m.,** a boy as lean as a rake (*fam.*). **B** *m.* (*carne magra*) lean (meat): **un bel pezzo di m.,** a nice bit of lean (meat).
magróne, *m.* fattening hog.
mah, *inter.* **1** (*per esprimere dubbio*) who knows!; goodness knows!; heaven knows! **2** (*per esprimere rassegnazione*) well!
mahdi, *m.* (*relig.*) Mahdi.
mahdismo, *m.* (*relig.*, *polit.*) Mahd(i)ism.
mahdista, *m. e f.* (*relig.*, *polit.*) Mahd(i)ist.
mai, *avv.* **1** (*nessuna volta, in nessun tempo*) never: **mai più,** never again; never more; **Non lo dimenticherò mai,** I shall never forget it; **Non dire mai una bugia!,** never tell a lie; **Non ho mai visto (udito, ecc.) una cosa del genere,** I never saw (heard, etc.) anything like that; (*abbr.*) well, I never!; **Mai una volta che dica la verità!,** he never once tells the truth!; **Non è mai troppo tardi per correggersi,** it is never too late to mend **2** (*una volta, talvolta, in qualsiasi tempo; e quando ci sia un'altra negazione*) ever: **Se mai ha detto questo, è bugiardo,** if he ever said such a thing, he is a liar; **L'hai mai incontrato?,** have you ever met him?; **L'hai mai incontrato quando eri a Londra?,** did you ever meet him while you were in London?; **Vedi mai la ragazza?,** do you ever see the girl?; **Hai mai sentito simili sciocchezze?,** did you ever hear such nonsense?; **Se mai lo vedrò, glielo dirò,** if I ever (*o* if I happen to) see him, I shall tell him; **Non succede mai niente in questo tranquillo paese,** nothing ever happens in this quiet village **3** (*fam.*, *pleonastico*; *omesso in ingl.*): **Quant'è mai sciocca, quella ragazza!,** how silly that girl is!; **Gli voglio un bene che mai,** I do love him so; I love him with all my heart. ● **Mai e poi mai!,** on no account; absolutely not; never, never! □ **Mai più!** (*niente affatto*), certainly not (*o* on no account) □ **Come mai?,** how is that?; why on earth? □ **Dove mai,** where ever?; **Dove mai l'hai perduto?,** where ever did you lose it? □ **meglio (peggio) che mai,** better (worse) than ever □ **meno (più) che mai,** less (more) than ever □ **Quando mai?,** when ever? □ **quanto mai,** ever so; as ever: **Era quanto mai bella!,** she was ever so lovely!; **Il ragazzo è stato buono quanto mai,** the boy has been as good as ever □ **quasi mai,** hardly ever □ **se mai** (*o* **caso mai**), in case; if it should happen (that); **Caso mai dimenticassi,** in case I should forget; **Caso mai piovesse,** if it should rain □ **Che diavolo mai sta facendo?,** what the deuce is he doing? □ **Non si sa mai!,** you never can tell! □ **Non sia mai detto che...,** never let it be said that...; God forbid that... □ **Sarei pronto a tutto; ma fare questo, mai!,** I would be prepared to do anything but that! □ **Che dite mai?,** what on earth are you saying? □ (*prov.*) **Meglio tardi che mai,** better late than never.

Màia, *f.* (*mitol.*) Maia.
maiale, *m.* **1** pig; hog; (*verro*) boar; (*suino*) swine*: **un branco di maiali,** a herd of swine; **mangiare quanto un m.,** to make a pig of oneself; **essere grasso come un m.,** to be as fat as a pig **2** (*carne*) pork: **braciole di m.,** pork chops **3** (*spreg.*) pig; swine*. ● **guardiano di maiali,** swineherd.
maialésco, *a.* piggish; pig-like; hoggish; swinish.
maidico, *a.* maize (*attr.*).
maiestàtico, *a.* (*lett.*) of majesty; royal: **il plurale m.,** a plural of majesty; the royal «We».
maièutica, *f.* **1** (*ostetricia*) obstetrics (*pl. col verbo al sing.*); midwifery **2** (*filos.*) maieutics (*pl. col verbo al sing.*).
maièutico, *a.* (*filos.*) maieutic(al).
maiòlica, *f.* majolica: **un vaso** (**una figurina**) **di m.,** a majolica pot (figurine).
maiolicato, A *a.* tiled with majolica; majolica (*attr.*). **B** *m.* wall tiled with majolica.
maionése, *f.* (*cucina*) mayonnaise; mayo (*abbr. fam.*).
Maiòrca, *f.* (*geogr.*) Majorca.
màis, *m.* (*bot.*, *Zea mays*) maize; Indian corn; (sweet) corn (*USA*).
maître (*franc.*), *m.* **1** (*capocameriere di ristorante, albergo e sim.*) head waiter; maître d'hôtel **2** (*maggiordomo*) butler; house-steward.
maiùscola, *f.* capital (letter); upper-case letter: **Ci vuole la m.,** you must put a capital here.
maiuscolétto, *m.* (*tipogr.*) small capitals (*pl.*).
maiùscolo, A *a.* **1** capital: **lettere maiuscole,** capital letters; capitals **2** (*fig.*: *enorme*) big; huge; enormous: **un errore m.,** a big mistake; a blunder. ● (*fig.*) **parlare a lettere maiuscole,** to speak very clearly □ (*fig.*) **scrivere q.c. a lettere maiuscole,** to write st. explicitly. **B** *m.* capitals (*pl.*).
maki, *m.* (*zool.*, *Lemur*) maki; lemur.
makò, *m.* maco; Egyptian cotton.
mala, *f.* (*gergo*: *malavita*) (the) underworld; gangsters (*pl.*).
malacca, *f.* Malacca (cane).
malaccètto, *a.* unwelcome.
malàccio, *m.* dangerous illness. ● **Non c'è m.!,** that's not too bad!
malaccòlto, *a.* not welcome; unwelcome.
malaccortaménte, *avv.* imprudently; rashly; incautiously; unwarily.
malaccortézza, *f.* imprudence; rashness; heedlessness; carelessness; incautiousness; unwariness.
malaccòrto, *a.* (*imprudente*) imprudent; (*avventato*) rash; (*sconsiderato*) heedless, careless; (*incauto*) incautious; (*sconsigliato*) unwary.
Malachia, *m.* (*Bibbia*) Malachi.
malachite, *f.* (*miner.*) malachite. ● **verde m.,** malachite-green.
malacìa, *f.* (*med.*) malacia.
malacologìa, *f.* malacology.
malacòlogo, *m.* malacologist.
malacòpia, *f.* (*minuta*) draft; rough copy.
malacreanza, *f.* impoliteness; incivility; ill-breeding. ● **fare una m.,** to do an unkind (*o* impolite) thing.
malafatta, *V.* **malefatta.**
malaféde, *f.* bad faith: **agire in m.,** to act in bad faith.
malaffare, *m.* — **gente di m.,** shady characters (*pl.*); crooks (*pl.*); **donna di m.,** prostitute.
màlaga, A *m.* (*vino*) Malaga (wine). **B** *f.* (*uva*) Malaga (grapes).
malagévole, *a.* uneasy; uncomfortable; (*faticoso*) hard, difficult; (*scosceso*) steep: **un sentiero aspro e m.,** a steep, slippery path; **tempi malagevoli,** hard times.
malagevolézza, *f.* uneasiness; discomfort; (*difficoltà*) hardness, difficulty.
malagiato, *a.* uncomfortable; comfortless. ● **una vita malagiata,** a hard life.
malagràzia, *f.* bad grace; ill grace: **fare q.c. con m.,** to act with (a) bad grace. ● **trattare q. con m.,** to be rude to sb.
malalìngua, *f.* backbiter; slanderer.
malaménte, *avv.* **1** badly; dangerously **2** (*a stento*) with difficulty; not without effort. ● **morire m.,** to die a miserable death.
malammide, *f.* (*chim.*) malic acid amide.
malandato, *a.* in bad condition (*o* shape); (*malridotto in salute*) in poor health; (*malridotto finanziariamente*) badly off. ● **m. nel vestire,** shabbily dressed.
malandrinàggio, *m.* **1** highway robbery; brigandism; brigandage **2** (*malandrini in complesso*) highway robbers (*pl.*). ● **darsi al m.,** to take (to) the highway.
malandrinésco, *a.* brigandish; like a brigand.
malandrino, A *a.* roguish; knavish; mischievous; nasty: **occhi malandrini,** roguish eyes; **con questo tempaccio m.,** in this nasty

male (1)

weather. B *m.* **1** highwayman*; highway robber; brigand; criminal **2** (*fig.*, *anche scherz.*) scoundrel; rogue.

malànimo, *m.* ill-will; malevolence. ● **di m.**, unwillingly; reluctantly; against one's will.

malanno, *m.* **1** (*male fisico*) illness; ailment; (*acciacco*) infirmity; (*disturbo*) trouble: **Se uscirai con questo cattivo tempo, ti buscherai un m.**, if you go out in this bad weather, you will catch an illness; **essere pieno di malanni**, to suffer from all kinds of infirmities **2** (*disgrazia*) mishap; misfortune; (*gran danno*) calamity; (*sfortuna*) ill fortune, bad (*o* ill) luck: **Mi capitò un altro m.**, another misfortune befell me; **sopportare i propri malanni coraggiosamente**, to bear one's misfortunes bravely; **Quella grandinata è stata un vero m.**, that hailstorm was a real calamity; **Egli ci ha portato il m. in casa**, bad luck entered our house with him **3** (*fig.: persona noiosa*) nuisance. ● **dare il m. a q.**, to invoke evil upon sb. □ **Che ti colga il m.!**, (may the) devil take you! □ (*prov.*) **Chi ha degli anni, ha dei malanni**, old age comes with every infirmity □ (*prov.*) **Un m. non viene mai solo**, it never rains but it pours (*o* misfortunes never come singly).

malaparata, *f.* danger; ill plight: **vedere la m.**, to see danger right ahead.

malapéna, a, *locuz. avv.* hardly; scarcely: **Lo capisco a m.**, I can hardly understand him; **So a m. chi sei**, I hardly know who you are.

malària, *f.* (*med.*) malaria; malarial fever. ● **malato di m.**, malarial patient.

malàrico, A *a.* malarial; malarious: **zona malarica**, malarial district. **B** *m.* malarial patient.

malariologìa, *f.* (*med.*) malariology.

malariòlogo, *m.* (*med.*) malariologist.

malarioterapìa, *f.* (*med.*) malariotherapy.

malasòrte, *f.* bad (*o* ill) luck; misfortune; mishap. ● **per m.**, unluckily.

malassare, *v. t.* (*mescolare*, *impastare*) to malaxate; to knead: **m. argilla**, to knead clay. ● **m. burro**, to churn butter.

malassazióne, *f.* malaxation; softening; kneading.

malatìccio, *a.* sickly; weak; feeble; frail; weedy (*fam.*): **un bambino debole e m.**, a feeble and sickly child. ● **avere un aspetto m.**, to look green (*fam.*).

malato, A *a.* **1** sick (*attr.*); ill (*per lo più pred.*); (*di parte del corpo*) sore; (*indisposto*) unwell: **Il ragazzo è m. da una settimana**, the boy has been ill for a week; **essere gravemente m.**, to be seriously ill; **sembrare m.**, to look ill; **cadere m.**, to fall ill; to be taken ill; **darsi m.** (*marcare visita*), to report (*fam.*: to go) sick; to malinger; **darsi m. per telefono**, to call in sick; **un bambino m.**, a sick child; **avere un dito m.**, to have a sore finger; **avere gli occhi malati**, to have sore eyes **2** (*fig.*) unsound; morbid; unhealthy: **una mente malata**, an unsound mind; **fantasia (sensibilità) malata**, morbid imagination (sensibility) **3** (*delle piante*) weak; languishing: **Quella pianta è malata**, that plant is languishing. ● **essere m. allo stomaco**, to have a stomach--ache; to have a pain in one's stomach □ **essere m. di cancro**, to be affected with cancer □ **essere m. di cuore**, to suffer from heart-disease; (*fig.*) to be love-sick □ **essere m. di dubbi**, to be tormented with doubt □ **essere m. di fegato**, to have liver trouble □ **essere m. di gelosia**, to suffer from jealousy □ **essere m. di petto**, to suffer from consumption; to be consumptive □ **essere m. di polmonite**, to be ill with pneumonia. **B** *m.* patient; sick person; invalid: **un m. cronico**, a chronic invalid; **un m. di petto**, a consumptive patient; **Il m. dormiva**, the sick man was sleeping; **Ci sono molti malati in questo ospedale**, there are many patients in this hospital. ● **un m. di mente**, a lunatic; an insane person □ **i malati**, the sick □ **una casa per malati incurabili**, a home for incurables.

malattìa, *f.* illness; sickness; (*anche delle piante*) disease; (*spesso fig.*) malady; (*leggera*) ailment, infirmity: **una m. grave**, a serious (*o* dangerous) illness; **m. mortale**, deadly (*o* fatal, hopeless) disease; **i sintomi d'una m.**, the symptoms of an illness; **m. del sonno**, sleeping sickness; **m. cronica**, chronic disease; **m. infettiva**, infectious disease; **m. cardìaca**, heart-disease; **m. cerebrale**, cerebral (*o* brain) disease; **m. cutanea**, skin disease; **le malattie del lavoro**, occupational diseases; **buscarsi una m.**, to catch a disease; **curare una m.**, to treat an illness; **guarire da (di** *superare*) **una m.**, to recover from an illness; (*agric.*) **m. della vite**, vine-disease; **le malattie della società**, social maladies; **le malattie della vecchiaia**, the infirmities of old age. ● **m. diplomatica**, convenient indisposition □ **avere (***o*** essere affetto da) una m.**, to suffer from (*o* to be affected with) a disease □ **essere colpito da una m.**, to be taken ill □ **farne una m.** (*soffrirne molto*), to make oneself ill over st. □ **Di che m. è morta?**, what did she die of? □ (*fig.*) **La fame è una gran brutta m.**, hunger is a bad monster.

malauguratamènte, *avv.* unfortunately; unluckily.

malaugurato, *a.* inauspicious; ill-omened; ominous; (*sfortunato*) unfortunate, unlucky: **stelle malaugurate**, inauspicious stars; **un inizio m.**, an ill-omened beginning; **da quel m. giorno**, since that unfortunate day; **un'ora malaugurata**, an unlucky hour.

malaugùrio, *m.* bad (*o* evil, ill) omen: **uccello del m.**, bird of ill omen; (*rif. a persona*) Jonah, jinx. ● **fare il m. a q.**, to wish sb. evil.

malauguróso, *a.* inauspicious; ill-omened; ominous.

malaventura, *f.* bad luck; misfortune; misadventure. ● **per m.**, unluckily.

malavita, *f.* **1** (the) underworld; gangsters (*pl.*) **2** (*vita moralmente riprovevole*) low (*o* evil) life. ● **appartenere alla m.**, to be a gangster □ **darsi alla m.**, to become a gangster; (*di donna*) to go on the streets □ **gergo della m.**, rogue's Latin; thieves' cant.

malavòglia, *f.* unwillingness; reluctance. ● **di m.**, unwillingly; reluctantly; against one's will; against the grain: **fare q.c. di m.**, to do st. against one's will.

malavveduto, *a.* (*imprudente*) imprudent, incautious; (*malaccorto*) unwise; (*avventato*) rash; (*sconsigliato*) unwary; (*sconsiderato*) inconsiderate.

malavventurato, *a.* (*lett.*) unlucky; unfortunate; unhappy.

malavvèzzo, *a.* ill-bred; ill-mannered; unmannerly.

malavvisato, *a.* (*lett.*) ill-advised; injudicious.

Malaỳsia, *f.* (*geogr.*) Malaysia.

malaysiano, *a.* e *m.* Maleysian.

malcaduco, *m.* (*pop.*) epilepsy; falling sickness (*pop.*).

malcapitato, A *a.* unlucky; unfortunate. **B** *m.* victim.

malcàuto, *a.* incautious; heedless; unwary; rash.

malcèrto, *a.* **1** (*malsicuro*) unsteady; faltering **2** (*dubbioso*) uncertain; doubtful.

malcóncio, *a.* bedraggled; (badly) battered; in a sorry (*o* sad) plight: **pantaloni malconci**, bedraggled trousers. ● **tutto pesto e m.**, black and blue all over.

malconsigliato, *a.* ill-advised; imprudent.

malcontènto, A *a.* displeased; dissatisfied; not satisfied; discontented; malcontent: **un aspetto m.**, a discontented look; **essere m. di q.**, to be displeased with sb.; **È sempre m.**, he is never satisfied. **B** *m.* **1** (*persona*) malcontent **2** (*stato d'animo*) discontent; dissatisfaction: **mostrare il proprio m.**, to show one's dissatisfaction; **sfogare il proprio m. contro q.**, to vent (*o* to pour out) one's discontent on sb.; **Ci fu un generale m.**, there was a general discontent.

malcopèrto, *a.* **1** half naked; half dressed **2** badly covered; half covered: **casa malcoperta**, badly roofed house.

malcorrispósto, *a.* unreturned; ill-requited; unrequited: **amore m.**, unrequited love.

malcostumato, *a.* ill-bred; (*scostumato*) impolite, uncivil.

malcostume, *m.* immoral behaviour; immorality: **leggi contro il m.**, laws against immorality.

malcreato, *a.* ill-bred; ill-mannered; unmannerly.

malcurante, *a.* heedless; negligent; neglectful.

malcurato, *a.* neglected; disregarded; uncured; untreated: **raffreddore m.**, neglected cold.

maldèstro, *a.* inexperienced; inexpert; green; (*impacciato*) awkward, clumsy. ● **essere m.**, to have one's fingers all thumbs (*fam.*).

maldicènte, A *a.* slanderous: **lingue maldicenti**, slanderous tongues. **B** *m.* e *f.* slanderer; backbiter: **Non ascoltare mai i maldicenti**, never listen to slanderers; **È un m.**, he is a backbiter.

maldicènza, *f.* slander; backbiting: **Le sue maldicenze erano mostruose**, his (*o* her) slanders were monstrous; **Tutti lo fuggono per la sua m.**, everybody shuns him, because he is a backbiter. ● (*scherz.*) **Si faceva un po' di m. per ingannare il tempo**, we whiled away the time gossiping.

maldispósto, *a.* ill-disposed.

male (1), *m.* **1** (*in senso morale*) evil; ill; wrong; (*in senso morale e fisico*) harm: **il bene e il m.**, good and evil; **saper distinguere il bene dal m.**, to know good from evil; **indurre q. al m.**, to lead sb. into evil; to lead sb. astray; **Gli ho reso bene per m.**, I returned him good for evil; **fare del m.**, to do evil; **i mali del mondo**, the evils (*o* ills) of the world; **non saper distinguere fra il bene e il m.**, not to know the difference between right and wrong; **la via del m.**, the path of evil; **Non si dovrebbe far m. a nessuno**, one should not do any harm to anybody; **Non c'è niente di m. a fare ciò**, there is no harm in doing that; **Di due mali, scegli il minore!**, of two evils choose the lesser **2** (*in senso fisico: malattia*) disease; illness; sickness; infirmity; (*dolore*) trouble, pain; ache (*usato generalm. nei nomi composti*): **un m. contagioso**, a contagious disease; **m. ereditario**, hereditary disease; **m. infettivo**, infectious disease; **mal d'aria**, air-sickness; **avere mal di testa**, to have a headache; **mal di denti**, toothache; **mal di fegato**, liver trouble; **avere m. a un fianco**, to have a pain in one's side; **mal di mare**, sea-sickness; **mal d'auto**, car-sickness; (*miss.*) **mal dello spazio**, space-sickness; **mal di montagna**, mountain sickness **3** (*disgrazia, calamità, ecc.*) misfortune; calamity; adversity; woe; trouble: **i mali della guerra**, the calamities of war; **La vita è piena di mali**, life is full of troubles; **la miseria, la malattia e altri mali**, poverty, illness and other woes; **la causa di tutti i nostri mali**, the cause of all our woes; **I mali non vengono mai soli**, misfortunes never come alone **4** – **far m.**, (*in senso morale e fisico*) to hurt*; (*in senso fisico*) to ache; (*dispiacere*) to hurt*, to upset*; (*recar danno*) to do* harm; (*del cibo*) to be bad for one's health; (*fare una cosa sbagliata*) to do* the wrong thing: **Ho le scarpe strette: mi fanno m.**, my shoes are tight: they hurt me; **Mi fa m. l'orecchio**, my ear aches; **Non ho mai fatto m. a nessuno**, I never did any harm to anybody; **Il caffè mi fa m.**, coffee is bad for my health; **Ho fatto m. a lasciarli andare**, I did the wrong thing to let them go **5** – **farsi m.**, to hurt* oneself; to get* hurt: **Bada che i bambini non si facciano m.!**, mind the children do not hurt themselves!; **Potresti farti m.**, you might get hurt; **Si fece m. a un piede nel cadere**, he hurt his foot when he fell; **Ti sei fatto m.?**, are you hurt? **6** – **andare a m.**, (*guastarsi*) to go* bad; (*diventare acido*) to go* sour: **Il pesce va subito a m. col caldo**, fish soon goes bad in hot weather; **Il latte è andato a m.**, the milk has gone sour. ● **mal caduco**, epilepsy ◻ (*fig.*) **il mal della noia**, hidden; weariness ◻ **m. del palombaro**, rapture of the deep ◻ **il mal del paese**, homesickness ◻ **il mal francese**, syphilis; the French disease; the pox (*pop.*) ◻ **mal sottile**, consumption ◻ **avere m.**, to be (*o* to feel) ill ◻ **avere m. a un occhio**, to have a sore eye ◻ **avere mal di gola**, to have a sore throat ◻ **avere il mal di mare**, to be seasick ◻ (*fig.*) **avere il m., il malanno e l'uscio addosso**, to have everything hanging round one's neck, including the kitchen stove ◻ **aversi a m.**, to take offence (at st.); to feel offended; to take (st.) amiss: **Non te ne avere a m.**, don't take it amiss ◻ **di m. in peggio**, from bad to worse ◻ **mandare a m.**, to spoil ◻ **meno m.**, it's just as well; it's a good thing (*o a job*) ◻ **mettere m.**, to sow discord; to make mischief ◻ **una vista** (*o* **uno spettacolo**) **che fa m. al cuore**, a painful sight ◻ **venire m.** (**a q.**), to swoon: **Le venne m. all'improvviso**, suddenly she swooned ◻ **voler m. a q.**, to bear ill-will to sb.; to hate sb. ◻ **Mi fa molto m. la testa**, I have a bad headache ◻ **È m. di poco**, it is a matter of no importance ◻ **Non c'è m.!**, not (so) bad!; pretty good!; ◻ **Non c'è niente di m.** (*nelle mie parole, ecc.*)!, there is no offence! ◻ **Per minor m., tacqui**, not to make things worse, I did not utter a word ◻ (*prov.*) **Un m. tira l'altro**, it never rains but it pours ◻ (*prov.*) **Non tutto il m. viene per nuocere**, it's an ill wind that blows nobody any good (*o* every cloud has a silver lining) ◻ (*prov.*) **Chi m. semina, m. raccoglie**, sow thin and mow (*o* shear) thin ◻ (*prov.*) **Chi è causa del suo mal pianga se stesso**, as you make your bed, so you must lie on it ◻ (*prov.*) **M. non fare e paura non avere**, do well and have well ◻ (*prov.*) **A mali estremi, estremi rimedi**, desperate diseases must have desperate remedies.

male (2), *avv.* badly; not well; ill; wrong; wrongly; incorrectly: **andare m.**, to be wrong: **Il mio orologio va m.**, my watch is wrong; **comportarsi m.**, to behave badly; **fare tutto m.**, to do everything wrong; **funzionare m.**, to work badly; **parlare m.**, to speak badly; (*con malignità*) to speak ill: **Egli parla l'inglese molto m.**, he speaks English very badly; he speaks a very bad English; **Gli piace parlare m. dei suoi vicini**, he likes to speak ill of his neighbours; **passarsela m.**, not to get on well; **per m. che vada...**, however badly things go; **pronunziare m.**, to pronounce incorrectly; to mispronounce; **restare m. per q.c.**, to take st. ill; **rispondere m.**, (*cioè, sbagliando*) to answer wrong (*o* incorrectly); (*con sgarbatezza*) to give a rude answer, to answer (a person) back; **riuscire m.**, to turn out badly; **scrivere m.**, to write badly; **stare m.**, (*essere malato*) to be ill, to be unwell, to feel ill (*o* unwell); (*non convenirsi*) not to become; (*non adattarsi*) not to fit (well), not to suit: **Il bambino sta molto m.**, the little boy is very ill; **Sta molto m. che tu la critichi**, it ill becomes you to criticize her; **Quel cappello ti sta m.**, that hat does not fit (*o* suit) you; **stare m. a q.c.** (*averne poco*), to be ill-provided with st.; to be short of st.: **stare m. a quattrini**, to be badly off; to be short of money; **Il viola sta m. col rosso**, purple does not go (well) with red; **trattare m. q.**, to treat sb. ill; to treat sb. badly (*o* unkindly, unjustly); **trovarsi m.**, to be ill at ease. ● **abituarsi m.**, to get into bad habits ◻ **camminare m.**, to walk with a limp ◻ **capire m.**, to misunderstand ◻ **dire m. della propria famiglia**, to foul one's own nest (*fam.*) ◻ **finire m.**, (*avere un cattivo esito*) to turn out badly; (*fare una brutta fine*) to come to no good; (*morire di mala morte*) to die a bad death ◻ **mettersi m.**, to take a bad turn ◻ **né bene, né m.**, so so ◻ **pensare m. di q.**, to have a poor opinion of sb.; (*sospettarlo*) to suspect sb. ◻ **essere ricevuto m. da q.**, to be received like cold porridge (*fam.*) ◻ **rimanere m.**, (*deluso, dispiaciuto*) to be sorry; to be disappointed; (*offeso*) to be hurt ◻ **M.!**, that's bad! ◻ **Dici m.!**, you are wrong! ◻ **Hai capito m.!**, you have got it wrong! ◻ **Facesti**

m. a farlo!, it was wrong of you to do that! ◻ **Di qui vedo m.**, I cannot see from here ◻ **Mio padre vede m. che io lo sposi**, my father does not approve of my marrying him ◻ **Le cose cominciarono male e finirono peggio**, worse was to follow! ◻ **M. gliene incolga!**, woe to him! ◻ (*prov.*) **Chi tardi arriva m. alloggia**, first come, first served.

maleavviato, *a.* **1** ill-started; stunted **2** (*fig.: sviato*) mislead, led astray.

malebòlge, *f. pl.* (*letter.*) Malebolge; Malpouches; Evil-pouches.

maledettaménte, *avv.* awfully; dreadfully; terribly: **stare m. male**, to be awfully ill; **essere m. adirato**, to be terribly angry; **essere m. caldo**, to be awfully hot. ● **lavorare m.**, to work like a drudge; to drudge (at) ◻ **piovere m.**, to rain in torrents; to rain cats and dogs (*fam.*) ◻ **studiare m.**, to study very hard.

maledétto, A *a.* **1** cursed; damned: **Caino, m. da Dio**, Cain, cursed by God; **Questo luogo è m.**, this spot is cursed **2** (*orribile*) horrible; abominable; awful: **È un tempo m.!**, what horrible weather we are having!; **fare un chiasso m.**, to make an awful noise **3** (*fig.: insopportabile*) wretched; damned; dreadful. ● **avere una fame maledetta**, to be awfully hungry; to be starving ◻ **avere una paura maledetta**, to be awfully afraid; to be terrified ◻ **M.!**, damn it all!; curse it! ◻ **M. quel giorno!**, most unhappy day! ◻ **Che tu sia m.!**, damn you! **B** *m.* **1** damned soul **2** (*pl.*: **i dannati**) (the) damned; (the) cursed.

maledico, *a.* (*lett.*) slanderous: **una lingua maledica**, a slanderous tongue.

maledire, *v. t.* to curse; to execrate; to swear* (at): **m. il giorno in cui si è nati**, to curse the day when one was born; **m. il proprio infelice destino**, to curse one's wretched fate; **m. il tiranno**, to swear at the tyrant. ● **La donna lo maledì mille volte**, the woman imprecated a thousand curses upon his head ◻ **Che Dio mi maledica se ci vado!**, I'll be damned if I go.

maledizióne, *f.* **1** curse; imprecation; malediction: **la m. di Dio**, God's curse; **avere la m. addosso**, to be under a curse; (*fig.*) to be very unlucky; **La m. pesa sul tuo capo**, a curse hangs over your head; **La m. pesa su questa casa**, there is a curse on this house **2** (*fig.: rovina*) curse; disaster; calamity; ruin. ● **per sua m.**, unfortunately; unluckily ◻ **M.!**, damn it all!; curse it!

maleducataménte, *avv.* rudely; impolitely.

maleducato, A *a.* rude; impolite; ill-bred; ill-mannered; (*di modi*) uncouth: **una risposta maleducata**, a rude reply; **un ragazzo m.**, an ill-bred boy. **B** *m.* ill-bred (*o* ill-mannered) person.

maleducazióne, *f.* rudeness; ill-breeding.

malefatta, *f.* **1** (*specialm. al pl.*) wrong-doing; (piece of) mischief: **Toccherà sempre a me rimediare alle sue malefatte?**, will it always be up to me to remedy his wrong-doings? **2** (*difetto di tessitura*) flaw.

maleficio, *m.* witchcraft: **essere condannato per m.**, to be burnt for witchcraft.

malèfico, *a.* **1** malefic; baleful: **stelle malefiche**, malefic stars; **arti malefiche**, malefic arts; **pregiudizi malefici**, baleful prejudices **2** (*dannoso*) harmful; bad: **compagnia malefica**, bad company.

malefizio, *V.* **maleficio**.

maleodorante, *a.* ill-smelling; stinking.

maleolènte, *a.* (*lett.*) malodorous; evil-smelling.

malèrba, *f.* weed. ● **La m. cresce presto**, ill weeds grow apace.

malése, *a., m. e f.* Malay; Malayan.

Malèsia, *f.* (*geogr.*) Malaya.

malèssere, *m.* **1** (*indisposizione*) malaise; indisposition; slight illness **2** (*inquietudine*) uneasiness; discomfort **3** (*disagio economico*) straits (*pl.*). ● **avere un m. generale**, to feel unwell; to be out of sorts ◻ **provare un senso di m.**, to be ill at ease.

malèstro, *m.* mischief: **Non dovete fare malestri**, you must keep out of mischief; **Hanno combinato qualche m.**, they have been up to mischief.

malevolènza, *f.* malevolence; malice; ill-will; spite: **Mi tratta sempre con m.**, he always treats me with malevolence (*o* malevolently); **Lo disse per m.**, he said so out of spite; **senza m.**, without malice.

malèvolo, A *a.* malevolent; malicious; spiteful: **un'osservazione malevola**, a spiteful (*o* malicious) remark; **chiacchiere malevole**, spiteful gossip; **con malevola intenzione**, with malicious intention. **B** *m.* malicious person; (*pl. collett.*) (the) malevolent.

malfamato, *a.* of bad (*o* ill) repute: **un locale m.**, a place of ill repute.

malfare, *v. i.* (*lett.: usato solo all'inf.*) to do* evil; to do* wrong: **essere sempre pronto a m.**, to be always ready to do wrong. ● **uomini usi a m.**, delinquents.

malfatto, A *a.* ill-done; ill-made; (*deforme*) misshapen, deformed; (*sproporzionato*) ill-proportioned; (*sgraziato*) ungainly. **B** *m.* misdeed: **riparare il m.**, to make amends for a misdeed.

malfattóre, *m.* malefactor; evil-doer; wrong-doer; (*farabutto*) scoundrel; (*criminale*) criminal: **una banda di malfattori**, a gang of criminals; **trattare q. come un m.**, to treat sb. like a scoundrel; **Ha ucciso per difesa: non è un m.**, he killed in self-defence: he is no criminal.

malférmo, *a.* unsteady; shaky; wobbly; (*debole*) feeble, weak: **propositi malfermi**, unsteady purposes; **avere una salute malferma**, to have a weak constitution.

malfidato, *a.* distrustful; mistrustful.

malfido, *a.* unreliable; untrustworthy: **un amico m.**, an unreliable (*o* untrustworthy) friend.

malfondato, *a.* ill-founded: (*fig.*) **speranze malfondate**, ill--founded hopes.

malformato, *a.* ill-formed; misshapen.

malformazióne, *f.* malformation; anomalous formation; (*med.*) deformity.

malga, *f.* «malga» (hut on the Alps).

malgarbo, *m.* rudeness; impoliteness; discourtesy. ● **con m.**, with a bad grace; in a rude manner; impolitely.

malgàscio, *a. e m.* (*geogr.*) Madagascan; Malagasy.

malgiudicare, *v. t.* to misjudge; to judge erroneously; to have false opinions of.

malgovèrno, *m.* misgovernment; maladministration; misconduct; mismanagement.

malgrado, A *prep.* in spite of; notwithstanding; for all, with all: **m. le molte difficoltà**, notwithstanding the many difficulties; **m. le nostre proteste**, in spite of our protests; **nostro m.**, in spite of us. **B** *cong.* although; though: **m. sia tardi**, although it is late.

malìa, *f.* 1 (magic) spell; incantation; enchantment: **fare la m. a q.**, to put sb. under a spell; **scacciare la m.**, to drive a spell away; **avere la m.**, to be bound by (*o* as by) a spell; to be spellbound; (*avere la disdetta*) to be very unlucky 2 (*fascino*) charm; fascination: **I suoi begli occhi hanno un'irresistibile m.**, her beautiful eyes have an irresistible charm.

maliarda, *f.* 1 sorceress; enchantress; witch 2 (*fig.*) charmer; vamp (*fam.*).

maliardo, A *a.* bewitching; charming: **un sorriso m.**, a charming smile. **B** *m.* 1 sorcerer; wizard 2 (*fig.*) charmer.

malignare, *v. i.* to malign, to slander (sb.); to speak* ill (of sb., st.): **m. su tutti e su tutto**, to speak ill of everybody and everything.

malignità, *f.* 1 (*l'essere maligno*) malignity; malignancy; (*malevolenza*) ill-will, malice: **m. diabolica**, diabolic malignity; **pieno di m.**, full of malignity; **per m.**, out of malice; **Nelle mie parole non c'era m.**, there was no ill-will in my words 2 (*atto maligno*) malicious action; malignity: **È stata una m.**, it was a malicious action (*o* a malignity) 3 (*di malattia*) malignancy. ● **con m.**, maliciously.

maligno, A *a.* 1 malignant; malicious; malevolent; malign; evil: **essere d'animo m.**, to be malevolent; **fare il m.**, to be malicious; **un vecchio tristo e m.**, a wicked, malign old man; **occhiate maligne**, malignant glances; **parole maligne**, malicious words; **pensieri maligni**, evil thoughts; **un potere m.**, a malignant power; **uno spirito m.**, an evil (*o* a malign) spirit; a demon 2 (*di malattia*) malignant: **un tumore m.**, a malignant tumour; **febbre maligna**, malignant fever 3 (*di clima*) inclement. ● **personaggio m.**, villain. **B** *m.* malicious (*o* evil) person. ● **il m.**, the Evil One; the Devil □ **Sei un piccolo m.!**, you sly one!

malinconìa, *f.* 1 melancholy; gloom; spleen; (*abbattimento*) dejection; low spirits (*pl.*); (*tristezza*) sadness; low spirits (*pl.*): **scacciare via la m.**, to chase one's gloom away 2 (*psic.*) melancholia. ● **far venire la m.**, to make (*o* to render) melancholy □ **Il volto della ragazza era atteggiato a m.**, the girl's face wore a melancholy expression □ **Ognuno ha le sue malinconie**, every one has his own gloomy thoughts □ **Bando alle malinconie!**, cheer up!; keep your chin up! (*fam.*).

malinconicaménte, *avv.* melancholily; melancholically; in a melancholy manner; gloomily.

malincònico, *a.* melancholy; melancholic; gloomy; (*abbattuto*) dejected, down in the mouth; (*triste*) sad, pensive: **un giovane m.**, a gloomy young man; **un temperamento m.**, a melancholic temperament; **un sorriso m.**, a melancholy smile; **una poesia malinconica**, a pensive poem; **tempo m.**, gloomy weather.

malincuòre, a, *locuz. avv.* unwillingly; against one's will; reluctantly.

malinformato, *a.* badly-informed.

malintenzionato, A *a.* ill-intentioned. **B** *m.* ill-intentioned person.

malintéso, A *a.* misunderstood; misinterpreted; mistaken. **B** *m.* misunderstanding: **a scanso di malintesi**, to avoid misunderstandings; **chiarire un m.**, to clear up a misunderstanding. ● **far nascere malintesi**, to cause dissension.

malióso, *a.* (*lett.*) bewitching; enchanting; charming; fascinating: **sorrisi maliosi**, charming smiles.

malìzia, *f.* 1 malice; mischievousness: **senza m.**, without malice; **Dove non è m., non è peccato**, no malice, no sin 2 (*astuzia*) cunning; artfulness; slyness: **Per farlo confessare usarono un bel po' di m.**, to make him confess, they adopted a great deal of cunning 3 (*espediente*) trick; cunning device. ● **uno sguardo pieno di m.**, a malicious glance.

maliziosaménte, *avv.* with malice; maliciously.

maliziosità, *f.* maliciousness.

malizióso, *a.* 1 malicious; mischievous: **occhi maliziosi**, malicious eyes; **uno sguardo m.**, a mischievous look 2 (*astuto*) artful; cunning; sly: **una domanda maliziosa**, an artful question.

malleàbile, *a.* 1 (*metall.*) malleable: **ghisa m.**, malleable (cast) iron 2 (*fig.*) malleable; pliable; yielding: **un carattere m.**, a yielding disposition; **Furono scelti giudici malleabili**, pliable judges were previously chosen.

malleabilità, *f.* 1 (*metall.*) malleability; malleableness 2 (*fig.*) malleability; pliability; yieldingness.

malleabilizzare, *v. t.* (*metall.*) to malleableize, to malleablize.

malleabilizzazióne, *f.* (*metall.*) malleabilization; malleablizing.

malleolare, *a.* (*anat.*) malleolar.

mallèolo, *m.* (*anat.*) malleolus*: **m. esterno**, external malleolus; **m. interno**, internal malleolus.

mallevadóre, *m.* surety; sponsor; guarantor: **offrirsi m.**, to offer oneself as surety; **rendersi m. di q.**, to stand surety for sb.

mallevadorìa, malleverìa, *f.* security; surety; guarantee: **dare m.**, to give security; to go bail (for); **prendere per m.**, to take as security.

mallo, *m.* (*bot.*) hull.

mallòfagi, *m. pl.* (*zool., Mallophaga*) Mallophaga.

mallòppo, *m.* 1 (*fagotto*) bundle 2 (*gergo: refurtiva*) booty; swag (*pop.*) 3 (*aeron.*) trail rope.

malmaritata, *f.* unhappily married woman*.

malmenare, *v. t.* to ill-treat; to ill-use; to knock about. ● (*fig.*) **m. una lingua**, to murder a language □ **m. uno strumento (musicale)**, to play an instrument atrociously.

malmésso, *a.* 1 (*vestito con vesti dimesse*) poorly dressed; poorly clad; shabby-looking; seedy-looking 2 (*vestito senza gusto*) ill-dressed; inelegant 3 (*arredato male*) ill-furnished.

malnato, *a.* 1 (*nato da gente spregevole*) ill-born; of evil birth (*o* origin): **un ragazzo m.**, an ill-born (*o* ill-bred) child 2 (*screanzato*) ill-bred; uncouth; unmannerly 3 (*di cosa*) ill-begotten: **passioni malnate**, ill-begotten passions.

malnutrito, *a.* undernourished; ill-fed.

malnutrizióne, *f.* malnutrition; undernourishment.

malo, *a.* (*lett.*) bad; ill; evil; (*malvagio*) wicked: **una mala azione**, an ill (*o* a wicked) action; **un m. esempio**, a bad example; **con mala grazia**, with a bad grace; **una mala lingua**, an ill (*o* evil) tongue; a backbiter; **fare una mala morte**, to die a miserable death; **mala parata**, evil plight; **mala parola**, bitter word. ● **mala femmina**, prostitute; whore □ **mala pasqua**, misfortune □ **mala riuscita**, failure □ **la mala via**, the wrong path □ **a mala pena**, with difficulty; scarcely; hardly □ **di mala voglia**, unwillingly; reluctantly "on one's will □ **nella buona e nella mala fortuna**, in weal and woe □ **prendere q.c. in mala parte**, to take st. amiss □ **ridurre q. a mal partito**, to put sb. with his back against the wall (*fam.*) □ **trovarsi a mal partito**, to find oneself in a sorry plight (*o* in difficulties).

malòcchio, *m.* evil eye: **gettare il m. su q.**, to cast an evil eye on sb.; **guardare di m.**, to look askance (at); to turn up the nose (at) (*fam.*).

malóra, *f.* ruin: **andare in m.**, to go to (rack and) ruin; **mandare in m.**, to bring to ruin. ● **Alla m.!**, confound it □ **Va in m.!**, go to the devil!

malóre, *m.* indisposition; illness. ● **essere colto da improvviso m.**, to be suddenly taken ill.

malpélo, *a.* - **rosso m.**, red-head; carrot-top.

malpensante, *a.* wrong-minded; wrong-thinking.

malpensato, *a.* ill-conceived; badly thought out: **progetto m.**, ill--conceived project.

malpiglio, *m.* (*lett.*) disdain: **con m.**, with disdain; with a frown; (*con sguardo minaccioso*) threateningly.

malpreparato, *a.* unprepared; badly prepared.

malridótto, *a.* in poor condition; (*malandato*) in poor health, run down.

malriuscito, *a.* 1 unsuccessful 2 (*eseguito male*) badly done; botched.

malsano, *a.* 1 unhealthy; (*di clima*) insalubrious; (*di cibo*) unwholesome 2 (*fig.*) unsound; morbid; sick: **un luogo m.**, an unhealthy place; **consigli malsani**, unsound advice; **idee malsane**, unsound ideas.

malservito, *a.* ill-served; (*di una linea ferr., ecc.*) badly run.

malsicuro, *a.* 1 (*instabile*) unsteady; uncertain; faltering: **una scala malsicura**, an unsteady ladder; **tempo m.**, uncertain weather 2 (*pericoloso*) dangerous; unsafe; risky: **luoghi malsicuri**, unsafe places 3 (*incerto*) uncertain; dubious: **testimonianze malsicure**, dubious evidence.

malta, *f.* 1 (*edil.*) mortar 2 (*catrame minerale*) maltha. ● **m. di cemento**, grout □ **m. liquida**, larry.
maltași, *f.* (*biol.*) maltase.
maltèmpo, *m.* bad weather; weather: **Il nostro viaggio fu interrotto per il m.**, our journey was stopped by the weather.
maltenuto, *a.* badly kept; (*disordinato*) untidy, in disorder.
malteria, *f.* (*ind.*) malthouse.
maltése, *a., m.* e *f.* Maltese: **un cane m.**, a Maltese dog. ● **i Maltesi**, the Maltese □ **febbre m.**, Malta fever.
maltina, *f.* maltin.
malto, *m.* malt.
maltollerabile, *a.* intolerable; unendurable; insupportable: **condotta m.**, intolerable conduct.
maltòlto, **A** *a.* ill-gotten; stolen. **B** *m.* ill-gotten goods (*pl.*); stolen things (*pl.*): **Bisogna restituire il m.**, stolen things must be given back.
maltòsio, *m.* (*chim.*) maltose.
maltrattaménto, *m.* maltreatment; ill-treatment; misusage; abuse: **sopportare ogni m.**, to endure all abuses. ● **soffrire maltrattamenti**, to be maltreated.
maltrattare, *v. t.* 1 to maltreat; to ill-treat; to treat cruelly (*o* unkindly); to ill-use; to abuse: **m. la propria moglie**, to maltreat one's wife; **m. i prigionieri**, to abuse prisoners; **m. la propria salute**, to abuse one's health; **Non posso veder m. le bestie**, I cannot endure seeing animals treated cruelly 2 (*fig.: interpretare male*) to misinterpret; to misrepresent: **m. un autore**, to misinterpret an author 3 (*un motore, una macchina*) to misuse. ● (*fig.*) **m. una lingua**, to murder a language.
maltusianismo, *m.* (*econ.*) Malthusianism.
maltusiano, *a.* e *m.* (*econ.*) Malthusian.
malùccio, *avv.* rather badly; not very well: **Sta m.** (*in salute*), he (*o* she) is not feeling very well. ● **Gli affari vanno m.**, business is rather slack.
malumóre, *m.* 1 bad (*o* ill) humour; bad (*o* ill) temper; bad mood: **essere di m.**, to be in a bad humour (*o* mood); to be out of humour (*o* temper); **cacciare il m.**, to hide one's ill humour 2 (*rancore*) sullenness; surliness; (*discordia*) variance: **C'è tra loro del m.**, they are at variance. ● **avere un po' di m.**, to feel blue (*fam.*) □ **essere proprio di m.**, to be as cross as two sticks (*fam.*) □ **mettere q. di m.**, to make sb. cross □ **È sempre col m. addosso!**, he is always in a huff!
malva, *f.* (*bot., Malva sylvestris*) mallow. ● **colore m.**, mauve.
malvàceo, *a.* (*bot.*) malvaceous.
malvàgio, **A** *a.* wicked; bad; evil; iniquitous: **azioni malvagie**, wicked deeds; **una legge malvagia**, a wicked law; **opinioni malvagie**, iniquitous opinions; **Non è un'idea malvagia!**, that's not a bad idea! **B** *m.* wicked person; (*pl., collett.*) (the) wicked. ● **il M.**, the Wicked One; Satan.
malvagità, *f.* 1 wickedness; iniquity; evilness: **la m. di Nerone**, Nero's wickedness; **la m. della sorte**, the iniquity of fortune 2 (*azione malvagia*) wicked action; evil deed: **commettere una m.**, to commit a wicked (*o* cruel) action.
malvaròsa, *f.* V. **malvóne**.
malvașìa, *f.* 1 (*uva*) malvasia 2 (*vino*) malmsey: **una bottiglia di m.**, a bottle of malmsey.
malversare, *v. t.* (*leg.*) to embezzle.
malversatóre, *m.* (*leg.*) embezzler.
malversazióne, *f.* (*leg.*) embezzlement; malversation.
malvestito, *a.* poorly-dressed; shabby.
malvézzo, *m.* (bad) habit.
malvissuto, *a.* ill-lived.
malvisto, *a.* disliked; unpopular: **essere m. dai colleghi**, to be unpopular with (*o* disliked by) one's colleagues.
malvivènte, *m.* e *f.* blackguard; criminal; crook (*pop.*).
malvivènza, *f.* crime; (*malviventi*) criminals (*pl.*): **La m. è in aumento**, crime is on the increase.
malvizzo, *m.* (*zool., Turdus musicus*) red-winged thrush; redwing.
malvolentièri, *avv.* unwillingly; against one's will.
malvolére (1), *v. t.* to dislike. ● **essere malvoluto da tutti**, to be unpopular with everybody □ **prendere q. a m.**, to take a dislike to sb.
malvolére (2), *m.* 1 ill-will; malevolence 2 (*malavoglia*) unwillingness.
malvóne, *m.* (*bot., Althaea rosea*) hollyhock.
mamba, *f.* (*zool., Dendraspis*) mamba.
mambo, *m. invar.* (*mus., ballo*) mambo*: **ballare il m.**, to dance the mambo; to mambo.
mamertino, *a.* Mamertine: **Carcere M.**, Mamertine Prison.
mamma, *f.* mother; mummy; mum; ma; mama (*quasi arc.*); ma, momma, mommy, mom (*USA*): **essere sempre attaccato alla gonnella della m.**, to be tied to the apron-strings of one's mother; **È il cocchino della m.**, he is his mother's pet. ● **M. mia!**, dear me!; goodness gracious! □ **nudo come lo fece la m.**, stark naked; in his birthday suit.
mammalucco, *m.* 1 (*stor.*) Mameluke 2 (*fam.*) fool; ninny; simpleton; dolt: **Che m.!**, what a fool!; **Pare un m.!**, he looks like a fool!
mammamìa, *inter.* dear me!; goodness gracious!
mammàrio, *a.* (*anat.*) mammary: **ghiandole mammarie**, mammary glands.
mammèlla, *f.* breast; (*di femmina d'animale*) udder.
mammellifórme, *a.* mamilliform.
mammellonato, *a.* mamillated.
mammellóne, *m.* (*geogr.*) mamelon; knoll.
mammìfero, (*zool.*) **A** *a.* mammalian. **B** *m.* mammal. ● **i mammiferi**, the Mammalia.
mammillare, *a.* (*anat.*) mamillary.
mammìșmo, *m.* momism.
mammografìa, *f.* (*med.*) 1 (*lastra*) mammogram 2 (*procedimento*) mammography.
mammogràfico, *a.* (*med.*) mammographic.
màmmola, *f.* 1 (*bot., Viola odorata*) violet 2 (*fig.*) over-modest person.
mammóna, *m.* (*Bibbia*) Mammon (*anche fig.*): **Non si può insieme servire a Dio e a m.**, you cannot serve God and Mammon.
mammóne, *m.* — (*pop.*) **gatto m.**, bogy, bogey.
mammùt, *m.* (*zool., Elephas primigenius*) mammoth.
manager (*ingl.*), *m.* manager.
manageriale, *a.* managerial.
manaiuòla, *f.* (*piccola scure*) hatchet.
manale, *m.* leather mitten.
manata, *f.* 1 handful: **una m. o due di piselli**, a handful or two of peas; **a manate**, by handfuls 2 (*colpo dato con una mano*) slap. ● **dare una m. a q.**, to slap sb.
manato, *m.* (*zool., Trichechus manatus*) manatee, manati.
manca, *f.* 1 (*mano sinistra*) left hand 2 (*parte sinistra*) left-hand side; left side; left: **voltare a m.**, to turn to the left; to turn left; **a dritta e a m.**, left and right; on all sides.
mancaménto, *m.* 1 failing (*difetto*) defect (*colpa*) fault; (*imperfezione*) imperfection; (*deficienza*) deficiency 2 (*svenimento*) swoon; faint; fainting fit: **Fui colto da un m.**, I went off in a faint; I fainted.
mancante, **A** *a.* 1 (*sprovvisto*) lacking (in); wanting (in); in need (of); (*a corto di*) short (of): **essere m. di coraggio**, to be lacking in courage; **essere m. di denaro**, to be in need of money; to be short of money 2 (*che non si trova più*) missing; (*assente*) absent: **Alcuni libri sono mancanti** (*non si trovano più*), some books are missing; **Si ritrovò il foglio m.**, the missing page was found again; **Quanti alunni sono mancanti?**, how many pupils are absent? **B** *m.* e *f.* absentee; absent (*o* missing) person.
mancanza, *f.* 1 (*scarsità*) want; lack; (*deficienza*) shortage; deficiency: **m. d'acqua**, lack of water; **m. di denaro**, want (*o* lack) of money; **m. di fantașia**, lack of imagination; **m. di fiducia**, lack of confidence; **m. di prudenza**, want of prudence; imprudence; **m. di tempo**, lack of time; **m. di alloggi**, housing-shortage; **m. di mano d'opera**, shortage of labour 2 (*assenza*) absence: **m. di testimoni**, absence of witnesses; **la m. d'una donna nella casa**, the absence of a woman in the house; **La recita non si fece più per m. d'un attore**, the performance was put off owing to the absence of an actor (*o* because an actor was absent) 3 (*fallo*) fault; slip; mistake: **commettere una m.**, to commit a fault; **fare una m.** (*un piccolo errore*), to make a slip; to slip up; **scoprire una m. in q.c.**, to find a fault in st.; to find fault with st. 4 (*difetto*) defect, shortcoming; (*imperfezione*) imperfection: **Con tutte le sue mancanze, lo amo ugualmente**, I love him with all his defects; I love him in spite of all his faults 5 (*raro: svenimento*) swoon; fainting fit: **soffrire di mancanze**, to have fainting fits. ● **m. d'educazione**, bad manners; ill-breeding □ **m. di tatto**, tactlessness □ **fare troppe mancanze** (*assenze*), to be too often absent □ **in m. di**, in default of; failing: **in m. d'altro**, failing all else; **in m. di tuo fratello**, failing your brother; if your brother cannot come □ **in m. di meglio**, since there is nothing better □ (*scherz.*) **morire per m. di fiato**, to die for lack of breath □ **sentire la m. di q.**, to miss sb. □ **C'è m. di spazio**, there is no room □ **Tanto vale essere punito per una m. grave che per una lieve**, one can as well be hanged for a sheep as for a lamb (*prov.*).
mancare, **A** *v. i.* 1 (*non avere a sufficienza*) to want (*v. t.*); to lack (*v. t.*); to be wanting, to be lacking (in); to be in want, to be in need (of); (*essere sprovvisto*) to be short (of); to need (*v. t.*): **m. di buon senso**, to lack common sense; **m. di coraggio**, to be lacking in courage; **m. di denaro**, to be short of money; **m. di rispetto**, to be wanting in respect (towards sb.); **m. di saggezza**, to lack wisdom; **Mi manca un buon dizionario**, I want (*o* I need) a good dictionary; **Gli mancavano le parole per esprimere la sua gratitudine**, he lacked words with which to express his thanks 2 (*non esserci*) to be absent; (*non essere reperibile*) to be

missing, (*essere lontano*) to be away (from): **Mancavano alcuni alunni**, some pupils were absent; **Manca un libro** (*non c'è più*), a book is missing; **Mancano molte pagine**, many pages are missing; **Manco dall'Italia da tre mesi**, I have been away from Italy these three months; I left Italy three months ago; **Mancavo da casa da una settimana**, I had been away from home for a week **3** (*non essercene*) not to be any: **Manca il pane in tavola**, there is no bread on the table; **Mancano notizie**, there is no news; **Mancano le prove**, there is no evidence; **Manca la firma**, there is no signature **4** (*per completare q.c.*) to be wanting; to be needed (*o required*); to take* (*impers.*): **Mancavano ancora tre sterline** (*per completare la somma*), three pounds were still wanting; **Mancavano cinque operai** (*per completare la squadra*), five more workmen were needed (*o required*); **Ti manca molto a finire il lavoro?**, will it take you long to finish your work? **5** (*per indicare l'ora*) to be...(to): **Manca un quarto alle sette**, it is a quarter to seven; **Mancano dieci minuti alle otto**, it is ten (minutes) to eight **6** (*agire male*) to do* wrong; (*sbagliare*) to be mistaken, to be wrong: **Egli certamente ha mancato**, of course, he has done wrong; **Tutti possiamo mancare**, we may all be mistaken **7** (*omettere, trascurare*) to omit, to fail (to do st.): **Non mancare d'avvertirlo**, don't fail to let him know; **Non mancherò di scriverti appena arriverò**, I shall not fail to write to you as soon as I arrive **8** (*venire meno*) to fail: **Gli mancarono le forze**, his strength failed him; **Gli mancarono le parole**, words failed him **9** (*morire*) to pass away; to die: **Mancò il sette aprile**, he died on the 7th of April **10** — **mancare poco**, to be nearly; to be near (to): **Manca poco alle undici**, it's nearly eleven o'clock; **Poco mancò ch'egli svenisse**, he nearly fainted; **Ci mancò poco che non lo schiaffeggiassi**, I nearly slapped him; **Poco ci manca!**, it is nearly so!; not far from it! **B** *v. t.* to miss: **m. il colpo**, to miss one's aim; **m. il bersaglio**, to miss the mark; **m. un'opportunità**, to miss a chance. ● **m. al proprio dovere**, not to do one's duty; to fail in the fulfilment of one's duty ☐ **m. ai vivi**, to pass away; to depart from this life; to die ☐ **m. di mezzi**, to be hard up ☐ **m. di parola**, to break one's word ☐ **m. d'un venerdì**, to have a screw loose (*fam.*) ☐ **m. il piede** (a q.), to lose one's footing; to slip ☐ **m. verso q.**, to be unfair to sb. ☐ **non m. di niente**, to have plenty of everything ☐ **non farsi m. nulla**, to want for nothing ☐ **sentirsi m. il terreno sotto i piedi**, to feel the ground sliding from under one ☐ **A chi vuole non mancano i modi**, where there's a will, there's a way (*prov.*) ☐ **Ci vennero a m.** (*o* **Ci mancarono**) **le munizioni**, we ran short of ammunition ☐ **Egli mi manca moltissimo**, I do miss him ☐ **È mancata la luce**, the light went out ☐ **Hai mancato a non dirglielo**, it was wrong of you not to tell him ☐ (*sport*) **Manca un giocatore alla squadra**, the team is one short ☐ **Mi mancano due denti**, I have two teeth missing ☐ (*fig.*) **Non so che cosa gli manchi**, I don't know what's the matter with him ☐ **Non ci mancherebbe altro!**, that would just crown it! ☐ **Non ci mancava che questo!**, this crowns all!; this is the last straw! ☐ **Il tempo non gli manca**, he has plenty of time ☐ **Quattrini non le mancano**, she has plenty of money ☐ **Quanto manca alla partenza?**, how long is it (*o* will it be) before we (*o* you, they) leave? ☐ **Mancano tre settimane al Natale** (*alla fine della scuola, ecc.*) there are still three weeks (to go) before Christmas (the end of the lessons, etc.) ☐ **Questa poesia non manca di fascino**, this poem has a certain charm ☐ (*prov.*) **Dove manca natura, arte procura**, art improves nature.

mancato, *a.* (*fallito*) unsuccessful; would-be: **un'impresa mancata**, an unsuccessful enterprise; **un poeta m.**, a would-be poet. ● **mancata accettazione**, non-acceptance ☐ (*leg.*) **mancata comparizione**, default ☐ **mancata consegna**, non-delivery ☐ **m. intervento**, non-interference ☐ **m. pagamento**, non-payment ☐ **mancata partenza**, non-departure.

mancése, *a.*, *m.* e *f.* Manchurian.

manche (*franc.*), *f.* **1** (*sci*) leg **2** (*atletica*) heat; preliminary trial **3** (*carte*) hand.

manchévole, *a.* **1** deficient; incomplete; inadequate **2** (*imperfetto*) defective; imperfect; faulty: **una traduzione m.**, a faulty translation. ● **essere m. ai propri doveri**, to be negligent of one's duties.

manchevolézza, *f.* **1** deficiency; defectiveness; faultiness: **le manchevolezze della legislazione**, the deficiencies of legislation **2** (*imperfezione*) imperfection; shortcoming (*generalm. al pl.*); fault; defect.

mància, *f.* tip; gratuity: **una lauta m.**, a generous tip; **m. di Capodanno**, New Year's gratuity; **Sono proibite le mance**, no tips (are) allowed. ● **m. competente**, adequate (*o* suitable) reward ☐ **dare a q. mille lire di m.**, to tip sb. one thousand liras.

manciàta, *f.* handful: **una m. di fagioli**, a handful of beans.

mancina, *f.* (*mano sinistra*) left hand; (*parte sinistra*) left side, left: **scrivere con la m.**, to write with the left hand; **a m.**, on the left; to the left. ● **un colpo dato con la m.**, a left-hand blow.

mancinèlla, *f.* (*bot.*, *Hippomane mancinella*) mancheneel.

mancinismo, *m.* (*med.*) mancinism; left-handedness.

mancino, **A** *a.* **1** left; left-hand; left-handed: **essere m.**, to be left-handed **2** (*fig.*) underhand; treacherous; dirty: **un colpo m.**, a treacherous blow; **un tiro m.**, a dirty trick. **B** *m.* left-handed person; left-hander.

Manciùria, *f.* (*geogr.*) Manchuria.

manciuriano, *V.* **mancése**.

manco, A *a.* left: **mano manca**, left hand. **B** *avv.* (*pop.*: *nemmeno*) not even: **Non ce n'è m. uno**, there is not even one. ● **M. male!**, all the better! ☐ **M. per idea** (*o* **per sogno**)!, not for the world!; not in the least!

mandamentale, *a.* of the district; district (*attr.*): **carcere m.**, district prison.

mandaménto, *m.* district.

mandante, *m.* e *f.* (*leg.*) mandant; mandator; principal.

mandaràncio, *m.* (*bot.*) clementine; temple orange.

mandare, *v. t.* **1** (*generalm.*) to send*; (*spedire*) to forward, to dispatch; (*spedire per via mare*) to ship; (*trasmettere*) to transmit: **m. q. in qualche luogo**, to send sb. somewhere; **Ho mandato mio figlio alla posta**, I have sent my son to the post-office; **Ti mandai i libri per mezzo di mio fratello**, I sent you the books through my brother; **m. in galera**, to send to jail; **m. una lettera a mano** (per posta), to send a letter by hand (by post); **Manderemo la merce prima della fine del mese**, the goods will be forwarded (*o* shipped) by the end of the month **2** (*emettere*) to send* out (*o* off); to give* off; to emit; (*esalare*) to exhale; (*un grido, ecc.*) to utter: **m. calore**, to send out heat; **m. luce**, to send out light; **m. fumo**, to send out smoke; **m. un grido**, to utter a cry; **m. un'imprecazione**, to utter a curse **3** (*gettare*) to cast*; to throw*: **m. un bacio a q.**, to throw sb. a kiss **4** (*azionare*) to drive*: **L'acqua manda la ruota del mulino**, the mill-wheel is driven by water. ● **m. acqua in un canale**, to make water flow into a canal ☐ **m. a chiamare q.**, to send for sb.: **Il bambino è molto malato: bisogna m. a chiamare il dottore**, the child is very ill: you must send for the doctor ☐ **m. a dire q.c. a q.**, to send word to sb. ☐ **m. ad effetto** (*o* a compimento) q.c., to carry out st. ☐ **m. a fondo una nave**, to sink a ship ☐ **m. a gambe levate**, to send sb. sprawling (*o* heels over head) ☐ **m. a monte q.c.**, to break off st.; to give up st. ☐ **m. a morte**, to send (*o* to put) to death ☐ **m. a prendere q.c.**, to send for st.: **Ti prego di tenere questo libro finché non lo manderò a prendere**, please keep this book till I send for it ☐ (*fam.*) **m. avanti la baracca**, to keep one's business going ☐ (*comm.*) **m. circolari**, to send out circulars ☐ **m. dall'oggi al domani**, to put off; to postpone ☐ **m. due righe a q.**, to drop sb. a line ☐ **m. fuori**, to send out (*o* forth); (*cacciare*) to throw (*o* to turn) out ☐ **m. gemiti**, to moan ☐ **m. giù**, to send down; to swallow (*anche fig.*): **Questa è dura da m. giù**, that's hard to swallow ☐ **m. in aria**, to send up: **m. in aria un razzo**, to send up a rocket ☐ **m. in esilio**, to send into exile; to exile; to banish ☐ **m. in pezzi**, to break to (*o* into) pieces; to smash (up) ☐ **m. in rovina** (*o* a rotoli, in malora), to bring to ruin; to let (st.) go to wrack and ruin ☐ **m. per le lunghe**, to protract; to put off ☐ **m. per via mare**, to ship ☐ **m. q.c. a memoria**, to learn st. by heart ☐ **m. q. all'altro mondo**, to send sb. to one's last account; to launch sb. into eternity ☐ (*pop.*) **m. q. al diavolo** (*o* all'inferno), to send sb. about his (*o* her) business; to tell sb. to go to the devil (*o* to hell) ☐ (*fig.*) **m. q. a spasso**, to send sb. away; to send sb. packing; (*licenziarlo*) to dismiss sb.; to fire sb. (*pop. USA*); to give sb. the sack, to sack sb. (*fam.*) ☐ **m. q. ben vestito**, to dress sb. well ☐ **m. q. da Erode a Pilato**, to send sb. from pillar to post (*fam.*) ☐ (*di campana*) **m. rintocchi**, to toll; to chime ☐ **m. ruggiti**, to roar ☐ **m. un sospiro**, to sigh ☐ **m. su**, to send up ☐ **m. via**, to send away; to show (sb.) the door; (*spedire*) to send off, to dispatch ☐ (*fig.*) **non mandarle a dire**, to tell plainly; to give a bit of one's mind: **Non gliele mandai a dire**, I gave him a bit of my mind ☐ **Ogni giorno che Dio manda sulla terra**, every day that dawns upon the earth ☐ **Che Dio gliela mandi buona!**, God help him! ☐ **Mandalo al diavolo!** (*o* a quel paese!), think no more of him!; send him packing!; give him the shake! (*pop.*) ☐ **Non mi hanno ancora mandato nessuna notizia**, I have not heard from them yet ☐ **Pioveva come Dio la mandava**, the rain was coming down in sheets; it was raining cats and dogs (*fam.*) ☐ (*prov.*) **Dio manda il freddo secondo i panni**, God tempers the wind to the shorn lamb; ☐ (*prov.*) **Chi vuole vada, e chi non vuole mandi**, if you wish a thing done, go; if not, send.

mandarinato, *m.* (*stor.*) mandarinate.

mandarino (1), *m.* (*stor.*) mandarin.

mandarino (2), *m.* (*bot.*, *Citrus nobilis*) tangerine (orange); mandarin(e); satsuma.

mandata, *f.* **1** (*il mandare*) sending; (*quantità che si manda in una volta*) lot, batch: **a piccole mandate**, in small lots; **a più mandate**,

mandatàrio

in several lots; **Ricevettero, in tre mandate**, più di mille volumi, they received over a thousand volumes in three lots **2** (*della chiave nella toppa*) turn (of the key). ● **chiudere (la porta) con due mandate** (*o* **a doppia m.**), to double-lock the door □ **dare una m.** (*di chiave*), to lock (up); to lock by one turn of the key.

mandatàrio, *m.* (*leg.*) mandatary, mandatory, mandatee; (*agente*) agent; (*procuratore*) proxy, assignee, attorney.

mandato, *m.* **1** (*incarico*) commission: **eseguire un m.**, to carry out a commission **2** (*leg.*) order (*anche comm.*), writ, warrant; (*citazione*) summons, mandate: **m. di riscossione**, collection order; **m. di pagamento**, order for payment; **emettere un m.**, to issue an order; **pagare un m.**, to pay an order; **riscuotere un m.**, to collect an order; **m. d'arresto** (*o* **di cattura**), warrant of arrest; mittimus; **m. di perquisizione**, search warrant; **m. di procura**, warrant (*o* power) of attorney; **ricevere un m.**, to receive a warrant (*o* an order); **m. di comparizione**, summons (to appear); writ of subpoena; **La Lega delle Nazioni concesse mandati sulle ex-colonie tedesche**, the League of Nations granted mandates over the former German Colonies. ● (*fig.*) **m. di votare in assemblea**, proxy □ (*relig.*) **m. papale**, papal mandate; rescript.

mandibola, *f.* (*anat.*) mandible; jaw.
mandibolare, *a.* (*anat.*) mandibular; mandibulary.
mandòla, *f.* (*mus.*) mandola, mandora.
mandolinata, *f.* sonata for mandolin.
mandolinista, *m. e f.* mandolinist; mandolin-player.
mandolino, *m.* (*mus.*) mandolin(e).
màndorla, *f.* **1** almond: **mandorle amare**, bitter almonds; **mandorle sgusciate**, shelled almonds; **olio di mandorle**, almond oil; **latte di mandorle**, almond milk **2** (*seme di pesca, ecc.*) kernel **3** (*archit.*) lozenge-shaped ornament. ● **a m.**, almond-shaped; lozenge-shaped □ **dagli occhi a m.**, almond-eyed □ **pasta di mandorle**, marzipan □ **torrone di mandorle**, nougat.
mandorlato, A *a.* with almonds; almond (*attr.*): **cioccolato m.**, chocolate with almonds. **B** *m.* (*cucina*) almond cake.
mandorléto, *m.* almond grove.
mandorlièro, *a.* almond (*attr.*).
màndorlo, *m.* (*bot., Amygdalus communis*) almond tree.
mandràgola, mandràgora, *f.* (*bot., Mandragora*) mandragora; mandrake.
màndria, *f.* **1** herd; drove: **una m. di buoi** (*o* **di cavalli**), a herd of cattle; **una m. di cervi**, a herd of deer **2** (*fig.*) herd; gang: **una m. di parassiti**, a herd of parasites; **una m. di farabutti**, a gang of rascals.
mandriano, *m.* herdsman*.
mandrillo, *m.* **1** (*zool., Mandrillus sphinx*) mandrill **2** (*fig.*) lecher; debauchee.
mandrinàggio, *m.* (*mecc.*) expanding.
mandrinare, *v. t.* (*mecc.*) to expand: **m. l'estremità del tubo**, to expand the tube end.
mandrinatura, *f.* (*mecc.*) expanding.
mandrino, *m.* (*mecc.*) **1** mandrel, mandril **2** (*albero porta-utensile di fresatrice, ecc.*) spindle **3** (*piatto rotante*) chuck.
mandritta, *f.* (*mano destra*) right hand; (*parte destra*) right side, right: **a m.**, on the right; to the right; **voltare a m.**, to turn (to the) right.
manducare, *v. t.* (*scherz.*) to manducate; to eat*.
mane, *f.* (*lett.*) morn (*poet.*); morning: **da m. a sera**, from morning to night; all day long.
maneggévole, *a.* **1** manageable; easily-handled; handy **2** (*anche fig.*) yielding; tractable; compliant.
maneggevolézza, *f.* **1** manageability; handiness; ease of handling **2** (*fig.*) tractability; compliance.
maneggiàbile, *V.* **maneggévole**.
maneggiare, *v. t.* **1** to handle; to work; to treat; to manipulate; to use; to wield; to manage: **m. la spada**, to handle a sword; **m. un remo**, to manage an oar; **m. la penna**, to wield the pen; **m. un cavallo**, to manage a horse; **m. gli uomini**, to manipulate men; **m. gli affari di Stato**, to manage the affairs of State; **l'arte di m. il denaro**, the art of managing (*o* manipulating) money **2** (*impastare*) to mould: **m. la creta**, to mould clay. ● **m. la frusta**, to crack a whip; (*fig.*) to lash □ **m. una lingua**, to master a language □ **saper m. i numeri**, to be quick at figures.
maneggiatóre, *m.* handler; wielder; manager.
manéggio, *m.* **1** handling; managing; management; mastery: **il m. d'una spada**, the managing of a sword; **il m. degli affari**, the handling of business; the management of affairs; **il m. d'una lingua**, the mastery of a language **2** (*fig.*) underhand plotting; scheming; scheme; intrigue: **un uomo esperto nei maneggi**, a man with a talent for intrigue; **sventare gli occulti maneggi del nemico**, to thwart the enemy's secret schemes **3** (*equitazione*) manège; horsemanship; (*galoppatoio*) riding-ground; (*scuola*) riding-school.
maneggióne, *m.* (*intrigante*) intriguer; wire-puller.
manésco, *a.* quick with one's hands; quick-handed: **un giovane** **linguacciuto e m.**, a quick-tongued, quick-handed fellow.
manétta, *f.* **1** handcuff **2** (*impugnatura*) handle; hand lever: (*autom.*) **m. del gas**, throttle lever. ● **mettere le manette a q.**, to handcuff sb.; (*fig.*) to oppress sb.
manfòrte, *f.* — **dare** (*o* **prestare**) **m. a q.**, to back sb. up.
Manfrèdi, *m.* Manfred.
manfrina, *V.* monferrina.
manganare, *v. t.* (*ind. tessile*) to mangle.
manganato, *m.* (*chim.*) manganate.
manganatura, *f.* (*ind. tessile*) mangling.
manganèlla, *f.* **1** (*stor.*) mangonel **2** (*randello*) club; cudgel: **tirare di m.**, to beat (with a club); to cudgel.
manganellare, *v. t.* to beat* with a club.
manganellata, *f.* blow with a club.
manganèllo, *m.* club; cudgel.
manganése, *m.* (*chim.*) manganese.
mangànico, *a.* (*chim.*) manganic.
manganina, *f.* (*metall.*) manganin.
manganite, *f.* (*miner.*) manganite.
màngano, *m.* **1** (*ind. tessile*) mangle **2** (*stor., mil.*) mongonel.
manganóso, *a.* (*chim.*) manganous.
mangeréccio, *a.* edible: **fungo m.**, edible mushroom. ● **cose mangerecce**, edibles; eatables (*fam.*); comestibles (*per lo più scherz.*).
mangeria, *f.* (*fam.*) graft.
mangiàbile, *a.* eatable: **Questa bistecca è appena m.**, this beefsteak is hardly eatable.
mangiacarte, *m.* (*spreg.*) pettifogger.
mangiacristiani, *m. e f.* (*pop.*) bully.
mangiadischi, *m.* automatic record-player.
mangiafumo, *a. invar.* smoke-proof.
mangiamòccoli, *m.* (*spreg.*) bigot.
mangianastri, *m.* tape-player; tape-deck; cassette player.
mangiapane, *m. invar.* (*fig.*) good-for-nothing; drone; loafer.
mangiapolènta, *m. e f. invar.* (*fig.*) idler; lounger; lazy-bones (*fam.*).
mangiaprèti, *m. e f.* rabid anticlerical.
mangiare (1), *v. t. e i.* **1** (*generalm.*) to eat*; (*consumare*) to eat* up, to consume; (*consumare i pasti*) to take* one's meals: **m. due uova**, to eat two eggs; **m. con appetito** (*o* **di gusto**), to eat heartily; **m. di malavoglia**, to eat with no relish; to pick at one's food; **m. avidamente**, to eat greedily; to gorge; to gormandize; **m. di tutto**, to eat anything; **m. in casa**, to eat in; **m. fuori**, to eat out; (*fig.*) **Lo mangia l'orgoglio**, he is eaten up (*o* consumed) with pride; **Dove mangiamo?**, where shall we eat?; **Dove mangi di solito?**, where do you usually take your meals?; **Gli piace m. bene**, he likes to eat well; he enjoys a good meal; **m. alla carta**, to eat «à la carte» **2** (*divorare, anche fig.*) to eat* up; to devour: **S'è mangiato tutta la minestra**, he has eaten up all his soup; **Il lupo mangiò l'agnello**, the wolf ate up (*o* devoured) the lamb; **m. la strada**, to eat up the miles; **mangiarsi l'un l'altro**, to devour (*o* to destroy) one another; to prey upon one another **3** (*corrodere*) to eat* away (*o* into), to corrode, to gnaw; (*distruggere*) to eat* away, to destroy: **Il fiume aveva mangiato le rive**, the river had eaten (away) the banks; **La ruggine mangia il ferro**, rust eats (into) iron; rust corrodes iron **4** (*sperperare*) to waste; to squander: **mangiarsi un patrimonio**, to squander a fortune; **mangiarsi tutti i quattrini in pochi giorni**, to squander all one's money in a few days **5** (*nei giochi*) to take*; to win*; to capture: **m. una pedina**, to take (*o* to win) a draughtsman (*giocando a dama*); to take (*o* to capture) a pawn (*giocando a scacchi*); **m. un alfiere**, to take (*o* to capture) a bishop **6** (*pop.: farsi corrompere*) to be on the take (*fam.*). ● **m. a crepapelle** (*o* **m. per tre, per quattro**), to overeat (*pop.*), to stuff oneself with food □ **m. a quattro ganasce** (*o* **palmenti**), to devour (greedily) □ **m. a sazietà**, to eat one's fill □ **m. alle spalle di q.**, to sponge on sb. □ **m. a ufo** (*o* **a sbafo**), to sponge a meal on sb. □ **m. come un lupo**, to eat like a horse □ **m. come un uccellino**, to have the appetite of a sparrow □ **m. del proprio**, to be independent □ **m. di grasso**, to eat meat □ **m. di magro**, to abstain from eating meat; to eat no meat □ **m. fino alla nausea**, to eat oneself sick □ (*fig.*) **m. la foglia**, to smell a rat □ **m. in mano a q.** (*ad es., di uccelli*), to eat out of sb.'s hand □ **m. pan pentito**, to be repentant □ **m. (il pane) a tradimento**, to eat unearned bread □ **m. pane e veleno**, to live a cat-and-dog life □ **m. la pappa in testa a q.**, to be much taller than sb. □ **m. q.c. con gli occhi**, to devour st. with one's eyes □ **mangiarsi la camicia**, to spend one's last penny: **Si mangerebbe la camicia per lei**, he would spend his last penny on her □ (*fig.*) **mangiarsi il cuore**, to eat one's heart out □ (*fig.*) **mangiarsi il fegato** (**dalla *rabbia**), to be seething with anger □ (*fam.*) **mangiarsi la parola**, to break one's word □ **mangiarsi le parole**, (*smozzicarle nel parlare*) to clip one's words; (*biascicarle*) to mumble one's words □ (*fig.*)

manifattura

mangiarsi q. (*o* **m. q. vivo**), to bite sb.'s head off □ **mangiarsi q. con gli occhi**, to devour sb. with one's eyes □ **mangiarsi q. di baci**, to smother sb. with kisses □ **mangiarsi le unghie**, to bite one's nails □ **avere appena da m.**, to have hardly anything to eat □ **avere mangiato a sazietà**, to be full up (*fam.*) □ **cose (roba) da m.**, edibles; eatables; comestibles (*per lo più scherz.*) □ **dare da m.**, to feed: **Hai dato da m. alle galline?**, did you feed the hens? □ **dare da m. a q.**, to give sb. to eat; (*mantenerlo a proprie spese*) to provide for sb. □ **far da m.**, to prepare st. to eat (*o* to cook) □ **non avere da m.**, to have nothing to eat; (*essere in miseria*) to be at one's last shifts (*fam.*) □ **non valere il pane che si mangia**, not to be worth one's salt □ **In quel ristorante si mangia molto bene**, the cooking is excellent in that restaurant □ (*prov.*) **I pesci grossi mangiano i piccoli**, the great fish eat up the small □ (*prov.*) **Chi più mangia, meno mangia**, he who eats most will eat least □ (*prov.*) **Chi non mangia ha già mangiato**, who will not eat has already been eating □ (*prov.*) **Si mangia per vivere, non si vive per m.**, eat to live □ (*prov.*) **Lupo non mangia lupo**, there is honour among thieves.
mangiare (2), *m.* **1** (*atto del m.*) eating: **m. e bere**, eating and drinking; **Ci vuol temperanza nel m.**, one must be moderate in eating **2** (*cibo*) food; victuals (*pl.*): **Nel m. è un po' schifiltoso**, he is rather fastidious (*o* particular) about his food **3** (*cucina*) cooking: **Qui il m. è sempre molto buono**, cooking is always excellent here; **Gli piace il m. casalingo**, he likes home cooking.
mangiarino, *m.* (*fam.*) dainty: **Che mangiarini!**, what dainties!
mangiasòldi, *a. invar.* – **macchina m.**, fruit machine; slot machine (*USA*); one-armed bandit (*pop.*).
mangiata, *f.* **1** hearty meal; square meal: **Ho fatto una bella m.**, I've had a hearty (*o* square) meal **2** (*scorpacciata*) bellyful (*volg.*): **fare una gran m. d'uva**, to have one's bellyful of grapes.
mangiatóia, *f.* **1** manger; fodder-trough **2** (*scherz.:* tavola) table; board **3** (*fig.:* fonte di guadagno) gold-mine. ● (*fam.*) **badare solo alla m.**, to think of nothing else but food.
mangiatóre, *m.* eater: **un gran m.**, a great eater. ● **m. di spade**, sword-swallower.
mangiatutto, **A** *m. e f. invar.* **1** (*chi è di bocca buona*) hearty eater **2** (*fig.:* sprecone) spendthrift. **B** *a. invar.* – **fagioli (piselli) m.**, «mange-tout» beans (peas).
mangiaufo, *m. e f. invar.* good-for-nothing; (*scroccone*) sponger.
mangime, *m.* fodder; (*per pollame*) poultry-feed, chicken feed; (*per uccelli*) bird-seed. ● **m. conservato nel silo**, ensilage.
mangióne, *m.* (*fam.*) great eater; (*ghiottone*) glutton, gormandizer.
mangiucchiare, *v. t.* to nibble; to pick (at): **Non aveva appetito e mangiucchiava appena**, he had no appetite and just picked at his food; **Mangiucchia tutto il santo giorno**, he nibbles this thing and that all day long.
mango, *m.* (*bot.*, *Mangifera indica*) mango*.
mangósta, *V.* mangusta.
mangostano, *m.* (*bot.*, *Garcinia mangostana*) mangosteen.
mangròvia, *f.* (*bot.*, *Rhizophora mangle*) mangrove.
mangusta, *f.* (*zool.*, *Herpestes*) mongoose.
mani, *m. pl.* (*mitol.*) manes.
mania, *f.* **1** mania; madness **2** (*fig.*) mania; craze; rage; (*ossessione*) obsession, fixation: **la m. dell'oro dell'avaro**, the miser's craze for gold; **avere la m. dei francobolli**, to have a craze for stamp-collecting; **avere la m. della caccia**, to have a rage for hunting. ● **m. dei libri**, bibliomania; mania for books □ (*psic.*) **m. di persecuzione**, persecution complex □ **m. erotica**, erotomania.
maniacale, *a.* maniac; maniacal.
maniaco, **A** *a.* **1** maniac; maniacal; mad; insane: **amore m.**, insane love; **furore m.**, maniacal fury **2** (*fig.*) mad; crazy: **essere m. della musica**, to be mad on music; to be crazy about music. **B** *m.* maniac.
mànica, *f.* **1** sleeve: **maniche a giro**, fitted sleeves; **senza maniche**, without sleeves; sleeveless; **rimboccarsi le maniche della camicia**, to tuck up (*o* to roll up) one's shirt-sleeves; **essere in maniche di camicia**, to be in one's shirt-sleeves **2** (*metall.:* di alto forno) downtake; (*di pompa*) suction hose **3** (*fig. spreg.*) set; pack; gang: **una m. di ladri**, a pack of thieves. ● **m. a vento**, (*aeron.*) wind-cone; (*naut.*) wind-hose □ **m. di aerazione**, wind scope; wind sail □ **m. di gonfiaggio**, filling sleeve □ **m. rimorchiata**, sleeve target □ **con maniche larghe**, loose-sleeved □ (*fig.*) **essere di m. larga**, to be very indulgent; to be easy-going (*di larghe vedute*) to be broad-minded □ **essere di m. stretta**, to be severe (*o* strict); (*di vedute ristrette*) to be narrow-minded □ **mezze maniche**, oversleeves □ **È un altro paio di maniche**, that's another pair of shoes (*o* another kettle of fish).
Mànica, la, *f.* (*geogr.*) the English Channel.
manicàio, *m.* (*zool.*, *Solen ensis*) razor-shell; razor-clam.
manicarétto, *m.* dainty; delicacy; delicious dish.
manicheismo, *m.* (*stor.*, *relig.*) Manichaeism, Manicheism.

manichèo, (*stor.*, *relig.*) **A** *a.* Manichaean, Manichean. **B** *m.* Manichee; Manichaeist, Manicheist.
manichétta, *f.* **1** (*mezza manica*) sleevelet; oversleeve **2** (*tubo*) hose: **m. antincendio**, fire hose; **m. di aspirazione**, suction hose; **m. per freno pneumatico**, pneumatic brake hose.
manichino, *m.* **1** (*da sarto*) tailor's dummy; (*da vetrina*) life-size dummy **2** (*da pittore, scultore*) mannequin; manikin. ● (*fig.*) **sembrare un m.** (*molto elegante*), to look very smart.
mànico, *m.* **1** handle: **m. di coltello**, knife handle (*o* haft); **m. di paniere**, basket handle; **il m. d'una frusta**, the handle of a whip; **tenere q.c. per il m.**, to hold st. by the handle **2** (*impugnatura*) grip **3** (*di strumento mus. a corda*) neck. ● **m. dell'accetta**, helve □ **m. della scopa**, broomstick □ **Il difetto è nel m.**, the defect rests on the top.
manicomiale, *a.* **1** madhouse (*attr.*) **2** (*fig.:* pazzesco) mad; crazy.
manicòmio, *m.* mental hospital (*o* home); lunatic asylum; madhouse (*fam.*). ● **Mi farai finire in un m.!**, you will drive me mad! □ **Roba da m.!**, stuff and nonsense!
manicòtto, *m.* **1** muff **2** (*mecc.*) sleeve; coupling: **m. di accoppiamento**, coupling-box; box coupling. ● **m. a forcella**, yoke □ (*autom.*) **m. del radiatore**, radiator hose □ (*ind. tessile*) **m. di filatura**, spinning cot □ (*autom.*) **m. di riscaldamento**, heating muff.
manicure, *f. e m. invar.* **1** (*persona*) manicure; manicurist **2** (*trattamento*) manicure.
manièra, *f.* **1** (*generalm.*) manner; way; (*costume*) custom, habit, usage; (*specie*) kind, sort; (*guisa*) guise; (*metodo*) method; (*sistema*) system; (*moda*) fashion; (*stile*) style: **la tua m. di parlare, di scrivere**, your way of speaking, of writing (*o* the way you speak, you write); **la m. di vivere degli Inglesi**, the English way of living; **Che bella m. di ragionare!**, that's a fine way of talking!; **secondo la mia m. di vedere**, to my way of thinking; in my opinion; **trovare la m. di fare q.c.**, to find a way to do st.; **presentarsi in m. di pellegrino**, to present oneself in the guise of a pilgrim; **alla m. di**, after the manner (*o* fashion) of: **un quadro alla m. del Tiziano**, a picture after the manner of Titian; **alla propria m.**, in one's own way **2** (*di solito al pl.:* modo di fare) manners; manner (*sing.*): **maniere gentili**, kind manners; **maniere urbane**, polite manners; **avere belle maniere**, to have good manners; to be well-mannered; **avere brutte maniere**, to have bad manners; to be ill-mannered; **non avere maniere**, to have no manners; **Che maniere!**, what manners!; that's not the way to behave; **Non mi piacciono affatto le tue maniere!**, I don't like your manners (*o* manner) at all!; **Ci vuole (un po' di) m.!**, (*d'educazione*) manners first of all!; (*di garbo, abilità*) you must know the way to do it! **3** (*affettazione*) mannerism; (*ricercatezza*) affectation. ● **m. di dire**, idiom □ **con le cattive maniere**, unpleasantly; roughly □ **conoscere la m. di fare q.c.**, to know the way (*o* how) to do st. □ **di m.**, mannered; affected: **uno stile di m.**, a mannered style; **uno scrittore di m.**, an affected writer □ **di (o in) m. che**, so that □ **d'ogni m.**, of every description □ **fare alla propria m.**, to have one's own way; to do as one likes □ **fuori di m.**, in an unusual way; beyond measure □ **in una certa (qual) m.**, in a manner; in some way □ **in m. appropriata**, properly □ **in m. da**, so as to □ **in una m. o nell'altra**, (in) one way or another; somehow or other; anyhow; by hook or by crook (*fam.*) □ **in nessuna m.**, in no way; by no means; in no circumstances □ **in ogni m.**, (in) any way; in any case; at any rate □ **in qualche m.**, somehow; (in) some way (or other) □ **In quale m.?**, how? □ **in questa m.**, in this manner (*o* way); so; thus □ **in qualunque m.**, anyhow; (in) any way whatever □ **in tal m.**, in such a manner (*o* way) □ **in tutte le maniere** (*a ogni costo*), by all means; at any cost □ **in ugual m.**, in like manner □ **nella solita m.**, in the usual manner (*o* way); (*come di solito*) as usual □ **una ragazza di buone maniere**, a well-mannered girl □ **trattare q. con bella m.**, to treat sb. kindly □ **Si può dir tutto con buona m.**, it all depends on the way you say the thing (*o* you say things) □ **Chi ha insegnato agli uccelli la m. di volare?**, who taught birds how to fly?
manieratamente, *avv.* in an affected manner (*o* way); with affectation; affectedly; unnaturally.
manierato, *a.* affected; mannered; unnatural; artificial: **uno stile m.**, a mannered style; **un pittore m.**, an affected painter.
manierismo, *m.* (*arte, letter.*) mannerism.
manierista, *a., m. e f.* (*arte, letter.*) mannerist.
manieristico, *a.* (*arte, letter.*) manneristic(al).
manièro, *m.* manor-house; mansion-house.
manieróso, *a.* affected; ceremonious; (*che ha buone maniere*) well-mannered.
manifattura, *f.* **1** manufacture: **m. dei cuoiami**, leather manufacture; **m. dei tabacchi**, tobacco manufacture; **m. della seta**, silk manufacture; **m. nazionale**, domestic manufacture; **m. estera**, foreign manufacture; **m. inglese**, English manufacture;

manifatturière

prezzo di m., manufacture price; **Sono manifatture di Biella,** they are Biella manufactures **2** (*fattura*) workmanship; make **3** (*fabbrica*) factory; manufactory: **Andiamo alla m.,** let us go to the manufactory **4** (*manufatto*) manufactured article.

manifatturière, *m.* **1** (*proprietario*) factory-owner **2** (*operaio*) factory operative; factory worker.

manifatturièro, *a.* manufacturing; factory (*attr.*): **industrie manufatturiere,** manufacturing industries.

manifestaménte, *avv.* openly.

manifestante, *m.* e *f.* demonstrator; manifestant.

manifestare, A *v. t.* to manifest; (*mostrare*) to show*; (*esporre*) to display; (*mettere in evidenza*) to evince; (*svelare*) to disclose; (*rivelare*) to reveal; (*esprimere*) to express; (*dichiarare*) to declare; **m. la propria gioia,** to manifest (*o* to express, to show) one's joy; **m. un segreto,** to disclose (*o* to reveal) a secret; **Le tue risposte manifestavano tanto saggezza quanto onestà,** your answers evinced both wisdom and integrity. **B** *v. i.* to demonstrate; to take* part in a demonstration. **manifestarsi, C** *v. rifl.* to manifest oneself; to show* oneself; to reveal oneself; to prove oneself: **m. amico,** to prove oneself (to be) a friend. ● **al primo m. di,** at the first sign of.

manifestazióne, *f.* **1** manifestation; display: **m. di gioia (d'amore)**, display (*o* effusion) of joy (of love); **La prima m. del pensiero è la parola,** the first manifestation of thought is speech **2** (*dimostrazione pubblica*) demonstration; manifestation: **una m. patriottica,** a patriotic demonstration **3** (*spettacolo pubblico*) show; display. ● **m. musicale,** festival.

manifestino, *m.* leaflet; (*distribuito a mano*) handbill.

manifèsto, A *a.* manifest; apparent; (*ovvio*) obvious; (*evidente*) evident; (*noto*) notorious, well-known: **una verità manifesta,** a manifest truth; **con gioia manifesta,** with evident joy; **i suoi manifesti difetti,** his obvious defects; **per cause non ancora ben manifeste,** for reasons not yet evident. ● **rendere m.,** to manifest; to reveal. **B** *m.* **1** manifesto*: **m. letterario,** literary manifesto **2** (*murale*) placard; poster; bill; (*cartellone*) play-bill; (*avviso*) notice: **attaccare un m.,** to put up a placard **3** (*naut.*) manifest. ● **il m. della stagione teatrale,** the program for the opera season □ (*naut.*) **registrare q.c. sul m. di carico,** to manifest.

maniglia, *f.* **1** handle; (*da tirare*) pull: **la m. della portiera,** the door-handle **2** (*naut.*) shackle; (*del timone*) spoke **3** (*sostegno per passeggeri nei tram, ecc.*) strap; handhold. ● **m. ferma cofano,** bonnet fastener □ (*edil.*) **m. per finestre,** window-pull.

maniglióne, *m.* (*naut., di catena*) clevis, shackle; (*di ancora*) ring.

manigóldo, *m.* rascal; rogue; scoundrel: **Pezzo di m.!,** you big rascal!

Manila, *f.* (*geogr.*) Manila.

manilla, A *f.* (*fibra*) Manil(l)a (hemp): **cavo di m.,** Manil(l)a rope. **B** *m.* (*sigaro di tabacco di Manila*) Manila cigar.

manina, *f.* **1** (*tipogr.*) index (mark) **2** (*bot., Clavaria*) club fungus*; fairy club.

manioca, *f.* (*bot., Manihot utilissima*) cassava; manioc.

manipolare, *v. t.* **1** to manipulate (*anche fig.*); to handle; to treat; (*impastare*) to knead, to mix: **m. la pasta,** to knead the dough **2** (*adulterare*) to adulterate; to doctor: **m. vini,** to adulterate wines **3** (*fig.*) to contrive; to devise; to hatch: **m. un imbroglio,** to contrive a piece of trickery.

manipolatóre, A *m.* **1** manipulator **2** (*adulteratore*) adulterator **3** (*fig.*) (intriguing) plotter; schemer **4** (*tel.*) Morse key. **B** *a.* manipulating.

manipolazióne, *f.* **1** manipulation; manipulating; handling: **manipolazioni chimiche,** chemical manipulations **2** (*adulterazione*) adulteration **3** (*fig.*) plotting; scheming.

manipolo, *m.* **1** (*fascio*) bundle; (*covone*) sheaf*; (*di lino, di canapa, ecc.*) strick **2** (*relig., stor.*) maniple; (*piccola schiera*) handful: **un m. d'eroi,** a handful of heroes.

maniscalco, *m.* farrier; shoeing-smith: **gli arnesi del m.,** a farrier's tools. ● **arte del m.,** farriery.

manismo, *m.* manism; ancestor cult.

manitù, *m.* (*etnologia*) manitou, manitu, manito.

manizza, *f.* **1** (*ciclismo*) cyclist's mitt **2** (*naut.*) helm grip.

manna, *f.* **1** (*Bibbia*) manna **2** (*fig.: cibo squisito*) delicious food; dainty dish; (*bevanda*) nectar **3** (*fig.: bene inaspettato*) godsend; blessing (from heaven); manna: **essere una m.,** to be a godsend; to be a (real) blessing **4** (*sostanza purgativa*) manna. ● **aspettare la m. dal cielo,** to take things as they come.

mannàggia, *inter.* (*fam.*) hang it!; confound it!; damn!

mannàia, *f.* **1** (*del boia*) axe; (*lama della ghigliottina*) blade of the guillotine **2** (*del macellaio*) cleaver. ● (*fig.*) **essere sotto la m.,** to sit on a barrel of gunpowder (*fam.*).

mannaro, *a.* ~ **lupo m.,** bogy, bogey; (*licantropo*) werewolf*.

mannèlla, *f.* (*di grano*) small sheaf*; (*di spago*) hank.

mannèllo, *m.* handful; bundle; (*covone*) sheaf*.

mannequin (*franc.*), *f. invar.* mannequin; model.

mannite, *f.* (*chim.*) mannitol, mannite; manna sugar.

mannòsio, *m.* (*chim.*) mannose.

mano, *f.* **1** hand: **la m. destra (sinistra),** the right (left) hand; **La m. sinistra non sappia quello che fa la destra,** do not let thy left hand know what thy right hand is doing; **mani di fata** (*o* **d'oro**), fairy hands; **a m. aperta (chiusa),** with one's hands open (closed); **con le mani in tasca,** with one's hands in one's pockets; **col cappello in m.,** with one's hat in one's hand (*o* hat in hand); **tendendosi per m.** (*o* **con la m. nella m.**), hand in hand; **con m. pesante,** with a heavy hand; **una m. maestra,** a master hand; **afferrare q.c. a due mani,** to grasp st. with both hands; **alzare la m.,** to raise (*o* to lift) one's hand; **alzare la m. su q.,** to lift one's hand against sb.; **aprire** (*o* **allargare**) **la m.,** to open one's hand; **baciare la m. (le mani) a q.,** to kiss sb.'s hand (hands); **bagnarsi le mani,** to wet one's hands; **bagnarsi le mani di sangue,** to stain one's hands with blood; **battere le mani,** to clap hands; **cambiare m.,** to change hands; **di propria m.,** by one's own hand; **imbrattarsi le mani,** to soil one's hands (*anche fig.*); **legare q. mani e piedi,** to bind sb. hand and foot; **passare da una m. all'altra,** to pass from hand to hand; **prendere q. per (la) m.,** to take sb. by the hand; **prendersi per m.,** to join hands; **stringere** (*o* **giungere**) **le mani** (*intrecciando le dita*), to clasp one's hands; **stropicciarsi** (*o* **fregarsi**) **le mani,** to rub one's hands; **tendere** (*o* **stendere**) **la m.,** to hold out one's hand; (*chiedere l'elemosina*) to beg (for alms); **tenere (condurre) q. per (la) m.,** to hold (to lead) sb. by the hand; **tenere le mani a posto,** to keep one's hands off **2** (*potere, balia*) hand; power: **L'isola cadde in m. dei Turchi,** the island fell into the hands of the Turks; **Tutta l'azienda è nelle sue mani,** the whole business is in his hands; **Il tiranno è ormai in nostra m.,** the tyrant is now in our power **3** (*parte, lato, direzione*) hand; side; direction: **a m. destra (sinistra),** on the right (left) (hand); **da m. destra (sinistra),** from the right (left) (hand); (*di veicoli*) **contro m.,** on the wrong side of the road; (*nella circolazione stradale*) **tenere la propria m.,** to keep to one's own side of the road **4** (*scrittura*) hand; handwriting: **una lettera tutta di sua m.,** a letter all in his (*o* her) own hand (*o* handwriting) **5** (*tocco*) hand; touch: **Ci si vede la sua m.,** you can see his hand in it; you can see he had a hand in it; **Ci si vede subito la m. di un maestro,** you can see at once the hand of a master in it; **dare l'ultima m. a q.c.,** to give st. the last hand (*o* the finishing touch) **6** (*di tinta, di vernice*) coat; layer: **dare la prima m. (di vernice),** to give the first coat (of paint); **dare un'altra m.,** to put on another coat **7** (*nei giochi di carte*) hand: **fare un'altra m.,** to play another hand; **vincere in tre mani una partita,** to win a game in three hands (*o* rounds). ● **m. d'opera,** *V.* **manodòpera**; □ **man m.,** little by little; gradually; by degrees □ **la M. Nera,** the Black Hand □ **affidare q. in buone mani,** to put sb. into good hands □ **alla m.,** easy-going; affable; friendly; (*semplice*) plain; (*maneggevole*) handy: **un tipo alla m.,** an easy-going fellow □ **a m., by** hand; (*aeron.: di bagaglio*) carry-on □ **a m. a m. che** (*o* **di m. in m. che**), as; while: **Scrissi i nomi a m. a m. che erano dettati,** I wrote the names down as they were dictated □ **a m. armata,** armed: **rapina a m. armata,** armed robbery □ **a man salva,** without any risk □ **a mani piene,** with one's hands full □ **a mani vuote,** with one's hands empty; empty-handed: **tornare a mani vuote,** to come back empty-handed □ **andare per le mani di tutti** (*essere divulgato*), to pass through everyone's hands □ **a piene mani** (*o* **a larga m.**), profusely □ **a portata di m.,** within reach; to hand; at hand; handy □ **un atto legale per m. di notaio,** a deed under a notary's hand □ (*nei giochi di carte*) **avere la m.,** to have the lead; to be the first to play □ **avere le mani bucate,** to be a spendthrift □ (*fig.*) **avere le mani di burro,** to be butter-fingered; to be a butter-fingers □ **avere le mani legate,** to have one's hands tied □ (*fam.*) **avere le mani in pasta,** to have a finger in the pie □ **avere m. in q.c.** (*avervi parte*), to have a hand in st. □ (*fig.*) **avere la m. larga,** to be open-handed □ **avere la m. leggera,** to have a light hand (at st.) □ **avere m. libera,** to have a free hand □ (*fig.*) **avere le mani lunghe** (*essere propenso al furto*), to be light-fingered □ (*fig.*) **avere la m. stretta,** to be close-fisted □ **avere per** (*o* **tra**) **le mani un lavoro,** to have a piece of work in hand □ **avere tanto in m. da mandare q. in galera,** to have enough evidence to send sb. to jail □ **averci m.** (*attitudine*) **a q.c.,** to have a hand for st. □ **averci la m.** (*essere pratico*), to know one's job (*fam.*) □ **azionato a m.,** hand-operated □ **calcare la m.** (*sui deboli*), to lay a heavy hand (on the weak) □ **campare col lavoro delle proprie mani,** to earn one's living (*o* one's daily bread); to live on one's salary (wages, etc.) □ (*fig.*) **caricare la m.,** to exaggerate □ **chiedere la m. di una signorina,** to ask for a young lady's hand □ **col cuore in m.,** in all sincerity; with one's heart on one's sleeve (*fam.*) □ **colpo di m.,** «coup de main» (*franc.*); sudden (and vigorous) attack □ **consegnare q.c. a mano,** to deliver st. by hand □ (*d'abito*) **cucito a m.,** hand-tailored □ **dalle mani spor-**

mansuetùdine

che, dirty-handed □ **denaro alla m.**, ready money □ **dare di m. a q.c.**, to lay hands on st.; to take up st. □ **dare la m. a q.**, to shake sb.'s hand; to shake hands with sb. □ **dare una m. a q.**, to lend (*o* to bear, to give) a hand to sb.; to help sb.: **Vuoi darmi una m. col bagaglio?**, will you please help me with the luggage? □ **dare una m. di bianco a q.c.**, to whitewash st. □ **di antica m.**, of ancient date; old-dated □ **di lunga m.**, a long time before; long since; a long while ago; long ago; of old (*lett.*): **Lo conoscevo di lunga m.**, I had met him long ago; I had known him for a long time □ **di prima m.**, at first hand; directly □ **di seconda m.**, at second hand; indirectly: **cose di seconda m.**, second-hand things; **ricevere notizie di seconda m.**, to get some news at second hand; **una citazione fatta di seconda (di terza) m.**, a second-hand (third-hand) quotation □ **di sotto m.**, secretly; on the sly □ **fare la m. (a q.c.)**, to get one's hand in □ **fare man bassa**, to plunder; to pillage □ (*fig.*) **far toccare con m. q.c. a q.**, to make sb. realize st. □ (*fig.*) **farsi prendere la m. da q.**, to lose control over sb. □ **fuori (di) m.**, out of the way; remote; secluded □ **giocare di m.** (*truffare*), to cheat □ **gioco di m.** (*di prestigio*), legerdemain (*franc.*); sleight of hand □ **governare con m. ferrea**, to rule with a heavy hand (*o* with a rod of iron) □ **in m. sicura**, in good hands □ **lasciar m. libera**, to give (*o* to allow) a free hand □ **lasciarsi scappare di m. un'occasione**, to miss an opportunity □ **lasciarsi scappare** (*o* **sfuggire**) **q.c. di m.**, to let st. slip out of one's hand □ **lavarsi le mani di q.c.**, to wash one's hands of st.: **Me ne lavo le mani!**, I shall wash my hands of it!; I'll have nothing to do with it!; □ **lavorato** (*o* **fatto**) **a m.**, hand-made □ (*fig.*) **legare le mani a q.**, to thwart sb. □ **luoghi fuori di m.**, places off the beaten track □ **mangiare in m. a q.**, to eat out of sb.'s hand □ **menare le mani**, to fight □ **mettere m. alla borsa**, to open (*o* to untie) the purse-strings; to pay □ **mettere m. a una bottiglia di cognac**, to uncork a bottle of cognac □ **mettere m. a un lavoro**, to put (*o* to set) one's hand to a task; to begin (*o* to start) a piece of work □ **mettere le mani addosso a q.**, to lay hands on sb. □ **mettere m. alla penna**, to set pen to paper □ **mettere m. alla spada**, to draw one's sword □ (*fig.*) **mettere le mani avanti**, to safeguard oneself □ **mettere la m.** (*o* **le mani**) **sopra q.c.**, to lay hands on st. □ **mettersi in m. d'un buon medico**, to put oneself into the hands of a good doctor □ (*fig.*) **mettersi le mani nei capelli**, to be at one's wits' end; to tear one's hair □ **mettersi una mano sulla coscienza**, to lay one's hand upon one's heart □ **mordersi le mani** (*pentirsi di q.c.*), to realize how foolish one is (*o* was): **Quando ci penso, mi morderei le mani**, when I think of it, I realize how foolish I was □ **ottenere la m. d'una signorina**, to win a young lady's hand □ **parlare con il cuore in m.**, to wear one's heart on one's sleeve □ **perdere la m.** (*a q.c.*) (*perdervi la pratica*), to lose one's skill (in st.); to be out of practice □ **per m. di** (*tramite*), through □ **una persona stretta di m.**, a stingy person □ **un pezzo di musica a quattro mani**, a double sonata □ **portare la m. al cappello**, to touch one's hat □ **portare q. in palma di m.**, to praise sb. to the skies □ **prendere il coraggio a due mani**, to take one's courage in both hands □ **prendere in m. q.c.** (*occuparsi di q.c.*), to take st. in hand □ **prendere la m.** (*di cavalli*), to get out of hand □ (*fig.*) **prendere la m. a q.**, to get out of (sb.'s) control □ **ricamo a m.**, hand embroidery □ **riconoscere la m. di q.** (*anche scrittura*), to recognize sb.'s hand □ **rimanere** (*o* **stare**) **con le mani in m.**, not to lift a hand (*o* a finger); to twiddle one's thumbs □ **rimanere con un pugno di mosche in m.**, to be left empty-handed □ **una stretta di m.**, a hand-shake □ (*leg.*) **tenere m. a q.**, to aid and abet sb. □ **tenere le mani** (*frenarsi*), to control oneself □ **toccare con m. q.c.** (*rendersene pienamente conto*), to realize st.; to learn st. by experience □ **venire alle mani**, to come to blows □ **vincere a mani basse**, to win hands down □ **Giù le mani!**, hands off! □ **Mani in alto!**, hands up! □ (*fig.*) **Metterei la m. sul fuoco!**, I'd swear on it! □ **Mi caschino le mani se...**, I'll eat my hat if... (*fam.*); I'll be hanged if... (*pop.*) □ (*nei giochi di carte*) **Ora la m. tocca a lui!**, now it is his lead! □ **Qua la m.!**, let's shake hands! □ (*fig.*) **Si possono dare la m.**, they row (*o* sail) in the same boat (*fam.*) □ **Si serve di tutto quello che gli capita fra le mani**, all is fish that comes to his net (*fam.*) □ (*prov.*) **Una m. lava l'altra (e tutte e due lavano il viso)**, one hand washes the other (and both of them wash the face).

manodòpera, *f.* (*econ.*) **1** labour; manpower; work-people: **m. femminile**, female labour; **m. qualificata (non qualificata)**, skilled (unskilled) labour; **m. straniera**, foreign manpower **2** (*costo*) cost of labour. ● **a corto di m.**, (*di datore di lavoro*) short-handed; (*di fabbrica*) underhanded, undermanned.

manomésso, *a.* **1** that has been tampered with; (*aperto indebitamente*) unduly opened; (*violato*) violated, infringed **2** (*stor. romana*) manumitted; set free.

manòmetro, *m.* (*fis.*) manometer; pressure gauge, gage (*USA*): **m. a mercurio**, mercury manometer; **m. campione**, master-gauge; **m. del carburante**, fuel pressure gauge; **m. dell'olio**, oil pressure gauge.

manométtere, *v. t.* **1** to tamper (with); (*aprire indebitamente*) to open unduly; (*rovistare*) to rummage; (*violare*) to violate, to infringe: **m. una lettera**, to open a letter unduly; **m. un cassetto**, to rummage (in) a drawer; **m. un documento**, to tamper with a document; **m. un diritto**, to violate a right **2** (*falsificare*) to alter; to falsify **3** (*stor. romana: liberare da schiavitù*) to manumit; to release from slavery; to set* free: **m. uno schiavo**, to manumit a slave.

manomissióne, *f.* **1** tampering (with); (*di una lettera e sim.*) unduly opening; (*violazione*) violation, infringement **2** (*stor. romana*) manumission.

manomissóre, *m.* (*stor. romana*) manumitter.

manomòrta, *f.* (*leg.*) mortmain; dead hand: **soggetto a diritto di m.**, subject to mortmain; **abolizione della m.**, abolition of mortmain.

manonéra, *f.* (*associazione segreta*) Black Hand.

manòpola, *f.* **1** (*mecc.*) hand grip; ball grip; (*pomello*) knob **2** (*di manubrio*) handlebar grip **3** (*risvolto*) cuff **4** (*guanto*) mitten **5** (*stor.*) gauntlet.

manoscritto, **A** *a.* handwritten. **B** *m.* manuscript (*abbr.*: MS.); (*da stampare*) copy: **un m. latino**, a Latin manuscript; **la sala dei manoscritti**, the MS. Department.

manovalanza, *f.* **1** (*l'insieme dei manovali*) hodmen (*pl.*); labourers (*pl.*); unskilled workers (*pl.*) **2** (*la loro opera*) unskilled labour.

manovale, *m.* hodman*; unskilled worker; labourer; laborer (*USA*). ● **m. di porto**, longshoreman.

manovèlla, *f.* crank; winch. ● (*autom.*) **m. di avviamento**, starting-handle □ **m. motrice**, driving-handle □ (*cinem.*) **dare il primo giro di m.**, to start shooting; to begin filming.

manovellismo, *m.* (*mecc.*) crank gear (*o* mechanism).

manòvra, *f.* **1** (*mil.*) manoeuvre; maneuver (*USA*): **grandi manovre**, manoeuvres; field-practice (*sing.*); **eseguire manovre**, to perform manoeuvres; **manovrare** (*anche fig.*) **2** (*ferr.*) shunting; marshalling: **locomotiva di m.**, shunting engine; **stazione di m.**, marshalling yard (*o* sorting siding, *o* sorting depot) **3** (*pl., naut.*) rigging (*sing.*); ropes; cordage (*sing.*): **manovre fisse (correnti)**, standing (running) rigging **4** (*fig.*: *maneggio, raggiro*) manoeuvre; scheme; trick; move: **manovre parlamentari**, parliamentary manoeuvres; **accorgersi delle manovre di q.**, to detect sb.'s manoeuvres (*o* tricks). ● (*ferr.*) **m. a spinta**, pushing off □ (*ferr.*) **m. dello scambio**, throwing over the points □ (*fin.*) **manovre di borsa**, stock market speculation (*sing.*) □ (*pol.*) **manovre di corridoio**, lobbying □ **una m. falsa**, a false move (*o* movement) □ (*naut.*) **m. del timone**, rudder control □ (*naut.*) **m. per serrare le vele**, brail □ (*naut.*) **camera di m.**, control room □ (*di un'automobile*) **fare m.**, to manoeuvre □ (*polit.*) **fare manovre di corridoio**, to lobby.

manovràbile, *a.* manoeuvrable; maneuverable (*USA*).

manovrabilità, *f.* manoeuvrability; maneuverability (*USA*); (*d'un aereo*) controllability.

manovrare, **A** *v. t.* **1** to manoeuvre; to maneuver (*USA*); (*guidare*) to steer; to handle; (*azionare*) to operate: **m. una nave**, to steer a ship; **m. una barca**, to handle a boat; **m. un meccanismo**, to operate a machine **2** (*ferr.*) to shunt: **m. lo scambio**, to shunt a train **2** (*fig.*) to conduct; to manage; to control; to handle. ● **potere m. q. a proprio piacimento**, to have sb. in one's pocket (*fam.*). **B** *v. i.* **1** to manoeuvre; to maneuver (*USA*) **2** (*fig.*) to manoeuvre; to scheme; to plot.

manovrato, *a.* **1** manoeuvred; open **2** (*fig.*) influenced; manipulated **3** (*calcio*) tactical; skillful.

manovratóre, *m.* (*escogitatore d'espedienti*) manoeuvrer **2** (*di un tram*) (tram-)driver; (*di macchine*) operator **3** (*ferr.*) signalman*; (*scambista*) pointsman*, shunter, switchman*.

manovrièro, **A** *a.* manoeuvring; maneuvering (*USA*). **B** *m.* (*fig.*) manoeuvrer; schemer.

manrovèscio, *m.* **1** (*ceffone*) (back-handed) slap; backhander **2** (*colpo di spada*) back-handed blow; backstroke.

mansalva, *a., locuz. avv.* without any risk; (*liberamente*) freely.

mansarda, *f.* (*archit.*) mansard: **tetto a m.**, mansard-roof.

mansionàrio, *m.* subdivision of functions.

mansióne, *f.* (*incarico*) office; (*dovere*) duty; (*compito*) task, function: **compiere le proprie mansioni**, to do (*o* to perform) one's duty. ● **avere le mansioni di presidente**, to act as chairman □ **impiegato con mansioni direttive**, executive.

mansuefare, **A** *v. t.* **1** to tame (*anche fig.*): **m. le fiere**, to tame wild animals **2** (*fig.*) to subdue; to appease; to soothe: **m. l'ira**, to appease one's anger. **B** *v. rifl.* to become* tame (*o* docile); to grow* submissive.

mansuèto, *a.* **1** (*addomesticato, anche fig.*) tame **2** (*mite, docile*) mild; meek; gentle; docile.

mansuetùdine, *f.* **1** tameness **2** (*mitezza, docilità*)

mildness; meekness; gentleness; docility.
manta, *f.* (*zool.*, *Manta birostris*) manta (ray); devil-fish.
mantèca, *f.* (*pomata*) pomade; (*impasto*) thick mixture, paste.
mantecare, *v. t.* to whisk.
mantecato, A *a.* whipped; beaten; wisked. B *m.* soft ice-cream.
mantèlla, *f.* mantle; cloak.
mantellina, *f.* cape.
mantèllo, *m.* 1 mantle, cloak (*anche fig.*); (*soprabito*) overcoat, coat: **un m. col cappuccio**, a cloak with a hood; **il m. nero della notte**, Night's black mantle 2 (*di animale*) coat; hair; fur 3 (*mecc.*) shell. ● (*fig.*) **mutare m.**, to turn one's coat; to change one's opinion; to change sides □ **un cavallo dal m. scuro**, a dark-coated horse □ **coperto da un m. d'edera**, ivy-mantled.
mantenére, A *v. t.* 1 (*generalm.*) to maintain; to keep*; (*reggere*) to hold*; (*continuare*) to keep* up: **m. immobile**, to keep steady; **m. il proprio buon nome**, to maintain one's reputation; **m. il silenzio**, to hold one's tongue; to keep silent; **m. la corrispondenza con q.**, to keep up a correspondence with sb.; **m. la pace e l'ordine**, to maintain peace and order; (*mil.*) **m. una posizione**, to hold a position; **m. un segreto**, to keep a secret; **m. fermi i propri propositi**, to hold fast (*o* to stick) to one's intentions; **m. q. in vita**, to keep sb. alive; **m. viva la memoria di q.**, to keep sb.'s memory alive (*o* green); to keep up the memory of sb.; **m. le strade** (*in buono stato*), to maintain roads 2 (*sostenere*) to support; to maintain; to keep*: **m. una famiglia (i genitori)**, to support (*o* to maintain, to keep) a family (one's parents); **m. un figlio all'università**, to maintain a son at the university; **m. una donna** (*tenerla per amante*), to keep a woman 3 (*adempiere*) to keep*; to carry out (*soddisfare*) to fulfil: **m. i propri propositi**, to carry out one's plans; **m. la parola data**, to keep one's word; **m. una promessa**, to keep (*o* to fulfil) a promise; to deliver on one's promise 4 (*sostenere*) to maintain, to uphold*; (*difendere*) to support, to defend; (*conservare*) to preserve: **m. un'asserzione**, to maintain a statement. ● (*naut.*) **m. la rotta**, to stand on □ **m. le proprie idee**, (*anche*) to stick to one's guns (*fam.*) □ **non m. un appuntamento**, to break an appointment □ **non m. la parola (data)**, to go back on (*o* upon) one's word □ **Lo dico e lo mantengo**, I mean what I say. **mantenersi**, B *v. rifl.* 1 to keep* (oneself); to maintain oneself; (*serbarsi*) to remain: **Il tempo si mantenne bello**, the weather kept fine; **m. calmo**, to remain calm; to keep one's (*o* a level) head (*fam.*); to keep one's wits about one (*fam.*); **m. fedele a q.**, to be loyal (*o* faithful) to sb.; to hold true to sb.; **m. in forma** (*o* **in gamba**), to keep fit; **m. libero**, to keep oneself free; **m. sano**, to keep (oneself) in good health; **m. uniti**, to keep together; **m. in contatto con q.**, to keep in touch with sb.; **m. a galla**, to keep afloat 2 (*sostentarsi*) to earn one's living; to keep* oneself: **Si mantiene facendo lavori saltuari**, he earns his living by doing odd jobs. ● **m. bene** (*avere un aspetto giovanile*), to look very well (for one's age) □ **m. col proprio lavoro**, to earn one's living □ **m. di pari passo con q.**, to keep up with sb. □ **m. in corrispondenza con q.**, to keep up a correspondence with sb. □ **m. in equilibrio**, to keep one's balance (*fam.*: one's feet) □ **non avere da m.**, not to have enough to live on □ **Si mantiene lautamente**, he lives in luxury □ **I prezzi si mantennero bassi**, prices ruled low.
mantenimento, *m.* 1 (*generalm.*) maintenance; keeping; (*sostentamento*) support; (*adempimento*) fulfilment; (*conservazione*) preservation; (*osservanza*) observance; (*manutenzione*) upkeep: **il m. di una famiglia (dell'ordine pubblico, ecc.)**, the maintenance of a family (of public order, etc.); **il m. d'una promessa**, the keeping (*o* fulfilment) of a promise; **il m. delle istituzioni democratiche**, the preservation of democratic institutions; **provvedere al proprio m.**, to earn one's keeping; **Lo Stato deve provvedere al m. delle biblioteche pubbliche**, the State must see to the upkeep of public libraries 2 (*leg.*: *alimenti*) alimony. ● (*med.*) **dose di m.**, maintenance dose.
mantenitóre, *m.* **mantenitrice**, *f.* maintainer; keeper; preserver; (*sostenitore*) supporter: **un m. della parola**, a word-keeper.
mantenuta, *f.* (*spreg.*) kept woman*; mistress.
mantenuto, *m.* (*spreg.*) gigolo.
màntice, *m.* 1 bellows (*pl.*): **un m.**, a pair of bellows; **il soffiare del m.**, the roaring of the bellows; **tirare il m.**, to blow the bellows 2 (*di carrozza, auto, ecc.*) hood; (*folding*) top (*USA*) 3 (*di macchina fotografica*) bellows (*pl.*) 4 (*ferr.*) diaphragm. ● **a m.**, folding; accordion (*attr.*) □ (*fam.*) **soffiare come un m.**, to puff and blow; to puff (*o* to blow) like a grampus.
màntide, *f.* (*zool.*, *Mantis religiosa*) (praying) mantis*.
mantiglia (1), *f.* mantilla.
mantiglia (2), *f.* **mantiglio**, *m.* (*naut.*) lift.
mantissa, *f.* (*mat.*) mantissa.
manto, *m.* 1 mantle: **il m. reale**, the royal mantle 2 (*fig.*) mantle; cloak; disguise; pretence: **i campi coperti da un m. di neve**, the fields covered with a mantle of snow (*o* mantled with snow); **sotto il m. dell'amicizia**, under the mantle (*o* cloak) of friendship. ● **m. d'asfalto**, asphalt surface □ **m. stradale**, feather-edge.
Màntova, *f.* (*geogr.*) Mantua.
mantovana, *f.* 1 (*archit.*) gableboard 2 (*di tendaggio*) pelmet.
mantovano, *a.* e *m.* Mantuan.
manuale, A *a.* manual; hands-on (*fam.*): **arti manuali**, manual arts; **lavoro m.**, manual work; **attività manuali**, hands-on activities. B *m.* 1 manual; handbook; treatise; (*d'istruzioni*) workbook: **un m. di stenografia**, a shorthand manual 2 (*tastiera d'organo*) manual; keyboard.
manualista, *m.* e *f.* manualist; compiler (of manuals).
manualistico, *a.* of a handbook; manual-like.
manualità, *f.* manual dexterity.
manualizzare, *v. t.* 1 to render manual 2 (*compendiare in un manuale*) to put* into manual form.
manualménte, *avv.* manually; by hand.
manùbrio, *m.* 1 handle; (*di bicicletta, motocicletta*) handle-bar 2 (*attrezzo per ginnastica*) dumb-bell; bar-bell.
manufatto, *m.* manufactured article; manufacture; handwork.
manutèngolo, *m.* 1 (*complice*) accomplice; (*ricettatore*) receiver of stolen goods; lock-all-fast (*gergo*) 2 (*mezzano*) go-between.
manutentóre, *m.* maintenance (*o* service) man*.
manutenzióne, *f.* 1 maintenance; upkeep: **la m. d'un edificio**, the upkeep of a building 2 (*mecc.*) maintenance; servicing: **m. ordinaria**, routine maintenance; periodical servicing. ● **eseguire la m.**, to service □ **per difetto di m.**, through neglect.
manzaniglio, *m.* (*bot.*) manzanillo.
manzanilla (*spagn.*), *f.* «manzanilla» (pale aromatic dry sherry).
manzo, *m.* 1 (*zool.*) steer 2 (*carne macellata*) beef: **m. arrosto**, roast beef; **brodo di m.**, beef-tea; **lesso di m.**, boiled beef.
manzoniano, A *a.* of Manzoni: **lo stile m.**, the style of Manzoni; **la teoria manzoniana**, Manzoni's (linguistic) theory. B *m.* follower of Manzoni's linguistic theory; imitator of Manzoni.
maoismo, *m.* (*polit.*) Maoism.
maoista, *m.* e *f.* (*polit.*) Maoist.
maomettano, *a.* e *m.* Mohammedan.
maomettismo, *m.* Mohammedanism.
Maométto, *m.* Mohammed.
maóna, *f.* (*naut.*) lighter; barge.
maònia, *f.* (*bot.*, *Mahonia aquifolia*) mahonia.
maòri, *a.* e *m.* Maori.
mappa, *f.* map; (*d'una città o zona*) plan; (*carta naut.*) chart: **m. catastale**, cadastral map; **m. geologica**, geological map; **una m. del cielo**, a map of the heavens; (*biol.*) **m. genetica**, genetic map.
mappamóndo, *m.* 1 map of the world 2 (*globo*) globe: **m. celeste**, celestial globe.
maquillage (*franc.*), *m.* (*trucco del volto*) make-up.
maquis (*franc.*), *m.* (*polit., stor.*) maquis.
marabù, *m.* (*zool.*, *Leptoptilus crumeniferus*) marabou stork.
marabutto, *m.* (*nei vari sensi*) marabout.
maraca, *f.* (*portoghese*), *f.* (*mus.*) maraca.
marachèlla, *f.* trick; prank: **fare una m.**, to play a trick; **le marachelle degli scolari**, the pranks of schoolboys.
maragià, *m.* maharaja(h).
maramaldo, *m.* person who attacks the defenceless.
maramèo, *inter.* fiddledeedee!; snooks! ● **fare m.**, to make a long nose (*pop.*); to cock a snook, to thumb one's nose (at sb.) (*pop.*).
marangóne, *m.* (*zool.*, *Phalacrocorax carbo*) cormorant. ● **m. dal ciuffo** (*Phalacrocorax aristotelis*), green cormorant; shag.
maranta, *f.* (*bot.*, *Maranta arundinacea*) arrowroot.
marasca, *f.* (*bot.*) morello; marasca (cherry).
maraschino, *m.* maraschino.
marasco, *m.* (*bot.*, *Prunus cerasus*) morello tree; marasca cherry(-tree).
marasma, *m.* 1 (*med.*) marasmus; (progressive) emaciation: **m. senile**, senile marasmus; senility 2 (*fig.*: *decadenza*) decay; (progressive) decline: **m. intellettuale**, intellectual decay 3 (*fig.*: *confusione*) chaos.
marasso, *m.* (*zool.*, *Vipera berus*) viper.
maratóna, *f.* (*sport*) Marathon race; long-distance race. ● (*scherz.*) **fare una m.**, to go a long way.
Maratóna, *f.* (*geogr.*) Marathon.
maratonèta, *m.* (*sport*) Marathon runner; long-distance runner.
maravìglia, e *deriv.* V. **meravìglia**, e *deriv.*
marc', *inter.* (*mil., sport*) march!: **Avanti m.!**, forward march!
marca (1), *f.* 1 mark; sign 2 (*ind.*) brand (name); mark; (*fabbricazione*) make: **m. di fabbrica**, trade-mark; **m. depositata**, registered trade-mark; **un cappotto di ottima m.**, an overcoat of first-class make 3 (*scontrino*) check; token 4 (*bollo*) stamp: **m. da bollo**, revenue stamp. ● (*naut.*) **m. di bordo libero**,

freeboard marking.
marca (2), *f.* (*stor.*) march; marchland.
marcaménto, *m.* (*sport*) marking.
marcantònia, *f.* (*fam.*) tall, stout woman*.
marcantònio, *m.* (*fam.*) tall, stout man*.
Marcantònio, *m.* (*stor.*) Mark Antony.
marcapèzzi, *m.* e *f.* (*tecn.*) marker.
marcapiano, *m.* (*archit.*) string-course.
marcapunto, *m.* (*strumento da calzolaio*) pricker; pricking wheel.
marcare, *v. t.* **1** to mark; to check; (*marchiare*) to brand: **m. il bestiame,** to brand the cattle; **m. la biancheria,** to mark the linen **2** (*fig.*: *far spiccare*) to mark; to emphasize; to underline; to stress **3** (*sport*) to mark; (*segnare*) to score: **m. un goal,** to score a goal. ● (*mil.*) **m. visita,** to report sick; to malinger.
marcasìte, marcassìte, *f.* (*miner.*) marcasite.
marcatèmpo, *m.* **1** (*persona*) time-keeper **2** (*strumento*) time-recorder.
marcato, *a.* **1** marked **2** (*ben distinto*) marked; sharp; prominent: **lineamenti marcati,** marked features.
marcatóre, *m.* **1** marker; brander **2** (*sport:* *chi marca un avversario*) marker; (*chi segna punti*) scorer.
marcatrice, *f.* (*tecn.*) marking machine.
marcatura, *f.* **1** (*il marcare*) marking; branding **2** (*sport*) scoring; (*marcamento*) marking.
Marc'Aurèlio, *m.* (*stor.*) Marcus Aurelius.
Marcèllo, *m.* Marcellus.
marcescènte, *a.* (*lett.*) marcescent.
marcescènza, *f.* (*lett.*) marcescence.
Marche, *f. pl.* (*geogr.*) (the) Marches.
marchésa, *f.* marchioness; (*non ingl.*) marquise.
marchésato, *m.* marquisate.
marchése, *m.* marquis; marquess.
Marchési, Isole, *f. pl.* (*geogr.*) (the) Marquesas (Islands).
marchesìna, *f.* daughter of a marquis.
marchesìno, *m.* son of a marquis.
marchétta, *f.* **1** (*marca assicurativa*) (insurance) stamp **2** (*nelle case di tolleranza*) (prostitute's) token.
marchiano, *a.* enormous; huge; gross: **spropositi marchiani,** gross mistakes.
marchiare, *v. t.* **1** to brand; to mark **2** (*bollare; anche fig.*) to stamp.
marchigiano, A *a.* of the Marches. **B** *m.* inhabitant (*o* native) of the Marches.
marchingégno, *m.* **1** device; contrivance; gadget **2** (*fig.*) clever expedient; dodge (*fam.*).
màrchio, *m.* **1** brand, mark (*anche fig.*); (*bollo*) stamp: **il m. sull'anca del cavallo,** the brand on the horse's hip; **il m. del traditore,** the brand of a traitor; **un m. d'infamia,** a brand (*o* mark) of infamy **2** (*ind.*) brand (name); mark; (*fabbricazione*) make: **m. di fabbrica,** trade-mark **3** (*ind.: stampigliatura*) stencil; (*per segnare a fuoco*) brand(ing) iron.
marchionale, *a.* of a marquis.
màrcia (1), *f.* (*pop.: pus*) pus; matter: **far m.,** to form pus.
màrcia (2), *f.* **1** march (*anche mil.*): **una m. di dieci miglia,** a ten-mile march; **una giornata di m.,** a day's march; **una m. forzata,** a forced march; **a marce forzate,** by forced marches; **essere in m.,** to be on the march; **una m. della pace,** a peace march; (*stor.*) **la m. su Roma,** the march on Rome **2** (*autom.*) gear; speed; (*funzionamento di macchina, motore, ecc.*) running: **m. avanti,** forward gear (*o* speed); **andare a m. avanti,** to go in forward gear; **un cambio a quattro (cinque) marce,** a four-speed (five-speed) gearbox **3** (*mus.*) march: **una m. funebre,** a dead (*o* funeral) march; **una m. militare,** a military march; **la m. nuziale di Mendelssohn,** Mendelssohn's wedding march. ● (*mecc.*) **m. sovramoltiplicata,** overdrive □ **far m. indietro,** (*autom.*) to go in reverse; (*naut.*) to go astern; (*fig.: ritirarsi*) to withdraw □ (*autom.*) **cambio di m.,** shift □ (*autom.*) **inversione di m.,** reverse; u-turn □ (*autom.*) **mettere in m.,** to start up □ **uscire a m. indietro,** to back out.
marciano, *a.* St. Mark's (*attr.*): **biblioteca marciana,** St. Mark's Library; **codice m.,** codex in St. Mark's Library.
marciapiède, *m.* pavement; foot-path; side-walk (*USA*); (*ferr.*) platform; (*naut.*) footrope: **Camminate sul m.!,** walk on the pavement! ● **battere il m.,** to walk the streets □ **donna da m.,** prostitute; street-walker.
marciare, *v. i.* **1** to march (*anche mil.*): **m. quaranta miglia al giorno,** to march forty miles a day **2** (*fam.: funzionare*) to go*; to run* **3** (*sport*) to walk. ● (*fig.*) **m. da gran signore,** to live like a lord □ (*fig.*) **m. diritto,** to behave properly; to toe the line □ **m. in testa,** to lead the march.
marciatóre, *m.* **1** marcher **2** (*sport*) road-walker.
màrcio, A *a.* **1** rotten; putrid; spoiled; bad; decayed: **acquaccia marcia,** putrid water; **legname m.,** rotten wood; **terra marcia,** rotten ground; **un dente m.,** a decayed (*o* bad) tooth; **un uovo m.,** a rotten (*o* bad) egg; **Queste pere stanno diventando marce,** these pears are going bad **2** (*fig.*) rotten; corrupt; depraved: **avere il cuore m.,** to be rotten to the core; to be rotten-hearted; **una società marcia,** a corrupt society; **gente marcia,** depraved people. ● **a tuo m. dispetto,** in spite of you □ **avere torto m.,** to be quite wrong □ **quasi m.,** tainted □ (*prov.*) **Una pecora marcia ne guasta un branco,** one scabbed sheep will mar a whole flock. **B** *m.* **1** rottenness; badness; (*parte marcia*) rotten part; rot; (the) bad: **tagliare via il m.,** to cut out the rotten part; **Ci dev'essere del m.,** there must be something rotten **2** (*pus*) pus; matter **3** (*fig., anche*) rottenness; corruption; depravity: **il m. della società,** the corruption of society. ● **puzzare di m.,** to smell rotten □ **sapere di m.,** to taste rotten.
marcìre, *v. i.* **1** to rot; to putrefy; to decay; to go* bad: **Queste mele marciscono,** these apples are going bad **2** (*di piaga*) to suppurate; to fester: **La ferita marciva,** the wound was suppurating **3** (*della canapa e sim.: macerare*) to macerate; to ret **4** (*fig.*) to rot; to waste away: **essere lasciato a m. in prigione,** to be left to rot in jail; **m. nell'ozio,** to waste away in idleness.
marcìta, *f.* water-meadow.
marcitóio, *m.* macerating-vat; retting-pit.
marciume, *m.* **1** rot; rottenness **2** (*pus*) pus; (corrupt) matter **3** (*fig.*) corruption; depravity.
marco, *m.* (*moneta*) mark.
Marco, *m.* Mark.
marconigrafìa, *f.* wireless telegraphy.
marconigramma, *m.* marconigram; radiogram.
marconìsta, *m.* e *f.* wireless (*o* radio) operator.
marconiterapìa, *f.* (*med.*) diathermy.
mare, *m.* **1** sea: **Il m. è calmo come l'olio,** the sea is like a sheet of glass; **il fondo del m.,** the bottom of the sea; **la superficie del m.,** the surface of the sea; **l'azzurro del m.,** the blue of the sea; **un braccio di m.,** an arm of the sea; an inlet; **i quattro mari,** the four seas; **il M. Adriatico,** the Adriatic Sea; **il M. Mediterraneo,** the Mediterranean Sea; **Venezia, la regina dei mari,** Venice, the mistress of the seas; **al di là dei mari,** beyond the seas; **in balìa del m.,** at the mercy of the sea; **saltare in m.,** to jump into the sea; **viaggiare per terra e per m.,** to travel by land and sea **2** (*naut.*) sea: **m. agitato,** rough sea; **m. calmo,** calm sea; **m. corto** (*o* **rotto**), choppy sea; **m. di poppa,** following sea; **m. di prua,** head sea; **m. grosso,** heavy (*o* very rough) sea; **m. leggermente mosso,** slight sea; **m. libero,** open sea; **m. lungo,** long sea; **m. mosso,** moderate sea; **m. piatto,** smooth sea; **m. tempestoso,** very high sea; **m. vecchio** (*o* **morto**), hollow sea; swell; **m. in bonaccia,** calm (*o* smooth) sea; **m. in burrasca,** stormy sea; **m. di traverso,** sea abeam; **m. aperto,** at sea; **in alto m.,** on the high seas; **correre il m.** (*dei corsari*), to rove (over) the sea; **mettersi in m.,** to take to the sea; **navigare in alto m.,** to be on the high seas; **prendere il m.,** to put (out) to sea; **scendere in m.** (*di nave che si vara*), to take the sea; **tenere il m.,** to keep the sea **3** (*luogo al mare*) seaside: **andare al m.** (*in gita, in vacanza*), to go to the seaside; **luogo di villeggiatura al m.,** seaside resort **4** (*fig.: grande quantità*) sea; flood; multitude; crowd: **un m. di guai,** a sea of troubles; a good deal of trouble; **un m. di gente,** a flood (*o* crowd) of people; a multitude; **un m. di lacrime,** a flood of tears; **un m. di luce,** a flood of light; **un m. di roba,** a multitude of things; heaps of things; **un m. di sangue,** a sea (*o* seas) of blood; **un m. di volti,** a sea of faces. ● **un m. di scienza,** a well of learning □ (*fig., scherz.*) **m. magno,** great confusion; bustle; tumult: **nel m. magno della metropoli,** in the bustle of the metropolis □ (*fig.*) **un m. senza fondo,** a bottomless pit □ **acqua di m.,** sea-water; salt water □ **aria di m.,** sea-air □ **atto a tenere il m.,** seaworthy □ **azzurro come il m.,** sea-blue □ **bagni di m.,** sea-bathing □ **brezza di m.,** sea-breeze □ **cercare per terra e per m.,** to search high and low; to look all over the place □ **circondato dal m.,** surrounded by the sea; sea-girt □ **città di m.,** sea(side) town □ **colpo di m.,** sea-stroke □ **frutti di m.,** sea-food (*sing.*); shell-fish □ **gente di m.,** seafaring people; seamen □ (*naut.*) **gettare in m.,** to throw overboard; (*per diminuire il carico*) to jettison □ (*fig.*) **essere in alto m.,** not to know which way to turn □ **in m. aperto,** off shore □ **il livello del m.,** the sea-level □ **lupo di m.,** sea-dog □ **mal di m.,** sea-sickness □ **mettere in m. una barca,** to set a vessel afloat □ **nato dal m.,** sea-born □ **nave di alto m.,** sea-going ship □ **pesci di m.,** sea-fish □ (*fig.*) **portare acqua al m.,** to carry coals to Newcastle □ **porto di m.,** seaport □ **profondo come il m.,** sea-deep □ **promettere mari e monti,** to promise the moon (*o* the earth) □ **la riva del m.,** the seaside; (*litorale*) sea-shore □ **sbattuto dal m.,** sea-tossed □ **solcare i mari,** to plough the seas (*o* the waves) □ (*comm.*) **spedire via m.,** to ship □ **la spiaggia del m.,** the seashore □ **spuma di m.,** sea-foam □ **uccello di m.,** sea-bird; sea-fowl □ **uomo di m.,** seaman; sailor; mariner, seafarer (*lett.*) □ **vento di m.,** sea-breeze □ **la vita del m.,** a seafaring life □

marèa

Un uomo in m.!, man overboard! □ (*fig.*) È un vero porto di m., it's a regular beehive □ (*prov.*) Loda il mare e tienti alla terra (*o* alla riva), praise the sea, but keep on land.

marèa, *f.* 1 (*naut.*) tide: **alta (bassa) m.**, high (low) tide; **m. crescente (discendente)**, flood (ebb) tide; **m. massima (minima)**, spring (neap) tide; **stretta di m.**, tide-gate; **tavola della m.**, tide-table; **La m. è favorevole**, the tide serves 2 (*massa fluida*) sea: **una m. di fango**, a sea of mud 3 (*fig.*) stream: **una m. di gente**, a stream of people.

mareggiare, *v. i.* 1 to surge; to swell 2 (*fig.*) to fluctuate: **il m. della folla**, the fluctuating of the crowd.

mareggiata, *f.* sea-storm.

maréggio, *m.* undulation.

marèmma, *f.* maremma*: **svernare nella m.**, to winter in the maremma; **buscarsi le febbri lavorando in M.**, to get the malaria working in the Maremma.

maremmano, **A** *a.* maremma (*attr.*); of the Maremma. ● **febbre maremmana**, marsh fever; malaria fever. **B** *m.* inhabitant (*o* native) of the Maremma.

maremòto, *m.* sea-quake; submarine earthquake. ● **onda di m.**, tidal wave.

marèngo, *m.* marengo.

mareogràfico, *a.* marigraphic, mareographic.

mareògrafo, *m.* tide-gauge; marigraph, mareograph.

mareogramma, *m.* marigram.

mareòmetro, *m.* tide gauge.

maresciallo, *m.* 1 (*sottufficiale*) warrant-officer 2 (*ufficiale*) marshal: **M. dell'Aria**, Marshal of the Royal Air Force; General of the Air Force (*USA*); **m. di campo**, field-marshal. ● **m. d'alloggio**, quartermaster □ (*fig.*) **ottenere il bastone di m.**, to rise to the highest rank.

marétta, *f.* 1 choppy (*o* short) sea 2 (*fig.*) troubled waters (*pl.*). ● **fare m.**, to chop.

marezzare, *v. t.* to marble; to vein; (*stoffe*) to water; (*vetri*) to wave.

marezzato, *a.* marbled; veined; (*di stoffe*) watered, moiré; (*di vetri*) waved: **carta marezzata**, marbled paper; **marmo m.**, veined marble.

marezzatura, *f.* marbling; (*di stoffe*) watering.

marézzo, *m.* marbling; (*di stoffe*) watering; (*di vetri*) wave, waving.

margàrico, *a.* (*chim.*) margaric.

margarina, *f.* (*cucina*) margarine.

margherita, **A** *f.* 1 (*bot.*, *Chrysanthemum leucanthemum*) (ox-eye) daisy; marguerite; moonflower: **cospargere di margherite**, to cover with daisies; **tempestato di margherite**, daisy-spangled 2 (*di macchina da scrivere*) daisy wheel. **B** *a.* – **pasta m.**, dough for a sponge cake; **torta m.**, sponge cake; **pizza m.**, Neapolitan pizza with mozzarella cheese.

Margherita, *f.* Margaret; (*dim.*) Mag, Maggie, Meg, Meggie, Peg, Peggie, Greta.

margheritina, *f.* (*bot.*, *Bellis perennis*) daisy; gowan (*scozz.*).

marginale, *a.* 1 marginal (*anche filos.*); fringe (*attr.*): **postille marginali**, marginal notes; **zona m.**, fringe area 2 (*fig.*) secondary; incidental.

marginalménte, *avv.* 1 marginally 2 (*fig.*) incidentally.

marginare, *v. t.* 1 to edge; to border 2 (*tipogr.*) to margin.

marginatóre, *m.* margin(al) stop.

marginatura, *f.* 1 margining; edging 2 (*margine*) margination; border; edge 3 (*tipogr.*) furniture.

màrgine, *m.* 1 margin; edge; (*di un disegno*) border; (*parte*) side; (*sponda*) bank; (*orlo*) brink; (*labbro*) lip: **il m. della strada**, the side of the road; **il m. d'un fiume**, the bank of a river; the river-side; **il m. d'un fosso**, the brink of a ditch; **i margini d'una ferita**, the lips of a wound; **il m. inferiore (superiore)**, the bottom (the top) margin; **annotare (q.c.) in m. (a un libro)**, to enter (st.) in the margin of a page 2 (*tipogr.*: *regolo di metallo*) furniture 3 (*comm.*) margin: **un m. di guadagno**, a margin of profit; **lasciare un m.**, to leave a margin; **prezzi che offrono un buon m.**, prices affording a fair margin (of profit); **Non ci sarebbe m.**, there would be no margin. ● **ai margini della legalità**, just inside the law □ **ai margini della società**, on the fringe of society □ (*fig.*) **in m.**, secondarily; collaterally □ **lasciare m. alla fantasia**, to give free play to one's imagination □ **postille in m.**, marginal notes.

margóne, *m.* 1 (*marna*) marl; loam rock 2 (*gora di mulino*) mill-pond.

margòtta, *f.* (*agric.*) 1 (*metodo di riproduzione artificiale*) layerage; layering 2 (*ramo trapiantato*) layer: **fare una m.**, to make a layer.

margottare, *v. t.* (*agric.*) to layer: **m. garofani**, to layer carnations.

margottièra, *f.* (*agric.*) marcot vase (*o* container).

margraviato, *m.* (*stor.*) margraviate.

margràvio, *m.* (*stor.*) margrave.

Maria, *f.* Mary; (*dim.*) Moll, Molly, Poll, Polly.

Marianna, *f.* Marian, Marianne.

mariano, *a.* (*relig.*) of Mary; Marian: **il mese m.**, the month of Mary; May.

maricoltóre, *m.* mariculturist.

maricoltura, *f.* mariculture.

marijuana (*spagn.*), *f.* marijuana, marihuana; grass, hash, Mary Jane (*pop.*).

marimba, *f.* (*mus.*) marimba.

marina, *f.* 1 marine; navy (*anche mil.*): **m. mercantile**, mercantile marine; **prestar servizio in m.**, to serve in the Navy; **entrare (o arruolarsi) in m.**, to join the Navy 2 (*costa*) marina; sea-coast; (*riva del mare*) sea-shore, sea-side: **navigare lungo la m.**, to sail along the shore 3 (*lett.*: *mare*) sea; ocean; main 4 (*pitt.*) marine; sea-piece; sea-scape: **una delle marine di Salvator Rosa**, one of the marines of Salvator Rosa; **un pittore di marine**, a marine-painter. ● **fanteria di m.**, marines (*pl.*) □ **Ministero della M.**, Admiralty □ **Ministro della M.**, First Lord of the Admiralty □ **ufficiale di m.**, naval officer; officer in the Navy.

marinàio, *m.* 1 seaman*; sailor; mariner, seafarer (*lett.*); (*soldato di marina*) marine, blue jacket: **un m. provetto**, a good (*o* an able) seaman; **diventare m.**, to become a sailor; (*letter.*): **La ballata del vecchio m.**, the Rime of the Ancient Mariner 2 (*pl.*: *equipaggio*) crew. ● **m. d'acqua dolce**, freshwater sailor; landlubber (*gergo naut.*, *spreg.*) □ **m. di vedetta**, look-out □ **una promessa da m.**, a dicer's oath □ **vecchio m.**, shellback (*gergo naut.*).

marinara, *f.* 1 (*vestito*) sailor suit 2 (*cappello*) sailor hat.

marinare, *v. t.* (*cucina*) to marinate; to marinade; to pickle. ● (*fig.*) **m. una lezione**, to cut a lesson □ (*fig.*) **m. la scuola**, to play truant; to play hookey (*USA*) □ (*scherz.*) **tenere q. (q.c.) a m.**, to keep sb. (*o* st.) in pickle.

marinarésco, *a.* sailorly; sailor-like; seamanly; seaman-like. ● **alla marinaresca**, sailor-like □ **canzoni marinaresche**, sea-songs □ **il gergo m.**, the sailors' jargon.

marinaro, **A** *a.* seafaring; sea (*attr.*): **una nazione marinara**, a seafaring nation; **amare la vita marinara**, to love a seafaring life. ● **vestito alla marinara**, sailor suit □ (*cucina*) **zuppa alla m.**, fish-soup □ **Vestivamo alla marinara**, we always wore sailor suits. **B** *m.* V. **marinàio**.

marinata, *f.* (*cucina*) marinade (sauce).

marinato, (*cucina*) **A** *a.* marinated; pickled: **pesce m.**, pickled fish. ● (*fig.*) **fritto e m.**, quite settled. **B** *m.* (*vivanda marinata*) marinade.

marineria, *f.* marine; navy (*anche mil.*).

marinismo, *m.* (*letter.*) Marinism.

marinista, *m.* e *f.* (*letter.*) Marinist.

marino, *a.* marine; sea (*attr.*): **acqua marina**, sea-water; salt water; (*gemma*) aquamarine; **aria marina**, sea-air; **verde m.**, sea-green; **brezza marina**, sea-breeze; **correnti marine**, sea-currents; **piante marine**, sea-vegetation; **uccelli marini**, sea-birds; **mostro m.**, sea-monster; **alga marina**, sea-weed; (*zool.*; *pesce*) **aquila marina** (*Myliobates*), eagle ray; (*zool.*) **cavalluccio m.** (*Hippocampus*), sea-horse; (*zool.*) **vitello m.** (*Phoca vitulina*), sea-calf; seal; **un paesaggio m.**, a sea-scape.

Màrio, *m.* Marius.

marioleria, *f.* 1 roguery 2 (*azione da mariolo*) knavish trick; roguery.

mariòlo, *m.* rogue; scoundrel; rascal (*anche fam. scherz.*); (*truffatore*) swindler, cheat, crook (*fam.*); (*ladruncolo*) pilferer.

marionétta, *f.* 1 marionette; puppet: **teatro delle marionette**, puppet-theatre 2 (*fig.*) puppet; tool: **È una m. nelle loro mani**, he is a tool in their hands. ● **fare la m.**, to play the fool.

marionettista, *m.* e *f.* marionette-player; puppet-player.

marionettistico, *a.* marionette, puppet (*attr.*).

maritàbile, *a.* marriageable.

maritale, *a.* marital; husbandly: **autorità m.**, marital authority.

maritalménte, *avv.* maritally; conjugally; as if married.

maritare, **A** *v. t.* 1 to marry (off); to give* in marriage (to): **m. la propria figlia a un uomo ricco**, to marry one's daughter to a rich man; **m. tutte le figliole**, to marry off all one's daughters 2 (*fig.*) to mate; to join; to unite: **m. le viti agli olmi**, to mate the vines with the elms. **B** *v. rifl.* (*di uomo*) to get* married; (*di donna*) to marry: **Si maritò con un francese**, she married a Frenchman; **Si sono maritati domenica scorsa**, they got married last Sunday. ● **m. bene**, to make a good match.

maritata, *f.* married woman*.

marito, *m.* husband: **essere una perla di m.**, to be the best of husbands; **non trovare m.**, to be unable to find a husband. ● **cercare m. disperatamente**, to run after every young man □ **una figlia da m.**, a daughter of marriageable age □ **prendere m.**, to get married □ (*prov.*) **Il buon m. fa la buona moglie**, a good husband makes a good wife □ (*prov.*) **Tra moglie e m. non met-**

tere il dito, never interfere between husband and wife.
maritòzzo, *m.* (*cucina*) bun.
marìttimo, A *a.* maritime; sea (*attr.*); naval; marine: **assicurazione marittima**, marine insurance; **commercio m.**, sea trade; **leggi marittime**, maritime laws; **trasporti marittimi**, sea-transportation; **una città marittima**, a sea-town; **una potenza marittima**, a naval power; (*geogr.*) **le Alpi Marittime**, the Maritime Alps. ● **Società di Navigazione Marittima**, Steamship Company. **B** *m.* seaman*; sailor.
marketing (*ingl.*), *m.* (*econ.*) marketing.
marmàglia, *f.* rabble; riff-raff; mob.
marmellata, *f.* jam; (*di agrumi*) marmalade: **m. di uva spina**, gooseberry jam.
marmétta, *f.* (*edil.*) marble tile.
marmìfero, *a.* marble (*attr.*).
marmista, *m.* marble-cutter; worker in marble.
marmitta, *f.* **1** (*pentola*) pot **2** (*autom.*) silencer; muffler (*USA*) **3** (*geol.*) pot-hole. ● (*geol.*) **marmitte dei giganti**, giant's kettles.
marmittóne, *m.* raw recruit; rookie, rookey, rooky (*gergo mil.*).
marmo, *m.* marble: **m. di Carrara**, Carrara marble; **una colonna di m.**, a marble pillar; **una statua di m.**, a marble statue; **una cava di m.**, a marble-quarry; **duro come il m.**, marble-hard; **scolpire nel m.**, to cut in marble; to engrave upon marble; **una lastra di m.**, a slab of marble; **un monumento di m.**, a marble monument. ● (*fig.*) **avere il cuore di m.**, to be marble-hearted □ (*fig.*) **essere diventato un pezzo di m.**, to be benumbed with cold □ **duro come il m.**, as hard as stone □ (*fig.*) **faccia di m.**, stony face.
marmòcchio, *m.* (*scherz.*) little one; tot; kid (*fam.*); brat (*spreg.*): **Mia sorella ha già tre marmocchi**, my sister has already three little ones; **Dove sono i marmocchi?**, where are the kids?
marmòreo, *a.* marmoreal (*lett.*); marble (*attr.*): **una statua marmorea**, a marble statue.
marmorizzare, *v. t.* to marble; to marbleize (*USA*).
marmorizzato, *a.* marbled; marbleized (*USA*).
marmorizzazióne, *f.* marbling; marbleization (*USA*).
marmòtta, *f.* **1** (*zool.*, *Marmota*) marmot **2** (*fig.*) drone; lazy-bones. ● (*zool.*) **m. americana** (*Marmota monax*), ground-hog; woodchuck □ **dormire come una m.**, to sleep like a dormouse.
marna, *f.* (*geol.*) marl; loam rock.
Marna, *f.* (*geogr.*) Marne.
marnare, *v. t.* (*agric.*) to fertilize (with marl); to marl.
marnièra, *f.* (*geol.*) marl-pit.
marnóso, *a.* marly.
marocchino, A *a.* of Morocco; Moroccan. **B** *m.* **1** Moroccan **2** (*cuoio*) morocco (leather): **rilegature in m.**, morocco bindings.
Maròcco, *m.* (*geogr.*) Morocco.
maronita, *m.* (*relig.*) Maronite.
maróso, *m.* billow; breaker; roller; surge. ● **spuma di m.**, surf.
marpióne, *m.* cunning (*o* crafty) person; sly fellow.
marra, *f.* (*agric.*) hoe; mattock: **una mano indurita dalla m.**, a mattock-hardened hand **2** (*per la calcina*) hoe **3** (*naut.*) fluke.
marràncio, *m.* (butcher's) cleaver; chopper.
marrano, *m.* **1** (*stor.*) Marrano, Marano **2** (*fig.*: *traditore*) renegade **3** (*scherz.*: *villanzone*) boor; cad; churl (*lett.*).
marróne (1), A *a.* brown: **guanti marroni**, brown gloves. **B** *m.* **1** (*bot.*) chestnut(-tree) **2** (*castagna*) chestnut; marron: **marroni canditi**, marrons glacés **3** (*il colore*) brown: **essere vestito di m.**, to be dressed in brown.
marróne (2), *m.* (*pop.*: *grossolano errore*) blunder: **pigliare un m.**, to make a blunder.
marronéto, *m.* chestnut-grove.
marron glacé (*franc.*), *locuz. m.* glazed chestnut; marron glacé.
marrùbio, *m.* (*bot.*, *Marrubium vulgare*) horehound.
marrùca, *f.* (*bot.*, *Paliurus spina-Christi*) Christ's-thorn.
marsala, *m. invar.* marsala (wine).
marsc', *inter.* march: **Avanti m.!**, forward march!
Marsìglia, *f.* (*geogr.*) Marseille(s).
marsigliése, A *a.* of Marseilles. ● (*edil.*) **tegola m.**, (French) gutter-tile. **B** *m.* (*abitante di Marsiglia*) Marseillais. **C** *f.* **1** (*abitante di Marsiglia*) Marseillais **2** (*inno nazionale francese*) (the) Marseillaise (*edil.*) (French) gutter-tile.
marsina, *f.* dress-coat; tail-coat; tails (*pl.*).
marsuino, *m.* (*zool.*, *Phocaena phocaena*) porpoise.
marsupiale, *a. e m.* (*zool.*) marsupial.
marsùpio, *m.* (*zool.*) marsupium*; pouch.
Marta, *f.* Martha.
martagóne, *m.* (*bot.*, *Lilium martagon*) martagon (lily); Turk's-cap (lily).
Marte, *m.* (*mitol.*, *astron.*) Mars. ● **campo di M.**, field of Mars; drill-ground; parade-ground.
martedì, *m.* Tuesday: **il m. grasso**, Shrove Tuesday.
martellaménto, *m.* **1** hammering; beating; thumping

(*V.* **martellare**) **2** (*delle tempie, ecc.*) throbbing **3** (*mecc.*: *di valvole*) pounding-in; hammering-in; (*rumore*) knock(ing); pounding.
martellante, *a.* **1** hammering; beating; pounding; thumping: **rumore m.**, hammering sound; pounding noise **2** (*fig.*: *insistente*) incessant; repeated; continuous; reiterant: **domande martellanti**, continuous questioning **3** (*detto di dolore*) throbbing.
martellare, *v. t. e i.* **1** to hammer (*anche fig.*): **m. il ferro**, to hammer iron; **m. le posizioni del nemico**, to hammer at the enemy positions **2** (*battere*) to beat*; (*picchiare*) to strike*; to thump, to pound (*anche fig.*): **m. il ferro fin che è caldo** (*anche fig.*), to strike the iron while it is hot; **m. l'uscio** (*o* **all'uscio**), to hammer at the door; **Il cuore mi martellava forte**, my heart was thumping away **3** (*foggiare*) to shape (by hammering) **4** (*pulsare*) to throb: **Le tempie mi martellano**, my temples are throbbing **5** (*torturare*) to rack: **La gelosia lo martellava**, he was racked by jealousy **6** (*mil.*, *anche*) to pound: **m. una posizione**, to pound a position. ● **m. a freddo**, to cold-hammer □ **m. a penna**, to peen □ (*fig.*) **m. q. di domande**, to fire questions at sb. □ (*fig.*) **martellarsi il cervello**, to rack (*o* to cudgel) one's brains □ **Dagli, picchia e martella, ha ottenuto quanto voleva**, he spared no efforts (*o* pains), but at last he got what he wanted.
martellata, *f.* **1** hammer blow **2** (*fig. fam.*) heavy blow. ● (*fig.*) **una m. al cuore**, a terrible shock.
martellato, *a.* hammered: **ferro m.**, hammered ironwork; **cristallo m.**, hammered crystal. ● **m. a freddo**, cold-hammered □ **m. a penna**, peened □ (*mus.*) **note martellate**, martellato notes.
martellatóre, *m.* **1** (*operaio*) hammerer **2** (*fig.*: *di pugile*) slugger.
martellatura, *f.* hammering.
martellétto, *m.* **1** (*del pianoforte*) hammer **2** (*di presidente d'assemblea, ecc.*) gavel **3** (*di macchina da scrivere*) type-bar **4** (*strumento medico*) percussion hammer. ● (*fis.*) **m. del distributore**, rotor arm.
martelliano, *m.* (*poesia*) line of fourteen syllables.
martellina, *f.* (*di muratore*) pick; mason's hammer; (*per rifinire pietre sbozzate*) hack-hammer, facing-hammer; (*di scultori*, *scalpellini*) marteline.
martellinare, *v. t.* (*edil.*) to stab.
martellìo, *m.* **1** (incessant) hammering **2** (*delle tempie, ecc.*) throbbing.
martellista, *m.* **1** (*atletica*) hammer thrower **2** (*min.*) rock drill operator.
martèllo, *m.* **1** hammer: **la testa del m.**, the hammer-head; **la bocca d'un m.**, the pane (*o* face) of a hammer(-head); **la penna** (*o* **il taglio**) **d'un m.**, the peen of a hammer(-head); **m. da carpentiere**, claw hammer; **m. da calderaio**, boilermaker's hammer; **m. da maniscalco**, shoeing hammer; **m. da muratore**, brick-layer's hammer; **m. da aggiustatore**, fitter's hammer; **m. da bugnatura** (*o* **da tagliapietre**), stone-mason's hammer; **m. piano** (*da fabbro*), set hammer; **m. da vetraio**, glazier's hammer; **battere col m.**, to beat (*o* to strike) with a hammer; **m. per battere** **2** (*battente d'una porta*) (door) knocker **3** (*di campana*) hammer; (*d'orologio*) striker **4** (*sport*) hammer: **lancio del m.**, hammer-throw **5** (*anat.*) malleus*; hammer **6** (*di banditore d'asta*) gavel. ● **m. a ribadire**, riveting hammer ● **m. a spianare**, planishing hammer □ (*stor.*) **m. d'arme** (*o* **ferrato**), «martel-de-fer» (*franc.*); martel □ **m. da scultore**, marteline □ (*med.*) **m. percussore**, percussor □ **m. perforatore** (*da minatore*), hammer-drill □ **m. pneumatico**, pneumatic hammer □ **a forma di m.**, hammer-shaped □ **colpo di m.**, hammer-stroke □ (*med.*) **dito a m.**, hammer-toe □ (*fig.*) **essere fra l'incudine e il m.**, to be between the devil and the deep blue sea □ (*zool.*) **pesce m.** (*Sphyrna zygaena*), hammer-headed shark; hammerhead □ **piantare un chiodo a colpi di m.**, to hammer a nail in (*o* into) st. □ (*delle campane*) **suonare a m.**, to toll; to ring the tocsin □ (*stor.*) **torre a m.**, martello tower.
martinèllo, martinétto, *m.* (*mecc.*) jack: **m. a vite**, screw-jack; **m. idraulico**, hydraulic jack. ● (*ferr.*) **m. piegarotaie, jim-crow** □ **sollevamento col m.**, jacking □ **sollevare col m.**, to jack.
martingala, *f.* **1** (*cintura*) half-belt **2** (*negli altri sensi*) martingale.
Martinica, *f.* (*geogr.*) Martinique.
martinìcca, *f.* skid.
Martino, *m.* Martin.
martin pescatóre, *m.* (*zool.*, *Alcedo atthis*) kingfisher.
màrtire, *m. e f.* **1** martyr: **i primi martiri di Cristo**, the early Christian Martyrs **2** (*fig.*) martyr; victim: **un m. della scienza**, a martyr to science; **essere m. della propria ambizione**, to be a victim to one's ambition; **essere m. di q.**, to be the martyr of sb.; (*scherz.*) **fare il** (*o* **atteggiarsi a**) **m.**, to make a martyr of oneself; to play the martyr.
martirio, *m.* **1** martyrdom: **la palma del m.**, the palm of martyrdom; **ricevere il m.**, to receive the palm of martyrdom

martirizzare

2 (*fig.*) torture; torment. ● **Fu proprio un'ora di m.!**, it was hell upon earth!
martirizzare, *v. t.* **1** to martyrize; to martyr **2** (*fig.*) to rack; to torture; to torment; **Vattene! Non mi m.!**, do go away! stop tormenting me!
martirològio, *m.* martyrology. ● **M. romano**, Martyrs' calendar.
màrtora, *f.* (*zool.*, *Martes*) marten: **m. comune** (*Martes martes*), pine marten.
martoriare, *v. t.* to rack; to torture; to torment: **Non martoriarmi con i tuoi lamenti!**, don't torment me with all your complaints!
marxiano, *a.* (*econ.*) Marxian.
marxismo, *m.* (*polit.*) Marxism.
marxismo-leninismo, *m.* (*polit.*) Marxism-Leninism.
marxista, *a., m. e f.* (*polit.*) Marxist.
marxistico, *a.* (*polit.*) Marxist.
marza, *f.* (*agric.*) graft; scion.
marzaiòla, *f.* (*zool.*, *Anas querquedula*) garganey.
marzaiòlo, *a.* March (*attr.*).
marzapane, *m.* (*cucina*) marzipan; marchpane.
marziàle, *a.* **1** martial; (*militare*) military; (*guerriero*) warlike: **corte m.**, court martial; **legge m.**, martial law; **un'aria m.**, a martial air; (*sport*) **arti marziali** (*judo, ecc.*), martial arts; **un contegno m.**, a military bearing; **un suono m. di tromba**, the warlike sound of a trumpet **2** (*chim.*) ferruginous; iron (*attr.*).
Marziàle, *m.* (*stor. letter.*) Martial.
marzialità, *f.* martialism; bellicosity; warlike qualities (*pl.*).
marziàno, **A** *a.* Martian. **B** *m.* **1** Martian **2** (*fam. fig.*) odd man* out (*pop.*).
màrzio, *a.* (*di Marte*) of Mars; (*marziale*) martial, warlike: **Campo M.**, field of Mars.
marzo, *m.* March; **il 24 m.**, the 24th of March; March 24th; **le idi di m.**, the ides of March. ● (*fig.*) **essere nato di m.**, to be as mad as a March hare; to be screwy.
marzolino, *a.* of March; March (*attr.*).
mas, *m.* (*naut.*) motor torpedo-boat (*abbr.* M.T.B.).
mascalcìa, *f.* farriery.
mascalzonata, *f.* rascally (*o* dirty) trick. ● **Sono mascalzonate!**, only a rascal would do such things!
mascalzóne, *m.* rascal; rogue; scoundrel; scamp; blackguard: **Che m.!**, what a rascal!
mascara, *m. invar.* (*cosmetica*) mascara.
mascarpóne, *m.* «mascarpone» (a kind of Italian soft cheese).
mascavato, *m.* (*zucchero grezzo*) muscovado.
mascèlla, *f.* **1** (*anat.*) jaw; jaw-bone: **la m. inferiore** (**superiore**), the lower (upper) jaw; **slogarsi le mascelle**, to dislocate one's jaws **2** (*mecc.*) jaw: **m. da frantoio**, crushing-jaw. ● (*scherz.*) **lavorare di mascelle**, to munch; to chew.
mascellare, (*anat.*) **A** *a.* maxillary; jaw (*attr.*): **ossa mascellari**, maxillary bones; jaw-bones. ● **dente m.**, molar tooth; grinder □ **muscolo m.**, masseter; masticatory muscle. **B** *m.* jaw-bone.
màschera, *f.* **1** (*generalm.*) mask; (*stor.*: *d'elmo*) visor, vizor; (*fig.*) mask, cloak, disguise: **m. antigas**, gas-mask; (*med.*) **m. per anestesia**, mask for anaesthesia; **una m. di velluto**, a velvet mask; **I Romani talvolta recitavano senza m.**, the Romans sometimes played without wearing masks; (*anche fig.*) **gettare** (*o* **levarsi**) **la m.**, to throw (*o* to pull) off one's mask; (*anche fig.*) **mettersi la m.**, to put on a mask; **portare la m.**, to wear a mask; **tradire q. sotto la m. dell'amicizia**, to deceive sb. under the mask (*o* the cloak) of friendship; **Giù la m.!**, drop your mask! **2** (*persona mascherata*) mask; masker; masquerader **3** (*costume*) fancy dress: **mettersi in m.**, to put on a fancy dress **4** (*calco del viso d'un defunto*) death-mask **5** (*inserviente teatrale*) (theatre--)usher; (*se donna*) usherette **6** (*personaggio della commedia dell'arte*) mask-character; stock-character **7** (*archit.*) mask **8** (*autom.*) grille; louver: **m. per radiatore**, radiator-grille **9** (*mecc.*) jig: **m. a sagoma**, clamp jig. ● **m. da scherma**, fencing mask; face-guard □ **m. di bellezza**, face-mask; face-pack □ (*di attore comico*) **avere una m. molto espressiva**, to have a very expressive face □ **avere il viso come una m.**, to be heavily made-up □ **una commedia con le maschere**, a masked comedy □ **in m.**, masked; (*travestito*) in disguise: **un ballo in m.**, a masked ball; a fancy--dress ball □ **mezza m.**, half-mask; domino □ (*di persona*) **parere una m.**, to look (so) funny □ (*fig.*) **strappare la m. a q.**, to unmask sb.
mascheraménto, *m.* **1** masking; (*fig.*) disguise **2** (*mil.*) camouflage **3** (*telev.*) blanking; blackout (*USA*).
mascherare, **A** *v. t.* **1** to mask (*anche fig.*); (*coprire con una maschera*) to cover with a mask; (*travestire*) to disguise, to dress up; (*coprire in modo da nascondere*) to screen, to cloak; (*nascondere*) to conceal, to hide*, to veil: **m. la propria ambizione**, to mask one's ambition; **m. le proprie pretese**, to mask one's pretensions; **m. un bambino da principe**, to dress up a boy as a prince; **m. i propri sentimenti**, to conceal one's feelings **2** (*mil.*) to camouflage. ● (*autom.*) **nastro adesivo per m.**, masking tape.
mascherarsi, **B** *v. rifl.* to masquerade (*anche fig.*); (*travestirsi*) to disguise oneself, to dress up; (*nascondersi*) to conceal oneself, to hide* (oneself): **m. da gentiluomo**, to masquerade as a gentleman; **m. da spazzacamino**, to disguise oneself as a chimney--sweeper; **m. la faccia con un fazzoletto**, to hide one's face with a handkerchief; **Quest'anno ti maschieri?**, are you going to masquerade this year?
mascherata, *f.* masquerade (*anche fig.*): **prendere parte a una m.**, to take part in a masquerade.
mascherato, *a.* **1** masked; visored, vizored: (*mil.*) **una batteria mascherata**, a masked battery; **Erano tutti mascherati**, they were all of them masked; **L'ipocrisia mascherata di questa vecchia volpe**, the masked hypocrisy of this old fox **2** (*travestito*) disguised: **m. da monaco**, disguised as a monk **3** (*nascosto*) concealed; hidden. ● **un corso m.**, a procession of masks.
mascheratura, *f.* masking.
mascherina, *f.* **1** (*mezza maschera*) half mask **2** (*giovane mascherata*) girl in fancy dress; (*bambino mascherato*) child* in fancy dress **3** (*macchia sul muso di un animale*) patch **4** (*di calzatura*) toe-cap **5** (*mecc.*) template **6** (*autom.*) grille. ● **Ti conosco m.!**, you can't fool me!
mascheróne, *m.* **1** (*archit.*) mask **2** (*volto deformato*) disfigured face.
maschétta, *f.* (*naut.*) cheek (of the mast).
maschiàccio, *m.* **1** wild and boisterous boy **2** (*ragazza con modi mascolini*) tomboy; romp.
maschiare, *v. t.* (*mecc.*) to tapping.
maschiatrice, *f.* (*mecc.*) tapping-machine.
maschiatura, *f.* (*mecc.*) tapping.
maschiétta, *f.* boyish girl. ● **capelli alla m.**, bobbed hair; shingle.
maschiettare, *v. t.* (*mecc.*) to hinge.
maschiétto, *m.* **1** (*neonato*) baby-boy **2** (*mecc.*) hinge.
maschiézza, *f.* manliness; masculinity; virility.
maschile, **A** *a.* **1** masculine; male: **il sesso m.**, the male sex **2** (*virile*) virile; manly: **un aspetto m.**, a virile aspect; **una voce m.**, a manly voice **3** (*gramm.*) masculine: **il genere m.**, the masculine gender. ● **abiti maschili**, men's clothes □ **una scuola m.**, a school for boys; a boys' school. **B** *m.* (*gramm.*) masculine (gender).
maschilismo, *m.* sexism; male chauvinism.
maschilista, *a., m. e f.* sexist; male chauvinist.
màschio (1), **A** *a.* **1** male; masculine: **un animale m.**, a male animal **2** (*virile*) virile; manlike; manly; manful: **un aspetto m.**, a virile aspect; **con voce maschia**, in a manly voice **3** (*vigoroso*) vigorous; powerful: **uno stile m.**, a vigorous style; **la sua maschia eloquenza**, his powerful eloquence. ● **tre figlioli maschi**, three boys (*o* sons). **B** *m.* **1** (*ragazzo*) boy; (*uomo*) man*; (*figlio*) son; (*di un animale*) male: **Ho un m. e tre femmine**, I have one boy and three girls; **il m. della vipera**, the male of the viper **2** (*mecc.*) male; (*per filettare le viti*) tap.
màschio (2), *m.* (*di castello*) keep; donjon.
mascolinità, *f.* masculinity.
mascolinizzare, **A** *v. t.* to masculinize. **mascolinizzarsi**, **B** *v. rifl.* to become* masculine; to assume masculine ways.
mascolinizzazióne, *f.* masculinization.
mascolino, *a.* masculine; manly; manlike; mannish.
mascóne, *m.* (*naut.*) bow: **m. di dritta**, starboard bow.
mascotte (*franc.*), *f.* mascot.
maser, *m.* (*fis.*) maser.
masnada, *f.* set; gang; band: **una m. di contrabbandieri**, a set of smugglers; **una m. di ladri**, a gang of thieves.
masnadière, masnadièro, *m.* robber; highwayman*.
maso, *m.* holding; farm-stead; homestead.
masochismo, *m.* (*psic.*) masochism.
masochista, *m. e f.* (*psic.*) masochist.
masochistico, *a.* (*psic.*) masochistic; masochist (*attr.*).
masonite, *f.* (*costr.*) Masonite.
massa, *f.* **1** (*generalm.*) mass; (*volume*) bulk; (*grande quantità*) large number, multitude, huddle; (*mucchio*) heap, lot(s): **una m. d'argilla**, a mass of clay; **una m. d'aria**, an air mass; (*pitt.*) **masse di luce e d'ombra**, masses of light and shade; (*polit.*) **elevare le masse**, to educate the masses; **una m. di cose**, a heap of things; **una m. di libri**, a heap of books; **una m. di corbellerie**, a lot of nonsense; **in m.**, in (a) mass; in a body; in a heap; in bulk; all together; as a whole **2** (*combriccola*) band; set; pack: **una m. di cretini**, a set of fools **3** (*fis.*) mass: **la m. d'un corpo**, the mass of a body; **m. atomica**, atomic mass; **m. critica**, critical mass; **m. di riposo**, rest mass; **m. inerziale**, inertial mass; **m. isotopica**, isotopic mass **4** (*elettr.*) earth; ground (*USA*) **5** (*mil.*) force. ● (*comm.*) **m. attiva**, assets □ (*geogr.*) **una m. d'acqua**, a great body of water □ **la m. del popolo**, the masses □ (*ind. si-*

derurgica) **m. di minerale parzialmente cotto**, slug □ (*leg.*) **m. ereditaria**, legal assets; hereditament □ (*comm.*) **m. fallimentare**, bankrupt's estate □ (*comm.*) **m. passiva**, liabilities □ **adunata in m.**, mass meeting □ **cultura di m.**, mass education □ **dimostrazioni di m.**, mass demonstrations □ **disertare una città in m.**, to stream out of a town (*fam.*) □ **far m.**, to mass □ **mezzi di comunicazione di m.**, mass (communication) media □ (*polit.*) **partito di m.**, party appealing to the masses □ **privo di** (*o* **senza**) **m.**, massless □ (*ind.*) **produzione in m.**, mass production □ **studio dei fenomeni di m.**, mass-observation.
massacrante, *a.* (*estenuante*) exhausting.
massacrare, *v. t.* **1** to massacre; to slaughter; to butcher **2** (*rovinare*) to ruin; to spoil; to murder **3** (*malmenare*) to maltreat; to abuse **4** (*fig.: stremare*) to exhaust.
massacratóre, *m.* **1** massacrer; slaughterer **2** (*gergo pugilistico*) slogger (*fam.*); slugger (*fam. USA*).
massacro, *m.* **1** massacre; slaughter; (*carneficina*) carnage, butchery **2** (*fig.: scempio*) havoc; (*cosa mal fatta*) disgrace, mess.
massaggiare, *v. t.* to massage.
massaggiatóre, *m.* masseur; massager.
massaggiatrice, *f.* masseuse.
massàggio, *m.* massage.
massàia, *f.* housewife*; housekeeper.
massàio, *m.* steward; (farm) manager: **essere un buon m.**, to be a thrifty manager.
massellare, *v. t.* (*metall.*) to beat* out.
massellatura, *f.* (*metall.*) beating out.
massèllo, *m.* **1** (*metall.*) ingot; lump **2** (*edil.*) block (of stone) **3** (*bot.*) duramen; heart-wood. ● **oro di m.**, solid gold.
Massènzio, *m.* (*stor.*) Maxentius.
masseria, *f.* farm.
masserizie, *f. pl.* household goods; household implements; (*insieme dei mobili*) furniture (*sing.*).
massetère, *m.* (*anat.*) masseter.
masseur (*franc.*), *m.* masseur.
massicciare, *v. t.* to metal; (*ferr.*) to ballast.
massicciata, *f.* road-bed; (*ferr.*) ballast.
massiccio, **A** *a.* **1** (*solido*) massive; solid; compact; massy; (*grosso*) bulky; (*robusto*) stout: **oro m.**, massive gold; **un edificio m.**, a massive building; **un uomo d'erudizione massiccia**, a man of solid learning **2** (*tozzo*) stocky; squat; square-built **3** (*grossolano*) gross; enormous; glaring: **spropositi massicci**, gross mistakes; blunders; howlers. **B** *m.* **1** (*geogr.*) massif: **il m. dell'Himalaia**, the massif of the Himalayas **2** (*naut.*) deadwood.
massificare, *v. t.* to standardize.
massificazióne, *f.* standardization.
massima, *f.* **1** (*principio, norma*) maxim; principle; rule; norm: **stabilire come m.**, to establish as a principle; **m. giuridica**, juridical norm **2** (*sentenza*) maxim; precept: **massime morali**, moral maxims **3** (*detto*) saying; (*motto*) motto; (*aforisma*) aphorism: **una m. cinese**, a Chinese saying **4** (*grado massimo di temperatura*) maximum (temperature). ● **un accordo di m.**, an informal agreement □ **in linea di m.**, as a general rule; generally speaking; (*nel complesso*) on the whole □ **per m.**, as a rule; (*nell'insieme*) on the whole: **Dice di no a tutti per m.**, as a rule, he says «no» to everybody □ **principi di m.**, general rules.
massimale, **A** *a.* maximal; maximum; highest. **B** *m.* **1** limit; ceiling: **m. di reddito**, income limit **2** (*ass.*) maximum rate; line.
massimalismo, *m.* (*polit.*) maximalism.
massimalista, *m.* (*polit.*) maximalist.
massimalistico, *a.* (*polit.*) maximalist (*attr.*).
massimaménte, *avv.* chiefly; principally; (*per la maggior parte*) mostly; (*soprattutto*) above all; (*specialmente*) especially, particularly.
massimàrio, *m.* collection of maxims.
màssime, *avv.* (*lett.*) mainly.
Massimiliano, *m.* Maximilian; (*dim.*) Max.
massimizzare, *v. t.* to maximize (*anche mat.*).
massimizzazióne, *f.* maximization (*anche mat.*).
Màssimo, *m.* Maximus.
màssimo, **A** *a. superl.* maximum; greatest; largest; most; utmost; (*il più alto*) highest; top, peak (*attr.*); (*il più lungo*) longest; (*il migliore*) best: **il m. rendimento**, the maximum efficiency; **il tempo m.**, the maximum time; (*sport*) the time-limit; **il prezzo m.**, the top price; (*mat.*) **il m. comun divisore**, the greatest common divisor; **il m. poeta**, the greatest poet; **il m. dei nostri poeti**, the greatest of our poets; **alla massima velocità**, at the greatest speed; at top speed; **al m. grado**, in the highest degree; **la temperatura massima**, the highest temperature; (*comm.*) **la cifra** (**l'offerta**) **massima**, the highest figure (bid); **la massima parte**, the largest part; **il pericolo m.**, the utmost danger; **la distanza massima**, the longest distance; **dedicare la massima cura a q.c.**, to pay one's best attention to st.; **al m.**, at (the) most; **in massima parte**, for the most part; mostly. ● **il Pontefice M.**, the Pontifex Maximus. **B** *m.* **1** maximum*: **condannare q. al m. della pena**, to condemn sb. to the maximum of the penalty; **l'arte di condurre una nazione al m. della felicità**, the art of leading a nation to the maximum of happiness **2** (*sport: peso m.*) heavy-weight **3** (*rif. a posizione d'interruttore di stufa a gas e sim.*) «super». ● **il m. di densità**, the maximum density □ **col m. dei voti**, with full marks □ **sfruttare q.c. al m.**, to use st. to the utmost □ **sfruttare al m. il proprio denaro**, to make one's funds go as far as possible □ **Questo è il m. che io possa fare**, this is the utmost I can do; this is all I can do (for you, him, etc.).
massivo, *a.* massive.
mass media (*ingl.*), *locuz. m. pl.* mass media.
masso, *m.* mass of stone; (*blocco*) block; (*roccia*) rock; (*macigno*) stone: (*geol.*) **massi erratici**, erratic blocks; boulders; **una casa fondata sul m.**, a house built upon rock; **duro come un m.**, as hard as rock; **immobile come un m.**, as firm as a rock. ● **dormire come un m.**, to sleep like a log; to be fast (*o* sound) asleep □ **Caduta massi!** (*cartello*), beware: falling rocks!
massóne, *m.* Mason; Freemason.
massoneria, *f.* Masonry; Freemasonry.
massònico, *a.* Masonic; Freemason (*attr.*): **una loggia massonica**, a Masonic lodge.
massoterapia, *f.* (*med.*) massotherapy; osteopathy.
massoterapista, (*med.*) **A** *m.* e *f.* massotherapist. **B** *a.* massotherapeutic.
màstaba, *f.* (*archeol.*) mastaba.
mastalgìa, *f.* (*med.*) mastodynia.
mastectomìa, *f.* (*med.*) mastectomy.
mastèllo, *m.* tub; vat.
masticàbile, *a.* masticable.
masticabilità, *f.* masticability.
masticaménto, *m.* masticating; chewing; (*masticazione*) mastication.
masticare, *v. t.* **1** to masticate; to chew; (*facendo rumore*) to crunch, to munch: **Lo devi m. bene**, you must masticate (it) well; **Il cane masticava un osso**, the dog was crunching a bone; **m. tabacco**, to chew tobacco **2** (*fig.: borbottare*) to mutter; (*biascicare*) to stammer out, to mumble; (*storpiare*) to mangle: **m. le parole**, (*storpiarle*) to mangle one's words; (*fra i denti*) to mumble one's words; **m. una lingua**, to mangle a language; **m. delle scuse**, to stammer out an apology **3** (*fig.: rimuginare*) to brood over; to chew over. ● **m. amaro** (*o* **veleno**), to boil with indignation; to foam with rage □ **m. l'inglese**, to speak broken English □ **m. un po' l'inglese**, to have a smattering of English □ **m. male q.c.**, to put up with st. □ **gomma da m.**, chewing-gum.
masticato, *a.* **1** chewed: **cibo ben m.**, well-chewed food **2** (*biascicato*) stammered (out); muttered; mumbled; (*storpiato*) mangled. ● **lezioni mal masticate**, lessons not well digested.
masticatóre, *m.* masticator; chewer: **m. di tabacco**, tobacco-chewer.
masticatòrio, *a.* e *m.* masticatory.
masticatura, *f.* what has been chewed.
masticazióne, *f.* mastication; chewing.
màstice, *m.* mastic; rubber solution; adhesive; (*per vetri, ecc.*) putty: **m. all'ossido di ferro**, iron putty; **m. al minio**, red-lead putty.
mastino, *m.* (*zool.*) mastiff.
mastite, *f.* (*med.*) mastitis*.
mastodónte, *m.* **1** (*zool., Mastodon*) mastodon **2** (*fig.*) colossus; giant.
mastodòntico, *a.* mastodontic; enormous; colossal; gigantic.
mastòide, *f.* (*anat.*) mastoid (bone).
mastoidectomìa, *f.* (*med.*) mastoidectomy.
mastoidèo, *a.* (*anat.*) mastoid (*attr.*).
mastoidite, *f.* (*med.*) mastoiditis*.
mastopatìa, *f.* (*med.*) mastopathy.
mastra, *f.* **1** (*grossa madia*) kneading-trough **2** (*naut.*) partners (*pl.*); coamings (*pl.*): **m. d'albero**, mast partners; **m. dell'argano**, capstan partners; **m. di boccaporto**, hatch(way) coamings.
mastro, **A** *m.* **1** master **2** (*appellativo*) Master: **M. Pietro**, Master Peter **3** (*comm.*) ledger. ● **norme per la registrazione a m.**, directions for posting □ **registrare a m.**, to post. **B** *a.* (*comm.*) **libro m.**, ledger.
masturbare, *v. t.* **masturbarsi**, *v. rifl.* to masturbate.
masturbazióne, *f.* masturbation.
masùrio, *m.* (*chim.*) masurium; technetium.
matador (*spagn.*), *m.* matador.
matafióne, *m.* (*naut.*) gasket; point. ● **matafioni d'inferitura**, (reef) earings.
matassa, *f.* **1** skein; hank: **una m. di cotone**, a skein of cotton; **una m. di spago**, a hank of cord; **una m. ingarbugliata**, a tangled skein; **ravviare una m.**, to disentangle a skein **2** (*fig.*)

matassatóre 1552

tangle; muddle. ● (*fig.*) **dipanare la m.**, to unravel a difficulty □ (*fig.*) **imbrogliare** (*o* **arruffare**) **la m.**, to make things more muddled □ (*fig.*) **trovare il bandolo della m.**, to get the clue □ (*fig.*) **È una m. intricata**, it's a Chinese puzzle.
matassatóre, *m*. (*ind. tessile*) skeiner; hank-winder.
matassatura, *f*. (*ind. tessile*) skeining; hank-winding.
match (*ingl.*), *m*. (*sport*) match. ● **fare m. nullo**, to draw.
mate (*spagn.*), *f*. **1** (*bot.*, *Ilex paraguayensis*) mate; Paraguay **2** (*bevanda*) mate; Paraguay-tea.
matelassé (*franc.*), *a. invar.* (*ind. tessile*) matelassé.
matemàtica, *f*. mathematics; (*fam.*) maths; math (*USA*): **m. applicata**, applied (*o* mixed) mathematics; **m. pura**, pure mathematics; **m. superiore**, higher mathematics; **un professore di m.**, a mathematics master; **La m. è la scienza del numero**, mathematics is the science of quantity. ● **La m. non è un'opinione**, facts are facts.
matematicaménte, *avv*. mathematically.
matemàtico, **A** *a*. mathematical (*anche fig.*): **strumenti matematici**, mathematical instruments; **verità matematiche**, mathematical truths. ● **sapere con certezza matematica**, to know for certain. **B** *m*. mathematician.
materassàio, *m*. mattress-maker.
materassino, *m*. mattress: **m. pneumatico**, inflatable mattress.
materasso, *m*. mattress: **un m. di crine**, a hair mattress; **un m. a molle**, a spring mattress; **rivoltare un m.**, to turn over a mattress. ● **letto con m. ad acqua**, water-bed.
matèria, *f*. **1** (*generalm.*) matter; (*materiale*) material; (*sostanza*) substance: **m. e spirito**, matter and spirit; (*filos.*) **m. prima**, first matter; **materie prime** (*sostanze grezze*), raw materials; (*ind.*) **m. plastica**, plastic material; (*ind.*) **materie tessili**, textile materials; (*chim.*) **m. organica** (**inorganica**), organic (inorganic) substance **2** (*argomento*) matter; subject; topic; theme; (*motivo*) ground, cause: **la m. d'un discorso**, the matter (*o* substance) of a speech; **una m. troppo ampia**, too vast a subject; **dare m. a nuove argomentazioni**, to give cause for further debate; **offrire m. alla critica**, to offer ground for criticism; **C'è m. per intentare un processo**, there are grounds for legal action **3** (*disciplina scolastica*) subject: **materia facoltativa**, optional subject; **materie obbligatorie**, compulsory subjects; **essere profondo conoscitore d'una m.**, to be well-acquainted with a subject; **rivedere** (*o* **ripassare**) **una m.**, to brush up a subject (*fam.*) **4** (*pus*) pus; matter: **La ferita era piena di m.**, the wound was full of matter. ● **m. colorante**, dye-stuff; dye □ (*fig.*) **m. di riflessione**, material (*o* food) for thought □ **in m. di**, on the subject of; as to; as regards; (*leg.*) in the matter of: **Sa tutto in m. d'etnologia**, he knows everything on the subject of (*o* about) ethnology □ **I tribunali non si sono mai pronunciati in m.**, law-courts have never passed judgment on the matter □ (*leg.*) **in m. di legge**, in point of law ■ **indice per m.**, subject-index □ **nomi di m.**, material nouns.
materiale, **A** *a*. **1** (*generalm.*) material; (*fisico*) corporeal, physical, bodily; (*manuale*) manual; (*econ.*) **beni materiali**, material goods; **lavoro m.**, manual work; **benessere m.**, material comfort; **piaceri materiali**, material pleasures; **il mondo m.**, the material (*o* physical) world **2** (*grossolano*) gross, clumsy; (*volgare*) coarse; (*rozzo*) rude, rough: **un modo d'esprimersi piuttosto m.**, a rather clumsy way to express oneself; **un uomo molto m.**, a very rough (*o* a coarse) man **3** (*sensuale*) sensual: **amore m.**, sensual love; **il piacere m. dell'ingordo**, the sensual pleasure of the glutton. ● **alla m.**, carelessly; (*ingenuamente*) ingenuously: **Lo dissi così alla m.**, I said so ingenuously □ **un errore m.**, a careless mistake (*o* an oversight) □ **Non ho il tempo m. di farlo**, I just haven't time to do it □ **Era nell'impossibilità m. di aiutarmi**, he simply couldn't help me. **B** *m*. material; stuff: (*ind.*) **mano d'opera e spese generali**, material, labour, and overhead charges; (*ind.*) **m. greggio**, raw material; staple; **m. da costruzione**, building material; (*edil.*) **m. antiacustico**, sound-proof material; (*edil.*) **m. coibente**, insulating material; (*ind.*) **m. di scarto**, discarded material (*o* scrap); (*pubblicità*) **m. illustrativo**, illustrative material; literature; **il m. per scrivere**, writing materials; **il m. per una biografia**, the material for a biography. ● (*geol.*) **m. alluvionale**, alluvium □ **m. didattico sussidiario**, teaching aids □ (*ind.*) **m. di recupero**, salvage □ (*edil.*) **m. di riporto**, filling □ **m. di rivestimento**, lining □ **m. lavorato**, machined products □ **m. per pavimenti**, flooring □ **m. per tappezzatura** (*di muri*), hangings; wall papers □ (*ferr.*) **m. rotabile**, rolling-stock □ **m. scolastico** (*o* **didattico**), teaching equipment □ (*geol.*) **m. sedimentato**, silt □ (*fig.*) **m. umano**, manpower.
materialismo, *m*. materialism.
materialista, **A** *a*. materialistic. **B** *m. e f.* materialist.
materialistico, *a*. materialistic.
materialità, *f*. **1** materiality: **la m. dei fatti**, the materiality of facts **2** (*grossolanità*) clumsiness; (*volgarità*) coarseness; (*rozzezza*) rudeness **3** (*sensualità*) sensuality.

materializzare, *v. t.* **materializzarsi**, *v. rifl.* to materialize.
materializzazióne, *f*. materialization: **la m. d'uno spirito**, the materialization of a spirit.
materialménte, *avv*. **1** materially; (*corporalmente*) corporeally, bodily **2** (*in maniera grossolana*) clumsily; (*in maniera volgare*) coarsely **3** (*effettivamente*) really; simply; quite: **È m. impossibile**, it's quite impossible.
materialóne, *m*. clumsy fellow; bear (*fam.*).
maternaménte, *avv*. maternally; like a mother.
maternità, *f*. **1** maternity; motherhood: **le gioie della m.**, the joys of motherhood **2** (*ospedale*) maternity hospital; (*reparto*) maternity ward. ● **congedo per m.**, maternity leave.
matèrno, *a*. maternal; motherly; mother (*attr.*): **affetto m.**, motherly love; **cure materne**, maternal cares; **sorriso m.**, maternal smile; **lingua materna**, mother (*o* native) language; **terra materna**, mother country; **uno zio m.**, a maternal uncle; an uncle on one's mother's side.
materòzza, *f*. (*metall.*) feed-head; dead-head.
Matilde, *f*. Mathilda, Matilda; (*dim.*) Mat, Matty, Patty, Tilda, Tilly.
matinée (*franc.*), *f*. (*teatr.*) afternoon performance; matinée.
matita, *f*. pencil; (*pastello*) crayon, pastel: **una m. copiativa**, a copying pencil; **una m. nera**, a lead pencil; **disegnare a m.**, to draw in pencil; **scrivere a m.**, to write with a pencil; to pencil. ● **m. per le labbra**, lipstick.
matràccio, *m*. (*chim.*) flask; matrass: **m. graduato**, volumetric flask.
matriarcale, *a*. matriarchal.
matriarcato, *m*. matriarchate; matriarchy.
matrice, *f*. **1** (*anat.*, *biol.*) matrix*; (*mat.*, *elab.*, *tecn. anche*) array **2** (*comm.*) counterfoil; stump; stub (*USA*): **registro a m.**, counterfoil-register **3** (*per ciclostile*) stencil **4** (*fig.*: base) basis*; foundation. ● (*mecc.*) **m. a tranciare**, blanking-die □ (*mecc.*) **m. per piega**, forming-die □ (*mecc.*) **m. per trafila**, draw-plate, die(-plate).
matriciale, *a*. (*mat.*) matrix* (*attr.*): **calcolo matriciale**, matrix calculus.
matricida, **A** *m. e f.* matricide. **B** *a*. matricidal.
matricidio, *m*. matricide.
matricina, *f*. sapling.
matricinare, *v. t.* to sap.
matricola, *f*. **1** (*registro*) roll; list; register; matricula; (*numero*) number **2** (*studente*) freshman*; fresher (*gergo*). ● **certificato di m.**, matricula; certificate of enrolment □ **inserire nella m.**, to matriculate; to enrol □ **numero di m.**, matriculation (*o* registration) number.
matricolare, *a*. matriculation (*attr.*); registration (*attr.*).
matricolato, *a*. arrant; downright; thorough; out-and-out; perfect: **un briccone m.**, a downright rascal; a thorough scoundrel; **un ladro m.**, an arrant thief; **uno sciocco m.**, a perfect fool.
matricolazióne, *V.* **immatricolazióne**.
matrigna, *f*. **1** stepmother: **La m. fu per loro una seconda madre**, their stepmother was a second mother for them **2** (*fig.*) cruel (*o* bad) mother. ● **La natura gli fu m.**, nature was cruel to him.
matrilineàre, *a*. (*etnologia*) matrilineal, matrilinear.
matrimoniale, *a*. matrimonial; conjugal; nuptial; marriage, wedding (*attr.*): **un anello m.**, a wedding-ring; **il vincolo m.**, the nuptial tie. ● **camera m.**, double room □ **letto m.**, double bed □ **pubblicazioni matrimoniali**, banns.
matrimonialista, *m. e f.* lawyer specialized in marriage law.
matrimònio, *m*. **1** matrimony; marriage: **Il m. è un sacramento**, matrimony is a sacrament; **m. civile**, civil marriage; **m. morganatico**, left-hand marriage; **combinare un m.**, to bring about a marriage; to make a match; **dare in m.**, to give in marriage; to marry; (*leg.*) **promessa di m.**, marriage promise; (*leg.*) **certificato di m.**, marriage certificate; (marriage) lines **2** (*cerimonia*) wedding: **celebrare un m.**, to celebrate a wedding. ● **un m. d'amore**, a love-match □ **un m. religioso**, a church marriage □ **compare di m.**, best man □ **contrarre un nuovo m.**, to remarry □ **pubblicazioni di m.**, banns □ **sensale di m.**, match-maker □ **unire in m.**, to marry □ **unirsi in m.**, to get married.
matrizzare, *v. i.* to take* after one's mother.
matròna, *f*. **1** matron **2** (*fig.*: *donna formosa*) matronly woman*.
matronale, *a*. matronal; matronly; matron-like.
matronèo, *m*. (*archit.*) women's gallery.
matronìmico, *a. e m.* metronymic, matronymic.
matta, *f*. **1** lunatic; mad woman* **2** (*carta da gioco*) joker.
mattacchióne, *m*. wag; jolly fellow; (habitual) joker.
mattana, *f*. (*fam.*) fit of bad temper; doldrums (*pl.*); (*capriccio*) caprice, freak, whim: **le mattane di marzo**, the freaks of March; **saltare la m.**, to fly into a temper. ● **Lasciamogli passare la m.**, we must let him come to himself.

mattanza, *f.* tunny-massacre.
mattata, *f.* (*pop.*) foolish act.
mattatóio, *m.* slaughter-house; abattoir; shambles (*pl.*).
mattatóre, *m.* 1 slaughterer; butcher 2 (*teatr.*) spotlight-chaser.
mattazióne, *f.* slaughter, slaughtering.
Mattèo, *m.* Matthew; (*dim.*) Mat.
matterèllo, *m.* rolling-pin.
matterìa, *f.* craziness; crazy behaviour; (*azione da matto*) crazy act.
Mattìa, *m.* Matthias.
mattìna, *f.* morning; (*mattinata*) forenoon: **abito da m.,** morning-suit; morning-dress; **le lezioni della m.,** the morning classes; **dalla m. alla sera,** from morning to night; **di m.,** in the morning; **domani m.,** tomorrow morning; **giovedì m.,** on Thursday morning; **la m. alle nove,** at nine in the morning; **la m. del primo d'aprile,** on the morning of the first of April; **di prima m.,** early in the morning; **tutta la santa m.,** all (the) morning; the whole morning; **una fredda m. d'inverno,** one cold winter morning. ● (*fig.*) **una bella m.,** one fine day □ **durare dalla m. alla sera,** not to last long □ **farsi m.,** to be dawning.
mattinale, A *a.* (*lett.: mattutino*) morning (*attr.*). **B** *m.* (*bur.*) (morning) report.
mattinata, *f.* 1 forenoon; (*mattina*) morning: **È una m. piovosa,** it is a rainy morning; **una dura m. di lavoro,** a hard morning's work; **tutta la m.,** the whole morning; all (the) morning; **perdere tutta la m.,** to lose the whole morning 2 (*teatr.*) matinée; afternoon performance 3 (*mus.*) mattinata; dawn song; «aubade»; morning serenade: **fare la m. a q.,** to sing an aubade for sb.
mattinièro, *a.* early-rising. ● **essere m.,** to be an early riser □ **essere molto m.,** to get up with the lark (*fam.*).
mattino, *m.* morning; (*mattinata*) forenoon: **i giornali del m.,** the morning newspapers; **la stella del m.,** the morning star; **di buon m.,** early in the morning; **dare il buon m. a q.,** to say «good morning» to sb. ● (*fig.*) **il m. della vita,** the dawn of life □ **sul m.,** at daybreak □ (*prov.*) **Il buon dì si conosce dal m.,** well begun is half done □ (*prov.*) **Le ore del m. hanno l'oro in bocca,** the morning hour has gold in its mouth □ (*prov.*) **Sera rossa e nero m. rallegra il pellegrino,** evening red and morning grey help the traveller on his way.
matto (1), A *a.* 1 mad; insane; (mentally) deranged; crazy; daft; off one's head (*fam.*); ape (*fam.*); bananas (*pop. USA*); (*non sano*) unsound: **diventare m.,** to go mad (*o* to lose one's head); **far diventare m. q.,** to drive sb. mad; to drive sb. bananas (*pop. USA*); **C'è da diventare m.!,** it's enough to drive one mad!; **Fossi m.!,** do you think I am daft?; **Sei m.?,** are you daft?; **avere una gamba matta,** to have an unsound (*o* a game) leg 2 (*opaco*) mat; dull: **un colore m.,** a dull colour 3 (*falso*) false; imitation (*attr.*): **una moneta matta,** a false (*o* counterfeit) coin; a duffer (*pop.*); **gioielli matti,** imitation (*o* costume) jewelry. ● **m. da legare,** raving mad; as mad as a hatter (*fam.*; *anche:* as a March hare) □ (*fig.*) **andare m. per q.c.,** to be crazy about st.; to be very fond of st. □ **avere una voglia matta di q.c. (di fare q.c.),** to be dying for st. (to do st.) □ **essere quel che si dice m.,** to be dotty; to have a tile missing (*fam.*) □ **È mezzo m.,** he is not all there; he has a screw loose (*fam.*) □ **Si vogliono un bene m.,** they are mad about each other; they are head over heels in love □ **È una testa matta!,** he's a hot-headed fool! □ **Ci ho un gusto m.!,** I am very glad of it!; I am very pleased indeed! **B** *m.* 1 (*uomo m.*) madman*; insane man*; lunatic; (*teatr.*) fool: **Gridava come un m.,** he shouted like a madman; **fare il m.,** to play the fool (*anche fig.*) 2 (*persona bizzarra*) eccentric; wild person. ● **correre come un m.,** to run like mad □ **cose da matti,** foolish things □ **discorsi da matti,** ravings □ **fare discorsi da matti,** to rave; to talk foolishly □ **ridere come un m.,** to roar with laughter □ **Cose da matti!,** that's sheer nonsense!
matto (2), *a.* - (*scacchi*) **scacco m.,** checkmate; (*anche fig.*) **dare scacco m.,** to checkmate.
mattòide, A *a.* half-crazy, dotty, screwy (*fam.*). **B** *m.* e *f.* madcap; odd fellow: **essere un m.,** to be a madcap.
mattonàia, *f.* brick-yard; brick-field.
mattonàio, *m.* brick-maker.
mattonare, *v. t.* to pave (st.) with bricks.
mattonato, A *a.* paved with bricks. **B** *m.* brick surface; brick floor.
mattóne, A *m.* (*edil.*) 1 brick: **m. cavo,** hollow brick (*o* tile); **m. crudo,** green brick; **m. forato,** perforated brick; **m. refrattario,** fire-brick; **m. smaltato,** glazed brick; **m. vuoto,** hollow brick; **cuocere mattoni,** to burn (*o* to bake) bricks 2 (*fig.: cosa o persona noiosa*) bore; nuisance; (*peso*) weight: **Sei un m.!,** you are a bore! ● **m. a cuneo,** arch brick; wedge-shaped brick □ **m. ornamentale,** flare header □ **m. tenero,** cutter □ (*fig. fam.*) **avere un m. sullo stomaco,** to have st. lying (heavy) on one's stomach □ **costruzione in mattoni,** brickwork □ (*fam.*) **fare tre passi su un m.,** to drag oneself along □ **muro di mattoni a secco,** dry-stone wall. **B** *a.* - **rosso m.,** brick red.
mattonèlla, *f.* 1 tile 2 (*sponda del biliardo*) cushion. ● **m. di carbone,** briquette; coal brick □ **una parete a mattonelle,** a tiled wall □ **posa in opera di mattonelle,** tiling.
mattonièra, *f.* brick-moulding machine.
mattonifìcio, *m.* brick-factory; brickyard.
mattutino, A *a.* morning (*attr.*): **la stella mattutina,** the morning star; **una passeggiata mattutina,** a morning walk. **B** *m.* 1 (*relig.*) matins (*pl.*); **cantare il m.,** to sing matins 2 (*suono della campana*) morning bell.
maturando, *m.* candidate for (secondary-)school-leaving certificate; (*in G.B.*) candidate for A-level General Certificate of Education.
maturare, A *v. i.* (*generalm.*) to mature; (*di frutti e fig.*) to ripen, to grow* ripe, to come* to maturity; (*med.*) to come* to a head; (*comm.*) to fall* due, to be due; (*d'interessi*) to accrue: **Il vino matura col tempo,** wine matures with age; (*fig.*) **I tempi maturano,** times are ripening; **Questo ascesso sta maturando,** this abscess is coming to a head. **B** *v. t.* 1 to mature; to bring* (st.) to maturity (*o* to ripeness); (*med.*) to bring* to a head: **m. un piano,** to mature a plan; to work out (*o* to perfect) a plan; **Quel pesco non matura mai tutti i suoi frutti,** that peach-tree never brings all its fruits to ripeness; **m. un ascesso con impiastri caldi,** to bring an abscess to a head with poultices 2 (*scolastico*) dichiarare maturo) to pass (sb.) at school-leaving examination. ● **lasciare m. il vino,** to mellow wine. **maturarsi, C** *v. rifl.* to ripen; to become* ripe; to mature.
maturazióne, *f.* 1 (*generalm.*) maturation; maturing; ripening: **una m. tarda,** a slow maturation 2 (*maturità*) maturity: (*comm.*) **alla m.,** at maturity. ● (*med.*) **portare a m.,** to bring to a head.
maturità, *f.* (*generalm.*) maturity; (*stato di m.*) ripeness: **m. di giudizio,** maturity of judgment; **la piena m. degli anni,** one's full maturity of years; **venire a m.,** to come (*o* to grow) to maturity; (*anche*) to mature. ● **esame di m.,** (secondary-)school-leaving examination; (*in G.B.*) examination for Advanced-level General Certificate of Education (*abbr.* A-level G.C.E.).
maturo, A *a.* 1 (*generalm.*) mature; (*di frutta, ecc.*) mellow, ripe; (*idoneo*) fit: **età matura,** ripe age; **grano (vino) m.,** ripe corn (wine); **L'uva non è matura,** the grapes are not ripe (*o* are unripe); **una persona matura di senno,** a person mature in wisdom; **un piano m.,** a mature plan; **un popolo m. per la libertà,** a people ripe for liberty; **un uomo m. d'anni,** a man of ripe (*o* mature) years; (*anche*) a ripe man; a middle-aged man; **essere m. per un ufficio,** to be fit for an office; **dopo matura riflessione,** after mature (*o* careful) deliberation 2 (*med.*) mature 3 (*comm.*) mature; due; (*d'interessi*) accrued. ● **dall'aspetto m. d'esperienza matura,** ripe in experience □ **troppo m.** (*di frutta*), overripe. **B** *m.* student who has obtained his (secondary-)school-leaving certificate; (*in G.B.*) student who has obtained his A-level General Certificate of Education.
matusa, *m.* e *f.* (*scherz.*) Methuselah; old fogey (*fam.*).
Matusalèmme, *m.* (*Bibbia*) Methuselah. ● **vecchio quanto M.,** as old as the hills.
mauriziano, *a.* of the Order of St. Maurice and St. Lazarus.
Maurìzio, *m.* Maurice.
màuro, *m.* Moor.
mausolèo, *m.* mausoleum.
maxi, A *a.* maxi. **B** *m.* maxicoat; maxi. **C** *f.* maxiskirt; maxi.
maxicappòtto, *m.* maxicoat.
maxigónna, *f.* maxiskirt.
maxillofacciale, *a.* (*med.*) maxillofacial: **chirurgia m.,** maxillofacial surgery.
maximum (*lat.*), *m.* (*econ.*) maximum; ceiling.
maxwell, *m.* (*fis.*) maxwell.
maya, A *a.* Mayan. **B** *m.* e *f.* Maya*; Mayan.
mazdàico, *a.* (*stor. relig.*) Mazdean; Zoroastrian.
mazdaìsmo, *m.* (*stor. relig.*) Mazdaism; Mazdeism; Zoroastrianism.
mazurca, *f.* mazurka.
mazza, *f.* 1 (*bastone*) staff; cudgel; club; truncheon; (*bastone da passeggio*) walking-stick, cane; (*bastone di comando*) mace, baton 2 (*grosso martello*) sledge(-hammer); (*di legno*) mallet 3 (*pitt.*) maulstick, mahlstick 4 (*sport: da golf*) club; (*da cricket, da baseball*) bat; (*da polo*) mallet. ● (*mecc.*) **m. battente,** ram; tup □ (*bot.*) **m. d'oro** (*Lysimachia vulgaris*), (golden) loosestrife.
mazzacavallo, *m.* pile-driver; ram.
mazzafrusto, *m.* cat-o'-nine-tails.
mazzapicchio, *m.* cooper's mallet; beetle; (*maglio del macellaio*) pole axe; (*per assestamento stradale*) tamper.
mazzata, *f.* 1 blow 2 (*fig.*) (heavy) blow; (dreadful) shock: **La notizia fu per lui una m.,** the news came to him as a shock.

mazzeranga, *f.* (*per assestamento stradale*) tamper.
mazzétta (1), *f.* **1** (*di biglietti di banca*) wad; bundle **2** (*campioni di tessuto*) bunch of samples.
mazzétta (2), *f.* **1** (*mazza con manico corto*) mallet; beetle **2** (*martello da roccia*) piton hammer.
mazzétto, *m.* **1** small bundle **2** (*di fiori*) little bunch; bouquet; nosegay. ● (*bot.*) **fiori a m.**, corymb.
mazzière (1), *m.* mace-bearer.
mazzière (2), *m.* (*nei giochi di carte*) dealer.
mazziniano, A *a.* Mazzinian. **B** *m.* Mazzinian; Mazzinist.
mazzo, *m.* bunch (*anche fig.*); bundle; pack; set: **un m. di carte**, a pack of cards; **un m. di chiavi**, a bunch of keys; **un m. di fiori**, a bunch of flowers; **un m. di ravanelli**, a bundle of radishes; (*fig.*) **appartenere al m.**, to be one of the bunch. ● (*gioco delle carte*) **fare il m.**, to shuffle the cards □ (*fig.*) **mettere tutti in un m.**, to lump good and bad together.
mazzòcchio, *m.* (*ciuffo di capelli*) tuft; lock.
mazzolare, *v. t.* **1** (*il grano*) to thresh **2** (*il lino o la canapa*) to beat*.
mazzolino, *m.* little bunch; bouquet; nosegay.
mazzuòla, *f.* mallet.
mazzuòlo, *m.* **1** mallet; (*da scalpellino*) stonemason's hammer **2** (*bacchetta per suonare il timpano*) drumstick.
me, *pron. pers. m. e f.* **1**ª *pers. sing.* **1** (*compl. ogg. e indir.*) me; (*me stesso*) myself: **Volevano vedere me, non te**, they wanted to see me, not you; **Non si curano di me**, they don't care about me; **O povero me!**, dear me!; oh dear!; **A me non importa**, it doesn't matter to me; **Lascia fare a me!**, leave things to me; **Lo so da me**, I know myself; **L'ho fatto da me**, I did it by myself; **Sono fuori di me dalla gioia**, I am beside myself with joy; **Non mi sento in me**, I don't feel like myself; **Ditemelo**, tell me (*enfatico*: do tell me); **Suvvia, dimmelo**, do tell me **2** (*in funzione di sogg.*) I: **Ne sai quanto me**, you know as much as I do; **È bravo quanto me**, he is as clever as I (am); **È più forte di me**, he is stronger than I am; **Fate come me**, do as I do; do like me (*fam.*) **3** (*pleonastico*; *omesso in ingl.*): **Me lo auguro!**, I certainly hope so! ● **per me** (*o* **in quanto a me**), for my part; as far as I am concerned □ **secondo me**, in my opinion □ **tra me (e me)**, to myself: **Dicevo tra me**, I was saying to myself □ **la ragazza che fa per me**, the girl I've been looking for; just the girl for me □ **Voleva proprio me**, it was me he wanted □ (*prov.*) **Oggi a me, domani a te**, I today, you tomorrow.
mea culpa (*locuz. lat.*), *m. invar.* mea culpa. ● **recitare il m.**, to confess one's sins.
meandro, *m.* meander (*anche fig.*); winding.
meato, *m.* (*anat.*) meatus*.
Mècca, *f.* (*geogr.*) Mecca (*anche fig.*).
meccànica, *f.* **1** mechanics (*pl. col verbo al sing.*): **m. applicata**, applied mechanics; **m. celeste**, celestial mechanics; gravitational astronomy; **m. dei solidi**, mechanics of solids; **m. razionale**, rational mechanics **2** (*meccanismo*) mechanism; works (*pl.*); (*di un veicolo*) mechanicals (*pl.*): **studiare la m. d'un orologio**, to study the mechanism of a watch **3** (*fig.*) mechanics (*pl. col verbo al sing.*); mechanism; set-up.
meccanicaménte, *avv.* mechanically.
meccanicismo, *m.* (*filos.*) mechanism.
meccanicista, *m. e f.* (*filos.*) mechanist.
meccanicistico, *a.* (*filos.*) mechanistic.
meccànico, A *a.* mechanical; (*automatico*) automatic: **arti meccaniche**, mechanical arts; **movimenti meccanici**, mechanical movements; **energia meccanica**, mechanical energy; **ingegneria meccanica**, mechanical engineering; **lavoro m.**, mechanical work. ● **stampa meccanica**, power press □ (*ind. tessile*) **telaio m.**, power-loom. **B** *m.* mechanician; mechanic; (*macchinista*) machinist.
meccanismo, *m.* mechanism (*anche fig.*); machinery; gear; works (*pl.*): **il m. d'un orologio**, the mechanism of a watch; **m. processuale**, procedural machinery; (*psic.*) **m. di difesa**, mechanism of defence; **il m. della memoria**, the mechanism of memory; (*mecc.*) **m. della distribuzione**, valve gear; (*naut.*) **m. di governo**, steering gear. ● (*mecc.*) **m. a cremagliera**, rack-work □ (*mecc.*) **m. di disinnesto**, throw-out.
meccanizzare, A *v. t.* to mechanize. **meccanizzarsi, B** *v. rifl.* to be mechanized.
meccanizzato, *a.* **1** mechanized **2** (*motorizzato*) motorized.
meccanizzazióne, *f.* mechanization.
meccano, *m.* (*marchio: gioco da ragazzi*) Meccano.
meccanografia, *f.* machine accounting.
meccanogràfico, *a.* data processing (*attr.*): **centro m.**, data processing centre.
Mecenate, *m.* (*stor.*) Maecenas; (*fig., anche*) patron.
mecenatismo, *m.* Maecenatism; patronage.
mèche (*franc.*), *f.* streak.
mechitarista, *m.* (*relig.*) Mekhitarist, Mechitarist.

méco, *pron. pers.* (*lett.: con me*) with me. ● **m. stesso** (*o* **medesimo**) (*fra me*), to myself.
mecòmetro, *m.* (*med.*) mecometer.
mecònico, *a.* (*chim.*) meconic.
mecònio, *m.* **1** (*oppio*) opium; meconium **2** (*fisiologia*) meconium.
méda, *f.* (*naut.*) seamark; beacon: **m. luminosa**, light beacon.
medàglia, *f.* **1** (*in tutti i sensi*) medal: **una m. d'oro**, a gold medal; **il diritto della m.**, the obverse (*o* face) of the medal; **il rovescio della m.**, the reverse of the medal (*anche fig.*); the other side of the medal (*fig.*); **conferire una m. al valore militare**, to award a medal for military valour **2** (*persona decorata*) medallist **3** (*bot., Lunaria annua*) satin-flower; honesty. ● **scienza delle medaglie**, numismatics (*pl. col verbo al sing.*) □ (*prov.*) **Ogni m. ha il suo rovescio**, every medal has its reverse.
medaglière, *m.* **1** collection of medals; numismatic collection **2** (*vetrina*) medal show-case.
medagliétta, *f.* **1** small medal; medal(l)et **2** (*contrassegno dei deputati*) deputy's badge **3** (*di cane*) dog-tag.
medaglióne, *m.* **1** (*gioiello a forma di medaglia*) locket **2** (*anche archit.*) medallion **3** (*letter.*) literary-biographical essay **4** (*cucina*) «medaillon».
medaglista, *m.* **1** (*collezionista*) collector of medals **2** (*incisore*) medal(l)ist; designer of medals.
medaglistica, *f.* numismatics (*pl. col verbo al sing.*).
medesimaménte, *avv.* likewise; in the same way.
medésimo, A *a.* **1** (*lo stesso*) same; identical; very (same): **nel m. giorno**, on the same day; on the very (same) day; **nel m. tempo**, at the same time; (*insieme*) together; (*inoltre*) moreover, besides; **proprio la stessa e medesima cosa**, the very same thing; just the same (thing); **dare la medesima risposta di prima**, to give the same answer as before; **essere della medesima idea**, to be of the same opinion; **Anche a me capita la medesima cosa**, it's the same with me **2** (*in persona*) itself; personified: **È la bontà medesima**, he's kindness itself **3** (*rafforzativo usato con i pron. pers.*) myself (*o* yourself, himself, etc.): **Verrò io m.**, I shall come myself. **B** *pron.* (*rif. a persona*) the same; (*rif. a cosa*) the same (thing): **È il m. che ho incontrato ieri**, he's the same I met yesterday.
mèdia, *f.* **1** (*generalm.*) average; (*mat.*) mean: **m. approssimativa**, approximate average; **m. matematica**, arithmetic(al) mean; **m. geometrica**, geometric(al) mean; **m. oraria**, average per hour; hourly average; (*statistica*) **m. ponderata**, weighted mean (*o* average); **m. proporzionale**, proportional mean; **la m. mensile**, the month's average; **alla m. di**, on an average of **2** (*scuola m.*) secondary school; junior high school (*USA*). ● **la m. dei prezzi**, the average (*o* middle) price □ **le medie (scolastiche)**, the term's (proficiency) marks: **È stato promosso alla terza (classe) con una buona m.**, he went up to the third class with good (average) marks □ **m. quadratica**, root mean square value □ **fare** (*o* **raggiungere**) **una m. di**, to average: **Facemmo una m. di trecento chilometri al giorno**, we averaged three hundred kilometres a day; **La piovosità raggiunge una m. di cinquanta pollici l'anno**, the rainfall averages fifty inches a year □ (*a scuola*) **fare le medie**, to check the term's marks □ **in m.**, on an (*o* on the) average: **Quanto li hai pagati in m.?**, how much did you pay for them on an average? □ **pari alla m.**, up to the average □ **sopra la m.**, above the average □ **sotto la m.**, below the average □ **Costano in m. novecento lire l'uno**, I paid an average of nine hundred lire each.
mediale, *a.* (*anat.*) medial.
mediaménte, *avv.* on an (*o* on the) average.
mediana, *f.* **1** (*mat., stat.*) median **2** (*nel gioco del calcio*) half-back line.
medianicità, *f.* mediumistic nature.
mediànico, *a.* mediumistic.
medianismo, *m.* mediumism.
medianità, *f.* mediumism.
mediano, A *a.* median; medial; medium; mean; middle: (*geom.*) **linea mediana**, median (line); (*anat.*) **il nervo m.**, the median (nerve); **il punto m.**, the median point; the mean. **B** *m.* (*sport: calcio*) half (back). ● (*rugby*) **m. di mischia**, scrum-half.
mediante (1), *f.* (*mus.*) mediant.
mediante (2), *prep.* **1** by; by means of; through; per; via: **I pensieri si esprimono m. le parole**, thoughts are expressed by means of words **2** (*con l'aiuto di*) with the help of.
mediare, *v. t.* **1** (*fare da mediatore*) to mediate **2** (*mat.*) to average.
mediastìnico, *a.* (*anat.*) mediastinal.
mediastino, *m.* (*anat.*) mediastinum*.
mediataménte, *avv.* mediately; indirectly.
mediato, *a.* mediate; (*indiretto*) indirect.
mediatóre, A *m.* **1** mediator; intermediary; middleman*; go-between: **fare il m.**, to act as a mediator **2** (*comm.*) broker:

mèglio

m. di noli marittimi, ship-broker; **m. per conto del compratore**, buying-broker; **m. per conto del venditore**, selling-broker. ● **m. di case**, house-agent □ **m. di terreni**, land-agent. **B** *a*. intermediary.
mediatrice, *f*. (*lett*.) mediatrix*; mediatress.
mediazióne, *f*. **1** mediation; mediatorship: **con la m. della Gran Bretagna**, through the mediation of Great Britain; **offrire la propria m.**, to offer one's mediation **2** (*comm*.) brokerage; (broker's) commission: **diritti di m.**, brokerage rates. ● **esercitare la m.**, to be a broker.
medicàbile, *a*. medicable; (*curabile*) curable, treatable.
medicale, *a*. medical: **l'arte m.**, the medical art.
medicaménto, *m*. medicament; medicine.
medicamentóso, *a*. medicinal; medicative.
medicare, **A** *v*. *t*. **1** to medicate; to doctor; to treat; (*una ferita*) to dress: **Il ragazzo si fece m. la ferita**, the boy had his wound dressed **2** (*fig. lett*.) to heal; to cure: **m. gli animi**, to heal souls.
medicarsi, **B** *v*. *rifl*. to medicate oneself; to doctor oneself. ● **m. le ferite**, to dress one's wounds.
medicastro, *m*. (*spreg*.) medicaster; quack.
medicato, *a*. medicated; treated; (*di ferita*) dressed.
medicazióne, *f*. **1** medication; (*di una ferita*) dressing **2** (*medicamento applicato*) medicament. ● **posto di m.**, dressing station; first-aid post.
medìceo, *a*. (*stor*.) Medicean.
medicina, *f*. medicine (*anche fig*.); (*rimedio*) remedy: **m. industriale**, industrial medicine; **m. legale (spaziale)**, forensic (space) medicine; **un dottore in m.**, a Doctor of Medicine; **una m. per tutti i mali**, a remedy for all diseases; a panacea; **esercitare la m.**, to practise medicine; **prendere la m.**, to take one's medicine; **prescrivere molte medicine**, to prescribe a lot of medicines; **studiare m.**, to study medicine; **Questa è una m. ottima per i raffreddori**, this is a very good (kind of) medicine for colds; **L'unica m. degli infelici è la speranza**, the miserable have no other medicine than hope. ● **libri di m.**, medical books □ **uno studente di m.**, a medical student; a medic (*fam*.).
medicinale, **A** *a*. medicinal; healing; curative: **erbe medicinali**, medicinal herbs; **una sostanza m.**, a medicinal substance; **virtù medicinali**, healing properties. **B** *m*. medicine; remedy; drug.
mèdico, **A** *m*. doctor (of medicine); physician; medical man* (*fam*.); medico* (*fam*., *scherz*.): **m. di campagna**, parish doctor; **m. primario**, head physician; **m. convenzionato**, panel doctor; **il nostro m. di fiducia**, our family doctor; **mandare a chiamare un m.**, to send for a doctor; **i consigli del m.**, the doctor's advice; **consultare un m.**, to see a doctor **2** (*fig*.) healer: **Il tempo è un gran m.**, time is a great healer. ● **m. chirurgo**, surgeon □ **m. condotto**, medical officer □ **m. dentista**, dentist □ **m. generico**, general practitioner □ **m. legale**, police doctor; (*ass*.) medical examiner □ **m. militare**, medical officer □ (*prov*.) **Il m. pietoso fa la piaga purulenta**, a pitiful surgeon spoileth a sore; (*talora, riferito a eccessiva indulgenza*) spare the rod and spoil the child. **B** *a*. medical: **un'accurata visita medica**, a thorough medical examination; a check-up; **un consulto m.**, a medical consultation; **patologia medica**, medical pathology; **ufficiale m.** (*o m. militare*), medical officer; **certificato m.**, health certificate □ (*bot*.) **erba medica** (*Medicago sativa*), lucerne; alfalfa □ **ricetta medica**, prescription.
medicochirùrgico, *a*. medico-surgical; medico-chirurgical.
medievale, *a*. medi(a)eval; of the Middle Ages.
medievalismo, *m*. medi(a)evalism.
medievalista, *m*. e *f*. medi(a)evalist.
mèdio, **A** *a*. (*generalm*.) middle; medium; middling; (*calcolato fra un massimo e un minimo*) average, mean: **onde medie** (*della radio*), medium waves; **prezzo m.**, average price; **qualità media**, average (*o* middling) quality; **valore m.**, mean value; **il ceto m.**, the middle class(es); **il dito m.**, the middle finger; (*elettr*.) **tensione media**, medium voltage; **il Medio Evo**, the Middle Ages (*pl*.); **il M. Oriente**, the Middle East; **temperatura media**, average (*o* mean) temperature; **il termine m. di un sillogismo**, the middle term of a syllogism; **l'uomo m.**, the average man; the man in the street; **una città di grandezza media**, a town of middling size; **un uomo d'altezza media**, a man of medium height; **ragazzi d'intelligenza media**, boys of average intelligence; (*sport*) **tempo m.**, average time. ● (*pitt*.) middle distance; (*cinem*.) **campo m.**, medium shot □ **corso m. di lingua inglese**, intermediate course of English □ **di media età**, middle-aged □ **istruzione media**, secondary education □ **scuola media**, secondary school; junior high school (*USA*). **B** *m*. **1** (*dito m*.) middle finger **2** (*mat*.) mean (term).
mediòcre, **A** *a*. mediocre; middling; second-rate; (*ordinario*) ordinary; (*comune*) commonplace; (*modesto*) plain, moderate, not too good: **una m. fortuna**, a moderate fortune; **una persona di m. abilità**, a person of mediocre (*o* middling) ability; **un drammaturgo m.**, a second-rate playwright; **uno stile m.**, a

commonplace style; **un poeta molto m.**, a very mediocre poet; **un vaso di m. grandezza**, a vase of middling size; **vino m.**, ordinary wine; **Questa traduzione è piuttosto m.**, this translation is not too good. ● **men che m.**, very poor. **B** *m*. mediocrity: **È un m.**, he is a mediocrity. ● **i mediocri**, mediocre people.
mediocrédito, *m*. (*econ*.) medium-term credit.
mediocreménte, *avv*. with mediocrity; moderately; middling.
mediocrità, *f*. mediocrity; mean: **il trionfo della m.**, the triumph of mediocrity; **l'aurea m.**, the golden (*o* happy) mean; **ogni genere di m.**, mediocrities of every description; **essere una m.**, to be a mediocrity; **al di sotto della m.**, below mediocrity.
medioevale, *V*. medievale.
medioèvo, *m*. Middle Ages (*pl*.). ● **usanze da m.**, medieval customs.
medioleggèro, (*pugilato, lotta*) **A** *a*. welter-weight. **B** *m*. welter weight.
mediomàssimo, *a*. e *m*. (*pugilato*) light heavy-weight.
mèdio-orientale, *a*. Middle Eastern.
meditabóndo, *a*. meditative; cogitative; thoughtful; pensive.
meditare, **A** *v*. *t*. to meditate; to ponder; (*progettare*) to plan: **m. vendetta**, to meditate revenge; **m. la fuga**, to plan an escape. **B** *v*. *i*. to meditate (on, upon); to ponder, to brood, to muse (on, over): **m. giorno e notte**, to meditate day and night; **m. sull'immortalità dell'anima**, to meditate upon the immortality of the soul; **m. sulle proprie sventure**, to brood over one's misfortunes; **m. sulle memorie del passato**, to muse over memories of the past; **m. sul proprio infelice destino**, to ponder on one's unhappy lot.
meditataménte, *avv*. meditatively; after due consideration; (*apposta*) designedly, on purpose.
meditativo, *a*. meditative; cogitative; reflective: **una mente meditativa**, a meditative mind.
meditato, *a*. meditated; thought-out; well-considered; deliberate.
meditazióne, *f*. meditation; cogitation; (*riflessione*) reflection; (*considerazione*) consideration: **un argomento che richiede profonda m.**, a subject which requires deep meditation; **degno di m.**, worthy of consideration.
mediterràneo, *a*. **1** mediterranean; land-locked: **Il Baltico è un mare m.**, the Baltic is a mediterranean sea **2** (*del Mare M.*) Mediterranean: (*med*.) **la febbre mediterranea**, the Mediterranean fever; **la razza mediterranea**, the Mediterranean race.
mèdium, *m*. e *f*. (*spiritismo*) medium*.
medusa, *f*. **1** (*mitol*.) Medusa **2** (*zool*.) medusa*; jelly-fish: **un animale a forma di m.**, a medusa-like animal.
meeting (*ingl*.), *m*. meeting.
mefisto, *m*. knitted woollen cap (for skiers or mountain-climbers).
Mefistòfele, *m*. Mephistopheles.
mefistofèlico, *a*. **1** Mephisthelean, Mephisthelian **2** (*fig*.) sardonic: **un sorriso m.**, a sardonic smile.
mefite, *f*. mephitis.
mefitico, *a*. **1** mephitic; mephitical: **aria mefitica**, mephitic air; **esalazioni mefitiche**, mephitic exhalations **2** (*fig*.) corrupt.
megabar, *m*. (*fis*.) megabar.
megaciclo, *m*. (*fis*.) megacycle: **megacicli al secondo**, megacycles per second.
megàfono, *m*. megaphone.
megahèrtz, *m*. (*fis*.) megahertz.
megalite, *m*. megalith.
megalitico, *a*. megalithic.
megalocardìa, *f*. (*med*.) megalocardia.
megalocefalìa, *f*. (*med*.) megacephaly; megalocephalia.
megalocèfalo, *a*. (*med*.) megacephalic; megacephalous.
megalòmane, *a*., *m*. e *f*. megalomaniac.
megalomanìa, *f*. megalomania.
megalòpoli, *f*. megalopolis*.
megaòhm, *m*. (*elettr*.) megohm.
megaòhmmetro, *m*. (*elettr*.) megohmmeter.
megapòdi, *m*. *pl*. (*zool*., *Megapodiidae*) megapods.
megatèrio, *m*. (*zool*., *Megatherium*) megatherium; megathere; giant ground-sloth.
megatèrmo, *a*. (*bot*.) megathermal; megathermic.
mègaton, **megatóne**, *m*. (*fis. nucl*., *mil*.) megaton.
megavòlt, *m*. (*elettr*.) megavolt.
megawatt, *m*. (*elettr*.) megawatt.
megèra, *f*. hag; harridan; shrew; vixen.
mèglio, **A** *avv*. **1** (*compar*.) better; (*piuttosto*) rather, sooner: **Pensaci m.!**, think better of it!; think it over!; **Per far m. spesso si fa peggio**, to do better one often does worse; **amare m.**, to like better; to prefer: **Amerei m. partire oggi**, I had rather (*o* sooner) leave today; **Farei m. a partire**, I had better leave; **Faresti m. ad andar via**, you had better go away; **stare m.** (*di un malato*), to feel (*o* to be) better; **molto m.**, much (*o* far) better; **sempre m.** (*o*

di bene in m.), better and better; **cento volte m.**, a hundred times better; **Ti senti un po' m.?**, are you feeling any better?; **Sta m. a te che a me** (ti s'addice di più), it suits you better (than me) **2** (superl. relat.) (the) best: **Chi lo fece m.** (di tutti)?, who did it best?; **Fa come m. credi**, do as you think best; **È l'impiegato pagato m. della nostra ditta**, he is the best-paid employee in our firm. ● **cambiare in m.**, to change for the better □ **campare alla m.**, to scrape a living; to scrape along; (anche) to be just managing □ **o m.** (ovvero, per meglio dire), or rather □ **provvedere alla m.**, to do as well as one can; to use a makeshift □ **Tanto m.!**, so much the better! □ **valer m.**, to be better: **Varrebbe m. rimanere a casa**, it would be better to remain at home □ **M. che nulla!**, better this than nothing at all! □ **M. così!**, things are better like that! □ **M. per lui!**, so much the better for him! □ (fam.) **Stanno m. di noi** (a quattrini), they're better off than we are □ **Stavo m. sul divano**, I was more comfortable on the sofa □ **Tutto andrà per il m.**, it will all be for the best □ (prov.) **M. soli che male accompagnati**, better be alone than in bad company □ (prov.) **M. un asino vivo che un dottore morto**, a living dog is better than a dead lion □ (prov.) **M. tardi che mai**, better late than never □ (prov.) **M. un uovo oggi che una gallina domani**, a bird in the hand is worth two in the bush. **B** a. (compar.) better; (superl. relat.: fra due) (the) better; (fra più di due) (the) best: **Tu sei m. di me**, you are better than I (am); **Ne abbiamo avuti di m.**, we've had better ones; **in mancanza di m.**, as there is nothing better; **La m. cosa è non parlarne più**, the best thing to do is not to speak about it any longer. ● **alla m.** (o alla bell'e m.), as well as one can; somehow (or other): **Facemmo alla m.**, we did as well as we could. **C** m. e f. (la cosa migliore) (the) best (thing); (la parte migliore) (the) best part: **Questo è proprio il m. che si possa fare**, it's the very best thing one can do; **prendere il m.**, to take the best (part); **scordarsi il m.**, to forget the best (part of the story); to forget the most important thing; **Ciò che vi è di m. sul mercato**, the best things on the market; **nel m. del racconto**, when the story was at its very best. ● **il m. dell'eleganza**, the pink of elegance □ **avere la m. su q.**, to have (o to get) the better of sb. □ **fare del proprio m.**, to do one's best (o utmost); to do everything in one's power □ **per il m.**, for the best: **Tutto va per il m.**, everything's turning out for the best; everything's going very well □ **per il proprio m.**, for one's best □ **È quanto possiamo fare di m.**, it's the best thing we can do (o the best course we can take) □ **Non c'è nulla di m.**, this is the very best □ (prov.) **Il m. è nemico del bene**, leave well alone.
mehari, m. mehari.
meharista, m. meharist.
meiòsi, f. (biol.) meiosis*.
meiòtico, a. (biol.) meiotic.
méla, f. apple: **mele cotte**, stewed apples; **una m. verde** (acerba), a green apple; **pasticcio di mele**, apple-pie; **torta di mele**, apple-tart; **sbucciare una m.**, to peel an apple. ● **m. cotogna**, quince □ **m. renetta**, rennet □ **m. selvatica**, crab □ **m. verde**, greening.
melagrana, f. pomegranate.
melagrano, V. melograno.
melanconia, e deriv. V. malinconia, e deriv.
melanesiano, a. e m. Melanesian.
mélange (franc.), **A** m. invar. **1** (mescolanza di colori) mélange **2** (caffè o cioccolato con panna) mélange. **B** a. invar. – (ind. tessile) **filato m.**, mélange.
melàngola, f. bitter (o Seville) orange.
melàngolo, m. (bot., Citrus aurantium) bitter (o Seville) orange tree.
melànico, a. (biol.) melanic.
melanina, f. (biol.) melanin.
melanismo, m. melanism.
melanite, f. (miner.) melanite.
melanòma, m. (med.) melanoma*.
melanòsi, f. (med.) melanosis*.
melanòtico, a. (med.) melanotic.
melanùria, f. (med.) melanuria.
melanzana, f. **1** (bot., Solanum esculentum) egg-plant **2** (il frutto) aubergine.
melarància, f. sweet orange.
melaràncio, m. (bot., Citrus sinensis) sweet orange-tree.
melàrio, m. honeycomb.
melassa, f. molasses (pl. col verbo al sing.); treacle.
melata, f. honeydew.
melato, a. honeyed (anche fig.); (lusinghiero) flattering: **paroline melate**, honeyed words; sweet words.
Melchiòrre, m. Melchior.
Melchisedèc, m. (Bibbia) Melchizedek.
meleagrina, f. (zool., Meleagrina margaritifera) pearl-oyster.
melèna, f. (med.) mel(a)ena.
melensàggine, f. **1** (l'essere melenso) stolidity; doltishness; dullness; silliness **2** (atto melenso) silly (o stolid) action; stupidity.
melènso, A a. stolid; doltish; dull(-witted); stupid; silly: **un fare m.**, a stolid demeanour; **un ragazzo m.**, a silly boy; a dull child; **essere un po' m.**, to be rather dull-witted (o dull-brained); to be dullish. **B** m. dullard; simpleton.
meléto, m. apple-orchard.
mèlica (1), f. (letter.) melic poetry.
mèlica (2), f. (bot., Zea mays) maize; Indian corn.
mèlico, a. (letter.) melic: **poesia melica**, melic poetry.
melilite, f. (miner.) melilite.
melilòto, m. (bot., Melilotus officinalis) yellow melilot.
melina, f. – (gergo sportivo) **fare la m.**, to hang on to the ball.
melinite, f. (esplosivo) melinite.
melisma, m. (mus.) melisma*.
melismàtico, a. (mus.) melismatic.
melissa, f. (bot., Melissa officinalis) lemon balm; balm-mint.
melitòsio, m. (chim.) melitose.
mellifago, m. (zool., Meliphaga) honey-eater; honeysucker; nectar-bird.
mellifero, a. (lett.) melliferous; yielding (o producing) honey; honey (attr.): **api mellifere**, honey-bees.
mellificare, v. i. to make* honey.
mellificazióne, f. honey-making.
mellifluità, f. mellifluousness.
mellifluo, a. mellifluous; honeyed; honey-sweet; sugary: **parole mellifue**, mellifluous (o honeyed) words; **una risposta melliflua**, a sugary answer; **con fare m.**, in a sugary manner.
mellito, A a. – (med.) **diabete m.**, diabetes mellitus. **B** m. (farm.) mellite.
mellivora, f. (zool., Mellivora capensis) ratel.
melma, f. **1** mud; mire; ooze; slime; sludge; slush **2** (fig.) dirt; filth; smut.
melmosità, f. muddiness; miriness; ooziness; sliminess.
melmóso, a. muddy; miry; oozy; slimy; sludgy; slushy.
mélo, m. (bot.) apple-tree. ● **m. selvatico**, crab.
melodìa, f. **1** (mus.) melody; (aria) melody, tune, air: **melodie popolari**, popular melodies; **una m. spagnola**, a Spanish melody **2** (musicalità) melodiousness; musicality; musicalness; tunefulness: **la m. della lingua italiana**, the musicality of the Italian language. ● **m. popolare**, folk-song □ **poesia ricca di m.**, melodious (o harmonious) poetry.
melodicaménte, avv. melodically.
melòdico, a. melodic; (melodioso) melodious: **musica melodica**, melodic music.
melodiosaménte, avv. melodiously.
melodióso, a. melodious; musical; tuneful: **parole melodiose**, melodious words; **una voce melodiosa**, a musical voice.
melodista, m. e f. melodist; composer of melodies.
melodramma, m. **1** (mus.) serious opera **2** (fig.) melodrama.
melodrammàtico, a. **1** (mus.) operatic **2** (fig.) melodramatic(al).
mèloe, m. (zool., Meloe) oil-beetle.
melòfago, m. (zool., Melophagus ovinus) sheep-tick; ked.
melograno, m. (bot., Punica granatum) pomegranate.
melòmane, m. e f. melomaniac.
melomanìa, f. melomania.
melóne, m. (bot., Cucumis melo) musk melon; melon.
melopèa, f. (mus.) melopoeia.
meloterapìa, f. (med.) melotherapy.
mèlton, m. (ind. tessile) melton (cloth).
membrana, f. **1** (anat., bot.) membrane: **m. cellulare**, cellular membrane; cell wall; **m. sierosa**, serous membrane; **la m. nasale**, the nasal membrane; **la m. del timpano**, the tympanic membrane **2** (mecc., radio) diaphragm; (sottile lamina) membrane, film: **la m. d'un altoparlante**, the diaphragm of a loudspeaker.
membranàceo, a. membranaceous; membranous. ● **codice m.**, parchment manuscript.
membranóso, a. membranous.
membratura, f. framework; frame; structure.
mèmbro, m. **1** (anat., pl. membra) limb (anche fig.): **le membra fragili d'un bambino**, the weak limbs of a child; **riposare le stanche membra**, to rest one's tired limbs; (fig.) **le sparse membra d'una nazione**, the scattered limbs of a nation **2** (persona, pl. membri) member: **un m. del Parlamento**, a Member of Parliament (abbr.: an M.P.); **tutti i membri della famiglia**, every member of the family **3** (gramm., mat., archit., anat.) member: **Il periodo ipotetico è sempre composto di due membri**, a hypothetical period is always composed of two members; **un altro m. della stessa frase**, another member of the same sentence; **i membri d'una equazione algebrica**, the members of an algebraic equation. ● **m. del consiglio d'amministrazione** (di un ente, una scuola, ecc.), trustee □ **m. del personale**, staffer □ **m. della com-**

missione interna (*di un sindacato*), shop-steward □ (*naut.*) **m. dell'equipaggio**, hand □ (*leg.*) **m. di giuria**, juryman; juror □ (*leg.*) **essere m. di un'assemblea**, to sit on an assembly □ **diventare m. di un circolo**, to join a club □ **dalle membra vigorose**, strong-limbed.

membruto, *a.* strong-limbed; sturdy-limbed.

memènto (*lat.*), *m.* **1** (*relig.*) Memento* **2** (*fig.*) memento*; reminder. ● **M. mori**, remember you must die.

memoràbile, *a.* memorable: **parole memorabili**, memorable words.

memorando, *a.* not to be forgotten; memorable.

memoràndum (*lat.*), *m.* **1** memorandum* **2** (*libretto di appunti*) memorandum*; memorandum (*o* memory) book; memo book; memo (*fam.*).

mèmore, *a.* mindful (of); (*riconoscente*) grateful, obliged (for): **essere m. dei propri doveri**, to be mindful of one's duties; **essere m. dei benefici ricevuti**, to be grateful for the benefits received. ● **con m. affetto**, with everlasting love.

memòria, *f.* **1** (*generalm.*) memory; (*mente*) mind; (*ricordo*) remembrance, recollection; (*reminiscenza*) reminiscence: **una lacuna di m.**, a lapse of memory; **avere molta m.**, to have a retentive memory; **una m. di ferro**, a tenacious (*o* an excellent) memory; **una m. labile**, a slippery memory; **cancellare dalla m.**, to efface from the memory; to consign to oblivion (*lett.*); **imprimere nella m.**, to impress on one's memory; **riacquistare la m.**, to recover one's memory; **richiamare q.c. alla m.**, to call st. back to one's memory; to recall st. to mind; to recollect st.; to carry one's thoughts back to st.; **perdere la m.**, to lose one's memory; **tenere viva la m.**, to keep the memory alive (*o* green); **uscire di m.**, to escape (*o* to die away) from the memory; to pass (*o* to go) out of one's mind; **le dolci memorie di quegli anni**, the sweet memories of those years; **memorie del giorno dell'incoronazione**, recollections of Coronation Day; **La scena ridesta memorie della mia giovinezza**, the scene awakens reminiscences of my youth **3** (*oggetto conservato per ricordo*) souvenir; keepsake: **Lo conserverò come m. del tempo felice che abbiamo trascorso insieme**, I shall keep it as a souvenir of the happy days we spent together **3** (*annotazione*) note; memo: **un quaderno di memorie**, a note-book; **tenere m. di tutto**, to make a note of everything **4** (*memoriale*) memorial; record **5** (*pl.*: *opera autobiografica*) memoirs: **le Memorie di Goldoni**, Goldoni's Memoirs **6** (*tecn.*) memory; store, storage. ● **m. di famiglia**, heirloom: **Questo gioiello è una preziosa m. di famiglia**, this jewel is a precious heirloom □ **a m.**, by heart; (*meccanicamente*) by rote; (*mentalmente*) mentally □ **a m. d'uomo**, within living memory; within the memory of man; from time immemorial □ **a m. nostra**, in our days □ **degno di m.**, memorable: **un fatto degno di m.**, a memorable deed □ **d'illustre m.**, of famous memory □ **dipingere (suonare) a m.**, to paint (to play) from memory □ **esercizi di m.**, mnemonic exercises □ **frugare** (*o* **rivangare**) **nella m.**, to search one's memory □ **imparare a m.**, to learn by heart; to commit to memory; to memorize □ **in m. di**, in memory of; in remembrance of □ **lasciare buona m. di sé**, to leave a good name (behind one) □ **una medaglia alla m.**, a posthumously awarded medal □ **non avere m.**, to have no (*o* a bad) memory □ **sapere a m.**, to know by heart □ **tuo padre, di felice m.**, your father, of happy (*o* blessed, dear) memory □ **Se non mi tradisce la m.**, if I remember well.

memoriale, *m.* **1** (*letter.*) memorial (*generalm. al pl.*): **redigere un m.**, to draw up a memorial **2** (*petizione*) memorial; petition.

memorialista, *m. e f.* (*letter.*) memorialist.

memorizzare, *v. t.* to memorize; (*elab., anche*) to store.

memorizzazione, *f.* memorization; (*elab., anche*) storage.

ména, *f.* underhand dealing; intrigue; scheme; manoeuvre: **le mene segrete del partito avversario**, the intrigues of the opposing party.

menabò, *m.* (*tipogr.*) dummy.

mènade, *f.* (*lett.*) maenad; (*baccante*) bacchante.

menadito, a, *locuz. avv.* perfectly; superlatively; thoroughly; at one's fingers' ends (*o* finger-ends, finger-tips) (*fam.*): **conoscere q.c. a m.**, to have st. at one's fingers' ends.

ménage (*franc.*), *m.* menage; domestic management; housekeeping.

menagramo, *m. e f. invar.* (*fam.*) Jonah; hoodoo (*specialm. USA*); jinx (*pop.*).

Menandro, *m.* (*stor.*) Menander.

menarca, *m.* (*fisiologia*) menarche.

menare, A *v. t.* **1** (*condurre*) to lead*; to take*; to bring*; (*guidare*) to guide: **m. al pascolo**, to lead to pasture; **m. la danza**, to lead the dance; (*fig.*) **m. q. per il naso**, to lead sb. by the nose; to turn sb. round one's little finger (*fam.*); **il sentiero che mena al castello**, the path leading to the castle **2** (*trascorrere*) to lead*; to live; to spend*: **m. una vita tranquilla**, to live a peaceful life; **m. una vita da cani**, to lead a dog's life; **m. una vita tribolata**, to lead a miserable existence **3** (*agitare*) to shake*; to wave **4** (*picchiare*) to beat*; to hit*; to strike*; to deal* (a blow at): **m. un colpo**, to deal a blow. ● **m. botte da orbi**, to deal out indiscriminate blows □ **m. un calcio**, to kick □ (*fig.*) **m. il cane per l'aia**, to beat about the bush (*fam.*) □ **m. la coda**, to wag one's tail □ **m. la frusta**, to crack the whip; to whip; to lash (*anche fig.*) □ **m. le gambe**, (*camminare*) to walk; (*ballare*) to dance □ **m. la lingua**, to gossip; (*sparlare*) to speak ill (of), to backbite □ **m. le mani**, to come to blows □ **m. q.c. per le lunghe**, to spin st. out □ **m. un pugno**, to land a punch □ **m. uno schiaffo**, to slap □ **m. vanto di q.c.**, to boast of st. □ (*prov.*) **Chi mena per primo mena due volte**, the first blow is as much as two. **menarsi, B** *v. rifl. recipr.* to come* to blows; (*battersi*) to fight*. ● **m. di santa ragione**, to have a good fight.

menaròla, *f.* (*strumento*) brace; wimble; breast-borer: **m. a cricco**, carpenter's ratchet-brace; **m. ad angolo**, angle-brace.

menata, *f.* (*fam.: solenne bastonatura*) good (*o* sound) beating *o* thrashing).

mènda, *f.* defect; fault; flaw; blemish.

mendace, *a.* mendacious; untruthful; false; (*fallace*) fallacious: **parole mendaci**, mendacious words; **una speranza m.**, a fallacious hope; **un testimone m.**, a false witness.

mendàcia, *f.* mendacity.

mendàcio, *m.* (*lett.*) mendacity; lie; falsehood; untruth.

mendacità, *f.* (*lett.*) mendacity.

mendelèvio, *m.* (*chim.*) mendelevium.

mendeliano, *a.* (*biol.*) Mendelian; Mendel's (*attr.*): **leggi mendeliane**, Mendel's laws.

mendelismo, *m.* (*biol.*) Mendelism; Mendelianism.

mendicante, A *a.* mendicant; begging: **un ordine m.**, a mendicant order; **frati mendicanti**, mendicant friars. **B** *m. e f.* beggar: **gli allegri mendicanti**, the jolly beggars.

mendicare, A *v. t.* **1** to beg; to beg for (*anche fig.*); to cadge: **m. la vita**, to beg (for) one's bread; **m. un pasto**, to cadge a meal **2** (*fig.*) to solicit; to beseech*; to implore; to seek* (out): **m. aiuto**, to implore help; **m. conforto**, to seek consolation; **m. un favore**, to solicit a favour; **m. un pretesto**, to seek out a pretext. **B** *v. i.* to beg. ● **È costretto a m. per vivere**, he is compelled to beg for his bread (*o* to make a living by begging).

mendicità, *f.* **1** mendicity; mendicancy; beggary: **essere ridotto alla m.**, to be reduced to beggary **2** (*mendicanti*) beggars (*pl.*). ● **ricovero di m.**, workhouse; poor-house.

mendico, A *m.* beggar; mendicant. **B** *a.* mendicant.

menefreghismo, *m.* (*pop.*) indifference; couldn't-care-less attitude (*fam.*).

menefreghista, A *m. e f.* (*pop.*) indifferent; couldn't-care-less type of person. **B** *a.* indifferent; couldn't-care-less (*attr.*).

meneghino, A *a.* Milanese. **B** *m.* **1** Milanese: **È un m.**, he is a Milanese **2** (*dialetto milanese*) Milanese dialect: **parlare in m.**, to speak the Milanese dialect.

Menelao, *m.* (*letter.*) Menelaus.

menestrèllo, *m.* minstrel.

menhir, *m.* (*archeol.*) menhir.

meninge, *f.* **1** (*anat.*) meninx* **2** (*pop., specialm. al pl.*: *cervello*) brain (*specialm. al pl.*): **spremersi le meningi**, to cudgel (*o* to rack, to puzzle) one's brains.

meningeo, *a.* (*anat.*) meningeal.

meningismo, *m.* (*med.*) meningism.

meningite, *f.* (*med.*) meningitis.

meningocòcco, *m.* (*med.*) meningococcus*.

meningoencefalite, *f.* (*med.*) meningoencephalitis.

meningoencefalitico, *a.* (*med.*) meningoencephalitic.

menippèo, *a.* (*letter.*) Menippean.

menisco, *m.* (*anat., fis.*) meniscus*: **m. concavo**, concave meniscus; **m. convergente**, converging meniscus; **m. concavo-convesso**, concavo-convex lens; **m. divergente**, diverging meniscus; **m. divergente concavo-convesso**, diverging concavo-convex lens.

Mennonita, *m. e f.* (*relig.*) Mennonite.

méno, A *avv.* **1** (*compar.*) less; not...so (much); (*mat.*) minus, less: **Dovresti mangiare m.**, you should eat less; you should not eat so much; **Questo mi piace m.**, I don't like this one so much; **molto m.**, much less; **Sua moglie è m. ricca di lui**, his wife is less rich than he (is); (*più comune*) his wife is not so rich as he (is); **La campagna è m. bella in estate che in primavera**, the country is not so beautiful in Summer as in Spring; **M. si studia, m. s'impara**, the less you study, the less you learn; (*mat.*) **Sei m. quattro fa due**, six minus (*o* less) four is two; **una differenza in m. di cento lire**, one hundred lire (*o* liras) less; **Io ne ho uno di m.**, I have one less; **Uno più, uno m., non guasta**, one more or one less, it does not matter at all **2** (*superl. relat.*: *fra due*) (the) less; (*fra più di due*) (the) least: **Dei due libri, questo è il m. interessante**, of the two books, this is the less interesting; **Carlo è il m. gentile dei miei amici**, Carlo is the least kind (*più comune*: the most impolite) of my friends; **Questi articoli sono i m. costosi che**

Mèno

abbiamo, these are the least expensive (*più comune*: the cheapest) articles we have. ● **m. che mai**, less than ever □ **m. male**, it's just as well; it is a good thing (*o* job); thank goodness: **M. male che hai preso l'ombrello**, it is just as well you took an umbrella; **M. male che sei venuto**, it's a good job you've come; **M. male che non ti sei fatto niente**, thank goodness, you didn't get hurt □ **essere da m. di q.**, to be inferior to sb. □ **fare** (*lavorare, studiare, ecc.*) **il m. possibile**, to do (to work, to study, etc.) as little as possible (*o* as little as one can) □ **fare a m. di**, (*rinunziare a*) to give up; (*fare senza*) to do without; (*astenersi da*) to refrain from: **Dice che non può fare a m. di fumare**, he says he cannot give up smoking; **Non posso fare a m. di lui**, I cannot do without him; **Non possono fare a meno del dizionario**, they cannot do without a dictionary □ **né più né m.**, neither more nor less □ **niente m.** (*che*), no less than: **Voleva niente m., diecimila lire**, he wanted no less than ten thousand lire (*o* liras) □ **più o m.**, more or less: **Sono tutti così, più o m.**, more or less, they are all like that □ **sempre m.**, less and less □ **senza m.** (*immancabilmente*), without fail □ **venire m.** (*svenire*), to faint □ **venire m. a**, (*abbandonare*) to fail; (*alla parola data, a una promessa, ecc.*) to break; (*trascurare*) to neglect; (*restare senza*) to run short of: **venire m. a un amico nel bisogno**, to fail a friend in need; **Gli vennero m. tutte le speranze**, all his hopes failed him; **Non vengo mai m. alla parola data**, I never break my word; **Non si deve venire m. al proprio dovere**, one must not neglect one's duty; **Ci vennero m. le munizioni**, we ran short of ammunition □ **M. se ne parla, meglio è**, the least said the better □ **M. siamo, meglio è**, the fewer, the better □ **Ho dieci anni m. di lui**, I am ten years younger than he (is) □ **Lui non andò e tanto m. io!**, as he did not go, you can well inquire if I did! □ **Né più né m. che se fosse un ladro!**, just as if he were a thief! □ **Non sa parlare il francese, m. che m. l'inglese**, he cannot speak French, let alone English □ **Non per questo la situazione è m. difficile**, the situation is none the less difficult for that □ **Niente m.!**, just imagine that! □ **Non posso fare a m. di ridere**, I cannot help laughing □ **Non poté fare a m. di dirmelo**, he could not help telling me □ **Non posso fare a m. di pensare che è uno sciocco**, I cannot but think he is a fool □ **Puoi fare a m. di venire**, you needn't come □ **Questo no, e quell'altro m. che m.**, I don't want this one, and I am far from wanting the other one □ **Se non è un ladro, poco m.**, he is all but a thief; if he is not a thief, he is not far from it □ **Sono le dieci m. cinque**, it is five (minutes) to ten □ **Sono le due m. un quarto**, it is a quarter to two □ **Tom non è m. intelligente di te**, Tom is no less clever than you; (*più comune*) Tom is just as clever as you. **B** *a.* **1** (*compar.*: *con nome sing.*) less; not so much; (*con nome pl.*) fewer, not so many: **Ci vuole m. tempo a piedi**, it takes less time on foot; **Oggi c'è m. gente**, today there are fewer people; **Ho m. denaro di lui**, I have less money than he (has); (*più comune*) I haven't so much money as he (has); **Ho m. amici di lui**, I have fewer friends than he (has); (*più comune*) I haven't so many friends as he (has); **M. chiasso, per favore!**, less noise, please!; **M. ciarle!**, less of your chatter!; **M. sciocchezze!**, less nonsense! **2** (*superl. relat.*: *con nome sing.*) (the) least; (*con nome pl.*) (the) fewest: **Chi ha fatto m. errori** (*di tutti*)?, who made the fewest mistakes? ● **Hai m. anni di me**, you are younger than I (am) □ **Prendi m. valigie che puoi**, take as few suitcases as you can (*o* as possible). **C** *m.* **1** (*con valore compar.*) less; smaller part; fewer (*pl.*); (*con valore superl.*) least, smallest part; fewest (*pl.*): **Il m. che possa fare è di scusarmi**, the (very) least I can do is to apologize; **Il m. è toccato a me**, the smaller (*o* smallest) part has come to me; **Vale mille lire o anche m.**, it is worth a thousand lire (*o* liras) or even less; **C'erano non m. di cento persone**, there were no fewer than a hundred people present; **Chi ne ha avuti m.** (*di tutti*)?, who got the fewest?; **Mi ci vollero non m. di tre ore**, it took me no less than three hours; **Nessuno dovrebbe lagnarsi, tu m. di tutti**, nobody ought to complain; you least of all **2** (*mat.*) minus (sign) **3** (*pl.*) – **i m.**, the minority. ● **dal più al m.**, more or less; about; approximately □ **in men che non si dica**, in less than no time; in the twinkling of an eye; before one could say Jack Robinson (*fam.*) □ **parlare del più e del m.**, to speak about this (thing) and that □ **per lo m.**, at least: **Ci vuole per lo m. un'ora**, it will take at least an hour; **Potresti per lo m. chieder scusa**, you might at least say you are sorry □ (*mat.*) **il (segno del) m.**, the minus sign □ **spendere il m. possibile**, to spend as little as possible □ **tanto m.**, so much the less □ **Ieri dovetti aspettare m.**, I didn't have to wait so long yesterday □ **Rispondere alla mia lettera era il m. che tu potessi fare**, to answer my letter was the least you could have done □ **È il m. che potesse capitare**, it's not so bad after all □ **È m. che nulla**, it just amounts to nothing □ **Questo sarebbe il m.**, this would not matter so much □ **M. si dice, meglio è**, the least said, the better □ **Non si può acquistare per m.**, you cannot get it cheaper. **D** *prep.* (*eccetto*) except; but: **Li conosco tutti m. due o tre**, I know them all except (*o* but) two or three; **Tutti i giorni m. il sabato**, every day except Saturday; **Ci invitarono tutti m. lui**, they invited all (of us) except him; **Tutti** (*o* **chiunque**) **m. Jones!**, anybody but Jones! **E** *cong.* – **a m. che non** (*o* **a m. di**), unless: **Sarò respinto agli esami, a m. che non studi molto**, I shall fail in my exams unless I study hard.

Mèno, *m.* (*geogr.*) (the) Main.

menomàbile, *a.* diminishable.

menomaménte, *avv.* not at all; not in the least; (*in nessun modo*) by no means, in no way.

menomare, **A** *v. t.* **1** (*diminuire*) to diminish; to lessen; (*denigrare*) to disparage; (*indebolire*) to impair: **m. il valore del denaro**, to lessen the value of money; **m. i meriti di q.**, to diminish (*o* to disparage) sb.'s merits; **m. i pregi di q.**, to disparage sb.'s good qualities **2** (*danneggiare*) to disable; to maim. **menomarsi**, **B** *v. rifl.* to be impaired.

menomato, **A** *a.* **1** (*diminuito*) diminished; lessened; (*denigrato*) disparaged; (*indebolito*) impaired **2** (*minorato*) disabled; maimed. **B** *m.* disabled person.

menomazióne, *f.* **1** (*diminuzione*) diminution; lessening; (*denigrazione*) disparagement; (*indebolimento*) impairment **2** (*m. fisica*) disability; disablement; (*m. psichica*) mental defectiveness (*o* deficiency).

mènomo, (*lett.*) *V.* **minimo**.

menopàusa, *f.* (*fisiologia*) menopause.

menorragìa, *f.* (*med.*) menorrhagia.

menorràgico, *a.* (*med.*) menorrhagic: **flusso m.**, menorrhagic flow.

mènsa, *f.* **1** table; board (*per lo più poet.*): **i piaceri della m.**, the pleasures of the table; **una m. ricca e abbondante**, a bountiful table; **una parca m.**, a poor table; **fare m. comune**, to eat at the same table; **imbandire la m.**, to lay the table; **mettersi a m.**, to sit down at table; **sedere a m.**, to be at table **2** (*di convento, scuola, ecc.*) refectory; (*di militari*) mess; (*di fabbrica*) canteen, cafeteria: **la m. degli ufficiali**, the officers' mess. ● **m. comunale**, town soup-kitchen □ (*leg.*) **la m. vescovile**, the bishop's revenue □ **far m. insieme**, to take one's meals together □ **la Sacra M.**, Holy Communion: **accostarsi alla Sacra M.**, to receive Holy Communion □ **Al levare delle mense, facemmo un brindisi**, at the end of the dinner, we drank a toast.

menscevìco, (*stor.*) **A** *a.* Menshevist. **B** *m.* Menshevik.

menscevìsmo, *m.* (*stor.*) Menshevism.

mensile, **A** *a.* monthly: **una rivista m.**, a monthly (magazine); **un abbonamento m.**, a monthly subscription. **B** *m.* **1** (*rivista m.*) monthly magazine **2** (*retribuzione*) monthly pay; (*salario*) monthly wages (*pl.*); (*stipendio*) monthly salary.

mensilità, *f.* **1** (*periodicità mensile*) monthly character (*o* nature) **2** (*retribuzione mensile*) monthly pay; (*stipendio mensile*) monthly salary **3** (*rata mensile*) monthly instalment. ● **tredicesima m.**, Christmas bonus.

mensilménte, *avv.* monthly; every month; once a month.

mènsola, *f.* **1** bracket; console; (*ripiano*) shelf*: **una m. a muro**, a wall bracket **2** (*archit.*) corbel.

mensuralìsmo, *m.* (*mus.*) mensurable (*o* mensural) music.

ménta, *f.* (*bot.*, *Mentha*) mint. ● **m. piperita** (*Mentha piperita*), peppermint □ **pasticche di m.**, peppermint-drops; peppermint-lozenges.

mentale (1), *a.* (*della mente*) mental; of the mind: **alienazione m.**, mental alienation; insanity; **calcolo m.**, mental arithmetic; **le facoltà mentali**, the mental faculties; **riserva m.**, mental reservation; **uno specialista di malattie mentali**, a mental specialist; **crudeltà mentale**, mental cruelty.

mentale (2), *a.* (*del mento*) mental; of the chin.

mentalità, *f.* mentality; outlook: **la m. dei popoli primitivi**, the mentality of primitive peoples; **m. borghese**, middle-class outlook. ● **un uomo di ristretta m.**, a narrow-minded man.

mentalménte, *avv.* mentally; (*dentro di sé*) to oneself.

mentastro, *m.* (*bot.*, *Mentha aquatica*) water mint.

ménte, *f.* **1** (*generalm.*) mind; (*intelletto*) intellect; (*intelligenza*) intelligence; (*memoria*) memory; (*testa*) head: **le qualità della m.**, the qualities of the mind (*o* the mental qualities, the intellectual qualities); **una m. ristretta**, a narrow mind; **avere (quasi) in m. di fare q.c.**, to have (half) a mind to do st.; **balenare alla m.**, to flash into (*o* through) one's mind; (*leg.*) **infermità di m.**, infirmity of mind; **essere malato di m.**, to be out of one's (right) mind; to be insane; **ficcarsi in m. di voler fare q.c.**, to take it into one's head to do st.; **levarsi dalla m. un'idea**, to get an idea out of one's head; **richiamare alla m.**, to call back (*o* to recall) to one's mind; to recollect; **scappare** (*o* **sfuggire**) **di m.**, to pass (*o* to go) out of one's mind; to slip one's memory; **Tieni bene a m. quel che ti dico**, keep (*o* bear) in mind my words; don't forget my words **2** (*fig.*: *persona particolarmente dotata*) mind; intellect; brain: **È una delle migliori menti del nostro**

secolo, he is one of the best minds (*o* brains) of our century **3** (*attenzione*) attention; mind: **porre m. a q.c.**, to pay attention to st.; to keep one's mind on st.; **volgere la m. a q.c.**, to turn one's attention (*o* one's mind) to st.; **avere la m. a q.c.**, to have one's mind on st. **4** (*intenzione*) mind; intentions (*pl.*): **cambiare m.**, to change one's mind. • **a m.**, by heart; (*mentalmente*) mentally: **imparare a m.**, to learn by heart; **sapere una poesia a m.**, to know a poem by heart □ (*leg.*) **a m. dell'articolo 38**, in conformity (*o* accordance) with article 38 □ **a m. fredda**, coldly; with cold determination □ **a m. fresca**, with a fresh mind □ **aguzzare** (*o* acuire) **la m.**, to sharpen one's wits □ **dire quel che si ha in m.**, to speak one's mind □ **fare m. locale**, to concentrate (on st.) □ **far venire in m. q.c. a q.**, to remind sb. of st. □ **gli occhi della m.**, the mind's eye; the mental view; the imagination □ **essere ottuso di m.**, to be dense □ **essere senza m.** (*smemorato*), to be absent-minded □ **togliersi q. (q.c.) dalla m.**, to get sb. (st.) out of one's head □ **un uomo dalla m. ristretta**, a narrow-minded man □ **uomo di gran m.**, a great mind □ **venire in m.**, to come into one's mind; to occur (to sb.); (*d'idea improvvisa*) to cross one's mind □ **Non mi viene in m. il suo nome**, I can't remember his name □ **Improvvisamente, mi venne in m. un'idea**, an idea suddenly struck me □ **Dove sei con la m.?**, what are you thinking of?; a penny for your thoughts (*fam.*) □ (*prov.*) **M. sana in corpo sano**, a sound mind in a sound body.
mentecatto, **A** *a.* mad; imbecile. **B** *m.* madman*; idiot.
mentina, *f.* peppermint-drop.
mentire, *v. i.* to lie; to tell* a lie (*o* lies); to tell* stories (*fam.*); to be a liar: **m. per la gola**, to lie in one's teeth (*o* throat); **m. sapendo di m.**, to tell a deliberate lie; **Tu menti**, you are lying; **Non m.!**, don't lie to me; don't tell stories (*fam.*); **Se egli dice questo, mente**, if he says so, he is a liar.
mentito, *a.* false; counterfeit; sham: **sotto mentite spoglie**, under false pretences.
mentitore, **A** *m.* liar; fibber, story-teller (*fam.*). **B** *a.* mendacious; false.
ménto, *m.* chin: **col m. fra le mani**, with one's chin in one's hands; **fino al m.**, up to the chin; **avere il m. in fuori**, to have a protruding chin. • **avere quattro peli sul m.**, to be still young □ (*scherz.*) **l'onor del m.**, the beard.
mentolato, *a.* (*farm.*) mentholated: **talco m.**, mentholated talcum powder.
mentòlo, *m.* (*chim.*) menthol.
mentonièra, *f.* (*mus.*) chin-rest.
Mèntore, *m.* **1** (*mitol.*) Mentor **2** (*fig.*) mentor; faithful adviser; trusted counsellor.
mentovare, *v. t.* (*lett.*) to mention.
méntre, **A** *cong.* **1** (*temporale*) while; as; when: **Ho avuto un incidente m. venivo qui**, I had an accident while I was coming here; **Canta sempre m. passeggia**, he always sings when he is walking **2** (*avversativo*) while; whilst; whereas: **Io sono rimasto povero, m. egli ha fatto fortuna**, I have remained poor while he has made a fortune. **B** *m.* – **in questo m.**, in the meantime; meanwhile; **in quel m.**, that very moment.
mentùccia, *f.* (*bot.*, *Satureia nepeta*) field balm.
menu, menù (*franc.*), *m.* menu; bill of fare.
menzionàbile, *a.* mentionable.
menzionare, *v. t.* to mention; to make* mention of (*in frasi neg., altrimenti lett.*): **Dante lo menziona due volte**, Dante mentions him twice.
menzionato, *a.* mentioned: **m. sopra**, mentioned above; above-mentioned (*attr.*).
menzióne, *f.* mention: **fare m. di**, to make mention of (*in frasi neg., altrimenti lett.*); to mention: **Non ne fece m.**, he made no mention of that; **m. onorevole**, honourable mention. • **uno scrittore degno di m.**, a writer worth mentioning.
menzógna, *f.* lie; untruth; falsehood; (*frottola*) fib, story (*fam.*): **un'infame m.**, a dirty lie; **una pietosa m.**, a white lie; **un tessuto di menzogne**, a web of lies.
menzognèro, *a.* lying; untrue; mendacious; false; (*ingannevole*) deceitful: **un testimone m.**, a false witness; **lodi menzognere**, false praises; **speranze menzognere**, deceitful hopes.
mèraklon, *m. invar.* (*marchio: fibra tessile*) meraklon.
meraménte, *avv.* (*raro*) merely; simply; solely.
meraviglia, *f.* **1** wonder; astonishment; amazement; (*sorpresa*) (great) surprise; (*m. unita a un senso di timore*) awe: **con m.**, in wonder; in amazement: **Mi guardò con m.**, he looked at me in wonder; **con mia grande m.**, to my great surprise; **con m. di tutti**, to the surprise of everybody; **destare m.**, to cause surprise (*o* amazement); to stir (*o* to excite) wonder; to rouse astonishment; **fare meraviglie**, to work (*o* to do, to perform) wonders; **fare le meraviglie**, to show surprise (*o* signs of wonder) **2** (*cosa meravigliosa*) wonder, marvel: **le meraviglie della scienza**, the marvels of science; **le sette meraviglie del mondo**, the seven wonders of the world; **È una m.!**, it's a wonder!; **È una m. di ragazza**, a wonderful (*o* marvellous) girl □ (*anche iron.*) **a m.**, wonderfully well; marvellously: **Le cose vanno a m.**, things are getting on marvellously □ **dire meraviglie di q.**, to extol sb.; to raise (*o* to praise) sb. to the skies □ **fare m.**, to surprise; to astonish: **Non mi fa m.**, that doesn't surprise me; I am not surprised □ **muto per la m.**, wonder-dumb; aghast □ **nessuna m. (che)**, it is not surprising (that); no wonder (that) □ **il paese delle meraviglie**, wonderland □ **pieno di m.**, astonished; amazed; surprised; shocked □ **raccontare meraviglie**, to tell of wonderful things □ **Sento con m. (che)**, I am surprised to hear (that) □ **Suona che è una m.**, he plays beautifully □ (*prov.*) **La m., dell'ignoranza è figlia**, wonder is the daughter of ignorance.
meravigliare, **A** *v. t.* to surprise; to astonish; to amaze: **m. tutti con i propri modi strani**, to surprise everybody with one's strange (*o* unusual) behaviour. **B** *v. i.* to cause surprise (*o* amazement): **La cosa non può m.**, such a thing cannot cause surprise. **meravigliarsi, C** *v. rifl.* to wonder, to marvel, to be surprised; to be astonished (at); to be struck with astonishment: **Mi meraviglio ch'ella abbia detto una cosa simile**, I wonder at her saying such a thing; **Mi meravigliai della tua sfrontatezza**, I marvelled at your boldness; **Te ne meravigli?**, can you wonder at it?; **Non mi meraviglierei affatto (se)**, I should not be surprised (if); **Non mi meraviglio di niente!**, nothing surprises me!; **Mi meraviglio di lui!**, I'm surprised at him!
meravigliato, *a.* surprised; astonished; amazed: **restare m.**, to be surprised.
meravigliosaménte, *avv.* wonderfully; wondrously (*lett.*); marvellously; amazingly.
meraviglióso, **A** *a.* wonderful; wondrous (*lett.*); marvellous; amazing; astonishing (*mirabile*) admirable; (*straordinario*) extraordinary: **uno spettacolo m.**, a wonderful sight; **una ragazza di meravigliosa bellezza**, a girl of wondrous beauty. **B** *m.* (the) marvellous.
mercante, *m.* **1** merchant; trader; dealer: **un m. di cavalli**, a horse-dealer; **un m. di grano**, a corn-dealer; **un m. di schiavi** (*o* di carne umana), a slave-merchant; a slave-trader; a slaver; **il M. di Venezia**, the Merchant of Venice **2** (*negoziante*) tradesman*; salesman*; shopkeeper. • **m. di formaggio**, cheesemonger □ **fare orecchi da m.**, to turn a deaf ear (on).
mercanteggiaménto, *m.* bargaining; haggle; haggling; higgling.
mercanteggiare, **A** *v. i.* **1** (*contrattare*) to bargain; to haggle; to higgle; to negotiate: **Non mi piace star lì a m.**, I don't like haggling **2** (*raro: commerciare*) to deal* (in); to trade (in): **m. in grano**, to deal in corn; to be a corn-dealer; (*fig.*) **m. su q.c.**, to trade upon st. **B** *v. t.* to prostitute; to traffic in; to sell*: **m. l'onore**, to prostitute one's honour.
mercantésco, *a.* (*spreg.*) trader's; mercenary (*spreg.*).
mercantéssa, *f.* **1** tradeswoman* **2** (*moglie del mercante*) merchant's wife*.
mercantile, **A** *a.* merchant (*attr.*); mercantile; commercial: **una nave m.**, a merchant ship; **marina m.**, mercantile marine; merchant marine. **B** *m.* (*nave*) merchant ship; trading vessel; merchantman*.
mercantilismo, *m.* (*econ.*) mercantilism.
mercantilista, *m.* e *f.* (*econ.*) mercantilist.
mercantilistico, *a.* (*econ.*) mercantilistic; mercantilist (*attr.*).
mercanzia, *f.* (*merce*) merchandise; goods (*pl.*); commodities (*pl.*); wares (*pl.*); (*scorta*) stock: **un inventario della m.**, an inventory of the merchandise; **fare l'inventario della m. in magazzino**, to take stock. • (*iron.*) **Bella m.!**, that's mere trash!; that's rubbish □ (*fig.*) **saper vendere la propria m.**, to blow one's own trumpet □ (*prov.*) **Ogni mercante loda la sua m.**, no man cries stinking fish.
mercaptano, *m.* (*chim.*) mercaptan.
mercatino, *m.* (*Borsa non ufficiale*) street market (*a Londra*); outside (*o* curb) market (*a New York*); coulisse (*a Parigi*).
mercatistica, *f.* (*econ.*) marketing.
mercato, *m.* **1** market; (*luogo, anche*) market-place: **m. all'aperto**, open-air market; **m. coperto**, covered market; **Il prossimo m. ha luogo il giorno 15**, the next market is on the 15th; **Il m. fiorisce** (infiacchisce), the market is booming (is slackening); **m. animato** (*o* attivo), brisk market; **m. debole** (*o* fiacco), dull market; **m. fermo** (*o* sostenuto), steady market; **m. libero**, open market; (*econ.*) **m. monetario**, money market; **m. nazionale**, home market; (*fig.*) **m. nero**, black market: **comprare q.c. a m. nero**, to buy st. on the black market; **m. oscillante**, unsteady market; **m. sul posto**, spot market; **fluttuazioni del m.**, market fluctuations; **andare al m.**, to go to market; **gettare sul m.**, to throw upon (*o* to put on) the market; **giorno di m.**, market-day; **il m. del caffè**, the coffee market; **la situazione del m.**, the situation (*o* state) of the market; **sovraccaricare il m.**, to

mèrce

overstock the market **2** (*fig.*: *luogo rumoroso*) bedlam. ● **m. con tendenza al rialzo**, bullish market □ **m. con tendenza al ribasso**, bearish market □ **m. dei titoli**, stock-market □ **a buon m.**, (*avv.*) cheaply; (*agg.*) cheap, inexpensive: **comprare q.c. a buon m.**, to buy st. cheap; (*fig.*) **cavarsela a buon m.**, to get off cheaply (*o* lightly) □ **andare a fare compere** (*o* **spese**) **al m.**, to go marketing □ **fare m. dell'onore**, to prostitute one's honour □ **m. delle pulci**, flea market □ **fare m. di sé**, to prostitute oneself □ **per sopra m.**, besides; into the bargain □ **piazza del m.**, market-place □ **prezzo di m.**, market price □ **ricerche di m.**, market (*o* marketing) research □ **valore sul m.**, market value □ **Pare d'essere al m.**, there is such a noise □ **Questo articolo è più a buon m. di quello**, this article is cheaper than that one □ (*prov.*) **Tre donne e un pollo fanno un m.**, three women and a goose make a market.

mèrce, *f.* goods (*pl.*); commodities (*pl.*); wares (*pl.*); merchandise: **m. avariata**, damaged goods; **m. d'esportazione**, export goods; **m. di contrabbando**, smuggled goods; **m. fine**, first--rate goods; **m. scadente**, goods of inferior quality; **merci esenti da dogana**, free commodities; **merci estere**, foreign goods; **merci in deposito**, goods in consignment; **m. in magazzino**, goods in stock (*o* on hand); **merci nazionali**, national (*o* home-made) goods; **merci sdoganate**, duty-paid goods; **Borsa merci**, Commodities Exchange.

mercé, *f.* mercy: **la m. di Dio**, God's mercy; **M. di noi!**, mercy upon us!; **chiedere m.**, to ask for mercy; **trovarsi alla m. di q.**, to be left to the mercy of sb.; (*iron.*) to be left to the tender mercy (*o* mercies) of sb.; **essere alla m. di q.**, to be at the mercy of sb.; **gridare m.**, to cry for mercy. ● **m. mia (tua, ecc.)**, thanks to me (to you, etc.) □ **m. il proprio lavoro**, by means of one's own work.

mercède, *f.* **1** (*paga*) pay; (*salario*) wages (*pl.*); (*stipendio*) salary: **la m. dell'operaio**, the workman's wages **2** (*lett.*: *ricompensa*) reward; recompense; requital: **senza speranze di m.**, without hope of reward; **Ogni opera buona avrà la sua m.**, every good action will have its reward.

mercenàrio, **A** *a.* mercenary; hireling; (*pagato*) hired, paid: **gente mercenaria**, mercenary people; **testimoni mercenari**, hireling witnesses; **una penna mercenaria**, a hired pen; **un soldato m.**, a mercenary (soldier); **essere affidato a un'infermiera mercenaria**, to be entrusted to a paid nurse. **B** *m.* hireling; (soldato *m.*) mercenary.

merceologia, *f.* technology of commerce.
merceològico, *a.* of (*o* pertaining to) the technology of commerce.
merceòlogo, *m.* expert in the technology of commerce.
merceria, *f.* **1** (*negozio*) haberdashery; haberdasher's (shop) **2** (*articoli di merceria*) haberdashery.
mercerizzare, *v. t.* (*ind. tessile*) to mercerize.
mercerizzato, *a.* (*ind. tessile*) mercerized.
mercerizzatrice, *f.* (*macchina*) mercerizer.
mercerizzazione, *f.* (*ind. tessile*) mercerization; mercerizing.
mèrci, **A** *m.* (*treno*) goods (*o* merchandise) train; freight train (*USA*). **B** *a.* goods, freight (*attr.*): **treno m.**, goods train. ● (*ferr.*) **vagone m. per il trasporto di autoveicoli** (*a più piani*), rack wagon; rack car (*USA*).
merciàio, *m.* haberdasher. ● **m. ambulante**, pedlar; hawker.
mercificare, *v. t.* to reify.
mercificazione, *f.* reification.
mercimònio, *m.* illicit trade; trafficking. ● **fare m. della giustizia**, to prostitute justice.
mercoledì, *m.* Wednesday: **M. delle Ceneri**, Ash Wednesday; **Vennero m.** (*scorso*), they came on Wednesday; **Verranno m.** (*prossimo*), they will come on Wednesday; **Vengono il m.**, they come on Wednesdays; they come every Wednesday.
mercorèlla, *f.* (*bot.*, *Mercurialis annua*) (annual) mercury.
mercuriale (1), *a.* (*farm.*) mercurial: **unguento m.**, mercurial ointment.
mercuriale (2), *a.* (*del pianeta Mercurio*) Mercurial.
mercuriale (3), *f.* (*listino dei prezzi di mercato*) market-report; market-list.
mercuriale (4), *V.* **mercorèlla**.
mercurialismo, *m.* (*med.*) mercurialism; hydrargyrism.
mercùrico, *a.* (*chim.*) mercuric.
mercùrio, *m.* (*chim.*) mercury; quicksilver.
Mercùrio, *m.* (*mitol.*, *astron.*) Mercury.
Mercùzio, *m.* (*letter.*) Mercutio.
mèrda, *f.* (*volg.*, *anche fig.*) shit: (*fig.*, *pop.*) **essere nella m.**, to be in the shit. ● **M.!**, shit; «merde» (*franc.*).
merdàio, *m.* (*volg.*) dunghill; midden.
merdóso, *a.* (*volg.*) shitty (*volg.*); dungy.
merènda, *f.* afternoon tea; (*spuntino*) snack; (*m. all'aperto*) picnic: **fare m.**, to have (*o* to take) a snack. ● **l'ora della m.**, tea--time □ **portarsi la m. a scuola**, to take (with oneself) st. to eat at school □ (*fam.*) **C'entra come i cavoli a m.**, that has nothing to do with the matter.

meretrice, *f.* meretrix*; prostitute; whore; (*passeggiatrice*) street-walker.
meretricio, *m.* prostitution; whoredom.
mèrgo, *V.* **smèrgo**.
mericismo, *m.* (*med.*) rumination.
meridiana, *f.* sun-dial.
meridiano, **A** *a.* meridian; noonday (*attr.*); noon (*attr.*); midday (*attr.*): **luce meridiana**, meridian light; noon-light; **sogni meridiani**, noonday dreams. ● **caldo m.**, noontide heat. **B** *m.* (*geogr.*) meridian: **m. celeste**, celestial meridian; **m. magnetico**, magnetic meridian; **il m. di Greenwich**, the meridian of Greenwich.
meridionale, **A** *a.* southern; south; southerly; meridional: **la costa m.**, the south coast; **venti meridionali**, south winds; **gli stati meridionali**, the Southern States; **l'Italia m.**, Southern Italy. **B** *m. e f.* southerner.
meridionalismo, *m.* South-Italian idiom.
meridionalista, *m. e f.* expert on problems of Southern Italy.
meridionalistica, *f.* study of the culture and problems of Southern Italy.
meridionalistico, *a.* southern; meridional.
meridionalizzare, **A** *v. t.* to southernize. **meridionalizzarsi**, **B** *v. rifl.* to be southernized.
meridióne, *m.* **1** south **2** (*Italia meridionale*) Southern Italy.
meriggiare, *v. i.* (*lett.*) to rest at noon; to have a noonday rest; (*riposare all'ombra*) to rest in the shade.
meriggio, *m.* (*lett.*) noon; noonday; noontide; midday: **sul m.**, at noon; **in pieno m.**, at noontide; at high noon; **dopo il m.**, in the afternoon.
meringa, *f.* (*cucina*) meringue.
meringato, *a.* (*cucina*) with meringues; meringued.
merino, *m.* **1** (*zool.*) merino (sheep) **2** (*tessuto*) merino.
meristèma, *m.* (*bot.*) meristem.
meristemàtico, *a.* (*bot.*) meristèmatic; merismatic: **cellule meristematiche**, meristematic cells.
meritare, *v. t.* **1** to deserve; to merit; to be deserving (of); to be worthy (of): **m. biasimo**, to deserve blame; **m. lode**, to merit praise; **m. una punizione**, to deserve punishment; to deserve to be punished; **m. una sorte migliore**, to deserve a better fate; **m. un premio**, (*o* to deserve) a reward; (*anche*) to be entitled to a reward; **È più di quanto io meriti**, it is more than I deserve; **Merita tutto**, he (*o* she) is worthy of all consideration; **meritarsi uno schiaffo**, to deserve to be slapped **2** (*valere la pena*) to be worth (while); **Non merita che se ne parli**, it is not worth mentioning it; **Non merita conto che...**, it is not worth while... (*col gerundio*); **Non merita la pena**, it is not worth (*o* worth while); **Non merita la pena di leggere codesto libro**, that book is not worth reading; **per quel che merita**, for what it is worth **3** (*procurare*) to procure; to earn: **Il suo bell'atto gli meritò la medaglia**, his noble deed procured him a medal; **Che cosa gli meritò la promozione?**, what earned him his promotion? ● **Egli ha ben meritato della patria**, he deserved well of his country □ **Ha ottenuto quel che si merita**, he met with (*o* he got) his deserts □ **Se l'è meritata**, he deserved it; (*iron.*) it serves him right □ **Non merita**, it's not worth the trouble.
meritataménte, *avv.* **1** according to one's deserts: **Fu m. punito**, he was punished according to his deserts; (*anche*) he met with (*o* got) his deserts **2** (*a buon diritto*) rightly; justly.
meritato, *a.* deserved; merited: **una ricompensa meritata**, a deserved reward.
meritévole, *a.* deserving; (*degno*) worthy: **Il suo contegno è m. della più alta lode**, his conduct is deserving of the highest praise. ● **essere m. di biasimo**, to be blameworthy □ **essere m. di fiducia**, to be trustworthy □ **essere m. di lode**, to be praiseworthy □ **Egli è pienamente m. della nostra fiducia**, he well deserves our confidence.
mèrito, *m.* **1** (*generalm.*) merit; desert (*generalm. al pl.*); (*valore*) worth: **un uomo di m.**, a man of merit; **di nessun m.**, of no merit; worthless; **non avere alcun m.**, to have no merits; **apprezzare i meriti di q.**, to appreciate sb.'s merits; **È onorato da tutti per i suoi meriti**, he is honoured by everybody through his merits; **essere premiato secondo il m.**, to meet with (*o* to get) one's deserts; **La modestia è un gran m.**, modesty is a great merit; **m. militare**, military merit; **promozione per m.**, promotion by merit **2** (*sostanza*; *anche leg.*) merits (*pl.*): **il m. d'una causa**, the merits of a case. ● **a pari m.**, equal; (*in concorsi*) tied □ (*di persona*) **avere qualche m.**, to be of some merit □ **dare m. a q. di q.c.**, to give credit to sb. for st. □ **entrare nel m. d'una questione**, to enter upon a subject □ **farsi m. di q.c.**, to make a merit of st.; (*anche*) to take credit for st.: **Si fa m. dei suoi difetti**, he makes a merit of his faults; **Non è onesto che tu ti faccia m. del lavoro di tuo fratello**, it is dishonest of you to take

credit for your brother's work □ **in m. a**, as to; about: **parlare in m. a q.c.**, to talk about st.; **Non so niente in m.**, I don't know anything about it □ **per m. tuo** (**suo, ecc.**), thanks to you (to him, etc.); through you (him, etc.) □ **Dio ve ne renda m.!**, may God reward you! □ (*prov.*) **Il ben fare non porta m.**, virtue is its own reward.

meritòcrate, *m.* e *f.* meritocrat.
meritocràtico, *a.* meritocratic.
meritocrazia, *f.* meritocracy.
meritoriaménte, *avv.* meritoriously.
meritòrio, *a.* meritorious; well-deserving; praiseworthy: **un'azione meritoria**, a meritorious action; **La sua pazienza era quanto mai meritoria**, his patience was most meritorious.
mèrla, *f.* (*zool.*: *femmina del merlo*) hen blackbird.
merlango, *m.* (*zool., Gadus merlangus*) whiting.
merlare, *v. t.* (*archit.*) to embattle; to crenel(l)ate.
merlato, *a.* (*archit.*) embattled; battlemented; crenel(l)ated.
merlatura, *f.* (*archit.*) battlement; crenel(l)ation.
merlettàia, *f.* lace-woman*.
merlettare, *v. t.* to trim with lace; to lace.
merlétto, *m.* lace: **merletti di Venezia**, Venetian lace; **m. a tombolo**, pillow lace.
merlino, *m.* (*naut.*) marline; marling.
Merlino, *m.* Merlin.
mèrlo (1), *m.* **1** (*zool., Turdus merula*) ousel, ouzel; blackbird **2** (*fig.: sciocco*) fool; dolt; simpleton: **Bravo m.!**, you are a real fool! ● (*zool.*) **m. acquaiolo** (*Cinclus cinclus*), water ouzel; dipper.
mèrlo (2), *m.* (*archit.*) merlon.
merlòtto, *m.* **1** (*zool.*) young blackbird **2** (*fig.*) simpleton.
merluzzo, *m.* (*zool., Gadus morrhua*) cod*. ● **olio di fegato di m.**, cod-liver oil.
mèro, *a.* (*lett.*) mere; pure; sheer: **una mera ipotesi**, a mere hypothesis; **per m. caso**, by mere chance.
meròpidi, *f. pl.* (*zool., Meropidae*) bee-eaters.
merovingio, *a.* e *m.* (*stor.*) Merovingian.
mèsa, *a.* (*elettron.*) mesa: **transistor m.**, mesa transistor.
mesata, *f.* (*paga di un mese*) monthly allowance (*o* pay); (*salario*) monthly wages (*pl.*); (*stipendio*) monthly salary.
mescàl, *m.* (*bevanda alcolica messicana*) mescal, mezcal.
mescalina, *f.* (*chim.*) mescaline, mezcaline.
méscere, *v. t.* **1** (*versare*) to pour (out): **m. il vino**, to pour out the wine; **Mesciti un'altra tazza di tè**, pour yourself another cup of tea **2** (*lett.: mescolare*) to mix: **m. gli ingredienti**, to mix the ingredients.
meschinità, *f.* meanness; paltriness; scantiness; shabbiness.
meschino, **A** *a.* **1** mean; paltry; scanty; shabby; wretched; (*futile*) petty; (*non convincente*) lame; (*povero*) poor: **scuse meschine**, lame excuses; **i nostri meschini rancori**, our petty animosities; **uno scherzo m.**, a paltry (*o* shabby) trick; **un'osservazione meschina**, a mean remark; **fare una figura meschina**, to cut a poor figure; **Non essere così m. con tuo fratello!**, don't be so mean to your brother!; **M. me!**, poor me! **2** (*gretto*) stingy; niggard; niggardly; mingy (*fam.*): **un vecchio d'animo m.**, an old niggardly man; an old niggard. **B** *m.* wretch.
méscita, *f.* **1** pouring (out) **2** (*spaccio di bevande*) public house (*abbr.*: pub); tap-room.
mescitóre, *m.* tapster; barman*.
mescolàbile, *a.* mixable; miscible; blendable.
mescolaménto, *m.* mixing; blending; mingling.
mescolanza, *f.* **1** (*il mescolare*) mixing; blending; mingling; minglement; (*ind. gomma*) compounding **2** (*miscuglio*) mixture; blend; medley; (*confuso*) mingle-mangle; hodge-podge: **una m. di razze**, a medley of races; **senza m.**, without mixture; unmixed; **fare una m.**, to make a mixture **3** (*fig.: promiscuità*) mixture: **Non mi piacciono certe mescolanze**, I don't like such mixtures.
mescolare, **A** *v. t.* **1** to mix; to mix up; to blend*; to mingle; to shuffle: **m. zucchero e cacao**, to mix sugar and cocoa; **m. differenti qualità di tè**, to blend different kinds of tea; **m. le carte** (*da gioco*), to shuffle the cards; **due fiumi che si congiungono e mescolano le loro acque**, two rivers that join and mingle their waters; **Non si può m. l'olio con l'acqua**, you cannot mix oil with water **2** (*rimestare*) to stir: **m. la crema**, to stir the custard. **mescolarsi**, **B** *v. rifl.* **1** to mix; to mix up; to get* mixed up; to blend*; to mingle (up): **m. tra la folla**, to mingle with (*o* in) the crowd; **Non ti m. con quella gente**, don't mingle with those people; **L'olio e l'acqua non si mescolano**, oil and water will not mix; **Questi due colori si mescolano bene**, these two colours blend well **2** (*fig.: immischiarsi*) to meddle (in, with); to interfere (with): **m. nei fatti altrui**, to meddle in other people's affairs.
mescolata, *f.* mixing; mixing up; shuffle; shuffling: **dare alle carte una buona m.**, to give the cards (*o* pack) a good shuffle; **Ci**

vuole un'altra m., it needs another mixing up. ● **dare una m.**, to mix up; (*rimestare*) to stir.
mescolatóre, **A** *m.* (*anche ind.*) mixer. ● (*mecc.*) **m. a molazza**, muller. **B** *a.* mixing.
mescolatura, *f.* mixing; blending.
mescolìo, *m.* mixing; mingling.
mése, *m.* **1** month: **il m. sidereo**, the sidereal month; **il m. sinodico**, the synodical month; **il m. passato**, last month; **il m. prossimo** (*o* **venturo**), next month; (*comm.*) **scadenza a tre mesi**, maturity at three months; **ai primi del m.**, early in the month; **agli ultimi del m.**, late in the month; **verso la fine del m.**, by the end of the month; **di m. in m.**, from month to month; month after (*o* by) month; **ogni m.**, every month; monthly; **per mesi e mesi**, for months and months; month in, month out **2** (*mesata*) monthly allowance (*o* pay); (*salario*) monthly wages (*pl.*): **pagare il m. alla domestica**, to pay the maid her month's wages. ● **il corrente m.**, this month; (*comm.*) instant (*abbr.*: inst.): **il 5 c.m.**, on the 5th inst □ (*comm.*) **del m. scorso**, ultimo (*abbr.*: ult.) □ (*comm.*) **del m. venturo**, proximo (*abbr.*: prox.) □ **ogni due mesi**, bimonthly □ (*prov.*) **Tutti i mesi non sono di trentuno**, life is not all beer and skittles.
mesencèfalo, *m.* (*anat.*) mesencephalon.
mesènchima, *m.* (*anat.*) mesenchyme.
mesentère, *m.* (*anat.*) mesentery.
mesentèrico, *a.* (*anat.*) mesenteric.
mesentèrio, *V.* **mesentère**.
mesenterite, *f.* (*med.*) mesenteritis.
mèsico, *a.* (*fis.*) mesic: **atomo m.**, mesic atom.
mesitilène, *m.* (*chim.*) mesitylene.
mesmèrico, *a.* (*med.*) mesmeric; mesmerical; mesmerian.
mesmerismo, *m.* (*med.*) mesmerism.
mesmerizzazióne, *f.* (*med.*) mesmerization.
mesocardia, *f.* (*med.*) mesocardia.
mesocàrdio, *m.* (*anat.*) mesocardium.
mesocarpo, *m.* (*bot.*) mesocarp.
mesocefalìa, *f.* mesocephaly; mesocephalism.
mesocèfalo, *m.* mesocephal.
mesocòlon, *m.* (*anat.*) mesocolon.
mesodèrma, *m.* (*anat.*) mesoderm.
mesodèrmico, *a.* (*anat.*) mesodermal; mesodermic.
mesofillo, *m.* (*bot.*) mesophyll.
mesòfita, (*bot.*) **A** *f.* mesophyte. **B** *a.* mesophytic.
mesogàstrico, *a.* (*anat.*) mesogastric.
mesogàstrio, *m.* (*anat.*) mesogaster; mesogastrium*.
mesolite, *f.* (*miner.*) mesolite.
mesomerìa, *f.* (*chim.*) mesomerism.
mesòmero, *a.* (*chim.*) mesomeric.
mesomòrfo, *a.* (*chim.*) mesomorphic, mesomorphous; (*biol.*) mesomorph.
mesóne, *m.* (*fis.*) meson; mesotron.
mesònico, *a.* (*fis.*) mesonic.
mesopausa, *f.* (*meteorologia*) mesopause.
mesosfèra, *f.* (*meteorologia*) mesosphere.
mesotèrmo, *a.* (*bot.*) mesothermal. ● **pianta mesoterma**, mesotherm.
mesotorace, *m.* (*anat., zool.*) mesothorax.
mesotòrio, *m.* (*chim.*) mesothorium.
mesozòico, *a. m.* (*geol.*) Mesozoic.
méssa (1), *f.* Mass: **m. grande** (*o* **solenne**), High Mass; **m. letta** (*o* **piana**), Low Mass; **m. delle Palme**, Palm Sunday Mass; **m. di requiem** (*o* **da morto**), (Mass of) Requiem (*anche mus.*); **Sono andata alla prima m.**, I have been to early Mass; **elemosina della m.**, Mass-money; **libro da m.**, Mass-book; missal; **andare alla m.**, to go to Mass; **ascoltare la m.**, to attend (*o* to hear) Mass; **dire la m.**, to say Mass.
méssa (2), *f.* **1** (*azione del mettere*) putting; setting; laying: (*miss.*) **m. in orbita**, putting into orbit **2** – (*mecc.*) **m. a punto**, setting-up; **m. a punto del motore**, engine tuning; **m. a punto dello stampo**, die-spotting; **m. in fase**, setting; **m. in fase del motore**, engine-timing; **m. in fase dell'accensione**, ignition-timing; **m. in moto**, (*di motorino d'avviamento*) starter; (*avviamento*) starting **3** – (*fis., fotogr.*) **m. a fuoco**, focusing **4** – (*tipogr.*) **m. in macchina**, imposing **5** (*agric.: pollone*) sprout, shoot; (*germoglio*) bud. ● (*fis.*) **m. a massa** (*o* **terra**), grounding; earthing □ (*tecn.*) **m. a zero**, zero adjusting □ (*naut.*) **m. in cantiere**, laying--down □ (*naut.*) **m. in disarmo**, lay-up □ **m. in opera** (*di impianto*), installation □ **m. in piega** (*di capelli*), set; wave □ **m. in scena**, **V. messinscèna**.
messaggerìa, *f.* (*generalm. al pl.*) transport company; forwarding agency.
messaggèro, *m.* **1** messenger; (*nunzio*) harbinger **2** (*addetto al servizio di messaggeria*) carrier.
messàggio, *m.* message (*anche fig.*): (*radio*) **m. intercettato**, intercepted message; **m. lanciato da un aeroplano**, drop message;

portare un m., to bring a message; to go on an errand; (*fig.*) **il m. cristiano**, the Christian message.
messale, *m.* missal; Mass-book.
Messalina, *f.* (*stor.*) Messalina.
mèsse, *f.* (*mietitura*) harvest; reaping; (*biade*) wheat, corn; (*raccolto*) crop (*anche fig.*): **il tempo della m.**, harvest-time; **le messi biondeggianti**, the golden wheat; **La m. è matura**, the corn is ripe; (*fig.*) **una buona m. di lodi**, a good crop of praises; **raccogliere la m.**, to gather crops; to reap the harvest (*anche fig.*). ● (*fig.*) **mettere la falce nella m. altrui**, to reap where one has not sown.
messère, *m.* Sir; (*accompagnato dal nome*) Master.
Messìa, *m.* **1** (*relig.*) Messiah **2** (*fig.*) messiah; (expected) deliverer; saviour. ● (*fig.*) **aspettare q. come il m.**, to await sb.'s coming eagerly.
messianicità, *f.* (*relig.*) Messianic character.
messiànico, *a.* (*relig.*) Messianic.
messianismo, *m.* (*relig.*) Messianism.
messicano, *a.* e *m.* Mexican.
Mèssico, *m.* (*geogr.*) Mexico. ● **Città del M.**, Mexico City.
Messidòro, *m.* (*stor.*: *decimo mese del calendario rivoluzionario francese*) Messidor (*franc.*).
messinscèna, *f.* **1** (*teatr.*) «mise-en-scène» (*franc.*); staging **2** (*fig.*) pretence; sham; act (*fam.*): **È tutta una m.**, it's just an act.
mésso (1), *a.* **1** – **ben m.**, (*ben vestito*) well-dressed; (*robusto*) sturdy, vigorous, strong **2** – **mal m.**, (*mal vestito*) poorly dressed; (*di salute*) in a poor state of health.
mésso (2), *m.* (*messaggero*) messenger; (*inviato*) envoy; (*legato*) legate. ● (*leg.*) **m. di tribunale**, usher □ **m. pontificio**, legate.
mestaménte, *avv.* sadly; melancholically; dismally; mournfully.
mestare, **A** *v. t.* to stir (up); (*mescolare*) to mix (up); (*agitare*) to shake* (up). **B** *v. i.* (*fig.*) to meddle; to put* in one's oar (*fam.*).
mestatóio, *m.* mixer; stirrer; shaker.
mestatóre, *m.* (*fig.*) meddler; intriguer.
mèstica, *f.* (*pitt.*) priming.
mesticare, *v. t.* (*pitt.*) to prime.
mestichería, *f.* paint shop.
mestichino, *m.* (*pitt.*) palette-knife*; (*spatola*) spatula.
mestierante, *m.* e *f.* (*spreg.*: *chi esercita un mestiere solo per lucro*) money-grubber; profit-seeker; pot-boiler (*fam.*).
mestière, *m.* **1** trade; handicraft; craft; (*professione*) profession; (*impiego*) job, occupation; (*lavoro*) work: **arti e mestieri**, arts and crafts; **gl'incerti del m.**, the ups and downs of one's trade; **i ferri del m.**, the tools of one's trade; **Il m. del medico non è facile**, being a doctor isn't an easy profession; **esercitare un m.**, to carry on a trade; **esercitare molti mestieri**, to work at many trades; **fare il m. del sarto**, to be a tailor by trade; **imparare il m. dell'intagliatore in legno**, to learn the craft of the wood-carver; **sapere il proprio m.**, to know one's trade; **non gli piace il suo m.**, he doesn't like his job (*o* work) **2** (*spreg.*: *lavoro per lucro*) business: **Della pittura ha fatto un m.**, he has made a business out of painting **3** (*spreg.*: *abilità, tecnica*) mere skill: **Non è arte; è m.**, it isn't art; it's mere skill. ● **il m. del vagabondo**, the vagrant's life □ **essere del m.**, to be in the same business; (*fig.*) to know the tricks of the trade □ **fare tutti i mestieri**, to be a Jack of all trades □ **Che m. fai?**, what are you? □ **Faccio il m. del fabbro**, I am a blacksmith (by trade) □ (*scherz.*) **È il mio m.**, I'm an old hand at it □ (*scherz.*) **Non è il mio m.**, it's not my line □ (*prov.*) **Un m. utile è una miniera d'oro**, a useful trade is a mine of gold □ (*prov.*) **Chi vuol far l'altrui m. fa la zuppa nel paniere**, every man to his trade.
mestizia, *f.* sadness; melancholy; dismalness; gloom; wistfulness; dejection.
mèsto, *a.* sad; melancholy; dismal; gloomy; wistful; dejected: **mesti pensieri**, gloomy thoughts; **una mesta canzone**, a sad song; **Che luogo m.!**, what a gloomy place!
méstola, *f.* **1** ladle; dipper **2** (*cazzuola*) trowel **3** (*bot., Alisma plantago aquatica*) water-plantain. ● (*scherz.*) **adoperare la m.** (*picchiare*), to beat; to hit.
mestolata, *f.* ladleful.
méstolo, *m.* ladle: **m. da fonderia**, casting ladle. ● (*fig.*) **avere il m. in mano**, to have the upper hand.
mestolóne, *m.* **1** (*fig.*) oaf; clumsy fool **2** (*zool., Spatula clypeata*) shoveller; spoonbill duck.
mestruale, *a.* menstrual.
mestruazióne, *f.* menstruation; (*mestruo*) menses (*pl.*).
mèstruo, *m.* menses (*pl.*).
méta (1), *f.* turd (*volg.*).
mèta (2), **A** *f.* **1** (*destinazione*) destination **2** (*traguardo*) goal (*anche fig.*); (*fine*) aim, end; (*scopo*) purpose, object: **la m. della vita**, one's goal (*o* aim) in life; **una m. ambiziosa**, an ambitious aim; **prefiggersi una m.**, to set oneself an aim; **proporsi una m.**, to have an object in view; **raggiungere la m.**, to reach one's goal (*o* end); to attain one's aim **3** (*nel rugby*) try. ● **senza m.**, (*agg.*) aimless; (*avv.*) aimlessly.
mèta (3), *m.* (*marchio*: *chim.*) metaldehyde.
metà, *f.* **1** half*: **una buona m.**, a good half; **Il tre è la m. di sei**, three is the half of six; **Due metà fanno un intero**, two halves make a whole; **Ho letto m. del libro**, I have read half the book; **la m. d'una mela**, half an apple; **la prima m. del secolo**, the first half of the century; (*scherz.*) **la mia m.**, my better half; **pretendere la m.**, to cry halves; **sprecare la m. del proprio tempo**, to waste half (of) one's time; **a m. prezzo**, at half price; **un'offerta a m. prezzo**, a half-price offer; **dividere q.c. a m.**, to divide st. into halves; to halve st.; **fare q.c. a m.**, to do st. by halves; **fare a m. di q.c. con q.**, to go halves (*o* fifty-fifty) with sb. in st. **2** (*punto di mezzo*) middle: **verso la m. del mese**, by the middle of the month. ● **a m. settimana**, by midweek □ **a m. strada**, half-way; midway: **a m. strada fra Roma e Napoli**, midway between Rome and Naples □ **lasciare q.c. a m.**, to leave st. half done □ **vuotare una bottiglia a m.**, to half-empty a bottle □ (*prov.*) **Denari e santità, m. della m.**, of money, wit, and virtue, believe one fourth of what you hear.
metàbasi, *f.* metabasis*.
metabisolfito, *m.* (*chim.*) metabisulphite.
metabòlico, *a.* (*biol.*) metabolic.
metabolismo, *m.* (*biol.*) metabolism: **m. basale**, basal metabolism.
metabolizzare, *v. t.* (*biol.*) to metabolize.
metacarpale, *a.* (*anat.*) metacarpal.
metacarpo, *m.* (*anat.*) metacarpus.
metacèntro, *m.* (*fis., naut.*) metacentre.
metacrilato, *m.* (*chim.*) methacrylate.
metadinamo, *f.* (*fis.*) metadyne.
metadóne, *m.* (*chim., farm.*) methadon(e).
metafase, *f.* (*biol.*) metaphase.
metafisica, *f.* (*filos.*) metaphysics (*pl. col verbo al sing.*).
metafisico, **A** *a.* metaphysical (*anche fig.*). **B** *m.* metaphysician.
metafonia, *f.* (*fon.*) metaphony; umlaut.
metàfora, *f.* metaphor. ● **fuor di m.** (*chiaramente*), clearly; explicitly; in plain terms □ **parlare sotto m.**, to speak metaphorically; to be allusive (*fam.*).
metaforeggiare, *v. i.* to speak* metaphorically; to use metaphors.
metafòrico, *a.* metaphoric; metaphorical: **espressioni metaforiche**, metaphorical expressions.
metaforismo, *m.* use of metaphors.
metagènesi, *f.* (*biol.*) metagenesis.
metaldèide, *f.* (*chim.*) metaldehyde.
metalinguàggio, *m.* metalanguage.
metalinguistica, *f.* metalinguistics (*pl. col verbo al sing.*).
metàllico, *a.* metallic; metal (*attr.*): **rivestimento m.**, metal plating; **lucentezza metallica**, metallic lustre; (*fin.*) **valuta metallica**, metallic currency. ● **filo m.**, wire □ **suono m.**, clang □ **voce metallica**, metallic voice.
metallifero, *a.* metalliferous; metal-bearing.
metallista, *a.* (*fin.*) metallist.
metallizzare, *v. t.* (*metall.*) to metallize.
metallizzato, *a.* **1** (*metall.*) metallized **2** (*contenente metalli*) metallic; metalline. ● **vernice metallizzata**, metal (*o* metallic) paint.
metallizzazióne, *f.* (*metall.*) metallization. ● **m. a spruzzo**, metal spraying.
metallo, *m.* metal: **m. base**, base (*o* parent) metal; **m. delta**, delta metal; **m. dolce (duro)**, soft (hard) metal; **m. fragile**, brittle metal; **m. fuso**, molten metal; **m. grezzo**, raw metal; **m. in lamiere**, sheet metal; **m. lavorato**, wrought metal; **m. leggero (pesante)**, light (heavy) metal; **m. prezioso** (*o* **nobile**), noble metal. ● **una scatola di m.**, a tin; a can (*USA*).
metallocromia, *f.* metallochromy.
metallografia, *f.* metallography.
metallogràfico, *a.* metallographic.
metallògrafo, *m.* metallographer.
metallòide, *m.* (*chim.*) metalloid.
metalloscòpio, *m.* magnetic flux tester.
metallurgìa, *f.* metallurgy; metalworking.
metallùrgico, **A** *a.* metallurgic(al): **industria metallurgica**, metallurgical industry. **B** *m.* metal-worker.
metalmeccànico, **A** *a.* metal and mechanical (*attr.*); engineering (*attr.*): **industria metalmeccanica**, metal and mechanical industry. **B** *m.* metal and mechanical worker; engineering worker.
metamerìa, *f.* (*zool., chim.*) metamerism.
metamèrico, *a.* (*chim.*) metameric.
metàmero, *m.* **1** (*zool.*) metamere **2** (*chim.*) metamer.
metamòrfico, *a.* metamorphic.

metamorfismo, *m.* (*geol.*) metamorphism.
metamòrfosi, *f.* metamorphosis*: **una m. completa**, a complete metamorphosis.
metanièra, *f.* (*naut.*) methane container (*o* transport) ship.
metanièro, *a.* (*ind.*) methane (*attr.*).
metanìfero, *a.* (*ind.*) methane-producing.
metanizzare, *v. t.* to methanize.
metano, *m.* (*chim.*) methane; marsh (*o* natural) gas: **serie del m.**, methane series.
metanodótto, *m.* (*ind.*) methane pipe-line.
metànoia, *f.* metanoia.
metanòlo, *m.* (*chim.*) methanol; methyl alcohol.
metaplaṣìa, *f.* (*med.*) metaplasia.
metaplaṣma, *m.* (*biol.*) metaplasm.
metaplaṣmo, *m.* (*gramm.*) metaplasm.
metaplàstico, *a.* metaplastic.
metapṣichica, *f.* metapsychics (*pl. col verbo al sing.*).
metapṣichico, *a.* metapsychic(al).
metastàbile, *a.* (*fis., chim.*) metastable.
metàstaṣi, *f.* (*med.*) metastasis*.
metastàtico, *a.* (*med.*) metastatic.
metastòria, *f.* metahistory.
metastòrico, *a.* metahistorical.
metatàrsico, *a.* (*anat.*) metatarsal.
metatarso, *m.* (*anat.*) metatarsus*.
metàteṣi, *f.* (*gramm., chim.*) metathesis*.
metatètico, *a.* (*linguistica, chim.*) metathetic(al).
metazòi, *m. pl.* (*zool., Metazoa*) Metazoa.
metèco, *m.* (*stor.*) metic.
Metedrìna, *f.* (*marchio: farm.*) Methedrine.
Metèllo, *m.* (*stor.*) Metellus.
metempìrico, *a.* (*filos.*) metempirical.
metempsicòṣi, *f.* metempsychosis*.
metencèfalo, *m.* (*anat.*) metencephalon.
metèora, *f.* **1** meteor: **meteore acquee**, aqueous meteors; **meteore aeree**, aerial meteors; **meteore ignee**, igneous meteors; **meteore luminose**, luminous meteors **2** (*fig.*) meteor; shooting star. ● (*fig.*) **passare come una m.**, to shoot (*o* to flash) past.
meteòrico, *a.* meteoric (*anche fig.*): **fenomeni meteorici**, meteoric phenomena; **ferro m.**, meteoric steel; **pietra meteorica**, meteoric stone; meteorite.
meteorismo, *m.* (*med.*) meteorism.
meteorìte, *m. e f.* meteorite.
meteorìtico, *a.* meteoritic; meteorital.
meteorografìa, *f.* (*scient.*) meteorography.
meteorògrafo, *m.* (*scient.*) meteorograph.
meteorologìa, *f.* meteorology.
meteorològico, *a.* meteorologic(al); weather (*attr.*): **le condizioni meteorologiche della penisola**, the meteorological situation of the (Italian) peninsula; **previsioni meteorologiche**, weather forecast; **bollettino m.**, weather report.
meteoròlogo, *m.* meteorologist.
metèssi, *f.* (*filos.*) methexis; participation.
metìccia, *f.* mestiza (*spagn.*); half-caste; half-breed.
metìccio, *m.* **1** mestizo (*spagn.*); half-caste; half-breed **2** (*biol.*) hybrid; cross; mongrel.
meticolosaménte, *avv.* meticulously; overscrupulously; fastidiously.
meticolosità, *f.* meticulousness; meticulosity; overscrupulousness; (*pignoleria*) fastidiousness, fussiness.
meticolóso, *a.* meticulous; overscrupulous; (*pignolo*) fastidious, (over-)particular, fussy; pernickety (*fam.*): **prestare la più meticolosa attenzione**, to give the most scrupulous attention (to); **Non essere così m.!**, don't be so particular (*o* pernickety)!
metilaràncio, *m.* methyl orange.
metilare, *v. t.* to methylate.
metilcellulóṣa, *f.* methyl cellulose.
metìle, *m.* (*chim.*) methyl.
metilène, *m.* (*chim.*) methylene.
metìlico, *a.* (*chim.*) methylic. ● **alcool m.**, methyl alcohol.
metòdica, *f.* methodology.
metodicaménte, *avv.* methodically.
metodicità, *f.* methodicalness.
metòdico, *a.* methodic; methodical; (*sistematico*) systematic: **lavoro m.**, methodical work; **un uomo molto m.**, a very methodical man.
metodismo, *m.* (*relig.*) Methodism.
metodista, *a., m. e f.* (*relig.*) Methodist.
metodìstico, *a.* (*relig.*) Methodistic(al).
mètodo, *m.* **1** method: **mancanza di m.**, want of method; **m. per tentativi**, trial-and-error method; **un m. moderno per l'insegnamento linguistico**, a modern method of language teaching; **un discorso sul m.**, a treatise on method; **non avere m.**, to lack method; **seguire un m. pratico**, to follow a practical method **2** (*modo*) way: **il proprio m. di vita**, one's way of living; **Ciascuno ha il suo m.**, everyone has his own way. ● **m. di lavorazione**, processing technique □ (*mecc.*) **m. progressivo della saldatura**, welding sequence □ **m. tecnico**, technique □ **un nuovo m. di cura**, a new treatment.
metodologìa, *f.* **1** methodology **2** (*metodo*) method.
metodològico, *a.* methodological.
metodòlogo, *m.* methodologist.
metonìmia, *f.* (*gramm.*) metonymy.
metonìmico, *a.* (*gramm.*) metonymic(al).
mètopa, mètope, *f.* (*archit.*) metope.
metràggio, *m.* **1** length (in metres) **2** (*cinem.*) footage; film length. ● **a m.**, by the metre; by length □ **corto m.**, short (film) □ **lungo m.**, feature (*o* full-length) film.
metralgìa, *f.* (*med.*) metralgia.
metratùra, *f.* length (in metres); (*misurazione*) measurement (in metres).
mètrica, *f.* metrics (*pl. col verbo al sing.*); prosody: **la m. latina**, Latin prosody.
mètrico, *a.* **1** metric; metrical: **il sistema m. decimale**, the decimal metric system **2** (*poesia*) metrical: **composizioni metriche**, metrical compositions; **prosa metrica**, metrical prose.
metrìte, *f.* (*med.*) metritis.
mètro, *m.* **1** metre; meter (*USA*): **m. quadrato**, square metre; **m. cubo**, cubic metre; **misurare a metri**, to measure in metres **2** (*strumento per misurare*) rule; ruler: **m. a segmenti**, mason's rule; **m. tascabile** (*in legno*), zig-zag rule **3** (*fig.: canone secondo cui si giudica*) standard **4** (*prosodia*) metre; (*struttura metrica*) metrical structure; (*misura*) measure: **il m. della ballata**, the ballad-metre; the ballad-measure; **il m. elegiaco**, the elegiac metre; **metri oraziani**, Horace's metres. ● **m. a nastro**, tape-line; tape-measure □ **m. a nastro d'acciaio**, steel tape □ **m. di valutazione**, unit of value; yardstick.
metrologìa, *f.* (*fis.*) metrology.
metrològico, *a.* (*fis.*) metrological.
metròlogo, *m.* metrologist.
metrònomo, *m.* (*mus.*) metronome.
metronòtte, *m.* night-watchman*.
metròpoli, *f.* metropolis.
metropolìta, *m.* (*relig.*) metropolitan.
metropolitàna, *f.* (*ferrovia sotterranea*) underground (railway); tube; subway (*USA*).
metropolitàno, **A** *a.* metropolitan. **B** *m.* (*vigile urbano*) policeman*.
metrorragìa, *f.* (*med.*) metrorrhagia.
metroscopìa, *f.* (*med.*) hysteroscopy.
metrotomìa, *f.* (*med.*) hysterotomy.
méttere, **A** *v. t.* **1** (*generalm.*) to put*; (*porre*) to set*; (*in posizione orizzontale*) to lay*; (*in posizione verticale*) to stand*; (*collocare*) to place; (*disporre*) to arrange: **Metti della legna sul fuoco!**, put some wood on the fire; **Misi i bambini a letto**, I put the children to bed; **m. q.c. in bocca**, to put st. into one's mouth; **m. q.c. sulla tavola**, to put st. on (*o* upon) the table; **m. lo zucchero nel caffè**, to put sugar into one's coffee; **m. le manette a q.**, to put handcuffs on sb.; to handcuff sb.; **m. un'idea in testa a q.**, to put an idea into sb.'s head; **m. q. in ansia**, to put sb. in a state of anxiety; **m. la firma**, to put one's signature (to st.); to sign; **m. tra parentesi**, to put in brackets; to bracket; **m. le cose a posto**, to set (*o* to put) things right; **Mise dieci uomini a tagliare la legna**, he set ten men to chop the wood; **m. il cuore in pace**, to set one's heart at rest; **m. gli occhi addosso a q.**, to set one's eyes upon sb.; to look sweet upon sb.; **m. ai voti una questione**, to put a question to the vote; **Mi mise la mano sulla spalla**, he laid his hand on my shoulder; **m. le mani addosso a q.**, to lay hands on sb.; (*anche fig.*) **m. le mani su q.c.**, to lay one's hands (up)on st.; to get at st.; **m. la tovaglia**, to lay the cloth; **m. le fondamenta**, to lay the foundations; **Mettili nell'ordine giusto**, place them in the right order; **Fu messo a comandare il battaglione**, he was placed in command of the battalion; **Metti la scala contro il muro**, stand the ladder against the wall **2** (*indossare*) to put* on; (*infilarsi*) to slip on; (*portare abitualmente*) to wear*: **Metti il cappello!**, put on your hat; **m. le scarpe ai piedi**, to slip on one's shoes; **Mette sempre abiti vistosi**, she always wears showy dresses **3** (*appendere*) to put* up; to hang*: **Metti un avviso sul tabellone**, put up a notice on the board; **m. un quadro alla parete**, to put up a picture **4** (*impiegare*) to take*: **Quanto tempo ci metterai?**, how long will it take you?; **Ci metterò un'ora**, it will take me an hour; **Quanto ci si mette?**, how long does it take? **5** (*installare*) to install; to lay* on: **m. la luce** (**il gas**), to lay the electricity (the gas) on **6** (*rendere, volgere*) to put*; to set*; to turn; (*tradurre*) to translate: **m. in versi**, to put (*o* to turn) into verse; to versify; **m. in musica**, to set to music; **m. un brano in latino**, to translate a

méttere

passage into Latin 7 (*investire*) to put* (out); (*scommettere*) to bet*, to stake: **Ho messo (in banca, ecc.) cinque milioni all'interesse del dieci per cento**, I have five million lire put out at ten per cent; **Misi tutti i miei risparmi in quell'impresa**, I put all my savings in that undertaking; **Ho messo mille lire su quel cavallo**, I've put (*o* bet) one thousand lire on that horse 8 (*far pagare*) to charge: **Quanto ti hanno messo per vitto e alloggio?**, how much did they charge you for board and lodging?; **Mettete questa merce in conto a me**, charge these goods to me 9 (*imporre un tributo, una multa, ecc.*) to levy; to lay*: **Hanno messo forti tasse sugli articoli di lusso**, they have laid heavy taxes on luxury articles; **m. una multa**, to levy a fine 10 (*supporre*) to suppose; to assume; to grant: **Mettiamo che abbia detto il vero!**, let us suppose he has told the truth; **Metti che io vada via**, assuming I go away 11 (*paragonare*) to compare: **Non vorrai m. la tua automobile con la mia**, how can you compare your car with mine?; **La mia è molto più veloce, vuoi m.**, mine is much faster, there's no comparison 12 (*versare*) to pour (out): **m. dell'acqua in un bicchiere**, to pour some water into a glass 13 (*accostare, portare*) to bring*: **m. il bicchiere alla bocca**, to bring (*o* to raise) one's glass to one's mouth 14 (*rif. a piante*) to put* forth: **A primavera le piante mettono foglie e germogli**, in spring plants put forth leaves and buds. B *v. i.* 1 (*sboccare*) to lead*: **Il sentiero metteva su una radura**, the path led to a clearing 2 (*sfociare*) to flow: **Il Ticino mette nel Po**, the Ticino flows into the Po. ● **m. a confronto** (*o* **a paragone**), to compare; (*leg.*) to confront □ **m. a dieta**, to put sb. on a diet □ **m. a ferro e a fuoco**, to put to fire and sword □ (*comm.*) **m. a frutto**, to put out; to lay out to profit □ (*fis.*) **m. a fuoco**, to focus □ **m. q. al bando**, to banish sb. □ **m. q.c. al bando**, to ban st. □ **m. q. al corrente di q.c.**, to acquaint sb. with st. □ **m. le ali ai piedi di q.**, to lend wings to sb.'s heels □ (*comm.*) **m. q.c. all'asta** (**all'incanto**), to put st. up for auction □ **m. q. alla porta**, to show sb. the door □ **m. q. alle strette** (*o* **con le spalle al muro**), to put sb. with his (*o* her) back to the wall (*fam.*) □ **m. all'Indice un libro**, to put a book on the Index □ **m. al mondo q.**, to give birth to sb. □ (*fis.*) **m. a massa**, to ground □ **m. a morte**, to put to death □ **m. a nudo**, to lay bare □ **m. q. a parte di q.c.**, to inform sb. of st. □ **m. a posto q.c.**, to put st. in its proper place; (*ripararla*) to repair st. □ **m. a posto q.**, (*trovargli un lavoro*) to find a job for sb.; (*dargli una lezione*) to put sb. in his place; to fix sb. □ **m. q.c. a prova fitto**, to turn st. to profit □ **m. alla prova**, to put to the test □ **m. a punto un orologio**, to set a watch □ **m. a sacco** (*saccheggiare*), to sack; to plunder; to loot □ **m. a servizio una ragazza**, to put a girl out to service □ **m. a soqquadro**, to turn topsy-turvy □ **m. q. (q.c.) a terra**, to lay sb. (st.) down □ **m. avanti (indietro) un orologio**, to put a watch (*o* a clock) forward (back) □ (*fig.*) **m. il bastone fra le ruote a q.**, to put a spoke in sb.'s wheel □ **m. una buona parola per un amico**, to put in a word for a friend □ **m. un campo a granturco**, to plant a field with maize; to put a field under maize □ **m. cervello** (*giudizio*), to become wise; to turn over a new leaf □ **m. un chiodo**, to drive in a nail □ (*fig.*) **m. le cose a posto**, to put things straight; to set things right □ **m. da parte**, (*m. via, risparmiare q.c.*) to put aside; to put away; to lay by; (*trascurare q.*) to put by □ **m. i denti**, to cut one's teeth □ **m. fame a q.**, to make sb. hungry □ **m. fiducia**, to inspire trust □ **m. fine a q.c.**, to put an end to st. □ (*di fiume*) **m. foce**, to flow (into) □ **m. fuoco a q.c.**, to set fire to st.; to set st. on fire □ **m. fuori denaro per q.c.**, to lay out money on st. □ **m. fuori un manifesto**, to put up a poster □ **m. giù due righe**, to write (*o* to drop) a line; to scribble a line □ (*fam.*) **m. giù la pasta** (**il riso, ecc.**), to put the «spaghetti» («macaroni», rice, etc.) on □ **m. giù un peso**, to put (*o* to set) a load down □ **m. q.c. in assetto**, to settle st. □ **m. in carcere**, to put in (*o* into) prison; to imprison □ **m. in carta** (**o in iscritto**), to put in writing; to put down; to write down □ **m. in chiaro q.c.**, to throw light upon st.; to explain st. □ (*tel.*) **m. q. in comunicazione**, to put sb. through □ **m. q.c. in conto a q.**, to charge st. to sb.'s account; (*ascrivere, attribuire*) to put down st. to sb. □ **m. in dubbio** (*o* **in forse**), to put in doubt; to question; to doubt □ **m. in evidenza**, to point out; to emphasize □ **m. in fase**, (*cinem.*) to phase; (*un motore*) to time □ **m. in fila**, to line up □ **m. in fuga**, to put to flight □ **m. in funzione**, (*una macchina*) to start; (*una linea ferroviaria, ecc.*) to open up □ **m. in giro una voce** (*fam.: una chiacchiera*), to spread a rumour □ **m. in grado di fare q.c.**, to enable sb. to do st. □ **m. in guardia**, to warn □ **m. in libertà**, to set at liberty; to set free □ (*tel.*) **m. in linea**, to connect □ (*tipogr.*) **m. in macchina**, to impose □ **m. in marcia**, to start □ (*naut.*) **m. in mare una nave**, to launch a ship □ **m. in mostra**, to display □ **m. in moto**, to set in motion □ **m. in ordine**, to put (*o* to set) in order; to tidy up □ **m. q. in pensione**, to retire sb.; to cause sb. to retire □ **m. in pericolo**, to endanger □ **m. in programma**,

to programme; to schedule (*specialm. USA*) □ (*cinem.*) **m. in quadro**, to frame □ **m. q. in ridicolo**, to hold sb. up to ridicule; to pour ridicule on sb. □ **m. in rilievo**, to stress □ (*mil.*) **m. in rotta**, to put to rout; to rout □ **m. in scena** (*rappresentare*), to put on the stage; to perform □ **m. in serbo**, to put by □ **m. insieme**, to put together □ **m. in vendita**, to put up for sale □ **m. male fra due persone**, to set two persons at variance; to cause bad feeling between two people □ **m. le mani agli orecchi**, to cover one's ears with one's hands □ **m. il naso dappertutto**, to poke one's nose everywhere; to be a nosey parker (*fam.*) □ **m. il naso nelle faccende altrui**, to poke one's nose (*o* to nose) into other people's affairs □ **m. nome a q.**, to call (*o* to name) sb. □ **m. paura a q.**, to frighten (*o* to scare) sb. □ **m. piede**, to set foot □ (*fig.*) **m. i puntini sulle i**, to dot one's i's; to speak out □ (*fig.*) **m. (le) radici**, to take roots □ **m. ribrezzo**, to cause disgust □ **m. rimedio a q.c.**, to apply a remedy to st. □ **m. soggezione a q.**, to make sb. feel uneasy □ **m. sete a q.**, to make sb. thirsty □ (*fam.*) **m. sotto**, (*investirlo con un veicolo*) to run sb. down (*o* over); (*farlo lavorare*) to put sb. to work □ **m. sotto sequestro**, to sequester; to sequestrate; to seize □ **m. su bottega q.**, to set sb. up (in business) □ **m. su casa**, to set up house □ **m. q. sul lastrico**, to reduce sb. to beggary □ (*fam.*) **m. su la minestra**, to put the soup on □ **m. su un negozio**, to set up a shop □ **m. su un negozio di drogherie**, to set up as a grocer □ **m. superbia**, to put on airs □ (*fig.*) **m. su q. contro q. altro**, to set sb. against sb. else □ **m. tempo in mezzo**, to delay: **Non m. tempo in mezzo!**, don't delay! □ **m. la testa a partito** (*o* **a posto**), to settle down; to turn over a new leaf □ **m. una toppa a q.c.**, to patch st. (up) □ (*fig.*) **m. troppa carne al fuoco**, to have too many irons in the fire □ **m. via**, to put away □ **m. zizzania**, to sow discord □ (*fam.*) **mettercela tutta**, to do one's very best (*o* to work hard, to fight to a finish) □ (*fam.*) **Come la mettiamo?**, what shall we do about it? □ (*fig.*) **Non credo ci abbia messo mano lui**, I don't think he has had a hand in it □ **Non metterci tanto (tempo)!**, don't be so long! □ **Metterei la mano sul fuoco per lui**, I'd stake my life on him; (*anche*) I'd cut off my right hand for him □ **Non ci mette niente a dire quel che pensa**, he doesn't think twice about speaking his mind □ **Non mette conto**, it is not worth while □ **Non mette conto che vi disturbiate**, you don't need to trouble □ (*fig.*) **Mettiamoci una pietra sopra**, let us think no more about it; let bygones be bygones □ **Devi mettercela tutta**, you must do your very best; you must really put your heart into it □ **Bisogna metterci un po' di buona volontà**, it takes some good will (to do it) □ **Il vino mette forza**, wine gives strength □ (*fig.*) **m. il carro innanzi ai buoi**, to put the cart before the horse.
méttersi, C *v. rifl.* 1 to put* oneself; to place oneself; to set* oneself; to get* (into): **La sentinella si mise davanti alla porta**, the sentry placed himself in front of the door; **m. al posto di q.**, to put oneself in sb.'s place; **m. le mani in tasca**, to put one's hands in (*o* into) one's pockets; **m. a proprio agio**, to put oneself at ease (*o* to make oneself at home); **m. in una situazione terribile**, to put oneself in a terrible situation; to get into hot water (*fam.*) 2 (*cominciare*) to start; to begin*; to set* to (st.); to set* about (doing st.); to turn (to): **Si mise a piangere**, she started crying; **Mi misi a ridere**, I began to laugh; **Si mise a nevicare**, it started to snow; **m. al lavoro** (*o* **all'opera**), to set to work; **Non metterti a fare il buffone**, don't start playing the fool; **Devo mettermi a fare le valigie**, I must set about my packing; **Si mise al lavoro**, he set about his work; **È ora che ci mettiamo al lavoro**, it's time we turned to our work 3 (*indossare*) (*infilarsi*) to slip on; (*portare abitualmente*) to wear*: **Mettiti il soprabito**, put on your overcoat; **Mi misi le scarpe**, I slipped on my shoes; **Si mette sempre dei buffi cappellini**, she always wears funny hats 4 (*volgere*) to turn up: **Il tempo si mise al bello**, the weather turned out fine; **Speriamo che le cose si mettano bene**, let's hope everything will turn out well. ● **m. a lavorare**, (*anche*) to turn up one's sleeves (*fam.*) □ **m. a letto**, to go to bed; (*per malattia*) to take to one's bed □ **m. a mangiare di buon appetito**, to fall to with a hearty appetite □ **m. al rischio (di)**, to run the risk (of) □ **m. a sedere**, to take a seat; to sit down □ **m. alla testa (di)**, to take the lead (of) □ **m. alla ventura**, to trust (oneself) to chance □ (*della situazione*) **m. bene** (**male**), to take a turn for the better (for the worse) □ **m. il cuore in pace**, to set one's mind at rest; (*lasciare perdere*) to drop the matter; (*lasciare ogni speranza*) to give up all hope □ **m. d'accordo**, to come to an agreement; to agree □ **m. dalla parte del più forte**, to come down on the right side of the fence (*fam.*) □ **m. in agitazione**, to get excited □ **m. in cammino**, to set off □ **m. in contatto con q.**, to get into touch with sb.; to contact sb. □ **m. in ginocchio**, to kneel down □ **m. in un impiccio**, to get into a scrape □ (*fig.*) **m. in mezzo**, to intervene □ **m. in moto**, to set out; (*anche di una macchina, di un motore*) to start □ **m. in sciopero**, to go on strike □ (*comm.*) **m. in**

società con q., to go into (o to form a) partnership with sb. □ **m. in sospetto**, to become suspicious □ (fig.) **m. in testa**, to take it into one's head □ **m. in viaggio**, to set out upon a journey □ **m. in vista**, to call attention to oneself; to show off □ **m. nei guai** (o **nei pasticci**), to get into trouble □ (fam.) **m. q. contro**, to make an enemy of sb. □ (fig.) **m. sotto** (sgobbare), to get down to it □ **stare a vedere come si mettono le cose**, to wait to see which way the wind is blowing (fam.: which way the cat jumps) □ **Si mise in mente una strana idea**, he got a strange idea into his head □ **Ci mettemmo in dieci per fare una colletta per lui**, ten of us got together to collect (o to raise) money for him.

mettifòglio, m. (tipogr.) feeder: **m. automatico**, automatic feeder.
mettimale, m. e f. invar. mischief-maker.
mèzza, f. half; (mezz'ora) half-hour: **È la m.**, it is half past twelve; **Questo orologio non suona le mezze**, this clock does not strike the half-hours.
mezzacalzétta, f. (spreg.) second-rate person.
mezzacartùccia, f. (spreg.) pygmy, pigmy (fig.); half-pint (pop.).
mezzadria, f. métayage; métayer system; sharecropping (USA).
mezzadrile, a. métayage; métayer (attr.).
mezzadro, m. métayer; sharecropper (USA).
mezzala, f. (calcio) inside forward. ● **m. destra** (sinistra), inside right (left).
mezzalana, f. linsey-woolsey.
mezzaluna, f. 1 half moon; crescent (anche fig.) 2 (specie di coltello) chopping-knife* 3 (mil.) demilune. ● **a m.**, half-moon shaped.
mezzana, f. 1 (naut.) miz(z)en(-sail): **albero di m.**, miz(z)en-mast; **pennone di m.**, miz(z)en-yard 2 (ruffiana) procuress; bawd.
mezzanave, f. (naut.) 1 (traverso di nave) beam 2 (vento) beam wind.
mezzanèlla, f. (naut.) cross-jack.
mezzanìa, f. (naut.) midship section.
mezzanino, m. (archit.) mezzanine (floor); entresol.
mezzano, A a. (medio) medium; mean; middle; middling; average: **grande, m., piccolo**, large, middling, small; **di grandezza mezzana**, of medium size; **un panno di qualità mezzana**, a cloth of middling quality; **essere di statura mezzana**, to be middle-sized. B m. 1 (mediatore) intermediatory; mediator; go-between 2 (ruffiano) procurer; pimp.
mezzanòtte, f. 1 midnight: **a m.**, at midnight 2 (nord) north.
mezzaquarèsima, f. (relig.) Mid-Lent.
mezz'aria, a, locuz. avv. at middle height; half-way up.
mezz'asta, a, locuz. avv. at half-mast: **bandiere a m.**, flags (flown) at half-mast.
mezzatéla, f. mixed linen.
mezzatinta, f. 1 middle tint; half-tone 2 (fig.) undertone.
mezzèna, f. (macelleria) side: **m. di bue**, side of beef.
mezzeria, f. centre line (abbr. CL).
mezzétta, f. half-litre; half a litre.
mezzina, f. copper jug.
mèzzo (1), A a. 1 (metà dell'intero) half; semi-: **mezza dozzina**, half a dozen; **una mezza mela**, half an apple; **mezz'ora**, half an hour; half-hour; **fra mezz'ora**, in half an hour; **la mezz'ora che passammo assieme**, the half-hour we spent together; **mezza giornata**, half a day; **m. pane**, half a loaf; **una mezza corona**, (la moneta) a half-crown; (il valore) half a crown; (mat.) **un m. cerchio**, a semicircle; **due mezzi fogli**, two half-sheets; **un m. migliaio**, about half a thousand; **Avevo già letto m. libro**, I had already read half the book; **una bandiera a mezz'asta**, a flag at half-mast; **una rilegatura in mezza pelle** (di libro), a half-binding; **un libro rilegato in mezza pelle**, a half-bound book; **un ritratto a m. busto**, a half-length portrait; **m. lutto**, half-mourning; **un m. verso**, a half-line; a hemistich; **mezza quaresima**, Mid-Lent; **alle quattro e mezza**, at half past four; **Sono le tre e mezza**, it is half past three 2 (medio) middle; mean: **un uomo di mezza età**, a middle-aged man; **un uomo di mezza statura**, a middle-sized man. ● (fam.) **mezz'e m.**, so-so □ **mezze misure**, half-measures □ **una mezza parola** (un suggerimento), a hint ● **a m. novembre**, in the middle of November □ **a mezza paga**, on half pay □ **a mezza via**, half-way □ **avere una mezza idea di fare q.c.**, to have half a mind to do st. □ **non perdere m. minuto**, to lose no time □ **sentirsi mezz'e m.**, not to feel very well; to feel middling (fam.) □ **L'avevano detto a m. mondo**, they had told nearly everybody. B avv. 1 half; semi-; (quasi) almost; (pressoché) nearly, all but: **m. addormentato**, half-asleep; **m. aperto**, half-open; **m. cotto**, half-cooked; **m. fluido**, semifluid; **m. matto**, half-mad; crazy; **m. morto**, half-dead; tired out; **m. nudo**, half-naked 2 (mus.) mezzo: **m. forte**, mezzo forte. C m. 1 (metà) half*: **un m. di sei**, a half of six; **Due mezzi fanno un intero**, two halves make a whole; **due bicchieri e m.**, two glasses and a half; **avere ventun anni e m.**, to be twenty-one and a half; **Sono le cinque e m.**, it is half past five 2 (parte centrale) middle, midst; (centro) centre; (giusto m.) mean: **il giusto m.**, the golden mean; **C'è un giusto m. in tutte le cose**, there is a mean in all things; **nel m. del racconto**, in the middle of the story; **nel m. della stanza**, in the middle of the room; **nel m. dell'inverno**, in the midst (o heart) of winter 3 (espediente, strumento a un fine) means (sing. o pl.); (modo) way: **con mezzi onesti**, by fair means; **con ogni m.**, by all means; **con qualsiasi m.**, by any means; **con questo m.**, by this means; **Non c'è m. di saperlo**, there is no way of knowing; **Il fine giustifica i mezzi**, the end justifies the means 4 (fis., biol.) medium* 5 (pl.: denaro) means: **una persona che ha mezzi**, a person of means; **vivere al di sopra dei propri mezzi**, to live beyond one's means 6 (m. di trasporto) means of transport (o of conveyance); transport; (aeron., naut.) craft: **i mezzi pubblici**, public transport (sing.); (mil.) **un m. da sbarco**, a landing craft. ● (leg.) **m. di prova**, piece of evidence; element of proof □ **andare** (o **andarci**) **di m.**, to be a loser (by st.) □ **avere molti mezzi** (denari e sim.), to be well off □ **l'età di m.** (il Medioevo), the Middle Ages □ **fare a m. con q.**, to go halves (o fifty-fifty) with sb. □ **fare le cose a m.**, to do things by halves □ **in m. a**, in the middle of; in the midst of; amid; among: **in m. ai fastidi**, in the midst (o in the thick) of one's troubles; **in m. alla folla**, in the midst of the crowd; **in m. a tanti sconosciuti**, among so many strangers □ **in m. all'oscurità**, in the dark □ (lett.) **in quel m.**, meanwhile; in the meantime □ **l'Italia di m.**, Central Italy □ **mettere tempo in m.**, to delay □ **mettersi in m.**, to come between; to intervene □ **non avere mezzi** (denaro e sim.), to be hard up □ **per m. di**, by means of; by; through: **mandare per m. della posta**, to send by post; **per m. di q.**, through sb. □ **a m. ferrovia**, by rail □ **il punto di m.**, the middle point; the centre □ **ricorrere a una via di m.**, to resort to compromise □ (leg.) **ricorrere ai mezzi legali**, to take legal steps □ **tentare ogni m.**, to do everything in one's power; to do one's utmost □ **togliere** (o **levare**) **di m.**, to get rid of (sb., st.) □ **togliersi di m.**, to get out of the way; to disappear □ **la via di m.**, the middle way (o course) □ (fam.) **È la mezza**, it's half past twelve □ **È stata una mezza sconfitta**, it was a half-defeat; it was as good as a flop □ **È stato un m. trionfo**, it was a half-victory □ **Questo è l'unico m.**, this is the only alternative.
mèzzo (2), a. 1 (di frutto) overripe 2 (fig.) rotten.
mezzobusto, m. 1 (scult.) bust 2 (fam. telev.) talking head.
mezzodì, V. mezzogiorno.
mezzofondista, m. e f. (sport) middle-distance runner (o racer).
mezzofóndo, m. (sport) middle-distance race.
mezzogiórno, m. 1 midday; noon; (le dodici) twelve o'clock (in the day): **il pasto di m.**, the midday meal; **le preghiere del m.**, midday-devotions; **a m.**, at noon; **È m.**, it is midday; it's twelve o'clock; **un quarto dopo m.**, a quarter past twelve 2 (sud) south: **Si levò un gran vento da m.**, a strong wind blew from the south. ● **dopo m.**, in the afternoon; (nell'indicazione dell'ora) post meridiem (abbr.: P.M.); **prima di m.**, in the morning; (nell'indicazione dell'ora) ante meridiem (abbr.: A.M.).
mezzomarinaro, m. (naut.) boat hook.
mezzómbra, f. (pitt.) penumbra.
mezzo punto, m. (ricamo) tent-stitch.
mezz'óra, f. half an hour; half-hour.
mezzoriliévo, m. (scult.) mezzo-rilievo.
mezzosàngue, m. e f. half-breed.
mezzoservizio, m. part-time (domestic) service.
mezzosoprano, m. (mus.) mezzo-soprano*.
mezzotìtolo, m. (tipogr.) half-title.
mezzùccio, m. (spreg.) mean expedient; low trick; makeshift.
mi (1), pron. pers. m. e f. 1ª pers. 1 (compl. ogg.) me; (compl. indir.) (to) me: **Mi vide**, he saw me; **Egli mi scrisse una lettera**, he wrote me a letter; **Non mi scrisse**, he did not write to me; **Porgimi quel libro, per favore**, please hand me that book; **Dimmi**, tell me 2 (coi verbi rifl.) myself (o idiom.): **Non mi diverto mai**, I never enjoy myself; **Mi sono divertito molto**, I have enjoyed myself very much; **I had a very good time**; **Mi lavo sempre**, I always wash (myself); **Mi devo lavare prima di pranzo**, I must wash before dinner; **Mi devo lavare le mani**, I must wash my hands; **Mi devo pettinare**, I must comb my hair; **Mi voglio riposare per un'ora o due**, I want to rest for an hour or two 3 (con valore rafforzativo: non si traduce): **Stammi bene!**, keep well!
mi (2), m. (mus.) E; **mi***: **chiave di mi bemolle**, key of E flat.
mi (3), m. e f. (dodicesima lettera dell'alfabeto greco) mu.
miagolaménto, m. 1 mewing; miaowing 2 (fig.) mewl; mewling.
miagolare, v. i. 1 to mew; to miaow; to caterwaul 2 (fig.) to mewl; to whine.
miagolata, f. mew; miaow.

miagolatóre, *m.* **1** mewer; miaower **2** (*fig.*) mewler.
miagolìo, *m.* **1** mewing; miaowing; caterwaul **2** (*fig.*) mewling.
miagolóne, *m.* **1** miaower **2** (*fig.*) mewler.
mialgìa, *f.* (*med.*) myalgia.
miàlgico, *a.* (*med.*) myalgic.
miào, *inter.* e *m.* miaow; mew.
miaṣma, *m.* miasma*.
miasmàtico, *a.* miasmal; miasmatical; miasmatic; miasmous.
miastenìa, *f.* (*med.*) myasthenia.
miastènico, *a.* (*med.*) myasthenic.
miatrofìa, *f.* (*med.*) myatrophy, myoatrophy.
mica (1), **A** *f.* (*briciola*) crumb; scrap; bit. **B** *avv.* (*rafforzativo della neg.*) at all; in the least; a bit (*fam.*). **Non costa m. tanto**, it is not dear at all; **Non sono m. stanco**, I am not in the least tired; **Non mi piace m.**, I don't like it a bit; **Non è m. cambiato**, he (*o* it) isn't changed a bit. ● **Cose vere, verissime, m. favole!**, it is the pure truth, I am telling you! □ **Avete m. trovato le mie chiavi?**, have you found my keys, by any chance?; do you happen to have found my keys?
mica (2), *f.* (*miner.*) mica.
micàceo, *a.* (*miner.*) micaceous.
micado, *m.* mikado*.
micascisto, *m.* (*miner.*) mica-schist.
miccia, *f.* fuse; slow-match; (*a combustione rapida*) quick-match: **m. di sicurezza**, safety fuse.
micèlio, *m.* (*bot.*) mycelium*; spawn.
micèlla, *f.* (*chim.*) micelle, micella*.
micellare, *a.* (*chim.*) micellar.
Micène, *f.* (*geogr.*) Mycenae.
micenèo, *a.* Mycenaean: **un vaso m.**, a Mycenaean vase.
micète (1), *m.* (*bot.*) fungus*.
micète (2), *m.* (*zool.*, *Alouatta caraya*) howling monkey; howler.
micetologìa, *V.* **micologìa**.
michelàccio, *m.* loafer; lounger.
michelangiolésco, *a.* Michelangelesque; after the manner of Michelangelo.
Michèle, *m.* Michael; (*fam.*) Michel; (*dim.*) Mike, Micky.
michétta, *f.* (*dial.*) roll.
micia, *f.* pussy-cat (*fam.*).
micidiale, *a.* deadly (*anche fig.*); mortal; fatal: **un colpo m.**, a deadly blow; a fatal stroke; **un potere m.**, a fatal influence; **veleno m.**, deadly poison.
micino, *m.* kitten; pussy(-cat).
micio, *m.* (tom-)cat; pussy(-cat): **M., vieni qua!**, come here, pussy!; **Che bel m.!**, what a lovely cat!
micologìa, *f.* mycology.
micològico, *a.* mycologic, mycological.
micòlogo, *m.* mycologist.
micòṣi, *f.* (*med.*) mycosis*.
micòtico, *a.* (*med.*) mycotic.
micotossina, *f.* (*scient.*) mycotoxin.
microampère, *m.* (*fis.*) microampere.
microamperòmetro, *m.* microammeter.
microanàlisi, *f.* (*chim.*) microanalysis.
microapparécchio, *m.* micro-apparatus; micro-instrument; (*microcongegno*) micro-device; micro-appliance.
microbico, *a.* (*biol.*) microbial; microbian; microbic: **fermentazione microbica**, microbial fermentation.
micròbio, *m.* (*biol.*) microbe; micro-organism.
microbiologìa, *f.* microbiology.
microbiològico, *a.* (*biol.*) microbiologic(al).
microbiòlogo, *m.* microbiologist.
micròbo, *V.* **micròbio**.
microcalcolatóre, *m.* microcomputer.
microcàmera, *f.* (*fotogr.*) microcamera; miniature camera.
microcàpsula, *f.* (*farm.*) microcapsule.
microcefalìa, *f.* microcephalia; microcephaly.
microcèfalo, **A** *a.* microcephalic; microcephalous. **B** *m.* **1** microcephal* **2** (*fig.*) idiot; imbecile.
microchìmica, *f.* microchemistry.
microchirurgìa, *f.* microsurgery.
microchirùrgico, *a.* microsurgical.
microcircùito, *m.* (*tecn.*) microcircuit. ● **insieme di microcircuiti**, microcircuitry □ **m. integrato**, chip.
microcita, microcito, *m.* (*med.*) microcyte.
microcitemìa, *f.* (*med.*) microcythemia.
microclima, *m.* (*meteorologia*) (contour) microclimate.
microclino, *m.* (*miner.*) microcline.
microcòcco, *m.* (*biol.*) micrococcus*.
microcòṣmico, *a.* microcosmic(al).
microcòṣmo, *m.* microcosm.
microcristallino, *a.* (*miner.*) microcrystalline.
microcristallo, *m.* (*miner.*) microcrystal.

microeconomìa, *f.* (*econ.*) microeconomics (*pl. col verbo al sing.*).
microelettrònica, *f.* (*elettron.*) microelectronics (*pl. col verbo al sing.*).
microelettrònico, *a.* microelectronic.
microfàrad, *m.* (*fis.*) microfarad.
microfilm, *m.* (*fotogr.*) microfilm.
microfilmare, *v. t.* (*fotogr.*) to microfilm.
microfìṣica, *f.* microphysics (*pl. col verbo al sing.*).
microfònico, *a.* microphonic.
microfonista, *m.* **1** (*tecnico*) microphone technician **2** (*addetto al piazzamento dei microfoni*) mike-location technician (*o* supervisor).
micròfono, *m.* microphone; mike (*fam.*): **m. a condensatore**, condenser microphone; **m. a nastro**, ribbon microphone; **parlare al m.**, to speak over the microphone. ● (*tel.*) **m. ricevitore**, receiver.
microfotografare, *v. t.* to microphotograph.
microfotografìa, *f.* **1** microphotography **2** (*riproduzione*) microphotograph.
microfotogràfico, *a.* microphotographic; photomicrographical.
microftalmo, *m.* (*med.*) microphthalmia; microphthalmy.
micrografìa, *f.* (*scient.*) micrography.
microgràfico, *a.* (*scient.*) micrographic; micrographical.
microgrammo, *m.* microgram.
microhabitat, *m.* (*ecologia*) microhabitat.
microlavorazióne, *f.* (*ind.*, *tecn.*) micromachining.
microlettóre, *m.* microfilm-reader.
microlitro, *m.* microlitre; microliter (*USA*).
micromanìa, *f.* micromania.
micromanòmetro, *m.* micromanometer.
micromeccànica, *f.* micromechanics (*pl. col verbo al sing.*).
micromelìa, *f.* (*med.*) micromelia.
micrometallografìa, *f.* micrometallography.
micrometrìa, *f.* (*fis.*, *ind.*) micrometry.
micromètrico, *a.* micrometric(al).
micròmetro, *m.* micrometer; micrometer gauge: **m. oculare**, eyepiece micrometer; **m. per profondità**, micrometer depth-gauge.
micromillìmetro, *m.* micromillimetre; micromillimeter (*USA*).
microminiaturizzato, *a.* (*ind.*, *tecn.*) microminiaturized.
microminiaturizzazióne, *f.* (*ind.*, *tecn.*) microminiaturization.
micromotóre, *m.* **1** (*piccolo motore*) small motor **2** (*piccola motocicletta*) moped; motor-scooter.
micron, *m.* micron.
microneṣiano, *a.*, *m.* e *f.* Micronesian.
micronizzare, *v. t.* (*tecn.*) to micronize.
microónda, *f.* (*fis.*) microwave.
microprocessóre, *m.* (*tecn.*) microprocessor.
micropsìa, *f.* (*med.*) micropsia; micropsy.
microrganismo, *m.* micro-organism.
microschèda, *f.* **1** (*di elaboratore*) «microfiche» (*franc.*) **2** (*grafica*) microcard.
microscopìa, *f.* (*fis.*) microscopy.
microscòpico, *a.* (*fis.*) microscopic(al) (*anche fig.*).
microscòpio, *m.* (*fis.*) microscope: **m. elettronico (polarizzante)**, electronic (polarizing) microscope; **m. elettronico a scansione**, scanning electron microscope. ● **m. spettroscopico**, spectromicroscope.
microscopista, *m.* e *f.* microscopist.
microsecóndo, *m.* microsecond.
microsismo, *m.* (*geol.*) microseism.
microsismògrafo, *m.* microseismograph.
microsólco, *m.* **1** microgroove **2** (*disco a 33 giri*) long-playing record (*abbr.*: L.P.); (*a 45 giri*) extended-play (record) (*abbr.*: E.P.).
microspìa, *f.* bug. ● **neutralizzare una m. elettronicamente**, to debug.
microtelèfono, *m.* micro-telephone.
micròtomo, *m.* (*biol.*) microtome.
Mida, *m.* (*mitol.*) Midas.
midi, **A** *a.* (*moda*) midi: **un cappotto m.**, a midi coat. **B** *f.* midi skirt; midi.
midigónna, *f.* midi skirt; longuette.
midinette (*franc.*), *f.* «midinette» (Parisian dressmaker's assistant).
midólla, *f.* crumb.
midollare, *a.* (*anat.*) medullary; medullar.
midóllo, *m.* **1** (*anat.*) medulla*; marrow: **m. spinale**, spinal marrow; **m. osseo**, bone marrow; **m. allungato**, medulla oblongata **2** (*bot.*) pith **3** (*fig.*) pith; pith and marrow; backbone; core: **il m. d'un argomento**, the backbone of a subject; **il m. d'un discorso**, the pith of a speech; **fino alle midolla**, to the backbone; to the core. ● **essere bagnato fino alle midolla**, to be soaked to the skin □ **un freddo che arriva alle midolla**,

a piercing cold.
midollóso, *a.* **1** (*che abbonda di midolla*) crumby **2** (*che abbonda di midollo*) marrowy; (*bot.*) pithy: **un fusto m.**, a pithy stem.
midriasi, *f.* (*med.*) mydriasis*.
midriàtico, *a.* (*farm.*) mydriatic.
miéle, *m.* honey (*anche fig.*): **dolce come il m.**, as sweet as honey; honey-sweet; (*fig.*) **paroline di m.**, honey words. ● **color m.**, honey (yellow) □ **luna di m.**, honeymoon.
mielencèfalo, *m.* (*anat.*) myelencephalon.
mielina, *f.* (*anat.*) myelin(e).
mielìnico, *a.* (*anat.*) myelinic.
mielite, *f.* (*med.*) myelitis*.
mielocito, *m.* (*anat., biol.*) myelocyte.
mielografia, *f.* myelography.
mielòma, *m.* (*med.*) myeloma*.
mielopatìa, *f.* (*med.*) myelopathy.
mielòsi, *f.* (*med.*) myelosis*.
mielóso, *a.* **1** sweetish; (*troppo dolce*) sickly sweet **2** (*fig.*) honeyed; sugary.
miètere, *v. t.* **1** to reap (*anche fig.*); to mow; to harvest: **m. il raccolto**, to reap the harvest; **m. un campo d'orzo**, to reap a field of barley; **m. l'altrui campo**, to reap where one has not sown; **m. allori**, to reap (*o* to win) laurels. ● **I nostri uomini furono mietuti dalle mitragliatrici nemiche**, our men were mown down by the enemy's machine-guns □ **È ora di m. il grano**, it is harvest-time.
mietiléga, mietilegatrice, *f.* (*agric.*) reaper and binder.
mietitóre, *m.* reaper; mower; harvester.
mietitrébbia, mietitrebbiatrice, *f.* (*agric.*) combine(-harvester); harvester-thresher.
mietitrice, *f.* **1** reaper **2** (*mecc.*) reaper; reaping-machine; harvester. ● **m. legatrice**, reaper and binder □ **m. trebbiatrice**, harvester-thresher; combine(-harvester).
mietitura, *f.* **1** (*il mietere*) reaping; mowing; harvesting **2** (*tempo in cui si miete*) harvest (time) **3** (*messe*) harvest; crop.
migale, *f.* (*zool., Mygale avicularia*) mygale.
migliàccio, *m.* **1** (*sanguinaccio*) black pudding; blood-pudding **2** (*castagnaccio*) chestnut-cake.
migliàio, *m.* thousand: **un m. di lire**, one (*o* a) thousand lire; **centinaia di migliaia**, hundreds of thousands; **a migliaia**, by thousands; **C'erano migliaia di persone**, there were thousands of people; **In tutto ammontavano ad alcune migliaia**, they amounted in all to some thousands.
migliarino, *m.* **1** (*bot., Lithospermum officinale*) gromwell **2** (*pl.: pallini da schioppo*) small shot; dust-shot. ● (*zool.*) **m. di palude** (*Emberiza schoeniclus*), reed bunting; reed sparrow.
miglio (1), *m.* **1** (*misura lineare*) mile: **m. geografico**, geographical mile; **m. marino**, sea mile; nautical mile; **una passeggiata di tre miglia**, a three miles' walk; a three-mile walk; (*fig.*) **essere lontano mille miglia** (*rif. a un luogo*), to be a thousand miles away; to be (ever) so far away; **È lontano di qui mezzo m.**, it is at half a mile's distance; **Si sentiva il rumore a un m. di distanza**, one could hear the noise a mile away **2** (*pietra miliare*) milestone; mile-mark. ● **un discorso lungo un m.**, an endless speech; a speech ever so long □ (*fig.*) **farla lunga un m.**, to be interminable □ (*fig.*) **essere lontani mille miglia** (*rif. a opinioni e sim.*), to be miles apart □ **essere lontano le mille miglia (dal)**, to be far (from).
miglio (2), *m.* (*bot., Panicum miliaceum*) millet: **semi di m.**, millet-seed(s).
miglioràbile, *a.* improvable; susceptible of improvement.
miglioraménto, *m.* (*generalm.*) improvement; betterment; amelioration (*raro*): **suscettibile di m.**, liable to improvement; **fare qualche m.**, to make improvements (*o* to improve, to get better); **Un segno di m. c'è**, there is an improvement; **Non c'è alcun m.**, there is no improvement; **Il podere ha bisogno di vari miglioramenti**, the farm needs a number of improvements. ● **m. economico** (*di stipendio, ecc.*), rise in (one's) pay.
miglioràre, A *v. t.* to improve; to better; (*emendare*) to mend: **m. la propria salute con la ginnastica**, to improve one's health by exercise; **m. le proprie condizioni**, to improve one's circumstances; **m. un podere**, to improve a farm; **Non c'è nessuna speranza di m. la sua situazione**, there is no hope whatever of bettering his situation; **m. i propri modi**, to mend one's manners (*o* ways). B *v. i.* to improve; to make* improvements; to become* (*o* to get*) better: **Quel ragazzo è migliorato**, that boy has made improvements; **Il nostro malato migliora**, our patient is improving (*o* is getting better); **È assai migliorato di salute**, his health has greatly improved; he is much better; **Se il tempo non migliora, non parto**, if the weather does not improve, I shall not leave. ● **m. un'azienda**, to work up a business □ **m. negli studi**, to make progress in one's studies. **migliorarsi**, C *v. rifl.* to improve oneself; to better oneself: **Il continuo sforzo che fa ciascun uomo per m.**, the constant effort of every man to better himself.

migliorativo, *a.* ameliorative; for the better (*pred.*).
miglióre, A *a.* **1** (*compar.*) better: **Questo è buono, ma quello è m.**, this is good, but that is better; **Non è m. di sua sorella**, she's no better than her sister; **Questo è m. di quello**, this is better than that (one); **molto m.**, much better; **un po' m.**, a little better; **Non potresti trovare un uomo m.**, you could not find a better man; **aver visto tempi migliori**, to have seen better days **2** (*superl. relat.*) (the) best: **Gli uomini migliori della città**, the best men in the town; **la strada m.** (*fra tutte*), the best road; **Questo è il modo m.**, this is the best way; **ingegnarsi nel m. modo possibile**, to do one's best. ● **a miglior mercato**, cheaper □ **a (un) tempo m.**, at a more suitable (*o* convenient) time □ **di qualità m.**, better in quality □ **diventare m.**, to get better □ **fare q.c. con le migliori intenzioni**, to do st. for the best □ **fare q.c. nel modo m.** (*o* **nel m. dei modi**), to do st. in the best (possible) way □ **passare a miglior vita**, to breathe one's last; to go to meet one's Maker □ **rendere m.**, to make better; to better; to improve □ **senz'altro il m.**, the very best; far and away the best □ **È un uomo m. di te**, he is a better man than you □ **È in condizioni finanziarie migliori delle mie**, he is better off than I am □ **Siamo i migliori amici del mondo**, we are the best of friends.
B *m.* e *f.* (the) best.
miglioria, *f.* **1** betterment; improvement **2** (*bonifica*) reclamation. ● **opere di m.**, improvements.
migliorismo, *m.* (*filos.*) meliorism.
migliorista, *m.* e *f.* (*filos.*) meliorist.
mignatta, *f.* **1** (*zool., Hirudo medicinalis*) leech; blood-sucker: (*fig.*) **attaccarsi come una m.**, to stick like a leech **2** (*fig.*) blood-sucker.
mignattàio, *m.* **1** leech-gatherer **2** (*zool., Plegadis falcinellus*) glossy ibis*.
mignattino, *m.* (*zool., Chlidonias nigra*) small black tern.
mignola, *f.* (*bot.*) olive-blossom.
mignolare, *v. i.* (*tosc.*) to blossom.
mignolo, *m.* (*della mano*) little finger; (*del piede*) little toe.
mignon (*franc.*), *a.* (*di dimensioni ridotte*) tiny; small.
migrante, *a.* **1** migrant; migrating; migratory: **tribù migranti**, migrant (*o* nomadic) tribes **2** (*elettron.*) floating: **zona m.**, floating zone **3** (*med.*) floating; wandering: **rene m.**, floating kidney.
migrare, *v. i.* to migrate.
migratóre, A *m.* migrator; migrant. B *a.* migratory; migrant: **uccelli migratori**, migratory birds; migrators; migrants.
migratòrio, *a.* migratory; migrant.
migrazióne, *f.* migration (*anche chim.*): **area di m.**, migration area. ● (*zool.*) **m. eccezionale d'uccelli**, visitation.
mikado (*giapponese*), *m. invar.* mikado.
mila, *a. num. card.* (*pl. di «mille»*) thousand: **ventimila**, twenty thousand; **quarantacinquemila**, forty-five thousand.
milanése, *a., m.* e *f.* Milanese: **i milanesi**, the Milanese.
Milano, *f.* (*geogr.*) Milan.
Milèto, *f.* (*geogr., stor.*) Miletus.
miliardàrio, *a.* e *m.* multi-millionaire; billionaire (*USA*).
miliardèsimo, *a. num. ord.* thousand millionth; billionth (*USA*): **la miliardesima parte di q.c.**, the thousand millionth (*o* billionth) part of st.
miliardo, *m.* milliard; thousand millions; billion (*USA*).
miliare (1), *a.* = **pietra m.**, milestone (*anche fig.*).
miliare (2), *a.* (*med.*) miliary: **febbre m.**, miliary fever.
milieu (*franc.*), *m.* milieu; environment.
milio, *m.* (*med.*) milium*.
miliòbate, *f.* (*zool., Myliobatis aquila*) eagle ray.
milionària, *f.* millionairess.
milionàrio, *a.* e *m.* millionaire.
milióne, *m.* **1** million: **un m. trecentomila**, one million three hundred thousand; **un m. d'abitanti**, a million inhabitants; **mettere da parte un m.**, to save a million (liras) **2** (*grande quantità*) lot(s); umpteen: **un m. di volte**, umpteen (*o* hundreds of) times.
milionèsimo, *a. num. ord.* e *m.* millionth: **la milionesima parte**, the millionth part.
militante, A *a.* militant: **la Chiesa m.**, the Church militant; **le forze militanti**, the powers militant. B *m.* e *f.* militant; activist.
militanza, *f.* (*polit.*) militancy.
militare (1), A *a.* militare: **disciplina m.**, military discipline; **la vita m.**, military life; **una scuola m.**, a military school; **un ospedale m.**, a military hospital. ● **arte m.**, art of war □ **marina m.**, navy. B *m.* military man*; soldier. ● **i militari**, the armed forces; the soldiers □ **fare il m.**, to serve in the army; (*rif. a soldato di leva*) to do one's national service.
militare (2), *v. i.* **1** to militate; to serve in the army: **m. con q.**, to militate on the side of sb. **2** (*fig.*) to militate; to support: **Militava nelle file socialiste**, he supported the Socialist cause.
militarésco, *a.* soldierly; soldier-like: **un aspetto m.**, a soldierly aspect.

militarismo, *m.* militarism.
militarista, A *m.* e *f.* militarist. **B** *a.* militarist (*attr.*); militaristic.
militarìstico, *a.* militarist (*attr.*); militaristic.
militarizzare, *v. t.* to militarize: **m. la manodopera,** to militarize labour.
militarizzazióne, *f.* militarization.
militassòlto, A *a.* National Service completed. **B** *m.* person who has completed National Service.
mìlite, *m.* **1** militiaman*; (*soldato*) soldier; (*guerriero*) warrior: **il M. Ignoto,** the Unknown Warrior; **militi di Cristo,** Soldiers of Christ **2** (*fig.*) supporter. ● **m. della scienza,** scientist.
militesènte, *a.* (*bur.*) exempt from military service.
milìzia, *f.* **1** (*specialm. al pl.*) militia (*esercito*) army; (*truppa*) troop, force: **le milizie regolari,** the regular army; **le nostre milizie terrestri e navali,** our sea and land forces; **milizie mercenarie,** mercenary troops; **la m. aerea,** the air force; **la m. terrestre,** the army **2** (*esercizio del mestiere delle armi*) soldiering; (*vita militare*) military life. ● **m. territoriale,** Home Guard.
miliziano, *m.* militiaman*.
millantare, A *v. t.* to boast (of); to brag (about); (*lodare esageratamente*) to extol, to magnify, to overpraise: **m. le proprie ricchezze,** to boast of one's riches. **millantarsi, B** *v. rifl.* to boast (of, about); to brag (of, about); to swagger (*fam.*); (*gloriarsi*) to glory (in): **Si millantava invincibile,** he boasted of being invincible. ● **Mi è antipatico, perché si millanta troppo,** I don't like him because he is too much of a boaster.
millantato, *a.* − (*leg.*) **m. credito,** false pretences.
millantatóre, *m.* boaster; braggart; swaggerer; braggadocio*.
millanterìa, *f.* **1** (*il millantare, il millantarsi*) boasting; bragging; swaggering; braggadocio* **2** (*concreto*) boast; brag.
mille, *a. num. card.* e *m.* thousand: **m. sterline,** a thousand pounds; **m. e cento sterline,** one thousand one hundred pounds; **m. e m. volte,** thousands of times; **M. grazie!,** a thousand thanks!; thanks a lot!; (I) thank you very much!; **avere m. cose da fare,** to have a thousand and one things to do; **avere m. ragioni,** to have a thousand good reasons; to have a good many reasons; **sapere contare sino a m.,** to be able to count up to one thousand; **nel m. A.C.,** in (the year) one thousand B.C.; **Come lui ce n'è uno su m.,** there is one in a thousand like him. ● **Le M. e una notte,** The Arabian Nights; The Thousand and One Nights □ **a m. a m.,** by thousands □ **avere m. pensieri,** to be full of worries; to be worried □ **cose da M. e una notte,** the most fantastic (*o* incredible) things □ **essere lontani le m. miglia,** to be miles away □ **diventare di m. colori,** to turn all the colours of the rainbow □ **Mi par m. anni che non lo vedo,** I have not seen him for ages; I am looking forward to seeing him again □ **Gliel'ho detto m. volte,** I told him over and over again.
millefòglie, *m. invar.* **1** (*bot., Achillea millefolium*) milfoil; yarrow **2** (*cucina*) mille-feuille (*franc.*); napoleon (*USA*).
millefòglio, *V.* **millefòglie,** *def.* 1.
millenàrio, A *a.* millenary; (*millenne*) millenial, millenian, millenarian: **querce millenarie,** millenary oaks. **B** *m.* millenary.
millenarismo, *m.* (*relig.*) millenarianism.
millenarista, *m.* e *f.* (*relig.*) millenarist; millenarian.
millenarìstico, *a.* (*relig.*) millenarian.
millènne, *a.* millennial; millenary; millenarian.
millènnio, *m.* millennium*: **il primo m.,** the first millennium.
millepièdi, *m.* (*zool.*) millepede, milliped(e); galleyworm.
millèsimo, A *a. num. ord.* thousandth; millesimal: **la millesima parte,** the thousandth part. **B** *m.* **1** thousandth; millesimal: **un m.,** a thousandth **2** (*millennio*) millennium*: **un m. avanti Cristo,** a thousand years before Christ **3** (*data*) date: **Sul frontespizio manca il m.,** there is no date on the title-page.
milliampère, *m.* (*fis.*) milliampere.
milliamperòmetro, *m.* (*fis.*) milliammeter.
millibàr, *m.* (*fis., meteorologia*) millibar.
milligrammo, *m.* milligramme, milligram.
millilitro, *m.* millilitre; milliliter (*USA*).
millimetrare, *v. t.* to divide into millimetres.
millimetrato, *a.* millimetre (*attr.*). ● **carta millimetrata,** graph paper.
millimètrico, *a.* millimetric.
millìmetro, *m.* millimetre; millimeter (*USA*): **un m. quadrato,** a square millimetre.
millivòlt, *m.* (*fis.*) millivolt.
millivòltmetro, *m.* (*fis.*) millivoltmeter.
Milo, *f.* (*geogr.*) Melos.
milodónte, *m.* (*zool., Mylodon*) mylodon.
milonite, *f.* (*geol.*) mylonite.
milonìtico, *a.* (*geol.*) mylonitic.
milonitizzazióne, *f.* (*geol.*) mylonitization.
milza, *f.* (*anat.*) spleen; milt: **avere male alla m.,** to be affected with disorder of the spleen.

Milziade, *m.* (*stor.*) Miltiades.
mimare, *v. t.* e *i.* to mime.
mimeografare, *v. t.* to mimeograph.
mimeògrafo, *m.* mimeograph.
mimésco, *a.* (*spreg.*) histrionic; theatrical.
mimèsi, *f.* (*filos.*) mimesis.
mimètico, *a.* **1** mimetic **2** (*mimetizzato*) camouflage (*attr.*). ● (*mil.*) **tuta mimetica,** camouflaged combat clothing.
mimetismo, *m.* **1** (*zool.*) mimesis; mimicry: **m. protettivo,** protective mimicry **2** (*fig.*) camouflage.
mimetizzare, *v. t.* **mimetizzarsi,** *v. rifl.* to camouflage (*anche fig.*).
mimetizzazióne, *f.* camouflage.
mìmica, *f.* **1** (*teatr.*) (art of) mime; (*pantomima*) pantomime **2** (*il gesticolare*) mimicry; gesticulation; (*gesti*) gestures: **esprimersi con la m.,** to express oneself by gestures.
mimicaménte, *avv.* mimically; by gestures.
mìmico, *a.* mimic: **azione mimica,** mimic action. ● (*teatr.*) **arte mimica,** (art of) mime □ **danza mimica,** pantomime.
mimo, *m.* **1** (*teatr.: componimento; attore*) mime **2** (*zool., Mimus polyglottus*) mocking-bird.
mimògrafo, *m.* mimographer.
mimósa, *f.* (*bot., Mimosa*) mimosa.
mina (1), *f.* (*stor.*) mine.
mina (2), *f.* **1** (*mil., naut.*) mine: **m. galleggiante,** floating mine; **m. subacquea,** submarine (*o* torpedo) mine; **m. vagante,** drifting mine; **collocare una m.,** to lay a mine **2** (*di matita*) lead.
minàccia, *f.* menace (*anche fig.*); threat: **l'oscura m. della guerra,** the dark menace of war; **una m. alla pace del mondo,** a menace to world peace; **fare delle minacce,** to utter threats; to threaten; to menace; **temere le minacce di q.,** to fear sb.'s threats; **Questa è una mezza m.,** this sounds like a menace. ● **parole di m.,** threatening words □ **un silenzio pieno di m.,** a threatening silence.
minacciare, *v. t.* to threaten; to menace: **m. vendetta (guerra),** to menace revenge (war); **m. una punizione,** to threaten punishment; **m. d'uccidere q.,** to threaten to kill sb.; **una conferenza che minaccia d'essere eterna,** a lecture which threatens to be endless; **Il cielo minaccia tempesta,** the sky threatens a storm; **Il tempo minaccia pioggia,** it threatens to rain. ● (*leg.*) **m. un testimone,** to intimidate a witness.
minacciosaménte, *avv.* threateningly; menacingly.
minaccióso, *a.* threatening; menacing: **uno sguardo m.,** a menacing look; **fermare q. con piglio m.,** to stop sb. in a threatening manner. ● **Il mare era m.,** the sea menaced □ **Il tempo è m.,** it threatens to rain.
minare, *v. t.* **1** to mine; to undermine: **m. l'ingresso d'un porto,** to mine the entrance to a harbour; **m. una fortezza,** to undermine a fortress; **Il terreno è minato,** the ground is mined **2** (*fig.*) to undermine; to injure; to ruin: **m. la reputazione di q.,** to undermine (*o* to ruin) sb.'s reputation; **m. la salute,** to undermine one's health.
minaréto, *m.* minaret.
minato, *a.* mined; undermined (*anche fig.*). ● **zona minata,** mine-field.
minatóre, *m.* **1** miner; pitman*; (*di carbone*) collier **2** (*mil.*) sapper.
minatòrio, *a.* minatory; menacing; threatening: **una lettera minatoria,** a minatory letter.
minchionàggine, *f.* (*fam.*) gullibility; credulity; simple-mindedness.
minchionare, *v. t.* (*fam.*) to tease; to make* fun (of); to pull (sb.'s) leg: **Smetti di minchionarmi!,** stop teasing me!
minchionatura, *f.* (*fam.*) teasing; mocking.
minchióne, A *m.* (*fam.*) gull; simpleton; ninny; noodle. ● **fare il m.,** to play the fool □ **rimanere come un m.,** to look blank. **B** *a.* gullible; credulous.
minchionerìa, *f.* **1** (*minchionaggine*) gullibility; credulity; simple-mindedness **2** (*atto da minchione*) foolish action; (piece of) nonsense.
minerale, A *a.* mineral: **acqua m.,** mineral water; **carbone m.,** mineral coal; pit-coal; **il regno m.,** the mineral kingdom; **una sostanza m.,** a mineral substance. **B** *m.* mineral; (*da cui si può estrarre un metallo*) ore: **un m. di ferro,** an iron ore; **arricchimento del m.,** ore beneficiation; **giacimento di m.,** ore body; **trattamento del m.,** ore dressing. ● **m. polverizzato,** smitham; smeddum □ **m. stratificato,** shale □ **estrazione del m.,** mining. **C** *f.* (*bottiglia di acqua m.*) bottle of mineral water.
mineralista, *m.* e *f.* mineralogist.
mineralizzare, *v. t.* **mineralizzarsi,** *v. rifl.* to mineralize.
mineralizzazióne, *f.* mineralization.
mineralogìa, *f.* mineralogy.
mineralògico, *a.* mineralogical.
mineralogista, *m.* e *f.* mineralogist.

mineràrio, *a.* **1** (*delle miniere*) mining: **leggi minerarie,** mining legislation **2** (*dei minerali*) mineral; ore (*attr.*): **giacimento m.,** ore deposit. ● **scienza mineraria,** science of minerals; mineralogy.

Minèrva, *f.* (*mitol.*) Minerva.

minèstra, *f.* soup; pottage (*lett.*): **una scodella di m.,** a plate of soup; **m. brodosa,** thin soup; **m. di magro,** vegetable soup; **scodellare la m.,** to ladle out the soup. ● (*fig.*) **È sempre la stessa m.!,** it is always the same (old) story! □ (*fig.*) **O mangiare questa m. o saltar dalla finestra,** you have no choice (at all).

minestrina, *f.* thin soup.

minestróne, *m.* **1** vegetable soup; «minestrone» **2** (*fig.*) hotchpotch; jumble.

mingere, *v. i.* to urinate; to make* (*o* to pass) water.

mingherlino, *a.* slim; slender; thin; skinny (*fam.*); (*debole*) delicate, gracile: **Era così m.!,** he was so delicate!

mini, A *a.* mini: **un cappotto m.,** a minicoat. **B** *f.* miniskirt; mini.

miniappartaménto, *m.* miniflat.

miniare, *v. t.* **1** to miniature; (*codici*) to miniate, to illuminate **2** (*fig.*) to describe (*o* to paint, to sing*, etc.) to perfection.

miniatóre, *m.* miniaturist; (*di codici*) miniator, illuminator.

miniatura, *f.* **1** miniature: **un ritratto in m.,** a portrait in miniature; a miniature portrait **2** (*di codici*) illumination. ● (*fig.*) **in m.,** on a small scale.

miniaturista, *m. e f.* miniaturist.

miniaturizzare, *v. t.* to miniaturize.

miniaturizzazióne, *f.* miniaturization.

minibus, *m.* minibus.

minicomputer, *m.* (*tecn.*) minicomputer.

minièra, *f.* mine (*anche fig.*); **m. a cielo aperto,** strip mine; **m. di carbone,** coal-mine; colliery; pit; **m. di rame,** copper mine; **aerazione della m.,** mine ventilation; **sfruttare una m.,** to work a mine; **una m. di notizie,** a mine of information. ● **locomotiva da m.,** mule.

minigólf, *m.* (*gioco*) miniature golf; minigolf.

minigònna, *f.* miniskirt.

minima, *f.* **1** (*mus.*) minim; half-note (*USA*) **2** (*meteorologia*) minimum*.

minimale, *a.* minimal.

minimalista, *m.* (*polit.*) minimalist.

minimaménte, *avv.* (*per rinforzare la negazione*) in the least; at all: **Non lo conosco m.,** I don't know him at all; **Non sono m. contento di te,** I am not satisfied with you; not in the least!

minimàssimo, minimax, *m.* (*mat.*) minimax.

minimizzare, *v. t.* to minimize.

minimo, A *a. superl.* **1** (*il più piccolo*) (the) least, smallest, slightest; (*il più basso*) (the) lowest; minimum (*attr.*): **Non c'è la minima differenza,** there isn't the least (*o* smallest, slightest) difference; **senza il m. sforzo,** without the least effort; taking no pains at all; (*mat.*) **m. comun denominatore,** least (*o* lowest) common denominator (*abbr.*: L.C.D, l.c.d.); (*mat.*) **m. comune multiplo,** least (*o* lowest) common multiple (*abbr.*: L.C.M., l.c.m.); **Non ne ho la minima idea,** I haven't the slightest (*o* faintest) idea; **ogni m. errore,** any slightest mistake; **il prezzo m.,** the lowest price; **la temperatura minima,** the lowest temperature; (*mat.*) **ridurre una frazione ai minimi termini,** to reduce a fraction to its lowest terms **2** (*piccolissimo*) very small (*o* little); (*bassissimo*) very low: **La differenza è minima,** there is very little difference; **a un prezzo m.,** at a very low price. ● **con minima spesa,** very cheaply □ (*fig.*) **essere ridotto ai minimi termini** (*quasi squattrinato*), to be hard up; to be down and out □ **senza la minima esitazione,** without a shadow of doubt □ **Questa matita è ridotta ai minimi termini,** this pencil is worn down to nothing. **B** *m.* **1** minimum*; least: **ridurre al m.,** to reduce to a minimum; to minimize; **È il m. che io possa fare,** it is the (very) least I can do **2** (*di motore*) lowest gear; idling; idle speed: (*aeron.*) **m. di volo,** flight idling. ● (*relig.*) **i Minimi** (*frati mendicanti*), the Minims □ **il m. dell'età,** the minimum age □ (*leg.*) **il m. della pena,** the minimum penalty □ **il m. di paga** (*di un operaio*), the minimum wage(s); a living wage □ (*econ., stat.*) **m. vitale,** bare subsistence level; subsistence □ **al m.,** at (the) least □ (*autom.*: *di motore*) **girare al m.,** to tick over; to idle □ **Quant'è il m.** (*prezzo*)?, what's the lowest price?

minio, *m.* (*chim.*) minium; red lead: **vernice al m.,** red-lead paint.

minipetrolièra, *f.* (*naut.*) minitanker.

minisottomarino, *m.* (*naut.*) minisub.

ministeriale, *a.* **1** ministerial: **un decreto m.,** a ministerial decree **2** (*governativo*) ministerial; governmental; cabinet (*attr.*): **un giornale m.,** a ministerial paper; **crisi m.,** cabinet crisis.

ministèro, *m.* **1** (*ufficio nobile ed elevato*) ministry, office; (*funzione*) function(s): **il m. sacerdotale,** the office (*o* function) of a priest; priesthood; **l'esercizio del proprio m.,** the exercise of one's functions; **essere sospeso dal proprio m.,** to be suspended from office **2** (*complesso di ministri*) ministry; (*gabinetto*) cabinet; (*governo*) Government: **il M. svedese,** the Swedish Ministry; **la formazione del nuovo m.,** the formation of the new Government; **sotto il M. Crispi,** during Crispi's ministry; **un m. di coalizione,** a coalition government **3** (*ciascuna delle amministrazioni centrali dello Stato*) ministry; board; office; department (*USA*): **M. degli Affari Esteri,** Ministry of Foreign Affairs (*in Italia, ecc.*); Foreign Office (*G.B.*); Department of State (*USA*); **M. degli Interni,** Ministry of the Interior (*o* of Internal Affairs) (*in Italia, ecc.*); Home Office (*G.B.*); Department of the Interior (*USA*); **M. del Commercio,** Board of Trade (*G.B.*); Department of Commerce (*USA*); **M. dell'Aeronautica,** Air Ministry (*G.B.*); Department of the Air Force (*USA*); **M. della Difesa,** Ministry of Defence (*G.B.*); Department of Defense (*USA*); **M. del Tesoro** (*unico dicastero finanziario*), Treasury (*G.B.*); Department of the Treasury (*USA*); **M. della Guerra,** War Office (*G.B.*); Department of War (*stor., ora:* Army Department, *USA*); **M. della Marina,** Admiralty (*G.B.*); Department of the Navy (*USA*); **M. della Pubblica Istruzione,** Ministry of Public Instruction (*in Italia, ecc.*); Ministry of Education (*G.B.*); Department of Health, Education and Welfare (*anche M. della Sanità, USA*) **4** (*sede d'un m.*) ministry. ● **il M. delle Poste,** the Post Office (*G.B.*); the Post Office Department (*USA*) □ **M. di Grazia e Giustizia,** Ministry of Justice (*in Italia, ecc.*); Lord Chancellor's Department (*G.B.*); Department of Justice (*USA*) □ (*leg.*) **Pubblico M.,** Public Prosecutor; Prosecuting Attorney (*USA*) □ **Fece parte del M. Giolitti,** he served as a minister under Giolitti.

ministro, *m.* **1** (*polit.*) minister; secretary (of state): **M. di Stato,** Minister of State; **Primo M.,** Prime Minister; (*in G.B., anche*) Premier; **M. degli Esteri,** Minister for Foreign Affairs (*in Italia, ecc.*); Foreign Secretary (*G.B.*); Secretary of State (*USA*); **M. dell'Interno,** Minister of the Interior (*in Italia, ecc.*); Home Secretary (*G.B.*); Secretary of State for the Interior (*USA*); **M. della Guerra,** Secretary of State for War; War Secretary (*G.B.*); **M. della Difesa,** Minister of Defence (*G.B.*); Secretary of Defense (*USA*); **M. senza portafoglio,** Minister without Portfolio **2** (*amministratore, somministratore*) administrator; (*fig.*) instrument: **m. dei Sacramenti,** administrator of Sacraments; **m. d'infamia,** instrument of infamy **3** (*m. del culto*) minister (of religion); (*cattolico*) priest; (*anglicano*) vicar, rector, curate. ● **M. della Marina,** First Lord of the Admiralty (*G.B.*); Secretary of the Navy (*USA*) □ **M. delle Poste,** Post-master General (*G.B. e USA*) □ **M. della Pubblica Istruzione,** Minister of Education (*G.B.*); Secretary of Health, Education and Welfare (*anche M. della Sanità, USA*) □ **M. del Tesoro** (*che regge l'unico dicastero finanziario*), Chancellor of the Exchequer (*G.B.*); Secretary of the Treasury (*USA*) □ **M. di Grazia e Giustizia,** Lord (High) Chancellor (*G.B.*); Attorney General (*USA*) □ **m. plenipotenziario,** minister plenipotentiary (*pl.*: ministers plenipotentiary) □ **m. protestante,** minister; pastor; (*Protestant*) clergyman □ **M. senza Portafoglio** (*non preposto ad alcun dicastero*), Minister without Portfolio □ **Consiglio dei ministri,** Cabinet; (*la riunione*) Cabinet council □ **diventare m. del culto** (*sacerdote*), to enter the ministry □ **Presidente** (**del Consiglio**) **dei Ministri,** Prime Minister; Premier.

minòico, *a.* (*stor.*) Minoan: **civiltà minoica,** Minoan civilization.

minoranza, *f.* minority: **essere in m.,** to be a minority.

minorare, *v. t.* to lessen; to diminish; to disable; to impair.

minorasco, *m.* (*leg.*) trust in favour of a younger son.

minorato, A *a.* disabled: **un soldato m.,** a disabled soldier. **B** *m.* disabled person; handicapped person. ● **m. fisico,** physically handicapped person □ **m. psichico,** mentally handicapped person; mental defective (*o* deficient).

minorazióne, *f.* **1** diminution; depreciation; (*riduzione*) curtailment: **m. del valore,** depreciation of value **2** (*invalidità*) disability, disablement; (*psichica*) defectiveness; deficiency.

minóre, A *a.* **1** (*più piccolo*) *compar.* smaller, less, lesser (*attr.*); *superl. relat.* (*fra due*) (the) smaller, (fra più di due) (the) smallest; (*meno importante*) minor (*non seguito da* than); (*inferiore*) inferior (to): **La parte è m. del tutto,** a part is smaller than the whole; **in misura m.,** to a smaller extent; **il cerchio di raggio m.** (*fra più di due*), the circle with the smallest radius; **di m. importanza,** of less importance (*o* minor); **con m. attenzione,** with less attention; **una somma m.,** a smaller amount; **È uno dei minori affluenti del Reno,** it is one of the smallest (*o* minor) tributaries of the Rhine; **un'edizione m.,** a lesser edition; (*astron.*) **l'Orsa M.,** the Lesser (*o* Little) Bear; **scegliere il male m.,** to choose the lesser evil; (*relig.*) **scomunica m.,** minor (*o* lesser) excommunication; **un poeta m.,** a minor poet; **le opere minori** (*di un autore*), the minor works; (*mus.*) **un intervallo m.,** a minor interval; (*astron.*) **astri minori,** minor stars; (*relig.*) **ordini minori,** minor orders; (*filos.*) **premessa m.,** minor premiss **2** (*più basso*) *compar.* lower; *superl. relat.* (*fra due*) (the) lower, (*fra più*

minorènne

di due) (the) lowest: **la m. di queste cifre**, the lowest of these figures; **a m. prezzo**, at a lower price (*o* cheaper); **al m. prezzo**, at the lowest price (*o* cheapest) **3** (*più breve*) *compar.* shorter; *superl. relat.* (*fra due*) (the) shorter, (*fra più di due*) (the) shortest: **il percorso m.** (*fra due*), (the) shorter way; **la distanza m.** (*fra tutte*), the shortest distance **4** (*più lento*) *compar.* slower; *superl. relat.* (*fra due*) (the) slower, (*fra più di due*) (the) slowest: **a una velocità m.**, at a slower speed **5** (*più giovane*) *compar.* younger; *superl. relat.* (*fra due*) (the) younger, (*fra più di due*) (the) youngest: **mia sorella m.**, my younger sister; **la figlia m.** (*fra due*), the younger daughter, (*fra più*) the youngest daughter; **Egli è m. di me**, he is younger than I (am); (*anche*) he is my junior; **Catone il M.**, Cato the Younger. ● (*leg.*) **m. età**, minority □ **essere d'età m.** (*o* **minorenne**), to be under age □ **Frate M.** (*francescano*), Friar Minor (*pl.*: Friars Minor; Minorite □ (*mus.*) **intervallo di la m.**, A minor □ (*mus.*) **intervallo di terza m.**, minor third. **B** *m. e f.* **1** (*di età*) junior **2** (*minorenne*) minor.
minorènne, A *a.* under (full) age: **essere m.**, to be under age. **B** *m. e f.* minor. ● (*leg.*) **tribunale dei minorenni**, Juvenile Court.
minorìle, *a.* juvenile: **la delinquenza m.**, juvenile delinquency.
minorità, *f.* minority; nonage. ● **uscire di m.**, to reach one's majority.
minorita, *m.* (*relig.*: *frate francescano*) Minorite; Friar Minor.
minoritàrio, *a.* of the minority; minority (*attr.*).
minorìtico, *a.* (*relig.*) Minorite.
Minòsse, *m.* (*mitol.*) Minos.
Minotàuro, *m.* (*mitol.*) Minotaur.
minuèndo, *m.* (*mat.*) minuend.
minuétto, *m.* (*mus.*) minuet: **a tempo di m.**, in minuet time.
minùgia, *f.* **1** gut; catgut: **corde di m.**, catgut strings; **sette corde di finissima m.**, seven strings of very fine gut **2** (*pl.*: *interiora*) entrails; guts.
minùscola, *f.* **1** small letter **2** (*tipogr.*) lower-case letter.
minùscolo, A *a.* **1** small; very small; tiny: **una porzione minuscola**, a very small (*o* tiny) share **2** (*tipogr.*) lower-case (*attr.*). **B** *m.* (*tipogr.*) lower-case letter.
minuta, *f.* draft; rough copy.
minutàglia, *f.* **1** bits and pieces (*pl.*); odds and ends (*pl.*) **2** (*pesciolini da friggere*) (small) fry.
minutaménte, *avv.* minutely; in detail.
minutante, *m. e f.* **1** (*chi scrive le minute*) drafter **2** (*chi vende al minuto*) retailer.
minutare, *v. t.* (*bur.*) to draft.
minuterìa, *f.* **1** (*ninnoli*) trinkets, gewgaws (*pl.*); trinketry **2** (*mecc.*) small parts (*pl.*).
minutézza, *f.* minuteness; smallness.
minuto (1), A *a.* **1** minute; (*molto piccolo*) (very) small, little, slight; (*sottile*) slender, fine; (*delicato*) delicate: **carbone m.**, small coal; **denaro m.**, small change; **gocce minute**, minute (*o* very small, fine) drops; **lettere minute**, small letters; **lineamenti minuti**, delicate features **2** (*particolareggiato*) minute; detailed; full and particular; circumstantial; (*preciso*) precise; (*accurato*) accurate, careful: **più minute notizie**, more detailed news; **una descrizione minuta**, a minute (*o* careful and precise) description; **una minuta relazione**, a full and particular account; **una recensione molto minuta**, a most careful review **3** (*di poco conto*; *non importante*) small; petty; trifling; (*comune*) common: **la gente minuta**, the common people. ● **pioggia minuta**, drizzle. **B** *m.* (*parte minuta*) small quantity; (*comm.*) retail: **al m.**, in small quantities; (*al dettaglio*) (by) retail; **vendere al m.**, to sell retail; **prezzi al m.**, retail prices; **vendita al m.**, retail sale. ● **guardare (troppo) per il m.**, to be too particular (*o* over-particular).
minuto (2), *m.* minute: **la lancetta dei minuti**, the minute-hand; **mezzo m.**, half a minute; **cinque minuti e venti secondi**, five minutes and twenty seconds; **Mancano dieci minuti alle sei**, it is ten (minutes) to six; **Sono le sei e dieci (minuti)**, it is ten (minutes) past six; **Il treno partirà tra un m.**, the train will be starting in a minute; **avere un ritardo di dieci minuti**, to be ten minutes late. ● (*fig.*) **contare i minuti**, to look forward (to) □ **non avere un m. di pace**, to have no peace □ **spaccare il m.**, (*d'orologio*) to keep perfect time; (*fig.*: *essere puntuale*) to be very punctual.
minùzia, *f.* trivial detail; (*cosa di scarsissima importanza*) trifle; (*bagatella*) bagatelle: **badare troppo alle minuzie**, to stick at trifles; **perdere il proprio tempo in minuzie**, to waste one's time on trifles; **La vita è fatta di minuzie**, trifles make life.
minuziosàggine, *f.* (*spreg.*) **1** fastidiousness **2** (*cavillo*) quibble; cavil.
minuziosaménte, *avv.* minutely; meticulously; scrupulously; (*in modo pignolo*) over-carefully, fastidiously.
minuziosità, *f.* minuteness; (*meticolosità*) meticulousness; (*scrupolosità*) scrupulousness; (*pignoleria*) fastidiousness, fussiness.
minuzióso, *a.* minute; (*meticoloso*) meticulous; (*scrupoloso*)

scrupulous; (*pignolo*) over-careful, particular, fastidious: **indagini troppo minuziose**, meticulous inquiries; **una descrizione minuziosa**, a minute description; **un osservatore m.**, a minute observer. ● **esame m.**, very careful examination.
minuzzàglia, *f.* odds and ends (*pl.*).
minùzzolo, *m.* scrap; (*briciola*) crumb; (*pezzetto*) morsel, bit; (*frammento*) fragment, shred.
minzióne, *f.* (*fisiologia*) urination; miction.
mio, A *a. poss.* **1** my; (*mio proprio*) my own: **mio padre**, my father; **mia madre**, my mother; **i miei pensieri**, my thoughts; **le mie speranze**, my hopes; **i miei occhi**, my eyes; **L'ho visto con i miei occhi**, I saw it with my own eyes; **un mio amico**, one of my friends (*o* a friend of mine); **tre miei amici**, three of my friends (*o* three friends of mine); **in vece mia**, in my stead; instead of me **2** (*pred. nominale*) mine; my own: **Questa casa è mia**, this house is mine (*o* my own); (*anche*) this is my own house. ● **il mio babbo**, (*fam.*) my daddy □ **la mia** (*lettera*) **del 10 u.s.**, my letter of the 10th last □ (*vocat.*) **cara mia**, my dear girl; (*o col nome proprio*) my dear Ann (Joan, etc.) □ (*vocat.*) **caro mio**, my dear boy; old man (*o* chap) (*fam.*) □ **dalla mia parte** (*o* **da parte mia**), on my side □ **un par mio**, one like me □ **quei miei libri**, those books of mine □ **questa mia lettera**, this letter of mine □ **Amico mio!**, my dear friend! □ **Fallo per amor mio!**, do it for my sake! □ **Ho fatto tutto mio**, I've grabbed everything □ **Ho avuto le mie** (*disgrazie*), I've had to put up with a great deal (*fam.*) □ **Ora vivo per conto mio**, I am (living) on my own now □ **Tom è dalla mia** (*parte*), Tom is on my side □ **Se siete tutti dalla mia...**, if you are all of my mind... □ **Vado a casa mia**, I am going home □ **Vorrei avere una casa (tutta) mia**, I wish I had a house of my own □ **Voglio dire la mia**, I want to give you a piece of my mind. **B** *pron. poss.* mine: **Questo è il libro tuo**: **voglio il mio**, this is your book: I want mine (*o* my own); **i vostri libri e i miei**, your books and mine. ● **Il mio è mio**, what is mine is mine □ **Non ho niente di mio**, I have nothing of my own. **C** *m.* **1** (*denaro, averi, ecc.*) my own (money), what is mine; (*tutto quel che ho*) everything I have: **Spendo del mio**, I'm spending my own money; **Ho riavuto il mio, finalmente**, at last I've come into my own; **Non faccio che difendere il mio**, I'm only defending what is mine anyway **2** (*pl.*) — **i miei**, (*genitori*) my parents; (*parenti*) my relations, my relatives; (*di casa*) my family, my folk (*fam.*); (*seguaci, sostenitori*) my followers, my supporters. ● **Vivo del mio**, I live on my income (*o* on what I have, I earn, etc.).
miocardia, *f.* (*med.*) myocardia.
miocàrdico, *a.* (*anat.*) myocardial.
miocàrdio, *m.* (*anat.*) myocardium*.
miocardite, *f.* (*med.*) myocarditis.
miocène, *m.* (*geol.*) Miocene.
miocènico, (*geol.*) **A** *a.* Miocene; Miocenic: **il periodo m.**, the Miocene period. **B** *m.* Miocene.
miografìa, *f.* (*med.*) myography.
miògrafo, *m.* (*med.*) myograph.
miologìa, *f.* (*med.*) myology.
miològico, *a.* (*med.*) myologic.
mioma, *m.* (*med.*) myoma*.
miopatìa, *f.* (*med.*) myopathy.
miopàtico, *a.* (*med.*) myopathic.
miope, A *a.* myopic; short-sighted (*anche fig.*). **B** *m. e f.* myope; short-sighted person.
miopìa, *f.* myopia; myopy; short-sightedness (*anche fig.*).
mioressìa, *f.* (*med.*) myorrhexis*.
miorilassante, *a. e m.* (*med.*) muscle relaxant.
miorrèssi, *f.* (*med.*) myorrhexis*.
mioscleròsi, *f.* (*med.*) myosclerosis.
miòsi, *f.* (*med.*) myosis.
miosìna, *f.* (*biochimica*) myosin.
miosìte, *f.* (*med.*) myositis.
miosòtide, *f.* (*bot., Myosotis palustris*) myosotis; myosote; forget-me-not.
miòtico, A *a.* (*med., farm.*) myotic, miotic. **B** *m.* (*farm.*) myotic, miotic.
miotonìa, *f.* (*med.*) myotonia.
mira, *f.* **1** aim; sight: **prendere la m.**, to take aim; **prendere di m. q.c.**, to take sight of st.; to take aim at st. **2** (*bersaglio*) target; butt; (*segno*) mark: **cogliere la m.** (*il bersaglio*), to strike the target; to hit the mark (*anche fig.*); **prendere di m. q.**, to make sb. one's butt **3** (*fig.*: *scopo*) aim; end; goal; (*disegno*) design; (*intenzione*) intention; (*proponimento*) purpose: **con m. ambiziosa**, with ambitious aim; **soddisfare le proprie mire ambiziose**, to carry out one's ambitious designs; **avere delle mire su q.**, to have designs on sb.; **le proprie mire segrete**, one's secret aims. ● **prendere di m. q. con la propria pistola**, to aim one's revolver at sb. □ (*fig.*) **A che cosa miri?**, what are you driving at?

miràbile, *a.* admirable; (*meraviglioso*) wonderful, marvellous: **con m. diligenza**, with admirable care; **con m. sangue freddo**, with admiable fortitude; **m. a dirsi**, wonderful to say.
mirabilia, *f. pl.* (*scherz.*) mirabilia; wonders: **fare m.**, to work (*o* to do) wonders; **to do** (the most) surprising things. ● **dire m. di q.**, to praise sb. to the skies □ **promettere m.**, to promise the moon.
mirabolante, *a.* (*scherz.*) astonishing; amazing.
miracolato, A *a.* miraculously healed. **B** *m.* miraculously healed person.
miràcolo, *m.* **1** (*relig.*) miracle: **il m. dei pani**, the miracle of the loaves; **non credere ai miracoli**, not to believe in miracles **2** (*fig.*: *caso incredibile*) miracle; (*cosa mirabile*) wonder, marvel; (*prodigio*) prodigy: **i miracoli della scienza moderna**, the miracles of modern science; **La mia guarigione fu un vero m.**, my recovery was a miracle itself; **Non posso fare miracoli!**, I cannot work wonders!; **È un m. d'ingegnosità**, he is a miracle of ingenuity; **un m. di sapere**, a prodigy of learning; **Egli restituì il denaro per m.**, for a wonder he paid back the money; **È un m. che...**, it is a wonder that...; it is really surprising that...; **Che m.!**, what a wonder! **3** (*teatr.*) miracle (play). ● **conoscere vita, morte e miracoli di q.**, to know all about sb. else's business □ **raccontare miracoli di q.**, to praise sb. to the skies □ **uscirne per m.**, to escape by the skin of one's teeth □ **Possono succedere miracoli!**, pigs might fly! (*fam.*).
miracolosaménte, *avv.* miraculously; by a miracle.
miracolóso, *a.* miraculous; (*prodigioso*) prodigious; (*portentoso*) portentous; (*mirabile*) wonderful, marvellous; (*sorprendente*) astonishing, surprising.
miràggio, *m.* mirage (*anche fig.*).
mirare, A *v. i.* to sight; to take* aim; to aim (at) (*anche fig.*): **Mirarono insieme e insieme spararono**, together they sighted, and together they fired; **Mirò al leone, sparò e l'uccise**, he aimed (his gun) at the lion, fired and killed it; **m. alla presidenza**, to aim at the presidency; **m. al successo**, to aim at success. **B** *v. t.* (*lett.*) to admire; to gaze (at, on, upon): **m. un bel quadro**, to admire a beautiful picture; **Che cosa stai mirando?**, what are you gazing at? ● (*fig.*) **non m. ad altro**, to have no other aim (*o* object). **mirarsi, C** *v. rifl.* to look at oneself: **m. allo specchio**, to look at oneself in a mirror.
miriade, *f.* myriad: **una m. di stelle**, a myriad of stars. ● **una m. di guai**, such a lot of trouble □ **a miriadi**, in great numbers; by the thousand.
miriagrammo, *m.* myriagram, myriagramme.
miriàmetro, *m.* myriametre; myriameter (*USA*).
miriàpodo, *a.* e *m.* (*zool.*) myriapod, myriopod.
mirica, mirice, *f.* (*bot., Myrica*) tamarisk.
mirifico, *a.* (*lett.*) marvellous; mirific (*raro*).
miringe, *f.* (*anat.*) myringa.
miringite, *f.* (*med.*) myringitis.
mirino, *m.* (*di arma da fuoco, di strumento ottico*) sight; (*di apparecchio fotografico*) view-finder: **m. anteriore**, foresight; **m. posteriore**, backsight.
miristica, *f.* (*bot., Myristica fragrans*) nutmeg(-tree).
mirmecòfago, *m.* (*zool.*) ant-eater.
mirmecofilia, *f.* (*bot., zool.*) myrmecophily.
mirmecòfilo, *a.* (*bot., zool.*) myrmecophilous.
mirmecologia, *f.* (*scient.*) myrmecology.
mirmecòlogo, *m.* myrmecologist.
mirmidone, *m.* (*mitol.*) Myrmidon.
mirmillóne, *m.* (*stor. romana*) mirmillo* (*lat.*).
mirobolano, *m.* (*tintoria, conceria*) myrobalan.
Miróne, *m.* (*stor. arte*) Myron.
mirra, *f.* myrrh.
mirtàceo, *a.* (*bot.*) myrtaceous.
mirtéto, *m.* myrtle-grove.
mirtillo, *m.* (*bot., Vaccinium myrtillus*; *frutto della pianta*) bilberry; whortleberry.
mirto, *m.* (*bot., Myrtus communis*) myrtle.
misantropia, *f.* misanthropy.
misantròpico, *a.* misanthropic; misanthropical.
misàntropo, A *m.* misanthrope; misanthropist. **B** *a.* misanthropic(al).
miscèla, *f.* **1** mixture; (*di caffè, tè, tabacco*) blend: (*chim.*) **m. bordolese**, Bordeaux mixture; (*fis.*) **m. esplosiva**, explosive mixture; (*autom.*) **m. grassa** (*povera*), rich (lean) mixture **2** (*surrogato di caffè*) coffee substitute **3** (*di olio e benzina*) mixture; «petrolil». ● (*autom.*) **m. anticongelante**, antifreeze.
miscelare, *v. t.* to mix; (*caffè, tè, tabacco*) to blend.
miscelato, *a.* mixed. ● **caffè m.**, a coffee blend □ **tabacco m.**, a smoking mixture.
miscelatóre, A *m.* mixer; blender: **m. di gas**, gas mixer. **B** *a.* mixing; blending: **rubinetto m.**, mixing tap (*o* faucet *USA*); mixer; (*ind.*) mixing valve.

miscelatura, miscelazióne, *f.* mixing; blending.
miscellànea, *f.* **1** (*letter.*) miscellany **2** (*mescolanza*) medley; mixture; miscellany.
miscellàneo, *a.* miscellaneous.
mischia, *f.* **1** (*zuffa*) scuffle; (*rissa*) brawl, fray; (*combattimento*) fight: **nel folto della m.**, in the thick of the fight; **gettarsi nella m.**, to enter the fray **2** (*sport*) scrummage (*abbr.*: scrum); scrimmage **3** (*ind. tessile*) mixing; blending.
mischiare, A *v. t.* to mix; to mix up; to blend; to mingle; to mingle-mangle; to shuffle: **m. diverse qualità di tè**, to mingle different kinds of tea; **m. le carte**, to shuffle the cards. **mischiarsi, B** *v. rifl.* **1** to mix; to blend; to mingle: **m. alla** (*o* **tra la**) **folla**, to mingle with the crowd **2** (*immischiarsi*) to meddle, to interfere (in, with): **m. nelle faccende altrui**, to meddle in other people's affairs.
miscibile, *a.* miscible.
miscibilità, *f.* (*fis., chim., metall.*) miscibility: **m. parziale**, partial miscibility; **m. totale**, total miscibility.
misconóscere, *v. t.* **1** (*disconoscere*) not to acknowledge; to deny **2** (*non apprezzare*) to underestimate; to disregard: **m. i meriti di q.**, to underestimate sb.'s merits.
misconosciuto, *a.* underestimated; unappreciated; misunderstood.
miscredènte, A *a.* misbelieving; unbelieving. **B** *m.* e *f.* misbeliever; (*ateo*) atheist, unbeliever.
miscredènza, *f.* misbelief; (*mancanza di fede religiosa*) unbelief.
miscùglio, *m.* **1** mixture: **un m. di molti ingredienti**, a mixture of many ingredients **2** (*fig.*) huddle; medley; hotchpotch; jumble; farrago: **un m. confuso di dubbi, di timori e di speranze**, a farrago of doubts, fears and hopes; **un m. d'idee**, a huddle of ideas; **un m. di parole**, a jumble of words; **un m. di razze**, a medley of races.
miseràbile, A *a.* **1** miserable; (*disgraziato*) wretched; (*infelice*) unhappy; (*degno di compassione*) pitiable, pitiful: **dall'aspetto m.**, wretched-looking; **un m. tugurio**, a miserable slum; **condurre una vita m.**, to lead a miserable existence; **espedienti miserabili**, pitiable makeshifts; **essere in uno stato m.**, to be in a pitiful state; **un m. destino**, a pitiful fate **2** (*povero*) poor; needy; indigent: **un m. impiegatuccio**, a poor underling; **un m. raccolto**, a poor crop; **un m. soldo di pane**, a poor pennyworth of bread; **essere un m. peccatore**, to be a poor sinner **3** (*meschino*) mean; petty; (*spregevole*) paltry, despicable, abject: **m. orgoglio**, petty pride; **un m. bugiardo**, an abject liar. ● **un m. pedante**, a wretch of a pedant. **B** *m.* e *f.* **1** miserable person; wretch **2** (*povero*) poor (*o* indigent) person **3** (*spreg.*) scoundrel.
miserabilità, *f.* wretchedness; miserable (*o* wretched) condition.
miserabilménte, *avv.* **1** wretchedly; miserably **2** (*scarsamente*) poorly; badly.
miserando, *a.* pitiable; pitiful: **una condizione miseranda**, a pitiable condition; **una morte miseranda**, a pitiful death.
miserère (*lat.*), *m.* (*relig.*) miserere. ● (*fig.*) **essere al m.**, (*in fin di vita*) to have one foot in the grave, to be at death's door; (*senza quattrini*) to be stony-broke (*pop.*) □ (*fig.*) **avere una faccia da m.**, to wear a mournful expression.
miserévole, *V.* **miserando, miseràbile**.
misèria, *f.* **1** (*povertà*) poverty; indigence; (*penuria*) penury; (*bisogno*) want; (*scarsità*) lack, scarcity, scantiness: **cadere in m.**, to fall into poverty; **essere nella più squallida m.**, to live in (the most) extreme poverty; **to have the wolf at the door** (*fam.*); **ridursi in m.**, to be reduced to poverty; **vivere nella m.**, to live in want; **m. intellettuale**, poverty of intellect; **C'è una gran m. di vino**, there is scarcity of wine **2** (*infelicità*) misery; unhappiness; distress; wretchedness; (*calamità*) calamity, misfortune; (*deficienza*) shortcoming (*generalm. al pl.*): **le miserie della vita**, the miseries of life; **nascondere le proprie miserie**, to conceal one's shortcomings; **sopportare tutte le miserie**, to bear all calamities **3** (*inezia*) trifle; nonsense, rubbish (*senza pl.*): **non badare a simili miserie**, not to care for such nonsense **4** (*bot., Tradescantia*) spiderwort. ● **Che cosa pretendono con la m. che gli pagano?**, what do they expect for the little they pay him (*o* for the ridiculous pay they give him)? □ **comprare q.c. per una m.**, to buy st. very cheap (*o* for a mere nothing); □ **non conoscer miserie**, to live thriftlessly □ **costare una m.**, to cost very little; to be very cheap; to be a bargain □ **piangere m.**, (*lamentarsi della propria m. esagerandola*), to plead poverty; to poor-mouth (*fam. USA*) □ **senza m.** (*senza risparmio*), with an unsparing hand; unsparingly □ (*fam.*) **Con la m. che ha addosso...**, poor as he is... □ **Per la m.!**, good heavens! □ (*pop.*) **Porca m.!**, damn (it)!; blow (it)!
misericòrde, *V.* **misericordióso**.
misericòrdia, *f.* **1** mercy; (*compassione*) pity, compassion: **la m. di Dio**, God's mercy; **dame della M.**, Sisters of Mercy; **opere di m.**, works of mercy; **avere m. di q.**, to have mercy (up)on sb.; **usare m. a q.**, to take mercy (*o* pity) on sb.; to show

misericordióso

mercy to sb. **2** (*stor.*: *pugnale*) misericord. ● **M.!**, my goodness!; goodness gracious!; good heavens!; gosh! □ **aspettare la m. di Dio**, to be a waiter (up)on Providence □ **fare q.c. per m.**, to do st. out of charity □ (*scherz.*) **grande come la m. di Dio**, ever so big □ **senza m.**, (*agg.*) merciless; pitiless; (*avv.*) mercilessly; pitilessly: **un uomo senza m.**, a merciless (*o* relentless, ruthless) man.

misericordióso, *a.* merciful; (*pietoso*) pitiful; (*compassionevole*) compassionate: **un uomo m.**, a merciful man.

misero, *a.* **1** miserable; wretched; (*povero*) poor: **i miseri mortali**, wretched mankind; **una misera rendita**, a poor income; **un m. desinare**, a miserable dinner; **un m. tugurio**, a miserable slum; **un regalo assai m.**, a very poor present; **fare una figura misera**, to cut a poor figure; **M, me!**, poor me! **2** (*infelice*) unhappy; (*sventurato*) unfortunate, unlucky **3** (*meschino*) mean; petty; paltry; shabby: **un uomo m. e gretto**, a mean, stingy man; a niggard **4** (*scarso*) scanty; (*inadeguato*) lame: **una misera scusa**, a lame (*o* paltry) excuse.

misfatto, *m.* misdeed; (*delitto*) crime: **commettere un m.**, to commit a crime.

misirizzi, *m.* **1** (*balocco*) tumbler; roly-poly **2** (*fig.*: *persona pronta a mutare opinione*) changeable (*o* fickle) person; weathercock.

misogamia, *f.* misogamy.

misoginia, *f.* misogyny; misogynism.

misogino, **A** *a.* misogynic; misogynous. **B** *m.* misogynist.

misoneismo, *m.* misoneism.

misoneista, *m.* e *f.* misoneist.

misoneistico, *a.* misoneistic.

missàggio, *m.* (*cinem.*, *telev.*) mixage, mixing. ● **tecnico del m.**, mixer.

missare, *v. t.* (*cinem.*, *telev.*) to mix.

missile, *a.* e *m.* missile: **armi missili**, missile weapons; **m. teleguidato**, guided missile; **m. intercontinentale**, intercontinental missile; (*mil.*) **missili terra-aria**, ground-to-air (*o* surface-to-air) missiles. ● **m. antimissile**, antimissile missile.

missilistica, *f.* rocketry; missilry; missilery.

missilistico, *a.* missile (*attr.*): **base missilistica**, missile base.

missino, (*polit.*) **A** *a.* of the M.S.I. (Italian Social Movement); (*neofascista*) neo-Fascist. **B** *m.* member of the M.S.I.

missionàrio, *a.* e *m.* (*relig.*) missionary (*anche fig.*).

missióne, *f.* (*in tutti i sensi*) mission: **la m. della donna nella società**, the mission of woman in society; **la propria m.**, one's mission in life; one's life-work; **affidare a q. una m.**, to entrust sb. with a mission; to send sb. on a mission; **essere in m.**, to be on a mission; **Congregazione della M.**, Congregation of the Priests of the Mission; **Egli corse alla m. più vicina per chiedere aiuto**, he ran to the nearest mission and asked for help.

Mississippi, *m.* (*geogr.*) Mississippi.

missiva, *f.* (*lett.*) letter; message; missive.

Missouri, *m.* (*geogr.*) Missouri.

mistagogia, *f.* (*relig.*) mystagogy.

mistagògico, *a.* (*relig.*) mystagogic, mystagogical.

mistagògo, *m.* (*relig.*) mystagogue.

mistèrico, *a.* (*relig.*) mystery (*attr.*): **culto m.**, mystery cult.

misteriosaménte, *avv.* mysteriously.

misteriosità, *f.* mysteriousness.

misterióso, **A** *a.* mysterious; wrapt in mystery; (*segreto*) secret, occult; (*enigmatico*) enigmatic, puzzling. **B** *m.* mysterious person; enigma. ● **fare il m.**, to be enigmatic.

mistèro, *m.* **1** (*in tutti i sensi*) mystery; (*segreto*) secret; (*enigma*) enigma, puzzle: **i misteri del rosario**, the mysteries of the Rosary (of Our Lady); (*stor.*) **i misteri eleusini**, the Eleusinian mysteries; **i misteri della natura**, the secrets of nature; **avvolto nel m.**, wrapt in mystery; **fare m. di q.c.**, to make a mystery of st.; **svelare un m.**, to solve (*o* to disclose, to reveal) a secret; **Qui c'è un m.!**, it's a real enigma! **2** (*teatr.*) mystery(-play): **i misteri di Chester**, the Chester Mysteries. ● **circondarsi di m.**, to act mysteriously.

mistica, *f.* **1** mystical theology **2** (*misticismo*) mysticism.

misticismo, *m.* mysticism.

misticità, *f.* mysticity; mysticality.

mistico, **A** *a.* mystic; mystical: **La chiesa è il corpo m. di Cristo**, the Church is the mystical body of Christ. **B** *m.* mystic.

mistificare, *v. t.* to mystify; to hoax.

mistificatóre, *m.* mystifier; hoaxer.

mistificazióne, *f.* mystification; hoaxing.

mistilineo, *a.* (*geom.*) mixtilinear; mixtilineal.

mistilingue, *a.* plurilingual; multilingual.

mistióne, *V.* **mescolanza**.

misto, **A** *a.* mixed; mingled: **una classe mista**, a mixed class; **un matrimonio m.**, a mixed marriage; **un tribunale m.**, a mixed tribunal; **con dolore m. a rabbia**, with mingled feelings of sorrow and anger; **Quasi sempre alla gioia è m. il dolore**, joy is nearly always mixed with grief. ● **una scuola mista**, a co-educational (*o* coed) school; a mixed school. **B** *m.* mixture: **un m. di debolezza e di temerarietà**, a mixture of weakness and temerity; **fare tutt'un m.**, to make a mixture. ● (*cucina*) **m. di carne ai ferri** (*o* **alla griglia**), mixed grilled meat; mixed grill □ (*ind. tessile*) **m. lana** (**seta**), mixed wool (silk) □ **C'è in lui un m. di timidezza e di audacia**, he is timid and daring at the same time.

mistrà, *m.* anisette.

mistràl, *m.* mistral.

mistura, *f.* mixture.

misura, *f.* **1** (*generalm.*) measure; measurement; (*dimensione*, *taglia*) size; (*provvedimento*) measure, step; (*precauzione*) precaution; (*grado*) degree: **m. normale**, standard measure; **misure lineari**, linear measures; (*anche fig.*) **mezze misure**, half-measures; **pesi e misure**, weights and measures; **guanti di tutte le misure**, all sizes of gloves; **scarpe su m.**, shoes made to measure; **Che m. desiderate?**, what size do you want?; **Sono tutti e due della stessa m.**, they are both of a size (*o* both the same size); **fare buona m.**, to give full measure; **prendere le misure a q.**, to take sb.'s measurements; to measure sb. (for st.); **prendere le misure necessarie** (*i provvedimenti*), to take the necessary measures (*o* steps); **prendere le proprie misure** (*le precauzioni necessarie*), to take one's precautions; (*di un abito, ecc.*) **tornare a m.** (**a q.**), to be the right size (for sb.); to fit (sb.); **L'uomo è m. di tutte le cose**, man is the measure of all things; (*Bibbia*) **Nella m. che misurerete, vi si misurerà**, with what measure you mete, it shall be measured to you again **2** (*limite*) limit; extent; bound; (*fig.*) **non conoscere m.** (*o* **non avere né modo né m.**), to know no limits (*o* bounds); (*fig.*) **passare la m.**, to overstep all limits; **oltre ogni m.**, beyond all bounds; excessively; **sino a una certa m.**, to a certain extent **3** (*criterio*) criterion*; standard; test; (*giusta m.*) moderation; (*m. base*) gauge: **Su per giù sono della stessa m.**, they are more or less of the same standard **4** (*poesia*) measure; metre **5** (*mus.*: *battuta*) measure; beat **6** (*scherma*) measure, limit of distance. ● (*chim.*, *fis.*) **m. della densità**, hydrometry □ **m. della distanza** (*telemetria*), ranging □ **a m. che**, in proportion as; (*di mano in mano che*) as □ (*fig.*) **a m. di carbone**, in a great (*o* large) measure □ **in una certa m.**, in a measure; in some measure; to some extent □ **con m.**, moderately; with measure; within limits □ **contribuire nella m. delle proprie forze**, to do what one can □ **di m. inferiore al normale**, (*agg.*) undersize □ **di m. media**, (*agg.*) outsize; (*fig.*) excessive (*agg.*) □ **in uguale m.**, to the same measure; to the same extent □ **nella m. in cui...**, to the extent that... □ **senza m.**, without measure; measureless (*agg.*); measurelessly (*avv.*) □ **spendere senza m.**, to be a spendthrift □ (*fig.*) **usare due pesi e due misure**, to be unfair □ (*sport*) **vincere di m.**, to win by a narrow margin □ (*fig.*) **La m. è colma**, that's the limit!; that's the last straw! (*fam.*).

misuràbile, *a.* measurable; mensurable.

misurabilità, *f.* measurability; measurableness; mensurability; mensurableness.

misurare, **A** *v. t.* **1** (*generalm.*) to measure; to measure out (*o* off); (*tecn.*) to gauge; to gage (*USA*); to mete (*lett.*); (*un terreno*) to survey; (*m. contando i passi*) to pace, to pace out (*o* off); (*pesare*) to weigh: **m. una distanza**, to measure a distance; **m. la pressione**, to measure the pressure; **m. le proprie forze**, to measure (*o* to try) one's strength; **m. una stoffa**, to measure a piece of cloth; **m. una iarda di stoffa**, to measure off a yard of cloth; **m.** (**la capacità di**) **un barile**, to gauge a cask; (*fig.*) **m. a grandi passi**, to pace with long steps; to stride; (*fig.*) **m. le proprie parole**, to weigh one's words **2** (*valutare*) to value; to estimate; to appraise; to gauge; (*calcolare*) to calculate; (*giudicare*) to judge: **m. le difficoltà** (**gli ostacoli, ecc.**), to estimate the difficulties (the obstacles, etc.); **m. la capacità dei propri alunni**, to appraise the ability of one's pupils; **m. la distanza a occhio**, to gauge the distance with one's eye; (*fig.*) **m. gli altri da se stesso**, to judge others by oneself **3** (*limitare*) to limit; to ration: **Devi cercare di m. le spese**, you must try to limit your expenses; **m. il cibo a q.**, to ration sb.'s food **4** (*provare*) to try on: **Prima di comprare quelle scarpe, voglio misurarle**, before buying those shoes, I want to try them on. **B** *v. i.* to measure: **Misurava dieci metri quadrati**, it measured ten square metres. ● **m. a occhio**, to give a rough estimate (of st.) □ **m. un ceffone a q.**, to slap sb. on the face; to slap sb.'s face □ **m. il pane a q.**, to keep sb. short of bread □ **m. i passi** (*camminare lentamente*), to pace (forth) with slow steps □ **m. il peso di q.c.**, to weigh st. □ (*fig.*) **m. le scale** (*cadere ruzzoloni*), to tumble down the stairs □ (*scherz.*) **m. la stanza**, to fall flat on one's face □ **m. la temperatura a q.**, to take sb.'s temperature □ **m. il valore di q.c.**, to value st. **misurarsi**, **C** *v. rifl.* **1** to measure oneself **2** (*indumenti*) to try on: **Vado dal sarto a misurarmi un abito nuovo**, I am going to the tailor's to have a new suit tried on **3** (*provare le proprie forze con quelle d'un altro*) to measure one's strength (with sb.); (*venire a gara*) to compete (with sb., in st.): **m. in una gara**, to compete in a race. ● **m. nelle spese**, to limit one's expenses.

misuratamènte, *avv.* with measure; (*con moderazione*) in moderation, moderately.

misuratézza, *f.* moderation.

misurato, *a.* measured; (*moderato*) moderate; (*parco*) sparing, scanty; (*prudente*) cautious: **con passi misurati**, with measured steps; **parole misurate**, measured words. ● **essere m. nel parlare**, to weigh one's words.

misuratóre, *m.* **1** measurer; gauger; gager (*USA*); (*di terreni*) surveyor **2** (*strumento*) meter; gauge; gage (*USA*): **m. del gas**, gas-meter; (*fis.*) **m. di spessore radioattivo**, radioactive thickness gauge; (*fis.*) **m. di spessore a penetrazione**, penetration thickness gauge. ● (*naut.*) **m. della velocità**, log □ **m. di durezza**, penetrometer □ (*topografia*) **m. di livello**, hypsometer □ (*naut.*) **m. di profondità**, depthometer □ **m. di umidità**, moisture meter; moisture tester.

misurazióne, *f.* measurement; measuring; gauging; gaging (*USA*); (*di terreni*) surveying. ● **m. in iarde**, yardage.

misurino, *m.* (small) measure.

mite, *a.* **1** mild; (*mansueto*) meek, gentle; (*indulgente*) indulgent, lenient, merciful; (*clemente*) clement: **un uomo m.**, a mild man; **il m. agnello**, the mild lamb; **m. come una colomba**, as mild as a dove; **dal cuore m.**, meek-hearted; **un'indole m.**, a mild disposition; **avere l'aspetto m.**, to be mild-looking; **tempo m.**, mild weather; **un inverno m.**, a mild winter **2** (*moderato*) moderate: **prezzi miti**, moderate prices. ● **miti pretese** (*nelle inserzioni*), money no question □ **venire a più miti consigli**, to relent.

mitemènte, *avv.* **1** mildly; gently; (*docilmente*) meekly **2** (*con indulgenza*) leniently; indulgently; with indulgence.

mitézza, *f.* **1** mildness; meekness **2** (*moderazione*) moderation.

miticizzare, *v. t.* to mythicize.

mitico, *a.* mythical.

mitigàbile, *a.* mitigable.

mitigaménto, *m.* mitigation; alleviation.

mitigare, **A** *v. t.* to mitigate; (*alleviare*) to alleviate, to allay, to relieve; (*placare*) to appease, to soothe, to mollify; (*attenuare*) to moderate; (*diminuire*) to abate: **m. il dolore**, to mitigate (*o* to relieve) pain; **m. l'ira di q.**, to mitigate (*o* to appease) sb.'s anger; **m. una pena**, to mitigate a punishment. **mitigarsi**, **B** *v. rifl.* **1** (*calmarsi*) to calm down, to abate, to relax; (*placarsi*) to subside **2** (*del clima*) to become* mild (*o* milder).

mitigativo, *a.* mitigative.

mitigatóre, **A** *m.* mitigator. **B** *a.* mitigatory; mitigating.

mitigazióne, *f.* mitigation; (*lenimento*) alleviation, relief.

mitilicoltóre, *m.* mussel-culturist.

mitilicoltura, *f.* mussel-culture.

mitilo, *m.* (*zool.*, *Mytilus edulis*) mussel.

mitizzare, **A** *v. t.* to mythicize. **B** *v. i.* to make* myths.

mitizzazióne, *f.* mythicizing.

mito, *m.* myth (*anche fig.*): **Romolo è un m.**, Romulus is a myth; **far crollare un m.**, to destroy (*o* to explode) a myth.

mitocondriale, *a.* (*biol.*) mitochondrial.

mitocòndrio, *m.* (*biol.*) mitochondrion*.

mitografia, *f.* (*letter.*) mythography.

mitògrafo, *m.* (*letter.*) mythographer.

mitologia, *f.* mythology.

mitològico, *a.* mythologic(al).

mitòlogo, *m.* mythologer; mythologist.

mitòmane, *a.*, *m. e f.* (*med.*) mythomaniac.

mitomania, *f.* (*med.*) mythomania.

mitòsi, *f.* (*biol.*) mitosis*.

mitòtico, *a.* (*biol.*) mitotic.

mitra (1), *f.* (*relig.*) mitre; miter (*USA*). ● **conferire la m.**, to mitre.

mitra (2), *m.* (*mil.*) sub-machine gun; tommy-gun.

mitràglia, *f.* grape-shot.

mitragliaménto, *m.* machine-gun fire.

mitragliare, *v. t.* to machine-gun.

mitragliata, *f.* machine-gunning.

mitragliatóre, (*mil.*) **A** *m.* machine-gunner. **B** *a.* – **fucile m.**, tommy-gun.

mitragliatrice, *f.* machine-gun: **m. a nastro**, belt-fed machine-gun; **mitragliatrici abbinate**, machine-guns in pairs. ● **pistola m.**, sub-machine gun; tommy-gun.

mitraglièra, *f.* machine-gun.

mitraglière, *m.* (*mil.*) machine-gunner.

mitrale, *a.* (*anche anat.*) mitral: **valvola m.**, mitral valve.

mitràlico, *a.* (*anat.*, *med.*) mitral: **stenosi mitralica**, mitral stenosis.

mitrato, **A** *a.* mitred: **un abate m.**, a mitred abbot. **B** *m.* prelate.

mitria, *V.* **mitra (1)**.

Mitridate, *m.* Mithridates.

mitridàtico, *a.* (*med.*) mithridatic.

mitridatismo, *m.* (*med.*) mithridatism.

mitridatizzare, *v. t.* to mithridatize.

mitridatizzazióne, *f.* mithridatization.

mitteleuropèo, *a.* Central European.

mittènte, *m. e f.* **1** sender: **firma e indirizzo del m.**, signature and address of (the) sender **2** (*di merce*) consigner, consignor; forwarder.

mixedèma, *m.* (*med.*) myxoedema.

mixer (*ingl.*), *m.* **1** mixer **2** (*cucina*) beater, shaker: **Frullatore dotato di m.**, mixer equipped with beater.

mixòma, *m.* (*med.*) myxoma*.

mixomatòsi, *f.* (*vet.*) myxomatosis*.

mixomicèti, *m. pl.* (*biol.*) myxomycetes.

mnemònica, *f.* mnemonics (*pl. col verbo al sing.*).

mnemonicaménte, *avv.* mnemonically.

mnemònico, *a.* **1** mnemonic; mnemonical: **esercizio m.**, mnemonic exercise **2** (*spreg.: meccanico*) mechanical; rote (*attr.*): **apprendimento m.**, rote learning.

mnemonismo, *m.* mnemonism.

mnemotècnica, *f.* mnemotechny; mnemonics (*pl. col verbo al sing.*).

mo', *m.* way: **a mo' di**, by way of; **a mo' d'esempio**, by way of example.

Moabiti, *m. pl.* (*stor.*) Moabites.

mòbile, **A** *a.* **1** (*che si può muovere*) movable; (*che si muove facilmente*) mobile, moving; (*tipogr.*) **caratteri mobili**, movable type; (*relig.*) **feste mobili**, movable feasts: **La Pasqua è una festa m.**, Easter is a movable feast; **lineamenti mobili**, mobile features; **scala m.**, moving staircase; escalator; (*fig.*, *econ.*) sliding scale **2** (*mutevole*) mutable, changeable; (*incostante*) inconstant; (*volubile*) fickle; (*instabile*) unstable: **essere di natura m.**, to be fickle-minded; **La donna è m.**, woman is fickle. ● (*leg.*) **beni mobili**, personal property (*sing.*); movables; chattels personal □ **imposta di ricchezza m.**, tax on movable wealth; income tax □ (*mecc.*) **piattaforma m.**, travelling platform □ (*med.*) **rene m.**, floating kidney □ **sabbie mobili**, quicksands □ **squadra m.**, flying squad. **B** *m.* **1** piece of furniture: **un vecchio m.**, an old piece of furniture; **rinnovare qualche m.**, to replace some pieces of furniture **2** (*pl.*) furniture (*sing. collett.*): **mobili intarsiati**, inlaid furniture; **mobili vecchi**, old furniture; **Questi mobili sono molto cari**, this furniture is very costly **3** (*fis.*, *astron.*) mobile: **il primo m.**, the Primum Mobile; the first (*o* highest) movable. **C** *f.* (*squadra m.*) flying squad. ● **m. bar**, cocktail cabinet □ (*scherz.: di persona*) **È un bel m.!**, he's a fine rogue (*o* rascal)!

mobilia, *f.* furniture: **m. costosa**, costly furniture; **negoziante di m.**, furniture-seller; **rinnovare tutta la m.**, to replace all the furniture. ● (*fig.*, *scherz.*) **fare da m.**, to be a wallflower.

mobiliare (1), *a.* (*econ.*, *fin.*) movable; personal: **proprietà m.**, personal property; chattels (*pl.*).

mobiliare (2), *v. t.* (*ammobiliare*) to furnish: **una casa ben mobiliata**, a well-furnished house.

mobilière, *m.* **1** (*fabbricante*) furniture-maker **2** (*venditore*) furniture-seller; (*house*) furnisher.

mobilificio, *m.* furniture factory.

mobilio, *m. V.* **mobilia**.

mobilità, *f.* **1** mobility; movability; movableness: **la m. della fisionomia**, the mobility of one's features; (*fis.*) **la m. di uno ione**, ion mobility; (*econ.*) **la m. del lavoro**, the mobility (*o* the fluidity) of labour **2** (*fig.: mutevolezza*) mutability; changeableness; (*incostanza*) inconstancy, fickleness, instability: **la m. femminile**, woman's fickleness; **la m. delle cose umane**, the instability of human things. ● (*econ.*) **la m. della manodopera**, the labour turnover.

mobilitare, **A** *v. t.* (*nei vari sensi*) to mobilize: **m. il capitale**, to mobilize capital; **m. l'esercito e la marina**, to mobilize the army and navy; **m. tutte le risorse d'un paese per la guerra**, to mobilize all the resources of a country for war. **mobilitarsi**, **B** *v. rifl.* **1** (*mil.*) to mobilize **2** (*fig.*) to rally round.

mobilitazióne, *f.* (*mil.*) mobilization: **m. civile**, civil mobilization; **m. dell'esercito**, mobilization of the army.

mòca, *m.* mocha (coffee).

mocassino, *m.* moccasin.

moccicare, *v. i.* **1** (*colare moccio*) to run*: **Ti moccica il naso**, your nose is running **2** (*frignare*) to snivel.

moccichino, *m.* (*pop.: fazzoletto*) handkerchief; sneezer (*pop.*); snot-rag (*volg.*).

moccicóso, *a.* (*pop.*) snotty-nosed (*volg.*).

mòccio, *m.* (nasal) mucus; snot (*volg.*).

moccióso, **A** *a.* snotty(-nosed) (*volg.*). **B** *m.* (*spreg.*) brat.

moccolàia, *f.* snuff.

mòccolo, *m.* **1** (*piccola candela*) taper; (*mozzicone di candela*)

mòda

candle-end **2** (*moccolaia*) snuff **3** (*pop.*: *moccio*) snot (*volg.*) **4** (*pop.*: *bestemmia*) oath. ● (*fig.*) tenere il m., to play gooseberry □ tirare moccoli, to swear; to curse.

mòda, *f.* **1** fashion; style: **La m. cambia ogni stagione**, fashion changes every season; **la m. francese**, the French fashion (*o* style); **la m. dell'anno scorso**, last year's fashion; **essere di m.**, to be in fashion (*o* fashionable); **essere di gran m.**, to be all the fashion (*o* all the rage); **Pare che sia di m. l'esser sgarbati**, it seems to be the fashion to be rude; **all'ultima m.**, in the latest fashion (*o* style); **un abito** (*da uomo*) **alla m. inglese**, a suit in the English style; **essere fuori m.**, to be out of fashion; **lanciare una m.**, to set a fashion; **passare di m.**, to go out of fashion; to go out (*fam.*); **seguire la** (*o* **tener dietro alla**) **m.**, to follow the fashion; **venire di m.**, to come into fashion; to come in (*fam.*); **secondo la m.**, after the fashion **2** (*modelli*) fashions (*pl.*): **la m. primaverile**, Spring fashions; **la m. francese**, French fashions **3** (*maniera*) fashion; style; custom; manner; way: **alla m. di**, after the manner (*o* style) of **4** (*mat.*, *stat.*) mode. ● **alla m.**, fashionable; (*agg.*) up-to-date; (*avv.*) in fashion, in vogue: **abiti alla m.**, fashionable clothes; **un sarto alla m.**, a fashionable tailor □ **alta m.**, haute couture (*franc.*): **modello d'alta m.**, haute couture model □ **casa di mode**, fashion house □ **l'essere alla m.**, trendiness; in-ness □ **negozio di m.**, fashion shop; dress-shop; fashion house □ **rivista di moda**, fashion magazine.

modale, *a.* (*gramm.*) modal: **una proposizione m.**, a modal proposition.

modalità, *f.* **1** formality; modality: **seguire le m. richieste**, to comply with all the necessary formalities **2** (*modo*, *maniera*) way; manner.

modanare, *v. t.* (*costr.*) to mould.

modanatura, *f.* (*archit.*) moulding.

mòdano, *m.* **1** (*edil.*) template; mould; mold (*USA*); model; pattern: **m. del mattone**, brick-mould **2** (*legnetto per fare le maglie delle reti*) netting-needle.

modèlla, *f.* model: **fare la m.**, to work as a model; to model; **fare da m.**, to act (*o* to pose) as a model.

modellàbile, *a.* mouldable.

modellaménto, *m.* modelling; moulding.

modellare, **A** *v. t.* to model (*anche fig.*); to mould; to mold (*USA*); to fashion; to shape: **m. dal vero**, to model from life; **m. una testa in creta**, to model (*o* to mould) a head in clay; **m. il proprio stile su quello del Manzoni**, to model one's style on Manzoni's. ● (*ind. ceramica*) **m. al tornio**, to throw. **modellarsi**, **B** *v. rifl.* to model oneself (on, upon, after): **m. sull'Alfieri**, to model oneself on Alfieri.

modellato, (*scult.*) **A** *a.* modelled. **B** *m.* modelling.

modellatóre, *m.* modeller.

modellatura, **modellazióne**, *f.* modelling; moulding.

modellino, *m.* miniature.

modellismo, *m.* modelling.

modellista, *m.* e *f.* model-maker; pattern-maker.

modellistica, *f.* construction of models.

modèllo, *m.* **1** model; pattern: **un m. di creta**, a clay model; **un m. in grandezza naturale**, a life-size model; **attenersi al m.**, to stick to the model; **prendere q. per m.**, to take sb. as one's model; (*ind.*) **m. depositato**, registered pattern; (*ind.*, *comm.*) **m. di serie**, current model; (*ind.*, *comm.*) **m. fuori serie**, special model; (*fonderia*) **m. in più pezzi**, sectional pattern; (*fonderia*) **modelli sciolti**, loose patterns; (*aeron.*) **m. volante**, model aircraft; (*aeron.*) **m. a razzo**, rocket-powered model; (*aeron.*) **m. in scala**, flying-scale model; (*aeron.*) **m. per volo libero**, free-flight model; (*aeron.*) **m. radiocomandato**, radiocontrolled model; (*mecc.*) **numero del m.**, pattern number; (*aeron.*, *naut.*) **prove con m.**, model testing **2** (*stampo*) mould; mold (*USA*); (*fig.*) **essere fatti sullo stesso m.**, to be cast in the same mould **3** (*forma*, *tipo*) model; style; fashion; shape: **avere diversi modelli**, to have a variety of models; **essere di nuovo m.**, to be a new model **4** (*sartoria*) pattern: **il m. di un vestito**, the pattern of a dress **5** (*fig.*) model; pattern: **un m. di gentilezza**, a pattern of kindness; **un m. di stile**, a model of style; **una moglie m.**, a model wife; **una casetta m.**, a model cottage. ● **m. in scala ridotta**, miniature □ **una sfilata di modelli**, a fashion parade □ **È una ragazza m.**, she is an exemplary girl.

modenése, *a.* e *m.* Modenese. ● **pozzi modenesi**, artesian wells.

moderàbile, *a.* that can be moderated.

moderare, **A** *v. t.* **1** to moderate; (*porre un freno a*) to check; to curb; to restrain; (*contenere*) to control: **m. la lingua**, to curb one's tongue; **m. l'entusiasmo**, to moderate (*o* to control) one's enthusiasm; **m. l'ira**, to check (*o* to curb) one's anger; **m. le parole**, to moderate one's language; **m. le passioni**, to check (*o* to curb) one's passions; **m. le proprie esigenze**, to moderate one's demands **2** (*ridurre*) to reduce; to limit; to cut* down; (*abbassare*) to lower, to soften: **m. la velocità**, to reduce speed; **m. la voce**, to lower one's voice; **m. le spese**, to limit (*o* to cut down) one's expenses. **moderarsi**, **B** *v. rifl.* to moderate oneself; (*frenarsi*) to control oneself; (*frenare la propria collera*) to keep* one's temper. ● **m. nel cibo**, to eat moderately □ **m. nelle spese**, to keep within one's means.

moderataménte, *avv.* moderately; temperately; in a moderate manner; (*senza eccessi*) in moderation, to a moderate extent.

moderatézza, *f.* moderateness; moderation; temperance.

moderatismo, *m.* (*polit.*) moderatism.

moderato, **A** *a.* **1** moderate; temperate; (*parco*) frugal; (*equilibrato*) self-controlled: **ambizioni moderate**, moderate ambitions; **prezzi moderati**, moderate prices; **un uomo d'idee moderate**, a man of moderate views (*o* opinions); **andare a velocità moderata**, to go at a moderate speed; **essere m. nel bere**, to be moderate in drinking; to drink with moderation; **essere m. nelle proprie esigenze**, to be moderate in one's demands **2** (*mus.*) moderato: **allegro m.**, allegro moderato. **B** *m.* (*polit.*) Moderate. ● (*polit.*) **i moderati**, the Moderate party.

moderatóre, **A** *m.* moderator (*anche fis.*); anchorman*. **B** *a.* moderating: **un elemento m.**, a moderating element.

moderazióne, *f.* moderation; (*temperanza*) temperance: **m. nelle esigenze**, moderation in one's demands; **mangiare con m.**, to eat with moderation (*o* moderately); **bere senza m.**, to drink without moderation; to drink like a fish (*fam.*). ● **avere** (*o* **usare**) **m.**, to be moderate.

modernaménte, *avv.* **1** modernly; in a modern manner **2** (*in questi tempi*) in modern times.

modernismo, *m.* modernism.

modernista, *m.* e *f.* modernist.

modernistico, *a.* modernistic; modernist (*attr.*).

modernità, *f.* modernity.

modernizzare, **A** *v. t.* to modernize; to make* (*o* to render) modern: **m. un testo**, to modernize a text. **modernizzarsi**, **B** *v. rifl.* to bring* oneself up-to-date.

modèrno, **A** *a.* modern; up-to-date; right-on: **arte moderna**, modern art; **idee moderne**, modern ideas; **lingue moderne**, modern languages; **alla moderna**, in the modern manner. **B** *m.* **1** (*persona*) modern **2** (*opposto di «antico»*) modern way; modern trend.

modestaménte, *avv.* modestly.

modèstia, *f.* **1** modesty; (*pudore*) bashfulness; (*timidezza*) coyness; (*riservatezza*) demureness; (*semplicità*) unpretentiousness; (*umiltà*) humility: **m. nel parlare**, modesty in speech; **arrossire per m.**, to blush out of modesty; **m. a parte**, in all modesty **2** (*mediocrità*) modesty: **la m. dei propri mezzi**, the modesty of one's means. ● **non peccare di m.**, to have too high an opinion of oneself □ **peccare di m.**, to be over-modest □ **senza m.**, immodest (*agg.*).

modèsto, *a.* **1** modest; (*timido*, *vergognoso*) bashful, coy; (*riservato*) demure, reserved; (*semplice*) unpretentious, plain; (*umile*) humble: **una signorina semplice e modesta**, a demure young lady; **uno sguardo m.**, a bashful (*o* humble) look; **un pranzo m.**, a plain dinner; **essere m. nel parlare**, to be modest in speech; **essere molto m. riguardo alle proprie imprese**, to be very modest about one's deeds; **essere troppo m.**, to be over-modest **2** (*mediocre*) modest; moderate: **prezzi modesti**, moderate prices; **una casetta modesta**, a modest little house; **una rendita modesta**, a modest income; **un desiderio m.**, a moderate request; **Le mie esigenze sono modestissime**, my demands are quite modest. ● **fare il m.**, to affect modesty.

modicità, *f.* moderateness; (*basso prezzo*) cheapness.

mòdico, *a.* moderate; reasonable: **prezzi modici**, moderate (*o* reasonable) prices. ● **articoli a prezzo m.**, cheap articles.

modìfica, *f.* modification; alteration.

modificàbile, *a.* modifiable; alterable; (*emendabile*) amendable.

modificabilità, *f.* modifiableness; alterableness.

modificare, **A** *v. t.* **1** to modify; (*mutare*) to change; (*variare*) to vary; (*ritoccare*) to alter: **m. le condizioni d'un contratto**, to modify the terms of a contract; **m. il proprio punto di vista**, to change one's point of view **2** (*correggere*) to correct; (*emendare*) to amend; (*migliorare*) to improve: **m. la propria pronunzia**, to correct (*o* to improve) one's pronunciation; **m. il proprio modo di vivere**, to amend one's way of living; **m. una legge**, to amend a law. **modificarsi**, **B** *v. rifl.* to change; to alter; to modify: **Certe abitudini si modificano col tempo**, certain habits (*o* customs) change with the passing of time.

modificativo, *a.* modificative; modifying.

modificatóre, **A** *m.* modifier. **B** *a.* modificatory; modifying.

modificazióne, *f.* **1** modification; change; alteration: **soggetto a m.**, subject to alteration; **una m. in meglio**, a change for the better; **apportare una m. a q.c.**, to make a change in st.; **Ci vorrà qualche m.**, some modifications will be required; (*leg.*) **m. dello statuto di una società**, alteration in the articles of a company **2** (*correzione*) correction; amendment.

modigliòne, *m.* (*archit.*) modillion; truss.

modista, *f.* milliner.
modisteria, *f.* milliner's (shop).
mòdo, *m.* **1** (*maniera*) way; manner; (*costume*) custom, habit; (*stile*) style; (*tenore*) tenor; (*metodo*) method; (*sistema*) system: **Non c'è m. di persuaderlo**, there is no way of convincing him; **m. di agire**, way of acting; behaviour; **m. di parlare (di scrivere)**, way of speaking (of writing); **m. di vedere**, way of thinking; point of view; opinion; **m. di vivere**, way of live (*o* of living); tenor of one's life; **in m. particolare**, in a particular way; particularly; **a un m.** (*o* **allo stesso m.**), in the same way; similarly; **in m. singolare**, in an unusual way; (*gramm.*) **avverbio di m.**, adverb of manner; **fare a m. proprio**, to have one's (own) way; to do as one likes; (*comm.*) **m. di pagamento**, method of paying **2** (*mezzo*) means (*sing. e pl.*); way; (*occasione*) opportunity; chance: **Non c'è m. d'apprendere quel che sta succedendo**, there are (*o* there is) no means of learning what is happening; **trovare m. di fare q.c.**, to find a way of doing st.; **Non ho avuto m. di parlargli**, I hadn't a chance to speak to him **3** (*pl.: maniera di fare*) manners: **avere bei modi**, to have good manners; to be well-mannered; **avere brutti modi**, to have bad manners; to be ill-mannered **4** (*gramm.*) mood: **i modi del verbo**, the moods of the verb; **m. indicativo**, indicative mood **5** (*locuzione*) expression; (*m. di dire*) idiom: **un m. improprio**, an incorrect expression; **un m. letterario**, a literary expression; a literary turn of phrase; **modi toscani**, Tuscan idioms **6** (*misura*) measure: **oltre m.**, beyond measure (*o* excessively) **7** (*mus.*) mode: **il m. dorico**, the Dorian mode; **il m. maggiore e minore**, the major and minor modes. ● (*gramm.*) **m. avverbiale**, adverbial phrase □ **m. di pronunziare**, pronunciation □ **m. di scrivere** (*scrittura*), handwriting □ **a m.**, properly; (*bene*) well; (*con cura*) carefully; **fare q.c. a m.**, to do st. properly □ **a m. di**, like: **a m. d'un serpente**, like a serpent □ **a ogni m.**, anyhow □ **a quel m.**, that way; like that □ **a questo m.**, this way; like this □ **avere m. di fare q.c.**, to be in a position (*o* to be able) to do st.; to be allowed to do st.: **Non ho m. di pagare i miei debiti**, I am unable to (*o* I cannot) pay my debts; **Non ebbi m. di dire una parola**, I wasn't allowed to say a word □ **con bel m.**, kindly; politely □ **dare a q. m. di fare q.c.**, to place sb. in a position to do st.; to enable sb. to do st.; to allow sb. to do st.: **Gli diedi m. di far fronte ai suoi impegni**, I enabled him to meet his engagements; **Spero mi daranno m. di difendermi**, I hope they will allow me to defend myself □ **dare a q. m. di pensare q.c.**, to give sb. cause to think □ **di m. che**, (*affinché*) so that; (*e così*) (and) so: **Arrivai tardi, di m. che non trovai posto**, I arrived late, and so I couldn't find a seat □ **fare in m. che q. faccia q.c.**, to get (*o* to convince) sb. to do st.: **Devi fare in m. ch'egli ci aiuti**, you must get him to help us □ **fare in m. (di)**, to try: **Devi fare in m. di venire**, you must try to come □ **fare q.c. a m. proprio**, to do st. (in) one's own way □ **essere fatti tutti a un m.**, to be cast in the same mould □ **in che m.**, how: **Non so in che m. farlo**, I don't know how to do it □ **in malo m.**, unkindly; impolitely; (*rudemente*) roughly: **trattare q. in malo m.**, to treat sb. unkindly □ **in m. da**, in such a way as to; so as to; so that: **Si comportarono in m. da farsi biasimare da tutti**, they behaved in such a way as to be blamed by everybody; **Mi affrettai in m. da non fare tardi**, I hurried so as not to be late; **Sistemarono le cose in m. da accontentare tutti**, they arranged matters so as to suit everybody □ **in un m. o nell'altro**, some way or other; anyhow; by hook or by crook (*fam.*) □ **in nessun m.**, in no way; by no means; under no circumstances □ **in ogni** (*o* **qualunque**) **m.**, anyway; anyhow; in any case □ **in qualche m.**, somehow; (in) some way □ **in tutti i modi**, anyway; in any case; at any rate; by all means □ **nel solito m.**, as usual □ **pensare allo stesso m.**, to think alike □ **per m. di dire**, so to say; as it were □ **una persona a m.**, a good-mannered (*o* well-bred) person □ **una persona senza modi**, an ill-mannered (*o* ill-bred) person □ **secondo il mio m. di vedere**, in my opinion □ **C'è m. e m. di fare le cose**, there are ways and ways of doing things □ **Date retta a me, fate a m. mio**, listen to me and do what I tell you □ **La pensiamo allo stesso m.**, we are of one mind □ (*prov.*) **A chi vuole, non mancano mai modi**, where there's a will there's a way.
modulàbile, *a.* capable of being modulated.
modulare (1), *v. t.* to modulate (*anche mus., fis.*): **m. la voce**, to modulate one's voice; **m. una preghiera**, to modulate a prayer.
modulare (2), *a.* (*ind., tecn.*) modular: **mobili modulari**, modular furniture.
modulàrio, *m.* set of forms.
modularità, *f.* (*ind., tecn.*) modularity.
modulatóre, *m.* (*radio*) modulator: **m. di fase**, phase modulator; **m. di frequenza**, frequency modulator.
modulazióne, *f.* modulation: **la stessa m. di voce**, the same modulation of voice; (*telev.*) **m. della luce**, light modulation; (*radio*) **m. di ampiezza**, amplitude modulation (*abbr.*: A.M.); (*radio*) **m. di fase**, phase modulation; (*radio*) **m. di frequenza**, frequency modulation (*abbr.*: F.M.).
mòdulo, *m.* **1** form: **m. di domanda**, application form; **m. in bianco**, blank form; **m. per telegramma**, telegraph form; **m. stampato**, printed form; **riempire un m.**, to fill up a form **2** (*archit., miss.*) module: **m. lunare**, lunar module; **m. di comando**, command module **3** (*mat., mecc.*) modulus* **4** (*numismatica*) diameter. ● **m. di elasticità**, coefficient of elasticity □ (*banca*) **m. di versamento**, paying-in slip; deposit slip (*USA*).
modus vivendi (*lat.*), *locuz. avv.* modus vivendi.
moféta, *f.* (*geol.*) mofette.
moffétta, *f.* (*zool.*, *Mephitis mephitis*) skunk.
mògano, *m.* mahogany: **mobili di m.**, mahogany furniture.
mòggio, *m.* moggio*. ● (*fig.*) **mettere la fiaccola sotto il m.**, to hide one's light under a bushel.
mògio, *a.* down-cast; down-hearted; heavy-hearted; in low spirits; crest-fallen; in the dumps (*fam.*).
móglie, *f.* wife*: **la m. del signor Smith**, Mr. Smith's wife; **È mia m.**, she is my wife; **Sono marito e m.**, they are husband (*o* man) and wife; **avere per m.**, to have as one's wife; to be the husband of; **riuscire una buona m.**, to make a good wife. ● **avere m. e figli**, to be married with family □ **chiedere in m.**, to ask in marriage □ **prendere m.**, to marry; to get married □ **riprendere m.**, to marry again; to remarry □ **senza m.**, wifeless; unmarried □ (*prov.*) **M. e buoi dei paesi tuoi**, choose wife and cattle from your own village □ (*prov.*) **La buona m. fa il buon marito**, a good wife makes a good husband □ (*prov.*) **Fra m. e marito non mettere il dito**, never interfere between wife and husband.
mogòl, *m.* (*stor.*) Mogul.
mohair (*franc.*), *m.* (*ind. tessile*) mohair.
moicano, *a. e m.* Mohican.
moiétta, *f.* (*metall.*) metal-strip; metal-band; hot-rolled strip.
moina, *f.* caress; blandishment. ● **fare le moine a q.**, to caress (*o* to fondle) sb. □ **persuadere q. con le moine a fare q.c.**, to coax (*o* to wheedle) sb. into doing st.
moire (*franc.*), *f.* (*ind. tessile*) moire, moiré.
moiré (*franc.*), *a.* moiré.
moka, *V.* **moca**.
mòla (1), *f.* **1** (*macina da mulino*) millstone **2** (*mecc.*) grinding--wheel; wheel; grindstone: **m. smerigliatrice**, lapping-wheel; emery grinding-wheel; **arrotondare una m.**, to round off a grinding-wheel. ● **m. da gioielliere**, lap.
mòla (2), *f.* (*zool.*, *Mola mola*) ocean sunfish.
molale, *a.* (*chim.*) molal.
molalità, *f.* (*chim.*) molality.
molare (1), **A** *a.* (*anat., chim.*) molar: **dente m.**, molar tooth. ● **pietra m.**, millstone. **B** *m.* (*anat.*) molar (tooth*); grinder.
molare (2), *v. t.* (*mecc.*) to grind*; (*affilare*) to whet: **m. il vetro**, to grind glass. ● **m. un cristallo**, to cut a crystal.
molare (3), *a.* (*chim.*) molar: **soluzione m.**, molar solution; **volume m.**, molar volume; mole volume.
molarità, *f.* (*chim.*) molarity.
molassa, *f.* (*geol.*) molasse.
molato, *a.* ground: **vetro m.**, ground glass. ● **cristallo m.**, cut crystal.
molatóre, *m.* grinder.
molatrice, *f.* (*mecc.*) grinder: **m. monoposto**, single-stand grinder; **m. oscillante**, swing-frame grinder; **m. portatile elettrica**, portable electric grinder; **m. per carda**, card grinder.
molatura, *f.* (*mecc.*) grinding. ● **m. a smusso** (*del vetro*), bevel(l)ing.
molazza, *f.* **1** (*fonderia*) muller; pan mill: **m. portatile**, portable muller **2** (*edil.*) mixing-machine. ● **m. a ruote**, edge runner □ (*ind. gomma*) **m. mescolatrice**, mixing-mill.
mólcere, *v. t.* (*lett.*) to soothe.
mòle (1), *f.* **1** (*edificio grandioso*) massive structure; (*mausoleo*) mole, mausoleum*: **la m. Adriana**, the Mole of Adrian **2** (*volume*) bulk; mass; volume; (*dimensioni*) size; dimensions (*pl.*); proportions (*pl.*): **la m. delle acque**, the mass of the waters; **una nave di grandiosa m.**, a ship of majestic proportions; **della stessa m.**, of the same size; **di piccola m.**, of small proportions. ● **di gran m.**, bulky; massive; voluminous; (*enorme*) huge; (*imponente*) mighty, imposing, towering; (*pesante*) ponderous, heavy: **statue di gran m.**, mighty statues □ **un lavoro di gran m.**, a ponderous task; a heavy job (*fam.*).
mòle (2), *f.* (*chim.*) mole.
molècola, *f.* **1** (*chim.*) molecule **2** (*minima parte di q.c.*) particle.
molecolare, *a.* (*chim.*) molecular: **peso m.**, molecular weight.
molènda, *f.* (*prezzo della macinatura del grano*) multure.
molestaménte, *avv.* annoyingly; vexingly; vexatiously; troublesomely.
molestare, *v. t.* to molest; (*infastidire*) to annoy, to vex; (*distur-*

molestatóre

bare) to disturb, to trouble; (*irritare*) to tease, to pester; (*seccare*) to bother, to worry: **m. il sonno di q.**, to disturb sb.'s rest; **La minima cosa lo molesta**, the slightest thing annoys him; **Che cosa ti molesta?**, what is troubling you?; what's the trouble?; **Non mi m.!**, don't bother me!; **Smetti di molestarla!**, stop teasing her!

molestatóre, *m.* molester; annoyer; vexer; disturber.

molèstia, *f.* annoyance; trouble; worry (*spesso pl.*); bother: **le preoccupazioni e le molestie della vita**, the cares and worries of life; **piccole molestie**, small troubles; **una grande m.**, a great bother. ● **dare** (*o recare*) **m.**, to trouble; to bother; to annoy.

molèsto, *a.* troublesome; vexatious; (*fastidioso*) annoying, bothersome, bothering; (*sgradevole*) unpleasant, disagreeable, nasty; (*tormentoso*) harassing: **insetti molesti**, nasty insects; **un bambino m.**, a troublesome child; **una domanda molesta**, an unpleasant question; **scacciare tutti i pensieri molesti**, to drive away all harassing thoughts. ● **essere m. a q.**, to annoy sb.; to be a nuisance to sb.

molettare, *v. t.* (*ind. tessile*) to roll.

molibdato, *m.* (*chim.*) molybdate.

molibdenite, *f.* (*miner.*) molybdenite.

molibdèno, *m.* (*chim.*) molybdenum.

molinismo, *m.* (*stor. relig.*) Molinism.

molinista, *m. e f.* (*stor. relig.*) Molinist.

molino, *V.* **mulino**.

molitóre, *m.* miller.

molitòrio, *a.* molinary; milling (*attr.*).

molitura, *f.* grinding; milling.

mòlla, *f.* **1** (*mecc.*) spring: **la m. d'un orologio**, the spring of a watch; **le molle d'un letto**, the springs of a bed; **la spira d'una m.**, the coil of a spring; **lo scatto d'una m.**, the release of a spring; **materasso a molle**, spring-mattress; **serratura a m.**, spring-lock; latch; **m. a spirale**, coil spring; **m. di richiamo**, return spring; **m. laminata**, flat spring; **caricare una m.**, to load a spring; **molla d'arresto**, stop-spring; **m. di compressione**, compression--spring; **m. di torsione**, torsion-spring; **bilancia a m.**, spring--balance; **calibro a m.**, spring-gauge; **caricato a m.**, spring--loaded; **comprimere una m.**, to compress a spring; **scaricare una m.**, to release a spring; **tendere una m.**, to stretch a spring; **togliere il carico a una m.**, to relieve a spring **2** (*pl.*: *anche tongs*) tongs; (*a*) pair of tongs; **molle per il fuoco**, fire-tongs **3** (*fig.*) spring(s); mainspring; incentive: **le molle della condotta umana**, the springs of human conduct; **L'utilità e il diletto sono le due principali molle dell'attività umana**, utility and pleasure are the two mainsprings of human activity. ● **scattare come una m.**, to spring up □ **senza molle**, springless □ (*fig.*) **uno sproposito da prendersi con le molle**, a gross blunder.

mollaccióne, *m.* lazy-bones.

mollare, A *v. t.* **1** to slacken; to let* go; to release **2** (*naut.*) to ease away; to cast* off; to let* go: **m. le vele**, to ease away the sails; **m. gli ormeggi**, to let go moorings. **B** *v. i.* to give* in, to give* way; (*smettere*) to stop, to give* up: **Bisognerà m.**, we shall have to give in. ● **m. la presa**, to let go □ **m. uno schiaffo a q.**, to slap sb.; **to give sb. a slap** (*naut.*) **m. una scotta**, to let a sheet fly □ (*naut.*) **m. un terzarolo**, to let out a reef.

mòlle, A *a.* **1** (*cedevole al tatto*) soft; tender; yielding; (*pieghevole*) flexible, supple: **legno m.**, soft wood; **pietra m.**, soft stone; **terreno m.**, soft ground; **tessuto m.**, soft material; **la parte m.**, the soft part; **un materasso m.**, a soft mattress; **m. come la cera**, as soft as wax **2** (*bagnato*) wet; (*umido*) moist, damp, dank; (*fradicio*) wet through, soaked: **m. di sangue**, wet (*o* besmeared) with blood; **m. di sudore**, wet with perspiration; sweated; in a sweat; **occhi molli di pianto**, eyes wet with tears; **essere tutto m.**, to be wet through; to be soaked (*o* wet) to the skin **3** (*fig.*: *debole*) soft; weak; feeble; (*fiacco*) flabby, flaccid, limp; (*cedevole*) yielding; (*rilassato*) lax, loose; (*effeminato*) effeminate, unmanly: **costumi molli**, lax morals; **una vita m.**, a loose life; **una volontà m.**, a flabby will; **un carattere m.**, a limp character; **un governo m.**, a weak government; **d'indole m.**, soft-natured **4** (*fig.*: *mite*) soft; mild; gentle; (*blando*) bland; (*dolce*) sweet: **la m. auretta** (*lett.*), the soft (*o* gentle) breeze; **molli paroline**, soft (*o* gentle) words; **con voce m.**, in a soft (*o* low) voice **5** (*fon.*) soft. ● **parti molli** (*del corpo*), fleshy parts. **B** *m.* (*parte m.*) soft part; (*del corpo*) fleshy part **2** (*terreno bagnato*) wet ground. ● (*fam.*) **mettere il becco in m.**, to wet one's whistle (*fam.*) □ **mettere q.c. in m.**, to soak st.; to put st. in (*o* in) soak □ **tenere q.c. in m.**, to let st. soak.

molleggiaménto, *m.* **1** (*atto del molleggiare*) springing **2** (*elasticità*) spring; springiness; elasticity **3** (*di veicoli*: *sistema di molleggio*) springing (system); suspension.

molleggiare, A *v. i.* to be springy; to be elastic. **B** *v. t.* to spring; to fit with springs. **molleggiarsi, C** *v. rifl.* **1** to walk with a springy step **2** (*negli esercizi ginnici*) to do* the knee-bend.

molleggiato, *a.* **1** sprung: **vettura (ben) molleggiata**, well-sprung car **2** (*reso elastico*) springy; elastic: **poltrona molleggiata**, springy armchair **3** (*flessuoso*) sinuous, supple.

molléggio, *m.* **1** (*di veicoli*) suspension **2** (*di divano, ecc.*) springing **3** (*esercizio ginnico*) knee-bend.

molleménte, *avv.* softly; gently; tenderly; (*languidamente*) languidly, listlessly.

mollétta, *f.* **1** (*per la biancheria*) clothes-pin; clothes-peg **2** (*per i capelli*) hair-grip **3** (*pl.*) tongs: **mollette per il ghiaccio**, ice-tongs; **mollette per lo zucchero**, sugar-tongs.

mollettièra, *f.* (*fascia*) puttee.

mollettóne, *m.* (*ind. tessile*) thick flannel; swan's down.

mollézza, *f.* **1** softness; tenderness; (*flessibilità*) suppleness **2** (*fig.*: *debolezza*) weakness, feebleness; (*fiacchezza*) flabbiness, flaccidity; (*rilassatezza*) laxity, looseness; (*effeminatezza*) effeminacy: **m. d'animo**, weakness of character **3** (*pl.*: *comodità*) luxury: **vivere nelle mollezze**, to live in luxury; to be nursed in the lap of luxury.

mollica, *f.* **1** crumb; soft part (of bread) **2** (*pl.*: *briciole*) crumbs: **raccogliere le molliche**, to pick up the crumbs.

molliccio, A *a.* **1** wettish; moist; dampish; dank, dankish: **labbra mollicce**, moist lips **2** (*fiacco*) rather flabby; limp; flaccid. **B** *m.* damp (*o* soggy) ground. ● **Qui c'è sempre un m.**, the ground is always muddy here.

mollificare, *v. t.* to soften.

mollusco, *m.* **1** (*zool.*) mollusc, mollusk; shellfish **2** (*fig.*) sluggard. ● (*zool.*) **m. bivalve**, clam □ (*zool.*) **m. univalve**, univalve.

mòlo, *m.* mole; jetty; pier; (*banchina*) quay, wharf*, dock.

mòloc, *m.* **1** (*mitol.*) Moloch (*anche fig.*) **2** (*zool., Moloch horridus*) moloch.

molòsso (1), *m.* (*zool.*) Molossian (hound).

molòsso (2), *m.* (*poesia*) molossus*; moloss.

mòlotov, *f.* (*fam., anche bottiglia m.*) Molotov cocktail.

moltéplice, *a.* **1** manifold; multifarious; numerous; various: **molteplici doveri**, multifarious (*o* many and various) duties; **molteplici errori**, numerous mistakes; **per molteplici ragioni**, for various reasons **2** (*vario*) multifarious; varied; many-sided; (*multiforme*) multiform, variform: **le molteplici scene della vita**, the varied scenes of life; **un genio m.**, a many-sided genius **3** (*che consta di parecchie parti*) manifold; (*complesso*) complex.

molteplicità, *f.* multiplicity: **la m. dei doveri**, the multiplicity of duties; **una m. di pensieri**, a multiplicity of thoughts.

moltiplica, *f.* **1** (*mecc.*) gear ratio **2** (*pop.*: *moltiplicazione*) multiplication.

moltiplicàbile, *a.* multipliable; multiplicable.

moltiplicabilità, *f.* multiplicability.

moltiplicando, *m.* (*mat.*) multiplicand.

moltiplicare, A *v. t.* **1** to multiply; to increase; to augment; to redouble: **m. gli esempi**, to multiply examples; **m. gli sforzi**, to redouble one's efforts; **m. la velocità**, to increase speed **2** (*mat.*) to multiply: **m. tre per cinque**, to multiply three by five; **m. un numero per se stesso**, to multiply a number by itself. **moltiplicarsi, B** *v. rifl.* **1** to multiply; to increase: **Certe piante si moltiplicano con rapidità**, some plants multiply rapidly; **Le nostre difficoltà si moltiplicarono**, our difficulties increased **2** (*prodigarsi*) to spare no efforts (*o* pains); to do* one's best (*o* utmost); to leave* no stone unturned (*fam.*).

moltiplicativo, *a.* (*mat.*) multiplicative: **numeri moltiplicativi**, multiplicative numbers.

moltiplicato, *a.* **1** multiplied; times: **Due m. tre fa sei**, two times three is six; two multiplied by three equals six **2** (*autom.*) multiplied **3** (*aumentato*) increased, multiplied.

moltiplicatóre, A *m.* (*anche mat.*) multiplier: (*radio*) **m. di frequenza**, frequency multiplier; (*fis.*) **m. elettronico**, (electron) multiplier. ● (*mecc.*) **m. di velocità**, overdrive. **B** *a.* multiplying.

moltiplicazióne, *f.* multiplication (*anche mat.*); (*aumento*) increase, augmentation: **la m. degli insetti**, the multiplication of insects; **la m. della specie umana**, the multiplication of the human species; **Questa è una m. molto facile**, this is a very easy multiplication. ● (*mecc.*) **m. di giri**, gearing-up □ (*mat.*) **segno di m.**, multiplication sign.

moltissimo, A *a. indef. superl. assoluto* **1** very much; (*specialm. in frasi affirm.*) a good (*o* a great) deal of; quite a lot of (*fam.*); an awful lot of (*fam.*): **Non ho m. tempo per gli svaghi**, I haven't very much leisure time; **m. denaro**, a great deal of money (*o* quite a lot of money); **Carlo ha m. coraggio**, Carlo has an awful lot of courage; **C'era moltissima gente**, there were quite a lot of people; **moltissimi guai**, a good deal of troubles **2** (*rif. a tempo*: *lunghissimo*) very long: **Ho aspettato m. tempo**, I waited a very long time; **Non lo vedo da m. tempo**, I haven't seen him for a very long time (*fam.*: for ages) **3** (*grandissimo*) very great; very large: **moltissima distanza**, a very great distance; **con moltissima cura**, with very great care; very carefully **4** (*pl.*)

very many; (*specialm. in frasi afferm.*) a great many; quite a lot of (*fam.*); lots and lots of (*fam.*): **Non ha moltissimi amici**, he hasn't (got) very many friends; **Ha moltissimi libri**, he has a great many books (*o* lots and lots of books). **B** *pron. indef.* **1** very much; (*specialm. in frasi afferm.*) a good (*o* a great) deal; quite a lot (*fam.*); an awful lot (*fam.*): **Non posso dire m. di lui**, I cannot say very much about him; **M. di quel che dici è vero**, very much of what you say is true; **Ho m. da fare**, I have quite a lot (*o* an awful lot) to do; **sapere m.**, to know quite a lot (of things); **Ho fatto m. per lui**, I did quite a lot (*o* a great deal) for him **2** (*rif. a tempo*) a very long time; very long (*solo in frasi interr. e neg.*): **Ho aspettato m.**, I waited a very long time; **È m. che non lo vedo**, it's a very long time (*fam.*: ages) since I saw him last; **Non lo vedo da m.**, I haven't seen him for a very long time (*fam.*: for ages) **3** (*pl.*) very many (people); (*specialm. in frasi afferm.*) a great many (people); quite a lot of people (*fam.*); lots and lots of people (*fam.*): **Non erano in moltissimi alla riunione**, there weren't very many (people) at the meeting; **Moltissimi la pensano così**, very many people think so; **Ci furono moltissimi che scapparono**, there were lots and lots of people who ran away. ● **Ci corre m.** (*moltissima differenza*), there is a very great (*o* an enormous) difference □ **Non c'è m.** (*moltissima distanza*), there is no very great distance □ **Non c'è m. di qui alla scuola**, it isn't very far from here to the school. **C** *avv.* **1** very much; quite a lot (*fam.*); an awful lot (*fam.*): **Non lavora m.**, he doesn't work very much; **Mi piace m.**, I like it very much; **Ti ringrazio m.**, thank you very much; **Gioco m. a tennis**, I play tennis quite a lot **2** (*molto a lungo*) very long; (*in frasi afferm., sempre*) a very long time: **Non ho aspettato m.**, I didn't wait very long; **Aspettai m.**, I waited (for) a very long time. ● **divertirsi m.**, to have the time of one's life (*fam.*) □ **lavorare (studiare) m.**, to work (to study) very hard.

moltitùdine, *f.* multitude; (*folla*) crowd; (*gran numero*) great number, lot; (*i più*) most: **una m. di animali diversi**, a multitude of different animals; **una m. di gente**, a lot of people; a crowd; **una m. di guai**, a lot of troubles; **la m. dei presenti**, most of the people present.

mólto, **A** *a. indef.* **1** much; (*specialm. in frasi afferm. salvo quando è attr. del sogg.*) a great (*o* a large) quantity of; plenty of; a great (*o* a good) deal of; a lot of, lots of (*fam.*): **Non ha molta fantasia**, he has not much imagination; **Non ha molta libertà**, he doesn't get much freedom; **Ha m. denaro?**, has he got much money?; **M. denaro fu sprecato in spese inutili**, much (*o* a lot of) money was wasted in futile expenses; **Ha m. denaro**, he has a good deal of (*o* plenty of, a lot of, lots of) money; **C'era ancora m. tempo**, there was plenty of time; **C'era molta neve**, there was a lot of snow; «**C'è del pane?**» «**Ce n'è m.**», «is there any bread?» «there's plenty (*o* a lot) of it»; «**Non ce n'è m.**», «there isn't much» **2** (*rif. a tempo: lungo*) long: **Ho aspettato m. tempo**, I waited a long time; **Non lo vedo da m. tempo**, I haven't seen him for a long time (*o* for long) **3** (*grande*) great; large: **molta distanza**, a great distance; **con molta cura**, with great care; carefully; **prendersi molta cura di q.**, to take great care of sb. **4** (*pl.*) many; (*specialm. in frasi afferm. salvo quando è attr. del sogg.*) a large number of; numerous; plenty of; a lot of, lots of (*fam.*): **Ha molti amici?**, has he (got) many friends?; **Non ha molti amici**, he hasn't (got) many friends; **Ha molti amici**, he has a lot (*o* lots) of friends; **Molte persone la pensano così**, many people think so; **Ho molti libri**, I have a large number (*o* lots) of books; **Non dice molte parole**, he doesn't say many words; **Ha molti quattrini**, he has a lot of money; «**Hai degli amici?**» «**Ne ho molti**», «have you (got) any friends?» «I have a lot (*o* lots, plenty)»; «**Non ne ho molti**», «I haven't many»; **Ne conosci molti o pochi?**, do you know many (of them) or only a few? ● **avere molta fame (sete)**, to be very hungry (thirsty) □ **avere m. freddo (caldo)**, to be very cold (warm) □ **avere molta fretta**, to be in a great hurry □ **avere m. sonno**, to be very sleepy □ **avere molta vergogna**, to be much ashamed □ **dopo molti e molti anni**, after a very long time; after years and years □ **fra non m. tempo**, before long □ **Ne voglio m.** (*o* **molti**) **di più**, I want a lot more □ **Ne ho m.** (**molti**) **di meno**, I have a lot less (far fewer). **B** *m.* **1** – **il m.**, the lot of things: **Questo è niente rispetto al m. che dovrei dire**, that's nothing compared with the lot of things I ought to say **2** (*pl.*: *i più*) – **i molti**, most people; the majority. **C** *pron. indef.* **1** much; (*specialm. in frasi afferm. salvo quando è sogg.*) a great (*o* a good) deal; a lot (*fam.*): **Non posso dire m. di lui**, I cannot say much about him; **M. di quel che dici è vero**, much of what you say is true; **Ho m. da fare**, I have a lot to do; **sapere m.**, to know a lot (of things); **Ho fatto m. per lui**, I did a lot (*o* a great deal) for him **2** (*rif. a molto tempo*) a long time; long (*solo in frasi interr. e neg.*): **Ho aspettato m.**, I waited a long time; **Ti ci vorrà m. a finire il lavoro?**, will it take you long to finish your work?; **È m. che non lo vedo** (*o* **non lo vedo da m.**), it's a long time since I saw him last!; I haven't seen him for long; **È malato grave e non ha m. da vivere**, he is seriously ill: he will not live long; **Non metterci m.; ho fretta**, don't be long; I'm in a hurry; **fra non m.**, before long **3** (*pl.*) many (people); (*specialm. in frasi afferm. salvo quando è sogg.*) a lot (of people) (*fam.*); lots (of people) (*fam.*): **Non è lodato da molti**, he isn't praised by many; **Molti la pensano così**, many people think so; **Ci furono molti che scapparono**, there were lots of people who ran away; **Ce n'erano molti**, there were lots of them; **Vennero in molti**, lots of people came. ● **a dir (o far) m.**, at the most □ **Ci corre m.** (*molta differenza*), there is a great difference □ **Ci vuole m. a farlo** (*è cosa difficile, laboriosa*), it takes a lot of doing □ **Ci vuole m. pervivere in questa città?**, does it take a lot of money to live in this town? □ **Non ci vuole m. a farlo**, (*molta abilità*) it doesn't take much skill to do it; (*m. tempo*) it doesn't take a long time to do it □ **Non c'è m. di qui alla scuola**, it isn't far from here to the school □ **Non c'è m.** (*molta distanza*), there is no great distance □ (*prov.*) **Chi m. abbraccia, nulla stringe**, grasp all, lose all. **D** *avv.* **1** (*con agg. e avv. di grado positivo; con part. pres. e talora con part. pass. usati come agg.*) very: **La mia casa è m. grande**, my house is very large; **m. piccolo**, very small; **Mi alzo m. presto**, I get up very early; **m. tardi**, very late; **m. poco**, very little; **È un libro m. interessante**, it's a very interesting book; **essere m. spiacente**, to be very sorry; **m. volentieri**, very willingly; with great pleasure; **essere m. lieto**, to be very glad (*o* pleased); **un attore m. famoso**, a very famous (*o* a celebrated) actor; **essere m. malato**, to be very (*o* quite) ill; **essere m. affezionato a q.**, to be very fond of sb. **2** (*con agg. e avv. di grado compar.*) much; (by) far; a great (*o* a good) deal; a lot (*fam.*): **m. migliore** (*o* **meglio**), much (*o* far) better; **m. più**, much more; **m. meno**, much less; **m. più bello**, far nicer; **stare m. meglio** (*di salute*), to be much better **3** (*con un part. pass.*) much; very much; greatly: **m. apprezzato**, much (*o* widely) appreciated; **essere m. seccato**, to be much (*o* greatly) annoyed; **essere m. sorpreso**, to be much (*o* greatly) surprised; **un tiranno m. odiato**, a much-hated tyrant; **m. criticato**, much-criticized **4** (*retto da un verbo*) much; very much; a lot (*fam.*): **Non lavora m.**, he doesn't work much; **Mi piace m.**, I like it very much; **Ti ringrazio m.**, thank you very much; **Gioco m. a tennis**, I play tennis a lot **5** (*a lungo*) long; (*in frasi afferm., sempre*) a long time: **Hai aspettato m.?**, did you wait long?; **Non ho aspettato m.**, I didn't wait long; **Aspettai m.**, I waited a long time. ● **m. amato**, beloved □ **essere m. amico di q.**, to be a great friend of sb. □ **m. conosciuto**, well-known; widely-known □ **il M. Reverendo...**, the Very Reverend... □ **divertirsi m.**, to have a good time □ **lavorare (studiare) m.**, to work (to study) hard □ **né m. né poco**, not at all: **Non fumo né m. né poco**, I don't smoke at all □ **uno scrittore m. letto**, a widely-read writer □ **Fece m. bene il suo compito**, he did his task very well □ **Questa medicina ti farà m. bene**, this medicine will do you a lot of good □ (*iron.*) **Te ne importa m.!**, a lot you care!

Molucche (le), *f. pl.* (the) Moluccas.

mòlva, *f.* (*zool.*, *Molva molva*) ling.

momentaneaménte, *avv.* at the moment; at present; just (*o* right) now; momentarily; (*temporaneamente*) temporarily.

momentàneo, *a.* momentary; (*temporaneo*) temporary; (*transitorio*) transitory; (*di breve durata*) short-lived: **gioie momentanee**, short-lived joys; **un timore m.**, a momentary fear.

moménto, *m.* **1** moment; (*attimo*) instant; (*tempo*) time: **aspettare un m.**, to wait a moment; **fermarsi un m.**, to stop a moment; **essere l'uomo del m.**, to be the man of the moment; **in qualunque m.**, at any moment (*o* time); **in quel m.**, at that moment; **in questo m.**, this moment; at the moment; just now; **non avere un m. di tempo per fare q.c.**, to have no time to do st.; **non avere un m. libero**, to have no spare time; **momenti difficili**, hard times; **passare momenti terribili**, to go through terrible times; **Un m., per favore!**, just a moment, please! **2** (*opportunità*) opportunity; chance; moment; (*m. giusto*) right time: **trovare il m. per fare q.c.**, to find an opportunity to do st.; **non trovare il m. per fare q.c.**, to have no opportunity to do (*o* for doing) st.; **scegliere il m. opportuno**, to choose the right moment; **Questo era il m. ch'egli attendeva**, this was the chance for which he had been waiting; **Non è ora il m. di parlargliene**, this is not the right time to speak to him about it **3** (*lett.*: *importanza*) moment; importance **4** (*fis.*, *mecc.*) moment; (*quantità di moto*) momentum: (*mecc.*) **m. del contrappeso**, counterbalance-moment; (*mecc.*) **m. di una coppia**, moment of a couple; (*fis.*) **m. magnetico**, magnetic moment; (*mecc.*) **m. positivo**, right-handed moment; (*edil.*) **m. statico**, static moment; (*naut.*, *aeron.*) **m. di evoluzione**, rudder moment; (*mecc.*) **m. d'inerzia**, moment of inertia; (*aeron.*) **m. di picchiata**, nose-dive moment; (*aeron.*) **m. di rollio**, rolling moment; (*mecc.*) **m. resistente**, moment of resistance; resisting moment. ● **il m. culminante** (*di un dramma, romanzo, ecc.*), the climax □ **a momenti**, (*a volte*) sometimes; (*fra poco*) in a

mònaca, moment, soon, in no time; (*quasi, per poco*) nearly: **A momenti è gentile, a momenti è sgarbato**, sometimes he is kind, sometimes he is rude; **A momenti arriverà**, he will soon arrive; **A momenti cadevo**, I nearly fell □ **al primo m.**, at first: **Al primo m. restai sorpreso**, I was surprised at first □ **i bisogni del m.**, the most urgent needs □ **un capriccio del m.**, a passing whim □ **da un m. all'altro**, suddenly □ **dal m. che**, (*non appena*) as soon as; (*dato che*) since: **Se ne innamorò dal m. che la vide**, he fell in love with her as soon as he saw her; **Dal m. che non abbiamo denaro, non possiamo comprarlo**, since we have no money, we cannot buy it □ **in un m.**, in a moment; in no time: **Lo si finì in un m.**, it was all done in a moment □ **non vedere il m. di fare q.c.**, to look forward to doing st. □ **per il m.**, for the time being; just now: **Per il m. non ne ho**, I have none just now □ **proprio in quel m.**, that very moment: **Egli se ne andò proprio in quel m.**, he went away that very moment □ **qualche m.** (*o per pochi momenti*), for a few moments □ **senza un m. d'esitazione**, without a moment's hesitation □ **sul m.**, at once; immediately □ **tutti i momenti** (*o ogni m.*), every moment; continually; always □ **A momenti gli dicevo di andarsene**, I was on the point of sending him away □ **Lo disse in un m. di collera**, he said so while he was angry.

mònaca, *f*. 1 nun: **farsi m.**, to become a nun; to take the veil; **fare una vita da m.**, to live a nun's life; to live a most secluded life 2 (*zool.*, *Mergus albellus*) nun; smew 3 (*zool.*, *Lymantria monacha*) nun moth.

monacale, *a*. monachal; monastic: **vita m.**, monastic life. ● **abito m.**, habit.

monacando, *m*. novice.

monacarsi, *v. rifl.* (*farsi monaco*) to become* a monk; (*farsi monaca*) to take* the veil, to become* a nun.

monacato, *m*. 1 (*stato relig.*) monastic condition; (*vita monastica*) monastic life 2 (*monaci e monache*) monks and nuns.

monacazióne, *f*. taking of (monastic) vows; profession.

monachèlla, *f*. (*zool.*) 1 (*pop.*: *Mantis religiosa*) praying mantis* 2 (*Oenanthe hispanica*) black-throated wheatear.

monachésimo, *m*. monachism; monasticism.

monachétto, *m*. (*naut.*) kevel.

monachina, *f*. 1 (*fig.*, *iron.*) prudish (*o* demure, coy) girl (*o* young lady) 2 (*zool.*, *Recurvirostra avosetta*) avocet, avoset; scooper 3 (*pl.*: *faville*) sparks. ● **con fare da m.**, prudishly; in a demure way □ **parere una m.**, to be prudish.

monachino, *m*. (*zool.*, *Pyrrhula pyrrhula*) bullfinch.

monachìsmo, *V*. **monachésimo**.

mònaco, *m*. 1 monk: **m. cistercense**, Cistercian (monk); white monk; **farsi m.**, to become a monk; to enter a monastery 2 (*archit.*) king-post; queen-post 3 (*scaldaletto*) bed-warmer. ● (*prov.*) **L'abito non fa il m.**, the cowl does not make the monk.

Mònaco, (*geogr.*) **A** *f*. (*di Baviera*) Munich. **B** *m*. (*il Principato*) Monaco.

mònade, *f*. (*filos.*, *biol.*, *chim.*) monad.

monadèlfo, *a*. (*bot.*) monadelphous.

monàdico, *a*. (*filos.*, *scient.*) monadico.

monadìsmo, *m*. (*filos.*) monadism.

monadologìa, *f*. (*filos.*) monadology.

monàndria, *f*. (*bot.*) monandry.

monandro, *a*. (*bot.*) monandrous.

monarca, *m*. monarch.

monarchìa, *f*. monarchy: **m. assoluta (costituzionale)**, absolute (constitutional) monarchy; **abbattere la m.**, to overthrow the monarchy; **restaurare la m.**, to restore the monarchy.

monàrchico, **A** *a*. monarchic; monarchical. **B** *m*. monarchist; royalist.

monastèro, *m*. (*di monaci*) monastery; (*di monache*) convent, nunnery. ● **entrare in un m.** (*farsi monaca*), to take the veil.

monàstico, *a*. monastic: **regola monastica**, monastic rule; **vita monastica**, monastic life; **voti monastici**, monastic vows.

monatto, *m*. (*stor.*) monatto*.

moncherino, *m*. stump.

mónco, **A** *a*. 1 maimed: **m. di tutt'e due le mani**, maimed of both hands 2 (*fig.*) deficient; incomplete; imperfect; inadequate: **istruzione monca**, deficient education; **una risposta monca**, an inadequate answer. ● **m. d'un braccio**, one-armed. **B** *m*. maimed person. ● **Caverebbe le bastonate di mano a un m.**, he would make a saint swear (*fam.*).

moncóne, *m*. stump.

mónda, *f*. (*nelle risaie*) weeding.

mondana, *f*. (*spreg.*) prostitute; street-walker.

mondanità, *f*. 1 worldliness 2 (*piacere mondano*) worldly pleasure; **correre dietro alle mondanità**, to run after worldly pleasures 3 (*persone dell'alta società*) high society; socialites (*pl.*).

mondano, **A** *a*. 1 worldly; earthly; mundane: **beni mondani**, worldly goods; **convenzioni mondane**, worldly conventions; **cose mondane**, worldly matters; mundane affairs; **gioie mondane**, earthly joys; **vanità mondana**, mundane vanity; **una persona dedita alle cose mondane**, a worldly-minded person 2 (*dell'alta società*) fashionable; society (*attr.*): **la gente mondana**, society people; **una signora mondana**, a society (*o* fashionable) lady; **una vita mondana**, society (*o* fashionable) life. **B** *m*. society (*o* fashionable) man*; worldling.

mondare, **A** *v. t.* 1 (*sbucciare*) to peel; to husk; (*scorticciare*) to strip; (*sgranare*) to shell, to hull; (*togliere i fili*) to string*; (*separare dalla pula*) to winnow: **m. i fagiolini**, to string beans; **m. il grano**, to winnow wheat; **m. i piselli**, to shell peas; **m. le patate**, to peel potatoes; **m. un albero**, to strip a tree; **m. una mela** (**un'arancia**), to peel an apple (an orange) 2 (*agric.*: *diserbare*) to weed: **m. l'orzo**, to weed barley 3 (*pulire*) to clean 4 (*fig.*) to purify; to cleanse: **m. l'animo dal peccato**, to purify the soul from sin. **mondarsi**, **B** *v. rifl.* (*fig.*, *lett.*) to purify oneself.

mondariso, *m*. e *f. invar.* rice-weeder.

mondatóio, *m*. (*agric.*) sieve.

mondatóre, *m*. (*chi sbuccia*) peeler; (*chi sfronda*) stripper; (*chi spula*) winnower.

mondatrice, *f*. 1 cleaner 2 (*macchina per mondare il cotone*) peeling-machine; cotton-gin (*USA*).

mondatura, *f*. 1 peeling; husking; hulling; (*dalla loppa*) winnowing; (*dalle erbacce*) weeding 2 (*bucce*) peelings (*pl.*); (*baccelli*) pods (*pl.*); (*pula*) chaff 3 (*fig.*) purifying; cleansing.

mondézza (1), *f*. 1 (*nettezza*) cleanliness; cleanness 2 (*fig.*: *purezza*) purity.

mondézza (2), *f*. (*fam.*: *spazzatura*) sweepings (*pl.*); rubbish; garbage; trash (*USA*).

mondezzàio, *m*. 1 rubbish heap; (*letamaio*) dung-hill, manure-heap, dung-heap 2 (*fig.*) sink: **Quel giornale è un m. di oscenità**, that paper is a sink of obscenities. ● **È un vero m.!**, it's a pig-sty!

mondiale, *a*. world (*attr.*); world-wide; (*universale*) universal: **esposizione m.**, world exhibition; **la prima guerra m.**, the First World War; **una potenza m.**, a world-power; **fama m.**, world-wide fame; **un uomo di fama m.**, a world-famous man.

mondiglia, *f*. refuse; (*metall.*) dross; (*ind.*) tailings (*pl.*).

mondina (1), *f*. (*mondariso*) rice-weeder.

mondina (2), *f*. (*castagna lessa*) boiled chestnut.

móndo (1), *m*. 1 world; (*universo*) universe; (*terra*) earth: **tutto il mondo**, the whole world; all the world; **in tutto il m.**, all over the world; all the world over; **la fine del m.**, the end of the world; **le cinque parti del m.**, the five parts of the world; **il M. Antico**, the Old World; **il M. Nuovo**, the New World; (*polit.*) **il terzo M.**, the Third World; **Roma, capitale del m.**, Rome, capital of the world; **fare il giro del m.**, to go round the world; **vivere in capo al m.**, to live at the ends of the earth 2 (*regno*) world; kingdom: **il m. animale (minerale, vegetale)**, the animal (mineral, vegetable) world (*o* kingdom); **il m. dell'arte**, the world of art; **il m. dei libri**, the world of books; **il m. dei sogni**, the world of dreams; dreamland 3 (*un particolare complesso di fenomeni*) world: **il m. esterno**, the external world; **il m. fisico**, the physical world; **il m. ideale**, the ideal world; **il m. soprannaturale**, the supernatural world 4 (*esistenza umana*) world; life: **l'altro m.** (*o* **il m. di là**), the other world; the next world; the world to come; **andare all'altro m.**, to depart (from) this life; to pass away; **un m. migliore**, a better world; **stanco del m.**, world-weary, weary of life; **mettere al m. q.**, to bring sb. into the world; to give birth to sb.; **pigliare il m. come viene**, to take the world as it is; **tornare al m.**, to come back to life; **venire al m.**, to come into the world; to be born; **Così va il m.!**, it's the way of the world!; such is life! 5 (*totalità degli uomini*) world; (*genere umano*) mankind, human society; (*la gente*) people (*pl.*); (*ognuno*) everybody: **agli occhi del m.**, in the eyes of the world; **dire male di tutto il m.**, to speak ill of everybody; **far paura a tutto il m.**, to frighten everybody; **far ridere il m.** (**alle proprie spalle**), to make everybody laugh at one (behind one's back); **Che dirà il m.?**, what will the world say?; **Mi par d'avere tutto il m. addosso**, the whole world seems to be against me; **Se avessi tutto il m. contro, lo farei lo stesso**, even if the whole world were against me, I should do it just the same 6 (*complesso di un ordine sociale, umano*) world: **il m. cristiano**, the Christian world; **il m. pagano**, the heathen world; **il m. politico**, the political world; **il m. romano**, the Roman world 7 (*fig.*: *grandissima quantità*) world; crowd; lot (*fam.*): **un m. di guai**, a world of troubles; **un m. di dolori**, a world of woes; **un m. di gente**, a crowd (of people); a great many people; an awful lot of people (*fam.*); **un m. di libri**, a world of books; lots of books; **mezzo m.**, quite a lot of people; **fare un m. di bene**, to do a world of good. ● (*polit.*) **abitante** (*o* **esponente**) **del terzo M.**, Third Worlder □ **essere al m.**, to be alive: **Quand'era al m. mio nonno**, when my grandfather was alive □ **il bel** (*o* **gran**) **m.**, high (*o* fashionable) society □ (*fig.*) **caschi il m.**, no matter what happens □ **cose dell'altro m.**, things one would hardly believe □ **da che m. è m.**, from time immemorial □ **divertirsi un m.**, to have a very good time □ **una donna di m.**, a society (*o* a fashionable) woman (*o* lady) □ (*fig.*) **far tremare il m.**, to raise Cain □ **mandare q. all'altro m.**, to send sb. to his (*o* her) last account □ **non sapere stare al m.**, not to know how to behave □ **per nessuna cosa al m.**, not for the world; not for anything in the world; on no account: **Non lo farei per nessuna cosa al m.**, I would not do it for anything in the world □ **per tutti i tesori** (*o* **tutto l'oro**) **del m.**, for the (whole) world □ **prendere il m. come viene**, to take things as they come □ **rinunziare** (*o* **dire addio**) **al m.**, to renounce the world □ **un uomo di m.**, a man of the world □ **vecchio quanto il m.**, as old as the hills □ **vivere fuori del m.**, to live out of the world; to live in a world of one's own □ (*fig.*) **vivere nel m. della luna**, to have one's head in the clouds □ **volere un m. di bene a q.**, to be deeply attached to sb. □ **Lo sa mezzo m.**, everybody knows □ **M. birbone!** (*o* **cane!**), blast!; damn!; hell! □ **Il m. è una gabbia di matti**, it's a mad world! □ **Pareva la fine del m.!**, it was a real disaster! □ **Roba dell'altro m.!**, it's unbelievable!; just fancy! □ (*prov.*) **Il m. non fu fatto in un giorno**, Rome was not built in a day □ (*prov.*) **Il m. è bello perché è vario**, variety is the very spice of life □ (*prov.*) **Questo m. è fatto a scale, chi le scende e chi le sale**, the world is a ladder for some to go up and some down □ (*prov.*) **Tutto il m. è paese**, it's the same the whole world over.

móndo (2), *a.* **1** (*mondato*) peeled: **castagne monde**, peeled chestnuts; **patate monde**, peeled potatoes **2** (*netto*) clean: **una casa monda**, a clean house **3** (*fig.*) pure; spotless: **un'anima monda**, a pure soul. ● (*fig., scherz.*) **una zucca monda**, a bald head □ (*fig. scherz.*) **dalla zucca monda**, bald-headed.

mondovisióne, *f.* (*telev.*) world vision; world T.V. link-up.
monegasco, *a.* e *m.* Monégasque; Monacan.
monèl, *m.* (*metall.*) monel.
monèlla, *f.* tomboy; romp.
monelleria, *f.* prank; mischievous trick; (piece of) mischief: **I ragazzi amano le monellerie**, children are fond of mischief; **Stanno macchinando qualche nuova m.**, they are up to mischief again.
monellésco, *a.* mischievous; rascally; rompish; prankish.
monèllo, *m.* rascal; (little) rogue; (little) scoundrel; urchin; brat: **un m. di strada**, a street-urchin; **È un vero m.**, he's a real rascal; **Ti darò uno scapaccione, brutto m.!**, I'll slap you, you little scoundrel!
monèma, *m.* (*linguistica*) moneme.
monéta, *f.* **1** coin; piece: **monete d'argento**, silver coins; **una m. d'oro**, a gold coin; **monete da due scellini**, two-shilling pieces; **una m. falsa**, a counterfeit coin; a duffer (*pop.*); **monete di conio romano**, coins of Roman mintage; (*fig.*) **pagare q. di pari m.**, to pay sb. back in his own coin **2** (*collett.*) money: **il valore della m.**, the value of money; **m. cartacea** (*o* **carta m.**), paper money; **m. spicciola**, small money (*o* change); **la m. francese**, French money; **battere (coniare) m.**, to mint (to coin) money; **non avere m. con sé**, to have no money about one. ● **m. circolante**, currency □ **m. legale**, legal tender □ **m. metallica**, specie □ **m. sonante**, hard cash □ (*fig.*) **pagare di mala m.**, to repay with ingratitude □ (*fig.*) **prendere per m. buona**, to take for granted □ **stampo per la coniatura delle monete**, minting die.
monetàbile, *a.* coinable.
monetàggio, *m.* mintage.
monetale, *a.* monetary; coin (*attr.*); of coins.
monetare, *v. t.* **1** (*battere moneta*) to mint; to coin **2** (*monetizzare*) to monetize.
monetàrio, *a.* monetary: **sistema m.**, monetary system; **unità monetaria**, monetary unit. ● **circolazione monetaria**, currency □ **mercato m.**, money market.
monetarismo, *m.* (*econ.*) monetarism.
monetazióne, *f.* **1** (*operazione del battere moneta*) minting; coining; mintage; coinage **2** (*monetizzazione*) monetization.
monetière, *m.* **1** (*coniatore*) minter **2** (*falsificatore*) counterfeiter **3** (*mobile*) coin cabinet.
monetizzare, *v. t.* (*econ., fin.*) to monetize.
monetizzazióne, *f.* (*econ., fin.*) monetization.
mongolfièra, *f.* montgolfier; hot-air balloon.
mongòlico, *a.* Mongolian; Mongolic.
mongolismo, *m.* (*med.*) mongolism.
mòngolo, *a.* e *m.* Mongolian; Mongol.
mongolòide, *a., m.* e *f.* Mongoloid (*anche med.*).
monile, *m.* (*collana*) necklace; (*gioiello*) jewel.
monismo, *m.* (*filos.*) monism.
monista, *m.* e *f.* (*filos.*) monist.
monistico, *a.* (*filos.*) monistic(al).
mònito, *m.* warning; admonition: **Questo sia un m. per voi tutti**, let this be a warning to all of you.

monitor (*ingl.*), *m.* (*tecn., telev.*) monitor; monitor screen.
monitoràggio, *m.* monitoring.
monitóre, *m.* **1** (*tecn., telev.*) *V.* **monitor 2** (*naut.*) monitor.
monitòrio, **A** *a.* monitory; (of) warning. **B** *m.* (*relig.*) monitory (letter).
monitorizzare, *v. t.* (*tecn., telev.*) to monitor.
mònna, (*lett.*) *V.* **madònna**.
monoàcido, *a.* e *m.* (*chim.*) monoacid.
monoàlbero, *a. invar.* (*autom.*) single-camshaft.
monoassiale, *a.* (*fis.*) uniaxial.
monoatòmico, *a.* (*chim.*) monatomic.
monoaurale, *a.* (*di disco, ecc.*) monaural.
monobàsico, *a.* (*chim.*) monobasic.
monoblòcco, (*mecc.*) **A** *a.* monobloc (*attr.*). **B** *m.* cylinder block; monobloc: **getto del m.**, monobloc casting.
monocamerale, *a.* (*di sistema parlamentare*) unicameral.
monocanna, (*armi*) **A** *m.* single barrel. **B** *a.* single barreled: **fucile m.**, single barreled rifle.
monocàrpico, *a.* (*bot.*) monocarpic; monocarpous.
monocellulare, *a.* (*biol.*) unicellular.
monocilindrico, *a.* (*mecc.*) single-cylinder.
monocita, monocito, *m.* (*fisiologia*) monocyte.
monoclinale, *a.* e *f.* (*geol.*) monoclinal.
monoclino, *a.* **1** (*bot.*) monoclinous **2** (*miner.*) monoclinic.
monòcolo, *m.* **1** (*chi ha un occhio solo*) one-eyed person **2** (*lente per un occhio solo*) monocle.
monocolóre, **A** *a.* **1** monochrome **2** (*polit.*) one-party (*attr.*): **governo m.**, one-party government. **B** *m.* (*polit.*) one-party government.
monocoltura, *f.* (*agric.*) single-crop system of farming.
monocòrde, *a.* (*lett., fig.*) monotonous.
monocòrdo, *m.* (*mus.*) monochord; sonometer.
monocotilèdone, *a.* (*bot.*) monocotyledonous.
monocromàtico, *a.* monochromatic; monochrome.
monocromatismo, *m.* monochromatism.
monocromatóre, *m.* monochromator.
monocromia, *f.* (*arte*) monochrome.
monòcromo, *a.* monochrome; monochromatic.
monoculare, *a.* monocular.
monodia, *f.* (*mus.*) monody.
monòdico, *a.* (*mus.*) monodic.
monodisco, *a.* (*autom.*) single-plate: **frizione m.**, single-plate friction.
monoèlica, *a.* **1** (*naut.*) single-screw **2** (*aeron.*) single-propellor: **aereo m.**, single-propellor plane.
monofàse, *a.* (*fis.*) single-phase, one-phase (*attr.*): **sistema m.**, single-phase system.
monofisismo, *m.* (*relig.*) Monophysitism, Monophysism.
monofisita, (*relig.*) **A** *m.* e *f.* Monophysite. **B** *a.* Monophysitic.
monofobia, *f.* (*med.*) monophobia.
monòfora, *f.* (*archit.*) window with one light.
monogamia, *f.* monogamy.
monogàmico, *a.* monogamic.
monògamo, *a.* monogamous. **B** *m.* monogamist.
monogènesi, *f.* (*scient.*) monogenesis.
monogenètico, *a.* monogenetic.
monogenismo, *m.* monogenism.
monografia, *f.* monograph: **scrivere una m.**, to write a monograph (on).
monogràfico, *a.* monographic(al): **studio m.**, monographic study.
monografista, *m.* e *f.* monographer; monographist.
monogramma, *m.* monogram.
monoicismo, *m.* (*bot.*) monoecism.
monòico, *a.* (*bot.*) monoecious.
monokini, *m.* (*moda*) monokini.
monolingue, *a.* monolingual.
monolinguismo, *m.* monolinguism; unilinguism.
monolitico, *a.* monolithic.
monolito, *m.* monolith. ● **una statua che è un m.**, a monolithic statue.
monolocale, *m.* (*edil.*) bedsit, bedsitter (*fam.*); efficiency (apartment) (*USA*). ● **vivere in un m.**, to bedsit.
monologare, *v. i.* to monologize.
monòlogo, *m.* monologue; (*soliloquio*) soliloquy: **il m. di Amleto**, Hamlet's soliloquy. ● (*letter.*) **m. interiore**, stream of consciousness.
monòmane, *V.* **monomaniaco**.
monomania, *f.* (*med.*) monomania.
monomaniaco, (*med.*) **A** *a.* monomaniacal. **B** *m.* monomaniac.
monòmero, *m.* (*chim.*) monomer.
monometàllico, *a.* (*econ.*) monometallic.

monometallismo, *m.* (*econ.*) monometallism; single standard.
monomètrico, *a.* (*miner.*) monometric; isometric.
monomiale, *a.* (*mat.*) monomial.
monòmio, *m.* (*mat.*) monomial.
monomolecolare, *a.* (*chim.*) monomolecular: **reazione m.**, monomolecular reaction; **strato m.**, monomolecular layer.
monomotóre, (*aeron.*) **A** *a.* single-engine (*attr.*) **B** *m.* single-engine plane.
monopala, *a.* (*aeron.*) single-bladed: **elica m.**, single-bladed propellor.
monopètalo, *a.* (*bot.*) monopetalous.
monopètto, **A** *a. invar.* single-breasted: **una giacca m.**, a single-breasted coat. **B** *m. invar.* single-breasted suit.
monoplano, *m.* (*aeron.*) monoplane: **m. ad ala alta**, high-wing monoplane; **m. ad ala bassa**, low-wing monoplane.
monoplegia, *f.* (*med.*) monoplegia.
monopòdico, *a.* (*bot.*) monopodial.
monòpoli, *m.* (*marchio: gioco*) Monopoly.
monopòlio, *m.* **1** monopoly: **m. della Corona**, Crown monopoly; **in regime di m.**, under a monopoly system; **concedere il m. di q.c.**, to grant the monopoly of st.; **esercitare un m.**, to exercise a monopoly; **In alcuni paesi il tabacco è un m. dello Stato**, in some countries tobacco is a government monopoly **2** (*fig.*) monopoly; privilege **3** (*consorzio*) trust. ● **far m. d'una merce**, to monopolize a commodity.
monopolista, *m. e f.* monopolist; monopolizer.
monopolistico, *a.* monopolistic.
monopolizzare, *v. t.* to monopolize (*anche fig.*).
monopolizzatóre, *m.* monopolizer (*anche fig.*).
monopolizzazióne, *f.* monopolization.
monopósto, (*autom., aeron.*) **A** *a.* single-seater (*attr.*). **B** *m.* single-seater.
monopsònio, *m.* (*econ.*) monopsony.
monopsonista, *m.* (*econ.*) monopsonist.
monòptero, *a.* (*archit.*) monopteral.
monoreattóre, (*aeron.*) **A** *a.* single-jet (*attr.*). **B** *m.* single-jet.
monorifrangènte, *a.* (*miner.*) monorefractive.
monorimo, *a.* (*poesia*) monorhyme(d). ● **serie di versi monorimi**, monorhyme.
monoritmico, **monoritmo**, *a.* (*letter.*) monorhythmic; monorhythmical.
monorotàia, *f.* (*ferr.*) monorail.
monorotóre, *a.* single-rotor (*attr.*).
monosaccàride, *m.* (*chim.*) monosaccharide.
monosci, *m.* monoski; water-ski.
monoscòpio, *m.* (*telev.*) **1** (*l'apparecchio*) monoscope **2** (*l'immagine*) test pattern.
monosessuale, *a.* (*scient.*) monosexual.
monosillàbico, *a.* monosyllabic.
monosillabo, **A** *m.* monosyllable: **parlare (rispondere) a monosillabi**, to speak (to answer) in monosyllables. **B** *a.* monosyllabic.
monospèrmo, *a.* (*bot.*) monospermous.
monòssido, *m.* (*chim.*) monoxide: **m. di carbonio**, carbon monoxide.
monostàbile, *a.* (*elettron.*) monostable.
monostàdio, *a.* single-stage: **compressore m.**, single-stage compressor.
monòstico, *m. e a.* (*poesia*) monostich.
monoteismo, *m.* (*relig.*) monotheism.
monoteista, (*relig.*) **A** *m. e f.* monotheist. **B** *a.* monotheistic(al).
monoteistico, *a.* (*relig.*) monotheistic(al).
monotemàtico, *a.* monothematic.
monotipìa, *f.* (*tipogr.*) monotype system.
monotipico, *a.* (*tipogr.*) monotypic.
monotipista, *m. e f.* (*tipogr.*) monotypist.
monotipo, *m.* (*tipogr.*) Monotype (*marchio*).
monotonìa, *f.* monotony; humdrum; dullness; tediousness: **la m. della vita d'ogni giorno**, the humdrum of everyday life; **la m. del paesaggio**, the monotony of the landscape; **rompere la m.**, to break the monotony (of).
monòtono, *a.* monotonous; humdrum; dull; tedious: **una storia monotona**, a dull story; **un libro m.**, a dull book; **uno stile m.**, a monotonous style; **vivere una vita monotona**, to live a humdrum life; **con voce monotona**, in a monotonous (*o* dull) voice; in a sing-song voice (*fam.*).
monotrèmi, *m. pl.* (*zool., Monotremata*) monotremes.
monottòngo, *m.* (*fon.*) monophthong.
monotype (*ingl.*), *f. e a.* (*marchio; tipogr.*) monotype.
monouso, *a. invar.* throwaway.
monovalènte, *a.* (*chim.*) univalent.

monovèrbo, *m.* (*in enigmistica*) single-word puzzle.
monsignóre, *m.* monsignor*. ● (*fig.*) **avere un'aria da m.**, to look like a lord.
monsóne, *m.* monsoon: **il m. estivo**, the wet monsoon; **il m. invernale**, the dry monsoon.
monsònico, *a.* monsoon (*attr.*); monsoonal.
mónta, *f.* **1** covering; mounting **2** (*luogo dove si tengono gli stalloni o i tori per la riproduzione*) stud: **mandare una cavalla alla m.**, to send a mare to the stud **3** (*nell'equitazione*) riding; mount **4** (*archit.: di un arco*) rise. ● **stazione di m.** (*per equini*), stud farm □ **tempo della m.**, breeding-season.
montacàrichi, *m.* **1** goods-lift; hoist **2** (*in miniera*) elevator-hoist.
montàggio, *m.* **1** (*mecc.*) assembly; assemblage; fitting up: **catena di m.**, assembly-line; **reparto di m.**, assembly-bay; assembling-bay **2** (*cinem.*) montage; cutting; editing: **m. ottico d'un film**, silent film cutting; **m. sonoro d'un film**, sound film cutting. ● **m. dei vetri**, glazing.
montagna, *f.* **1** mountain: **L'Everest è la m. più alta del mondo**, Everest is the highest mountain in the world; **aria di m.**, mountain air; **artiglieria (batteria) di m.**, mountain artillery (battery); **catena di montagne**, mountain chain (*o* range); **luogo di villeggiatura in m.**, mountain resort; **mal di m.**, mountain sickness; **sommità d'una catena di montagne**, mountain ridge; **alto quanto una m.**, mountain-high; **grande come una m.**, as big as a mountain; **andare in m.**, to go to the mountains; **scalare una m.**, to climb a mountain; **venire dalla m.**, to come from the mountains **2** (*fig.*) mountain; heap; pile; lot (*fam.*): **una m. di debiti**, a mountain of debts; **una m. di libri**, a heap of books. ● **fiori di m.**, alpine flowers □ **montagne russe**, switchback (*sing.*); roller-coaster (*sing., USA*) □ (*Bibbia*) **il sermone della m.**, the Sermon on the Mount.
montagnòla, *f.* hillock.
montagnóso, *a.* mountainous; hilly: **un paese m.**, a mountainous country.
montanaro, **A** *a.* of the mountains; mountain (*attr.*): **popolazione montanara**, mountain population. **B** *m.* mountaineer; highlander.
montanèllo, *m.* (*zool., Carduelis cannabina*) linnet; redpoll.
montanino, *a.* mountain (*attr.*): **aria montanina**, mountain air; **uva montanina**, mountain grapes.
montanismo, *m.* (*stor. relig.*) Montanism.
montanista, *m., f. e a.* (*stor. relig.*) Montanist.
montanistico, *a.* (*stor. relig.*) Montanistic; Montanist.
montano, *a.* mountain (*attr.*): **una regione montana**, a mountain district. ● **un piccolo villaggio m.**, a little village on the mountains.
montante, *m.* **1** (*pugilato*) uppercut **2** (*aeron.*) strut **3** (*mecc., edil.*) standard; upright; stanchion; (*pilastro*) post **4** (*econ.*) total amount **5** (*di porta*) jamb; (*di finestra*) window-post **6** (*edil.*) stud. ● (*edil.*) **legname per montanti**, studding □ (*edil.*) **provvedere (un edificio) di montanti**, to stud.
montare, **A** *v. i.* **1** (*salire*) to mount; to ascend; to climb; to go* up; to get* on (to): **m. a cavallo** (*o* **in sella**), to mount one's horse; to get on to one's horse; **m. per l'erta**, to climb the ascent; **m. sulle spalle a q.**, to mount (*o* to climb) on sb.'s shoulders; **m. su un albero**, to climb a tree; **m. su una sedia**, to climb on a chair; **m. su un autobus** (**un treno**, **ecc.**), to get on (*o* to board) a bus (a train, etc.); **Devi m. su!**, you must climb up! **2** (*fig.*) mount; to rise*; to go*; to get*: **m. su tutte le furie**, to get into a rage; to fly into a passion; to see red (*fam.*); **Il sangue le montò alla testa**, the blood rose to her head; **Il vino gli montò alla testa**, the wine went to his head **3** (*crescere*) to rise*; to go* up: **La marea monta**, the tide is rising **4** (*prendere servizio*) to go* on duty. **B** *v. t.* **1** (*salire*) to mount; to climb (up); (*cavalcare*) to ride*: **m. le scale**, to mount (*o* to climb) the stairs; **m. un cavallo**, to ride a horse **2** (*di animale, nell'accoppiamento*) to mount; to cover **3** (*mecc.*) to assemble: **m. una macchina**, to assemble a machine **4** (*incastonare*) to mount; to set*: **m. una pietra preziosa in oro**, to mount (*o* to set) a stone in gold **5** (*incorniciare*) to frame: **m. un quadro**, to frame a picture **6** (*installare*) to mount: **m. un cannone**, to mount a gun **7** (*sbattere, frullare*) to whip: **m. la panna** (**le uova**), to whip the cream (the eggs) **8** (*mil.*) to mount: **m. la guardia**, to mount guard **9** (*cinem.*) to edit; to cut* **10** (*fig.: esagerare*) to exaggerate; to blow* up. ● (*fig.*) **m. in collera**, to get angry □ (*fig.*) **m. in superbia**, to put on (*o* to give oneself*) airs □ **m. una tenda**, to put up a tent □ (*fig.*) **m. la testa a q.**, to turn sb.'s head □ (*di cavaliere*) **ben montato**, well-mounted □ **Il successo l'ha montato**, success has gone to his head. **montarsi**, **C** *v. rifl.* to grow* (*o* to get*) excited; to work oneself up. ● (*fig.*) **m. la testa**, to get a swollen head; to be puffed up; to get too big for one's boots (*pop.*).
montata, *f.* mounting; ascent; rise. ● (*med.*) **m. lattea**,

montato, *a.* **1** (*cucina*) whipped: **panna montata**, whipped cream **2** (*fig.*) swollen-headed; self-important.
montatóio, *m.* footboard.
montatóre, *m.* **1** (*mecc.*) fitter; assembler **2** (*cinem.*) editor.
montatura, *f.* **1** (*mecc.*) fitting; assembling; assembly (*V. anche* **montàggio**) **2** (*di occhiali*) frame **3** (*di un cappello o sim.*) trimming **4** (*fig.*) puff; puffing-up; puffery. ● **m. pubblicitaria**, advertising stunt; ballyhoo* (*fam.*) □ **Non è che una m.**, it's all bluff.
montavivande, *m.* food-lift; dumb-waiter (*USA*).
mónte, *m.* **1** (*geogr.*) mountain; mount (*davanti a nome proprio e nello stile lett.*): **il m. Everest**, Mount Everest (*abbr.*: Mt. Everest); **una catena di monti**, a mountain chain (*o* range); **il piede** (*o* **la radice**) **d'un m.**, the foot of a mountain; **ai piè d'un m.**, at the foot of a mountain; **la cima** (*o* **vetta**, **cresta**) **d'un m.**, the top of a mountain; a mountain top; **salire su un m.**, to climb a mountain; **valicare un m.**, to cross a mountain **2** (*fig.*) mountain; heap; pile; multitude; lot (*fam.*): **un m. di debiti**, a mountain of debts; **un m. di guai**, a lot of troubles; **un m. di libri**, a heap (*o* pile) of books; **un m. di sciocchezze**, a lot of nonsense; **a monti**, in heaps; **Quattrini ne aveva a monti**, he had heaps and heaps of money **3** (*banca di prestito su pegno*) pawnshop: **M. dei Pegni**, pawnshop; pawnbroker's **4** (*nel gioco: complesso delle carte scartate*) discards (*pl.*); cards discarded (*pl.*) **5** (*l'insieme delle poste dei giocatori*) pool; kitty (*fam.*). ● **m. di pietà**, pawnshop; pawnbroker's □ **m. premi**, prize money; jackpot □ **a m.**, (*del corso d'un fiume: verso la sorgente*) upstream; upriver; (*fig.*) earlier in the process □ (*fig.*) **andare a m.** (*fallire*), to fail; to fall through; to come to nothing; to end in smoke (*fam.*): **Tutto andò a m.**, it all came to nothing (*o* ended in smoke) □ **avere un m. di debiti**, to be head over ears in debt □ **avere un m. di ragioni**, to have a great many (*o* plenty of) reasons □ **dire un m. di bene di q.**, to speak very well of sb.; to speak in high terms of sb.; to sing the praises of sb. □ (*fig.*) **mandare a m.**, (*annullare*) to cancel; to annul; to call off; (*interrompere*) to break off, to give up; (*sconvolgere*) to upset: **La riunione fu mandata a m.**, the meeting was cancelled; **Se mi seccano, mando tutto a m.**, if they annoy me, I'll give up everything; **Ha mandato a m. tutti i miei progetti**, he has upset all my plans □ **per valli e per monti**, up hill and down dale □ **portare q.c. al m.** (**di pietà**), to pawn st. □ **promettere mari e monti**, to promise the moon (*o* the earth).
montebianco, *m.* (*cucina*) «montebianco» (chestnut cake covered all over with whipped cream).
Montécchi, *m. pl.* (*lett.*) (the) Montagues.
montenegrino, *a. e m.* Montenegrin.
montepremi, *m. invar.* prize money; jackpot.
montessoriano, *a.* Montessorian.
montgomery (*ingl.*), *m.* (*moda*) duffel coat.
monticare, *v. i.* to be in summer pasture.
montóne, *m.* (*zool.*) tup; ram. ● **carne di m.**, mutton □ **pelle di m.**, sheepskin □ (*equitazione*) **salto del m.**, buck-jump.
montuosità, *f.* **1** hilliness **2** (*sollevamento montuoso*) hillock; mound.
montuóso, *a.* mountainous; hilly.
montura, *f.* (*mil.*) regimentals (*pl.*); military uniform.
monumentale, *a.* monumental (*anche fig.*): **una cappella m.**, a monumental chapel; **un'iscrizione m.**, a monumental inscription; **un'opera m.**, a monumental work; **un letto m.**, a monumental bed.
monumentalità, *f.* monumentality.
monuménto, *m.* monument: **i monumenti dell'antica Grecia**, the monuments of ancient Greece; **un m. marmoreo**, a marble monument; **un m. sepolcrale**, a sepulchral monument. ● **andare a visitare i monumenti d'una città**, to go to see the sights of a town.
moplèn, *m.* (*marchio: chim.*) moplen.
moquette (*franc.*), *f.* **1** (*ind. tessile*) moquette **2** (*rivestimento*) wall-to-wall carpet(ing). ● **posa in opera di m.**, carpet fitting □ **specialista in m.**, carpet fitter.
mòra (1), *f.* (*bot.*: *del gelso*) mulberry; (*del rovo*) blackberry, bramble: **andare a cogliere le more**, to go blackberrying.
mòra (2), *f.* (*leg.*) mora*; delay; default; (*dilazione*) respite, extension: **senza interporre m.**, without delay; **concedere una m.**, to grant a respite. ● **essere in m.**, to be in arrear(s).
mòra (3), *f.* (*donna bruna*) brunette.
morale, **A** *a.* moral: **aiuti morali**, moral support; **azioni morali**, moral actions; **diritti morali**, moral rights; **effetti morali**, moral effects; **filosofia m.**, moral philosophy; ethics (*pl. e sing.*); **forza m.**, moral courage; **indole m.**, moral character; **legge m.**, moral law; **novelle morali**, moral tales; **senso m.**, moral sense; **una certezza m.**, a moral certainty; **una vittoria m.**, a moral victory; **un uomo m.**, a moral man; **vivere una vita m.**, to live (*o* to lead) a moral life. ● **schiaffo m.**, affront. **B** *m.* morale: **tenere su il m. a q.**, to boost sb.'s morale; **Il m. delle truppe è altissimo**, the morale of the troops is excellent. ● **essere giù di m.**, to be in low spirits. **C** *f.* **1** morals (*pl.*); (*moralità*) morality: **la m. cattolica**, Catholic morals; **la m. civile (politica)**, civil (political) morals; **gente senza m.**, people without morals; immoral (*o* dissolute) people; **i dettami della (buona) m.**, the dictates of morality **2** (*insegnamento morale*) moral: **trarre la m.**, to draw the moral; **Ogni favola ha la sua m.**, every fable has its moral; (*fig.*) **La m. della favola è che...**, the moral of the story is that...
moraleggiare, *v. i.* to moralize: **m. su tutto e su tutti**, to moralize on everybody and everything.
moralismo, *m.* moralism.
moralista, *m. e f.* moralist: (*iron.*) **fare il m.**, to play the moralist.
moralistico, *a.* moralistic(al).
moralità, *f.* morality; morals (*pl.*): **la m. degli atti umani**, the morality of human actions; **un uomo di dubbia m.**, a man of doubtful morality; **un uomo di pessima m.**, a man of loose morals.
moralizzare, *v. t.* to moralize.
moralizzatóre, **A** *m.* moralizer. **B** *a.* moralizing.
moralizzazióne, *f.* moralization.
moralménte, *avv.* morally; according to moral rules.
moratòria, *f.* (*leg.*) moratorium*; postponement: **concedere una m.**, to grant a moratorium.
moratòrio, *a.* (*leg.*) moratory.
Moràvia, *f.* (*geogr.*) Moravia.
moràvo, *a. e m.* Moravian.
morbidaménte, *avv.* softly; tenderly; delicately.
morbidézza, *f.* **1** softness; tenderness; mellowness; smoothness **2** (*delicatezza*) delicacy; fineness: **la m. della pelle**, the delicacy of one's skin **3** (*fig.*: *arrendevolezza*) docility; tractability **4** (*pl.*, *lett.*: *agi*) luxury: **vivere tra le morbidezze**, to live in luxury; to be nursed in the lap of luxury.
mòrbido, **A** *a.* **1** soft; tender; mellow; smooth: **cera morbida**, soft wax; **terreno m.**, soft ground; **tessuto m.**, soft material; (*miss.*) **un allunaggio m.**, a soft moon-landing; **la morbida erba**, the tender grass; **vino m.**, mellow wine; **dai colori morbidi**, mellow-coloured **2** (*delicato*) delicate; fine: **pelle morbida**, delicate skin; **mani morbide**, delicate hands **3** (*fig.*: *arrendevole*) docile; compliant; tractable: **carattere m.**, docile character **4** (*morboso*) morbid. ● (*fig.*) **trovare il terreno m.**, to find sb. favourably inclined. **B** *m.* soft place. ● **dormire sul m.**, to sleep comfortably; to sleep on something soft.
morbilità, *f.* (*med.*) morbidity.
morbillo, *m.* (*med.*) measles (*pl. col verbo al sing.*).
mòrbo, *m.* disease; (*epidemia*) epidemic (*anche fig.*): **la violenza del m.**, the virulence of the disease; **il m. infierisce**, the epidemic is raging. ● **m. asiatico**, Asiatic (*o* epidemic) cholera; cholera morbus □ **m. sacro**, epilepsy.
morbosaménte, *avv.* morbidly.
morbosità, *f.* morbidness; morbidity.
morbóso, *a.* morbid (*anche fig.*); (*patologico*) pathological: **una fantasia morbosa**, a morbid imagination; **gelosia morbosa**, pathological jealousy.
morchèlla, *f.* (*bot.*, *Morchella esculenta*) morel.
mòrchia, *f.* **1** dregs (*pl.*) **2** (*mecc.*) dirt **3** (*della pipa*) dottle. ● **m. di olio lubrificante**, sludge.
mordàcchia, *f.* gag-bit.
mordace, *a.* biting; cutting; mordant; pungent; caustic; incisive; sharp: **critica m.**, mordant (*o* incisive) criticism; **osservazioni mordaci**, caustic remarks; **parole mordaci**, biting (*o* cutting) words; **una lingua m.**, a sharp tongue; **una satira m.**, pungent satire.
mordaceménte, *avv.* bitingly; cuttingly; mordantly; pungently.
mordacità, *f.* mordacity; pungency; incisiveness; sharpness.
mordènte, **A** *m.* **1** (*chim.*) mordant **2** (*mus.*) mordent(e) **3** (*fig.*) push; drive. ● (*fig.*) **privo di m.**, weak. **B** *a.* mordant; pungent; biting.
mordenzare, *v. t.* (*chim.*) to mordant.
mordenzatura, *f.* (*chim.*) mordanting.
mòrdere, *v. t.* **1** to bite* (*anche fig.*); (*per estens.*: *pungere*) to sting*, to nip, to pinch; to prick: **Il cane lo ha morso**, the dog bit him; **Il tuo cane morde?**, does your dog bite?; **Il freddo mordeva**, the cold pinched; **Il vento morde stamane**, the wind nips hard this morning; **La coscienza mi mordeva**, my conscience pricked me; **essere tutto morso dalle zanzare**, to be badly bitten (*o* stung) by mosquitoes; (*fig.*) **m. la polvere** (**il terreno**), to bite the dust (the ground) **2** (*intaccare*, *corrodere*) to bite* (into); to eat* (into); to corrode; to attack: **La lima morse il ferro**, the file bit into the iron **3** (*di ruota dentata o sim.*: *afferrare*) to grip: **m. l'asfalto** (*rif. a pneumatico*), to grip the road. ● **m. il**

mordicchiare

freno, to champ (at) the bit (*anche fig.*) □ (*fig.*) **mordersi le mani** (*o* **le dita**), to regret; to be very sorry (for st.); to kick oneself (*fam.*): **Mi sarei morso le mani**, I could have kicked myself □ (*prov.*) **Can che abbaia non morde**, barking dogs seldom bite □ (*prov.*) **Chi non può m., non mostri i denti**, if you cannot bite, never show your teeth.
mordicchiare, *v. t.* to nibble (at); to gnaw (at). ● **mordicchiarsi le unghie**, to bite one's nails.
mordigallina, *f.* (*bot.*, *Anagallis arvensis*) (scarlet) pimpernel.
morèllo, A *a.* blackish. ● (*bot.*) **erba morella** (*Solanum nigrum*), morel; black nightshade. B *m.* (*cavallo*) dark horse.
morèna, *f.* (*geol.*) moraine: **m. centrale**, medial moraine; **m. frontale**, terminal moraine; **m. laterale**, lateral moraine; **m. profonda**, ground moraine.
morènico, *a.* (*geol.*) morainal; morainic.
morènte, A *a.* dying; moribund; at the point of death; at death's door: **Ha la mamma m.**, his mother is dying. ● **il sole m.**, the sinking sun. B *m. e f.* dying person.
morésco, *a.* Moorish; Moresque: **architettura moresca**, Moorish architecture; **alla moresca**, in the Moorish style.
morétta, *f.* **1** (*ragazza di razza nera*) negro (*o* coloured) girl **2** (*ragazza bruna*) brunette **3** (*zool.*, *Aythya fuligula*) tufted duck.
morétto, *m.* **1** (*ragazzo di razza nera*) negro (*o* coloured) boy **2** (*ragazzo di colorito bruno*) dark-complexioned boy.
more uxòrio (*locuz. lat.*), *locuz. avv.* as husband and wife.
morfèma, *m.* (*linguistica*) morpheme.
Morfèo, *m.* (*mitol.*) Morpheus.
morfina, *f.* morphine; morphia: **un'iniezione di m.**, an injection of morphine; a shot (of morphine) (*pop.*).
morfinismo, *m.* (*med.*) morphinism.
morfinòmane, *m. e f.* (*med.*) morphine addict.
morfinomania, *f.* (*med.*) morphinomania; morphiomania; morphine addiction.
morfogènesi, *f.* (*biol.*) morphogenesis.
morfogenètico, *a.* (*biol.*) morphogenetic.
morfologia, *f.* **1** (*scient.*) morphology **2** (*linguistica*) morphemics (*pl. col verbo al sing.*).
morfològico, *a.* (*scient.*) morphologic(al).
Morgana, *f.* Morgan.
morganaticaménte, *avv.* morganatically; with the left hand.
morganàtico, *a.* morganatic: **matrimonio m.**, morganatic (*o* left--hand) marriage.
morgue (*franc.*), *f.* morgue.
moria, *f.* (*veterinaria*) murrain.
moribóndo, A *a.* moribund (*anche fig.*); dying: **una civiltà moribonda**, a moribund civilization. B *m.* dying person.
morigeratézza, *f.* **1** moderation; temperance; sobriety **2** (*buoni costumi*) good morals (*pl.*).
morigerato, *a.* **1** moderate; temperate; sober-minded: **un giovane m.**, a sober-minded young man **2** (*di buoni costumi*) of good morals.
moriglióne, *m.* (*zool.*, *Aythya ferina*) pochard; dun-bird.
morióne, *m.* (*stor.*) morion.
morire, A *v. i.* **1** to die; to meet* one's death; to pass away; to pass over (*USA*): **Shakespeare morì nel 1616**, Shakespeare died in 1616; **Mio nonno morì a novant'anni**, my grandfather died at ninety (years of age); **Tutti dobbiamo m.**, we all must die; death comes to all men; **m. giovane**, to die young; **m. martire**, to die a martyr; **m. povero**, to die poor; **m. tisico**, to die of consumption; (*fam.*) **m. come le mosche**, to die like flies; (*fig.*) **m. dalla curiosità**, to be dying with curiosity; (*fig.*) **m. dalle risa**, to die with laughter; to split one's sides (*fam.*); **m. di crepacuore**, to die of a broken heart (*o* broken-hearted); **m. di fame**, to die of hunger; to starve (*anche fig.*); **m. di cancro**, to die of cancer; **m. di ferite**, to die from wounds; **m. di morte improvvisa**, to die suddenly; **m. di morte naturale** (*o* **nel proprio letto**), to die a natural death; to die in one's bed; **m. di morte violenta** (*o* **per mano altrui**), to die a violent death; to die by another's hand; to die in one's boots (*fam.*); **m. di vecchiaia**, to die of old age; **m. in battaglia**, to die on the battle-field; **m. in miseria**, to die in poverty; (*lett.*) **m. nel bacio del Signore**, to die in the grace of God; **m. nel fiore degli anni**, to die in the prime of life; **lasciare m. il fuoco**, to let the fire die (*o* go out); **lasciarsi m.**, to let oneself die; **Credevo di m.**, I thought I was going to die; **Piuttosto m. che...!**, I had rather die than...! **2** (*cessare a poco a poco, spegnersi*) to die away (*o* out); to pass away; to come* to a close; to reach one's close: **Le nostre speranze muoiono**, our hopes die away; **Il suono moriva allontanandosi**, the sound was dying away; **Moriva il giorno**, the day was reaching its close; it was growing dark **3** (*di colore*) to fade: **la luce che moriva**, the fading light **4** (*terminare*) to terminate; to end: **La strada muore qui**, the road ends here. B *v. t.* (*lett.*) to die: **m. una morte onorata**, to die an honourable death. ● **m. al mondo**, to renounce the world □ **m. ammazzato**, to be killed □ **m. civilmente**, to suffer civil death; to lose civil rights □ **m.** (solo) **come un cane**, to die a dog's death □ (*fig.*) **m. dalla voglia di q.c.** (*o* **di fare q.c.**), to be dying (*o* spoiling) for st. (*o* to do st.) □ **m. di freddo**, to freeze to death; (*fig.*) to be freezing □ **m. di paura** (*o* **dallo spavento**), to die of fright; (*fig.*) to be frightened to death □ **m. impiccato**, to be hanged □ **m. in Dio** (*o* **nel bacio del Signore**), to die in the grace of God □ **m. male** (*o* **di mala morte**), to come to a bad end □ (*fig.*) **m. per q.** (*volergli molto bene*), to dote on sb.; to go overboard for sb. (*pop.*) □ **m. prematuramente**, to die before one's time □ **m. suicida**, to commit suicide □ **duro da m.**, die-hard □ **far m.**, to cause the death (of); to put to death; to kill: **Se continuerai così, mi farai m.!**, if you go on like that, you'll be the death of me!; **Il gelo ha fatto m. i miei fiori**, the frost has killed my flowers □ **È un freddo da m.**, it's bitterly cold □ **lasciare m. il discorso**, to let the conversation drop □ **stanco da m.**, dead tired; dog--tired □ **Che io possa m., se lo so!**, may I drop down dead if I know! □ **Gli è mòrta la madre**, he has lost his mother □ **Ha visto m. tutti i figli**, he outlived all his children □ **Lo farei a costo di m.**, I'd do it, even if it were the end of me □ **Lo farò a costo di m.**, I'll do it even if it kills me □ **Non si sa di che morte si deve m.**, nobody knows what the future holds in store □ **Altro è parlare di morte, altro è m.**, it's one thing to talk of dying, but it's another thing to die □ **Meglio di così si muore!**, very good indeed!; you couldn't have anything better than that, etc. □ **Peggio di così si muore!**, very bad indeed!; that's the very worst that could happen, etc. □ **Piuttosto m.!**, over my dead body! □ (*fig.*) **Mi fai m.!**, you'll be the death of me! □ (*fam.*) **Chi non muore si rivede!**, fancy meeting you again!; look who is here! □ (*prov.*) **Morto un papa, se ne fa un altro**, the King is dead: long live the King □ (*prov.*) **Chi muore giace, e chi vive si dà pace**, the dead lie still and the quick do as they will. **morirsi**, C *v. rifl.* (*lett.*) to die (away): **il giorno che se ne muore**, the dying day; **La poverina se ne moriva**, the poor woman was dying away.
morituro, A *a.* (*lett.*) doomed (*o* about) to die. B *m.* dying person.
mormóne, *m. e f.* (*relig.*) Mormon.
mormònico, *a.* (*relig.*) Mormon; Mormonite.
mormonismo, *m.* (*relig.*) Mormonism.
mormoraménto, *m.* **1** murmuring **2** (*diceria*) rumour; gossip.
mormorare, A *v. i.* **1** to murmur; to mutter; to whisper; (*brontolare*) to grumble: **un ruscello che mormora**, a murmuring (*o* babbling) brook; **m. fra sé**, to mutter (away) to oneself **2** (*lamentarsi*) to murmur (at, against); to grumble (about); to complain (of); (*sparlare*) to speak* ill (of), to gossip (about): **m. sul conto di q.**, to speak ill of sb.; to backbite sb.; **Egli mormora sempre**, he is always complaining. B *v. t.* to murmur; to mutter; to mumble; (*sussurrare*) to whisper: **m. q.c. all'orecchio di q.**, to whisper st. in sb.'s ear; **m. q.c. tra i denti**, to mutter st. between one's teeth; **m. una preghiera**, to murmur a prayer. ● **Si mormora molto sul tuo conto**, there is a lot of talk about you □ **Si mormora che...**, there is a rumour that...; it is rumoured that...
mormoratóre, *m.* **1** murmurer; mutterer; mumbler; grumbler **2** (*maldicente*) backbiter.
mormorazióne, *f.* **1** murmuring; grumbling; complaining **2** (*maldicenza*) backbiting.
mormoreggiare, *v. i.* to murmur (*anche fig.*).
mormorio, *m.* murmur; murmuring; babbling; (*bisbiglio*) whispering; (*fruscio*) rustling; (*borbottio*) grumbling, growling: **il m. della folla**, the murmur of the crowd; **il m. del vento**, the whispering of the wind.
mòro (1), A *a.* **1** (*dei Mori*) Moorish; (*negro*) black, coloured **2** (*di capelli scuri*) dark(-haired); (*di colorito bruno*) dark(-complexioned); (*nero*) black. B *m.* **1** (*nativo della Mauritania*; *Saraceno*) Moor; (*uomo di razza negra*) negro; black (*o* coloured) man*; blackamoor (*fam.*): **il M. di Venezia**, the Moor of Venice **2** (*persona di capelli scuri*) dark(-haired) person; (*persona di colorito bruno*) dark(-complexioned) person.
mòro (2), *m.* (*bot.*, *Morus*) mulberry(-tree).
morosità, *f.* arrearage.
moróso (1), A *a.* in arrear(s) (*pred.*); tardy: **un debitore m.**, a tardy debtor. B *m.* defaulter; person in arrear(s); overdue debtor.
moróso (2), *m.* (*fam.*) sweetheart; true-love.
mòrra, *f.* to play: **giocare alla m.**, to play mor(r)a.
mòrsa, *f.* **1** (*mecc.*) vice; vise (*USA*): **m. a ganasce parallele**, parallel-jaw vice; **m. girevole**, swivel vice; **m. per trapano**, drill vice; **m. per tubi**, pipe vice; **le ganasce di una m.**, the jaws of a vice; **stringere in una m.**, to hold as if in a vice **2** (*edil.*) toothing.
Morse (*ingl.*), *a.* Morse: **alfabeto M.**, Morse code.
morsettièra, *f.* (*fis.*) terminal board. ● **m. chiusa**, electrical

morsétto, *m.* **1** (*mecc.*) clamp; holdfast; (*elettr.*) terminal: **m. a mano**, screw (*o* adjustable) clamp; **m. portautensili**, tool clamp; **m. d'attacco**, connecting terminal; **i morsetti della batteria**, the battery terminals **2** (*stringinaso*) nose-peg. ● (*elettr.*) **m. di carica**, charging clip.

morsicare, *v. t.* **1** to nibble; to gnaw: **Il cane morsicava un osso**, the dog was gnawing a bone **2** (*fam.*: *mordere*) to bite*: **Il cane lo morsicò**, the dog bit him; **Le vipere morsicano**, vipers bite.

morsicatura, *f.* bite: **morsicature d'insetti**, insect-bites.

morsicchiare, *v. t.* to nibble at; to gnaw at: **Il cane morsicchia un osso**, the dog is gnawing at a bone.

mòrso, *m.* **1** bite; (*puntura*) sting: **il m. d'un cane**, a dog-bite **2** (*fig.*) sting; pangs (*pl.*); nip: **il m. della fame**, the sting (*o* the pangs) of hunger; **il m. della gelosia**, the sting of jealousy; **il m. del vento**, the sting of the wind **3** (*sapore aspro*) sharp flavour; hot taste: **il m. del pepe**, the hot taste of pepper **4** (*boccone*) bite; morsel; mouthful; (*pezzetto*) small piece, bit: **un m. di pane**, a morsel of bread; **Dammene un m.!**, let me have a bite! **5** (*di cavallo*) bit; (*snodato*) snaffle: **allentare il m.**, to slacken the bit (*anche fig.*); **stringere il m.**, to tighten the bit (*anche fig.*) **6** (*delle tenaglie*) jaws (*pl.*). ● **dare un m. a q.**, to bite sb. □ **mangiare a morsi**, to gulp (down) □ (*fig.*) **mettere il m.**, to subjugate; to subdue.

morsura, *f.* (*tipogr.*) etching.

mòrta, *f.* **1** dead person **2** (*di alveo fluviale*) old river-bed **3** (*fig.*: *stasi*) standstill.

mortadèlla, *f.* (*cucina*) mortadella (Bologna sausage).

mortàio, *m.* **1** mortar **2** (*mil.*) mortar. ● (*fig.*) **pestare l'acqua nel m.**, to speak to the winds; to wash a blackamoor white (*fam.*).

mortale, *A a.* **1** mortal; (*caduco*) transient, transitory: **Gli uomini sono mortali**, man is mortal; **cose mortali**, transitory things; **la vita m.**, mortal life; **le spoglie mortali**, the mortal remains (of); **un nemico m.**, a mortal (*o* deadly) enemy; **un combattimento m.**, a mortal fight; **odio m.**, mortal hatred **2** (*che cagiona morte*) mortal; deadly; deathly; (*fatale*) fatal; (*letale*) lethal; **una ferita m.**, a mortal wound; **un colpo m.**, a deadly blow; **un veleno m.**, a deadly poison; **tristezza m.**, mortal sadness **3** (*simile alla morte, di morte*) deadly; deathly; death-like: **un pallore m.**, a deadly pallor; **un silenzio m.**, a death-like (*o* deadly) silence **4** (*relig.*) mortal; deadly: **un peccato m.**, a mortal (*o* deadly) sin. ● (*fig.*) **Sarebbe un peccato m. se...**, it would be a great pity if... **B** *m. e f.* mortal: **noi miserabili mortali**, we poor mortals; **Fortunato m.!**, what a lucky mortal you are!

mortalétto, *V.* **mortarétto**.

mortalità, *f.* **1** mortality **2** (*indice di m.*) mortality; death-rate **3** (*per incidenti stradali*) road toll; highway toll (*USA*).

mortalménte, *avv.* mortally, deathly (*anche fig.*); (*profondamente*) deeply, grievously: **ferito m.**, mortally wounded; **offeso m.**, mortally offended. ● **Mi annoio m.**, I'm bored to death.

mortarétto, *m.* fire-cracker.

mortaşa, *f.* (*falegnameria*) mortise, mortice: **giunto a tenone e m.**, mortise and tenon joint. ● **congiungere a m.**, to mortise □ **connessione a m.**, mortising.

mortaşare, *v. t.* (*falegnameria*) to mortise, to mortice.

mortaşatrice, *f.* (*falegnameria*) mortising machine; mortiser: **m. combinata**, boring-and-mortising machine; **m. a catena**, chain (and chisel) mortiser.

mortaşatura, *f.* (*falegnameria*) slotting.

mòrte, *f.* **1** death; (*trapasso*) decease; (*dipartita*) departure; (*fine*) end: **la m. di mio zio**, my uncle's death; (*relig.*) **la seconda m.**, the second death; **certificato di m.**, death certificate; **sentenza di m.**, death sentence; **m. civile**, civil death; loss of civil rights; **m. immatura**, premature death; untimely end; **m. improvvisa**, sudden death; **m. naturale**, natural death; **m. violenta**, violent death; **m. per annegamento**, death from drowning; (*leg.*) **m. presunta**, presumptive death; **affrontare la m.**, to face death; **bastonare q. a m.**, to beat sb. to death; (*fig.*) **combattere con la m.**, to be in the agony of death; **condannare q. a m.**, to sentence sb. to death; **essere annoiato a m.**, to be bored to death; **essere ferito a m.**, to be wounded to death; to be mortally wounded; **essere tra la vita e la m.**, to be between life and death; **essere sul letto di m.**, to be on one's death-bed; **trovare la m.**, to find one's death; **Quella disgrazia fu la sua m.**, that unlucky accident was his death; **Sarai la mia m.!**, you'll be the death of me!; **È questione di vita o di m.**, it's a matter of life or death **2** (*fam.*: *il miglior modo di cucinare*) the best way of cooking: **La m. del tacchino è arrosto**, the best way of cooking a turkey is to roast it. ● **andare incontro a sicura m.**, to face certain death □ (*fig.*) **avere la m. in cuore**, to be down-hearted (*o* heavy-hearted) □ **avercela a m. con q.**, to hate sb. heartily (*o* like poison) □ **dare la m. a q.**, to put sb. to death □ **darsi la m.**, to take one's own

life; to kill oneself □ **un discorso (poema, ecc.) in m. di q.**, a speech (poem, etc.) on the death of sb. □ **fare la m. del topo**, to be crushed to death □ **fino (*o* sino) alla m.**, till death; until one dies; all one's life; for life; for ever (and ever): **Spero di vivere qui sino alla m.**, I hope to live here all my life □ **in punto di m.**, at the point of death; at death's door; near one's end □ **letto di m.**, death-bed □ **mettere a m. q.**, to put sb. to death (*o* to execute sb.) □ **un pallore di m.**, a deathly pallor □ **pena di m.**, capital punishment □ **sfidare la m.**, to risk one's life □ **un silenzio di m.**, a death-like silence □ **trovarsi in faccia alla m.**, to be in the jaws of death □ **A m. il traditore!**, hang the traitor!; death to the traitor! □ **A m. il tiranno!**, down with the tyrant!

mortèlla, *f.* (*bot.*, *Myrtus communis*) myrtle.

morticino, *m.* dead child*.

mortifero, *a.* (*lett.*) deadly; lethal.

mortificante, *a.* mortifying; humiliating.

mortificare, *A v. t.* **1** (*umiliare*) to mortify; to humble; to humiliate: **m. i propri nemici**, to humble one's enemies **2** (*fig.*: *reprimere gli stimoli dei sensi*) to mortify: **m. la carne**, to mortify the flesh; **m. le proprie passioni**, to mortify one's passions.

mortificarsi, *B v. rifl.* to mortify oneself; to be (*o* to feel*) mortified: **m. alle parole della madre**, to feel mortified at one's mother's words.

mortificato, *a.* **1** mortified; humiliated **2** (*dispiaciuto*) very sorry; disturbed; chagrined **3** (*represso*) repressed.

mortificatóre, *A m.* mortifier. **B** *a.* mortifying.

mortificazióne, *f.* mortification; (*umiliazione*) humiliation: **la m. del corpo**, the mortification of the body; **esasperato dalle mortificazioni**, incensed by mortification; **È stata per me una terribile m.**, it was a great mortification (*o* humiliation) for me; **Che m.!**, what a humiliation! ● **ricevere una m.**, to be mortified; to feel humiliated.

mòrto, *A a.* **1** dead (*anche fig.*); (*trapassato*) deceased, departed: **È morta da cinque ore**, she has been dead for five hours; she died five hours ago; **Lo trovarono m.**, they found him dead; **un soldato m.**, a dead soldier; (*geogr.*) **il Mar M.**, the Dead Sea; **acqua morta**, dead (*o* stagnant) water; **denaro m.**, dead (*o* unemployed) capital; **foglie morte**, dead leaves; **leggi morte**, dead laws; **lingue morte**, dead languages; **un corpo m.**, a dead body; a corpse; **più m. che vivo**, more dead than alive; half-dead; **cascar m.**, to drop down dead **2** (*smorto, cupo*) dead; dull: **un colore m.**, a dull colour **3** (*inattivo, di stasi*) dead, off; (*comm.*) slack: **la stagione morta**, the dead (*o* the off) season; **Siamo nella stagione morta** (*per gli affari*), trade is slack just now. ● (*fig.*) **essere m. al mondo**, to be dead to the world □ **essere m. di fame**, to be starved to death; to be starving: **Sbrigati, ché son m. di fame**, hurry up: I'm starving □ **essere m. di freddo**, to be frozen to death; to be freezing □ (*anche fig.*) **m. e sepolto**, dead and gone □ **m. stecchito**, as dead as a door-nail (*o* as a herring); stone-dead □ (*mil.*) **angolo m.**, dead ground □ (*ferr.*) **binario m.**, dead-end track; siding □ **cadere a corpo m.**, to collapse □ **darsi (*o* buttarsi) a corpo m. a fare q.c.**, to fling oneself (*o* to put all one's strength) into st. □ **mare m.**, hollow sea; swell □ **essere mezzo m. dalla paura**, to be dead afraid; to be frightened to death □ **nato m.**, dead-born; still-born □ **un punto m.**, a deadlock; a standstill □ **essere stanco m.**, to be dead tired; to be tired out; to be dead beat (*pop.*) □ **terreno m.**, waste land □ **È un uomo m.**, he is a dead dog; he is done for (*pop.*) □ **Se ti muovi sei un uomo m.!**, if you stir, you're a dead man! (*pop.*: you're a goner). **B** *m.* **1** dead person; (*pl. collett.*) (the) dead; (*cadavere*) dead body; corpse: **i morti e i vivi**, the living and the dead; **piangere i morti**, to mourn for the dead; **seppellire i morti**, to bury the dead; **fare il m.**, (*fingersi m.*) to pretend to be dead; (*nel nuoto*) to float on one's back **2** (*fam.*: *denaro nascosto*) hoard **3** (*alle carte*) dummy. ● (*fam.*) **essere un m. di fame**, to be a down-and-out □ **cassa da m.**, coffin □ **il giorno dei morti**, All Souls' Day □ **pallido come un m.**, deathly pale; as pale as a ghost □ **sonare a m.**, to toll □ **ufficio dei morti**, dead-office; burial service □ **Qui ci scappa il m.**, someone is going to be killed.

mortòrio, *m.* funeral (*anche fig.*); (*esequie*) obsequies (*pl.*): **Fu un vero m.**, it was like a funeral.

mortuàrio, *a.* mortuary: **regolamenti mortuari**, mortuary rules; **una camera mortuaria**, a mortuary. ● **annunzio m.**, obituary notice □ **carro m.**, hearse □ **lapide mortuaria**, grave-stone; tomb-stone.

mòrula, *f.* (*biol.*) morula*.

mòrva, *f.* (*veterinaria*) glanders.

Mòsa, *f.* (*geogr.*) (the) Meuse.

moşaicista, *m. e f.* mosaicist.

moşàico (1), *a.* (*relig.*) Mosaic: **la legge moşaica**, the Mosaic law.

moşàico (2), *m.* **1** mosaic: **lavoro a m.**, mosaic work; **m. a**

mosaismo

smalto, glazed mosaic; **pavimentazione a m.**, mosaic flooring 2 (*fig.*) mosaic; patchwork.
mosaismo, *m.* (*relig.*) Mosaism.
mósca, A *f.* **1** (*zool.*) fly: **m. tsè tsè** (*Glossina palpalis*), tsetse--fly; **m. cavallina** (*Hippobosca equina*), horse-fly; **m. carnaria** (*o* **della carne**), flesh-fly; **acchiappare le mosche**, to catch flies; **morire come le mosche**, to die like flies **2** (*finto neo*) patch; beauty spot **3** (*barbetta*) imperial; goatee **4** (*esca*) fly; buzz: **pescare con la m.**, to fish with a fly; to go fly-fishing **5** (*naut.*) fly-boat. ● (*fig.*) **essere una m. bianca**, to be a «rara avis»; to be a rarity; to be a blue dahlia ▢ (*gioco*) **m. cieca**, blindman's--buff: **fare a m. cieca**, to play blindman's-buff ▢ (*fig.*) **m. cocchiera**, officious person; busybody (*fam.*) ▢ (*fig.*) **avere paura d'una m.**, to be afraid of one's shadow ▢ **fare d'una m. un elefante**, to make a mountain out of a mole-hill ▢ **essere più fastidioso** (*o* **importuno**) **d'una m.**, to be a downright (*o* deadly) bore ▢ **raro come le mosche bianche**, as rare as a blue diamond ▢ **restare con un pugno di mosche in mano**, to be left empty--handed ▢ **Mi saltò la m. al naso**, I lost my temper; I flew off the handle (*fam.*) ▢ **Non farebbe male a una m.**, he wouldn't hurt a fly ▢ (*fig.*) **Non si sentiva volare una m.**, one could have heard a feather (*o* a pin) drop ▢ (*scherz.*) (**Zitto e**) **m.!**, hush!; keep it dark! ▢ (*prov.*) **In bocca chiusa non entran mosche**, a closed mouth catches no flies. **B** *a*. – (*lotta, pugilato*) **peso m.**, fly-weight.
Mósca, *f.* (*geogr.*) Moscow.
moscàio, *m.* **1** (*sciame di mosche*) swarm of flies **2** (*luogo pieno di mosche*) place full of flies.
moscaiòla, *f.* **1** (*per riparare le vivande dalle mosche*) fly-net; meat-safe **2** (*trappola per mosche*) fly-trap.
moscardino, *m.* **1** (*zool.*, *Muscardinus avellanarius*) dormouse* **2** (*fig.*: *zerbinotto*) dandy; fop.
moscatèllo, A *a.* muscatel (*attr.*). **B** *m.* muscatel.
moscato (1), A *a.* **1** muscat (*attr.*): **uva moscata**, muscat grapes (*pl.*) **2** (*rif. a frutti o piante aromatiche*) musk (*attr.*). **B** *m.* (*vino*) muscat (wine); muscatel.
moscato (2), *a.* (*del mantello equino*) dappled.
moscatura, *f.* dapple; dappling.
moscerino, *m.* midge; gnat.
moschèa, *f.* mosque; mosk.
moschettata, *f.* musket-shot.
moschettato, *a.* speckled; spotted; dotted.
moschetteria, *f.* musketry.
moschettière, *m.* musketeer. ● **alla moschettiera**, mousquetaire (*attr.*): **guanti alla moschettiera**, mousquetaire gloves.
moschétto, *m.* musket.
moschettóne, *m.* **1** (*mil.*) musketoon **2** (*gancio*) spring-catch **3** (*alpinismo*) snap link.
moschicida, A *a.* fly-killing. ● **carta m.**, fly-paper. **B** *m.* fly-killer.
móscio, *a.* **1** soft; flaccid; flabby (*anche fig.*): **un cappello m.**, a soft hat; **muscoli mosci**, flabby muscles **2** (*fig.*: *fiacco*) lifeless; dull; wishy-washy: **Che tipo m.!**, what a dull fellow! ● **parlare con l'erre moscia**, to speak with a French r.
mòsco, *m.* (*zool.*, *Moschus moschiferus*) musk-deer*.
moscóne, *m.* **1** (*zool.*) bluebottle; blowfly **2** (*fig.*) suitor **3** (*naut.*) moscone*. ● **moscon d'oro**, rose-beetle; gold-bug (*USA*).
Moscòvia, *f.* (*stor.*) Muscovy.
moscovita, *a.*, *m.* e *f.* Muscovite.
Mosè, *m.* (*Bibbia*) Moses.
Mosèlla, *f.* (*geogr.*) (the) Moselle.
mòssa, *f.* **1** movement: **una m. brusca**, a brusque movement; **vigilare le mosse di q.**, to watch sb.'s movements; **la m. del braccio**, the movement of the arm **2** (*nel gioco della dama e degli scacchi*) move (*anche fig.*): **un'abile m.**, a clever (*o* shrewd) move; **una m. indovinata**, a lucky move; **una m. sbagliata**, a false move; **fare una m.**, to make a move **3** (*mil.*: *movimento strategico*) movement; move; manoeuvre: **le rapidi e audaci mosse di Napoleone**, Napoleon's rapid, bold movements; **spiare le mosse del nemico**, to spy upon the enemy's movements **4** (*sport*) starting-post. ● **m. iniziale**, beginning ▢ **dare la m.**, to give a start (to); to give an impulse (to) ▢ **fare la m.**, to give a wiggle; to wiggle ▢ **fare una m. con la spalla**, to shrug one's shoulders ▢ **prendere le mosse**, to start ▢ **stare sulle mosse**, to be ready to start ▢ **La m. venne da lui**, he took the first step.
mossière, *m.* (*sport*) starter.
mòsso, *a.* **1** (*animato*) animated; (*ondulato*) wavy; (*agitato*) agitated; (*del mare*) rough **2** (*mus.*) mosso.
mostàccio, *m.* (*spreg.*) ugly mug (*pop.*). ● **rompere il m. a q.**, to smash sb.'s face.
mostacciòlo, *m.* (*cucina*) «mostacciolo» (fruit-cake).
mostarda, *f.* mustard.
mostardièra, *f.* mustard-pot.
mósto, *m.* must.

mostóso, *a.* abounding in must.
móstra, *f.* **1** (*generalm.*) show; exhibition; display: **una m. d'arte**, an art exhibition; **una m. di bestiame**, a cattle show; **una m. di fiori**, a flower show; (*di un oggetto*) **essere in m.**, to be on show; **fare q.c. per m.**, to do st. for show **2** (*d'un orologio*) clock-face; dial(-plate) **3** (*saggio di mercanzia*) sample; (*di panno*) pattern. ● **m. campionaria**, trade fair ▢ **m. di negozio**, (*vetrina*) show--window, shop-window; (*bacheca*) show-case ▢ **far m.** (**di**), to pretend: **Fece m. d'andarsene**, he pretended to leave ▢ **far bella m. di sé**, to cut a fine figure ▢ **mettere in m.**, to display, to exhibit; (*ostentare*) to make a display of (st.), to show off, to parade: **mettere in m. la propria merce**, to display one's merchandise; **mettere in m. i propri quadri in una galleria d'arte**, to exhibit one's paintings in an art gallery; (*fig.*) **mettere in m. il proprio sapere**, to show off one's learning; to make a display of one's knowledge ▢ **mettersi in m.**, to show off; to make oneself conspicuous ▢ **sala di m.**, show-room ▢ **È stata tutta una m.**, it was all humbug; it was all make-believe (*fam.*).
mostràbile, *a.* showable; exhibitable; displayable.
mostrare, A *v. t.* **1** (*generalm.*) to show*; (*esporre*) to exhibit, to display; (*far vedere*) to let* (sb.) see; (*indicare*) to point out; (*dimostrare*) to prove: **Mostrami il tuo anello**, show me your ring; let me see your ring; **Egli mostrò il quadro a tutti i suoi amici**, he showed the picture to all his friends; **Mi mostrò qual era il mio posto**, he showed me my seat; **Tutto mostrava la gravità del male**, everything showed (*o* proved) that the illness was serious; **m. a q. come fare q.c.**, to show (*o* to teach) sb. how to do st.; **Mio fratello mi mostrò come si risolveva il problema**, my brother showed me how to solve the problem; **m. di non aver giudizio**, to show that one has no brains; (*fig.*) **m. i denti**, to show one's teeth; **m. incertezza**, to show indecision (*o* to hesitate); **m. la lingua al medico**, to show one's tongue to the doctor; **m. la propria viltà**, to prove oneself (to be) a coward; **m. la strada**, to show the way: **Mostrami la strada per andare a casa**, show me the way to go home; **m. le proprie intenzioni**, to show (*o* to reveal, to disclose) one's designs; to show one's hand (*fam.*); **m. paura**, to show signs of fear; **non m. paura**, to display no fear; **m. q.c. con un esempio**, to prove st. with an example; to make st. clear with an example; **m. un errore**, to point out a mistake; **non avere il coraggio di m. la faccia** (*o* **il viso**), not to have the courage to show one's face (*scherz.*): one's nose) **2** (*ostentare*) to show* off; to make* a display of (st.); to parade: **m. il proprio sapere**, to show off one's learning; to make a display of one's knowledge; **m. la propria bravura**, to make a display of one's skill; to parade one's skill. **B** *v. i.* (*dare a vedere*) to make* (a) show; to pretend: **m. di non sapere nulla** (*di non essere informato*), to pretend not to know anything about the matter; **m. di non curarsi di q.c.**, to pretend not to care about st.; **m. di non i pugni a q.**, to shake one's fist at sb. ▢ **m. q. a dito**, to point at sb. ▢ **non m. i propri anni**, not to look one's age ▢ **Egli mostra più anni di quelli che ha**, he looks older than he is. **mostrarsi, C** *v. rifl.* **1** to show* oneself; (*dimostrarsi*) to prove oneself: **m. crudele**, to show (*o* to prove) oneself (to be) cruel; **m. in pubblico**, to show oneself in public **2** (*apparire*) to appear: **m. alla finestra**, to appear at the window. ● **m. tale quale uno è**, to show one's true colours.
mostravènto, *m.* (*naut.*) vane.
mostrina, *f.* (*mil.*) badge; (*gallone*) chevron.
mostrino, *m.* dial for the second hand.
móstro, *m.* **1** monster (*anche fig.*): **Il centauro era un m.**, the centaur was a monster; **Sei un vero m.!**, you're a real monster!; **un m. d'iniquità**, a monster of wickedness; **un m. di perfezione**, a monster of perfection **2** (*fig.*) phenomenon; prodigy: **un m. di sapere**, a prodigy of learning. ● **Brutto m.!**, you horrible thing!
mostruosaménte, *avv.* monstrously; (*orribilmente*) horribly, hideously; (*tremendamente*) tremendously, awfully.
mostruosità, *f.* monstrosity.
mostruóso, *a.* monstrous (*anche fig.*); (*prodigioso*) prodigious; (*tremendo*) tremendous; (*orribile*) horrible, hideous; (*colossale*) colossal, gigantic: **un delitto m.**, a monstrous (*o* horrible, hideous) crime; **un parto m.**, a monstrous birth; **un volto m.**, a hideous face; **vizi mostruosi**, horrible vices; **di mostruosa grandezza**, of monstrous (*o* colossal) size; **È m.!**, that's tremendous (*o* awful)!
mòta, *f.* mud; mire; slime; sludge; slush: **imbrattarsi nella m.**, to cover oneself with mud; **ricoperto di m.**, bespattered with mud; mud-mired. ● **una strada piena di m.**, a muddy road.
motèl, *m.* motel; motor hotel.
motilità, *f.* (*fisiologia*) motility.
motivare, *v. t.* **1** (*giustificare adducendo i motivi*) to adduce (*o* to state, to allege) reasons for (st.); to justify; to ground: **m. una sentenza**, to state reasons for a judgment; **m. una richiesta**, to justify a request **2** (*causare*) to motivate; to cause: **m. un dissenso**, to cause a difference of opinion; **Un nonnulla ha motivato**

la lite, a matter of no importance caused the quarrel.
motivazionale, *a.* (*anche comm.*) motivational; motive (*attr.*): **ricerca m.**, motivational research.
motivazióne, *f.* **1** statement of motives; (*motivo*) motive, reason **2** (*psic.*) motivation. ● (*leg.*) **la m. di una sentenza**, the grounds of a judgment.
motivo, *m.* **1** motive; (*ragione*) reason, ground; (*causa*) cause: **motivi impellenti**, urgent reasons; **Non c'è m. di preoccuparsi**, there is no ground (*o* cause) for anxiety; **Non era un m. per insultarlo**, that was no good reason for insulting him; **avere buoni motivi per credere q.c.**, to have good grounds for believing st.; **non avere m. di lagnarsi**, to have no reason for complaining (*o* to complain); **dare m. di**, to be the cause of; to cause; to give rise to: **dare m. di sospettare**, to cause suspicion; **essere assente per motivi di famiglia**, to be absent for family reasons; **essere il m. d'una lite**, to be the cause of a quarrel; **Con che m.?**, for what reason?; on what grounds?; **ecco il m.** (**per cui**), that's the reason (why); **per il m. suddetto**, for the reason above stated; **per più motivi**, for several reasons; for a variety of motives **2** (*mus.*) motif; motive: **m. conduttore**, leitmotiv; leading motive **3** (*elemento decorativo*) pattern; motif: **motivi geometrici**, geometrical patterns. ● **a m. di**, owing to; on account of; because of □ **senza m.**, motiveless, groundless, senseless (*agg.*); without reason (*avv.*) □ **Ti dirò il m.**, I'll tell you why.
mòto (1), *m.* **1** motion; movement; (*d'un fluido*) flow: **il m. d'una nave**, the motion of a ship; **m. ondoso**, wave motion; **m. turbolento**, eddy flow; turbulent flow; **m. vorticoso**, whirling flow; (*gramm.*) **avverbi (verbi) di m.**, adverbs (verbs) of motion; **essere in m.**, to be in motion; to be on the move; (*darsi da fare*) to be on the go, to bustle about; (*fig.*) **i moti dell'animo**, the movements of the soul **2** (*fis., mecc.*) motion: **m. alternativo**, reciprocating motion; **m. uniformemente accelerato**, uniformly accelerated motion; **m. uniformemente ritardato**, uniformly retarded motion **3** (*esercizio fisico*) exercise: **avere bisogno di m.**, to need exercise; **fare del m.**, to take some exercise **4** (*sommossa*) rising; rebellion; revolt **5** (*mus.*) motion: **m. retto** (**obliquo**), similar (oblique) motion. ● **di m. proprio**, of one's own accord □ (*mecc.*) **in m.**, turning □ **mettere in m.**, to set in motion; (*mecc.*) to start □ (*mecc.*) **mettere in m. mediante traino**, to tow-start □ **mettersi in m.**, to start; to set out: **Dobbiamo metterci in m. di buon'ora**, we must start early □ **m. ondoso**, swell.
mòto (2), *f. invar.* (*motocicletta*) motor-bike (*fam.*).
motoaratóre, *m.* motor-plough driver.
motoaratrice, *f.* motor-plough; motor-plow (*USA*).
motoaratura, *f.* motor-ploughing.
motobarca, *f.* motor-boat; power-boat.
motocampèstre, *a.* (*di motocross*) cross-country (*attr.*): **una corsa m.**, a cross-country motor-cycle race.
motocannonièra, *f.* (*mil.*) motor gunboat.
motocarrèllo, *m.* power-operated trolley (*o* truck).
motocarrista, *m.* tricar-driver.
motocarro, *m.* three-wheeler; tricar.
motocarrozzétta, *f.* motor-cycle with side-car.
motociclétta, *f.* motor-bicycle; motor-cycle; motor-bike (*fam.*); bike (*fam.*): **m. con carrozzino**, motor-cycle with side-car. ● **andare in m.**, to motor-cycle.
motociclismo, *m.* motor-cycling.
motociclista, **A** *m.* e *f.* motor-cyclist. **B** *a.* motor-cycling; motor-cycle (*attr.*): **corridore m.**, motor-cycle racer; racing motor-cyclist.
motociclistico, *a.* motor-cycling; motor-cycle (*attr.*).
motociclo, *m.* motor-cycle; motor-bike (*fam.*).
motocistèrna, *f.* (*naut.*) tanker.
motocolónna, *f.* motorized column (*o* motor column).
motocoltivatóre, *m.* (*agric.*) low-powered farm machine.
motocoltura, *f.* (*agric.*) mechanized (*o* power) farming.
motocompressóre, *m.* engine-compressor.
motocorazzato, *a.* (*mil.*) armoured: **reparti motocorazzati**, armoured units.
motocròss, *m.* (*sport*) moto-cross; cross-country motor-cycle racing.
motocrossista, *m.* e *f.* (*sport*) cross-country motor-cycle racer.
motòdromo, *m.* (*sport*) motor-drome; speedway.
motofalciatrice, *f.* (*agric.*) power-mower.
motofurgóne, *m.* (motor-)van.
motolància, *f.* motor-launch.
motoleggèra, *f.* lightweight motor-cycle; (*motoretta*) motor-scooter.
motonàuta, *m.* motor-boatman*.
motonàutica, *f.* motor-boating. ● **m. agonistica**, speedboat racing.
motonàutico, *a.* motor-boat; speedboat (*attr.*): **gare motonautiche**, speedboat races.

motonave, *f.* motor-ship (*abbr.*: M/S): **m. a due eliche**, twin-screw motor-ship. ● **m. costiera da carico**, motor-coaster.
motopallóne, *m.* (*aeron.*) engine-driven balloon.
motopésca, *f.* motor-trawling.
motopescheréccio, *m.* motor-trawler.
motopómpa, *f.* motor pump.
motopropulsóre, *a.* (*mecc.*) power (*attr.*): **gruppo m.**, power unit.
motoraduno, *m.* motor-cycle rally.
motorcàravan, *f.* o *m.* (*autom.*) motor caravan; motor home (*USA*).
motóre, **A** *a.* motor; motory; motive; propellent; propelling; driving; moving: **forza motrice**, motive (*o* propellent) power; **il principio m.**, the moving cause; (*anat.*) **muscoli motori**, motor (*o* motory) muscles; (*anat.*) **nervi motori**, motor nerves; (*mecc.*) **albero m.**, driving shaft; (*mecc.*) **impulso m.**, motor impulse. **B** *m.* **1** (*mecc.*) engine; motor: **m. a benzina**, petrol engine; gas(oline) motor (*USA*); **m. a combustione interna** (*o* **a scoppio**), internal combustion engine; **m. a corrente alternata** (**continua**), alternating (direct) current motor; **m. a due** (**a quattro**) **tempi**, two- (four-)stroke engine; **m. diesel**, Diesel engine; **m. raffreddato ad aria**, air-cooled engine; (*aeron.*) **m. a stella**, radial engine; **m. a turbina**, turbine-engine; **m. a valvole in testa**, valve-in-head engine; overhead-valve engine; (*naut.*) **m. del timone**, steering-engine; **m. di comando**, work-driving motor; **m. di riserva**, spare engine; **m. elettrico**, electrical motor; electromotor; **m. termico**, heat-engine; **m. veloce**, high-speed engine; (*aeron.*) **comandi del m.**, engine controls; **messa in fase del m.**, (engine-)timing; **numero** (**di fabbricazione**) **del m.**, engine-serial number; **avviare** (**spegnere**) **un m.**, to start (to stop) an engine **2** (*lett.*) mover: (*filos.*) **il Primo M.**, the Prime Mover.
motorétta, *f.* motor-scooter.
motorino, *m.* (*ciclomotore*) moped. ● (*autom.*, *elettr.*) **m. d'avviamento**, starter motor; starter □ **Il m. d'avviamento si è bloccato**, the starter has jammed.
motòrio, *a.* (*scient.*) motor (*attr.*); motory.
motorismo, *m.* (*sport*) motor sports (*pl.*).
motorista, *m.* engineer: (*aeron.*) **m. di bordo**, flight engineer.
motoristica, *f.* mechanical engineering.
motoristico, *a.* motor (*attr.*).
motorizzare, **A** *v. t.* to motorize. **motorizzarsi**, **B** *v. rifl.* (*fam.*) to get* oneself a car (*o* a motor-cycle).
motorizzato, *a.* motorized: **truppe motorizzate**, motorized troops. ● (*fam.*) **essere m.**, to have a car.
motorizzazióne, *f.* **1** motorization **2** (*ispettorato della m.*) traffic control authority.
motor-sailer (*ingl.*), *m.* (*naut.*) motor sailer.
motoscafo, *m.* motor-boat. ● **m. da competizione**, speedboat □ **m. da crociera**, cruiser □ **m. silurante a doppia elica**, twin-screw torpedo boat.
motoscùter, *m.* motor-scooter.
motoscuterista, *m.* e *f.* moto-scooter rider; scooterist.
motoséga, *f.* chain saw.
motosilurante, *m.* (*mil.*) motor torpedo-boat.
motoslitta, *f.* motor-sled.
motóso, *a.* muddy; miry; slimy; sludgy; slushy.
mototorpedinièra, *f.* (*naut.*) motor torpedo boat.
mototrazióne, *f.* motor traction.
motovedétta, *f.* (*naut.*) motor patrol vessel; vedette boat.
motoveicolo, *m.* motor-vehicle.
motovelièro, *m.* (*naut.*) auxiliary sailing-ship.
motovelòdromo, *m.* motordrome.
motovettura, *f.* **1** three-wheeled motor vehicle (*o* three-wheeler) **2** (*autoveicolo leggero*) light motor vehicle.
motozàttera, *f.* (*naut.*) landing craft.
motrice, *f.* (*mecc.*) engine: (*naut.*) **m. di poppa**, after engine.
motteggiaménto, *m.* raillery; banter.
motteggiare, **A** *v. i.* to make* quips; to joke; to jest; to crack jokes. **B** *v. t.* to rally; to chaff; to banter; to tease; (*canzonare*) to make* fun (of); (*schernire*) to mock.
motteggiatóre, *m.* witty person; (*burlone*) joker, jester, wag; (*schernitore*) mocker.
mottéggio, *m.* **1** raillery; banter **2** (*detto arguto*) witticism; piece of wit; witty saying; quip; (*freddura*) joke, jest; (*parole di scherno*) scoff. ● **esser fatto segno ai motteggi di tutti**, to be scoffed at by everybody.
mottettista, *m.* e *f.* (*mus.*) composer of motets.
mottétto, *m.* (*mus.*) «mottetto*»; motet.
mòtto, *m.* **1** (*detto arguto*) witticism; witty saying; quip; (*freddura*) joke, jest: **essere facile ai motti**, to be fond of joking **2** (*detto sentenzioso*) motto*; maxim; saying: **«Festina lente» è il mio m.**, «Festina lente» is my motto **3** (*lett.: parola*) word: **senza far m.**, without a word; **senz'aggiungere m.**, without adding a word; **Non ne fate m. con alcuno**, don't say a word about it to

motuléso, anybody **4** (*pubblicitario*) slogan; catchword; catch-phrase. ● **far m.**, to speak.
motuléso, (*med.*) **A** *a.* disabled. **B** *m.* disabled person.
motupròprio (*lat.*), **A** *m. invar.* motu proprio. **B** *avv.* motu proprio; of one's own accord.
mousse (*franc.*), *f.* (*cucina*) mousse.
movènte, *m.* motive; reason; cause: **non avere altro m.**, to have no other reason; (*leg.*) **il m. di un delitto**, the motive of a crime.
movènza, *f.* movement; motion; carriage (*sempre al sing.*); (*gesto*) gesture; (*atteggiamento*) attitude: **le movenze d'una danza**, the movements of a dance; **una leggiadra m. del capo**, a graceful carriage of the head; **essere garbata nelle movenze**, to have a graceful carriage; **con gentili movenze**, with graceful movements; **Tutte le sue movenze erano aggraziate**, all her motions were graceful. ● **goffo nelle movenze**, clumsy.
movibile, *a.* movable: **pezzi fissi e pezzi movibili**, fixed pieces and movable pieces.
movimentare, *v. t.* to enliven; to animate: **Che cosa possiamo fare per m. la festa?**, what can we do to enliven the party?
movimentato, *a.* (*animato*) animated; lively; full of life; (*pieno di eventi*) eventful, agitated; (*di strada, ecc.*) busy: **La discussione era movimentata**, the discussion was animated; **vita movimentata**, eventful life. ● **Nel secondo atto l'azione è poco movimentata**, the second act lacks movement.
moviménto, *m.* **1** movement; (*moto*) motion; (*mossa*) move; (*gesto*) gesture; (*flusso*) flow: **movimenti volontari (involontari)**, voluntary (involuntary) movements; **un m. involontario di timore**, an involuntary movement of fear; **un m. improvviso**, a sudden movement; a jerk; **un m. politico**, a political movement; (*letter.*) **il m. romantico**, the Romantic movement; **m. studentesco**, student movement; **il m. dei corpi celesti**, the movement of heavenly bodies; **il m. dei turisti**, the flow of tourists; **il m. d'un treno**, the movement of a train; **eseguire un m.**, to perform a movement; **essere in m.**, to be in motion; **fare un m. falso**, to make an awkward movement; (*fig.*) to make a false move; **mettere q. in m.**, to put (*o* to set) sb. in motion; (*fig.*) to rouse sb. (to action) **2** (*traffico*) traffic; (*trambusto*) activity; animation, bustle; hustle and bustle: **il m. ferroviario**, railway traffic; **il m. stradale**, road traffic; **il m. d'una metropoli**, the (hustle and) bustle of a metropolis; **C'era un gran m.**, there was a lot of traffic; **C'è poco m.**, there is not much traffic; there is little traffic; **qui non c'è affatto m.**, there is no traffic here **3** (*mil.*) movement; evolution; manoeuvre: **il m. delle truppe**, the movement of the troops **4** (*mus.*) «tempo*»; movement **5** (*comm.*) movement; **il m. delle merci**, the movement of goods; **il m. nei prezzi**, the movement of prices; **m. con tendenza al rialzo (al ribasso)**, upward (downward) movement **6** (*tecn.*) movement; (*moto*) motion; (*trazione*) traction, drive; (*meccanismo*) mechanism, movement, action: **il m. d'un orologio**, the movement of a watch (*o* clock); **m. a scatto**, trigger-action; **m. di andata e ritorno**, forward and reverse motion; **m. trasversale**, crosswise movement; **m. di rotazione** (*o* **rotatorio**), rotatory motion; (*mecc.*) **m. laterale**, traverse movement; (*mecc.*) **m. parallelo**, parallel motion. ● **m. a gradi**, jog □ **m. d'affari**, turnover □ **m. del traffico**, traffic circulation □ (*ferr.*) **m. per inerzia**, coasting □ (*polit.*) **M. per la vita**, right-to-life movement □ (*aerodinamica, idrodinamica*) **m. turbinoso**, whirl □ **fare un m. col braccio (con la gamba)**, to move one's arm (one's leg) □ **fare un m. col capo**, to shake one's head □ **fare un m. con la mano**, to gesture □ **essere in gran m.**, to be on the go; to be in full swing □ (*mecc.*) **invertire il m.**, to reverse □ (*mecc.*) **mettere in m. (una macchina, ecc.)**, to set (*o* to put) in motion (a machine, etc.); to start (a machine, etc.) □ **pieno di m.**, full of stir and movement; (*pieno di vita*) lively, full of life, animated □ **senza m.**, motionless; (*senza vita*) lifeless, inanimate.
moviòla, *f.* (*cinem.*) moviola; film-editing machine.
Mozàmbico, *m.* (*geogr.*) Mozambique.
moziòne, *f.* motion: **presentare (approvare) una m.**, to make (to carry) a motion; **La m. fu respinta a vasta maggioranza**, the motion was rejected by a large majority. ● **m. d'ordine**, point of order.
mozzafiato, *a.* breath-taking; thrilling.
mozzare, *v. t.* to cut*; to cut* off; to cut* away; to cut* short; to dock; to crop; (*ridurre*) to curtail: **il capo a q.**, to cut off sb.'s head; to behead sb.; **m. la coda a un animale**, to dock an animal's tail; **m. un discorso**, to curtail a speech; **m. un ramo a un albero**, to cut off a branch from a tree; **far m. le orecchie a q.**, to have sb.'s ears cropped. ● (*fig.*) **m. il fiato a q.**, to take sb.'s breath away □ (*fig.*) **m. le parole in bocca a q.**, to cut sb. short; to choke sb. off.
mozzarèlla, *f.* «mozzarella» (kind of Italian cheese). ● (*cucina*) **m. in carrozza**, mozzarella Neapolitan style (a kind of Welsh rabbit).
mozzatura, *f.* cutting-off; cut-off; docking; cropping.

mozzétta, *f.* (*relig.*) moz(z)etta.
mozzicóne, *m.* stump; stub; butt; end; fag-end; (*di coda*) dock: **un m. di candela**, a candle-end; **un m. di matita**, the stub of a pencil; **un m. di ramo**, the stub of a branch; **m. di sigaretta**, cigarette-end; fag-end (*fam.*); **un m. di sigaro**, a cigar-end.
mòzzo (1), *a.* cut off; docked; cropped: **una coda mozza**, a docked tail; **orecchie mozze**, cropped ears. ● **con le orecchie mozze**, crop-eared □ **fucile a canne mozze**, sawn-off shotgun.
mòzzo (2), *m.* (*naut.*) ship-boy; cabin-boy. ● **m. di stalla**, stable-boy; groom.
mòzzo (3), *m.* (*mecc.*) hub: **m. della ruota**, wheel-hub; **m. dell'elica**, (*aeron.*) screw-propeller hub; (*naut.*) screw-boss.
mucca, *f.* cowl: **m. da latte**, milch cow; milker.
mùcchio, *m.* heap; mass; stack; (*pila*) pile; (*fascio*) bundle; lot (*fam.*): **un enorme m. di libri**, a big heap of books; **un gran m. di lettere**, a pile of letters; **un m. di bugie**, a bundle of lies; **un m. di cose**, a mass (*o* a lot) of things; **un m. di gente**, a lot of people; a crowd; **un m. di quattrini**, a lot of money; heaps (*o* stacks) of money; **un m. di sabbia**, a heap of sand; a sand heap; **un m. di sassi**, a heap (*o* a pile) of stones. ● **a mucchi**, plenty; galore □ (*fig.*) **mettere tutti in un m.**, to treat everyone in the same way.
mùcido, *a.* mouldy; musty; (*stantio*) stale.
mucillàgine, *f.* (*bot., farm.*) mucilage.
mucillaginóso, *a.* mucilaginous (*anche farm.*).
mucina, *f.* (*chim.*) mucin.
mucìparo, *a.* (*anat.*) muciferous; mucous: **ghiandole mucipare**, muciferous glands.
muco, *m.* mucus.
mucósa, *f.* (*anat.*) mucosa*; mucous membrane.
mucosità, *f.* **1** (*l'essere mucoso*) mucosity **2** (*sostanza mucosa*) mucous substance; mucus.
mucóso, *a.* mucous.
mucronato, *a.* (*biol.*) mucronate: **una foglia mucronata**, a mucronate leaf.
mucróne, *m.* (*biol.*) mucro*.
muda, *f.* **1** (*zool.*) moult; molt (*USA*) **2** (*luogo della muda*) mew.
mudare, *v. i.* to moult; to molt (*USA*).
muezzìn, *m.* muezzin.
muffa, *f.* mould; mold (*USA*); mildew. ● **avere odore di m.**, to smell mouldy; to be fusty □ **fare** (*o* **prendere**) **la m.**, to mould; to grow mouldy (*o* musty, *anche fig.*) □ **sapere di m.**, to taste mouldy; to have a musty taste.
muffire, *v. i.* **1** to mould; to mold (*USA*); to grow* mouldy (*o* musty) **2** (*fig.*) to run* to seed; to rot.
mùffola, *f.* **1** (*guanto a sacchetto*) mitten **2** (*di forno*) muffle: **forno a m.**, (*metall.*) muffle furnace; (*ceramica*) muffle kiln **3** (*elettr.*) box: **m. di derivazione**, dividing box.
muffolista, *m.* (*ind. ceramica*) (muffle) kilnman*.
muffosità, *f.* mouldiness (*anche concreto*); mustiness (*anche fig.*); fustiness (*anche fig.*).
muffóso, *a.* mouldy; musty (*anche fig.*); fusty (*anche fig.*); (*stantio*) stale.
muflóne, *m.* (*zool., Ovis musimon*) mouf(f)lon.
mufti, *m.* mufti.
mugghiare, *v. i.* to low; to moo; to bellow; (*ululare*) to howl; (*urlare, ruggire*) to roar; (*tuonare*) to thunder: **m. dal dolore**, to howl (*o* to bellow) with pain; **La mucca mugghiava**, the cow was mooing (*o* lowing, bellowing); **Il mare mugghiava**, the sea was roaring; **Il vento aveva cessato di m.**, the wind had ceased howling.
mùgghio, *V.* muggito.
mùggine, *m.* (*zool., Mugil*) mullet*.
muggire, *v. i.* to low; to moo.
muggito, *m.* bellow; (*ululato*) howl; (*urlo, ruggito*) roar: **il m. delle onde**, the roar (*o* roaring) of the waves; **un m. di dolore**, a howl of pain.
mughétto, *m.* **1** (*bot., Convallaria majalis*) lily of the valley **2** (*med.*) thrush; parasitic stomatitis.
mugic, mugik, *m.* moujik, muzhik.
mugnàia, *f.* miller's wife.
mugnàio, *m.* miller.
mugo, *m.* (*bot., Pinus mugho*) Swiss mountain pine; mug(h)o pine.
mugolaménto, *V.* mugolio.
mugolare, *v. i.* e *t.* **1** to howl; to whimper; to whine; (*lamentarsi*) to moan, to groan: **Il vento mugolava**, the wind was howling (*o* moaning); **Il cagnolino mugola**, the puppy is whimpering; **Perché mugoli sempre?**, why are you always moaning (*o* whining about st.)? **2** (*mormorare*) to murmur; (*borbottare*) to mutter, to mumble: **Egli mugolò alcune parole, poi se ne andò**, he muttered some words and then went away.
mugolio (1), *m.* resin-oil.
mugolio (2), *m.* **1** howling; whimpering; whining; (*lamentio*)

moaning, groaning **2** (*mormorio*) murmuring; (*borbottio*) muttering, mumbling.
mugugnare, *v. i.* (*fam.*) to grumble; to mumble.
mugugno, *m.* (*fam.*) grumbling; mumbling.
mula, *f.* (*zool.*) mule.
mulàggine, *f.* mulishness; stubbornness.
mulatta, *f.* mulatto* (woman*).
mulattièra, *f.* mule-track.
mulattière, *m.* muleteer; mule-driver.
mulattièro, *a.* mule (*attr.*): **una strada mulattiera**, a mule-track.
mulatto, *m.* mulatto*.
mulésco, *a.* mulish.
muleta (*spagn.*), *f.* muleta; small cape.
muliebre, *a.* womanly; feminine; female: **il sesso m.**, the female sex; **la modestia m.**, womanly modesty; **occupazioni muliebri**, feminine pursuits. ● **una statua m.**, the statue of a woman.
mulinare, A *v. i.* **1** (*fare mulinello*) to eddy; to whirl; to turn round and round: **Le foglie morte mulinavano nell'aria**, the dead leaves whirled in the air **2** (*fantasticare*) to daydream; to be lost in reverie; to give* free play to one's fancy. **B** *v. t.* **1** (*far girare attorno*) to twirl; to whirl; to swirl: **m. un bastone**, to twirl a stick; **Il vento mulinava le foglie morte**, the wind whirled about the dead leaves **2** (*fig.*) to revolve (in one's mind); (*macchinare*) to scheme. ● **Che cosa stai mulinando?**, what are you after?
mulinèllo, *m.* **1** (*vortice*) eddy, whirl; (*vortice d'acqua*) whirlpool; (*di vento*) whirlwind **2** (*di canna da pesca*) (fishing) reel **3** (*balocco*) windmill **4** (*ventilatore*) ventilating-fan **5** (*naut.*) windlass; (*di catena*) swivel **6** (*nella scherma*) moulinet **7** (*gioco da tavolino: filetto*) merels (*pl.*); (the) mill. ● **fare m.**, to eddy; to whirl □ **fare m. col bastone**, to twirl one's stick.
mulino, *m.* mill: **il m. sul Po**, the mill on the Po; **m. ad acqua**, water-mill; **m. a vapore**, steam-mill; **m. a vento**, windmill; **m. e- lettrico**, electric mill; **m. da olio**, oil-mill; **macina di m.**, millstone; **ruota del m.**, mill-wheel; (*fig.*) **combattere contro i mulini a vento**, to tilt at windmills; (*fig.*) **tirare l'acqua al proprio m.**, to draw water to one's own mill; to bring grist to one's own mill. ● (*fig.*) **essere un m. a vento**, to be a weathercock □ (*fig.*) **parlare come un m. a vento**, to talk non-stop □ **Non si cheta mai: pare un m.**, he goes on talking and talking: he can talk the hind leg off a donkey □ (*prov.*) **Chi va al m.**, **s'infarina**, he that toucheth pitch shall be defiled therewith.
mullah, *m.* mullah, mollah.
mulo, *m.* **1** (*zool.*) mule (*anche fig.*): **essere caparbio** (*o* **ostinato**) **come un m.**, to be as stubborn (*o* obstinate) as a mule; to be pig-headed; **tirare calci come un m.**, to kick like a mule **2** (*volg.*, *spreg.*: *bastardo*) bastard. ● (*fig.*) **fare il m.**, to be obstinate.
multa, *f.* fine; mulct; penalty; (*autom.*) fine, ticket; tag (*USA*): **una grave m.**, a heavy fine; **pagare una m.**, to pay a fine. ● **infliggere una m.**, to fine; to mulct: **Gli fu inflitta una m. di dieci sterline**, he was fined ten pounds.
multare, *v. t.* to fine; to mulct; (*autom.*) to fine, to ticket; to tag (*USA*).
multicellulare, *a.* multicellular; pluricellular.
multicolóre, *a.* many-coloured; multi-coloured; variegated; motley.
multifido, *a.* (*zool.*) multifid.
multifloro, *a.* (*bot.*) multiflorous.
multifórme, *a.* multiform; variform; varied; many-sided: **un genio m.**, a many-sided genius.
multigrado, *a.* (*autom.*, *chim.*) multigrade.
multilaterale, *a.* (*geom.*) multilateral; many-sided.
multilingue, *a.* multilingual; polyglot.
multiloquènza, *f.* (*lett.*) multiloquence; eloquence.
multilòquio, *m.* (*lett.*) multiloquy; loquacity.
multimilionàrio, *a.* e *m.* multimillionaire.
multinazionale, *a.* e *f.* (*comm.*) multinational.
multipara, (*biol.*) **A** *a.* multiparous. **B** *f.* multipara.
multiplano, *a.* e *m.* (*aeron.*) multiplane.
multiplazióne, *f.* (*tel.*) multipling.
multiplétto, *m.* (*fis.*) multiplet.
multiplex (*ingl.*), *a.* e *m.* (*tel.*) multiplex.
mùltiplo, A *a.* multiple (*bot.*) **frutto m.**, multiple fruit; (*mecc.*) **una macchina ad espansione multipla**, a multiple-expansion engine; (*astron.*) **stelle multiple**, multiple stars. **B** *m.* (*mat.*) multiple: **il minimo comune m.**, the least common multiple.
multipolare, *a.* (*fis.*, *fig.*) multipolar.
multiprogrammazióne, *f.* (*elab.*) multiprogramming.
multirazziale, *a.* multiracial.
multiscafo, *a.* e *m.* (*naut.*) multihull.
multisecolare, *a.* centuries old; multicentennial; multicentenary.
multistàdio, *a.* invar. multistage.
multistrato, *a.* (*tecn.*) multilayer.
multiterminale, *a.* (*elab.*) multi-terminal.
multivibratóre, *m.* (*elettron.*) multivibrator.

mùmmia, *f.* mummy (*anche fig.*): **una m. egiziana**, an Egyptian mummy. ● **sembrare una m.** (*di persona vecchia e rinsecchita*), to be a living skeleton □ (*fig.*) **Quella vecchia m.!**, that old fossil!; the old fog(e)y!
mummificare, A *v. t.* to mummify; to embalm. **mummificarsi, B** *v. rifl.* **1** to mummify; to become* mummified **2** (*fig.*) to fossilize.
mummificazióne, *f.* mummification; embalmment.
mùngere, *v. t.* to milk (*anche fig.*): **m. una mucca**, to milk a cow; (*fig.*) **m. (la borsa di) q.**, to milk sb.'s purse; to squeeze money from (*o* out of) sb.
mungitóio, *m.* milking-shed.
mungitóre, *m.* milker. ● (*fig.*) **m. di borse**, extortioner.
mungitrice, *f.* **1** milkmaid **2** (*macchina*) milking-machine.
mungitura, *f.* milking: **m. meccanica**, machine milking.
mungo, *m.* (*zool.*, *Herpestes mungo*) Indian mongoose.
municipale, *a.* municipal; town (*attr.*); local government (*attr.*): **amministrazione m.**, municipal (*o* local government) administration; **banda m.**, town band; **consiglio m.**, town council; **diritti municipali**, municipal rights; **palazzo m.**, town hall. ● **scuola m.**, council-school.
municipalismo, *m.* municipalism.
municipalità, *f.* municipality.
municipalizzare, *v. t.* to municipalize.
municipalizzazióne, *f.* municipalization.
municipio, *m.* **1** (*comune*) municipality **2** (*complesso di persone che reggono un comune*) municipality; town council **3** (*sede del m.*) town hall.
munificaménte, *avv.* munificently; (*con liberalità*) liberally, bounteously, bountifully.
munificènte, *a.* munificent.
munificènza, *f.* munificence; (*liberalità*) liberality, bounty; (*generosità*) generosity.
munifico, *a.* munificent; (*liberale*) liberal, bounteous, bountiful; (*generoso*) generous.
munire, A *v. t.* **1** (*fortificare*) to fortify: **m. una città di mura**, to fortify a town with walls **2** (*provvedere*) to provide; (*fornire*) to furnish, to supply: (*mil.*) **m. con palizzate**, to furnish with palisades; to palisade; **m. di vettovaglie**, to supply with provisions (*o* victuals); **m. q. di denaro**, to provide sb. with money; **m. q. di un salvacondotto**, to provide sb. with a safe-conduct; **essere munito d'una serratura**, to be provided with a lock. ● **m. un documento della firma** (**del bollo**), to sign (to seal) a document. **munirsi, B** *v. rifl.* **1** (*premunirsi*) to fortify oneself; to protect oneself: **m. contro il freddo**, to fortify (*o* to protect) oneself against the cold; **m. contro le insidie della foresta**, to protect oneself against the dangers of the forest **2** (*provvedersi*) to provide oneself; to supply oneself; to furnish oneself: **Mi ero già munito di quanto m'abbisognava**, I had already provided myself with everything I needed.
munizionaménto, *m.* (*mil.*) **1** munitioning **2** (*munizioni*) munitions (*pl.*); ammunition (*solo sing.*).
munizióne, *f.* (*generalm. al pl.*) munitions (*pl.*); ammunition (*solo sing.*): **munizioni da guerra**, munitions of war. ● **munizioni da caccia**, (*cartucce*) cartridges; (*pallini*) shot (*collett.*); (*polvere*) gunpowder (*sing.*) □ **deposito munizioni**, magazine □ (*mil.*) **rifornire di munizioni**, to ammunition.
muóne, *m.* (*fis.*) muon.
muòvere, A *v. t.* **1** (*mettere in moto*) to move; to drive*: **un congegno mosso da una molla**, a device moved by a spring; **La ruota del mulino è mossa dall'acqua**, the mill-wheel is driven by water **2** (*spostare*) to move; to shift; to draw*: **m. il tavolino**, to move (*o* to shift) the table; **m. la sedia più vicino al fuoco**, to move (*o* to draw) one's chair nearer to the fire; **m. le truppe**, to move (the) troops; **m. una pedina**, (*nel gioco della dama*) to move a man; (*nel gioco degli scacchi*) to move a pawn; (*fig.*) to make a move; **Tocca a te m.**, it's your turn to move (*o* it's your move); **Lasciate tutto così: non muovete nulla!**, leave everything like that, don't move (*o* touch) anything **3** (*agitare leggermente*) to move; to stir; (*scuotere*) to shake*: **Il vento muoveva la tenda**, the wind shook the curtain; **Il vento muoveva le foglie**, the wind stirred the leaves **4** (*alzare o abbassare, distendere o piegare una parte del corpo*) to move; to stir (*generalm. nelle proposizioni neg.*) (*dimenare*) to wag: **m. il capo**, to shake one's head; **m. le gambe**, to move one's legs; (*fam.: fare del moto*) to take exercise; **m. le labbra**, to move one's lips; (*fig.*) **non m. un dito**, not to stir (*o* to lift) a finger; to make no effort: **Egli non muoverebbe un dito per aiutarmi**, he wouldn't stir a finger to help me; **Il cane muove la coda quando è soddisfatto**, a dog wags his tail when he feels pleased **5** (*fisiologia*) to move: **m. il corpo**, to move the bowels **6** (*fig.: eccitare, suscitare*) to move; to excite; to rouse; to stir up; to arouse; to provoke: **m. il furore del critico**, to stir the critic's rage; **m. il pianto**, to move to tears; **m. il riso**, to provoke laughter; **m. (le) critiche**, to arouse

mura (1)

criticism; **m. l'invidia**, to excite envy; **m. l'odio**, to stir up hatred; **m. q. a pietà**, to move sb. to pity; to arouse sb.'s pity; **Il racconto mosse la fantasia del ragazzo**, the story stirred up (o roused) the boy's imagination **7** (fig.: commuovere) to move; to stir: **m. l'animo**, to stir the heart **8** (fig.: indurre, incitare) to move; to stir; to induce; to prompt: **m. q. a fare q.c.**, to move (o to induce) sb. to do st.; **m. q. alla rivolta**, to stir sb. to revolt; **essere mosso da motivi indegni**, to be prompted by unworthy motives **9** (incominciare a fare) to move; to wage; (sollevare) to raise: **m. guerra a q.**, to wage war upon (o on, against) sb.; **m. una campagna**, to wage a campaign; **m. un dubbio** (un'obiezione), to raise a doubt (an objection) **10** (lett.: emettere) to utter; to heave*; to send* out: **m. un grido**, to utter a cry; **m. un sospiro**, to heave a sigh. **B** v. i. **1** (andare) to move; to go*; to advance: **m. contro il nemico**, to advance against the enemy; **m. incontro a q.**, to go to meet sb. **2** (avere origine) to originate (from, in, with); to rise*; to proceed; (partire) to start; (incominciare) to begin*: **Tutta l'opposizione muoveva da lui**, all opposition originated with him; **i fiumi che muovono dalle Alpi**, the rivers rising from the Alps; **Il treno muove da Milano**, the train starts from Milan; **Egli muove da idee troppo elevate**, he starts from too lofty conceptions **3** (dial.: germogliare) to bud; to be in bud. ● **m. un'accusa a** (o **contro**) **q.**, to bring a charge against sb. □ (mecc.) **m. a intermittenza**, to jog □ (mecc.) **m. avanti e indietro**, to reciprocate □ (leg.) **m. causa a q.**, to bring a suit against sb.; to sue sb. □ **m. mari e monti**, to move heaven and earth □ **m. un passo**, to take a step □ **m. un rimprovero a q.**, to reproach sb. □ **A che età incominciano i bambini a m. i primi passi?**, how old are babies when they start toddling (o they take their first steps)? **muòversi**, **C** v. rifl. **1** (muoversi) to move; to stir; (recarsi) to go*; (partire) to leave*: **m. troppo rapidamente** (**troppo lentamente**), to move too quickly (too slowly); **La terra si muove intorno al sole**, the earth moves (o turns) round the sun; **Iddio si muove in maniera misteriosa**, God moves in a mysterious way; **Non si muoveva una foglia**, not a leaf stirred; **m. a incontrare q.**, to go to meet sb.; **m. da un posto all'altro**, to move about; **m. dal proprio paese**, to leave one's village (o one's country); **m. di casa** (cambiare casa), to move (house); **I ragazzi non si sono mai mossi da casa**, the children have never stirred out (of the house); **Non s'è mossa un minuto dal letto del ragazzo**, she has not left the boy's bed one moment; **m. per soccorrere q.**, to go to sb.'s rescue; **non avere la forza di m. di qui a lì**, to be unable to stir (o to lift) a foot. ● **m. a compassione**, to be moved to pity □ **m. alla volta di Torino**, to set off for Turin □ (mecc.) **m. avanti e indietro**, to reciprocate □ **non potere m. dal letto**, to be confined to one's bed; to be bed-ridden □ **Gli piace m. all'aria aperta**, he likes to take some open-air exercise □ **Muoviti: è tardi**, hurry up (n, fam.: stir your stumps): it's late □ **Ti muovi?**, are you coming? □ (prov.) **Non si muove foglia che Dio non voglia**, when God will, no wind but brings rain.

mura (1), f. (naut.) tack: **m. di fiocco**, jib-tack.
mura (2), f. pl. V. **muro**.
muràglia, f. **1** wall (anche fig.): **la Gran M. della Cina**, the Great Wall of China; **le muraglie d'un castello**, the walls of a castle; **una m. di mattoni**, a brick wall; **Tra i patrizi e la plebe c'era una m.**, there was a wall (o a barrier) between patricians and plebeians **2** (fig.: barriera) barrier. ● **fermo come una m.**, as firm as a rock.
muraglióne, m. **1** massive wall **2** (di fiume) embankment.
muraiòla, f. (bot., Parietaria officinalis) pellitory (of the wall).
muraiòlo, a. wall (attr.); (rif. a pianta) wall-climbing.
murale, a. mural; wall (attr.): **una carta m.**, a wall map; (stor.) **una corona m.**, a mural crown. ● **pittura m.**, mural.
murare, **A** v. t. **1** (chiudere con un muro) to wall up; to brick up: **m. una finestra** (**una porta**), to wall up a window (a doorway); **Alcune delle finestre erano state murate**, some of the windows had been walled up **2** (conficcare nel muro) to embed (o to immure) in a wall **3** (nascondere in un muro) to wall up; to immure: **m. un tesoro**, to wall up a treasure; **m. q. vivo**, to wall up sb. **B** v. i. to build*: **m. a secco**, to build a dry wall; (fig.) to eat without drinking. ● (fig.) **m. la bocca a q.**, to seal sb.'s lips □ (fig.) **m. q. in casa**, to shut sb. up (in the house).
muràrsi, **C** v. rifl. (fig.: chiudersi) to immure oneself; to wall* oneself up; to seclude oneself: **Da quel giorno s'è murato in casa**, since then he has shut himself up in the house.
muràrio, a. building (attr.). ● **arte muraria**, masonry □ **lavoro m.**, brickwork; stonework; masonry.
murata, f. (naut.) ship's side; bulwarks (pl.): **la m. maestra**, the main bulwarks.
murato, a. walled; (chiuso con un muro) walled-up; immured; (cinto da un muro) walled-in, enclosed: **una città murata**, a walled city (o town); **una finestra murata**, a walled-up window; **un grande giardino m.**, a large walled-in garden.

muratóre, m. mason; bricklayer: **maestro m.**, master mason; **fare il m.**, to be a bricklayer; **franco m.** (massone), Freemason. ● **martello da m.**, brick hammer.
muratura, f. **1** (il murare) walling **2** (lavoro murario) masonry; brickwork; stonework: **m. a secco**, dry masonry; **m. di getto**, cast masonry; **m. refrattaria**, firebrick masonry; **ponte in m.**, masonry (o stone) bridge. ● **m. rustica**, nogging □ **m. di sostegno**, bulkhead □ **lavoro in m.**, brickwork.
murèna, f. (zool., Muraena helena) moray.
muriàtico, a. (chim.) muriatic: **acido m.**, muriatic acid.
muricciòlo, m. low wall.
mùrice, m. (zool., Murex) murex*.
muricolo, a. wall (attr.): **piante muricole**, wall plants.
murino, a. murine.
muro, m. (pl. **muri** def. 1, 3, **mura** def. 2) **1** wall: **m. a cassa vuota**, hollow wall; **m. a secco**, dry (o dry-stone) wall; **m. d'ala**, wing wall; **m. della scala**, stair(case) wall; **m. di chiusura**, panel wall; **m. di cinta**, boundary (o enclosure) wall; **m. di confine**, party wall; **m. di fondazione**, foundation wall; (archit.) **m. di frontone**, gable wall; (archit.) **m. di pietra sbozzata**, hewn-stone wall; **m. divisorio**, partition wall; **m. esterno**, outer wall; **m. di rivestimento**, protection wall; **m. di sostegno**, breast wall; **m. in calcestruzzo**, concrete wall; **m. in mattoni**, brick wall; **m. in pietrame**, stone wall; **m. maestro**, main wall; **armadio a m.**, built-in wardrobe; wall cupboard; **lungo il m.**, along the wall; **rasente al m.**, close to the wall; **il m. d'un giardino**, a garden-wall; **i muri d'una stanza**, the walls of a room; (anche fig.) **con le spalle al m.**, with one's back to the wall; **abbattere un m.**, to throw down a wall; **attaccare q.c. a un m.**, to hang st. on a wall; **battere il capo nel m.**, to knock one's head on (o against) the wall; **costruire un m.**, to build a wall; to wall; **mettere q. al m.**, to drive (o to push) sb. to the wall **2** (pl.: complesso di opere murarie) walls: **le mura d'una città**, the walls of a city; **Molte città cinesi sono circondate da alte mura**, many Chinese cities have high walls round them **3** (aeron.) barrier: **m. del calore**, heat barrier; **m. del suono**, sound barrier. ● **le mura domestiche**, home □ (edil.) **a m.**, wall-mounted: **un telefono a m.**, a wall-mounted telephone □ **chiudere con un m.**, to wall up □ **chiudersi fra quattro mura**, to shut oneself up; to seclude oneself □ **cingere con un m.**, to wall in □ **mettere al m.** (fucilare), to shoot □ (fig.) **mettersi con le spalle al m.**, to put oneself on the safe side □ (fig.) **parlare al m.**, to speak to deaf ears (o to the wind) □ **stare a uscio e m. con q.**, to be a next-door neighbour to sb. □ (prov.) **I muri hanno orecchie**, walls have ears.
murrino, a. (lett.) murrhine: (arte) **vasellame m.**, murrhine glass.
muṣa, f. (mitol.) Muse: **le nove Muse**, the nine Muses; **visitato dalle Muse**, Muse-haunted **2** (fig.) muse; inspiration.
muṣarágno, f. (zool., Sorex araneus) shrew; shrew-mouse*.
muṣata, f. **1** (colpo dato col muso) blow with the snout **2** (colpo ricevuto) blow on the nose.
muscarina, f. (chim.) muscarine.
muschiato, a. musky.
mùschio (1), m. (profumeria) musk.
mùschio (2), m. (bot.) moss: **raccogliere m.**, to gather moss; to go mossing; **ricoperto di m.**, overgrown with moss; moss-grown; mossy.
muscolare, a. (anat.) muscular; muscle (attr.): **dolori muscolari**, muscular rheumatism (sing.); **forza m.**, muscular strength; **movimenti muscolari**, muscular movements; **tessuto m.**, muscle tissue.
muscolatura, f. (anat.) **1** musculature; muscular system **2** (muscoli) muscles (pl.).
muscolina, f. (chim.) myosin.
mùscolo, m. **1** (anat.) muscle: **i muscoli della gamba**, the leg muscles; **muscoli flaccidi**, flabby muscles; **muscoli vigorosi**, strong (o well-developed) muscles; **contrazione dei muscoli**, contraction of the muscles; cramp; **rafforzare i muscoli**, to strengthen one's muscles **2** (di carne macellata) shin (of beef) **3** (zool., Mytilus edulis) mussel. ● (anat.) **m. adduttore**, adductor □ **m. elevatore**, elevator □ **m. estensore**, extensor □ **m. flessore**, flexor □ **m. rotatore**, rotator □ **m. tensore**, tensor □ (sport) **sciogliere** (o **scaldare**) **i muscoli**, to limber up □ **un uomo tutto muscoli**, a sinewy man.
muscolosità, f. muscularity; brawniness.
muscolóso, a. muscular; sinewy; brawny; stalwart: **braccia muscolose**, sinewy (o brawny) arms.
muscóso, a. mossy; moss-grown.
muscovite, f. (miner.) muscovite; common mica.
muṣèo, m. museum: **il M. britannico**, the British Museum; **un m. artistico**, an art museum; (scherz.) **un pezzo da m.**, a museum-piece; an old fossil. ● (spreg.) **roba da m.**, worthless old stuff; rubbish; junk.
muṣeruòla, f. muzzle. ● **mettere la m. a un cane**, to muzzle a dog □ (fig.) **mettere la m. a q.**, to muzzle sb.; to shut sb. up.
muṣètta, f. (sacchetto per la biada) nose bag; feed bag (USA).

musette (*franc.*), *f.* (*mus.*) musette.
musétto, *m.* (pretty) little face: **Che bel m.!**, what a pretty (*o* lovely) little face!
mùsica, *f.* music (*anche fig.*); (*motivo*) tune: **m. classica**, classical music; **m. moderna**, modern music; **m. strumentale**, instrumental music; **m. vocale**, vocal music; **m. da ballo**, dance music; **m. da camera**, chamber music; **m. negra** (*con molto sentimento*), soul music; soul; **lezioni di m.**, music-lessons; **maestro di m.**, music-master; **un pezzo di m.**, a piece of music; (*fig.*) **la m. della sua voce**, the music of her voice; **avere genio per la m.**, to have a talent for music; **avere passione per la m.**, to be fond of music; **cambiare la m.**, to play another (*o* a different) tune; (*fig.*) to change one's tune; **mettere in m.**, to set to music; **studiare la m.**, to study music; **Questa m. non mi piace**, I don't like this kind of music; **Sentite che m.!**, do you hear the music?; **Sempre la solita m.!**, it's always the same tune (*o* story)!; **Quest'è un'altra m.**, this is a different tune. ● (*mil.*) **la m. del reggimento**, the regimental band □ **m. riprodotta**, canned music □ **pezzo di m. per pianoforte**, sonata □ (*scherz.*) **Devo dirtelo in m.?**, do you want me to spell it out for you?
musicàbile, *a.* apt to be set to music; tunable.
musical (*ingl.*), *m.* musical; musical comedy.
musicale, *a.* musical: **composizioni musicali**, musical compositions; **strumenti musicali**, musical instruments; **una commedia m.**, a musical comedy; **una voce m.**, a musical voice. ● **avere orecchio m.**, to have an ear for music □ **conservatorio m.**, academy of music.
musicalità, *f.* musicality; musicalness.
musicalménte, *avv.* musically.
musicante, *m. e f.* musician.
musicare, *v. t.* to set* to music: **m. un libretto**, to set a libretto to music.
musicassétta, *f.* musicassette.
music-hall (*ingl.*), *m.* **1** (*teatro*) music-hall; variety theatre; vaudeville theater (*USA*) **2** (*spettacolo*) music-hall show; variety show; vaudeville (show) (*USA*).
musichétta, *f.* light music. ● **È una bella m.!**, it's a nice tune!
musicista, *m. e f.* musician: **È un abile m.**, he is a skilled musician. ● **m. «rock»**, rocker.
mùsico, **A** *a.* (*lett.*) musical. **B** *m.* musician.
musicògrafo, *m.* musicographer.
musicologia, *f.* musicology.
musicològico, *a.* musicological.
musicòlogo, *m.* musicologist.
musicòmane, *m. e f.* musicomaniac.
musicomania, *f.* musicomania.
musicoterapia, *f.* (*med.*) musicotherapy.
musivo, *a.* mosaic (*attr.*): **oro m.**, mosaic gold; **un'opera musiva**, a piece of mosaic work; a mosaic.
muso, *m.* **1** (*di animale*) muzzle; snout: **il m. d'un cane** (d'un maiale), a dog's (a pig's) snout **2** (*scherz.: faccia*) face (*anche nel significato di «broncio»*); mug (*volg.*): **Hai il m. sporco**, you have a dirty face; **Lavati il m.**, wash your face; **avere** (*o* **tenere**) **il m.**, to wear a long face; **dire q.c. a q. sul m.**, to say st. to sb.'s face; **mettere il m.**, to pull (*o* to draw) a long face; **ridere sul m. a q.**, to laugh in sb.'s face; **rompere** (*o* **spaccare**) **il m. a q.**, to smash sb.'s face; **torcere il m.**, to make a wry face; **Che brutto m.!**, what an ugly face (*o* mug) he has! **3** (*aeron.*) nose. ● **a m. duro**, without losing composure; resolutely □ **mettere il m. fuori**, to put one's nose outside.
musóne, *m.* (*fam.*) sulker; surly person.
musoneria, *f.* (*fam.*) sulkiness; surliness; sulks (*pl.*).
mussare, *v. i.* (*di vino e sim.*) to sparkle.
mùssola, **mussolina**, *f.* muslin: **m. a disegni**, figured muslin; **m. di lana**, muslin of wool; **m. di seta**, muslin of silk; **m. stampata**, printed muslin.
mussulmano, *V.* musulmano.
mustacchi, *m. pl.* **1** moustache (*sing.*); mustache (*sing., USA*): **avere i m.**, to have a moustache; **arricciarsi i m.**, to twirl one's moustache **2** (*naut.*) guys; bowsprit stays.
mustèla, *f.* (*zool.*, *Mustela*) marten.
musulmano, *a. e m.* Mussulman; Moslem; Muslim.
muta (1), *f.* **1** (*cambio*) change; (*di sentinella*) relief **2** (*di animali*, *delle penne*) moult(ing); molt(ing) (*USA*); (*della pelle*) shedding, casting-off; (*di insetti e crostacei*) ecdysis* **3** (*del vino*) decantation; decanting **4** (*serie*) set: **una m. di sacchi**, a set of bags; (*naut.*) **una m. di vele**, a set of sails **5** (*tuta subacquea*) wetsuit; (*rubber*) suit. ● **una m. di abiti**, a change of clothes □ **dare la m. a q.**, to relieve sb.; (*prendere il posto di q.*) to take sb.'s place; (*mil.*) **dare la m.**, to relieve (*o* to change) the guard.
muta (2), *f.* (*di cani*) pack.
mutàbile, *a.* changeable; (*mutevole*) mutable; (*variabile*) variable; (*incostante*) inconstant.

mutabilità, *f.* changeableness; changeability; alterableness; (*mutevolezza*) mutability; (*variabilità*) variability, variableness; (*incostanza*) inconstancy.
mutàgeno, *a.* (*biol.*) mutagenic.
mutaménto, *m.* change; (*variazione*) variation; (*trasformazione*) transformation; (*alterazione*) alteration: **un m. d'aria**, a change of air; **un m. di programma** (**di clima**), a change in the programme (in the climate); **un m. di temperatura**, a variation of temperature; **un m. in meglio** (**in peggio**), a change for the better (for the worse); **fare un gran m.**, to make a great change; **Ci sono stati moltissimi mutamenti**, a great many changes have taken place.
mutande, *f. pl.* **1** (*da uomo*) pants; underpants (*USA*) **2** (*da donna o da bambino*) knickers; panties; pantees.
mutandine, *f. pl.* briefs; pants; shorts; (*da donna*) panties: **m. da bagno**, bathing shorts (*o* slips); trunks; **m. da ginnastica**, gym(nastic) shorts.
mutante, *m.* (*biol.*) mutant.
mutare, **A** *v. t.* to change; (*trasformare*) to transform; (*alterare*) to alter; (*modificare*) to modify: **m. aria**, to change air (*anche fig.*); **m. direzione**, to change direction; **m. idea**, to change one's mind; **m. indirizzo**, to change one's address; (*fig.*) **m. le carte in tavola**, to change one's note (*o* tune); **m. posto con q.**, to change places with sb.; **m. viso** (*per l'emozione*), to change countenance; **m. vita** (*il modo di comportarsi*), to change one's ways. **B** *v. i.* to change; (*alterarsi*) to alter; (*variare*) to vary: **m. di colore**, to change colour; **m. di parere**, to change one's mind; **m. di posto**, to change one's seat; **Il senso muta**, the meaning changes; **Sei mutato dall'ultima volta che ti vidi**, you've changed since I saw you last; **L'aspetto della città è del tutto mutato**, the appearance of the town is quite altered. ● **m. casa**, to move (house): **Muteremo casa la prossima settimana**, we're moving next week □ **m. città**, to move to another town □ **m. colore**, to change colour; (*impallidire*) to turn pale □ **m. la pelle**, to cast off one's skin; (*dei rettili*) to slough off □ **m. le penne**, to moult □ **m. il vino**, to decant wine □ (*prov.*) **Il lupo muta il pelo, ma non il vizio**, can the leopard change its spots? **mutarsi**, **C** *v. rifl.* to change; (*cambiarsi d'abito*) to change (one's clothes): **m. in meglio** (**in peggio**), to change for the better (for the worse); **m. le scarpe**, to change one's shoes; **S'è mutato prima d'uscire**, he has changed (his clothes) before going out; **Mi basteranno cinque minuti per mutarmi**, it will take me just five minutes to change; **Il vento s'è mutato**, the wind has changed. ● **m. d'abito**, to change one's clothes □ **Pare che il tempo si muti**, it looks as if there's going to be a change in the weather □ **S'è mutato in un altro uomo** (*è cambiato*), he is quite a different man now □ **Come s'è mutato!**, what a change (*o* a difference) there is in him!
mutatóre, *m.* (*elettr.*) mercury vapour rectifier.
mutazióne, *f.* **1** mutation; alteration; variation; change: **fare alcune mutazioni**, to make some alterations **2** (*biol.*, *mus.*) mutation. ● (*biol.*) **che induce mutazioni genetiche**, mutagenic.
mutazionismo, *m.* (*biol.*) mutationism.
mutévole, *a.* mutable; changeable; variable; (*volubile*) fickle; (*incostante*) inconstant; (*instabile*) unsettled: **avere un'indole m.**, to be fickle-minded.
mutevolézza, *f.* mutability; (*volubilità*) fickleness, inconstancy: **la m. delle cose umane**, the mutability of human things.
mutevolménte, *avv.* mutably; variably.
mùtico, *a.* (*agric.*) muticous.
mutilare, *v. t.* to mutilate (*anche fig.*); to maim; to cripple: **Fu mutilato in guerra**, he was maimed (*o* crippled) in the war; **m. un corpo**, to mutilate a body; **m. una statua**, to mutilate a statue; **m. le orazioni di Cicerone**, to mutilate Cicero's orations. ● **m. q. d'un braccio** (**d'una gamba**), to deprive sb. of an arm (a leg).
mutilato, **A** *a.* mutilated; maimed; crippled. **B** *m.* cripple; disabled man*.
mutilazióne, *f.* mutilation: **m. volontaria**, self-mutilation.
mùtilo, *a.* (*lett.*) mutilated: **un codice m.**, a mutilated codex.
mutismo, *m.* **1** mutism; muteness **2** (*silenzio*) (obstinate) silence: **chiudersi nel più rigido m.**, to maintain the most absolute silence.
muto, **A** *a.* **1** (*privo di favella*) dumb; mute: **essere sordo e m.**, to be deaf and dumb; **È m. dalla nascita**, he has been dumb from birth; **Uno spavento lo rese m. a due anni**, a fright left him dumb when he was two years old **2** (*di persona che rimane silenziosa o di cosa priva di voce*) mute; dumb; silent; taciturn; (*senza parole*) speechless, tongueless, tongue-tied, voiceless, soundless: **le mute caverne della terra**, the tongueless caverns of the earth; **una casa** (**una strada**) **muta**, a silent (*o* soundless) house (road); **una gioia muta**, a speechless joy; **una muta preghiera**, a voiceless prayer; (*cinem.*) **una pellicola muta**, a silent film; **una scena muta**, a dumb show; **m. come una tomba**, as silent as the grave; **m. come un pesce**, as mute as a fish (*o* a mackerel); **m. dallo stupore**, mute

mùtria with wonder; speechless with surprise; **restare m.**, to remain dumb; to be silent; **restare m. per l'orrore**, to be struck dumb with horror; **con m. stupore**, in mute amazement; **Intorno a quel fatto era m. con tutti**, he was silent about the matter with everybody **3** (*gramm.*) mute; silent: **una lettera muta**, a mute (*o* silent) letter; a mute; **la «e» di «late» è muta**, the «e» in «late» is mute. ● **alla muta**, silently; in silence; without uttering a word □ **carta geografica muta**, skeleton map □ **le consonanti mute** (*sorde*), voiceless consonants □ (*fig.*) **fare scena muta**, not to say a single word □ **il linguaggio dei muti**, the deaf-and-dumb language. **B** *m.* **1** dumb person; mute **2** (*cinema muto*) silent cinema.

mùtria, *f.* haughtiness; standoffishness. ● **Con quella m.!**, he is so surly (*o* haughty)!

mùtua, *f.* **1** (*società di mutuo soccorso*) mutual aid association **2** (*per l'assistenza medica*) health insurance association; blue cross (*USA*). ● **essere in m.**, to be on sick-leave □ **medico della m.**, panel doctor □ **mettersi in m.**, to ask for sick-leave; to go sick (*fam.*).

mutualismo, *m.* (*biol.*) mutualism.

mutualìstico, *a.* **1** (*relativo alla mutualità*) mutualist; mutualistic **2** (*relativo alla mutua*) health (*o* national) insurance (*attr.*). ● (*biol.*) **simbiosi mutualistica**, mutualism.

mutualità, *f.* mutuality; mutual aid (*o* assistance).

mutualménte, *avv.* mutually; (*reciprocamente*) reciprocally.

mutuante, *m.* e *f.* (*leg.*) lender.

mutuare, *v. t.* **1** (*prendere a mutuo*) to borrow **2** (*dare a mutuo*) to lend*; to loan (*USA*).

mutuatàrio, *m.* (*leg.*) borrower.

mutuato, *m.* patient on a doctor's list (*o* panel).

mùtuo (1), *a.* mutual; (*reciproco*) reciprocal: **m. affetto**, mutual love; **m. consenso**, mutual agreement; (*fis.*) **mutua induttanza**, mutual inductance; **m. soccorso**, mutual aid; **società di m. soccorso**, mutual aid association; (*scherz., iron.*) **società di m. incensamento**, mutual admiration society. ● **cassa mutua malattia**, health insurance scheme.

mùtuo (2), *m.* (*leg.*) loan: **m. ipotecario**, mortgage loan; **concedere un m.**, to grant a loan. ● **mutui a breve scadenza** (**a lunga scadenza**), short-term (long-term) loans □ **capitale a m.**, borrowed capital □ **dare a m.**, to lend; to loan (*USA*) □ **prendere a m.**, to borrow (st. from sb.).

mylar (*ingl.*), *m.* (*marchio: chim.*) mylar.

n, N

N, n, *f.* e *m.* (*dodicesima lettera dell'alfabeto ital.*) N, n. ● (*tel.*) **n come Napoli**, n for Nellie (*USA*: n for Nan).
nababbo, *m.* nabob (*anche fig.*). ● (*fig.*) **vivere come un n.**, to live in the lap of luxury.
Nabuccodònosor, *m.* (*stor.*) Nebuchadnezzar.
nàcchera, *f.* **1** (*generalm. al pl., mus.*) castanet **2** (*zool.*) nacre.
Nàdia, *f.* Nadine.
nadir, *m.* (*astron.*) nadir.
nadirale, *a.* (*astron.*) nadiral.
nafta, *f.* (*chim.*) naphtha; (*per motori diesel*) Diesel oil: **n. greggia**, crude naphtha; **n. di alta qualità**, high-test Diesel oil. ● **a n.**, oil-fired □ **bruciatore per** (*o* **a**) **n.**, oil burner □ **riscaldamento a n.**, oil-fired (central-)heating.
naftalina, *f.* (*chim.*) naphthalene: **n. in palline** (**a scaglie**), naphthalene balls (flakes) (*pl.*); moth balls (flakes) (*pl.*).
naftène, *m.* (*chim.*) naphthene.
naftilammina, *f.* (*chim.*) naphthylamin(e).
naftile, *m.* (*chim.*) naphthyl.
naftòlo, *m.* (*chim.*) naphthol.
nàia (1), *f.* (*zool., Naja*) cobra.
nàia (2), *f.* (*gergo mil.*) **1** (*servizio militare*) national service; call-up; draft (*USA*) **2** (*vita militare*) military life.
nàiade, *f.* (*mitol.*) naiad; water-nymph.
naïf (*franc.*), *a.* (*arte*) naive: **pittori n.**, naive painters.
nàilon, *m.* nylon: **calze di n.**, nylon stockings; nylons; **filato di n.**, nylon yarn.
Nanchino, *f.* (*geogr.*) Nanking.
nanchino, *m.* (*ind. tessile*) nankeen.
nandù, *m.* (*zool., Rhea americana*) nandu; rhea.
nanismo, *m.* dwarfism (*med.*); nanism.
nanna, *f.* (*infant.*) bye-bye; beddy-bies: **andare a n.**, to go to bye-bye. ● **far la n.**, to sleep □ **Fai la n., bambino**, hushaby, baby.
nannùfero, *V.* **nenùfaro.**
nano, A *a.* dwarfish; dwarf (*attr.*): **geranio n.**, dwarf geranium. **B** *m.* **1** dwarf **2** (*persona di statura piccola*) dwarf; shortie (*fam.*); shrimp (*scherz.*).
nanosecóndo, *m.* (*fis.*) nanosecond.
nàpalm, *m.* (*marchio: chim., mil.*) napalm. ● **bomba al n.**, napalm bomb.
napèa, *f.* (*mitol.*) napaea*; wood-nymph.
napèllo, *m.* (*bot., Aconitum napellus*) aconite; monk's-hood, monkshood.
napoleóne, *m.* **1** (*numismatica*) napoleon **2** (*gioco di carte*) Napoleon solitaire **3** (*bicchiere per cognac*) brandy glass.
Napoleóne, *m.* (*stor.*) Napoleon.
napoleònico, *a.* (*stor.*) Napoleonic.
napoleònide, *m.* member of Napoleon's family.
napoletana, *f.* (*reversibile*) coffee-pot (with filter).
napoletano, *a.* e *m.* Neapolitan.
Nàpoli, *f.* (*geogr.*) Naples.
nappa, *f.* tassel.
nappo, *m.* (*lett.*) goblet; beaker; drinking-cup
narceina, *f.* (*chim.*) narceine.
narcisìsmo, *m.* (*psic.*) narcissism.
narcisista, *m.* e *f.* (*psic.*) narcissist.
narcisìstico, *a.* (*psic.*) narcissistic.
narcìso, *m.* (*bot., Narcissus poeticus*) narcissus*.
Narcìso, *m.* (*mitol.*) Narcissus.
narcoanàlisi, *f.* (*med.*) narcoanalysis.
narcolessìa, *f.* (*med.*) narcolepsy.
narcòsi, *f.* (*med.*) narcosis; general anaesthesia.
narcoterapìa, *f.* (*med.*) narcotherapy.
narcòtico, *a.* e *m.* (*farm.*) narcotic (*anche fig.*).
narcotina, *f.* (*chim.*) narcotine.
narcotìsmo, *m.* (*med.*) narcotism.
narcotizzare, *v. t.* (*med.*) to narcotize.
narcotizzazióne, *f.* (*med.*) narcotization.
nardo, *m.* (*bot.*) **1** (*Lavandula officinalis*) lavender **2** (*Cymbopogon nardus*) citronella.
narghilè, *m.* narghile(h); hookah.
nari, *f. pl.* (*lett.*) nostrils.
narice, *f.* (*anat.*) nostril.
narràbile, *a.* tellable.
narrare, *v. t.* to tell*; to narrate.
narrativa, *f.* **1** fiction: **opere di n.**, works of fiction **2** (*leg.*) narrative.
narrativo, *a.* narrative.
narratóre, *m.* narrator. ● **n. di storie**, story-teller.
narrazióne, *f.* **1** narration; telling **2** (*racconto*) tale; story.
nartèce, *m.* (*archit.*) narthex.
narvalo, *m.* (*zool., Monodon monoceros*) narwhal; sea-unicorn.
nasale, A *a.* (*anat., fon.*) nasal: **la cavità n.**, the nasal cavity; **il setto n.**, the nasal septum; (*fon.*) **i suoni nasali**, the nasal sounds. **B** *f.* (*fon.*) nasal. **C** *m.* (*parte dell'elmo*) nosepiece.
nasata, *f.* – **dare** (*o* **picchiare**) **una n.**, to bang one's nose.
nascènte, *a.* **1** dawning; new-born; rising: **il sole** (**la generazione**) **n.**, the rising sun (generation) **2** (*rif. a erba e sim.*) growing **3** (*chim.*) nascent: **idrogeno** (**ossigeno**) **n.**, nascent hydrogen (oxygen).
nàscere (1), *v. i.* **1** to be born; to come* into the world; to see* the light (*anche fig.*): **n. libero** (**uomo, donna, cieco, sotto buona stella**), to be born free (a man, a woman, blind, under a good star); **Nacque in Italia il 23 settembre 1930**, he was born in Italy on the 23rd of September 1930; **n. fortunato** (**sfortunato**), to be born lucky (unlucky); (*fig.*) **L'ho visto n.**, I've known him ever since he was born **2** (*trarre origine, anche fig.*) to come* (of, out of): **n. da poveri ma onesti genitori**, to come of poor but honest parents; **n. di buona famiglia**, to come of a good family; to be well born; **Non so cosa ne nascerà**, I don't know what will come of it; **Da un male è nato un bene**, good has come out of evil; **Nacque prima l'uovo o la gallina?**, which came first, the hen or the egg?; **Nasca quel che vuol nascere**, come what may **3** (*sorgere*) to arise*; to come* into being; to start; to come* about (*o* through); to be due (to); to originate (from): **Nacque un dubbio circa la sua validità**, a doubt arose as to its validity; **È nata una nuova professione**, a new profession has come into being; **Il progetto era nato da un equivoco**, the plan was due to (*o* had arisen from) a misunderstanding **4** (*di piante*) to come* up; to grow*; (*dalla terra*) to come* (out), to be out; (*germogliare*) to sprout; (*fiorire*) to burst* into flower; (*mettere le foglie*) to burst* into leaf: **Sono nate dopo la pioggia**, they've come up after the rain; **Non sono ancora nate**, they're not out yet; **Non puoi pretendere che nascano in una notte**, you can't expect them to burst into flower overnight; **Nascono in Aprile**, they come in April **5** (*di capelli, unghie, corna, ecc.*) to grow*; to begin to grow: **Al bambino nascono tanti capelli**, the baby's hair is beginning to grow; the baby has a lot of new hair **6** (*degli astri, dei fiumi*) to rise*; (*dei fiumi, anche*) to have one's source (*o* one's spring); (*scaturire*) to well up: **Il sole nasce dal mare**, the sun rises (*o* comes up) from the sea; **Il fiume nasce nelle Alpi** (**dal Monte Falterona, ecc.**), the river rises (*o* has its source) in the Alps (in Mount Falterona, etc.); **Il canale nasce nel porto di Kiel**, the canal has its entrance in Kiel harbour **7** (*di pulcini, pesci, ecc.*) to be hatched; to hatch: **Sono nati i pulcini**, the chickens are hatched. ● **n. spontaneo**, (*di una pianta*) to grow wild; to come up by itself; (*di una domanda*) to spring to mind immediately □ **far n. dei disordini**, to stir up trouble □ **far n. dei dubbi**, to give rise to some doubts □ **far n. un'idea**, to give birth to an idea □ **far n. un sorriso**, to call forth a smile □ **far n. un sospetto**, to arouse suspicion □ **far n. la speranza che...**, to awaken the hope that... □ (*fig.*) **non esserci nato**, not to be cut out for it: **Non sono nato per queste cose**, I am not cut out for these things □ **Il treno nasce a Roma**, the train starts from Rome □ (*di donna sposata*) **Come nasce?**, what is her maiden name? □ **Mi nacque il sospetto che..**, I began to suspect that... □ **Le è nato un maschio**, she has had (*o* she has

nàscere (2)

given birth to) a baby-boy □ (*fig.*, *fam.*) **È nato con gli occhi aperti**, there are no flies on him (*pop.*) □ (*di un bambino*) **Gli nascono i denti**, he is cutting his teeth; he is teething □ (*prov.*) **Da cosa nasce cosa**, one thing leads to another □ (*prov.*) **Nessuno nasce maestro**, experts are not found in the cradle □ (*prov.*) **Si sa come si nasce, non come si muore**, men know where they were born, not where they shall die.

nàscere (2), *m.* **1** rise; start; outset; inception: **il n. e il propagarsi di questa moda**, the rise and spread of this fashion; **Il giornale era orientato a sinistra sin dal n.**, the paper had a left-wing policy from the start **2** (*di piante, di foglie*) sprouting; bursting into flower (*o* into leaf). ● **il n. del giorno**, day-break □ **il n. del sole**, sunrise; sunup (*USA*) □ **sul n.**, at birth; (*di pianta e fig.*) in the bud.

nasciménto, *m.* (*lett.*) birth.

nàscita, *f.* **1** birth: **alla n.**, at birth; **certificato di n.**, birth-certificate; **luogo di n.**, birth-place; **muto dalla n.**, dumb from birth; born dumb; **essere francese di n.**, to be French by birth **2** (*origine*) origin; (*discendenza*) descent; (*lignaggio*) extraction, birth: **di buona n.**, of good birth (*o* extraction); **nobile di n.**, of noble birth; high-born **3** (*di astro*) rising; rise. ● **la n. del sole**, sunrise; sunup (*USA*) □ **controllo delle nascite**, birth-control □ **per (diritto di) n.**, by right of birth □ **prima della (dopo la) n. di Cristo**, before (after) Christ.

nascituro, A *a.* **1** about to be born **2** (*fig.*) future; forthcoming. **B** *m.* (future) baby; baby-to-be.

nascóndere, A *v. t.* **1** to hide*; to conceal: **n. q.c. a q.**, to hide st. from sb.; **n. i propri sentimenti**, to hide one's feelings; **n. denaro**, to hide money **2** (*n. alla vista*) to hide* (st.) from (sb.'s) view: **Quella collina ci nasconde il golfo**, that hill hides the bay from our view; **I cespugli ci nascondevano**, the bushes hid us from view. ● **n. la propria identità**, to keep one's identity secret □ **n. il proprio odio**, to disguise one's hatred □ **n. il viso fra le mani**, to bury one's face in one's hands □ **rimanere nascosto**, to remain in concealment □ **Cercai di nascondergli la verità**, I tried to keep the truth from him □ **La lettera potrebbe n. un'insidia**, I wouldn't trust that letter: there may be something behind it. **nascondersi, B** *v. rifl.* to hide* (oneself): **Presto, nasconditi!**, quick, hide yourself!; **Non so dove nascondermi**, I don't know where to hide. ● **giocare a n.**, to play hide-and-seek □ **Qui sotto si nasconde qualcosa**, I smell a rat.

nascondìglio, *m.* hiding-place; hide-out, hidey-hole (*fam.*).

nascondino, *m.* hide-and-seek.

nascostaménte, *avv.* secretly.

nascòsto, *a.* hidden; secret; concealed. ● **di n. a q.**, behind sb.'s back.

nasèllo (1), *m.* (*zool.*, *Merluccius merluccius*) hake.

nasèllo (2), *m.* **1** (*mecc.*) nib **2** (*nasiera*) nosering. ● **n. di porta**, catch.

nasétto, *m.* **1** (*mus.*) nut (of a violin-bow) **2** (*monachetto*) catch (for a door-latch).

nasica, *m. invar.* (*zool.*, *Nasalis larvatus*) proboscis monkey.

nasièra, *f.* nosering.

naso, *m.* nose (*anche di animali*): **avere il n. all'insù**, to have a turned-up (*o* tip-tilted) nose; **n. che gocciola**, dripping nose; **n. intasato**, stopped-up (*o* stuffed-up) nose; **n. corto, grosso e all'insù**, snub nose; (*fam.*) **n. a patata**, pug nose; **la punta del n.**, the tip of one's nose; (**proprio**) **sotto il n. di q.**, (right) under sb.'s very nose; **non vedere più in là del proprio n.**, to see no farther than the end of one's nose; **soffiarsi il n.**, to blow one's nose; **parlare col** (*o* **nel**) **n.**, to speak through one's nose; **mettere** (**ficcare, cacciare**) **il n. negli affari altrui**, to poke (to stick, to thrust) one's nose into other people's business; **arricciare** (*o* **torcere**) **il n.** (**di fronte**) **a q.c.**, to turn up one's nose at st.; **menare q. per il n.**, to lead sb. by the nose. ● **a lume di n.**, by rule of thumb; by guess-work □ **avere buon n. per q.c.**, to have a flair for st. □ **dal n. aquilino**, aquiline-nosed; hook-nosed □ **fazzoletto da n.**, pocket-handkerchief □ **non ricordarsi dalla bocca al n.**, to have a memory like a sieve □ **restare con un palmo di n.**, to be badly disappointed □ **sbattere l'uscio sul n. a q.**, to slam the door in sb.'s face □ **tabacco da n.**, snuff □ **Gli montò la mosca al n.**, he saw red; he flew into a rage.

nasóne, *m.* **1** (*grosso naso*) big (*o* prominent) nose **2** (*persona con un grosso naso*) person with a big (*o* prominent) nose; beaky (*pop.*).

naspo, *m.* (*aspo*) reel; swift.

nassa, *f.* wicker-work fish trap; (*per aragoste*) lobster-pot.

Nasso, *f.* (*geogr.*) Naxos.

nastìa, *f.* (*bot.*) nastic movement.

nastrare, *v. t.* to ribbon; to tape; to band.

nastrifórme, *a.* ribbon-like.

nastrino, *m.* (*mil.*) ribbon.

nastro, *m.* **1** ribbon: **n. da capelli**, hair-ribbon; **fillet; n. di macchina per scrivere**, typewriter ribbon **2** (*tecn.*) tape; band; strap; ribbon: **n. adesivo**, adhesive tape; (*fis.*) **n. isolante**, insulating tape; (*mecc.*) **n. per ammortizzare**, shock-absorber strap; (*elab.*) **n. perforato**, punched tape; (*mecc.*) **sega a n.**, band- (*o* belt-, endless) saw; **metro a n.**, tape-measure; **n. di telescrivente**, ticker--tape; **registratore a n.**, tape-recorder; **registrazione a n.**, tape--recording; **incidere su n. (magnetico)**, to record on tape **3** (*fascia, fascetta*) band: **un n. da cappello** (*specialm. da uomo*), a hat-band. ● (*corse di cavalli*) **nastri di partenza**, barrier(-line) (*sing.*); (starting-)gate (*sing.*) □ (*metall.*) **n. d'acciaio**, steel strip □ (*metall.*) **n. di ferro**, iron strip □ (*metall.*) **n. laminato a caldo** (**a freddo**), hot-rolled (cold-rolled) strip □ (*mus.*) **n. magnetico stereofonico**, stereotape.

nastrotèca, *f.* tape library.

nastùrzio, *m.* (*bot.*, *Nasturtium officinale*) nasturtium; watercress.

nasuto, *a.* big-nosed; (*dal naso lungo*) long-nosed; (*dal naso a becco*) hook-nosed.

natale, A *a.* native; of one's birth; birth (*attr.*): **Bari è la mia città n.**, Bari is my native town. **B** *m.* **1** (*giorno n.*) birthday **2** (*pl.*, *nascita*) birth: **essere di illustri** (**oscuri**) **natali**, to be of noble (obscure) birth. ● **il n. di Roma**, the foundation of Rome.

Natale (1), *m.* Christmas (*abbr.*: Xmas): **il giorno di N.**, Christmas Day; **un albero di N.**, a Christmas-tree; **Buon N.!**, merry Christmas!

Natale (2), *m.* (*nome di persona*) Noel.

Natalia, *f.* Natalie, Natalia.

natalità, *f.* natality; birth-rate.

natalizio, A *a.* **1** (*del Natale*) Christmas (*attr.*): **un biglietto n.**, a Christmas card; **doni natalizi**, Christmas presents **2** (*del giorno di nascita*) birth (*attr.*); natal. ● **giorno n.**, birthday. **B** *m.* birthday.

Natanièle, *m.* Nathaniel.

natante, A *a.* floating. **B** *m.* (*naut.*) craft (*pl. invar.*); boat.

natatóia, *f.* (*zool.*) fin.

natatòrio, *a.* swimming (*attr.*); natatory: **vescica natatoria**, swimming-bladder.

Nat(h)an, *m.* (*Bibbia*) Nathan.

nàtica, *f.* (*anat.*) buttock.

natimortalità, *f.* (*stat.*) natimortality; stillbirth (*o* stillborn) rate.

natio, *a.* (*lett.*) native.

nativismo, *m.* (*filos.*) nativism.

nativista, *m.* e *f.* (*filos.*) nativist.

natività, *f.* (*specialm. relig., arte*) nativity.

nativo, A *a.* native; home (*attr.*). **B** *m.* native.

nato, A *a.* born: **un attore n.**, a born actor; **Non sono n. ieri**, I wasn't born yesterday; **n. con la camicia**, born with a silver spoon in one's mouth; **n. da povera gente**, born of poor parents. ● **essere n. di sette mesi**, to be a seven months' child □ (*anche med.*) **n. morto**, still-born □ **un bambino appena n.**, a new-born baby □ **ben n.**, well-born □ **Elisabetta Browning nata Barrett**, Elizabeth Browning née Barrett □ (*fam.*) **Sei tuo padre n. e sputato**, you're the spitten image (*o* the dead spit) of your father. **B** *m.* (*figlio*) child*. ● **i nati nel 1959**, those born in 1959; (*la classe*) the 1959 class.

Nato, *f.* (*mil., polit.*) North Atlantic Treaty Organization (*abbr.*: NATO).

natron, *m.* (*miner.*) natron.

natta, *f.* (*med.*) wen.

natura, *f.* **1** nature: **la n. umana**, human nature; **madre n.**, Mother Nature; **le bellezze (le leggi, la voce) della n.**, the beauties (the laws, the voice) of nature; **È per lui una seconda n.**, it's second nature for him; **Lascia fare la n.!**, leave it to nature!; **La n. aborre dal vuoto**, nature abhors a vacuum **2** (*istinto*) natural instinct: **Lascialo seguire la sua n.**, let him follow his natural instinct **3** (*qualità, tipo*) nature; sort; type; kind: **libri di varia n.**, different kinds of books; **Non sappiamo di che n. fossero i loro rapporti**, we do not know the nature of their relationship **4** (*indole*) character; disposition; temper: **Quell'uomo ha una n. allegra** (**gentile, ecc.**), the man has a cheerful (kind, etc.) disposition. ● (*pitt.*) **n. morta**, still life □ **allo stato di n.**, in the natural state □ **essere buono di** (*o* **per**) **n.**, to be good-natured □ **contro n.**, against nature; unnatural: **un delitto contro n.**, an unnatural crime □ **essere di n. impulsiva**, to be impulsive by nature □ **pagare in n.**, to pay in kind.

naturale, *a.* **1** natural: **scienze naturali**, natural science (*sing.*); **storia n.**, natural history; **un figlio n.**, a natural (*o* an illegitimate) son; **abilità naturali**, natural (*o* innate) abilities; **morire di morte n.**, to die a natural death; **parlare in modo n.**, to speak in a natural way; (*leg.*) **diritto n.**, natural law **2** (*opposto a finto*) real: **fiori naturali**, real flowers **3** (*come risposta*: *per naturalmente, certo*) of course; naturally; sure (*specialm. USA*). ● **capelli naturali** (*non tinti*), hair of their natural colour □ **denti naturali**, one's own teeth □ **ritratto di grandezza n.** (*o* **al n.**), life-size (*o* life-sized) portrait □ **vita natural durante**,

for the whole of one's life; for the rest of one's days □ **I suoi capelli sono di un biondo n.**, she is natural blonde.
naturalézza, *f.* naturalness; natural way (*o* manner). ● **con n.**, naturally □ **mancare di n.**, to be stilted (*o* affected).
naturalismo, *m.* (*letter.*, *filos.*, *arte*) naturalism.
naturalista, *m.* e *f.* naturalist.
naturalistico, *a.* naturalistic.
naturalizzare, A *v. t.* (*leg.*) to naturalize. **naturalizzarsi, B** *v. rifl.* to become* naturalized.
naturalizzazióne, *f.* (*leg.*) naturalization.
naturalménte, *avv.* **1** (*con naturalezza*) naturally; unaffectedly: **parlare n.**, to speak naturally **2** (*per natura*) naturally; by nature **3** (*certo*, *beninteso*) of course; naturally; sure (*specialm. USA*): «**Gli hai scritto?**» «**N.!**», «did you write to him?» «of course (I did)».
naturamortista, *m.* e *f.* (*pitt.*) still-life painter.
naturismo, *m.* **1** naturism; back-to-nature movement **2** (*med.*) naturopathy.
naturista, A *m.* e *f.* **1** naturist **2** (*med.*) naturopath. **B** *a.* **1** naturistic **2** (*med.*) naturopathic.
naturistico, *a.* naturistic.
naufragare, *v. i.* **1** to be (ship)wrecked; to founder: **n. in alto mare (nella tempesta, sugli scogli)**, to be shipwrecked at sea (in a storm, on the rocks) **2** (*fig.*) to be wrecked; to fall* through; to fail.
naufràgio, *m.* **1** shipwreck; wreck: **poche cose salvate dal n.**, few things saved out of the wreck **2** (*fig.*) wreck; failure. ● **far n.**, to be wrecked.
nàufrago, *m.* shipwrecked person; (*abbandonato dai compagni di navigazione*) castaway. ● **n. sopravvissuto**, survivor from a wreck.
naumachia, *f.* (*stor.*) naumachia*; naumachy.
naupatìa, *f.* (*med.*) naupathia; sea-sickness.
nàusea, *f.* **1** (*med.*) nausea **2** (*fig.*) nausea; disgust; loathing. ● **fare n. a q.**, to disgust sb. □ **fino alla n.**, «ad nauseam» (*lat.*) □ **senso di n.**, sick feeling; queasiness □ (*anche fig.*) **sentire n.**, to feel sick; **Sento n. per le anguille**, eels make me feel sick.
nauseabóndo, nauseante, *a.* **1** nauseating; nauseous; sickening; queasy: **cibo n.**, nauseating food **2** (*fig.*) nauseating; revolting; disgusting; loathsome: **una vista nauseabonda**, a nauseating sight.
nauseare, *v. t.* e *i.* to nauseate; to sicken.
nauseato, *a.* nauseated; sick; disgusted.
nàuta, *m.* (*lett.*) **1** (*marinaio*) mariner (*lett.*); seaman*; sailor **2** (*nocchiero*) pilot; helmsman*.
nàutica, *f.* (*art of*) navigation; nautical science.
nàutico, *a.* nautical; naval; marine. ● **arte (*o* scienza) nautica**, (art of) navigation □ **sala nautica**, charthouse. ● **sci n.**, water skiing.
nàutilo, *m.* (*zool.*, *Nautilus pompilius*) (pearly) nautilus*.
navale, *a.* naval; nautical: **un'accademia (una battaglia) n.**, a naval college (battle). ● **cantiere n.**, shipyard.
navalmeccànica, *f.* shipbuilding.
navalmeccànico, A *a.* shipbuilding (*attr.*). **B** *m.* worker in a shipyard.
navarco, *m.* (*stor.*) navarch.
Navarra, *f.* (*geogr.*) Navarre.
navata, *f.* (*archit.*: **n. centrale**) nave; (**n. laterale**) aisle: **una chiesa a tre navate**, a church with nave and two aisles; **una chiesa a cinque navate**, a church with nave and double aisles; **Le navate laterali sono più basse della centrale**, the aisles are lower than the nave. ● **una chiesa a una sola n.**, an aisleless church.
nave, *f.* ship; craft (*pl. invar.*); vessel; boat (*fam.*): **n. ammiraglia**, flagship; **n. appoggio**, mother-ship; tender; **n. a vapore**, steamship; steamer; **n. a vela**, sailing-ship; **n. da guerra**, warship; man-of-war; **n. mercantile**, cargo*; merchant ship; merchantman; **n. officina**, repair ship; **n. per ricerche petrolifere**, drill ship; **n. scorta**, convoy-ship; escort; **n. spaziale**, space ship (*o* craft); **n. da carico**, cargo boat; freighter; (*non di linea*) tramp. ● **n. a un ponte (a due, a tre ponti)**, single-decker (double--decker, three-decker) □ **n. cisterna**, tanker □ **n. civetta**, decoy (ship) □ **n. corsara**, corsair □ **n. da cabotaggio**, coaster □ (*fig.*) **la n. dello Stato**, the ship of State □ **n. (in servizio) di linea**, liner □ **n. dragamine**, minesweeper □ **n. petroliera**, oil tanker □ **n. portaerei**, aircraft-carrier □ **n. posamine**, minelayer □ **n. traghetto**, ferry; ferryboat.
navétta, *f.* **1** (*pietra preziosa*) navette **2** (*mecc.*) shuttle. ● **n. spaziale**, space shuttle □ **treno n.**, shuttle train.
navicèlla, *f.* **1** (*per incenso*) incense-boat **2** (*aeron.*: *di pallone*) basket; (*di dirigibile*) gondola, car, nacelle **3** (*mecc.*) shuttle.
navicèllo, *m.* (*naut.*) two-master.
navicolare, *a.* (*specialm. anat.*) navicular. ● **osso n.**, navicular.
navigàbile, *a.* **1** navigable **2** (*di un'imbarcazione*, *anche*) seaworthy **3** (*di un aereo*, *anche*) airworthy.

ne

navigabilità, *f.* **1** (*di un fiume*, *ecc.*) navigability **2** (*di un'imbarcazione*, *anche*) seaworthiness **3** (*di un aereo*, *anche*) airworthiness.
navigante, A *m.* sailor; seaman*; seafarer (*lett.*). ● **Il faro mette in guardia i naviganti**, the lighthouse sends out a warning to ships; the lighthouse warns ships of danger. **B** *a.* **1** (*naut.*) maritime; sailing **2** (*aeron.*) navigating.
navigare, *v. i.* e *t.* to sail; to navigate; to be at sea: **n. intorno al mondo (lungo la costa, ecc.)**, to sail round the world (along the coast, etc.); **n. i mari**, to sail the high seas; **n. il (*o* lungo il) Mississippi**, to sail up (*risalendo*), down (*scendendo*), the Mississippi; **Naviga da vent'anni**, he has been at sea for twenty years. ● (*anche fig.*) **n. secondo il vento**, to trim one's sails according to the wind □ (*fig.*) **non n. in buone acque** (*o* **in cattive acque**), to be in low water; to be hard up; (*di una ditta che non prospera*) to be going down-hill.
navigato, *a.* (*fig.*) wise; expert; experienced; (*furbo*) cunning. ● **un uomo n.**, a man of the world □ **Lascia fare a lui che è un uomo n.**, leave it to him: he knows what he's about (*o* he knows his way about).
navigatóre, A *m.* **1** navigator **2** (*marinaio*) sailor; seaman*. ● **n. spaziale** (*astronauta*), astronaut; spaceman. **B** *a.* seafaring: **un popolo n.**, a seafaring nation.
navigazióne, *f.* **1** (*naut.*, *aeron.*: *arte*, *azione del navigare*) navigation: **n. fluviale (interna)**, river (inland) navigation; **n. aerea**, air navigation; **n. aerea cieca (a reticolo, a mezzo radio)**, blind air (grid, radio) navigation; **n. a vapore**, steam navigation **2** (*viaggio per mare*) voyage; (*traversata*) crossing. ● (*aeron.*) **n. ad alta quota**, flying at high altitude □ **n. a vela**, sailing □ **n. spaziale** (*astronautica*), astronautics (*pl. col verbo al sing.*) □ **atto alla n.**, (*di nave*) seaworthy; (*d'aeroplano*) airworthy □ **compagnia di n.**, shipping company (*o* shipping line); (*aerea*) airline □ **strumenti di ausilio alla n.**, navigational aids.
naviglio, *m.* **1** shipping; ships (*pl.*); craft (*pl.*): **n. silurante**, torpedo craft **2** (*flotta*) fleet **3** (*canale*) (ship-)canal. ● **n. da carico**, freighters (*pl.*).
navóne, *m.* (*bot.*, *Brassica napus*) coleseed; rape.
nazareno, *V.* **nazzareno**.
nazifascismo, *m.* Nazi-Fascism.
nazifascista, *a.*, *m.* e *f.* Nazi-Fascist.
nazificare, *v. t.* to Nazify; (*imporre l'ideologia nazista*) to impose Nazism on; (*convertire al nazismo*) to imbue with Nazism.
nazionale, A *a.* **1** national: **lingua n.**, national language **2** (*econ.*, *polit.*) domestic; home (*attr.*); national: **prodotti nazionali**, home products. ● **su tutto il territorio n.**, countrywide. **B** *m.* (*sport*) member of a national team. **C** *f.* (*sport*) national team.
nazionalismo, *m.* nationalism.
nazionalista, A *m.* e *f.* nationalist; nationist. **B** *a.* nationalist(ic).
nazionalistico, *a.* nationalist(ic).
nazionalità, *f.* nationality: **persone di varie n.**, people of various nationalities; **cambiare n.**, to change one's nationality; **invocare la n. svizzera**, to claim Swiss nationality.
nazionalizzare, *v. t.* to nationalize.
nazionalizzazióne, *f.* nationalization.
nazionalsocialismo, *m.* (*stor.*) National Socialism; Nazi(i)sm.
nazionalsocialista, *a.*, *m.* e *f.* (*polit.*) National Socialist; Nazi.
nazióne, *f.* nation; (*stato*) state: **l'Organizzazione delle Nazioni Unite**, the United Nations Organization.
nazismo, *m.* (*stor.*) Nazi(i)sm.
nazista, *a.*, *m.* e *f.* (*stor.*) Nazi.
nazzareno, *a.* e *m.* Nazarene. ● **capelli alla nazzarena**, flowing locks.
né, *cong. neg.* **1** (*negando due termini*) neither... nor; (*più di due termini*) neither... nor: **né carne né pesce**, neither fish nor fowl; **né lunedì, né martedì, né mercoledì,...** neither Monday, nor Tuesday, nor Wednesday...; **Non voglio né tè né caffè**, I want neither tea nor coffee; I don't want either tea or coffee **2** (*e non*) nor (*richiede l'inversione del sogg. e del verbo*); and not: **Non ci sono andata, né ci andrò**, I haven't been there nor am I going (*o* I'm not going); **Non è la prima né sarà l'ultima volta**, it is not the first time, nor will it be (*o* and it won't be) the last; **né tocca a me condannarlo**, nor is it for me (*o* and it isn't for me) to condemn him. ● **né da una parte né dall'altra**, on neither side **□ né più né meno**, neither more nor less **□ né l'uno né l'altro**, neither: **Non voglio né l'uno né l'altro**, I want neither; I don't want either of them; **Non c'erano né l'uno né l'altro**, neither (of them) was present **□ né punto né poco**, not at all **□ Se n'è andato senza dire addio né lasciare un biglietto**, he has gone without (either) saying good-bye or leaving a note.
ne, *forma atona* **1** (*particella avv. di moto da luogo*) from it;

from there; from here; (*con il verbo* to leave: «*lasciare, partire*») it, there, here (*talora sottintesi*): **Arriviamo a Shannon alle 7 e ne ripartiamo alle 8**, we get to Shannon at 7 and leave at 8 (*o* and leave it, and leave there, at 8); **Andiamocene (da qui)**, let us go away from here; let us leave **2** (*particella pron.*) of (*o* about, by, with) it (*o* him, her, them); (*talora omesso in ingl. o reso con un agg. poss.*): **L'ha fatto da sé e ne è fiero**, he made it himself and he's proud of it; **L'ho conosciuto e non ne sono entusiasta**, I've met him, and I wasn't impressed (by him); **Eccone due**, here are two (of them); **Mandane due scatole**, send two boxes (of them); **Non ha il libro; che cosa ne ha fatto?**, he hasn't got his book; what has he done with it?; **Fanne una lista**, make a list (of them); **Ne ho bisogno**, I need it; **Non ne dubito**, I don't doubt it; **Cosa me ne faccio di un calamaio d'argento?**, what can I do with a silver inkstand?; **Ne ha fatte di tutti i colori**, he has been up to all sorts of tricks; **Se ne pentirà**, he will repent it; he will be sorry for it; **Non ne conosco il prezzo**, I don't know its price; **Non ho mai lavorato con lui, ma ne conosco la capacità**, I have never worked with him, but I know of his ability **3** (*partitivo: nelle frasi afferm. e nelle interr. quando si offre q.c. o il sogg. è un pron. interr.*) some; (*in frasi dubit., interr. e neg. in presenza di un'altra negazione*) any; (*in frasi neg. quando non vi sia altra negazione*) none; (*è omesso se accompagnato da un numero o da un agg. indef.; ma se questi sono seguiti da un agg. qualificativo, allora si rende con* one, ones): **Ho molte sigarette; ne vuoi?**, I have a lot of cigarettes; would you like some?; **No, grazie; ne ho**, no, thank you; I've got some; **Chi ne vuole?**, who wants some?; **Chi ne comprò?**, who bought some?; **Prendine**, ne ho degli altri, take some; I have some more; **«Hai degli spiccioli?» «Non ne ho»**, «have you got any change?» «I haven't any»; **Dammi delle mele, se ne sono rimaste**, give me some apples, if there are any left; **Te ne darei se ne avessi**, I would give you some if I had any; **Non ne ho affatto**, I have none (at all); **Ne avevo dieci**, I had ten; **Ne ho molti**, I have a lot (of them); **Ne ho due molto belli**, I have two beautiful ones; **Ne devo comprare uno nuovo**, I must buy a new one; **Quanto (quanti) ne vuoi?**, how much (how many) do you want?; **Ne ho a sufficienza**, I've got enough **4** (*pleonastico*): — **Me ne vado**, I'm going away; **Ce ne andammo a spasso**, we went for a walk; **andarsene alla chetichella**, to take French leave.

neanche, A *avv.* **1** not... even: **Non lo rifarei n. se fossi pagato**, I wouldn't do it again, not even if I were paid to do it) **2** (*senza... neanche*) without... even; without so much as: **L'uomo se ne andò senza n. salutare**, the man went away without even saying goodbye (*o* without so much as saying goodbye). ● **N. per sogno!**, by no means!; certainly not! **B** *cong.* nor; neither; not... either: **Non sa giocare a tennis e n. io**, he can't play tennis, nor (*o* neither) can I; **«Non fumo» «N. io»**, «I don't smoke» «neither do I»; **«Non l'ho letto» «N. io»**, «I have not read it» «neither have I»; **N. Pietro è venuto**, Peter hasn't come either.

nébbia, *f.* **1** mist: **la n. del primo mattino**, early morning mists; **La n. si diradò**, the mist rolled away (*o* cleared away, melted away); **C'è una n. bianca come l'ovatta sopra il lago**, there's a thick white mist like cotton-wool over the lake; **Piangevo e avevo come una n. davanti agli occhi**, I was crying and saw everything through a mist **2** (*densa*) fog; (*mista a fumo*) smog; (*foschia*) haze: **n. da tagliarla col coltello**, fog you could cut with a knife; **n. densa e giallognola** (*delle città industriali*) pea-soup fog; pea-souper (*fam.*); **n. bassa**, ground fog; **un banco di n.**, a fog-bank **3** (*fig., anche*) shadow (*ombra*). ● **bloccato dalla n.**, fog-bound □ (*fis.*) **camera a n.**, Wilson's cloud chamber □ (*mil.*) **cortina di n.**, smoke-screen □ **Stamani piove e c'è un po' di n.: prendi l'impermeabile**, it's wet and misty: take your mac.

nebbiògeno, A *a.* smoke-making. **B** *m.* smoke-making apparatus; smoke-discharger.

nebbiòlo, *m.* «nebbiolo» (red Piedmontese wine).

nebbióne, *m.* dense (*o* thick) fog; pea-souper (*fam.*).

nebbiosità, *f.* mistiness; fogginess.

nebbióso, *a.* **1** misty; foggy: **una mattina nebbiosa e umida**, a misty moisty morning **2** (*fig.*) clouded; hazy.

nebulare, *a.* (*astron.*) nebular.

nebulizzare, *v. t.* (*chim., fis.*) to nebulize; to atomize; to vaporize; to spray (with aerosol).

nebulizzatóre, *m.* (*chim.*) nebulizer; vaporizer; atomizer.

nebulizzazióne, *f.* (*chim.*) nebulization; aerosol; vaporization; atomization.

nebulósa, *f.* (*astron.*) nebula*; nebulous star: **nebulose extragalattiche**, extragalactic nebulae.

nebulosità, *f.* **1** nebulosity **2** (*fig., anche*) haziness; obscurity; vagueness.

nebulóso, *a.* **1** nebulous **2** (*fig., anche*) hazy; obscure; vague.

nécessaire (*franc.*), *m. invar.* dressing-case; toilet-case; (*per il trucco*) vanity-bag; vanity-case **n. per barba**, shaving set; **n. per unghie**, manicure set.

necessariaménte, *avv.* necessarily; of necessity; inevitably; indispensably.

necessàrio, A *a.* **1** necessary (*in quasi tutti i casi*); needed: **Il viaggio è noioso ma n.**, the journey is tiresome but necessary; **È proprio n.?**, is it really necessary?; **È n. che tu vada di persona**, you must go (*o* it's necessary for you to go) personally; **È n. il tuo aiuto**, your help is needed; **Non è n. che vengano con noi**, they needn't come with us; it isn't necessary that they should come with us **2** (*indispensabile*) indispensable: **È una condizione necessaria per lavorare qui**, it's an indispensable condition for working here; **rendersi n. a q.**, to make oneself indispensable to sb. **3** (*inevitabile*) inevitable: **È una conseguenza necessaria del lavorare qui**, it's an inevitable consequence of working here **4** (*che si richiede, che si esige*) requisite; required: **i documenti necessari**, the requisite (*o* required) documents **5** (*talora omesso in ingl.*): **Non ho il denaro n.**, I haven't the money; **È n. molto tempo per fare ciò**, it takes a long time to do that; **Il provvedimento è divenuto n.**, the measure has become a necessity. ● **È n. far presto**, we must hurry □ **Non c'è lo spazio n.**, there isn't enough space. **B** *m.* necessary, necessity (*spesso pl.*); (what is) necessary: **Porta solo lo stretto n.**, take only what is absolutely necessary (*o* the bare necessities); **La casa è piena di cose inutili e poi manca il n.**, the house is full of useless things and yet lacks the most obvious necessaries. ● **il n. per disegnare** (**per scrivere**), drawing (writing) materials (*pl.*) □ **Per impiantare un'officina manca il n.**, the essential (*o* basic) equipment is lacking to set up a workshop □ **Avevo con me tutto il n.**, I had everything I needed (*o* all that was necessary) with me.

necessità, *f.* **1** necessity: **La n. non ha leggi**, necessity knows no law; **fare di n. virtù**, to make a virtue of necessity; **n. fisica** (**logica, ecc.**), physical (logical, etc.) necessity; **essere spinti dalla n.**, to be impelled (*o* urged, goaded) by necessity; (*leg.*) **un atto compiuto in stato di n.**, an act done under necessity **2** (*bisogno, mancanza*) need; thing one needs: **avere n. di q.c.**, to be in need of st. (*o* to need st.); **in caso di n.**, in case of need; if necessary; if needed; **non sentire la n. di q.c.**, not to feel the need of st.; **una n. spirituale**, a spiritual need **3** (*miseria, strettezze*) straitened circumstances (*pl.*): **Vive in n.**, he lives in straitened circumstances. ● **avere n. di dormire**, to need sleep □ **di (o per) n.**, out of necessity; from necessity; necessarily □ **oggetti di prima n.**, indispensable articles □ **secondo la n.**, as needed; as required □ **trovarsi nella n. di fare q.c.**, to be compelled (*o* forced, constrained) to do st. □ **Non c'è n. che tu venga con noi**, you needn't come with us.

necessitare, A *v. t.* (*rendere necessario*) to render necessary; to require: **Questo lavoro necessita tutta la nostra attenzione**, this work renders all our attention necessary. **B** *v. i.* **1** (*essere necessario*) to be necessary **2** (*aver bisogno*) to need (st.).

necrobiòsi, *f.* (*med.*) necrobiosis*.

necrofagìa, *f.* necrophagia, necrophagy.

necròfago, *a.* (*zool.*) necrophagous.

necrofilìa, *f.* (*psic.*) necrophilia; necrophilism.

necròfilo, (*psic.*) **A** *a.* necrophiliac. **B** *m.* necrophile; necrophiliac.

necrofobìa, *f.* (*psic.*) necrophobia.

necròforo, *m.* **1** grave-digger; sexton **2** (*zool., Necrophorus*) burying beetle; sexton-beetle.

necrologìa, *f.* **1** (*annuncio*) obituary **2** (*orazione*) funeral oration.

necrològico, *a.* necrologic(al); obituary (*attr.*).

necrològio, *m.* **1** (*annuncio*) obituary **2** (*registro*) necrology. ● **linguaggio dei necrologi**, obituarese.

necrologista, *m. e f.* writer of obituary notices; necrologist.

necròpoli, *f.* necropolis*.

necroscopìa, *f.* (*med.*) necropsy; necroscopy.

necroscòpico, *a.* (*med.*) pertaining to necropsy. ● **esame n.**, necropsy; autopsy; post-mortem examination.

necròsi, *f.* (*med.*) necrosis*.

necròtico, *a.* (*med.*) necrotic.

necrotizzare, *v. t.* (*med.*) to necrotize.

necrotomìa, *f.* necrotomy.

nècton, *m.* nekton.

nefandézza, *f.* **1** iniquity; infamy; turpitude **2** (*azione turpe*) foul deed; iniquity.

nefando, *a.* iniquitous; infamous; foul.

nefasto, *a.* inauspicious; unpropitious; ill-omened.

nefelometrìa, *f.* (*chim., fis.*) nephelometry.

nefelòmetro, *m.* (*chim., fis.*) nephelometer.

nefoscòpio, *m.* (*meteorologia*) nephoscope.

nefralgìa, *f.* (*med.*) nephralgia.

nefrectomìa, *f.* (*med.*) nephrectomy.

nefrìte, *f.* **1** (*med.*) nephritis **2** (*miner.*) nephrite.

nefrìtico, *a. e m.* (*med.*) nephritic.

nefròlito, *m.* (*med.*) nephrolith.

nefropatìa, *f.* (*med.*) nephropathy.
nefroptòsi, *f.* (*med.*) nephroptosis*.
nefròsi, *f.* (*med.*) nephrosis*.
nefrotomìa, *f.* (*med.*) nephrotomy.
negàbile, *a.* deniable; refusable.
negare, *v. t.* **1** to deny: **Negai tutto**, I denied everything; **Negai di esserci stato**, I denied that I had been there; **Non si può n. che l'idea è audace**, it can't be denied that the idea is bold; **Non gli posso n. nulla**, I can't deny him anything; **ostinarsi a n.**, to persist in denying (*generalm. seguito da un ogg.*: everything, the charges, etc.); to persist in one's denial **2** (*non concedere*) to deny; (*rifiutare*) to refuse: **Mi fu negata l'autorizzazione**, I was refused permission; **n. obbedienza a q.**, to refuse to obey sb. **3** (*escludere, non riconoscere*) to refuse to admit: **Negai che il quadro fosse autentico**, I refused to admit that the painting was genuine **4** (*negare l'esistenza di*) to negate.
negativa, *f.* (*anche fotogr.*) negative. ● **mantenersi sulla n.**, to keep saying no; to persist in denying (o in one's denial).
negativaménte, *avv.* in the negative; negatively: **rispondere n.**, to reply in the negative; to say no.
negativismo, *m.* (*filos., psic.*) negativism.
negativista, *a., m. e f.* (*filos., psic.*) negativist.
negatività, *f.* negativeness; negativity.
negativo, **A** *a.* **1** negative; (*contrario*) adverse; (*di un giudizio*) unfavourable: **critica negativa**, negative criticism **2** (*gramm., mat., fis., fotogr.*) negative: **elettricità negativa**, negative electricity; **una pellicola (lastra) negativa**, a negative film (plate); **il polo n.**, the negative pole; **una quantità negativa**, a negative quantity; **il segno n.**, the negative sign. ● **avere esito n.**, to be unsuccessful; to draw a blank (*fam.*) □ **La risposta fu negativa**, the reply was in the negative. **B** *m.* (*fotogr.*) negative.
negato, *a.* no good, bad, hopeless (at st.); not cut out, unfit (for st.): **essere n. per q.c.** to be hopeless at st.
negatóre, **A** *m.* denier. **B** *a.* negatory; denying.
negazióne, *f.* **1** negation; denial **2** (*gramm.*) negative.
neghittosità, *f.* laziness; indolence; slothfulness.
neghittóso, *a.* lazy; indolent; slothful.
neglètto, *a.* **1** neglected; derelict **2** (*trascurato*) careless; untidy.
négligé (*franc.*), *m.* dressing-gown; house-coat.
negligènte, **A** *a.* **1** negligent; neglectful; careless; inattentive **2** (*sciatto*) slovenly; slatternly. **B** *m. e f.* negligent (o careless) person.
negligenteménte, *avv.* negligently; neglectfully; (*senza accuratezza*) carelessly; inattentively.
negligènza, *f.* **1** negligence; carelessness; lack of attention: (*leg.*) **lieve (grave) n.**, slight (gross) negligence **2** (*atto negligente*) piece of negligence; piece of carelessness. ● (*leg.*) **n. colposa** (*nell'esercizio professionale*), malpractice.
negligere, *v. t.* (*lett.*) to neglect.
negoziàbile, *a.* (*comm.*) negotiable; dealable; marketable.
negoziabilità, *f.* (*comm.*) negotiability; marketability.
negoziale, *a.* (*leg.*) of (o concerning) a legal transaction.
negoziante, *m. e f.* **1** dealer; trader **2** (*esercente*) shop-keeper. ● **n. all'ingrosso**, wholesaler □ **n. al minuto**, retailer □ **n. di articoli vari**, sundriesman.
negoziare, **A** *v. t.* **1** to (buy* and) sell* (*anche titoli in borsa*); to transact (business) **2** (*condurre le trattative di q.c.*) to negotiate (*anche polit.*): **n. un accordo commerciale (una cambiale)**, to negotiate a trade agreement (a bill). **B** *v. i.* (*commerciare*) to deal* (in); to trade (in): **n. in cosmetici**, to deal in cosmetics.
negoziato, *m.* negotiation; talk (*fam.*).
negoziatóre, *m.* negotiator; transactor.
negoziatrice, *f.* negotiatress; negotiatrix.
negoziazióne, *f.* negotiation; transaction; deal.
negòzio, *m.* **1** (*bottega*) shop; store (*USA*): **comprare (dirigere) un n. di drogheria**, to buy (to manage) a grocer's shop; **n. di articoli vari** (*o di generi diversi*), general store; **il padrone di un n.**, a shop-keeper; **un giovane di n.**, a shop-boy; **un commesso di n.**, a shop-assistant **2** (*affare*) bargain; (piece of) business; deal. ● **n. di biciclette**, cyclery □ (*leg.*) **n. giuridico**, legal transaction.
négra, *f.* Negro-woman*; coloured (o black) woman*; Negress, nigger (*spreg.*).
negrétto, *m.* Negro boy; piccaninny; negrillo.
négride, *a.* (*etnologia*) Negritic.
negrièra, *f.* (*mar.*) slave-ship.
negrière, *m.* **1** slave-trader **2** (*fig.*) slave-driver.
negrièro, **A** *a.* slave (*attr.*); **una nave negriera**, a slave-ship. **B** *m.* **1** slave-trader **2** (*fig.*) slave-driver.
negrità, *f.* negritude; Negro characteristics (*pl.*).
negrito, *m.* Negrito.
negritùdine, *f.* negritude; negroness.
négro, **A** *a.* Negro (*anche etnologico*); black; coloured; (*dei negri d'America*) soul: **le avventure della ragazza negra di Shaw**, the adventures of Shaw's black girl; **la razza negra**, the Negro race; «**fratello**» **negro**, soul brother (USA). **B** *m.* Negro*; coloured (o black) man*; nigger (*spreg.*); darky (*fam. USA*); blackamoor (*scherz., quasi lett.*): (*fig.*) **lavorare come un n.**, to work like a nigger. ● **mercante di negri**, slave-trader □ **tratta dei negri**, slave-trade.
negroamericano, *a.* American Negro.
negròide, *a., m. e f.* Negroid.
negromante, *m. e f.* necromancer.
negromàntico, *a.* necromantic.
negromanzìa, *f.* necromancy.
nègus, *m.* Negus.
nèh, *inter.* isn't that so? ● **Gli hai scritto, neh?**, you have written to him, haven't you? □ **È bravo, neh?**, he's clever, isn't he?
nèlson, *f.* (*lotta*) nelson.
nelùmb(i)o, *m.* (*bot., Nelumbium*) nelumbo.
nematelminti, *m.* (*zool., Nemathelminthes*) nemathelminths.
nematòdi, *m. pl.* (*zool., Nematoda*) nematode worms; nematodes.
nembìfero, *a.* (*lett.*) cloud-bearing; storm-gathering.
nèmbo, *m.* **1** nimbus*; rain-cloud; storm-cloud **2** (*fig.*) cloud: **un n. di polvere**, a cloud of dust.
nembostrato, *m.* (*meteorologia*) nimbostratus.
neméo, *a.* (*di Nemea*) Nemean: **feste nemee**, Nemean games (*o festival*).
nèmesi, *f.* **1** (*mitol.*) Nemesis **2** (*fig.*) nemesis.
nemico, **A** *a.* **1** (*ostile*) hostile (to); (*avverso*) adverse, opposed (to): **un giornale n. al governo**, a newspaper hostile to the Government; an anti-Government paper; **Sono n. della menzogna**, I am opposed to falsehood **2** (*dannoso*) harmful; noxious: **Il gelo è n. delle piante**, frost is harmful to plants **3** (*del nemico*) enemy (*attr.*): (*mil.*) **l'assalto n.**, the enemy attack. ● **farsi n. q.**, to make an enemy of sb. □ **La sorte gli fu nemica**, luck was against him. **B** *m.* enemy; foe (*lett.*); (*avversario*) adversary: **avere molti nemici**, to have many enemies; (*mil.*) **Il n. era più forte di noi**, the enemy was stronger than we were; **n. giurato**, sworn enemy; **il N.** (*il diavolo*) **è sempre in agguato**, the Enemy always lies in wait. ● **passare al n.**, to go over to the enemy □ (*prov.*) **A n. che fugge ponti d'oro**, for a flying enemy make a golden bridge.
nemméno, *V.* **neanche**.
nènia, *f.* **1** (*canto funebre*) dirge **2** (*canto monotono*) sing-song **3** (*fig.: discorso monotono*) tedious speech; rigmarole.
nenùfaro, **nenùfero**, *m.* (*bot., Nuphar luteum*) nenuphar; yellow water-lily.
nèo, *m.* **1** mole; (*posticcio*) beauty-spot, patch **2** (*piccola imperfezione*) flaw.
neocapitalismo, *m.* neo-capitalism.
neocapitalista, *a., m. e f.* neo-capitalist.
neocapitalistico, *a.* neo-capitalist.
neoclassicismo, *m.* neo-classicism.
neoclassicista, *a., m. e f.* neo-classicist.
neoclàssico, **A** *a.* neo-classic(al). **B** *m.* **1** (*stile*) neo-classicism **2** (*seguace*) neo-classicist.
neocolonialismo, *m.* (*polit.*) neocolonialism.
neocolonialista, *a., m. e f.* (*polit.*) neocolonialist.
neodìmio, *m.* (*chim.*) neodymium.
neoellenismo, *m.* neo-Hellenism.
neofascismo, *m.* (*polit.*) neo-Fascism.
neofascista, *a., m. e f.* (*polit.*) neo-Fascist.
neofilìa, *f.* neophilia, neophilism; love of novelty.
neòfita, **neòfito**, *m.* **1** neophyte **2** (*fig.*) beginner; novice.
neofobìa, *f.* neophobia; dread of novelty.
neoformazióne, *f.* **1** (*med.*) neoformation **2** (*linguistica*) neologism.
neògene, *m.* (*geol.*) Neocene, Neogene.
neogòtico, *a.* (*archit.*) neo-Gothic.
neogrèco, *a. e m.* neo-Greek; modern Greek.
neoguelfismo, *m.* (*stor.*) neo-Guelphism.
neoguèlfo, (*stor.*) **A** *a.* neo-Guelphic. **B** *m.* neo-Guelph.
neolatino, *a.* neo-Latin; Romance.
neolaureato, *m.* **1** new (o recent) university graduate **2** (*nuovo insignito*) neolaureate.
neoliberalismo, *m.* (*econ.*) neoliberalism.
neolìtico, (*geol.*) **A** *a.* Neolithic. **B** *m.* Neolithic age.
neològico, *a.* neologic(al).
neologismo, *m.* neologism.
neomicina, *f.* (*farm.*) neomycin.
nèon, *m.* (*chim.*) neon: **un'insegna al n.**, a neon sign; **una lampada al n.**, a neon lamp; **luce al n.**, neon lighting.
neonato, **A** *a.* new-born (*attr.*). **B** *m.* new-born child*; baby: **La madre e il n. stanno bene**, mother and baby are doing well.
neonazismo, *m.* (*polit.*) neo-Nazism.
neonazista, *a., m. e f.* (*polit.*) neo-Nazi.
neopaganésimo, *m.* (*relig.*) neopaganism.

neoplaṣìa, *f.* **neoplaṣma**, *m.* (*med.*) neoplasma*; neoplasm.
neoplasticìṣmo, *m.* (*arte*) neoplasticism.
neoplàstico, *a.* (*med.*) neoplastic.
neoplatònico, (*filos.*) **A** *a.* Neoplatonic. **B** *m.* Neoplatonist.
neoplatoniṣmo, *m.* (*filos.*) Neoplatonism.
neopoṣitiviṣmo, *m.* (*filos.*) neopositivism.
neopoṣitivista, *m.* e *f.* (*filos.*) neopositivist.
neopoṣitivìstico, *a.* (*filos.*) neopositivistic.
neoprène, *m.* (*marchio; chim.*) neoprene.
neorealìṣmo, *m.* (*letter., cinem.*) neorealism.
neorealista (*letter., cinem.*) **A** *m.* e *f.* neorealist. **B** *a.* neorealistic.
neorealìstico, *a.* (*letter., cinem.*) neorealistic.
neoscolàstica, *f.* (*filos.*) neo-scholasticism.
neoscolàstico, *a.* (*filos.*) neo-scholastic.
neotèrico, *a.* e *m.* neoteric.
neoteriṣmo, *m.* neoterism.
neotestamentàrio, *a.* (*Bibbia*) of the New Testament.
neotomìṣmo, *m.* (*filos.*) neo-Thomism.
neotomista, (*filos.*) **A** *a.* neo-Thomist. **B** *a.* neo-Thomist (*attr.*); neo-Thomistic.
neotomìstico, *a.* (*filos.*) neo-Thomistic; neo-Thomist (*attr.*).
neozelandése, **A** *a.* New Zealand (*attr.*). **B** *m.* e *f.* New Zealander.
neozòico, (*geol.*) **A** *a.* Neozoic. **B** *m.* Neozoic (period).
nèpa, *f.* (*zool.*, *Nepa rubra*) water-scorpion.
Nepal, *m.* (*geogr.*) Nepal.
nepalése, *a., m.* e *f.* Nepalese: **i nepalesi**, the Nepalese.
nepènte, *m.* **1** (*bot., Nepenthes*) nepenthe(s); pitcher-plant **2** (*bevanda*) nepenthe.
nepitèlla, *f.* (*bot., Satureia calamintha*) calamint.
nepotìṣmo, *m.* nepotism.
nepotista, *m.* e *f.* nepotist.
nepotìstico, *a.* nepotistic(al); nepotic.
neppure, *V.* **neanche**.
nequìzia, *f.* (*lett.*) wickedness; iniquity.
neraṣtro, *a.* blackish.
nerazzurro, *a.* blue-black.
nerbare, *v. t.* to scourge; to whip; to beat*.
nerbata, *f.* stroke of the whip. ● **a suon di nerbate**, under the lash of the whip □ **prendere q. a nerbate**, to give sb. a beating.
nèrbo, *m.* **1** (*per dare nerbate*) scourge **2** (*fig.: parte più forte*) backbone; core: **il n. dell'esercito**, the backbone of the army **3** (*fig.: forza*) strength; vigour. ● **stile senza n.**, flaccid style □ **stile tutto n.**, sinewy style.
nerboruto, *a.* **1** (*muscoloso*) muscular; sinewy **2** (*robusto*) tough; (*gagliardo*) sturdy.
nereggiare, *v. i.* (*lett.*) to appear black (*o* blackish); (*diventare nero*) to turn black. ● **Era come un punto che nereggiava all'orizzonte**, it was like a black dot on the horizon.
nerèide, *f.* (*mitol.*) Nereid.
nerétto, *m.* **1** (*tipogr.*) boldface; bold(-faced) type **2** (*giornalismo*) article (printed) in boldface.
nerézza, *f.* blackness.
nericcio, *a.* blackish; (*di un abito vecchio, ecc.*) rusty black.
néro, **A** *a.* black (*anche fig.*); (*scuro*) dark; (*sporco*) dirty: **n. come la pece** (**come il carbone**, **la notte**, **un'ala di corvo**, **l'inchiostro**), pitch-black (coal-black, as black as night, as black as a raven's wing, ink-black); **libro n.** (*di persone indesiderabili, ecc.*), black list (*o* book); **magia** (*o* **arte**) **nera**, black magic; **nera ingratitudine**, black ingratitude; **mercato n.**, black market; **un occhio n.** (*pesto*), a black eye; **un colletto n.**, a dirty collar; (*anche fig.*) **pecora nera**, black sheep. ● **essere n. in volto**, to look as black as thunder □ **l'angelo n.**, the devil □ **anima nera**, deep-dyed villain □ **aristocrazia nera**, Papal (*o* clerical) aristocracy □ (*fig.*) **bestia nera**, «bête noire» (*franc.*); bugbear □ (*stor.*) **camicia nera**, Blackshirt □ **carta listata di n.**, black-edged paper □ **il Continente n.**, the Dark Continent □ **cronaca nera**, crime page □ **essere di umore n.**, to feel blue; to be in a bad mood □ **fondo n.**, black fund □ **giornata nera**, gloomy (*o* sombre) day □ **idee nere**, morbid (*o* desperate, gloomy) ideas □ (*banca, ecc.: di conto, cliente, ecc.*) **essere in n.** (*in credito*), to be in the black □ **lavoro n.**, moonlighting □ **miseria nera**, extreme (*o* dire) poverty □ **pane n.**, brown bread □ **pozzo n.**, cesspool □ **le razze nere**, the coloured races □ **un uomo dagli occhi neri** (**dalla barba nera**, **dalla pelle nera**, **ecc.**), a dark-eyed (black-bearded, dark-skinned, etc.) man □ (*fig.*) **vedere tutto n.**, to look on the dark side of things; to have a gloomy outlook □ **vino n.**, red wine □ **La matematica è la mia bestia nera**, maths is my bugbear. **B** *m.* **1** black: **vestirsi di n.**, to dress in black; **n. animale** (**di anilina**, **d'avorio**, **di platino**), bone (aniline, ivory, platinum) black **2** (*nerezza*) blackness. ● **n. da scarpe**, black shoe-polish; blacking □ **n. di fonderia**, blacking; facing □ **n. minerale**, mineralcoal □ (*stor.*) **i Bianchi e i Neri**, the Whites and the Blacks; the Bianchi and the Neri □ **chiamare n. il n. e bianco il bianco**, to call a spade a spade □ **dare il n. alle scarpe**, to black shoes □ **mettere n. sul bianco** (*scrivere*), to put it down in black and white.
nerofumo, *m.* (*chim.*) lamp-black; gas-black; (*fuliggine*) soot.
nerógnolo, *a.* blackish.
nèroli, *m.* (*chim.*) neroli (oil); orange-flower oil.
Neróne, *m.* (*stor.*) Nero.
neroniano, *a.* (*stor.*) Neronian; Neronic.
nerume, *m.* **1** lot of dirt **2** (*complesso di cose nere*) black mass.
nervatura, *f.* **1** (*anat.*) nervous system; nerves (*pl.*) **2** (*archit., mecc., ecc.*) rib(s); ribbing: **n. di rinforzo**, stiffening rib(s) **3** (*tipogr.: costola di libro*) (raised) band **4** (*bot.*) nervation; (*bot., zool.*) nervure; venation.
nervino, *a.* nerve (*attr.*); nervine.
nèrvo, *m.* **1** (*anat.*) nerve: **il n. ottico**, the optic nerve; **nervi vasomotori** (**motori**), vasomotor (motor) nerves; **avere un attacco di nervi**, to have a fit of nerves; **dare ai nervi a q.**, to get on sb.'s nerves; **Tutto questo chiasso mi urta i nervi**, all this noise gets on my nerves **2** (*fam.: tendine*) tendon; sinew **3** (*bot.*) vein; nervure; rib **4** (*corda dell'arco*) bow-string. ● **avere i nervi**, to be in a bad temper □ **avere i nervi scoperti**, to be on edge (*fam.*); to be nervy (*fam.*); to be highly-strung; to be strung up (*fam.*) □ **fagiolini senza nervi**, stringless (French) beans.
nervoṣìṣmo, *m.* nervousness; irritability.
nervoṣità, *f.* **1** irritability; restlessness; edginess (*fam.*) **2** (*fig.: incisività*) incisiveness; nervousness; vigour.
nervóso, **A** *a.* **1** (*anat., med.*) nervous; nerve (*attr.*): **il sistema n.**, the nervous system; **malattie nervose**, nervous disorders (*o* diseases); **un esaurimento n.**, a nervous breakdown; **un centro n.**, a nerve centre; **tensione nervosa**, nervous tension **2** (*irritabile*) excitable; irritable; temperamental; nervous; nervy (*fam.*): **un ragazzo n.**, a nervy boy **3** (*fig.: efficace, stringato*) incisive; nervous; vigorous. **B** *m.* (*fam.*) excitability; irritability. ● **avere il n.**, to be on edge (*fam.*) □ **Quella canzonetta mi dà il n.**, that song gets on my nerves.
nèsci, *m.* – **fare il n.**, to pretend not to know (*o* not to understand).
nèspola, *f.* **1** (*bot.*) medlar **2** (*fam.: botta*) blow; cuff; rap. ● **n. del Giappone**, loquat □ (*fig., fam.*) **dare le nespole a q.**, to give sb. a good hiding □ **Nespole!**, good heavens!; good gracious! □ (*prov.*) **Col tempo e con la paglia maturano le nespole**, time and straw make medlars ripe.
nèspolo, *m.* (*bot.*) **1** (*Mespilus germanica*) medlar(-tree) **2** – **n. del Giappone** (*Eriobotrya japonica*), loquat.
nèsso, *m.* connexion; connection; link; nexus; bond: **stabilire un n.**, to find a connexion (*o* a link); **il n. causale**, the causal nexus. ● **senza n.**, unconnected; unrelated.
Nèsso, *m.* (*mitol.*) Nessus.
nessuno, **A** *a. indef.* **1** no; not...any: **di nessun valore**, of no value; not of any value; **Il ragazzo non ha nessuna istruzione**, the boy has no education (*o* hasn't any education); **in nessun caso**, in no case; not in any case; **in nessun modo**, in no wise (*lett.*); on no account; not at all **2** (*qualche*) any: **Non credo ci sia nessun ragazzo capace di fare ciò**, I don't think there is any boy capable of doing that. ● **nessuna cosa**, nothing □ **in n. posto** (*o* **da nessuna parte**), nowhere; not...anywhere. **B** *pron. indef.* **1** (*rif. a persona*) nobody, no one (*insostituibili come soggetto di una frase, eccetto con* there is, there was); not (*o altra neg.*)...anybody; not (*o altra neg.*)...anyone: **N. lo conosceva**, no one knew him; **Qui non c'è n.**, there's nobody here (*o* there isn't anybody here); **N. ha visto i miei occhiali?** (*o* **i miei occhiali non li ha visti n.?**), has nobody (*o* hasn't anyone) seen my spectacles?; **N. mi dice mai niente**, nobody ever tells me anything; **Non dirlo a n.**, don't tell anybody; **Non parlo mai con n.**, I never speak to anybody; **n. in particolare**, no one in particular **2** (*rif. a cosa; o anche a persona, ma accompagnato da un partitivo*) none, not...any: **Non ho fatto nessun errore**, I didn't make any mistakes; **N. di loro sopravvisse**, none (*o* not one) of them survived; **N. di questi studenti è preparato**, none of these students are prepared **3** (*qualcuno, alcuno*) anyone; anybody; (*accompagnato da un partitivo*) any: **C'è n.?**, is anyone there?; **N. viene con me?**, is anyone coming with me?; **Guarda se viene n.**, look if anyone is coming; **L'ha visto n.?**, hasn't anyone seen him?; **Non ho visto n. dei tuoi amici**, I didn't see any of your friends. ● **n. n.**, no one at all; definitely (*o* absolutely) no one □ **nessun altro**, nobody else; not anybody...else □ **nessun altro che** (*o* **se non**), nobody but; not...anybody but: **Nessun altro che lui può farlo**, nobody but him can do it □ (*fig.*) **non guardare in faccia a n.**, to be no respecter of persons □ **N. si muova!**, let nobody budge (*o* let nobody make a move)! □ **C m.** (*persona di nessun valore*) nobody: **non essere n.**, to be a nobody. ● **figli di n.**, unwanted children □ **roba di n.**, common property □ (*mil.*) **terra di n.**, no man's land □ **Ed io, non sono n.?**, what

about me? don't I count for anything?
nèsto, *m.* (*bot.*) scion.
Nèstore, *m.* (*letter.*) Nestor (*anche fig.*).
nestorianésimo, *m.* (*relig.*) Nestorianism.
nestoriano, *a.* e *m.* (*relig.*) Nestorian.
nettaménte, *avv.* (*chiaramente*) clearly, distinctly; (*decisamente*) decidedly.
nettapénne, *m.* pen-wiper.
nèttare (1), *m.* nectar.
nettare (2), *v. t.* to clean; to clean up.
nettàreo, *a.* (*mitol., fig., bot.*) nectareous; nectarean.
nettàrio, *m.* (*bot.*) nectary.
nettatóia, *f.* (*arnese del muratore*) mortar-board.
nettatóio, *m.* cleaner.
nettatura, *f.* cleaning.
nettézza, *f.* **1** cleanliness; cleanness **2** (*ordine, precisione*) neatness; tidiness; exactness; precision. ● **n. urbana,** removal of house refuse and cleaning of streets; street cleaning (service) □ **camion della n. urbana,** dustcart; garbage truck (*USA*).
nétto, A *a.* **1** clean (*anche fig.*): **una casa netta,** a clean house **2** (*chiaro, preciso*) clean; clear; clear-cut; clean-cut; sharp: **i contorni netti della costa,** the sharp outline of the coast; **un colpo n.,** a clean blow; **profilo n.** (**di q.**), clean-cut features **3** (*reciso, secco*) flat; downright: **opporre un n. rifiuto,** to give a flat refusal **4** (*comm.*) net: **prezzo (peso, guadagno) n.,** net price (weight, profit). ● **al n., mille dollari,** a thousand dollars net □ (*econ., fin.*) **al n. delle imposte,** after-tax. **B** *avv.* clearly; plainly; openly: **parlare chiaro e n.,** to speak plainly; to make it quite clear.
nettùnio, *m.* (*chim.*) neptunium.
Nettuno, *m.* (*mitol., astron.*) Neptune.
netturbino, *m.* dustman*; garbage collector (*USA*); garbage man* (*USA*); (*spazzino*) street-sweeper.
nèuma, *m.* (*mus.*) neum(e).
neurale, *a.* (*anat.*) neural.
neurasse, *V.* nevrasse.
neurastenia, neurastènico, *V.* **nevrastenia, nevrastènico.**
neurectomìa, *f.* (*med.*) neurectomy.
neurina, *f.* (*anat.*) neurine.
neurite, *f.* (*med.*) neuritis*.
nèuro, *f.* (*clinica neuropsichiatrica*) clinic for nervous diseases.
neuroattivo, *a.* (*biol.*) neuroactive.
neurobiologìa, *f.* neurobiology.
neurobiològico, *a.* neurobiological.
neurobiòlogo, *m.* neurobiologist.
neurochirurgìa, *f.* neurosurgery.
neurochirurgo, *m.* neurosurgeon.
neurodepressivo, *a.* (*farm.*) neurodepressive.
neuroendocrinologìa, *f.* neuroendocrinology.
neuroendocrinòlogo, *m.* neuroendocrinologist.
neurofisiologìa, *f.* neurophysiology.
neurolèttico, *m.* (*farm.*) neuroleptic.
neurologìa, *f.* neurology.
neurològico, *a.* neurologic(al).
neuròlogo, *m.* neurologist.
neuròma, *m.* (*med.*) neuroma*.
neuróne, *m.* (*anat.*) neuron(e).
neuropatìa, *f.* (*med.*) neuropathy.
neuropàtico, (*med.*) **A** *a.* neuropathic. **B** *m.* neuropath.
neuropatologìa, *f.* neuropathology.
neuropatòlogo, *m.* neuropathologist; neuropathist.
neuroplègico, *a.* (*farm.*) nerve-inhibiting: **farmaco n.,** nerve-inhibiting drug.
neuropsichiatra, *m.* e *f.* neuropsychiatrist.
neuropsichiatrìa, *f.* neuropsychiatry.
neuropsichico, *a.* neuropsychic(al).
neuropsicologìa, *f.* neuropsychology.
neuropsicòlogo, *m.* (*psic.*) neuropsychologist.
neurosedativo, *m.* (*farm.*) nerve depressant; neurodepressive drug.
neuròsi, neuròtico, *V.* **nevròsi, nevròtico.**
neurospasmo, *m.* (*med.*) nervous spasm.
neurotomìa, *f.* (*med.*) neurotomy.
neurotònico, *a.* e *m.* (*farm.*) neurotonic.
neurotòssico, *a.* neurotoxic.
neurotropo, (*farm.*) **A** *a.* neurotropic. **B** *m.* neurotropic drug.
neuròtteri, *m. pl.* (*zool., Neuroptera*) neuropters.
neurovegetativo, *a.* (*anat.*) neurovegetative.
neutrale, *a.* e *m.* neutral.
neutralismo, *m.* (*polit.*) neutralism.
neutralista, (*polit.*) **A** *m.* e *f.* neutralist. **B** *a.* neutralistic.
neutralistico, *a.* (*polit.*) neutralistic.
neutralità, *f.* neutrality.
neutralizzare, *v. t.* **1** to neutralize **2** (*fig., anche*) to counterbalance; to counter.
neutralizzatóre, *m.* (*anche chim.*) neutralizer.
neutralizzazióne, *f.* neutralization.
neutrino, *m.* (*fis.*) neutrino.
nèutro, A *a.* **1** neutral: **una formica neutra,** a neutral ant; **un colore n.,** a neutral tint; (*elettr.*) **un conduttore n.,** a neutral conductor; (*chim.*) **una soluzione neutra,** a neutral solution; (*chim.*) **una sostanza neutra,** a neutral substance; **territorio n.,** neutral ground; (*mil.*) no-man's-land **2** (*gramm.*) neuter: **il genere n.,** the neuter gender. **B** *m.* **1** (*gramm.*) neuter **2** (*elettr.*) neutral wire.
neutróne, *m.* (*fis.*) neutron.
nevàio, *m.* snow-field.
nevato, A *a.* **1** snow-clad; snow-covered; snowy **2** (*bianco come la neve*) snowy; snow-white. **B** *m.* firn; névé (*franc.*).
néve, *f.* **1** snow: **La n. cade (si scioglie, ecc.),** the snow is falling (is melting, etc.); **La n. era alta un metro,** the snow was one metre deep; **La n. ci arrivava alle ginocchia,** we were knee-deep in snow; **n. farinosa,** powdery snow; **bianco come la n.,** as white as snow; snow-white; snowy; **la regione delle nevi perpetue,** the region of eternal snows **2** (*gergo: eroina*) snow. ● **n. bagnata e sporca,** slush □ **n. carbonica,** dry-ice □ **l'abominevole uomo delle nevi,** the abominable snow-man □ **battaglia a palle di n.,** snow fight □ **bloccato** (*o* **isolato**) **dalla n.,** snow-bound (*telev., radar*) **effetto n.,** snow □ **fiocco di n.,** snow-flake □ **limite delle nevi perpetue,** snow-line □ **macchina per fare la n. artificiale,** snowmaker; snowmaking machine □ (*cucina*) **montare** (*o* **sbattere**) **le chiare a n.,** to beat egg-whites stiff □ **paesaggio di n.,** snowscape □ **palla di n.,** snow-ball □ **pupazzo di n.,** snow-man □ **valanga di n.,** avalanche (*o* snowslide) □ (*prov.*) **Quando la n. si scioglie si scopre la mondezza,** the filth under the white snow the sun discovers □ (*prov.*) **Sotto la n. pane, sotto l'acqua fame,** a snow year, a rich year.
nevicare, *v. i. impers.* to snow: **n. fitto, fitto,** to snow heavily. ● **Nevica a larghe falde,** the snow is falling in large flakes.
nevicata, *f.* snowfall.
nevischiare, *v. i. impers.* to sleet.
nevischio, *m.* sleet.
nevòmetro, *m.* snow-gauge.
nevosità, *f.* snowiness.
nevóso, *a.* **1** snowy **2** (*coperto di neve*) snow-covered; snow-clad.
Nevóso, *m.* (*stor.: quarto mese del calendario rivoluzionario francese*) Nivôse (*franc.*).
nevralgìa, *f.* (*med.*) neuralgia.
nevràlgico, *a.* (*med.*) neuralgic. ● **punto n.,** sore spot; (*fig.*) (the) quick; nerve-centre: **il punto n. dell'organizzazione,** the nerve-centre of the organization.
nevrasse, *m.* (*anat.*) neuraxis; cerebrospinal axis.
nevrastenìa, *f.* (*med.*) neurasthenia.
nevrastènico, A *a.* **1** (*med.*) neurasthenic **2** (*fig.*) irritable; edgy; nervy (*fam.*). **B** *m.* **1** (*med.*) neurasthenic **2** (*fig.*) irritable person.
nevrite, *f.* (*med.*) neuritis*.
nevròsi, *f.* (*med.*) neurosis*.
nevròtico, *a.* e *m.* (*med.*) neurotic.
nevvéro, *inter.* isn't that so? ● **Sei stanco, n.?,** you're tired, aren't you? □ **È arrivato, n.?,** he has arrived, hasn't he?
newton (*ingl.*), *m.* (*fis.*) newton.
newtoniano, *a.* e *m.* Newtonian.
ni, *m.* e *f.* (*tredicesima lettera dell'alfabeto greco*) nu.
niacina, *f.* (*chim.*) niacin.
Niassa, *m.* (*geogr.*) **1** Nyasaland **2** (*il lago*) Lake Nyassa.
nibbio, *m.* (*zool., Milvus milvus*) (red) kite.
Nibelung(h)i, *m. pl.* (*letter.*) Nibelungs; Nibelungen.
nibelùngico, *a.* (*letter.*) of the Nibelungs.
nicaraguégno, nicaraguése, *a.* e *m.* Nicaraguan.
nìcchia, *f.* **1** (*archit.*) niche (*anche fig.*) **2** (*pop.: conchiglia*) shell.
nicchiare, *v. i.* to hedge; to hesitate; to shilly-shally.
nicchio, *m.* **1** (*conchiglia*) shell **2** (*tricorno*) biretta.
Niccolò, *V.* **Nicòla.**
Nicèa, *f.* (*geogr., stor.*) Nicaea.
nicèno, *a.* Nicene; Nicaean: (*relig.*) **il credo n.,** the Nicene Creed.
nichel, *m.* (*chim.*) nickel.
nichelare, *v. t.* (*ind.*) to nickel; to nickel-plate.
nichelatóre, *m.* nickel-plater.
nichelatura, *f.* (*ind.*) nickel-plating; nickel(l)ing.
nichelcròmo, *m.* nickel-chromium (alloy).
nichelino, *m.* small coin; nickel (*USA*).
nichèlio, *m.* (*chim.*) nickel.
nichilismo, *m.* (*filos., polit.*) nihilism.
nichilista, (*filos., polit.*) **A** *m.* e *f.* nihilist. **B** *a.* nihilist(ic).
nichilistico, *a.* nihilistic; nihilist.
Nicòla, *m.* Nicholas; (*dim.*) Nick.

nicotina, f. (chim.) nicotine.
nicotìnico, a. (chim.) nicotinic.
nicotinismo, m. (med.) nicotinism.
nictàlope, a. e m. (med.) nyctalope.
nictalopìa, f. (med.) nyctalopia, nyctalopy; night-blindness.
nictitropismo, m. (bot.) nyctitropism.
nictofobìa, f. (med.) nyctophobia.
nictùria, f. (med.) nycturia; nocturia.
nidiàceo, a. unfledged.
nidiàndolo, m. nest-egg.
nidiata, f. **1** (di ovipari) brood (anche fig.) **2** (di altri animali) litter.
nidificare, v. i. to nest; to build* a nest; to nidificate.
nidificazióne, f. nest-building; nidification.
nido, m. **1** nest; (di uccelli rapaci) aerie, aery, eyrie, eyry; (covo) lair, den: **un n. di vespe**, a wasps' nest **2** (fig.) home; nest: **abbandonare il n.**, to leave home (o the nest); **farsi il proprio n.**, to make one's home; **tornare al proprio n.**, to return home **3** (fig., spreg.: covo) den; lair: **un n. di briganti**, a robbers' den **4** (giardino d'infanzia) crèche; nursery (school); children's home. ● **n. d'ape**, honeycomb □ **andare a cercare nidi d'uccelli**, to go nesting □ **uccello di n.**, fledgling; nestling.
niellare, v. t. to niello; to decorate with niello.
niellatóre, m. niellist.
niellatura, f. niello-work.
nièllo, m. niello*.
niènte, A pron. indef. **1** nothing (insostituibile come sogg. di una frase, eccetto con there is, there was); not (o altra neg.)...anything: **N. mi trattiene qui**, nothing keeps me here; **Qui non succede mai n. di nuovo**, nothing new ever happens here; **non sapere n.**, to know nothing; not to know anything; **non sapere mai n.**, never to know anything; **n. di grave (di importante)**, nothing serious (important); **n. di nuovo sotto il sole**, nothing new under the sun; **Non posso farci n.**, I can do nothing about it; **non avere n. in contrario**, to have nothing against it (o him, her, etc.), richiede sempre un compl. ogg.); to have no objection **2** (qualcosa) anything: **Avete n. da dire?**, have you anything to say?; **Ti occorre n. in città?**, do you need anything in town?; **Domandagli se sa n.**, ask him if he knows anything about it **3** — (enfatico) **nient'affatto** (o n. di n., per n.), not at all; not in the slightest; not in the least: **Non è vero n.!**, it isn't true at all!; «**Sei stanca?**» «**Nient'affatto!**», «are you tired?» «not in the slightest»; **Non mi piace per n. quel film**, I don't like that film at all **4** — **per niente**, (gratis) free (agg.); gratis; for nothing; (quasi gratis) for a song: **ottenere un biglietto per n.**, to get a free ticket **5** — **non fa n.** (non importa), it doesn't matter; it is no matter: **Se non ricordi il nome preciso, non fa n.**, if you don't remember the exact name, it doesn't matter. □ **n. altro**, nothing else; not anything...else □ **n. altro che**, nothing but; not...anything but: **Non posso darti n. altro che pane**, I can't give you anything but bread □ **n. meno, n. di meno**, V. **nientemeno**, **nientediméno** □ **come n.**, as easy as anything □ **come se n. fosse**, as if nothing had happened □ **una cosa da n.**, a matter of no importance; a trifle □ **il dolce far n.**, dolce far niente; sweet idleness □ **far finta di n.**, to pretend not to see anything; to turn a blind eye to st. □ **non sapere n. di n.**, to know nothing at all □ **Non ci metto n. a farlo**, I'll do it in no time □ **parlare per n.**, to waste one's breath; to waste words □ **sapere di n.** (di cibo ecc.), to be tasteless □ «**Grazie tante**» «**Di n.!**», «thank you very much» «don't mention it» (o it's all right)! B m. **1** nothing: **finire in n.**, to come to nothing; **Non hanno fatto un bel n.**, they've done absolutely nothing; they haven't done a thing **2** (filos.) nothingness: **la contemplazione del n.**, the contemplation of nothingness **3** (q.c. di piccolissimo, di quasi impercettibile) slightest thing; tiny (o tiniest) difference, alteration, etc. (specificando la cosa di cui si tratta): **Si offende per un n.**, lui, the slightest thing offends him; **Qualche volta basta un n. per far pencolare la bilancia**, sometimes a tiny (o the tiniest, the smallest, a barely perceptible) difference will turn the scales. ● **in men che n.**, in less than no time; in an instant □ **ridursi al n.**, to lose everything □ **ridursi un n.**, to wear oneself out; to waste away □ (fig.) **essere venuto dal n.**, to be a self-made man. C a. no; not (o altra neg.)... any: **Non abbiamo n. pane**, we have no bread; we haven't any bread ● (fam.) **N. male!**, not bad at all! □ **N. paura!**, never fear!; don't be afraid! D avv. **1** nothing; not (o altra neg.)...anything: **Non gli importa n. dei miei consigli**, he cares nothing for my advice **2** (rafforzativo di «non»: affatto) at all; in the least: **Non è n. vero**, it's not true at all.
nientediméno, avv. **1** (rif. a persona) no less; (rif. a cosa) nothing less: **n. che la regina Elisabetta**, Queen Elizabeth, no less (o no less figure than Queen Elizabeth); **n. che una collana di perle**, nothing less than a necklace of pearls **2** (inter.: addirittura) I say!; you don't say so!; fancy that!; go on! (fam.).
nientemèno, A avv. V. **nientediméno**. B cong. (nondimeno)

nevertheless; however.
nientepopodiméno, (scherz.) V. **nientediméno**.
nietzschianismo, m. (filos.) Nietzscheanism; Nietzscheism.
nietzschiano, a. e m. (filos.) Nietzschean.
nife, m. (geol.) nife.
nigèlla, f. (bot., Nigella sativa) fennel-flower; black cumin.
nigeriano, a. e m. Nigerian.
night, m. (locale notturno, abbr. fam. dell'ingl.) night-club.
Nilo, m. (geogr.) Nile.
nilòtico, a. (geogr.) Nilotic.
nimbato, a. (lett.) nimbused; haloed.
nimbo, m. (lett.) nimbus*; (aureola) halo*.
ninfa, f. (mitol., zool.) nymph: **la n. Egeria**, the nymph Egeria.
ninfale, A a. nymph-like; nymphean; nymphal. B m. (letter.) poem (o story) about nymphs.
ninfèa, f. (bot., Nymphaea alba) water-lily.
ninfèo, m. (archeol.) nymphaeum*.
ninfétta, f. nymphet.
ninfòmane, f. (med.) nymphomaniac.
ninfomanìa, f. (med.) nymphomania.
ninfòsi, f. (zool.) nymphosis*.
Nìnive, f. (geogr. stor.) Nineveh.
ninnanànna, f. lullaby; cradle-song.
ninnare, v. t. to lull (o to sing*) (to sleep); (cullare) to rock (to sleep).
ninnolare, A v. t. to amuse. **ninnolarsi**, B v. rifl. (fig.) to trifle one's time away.
nìnnolo, m. **1** (balocco) plaything; toy **2** (gingillo) knick-knack; bauble; gewgaw. ● (fig.) **perdersi in ninnoli e nannoli**, to trifle one's time away.
Niobe, f. (mitol.) Niobe.
niòbio, m. (chim.) niobium; columbium.
nipiologìa, f. nepiology.
nipóte, A m. (di zii) nephew; (di nonni) grandchild*, grandson. B f. (di zii) niece; (di nonni) grandchild*, grand-daughter.
nippònico, a. Japanese; Nipponese.
nirvana, m. (relig.) nirvana (anche fig.).
nirvànico, a. (relig.) nirvanic.
nistagmo, m. (med.) nystagmus.
nit, m. (fis.) nit.
nitidaménte, avv. clearly; distinctly.
nitidézza, f. **1** neatness; brightness **2** (di un'immagine, anche fotogr., cinem.) clearness (anche fig.); sharpness; distinctness.
nìtido, a. **1** neat; bright; clean; spick and span: **una cucina nitida**, a spick-and-span kitchen **2** (di un'immagine, anche fotogr.) clear (anche fig.); sharp; distinct: **stampa nitida**, clear print.
nitóre, m. brightness; shininess (fam.).
nitrato, m. (chim.) nitrate: **n. d'argento**, silver nitrate.
nitratóre, m. (tecnico; recipiente) nitrator.
nitrazióne, f. (chim.) nitration.
nìtrico, a. (chim.) nitric: **acido n.**, nitric acid.
nitrificazióne, f. (chim., biol.) nitrification.
nitrile, m. (chim.) nitrile.
nitrire, v. i. to neigh; to whinny.
nitrito (1), m. (del cavallo) neigh, whinny; (il nitrire) neighing, whinnying.
nitrito (2), m. (chim.) nitrite.
nitro, m. (chim.) nitre; potassium nitrate; saltpetre.
nitrobattèri, m. pl. nitrobacteria.
nitrobenzène, **nitrobenzòlo**, m. (chim.) nitrobenzene.
nitrocellulósa, f. (chim.) nitrocellulose: **verniciatura alla n.**, nitrocellulose painting.
nitrofosfato, m. (chim.) nitrophosphate.
nitroglicerina, f. (chim.) nitroglycerin(e).
nitróso, a. (chim.) nitrous: **acido n.**, nitrous acid.
nitrurazióne, f. (metall.) nitriding.
nitruro, m. (chim.) nitride.
nittàlope, **nittalopìa**, V. **nictàlope**, **nictalopìa**.
nitticora, f. (zool., Nycticorax nycticorax) night heron.
nittitante, a. — (zool.) **membrana n.**, nictitating membrane.
nittitazióne, f. (med.) nictitation.
niuno, V. **nessuno**.
nivale, a. **1** (relat. alle nevi) nival **2** (lett.: nevoso) niveous; snowy.
nìveo, a. snow-white; snowy; niveous.
nivòmetro, m. snow-gauge.
Nizza, f. (geogr.) Nice.
nizzardo, A a. Nice (attr.). B m. native (o inhabitant) of Nice.
no, A avv. **1** no: **No, non te lo dirò**, no, I won't tell you; **No, grazie**, no, thank you; **Mille volte no**, a thousand times no; **Li vuoi, sì o no?**, do you want them: yes or no?; do you want them, or don't you?; «**Ti piace il posto?**» «**Sì e no**», «do you like the place?» «yes and no» (o well, I do and I don't); «**Sei stanco?**» «**No**», «are you tired?» «no, I'm not»; «**Gli hai scritto?**» «**No**»,

«have you written to him?» «no, I haven't» **2** not: «**Perché non vieni?**» «**Perché no**», «why aren't you coming?» «because I'm not»; **C'è chi voterà per lui e chi no**, some will vote for him and some will not **3** (*con un avv. o cong.; o con valore ellittico*) not: **no davvero** (*o di certo*), certainly not; **veramente no**, not really; **ora no**, not now; **ancora no**, not yet; **Pare di no**, apparently (*a quanto pare*) not; **Perché no?**, why not?; **No, no, quello no**, no, no, not that one; **Intelligente o no, il Berti ha avuto il posto**, clever or not, Berti has got the job **4** – **anzi che no**, somewhat; rather: **È carina anzi che no**, she is rather pretty **5** – **se no**, or else (*anche per minaccia*); if not; otherwise: **Scrivilo, se no lo dimenticherai**, write it down, otherwise you'll forget it; **Porta i denari a mezzanotte, se no...**, bring the money at midnight, or else...; **Andremo in Sardegna, se no in Corsica**, we shall go to Sardinia or else to Corsica **6** – **sì e no** (*neanche*), barely; not more than; a mere: **Ci saranno state sì e no dieci persone**, there must have been barely (*o not more than, a mere*) ten people **7** – **uno sì e uno no**, every other, every second (person, thing, etc.); alternate (persons, things, etc.): **Le pere erano bacate una sì e una no**, every other pear had maggots; **I ballerini si facciano avanti uno sì e uno no**, alternate dancers step forward. ● **dire di no**, to say no; to refuse; to deny; to reply in the negative □ **far cenno di no**, (*con la testa*) to shake one's head; (*con un dito o con la mano*) to wave one's finger (one's hand) in denial □ **più sì che no**, yes rather than no □ **stare per il no**, to be against (st.) □ **Credo** (**suppongo**) **di no**, I don't think (I don't suppose) so; (*anche*) I think (I suppose) not □ **È difficile, non dico di no**, it's difficult, I must admit □ «**Ma allora non lo vuoi fare questo viaggio?**» «**Come no!**», «so you don't really want to make this journey?» «of course I do!» □ **Ti piace, no?**, you like it, don't you? □ **No e poi no**, no, I tell you; a thousand times no □ **Preferisco di no**, I'd rather not □ **Spero di no**, I hope not. **B** *m.* no; (*rifiuto*) refusal; (*diniego*) denial; (*voto negativo, anche*) black ball: **I no superano i sì**, the noes have it; **La risposta fu un bel no** (*o un no chiaro e tondo*), the answer was a flat refusal (*o* an unhesitating no); **La proposta fu accettata con otto sì contro due no**, the proposal was adopted with eight for and two against. ● **essere tra il sì e il no**, to hesitate between accepting and refusing □ **Non mi rassegno a un tuo «no»** (*se mi dici di no, tornerò alla carica*), I won't take «no» for an answer.
nobèlio, *m.* (*chim.*) nobelium.
nobildònna, *f.* noblewoman*.
nòbile, A *a.* **1** noble: **un n. sentimento** (**gesto**), a noble sentiment (deed); (*chim.*) **un metallo n.**, a noble metal; **il n. casato dei Capuleti**, the noble house of Capulet; **di cuore n.**, noble-hearted; **di animo n.**, noble-minded; high-minded **2** (*per rango o per nascita, più comune*) of noble birth; high-born; titled: **Sposò una ragazza n.**, he married a girl of noble birth. ● (*mil.*) **guardia n.**, (*del sovrano*) sovereign's guard; (*del papa*) papal guard □ (*teatr.*) **madre n.**, heavy (*fam.*): **Ormai poteva solo far la madre n.**, by now she could only play the heavies □ **piano n.**, first floor (*G.B.*); second floor (*USA*); (*di un palazzo ital.*) «piano nobile». **B** *m.* nobleman*; noble. **C** *f.* noblewoman*; noble.
nobilésco, *a.* (*spreg.*) noble; aristocratic. ● **signorotto n.**, petty nobleman □ **con albagia nobilesca**, with the high-handedness of the high-born.
nobiliare, *a.* nobiliary; of the nobility. ● **titolo n.**, title of rank (*o* nobility) □ **almanacco n.**, peerage.
nobilitare, A *v. t.* **1** to raise (sb.) to the nobility; to bestow a title upon (sb.); to raise (sb.) to the peerage (*G.B.*) **2** (*fig.*) to ennoble; to dignify. **nobilitarsi, B** *v. rifl.* to ennoble oneself.
nobilitazióne, *f.* ennobling; ennoblement; elevation to peerage (*G.B.*).
nobilménte, *avv.* nobly.
nobiltà, *f.* **1** nobility **2** (*il ceto dei nobili, anche*) aristocracy; peerage (*G.B.*). ● **n. d'animo**, noble-mindedness; high-mindedness.
nobilùccio, *m.* (*spreg.*) lordling.
nobilume, *m.* (*spreg.*) lordlings (*pl.*).
nobiluòmo, *m.* nobleman*.
nòcca, *f.* knuckle.
nocchière, nocchièro, *m.* **1** (*naut.*) coxswain; quartermaster **2** (*poet.*) pilot.
nòcchio, *m.* node; knot.
nocchiuto, *a.* full of knots; knotty.
nocciòla, A *a.* light brown; hazel(-brown): **un completo n.**, a light-brown suit. **B** *f.* (*bot.*) hazel(-nut); filbert. **C** *m.* (*colore n.*) light brown; hazel.
nocciolàia, *f.* (*zool., Nucifraga caryocatactes*) nut-cracker.
nocciolato, *m.* nut chocolate; chocolate with nuts.
noccioléto, *m.* (*agric.*) hazel grove.
nocciolina, *f.* – (*bot.*) **n. americana** (*Arachis hypogaea*), peanut.
nòcciolo (1), *m.* **1** stone: **un n. di pesca (di ciliegia)**, a peach-stone (a cherry-stone) **2** (*fig.*) kernel; heart; core; point: **il n. della questione**, the heart of the matter; **Veniamo al n.!**, let's come to the point! **3** (*fis. nucl.*) core.
nocciòlo (2), *m.* (*bot., Corylus avellana*) hazel; filbert.
noccolière, *m.* (*tirapugni*) knuckle-duster.
noccoluto, *a.* knuckled.
nóce, A *m.* **1** (*bot., Juglans regia*) walnut-tree **2** (*legno*) walnut. **B** *f.* **1** walnut; nut: **sgusciare (schiacciare) noci**, to shell (to crack) nuts; **bacchiare le noci**, to shake nuts (down from the tree); **olio di n.**, nut-oil; **un guscio di n.**, a nut-shell (*anche fig.*) **2** (*dal macellaio*) rumpsteak; best end (of veal). ● (*bot.*) **n. americana** (*Juglans cinerea*), butter-nut □ (*anat.*) **n. del piede**, ankle-bone □ (*cucina*) **n. di burro**, knob of butter □ (*bot.*) **n. di cocco**, coconut □ **n. moscata**, nutmeg.
nocèlla, *f.* **1** (*anat.*) wrist-bone **2** (*parte del compasso*) pivot.
nocepèsca, *f.* (*bot.*) nectarine.
nocepèsco, *m.* (*bot., Prunus persica nectarina*) nectarine.
nocéto, *m.* walnut grove (*o* orchard).
nocino, *m.* «nocino» (walnut-flavoured liqueur).
nocività, *f.* harmfulness; noxiousness.
nocivo, *a.* harmful; injurious; noxious: **n. alla salute**, injurious to one's health; bad for the health; **una sostanza nociva**, a noxious substance. ● **insetti nocivi**, pests.
nocuménto, *m.* (*lett.*) injury; harm; damage.
nodale, *a.* **1** nodal: **linea (punto) n.**, nodal line (point) **2** (*astron.*) nodical.
nodèllo, *m.* **1** (*zool.*) fetlock **2** (*bot.*) joint; node.
nòdo, *m.* **1** (*anche fig., e naut. come misura di velocità*) knot: **fare un n.**, to tie (*o* to make) a knot; **disfare un n.**, to untie (*o* to undo) a knot; **stringere (allentare) un n.**, to tighten (to loosen) a knot; **un n. al fazzoletto**, a knot in one's handkerchief; **tagliare il n. gordiano**, to cut the Gordian knot; (*naut.*) **fare dieci nodi all'ora**, to travel at ten knots an hour **2** (*in molti nomi di nodi*) knot: **n. comune** (*o* **semplice**), overhand-knot; **n. falso** (*o* **incrociato**), granny('s) knot; **n. piano**, reef-knot; **n. di Savoia**, figure-of-eight knot; true-love-knot; **n. scorsoio**, slip-knot **3** (*a cappio*) noose; (*naut.: da ancorotto*) fisherman's bend: **il n. del boia**, the hangman's noose **4** (*punto d'intersezione*) knot, junction; (*di rete di distribuzione*) branch point: **n. ferroviario**, railway junction; **n. stradale**, road junction **5** (*bot., astron., geom., fis.*) node: (*dell'equinozio*) **n. ascendente** (**discendente**), ascending (descending) node **6** (*fig.: vincolo d'affetto, legame*) tie; bond; knot: **l'amoroso n.**, the bonds of love; **il n. coniugale**, the marriage tie **7** (*fig.: nocciolo*) heart; core; point; (*punto cruciale*) crux: **il n. della faccenda**, the crux of the matter **8** (*fig.: intreccio*) plot: **lo scioglimento del n.**, the unravelling of the plot; the «dénouement» **9** (*fig.: difficoltà*) knotty problem; complex (*o* difficult) matter; puzzle; nodus*: **Bisogna sciogliere questo n.**, we must unravel (*o* solve) this knotty problem **10** (*crocchia di capelli*) bun; (*anche*) hair done up in a knot. ● **n. di Salomone**, Solomon's seal □ (*med.*) **n. isterico**, globus hystericus □ **avere un n. alla gola**, to have a lump in one's throat □ **fare n. in gola**, to stick in one's throat □ **farsi il n. della cravatta**, to tie (*o* to knot) one's tie □ **groviglio di nodi**, tangle □ **I nodi sono venuti al pettine**, the day of reckoning has come □ (*prov.*) **Tutti i nodi vengono al pettine**, sooner or later your sins will find you out.
nodosità, *f.* **1** knottiness; nodosity **2** (*nodo*) node (*anche med.*).
nodóso, *a.* knotty; nodose; nodous; gnarly; gnarled.
nodulare, *a.* (*geol., anat.*) nodular.
nòdulo, *m.* (*geol., anat.*) nodule.
nodulóso, *a.* (*scient.*) nodulose; nodulous.
Noè, *m.* (*Bibbia*) Noah.
noètico, *a.* (*di Noè*) Noachian; Noachic.
noi, *pron. pers. m. e f. 1ª pers. pl.* **1** (*sogg.*) we: **Noi andiamo, voi?**, we are going, what about you?; **E noi, che facciamo?**, what are we going to do? **2** (*compl. ogg. e indir.*) us: **È venuto con noi**, he came with us; **Nessuno di noi l'ha letto**, none of us has read it; **Fu dipinto per noi**, it was painted for us; **una lettera indirizzata a noi**, a letter addressed to us; **una lettera da noi a loro**, a letter from us to them **3** (*nella forma enfatica, e in risposta a un «chi è?»*) us; (*fam.*): «**Chi è?**» «**Siamo noi**», «who is it?» «it is we»; «it's us» (*fam.*); **Siamo noi, proprio noi, le vittime**, it is we who are the victims; (*meno enfatico*) we are really the victims; **Tocca a noi decidere**, it is for us to decide; **Non saremo noi a deporre le armi**, it is not we who will lay down our arms (*forma retorica*); we will not lay down our arms (*forma normale*) **4** (*plurale maiestatico e di modestia invece di «io» e «me»; e usato con valore impersonale*) *sogg.; compl. ogg. e indir.* us: **È pericoloso guidare quando siamo stanchi**, it's dangerous to drive when we are tired (*ma meglio*: when one is tired). ● **noi stessi**, ourselves: **L'abbiamo fatto noi stessi**, we did it ourselves; **Non dobbiamo lodare noi stessi**, we must not praise ourselves □ **da noi**, (*a casa nostra*) to us, to our house (*moto a luogo*); with us, at our house (*stato in luogo*); (*nel nostro paese*) in our country □ **da noi** (*da

nòia

soli), (all) by ourselves □ **Beati noi!**, lucky we! (*non comune*) aren't we lucky? □ **Non sembriamo più noi**, we no longer look our former selves.

nòia, *f.* **1** boredom; tediousness; tedium; ennui (*lett.*): **la n. del viaggio**, the boredom of the journey; **n. mortale**, deadly boredom; **morire di n.**, to die of boredom **2** (*fastidio*) bother; annoyance; trouble: **È una n. portare un pacco così grande**, it's a bother to carry such a big parcel. ● **avere q.c. a n.**, not to like st.; to find st. tedious □ **dare n. a q.**, to bother sb.; to tease sb. □ **far morire q. dalla n.**, to bore sb. stiff □ **prendere a n. q.** (q.c.), to take a dislike to sb. (to st.) □ **ripetere sino alla n.**, to repeat "ad nauseam" □ **Che n.!**, what a nuisance!; how boring! □ **Mi dà n. il rumore**, the noise bothers me □ **Tutta la faccenda mi è venuta a n.**, I'm tired of the whole thing □ **È una bella n. dover andare alla cerimonia**, it's a great bore (*o* it's very boring) to have to attend the ceremony ● **Mi sono venute a n. le tue lamentele**, I'm tired of your grumbling.

noialtri, *m. pl.* **noialtre,** *f. pl.* **1** (*sogg.*) we **2** (*compl. ogg. e indir.*) us.

noiosità, *f.* boringness; tedium.

noióso, A *a.* **1** boring; tedious; tiresome: **Che conferenza noiosa!**, what a boring lecture!; **L'attesa fu lunga e noiosa**, the wait was long and tedious **2** (*che dà fastidio*) troublesome; annoying; bothersome: **una tosse noiosa**, a troublesome cough; **È n. doverglielo dire**, it's annoying to have to tell him. ● **Sono cose noiose: non si sa come vanno a finire**, it's all very worrying and one does not know how it will end up. **B** *m.* **1** bore **2** (*seccatore*) annoying person; nuisance.

noisette (*franc.*), *a. e m. invar.* hazel.

noleggiante, *m.* hirer; (*naut.*, *aeron.*) charterer; (*naut.*) affreighter.

noleggiare, *v. t.* to hire; (*naut.*, *aeron.*) to charter; (*naut.*) to affreight.

noleggiatóre, *m.* hirer; hire contractor; (*naut.*, *aeron.*) charterer; (*naut.*) affreighter; freighter.

noléggio, *m.* **1** hire; (*naut.*, *aeron.*) charter(ing); (*naut.*) affreightment; freight **2** (*prezzo*) hire; (*naut.*, *aeron.*) charterage; (*naut.*) freightage. ● **n. (di) automobili**, car-hire □ **n. (di) automobili senza autista**, self-drive hire □ **n. di un film**, renting of a film.

nolènte, *a.* (*lett.*) unwilling. ● **volente o n.**, willy-nilly.

nòlo, *m.* **1** hire; (*naut.*, *aeron.*) charter, charterage; (*naut.*) freight: **costo, assicurazione e n.**, cost, insurance and freight **2** (*affitto di macchinario*) rent. ● **dare a n. q.c. a q.**, to hire out st. to sb. □ **prendere a n. q.c. da q.**, to hire st. from sb.

nòma, *m.* (*med.*) noma.

nòmade, A *a.* nomadic; nomad: **popoli nomadi**, nomadic peoples. **B** *m. e f.* nomad.

nomadismo, *m.* nomadism.

nóme, *m.* **1** name: **Porta il n. di suo nonno**, he has his grandfather's name; he was named after his grandfather; **Scrive sotto il n. di Sto**, he writes under the name of Sto; his nom-de-plume is Sto; **i più bei nomi di Francia**, the greatest names in France; **n. e indirizzo**, name and address; **n. di battesimo**, Christian name; **n. di famiglia**, family name (*o* surname); (*leg.*) **n. commerciale**, trade name; **scrivere il proprio n. per esteso**, to write one's name in full; **un tale di n. Leo**, a man by the name of Leo; **in n. della legge**, in the name of the law; **Confermiamo la nostra prenotazione a n. del Sig. xy**, we confirm our reservation in the name of Mr xy; **n. d'arte**, stage-name; **essere padrone soltanto di n.**, to be master in name only **2** (*gramm.*) noun: **n. astratto** (**concreto, comune, collettivo**), abstract (concrete, common, collective) noun **3** (*soprannome*) nickname. ● **n. di battaglia**, «nom de guerre»; pseudonym □ **chiamare le cose col proprio n.**, to call a spade a spade □ **conoscere q. di n.**, to know sb. by name □ **essere conosciuto sotto il n. di**, to go by the name of □ **di n. e di fatto**, in name and in fact □ **falso n.**, alias: **viaggiare sotto falso n.**, to travel under an alias (*o* to travel incognito) □ **fare alcuni nomi**, to mention (*o* to suggest) some names □ **farsi un n.**, to make a name for oneself □ **godere un buon n.**, to have a good reputation □ (*leg.*) **in n. di** (*a favore di*), on behalf of □ **mettere in lista il proprio n.**, to put one's name down (for st.) □ **mettere** (*o* **imporre, dare**) **il nome di Maria a una bambina**, to give a child the name of Mary (*o* to name a child Mary) □ **senza n.**, nameless; (*anonimo*) anonymous □ **storpiare un n.**, to mispronounce a name □ **In n. di Dio!**, for God's sake! □ **La Colombia prende il suo nome da Colombo**, Columbia is called after Columbus □ **Digli pure a n. mio che la scorta è quasi finita**, tell him from me that stocks are low □ **Gli misero n. «La Voce»**, they called (*o* nicknamed) him «The Voice» □ **La pietà era per lui solo un n.**,

pity was just an empty word to him □ **Porto un n. onorato**, my name is respected □ **Vai pure a n. mio**, you can use my name.

nomèa, *f.* notoriety; reputation.

nomenclatóre, *m.* nomenclator.

nomenclatura, *f.* nomenclature.

nomignolo, *m.* nickname.

nòmina, *f.* **1** nomination; appointment; (*elezione*) election: **una n. governativa**, a government appointment; **n. a sindaco**, election as mayor; (*leg.*) **decreto di n.**, decree of appointment **2** (*assegnazione*) assignment; constitution. ● **Il giovane era di prima n.**, it was the young man's first post.

nominàbile, *a.* mentionable. ● **non n.**, unmentionable.

nominale, *a.* **1** nominal: **il valore n. delle azioni**, the nominal (*o* par, face) value of the shares; **essere il capo n. di un'impresa**, to be the nominal head of an enterprise **2** (*gramm.*) noun (*attr.*); nominal: **un suffisso n.**, a noun suffix. ● (*leg.*) **appello n.**, roll-call □ **votazione per appello n.**, voting by acclamation.

nominalismo, *m.* (*filos.*) nominalism.

nominalista, *m. e f.* (*filos.*) nominalist.

nominalistico, *a.* (*filos.*) nominalistic.

nominalménte, *avv.* nominally.

nominare, *v. t.* **1** to name; to call **2** (*menzionare*) to mention **3** (*eleggere*) to designate; to nominate; to elect; to appoint (sb. to the post of); (*designare*) to assign, to constitute; (*insediare*) to institute, to establish; (*leg.*) **n. erede**, to designate as heir. ● **persona non nominata**, unnamed person □ **Certe cose è meglio non nominarle**, some things are best not mentioned □ **Mai sentito n.!**, never heard of it! (*o* of him, etc.).

nominataménte, *avv.* **1** (*per nome*) by name **2** (*espressamente*) expressly; particularly.

nominativaménte, *avv.* by name.

nominatività, *f.* (*comm.*) registration: **n. dei titoli**, registration of securities.

nominativo, A *a.* **1** (*gramm.*) nominative: **il caso n.**, the nominative case **2** (*comm.*) registered: **titoli nominativi**, registered securities (*o* stock). ● (*econ.*) **libretto n. di risparmio**, personal savings-book □ (*comm.*) **ruolo n. dei contribuenti**, roll of contributors' names. **B** *m.* **1** (*gramm.*) nominative **2** (*nome*) name **3** (*naut.*) call sign. ● (*naut.*) **alzare il n.**, to hoist ship's pennants.

nomogramma, *m.* (*mat.*) nomogram, nomograph.

nón, *avv.* **1** (*con nomi, pron., agg., avv.*) not: **non Marco, ma Mario**, not Marco, but Mario; **non quello**, not that one; **non bella, ma gentile**, not good-looking, but kind; (*leg.*) **non colpevole**, not guilty; **non qui** (**non lontano, non tardi**), not here (not far, not late); **non senza rimpianto**, not without regret **2** (*con i verbi*) not (*salvo che nelle forme enfatiche o lett., abbreviato spesso in*: n't): **Non l'ho letto**, I haven't read it; **No davvero, non approvo la tua decisione**, certainly not, I don't approve your decision; **Non posso andare**, I cannot (*o* can't) go; **Non glielo dirò**, I shall not (*o* shan't) tell him (*la forma* I shan't *è piuttosto brusca*); **Non glielo dirai vero?**, you won't (*o* will not) tell him, will you?; **Non è giusto**, it is not fair; it isn't fair; it's not fair; **Non è vero?**, isn't that so?; **Per piacere, non far rumore**, please, don't make a noise; **Temo che non sarà pronto**, I'm afraid it won't be ready **3** (*davanti a un sost. o a un agg.*, *quando è quasi un pref.*) non: **non conformista**, non-conformist; **non intervento**, non-intervention; **non violenza**, non-violence; (*leg.*) **non luogo a procedere**, non-suit **4** (*nelle frasi in cui è espressa un'altra neg. viene omesso*): **Non gli dissi nulla**, I gave him nothing; **Non l'ha visto nessuno**, nobody saw him; **Non si videro mai**, they never saw each other **5** (*idiom., pleonastico*): **Non posso, finché non sarà finito**, I can't until it is finished; **Non appena usciva un cliente, ne entrava un altro**, no sooner had one customer left than another came in; as soon as a customer left, another came in; **Per poco non caddi**, I nearly fell down; **Poco mancò che non lasciassi la pelle nell'incidente**, I was almost killed in the crash: it was a near thing **6** (*con un sost. o un pron., si usa anche l'agg.*) no (*nessuno*): **Non abbiamo libri**, we have no books; we haven't (got) any books; **Non abbiamo luce, gas, acqua**: sembra la guerra, we have no electricity, no gas, no water: it's like the war. ● **non oltre**, (*rif. a spazio*) no farther than; not beyond; (*rif. a tempo*) no later than □ **non più**, (*rif. a tempo*) no longer; (*rif. a quantità*) no more □ **non più tardi di**, no later than □ **gli abbienti e i non abbienti**, the haves and have-nots □ **un certo non so che**, an inexpressible something; a certain «je ne sais quoi» □ **in men che non si dica**, before you could say Jack Robinson (*fam.*) □ **piaccia o non piaccia**, whether you like it or not □ **Se non fosse per lei...**, but for her... □ **Non posso fare a meno di lagnarmi**, I cannot help complaining □ **Non c'è di che**, don't mention it; not at all; it's a pleasure; you're welcome (*specialm.*

USA) □ **Non posso non lagnarmi**, I cannot but complain.
nòna, *f.* **1** (*mus.*) ninth **2** (*relig.*) none.
nonagenària, *f.* nonagenarian.
nonagenàrio, *a.* e *m.* nonagenarian.
nonagèsimo, *a. num. ord.* e *m.* (*lett.*) ninetieth.
nonàgono, *m.* (*geom.*) nonagon.
non allineaménto, *m.* (*polit.*) nonalignment.
non allineato, *a.* (*polit.*) nonaligned.
nonàrio, *a.* (*mat.*) nonary: **sistema n.**, nonary scale.
nonché, *cong.* **1** (*tanto meno*) and still less; and even less; let alone: **Non vorrei parlarne, n. scriverne**, I wouldn't (even) talk about it, let alone (*o* and still less) write about it **2** (*e inoltre*) as well as; and also: **È lungo n. difficile**, it's long as well as difficult. ● **C'era il vice-presidente, n. il presidente**, there was the vice-chairman, to say nothing of the chairman (*o* and moreover there was the chairman).
nonconformismo, *m.* nonconformism.
nonconformista, *a.*, *m.* e *f.* nonconformist.
noncurante, *a.* nonchalant; careless; indifferent.
noncuranza, *f.* nonchalance; carelessness; indifference.
nondiméno, *cong.* nevertheless; however; still.
nòne, *f. pl.* (*stor.*) Nones.
nonétto, *m.* (*mus.*) nonet.
nònio, *m.* (*scient.*) nonius.
nònna, *f.* grand-mother; granny, grandma (*fam.*).
nonnina, *f.* granny.
nònno, *m.* **1** grandfather; grandpa, grand-dad (*fam.*) **2** (*pl.:* antenati) forefathers; ancestors.
nonnulla, *m.* trifle; bagatelle; (a) mere nothing; (the) slightest thing.
nòno, *a. num. ord.* e *m.* ninth.
nonostante, A *prep.* in spite of; notwithstanding. **B** *cong.* – **nonostante che**, (even) though; although.
nonpertanto, *cong.* (*lett.*) nevertheless; however; still.
non plus ultra, *m. invar.* (the) last word (in); acme; culmination.
nonsènso, *m.* (piece of) nonsense; absurdity.
non so che, A *a. indef.* undefinable. **B** *m.* je ne sais quoi (*franc.*).
nontiscordardimé, *m.* (*bot.*, *Myosotis palustris*) forget-me-not.
nonviolènza, *f.* nonviolence.
norcineria, *f.* (*dial.*) pork-butchery; (*bottega*) pork-butcher's shop.
norcino, *m.* **1** man from Norcia **2** (*chi castra i maiali*) swine-gelder; (*chi li ammazza e li vende*) pork-butcher.
nord, *m.* north: **n. magnetico**, magnetic north; **un vento freddo che spira dal n.**, a cold wind from the north; **n.-ovest**, north-west; **n.-est**, north-east; **America del N.**, North America; **il Mare del N.**, the North Sea; **il Polo N.**, the North Pole. ● **andare a** (*o* verso) **n.**, to go northwards □ **nebbie del n.**, northern mists □ **vento di n.-ovest** (*di* n.-est), north-wester (north-easter).
nordafricano, *a.* e *m.* North African.
nordamericano, *a.* e *m.* North American.
nordatlàntico, *a.* North Atlantic.
nordèst, *m.* north-east.
nordeuropèo, *a.* e *m.* North European.
nòrdico, A *a.* **1** northern **2** (*dell'Europa settentrionale*) Nordic. **B** *m.* Nordic; Northman*.
nordista, *a.*, *m.* e *f.* (*stor. USA*) Federal; Unionist.
nordòvest, *m.* north-west.
nordvietnamita, *a.*, *m.* e *f.* North-Vietnamese.
nòria, *f.* noria; water-wheel; scoop-wheel.
Norimbèrga, *f.* (*geogr.*) Nuremberg.
nòrma, *f.* **1** rule; precept; norm; standard; (*regolamento*) regulation: **È buona n. non discutere**, it's a good rule not to argue; **norme di sicurezza**, safety rules; **le norme vigenti**, the regulations in force **2** (*avvertenza*) instruction; direction: **norme per l'uso**, instructions (for use); directions for use **3** (*consuetudine*) custom: **di n.**, as a rule. ● **a n. di legge**, according to law □ **che non devia dalla n.**, straight (*fam.*) □ **per tua n.** (e regola), for your information (and guidance).
normale, A *a.* **1** normal; usual; regular: **lo stipendio n.**, the usual salary; **condizioni normali**, normal conditions (*o* state) **2** (*che dà una regola*) standard (*attr.*): **il peso n.**, the standard weight. ● **scuola n.**, teachers' training college. **B** *f.* **1** (*geom.*) normal; perpendicular **2** (*alpinismo*) regular (*o* normal) route.
normalità, *f.* normality; normalcy (*USA*). ● **Siamo tornati alla n.**, we are back to normal.
normalizzare, A *v. t.* **1** to bring* back to normal; to normalize **2** (*standardizzare*) to standardize. **B** **norma-**

lizzarsi, B *v. rifl.* to be normalized; to be brought back to normal.
normalizzazióne, *f.* **1** normalization **2** (*standardizzazione*) standardization.
normalménte, *avv.* usually; as a rule.
Normandia, *f.* (*geogr.*) Normandy.
normanno, *a.* e *m.* Norman: **anglo-n.**, Norman-English; Anglo--Norman; **franco-n.**, Norman-French; **la conquista normanna**, the Norman Conquest.
normativa, *f.* (*leg.*) **1** (*insieme di norme*) set of rules **2** (*legge n.*) normative law.
normatività, *f.* normativeness.
normativo, *a.* prescribing rules; establishing a norm; normative.
normògrafo, *m.* stencil.
normolineo, normotipo, *m.* (*med.*) normotype.
Nòrna, *f.* (*mitol.*) Norn.
norvegése, *a.*, *m.* e *f.* Norwegian.
Norvègia, *f.* (*geogr.*) Norway.
nosocomiale, *a.* nosocomial.
nosocòmio, *m.* hospital.
nosofobia, *f.* nosophobia.
nosografia, *f.* (*med.*) nosography.
nosogràfico, *a.* (*med.*) nosographic(al).
nosologia, *f.* (*med.*) nosology.
nosològico, *a.* (*med.*) nosological.
nosomania, *f.* nosomania.
nossignóra, *avv.* no, Madam.
nossignóre, *avv.* no, Sir.
nostalgia, *f.* homesickness (*per la propria casa o patria*); nostalgia (*lett.*). ● **avere n. di q.** (**di q.c.**), to long for sb. (for st.).
nostalgicaménte, *avv.* nostalgically.
nostàlgico, *a.* nostalgic; (*solo di persona*) homesick: **una melodia nostalgica**, a nostalgic tune; **Mi sentivo n.**, I felt homesick.
nostrale, nostrano, *a.* home-grown; home-made; national; (*regionale*) regional; domestic (*USA*).
nòstro, A *a. poss.* **1** our; (*n. proprio*) our own: **n. padre**, our father; **la parte nostra**, our share; **ai nostri tempi**, in our time; in our days; **Sono arrivati i nostri amici**, our friends have arrived; **Che ne dice il n. Luigi?**, what does our Luigi have to say about it?; **un n. amico**, one of our friends; a friend of ours; **Vorremmo avere una casa** (**tutta**) **nostra**, we should like to have a house of our own **2** (*come pred. nominale*) ours: **Questo libro non è n.**, this book isn't ours. **B** *pron. poss.* ours: **Il tuo divano assomiglia al n.**, your sofa looks like ours; **La nostra è una storia curiosa**, ours is a curious story. **C** *m.* **1** our own; what is ours; (*il nostro reddito*) our income; (*i nostri guadagni*) our earnings; (*tutto ciò che abbiamo*) all we have: **qualcosa** (**niente**) **di n.**, something (nothing) of our own; **Viviamo del n.**, we live on our (own) income; **Perdemmo tutto il n.**, we lost all we had **2** (*pl.:* i nostri parenti) our relatives; our family; (*i nostri amici*) our friends; (*i nostri fautori*) our side (*sing.*); (*i nostri soldati, alleati, ecc.*) our soldiers, allies, reinforcements: **Arrivano i nostri!**, reinforcements are here; (*anche*) our troops (*o* soldiers, people, etc.) are here; help is on the way; **Vuoi essere dei nostri?**, will you join our side?; will you throw in your lot with us?; **È dei nostri**, he is on our side. ● **Volete essere dei nostri stasera?**, will you join us to-night? □ **Non vogliamo rimetterci del n.**, we don't want to lose by it (*o* to lose on the deal).
nostròmo, *m.* (*naut.*) coxswain; boatswain: **il fischio del n.**, the boatswain's pipe.
nòta, *f.* **1** note (*anche mus.*): **prendere delle note**, to take notes; **Prendi n. di questo!**, make a note of this; **Le note sono in fondo al libro**, the notes are at the end of the book; **una n. d'infamia**, a note of infamy; **degno di n.**, worthy of note; noteworthy; **una n. stonata**, (*mus.*) a wrong note; (*fig.*) a jarring note; (*fig.*) **portare una n. allegra**, to bring a note of gaiety; **Ci fu uno scambio di note** (**diplomatiche**) **fra il Cremlino e la Casa Bianca**, there was an exchange of (diplomatic) notes between the Kremlin and the White House **2** (*segno; appunto circa la condotta, ecc., anche*) mark: **una n. di biasimo**, a bad mark; **note caratteristiche**, distinguishing marks; distinguishing features; (*anche*) description **3** (*fattura, conto*) bill: **Lo metta in n.**, put it down on the bill **4** (*elenco*) list: **la n. della spesa**, the shopping list. ● **n. a piè di pagina** (*o* **in calce**), footnote □ (*bur.*) **note caratteristiche**, report (*sing.*); evaluation (*sing.*) □ (*comm.*) **n. di accredito**, credit note □ (*comm.*) **n. di addebito**, debit note □ **n. di biasimo**, reprimand; (*aeron., naut.*) **n. di carico**, manifest □ (*comm.*) **n. di pegno**, warrant □ (*mus.*) **n. fondamentale**, tonic □ **corredare un testo di note**, to annotate a text □ **mettere in n.**, to put down (on the list): **Mi misi in n. per giovedì**, I put myself

nòta bène

down for Thursday □ **parlare aiutandosi con delle note**, to speak from notes □ (*comm.*) **prendere n. di un'ordinazione**, to book an order □ **testo con note**, annotated text □ **Gliela cantai a chiare note**, I told him bluntly.

nòta bène, *m.* nota bene (*abbr.* N.B.).

notàbile, A *a.* notable; remarkable. **B** *m.* notable; worthy (*scherz.*): **un'assemblea di notabili**, an assembly of notables.

notabilità, *f.* notability.

notàio, *m.* notary (public).

notare, *v. t.* **1** to note; to make* note of; to write* down: **n. le spese**, to write down expenses; **È da n. che il piano non era ancora stato concordato**, it should be noted that the plan had not yet been agreed upon **2** (*registrare*) to record **3** (*segnare*) to mark: **n. un errore con la matita blu**, to mark a mistake in blue pencil **4** (*osservare*) to notice; to observe; to note: **n. i difetti di q.**, to note sb.'s faults; **Notate che gli avevo scritto**, notice that I had written to him. ● **farsi n.**, to attract attention; to attract notice: **Quelle aspiranti dive farebbero qualunque cosa per farsi n.**, those bidding stars would do anything to attract attention (to themselves) □ **Giovanissimo si era fatto n. nella campagna d'Egitto**, while still very young, he had distinguished himself in the Egyptian campaign □ **Nota bene**, (*in fondo a uno scritto*) nota bene (*abbr.* N.B.); (*parlando*) mind you.

notarésco, *a.* notarial.

notariato, *m.* office of a notary (public).

notarile, *a.* notarial; notary's: **un atto n.**, a notarial deed; **studio n.**, notary's chambers (*o* office). ● **procura n.**, power of attorney.

notazióne, *f.* notation; (*numerazione*) numbering: **la n. delle pagine**, the numbering of the pages.

nòtes, *m.* note-book.

notévole, *a.* **1** notable; remarkable **2** (*considerevole*) considerable.

notìfica, *V.* **notificazióne**.

notificare, *v. t.* **1** (*leg.*) to notify; to give* notice of **2** (*informare*) to inform (sb. of st.) **3** (*comm.*) to advise. ● (*leg.*) **n. un atto**, to serve a paper □ (*leg.*) **n. un mandato di comparizione a q.**, to subpoena sb.

notificazióne, *f.* **1** notification **2** (*leg.*) service; summons: **n. di un decreto (di una sentenza)**, service of a decree (of a judgment); **n. di comparire**, summons to appear. ● **dare n. di q.c.**, to notify st. □ **ricevere n. di q.c.**, to be notified of st.

notista, *m. e f.* (*giornalismo*) columnist; (political) commentator.

notìzia, *f.* **1** piece (*o* bit) of news; (*giornalistica*) news-item: **Ho una buona n. per te**, I've got a good piece of news for you; **È una cattiva n.?**, is it bad news?; **una n. in quarta pagina**, a news-item on the fourth page **2** (*al pl.*) news (*sing. collett.*); tidings (*pl., lett.*): **Dammi tue notizie**, give me your news; let me hear from you; **le ultime notizie**, (*le più recenti*) the latest news; (*in senso assoluto*) the last news: **le ultime notizie che ebbi di lui**, the last news I had about him; **notizie recentissime**, stop-press news; **Non fa n.**, that's no news; **Oggi le notizie sono catastrofiche**, the news is appalling today; **Siamo senza notizie da lunedì**, we've had no news since Monday **3** (*informazione*) (piece of) information; data (*pl.*): **Scarseggiano le notizie storiche di quel periodo**, we have very scarce historical data for that period. ● **notizie biografiche**, biographical notes □ (*giornalismo*) **n. in esclusiva**, scoop □ **n. lampo** (*trasmessa per radio o telegrafo*), flash □ **chiedere notizie di q.**, to ask about sb. □ **dare n. di q.c. a q.**, to inform sb. about st. □ (*fam.*) **pieno di notizie**, newsy: **una lettera piena di notizie**, a newsy letter □ **Notizie del giornale radio** (*annuncio radiofonico*), here is the news □ **Corre n. che...**, there is a rumour that...

notiziàrio, *m.* **1** (*cinem.*) news-reel **2** (*radio, telev.*) news-bulletin; (the) news **3** (*specialm. comm.*) news-letter. ● **n. giornaliero (mensile, settimanale)**, daily (monthly, weekly) report.

nòto, *a.* **1** well-known; known; famous; (*familiare*) familiar: **una persona a me nota**, a person known to me; **n. alla Questura**, (well-)known to the Police; **un n. scienziato**, a well-known scientist; **Sentii una voce a me nota**, I heard a familiar voice. ● **essere pubblicamente n.**, to be of public (*o* common) knowledge □ **rendere n.**, to notify; to inform □ **Com'è n.**, as everybody knows. **B** *m.* (the) known: **procedere dal n. all'ignoto**, to proceed from the known to the unknown.

notocòrda, *f.* (*zool.*) notochord.

notoriaménte, *avv.* (*in senso sfavorevole*) notoriously: **n. disonesto**, notoriously dishonest. ● **Ero n. amico della famiglia White**, it was well-known that I was (*o* I was known to be) a friend of the Whites.

notorietà, *f.* notoriety; renown. ● (*leg.*) **atto di n.**, attested affidavit.

notòrio, *a.* well-known; (*spreg.*) notorious: **un fatto n.**, a well-known fact.

nottambulismo, *m.* night-wandering.

nottàmbulo, *m.* night-wanderer; night-bird (*fam.*).

nottata, *f.* night: **le nottate d'inverno**, winter nights; **una n. di viaggio**, a night's journey; **passare una n. insonne**, to have a sleepless night. ● **fare n.**, to sit up all night.

nòtte, *f.* night: **Buona n.!**, good night!; **dare la buona n.**, to say good-night; **la n. di Natale**, Christmas night; **ieri n.**, last night; **questa n.**, (*futura*) tonight; (*la n. scorsa*) last night; **di n.**, at (*o* by) night; (*anche*) at night-time; nights (*USA*); (*fig.*) **una n. bianca**, a sleepless night; **a n. avanzata**, far into the night; **nel cuore della n.**, at dead of night; **viaggiare di n.**, to travel by night; **fino a tarda n.**, far into the night; **montare la n.** (*fare il turno di notte*), to be on night-duty; **cose da Mille e una Notte**, something out of the Arabian Nights; (*anche*) something unheard of; (*letter.*) «**Sogno di una n. di mezza estate**», «A Midsummer Night's Dream»; **Quella farmacia fa servizio di n.**, that chemist is open at night; **Il malato non passerà la n.**, the patient won't last the night (*o* won't see this night out); **Calava (o scendeva, cadeva) la n.**, night was falling; **fare di n. giorno**, to turn night into day; **giorno e n. senza interruzione**, day and night without stopping; **Il cane ha abbaiato tutta la n.**, the dog barked all night long. ● **la n. dei tempi**, the mists of time □ **a n. fatta**, when it is (*o* was) completely dark; after nightfall □ **col favore della n.**, under the cover of darkness □ **far baldoria tutta la n.**, to make a night of it □ **nella n. dei tempi**, ages ago; at some remote period □ **passare la n.** (*in un luogo*), to stay overnight □ **sul far della n.**, at nightfall □ **Peggio che andar di n.!**, worse than ever! □ **Ci corre come dal giorno alla n.**, they are as different as chalk and cheese; they are as different as night is from day □ (*fam.*) **L'ho cacciato via a e buona n. al secchio**, I sent him packing and that was the end of that □ (*prov.*) **La n. porta consiglio**, night is the mother of counsel.

nottetèmpo, *avv.* by (*o* at) night; during the night; at night-time.

nottilùca, *f.* (*zool., Noctiluca*) noctiluca*.

nottìvago, *a.* (*lett.*) noctivagant; noctivagous; night-wandering.

nòttola, *f.* **1** (*zool., Nyctalus noctula*) noctule **2** (*saliscendi*) latch; catch.

nottolino, *m.* **1** door-latch **2** (*mecc.*) pallet. ● (*mecc.*) **n. di arresto**, ratchet (*o* pawl) □ **n. di inversione**, reverse dog.

nottolóne, *m.* (*zool., Caprimulgus europaeus*) goatsucker; night-hawk.

nòttua, *f.* (*zool., Noctua*) noctuid; owlet moth.

notturno, A *a.* nocturnal; night (*attr.*): **animali notturni**, nocturnal animals; **un guardiano n.**, a nightwatchman; **locale n.**, night-club. ● **Lo spettacolo è n.**, the show is on at night. **B** *m.* **1** (*relig.*) early morning service; nocturn **2** (*mus., arte*) nocturne.

nòtula, *f.* (*parcella*) fee; honorarium*.

notulare, *v. t.* (*bur., comm.*) to bill: **n. tutti i clienti**, to bill all the customers.

noùmeno, *m.* (*filos.*) noumenon*.

nouvelle vague (*franc.*), *f.* (*cinem.*) new wave.

nòva, *f.* (*astron.*) nova*.

novale, *m.* (*agric.*) newly-ploughed field.

novanta, *a. num. card. e m.* ninety. ● **gli anni n.**, the nineties.

novantènne, A *a.* ninety-year-old (*attr.*); ninety years old (*pred.*): **una nonna n.**, a ninety-year-old grand-mother; **La nonna è n.**, grand-mother is ninety years old. **B** *m.* ninety-year-old man*. **C** *f.* ninety-year-old woman*.

novantènnio, *m.* (period of) ninety years: **l'ultimo n.**, the last ninety years.

novantèsimo, *a. num. ord. e m.* ninetieth.

novantina, *f.* about ninety: **una n. di libri**, about ninety books. ● **aver superato la n.**, to be over ninety.

novatóre, (*lett.*) **A** *m.* innovator. **B** *a.* innovating.

novazióne, *f.* (*leg.*) novation.

nòve, *a. num. card. e m.* nine: **n. volte su dieci**, nine times out of ten; **un bambino di n. anni**, a nine-year-old (child). ● **il n. di Aprile**, the 9th of April; April (the) 9th □ **Sono le (ore) nove**, it's nine (o'clock).

novecentésco, *a.* twentieth-century (*attr.*).

novecentèsimo, *a. num. ord. e m.* nine-hundredth.

novecentismo, *m.* modernism.

novecentista, A *a.* twentieth-century (*attr.*); contemporary. **B** *m. e f.* adherent of twentieth-century art (*o* thought, style, etc.); modernist.

novecentìstico, *a.* twentieth-century (*attr.*).

novecènto, *a. num. card. e m.* nine hundred. ● **il N.**, the twentieth century.

novèlla, *f.* **1** tale; story; (*come genere lett.*) short story: **raccontare novelle intorno al fuoco**, to tell stories by the fire-side; **pubblicare una raccolta di novelle**, to publish a collection of short stories **2** (*lett.: notizia*) news (*sing. collett.*); tidings (*pl., lett.*). ● (*relig.*) **la Buona N.**, the Gospel.
novellame, *m.* (*zool.*) fry (*collett.*).
novellare, *v. i.* to tell* tales (*o* stories).
novellatóre, *m.* story-teller; spinner of tales.
novellétta, *f.* (*mus.*) novelet(te).
novellière, *m.* **1** short-story writer **2** (*letter.*) collection of short stories.
novellino, **A** *a.* **1** (*primaticcio*) new; early **2** (*inesperto*) raw; young and inexperienced; newly-fledged; green (*fam.*). **B** *m.* raw (*o* inexperienced) person; greenhorn, tenderfoot (*fam.*).
novellista, *m.* e *f.* short-story writer.
novellistica, *f.* **1** short-story writing **2** (*novelle*) short stories (*pl.*): **La n. non è rappresentata nel nostro catalogo**, there are no short stories in our book-list.
novèllo, *a.* **1** new; newly (*con un agg. o p.p.*): **un sacerdote n.**, a newly-ordained priest; **la sposa novella**, the newly-wed bride; **patate novelle**, new potatoes **2** (*secondo*) second; another: **un n. Attila**, a second Attila **3** (*primaticcio*) early: **asparagi novelli**, early (*o* the first) asparagus; **l'età novella**, the early years; youth. ● **pollo n.**, spring chicken □ **la stagione novella**, the spring.
novèmbre, *m.* November: **il 30 n.**, the 30th of November; November 30th.
novembrino, *a.* of November; November (*attr.*): **pioggia novembrina**, November rain.
novemila, *a. num. card.* e *m.* nine thousand.
novèna, *f.* (*relig.*) novena*.
novenàrio, (*prosodia*) **A** *a.* of nine syllables. **B** *m.* nine-syllable line.
novendiale, **A** *a.* nine-day (*attr.*); lasting nine days. **B** *m.* (*stor.*) novendial.
novennale, *a.* **1** (*che ricorre ogni nove anni*) recurring every ninth year **2** (*che dura nove anni*) nine-year (*attr.*); lasting nine years: **un piano n.**, a nine-year plan.
novènne, **A** *a.* nine-year-old (*attr.*); nine years old (*pred.*). **B** *m.* nine-year-old boy. **C** *f.* nine-year-old girl.
novènnio, *m.* nine-year period; nine years (*pl.*).
noverare, *v. t.* to count; to enumerate.
nòvero, *m.* (*lett.*) number; list. ● **porre q. nel n. degli amici**, to number sb. among one's friends.
novilùnio, *m.* new moon: **Vanno colte al n.**, they should be picked at the new moon.
novissimo, *a. superl.* brand-new; (*ultimo*) last. ● (*relig.*) **il n. bando**, The Last Judgment □ (*relig.*) **i Novissimi**, Death, Judgment, Heaven, Hell.
novità, *f.* **1** (*l'essere nuovo, originale*) newness; (*anche: oggetti da regalo o di moda di nuovo tipo*) novelty: **La n. di quell'architettura in principio sconcertò i ben pensanti**, at first the novelty of the architecture disconcerted conventional people; **L'ho comprato al banco delle novità**, I bought it at the novelty counter; **l'ultima n.**, the latest novelty **2** (*innovazione*) innovation; (*mutamento*) change: **Avevano introdotto delle n.**, they had made some changes **3** (*concreto*) new thing; something new: **un desiderio di n.**, a longing for something new **4** (*notizia*) news: **N.?**, any news?; **Che n. ci sono?**, what's the news? ● **le n. della moda**, the latest fashions □ **le n. letterarie** (*o* **librarie**), the new books □ **le n. teatrali**, the new plays □ **correre dietro alle n.**, to follow all the latest trends □ **Questo libro è una n.**, this book is just out.
novìzia, *f.* (*relig.*) novice.
noviziato, *m.* **1** (*relig.*) novitiate **2** (*tirocinio*) apprenticeship. ● (*fig.*) **pagare il n.**, to learn the hard way.
novìzio, **A** *m.* **1** (*relig.*) novice **2** (*fig.*) apprentice. **B** *a.* inexperienced.
novocaìna, *f.* (*marchio: farm.*) novocain.
nozionale, *a.* notional.
noziòne, *f.* **1** (*specialm. al pl.*) information; knowledge: **nozioni elementari di matematica**, basic knowledge of mathematics **2** (*filos.*) notion; idea. ● **non avere la n. del bene e del male**, to have no sense of good and evil □ **le prime nozioni di q.c.**, the first rudiments of st.
nozionismo, *m.* superficial factual knowledge; notionalism.
nozionistico, *a.* based on factual knowledge.
nòzze, *f. pl.* wedding (*sing.*); marriage (*sing.*); nuptials (*lett. o scherz.*): **n. d'oro** (**d'argento**), gold (silver) wedding. ● **andare a n.**, (*sposarsi*) to get married; (*fig.*) to do st. willingly □ **essere come andare a n.**, to be just a piece of cake (*pop.*) □ (*fig.*) **fare le**

n. coi fichi secchi, to do things on a shoestring □ **passare a seconde n.**, to get married for the second time □ **viaggio di n.**, honeymoon.
nuance (*franc.*), *f.* nuance; shade (of meaning).
nube, *f.* cloud: **nubi passeggere**, passing clouds (*anche fig.*). ● (*fis.*) **n. radioattiva**, radioactive cloud □ (*astron.*) **n. stellare**, star cloud □ **felicità senza nubi**, unclouded happiness □ **La donna aveva una n. di tristezza sul volto**, sadness veiled the woman's face.
nubifràgio, *m.* cloud-burst; storm.
nubilato, *m.* (*leg.*) spinsterhood.
nùbile, **A** *a.* unmarried; single; marriageable: **lo stato n.**, the unmarried state. **B** *f.* unmarried (*o* single) woman*; (*leg.*) spinster.
nuca, *f.* (*anat.*) nape (of the neck); nucha*.
nucale, *a.* (*anat.*) nuchal.
nucleare, *a.* (*fis.*) nuclear: **fisica n.**, nuclear physics; **energia n.**, nuclear energy.
nucleato, *a.* (*biol.*) nucleate.
nuclèico, *a.* (*chim.*) nucleic: **acido n.**, nucleic acid.
nucleina, *f.* (*chim.*) nuclein.
nùcleo, *m.* **1** nucleus*; core: (*fis.*) **n. atomico**, atomic nucleus; (*fis.*) **n. composto**, compound nucleus **2** (*gruppo*) group; squad: **n. antincendi**, fire squad **3** (*unità*) unit: **n. familiare**, family unit; family.
nuclèolo, *m.* **1** (*biol.*) nucleolus* **2** (*fig., polit.*) groupuscule.
nucleóne, *m.* (*fis. nucl.*) nucleon.
nucleònica, *f.* (*fis. nucl.*) nucleonics (*pl. col verbo al sing.*).
nucleoplasma, *m.* (*biol.*) nucleoplasm.
nucleoproteina, *f.* (*biol., chim.*) nucleoprotein.
nuclide, *m.* (*fis.*) nuclide.
nudismo, *m.* nudism.
nudista, *a.*, *m.* e *f.* nudist: **un campo di nudisti**, a nudist camp.
nudità, *f.* **1** nakedness; nudity **2** (*pl.: parti nude del corpo*) naked parts; nakedness (*sing.*) **3** (*fig.: semplicità*) plainness; simplicity.
nudo, **A** *a.* **1** (*spoglio, scoperto*) bare: **montagne** (**pareti, braccia, spalle**) **nude**, bare mountains (walls, arms, shoulders); (*naut.*) **albero** (*o* **pennone**) **n.**, bare pole; (*naut.*) **scafo n.**, bare hull; (*anche fig.*) **mettere q.c. a n.**, to lay st. bare; **dormire sulla nuda terra**, to sleep on the bare earth **2** (*svestito*) naked: **visibile a occhio n.**, visible to the naked eye; **la nuda verità**, the naked truth; **mezzo n.**, half-naked; (*fig.*) **n. ferro**, naked blade; unsheathed sword **3** (*fig.: semplice, schietto*) plain; simple; bare: **la verità nuda e cruda**, the plain unvarnished truth. ● **n. come Dio l'ha fatto** (*o* **come un verme**), as naked as when he was born; in his birthday suit; stark naked; starkers (*fam.*) □ (*leg.*) **nuda proprietà**, residuary right of ownership □ **andare a piedi nudi**, to go barefoot □ **cavalcare a dorso n.**, to ride bare-back □ **chi fa il bagno n.**, skinny-dipper □ **fare il bagno n.**, to skinny-dip □ **un ragazzo con i piedi nudi**, a bare-footed boy. **B** *m.* (*specialm. arte*) nude: **disegnare dal n.**, to draw from the nude; **un n. di marmo**, a marble nude.
nùgolo, *m.* swarm; cloud: **nugoli di frecce**, clouds of arrows.
nulla, **A** *pron. indef. invar.* nothing; not (*o altra neg.*)...anything: **n. di più facile**, nothing easier; **N. gli sfugge**, nothing escapes him; **non accorgersi di n.**, not to notice anything; **n. di n.**, nothing at all; absolutely nothing. ● **come se n. fosse**, without batting an eyelid; without turning a hair □ **non mancare di n.**, to be well-off □ **Non ci vedo n. di male**, I see no harm in it □ **È un buono a n.**, he's a good-for-nothing. **B** *m. invar.* **1** nothing: **finire in n.**, to come to nothing; **meglio che n.**, better than nothing; **molto poco, per non dir n.**, mighty little, practically nothing **2** (*filos.*) nothingness; nothing **3** (*cosa minima*) slightest (*o* tiniest) thing: **Si offende per un n.**, the slightest thing offends him. ● **venire dal n.**, to be a self-made man. **C** *avv.* **1** nothing; not (*o altra neg.*)...anything: **Non gli importa n. dei miei consigli**, he cares nothing for my advice **2** (*rafforzativo di «non»: affatto*) at all; in the least: **Non conta n.**, it doesn't count at all. ● **per n.**, not at all; not in the least.
nullàggine, *f.* nothingness; worthlessness.
nullaòsta, *m.* permit; authorization; permission.
nullatenènte, **A** *a.* with no property; propertyless. **B** *m.* e *f.* person with no property. ● **i nullatenenti**, the have-nots (*fam.*).
nullatenènza, *f.* lack of property; propertylessness.
nullismo, *m.* (*filos.*) nihilism.
nullità, *f.* **1** nonentity; insignificance; nothingness: **Quell'uomo è una vera n.**, that man is really a nonentity **2** (*leg.*) nullity; voidness: **la n. del contratto** (**del testamento**), the nullity of the contract (of the will).
nullo, *a.* (*leg.*) null (and void); void: **dichiarare n.**, to declare null and void. ● (*sport*) **incontro n.**, draw □ **scheda nulla**,

Numa Pompìlio

spoiled vote.
Numa Pompìlio, *m.* (*stor.*) Numa Pompilius.
nume, *m.* (*lett.*) god; divinity; deity: **numi tutelari**, tutelary deities. ● **Santi numi!**, my goodness!
nùmeno, *m.* (*filos.*) noumenon*.
numeràbile, *a.* countable.
numerabilità, *f.* countability.
numerale, *a.* e *m.* numeral.
numerare, *v. t.* **1** (*segnare con numeri progressivi*) to number **2** (*contare*) to count. ● **n. i fogli di un libro**, to folio (*o* to foliate) a book □ **n. le pagine di un libro**, to page (*o* to paginate) a book.
numerário, *m.* (*fin.*) ready cash; cash; specie.
numerato, *a.* numbered: **pagine numerate**, numbered pages; **posti numerati** (*in teatro, stadio e sim.*) numbered seats.
numeratóre, **A** *m.* **1** (*mat.*) numerator **2** (*macchina*) numbering-machine. **B** *a.* numerating; numbering.
numerazióne, *f.* **1** (*system of*) numbering; numbers (*pl.*): **Hanno cambiato la n. della nostra strada**, they have changed the system of numbering in our street; they have changed our street-numbers **2** (*mat.*) numeration; notation: **n. decimale**, decimal numeration; **n. romana**, Roman notation.
numericaménte, *avv.* numerically.
numèrico, *a.* numerical; digital.
nùmero, *m.* **1** (*mat.*) number; figure; digit: **n. pari** (*dispari*), even (uneven) number; **n. astratto** (*intero, primo*), abstract (whole, prime) number; **n. decimale**, decimal figure (*o* number); **n. fisso**, fixed number; **n. frazionario** (*razionale, reale, immaginario*), fractional (rational, real, imaginary) number (*o* quantity) **2** (*negli altri casi, quasi sempre*) number: (*di una rivista, ecc.*) **n. arretrato** (*di Natale, ecc.*), back (Christmas, etc.) number; **n. del telefono**, telephone number; (*mecc.*) **n. di giri**, number of revolutions; (*fis.*) **n. di massa**, mass number; **n. d'ordine** (*numero di matricola*), serial number; (*fis.*) **n. quantico**, quantum number; **n. unico** (*di una rivista, ecc.*), single number (*o* issue); **formare un n.** (*a un telefono automatico*), to dial a number; (*gramm.*) **genere, n. e caso**, gender, number and case; (*Bibbia*) **il Libro dei Numeri**, the Book of Numbers; **vendere a n.**, to sell by the number; **Sarà nel prossimo n. del giornale**, it'll be in the next number (*o* issue) of the paper; **Le scarpe sono troppo piccole di mezzo n.**, the shoes are half a number too small **3** (*misura, taglia*) size: **Che n. di scarpe porti?**, what size of shoe do you take? **4** (*gruppo, quantità di persone o cose, talora anche grande quantità*) number: **Tu non eri del nostro n.**, you were not of our number; **Vidi un gran n. di trattori**, I saw a (large) number of tractors; **Un gran n. di spettatori intervenne**, a (large) number of spectators came; **Un piccolo n. di cavie morì**, a small number of guinea-pigs died; **profughi senza n.**, refugees without number; (*anche*) innumerable (*o* countless) refugees **5** (*romano, arabo, ecc.*) numeral: **numeri romani**, Roman numerals **6** (*davanti a una cifra si abbrevia più spesso che in ital.*) No.: **Abitiamo al n. 14**, we live at No. 14; **pagina n. 16**, page No. 16; **calze n. 8**, No. 8 stockings **7** (*di varietà*) turn; number; item; variety (*o* music hall) act (*solo in G.B.*); vaudeville act (*USA*): **un n. di ballo**, a dance number; **fare un n. con q.**, to partner sb. in a variety act. ● (*autom.*) **n. di targa**, plate number; number □ (*leg.*) **n. legale**, quorum □ (*sport*) **essere il n. uno del tennis italiano**, to be the No. 1 of Italian tennis □ (*fig.*) **avere dei numeri**, to have much to recommend one □ (*fig.*) **avere molti numeri**, to be very gifted (*o* versatile); (*fam.*) to have what it takes □ (*fig.*) **dare i numeri**, to act (*o* to be acting) a bit queer □ **di n.**, in number: **Erano dieci di n.**, they were ten in number □ (*fig.*) **essere nel n. dei più**, to have joined the great majority □ **far n.**, to swell the crowd □ (*fig.*) **uscire dal n.**, to emerge from the crowd □ **Arrivano al n. di 90**, there are as many as 90 □ **Il loro n. era di trecento**, they numbered (*o* they were) three hundred □ (*fig.*) **Gli manca qualche n.**, he is not quite all there □ **Ne ho mangiati tre in n.**, I ate three and not one more □ **Oltrepassano il n. di 90**, there are over 90 □ **Se tu sapessi il n. che ne ricevo!**, if you knew how many I receive! □ **Tu non entri nel n. di quelli che criticano ogni novità**, you are not one of those who criticize anything new □ **È stato un divertimento n. uno**, it has been a top-notch (*o* a tip-top, an A 1, a first-rate) entertainment □ (*fig., fam.*) **La zia Matilde è un n.**, aunt Matilda is a card □ (*prov.*) **Tutto fa n.**, every little helps.
numerosità, *f.* numerousness; numerosity.
numeróso, *a.* numerous; large; big: **passeggeri numerosi**, numerous passengers; **un equipaggio n.**, a big crew.
nùmida, *a., m.* e *f.* Numidian.
numìdico, *a.* Numidian.

numismàtica, *f.* numismatics (*pl. col verbo al sing.*). ● **mercante di n.**, coin (and metal) dealer.
numismàtico, **A** *a.* numismatic(al). **B** *m.* numismatist.
nummulite, *f.* (*geol.*) nummulite.
nummulìtico, *a.* (*geol.*) nummulitic.
nuncupativo, *a.* (*leg.*) nuncupative; oral: **un testamento n.**, a nuncupative will.
nuncupazióne, *f.* (*leg.*) nuncupation.
nundinale, *a.* (*stor.*) nundinal.
nùndine, *f. pl.* (*stor.*) nundinae.
nunziatura, *f.* (*relig.*) nunciature.
nùnzio, *m.* **1** (*relig.*) nuncio: **n. pontificio**, (Papal) Nuncio **2** (*lett.: messaggero*) messenger. ● **n. apostòlico**, Apostolic Delegate.
nuòcere, *v. i.* to be bad (for); to do* harm (to); to harm: **n. allo stomaco** (**alla disciplina**), to be bad for the stomach (for discipline); **Non volevo nuocergli**, I didn't mean to do him any harm; **Ad ogni modo anche se non ti guarisce, non ti può n.**, anyhow, even if it doesn't cure you, it can't do you any harm.
nuòra, *f.* daughter-in-law. ● (*prov.*) **Dire a n. perché suocera intenda**, to intend remarks for one person while talking to another.
nuotare, **A** *v. i.* **1** to swim*: **n. come un pesce** (**sott'acqua, controcorrente, ecc.**), to swim like a fish (under water, against the stream, etc.); **andare a n.**, to go swimming; **n. sul dorso** (**sul fianco**), to swim on one's back (on one's side); (*scherz.*) **n. come il piombo**, to swim like a stone **2** (*galleggiare, anche*) to float **3** (*fig.*) to swim*; to roll; to wallow: **carne che nuota nel sugo**, meat swimming in gravy; **n. nell'abbondanza** (*o* nell'oro), to be rolling in money; (*anche*) to be well-heeled (*fam. USA*). **B** *v. t.* to swim*: **n. cento metri**, to swim a hundred metres. ● **n. a «crawl»** (**a farfalla, a rana**), to do the crawl (the butterfly-stroke, the breast-stroke) □ **n. bene**, to be a good swimmer □ **n. nell'allegrezza**, to tread on air; (*anche*) to be plunged in happiness □ **Ci nuoto dentro** (*rif. a un vestito*), it hangs on me.
nuotata, *f.* swim: **una bella n.**, a good swim.
nuotatóre, *m.* **nuotatrice**, *f.* swimmer.
nuòto, *m.* swimming: **una gara di n.**, a swimming-race. ● **n. sul dorso**, back-stroke □ **cercare di salvarsi a n.**, to swim for it □ **gettarsi a n.**, to throw oneself into the water and swim □ **traversare a n.**, to swim (across): **traversare a n. la Manica**, to swim the (English) Channel.
nuòva, *f.* news (*sing. collett.*). ● (*prov.*) **Nessuna n., buona n.**, no news is good news.
Nuova Guinèa, *f.* (*geogr.*) New Guinea.
Nuova Inghilterra, *f.* (*geogr.*) New England.
nuovaménte, *avv.* (*di nuovo*) again.
Nuova Scòzia, *f.* (*geogr.*) Nova Scotia.
Nuova York, *f.* (*geogr.*) New York.
Nuova Zelanda, *f.* (*geogr.*) New Zealand.
nuòvo, **A** *a.* **1** new: **Mi giunge n.**, it is new to me; **luna nuova**, new moon; **il N. Mondo**, the New World; **il N. Testamento**, the New Testament; **un modo n. di pagare i debiti**, a new way of paying (old) debts; **sembrare n.**, to look as good as new; **i nuovi arrivati**, the new arrivals; **Felice anno n.!**, a happy New Year! **2** (*altro, ulteriore*) other; further; new; (*diverso*) different: **Seguì una nuova pausa**, another pause followed; **fino a n. ordine**, till further orders; **Oggi faremo una lezione nuova**, we'll do a new lesson to-day; **Tutte le sere mette un abito n.**, she wears a different dress every night **3** (*intatto*) fresh: **Prendi un foglio n. e scrivi!**, take a fresh sheet and write **4** (*fig.: novello, secondo*) second: **Quando riavremo un n. Cesare?**, when shall we have a second Caesar? ● **i nuovi venuti**, the newcomers □ **essere n. di un luogo**, to be new to a place □ **essere n. di un mestiere**, to be new to a trade; (*anche*) to be inexperienced in a trade; to be a greenhorn (*fam.*) □ **n. di zecca**, brand-new □ **di bel n.**, once (*o* over) again □ **di n.**, again; (*come formula di commiato*) good-bye again □ **gli ospiti nuovi arrivati**, the newly arrived guests □ **parole di n. conio**, new-coined words □ **rimettere a n.**, to do over; to renovate □ **vestire di n.**, to wear new clothes □ **Che c'è di n.?**, what's the news?; (*anche*) what's happened now? □ **Il suo nome mi è n.**, I've never heard of him. **B** *m.* new; novelty: **il vecchio e il n.**, the old and the new; **amante del n.**, lover of novelty.
Nuovo Mèssico, *m.* (*geogr.*) New Mexico.
nuraghe, *m.* (*archeol.*) nuraghe*.
nuràgico, *a.* (*archeol.*) nuraghic.
nutazióne, *f.* (*astron., med.*) nutation.
nùtria, *f.* (*zool., Myocastor coypus*) coypu; nutria (*anche la pelliccia*).

nutrice, *f.* (wet) nurse; foster-mother. ● **la terra che gli fu n.**, the land which gave him life; the land that suckled him.
nutriènte, *a.* nourishing.
nutriménto, *m.* nourishment; nutriment; food: (*fig.*) **n. dello spirito,** food for the spirit.
nutrire, A *v. t.* **1** (*alimentare*) to feed*: **n. i propri figli,** to feed one's children **2** (*dare un cibo nutriente*) to nourish; (*essere nutriente*) to be nourishing: **Il latte nutre molto,** milk is very nourishing **3** (*allattare*) to breast-feed*; to nurse **4** (*fig.*) to nourish; to harbour; to bear*; to foster: **n. un sentimento d'odio,** to nourish a feeling of hatred; **n. affetto per q.,** to feel affection for sb.; **n. cattivi pensieri,** to foster evil thoughts. ● **n. dubbi,** to have doubts □ **n. molta stima per q.,** to hold sb. in great esteem □ **n. una speranza,** to cherish a hope. **nutrirsi, B** *v. rifl.* to feed*: **Le pecore si nutrono d'erba,** sheep feed on grass.
nutritivo, *a.* nourishing; nutritional; nutritious.
nutrito, *a.* **1** fed; nourished: **ben n.,** well-fed; well-nourished **2** (*fig.*: *numeroso*) substantial; solid: **un n. gruppo di giornalisti,** a solid group of journalists. ● **nutriti applausi,** loud applause (*sing.*).
nutritóre, *m.* **1** nourisher **2** (*zootecnia*) feeding trough.
nutrizionale, *a.* nutritional.
nutrizióne, *f.* **1** (*il nutrire*) nutrition; nourishing; feeding **2** (*alimento, cibo*) nutrition; nourishment; nutriment; food.
nutrizionista, *m. e f.* nutritionist.
nùvola, *f.* **1** cloud: **una n. di fumo (di polvere),** a cloud of smoke (of dust); **una n. che passa,** a passing cloud; **cime avvolte nelle nuvole,** cloud-capped peaks; **Le nuvole si addensavano,** the clouds were piling up **2** (*fig.*) cloud; mist; fog: **con la testa tra le nuvole,** with one's head in the clouds. ● (*fig.*) **cascar dalle nuvole,** to be astounded (*o* dumbfounded) □ **senza nuvole,** cloudless.
nuvolàglia, *f.* mass of clouds.
nùvolo, A *a.* cloudy: **essere n.,** to be cloudy. **B** *m.* **1** (*tempo nuvoloso*) cloudy weather **2** (*lett.*: *nuvola*) cloud **3** (*fig.*: *moltitudine*) swarm; crowd: **un n. di moscerini,** a swarm of midges.
nuvolosità, *f.* cloudiness.
nuvolóso, *a.* cloudy; overcast.
nuziale, *a.* wedding (*attr.*); bridal; nuptial (*lett.*): **un anello (rinfresco, dono, velo) n.,** a wedding ring (breakfast, present, veil). ● **cerimonia n.,** wedding.
nuzialità, *f.* (*stat.*) marriage rate.
nylon, *m.* (*marchio*) nylon.

o, O

O (1), o, *f. e m.* (*tredicesima lettera dell'alfabeto ital.*) O, o. ● (*tel.*) **o come Otranto,** o for Oliver (*USA*: o for Oboe) □ **l'o di Giotto,** Giotto's o □ **a forma di o,** o-shaped.

o (2), oh, *inter.* O!; oh!; oho!; ho!: **O Signore!,** O Lord!; **O no!,** oh no!; **O povero me!,** oh dear me!; **Oh che bellezza!,** oh, that's fine!; **O che felicità vederti!,** oh, I'm so pleased to see you!; **Oh che vergogna provo!,** oh I do feel ashamed! ● **O che fai?,** now, what are you doing?

o (3), od, *cong.* **1** or: **due o tre giorni,** two or three days; **Lo vuoi rosso o azzurro?,** do you want it red or blue?; **La porta è aperta o chiusa?,** is the door open or shut? **2** (*altrimenti*) or; or else; otherwise: **Paga o ti faccio causa,** pay or I'll sue; **Sbrigati o farai tardi,** hurry up or else you'll be late **3** (*ossia, ovvero*) or: **la filosofia, o amore di sapienza,** philosophy, or love of wisdom. ● **o...o..,** either...or..: **o questo o niente,** either this one or nothing; **Devo o dire la verità o tacere,** I must either tell the truth or say nothing □ **o che... o che...,** whether...or...: **O che tu rimanga o che tu vada, a me non importa niente,** I don't care at all whether you stay or go □ **o l'uno o l'altro,** either: **Andrà bene o l'uno o l'altro,** either will do; **Puoi prendere o l'una o l'altra strada,** you may go by either road.

òasi, *f.* oasis* (*anche fig.*): **un'o. nel deserto,** an oasis in the desert.

obbedire, e *deriv.,* V. **ubbidire,** e *deriv.*

obbiettare, e *deriv.,* V. **obiettare,** e *deriv.*

obbligante, A *a.* **1** (*che vincola*) binding **2** (*cortese, affabile*) obliging; polite; kind: **parole obbliganti,** obliging words. **B** *m.* (*leg.*) obliger; obligator.

obbligare, A *v. t.* **1** (*costringere*) to oblige; to compel; to constrain; to make* (*forzare*) to force: **o. q. a fare q.c.,** to oblige (*o* to compel, to force) sb. to do st.; to make sb. do st.; **Nessuno lo obbligava a restare,** no one obliged him to stay; **La sua scienza lo obbligò a confessare,** his conscience compelled him to confess; **Lo obbligarono a dire la verità,** they made him tell the truth; **Mi obbligarono a firmare il documento,** they forced me to sign the paper **2** (*imporre un vincolo giuridico*) to bind*: **o. q. con giuramento,** to bind sb. by oath; **o. q. per contratto a fare q.c.,** to bind sb. (by an agreement) to do st. **3** (*legare l'animo altrui*) to oblige: **Voi mi obbligate,** I am obliged to you. ● **credersi obbligato,** to hold oneself under an obligation □ **La malattia lo obbligava a letto,** his illness confined him to his bed. **obbligarsi, B** *v. rifl.* **1** (*prendere impegno, vincolarsi*) to bind* oneself; to take* upon oneself; to undertake*; to engage (oneself): **o. a fare q.c.,** to bind oneself (*o* to engage) to do st.; **Mi obbligherò a dirigere l'azienda,** I will engage to manage the business; **o. in solido,** to bind oneself jointly and severally **2** (*farsi mallevadore*) to stand* surety: **o. per q.,** to stand surety for sb.

obbligatàrio, *m.* (*leg.*) obligee.

obbligato, A *a.* **1** (*costretto*) obliged; compelled; constrained; bound; forced: **Sono o. a farlo,** I'm obliged to do so; **essere (sentirsi) o. a fare q.c.,** to be (to feel) obliged (*o* constrained, bound) to do st.: **Nessuno è o. ad accettare,** no one is obliged to accept **2** (*relegato, costretto a rimanere*) confined: **essere o. a rimanere a letto,** to be confined to bed; **essere o. a rimanere in camera,** to be confined to one's room **3** (*legato da gratitudine*) obliged; indebted: **Vi sono molto o.,** I am much obliged to you **4** (*prefissato*) set; fixed: **rime obbligate,** set rhymes; **uno schema o.,** a set pattern **5** (*mus.*) obbligato: **una parte obbligata,** an obbligato (part). **B** *m.* (*leg.*) obligor; obligator.

obbligatorietà, *f.* **1** compulsoriness; obligatoriness **2** (*obbligo*) compulsion; obligation.

obbligatòrio, *a.* **1** compulsory; obligatory: **materie obbligatorie,** compulsory subjects; **servizio militare o.,** compulsory military service; **una fermata obbligatoria,** an obligatory stop; a stop; **un contributo o.,** a compulsory contribution; **L'istruzione è obbligatoria fino all'età di quattordici anni,** education is compulsory up to the age of fourteen **2** (*leg.*) binding; mandatory: **un contratto o.,** a binding agreement.

obbligazionàrio, *a.* (*fin.*) debenture, bond (*attr.*).

obbligazióne, *f.* **1** obligation (*anche leg.*): **contrarre un'o.,** to contract an obligation; **soddisfare un'o.,** to meet (*o* to fulfil) an obligation **2** (*fin.*) bond; debenture-bond; debenture: **un'o. nominativa,** a registered debenture; **un'o. al portatore,** a bond to bearer; a bearer-bond; **obbligazioni negoziabili,** negotiable bonds; **obbligazioni dello Stato,** Government (*o* Treasury) bonds; **obbligazioni redimibili a scadenze fisse,** debentures redeemable at fixed dates; **obbligazioni garantite da ipoteca,** mortgage debentures; **obbligazioni ferroviarie,** railway debentures; **denaro investito in obbligazioni,** bond-money.

obbligazionista, *m. e f.* (*fin.*) bondholder; debenture-holder.

òbbligo, *m.* **1** obligation: **un o. morale,** a moral obligation; **un o. reciproco,** a mutual obligation; **gli obblighi del proprio stato,** the obligations of one's condition; **gli obblighi del padre,** the obligations of a father; **adempiere un o.,** to fulfil (*o* to meet) an obligation; **non avere obblighi con nessuno,** to be under no obligation to anybody; **sciogliere q. da un o.,** to release sb. from an obligation **2** (*dovere*) duty: **Spero ch'egli faccia l'o. suo,** I hope he will do his duty; **Sono in o. d'informarvi che...,** it is my duty to inform you that...; I must inform you that...; **avere l'o. di fare q.c.,** to be one's duty to do st.; to be obliged (*o* bound) to do st.; **venire meno ai propri obblighi,** to neglect one's duties; to default (*specialm. leg.*). ● **o. di fornire le prove,** burden of proof □ **o. di leva,** military service □ **o. scolastico,** compulsory schooling □ **con l'o. di,** on condition that; provided that: **Te lo do con l'o. di restituirlo,** I'll let you have it on condition that you return it □ **d'o.,** of obligation; obligatory; «de rigueur» (*franc.*): **una festa d'o.,** a day of obligation; **È d'o. l'abito da sera,** evening dress de rigueur □ **sentirsi in o. verso q.,** to feel obliged (*o* indebted) to sb.

obbròbrio, *m.* **1** opprobrium; infamy; dishonour; disgrace; ignomy. ● **Quel libro è un o.,** that book is really dreadful; **Che o.!,** that's a disgrace!; **esser l'o. della famiglia,** to be a disgrace to one's family **2** (*cosa che offende il senso estetico*) eyesore; ghastly sight.

obbrobriosaménte, *avv.* disgracefully; ignominiously.

obbrobriosità, *f.* opprobriousness; dishonourableness; disgracefulness; ignominiousness.

obbrobrióso, *a.* **1** opprobrious; infamous; dishonourable; disgraceful; ignominious: **contegno o.,** disgraceful behaviour; **una sconfitta obbrobriosa,** an ignominious defeat **2** (*fam.: orribile*) dreadful; ghastly.

obelisco, *m.* (*archit.*) obelisk.

oberare, *v. t.* to overburden; to overload: **o. q. di lavoro,** to overburden sb. with work.

oberato, *a.* overburdened; overloaded; overwhelmed: **essere o. di lavoro,** to be overburdened (*o* overloaded) with work. ● **o. di debiti,** deep in debt; head over heels in debt (*fam.*).

obesità, *f.* obesity; adiposity; corpulence; corpulency.

obèso, A *a.* obese; corpulent; very fat. **B** *m.* obese person.

òbice, *m.* (*mil.*) howitzer.

obiettare, *v. t. e i.* to object: **Si può o. che...,** one can object that...; **Trovi da o. se ti lascio solo?,** do you object to being left alone?; **o. su q.c.,** to object to (*o* against) st.; to raise objections concerning st.

obiettivaménte, *avv.* objectively; (*imparzialmente*) impartially, unbias(s)edly; in an objective (*o* impartial, unbiassed) manner. ● **considerare le cose o.,** to regard things from an objective standpoint.

obiettivare, A *v. t.* to objectify; to objectivate. **obiettivarsi, B** *v. rifl.* to regard things from an objective standpoint.

obiettivismo, *m.* objectivism.

obiettività, *f.* **1** objectivity; objectiveness **2** (*imparzialità*) impartiality. ● **giudicare con o.,** to be an objective judge.

obiettivo, A *a.* objective; (*imparziale*) impartial, unbias(s)ed, unprejudiced, fair and just: **un giudice o.,** an impartial judge

dare un giudizio o., to give an unbiassed opinion. **B** *m.* **1** (*fis.*) object-glass; objective **2** (*fotogr.*) lens; objective: **un o. a fuoco fisso**, a fixed-focus lens; **un o. con lente speculare**, a mirror lens; **un o. da proiezione**, a projection lens; **un o. grandangolare**, a wide-angle lens; **un o. di grande (piccola) lunghezza focale**, a long-focus (a short-focus) lens **3** (*mil.*) objective (point): **obiettivi militari**, military objectives **4** (*fig.*) object; purpose; aim; goal: **proporsi un o.**, to propose an object to oneself. ● **o. doppio** (*nel microscopio*), doublet.

obiettóre, *m.* objector: **un o. di coscienza**, a conscientious objector; a conchy, a conchie (*pop.*).

obiezióne, *f.* objection: **un'o. futile** (**sciocca**), a futile (silly) objection; **fare** (*o* **muovere**) **un'o.**, to raise (*o* to make) an objection; **o. di coscienza**, conscientious objection; **Non voglio obiezioni**, I don't want any objections; no objections!; **rispondere ad un'o.**, to meet an objection. ● **Hai qualche o. da fare se vado?**, do you object to my going?

òbito, *m.* (*lett.*) decease; death.

obitòrio, *m.* mortuary; morgue.

oblata, *f.* (*relig.*) Oblate (Sister).

oblato, *m.* (*relig.*) Oblate.

oblatóre, *m.* **1** (*donatore*) donor **2** (*offerente, specialm. a un'asta*) bidder.

oblatòrio, *a.* (*relig.*) oblatory; oblational.

oblazióne, *f.* **1** (*offerta dell'oblatore*) donation; offering **2** (*relig.*) oblation; offertory **3** (*leg.*) cash settlement (of a fine).

obliàbile, *a.* (*lett.*) forgettable.

obliare, **A** *v. t.* (*lett.*) to consign to oblivion; to forget*. **obliarsi**, **B** *v. rifl.* to be completely absorbed (*o* engrossed) (in st.).

oblìo, *m.* (*lett.*) oblivion; forgetfulness: **Con la morte viene l'o.**, with death comes forgetfulness; **cadere nell'o.**, to fall (*o* to sink) into oblivion; **sottrarre all'o.**, to rescue from oblivion; **essere sepolto nell'o.**, to be buried (*o* sunk) in oblivion; to be past recollection. ● **morire nell'o.**, to die forgotten by all.

oblióso, *a.* (*lett.*) oblivious; forgetful: **o. della gloria del passato**, oblivious (*o* forgetful) of the glory of the past.

obliquaménte, *avv.* **1** obliquely; sideways; (*a sghembo*) on the slant, aslant, slantwise; (*di traverso*) askance, askew: **tagliare o.**, to cut slantwise; **guardare q. o.**, to look askance at sb. **2** (*fig.*) in a roundabout way; in an underhand manner: **agire o.**, to act in a roundabout way.

obliquare, *v. i.* to oblique; to advance obliquely.

obliquità, *f.* obliquity; obliqueness. ● (*astron.*) **o. dell'eclittica**, obliquity of the ecliptic.

obliquo, *a.* **1** (*inclinato, di sbieco*) oblique (*anche geom.*); bent; slanting; slantwise; sidelong; skew: **una retta obliqua**, an oblique line; **una sfera obliqua**, an oblique sphere; **in direzione obliqua**, in a slanting direction (*o* obliquely; slantwise) **2** (*fig.*) circuitous; roundabout; underhand: **metodi obliqui**, circuitous (*o* roundabout) methods; **andare per vie oblique**, to act in an underhand manner **3** (*gramm.*) oblique: **caso o.**, oblique case **4** (*anat.*) oblique; obliquus: **un muscolo o.**, an oblique (muscle).

obliterare, *v. t.* **1** to obliterate; to efface: **o. un francobollo**, to obliterate a postage stamp **2** (*med.*) to occlude.

obliteratóre, *m.* (*anche tecn.*) obliterator. ● (*tecn.*) **macchina obliteratrice**, obliterator.

obliterazióne, *f.* obliteration (*anche med.*); effacement.

oblò, *m.* (*naut.*) port hole; bull's-eye.

oblomovìsmo, *m.* Oblomovism.

oblungo, *a.* **1** oblong: **una figura oblunga**, an oblong figure **2** (*bot., zool.*) elongate.

obnubilaménto, *m.* V. **obnubilazióne**.

obnubilare, *v. t.* (*lett.*) to obfuscate; to obscure; (*psic.*) to obnubilate.

obnubilato, *a.* **1** clouded; obscured; obnubilated (*lett.*) **2** (*med.*) clouded; obnubilated.

obnubilazióne, *f.* (*psic.*) obnubilation.

òboe, *m.* (*mus.*) oboe; hautboy.

oboìsta, *m. e f.* (*mus.*) oboist; hautboyist.

òbolo, *m.* **1** (*piccola offerta*) (small) offering; mite: **l'o. della vedova**, the window's mite; **dare l'o.**, to make one's offering; to give a copper **2** (*archeol.*) obolus*; obol. ● **l'o. di S. Pietro**, Peter's pence (*pl.*).

obsolescènte, *a.* obsolescent.

obsolescènza, *f.* obsolescence.

obsolèto, *a.* (*lett.*) obsolete; out-of-date (*attr.*); out of date (*pred.*); **parole obsolete**, obsolete words; **abitudine obsolete**, obsolete (*o* out-of-date) customs.

òc, *m.* — **lingua d'oc**, langue d'oc.

òca, *f.* **1** goose*: **oca selvatica** (*Anser anser*), wild (*o* graylag) goose; **oca delle nevi** (*Chen hyperboreus*), snow-goose; **oca colombaccio** (*Branta bernicla*), brent(-goose); brant; (*stor. romana*) **le oche capitoline**, the Capitoline geese **2** (*fig.*) goose*; fool; simpleton: **Quella ragazza è un'oca**, that girl is a fool (*o* a silly goose). ● **oca giovane**, gosling □ **oca maschio**, gander □ **camminare in fila come le oche**, to walk in single (*o* Indian) file □ (*mecc.*) **collo d'oca**, goose-neck; crankshaft □ **gioco dell'oca**, snakes and ladders □ (*mil.*) **passo dell'oca**, goose-step □ **pelle d'oca**, goose-flesh □ **penna d'oca**, goose-quill □ **Mi fai venire la pelle d'oca**, you make my flesh creep; you give me the creeps (*fam.*) □ (*scherz.*) **Ecco fatto il becco all'oca**, that's finished; that's the finishing touch □ (*fam.*) **Porca l'oca!**, damn it!; blast! □ (*prov.*) **Tanto beve l'oca quanto il papero**, what is sauce for the goose is sauce for the gander.

ocàggine, *f.* stupidity; foolishness; silliness.

ocarina, *f.* (*mus.*) ocarina.

occasionale, *a.* occasional; chance (*attr.*); (*casuale*) casual, incidental; (*fortuito*) fortuitous: **un cliente o.**, an occasional customer; **fare visite occasionali a q.**, to pay sb. occasional visits; **un incontro o.**, a chance meeting.

occasionalìsmo, *m.* (*filos.*) occasionalism.

occasionalménte, *avv.* on occasion; occasionally; (*casualmente*) casually, by chance, fortuitously.

occasionare, *v. t.* to occasion; to cause; to bring* about.

occasióne, *f.* **1** opportunity; chance; occasion: **una buona** (*o* **favorevole**) **o.**, a good opportunity; a favourable occasion; **Dovresti approfittare dell'o.**, you should take advantage of the occasion; **Dovresti cogliere l'o.**, you should seize the opportunity; **quando si presenta l'o.**, when the opportunity arises; (*calcio*) **o. da goal**, chance to score a goal; **Non mi dà mai l'o. di dire quel che penso**, he never gives me a chance to speak my mind **2** (*circostanza*) occasion: **in o. del nostro primo incontro**, on the occasion of our first meeting; **in diverse occasioni**, on several occasions **3** (*buon affare*) bargain: **Compralo, è una vera o.!**, buy it; it's a real bargain! **4** (*causa, motivo*) occasion; cause: **dare o. a lagnanze**, to give cause for complaint. ● **a seconda delle occasioni**, depending on circumstances □ **all'o.**, on occasion; (*se necessario*) when necessary □ **aspettare l'o.**, to wait for the right moment □ **comprare q.c. d'o.**, (*di seconda mano*) to buy st. second-hand; (*a una liquidazione*) to buy st. at a bargain sale □ **lasciarsi sfuggire un'o.**, to miss an opportunity □ **merce d'o.**, bargain lot □ **prezzo d'o.**, bargain price □ **vestiti d'o.**, second-hand clothes □ (*prov.*) **L'o. fa l'uomo ladro**, opportunity makes the thief.

occàso, *m.* (*lett.*) **1** (*occidente*) west **2** (*tramonto*) setting; (*del sole*) sunset. ● **Il sole volge all'o.**, the sun is setting.

occhiàccio, *m.* (*generalm. al pl.*) frown; ugly look. ● **fare gli occhiacci a q.**, to frown at sb.; to look daggers at sb.

occhiàia, *f.* **1** (*orbita dell'occhio*) eye-socket **2** (*pl.*: **lividi sotto gli occhi**) shadows under (*o* round) the eyes; rings under the eyes.

occhialàio, *m.* optician.

occhialétto, *m.* lorgnette.

occhiali, *m. pl.* spectacles; (eye-)glasses: **Non riesco a leggere senza gli o.**, I can't read without my glasses; **o. da sole**, sun-glasses; **o. di protezione**, protective glasses; goggles; **o. di prova**, test glasses; trial lenses; **un paio d'o.**, a pair of spectacles (*o* glasses); **usare** (*portare*) **gli o.**, to use (to wear) spectacles; **mettersi** (**levarsi**) **gli o.**, to put on (to take off) one's spectacles. ● **o. a stringinaso**, pince-nez □ **o. da neve**, snow-goggles □ **quel signore con gli o.**, the gentleman wearing spectacles; that bespectacled gentleman.

occhialino, *m.* lorgnette.

occhialuto, *a.* (*scherz.*) bespectacled; wearing spectacles.

occhiata (1), *f.* (*rapida*) glance, glimpse: **dare un'o. a q.c.**, to have a look at st.; to take a glance at st.; **Lascia che dia un'o. al giornale**, let me have a look at the newspaper; **lanciare un'o. a q.**, to cast a glance at sb.; to glance at sb.; **scambiarsi un'o.**, to exchange glances. ● **un'o. d'intesa**, a meaning (*o* knowing) look □ **darsi un'o. intorno**, to look around oneself.

occhiata (2), *f.* (*zool.*, *Oblada melanura*) saddled bream.

occhiato, *a.* ocellated; with eye-like spots: **le penne occhiate del pavone**, the ocellated feathers of the peacock.

occhiazzùrro, occhicerùleo, *a.* (*lett.*) azure-eyed; blue-eyed.

occhieggiare, **A** *v. t.* to ogle; to eye; to make* eyes at (sb.). **B** *v. i.* (*far capolino*) to peep; to peer.

occhiellàia, *f.* buttonholer.

occhiellatrice, *f.* **1** (*asolatrice*) buttonhole-machine **2** (*ind.*) eyelet-punch.

occhiellatura, *f.* **1** (*il fare occhielli*) buttonholing **2** (*fila di occhielli*) line of buttonholes.

occhièllo, *m.* **1** (*asola*) buttonhole: **fare occhielli**, to sew buttonholes; to buttonhole; **punto a o.**, buttonhole stitch **2** (*mecc.*) eyelet: **un o. metallico**, a metal eyelet; **a grommet 3** (*tipogr.*) half-title. ● **fiore da mettere all'o.**, buttonhole.

occhiétto, *m.* **1** little eye **2** (*tipogr.*) half-title. ● **fare l'o. a q.**, to wink at sb.

occhino, *m.* (*med.*) eye-glass; eye-cup (*USA*).
òcchio, *m.* **1** eye: **occhi incavati** (*o* **infossati**), sunken eyes; **occhi sporgenti**, protruding eyes; **occhi a mandorla**, almond-shaped eyes; **a occhi chiusi**, with closed eyes; (*fig.*) blindfold: **potrei farlo a occhi chiusi**, I could do it blindfold; **il bianco dell'o.**, the white of the eye; **essere cieco da un o.**, to be blind in one eye; **abbassare gli occhi**, to lower one's eyes; to look down; **sollevare gli occhi**, to raise one's eyes; to look up; **in un batter d'o.**, in the twinkling of an eye; in a jiffy **2** (*vista*) eye; sight; eyesight: **a o. nudo**, with (*o* to) the naked eye; **a perdita d'o.**, as far as the eye can see; **a vista d'o.**, within sight; **affaticarsi** (*o* **consumarsi, logorarsi**) **gli occhi**, to strain one's eyes; **una cosa che salta agli occhi**, a thing that catches (*o* strikes) the eye **3** (*sguardo*) eye; look; glance; stare: **avere messo gli occhi su** (*o* **addosso a**) **q.** (**q.c.**), to have set one's eyes on sb. (st.); **gettare l'o. su q.c.**, to cast an eye (*o* to run one's eyes) over st.; (*fig.*) **mangiarsi q.** (**q.c.**) **con gli occhi**, to devour sb. (st.) with one's eyes; **sotto gli occhi di q.**, under sb.'s eyes; **dare un o. a q.c.**, to have a look at st.; **a colpo d'o.**, at a glance; at first sight; **misurare q.c. a o.**, to measure st. at a glance (*o* by sight); **avere l'o. vitreo**, to have a glassy stare **4** (*considerazione, stima*) eye; opinion; regard; view: **agli occhi del mondo**, in the eyes of the world; **agli occhi miei**, in my opinion **5** (*tecn.*) eye; hole: (*mecc.*) **l'o. della molla**, the spring eye; **l'o. del martello**, the eye of the hammer **6** (*tipogr.*) type-face; face **7** (*pl., bot.*) eyes; buds. ● (*cucina*) **gli occhi del brodo**, the specks of fat on broth □ **gli occhi del formaggio**, the holes in gruyère cheese □ (*zool.*) **gli occhi delle penne di un pavone**, the ocelli on a peacock's feathers □ (*naut.*) **l'o. del vento**, the eye of the wind □ (*archit.*) **o. di bue**, bull's eye □ (*naut.*) **o. di coperta**, deck light □ (*naut.*) **o. di cubia, hawse(hole)** □ (*miner.*) **o. di gatto**, cat's eye □ (*med.*) **o. di pernice** (*o* **o. pollino**), corn (between two toes) □ (*fig.*) **occhi di pesce lesso**, cod-fish eyes □ (*miner.*) **o. di tigre**, tiger's eye □ (*radio*) **o. magico**, visual tuning indicator; magic eye (*fam.*) □ (*fig.*) **a o.**, as far as one can judge □ **a o. e croce**, at a rough guess □ (*fig.*) **a quattr'occhi**, privately; between you and me (and the lamp-post) (*fam.*) □ (*fig.*) **aprire gli occhi alla luce**, to see the light of day; to be born □ (*fig.*) **aprire gli occhi a q. su q.c.**, to make sb. open his eyes to st. □ (*fig.*) **avere la benda agli occhi**, to be blind to what's going on □ **avere debiti** (*o* **essere indebitato**) **fin sopra gli occhi**, to be up to the eyes in debt □ **avere gli occhi da gatto**, to be cat-eyed □ **avere gli occhi di lince**, to be lynx-eyed □ (*fig.*) **avere o. per q.c.**, to have an eye for st. □ **avere gli occhi pesanti**, to be sleepy (*o* drowsy) □ **avere gli occhi storti**, to be cross-eyed □ **battere gli occhi**, to blink □ (*fam.*) **cavo dell'o.**, eye-socket □ **cercare q. con gli occhi**, to look round for sb. □ **che salta agli occhi**, eye-catching; striking □ (*fig.*) **chiudere gli occhi** (*morire*), to die □ (*fig.*) **chiudere un o. su q.c.**, to turn a blind eye on st. □ **costare un o. della testa**, to be very expensive; to cost a packet (*fam.*) □ **dagli occhi neri** (**blu**, ecc.), black-eyed (blue-eyed, etc.) □ (*fig.*) **dare nell'o.**, to strike the eye; to be showy □ **dare nell'o. a q.**, to attract sb.'s attention □ **distogliere gli occhi**, to look away □ (*fig.*) **dormire a occhi aperti**, to sleep with one eye open □ **fare l'o. di triglia a q.**, to cast sheep's eyes at sb.; to ogle sb. □ **fare un o. nero a q.**, to give sb. a black eye □ **gettare il fumo** (*o* **la polvere**) **negli occhi a q.**, to throw dust in sb.'s eyes □ **guardare q. con la coda dell'o.**, to look at sb. out of the corner of one's eye □ **guardare con tanto d'occhi**, to stand wide-eyed; to gape □ (*naut.*) **impiombatura a o.**, eye-splice □ (*fig.*) **mettere q.c. sotto gli occhi a q.**, to draw sb.'s attention to st. □ (*fig.*) **non chiudere un o.**, not to sleep a wink □ (*fam.*) **palla dell'o.**, eye-ball □ (*fig.*) **perdere il lume degli occhi**, to lose one's temper; to fly into a rage □ (*fig.*) **rifarsi gli occhi**, to look at pleasant things for a change □ **sgranare gli occhi**, to open one's eyes wide; to goggle □ **strizzare gli occhi**, to screw up one's eyes □ **strizzare l'o. a q.**, to wink at sb. □ (*fig.*) **esser tutt'occhi**, to be all eyes □ **vedere q.c. di buon o.** (**di mal o.**), to look favourably (with disfavour) upon st. □ **vedere q. come il fumo negli occhi**, to hate the sight of sb. □ **Bisogna farci l'o.**, you must get used to the sight of it □ **Certo non l'ha fatto per i tuoi begli occhi**, he didn't do it for love (*o* for nothing) □ **Darei un o. per trovarmi con lui**, I'd give my right arm to meet him □ (*fig.*) **Dove hai gli occhi?, are you blind?** □ **Ne ho fino** (*o* **fin sopra**) **agli occhi**, I'm fed up with it; I'm fed up to the teeth □ **O. al portafoglio!**, watch your pockets! □ **Quattro occhi vedono meglio di due**, two minds work better than one □ (*prov.*) **O. non vede, cuore non duole**, what the eye sees not, the heart rues not □ (*prov.*) **L'o. del padrone ingrassa il cavallo**, the master's eye maketh the horse fat □ (*prov.*) **O. per o., dente per dente**, measure for measure.
occhiolino, *m.* – **fare l'o. a q.**, to wink at sb.
occhióne, *m.* (*zool.*, *Burhinus oedicnemus*) stone curlew; stone plover.

occhiuto, *a.* **1** (*pieno d'occhi*) ocellated; oculate; with eye-like spots; patterned with eyes: **l'occhiuta coda del pavone**, the ocellated tail of the peacock **2** (*fig., lett.: astuto*) keen-eyed; sharp-eyed; shrewd.
occidentale, **A** *a.* west (*attr.*); western; westerly; occidental: **la costa o.**, the west coast; **il vento o.**, the west wind; **usanze occidentali**, western customs; **l'emisfero o.**, the western hemisphere; **l'Europa o.**, West Europe; **le Indie Occidentali**, the West Indies. **B** *m.* e *f.* Westerner; Occidental.
occidentalismo, *m.* Occidentalism.
occidentalista, *m.* e *f.* Occidentalist.
occidentalizzare, **A** *v. t.* to westernize; to occidentalize. **occidentalizzarsi**, **B** *v. rifl.* to westernize; to become* occidentalized.
occidentalizzazióne, *f.* westernization; occidentalization.
occidènte, *m.* west; occident (*lett.*): **Il vento soffiava da o.**, the wind was blowing from the west (*o* westerly); **da oriente a o.**, from east to west; **posto a o.**, situated in the west; westerly (*agg.*); **verso o.**, towards the west; westward (*agg.*), westward(s) (*avv.*); westerly (*agg.* e *avv.*); **l'O.**, the West; (*i paesi occidentali*) the Western countries. ● **l'Impero Romano d'O.**, the Western Roman Empire □ **una stanza esposta a o.**, a room with a western exposure.
occiduo, *a.* (*lett.: che tramonta*) westering; setting: **il sole o.**, the setting sun.
occipitale, *a.* (*anat.*) occipital: **l'osso o.**, the occipital bone.
occipite, *m.* (*anat.*) occiput*.
occitànico, *a.* (*letter.*) Languedocian; old Provençal: **la poesia occitanica**, old Provençal poetry.
occlùdere, *v. t.* to occlude; to stop up.
occlusióne, *f.* occlusion.
occlusiva, *f.* (*fon.*) occlusive (consonant).
occlusivo, *a.* (*specialm. fon.*) occlusive: **consonante occlusiva**, occlusive (consonant).
occluso, *a.* occluded.
occorrènte, **A** *a.* necessary; needful; required; requisite: **il denaro o. per l'impresa**, the money necessary to (*o* required for) the enterprise; **le qualità occorrenti per occupare un posto**, the qualities required to fill a post. **B** *m.* what is necessary (*o* needed, required); everything necessary (*o* requisite): **l'o. per un lungo viaggio**, everything necessary (*o* requisite) for a long journey. ● **l'o. per scrivere** (**disegnare, ecc.**), writing (drawing, etc.) materials (*pl.*) □ **l'o. per vivere**, the necessities of life.
occorrènza, *f.* **1** (*bisogno*) necessity; need; (*evenienza*) eventuality: **all'o.**, if need be; in case of need; when required **2** (*circostanza*) circumstance; occasion; event; occurence: **le occorrenze della vita**, the events of life.
occórrere, *v. i.* **1** (*impers.: essere necessario*) must (*al pres.*); to need; to have (to): **Occorre farlo**, it must be done; it needs to be done; it has to be done; **Occorre che tu parta subito**, you must leave at once; it is necessary for you to leave at once; **Occorreva far presto**, he (she, etc.) had to be quick about it; **Occorreva che tu fossi più prudente**, you should (*o* ought to) have been more careful; **Non occorre che tu venga**, you needn't come; there's no need for you to come **2** (*rif. a tempo*) to take*: **Per arrivarci occorrono due ore**, it takes two hours to get there **3** (*pers.: essere necessario*) to be needed; to be necessary; to be required; to be wanted: **Occorrono più operai**, more workers are needed (*o* required); **Occorrono altre centomila lire**, another hundred thousand lire are needed (*o* wanted) **4** (*abbisognare*) to need; to want: **Mi occorre molto denaro**, I need a lot of money; **Ti occorre altro?**, do you need (*o* want) anything else? **5** (*accadere*) to occur; to happen.
occultàbile, *a.* concealable; that may be hidden.
occultaménte, *avv.* secretly.
occultaménto, *m.* hiding; concealment.
occultare, **A** *v. t.* **1** to occult (*specialm. scient.*) **2** (*nascondere*) to hide*; to conceal; (*celare*) to keep* secret: **o. la refurtiva**, to hide the stolen goods; **o. un segreto**, to hide a secret; **o. un cadavere**, to conceal a corpse. **occultarsi**, **B** *v. rifl.* to hide*; to conceal oneself.
occultatóre, *m.* hider; concealer.
occultazióne, *f.* **1** (*astron.*) occultation: **l'o. d'una stella**, the occultation of a star **2** *V.* **occultamento**.
occultézza, *f.* occultness.
occultismo, *m.* occultism.
occultista, *m.* e *f.* occultist.
occultistico, *a.* (*attr.*); occult.
occulto, *a.* (*nascosto*) hidden, concealed; (*segreto*) secret, occult: **un pensiero o.**, a secret thought; (*leg.*) **vizi occulti**, hidden defects; **le scienze occulte**, the occult sciences; (*econ.*) **riserve occulte**, secret reserves. ● **in o.**, secretly □ (*leg.*) **socio o.**, sleeping partner.
occupàbile, *a.* occupiable.

occupante, A *a.* occupying. B *m. e f.* occupant; occupier.
occupare, A *v. t.* 1 to occupy; to hold*; to fill; to take* up: **o. una casa (un podere, il terreno di q., ecc.),** to occupy a house (a farm, sb.'s land, etc.); **o. il territorio del nemico,** to occupy the enemy's territory; **o. un posto a sedere,** to occupy a seat; **o. un posto (un ufficio) importante,** to occupy (*o* to hold) an important position (office); **o. un posto vacante,** to fill a vacancy; **o. la cattedra d'inglese all'Università,** to hold the chair of English at the university; **Questo lavoro mi occupa troppo tempo,** this work takes up too much of my time; **I pregiudizi occupano la mente degli stolti,** prejudice fills fools' minds 2 (*impiegare, utilizzare*) to spend*: **Occupa il tempo libero facendo collezione di francobolli,** he spends his spare time collecting stamps 3 (*dare lavoro a*) to employ; to give* employment to (sb.); to give* (sb.) a job: **La ditta occupa duecento persone,** the firm employs two hundred people 4 (*trovare lavoro a*) to find* (sb.) a job: **L'hanno occupato in banca,** they have found him a job in a bank 5 (*tenere occupato*) to keep* (sb.) busy. ● **o. abusivamente una casa,** to squat in a house. **occuparsi,** B *v. rifl.* 1 to occupy oneself, to busy oneself, to be concerned (with); to be interested (in); to attend (to): **Si occupa della soluzione dei problemi economici,** he occupies himself with solving economic problems; **Si occupa di problemi sociali,** he is concerned with social problems; **Di che cosa ti occupi?,** what are you interested in?; **Si occupa del suo lavoro,** he attends to his work 2 (*prendersi cura*) to see* (to); to take* care (of); to mind: **Me ne occuperò io,** I'll see to it 3 (*impicciarsi*) to interfere; to mind; to meddle: **Occupati dei fatti tuoi!,** mind your own business! 4 (*dedicarsi*) to devote oneself (to) 5 (*trovare lavoro*) to find* work (*o* a job): **Non s'è ancora occupato,** he hasn't found a job yet.
occupato, *a.* 1 (*affaccendato, impegnato*) occupied; busy; engaged: **Era o. a costruire una nuova casa,** he was occupied with (*o* in) building a new house; **Era o. a scrivere lettere,** he was engaged in writing letters; **Era o. a parlare,** he was busy talking; he was engaged in conversation; **È un uomo molto o.,** he's a very busy man 2 (*non libero*) engaged; taken: **La linea è occupata,** the line is engaged (*USA:* busy); **Il numero è o.,** the number is engaged; **Questo posto è o.,** this seat is taken. ● **È o. in banca,** he works in a bank □ **Stasera non posso venire; sono o.,** I cannot come tonight; I have an engagement □ **Trovai un posto non o.,** I found a free (*o* vacant) seat.
occupatóre, A *m.* 1 occupant; occupier: **i primi occupatori del Lazio,** the first occupants of Latium 2 (*abusivo*) squatter. B *a.* occupying.
occupazionale, *a.* occupational.
occupazióne, *f.* 1 (*atto d'occupare*) occupation: **l'o. delle fabbriche,** the occupation of factories; **un esercito d'o.,** an army of occupation 2 (*attività, impiego*) occupation, employment; (*lavoro*) work, trade, business, job: **Cerca un'o. adatta alle sue capacità,** he is looking for an occupation suited to his abilities; **una politica di piena o.,** a policy of full employment; **Qual è la sua o.?,** what is his job (*o* business)? 3 (*leg.*) occupancy. ● **senza o.,** jobless, unemployed (*agg.*); out of work (*pred.*).
oceanàuta, *m. e f.* oceanaut.
Oceània, *f.* (*geogr.*) Oceania.
oceaniano, *a. e m.* (*geogr.*) Oceanian.
oceànico, *a.* 1 (*dell'oceano*) oceanic: **uccelli oceanici,** oceanic birds; **un'isola oceanica,** an oceanic island 2 (*di nave*) ocean-going 3 (*fig.*) ocean-like; vast; immense: **una folla oceanica,** an immense crowd. ● **scienze oceaniche,** oceanics (*pl., col verbo al sing.*).
Oceanina, *f.* (*mitol.*) Oceanid*.
oceanino, *a.* (*lett.*) of the ocean; ocean (*attr.*). ● (*mitol.*) **le ninfe oceanine,** the Oceanids.
oceàno, *m.* 1 (*geogr.*) ocean: **Il sole sorge dall'o.,** the sun rises from the ocean; **l'O. Atlantico,** the Atlantic Ocean 2 (*fig.*) ocean; sea; great number (*o* quantity); lot: **un o. di guai,** a sea of troubles; **un o. di spropositi,** a lot of mistakes. ● (*fig.*) **una goccia nell'o.,** a drop in the ocean (*o* bucket) □ **vasto come l'o.,** ocean-wide.
oceanografia, *f.* oceanography.
oceanogràfico, *a.* oceanographic(al).
oceanògrafo, *m.* oceanographer.
ocellato, *a.* (*zool.*) ocellated.
ocèllo, *m.* (*zool.*) ocellus*.
ocelot (*franc.*), V. **ozelòt.**
oclocràtico, *a.* (*polit.*) ochlocratic.
oclocrazia, *f.* (*polit.*) ochlocracy; mob-rule.
òcra, *f.* (*miner.: colore*) ochre: **o. gialla,** yellow ochre.
ocràceo, *a.* ochreous; ochraceous.
oculare, *a.* ocular; eye (*attr.*); ophthalmic: **nervo o.,** ophthalmic nerve; **un'ispezione o.,** an ocular inspection; **una prova o.,** an ocular proof; **un testimone o.,** an eye-witness. B *m.* (*fis.*) eye-piece; ocular: **un o. fisso,** a fixed eye-piece; **l'o. di un telescopio,** the eye-piece of a telescope.
oculataménte, *avv.* (*avvedutamente*) shrewdly; (*cautamente*) cautiously; (*con circospezione*) with circumspection, warily.
oculatézza, *f.* (*avvedutezza*) shrewdness; (*cautela*) caution; (*circospezione*) circumspection, wariness: **con o.,** with circumspection; cautiously.
oculato, *a.* (*avveduto*) shrewd; sharp-witted; keen-witted; (*cauto*) cautious; (*circospetto*) circumspect, wary: **un diplomatico o.,** a cautious (*o* wary) diplomat.
oculista, *m. e f.* (*med.*) oculist; eye specialist; eye doctor (*fam.*); ophthalmologist; optician, ophtalmic optician.
oculìstica, *f.* (*med.*) oculistics (*pl. col verbo al sing.*); ophthalmology.
oculìstico, *a.* (*med.*) oculistic; ophthalmologic(al).
oculomotóre, *a.* (*anat.*) oculomotor: **nervo o.,** oculomotor (nerve).
od, *cong.* V. **o** (3).
odalisca, *f.* odalisque, odalisk.
òde, *f.* (*letter.*) ode: **le Odi di Pindaro,** the Odes of Pindar; **un'o. saffica,** a Sapphic ode.
odiàbile, *a.* hateful; detestable; hideous; loathsome.
odiare, A *v. t.* 1 to hate: **Il mio cane odia i gatti,** my dog hates cats; **farsi o.,** to make oneself hated 2 (*avere ripugnanza per*) to hate; to detest; to loathe. ● **o. q. a morte,** to detest sb. **odiarsi,** B *v. rifl. recipr.* to hate each other.
odiato, *a.* hated; detested; loathed.
odièrno, *a.* 1 (*del giorno d'oggi, del tempo presente*) of today; today's (*attr.*); of the present time (*o* age): **la seduta odierna,** today's meeting; **la moda odierna,** today's fashion; **in data odierna,** under today's date 2 (*attuale*) present: **il governo o.,** the present government 3 (*moderno*) modern: **gli studi odierni,** modern studies.
odìnico, *a.* (*mitol.*) Odinian; Odinic; Odinitic.
Odino, *m.* (*mitol.*) Odin.
odinofagìa, *f.* (*med.*) dysphagia.
odinofobìa, *f.* (*psic.*) algophobia.
òdio, *m.* 1 hatred; hate: **o. di classe,** class hatred; **Era pieno d'o. per il nemico,** he was filled with hate for his enemy 2 (*avversione, ripugnanza*) loathing; strong aversion; detestation: **prendere q. (q.c.) in o.,** to conceive a strong aversion for sb. (st.). ● **o. ereditario,** (family) feud ● **attirarsi (farsi) l'o. di q.,** to make oneself hated by sb. □ **avere in o. q. (q.c.),** to hate (*o* to loathe, to abhor) sb. (st.) □ **fare q.c. in o. a q.,** to do st. out of hatred for sb. □ **in o. alla legge,** in defiance of the law □ **portare o. a q.,** to bear hatred towards sb. □ **venire in o. a q.,** to make oneself hated by sb.
odiosaménte, *avv.* hatefully; odiously; hideously; loathsomely.
odiosità, *f.* 1 (*l'essere odioso*) hatefulness; odiousness; hideousness; loathsomeness 2 (*concreto*) hateful action (*o* behaviour).
odióso, *a.* hateful; odious; hideous; loathsome; (*detestabile*) detestable: **una verità odiosa,** a hateful truth; **un delitto o.,** a hideous crime; **una faccia odiosa,** a hideous face; **vizi odiosi,** detestable vices; **rendersi o. a q.,** to make oneself odious to sb. ● **La vita mi è odiosa,** I hate being alive.
odissèa, *f.* 1 (*letter.*) Odyssey: **l'O. di Omero,** Homer's Odyssey 2 (*fig.*) odyssey: **Il giovane narrò la sua o.,** the young man narrated his odyssey.
Odissèo, *m.* (*letter.*) Odysseus.
odògrafo, *m.* (*fis.*) (h)odograph.
odòmetro, *m.* (*fis.*) (h)odometer.
odonomàstica, *f.* 1 street names (*pl.*) 2 (*disciplina*) study of street names.
odontalgìa, *f.* (*med.*) odontalgia; toothache.
odontàlgico, *a. e m.* (*farm.*) odontalgic.
odontogènesi, *f.* (*anat.*) odontogenesis*.
odontoiatra, *m. e f.* (*med.*) dental surgeon; dentist; odontologist.
odontoiatrìa, *f.* (*med.*) odontology; dentistry.
odontoiàtrico, *a.* (*med.*) dental.
odontologia, *f.* (*med.*) odontology; dentistry.
odontològico, *a.* (*med.*) odontologic(al).
odontòmetro, *m.* (*filatelia*) perforation gauge.
odontotècnica, *f.* dental mechanics (*pl. col verbo al sing.*); dental technology (*USA*).
odontotècnico, A *a.* of dental mechanics. B *m.* dental mechanic; dental technician (*USA*).
odorare, A *v. t.* 1 to smell* (*anche fig.*): **È buono!, odoralo!,** it's good!; smell it!; **Odora questi sali,** smell at these salts; **o. un imbroglio,** to smell a rat 2 (*fig.: presentire*) to smell*; to scent: **o. il vento infido,** to scent a danger; **o. un buon affare,** to scent a bargain 3 (*rendere odoroso*) to scent; to perfume. B *v. i.* (*mandare odore*) to smell* (*anche fig.*): **Queste rose odorano,** these roses smell nice; **Come odora!,** it does smell nice (*o* sweet)!; **Odora di mandorle,** it smells of almonds; **Odora di buono (di**

odorato

acido, di muffa), it smells good (sour, mouldy); **Le lodi d'un nemico odorano d'inganno**, praises in an enemy smell of craft. ● **essere in o. di santità**, to be in the odour of sanctity □ **Questa faccenda odora d'imbroglio**, this business smacks of swindling.

odorato, A *a.* (*lett.*) odorous; sweet-smelling; fragrant. **B** *m.* (sense of) smell; olfaction; nose (*fam.*): **l'organo dell'o.**, the organ of smell; the olfactory organ; **avere l'o. fino**, to have a good nose.

odóre, *m.* **1** smell; odour; (*piacevole*) scent, perfume; (*fragranza*) fragrance, aroma; (*cattivo odore*) (bad) smell; (*puzzo*) stench: **Che o. orribile!**, what a horrible smell!; **C'è o. di cucina**, there's a smell of cooking; **l'o. delle rose**, the scent of roses; **un brutto o.**, an unpleasant odour; a bad (*o* a nasty, an offensive) smell; **un buon o.**, a pleasant odour; a good (*o* nice, sweet) smell; **o. d'incenso**, a smell (*o* perfume) of incense; **o. di muffa**, a mouldy smell; **o. di letame**, a stench of manure; **senza o.**, without odour; odourless; scentless; inodorous; **un fiore senza o.**, a scentless flower; **morire in o. di santità**, to die in the odour of sanctity **2** (*essenza odorosa*) perfume; scent: **Metti nel fazzoletto un po' di o.**, put some scent on your handkerchief **3** (*pl.: in cucina*) herbs. ● **mandare o.**, to smell □ **mandare buon o.**, to smell good (*o* nice) □ **mandare cattivo o.**, to smell offensively; to be smelly (*fam.*); (*puzzare*) to stink □ **sentire l'o. di q.c.**, to smell st. □ **sentire o. di bruciato**, to smell st. burning; (*fig.*) to smell a rat □ **Non sento nessun o.**, I can't smell anything.

odorifero, *a.* (*lett.*) odoriferous; odorous; sweet-smelling.

odorino, *m.* good (*o* nice, pleasant) smell: **Che o.!**, what a nice smell!

odorizzare, *v. t.* to odorize.

odorizzatóre, *m.* odorant; warning agent.

odoróso, *a.* sweet-smelling; sweet-scented; fragrant, odorous; (*profumato*) perfumed: **fieno o.**, fragrant hay; **fiori odorosi**, sweet-smelling flowers.

Ofèlia, *f.* Ophelia.

ofelimità, *f.* (*econ.*) ophelimity.

òffa, *f.* **1** (*lett.: focaccia di farro*) spelt cake **2** (*fig.*) sop; bribe: **dare** (*o gettare*) **l'o. a q.**, to give (*o* to throw) sb. a sop.

offèndere, A *v. t.* **1** (*anche leg.*) to offend: **Mi duole di averlo offeso**, I am sorry I've offended him; **o. Dio**, to offend God; **o. q. nell'onore**, to offend sb.'s honour; **o. la vista**, to offend the eye **2** (*danneggiare*) to damage; to harm; (*far male a*) to hurt*; (*ferire*) to injure; (*con un'arma*) to wound: **o. q. nel patrimonio**, to damage sb.'s property; **La lesione offende anche il fegato**, the wound has also hurt the liver **3** (*insultare*) to insult; to outrage; (*calunniare*) to slander; (*con scritti*) to libel **4** (*violare*) to break*; to infringe: **o. la legge**, to break the law; **o. i diritti di q.**, to infringe sb.'s rights **5** (*mil.: attaccare*) to attack; (*bombardare*) to bombard. ● **o. la modestia** (*o il pudore*) **di q.**, to offend sb.'s sense of propriety □ **o. q. nella persona**, to assault sb. □ **Non c'era intenzione d'o.**, I (*o* he, she, etc.) did not mean any harm □ **Non per offenderti, ma...**, excuse my saying so, but... **offèndersi, B** *v. rifl.* to take* offence (at st.); to feel* hurt (by st.); to be offended (at, by st.): **Si offende per un nonnulla**, he is quick to take offence; **Si offese per le mie osservazioni**, he was offended at my remarks. **C** *v. rifl. recipr.* to insult each other (*o* one another).

offensiva, *f.* (*mil.*) offensive: **prendere l'o.**, to take (*o* to act on) the offensive **2** (*per estens.: azione energica*) drive; campaign: **un'o. di pace**, a peace drive.

offensivo, *a.* offensive; insulting; (*ingiurioso*) injurious: **armi offensive**, offensive weapons; weapons of offence; **parole offensive**, offensive words; **una lega offensiva**, an offensive alliance.

offensóre, *m.* **1** offender **2** (*mil.*) attacker; aggressor.

offerènte, *m. e f.* **1** offerer **2** (*comm.*) tenderer **3** (*a un'asta*) bidder: **al miglior o.**, to the highest bidder.

offèrta, *f.* **1** offer; offering: **un'o. d'aiuto**, an offer of (*o* to) help; **un'o. di matrimonio**, an offer of marriage; **fare un'o.**, to make an offer; **respingere** (*o rifiutare*) **un'o.**, to decline an offer; **un'o. di pace**, a peace offering **2** (*oblazione, donazione*) offering; donation; oblation: **le offerte per la chiesa**, the offerings for the church; **Si ricevono offerte**, donations are gratefully received **3** (*comm.*) offer; quotation; (*per appalti*) tender; (*all'asta*) bid; bidding: **Ho ricevuto un'o. di quaranta milioni per la casa**, I had an offer of forty million lire for the house; **Per questo lavoro accetteremo l'o. minima**, we shall accept the lowest tender for this piece of work; **o. reale**, tender of payment; **Non ci furono offerte per i vasi cinesi**, there were no bids for the Chinese vases **4** (*econ.*) supply: **la legge della domanda e dell'o.**, the law of supply and demand **5** (*proposta*) proposal. ● **offerte e domande d'impiego**, situations vacant and wanted **2** (*comm.*) «**o. speciale**», bargain □ **fare un'o.**, (*all'asta*) to make a bid to bid; (*per un appalto*) to make a tender, to tender; **fare offerte superiori a quelle di q.**, to bid against sb. □ **far salire le offerte** (*in un'asta*), to force up the bidding (*sing.*); to bid up.

offertòrio, *m.* (*relig.*) Offertory.

offésa, *f.* **1** (*anche leg.*) offence; offense (*USA*); (*torto*) wrong: **recare o. a q.**, to give offence to sb.; **un'o. al pudore**, an offence against decency; **un'o. alle buone maniere**, an offence against good manners; **patire un'o.**, to suffer a wrong **2** (*danno*) damage; harm; (*ferita*) lesion; (*con un'arma*) wound **3** (*insulto*) affront; insult; outrage: **un'o. lieve**, a slight affront; **ingoiare un'o.**, to swallow an insult **4** (*mil.*) offence; offensive; (*attacco*) attack: **La miglior difesa è l'o.**, the best method of defence is attack; **stare sull'o.**, to be on the offensive. ● **o. al pudore**, indecent behaviour (*o* exposure) □ **armi di o.**, offensive weapons □ **subire un'o.**, to suffer a wrong □ **Sia detto senza o.**, no offence meant.

offéso, *a.* **1** offended; annoyed: **sentirsi o. per q.c.**, to feel offended at (*o* by) st.; **Era offesa col padre**, she was offended (*o* annoyed) with her father; **Sono o. con te**, I am annoyed with you **2** (*danneggiato*) damaged; (*ferito*) injured; (*da un'arma*) wounded: **il braccio o.**, the injured arm. ● (*leg.*) **la parte offesa**, the plaintiff.

office (*ingl.*), *m.* pantry.

officiante, (*relig.*) **A** *a.* officiating. **B** *m.* officiant.

officiare, (*relig.*) **A** *v. i.* to officiate. **B** *v. t.* – **o. una chiesa**, to serve a church.

officina, *f.* (*mecc.*) shop; workshop; (*di fabbro*) smithery, smithy: **o. di montaggio**, assembly (*o* erecting) shop; **o. meccanica**, machine-shop; **capo o.**, shop foreman; **aprire un'o.**, to open a workshop.

officinale, *a.* officinal; medicinal: **erbe officinali**, officinal herbs.

officio, V. **ufficio**.

officiosità, *f.* courtesy; kindness.

officióso, *a.* **1** (*cortese*) courteous; kind; obliging: **essere o. e cortese verso gli amici**, to be kind and courteous to one's friends **2** (*non ufficiale*) unofficial.

offrire, A *v. t.* **1** to offer; to tender: **Mi offrì il suo aiuto**, he offered me his help; **Le offrii di sposarla**, I offered to marry her; **o. la mano**, to offer one's hand; **o. i propri servigi**, to offer (*o* to tender) one's services; **o. le proprie scuse**, to offer one's apologies; **o. le proprie dimissioni**, to tender one's resignation **2** (*dedicare*) to offer (up); to dedicate: **o. preghiere a Dio**, to offer prayers to God; **o. un sacrificio**, to offer up a sacrifice: **Offro questo libro alla memoria di mio padre**, I dedicate this book to the memory of my father **3** (*comm.*) to offer, to tender; (*all'asta*) to bid* (at an auction): **Ci offrono la casa per quaranta milioni di lire**, they offer us the house for forty million lire; **Ci offrono quaranta milioni di lire per la casa**, they offer us forty million lire for the house; **o. una somma per pagare un debito**, to tender a sum in payment of a debt; **Chi offre dieci sterline per questo bel quadro?**, will anyone bid ten pounds for this fine picture? **4** (*presentare*) to present; to afford; to offer: **o. q.c. in dono**, to present st. as a gift; **Questo lavoro offre molte difficoltà**, this piece of work presents a lot of difficulties; **Lo spettacolo non offre nessun interesse**, the show offers no interest; **o. il destro**, to afford the opportunity **5** (*esporre*) to expose: **o. il viso alla luce del sole**, to expose one's face to the sunlight **6** (*invitare*) to invite: **Mi offrì di andare con lui**, he invited me to go with him. ● **o. a q. ospitalità per la notte**, to offer to put sb. up for the night □ **o. il fianco alle critiche**, to lay oneself open to criticism □ (*di una ditta*) **o. un programma radiofonico** (*o televisivo*), to sponsor a radio (*o* television) programme □ **o. resistenza al nemico**, to offer resistance to the enemy. **offrirsi, B** *v. rifl.* **1** to offer (oneself); to volunteer: **Si offrì di aiutarmi**, he offered to help me; **Si offrì per quel lavoro**, he offered himself (*o* he volunteered) for that job **2** (*presentarsi*) to offer; to arise*; to occur; to present oneself: **Coglierò la prima occasione che si offre**, I'll take the first opportunity that offers (*o* arises); **Un'idea mi s'offrì alla mente**, an idea occurred to me; **Uno strano spettacolo s'offrì ai miei occhi**, a strange view presented itself to my eyes **3** (*farsi avanti*) to come* forward: **Si offrirono dieci volontari**, ten volunteers came forward **4** (*esporsi*) to offer (*o* to expose) oneself: **o. al pericolo**, to offer oneself to danger. ● **o. volontario**, to volunteer.

offset (*ingl.*), *m. e a.* (*tipogr.*) offset: **o. a secco**, dry-relief offset.

offshore (*ingl.*), *a.* (*naut., min.*) offshore: **piattaforma o.**, offshore platform.

offuscaménto, *m.* (*anche fig.*) darkening; obscuration; obscuring; dimming: **l'o. del sole**, the darkening of the sun; **l'o. della luce dell'intelletto** (**della verità**), the obscuration of intellectual light (of truth).

offuscare, A *v. t.* **1** to darken: **Le nubi offuscano il cielo**, clouds darken the sky **2** (*fig.*) to obscure; to darken: **o. la gloria di q.**, to obscure sb.'s glory **3** (*fig.: annebbiare*) to dim; to bedim; to overshadow: **Le passioni offuscano l'intelletto**, passions dim the mind; **Le lacrime mi offuscavano gli occhi**, tears dimmed my eyes; my eyes were dimmed with tears; **o. la vista**,

oleàceo

to bedim the eyesight; **o. il trionfo di q.**, to dim sb.'s triumph **4** (*intorbidire*) to cloud. **offuscarsi, B** *v. rifl.* **1** to darken; to grow* (*o* to become*, to get*) dark: **Il cielo s'offuscò**, the sky darkened (*o* clouded over) **2** (*fig.*) to become* (*o* to be) obscured: **La tua fama si offuscherà**, your fame will be obscured **3** (*fig.*: *annebbiarsi*) to dim; to grow* (*o* to become*, to get*) dim: **La vista mi si offusca**, my sight is growing (*o* getting) dim; **Gli si è offuscata la memoria**, his memory has grown dim **4** (*intorbidirsi*) to cloud over.

offuscato, *a.* **1** darkened **2** (*fig.*: *annebbiato*) dimmed; dim; overshadowed: **L'intelletto è offuscato e non può scoprire la verità**, the understanding is dim and cannot discover truth; **occhi offuscati dalle lacrime**, eyes dim with tears **3** (*intorbidito*) cloudy; clouded: **La mia mente era offuscata dalla sofferenza**, my mind was clouded with suffering. ● **con gli occhi offuscati**, dim-eyed.

offuscatóre, A *m.* darkener; dimmer; overshadower. **B** *a.* darkening; dimming; overshadowing.

oficlèide, *m.* (*mus.*) ophicleide.

ofidi, *m. pl.* (*zool.*, *Ophidia*) ophidians.

ofidismo, *m.* (*med.*) venom poisoning.

ofiòfago, *m.* (*zool.*, *Ophiophagus hannah*) king cobra.

ofiolatria, *f.* ophiolatry.

ofiologia, *f.* ophiology.

ofisàuro, *m.* (*zool.*, *Ophisaurus apodus*) glass lizard.

ofite, *f.* (*miner.*) ophite; serpentine marble.

ofitico, *a.* (*miner.*) ophitic.

oftalmia, *f.* (*med.*) ophthalmia; ophthalmitis*.

oftalmico, *a.* (*med.*) ophthalmic: **una clinica oftalmica**, an ophthalmic clinic.

oftalmite, *f.* (*med.*) ophthalmitis*; ophthalmia.

oftalmologia, *f.* (*med.*) ophthalmology.

oftalmològico, *a.* (*med.*) ophthalmologic(al).

oftalmòlogo, *m.* (*med.*) ophthalmologist.

oftalmometria, *f.* (*med.*) ophthalmometry.

oftalmòmetro, *m.* (*strumento medico*) ophthalmometer.

oftalmoscopia, *f.* (*med.*) ophthalmoscopy.

oftalmoscòpico, *a.* (*med.*) ophthalmoscopic(al).

oftalmoscòpio, *m.* (*med.*) ophthalmoscope: **un o. elettrico**, an electric ophthalmoscope.

oftalmòstato, *m.* (*med.*) ophthalmostat.

oftalmotomìa, *f.* (*med.*) ophthalmotomy.

oggettivaménte, *avv.* objectively; (*con obiettività*) with impartiality, impartially, unbias(s)edly; (*da un punto di vista obiettivo*) from an objective standpoint.

oggettivare, A *v. t.* to objectify; to objectivate; to render objective. **oggettivarsi, B** *v. rifl.* to take* a concrete form.

oggettivazióne, *f.* objectification; objectivation.

oggettivismo, *m.* (*filos.*) objectivism.

oggettivista, *m.* e *f.* (*filos.*) objectivist.

oggettivistico, *a.* (*filos.*) objectivistic.

oggettività, *f.* objectivity; objectiveness.

oggettivo, *a.* **1** (*che concerne l'oggetto*) objective: **gli elementi oggettivi della realtà**, the objective elements of reality; **dati oggettivi**, objective data **2** (*obiettivo*) objective; impartial; unbias(s)ed; unprejudiced: **dare un giudizio o.**, to give an unbiassed opinion **3** (*gramm.*) objective; object (*attr.*): **il caso o.**, the objective case; **proposizione oggettiva**, object clause. ● **insegnamento o.**, object teaching.

oggetto, *m.* **1** object; thing; article: **Mi disse il nome di tutti gli oggetti ch'erano nella stanza**, he told me the names of all the objects in the room; **oggetti inutili**, useless things; **oggetti da viaggio**, travelling articles **2** (*argomento*) subject; theme; subject-matter: **l'o. della lettera (della conversazione, ecc.)**, the subject of the letter (of the conversation, etc.); **l'o. della nostra discussione (del discorso, ecc.)**, the theme of our discussion (of the speech, etc.); **l'o. di un contratto**, the subject-matter of a contract **3** (*materia, motivo*) subject: **Quell'uomo è o. di pietà**, that man is an object of (*o* a subject for) pity; **Ella era l'o. delle nostre cure**, she was the object of our care **4** (*scopo, fine*) object; aim; purpose; end: **fallire il proprio o. nella vita**, to fail one's object in life; **l'o. di un'inchiesta**, the purpose of an inquiry **5** (*bur.*) reference (*abbr.*: Re): **o.: domanda di trasferimento**, Re: Application for Transfer **6** (*gramm., filos.*) object: **l'o. e il soggetto**, the object and the subject; **o. diretto (indiretto)**, direct (indirect) object. ● (*comm.*) **o. di gran moda**, big thing (*fam.*) □ **o. di scherno**, laughing-stock □ **oggetti di vetro (di latta, ecc.)**, glassware (tinware, etc.) □ **oggetti personali**, personal belongings □ **oggetti preziosi**, valuables.

oggettuale, *a.* object (*attr.*).

òggi, *avv.* e *m.* to-day, today; (*attualmente, anche*) nowadays: **O. ho molto da fare**, to-day I am very busy; **L'ho fatto o.**, I've done it to-day; **gli scrittori d'o.**, the writers of to-day; **O. è domenica**, to-day is Sunday; **prima di (dopo) o.**, before (after) to-day; **fino a o.**, until (*o* up to) to-day; **da o. innanzi** (*o* in poi), from to-day onwards; after to-day; **il giornale (le lettere, le notizie, ecc.) di o.**, to-day's paper (letters, news, etc.); **in risposta alla tua lettera di o.**, in answer to your letter of to-day; **Oggi tutti la pensano così**, everybody thinks so nowadays. ● **o. a otto**, to-day week; a week to-day; in a week's time □ **o. a quindici**, to-day fortnight; a fortnight to-day; in a fortnight's time □ **o. come o.**, at present; for the time being; right now □ **o. o domani**, to-day or to-morrow; (*anche*) one day or other □ **al giorno d'o.**, nowadays; at present □ **a tutt'o.**, till to-day; up to now □ **rimandare dall'o. al domani**, to put things off from day to day □ **tutt'o.**, the whole of to-day □ **Dall'o. al domani possono succedere tante cose**, between to-day and to-morrow so many things can happen □ **Ha cambiato idea dall'o. al domani**, he turned his mind overnight □ (*prov.*) **O. a me, domani a te**, to-day, you to-morrow.

oggidì, oggigiórno, A *avv.* nowadays; at (the) present (time). **B** *m.* to-day, today.

ogiva, *f.* **1** (*archit.*) ogive; pointed (*o* lancet) arch; (*finestra*) pointed (*o* lancet) window **2** (*mil.*) ogive; nose. ● (*archit.*) **a o.**, ogival.

ogivale, *a.* (*archit.*) ogival; (*gotico*) Gothic: **architettura o.**, ogival architecture. ● **arco o.**, ogive; pointed (*o* lancet) arch □ **finestra o.**, lancet window.

ógni, *a. indef.* **1** every; each; (*tutti, tutte*) all: **o. giorno (anno, settimana, volta, ecc.)**, every day (year, week, time, etc.); **O. ragazzo ha una penna e un quaderno**, every (*o* each) boy has a pen and a copy-book; **o. giorno della settimana**, each day of the week; **o. sorta di doni**, all sorts of presents; **O. animale deve mangiare per vivere**, every animal (*o* all animals) must eat to live; **sotto o. aspetto**, (in) every way **2** (*distributivo*) every: **o. due (tre, quattro, ecc.) giorni**, every two (three, four, etc.) days; every second (third, fourth, etc.) day; **O. tre case c'era un negozio**, at every third house there was a shop; **un pane o. due soldati**, a loaf of bread (for) every two soldiers **3** (*qualsiasi*) any: **ad o. costo**, at any cost; at all costs; **ad o. modo**, (*tuttavia*) anyhow; anyway; (*ad o. costo*) at any cost; **in o. caso**, in any case; (*comunque*) at any rate. ● **o. altra persona**, everybody else □ **o. ben di Dio**, all sorts of good things □ **o. cosa**, everything □ **o. tanto**, every now and then (*o* again); every so often □ **o. uomo**, each man; everyman; everybody □ **o. volta**, every (single) time; whenever: **O. volta che lo vedo corre per prendere l'autobus**, every time I see him, he is running to catch the bus; **O. volta che lo vedo, finge di non conoscermi**, whenever I see him, he pretends he doesn't know me □ **fuori d'o. dubbio**, without any doubt; doubtless □ **l'inglese d'o. giorno**, everyday English □ **in o. luogo**, everywhere □ **oltre o. credere**, beyond belief □ **la vita d'o. giorno**, everyday life.

ogniqualvòlta, *cong.* whenever; every time (that): **riposarsi o. lo si desideri**, to rest whenever one wishes to.

Ognissanti, *m.* (*relig.*) All Saints' Day; Hallowmas.

ognóra, *avv.* (*lett.*) always; at all times.

ognuno, *pron. indef.* **1** everybody; everyone; each (one); (*tutti, tutte*) all: **O. lo sa**, everybody (*o* everyone) knows that; **O. lo ammirava**, everybody (*o* all) admired him; **O. ricevette due libri**, they were given two books each; **Ne diede due a o.**, he gave two to each (one) **2** (*seguito dal partitivo*) every (single) one; (*tutti, tutte*) all: **O. di noi ha due libri**, each (one) of us has two books; **O. di loro se n'era andato**, every (single) one of them had left; they had all left; all of them had left. ● **O. di loro, nessuno escluso**, each and everyone of them □ (*prov.*) **O. per sé e Dio per tutti**, every man for himself, and God for us all.

oh, òh, *inter.* oh!; ho!: **Oh, l'hai detto tu?**, ho, did you say so?

óhe, ohé, *inter.* ho!; hey!; hi!

òhi, óhi, *inter.* oh!; ah!

ohibò, *V.* oibò.

ohimè, *inter.* alas!; oh dear! (*fam.*)

ohm (*ted.*), *m.* (*fis.*) ohm.

òhmetro, *m.* (*fis.*) ohmmeter.

òhmico, *a.* (*fis.*) ohmic.

òhmmetro, *V.* òhmetro.

oibò, *inter.* pshaw!; now then!

oidio, *m.* (*bot.*) oidium*.

oïl (*franc.*), *m.* — **lingua d'oïl**, langue d'oïl.

okapi, *f.* (*zool.*, *Okapia johnstoni*) okapi.

okay (*ingl.*), *inter.* e *m.* o.k.; okay.

olà, *inter.* ho!; hey!

olanda, *f.* (*tela d'Olanda*) Holland cloth; holland.

Olanda, *f.* (*geogr.*) Holland.

olandése, A *a.* Dutch; Holland (*attr.*). **B** *m.* **1** (*abitante dell'Olanda*) Dutchman*; Hollander **2** (*la lingua*) Dutch **3** — (*sport*) **o. volante**, flying dutchman. **C** *f.* **1** Dutch woman*; Dutch girl **2** (*ind. della carta*) hollander.

oleàceo, A *a.* oleaginous; oily; oil-like. **B** *f. pl.* (*bot.*, *Oleaceae*)

oleaginóso, (the) olive family.
oleaginóso, *a.* oleaginous.
oleandro, *m.* (*bot.*, *Nerium oleander*) oleander; rose-bay.
oleàrio, *a.* oil (*attr.*): **il mercato o.**, the oil market.
oleastro, *m.* (*bot.*, *Olea europaea oleaster*) oleaster; wild-olive.
oleato (1), *a.* oiled. ● **carta oleata**, grease-proof paper; oil-paper.
oleato (2), *m.* (*chim.*) oleate.
olecrano, *m.* (*anat.*) olecranon.
olefina, *f.* (*chim.*) olefin(e).
olefinico, *a.* (*chim.*) olefinic.
olèico, *a.* (*chim.*) oleic: **acido o.**, oleic acid.
oleicoltóre, oleicoltura, *V.* **olivicoltóre, olivicoltura**.
oleifero, *a.* oleiferous; oil-yielding (*attr.*): **semi oleiferi**, oleiferous seeds; oil-seeds.
oleifício, *m.* (*ind.*) oil-mill.
oleina, *f.* (*chim.*) olein.
oleobromia, *f.* (*fotogr.*) bromoil process.
oleochimica, *f.* chemistry of fats.
oleodótto, *m.* (*ind.*) oil pipeline.
oleografia, *f.* **1** oleography **2** (*quadro*) oleograph (*abbr.*: oleo).
oleogràfico, *a.* **1** oleographic **2** (*fig.*) unoriginal.
oleomargarina, *f.* (*chim.*) oleomargarine.
oleòmetro, *m.* (*fis.*) oil-gauge; oleometer.
oleorèsina, *f.* (*chim.*) oleoresin.
oleosità, *f.* oiliness.
oleóso, *a.* **1** (*che contiene olio*) oily; oiled; oleaginous (*attr.*); (*untuoso*) greasy: **materia oleosa**, oily matter; grease; **mani (dita) oleose**, greasy hands (fingers) **2** (*oleifero*) oleiferous; oil--yielding (*attr.*): **semi oleosi**, oleiferous seeds; oil-seeds **3** (*che ha le caratteristiche dell'olio*) oily; oil-like: **un liquido o.**, an oily liquid.
òleum, *m.* (*chim.*) oleum*.
olezzante, *a.* **1** sweet-smelling; odorous; fragrant; balmy **2** (*iron.*: *che manda cattivo odore*) smelly; stinking.
olezzare, *v. i.* **1** (*lett.*) to be fragrant (*o* balmy); to smell* sweet **2** (*iron.*: *mandare cattivo odore*) to smell*; to stink*.
olézzo, *m.* **1** (*lett.*) sweet smell; scent; fragrance **2** (*iron.*: *cattivo odore*) smell; stink.
olfattivo, *a.* olfactory.
olfatto, *m.* olfaction; sense of smell; smelling. ● **organo dell'o.**, olfactory (organ).
olfattòmetro, *m.* olfactometer.
olfattòrio, *a.* olfactory.
oliare, *v. t.* **1** (*mecc.*) to oil; to lubricate **2** (*ind. tessile*) to backwash; to oil; to batch.
oliàrio, *m.* oil store-room.
oliato, *a.* **1** (*condito con olio*) oiled; (dressed) with oil: **insalata ben oliata**, salad with plenty of oil **2** (*lubrificato*, *unto d'olio*) oiled; oily; greasy.
oliatóre, *m.* **1** (*recipiente*) oil-can; oiler: **un o. a sfera**, a ball oiler; **un o. a gocce**, a drip-feed oiler **2** (*mecc.*) oil-feeder; lubricator.
oliatura, *f.* oiling.
olibano, *m.* (*lett.*) olibanum; (*incenso*) incense.
olièra, *f.* cruet-stand.
olifante, *m.* oliphant.
oligarca, *m.* oligarch.
oligarchia, *f.* oligarchy.
oligàrchico, *a.* oligarchic(al).
oligisto, *m.* (*miner.*) oligist (iron).
oligocène, *m.* (*geol.*) Oligocene (period).
oligoclàsio, *m.* (*miner.*) oligoclase.
oligoemia, *f.* (*med.*) oligoemia; anaemia.
oligoèmico, *a.* (*med.*) oligoemic; anaemic.
oligofrenia, *f.* (*psic.*) oligophrenia; mental deficiency.
oligofrènico, *a.* (*psic.*) oligophrenic.
oligominerale, *a.* low in mineral content.
oligopòlio, *m.* (*econ.*) oligopoly.
oligopolista, *m.* (*econ.*) oligopolist.
oligopolistico, *a.* (*econ.*) oligopolistic.
oligopsònio, *m.* (*econ.*) oligopsony.
oligosaccàride, *m.* (*chim.*) oligosaccharide.
oligospermia, *f.* (*med.*) oligospermia.
oliguria, *f.* (*med.*) oliguria.
Olimpia, *f.* (*geogr.*) Olympia.
olimpiaco, *a.* (*lett.*) Olympic; Olympiad (*attr.*). ● **il primo periodo o.**, the first Olympiad.
olimpiade, *f.* **1** (*stor.*) Olympiad: **Il primo storico a computare il tempo con le olimpiadi fu Timeo**, Timaeus was the first historian to compute time by the Olympiads **2** (*pl.*) Olympic games; Olympics: **Le Olimpiadi sono gare internazionali sportive che si disputano ogni quattro anni**, the Olympic games are international athletic competitions held once in four years.

olimpicità, *f.* Olympian detachment.
olìmpico, *a.* **1** (*di Olimpia*, *dei giochi olimpici*) Olympic; Olympian: **i giochi olimpici**, the Olympic games **2** (*dell'Olimpo*) Olympian (*anche fig.*). ● **atleta o.**, Olympian; competitor in the Olympics □ **Giove o.**, the Olympian (Jupiter) □ **ode olimpica**, Olympionic.
olìmpio, *a.* (*lett.*) Olympian: **gli dei olimpi**, the Olympian gods; **Zeus o.**, the Olympian Zeus.
olimpiònico, **A** *a.* Olympic. **B** *m.* (*campione*) Olympic champion; (*atleta*) Olympic competitor.
Olimpo, *m.* (*mitol.*) Olympus: **nell'alto O.**, on high Olympus.
òlio, *m.* oil: **oli animali e vegetali**, animal and vegetable oils; **o. combustibile** (*o* **pesante**), fuel oil; **o. da ardere**, lamp oil; **o. da cucina**, cooking oil; **o. da tavola**, salad-oil; **o. di fegato di merluzzo**, cod-liver oil; **o. di lino**, linseed oil; **o. di ricino**, castor-oil; **o. di paraffina**, paraffin-oil; **o. di catrame**, tar oil; **o. lubrificante**, lubricating oil; **o. leggero**, light oil; **o. d'oliva**, olive-oil; **oli essenziali** (*o* **volatili**), essential (*o* volatile) oils; **oli fissi**, fixed oils; **oli minerali**, mineral oils; (*fig.*) **gettare o. sulle fiamme**, to pour (*o* to throw) oil on the flames. ● **o. di gomito**, elbow-grease □ **o. di vetriolo**, oleum □ (*fig.*) **o. santo**, holy oil; (*specialm.*) oil of the sick, Extreme Unction □ (*fig.*) **essere all'o. santo**, to be at death's door; to be at one's last gasp □ **colori a o.**, oil--colours □ **dare l'o. santo a q.**, to give extreme unction to sb. □ **dipingere a o.**, to paint in oils (*o* in oil-colours) □ **lampada a o.**, oil-lamp □ (*fig.*, *fam.*) **non metterci né sale né o.**, to relate the mere facts □ **quadro a o.**, oil-painting □ (*cucina*) **sott'o.**, in oil □ **verniciatura a o.**, oil painting □ **Oggi il mare è un o.**, today the sea is like a millpond.
oliosità, olióso, *V.* **oleosità, oleóso**.
oliva, **A** *f.* olive: **la stagione del raccolto delle olive**, the olive-season; **olio d'o.**, olive-oil. ● **a forma d'o.**, olive-shaped; olivary (*specialm. anat.*). **B** *a.* (*il colore*) olive (*attr.*); olive-green: **di color o.**, of olive-green colour; olive-coloured; olive-green; **un vestito verde o.**, an olive-green dress.
olivale, olivare, *a.* olivary (*specialm. anat.*); olive-shaped.
olivastro, **A** *a.* olivaceous; olive-coloured; olive-green: olive (*attr.*): **dalla carnagione olivastra**, olive-complexioned; **dalla pelle olivastra**, olive-skinned. **B** *m.* (*bot.*, *Olea europaea oleaster*) oleaster; wild-olive.
olivèlla, *f.* (*bot.*, *Daphne laureola*) spurge laurel.
olivéta, *f.* *V.* **olivéto**.
olivetano, *a. e m.* (*relig.*) Olivetan.
olivéto, *m.* olive-grove. ● (*Bibbia*) **il Monte O.**, the Mount of Olives.
Olivia, *f.* Olive; Olivia.
olivicoltóre, *m.* olive-grower.
olivicoltura, *f.* olive-growing.
Olivièro, *m.* Oliver.
olivigno, *V.* **olivastro**.
olivina, *f.* (*miner.*) olivin(e).
olivo, *m.* (*bot.*, *Olea europaea*) olive(-tree): **il ramo d'o.**, the olive--branch. ● **l'o. benedetto**, the blessed palm □ **la Domenica degli Olivi**, Palm Sunday.
òlla, *f.* (*archeol.*) olla; vase; jar: **un'o. cineraria**, a cinerary vase (*o* urn).
olmàia, olmèto, *m.* elm-grove.
òlmio, *m.* (*chim.*) holmium.
ólmo, *m.* **1** (*bot.*, *Ulmus campestris*) elm: **o. riccio** (*o* **montano**) (*Ulmus montana*), wych-elm, witch-elm **2** (*legno dell'o.*) elm(-wood).
olocàusto, *m.* (*lett.*) holocaust (*anche fig.*); (*sacrificio*) sacrifice: **l'o. di Abramo**, Abraham's sacrifice. ● **offrire in o.**, to sacrifice; to immolate.
olocène, *m.* (*geol.*) Holocene (period).
olocènico, *a.* (*geol.*) Holocene; Recent.
olocristallino, *a.* (*miner.*) holocrystalline.
oloèdrico, *a.* (*miner.*) holohedral.
Olofèrne, *m.* (*Bibbia*) Holofernes.
olofràstico, *a.* (*linguistica*) holophrastic: **parole olofrastiche**, holophrastic words.
olografia, *f.* (*fotogr.*) holography.
ològrafo, (*leg.*) **A** *a.* holograph; holographic(al): **testamento o.**, holographic will. **B** *m.* holograph.
ologramma, *m.* (*fotogr.*) hologram.
olometàbolo, *a.* (*zool.*) holometabolous.
olóna, *f.* (*tela*) sail-cloth; canvas.
olotùria, *f.* (*zool.*, *Holothuria*) holothurian; sea-cucumber; bêche-de-mer*.
oltraggiàbile, *a.* liable to outrage; injurable; offendable.
oltraggiaménto, *m.* outrage; outraging; injury; offence.
oltraggiare, *v. t.* (*ingiuriare*) to outrage; (*offendere*) to injure, to offend; (*insultare*) to insult, to abuse; to affront: **o. la natura**, to outrage nature. ● **o. una tomba**, to violate a tomb.

oltraggiatóre, *m.* outrager; (*chi offende*) injurer, offender; (*chi insulta*) insulter.

oltràggio, *m.* outrage (*anche fig.*); (*offesa*) injury, offence; (*insulto*) insult, abuse, affront: **recare o. a q.,** to commit an outrage against sb.; to outrage sb.; **subire un o.,** to suffer an affront; **un o. all'umanità,** an outrage against humanity. ● (*leg.*) **o. alla magistratura,** contempt of Court □ (*leg.*) **o. al pudore,** indecent behaviour □ **gli oltraggi del tempo,** the ravages of time.

oltraggiosaménte, *avv.* outrageously; injuriously; offensively.

oltraggióso, *a.* outrageous; outraging; (*offensive*) injurious, offensive; (*ingiurioso*) insulting, abusive: **parole oltraggiose,** offensive (*o* injurious) words; **un'azione oltraggiosa,** an outrageous action.

oltralpe, *avv.* beyond the Alps. ● **d'o.,** transalpine: **popolazione d'o.,** transalpine peoples.

oltramontano, *a.* (from) beyond the mountains; ultramontane.

oltranza, *f.* – **ad o.,** «à outrance» (*franc.*); to the utmost; to the bitter end: **combattere ad o.,** to fight to the bitter end. ● **guerra ad o.,** war to the knife (*anche fig.*) □ **lotta ad o.,** fight to the death □ **sciopero ad o.,** extended strike.

oltranzismo, *m.* (*polit.*) extremism.

oltranzista, *m. e f.* (*polit.*) front-liner (*fig.*); extremist.

oltranzistico, *a.* (*polit.*) extremistic; extremist.

óltre, A *avv.* **1** (*di luogo*) farther; further; far: **Non vorrei andare o.,** I shouldn't like to go any further (*o* farther); **Credo che siamo andati troppo o.,** I think we have gone too far **2** (*di tempo*) longer; more: **Non possiamo trattenerci o.,** we cannot stay any longer (*o* any more) **3** (*di età, ecc.*) over; above: **fanciulli di otto anni e o. negli anni,** to be well on in years □ **più o.,** later on: **Vedremo più o.,** we shall see later on □ **qui o.,** somewhere here; hereabouts. **B** *prep.* **1** (*di luogo*) beyond; over; on the other side of: **Il lago è o. quelle colline,** the lake is beyond those hills; **La Svizzera è o. quelle montagne,** Switzerland lies on the other side of those mountains; **O. quel punto non ci sono più case,** there are no houses beyond (that point); **Saltai o. il muro,** I jumped over the wall; **o. il mare,** beyond the seas **2** (*più di*) more than; over; above: **Costa o. un milione di lire,** it costs over (*o* more than) a million lire; **da o. due anni,** for over two years; **Mio nonno è ben o. i settanta,** my grandfather is well over seventy; **fanciulli di o. otto anni,** children above eight **3** (*di tempo*) beyond; after: **Non stare fuori o. le dieci,** don't stay out after (*o* later than) ten o'clock **4** (*in aggiunta*) besides; in addition to; (*anche, pure*) as well as: **C'erano molte altre persone o. a lui,** there were many others, besides him; **o. a quello che ti dissi,** in addition to what I told you; **o. il suo stipendio,** in addition to his salary **5** (*all'infuori di*) except; beyond: **O. me non c'era nessuno,** no one except me was present. ● **O. che** (*o* **o. a**), besides; apart from: **O. all'averlo incoraggiato, gli ho anche prestato denaro,** besides encouraging him, I also lent him some money; **O. che perdonarmi, sembra aver dimenticato tutto,** apart from forgiving me, he seems to have forgotten everything □ **o. misura,** beyond measure □ **o. ogni speranza,** quite unexpectedly □ **o. tutto,** and besides □ **andare o. le proprie intenzioni,** to overshoot.

oltrecortina, *avv. e a.* (*polit.*) across the Iron Curtain.

oltremànica, *avv. e a.* (*geogr.*) across the (English) Channel.

oltremare, A *avv.* beyond the sea; oversea(s). ● **d'o.,** from beyond the sea; oversea(s): **paesi (costumi) d'o.,** overseas countries (customs). **B** *m.* **1** (*lapislazzuli*) lapis(-)lazuli **2** (*colore*) lapis(-)lazuli; ultramarine (blue).

oltremarino, *a.* ultramarine; oversea; from beyond the sea. ● **azzurro o.,** ultramarine blue.

oltremisùra, oltremòdo, *avv.* beyond measure; exceedingly; extremely.

oltremondano, *a.* of the other world; ultramundane (*lett.*).

oltremontano, *V.* oltramontano.

oltreocèano, *avv.* across the ocean; overseas. ● **d'o.,** trans-oceanic: **costumi d'o.,** trans-oceanic customs.

oltrepassàbile, *a.* surpassable.

oltrepassare, *v. t.* **1** (*passare oltre, anche fig.*) to go* beyond; to surpass; to overstep; (*eccedere*) to exceed; (*varcare*) to cross: **o. la soglia,** to cross the threshold (*o* door); **o. il confine,** to cross the frontier; **o. il limite di velocità,** to exceed the speed-limit; **o. tutti i limiti,** to overstep (*o* to pass, to exceed) all limits; **o. go too far 2** (*superare*) to pass; to overtake*; to outstrip: **o. un'altra automobile,** to overtake another car; **o. un concorrente,** to overtake a competitor **3** (*naut.: doppiare*) to round; to double. ● (*leg.*) **o. un confine,** to trespass □ (*leg.*) **o. i propri diritti,** to strain one's rights.

oltretómba, *m.* (the) hereafter; (the) life to come: **il mistero dell'o.,** the mystery of the life to come. ● **con una voce d'o.,** in a hollow voice.

omàccio, *m.* big ugly man*.

omaccióne, *m.* big strong man*.

omàggio, A *m.* **1** homage: **rendere o. al genio di Shakespeare,** to pay homage to the genius of Shakespeare **2** (*offerta, dono*) gift; present; complimentary offer; (*articolo dato in o.*) free sample, giveaway, premium **3** (*pl.*) compliments; respects: **Gradite i miei omaggi,** please accept my best compliments; **con gli omaggi dell'autore,** with the Author's compliments **4** (*stor.*) homage. ● **in o.,** complimentary (*agg.*): **un biglietto in o.,** a complimentary ticket □ **una copia in o.,** a presentation copy □ **fare o. a q. di q.c.,** to compliment sb. with st. □ **in o. alla legge,** in observance of the law □ **in o. alla tradizione,** according to tradition □ **inviare q.c. a q. in o.,** to send st. to sb. with one's compliments. **B** *a.* free; complimentary; gratis (*campione*) sample.

omài, (*lett.*) *V.* oramài.

òmaro, *m.* (*zool., Homarus vulgaris*) (European) lobster.

omàso, *m.* (*zool.*) omasum.

ombelicale, *a.* (*anat.*) umbilical: **il cordone o.,** the umbilical (cord); the navel-string.

ombelicato, *a.* (*scient.*) umbilicate.

ombelico, *m.* (*anat.*) umbilicus*; navel. ● (*bot.*) **o. di Venere** (*Cotyledon umbilicus*), pennywort.

ómbra, *f.* **1** (*zona d'o.*) shade; (*talora*) shadow: **Le palme fanno poca o.,** palm trees give little shade; **Ero seduta all'o.,** I was sitting in the shade; **senza un palmo d'o.,** without a spot of shade; **le ombre della sera,** the shades of evening; (*pitt.*) **luci e ombre,** light and shade; (*fig.*) **mettere q. (q.c.) in o.,** to put (*o* to throw, to cast) sb. (st.) into the shade; (*fig.*) **tenersi nell'o.,** to keep in the shade (*o* in the background) **2** (*figura di un corpo che intercetta la luce*) shadow: (*astron.*) **l'o. della terra,** the earth's shadow; **Ero seduto all'o. di un albero,** I was sitting in the shadow of a tree; **le ombre della sera,** the shadows of evening; (*fig.*) **Ha paura della sua o.,** he's afraid of his own shadow; (*anche fig.*) **gettare un'o. su q.c.,** to cast a shadow on (*o* over) st. **3** (*traccia, parvenza*) shade; shadow; trace; touch; hint: **senza l'o. di un sospetto,** without a shade of suspicion; **Non c'è un'o. di dubbio,** there is not a shadow of doubt; **senz'o. di malizia,** without a trace of spitefulness; **un'o. di tristezza,** a touch of sadness **4** (*spettro, spirito*) shade; ghost: **le ombre dei morti,** the shades of the dead **5** (*piccola quantità*) just a bit (of st.); dash; spot: **una tazza di latte con un'o. di caffè,** a cup of milk with a dash of coffee **6** (*pl.: toni scuri*) shading, shade (*sing.*): **Queste ombre sono troppo forti,** this shading is too dark **7** (*zool.*) *V.* ombrina. ● **all'o. della legge,** under shelter of the law □ (*pugilato*) **allenamento contro l'o.,** shadow boxing □ **un'amicizia senza ombre,** a perfect friendship □ **bandiera o.,** flag of convenience □ (*astron.*) **cono d'o.,** umbra □ (*fig.*) **correre dietro alle ombre,** to catch at shadows; to chase a will-o'-the-wisp □ **dare corpo alle ombre,** to imagine things □ (*fig.*) **dare o. a q.,** (*offenderlo*) to give offence to sb.; (*insospettirlo*) to arouse suspicion in sb. □ (*fig.*) **essere diventato** (*o* **ridotto a**) **un'o.,** to be worn to a shadow □ **esercito o.,** shadow army □ (*polit.*) **governo o.,** shadow cabinet □ **essere nato all'o. della cupola di S. Pietro,** to be a Roman born and bred □ (*fig.*) **nell'o.,** secretly; furtively: **tramare nell'o.,** to plot secretly □ **Nemmeno per o.!,** by no means!; not at all!; certainly not! □ **non avere l'o. di un quattrino,** to be penniless; not to have a penny to one's name □ **parere l'o. di se stesso,** to be only the shadow of one's former self □ **prendere o.,** (*di persona*) to take umbrage; (*di cavallo*) to shy □ **il regno delle ombre,** the shades (*pl.*) □ **il restare** (*o* **vivere**) **nell'o.,** self-effacement □ **seguire q. come un'o.,** to stick to sb. like a shadow; to shadow sb.: **I poliziotti seguivano come un'o. la spia,** the spy was shadowed by detectives □ **sotto l'o. dell'amicizia,** under pretence of friendship; pretending to be sb.'s friend □ (*fig.*) **trarre q. dall'o.,** to bring sb. into the limelight □ **vivere nell'o.,** to live in reclusion □ **zona d'o.,** (*radar*) blind area; (*radio*) radio blackout □ **Tutto gli dà o.,** he takes offence at the slightest thing.

ombrare, *v. t.* (*anche pitt., disegno*) to shade.

ombràtile, *V.* umbràtile.

ombratura, ombreggiaménto, *m. V.* ombreggiatura.

ombreggiare, *v. t.* **1** to shade; to shadow; to throw* shade (on): **i platani che ombreggiano la piazza,** the plane-trees shading the square **2** (*pitt.: disegno*) to shade; (*tratteggiare*) to hatch.

ombreggiato, *a.* **1** shaded; shady; shadowy: **un luogo o.,** a shady place **2** (*fornito di ombreggiatura*) shaded.

ombreggiatura, *f.* (*pitt.: disegno*) shading; (*tratteggio*) hatching.

ombrèlla, *f.* (*bot.*) umbel.

ombrellàio, *m.* **1** (*fabbricante*) umbrella-maker **2** (*chi ripara ombrelli*) umbrella-mender **3** (*venditore*) umbrella-seller.

ombrellata, *f.* blow with an umbrella.

ombrellìfere, *f. pl.* (*bot., Umbelliferae*) umbellifers.

ombrellifìcio, *m.* umbrella-factory.

ombrellino, *m.* parasol; sunshade.
ombrèllo, *m.* **1** umbrella; brolly (*fam.*): **Non porto mai l'o.**, I never carry an umbrella; **un o. di seta (di nailon)**, a silk (nylon) umbrella; **aprire (chiudere) l'o.**, to open (to close) one's umbrella **2** (*zool.: di meduse, ecc.*) swimming-bell. ● **o. da sole**, parasol; sunshade □ **a forma d'o.**, umbrella-shaped.
ombrellóne, *m.* beach-umbrella.
ombrétto, *m.* eyeshadow.
ombrina, *f.* (*zool., Umbrina cirrhosa*) umbrine.
ombrinale, *m.* (*naut.*) scupper.
ombròmetro, *m.* (*scient.*) ombrometer.
ombrosità, *f.* **1** (*l'essere pieno d'ombra*) shadiness; shadowiness **2** (*rif. a cavallo e sim.*) skittishness **3** (*suscettibilità*) touchiness.
ombróso, *a.* **1** (*che dà ombra, pieno d'ombra*) shady; shadowy: **alberi ombrosi**, shady trees; **freschi boschi ombrosi**, cool, shadowy woods; **sentieri ombrosi**, shadowy (*o* shaded) lanes **2** (*che si adombra*) skittish: **un cavallo o.**, a skittish horse **3** (*suscettibile*) umbrageous; touchy: **un uomo o.**, a touchy man.
omèga, *m. e f.* (*ultima lettera dell'alfabeto greco*) omega. ● (*fig.*) **dall'alfa all'o.**, from beginning to end.
omelette (*franc.*), *f.* (*cucina*) omelet, omelette.
omelìa, *f.* (*relig.*) homily, sermon (*anche fig.*): **le Omelie di S. Gregorio**, the Homilies of St. Gregory.
omeliàrio, *m.* (*relig.*) homiliary; book of homilies.
omelista, *m.* homilist; preacher.
omentale, *a.* (*anat.*) omental.
oménto, *m.* (*anat.*) omentum*; caul.
omeomorfismo, *m.* (*mat.*) homeomorphism.
omeomòrfo, *a.* (*mat.*) homeomorphic.
omeopatìa, *f.* (*med.*) hom(o)eopathy.
omeopàtico, (*med.*) **A** *a.* hom(o)eopathic (*anche fig.*): **una dose omeopatica**, a homoeopathic (*o* very small) dose. **B** *m.* hom(o)eopath.
omeopatista, *m. e f.* (*med.*) hom(o)eopathist.
omeotermìa, *f.* (*biol.*) homoiothermy; hom(o)eothermy.
omeotèrmo, (*biol.*) **A** *a.* homoiothermic; hom(o)eothermic; homoiothermal. **B** *m.* homoiotherm; hom(o)eotherm.
omerale, *a.* (*anat.*) humeral. ● (*relig.*) **il velo o.**, the humeral veil.
omèrico, *a.* (*letter.*) Homeric (*anche scherz.*): **i poemi omerici**, the Homeric poems; **Homer's poems; la questione omerica**, the Homeric question; **risate omeriche**, Homeric (*o* hearty) laughter. ● **un appetito o.**, a hearty appetite.
omerista, *m. e f.* Homerist.
Omèro, *m.* Homer.
òmero, *m.* **1** (*anat.*) humerus* **2** (*lett.: spalla*) shoulder.
omertà, *f.* conspiracy of silence.
ométtere, *v. t.* to omit; to leave* out; not to insert: **Questa frase può essere omessa**, this sentence may be omitted; **Non omisi nulla**, I did not leave out anything; **Questa parola dev'essere omessa**, this word is to be omitted (*o* not to be inserted); **o. di fare q.c.**, to omit doing (*o* to do) st.; to neglect to do st.
ométto, *m.* **1** little fellow; little man* (*anche scherz., rif. a bambino*) **2** (*birillo*) skittle **3** (*gruccia per abiti*) clothes-hanger **4** (*archit.: monaco*) king-post.
omiciàttolo, *m.* (*spreg.*) shrimp.
omìcida, **A** *a.* homicide (*attr.*); homicidal; murderous: **tendenze omicide**, homicidal tendencies; **mani omicide**, murderous hands. **B** *m. e f.* homicide; murderer: **Io sono l'o. di tuo fratello**, I am your brother's murderer.
omicìdio, *m.* homicide; murder: **colpevole d'o.**, guilty of murder; **commettere o.**, to commit homicide; to murder; **essere accusato d'o.**, to be charged with murder; **essere condannato per o.**, to be convicted of murder; **o. colposo**, culpable homicide; manslaughter; **o. preterintenzionale**, involuntary homicide; murder in the second degree (*USA*); **o. premeditato**, premeditated homicide; murder in the first degree (*USA*); **o. volontario**, wilful murder; **tentato o.**, attempted murder.
òmicron, *m. e f.* (*quindicesima lettera dell'alfabeto greco*) omicron, omikron.
omilèta, *m.* homilist.
omilètica, *f.* homiletics (*pl. col verbo al sing.*).
omilètico, *a.* (*relig.*) homiletic(al); sermon-like.
omiliàrio, *V.* omeliàrio.
omìnidi, *m. pl.* (*antropologia*) hominids.
omino, *m.* **1** little fellow; little man* (*anche scherz., rif. a bambino*) **2** (*nano*) dwarf.
omissìbile, *a.* omissible; that may be omitted (*o* left out).
omissióne, *f.* **1** omission: **l'o. d'una parola**, the omission of a word; **un'o. volontaria**, an intentional omission; (*comm.*) **salvo errori e omissioni**, errors and omissions excepted; (*relig.*) **peccati di o.**, sins of omission **2** (*leg.*) failure; default; neglect: **o. d'atti d'ufficio**, neglect of an official duty.

òmnibus, **A** *m.* omnibus (*abbr.*: bus): **un conduttore di o.**, an omnibus driver. **B** *a.* – **treno o.**, slow train.
omnicomprensivo, *a.* comprehensive: **una scuola omnicomprensiva**, a comprehensive school.
omnidirezionale, *a.* (*tecn.*) omnidirectional: **antenna o.**, omnidirectional antenna (*o* aerial).
òmnium (*lat.*), *m.* (*sport*) open race.
omocromìa, *f.* (*zool.*) homochromy.
omofocale, *a.* (*mat.*) confocal: **coniche omofocali**, confocal conic sections.
omofonìa, *f.* (*mus., linguistica*) homophony.
omofònico, *a.* (*mus., linguistica*) homophonic.
omòfono, *a.* (*mus., linguistica*) homophonous; homophonic. ● **voci omofone**, homophones.
omogeneaménte, *avv.* homogeneously.
omogeneità, *f.* homogeneity; homogeneousness.
omogeneizzare, *v. t.* to homogenize.
omogeneizzato, **A** *a.* homogenized. **B** *m. pl.* homogenized food.
omogeneizzatóre, *m.* homogenizer.
omogeneizzazióne, *f.* homogenization.
omogèneo, *a.* homogeneous (*anche mat.*): **elementi (principi) omogenei**, homogeneous elements (principles); **un'equazione omogenea**, a homogeneous equation; **rendere o.**, to make homogeneous; to homogenize.
omografìa, *f.* (*linguistica, geom.*) homography.
omògrafo, (*linguistica*) **A** *a.* homographic. **B** *m.* homograph.
omologare, *v. t.* (*leg.*) **1** to homologate; to confirm; to approve **2** (*ratificare*) to ratify; to validate: **o. un trattato**, to validate a treaty.
omologato, *a.* (*di motore e sim.*) type-tested.
omologazióne, *f.* (*leg.*) **1** homologation; confirmation; approbation; approval **2** (*ratificazione*) ratification; validation.
omologìa, *f.* (*anche mat.*) homology.
omològico, *a.* (*anche mat.*) homological; homologous.
omòlogo, *a.* (*anche mat.*) homologous; (*corrispondente*) corresponding: **i lati omologhi di figure simili**, the homologous sides in similar figures; **corpi omologhi**, homologous bodies.
omonimìa, *f.* homonymy.
omònimo, **A** *a.* homonymous: **monti omonimi**, homonymous mountains. **B** *m.* **1** homonym **2** (*di persona*) namesake.
omoplata, *f.* (*anat.*) omoplat(e); scapula*; shoulder-blade.
omosessuale, **A** *a., m. e f.* homosexual. **B** *a.* gay; faggy; faggoty (*pop.*). **C** *m.* nancy, pansy, fag, faggot (*pop.*).
omosessualità, *f.* homosexuality; homosex (*fam.*); faggotry (*pop.*).
omotonìa, *f.* (*mus.*) uniform tone.
omozigòsi, *f.* (*biol.*) homozygosis.
omozigòte, *m.* (*biol.*) homozygote.
omozigòtico, *a.* (*biol.*) homozygous.
omùncolo, *V.* omiciàttolo.

ònagro, **onàgro**, *m.* **1** (*zool., Equus onager*) onager*; wild-ass **2** (*mil.*) onager*.
onanismo, *m.* onanism; self-abuse.
onanista, *m. e f.* onanist.
óncia, *f.* **1** (*misura di peso*) ounce: **sei once di zucchero**, six ounces of sugar; (*abbr.*) 6 oz. sugar; **un pacchetto da tre once**, a three-ounce packet **2** (*fig.*) ounce; scrap; bit; (*minimo spazio*) inch: **Quel ragazzo non ha un'o. di giudizio**, that boy hasn't an ounce of common sense; **non cedere di un'o.**, not to yield an inch **3** (*moneta e misura di peso romana*) uncia*. ● **a o. a o.**, by ounces; by inches; little by little; gradually: **Gli manca la vita a o. a o.**, he's dying by inches □ **non avere un'o. di cervello**, to have no brains at all □ (*prov.*) **Meglio un'o. di fortuna che una libbra di sapere**, an ounce of (good) fortune is worth a pound of discretion.
onciale, **A** *a.* uncial: **scrittura o.**, uncial writing; **un manoscritto a caratteri onciali**, a manuscript written in uncial characters. **B** *f.* uncial writing.
oncogènesi, *f.* (*med.*) oncogenesis*.
oncògeno, *a.* (*med.*) oncogenic; oncogenous.
oncologìa, *f.* (*med.*) oncology.
oncològico, *a.* (*med.*) oncologic(al).
oncòlogo, *m.* (*med.*) oncologist.
oncoterapìa, *f.* (*med.*) oncotherapy.
ónda, *f.* **1** wave (*anche fig.*): **cresta dell'o.**, wave crest; **Un'o. di popolo irruppe nella piazza**, a wave of people rushed into the square; **un'o. d'entusiasmo**, a wave of enthusiasm **2** (*poet.: mare*) wave(s); sea; main **3** (*fis., radio*) wave: **onde medie (corte, lunghe)**, medium (short, long) waves; **o. portante**, carrier wave; **o. sonora**, sound-wave; **o. termica**, heat-wave; **lunghezza d'o.**, wave-length; **onde elettromagnetiche**, electromagnetic waves; **onde hertziane**, Hertzian waves; **treno d'onde**, wave train. ● **o.**

di mare morto, swell □ **o. grossa**, billow □ **o. lunga**, roller □ **o. verde**, synchronized traffic lights (*pl.*) □ **andare a onde**, to zig-zag; to reel □ (*radio*) **andare in o.**, to be broadcast; to go on the air □ **a onde**, wavy: **capelli a onde**, wavy hair □ **dare l'o. ai capelli**, to wave one's hair □ **fendere** (*o* **tagliare**) **le onde**, to breast the waves □ **essere in balia delle onde**, to be at the mercy of the waves □ (*radio*) **mettere in o.**, to broadcast.

ondàmetro, *m.* (*fis.*) wavemeter.

ondata, *f.* **1** wave (*anche fig.*): **o. di caldo**, heat-wave; **un'o. d'entusiasmo**, a wave of enthusiasm; **o. di freddo**, cold-wave; **un'o. di panico**, a wave of panic; **a ondate**, in waves **2** (*grossa onda*) billow; breaker. ● **o. di fumo**, billow (*o* gust) of smoke □ (*comm.*) **o. di ribasso**, wave of falling prices.

ondatra, *f.* (*zool.*, *Ondatra zibethica*) musk-rat (beaver); musquash.

ónde, (*lett.*) **A** *cong.* **1** (*finale: affinché*) in order that; so that; that: **Gli telefonai o. potesse raggiungerlo**, I rang him up so that he might join me **2** (*finale: per*) in order to; so as to; to: **Bisogna lavorare sodo o. raggiungere lo scopo**, we must work hard in order to gain our ends **3** (*consecutiva: perciò*) therefore; and so: **L'uomo non mi rispondeva, e. io mi rivolsi a un altro**, the man didn't answer, and so I turned to another one. **B** *avv. interr.* **1** (*di luogo*) where...from; from where; whence (*lett.*): **O. venisti?**, where did you come from? **2** (*causale*) whence; wherefore; why: **O. avviene che...?**, whence comes it that...?; **O. viene tutta questa confusione?**, whence all this confusion? **C** *avv.* **1** (*di luogo*) from where; where...from; whence (*lett.*): **Niun sa o. ella venisse**, no one knows whence she came **2** (*di mezzo*) whereby: **Escogitò un piano o. potesse fuggire**, he devised a plan whereby he might escape. **D** *pron. relat.* from which; with which; by which: **un prezioso metallo o. si fanno gioielli**, a precious metal from which jewellery is made; **le vesti o. era coperta**, the clothes with which she was covered; **i mali o. egli è afflitto**, the evils by which he is beset.

ondeggiaménto, *m.* **1** (*di barche e sim.*) rocking; rolling **2** (*oscillamento*) waving; (*di bandiere, ecc.*) fluttering; (*di fiamma*) flickering; (*di capelli*) blowing **3** (*fig.: esitazione*) wavering; hesitation.

ondeggiante, *a.* **1** rocking; rolling **2** (*oscillante*) waving; (*di bandiere*) fluttering; (*di fiamma*) flickering; (*di capelli*) blowing **3** (*fig.: esitante*) wavering; hesitating.

ondeggiare, *v. i.* **1** (*di barche e sim.*) to rock; to roll: **La navicella ondeggiava dolcemente**, the boat was gently rocking **2** (*lett.: di acqua*) to ripple: **La superficie del lago ondeggiava al vento**, the surface of the lake was rippling in the wind **3** (*fluttuare, oscillare*) to wave; to waver; to undulate; to sway; (*di panni, bandiere, ecc.*) to flutter; (*di fiamma*) to flicker; (*di capelli*) to blow*: **Le bandiere (i rami, i campi di grano, ecc.) ondeggiavano al vento**, the flags (the branches, the fields of corn, etc.) were waving in the wind; **ombre (fiamme) ondeggianti**, flickering shadows (flames); **La linea dei soldati ondeggiò e poi si ruppe**, the line of troops wavered and then broke; **Le tende ondeggiano alla brezza**, the curtains are fluttering in the breeze; **La fiamma ondeggiò e si spense**, the flame flickered (*o* wavered) and went out; **I suoi capelli ondeggiavano al vento**, her hair was blowing in the wind **4** (*fig.: esitare, titubare*) to waver; to hesitate; to dither: **o. fra due soluzioni**, to waver between two solutions. ● **camminare ondeggiando**, to sway □ **Il vento faceva o. i rami degli alberi**, the wind was shaking the branches of the trees; the branches of the trees swayed in the wind.

ondina, *f.* **1** (*mitol.*) undine; nixie **2** (*fig.*) good swimmer.

ondivago, *a.* (*lett.*) sea-roving.

ondosità, *f.* waviness; undulation.

ondóso, *a.* **1** (*pieno di onde, mosso dalle onde*) wavy; billowy: **il mare o.**, the wavy sea **2** (*pertinente alle onde*) wave (*attr.*): **moto o.**, wave motion **3** (*ondeggiante*) undulating; (*ondulato*) wavy.

ondulante, *a.* undulant. ● (*med.*) **febbre o.**, undulant fever; Malta fever.

ondulare, A *v. i.* to undulate; to wave (gently); to ripple. **B** *v. t.* to wave: **Si farà o. i capelli**, she will have her hair waved.

ondulato, *a.* **1** undulated; undulatory; wavy; wave-like: **terreno o.**, undulatory (*o* undulating) ground; **capelli ondulati**, wavy hair **2** (*di lamiera, cartone*) corrugated.

ondulatóre, *m.* **1** (*operaio lamierista*) corrugator **2** (*elettr.*) inverter.

ondulatòrio, *a.* undulatory; wave-like: **un terremoto o.**, an undulatory earthquake; **un movimento o.**, an undulatory movement; an undulation.

ondulazióne, *f.* **1** (*moto ondulatorio*) undulation; wave-like motion; (*fis.*) ripple: **l'o. dell'aria**, the undulation of the air **2** (*disposizione a onde*) undulation; waving: **le ondulazioni del terreno**, the undulations of the ground **3** (*dei capelli*) wave: **o. permanente**, permanent (wave) (*abbr.* perm.).

ondurègno, *a., m. e f.* Honduran.

onerare, *v. t.* to burden; to load.

onerario, *a.* − **nave oneraria**, cargo ship.

ònere, *m.* **1** (*peso, carico*) burden; load; charge: **un o. gravoso**, a heavy load (*o* burden); **oneri obbligatori**, compulsory charges **2** (*responsabilità*) responsibility: **addossarsi un o.**, to shoulder (*o* to take upon oneself) a responsibility; **Gli onori sono oneri**, honour brings responsibility **3** (*leg.*) onus (*solo sing.*); burden; (*obbligo*) obligation: **l'o. della prova**, onus probandi; the burden of proof. ● **oneri previdenziali**, welfare contributions □ **oneri salariali**, labour costs □ **o. tributario**, fiscal drag.

onerosità, *f.* onerousness; burdensomeness.

oneróso, *a.* onerous; burdensome; (*pesante*) heavy, hard: **un contratto o.**, an onerous contract; **condizioni onerose**, hard terms. ● **a titolo o.**, for a valuable (*o* a money) consideration.

onestà, *f.* **1** (*integrità, rettitudine*) honesty; integrity; probity; uprightness: **un uomo di specchiata o.**, a man of unblemished honesty (*o* integrity); **l'o. della sua vita**, the probity of his life; **o. pubblica**, uprightness in public life **2** (*castità, pudore*) chastity; virtue; modesty: **l'o. (dei costumi) delle donne di Firenze**, the chastity of Florentine women; **o. di fanciulla**, maidenly modesty; **donna di dubbia o.**, woman of doubtful virtue **3** (*decenza, decoro*) decency; decorum; propriety: **comportarsi con o.**, to behave with decorum; **offesa all'o.**, offence against decency; breach of propriety. ● **o. commerciale**, honourable dealing.

onestaménte, *avv.* honestly; uprightly; uprighteously; honourably.

onèsto, A *a.* **1** (*integro, retto*) honest; honourable; upright; straightforward; (*franco*) frank; (*giusto*) just; (*equo*) fair: **un uomo o.**, an honest (*o* an upright) man; **propositi onesti**, honest (*o* honourable) intentions; **un viso o.**, an honest face; **un lavoro o.**, an honest piece of work; **guadagno o.**, honest profits; **peso o.**, honest weight; **una spiegazione onesta**, a straightforward (*o* frank) explanation; **o. orgoglio**, just pride; **gioco o.**, fair play; **un giudice o.**, a fair judge; **prezzo o.**, fair price; **morte onesta**, honourable death **2** (*casto, pudico*) honest; chaste; virtuous; modest: **una moglie onesta**, an honest (*o* a virtuous) wife; **comportamento o.** (*di una donna*), honest (*o* modest) behaviour **3** (*decente, discreto*) decent: **piacere o.**, decent (*o* honest) pleasure; **un libro o.**, a decent book; **linguaggio o.**, decent language; **a un'ora onesta**, at a decent hour. **B** *m.* what is honest (*o* just, fair, etc.); honour; honourableness: **contentarsi dell'o.**, to be contented with what is fair (*o* just); **nei limiti dell'o.**, within the bounds of honourableness. ● **gli onesti**, honest people; (*pl. collett.*) (the) honest □ **nei limiti dell'o.** (*del decoro*), within the bounds of decency.

onfalite, *f.* (*med.*) omphalitis*.

ònfalo, *m.* (*anat.*) umbilicus*; navel.

onfalocèle, *m.* (*med.*) omphalocele; umbilical hernia.

ònice, *f.* (*miner.*) onyx.

onicofagia, *f.* onychophagy; nail-biting.

onicòsi, *f.* (*med.*) onychosis*.

onirico, *a.* (*scient.*) oneiric.

onirismo, *m.* (*scient.*) oneirism.

onirologìa, *f.* (*scient.*) oneirology.

oniromanzìa, *f.* (*scient.*) oneiromancy.

onisco, *m.* (*zool., Oniscus asellus*) wood-louse*; sow-bug.

onnicomprensivo, *V.* omnicomprensivo.

onnipossènte, (*lett.*) *V.* onnipotènte.

onnipotènte, A *a.* omnipotent; almighty; all-powerful: **Dio solo è o.**, only God is omnipotent; **Si crede o.**, he thinks he is omnipotent; **Dio o.**, the Almighty God. **B** *m.* (*Dio*) (the) Almighty.

onnipotènza, *f.* omnipotence; almightiness: **l'infinita o. di Dio**, the infinite omnipotence of God.

onnipresènte, *a.* omnipresent; ubiquitous. ● **Ma quello lì è o.!** that fellow turns up everywhere!

onnipresènza, *f.* omnipresence; ubiquity.

onnisciènte, *a.* omniscient; all-knowing: **Nessuno è o.**, no man is omniscient; you can't know everything; **l'o. Dio**, the omniscient God. ● **l'O.**, the Omniscient.

onnisciènza, *f.* omniscience; omniscincy.

onniveggènte, *a.* all-seeing: **l'o. sole**, the all-seeing sun.

onniveggènza, *f.* all-seeingness.

onnivoro, *a.* omnivorous: **L'uomo è o.**, man is omnivorous.

onomasiologìa, *f.* (*linguistica*) onomasiology.

onomasiològico, *a.* (*linguistica*) onomasiologic(al).

onomàstica, *f.* onomastics (*pl., col verbo al sing.*); onomatology.

onomàstico, A *m.* name-day; saint's day; fête day: **Domani ricorrerà l'o. di Giorgio**, tomorrow will be George's name-day. **B** *as. onomastic.* ● **lessico o.**, onomasticon.

onomatopèa, *f.* (*linguistica*) onomatopoeia; onomatopoësis.

onomatopèico, *a.* (*linguistica*) onomatopoeic(al); onomatopoetic: **una parola onomatopeica**, an onomatopoeic word; an onomatop(e)

onoràbile, *a.* honourable; honorable (*USA*): **un uomo o.,** an honourable man.

onorabilità, *f.* honourableness; honorableness (*USA*); (*buon nome*) reputation: **mettere in dubbio l'o. di q.,** to call in question sb.'s reputation.

onorando, *a.* (*lett.*) honourable; honorable (*USA*).

onoranza, *f.* (*generalm. al pl.*) honour; honor (*USA*): **onoranze militari,** military honours; **le onoranze funebri,** the last (*o* funeral) honours; **tributare solenni onoranze a q.,** to bestow (*o* to confer) solemn honours upon sb.

onorare, A *v. t.* **1** to honour; to honor (*USA*); to hold* in honour; (*rispettare*) to respect: **Onora il padre e la madre,** honour thy father and mother **2** (*conferire onore a*) to honour; to do* honour (*o* credit) to; to bestow (*o* to confer) honour upon; (*dare lustro a*) to be an honour to: **La sua diligenza lo onora,** his industry does him credit; **o. la propria famiglia** (**la propria scuola, il proprio paese**), to be an honour to one's family (one's school, one's country); **o. q. di q.c.,** to honour sb. with st.: **Egli mi onora della sua amicizia,** he honours me with his friendship; **I have the honour of his friendship; Egli ha voluto onorarmi d'una sua visita,** he did me the honour of a visit **3** (*comm.*) to honour; to meet*: **o. una cambiale,** to honour a bill of exchange ● **o. i propri obblighi,** to fulfil one's obligations.

onorarsi, B *v. rifl.* to feel* (*o* to be) highly honoured; to be proud: **o. dell'amicizia di q.,** to be proud of sb.'s friendship; **Mi onoro di chiamarlo amico,** I am proud to call him my friend.

onoràrio (1), *a.* **1** honorary: **un presidente o.,** an honorary president; **un socio o.,** an honorary member **2** (*non effettivo*) titular; honorary: **carica onoraria,** titular office.

onoràrio (2), *m.* fee; honorarium*: **l'o. del medico,** the doctor's fee; **o. versato in anticipo a un avvocato,** retaining-fee; retainer.

onoratamente, *avv.* honourably; honorably (*USA*); in an honourable manner; with honour. ● **vivere o.,** to live an honourable life.

onoratézza, *f.* honourableness; honour.

onorato, *a.* **1** honoured; honored (*USA*); (*onorevole*) honourable: **di umile, ma onorata famiglia,** of a poor, but honoured family; **stimarsi altamente o.,** to feel highly honoured **2** (*onesto*) honest: **È un uomo o.,** he's an honest man; **l'onorata Società** (**la Mafia**), the Mafia; **povertà onorata,** dignified poverty.

onóre, *m.* **1** honour; honor (*USA*): **un uomo d'o.,** a man of honour; an honourable man; **un debito d'o.,** a debt of honour; **parola** (**punto, questione**) **d'o.,** word (point, question) of honour; **dare la propria parola d'o.,** to give one's word of honour **2** (*gloria, vanto*) honour, glory; (*distinzione*) credit, distinction: **l'o. della vittoria,** the honour (*o* glory) of victory; **Questi sentimenti ti fanno o.,** these feelings do you credit; **Quel figlio era l'o. della famiglia,** that son was an honour to (*o* the pride of) his family; **avere l'o. di fare q.c.,** to have the honour of doing (*o* to do) st.; **fare a q. l'o. di,** to do sb. the honour of **3** (*atto di omaggio*) honour; homage; ceremony: **onori funebri** (**militari, ecc.**), funeral (military, etc.) honours; **Fu ricevuto con tutti gli onori,** he was received with full honours; **fare** (*o* **rendere**) **o. a un sovrano,** to pay homage to a sovereign; **in o. di q.,** in sb.'s honour; **fare gli onori di casa,** to do the honours of the house **4** (*castità*) honour; chastity: **insidiare l'o. di una donna,** to assail a woman's honour **5** (*ufficio, dignità*) office; dignity: **ricusare gli onori,** to refuse to take office **6** (*pl.: onorificenze*) honours: **la lista degli onori,** the Honours List **7** (*pl., bridge*) honours. ● (*scherz.*) **l'o. del mento,** the beard □ **a o. del vero,** to tell the truth; truth to tell □ (*leg.*) **causa d'o.,** motive of honour □ **dama d'o.,** lady-in-waiting □ **damigella d'o.,** maid of honour □ **delitto d'o.,** crime of passion ● **fare o. a un pasto,** to do (ample) justice to a meal □ **fare o. alla propria firma,** to honour one's signature □ **fare o. ai propri impegni,** to meet one's obligations □ **farsi o.,** to distinguish oneself □ **farsi o. in q.c.,** to excel in st. □ **impegnarsi** (*o* **garantire**) **sul proprio o.,** to give one's word of honour □ **partita d'o.** (*duello*) affair of honour; duel □ **posto d'o.,** place of honour □ **rendere gli onori,** to do the honours □ **salire sugli onori degli altari,** to be raised to the altars □ **scorta d'o.,** guard of honour □ **una serata d'o.,** a gala evening □ (*prov.*) **Bandiera vecchia o. di capitano,** an old ensign is a captain's honour.

onorévole, A *a.* **1** (*degno di onore, che fa onore*) honourable; honorable (*USA*): **È uomo o.,** he is an honourable man; **imprese onorevoli,** honourable deeds; **una sepoltura o.,** an honourable burial; **concludere una pace o.,** to conclude an honourable peace **2** (*titolo di deputato*) Honourable. **B** *m. e f.* (*parlamentare*) Honourable Member; Member of Parliament (*abbr.: M.P.*).

onorevolézza, *f.* honourableness; honorableness (*USA*).

onorevolménte, *avv.* honourably; with honour.

onorificènza, *f.* (sign of) honour; dignity: **conferire un'o. a q.,** to confer an honour upon sb.

onorìfico, *a.* honorific; of honour; honorary: **una carica onorifica,** an honorary appointment; **un titolo o.,** an honorary title. ● **menzione onorifica,** honourable mention.

ónta, *f.* **1** (*vergogna, disonore*) shame; dishonour (*USA*); disgrace; ignominy; infamy: **arrecare o. alla propria famiglia,** to bring shame upon one's family; to disgrace (*o* to dishonour) one's family; **vivere nell'o.,** to live in dishonour **2** (*ingiuria, offesa*) injury; insult; offence; outrage: **cancellare un'o. col sangue,** to wipe out an insult with blood. ● **ad o. di,** in spite of; notwithstanding: **ad o. del tempo cattivo,** in spite of the bad weather □ **fare un'o. alla dignità di q.,** to injure (*o* to impair) sb.'s reputation □ **fare q.c. in o. a q.,** to do st. to give offence to sb.

ontanéta, *f.* **ontanéto,** *m.* alder-wood; alder-carr.

ontano, *m.* (*bot., Alnus glutinosa*) alder. ● **di o.,** of alder; aldern.

ontogènesi, *f.* (*biol.*) ontogenesis; ontogeny.

ontogenètico, *a.* (*biol.*) ontogenetic.

ontologìa, *f.* (*filos.*) ontology.

ontològico, *a.* (*filos.*) ontologic(al): **la prova ontologica dell'esistenza di Dio,** the ontological proof for the existence of God.

ontologismo, *m.* (*filos.*) ontologism.

ontologista, *m. e f.* (*filos.*) ontologist.

onusto, *a.* (*lett.*) laden; burdened: **o. d'anni,** burdened with years. ● **o. di allori,** wreathed with laurel □ **o. di gloria,** covered with glory.

ooblasto, *m.* (*biol.*) ooblast.

oocita, *f.* (*biol.*) oocyte.

oogènesi, *f.* (*biol.*) oogenesis*.

oogònio, *m.* (*bot.*) oogonium.

oolite, *f.* (*miner., geol.*) oolite; roestone.

oolìtico, *a.* (*miner., geol.*) oolitic: **struttura oolitica,** oolitic structure.

oosfèra, *f.* (*bot.*) oosphere.

oospòra, *f.* (*bot.*) oospore.

opache (*franc.*), *m.* **1** Apache **2** (*teppista parigino*) hooligan, ruffian.

opacità, *f.* **1** opacity; opaqueness **2** (*fig.*) dullness.

opacizzare, *v. t.* **opacizzarsi,** *v. rifl.* to opacify.

opacizzazióne, *f.* opacification.

opaco, *a.* **1** (*che non lascia passare la luce*) opaque: **corpi opachi,** opaque bodies; **vetro o.,** opaque glass; ground glass **2** (*fig.*) dull; muffled; veiled: **suoni opachi,** muffled sounds **3** (*senza lucentezza*) dull; lustreless; mat: **colori opachi,** dull colours; **carta patinata opaca,** mat paper. ● **rendere o.,** to dull; (*smerigliare*) to mat.

opale, *m.* (*miner.*) opal: **l'o. comune,** the common opal; **l'o. nobile,** the noble (*o* precious) opal; **l'o. di fuoco,** the fire (*o* sun) opal.

opalescènte, *a.* opalescent; opalesque.

opalescènza, *f.* opalescence.

opalina, *f.* **1** (*vetro opalescente*) opaline; opal-glass; milk-glass **2** (*cartoncino lucido*) opalescent-finished paper.

opalino, *a.* opaline; opal (*attr.*): **azzurro o.,** opal blue.

opalizzare, *v. t.* (*tecn.*) to opalize.

opalizzazióne, *f.* (*tecn.*) opalization.

op-art (*ingl.*), *f.* (*pitt.*) op-art.

òpera, *f.* **1** (*attività, azione, lavoro*) work; action; deed: **È stata o. di un suo nemico,** that was the work of an enemy of his; **mettersi all'o.,** to get down to work; to go (*o* to set) about one's work; to take action; **accingersi all'o.,** to be going to get down to work; **continuare l'o.,** to carry on one's work; **compiere l'o.,** to complete one's work; **essere all'o.,** to be at work (on st.); **Mi piacerebbe vederti all'o.,** I should like to see you at work (*o* at it); **All'o.!,** to work!; **fare opere buone,** to do good deeds; **fare o. utile,** to do useful work (*o* to do a useful piece of work); **un'o. buona,** a good action (*o* deed); **un'o. santa,** a virtuous action; **le opere e le parole,** words and deeds **2** (*prodotto di un'attività, di un lavoro*) work; piece of work: **opere d'arte,** works of art; **l'o. di Dio,** the works of God; **Che bell'o.!,** what a beautiful piece of work!; **Possiamo vedere nei musei le opere di scultori e orefici,** the works of sculptors and goldsmiths may be seen in museums; **opere defensive,** defensive works; **opere pubbliche,** public works; **tutte le opere di Shakespeare,** Shakespeare's complete works; **opere di bonifica,** land reclamation works **3** (*mus.*) work; opus*: **le opere di Beethoven,** the works of Beethoven; **Beethoven o. 113,** Beethoven opus (*abbr.: op.*) 113 **4** (*mus.: melodramma*) opera: **o. lirica,** opera; **o. buffa,** comic opera; **o. semiseria,** seriocomic opera; **cantante d'o.,** opera singer; **stagione dell'o.,** opera season; **teatro dell'o.,** opera-house **5** (*mezzo*) means; (*aiuto*) help; (*servigi*) services (*pl.*): **per o. di q.,** by means of sb.; through the action of sb.; thanks to sb.; **Hai bisogno della mia o.?,** do you need my help?; **valersi dell'o. di q.,** to avail oneself of sb.'s services **6** (*organizzazione, istituto, ente*) organization; institution; institute; society: **o. pia,**

charitable institution; **O. Nazionale Maternità e Infanzia**, National Institute for Mother and Child Welfare **7** (*lavoro a giornata*) day-labour; (*lavoratore a giornata*) day-labourer, workman*, hand: **lavorare a o.**, to work by the day; **Ci vogliono altre venti opere nella fattoria**, the farm needs twenty extra hands (*o* labourers) **8** (*naut.*) works (*pl.*): **o. morta**, upper works; topside; **o. viva**, quick works; bottom. ● (*edil.*) **o. d'arte** (*ponte, ecc.*), structure □ **opere dell'ingegno**, original works □ (*ind. costr.*) **opere fluviali**, river works □ **o. di muratura**, (*in pietra*) stonework; (*in mattoni*) brickwork □ **fare o. di convincimento presso q.**, to try to convince sb. □ **mano d'o.**, labour; man-power; (*lavorazione*) workmanship □ **mettere in o.**, to make (st.) ready for use; (*mettere in azione*) to set (st.) going (*o* running); (*installare*) to install (*iron.*) **per compiere l'o.**, into the bargain; to make things worse; as if this (*o* that) were not enough □ **prestare la propria o.**, to give one's hand □ (*ind. tessile*) raso a o., worked (*o* patterned) satin □ «**Non fiori ma opere di bene**», "no flowers" □ **La mia bocciatura è o. del professor Y**, it was Mr Y who failed me □ **Farei un'o. santa se lo scacciassi di casa**, of course I ought to throw him out; he well deserves to be thrown out.
operàbile, *a.* (*med.*) operable.
operabilità, *f.* **1** workability **2** (*med.*) operability.
operàia, *f.* worker; workwoman*; working-woman*.
operàio, A *m.* **1** workman*; worker; working-man*; labourer; laborer (*USA*); hand: **È un buon o.**, he is a good workman; **un o. disoccupato**, an unemployed worker; **un o. qualificato**, a skilled worker; **o. tessile** (**metallurgico**), textile (steel) worker; **case per operai**, workmen's houses; **la paga di un o.**, a worker's wages; **o. a cottimo**, piece-worker; **o. a giornata**, day-labourer; **o. specializzato** (**non specializzato**), skilled (unskilled) worker; **La fabbrica ha bisogno d'altri duecento operai**, the factory needs two hundred extra hands **2** (*addetto a una macchina*) operator; operative; tender: **un o. addetto a una macchina**, a machine-tender; **un o. addetto al cubilotto**, a cupola-tender; **operai dell'industria cotoniera**, cotton operatives. ● (*mecc.*) **o. addetto alla punzonatrice**, piercer □ **o. finitore**, finisher □ **o. formatore**, former □ **o. montatore**, fitter □ **o. sgrossatore**, rougher □ **o. tornitore**, turner; lathe worker □ **ora di o.**, man-hour. **B** *a.* **1** (*che lavora*) working; worker: **ape** (**formica**) **operaia**, worker-bee (-ant); **prete o.**, worker priest **2** (*di, per operai*) working; workman's; workmen's: **la classe operaia**, the working class; **case operaie**, workmen's houses. ● **maestranze operaie**, workers; hands □ **società operaia**, trade union.
operaìsmo, *m.* (*polit.*) labourism; laborism (*USA*).
operaìstico, *a.* (*polit.*) labouristic; laboristic (*USA*).
operando, *m.* operand.
operante, *a.* **1** operating; acting; working **2** (*efficace*) effectual; efficacious **3** (*leg.*) operative. ● **medico o.**, surgeon.
opera omnia (*locuz. lat.*), *f. invar.* opera omnia; complete works.
operare, A *v. i.* **1** (*agire*) to operate; to work; to act; to take* effect: **Parecchie cause operarono a determinare la guerra**, several causes operated to bring on war; **un esercito che opera su larga scala**, an army operating on a large scale; (*comm.*) **o. su un mercato**, to operate on a market; (*di medicina, veleno, ecc.*) **o. in fretta** (**lentamente**), to work quickly (slowly); **o. bene**, to act well **2** (*di chirurgo*) to operate. **B** *v. t.* **1** to work; to do*; to perform; to carry out: **Non posso o. miracoli**, I cannot work miracles; **Il tempo ha operato grandi mutamenti**, time has worked great changes; **o. il bene**, to do good; **o. una riforma**, to carry out a reform **2** (*med.*) to operate on: **Fui operato di appendicite**, I was operated on for appendicitis; **o. q. a caldo**, to operate on sb. in the acute stage; **o. q. a feddo**, to operate on sb. between attacks; **o. q. al fegato**, to operate on sb.'s liver **3** (*ind. tessile*) to work with a design; to diaper; to damask. ● **Devo farmi o.**, I have to undergo an operation. **operarsi, C** *v. rifl.* (*verificarsi*) to come* about; to take* place; to occur.
operatività, *f.* operativeness.
operativo, *a.* operative; operating. ● (*mil.*) **piano o.**, plan of operation.
operato, A *a.* (*ind. tessile*) diapered; (*damascato*) damask (*attr.*). **B** *m.* **1** action(s); work done **2** (*med.*) operated patient.
operatóre, A *m.* **1** (*chi opera*) operator; worker; agent **2** (*med.*) operator; operating surgeon **3** (*cinem., telev.*) cameraman*. ● (*comm.*) **o. economico**, transactor; businessman □ **o. fonico** (*o del suono*), recordist. **B** *a.* operating; operative; working.
operatòrio, *a.* operating: **una sala operatoria**, an operating-theatre; **una tavola operatoria**, an operating-table. ● (*med.*) **intervento o.**, operation.
operazionale, *a.* (*mat., elettron.*) operational.
operazióne, *f.* **1** (*anche med., mat., mil.*) operation: **le operazioni della natura**, the operations of nature; **iniziare le operazioni**, to begin operations; **un'o. chirurgica**, a surgical operation; **eseguire un'o. di appendicite**, to perform an operation for appendicitis; (*med.*) **fare un'o. a q.**, to perform an operation (up)on sb.; to operate (up)on sb.; (*med.*) **subire un'o.**, to undergo an operation; **le quattro operazioni aritmetiche**, the four arithmetic operations; (*mat.*) **fare un'o.**, to do an operation **2** (*comm.*) transaction; dealing (*generalm. al pl.*): **operazioni di banca**, banking transactions; **operazioni di Borsa**, Stock-Exchange transactions; **operazioni attive** (**passive**), lending (borrowing) transactions; **operazioni di ribasso** (**di rialzo**), bearish (bullish) transactions; **operazioni a credito**, credit transactions.
opercolato, *a.* (*bot., zool.*) operculate.
opèrcolo, *m.* (*bot., zool.*) operculum*.
operétta, *f.* (*mus.*) operetta*; light opera. ● (*fig.*) **da o.**, fairy-tale (*attr.*); fatuous.
operettìsta, *m. e f.* (*mus.*) operettist.
operettìstico, *a.* **1** (*mus.*) operetta (*attr.*) **2** (*fig.*) fairy-tale (*attr.*); fatuous.
operìsta, *m. e f.* (*mus.*) composer of operas.
operìstico, *a.* (*mus.*) opera (*attr.*).
operosaménte, *avv.* laboriously; industriously; actively. ● **vivere o.**, to live an active life.
operosità, *f.* laboriousness; industriousness; industry; activity.
operóso, *a.* laborious; industrious; active; hard-working: **gente operosa**, laborious (*o* industrious) people; **un uomo o.**, an active (*o* a hard-working, busy) man; **una vita operosa**, an active life.
opificio, *m.* workshop; works (*pl. col verbo al sing. o al pl.*); factory; plant; mill.
opimo, *a.* (*lett.*) fertile; fruitful; (*ricco*) rich: **terra opima**, fertile soil. (*stor. e fig.*) **spoglie opime**, spolia opima; honourable spoils.
opinàbile, *a.* opinable; disputable; debatable; (*pensabile*) thinkable; conceivable. ● **È o.**, it's a matter of opinion.
opinare, *v. t. e i.* to opine (*per lo più scherz.*); to deem; to think*.
opinióne, *f.* opinion; (*parere*) mind; (*idea*) notion, view: **l'o. pubblica** (**generale**), public (general) opinion; **le proprie opinioni politiche**, one's political opinions; one's views on politics; **secondo l'o. di q.**, in sb.'s opinion; **È o. comune che...**, it's a common notion that...; **avere buona o. di q.**, to have a good opinion of sb.; **avere cattiva o. di q.**, to have a poor opinion of sb.; to have no great opinion of sb.; **avere grande o. di sé**, to have a high opinion of oneself; **avere il coraggio delle proprie opinioni**, to have the courage of one's opinions; **formarsi un'o. su q. (q.c.)**, to form an opinion on sb. (st.); **essere di o. che...**, to be of (the) opinion that...; **essere o. diversa**, to hold different views; to disagree; **cambiare o.**, to change one's mind; **essere della stessa o.**, to be of a (*o* one) mind; **vacillare continuamente nelle proprie opinioni**, not to know one's own mind; to blow hot and blow cold (*fam.*). ● **godere buona o.**, to enjoy everybody's esteem □ **scadere nell'o. di q.**, to fall in sb.'s esteem.
opistòtono, *m.* (*med.*) opisthotonos.
oplà, *inter.* jump!; up you go!
oplita, oplite, *m.* (*stor. greca*) hoplite.
opopònaco, *m.* **1** (*bot., Opopanax chironium*) opopanax(-tree); Hercules' allheal (*USA*) **2** (*gommoresina*) opopanax, opoponax.
opòssum, *m.* (*zool., Didelphis virginiana*) opossum*.
opoterapìa, *f.* (*med.*) opotherapy; organotherapy; organotherapeutics (*pl. col verbo al sing.*).
oppiàceo, *a.* opiate; opium (*attr.*).
oppiare, *v. t.* to opiate.
oppiato, *a. e m.* (*farm.*) opiate.
òppio, *m.* opium (*anche fig.*): **un fumatore d'o.**, an opium-smoker; **un mangiatore d'o.**, an opium-eater.
oppiòmane, A *m. e f.* opium addict. **B** *a.* opium addicted.
oppiomanìa, *f.* (*med.*) opiomania; opium habit.
opponènte, A *a.* opponent; opposing. **B** *m. e f.* opponent; opposer; adversary. **C** *m.* (*anat.*) opponens.
opponìbile, *a.* opposable.
oppórre, A *v. t.* **1** (*contrapporre*) to oppose: **Egli oppose la sua volontà alla mia**, he opposed his will against mine; **Bisogna o. la persuasione alla forza**, one must oppose force with persuasion **2** (*obiettare*) to object: **Si può o. che...**, one can object that...; **Non ho nulla da o.**, I have nothing to object. ● (*leg.*) **o. un'eccezione**, to raise an objection □ **o. un ostacolo**, to raise an obstacle □ **o. resistenza al nemico**, to offer resistance to the enemy □ **o. un netto rifiuto**, to give a clean refusal; to refuse. **oppórsi, B** *v. rifl.* **1** to set* oneself (against); to be opposed (to): **o. a q. con tutte le proprie forze**, to oppose sb. with all one's strength; **o. a un progetto**, to oppose (*o* to set oneself against) a scheme; **o. al comunismo**, to oppose (*o* to withstand) Communism **2** (*fare obiezioni*) to object: **Mi oppongo a tutto questo chiasso**, I object to all this noise; **Mi oppongo**, I object; **Nessuno si oppone?**, does anybody object?;

opportunaménte

any objections?; **Non mi oppongo affatto**, I don't object at all.
opportunaménte, *avv.* opportunely; in proper time; at the right moment.
opportunismo, *m.* opportunism; time-serving.
opportunista, *m. e f.* opportunist; time-server.
opportunistico, *a.* opportunistic; opportunist *(attr.).*
opportunità, *f.* **1** opportuneness; timeliness; expediency: **l'o. del tempo (del luogo)**, the opportuneness of the time (of the place) **2** *(circostanza opportuna)* opportunity; *(occasione)* occasion, chance: **cogliere l'o. del momento**, to seize the opportunity; to strike while the iron is hot *(fam.)*; **lasciarsi sfuggire l'o.**, to let the opportunity slip; **trovare (perdere) l'o. di fare q.c.**, to find (to miss) the opportunity to do st.; **non avere l'o. di fare q.c.**, to have no opportunity for doing *(o* to do*)* st.; **Mi manca l'o. di vederlo**, I have no opportunity to see him. ● **politica di o.**, opportunism; time-serving.
opportuno, *a.* opportune; well-timed; timely; expedient; *(adatto)* suitable, fit, appropriate; *(conveniente)* convenient; *(giusto)* right, proper: **Il tempo e il luogo non sono opportuni**, the time and place are not convenient; **il luogo più o.**, the most opportune place; **un'osservazione opportuna**, an opportune *(o* well-timed*)* remark; **uno scherzo o.**, a timely joke; **ritenere o. di...**, to think it convenient *(o* better*)* to...; **a tempo o.**, at the right time; when the time comes; opportunely; **in un momento quanto mai o.**, at a most opportune moment; (just) in the nick of time *(fam.).*
oppositóre, *m.* opposer; opponent.
opposizióne, *f.* **1** *(l'opporre, l'opporsi)* opposition; *(resistenza)* resistance: **vincere l'o. del nemico**, to break down the enemy's resistance; **vincere ogni o.**, to overcome all resistance **2** *(contraddizione)* opposition; contradiction: **l'evidente o. di due affermazioni**, the manifest contradiction between two statements **3** *(obiezione)* objection: **Le tue opposizioni sono infondate**, your objections are groundless; **muovere o.**, to raise an objection *(o* objections*)*; to object; **rispondere a tutte le opposizioni**, to meet all objections **4** *(polit.)* Opposition: **il partito d'o.**, the Opposition party; **un deputato d'o.**, a Member of the Opposition; an Oppositionist; **un giornale d'o.**, an Opposition newspaper; **passare all'o.**, to pass over to the Opposition **5** *(astron., fis.)* opposition: **l'o. della luna col sole**, the opposition of the moon to the sun; *(fis.)* **o. di fase**, phase opposition; antiphase **6** *(leg.)* opposition; challenge. ● *(leg.)* **o. di terzo**, third party's appeal □ **fare o. a q.c.**, to object to st.
oppósto, A *a.* opposite; *(contrapposto)* opposed; *(contrario)* contrary; *(inverso)* reverse: **il lato o.**, the opposite side; **opposti fra loro**, mutually opposed; **diametralmente o.**, diametrically opposed; **in direzioni opposte**, in opposite directions; **guardare dalla parte opposta**, to look the contrary way. **B** *m.* opposite; contrary; reverse: **Gli opposti hanno qualche caratteristica in comune**, opposites have some qualities in common; **Pensavo proprio l'o.**, I thought quite the contrary; **l'o. di buono**, the opposite *(o* reverse*)* of good. ● **all'o.**, on the contrary □ **all'o. di quanto pensavo**, contrary to what I thought □ **l'uno o. all'altro**, facing each other.
oppressióne, *f.* **1** *(atto, effetto dell'opprimere)* oppression: **l'o. dei Turchi**, the oppression of the Turks; **le vittime dell'o.**, the victims of oppression **2** *(fig.: senso di prostrazione)* oppression; depression. ● **o. di respiro**, difficulty in breathing □ **sentire come un'o.**, to have a feeling of oppression □ **Sento un'o. di stomaco**, there's something lying heavy on my stomach □ **Questo tempo piovoso mi dà un senso d'o.**, this rainy weather depresses me *(o* makes me feel depressed*)* □ **Che o.!**, how tiresome all this is! □ **Tutto questo mi dà o.**, all this makes me feel depressed.
oppressivo, *a.* oppressive: **leggi oppressive**, oppressive laws; **un caldo o.**, oppressive heat.
oppròsso, A *a.* **1** oppressed: **un popolo o.**, an oppressed people; **o. da tirannia**, oppressed by tyranny; **o. dal caldo**, oppressed with the heat; **sentirsi o.**, to feel oppressed **2** *(sopraffatto)* weighed down; crushed down; overwhelmed; overcome; overpowered: **o. dalle tasse gravose**, weighed down by a heavy taxation; **o. dal dolore**, overwhelmed *(o* weighed down*)* with grief. ● **o. dalla fatica**, overwrought with toil □ **o. dal lavoro**, weary with work □ **o. dal sonno**, heavy with sleep □ **respiro o.**, laboured breathing. **B** *m.* victim of oppression; *(pl. collett.)* (the) oppressed.
oppressóre, A *m.* oppressor; tyrant: **un o. del popolo**, an oppressor of the people. **B** *a.* oppressive.
opprimènte, *a.* **1** oppressive *(specialm. fig.)*: **un dolore o.**, oppressive grief; **overwhelming sorrow**; **un caldo o.**, oppressive heat; **un afoso, o. pomeriggio**, an oppressive, sultry afternoon **2** *(deprimente)* depressing: **notizie opprimenti**, depressing news; **heavy tidings 3** *(che stanca)* tiresome; burdensome: **una compagnia o.**, a tiresome company; **un lavoro o.**, a tiresome piece of work.

opprìmere, *v. t.* **1** *(tiranneggiare)* to oppress; to tyrannize over: **o. un popolo**, to oppress a people; **o. i deboli**, to oppress the weak **2** *(gravare su)* to oppress; to weigh (up)on; to lie* heavy on; *(sopraffare)* to weigh down, to crush (down), to overwhelm: **o. la mente**, to weigh (up)on one's mind; **cibo che opprime lo stomaco**, food that lies (heavy) on the stomach **3** *(deprimere)* to oppress; to depress: **o. lo spirito**, to oppress one's spirits; **Il tempo piovoso mi opprime sempre**, rainy weather always depresses me *(o* makes me feel depressed*)*. ● **o. q. di lavoro**, to load sb. down with work; to overwork sb.
oppugnàbile, *a.* **1** *(di fortezza, ecc.)* assailable **2** *(confutabile)* confutable; refutable.
oppugnare, *v. t.* **1** *(assalire)* to assail; to attack **2** *(confutare)* to confute; to refute; *(impugnare)* to impugn: **o. un'opinione**, to confute an opinion.
oppugnatóre, *m.* **1** assailant **2** *(chi confuta)* confuter; *(avversario)* opposer, opponent.
oppugnazióne, *f. (confutazione)* confutation; refutation; *(impugnazione)* impugnation.
oppure, *cong.* **1** *(o invece)* or: **Vuoi questo o. quell'altro?**, do you want this one or the other one? **2** *(altrimenti)* otherwise; or else.
òpra, oprare, *V.* **òpera, operare.**
opsonine, *f. pl. (biol.)* opsonins.
optare, *v. i.* to opt (for, between); to decide (for).
optimum *(lat.), f.* **m.** optimum: **o. produttivo**, production optimum.
optional *(ingl.),* **A** *a.* optional. **B** *m.* optional extra.
optogramma, *m. (med.)* optogram.
optometria, *f. (med.)* optometry.
optometrista, *m. e f. (med.)* optometrist.
optòmetro, *m. (med.)* optometer.
opulènto, *a.* **1** *(lett.)* opulent; *(ricco)* rich, wealthy: **una città opulenta**, an opulent city **2** *(fig.: rif. a donna)* buxom; shapely; curvaceous *(scherz.)*. ● **società opulenta**, affluent society.
opulènza, *f.* **1** *(lett.)* opulence; *(ricchezza)* wealth: **vivere nell'o.**, to be rolling in wealth **2** *(fig.: rif. a donna)* buxomness; curvaceousness *(scherz.)*.
opùnzia, *f. (bot., Opuntia)* prickly pear; opuntia.
opùscolo, *m.* **1** pamphlet; brochure **2** *(libretto)* booklet. ● **o. pieghevole**, folder.
opzionale, *a.* optional.
opzióne, *f.* **1** *(l'optare; diritto di scelta)* option; *(scelta)* choice **2** *(comm., fin.)* option: **o. d'acquisto**, call (option); **o. di vendita**, put (option); **o. doppia**, double option; put and call; spread; **pagare il premio di o.**, to pay down the option-money. ● *(comm., fin.)* **diritto d'o.**, pre-emptive right.
òr, *V.* **óra (2).**

óra (1), *f.* **1** *(unità di tempo)* hour: **un'ora e mezza**, an hour and a half; **ore di scuola (di ufficio)**, school (office) hours; **una gita di tre ore**, a three hours' trip; **un'ora di lezione**, an hour's lesson; **le ore piccole** *(del mattino)*, the small hours; **all'ora** *(o* **a ore)**, by the hour: **noleggiare una bicicletta a ore**, to hire a bicycle by the hour; **le ore più felici della mia vita**, the happiest hours of my life; **Quest'orologio batte le ore e le mezz'ore**, this clock strikes the hours and half-hours; **L'ora è suonata**, the hour has struck; **Vieni di buon'ora**, come at an early hour; come early; **nell'ora del pericolo**, in the hour of danger; **problemi dell'ora**, questions of the hour; **È uno che non ha ore**, he doesn't keep regular hours; *(relig.)* **ore canoniche**, canonical hours; **Era un'ora di notte**, it was an hour after sunset; *(radio, telev.)* **l'ora dei piccoli**, children's hour; **Sarò di ritorno fra due ore**, I'll be back in two hours' time; **Leggevo da due ore**, I had been reading for two hours; **Mi fermai lì per un'ora buona**, I stopped there for a full *(o* good*)* hour; **nelle ore di punta**, in peak *(o* rush*)* hours; *(mil. e fig.)* **ora zero**, zero hour **2** *(nel computo del tempo)* time *(o* idiom.*)*: **ora astronomica**, sideral time; **ora estiva** *(o* legale*)*, summer *(o* daylight-saving*)* time; **ora locale**, local time; **ora media di Greenwich**, Greenwich mean time; **ora ufficiale**, standard time; **Che ora è** *(o* **che ore sono)?**, what time is it?; **Sono le ore una**, it is one o'clock; **Che ora fai?**, what time do you make it?; **Sai l'ora giusta?**, do you know the right time?; **Sono le (ore) sei e mezzo**, it is half past six; **Sono le (ore) sei e tre quarti**, it is a quarter to seven; **Il treno parte alle (ore) dieci in punto**, the train leaves at ten sharp; **Il bambino ha imparato a leggere le ore**, the boy has learnt to tell the time **3** *(tempo)* time; *(momento)* moment; *(minuto)* minute: **l'ora di accendere le luci**, lighting-up time; **ora di chiusura**, closing-time; **ora dei pasti**, meal-time; **ora dell'alta (della bassa) marea**, time of high (of low) tide: **Era l'ora dell'alta marea**, the tide was at high water; **ora di bordo**, ship's time; **l'ora della colazione (del pranzo, del tè)**, lunch (dinner, tea) time; **a una cert'ora**, at a certain moment; **ore rubate**, odd moments (of leisure); **È ora di andare**, it's time to go; **Sarebbe ora che me ne andassi**, it's (high) time I left; **Puoi venire a tutte le ore**, you may come at any time; **all'ora fissata (solita)**, at the appointed (usual) time; (*fig.*) **Attendo la mia ora**, I am biding my time; **La mia ora s'avvicina**, my time is drawing near; **Morì prima della sua ora**, he died before his time; **Viene sempre fuori ora**, he never comes at the right time; **Non ho mai un'ora di pace**, I never have a minute's rest. ● **ora di andare a letto**, bed-time □ **un'ora di automobile**, an hour's drive □ **ora di operaio**, manhour □ **un'ora d'orologio**, a whole hour □ **ore straordinarie** (*di lavoro*), overtime □ (*fig.*) **andare a ore**, to be changeable: **Quella ragazza va a ore**, that girl is changeable like the weather □ **a quest'ora**, by this time; (*ormai*) by now □ **a tarda ora**, late □ **da un'ora all'altra**, (*fra poco*) soon; (*improvvisamente*) suddenly □ **di buon'ora**, early □ **di ora in ora**, hourly □ **domestica a ore**, part-time domestic help; charwoman □ **fare le ore piccole**, to stay up very late □ **in ogni ora della giornata**, at any hour of the day; at any time of day □ **la lancetta delle ore**, the hour-hand □ (*relig.*) **il libro d'ore**, the Book of Hours □ **non vedere l'ora di fare q.c.**, to look forward to doing st. □ **notizie dell'ultima ora**, the latest news □ **passare un brutto quarto d'ora**, to have a bad quarter of an hour □ **le prime ore del giorno**, early morning □ **Alla buon'ora!**, at last! □ **Leggo per fare l'ora del pranzo**, I'm reading to while away the time till dinner □ (*scherz.*) **È l'ora canonica**, it's meal-time □ (*prov.*) **Le ore del mattino hanno l'oro in bocca**, the morning hour has gold in its mouth.

óra (2), A *avv.* **1** (*in questo momento*) now; at present: **Dobbiamo partire ora**, we must leave now; **Che fai ora?**, what are you doing now; **Fallo ora**, do it now; **Ora ho da fare**, I'm busy just now; **ora come ora**, just now; at present; for the time being; **ora o mai**, now or never; **ora più che mai**, now more than ever; **d'ora in avanti** (*o in poi*), from now on (*o* onwards); **per ora**, for now; for the present; for the time being; **proprio ora**, just now; at this very moment **2** (*poco fa*) just: **Sono arrivati ora**, they've just arrived; **L'ho visto ora**, I've just seen him **3** (*fra poco*) now; presently; in a moment; in a minute: **Ora vedremo quel che succede**, now we shall see what happens; **Ora vengo**, I'm coming presently; coming! (*fam.*); **Ora torna**, he'll be back in a minute. ● **ora... ora**, now... now; now... then: **ora qui, ora là**, now here, now there □ **ora è**, just now; a moment ago: **L'ho visto or ora**, I saw him just now □ **or è un anno**, a year ago; for a year: **Or è un anno che l'incontrai**, I met him a year ago; **Or è un anno che non lo vedo**, I haven't seen him for a year □ **or sono**, ago: **due anni or sono**, two years ago □ **fin** (*o sin*) **d'ora**, now: **Te lo dico sin d'ora**, I tell you that now □ **prima d'ora**, before: **Non sono mai stato qui prima d'ora**, I've never been here before. **B** *cong.* now: **Ora avvenne che...**, now it happened that...; **Ora, ascoltami!**, now, listen to me!; **Ora che ti sei ristabilito puoi tornare a scuola**, now that you are well again, you can go back to school. ● **ora dunque**, now then □ **or via**, now, now: **Or via, smettila!**, now, now, stop it!

oracoleggiare, *v. i.* (*iron.*) to talk like an oracle.

oracolistico, *a.* oracular.

oràcolo, *m.* oracle (*anche fig.*): **l'o. delfico**, the Delphic oracle; **i responsi dell'o.**, the responses of the oracle; **consultare l'o.**, to consult the oracle; (*iron.*) **parlare come un o.**, to talk like an oracle.

òrafo, A *a.* of a goldsmith: **l'arte orafa**, the goldsmith's art (*o* craft); goldsmith(e)ry. **B** *m.* goldsmith.

orale, A *a.* **1** oral; verbal: **tradizione o.**, oral tradition: **un esame o.**, an oral examination; an oral (*fam.*); **una comunicazione o.**, a verbal communication **2** (*anat.*) oral: **la cavità o.**, the oral cavity. ● **per via o.**, by mouth. **B** *m.* oral (examination).

oralità, *f.* oral (*o* verbal) character.

oralmente, *avv.* orally; by word of mouth.

oramài, *avv.* **1** by now; by this time; (*adesso*) now; (*a questo punto*) at this point; (*rif. al passato*) by then, by that time: **Il ragazzo dovrebbe essere qui o.**, the boy should be here by now; **O. è tempo di concludere**, it's now time to conclude; **Capisco o.**, now I understand; **O. non posso più dire niente**, at this point I can't add a single word; **O. era tardi**, by then it was late **2** (*quasi*) almost; nearly: **O. siamo arrivati**, we're nearly there now.

Orangismo, *m.* (*stor.*) Orangism, Orangeism.

Orangista, *m.* (*stor.*) Orangeman*.

orango, orangutàn(o), *m.* (*zool.*, *Pongo pygmaeus*) orang-outang, orang-utan; pongo.

orante, (*lett.*) **A** *a.* praying. **B** *m. e f.* prayer.

orare, *v. t. e i.* (*lett.*) to pray.

oràrio, A *a.* **1** (*rif. a velocità*) hourly; per hour: **velocità oraria**, speed per hour; **alla media oraria di trenta chilometri**, at an average speed of thirty kilometres per hour **2** (*rif. al tempo*) time (*attr.*): **i fusi orari**, the time zones; **il segnale o.**, the time-signal. ● **in senso o.**, clockwise; in a clockwise direction. **B** *m.* **1** (*tabella oraria*) time-table; schedule: **o. delle ferrovie**, railway time-table; train schedule; **o. delle lezioni**, school time-table; se-condo l'o., (according) to schedule **2** (*tempo assegnato per fare q.c.*) time; hours (*pl.*): **È passato l'o.**, time is up; **o. d'apertura di un museo**, visiting hours; **o. di banca**, banking hours; **o. d'ufficio**, office hours; **o. di lavoro**, working hours (*o* time); **o. ridotto**, short time: **fare l'o. ridotto**, to work short time; **un impiego a o. intero**, a full-time job; **avere un o. pesante**, to have heavy hours; **essere in o.**, to be on time; to be punctual; **essere in perfetto o.**, to be dead (*o* sharp) on time; **non arrivare in o.**, not to arrive on time. ● **o. diurno**, day shift □ **o. flessibile** (*di lavoro*), flextime □ **o. notturno**, night shift.

orata, *f.* (*zool.*, *Sparus auratus*) gilthead.

oratóre, *m.* orator; (public) speaker: **Cicerone fu il più grande o. di Roma**, Cicero was the most famous Roman orator. ● **un o. sacro**, a preacher.

oratòria, *f.* oratory.

oratoriale, *a.* (*mus.*) oratorio (*attr.*).

oratoriano, *m.* (*relig.*) Oratorian.

oratòrio, A *a.* (*dell'oratore*) oratorical; of an orator: **lo stile o.**, the oratorical style; **l'arte oratoria**, the art of an orator: oratory. **B** *m.* **1** (*luogo sacro*) oratory **2** (*ordine relig.*) Oratory: **i Padri dell'O.**, the Fathers of the Oratory; the Oratorians **3** (*mus.*) oratorio*: **gli oratori del Palestrina**, the oratorios of Palestrina.

oratrice, *f.* oratress; (female) orator.

oraziano, *a.* (*letter.*) Horatian; of Horace: **lo stile o.**, the Horatian style. ● **le satire oraziane**, Horace's Satires.

Oràzio, *m.* Horace.

orazióne, *f.* **1** (*relig.*) prayer: **libretto delle orazioni**, prayer-book; **l'o. domenicale**, the Lord's Prayer; **recitare** (*o* **dire**) **le orazioni**, to say one's prayers **2** (*discorso*) oration; speech: **le orazioni di Demostene**, the orations of Demosthenes; **un'o. funebre**, a funeral oration; **pronunciare un'o.**, to deliver an oration.

orbace, *m.* (Sardinian) coarse woollen fabric.

orbare, *v. t.* (*lett.*) to bereave*; to deprive: **o. q. dei genitori**, to bereave sb. of his parents; **essere orbato della vista**, to be bereft of sight.

òrbe, *m.* (*lett.*) orb. ● **l'o. terrestre**, the earth.

orbène, *cong.* (dunque) so; well (then); now then.

orbettino, *m.* (*zool.*, *Anguis fragilis*) slow-worm; blindworm.

orbicolare, (*anat.*) **A** *a.* orbicular. **B** *m.* orbicular (muscle).

orbicolato, *a.* (*biol.*) orbiculate(d).

òrbita, *f.* **1** (*anat.*) orbit; eye-socket **2** (*astron., fis., miss.*) orbit: **il piano dell'o.**, the plane of the orbit; **l'o. della terra intorno al sole**, the orbit of the earth round the sun; (*miss.*) **o. di parcheggio**, parking orbit; **entrare in o.**, (*miss.*) to go into orbit; (*scherz.*) to get going **3** (*fig.*) orbit; sphere; range (of action, of influence); (*limite*) limit: **mantenersi nella propria o.**, to keep within one's limits. ● **andare fuori o.**, to deorbit (*fig.*). **con gli occhi fuori delle orbite**, with staring, bulging eyes; pop-eyed (with rage) (*fam.*) □ (*miss.*) **uscita dall'o.**, deorbit.

orbitale, *a.* orbital.

orbitare, *v. i.* (*astron., miss.*) to orbit.

òrbo, A *a.* **1** (*lett.*) bereaved, bereft; deprived: **o. della vista**, bereft of sight **2** (*cieco*) blind: **o. da un occhio**, blind in one eye. **B** *m.* blind man*. ● **menare botte da orbi**, to deal out indiscriminate blows.

òrca, *f.* **1** (*zool., Orcinus orca*) orca; killer whale **2** (*favoloso mostro marino*) sea-monster.

Òrcadi (le), *f. pl.* (*geogr.*) (the) Orkney Islands; (the) Orkneys.

orchéssa, *f.* ogress (*anche fig.*).

orchèstica, *f.* orchestics (*pl., col verbo al sing.*).

orchèstico, *a.* orchestic.

orchèstra, *f.* **1** (*mus.*) orchestra, (*da ballo*) band: **il direttore d'o.**, the conductor (of an orchestra); **i suonatori d'o.**, the orchestra-players; **un'o. d'archi**, a string orchestra; **un pezzo a grande** (*o* **piena**) **o.**, a full-orchestra piece (of music) **2** (*archeol.*) orchestra **3** (*fig., scherz.*) awful lot of noise; chorus; cats' concert (*pop.*).

orchestrale, A *a.* (*mus.*) orchestral; orchestra (*attr.*): **un'esecuzione o.**, an orchestral performance; **musica o.**, orchestral music; **il corpo o.**, the orchestra-players. **B** *m. e f.* player (in an orchestra); musician.

orchestrare, *v. t.* (*mus.*) to orchestrate (*anche fig.*); to score.

orchestrazióne, *f.* (*mus.*) orchestration (*anche fig.*); scoring.

orchestrina, *f.* light orchestra.

orchèstrion, *m.* (*mus.*) orchestrion; orchestrina.

orchidàcee, *f. pl.* (*bot., Orchidaceae*) (the) orchid family.

orchidàceo, *a.* (*bot.*) orchidaceous.

orchidèa, *f.* (*bot.*) orchid; orchis.

orchiectomia, *f.* (*med.*) orchi(d)ectomy.

orchite, *f.* (*med.*) orchitis*.

orciàio, *m.* potter.

órcio, *m.* pitcher; pot; jar; jug. ● (*prov.*) **Tanto va l'o. per l'acqua che si rompe**, the pitcher goes so often to the well, that it is

òrco

broken at last.

òrco, *m.* **1** (*mostro spaventoso*) ogre, bugaboo*, bugbear (*anche fig.*): **Pare l'o.,** he's quite an ogre **2** (*mitol.*) Orcus. ● **voce d'o.,** deep (*o* hollow) voice ▢ **Non aver paura, non sono mica l'o.!,** don't be afraid; I'm not going to eat you!

òrda, *f.* horde (*anche fig.*): **orde di Tartari,** hordes of Tartars; **un'o. di pezzenti,** a horde of ragamuffins.

ordàlia, *f.* (*stor.*) ordeal (*anche fig.*).

ordàlico, *a.* (*stor.*) ordeal (*attr.*).

ordigno, *m.* **1** (*congegno*) contrivance; device; gadget (*fam.*); contraption (*fam.*) **2** (*strumento*) implement; tool (*anche fig.*): **gli ordigni della guerra,** the implements of war. ● **o. diabolico,** infernal machine ▢ **o. esplosivo,** booby-trap (*pop.*).

ordiménto, *m.* **1** (*ind. tessile*) warping **2** (*fig.*) weaving; contrivance.

ordinàbile, *a.* orderable; that may be ordered.

ordinale, A *a.* (*mat.*) ordinal: **un numero o.,** an ordinal number. **B** *m.* **1** (*mat.*) ordinal (number) **2** (*relig.*) ordinal; service-book.

ordinaménto, *m.* **1** order; arrangement; organization: **l'o. delle scuole,** the organization of schools **2** (*complesso di leggi, regolamenti*) regulations (*pl.*); rules (*pl.*); (*compagine*) system; order: **gli ordinamenti ecclesiastici (militari),** ecclesiastical (military) regulations; **l'o. scolastico,** the rules of a school; (*leg.*) **l'o. giudiziario,** the Court system; (*leg.*) **l'o. giuridico,** the legal system **3** (*elab.*) sort. ● (*mat.*) **o. in tabelle,** tabulation.

ordinando, *m.* (*relig.*) ordinand.

ordinante, *m.* (*relig.*) ordinant; ordainer.

ordinanza, *f.* **1** (*comando, per lo più leg.*) ordinance; order; injunction; (*mandato*) warrant, writ; (*legge*) law, rule: **le ordinanze del consiglio comunale,** the ordinances of the City Council; **un'o. di amnistia,** an amnesty ordinance; **un'o. interlocutoria,** a preliminary injunction; **annullare un'o.,** to vacate a warrant **2** (*mil.*) order; (*attendente*) batman*: **marciare in o.,** to march in order. ● (*leg.*) **o. del tribunale,** order; decree; injunction ▢ (*leg.*) **o. di amministrazione,** letter of administration ▢ (*leg.*) **o. di non luogo a procedere,** nonsuit: **emettere un'o. di non luogo a procedere,** to direct a nonsuit ▢ (*leg.*) **o. di rinvio a giudizio,** committal for trial ▢ (*mil.*) **d'o.,** regulation (*attr.*) ▢ (*mil.*) **fuori o.,** non-regulation (*attr.*) ▢ (*mil.*) **tenuta d'o.,** regimentals ▢ ▢ (*mil.*) **ufficiale d'o.,** orderly officer.

ordinare, A *v. t.* **1** (*mettere in ordine*) to put* (*o* to set*) in order; to arrange; to marshal; (*riordinare*) to tidy (up); (*di truppe*) to array, to draw* up (in order): **Dovresti o. i tuoi libri,** you should put your books in order; **o. i propri affari,** to set one's affairs in order; **o. le idee,** to put one's ideas in order; to marshal one's ideas; **o. nomi alfabeticamente,** to arrange names in alphabetical order; **Il capitano ordinò le sue truppe per la battaglia,** the captain drew up his troops for the battle; **o. una stanza,** to tidy up a room **2** (*comandare*) to order; to command; to direct; to bid* (*lett.*); to tell*: **Gli ordinai di andarsene, I ordered him to go away; Mi si ordinò di entrare (uscire),** I was ordered in (out); **L'insegnante ci ordinò di tacere,** the teacher ordered silence (*o* told us to keep quiet); **o. la colazione (il pranzo),** to order lunch (dinner) **3** (*comm.: commissionare*) to order; to send* for; to commission: **Ti ho ordinato un vestito nuovo,** I've ordered you a new suit (*o* a new suit for you); **Abbiamo ordinato la merce alla Ditta Jones e C.,** we have ordered the goods from Messrs. Jones & Co.; **gli articoli che Vi abbiamo ordinato,** the articles we ordered (from you) **4** (*prescrivere*) to order; to prescribe: **medicine a un malato,** to prescribe medicines for a patient **5** (*conferire gli ordini sacri*) to ordain; to confer orders on (sb.): **Fu ordinato sacerdote,** he was ordained priest **6** (*elab.*) to sort. ● **o. uno sciopero,** to call a strike ▢ **Dio ordina e provvede,** God sees to everything. **ordinarsi, B** *v. rifl.* to arrange oneself; (*prepararsi*) to get* ready; (*disporsi*) to draw* up.

ordinariaménte, *avv.* ordinarily; (*di solito*) usually, normally; (*di regola*) as a rule; (*per lo più*) generally, in most cases.

ordinariato, *m.* **1** teaching post on the regular staff; (*universitario*) (full) professorship **2** (*relig.*) status of ordinary.

ordinàrio, A *a.* **1** ordinary; usual; average; customary; (*abituale*) habitual; (*comune*) common, everyday; (*normale*) normal; (*regolare*) regular: **spese ordinarie,** ordinary charges; recurring expenditure (*sing.*); **la tariffa ordinaria,** the ordinary rate; **un telegramma o.,** an ordinary telegram; **la misura ordinaria,** the ordinary (*o* average) size; **una seduta ordinaria,** an ordinary meeting; **frasi ed espressioni ordinarie,** everyday phrases and sentences; **un insegnante o.,** a regular teacher **2** (*medio*) average: **il prezzo o. di un articolo,** the average price of an article **3** (*spreg.*) common; (*insignificante*) plain; (*grossolano*) coarse, vulgar; (*dozzinale*) cheap, of poor quality: **un aspetto o.,** a common appearance; **modi ordinari,** common manners; **una ragazza ordinaria,** a plain girl; **un vestito o.,** a plain dress; **stoffa ordinaria,** coarse material; **di qualità ordinaria,** of poor quality; cheap. ● **cose di ordinaria amministrazione,** ordinary business (*sing.*); the usual things; (*fig.*) nothing unusual, nothing out of the ordinary ▢ (*mat.*) **frazione ordinaria,** common fraction. **B** *m.* **1** (*ciò che è solito*) ordinary: **fuori dell'o.,** out of the ordinary; unusual; extraordinary; exceptional; **uscire dall'o.,** to be out of the ordinary **2** (*professore o.*) regular teacher; (*universitario*) (full) professor **3** (*relig.*) ordinary. ● **come d'o.,** as usual ▢ **d'o.,** usually; ordinarily; as a rule ▢ **più dell'o.,** more than usual ▢ **secondo l'o.,** according to custom; as usual ▢ **È un uomo fuori dell'o.,** he's a man above the common run.

ordinata, *f.* **1** putting in order; tidying up: **Ci vuole una bella o.,** it takes a good tidying up **2** (*mat.*) ordinate **3** (*naut., aeron.*) frame: **o. di paratia,** bulkhead frame.

ordinatàrio, *m.* (*comm.*) payee.

ordinativo, A *a.* regulative; regulating; governing: **principi ordinativi,** regulative principles. **B** *m.* (*comm.*) order: **passare un o. a q.,** to place an order with sb.; (*mar.*) **o. d'imbarco,** shipping order.

ordinato, *a.* **1** tidy; neat; trim; orderly: **una stanza pulita e ordinata,** a clean, tidy room; a neat room; **tenere una stanza ordinata,** to keep a room tidy; **un ragazzo o.,** a tidy boy; **una folla ordinata,** an orderly crowd; **in modo o.,** in an orderly manner; neatly **2** (*regolato*) orderly; regular; (*metodico*) methodical, systematic: **un piano o.,** an orderly plan; **condurre una vita ordinata,** to live a regular life **3** (*rif. a sacerdote*) ordained. ● **dall'aspetto o.,** tidy-looking.

ordinatóre, A *m.* orderer; regulator; (*organizzatore*) organizer; (*elaboratore*) computer. **B** *a.* regulative; regulating; ordering; organizing: **leggi ordinatrici,** regulative laws; **una potenza ordinatrice,** a regulating power.

ordinatòrio, *a.* (*leg.*) regulative; fixed by order.

ordinazióne, *f.* **1** (*comm.*) order; (*specialm. se inviata in G.B. dall'estero*) indent: **Furono annullate tutte le ordinazioni in corso,** all outstanding indents were cancelled; **un'o. di prova,** a trial order; **un'o. su catalogo,** an order from catalogue; **fatto su o.,** made to order; purpose-made; **avere numerose ordinazioni in corso,** to have plenty of orders in hand; **passare (eseguire, annullare) un'o.,** to place (to carry out, to cancel) an order **2** (*ricetta del medico*) prescription **3** (*relig.*) ordination.

órdine, *m.* **1** (*disposizione*) order; arrangement; (*mil., anche*) array, alignment; (*fila*) line; (*serie*) series; sequence: **in o. alfabetico (cronologico, numerico, ecc.),** in alphabetical (chronological, numerical, etc.) order; **in o. di età (di importanza, di merito, ecc.),** in order of age (of importance, of merit, etc.); **mettere (lasciare) q.c. in o.,** to put (to leave) st. in order; (*mil.*) **o. sparso (chiuso),** open (close) order; **in o. di battaglia,** in battle order (*o* array); **I documenti non sono in o.,** the papers are not in order; **assalire il nemico e scompigliarne gli ordini,** to attack the enemy and throw their lines (*o* ranks) into disorder; **un lungo o. di stanze,** a long sequence of rooms **2** (*disciplina*) order; orderliness: **o. pubblico,** public order; **mantenere (ristabilire) l'o.,** to keep (to restore) order; **richiamare un'assemblea all'o.,** to call a meeting to order **3** (*comando*) order; command: **I soldati devono obbedire agli ordini,** soldiers must obey orders; **Ha avuto l'o. di partire per l'Africa,** he is under orders to leave for Africa; **fino a nuovo o.,** until further orders; **essere agli ordini di q.,** (*mil.*) to be at sb.'s orders; (*fig.*) to be at sb.'s beck and call **4** (*leg.*) order; injunction; (*norma*) rule; (*decreto*) decree; (*mandato*) warrant, writ: **o. di sequestro,** writ of attachment **5** (*comm.: ordinazione*) order: **un o. di duecento tonnellate di carbone,** an order for two hundred tons of coal; **o. di prova,** trial order; **ordini inevasi,** unfilled orders; backlog (*collett.*); **accusare ricevimento di un o.,** to acknowledge an order; **annullare un o.,** to cancel an order; **dare (passare) un o. a q.,** to give sb. an order (to pass an order on sb.); **confermare un o.,** to confirm an order; **assegno all'o.,** cheque to order; **pagabile all'o.,** payable to order; (*naut.*) **polizza all'o.,** bill of lading to order **6** (*comunità, associazione*) order; association; society: **un o. cavalleresco,** an order of chivalry; **l'O. della Giarrettiera,** the Order of the Garter; **un o. religioso,** a religious order; **ordini maggiori (minori),** major (minor) orders; **O. degli Avvocati,** Bar Association **7** (*categoria, classe*) order; class; category; rank: **un pittore di prim'o.,** a painter of the highest order; a first-rate painter; **un ristorante di prim'o.,** a first-class restaurant; **tutti gli ordini sociali,** all social ranks; **l'o. dei cavalieri,** the order of knights **8** (*genere*) kind; nature: **problemi d'o. tecnico,** problems of a technical nature **9** (*pl., relig.*) orders: **avere (ricevere) gli ordini (sacri),** to be in (to take) holy orders **10** (*biol., archit.*) order: **Queste due piante appartengono allo stesso o.,** these two plants belong to the same order; **o. corinzio,** Corinthian order. ● **o. del giorno,** agenda: **o. del giorno definitivo,** approved agenda; **questioni all'o. del giorno,** items on the agenda ▢ (*leg.*) **o. delle ipoteche,** rank of mortgages ▢ (*leg.*) **o. di comparizione,** summons; citation ▢

o. d'idee, way of thinking: **Ciò non rientra nel mio o. d'idee**, that doesn't fall in with my way of thinking □ (*leg.*) **o. di non luogo a procedere**, nonsuit □ **d'infimo o.**, of the lowest degree □ **entrare nell'o. di idee di fare q.c.**, to take it into one's head to do st. □ **impiegato d'o.**, junior clerk □ **in o. a**, with regard to; concerning; as to □ **numero d'o.**, serial number □ (*mil.*) **parola d'o.**, password □ **partito d'o.**, law and order party □ **passare all'o. del giorno**, to proceed with the business of the day □ (*comm.*) **sempre ai Vostri ordini**, faithfully yours □ **È un altro o. di cose**, it's quite a different thing □ (*fig.*) **È un argomento all'o. del giorno**, it is a matter of topical interest.
ordire, *v. t.* **1** (*ind. tessile*) to warp **2** (*fig.*: *tramare*) to plot; to plan; to scheme; to contrive; to intrigue; to hatch: **o. una congiura**, to plot (a conspiracy); to conspire; to hatch a plot; **o. inganni**, to plot treachery; **o. imbrogli**, to plan tricks **3** (*fig.*: *congegnare*) to weave*; to frame; (*abbozzare*) to work out, to sketch out: **o. (la tela di) un romanzo**, to weave (*o* to invent) the plot of a novel **4** (*naut.*) to reeve. ● (*prov.*) **L'uomo ordisce, la natura tesse**, man proposes, God disposes.
ordito, *m.* **1** (*ind. tessile*) warp; web: **il filo dell'o.**, the warp-yarn; **preparare l'o. per il tessitore**, to lay the warp for the weaver **2** (*fig.*) web; tissue: **un o. di menzogne**, a tissue of lies.
orditóio, *m.* (*ind. tessile*) warping-machine; warping-mill.
orditóre, *m.* **1** (*ind. tessile*) warper: **un o. di seta**, a silk warper **2** (*fig.*) plotter; schemer; intriguer. ● **o. di intrighi**, intriguer.
orditura, *f.* **1** (*ind. tessile*) warping; (*ordito*) warp: **o. a macchina**, mill-warping **2** (*fig.*: *macchinazione*) plot; intrigue **3** (*fig.*: *trama*) plot: **l'o. di un romanzo**, the plot of a novel **4** (*edil.*) frame: **l'o. del tetto**, the roof-frame.
orèade, *f.* (*mitol.*) oread; mountain-nymph.
orécchia, *f.* **1** *V.* **orécchio 2** (*piega all'angolo d'una pagina*) dog-ear. ● (*zool.*) **o. di mare** (*Haliotis*), sea-ear.
orecchiàbile, *a.* (*fam.*) catchy; easily-remembered: **un motivo o.**, a catchy tune.
orecchiante, **A** *a.* **1** (*che suona a orecchio*) able to play by ear; (*che canta a orecchio*) able to sing by ear **2** (*fig.*) amateurish; superficial. **B** *m. e f.* **1** (*chi suona a orecchio*) one who plays by ear; (*chi canta a orecchio*) one who sings by ear **2** (*fig.*) amateur; dabbler.
orecchiétta, *f.* (*anat.*) auricle.
orecchino, *m.* ear-ring; ear-drop: **un paio d'orecchini**, a pair of ear-rings.
orécchio, *m.* **1** ear; (*udito*) hearing: **o. esterno** (**interno**), external (internal) ear; **È sordo da un o.**, he is deaf in one ear; **Sono tutt'orecchi**, I am all ears; **Per un o. entra e per l'altro esce**, in at one ear and out at the other; (*anche fig.*) **Mi fischiano le orecchie**, my ears are tingling (*o* ringing); **Mi ronzano le orecchie**, my ears are buzzing; **dire una parola all'o. di q.**, to put a word in sb.'s ear; **Da quest'o. non ci sente**, he's deaf in that ear; (*fig.*) he won't listen; **allungare le orecchie**, to prick up one's ears; **tendere l'o.**, to cock one's ears; **tirare gli orecchi a q.**, to pull (*o* to tweak) sb.'s ears; (*fig.*) to scold sb.; **turarsi le orecchie**, to plug one's ears; **dare** (*o* **prestar**) **o. a q.c.**, to give ear to st.; to listen to st.; **avere o. per la musica**, to have an ear (*o* a good ear) for music; **essere duro d'o.**, to be hard of hearing **2** (*d'aratro*) mould-board **3** (*d'ancora*) fluke **4** (*piega all'angolo di una pagina*) dog-ear **5** (*zool.*: *o. esterno*) auricle. ● (*naut.*) **o. d'asino**, kevel □ (*bot.*) **o. di Giuda** (*Auricularia auricula-Judae*), Jew's ear □ (*naut.*) **o. di lepre**, leg-of-mutton sail □ (*bot.*) **o. d'orso** (*Primula auricula*), auricula; bear's-ear □ **a forma d'o.**, earshaped □ **a portata d'o.**, within earshot □ **aprire bene le orecchie**, to listen attentively □ (*scherz.*) **avere gli orecchi foderati di prosciutto**, (*non sentire*) to be hard of hearing; (*non voler sentire*) to be unwilling to pay heed □ (*fig.*) **avere le orecchie lunghe**, to be an ass □ **cantare** (**suonare**) **a o.**, to sing (to play) by ear □ (*fig.*) **con le orecchie basse**, crestfallen □ **dalle orecchie lunghe**, long-eared □ **dolore** (*o* **male**) **all'o.**, ear-ache □ **fare l'o. a q.c.**, to get used to (hearing) st. □ **fare le orecchie a un libro**, to dog-ear the pages of a book □ **fare orecchi da mercante**, to turn a deaf ear □ (*fig.*) **mettere una pulce nell'o. a q.**, to arouse sb.'s suspicions □ **un rumore che introna** (*o* **che stordisce**) **le orecchie**, a deafening (*o* stunning) noise □ **Mi è giunto all'o. che...**, it has come to my ear that...
orecchióne, *m.* **1** (*mil.*: *di bocca da fuoco*) trunnion (*per lo più al pl.*) **2** (*pl.*, *med.*) mumps (*generalm. col v. al sing.*) **3** (*zool.*, *Plecotus auritus*) long-eared bat.
orecchiuto, *a.* with big (*o* long) ears; big-eared; long-eared: **l'o. asino**, the long-eared ass. ● **Sei proprio o.!**, you are a real dunce!
oréfice, *m.* (*orafo*) goldsmith; (*gioielliere*) jeweller. ● **l'arte dell'o.**, goldsmith(e)ry.
oreficeria, *f.* **1** (*arte dell'orefice*) goldsmith's (*o* jeweller's) art; goldsmith(e)ry; gold-work **2** (*laboratorio dell'orefice*) goldsmith's workshop **3** (*negozio dell'orefice*) goldsmith's

(shop); jeweller's (shop) **4** (*lavori dell'orefice*) jewellery.
oreria, *f.* (*oggetti d'oro*) goldsmith(e)ry; (*vasellame d'oro*) gold-plate.
Orèste, *m.* (*mitol.*) Orestes.
Orestiade, *f.* (*lett.*) Oresteia.
òrfana, orfanèlla, *f.* orphan girl; orphan.
òrfano, A *a.* orphan; (*di padre*) fatherless; (*di madre*) motherless: **un bambino o. di padre**, a fatherless child; **un bambino o. di madre**, a motherless child. ● **bambini resi orfani dalla guerra**, children orphaned by the war □ **rendere o.**, to make an orphan (of); to orphan □ **rimanere o.**, to be made an orphan; to be deprived of one's parents. **B** *m.* orphan (*anche fig.*): **o. di guerra**, war orphan; **un asilo per orfani**, a home for orphans; an orphan-asylum; an orphanage.
orfanotròfio, *m.* orphanage; orphan-asylum; home for orphans.
Orfèo, *m.* (*mitol.*) Orpheus.
òrfico, A *a.* (*letter.*, *relig.*) Orphic (*anche fig.*): **le dottrine e i riti orfici**, the Orphic doctrines and rites; **inni orfici**, Orphic hymns; Orphics. ● **la religione orfica**, Orphism. **B** *m.* **1** (*relig.*) Orphic **2** (*arte*) Orphist.
orfismo, *m.* Orphism.
organàio, *m.* organ-maker.
organdi, organdìs, *m.* (*ind. tessile*) organdie.
organétto, *m.* **1** (*a manovella*) barrel-organ; hurdy-gurdy **2** (*pop.*: *armonica a bocca*) mouth-organ **3** (*pop.*: *fisarmonica*) accordion; concertina.
organica, *f.* (*mil.*) organization of the armed forces.
organicamente, *avv.* organically.
organicismo, *m.* (*filos.*, *biol.*, *med.*) organicism.
organicità, *f.* organicity; organic unity.
organico, A *a.* **1** (*costituito da organi, che si riferisce a organi*) organic: **la vita organica**, organic life; **una malattia organica**, an organic disease; **chimica organica**, organic chemistry **2** (*fig.*: *composto di parti coordinate*) organic; organized; systematic: **un complesso o. di leggi**, an organic body of laws; **un tutto o.**, an organic whole; **lavoro o.**, systematic work. ● **deperimento o.**, physical decline. **B** *m.* **1** (*ruolo o.*) roll: **essere in o.**, to be on the roll **2** (*complesso del personale*) personnel; staff; (*mil.*) cadre.
organigramma, *m.* **1** (*bur.*) organization chart **2** (*elab.*) flow chart.
organino, *V.* **organétto**.
organismo, *m.* **1** organism: **un o. vivente**, a living organism (*o* being) **2** (*fig.*) (organized) body; organization; organism: **un o. amministrativo**, an administrative body. ● **deperimento dell'o.**, physical decline.
organista, *m. e f.* organist.
organistico, *a.* (*mus.*) organ (*attr.*): **musica organistica**, organ music.
organizzare, A *v. t.* to organize; to set* up; (*predisporre*) to arrange; (*preparare*) to make* preparations for: **o. un partito politico**, to organize a political party; **o. un esercito**, to organize an army; **o. una corsa** (**un concerto**), to organize a race (a concert); **o. una spedizione al Polo Nord**, to organize an expedition to the North Pole; **o. un viaggio**, to make preparations for a journey. ● **o. le idee**, to get one's ideas into order □ (*ind.*) **o. scientificamente**, to rationalize. **organizzarsi, B** *v. rifl.* to organize; to get* organized: **Organizziamoci**, let's get organized.
organizzativo, *a.* organizational; organizing.
organizzato, A *a.* organized. ● **viaggio o.**, package tour. **B** *m.* member (of an organization).
organizzatóre, *m.* organizer; promoter; arranger.
organizzazióne, *f.* organization: **o. economica**, trading organization; **o. sindacale**, labour organization. ● **avere una buona o.**, to be well-organized.
òrgano, *m.* **1** (*mus.*) organ; pipe-organ (*USA*): **una canna d'o.**, an organ-pipe; **un o. portatile**, a reed-organ; a harmonium; **un o. elettrico acustico**, an electric organ; **un o. a due tastiere**, a two-manual organ **2** (*med.*) organ: **l'o. della vista** (**dell'udito**), the organ of sight (of hearing); **gli organi della digestione**, the organs of digestion **3** (*mecc.*) member: **gli organi d'una macchina**, the members of a machine **4** (*centro di funzioni*) organ; body; (*pubblicazione*) organ: **gli organi del governo**, the organs of Parliament; **gli organi della pubblica opinione**, the organs of public opinion; **o. di partito**, political newspaper (*o* e-lettr.) **o. di presa**, current-collector □ (*mecc.*) **o. motore**, mover.
organogènesi, organogenia, *f.* (*biol.*) organogenesis; organogeny.
organogènico, *a.* (*biol.*) organogenetic.
organògeno, *a.* (*geol.*) organogenic.
organografia, *f.* (*scient.*) organography.
organogràfico, *a.* (*scient.*) organographic(al).
organolèttico, *a.* organoleptic.
organologia, *f.* (*scient.*) organology; science of organs.
organològico, *a.* (*biol.*) organologic(al).

organometàllico, a. (chim.) organo-metallic.
organometallo, m. (chim.) organo-metallic compound.
organopatìa, f. (med.) organopathy.
organoscopìa, f. (med.) organoscopy.
organoterapìa, f. (med.) organotherapy; organotherapeutics (pl. col verbo al sing.).
organza, f. (ind. tessile) organdie.
organzino, m. (ind. tessile) organzine.
orgàsmico, a. orgasmic.
orgasmo, m. 1 (fisiologia) orgasm 2 (fig.: agitazione) excitement; anxiety; fever; flutter: **stare in o.**, to be in a state of excitement; to be in a fever (o a flutter); to be in a (fine) stew (fam.); **mettere q. in o.**, to put sb. into a flutter; to put sb. into a (fine) stew (fam.); **mettersi in o.**, to fall into a flutter; to get excited; to get into a (fine) stew (fam.).
òrgia, f. orgy (anche fig.): **orge notturne**, nocturnal orgies; **un'o. di sangue**, an orgy of blood. ● **un'o. di colori**, a triumph of colours □ **un'o. di luci (di suoni)**, a riot of lights (sounds).
orgìasta, m. e f. orgiast.
orgiàstico, a. orgiastic. ● **feste orgiastiche**, orgies.
orgóglio, m. pride; (alterigia) haughtiness, conceit: **essere l'o. della famiglia**, to be the pride of one's family; **essere pieno d'o.**, to be full of pride; to be haughty; to be as proud as a peacock (fam.); **fiaccare l'o. di q.**, to crush sb.'s pride; **legittimo (vano) o.**, proper (false) pride.
orgogliosaménte, avv. proudly; with pride; (con alterigia) haughtily.
orgoglióso, a. proud; (altezzoso) haughty, supercilious: **essere o. di q. (di q.c.)**, to be proud of sb. (of st.); **essere troppo o. per fare q.c.**, to be too proud to do st.; **un uomo o.**, a proud man; **una risposta orgogliosa**, a proud (o haughty) answer.
oricalco, m. 1 (antica lega di rame e zinco) orichalc 2 (lett: ottone) brass 3 (fig.: tromba) clarion; trumpet.
òrice, m. (zool., Oryx) oryx. ● (zool.) **o. gazzella** (Orix gazella), gemsbok*.
oricèllo, m. 1 (bot., Roccella tinctoria) orchil; archil 2 (sostanza colorante) orchilla; orchil; archil.
orientàbile, a. (mecc.) rotary; revolving; swinging.
orientale, **A** a. oriental; eastern; east (attr.): **la Chiesa O.**, the Oriental (o Eastern) Church; **la cultura (l'arte) o.**, Oriental culture (art); **le Indie Orientali**, the East Indies; **lingue orientali**, Oriental (o Eastern) languages; **paesi (usanze) orientali**, Eastern countries (customs). **B** m. e f. Oriental; Eastern.
orientaleggiante, a. having an oriental turn of thought.
orientalismo, m. orientalism; oriental scholarship.
orientalista, m. e f. orientalist.
orientalìstica, f. oriental studies (pl.).
orientaménto, m. 1 orientation: **o. mediante radio**, radio orientation (o bearing) 2 (fig.: indirizzo, guida) guidance; guide-line; guide 3 (fig.: tendenza) trend. ● **o. professionale**, vocational guidance □ **perdere l'o.**, to lose one's bearings □ **senso di o.**, sense of locality.
orientare, **A** v. t. 1 to orient; to orientate; to set*: **o. una carta geografica**, to orient (o to set) a map 2 (fig.: indirizzare) to direct; to orient; to steer 3 (naut.) to trim: **o. i pennoni**, to trim the yards. **orientarsi B** v. rifl. 1 to orientate oneself; to take* one's bearings 2 (fig.: raccapezzarsi) to see* (o to find*) one's way; to make* head or tail of (st.) (fam., sempre in frasi neg.): **Non mi oriento in questa faccenda**, I can't make head or tail of this matter 3 (fig.: indirizzarsi) to take* up; to go* in (for st.) (fam.). ● **Lascia che mi orienti**, let me see where I am.
orientativo, a. indicative; guiding.
orientazióne, f. orientation.
oriènte, m. 1 east; orient (lett.): **una finestra che guarda a o.**, a window facing (to the) east; **da o. a occidente**, from east to west; **posto a o.**, situated in the east; eastern; easterly; **verso o.**, towards the east; eastward (agg.); eastward (avv.): **navigare verso o.**, to sail eastwards 2 (paesi orientali) East; Eastern countries; Orient (lett.): **il commercio con l'O.**, trade with the East; **la saggezza dell'O.**, the wisdom of the East; **il Vicino (Medio, Estremo) O.**, the Near (Middle, Far) East 3 (stor.: loggia massonica) lodge: **Grande O.**, Grand Lodge. ● (stor.) **l'Impero d'O.**, the Eastern Empire.
orifiamma, f. (stor.) oriflamme (anche fig.).
orifìcio, **orifìzio**, m. 1 orifice (anche anat.); opening: **l'o. d'un cannello**, the orifice of a pipe; **l'o. dello stomaco**, the orifice of the stomach 2 (bocca) mouth 3 (zool.: per la respirazione) spiracle.
origami (giapponese), m. invar. origami (art of Japanese paper folding).
orìgano, m. (bot., Origanum vulgare) (wild) marjoram.
Origene, m. (stor. filos.) Origen.
originale, **A** a. 1 original: **il peccato o.**, original sin; **la colpa o.**, the original fault; **le leggi originali d'un paese**, the original laws of a country; **la lingua o.**, the original language 2 (che è proprio dell'autore) original: **il ritratto o.**, the original portrait; **il testo o.**, the original text; **la partitura o.**, the original score; **un documento o.**, an original document 3 (fig.: che ha del nuovo) original; first-hand; new; novel; fresh; (ingegnoso) ingenious; (creativo) inventive, creative: **idee originali**, original (o novel) ideas; **un pensiero o.**, an original thought; **un'impronta o.**, an original touch; **uno scrittore o.**, an original writer 4 (fig.: bizzarro) original; eccentric; odd; queer; quaint: **una condotta o.**, eccentric behaviour; **metodi originali**, quaint methods; **un tipo o.**, a queer customer; a character; a queer (o an odd) fish (fam.); a queer bird (fam.). ● **leggere un libro nella lingua o.**, to read a book in the original. **B** m. 1 (opera o., anche leg.) original: **Questo non è l'o.: è soltanto una copia**, this is not the original: it's just a copy; **collazionare con l'o.**, to collate with the original 2 (persona o cosa ritratta) original; pattern: **Il ritratto è più bello dell'o.**, the portrait is nicer than the original. **C** m. e f. (persona bizzarra) original; character; odd person; crank; odd fish (fam.): **Quel ragazzo è davvero un o.**, that boy is a real original; **È un bell'o.!**, he's a real original!; he's quite a character!; he's a regular crank! ● **o. televisivo**, teleplay.
originalità, f. 1 originality: **Il tuo lavoro rivela o.**, your work shows originality; **l'o. d'un'opera d'arte**, the originality of a work of art; **o. d'idee**, originality of ideas 2 (bizzarria) originality; eccentricity; oddness; oddity 3 (pl.: stravaganze) eccentricities; oddities: **una vecchia famosa per le sue o.**, an old woman noted for her eccentricities.
originalménte, avv. originally; in an original way.
originare, **A** v. t. to originate; to give* origin to; to bring* about; to cause. **B** v. i. e **originarsi**, v. rifl. to originate (from, in st; with, from sb.).
originariaménte, avv. originally; at first; in the beginning.
originàrio, a. 1 (che ha origine) aboriginal; (nativo) native: **gli abitanti originari dell'America**, the aboriginal inhabitants of America; **una famiglia originaria dell'Austria**, a family native of Austria; a family of Austrian extraction (o origin); **essere o. di Roma**, to be a native of Rome; to be Roman by birth; **le piante originarie della Cina**, the native plants of China; **gli animali originari dell'India**, the native animals of India 2 (primitivo, autentico) original; former; primitive 3 (che dà origine) original; primary; first: **la causa originaria**, the originary (o primary) cause; **le fonti originarie**, the originary sources; **la fonte originaria di tutti i peccati**, the original fountain of all sin. ● **paese o.**, country of origin □ **Il canguro è animale o. dell'Australia**, the kangaroo is a native of Australia.
orìgine, f. 1 (principio, inizio) origin; beginning; commencement; genesis*; starting-point; initial point; (fonte) source; (radice) root; (causa) cause: **Quella parola fu l'o. della lite**, that word was the origin of the quarrel; **l'o. dell'uomo**, the origin of man; **l'o. e la storia delle parole**, the origin and history of words; **le origini della civiltà**, the origins of civilization; **l'o. delle idee**, the origin (o genesis) of ideas; **l'o. del peccato**, the origin (o root) of sin; **l'o. d'una traiettoria**, the initial point of a trajectory; **l'o. di un fiume**, the source of a river; **risalire alle origini di q.c.**, to trace st. back to its origin(s); **in o.**, in the beginning, originally; initially 2 (nascita) origin; birth; (discendenza) descent, parentage; (stirpe) extraction; (ceppo) stock: **d'umile o.**, of humble origin; of low extraction; **di nobile o.**, of noble birth (o extraction); **una famiglia d'o. italiana**, a family of Italian extraction; **di o. irlandese**, of Irish origin (o extraction, stock); **di o. straniera**, of foreign extraction; **Sono d'o. francese**, I am French by birth 3 (provenienza) origin; provenance: **il luogo d'o.**, the place of origin; (comm.) **un certificato d'o.**, a certificate of origin; **merce di dubbia o.**, goods of doubtful provenance. ● **all'o.**, originally □ **avere o. da q.c.**, to originate from (o in) st.; to arise from st. □ **dare o. a q.c.**, to originate st.; to give rise to st.
origliare, v. t. e i. to eavesdrop.
origlière, m. (lett.) pillow.
orìna, f. urine; water (fam.); piss (volg.): **l'analisi dell'o.**, the analysis of urine; urinal test.
orinale, m. urinal; chamber-pot; jerry (pop.).
orinare, **A** v. i. to urinate; to pass water (fam.); to piss (volg.). **B** v. t. to urinate.
orinàrio, a. urinary.
orinata, f. discharge of urine.
orinatóio, m. (public) urinal; gents' (fam.).
oriòlo, m. (zool., Oriolus oriolus) golden oriole.
Oriòne, m. (mitol., astron.) Orion.
orittèropo, m. (zool., Orycteropus afer) aard-vark.
orittòlago, m. (zool., Oryctolagus cuniculus) European rabbit.
orittologìa, f. (geol.) oryctology.
oriundo, **A** a. native (of). **B** m. (sport) foreign-born player (o person). ● **essere o. di Napoli**, to be of Neapolitan origin.

orizzontale, A a. **1** horizontal; level: **una linea (un piano) o.**, a horizontal line (plane); **una sbarra o.**, a horizontal bar; **in posizione o.**, in a horizontal position; horizontally; **portare in posizione o.**, to bring to a horizontal position **2** (*dell'orizzonte*) horizontal; of the horizon; on the horizon. ● **mettere in posizione o.**, to lay down □ **mettersi in posizione o.**, to lie down. B f. (*in un cruciverba*) across.
orizzontalità, f. horizontal position.
orizzontalmente, avv. horizontally; in a horizontal position.
orizzontamento, m. orientation.
orizzontare, A v. t. to orient. **orizzontarsi,** B v. rifl. **1** to orientate oneself; to take* one's bearings **2** (*fig.*: *raccapezzarsi*) to find* one's way; to make* (it) out; to make* head or tail (of st.) (*fam., sempre in frasi neg.*).
orizzónte, m. (*in ogni senso*) horizon: **Il sole sorgeva sull'o.**, the sun was rising above the horizon; **Il sole tramontò all'o.**, the sun sank below the horizon; **l'o. visibile,** the apparent (*o* visible) horizon; **l'o. politico,** the political horizon; **nuovi orizzonti,** new horizons; **l'o. astronomico (celeste),** the astronomical (celestial) horizon. ● (*aeron.*) **o. artificiale,** attitude indicator □ **fare un giro d'o.**, to scan the horizon; (*fig.*) to make a general survey of st.
Orlando, m. Roland; (*letter.*) Orlando.
orlare, v. t. to hem; (*bordare*) to border, to edge; (*una cosa rotonda*) to rim: **o. un fazzoletto,** to hem a handkerchief; **o. di pizzo,** to border (*o* to trim) with lace. ● **o. a giorno,** to hem-stitch.
orlatóre, m. (*operaio, macchina*) hemmer.
orlatrice, f. **1** (*operaia*) hemmer **2** (*mecc.*) hemming-machine.
orlatura, f. **1** (*l'orlare*) hemming; bordering; edging **2** (*orlo*) hem; (*bordo*) border, edge. ● **fare l'o. a giorno a un fazzoletto,** to hem-stitch a handkerchief.
órlo, m. **1** (*estremità, margine*) border; edge; margin; verge; brink; brim; rim: **l'o. d'un tappeto,** the border of a rug; **l'o. d'un tavolo,** the edge of a table; **sedere sull'o. d'una sedia,** to sit on the edge of a chair; **l'o. dell'acqua,** the water's edge; (*mecc.*) **doppio o.**, double edge (*o* flange); **l'o. d'un tetto,** the verge of a roof; **l'o. d'un precipizio,** the brink of a precipice; **l'o. d'un bicchiere,** the brim of a glass; **un bicchiere pieno fino all'o.**, a glass full to the brim; **l'o. d'una scodella,** the rim of a bowel (*o* full to the brim); **l'o. d'una ruota,** the rim of a wheel; (*fig.*) **essere sull'o. della fossa,** to be on the brink of the grave; **to have one foot in the grave**; to be at death's door; (*fig.*) **essere sull'o. della disperazione,** to be on the verge of despair **2** (*lembo di vestito, di lavoro di tela, ecc.*) hem; border: **un o. di pizzo,** a lace border; **fare un o.**, to make a hem; to hem: **fare l'o. a una gonna,** to hem a skirt. ● **o. a festone,** scalloping □ **o. a giorno,** hem-stitch □ **fare l'o. a giorno a un fazzoletto,** to hem-stitch a handkerchief □ (*fig.*) **essere sull'o. della fossa,** to have one's foot in the grave.
òrlon, m. (*marchio*) Orlon (fibre).
órma, f. track; (*traccia*) mark, trace; (*di piede*) footprint, footmark; (*passo*) footstep, step: **orme lasciate da animali,** tracks made by animals; **orme sulla neve,** tracks (*o* footprints) in the snow. (*fig.*) **le orme d'una antica civiltà,** the traces of an ancient civilization; **ritornare sulle proprie orme,** to retrace one's steps; (*fig.*) **seguire** (*o* **calcare**) **le orme di q.**, to tread (*o* to walk) in sb.'s footsteps.
ormài, V. **oramài.**
ormeggiare, A v. t. (*naut.*) to moor; to berth: **o. una barca (una nave),** to moor a boat (a ship). ● **o. una nave al molo,** to wharf a ship. **ormeggiarsi,** B v. rifl. to moor; to make* fast. ● **o. a una boa,** to pick up a buoy.
orméggio, m. (*naut.*) **1** (*l'ormeggiare*) mooring; moorage: **o. a ruota,** single-anchor mooring; **o. di prua,** head mooring; **o. in quattro,** fore-and-aft moorings; head and stern moorings; **catena d'o.**, mooring-chain; **cavo d'o.**, mooring-rope; hawser; **pilone d'o.**, mooring-mast **2** (*pl.*: *cavi e catene che servono per ormeggiare*) moorings: **spezzare gli ormeggi,** to break moorings. ● **essere all'o.**, to be moored □ **diritti d'o.**, moorage □ **posto d'o.**, berth; moorings (*pl.*).
ormonale, a. (*med.*) hormone (*attr.*); hormonal; hormonic.
ormóne, m. (*biol.*) hormone.
ormònico, V. **ormonale.**
ormonoterapia, f. (*med.*) hormonotherapy.
ornamentale, a. ornamental; decorative.
ornamentare, v. t. to ornament; to adorn; to embellish.
ornamentazióne, f. **1** (*l'ornamentare*) ornamentation **2** (*ornamenti*) ornamentation; (*insieme di*) decorations (*pl.*).
ornaménto, m. **1** (*l'ornare*) ornamentation; adornment **2** (*cosa per abbellire*) ornament (*anche fig.*); adornment; decoration: **ricco di ornamenti,** rich in ornaments; **un quadro con troppi ornamenti,** a picture with too many ornaments (*o* too rich in ornament); **La virtù è o. dell'anima,** virtue is an ornament of the soul; **per o.**, by way of ornament; **essere di o. (a),** an ornament (to); to adorn **3** (*mus.*) ornament; embellishment; grace(-note) **4** (*archit.*) ornament: **o. a dentelli,** denticular ornament; **o. a ovoli e lancette,** egg-and-dart ornament; **ornamenti floreali,** floral ornaments; **con o. floreale,** decorated with floral ornaments; floriated. ● **o. a fogliami,** foliation □ **o. arabesco,** guilloche □ **o. a rosone,** rosette □ **o. a zig-zag,** chevron.
ornare, A v. t. (*anche fig.*) to adorn; to embellish; to deck; to decorate; to ornament: **una ghirlanda per o. le trecce,** a garland to adorn one's tresses; **o. il cuore di nobili sentimenti,** to adorn one's soul with noble feelings; **o. un abito con nastri e trine,** to adorn (*o* to embellish) a dress with ribbons and lace; **o. un libro con illustrazioni,** to embellish a book with figures; **o. lo stile,** to embellish one's style; **o. una stanza di fiori,** to deck a room with flowers. **ornarsi,** B v. rifl. to adorn (*o* to deck) oneself: **o. di gioielli,** to adorn oneself with jewels.
ornatézza, f. ornateness; elegance.
ornatista, m. e f. ornamentalist; ornamentist.
ornativo, a. decorative; ornamental.
ornato, A a. **1** (*adorno*) adorned; embellished; decked; (*decorato*) decorated; (*dotato*) endowed: **un salotto o. di dipinti,** a drawing-room adorned (*o* hung) with paintings; **una chiesa ornata di fiori,** a church decorated with flowers; **una finestra ornata di fiori,** a window decked with flowers; **un racconto o. di particolari,** a story embellished with details; **una donna ornata di virtù,** a woman endowed with virtue **2** (*dello stile*) ornate; flowery; florid: **uno stile o.**, an ornate (*o* a flowery) style; **uno scrittore o.**, an ornate writer. B m. **1** (*disegno*) ornamental design **2** (*insieme di motivi ornamentali*) ornamentation; decoration.
ornatóre, m. ornamenter; adorner; decorator.
ornatura, f. **1** ornamentation **2** (*insieme di ornamenti*) ornaments, decorations (*pl.*).
orneblènda, f. (*miner.*) hornblend(e).
ornèllo, orniéllo, m. (*bot., Fraxinus ornus*) manna-ash.
ornitologia, f. ornithology.
ornitològico, a. ornithologic(al).
ornitòlogo, m. ornithologist; bird-fancier.
ornitomanzia, f. ornithomancy.
ornitorinco, m. (*zool., Ornithorhynchus anatinus*) ornithorhynchus; duck-billed platypus; duck-bill.
ornitòsi, f. (*med.*) ornithosis*.
ornitòttero, m. (*aeron.*) ornithopter; orthopter.
órno, V. **ornèllo.**
òro, m. **1** gold: **oro bianco,** white gold; **oro di coppella,** 24-carat gold; **oro zecchino** (*o* **oro fino**), fine gold; **oro greggio,** unrefined gold; **oro laminato,** rolled gold; **oro massiccio,** solid gold; **oro tipo,** standard gold; **orologio (moneta, ecc.) d'oro,** gold watch (coin, etc.); **avere un cuore d'oro,** to have a heart of gold; **Quell'uomo vale tanto oro quanto pesa,** that man is worth his weight in gold **2** (*pl.*) things made of gold; (*gioielli*) jewellery, jewels; (*posate*) gold plate **3** (*pl.*: *seme delle carte da gioco*) diamonds. ● **oro in foglia,** gold-foil □ **oro in verghe,** bullion □ **un affare d'oro,** a wonderful bargain □ **capelli d'oro,** golden hair □ **cercatore d'oro,** gold-digger □ (*fig.*) **comperare q.c. a peso d'oro,** to pay a king's ramson for st. □ **corsa all'oro,** gold rush □ **età dell'oro,** golden age □ **febbre dell'oro,** gold fever □ **nuotare nell'oro,** to be rolling in money □ **occasione d'oro,** golden opportunity □ **parole d'oro,** golden words □ **pepita d'oro,** gold-nugget □ **una persona d'oro,** a sterling (*o* wonderful) person □ **placcato in oro,** gold-plated □ **polvere d'oro,** gold dust □ (*mitol.*) **il vello d'oro,** the golden fleece □ (*fig.*) **vendere q.c. a peso d'oro,** to sell st. at a very high price □ **Non lo farei per tutto l'oro del mondo,** I wouldn't do it for all the money in the world □ (*prov.*) **Non è tutt'oro quel che riluce,** all that glitters is not gold.
orobanche, f. (*bot., Orobanche maior*) broomrape.
orofaringe, f. (*anat.*) oropharynx*.
orogènesi, f. (*geol.*) orogenesis; orogeny.
orogenètico, a. (*geol.*) orogenic; orogenetic.
orografia, f. (*scient.*) orography, oreography.
orogràfico, a. (*scient.*) orographic(al): **la struttura orografica,** the orographic structure.
oroidrografia, f. (*scient.*) orohydrography.
oroidrogràfico, a. (*scient.*) orohydrographic(al).
orologeria, f. **1** watchmaking; clockmaking **2** (*negozio dell'orologiaio*) watchmaker's (shop) **3** (*meccanismo d'un orologio*) clockwork. ● **bomba a o.**, time-bomb.
orologiàio, m. **1** (*fabbricante, riparatore*) watchmaker; clockmaker **2** (*venditore*) watch-seller; clock-seller.
orologièro, a. watch, clock (*attr.*).
orològio, m. (*portatile*) watch; (*da muro, ecc.*) clock; (*in genere*) time-piece: **o. a carica automatica,** automatic (*o* self-winding) watch; **o. a carillon** (*o* **con soneria**), chiming clock; **o. a cronometro,** stop-watch (*o* timer); **o. ad acqua,** water-clock; **o. a**

pendolo, pendulum-clock; **o. a peso**, weight-clock; **o. a sveglia**, alarm clock; alarm (*fam.*); **o. a ripetizione**, repeating clock; repeater; **o. da polso**, wrist-watch; **o. da tasca**, pocket-watch; **o. da tavolo**, table-clock; **o. marcatempo**, time clock; **Il mio orologio è avanti (indietro) di due minuti**, my watch is two minutes fast (slow); **Il mio o. va avanti (resta indietro) due minuti al giorno**, my watch gains (loses) two minutes a day; **Il tuo o. s'è fermato**, your watch has stopped; **caricare un o.**, to wind up a clock (*o* a watch); **mettere un o. all'ora esatta**, to set a clock (*o* a watch); **regolare un o.**, to regulate a clock (*o* a watch). ● **o. a sabbia**, sand-glass (*zool.*) **o. della morte** (*Anobium punctatum*), death-watch □ **o. solare**, sun-dial □ **avere l'o. in testa**, to have a good sense of time □ **catena dell'o.**, watch-chain □ **funzionare come un o.**, to run like clockwork □ **nel senso contrario alle lancette dell'o.**, counter-clockwise □ **nel senso delle lancette dell'o.**, clockwise □ **un'ora d'o.**, a whole hour □ (*fig.*) **stare con l'o. in mano**, always to watch the clock; to be a stickler for punctuality □ **vetro dell'o.**, watch-glass □ **Quell'uomo un o.**, (è *metodico*) that man keeps regular hours; (è *puntuale*) that man is as regular as clockwork (*o* is always on the dot).
Orónte, *m.* (*geogr.*) Orontes.
oroscopìa, *f.* horoscopy.
oroscòpico, *a.* horoscopic(al).
oròscopo, *m.* horoscope: **trarre l'o.**, to cast a horoscope.
orpellare, *v. t.* **1** to cover (*o* to adorn) with pinchbeck **2** (*fig.*) to tinsel.
orpellatura, *f.* **1** covering with pinchbeck **2** (*fig.*) tin selling.
orpèllo, *m.* **1** (*metall.*) pinchbeck; Dutch gold (*o* metal); Prince Rupert's metal: **un trono d'o.**, a pinchbeck throne **2** (*fig.*) tinsel: **l'o. della cortesia**, the tinsel of politeness **3** (*pl.*: *fronzoli*) showy decoration (*sing.*).
orpiménto, *m.* (*miner.*) orpiment.
orrendaménte, *avv.* horribly; hideously; dreadfully.
orrendézza, *f.* horribleness; horridness; hideousness; dreadfulness.
orrèndo, *a.* horrible; horrid; horrific; hideous; dreadful; dire: **dire cose orrende**, to say horrid things; (*fam.*) **un bambino o.**, a horrid little boy; **musica orrenda**, horrible music; **un o. mostro**, a horrible (*o* hideous) monster; **una scena orrenda**, a horrific scene; **un delitto o.**, a hideous crime.
orrìbile, *a.* **1** horrible; horrid; hideous; dreadful: **una morte o.**, a horrible death; **una prigione o.**, a horrible (*o* dreadful) dungeon; **un o. delitto**, a horrible (*o* hideous) crime; **un puzzo o.**, a horrid smell; **un volto o.**, a hideous face **2** (*terribile*) terrible; terrific; awful; shocking; dreadful: **un o. frastuono**, a terrific noise; **a terrible** (*o* fiendish) din; **È o.!**, that's terrible!; **Che scrittura o.!**, what awful hand-writing!; **un pranzo o.**, a shocking dinner; **tempo o.**, dreadful weather.
orribilità, *f.* (*raro*) horribleness; horridness; hideousness; dreadfulness.
orribilménte, *avv.* horribly; hideously.
orridaménte, *avv.* horridly; ghastly; dreadfully.
orridézza, *f.* horridness; hideousness.
òrrido, **A** *a.* horrid; hideous; dreadful; grim: **un o. precipizio**, a horrid precipice; **un o. delitto**, a hideous crime; **lineamenti orridi**, hideous features. **B** *m.* ravine; precipice.
orripilante, *a.* horripilant; horrifying; hair-raising.
orripilazióne, *f.* (*med.*) horripilation.
orróre, *m.* **1** horror; dread; terror; (*ripugnanza*) abhorrence, disgust, repugnance: **l'o. della guerra**, the horror (*o* dread) of war; **avere q.c. in o.**, to have a horror of st.; to abominate st.; to detest st.; **avere un sacro o. di q.c.**, to have a great dread of st.; to have a holy terror of st. (*fam.*); **essere preso** (*o* colto) **da o.**, to be struck with horror (*o* terror); to be horror-stricken (*o* horror-struck); **un luogo pieno di orrori**, a place full of horrors; a chamber of horrors; **Mi faceva o.**, it filled me with horror; it horrified me; **rabbrividendo d'o.**, shuddering with terror **2** (*atrocità, cosa orribile*) horror; atrocity: **gli orrori della guerra**, the atrocities of war. ● **film dell'o.**, horror film □ **sacro o.** (*timore reverenziale*) awe: **pervaso da sacro o.**, awe-stricken □ **una vista che desta o.**, a horror-inspiring sight □ **Che o.!**, that's horrible! □ **Che o. di donna!**, what a horrible woman!; what a monster!
órsa, *f.* **1** she-bear **2** (*astron.*) **l'O. maggiore**, Ursa Major; the Great Bear; the Plough; the Dipper (*USA*); **l'O. minore**, Ursa Minor; the Lesser (*o* Little) Bear.
orsacchiòtto, *m.* **1** (*orso giovane*) bear cub **2** (*giocattolo*) teddy-bear.
orsàggine, *f.* (*di persona poco socievole*) surliness; bearish manners (*pl.*).
orsétto, *m.* **1** little bear (*cucciolo*) baby bear **2** (*pelliccia*) wildcat fur.
órso, *m.* bear (*anche zoo.*): **o. bruno** (*Ursus arctos*), brown bear; **o. grigio** (*Ursus horribilis*), grizzly bear; grizzly; **o. polare** (*Thalarctos maritimus*), sea bear; **caccia all'o.**, bear-hunting; (*fig.*) **fare l'o.**, to play the bear; (*fig.*) **Che o.!**, what a bear (he is)! ● (*fig.*) **ballare come un o.**, to dance like an elephant □ (*fig.*) **pelare l'o.**, to have a hard nut to crack □ (*prov.*) **Non vendere la pelle dell'o. prima di averlo preso**, don't sell the bear's skin before you have caught the bear.
Órsola, *f.* Ursula.
orsolina, *a.* e *f.* (*relig.*) Ursuline: **le (Suore) Orsoline**, the Ursulines.
orsù, *inter.* come on!; (come) now: **O. andiamo!**, come on, let's go!; **O., dimmi quello che sai**, now tell me what you know (about it).
ortàggio, *m.* (*agric.*) vegetable: **gli ortaggi**, vegetables; greens; **Le carote, i cavoli e i piselli sono ortaggi**, carrots, cabbages and peas are vegetables.
ortàglia, *f.* (*agric.*) **1** (*terreno piantato a orto*) vegetable-garden; kitchen-garden **2** V. **ortàggio**.
ortènse, *a.* (*bot.*) cultivated in gardens.
Ortènsia, *f.* Hortense, Hortensia.
ortènsia, *f.* (*bot., Hydrangea hortensia*) hydrangea.
ortìca, *f.* (*bot., Urtica*) (stinging-)nettle: **fibra di o.**, nettle fibre; **pungere con l'o.**, to sting with nettles; to nettle: **Avevo le mani tutte punte dalle ortiche**, my hands were badly nettled; **pungere come l'o.**, to sting like a nettle; to nettle. ● (*fig.*) **essere conosciuto come l'o.**, to be a man of evil repute □ (*fig.*) **gettare la tonaca alle ortiche**, to unfrock oneself □ **Ci crescono le ortiche** (*rif. a terreno abbandonato*), it's overgrown with weeds.
orticàio, *m.* nettle-bed. ● **È tutto un o.**, the place is full of nettles.
orticante, *a.* urticant; urticating.
orticària, *f.* (*med.*) urticaria; nettle-rash.
ortìcolo, *a.* horticultural: **una mostra orticola**, a horticultural show.
orticoltóre, *m.* (*agric.*) horticulturist.
orticoltura, *f.* (*agric.*) horticulture.
orticonoscòpio, *m.* (*telev.*) (*image*) orthicon.
ortivo, *a.* **1** (*agric.*) vegetable (*attr.*); garden (*attr.*): **un terreno o.**, a vegetable-garden; a garden land **2** (*astron.*) ortive (*raro*); rising.
òrto (1), *m.* (*agric.*) kitchen-garden; back garden; (*di un orticoltore*) market-garden. ● **o. botanico**, botanical gardens □ **l'o. di Getsemani**, the Garden of Gethsemane □ (*fam.*) **Non è la via dell'o.**, it's a (very) long way to go.
òrto (2), *m.* (*poet.*) **1** (*oriente*) east; orient (*lett.*) **2** (*sorgere del sole*) sunrise; dawn: **dall'o. all'occaso**, from sunrise to sunset.
ortocèntro, *m.* (*geom.*) orthocentre.
ortoclàsio, *m.* (*geol.*) orthoclase; common feldspar.
ortocromàtico, *a.* (*fotogr.*) orthochromatic.
ortodontìa, ortodonzìa, *f.* (*med.*) orthodontics (*pl. col verbo al sing.*).
ortodòntico, *a.* (*med.*) orthodontic.
ortodossìa, *f.* (*relig.*) orthodoxy (*anche fig.*).
ortodòsso, *a.* e *m.* (*relig.*) orthodox (*anche fig.*): **la chiesa Ortodossa**, the Orthodox Church; **dottrine ortodosse**, orthodox doctrines; **la fede ortodossa**, the orthodox faith; **un rigido o. in politica**, a strict orthodox in politics. ● **gli ortodossi**, the members of the Orthodox Church.
ortodromìa, *f.* orthodromy.
ortodròmico, *a.* orthodromic.
ortoepìa, *f.* (*gramm.*) orthoepy.
ortoèpico, *a.* (*gramm.*) orthoepic(al).
ortofonìa, *f.* (*gramm.*) orthophony.
ortofònico, *a.* (*gramm.*) orthophonic.
ortofonìsta, *m.* e *f.* phoniatrician.
ortofrenìa, *f.* (*med.*) orthopsychiatry.
ortofrènico, *a.* (*med.*) orthopsychiatric(al).
ortofrutticolo, *a.* fruit and vegetable (*attr.*): **mercato o.**, fruit and vegetable market.
ortofrutticoltóre, *m.* market-gardener.
ortofrutticoltura, *f.* market-gardening.
ortogènesi, *f.* (*biol.*) orthogenesis.
ortogenètico, *a.* (*biol.*) orthogenic; orthogenetic.
ortognatìsmo, *m.* (*antropologia*) orthognathism; orthognathy.
ortognàto, *a.* (*antropologia*) orthognathous; orthognathic.
ortogonale, *a.* (*geom.*) orthogonal; right-angled: **proiezione o.**, orthogonal projection. ● **I raggi sono ortogonali al piano di proiezione**, the rays are at right angles to the plane of projection.
ortogonalità, *f.* (*geom.*) orthogonality.
ortogonalménte, *avv.* (*geom.*) orthogonally; at right angles.
ortografìa, *f.* (*gramm.*) orthography; (*correct*) spelling: **un esercizio pieno di errori d'o.**, an exercise full of spelling mistakes.
ortogràfico, *a.* (*gramm.*) orthographic(al); of spelling: **regole ortografiche**, the rules of spelling.
ortolano, *m.* **1** (*chi coltiva l'orto*) market-gardener; truck-farmer

(USA) **2** (*chi vende ortaggi*) greengrocer **3** (*zool.*, *Emberiza hortulana*) ortolan.
ortomercato, *m.* fruit and vegetable market.
ortopedìa, *f.* (*med.*) orthop(a)edy; orthop(a)edics (*pl.*, *col verbo al sing.*).
ortopèdico, (*med.*) **A** *a.* orthop(a)edic(al): **apparecchi ortopedici**, orthopaedic appliances. ● **busto o.**, brace. **B** *m.* orthop(a)edist.
ortoscòpico, *a.* (*fis.*, *fotogr.*) orthoscopic.
ortoscòpio, *m.* (*med.*) orthoscope.
ortòsio, *m.* (*miner.*) orthoclase.
ortostàtico, *a.* (*med.*) orthostatic.
ortòttero, **A** *a.* (*zool.*) orthopterous. **B** *m.* **1** (*zool.*) orthopter; orthopteron **2** (*aeron.*) orthopter; ornithopter. ● (*zool.*) **gli ortotteri** (*Orthoptera*), the orthoptera.
ortòttica, *f.* (*med.*) orthoptics (*pl. col verbo al sing.*).
ortòttico, *a.* (*med.*) orthoptic.
ortottista, *m.* e *f.* (*med.*) orthoptist.
orviéto, *m.* «Orvieto» (white wine made near Orvieto).
òrza, *f.* (*naut.*) **1** (*canapo*) luff-tackle; bowline **2** (*fianco della nave sopravvento*) weatherboard; windward side. ● **andare all'o.**, to haul to the wind (*o* to windward); to luff □ **stare all'o.**, to keep close to the wind (*o* to windward); to keep one's luff □ **O.!**, luff!, helm to windward! □ **O. tutto!**, hard to windward!
orzaiòlo, *m.* (*med.*) sty(e).
orzare, *v. t. e i.* (*naut.*) to luff; to haul to the wind (*o* to windward).
orzata (1), *f.* (*naut.*) luff; luffing.
orzata (2), *f.* **1** (*acqua d'orzo*) barley-water **2** (*sciroppo di mandorle*) orgeat.
orzato, *a.* (made) with barley; barley (*attr.*).
òrzo, *m.* (*bot.*, *Hordeum*) barley: **o. mondato**, hulled barley; **o. perlato**, pearl-barley; **acqua d'o.**, barley-water; **un chicco d'o.**, a grain of barley; a barley-corn; **farina d'o.**, barley-meal; **zucchero d'o.**, barley-sugar.
osanna, *inter.* e *m.* (*relig.*) hosanna: **O. al figlio di Davide!**, hosanna to the son of David!; **cantare o.**, to sing hosanna.
osannare, *v. i.* **1** (*relig.*) to sing* hosanna **2** (*acclamare*) to acclaim; to applaud. ● **o. al vincitore**, to hail the winner.
osare, *v. t. e i.* **1** to dare*; to venture: **Mi chiedo come tu abbia osato dire cose simili**, I wonder how you dared to say such things; **Come osi dire una cosa simile?**, how dare you say such a thing?; **Non o. di farlo ancora**, don't dare to do it again!; **Non ho mai osato chiederglielo**, I never dared (to) ask him; **Non oso farlo**, I daren't do it; **Non osai andare**, I did not dare to go; **Oso dire che...**, I venture to say that...; **Oserei dire**, I dare say **2** (*arrischiare*) to risk; to attempt; to venture: **o. l'impossibile**, to attempt the impossible; **o. il tutto per tutto**, to risk one's all.
òscar, *m.* (*cinem.*) Oscar (*anche fig.*).
oscenaménte, *avv.* obscenely; lewdly.
oscenità, *f.* **1** (*l'essere osceno*) obsceneness; obscenity; indecency; lewdness; nastiness; **l'o. di una simile proposta**, the obscenity of such a proposal **2** (*atto o detto osceno*) obscenity; indecency.
oscèno, *a.* **1** (*che offende il pudore*) obscene; indecent; lewd; nasty: **danze (immagini) oscene**, obscene dances (images); **libri osceni**, indecent books; **parole oscene**, obscene (*o* nasty) words; (*leg.*) **atti osceni**, indecent behaviour (*sing.*); **un uomo o.**, an obscene (*o* a lewd) man **2** (*ripugnante*) abominable; loathsome: **un mostro o.**, an abominable monster **3** (*fam.*: *pessimo*) shocking; awful; ghastly.
oscillante, *a.* **1** swinging; oscillating; rocking; vibrating **2** (*di prezzi*, *temperatura*, *ecc.*) fluctuating; unsteady: **prezzi oscillanti**, fluctuating (*o* unsteady) prices **3** (*fig.*: *tentennante*) wavering **4** (*elettr.*, *radio*) oscillating: **corrente o.**, oscillating current **5** (*mecc.*) floating. ● (*mecc.*) **albero o.**, cock-shaft □ (*radio*) **circuito o.**, oscillatory circuit.
oscillare, *v. i.* **1** to swing*; to oscillate; to move to and fro; (*dondolare*) to rock: **La corda oscillava**, the rope was swinging **2** (*di prezzi*, *temperatura*, *ecc.*) to fluctuate; to be unsteady: **I prezzi oscillano**, prices are unsteady **3** (*fig.*: *essere dubbioso*) to fluctuate; to vacillate; to waver: **o. fra la speranza e il timore**, to fluctuate (*o* to vacillate) between hope and fear; **o. fra due opinioni diverse**, to waver between two different opinions **4** (*elettr.*, *radio*) to oscillate. ● **o. lentamente**, to sway □ **fare o.**, to swing; to rock.
oscillatóre, *m.* (*elettr.*, *radio*) oscillator: **o. acustico**, audio-oscillator; **o. a battimenti**, beat-frequency oscillator; **o. a rilasamento**, blocking oscillator; **o. a valvola**, valve oscillator; **o. di Hertz**, Hertzian oscillator; **o. in controfase**, push-pull oscillator; **o. pilota**, master (*o* pilot) oscillator.
oscillatòrio, *a.* (*fis.*, *mecc.*) oscillatory; oscillating: **moto o.**, oscillatory motion.
oscillazióne, *f.* **1** (*l'oscillare*) oscillation; swinging; swaying; moving to and fro; rocking: **l'o. d'un pendolo**, the swinging of a pendulum; **le oscillazioni d'un pendolo**, the oscillations of a pendulum **2** (*di prezzi*, *temperatura*, *ecc.*) fluctuation; fluctuating: **le oscillazioni della temperatura (dei prezzi)**, the fluctuations of temperature (of prices) **3** (*elettr.*, *radio*, *telev.*, *aeron.*) oscillation: **o. a battimenti**, beat-frequency oscillation; **o. a lungo periodo**, long-period oscillation; **o. persistente** (*o* **non smorzata**), undamped oscillation; **o. smorzata**, damped oscillation; **ampiezza dell'o.**, oscillation amplitude. ● (*cinem.*) **o. dell'immagine**, unsteady picture □ (*cinem.*) **o. del suono**, flutter.
oscillografìa, *f.* (*fis.*) oscillography.
oscillògrafo, *m.* (*fis.*) oscillograph: **un o. a ferro dolce**, a soft-iron oscillograph; **un o. a raggi catodici**, a cathode-ray oscillograph; **un o. elettrostatico**, an electrostatic oscillograph.
oscillogramma, *m.* (*elettr.*) oscillogram.
oscillòmetro, *m.* (*med.*) oscillometer. ● **o. sfigmomanometrico**, sphygmomanometer.
oscilloscòpio, *m.* (*fis.*) oscilloscope. ● **o. a schermo fluorescente**, radarscope □ **o. per il controllo della forma d'onda**, wave monitor.
òsco, *a.* e *m.* (*stor.*) Oscan.
osculatóre, *a.* (*mat.*) osculating.
osculazióne, *f.* (*mat.*) osculation.
òsculo, *m.* (*zool.*) osculum*.
oscuràbile, *a.* that may be oscured (*o* darkened, dimmed).
oscuraménte, *avv.* obscurely; darkly; (*misteriosamente*) mysteriously. ● **vivere o.**, to live in obscurity; to live a humble life.
oscuraménto, *m.* **1** (*l'oscurare*, *l'oscurarsi*) obscuration; obscuring; darkening; dimming **2** (*mil.*: *per protezione antiaerea*) blackout; (*parziale*) dim-out.
oscurantìsmo, *m.* obscurantism.
oscurantista, *m.* e *f.* obscurantist.
oscurantìstico, *a.* obscurantist.
oscurare, **A** *v. t.* **1** to obscure; to darken; to dim; to cloud; to overshadow; (*schermare*) to screen; to shade: **Il sole era oscurato dalle nuvole**, the sun was obscured by clouds; **o. una lampada**, to screen a lamp **2** (*fig.*) to obscure; to dim; to overshadow: **o. il trionfo (la gloria) di q.**, to obscure (*o* to dim) sb.'s triumph (glory) **3** (*mil.*) to black out; (*parzialmente*) to dim out. **B** *v. i.* (*lett.*) to become* (*o* to grow*, to get*) dark; to darken: **Comincia ad o.**, it's getting dark. **oscurarsi**, **C** *v. rifl.* **1** to become* (*o* to grow*, to get*) dark (*o* dim); to darken; to dim; to cloud over: **Il cielo si oscurò**, the sky clouded over; **La vista mi si oscura**, my sight is growing dim **2** (*fig.*) to be obscured: **La tua fama non tarderà ad o.**, your fame will soon be obscured. ● **Si oscurò in volto**, his face turned sullen.
oscuratóre, *m.* **1** (*di sala*, *teatro*) dimmer **2** (*naut.*: *di oblò*) deadlight.
oscurazióne, *f.* (*specialm. astron.*) obscuration.
oscurità, *f.* (*anche fig.*) darkness; obscurity: **l'o. della notte (delle strade)**, the darkness of the night (of the streets); **l'o. della stanza**, the darkness (*o* gloominess, sombreness) of the room; (*fig.*) **l'o. d'un passo (dello stile)**, the obscurity of a passage (of the style); (*fig.*) **vivere nell'o.**, to live in obscurity.
oscuro, **A** *a.* **1** (*anche fig.*) dark; gloomy; sombre: **una stanza oscura**, a dark (*o* sombre) room; **Si fa o.**, it's getting dark; **una selva oscura**, a dark (*o* gloomy) wood; **un cielo o.**, a dark (*o* an overcast) sky; **una notte oscura, senza luna**, a dark, moonless night; **nuvole oscure**, dark (*o* gloomy) clouds; **le macchie oscure nel sole**, the dark spots on the sun; **il lato o. delle cose**, the dark side of things **2** (*triste*) sad; dark; gloomy: **oscuri pensieri**, gloomy thoughts **3** (*difficile a comprendersi*) obscure, dark; (*misterioso*) mysterious: **parole oscure**, obscure words; **passi oscuri**, obscure passages; obscurities; **uno stile o.**, an obscure style; **circostaze oscure**, mysterious circumstances **4** (*non conosciuto*) obscure; unknown: **un o. villaggio**, an obscure village; **una morte oscura**, an obscure death **5** (*umile*) humble; lowly: **di origini oscure**, of humble birth **6** (*di colore*) dark; sombre: **colori oscuri**, dark colours; **rosso (verde) o.**, dark red (green). **B** *m.* dark (*anche fig.*): darkness: **camminare (vedere) all'o.**, to walk (to see) in the dark; **rimanere all'o.**, to be left in the dark; **essere completamente all'o. di q.c.**, to be entirely in the dark about st.; **tenere q. all'o. di q.c.**, to keep sb. in the dark about st.
Osìride, *m.* (*relig.*) Osiris.
osmidròsi, *f.* osmidrosis*; bromidrosis*; foul-smelling sweat.
òsmio, *m.* (*chim.*) osmium.
osmirìdio, *m.* (*miner.*) iridosmine.
osmòmetro, *m.* osmometer.
osmòsi, *f.* (*fis.*) osmosis* (*anche fig.*); osmose: **sottoporre a o.**, to subject to osmosis; to osmose.
osmotattìsmo, *m.* **osmotassi**, *f.* (*biol.*) osmotaxis.
osmòtico, *a.* (*fis.*) osmotic: **pressione osmotica**, osmotic pressure.
ospedale, **A** *m.* hospital: **un o. da campo**, a field hospital;

ospedalétto

un'infermiera d'o., a hospital nurse; **morire all'o.**, to die in hospital; **Mia sorella sta ancora all'o.**, my sister is still in hospital; **Fui portato all'o.**, I was taken to hospital; **Andai all'o. a vederla**, I went to the hospital to see her. **B** *a.* — **nave o.**, hospital ship; **treno o.**, hospital train.

ospedalétto, *m.* small hospital. ● (*mil.*) **o. da campo**, field hospital; ambulance.

ospedalière, ospedalièro, A *a.* of a hospital; hospital (*attr.*). ● **Cavalieri ospedalieri**, Knights Hospitallers. **B** *m.* hospital worker.

ospedalizzare, *v. t.* to admit to hospital; to hospitalize.

ospedalizzazióne, *f.* admission to hospital; hospitalization.

ospitale, *a.* hospitable: **un'accoglienza o.**, a hospitable reception; a friendly (*o* hearty, cordial) welcome; **una città o.**, a hospitable town; **una signora o.**, a hospitable lady. ● **fare un'accoglienza o. a q.**, to make sb. welcome.

ospitalità, *f.* hospitality: **l'o. inglese**, English hospitality. ● **abusare dell'o. altrui**, to outstay one's welcome □ **dare** (*o* **offrire**) **o. a q.**, to lodge sb.; to put sb. up (*fam.*): **Mi offrono o. per il fine settimana**, they put me up for the week-end.

ospitante, *a., m. e f.* **1** host **2** (*sport*) home; host: **squadra o.**, home team.

ospitare, *v. t.* **1** to give* hospitality to; to receive as a guest; to entertain: **la famiglia che mi ospitò**, the family that gave me hospitality **2** (*alloggiare*) to lodge; to accommodate; to house; to put* up (*fam.*): **I superstiti dell'alluvione erano stati ospitati in una scuola**, the survivors of the flood had been lodged in a school; **Quell'albergo può o. 500 persone**, that hotel can accommodate 500 guests.

òspite, A *m. e f.* **1** (*persona che ospita*) host (*masch.*); hostess (*femm.*) **2** (*persona ospitata*) guest: **un o. gradito (sgradito)**, a welcome (an unwelcome) guest; **dare il benvenuto agli ospiti**, to welcome one's guests; **o. pagante**, paying guest. ● (*radio, telev.*) **o. d'onore**, special guest ● **camera degli ospiti**, guest-room □ **partirsene insalutato o.**, to leave without saying good-bye □ (*prov.*) **L'o. è come il pesce, dopo tre giorni puzza**, fresh fish and new-come guests smell in three days. **B** *a.* — (*sport*) **la squadra o.**, the visitors' team; the visiting team.

ospizio, *m.* hospice; charitable institution; home; house of refuge: **o. di mendicità**, poor people's home; (*un tempo*) almshouse, poorhouse; **un o. per i ciechi**, a home for the blind. ● **o. per i trovatelli**, foundling hospital.

ossalato, *m.* (*chim.*) oxalate.

ossàlico, *a.* (*chim.*) oxalic: **acido o.**, oxalic acid.

ossame, *m.* **1** (*lett.*) heap of bones **2** (*naut.*) carcass; carcase.

ossàrio, *m.* ossuary; charnel-house.

ossatura, *f.* **1** (*anat.*) skeleton; bony framework; bones (*pl.*): **l'o. del corpo umano**, the skeleton (*o* the framework) of the human body; **l'o. del braccio**, the bones of the arm **2** (*forma e ordine delle ossa*) frame: **di esile o.**, of (*o* with a) slender frame **3** (*archit.*) frame(work); structure; carcass; carcase: **un ponte con l'o. in acciaio**, a bridge with a steel framework; **l'o. d'un edificio**, the skeleton (*o* the building-frame) of a building; **l'o. d'un grattacielo**, the skeleton (*o* the cage) of a skyscraper; **l'o. d'una nave**, the framework (*o* the structure) of a ship; **l'o. d'un aeroplano**, the framework (*o* the chassis) of an aeroplane **4** (*fig.*) outlines (*pl.*); structure; framework: **l'o. d'una commedia** (**d'un discorso**), the outlines of a comedy (of a speech). ● (*aeron.*) **o. di forza**, hull □ **o. in legno**, scaffolding □ **avere una solida o.**, to be strongly-built □ **essere di o. grossa**, to be big-boned □ **un uomo dall'o. solida**, a strongly-built (*o* sturdy) man.

osseina, *f.* (*biol.*) ossein(e); bone-cartilage.

òsseo, *a.* bony; osseous: **tessuto o.**, bony tissue; **un'escrescenza ossea**, a bony excrescence. ● **formazione ossea**, ossification.

ossequènte, *a.* respectful; deferential; submissive: **un figlio o.**, a respectful son; **o. alla tradizione**, respectful of tradition. ● **o. alla legge**, law-abiding: **un cittadino o. alla legge**, a law-abiding citizen.

ossequiare, *v. t.* to pay* one's respects to; to do* homage to. ● **essere ossequiato da tutti**, to be treated with great respect (*o* with deference) by everybody.

ossequiènte, *V.* **ossequènte**.

ossèquio, *m.* **1** respect; regard; esteem; (*deferenza*) deference, consideration: **in o. a**, in deference to; out of respect for **2** (*omaggio*) homage **3** (*pl.*) respects; regards: **i miei migliori ossequi**, my best regards; **porgere i propri ossequi a q.**, to give (*o* to pay) one's respects (*o* kind regards) to sb.; **Riceva i miei ossequi**, please accept my respects. ● **in o. alla legge**, in obedience to the law; in observance of the law.

ossequiosaménte, *avv.* deferentially; respectfully; (*quasi servilmente*) obsequiously, in an obsequious manner.

ossequiosità, *f.* **1** deference; respectfulness **2** (*atteggiamento servile*) obsequiousness.

ossequióso, *a.* **1** deferential; respectful **2** (*che suole fare osse-*
quio) obsequious: **un o. adulatore**, an obsequious flatterer; **parole ossequiose**, obsequious words.

osservàbile, *a.* noticeable; visible.

osservante, A *a.* observing; observant. ● **o. delle leggi**, law-abiding. **B** *m. e f.* regular church-goer. **C** *m. pl.* (*relig.*) Observants; Observantines.

osservanza, *f.* **1** observance; compliance: **l'o. della legge**, the observance of the law; **in o. alla legge**, in compliance with the law **2** (*ossequio*) regards (*pl.*); respects (*pl.*). ● (*nelle lettere*) **con o.**, Yours respectfully.

osservare, *v. t.* **1** to observe; to watch; (*esaminare*) to examine, to look through: **o. i costumi degli insetti**, to observe the behaviour of insects; **Lo osservai mentre usciva**, I observed (*o* watched) him go out; **Lo osserva col microscopio**, he watches it through a microscope; **Osservai che il cielo s'era rannuvolato**, I observed that it had turned cloudy; **Osserva accuratamente questi documenti**, examine (*o* look through) these papers carefully **2** (*rilevare*) to observe; to remark; (*far notare*) to point out; (*notare*) to notice, to note; (*obiettare*) to object: **Osservò che forse avremmo avuto la pioggia**, he observed (*o* remarked) that we should probably have rain; **Osservò che si sarebbe potuto fare meglio**, he pointed out that we could have done it better; **Hai osservato com'è invecchiato?**, did you notice how old he has grown?; **Osservò che era troppo tardi**, he objected that it was too late **3** (*mantenere, rispettare*) to observe; to keep*; to comply with; to respect: **o. le feste (della Chiesa)**, to observe (*o* to keep) the feasts of the Church; **o. un giuramento (una promessa)**, to keep an oath (a promise); **o. la domenica**, to observe the Sabbath; to keep Sunday; **o. la legge (i regolamenti)**, to observe (*o* to comply with) the law (the rules); **o. una dieta rigorosa**, to keep to (*o* to follow) a strict diet; **o. il silenzio**, to observe silence; to keep silent. ● **o. il digiuno**, to fast □ **fare o. q.c. a q.**, to point out st. to sb.; to draw sb.'s attention to st. □ **non farsi o.**, to escape observation □ **Nulla da o.**, no remarks.

osservatóre, *m.* **1** observer: **un o. astronomico**, an astronomical observer; **un attento o. della natura**, an attentive observer of nature **2** (*polit.*) watcher: **gli osservatori della Gran Bretagna**, Britain-watchers **3** (*mil.*) observer; spotter. ● **o. esterno**, outsider.

osservatòrio, *m.* **1** (*astron., meteorologia*) observatory **2** (*mil.*) observation post; look-out.

osservazióne, *f.* **1** observation: **l'o. dei fenomeni della natura**, the observation of natural phenomena; **spirito d'o.**, power of observation; **tenere q. sotto o.**, to keep sb. under observation; **posto d'o.**, observation (*o* look-out) post; **Il malato è in o.**, the patient is under observation **2** (*nota, commento*) observation, note, remark, comment; (*obiezione*) objection; (*rimprovero*) reproach: **fare un'o.**, to make a remark; to raise an objection; **permettersi un'o.**, to venture a remark; **Nessuna o.**, no remark; no objection. ● **fare delle osservazioni a q.**, to criticize sb.; (*rimproverare*) to reproach sb. □ **un uomo senza spirito d'o.**, a man of no observation.

ossessionante, *a.* obsessive; obsessing; haunting.

ossessionare, *v. t.* to obsess; to haunt; (*tormentare*) to harass, to torment; to worry: **Cominciò ad ossessionarla il pensiero della morte**, the thought of death began to haunt her; **Quell'idea orribile lo ossessionava**, that dreadful idea obsessed (*o* harassed) him; **Smetti di ossessionarmi con le tue sciocche domande**, stop tormenting (*o* worrying) me with your foolish questions.

ossessionato, *a.* obsessed; haunted; hung-up (*fam.*).

ossessióne, *f.* (*psic.*) obsession (*anche fig.*): **Il pensiero della morte era diventato una continua o. per lui**, the thought of death had become a constant obsession for him; **È una vera o.**, it's a real obsession; **Sono ossessionato dal pensiero di esso**, I am harassed by the thought of it.

ossessività, *f.* (*psic.*) obsessiveness.

ossessivo, *a.* (*psic.*) obsessive; obsessing; obsessional.

ossèsso, A *a.* possessed. **B** *m.* **1** (*indemoniato*) obsessed (*o* possessed) person **2** (*pazzo*) madman*: **urlare come un o.**, to shout like a madman.

ossia, *cong.* (*ovvero*) or; (*cioè*) that is, id est (*abbr.*: i.e.), namely: **la filologia, o. la scienza delle lingue**, philology, or the science of languages.

ossiacetilènico, *a.* (*chim.*) oxy-acetylene. ● **cannello o.**, oxy-acetylene blowpipe (*o* torch).

ossiàcido, *m.* (*chim.*) oxyacid.

ossianésco, *a.* (*letter.*) Ossianesque: **uno stile o.**, an Ossianesque style.

ossiànico, *a.* (*letter.*) Ossianic: **canti ossianici**, Ossianic poems.

ossicino, ossicolo, *m.* (*anat.*) ossicle.

ossidàbile, *a.* (*chim.*) oxidizable; oxidable.

ossidabilità, *f.* (*chim.*) oxidizability; oxidability.

ossidante, (*chim.*) **A** *a.* oxiding; oxidative. **B** *m.* oxidizer; oxidator.

ossidare, A v. t. (chim.) to oxidize: **o. il ferro**, to oxidize iron; **argento ossidato**, oxidized silver. ● **o. mediante il procedimento di ossidazione anodica**, to anodize. **ossidarsi, B** v. rifl. (chim.) to oxidize; to become* oxidized.

ossidasi, f. (biol.) oxidase.

ossidato, a. (chim.) oxidized.

ossidazióne, f. (chim.) oxidization; oxidation: **o. anodica**, anodic oxidation (o treatment); anodizing; **o. frazionata**, fractional oxidation.

ossidiana, f. (miner.) obsidian.

ossidimetria, f. (chim.) oxidimetry.

ossidionale, a. (stor.) obsidional: **una corona o.**, an obsidional crown (o garland, wreath); **monete ossidionali**, obsidional coins; siege pieces.

òssido, m. (chim.) oxide: **o. di calcio**, calcium oxide; **o. di ferro**, iron oxide; **o. di rame**, copper oxide; **o. di zinco**, zinc oxide; zincwhite; **o. ferrico**, ferric oxide.

ossidoriduzióne, f. (chim.) oxidation-reduction; (abbr.) redox.

ossidrico, a. (chim.) oxyhydrogen: **cannello o.**, oxyhydrogen blowpipe; **fiamma ossidrica**, oxyhydrogen flame; **saldatura ossidrica**, oxyhydrogen welding.

ossidrile, m. (chim.) hydroxyl.

ossidrilico, a. (chim.) hydroxylic.

ossiemoglobina, f. (biol.) oxyh(a)emoglobin.

ossifero, a. (geol.) ossiferous.

ossificare, v. t. **ossificarsi,** v. rifl. to ossify (anche fig.).

ossificazióne, f. ossification.

ossifraga, f. (zool., Macronectes giganteus) giant petrel; nelly.

ossigenare, v. t. **1** to oxygenate: **o. una stanza**, to oxygenate a room **2** (trattare con acqua ossigenata) to peroxide; to bleach: **ossigenarsi i capelli**, to bleach one's hair **3** (fig.) to reinvigorate; to revive.

ossigenato, a. **1** oxygenated; oxygenized: **acqua ossigenata**, oxygenated water; hydrogen peroxide; **aria ossigenata**, oxygenated air **2** (trattato con acqua ossigenata) peroxided; bleached: **capelli ossigenati**, bleached hair.

ossigenatóre, m. oxygenator.

ossigenatura, f. (rif. a capelli) peroxiding; bleaching.

ossigenazióne, f. (chim.) oxygenation.

ossigeno, m. (chim.) oxygen: **o. pesante**, heavy oxygen. ● (fig.) **dare o. a q.**, to relieve sb.; to back sb. (fam.).

ossigenoterapia, f. (med.) oxygen therapy.

ossimetro, m. (med.) oximeter.

ossimòro, ossìmoro, m. (retor.) oxymoron*.

ossìtono, a. (linguistica) oxyton(e).

ossiuriasi, f. (med.) oxyuriasis*.

ossiuro, m. (zool., Oxyuris vermicularis) pin-worm.

òsso, m. (pl. m. **ossi**, specialm. rif. a parti ossee di animale; f. **ossa**, con significato collett.) **1** bone: **le ossa della mano**, the bones of the hand; **Mi scricchiolano le ossa**, my bones are cracking; **Si è fratturato l'o. della gamba**, he has broken a bone in his leg; **Questo bottone è d'o.**, this button is made of bone; **Il freddo mi penetrava nelle ossa**, I was frozen to the bone **2** (pl.: **corpo**) bones; body (sing.): **Ho bisogno di riposare le mie povere ossa**, I need to rest my weary bones **3** (nocciolo) stone; pit (USA): **un o. di ciliegia (di pesca)**, a cherry (peach) stone. ● **o. della tartaruga**, tortoise-shell □ **o. di balena**, whalebone □ **o. di seppia**, cuttle-bone □ (fig.) **un o. duro** (da rodere), a hard nut to crack □ (anat.) **o. sacro**, sacrum □ (fig.) **essere all'o.**, to have nothing left: **Siamo all'o.**, there's nothing more to be got out of this □ **avere le ossa rotte**, to be aching all over □ **essere bagnato fino alle ossa**, to be soaked to the skin; to be wet through □ (fig.) **buttare un o. a q.**, to throw a sop to sb. □ **essere di carne e ossa**, to be made of flesh and blood; to be human □ **fare l'o. a q.c.** (abituarsi), to get used to it. □ **economia all'o.**, very strict economy □ (fig.) **farsi le ossa**, to cut one's teeth □ **freddo che penetra nelle ossa**, biting cold □ **in carne e ossa**, in the flesh; in flesh and blood; in person □ (di persona) **essere ridotto pelle e ossa**, to be (only) skin and bone □ (fig.) **rompere le ossa a q.**, to give sb. a sound beating (o a good thrashing) □ **rompersi l'o. del collo**, to break one's neck; (fig.) to ruin oneself □ **un uomo dalle ossa grosse**, a big-boned man □ **Posa** (o **molla**) **l'o.!**, give it back!; drop it!; put it down!

ossobuco, m. (cucina) marrow-bone; «osso buco».

ossuto, a. bony; big-boned: **un uomo alto e o.**, a tall, bony man.

ostacolare, v. t. to hinder; to handicap; (intralciare) to hamper, to stand* in (sb.'s) way; (ostruire) to obstruct; (impedire) to impede, to prevent: **essere ostacolato nel proprio lavoro**, to be hindered in one's work; **Non lo o.!**, don't hinder him!; **essere ostacolato dalla poca salute**, to be handicapped by ill-health; **Egli mi ostacolò sempre**, he always stood in my way; **o. il traffico**, to obstruct the traffic. ● **o. un'impresa**, to rock the boat (fig.).

ostacolista, m. e f. **1** (sport) hurdler **2** (equitazione) steeplechaser; jumper.

ostàcolo, m. **1** obstacle; hindrance; handicap; obstruction; impediment; stumbling-block; drawback; lion in the path (fam.); snag (pop.): **È un grave o.**, it's a serious obstacle; it's a bad handicap; **il principale o. alla pace mondiale**, the chief obstacle to world peace; **essere di o.**, to form an obstacle; to be a handicap; to be in the way; **opporre un o.**, to raise an obstacle; **superare tutti gli ostacoli**, to overcome (o to surmount) all obstacles (o difficulties); to win through (fam.) **2** (sport) obstacle; hurdle: **una corsa a ostacoli**, an obstacle-race; a hurdle-race; the hurdles (pl.); **saltare un o.**, to jump (over) a hurdle **3** (equitazione) barrier. ● (equitazione) **corsa a ostacoli**, steeplechase.

ostàggio, m. hostage: **dare q. in o.**, to give sb. as a hostage; **i prigionieri tenuti in o.**, the prisoners held in hostage; **lo scambio degli ostaggi**, the exchange of hostages; **tenere q. in o.**, to hold sb. (as a) hostage.

ostare, v. i. to hinder; to be opposed.

ostativo, a. impedimental.

òste (1), m. host; innkeeper; publican; landlord. ● (scherz.) **domandare all'o. se ha buon vino**, to ask silly questions □ **fare i conti senza l'o.**, to reckon without one's host □ (prov.) **Chi fa i conti senza l'o., li fa due volte**, do not count your chickens before they are hatched.

òste (2), m. e f. (raro, lett.: esercito schierato) host; army.

osteggiare, v. t. to be hostile to; to be opposed to; to oppose; to be against.

osteite, f. (med.) ost(e)itis*.

ostèllo, m. **1** (albergo della gioventù) (youth) hostel **2** (lett.: albergo, abitazione) hostel; abode; dwelling.

Ostènda, f. (geogr.) Ostend.

ostensibile, a. **1** (che può essere mostrato) that may be shown **2** (visibile) visible.

ostensióne, f. (lett.) ostension.

ostensivo, a. ostensive; demonstrative.

ostensòrio, m. (relig.) ostensory; ostensorium*; monstrance.

ostentaménto, m. ostentation; vainglorious display; parading.

ostentare, v. t. to make* a show (o a display, a parade) of; to display ostentatiously; to parade, to show* off (fam.): **o. coraggio**, to make a parade of courage; **o. la propria bravura** (o i propri meriti), to parade one's skill (o one's accomplishments); to show off (fam.); to blow one's own trumpet (pop.). ● **o. interesse per q.c.**, to pretend to be interested in st.

ostentataménte, avv. ostentatiously; pretentiously.

ostentato, a. ostentatious; pretentious; ostensible; flaunted; displayed; (vantato) boasted; boastful: **ostentata superiorità**, ostentatious superiority; **ricchezze ostentate**, flaunted (o ostentatious) wealth.

ostentatóre, m. boaster; braggart; show-off (fam.).

ostentazióne, f. ostentation; showing off (fam.); (pretentious) display; parade; show: **l'o. dei poveri arricchiti**, the ostentation of the newly-rich; **Non mi piace tutta quella tua o.**, I don't like all that showing off (o the way you show off); **con o. di coraggio**, with display of courage; **con qualche o. di giustizia**, with some show of justice; **per o.**, for show; **Era tutta o.!**, it was all show (o make-believe)! ● **con o.**, ostentatiously; in an ostentatious manner.

osteoartrite, f. (med.) osteoarthritis.

osteoartròsi, f. (med.) osteoarthrosis.

osteoblasto, m. (biol.) osteoblast.

osteoclasìa, f. (med.) osteoclasis*.

osteoclasta, osteoclasto, m. (biol.) osteoclast.

osteogènesi, f. (scient.) osteogenesis.

osteologìa, f. (scient.) osteology.

osteològico, a. (scient.) osteological.

osteòlogo, m. (scient.) osteologist.

osteòma, m. (med.) osteoma*.

osteomalacìa, f. (med.) osteomalacia.

osteomielite, f. (med.) osteomyelitis.

osteomielìtico, a. (med.) osteomyelitic.

osteopatìa, f. (med.) osteopathy.

osteoporòsi, f. (med.) osteoporosis*.

osteoscleròsi, f. (med.) osteosclerosis.

osteotomìa, f. (med.) osteotomy.

osterìa, f. inn; tavern; public house (abbr.: pub). ● **fermarsi alla prima o.**, to take the first thing that comes.

osterìggio, m. (naut.) skylight.

ostéssa, f. **1** hostess; landlady; innkeeper **2** (moglie dell'oste) innkeeper's wife*.

ostètrica, f. obstetrician; (levatrice) midwife*.

ostetrìcia, f. (med.) obstetrics (pl. col verbo al sing.); midwifery.

ostètrico, A a. obstetric(al). **B** m. obstetrician; accoucheur.

òstia, f. **1** (relig.) Host **2** (sottilissima sfoglia di farina) wafer **3** (lett.: vittima espiatoria) sacrifice; sacrificial victim.

ostiariato, m. (relig.) ostiary.

ostiàrio, m. (relig.) ostiary.

òstico, *a.* **1** (*lett.*: *di sapore sgradevole*) harsh; disgusting; disgustful; disagreeable; nasty; (*amaro*) bitter: **una bevanda ostica**, a disgustful (*o* nasty) drink **2** (*fig.*) harsh, difficult; (*duro*) hard; (*spiacevole*) unpleasant: **parole ostiche**, harsh (*o* hard) words; **un clima o.**, a harsh climate; **un inverno o.**, a hard winter; **un argomento o.**, an unpleasant subject; **È o. dover tacere!**, it's hard to have to keep silent.
ostile, *a.* hostile; (*non amichevole*) unfriendly; (*contrario*) contrary, adverse: **assumere un atteggiamento o.**, to assume a hostile attitude; **essere o. a q.c.**, to be hostile (*o* contrary) to st.; **l'esercito o.**, the hostile (*o* enemy) army; **una persona o.**, a hostile person; **sguardi ostili**, hostile looks. ● **atti ostili**, acts of hostility; hostilities.
ostilità, *f.* **1** hostility **2** (*pl., mil.*) hostilities: **incominciare** (*sospendere*) **le o.**, to open (to suspend) hostilities; **le o. continuarono per due anni**, hostilities continued for two years.
ostinarsi, *v. rifl.* to be obstinate; (*persistere*) to persist, to hold* out; (*perseverare*) to persevere; (*insistere*) to insist, to be determined: **Non ostinarti così!**, don't be so obstinate!; don't insist!; **o. nell'errore**, to persevere in error; **o. a dire che...**, to persist in saying that...; **o. a fare q.c. a modo proprio**, to persist in doing st. in one's own way; **o. a voler fare q.c.**, to be determined on doing st.; **o. a volere l'ultima parola**, to insist on having the last word.
ostinatézza, *f.* obstinacy; stubbornness; (*pertinacia*) pertinaciousness, pertinacity, persistency.
ostinato, A *a.* obstinate; stubborn; (*testardo*) headstrong, dogged, mulish (*fam.*), pig-headed (*pop.*); (*pertinace*) pertinacious, persistent, determined: **una malattia ostinata**, an obstinate disease; **una resistenza ostinata**, an obstinate resistance; **un ragazzo o.**, a stubborn (*o* a headstrong) boy; **una perseveranza ostinata**, a dogged perseverance; **una febbre ostinata**, a pertinacious fever; **assalti ostinati**, persistent attacks; **È così o.!**, he's so determined! **B** *m.* obstinate (*o* stubborn) person; mule (*fam.*).
ostinazione, *f.* obstinacy; stubbornness; doggedness; (*testardaggine*) mulishness (*fam.*), pig-headedness (*pop.*); (*pertinacia*) persistency; pertinaciousness, pertinacity: **l'o. di quel ragazzo**, the stubbornness of that boy.
ostracismo, *m.* (*stor.*) ostracism (*anche fig.*). ● **essere condannato all'o.**, to be banished (*o* expelled) by ostracism; to be ostracized □ (*fig.*) **dare l'o. a q.**, to ostracize sb.; to boycott sb.; to send sb. to Coventry (*fam.*).
òstrica, *f.* (*zool., Ostrea edulis*) oyster: **o. perlifera** (*Meleagrina margaritifera*), pearl-oyster; **un banco di ostriche**, an oyster-bank.
ostricàia, *f.* oyster-woman*.
ostricàio, *m.* **1** (*venditore di ostriche*) oyster-man*; oysterer **2** (*banco d'ostriche*) oyster-bed; oyster-bank **3** (*allevamento d'ostriche*) oyster-farm; oyster-field.
ostricoltóre, *m.* oyster-culturist.
ostricoltura, *f.* oyster-breeding; oyster-culture.
òstro (1), *m.* (*lett.*: *porpora, drappo tinto di porpora*) purple.
òstro (2), *m.* **1** (*geogr.*) South **2** (*lett., poet.: vento*) Auster.
ostrogòtico, *a.* (*stor.*) Ostrogothic; Ostrogothian.
ostrogòto, A *a.* (*stor.*) Ostrogothic; Ostrogothian. **B** *m.* **1** (*stor.*) Ostrogoth **2** (*fig.*) barbarian: **È un o.**, he is a barbarian. ● (*fig.*) **parlare o.**, to speak Greek (*o* double Dutch) □ **Questo è o. per me**, it's Greek for me.
ostruire, A *v. t.* to obstruct; (*bloccare*) to block, to jam; (*occludere*) to occlude, to close up; (*impedire*) to stop, to interrupt; (*intasare*) to clog: **o. un passaggio**, to obstruct (*o* to occlude) a passage; **o. un tubo**, to obstruct (*o* to clog) a pipe; **o. un canale**, to block a channel; **o. una strada**, to obstruct (*o* to block) a road; **o. il traffico**, to block (*o* to obstruct) the traffic. ● **o. un canale con melma**, to silt up a channel □ **o. con dighe**, to dam. **ostruirsi, B** *v. rifl.* to become* (*o* to get*) obstructed; to clog; (*di melma*) to silt up.
ostruttivo, *a.* obstructive; obstructing.
ostruzióne, *f.* **1** (*l'ostruire, l'essere ostruito*) obstruction (*anche fig.*); blocking up; jamming; (*occlusione*) occlusion, stoppage, stopping up, closing; (*intasamento*) clogging; **l'o. d'un tubo**, the obstruction (*o* clogging) of a pipe; **l'o. d'una strada**, the obstruction of a road; **un'o. di traffico**, an obstruction of the traffic; a traffic block; **o. intestinale**, intestinal obstruction **2** (*naut.*) barrage: **o. con rete**, net barrage. ● (*mil.*) **ostruzioni parasiluri**, anti-torpedo defence.
ostruzionismo, *m.* (*polit.*) obstructionism; filibustering (*USA*). ● **fare o.**, to obstruct; to filibuster (*USA*).
ostruzionista, *m. e f.* (*polit.*) obstructionist; filibuster (*USA*).
ostruzionistico, *a.* (*polit.*) obstructionist(ic).
Osvaldo, *m.* Oswald.
otalgìa, *f.* (*med.*) otalgia; otalgy; ear-ache.

otàlgico, *a.* (*med.*) otalgic.
otarda, *f.* (*zool., Otis tarda*) great bustard. ● **o. minore** (*zool., Otis tetrax*), little bustard.
otària, *f.* (*zool., Otaria*) sea-lion; otary.
Otèllo, *m.* Othello.
òtile, *f.* (*anat.*) cotyloid cavity.
otite, *f.* (*med.*) otitis*.
otocióne, *m.* (*zool., Otocyon megalotis*) long-eared fox.
otoiatra, *m. e f.* (*med.*) otologist; ear-specialist.
otoiatrìa, *f.* (*med.*) otology.
otopatìa, *f.* (*med.*) otopathy.
otoplàstica, *f.* (*med.*) otoplasty.
otorinolaringoiatra, *m. e f.* (*med.*) otorhinolaryngologist; ear, nose and throat specialist.
otorinolaringoiatrìa, *f.* (*med.*) otorhinolaryngology; treatment of the ear, nose and throat diseases.
otorrèa, *f.* (*med.*) otorrhoea.
otosclerosi, *f.* (*med.*) otosclerosis*.
otoscopìa, *f.* (*med.*) otoscopy; auriscopy.
otoscòpio, *m.* (*med.*) otoscope; auriscope.
ótre, *m.* leather bag (*o* bottle); goatskin. ● (*fig.*) **un o. gonfio di vento**, a self-conceited person; a wind-bag (*fam.*) □ **essere pieno come un o.**, to be as full as an egg; to be full up (*fam.*) □ (*fig.*) **È un o. di vino**, he drinks like a fish.
otricolo, *m.* (*anat., bot.*) utricle.
ottacòrdo, *m.* (*mus.*) octachord.
ottaèdrico, *a.* (*geom., miner.*) octahedral.
ottaedrite, *f.* (*miner.*) octahedrite.
ottaèdro, *m.* (*geom., miner.*) octahedron*.
ottagonale, *a.* (*geom.*) octagonal.
ottàgono, *m.* (*geom.*) octagon.
ottàmetro, *m.* (*poesia*) octameter.
ottangolare, *a.* octagonal.
ottànico, *a.* (*chim.*) octane (*attr.*).
ottano, *m.* (*chim.*) octane: **ad alto numero di o.**, high-octane.
ottanta, *a. num. card. e m.* eighty: **un uomo di o. anni**, a man eighty years old; an eighty-year-old man. ● **avere superato gli o. anni**, to be over eighty; to be in one's eighties.
ottante, *m.* (*geom., astron., naut.*) octant.
ottantènne, A *a.* eighty years old (*pred.*); eighty-year-old (*attr.*). **B** *m. e f.* person eighty years old; eighty-year-old person; octogenarian.
ottantènnio, *m.* period of eighty years.
ottantèsimo, *a. num. ord. e m.* eightieth.
ottantina, *f.* **1** (*complesso di ottanta*) group of eighty; four score: **un'o. di uova**, four score of eggs **2** (*circa ottanta*) some (*o* about) eighty: **un'o. di anni** (**di persone**), some eighty years (people). ● **avere passato l'o.**, to be over eighty; to be in one's eighties □ **un uomo sull'o.**, a man in his eighties.
ottàstilo, *a. e m.* (*archit.*) octastyle.
ottativo, (*gramm.*) **A** *a.* optative: **il modo o.**, the optative mood; **una proposizione ottativa**, an optative sentence. **B** *m.* optative (mood).
ottava, *f.* **1** (*relig.*) octave(s) **2** (*poesia*) octave; ottava rima **3** (*mus.*) octave; ottava (*abbr.*: 8va).
ottavàrio, *m.* (*relig.*) octave(s).
Ottàvia, *f.* Octavia.
Ottaviano, *m.* (*stor.*) Octavian.
ottavino, *m.* (*mus.*) octave flute; piccolo*.
Ottàvio, *m.* Octavius.
ottavo, A *a. num. ord.* eighth: **l'ottava meraviglia**, the eighth wonder; **Carlo O.**, Charles the Eighth. **B** *m.* **1** eighth **2** (*tipogr.*) octavo*: **in o.**, in octavo (*abbr.*: 8vo, oct.); **un volume in o.**, a volume in octavo; an octavo.
ottemperante, *a.* obedient; compliant.
ottemperanza, *f.* compliance; obedience.
ottemperare, *v. i.* to obey; to comply with: **o. a un ordine**, to obey an order.
ottenebraménto, *m.* obtenebration; overshadowing.
ottenebrare, *v. t.* **ottenebrarsi,** *v. rifl.* (*anche fig.*) to darken; to cloud; to obscure.
ottenére, *v. t.* **1** to obtain; to get*; to achieve; to attain; to gain; to reach: **o. un premio** (**un impiego, un permesso, quel che si vuole, ecc.**), to obtain (*o* to get) a prize (a position, a permission, what one wants, etc.); **Non otterrai niente da lui**, you won't get anything out of him; **o. il proprio scopo**, to reach one's goal; to gain one's ends; **o. un buon risultato**, to obtain (*o* to achieve) a good result; **o. una grande vittoria**, to gain (*o* to win) a great victory; **o. informazioni**, to get (*o* to gain) information **2** (*ricavare, estrarre*) to obtain; to extract: **L'olio si può o. dai semi di molte piante**, oil can be obtained from the seeds of several plants **3** (*comm.: realizzare*) to realize; to earn: **o. un utile**, to realize a profit. ● **La commedia ottenne successo**, the play was a success □ (*prov.*) **Chi vuole, ottiene**, where there's a will,

there's a way.
ottenìbile, *a.* obtainable; gettable; (*conseguibile*) attainable; achievable.
otteniménto, *m.* obtainment; (*conseguimento*) attainment, achievement.
otténne, A *a.* eight years old (*pred.*); eight-year-old (*attr.*); aged eight: **un ragazzo o.**, a boy eight years old; an eight-year-old boy. **B** *m. e f.* eight-year-old child*.
ottentòtto, *m.* Hottentot (*anche fig.*).
ottétto, *m.* **1** (*mus.*) octet, octette **2** (*chim.*) octet.
òttica, *f.* **1** (*fis.*) optics (*pl. col verbo al sing.*): **o. di proiezione,** projection optics; **o. elettronica,** electron optics **2** (*fig.*: *punto di vista*) point of view; viewpoint.
òttico, A *a.* **1** (*che concerne la vista*) optic: **il nervo o.**, the optic nerve **2** (*che concerne l'ottica*) optical: **un'illusione ottica,** an optical illusion; **esperimento (fenomeno) o.**, optical experiment (phenomenon); **strumenti ottici,** optical instruments. **B** *m.* optician; dispensing optician.
otticoelettrònica, *f.* (*fis.*) optoelectronics (*pl. col verbo al sing.*).
otticoelettrònico, *a.* (*fis.*) optoelectronic.
ottimale, *a.* optimal; optimum (*attr.*): **condizioni ottimali,** optimum conditions.
ottimalizzare, *v. t.* (*econ.*) to optimalize; to optimize.
ottimalizzazióne, *f.* (*econ.*) optimalization.
ottimaménte, *avv.* very well; quite well; awfully well (*fam.*); fine (*fam.*); (*eccellentemente*) excellently, in the best of ways: «**Come stai?**» «**O., grazie!**», «how are you keeping?» «very well, thank you»; «**Come te la passi?**» «**O.**», «how are you getting on?» «fine». ● **O.!**, that's capital!
ottimate, *m.* (*stor.*) optimate.
ottimismo, *m.* optimism (*anche filos.*).
ottimista, A *m. e f.* optimist (*anche filos.*). ● **essere o.**, to see everything through rose-coloured spectacles (*fam.*). **B** *a.* optimistic(al).
ottimìstico, *a.* optimistic(al).
ottimizzare, *v. t.* to optimize.
ottimizzazióne, *f.* optimization.
òttimo, A *a. superl.* very good; quite good; awfully good (*fam.*); (*eccellente*) excellent, first-rate, capital, splendid: **un o. giovane,** a very good fellow; an excellent fellow; **fare o. viaggio,** to make a very (*o* an awfully) good journey; **ottenere ottimi risultati,** to obtain very good (*o* excellent) results; **un rimedio o.**, an excellent remedy; **ricevere notizie ottime,** to receive (*o* to get) excellent news; **un o. pranzetto,** a capital little dinner. ● **godere ottima salute,** to enjoy the best of health; to be in the pink (of health) (*fam.*). **B** *m.* **1** (the) best **2** (*qualifica di merito*) excellent.
òtto, *a. num. card. e m.* eight: **l'o. di cuori,** the eight of hearts; **una bambina di o. anni,** a girl eight years old; an eight-year-old girl; **descrivere un o.**, to describe a figure-of-eight; **fare colazione alle (ore) o.**, to have breakfast at eight; **il numero o.**, the number eight; **prendere o. in matematica,** to get eight (out of ten) in mathematics; **Sono le (ore) o.**, it's eight (o'clock); **l'o. e il dieci sono numeri pari,** eight and ten are even numbers. ● **o. volante,** switchback; roller-coaster (*USA*) □ **con o. lati,** eight-sided □ (*tipogr.*) **corpo o.**, eight-point body; brevier □ **dare gli o. giorni a q.**, to give sb. a week's notice □ **in quattro e quattro o.**, in less than no time; in a jiffy; in the twinkling of an eye; before you can say Jack Robinson (*fam.*) □ **oggi a o.**, today week □ **ogni o. giorni**, once a week; every week □ **È chiaro come quattro e quattro fa o.**, it's as plain as the nose on one's face (*o* as a pikestaff).
ottobrata, *f.* (*fam.*) picnic (*o* trip) in October.
ottóbre, *m.* October: **O. è il decimo mese dell'anno,** October is the tenth month of the year.
ottobrino, *a.* of October; October (*attr.*).
ottobrista, *m.* (*stor.*) Octobrist.
ottocentésco, *a.* of the nineteenth century; nineteenth-century (*attr.*).
ottocentèsimo, *a. num. ord. e m.* eight hundredth.
ottocentista, A *a.* **1** nineteenth-century (*attr.*) **2** (*sport*) eight-hundred-metre (*attr.*). **B** *m. e f.* **1** nineteenth-century writer (*o* artist) **2** (*sport*) eight-hundred-metre runner.
ottocentìstico, *a.* of the nineteenth century; nineteenth-century (*attr.*).
ottocènto, *a. num. card. e m.* eight hundred. ● **l'O.,** (*il secolo nono*) the ninth century; (*il secolo decimonono*) the nineteenth century. □ (*sport*) **correre gli o.**, to run the eight-hundred metres.
ottomana, *f.* ottoman; sofa; settee.
ottomano, *a. e m.* Ottoman.
ottomila, *a. num. card. e m.* eight thousand.
ottomillèsimo, *a. num. ord. e m.* eight thousandth.
ottonàio, *m.* brazier.

ottoname, *m.* braziery; brass-ware.
ottonare, *v. t.* to coat with brass; to brass.
ottonàrio, *a. e m.* (*poesia*) octosyllabic: **un verso o.**, an octosyllabic (line).
ottonatura, *f.* brassing.
ottóne, *m.* **1** (*ind., metall.*) brass: **o. crudo,** hard-drawn brass; **o. giallo,** cartridge brass; **filo d'o.**, brass wire; **una lamiera d'o.**, a brass sheet; **una targa d'o.**, a brass plate **2** (*pl., mus.*) (the) brass (*sing.*). ● **saldatura a o.**, brazing; hard-soldering.
Ottóne, *m.* (*stor.*) Otto.
ottòpode, *m.* (*zool., Octopus*) octopus*.
ottòtipo, *m.* (*med.*) optotype(s).
ottriato, *a.* (*stor.*) octroyed.
ottuagenàrio, *a. e m.* octogenarian.
ottùndere, A *v. t.* **1** to blunt (*anche fig.*): **o. la punta d'una freccia,** to blunt the point of a dart **2** (*fig.*) to dull; to obtund (*specialm. med.*): **o. l'ingegno,** to dull one's wits. **ottùndersi, B** *v. rifl.* to blunt.
ottundiménto, *m.* **1** blunting (*anche fig.*) **2** (*fig.*) dulling.
ottuplicare, *v. t.* to multiply by eight.
òttuplo, A *a.* octuple; eightfold; eight times as much. **B** *m.* eight times (*pl.*).
otturaménto, *m.* **1** stopping; filling; closing up; obturating; obturation **2** (*tamponamento*) plugging **3** (*intasamento*) clogging; choking **4** (*ostruzione*) obstruction; obstructing; blocking.
otturare, A *v. t.* **1** to stop; to fill; to close up; to obturate: **o. un buco,** to stop (*o* to fill) a hole; **o. un dente,** to fill (*o* to stop) a tooth; (*naut.*) **o. una falla,** to stop a leak **2** (*tamponare*) to plug **3** (*intasare*) to clog; to choke **4** (*ostruire*) to obstruct; to stop up; to block: **o. un tubo,** to stop up a pipe. **otturarsi, B** *v. rifl.* to close up; to clog; to get* choked up.
otturatóre, *m.* **1** obturator (*generalm. attr.*): **muscoli otturatori,** obturator muscles **2** (*congegno d'arma da fuoco*) obturator; breech-block: **l'o. d'un fucile,** the obturator of a gun **3** (*fotogr., cinem.*) shutter: **o. a tendina,** focal-plane shutter; **o. centrale,** interlens shutter; **o. per dissolvenza,** dissolving-shutter; **o. rotante,** rotary shutter; **caricare l'o.**, to wind up the shutter.
otturazióne, *f.* **1** stopping; filling; plugging; obturation: **l'o. d'un dente,** the filling (*o* stopping) of a tooth; **togliere l'o. a un dente,** to remove the filling (*o* stopping) of a tooth **2** (*ostruzione*) obstruction; blocking.
ottusaménte, *avv.* obtusely.
ottusàngolo, *a.* (*geom.*) obtuse-angled.
ottusità, *f.* **1** (*qualità di ottuso*) obtuseness; obtusity; dullness; bluntness **2** (*mancanza di perspicacia*) dullness; obtuseness; doltishness.
ottùso, *a.* **1** (*smussato, privo di punta*) blunt; obtuse; dull: **una punta ottusa,** a blunt point; **una foglia ottusa,** an obtuse leaf **2** (*geom.*) obtuse: **un angolo o.**, an obtuse angle **3** (*lento nell'apprendere*) dull; dull-brained; obtuse; slow in understanding; flat; doltish: **una persona ottusa,** a dull person; a dullard; a dolt; **uno scolaro o.**, a dull pupil; **una mente ottusa,** a dull mind; **essere un po' o. di mente,** to be rather dull-witted (*o* blunt-witted); **essere troppo o. per capire,** to be too obtuse to understand **4** (*non chiaro, oscuro*) dull; obscure: **una dimostrazione ottusa,** an obscure demonstration; **un colore o.**, a dull colour **5** (*non acuto, sordo*) dull; flat; muffled: **un suono o.**, a dull (*o* a flat, muffled) sound; **con voce ottusa,** in a dull voice.
output (*ingl.*), *m.* (*elab.*) output.
ouverture (*franc.*), *f.* (*mus.*) overture.
òuzo (*greco*), *m.* (*liquore*) ouzo.
ovàia, *f.* **ovàio,** *m.* (*anat.*) ovary; ovarium*.
ovaiòlo, A *a.* (*di gallina*) laying. **B** *m.* (*venditore di uova*) egg-seller.
ovale, *a. e m.* oval: **una foglia o.**, an oval leaf; **una piazza o.**, an oval square. ● **dalla testa o.**, oval-headed □ **dal volto o.**, oval-faced □ **di forma o.**, oval-shaped.
ovalizzare, *v. t.* (*mecc.*) to ovalize; to make* oval.
ovalizzato, *a.* (*mecc.*) ovalized; (*ovale*) oval: **un pistone o.**, an oval piston.
ovalizzazióne, *f.* (*mecc.*) ovalization.
ovàrico, *a.* (*anat., bot.*) ovarian.
ovariectomìa, *f.* (*med.*) ovariectomy.
ovàrio, *m.* (*bot., anat.*) ovary.
ovarite, *f.* (*med.*) ovaritis*.
ovato, *a.* ovate (*bot.*); egg-shaped.
ovatta, *f.* cotton-wool; wadding. ● (*ind. della carta*) **o. di cellulosa,** cellucotton.
ovattare, *v. t.* **1** to wad; to pad **2** (*fig.*) to tone down; to muffle; to soften.
ovattato, *a.* **1** wadded; padded **2** (*fig.*) muffled; softened; (*di passo*) stealthy.
ovazióne, *f.* ovation.

óve, (*lett.*) **A** *avv.* (*di luogo*) where: **Ove è?**, where is it?; **ove crescono le rose,** where roses grow. ● **ove che sia,** (*in qualsiasi luogo*) anywhere; (*dappertutto*) everywhere. **B** *cong.* **1** (*se*) if; in case: **ove non gli piaccia,** in case he does not like it; **ove tu lo voglia,** if you like **2** (*purché*) on condition that; provided (that): **Te lo dirò, ove tu prometta di mantenere il segreto,** I will tell you, provided you promise to keep the secret. ● **ove che,** wherever: **ove che io vada,** wherever I go.

òvest, A *m.* (*geogr.*) west: **ad o.,** in the west; (*in direzione o.*) to the west; **nord-o.,** north-west; **situato ad o.,** situated in the west; lying towards the west; facing westward; western; westerly; **spostarsi all'o.,** to shift to the west; **vento dell'o.,** west (*o* westerly) wind. ● **i paesi dell'o.,** the Western countries □ **verso o.,** westward (*agg.*); westwards (*avv.*). **B** *a.* west; western; (*di vento*) westerly: **trenta gradi di longitudine o.,** thirty degrees longitude west.

ovidiano, *a.* (*letter.*) Ovidian.

Ovìdio, *m.* (*letter.*) Ovid.

ovidótto, *m.* (*anat.*) oviduct.

ovifórme, *a.* (*lett.*) egg-shaped; oviform.

ovile, *m.* sheepfold; sheep-pen; sheep-cot(e): **il Principe di tutti i pastori, il cui o. è il mondo,** the Prince of all Shepherds, whose sheepfold is the world. ● **ritornare all'o.,** to return to the fold (*anche fig.*).

ovini, *m. pl.* (*zool., Ovinae*) ovines.

ovino, *a. e m.* ovine: **gli (animali) ovini,** the ovines.

oviparità, *f.* (*zool.*) oviparity.

oviparo, (*zool.*) **A** *a.* oviparous. **B** *m.* oviparous animal.

òvo, *m.* **– ab ovo,** from the beginning.

ovocèllula, *f.* (*biol.*) oosphere.

ovoidale, *a.* ovoidal; ovoid; egg-shaped. ● **un corpo a forma o.,** an ovoid.

ovòide, *a. e m.* ovoid.

ovolàccio, *m.* (*bot., Amanita muscaria*) fly agaric.

òvolo, *m.* **1** (*bot., Amanita caesarea*) royal agaric **2** (*bot.: germe di pianta*) ovule **3** (*archit.*) ovolo*; echinus*. ● (*bot.*) **o. malefico** (*Amanita muscaria*), fly agaric.

ovopositóre, (*zool.*) **A** *m.* ovipositor. **B** *a.* ovipositing.

ovovivìparo, *a.* (*zool.*) ovo-viviparous.

ovulare, *a.* ovular.

ovulazióne, *f.* (*biol.*) ovulation.

òvulo, *m.* **1** (*bot., anat.*) ovule **2** (*farm.*) globule.

ovùnque, *avv.* (*lett.*: *dovunque*) wherever; anywhere; (*dappertutto*) everywhere.

ovvéro, *cong.* or; or rather.

ovverosìa, *V.* **ossìa**.

ovvia, *inter.* (*tosc.*) come on! ● **O., smettila!,** do stop it.

ovviaménte, *avv.* **1** obviously **2** (*evidentemente*) evidently; manifestly **3** (*naturalmente*) naturally; of course.

ovviare, *v. t.* to obviate; to ward off; to remedy: **o. a un pericolo,** to obviate a danger.

ovvietà, *f.* obviousness.

òvvio, *a.* obvious; (*evidente*) self-evident, manifest; (*naturale*) natural: **supposizioni ovvie,** obvious suppositions; **una verità ovvia,** a manifest truth; **È o. che...,** it's evident that...; **Mi sembra o. che...,** it appears obvious to me that...; **È o.,** it's only too natural; it goes without saying.

oxitòcico, *a. e m.* (*farm.*) oxytocic.

oxitocìna, *f.* (*fisiol.*) oxytocin.

ozelòt, *m.* (*zool., Felis pardalis*) ocelot; tiger-cat.

ozèna, *f.* (*med.*) oz(a)ena.

oziare, ozieggiare, *v. i.* to be idle; to idle about; to laze; to hang* (idly) about; to loaf; to twiddle one's thumbs (*fam.*): **Ho oziato tutto il pomeriggio,** I've been lazing all afternoon; **Non o.!,** don't idle about!; don't loaf away your time!; don't twiddle your thumbs! ● **perdere il tempo oziando,** to be an idler; to idle (*o* to while) away one's time.

òzio, *m.* idleness; (*neghittosità*) sloth, indolence, sluggishness; (*inattività*) inactivity: **darsi all'o.,** to abandon oneself to idleness; to become indolent; to get lazy; **vivere** (*o* **poltrire**) **nell'o.,** to live in idleness; **o. forzato,** forced inactivity. ● **ore d'o.,** idle (*o* leisure) hours; spare time □ **stare in o.,** to be idle; to idle about; to laze; to loaf; to twiddle one's thumbs (*fam.*) □ **tanto per non stare in o.,** just to pass (*o* to beguile) the time □ **trascorrere la vita in o.,** to loaf through life □ **trascorrere un'ora in o.,** to idle (*o* to while) away an hour □ (*prov.*) **L'o. è il padre dei vizi,** idleness is the root of all vice.

oziosàggine, *f.* idleness; (*neghittosità*) slothfulness, indolence; sluggishness.

oziosaménte, *avv.* idly; in idleness; (*neghittosamente*) slothfully, indolently, sluggishly.

oziosità, *f.* **1** idleness **2** (*inutilità*) futility; idleness.

oziòso, A *a.* **1** idle; (*neghittoso*) slothful, indolent, sluggish, layabout; (*inoperoso*) inactive: **una vita oziosa,** an idle life; **starsene o.,** to be idle; to idle away one's time; to laze; to hang (idly) about; to loaf; to twiddle one's thumbs (*fam.*) **2** (*inutile, vano*) idle; futile; useless; vain: **parole oziose,** idle words; **una domanda oziosa,** a futile question; **storielle oziose,** idle tales. **B** *m.* idler; loafer; sluggard.

ozònico, *a.* (*chim.*) ozonic.

ozonizzare, *v. t.* (*chim.*) to ozonize.

ozonizzatóre, *m.* (*chim., ind.*) ozonizer.

ozonizzazióne, *f.* (*chim.*) ozonization.

ozòno, *m.* (*chim.*) ozone.

ozonometrìa, *f.* ozonometry.

ozonòmetro, *m.* ozonometer.

ozonosfèra, *f.* (*meteorologia*) ozonosphere.

p, P

P, p, *f. e m. (quattordicesima lettera dell'alfabeto ital.)* P, p. ● *(tel.)* **p come Palermo**, p for Peter □ **p. e.** *(per esempio)*, e. g.; for example □ **p. p.** *(prossimo passato)*, ult.; last □ **p. v.** *(prossimo venturo)*, prox.; next.
pacare, *v. t. (lett.)* to placate; to pacify; to appease: **Dì qualcosa per pacarla**, say something to pacify her; **p. un uomo adirato**, to pacify an angry man.
pacatézza, *f.* placidity; placidness; peacefulness; calmness; quietness.
pacato, *a.* placid; peaceful; calm; quiet: **un uomo p.**, a quiet man; **una vita pacata**, a quiet (*o* a peaceful) life; **con voce pacata**, in a calm voice.
pacca, *f.* slap; smack. ● **dare una p. a q. sulle spalle**, to slap sb. on the back.
pacchétto, *m.* **1** packet: **un p. di sigarette (di lettere)**, a packet of cigarettes (of letters); **un p. postale**, a postal packet **2** (*sport: nel rugby*) pack **3** (*econ., fin.*) package (deal): **p. d'aiuti**, aid package. ● (*econ.*) **p. anticongiunturale**, booster measures (*pl.*) □ (*fin.*) **p. azionario**, parcel of shares.
pàcchia, (*fam.*) *f.* **1** (*mangiata*) hearty meal **2** (*fig.: cuccagna*) jolly good time; pleasant living; high jinks; cakes and ale (*pop.*); bit of jam (*pop.*): **Che p. è stata per noi!**, what a jolly good time we have had!; **Ora l'hai trovata la p., eh?**, now you have got your cakes and ale, haven't you?; **È davvero una p.!**, that's a bit of jam!
pacchianata, *f.* gross behaviour; boorish act; incivility.
pacchianería, *f.* garishness; showiness; gaudiness.
pacchiano, *a.* garish; showy; gaudy; flashy; vulgar: **eleganza pacchiana**, showy (*o* garish) elegance.
pacciame, pacciume, *m.* heap of dead leaves and twigs.
pacco, *m.* **1** parcel; package: **un p. assicurato**, a registered parcel; **un p. postale**, a post parcel; **a mezzo p. postale**, by parcel post; **servizio pacchi postali**, parcel post; **ufficio spedizione e distribuzione pacchi**, parcel(s) office; **pacchi postali non consegnati**, undelivered post parcels; **confezionare (legare, assicurare) un p.**, to make up (to tie up, to register) a parcel; **spedire (ritirare) un p.**, to post (to collect) a parcel **2** (*involto*) bundle; pack: **un p. di giornali**, a bundle of papers. ● **carta da pacchi**, brown (*o* wrapping) paper.
paccottiglia, *f.* (*merce scadente*) shoddy goods (*pl.*); (*oggetti di nessun valore*) trumpery (*o* trashy) wares (*pl.*); trash; worthless stuff.
pace, *f.* **1** peace; (*quiete, tranquillità*) peace (and quiet); quietness, tranquillity; (*riposo*) rest: **la p. dello spirito** (*o* **dell'animo**), peace of mind; **la p. della sera**, the peace of the evening; **proposta di p.**, peace proposal; **trattato di p.**, peace treaty; **ottenere una p. onorevole**, to obtain peace with honour; (*leg.*) **giudice di p.**, justice of the peace; **firmare la p.**, to sign the peace treaty; **La Svizzera è in p. da secoli**, Switzerland has been at peace for centuries; **fare la p.**, to make peace; **mettere p.**, to bring about peace; **Quel bambino non mi dà un momento di p.**, that boy doesn't give me a moment's peace; **lasciare q. in p.**, to leave sb. in peace (*o* alone); **sopportare q.** (**q.c.**) **per amor di p.**, to put up with sb. (st.) for the sake of peace and quiet; **turbare la p. pubblica**, to disturb the peace; **vivere in p.**, to live in peace; **la p. eterna**, eternal rest; **Riposa in p.!**, rest in peace! (*abbr.:* R.I.P.); **Vattene in p.!**, go in peace! **2** (*relig.*) kiss of peace. ● (*stor.*) **la p. di Dio**, the truce of God □ (*fig.*) **andarsene in p.** (*morire*), to pass away; to die □ **con tutta p.**, in tranquillity; without dispute □ **con vostra buona p.**, with your permission; by your leave; if you will excuse me □ **darsi p.**, to resign oneself □ (*di persona*) **fare la p. con q.**, to make peace (*o* to make it up) with sb. □ **mettersi il cuore in p.**, to set one's mind at rest □ **non darsi p.**, to give oneself no rest; (*preoccuparsi*) to be always worrying □ **P. all'anima sua!**, peace be with him! □ **Dio l'abbia in p.!**, God rest his soul! □ **Santa p.!**, oh dear!; my goodness! □ **Lasciami in santa p.!**, just leave me alone! □ **Che p. c'è qui!**, how peaceful (*o* how quiet) it is here!

pachidèrma, *m.* **1** (*zool.*) pachyderm (*anche fig.*) **2** (*fig.*) thick-skinned person.
pachidermia, *f.* (*med.*) pachydermia.
pachidèrmico, *a.* (*zool.*) pachydermatous, pachydermic, pachydermal (*anche fig.*).
pachistano, *V.* **pakistano.**
pacière, *m.* peacemaker; make-peace: **fare da p.**, to act as a peacemaker.
pacificàbile, *a.* pacifiable; appeasable.
pacificaménte, *avv.* pacifically; peaceably; (*tranquillamente*) peacefully, tranquilly, quietly. ● **vivere p.**, to live a peaceful life.
pacificaménto, *m.* pacification; reconciliation.
pacificare, A *v. t.* **1** (*riconciliare*) to reconcile; to conciliate: **p. il figlio col padre**, to reconcile the son to (*o* with) his father **2** (*mettere in pace*) to pacify; to appease; to pour oil on troubled waters (*fam.*): **p. un paese**, to pacify a country. **pacificarsi, B** *v. rifl.* to make* peace; to become* reconciled; to make* it up (*fam.*).
pacificatóre, A *m.* peace-maker; conciliator. **B** *a.* (*lett.*) pacificatory; peace-making.
pacificazióne, *f.* pacification; reconciliation; reconcilement.
pacifico, A *a.* **1** pacific; peaceable; peaceful; peace-loving; (*tranquillo*) tranquil; (*quieto*) quiet: **un uomo p.**, a (quiet and) peaceful man; a good-natured man; **un'indole pacifica**, a peaceful disposition; **un paese p.**, a peaceful country; **parole pacifiche**, pacific words; **l'Oceano P.**, the Pacific Ocean **2** (*ovvio*) obvious; clear; self-evident. **B** *m.* pacific person; (quiet and) peaceful person; good-natured person. ● (*Bibbia*) **Beati i pacifici!**, blessed are the peacemakers!
pacifismo, *m.* pacifism, pacificism; peace-mongering (*spreg.*).
pacifista, A *m. e f.* pacifist, pacificist; peacenik (*pop. USA*); peace-monger (*spreg.*). **B** *a.* pacifistic; pacifist (*attr.*).
pacioccóne, A *m.* (*fam.*) plump, easy-going person. **B** *a.* **1** easy-going; good-natured; jovial **2** (*grassoccio*) plump; chubby.
pacióne, A *m.* (*fam.*) quiet, peaceful person; easy-going person. **B** *a.* quiet; easy-going.
pacióso, *a.* (*fam.*) peaceful; peaceable; easy-going; quiet.
pack (*ingl.*), *m.* (*geogr.*) pack, ice-pack.
padano, *a.* (*geogr.*) of the Po; Po (*attr.*): **la pianura Padana**, the Po Valley.
padda, *f.* (*zool., Padda oryzivora*) paddy-bird.
padèlla, *f.* **1** frying-pan; pan: (*fig.*) **cadere dalla p. nella brace**, to jump out of the frying-pan into the fire **2** (*per gli infermi*) bed-pan; Dutch clock (*pop.*) **3** (*scaldaletto*) (copper) warming-pan **4** (*anat.*) knee-pan; knee-cap; patella*. ● (*di un cacciatore*) **fare p.**, to miss (the target) □ **pesce in p.**, fried fish.
padellata, *f.* **1** panful: **una p. di patatine fritte**, a panful of chips **2** (*colpo dato con la padella*) blow with a pan.
padiglióne, *m.* **1** (*mil.: tenda*) (large) tent: **rizzare un p.**, to pitch a tent **2** (*baldacchino*) canopy (*anche fig.*): **il p. d'un letto**, the canopy of a bed; **un p. di foglie**, a canopy of leaves **3** (*archit.*) pavilion: **un tetto a p.**, a pavilion roof **4** (*edificio isolato che fa parte d'una serie*) pavilion; (*d'ospedale, anche*) block, wing; (*corsia*) ward: **i padiglioni di un'esposizione**, the pavilions of an exhibition **5** (*anat.*) pavilion; auricle: **il p. dell'orecchio**, the auricle of the ear **6** (*faccetta di pietra preziosa*) pavilion.
Pàdova, *f.* (*geogr.*) Padua.
padovano, *a. e m.* Paduan; of Padua. ● (*danza*) **padovana**, pavan.
padre, *m.* **1** father (*anche relig.*): **p. adottivo**, adoptive father; foster-father; **trasmesso di p. in figlio**, handed down from father to son; **p. di famiglia**, father of a family; (*leg.*) «**pater familias**» (*lat.*); **Sono p. di tre figli**, I am the father of three children; **fare da p. a q.**, to be a father to sb.; **fare le veci del p.**, to act as a father; **Dio P.**, God the Father; **P. nostro che sei nei cieli...**, our Father who art in Heaven...; **il Santo P.**, the Holy Father; **P. Cristoforo**, Father Cristoforo; **un p. conciliare**, a council father; **i Padri (della Chiesa)**, the Fathers of the Church **2** (*pl.*

padreggiare

antenati) forefathers; ancestors: **i nostri padri**, our forefathers **3** (*di animale*) sire. ● (*stor.*) **Padri coscritti**, Conscript Fathers; senators □ (*teatr.*) **p. nobile**, heavy father □ (*stor.*) **i Padri Pellegrini**, the Pilgrim Fathers □ (*relig.*) **p. spirituale**, father confessor □ (*comm.*) **il signor Bianchi p.**, Mr Bianchi senior □ (*leg.*) **diligenza del buon p. di famiglia**, ordinary (*o* reasonable) diligence □ **Sua moglie lo rese p. di un bel bambino**, his wife bore him a beautiful baby □ (*prov.*) **Quale il p., tale il figlio**, like father, like son.

padreggiare, *v. i.* to take* after one's father.

padrenòstro, *V.* **paternòstro**.

padretèrno, *m.* **1** (*relig.*) God the Father **2** (*fig.*) God Almighty: **credersi un p.**, to think one is God Almighty. ● (*fig.*) **fare il p.**, to act the lord; to lord it; to act big (*fam.*).

padrigno, *V.* **patrigno**.

padrino, *m.* **1** (*compare*) godfather; (*pl.*) godparents: **fare da p. a q.**, to stand godfather to sb. **2** (*testimone in un duello*) second.

padronale, *a.* **1** of a master; of an owner; master's: **l'autorità p.**, the master's (*o* owner's) authority **2** (*principale*) main (*attr.*): **il bagno p.**, the main bathroom **3** (*privato*) private: **carrozza p.**, private coach **4** (*imprenditoriale*) employer's (*attr.*): managerial: **associazione p.**, employers' association. ● **casa p.**, country house □ **la classe p. e quella operaia**, the ruling class and the working class.

padronanza, *f.* **1** mastery; mastership; command; control: **La società ha perduto la p. che aveva sul mercato**, the company has lost its control over the market; **la p. di sé**, self-control; **perdere la p. di sé**, to lose one's self-control; **la p. del mare**, the command (*o* mastery) of the seas; **avere la p. di q.c.**, to have the command of st. **2** (*fig.: piena conoscenza*) mastery; command; thorough knowledge: **avere la p. d'un argomento**, to have a thorough knowledge of a subject; **avere una grande p. d'una lingua straniera**, to have a good command of a foreign language. ● **acquistare la p. d'una lingua straniera**, to make oneself master of a foreign language; to master a foreign language.

padronato, *m.* (*i padroni*) (the) owners; (*la classe padronale*) proprietorship, (the) ruling class; (*i datori di lavoro*) (the) employers.

padroncino, *m.* **1** taxi-driver who owns his taxi **2** (*di camion*) truck owner-operator.

padróne, A *m.* **1** master (*anche fig.*); boss (*fam.*): **Voglio essere p. in casa mia**, I want to be master (*o* the boss) in my own house; **essere p. della materia (della situazione, ecc.)**, to be master of the subject (of the situation, etc.); **p. e garzone**, master and man; **rimanere p. del campo**, to remain master of the field; **farla da p.**, to play the lord and master; to lord it; **Dov'è il p.?**, where's the master (*o* the boss)? **2** (*proprietario*) owner; proprietor: **È p. di tutti questi poderi**, he is the owner of all these farms **3** (*datore di lavoro*) principal; employer; boss (*fam.*). **4** (*terriero, o di case d'affitto*) landlord **5** (*naut.*) ship's master. ● **p. di casa**, landlord; house-owner □ **essere p. di fare q.c.**, to be free to do st.; to have a right to do st. □ **essere a p. da q.**, to have been apprenticed to sb.; to be in sb.'s employment □ **non essere p. di sé**, to have no self-control □ **non essere più p. di sé**, to have lost one's self-control □ **lavorare sotto p.**, to be employed □ **P.!** (*o* **Padronissimo!**), as you like; granted!; all right then! □ **Non è p. delle sue azioni**, he is not responsible for his actions □ **Non è p. delle sue passioni**, he has no control over his passions. B *a.* - **serva padrona**, bossy housemaid; governess maid.

padroneggiare, A *v. t.* **1** to master, to command (*anche fig.*); to boss (*fam.*): **p. una materia (una lingua straniera)**, to master a subject (a foreign language) **2** (*dominare*) to rule; to sway; to control: **p. la folla**, to sway the crowd. B *v. i.* to be master (*o* the mistress, *femm.*); to be bossy (*fam.*). **padroneggiarsi**, C *v. rifl.* to control oneself; to retain one's self-control. ● **non saper p.**, to lack self-control.

padronissimo, *m.* - *specialm. nella locuz.* **essere padronissimo di**, to be free to do what one likes (*o* feels): **Sei p. di andare dove vuoi**, you're free to go anywhere you like.

padule, *m.* (*tosc.*) bog; swamp; marsh.

paella (*spagn.*), *f.* (*cucina*) paella.

paesàggio, *m.* **1** landscape (*anche arte*); scenery; view: **Che bel p.!**, what a beautiful landscape!; **dipingere un p.**, to paint a landscape **2** (*panorama*) view; panorama. ● **p. irreale** (*o* **di sogno**), dreamscape □ **p. marino**, seascape □ **difesa del p.**, conservation of nature □ **quadri di p.**, landscapes.

paesaggista, *V.* **paesista**.

paesanismo, *m.* localism; provincialism; provinciality.

paesano, A *a.* **1** of the country; country (*attr.*); (*provinciale*) provincial: **la vita paesana**, country life; **le usanze paesane**, the customs of the country; provincial customs. ● **alla paesana**, after the country fashion; according to the local custom

□ **cucina paesana**, home cooking ● **prodotti paesani**, home products. B *m.* countryman*; villager. ● **i paesani**, country people (*o* folk).

paése, *m.* **1** (*nazione*) country; nation; (*terra*) land; (*luogo*) place: **Il mio p. è l'Italia**, Italy is my country; **Tutti amano il proprio p.**, everybody loves his own country; **p. d'origine**, country of origin; one's native land; **i Paesi Bassi**, the Low Countries; **paesi d'oltremare**, overseas countries; **paesi di lingua inglese**, English-speaking countries; **paesi in via di sviluppo**, developing countries (*o* nations); **p. fertile** (**sterile**), fertile (barren) country; **p. montuoso** (**piano**), mountainous (flat) country; **visitare paesi lontani**, to visit distant lands; **Scoprirono paesi nuovi**, they discovered new lands; **il P. della Cuccagna**, the Land of Cockaigne; **il p. natio**, one's native place; one's birthplace; **Palermo è un bel p.**, Palermo is a lovely place **2** (*villaggio*) village; (*cittadina*) (little) town: **il p. natio**, one's native village; one's native town; **Accorsero dai paesi vicini**, they rushed from the neighbouring villages; **al mio p.**, in my village; at home. ● **il P. dei Balocchi**, Toy-land □ **avere nostalgia del proprio p.**, to be homesick □ **il bel P.**, Italy □ **gente di p.**, country people; provincials □ (*fam.*) **mandare q. a quel p.**, to tell sb. to go to hell □ (*prov.*) **Tutto il mondo è p.**, it's the same the whole world over □ (*prov.*) **P. che vai, usanza che trovi**, when in Rome, do as the Romans do.

paesista, *m. e f.* (*arte*) landscape-painter; landscapist.

paesìstico, *a.* (*arte*) landscape (*attr.*).

paf, pàffete, *inter.* (*fam.*) bang! **fare p.**, to go bang.

paffuto, *a.* plump; chubby: **tondo e p.**, round and plump; **un bambino p.**, a plump baby; **guance paffute**, chubby cheeks. ● **diventare p.**, to plump up (*o* out) □ **Come sei bello p.!**, you look as plump as a pincushion.

paga, *f.* pay; (*salario*) wage (*comunemente al pl.*); (*stipendio*) salary: **La mia p. è di trenta sterline la settimana**, my wages are thirty pounds a week; **la p. settimanale**, a week's pay; **p. intera**, full wages (*o* salary); **mezza p.**, half pay; **minimo di p.**, minimum wage; **busta p.**, wage-packet; pay-packet; **foglio p.**, pay-sheet; pay-list; **giorno di p.**, pay-day; **tabella base delle paghe**, wage-scale; **ufficio p.**, pay-office; **riscuotere la p.**, to draw one's pay. ● **p. oraria**, hourly rate □ (*fig.*) **per p.**, in return; as thanks □ (*fig.*) **Ecco quello che ho ricevuto per p.**, that's what I've got for my pains.

pagàbile, *a.* (*comm.*) payable: **una cambiale p. a vista** (**a richiesta**), a bill payable at sight (on demand); **p. al portatore** (**all'ordine**), payable to bearer (to order); **p. in anticipo**, payable in advance; **p. alla consegna**, payable on delivery; **p. contro fattura**, payable against invoice; **p. il 1º settembre**, payable on September 1st.

pagàia, *f.* (*naut.*) paddle.

pagaménto, *m.* (*comm.*) payment: **p. anticipato**, payment in advance; **p. a rate** (*o* **rateale**), payment by instalments; hire-purchase (*abbr.*: H.P.); **p. completo**, payment in full; **p. in natura**, payment in kind; **p. per intervento** (*o* **per l'onore di firma**), payment for honour (*o* supra protest); **avviso di p.**, notice of payment; **condizioni di p.**, terms of payment; **facilitazioni di p.**, accommodations for payment; **fare un p.**, to make a payment; **far fronte a un p.**, to meet a payment; **dilazionare un p.**, to grant an extension of payment; **richiedere il p. immediato**, to demand prompt payment. ● **p. alla consegna** (*o* **contro assegno**), cash on delivery (*abbr.*: C.O.D.) □ **dietro p. di**, against (*o* for) payment of □ **fino a p. totale**, until fully paid □ **giorno di p.**, (*di un debito, ecc.*) day on which payment is (to be) made; (*di paga*) pay-day □ **mancato p.**, non-payment; (*d'una cambiale, ecc.*) dishonour (by non-payment) □ **mandato di p.**, money-order.

paganeggiare, *v. i.* to paganize; to act as a pagan; to assume a pagan character.

paganésimo, *m.* paganism; heathenism.

paganizzare, *v. t.* to paganize; to heathenize; to convert to paganism.

pagano, *a. e m.* pagan (*anche fig.*); heathen: **il mondo p.**, the pagan world; heathendom; **una terra pagana**, a heathen land; **superstizioni pagane**, pagan superstitions; **usanze pagane**, pagan (*o* heathen) customs; **I Sassoni che invasero l'Inghilterra erano pagani**, the Saxons who invaded England were heathens; **predicare il Cristianesimo ai pagani**, to teach Christianity to the heathen.

pagante, A *a.* paying: **un socio p.**, a paying member. B *m. e f.* payer, payor.

pagare, *v. t.* **1** to pay* (for); (*saldare*) to settle: **p. gli operai** (**il sarto, ecc.**), to pay workmen (the tailor, etc.); **p. i creditori**, to pay (off) one's creditors; **p. un conto** (**un debito, il salario di q., ecc.**), to pay a bill (a debt, sb.'s wages, etc.); **p. la merce**, to pay for the goods; **Quanto l'hai pagato?**, how much did you pay for it?; **Ha pagato la sua imprudenza con la vita**, he paid for his rashness with his life; **Pagherai cara la tua insolenza**, you'll have to pay dearly for your insolence; **Me la pagherai!**, you'll pay for it!; **p. alla consegna**, to pay cash on delivery; **p. a tamburo battente**, to pay on the nail; to pay spot cash; **p. a rate**, to pay in instalments; **p. con un assegno**, to pay by cheque; **p. in contanti**, to pay cash (down); **p. un occhio della testa**, to pay through the nose; **p. in natura**, to pay in kind; **p. una cambiale**, to pay (*o* to honour) a bill of exchange); **p. un conto**, to settle an account **2** (*ricompensare*) to repay*; to pay* back; to reward: (*fig.*) **p. q. della stessa moneta**, to repay (*o* to pay back) sb. in his own coin; **È così che paga la mia bontà**, that's how he rewards me (for my goodness) **3** (*offrire*) to offer; to treat; to stand* (*fam.*): **p. mezzo litro a q.**, to offer sb. half a litre of wine; **p. da bere a q.**, to stand sb. a drink; **Le ho pagato un gelato**, I treated her to an ice-cream. ● **p. il debito alla natura**, to pay the debt of nature; to die □ **p. di persona**, to face the consequences; to face the music (*fam.*) □ **p. il fio** (*o* **la pena**), to pay the penalty □ **p. l'onorario a** (*un professionista*), to fee □ **p. q.c. per nuovo**, to buy st. thinking it is new □ **p. q. a parole**, to put sb. off with fine words □ **p. q. di mala moneta**, to show ingratitude to sb. □ **p. lo scotto**, to pay the reckoning □ **far p. q.c. a q.**, to charge sb. for st.: **Quanto te l'hanno fatto p.?**, how much did they charge you for it? □ **far p. q.**, to make sb. pay □ **farsi p.**, to enforce payment □ **non p. una cambiale**, to dishonour a bill (of exchange) □ **far p. salato**, to rip off □ **Fatti p.!**, make him (her, them, etc.) pay you!; insist on your due! □ **Stasera pago io!**, it's my turn to pay to-night!; it's on me tonight! □ **Non so cosa pagherei** (*o* **Pagherei un occhio**) **per poterlo salvare**, I would give anything (*o* the world) to be able to save him.

pagatóre, A *m.* payer, payor: **un cattivo p.**, a bad (*o* slow) payer. **B** *a.* paying; pay (*attr.*): **un agente p.**, a pay-clerk; **un ufficiale p.**, a paymaster.

pagèlla, *f.* school report; report-card.

pagèllo, *m.* (*zool.*, *Pagellus centrodontus*) sea-bream.

paggétto, *m.* page.

pàggio, *m.* (*anche stor.*) page. ● **pettinatura alla p.**, page-boy style.

pagherò, *m.* (*comm.*) I owe you (*abbr.*: I O U). ● **p. cambiario**, promissory note (*abbr.*: P/N); note of hand.

paghétta, *f.* (*fam.*) pocket-money.

pàgina, *f.* **1** page (*anche fig.*): **Un libro di cento pagine ha cinquanta fogli**, a book of a hundred pages has fifty leaves; **Quel libro contiene molte pagine interessanti**, that book contains many interesting pages; **una p. bianca**, a blank page; **le pagine d'una lettera**, the pages of a letter; (*fig.*) **le pagine della storia**, the pages of history; (*fig.*) **una p. fulgida nella storia del Risorgimento**, a bright page in the history of the Risorgimento; **numerare le pagine d'un libro**, to number the pages of a book; to page a book; **voltare p.**, to turn over the page; (*fig.*) **voltare p., to turn over a new leaf; **a piè di p.**, at the foot of the page; (*tel.*) **le pagine gialle**, yellow pages **2** (*bot.*) pagina*; blade: **la p. d'una foglia**, the blade of a leaf. ● **le sacre pagine**, the (Holy) Scriptures.

paginatura, *f.* pagination; paging; page-numbering.

pàglia, *f.* **1** straw: **una balla di p.**, a bale of straw; **un cappello di p.**, a straw hat; **p. di riso**, rice straw; **imbottito di p.**, stuffed with straw; **leggero come la p.**, as light as straw; (*fig.*) **un uomo di p.**, a man of straw; **letto di p.**, straw bed **2** (*metall.*) seam. ● **p. di ferro**, steel wool □ **p. di legno** (*trucioli*), shavings (*pl.*) □ (*fig.*) **avere la coda di p.**, to have a guilty conscience □ **una casetta col tetto di p.**, a thatched cottage □ **color p.**, straw colour (*sost.*); straw-coloured (*agg.*): **capelli color p.**, straw-coloured hair □ (*fig.*) **essere come la p. al vento**, to be changeable (*o* inconstant) □ **fare la treccia di p.**, to weave straw □ **un filo** (*o* **un fuscello**) **di p.**, a straw; a single straw □ (*fig.*) **un fuoco di p.**, a flash in the pan □ **mettere frutta nella p.**, to lay out fruit (in the straw) to ripen □ (*fig.*) **mettere la p. vicino al fuoco**, to tempt fate □ **tetto di p.**, thatched roof.

pagliaccésco, *a.* (*spreg.*) clownish; clown-like.

pagliaccétto, *m.* **1** (*abitino per bambini*) pair of rompers; rompers (*pl.*) **2** (*indumento intimo femminile*) combinations (*pl.*); combination-garment.

pagliacciata, *f.* clownish act; (piece of) buffoonery: **È una p.!**, that's all buffoonery! ● **Non fare pagliacciate!**, don't play the buffoon!

pagliàccio, *m.* clown; buffoon (*anche fig.*, *spreg.*); merry-andrew (*fam.*): **fare il p.**, to play the buffoon. ● **Che p. che sei!**, you are a fool, that's what you are!

pagliàio, *m.* **1** straw-rick; straw-stack **2** (*capanna di paglia*) straw hut. ● **È come cercare un ago in un p.**, it's like looking for a needle in a hay-stack.

pagliaròlo, *m.* (*zool.*, *Acrocephalus paludicola*) marsh warbler.

pagliata, *f.* (*foraggio secco*) fodder.

pagliato, *a.* straw (*attr.*): **giallo p.**, straw yellow; **di colore giallo p.**, straw-yellow; straw-coloured.

pagliericcio, *m.* straw mattress; pallet; palliasse.

paglierino, *a.* straw-coloured; straw-yellow; strawy; (*giallo chiaro*) pale yellow.

pagliétta, *f.* **1** (*cappello di paglia*) straw hat **2** (*di ferro, per lucidare pentole*) steel wool **3** (*trucioli di legno*) shavings (*pl.*) **4** (*bot.*) palea* **5** (*elettr.*) connecting lug (*o* tag) **6** (*moda*) paillette; sequin; spangle.

paglietto, *m.* (*naut.*) mat: **paglietti delle sartie**, rigging mats.

paglino, A *m.* straw bottom (of a chair). **B** *a.* straw-coloured; straw-yellow.

pagliòlo, *m.* (*naut.*) dunnage.

pagliuzza, *f.* **1** (*pezzetto di paglia*) (small piece of) straw; mote: (*fig.*) **attaccarsi a una p.**, to catch at a straw; (*Bibbia*) **vedere la p. nell'occhio del fratello**, to see the mote in one's brother's eye **2** (*di metallo*) minute particle; sliver; speck: **pagliuzze d'oro**, minute particles of gold; gold dust. ● **un nido costruito con le pagliuzze**, a straw-built nest.

pagnòtta, *f.* **1** loaf* (of bread): **mezza p.**, half a loaf; **una p. da due libbre**, a two-pound loaf; **tre pagnotte**, three loaves (of bread) **2** (*fig.*) living; bread and butter (*fam.*): **lavorare per la p.**, to work for one's bread and butter.

pago (1), *a.* content, contented, satisfied (with st.): **essere p. della propria sorte**, to be contented with one's lot in life; **essere p. del cibo che Dio manda**, to be content with any food that God sends.

pago (2), *m.* (*archeol.*) pagus*; country district.

pagòda, *f.* **1** (*archit.*) pagoda **2** (*moneta indiana*) pagoda.

paguro, *m.* (*zool.*, *Pagurus*) pagurian; hermit-crab.

paidologia, *f.* (*disciplina integrativa della pediatria*) pedology.

paillard (*franc.*), *f. invar.* (*cucina*) grilled sirloin.

paillette (*franc.*), *f.* (*moda*) paillette; sequin; spangle.

pàio, *m.* **1** pair: **un p. di guanti**, a pair of gloves; **un p. di scarpe nuove**, a new pair of shoes; **centinaia di paia**, hundreds of pairs; **un p. d'occhiali** (*di forbici*), a pair of spectacles (scissors) **2** (*due*; *due o tre*) couple; two (or three); a few: **un p. di libri**, a couple of books; two or three books; **tra un p. d'ore**, in a couple of hours; in an hour or two **3** (*di selvaggina*) brace; (*di buoi*) yoke: **un p. di pernici**, a brace of partridges; **tre paia di lepri**, three brace of hares; **un p. di buoi**, a yoke of oxen; **cinque paia di buoi**, five yoke of oxen. ● (*fig.*) **essere una coppia e un p.**, to be cast in the same mould; to be as like as two peas; (*iron.*) **fare il p.**, to be well-matched □ **È un altro p. di maniche**, that's another (*o* a different) pair of shoes; that's quite a different story.

paiolata, *f.* potful of; pot: **una p. di rape**, a potful of turnips.

paiòlo, *m.* **1** (copper) pot; (*calderone*) ca(u)ldron: **essere nero come un p.**, to be as black as a tinker's pot **2** (*mil.*) emplacement.

pakistano, *a.* e *m.* Pakistani.

pala, *f.* **1** shovel: **raccattare con la p.**, to take up with a shovel; to shovel **2** (*di remo, elica, ventilatore*) blade, vane; (*di ruota*) paddle: **una p. smontabile**, a detachable blade; **la p. d'un remo**, the blade of an oar; **la p. dell'elica**, the propeller blade (*o* vane); **la p. d'un mulino a vento**, a wind-vane; the sail of a windmill; **una ruota a pale**, a paddle-wheel. ● (*agric.*) **p. caricatrice**, (power) loader □ (*arte*) **p. d'altare**, ancona; altar-piece □ (*fig.*) **buttare via i quattrini con la p.**, to be a spendthrift (*o* a squanderer); to spend money like water (*fam.*).

paladino, *m.* **1** (*nei romanzi cavallereschi*) paladin **2** (*fig.*) paladin; champion: **un p. della libertà**, a champion of liberty. ● **farsi p. di un'idea**, to champion an idea □ **farsi p. di q.**, to take up the cause of sb.; to stand by sb.

palafitta, *f.* **1** (*edil.*) pile-work; pile-structure; piles (*pl.*): **un'abitazione costruita su palafitte**, a pile(-built) dwelling; **un molo costruito su palafitte**, a pile-pier; **un ponte costruito su palafitte**, a pile-bridge **2** (*archeol.*) palafitte (*comunemente al pl.*); pile-dwelling; lake-dwelling. ● **un villaggio costruito su palafitte**, a lake-hamlet; a lake-village.

palafittare, *v. t.* (*edil.*) to pile; to support with piles.

palafitticolo, A *m.* lake-dweller; pile-dweller. **B** *a.* lake (*attr.*); pile (*attr.*).

palafrenière, *m.* groom.

palafréno, *m.* palfrey; saddle-horse.

palàia, *f.* coppice (for pole-timber).

palaménto, *m.* (*naut.*) oarage; outfit of oars.

palamidóne, *m.* (*scherz.*) long frock-coat.

palamita, *f.* (*zool.*, *Pelamys*) pelamyd.

palàmite, **palàmito**, *m.* (*arnese da pesca*) boulter.

palanca (1), *f.* **1** (*trave*) beam; girder **2** (*naut.*: *passerella*) gangway.

palanca (2), *f.* (*pop.*: *antica moneta di rame*) copper. ● **le palanche**, money; brass (*fam.*); blunt (*fam.*); dough (*fam.*) □ **non avere una p.**, to be penniless; to be broke (*pop.*); to be stony(-

palancato

-broke) (*pop.*).
palancato, *m.* palisade; stockade.
palanchino, *m.* **1** (*specie di portantina*) palanquin, palankeen **2** (*specie di carrucola*) crow-bar; pinch(-bar).
palanco, *m.* (*argano*) winch.
palàncola, *f.* **1** (*valicatoio*) plank; foot-bridge **2** (*edil.*) sheet--piling: **p. di ferro**, iron sheet-piling.
palandrana, *f.* long, loose garment.
palare, *v. t.* (*rafforzare con pali*) to pile; to support with piles.
palata, *f.* **1** (*contenuto di una pala*) shovelful: **una p. di neve** (**di sabbia**), a shovelful of snow (of sand) **2** (*colpo di pala*) blow with a shovel **3** (*colpo di remo*) stroke (of an oar). ● **a palate**, in plenty; plentifully □ **denaro a palate**, heaps (*o* lots) of money; pots (*o* piles) of money (*fam.*) □ **fare denaro a palate**, to make a mint of money (*fam.*) □ **spropositi a palate**, a great many mistakes; lots of mistakes.
palatale, **A** *a.* (*anat.*, *fon.*) palatal: **un suono p.**, a palatal (sound). **B** *f.* (*fon.*) palatal.
palatalizzare, *v. t.* (*fon.*) to palatalize.
palatalizzazione, *f.* (*fon.*) palatalization.
Palatinato, *m.* (*stor.*) Palatinate.
palatino (1), *a.* (*anat.*) palatine; palatal; of the palate: **il velo p.**, the veil of the palate; the soft palate; the velum; **ossa palatine**, palatine (*o* palate) bones; palatines.
palatino (2), **A** *a.* **1** (*di palazzo*) palatine: **la guardia palatina**, the Palatine Guard **2** (*stor.*) Palatine: **un conte p.**, a Count Palatine. **B** *m.* (*stor.*) (Count) Palatine.
Palatino, *m.* (*geogr.*) Palatine (Hill).
palato, *m.* **1** (*anat.*) palate: **p. duro (molle)**, hard (soft) palate **2** (*senso del gusto*) palate; (sense of) taste: **avere il p. fine**, to have a delicate palate. ● **cibi che stuzzicano il p.**, appetizing food □ **gradevole al palato**, palatable □ **un odore che stuzzica il p.**, an appetizing smell.
palatura, *f.* (*agric.*) staking.
palazzina, *f.* **1** small palace **2** (*casa signorile*) mansion.
palazzo, **A** *m.* **1** (*reggia*) palace: **una congiura di p.**, a palace plot; **il P. Reale**, the Royal Palace **2** (*grande casa signorile*) mansion **3** (*edificio*) building; (*casamento*) block of flats: **il P. delle Nazioni**, the U.N.O. Building **4** (*sede di uffici pubblici*) hall: **il P. Municipale**, the Town (*o* City) Hall; **il P. di Giustizia**, the Hall of Justice; the Law Courts. ● **il P. della Borsa**, the Stock Exchange □ **il P. del Sindaco di Londra**, the Mansion House □ **il P. della Zecca**, the Mint □ **i sacri palazzi**, the Pope's Palace; the Vatican. **B** *a.* – (*moda*) **pigiama p.**, palazzo pyjamas.
palchettista, *m. e f.* (*teatr.*) box-holder; box-owner.
palchetto, *m.* **1** shelf*; board: **uno scaffale a sei palchetti**, a bookcase with six shelves **2** (*teatr.*) box **3** (*min.*) stull: **un p. ad ala**, a wing-stull; **un p. rinforzato**, a reinforced stull; **un p. volante**, a false stull **4** (*nei giornali*) box.
palco, *m.* **1** (*edil.*: *tavolato*) flooring, boarding; (*impalcatura*) scaffolding, stage **2** (*tribuna*) platform; stand: **il p. della banda musicale**, the band-stand; **alzare** (*o* **rizzare**) **un p.**, to raise a platform **3** (*patibolo*) scaffold; gallows **4** (*teatr.*) box: **una fila di palchi**, a tier of boxes; **un p. di prim'ordine**, a first-tier box **5** (*scaffale*) shelf* **6** (*naut.*) bridge: **il p. di comando**, the navigating bridge **7** (*zool.*) antler: **un cervo con le corna a due palchi**, a stag with two antlers **8** (*strato*) layer: **disporre q.c. a palchi**, to lay st. in layers. ● **un p. improvvisato**, (*per un oratore*), a soap box.
palcoscènico, *m.* (*teatr.*) stage (*anche fig.*).
paleggiare, *v. t.* to shovel.
palèlla, *f.* **1** (*incastro a coda di rondine*) dovetail joint **2** (*scalpello da calafato*) caulking iron.
palèo (1), *m.* (*bot.*) fescue-grass. ● **p. odoroso** (*Anthoxanthum odoratum*), vernal grass.
palèo (2), *m.* (*trottola*) whip-top; whipping-top.
paleoàntropo, *m.* Pal(a)eanthropus.
paleoantropologìa, *f.* pal(a)eo-anthropology.
paleobotànica, *f.* (*bot.*) pal(a)eobotany.
paleocène, *m.* (*geol.*) Pal(a)eocene.
paleoclima, *m.* (*geol.*) pal(a)eoclimate.
paleoclimatologìa, *f.* (*geol.*) pal(a)eoclimatology.
paleocristiano, *a.* early Christian.
paleogène, *m.* (*geol.*) Pal(a)eogene.
paleogenètica, *f.* (*scient.*) pal(a)eogenetics (*pl.* col verbo al sing.).
paleogeofisica, *f.* (*scient.*) pal(a)eogeophysics (*pl.* col verbo al sing.).
paleogeografìa, *f.* pal(a)eogeography.
paleografìa, *f.* pal(a)eography.
paleogràfico, *a.* pal(a)eographic(al).
paleògrafo, *m.* pal(a)eographer; pal(a)eographist.
paleolìtico, (*archeol.*) **A** *a.* Pal(a)eolithic. **B** *m.* Pal(a)eolithic

period.
paleontologìa, *f.* (*scient.*) pal(a)eontology.
paleontològico, *a.* (*scient.*) pal(a)eontologic(al).
paleontòlogo, *m.* (*scient.*) pal(a)eontologist.
paleopatologìa, *f.* (*biol.*) pal(a)eopathology.
paleozòico, (*geol.*) **A** *a.* Pal(a)eozoic: **l'era paleozoica**, the Palaeozoic (era). **B** *m.* Pal(a)eozoic (era).
paleozoologìa, *f.* pal(a)eozoology.
paleozoòlogo, *m.* pal(a)eozoologist.
palermitano, *a. e m.* Palermitan.
palesaménto, *m.* revealment; revealing; (*public*) disclosure.
palesare, **A** *v. t.* (*rivelare*) to reveal; to disclose; to lay* open; to divulge; to make* known: **p. un segreto**, to reveal (*o* to disclose, to tell) a secret. **palesarsi**, **B** *v. rifl.* to reveal (*o* to show*) oneself. ● **p. per quello che si è**, to show one's colours (*fam.*) □ **La situazione si palesa difficile**, the situation looks difficult.
palesatóre, **A** *m.* revealer; discloser. **B** *a.* revealing.
palése, *a.* manifest; clear; (*noto*) well-known; (*evidente*) evident, obvious: **una verità p.**, a manifest truth; **fatti palesi**, well-known facts. ● **in p.**, manifestly; openly □ **rendere p.**, to manifest; to show; to make known; (*rivelare*) to reveal, to disclose, to lay open □ **È un fatto p. a tutti**, it's an open secret; everybody knows about it (*fam.*).
palesemènte, *avv.* manifestly; clearly; obviously.
Palestina, *f.* (*geogr.*) Palestine.
palestinése, *a. e m.* Palestinian.
palèstra, *f.* **1** gymnasium* **2** (*ginnastica*; *anche fig.*) gymnastics (*pl.*); exercise; training: **Gli farebbe bene un po' di p.**, some gymnastics (*o* exercise) would be good for him; **La scuola è la p. della vita**, school is a good training for life; **la migliore p. della mente**, the best gymnastics (*o* exercise) of the mind **3** (*stor.*) pal(a)estra (*anche fig.*); wrestling-school.
palestrita, *m.* (*lett.*) wrestler.
paletnologìa, *f.* pal(a)eo-ethnology.
paletnològico, *a.* pal(a)eo-ethnologic(al).
paletnòlogo, *m.* pal(a)eo-ethnologist.
paletot (*franc.*), *V.* **paltò**.
palétta, *f.* **1** (*per il focolare*) (fireside) shovel; (*giocattolo*) spade **2** (*mecc.*: *di turbina*, *ventilatore*) blade: **una p. fissa**, a guide blade; **una p. mobile**, a turbine blade **3** (*agric.*) trowel: **una p. da giardiniere**, a garden trowel **4** (*da vasaio*) pallet; (*da artista*, *anche*) palette **5** (*ferr.*) signal stick **6** (*anat.*) blade-bone; shoulder-bone. ● **p. per la spazzatura** (*o* **per il pattume**), dustpan.
palettare, *v. t.* **1** (*agric.*) to stake **2** (*munire di palizzata*) to fence.
palettata, *f.* **1** (*contenuto di una paletta*) shovelful: **una p. di carbone**, a shovelful of coal **2** (*colpo di paletta*) blow with a shovel.
palettatura, *f.* (*mecc.*) blading: **p. ad azione**, impulse blading; **p. a reazione**, reaction blading; **p. a vortice libero**, vortex blading.
palétto, *m.* **1** stake; pole; post **2** (*chiavistello*) bolt; sliding-bar. ● **mettere (togliere) il p. alla porta**, to bolt (to unbolt) the door.
palificare, *v. i.* to drive* piles into the ground.
palificazióne, *f.* (*edil.*) piling.
palifrasìa, **palilalìa**, *f.* (*med.*) palilalia.
palina, *f.* surveyor's stake; ranging rod: **una p. graduata**, a level rod.
palindròmico, **palìndromo**, *a.* palindromic. ● **verso** (*o* **vocabolo**) **p.**, palindrome.
palingènesi, *f.* **1** palingenesy; palingenesis **2** (*per estens.*: *rinnovamento*) renewal.
palinodìa, *f.* **1** (*letter.*) palinode **2** (*ritrattazione*) recantation; retraction.
palinsèsto, *m.* (*filol.*) palimpsest.
pàlio, *m.* (*drappo*) banner; (*gara*) contest, competition; (*premio*) prize, trophy: **mettere in p.**, to offer as a prize; **vincere il p.**, to win (*o* to carry off) the prize. ● **correre il p.**, to enter the lists □ **la festa del p.** (**di Siena**), the Palio □ **essere in p.**, to be at stake.
paliòtto, *m.* (*relig.*) antependium*; (altar-)frontal.
palischérmo, *m.* (*naut.*) row-boat; rowing-boat; skiff.
palissandro, *m.* rosewood.
palizzare, *v. t.* (*agric.*) to fence.
palizzata, *f.* palisade; paling; fence: **rinchiudere con una p.**, to enclose (*o* to surround) with a fence; to fence in. ● (*edil.*) **p. di protezione**, starling □ (*edil.*) **p. di sostegno**, pile caisson; sheet piling.
palla (1), *f.* **1** ball: **p. da biliardo**, billiard-ball; **p. da tennis**, tennis-ball; **p. di gomma**, rubber ball; **giocare a p.**, to play ball **2** (*colpo di p.*) shot: **p. smorzata**, drop-shot; **p. tagliata**, sliced shot **3** (*pallottola*, *proiettile*) bullet; shell; shot: **p. di cannone**, shell; **p. di fucile**, bullet; **sparare a p.**, to fire live shot **4** (*per votazioni*) ballot: **p. bianca (nera)**, white (black) ballot **5**

(*pl., araldica*) balls **6** (*pl., volg.: testicoli*) balls. ● (*sport*) **p. a volo**, volley-ball □ (*fam.*) **p. dell'occhio**, eyeball □ **p. di cavolfiore**, head of cauliflower □ **p. di neve**, snow-ball; (*bot., Viburnum opulus*), snowball, guelder(-)rose □ **p. di schioppo**, lead pellet □ (*sport*) **p. ovale**, rugby ball; (*il gioco*) rugby; football (*USA*) □ **una battaglia a palle di neve**, a snowball fight □ **dare p. bianca a q.**, to vote in favour of sb. □ **dare p. nera a q.**, to black-ball sb. □ **giocare** (*o* **fare**) **alle palle di neve**, to have a snowball fight □ (*fig.*) **mettere la p. al piede a q.** (*ostacolarlo*), to thwart sb. □ **prendere la p. al balzo**, to catch the ball on the rebound; (*fig.*) to seize an opportunity.
palla (2), *f.* (*stor.*) palla*.
palla (3), *f.* (*relig.*) pall.
pallabase, *f.* (*sport*) baseball.
pallacanèstro, *m.* (*sport*) basket-ball.
pallacòrda, *f.* (*stor.*) tennis.
Pàllade, *f.* (*mitol.*) Pallas.
palladiano, *a.* (*archit.*) Palladian.
pallàdico, *a.* (*chim.*) palladic.
pallàdio (1), *m.* (*chim.*) palladium.
pallàdio (2), (*mitol.*) **A** *a.* Palladian. **B** *m.* **1** (*mitol.*) Palladium **2** (*fig.*) palladium; safeguard.
pallàio, *m.* (*luogo dove si gioca alle bocce*) bowling-green.
pallamàglio, *m.* e *f.* (*stor.*) pall-mall.
pallamano, *f.* (*sport*) handball.
pallamuro, *f.* (*sport*) hand-ball.
pallanuotista, *m.* e *f.* (*sport*) water-polo player.
pallanuòto, *f.* (*sport*) water polo.
pallata, *f.* blow from a ball. ● **assalire q. a pallate** (*di neve*), to pelt sb. with snowballs □ **fare a pallate di neve**, to throw snowballs □ **prendere una p. in testa**, to be hit (*o* struck) on the head by a ball.
pallavolista, *m.* e *f.* (*sport*) volley-ball player.
pallavólo, *f.* (*sport*) volley-ball.
palleggiaménto, *m.* **1** (*il giocare a palla*) ball-playing; tossing of a ball **2** (*nel gioco del calcio*) dribbling. ● (*fig.*) **p. delle responsabilità**, buck-passing.
palleggiare, **A** *v. i.* **1** (*giocare a palla*) to play ball; (*gettarsi la palla a vicenda*) to toss a ball **2** (*nel gioco del calcio*) to dribble. **B** *v. t.* (*far oscillare*) to toss; to toss about: **p. l'asta**, to toss the spear. ● **p. un bambino in braccio**, to dandle a baby. **palleggiarsi**, **C** *v. rifl. recipr.* to shift (st.) on to each other (*o* one another); to saddle each other (*o* one another): **p. la responsabilità**, to shift the responsibility on to one another; to pass the baby (*o* the buck) (*pop.*).
palleggiatóre, *m.* (*nel gioco del calcio*) dribbler.
palléggio, *m.* **1** (*nel tennis*) knock-up **2** (*nel gioco del calcio*) dribble.
pallet (*ingl.*), *m.* (*ind.*) pallet: **p. con pareti amovibili**, moveable partition pallet.
pallettizzare, *v. t.* (*trasporti*) to palletize; to store by means of pallets.
pallettizzato, *a.* (*trasporti: di contenitore*) palletized.
pallettóni, *m. pl.* (big shot).
palliare, *v. t.* **1** (*stor.*) to cover with a pallium **2** (*fig.: celare*) to cloak; to disguise; to conceal: **p. le proprie intenzioni malvagie mostrandosi amico**, to cloak one's wicked purposes by appearing to be friendly; **p. il dolore**, to disguise one's sorrow; **p. l'invidia**, to conceal one's envy.
palliata, *f.* (*letter. lat.*) (*fabula**) palliata*.
palliativo, *a.* e *m.* (*farm.*) palliative (*anche fig.*): **palliativi inutili**, useless palliatives.
pallidaménte, *avv.* palely; dimly; faintly.
pallidézza, *f.* paleness; pallor; pallidity (*per lo più lett.*).
pallidiccio, *a.* palish; rather pale; somewhat pale; wannish.
pàllido, *a.* **1** pale; pallid (*lett.*); colourless; wan: **un viso p.**, a pale face; **dalle guance pallide**, pale-cheeked; **la pallida Morte**, pallid Death; **un rosa (un giallo) p.**, a pale pink (yellow); **una luce pallida**, a pale (*o* a dim) light; **diventare** (*o* **farsi**) **p.**, to turn (*o* to grow) pale; to lose colour; to go white (*fam.*); **essere p. come un morto**, to be as pale as death (*o* a ghost); to be as white as a sheet (*fam.*) **2** (*fig.*) pale; dim; faint: **È una pallida immagine del vero**, it's a pale image of truth; **Non ne ho la più pallida idea**, I haven't the faintest (*o* the slightest) idea; I know nothing about it; **un p. ricordo**, a dim recollection.
pallidùccio, *a.* palish; rather pale.
pallina, *f.* **1** (*piccola palla*) little ball **2** (*bilia*) marble.
pallino, *m.* **1** (*piccola palla*) small ball **2** (*nel gioco delle bocce*) jack **3** (*nel gioco del biliardo*) cue ball **4** (*da caccia*) shot (*invar. al pl.*); pellet: **pallini di piombo**, lead shot **5** (*pl., ind. tessile*) (polka) dots; spots **6** (*fig.: mania*) craze; mania: **il p. del francobolli**, a craze (*o* mania) for stamp-collecting; **avere il p. di q.c.**, to have a craze (*o* a mania) for st.; to be crazy about st.; to be (dead) nuts on st. (*pop.*). ● **a pallini**, spotted; (*di tessuto*) polka-dotted.
pàllio, *m.* (*stor., relig.*) pallium*.
pallonàio, *m.* **1** (*fabbricante*) balloon-maker **2** (*venditore*) balloon-seller **3** (*fig.: chi dice fandonie*) bouncer (*pop.*); (*millantatore*) swaggerer, boaster.
pallonata, *f.* **1** (*colpo di pallone*) blow (with a ball) **2** (*fig.: fandonia*) boasting; bluff; bounce(r) (*pop.*). ● **prendere una p. in testa**, to be struck on the head with a ball.
palloncino, *m.* **1** (*per bambini*) (toy-)balloon **2** (*lampioncino di carta colorata*) Chinese lantern.
pallóne, *m.* **1** ball; (*per il gioco del calcio*) football: **dare un calcio al p.**, to kick the (foot-)ball **2** (*gioco del calcio*) football: **giocare a p.**, to play football (*o, fam.:* soccer) **3** (*gioco del p. a bracciale*) pallone **4** (*per bambini*) (toy-)balloon **5** (*aeron.*) balloon: **un p. da osservazione**, an observation balloon, a sausage balloon; **un p. dirigibile**, a dirigible balloon; an airship; **un p. drago**, a kite balloon; **un p. frenato**, a captive balloon; **un p. libero**, a free balloon; **un p. stratosferico**, a stratospheric balloon; **un p. sonda**, a sounding balloon **6** (*chim.*) flask; (*da distillazione*) distillation flask: **un p. a fondo piatto**, a flat-bottomed flask; **un p. a fondo rotondo**, a round-bottomed flask; **un p. per distillazione frazionata**, a distilling flask; **un p. tarato**, a volumetric flask. ● (*bot.*) **p. di maggio** (*o* **di neve**) (*Viburnum opulus*), snowball □ (*fig.*) **essere un p. gonfiato**, to be puffed up □ (*costr.*) **p. pressostatico**, airhouse; bubble.
pallonétto, *m.* (*sport*) lob.
pallóre, *m.* pallor; paleness: **un p. mortale**, a deadly pallor. ● **coprirsi di p.**, to turn pale.
pallòttola, *f.* **1** (*small*) ball; pellet: **una p. di vetro**, a small glass ball; **una p. di cera**, a wax pellet; **pallottole di carta**, paper pellets **2** (*proiettile*) bullet; shot: **una p. esplosiva**, an explosive bullet; a dumdum; **una p. incendiaria**, an incendiary bullet; **una p. morta**, a spent bullet; **una p. tracciante**, a tracer bullet **3** (*del pallottoliere*) bead; counter. ● (*scherz.*) **un naso a p.**, a snub nose.
pallottolière, *m.* abacus*.
pallovale, *f.* (*sport*) rugby.
palma (1), *f.* **1** (*anat.*) palm: **la p. della mano**, the palm of the hand **2** (*di remo*) palm; blade: **la p. d'un remo**, the palm of an oar. ● **giungere le palme**, to join one's hands □ (*fig.*) **tenere** (*o* **portare**) **q. in p. di mano**, to make much of sb.; to esteem sb. highly.
palma (2), *f.* **1** (*bot.*) palm: **p. da datteri** (*Phoenix dactylifera*), date-palm; **p. delle Ande** (*Ceroxylon andicola*), wax-palm; **p. da vino** (*Mauritia vinifera*), wine-palm; **p. del cocco** (*Cocos nucifera*), coconut-palm; **olio di p.**, palm-oil; **vino di p.**, palm-wine **2** (*foglia o ramo di p.*) palm (*anche fig.*); palm-leaf*; palm-branch: **la domenica delle Palme**, Palm Sunday; **la benedizione delle palme**, the blessing of the palms; **la p. del martirio** (**della vittoria**), the palm of martyrdom (of victory); **riportare la p.**, to carry off the palm; **cedere la p. a q.**, to yield the palm to sb. ● (*bot.*) **p. da sagù** (*Metroxylon rumphii*), sago(-palm) □ (*bot.*) **p. dum** (*Hyphaene thebaica*), doum(-palm) □ (*bot.*) **p. palmetto** (*Sabal palmetto*), cabbage palmetto.
palmare, *a.* **1** (*anat.*) palmar: **un muscolo p.**, a palmar (muscle); **l'arcata p.**, the palmar arch **2** (*fig.*) patent; palpable; (*evidente*) evident, obvious: **un errore p.**, a palpable error; **una prova p.**, an evident proof; **una contraddizione p.**, an obvious contradiction.
palmato, *a.* **1** (*bot.*) palmate; palmated: **una foglia palmata**, a palmate leaf **2** (*zool.*) palmate; palmated; webbed: **piedi palmati**, palmate feet; **p.**, web-footed.
palménto, *m.* (*macina del mulino*) millstone. ● (*fig.*) **mangiare a quattro palmenti**, to gobble; to gorge; to eat greedily; to wolf one's food.
palméto, *m.* palm-grove.
palmétta, *f.* **1** (*archit.*) palmette **2** (*agric.*) fan training.
palmétto, *m.*, *Sabal palmetto*) palmetto.
palmière, *m.* (*stor.*) palmer.
palmìfero, *a.* palm-bearing.
palminèrvio, *a.* (*bot.*) diadromous.
palmipede, (*zool.*) **A** *a.* palmiped; web-footed. **B** *m.* palmiped; web-footed bird.
palmisti, *m.* palmiste. ● **olio di p.**, palm-kernel oil.
palmitina, *f.* (*chim.*) palmitin.
palmizio, *m.* **1** (*albero della palma*) palm-tree; date-palm **2** (*foglie di palma intrecciate*) palm.
palmo, *m.* **1** (*spanna*) span **2** (*palma della mano*) palm. ● **p. a p.**, (*a poco a poco*) inch by inch; by inches; little by little; gradually; (*bene, in ogni particolare*) perfectly well, thoroughly, in every detail: **conoscere un luogo a p. a p.**, to know a place perfectly well; to know every inch of a place; **conquistare un territorio a p. a p.**, to conquer a territory inch by inch □ **essere alto un p. da terra**, to be so tiny; to be only a little child □ **avere**

pàlmola

il muso lungo un **p.**, to wear (*o* to have) a long face □ (*fig.: di notizia vecchia*) **avere un p. di barba**, to be stale □ **avere un p. di lingua fuori**, to be gasping for breath □ **restare con un p. di naso**, to be badly disappointed.

pàlmola, *f.* **1** (*agric.*) pitchfork **2** (*mecc.*) cam; lifter.

palo, *m.* **1** pole; post; (*per fondamenta, ecc.*) pile; (*di confine, di sostegno, ecc.*) stake; **p. del telegrafo**, telegraph pole; **p. della cuccagna**, greasy pole; **ritto come un p.**, as straight as a post; (*sport*) **p. di partenza**, starting-post; (*sport*) **p. d'arrivo**, winning-post; (*sport*) **p. della porta**, goal-post; **conficcare pali di fondazione**, to drive in foundation piles; **Le viti sono sostenute da pali**, vines are supported by stakes; **p. a mensola**, bracket pole; (*edil.*) **p. a vite**, screw pile (*o* stake); (*edil.*) **p. di calcestruzzo**, concrete pile **2** (*naut.*) post: **p. d'ormeggio**, mooring post **3** (*araldica*) pale. ● **p. a traliccio**, pylon □ **p. indicatore**, signpost □ (*fig.*) **avere un p. in corpo**, to be as stiff as a ramrod ● **brigantino a p.**, barque □ **delimitare un terreno** (*minerario, ecc.*) **con pali**, to stake off (out) a claim □ **diritto come un p.**, as straight as a die □ (*gergo della malavita*) **fare il p.**, to be on the look-out; to keep watch □ **goletta a p.**, fore and aft schooner □ (*stor.*) **pena** (*o* **supplizio**) **del p.**, impalement □ **rigido come un p.**, as stiff as a poker (*o* a ramrod) □ (*fig.*) **saltare di p. in frasca**, to jump from one subject to another; to ramble on.

palómba, *f.* (*zool., Columba oenas*) stock-dove; wood-pigeon.

palombàccio, *m.* (*zool., Columba palumbes*) wood-pigeon; ring-dove.

palombaro, *m.* (*naut.*) diver: **un p. di grande profondità**, a deep-sea diver. ● (*med.*) **male del p.**, rapture of the deep.

palómbo, *m.* (*zool., Mustelus mustelus*) smooth dogfish.

palpàbile, *a.* **1** palpable: **una forma p.**, a palpable form **2** (*fig.: evidente*) palpable; obvious; patent; evident: **errori palpabili**, palpable errors; **verità palpabili**, patent truths.

palpabilità, *f.* **1** palpability; palpableness **2** (*fig.*) palpability; obviousness.

palpaménto, *m.* palpation (*specialm. med.*); feeling; (*il tastare*) touching; (*il toccare con le dita*) fingering.

palpare, *v. t.* to palpate (*specialm. med.*); to feel* (*tastare*) to touch; (*toccare con le dita*) to finger.

palpata, *f.* touch; feel.

palpazióne, *f.* touch; palpation (*specialm. med.*).

pàlpebra, *f.* (*anat.*) eyelid: **la p. superiore** (**inferiore**), the upper (the lower) eyelid. ● **battere le palpebre**, to blink.

palpebrale, *a.* (*anat.*) palpebral; of the eyelids.

palpeggiare, e *deriv. V.* **palpare**, e *deriv.*

palpitante, *a.* palpitating; palpitant; beating; throbbing; (*tremante*) trembling: **un cuore p.**, a throbbing heart. ● **di p. attualità**, quite topical.

palpitare, *v. i.* to palpitate; to beat* (fast); to throb; to go* pit-a-pat (*fam.*); (*pulsare*) to pulsate; (*tremare*) to tremble: **Mi palpitava forte il cuore**, my heart was beating fast; my heart was going pit-a-pat; **p. d'amore**, to palpitate with love; **p. d'ansia**, to tremble with apprehension; to be in a flutter (*fam.*); **p. di paura**, to tremble with fear; **p. per q.**, to tremble for sb.; (*essere innamorato*) to be in love with sb.

palpitazióne, *f.* palpitation (*anche med.*); palpitating; beating; throbbing; pulsation.

pàlpito, *m.* palpitation; beat; throb; thrill: **i palpiti del cuore**, the heart-beats; **i palpiti di due giovani cuori**, the throbs (*o* throbbing, pit-a-pat) of two young hearts; **un p. di gioia**, a thrill of joy.

palpo, *m.* (*zool.*) palp; palpus*.

paltò, *m.* overcoat; paletot (*franc.*).

paltoncino, *m.* (*cappotto per bambino*) child's overcoat; (*soprabito da donna*) woman's overcoat.

paludaménto, *m.* **1** (*stor.*) paludamentum*; paludament **2** (*abito regale*) sumptuous robe; mantle. ● **Aveva indosso uno strano p.**, he was wearing a strange get-up.

paludare, A *v. t.* **1** (*stor.*) to wrap in a paludament **2** (*spreg.*) to overdress. **paludarsi, B** *v. rifl.* (*spreg.*) to overdress.

paludato, *a.* **1** (*stor.*) wearing a paludament **2** (*fig.: solenne*) solemn; (*ampolloso*) pompous, inflated, high-flown.

palude, *f.* marsh; bog; swamp; fen: **le Paludi Pontine**, the Pontine Marshes; **i miasmi della p.**, the marsh-miasmata; **un abitante delle paludi**, a marsh-dweller; a fen-man; **prosciugare** (**bonificare**) **una p.**, to drain (to reclaim) a marsh.

paludismo, *m.* (*med.*) paludism; malaria (fever); marsh fever.

paludóso, *a.* marshy; boggy; swampy; fenny: **regioni paludose**, marshy districts; swampy regions. ● **terreno p.**, marshland; bog.

palustre, *a.* marsh (*attr.*); paludal; swamp (*attr.*); fen (*attr.*): **erba p.**, fen-grass; **erbe palustri**, marsh-herbs; **una quercia p.**, swamp-oak; **uccelli palustri**, marsh-birds; waders; **miasmi palustri**, marsh-miasmata; **febbre p.**, marsh fever; malaria (fever).

pam, *inter.* (*suono di sparo*) bang; (*colpo violento*) thump; (*caduta per terra*) thud (*o* crash).

pamèla, *f.* leghorn hat; broad-brimmed straw hat.

pampa, *f.* (*geogr.*) pampa (*specialm. al pl.*): **le pampe dell'America meridionale**, the South American pampas.

pampeano, A *a.* pampean. **B** *m. pl.* Pampeans.

pampìneo, *a.* (*lett.*) leafy.

pampìno, *m.* (*bot.*) vine-leaf*. ● **Bacco coronato di pampini**, vine-crowned Bacchus □ (*fig.*) **molti pampini e poca uva**, a great show and little behind it □ **un tralcio con pampini**, a vine-shoot.

pampinóso, *a.* (*lett.*) leafy.

pampsichismo, *m.* (*filos.*) panpsychism.

panacèa, *f.* panacea (*anche fig.*); cure-all.

panafricanismo, *m.* (*polit.*) Pan-Africanism.

panafricanista, *a.*, *m.* e *f.* (*polit.*) Pan-Africanist.

panafricano, *a.* (*polit.*) Pan-African.

pànama, *m.* Panama hat; panama.

panamènse, *a.*, *m.* e *f.* Panamanian.

panamericanismo, *m.* (*polit.*) Pan-Americanism.

panamericano, *a.* (*polit.*) Pan-American.

pananglicano, *a.* (*relig.*) Pan-Anglican.

panarabismo, *m.* (*polit.*) Pan-Arabism.

panàrabo, *a.* (*polit.*) Pan-Arab.

panare, *v. t.* (*cucina*) to bread; to crumb; to cover with bread-crumbs.

panàrio, *a.* (*del pane*) panary.

panasianismo, *m.* (*polit.*) Pan-Asianism.

panasiàtico, *a.* (*polit.*) Pan-Asiatic.

panasiatismo, *m.* (*polit.*) Pan-Asianism.

panata, *f.* (*cucina*) bread-soup; pap.

panàtica, *f.* board-wages (*pl.*); board-money.

panato, *a.* (*cucina*) breaded; covered with bread-crumbs.

panca, *f.* bench; form: **una p. di legno**, a wooden bench; **una p. di scuola**, a school-form; **una p. a spalliera**, a backed bench; **una p. ribaltabile**, a folding bench. ● **p. di chiesa**, pew □ **dire cose da far ridere le panche**, to talk absolute nonsense □ (*fig.*) **scaldare le panche**, to warm the benches ● **È buono solo a consumare le panche dell'osteria**, he spends all his time at the pub.

pancàccio, *m.* plank-bed.

pancarrè, *m.* sandwich loaf* (of bread).

pancata, *f.* **1** (*quantità di persone sedute su una panca*) benchful **2** (*colpo dato con una panca*) blow given with a bench.

pancétta, *f.* **1** paunch; (*pot.-*)belly **2** (*cucina*) bacon. ● **metter su la p. della mezza età**, to develop a middle-age spread.

panchétto, *m.* stool; (*per i piedi*) footstool.

panchina, *f.* **1** garden-seat; (*park-*)bench **2** (*sport*) (*trainer's*) bench **3** (*sport, fig.:*) **le riserve** substitute players, substitutes (*pl.*) **4** (*sport, fig.:*) **l'allenatore**) trainer; coach. ● (*sport, fig.*) **p. corta**, limited number of substitutes □ **p. lunga**, great number of substitutes □ **fare p.**, to remain on the bench; to warm the bench (*fam.*) □ **giocatore che fa p.**, bench warmer □ **essere** (*o* **sedere**, **stare**) **in p.**, (*di giocatore*) to be on the bench; (*di allenatore*) to be (*o* to act as) coach (*o* trainer); (*di commissario*) to be (the official) in charge of the national team.

pància, *f.* **1** belly; paunch; tummy (*fam.*); stomach: **mal di p.**, stomach-ache; belly-ache; **Ha un gran male alla p.**, he has a bad stomach-ache; (*di un bambino*) he has a big pain in his tummy; (*fam.*) **mettere su p.**, to develop a paunch; to grow fat; **rimanere a p. vuota**, to remain with an empty belly **2** (*di fiasco, di vela, ecc.*) belly **3** (*di muro, ecc.*) bulge. ● **p. a terra**, flat out; «ventre à terre» (*franc.*) □ **mangiare a crepa p.**, to eat fit to burst □ (*fig.*) **grattarsi la p.**, to do nothing at all; to stand idle □ **pensare solo alla p.**, to make a God of one's belly □ **serbare la p. ai fichi**, to save one's skin; to be a coward □ **starsene a p. all'aria**, to lie on one's back; (*fig.*) to take it easy □ **tenersi la p. per le risa**, to hold one's sides with laughter □ **un uomo con una gran p.**, a big-bellied man; a pot-belly.

panciata, *f.* **1** (*scorpacciata*) bellyful **2** (*colpo dato con la pancia*) belly-flop.

pancièra, *f.* **1** (*ventriera*) body-belt **2** (*corazza*) breastplate; cuirass.

panciòlle, in, *locuz. avv.* idly: **stare in p.**, to lounge; to laze about.

pancióne, *m.* (*fam.: persona con una grossa pancia*) paunchy (*o* pot-bellied) person; pot-belly.

panciòtto, *m.* waistcoat; vest (*USA*).

panciuto, *a.* **1** (*di persona*) with a big belly (*o* tummy); big-bellied; pot-bellied (*pop.*); corpulent: **un uomo p.**, a corpulent man; a pot-bellied man; a pot-belly; **essere p.**, to be corpulent; to have a big tummy (*fam.*) **2** (*di cosa*) bulging; bulgy: **un borsellino p.**, a bulging purse. ● **un vaso p.**, a rounded vase.

panclastite, *f.* (*chim.*) panclastite.

pancóne, *m.* **1** (*asse di grosso spessore*) plank; heavy thick board **2** (*banco di lavoro*) (work-)bench: **un p. da falegname**, a carpenter's bench.

pancòtto, *m.* bread-soup; pap. ● (*fig.*) **avere del p. al posto del cervello,** to be soft in the head; to be weak in the upper storey (*fam.*) □ (*fig.*) **essere di p.,** to have no backbone.
pancraziaste, *m.* (*stor.*) pancratiast; pancratist.
Pancràzio, *m.* Pancras.
pancràzio, *m.* (*stor.*) pancratium (athletic contest combining both boxing and wrestling).
pàncreas, *m.* (*anat.*) pancreas.
pancreàtico, *a.* (*anat.*) pancreatic; of the pancreas: **il succo p.,** the pancreatic juice.
pancreatina, *f.* (*biol.*) pancreatin.
pancreatite, *f.* (*med.*) pancreatitis.
pancristiano, *a.* Pan-Christian.
pancromàtico, *a.* (*fotogr.*) panchromatic.
panda, *m.* (*zool.*, *Ailurus fulgens*) panda. ● (*zool.*) **p. gigante** (*Ailuropoda melanoleuca*), giant panda.
pandemìa, *f.* (*med.*) pandemic; pandemia.
pandèmico, *a.* (*med.*) pandemic.
pandemònio, *m.* pandemonium (*anche fig.*); uproar.
pandètte, *f. pl.* (*stor., leg.*) Pandects.
pandit (*indiano*), *m.* pundit, pandit.
pandòra, *f.* (*mus.*) pandora; pandore; bandore.
Pandòra, *f.* (*mitol.*) Pandora. ● **il vaso di P.,** Pandora's box (*anche fig.*).
pandoro, *m.* (*cucina*) «pandoro» (Veronese cake).
pane (1), *m.* **1** bread: **p. fresco (raffermo),** fresh (stale) bread; **p. azzimo,** unleavened bread; **p. casereccio (o casalingo),** home--made bread; **p. bianco (nero),** white (brown) bread; **p. di segala,** rye-bread; **p. di miglio,** millet-bread; **p. grattato,** bread--crumbs (*pl.*); grated bread; **p. duro (o secco),** dry (o stale) bread; **p. di semola,** refined (*o* extrafine) bread; **p. integrale,** wholemeal bread; **una fetta di p.,** a slice of bread; **un tozzo di p.,** a hunk of bread **2** (*pagnotta*) loaf*: **la moltiplicazione dei pani e dei pesci,** the multiplication of the loaves and the fishes **3** (*fig.*: *impiego, sostentamento, ecc.*) bread; job; living; livelihood; income: **perdere il p.,** to lose one's job (*o* livelihood); **Finora non ha un p. sicuro,** up to now he hasn't got a steady job (*o* a source of income); **Si guadagna il p. lavorando in quella fabbrica,** he earns his living by working in that factory; **togliere il p. di bocca a q.,** to take the bread out of sb.'s mouth **4** (*massello a forma di parallelepipedo*) lump; pat; cake; loaf: **p. di zucchero,** sugar--loaf; **p. di burro,** pat of butter; butter-pat; **p. di cera,** cake (*o* lump) of wax; **un cappello a p. di zucchero,** a sugar-loaf hat; a cone-shaped hat. ● (*relig.*) **il P. degli Angeli,** the Consecrated Host; the Blessed Sacrament □ (*bot.*) **p. di cuculo** (*Orchis morio*), dead man's finger (*o* hand) □ (*bot.*) **p. di ferro,** pig-iron □ (*bot.*) **pan di serpe** (*Arum maculatum*), cuckoo-pint □ (*cucina*) **pan di Spagna,** sponge-cake □ **p. di zenzero,** gingerbread □ (*cucina*) **p. in cassetta,** toast bread □ (*fig.*) **p. sudato,** hard-earned (*o* well-earned) bread □ (*cucina*) **p. tostato,** toast □ (*fig.*: *di persona*) **essere buono come il p.,** to be as good as gold □ **essere come p. e cacio,** to be hand in glove □ **dire p. al p. e vino al vino,** to call a spade a spade □ **un filone di p.,** a Vienna loaf □ **mangiare del p. pentito,** to eat the bread of repentance; to be repentant □ **mangiare p. a tradimento** (*o a ufo*), to eat unearned bread; (*fig.*) to be a layabout (*o* an idler) □ **mettere q. a p. e acqua,** to put sb. on bread and water □ **la mollica del p.,** the soft part of bread □ (*fig.*) **per un pezzo di p.,** for next to nothing; for a song: **Lo comprai per un pezzo di p.,** I bought it for a song □ **rendere p. per focaccia,** to give tit for tat □ **spezzare il p. con q.,** to break bread with sb. □ **spezzare il p. della scienza,** to teach; to spread knowledge □ **trovare p. per i propri denti,** to meet one's match □ **Se non è zuppa è pan bagnato,** it's six of one and half a dozen of the other □ **Non si vive di solo p.,** man cannot live on bread alone □ (*prov.*) **Pan rubato ha buon sapore,** stolen fruit is sweetest.
pane (2), *m.* (*mecc.*: *della vite*) (screw-)thread: **rompere il p. di** (*spanare*) **una vite,** to break the thread of a screw.
Pane, *m.* (*mitol.*) Pan.
panegirico, *m.* (*letter.*) panegyric; (*encomio*) encomium*, eulogy: **pronunciare il p. di q.,** to pronounce (*o* to deliver) a panegyric (up)on sb.; to panegyrize sb.; to eulogize sb.; **scrivere un p.,** to write a panegyric; **Molti panegirici di uomini famosi,** many encomiums (*o* encomia) of famous men. ● **fare il p. di se stesso,** to sing one's own praises (*fam.*).
panegirista, *m.* e *f.* (*letter.*) panegyrist; encomiator, encomiast, eulogist.
panellènico, *a.* (*polit.*) Panhellenic.
panellenismo, *m.* (*polit.*) Panhellenism.
panèllo, *m.* oilcake.
panetteria, *f.* **1** (*forno*) bakery **2** (*rivendita di pane*) baker's shop.
panettière, *m.* baker: **Vado dal p.,** I'm going to the baker's.
panètto, *m.* roll: **un p. di burro,** a roll of butter.

panettóne, *m.* (*cucina*) «panettone»; fruit-cake.
paneuropèo, *a.* Pan-European.
pànfilo, *m.* (*naut.*) yacht. ● **fare una crociera in p.,** to yacht.
panfòrte, *m.* (*cucina*) «panforte» (kind of Sienese cake made with honey and almonds).
panfrutto, *m.* (*cucina*) plum-cake.
pangermanésimo, pangermanismo, *m.* (*polit.*) Pan--Germanism.
pangermanista, (*polit.*) **A** *m.* e *f.* Pan-German. **B** *a.* Pan--Germanic.
pangermanìstico, *a.* (*polit.*) Pan-Germanic.
pangolino, *m.* (*zool.*, *Manis*) pangolin; scaly ant-eater.
pangrattato, *m.* (*cucina*) bread-crumbs (*pl.*).
pània, *f.* bird-lime (*anche fig.*); (*trappola*) snare: **la p. amorosa,** the snares of love. ● **cadere nella p.,** to be limed; to be ensnared.
panicato, *a.* (*rif. a carne macellata*) measly: **carne panicata,** measly meat.
panicatura, *f.* (*vet.*) measles (*pl. col verbo al sing. o al pl.*).
pànico (1), A *a.* panic (*attr.*): **timor p.,** panic fear. **B** *m.* panic; alarm; sudden fright: **creare p.,** to create a panic; **creare del p. inutilmente,** to raise a false alarm; **essere in preda al p.,** to be panic-stricken; to be panicky (*fam.*).
panico (2), *m.* (*bot.*, *Setaria italica*) foxtail millet; Italian millet.
panièra, *f.* (*large*) basket: **una p. da biancheria,** a clothes-basket.
panieràio, *m.* **1** (*chi fabbrica panieri*) basket-maker **2** (*venditore*) basket-seller.
panierata, *f.* basketful.
panière, *m.* basket; (*con coperchio*) hamper: **un p. di fragole,** a basket of strawberries; **Mi sono mangiato un p. d'uva,** I've eaten a basket of grapes; **un p. per la spesa,** a shopping basket; (*nel ricamo*) **punto p.,** basket stitch. ● (*fig.*) **avere le budella in p.,** to shake in one's shoes (*fam.*) □ (*fig.*) **fare la zuppa nel p.,** to waste one's efforts; to drop a bucket into an empty well (*fam.*) □ (*fig.*) **rompere (o guastare) le uova nel p. a q.,** to upset sb.'s plans; to upset sb.'s apple-cart (*fam.*).
panierino, *m.* (*small*) basket; (*cestino della merenda*) lunch-box. ● **un p. per la colazione,** a lunch-basket. ● (*fig.*) **aspettare che scenda il p. dal cielo,** to wait for st. to turn up.
panificare, A *v. t.* to make* into bread. **B** *v. i.* to make* bread.
panificatóre, *m.* bread-maker; bread-baker.
panificazióne, *f.* bread-making; bread-baking.
panificio, *m.* **1** (*luogo dove si fa il pane*) bakery **2** (*negozio*) baker's shop; bake-house.
panifòrte, *m.* (*tecn.*) laminboard.
panino, *m.* small loaf*; roll; French roll: **una tazza di caffè con un p.,** a cup of coffee and a roll. ● **p. imbottito,** sandwich; grinder (*fam.*): **un p. imbottito di prosciutto,** a ham sandwich.
panislàmico, *a.* (*polit.*) Pan-Islamic.
panislamismo, *m.* (*polit.*) Pan-Islamism.
panismo, *m.* spirit of nature.
paniuzza, *f.* **paniuzzo,** *m.* lime-twig.
panlògico, *a.* (*filos.*) panlogical.
panlogismo, *m.* (*filos.*) panlogism.
panna (1), *f.* cream: **p. montata,** whipped cream; **caffè con p.,** coffee with cream.
panna (2), *f.* **1** (*naut.*) position of a vessel hove-to **2** (*mecc.*) breakdown: **rimanere in p.,** to have a breakdown. ● (*naut.*) **essere (o trovarsi) in p.,** to be hove-to □ (*naut.*) **mettersi in p.,** to heave to.
pannare, *v. i.* (*del latte*) to cream; to form cream.
panneggiamento, *m.* draping; drapery (*anche pitt.*).
panneggiare, *v. i.* to drape (*anche pitt.*).
pannéggio, *m.* draping; drapery.
pannèllo, *m.* **1** light cloth **2** (*edil., fis., aeron.*) panel: **p. di finestra,** window-panel; **p. isolante,** insulating panel (*o* board); **p. radiante,** radiating panel (*o* surface); **riscaldamento a pannelli radianti,** panel (*o* radiant) heating; **rivestire con pannelli,** to fit with panels; to panel. ● (*cinem.*) **p. antisonoro,** gobo □ (*edil.*) **p. arabescato,** diaper □ (*edil.*) **p. di cartone** (*per tramezzi*), wall board.
pannicèllo, *m.* (*piccolo panno*) rag (*o* scrap) of cloth. ● **pannicelli caldi,** (*impacchi*) hot packs; (*fig.*) inadequate remedies.
pannìcolo, *m.* (*anat.*) panniculus*: **p. adiposo,** panniculus adiposus.
panno, *m.* **1** (*stoffa*) cloth: **un pezzo di p.,** a piece of cloth; **p. di lana (di lino),** woollen (linen) cloth **2** (*pezzo di stoffa destinato a qualche uso*) cloth: **un p. per lavare (o asciugare) i piatti,** a dish-cloth; **con un p. intorno alla cintola,** with a cloth around the waist; **coprire con un p.,** to cover with a cloth **3** (*pl.*: *abiti*) clothes; clothing (*sing.*); duds (*pop.*): **panni nuovi (vecchi),** new (old) clothes; **panni pesanti (leggeri),** heavy (light) clothes; **panni da inverno (da estate),** winter (summer) clothes; **mandare i panni in lavanderia,** to send the clothes (*o* the wash) to the

pannòcchia

laundry. ● **panni da lavare** (*o* **mandati in lavanderia**), laundry; wash □ **essere bianco come un p. lavato**, to be as white as a sheet □ **mettersi nei panni di q.**, to put oneself in sb.'s shoes □ **essere** (*o* **trovarsi**) **nei panni di q.**, to be in sb.'s shoes: **Non vorrei essere nei tuoi panni**, I shouldn't like to be in your shoes □ **non stare nei panni**, to be beside oneself with joy □ (*fig.*) **pigliare il p. per il suo verso**, to get st. right □ **sapere di che panni uno vesta**, to know what stuff one is made of □ **tagliare i panni addosso a q.**, to speak ill of sb.; to run sb. down (*fam.*) □ (*prov.*) **I panni sporchi si lavano in famiglia**, don't wash your dirty linen in public □ (*prov.*) **Dio manda il freddo secondo i panni**, God tempers the wind to the shorn lamb.

pannòcchia, *f.* **1** (*bot.*) panicle **2** (*spiga del granturco*) cob; corn-cob (*USA*) **3** (*zool.*, *Squilla mantis*) squill; mantis-shrimp.

pannolano, *m.* woollen cloth.

pannolino, *m.* **1** (*tessuto di lino*) linen (cloth) **2** (*per bambini*) (baby's) napkin, nappy (*fam.*); diaper (*USA*) **3** (*assorbente igienico*) sanitary towel.

pannospugna, *m.* (*marchio*) mopette.

panòplia, *f.* panoply; complete suit of armour.

panorama, *m.* **1** panorama (*veduta*) view: **un p. di Napoli**, a view of Naples; **godere un delizioso p. d'un villaggio**, to have a delightful view of a village **2** (*fig.*) panorama; outline; summary; survey: **p. della letteratura inglese**, an outline of English literature **3** (*teatr.*) cyclorama. ● **p. marino**, seascape; waterscape □ **p. terrestre**, landscape.

panoràmica, *f.* **1** (*fotogr.*) panorama; panoramic picture **2** (*cinem.*, *telev.*: *l'azione*) panning **3** (*cinem.*, *telev.*: *la ripresa singola*) pan shot **4** (*strada p.*) panoramic drive.

panoramicare, *v. i.* (*cinem.*, *telev.*) to pan.

panoramicità, *f.* panoramic nature.

panoràmico, *a.* panoramic(al): **una vista panoramica**, a panoramic view. ● (*cinem.*, *telev.*) **schermo p.**, wide screen.

panòrpa, *f.* (*zool.*, *Panorpa communis*) scorpion-fly.

panpepato, *m.* (*cucina*) gingerbread.

pansé, *f.* (*bot.*, *Viola tricolor*) pansy.

pansessualìsmo, *m.* (*psic.*) pansexualism; pansexuality.

panslavìsmo, *m.* (*polit.*) Panslavism.

panslavìsta, *m. e f.* (*polit.*) Panslavist; Pan-Slav.

panslavìstico, **panslàvico**, *a.* (*polit.*) Pan-Slavic; Panslavistic; Pan-Slavonic; Panslavonian.

pantagruèlico, *a.* **1** (*letter.*) Pantagruelian; Pantagruelic **2** (*per estens.*: *enorme*) gigantic; huge: **un appetito p.**, a huge appetite; **un pasto p.**, a gigantic meal.

pantalonàia, *f.* (woman) trouser-maker.

pantaloncìni, *m. pl.* shorts.

Pantalóne, *m.* Pantaloon.

pantalóni, *m. pl.* **1** (*calzoni*) trousers; pants (*USA*): **un paio di p.**, a pair of trousers; **bottoni per p.**, trouser-buttons; **nelle tasche dei p.**, in one's trouser-pockets; (*moda*) **p. palazzo**, palazzo pants **2** (*da donna*, *ecc.*) slacks. ● **p. a tre quarti**, pedal pushers □ **p. corti**, shorts □ **p. stretti a vita bassa**, hip-huggers □ **in p.**, wearing trousers □ (*fig.*) **portare i p.**, to wear the breeches (*fam.*).

pantano, *m.* quagmire (*anche fig.*); swamp; bog; slough; (*fango*) mire, mud, sludge: (*fig.*) **trovarsi in un bel p.**, to find oneself in a quagmire; to be in the mire; to be in hot water (*fam.*); (*fig.*) **cacciarsi in un bel p.**, to get into a quagmire; to get into hot water (*fam.*).

pantanóso, *a.* quaggy; swampy; boggy; (*fangoso*) miry, muddy, sludgy: **terreno p.**, boggy soil; swampy ground; **un terreno p.**, a piece of swampy ground; a bog; a slough; **un luogo p.**, a boggy (*o* muddy, miry) place; **una strada pantanosa**, a muddy road.

panteìsmo, *m.* (*filos.*) pantheism.

panteìsta, *m. e f.* (*filos.*) pantheist.

panteìstico, *a.* (*filos.*) pantheistic(al).

pantèra, *f.* **1** (*zool.*, *Panthera pardus*) panther **2** (*gergo*: *automobile della polizia*) police (*o* prowl) car. ● (*polit.*: *in USA*) **P. nera**, Black Panther.

pàntheon, *m.* **1** (*tempio di Roma*) (Roman) Pantheon **2** (*chiesa contenente le tombe di uomini illustri*) pantheon: **la chiesa di S. Genoveffa**, **detta il p. di Parigi**, the Church of Sainte-Geneviève, called the Pantheon of Paris.

pantòfola, *f.* slipper: **un paio di pantofole di velluto rosso**, a pair of red-velvet slippers. ● **a forma di p.**, slipper-shaped □ **in pantofole**, slippered (*agg.*); wearing slippers.

pantofolàio, *m.* **1** (*fabbricante*) slipper-maker **2** (*venditore*) slipper-seller **3** (*fig.*: *chi ama il quieto vivere*) easy-going person.

pantofolerìa, *f.* **1** (*fabbrica*) slipper-factory **2** (*negozio*) slipper-shop.

pantogràfico, *a.* (*arti grafiche*) pantographic.

pantografìsta, *m.* (*tecn.*) pantographer.

pantògrafo, *m.* (*arti grafiche*, *ferr.*) pantograph: **p. tridimensionale**, tridimensional pantograph; **p. di locomotore**, pantograph current-collector; **asta di presa a p.**, pantograph trolley. ● **p. per incisioni elettroniche**, electric etcher.

pantomìma, *f.* (*teatr. e fig.*) pantomime; dumb show. ● **È tutta una p.**, it's nothing but show.

pantomìmico, *a.* (*teatr.*) pantomimic(al); pantomime (*attr.*).

pantomìmo, *m.* (*teatr.*) **1** pantomime **2** (*mimo*) mime; mimic actor.

pantotènico, *a.* (*chim.*) pantothenic: **acido p.**, pantothenic acid.

panzàna, *f.* fib; lie; story (*fam.*); bouncer, whopper (*pop.*): **Non raccontare panzane!**, don't tell stories!

panzanèlla, *f.* (*cucina*) panzanella (bread dipped in water with salt, oil, vinegar, basil, and a touch of garlic).

panzer (*ted.*), *m. invar.* (*mil.*) «panzer»; tank.

Pàola, *f.* Paula.

paolinìsmo, *m.* (*relig.*) Paulinism; Paulism.

paolìno, *a.* (*relig.*) **1** (*di san Paolo*) Pauline **2** (*del papa Paolo*) (Pope) Paul's (*attr.*).

Pàolo, *m.* (*numismatica*) paolo*.

Pàolo, *m.* Paul.

paolòtto, *m.* **1** (*relig.*) Vincentian **2** (*fig.*, *spreg.*) bigot.

paonazzo, **A** *a.* purple; (*per il freddo*) blue, livid: **un manto p.**, a purple robe; **diventare p. per la collera**, to become (*o* to turn) purple with rage; **essere p. per il freddo**, to be blue (*o* livid) with cold; **rendere p.**, to make purple; to purple. **B** *m.* **1** (*colore p.*) purple **2** (*veste paonazza*) purple dress.

papa, *m.* (*relig.*) pope: **la successione dei papi**, the succession of popes; the papal line; **p. Gregorio**, Pope Gregory. ● **ad ogni morte di p.**, once in a blue moon □ (*fig.*) **andare a Roma e non vedere il p.**, to leave out the most important thing □ **stare** (*o* **vivere**) **come un p.**, to live like a lord; to be (*o* to live) in clover (*fam.*) □ **Neanche un p. gliELO può levare** (*un ceffone e sim.*, *quando è dato*), now he has had it! (*fam.*) □ (*prov.*) **Morto un p., se ne fa un altro**, the king is dead: long live the king.

papà, *m.* daddy; dad; papa; pa; pop (*USA*). ● **un figlio di p.**, a spoilt boy.

papàbile, *a.* **1** eligible to the papacy; papable **2** (*rif. a un candidato*) likely to be elected.

papàia, *f.* (*bot.*, *Carica papaya*) papaw.

papaìna, *f.* (*chim.*) papain.

papàle, *a.* papal; of the Pope; pontifical: **la benedizione p.**, the papal benediction. ● **alla p.** (*apertamente*), openly.

papalìna, *f.* skull-cap.

papalìno, **A** *a.* papal; of the Pope; (*spreg.*) popish: **i soldati papalini**, the Pope's soldiers (*o* men); the papal guard. **B** *m.* (*fautore del potere temporale dei papi*) papalist.

paparazzo, *m.* paparazzo* (free-lance photographer).

papasso, *m.* **1** (*relig.*) papa; pope **2** (*scherz.*: *caporione*) leader; ringleader. ● (*spreg.*) **fare il p.**, to act the lord; to be on one's high horse (*fam.*).

papato, *m.* papacy; popedom; pontificate: **il p. di Pio IX**, the pontificate of Pius IX; **essere eletto al p.**, to be raised to the papacy.

papaveràcee, *f. pl.* (*bot.*, *Papaveraceae*) (the) poppy family.

papaveràceo, *a.* (*bot.*) papaveraceous; papaverous.

papavèrico, *a.* papaverous (*anche fig.*).

papaverìna, *f.* (*chim.*) papaverine.

papàvero, *m.* (*bot.*, *Papaver*) poppy (*anche fig.*): **p. selvatico** (*Papaver rhoeas*), corn (*o* field) poppy; wild poppy; **p. sonnifero** (*Papaver somniferum*), opium poppy; **p. messicano** (*Argemone mexicana*), prickly poppy; **p. della California** (*Eschscholtzia californica*), California poppy; **rosso p.**, poppy-red (*agg.*); **il color rosso p.**, poppy red; **semi di p.**, poppy-seed; **olio di semi di p.**, poppy-seed oil. ● (*fig.*) **gli alti papaveri**, the bigwigs; the big pots (*pop.*); the big bugs (*pop.*).

pàpera, *f.* **1** (*oca giovane*) young goose*; gosling **2** (*fig.*, *fam.*: *donna stupida*) goose*; simpleton **3** (*fig.*: *errore involontario*) blunder; mistake; slip-up (*fam.*): **prendere una p.**, to make a blunder; to slip up (*fam.*).

Paperìno, *m.* Donald Duck.

pàpero, *m.* (*zool.*) young goose*; gosling. ● (*fig.*) **I paperi menano a bere le oche**, don't try to teach your grandmother to suck eggs □ (*prov.*) **Tanto beve l'oca quanto il p.**, what is sauce for the goose is sauce for the gander.

papésco, *a.* (*spreg.*) popish; papistic(al).

papéssa, *f.* popess; female pope; she-pope: **la p. Giovanna**, Pope Joan. ● (*fig.*, *scherz.*) **fare la p.**, to be (*o* to live) in clover (*fam.*).

papilionàcee, *f. pl.* (*bot.*, *Papilionaceae*) (the) pea family.

papilionàceo, **papilionato**, *a.* (*bot.*) papilionaceous.

papìlla, *f.* (*anat.*, *bot.*) papilla*: **le papille della lingua**, the papillae on the tongue.

papillare, *a.* (*anat.*, *bot.*) papillary; papillary: **prominenze papillari**, papillary protuberances.

papillòma, *m.* (*med.*) papilloma*.

papillon (*franc.*), *m.* bow-tie.

papiràceo, *a*. papyraceous; papyrian; papyrus (*attr.*)
papiro, *m*. 1 (*bot*., *Cyperus papyrus*) papyrus; bulrush; paper reed (*o* rush) 2 (*manoscritto, documento*) papyrus*: **i papiri egiziani (ercolanensi)**, the Egyptian (Herculanean) papyri 3 (*fig., scherz.*) document; paper.
papirologia, *f.* papyrology.
papirològico, *a.* papyrological.
papiròlogo, *m.* papyrologist.
papismo, *m.* papism.
papista, *m. e f.* papist.
papìstico, *a.* papistic(al).
pappa, *f.* 1 (*pancotto*) bread-soup; (*poltiglia*) mush: **diventare una p.**, to be boiled (*o* stewed) into mush; to be over-cooked 2 – **p. reale**, royal jelly. ● (*fig.*) **p. molle**, spineless person □ (*fig.*) **mangiare la p. in capo a q.**, (*essere più alto*) to be much taller than sb.; (*trovarsi in posizione di vantaggio*) to have the whip-hand of sb. □ (*fig.*) **scodellare la p. a q.**, to teach sb. st. in words of one syllable □ (*fig.*) **trovare la p. fatta**, to find everything ready □ (*fig.*) **volere la p. fatta** (*o* **scodellata**), to expect a little too much.
pappàfico, *m.* 1 (*naut.*) skysail 2 (*dial.*: *pizzo della barba*) imperial.
pappagallescaménte, *avv.* parrot-fashion; by rote; mechanically; **Il ragazzo ripeteva le preghiere p.**, the boy was repeating his prayers parrot-fashion; **parole imparate p.**, words learned by rote; **dire (fare) q.c. p.**, to say (to do) st. by rote (*o* mechanically).
pappagallésco, *a.* parrot (*attr.*); parrot-like; parroty: **dire (fare) q.c. in modo p.**, to say (to do) st. parrot-fashion (*o* by rote); **ripetere in modo p.**, to repeat in a parrot-like manner; to repeat by rote (like a parrot); to repeat parrot-fashion; to parrot.
pappagallismo, *m.* (*fam.*) making passes; mashing (*USA*).
pappagallo, *m.* 1 (*zool.*) parrot (*anche fig.*): **p. cinerino** (*Psittacus erythacus*), grey parrot 2 (*fig.*) wolf*; masher (*USA*) 3 (*orinale per malati*) bedpan; Dutch clock (*pop.*). ● **fare il p.**, to parrot; to chatter like a parrot □ **ripetere q.c. a p.**, to repeat st. by rote (like a parrot); to repeat st. parrot-fashion (*o* mechanically); to parrot st.
pappagòrgia, *f.* double chin.
pappardèlla, *f.* 1 (*pl., cucina*) «pappardelle» 2 (*fig.*) rambling talk; rigmarole.
pappare, *v. t.* 1 (*fam.*) to eat* up; to gobble up; to gorge; to wolf down: **papparsi tutto**, to gobble (*o* to eat) up everything 2 (*fig.*) to make* an illicit gain; to grab.
pappata, *f.* 1 (*fam.*: *mangiata*) hearty meal; square meal; good feed (*scherz.*); blow-out (*pop.*): **farsi una p.**, to have a square meal (*o* a good feed) 2 (*fig.*) rake-off; loot.
pappataci, *m.* 1 (*zool., Flebotomus papatasi*) sand-fly 2 (*fig., spreg.*) self-seeker.
pappatóre, *m.* big eater; (*ingordo*) glutton.
pappatòria, *f.* 1 (*fam.*) good living; feasting 2 (*fig.*) rake-off; loot.
pappina, *f.* 1 (*impiastro*) poultice; plaster 2 (*fig., fam.: ramanzina*) scolding; talking-to, dressing down (*fam.*).
pappo, *m.* (*bot.*) pappus*.
pappolata, *f.* 1 (*vivanda troppo cotta e quasi liquida*) slop (*comunemente al pl.*); pap; mush: **la p. dei porci**, the slops of the pigs; pigwash 2 (*fig., spreg.*) rambling talk; rigmarole.
pappolóne, *m.* 1 (*fam.: mangione*) big eater; (*ingordo*) glutton 2 (*fig.: chiacchierone*) babbler; blabber; tattler; chatterbox; blether, blather (*dial.*).
pappóne, *m.* 1 (*fam.*) big eater; (*ingordo*) glutton 2 (*gergo: lenone*) pimp; pander.
pappóso, *a.* (*bot.*) pappose; pappous.
pàprica, *f.* paprika.
papuano, *a. e m.* Papuan.
Papuàsia, *f.* (*geogr.*) Papua.
pàpula, *f.* (*med.*) papula*; papule.
para, *f.* (*comm.*) Pará rubber.
parà, *m.* (*mil.*) paratrooper.
paràbasi, *f.* (*teatr. greco*) parabasis*.
parabèllum, *m.* «parabellum» (sub-machine-gun).
paràbile, *a.* that can be parried.
paràbola (1), *f.* 1 (*letter.*) parable; comparison; similitude 2 (*Bibbia*) parable: **le parabole del Nuovo Testamento**, the parables of the New Testament; **la p. del seminatore**, the parable of the sower; **parlare per parabole**, to speak in parables.
paràbola (2), *f.* (*geom., fis.*) parabola: **a forma di p.**, like a parabola in form; paraboliform (*agg.*) □ (*fig.*) **compiere la propria p.**, to be going downhill □ (*fig.*) **toccare il vertice della propria p.**, to reach one's peak.
paràbolico, *a.* (*geom.*) parabolic(al): **una curva parabolica**, a parabolic curve; **una figura parabolica**, a parabolic figure; **parabola**; **uno specchio p.**, a parabolic mirror.

paraboloide, *m.* (*geom.*) paraboloid: **p. di rotazione**, paraboloid of revolution.
paraboloidico, *a.* paraboloidal: **superficie paraboloidica**, paraboloidal surface.
parabolóne, *m.* (*chiacchierone*) chatterer; chatterbox; windbag (*pop.*).
parabórdo, *m.* (*naut.*) fender; bumper.
parabrace, *m.* (fireplace) fender.
parabrézza, *m.* (*autom.*) windscreen; windshield (*USA*).
paracadutare, *v. t.* to parachute.
paracadute, *m.* 1 (*aeron.*) parachute: **un p. ad apertura automatica**, an automatic (opening) parachute; **un p. di emergenza**, an emergency parachute; **un p. di riserva**, a reserve parachute; **un p. per aerorifornitori**, a supply(-dropping) parachute; **un p. piano (quadrato, sagomato)**, a flat (square, shaped) parachute; **discendere col p.**, to parachute 2 (*miss.*: *di un razzo, ecc.*) paraglider. ● **p. ausiliario**, ballute □ **lanciarsi col p.**, to bale out.
paracadutismo, *m.* parachuting. ● **p. acrobatico**, skydiving.
paracadutista, *m. e f.* 1 (*aeron.*) parachutist 2 (*mil.*) paratrooper. ● **p. acrobatico**, skydiver □ (*mil.*) **reparti di paracadutisti**, paratroops.
paracalli, *m.* 1 (*cerotto emolliente*) corn-plaster 2 (*anello protettore*) corn-protector.
paracarro, *m.* kerbstone.
paracénere, *m.* fender; fire-guard.
paracèntesi, *f.* (*med.*) paracentesis*; tapping.
paracinesia, *f.* (*med.*) parakinesia.
paracistite, *f.* (*med.*) paracystitis*.
Paraclèto, Paràclito, A *m.* (*relig.*) Paraclete; Holy Ghost. **B** *a.* (*consolatore*) consoling.
paracólpi, *m.* bumper; buffer: (*autom.*) **p. per porta**, door-bumper; (*mecc.*) **p. di gomma**, rubber buffer (*o* bumper).
paràcqua, *m.* (*dial.*) umbrella; brolly (*pop.*); gamp (*pop.*).
paracusia, *f.* (*med.*) paracusis*; paracusia.
paradènti, *m.* gum-shield.
paradentite, *f.* (*med.*) paradentitis.
paradentòsi, *f.* (*med.*) paradentosis*; periodontosis*.
paradènzio, *m.* (*anat.*) paradentium*.
paradigma, *m.* (*gramm.*) paradigm: **il p. della coniugazione d'un verbo**, the paradigm of the conjugation of a verb; **il p. della declinazione d'un nome**, the paradigm of the declension of a noun.
paradigmàtico, *a.* (*gramm.*) paradigmatic.
paradìsea, *f.* (*zool., Paradisea*) bird of paradise.
paradisìaco, *a.* paradisiac(al); paradisial; paradisian; celestial; heavenly: **una pace paradisiaca**, a celestial (*o* a heavenly) peace.
paradiso, *m.* (*relig.*) heaven, paradise (*anche fig.*): **i santi del p.**, the saints of heaven; **la via del p.**, the path to heaven; **sentirsi in p.**, to be in paradise; to be in the seventh heaven; to be as happy as a king (*fam.*); **Mi sembra d'essere in p.!**, it's just like paradise!; **un giardino che è un p.**, a garden that's like heaven; (*Bibbia*) **P. terrestre**, (Earthly) Paradise; Garden of Eden; «**Il P. perduto**» **di Milton**, Milton's «Paradise Lost»; (*zool.*) **uccello del p.** (*Paradisea*), bird of paradise. ● **p. artificiale**, opium den □ (*fin.*) **p. fiscale**, tax haven □ **andare in p.**, to die and go to heaven; to pass away □ (*fig.*) **di p.**, heavenly; celestial; divine (*fam.*): **una giornata di p.**, a heavenly day; a glorious day (*fam.*); **una musica di p.**, a heavenly (*o* a divine) music; **una pace di p.**, a heavenly (*o* a celestial) peace □ **volere andare in p. in carrozza**, to expect to have the best of both worlds □ **volere entrare in p. a dispetto dei santi**, to horn in (*pop.*).
paradossale, *a.* paradoxical; paradoxal: **idee paradossali**, paradoxical ideas. ● **in modo p.**, paradoxically.
paradossalità, *f.* paradoxicality; paradoxicalness.
paradossalménte, *avv.* paradoxically.
paradòsso, *m.* paradox: **Sembra un p.!**, it sounds like a paradox; **parlare per paradossi**, to speak by paradox.
parafa, *f.* paraph.
parafango, *m.* 1 splash-board 2 (*autom.*) wing; mudguard; fender (*USA*).
parafare, *v. t.* to initial; to paraph.
parafernale, *a.* (*leg.*) paraphernal. ● **beni parafernali**, paraphernalia.
paraffina, *f.* (*chim.*) paraffin (wax): **olio di p.**, paraffin-oil.
paraffinare, *v. t.* to paraffin; to waterproof (with paraffin); to wax.
paraffinato, *a.* paraffinized; paraffin (*attr.*); waterproofed. ● **carta paraffinata**, wax paper.
paraffinatura, *f.* paraffinizing; waterproofing; waxing.
paraffinico, *a.* (*chim.*) paraffinic: **idrocarburi paraffinici**, paraffinic hydrocarbons.
parafiamma, **A** *a.* fireproof. **B** *m.* 1 fireproof partition 2 (*di arma automatica*) flame damper 3 (*aeron., naut.*) fireproof bulkhead.

parafimòsi, *f.* (*med.*) paraphimosis.
parafrasare, *v. t.* to paraphrase: **p. un testo**, to paraphrase a text.
paràfrasi, *f.* paraphrase: **fare una p.**, to make a paraphrase; to paraphrase; **non una traduzione letterale, ma una specie di p.**, not a literal translation, but a kind of paraphrase.
parafrasìa, *f.* (*psic.*) paraphrasia.
parafràstico, *a.* paraphrastic.
parafrenìa, *f.* (*psic.*) paraphrenia.
parafùlmine, *m.* lightning-rod; lightning-conductor.
parafuòco, *m.* fire-screen; fire-guard.
paraggi, *m. pl.* **1** parts; neighbourhood (*sing.*); environs: **Sono uno sconosciuto in questi paraggi**, I'm a stranger in these parts; **Abitano in questi paraggi**, they live in this neighbourhood; they live somewhere about here; **nei paraggi della nostra casa**, in our neighbourhood **2** (*naut.*) (coastal) waters: **i paraggi di Liverpool**, Liverpool waters. ● **Come mai ti trovi in questi paraggi?**, how do you happen to be here?
paragócce, *m.* drip-catcher.
paragòge, *f.* (*gramm.*) paragoge.
paragògico, *a.* (*gramm.*) paragogic(al).
paragonàbile, *a.* comparable. ● **Non è affatto p. a suo fratello** (*gli è decisamente inferiore*), he cannot compare (*o* bear comparison) with his brother; he is not fit to hold a candle to his brother (*pop.*) □ **È un buon dizionario, ma non è p. a questo**, it's a good dictionary, but it won't stand comparison with this one □ **La mia casa non è p. alla tua**, my house cannot be compared to yours.
paragonare, A *v. t.* **1** (*mettere a confronto*) to compare; to confront; to paragon (*lett.*); (*collazionare*) to collate: **p. q.c. con q.c. altro**, to compare st. with st. else; **p. la propria traduzione con un'altra**, to compare one's translation with another one; **p. la passata felicità con il dolore presente**, to compare dead happiness with living woe; **p. i prezzi di quest'anno con quelli dell'anno scorso**, to compare this year's prices with those of last year **2** (*ritenere simile o analogo*) to compare; to liken; to parallel: **p. q.c. a q.c. altro**, to compare (*o* to parallel) st. to st. else; **I poeti hanno paragonato il sonno alla morte**, poets have compared sleep to death; **Il tuo caso non si può p. al mio**, your case cannot be compared to mine. **paragonarsi, B** *v. rifl.* to compare oneself.
paragóne, *m.* comparison; (*parallelo*) parallel: **I paragoni sono odiosi**, comparisons are odious; **Il p. non regge**, the comparison won't stand; **Non c'è p. tra te e tuo fratello**, there is no comparison between you and your brother; **fare un p.** (*o* **mettere a p.**) **due cose**, to make a comparison (*o* to draw a parallel) between two things; to compare two things; **reggere al p.**, to bear (*o* to stand) comparison; **a p. di** (*o* **in p. a**), in comparison with (*o* to); **senza p.**, without comparison; beyond comparison; past all comparison; incomparable (*agg.*); matchless (*agg.*); unequalled (*agg.*): **un libro senza p.** (*o* **che non ha p.**), a book without comparison to any other; **d'una bellezza senza p.**, of incomparable beauty. ● (*fig.*) **pietra di p.**, touchstone; bench mark: **Il tempo è la sola vera pietra di p. del merito**, time is the only true touchstone of merit □ **portare un p.**, to give an example.
paragovernativo, *a.* paragovernmental.
paragrafare, *v. t.* to paragraph.
paràgrafo, *m.* **1** (*partizione, suddivisione*) paragraph (*anche fig.*); section (*abbr.*: sect.): **Vedi p. 3**, see 3rd paragraph (*o* sect) **2** (*tipogr.*) section(-mark).
paraguaiano, *a. e m.* Paraguayan.
paraldèide, *f.* (*chim.*) paraldehyde.
paralegale, *a.* paralegal.
paralèssi, *f.* (*retor.*) paraleipsis*, paralipsis*.
paralinguistica, *f.* paralinguistics (*pl. col verbo al sing.*).
paralipòmeni, *m. pl.* (*letter.*) paralipomena: ● **i P. dell'Antico Testamento**, the Books of Chronicles in the Old Testament.
paràlisi, *f.* (*med.*) paralysis*, palsy (*anche fig.*): **p. motrice** (**sensoria**), motor (sensory) paralysis; **p. parziale** (*o* **locale**), partial paralysis; **p. progressiva**, creeping paralysis (*o* palsy); **colpito da p.**, affected with paralysis; paralytic; palsied; **p. economica**, economic paralysis. ● **p. infantile**, poliomyelitis.
paralitico, A *a.* (*med.*) paralytic; palsied: **un vecchio p.**, a paralytic old man; **un braccio p.**, a paralytic arm. **B** *m.* paralytic.
paralizzare, *v. t.* (*med.*) to paralyse, to paralyze (*anche fig.*); to palsy (*per lo più fig.*).
paralizzato, *a.* (*med.*) paralysed, paralyzed (*anche fig.*).
parallasse, *f.* (*astron., fis.*) parallax: **p. eliocentrica**, heliocentric parallax; **p. geocentrica**, geocentric parallax; **p. in quota**, parallax in altitude; (*fotogr.*) **p. residua**, residual parallax.
paralàttico, *a.* (*astron., fis.*) parallactic.
parallèla, *f.* **1** (*geom.*) parallel (line) **2** (*pl.: attrezzi da ginnastica*) parallel bars **3** (*pl.: strumento per tracciare linee parallele*) parallel ruler(s).
parallelaménte, *avv.* parallelly; in parallel.
parallelepipedo, *m.* (*geom.*) parallelepiped*; parallelepipedon. ● (*mecc.*) **p. di spessore**, raising block □ **a forma di p.**, parallelepipedal (*agg.*).
parallelinèrvio, *a.* (*bot.*) parallelinervate.
parallelismo, *m.* (*nei vari significati*) parallelism (*anche fig.*).
parallèlo, A *a.* (*geom.*) parallel (*anche fig.*): **linee** (**piani**) **parallele**, parallel lines (planes); **una linea parallela a un'altra**, a line parallel to another; **due materie parallele**, two parallel subjects; **un caso p.**, a parallel case; (*letter.*) **le vite parallele di Plutarco**, Plutarch's parallel lives. **B** *m.* **1** (*confronto*) parallel; comparison: **fare** (*o* **istituire**) **un p. fra due poeti**, to draw a parallel between two poets **2** (*geogr.*) parallel (of latitude): **paesi posti sullo stesso p.**, countries on the same parallel **3** (*elettr.*) parallel: **batterie in p.**, batteries in parallel; **marciare in p.**, to run in parallel (*o* in multiple). ● (*elettr.*) **messa in p.**, paralleling.
parallelogramma, **parallelogrammo**, *m.* (*geom.*) parallelogram: (*fis.*) **p. delle forze**, parallelogram of forces.
paralogismo, *m.* (*filos.*) paralogism.
paralogistico, *a.* (*filos.*) paralogistic.
paralogizzare, *v. i.* (*filos.*) to paralogize.
paraluce, *m. invar.* (*fotogr.*) lens-screen; lens-hood.
paralume, *m.* lamp-shade.
paramagnètico, *a.* (*fis.*) paramagnetic.
paramagnetismo, *m.* (*fis.*) paramagnetism.
paramano, *m.* **1** (*polsino*) cuff **2** (*edil.*) facing brick.
paramècio, *m.* (*zool., Paramecium*) paramecium*.
paramèdico, A *a.* paramedical: **personale p.**, paramedical personnel. **B** *m.* paramedic.
paraménto, *m.* **1** (*relig.*) vestment **2** (*pl.: addobbo*) hangings **3** (*edil.*) face.
paramètrico, *a.* (*mat., stat.*) parametric; parametral.
paramètrio, *m.* (*anat.*) parametrium*.
parametrite, *f.* (*med.*) parametritis*.
parametrizzare, *v. t.* to parametrize, to parameterize.
parametrizzazióne, *f.* parametrization, parameterization.
paràmetro, *m.* **1** (*mat., stat.*) parameter **2** (*fig.*) parameter; bench mark, benchmark.
paramezzale, *m.* (*naut.*) kelson, keelson: **p. centrale**, middle-line (*o* central) kelson; **p. laterale**, side (*o* sister) kelson; **p. scatolato**, box kelson.
paramilitare, *a.* paramilitary.
paramilitarismo, *m.* paramilitarism.
paramine, *m.* (*naut., mil.*) paravane.
paramnesìa, *f.* (*med.*) paramnesia.
paramontura, *f.* (lapel) facing.
paramósche, *m.* fly-net.
paranco, *m.* (*mecc., naut.*) hoist; tackle: **p. a coda**, jigger; **p. differenziale**, differential tackle; **p. semplice** (**doppio**), single (two--fold) tackle; **p. elettrico**, electric hoist (*o* tackle). ● **sotto p.**, alongside.
paranefrite, *f.* (*med.*) paranephritis*.
paraninfo, *m.* (*lett.*) paranymph (*anche fig.*).
paranòia, *f.* (*med.*) paranoia.
paranòico, *a. e m.* (*med.*) paranoiac.
paranoide, *a.., m. e f.* (*med.*) paranoid.
paranormale, *a.* **1** not quite normal **2** (*in metapsichica*) paranormal.
paranormalità, *f.* (*in metapsichica*) paranormality.
paranza, *f.* (*naut.*) (fishing-)smack; trawler.
paraòcchi, *m.* blinkers (*pl.*).
paraónde, *m.* (*naut.*) breakwater.
paraorécchie, *m. invar.* ear-flap.
parapalle, *m.* (*mil.*) butt.
parapètto, *m.* **1** (*edil.*) parapet **2** (*mil.*) parapet; breastwork **3** (*naut.*) rail; (*di murata*) bulwark.
parapiglia, *m.* turmoil; hurly-burly; bustle; stampede: **Ne nacque un p.**, it caused a stampede.
parapiòggia, *m.* umbrella; brolly (*pop.*).
paraplegìa, *f.* (*med.*) paraplegia.
paraplègico, *a. e m.* (*med.*) paraplegic.
parapòdio, *m.* (*zool.*) parapodium*.
parapolìtico, *a.* parapolitical.
parapólvere, *m.* dust-cover.
paraprofessionale, *a.* paraprofessional.
parapsìchico, *a.* parapsychic(al); parapsychological.
parapsicologìa, *f.* parapsychology.
parapsicològico, *a.* parapsychological.
parare, A *v. t.* **1** (*coprire, vestire con paramenti*) to adorn; to deck; to decorate: **La chiesa era parata di fiori**, the church was decorated (*o* adorned) with flowers **2** (*riparare, proteggere*) to shield; to protect; to shelter: **Ci vuole un buon soprabito per**

p. il freddo, a good overcoat is necessary to keep out the cold (*o* to protect one from the cold) **3** (*tenere lontano, a bada*) to keep* off; to keep* out: **Alzò il vetro per p. l'acqua**, he put up the window to keep out the rain **4** (*evitare, scansare*) to parry; to ward off; to avoid: (*scherma*) **p. un colpo**, to parry a blow; **Il soldato parò i colpi con lo scudo**, the soldier warded off (*o* avoided) the blows with his shield **5** (*sport*) to save; (*fermare*) to stop. **B** *v. i.* – **andare a p.**, to lead up to; to drive at; to get at (*fam.*): **Non so dove voglia andare a p.**, I don't know what he's leading up to (*o* driving at, getting at). **pararsi, C** *v. rifl.* **1** (*ripararsi*) to take* shelter; to shelter (oneself); to protect oneself: **p. dalla tempesta**, to shelter from the storm **2** (*presentarsi*) to appear; to come*; to present oneself: **Spazza via tutto ciò che gli si para davanti**, he sweeps away everything that comes in his way **3** (*abbigliarsi*) to dress up; to deck oneself out; to get* oneself up (*fam.*); (*di sacerdote*) to vest oneself.
parareligióso, *a.* parareligious.
parasanga, *f.* (*archeol.*) parasang.
parascènio, *m.* (*archeol.*) parascenium*.
parascève, *f.* (*relig.*) parasceve; (*Venerdì Santo*) Good Friday.
parascintìlle, *m.* (*ferr.*) spark-arrester.
parascolàstico, *a.* extra-curricular.
paraselène, *m.* (*astron.*) paraselene*.
parasimpàtico, (*anat.*) **A** *a.* parasympathetic. **B** *m.* parasympathetic (nervous) system.
parasintètico, *a.* (*linguistica*) parasynthetic: **un composto p.**, a parasynthetic compound; a parasyntheton.
parasóle, *m.* **1** parasol; sunshade **2** (*fotogr.*) lens-screen; lens-hood. ● (*autom.*) **aletta p.**, sun-screen; glare shield.
paraspalle, *m.* (*hockey*) shoulder-guard; shoulder-pad.
paraspigolo, *m.* (*edil.*) staff angle.
parassita, A *a.* parasitic(al). ● (*fis.*) **correnti parassite**, eddy currents □ (*radio*) **rumori parassiti**, interference. **B** *m.* **1** (*biol.*) parasite **2** (*fig.*) parasite; sponger; hanger-on; toad-eater (*pop.*); toady (*pop.*); lick-spittle (*pop.*): **Le adulazioni di parassiti odiosissimi**, the flattery of the most detestable parasites.
parassitare, *v. i.* (*biol.*) to parasite.
parassitàrio, *a.* (*biol.*) parasitic(al) (*anche fig.*).
parassiticida, A *a.* parasiticidal; parasiticidic. **B** *m.* parasiticide.
parassitico, *a.* (*biol.*) parasitic(al) (*anche fig.*): **animali parassitici**, parasitic animals; **piante parassitiche**, parasitic plants.
parassitìsmo, *m.* (*biol.*) parasitism (*anche fig.*).
parassitologìa, *f.* (*biol.*) parasitology; study of parasites.
parassitològico, *a.* parasitological.
parassitòlogo, *m.* parasitologist.
parassitòsi, *f.* (*med.*) parasitosis*.
parasta, *f.* (*archit.*) pilaster.
parastatale, A *a.* State-controlled; government-controlled; semi-official; parastatal: **un ente p.**, a State-controlled body (*o* agency). **B** *m. e f.* employee of a State-controlled body (*o* agency).
parastato, *m.* people working in a State-controlled body (*o* agency).
parastinchi, *m.* (*sport*) shin guard.
parastrappi, *m.* (*mecc.*) (torsion) flexible coupling.
parata (1), *f.* **1** (*mil.*) parade; review: **ordine di p.**, parade-order; review-order; **sfilare in p. davanti a q.**, to march past sb. (on parade) **2** (*sfoggio*) parade; (formal) display; (pompous) show. ● **abito di p.**, full dress □ **pranzo di p.**, full-dress dinner □ (*fig.*) **vedere la mala p.**, to see that things are taking a bad turn.
parata (2), *f.* (*scherma*) parry (*anche fig.*); (*calcio*) save. ● **fare una p.**, to parry a blow; to ward off a blow; (*nel calcio*) to make a save, to save the ball.
paratassi, *f.* (*linguistica*) parataxis.
paratàttico, *a.* (*linguistica*) paratactic(al).
paratìa, *f.* (*naut.*) bulkhead: **p. parafiamma**, fire-proof bulkhead; **p. stagna**, water-tight bulkhead; **p. trasversale**, athwart-ship bulkhead; **p. di collisione**, collision bulkhead.
paratìfico, *a.* (*med.*) paratyphoid.
paratìfo, *m.* (*med.*) paratyphoid (fever).
paratiròide, *f.* (*anat.*) parathyroid gland.
parato, A *m.* **1** (*drappo*) hangings (*pl.*): **il p. del letto**, the bed hangings (*o* curtains) **2** (*tappezzeria*) tapestry: **una sala con parati di damasco rosso**, a room hung with red damask tapestry; a room tapestried with red damask. ● **carta da parati**, wall paper. **B** *a.* (*addobbato*) decorated; adorned. ● **chiesa parata a lutto**, church hung with black.
paratóia, *f.* ● **una p. a settore cilindrico**, a drum dam □ **una p. di presa**, an inlet sluice.
paratóre, *m.* decorator; interior decorator.
paratormóne, *m.* (*biol.*) parathormone.
paratura, *f.* hangings (*pl.*); decorations (*pl.*).
paraurti, *m.* (*tecn.*) shock absorber; (*autom.*) bumper; (*ferr.*) buffer: **p. a molla**, spring-loaded bumper.
paravalanghe, *m.* avalanche barrier; snowshed.
paravènto, *m.* screen (*anche fig.*). ● (*fig.*) **far da p. a q.**, to shield sb.
Parca, *f.* (*letter.*) Parca*: **le tre Parche**, the three Parcae (*o* Fates). ● **la ria P.**, Death.
parcare, *v. t. e i.* (*mil.*) to park.
parcèlla, *f.* **1** (*nota delle spese di un professionista*) bill; (*di avvocato*) note of counsel's fees **2** (*onorario*) honorarium*; fee **3** (*piccola area di terreno*) lot; plot.
parcellare, *a.* **1** in lots **2** (*med.*) localized; local.
parcellazióne, *f.* parcelling out.
parcellizzare, *v. t.* to fragment.
parcellizzazióne, *f.* fragmentation.
parcheggiàre, *v. t.* to park.
parchéggio, *m.* **1** (*il parcheggiare*) parking: **divieto di p.**, no parking **2** (*posteggio*) car park; parking area (*o* lot): **un addetto al p.**, a car-park attendant. ● (*miss.*) **orbita di p.**, parking orbit □ **posto di p.**, parking-bay.
parchettatura, *f.* parqueting.
parchettista, *m.* parquetry layer.
parchìmetro, *m.* parking-meter.
parco (1), *a.* frugal; sparing; chary; temperate; moderate: **essere p. di lodi**, to be sparing (*o* chary) of praise. ● **essere p. nel mangiare** (**nel bere**), to be a moderate eater (drinker) □ **essere p. nello spendere**, to be parsimonious (*o* thrifty); to be close-fisted; to be careful with one's money □ **un uomo p. di parole**, a man of few words.
parco (2), *m.* **1** park; (*giardino*) garden; (*recinto*) enclosure, paddock: **un p. nazionale**, a national park; **un p. automobilistico**, a car park; a fleet of cars **2** (*mil.*) park: **un p. d'artiglieria**, an artillery park **3** (*parcheggio*) car park; parking area (*o* lot). ● **P. della Rimembranza**, War Memorial (Park) □ (*mil.*) **p. d'assedio**, siege-train; battering-train □ (*comm.*) **p. di deposito**, stockyard □ **p. di divertimenti**, fun-fair; amusement park.
parcòmetro, *V.* parchìmetro.
parécchio, A *a. indef.* **1** quite (*o* rather) a lot of; quite a bit of (*fam.*): **C'è parecchia gente**, there are quite a lot of people; **Ha perso p. denaro**, he's lost quite a bit of money **2** (*rif. a tempo*) quite (*o* rather) a long; (*p. tempo*) quite a while; rather a while; long (*solo in frasi interr.*): **Ti ho aspettato p.** (**tempo**), I've waited quite a while for you; **È p. tempo che non lo vedo**, I haven't seen him for a long time; **Hai aspettato p.** (**tempo**)?, did you wait long? **3** (*pl.*) several; many; quite a lot of: **Ci sono parecchi libri sul tavolo**, there are quite a lot of books on the table; **Hai parecchi esemplari di questo libro?**, have you many copies of this book? **B** *pron. indef.* **1** quite a lot; rather a lot; a good bit (*fam.*): **Non otterrai tutto, ma p.**, you won't get everything, but you'll get quite a lot **2** (*pl.*) several; quite a lot; quite a few; a good few; rather a lot: **Eravamo in parecchi**, there were a good few of us; there were several (*o* rather a lot) of us; **parecchi altri**, a good few more; quite a lot more. **C** *avv.* **1** (*con agg.*) quite; rather: **È p. bravo a riparare le automobili**, he's quite (*o* rather) good at repairing cars; **Sono stanco, e p., di sentire le sue lagne**, I'm rather (*o* quite) tired of hearing his moaning **2** (*rif. a verbo*) quite a lot; quite a bit (*fam.*); rather a lot: **Ho dormito p. stanotte**, I slept quite a bit (*o* a lot) last night. ● **Manca p. alla città**, it's a long way to the city.
pareggiàbile, *a.* **1** that can be equalized (*o* equalled) **2** (*comm.*) that can be balanced (*o* settled).
pareggiaménto, *m.* **1** (*pareggio*) equalization **2** (*livellamento*) levelling **3** (*comm.*) balancing; settlement; settling; squaring **4** (*rif. a scuola*) official recognition.
pareggiàre, A *v. t.* **1** (*rendere pari*) to equalize; to make* equal; (*tagliando le sommità sporgenti*) to trim: **p. i redditi**, to equalize incomes; **p. l'erba**, to trim the grass; **p. i capelli a q.**, to trim sb.'s hair; to give sb. a trim; **farsi p. i capelli**, to have one's hair trimmed **2** (*uguagliare*) to equal; to match: **Non c'è chi lo pareggi**, no one can match him; no one can compare with him; he has no equal **3** (*livellare*) to level; to make* level (*o* equal); to square: **p. una tavola**, to make a table level; **p. una strada**, to level a road up (*o* down); **p. il terreno**, to level the ground **4** (*comm.*) to balance; to settle; to square: **p. il bilancio**, to balance accounts; **p. il bilancio pubblico**, to balance the budget; **p. i conti con q.**, to square accounts with sb. (*anche fig.*); **p. le partite**, to settle (*o* to pay off) old scores (*anche fig.*) **5** (*parificare una scuola*) to recognize (a school) officially. **B** *v. i.* (*nel gioco*) to draw*; to tie: **Le due squadre pareggiarono**, the two teams drew. ● (*sport*) **p. un incontro**, to draw. **pareggiarsi, C** *v. rifl.* to be equal.
pareggiàto, *V.* parificato.
pareggiatura, *f.* **1** (*il rendere pari*) equalization; equalizing; (*tagliando le sommità sporgenti*) trimming **2** (*il livellare*) levelling.
paréggio, *m.* **1** (*il rendere pari*) equalization **2** (*dei conti*)

balance; settlement 3 (*dei punti in una gara*) draw; tie: **La gara finì con un p.**, the contest ended in a draw. ● (*comm.*) **chiudere in p.**, to balance □ (*sport*) **fare p.**, to draw.

parèlio, *m.* (*astron.*) parhelion*.

paremìa, *f.* paroemia.

paremiografìa, *f.* paroemiography.

paremiògrafo, *m.* paroemiographer.

paremiologìa, *f.* paroemiology.

paremiòlogo, *m.* paroemiologist.

parènchima, *m.* (*anat.*, *bot.*) parenchyma*; parenchym(e).

parenchimàtico, *a.* (*anat.*, *bot.*) parenchymatic; parenchymal.

parenchimatóso, *a.* (*anat.*, *bot.*) parenchymatous.

parènesi, *f.* (*lett.*) par(a)enesis; exhortation.

parenètico, *a.* (*lett.*) par(a)enetic(al); hortatory.

parentado, *m.* 1 (*insieme dei parenti*) relatives (*pl.*); relations (*pl.*); kindred; kith and kin: **C'era tutto il p.**, all my (*o* your, his, etc.) relatives were there; **il p. più stretto**, one's nearest relatives; **la maggior parte del mio p.**, most of my kindred 2 (*vincolo di parentela*) relationship; kinship; kindred.

parentale, *a.* parental: **autorità p.**, parental authority.

parentali, *m. pl.* 1 (*commemorazione*) memorial celebrations 2 (*stor. romana*) Parentalia.

parènte, *m.* e *f.* relative; relation; kinsman* (*masch.*), kinswoman* (*femm.*): **Con lui sono p.**, I am a relative of his; I'm related to him; **È tuo p.?**, is he any relation to you?; **Non sono affatto loro p.**, I am no relation to them; I am not related to them in any way; **un p. stretto** (*o prossimo*), a near relation; **i parenti più stretti**, one's nearest relatives; **un p. lontano** (*o alla lontana*), a distant relation; **non avere parenti**, to have no relatives. ● **amici e parenti**, kinsfolk and acquaintance; kith and kin □ (*lett.*) **il primo p.** (*Adamo*), our first parent □ **Il sonno è p. della morte**, sleep is akin (*o* closely related) to death.

parentèla, *f.* (*vincolo tra i parenti*) relationship; kinship; kindred: **Tra loro non c'è p.**, there is no relationship between them; **p. stretta (lontana)**, a near (distant) relationship; **avanzare diritti di p.**, to claim relationship; **grado di p.**, degree of relationship 2 (*i parenti*) relatives (*pl.*); relations (*pl.*); kindred; kith and kin: **avere una numerosa p.**, to have numerous relations; **invitare tutta la p.**, to invite all one's relations 3 (*fig.*) relationship; relation; connection; connexion.

parenterale, *a.* (*med.*) parenteral.

parèntesi, *f.* 1 (*parole interposte nel discorso*) parenthesis*: **una lunga p.**, a long parenthesis; **aprire (chiudere) una p.**, to open (to close) a parenthesis 2 (*segno grafico*) parenthetical mark; parenthesis*, bracket (*comunemente al pl.*): **p. tonde**, round brackets; **p. quadre**, square brackets; **mettere fra p.**, to enclose within brackets; to bracket; to parenthesize; **dire q.c. fra p.**, to say st. in parentheses; (*mat.*) **togliere le p.**, to remove the brackets 3 (*fig.*) interval; pause; stop: **una breve p.**, a short pause. ● **fare una p.**, to make a digression □ (*detto*) **tra p.**, incidentally; by the way.

parentètico, *a.* parenthetic(al).

parèo, *m.* (*abbigliamento*) pareu.

parére (1), *v. i.* 1 to seem; to appear; to look (like): **Pareva un morto**, he looked like a dead man; **Pare che non ci sia niente di nuovo**, there doesn't seem to be anything new; **Quell'uomo mi pare sospetto**, that man looks suspicious to me; **Davanti al giudice pareva disorientato**, he appeared (to be) bewildered before the judge; **far p. bianco il nero**, to make black seem white; to pass one thing off as another 2 (*pensare*) to think*; to seem: **Che ti pare di quel ragazzo?**, what do you think of that boy?; **Mi pare che non si dica così**, I don't think it's said this way; it seems to me that you don't say it this way; **Mi pare di averlo già bocciato una volta**, I think I've already failed him once; I seem to have already failed him once; **Ha torto, o almeno mi pare**, he is wrong, or at least I think so (*o* I think he is); **Pare che non sia vero**, it doesn't seem to be true; **Parrebbe che tu lo abbia aiutato**, it would seem that you helped him; **Pare di sì**, it seems so; **Pare di no**, it doesn't seem so; **Mi pare di sì**, I think so; **Mi pare di no**, I don't think so; **Mi pareva!**, I thought as much! 3 (*piacere, volere*) to like; to please; to think* fit; to want: **Vuol fare quel che gli pare**, he wants to do what he likes; **Fatelo, se vi pare**, do it, if you like; **Fa come ti pare**, do as you like (as you please); **Partirò quando mi parrà**, I'll go when I think fit (*o* I please); **Faccio quel che mi pare e piace**, I do just as I like; I do as I please. ● **a quanto pare**, as far as I (we, etc.) know □ **per non p.**, to pretend; to dissimulate: **Per non p. ricco, si veste molto umilmente**, to pretend he is not wealthy (*o* to dissimulate his wealth), he dresses very humbly (*o* he is very humbly dressed) □ **Pare zucchero**, it tastes like sugar □ **Mi par di sognare**, I can scarcely believe my eyes □ **Pare proprio che vogliano aprire quella strada**, by all accounts it appears they want to build that road □ **Pare che voglia piovere (nevicare)**, it looks like rain (snow) □ **Ma ti pare!**, don't mention it! □ **Mi par mill'anni**, it seems ages to me.

parére (2), *m.* opinion (*anche leg.*); advice (*collett.*); mind: **a mio p.**, in my opinion; **se vuoi il mio p.**, if you want my advice; **essere dello stesso p.**, to be of one mind; **dare un p. su q.c.**, to give an opinion on st.; **mutare p.**, to change one's mind.

pàresi, parèsi, *f.* (*med.*) paresis*.

parestesìa, *f.* (*med.*) par(a)esthesia.

paretàio, *m.* 1 (*bird-)nets* (*pl.*): **uccelli presi al p.**, birds caught in the nets; **tendere il p.**, to spread the nets 2 (*fig.: trappola*) trap; snare.

paréte, *f.* 1 (*edil.*) wall: **la p. interna (esterna)**, the inside (outside) wall; **una p. in mattoni**, a brick wall; **attaccare un quadro alla p.**, to hang a picture on the wall 2 (*superficie interna o esterna di varie cose*) wall (*usato al pl.*): **le pareti d'una caldaia**, the walls of a boiler 3 (*anat.*) paries*; wall: **le pareti del cuore**, the walls of the heart 4 (*alpinismo*) face; wall: **p. rocciosa**, rock-face. ● **una p. divisoria**, a partition □ **le pareti domestiche**, one's own home □ **a doppia p.**, double-walled □ **tra le pareti domestiche**, at home; within one's own four walls (*fam.*).

parètico, *a.* e *m.* (*med.*) paretic.

pargoleggiàre, *v. i.* to behave like a child.

pàrgolo, *m.* (*lett.: bambino*) child*.

pari (1), A *a. invar.* 1 equal; same; like; similar: **Sono p. di età**, they are the same age; **a p. condizioni**, under the same conditions; **in p. tempo**, at the same time; **un libro p. a questo**, a book similar to (*o* like) this one; **essere p. a q. in q.c.**, to be equal to sb. in st.; to be sb.'s equal in st.; to be on an equal footing with sb. 2 (*sullo stesso piano*) level; even: **La strada corre tutta p.**, the road runs (*o* is) completely level 3 (*divisibile per due*) even: **numeri p.**, even numbers; **essere in numero p.**, to be even in number(s) 4 (*atto a, all'altezza di*) equal (to): **Egli non era p. alla situazione**, he wasn't equal to (*o* wasn't up to) the situation. ● **essere p.** (*di punteggio*) to be level; (*di forze*) to be evenly matched □ **p. e patta**, quits; square □ **al p. di**, in comparison to; compared with; as... as; in the same way as: **Sei intelligente al p. di lei**, you are as intelligent as he (is); **al p. di un facchino**, in the same way as a porter; just like a porter □ **alla p.**, (*comm.*) at par; at face value; (*presso una famiglia*) «au pair»: **vivere alla p. presso una famiglia in Inghilterra**, to live «au pair» with a family in England; **emettere azioni alla p.**, to issue stock at par □ **a piè p.**, with feet together; (*fig.*) altogether □ (*sport*) **andare p.**, to draw level □ **andare di p. passo con q.** (q.c.), to keep up with sb. (st.) □ **copiare p. p.**, to copy word for word; to crib (*fam.*) □ **del p.**, equally; as well; too: **Tu potresti del p. negarlo**, you could equally deny it □ **di p. passo**, at the same rate (*o* pace); in the same way: **Studio l'anatomia di p. passo con il mio amico**, I'm studying anatomy at the same rate as my friend □ **fare (*o* finire) p. (*o* alla p.)**, to draw: **Le squadre fecero p.**, the two teams drew □ **mettersi (stare) alla p. con q.**, to place (to keep) oneself on the same level as sb. □ **mettersi in p. con i pagamenti**, to pay the arrears □ **mettersi in p. con il proprio lavoro**, to catch up with one's work; to work through one's backlog (*fam.*) □ (*tennis*) **quaranta p.**, deuce □ **saltare a piè p.**, to make a standing jump □ (*fig.*) **saltare a piè p. ostacoli (difficoltà, ecc.)**, to skip over (*o* to skirt, to skim over, to by-pass) obstacles (difficulties, etc.) □ (*fin.*) **sotto (sopra) la p.**, below (above) par: **Le azioni scesero sotto la p.**, the shares fell below par (*o* below their face value) □ (*sport*) **trenta p.**, thirty all □ (*comm.*) **vendere alla p.**, to sell at cost price □ **La superbia va di p. passo con la ignoranza**, pride goes hand in hand with ignorance □ **Ora siamo p.**, now we're quits; now we're (all) square. B *m.* e *f.* equal; peer: **Voglio essere giudicato dai miei p.**, I want to be judged by my peers; **È un mio p.**, he is my equal; **i p. tuoi**, your equals; people like you; the likes of you; **trattare q. da p. a p.**, to treat (*o* to deal with) sb. as one's equal. ● **parlarsi da p. a p.**, to speak (*o* to talk) as man to man □ **senza p.**, unequalled, peerless, matchless (*attr.*).

pari (2), *m.* (*membro della camere alta del Parlamento britannico*) peer; lord: **i p. del Regno Unito**, the peers of the United Kingdom. ● **l'ordine dei p.**, the peerage.

pària (1), *m.* 1 pariah 2 (*fig.*) pariah; (social) outcast.

paria (2), *f.* 1 (*dignità di pari*) peerage; peerdom; rank (*o* dignity) of a peer 2 (*ceto dei pari*) peerage; body of peers.

Pàride, *m.* (*mitol.*) Paris.

parietale, A *a.* 1 wall (*attr.*); mural; parietal: **iscrizioni parietali**, wall inscriptions 2 (*anat.*) parietal: **le ossa parietali**, the parietal bones. B *m.* (*anat.*) parietal (bone).

parietària, *f.* (*bot.*, *Parietaria officinalis*) (wall) pellitory.

parifica, *f.* (*bur.*) V. **parificazione**.

parificare, *v. t.* 1 (*rendere pari*) to equalize; to make* equal 2 (*una scuola*) to recognize officially.

parificato, *a.* (*rif. a scuola*) officially recognized.

parificazióne, *f.* 1 equalization; equalizing 2 (*di scuola*) official recognition.

Parigi, *f.* (*geogr.*) Paris.
parigina, *f.* Parisienne.
parigino, *a.* e *m.* Parisian. ● (*fig.*) **vestire come un p.**, to be dressed up to the nines (*o pop.*: up to the knocker).
pariglia, *f.* pair; brace; team: **una p. di cavalli bianchi,** a pair of white horses. ● (*fig.*) **rendere la p. a q.**, to pay off old scores; to give tit for tat (*fam.*); to pay sb. back in his own coin (*fam.*).
parigrado, *m.* e *f. invar.* equal (in rank).
pariménti, *avv.* likewise; in like manner; in the same way.
pàrio, *a.* Parian; of Paros: **una statua di marmo p.**, a statue of Parian marble.
paripennato, *a.* (*bot.*) paripinnate.
parisillabo, (*gramm.*) **A** *a.* parisyllabic: **un nome p.**, a parisyllabic (noun). **B** *m.* parisyllabic (noun).
parità, *f.* **1** parity; (*uguaglianza*) equality: **p. fra due tassi di cambio,** parity between two rates of exchange; **a p. di voti,** at a parity of votes **2** (*sport*) draw: **chiudere in p.**, to end in a draw. ● **p. di diritti,** equal rights (*pl.*) □ **a p. di condizioni,** conditions being equal.
paritàrio, *a.* equal.
paritètico, *a.* joint (*attr.*): **una commissione paritetica,** a joint committee.
parka, *m. invar.* (*indumento*) parka.
parkerizzare, *v. t.* (*chim.*) to parkerize; to rust-proof.
parkerizzazióne, *f.* (*chim.*) parkerizing.
parkinsoniano, *a.* (*med.*) parkinsonian.
parkinsonismo, *m.* (*med.*) parkinsonism.
parlàbile, *a.* speakable; that can be spoken.
parlamentare (1), A *a.* **1** parliamentary; of Parliament: **il sistema p.**, the parliamentary system; **una discussione p.**, a parliamentary debate; **le regole e le usanze parlamentari,** the rules and usages of Parliament **2** (*fig.*) parliamentary; civil; courteous. **B** *m.* e *f.* parliamentary; parliamentarian; Member of Parliament (*abbr.*: M.P.).
parlamentare (2), *v. i.* to parley (*anche fig.*); to hold* a parley; to negotiate; to arrange terms. ● (*fig., scherz.*) **Andrò io a p. con l'oste,** I'll arrange things with the landlord.
parlamentarismo, *m.* parliamentarism.
parlaménto, *m.* **1** (*polit.*) Parliament: **i due rami del p.**, the two branches of Parliament; **convocare (riaprire) il P.**, to summon (to open) Parliament; **sciogliere il p.**, to dissolve Parliament **2** (*stor.*) assembly; parley.
parlante, A *a.* **1** speaking; talking **2** (*fig.*) speaking; lifelike; faithful; (*evidente*) clear, evident: **una copia p.**, a lifelike reproduction; **un ritratto p.**, a lifelike portrait; a speaking likeness. ● **occhi parlanti,** expressive eyes □ **esser il ritratto p. di q.**, to be the very image of sb. **B** *m.* e *f.* speaker: **i ben (i mal) parlanti,** good (bad) speakers; **un buon p. inglese,** a good speaker of English.
parlantina, *f.* (*fam.*) talkativeness; loquaciousness; loquacity. ● **avere la p. sciolta,** to have a glib tongue; to be a glib talker; to have the gift of the gab (*fam.*) □ **Che p. che hai!,** you do talk a lot!
parlare (1), A *v. i.* **1** to speak*; to talk: **p. chiaro,** to speak plainly; (*fig.*) to speak without beating about the bush; **Parlo a voi!,** I'm speaking to you!; **Con lui non parlo,** I'm not on speaking terms with him; **Di che cosa stai parlando?,** what are you talking about?; **p. al telefono,** to speak on the phone; **«Pronto, chi parla?» «Parla Rossi»,** «hello, who's speaking?» «this is Rossi speaking»; **p. sottovoce,** to speak (to talk) in a whisper (o in an undertone); to whisper; **Bada con chi parli!,** watch who(m) you're speaking to!; **Fallo p.**, make him speak; **p. ad alta voce,** to speak aloud (*o* in a loud voice); **p. per esperienza,** to speak from experience; **p. bene (male) di q.**, to speak well (ill) of sb.; **p. d'affari,** to talk business; **p. fra sé,** to talk to oneself; **p. forbito,** to speak carefully; to choose one's words; **p. grasso,** to talk smut (*o* dirt); to dish the dirt (*pop. USA*); **p. a caso (o a vanvera),** to talk at random; to talk nonsense; to talk through (a hole in) one's hat (*fam.*); **p. in dialetto (gergo),** to talk dialect (slang); **p. spedito,** to speak fast; **p. a gesti,** to speak by signs **2** (*trattare parlando*) to speak*; (*trattare scrivendo*) to write*; to mention: **Dante parla della Chiesa nella «Divina Commedia»,** Dante writes about the Church in the «Divine Comedy»; **Ne parla pure Kant,** Kant also mentions it; **Il giornale di oggi parla di te,** today's paper mentions you; you are (mentioned) in today's paper **3** (*discutere*) to discuss; to talk; to debate: **Domani parleremo di questa faccenda,** we'll discuss this matter tomorrow; **Non p. dei miei affari con estranei,** don't discuss (*o* talk about) my business with people you don't know (*o* with strangers); **Parlavamo fra noi se andare a Firenze o a Siena,** we were discussing (*o* debating) whether to go to Florence or to Sienna **4** (*rivolgersi a*) to address: **Il Primo Ministro parlerà alle due Camere domani,** the Premier will address both Houses tomorrow **5** (*ricordare*) to remind; to bring* back memories: **Questo parco mi parla della mia infanzia,** this park reminds me of my childhood **6** (*confessare*) to talk; (*gergo*: *cantare*) to sing*: **La spia ha parlato,** the spy has talked. **B** *v. t.* to speak*: **Io parlo inglese,** I speak English; **Qui si parla italiano,** Italian is spoken here. ● **p. al deserto** (*o* **al muro, al vento**), to talk to the wall; to waste one's breath; to speak to deaf ears: **P. a lui è come p. al muro,** you might as well talk to a blank wall as talk to him □ **p. al plurale,** to use the majestic «we» □ **p. a quattr'occhi con q.**, to speak privately (*o* in private) to sb.; to have a tête-à-tête with sb. □ **p. con i piedi,** to talk through one's hat □ **p. come un mulino a vento,** to talk the hind legs off a donkey □ **p. del più e del meno,** to speak of odds and ends; to indulge in idle talk; to speak of this and that □ **p. fra i denti,** to mutter □ **p. in punta di forchetta,** to pick one's words □ **p. nel naso,** to speak through one's nose (*fig., fam.*) **p. ostrogoto** (*o* **arabo**), to talk double-Dutch □ **p. più forte,** to speak up □ **p. senza peli sulla lingua** (*o* **fuori dai denti**), to be outspoken; not to mince one's words □ **con rispetto parlando,** if you don't mind my saying so □ **per non p. di,** not to mention; let alone: **La sua situazione economica è precaria, per non p. della nostra,** his finances are precarious, let alone (*o* not to mention) ours □ **un testimone che non vuole p.**, a reticent witness □ **Non mi fate mai p.**, you never let me have my say □ **Parli sul serio?**, do you mean it?; are you serious? □ **Non lo capisco: per me, parla ostrogoto,** when he speaks, I don't understand him: it's all Greek to me □ **Farai p. di te,** people will talk (about you) □ **Per ora non se ne parla,** there's nothing doing for the moment □ **Non se ne parli più!**, let's hear no more about it! □ **Non ne voglio più sentire p.**, I don't want to hear any more about it □ **Non vale la pena di parlarne,** it's not worth mentioning □ **Parla come un libro stampato,** he talks like a book □ **In questa faccenda tu non puoi p.**, in this matter (*o* as far as this is concerned) you have no say (*o* you can't talk; *o, volg.*: you keep your mouth shut) □ **Hai un bel p.! non mi convinci,** no matter what you say, you won't convince me □ (*prov.*) **Altro è p. di morte, altro è morire,** it's one thing to say something, another to do it. **parlarsi, C** *v. rifl. recipr.* **1** to speak* to each other **2** (*pop.: amoreggiare*) to go* together. ● **Non si parlano più,** they are no longer on speaking terms.
parlare (2), *m.* **1** speech; talk; (*parole*) words (*pl.*): **Il p. è proprio dell'uomo,** speech is proper to man; speech is a human attribute; **Ci sarà un gran p. in paese,** there will be a lot of talk in the village; people will talk a lot in the village; **Il suo p. è sempre forbito,** his speech is always rather refined (*o* recherché) **2** (*parlata*) language; dialect: **il p. romanesco,** the Roman dialect; **il p. dei Bantù,** the Bantu language **3** (*modo di parlare*) (way of) speaking: **Il suo p. non è elegante,** he hasn't an elegant way of speaking. ● **il p. popolare,** the vernacular.
parlata, *f.* language; dialect; (*modo di parlare*) (way of) speaking; (*accento*) accent: **Lo riconobbi alla p.**, I recognized him by his accent (*o* the way he spoke); **la p. lombarda,** the Lombard dialect.
parlato, A *a.* spoken: **lingua parlata,** spoken language. **B** *m.* **1** (*mus.*) spoken part **2** (*cinem.*) dialogue **3** (*fam.*: *cinema p.*) talking films (*pl.*); talkies (*pl., fam.*).
parlatóre, *m.* **1** speaker; talker **2** (*oratore*) orator.
parlatòrio, *m.* parlatory; (*convent*) parlour.
parlottare, *v. i.* to speak* in a low voice; to murmur; to mutter.
parlottìo, *m.* murmuring; muttering.
parmènse, A *a.* Parmesan; of Parma. **B** *m.* e *f.* inhabitant (*o* native) of Parma.
parmigiana, *f.* (*cucina*) «parmigiana»: **p. di melanzane,** aubergine parmigiana.
parmigiano, A *a.* Parmesan; of Parma: **formaggio p.**, Parmesan (*o* Parma) cheese. **B** *m.* **1** (*abitante di Parma*) inhabitant of Parma; (*nativo di Parma*) native of Parma **2** (*formaggio p.*) Parmesan (*o* Parma) cheese. ● (*cucina*) **alla parmigiana,** with Parmesan cheese; Parma style.
parnàsio, *a.* (*geogr., mitol., letter.*) Parnassian; of Parnassus.
Parnaso, *m.* (*geogr., mitol., letter.*) Parnassus: **il P. italiano,** the Italian Parnassus.
parnassianésimo, *m.* (*letter.*) Parnassianism.
parnassiano, *a.* e *m.* (*letter.*) Parnassian: **la scuola parnassiana,** the Parnassian school (of poets).
paròcchi, *V.* **paraòcchi.**
parodìa, *f.* (*letter., mus.*) parody (*anche fig., spreg.*): **una p. dell'Alfieri,** a parody of Alfieri; **una p. della vita (della giustizia),** a parody of life (of justice). ● **fare la p. di q. (q.c.),** to parody sb. (st.).
parodiare, *v. t.* (*letter.*) to parody (*anche fig.*): **p. le Odi di Orazio,** to parody Horace's Odes.
paròdico, *a.* (*letter.*) parodic(al); burlesque.
parodista, *m.* e *f.* (*letter.*) parodist.

parodistico, *a.* (*letter.*) parodistic.
pàrodo, *m.* **1** (*letter. greca*) parodos*; parode **2** (*archeol.*) parodos*.
paròla, *f.* **1** word: **la p. esatta**, the exact word; **tradurre p. per p.**, to translate word for word; to translate literally; **nel vero senso della p.**, in the true sense of the word; **Mi giunse p. che avevano bisogno di me**, word came that they needed (*o* wanted) me; **in una p.**, in a (*o* one) word; briefly; **musica di Rodgers, parole di Hart**, music by Rodgers, words (*o* lyrics) by Hart; **nel senso più ampio della p.**, in the widest sense of the word; **È un uomo di poche parole**, he's a man of few words; **Non ho parole per ringraziarti**, I have no words to express my gratitude; **una p. composta**, a compound word; **Non credetti a una sola p. della sua versione dei fatti**, I didn't believe a single word of his story; **Vorrei dirti una p.**, I should like (to have) a word with you; **cavare una p. di bocca a q.**, to get a word out of sb.; **Non ti lasciare scappare una p. di ciò con nessuno**, don't say a word about this to anyone; **mettere una buona p. a favore di q.**, to say (*o* to put in) a good word for sb.; **Ci vogliono fatti e non parole**, action is needed, not words (*o*, *fam.*: not hot air) **2** (*facoltà di parlare*; *favella*) speech: **L'uomo è dotato di p.**, man is endowed with (the gift of) speech; **perdere la p.**, to lose the power (*o* the faculty) of speech **3** (*promessa, impegno*) word; promise; parole (*specialm. mil.*): **Sono uomo di p.**, I'm a man of my word; I'm as good as my word; **fidarsi della p. di q.**, to take sb. at his word; to trust sb.'s word; **credere a q. sulla p.**, to take (*o* to accept) sb.'s word; **mantenere la propria p.**, to keep one's word (*o* promise); **non mantenere la propria p.**, to break one's word (*o* promise); (*mil.*) parole: **un prigioniero sulla p.**, a prisoner on parole; a parolee (*USA*); **prendere q. in p.**, to take sb. at his word; **rimangiarsi la p.**, to go back on one's word; **p. d'onore**, word of honour **4** (*modo di esprimersi*) speech; tongue: **avere la p. facile**, to have a glib (*o* a ready) tongue. ● **p. d'ordine**, (*mil.*) password; (*per estens.*) watchword ▫ **parole incrociate** (*gioco*), crossword puzzle ▫ **avere l'ultima p.**, to have the last word ▫ **chiedere la p.**, to ask leave to speak ▫ **dare la p. a q.**, to give sb. leave to speak; to call upon sb. to speak: **Ora do la p. al signor Rossi**, I now give Mr Rossi leave to speak; (*nelle riunioni, ecc.*) I now call upon Mr Rossi to address the assembly (*o* the meeting) ▫ **dire brutte parole a q.**, to call sb. names; to insult sb. ▫ **fare p. di q.c. a q.**, to mention st. to sb. ▫ **gioco di parole**, pun; play on words ▫ **essere in p. con q.**, to be negotiating with sb. ▫ **masticare le parole**, to mumble ▫ **mettere le parole in bocca a q.**, to prompt sb.; to suggest st. to sb. ▫ **non avere la p. facile**, to be hesitant in one's speech ▫ **non far p.**, to keep silent ▫ **passare p. a q.**, to pass the word on to sb.; (*mettere q. a conoscenza di q.c.*) to let sb. know st.: **Passagli p. che domani non si viene in ufficio**, let him know (*o* pass the word on to him) that the office is closed tomorrow ▫ **passare dalle parole ai fatti**, to pass from words to deeds; (*alle percosse*) to resort to blows (*o* to violence) ▫ **prendere la p.**, to begin to speak; (*polit.*) to take the floor ▫ **rimanere senza p.**, to be dumbfounded; to be left (*o* to remain) speechless ▫ **rivolgere la p. a q.**, to address sb.; to speak to sb.: **Mi rivolse la p. in francese**, he addressed me in French ▫ **rubare la p. di bocca a q.**, to take the words out of sb.'s mouth ▫ **togliere la p. a q.**, to stop sb. speaking; to cut sb. short; (*nelle assemblee*) to call sb. to order ▫ **l'ultima p.**, the last word; (*comm.*) the final offer ▫ **venire a parole con q.**, to have words with sb. ▫ **Meno parole!**, less talk! ▫ **(Son) tutte parole!**, it's all hot air! (*fam.*) ▫ **La p. è tua** (*o* a te la p.), it's your turn to speak ▫ **Ha la p. il signor Rossi**, it is Mr. Rossi's turn to speak; (*nelle riunioni, ecc.*) Mr Rossi is being called upon to address the meeting (*o* assembly) ▫ **La Corte dà la p. alla difesa**, the Court calls upon the defence ▫ (*fig.*) **È una p.!**, it's easier said than done: **Debellare l'ignoranza! (è) una p.!**, wipe out ignorance! (it's) easier said than done ▫ **Non è detta l'ultima p.**, the last word has not been said ▫ (*prov.*) **A buon intenditor poche parole**, a word to the wise is enough ▫ (*prov.*) **Le parole sono femmine e i fatti sono maschi**, deeds are males, words females.
parolàccia, *f.* bad (*o* coarse) word; swear-word; four-letter word. ● **dire parolacce a q.**, to call sb. names.
parolàio, **A** *m.* chatterbox; wind-bag; hot-air merchant (*fam.*). **B** *a.* wordy; loquacious.
parolière, *m.* writer of popular songs; lyricist.
parolóna, *f.* **1** (very) long word **2** (*termine enfatico e vuoto*) big word.
parolóne, *m.* big word.
paronichia, *f.* (*med.*) paronychia.
paronimico, *a.* (*linguistica*) paronymous.
paronimo, *m.* (*linguistica*) paronym.
paronomàsia, *f.* (*retor.*) paronomasia; play upon words; pun.
parossismo, *m.* **1** (*med.*) paroxysm **2** (*fig.*) paroxysm; fit; outburst; explosion: **nel p. dell'ira**, in an outburst of rage.
parossistico, *a.* **1** (*med.*) paroxysmal; paroxysmic **2** (*fig.*) violent; furious.
parossitono, *a.* (*gramm.*) paroxytone. ● **parola parossitona**, paroxytone.
parotide, *f.* (*anat.*) parotid (gland).
parotideo, *a.* (*anat.*) parotid.
parotite, *f.* (*med.*) parotitis; mumps (*pl. col verbo al sing.*).
parquet, *m.* parquet-flooring.
parricida, **A** *a.* parricidal. **B** *m.* e *f.* parricide (*anche fig.*).
parricidio, *m.* parricide (*anche fig.*).
parrocchétto (1), *m.* (*naut.*) fore-topsail: **p. volante**, upper fore-topsail; **p. fisso**, lower fore-topsail. ● **albero di p.**, fore-topmast ▫ **pennone di p.**, fore-topyard.
parrocchétto (2), *m.* (*zool.*) parakeet, paroquet. ● **p. canoro** (*Melopsittacus undulatus*), budgerigar.
parròcchia, *f.* (*relig.*) **1** (*la circoscrizione*) parish **2** (*la chiesa*) parish church **3** (*l'insieme dei fedeli*) parish.
parrocchiale, *a.* (*relig.*) parish (*attr.*); parochial: **la chiesa p.**, the parish church; **la scuola p.**, the parish school; **i beni parrocchiali**, the parish lands; **i libri parrocchiali**, the parish register.
parrocchialità, *f.* (*relig.*) parochiality; parochialism.
parrocchiano, *m.* (*relig.*) parishioner.
pàrroco, *m.* (*relig.*) **1** (*cattolico*) parish priest **2** (*anglicano*) parson; vicar; rector.
parrucca, *f.* **1** wig; periwig: **una p. incipriata**, a powdered wig; **le parrucche dei giudici**, the judges' wigs; **portare la p.**, to wear a wig **2** (*scherz.*: *capigliatura zazzeruta*) long hair; mane **3** (*pl.*: *persone retrive*) old fogeys. ● **in p.**, wearing a wig; wigged (*agg.*).
parruccàio, *m.* wig-maker.
parrucchière, *m.* **1** hairdresser: **p. per signora**, ladies' hairdresser; **p. per uomo**, men's hairdresser **2** (*barbiere*) barber **3** *V.* **parruccàio**.
parrucchino, *m.* toupee; hairpiece; wiglet (*fam.*).
parruccóne, *m.* (*vecchio di idee arretrate*) old fogey.
pàrsec, *f.* (*astron.*) parsec.
Pàrsifal, *m.* (*letter.*) Percival.
parsimònia, *f.* parsimony (*anche fig.*); thrift; thriftiness; frugality: **vivere con p.**, to live with parsimony (*o* parsimoniously). ● **con p.**, sparingly ▫ **usare p.**, to be parsimonious.
parsimonióso, *a.* parsimonious; thrifty; frugal; sparing: **È ricco, ma p.**, he is rich, but parsimonious.
partàccia, *f.* **1** (*brutto tiro*) dirty trick **2** (*sgridata*) scolding; telling-off (*fam.*); (good) dressing down (*fam.*): **fare una p. a q.**, to give sb. a good dressing down.
parte, *f.* **1** (*porzione*) part; share; portion: **le parti del corpo**, the parts of the body; **Il tutto è maggiore della p.**, the whole is greater than the part (*o* than any of its parts); **le parti del discorso**, the parts of speech; **Ciascuno ebbe la sua p.**, everyone got his share; **la p. del leone**, the lion's share; **Ti darò una p. del guadagno**, I'll give you a share of the profits; **dividere q.c. in due parti**, to divide st. into two parts; **Ciascuno deve fare la sua p.**, everyone must do his part (*o* share); everyone must pull his weight **2** (*numero determinato*) some: **Una p. di loro non venne**, some of them did not come **3** (*luogo, regione*) parts (*pl.*); district; region: **Il vento soffia sempre forte in questa p.**, there's always a strong wind in this region; **Da queste parti parlano veneto**, they speak Venetian in these parts **4** (*lato*) side; part; way: **dalla p. destra** (**sinistra**), on the right (left) side; on the right (on the left); **dall'altra p. della montagna**, on the other side of the mountain; **attraversare la strada da una p. all'altra**, to cross from one side of the street to the other; **farsi** (*o* **tirarsi**) **da p.**, to step aside; to step to one side; to get out of the way (*anche fig.*); **Non si sa da che p. prenderlo**, you don't know which way to take him; **Non so da che p. voltarmi**, I don't know which way to turn; I'm at my wits' end; **tirare q.c.** (**q.**) **da p.**, to draw st. (sb.) on one side; **da tutte e due le parti**, on both sides **5** (*teatr. e fig.*) part; rôle: **la p. principale di una commedia**, the leading rôle (*o* part) of (*o* in) a play; **Le parti sono ben distribuite**, the rôles (*o* parts) are well cast; **L'attore non sa la sua p.**, the actor doesn't know his part; **assegnare la p. a q.**, to cast sb. for a part; **fare una p. secondaria**, to play a minor rôle; **avere una p. importante in un affare**, to play (to take) a major part (*o* rôle) in an affair **6** (*partito, fazione*) party; faction; side: **la p. guelfa**, the Guelf faction **7** (*leg.*) party: **Il giudice deve ascoltare le due parti**, the judge must listen to both parties; **la p. lesa** (**interessata**), the injured (interested) party; **le parti in causa**, the parties to the case **8** (*mus.*) part: **fuga in quattro parti**, fugue in four parts. ● (*leg.*) **la p. civile**, the plaintiff ▫ **a p. ciò**, apart from that ▫ **essere a p. di q.c.**, to be informed of st.; to be in the know (*fam.*) ▫ **avere p. in q.c.**,

to have a hand in st. □ (*leg.*) **costituirsi p. civile contro q.**, to bring an action against sb.; to sue sb. for damages in a criminal case □ **da p.**, aside: **mettere da p.**, (*risparmiare*) to put aside; to save up; (*accantonare*) to put aside (*on the other side*), to shelve □ **da p. a p.**, right through: **Lo trafisse da p. a p. con la spada**, he pierced him right through with his sword □ **da una p..., dall'altra p.**, on (the) one hand..., on the other □ **da p. di**, on behalf of (*o* from): **Dille da p. mia che dovrà venire**, tell her on my behalf (*o* from me) that she will have to come; **Ci è giunto un telegramma da p. del Ministro**, we have received a telegram from the Minister □ **essere dalla p. del torto**, to be in the wrong □ **d'altra p.**, on the other hand □ **da nessuna p.**, nowhere □ **da ogni p.** (*o* **da tutte le parti**), on all sides; everywhere; (*moto da luogo*) from all sides: **Ha debiti da tutte le parti**, he has debts everywhere; **Ci piombarono addosso da ogni p.**, they pounced on us from all sides □ **da qualche p.**, somewhere; some place (*USA*) □ (*teatr.*) **distribuzione delle parti**, cast; (*il distribuirle*) casting □ **fare p. della famiglia**, to be one of the family □ **fare p. di q.c.**, to form (*o* to be) part of st.; (*appartenere a*) to be a member of st. □ **fare una brutta p. a q.**, to play a mean (*o*, *fam.*: a dirty) trick on sb. □ **in p.**, in part; partly □ **in gran p.**, largely; to a great extent □ **una lista a p.**, a separate list □ **la maggior p. di**, most; the majority of: **La maggior p. degli italiani ama la musica**, most Italians love music □ **mettere q. a p. di q.c.**, to inform sb. of st.; to put sb. in the picture (*o* in the know) (*fam.*) □ **mettere da p. gli scrupoli**, to forget one's scruples □ (*di parentela*) **per** (*o* **da**) **p. di padre** (**di madre**), on one's father's (mother's) side □ **per la maggior p.**, for the most part □ **prendere p. a q.c.**, to join (*o* to take part) in st.; to share st.: **prendere p. alla conversazione**, to join in the conversation; **prendere p. alle spese**, to share the expenses □ **prendere q.c. in mala p.**, to be offended; to take st. amiss □ **scherzi a p.**, joking apart □ **Quando c'è sua moglie, recita sempre la sua p.**, when his wife is there, he always plays his part (*o*, *fam.*: he always puts on an act) □ **Non voglio fare la p. di Arlecchino**, I don't want to play Arlecchino □ **Questo non è gentile da p. tua**, this isn't very kind of you □ **Una p. di loro furono uccisi**, some of them were killed □ **Da p. mia non so che fare**, as for me (*o* for my part), I don't know what to do □ (*anche fig.*) **Fa sempre la p. del buffone**, he always plays the fool □ **Da un anno a questa p. non lo si vede**, he hasn't been seen round here for a (*o* this last) year □ **Gran p. di loro fu messa in fuga**, a great many of them were put to flight □ **Saluti Sua moglie da p. mia**, remember me to your wife; (give) my best (*o* kind) regards to your wife □ **Questa è una cosa a p.**, this is a completely different matter; this is a different thing altogether □ **Egli non ha p. in quell'azienda**, he has nothing to do with that firm □ **Rimasero p. dentro e p. fuori**, some remained within and some without □ **A p. qualche piccolo errore, egli ha fatto una buona versione**, apart from some minor errors, he has done a good translation □ (*prov.*) **L'occhio vuol la sua p.**, the eye must be pleased.
partecipàbile, *a.* communicable.
partecipante, A *a.* **1** (*che prende parte*) participating; sharing: taking part **2** (*presente*) present; attending. **B** *m. e f.* **1** (*chi prende parte a q.c.*) participant; partaker; sharer: **i partecipanti al nostro dolore**, the partakers in our grief; **i principali partecipanti al massacro**, the chief participants in the massacre **2** (*persona presente*) person present (*o* attending); attendee. ● **i partecipanti a una riunione**, the people attending a meeting.
partecipare, A *v. i.* **1** (*prendere parte*) to take* part (in st.); to participate (in st.); to share (st., in st.); to have a hand (in st.); to have a share (in st.); to partake* (of st., in st.): **Non ha partecipato alla costruzione di quella diga**, he didn't participate in the building of that dam; **Hanno partecipato alla congiura**, they have taken part in the conspiracy; **p. alle spese**, to share expenses; **Non ha partecipato a quella rapina**, he has not had a share (*o* a hand) in that robbery; **p. a un affare**, to take part in a business deal; **p. agli utili**, to share (*o* to take a share in) the profits; **p. al dolore (alla gioia) di q.**, to share sb.'s grief (joy) **2** (*essere presente*) to attend (st.); to be present (at st.): **p. a una conferenza**, to attend a conference; **p. a una festa**, to be present at (*o* to go to) a party **3** (*avere in comune*) to have (st.) in common (with sb.); to share (st.): **Egli partecipa dei difetti comuni**, he shares all common (*o* human) faults; **Partecipo molto del carattere di mio padre**, I have a great deal in common with my father. **B** *v. t.* **1** (*annunciare*) to announce; to inform (sb. of st.); to acquaint (sb. with st.): **Vi partecipo notizie lietissime**, I announce tidings of great joy to you; **Mi partecipò il suo matrimonio**, he informed me of his wedding; **Mi partecipò questo fatto spiacevole**, he acquainted me with this unpleasant fact **2** (*concedere*, *accordare*) to grant; to bestow (st. on sb.): **Dio partecipa a tutti la sua grazia**, God bestows His grace on all. ● **p. un segreto a q.**, to let sb. into a secret.

partecipatóre, *m. V.* partecipante.
partecipazióne, *f.* **1** (*il partecipare*) participation; participating; sharing: **la p. alle gioie (ai dolori) di q.**, the participation in sb.'s joys (sorrows); **la p. agli utili**, profit-sharing; **the sharing of profits 2** (*atto del comunicare q.c.*) announcement; communication: **una p. di nozze**, the announcement of a wedding **3** (*biglietto con cui si comunica q.c.*) card: **una p. di nozze**, a wedding-card **4** (*presenza*) presence; attendance: **la tua p. alla riunione**, your presence at the meeting **5** (*comm.*, *fin.*) sharing; holding. ● (*fin.*) **partecipazioni azionarie**, equity interests (*o* participations) □ (*teatr.*, *telev.*) **p. straordinaria** (*di un attore famoso in una parte secondaria*), cameo □ (*econ.*) **a p. statale**, State-controlled (*agg.*) □ (*polit.*, *econ.*) **il Ministro delle Partecipazioni Statali**, the Minister of State Participation.
partécipe, *a.* participating; participant; partaking; sharing. ● **essere p. di q.c.**, to participate in st.; to take part in st.; to share st. (*o* in st.); (*essere consapevole di q.c.*) to be aware of st.: (*comm.*) **essere p. di un'impresa**, to share in an undertaking □ **fare** (*o* **rendere**) **p. q. di q.c.**, to inform sb. of st.; to acquaint sb. with st.
parteggiare, *v. i.* to side (with); to take* sides (with); to support; to back (*fam.*): **Non p. né per l'uno né per l'altro**, not to take sides; to sit on the fence (*fam.*); **p. per il partito comunista**, to side with the Communist party; **p. per una causa**, to side with a cause.
partènio, *m.* (*bot.*, *Chrysanthemum parthenium*) feverfew.
partenogènesi, *f.* (*biol.*) parthenogenesis.
partenogenètico, *a.* (*biol.*) parthenogenetic.
Partenóne, *m.* (*archeol.*) Parthenon.
partenopèo, *a. e m.* (*lett.*) Parthenopean.
partènte, A *a.* **1** leaving; departing **2** (*rif. ad aerei*) taking off; (*rif. a navi*) sailing. **B** *m. e f.* person leaving; departing person.
partènza, *f.* **1** departure; leaving; starting: **rimandare la propria p.**, to postpone (*o* to put off) one's departure; **p. improvvisa**, sudden departure; **alla mia p.**, on my leaving (*o* departure); (*ferr.*) **ora di p.**, time of departure **2** (*naut.*) sailing **3** (*sport*) start: **p. da fermi**, standing start; **p. lanciata** (*o* **volante**), flying start; **p. sbagliata** (*o* **falsa**), false start **4** (*aeron.*) take-off **5** (*miss.*) blast-off; lift-off. ● **essere in p.**, to be about to leave □ (*ferr.*) **in p. per**, leaving for □ **linea di p.**, starting-line □ **prendere il primo treno in p.**, to take the first train leaving □ **punto di p.**, starting-point (*anche fig.*) □ **segnale di p.**, starting-signal □ **il treno in p. per Roma dal binario numero 6**, the Rome train now leaving platform 6 □ **Se domani ci saranno partenze, saremo in grado d'ospitarvi**, if there are any check-outs tomorrow, we shall be able to put you up.
parterre (*franc.*), *m. invar.* **1** (*aiuole ornamentali di un giardino*) «parterre» **2** (*teatr.*) parquet circle.
particèlla, *f.* **1** particle; minute part (*o* portion): (*fis.*) **una p. alfa (beta)**, an alpha (a beta) particle; (*fis.*) **p. elementare**, elementary particle; (*fis.*) **p. ionizzante**, ionizing particle; (*fis.*) **p. con carica negativa**, negatively-charged particle **2** (*gramm.*) particle; relation-word: **particelle pronominali**, pronominal particles. ● (*leg.*) **p. catastale**, parcel.
participiale, *a.* (*gramm.*) participial.
participio, *m.* (*gramm.*) participle: **il p. presente (passato)**, present (past) participle.
particola, *f.* (*relig.*) particle; consecrated Host.
particolare, A *a.* **1** particular; special: **un caso p.**, a particular case; **un esempio p.**, a particular instance; **nulla di p.**, nothing special **2** (*fuori del comune*, *singolare*) peculiar; singular; of one's own: **una questione di p. interesse**, a matter of peculiar (*o* singular) interest; **un fascino p.**, a peculiar charm; **avere idee proprie particolari**, to have opinions of one's own **3** (*distinto*, *che sta a parte*) particular; special: **un favore p.**, a special favour; **non avere notizie particolari**, to have no particular news; **in modo p.**, in a particular manner; particularly **4** (*privato*) private; personal: **un'udienza p.**, a private audience. ● **un sapore p.**, a distinctive flavour. **B** *m.* particular; detail: **tutti i particolari di un problema**, all the details (*o* all the ins-and-outs) of a problem; **conoscere tutti i particolari d'una situazione**, to be acquainted with all the details of a situation; to know all the ins-and-outs of a situation (*fam.*); **dare tutti i minimi particolari**, to give full details; to give chapter and verse (*fam.*); **entrare** (*o* **scendere**) **nei particolari**, to go into details; **una narrazione piena di particolari**, a narration full of details; a detailed narration; **in p.**, in particular; particularly; especially; **citare un caso in p.**, to mention one case in particular; **con tutti i particolari**, with full details; at full length. ● (*mecc.*) **un p. finito (lavorato)**, a finished (machined) part □ **su questo p.**, on this point.
particolareggiare, A *v. t.* **1** to give* particulars of; to give* (full) details of; to detail **2** (*rag.*) to itemize: **p. un conto**, to itemize an account. **B** *v. i.* to go* into details.
particolareggiato, *a.* **1** detailed; full of details; (*minuzioso*

particolarismo

minute; (*circostanziato*) circumstantial: **un resoconto p.**, a circumstantial report **2** (*comm.*) itemized: **un conto p.**, an itemized account.
particolarismo, *m.* (*polit.*) particularism.
particolarista, *a., m. e f.* (*polit.*) particularist.
particolaristico, *a.* (*polit.*) particularistic.
particolarità, *f.* **1** particularity; (*peculiarità*) peculiarity **2** (*circostanza particolare*) particular (circumstance); detail: **descrivere tutte le p.**, to give full details; to describe in detail; to give all the ins-and-outs (*fam.*).
partigiana, *f.* (*stor.*) partisan, partizan.
partigianeria, *f.* partisanship; party spirit.
partigianesco, *a.* (*spreg.*) partisan (*attr.*).
partigiano, **A** *a.* partisan, partizan (*attr.*); party (*attr.*); factious; partial: **politica partigiana**, partisan politics; **reso cieco dallo zelo p.**, blinded by partisan zeal. **B** *m.* **1** partisan, partizan (*anche mil.*) **2** (*fautore*) supporter; champion; advocate **3** (*mil.*) partisan; resistance fighter; guer(r)illa. ● **un p. del re**, a royalist.
partire (1), **A** *v. i.* **1** to leave* (a place); to depart; to go* away; (*mettersi in moto*) to start, to set* out, to set* off; (*salpare*) to sail; (*decollare*) to take* off: **Sarebbe ora ch'io partissi**, it's (high) time I left (*o* I went); **Partimmo in automobile**, we went away (*o* we left) by car; **I cavalli non partirono insieme**, the horses didn't start together (*o* didn't leave the post together); **Occhio! il treno parte**, watch out! the train's leaving (*o* starting, moving away); **Egli partì alle cinque del mattino**, he set off at five in the morning; **p. a cavallo**, to leave on horseback; to ride off; **p. in treno (in aereo, in piroscafo)**, to leave by train (by plane, by boat); **p. per l'estero**, to leave for abroad; to go abroad; **p. per un lungo viaggio**, to set off on a long journey; **Il piroscafo parte da Napoli ogni settimana**, the steamship sails from Naples every week; **Da Londra parte un aereo ogni due minuti**, a plane takes off from London every two minutes **2** (*muovere, iniziare*) to start (*anche fig.*): **Il filo parte da qui**, the wire starts from (*o* begins) here; **Noi partiamo dalla convinzione che sia innocente**, we start (fully) convinced that he's innocent **3** (*provenire*) to come* (from): **un sospiro che partiva dal cuore**, a sigh that came from the heart **4** (*autom.: del motore*) to start. ● **p. come una freccia**, to be off like a shot (*o* a bullet) □ **a p. da**, beginning from; as from (*o* with effect from): **a p. da oggi**, beginning (*o* with effect) from today; **A p. dal 1° novembre nessun permesso verrà rilasciato**, as from the 1st of November no further permits will be issued □ **far p. un colpo di fucile**, to fire a shot (*o* a gun) □ **È un uomo che è partito dal nulla**, he's a man who's risen (*o* come up) from nothing; he's a self-made man □ **Troverete la spiegazione a p. dalla pagina 70**, you will find the explanation from page 70 onwards □ **A p. da quel giorno, nessuno gli ha parlato**, from that day forth nobody has spoken to him □ **P. è un po' morire**, parting is such sweet sorrow □ (*scherz.*) **È partito!**, he's off! **partirsi**, **B** *v. rifl.* (*allontanarsi, distaccarsi*) to part; to leave* (a place): **p. dalla patria**, to leave one's native country. ● **p. da questa vita**, to die; to pass away; to go the way of all flesh.
partire (2), *v. t.* (*lett.*) **1** (*separare*) to separate; to divide: **Gli Appennini partono** (*o* **partiscono**) **l'Italia in due**, the Appennines divide Italy into two; **un fiume che parte** (*o* **partisce**) **una provincia da un'altra**, a river that separates one province from another **2** (*spartire*) to share (*anche fig.*): **p. il bottino**, to share the booty (*o* the spoils); **p. un buon raccolto**, to share a good harvest.
partita, *f.* **1** (*comm.*) lot; parcel; consignment; batch: (*tel.*) «**P. giunta in perfetto ordine**», «parcel to hand quite in order»; **L'ultima p. non era conforme al campione**, the last consignment was not up to sample; **piccole (grosse) partite**, small (large) lots; **una p. di merce**, a parcel of goods; **a partite**, by lots; **in una sola p.**, in a single lot **2** (*rag.: registrazione*) entry; item: **p. semplice (doppia)**, single (double) entry; **contabilità in p. semplice (doppia)**, single-entry (double-entry) book-keeping; **una p. a credito (a debito)**, a credit (debit) item; **registrare (annullare) una p.**, to make (to cancel) an entry **3** (*in parecchi giochi*) game; (*sport*) match: **una p. a carte**, a game of cards; **una p. a tennis**, a game of tennis; a tennis-match; **una p. di calcio**, a football match; **fare** (*o* **giocare**) **una p.**, to play (*o* to have) a game; **perdere la p.**, to lose (the game); **vincere la p.**, to win (the game) **4** (*mus.*) partita; set of musical variations. ● **p. di caccia**, hunting party □ (*comm.*) **p. di giro**, clearing transaction □ **p. d'onore**, duel □ **p. di piacere**, trip □ (*fin.*) **p. di titoli**, block (*o* lot) of shares □ **dare p. vinta**, to surrender; to give in; to draw in one's horns (*fam.*) □ (*comm.*) **dividere in partite**, to lot □ **essere della p.**, to be one of the party □ (*fig.*) **giocare una p. doppia**, to play a double game □ (*fig.*) **giocare una brutta p.**, to run a risk □ (*comm.*) **in p.**, by wholesale; in the lump □ (*comm.*) **libro a p. doppia**, ledger □ **pareggiare le partite**, to settle (*o* to pay off) old scores (*anche fig.*) □ **È una p. chiusa**, it's a closed chapter; it's

all over now.
partitario, *m.* (*comm.*) ledger.
partitico, *a.* (*polit.*) (*attr.*).
partitismo, *m.* (*polit.*) party politics (*pl. col verbo al sing.*).
partitissima, *f.* (*sport*) big match; (big) needle match.
partitivo, *a. e m.* (*gramm.*) partitive: **un genitivo p.**, a partitive genitive.
partito, **A** *a.* (*araldica*) party: **uno scudo p.**, a party shield. **B** *m.* **1** (*polit.*) party: **il p. comunista (conservatore, laburista)**, the Communist (Conservative, Labour) Party; **il p. al potere**, the party in power; **il p. all'opposizione**, the opposition (party); **i partiti di centro-sinistra**, the centre-left parties; **p. di massa**, party appealing to the masses; **una guerra di partiti**, a party strife; **C'era una lotta feroce per il potere in seno al p.**, there was a ferocious internal struggle for power in the party; **iscriversi a un p.**, to join a party; **un iscritto a un p.**, a party member; **Di che p. sei?**, what party are you a member of? **2** (*risoluzione*) resolution; decision; (*alternativa*) alternative: **Scelse il p. migliore**, he made the best decision; **Non c'è altro p. possibile**, there's no other possible alternative; **prendere un p.**, to make up one's mind; to come to a decision **3** (*occasione di matrimonio*) match: **un buon p.**, a good match **4** (*condizione, stato*) condition; state; plight: **trovarsi a mal p.**, to be in a sorry plight **5** (*vantaggio*) advantage; profit; benefit: **trarre p. da q.c.**, to take advantage of st.; to derive benefit (*o* profit) from st. ● **i partiti di centro (di destra, di sinistra)**, the Centre (the Right, the Left) □ **mettere la testa** (*o* **il cervello**) **a p.**, to turn over a new leaf; to mend one's ways □ **prendere p. contro q.**, to take sides against sb.; to oppose sb. □ **prendere p. per q.**, to take sides with sb.; to side with sb. □ **per p. preso**, of set purpose; deliberately; on purpose.
partitocratico, *a.* (*polit.*) party-dominated; party-hegemonized.
partitocrazia, *f.* (*polit.*) party power; partyism.
partitore, *m.* divider: (*elettr.*) **p. di tensione**, potential (*o* voltage) divider.
partitura, *f.* (*mus.*) score. ● **mettere in p.**, to score; to orchestrate.
partizione, *f.* partition; division.
parto, *m.* **1** childbirth; labour; labor (*USA*); birth; delivery (*anche fig.*); parturition (*fig.*): **le doglie del p.**, the pains of childbirth; the labour pangs; the birth-throes; **p. gemellare**, multiple birth; **morire di p.**, to die in childbirth; **p. prematuro**, a premature birth; **sala p.**, delivery room **2** (*fig.: opera*) product; work: **i parti dell'ingegno**, the products of genius; **parti letterari**, literary products; **un p. della fantasia**, a product of the imagination; a story (*fam.*). ● **essere di p.**, to be in childbirth; to be confined; to lie in; (*avere le doglie del p.*) to be in labour.
Parto, *a. e m.* Parthian. ● (*fig.*) **freccia del P.**, Parthian shot (*o* shaft).
partoriente, **A** *a.* in labour; lying-in (*attr.*); parturient. **B** *f.* woman* in labour. ● **ospedale per partorienti**, lying-in hospital; maternity (hospital, *o* home).
partorire, *v. t.* **1** to bear*; to give* birth to, to be delivered of (a child) **2** (*di animali*) to bring* forth; to drop; to litter; (*di bestia feroce*) to cub; (*di cagna*) to pup; (*di cavalla*) to foal; (*di gatta*) to kitten; (*di pecora*) to lamb, to drop; (*di scrofa*) to farrow; (*di mucca*) to calve; **quando partoriscono le pecore**, at the time the ewes drop **3** (*fig., lett.*) to bring* forth; to beget*; to breed*; to produce: **La montagna partorì un topolino**, the mountain brought forth a ridiculous mouse; **La violenza partorisce odio**, violence breeds hatred.
party (*ingl.*), *m.* party.
parure (*franc.*), *f. invar.* «parure»; (twin) set.
parusia, *f.* **1** (*relig.*) Parousia; (Second) Advent **2** (*filos.*) parousia.
parvenu (*franc.*), *m.* upstart; «parvenu»; «nouveau riche».
parvenza, *f.* **1** (*lett.*) appearance; aspect **2** (*fig.: ombra*) shadow; trace.
parziale, *a.* **1** (*che è o avviene solo in parte*) partial; fractional; sectional: **un'eclissi p.**, a partial eclipse; **p. infermità di mente**, partial insanity; **un successo p.**, a partial success **2** (*che favorisce una delle parti*) partial; prejudiced; bias(s)ed; (*ingiusto*) unfair; (*unilaterale*) one-sided: **un esaminatore p.**, a partial examiner; **essere p.**, to be partial (*o* unfair); to show partiality (*o* favouritism).
parzialità, *f.* **1** partiality; bias; unfairness: **essere accusato di p.**, to be accused of partiality (*atto parziale*).
parzializzare, *v. t.* **1** to divide into parts **2** (*tecn.*) to choke; to shut: **p. un flusso**, to cloke the flow.
parzializzatore, *m.* (*tecn.*) choke.
parzializzazione, *f.* (*tecn.*) choking.
parzialmente, *avv.* **1** (*in parte*) partially; partly; in part; to some extent: **È vero p.**, it's partially true **2** (*con parzialità*) partially; with partiality: **giudicare p.**, to judge with partiality.

pascal, *m.* (*fis.*) pascal.
pàscere, A *v. t. e i.* **1** (*agric.*) to pasture; to graze; to feed*: **p. l'erba**, to graze; **far p. greggi (bestiame)**, to pasture sheep (cattle); **Le mucche pascevano nei prati**, the cows were feeding in the meadows **2** (*fig.*) to feed*: to nourish: **p. gli occhi**, to feed the eyes; **p. la mente di utili cognizioni**, to nourish one's mind with useful knowledge. ● **p. q. d'aria**, to put sb. off with idle promises. **pàscersi, B** *v. rifl.* **1** to feed* on; to live on: **p. d'erba (di ghiande)**, to feed on grass (on acorns) **2** (*fig.*) to feed* on; to cherish; to nurse; to foster: **p. di vane speranze**, to cherish by hope; to cling to false hopes; **p. di superstizioni**, to foster superstitions. ● (*prov.*) **Chi si pasce di speranza, muore di fame**, who lives by hope will die by hunger.
pascià, *m.* pasha, pacha. ● (*fig.*) **fare il p.**, to act the lord □ (*fig.*) **vivere** (*o* **stare**) **come un p.**, to live like a lord; to live in clover (*fam.*).
pascialato, *m.* pashadom, pachadom.
pasciona, *f.* **1** rich pasture **2** (*fig.*) abundance; plenty. ● **rimpiangere il tempo della p.**, to regret the good old days.
pasciuto, *a.* fed; nourished: **un uomo ben p.**, a well-fed man.
pascolare, *v. t. e i.* (*agric.*) to pasture; to graze: **p. il gregge**, to pasture the flock.
pascolativo, *a.* (*agric.*) pasturable. ● **terreno p.**, pasture(-land); grazing-land.
pàscolo, *m.* **1** (*agric.*) pasture; pasturage; pasture-land; grazing-land: **verdi pascoli**, green pastures; **mandare al p.**, to put out to pasture; **condurre le pecore al p.**, to lead one's sheep to pasture; **diritto al p.**, common of pasture; **p. abusivo**, unlawful pasturage **2** (*il pascolare*) pasturage; pasturing; grazing; feeding **3** (*le erbe che si pascolano*) pasture; pasturage: **un abbondante p.**, a rich pasture **4** (*fig.*) nourishment; food: **La lettura è un buon p. per la mente**, reading is a good nourishment for the mind. ● **dare p. all'invidia**, to nurture envy □ **greggi al p.**, flocks at grass □ **trovare gradito p. in q.c.**, to cherish (*o* to foster) st.
Pàsqua, *f.* **1** (*relig.*) Easter; **P. alta (bassa)**, late (early) Easter; **la P. è alta (bassa) quest'anno**, Easter falls late (early) this year; **la domenica di P.**, Easter Sunday (*o* Day); **le vacanze di P.**, the Easter holidays; **un uovo di P.**, an Easter egg; **augurare la buona P. a q.**, to wish sb. a happy Easter **2** (*ebraica*) Passover. ● **P. di ceppo**, Christmas □ **P. di rose**, Whitsunday; Pentecost □ (*fig.*) **essere contento come una P.**, to be as merry as a lark (*o* as a cricket); to be as happy as a king (*fam.*); to be as pleased as Punch (*fam.*) □ (*fig.*) **venire la P. di domenica**, to come in the very nick of time.
pasquale, *a.* Easter (*attr.*); Paschal (*per lo più rif. alla Pasqua ebraica*): **il precetto p.**, one's Easter duty; **le vacanze pasquali**, the Easter holidays; **uova pasquali**, Easter eggs; **l'agnello p.**, the Paschal lamb; the Passover lamb.
pasquétta, *f.* (*pop.*) Easter Monday.
pasquinata, *f.* (*letter.*) pasquinade; pasquil; lampoon; squib: **scrivere pasquinate**, to compose pasquinades; to lampoon.
passàbile, *a.* passable; fairly good; not so bad (*pred.*): **una p. conoscenza di q.c.**, a fairly good knowledge of st.; **È un libro p.**, it's a fairly good book; **È p.**, it's not so bad; it's not so dusty (*pop.*).
passabilménte, *avv.* passably; fairly well; well enough: **Parli l'inglese p.**, you can speak English well enough; **cantare p.**, to sing fairly well.
passacavo, *m.* (*naut.*) fair-lead; chock.
passafièno, *m. invar.* hatch (for passing fodder).
passafili, *m.* (*ind. tessile*) guiding-slit.
passafino, *m.* (*abbigliamento*) edging; braiding.
passàggio, *m.* **1** passage; passing; (*traversata*) crossing: **il p. di un fiume**, the crossing of a river; **il p. di una cometa**, the passing of a comet; **scoprirsi al p. di un corteo funebre**, to take off one's hat at the passing of a funeral; **al p. dell'equatore**, on crossing the Equator; **aprirsi a forza un p. tra la folla**, to force a passage (*o* to make one's way) through the crowd **2** (*transito*) transit; passage: **Vietato il p.**, no transit; no thoroughfare; no through way; (*leg.*) **servitù** (*o* **diritto**) **di p.**, right of way; right of passage **3** (*luogo dove si passa*) passage; way; crossing; passage-way: **impedire il p.**, to block (*o* to stand in) the way; **p. pedonale**, pedestrian crossing; **p. pedonale zebrato**, zebra crossing; **p. a livello**, level-crossing; (*autom.*) **p. a livello incustodito** (*cartello*), level crossing without gate ahead; **ostruire il p.**, to be in the way; to block the passage **4** (*viaggio marittimo, aereo*) passage; (*su automezzo*) lift: **Mi puoi dare un p. fino a Mantova?**, can you give me a lift to Mantua?; **prenotare un p. su una nave**, to book a passage on a ship; **guadagnarsi il p. lavorando**, to work one's passage **5** (*mus., letter.*) passage ● (*sport*) pass: **p. diagonale**, through pass. ● **p. ad arco**, archway □ (*sport*) **p. lungo**, bomb □ (*leg.*) **p. di proprietà**, transfer of title □ **p. sotterraneo**, underground passage (*sottopassaggio o*

sub-way □ (*fig.*) **di p.**, in passing; incidentally; (*di transizione*) of transition: **Notai di p. che...**, I noticed incidentally that...; I remarked in passing (*o* en passant) that... □ (*fig.*) **il gran p.** (*la morte*), death; (the) passing away □ **impedire il p. della strada**, to hinder (*o* to obstruct) traffic □ **uccello di p.**, migratory bird; bird of passage □ **Ero di p. per Torino**, I was passing through Turin.
passamaneria, *f.* **1** (*fabbrica di passamani*) ribbon and braid factory **2** (*passamani*) braids (*pl.*); braiding; trimming(s); passementerie.
passamano (1), *m.* (*nastro per guarnizioni*) braid; trimming.
passamano (2), *m.* (*passaggio di cose per le mani di più persone*) passing from hand to hand. ● **fare il p.**, to pass (st.) from hand to hand.
passamontagna, *m.* balaclava helmet (*o* cap).
passanastro, *m.* embroidered (*o* lace) piece with eyelets.
passante, A *m.* **1** passer-by. **B** *m.* (*di cintura e sim.*) loop.
passaparola, *m.* (*mil.*) order passed softly along by word of mouth. ● **p.!**, pass the word on!
passapatate, *m. invar.* potato-masher.
passapòrto, *m.* passport: **fornire un p. a q.**, to provide sb. with a passport; **mettere il visto su un p.**, to visa a passport; **p. collettivo**, group passport. ● (*scherz.*) **dare a un malato il p. per l'altro mondo**, to give a patient up.
passare (1), A *v. i.* **1** to pass; to pass by; to go* along; to go* by; to proceed; (*di fiume*) to flow: **Passavo per una strada deserta**, I was going along a deserted road; **Passiamo ad altre cose!**, let us proceed to other things!; **La salutai mentre passava davanti a casa mia**, I greeted her while she was passing by my house; **Passa senza fermarti!**, proceed (*o* go by) without stopping; **Lasciami p., per favore**, please let me pass; **Passò come un fulmine**, he went (*o* passed) by like a streak of lightning; **La strada passava per i campi**, the road passed (*o* ran, went) through the fields; **Passammo per il centro di Parma**, we passed through the centre of Parma; **Il Tevere passa per Roma**, the Tiber flows through Rome **2** (*cessare, trascorrere*) to pass; to elapse; to go* by: **I giorni passano e non si rassomigliano mai**, the days pass by and are never alike; **Man mano che passa il tempo**, as time goes by; **Sono passati un bel po' d'anni!**, how the years have elapsed! **3** (*cessare*) to pass; to cease; to stop; to end; to be over: **È passata la pioggia**, it has stopped raining; **I miei guai sono passati**, my troubles have ended (*o* are at an end); **Mi è passato il mal di testa**, my headache has passed (*o* gone); **una moda che passa**, a passing fashion; a passing fancy; **Il pericolo è passato**, the danger has passed (*o* is over); **Il tuo dolore passerà presto**, your sorrow will soon pass (*o* fade) **4** (*fare una breve visita*) to call (on sb., at a place); to pass; to drop in (on sb., at a place); (*di fornitori, ecc.*) to be: **Passa dall'ufficio del signor Smith**, call at Mr Smith's office; **È passato il postino?**, has the postman called (*o* passed)?; **p. a prendere q.**, to call for sb.; **p. dal dottore**, to call on the doctor; **Passa da Matera il vostro rappresentante?**, does your agent call at Matera?; **Passerò dall'avvocato prima di venire a casa**, I'll drop in at the lawyer's before coming home **5** (*diventare*) to become*: **Egli passò capitano**, he became a captain; he was promoted captain; **p. in proverbio**, to become a byword **6** (*essere reputato*) to pass (for); to be considered; to be thought (to be); to be deemed (to be): **Nel suo paese natale passa per un artista**, in his native village he passes for an artist; **Passa per un brav'uomo**, he is considered a good man; he is thought of as a good man; **p. per idiota**, to be deemed (to be) an idiot; **p. per facoltoso**, to be considered well off; to be thought to be well off **7** (*essere approvato*) to be passed; to pass; to get* through (*o* to pass); to be accepted: **Il progetto di legge passò alla Camera con una maggioranza esigua**, the bill was passed in (*o* got through) the House with a very small majority; **p. a un esame**, to get through (*o* to pass) an exam; **Questa proposta non passerà al Comitato Centrale del Partito Repubblicano**, this proposal won't be accepted by the Central Committee of the Republican Party **8** (*intercorrere, esserci*) to be; to exist: **Fra me e lui passa una gran differenza**, there's a big difference between him and me **9** (*sport: effettuare un passaggio*) to (make*) a pass **10** (*a carte*) to pass. **B** *v. t.* **1** (*oltrepassare*) to pass; (*attraversare, valicare*) to pass through, to cross, to go* beyond: **Passata la banca, devi voltare a sinistra**, you must turn left after passing the bank; **Annibale passò le Alpi**, Hannibal crossed the Alps; **Mi salutò prima di p. la barriera**, he said goodbye to me before going beyond (*o* passing) the barrier; **Hai passato la dogana?**, have you passed (*o* got) through the Customs?; **p. una frontiera (un fiume, ecc.)**, to cross a frontier (a river, etc.) **2** (*trascorrere*) to pass; to spend*; to while away: **Faccio lavori a maglia per p. il tempo**, I knit to while away the time; **Ha passato tutta la vita nello studio**, he has spent all his life in study; **Passa il tempo leggendo**, he spends his time reading; he reads his time away; **p. un brutto quarto d'ora**, to pass a bad quarter of an hour; **Passerò quest'e-**

passare (2)

state al mare, I'll spend this summer at the seaside **3** (*far scorrere*) to pass; to pass across (*o* through): **p. un filo per la cruna dell'ago**, to pass a thread through the eye of a needle (*o* to thread a needle); **passarsi le dita fra i capelli**, to pass (*o* to run) one's fingers through one's hair; **passarsi una mano sulla fronte**, to pass one's hand across one's brow **4** (*dare*) to give*; to pass (on); to hand; (*fornire*) to supply: **Passami il giornale!**, hand me the paper!; **Passa il vassoio!**, hand the tray around!; **Mi passa cento sterline al mese**, he gives me a hundred pounds a month; (*comm.*) **p. un ordine** (*o* **un'ordinazione**) **a q.**, to give sb. an order; to place an order with sb.; **Il collegio non passa le divise**, the boarding school does not supply (the) uniforms **5** (*sopportare, subire*) to go* through; to pass through; to suffer: **Quel poveruomo ne ha passate tante**, that poor man has gone through a lot; that poor man has had (more than) his share of troubles; **p. un mucchio di guai**, to go through a lot of trouble **6** (*trafiggere*) to run* through; to pass through; to pierce; (*fig.*) to break*: **Con un colpo di spada gli passò il petto**, with one thrust he ran him through the chest; **Questo mi passa l'anima**, this breaks my heart **7** (*promuovere, approvare*) to pass: **p. uno studente a un esame**, to pass a student at an exam; **p. un progetto di legge**, to pass a bill **8** (*filtrare*) to strain; (*setacciare*) to sieve, to sift: **minestra di verdura passata**, strained vegetable soup; **Per fare questa zuppa bisogna p. i cavoli**, to make this soup you must strain the cabbage; **p. la farina**, to sift the flour; **p. la sabbia**, to sieve the sand **9** (*sport*) to pass: **Passami il pallone!**, pass me the ball! ● **p. a miglior vita**, to pass away; to breathe one's last □ **p. a nuove** (*o* **seconde**) **nozze**, to be married again □ **p. ai voti**, to take a vote □ **p. al nemico**, to desert (to the enemy); to go over to the enemy camp □ **p. un brutto periodo**, to go through a bad time (*o* period) □ **p. da una condizione all'altra**, to change from one condition to another; to be transformed □ **p. di grado**, to get a promotion □ **p. di mente**, to slip from (sb.'s) mind: **La data mi è passata di mente**, the date has slipped from my mind □ **p. di moda**, to go out of fashion □ **p. un fiume a guado**, to ford a river □ **p. un fiume a nuoto**, to swim across a river (*leg.*) **p. in giudicato**, to become res judicata; to become final □ **p. in rivista**, to review □ **p. inosservato**, to go (*o* to pass) unnoticed (*o* unobserved) □ (*tel.*) **p. la linea**, to put (sb.) through □ **p. la misura** (*o* **il segno**), to overshoot the mark □ **p. parola**, to pass the word on (*o* round) □ **p. parola a q.**, to pass the word on to sb. □ **p. per le armi**, to shoot □ **p. per la mente**, to cross (sb.'s) mind □ **p. per molte mani**, to go through many hands □ **p. q.c. sotto silenzio**, to pass st. over in silence □ **p. il Rubicone**, to cross the Rubicon □ (*fig.*) **p. sopra**, (*trascurare*) to pass over; to overlook; (*dimenticare*) to forget □ **p. il tempo nell'ozio**, to idle one's time away □ **passarla bella**, to have a narrow escape (*o*, *fam.*: squeak) □ **passarla liscia**, to get away with it; to get off scot-free □ **passarne di tutti i colori** (*o* **di cotte e di crude**), to go through thick and thin □ **passarsela bene** (**male**) (*a quattrini*), to be well (badly) off □ (*di cibo*) **essere passato di cottura**, to be overdone (*o* overcooked) □ **fare** (*o* **lasciare**) **p.**, to let in: **Fallo p.!**, let him in! □ (*fig.*) **far p. q.** (**q.c.**) **(per)**, to pass sb. (st.) off (as); (*fam.*) to palm sb. (st.) off (as) □ **Per questa volta te la passo**, I'll let you off (*o* I'll forgive you) this time □ **Non gliene passa una** (*nulla gli sfugge*), he doesn't miss a thing; nothing escapes him □ **Me la sono passata bene a Londra**, I had a good time in London □ **Questo passa la misura** (*o* **il limite**), this is (beyond) the limit □ **Come passa il tempo!**, how time flies! □ **Passiamoci sopra!**, let's overlook this!; let's pass this over!; let's skip it! (*fam.*) □ **Sarà alto due metri e passa**, he's two metres all and maybe more □ **Quante me ne ha fatte p., lui!**, what troubles he's given me! □ **Questo pacco passa il peso**, this parcel is overweight □ **Ho passato la trentina**, I am over (*o* past) thirty □ **Per questa volta passi, ma la prossima ti castigo**, I'll overlook it (*o* I'll let it go) this time, but the next time I'll punish you □ **Di qua non si passa**, there's no way through here □ **Passa via!**, go away!; get away with you!; scram!; beat it! (*pop.*) □ **Passerà anche questa**, it won't last for ever; it will have to end some time □ **La tradizione passa di padre in figlio**, tradition is handed down from father to son □ **La notizia passò di bocca in bocca**, the news spread quickly by word of mouth □ **Varranno due milioni e passa**, they must be worth more than two million □ (*tel.*) **Passo e chiudo**, over and out □ (*prov.*) **Tutto passa**, everything has an end □ (*prov.*) **Acqua passata non macina più**, let bygones be bygones.

passare (2), *m.* passing; course: **il p. delle stagioni**, the passing of the seasons; **col p. del tempo**, with the passing of time; in the course of time.

passata, *f.* **1** (*passo di selvaggina*) trail **2** (*breve occhiata*) (cursory) glance; look: **dare una p. a un libro**, to have a look at a book; to glance through a book; to skim through a book **3** (*strofinata*) (quick) rub; wiping **4** (*di vernice e sim.*) coat: **un'altra p. di vernice**, a new coat of paint **5** (*di spazzola*) brush: **dare una p. a q.c.**, to give st. a brush; to brush st. ● **p. di pioggia**, shower □ **dare una p. alla carne in padella**, to sauté the meat □ **dare una p. alla lezione**, to look over one's lesson again □ **dare una p. col ferro a q.c.**, to pass the iron over st. □ **dare un'ultima p. col pennello**, to add a finishing touch □ **di p.**, in passing; incidentally.

passatèllo, *a.* (*scherz.:* *alquanto vecchio*) getting on (in years); elderly.

passatèmpo, *m.* pastime; diversion; (*p. preferito*) hobby: **La filatelia è il mio p. preferito**, stamp-collecting is my pastime; **fare q.c.** (**così**) **per p.**, to do st. as a pastime.

passatista, *m. e f.* traditionalist.

passato, **A** *a.* **1** (*trascorso*) past; gone by; bygone: **nei tempi passati**, in past times; in bygone days **2** (*antecedente*) former; (*scorso*) last **3** (*gramm.*) past; preterite: **il participio p.**, the past participle; **il tempo p.**, the past (*o* preterite) tense. ● **p. di moda**, out-of-date; outdated; out □ **una bellezza passata**, a faded beauty □ **come in p.**, as before □ **le cose passate**, bygones. **B** *m.* **1** (*tempo p.*) (the) past; bygone days (*pl.*): **Non possiamo mutare il p.**, we cannot change the past; **i ricordi del p.**, memories of the past; **in p.**, in past times; formerly **2** (*condotta antecedente*) past; past life: **non sapere nulla del p. di q.**, to know nothing of sb.'s past **3** (*gramm.*) past (tense); preterite (tense) **4** (*cucina*) purée; (*minestra*) soup: **il p. di piselli**, pea-soup. ● (*gramm.*) **il p. prossimo**, the present perfect □ **mettere una pietra sul p.**, to let bygones be bygones □ **nei bei giorni del p.**, in the good old times; in the days of yore □ **Quella donna non ha un bel p.**, that woman has a past; she's a woman with a past.

passatóia, *f.* runner; stair-carpet.

passatóio, *m.* stepping-stone (*comunemente al pl.*): **attraversare un ruscello al p.**, to cross a brook at the stepping-stones.

passatóre, *m.* (*traghettatore*) ferryman*.

passatura, *f.* (*rammendo*) darning.

passatutto, passaverdura, *m. invar.* masher.

passavivande, *m.* service hatch.

passeggèro, **A** *a.* passing; transitory; transient; (*fugace*) fleeting, short-lived; ephemeral: **questa vita passeggera**, this transitory life; **forme passeggere**, transitory shapes; **gioie** (**dolori**) **passeggeri**, transient (*o* short-lived) joys (sorrows); **un capriccio p.**, a passing fancy; **un successo p.**, a transient (*o* an ephemeral) success. **B** *m.* **1** (*viaggiatore*) passenger; traveller; (*di autobus, taxi, ecc.*) fare: **un p. di terza classe**, a steerage passenger **2** (*passante*) passer-by. ● **p. clandestino**, stowaway.

passeggiare, **A** *v. i.* to walk; to take* a walk; to stroll; to promenade: **p. in campagna** (**sulla riva d'un fiume**), to walk (*o* to stroll) in the country (along the bank of a river); **p. per il corso**, to walk up and down the main street; **p. sul lungomare**, to promenade on (*o* along) the sea-front. **B** *v. t.* to walk: **p. un cavallo**, to walk a horse. ● **p. fino a stancarsi**, to walk oneself tired.

passeggiata, *f.* **1** (*atto del passeggiare*) walk; stroll; promenade: **È l'ora della nostra p.**, it's time for our walk; **una breve** (**lunga**) **p.**, a short (long) walk; **una p. mattutina** (**serale**), a morning (an evening) walk; **una p. in campagna** (**in collina**, **per i campi**), a walk in the country (up the hills, through the fields); **una p. quotidiana nel parco**, a daily walk (*o* promenade) through the park; **fare una p.**, to take a walk (*o* a stroll); to walk; to stroll; to promenade **2** (*luogo dove si passeggia*) public walk; promenade. ● (*mil.*) **p. militare**, route march; (*fig.*) walk-over □ (*miss.*) **p. spaziale**, spacewalk □ **astronauta che fa una p. spaziale**, spacewalker □ **fare una p. spaziale**, to spacewalk.

passeggiatóre, *m.* walker; promenader.

passeggiatrice, *f.* (*spreg.*) prostitute; street-walker.

passeggino, *m.* push-cart; go-cart; stroller (*USA*).

passéggio, *m.* **1** (*il passeggiare*) walk; stroll: **Vieni a p. con me?**, are you coming for a walk with me?; **Andiamo a p.**, let's go (out) for a walk; **uscire a p.**, to go out for a walk **2** (*gente che passeggia in un luogo*) promenaders (*pl.*) **3** (*luogo dove si passeggia*) public walk; promenade: **un p. affollato**, a crowded promenade. ● **abito da p.**, walking-dress.

passe-partout, (*franc.*) *m.* **1** (*chiave*) «passe-partout»; master-key **2** (*cornice di cartone*) «passe-partout».

pàssera, *f.* (*zool.*) sparrow. ● **p. di mare** (*Pleuronectes platessa*), plaice.

passeràcei, *m. pl.* (*zool.*, *Passeriformes*) passerines.

passeràio, *m.* (*anche fig.*) chirping; chirruping; cheeping.

passerèlla, *f.* **1** (*naut.*) gangway; gang-board **2** (*aeron.*) catwalk **3** (*edil.*) gangway; platform: **una p. provvisoria**, a temporary gangway **4** (*per sfilate di moda*) walk **5** (*cavalcavia*) foot-bridge **6** (*teatr.*) forestage parade. ● (*naut.*) **p. da sbarco**, gang-plank; brow □ (*naut.*) **p. volante**, flying bridge.

pàssero, *m.* (*zool.*, *Passer*) sparrow: **uno stormo di passeri**, a flight of sparrows. ● **p. domestico** (*Passer domesticus*), house-

-sparrow □ **p. mattugio** (*Passer montanus*), tree-sparrow □ **p. solitario** (*Monticola solitarius*), blue rock-thrush.
passerótto, *m.* **1** (*passero giovane*) young sparrow; (*passero che esce appena dal nido*) fledg(e)ling sparrow **2** (*fig.*: *sproposito*) blunder; oversight; howler (*fam.*); (*errore di stampa*) misprint.
passìbile, *a.* liable (*specialm. leg.*); amenable; subject: **p. di multa**, liable to a fine; **p. di azione legale**, amenable to the law; **Il prezzo è p. di aumento**, the price is subject to increase. ● (*leg.*) **p. di pena**, indictable.
passiflòra, *f.* (*bot.*, *Passiflora incarnata*) passion-flower.
passim, *avv. lat.* passim; sparsely; in various places; here and there.
passino, *m.* strainer.
Passio, *m.* (*relig.*) Passion: **leggere** (**cantare**) **il P.**, to read (to sing) the Passion. ● (*fam.*) **È lungo quanto il P.**, it seems to go on for ever.
passionale, *a.* **1** passional; of passion: **un delitto p.**, a crime of passion; **un romanzo p.**, a novel of passion **2** (*pronto a infiammarsi*) passionate: **un temperamento p.**, a passionate nature.
passionalità, *f.* passionateness.
passionàrio, *m.* (*relig.*) passionary; passional.
passióne, *f.* **1** passion: **p. per la botanica** (**per la musica**, **per la pittura**), passion for botany (for music, for painting); **Egli ha la p. del gioco**, he has a passion for gambling; he is an inveterate gambler: **Era accecato dalla p.**, he was blinded by passion; **essere schiavo delle passioni**, to be a slave to one's passions; **La mia p. è viaggiare**, travelling is my passion; **l'impeto della p.**, the force (*o* impulse) of passion; **frenare le passioni**, to control (*o* to bridle) one's passions; **La bicicletta è sempre stata la mia p.**, the bicycle has always been my passion **2** (*afflizione*) affliction; suffering; distress; sorrow; pain: **Questa è stata una giornata di p. per me**, this has been a day of suffering for me **3** (*relig.*) Passion: **la P. di Nostro Signore**, the Passion of Our Lord; **la Domenica di P.**, Passion Sunday; **la settimana di P.**, Passion Week; **la P. secondo Matteo**, the Passion according to St Matthew. ● **avere p. per q.c.**, to be crazy about st. □ (*bot.*) **fior di p.** (*Passiflora incarnata*), passion-flower □ **non avere p. a niente**, to be indifferent to everything; not to take an interest in anything □ **parlare con p.**, to speak with fervour □ **prendere p. a q.c.**, to take a liking to st.; to take a fancy to st. □ **Egli mi fa morire di p.**, he is breaking my heart.
passionista, *m.* (*relig.*) Passionist.
passista, *m.* (*sport*) long-distance racing cyclist.
passito, *m.* raisin wine.
passivaménte, *avv.* passively.
passivante, *a.* (*chim.*, *gramm.*) passivating.
passivare, *v. t.* (*chim.*) to passivate.
passivazióne, *f.* (*chim.*) passivation.
passivismo, *m.* passivism.
passività, *f.* **1** passivity (*anche chim.*); passiveness **2** (*comm.*) liability (*anche concreto*); indebtedness: **p. a lungo termine**, long-term liabilities; **p.** (**esigibili**) **a breve scadenza**, current liabilities; **p. inesigibili**, non-current liabilities; **accertare la p. d'una ditta**, to ascertain the liabilities of a firm.
passivo, A *a.* **1** (*inerte*) passive; inactive; inert: **rimanere p.**, to remain passive **2** (*che non oppone resistenza*) passive; submissive: **obbedienza passiva**, passive obedience; **resistenza passiva**, passive resistance **3** (*gramm.*) passive: **la forma passiva**, the passive voice; **un verbo p.**, a passive verb **4** (*comm.*: *che non dà utile*) passive; unprofitable. ● (*rag.*) **bilancio p.**, debit balance. **B** *m.* **1** (*gramm.*) passive (voice) **2** (*comm.*) liabilities (*pl.*); deficit; indebtedness: **Il p. supera l'attivo**, the liabilities outweigh the assets; **attivo e p.**, assets and liabilities; **p. esigibile**, realizable liabilities; **p. inesigibile**, non-current liabilities; **l'ammontare del p.**, the amount of liabilities; **addossarsi il p.**, to take over the liabilities. ● (*banca*) **essere in p.**, to be in the red □ (*gramm.*) **mettere** (*o* **volgere**) **al p.**, to passivize □ (*comm.*) **registrare al p.**, to enter on the debit side.
passo (1), *m.* **1** step; stride: **muovere i primi passi**, to take the first steps; **un p. lungo** (**corto**), a long (short) step; **allungare il p.**, to lengthen one's stride (*o* step); to hurry; **cambiare il p.**, to change step; **perdere il p.**, to fall out of step; **rompere il p.**, to break step; **Lo troverai a due passi di qui**, you'll find it a few steps from here (*o* a stone's throw from here); **pochi passi più avanti**, a few steps further (on); **Sento passi nel corridoio**, I can hear steps in the corridor; (*fig.*) **fare dei passi per ottenere q.c.**, to take steps to get st.; (*anche fig.*) **fare un p. avanti** (**indietro**), to take a step forward (backward); **p. di valzer**, waltz-step; **p. (a) p.**, step by step; **tornare sui propri passi**, to retrace one's steps; **dirigere** (*o* **volgere**) **i propri passi verso...**, to turn one's steps towards...; **essere al p.**, to be in step; **non essere al p.**, to be out of step **2** (*andatura*) pace; step; tread; rate: **camminare di buon p.**, to walk at a good pace; to walk quickly; **di questo p.**, at this rate; **andare di buon p.**, to go at a good (*o* brisk) pace; **a p. d'uomo** (*di lumaca*, ecc.), at a walking (snail's, etc.) pace; **Venne avanti con p. vacillante** (**incerto**), he came forward with a hesitating (an uncertain) step; **andare a p. sciolto**, to walk with a free and easy step; **Udii il p. minaccioso del soldato nel cortile**, I heard the soldier's ominous tread in the courtyard; **affrettare il p.**, to quicken one's pace; to step out; **rallentare il p.**, to slacken one's pace; to slow down; **stare al p. con q.**, to keep pace (*o* to keep up) with sb.; **p. dell'oca**, goose-step **3** (*orma*) footstep; footprint; track: **Si vedevano i suoi passi sulla sabbia**, his footsteps (*o* tracks) could be seen in (*o* on) the sand; **seguire i passi altrui**, to follow in sb.'s footsteps (*o* tracks) **4** (*brano*) passage: **Questo è un p. molto difficile**, this is a very difficult passage **5** (*di elica*, *di vite*) pitch; (*ind. tessile*) shed; (*cinem.*) gauge: **una pellicola a p. normale** (**ridotto**), a standard (a sub-standard) gauge film. ● **p. p.**, very slowly □ **passi scelti**, selections □ (*fig.*) **a ogni p.**, at every turn □ **Al p.!**, (*mil.*) (keep in step!; (*segnaletica stradale*) dead slow □ **camminare a gran passi**, to stride □ **fare un p. falso**, to stumble; (*fig.*) to make a false step (*o* a faux pas) □ **fare passi da gigante**, to take great strides; (*fig.*, *anche*) to make great progress □ (*fig.*) **fare due** (**quattro**) **passi**, to take (*o* to go for) a stroll □ **fare il p. più lungo della gamba**, to bite off more than one can chew □ **fare il p. secondo la gamba**, to cut one's coat according to one's cloth □ **fare il gran p.**, to get married; to get spliced (*pop.*) □ (*fig.*) **fare tre passi su un mattone**, to be as slow as a tortoise □ (*anche fig.*) **segnare il p.**, to mark time □ **E via di questo p.**, and so on □ **Questo è un p. che non posso fare**, this is something I cannot do (*o* a step I cannot take) □ **Non sapeva decidersi a quel p.**, he couldn't make up his mind about that □ **Sentiva la morte avvicinarsi a gran passi**, he felt death coming on apace □ (*fig.*) **Non muoverò un p. per loro**, I won't stir a finger to help them □ (*prov.*) **Il peggior p. è quello dell'uscio**, the first step is the hardest □ (*prov.*) **Non bisogna fare il p. più lungo della gamba**, never bite off more than you can chew.
passo (2), *m.* **1** (*passaggio*) way; passage: **dare il p. a q.**, to give way to sb.; **aprirsi il p. attraverso q.c.**, to make one's way through st.; **ostruire il p.**, to block the passage **2** (*geogr.*) pass: **il p. del Gran San Bernardo**, the Great St. Bernard Pass. ● **p. carraio**, carriage-entrance; carriage-way □ **proibire il p. a q.**, to deny sb. entry; to forbid entry (*o* right of way) to sb. □ **uccelli di p.**, migratory birds; birds of passage.
passo (3), *a.* dried; withered. ● **uva passa**, raisins (*pl.*).
passolina, *f.* raisins (*pl.*).
pasta, *f.* **1** (*impasto per il pane*) dough; (*per pasticci*, *dolci*) paste, pastry: **rimenare** (**spianare**) **la p.**, to knead (to roll out) the dough; **p. sfoglia**, flaky (*o* puff) pastry; **p. frolla**, short pastry **2** (*p. alimentare*) pasta; noodles (*pl.*); macaroni (*pl.*); spaghetti (*pl.*); vermicelli (*pl.*): **p. al sugo**, spaghetti with tomato sauce and cheese; **p. al ragout**, macaroni with ragout; **p. al burro**, macaroni; **buttare la p.**, to put the macaroni on to cook **3** (*pasticcino*) (tea-)cake; pastry (*anche collett.*): **prendere il tè con le paste**, to have a cup of tea with some (fancy) cakes **4** (*sostanza ammassata come p.*) paste: **p. d'acciughe**, anchovy-paste; **p. di mandorle**, almond-paste; (*chim.*) **p. d'amido**, starch-paste; **p. dentifricia**, tooth-paste **5** (*fig.*) stuff; (*indole*) disposition, nature: **È fatto d'altra p.**, he's made of different stuff; **essere di buona p.**, to be of a kindly disposition. ● **p. di carta**, pulp; stuff □ (*ind. della carta*) **p. di legno**, wood-pulp □ (*ind. della carta*) **p. di stracci**, rag-pulp □ (*fig.*) **essere di zucchero**, to be sweet-natured (*o* tempered) □ (*cucina*) **p. in brodo**, noodle-soup; small pasta in broth □ (*cucina*) **p. reale**, sponge-cake □ **asse per la p.**, pastry-board □ (*fig.*) **avere le mani in p.**, to have a finger in the pie (*fam.*) □ (*fig.*) **essere della stessa p.**, to be cast in the same mould □ (*fig.*) **essere di p. frolla**, to have no backbone □ (*fig.*) **mettere le mani in p.**, to meddle in sb.'s affairs □ **un uomo di buona p.**, a good-natured man; (quite) a decent chap (*fam.*) □ **un uomo di diversa p.**, a different sort of man □ **un uomo di grossa p.**, a crude man; a rough customer (*fam.*) □ **un uomo di p. frolla**, a weak, nerveless man □ **Non so che p. d'uomo sia**, I don't know what sort of man he is.
pastafròlla, *f.* spineless person.
pastàio, *m.* **1** (*chi fa paste alimentari*) maker of pasta **2** (*chi le vende*) seller of pasta.
pastasciutta, *f.* (*cucina*) pasta.
pastècca, *f.* (*naut.*) snatch-block.
pasteggiàbile, *a.* (*enologia*) table (*attr.*): **vino p.**, table-wine.
pasteggiare, *v. i.* **1** (*cibarsi d'una determinata vivanda*) to have (*o* to take**,* to eat*) (st.) for one's dinner: **p. a pollo**, to have chicken for one's dinner; to dine on chicken **2** (*bere*, *nel pasto*, *un determinato vino*, *una determinata bevanda*) to have (*o* to take**,* to drink**)* (st.) with one's meals: **p. a marsala**, to take marsala with one's meals. ● **vino da p.**, table-wine.
pastèlla, *f.* (*cucina*) batter.
pastellista, *m. e f.* (*arte*) pastellist.

pastèllo, A *m.* 1 pastel: **una matita a p.**, a pastel crayon; **una scatola di pastelli**, a box of pastels; **una pittura a p.**, a pastel (drawing); **dipingere a p.**, to draw with pastels 2 (*dipinto a p.*) pastel. B *a.* pastel: **verde p.**, pastel green.

pastétta, *f.* 1 V. **pastèlla** 2 (*fig.: broglio elettorale*) gerrymander; (*imbroglio*) fraud, trick.

pasticca, *f.* pastil(le); tablet; lozenge: **una p. di menta**, a peppermint-lozenge; a peppermint-drop; **pasticche per la tosse**, cough lozenges.

pasticceria, *f.* 1 pastry-making; confectionery 2 (*negozio di dolciumi*) pastry-shop; confectioner's (shop); confectionery 3 (*paste dolci*) pastry; confectionery.

pasticciare, *v. t. e i.* to make* a mess (of st.); to make* a pretty hash (of st.) (*fam.*); to mess up; to bungle.

pasticciato, *a.* (*cucina*) «pasticciato» (cooked with cheese, butter and gravy).

pasticcière, *m.* 1 (*chi fa paste dolci*) pastry-cook 2 (*chi le vende*) confectioner.

pasticcino, *m.* (*cucina*) fancy cake; tea-cake; pastry.

pasticcio, *m.* 1 (*cucina*) pie; pasty; patty: **un p. di fegato d'oca**, a pasty of fatted goose liver; a Strasburg pie; **un p. di carne**, a meat-pie; a pasty; **un p. di mele**, an apple-pie 2 (*fig.: lavoro mal fatto*) clumsy (*o* slapdash) piece of work; bungle; botch; mess: **Quel quadro è un p.**, that's a bungle (*o* a daub); that's a bad picture; **Che p.!**, what a bungle!; what a mess! 3 (*fig.: faccenda imbrogliata*) mess; scrape; fix (*fam.*): **Quel ragazzo si mette sempre nei pasticci**, that boy is always getting into scrape; **essere nei pasticci**, to be in a fix; to be in a tight spot; **trovarsi in un bel p.**, to be in a fine mess; to be in a bad fix 4 (*mus., letter.*) pasticcio*; pastiche.

pasticcióne, *m.* (*fam.*) bungler; botcher; muddler; muddle-head.

pastiche (*franc.*), *m. invar.* (*letter., arte, mus.*) pastiche; pasticcio*.

pastificare, *v. i.* to make* pasta.

pastificazióne, *f.* making of «pasta».

pastificio, *m.* «pasta» factory.

pastiglia, *f.* 1 (*pasticca*) pastil(le); tablet; lozenge: **pastiglie per la tosse**, cough lozenges 2 (*impasto usato per decorare*) plaster 3 (*autom., mecc.: freni di freno*) (brake) lining: **I freni non rispondono; devi controllare le pastiglie**, the brakes are fading; you should check the linings. ● (*autom.*) **sostituire le pastiglie** (*dei freni*), to reline □ (*autom.*) **sostituzione delle pastiglie** (*dei freni*), (brake) relining.

pastina, *f.* 1 (*pasta per brodo*) noodles (*pl.*) 2 V. **pasticcino**. ● (*cucina*) **p. in brodo**, noodle-soup; small pasta in broth.

pastinaca, *f.* 1 (*bot., Pastinaca sativa*) parsnip 2 (*zool., Dasyatis pastinaca*) sting-ray.

pasto, *m.* meal; feed (*pop.*): **La colazione è il primo p. del giorno**, breakfast is the first meal of the day; **un magro p.**, a poor (*o* a scanty) meal; **un p. abbondante**, a full (*o* a hearty) meal; a good feed (*scherz.*); a blow-out (*pop.*); **prima dei** (*dopo i*) **pasti**, before (after) meals; **tra un p. e l'altro** (*o* **fuori p.**), between meals; **fare due pasti al giorno**, to have (*o* to take) two meals a day; **saltare un p.**, to skip a meal; **stare ai pasti** (*o* **non prendere nulla fuori di p.**), to eat only at meals. ● (*fig.*) **dare una notizia in p. al pubblico**, to regale the public with a piece of news □ (*stor. e fig.*) **essere dato in p. alle belve**, to be thrown to wild beasts □ **vino da p.**, table-wine.

pastòcchia, *f.* 1 (*pasticcio*) muddle 2 (*fig.: imbroglio*) humbug; sham.

pastóia, *f.* 1 hobble (*generalm. al pl., anche fig.*); fetters (*pl.*) 2 (*veterinaria*) pastern. ● **liberare q. dalle pastoie**, to unfetter sb. □ **liberarsi d'ogni p.**, to cast off all trammels □ **mettere le pastoie**, to hobble; to fetter; (*fig.*) to trammel.

pastóne, *m.* 1 (bran-)mash; (*per galline*) chicken-feed 2 (*fig.: disordinata mescolanza*) jumble.

pastóra, *f.* shepherdess.

pastorale (1), A *a.* pastoral (*anche relig.*); shepherd's (*attr.*): bucolic: **la vita p.**, the pastoral life; a shepherd's life; **i canti pastorali**, pastoral songs; **poesia p.**, pastoral poetry; **un dramma p.**, a pastoral play; **una scena p.**, a pastoral (*o* rural) scene; **una lettera p.**, a pastoral (letter). ● **anello p.**, bishop's ring. B *f.* (*relig.*) pastoral (letter).

pastorale (2), *f.* (*mus.*) pastorale.

pastorale (3), *m.* (*relig.: bastone p.*) pastoral staff; crosier.

pastorale (4), *m.* (*di cavallo*) pastern(-bone).

pastóre, *m.* 1 (*agric., Bibbia*) shepherd (*anche fig.*): **Il buon p. dà la propria vita per le sue pecore**, the good shepherd lays down his life for his sheep; **la parabola del buon p.**, the Parable of the Good Shepherd; **un p. di anime**, a shepherd of souls 2 (*relig.: sacerdote protestante*) pastor; minister; (*della chiesa anglicana*) (Anglican) clergyman* 3 (*zool.*) shepherd dog; sheep-dog. ● **cane p.**, shepherd dog; sheep-dog □ (*cane*) **p. scozzese**, collie □ (*cane*) **p. tedesco**, German shepherd; Alsatian.

pastorèlla (1), *f.* 1 young shepherdess; shepherd lass 2 (*cappello di paglia*) wide-brimmed straw hat.

pastorèlla (2), *f.* (*mus., letter.*) pastoral.

pastorèllo, *m.* young shepherd; shepherd boy.

pastorizia, *f.* sheep-rearing; sheep-breeding; sheep-farming.

pastorizio, *a.* sheep-rearing (*attr.*).

pastorizzare, *v. t.* (*ind.*) to pasteurize.

pastorizzato, *a.* pasteurized: **latte p.**, pasteurized milk.

pastorizzatóre, *m.* (*apparecchio; operaio*) pasteurizer.

pastorizzazióne, *f.* (*ind.*) pasteurization.

pastosità, *f.* 1 pastiness; doughiness 2 (*fig.*) mellowness; softness.

pastóso, *a.* 1 (*morbido come pasta*) pasty; doughy: **una materia pastosa**, a pasty substance 2 (*fig.*) mellow; soft: **una voce pastosa**, a soft voice; **colori pastosi**, mellow colours; **vino p.**, mellow wine.

pastrano, *m.* overcoat; top-coat; great-coat.

pastura, *f.* (*agric.*) pasture; pasturage: **condurre le bestie alla p.**, to lead one's cattle to pasture; to pasture one's cattle; **mandare alla p.**, to put out to pasture.

pasturale, V. **pastorale (4)**.

pasturare, *v. t.* 1 to pasture; to graze 2 (*fig.*) to feed*; to nourish.

patacca, *f.* 1 (*moneta di scarso valore*) farthing; (*oggetto di scarso valore*) piece of rubbish: **Non vale una p.**, it isn't worth a (brass) farthing 2 (*macchia*) stain: **avere una bella p. sul vestito**, to have a large stain on one's dress 3 (*fig., scherz.: decorazione*) decoration; gong (*gergo*).

pataccóne, *m.* (*fig., fam.*) 1 (*vecchio e grosso orologio da tasca*) turnip 2 (*persona piena di patacche*) messy person 3 (*persona grossa e goffa*) big, clumsy person; lubber (*fam.*).

patagio, *m.* (*zool.*) patagium*.

patagóne, *a., m. e f.* Patagonian.

patapùm, *inter.* bang!

pataria, *f.* (*stor.*) Pataria.

patarino, *a. e m.* (*stor.*) Patarine.

patata, *f.* 1 (*bot., Solanum tuberosum*) potato*; spud (*pop.*) 2 (*tubero della p.*) potato*: **patate farinose**, mealy potatoes; **patate fritte**, fried potatoes; chips; French fries (*USA*); (*croccanti*) crisps; **patate lesse**, boiled potatoes; **patate in umido**, stewed potatoes; **purea di patate**, mashed potatoes; **bucce di patate**, (potato) peelings; **fecola di patate**, potato-flour. ● (*bot.*) **p. dolce** (*Ipomoea batatas*), batata; sweet potato □ (*fig.*) **p. bollente**, hot potato □ (*scherz.*) **farsi tirare le patate**, to have bad eggs thrown at one □ (*fig.*) **un sacco di patate**, a clumsy person □ (*fig.*) **spirito di p.**, very poor humour.

patataio, *m.* potato-merchant.

pataticoltóre, *m.* potato-grower.

pataticoltura, *f.* potato-growing.

patatina, *f.* 1 (*patata novella*) new potato 2 (*pl., cucina*) crisps; chips.

pataràc, A *inter.* crack!; bang!; crash! B *m.* 1 (*scoppio*) crack; crash; bang: **Si sentì un p.**, a crack was heard 2 (*crollo rovinoso*) crash; downfall; disaster: **Succederà un bel p.**, a great crash is expected. ● **fare un p.**, to crash; to get ruined.

patavino, *a. e m.* Paduan.

paté (*franc.*), *m.* (*cucina*) paté; paste.

patèlla, *f.* 1 (*zool., Patella*) limpet 2 (*anat.*) patella*; knee-pan; knee-cap.

patèma, *m.* anxiety; worry; heartache. ● **p. d'animo**, anxiety; anguish.

patèna, *f.* (*relig.*) paten.

patentato, *a.* 1 licensed; certificated; chartered: **un maestro p.**, a certificated teacher; **un pilota p.**, a licensed pilot 2 (*fig.*) thorough; downright; out-and-out: **uno sciocco p.**, a downright fool.

patènte (1), *a.* patent; open; (*evidente*) evident, obvious; clear: **un'ingiustizia p.**, a patent injustice.

patènte (2), *f.* 1 (*licenza*) licence; permit: (*autom.*) **la p. di guida**, a driver's (*o* driving) licence 2 (*naut.*) bill: **p. sanitaria**, bill of health (*abbr.*: B.H.) 3 (*brevetto d'invenzione*) patent. ● **concessionario di p.**, patentee □ **dare a q. la p. di ladro** (*di somaro*), to call sb. a qualified thief (dunce).

patentino, *m.* temporary licence. ● (*autom.*) **p. internazionale di guida**, international driving licence.

pàtera, *f.* (*archeol.*) patera*.

paterácchio, *m.* (*dial.*) contract of marriage (in which material advantage is the chief consideration).

paterasso, paterazzo, *m.* (*naut.*) backstay (*generalm. al pl.*).

paterèccio, *m.* (*med.*) whitlow.

paterino, V. **patarino**.

paternale, *f.* rebuke; reprimand; scolding; (good) dressing-down (*fam.*); telling-off (*fam.*): **fare una p. a q.**, to administer a rebuke to sb.; to rebuke sb.; to give sb. a good dressing-down.

paternalismo, m. (anche polit.) paternalism.
paternalista, (anche polit.) **A** m. paternalist. **B** a. paternalistic.
paternalistico, a. (anche polit.) paternalist (attr.); paternalistic.
paternaménte, avv. paternally; like a father.
paternità, f. 1 paternity; fatherhood: **i doveri della p.**, the duties of paternity; a father's duties; **p. legale,** adoptive fatherhood; **ricerca della p.**, paternity test 2 (nome del padre) father's name: **In questo certificato manca la p.**, the father's name is missing in this certificate; **aggiungere la p.**, to add the father's name 3 (condizione di autore) paternity; authorship: **È messa in dubbio la p. di quegli scritti,** those writings have a doubtful paternity; **la p. d'un libro** the paternity of a book.
patèrno, a. 1 paternal; fatherly; father's: **la casa paterna,** one's paternal (o father's) house; **affetto p.,** fatherly love 2 (da parte del padre) on one's father's side: **il nonno p.,** one's paternal grandfather. ● **in tono p.,** paternally.
paternòstro, m. 1 (relig.) paternoster; (the) Lord's Prayer: **dire dieci paternostri,** to say ten paternosters 2 (grano della corona del rosario) paternoster (bead) 3 (naut.) parrel truck. ● **sapere q.c. come il p.,** to know st. by heart; to have st. at one's fingers' ends (fam.).
pateticaménte, avv. pathetically.
pateticità, f. patheticalness; pathetic tone.
patètico, A a. 1 pathetic; full of pathos; (commovente) moving, touching: **La nostra separazione fu molto patetica,** our parting was very pathetic; **una scena patetica,** a pathetic (o a touching) scene; **parole patetiche,** pathetic (o moving) words; **un passo p.,** a pathetic passage; **musica patetica,** pathetic music; **con voce patetica,** in a pathetic voice; **udire una storia patetica,** to hear a pathetic story 2 (anat.) pathetic: **il nervo p.,** the pathetic nerve. **B** m. (i. genere p.) pathetic; pathos; sentimentalism 2 (chi fa lo svenevole) sentimental (person); sentimentalist ● **cascare nel p.,** to become sentimental □ **fare il p.,** to sentimentalize.
pateticume, m. (spreg.) sentimentality.
patetismo, m. sentimentalism.
pàthos, m. (lett.) pathos.
patibile, a. endurable; bearable.
patibolare, a. sinister; fit for the gallows; gallows-bird (attr.): **una faccia p.,** a sinister look (on sb.'s face).
patibolo, m. gallows (sing.); gibbet; scaffold; block: **condannare q. al p.,** to send sb. to the gallows; **salire il p.,** to go to the block. ● **faccia da p.,** sinister face □ **Pare che vada al p.,** he has the gallows in his face.
patiménto, m. suffering; affliction; torment; pain: **ridere dei patimenti di c.,** to laugh at sb.'s sufferings; **soffrire i più acerbi patimenti,** to suffer the pains of hell.
pàtina, f. 1 (velatura prodotta dal tempo) patina: **una p. naturale (artificiale),** a natural (an artificial) patina 2 (med.: della lingua) fur; coating (on the tongue) 3 (della carta) coat; glaze 4 (della porcellana, terracotta) glaze 5 (strato di vernice) coat of varnish 6 (strato di grasso dato alla pelle conciata) dubbing.
patinare, v. t. 1 (verniciare) to varnish 2 (pelli) to dub 3 (porcellana, terracotta) to glaze 4 (carta) to coat; to glaze.
patinato, a. 1 (coperto di patina) patinated 2 (verniciato) varnished 3 (di pelli) dubbed 4 (di porcellana, terracotta) glazed 5 (di carta) coated; glazed. ● (med.) **avere la lingua patinata,** to have a furred (o a coated) tongue.
patinatura, f. 1 patination 2 (verniciatura) varnishing 3 (di pelli) dubbing 4 (di porcellana, terracotta) glazing 5 (di carta) coating; glazing.
patinóso, a. 1 (coperto di patina) patinated; patinous; covered with a patina 2 (med.) furred; coated: **una lingua patinosa,** a furred tongue.
pàtio (spagn.), m. patio; open courtyard.
patire, A v. i. 1 to suffer: **Quante me ne hanno fatte p.!,** how much they have made me suffer!; **p. di gelosia (d'invidia, ecc.),** to suffer the pangs of jealousy (of envy, etc.); **p. di mal di capo (d'insonnia, ecc.),** to suffer from headaches (from insomnia, etc.); **Quell'albero ha patito per il gelo,** that tree has suffered from the frost 2 (di cose: essere danneggiato) to be damaged: **La merce ha patito durante il viaggio,** the goods were damaged in transit. **B** v. t. 1 to suffer; to undergo*: **p. il caldo (il freddo),** to suffer the heat from the (cold); to feel the heat (the cold) intensely; **p. il martirio,** to suffer martyrdom; **Egli ha patito la fame in gioventù,** when he was young, he underwent many privations; **p. un torto,** to suffer a wrong; **p. la sete,** to suffer thirst; **to be dying of thirst** 2 (sopportare, tollerare) to bear*; to stand*; to suffer: **Non posso p. quell'uomo,** I can't stand that man; **Non patirò questi affronti!,** I won't stand (for) these insults!; **Non posso p. ch'egli la maltratti così,** I can't bear to see him ill-treat her in this way. ● **p. di cuore,** to have a weak heart □ **p. la fame,** to starve; to be starving □ **fare p. la fame a q.,** to starve sb. □ **p. il mal di mare,** to be seasick □ (fig.)

Ha finito di p., his (o her) sufferings are over (o at an end).
patito, A a. 1 sickly; suffering: **un bambino debole e p.,** a weak, sickly child 2 (macilento) emaciated; haggard; scrawny (fam.). **B** m. (appassionato) enthusiast; fan; admirer: **un p. del jazz (del cinema),** a jazz (film) fan; **un p. della politica,** a fanatic for politics.
patofobìa, f. (med.) pathophobia.
patogènesi, f. (med.) pathogenesis; pathogenesy; pathogeny.
patogenètico, a. (med.) pathogenetic; pathogenic.
patògeno, a. (med.) pathogenic.
patognomònico, a. (med.) pathognomonic: **un simbolo p.,** a pathognomonic (symptom).
patois (franc.), m. invar. «patois» (provincial form of a language spoken in a restricted area and having no literary status).
patologìa, f. (med.) pathology.
patològico, a. (med.) pathologic(al) (anche estens.): **anatomia patologica,** pathological anatomy; **un caso p.,** a pathological case.
patòlogo, m. (med.) pathologist.
pàtos, V. **pàthos.**
patòsi, f. (med.) pathosis*.
Patrasso, m. (geogr.) Patras; Patrai. ● (scherz.) **andare a P.,** to go to one's last home; to go west (pop.) □ (scherz.) **mandare a P.,** to launch into eternity; to send to the skies (pop.).
pàtria, f. 1 country; native country; native land; fatherland; motherland; mother-country: **amor di p.,** love of one's country (o of one's native land); **p. d'elezione,** country of adoption; adoptive country; **I Greci difesero bene la loro p.,** the Greeks defended their fatherland well; **O p. mia!,** oh, my motherland!; **tradire la p.,** to betray one's country 2 (luogo nativo) birth-place; (fig.) home, land: **la Grecia, p. della civiltà occidentale,** Greece, birth-place of Western civilization; **la Liguria, p. di navigatori arditi,** Liguria, home (o land) of fearless navigators. ● (relig.) **p. celeste,** heaven; heavenly home □ **ai caduti per la p.,** in memory of those who fell for their country □ **l'altare della p.,** the tomb of the Unknown Soldier □ **essere esule dalla p.,** to be an exile from home; to be an expatriate □ **in p. e all'estero,** at home and broad □ **in senza p.,** stateless (o displaced) persons □ **Non tornerò mai più sul suolo della p.,** I'll never return to my native soil again □ (prov.) **Nessuno è profeta in p.,** a prophet is not without honour save in his own country.
patriarca, m. (stor., relig.) patriarch (anche fig.): **un antico p.,** an ancient patriarch; (Bibbia) **i patriarchi,** the patriarchs; **il p. di Costantinopoli,** the Patriarch of Constantinople. ● **È un vero p.,** he is a venerable old man.
patriarcale, a. (stor., relig.) patriarchal (anche fig.): **una famiglia p.,** a patriarchal family; **una vita p.,** a patriarchal life; **un aspetto p.,** a patriarchal appearance; **una chiesa p.,** a patriarchal church.
patriarcato, m. (stor., relig.) 1 (organizzazione patriarcale) patriarchy; patriarchate 2 (dignità, sede del patriarca) patriarchate.
patricida, patricìdio, V. **parricida, parricìdio.**
patrigno, m. stepfather; step-parent.
patrilineo, a. (rif. a un tipo di società) marked by the reckoning of descent and inheritance in the male line.
patrimoniale, a. patrimonial; hereditary: **i beni patrimoniali,** the patrimonial estate. ● (leg.) **asse p.,** estate and property □ (comm.) **stato p.,** statement of assets and liabilities.
patrimònio, m. 1 patrimony; estate; property; (per estens.) fortune: **ereditare un bel p.,** to inherit a large estate; to come into a fortune; **p. immobiliare,** real estate (o property); **p. mobiliare,** personal state (o property); **p. pubblico,** public property; (leg.) **p. in possesso assoluto,** estate in fee; (leg.) **p. in possesso condizionato,** estate upon condition; (leg.) **p. proveniente da eredità,** estate in inheritance; **mettere insieme un bel p.,** to make a fortune 2 (fig.) patrimony; heritage: **Il mio p. è un nome onorato,** my patrimony is an honoured name; **il p. della letteratura inglese,** the heritage of English literature. ● (stor.) **il P. di S. Pietro,** the Patrimony of St. Peter □ (fig.) **costare (spendere) un p.,** to cost (to spend) a mint of money (fam.) □ **imposta sul p.,** capital levy.
pàtrio, a. 1 of one's (native) country: **l'amor p.,** the love of one's country; patriotism 2 (paterno) paternal. ● (leg.) **patria potestà,** parental power (o authority) □ (scherz.) **gli avanzi delle patrie galere,** the scum of the earth; the off-scourings of humanity (fam.) □ **ritornare ai patrii lidi,** to return to one's native shores □ **ritornare alle patrie soglie,** to return home.
patriòta, m. e f. 1 (chi ama la patria) patriot 2 (pop.: compatriota) compatriot; fellow-countryman* (masch.), fellow--countrywoman* (femm.).
patriottardo, (spreg.) **A** a. fanatically patriotic. **B** m. fanatical patriot; flag-waver.
patriòttico, a. patriotic: **il sentimento p.,** the patriotic feeling; **un**

patriottismo

discorso p., a patriotic speech.
patriottismo, *m.* patriotism; love of one's country.
patristica, *f.* (*relig.*) patristics (*pl.*, *col verbo al sing.*); patrology.
patristico, *a.* (*relig.*) patristic.
Patrizia, *f.* Patricia.
patriziato, *m.* **1** (*classe dei patrizi*) patrician order (*o* class); patriciate; aristocracy **2** (*aristocrazia*) patricians (*pl.*); nobles (*pl.*); aristocrats (*pl.*); aristocracy.
Patrizio, *m.* Patrick.
patrizio, A *a.* patrician; noble; aristocratic: **di sangue p.**, of noble birth (*o* rank). B *m.* patrician; noble(man*); aristocrat: **patrizi e plebei**, patricians and plebeians.
patrocinante, A *a.* patronizing; sponsoring; supporting. B *m.* (*leg.*) pleader. ● (*leg.*) **l'avvocato p.**, the counsel.
patrocinare, *v. t.* to patronize; to sponsor; (*difendere*) to plead; (*sostenere*) to support: **p. una causa**, to patronize (*o* to plead) a cause; **p. una candidatura**, to support a candidature.
patrocinatóre, A *m.* **1** (*chi patrocina, difende*) patronizer, sponsor; (*sostenitore*) supporter **2** (*protettore*) patron; protector: **un p. delle arti**, a patron of the arts **3** (*leg.*) pleader; counsel B *a.* (*leg.*) defending; defence (*attr.*): **avvocato p.**, defending (*o* defence) counsel.
patrocinio, *m.* **1** support; sponsorship **2** (*relig.*) patronage; protection: **mettersi sotto il p. di S. Giuseppe**, to put oneself under the patronage of St. Joseph **3** (*leg.*) patronage; legal representation. ● (*leg.*) **beneficiario del gratuito p.**, pauper **2** (*leg.*) **gratuito p.**, legal aid (in «forma pauperis»): **concedere il gratuito p.**, to grant legal aid □ (*leg.*) **privare del beneficio del gratuito p.**, to deprive of the privileges of a pauper; to dispauper.
Pàtroclo, *m.* (*letter.*) Patroclus.
patrologia, *f.* (*relig.*) patrology; patristics (*pl. col verbo al sing.*).
patròlogo, *m.* patrologist.
patròna, *f.* patroness; (female) patron saint.
patronale, *a.* patronal.
patronato, *m.* **1** (*anche relig.*) patronage **2** (*istituzione benefica*) charitable institution (*o* society). ● **p. dei carcerati**, prisoners' aid society □ **p. scolastico**, pupils' benevolent fund □ **diritto di p.**, patronate.
patronéssa, *f.* patroness.
patronimia, *f.* patronymic system.
patronimico, A *a.* patronymic: **un nome p.**, a patronymic name. B *m.* patronymic (name): **Pelide è il p. di Achille**, Pelides is the patronymic of Achilles.
patròno, *m.* **1** (*protettore*) patron; protector; (*chi sostiene*) supporter **2** (*relig.*) patron (saint): **Sant'Ambrogio è il p. di Milano**, St. Ambrose is the patron of Milan; **la festa del (santo) p.**, the festival (*o* feast) of the patron; the patronal festival; the feast of the place (*fam.*) **3** (*chi ha il patronato di un'istituzione di beneficenza*) patron **4** (*leg.*) counsel; counsellor (*USA*).
patta (1), *f.* **1** (*risvolto di tasca*) flap; (*per coprire l'abbottonatura*) fly; lap **2** (*naut.*) fluke; palm. ● (*naut.*) **p. di bolina**, bow-line bridle □ (*naut.*) **p. d'oca**, crowfoot.
patta (2), *f.* (*nel gioco*) draw (*anche fig.*): **fare p.**, to have a draw; **to draw**. ● **È pari e p.**, it's all square □ **Adesso siamo pari e p.**, we're quits now.
pattare, *v. i.* (*pareggiare nel gioco*) to draw*; to come* to a draw.
patteggiàbile, *a.* open to negotiation (*pred.*).
patteggiaménto, *m.* negotiation (*spesso al pl.*); bargaining.
patteggiare, A *v. i.* to negotiate; to enter into negotiations; to discuss terms; to bargain; (*venire ai patti*) to come* to terms: **Ambedue le parti erano disposte a p.**, both parties were willing to negotiate; **p. con il nemico**, to negotiate (*o* to come to terms) with the enemy. B *v. t.* to negotiate; to arrange the terms of: **p. la pace**, to negotiate peace; **p. la resa**, to arrange the terms of surrender.
patteggiatóre, *m.* negotiator.
pattinàggio, *m.* (*sport*) skating: **p. artistico**, figure-skating; **p. a rotelle**, roller-skating; **p. su ghiaccio**, ice-skating; **una pista di p.**, a skating-rink.
pattinare, *v. i.* (*sport*) to skate.
pattinatóio, *m.* skating-rink.
pattinatóre, *m.* (*sport*) skater.
pàttino (1), *m.* **1** (*sport*) skate (*generalm. al pl.*): **pattini a rotelle**, roller-skates **2** (*di slitta*) runner **3** (*aeron.*) runner; skid: **p. centrale**, central runner; **p. di coda**, tail skid **4** (*mecc.*) sliding block; link-block. ● (*mecc.*) **p. di contatto**, guide-shoe; sliding-shoe □ (*mecc.*) **p. di spinta**, pressure pad.
pattino (2), *m.* (*naut.*) pattino*; moscone*.
patto, *m.* (*convenzione, accordo*) agreement; understanding, pact (*specialm. leg.*); compact; covenant (*leg., relig.*); (*tra nazioni*) treaty: **un p. di pace**, a treaty of peace; a peace treaty; **il P. Atlantico**, the Atlantic Treaty; (*relig.*) **l'Antico P.**, the Old Covenant; (*relig.*) **il Nuovo P.**, the New Covenant; **stretti a un p.**, bound by a covenant; covenanted; **concludere** (*o* **stringere**) **un p.**, to make an agreement; to come to (*o* to reach) an understanding; **mantenere** (**rompere**) **un p.**, to keep (to break) an agreement; **stare ai patti**, to keep to an agreement **2** (*ciascuno dei punti della convenzione*) term (*generalm. al pl.*): **venire a patti**, to come to terms **3** (*condizione*) condition: **a p. che**, on condition that; provided that; on the understanding that. ● **a nessun p.**, on no account; in no case; by no means □ **a qualsiasi p.**, at any cost □ **a questo p.**, on this understanding □ (*prov.*) **Patti chiari, amici cari** (*o* **amicizia lunga**), short reckonings make long friends.
pattùglia, *f.* (*mil.*) patrol: **p. aerea**, air patrol; **essere di p.**, to be on patrol.
pattugliaménto, *m.* (*mil.*) patrol; patrolling.
pattugliare, *v. i. e t.* (*mil.*) to patrol.
pattugliatóre, *m.* (*mil.*) patrolman*.
pattuire, *v. t.* to stipulate; to negotiate; to arrange the terms of; to settle; to fix; to agree upon: **p. il pagamento in oro**, to stipulate payment in gold; **p. una vendita**, to negotiate a sale; **p. la resa**, to arrange the terms of surrender.
pattuito, A *a.* stipulated; agreed upon; arranged; settled; fixed: **il prezzo p.**, the price agreed upon. B *m.* agreement; terms (*pl.*): **attenersi al p.**, to keep to terms.
pattuizióne, *f.* **1** stipulation; negotiation **2** (*patto*) agreement; understanding.
pattume, *m.* **1** (*immondizia*) refuse; rubbish; trash; litter; garbage (*USA*) **2** (*fango, melma*) mud; mire; sludge.
pattumièra, *f.* dustbin; garbage-can (*USA*).
patullare, A *v. t.* (*fam.*) to make* fun of; to poke fun at.
patullarsi, B *v. rifl.* to enjoy oneself; to delight (in st.). ● **nell'ozio**, to trifle away one's time.
paturne, patùrnie, *f. pl.* (*pop.*) dumps (*fam.*); doldrums (*fam.*): **avere le p.**, to be in the dumps (*o* doldrums); to be out of sorts.
pauperismo, *m.* (*econ.*) pauperism.
pauperistico, *a.* (*econ.*) of pauperism.
pauperizzare, *v. t.* (*econ.*) to pauperize.
pauperizzazióne, *f.* (*econ.*) pauperization.
paura, *f.* **1** fear; dread; (*spavento*) fright, scare; (*timore reverenziale*) awe: **tremare di p.**, to tremble with fear; **un uomo senza p.**, a man without fear; a fearless man; **Il dubbio e l'ansia si mutarono in p.**, doubt and anxiety changed into dread; **I criminali vivono sempre nella p. di essere arrestati**, criminals always live in dread of being arrested; **vincere la p.**, to overcome one's fear; **Che p.!**, what a fright!; **per p. di**, for fear of **2** (*preoccupazione*) fear; anxiety: **La tua p. non è giustificata**, your anxiety is (*o* your fears are) not justified. ● **avere una p. del diavolo** (*o* **matta**), to be scared to death; to be in a blue funk (*fam.*) □ **avere p. della propria ombra**, to be afraid (*o* scared) of one's own shadow □ **avere p. di q.c.**, to be afraid of st.; to fear st.: **Ho p. della morte**, I'm afraid of (*o* I fear) death □ **il coraggio della p.**, Dutch courage □ **far p. a q.**, to frighten (*o* to scare) sb.: **Mi hai fatto p.!**, you scared me! □ **far morire q. di p.**, to scare (*o* to frighten) sb. to death □ (*fig.*) **morire di p.**, to be frightened (*o* scared) to death □ **per p. che**, lest; for fear that: **Non uscii per p. che piovesse**, I didn't go out lest it should rain □ **per p. del peggio**, should the worst come to the worst □ **C'è una confusione che fa p.**, there's a dreadful confusion □ **Ho p. ogni volta che do un esame**, I'm nervous every time I sit for an exam □ **È una strada che fa p.**, it's a terrible (*o* an awful) road □ **Ho p. per mio figlio quando viaggia in macchina**, I'm anxious for my son when he travels by car □ **Ho p. di no**, I'm afraid not □ **Ho p. di sì**, I'm afraid so □ **Guida la macchina in modo da fare p.**, he makes your hair stand on end when he drives (*o* he scares you to death with his way of driving) □ **Irma è brutta da fare p.**, Irma is terribly ugly (*o* as ugly as sin) □ **La p. fa novanta**, fear makes one do strange things □ **Non avere p.!**, don't be afraid (*o* frightened)! □ **Ho p. che non venga**, I'm afraid (*o* I fear) he won't come □ (*prov.*) **Chi ha p. non vada alla guerra**, faint hearts a battle never won.
paurosaménte, *avv.* **1** (*con paura*) fearfully; frightfully **2** (*in modo da far paura*) frighteningly; dreadfully.
pauróso, *a.* **1** (*che ha paura*) fearful; timorous; timid; (*codardo*) cowardly, pusillanimous, faint-hearted, white-livered (*fam.*), pigeon-hearted (*fam.*): **un bambino p.**, a timid boy; **essere p. come una lepre**, to be as timid as a hare; to be unable to say «bo» to a goose (*fam.*) **2** (*che mette paura*) frightful; fearful; dreadful: **un aspetto p.**, a frightful aspect; **un incidente p.**, a frightful accident; **l'orlo d'un precipizio p.**, the edge of a fearful precipice; **immagini paurose**, dreadful images.
pàusa, *f.* **1** (*interruzione*) pause; stop; (*short*) interval: **Ci fu una p. prima che il conferenziere riprendesse a parlare**, there was a pause before the lecturer spoke again; **fare una p.**, to make a pause; to pause; to stop **2** (*sosta*) stand; halt **3** (*mus.*) rest.
pavana, *f.* (*mus.*) pavan.

pavé (*franc.*), *m. invar.* «pavé» (paved street).
paventare, (*lett.*) **A** *v. i.* **1** (*spaventarsi*) to take* fright; to get* frightened **2** (*rif. ad animali: adombrarsi*) to shy. **B** *v. t.* to fear; to be frightened of; to be afraid of: **p. la morte**, to fear death.
paventóso, *a.* (*lett.*) fearful.
pavesare, *v. t.* **1** (*naut.*) to dress (with flags); to deck (with flags): **p. una nave**, to dress a ship **2** (*imbandierare*) to decorate (with flags): **p. un teatro**, to decorate a theatre.
pavesata, *f.* (*naut.*) bunting; flags (*pl.*).
pavése (1), **A** *a.* of Pavia. **B** *m.* inhabitant of Pavia; native of Pavia.
pavése (2), *m.* **1** (*naut.*) bunting; flags (*pl.*) **2** (*stor.*) pavis(e). ● (*naut.*) **alzare il gran p.**, to dress a ship overall.
pavidaménte, *avv.* fearfully; timorously; timidly; (*vilmente*) cowardly, like a coward.
pàvido, (*lett.*) **A** *a.* pavid (*raro*); fearful; timid. ● **con animo p.**, fearfully; timidly. **B** *m.* coward.
pavimentale, *a.* floor (*attr.*).
pavimentare, *v. t.* **1** (*una stanza*) to floor: **p. una casa**, to floor a house **2** (*una strada*) to pave. ● **p. a macadam**, to macadamize □ **p. con assi**, to plank.
pavimentatóre, *m.* floorer; floor-layer.
pavimentatrice, *f.* (road-)paver.
pavimentazióne, *f.* **1** (*di una stanza*) flooring: **p. a mosaico**, mosaic flooring; **p. in cemento** (**in legno**, **in piastrelle**), concrete (wood, tile) flooring; **p. a parquet**, parquet (flooring) **2** (*di una strada*) paving: **p. a elementi**, block-paving; **p. continua**, sheet-paving **3** *V.* **pavimento**. ● **materiale per p.**, flooring □ **materiale per p. stradale**, road metal.
pavimentista, *m.* (*costr.*) flooring specialist.
paviménto, *m.* floor; flooring: **p. a parquet**, parquet (floor); **p. di assi**, batten floor; **p. di cemento armato**, reinforced-concrete floor; **p. di legno**, wood floor; **p. di mattonelle**, tiling (*o* tiled) floor; **p. di pietra**, stone floor; **p. isolato**, insulated floor; **p. a struttura scatolare**, metal-box floor; **p. a piano**, at floor level; **fare un p.**, to make a floor; to floor; **sedere sul p.**, to sit on the floor.
pavimentóso, *a.* (*anat.*) pavement (*attr.*): **epitelio p.**, pavement epithelium*.
pavonazzo, *V.* **paonazzo**.
pavoncèlla, *f.* (*zool.*, *Vanellus vanellus*) lapwing.
pavóne, **A** *m.* (*zool.*, *Pavo cristatus*) peacock (*anche fig.*); (*femmina*) peahen; (*maschio o femmina*) peafowl: **una penna di p.**, a peacock's feather; a peacock-feather; **blu p.**, peacock-blue (*fig.*) **fare il p.**, to play the peacock. ● **a coda di p.**, fan-tailed □ (*fig.*) **coprirsi con le penne del p.**, to dress oneself with borrowed plumes. **B** *a.* peacock (*attr.*): **blu p.**, peacock-blue.
pavoneggiàrsi, *v. rifl.* to play the peacock; to strut; to show* off (*fam.*).
pavonéssa, *f.* (*zool.*) peahen.
pavònia, *f.* (*zool.*, *Saturnia pavonia minor*) emperor-moth.
pazientare, *v. i.* to have patience; to be patient.
paziènte, **A** *a.* patient: **essere p. con q.**, to be patient with sb.; **ore di p. attesa**, hours of patient waiting; **un lavoratore p.**, a patient worker; **pazienti cure**, patient cares; **lunghe e pazienti ricerche**, long and patient researches. **B** *m.* e *f.* (*chi è sottoposto a cure mediche*) patient.
pazienteménte, *avv.* patiently; with patience.
paziènza, *f.* **1** patience; endurance; forbearance: **Ci vuole p.**, it requires (a good deal of) patience; one must be patient; **la p. di Giobbe**, the patience of Job; **armarsi di p.**, to arm oneself with patience; **mettere alla prova la p. di q.**, to try sb.'s patience; **perdere la p.**, to lose one's patience (*o* temper); **Gli scappò la p.**, he lost his patience; **Mi scappa la p.**, I'm about to lose my patience; I just can't stand it any longer; **pigliare tutto in santa p.**, to take things with a good deal of patience; **far scappare la p. a q.**, to wear out sb.'s patience; to make sb. lose his temper; **con p.**, with (*o* in) patience; patiently: **sopportare q.c. con p.**, to bear st. in patience **2** (*relig.*: *abitino del Carmine*) scapular **3** (*relig.*: *cordone con cui si congiungono i frati*) cordon. ● (*carte*) **gioco di p.**, patience □ **Abbi p., vieni qui**, do come here □ **Abbi p. se non sono venuto ieri**, do excuse me if I didn't come yesterday □ **Abbiate la p. di ritornare**, please, come back again; be so kind as to come back again □ **Fossi ricco, p.!**, were I rich, it wouldn't matter so much □ **Se è impossibile, p.!**, if it's impossible, never mind! □ **P., verrai la prossima settimana**, never mind, you'll come next week □ **Santa p., smettete di parlare!**, for goodness' sake, keep silent! □ **La p. ha un limite**, there's a limit to patience.
pazzaménte, *avv.* **1** (*da pazzo*) like a madman; madly; furiously; wildly: **agire p.**, to act like a madman **2** (*eccessivamente*) deeply; head over ears, head over heels (*fam.*): **essere innamorato p. di q.**, to be head over ears in love with sb.

pazzeggiare, *v. i.* to commit follies; to make* merry; to paint the town red (*pop.*).
pazzerèllo, **A** *a.* **1** a little (*o* a bit) crazy; crack-brained (*pop.*) **2** (*capriccioso*) capricious; wanton. **B** *m.* madcap; crazy person; bit of a fool (*fam.*); crackpot (*pop.*).
pazzerellóne, **A** *a.* jovial; jolly; rollicking. **B** *m.* madcap; jolly (and carefree) fellow; good sport.
pazzésco, *a.* **1** maddish; (somewhat) mad; crazy; foolish; crack-brained (*fam.*): **Fu una cosa pazzesca!**, that was a mad (*o* a foolish) thing to do!; **idee pazzesche**, crazy ideas; **un progetto p.**, a crack-brained scheme **2** (*fam.*: *straordinario*) incredible; surprising.
pazzìa, *f.* **1** madness; insanity; lunacy: **un accesso di p.**, a fit of madness **2** (*cosa insensata*) madness; lunacy; (*azione pazzesca*) folly, foolish action; (*idea pazza*) folly, foolish (*o* crazy) idea: È **una p. uscire con questa pioggia**, it's madness to go out in this rain; **Sarebbe una vera p. sposare quella donna**, it would be sheer folly to marry that woman; **L'attacco a Dieppe fu una p.**, the attack on Dieppe was an act of lunacy; **Quel tuo figliolo, un giorno o l'altro, farà una p.**, one day or other that son of yours will do some foolish action (*o* will commit some folly). ● **avere un ramo di p.**, to be crazy; to have a screw loose (*fam.*); to be slightly mad (*o* touched) ● **fare delle pazzie**, to act like a fool; to give vent to folly □ **fare delle pazzie per una donna**, to go crazy (*o*, pop.: to go nuts) for a woman.
pazzo, **A** *a.* **1** mad; crazy; insane; lunatic (*attr.*); daft, bonkers (*fam.*): È **un po' p.**, he's a little mad (*o* crazy); **Tu devi essere p.**, you must be insane (*o* crazy, mad); **diventare p.**, to go mad; to go out of one's mind; (*anche fig.*) **far diventare p. q.**, to drive sb. mad (*o* crazy); **essere p. di gioia (di dolore)**, to be mad with joy (with sorrow); **una proposta pazza**, a lunatic proposal **2** (*bizzarro*, *strambo*) mad; crazy; foolish: **un'idea pazza**, a crazy idea **3** (*eccessivo*) wild; uncontrolled: **entusiasmo p.**, wild enthusiasm; **spese pazze**, wild extravagance; **risate pazze**, uncontrolled laughter. ● **p. da legare**, stark (*o* staring) mad; raving mad; as mad as a hatter (*o* as a March hare) (*fam.*) □ **andare p. per q.c.**, to be crazy (*o* mad) about st. □ **andare p. per una ragazza**, to go ape over a girl (*fam.*) □ **innamorato p.**, madly in love. **B** *m.* madman*; lunatic ● **urlare come un p.**, to shout like a madman. ● **ospedale dei pazzi**, mental hospital □ **Cose da pazzi!**, that's sheer madness!
pazzòide, **A** *a.* crazy; half-mad; daft (*fam.*). **B** *m.* e *f.* madcap.
peana, *m.* (*letter.*) paean.
pebrina, *f.* (*agric.*) pebrine.
pècan, *m.* **1** (*zool.*, *Martes pennanti*) pekan; fisher* **2** (*bot.*, *Carya illinoensis*) pecan (tree). ● **noce di p.**, pecan.
pècari, *m.* (*zool.*, *Tayassu*) peccary. ● **p. dal collare** (*Tayassu tajacu*), collared peccary.
pècca, *f.* (slight) defect; flaw; fault; blemish; failing; shortcoming: **Abbiamo tutti le nostre piccole pecche**, we all have our little failings; **amare q. nonostante le sue pecche**, to love sb. in spite of his faults; **senza p.**, without blemish; flawless; faultless.
peccàbile, *a.* (*lett.*) peccable; liable (*o* prone) to sin; (*fallibile*) fallible.
peccabilità, *f.* (*raro*) peccability; liability to sin; (*fallibilità*) fallibility.
peccaminosaménte, *avv.* sinfully; wickedly.
peccaminosità, *f.* sinfulness.
peccaminóso, *a.* sinful; wicked: **pensieri peccaminosi**, sinful thoughts; **una vita peccaminosa**, a wicked life.
peccare, *v. i.* **1** (*commettere un peccato*) to sin; to commit a sin: **p. contro Dio**, to sin against God; **p. mortalmente**, to commit (a) mortal sin; **p. in pensieri, parole e atti**, to sin in (*o* through) thought, word and deed **2** (*commettere un errore*) to err; to transgress; to commit the sin (of); to sin: **p. d'ingratitudine (di leggerezza)**, to commit the sin of ingratitude (of levity); **p. contro la modestia**, to sin against modesty; **p. per troppa bontà**, to err on the side of goodness **3** (*essere manchevole*, *difettoso*) to be faulty; to be deficient (in st.); to lack (st.): È **una bella statua, ma pecca un po' nel naso**, it's a lovely statue, but the nose is a little faulty; **Il quadro pecca nel colorito**, the colouring of the picture is faulty. ● **p. contro la legge**, to break the law; to offend against the law □ **p. contro la legge divina**, to transgress (*o* to break) the Divine Law □ **p. per difetto**, to fall short of what is required □ **p. per eccesso**, to exceed what is required.
peccato, *m.* sin: **cadere nel p.**, to lapse (*o* to fall) into sin; **p. mortale (veniale, originale)**, mortal (venial, original) sin; **p. di superbia (di gola)**, sin of pride (of gluttony); **commettere (confessare, espiare) un p.**, to commit (to confess, to expiate) a sin; **i sette peccati capitali**, the seven deadly sins; **rimettere i peccati**, to forgive sins; **vivere in p.**, to live in sin; **pentirsi dei propri peccati**, to repent (of) one's sins; **Sconterete i vostri peccati**, you

peccatóre

shall pay for your sins; **essere brutto quanto il p.**, to be as ugly as sin. ● **essere indurito nel p.**, to be a hardened sinner □ **È un p. che...**, it's a pity that... □ **Che p.!**, what a pity!; what a shame! □ (*Bibbia*) **Chi di voi è senza p. scagli la prima pietra**, let him who is without sin cast the first stone □ **Sarebbe un p. svegliarlo**, it would be a sin (*o* a shame) to waken him □ (*Bibbia*) **Il prezzo del p. è la morte**, the wages of sin is death □ (*prov.*) **P. confessato è mezzo perdonato**, a fault confessed is half redressed.

peccatóre, *m.* sinner: **un p. incallito**, a hardened sinner.

pécchia, *f.* (*zool.*, *Apis mellifera*) honey-bee. ● (*prov.*) **Non si può avere il miele senza le pecchie**, where bees are, there is honey.

pecchióne, *m.* (*zool.*) drone.

péce, *f.* pitch: **spalmato di p.**, (be)smeared with pitch; pitchy; **coprire con p.**, to cover with pitch; to pitch; **essere nero come la p.**, to be as black as pitch; to be pitch-black. ● **p. da calzolaio**, cobbler's wax □ **p. greca**, colophony □ **p. liquida**, tar □ (*fig.*) **essere macchiati della stessa p.**, to be tarred with the same brush; to be cast in the same mould □ (*prov.*) **Chi tocca la p. s'imbratta**, that that toucheth pitch shall be defiled therewith.

pecétta, *f.* 1 (*cerotto*) (sticking-)plaster 2 (*fam.*, *fig.*: *persona noiosa*) nuisance; (*seccatore*) bore. ● (*fig.*) **mettere una p. a q.c.**, to patch up st.

pechblènda, *f.* (*miner.*) pitchblende.

pechinése, *a.*, *m. e f.* Pekin(g)ese: **un (cane) p.**, a Pekingese (dog); a peke (*fam.*).

Pechìno, *f.* (*geogr.*) Peking.

pechinologìa, *f.* (*polit.*) Pekinology.

pechinòlogo, *m.* (*polit.*) Pekinologist.

pecióso, *a.* 1 (*sporco di pece*) pitchy; (be)smeared (*o* soiled) with pitch 2 (*simile a pece*) pitchy; like pitch.

pècora, *f.* 1 (*zool.*, *Ovis aries*) sheep*; (*p. femmina*) ewe: **Le pecore belano**, sheep bleat; **un gregge** (*o* **un branco**) **di pecore**, a flock of sheep; **una p. di un anno**, a one-year-old sheep; a hogg; **una p. nel secondo anno**, a yearling sheep; a teg; **una p. smarrita**, a lost sheep; (*fig.*) **la p. nera della famiglia**, the black sheep of the family; **rinserrare le pecore nell'ovile**, to shut the sheep up in the sheepfold; **tosare le pecore**, to shear sheep 2 (*fig.*) sheep*; (*vile*) coward: **Li maltratti così, perché sono pecore**, you ill-treat them like that, because they are like sheep (*o* they are cowards); **Quell'uomo è una p.**, that man is a coward. ● (*fig.*) **p. bianca**, privileged person □ **p. tosata una volta sola**, shearling □ **carne di p.**, mutton □ **un cavallo che è una p.**, a most docile horse □ (*fig.*) **conoscere le proprie pecore**, to know whom one has to deal with □ (*prov.*) **Chi p. si fa il lupo lo mangia**, he that makes himself a sheep, shall be eaten by the wolf.

pecoràggine, *f.* moral cowardice.

pecoràia, *f.* shepherdess.

pecoràio, *m.* 1 shepherd 2 (*fig.*: *uomo rozzo*) rude sort of fellow.

pecoràme, *m.* flock of sheep (*anche fig.*).

pecorèlla, *f.* 1 sheep; (*agnello*) lamb: **la p. smarrita**, the lost sheep 2 (*pl.*: *nuvolette*) (small white) fleecy clouds; mackerel clouds 3 (*pl.*, *naut.*) white horses. ● **un cielo a pecorelle**, a fleecy (*o* a mackerel) sky □ (*prov.*) **Cielo a pecorelle, acqua a catinelle**, a mackerel sky is never long dry.

pecorésco, *a.* (*spreg.*) sheep-like.

pecorìle, A *a.* of a sheep; sheep's; sheep-like. B *m.* sheepfold.

pecorìno, *a.* of sheep; sheep's: **pelle pecorina**, sheep's skin; sheepskin; (**formaggio**) **p.**, sheep's milk cheese.

pecoróne, *m.* (*fig.*) sheep*.

pecorùme, *m.* (*fig.*: *pecorame*) flock of sheep.

pèctico, *a.* (*chim.*) pectic: **acido p.**, pectic acid.

pectìna, *f.* (*chim.*) pectin.

pectizzazióne, *f.* (*chim.*) pectization.

pectòsio, *m.* (*chim.*) pectose.

peculàto, *m.* (*leg.*) peculation; embezzlement (of public funds). ● **chi commette p.**, peculator.

peculiàre, *a.* peculiar; particular; distinctive; of one's own: **le qualità peculiari di una lingua**, the features peculiar to a language.

peculiarità, *f.* peculiarity; distinctiveness; characteristic.

pecùlio, *m.* 1 (*leg.*) peculium 2 (*scherz.*: *gruzzolo*) hoard; (*risparmi*) savings (*pl.*); nest-egg (*fam.*).

pecùnia, *f.* (*lett. o scherz.*) money: **avidità di p.**, thirst for money. ● **Non gli manca la p.**, of course, he can afford it □ **Se avessi la p.!**, if I could afford it!

pecuniàrio, *a.* pecuniary; monetary; money (*attr.*): **una pena pecuniaria**, a pecuniary penalty; a fine.

pedàggio, *m.* toll; tollage: **pagare il p.**, to pay toll; (*autom.*) **autostrada a p.** (*in Italia*), toll motorway; **ponte (tunnel) a p.**, toll bridge (tunnel).

pedàgna, *f.* (*naut.*) stretcher; foot-rest (in a rowing-boat).

pedagogìa, *f.* pedagogy; pedagogics (*pl. col verbo al sing.*); educational theory. ● **diploma in p.**, teacher's training certificate.

pedagògico, *a.* pedagogic(al); of pedagogy; educational; teaching (*attr.*): **una dottrina pedagogica**, a pedagogic doctrine; **norme pedagogiche**, rules of pedagogy; **metodi pedagogici**, teaching methods.

pedagogìsta, *m. e f.* pedagogist; educationalist. ● **gergo dei pedagogisti**, educationese.

pedagogizzàre, *v. i.* (*piuttosto spreg.*) to pedagogue.

pedagògo, *m.* pedagogue (*spesso scherz. o spreg.*).

pedalàbile, *a.* (*rif. a strada*) good for cycling on.

pedalàre, *v. i.* to pedal; to cycle.

pedalàta, *f.* 1 (*spinta sul pedale*) push on a pedal 2 (*modo di pedalare*) way of pedalling.

pedalatóre, *m.* pedaller; cyclist.

pedàle (1), *m.* 1 (*mecc.*) pedal; treadle; foot-lever: (*autom.*) **p. del freno**, foot-brake (pedal); **p. dell'acceleratore**, accelerator (pedal); **gas pedal** (*USA*); **p. della frizione**, clutch (pedal); **i pedali di una bicicletta**, the pedals of a bicycle; **i pedali d'un organo** (*d'un pianoforte*), the pedals of an organ (of a pianoforte); **il p. del piano** (*in un pianoforte*), the soft (*o* piano) pedal; **il p. del forte** (*in un pianoforte*), the loud (*o* forte) pedal; **il p. d'una macchina da cucire**, the treadle of a sewing-machine; **una macchina a p.**, a treadle-machine; **azionare il p.**, to work the treadle; to treadle; **il p. di comando**, the foot-control lever; **un acceleratore a p.**, a pedal accelerator 2 (*del calzolaio*) (cobbler's) leather strap 3 (*mus.*) pedal (point).

pedàle (2), *m.* (*agric.*) stock; trunk; stem: **pedali di viti**, stocks of vines.

pedaleggiàre, *v. i.* (*mus.*) to pedal; to play upon the pedals.

pedalièra, *f.* 1 (*insieme dei pedali*) pedals (*pl.*); pedal keyboard; pedalier: **la p. d'un organo**, the pedal keyboard of an organ 2 (*aeron.*) rudder-pedals (*pl.*); rudder-bar.

pedalìna, *f.* (*tipogr.*) platen press.

pedalìno, *m.* (*fam.*: *calzino*) sock.

pedalò, *m.* (*moscone a pedali*) pedalo.

pedàna, *f.* 1 footboard (*della cattedra*) platform, dais 2 (*sport*) spring-board; (*scherma*) board 3 (*autom.*) running-board 4 (*tappeto*) rug. ● **p. da letto** (*scendiletto*), bedside rug.

pedantàggine, *V.* pedanteria.

pedànte, A *a.* pedantic: **uno scrittore p.**, a pedantic writer. B *m. e f.* pedant; stickler (for pedantic rules); hair-splitter (*fam.*): **Un uomo così è quello che chiamiamo un p.**, a man like that is what we call a pedant; **Era un dotto, ma non certo un p.**, he was a scholar, yet surely no pedant; **fare il p.**, to play the pedant; to pedantize; to be pedantic; to split hairs (*fam.*). ● **da p.**, pedantic (*agg.*); **un'espressione da p.**, a pedantic expression; a piece of pedantry; a pedanticism; **raffinatezze da p.**, pedantic refinements □ **Non fare il p.!**, don't be pedantic!

pedanteggiàre, *v. i.* to play the pedant; to pedantize.

pedanteménte, *avv.* pedantically.

pedanterìa, *f.* 1 (*l'essere pedante*) pedantry; pedantism 2 (*minuzia da pedante*) piece of pedantry; pedanticism; pedantism (*non comune*): **futili pedanterie**, nugatory pedantisms.

pedantésco, *a.* pedantic; hair-splitting (*attr.*, *fam.*): **un metodo p.**, a pedantic (*o* a pedant's) method; **osservazioni pedantesche**, pedantic remarks; **abitudini pedantesche**, hair-splitting habits.

pedantìsmo, *m. V.* pedanteria.

pedàta, *f.* 1 (*colpo dato col piede*) kick 2 (*orma del piede*) footprint; footmark; footstep: **seguire le pedate di q.**, to follow in sb.'s footsteps (*anche fig.*) 3 (*rumore d'un passo*) footstep; footfall 4 (*archit.*) tread: **un gradino con una p. di dodici pollici**, a stair with a twelve-inch tread. ● **aprire un uscio con una p.**, to kick a door open □ **cacciar via q. a pedate**, to kick sb. out □ **dare una p. a q.** (**a q.c.**), to kick sb. (st.) □ **rimandare a q. una palla con una p.**, to kick a ball back to sb.

pedemontàno, *a.* piedmont: **ghiacciai pedemontani**, piedmont glaciers.

pederàsta, *m.* p(a)ederast; (*omosessuale*) homosexual.

pederastìa, *f.* p(a)ederasty; (*omosessualità*) homosexuality.

pedèstre, *a.* pedestrian; dull; prosaic; commonplace: **un discorso p.**, a dull speech; **un'osservazione p.**, a commonplace remark; **uno stile p.**, a pedestrian (*o* dull) style. ● **milizia p.**, foot-soldiers; infantry.

pedestreménte, *avv.* in a pedestrian way; dully; prosaically.

pediàtra, *m. e f.* (*med.*) p(a)ediatrician; p(a)ediatrist.

pediatrìa, *f.* (*med.*) p(a)ediatrics (*pl. col verbo al sing.*).

pediàtrico, *a.* (*med.*) p(a)ediatric. ● **ospedale p.**, children's hospital.

pedicellàto, *a.* (*bot.*, *zool.*) pedicellate.

pedicèllo, *m.* (*bot.*, *zool.*) pedicel; pedicle.

pedicolàre, *a.* (*di pidocchio*) pedicular; lousy. ● (*med.*) **morbo p.**, pediculosis.

pediculòsi, *f.* (*med.*) pediculosis*; phthiriasis*.

pedicùre, **pedicurìsta**, *m. e f.* pedicure; pedicurist;

pedigree (*ingl.*), *m.* pedigree.
pedilùvio, *m.* pediluvium*; foot-bath.
pedina, *f.* **1** (*nel gioco della dama*) (draughts)man*; checker(man*) (*USA*); piece: **soffiare una p.**, to huff a man **2** (*nel gioco degli scacchi*) pawn (*anche fig.*): **essere una p. nelle mani di q.**, to be a pawn in sb.'s hands. ● (*anche fig.*) **muovere una p.**, to make a move.
pedinaménto, *m.* shadowing; tailing (*fam.*).
pedinare, *v. t.* to shadow; to tag after (*fam.*); to tail (*fam.*); to dog (*fam.*): **Lo pedinavo da un'ora**, I had been tagging after him for an hour; **Il ladro era pedinato da un agente di polizia**, the thief was being tailed by a policeman. ● **far p. q.**, to put a tail on sb. (*fam.*).
pedissequaménte, *avv.* servilely; slavishly.
pedissèquo, *a.* servile; slavish: **un imitatore p.**, a servile (*o* slavish) imitator; **un traduttore p.**, a servile translator; **una traduzione pedissequa**, a servile (*o* literal) translation.
pedivèlla, *f.* (*mecc.*) pedal crank.
pèdo, *m.* **1** (*bastone usato da pastori*) shepherd's staff; crook **2** (*relig.*) pastoral staff.
pedocèntrico, *a.* (*pedagogia*) child-centred.
pedofilìa, *f.* pedophilia.
pedologìa (1), *f.* (*psic.*) pedology; puericulture.
pedologìa (2), *f.* (*agric.*) pedology.
pedòmetro, *m.* (*mecc.*) pedometer.
pedonale, *a.* pedestrian (*attr.*); for pedestrians; for foot-passengers: **un passaggio p.**, a pedestrian (*o* a zebra) crossing. ● **viale p.**, foot-path.
pedonalizzare, *v. t.* to pedestrianize; to reserve for pedestrians.
pedonalizzazióne, *f.* pedestrianization.
pedóne, *m.* **1** pedestrian; foot-passenger: **pedoni a sinistra**, pedestrians keep to the left **2** (*nel gioco degli scacchi*) pawn. ● **viale riservato ai pedoni**, foot-path; footway.
pedùccio, *m.* **1** (*cucina: zampetto di maiale, agnello, ecc.*) trotter (*per lo più al pl.*): **p. di maiale**, pig's trotters **2** (*archit.*) corbel.
pedule (1), *f. pl.* climbing-boots; walking-boots.
pedule (2), *m.* (*parte del calzino o della calza che ricopre il piede*) foot* (*of a sock, of a stocking*).
peduncolare, *a.* (*bot., zool., anat.*) peduncular.
peduncolato, *a.* (*bot., zool.*) pedunculate; pedunculated: **un fiore p.**, a pedunculate flower.
pedùncolo, *m.* (*bot., zool., anat.*) peduncle: **peduncoli cerebrali**, cerebral peduncles.
peeling (*ingl.*), *m.* (*cosmesi*) skin-peeling process.
pegamòide, *m. e f.* (*marchio*) pegamoid.
pegasèo, *a.* (*lett.*) Pegasean; of Pegasus.
pègaso, *m.* (*zool., Pegasus volans*) flying sea-horse.
Pègaso, *m.* (*mitol.*) Pegasus.
pèggio, **A** *a.* **1** *compar.* worse: **Tu sei cattivo ma lui è p.**, you're bad but he's worse; **Questo giornale è p. di quello**, this paper is worse than that one; **Tu sei p. di lui**, you are worse than he **2** *superl. relat.*; regionalismo per «peggiore» (the) worst: **Mi hai dato i p. libri che avevi**, you have given me the worst books you had. **B** *avv.* **1** *compar.* worse: **molto p.**, much worse; **Lo tratta p. di una bestia**, he treats him worse than an animal; **andare di male in p.**, to go from bad to worse; **Il malato sta p.**, the patient is worse (*o* has taken a turn for the worse); **(Tanto) p. per lui!**, so much the worse for him!; **p. ancora**, worse still; **ancora p.**, even worse; **sempre p.**, worse and worse; **cambiare in p.**, to change for the worse **2** *superl. relat.* (the) worst: **Il candidato p. preparato era lui**, he was the worst-prepared candidate (*o* the most ill-prepared candidate). ● (*fam.*) **p. di così si muore**, (*di una situazione*) things couldn't be worse; (*di un lavoro fatto male*) you couldn't have done worse □ **alla p.**, at (the) worst; if the worst comes to the worst □ **campare (*o* tirare avanti) alla meno p.**, to rub along as best one can □ **Fa ogni cosa alla p.**, he does everything in the worst possible way; he does everything in a slipshod way (*fam.*). **C** *m. e f.* (*la cosa peggiore*) (the) worst (thing); (*la parte peggiore*) (the) worst part: **temere il p.**, to fear the worst; **Il p. non è ancora venuto**, the worst is still to come; **il p. che possa capitare...**, the worst thing that can happen...; **Il p. di quella canzone è il ritornello**, the worst part of that song is the refrain; **Il p. è passato**, the worst is over: **Preparati per il (*o* al) p.**, be prepared for the worst. ● **avere la p.**, to come off worst; to get the worst of it □ **Non ho mai visto nulla di p.**, I've never seen anything worse □ **Sarebbe impossibile fare di p.**, it would be impossible to do worse.
peggioraménto, *m.* worsening; (*aggravamento*) aggravation; (*deterioramento*) deterioration: **un p. delle condizioni sociali**, a worsening of social conditions. ● **avere un p.**, to become (*o* to grow, to get) worse.
peggiorare (1), **A** *v. t.* to make* worse; to worsen; (*aggravare*) to aggravate: **La loro condizione è molto peggiorata**, their condition is greatly worsened. **B** *v. i.* to become* (*o* to get*) worse; to worsen; (*deteriorare*) to deteriorate: **Mio fratello malato peggiora ogni giorno**, my sick brother is getting worse every day; **p. sempre più**, to get worse and worse.
peggiorare (2), *m.* worsening; deterioration.
peggiorativo, **A** *a.* pejorative (*anche gramm.*); depreciatory; disparaging: **un suffisso p.**, a pejorative suffix. **B** *m.* (*gramm.*) pejorative (word).
peggióre, **A** *a.* **1** (*compar.*) worse: **È p. di suo padre**, he is worse than his father; **La situazione non potrebbe essere p.**, the situation couldn't be worse; **Non avremmo potuto trovare un tempo p.**, we couldn't have run into worse weather; **questo vino non è p. di quello**, this wine is no worse than that; **diventare p.**, to get worse; **rendere q.c. p.**, to make st. worse **2** (*superl. relat.*) (the) worst: **i peggiori cittadini**, the worst citizens; **fare q.c. nel p. dei modi**, to do st. in the worst possible way; **È il p. alunno della classe**, he is the worst pupil in the class; **Egli è il p. nemico di se stesso**, he is his own worst enemy; **nel p. dei casi**, if the worst comes to the worst; **la cosa p. che tu possa fare...**, the worst thing you can do...; **di gran lunga il p.**, by far the worst. **B** *m. e f.* (the) worst.
pegmatite, *f.* (*miner.*) pegmatite.
pégno, *m.* **1** pawn; pledge; lien; security: **Fu dato un p. come garanzia**, a pledge was given as a security; **un prestito su p.**, a loan upon pledge; **una polizza di p.**, a pawn-ticket; **titoli tenuti in p.**, securities held in pledge; **dare q.c. in (*o* per, come) p.**, to give st. as a pawn (*o* pledge); to pawn (*o* to pledge) st.: **dare il proprio orologio in p.**, to pawn one's watch; (*fig.*) **dare la propria parola in p.**, to pledge one's word; **prestare su p.**, to lend against security; **riscattare il p.**, to redeem one's pledge **2** (*fig.: testimonianza*) token; pledge: **il primo p. della loro unione**, the first pledge of their union; **in (*o* come) p. d'amicizia**, as a token (*o* pledge) of friendship **3** (*nei giochi infantili o di società*) forfeit: **il gioco dei pegni**, the game of forfeits. ● **agenzia di prestiti su p.**, pawnshop; pawnbroker's (shop) □ **creditore garantito da p.**, pledgee □ **prestatore (di denaro) su p.**, pawner; pawnbroker.
pegnorare, *V.* pignorare.
pégola, *f.* pitch.
peignoir (*franc.*), *m.* «peignoir».
pelagianèsimo, pelagianismo, *m.* (*relig.*) Pelagianism.
pelagiano, *a. e m.* (*relig.*) Pelagian.
pelàgico, *a.* pelagic; deep-sea (*attr.*): **piante pelagiche**, pelagic plants.
pèlago, *m.* **1** (*lett.*) open sea; high sea **2** (*fig.*) sea; heaps (*pl.*); lots (*pl.*): **un p. di guai**, a sea of troubles; **un p. di errori**, heaps of mistakes; a great many mistakes. ● (*fig.*) **cacciarsi in un p.**, to get into a lot of trouble.
pelame, *m.* coat (of hair); hair; fur: **Quel cane ha un bel p.**, that dog has a fine coat of hair.
pelandróne, *m.* loafer; slacker; layabout; (*poltrone*) lazy-bones, lazy-boots (*fam.*).
pelapatate, *m.* potato-peeler.
pelare, **A** *v. t.* **1** (*togliere i peli*) to unhair; to strip the hair from; to deprive of the hair; to remove the hair from **2** (*spennare*) to pluck: **p. una gallina**, to pluck a hen **3** (*spellare*) to skin; to strip off the skin from: **p. un coniglio**, to skin a rabbit **4** (*sbucciare*) to peel: **p. una patata (un'arancia)**, to peel a potato (an orange) **5** (*scherz.: tagliare rasi i capelli*) to crop (sb.'s) hair; to cut* (sb.'s) hair very short (*o* close): **Perché ti sei lasciato p. così dal barbiere?**, why did you let the barber crop your hair like that?; **Il barbiere ti ha pelato benino**, the barber has cut your hair rather short; you've had rather a close crop **6** (*scherz.: radere la barba*) to shave; to give* (sb.) a (clean) shave: **Mi sono pelato**, I've shaved **7** (*fig.: far pagare quanto più è possibile*) to make* (sb.) pay through the nose (*pop.*); to skin (*pop.*); to fleece (*pop.*): **In quel negozio pelano (gli avventori)**, in that shop they make you pay through the nose; **p. q.**, to skin sb.; to fleece sb. **8** (*pungere*) to pierce; to bite*; to cut* to the bone: **Il gelido vento mi pelava**, the icy wind cut me to the bone; **un freddo (un vento) che pela**, a biting cold (wind) **9** (*scottare*) to scorch. ● (*fig., fam.*) **una gatta da p.**, a hard nut to crack; a crow to pluck □ **lasciarsi pelare p.**, to be a dupe; to be a pigeon (*fam.*) □ **L'hanno pelato al gioco**, they cleaned him out gambling □ (*prov.*) **A penna a penna si pela l'oca**, every little bit helps. **pelarsi**, **B** *v. rifl.* to lose* one's hair; (*diventare calvo*) to become* (*o* to go*) bald.
pelargònio, *m.* (*bot., Pelargonium*) pelargonium.
pelàsgico, *a.* (*lett.*) Pelasgic; Pelasgian: **l'architettura pelasgica**, Pelasgic architecture.
pelata, *f.* **1** (*lo spennare*) plucking **2** (*lo sbucciare*) peeling **3** (*il tagliare rasi i capelli*) crop; cropping of the hair: **dare una p. a q.**, to give sb. a (close) crop; to crop sb.'s hair; to cut sb.'s hair very short **4** (*il radere la barba*) to shave; shaving: **una**

pelato

buona p., a clean (*o* close) shave **5** (*fig.*: *il fare pagare quanto più è possibile*) skinning (*pop.*); fleecing (*pop.*) **6** (*scherz.*: *testa pelata*) crop; (*testa calva*) bald head.

pelato, A *a.* (*calvo*) bald; hairless: **una zucca pelata**, a bald-head; a bald-pate; **avere la testa pelata**, to have a bald head; to be bald-headed (*o* bald-pated); to be a bald-coot. **B** *m.* **1** (*fam.*: *uomo calvo*) bald man*; bald-head; bald-pate **2** (*pl.*: *pomodori pelati*) peeled tomatoes.

pelatóio, *m.* (*arnese per pelare*) sweat house.

pelatrice, *f.* (*mecc.*) peeling machine; peeler.

pelatura, *f.* **1** (*il togliere via i peli*) unhairing; removal of hair **2** (*lo spennare*) plucking **3** (*lo spellare*) skinning **4** (*lo sbucciare*) peeling **5** (*il tagliare rasi i capelli*) cropping of the hair **6** (*il radere la barba*) shaving **7** (*fig.*: *il far pagare quanto più è possibile*) skinning (*pop.*); fleecing (*pop.*).

pellàccia, *f.* (*fig.*) **1** (*persona resistente alle fatiche*) tough fellow **2** (*spreg.*: *persona disonesta*) rascal; scoundrel; scamp. ● **avere una p. dura**, to be a tough customer.

pellagra, *f.* (*med.*) pellagra.

pellagróso, (*med.*) **A** *a.* (*affetto da pellagra*) pellagrous; pellagric; affected with pellagra. **B** *m.* pellagrin.

pellàio, *m.* **1** (*chi vende pelli*) hide-merchant **2** (*conciatore di pelli*) tanner; leather-dresser.

pellame, *m.* (*ind.*) hides (*pl.*); skins (*pl.*): **p. conciato**, dressed (*o* tanned) hides; **p. non conciato**, undressed (*o* raw, untanned) hides; peltry; **un venditore di p.**, a hide-merchant; a peltmonger; **un esportatore di pellami vari**, an exporter of hides and skins.

pèlle, *f.* **1** skin; (*carnagione*) complexion; (*di animale da pelliccia*) pelt: **p. liscia**, smooth skin; **p. ruvida**, rough skin; **irritazione della p.**, irritation of the skin; skin irritation; **p. chiara**, fair complexion; **una malattia della p.**, a skin-disease; **p. rugosa**, wrinkled complexion; **essere p. e ossa**, to be all skin and bones; (*anat.*) **prima (seconda) p.**, outer (true) skin; **I serpenti cambiano la p. ogni anno**, snakes slough their skins every year **2** (*cuoio*) hide; leather: **p. conciata (greggia)**, dressed (raw) hide; **p. di camoscio**, chamois leather; shammy; **p. di cavallo**, horse-hide; **guanti di p.**, leather gloves; **p. di capretto**, kid (leather); **scarpe di p. lucida**, patent-leather shoes; **rilegato in p.**, bound in leather; leather-bound; **p. verde**, green hide; raw skin; **articoli in p.**, leather articles; **conciare pelli**, to tan hides; **lavorare le pelli**, to dress hides; **finta p.**, imitation leather **3** (*buccia*) peel; skin; rind: **p. di limone**, lemon-peel; **la p. di una banana**, a banana-skin; **la p. di un ananas**, a pineapple rind **4** (*del latte*) (*del formaggio, della pancetta, ecc.*) rind; (*della salsiccia*) skin **5** (*metall.*) skin (of casting) **6** (*anche «buona p.»*) V. **pellàccia**. ● **p. p.**, superficially □ **p. di daino**, buckskin; deerskin □ **p. di serpente**, snakeskin □ **p. di talpa**, moleskin □ (*ind. tessile*) **p. d'uovo**, fine muslin □ **a fior di p.**, skin-deep; superficial □ **amici per la p.**, bosom friends; friends for life □ **avere i nervi a fior di p.**, to be very on edge □ **avere la p. dura**, to be thick-skinned □ **concia della p.**, tanning □ **fare la p. a q.**, to kill sb.; to do sb. in (*pop.*); to bump (*o* to knock) sb. off (*pop.*) □ **far venire la p. d'oca a q.**, to make sb.'s flesh creep □ **lasciarci la p.**, to lose one's life □ **non stare più nella p. dalla gioia**, to be beside oneself with joy □ **rimetterci la p.**, to lose one's life □ **rischiare la p.**, to risk one's skin □ **riportare la p. a casa**, to have a miraculous escape □ **salvare la p.**, to save one's skin (*o*, *pop.*: one's hide) □ **sentirsi venire la p. d'oca**, to come goose-flesh (*o* goose-pimples) all over; to have the creeps (*fam.*) □ **temere per la propria p.**, to fear for one's skin □ **vendere cara la propria p.**, to sell one's life dearly □ **Ne va della tua p.**, your life's at stake □ (*fam.*) **Ci giocherei la p.**, I'd stake my life on it; I'd bet my bottom dollar on it □ (*prov.*) **Non vendere la p. dell'orso prima di averlo preso**, don't sell the bear's skin before you have caught the bear.

pellegrina, *f.* (*mantellina da donna*) pelerine; tippet.

pellegrinàggio, *m.* **1** pilgrimage: **andare in p.**, to go on (a) pilgrimage; to pilgrimage; **un p. a Pompei**, a pilgrimage to Pompei **2** (*insieme di pellegrini*) group of pilgrims; pilgrims (*pl.*).

pellegrinare, *v. i.* **1** (*peregrinare, vagabondare*) to wander about; to roam; to rove **2** (*andare in pellegrinaggio*) to pilgrimage; to go* on (*o* to make*) a pilgrimage.

pellegrino, A *a.* **1** (*peregrino, ramingo*) wandering; roaming; roving **2** (*lett.*: *straniero*) alien; foreign: **terre pellegrine**, alien lands **3** (*strano, nuovo*) strange; outlandish; unfamiliar; far-fetched: **idee pellegrine**, far-fetched ideas. **B** *m.* **1** pilgrim: **Nella chiesa di S. Pietro c'erano tremila pellegrini spagnoli**, in St. Peter's there were three thousand Spanish pilgrims; **il bastone del p.**, the pilgrim's staff; **in abito da p.**, dressed as a pilgrim; **andare da p.**, to go as a pilgrim; (*stor.*) **i Padri Pellegrini**, the Pilgrim Fathers **2** (*lett.*: *viandante*) wanderer; roamer; rover; wayfarer (*lett.*) **3** (*gergo sportivo*) poor player.

pelleróssa, *m.* e *f.* Redskin; North American Indian; Red Indian.

pelletteria, *f.* **1** (*pellame*) hides (*pl.*); skins (*pl.*) **2** (*oggetti di pelle lavorata*) (fancy) leather goods; leatherwear **3** (*negozio*) leather goods shop.

pellettière, *m.* dealer in leather goods.

pellicano, *m.* (*zool.*, *Pelecanus*) pelican.

pelliccerìa, *f.* **1** (*negozio di pellicciaio*) furrier's (shop) **2** (*insieme di pellicce*) furs (*pl.*).

pellìccia, *f.* **1** (*pelle di animale vivo, col pelo lungo*) fur; coat (of hair) **2** (*pelle di animale, conciata*) fur: **una p. di castoro (di lontra)**, a beaver (an otter) fur; **una bella p. di volpe**, a fine fox fur; **una guarnizione di p.**, fur trimmings (*pl.*); a furring; **un cappello guarnito di p.**, a fur-trimmed hat; **foderare di p.**, to line with fur; to fur; **un cappotto foderato di p.**, a fur-lined coat; **commercio di pellicce**, fur-trade **3** (*cappotto, mantello di p.*) fur (coat): **La signora portava una p. costosissima**, the lady was wearing a very expensive fur. ● **una p. di visone**, a mink □ **allevamento di animali da p.**, fur-farming □ **animali da p.**, fur-bearing animals.

pellicciàio, *m.* **1** (*chi lavora pellicce*) furrier; fur-dresser **2** (*chi vende pellicce*) furrier; fur-trader; dealer in furs.

pellicciame, *m.* furs (*pl.*).

pellìcola, *f.* **1** (*fotogr.*, *cinem.*) film: **p. cinematografica**, (cinema) film; motion (*o* moving) picture; movie; **p. a passo ridotto**, reduced gauge film; substandard film; **p. ininfiammabile**, safety film; **p. invertibile**, reversible film; **p. sonora**, sound-film; sound motion picture; **una p. impressionata (non impressionata)**, an exposed (an unexposed) film; **p. in rotolo**, roll film; **sviluppare una p.**, to develop a film **2** (*membrana sottile*) (thin) skin; cuticle; pellicle; film. ● **coprire** (*o* **coprirsi**) **d'una p.**, to film □ **scatola per p. cinematografica**, can.

pellicolare, *a.* pellicular; skin (*attr.*); (*elettr.*) **effetto p.**, skin effect.

pellirósa, V. **pellerósa**.

pellucidità, *f.* pellucidity; pellucidness; translucence.

pellùcido, *a.* pellucid; translucent: (*astron.*) **zona pellucida**, pellucid zone.

pélo, *m.* **1** hair (*sing.* *collett.*); (*peluria*) down: **A sedici anni appare un po' di p. sul viso dell'adolescente**, at sixteen a little down appears on a young boy's face; **peli superflui**, unwanted hair; **Ha molti peli sul petto**, he has a lot of hair on his chest; he has a hairy chest **2** (*pelame*) coat, hair; (*pelliccia*) fur: **il p. di un cane**, a dog's hair (*o* coat); **il p. di un cavallo**, a horse's coat; **un cane dal p. lungo**, a dog with long hair; a long-haired (*o* shaggy) dog; **un collo di p.**, a fur collar; **p. liscio** sleek (*o* smooth) coat; **un animale con il p. raso**, an animal with short hair; a short-haired animal **3** (*setola*) bristle: **un pennello dai peli duri**, a hard-bristled brush **4** (*pl.*: *di piante*) hair (*sing.*) **5** (*di tessuto grezzo*) pile; (*di tessuto lavorato*) nap. ● **il p. dell'acqua**, the surface of the water □ **andare contro p.**, to go against the grain; (*fig.*) to go the wrong way □ **un animale di p.** (*giocattolo*), a soft animal; a cuddly toy □ **avere il cuore con tanto di p.**, to be hard-hearted □ (*fig.*) **avere il p. sullo stomaco**, to be ruthless □ **cavalcare a p.**, to ride bareback □ **cavarsela per un p.**, to have a narrow squeak (*o* a close shave) □ (*fig.*) **cercare il p. nell'uovo**, to split hairs □ **fare il p. e il contropelo a q.**, to shave sb. with and against the lie of the hair; (*fig.*) to give sb. a good dressing-down □ **un giovane di primo p.**, a callow youth; a greenhorn □ **lasciarci il p.**, to pay dearly (for st.) □ **levare il p. a q.**, (*picchiarlo*) to tan sb.'s hide; (*sgridarlo*) to give sb. the rough edge of one's tongue □ **lisciare il p. a q.**, to flatter sb.; to fawn upon sb. □ **non avere peli sulla lingua**, to be frank; to be outspoken □ (*fig.*) **non torcere un p. a q.**, not to lay a finger on sb. □ **scarpe foderate di p.**, fur-lined shoes □ **Ci mancò un p. che non gli dessi uno schiaffo**, I was within a hair's breadth of slapping him □ **Lo salvarono per un p.**, he was saved by the skin of his teeth.

peloponnesìaco, *a.* e *m.* Peloponnesian.

Peloponnèso, *m.* (*geogr.*) Peloponnese.

pelosità, *f.* hairiness; hirsuteness; shagginess.

pelóso, *a.* hairy; hirsute (*lett.*); shaggy: **gambe pelose**, hairy legs. ● **essere p. come un orso**, to be as rough as a bear.

pelòta, *f.* (*gioco di origine basca*) pelota.

pèlta, *f.* (*stor.*) pelta*.

peltasta, *m.* (*stor.*) peltast.

peltato, *a.* (*bot.*) peltate.

peltràio, *m.* pewterer.

péltro, *m.* (*lega di piombo e stagno*) pewter: **stoviglie di p.**, pewter ware.

peluche (*franc.*), *f.* (*tessuto peloso*) plush.

pelùria, *f.* (*in tutti i significati*) down: **coperto di p.**, covered with down; down-covered; downy. ● **con le guance coperte di p.**, with downy cheeks; downy-cheeked.

pèlvi, *f.* (*anat.*) pelvis*.

pèlvico, *a.* (*anat.*) pelvic: **la cintura pelvica**, the pelvic arch (*o* girdle); the hip-girdle.
pelvimetrìa, *f.* (*med.*) pelvimetry.
pelvìmetro, *m.* (*med.*) pelvimeter.
pèmfigo, *m.* (*med.*) pemphigus*.
péna, *f.* **1** (*punizione*) punishment; penalty; (*sanzione*) sanction: **sotto p. di morte**, under penalty of death; **Il codice stabilisce le pene**, punishments (*o* penalties) are laid down by (the) law; **p. corporale**, corporal punishment; **infliggere una p. a q.**, to inflict a punishment (*o* a penalty) on sb.; **p. eterna**, eternal punishment; **p. del contrappasso**, punishment fitting the crime; **il minimo (il massimo) della p.**, the minimum (maximum) penalty **2** (*dolore, patimento*) pain; suffering; (*afflizione, angoscia*) pain, suffering, grief, pang, sorrow, affliction: **le pene del parto**, childbirth pains; **Morì dopo molte pene**, he died after long sufferings; **le pene dell'amore**, the pangs of love; **Mi raccontò tutte le sue pene**, he told me of all his afflictions; **Le sue pene sono terminate**, his sorrows are over; **Quant'era grande la sua p.!**, how great his grief was!; **soffrire le pene dell'inferno**, to suffer the pains (*o* torments) of hell **3** (*fatica, disturbo*) trouble; bother: **Non ne vale la p.**, it isn't worth the trouble (*o* bother); it isn't worth while; **darsi la p. di fare q.c.**, to take the trouble to do st. **4** (*leg.*) sentence; (*p. detentiva*) term of imprisonment: **p. capitale**, death sentence; **Gli fu inflitta una p. lieve**, he received a light sentence; **Egli sta scontando una p. di sette anni**, he is serving a seven-year term of imprisonment; he is doing a seven-year sentence. ● (*leg.*) **p. pecuniaria**, fine **a mala p.**, hardly; scarcely: **Il malato alza a mala p. la mano**, the patient can scarcely lift his hand □ **un'anima in p.**, a soul in torment □ **casa di p.**, prison; jail; gaol; penitentiary (*specialm. USA*); (*per minorenni*) Borstal □ **essere in pe per q.**, to be anxious (*o* worried) about sb. □ **Che cosa ti dà p.?**, what grieves you?; what is worrying you? □ **Non vale la p. di leggere questo libro**, this book is not worth reading □ **Il tuo comportamento è per me una gran p.**, your behaviour distresses me intensely; your behaviour is a great distress to me □ **Egli mi fa p.**, I feel sorry for him; I pity him.
penale, (*leg.*) **A** *a.* criminal; penal: **il codice p.**, the criminal code; **il diritto p.**, criminal law; **leggi penali**, penal laws; **una causa p.**, a criminal case. **B** *f.* (*sanzione p.*) penalty; punishment; forfeiture; (*in un contratto, ecc.*) penalty clause: **passibile d'una p. di cinque sterline**, subject to a penalty of five pounds; **pagare una p. per inadempienza contrattuale**, to pay a penalty for the non-fulfilment of an agreement.
penalista, *m.* e *f.* (*leg.*) **1** (*esperto di diritto penale*) penologist; criminologist **2** (*avvocato in cause penali*) criminal lawyer.
penalìstico, *a.* (*leg.*) penological.
penalità, *f.* **1** (*leg.*) penalty; forfeiture; forfeit: **p. per ritardo**, penalty for delay **2** (*sport*) penalty; (*tiro di punizione*) free kick.
penalizzàre, *v. t.* (*sport*) to penalize.
penalizzazióne, *f.* (*sport*) penalization.
penàre, *v. i.* **1** to suffer: **p. in carcere (in esilio)**, to suffer in prison (in exile); **Quanto mi hai fatto p.!**, how much you've made me suffer!; how much suffering you've caused me! **2** (*durare fatica*) to find* it difficult; to be hardly able (to do st.): **Ho penato ad aprire la porta**, I found it difficult to open the door; I had some difficulty in opening the door; **Penava a reggersi in piedi**, he was hardly able to stand; he could scarcely keep on his feet. ● **p. poco a fare q.c.**, to be quick in doing st. □ **Ha finito di p.**, his sufferings are over; he's gone the way of all flesh.
penati, *m. pl.* (*mitol. romana*) Penates; household gods. ● (*fig.*) **ritornare ai propri p.**, to return home □ (*fig.*) **trasportare i propri p. altrove**, to change one's place of residence.
pencolànte, *a.* wobbly (*anche fig.*); (*vacillante*) vacillating; (*barcollante*) tottering; staggering.
pencolàre, *v. i.* **1** (*pendere di qua e di là*) to sway; to wobble; (*vacillare*) to vacillate; (*barcollare*) to totter, to stagger: **p. come un ubriaco**, to stagger like a drunken man **2** (*fig.: esitare*) to waver; to vacillate; to hesitate; to shilly-shally (*fam.*): to dilly--dally (*fam.*): **Egli pencola sempre**, he's always shilly-shallying; he can't make up his mind once for all.
pencolìo, *m.* swaying; oscillation; oscillating.
pendàglio, *m.* pendant. ● (*fig.*) **p. da forca**, gallows-bird.
pendant (*franc.*), *m.* (*riscontro*) match; companion; pendant.
pendènte, **A** *a.* **1** hanging; pendent: **rupi pendenti sul mare**, cliffs hanging over the sea; cliffs overhanging the sea **2** (*inclinato*) leaning; sloping; slanting: **tetti pendenti**, slanting roofs; **la torre p. di Pisa**, the leaning tower of Pisa **3** (*comm.*) outstanding: **conto p.**, outstanding account **4** (*leg.*) pendent; pending: **una causa p.**, a pending suit; **La causa è tuttora p.**, the suit is still pending. **B** *m.* **1** (*orecchino*) ear-drop; (*ciondolo*) pendant **2** (*pendio*) slope; slant.
pendènza, *f.* **1** slope; incline; slant: **la p. di una strada**, the slope of a road; **una p. brusca**, a sharp incline; **una lieve (forte) p.**, a slight (steep) slope; **Questa torre ha una forte p. a destra**, this tower has a steep right slant; **p. longitudinale**, longitudinal slope **2** (*grado d'inclinazione*) incline; grade; gradient: **una p. del venti per cento**, a one in five gradient; an incline of one in five; **una p. del tre per cento**, a three per cent incline; (*ferr.*) **p. massima**, ruling gradient; (*ferr.*) **p. limite**, maximum gradient **3** (*comm.*) outstanding account; outstanding matter: **Ci rimase una p. di poche migliaia di lire**, there was an outstanding account of a few thousand lire; **Sistemerò tutte quelle pendenze**, I shall settle all those outstanding matters **4** (*leg.*) pending suit. ● (*aeron.*) **p. minima di volo librato**, minimum gliding angle.
pèndere, *v. i.* **1** (*anche fig.*) to hang* (down): **Una spada gli pendeva al fianco**, a sword was hanging from his side; **Dalla finestra pendeva una fune**, a rope was hanging from the window; **frutta che pende dai rami**, fruit hanging on trees; **Tutti pendevano dalle sue labbra**, everyone hung upon his lips **2** (*inclinare, anche fig.*) to lean*; to incline; to be inclined to: **Quando cammina pende a sinistra**, when he walks he leans to the left; **p. per il no**, to be inclined to say no; **Egli pende dalla parte dei comunisti**, he leans towards the Communists **3** (*essere declive*) to slope; to slant: **Il pavimento pende un po' a destra**, the floor slants slightly to the right **4** (*fig.: incombere*) to hang* (over); to lie* (on); to overhang* (*anche fig.*): **Sul suo capo pende questo grave atto di accusa**, this serious charge hangs over his head; **una rupe che pende minacciosa**, an overhanging (*o* a beetling) rock **5** (*leg.: di una controversia*) to be pending: **una causa che pende in Corte d'Appello**, a suit that is pending in the Court of Appeal(s) **6** (*fig.: essere indeciso*) to hesitate; to waver: **Ancora pende tra il sì e il no**, he is still wavering between yes and no **7** (*di una nave*) to list: **La nave pende a sinistra**, the ship is listing (*o* has a list) to port. ● (*fig.*) **La bilancia pende dalla tua parte**, the scales tip in your favour □ **Le pendeva la sottoveste**, her slip was showing.
pendice, *f.* (*lett.*) slope; slant; declivity.
pendìo, *m.* **1** (*pendenza*) slope; slant; inclination; declivity: **il p. d'un tetto**, the slope of a roof; **mettere in p.**, to bring to a slope; to slope; to put in a sloping (*o* slanting) position; **stare in p.**, to have a slope (*o* a slant); to slope; to be in a sloping (*o* slanting) position; **in p.**, on the slant; aslant; sloping (*agg.*); slopingly (*avv.*) **2** (*luogo in pendenza*) slope; declivity: **un lieve (ripido) p.**, a slight (steep) slope.
pèndola, *f.* pendulum-clock; grandfather('s) clock.
pendolàre (1), *v. i.* to pendulate; to swing*; to oscillate.
pendolàre (2), **A** *a.* pendular; pendulum (*attr.*): **un moto p.**, a pendular movement; a swing. **B** *m.* e *f.* commuter. ● **fare il p.**, **essere un p.**, to commute □ **viaggio di p.**, commute.
pendolarità, *f.* (condition of) being a commuter; commuting; commutation (*USA*).
pendolìno (1), *m.* (*da rabdomante*) pendulum.
pendolìno (2), *m.* (*zool., Anthoscopus pendulinus*) penduline tit.
pèndolo, *m.* **1** (*fis.*) pendulum: **un p. fisico (o composto)**, a physical (*o* compound) pendulum; **un p. matematico (o semplice)**, a mathematical (*o* simple) pendulum; **oscillazioni del p.**, oscillations of a pendulum; **il peso terminale del p.**, the pendulum-bob; **un orologio a p.**, a pendulum-clock **2** (*edil.*) plumb-rule; plumb-bob.
pendóne, *m.* (ornamental) fringe; hanging (*per lo più al pl.*): **i pendoni del letto**, the bed-hangings; the bed-curtains.
pèndulo, *a.* (*lett.*) pendulous; pendent; hanging.
pène, *m.* (*anat.*) penis*.
penepiano, *m.* (*fig.*) peneplain; peneplane.
pènero, *m.* fringe: **il p. d'uno scialle**, the fringe of a shawl.
penetràbile, *a.* penetrable.
penetrabilità, *f.* penetrability.
penetrale, *m.* (*specialm. al pl.*) **1** (*archeol.*) penetralia (*pl.*): **i sacri penetrali d'un tempio**, the sacred penetralia of a temple **2** (*fig.*) recess; innermost part: **nei penetrali della propria anima**, in the close recesses of one's soul.
penetraménto, *m.* penetration; penetrating.
penetrànte, *a.* **1** (*che penetra, entra*) penetrating; penetrant (*lett.*); (*profondo*) deep: **una ferita p. (in cavità)**, a deep wound **2** (*di suono, odore*) penetrating; piercing; keen; sharp; shrill: **un odore p.**, a penetrating odour; **uno sguardo p.**, a piercing glance; **una voce p.**, a shrill voice **3** (*fig.: acuto*) discerning; penetrating; acute. ● **un freddo p.**, a biting cold.
penetranza, *f.* **1** penetration **2** (*fis.*) penetrative capacity.
penetràre, **A** *v. i.* **1** (*spingersi dentro*) to penetrate into; to pierce; to enter; to get* into: **La luce penetra nella stanza attraverso questa piccola finestra**, the light penetrates into the room through this small window; **p. nell'interno d'una foresta**, to penetrate the depths of a forest; **p. in un giardino**, to enter a garden; **p. in un labirinto**, to penetrate into a maze **2** (*introdursi furtivamente*) to steal* into; to break* into; (*insinuarsi*) to

penetrativo

slip into 3 *(fig.)* to penetrate; to touch: **Le tue parole gli penetrarono nel cuore**, your words penetrated his heart *(o* touched him to the heart); **p. nell'animo di q.**, to touch sb.'s heart. **B** *v. t.* **1** to penetrate; to thrust* *(o* to pass) through; to pierce; *(di liquidi)* to seep through: **La luce penetra i corpi diafani**, light penetrates *(o* passes through) diaphanous bodies; **una corazza che nessun proiettile poteva p.**, an armour that no projectile could penetrate; **p. q.c. da parte a parte**, to thrust st. through **2** *(fig.)* to penetrate; to comprehend; to see* into *(o* through); to fathom: **p. un mistero**, to penetrate a mystery; to get to the heart of a mystery.
penetrativo, *a.* penetrative; penetrating; *(acuto)* acute, sharp.
penetrazióne, *f.* **1** *(il penetrare, anche fig.)* penetration: **p. pacifica**, peaceful penetration; *(fonderia)* **p. del metallo**, metal penetration **2** *(fig.:* **attitudine a capire)** penetration; acuteness; discernment; insight.
penicillina, *f.* *(farm.)* penicillin.
penicillio, *m.* *(bot., Penicillium)* penicillium*; mould.
penicillo, *m.* *(anat.)* penicillus*.
peninsulare, *a.* *(geogr.)* peninsular. ● **l'Italia p.**, the Italian mainland.
penìsola, *f.* *(geogr.)* peninsula: **la p. italica**, the Italian peninsula.
penitènte, **A** *a.* repentant; penitent: **un peccatore p.**, a repentant sinner; a penitent. **B** *m.* e *f.* penitent *(anche relig.)*.
penitènza, *f.* **1** *(relig.)* penance: **il sacramento della p.**, the sacrament of penance; **dare la p.**, to assign penance; **dare una p. a q.**, to impose penance on sb.; to penance sb.; **fare la p.**, to do penance **2** *(pentimento)* contrition; repentance; penitence **3** *(nei giochi infantili o di società)* forfeit **4** *(castigo)* punishment; chastisement. ● **mettere un bambino in p.**, to punish a child.
penitenziale, *a.* *(relig.)* penitential: **i sette salmi penitenziali**, the seven Penitential Psalms; the seven Penitentials.
penitenziàrio, **A** *a.* penitentiary: **il sistema p.**, the penitentiary system. **B** *m.* prison; jail; gaol; penitentiary *(specialm. USA)*.
penitenzière, *m.* *(relig.)* penitentiary: **il P. Maggiore**, the Grand *(o* High) Penitentiary.
penitenzieria, *f.* *(relig.)* penitentiary.
pénna, *f.* **1** *(di uccello)* feather; *(come ornamento)* plume; *(pl.: piumaggio)* feathers; plumage *(sing.)*: **p. maestra**, quill-feather; pen-feather; **p. matta**, short feather; **p. di struzzo** (d'oca, ecc.), ostrich (goose, etc.) feather; **leggero come una p.**, as light as a feather; **materasso di penne**, feather-bed; **Quell'uccello ha belle penne**, that bird has beautiful feathers *(o* a fine plumage); **un cappello con le penne**, a hat with plumes **2** *(per scrivere)* pen: **p. a sfera**, ball(-point) pen; **p. stilografica**, fountain-pen; **p. d'oca**, quill; quill-pen; **un tratto** *(o* frego) **di p.**, a stroke of the pen; **uno scorso** *(o* un errore) **di p.**, a slip of the pen **3** *(scrittore)* penman*; writer; pen: **una p. intinta nel fiele**, a pen dipped in hate; **Era la miglior p. del nostro giornale**, he was the best writer on *(o* of) our paper; **Che p. sacrilega!**, what a sacrilegious pen! **4** *(naut.)* peak (of a lugsail) **5** *(estremità del martello)* peen **6** *(parte della freccia)* feather (of an arrow) **7** *(mus.)* quill; plectrum*. ● **l'arte della p.**, penmanship ☐ **cane da p.**, bird dog ☐ **dare di p. a** *(fare un frego su)*, to cross out ☐ **disegno a p.**, pen-and-ink drawing ☐ *(fig.)* **lasciare q.c. nella p.**, to leave st. out; to omit st. ☐ **martellare a p.**, to peen ☐ (*d'un uccello*) **mettere le penne**, to fledge ☐ **passare a p. un disegno**, to ink in a drawing *(fig.)* **rimetterci** *(o* lasciarci) **le penne**, to lose one's life ☐ *(fig.)* **rompere la p.**, to give up writing ☐ **schizzo a p.**, ink-sketch ☐ **scritto a p.**, written in ink ☐ **testo a p.**, manuscript ☐ **uccello che ha appena messo le penne**, fledg(e)ling ☐ **uccelli di grossa p.**, large-sized birds ☐ **un uomo di p.**, a learned man; a scholar ☐ **Gli uccelli hanno messo le penne**, the birds are fledged ☐ **Gli uccelli hanno mutato le penne**, the birds have moulted ☐ *(fig.)* **Non sa tenere la p. in mano**, he can't write ☐ *(naut.)* **Occhio alla p.!**, mind the wind!
pennacchièra, *f.* plume.
pennàcchio, *m.* **1** *(mazzetto di penne)* plume; bunch of feathers: **l'alto p. che gli s'alzava e s'abbassava sul capo**, his high plume that nodded over his head **2** *(fig.)* plume: **un p. di fumo**, a plume of smoke **3** *(archit.)* pendentive.
pennacchiuto, *a.* plumed; plume-decked.
pennaiòlo, *m.* *(spreg.)* hack (writer); literary drudge; scribbler.
pennarèllo, *m.* felt pen.
pennato (1), *m.* *(agric.)* bill-hook.
pennato (2), *a.* **1** *(pennuto)* feathered; plumed; feathery **2** *(bot.)* pinnate.
pennatosètto, *a.* *(bot.)* pinnatisect.
pennàtula, *f.* *(zool., Pennatula)* sea-pen.
pennécchio, *m.* *(ind. tessile)* distaff(-ful).
pennellare, *v. i.* to work with a brush.
pennellata, *f.* **1** *(tratto di pennello)* stroke of the brush **2** *(maniera d'usare il pennello)* brush work.

pennellatura, *f.* **1** brushwork **2** *(med.)* painting.
pennelleggiare, *v. t.* to paint.
pennelléssa, *f.* flat brush. ● *(fonderia)* **p. da formatore**, swab.
pennellifìcio, *m.* brush factory.
pennèllo (1), *m.* **1** *(generalm.)* brush; *(da vernice)* paint-brush: **per dipingere si usa il p.**, when you paint, you use a brush; **un p. di setole**, a bristle brush; **un p. per la barba**, a shaving-brush; **un p. da pittore**, a painter's brush; **il p. di Tiziano**, Titian's brush; **quadri dello stesso p.**, paintings from the same brush **2** *(maestro di p., pittore)* painter; brush: **È uno dei migliori pennelli d'Italia**, he is one of the best painters in Italy **3** *(naut.: ancorotto)* back anchor **4** *(idraulica)* groyne **5** *(fis.)* pencil. ● *(fis.)* **p. elettronico**, electron beam ☐ **a p.**, to perfection; perfectly: **fare q.c. a p.**, to do st. to perfection ☐ *(pitt.)* **l'arte del p.**, the painter's art; painting; the brush ☐ **saper maneggiare il p.**, to be a good artist ☐ **stare** *(o* calzare) **a p.**, to fit perfectly; to fit like a glove *(o* a dream); to fit to a «t» *(o, fam.:* to a hair): **Quell'abito ti sta proprio a p.**, that suit fits you to a hair.
pennèllo (2), *m.* *(naut.)* (broad) pennant.
pennése, *m.* *(naut.)* storekeeper.
pennichèlla, *f.* *(dial.)* nap.
pennifórme, *a.* *(scient.)* penniform.
penninèrvio, *a.* *(bot.)* penninerved.
pennino, *m.* (pen-)nib: **un p. d'acciaio**, a steel nib.
pennivéndolo, *V.* pennaiòlo.
pennóne, *m.* **1** *(naut.)* yard; spar: **p. di belvedere**, mizzen-topgallant yard; **p. di controbelvedere**, mizzen-royal yard; **p. di contromezzana**, mizzen-topsail yard; **p. di controvelaccio**, main-royal yard; **p. di gabbia**, main-topsail yard; **p. di gabbia volante**, upper main-topsail yard; **p. di maestra**, main yard; **p. di mezzana**, mizzen yard; **p. di parrocchetto**, fore-topsail yard; **p. di trinchetto**, fore-yard; **p. di velaccio**, main-topgallant yard; **p. maggiore**, lower yard **2** *(bandiera bislunga)* pennon; pennant. ● *(naut.)* **p. triangolare** *(o* a coda di rondine), burgee.
pennuto, **A** *a.* feathered; feathery; fledged; plumed: **un animale p.**, a feathered animal. **B** *m.* bird.
penómbra, *f.* **1** half-light; faint light; *(della sera)* dusk, twilight; shadows *(pl.)*: **la p. della notte che scende**, the (pale) dusk of the impending night; **la p. della sera**, the shadows of evening; the evening twilight **2** *(fis., astron.)* penumbra*. ● **nella p. della sera**, at dusk.
penosaménte, *avv.* **1** painfully; distressingly; distressfully **2** *(con difficoltà)* with difficulty.
penosità, *f.* painfulness; grievousness.
penóso, *a.* *(che dà pena, pieno di pena)* painful; distressing; distressful; *(doloroso)* grievous; *(molesto)* unpleasant: **una morte penosa**, a painful death; **una notizia penosa**, painful news; **una situazione penosa**, a distressful situation; **un grido p.**, a grievous cry; **un viaggio p.**, an unpleasant journey.
pensàbile, *a.* thinkable; conceivable; imaginable. ● **Non è p.**, it's unthinkable.
pensabilità, *f.* thinkableness; conceivableness; conceivability.
pensaménto, *m.* thought; idea.
pensante, *a.* thinking: **L'uomo è un animale p.**, man is a thinking being.
pensare, **A** *v. t.* **1** to think*: **Pensi che pioverà?**, do you think it will rain?; **Penso di sì**, I think so; **Penso di no**, I don't think so; **Penso che sia utile studiare il latino**, I think it (is) useful to study Latin; **Pensavo impossibile l'ascesa dell'Everest**, I thought the ascent of Everest (was) impossible; **Penso che sarebbe meglio andarcene**, I think it would be better to go away **2** *(proporsi, decidere)* to think*; to decide; to make* up one's mind; to intend: **Penso di andare a Siena la settimana prossima**, I think I shall go to Siena next week; **Penso di darmi all'industria**, I think I'll go into industry; **Ho pensato di mettere su casa**, I've decided to set up house *(o* to get married); **Ho pensato che rimarrò qui con mia madre**, I've made up my mind (that) I shall stay here with my mother; **Penso di scrivergli**, I think I'll write to him; **Non ho mai pensato di fare il medico**, I've never thought of becoming a doctor **3** *(immaginare)* to think*; to suppose; to imagine; to guess: **Chi avrebbe pensato che fosse lui?**, who would have thought it was he?; **Chi penserebbe che è un mascalzone?**, who would imagine that he is a rogue?; **Le conseguenze le lascio p. a voi**, I'll leave you to think of *(o* to imagine) the consequences; **Non pensavo che tu fossi così sensibile**, I didn't think you were so sensitive; **Verranno stasera, penso**, they will come tonight, I suppose; **Pensa un po' chi ho incontrato**, just guess who I met **4** *(considerare)* to think* of; to take* into consideration; to consider: **Non pensa neppure il danno che reca con le sue parole**, he doesn't even consider *(o* think of, take into consideration) the harm he does with his tongue *(o* words). **B** *v. i.* **1** to think* (of st.; of st.; of doing st.): **Pensa a me!**, think of me!; keep me in mind!; **Debbo p. all'avvenire**, I must think of the future; **Pensa soltanto a divertirsi**, he only thinks of enjoying

péntola

himself; **Pensaci bene prima di darmi una risposta**, think it over before giving me an answer; **È una cosa che ti fa p.**, it's a thing that makes you think **2** (*giudicare*) to think*; to have an opinion of: **p. bene** (*male*) **di q.**, to think well (ill) of sb.; **p. male di q.**, to have a bad opinion of sb. **3** (*aspirare*) to aim (at); to aspire (to): **Egli pensa alla presidenza**, he is aiming at the presidency **4** (*badare*) to mind* (st.); to take* care of (sb.); to look after (sb., st.); to see* to (st.): **Deve p. alla famiglia**, he has to look after his family; **Pensa ai fatti tuoi!**, mind your own business; **«Chi lo avvertirà?» «Ci penserò io»**, «who will warn him?» «I'll see to it» **5** (*escogitare*) to think* (st.) out; to plan; to devise: **p. a un espediente**, to devise an expedient. ● **dare da p.**, to worry: **Quel figliolo mi dà da p.**, that son of mine worries me □ **Ci penserò su**, I'll think it over □ (*iron.*) **Questa volta l'hai pensata proprio bella**, you've really gone to town this time □ **Ne pensa sempre una nuova**, he's always got something new up his sleeve □ **Ho altro da p.**, I have more important things to attend to (*o* to think of); I have bigger fish to fry (*fam.*) □ **Pensa e ripensa, trovai la soluzione**, after racking my brains, I found the solution □ **Una ne fa e cento ne pensa**, he is always up to something. **pensarsi**, C *v. rifl.* (*fam.: credersi*) to think* (*o* to consider) oneself: **Chi ti pensi di essere?**, who do you think you are

pensata, *f.* idea; thought; (*trovata*) find: **È una bella p.!**, it's a good idea!; **Ma che bella p.!**, the idea of such a thing!

pensato, *a.* well-thought-out; well-considered; studied.

pensatóio, *m.* (*scherz.*) thinking-shop; think-tank (*pop.*). ● **entrare nel p.**, to put on one's thinking-cap.

pensatóre, *m.* thinker: **un p. profondo**, a deep thinker; **un libero p.**, a free-thinker.

pensierino, *m.* **1** (*fam.: attenzione affettuosa*) (act of) kindness; (*regalino*) small present **2** (*breve esercizio di composizione*) composition exercise.

pensièro, *m.* **1** thought: **le ali del p.**, the wings of thought; **libertà di p.**, freedom of thought; **scacciare un cattivo p.**, to drive away an evil thought; **essere assorto nei propri pensieri**, to be lost (*o* absorbed) in thought; **I miei pensieri volano a te**, my thoughts fly to you; **al p. di** (*che*), at the thought of (that) **2** (*mente*) mind: **esercitare il p.**, to exercise one's mind; **vigore del p.**, vigour of mind; **conservare fresco il p.**, to keep one's mind fresh **3** (*dottrina filosofica*) thought; doctrine; philosophy; theory; (*modo di pensare*) way of thinking: **il p. del Vico**, Vico's thought (*o* philosophy); **il p. sociale di Saint-Simon è un'utopia**, Saint-Simon's social theory (*o* doctrine) is a utopia; **il p. del Leopardi**, Leopardi's way of thinking **4** (*opinione*) mind; opinion: **Vorrei conoscere il tuo p. in proposito**, I should like to know your opinion on this; **Ha cambiato p.**, he has changed his mind; **essere dello stesso p.**, to be of the same opinion (*o* to be of one mind) **5** (*attenzione*) thought; (*dono*) gift: **un p. gentile**, a kind thought **6** (*ansia, preoccupazione*) trouble; worry; care: **È un figlio che non dà pensieri**, he's a son who doesn't cause any worry (*o* give cause for worry); **Ognuno ha i suoi pensieri**, everyone has his troubles (*o* worries); **Allora non avevo un p. al mondo**, at that time I didn't have a worry in the world; **Sono libero da ogni p.**, I am free from all care; **I am carefree 7** (*intenzione*) idea; intention; thought; (*disegno, proposito*) plan: **Qual è il tuo p.?**, what is your idea (*o* intention)?; what have you got in mind? ● **andare col p. a q.c.**, to think of st.; to recollect st. □ **darsi p. per q.c.**, to worry about st. □ **dire il proprio p.**, to say one's mind; (*più forte*) to speak one's mind; to speak out □ **fermare il p. su q.c.**, to fix one's attention on st. □ **essere sopra p.**, to be thoughtful; to be miles away (*fam.*) □ **stare in p. per q.**, to be anxious (*o* to worry) about sb. □ **Non darti p. di alzarti presto**, don't trouble (*o* bother) to get up early.

pensieróso, *a.* thoughtful; (*cogitabondo*) pensive: **sguardi pensierosi**, thoughtful (*o* pensive) looks; **Stamattina è di umore p.**, he is in a pensive mood this morning.

pènsile, **A** *a.* pensile; hanging; suspended; pendulous: **Babilonia era la meraviglia del mondo per i suoi giardini pensili**, Babylon was the wonder of the world for its pensile (*o* hanging) gardens. **B** *m.* (*arredamento*) (suspended) wall unit: **i pensili della cucina**, kitchen wall units.

pensilina, *f.* **1** (*ferr.*) platform-roof; (*alle fermate dei mezzi pubblici*) bus-shelter **2** (*archit.*) cantilever roof.

pensionàbile, *a.* pensionable.

pensionaménto, *m.* retirement: **p. anticipato** (*ritardato*), before-hand (delayed) retirement.

pensionante, *m. e f.* boarder; paying-guest: **tenere dei pensionanti**, to take in boarders.

pensionare, *v. t.* to pension (sb.) off; to retire.

pensionato (1), **A** *m.* (*chi gode di una pensione*) pensioner; pensionary; superannuitant; senior citizen (*eufemistico*). ● **i pensionati**, the retired personnel (*sing.*) □ **p. statale**, ritired civil servant. **B** *a.* retired; superannuated.

pensionato (2), *m.* (*istituto che ospita pensionanti*) boarding-house; lodging-house; pension; (*convitto*) boarding-school.

pensióne (1), *f.* pension; annuity: **una p. di guerra**, a war pension; **una p. d'invalidità**, a disability pension; **una p. di vecchiaia** (*o* sociale), an old-age pension; **detentore di p. sociale**, old-age pensioner; **vivere d'una p.**, to live on a pension. ● **che va in p.**, retiring □ **in p.**, retired (*agg.*) □ **mandare q. in p.**, to pension sb. off; to retire sb.

pensióne (2), *f.* **1** (*vitto e alloggio*) board and lodging; bed and board: **Quanto paghi per la p.?**, how much do you pay for bed and board?; **albergo con p.**, hotel providing board; **mettere q. a p.**, to put sb. to board **2** (*luogo dove si fa p.*) boarding-house; pension: **vivere in p.**, to live in a boarding-house (*o* en pension); to be (*o* to live as) a boarder. ● **essere a p. da q.**, to board at. sb.'s (house); to board with sb. □ **fare p.**, to take in boarders □ **prendere q. a p.**, to take in sb. as a boarder □ **tenere q. a p.**, to board sb.

pensionistico, *a.* pension (*attr.*): **sistema p.**, pension plan.

pensosaménte, *avv.* thoughtfully; pensively; wistfully.

pensosità, *f.* thoughtfulness; pensiveness.

pensóso, *a.* **1** (*assorto in pensieri*) thoughtful; lost (*o* absorbed) in thought; meditative; pensive; wistful: **occhi pensosi**, thoughtful eyes; **taciturno e p.**, silent and pensive; **in un p. silenzio**, in a wistful silence **2** (*lett.: premuroso*) solicitous (about, for).

pentàcolo, *m.* pentacle; pentagram.

pentacòrdo, *m.* (*mus.*) pentachord.

pentadàttilo, *a.* (*zool.*) pentadactyl.

pèntade, *f.* pentad.

pentadecàgono, *m.* (*geom.*) pentadecagon.

pentaèdro, *m.* (*geom.*) pentahedron.

pentagonale, *a.* (*geom.*) pentagonal.

pentàgono, *m.* (*geom.*) pentagon.

pentagramma, *m.* (*mus.*) stave; staff*.

pentagrammato, *a.* (*mus.*) music (*attr.*): **carta pentagrammata**, music paper.

pentàmero, *a.* (*bot.*) pentamerous.

pentàmetro, *m.* (*poesia*) pentameter: **un p. giambico**, an iambic pentameter.

pentano, *m.* (*chim.*) pentane.

pentapodìa, *f.* (*poesia*) pentapody.

pentarca, *m.* (*stor.*) pentarch.

pentarchìa, *f.* (*stor.*) pentarchy.

pentasillabo, *a.* (*poesia*) pentasyllabic.

pentatèuco, *m.* (*Bibbia*) Pentateuch.

pèntathlon, *m.* (*sport*) pentathlon.

pentatlèta, *m. e f.* (*sport*) pentathlete.

pentavalènte, *a.* pentavalent.

pentecostale, (*relig.*) **A** *a.* Pentecostal; Whitsun; Whit (*attr.*). **B** *m. e f.* (*specialm. al pl.*) Pentecostal; Pentecostalist.

Pentecòste, *f.* (*relig.*) Pentecost; Whit Sunday; Whitsunday. ● **di P.**, Whitsun (*agg.*); Whit (*agg.*); of Whitsunday: **il lunedì di P.**, Whit Monday □ **la settimana di P.**, Whitsuntide.

pentèlico, *a.* (*lett.*) Pentelic; Pentelican: **marmo p.**, Pentelic marble.

pentemìmero, *a.* (*poesia*) penthemimeral: **cesura pentemimera**, penthemimeral caesura.

pentiménto, *m.* **1** repentance; contrition: **Il p. non viene mai troppo tardi**, repentance is never too late; **inutili pentimenti**, vain repentances; **mostrare p.**, to show repentance; to be repentant; **provare p.**, to feel repentance **2** (*fig.*) change of mind. ● **farsi prendere dai pentimenti**, to have regrets.

pentirsi, *v. rifl.* **1** to repent: **Non hai nulla di cui pentirti**, you have nothing to repent of; **p. dei propri peccati**, to repent (of) one's sins; **p. d'avere fatto q.c.**, to repent having done st. **2** (*rammaricarsi*) to repent; to feel* regret; to regret; to be (*o* to feel*) sorry: **Mi pento della mia avventatezza**, I repent my rashness; **Non mi sono mai pentito del bene fatto**, I never repented for doing good; **Non avrai a pentirtene!**, you will never repent it!; **Se dirai d'essere pentito, ti perdonerò**, if you say you're sorry, I'll forgive you; **Mi pento di non averlo detto a tuo padre**, I'm sorry I didn't tell your father; **Te ne pentirai!**, you'll be sorry for it! **3** (*mutare proposito*) to repent; to change one's mind: **Fallo prima ch'egli se ne penta**, do it before he repents; **Voleva fare l'insegnante, ma poi se ne pentì**, he wanted to be a teacher, but afterwards he changed his mind.

pentito, **A** *a.* repantant: **un terrorista** (**un mafioso**, ecc.) **p.**, a repentant terrorist (Mafia man, etc.). **B** *m.* (*leg.*) witness who turns (*o* who is willing to turn) state's evidence.

pentodo, *m.* (*radio*) pentode.

péntola, *f.* **1** pot; pan; (*tegame*) saucepan; (*di coccio*) crock: **pentole e pentolini**, pots and pans; **mettere in p.**, to put in a pot; to pot; **mettere la p. sul fuoco**, to put on the pot **2** (*pentolata*)

pot(ful): **una p. di fagioli**, a pot of beans **3** (*ind.*) kettle. ● **p. a pressione**, pressure cooker □ **fare la pentola a due manici** (*tenere le mani sui fianchi*), to stand akimbo □ **sapere quel che bolle in p.**, to know what is brewing □ (*prov.*) **Dura più una p. fessa che una sana**, a creaking door hangs long on its hinges □ (*prov.*) **Il diavolo fa le pentole ma non i coperchi**, truth will conquer; murder will out.
pentolàio, *m.* **1** (*chi fa pentole*) potter **2** (*chi vende pentole*) dealer in earthenware (*o* pottery).
pentolata, *f.* **1** pot(ful): **una p. di patate**, a pot of potatoes **2** (*colpo di pentola*) blow with a pot.
pentolino, *m.* (small) pot; kettle: **un p. per la colla**, a glue-pot.
pentotal, pentothàl, *m.* (*farm.*, *marchio*) Pentothal.
pentrite, *f.* (*chim.*) pent(h)rite.
penùltimo, **A** *a.* last but one; penultimate: **il p. giorno**, the last day but one; **la penultima sillaba**, the last syllable but one; the penultimate syllable; the penultima; **una parola con l'accento sulla penultima sillaba**, a word that takes a penultimate accent. **B** *m.* last but one; second-last.
penùria, *f.* **1** penury; shortage; scarcity; lack: **p. d'acqua**, lack (*o* want) of water; **p. di cibo**, scarcity of food; dearth; **una grande p. di pioggia**, a great scarcity of rain **2** (*estrema povertà*) poverty, penury; (*bisogno*) want, need. ● **C'è p. di notizie**, we're short of news.
penzolare, *v. i.* to dangle; to hang* down.
penzolóne, penzolóni, *avv.* dangling; hanging down; drooping: **con le orecchie p.**, with drooping ears; lop-eared; **con le braccia p.**, with one's arms hanging down. ● **stare p.**, to dangle; to hang down.
peóne, *m.* peon*; day-labourer.
peònia, *f.* (*bot.*, *Paeonia officinalis*) peony.
pepaiòla, *f.* **1** (*recipiente per il pepe*) pepper-box; pepper-pot; pepper-castor; pepper-caster **2** (*macinapepe*) pepper-mill.
pepare, *v. t.* to pepper.
pepato, *a.* **1** peppered; peppery; seasoned with pepper; pepper (*attr.*): **pan p.**, pepper-cake; ginger-bread **2** (*fig.*: *pungente*) peppery; sharp; pungent; stinging: **una risposta pepata**, a pungent (*o* sharp) reply **3** (*fig.*: *salace*) spicy; piquant; racy: **una storiella pepata**, a spicy story **4** (*fam.*: *troppo caro*) exorbitant; too high: **un conto p.**, an exorbitant bill.
pépe, *m.* **1** (*bot.*, *Piper nigrum*) pepper **2** (*spezie*) pepper: **p. di Caienna**, Cayenne pepper; **p. bianco** (nero), white (black) pepper; **p. macinato**, ground pepper; (*cucina*) **bistecca al p.** (*nero o verde*), pepper steak; **condire q.c. con p.**, to season st. with pepper; to pepper st. ● (*bot.*) **p. d'acqua** (*Polygonum hydropiper*), smartweed □ (*bot.*) **p. della Giamaica** (*Pimenta officinalis*), pimento □ **p. in chicchi**, peppercorns; whole pepper □ **color e sale**, pepper-and-salt □ **con i capelli color sale e p.**, grey-haired; grizzled □ (*fig.*) **essere tutto p.**, to be full of pep; to have all one's wits about one (*fam.*) □ (*fig.*) **un uomo tutto p.**, a spicy man; a peppy man (*pop. USA*).
peperino, *m.* (*miner.*) peperino*.
peperita, *V.* **piperita**.
peperonata, *f.* (*cucina*) «peperonata» (sliced peppers cooked with oil, tomatoes and onions).
peperoncino, *m.* **1** (*frutto*) hot pepper; red pepper **2** (*cucina*) paprika; Cayenne pepper.
peperóne, *m.* **1** (*bot.*, *Capsicum annuum*) Guinea pepper **2** (*frutto*) pepper; (*piccante*) chilli, chilly: **peperoni rossi** (verdi), red (green) peppers; **peperoni sott'aceto**, pickled peppers (*o* chillies); **salsa con i peperoni**, pepper-sauce. ● (*scherz.*) **un naso come un p.**, a big, red nose □ **rosso come un p.**, as red as a beetroot (*o* a lobster).
pepièra, *V.* **pepaiòla**.
pepino, *m.* (*bambino tutto pepe*) cute child (*fam.*).
pepita, *f.* (*miner.*) nugget; slug: **una p. d'oro**, a gold nugget.
pèplo, *m.* (*stor.*) peplum*; peplos.
pepolino, *m.* (*bot.*, *Thymus serpyllum*) wild thyme; shepherd's thyme.
pèppola, *f.* (*zool.*, *Fringilla montifringilla*) brambling.
pèpsi, *f.* (*med.*) pepsia.
pepsina, *f.* (*chim.*, *biol.*) pepsin.
pèptico, *a.* (*chim.*, *anat.*, *med.*) peptic; digestive.
peptide, *m.* (*chim.*, *biol.*) peptide.
peptóne, *m.* (*chim.*, *biol.*) peptone: **trasformare in peptoni**, to convert into peptones; to peptonize.
peptonizzare, *v. t.* (*chim.*) to peptonize.
peptonizzazióne, *f.* (*chim.*) peptonization.
peptonùria, *f.* (*med.*) peptonuria.
pér, **A** *prep.* **1** (*mot per luogo*) through; all over; (*senza direzione fissa*) about: **Passò per Firenze**, he passed through Florence; **errare per il mondo**, to wander all over (*o* about) the world; **per tutto il corpo**, all over the body; **entrare per la finestra**, to go (*o* come) in through the window; **Lo si vede sempre girare per il mercato**, you always see him wandering about the market **2** (*direzione*) for: **Sto partendo per Napoli**, I'm leaving for Naples; **Il treno in partenza per Torino ferma a Piacenza**, the train leaving for Turin stops at Piacenza **3** (*stato in luogo*) in; on: **Lo incontro ogni mattina per la strada**, I meet him in the street every morning; **trovare q.c. per terra**, to find st. on the ground **4** (*estensione*) for: **L'accompagnai per due chilometri**, I went with him (*o* I accompanied him) for two kilometres; **Segua questa strada per dieci miglia**, follow this road for ten miles **5** (*per un certo periodo di tempo, o per una data, un'occasione precisa*) for; (*entro un termine*) by; (*per un intero periodo di tempo*) throughout, (all) through, over: **per due ore**, for two hours; **per tutto l'inverno**, all through the winter; throughout the winter; the whole winter through; **Lo farò per domani**, I'll do it for tomorrow; **Lo devi fare per domani**, you must do it by tomorrow; **Il vestito deve essere pronto per la fine del mese**, the suit must be ready by the end of the month; **Tornerò per Pasqua**, I'll be back for Easter; **Che cosa fai per Natale?**, what are you doing over Christmas?; **Te lo preparerò per la tua festa**, I'll prepare it for you (in time) for your party; **Saranno di ritorno per il 26 marzo**, they'll be back by the 26th of March **6** (*mezzo*) by: **mandare una lettera** (un pacco, ecc.) **per posta**, to send a letter (a parcel, etc.) by post; **per telegramma**, by telegram; **Lo informai per lettera**, I informed him by letter; **per telefono**, by 'phone (*o* by telephone); **per via aerea**, by air mail; **per terra e per mare**, by land and sea; **per ferrovia**, by rail **7** (*prezzo*) for: **Glielo diedi per 10 000 lire**, I gave it to him for 10,000 lire; **Lo comprò per poco**, he bought it for very little (*o* for next to nothing) **8** (*causa*) owing to; because of; on account of; for; out of; through; due to: **Fu premiato per la sua diligenza**, he was rewarded for his diligence; **fare q.c. per ambizione** (orgoglio, gelosia, odio, malvagità, coraggio), to do st. out of (*o* through) ambition (pride, jealousy, hate, wickedness, courage); **La partita è stata rinviata per le condizioni del tempo**, the match has been postponed due to (*o* on account of) weather conditions; **Non potrà più continuare per motivi di famiglia**, he will not be able to continue owing to family reasons; **Non potei frenare per il ghiaccio sulla strada**, I couldn't brake for (*o* owing, due to) the ice on the road; (*fam.*) **Per te, mi sono beccato una multa in sosta vietata**, I got a parking ticket because of you; **Per lui e i suoi capricci, dobbiamo fare questo viaggio**, we've got to make this journey because of him and his whims; **Questo non accadrà mai per colpa sua**, this can never happen through any fault of his; **processare q. per un delitto**, to try sb. for a crime **9** (*vantaggio, interesse, utilità*) for: **Ho parlato per te a mio zio**, I have spoken (*o* I've put in a good word) to my uncle for you; **Te lo dico per il tuo bene**, I'm telling you for your own good; **Fatelo per me**, do it for me (*o* for my sake); **Ognuno lavora per il proprio interesse**, everyone works for his own interests; **Chi lavora per niente?**, who works for nothing? **10** (*fine, scopo*) for: **la lotta per la vita**, the struggle for life; **fare q.c. per scherzo**, to do st. for fun; **leggere per diletto**, to read for pleasure; **Sono pasticche per la tosse**, they are tablets for a cough; **Per quale motivo parte stasera?**, for what reason is he leaving tonight?; why is he leaving tonight?; **un macinino per il caffè**, a mill for grinding coffee **11** (*con valore restrittivo*) for; (*di misura*) by; (*nei riguardi di*) to: **per quanto mi riguarda**, as for me (*o* as far as I'm concerned); **Quest'automobile è troppo potente per lui**, this car is too powerful for him; **Ho perso la partita per un punto**, I lost the game by one point; **Il mio cavallo vinse per un'incollatura**, my horse won by a neck; **Sposarla! no, è sempre stata un'amica per me**, marry her! no, she has always been a friend to me; **Se non fosse per tuo padre, ora saresti sul lastrico**, if it weren't for (*o* were it not for) your father, you would be broke now (*o*, *pop. USA*: you would be on Skid Row now) **12** (*con valore distributivo*) by; for; per: **uno per uno**, one by one; **il dieci per cento**, ten per cent; **uno sconto del cinque per cento**, a five per cent discount; **Voglio il cinquanta per cento dell'incasso**, I want fifty per cent of the takings; **per persona**, per head; each; apiece; **uno per ogni cinque**, one for every five **13** (*mat.*) by: **Dividi quindici per tre**, divide fifteen by three; **dividere per cinque**, to divide by five; **moltiplicare per due**, to multiply by two **14** (*con compl. pred.*: *come, in qualità di*) as; (*al posto di*) for: **La presi per la domestica**, I took her for the maid; **Avrai un libro per regalo**, you'll have a book as a present; **Mi prendi per scemo?**, do you take me for a fool? **15** (*in cambio di*) in exchange for; for: **Diedi via la fionda per dieci palline**, I swopped the catapult for ten marbles. ● **per l'addietro**, in the past; formerly □ **per amor di Dio**, for God's sake □ **per l'appunto**, exactly; precisely □ **per caso**, by chance □ **per di più**, moreover; furthermore □ **per fortuna**, luckily □ **per innanzi**, hitherto □ **per mezzo di**, through; by means of: **Ricevetti l'informazione per mezzo dell'agenzia Reuter**, I got the information through Reuter's; **Ottenni i biglietti per mezzo di un amico**, I got the

tickets through a friend; **I pensieri si esprimono per mezzo delle parole**, thoughts are expressed by means of words □ **per modo che**, so that □ **per modo di dire**, so to say; so to speak □ **per il momento**, for the time being □ **per natura**, by nature □ **per nulla!**, not at all! □ **per lo più**, generally; usually □ **per questa volta**, (for) this time □ **per tempo**, early □ **andare per i fatti propri**, to mind (*o* to go about) one's business □ **cambiare per il meglio** (**per il peggio**), to change for the better (for the worse) □ **chiamare per nome**, to call by name □ **gente per bene**, honest people □ **giorno per giorno**, day by day □ **Dico soltanto per ridere**, I'm only joking □ **Cosa intendi per socialismo?**, what do you mean by socialism? □ (*fig.*) **Mi ha preso per il naso**, he has taken me for a ride (*fam.*) □ **Ogni anno mi fa regali per centomila lire**, every year he gives me presents worth a hundred thousand lire □ **La sua proprietà si estende per duecento ettari**, his estate covers two hundred hectares. **B** *cong.* **1** (*finale*) so as, in order (to do st.) (*o anche il solo inf. del verbo ingl.*); (*retto da un sost.*) for (doing): **Egli tacque per non rattristarlo**, he remained silent so as not to sadden him; **S'avvicinò per vedere il quadro**, he went nearer (in order) to see the picture; **Uscii per prendere un po' d'aria**, I went out (in order) to get a breath of air; **Non c'è motivo per arrabbiarsi**, there's no cause for getting angry; **È proprio la casa che ci vuole per innamorarsi della campagna**, it's the perfect house for falling in love with the countryside **2** (*causale*) for (doing): **Fui rimproverato da lei per non essermi ricordato del suo compleanno**, she snubbed me for not remembering her birthday; **Fu respinto agli esami per aver copiato**, he was failed at the exams for cribbing (*o* for having cribbed) **3** (*concessivo*) however: **per intelligente che sia**, however clever you may be; clever as you may be; **per veloce che tu vada**, however fast you may go; fast as you may go.

péra, *f.* **1** (*frutto del pero*) pear: **fatto a p.**, pear-shaped **2** (*scherz.: testa*) pate; onion (*pop.*): **grattarsi la p.**, to scratch one's pate. ● **p. cotta**, baked pear; (*fig.*) slow, dull person □ (*fam.*) **cascare come una p. cotta**, (*innamorarsi*) to fall head over heels in love; (*addormentarsi di colpo*) to fall fast asleep □ (*fam.*) **Non vale una p. cotta**, it's not worth a fig (*o* a straw, a pin) □ (*prov.*) **Quando la p. è matura, convien che caschi**, when the apple is ripe, it must fall.

peràcido, *m.* (*chim.*) peracid.
peraltro, *avv.* moreover; what is more.
perbacco, *inter.* (*fam.*) by Jove!
perbène, **A** *a.* respectable; decent. **B** *avv.* properly; well; nicely.
perbenismo, *m.* respectability.
perborato, *m.* (*chim.*) perborate. ● **p. di sodio**, sodium perborate.
percalle, *m.* (*ind. tessile*) percale.
percènto, *m.* percentage.
percentuale, **A** *a.* per cent: **il tasso p.**, the rate per cent; per cent rate. **B** *f.* percentage; centage; (*su sterlina o libbra*) poundage; (*rapporto p.*) ratio: **Fu concessa una piccola p. sulle vendite**, a small percentage was allowed on the amount of sales; **Che p. vi si offre?**, what percentage are you offered?; **Il prezzo subì una certa p. di ribasso**, the price was reduced by a certain percentage; **la p. di guadagno**, the percentage of profit; **la p. delle nascite**, the percentage of births; (*fis.*) **p. isotopica**, isotopic ratio. ● **p. da pagarsi come diritti** (*d'autore, ecc.*), royalty □ **p. trattenuta** (*illecitamente*) **su merce venduta** (*o* **acquistata**), squeeze.
percentualizzare, *v. t.* to calculate in percentage.
percepibile, *a.* **1** perceivable **2** (*esigibile*) collectable; receivable.
percepire, *v. t.* **1** to perceive; to become* aware of; to feel*; (*rendersi conto*) to realize: **Percepii la sua ostilità**, I felt his hostility **2** (*ricevere, riscuotere*) to cash; to collect; to receive; (*uno stipendio*) to draw*: **p. una provvigione del tre per cento**, to receive (*o* to be granted) a three per cent commission.
percettibile, *a.* perceptible; (*percepibile*) perceivable: **suoni percettibili**, perceptible (*o* audible) sounds; **p. a mente umana**, perceptible to the human mind; **in modo p.**, in (*o* to) a perceptible degree; perceptibly.
percettibilità, *f.* perceptibility; perceptibleness.
percettiva, percettività, *f.* perceptivity; perceptiveness; perceptive faculty.
percettivo, *a.* perceptive: **la facoltà percettiva**, the perceptive faculty; the faculty of perception; **la potenza percettiva**, the perceptive power; perception.
percettóre, *m.* collector.
percezióne, *f.* perception: **la p. morale**, moral perception; **la p. del bello**, aesthetic perception; **la p. extrasensoriale**, extrasensory perception. ● **non aver la p. esatta di q.c.**, not to realize st.
perché, **A** *avv.* (*interr.*) why; what...for: **P. non me l'hai detto?**, why didn't you tell me?; **P. studi il cinese?**, what are you studying Chinese for?; **Dimmi p. non vuoi andare a Londra**, tell me why you don't want to go to London; **P. partire subito?**, why leave at once?; **P. non farlo subito?**, why not do it at once?; **P. no?**, why not?; **ma p.?**, but why?; **p. mai?**, why on earth?; **p. l'hai fatto?**, why have you done that?; what have you done that for? **B** *cong.* **1** (*esplicativo*) because; for; since; as: (*Bibbia*) **Perdona loro p. non sanno quel che si fanno**, forgive them for they know not what they do; **Non volevo stare in casa p. mi annoiavo**, I didn't want to stay indoors because it was boring; **Non andiamo da lui p. non ci vuole**, we don't visit him (*o* to go to his house) since (*o* as) he doesn't want (to see) us **2** (*finale*) so (that); in order that; so as: **Ti scrivo questa lettera subito p. ti giunga il più presto possibile**, I am writing this letter to you immediately so that it will reach you as soon as possible; **Ti darò la chiave p. tu possa entrare quando vuoi**, I'll give you the key so that you may come in when you want; **Ti aiuterò p. tu possa trarne beneficio**, I'll help you in order that you may benefit (from this); **Lo feci p. tu non ti spaventassi**, I did it so as not to frighten you **3** (*correlativo di «troppo»; è idiom.*): **Sono troppo pessimista p. possa sperare di vincere**, I'm too pessimistic to hope I'll win; **La conferenza era troppo interessante p. io potessi venirmene via prima della fine**, the lecture was too interesting for me to come away before the end. **C** *m.* reason; motive; why; wherefore: **I p. sono molti, e non tutti si possono dire**, there are many reasons and not all of them can be divulged; **Ti dirò il p.**, I'll tell you why; **senza un p.**, without any particular reason; **Vuol sapere il p. e il perchome**, he wants to know the why(s) and wherefore(s); **Vuoi sapere il p.?**, do you want to know (the reason) why?

perciò, *cong.* for this (*o* that) reason; so; therefore; consequently: **Era tardi, p. andai a casa**, it was late, so I went home; **Ha mancato al suo dovere, p. sarà punito**, he did not do his duty, so he shall be punished; **Hai perduto la scommessa, p. devi pagare**, you lost the wager, therefore you must pay.
perclorato, *m.* (*chim.*) perchlorate.
perclòrico, *a.* (*chim.*) perchloric.
percloruro, *m.* (*chim.*) perchloride.
percolare, *v. t. e i.* to percolate; to filter.
percolatóre, *m.* (*chim.*) perculator.
percolazióne, *f.* percolation; filtering.
percóme, *m.* – **i perché e i p.**, the why(s) and wherefore(s).
percorrènza, *f.* V. **percórso**.
percórrere, *v. t.* **1** to run* along; (*p. velocemente*) to scour: **p. una strada**, to run along a road; **p. la città** (**la costa**), to scour the town (the coast) **2** (*attraversare*) to run* through (*o* across); to pass through; to travel (*o* to journey) over; to traverse: **La strada ferrata percorre quelle ridenti campagne**, the railway runs through (*o* traverses) that charming countryside; **Per parecchie miglia la strada percorre una pianura**, for several miles the road runs across a plain; **Ho percorso tutta la Gran Bretagna**, I've travelled all over Great Britain; **trascorrere un anno percorrendo il continente**, to spend a year travelling (*o* touring) all over the Continent. ● **p. con l'occhio**, to scan □ **p. in lungo e in largo**, to travel throughout; to scour □ **p. un lungo tratto di strada**, to go a long way □ **p. molte miglia**, to cover many miles: **p. cento miglia in un'ora**, to cover a hundred miles in an hour □ **C'è molta strada da p.**, there's a long way to go.
percorribile, *a.* that can be travelled over.
percórso, *m.* **1** (*tratto percorso o da percorrere*) route; (*cammino*) way, course; (*strada*) road: **Quale p. facesti?**, which route did you take?; which way did you go?; **È un p. assai lungo**, it's a very long way (to go); **È lungo il p. da qui a Milano?**, is it a long way from here to Milan?; **seguire percorsi diversi**, to go by different routes; **seguire il p. più breve**, to go the shortest way; **fare parte del p. in aereo**, to fly part of the way **2** (*distanza percorsa*) distance covered **3** (*viaggio*) journey; trip; (*corsa*) run: **Il p. da Milano a Como fu piacevolissimo**, the journey from Milan to Como was a very pleasant one; **durante il p.**, during the journey; on the way; **per tutto il p.**, during the whole journey; all along the way **4** (*autom.*) running: **p. misto** (*strada e città*), mixed running. ● (*aeron.*) **p. di atterraggio** (**di decollo**), landing (take-off) distance □ **p. di guerra**, battle-training ground □ (*sport*) **p. di prova**, proving ground □ (*sport*) **p. netto**, clear round.
percòssa, *f.* blow; stroke; knock; (*pl.*) beating (*sing.*): **una p. al viso**, a blow on the face; **dare una p.**, to strike (*o* to deal) a blow. ● **resistere alle percosse della sventura**, to bear up against misfortune.
percuòtere, **A** *v. t.* **1** (*dare percosse, colpire*) to strike*; to hit*; to beat*; to knock; to deal* a blow on: **La quercia fu percossa da un fulmine**, the oak was struck by lightning; **una nave percossa dalla tempesta**, a ship knocked about by the storm; **p. q. sulla testa**, to strike (*o* to hit, to knock) sb. on the head; to hit (*o* to deal) sb. a blow on the head; **p. con la mano** (**col pugno**), to strike with the hand (with the fist); **p. q. con una frusta**,

percussióne

to strike sb. with a whip; to whip sb.; **p. q. con un bastone**, to strike sb. with a stick; to beat sb.; **p. q.c. con un martello**, to strike (*o* to beat) st. with a hammer; to hammer st. **2** (*urtare*) to strike*; to hit*; to knock **3** (*di luce, suono*) to smite*: **Un frastuono terribile ci percosse le orecchie**, a terrible din smote our ears **4** (*fig.: commuovere*) to strike*; to distress; to vex; to afflict: **La triste notizia lo percosse**, the sad news deeply distressed him **5** (*fig.: devastare*) to devastate: **città percosse dalla guerra (dalla peste)**, towns devastated by war (by pestilence). **percuòtersi**, **B** v. rifl. recipr. to strike* (*o* to hit*) each other (*o* one another). ● **p. il petto**, to beat one's breast.

percussióne, *f.* (*in ogni senso*) percussion: **un fucile a p.**, a percussion-gun; **una capsula a p.**, a percussion-cap; **uno strumento a p.**, a percussion instrument; **un'orchestrina di strumenti a p.**, a percussion band.

percussóre, *m.* (*di arma da fuoco*) percussion-pin; firing-pin; striker.

perdènte, **A** *a.* losing. **B** *m.* e *f.* loser.

pèrdere, **A** v. t. **1** to lose*: **p. la vita**, to lose one's life; **p. un figlio (una sorella, un fratello)**, to lose a son (a sister, a brother); **Perse le gambe nella battaglia di Ypres**, he lost his legs at the battle of Ypres; **Non ho niente da p.**, I have nothing to lose; (*relig.*) **p. l'anima**, to lose one's soul; **p. i capelli**, to lose one's hair; to go bald; **p. il posto**, to lose one's seat; (*il lavoro*) to lose one's job; **Non perderò il sonno per te**, I won't lose any sleep over you; **p. i contatti con q.**, to lose touch with sb.; **In autunno gli alberi perdono le foglie**, in autumn (the) trees lose (*o* shed) their leaves; **p. l'ombrello (la voce, la memoria, ecc.)**, to lose one's umbrella (one's voice, one's memory, etc.); **p. la fiducia in se stesso**, to lose confidence in oneself; **p. l'appetito**, to lose one's appetite; **p. la ragione**, to lose one's reason (*o* to go mad); **p. una guerra (una partita, una causa)**, to lose a war (a match, a law-suit); **p. la strada**, to lose one's way; **p. terreno**, to lose ground (*anche fig.*); **p. la testa**, to lose one's head; **p. la conoscenza**, to lose consciousness; **p. un'abitudine**, to lose (*o* to get out of) a habit; **Hai perso la lingua?**, have you lost your tongue?; (*fig.*) **p. la bussola**, to lose one's bearings; **La storia non ci perde a essere raccontata**, the story doesn't lose in the telling **2** (*lasciarsi sfuggire*) to miss: **p. il treno**, to miss the train; **p. il turno**, to miss one's turn; **Non p. questa occasione!**, don't miss this opportunity! **3** (*sprecare*) to waste; (*del tempo, anche*) to lose*: **p. il tempo giocando a carte**, to waste one's time playing cards; **p. il fiato**, to waste one's breath; **Ha perso i più begli anni della vita**, he has wasted the best years of his life; **Io non perdo tempo quando si tratta di affari**, I don't waste any time (*o* I don't let the grass grow under my feet) when it's a question of business; **Non perderò tempo, farò subito**, I'll lose no time in doing it **4** (*mandare in rovina*) to ruin: **I suoi nemici tentavano di perderlo**, his enemies tried to ruin him; **I tuoi vizi ti perderanno**, your vices will ruin you **5** (*rimettterci*) to lose*; (*comm.*) to make* a loss: **Ci perdono a non investire quel denaro**, they will lose by not investing that money; **Vendendo a questo prezzo, io ci perdo**, I'll lose (*o* I'll be out of pocket) by selling at this price. **B** *v. i.* **1** to lose*: **p. di prestigio**, to lose face; **p. d'importanza**, to lose importance **2** (*fare acqua*) to leak: **Questa botte (barca, ecc.) perde**, this barrel (boat, etc.) leaks. ● (*a scuola*) **p. l'anno**, to have to repeat a year (in the same class) □ (*di un motore*) **p. colpi**, to misfire □ (*di contenitore*) **a p.**, not returnable; non-returnable; disposable; throwaway: **Queste bottiglie sono a p.**, these bottles are non-returnable □ **far p. un'abitudine a q.**, to break sb. of a habit □ **saper p.**, to be a good loser □ **uno che sa p.**, a good loser □ **uno che non sa p.**, a poor loser □ **È bella, ma al confronto con le sue amiche ci perde**, she's lovely; but she comes off worst in comparison to her friends □ (*fig.*) **Lasciamo p.!**, let's leave it at that □ (*prov.*) **Chi perde ha sempre torto**, losers are always in the wrong □ (*prov.*) **Chi perde al gioco vince in amore**, unlucky at cards, lucky in love. **pèrdersi**, **C** v. rifl. **1** (*smarrirsi*) to lose* oneself; to get* lost; to lose* one's way: **La bambina si perse nel bosco**, the child got lost (*o* lost her way) in the wood; **Si persero per Roma**, they lost themselves (*o* got lost) in Rome; **p. nei propri pensieri**, to be lost (*o* to lose oneself) in thought; **Si perde spesso in astruzità**, he often loses himself in abstruse concepts **2** (*svanire, sparire*) to vanish; to fade away; to disappear: **p. tra la folla**, to vanish (*o* to disappear) into the crowd; **La sua ombra si perdette sullo sfondo scuro della parete**, his shadow faded away (*o* melted) into the dark background of the wall; **p. nell'aria**, to vanish (*o* to disappear) into the air **3** (*rovinarsi*) to be ruined; to ruin oneself: **Quel ragazzo finirà col p.**, that boy will end up by ruining himself; **Si è perso per quella donna**, he was ruined because of that woman **4** (*di un fiume: sfociare*) to flow (into); to run* (into): **Il Mississippi si perde nel Golfo del Messico**, the Mississippi runs into (*o* flows into) the Gulf of Mexico **5** (*di un pacco, di una lettera: andare smarrito*) to be mislaid; to get* lost. ● **p. d'animo**, to lose heart □ **p. dietro a q.**, to be taken up with sb. □ **p. in mare** (*fare naufragio*), to be shipwrecked □ **p. in sciocchezze**, to waste one's time on trifles □ **B** v. rifl. recipr. to lose* sight of each other (*o* one another); to lose* touch.

perdiana, *inter.* (by) gosh!; golly!

perdifiato, *locuz. avv.* – **a p.**, at the top of one's voice: **gridare a p.**, to shout at the top of one's voice; to scream blue murder (*pop.*). ● **correre a p.**, to run breathlessly (*o* for one's life).

perdigiórno, *m.* e *f.* idler; loafer.

perdilégno, *m.* (*zool., Cossus cossus*) goat-moth.

perdinci, perdindirindina, perdio, *inter.* (by) gosh!; golly!; (*per esprimere meraviglia*) crikey! (*pop.*).

pèrdita, *f.* **1** loss; (*spreco*) waste; (*privazione*) deprivation: **la p. del padre**, the loss of one's father; **una p. in Borsa**, a loss on the Stock Exchange; **p. di sangue**, loss of blood; haemorrhage; (*comm.*) **conto profitti e perdite**, profit and loss account; **p. di tempo**, waste of time; loss of time; **subire forti perdite**, to suffer heavy losses; (*comm.*) **subire una p.**, to make a loss; (*comm.*) **vendere in p.**, to sell at a loss **2** (*falla, fuga*) leak; leakage: **C'è una p. nel tubo dell'acqua**, there's a leak in the water-pipe; **C'è una p. nel radiatore**, there's a leakage in the radiator. ● (*med.*) **perdite bianche**, leucorrhoea (*sing.*); whites □ **a p. d'occhio**, as far as the eye can see (*o* reach).

perditèmpo, **A** *m. invar.* waste of time: **Le visite sono spesso un p.**, visits are often a waste of time. **B** *m.* e *f. invar.* idler.

perditóre, *m.* loser.

perdizióne, *f.* **1** (*rovina*) ruin: **andare in p.**, to go to ruin **2** (*relig.*) perdition; damnation: **essere sulla via della p.**, to be on the road to perdition; **menare alla p.**, to lead to perdition. ● **luogo di p.**, place of ill-fame.

perdonàbile, *a.* forgiv(e)able; excusable; pardonable: **una disattenzione p.**, a pardonable inadvertency.

perdonare, **A** v. t. **1** to forgive*; to pardon: **Perdonami!**, forgive me!; **Questo torto non te lo perdonerò mai**, I shall never forgive you (for) this wrong; **Gli ho perdonato l'offesa che mi ha fatto**, I have forgiven him (for) the affront I received from him; **Dio perdona tutti i peccati**, God pardons (*o* forgives) all sins; **Dio ti perdoni!**, God forgive you! **2** (*scusare*) to excuse; to pardon: **Perdona la mia ignoranza, ma non capisco**, excuse (*o* pardon) my ignorance, but I don't understand; **Non posso p. la tua assenza dalle mie lezioni**, I can't excuse (*o* pardon) your absence from my classes; **Perdona il disturbo**, excuse me for troubling you. **B** v. i. **1** to forgive*; to pardon: **Non gli ho perdonato**, I have not forgiven him **2** (*risparmiare*) to spare: **La morte non perdona a nessuno**, death does not spare anyone. ● **un male che non perdona**, an incurable disease □ **un uomo che non perdona**, an inexorable man. **perdonarsi**, **C** v. rifl. recipr. to forgive* each other (*o* one another): **Si perdonarono dopo la morte del padre**, they forgave each other after their father's death.

perdóno, *m.* **1** forgiveness; pardon: **il p. di Dio**, God's forgiveness; **chiedere p. a q.**, to ask sb.'s forgiveness; **p. generale**, general pardon **2** (*in frasi escl.*) pardon; sorry: **Le chiedo p.!**, I beg your pardon!; pardon me!; **P., signore!**, sorry, sir!

perduellióne, *f.* (*diritto romano*) perduellion; (high) treason.

perdurare, *v. i.* **1** to persist; to continue; to go* on; to last: **Spero che il maltempo non perduri**, I hope this bad weather will not continue; **Quanto perdurerà questa pioggia?**, how long will this wet weather last? **2** (*perseverare*) to persist; to persevere; to keep* up: **p. nella propria ostinazione**, to persist in one's obstinacy.

perduròvole, *a.* durable; lasting; continuous: **una pace p.**, a lasting peace.

perdutaménte, *avv.* desperately; hopelessly; madly: **innamorarsi p. di q.**, to fall madly in love with sb.

perduto, *a.* **1** (*perso, anche fig.*) lost: **Ero p. tra la folla**, I was lost in the crowd; **p. nel deserto**, lost in the desert; **le anime perdute**, the lost souls; the damned; **Lo danno per p.**, he has been given up for lost **2** (*dissoluto*) fallen; lost: **una donna perduta**, a fallen woman; a lost woman **3** (*rovinato*) ruined; lost: **Sono p.!**, I'm ruined **4** (*sprecato*) wasted; useless; lost: **una giornata perduta**, a wasted day; a day lost; **tempo p.**, time wasted; a waste of time **5** (*paralizzato, mutilato*) useless; paralysed: **Egli ha un braccio p.**, he is paralysed in one arm; he has lost the use of one arm; **un occhio p.**, a useless (*o* a sightless) eye **6** (*estinto, non più esistente*) extinct; lost: **animali perduti**, extinct animals; **le tribù perdute degli Inca**, the lost tribes of the Incas. ● **andare p.**, to get lost □ (*fig.*) **essere (*o* sentirsi) p.**, to have given up hope.

peregrinare, *v. i.* to wander; to roam; to rove: **p. per il mondo**, to wander through (*o* over) the world.

peregrinazióne, *f.* peregrination; wandering; roaming: **le peregrinazioni di Dante**, Dante's peregrinations; **le peregrinazioni di un esiliato**, the wanderings of an exile.

peregrinità, *f.* (*fig.: singolarità*) rarity; singularity.
peregrino, *a.* (*fig.*) rare; singular; far-fetched; (*strano*) strange, peculiar, odd, queer: **qualità peregrine**, rare (*o* singular) qualities; **frasi peregrine**, far-fetched expressions.
perènne, *a.* 1 (*continuo, perpetuo*) perennial; never-ending; perpetual; (*eterno*) eternal, everlasting; (*inesauribile*) inexhaustible: **nevi perenni**, perpetual snow(s); **memoria p.**, eternal memory; **fama p.**, everlasting fame; **sorgenti perenni**, perennial springs 2 (*bot.*) perennial: **una pianta p.**, a perennial plant.
perenneménte, *avv.* perennially; perpetually; for ever.
perennità, *f.* perennity; perpetuity; everlastingness.
perènto, *a.* (*leg.*) extinguished; quashed; annulled.
perentorietà, *f.* peremptoriness.
perentòrio, *a.* peremptory (*anche leg.*); (*decisivo*) final: **un ordine p.**, a peremptory order; **una risposta perentoria**, a final answer.
perenzióne, *f.* (*leg.*) peremption; quashing.
perequare, *v. t.* to equalize; to make* equal: **p. i redditi**, to equalize incomes; **p. gli stipendi**, to equalize salaries.
perequativo, *a.* equalizing.
perequazióne, *f.* equalization; equal distribution: **la p. fiscale** (*o* **tributaria**), the equalization of taxes; **la p. dei redditi**, the equalization of incomes.
perétta, *f.* 1 (*elettr.*) pear-push; pear-switch 2 (*per clisteri*) rubber-syringe.
perfettaménte, *avv.* 1 (*in modo perfetto*) perfectly; in a perfect manner; to perfection: **fare q.c. p.**, to do st. to perfection 2 (*esattamente*) exactly; to a hair (*fam.*); to a «t» (*fam.*): **stare (o calzare) p.**, to fit exactly; to fit to a «t»; to fit like a glove (*o* a dream) 3 (*completamente*) completely; thoroughly; quite: **p. corretto**, quite right; correct to a «t»; **sapere q.c. p.**, to know st. thoroughly; to have a thorough knowledge of st.
perfettibile, *a.* perfectible: **L'uomo è p.**, man is perfectible.
perfettibilità, *f.* perfectibility: **la teoria della p. dell'uomo**, the theory of the perfectibility of man.
perfettivo, *a.* (*lett.*) perfective (*anche gramm.*).
perfètto, **A** *a.* 1 (*compiuto in ogni sua parte*) perfect; (*eccellente*) excellent, flawless, consummate: **L'esecuzione fu perfetta**, the performance was excellent; **un lavoro veramente p.**, an excellent piece of work; **Dio solo è p.**, God alone is perfect; **la vita perfetta**, the perfect life; **diventare p.**, to become perfect; **godere perfetta salute**, to enjoy perfect (*o* excellent) health 2 (*esatto*) perfect; exact; correct: **un circolo p.**, a perfect circle; **una copia perfetta**, a perfect (*o* an exact) copy 3 (*completo, intero*) perfect; thorough; complete; whole; full: **la perfetta conoscenza di q.c.**, the thorough knowledge of st.; **in p. accordo**, in full accordance 4 (*di pianta, animale: giunto al completo sviluppo*) perfect: **un insetto p.**, a perfect insect 5 (*mat., gramm., mus.*) perfect: **Sei è un numero p.**, six is a perfect number; **un accordo p.**, a perfect chord; (*gramm.*) **i tempi perfetti**, the perfect tenses; **il più che p.**, the past perfect; the pluperfect (tense) 6 (*vero e proprio*) perfect (*anche iron.*); real; thorough, out-and-out, downright, precious (*iron.*): **un p. gentiluomo**, a perfect gentleman; **un p. cretino**, a perfect (*o* a downright) fool; **un p. mascalzone**, a precious rascal; an out-and-out scoundrel. **B** *m.* (*gramm.*) perfect (tense).
perfezionàbile, *a.* perfectible.
perfezionabilità, *f.* perfectibility.
perfezionaménto, *m.* 1 (*il perfezionare*) perfecting; finishing; finish; (*miglioramento*) improvement, betterment; (*completamento*) completion 2 (*specializzazione*) specialization; specializing: **importanti perfezionamenti**, important improvements 2 (*specializzazione*) specialization; specializing: **borsa di p.**, scholarship for specialization; **corso di p.**, specialization course 3 (*leg.: di un contratto*) execution; implementation. ● **studi di p.**, specialized studies.
perfezionare, **A** *v. t.* 1 (*rendere perfetto*) to perfect; to make* perfect; to finish; (*migliorare*) to improve, to better: **p. un'invenzione**, to improve an invention; **p. q. in q.c.**, to perfect sb. in st.; to make sb. perfect in st. 2 (*completare*) to perfect; to complete; to carry through; to accomplish 3 (*raffinare*) to polish; (*rifinire*) to round off 4 (*leg.*) to execute; to implement: **p. un contratto**, to execute (*o* to sign) a contract. **perfezionarsi**, **B** *v. rifl.* 1 (*diventare perfetto*) to become* perfect; to improve (oneself); **Il commercio si è perfezionato**, trade has improved 2 (*fare studi di perfezionamento*) to perfect oneself (in st.); to specialize (in st.); to improve one's knowledge (of st.): **p. in una lingua straniera**, to perfect oneself in a foreign language; to improve one's knowledge of a foreign language.
perfezionativo, *a.* perfecting.
perfezionatóre, *m.* perfecter; improver.
perfezióne, *f.* 1 perfection (*anche relig.*): **la p. cristiana**, Christian perfection; **la p. morale**, moral perfection; **vari gradi di p.**, various degrees of perfection; **la p. in un'arte** (**in una scienza**), perfection in an art (in a science); **aspirare alla p.**, to aim at perfection; **raggiungere la p.**, to reach perfection; **essere la p. in persona**, to be the pink of perfection; **a p.**, to perfection; perfectly; thoroughly; **fare q.c. a p.**, to do st. to perfection 2 (*eccellenza in qualità specialm. morali*) perfection; excellence: **avere tutte le perfezioni**, to be endowed with all perfections.
perfezionismo, *m.* perfectionism.
perfezionista, *m. e f.* perfectionist.
perfezionistico, *a.* perfectionist (*attr.*); perfectionistic.
perfidaménte, *avv.* perfidiously; treacherously; wickedly.
perfìdia, *f.* perfidy (*anche concreto*); perfidiousness; treacherousness: **la p. dei tiranni**, the perfidy of tyrants; **Sono tutte perfidie**, it's all perfidy.
pèrfido, *a.* perfidious; treacherous: **una donna perfida**, a perfidious woman; **parole (azioni) perfide**, treacherous words (actions); (*fam.*) **un tempo p.**, treacherous weather. ● **È una cosa perfida!**, that's a very bad thing to do!
perfino, *avv.* even; just: **È stato p. in Australia**, he has even been to Australia; **Ho vergogna p. a pensarlo**, I'm ashamed even (*o* just) to think of it; **p. in estate**, even in summer; **p. in quell'occasione**, even on that occasion.
perforàbile, *a.* pierceable.
perforaménto, *m.* 1 (*il forare, anche mecc.*) piercing; boring through; perforating; punching 2 (*min.*) drilling 3 (*fis.*) puncturing.
perforante, *a.* piercing; perforating 2 (*mil.*) armour-piercing.
perforare, *v. t.* 1 (*forare, anche mecc.*) to pierce; to bore; to perforate; to punch 2 (*min.*) to drill 3 (*fis.*) to puncture.
perforato, *a.* punched; punch (*attr.*): **scheda perforata**, punch(ed) card.
perforatóre, **A** *a.* 1 piercing; perforating; punching 2 (*min.*) drilling. ● **martello p.**, hammer (*o* rock) drill; rock hammer. **B** *m.* 1 perforator 2 (*elab.*) key punch; (*operatore*) key-punch operator.
perforatrice, *f.* 1 (*macchina*) drill; punch 2 (*min.*) rock drill 3 (*elab.*) key punch; (*operatrice*) key-punch operator. ● **p. da cantiere**, drifter.
perforatura, *f.* perforation.
perforazióne, *f.* 1 perforation; boring 2 (*min.*) drilling: **p. sottomarina**, offshore (*o* submarine) drilling 3 (*elab.*) punching; punch.
perfosfato, *m.* (*chim.*) superphosphate.
perfusióne, *f.* (*med.*) perfusion.
pergamèna, *f.* 1 parchment; vellum; sheepskin: **p. di cotone**, cotton parchment; **carta p.**, parchment paper; **un documento su p.**, a (document on) parchment; a vellum; **scritto su p.**, written on parchment (*o* sheepskin) 2 (*documento antico su p.*) parchment.
pergamenàceo, *a.* of parchment; pergamenous; parchment (*attr.*); sheepskin (*attr.*); vellum (*attr.*).
pergamenato, *a.* parchment (*attr.*): **carta pergamenata**, parchment paper; vellum paper.
pèrgamo, *m.* pulpit.
pèrgola, *f.* **pergolato**, *m.* pergola; arbour; bower.
periadenite, *f.* (*med.*) periadenitis*.
periànzio, *m.* (*bot.*) perianth.
periarterite, *f.* (*med.*) periarteritis*.
periartrite, *f.* (*med.*) periarthritis.
periblèma, *m.* (*bot.*) periblem.
peribolo, *m.* (*archeol.*) peribolus*, peribolos*.
pericàrdico, *a.* (*anat.*) pericardial; pericardiac: **liquido p.**, pericardial fluid.
pericàrdio, *m.* (*anat.*) pericardium*.
pericardite, *f.* (*med.*) pericarditis*.
pericàrp(i)o, *m.* (*bot.*) pericarp; seed-vessel.
periclàsio, *m.* (*miner.*) periclase.
Pèricle, *m.* (*stor.*) Pericles.
pericolante, *a.* 1 in danger; threatening to fall; unsafe; tottery: **un tetto p.**, an unsafe roof; **un comignolo p.**, a tottery chimney 2 (*fig.*) precarious; shaky.
pericolare, *v. i.* to be in danger (of falling); to be threatening to fall; to totter: **L'edificio pericolava**, the building was in danger of falling (*o* was threatening to fall).
pericolo, *m.* 1 danger; peril; hazard; risk: **in p. di morte**, in danger of death; **in p. di vita**, in peril of one's life; **Il malato è fuori p.**, the patient is out of danger (*o* is off the danger list); **scongiurare (evitare, affrontare) un p.**, to ward off (to avoid, to face) a danger; **i pericoli della strada**, the dangers of the road; **i pericoli del mare**, the perils (*o* dangers) of the sea; **esporsi al p.**, to expose oneself to danger; **p. imminente**, impending danger; **Nelle centrali nucleari c'è sempre il p. delle radiazioni**, in nuclear power stations the radiation hazard always exists; **segnale di p.**, danger signal; **Lo faranno a proprio rischio e p.**, they will do it at their own risk and peril; **Devi giungere alla frontiera senza**

badare al p., you must get to the frontier at all hazards (*o* whatever dangers there may be); **rendersi conto del p.**, to realize the danger; to see the red light (*fam.*); **una strada piena di pericoli**, a road full of hazards; **salvare q. dal p.**, to save sb. from danger; **tenersi lontano dal p.**, to keep out of danger; **fuggire il p.**, to fly from peril (*o* danger); **correre (il) p. di fare q.c.**, to run the risk (*o* to be in danger) of doing st.: **Correva p. di annegare**, he ran the risk of drowning **2** (*fam.: probabilità*) fear; danger: **Non c'è p. ch'io vinca al totocalcio**, there's no fear of my winning the football pools; **Non c'è p. che facciano pace**, there's no danger of their making peace; **Non c'è p.!**, no fear! ● **in p.**, endangered: (*ecologia*) **una specie in p. (d'estinzione)**, an endangered species □ **mettere in p. la vita (gli interessi) di q.**, to jeopardize (*o* to imperil, to endanger) sb.'s life (interests) □ **salvare una nave in p.**, to rescue a ship in distress □ **senza p.**, safely; without danger □ **Quell'uomo è un p. pubblico**, that man is a public menace □ **La civiltà occidentale è in p.**, western civilization is in jeopardy.

pericolosaménte, *avv.* dangerously; perilously.

pericolosità, *f.* danger; dangerousness.

pericolóso, *a.* dangerous; perilous; (*malsicuro*) risky, insecure, unsafe: **È p. fare una cosa del genere**, it's dangerous (*o* not safe) to do such a thing; **Quel cane sembra p.**, that dog looks dangerous; **un uomo p.**, a dangerous man; **un viaggio p.**, a dangerous journey; **mari pericolosi**, perilous seas; **una strada pericolosa**, an unsafe road; **una malattia pericolosa**, a dangerous illness.

pericòndrio, *m.* (*anat.*) perichondrium*.

peridèrma, *m.* (*bot.*) periderm.

peridio, *m.* (*bot.*) peridium*.

peridotite, *f.* (*miner.*) peridotite.

peridòto, *m.* (*miner.*) peridot; olivine.

perieliaco, *a.* (*astron.*) perihelial.

perièlio, *m.* (*astron.*) perihelion.

periferia, *f.* **1** (*di città*) outskirts (*pl.*); suburbs (*pl.*); environs (*pl.*): **nella p. di una città**, on the outskirts of a town; (**i quartieri posti al**)**la p. di Londra**, the suburbs of London; **abitare in p.**, to live in the suburbs **2** (*geom.*) periphery; circumference; (*perimetro*) perimeter.

perifèrico, *a.* **1** suburban; in the suburbs; on the outskirts; outskirt (*attr.*): **un villino p.**, a suburban villa; **in un luogo p.**, somewhere on the outskirts **2** (*geom., anat.*) peripheral; peripheric(al). ● (*mecc.*) **velocità periferica**, tip speed.

periflebite, *f.* (*med.*) periphlebitis*.

perifrasi, *f.* periphrasis*; periphrase; circumlocution: **usare una p.**, to use a periphrasis (*o* a circumlocution). ● **dire q.c. senza tante p.**, to say st. without beating about the bush; to speak up.

perifrasticaménte, *avv.* periphrastically.

perifràstico, *a.* periphrastic(al); circumlocutory: **una costruzione (una locuzione) perifrastica**, a periphrastic construction (locution); **un genitivo p.**, a periphrastic genitive.

perigastrite, *f.* (*med.*) perigastritis*.

perigèo, *m.* (*astron.*) perigee.

perigònio, *m.* (*bot.*) perigonium*; perigone.

perilùnio, *m.* (*miss.*) perilune.

perimetrale, *a.* (*edil.*) perimetric(al) (*anche geom.*); (*dell'esterno*) external: **i muri perimetrali**, the external (*o* the boundary) walls.

perimetria, *f.* (*oculistica*) perimetry.

perimètrico, *a.* (*geom.*) perimetric(al). ● **linea perimetrica**, boundary line; perimeter.

perimetrite, *f.* (*med.*) perimetritis*.

perimetro, *m.* **1** boundary; circumference **2** (*geom.*) perimeter: **il p. d'un quadrato**, the perimeter of a square **3** (*oculistica*) perimeter. ● **nel p. d'una città**, in the periphery of a town.

perineale, *a.* (*anat.*) perineal.

perinèo, *m.* (*anat.*) perineum*.

periodare (1), *v. i.* to build* (*o* to construct) sentences.

periodare (2), *m.* sentence-building; turn of expression.

periodicaménte, *avv.* periodically; at regular intervals; every now and then.

periodicista, *m.* e *f.* contributor to a periodical.

periodicità, *f.* periodicity; recurrence. ● **p. mensile**, monthly interval.

periòdico, **A** *a.* **1** (*che accade a periodi di tempo fissi*) periodic(al); recurrent; recurring: **febbre periodica**, periodic (*o* recurrent) fever **2** (*di pubblicazione, opuscolo, ecc.*) periodical **3** (*mat.*) recurring: **una frazione decimale periodica**, a recurring decimal fraction **4** (*chim.*) periodic: **sistema p. degli elementi**, periodic system of the (chemical) elements. **B** *m.* periodical; magazine: **un p. sportivo**, a sports magazine. ● **p. mensile**, monthly □ **p. settimanale**, weekly.

periodizzare, *v. t.* to divide into periods.

periodizzazione, *f.* periodization.

periodo, *m.* **1** (*intervallo di tempo*) period; (*epoca, anche*) age, era: **il p. della rivoluzione francese**, the period of the French Revolution; **il p. vittoriano**, the Victorian period; **un glorioso p. della nostra storia**, a glorious period of our history; **un p. meraviglioso della mia vita**, a wonderful period of my life; **un p. di sei mesi**, a period of six months; **un p. di riposo**, a period of rest; (*ind.*) **p. di prova**, (*del personale*) probationary period; (*di macchina e sim.*) testing period **2** (*geol.*) period: **il p. devonico**, the Devonian period **3** (*gramm.*) period; sentence: **un p. breve (lungo)**, a short (a long) period; **un p. ben costruito**, a well-constructed period; a felicitous period; **la proposizione principale d'un p.**, the main clause of a period **4** (*mat.*) repetend **5** (*astron., fis., mus.*) period: **p. di vibrazione libera**, natural period; **p. radioattivo**, decay period; **p. della pila**, pile period **6** (*med.*) period; stage; phase: **il p. iniziale di una malattia**, the initial stage of a disease; **il p. d'incubazione**, the incubation period. ● **p. d'addestramento** (*del personale*), follow-up (*comm.*) **p. di crisi** (*delle vendite, ecc.*), down □ **p. d'inattività**, (*del mercato, ecc.*) slack; (*di una macchina, una fabbrica*) downtime; lay-off □ **p. di permanenza in carica**, term of office □ (*leg.*) **p. utile** (*per far valere un diritto*), limitation.

periodontite, *f.* (*med.*) periodontitis.

periodònto, *m.* (*anat.*) periodontium*; pericementum.

periostèo, *a.* (*anat.*) periosteal.

periòstio, *m.* (*anat.*) periosteum*.

periostite, *f.* (*med.*) periostitis.

peripatètica, *f.* street-walker; prostitute.

peripatètico, (*filos.*) **A** *a.* peripatetic. **B** *m.* peripatetic.

peripezia, *f.* turn (*o* sudden change) of fortune; vicissitude: **le peripezie della vita**, the vicissitudes (*o* ups and downs) of life.

pèriplo, *m.* **1** periplus*; circumnavigation **2** (*letter.*) periplus*. ● **fare il p. di un'isola**, to sail round an island.

períptero, *a.* (*archit.*) peripteral.

perire, *v. i.* (*morire*) to perish; to die; (*andare perduto*) to be destroyed, to be lost: **Perirono in un naufragio**, they perished in a wreck; **p. fra le fiamme**, to perish in the flames; **p. di spada**, to perish by the sword; **La sua gloria non perirà mai**, his fame will never die; **Molti capolavori perirono in quell'incendio**, many masterpieces were destroyed (*o* lost) in that fire **2** (*fig.: languire*) to perish; to languish; to pine: **p. per amore**, to be pining with love. ● (*prov.*) **Chi di spada ferisce, di spada perisce**, he that striketh with the sword, shall be stricken with the scabbard.

periscòpico, *a.* (*fis., naut.*) periscopic: **quota periscopica**, periscope depth.

periscòpio, *m.* (*fis., naut.*) periscope: **un p. d'esplorazione**, a search periscope; **un p. notturno**, a night lens periscope.

perispòmeno, *a.* (*linguistica*) perispomenon.

perissodàttili, *m. pl.* (*zool., Perissodactyla*) perissodactyls.

peristalsi, *f.* (*fisiologia*) peristalsis*.

peristàltico, *a.* (*fisiologia*) peristaltic: **movimento p.**, peristaltic movement; peristalsis.

peristìlio, *m.* (*archit.*) peristyle.

peritale, *a.* (*leg.*) of an expert; expert (*attr.*): **prova p.**, expert evidence.

peritarsi, *v. rifl.* to hesitate; to scruple; to have scruples: **Non mi perito di dirti la verità**, I have no scruples about telling you the truth.

perittètico, *a.* (*fis., geol.*) peritectic.

perito, **A** *a.* expert; well-experienced; skilled; well-trained: **essere p. nell'arte della guerra**, to be expert in warfare. **B** *m.* **1** (technical) expert; qualified person; (*p. estimatore*) (official) appraiser, valuer: **il parere del p.**, the expert's opinion; **la relazione del p.**, the expert's (*o* the appraiser's) report; **l'albo dei periti**, the panel of experts; **un p. calligrafo**, a handwriting expert **2** (*leg.*) expert; assessor: **p. nominato dal tribunale**, expert appointed by the Court **3** (*ass.*) insurance adjuster; surveyor: **p. d'avaria**, average surveyor. ● **p. agronomo**, land surveyor □ **p. chimico**, chemist □ **p. commerciale**, qualified accountant □ **p. edile**, master contractor □ **p. industriale**, engineer □ **p. navale**, ship (*o* marine) surveyor □ **p. ragioniere**, chartered accountant □ **p. tecnico**, estimator □ **p. traduttore**, sworn translator.

peritoneale, *a.* (*anat.*) periton(a)eal.

peritonèo, *m.* (*anat.*) periton(a)eum*.

peritonite, *f.* (*med.*) peritonitis.

perittero, *a.* (*archit.*) peripteral.

perituro, *a.* (*lett.*) perishable; transient; fleeting; fugacious.

perizia, *f.* **1** (*l'essere esperto*) expertness; skill; ability; mastery **2** (*stima d'un perito*) appraisement; appraisal; valuation; estimate; survey: **p. dei danni**, damage appraisal; **secondo una p.**, at a valuation **3** (*relazione d'un perito*) expert's report; appraiser's report; (*parere d'un perito*) expert opinion: **la p. calligrafica**, an expert opinion on handwriting. ● **avere una grande p. in q.c.**, to be well-trained in st. □ **fare perizie**, to survey; to value; to estimate.

periziare, *v. t.* to survey; to value; to estimate: **p. i danni**,

to estimate the damages. ● **far p. un patrimonio**, to have an inheritance assessed.
periziatóre, *m.* (*ippica*) handicapper.
perizòma, *m.* loin-cloth.
pèrla, **A** *f.* **1** pearl; (*perlina di collana*) bead: **perle artificiali**, imitation pearls; **perle coltivate**, culture pearls; **perle a pera**, pear-shaped pearls; **la pesca delle perle**, pearl-fishing; pearling; **un pescatore di perle**, a pearl-fisher (*o* -diver); **un vezzo** (*o* **una collana**) **di perle**, a string of pearls; **Chi infila collane di perle**, pearl stringer; **un orecchino con p.**, a pearl-drop; **simile a p.**, like a pearl; pearl-like; pearly; pearlish; **tempestato di perle**, pearl--studded; **ornare di perle**, to adorn (*o* to set, to stud) with pearls; **pescare le perle**, to fish for pearls; to go pearling; (*fig.*) **gettare le perle ai porci**, to cast pearls before swine **2** (*fig.*) treasure (*fam.*); jewel (*fam.*); gem (*fam.*): **Era la p. delle suocere**, she was a pearl (*o* a jewel) among mothers-in-law; **È una vera p.!**, he's a real treasure!; **una moglie che è una p.**, a jewel of a wife; a model wife **3** (*farm.*) pearl; capsule **4** (*tipogr.*) pearl (type) **5** (*iron.*: *errore madornale*) blunder; howler (*fam.*). **B** *a.* pearl (*attr.*): **grigio p.**, pearl grey; **di colore p.**, pearl-coloured (*agg.*).
perlàceo, *a.* pearly; pearl-like; pearl-coloured; pearl (*attr.*): **una tinta perlacea**, a pearly hue; **bianco p.**, pearly-white; **di un bianco-re p.**, of a pearly whiteness; **mari perlacei**, pearly seas.
perlàio, *m.* **1** (*chi lavora le perle*) worker in pearl(s) **2** (*chi vende le perle*) dealer in pearls.
pér la quale, **A** *a.* decent; respectable. **B** *avv.* well; satisfactorily.
perlato, *a.* **1** (*del colore di perla*) pearly; pearl-coloured; pearl--like **2** (*ornato di perle*) pearled; pearl-set; pearl-studded. ● **orzo p.**, pearl-barley.
perlifero, *a.* pearl-yielding. ● **ostrica perlifera**, pearl-oyster.
perlina, *f.* **1** (*piccola perla*) seed-pearl; (*elemento di collana*) bead **2** (*falegnameria*) match-board.
perlinato, **A** *a.* (*rif. a schermo cinematografico*) beaded. **B** *m.* (*falegnameria*) match-boarding.
perlinguale, *a.* (*farm.*) perlingual.
perlite, *f.* (*miner.*) pe(a)rlite; pearlstone.
perlomeno, *avv.* at least.
perlopiù, *avv.* mainly; in most cases.
perlustrare, *v. t.* **1** (*esplorare*) to reconnoitre, to scout, to explore: **p. una zona**, to patrol a beat; **p. la campagna**, to scout the country.
perlustratóre, *m.* patroller; (*chi esplora*) reconnoitrer, scout.
perlustrazióne, *f.* patrol, patrolling; (*l'esplorare*) reconnaissance, scouting: **andare in p.**, to be on patrol; to be out scouting.
permalosità, *f.* touchiness; testiness; huffiness.
permalóso, **A** *a.* touchy; testy; tetchy; huffy; peevish; fretful: **una ragazza permalosa**, a touchy girl; **un vecchio p.**, a peevish old man. **B** *m.* touchy person.
permanènte, **A** *a.* permanent; standing; lasting; enduring; persistent: **leggi permanenti**, permanent laws; (*comm.*) **investimenti permanenti**, permanent investments; **un'esposizione p.**, a permanent exhibition; **invalidità p.**, permanent disability; (*mil.*) **un esercito p.**, a standing army; **una giunta p.**, a standing committee; **un invito p.**, a standing invitation; (*fis.*) **magnete p.**, permanent magnet. ● (*ferr.*) **carta p. di circolazione**, free-travel pass □ **colori permanenti**, fast colours. **B** *f.* permanent (wave).
permanenteménte, *avv.* permanently.
permanènza, *f.* **1** permanence **2** (*soggiorno*) stay; sojourn: **La mia breve p. a Roma**, my short stay in Rome; **fare una lunga p. in città**, to make a long stay in a town; **Buona p.!**, have a good stay! **3** (*leg.*: *in una carica*) tenure; continuance. ● **essere di p.**, to live; to reside: **Ora sono di p. a Milano**, now I live in Milan.
permanére, *v. i.* **1** to remain (for quite a long time); to stay on **2** (*perdurare*) to persist; to continue; to go* on; to last.
permanganato, *m.* (*chim.*) permanganate: **p. potassico**, potassium permanganate.
permangànico, *a.* – (*chim.*) **acido p.**, permanganic acid.
permeàbile, *a.* (*fis.*) permeable.
permeabilità, *f.* (*fis.*) permeability: **p. assoluta**, absolute permeability.
permeanza, *f.* (*fis.*) permeance.
permeare, *v. t.* (*anche fig.*) to permeate.
permeasi, *f.* (*biol., chim.*) permease.
permeazióne, *f.* (*fis.*) permeation.
permésso, *m.* **1** permission; consent; leave: **Chiese il p. di parlare**, he asked (for) permission (*o* leave) to speak; **col vostro p.**, by your leave; **L'ha fatto senza p.**, he has done it without permission **2** (*di soldato, impiegato, ecc.*) leave: **Il soldato era in p.**, the soldier was on leave; **Il signor Smith ha cinque giorni di p.**, Mr Smith is on a five days' leave (of absence) **3** (*licenza, autorizzazione*) licence; permit; leave: **p. d'esportazione** (d'im-portazione, di caccia), export (import, shooting) licence; **rilasciare un p.**, to grant a permit. ● (*autom.*) **p. di circolazione**, registration book □ **avere il p. di fare q.c.**, to be allowed (*o* permitted) to do st.: **Non ho il p. di uscire di sera**, I am not allowed out after dark □ **Quel che è in gioventù non è p. in vecchiaia**, the sins of youth become folly in old age.
perméttere, **A** *v. t.* **1** to allow; to permit; to let*; (*autorizzare*) to authorize, to entitle: **Non gli permise di uscire**, he did not allow (*o* permit) him to go out; he did not let him go out; **p. q.c. a q.**, to allow sb. st.; **La polizia non ha permesso il comizio nella piazza**, the police did not permit (*o* authorize) the meeting (to take place) in the square; **Non posso p. che tu stia qua a non far niente tutto il tempo**, I can't let you stay here doing nothing all the time; **Mi si permette di parlare?**, am I allowed to speak?; may I speak?; **Mi permetta di presentarLe mia moglie**, may I introduce (*o* let me introduce) my wife to you **2** (*sopportare*) to bear*; to suffer: **Non permetto che egli si approfitti di te**, I can't bear him to take advantage of you. ● **Dio permettendo**, God willing □ **tempo permettendo**, weather permitting □ (*formula di cortesia*) **Permette?**, may I? □ **È permesso** (entrare), may I come in? □ **Crede che tutto gli sia permesso**, he thinks he can do anything he likes □ **I nostri mezzi non ci permettono questa spesa**, we can't afford this expense. **perméttersi**, **B** *v. rifl.* **1** to allow oneself; (*rif. a spese e sim.*) to afford: **Di tanto in tanto mi permetto una sigaretta o due**, now and then I allow myself a cigarette or two; **Non posso permettermi una vacanza all'estero**, I can't afford a holiday abroad **2** (*pigliarsi la libertà*) to take* the liberty (of); (*osare*) to dare: **Mi permetto di dirLe che ha agito male**, I take the liberty of telling you that you have acted badly.
permiano, **pèrmico**, *a. e m.* (*geol.*) Permian.
permissìbile, *a.* permissible; allowable.
permissivismo, *m.* permissiveness; permissivism.
permissivista, *m. e f.* permissivist; permissive; permissionist.
permissivo, *a.* permissive.
pèrmuta, *f.* **1** (*comm.*) exchange; (*baratto*) barter, truck, trade--off: **p. di beni immobili**, exchange of real property **2** (*leg.*) permutation; barter.
permutàbile, *a.* permutable; exchangeable: **non p.**, not exchangeable; unexchangeable: **titoli non permutabili**, unexchangeable securities.
permutabilità, *f.* permutability; permutableness.
permutaménto, *m.* **V. permutazione**.
permutare, *v. t.* **1** (*comm.*) to exchange; (*barattare*) to barter: **p. merci**, to barter commodities **2** (*mat.*) to permute.
permutatóre, *m.* (*comm.*) exchanger; barterer.
permutazióne, *f.* **1** (*scambio*) exchange; barter **2** (*mat., chim.*) permutation.
pernàcchia, *f.* (*volg.*) raspberry (*volg.*).
pernìce, *f.* (*zool., Perdix; Alectoris*) partridge. ● **p. bianca** (*Lagopus mutus*), ptarmigan; snow-grouse □ **p. di mare** (*Glareola pratincola*), pratincole □ (*fig.*) **occhio di p.**, (*disegno su un tessuto*) bird's eye pattern; (*callosità*) soft corn (between toes).
perniciósa, *f.* (*med.*) pernicious fever.
perniciosità, *f.* perniciousness; banefulness.
perniciòso, *a.* pernicious; (highly) injurious; ruinous; harmful: **una malattia perniciosa**, a pernicious disease; **anemia perniciosa**, pernicious anaemia; **dottrine perniciose**, pernicious doctrines; **proposte perniciose**, ruinous proposals. ● **febbre perniciosa**, malignant fever □ **in modo p.**, perniciously.
perniciòtto, *m.* (*pulcino della pernice*) partridge-poult; young partridge.
pèrn(i)o, *m.* **1** (*mecc.*) pivot, pin; gudgeon; stud; journal; (*di ruota*) hub, axis: **un p. a forcella**, a forked pin; **un p. a ginocchiera**, a toggle-pin; **un p. girevole**, a pivot pin; **il p. d'accoppiamento**, the coupling pin; **il p. di bloccaggio**, the check pin; **il p. d'incernieramento**, the hinge pin; **il p. di manovella**, the crank pin; **il p. di stantuffo**, the piston (*o* gudgeon) pin; (*ferr.*) **il p. del carrello**, the centre pivot; **il p. di banco**, the (main) journal; **il p. di banco posteriore**, the tail journal **2** (*cardine*) hinge **3** (*fig.*) pivot; hinge; prop; chief support: **È il p. della faccenda**, it's the hinge of the matter; **essere il p. della famiglia**, to be the chief support of one's family. ● (*mecc.*) **p. di agganciamento**, pintle □ (*mecc.*) **p. di articolazione**, trunnion □ (*mecc.*) **p. di centraggio**, dowel □ (*mecc.*) **p. sferico**, ball-and-socket joint □ **fare p. su q.c.**, to pivot on st.
pernottaménto, *m.* overnight stay.
pernottare, *v. i.* to stay overnight; to spend* the night: **p. a casa di un amico**, to stay overnight at a friend's house.
péro, *m.* (*bot., Pyrus communis*) pear-tree; pear. ● (*fig.*) **far p.**, to stand on a leg.
però, *cong.* but; however; yet; nevertheless; still.
perocché, (*lett.*) **V. poiché**.
peróne, *m.* (*anat.*) perone; fibula*.

peronèo, a. (anat.) peroneal; fibular.
peroniṣmo, m. (polit.) Peronism.
peroniṣta, a., m. e f. (polit.) Peronist.
peronòspora, f. (bot.) peronospora; mildew: **p. della vite** (Plasmopara viticola), grape mildew.
peroràbile, a. (leg.) pleadable.
perorare, **A** v. t. **1** to plead; to advocate; to defend; to speak* (o to argue) in favour of: **p. la propria causa**, to plead one's own cause; **p. la causa dei disoccupati**, to plead the cause of the unemployed **2** (leg.: una causa) to plead. **B** v. i. **1** to perorate **2** (leg.) to plead.
perorazióne, f. **1** (il perorare) pleading (anche leg.); advocating **2** (parte di un'orazione) peroration.
peròssido, m. (chim.) peroxide.
perpendicolare, **A** a. perpendicular: **AD è p. a BC**, AD is perpendicular to BC; **una retta p.**, a perpendicular line. **B** f. (geom.) perpendicular (line); (archit.) **lunghezza tra le perpendicolari**, length between perpendiculars; (abbr.) L.B.P.; **abbassare una p.**, to drop a perpendicular.
perpendicolarità, f. perpendicularity.
perpendicolarménte, avv. perpendicularly.
perpendicolo, m. plumb-line; plummet. ● **a p.**, perpendicularly.
perpetrare, v. t. to perpetrate; to commit: **p. un delitto**, to perpetrate a crime; **p. atroci misfatti**, to perpetrate atrocious misdeeds.
perpetratóre, m. perpetrator.
perpètua, f. priest's housekeeper (o servant).
perpetuaménte, avv. perpetually; in perpetuity; for ever.
perpetuare, **A** v. t. to perpetuate; to make* perpetual; to preserve from oblivion; to immortalize; to eternize: **p. una razza**, to perpetuate a race; **p. il proprio nome**, to immortalize one's name. **perpetuarsi**, **B** v. rifl. to be perpetuated; to be immortalized.
perpetuatóre, m. perpetuator; immortalizer.
perpetuazióne, f. perpetuation; immortalization.
perpetuità, f. perpetuity: **la p. delle leggi**, the perpetuity of laws.
perpètuo, a. **1** (che non avrà fine) perpetual; everlasting; never-ending; endless; (eterno) eternal: **nevi perpetue**, perpetual snows; **moto p.**, perpetual motion; (relig.) **la dannazione perpetua**, perpetual damnation **2** (continuo) perpetual; eternal; continual; unceasing; incessant: **questo p. chiacchierare**, this perpetual (o eternal) chatter **3** (che dura tutta la vita) perpetual; permanent; for life: **un socio p.**, a permanent member; **una rendita perpetua**, a perpetual annuity; a life-annuity **4** (mecc.) perpetual; endless: **una vite perpetua**, a perpetual (o an endless) screw. ● (fig.) **avere il moto p. addosso**, to be restless; to have quicksilver in one's veins □ **carcere p.**, life imprisonment □ **in p.**, perpetually; for ever.
perplessità, f. perplexity; embarrassment; (incertezza) uncertainty.
perplèsso, a. perplexed; puzzled; embarrassed; (incerto) uncertain, doubtful, undecided: **rimanere p.**, to be puzzled (o in a puzzle); to be in a state of uncertainty; to be at a loss. ● **rendere (o lasciare) p. q.**, to puzzle sb.; to perplex sb. □ **Sono ancora un po' p.**, I've not made up my mind yet.
perquiṣire, v. t. to search: **p. una casa (una persona)**, to search a domicile (a person).
perquiṣizióne, f. perquisition; (thorough) search: **un mandato di p.**, a search-warrant; **fare una p.**, to make a perquisition.
perscrutàbile, a. (lett.) investigable.
perscrutare, v. t. (lett.) to investigate; to examine (st.) in detail.
persecutóre, **A** m. persecutor: **un p. del cristianesimo**, a persecutor of the Christians. **B** a. persecuting; persecutive; persecutory.
persecutòrio, a. persecutory.
persecutrice, f. persecutress.
persecuzióne, f. (anche fig.) persecution: **le persecuzioni dei cristiani (degli ebrei)**, the persecutions of the Christians (of the Jews); (psic.) **mania di p.**, persecution mania. ● **È una p.!**, it's a nuisance!
Persèfone, f. (mitol.) Persephone.
perseguènte, a. (leg.) prosecuting.
perseguibile, a. (leg.) prosecutable; actionable; indictable. ● **reato p. per legge**, legal offence.
perseguiménto, m. pursuit: **il p. della ricchezza**, the pursuit of wealth.
perseguire, v. t. **1** to pursue; to follow up: **p. uno scopo**, to pursue an aim **2** (leg.) to prosecute; to indict.
perseguitare, v. t. **1** (fare oggetto di persecuzione, anche fig.) to persecute; (opprimere) to oppress: **Nerone perseguitò i cristiani**, Nero persecuted the Christians; **essere perseguitato**, to be persecuted; to suffer persecution **2** (fig.: molestare) to persecute; to molest; to pester: **Non hanno fatto che perseguitarmi con le loro domande**, they've done nothing but pester me with questions. ● **essere perseguitato dal timore di q.c.**, to be haunted by the fear of st. □ **La sfortuna mi perseguita**, it's just my luck!
perseguitato, m. victim of persecution.
Persèidi, f. pl. (astron.) Perseids.
Pèrseo, m. (mitol., astron.) Perseus.
perseverante, a. persevering; perseverant; persistent.
perseveranza, f. perseverance; persistence: **un'ostinata p. nell'errore**, an obstinate perseverance in error.
perseverare, v. i. to persevere; to persist: **p. negli studi**, to persevere in one's studies; **p. sino alla fine**, to persevere to the last; **p. nel male**, to persist in wrongdoing.
Pèrṣia, f. (geogr.) Persia; Iran.
perṣiana, f. (window-)shutter; blind: **una p. avvolgibile**, a Venetian (o a roller) blind; **aprire (chiudere) le persiane**, to open (to close) the shutters; **abbassare le persiane**, to lower (o to pull down) the blinds. ● **stecca di p.**, slat.
perṣiano, **A** a. e m. Persian: **i persiani**, the Persians; **la lingua persiana**, the Persian language; Persian; **un gatto p.**, a Persian (cat); **un tappeto p.**, a Persian carpet. **B** m. **1** (gatto p.) Persian (cat) **2** (pelliccia) Persian lamb.
pèrṣico, a. (geogr.) Persic; Persian: **il golfo p.**, the Persian Gulf. ● (zool.) **pesce p.** (Perca fluviatilis), perch; bass.
perṣino, V. perfino.
persistènte, a. **1** persistent; persisting; (perseverante) persevering, perseverant; (ostinato) obstinate: **attacchi persistenti**, persistent attacks; **sforzi persistenti**, persistent efforts **2** (chim.) hard.
persistènza, f. persistence; persistency; (perseveranza) perseverance; (ostinazione) obstinacy: **p. dell'immagine**, (fis.) persistence of vision; (radar) afterglow.
persistere, v. i. to persist; to hold* on; to insist; (perseverare) to persevere: **p. in una cattiva abitudine**, to persist in a bad habit; **p. nel male**, to persist in doing wrong; **p. a dire (ad affermare)**, to persist in saying (in asserting). ● **Il dolore persiste**, it still hurts.
pèrṣo, a. lost; wasted: **un giorno p.**, a lost day; **riguadagnare il tempo p.**, to make up for lost time; **una causa persa**, a lost cause; **un'anima persa**, a lost soul; **dare q.c. per p.**, to give st. up for lost. ● **p. per p.**, having nothing further to lose □ **fare q.c. a tempo p.**, to do st. in one's spare time; to do st. just to kill time.
persolfato, m. (chim.) persulfate.
persóna, f. **1** person; (pl.) people, persons: (relig.) **le tre persone della Trinità**, the three persons of the Trinity; **Non so sopportare le persone moleste**, I can't stand an importunate person; **È una brava p.**, he's a nice person; **votare per interposta p.**, to vote through a third person; to vote by proxy; **Andrò a vederlo in p.**, I shall go and see him in person; **La tavola era apparecchiata per venti persone**, the table was set for twenty people; **All'interno c'è posto per sette persone**, there's room for seven people inside **2** (un tale, qualcuno) somebody, someone; (in frasi interr. e neg.) anybody, any one; (in frasi negative) nobody, no one: **C'è una p. di sotto che ti cerca**, there's someone (o somebody) downstairs looking for you; **Non c'è p. che gli voglia bene**, there isn't anyone (o anybody) who likes him; there is no one (o nobody) who likes him **3** (corpo) body; (figura) figure: **Sentiva un gran dolore in tutta la p.**, he felt a great pain all over his body; **Egli mi fece un abito adatto alla mia p.**, he made a suit for me that suited my figure **4** (leg.) person; body: **p. fisica**, individual (o natural) person; **p. giuridica**, body corporate; legal (o juridical) person **5** (gramm.) person: **prima p. singolare**, the first person singular; **scrivere in prima p. plurale**, to write in the first person plural **6** (psic.) persona. ● **p. di servizio**, domestic servant □ **dieci bottiglie per p.**, ten bottles a head □ **in (o di) p.**, in person (o personally) □ **in p. di**, instead of; in the place of □ (fig.) **pagare di p.** (o **pagare con la propria p.**), to meet one's responsibilities squarely; to face the consequences (o, fam.: the music) □ **trattare per interposta p.**, to deal through a third party □ **Non l'ho detto a p. viva**, I haven't told a soul □ **I due diplomatici sono stati dichiarati persone non gradite**, the two diplomats have been declared «personae non gratae» □ **È la superbia in p.**, he is pride personified □ **È la generosità in p.**, he is the essence of generosity □ **È lui in p.**, he is the very man; it's him.
personàggio, m. **1** (uomo ragguardevole) personage: **un gran p.**, a very important personage; a V.I.P. (fam.); a bigwig (fam.); a big shot (fam.) **2** (di un dramma, d'un romanzo) character: **un p. comico**, a comic character; **il p. principale**, the main character; **i personaggi d'un romanzo**, the characters in a novel; **una commedia con pochi personaggi**, a comedy with few characters **3** (fig., scherz.: tipo) character; card (fam.). ● **È proprio uno strano p.!**, he's quite a card!
personale, **A** a. personal; (privato) private: **libertà (offesa**

p., personal liberty (insult); **opinione (questione) p.**, personal opinion (matter); **oggetti personali**, personal belongings; **favore (invito) p.**, personal favour (invitation); (*gramm.*) **pronome p.**, personal pronoun. ● **biglietto p.**, non-transferable ticket □ **mostra p.**, one-man show. **B** *m.* **1** staff; personnel; (*impiegatizio*) clerical staff; (*maestranze*) hands (*pl.*); (*di un negozio*) attendants (*pl.*): **il p. insegnante**, the teaching staff; **capo del p.**, personnel manager; **reparto del p.**, personnel department; **il p. di una ditta**, the staff of a firm; **assumere p. di complemento**, to take on extra staff; **fare parte del p. di una ditta**, to be on the staff of a firm; (*naut.*) **p. di coperta**, deck hands; (*naut.*) **p. di macchina**, engine-room hands; (*ferr.*) **p. viaggiante**, train staff **2** (*figura*) figure: **Ella ha un bel p.**, she has a beautiful figure. ● **il p. direttivo**, the management; the line; the executives (*pl.*) □ **la Divisione del p.**, the Secretariat general. **C** *f.* (*mostra p.*) one-man show. ● **la p. di Biancini**, Biancini's show.

personalismo, *m.* (*filos.*, *polit.*) personalism.
personalista, A *a.* personalist(ic). **B** *m.* e *f.* personalist.
personalistico, *a.* personalist(ic).
personalità, *f.* **1** personality (*anche psic.*): **una doppia p.**, a double personality; **avere una forte p.**, to have a strong personality; **non avere p.**, to lack personality **2** (*leg.*) legal status: **acquistare la p. giuridica**, to acquire legal status **3** (*personaggio cospicuo*) personage; personality: **V.I.P.** (*fam.*); bigwig (*fam.*); big shot (*fam.*); **È una p.**, he's a V.I.P.
personalizzare, *v. t.* **1** to personalize **2** to customize: **un'automobile personalizzata**, a customized car.
personalizzato, *a.* personalized.
personalizzazione, *f.* personalization.
personalmente, *avv.* **1** (*in persona*) personally; in person; (by) oneself: **Ci andai p.**, I went there in person; **fare q.c. p.**, to do st. personally **2** (*da parte propria*) personally; for one's own part: **P. non dispero**, personally I don't despair.
personificare, *v. t.* to personify; (*incarnare*) to incarnate, to embody; (*simboleggiare*) to represent: **p. il sole e la luna**, to personify the sun and the moon; **la giustizia personificata**, justice personified.
personificazione, *f.* personification; (*incarnazione*) incarnation, embodiment: **essere la p. dell'orgoglio**, to be the personification of pride; **sembrare la p. della salute**, to look the incarnation of health.
perspicace, *a.* perspicacious; discerning; penetrating; keen: **un occhio p.**, a keen eye; **un intelletto p.**, a keen intellect.
perspicacemente, *avv.* perspicaciously; with perspicacity, keenly.
perspicacia, *f.* perspicacity; discernment; penetration; keenness.
perspicuità, *f.* perspicuity; perspicuousness; evidence; clearness.
perspicuo, *a.* perspicuous; evident; clear: **espressioni perspicue**, perspicuous expressions; **un discorso p.**, a perspicuous speech.
perspirare, *v. t.* e *i.* to perspire.
perspirazione, *f.* perspiration.
persuadere, A *v. t.* **1** (*convincere*) to persuade; to convince; to prevail (up)on (sb. to do st.); (*indurre*) to induce; to make*: **Lo persuasi che aveva torto**, I persuaded him that he was wrong; **Non riuscii a persuaderlo che aveva torto**, I couldn't convince him that he was wrong; **Riuscii a persuaderlo ad andarsene**, I convinced him to go away; **p. q. della propria innocenza** (**della verità delle proprie parole**), to persuade sb. of one's innocence (of the truth of one's words); **p. q. a fare q.c.**, to persuade sb. to do st.; **p. q. ad accettare un invito**, to prevail upon sb. to accept an invitation **2** (*ottenere approvazione*) to be convincing; (*piacere*) to like: **Non è brutto, ma non mi persuade**, I don't like it, but I don't quite like it; **Tutte queste stupidaggini mi persuadono poco**, I don't like all this carrying on (*fam.*). **persuadersi, B** *v. rifl.* to persuade oneself; to convince oneself; to be persuaded; to be convinced: **Mi sono persuaso e non ho più nulla da obiettare**, I am convinced and have nothing more to object. ● **Si persuada!**, you must admit it! □ **Non sono persuaso**, I can't believe it.
persuadibile, persuasibile, *a.* persuadable; persuasible.
persuasione, *f.* **1** persuasion; inducement **2** (*convinzione*) persuasion; conviction; belief. ● **un uomo di difficile p.**, a man difficult to persuade □ **un uomo di facile p.**, a man easily persuaded.
persuasiva, *f.* persuasiveness; persuasion: **mancare di p.**, to lack persuasion.
persuasivo, *a.* persuasive; convincing: **mezzi persuasivi**, persuasive means; **un motivo p.**, a convincing reason.
persuaso, *a.* persuaded; convinced: **Sono p. che hai torto**, I am persuaded you are wrong; **Sono p. che è esattamente così**, I am convinced (*o* quite certain) that things are exactly like that; **Sono quasi p. della loro onestà**, I am almost convinced of their honesty (*o* that they are honest).
persuasore, *m.* persuader: (*nella tecnica pubblicitaria*) **i persuasori occulti**, the hidden persuaders.

pertanto, *cong.* for this (*o* that) reason; on that account; therefore; thus; so. ● **ciò non p.**, notwithstanding this □ **non p.**, yet; however; nevertheless.
pertica, *f.* **1** (*lungo bastone*; *misura di lunghezza*) pole; rod; perch **2** (*attrezzo ginnico*) pole **3** (*fig., fam.*: *persona molto alta e magra*) bean-pole (*pop.*); lamp-post (*pop.*).
perticata, *f.* blow with a pole (*o* a rod).
perticone, *m.* (*fig., fam.*) very tall thin person; bean-pole (*pop.*); lamp-post (*pop.*).
pertinace, *a.* pertinacious; tenacious; persistent; determined; (*ostinato*) obstinate, stubborn.
pertinacemente, *avv.* pertinaciously; tenaciously; with pertinacity.
pertinacia, *f.* pertinacity; pertinaciousness; tenacity; tenaciousness; persistency; (*ostinazione*) obstinacy, stubbornness.
pertinente, *a.* pertinent; pertaining; relevant: **prove pertinenti**, pertinent evidence; **osservazioni pertinenti alla causa**, pertinent remarks on the case; **funzioni pertinenti al proprio ufficio**, duties pertaining to one's office; **i fatti pertinenti**, the relevant facts. ● **non p.**, impertinent; irrelevant: **allegazioni non pertinenti**, impertinent allegations.
pertinenza, *f.* pertinence; pertinency; relevancy: **dubitare della p. delle prove**, to doubt the pertinence of the evidence. ● **essere di p. di q.**, to fall within sb.'s competence □ **Questo non è di mia p.**, this is no concern of mine □ **Questi libri sono cose di mia p.**, these books belong to me.
pertosse, *f.* (*med.*) (w)hooping-cough.
pertugio, *m.* hole; opening.
perturbamento, *m.* V. perturbazione.
perturbare, A *v. t.* to perturb; to disturb; to upset*: **un mondo perturbato da una crisi finanziaria**, a world perturbed by a financial crisis; **p. la mente**, to perturb (*o* to derange) the mind; **p. l'ordine**, to disturb the peace. **perturbarsi, B** *v. rifl.* to become* (*o* to get*) upset.
perturbatore, *m.* perturber; disturber.
perturbazione, *f.* **1** perturbation (*anche astron.*); disturbance; upset: **grave p. della mente**, great perturbation of mind; **perturbazioni politiche**, political disturbances **2** (*meteorologia*) disturbance: **p. atmosferica**, atmospheric disturbance.
Perù, *m.* (*geogr.*) Peru: **balsamo del P.**, Peru balsam. ● (*fam.*) **spendere un P.**, to spend a fortune □ (*fam.*) **valere un P.**, to be worth a fortune; to be worth a pretty penny (*fam.*).
perugino, *a.* e *m.* Perugian.
peruviano, *a.* e *m.* Peruvian.
pervadere, *v. t.* (*anche fig.*) to pervade; to permeate: **Una profonda armonia pervade la valle**, a deep harmony pervades the valley; **p. l'animo di tristezza**, to pervade the soul with sadness.
pervenire, *v. i.* **1** (*arrivare con difficoltà e sforzo*) to reach; to get* to; to arrive at; to attain; to achieve: **p. alla cima d'un monte**, to reach the top of a mountain; **p. alla meta**, to attain one's goal; **p. al più alto grado di perfezione**, to achieve the highest degree of perfection **2** (*giungere*) to reach; to arrive at; to come* to: **La vostra lettera ci è pervenuta proprio ora**, your letter has reached us just now; we have just received your letter; **p. alle orecchie di q.**, to reach sb.'s ears. ● **fare p. q.c. a q.**, to send sb. st. □ **Ogni giorno mi pervengono moltissime lettere**, every day I receive (*o* get) a great many letters.
perversione, *f.* perversion (*anche med.*); depravation: **p. sessuale**, sexual perversion.
perversità, *f.* **1** (*l'essere perverso*) perversity; depravity; wickedness **2** (*azione perversa*) perversity; wicked deed; iniquity: **le p. umane**, human perversities.
perverso, *a.* perverse; depraved; wicked: **un mondo p.**, a perverse world; **un atto p.**, a perverse act; a perversity; **gente perversa**, depraved people; **intenzioni perverse**, wicked intentions.
pervertimento, *m.* V. perversione.
pervertire, A *v. t.* to pervert; to lead* astray; (*corrompere*) to corrupt: **p. i fini della giustizia**, to pervert the ends of justice; **p. l'ordine della natura**, to pervert the order of nature; **p. l'animo di q.**, to pervert sb.'s mind. **pervertirsi, B** *v. rifl.* to be perverted; to become* depraved.
pervertito, A *a.* perverted. **B** *m.* pervert.
pervertitore, A *m.* perverter; corrupter. **B** *a.* perverting; corrupting.
pervicace, *a.* headstrong; stubborn; obstinate.
pervicacemente, *avv.* stubbornly; obstinately; with obstinacy.
pervicacia, *f.* stubbornness; obstinacy.
pervietà, *f.* (*med.*) patency: **p. di un'arteria**, the patency of an artery.
pervinca, A *f.* (*bot.*, *Vinca minor*) periwinkle. **B** *a.* periwinkle (*attr.*): **azzurro p.**, periwinkle (blue).
pervio, *a.* (*lett.*) open; accessible.
pesa, *f.* **1** (*pesatura*) weighing **2** (*pesatrice*) weighing-

pesàbile

-machine 3 (*luogo dove si pesa*) weigh-house. ● **p. a ponte**, weigh-bridge.
pesàbile, *a.* weighable.
pesafiltro, *m.* (*chim.*) weighing-bottle.
pésage (*franc.*), *m. invar.* weighing-enclosure.
pesalèttere, *m.* letter-scales (*pl.*).
pesante, *a.* **1** (*in quasi tutte le accezioni*) heavy; weighty; ponderous: **È troppo p. per me: non riesco a sollevarlo**, it's too heavy for me to lift; **un cappotto p.**, a heavy coat; **lavoro p.**, heavy work; **un compito p.**, a heavy (*o* a ponderous task); **cibo p.**, heavy (*o* stodgy) food; **mani pesanti**, heavy hands; **un passo p.**, a heavy gait; (*mil.*) **artiglieria p.**, heavy artillery **2** (*di aria, atmosfera, tempo*) close; stuffy: **L'aria è p. in questa stanza**, the air is close in this room; **un'atmosfera p.**, a close atmosphere **3** (*di droga*) hard **4** (*fig.: di persona, di libro, stile e sim.*) heavy; dull; boring; tiresome; stodgy: **una persona assai p.**, a very dull person; a bore; **uno stile p.**, a heavy (*o* dull) style. ● **atletica p.**, weigh-lifting and wrestling □ **gioco p.**, rough play □ (*sport*) **terreno p.**, soggy ground.
pesantézza, *f.* **1** heaviness; weight **2** (*fig.*) heaviness; dullness; stodginess. ● **p. di stomaco**, something lying heavy (*o* weighing) on the stomach: **Ho una p. allo stomaco**, there is something lying heavy on my stomach □ **p. di testa**, heavy-headedness.
pesapersone, *a.* – **bilancia p.**, graduated machine for periodical selfweighing.
pesare, **A** *v. t.* to weigh (*anche fig.*): **p. la merce**, to weigh the goods; **p. le (proprie) parole**, to weigh one's words; **p. una lettera (un pacco)**, to weigh a letter (a parcel); **p. un bambino**, to weigh a baby. **B** *v. i.* **1** (*avere un certo peso*) to weigh; (*essere pesante*) to be heavy: **Questo sacco di grano pesa un quintale**, this bag of corn weighs a quintal; **Questa valigia pesa**, this suit-case is heavy **2** (*gravare, anche fig.*) to weigh heavily (on, over); to lie* heavy (on); to hang* (over); to be a burden: **Le imposte pesano su tutti**, taxes are a burden to all (*o* weigh heavily on everyone); **I funghi gli pesano sullo stomaco**, mushrooms lie heavy on his stomach (*o* are too heavy for his stomach); **Un senso di colpa gli pesa sulla coscienza**, a sense of guilt lies heavy on his conscience; **Quel figlio fannullone gli pesa sulle spalle**, that layabout son of his is a burden to him; **La minaccia che pesa su di lui è grave**, the threat that hangs over him is serious; **La volta pesa su quei pilastri**, the vault weighs on those pillars; **Una grave sfiducia pesava sulla Camera**, a complete lack of confidence hung over (*o* permeated) the House; **La responsabilità mi pesa**, responsibility is a burden to me (*o* worries me) **3** (*impers.: rincrescere*) to be hard (*costr. impers.*); to regret, to find* it hard (*costr. pers.*): **Gli è pesato di doverlo licenziare**, he found it hard to have to dismiss (*o* to sack) him; **Mi pesa partire così presto**, it's hard for me (*o* I find it hard) to leave so early; **Mi pesa doverti dire queste cose**, I regret having to tell you these things. ● **p. come una piuma**, to be very light □ **p. sulle spalle di q.**, to live off sb. □ **Quanto pesi?**, what's your weight? □ **Pesa le parole prima di parlare!**, think (twice) before you speak! □ **Mi pesa la testa**, my head is heavy □ **Le sue mani pesano**, he has a heavy hand □ **Egli vale tant'oro quanto pesa**, he's worth his weight in gold □ **La sua opinione non pesa molto**, his opinion doesn't count for much. **pesarsi**, **C** *v. rifl.* to weigh oneself.
pesata, *f.* **1** weighing **2** (*quantità di roba p.*) weigh. ● **dare una p. a q.c.**, to weigh st.
pesatóre, *m.* weigher.
pesatrice, *f.* (*macchina per pesare*) weighing-machine. ● (*ferr.*) **p. per vagoni**, waggon-balance.
pesatura, *f.* weighing: **pagare la p. di q.c.**, to pay for the weighing of st. ● **fare la p.**, to weigh; to take the weight.
pèsca (1), **A** *f.* peach: **un nocciolo di p.**, a peach-stone; **marmellata di pesche**, peach jam. **B** *a.* **1** peach (*attr.*); color p., peach-colour.
pésca (2), *f.* **1** (*il pescare*) fishing; fishery: **l'industria della p.**, the fishing industry; fishery; **una rete per la p.**, a fishing-net; **una canna da p.**, a fishing-rod; **arnesi da p.**, fishing-tackle; **una barca da p.**, a fishing-boat; **essere un appassionato della p.**, to be fond of fishing; **guadagnarsi la vita con la p.**, to make a living by fishing; to be a fisherman; **la p. del merluzzo**, cod-fishing; **la p. delle spugne**, sponge-fishing; sponge-diving; **la p. d'alto mare**, deep-sea fishing **2** (*insieme dei pesci pescati*) draught; catch; haul: **una buona p.**, a fine catch of fish; a good haul of fish; **fare buona p.**, to make (*o* to have) a good haul **3** (*specie di lotteria*) lucky-bag; lucky-dip. ● **p. a strascico**, trawling □ **p. con la corrente elettrica**, electrofishing □ **p. con la lenza**, angling □ **p. subacquea**, underwater fishing □ **andare a p.**, to go fishing.
pescàggio, *m.* **1** (*naut.*) draught: **p. a carico**, load draught; **p. a poppa**, aft draught; **p. a prora**, forward draught; **p. piccolo**, shallow draught; **marca di p.**, draught-mark **2** (*idraulica*)

suction lift; height of suction **3** (*ind. min.*) fishing.
pescagióne, *f.* **1** (*ciò che si pesca*) draught; catch; haul **2** *V.* **pescàggio**.
pescàia, *f.* (fish-)weir.
pescare, **A** *v. t.* **1** to fish (for st.); (*prendere*) to fish, to catch*; to get*: **p. trote**, to fish for trout; **Ho pescato un salmone**, I have caught a salmon; **Oggi andiamo a pescare le anguille**, today we are going fishing (*o* to fish) for eels; **p. con la canna e la lenza**, to fish with rod and line; to angle **2** (*fig.: riuscire a trovare una cosa*) to fish out; to find* (out); to pick up; (*una persona*) to find*, to catch*, to get* hold of: **Dove hai pescato queste informazioni?**, where did you pick up this information?; **Guarda che cosa ho pescato in fondo al baule!**, look what I've found at (*o* fished out from) the bottom of the trunk!; **Un giorno o l'altro lo pescheranno**, they'll find him out one day or other; **Se ti pesco!**, if I catch you!; **Dove posso pescarlo?**, where can I get hold of him? **3** (*estrarre a caso*) to draw* (out); to pick up: **Ho pescato l'asso di fiori**, I've drawn the ace of clubs; **Caccia la mano nell'urna e pesca un numero!**, shove your hand into the urn and draw out a number. **B** *v. i.* (*naut.*) to draw*: **Il battello pesca sei piedi**, the boat draws six feet. ● **p. con la rete a strascico**, to trawl □ (*fig.*) **p. in aria**, to clutch at straws □ (*fig.*) **p. nel torbido**, to fish in troubled waters □ **p. perle (spugne, coralli)**, to fish for pearls (sponges, corals).
pescata, *f.* (*quantità di pesce pescato*) draught; catch; haul: **una bella p.**, a fine catch of fish.
pescato, *m.* catch; fish haul: **La quantità di p. è piuttosto scarsa**, the size of the catch is rather meagre.
pescatóre, *m.* fisherman*; fisher; (*con la canna*) angler: **i primi discepoli di Cristo, che erano pescatori e divennero pescatori di uomini**, the first disciples of Christ, who were fishermen and became fishers of men. ● **p. di frodo**, (fish) poacher □ **p. di perle**, pearl-fisher; pearl-diver □ **p. subacqueo**, underwater fisher(man).
pescatòrio, *V.* **piscatòrio**.
pescatrice, *f.* (*zool.*, *Lophius piscatorius*) angler.
pésce, *m.* **1** fish*: **pesci d'acqua dolce (di mare)**, fresh-water (salt--water) fish; **p. fresco**, fresh fish; **p. congelato**, frozen fish; **p. affumicato**, smoked fish; **p. da taglio**, fish sold by the slice; (*cucina*) **p. in bianco**, boiled fish; **p. ai ferri**, grilled fish; **p. fritto (lesso, ecc.)**, fried (boiled, etc.) fish; **p. secco**, dried fish; **p. marinato (salato)**, pickled (salted) fish; **la carne del p.**, the flesh of fish; **pescare molti pesci (un grosso p., due pesci)**, to catch a lot of fish (a big fish, two fishes); **I fiumi della Scozia sono ricchi di pesci**, rivers in Scotland abound in fish (*o* swarm with fish); **sentirsi come un p. fuori d'acqua**, to feel like a fish out of water; to feel like a square peg in a round hole (*fam.*); **Nuota come un p.**, he can swim like a fish **2** – (*pl., astron., astrologia*) **i Pesci**, Pisces; the Fishes (*costellazione e XII segno dello Zodiaco*) **3** (*tipogr.*) omission. ● (*zool.*) **p. chitarra** (*Rhinobatus*), fiddler □ **p. d'aprile!**, April fool!: **un p. d'aprile**, a joke (*o* a trick) played on April Fools' day; **fare un p. d'aprile a q.**, to make an April fool of sb. □ (*zool.*) **p. gatto** (*Ameiurus nebulosus*), bullhead; catfish □ **pesci grossi** (*persone importanti*), bigwigs; big shots □ (*zool.*) **p. luna** (*Lampris regius*), opah; moon-fish □ **p. lupo**, *V.* **spigola** □ (*zool.*) **p. martello** (*Sphyrna zygaena*), hammer-head □ (*zool.*) **p. palla** (*Ephippion maculatum*), globe--fish; balloon-fish □ (*zool.*) **p. persico** (*Perca fluviatilis*), perch; bass □ **pesci rossi**, goldfish □ (*zool.*) **p. spada** (*Xiphias gladius*), sword fish □ (*zool.*) **p. S. Pietro** (*Zeus faber*), John Dory □ (*zool.*) **p. volante** (*Exocoetus*), flying-fish □ **buttarsi a p. su q.c.**, to make a dive for st. □ **colla di p.**, fish-glue (*o* isinglass) □ **lisca di p.**, fish-bone □ **mercato del p.**, fish-market □ (*fig.*) **non sapere che pesci pigliare**, to be at one's wits' end; to be at a loss □ (*astrologia*) **persona nata sotto il segno dei Pesci**, Pisces; Piscean □ (*fig.*) **prendere q. a pesci in faccia**, to treat sb. like dirt □ **sano come un p.**, as fit as a fiddle □ **non essere né carne né p.**, to be neither flesh, nor fowl nor good red herring □ (*prov.*) **I pesci grossi mangiano quelli piccoli**, the great fish eat up the small □ (*prov.*) **Il p. puzza dalla testa**, fish begins to stink at the head □ (*prov.*) **Chi dorme non piglia pesci**, the early bird catches the worm □ (*prov.*) **L'ospite è come il p.: dopo tre giorni puzza**, fresh fish and new-come guests smell in three days.
pescecane, *m.* **1** (*zool.*) shark **2** (*zool., Carcharodon carcharias*) maneater; man-eating shark **3** (*fig.*) profiteer; shark.
peschERéccio, **A** *a.* fishing (*attr.*): **barche pescherecce**, fishing--boats. **B** *m.* (*naut.*) fishing-boat; smack. ● **p. con rete a strascico**, trawler.
pescheria, *f.* (*mercato*) fish-market; (*negozio*) fishmonger's (shop); fish-shop.
peschéto, *m.* peach-orchard.
peschicolo, *a.* peach (*attr.*).
peschicoltóre, *m.* peach-grower.
peschicoltura, *f.* peach-growing.

peschièra, *f.* fish-pond; fish-pool; fish-tank.
pesciaiòla, *f.* **1** *V.* **pescivéndola 2** *V.* **pescièra.**
pesciaiòlo, *m.* fishmonger.
pescicoltóre, pescicoltura, *V.* **piscicoltóre, piscicoltura.**
pescièra, *f.* (*recipiente per lessare il pesce*) fish-kettle.
pescivéndola, *f.* fishwife*.
pescivéndolo, *m.* fishmonger.
pèsco, *m.* (*bot.*, *Prunus persica*) peach-tree; peach: **fiore di p.**, peach-blossom.
pescosità, *f.* abundance of fish.
pescóso, *a.* abounding in fish.
peseta, *f.* (*moneta spagnola*) peseta.
pesièra, *f.* set of weights (for a pair of scales).
pesista, *m. e f.* (*sport*) weight-lifter.
pesistica, *f.* (*sport*) weight-lifting.
péso (1), A *m.* **1** weight; (*carico, anche*) load: (*fis.*) **p. atomico** (**molecolare**), atomic (molecular) weight; **p. giusto** (**abbondante, scarso**), exact (full, short) weight; (*comm.*) **p. allo sbarco** (**alla consegna**), landed (delivered) weight; (*comm.*) **p. lordo** (**netto**), gross (net) weight; **p. morto** (**utile**), dead (live) weight; **unità di p.**, unit of weight; (*di persona*) **crescere** (**calare**) **di p.**, to put on (to lose) weight; **La trave non può reggere tutto quel p.**, the beam can't support all that weight; **C'è troppo peso sul carro**, there's too much weight on the cart; **Il suo p. è di novanta chili**, his weight is ninety kilos; **he weighs ninety kilos; comprare (vendere) a p.**, to buy (to sell) by weight; **piegarsi sotto il p. di q.c.**, to give way under the weight of st.; **portare grossi pesi**, to carry heavy loads; **rubare sul p.**, to give short weight; to cheat on the weight; (*fis.*) **p. specifico**, specific weight **2** (*di bilancia*) weight: **pesi e misure**, weights and measures; **i pesi di una bilancia**, the weights of a scale (*o* of a balance); **una serie di pesi**, a set of weights; **falsificare i pesi**, to falsify the weights; **Metti un peso m. su questo spago**, put a weight on this string **3** (*fig.: importanza*) weight; importance; (*attenzione*) heed, attention; **dar p. a q.c.**, to give weight to st. (*o* to attach importance to st.; to give heed to st.); **Questo non ha nessun p. per me**, this carries no weight with me; **Capì il p. delle mie parole**, he understood the full weight (*o* the importance) of my words; **una cosa di nessun p.**, a thing of no importance (*o* weight); **Non bisogna dar p. alle ciarle**, one must give no heed to gossip **4** (*fig.: onere, aggravio*) weight; load; burden: **il p. degli anni**, the weight of years; **Mi hai levato un bel p. dalla coscienza**, you have taken a big load (*o* weight) off my mind; **essere di p.**, to be a burden; **il p. delle tasse**, the burden of taxation; **il p. del lavoro**, the burden (*o* load) of work; **Egli porta tutto il p. della famiglia**, he bears the burden (*o* weight) of all the family **5** (*pugilato, lotta, ecc.*) weight; (*atletica, anche*) shot: **p. piuma**, feather-weight; **p. mosca**, fly-weight; **p. gallo**, bantam-weight; **p. leggero**, light-weight; **p. medio leggero**, welter-weight; **p. medio**, middle-weight; **p. medio massimo**, light heavy-weight; **p. massimo**, heavy-weight; **getto del p.**, putting the weight (*o* the shot) **6** (*sport: recinto del peso*) weighing enclosure **7** (*edil.: del filo a piombo*) bob. ● **aggiungere q.c. per fare il p.**, to throw st. in as a makeweight □ **assenza di p.**, weightlessness □ **avere un p. di dieci chilogrammi**, to weigh ten kilos □ **comprare q.c. a p. d'oro**, to buy st. for its weight in gold □ (*comm.*) **eccedenza di p.**, overweight □ **far p.**, to be heavy □ **orologio a pesi**, clock worked by weights; weight--driven clock □ **passare il p.**, to be overweight □ (*fig.*) **prendere q.c. di p.** (*copiare di santa pianta*), to copy st.; to plagiarize st. □ **senza p.**, weightless; (*astron.*) gravity-free □ (*sport*) **sollevamento pesi**, weight-lifting □ **sollevare q.** (*q.c.*) **di p.**, to lift sb. (st.) up bodily □ (*fig.*) **togliersi un p. dallo stomaco**, to get st. off one's chest □ (*fig.*) **usare due pesi e due misure**, to judge by two different standards (*o* yardsticks); to be partial □ **Si sente un p. sullo stomaco**, he feels something lying heavy on his stomach. **B** *a.* (*pop.: pesante*) heavy: **Mettiti un vestito p.**, put on a heavy suit.
peso (2), *m.* (*unità monetaria sudamericana*) peso.
pessàrio, *m.* (*med.*) pessary.
pessimaménte, *avv.* very badly; quite badly; in the worst of ways; terribly (*fam.*).
pessimismo, *m.* (*anche filos.*) pessimism: **il p. leopardiano**, Leopardi's pessimism.
pessimista, A *m. e f.* (*anche filos.*) pessimist: **essere p.**, to be a pessimist; to look on the dark (*o* gloomy) side of things (*o* life). **B** *a.* pessimistic(al).
pessimistico, *a.* pessimistic(al); pessimist (*attr.*): **in modo p.**, in a pessimistic way; pessimistically.
pèssimo, *a. superl.* very bad; quite bad; awfully bad; wretched; terrible (*fam.*): **un risultato p.**, a very bad result; **una pessima cuoca**, a very bad (*o* a rotten) cook; **tempo p.**, awfully bad (*o* execrable) weather; **una vita pessima**, a wretched life; **fare una pessima fine**, to come to a bad end; **essere di p. umore**, to be in a

very bad temper (*o* humour); to be as cross as two sticks (*fam.*).
pésta, *f.* (*orma, traccia*) track; trail; (*del piede*) footprint, footstep: **essere sulle peste del ladro**, to be on the track of the thief; **seguire le peste di q.**, to follow in sb.'s track; to trail sb.; to tread in sb.'s footsteps. ● (*fig.*) **lasciare q. nelle peste**, to leave sb. in the lurch □ (*fig.*) **essere nelle peste**, to be in trouble.
pestàggio, *m.* beating (up); thrashing.
pestare, A *v. t.* **1** (*schiacciare*) to crush: **Mi sono pestato un dito**, I've crushed my finger; **pestarsi il pollice con un martello**, to crush one's thumb with a hammer; **p. l'uva**, to crush (*o* to tread) grapes **2** (*ridurre in polvere*) to pound; to crush up; to grind*: **p. i granelli di pepe**, to grind pepper-corns; **p. col pestello**, to pound with a pestle; **p. in un mortaio**, to pound in a mortar **3** (*calpestare*) to tread* (up)on; to trample on; to stamp: **p. i piedi a q.**, to tread (*o* to step) on sb.'s toes (*anche fig.*); **p. i calli a q.**, to tread on sb.'s corns (*anche fig.*); **p. le aiuole**, to tread on the flower-beds; **p. i fiori**, to trample (down) the flowers **4** (*riempire di botte*) to beat* (up); to give* (sb.) a good hiding. ● (*fig.*) **p. l'acqua nel mortaio**, to flog a dead horse □ **p. il muso a q.**, to smash sb.'s face in □ **p. un occhio a q.**, to give sb. a black eye □ **p. le orme di q.**, to follow in sb.'s track; to tread in sb.'s footsteps □ **p. il pianoforte**, to pound (on) a piano □ (*fig.*) **p. i piedi**, to stamp one's feet. **pestarsi, B** *v. rifl. recipr.* to come* to blows: **Hanno litigato e poi si sono pestati**, they quarrelled and then came to blows.
pestata, *f.* **1** crushing **2** (*il ridurre in polvere*) pounding; crushing up; grinding **3** (*il calpestare*) treading; trampling. ● **dare una p. a q.c.** (*riducendola in polvere*), to pound st.; to grind st.
pestatóio, *V.* **pestèllo.**
pestatura, *f.* **1** crushing **2** (*il ridurre in polvere*) pounding; crushing up; grinding **3** (*bastonatura*) beating (up); thrashing.
pèste, *f.* **1** (*med.*) plague; (*pestilenza*) pestilence: **La p. si diffuse rapidamente**, the plague spread quickly; **la p. bubbonica**, the (bubonic) plague; **la p. gialla** the oriental plague; **p., fame e guerra**, plague, famine and war; **colpito dalla p.**, plague--stricken **2** (*fig.*) plague; bane; curse: **l'ambizione, p. della società**, ambition, a plague to society **3** (*fig.: fetore*) stench; stink; nasty smell: **Che p.!**, what a nasty smell! **4** (*fam.: persona insopportabile*) pest: **Quel ragazzo è una vera p.**, that boy is a real pest **5** (*stor.*) Black Death. ● (*vet.*) **p. bovina**, rinderpest; cattle plague □ (*vet.*) **p. suina**, hog cholera; suine plague □ **dire p. e corna di q.**, to tear sb. to bits □ (*fig.*) **località infestata dalla p.**, plague-spot □ (*scherz.*) **Non c'è mica la p.!**, you won't catch anything, be sure of it!
pestellata, *f.* pounding with a pestle.
pestèllo, *m.* **1** pestle: **pestare col p. in un mortaio**, to pound with a pestle in a mortar **2** (*metall.*) rammer: **p. pneumatico**, pneumatic rammer.
pesticciare, *v. t.* to trample (on); to tread on.
pesticida, *m.* (*agric., chim.*) pesticide.
pestifero, *a.* **1** pestiferous (*anche fig.*); pestilential; pestilent; (*funesto*) deadly; (*pernicioso*) pernicious, noxious: **un morbo p.**, a pestilential disease; **aria pestifera**, pestiferous air; **un puzzo p.**, a pestiferous stench **2** (*fig.: fetido*) stinking; stenchy. ● **Quel bambino è p.!**, that little boy is a (real) pest!; what a plague that child is!
pestilènte, *a.* pestilent; pestilential; pestiferous.
pestilènza, *f.* **1** (*med.*) pestilence, plague (*anche fig.*) **2** (*fig.: fetore*) stink; stench; nasty smell.
pestilenziale, *a.* **1** pestilential; pestiferous: **esalazioni pestilenziali**, pestilential exhalations **2** (*fig.: fetido*) stinking; stenchy.
pésto, A *a.* (*pestato*) pounded; crushed; ground: **pepe p.**, ground pepper. ● **avere gli occhi pesti**, to have shadows under one's eyes □ (*fig.*) **avere le ossa peste**, to be played out (*fam.*) □ **buio p.**, pitch-darkness □ **carta pesta**, papier mâché □ (*fig.*) **essere di carta pesta**, to have no backbone □ **un occhio p.**, a black eye. **B** *m.* **1** (*poltiglia*) pulp **2** (*cucina*) «pesto*» (basil and garlic sauce).
pestóne, *m.* (*grande pestello*) rammer.
pètalo, *m.* (*bot.*) petal: **i petali della corolla d'un fiore**, the petals of the corolla of a flower.
petalòide, *a.* (*bot.*) petaline.
petardo, *m.* **1** (*mil.*) petard **2** (*bomba di carta*) petard; fire--cracker; banger (*fam.*) **3** (*ferr.*) detonator; (*segnale di nebbia*) fog-signal.
pètaso, *m.* (*stor., mitol.*) petasus, petasos: **il p. di Mercurio**, the petasus (*o* the winged hat) of Mercury.
petécchia, *f.* (*med.*) petechia* (*specialm. al pl.*).
petecchiale, *a.* (*med.*) petechial: **tifo p.**, petechial (*o* spotted) fever.
petit-gris (*franc.*), *m.* calaber, calabar.
petitòrio, *a.* (*leg.*) petitory: **azione petitoria**, petitory action.
petizióne, *f.* **1** petition (*anche leg.*); formal application: **fare una p. a q.**, to address (*o* to make) a petition to sb.; to petition

péto sb.; **stendere una p.**, to draw up a petition **2** (*supplica, istanza*) request; instance: **a p.**, on request. ● **chi è citato in una p.**, petitionee □ **chi fa una p.**, petitioner.

péto, *m.* breaking wind; fart (*volg.*). ● **fare un p.**, to break wind; to fart (*volg.*).

petonciano, *m.* (*bot.*, *Solanum melongena*) aubergine; egg-plant.

petràia, *V.* **pietràia**.

Petrarca, *m.* (*letter.*) Petrarch.

petrarcheggiare, *v. i.* (*letter.*) to imitate Petrarch; to Petrarchize.

petrarchésco, *a.* (*letter.*) of Petrarch; Petrarch(i)an: **lo stile p.**, Petrarch's style; **un sonetto p.**, a Petrarchan sonnet.

petrarchismo, *m.* (*letter.*) Petrarchism.

petrarchista, *m. e f.* (*letter.*) Petrarchist.

petrièra, *f.* **petrièro**, *m.* (*stor.*) petrary.

petrodòllari, *m. pl.* (*econ., fin.*) petrodollars.

petrogènesi, *f.* (*geol.*) petrogenesis.

petròglifo, *m.* (*archeol.*) petroglyph.

petrografia, *f.* (*geol.*) petrography; petrology.

petrògrafo, *m.* (*geol.*) petrographer; petrologist.

petrolato, *m.* petrolatum (*specialm. USA*).

petrolchimica, *f.* petrochemistry.

petrolchimico, **A** *a.* petrochemical. **B** *m.* petrochemical industry worker.

petrolièra, *f.* (*naut.*) (oil-)tanker; oil-vessel.

petrolière, *m.* **1** oil worker **2** (*fam.: industriale petrolifero*) oil magnate; oilman*.

petrolièro, *a.* petroleum, oil (*attr.*); of petroleum.

petrolifero, *a.* petroliferous; oil-bearing; oil (*attr.*): **un giacimento p.**, an oil-field; **un pozzo p.**, an oil-well; **industria petrolifera**, oil industry. ● (*naut.*) **nave per le ricerche petrolifere**, drill ship.

petròlio, *m.* **1** (*ind. min.*) petroleum; oil: **la distillazione del p.**, the distillation of petroleum; **la raffinazione del p.**, oil (petroleum) refining; **pozzi di p.**, oil-wells; **un pozzo esplorativo di p.**, a wildcat oil well; **etere di p.**, petroleum-ether; naphthalic ether; **olio di p.**, petroleum-oil; **p. grezzo** (*o* **greggio**), raw petroleum; crude oil; **p. grezzo a base mista**, mixed-base crude oil; **p. grezzo a base paraffinica**, paraffin-base crude oil; **p. grezzo leggero**, light crude oil; **trovare il p.**, to strike oil **2** (*per illuminazione o combustione*) paraffin (oil); kerosene: **un lume a p.**, a paraffin lamp.

petronciano, *V.* **petonciano**.

Petrònio, *m.* (*stor.*) Petronius.

petróso, *V.* **pietróso**.

pettata, *f.* **1** blow with the breast **2** (*salita faticosa*) steep slope. ● **dare una p. a q.**, to knock one's breast against sb.; to bump into sb.

pettégola, *f.* (*zool., Tringa totanus*) redshank.

pettegolare, *v. i.* to gossip; to tattle; to tittle-tattle.

pettegolézzo, *m.* gossip; idle talk; tittle-tattle: **Le piacciono troppo i pettegolezzi**, she is too fond of gossip. ● **fare pettegolezzi**, to gossip; to tattle; to tittle-tattle.

pettegolio, *m.* (frequent) gossiping; tittle-tattling.

pettégolo, **A** *a.* gossipy; given to gossip. **B** *m.* gossip; tattler; magpie (*pop.*). ● **discorsi da pettegoli**, idle talk; petty gossip; tittle-tattle.

pettegolume, *m.* (*spreg.*) **1** (*insieme di pettegoli*) gossipry; gossips (*pl.*) **2** (*insieme di pettegolezzi*) petty gossip; idle talk; tittle-tattle.

pettina, *f.* (*chim.*) pectin.

pettinàio, *m.* comb-maker.

pettinare, **A** *v. t.* **1** to comb (sb.'s hair); (*acconciare*) to dress (sb.'s hair): **p.** (**i capelli a**) **q.**, to comb sb.'s hair **2** (*fig.: rimproverare in modo aspro*) to dress down (*fam.*); to give* (sb.) a good dressing down **3** (*fig.: criticare severamente*) to scarify; to criticize severely **4** (*ind. tessile: la lana*) to comb, to card, to tease; (*lino, canapa e sim.*) to hackle, to dress: **p. la lana**, to comb wool; **lana pettinata**, combed wool; **p. il lino** (**la canapa**), to hackle flax (hemp). **pettinarsi**, **B** *v. rifl.* to comb one's hair; (*acconciarsi i capelli*) to arrange (*o* to do*) one's hair, to have a hairstyle.

pettinata, *f.* **1** (*il pettinare i capelli*) combing of the hair; (*acconciatura*) hair-dressing **2** (*fig.: rimprovero*) dressing down: **dare una buona p. a q.**, to give sb. a good dressing down **3** (*ind. tessile: il pettinare la lana*) combing, carding, teasing; (*il pettinare il lino, la canapa*) hackling, dressing. ● **darsi una p.**, to comb one's hair.

pettinato, (*ind. tessile*) **A** *a.* combed; carded: **lana pettinata**, combed wool. **B** *m.* (*tessuto di lana pettinata*) worsted.

pettinatóre, *m.* (*ind. tessile: chi pettina la lana*) comber; (*chi pettina il lino, la canapa*) hackler, heckler, flax-dresser.

pettinatrice, *f.* **1** hair-dresser **2** (*ind. tessile: per la lana*) comber; combing-machine; (*per il lino, la canapa*) hackling-machine. **p. circolare** (**rettilinea**), circular (rectilinear) combing-machine.

pettinatura, *f.* **1** (*il pettinare i capelli*) combing of the hair; (*acconciatura*) hair-dressing, hair-style, hair-do, coiffure: **Quella p. ti sta bene**, that hair-style suits you **2** (*ind. tessile: della lana*) combing, carding, teasing; (*del lino, della canapa*) hackling, heckling, dressing: **p. a secco**, dry combing; **p. in olio**, oil-combing; **cascami di p.**, combing-waste.

pèttine, *m.* **1** (*per pettinare i capelli*) comb: **un p. fitto**, a narrow--toothed comb; a tooth-comb; **p. a coda**, rat-tail comb; **un p. da cavallo**, a curry-comb **2** (*ornamento a forma di p.*) (ornamental) comb **3** (*ind. tessile: per la lana*) comb; (*per il lino, la canapa*) hackle: **p. spazzatore**, stripping comb **4** (*fis., mecc.*) comb **5** (*mus.*) plectrum* **6** (*zool.*, Pecten) pecten; scallop **7** (*bot.*, *Scandix pecten Veneris*; *anche* **p. di Venere**) lady's comb. ● (*fis.*) **p. del combinatore**, contact-piece □ (*ind. tessile*) **p. per telaio**, reed □ (*mecc.*) **p. per filettature**, chaser □ (*prov.*) **Tutti i nodi vengono al p.**, sooner or later your sins will find you out.

pettineo, *a.* (*anat.*) pectineal. ● **muscolo p.**, pectineus.

pettinièra, *f.* **1** (*porta pettini*) comb-holder; comb-case **2** (*mobiletto*) dressing-table.

pettinina, *f.* tooth-comb.

pettino, *m.* **1** (*parte di grembiule*) bib **2** (*parte di camicia da uomo*) shirt-front; dick(e)y (*pop.*).

pettirósso, *m.* (*zool.*, *Erithacus rubecula*) robin; redbreast.

pètto, *m.* **1** chest; breast: **raffreddore di p.**, chest cold; (*mus.*) **voce (nota) di p.**, chest-voice; **È un po' debole di p.**, he's a bit weak in the chest; **p. ansante**, wheezy chest; **un sospiro dal fondo del p.**, a sigh from the bottom of the breast; (*anche fig.*) **battersi il p.**, to beat one's breast; **Fu ferito al p.**, he was wounded in the chest; **incrociare le braccia sul p.**, to cross one's arms on one's breast; to fold one's arms; (*fig.*) to stop working, to strike, to down tools **2** (*seno*) breast: **Quella donna ha poco p.**, that woman has small breasts **3** (*cuore, animo, coraggio*) heart; courage; resolution: **avere a p. q.c.**, to have st. at heart; **un uomo di p.**, a man of resolution **4** (*cucina: di uccelli*) breast; (*di bovini*) brisket: **p. di pollo**, chicken breast **5** (*di abito*) breast; (*di camicia*) front: **p. di camicia**, shirt-front. ● **a p. a p.**, face to face □ **a p. nudo**, bare-chested (*agg.*); bare-breast (*avv.*) □ **circonferenza di p.**, chest-measurement; (*di donna*) bust □ (*fino*) **al p.**, breast-high: **L'acqua arrivava al p.**, the water was breast--high □ **giacca a un p.** (**a doppio p.**), single-breasted (double--breasted) jacket □ **malato di p.**, consumptive; phthisic(al) □ **malattia di p.**, consumption; phthisis □ (*fig.*) **mettersi una mano sul p.**, to examine one's conscience; to ask oneself honestly □ **nutrire un bambino al p.**, to breast-feed a child □ **prendere q.c.** (**q.**) **di p.**, to meet st. (sb.) fairly and squarely; to face up to st. (sb.); to square up to st. (sb.) □ **tenere q.c. in p.**, to keep st. to oneself □ **Bisogna non aver cuore in p. per non commuoversi a questa vista**, one must have a heart of stone (*o* one must be hard-hearted) not to be moved by this scene □ **Lo presi per il p.**, I grabbed him by the lapels □ **Ci si è messo troppo di p.**, he set about it too impetuously (*o* ardently) □ **Il ragazzo era immerso nella sabbia fino al p.**, the boy was up to his arm-pits in the sand; the sand came up to the boy's arm-pits.

pettorale, **A** *a.* pectoral; breast, chest (*attr.*): **muscoli pettorali**, pectoral muscles; **croce p.**, pectoral (cross). **B** *m.* (*di cavallo*) breast-collar; breast-band; breast-plate (*anche di armatura*).

pettorina, *f.* (*parte di grembiule*) bib.

pettoruto, *a.* **1** full-breasted; full-chested; (*specialm. di donna*) big-bosomed **2** (*fig.: tronfio*) puffed up; haughty; cocky (*fam.*). ● **incedere p.**, to strut.

petulante, *a.* insolent; (*arrogante*) arrogant; (*sfacciato*) impudent, pert, saucy, cheeky.

petulantemente, *avv.* insolently; arrogantly; (*sfacciatamente*) impudently, pertly, saucily, cheekily.

petulanza, *f.* insolence; arrogance; (*sfacciataggine*) impudence, pertness, sauciness, cheek.

petùnia, *f.* (*bot.*, *Petunia*) petunia.

pèzza, *f.* **1** (*piccolo pezzo di panno, toppa*) patch: **avere una p. sui calzoni**, to have a patch on one's trousers; **un vestito con molte pezze**, a dress full of patches; **mettere una p. a q.c.**, to put a patch on st.; to patch st. up (*anche fig.*): **Mettiamoci una p.**, let's patch it up; **È tutto pezze**, it's all patched up **2** (*cencio, straccio*) rag: **una bambola di p.**, a rag-doll **3** (*tessuto intero, avvolto in rotolo*) piece; roll; bolt (*USA*): **tessuti in p.**, piece-goods **4** (*numismatica*) piece; coin **5** (*macchia*) patch; (large) spot **6** (*araldica*) charge; device **7** (*lett.: tratto di tempo*) time; while: **da lunga** (*o* **gran**) **p.**, for a long time; for a good while. ● (*comm.*) **p. d'appoggio**, voucher; paper □ (*fig.*) **essere una p. da piedi**, to be a nonentity.

pezzata, **A** *a.* (*di cavallo*) dappled: **p. di bianco**, white--dappled. **B** *m.* (*cavallo p.*) dapple.

pezzatura, *f.* **1** (*l'essere pezzato*) dappling **2** (*macchie sul pelame di un animale*) patches (*pl.*); spots (*pl.*) **3** (*comm.*) size.

(*comm.*) di p. media, middle-sized.

pezzènte, *m.* e *f.* **1** ragged person; ragamuffin; tatterdemalion; (*mendicante*) beggar, tramp: **essere lacero come un p.**, to look like a tramp **2** (*per estens.: spilorcio*) miser; skinflint (*fam.*).

pezzétta, *f.* **1** piece of cloth **2** (*per estens.: impacco*) compress.

pèzzo, *m.* **1** piece; bit; (*parte*) part, portion: **un p. di pane**, a piece (*o* a bit) of bread; **un p. di legno**, a bit of wood; **un p. di terra**, a piece (*o* a patch) of land; **Il vaso cadde e andò in pezzi**, the vase fell and broke into pieces; **tagliare a pezzi**, to cut to pieces (*anche fig.*); **Dammi un p. di carta**, give me a piece (*o* a scrap) of paper; **La vecchia casa stava cadendo a pezzi**, the old house was falling to pieces; **Mio fratello fece un bel p. di strada con me**, my brother came a good bit of the way with me; **fare a pezzi**, to break (*o* to pull) to pieces; to tear to shreds; **Smontò l'automobile p. per p.**, he dismantled the car bit by bit (*o* piece by piece) **2** (*esemplare, elemento di un insieme*) piece: **i pezzi di una collezione**, the pieces of a collection; **È un p. Luigi XV**, it's a Louis XV piece; **Era il migliore p. della casa**, it was the family's finest piece (of furniture); **un servizio da caffè di dodici pezzi**, a coffee-service of twelve pieces **3** (*mecc.*) piece; part: **p. di ricambio**, spare part; **p. lavorato**, machined part (*o* piece) **4** (*mil.*) piece; gun: **p. di artiglieria**, piece of artillery (*o* ordnance); **una batteria di sei pezzi**, a six-piece battery; **caricare il p.**, to load the gun; **dare fuoco al p.**, to fire the gun; **un p. da 75 mm.**, a 75 mm. gun **5** (*mus.*) piece: **Suonavo un p. del «Chiaro di luna» quando entrò lui**, I was playing a piece of «Chiaro di luna» when he came in; **un p. di Bach**, a piece by Bach **6** (*brano di prosa e sim.*) piece; passage **7** (*articolo di giornale*) (newspaper) article; (*p. importante*) feature **8** (*di tempo*) – **un p.**, quite a bit; quite a long time; quite a while: **Ti ho aspettato un bel p.**, I waited quite a while (*o* quite a bit) for you; **È un p. che non lo vedo**, it's quite a long time since I saw him; I haven't seen him for quite a while **9** (*tratto di spazio*) distance; way: **È un bel p. da qui**, it's a long distance from here. ● (*mil.*) **p. da campagna**, fieldpiece □ **pezzi degli scacchi**, chess-pieces; chess-men □ (*giornalismo*) **p. di cronaca**, report □ (*fig.*) **essere un p. di legno**, to be unfeeling □ (*naut.*) **p. di riempimento**, deadwood □ **p. duro** (*di gelato*), ice-cream slice □ (*mecc.*) **p. fucinato**, forging □ (*mecc.*) **p. fuso**, casting □ (*mecc.*) **p. grezzo**, blank □ (*fig.*) **p. grosso**, V.I.P.; bigwig; big shot; big noise; brass-hat (*gergo mil.*) □ **p. in lavorazione**, workpiece □ (*mecc.*) **p. stampato a caldo**, drop forging □ (*mecc.*) **p. stampato a freddo**, cold stamping □ **essere a pezzi**, to be in pieces; (*stanco morto*) to be tired out; (*con le ossa rotte*) to be aching all over □ **a pezzi e a bocconi**, piecemeal; by fits and starts; by bits and pieces: **Mi paga a pezzi e a bocconi**, he pays me piecemeal □ **un** (*abito a*) **due pezzi**, a two-piece suit □ **un** (*costume da bagno a*) **due pezzi**, a two-piece bathing-suit; a bikini □ (*mecc.*) **andare in pezzi**, to shatter □ **un bel p. di donna** (**d'uomo**), a fine figure of a woman (of a man) □ **camminare tutto d'un p.**, to walk very stiffly □ **montare q.c. p. per p.**, to assemble st. □ (*fig.*) **una persona tutta d'un p.**, a person of sterling (*o* impeccable) character □ **smontare q.c. a pezzi**, to disassemble st. □ **P. di asino!, non lo sai questo?**, you fool (*o* you silly ass)! don't you know this? □ **Te li vendo a una sterlina il p.**, I'll sell them to you for a pound each.

pezzolata, *f.* (*tosc.*) handkerchiefful.

pezzullo, *m.* (*gergo giornalistico*) short article; paragraph.

pezzuòla, *f.* **1** (*straccio*) rag; small piece of cloth; patch **2** (*fazzoletto da naso*) handkerchief; hanky (*fam.*); sneezer (*pop.*); wiper (*pop.*) **3** (*fazzoletto da collo*) neck-handkerchief; neckerchief; neck-cloth (*fam.*) **4** (*fazzoletto da testa*) kerchief; head-scarf; head-cloth (*fam.*).

pi, **A** *f.* e *m.* (*lettera*) pee, pe; the letter p. **B** *m.* (*sedicesima lettera dell'alfabeto greco*) pi.

piacènte, *a.* attractive; charming.

piacére (1), *v. i.* (*impers.*) to like, to be fond of, to care for (*costr. pers.*); to please; to be pleasing (to sb.): **A me piace il caldo**, I like the heat; **Mi piace molto l'opera lirica**, I am very fond of opera; **Dopo pranzo gli piace dormire**, after lunch he likes to sleep; **Mi piace uscire di sera**, I like going out in the evening; **Gli piace mangiar bene**, he likes to eat well (*o* eating well); **Quell'uomo non mi piace molto**, I don't care for that man very much; I don't like that man very much; **Mi piacerebbe andare in Spagna**, I should like to go to Spain; **Faccio come mi pare e piace**, I do as I please; **Le sue maniere non piacciono a tutti**, his manners are not pleasing to everyone; **Mi sarebbe piaciuto scrivergli prima di partire**, I should have liked (*o* it would have pleased me) to write to him before leaving; **Mi piace che tutto vada liscio**, I like everything to go smoothly; **Non mi piace affatto**, I don't like it at all; it doesn't please me at all; **Non mi piace che tu esca con lui**, I don't like your going out with him; **Quella ragazza ha un visetto impertinente che piace a tutti**, that girl has a pert little face that everyone likes; **Ti piacerebbe andare sulla luna?**, would you like to go to the moon?; **Ti piace il nuovo progetto di legge per la riforma scolastica?**, how do you like the new educational reform bill? ● **a Dio piacendo**, God willing □ **piaccia a Dio**, please God: **Piaccia a Dio ch'egli si ravveda**, (may it) please God (that) he'll mend his ways □ **Piaccia o non piaccia**, whether one likes it or not: **Bisogna studiare, piaccia o non piaccia**, we must study whether we like it or not □ **un piatto che piace molto**, an appetizing dish □ **una ragazza che piace**, an attractive girl □ **Sarà come a Dio piace**, it will be as God pleases (*o* wills) □ **Sto in casa perché così mi piace**, I'm staying in because I want to □ **Il suo ultimo libro è piaciuto molto**, his last book was a great success.

piacére (2), *m.* **1** pleasure; delight; satisfaction; enjoyment: **i piaceri di questo mondo**, the pleasures of this world; earthly pleasures; **i piaceri dello spirito**, the pleasures of the mind; **i piaceri della tavola (dello studio)**, the pleasures of the table (of study); **avere il p. di**, to have the pleasure of: **Spero di avere il p. della Sua compagnia**, I hope to have the pleasure of your company; **Accolse la notizia con gran p.**, he received the news with great satisfaction (*o* delight); **Il p. consiste nell'assenza del dolore**, pleasure lies in the absence of suffering; **amante dei piaceri**, pleasure-loving, pleasure-seeking (*agg.*); pleasure-seeker (*sost.*); **Mi fa sempre p. vederti**, it always gives me pleasure to see you; I am always delighted to see you; **Provo p. a stuzzicarlo**, I take delight (*o* pleasure) in teasing him; **Con p.!**, with pleasure! **2** (*svago, divertimento*) pleasure; amusement; entertainment; fun: **una gita di p.**, a pleasure trip; **alternare le occupazioni con i piaceri**, to alternate business with pleasure; **i piaceri della vita notturna**, night-life entertainments; **darsi ai piaceri**, to give oneself up to pleasure; **minuti piaceri**, minor pleasures; **Parlare con lui non è un p.**, it's no pleasure (*o* it's no fun) speaking with him **3** (*favore, servigio*) favour; kindness: **fare un p. a q.**, to do sb. a favour (*o* a kindness); **domandare un p. a q.**, to ask a favour of sb.; **Vuoi farmi un p.?**, will you do me a favour? **4** (*volontà*) will: **a p.**, at will; at pleasure; (*mus.*) «ad libitum» (*lat.*). ● (*nelle presentazioni*) **P.!**, how do you do?; pleased to meet you! □ (*relig.*) **il p. eterno**, paradise □ **per p.** (if you) please: **Dammi quel libro, per p.**, give me that book, please □ **Se ti fa p.**, if you like; if you wish (*comm.*) □ **Al p. di leggervi**, looking forward to hearing from you □ **Ti rivedo con p.**, I'm delighted to see you again □ **Piove che è un p.**, it's pouring; it's raining cats and dogs (*fam.*) □ **Quel velocista corre che è un p.**, that sprint cyclist goes like a bullet (*o* a hare) □ **Egli lavora che è un p.**, he works like a Trojan □ **Studia che è un p.**, he studies like mad □ **Quale p.!**, what an honour! □ (*fam.*) **Tanto p.!**, so what? □ **Vuoi farmi il p. di avvertirmi?**, will you be so kind as to let me know? □ (*iron.*) **Ma fammi il p.!**, do you mind?; nonsense! □ **Ci ho p.!**, I'm glad of that!; (*gli sta bene!*) it serves him right!

piacévole, *a.* pleasing; pleasant; agreeable; delightful; nice; pretty: **modi piacevoli**, pleasing manners; **un pomeriggio p.**, a pleasant afternoon; **un libro p.**, a pleasant book; **un'occupazione p.**, a pleasant job; **una voce p.**, an agreeable voice; **una vacanza p.**, a delightful holiday; **una ragazza p.**, a nice (*o* a pretty) girl. ● **avere un aspetto p.**, to look nice □ **di gusto p.**, nice to the taste.

piacevolézza, *f.* **1** (*l'essere piacevole*) pleasantness; agreeableness; delightfulness; niceness; prettiness **2** (*detto spiritoso, scherzo garbato*) pleasantry. ● **p. di maniere**, pleasant manners.

piacevolménte, *avv.* pleasantly; agreeably.

piaciménto, *m.* (*gradimento*) (*piacere*) pleasure: **Era di mio p.**, it was to my liking. ● **a proprio p.**, at will; as (much as) one likes: **Fate a vostro p.**, do as you like; **Prendine a tuo p.**, take as much as you like (*o* want).

piaga, *f.* **1** sore; ulcer; (*ferita*) wound: **una p. purulenta**, a purulent sore; **essere coperto di piaghe** (*o* **tutt'una p.**), to be covered all over with sores (*o* wounds); **una p. alla gamba** (**al braccio**), a wound in the leg (in the arm); **le piaghe di Cristo**, the Wounds of Christ; (*fig.*) **riaprire vecchie piaghe**, to reopen old sores **2** (*fig.: flagello, male*) scourge; plague; calamity; bane; evil: **la p. della guerra**, the scourge of war; **le sette piaghe d'Egitto**, the seven plagues of Egypt; **le piaghe che affliggono il paese**, the evils that afflict the country **3** (*fig.: persona molesta*) pest; troublesome person; bore; nuisance; pain in the neck (*fam.*): **Che p. che sei!**, what a bore you are!; **Che p.!**, what a nuisance!; **essere la p. del vicinato**, to be the pest of the neighbourhood **4** (*fig.: viva afflizione*) scar; sorrow; affliction: **Il tempo rimargina le piaghe dell'anima**, time heals all sorrows. ● (*med.*) **p. da decubito**, bedsore □ (*fig.*) **mettere il dito sulla p.**, to touch on a sore point □ (*prov.*) **La lontananza ogni p. sana**, out of sight, out of mind.

piagare, *v. t.* to wound (*anche fig.*); to injure; to fester; to ulcerate.

piaggeria, *f.* (*lett.*) flattery; wheedling; toadyism; flunkeyism.

piàggia, *f.* 1 (*terreno in pendio*) slope; declivity 2 (*lett.*: *spiaggia*) shore.

piaggiare, *v. t. e i.* (*lett.*) to coax; to wheedle; to blandish; to cajole; to adulate; to flatter.

piaggiatóre, *m.* (*lett.*) flatterer; wheedler; toady; flunkey.

piagnistèo, *m.* (*fam.*) whining; whimpering; puling.

piagnóne, *m.* (*fam.*) whiner; whimperer; complainer; moaner; (*specialm. di bambino*) grizzler, cry-baby.

piagnucolaménto, *m.* whining; whimpering; puling; (*specialm. di bambino*) grizzling.

piagnucolare, *v. i.* to whine; to whimper; to pule; (*specialm. di bambino*) to grizzle: **Il ragazzo piagnucolò un po'**, the boy whimpered a little; **Non venire a p. quando è troppo tardi**, don't come puling to me when it's too late.

piagnucolìo, *m.* whine; whining; whimper; whimpering; puling: **Smetti quel p.**, stop all that whining.

piagnucolóne, *m.* whiner; whimperer; puler (*specialm. di bambino*) grizzler, cry-baby.

piagnucolóso, *a.* whining; whimpering; puling; (*specialm. di bambino*) grizzling: **un ragazzo p.**, a whimpering boy; **con voce piagnucolosa**, in a whimpering voice.

piagóso, *a.* full of sores; covered with wounds.

pialla, *f.* (*falegnameria*) plane: **una p. a doppio ferro**, a double-iron plane; **una p. con ferro a denti**, a toothing-plane; **una p. di legno**, a wooden plane; **una p. per rifinire**, a trying-plane; **una p. per scanalature**, a grooving-plane; **una p. per sgrossare**, a jack-plane; **il corpo della p.**, the plane-block; the stock; **il ferro della p.**, the plane-iron; the plane-bit; **lavorare di p.**, to work with a plane; to plane.

piallàccio, *m.* (*specialm. al pl.*) (sheet of) veneer.

piallare, *v. t.* (*falegnameria*) to plane. ● **p. a misura**, to shoot □ **p. a spessore**, to thickness.

piallata, *f.* (*falegnameria*) 1 planing 2 (*colpo di pialla*) stroke with a plane.

piallato, *a.* (*carpenteria*) planed.

piallatóre, *m.* (*falegnameria*) planer.

piallatrice, *f.* (*mecc.*) planer; planing-machine: **una p. a un solo montante**, an openside planer; **una p. a tavola**, a table planing-machine; **una p. circolare**, a circular planing-machine; **una p. da impiallacciatura**, a veneer-cutting (planing-)machine.

piallatura, *f.* (*falegnameria*) planing: **p. circolare**, round planing.

piallettare, *v. t.* 1 (*edil.*) to float 2 (*falegnameria*) to jack-plane.

piallétto, *m.* 1 (*edil.*) float 2 (*falegnameria*) jack-plane. ● (*edil.*) **p. a scanalare**, rabbet-plane □ **p. a vite per scanalare**, plough-plane.

piamadre, *f.* (*anat.*) pia mater.

piaménte, *avv.* piously; devoutly; with devotion.

piàna, *f.* stretch of level ground; (*pianura*) plain.

pianale, *m.* 1 (*tratto di terra pianeggiante*) stretch of level ground 2 (*ferr.*) truck; platform-car; flat-car (*USA*); (*a sponde basse*) low-sided wag(g)on.

pianeggiante, *a.* level; flat; flattish: **terreno p.**, level ground; **una regione p.**, a level district.

pianeggiàre, **A** *v. i.* to be almost level (*o* flat). **B** *v. t.* to level (off); to smooth down.

pianèlla, *f.* 1 mule; (heelless) slipper: **un paio di pianelle di velluto rosso**, a pair of red velvet slippers; **stare in pianelle**, to wear slippers 2 (*mattone sottile*) flat tile. ● (*bot.*) **p. della Madonna** (*Cypripedium calceolus*), lady's slipper.

pianeròttolo, *m.* 1 (*edil.*) landing: **Le quattro camere s'aprono su un p. quadrato**, the four bedrooms open on to a square landing 2 (*alpinismo*) ledge; platform.

pianéta (1), *m.* 1 (*astron.*) planet: **La terra è un p.**, the earth is a planet 2 (*oroscopo*) horoscope.

pianéta (2), *f.* (*relig.*) chasuble; planet.

pianetino, *m.* (*astron.*) planetoid.

piangènte, *a.* crying; weeping; tearful; in tears: **un bambino p. nella notte**, an infant crying in the night; **occhi piangenti**, tearful eyes; **essere p.**, to be in tears.

piàngere, **A** *v. i.* 1 to weep*; to cry; to greet (*scozz.*): **p. di gioia**, to weep for joy; **p. per il dolore**, to cry with pain; **p. di rabbia**, to cry with rage; **p. a calde lacrime**, to weep one's heart out; **p. amaramente**, to weep bitterly; **far p. q.**, to make sb. cry; **Vien da p.**, it's enough to make you cry; (*Bibbia*) **Non piangete più, voi che tribolate**, weep no more, ye who labour; **Hanno pianto tanto da non vederci quasi più**, they have cried their eyes out; **Mi bruciano gli occhi a forza di p.**, my eyes are sore with crying 2 (*soffrire, patire*) to suffer; to mourn: **p. sotto la tirannia**, to suffer under tyranny; **p. in silenzio**, to suffer in silence; (*Bibbia*) **Beati quelli che piangono**, blessed are they that mourn 3 (*gocciolare: di una pianta*) to bleed*; (*di un rubinetto, ecc.*) to drip; to ooze; (*lacrimare*) to water: **I rami tagliati di recente piangevano**, the newly-cut branches were bleeding; **Le pareti della spelonca piangevano**, the walls of the cave were dripping; **Gli piangevano gli occhi per il freddo** (il fumo), his eyes were watering with the cold (the smoke). **B** *v. t.* 1 to weep*: **p. tutte le proprie lacrime**, to weep one's fill; **p. lacrime amare**, to weep bitter tears; **p. lacrime di coccodrillo**, to weep crocodile tears; **p. lacrime di sangue**, to weep tears of blood 2 (*lamentare*) to mourn; to mourn for (sb., st., *o* over st.); to lament; to bewail; to grieve for (*o* over st.): **p. la morte di q.**, to mourn sb.'s death; **p. i torti patiti**, to grieve over the wrongs one has suffered; **p. un amore perduto**, to lament a faded (*o* past) love; **p. i propri peccati**, to bewail one's sins 3 (*rimpiangere*) to regret: **Piango gli anni che passano**, I regret the passing years. ● **p. come un vitello**, to blubber □ (*fig.*) **p. da un occhio solo**, to pretend to cry □ **p. miseria**, to cry poverty; to complain of one's lot; to poor-mouth (*fam. USA*) □ **cose da far piangere**, awful things □ (*fam.*) **far p. i sassi**, to melt a heart of stone; to be very moving □ **Mi pianse il cuore a vederla maltrattata**, it broke my heart (*o* it made my heart bleed) to see her ill-treated □ **Mi piange il cuore a vederlo ridotto così**, it breaks my heart to see him reduced to that state □ (*prov.*) **È inutile p. sul latte versato**, it's no use crying over spilt milk □ (*prov.*) **Chi è causa del suo mal, pianga se stesso**, as you make your bed, so you must lie on it.

piangitóre, *m.* (*raro*) weeper; mourner.

piangiucchiare, *V.* piagnucolare.

pianificàbile, *a.* that can be planned; projectable.

pianificare, *v. t.* to plan; to scheme (*progettare*) to project; (*programmare*) to programme.

pianificato, *a.* planned; projected: **economia pianificata**, planned economy.

pianificatóre, *m.* planner; programmer.

pianificazióne, *f.* planning; programming: **p. urbana**, town-planning.

pianigiano, **A** *a.* lowland (*attr.*). **B** *m.* lowlander.

pianissimo, *m.* (*mus.*) pianissimo; very softly played passage (*o* movement).

pianista, *m. e f.* (*mus.*) pianist: **Mi diverto a strimpellare, ma non sono un p.**, I enjoy strumming a piano, but I'm no pianist.

pianistico, *a.* (*mus.*) for pianoforte; piano (*attr.*); pianistic: **musica pianistica**, music for pianoforte; piano music.

piano (1), **A** *a.* 1 flat; level; even: **una superficie piana**, a level (*o* even) surface; **una strada piana**, a level road; **terreno p.**, flat land; (*sport*) **una corsa piana**, a flat race (*liscio*) smooth: **una pietra piana**, a smooth stone; **una fronte piana**, a smooth forehead 3 (*chiaro, semplice*) clear; plain; simple; (*agevole*) easy: **Il senso di questo verso è assai p.**, the sense of this verse is very clear; **in lingua piana**, in plain language; **in parole piane**, in simple (*o* plain) words 4 (*geom.*) plane: **geometria piana**, plane geometry 5 (*gramm.*) paroxytone: **una parola piana**, a paroxytone word. ● (*sport*) **i cento metri piani**, the one hundred metres sprint □ (*relig.*) **messa piana**, low mass. **B** *avv.* 1 (*sommessamente*) softly; quietly; (*a bassa voce*) in a low voice: **Legge troppo p.**, he reads too softly; **Egli parla p.**, he speaks quietly (*o* in a low voice) 2 (*lentamente*) slowly; slow: **Va p.!**, go slow(ly); take it easy; **camminare p.**, to walk slowly 3 (*con cautela*) gently; carefully: **Fate p. perché si rompe**, go carefully or it will break; **Muovilo p.**, move it gently. ● (*mus.*) **p.**, piano □ **pian p.** (*a poco a poco*), little by little: **Pian p. capirai anche tu**, you also will understand, little by little □ **pian pianino**, very slowly; very gently; very carefully □ **Fa' p.**, don't make a noise □ (*prov.*) **Chi va p. va sano e va lontano**, slow and steady wins the race.

piano (2), *m.* 1 plain; flat (*o* level) land; level ground: **Dopo qualche chilometro di p.**, **comincia la salita**, after some kilometres of plain the road starts to climb (*o* the ascent begins); **I nemici scesero al p. e furono sconfitti**, the enemy came down to the flat land (*o* to the plain) and were beaten 2 (*superficie piana*) plane: (*geom.*) **p. orizzontale** (**inclinato**), horizontal (inclined) plane; (*geom.*) **due piani paralleli**, two parallel planes 3 (*di casa*) floor; storey; story; (*di autobus, nave*) deck: **Abito al p. terreno di un palazzo di quindici piani**, I live on the ground (*o*, *USA*: the first) floor of a fifteen-storey (*o* fifteen-storied) building; **il p. superiore di un edificio**, the top floor (*o* storey) of a building; **primo p.**, first floor; second floor (*USA*); **Quel grattacielo ha cinquantacinque piani**, that skyscraper has fifty-five storeys; **p. nobile**, first (*o* second) floor (of a house); (*piano nobile*); **al p. di sopra**, on the upper floor; upstairs; **al p. di sotto**, on the lower floor; downstairs 4 (*strato*) layer; stratum*: **in diversi piani**, in different layers (*o* strata); **i piani geologici delle rocce**, the geological strata of rocks 5 (*livello*) level; plane: **essere sullo stesso p.**, to be on the same level. ● (*aeron.*) **p. alare**, (main) plane □ (*ferr.*) **p. caricatore** (*o* **di caricamento**), loading platform □ (*astron.*) **p. dell'orbita**, orb □ **il p. della sedia**, the seat (of the chair) □ **il p. della tavola**, the top of the table □ **p. d'azione**, policy □ (*geol.*) **p. di clivaggio** (*o* **di sfaldatura**), cleavage plane □ (*aeron.*) **p. di coda**, empennage □ (*aeron.*) **p. di**

piastróne

deriva, fin □ (naut.) **p. di galleggiamento**, water-plane □ (mecc.) **p. di riscontro**, surface plate (o face plate) □ (mecc.) **p. di scorrimento**, sliding surface (o slide) □ (aeron.) **p. stabilizzatore**, tail-plane; **stabilizer** (USA) □ **p. stradale**, roadway; road surface □ **un autobus a due piani**, a double-decker □ **in p.**, horizontally □ **passare in secondo p.**, to fade into the background (anche fig.); (fig., fam.) to take a back seat □ **un personaggio di secondo p.**, a secondary (o a minor) figure □ **un pittore di primo p.**, a first-rate painter; a top-notch painter (fam.) □ (arte, fotogr., cinem.) **primo p.**, foreground □ (cinem., telev.) **un primo p.**, a close-up □ (arte, fotogr., cinem.) **secondo p.**, background.

piano (3), m. (progetto, disegno) plan (anche mil.); (fig.) plan, scheme, project: **il p. del nuovo palazzo dello sport**, the plan of the new sports palace; **secondo i suoi piani**, according to his plans; **La campagna prosegue secondo i piani prestabiliti**, the campaign is proceeding according to plan; **p. di studi**, plan (o, USA: program) of studies; **p. regolatore**, urban development plan (o scheme); **un p. a lunga scadenza**, a long-term project; **p. di battaglia**, plan of battle; (fig.) plan of action; **fare dei piani**, to make plans; **un p. quinquennale**, a five-year plan. ● **p. di studi**, syllabus; curriculum.

piano (4), (fam., mus.) V. **pianofòrte**.

piano-bar, m. piano-bar.

pianocòncavo, a. (fis.) plano-concave.

pianoconvèsso, a. (fis.) plano-convex.

pianofòrte, m. (mus.) piano*; pianoforte: **un p. verticale**, an upright piano; a cottage piano; **un p. a coda**, a grand piano; **una sonata per p.**, a sonata for pianoforte; **suonare il p.**, to play the piano; **accompagnare con il p.**, to accompany on the piano; **pestare un p.**, to pound (o to thump) (on) a piano; **strimpellare il p.**, to strum the piano.

pianòla, f. (mus.) player piano*; pianola.

pianòro, m. (geogr.) plateau; tableland.

pianotèrra, m. invar. (edil.) ground floor; first floor (USA).

pianta, f. 1 (bot.) plant; (albero) tree: **p. a bulbo**, bulbous plant; **piante erbacee**, herbaceous plants; **p. ornamentale**, ornamental plant; **p. d'appartamento**, indoor plant; **p. tropicale**, tropical plant; **p. da fiore**, flowering plant; **p. da frutto**, fruit-bearing plant; **piante sempreverdi**, evergreen trees; evergreens; **p. in vaso**, potted plant; **p. quiescente**, dormant plant 2 (econ.) crop: **piante industriali**, industrial crops 3 (del piede, della scarpa) sole; plant 4 (disegno di edificio, città, ecc.) plan; design; (progetto) layout; (carta topografica) map, plan: **la p. del nuovo ospedale**, the plan of the new hospital; **Vi mostrerò una p. di Roma**, I'll show you a map (o plan) of Rome 5 (ruolo, organico) roll(s); staff: **essere impiegato in p. stabile**, to be a clerk on the permanent (o on the regular) staff. ● (bot.) **p. acquatica**, water-plant; hydrophyte □ (bot.) **piante arboree**, trees □ (bot.) **p. cimata**, pollard □ (bot.) **p. del sottobosco**, groundling □ (bot.) **p. del tè** (Thea sinensis), tea-plant □ (bot.) **p. endogena**, endogen □ (bot.) **p. esotica**, exotic □ (bot.) **p. grassa**, cactus-plant; cactus □ (bot.) **p. leguminosa**, legume; legumen □ (bot.) **p. perenne**, immortelle; everlasting; perennial □ (bot.) **p. rampicante**, creeper; climber; vine; trailer □ **di sana p.**, (completamente) entirely; completely; (dall'inizio) anew, afresh: **Tu hai copiato di sana p. la traduzione del tuo amico**, you have copied the translation completely (o word by word) from your friend; **ricominciare di sana p.**, to start afresh □ **inventare una storia di sana p.**, to make up a story.

piantàbile, a. (agric.) plantable.

piantacaròte, m. e f. invar. (fam.) story-teller (fam.); yarn-spinner (fam.).

piantàggine, f. (bot., Plantago major) plantain.

piantagióne, f. (agric.) plantation: **una p. di cotone**, a cotton plantation; **piantagioni di tabacco (di caffè)**, tobacco (coffee) plantations.

piantagrane, m. e f. invar. (fam.) trouble-maker; nuisance.

piantana, f. (sostegno verticale) standard. ● **lampada a p.**, standard (o floor) lamp.

piantare, A v. t. 1 to plant: **p. viti (fiori, alberi)**, to plant vines (flowers, trees); **p. un campo a gelsi**, to plant a field with mulberries 2 (conficcare) to thrust*, to drive*, to ram; (fissare) to fix, to set* (up): **p. un chiodo in un muro**, to drive a nail into a wall; **p. un palo**, to ram a pile; **Gli piantò la spada nel petto**, he thrust his sword (in)to his chest; **p. una bandiera**, to set up (o to raise) a flag; **Piantai l'asse in posizione trasversale**, I set (o fixed) the board in a transversal position; **p. gli occhi addosso a q.**, to fix one's eyes on sb.; to stare at sb. 3 (collocare, posare) to place; to put*; to plant; to set*; to lay*: **Piantarono due cannoni sul monte**, they placed (o planted) two guns on the mountain; **p. le fondamenta**, to lay the foundations 4 (fam.: abbandonare) to leave*; to abandon; to desert; to quit: **Piantò suo marito dopo solo tre anni di matrimonio**, she left her husband after only three years of marriage;

p. a mezzo un lavoro, to leave a job unfinished; **p. q. in asso**, to stand sb. up; to leave sb. in the lurch; **La mia fidanzata mi ha piantato**, my fiancée has left (o jilted) me; **Piantò moglie e figli dopo venti anni di vita coniugale**, he abandoned his wife and children after twenty years of married life; **Ha piantato il suo lavoro e se ne è andato in Perù**, he has quitted his job and gone to Peru. ● (fig., fam.) **p. carote**, to tell stories □ (fig.) **p. chiodi** (fare debiti), to get into debt □ (fam.) **p. una grana**, to cause trouble; to stir the muck (pop.) □ **p. una tenda**, to pitch a tent □ **p. le tende** (stabilirsi in un luogo), to settle down; to take up one's residence □ (scherz.) **p. a cavoli** (ritirarsi a vita privata), to retire □ **Piantala!**, stop it!; come off it!; cut it out! **piantarsi**, B v. rifl. to plant (o to place) oneself: **Si piantò sull'uscio di casa**, he planted himself on the doorstep. C v. rifl. recipr. to leave* each other; to part: **Ci siamo piantati dopo anni di convivenza**, we left each other (o we parted) after years of living together.

piantata, f. 1 (il piantare) planting; (insieme di piante) plantation 2 (fila di piante) row of trees; (più file) rows of trees: **una p. di pini**, a row of pine-trees; rows of pines.

piantato, a. 1 (agric.) planted 2 (solido, robusto) strong; stout; sturdy 3 (impettito) stiff; (immobile) rooted (to the spot). ● **un giovane ben p.**, a well-set young man.

piantatóre, m. (agric.) planter: **un p. di cotone**, a cotton-planter.

piantatrice, f. (agric.) planting-machine; planter.

piantatura, f. (agric.) planting.

pianterréno, m. (edil.) ground floor; first floor (USA): **una stanza a p.**, a ground-floor room; a downstair(s) room; **abitare a p.**, to live on the ground-floor. ● **scendere a p.**, to go downstairs.

piantina, f. 1 (agric.) seedling 2 (topografia) small map 3 (gergo mil.: piantone) orderly; sentry; sentinel; guard.

pianto, m. 1 weeping; crying; tear-shedding; greeting (scozz.); (per un morto) mourning, keen, wail: **Si sentiva il p. della povera donna**, one could hear the poor woman crying; **cessare il p.**, to stop crying; to cease to weep; **prorompere (o scoppiare) in p.**, to start crying; to burst into tears; (relig.) **il p. eterno**, eternal weeping; everlasting woe 2 (lacrime) tears (pl.): **un p. di gioia**, tears of joy; **un volto bagnato di p.**, a face wet with tears; a tear-wet face; **asciugarsi il p.**, to wipe away one's tears; **avere gli occhi pieni di p.**, to have tears in one's eyes 3 (grave dolore) great distress; great pain: **La sua morte è stata un p. per tutti noi**, his death was a great distress to all of us 4 (bot.) bleeding. ● **avere il p. facile**, to cry over nothing.

piantonàia, f. **piantonàio**, m. (agric.) nursery-garden.

piantonamento, m. (mil.) guarding; watch.

piantonare, v. t. (mil.) to stand* (o to mount) guard over; to guard; to keep* watch on (o over).

piantóne, m. 1 (agric.) shoot; scion 2 (autom.) steering column 3 (mil.) orderly; guard; sentry; sentinel. ● **essere di p.**, to be on orderly duty □ **stare di p.**, to be on the watch (o on guard).

pianura, f. plain; level (o flat) land; lowland (specialm. al pl.): **la p. del Po**, the plain of the Po; **le pianure della Scozia**, the Lowlands (of Scotland); **una città di p.**, a lowland town; **vivere in p.**, to live in the lowlands. ● **abitante della p.**, lowlander.

pianuzza, f. (zool., Pleuronectes platessa) plaice.

piare, v. i. to peep; to cheep.

piastra, f. 1 (lastra di metallo, di legno, di vetro) plate; (di pietra) slab: **piastre d'acciaio**, steel plates; **una p. di calcestruzzo**, a concrete slab; **una p. di marmo**, a marble slab; **le piastre d'una corazza**, the plates of a suit of armour; **p. d'appoggio**, bearing slab; **p. in cemento armato**, reinforced concrete (o ferroconcrete) slab; **una p. a muro**, a wall-plate; **una p. di fondazione**, a foundation plate; **una p. a losanga per pavimento**, a diamond floor slab 2 (mecc., elettr.) plate: **p. ad angolo**, angle plate; **p. di fissaggio**, anchor plate; (ind. metallurgica) **p. modello**, match (o pattern) plate; **p. orientabile**, swivel plate; (elettr.) **una p. negativa (positiva)**, a negative (positive) plate 3 (numismatica) piastre; piaster (USA): **due piastre d'argento**, two silver piastres 4 (biol.: terreno di coltura) dish.

piastrèlla, f. 1 tile; floor-tile; paving-tile 2 (sasso piatto) pebble; (per giocare) jack-stone. ● **pavimento a piastrelle**, tiled floor.

piastrellàio, V. piastrellista.

piastrellare, A v. t. to tile. B v. i. (di aereo, motoscafo) to bounce.

piastrellista, m. 1 (fabbricante) tile-maker 2 (operaio) tiler 3 (imprenditore) tiling contractor.

piastriccio, m. (fam.) hotchpotch; medley.

piastrina, f. 1 plaque; plate 2 (anat.) blood platelet 3 V. piastrino.

piastrino, m. (mil.) identity disk (o tag); dog tag (USA, fam.).

piastróne, m. 1 (metall.) slab 2 (zool.) plastron 3 (scherma) plastron.

piatire, v. i. 1 (lett.: far causa) to take* action; (litigare) to quarrel, to argue 2 (fig., fam.) to beg favours.
piattabanda, f. (archit.) flat (o straight) arch; platband. ● (edil.) **p. di rinforzo**, flitch plate.
piattafórma, f. 1 (generalm.) platform: **il sottopassaggio che conduce alle piattaforme 1, 2 e 3**, the subway to platforms 1, 2, and 3; **una p. per cannoni**, a gun platform; **una p. di carico**, a loading-platform; (mecc.) **una p. girevole**, a revolving platform; **una p. mobile**, a swing-platform 2 (fig.: base di programma politico) platform. ● (geol.) **p. continentale**, continental shelf □ (mecc.) **p. di appoggio**, base plate □ **p. di lancio**, (per aerei) launching platform; (per missili) launching pad □ (ind. metallurgica) **p. di prelievo**, tapping floor □ (mecc.) **p. girevole a croce**, two-way turn-table □ (naut., ind. petrolifera) **p. per ricerche petrolifere**, oil rig.
piattàia, f. plate-rack; dish-rack.
piattàio, m. 1 (chi fa piatti) plate-maker 2 (chi vende piatti) plate-seller.
piattèllo, m. 1 small plate; disk 2 (nel tiro a volo) clay pigeon. ● **tiro al p.**, trap-shooting; clay-pigeon shooting; skeet (USA).
piattézza, f. 1 (sottigliezza di spessore) flatness 2 (fig.) dullness; monotony.
piattina, f. 1 (edil., min.: carrello per trasporto di utensili) platform truck 2 (nastro metallico) metal strap 3 (elettr.) twin-lead. ● (elettr.) **p. di massa**, ground strap.
piattino, m. 1 saucer: **tazze e piattini**, cups and saucers 2 (manicaretto) dainty dish; titbit.
piatto (1), a. 1 flat: **una barca piatta**, a flat boat; a barge; **un pesce p.**, a flat fish; **un tetto p.**, a flat roof 2 (fig.: scialbo) flat; dull; commonplace: **uno stile p.**, a flat (o commonplace) style; **una traduzione piatta**, a dull translation; **una vita piatta**, a dull (o an uneventful) life. ● (geom.) **angolo p.**, straight angle □ **avere i piedi piatti**, to be flat-footed □ (pop.) **piedi piatti**, flat-foot (pop.); flatty (pop.).
piatto (2), m. 1 plate: **un p. d'argento**, a silver plate; **p. da frutta**, dessert plate; **p. fondo**, soup plate; **p. piano**, shallow plate; **cambiare i piatti**, to change the plates 2 (p. da portata; e, fig.: vivanda) dish: **p. caldo** (freddo), hot (cold) dish; **p. di carne** (di pesce), dish of meat (of fish); **Per Natale mia moglie mi prepara buoni piatti**, at Christmas my wife prepares good dishes for me 3 (portata) course: **il p. del giorno**, today's course; **minestra e due piatti**, soup and two courses 4 (parte piatta) flat: **colpire di p.**, to strike (o to hit) with the flat (of st.) 5 (pl., mus.) cymbals 6 (nei giochi di carte) kitty: (fam.) **Il p. piange**, the kitty's short. ● **p. della bilancia**, scale-pan □ **p. forte**, main course; (fig.) main attraction, high light □ **p. giradischi** (o portadischi), turn-table □ **p. grande** (o da portata), dish □ (fis.) **p. magnetico**, lifting magnet □ **p. per il lavaggio di minerali pregiati**, batea □ **asciugare i piatti**, to dry the dishes □ **lavare i piatti**, to wash up; to do the dishes.
piàttola, f. 1 (zool., Phthirus pubis) crab-louse* 2 (fig.: persona noiosa) bore; nuisance; pain in the neck (fam.) ● (fig.) **avere il sangue di p.**, to have no guts (volg.).
piattonare, v. t. to strike* with the flat of one's sword.
piattonata, f. blow with the flat of a sword.
piattóne, m. V. **piàttola**, def. 1.
piazza, f. 1 square: **Quattro strade portano in p.**, four streets lead to the square; **una p. alberata**, a square planted with trees 2 (persone convenute in una p.) people (pl.) (in the square); (folla) crowd; (volgo) mob, rabble: **La p. fu invasa dal panico**, the crowd was panic-struck 3 (comm.) market: **i prezzi della nostra p.**, the prices running (o quoted) on our market 4 (piazzaforte) stronghold; fortress 5 (radura di capelli o peli) bald patch: **avere una p.** (o **delle piazze**) **sulla testa**, to have a bald patch (o some bald patches) on one's head. ● (mil.) **p. d'armi**, drill-ground; parade-ground □ **p. del mercato**, market-place □ (fig., scherz.) **andare in p.** (a diventare calvo), to go bald □ **automobile di p.**, taxi(-cab) □ (comm.) **fare la p.**, to canvass; to tout □ **fare p. pulita**, to make a clean sweep (of sb., of st.): to clear away; (licenziare tutti gli impiegati d'un ufficio) to dismiss the whole staff; (prendere tutto) to sweep up everything, to sweep the stakes; (mangiare tutto ciò che è in tavola) to eat up everything; (rubare tutto ciò che c'era da rubare) to steal everything; (consumare tutto il proprio denaro) to squander away all one's money □ **gridare q.c. in p.**, to noise st. abroad □ **ingiurie da p.**, vulgar insults □ **letto a una (a due) piazze**, single (double) bed □ **letto a una p. e mezzo**, three-quarter bed □ **mettere q.c. in p.**, to make st. public; to spread st. abroad □ (comm.) **quel che fa la p.**, the price(s) quoted on the market □ **scendere in p.**, to start rioting □ **sembrare una p. d'armi**, to look very big □ **vettura di p.**, hackney-coach; cab; (taxi) taxi □ **I propri affari non si gridano in p.**, you shouldn't wash your dirty linen in public.

piazzafòrte, f. (mil.) stronghold; fortress.
piazzaiòlo, A a. vulgar; low. **B** m. tyke, tike; cad (fam.).
piazzale, m. 1 (large) square: **il p. della chiesa**, the church-square; **il p. davanti alla stazione**, the square in front of the station 2 (ferr.) (railway-)yard. ● **p. di carico**, loading area □ **p. d'immagazzinaggio**, store-yard.
piazzaménto, m. 1 (in una classifica e sim.) location; positioning; placement; placing 2 (comm.: d'un'ordinazione) placement 3 (ippica) place.
piazzare, A v. t. 1 to locate; to position; to place 2 (comm.: vendere) to place; to sell*. **piazzarsi, B** v. rifl. (sport) to be placed: **Il mio cavallo non s'era piazzato**, my horse hadn't been placed.
piazzata, f. (public) row; shindy (fam.).
piazzato, a. (sport) placed.
piazzista, m. (comm.) salesman*; commercial traveller; canvasser; tout; touter: **fare il p.**, to be a commercial traveller; to canvass; to tout.
piazzòla, f. 1 (mil.) (gun) emplacement 2 (di strada) lay-by: **p. d'emergenza**, emergency lay-by. ● (golf) **p. di partenza**, teeing ground; tee.
pica (1), f. 1 (zool., Pica pica) magpie 2 (med.) pica.
pica (2), f. (tipogr.) pica.
picacismo, m. (med.) pica.
picador (spagn.), m. «picador».
picarésco, a. (letter.) picaresque; rogue (attr.): **un romanzo p.**, a picaresque novel.
picaro (spagn.), m. picaroon; rogue; knave.
picca (1), f. (puntiglio) pique; spite; animosity; ill-feeling; resentment: **fare q.c. per p.**, to do st. out of spite.
picca (2), f. 1 (stor.) pike: **un soldato armato di p.**, a soldier armed with a pike; a pikeman; **una mezza p.**, a half-pike 2 (pl.: uno dei semi delle carte da gioco) spades (pl.): **il due di picche**, the two of spades. ● (fig.) **contare quanto il fante di picche**, to count for very little (o for nothing) □ **parere il fante** (o **il re**) **di picche**, to be as vain as a peacock □ **rispondere picche**, to give (sb.) a flat denial.
piccante, a. (anche fig.) piquant; spicy; pungent; hot: **La mostarda è un po' troppo p.**, the mustard is a little too hot; **una salsa p.**, a pungent sauce; **un piatto p.**, a piquant dish; **un sapore p.**, a pungent taste; **L'articolo era proprio p.**, the article was so very spicy; **arguzie piccanti**, spicy jokes; **una storiella p.**, a spicy (o risqué) story.
Piccardia, f. (geogr.) Picardy.
piccaréssa, f. (naut.) cat-head stopper.
piccarsi, v. rifl. 1 (pretendere puntigliosamente) to pique oneself (up)on; to pride (o to plume) oneself on; to take* (a) pride in; to claim: **Si picca d'essere il migliore tennista della scuola**, he claims to be the best tennis-player in the school; **p. di q.c.**, to pique oneself on st. 2 (offendersi, impermalirsi) to be (easily) offended; to be piqued: **p. per niente**, to be easily offended. ● **p. con q. per q.c.**, to get angry with sb. over st. □ **p. di fare q.c.**, to take it into one's head to do st.
piccata, f. (colpo di picca) blow with a pike.
piccato, a. (risentito) in a (fit of) pique; piqued; resentful.
picchè, m. (tessuto) piqué.
picchettàggio, picchettaménto, m. 1 (agrimensura) staking out (o off); marking of the limits (with stakes) 2 (sorveglianza esercitata da picchetti) picketing: **p. di massa** (o **massiccio**), mass picketing.
picchettare, v. t. 1 (agrimensura) to stake out (o off); to mark (land) with stakes: **p. una strada**, to stake out a road 2 (mantenere sotto sorveglianza un luogo di lavoro, con picchetti) to picket.
picchettatóre, m. 1 (chi pianta i picchetti) staker 2 (chi mantiene sotto sorveglianza un luogo di lavoro, con picchetti) picket: **fila di picchettatori**, picket line.
picchettatura, f. (agrimensura) staking out (o off); marking with stakes.
picchétto (1), m. 1 (paletto) stake; picket; peg 2 (mil.) picket, piquet: **essere di p.**, to be on picket; to picket; **mettere di p.**, to post as a picket; to picket 3 (di scioperanti) picket. ● **p. d'onore**, guard of honour □ **ufficiale di p.**, orderly officer.
picchétto (2), m. (gioco di carte) piquet, picket, picquet.
picchiapètto, m. e f. (bacchettone) bigot; may-worm (fam.).
picchiare, A v. t. 1 (percuotere) to beat*, to hit*, to thrash; to wallop (pop.); (bastonare) to cudgel; (con i pugni) to thump; (con la frusta) to flog: **Fu picchiato selvaggiamente**, he was savagely beaten (up); **Lo picchiai sul naso**, I hit him on the nose; **p. q. di santa ragione**, to thrash sb. thoroughly; to give sb. a good thrashing; **È solito p. i figli**, he wallops his children regularly; **Se torna qui, lo picchio**, if he comes here again, I'll thump him; **Prese la frusta e lo picchiò a sangue**, he took the whip and flogged him till the blood flowed 2 (battere) to

strike*; (battere forte) to bang, to thump; (battere leggermente) to tap: **Ha picchiato il gomito contro il tavolo**, he struck his elbow against the table; **p. un pugno sul tavolo**, to bang one's fist (o to thump) on the table; **Mi picchiò sulla spalla con la mano**, he tapped me on the shoulder. **B** v. i. **1** (battere) to beat* (against, on st.); (bussare) to knock (at, on st.); (battere con forza) to bang, to thump (on st.); (battere leggermente) to tap (on st.): **La grandine picchiava sul tetto**, the hail(-stones) beat down on the roof; **p. alla porta**, to knock on (o at) the door; **La coda del cane picchiava sul pavimento**, the dog's tail was thumping on the door; **Prima di entrare, picchia sempre con le dita sul vetro della finestra**, before coming in, he always taps on the window-panes **2** (fig.: insistere) to insist; to harp: **Picchia sempre sull'importanza della puntualità**, he continually insists on the importance of being punctual; **Picchia sempre sulle sue sfortune**, he is always harping on his misfortunes **3** (aeron.) to (nose-)dive. ● (fig.) **p. a tutti gli usci**, to ask for help from all and sundry □ **p. con il martello**, to hammer □ (di motore) **p. in testa**, to ping; to pink □ **p. i piedi**, to stamp one's feet □ **p. sodo**, to hit hard; to have a heavy hand □ **Picchia e ripicchia, ha ottenuto quel che voleva**, he got what he wanted through sheer doggedness. **picchiarsi**, **C** v. rifl. recipr. (battersi) to fight*; (venire alle mani) to come* to blows. ● **p. di santa ragione**, to have a good fight.

picchiata, f. **1** (il picchiare una volta) beat; hit; knock; blow; stroke **2** (busse) beating; thrashing **3** (aeron.) dive: **un bombardiere da p.**, a dive-bomber; **p. verticale**, vertical dive; **p. in spirale**, corkscrew-dive. ● **bombardare in p.**, to dive-bomb □ **gettarsi in p.**, to dive; to nose-dive.

picchiatello, **A** a. crazy; cracky, crack-brained (fam.); screwy, dotty, potty (pop.). **B** m. crazy person; crack-brain (fam.); crackpot (pop.).

picchiato, a. (un po' matto) (a bit) touched; daffy (pop.); pixil(l)ated (USA).

picchiatore, m. **1** beater **2** (pugile) slogger.

picchiatura, f. beating; hitting; knocking; striking; thrashing.

picchiere, m. (stor.) pike-man*.

picchiettare, **A** v. t. **1** (picchiare a colpi lievi e rapidi) to tap; to drum **2** (punteggiare con piccoli tocchi di colore) to spot; to dot; to speckle; to fleck. ● v. i. **3** to patter; to pat; to tap: **La pioggia picchiettava sui vetri**, the rain was pattering against (o on) the window-panes **2** (mus.) to play staccato notes (in one bow).

picchiettato, **A** a. spotted; dotted; spotty; speckled: **bianco p. di nero**, white spotted with black; white with black spots. ● **La ragazza aveva il volto p. di lentiggini**, the girl's face was freckled all over. **B** m. (mus.) staccato bowing.

picchiettatura, f. spotting; dotting; speckling.

picchiettio, m. patter; pattering; patting; tapping.

picchio (1), m. rap; tap; knock: **un p. alla porta**, a rap (o a knock) on the door.

picchio (2), m. (zool.) woodpecker: **p. maggiore** (Dendrocopus maior), pied woodpecker; **p. minore** (Dendrocopus minor), barred woodpecker. ● **p. verde** (Picus viridis), green-peak.

picchio (3), m. rapping; tapping; knocking.

picchiottare, v. t. e i. to rap (at a door with a knocker).

picchiotto, picchiottolo, m. (door-)knocker.

piccineria, f. **1** narrow-mindedness; meanness; pettiness **2** (azione meschina) mean (o petty) action.

piccino, **A** a. **1** (molto piccolo) tiny; very small; little; wee (scozz.): **Quel bambino è p. per la sua età**, that boy is very small for his age; **un bambino p.**, a little child; a baby; a little kid (fam.); a kiddy (fam.) **2** (fig.: di umile condizione) poor; humble; mean **3** (fig.: gretto) narrow; mean; petty: **una mente piccina**, a narrow mind; **avere un cuore p. p.**, to be small-hearted. ● **essere p. d'età**, to be very young □ **essere p. di statura**, to be (very) short of stature □ (fig.) **farsi p. p.**, to cower; to try to escape notice □ **Non sono così p. da...**, I'm not so narrow-minded as to... **B** m. **1** child*; little one; tiny tot; kid, kiddy (fam.): **i piccini**, the kids; **sin da p.**, since (I was) a child **2** (degli animali) whelp; cub. ● **grandi e piccini** (i ricchi e i poveri), the rich and the poor.

picciolato, a. (bot.) petiolate.

picciòlo, m. (bot.) petiole; stipe; footstalk; leaf-stalk.

piccionàia, f. **1** (luogo dove si tengono i piccioni) pigeon-house; dove-cot(e) **2** (sottotetto, soffitta) loft; garret; attic **3** (scherz.: loggione d'un teatro; frequentatori del loggione) gallery; (the) gods (pl., fam.).

piccioncino, m. (vezzegg.) sweet(heart), honey (fam.).

piccióne, m. (zool.) pigeon; dove: **p. selvatico** (Columba livia), rock-pigeon; rock-dove; **p. viaggiatore**, carrier-pigeon; homing--pigeon; (sport) **tiro al p.**, pigeon-shooting. ● **prendere due piccioni con una fava**, to kill two birds with one stone.

picco, m. **1** (vetta aguzza) peak; (pointed) top of (a mountain); summit; pinnacle: **i picchi nevosi delle Alpi**, the snowy peaks of the Alps **2** (naut.) peak; gaff: **p. di maestra**, main-trysail gaff; **p. di mezzana**, spanker gaff. ● (naut.) **p. di carico**, derrick □ **a p.** (in linea verticale), vertically; perpendicularly □ (naut.) **colare** (o **andare**) **a p.**, to sink; to founder □ **mandare a p.**, to sink.

piccolézza, f. **1** (l'essere piccolo) smallness; littleness; (ristrettezza) narrowness: **Mi piace la p. in quasi tutte le cose**, I love littleness in almost all things; **la p. del dono**, the smallness (o insignificance) of the gift **2** (cosa piccola, inezia) little thing; trifle; bagatelle; pettiness: **È una vera p.**, it's such a little thing!; it's but a trifle!; **La vita è fatta di queste piccolezze**, life is made up of these little things; **Sono piccolezze alle quali non si deve dare importanza**, it's not worth bothering about such trifles **3** (meschinità) meanness; pettiness. ● **p. d'animo**, narrow--mindedness □ **p. di statura**, small stature (o size); shortness.

piccolo, **A** a. **1** small; little (solo attr.); (minuscolo) tiny; wee (scozz.): **mano piccola**, small (o little) hand; **naso p.**, small (o little) nose; **le ore piccole**, the small hours; **una piccola somma**, a small sum; **È un uomo p.**, he is a little man; **un p. podere** (quadro, stipendio, sussidio), a small farm (picture, salary, subsidy); **un numero p.**, a small number; **un p. possidente**, a small landowner; **una piccola maggioranza**, a small (o a narrow) majority; **un foglio di carta di formato p.**, a sheet of paper (of) small format; **lettera piccola** (minuscola), small letter; **È così piccola da sembrare una pigmea**, she is so tiny that she looks like a pigmy; **in piccole proporzioni**, on a small scale; **un libro più p.**, a smaller book; **il libro più p. della biblioteca**, the smallest book in the library **2** (giovane) young; (più giovane) younger, youngest: **Ho tre figli, tutti piccoli**, I have three children, all of them young; **il mio figlio (più) p.**, my younger (o youngest, se più di due) son **3** (di poco conto) petty; slight; small; minor: **spese piccole**, petty (o sundry) expenses; **Queste sono piccole cose**, these are petty things (o trifles); **p. errore** (difetto), slight error (defect). **p. inconveniente**, slight drawback (o snag); **piccola indisposizione**, slight indisposition; **Non ho che piccoli problemi**, I've only got minor problems; **piaceri piccoli**, small (o minor) pleasures **4** (meschino) petty, mean; (ristretto) narrow: **Non essere così p.!**, don't be so mean!; **piccoli litigi**, petty quarrels (o squabbles); **piccoli dispetti**, petty spite; **una mente piccola**, a narrow mind; **una persona dalla mente piccola**, a person with a narrow mind; a narrow-minded person; **Ha una mentalità piccolo-borghese**, he has a petty bourgeois mind **5** (breve, basso di statura) short: **un p. viaggio**, a short journey; **in p. tempo**, in a short time; **un p. discorso**, a short speech; **una piccola distanza**, a short distance; **piccoli passi**, short steps; **una piccola crociera** (vacanza), a short cruise (holiday) **6** (leggero) light: **un p. rumore**, a slight noise; **Ricevetti un p. colpo al braccio destro**, I received a light blow on my right arm **7** (debole) slight; faint: **un p. rumore**, a slight noise **8** (umile) humble: **gente piccola**, humble people. ● (spreg.) **p. borghese**, petit-bourgeois (franc.) □ **la piccola borghesia**, the lower middle class (fis.) **piccola caloria**, small calorie □ **p. peccato**, peccadillo □ (ferr.) **a piccola velocità**, by goods train □ **fare il p. commercio**, to carry on business (o to be in business) in a small way □ **farsi p.**, to cower; (fig.) to belittle oneself: **Il cane si fece p. sotto la seggiola quando il padrone alzò la frusta**, the dog cowered under the chair when his (o its) master raised the whip; **Ogni volta che parla con me si fa p.**, every time he talks to me he belittles himself □ **in p.**, in small; on a smaller scale: **Ora disegnerò la stessa figura in p.**, now I'll draw the same figure on a smaller scale □ **nel proprio p.**, in one's own small way: **È un vocabolario che nel suo p. vi dà tutto ciò che occorre**, in its own small way that dictionary gives you everything you want □ **Vuol fare il Nerone in p.**, he wants to imitate Nero; he wants to be a little Nero □ (prov.) **Piccola pioggia fa cessar gran vento**, small rain lays great dust. **B** m. **1** child*; little one: **Il p. non voleva andare a letto**, the child didn't want to go to bed **2** (pl.: d'uomo) (the) little ones; (degli animali) (the) young: **gli animali e i loro piccoli**, the animals and their young. ● **da p.**, as a child; when a child.

piccolo-borghése, **A** locuz. a. petit-bourgeois; lower middle--class: **mentalità p.-b.**, petit-bourgeois mentality. **B** locuz. m. e f. petit-bourgeois; member of the lower middle-class.

picconare, **A** v. t. to strike* (st.) with a pickaxe. **B** v. i. to wield a pickaxe; to pickaxe.

picconata, f. blow with a pick(axe).

piccóne, m. pick; pickaxe; mattock. ● **p. pneumatico**, pneumatic pick □ **Qui ci vuole il p.!**, it should be demolished (o pulled down)!

picconière, m. pickman*.

piccosità, f. cantankerousness; peevishness; (permalosità) touchiness, tetchiness, testiness.

piccóso, a. cantankerous; peevish; crabbed; (permaloso) touchy, tetchy, testy: **un bambino p.**, a peevish little boy; **un vecchio p.**, a cantankerous old man.

piccòzza, *f.* (*da alpinista*) ice-axe. ● **p. da pompiere**, fireman's axe.

picea, *f.* (*bot.*, *Picea*) spruce.

piceo, *a.* **1** (*di pece*) piceous; of pitch **2** (*nero come pece*) piceous; pitch-black; pitchy.

pick-up (*ingl.*), *m.* (*autom.*; *elettron.*) pick-up.

picnic (*ingl.*), *m.* picnic: **fare un p.**, to have a picnic; to go for a picnic.

picnòmetro, *m.* (*chim.*) pycnometer.

picofàrad, *m.* picofarad.

picogrammo, *m.* picogram.

picosecóndo, *m.* (*fis.*) picosecond.

picrato, *m.* (*chim.*) picrate.

picrico, *a.* (*chim.*) picric: **acido p.**, picric acid.

pidocchieria, *f.* **1** stinginess; niggardliness; miserliness; meanness **2** (*azione meschina*) mean trick.

pidòcchio, *m.* (*zool.*, *Pediculus humanus*) louse*: **p. del capo** (*Pediculus humanus capitis*), head louse; **p. dei vestiti** (*Pediculus humanus corporis*), human body louse. ● **p. dei libri** (*Psocus pulsatorius*), book louse □ **pidocchi delle piante** (*Aphides*), plant-lice □ (*fig.*, *volg.*) **un p. rifatto**, an upstart; a parvenu.

pidocchióso, *a.* **1** (*pieno di pidocchi*) lousy; full of lice; infested with lice **2** (*fig.*: *spilorcio*) stingy; niggardly; miserly; mean.

piè, V. **piède**.

pied-à-terre (*franc.*), *m.* «pied-à-terre*» (temporary or second lodging).

pied-de-poule (*franc.*), *m.* (*ind. tessile*) hound's-tooth check.

piède, *m.* **1** foot*: **piedi grossi**, big feet; **piedi piatti**, flat feet; **il p. destro** (**sinistro**), the right (left) foot; **lavarsi i piedi**, to wash one's feet; **avere mal di piedi**, to have sore feet; to be footsore: **A forza di camminare ho mal di piedi**, I have walked my feet sore; (*anche fig.*) **gettarsi ai piedi di q.**, to throw oneself at sb.'s feet; (*anche fig.*) **cadere in piedi**, to fall on one's feet; **pestare i piedi**, to stamp one's feet; **La terra era asciutta sotto i piedi**, the ground was dry under foot; it was dry under foot **2** (*parte inferiore*) foot*; (*base*, *sostegno*) foot*, base: **il p. di una calza**, the foot of a stocking; **il p. di un tavolo** (**di una sedia**), the foot of a table (of a chair); **il p. di un letto**, the foot of a bed; **il p. di un albero** (**di una colonna**), the base (o the foot) of a tree (of a column); **il p. di un pilastro**, the base of a pillar; **ai piedi di**, at the foot of: **a p. di pagina**, at the foot of the page; **La caverna si trova ai piedi del monte**, the cave is at the foot of the mountain **3** (*di animale*) paw; (*di uccello*) claw; (*di rapace*, *anche*) talon: **il p. del gatto**, the cat's paw; **i piedi dell'aquila**, the eagle's talons (*o* claws) **4** (*poesia*) foot*: **Il pentametro giambico è formato da cinque piedi**, an iambic pentameter consists of five feet. **5** (*misura di lunghezza pari a cm 30,48*) foot*: **p. quadrato**, square foot; **Il campo da gioco è lungo trecento piedi**, the playing-field is three hundred feet long; **Sono alto cinque piedi e dieci pollici**, I am five feet ten inches tall; **p. cubico**, cubic foot; **una sciarpa lunga tre piedi**, a three-foot scarf **6** (*condizione*, *posizione*) footing: **essere sul p. di pace** (**di guerra**), to be on a peace (on a war) footing; **su un p. di parità**, on an equal footing; **su un p. di amicizia**, on a friendly footing. ● (*mil.*) **pied'arm!**, ground arms! □ **biforcuto**, cloven hoof □ (*mecc.*) **p. di biella**, connecting-rod small end □ (*naut.*) **p. di pollo**, wall-knot □ (*naut.*) **p. di pollo per sartia**, shroud knot □ **p. di porco** (*arnese per scassinare*), crowbar; jemmy □ (*fis.*) **p. libbra**, foot-pound □ **il p. posteriore di un animale**, the hind foot of an animal □ **a piedi**, on foot □ (*fig.*) **a p. libero**, on bail □ **a piedi nudi**, barefoot □ (*edil.*) **a piè d'opera**, on site □ **a ogni piè sospinto**, at every step □ **alzarsi in piedi**, to stand up □ **andare a piedi**, to walk; to go on foot: **Andai a piedi fino a Lodi**, I walked as far as Lodi □ (*fig.*) **andare con i piedi di piombo**, to be (*o* to act) very cautiously □ **aspettare a p. fermo**, to wait courageously (*o* resolutely) □ **avere le ali ai piedi**, to be wing-footed □ **avere il p. marino**, to have sea-legs □ (*fig.*) **avere un p. nella fossa**, to have one foot in the grave □ **consegnarsi mani e piedi legati**, to give oneself up □ **corsa a piedi**, foot-race □ **dalla testa ai piedi**, from head to foot □ (*fig.*) **darsi la zappa sui piedi**, to cut one's (own) throat □ **dita dei piedi**, toes □ (*fig.*) **fare q.c. con i piedi**, to do st. in a slapdash way; to bungle st. □ **essere in piedi**, (*stare in piedi*) to stand; to be standing; (*essere alzato*) to be up, to be out of bed; (*dopo una malattia*) to be on one's feet □ **mettere p. a terra**, (*da cavallo*) to dismount; (*da un veicolo*) to get off, to get out, to alight; (*da una nave*) to go ashore, to land □ **mettere p. in un luogo**, to set foot in a place: **Non ci devi mettere più p.**, you must never set foot there again □ (*fig.*) **mettere in piedi un'azienda**, to set up (*o* to start) a business □ **mettersi q. sotto i piedi**, (*usare prepotenza*) to push sb. around; (*disprezzare*) to despise sb. □ **nota a piè di pagina**, footnote □ (*anche fig.*) **pestare i piedi a q.**, to tread (on) sb.'s toes □ **pestare q.c. sotto i piedi**, to stamp st. (*o* to grind st. down □ **pianta del p.**, sole (of the foot) □ (*mecc.*) **piè d'oca**, crow's-foot □ **posto in piedi**, standing room □ **prendere p.**, (*di piante*) to take root; (*di idee*) to get a footing; (*guadagnare terreno*) to catch on; to gain ground: **Questa usanza prende p.**, this custom (*o* habit) is catching on (*o* is becoming fashionable) □ (*fig.*) **puntare i piedi**, to put one's foot down; to dig one's heels in □ (*fig.*) **ragionare con i piedi**, to reason like a fool □ **rimanere a piedi**, (*perdere il treno*, *l'autobus*) to miss the train (the bus); (*fig.*) to be left in the lurch □ (*fig.*) **saltare a piedi pari** (*o* **a piè pari**), to skim over (*o* through): **Saltò il capitolo a piedi pari**, he skimmed through the chapter □ (*sport*) **salto a piè pari**, standing jump □ **schiacciare q.c. con un p.**, to stamp st. flat; to crush st. flat with one's foot □ **stare in piedi**, to stand; to be standing □ (*fig.*) **su due piedi**, immediately; at once: **Non ti posso rispondere su due piedi**, I can't answer you immediately □ **sulla punta dei piedi** (*o* **in punta di piedi**), on tip-toe: **camminare sulla punta dei piedi**, to walk on tip-toe; to tiptoe □ (*fig.*) **tenere il p. in due staffe**, to run with the hare and hunt with the hounds □ **unghie del p.**, toe-nails □ **un uomo dai piedi piatti**, a flat-footed man □ **volgere il p.**, to go away □ (*fig.*) **Con il mio aiuto si rimise in piedi**, with my help he set himself on his feet again □ **Non mi reggo più in piedi dalla stanchezza**, I'm dead tired; I'm all in; I'm bushed (*fam.*) □ **Non mi faccio mettere sotto i piedi da nessuno**, I don't let anyone trample on me □ (*fam.*) **Se mi capita fra i piedi, lo picchio**, if he gets in my way, I'll thump him □ (*fig.*) **Mi mancò la terra sotto i piedi**, I felt all my hopes were dashed (*o* lost) □ **Togliti dai piedi**, get out of the way!; scram!, piss off (*pop.*) □ **Queste deduzioni non si reggono in piedi**, these deductions are not convincing (*o* will not hold water, are very shaky) □ **A dieci mesi un bambino comincia a stare in piedi**, a child begins to stand at the age of ten months □ **Ogni mattina è in piedi alle sei**, he's up every morning at six □ (*fig.*) **Dovresti baciargli i piedi**, you should be very grateful to him □ **Il bambino incomincia a muovere i piedi**, the child is beginning to take his first steps □ **Mise un p. in fallo e cascò**, he took a wrong step and fell.

piedino, *m.* **1** footsie: **fare p. a q. sotto il tavolo**, to play footsie with sb. under the table **2** (*elettron.*) pin.

piedipiatti, *m. invar.* (*pop.*) flat-foot, flatty, cop, copper, bobby (*pop.*).

piedistallo, *m.* (*archit.*) pedestal: **un p. di granito**, a granite pedestal; (*fig.*) **cadere dal p.**, to tumble off one's pedestal; (*fig.*) **mettere q. sul p.**, to set sb. on a pedestal. ● (*fig.*) **fare da p. a q.**, to support sb.; to back sb. up.

piedritto, *m.* (*archit.*) pier.

pièga, *f.* **1** fold; folding; ply: **le pieghe d'un mantello**, the folds of a cloak; **a pieghe sciolte**, in loose folds **2** (*fatta ad arte*) pleat; (*dei pantaloni*) crease: **Ci farò una p.**, I'll make a pleat in it; **a pieghe**, with pleats; pleated: **una gonna a pieghe**, a pleated skirt; **la p. dei pantaloni**, the creases in a pair of trousers **3** (*spiegazzatura*) crease; wrinkle: **togliere una p. col ferro**, to iron out a crease **4** (*fig.*: *andamento*) turn: **prendere una buona** (**brutta**, **cattiva**) **p.**, to take a turn for the better (for the worse) **5** (*geol.*) fold: **una p. a ventaglio**, a fan-shaped fold; **una p. diritta** (*o* **simmetrica**), a symmetric fold; **una p. rovesciata**, an overturned fold. ● (*fig.*) **che non fa una p.**, unflappable □ (*di capelli*) **messa in p.**, hair-set: **farsi la messa in p.**, to have a hair-set; to have one's hair set □ **non fare una p.**, (*di vestito*, *che si adatta bene*) to fit perfectly (*o*, *fam.*: like a glove); (*di ragionamento e sim.*) to be absolutely convincing; to be flawless; (*fig.*: *non scomporsi*) not to bat an eyelid; to remain calm (*o* unruffled) □ (*geol.*) **sistema di pieghe**, folding.

piegabaffi, *m.* moustache-curler.

piegàbile, *a.* **1** (*generalm.*) pliable; flexible; bendable **2** (*pieghevole*) folding (*attr.*).

piegaciglia, *m.* eyelash-curler.

piegafèrro, *m. invar.* (*edil.*) rod bending-machine; rod-bender: **p. a mano**, hand-lever rod-bender.

piegafògli, *f.* (*sheet*) folding-machine.

piegaménto, *m.* (*il piegare*) folding; bending; (*flessione*) flexion.

piegare, **A** *v. t.* **1** to fold (up): **p. un asciugamano** (**una coperta**, **un foglio di carta**, **un giornale**), to fold (up) a towel (a blanket, a sheet of paper; a newspaper) **2** (*flettere*) to bend*; to fold: **p. un ginocchio**, to bend a knee; **p. le braccia**, to fold one's arms; **p. una sbarra di ferro**, to bend an iron bar; **L'uccello piegò le ali**, the bird folded its wings; **p. il capo**, to bend one's head; (*per riverenza*; *e*, *fig.*, *sottomettersi*) to bow (one's head) **3** (*fig.*: *sottomettere*) to subdue; to bend*: **Non potrai mai p. la mia volontà**, you'll never be able to bend my will; **È un osso duro, ma lo piegherò**, he's a hard nut to crack, but I'll subdue him (*o* I'll break him) **4** (*convincere*) to convince: **Sono riuscito a piegarlo dopo ore di discussione**, I managed to convince him after hours of argument. **B** *v. i.* **1** (*pendere da una parte*) to tilt; (*naut.*) to heel (*o* to keel) over, to list: **La barca piegò su un**

ns**lato e si capovolse**, the boat heeled (*o* keeled) over and capsized **2** (*volgere*) to bend*; (*voltare*) to turn: **Il fiume piega a est prima di giungere al mare**, the river bends east before reaching the sea; **p. a destra** (**a sinistra**), to turn to the right (to the left). ● (*fig.*) **p. il groppone**, to knuckle down to work □ (*fig.*) **p. l'orecchio**, to pay attention. **piegarsi, C** *v. rifl.* **1** (*incurvarsi*) to bend*: **Mi piego in due sotto questo peso**, I'm bent double under this weight; **p. in avanti**, to bend forward **2** (*fig.: cedere*) to yield; to give* in; (*accondiscendere*) to comply; (*sottomettersi*) to submit: **Si piegò alle mie esigenze**, he yielded (*o* gave in) to my demands; **Mi piegherò alle tue richieste**, I'll comply with your requests; **p. alla giustizia divina**, to submit to divine justice. ● **p. in due dal dolore**, to be doubled up with pain.

piegata, *f.* fold; folding. ● **dare una p. a q.c.**, to fold up st.
piegatóre, *m.* folder.
piegatrice, *f.* **1** (*legatoria*) folding-machine **2** (*mecc.*) bender; bending-machine: **p. idraulica**, hydraulic bending-machine; **p. per lamiere**, plate bending-machine; **p. per tubi**, tube bending-machine. ● (*mecc.*) **p. a pressa**, bending-press □ (*mecc.*) **p. a rulli**, bending-rolls □ (*ind. tessile*) **p. meccanica**, folding-machine.
piegatura, *f.* **1** (*il piegare*) folding; bending; pleating: **la p. dei fogli di stampa**, the folding of printed sheets of paper; (*mecc.*) **p. a grinze**, wrinkle-bending; **prova di p. a freddo**, cold-bending test **2** (*piega*) fold; crease; wrinkle. ● (*mecc.*) **p. accidentale**, kink.
pieghettare, *v. t.* to pleat; to make* pleats in (st.).
pieghettatóre, *m.* pleater.
pieghettatrice, *f.* (*mecc.*) pleating-machine.
pieghettatura, *f.* **1** (*di tessuto*) pleating **2** (*pieghe*) pleats (*pl.*).
pieghévole, A *a.* **1** (*che si può piegare*) pliable; pliant; flexible; bendable; (*atto a essere piegato*) folding: **Il piombo è p.**, lead is pliable; **cera p.**, pliant wax; **tavolo p.**, folding-table; **porta p.**, folding door **2** (*agile*) supple; agile: **membra pieghevoli**, supple limbs **3** (*fig.: arrendevole*) supple; submissive; compliant; flexible; docile; yielding: **una mente p.**, a flexible mind; **un'indole p.**, a docile nature; **uno stile p.**, a supple style. **B** *m.* folder; brochure; leaflet; (*distribuito a mano*) handbill; (*che si può spedire senza busta*) self-mailer.
pieghevolézza, *f.* pliancy; pliability; flexibility; suppleness **2** (*fig.: arrendevolezza*) submissiveness; compliance.
piègo, *V.* plico.
pielite, *f.* (*med.*) pyelitis.
pielografia, *f.* (*med.*) pyelography.
piemia, *f.* (*med.*) py(a)emia.
pièmico, *a.* (*med.*) py(a)emic.
Piemónte, *m.* (*geogr.*) Piedmont.
piemontése, *a. e m.* Piedmontese.
pièna, *f.* **1** (*sovrabbondanza d'acqua nei fiumi; massa d'acqua*) flood; spate: **in p.**, in flood; in spate; swollen: **Il fiume è in p.**, the river is in flood; **un fiume in p.**, a river in flood; a swollen river; **essere trascinato via dalla p.**, to be swept away by the flood **2** (*fig.: gran concorso di persone*) crowd; throng: **C'era una gran p.!**, there was such a crowd! **3** (*fig.: sovrabbondanza*) flow; fullness; intensity; (*foga*) ardour, heat, passion: **la p. degli affetti**, the flow of one's feelings; **nella p. del dolore**, in the intensity of one's grief.
pienaménte, *avv.* fully; totally; completely; utterly; entirely; (*affatto*) quite: **essere p. soddisfatto**, to be quite pleased; **avere p. ragione** (*torto*), to be quite right (wrong).
pienézza, *f.* fullness; plenitude: **p. di giubilo**, fullness of joy; **p. di voce**, fullness of voice; **nella p. dei tempi**, in the fullness of time. ● **essere nella p. delle proprie forze**, to be at the height of one's powers.
pièno, A *a.* **1** (*anche fig.*) full (of); filled (with): **La stanza era piena di gente**, the room was full of (*o* filled with) people; **un uomo p. di giudizio** (**di bontà**), a man full of common sense (of kindness); **essere p. di giubilo** (**di speranza, di rispetto, d'ira, di sdegno**), to be full of (*o* filled with) joy (hope, respect, anger, disdain); **p. fino all'orlo**, full to the brim; **un luogo p. di luce** (**di sole**), a place full of light (of sunlight); **Il mondo è pieno di imbroglioni**, the world is full of swindlers; **parole piene di dolore** (**di amarezza, di livore, di fiele**), words full of sorrow (of bitterness, of spite, of hatred); **una politica di piena occupazione**, a policy of full employment; **un uomo p. di idee** (**di denaro**), a man full of ideas (of money); **un discorso p. di spropositi**, a speech full of blunders; **Hanno gli occhi pieni di lacrime**, their eyes are full of tears; **p. solo a metà**, only half full; **parlare con la bocca piena**, to speak with one's mouth full **2** (*massiccio, non cavo*) solid: **muro p.**, solid wall; **mattone p.**, solid brick; (*autom.*) **gomma piena**, solid tyre; (*mecc.*) **albero p.**, solid shaft **3** (*paffuto, carnoso*) full; plump; chubby; rounded: **petto p.**, full (*o* well filled-out) breast; **gote piene**, chubby (*o* full) cheeks; **fianchi pieni**, rounded (*o* full) hips; **viso p.**, plump (*o* chubby) face **4** (*sazio*) full up (*fam.*); satiated **5** (*fig.: stufo*) fed up (*fam.*); sick (and tired): **Ne sono p.**, I'm fed up with it. ● **p. come un otre**, full up; full to overflowing □ **p. come un uovo**, as full as an egg; chock-full; chock-a-block □ **essere p. di guai**, to have more than one's share of troubles □ **essere p. di lavoro**, to be up to the eyes in work; to be very busy □ **p. di ogni ben di Dio**, blessed with everything □ **p. zeppo**, full; cram-full; (*sovraffollato*) overcrowded □ **a piene vele**, in full sail □ **a piena velocità**, at full speed □ **a piena voce**, at the top of one's voice □ **arrivare alla piena maturità**, to come to full maturity □ (*fig., pop.*) **averne piene le tasche**, to have had (more than) enough (of st., sb.); to be fed up (with st., sb.) □ (*fig.*) **colpire** (*o* **cogliere**) **in p.**, to hit the mark; to go home: **Le tue insinuazioni mi hanno colpito in p.**, your innuendo has gone home (*o* has hit the mark) □ **in p.**, (*completamente*) completely; entirely; fully; (*esattamente*) exactly; (*nel mezzo*) in the middle, right, full: **avere ragione in p.**, to be completely (*o* quite) right; **Capisco in p.**, I fully understand; **Hai preso il bersaglio in p.**, you've hit the target in the middle; **in p. inverno**, in the middle (*o* in the depths) of winter □ **in piena efficienza**, in full working order □ **in piena fioritura**, in full bloom (*o* blossom) □ **in p. giorno**, in broad day-light □ **in piena notte**, at dead of night □ **in piena stagione** (**estate**), at the height of the season (of summer) □ **in piena regola**, in perfect order: **I miei documenti erano in piena regola**, my documents were in perfect order (*o* were perfectly legal) □ **in piena ritirata**, in full retreat □ **in p. viso**, full (*o* right) in the face □ **nella piena gioventù**, in the flower of one's youth □ **nel p. vigore delle forze**, in the flower of one's strength □ **pagine piene**, closely-written pages □ **respirare a pieni polmoni**, to breathe deeply □ **una settimana piena di lavoro**, a busy week □ **suono** (**colore**) **p.**, full (*o* rich) sound (colour) □ **un viaggio p. di pericoli**, a journey fraught with danger □ **Sono stato promosso a pieni voti**, I have passed with full marks (*o* with flying colours) □ **Sarai eletto a pieni voti**, you'll be elected by (a) unanimous vote □ **Nelle ore di punta i tram sono sempre pieni zeppi**, at rush hours the trams are always overcrowded □ **Mi ha dato piena libertà di agire**, he gave me full liberty of action (*o* a free hand to act) □ **È un uomo p. di sé**, he's a man full of himself □ **È un otre p. di vento**, he is full of his own importance; he's an empty windbag (*fam.*) □ **C'è la luna piena**, there's a full moon. **B** *m.* **1** (*mezzo*) middle; (*colmo*) height: **nel p. della notte**, in the middle of the night; at dead of night; **nel p. dell'estate** (**della stagione**), at the height of summer (of the season); **nel p. dell'inverno**, in the middle (*o* in the depths) of winter; **nel p. delle proprie forze**, at the height of one's powers **2** (*carico completo: di autocarro, ecc.*) full load; (*di nave*) full cargo. ● (*autom.*) **fare il p.** (**di benzina**), to fill up; to fill the tank with petrol.
pienóne, *m.* **1** (*gran concorso di persone*) big crowd; throng **2** (*teatr.*) full house.
pienòtto, *a.* (*grassoccio, paffuto*) plump; chubby; squabby; squabbish; squatty: **un bambino bello p.**, a chubby little boy. ● **dalla faccia pienotta**, full-faced; round-faced; chubby-cheeked.
pierrot (*franc.*), *m.* (*maschera carnevalesca*) pierrot.
pietà, *f.* **1** (*compassione*) pity; compassion; (*misericordia*) mercy: **Dio, abbi p. di noi!**, Lord, have mercy on us!; **avere p. di q.**, to have (*o* to take) pity (*o* mercy) on sb.; to feel pity for sb.; to pity sb.; **destare p.**, to arouse (*o* to excite) pity; **fare q.c. per p.**, to do st. out of pity; **muovere q. a p.**, to move sb. to pity (*o* to compassion); **Per p.!**, for pity's sake! **2** (*devozione*) devotion; piousness; piety **3** (*amore doveroso*) piety; devotion: **p. filiale**, filial piety **4** (*pitt., scult.*) Pietà. ● **fare p.**, to arouse pity; (*fam.*) to be deplorable (*o* pitiful) □ **libri di p.**, devotional books □ **pratiche di p.**, devotions; prayers □ **senza p.**, without mercy; pitiless (*agg.*); merciless (*agg.*); pitilessly (*avv.*); mercilessly (*avv.*): **un giudice senza p.**, a merciless judge; **esser senza p.**, to be pitiless; to have a heart of stone; **trattare q. senza p.**, to treat sb. without mercy (*o* mercilessly) □ **È una p.!**, it touches one's heart □ **Farebbe p. ai sassi!**, it would melt a heart of stone!
pietanza, *f.* dish; (*portata*) (main) course: **una p. di carne** (**di pesce**), a dish of meat (of fish); **una p. delicata**, a dainty dish; **la prima p.**, the first course; **preparare una buona p. per q.**, to prepare a good dish for sb.
pietismo, *m.* **1** (*relig.*) Pietism **2** (*spreg.*) pietism; sanctimony; lip-devotion.
pietista, *m. e f.* **1** (*relig.*) Pietist **2** (*spreg.*) pietist; maw-worm (*pop.*).
pietistico, *a.* pietistic(al); sanctimonious.
pietosaménte, *avv.* **1** (*con pietà*) pitifully; piteously; mercifully; with mercy; compassionately: **trattare q. p.**, to treat sb. with mercy **2** (*in modo da destare pietà*) pitiably; piteously.
pietóso, *a.* **1** (*che sente pietà, incline alla pietà*) pitiful; piteous; merciful; compassionate; tender: **un cuore p.**, a tender heart; **un sentimento p.**, a tender feeling; **con occhio p.**, with a piteous

pietra

eye; **con voce pietosa**, in a tender voice 2 (*che suscita pietà*) pitiful; pitiable; piteous; deplorable; lamentable: **Era una cosa pietosa a vedersi**, it was a piteous thing to see; **una vista pietosa**, a pitiful (*o* a deplorable) sight; **pietosi lamenti**, piteous cries; **in una condizione pietosa**, in a pitiable condition 3 (*fam.: meschino*) mean; poor: **fare una figura pietosa**, to cut a poor figure. ● **bugia pietosa**, white lie □ (*prov.*) **Il medico p. fa la piaga puzzolente**, a pitiful surgeon spoilteh a sore.

pietra, *f.* stone: **p. da costruzione**, building (*o* structural) stone; **duro come la p.**, as hard as stone; **cava di p.**, stone quarry; stonepit; **la p. filosofale**, the philosopher's stone; **p. angolare**, corner stone; **scagliare pietre a q.**, to throw stones at sb.; **p. artificiale (sintetica)**, artificial (synthetic) stone; **p. dura**, semi-precious stone; **p. preziosa**, precious stone; gem; **p. lavorata**, dressed stone; **p. litografica**, lithographic stone; **p. per affilare**, honing stone; whetstone; **p. pomice**, pumice-stone; **posare la prima p.**, to lay the foundation stone; **l'Età della P.**, the Stone Age; **pavimento di p.**, stone floor. ● (*archit.*) **p. bugnata**, ashlar work □ **p. calcarea**, limestone □ **p. confinaria**, landmark (*o* boundary) stone □ (*miner.*) **p. da gesso**, gypsum □ **p. da lastrico**, flagstone □ **p. da mulino**, millstone □ **p. da taglio**, freestone □ **p. del focolare**, hearth-stone □ **la p. dello scandalo**, the cause of scandal □ (*fig.*) **p. di paragone**, touchstone □ **p. focaia**, flint □ (*chim.*) **p. infernale**, silver nitrate □ (*miner.*) **p. lunare**, moonstone □ (*anche fig.*) **p. miliare**, milestone □ (*archit.*) **p. ornamentale sporgente**, boss □ (*miner.*) **p. refrattaria**, fire-stone □ **p. sepolcrale**, tombstone □ **cuore di p.**, heart of stone □ **far piangere le pietre**, to melt a heart of stone □ **frantoio da p.**, stone-crusher □ **lastra di p.**, flag □ **lavorazione della p.**, stone-work; stone-dressing □ (*fig.*) **mettere una p. sul passato**, to let bygones be bygones; to bury the hatchet □ **non lasciare p. su p.**, not to leave a stone standing; to raze st. to the ground □ (*fig.*) **portare la propria p. all'edificio**, to do one's little bit; to co-operate □ **taglio della p.**, stone-cutting □ **Farlo parlare è come cavar sangue da una p.**, making him talk is like getting blood out of a stone □ (*prov.*) **P. mossa non fa muschio**, a rolling stone gathers no moss □ (*prov.*) **Chi inciampa due volte sulla medesima p.**, **non merita compassione**, he who stumbles twice over one stone, deserves to break his shins.

pietràia, *f.* 1 (*mucchio di pietre*) heap of stones 2 (*cava di pietre*) quarry; stone-pit.

pietrame, *m.* stones (*pl.*). ● (*idraulica*) **p. per fondazioni subacquee**, rip-rap (*USA*).

pietrificare, **A** *v. t.* to petrify (*anche fig.*); to convert into stone. **pietrificarsi**, **B** *v. rifl.* to be petrified (*anche fig.*).

pietrificato, *a.* petrified (*anche fig.*): **Era p. dalla paura**, he was petrified with fear.

pietrificazióne, *f.* petrifaction.

pietrina, *f.* (*per accenditori*) (lighter-)flint.

pietrisco, *m.* rubble; crushed stone; road-metal.

Piètro, *m.* Peter; (*dim.*) Pete.

pietrosità, *f.* stoniness.

pietróso, *a.* 1 (*di pietra*) made of stone; stone (*attr.*) 2 (*pieno di pietre*) stony; full of stones; pebbly 3 (*simile a pietra*) stony.

pievanìa, *f.* (*relig.: giurisdizione del pievano*) parish.

pievano, *m.* (*relig.*) parish priest.

pière, *f.* (*relig.*) 1 (*chiesa parrocchiale*) parish church 2 *V.* **pievanìa**.

pievelóce, *a.* (*lett.*) swift-footed.

piezoelettricità, *f.* (*fis.*) piezoelectricity.

piezoelèttrico, *a.* (*fis.*) piezoelectric: **un accendino p.**, a piezoelectric lighter.

piezometrìa, *f.* (*fis.*) piezometry.

piezomètrico, *a.* (*fis.*) piezometric.

piezòmetro, *m.* (*fis.*) piezometer.

piezooscillatóre, *m.* (*elettron.*) quartz oscillator.

piezorisonatóre, *m.* (*elettron.*) quartz-crystal resonator.

piezotropìa, *f.* (*mecc.*) piezotropy.

piezotròpico, *a.* (*mecc.*) piezotropic.

pifferaio, *m.* piper; fifer.

piffero, *m.* (*mus.*) 1 (*strumento*) pipe; fife: **una banda con tamburi e pifferi**, a drum and fife band 2 (*suonatore di p.*) piper; fifer; fife: (*mil.*) **capobanda dei pifferi**, fife-major. ● **fare come i pifferi di montagna, che andarono per suonare e furono suonati**, to go for wool and come home shorn □ **suonare il p.**, to pipe; to fife.

pigiama, *m.* pyjamas (*pl.*); pajamas (*pl., USA*); **a pair of pyjamas**.

pigiaménto, *m.* pressing; pushing.

pigia pigia, *m.* (*calca*) dense crowd; press (of people); crush; throng.

pigiare, **A** *v. t.* 1 (*premere, calcare*) to press; to crush; to squeeze: **p. q.c. con un dito**, to press st. with a finger; **p. un bottone**, to press a button; **p. il tabacco in una pipa**, to press down the tobacco in a pipe; **p. l'uva**, to press (*o* to tread) grapes 2 (*edil.*) to tamp 3 (*metall.*) to ram. **B** *v. i.* 1 (*spingere*) to press; to push: **Smettila di p.!**, stop pushing! 2 (*fig.: insistere*) to insist: **E pigia, pigia, lo ottenni**, I insisted till at last I was given it; **p. per ottenere q.c.**, to insist upon having st. ● **p. sull'acceleratore**, to press down the pedal; to step on the gas (*fam.*). **pigiarsi**, **C** *v. rifl.* (*affollarsi*) to press; to crowd; to throng.

pigiata, *f.* press; pressing; crush; crushing; squeeze; squeezing. ● **dare una p. a q.c.**, to press st.

pigiatóre, *m.* presser; crusher; squeezer.

pigiatrice, *f.* (*macchina per pigiare l'uva*) wine-press.

pigiatura, *f.* 1 (*il premere, il calcare*) pressing; crushing; squeezing: **la p. dell'uva**, the pressing of grapes 2 (*edil.*) tamping 3 (*metall.*) ramming.

pigionante, *m. e f.* tenant; lodger; roomer (*USA*).

pigióne, *f.* rent: **tre mesi di p.**, three months' rent; **il giorno di scadenza della p.**, rent-day; gale-day; **pagare la p.**, to pay one's rent. ● (*fam.*) **avere il cervello a p.**, to be scatter-brained; to be a scatter-brain □ **dare a p. una camera (un appartamento, una casa)**, to let a room (a flat, a house) □ **prendere a p. una camera (un appartamento, una casa)**, to rent a room (a flat, a house) □ **stare a p.**, to be a tenant; (*presso q.*) to be a lodger □ **Quanto si paga di p. per quella casa?**, how much does that house let for?

piglia, *m.* (*chi piglia volentieri*) grabber; grab-all; snatcher. ● **fare un p.**, to grab what one can.

pigliamósche, *m. invar.* 1 (*zool., Muscicapa grisola*) fly-catcher 2 (*bot., Dionaea muscipula*) (Venus's) fly-trap.

pigliare, (*fam.*) **A** *v. t.* **V. prèndere**. **B** *v. i.* (*attecchire*) to take* root. ● (*prov.*) **Chi s'assomiglia si piglia**, birds of a feather flock together.

piglio (1), *m.* (*atto del pigliare*) catch; snatch. ● **dare di p. a q.c.**, to get hold of st.; (*fig.: iniziare*) to start st., to set to st.

piglio (2), *m.* (*espressione*) look; countenance; expression (of the face); **con un p. altero**, with a proud look; **un p. torvo**, a grim look; **Con un p.!...**, with such an expression!

Pigmalióne, *m.* (*mitol.*) Pygmalion.

pigmentare, *v. t.* **pigmentarsi**, *v. rifl.* (*biol.*) to pigment.

pigmentàrio, *a.* (*biol.*) pigmentary; pigmental.

pigmentazióne, *f.* (*biol.*) pigmentation.

pigménto, *m.* (*anche biol.*) pigment; colouring-matter.

pigmèo, **A** *a.* pygm(a)ean; pygmy (*attr.*): **di statura pigmea**, of a pygmy size; **una razza pigmea**, a pygmaean race. **B** *m.* 1 (*stor., etnografia*) Pygmy, Pigmy 2 (*fig.*) pygmy, pigmy.

pigna, *f.* 1 (*bot.*) pine-cone 2 (*grappolo*) bunch; cluster: **una p. d'uva**, a bunch of grapes 3 (*archit.*) crown; vertex*.

pignatta, *f.* 1 (*fam.*) pot 2 (*edil.*) perforated block.

pignattàio, *m.* (*fam.*) pot-maker; potter.

pignolàggine, *V.* **pignolerìa**.

pignoleggiare, *v. i.* to be pedantic; to fuss.

pignolerìa, *f.* 1 (*l'essere pignolo*) pedantry; fastidiousness; fussiness; meticulousness 2 (*atto, detto da pignolo*) piece of pedantry.

pignolésco, *a.* pedantic; fastidious; fussy; meticulous.

pignolo, **A** *a.* pedantic; fastidious; over-particular; fussy; meticulous; pernickety (*fam.*). **B** *m.* 1 (*pinolo*) pine-seed 2 (*fam.*) pedant; pedantic person; hair-splitter; fastidious (*o* over-particular) person; fuss-pot (*pop.*): **Non fare il p.!**, don't play the pedant!; don't be so fussy (*o* particular)!

pignóne, *m.* 1 (*argine*) embankment; dike, dyke 2 (*mecc.*) pinion: **un p. a lanterna**, a lantern pinion; **un p. conico**, a bevel pinion; (*autom.*) **un p. satellite**, a planetary pinion; **un p. sopra (sotto) centro**, a pinion above (below) centre.

pignoràbile, *a.* (*leg.*) distrainable; attachable; seizable 2 (*che si può dare in pegno*) pawnable.

pignoraménto, *m.* 1 (*leg.*) distraint; attachment; seizure; levy: **p. di beni**, distraint of property 2 (*dare in pegno*) pawning.

pignorare, *v. t.* 1 (*leg.*) to distrain (up)on; to attach; to seize: **p. i beni di q. per mancato pagamento dell'affitto**, to distrain (up)on sb.'s goods and chattels for rent 2 (*dare in pegno*) to pawn.

pignoratàrio, *m.* (*leg.*) distrainee.

pignoratizio, *a.* - (*leg.*) **creditore p.**, pledgee; pawnee.

pigolaménto, *m.* peeping; cheeping; chirping.

pigolare, *v. i.* 1 to peep; to cheep; to chirp 2 (*fig.: lamentarsi, piagnucolare*) to whine; to whimper; to fret; to grizzle (*fam.*): **Pigoli sempre!**, you're always whining (about something or other)!

pigolìo, *m.* (continual) peeping; cheeping; chirping.

pigraménte, *avv.* lazily; indolently; idly; slothfully.

pigrìzia, *f.* laziness; indolence; idleness; slothfulness.

pigro, **A** *a.* 1 (*indolente, svogliato*) lazy; indolent; idle; slothful: **Non essere così p.!**, don't be so lazy! 2 (*lento*) lazy; slow; tardy; sluggish: **le pigre ore**, the slow(-moving) hours; the heavy hours; **una mente pigra**, a slow mind; **con passo p.**, at a sluggish pace;

con un movimento p., with a slow movement. **B** *m.* lazy person; idler; sluggard; lazy-bones (*fam.*); lazy-boots (*fam.*): **Muoviti, p.!**, come on, you lazy-bones!
pila, *f.* **1** (*pilone di ponte*) pier **2** (*vaso di pietra, per acqua*) (stone) basin: **la p. d'una fontana**, the basin of a fountain **3** (*colonna di molti oggetti sovrapposti*) pile; (*mucchio*) heap: **una p. di libri** (**di lettere**), a pile of books (of letters); **una p. di piatti**, a pile of dishes **4** (*fis., elettr.*) pile; cell; battery: **la p. di Volta**, Volta's pile; **una p. a secco**, a dry pile (*o* battery); **una p. voltaica**, a voltaic pile (*o* cell); **una p. a gas**, a gas cell; **una p. termoelettrica**, a thermo-electric pile; a thermopile; **una p. atomica**, an atomic pile; a nuclear reactor **5** (*fam.: lampadina tascabile*) torch. ● **p. dell'acquaio**, sink □ (*fis.*) **p. di ricambio**, refill □ (*relig.*) **p. dell'acqua santa**, (holy water) stoup □ **a pile**, battery (*attr.*); battery operated.
Pilade, *m.* (*letter.*) Pylades.
pilàf, *m.* (*cucina*) pilau; pilaw; pilaff.
pilare, *v. t.* to husk.
pilastrata, *f.* pilasters (*pl.*); pillars (*pl.*).
pilastro, *m.* **1** (*archit.*) pilaster; pillar; (square) column; post; pier: **un falso p.**, a false pillar; (*fig.*) **fare il p.**, to stand like a post **2** (*fig.: sostegno*) pillar; mainstay; prop: **Sei il p. della famiglia**, you are the mainstay of the family **3** (*anat.*) pillar.
Pilato, *m.* Pilate.
pilatura, *f.* (*del risone*) husking.
pileato, *a.* (*stor.*) pileated; wearing a pileus.
pileo, *m.* **1** (*stor.*) pileus* **2** (*zool.*) pileum*.
pileoriza, *f.* (*bot.*) pileor(r)hiza; pileorhize; root-cap.
pilière, *f.* **1** pillar; column: **i pilieri di un ponte**, the pillars of a bridge **2** (*equitazione*) pillar **3** (*paracarro*) stonepost; stone-buffer.
pilifero, *a.* (*specialm. bot.*) piliferous. ● **apparato p.**, body hair.
pillàcchera, *f.* **1** (*tosc.: schizzo di fango*) splash (of mud) **2** (*fig.: magagna*) defect; fault; blemish; flaw.
pillare, *v. t.* to ram; to tamp.
pillo, *m.* rammer; tamper.
pillola, *f.* (*farm.*) pill; (**p. anticoncezionale**) contraceptive pill, (the) pill (*fam.*): **una p. confettata**, a sugar-coated pill; **prendere** (**ingoiare**) **una p.**, to take (to swallow) a pill; **p. per dormire**, sleeping pill (*o* tablet); **p. del giorno dopo** (*anticoncezionale*), morning-after pill; **una p. amara**, a bitter pill (*anche fig.*); (*fig.*) **indorare la p.**, to gild the pill.
pillolare, *a.* (*chim.*) pilular; pill (*attr.*): **una massa p.**, a pilular mass.
pillottare, *v. t.* (*cucina*) to baste.
pillòtto, *m.* (*cucina*) basting-ladle.
pilo, *m.* (*stor.*) pilum*.
pilóne, *m.* **1** (*archit.: di ponte*) pier; (*di linea elettrica*) tower, pylon **2** (*mazzapicchio*) rammer **3** (*nel rugby*) prop forward. ● (*aeron.*) **p. di ormeggio**, mooring-tower; mooring-mast □ (*edil.*) **p. di sostegno**, supporting post (*o* tower) □ **p. di teleferica**, cableway support.
pilòrico, *a.* (*anat.*) pyloric.
pilòro, *m.* (*anat.*) pylorus*.
pilòta, **A** *m.* **1** (*naut.*) pilot; steersman*: **una nave senza p.**, a ship without a pilot; a pilotless ship; **un p. collaudatore**, a test pilot; **un p. d'altura**, a deep-sea pilot; **un p. di porto**, a dock pilot **2** (*aeron.*) pilot; airman*: **un p. con brevetto**, a sky pilot (*pop.*); **un p. di linea**, an air-line pilot; **p. spaziale**, space pilot; **secondo p.** (*o* **p. di riserva**), co-pilot; second pilot **3** (*di auto*) driver; (*di auto da competizione*) racing car driver; (*di motocicletta*) rider **4** (*elettron.*) driver. ● **p. automatico**, gyropilot; autopilot; automatic pilot □ (*aeron.*) **p. istruttore**, flying instructor. **B** *a.* pilot (*attr.*): **impianto p.**, pilot plant □ (*elettron.*) **circuito p.**, driver (circuit).
pilotàggio, *m.* (*naut., aeron.*) pilotage; piloting. ● **diritti di p.**, pilotage (dues) □ (*aeron.*) **scuola di p.**, flying-school.
pilotare, *v. t.* **1** (*naut.*) to pilot; to steer **2** (*aeron.*) to pilot; to fly* **3** (*un'auto*) to drive*; (*una motocicletta*) to ride*.
pilotina, *f.* (*naut.*) pilot-boat; pilot-cutter.
piluccare, *v. t.* **1** (*spiccare a uno a uno i chicchi del grappolo*) to pick (grapes from the bunch) **2** (*mangiare sbocconcellando*) to pick, to nibble (st., at st.): **p. il cibo**, to pick at the food **3** (*fig.: spillare denaro*) to scrounge (*fam.*).
piluccóne, *m.* (*fam.*) scrounger.
pimentare, *v. t.* (*cucina*) to season with pimento.
piménto, *m.* **1** (*bot., Pimenta officinalis*) pimento; allspice tree **2** (*pepe della Giamaica*) pimento; Jamaica pepper; allspice.
pimpante, *a.* **1** (*fam.: vistoso*) gaudy; showy; flashy **2** (*baldanzoso*) jaunty; cocky (*fam.*).
pimpinèlla, *f.* (*bot., Sanguisorba minor*) salad burnet. ● (*bot.*) **p. bianca** (*Pimpinella saxifraga*), burnet saxifrage.
pimplèa, *f.* (*mitol.*) Muse.
pina, *V.* pigna.

pinacòide, *a. e m.* (*miner.*) pinacoid, pinakoid.
pinacotèca, *f.* picture-gallery.
pinastro, *m.* (*bot., Pinus pinaster*) pinaster; cluster-pine.
pince (*franc.*), *f.* (*sartoria*) dart; fold; tuck.
pince-nez (*franc.*), *m.* pince-nez*; nose glasses (*pl.*).
pinco, *m.* fool; booby. ● **p. pallino**, just any one □ (*dial.*) **Gli par d'essere p.**, he thinks no small beer of himself (*fam.*).
pindàrico, *a.* (*letter.*) Pindaric: **odi pindariche**, Pindaric odes; (*spesso scherz.*) **un volo p.**, a Pindaric flight.
Pìndaro, *m.* (*letter.*) Pindar.
pineale, *a.* (*anat.*) pineal: **la ghiandola p.**, the pineal body (*o* gland).
pinèlla, *f.* (*nel gioco della canasta*) deuce.
pinéta, *f.*, **pinéto**, *m.* pine-wood; pine-forest; pinery.
ping-pong (*ingl.*), *m.* ping-pong; table-tennis.
pingue, *a.* **1** (*grasso*) fat; fleshy; plump; (*obeso*) corpulent, obese: **una donna p.**, a (very) fat woman; a fatty (*pop.*) **2** (*di terra, campi, pascoli e sim.*) fat; rich; fertile; opulent: **pingui campi**, fat fields; **pingui pascoli**, fat pastures; **terra p.**, fat (*o* rich) soil **3** (*lucroso*) fat; lucrative: **un p. stipendio**, a fat salary.
pinguèdine, *f.* fatness; plumpness; (*obesità*) corpulence, corpulency, obesity.
pinguino, *m.* **1** (*zool.*) penguin **2** (*gelato da passeggio*) «pinguino» (chocolate-coated ice-cream on a stick).
pinìfero, *a.* (*che produce pini*) pine-bearing; (*che produce pigne*) cone-bearing.
pinna, *f.* **1** (*organo del nuoto nei pesci e in altri animali*) fin; (*di pinguino*) flipper: **p. anale** (**codale, dorsale**), anal (caudal, dorsal) fin; **pinne pettorali** (**ventrali**), pectoral (ventral) fins **2** (*anat.*) ala*; wing: **le pinne nasali**, the alae of the nose **3** (*zool., Pinna*) pinna* **4** (*sport*) flipper **5** (*aeron.*) stub plane. ● (*naut.*) **p. paraelica**, propeller skeg.
pinnàcolo (1), *m.* **1** (*archit.*) pinnacle; spire **2** (*vetta sottile*) pinnacle, aiguille.
pinnàcolo (2), *m.* (*gioco di carte*) pinoc(h)le (*USA*).
pinnipede, *m.* (*zool.*) pinniped. ● **pinnipedi** (*Pinnipedia*), pinnipeds.
pinnula, *f.* (*zool.*) pinnule.
pino, *m.* (*bot., Pinus*) pine: **p. selvatico** (*o* **marittimo**) (*Pinus pinaster*), cluster-pine; pinaster; **p. da pinocchi** (*Pinus pinea*), stone-pine; **ago di p.**, pine-needle. ● **p. silvestre** (*Pinus sylvestris*), Scotch fir.
pinocchiata, *f.* (*cucina*) pine-seed cake.
pinòcchio, **pinòlo**, *m.* (*seme commestibile del pino*) pine nut; pine-seed.
pinta, *f.* (*misura di capacità pari a 0,568 l*) pint.
pin-up (*ingl.*), *locuz. f.* pin-up (girl).
pinza, *f.* (*generalm. al pl.*) **1** pliers (*pl.*); pincers (*pl.*); tongs (*pl.*); nippers (*pl.*): **un paio di pinze**, a pair of pincers (*o* tongs, nippers); **una p. ad ago**, needle-nose pliers; **una p. a punta piatta**, flat-nose pliers; **una p. a punta tonda**, round-nose pliers; **una p. da vetraio**, glass pliers; **una p. per occhielli** (**metallici**), eyelet pincers; **una p. per fusibili**, fuse tongs; **una p. per saldatura**, a welder's tongs; **pinze da crogiuolo**, crucible tongs; **una p. per fili**, wire nippers **2** (*med.*) forceps (*sing. e pl.*): **pinze a denti di topo**, rat-tooth forceps; **pinze da dentista**, dental forceps; **pinze da dissezione**, dissecting forceps; **pinze nasali**, nasal forceps; **p. emostatica**, hemostat; tourniquet **3** (*zool., chela*) pincer; nipper; chela*: **le pinze degli scorpioni**, the chelae of scorpions. ● (*fis.*) **p. spellafilo**, wire-splitter □ (*fis.*) **p. termoelettrica**, thermoelectric couple (*o* pair).
pinzare, *v. t.* (*d'insetto*) to sting*; to bite*; (*di granchio*) to nip: **Una vespa mi ha pinzato il dito**, a wasp has stung my finger.
pinzata, *f.* (*d'insetto*) stinging; biting; (*di granchio*) nipping. ● **dare una p.**, to sting; to bite.
pinzatura, *f.* (*d'insetto*) sting; bite; (*di granchio*) nip.
pinzétta, *f.* (*generalm. al pl.*) tweezers (*pl.*).
pinzillàcchera, *f.* (*scherz.*) inezia) trifle; mere nothing; bagatelle.
pinzimònio, *m.* (*cucina*) olive oil with pepper and salt.
pinzòchero, *m.* (*spreg.*) bigot; maw-worm (*pop.*); sanctimonious humbug (*pop.*).
pio (1), *a.* **1** (*devoto*) pious; devout; (deeply) religious; godly: **un vita pia**, a devout life; **pensieri pii**, pious (*o* devout) thoughts; **con animo pio**, with devout heart; devoutly; piously **2** (*pietoso, misericordioso*) charitable; beneficent; merciful: **una pia signora**, a charitable lady **3** (*di opere e istituti di carità*) charitable; charity (*attr.*): **un pio istituto**, a charitable institution; **scuole pie**, charity schools. ● (*fig.*) **un pio desiderio**, a vain hope; wishful thinking □ (*lett.*) **pia madre**, pia mater □ **fare una opera pia**, to do a good deed □ **luoghi pii**, holy places.
pio (2), *V.* pio pio.
Pio, *m.* Pius.
piogènesi, *f.* (*med.*) pyogenesis.

piogènico, piògeno, *a.* (*med.*) pyogenic; pyogenetic.
pioggerèlla, *f.* drizzle.
piòggia, *f.* rain (*anche fig.*): **p. torrenziale**, torrential rain; **le piogge d'autunno**, the autumn rains; **p. fitta**, pelting (*o* driving) rain; **camminare sotto la p.**, to walk in the rain; **p. fine**, drizzling rain; drizzle; **p. a dirotto**, heavy rain(fall); downpour; **Queste nuvole porteranno la p.**, these clouds will bring rain; **La p. cadeva continua**, the rain fell incessantly; **È cessata la p.**, the rain has stopped; it has stopped raining; **Ripariamoci dalla p.**, let's (take) shelter from the rain; **p. artificiale**, artificial rain; **essere inzuppato di p.**, to be drenched with rain; **essere sorpreso dalla p.**, to be caught in the rain; **una p. di colpi (di sassi, di scintille)**, a rain (*o* a hail) of blows (of stones, of sparks). ● (*meteorologia*) **p. ghiacciata**, sleet □ **p. radioattiva**, (radioactive) fall-out □ (*fam.*) **fare la p. e il bel tempo**, to lay down the law □ **goccia di p.**, raindrop □ **mago della p.**, rain-maker (*o* rain-doctor) □ (*fig.*) **parlare della p. e del bel tempo**, to talk of nothing in particular; to talk about this and that □ **scroscio di p.**, shower (of rain) □ **la stagione delle grandi piogge**, the rains = **la stagione delle piogge**, the rainy season □ (*cucina*) **versare a p.**, to add slowly.
piòlo, *m.* peg; (*di scala*) rung. ● **scala a pioli**, ladder □ (*fig.*) **star piantato come un p.**, to be as still as a statue.
piombàggine, *f.* 1 (*miner.*) plumbago; black-lead 2 (*bot., Plumbago europaea*) (European) leadwort.
piombare (1), *v. i.* 1 (*cadere a piombo*) to plump; to fall* (*o* to plump) straight down; to fall* heavily; to slump: **p. su una sedia**, to slump into a chair 2 (*cadere in modo violento e repentino*) to plump down; to fall* (suddenly); to pounce; to plunge (*anche fig.*): **Gli è piombata una tegola sul capo**, a tile fell on his head; **p. addosso a q.**, to fall upon sb.; to pounce upon sb.; **p. sulla preda**, to pounce upon one's prey; **p. nell'oscurità**, to plunge into darkness; **p. nella disperazione**, to plunge into despair 3 (*sopraggiungere all'improvviso*) to plunge; to rush; to dash; to arrive (*o* to come*) suddenly (*o* unexpectedly): **Il ragazzo mi piombò nella stanza**, the boy plunged into the room; **Mi è piombato a casa all'improvviso**, he arrived at my house unexpectedly (*o* when I least expected to see him) 4 (*di abito: cadere a piombo*) to hang*.
piombare (2), *v. t.* 1 (*sigillare, chiudere con piombo*) to plumb; to seal (with lead): **p. un baule**, to plumb a trunk 2 (*un dente*) to stop; to fill.
piombatóia, *f.* **piombatóio**, *m.* (*stor.*) machicolation.
piombatura, *f.* 1 (*il sigillare con piombo*) plumbing; sealing (with lead) 2 (*il piombo adoperato*) lead; (*sigillo di piombo*) leaden seal 3 (*d'un dente*) filling; stopping.
piómbico, *a.* (*chim.*) plumbic.
piombifero, *a.* plumbiferous; lead-bearing.
piombino, *m.* 1 (*pezzetto di piombo che serve come peso*) weight (of lead) 2 (*edil.*) plumb-bob; plummet 3 (*naut., sport*) sinker 4 (*sigillo di piombo*) leaden seal 5 (*zool., Alcedo ispida*) kingfisher.
piómbo, *m.* 1 (*chim.*) lead: **p. indurito**, hard lead; **p. in pani**, pig lead; **fonderia di p.**, lead-works (*sing.*); **una lastra di p.**, a lead sheet 2 (*piombino del filo a p.*) plumb(-bob); plummet: **fuori di p.**, out of plumb; off plumb; **uscire di p.**, to get out of plumb 3 (*sigillo di p.*) leaden seal: **il p. della dogana**, the customs seals; **il p. pontificio**, the papal seal 4 (*naut., sport: di scandaglio o lenza*) sinker 5 (*proiettile*) bullet; (*pallini del fucile*) shot (*pl.*); **lead** (*pl.*): **una grandine di p.**, a shower of lead 6 (*lega tipografica, composizione tipografica*) lead; type metal. ● **a p.**, plumb (*agg. e avv.*); straight down; perpendicular (*agg.*); perpendicularly (*avv.*); **un filo a p.**, a plumb-line; **essere a p.**, to be plumb; **cadere a p.**, to fall plumb (*o* straight down) □ **affrontare il p. nemico**, to face the enemy's fire □ (*fig.*) **andare con i piedi di p.**, to proceed with great caution □ **cadere di p.**, to fall suddenly; to plump down □ **cadere in un sonno di p.**, to fall heavily asleep □ **di p.** (made) of lead; (*di color p.*) lead-coloured, leaden (*anche fig.*): **un cielo di p.**, a leaden sky □ **lastre di p.**, leads □ **Sembra p.** (*o* **È pesante come il p.**), it's as heavy as lead.
piombóso, *a.* 1 (*del colore del piombo*) lead-coloured; leaden 2 (*piombifero*) plumbiferous; lead-bearing 3 (*chim.*) plumbous; plumbic.
pióne, *m.* (*fis. nucl.*) pion; pi-meson.
pionière, *m.* 1 pioneer (*anche fig.*): **i pionieri americani**, the American pioneers; **i pionieri della civiltà (della scienza)**, the pioneers of civilization (in science) 2 (*mil.*) sapper.
pionierismo, *m.* pioneering.
pionieristico, *a.* pioneer (*attr.*); pioneering: **un'impresa pionieristica**, a pioneer undertaking.
pio pio, *inter.* e *m.* peep peep; cheep cheep. ● **fare pio pio**, to peep; to cheep.
pioppàia, *f.* **pioppéto**, *m.* poplar-wood; poplar-grove; poplar--plantation.
pioppicolo, *a.* poplar (*attr.*).
pioppicoltóre, *m.* poplar-grower.
pioppicoltura, *f.* poplar-growing.
pioppino, *m.* (*bot., Armillaria mellea*) honey mushroom (*o* fungus).
piòppo, *m.* (*bot., Populus*) poplar: **p. bianco** (*Populus alba*), white poplar; **p. nero** (*Populus nigra*), black poplar; **p. tremolo** (*Populus tremula*), trembling poplar; aspen. ● **p. nero americano** (*Populus deltoides*), cottonwood □ (*fam.*) **dormire come un p.**, to sleep like a log (*o* a top).
piorrèa, *f.* (*med.*) pyorrh(o)ea: **p. alveolare**, pyorrhoea alveolaris.
piorròico, *a.* pyorrh(o)eic; pyorrh(o)eal.
piòta, *f.* 1 (*agric.: zolla*) turf; sod 2 (*lett.: pianta del piede*) sole (of the foot).
piotare, *v. t.* to turf; to cover (*o* to lay*) with turf.
piovano (1), *a.* rain (*attr.*): **acqua piovana**, rain-water.
piovano (2), *V.* **pievano**.
piovasco, *m.* (*meteorologia*) (rain) squall.
piòvere, *v. i.* 1 (*impers.*) to rain: **È piovuto tutta questa notte**, it rained all last night; **Piove a dirotto** (*o* **a catinelle**), it's raining cats and dogs (*o* in torrents, in buckets); it's pouring; **Non smette mai di p.**, it never stops raining; **Sta per p.**, it's going to rain; **Stamattina è piovuto forte**, it rained heavily this morning; there was heavy rain this morning; **Ha smesso di p.**, it has stopped raining; it has rained itself out 2 (*fig.*) to pour; to rain, to hail (upon sb. st.): **Piovevano sassi dalle finestre**, stones rained (*o* hailed) down from the windows; **Le lacrime gli piovevano sul volto**, tears poured down his cheeks; **A primavera gli stranieri piovono in Italia**, in spring foreigners pour into Italy; **In quella rissa i colpi mi piovevano addosso da tutte le parti**, in that brawl blows rained down on me from all directions; **Dopo l'esame, le congratulazioni mi piovvero da ogni parte**, after the exam, congratulations rained (*o* hailed) down on me (*o* were showered on me) from all sides. ● (*fig.*) **p. dal cielo**, to fall from heaven □ **Oggi vuol** (*o* **sembra che voglia**) **p.**, it looks like rain today □ (*fig.*) **Piove sul bagnato**, it never rains but it pours □ **Ieri mi piovve in casa un mio cugino**, one of my cousins suddenly (*o* unexpectedly) arrived at my house yesterday □ **Piove come Dio la manda**, it's pouring; it's pelting down □ **Ci piove in casa**, the rain is leaking in (through the roof); there is a leak in the roof.
piovigginare, *v. i. impers.* to drizzle.
pioviggine, *f.* (*meteorologia*) drizzle; drizzling rain.
pioviggnóso, *a.* drizzly; (*piovoso*) rainy: **tempo p.**, drizzly (*o* rainy) weather; **un cielo p.**, a rainy sky.
piovischio, *m.* drizzle.
pioviscolare, *v. i. impers.* to drizzle.
piovosità, *f.* 1 raininess 2 (*quantità di pioggia*) rainfall.
piovóso, **A** *a.* rainy: **la stagione piovosa**, the rainy season; **una giornata piovosa**, a rainy day; **tempo p.**, rainy weather. **B** *m.* – (*stor.: quinto mese del calendario rivoluzionario francese*) **P.**, Pluviôse (*franc.*).
piòvra, *f.* 1 (*zool., Octopus*) octopus 2 (*fig.: sfruttatore*) leech; blood-sucker (*pop.*).
pipa (1), *f.* 1 (*tobacco*) pipe: **fumare la p.**, to smoke one's (*o* a) pipe; **la cannuccia (il camino,** *o* **caminetto) d'una p.**, the tube (the bowl) of a pipe; **una p. di terracotta**, a clay pipe; **caricare la p.**, to fill one's pipe 2 (*quantità di tabacco che la p. contiene*) pipeful; pipe: **Ne fumai tre o quattro pipe**, I smoked three or four pipefuls; **un paio di pipe di tabacco**, a couple of pipes of tobacco 3 (*fig., scherz.: naso grosso*) big nose; snout (*volg.*) 4 (*gergo mil.: mostrina*) flash. ● **p. della pace**, calumet □ **p. di radica**, briar □ **p. di schiuma**, neerschaum □ (*fig.*) **dare q.c. per una p. di tabacco**, to give st. away just for nothing.
pipa (2), *f.* (*zool., Pipa americana*) Surinam toad.
pipa (3), *f.* (*linguistica*) inverted circumflex.
pipare, *v. i.* to smoke a pipe.
pipata, *f.* 1 (*atto di fumare con la pipa*) smoke (of a pipe): **farsi una p.**, to have a smoke 2 (*quanto tabacco sta in una pipa*) pipeful; pipe: **una p. di tabacco**, a pipeful of tobacco.
pipatóre, *m.* (*scherz.*) (pipe-)smoker.
piperàcee, *f. pl.* (*bot., Piperaceae*) (the) pepper family.
piperita, *a.* – (*bot.*) **menta p.** (*Mentha piperita*), peppermint.
pipèrno, *m.* (*miner.*) piperno*; trachyte-tuff.
pipétta, *f.* (*chim.*) pipette. ● **p. contagocce**, stactometer.
pi pi, *V.* **pio pio**.
pipì, *f.* (*linguaggio infant.*) pee; piddle (*fam.*). ● **fare (la) p.**, to pee.
pipiare, *v. i.* (*pigolare*) to peep; to cheep; to chirp.
pipistrèllo, *m.* 1 (*zool., Pipistrellus*) bat 2 (*pastrano senza maniche*) cloak.
pipita, *f.* 1 (*vet.*) pip 2 (*pellicola intorno alle unghie*) hangnail.
pippolo, *m.* 1 (*seme di frutto*) pip; (*chicco*) grain; (*chicco d'uva*) grape; (*bacca*) berry 2 (*piccola escrescenza*) pimple.

piqué (franc.), m. (ind. tessile) piqué.
pira, f. (lett.) pyre; funeral pile; (per condannati al rogo) fire, stake.
piramidale, a. **1** (geom.) pyramidal; pyramid-like; pyramid--shaped **2** (anat.) pyramidal: **l'osso p.**, the pyramidal bone **3** (fig., scherz.: enorme) huge; colossal; enormous; monstrous.
piramide, f. **1** (geom., anat.) pyramid: **una p. triangolare (esa-gonale)**, a triangular (hexagonal) pyramid; (anat.) **piramidi del Malpighi**, Malpighian (o renal) pyramids; **a (forma di) p.**, in the shape of a pyramid; pyramid-shaped; pyramid-like; pyramidal; **alberi tagliati a p.**, trees pruned in pyramidal shape; pyramids **2** (archit.) pyramid: **le antiche piramidi d'Egitto**, the ancient Egyptian Pyramids **3** (monte, catasta, monumento, ecc. a forma di p.) pyramid: **una p. di pietre**, a pyramid of stones; **piramidi di libri**, pyramids of books; **la p. sociale**, the pyramid of society.
piramidóne, m. (marchio: farm.) Pyramidon.
piranha (portoghese), m. invar. (zool., *Serrasalmus*) piranha, caribe.
pirata, **A** m. pirate (anche fig.); sea-robber; freebooter. ● **p. dell'aria**, air pirate; hijacker; highjacker; skyjacker; skyjack □ **p. della strada**, hit-and-run driver; road-hog. **B** a. pirate (attr.): **nave p.**, pirate(-ship).
pirateggiare, v. i. to pirate (anche fig.).
pirateria, f. piracy (anche fig.): **p. letteraria**, literary piracy; **p. aerea**, air piracy; hijacking; highjacking; skyjacking.
piratésco, a. piratic(al); pirate-like.
piràtico, a. (lett.) piratic(al): **la guerra piratica**, the piratic war.
pireliòmetro, m. (astrofisica) pyrheliometer.
pirenàico, a. (geogr.) Pyrenean.
Pirenèi, m. pl. (geogr.) Pyrenees.
Pirèo, m. (geogr.) Piraeus.
piressia, f. (med.) pyrexia; fever.
pirètico, a. (med.) pyrexial; pyretic.
piretoterapia, f. (med.) pyretotherapy.
pirètro, m. (bot., *Chrysanthemum cinerariaefolium*) pyrethrum: **polvere di p.**, pyrethrum powder.
pirex, m. (nome comm. di un tipo di vetro) Pyrex.
pirico, a. fire-producing; igniferous. ● **polvere pirica**, gun-powder.
piridina, f. (chim.) pyridine.
piriforme, a. pyriform; pear-shaped.
pirite, f. (miner.) pyrite(s): **p. di ferro**, iron pyrite(s).
piritico, a. (miner.) pyritic(al); pyritous.
piroclasi, f. (ind. petrolifera) cracking.
piroclàstico, a. (geol.) pyroclastic: **rocce piroclastiche**, pyro-clastic rocks.
piroelettricità, f. (fis.) pyroelectricity.
piroelèttrico, a. (fis.) pyroelectric.
piroétta, f. pirouette: **fare una p.**, to perform a pirouette; to pirouette.
piroettare, v. i. to pirouette.
pirofila, f. **1** (materiale) heat-resistant glassware **2** (tegame) heat-resistant pan.
piròfilo, a. heat-resistant.
pirofobia, f. (psic.) pyrophobia.
piròfobo, m. (psic.) pyrophobiac.
pirofòrico, a. pyrophoric; pyrophorous.
piròforo, m. (zool., *Pyrophorus noctilucus*) fire beetle.
piròga, f. (naut.) pirogue; piragua.
pirogallòlo, m. (chim.) pyrogallol.
pirogenazióne, f. (chim.) pyrogenation.
pirògeno, (farm.) **A** a. pyrogenic; pyrogenetic. **B** m. pyrogen.
pirografare, v. t. to pyrograph.
pirografia, f. pyrography; poker-work.
pirogràfico, a. pyrographic.
pirografista, m. e f. pyrographer.
piròrafo, m. (tecn.) pyrograph.
piroincisióne, f. pyrogravure; pyrography.
pirolegnóso, a. (chim.) pyrolign(e)ous.
piroletta, V. piroétta.
pirolisi, V. piroscissione.
pirolusite, f. (miner.) pyrolusite.
piròmane, m. e f. (psic.) pyromaniac; fire-bug (pop.).
piromanìa, f. (psic.) pyromania.
piromante, m. e f. pyromantic.
piromanzìa, f. pyromancy; divination by fire.
pirometallurgìa, f. (metall.) pyrometallurgy.
pirometrìa, f. (fis.) pyrometry.
pirométrico, a. (fis.) pyrometric.
piròmetro, m. (fis.) pyrometer: **p. a radiazione**, radiation pyrometer; **p. a resistenza**, resistance pyrometer; **p. elettrico**, electric pyrometer; **p. ottico**, optical pyrometer.
piróne, m. (negli strumenti musicali a corde) peg.
piro piro, m. (zool., *Tringa*) sandpiper.

piròpo, m. (miner.) pyrope; fire-garnet.
piròscafo, m. (naut.) steamship (abbr.: S/S); steamboat; steamer; ship. ● **p. da carico**, freighter; cargo-ship; cargo-boat □ **p. di linea**, liner □ **p. postale**, mail-boat; mailer.
piroscissióne, f. (chim.) pyrolysis.
pirosfèra, f. (geol.) pyrosphere.
piròsi, f. (med.) pyrosis; heartburn.
pirossenite, f. (miner.) pyroxenite.
piròsseno, m. (miner.) pyroxene.
pirotècnica, f. pyrotechnics (pl. col verbo al sing.); pyrotechny.
pirotècnico, **A** a. pyrotechnic(al). ● **arte pirotecnica**, pyrotechnics; pyrotechny □ **fuochi pirotecnici**, fireworks □ **spettacolo p.**, pyrotechnic display; fireworks. **B** m. **1** pyrotechnist; maker of fireworks **2** (mil.) munitions factory.
pìrrica, f. (danza guerresca) pyrrhic; war-dance.
pirrìchio, m. (poesia) pyrrhic.
Pirro, m. (stor.) Pyrrhus.
pirròlo, m. (chim.) pyrrole.
Pirróne, m. (filos.) Pyrrho.
pirronismo, m. (filos.) Pyrrhonism.
pirronista, m. e f. (filos.) Pyrrhonist.
pirrotite, f. (miner.) pyrrhotite; magnetic pyrites.
pirùvico, a. (chim.) pyruvic.
Pisa, f. (geogr.) Pisa: **la torre pendente di P.**, the leaning tower of Pisa.
pisano, a. e m. Pisan.
piscatòrio, a. piscatory; piscatorial: (relig.) **anello p.**, piscatory ring.
piscia, f. (volg.) piss (volg.); pee, piddle, water (fam.). ● **fare la p.**, to piss; to pee; to pass water □ **fare la p. a letto**, to wet one's bed.
pisciacane, m. (bot., *Taraxacum officinale*) dandelion.
pisciallétto, m. **1** (spreg.: ragazzetto) brat; chit **2** (bot., *Taraxa-cum officinale*) dandelion.
pisciare, **A** v. i. (volg.) **1** (orinare) to piss (volg.); to pee, to piddle, to pass water (fam.); to urinate **2** (di fontana e sim.) to spirt; to spurt; to squirt. **B** v. t. to piss (anche fig., volg.); to pass: **p. sangue**, to pass blood. ● (fig.) **p. sopra q.c.**, to despise st. □ **pisciarsi addosso**, to wet oneself.
pisciata, f. (volg.) **1** (il pisciare) pissing (volg.); urination **2** (orina emessa) piss (volg.); pee (fam.); urine. ● **fare una p.**, to piss; to pee; to pass some water.
pisciatòio, m. (volg.) (public) urinal.
piscicoltóre, m. pisciculturist.
piscicoltura, f. pisciculture.
pisciforme, a. fish-shaped.
piscina, f. **1** (vasca per nuoto) swimming-pool; bathing-pool; pool (fam.) **2** (peschiera) fish-pond.
piscio, m. (volg.) piss (volg.); pee (fam.).
piscióne, m. (volg.) pisser.
pisciòso, a. (volg.) wet with urine.
piscivoro, a. piscivorous.
pisellàia, f. **pisellàio**, m. pea-field; pea-bed.
pisellata, f. **1** (cucina) pea-soup **2** (mangiata di piselli) (one's) fill of peas.
pisèllo, m. (bot., *Pisum sativum*; seme commestibile) pea: **piselli freschi (secchi)**, green (dried) peas; **piselli in scatola**, tinned peas; **verde p.**, pea-green. ● (bot.) **p. odoroso** (*Lathyrus odoratus*), sweet pea.
pisifórme, m. (anat.) pisiform (bone).
pisolare, v. i. (fam.) to have (o to take*) a nap; to doze.
pisolino, **pisolo**, m. (fam.) nap; doze; forty winks (fam); shut--eye (fam.): **fare un p.**, to have (o to take) a nap; to doze.
pispola, f. **1** (zool., *Anthus pratensis*) meadow pipit; titlark **2** (fischietto usato dai cacciatori) bird-call. ● (fig.) **raccontare pi-spole**, to talk nonsense.
pispolare, v. i. to make* a bid-call.
pisside, f. **1** (relig.) ciborium*; pyx **2** (bot.) pyxidium*; pyxis*.
pissi pissi, inter. e m. whisper. ● **fare p.** (confabulare), to whisper.
pista, f. **1** (orma) footprint; footstep; (traccia di ruote, ecc.) track; (di animale) trail, track, scent: **Sulla neve si vedeva la p. del cacciatore**, the hunter's footprints (o footsteps) could be seen in the snow; **p. battuta**, beaten track (anche fig.). **Seguii la p. del daino**, I followed the buck's trail (o tracks); **La muta se-guiva la p. della volpe**, the pack was on the scent of the fox; **essere sulla p. di q.**, to be on sb.'s track; **perdere la p. di q.**, to lose track of sb.; (anche fig.) **Sei andato fuori p.**, you're off the track **2** (corsia, sentiero) lane; track: **p. per ciclisti**, cycle track; bike way (*USA*) **3** (sport) track; race-track; running--track; course; (di ghiaccio) rink: **p. di prova**, test track; **p. di cenere**, cinder track (o dirt-track); **gare di p.**, track events; **p. per corse automobilistiche**, (motor-)racing track; **p. per corse cicliste-che**, cycling track; **p. di ippodromo**, racing course **4** (aeron.)

pistacchiata

runway; strip: **p. di decollo**, take-off strip; **p. d'atterraggio**, landing strip; **p. d'emergenza**, emergency runway (o strip) **5** (di circo) ring **6** (mecc.) race; track: **p. esterna** (di cuscinetto a sfere), outer race (o cup) **7** (di registratori, elaboratori, ecc.) track: **p. magnetica**, magnetic (sound-)track; **p. sonora**, sound-track. ● **p. da ballo**, dance floor □ (sport) **p. da sci**, ski sloper; ski-run □ **p. di lancio**, (per alianti) launching-strip; (per missili) launching-pad □ (aeron.) **p. di rullaggio**, taxiway; taxi strip □ (sport) **p. per bob**, run □ (anche sport) **P.!**, make way!, watch out!
pistacchiata, f. (cucina) cake made with pistachios.
pistàcchio, A m. **1** (bot., Pistacia vera) pistachio* **2** (seme di p.) pistachio*. ● **non valere un p.**, not to be worth a straw (o a pin). B a. pistachio (attr.): **verde p.**, pistachio green.
pistacite, f. (miner.) pistacite; epidote.
pistagna, f. (sartoria) coat-collar.
pistillifero, a. (bot.) pistilliferous; pistillate.
pistillo, m. (bot.) pistil.
pistòla (1), f. (arma da fuoco) pistol; (genericamente) gun: **una p. automatica**, an automatic pistol; **una p. mitragliatrice**, a machine-pistol; a sub-machine gun; **una p. a una (a due) canne**, a single-barrelled (a double-barrelled) pistol; **fare un duello alla p.**, to fight a duel with pistols. ● (autom.) **p. per ingrasso**, grease gun □ **p. per lavaggio**, washing-gun □ **p. per metallizzazione**, metallizing-gun □ **p. per verniciatura a spruzzo**, spray-gun □ **avere la p. facile**, to be quick on the trigger; to be trigger-happy □ (fig.) **stare con la p. alla mano**, to be iron-handed.
pistòla (2), f. (numismatica) pistole.
pistolèro, m. gunman*.
pistolettata, f. pistol-shot.
pistolòtto, m. (scherz.) **1** (discorso enfatico) exhortation; admonition **2** (perorazione) (striking) peroration **3** (gergo teatr.) punch line.
pistóne, m. **1** (mecc., mus.) piston: **un p. a fodero**, a trunk piston; **p. a testa convessa**, domed piston; **p. equilibratore**, balancing piston; **corsa del p.**, piston-stroke; **testa del p.**, piston-head **2** (idraulica) ram: **p. idraulico**, hydraulic ram. ● **p. per pompa**, plunger □ **p. valvolato**, bucket; sucker.
Pitàgora, m. (filos.) Pythagoras.
pitagoricismo, m. (filos.) Pythagoreanism; Pythagorism.
pitagòrico, A a. e m. (filos.) Pythagorean: **la scuola pitagorica**, the Pythagorean School; **il sistema p.**, the Pythagorean system. ● (mat.) **tavola pitagorica**, multiplication table. B m. Pythagorean; Pythagorist.
pitagorismo, V. pitagoricismo.
pitagorista, m. e f. (filos.) Pythagorist; Pythagorean.
pitale, m. (volg.) chamber-pot.
pitecàntropo, m. pithecanthropus*; pithecanthrope; ape-man*.
pitecòide, a. (zool.) pithecoid.
pìtia, V. pìzia.
pitico, a. Pythian; Pythic: **i giochi pitici**, the Pythian games.
pitiriasi, f. (med.) pityriasis*.
pitoccare, v. t. e i. to beg (anche fig.).
pitoccheria, f. **1** (l'essere pitocco) beggary; mendicity **2** (azione da pitocco) beggarly action; mean action.
pitòcco, A a. beggarly; mean: **una vita pitocca**, a mean life. B m. **1** (accattone) beggar; mumper (pop.) **2** (fig.: spilorcio) miser; niggard; stingy person.
pitóne, m. **1** (zool., Python) python **2** (mitol.) Python.
pitonéssa, f. **1** (sacerdotessa d'Apollo) pythoness; Pythia **2** (scherz.: indovina) pythoness; fortune-teller.
pitònico, a. (mitol.) pythonic.
pittare, v. t. (del pesce) to nibble at (the bait).
pìttima (1), f. (zool., Limosa) godwit.
pìttima (2), f. **1** (med.: impiastro) poultice; plaster **2** (fig.: persona noiosa) bore; nuisance **3** (fig.: spilorcio) niggard; miser.
pittografìa, f. pictography; picture-writing.
pittogràfico, a. pictographic. ● **simbolo p.**, pictorial symbol; pictograph.
pittogramma, m. pictograph; pictogram.
pittóre, m. **1** painter (anche fig.): **uno studio di p.**, a painter's studio; **fare il p.**, to be a painter; **un p. di ritratti**, a portrait-painter; a portraitist; **un p. di paesaggi**, a landscape-painter; a landscapist; **un p. di marine**, a marine-painter; a seascapist; **un p. di nature morte**, a still-life painter; **un p. di scenari**, a scene-painter; **un p. decoratore**, an ornamental painter; a decorator **2** (imbianchino) house-painter; whitewasher. ● **p. di maniera**, mannerist.
pittorescaménte, avv. picturesquely; in a picturesque (o vivid) style.
pittorésco, a. picturesque (anche fig.); pictorial; graphic: **luoghi pittoreschi**, picturesque places; **una veduta pittoresca**, a picturesque view; **una descrizione pittoresca** (o a...), a pictorial, graphic) description; **uno stile p.**, a picturesque (o a

vivid) style.
pittoricismo, m. taste for the picturesque.
pittoricità, f. picturesqueness.
pittòrico, a. pictorial; of a painter: **l'arte pittorica**, the pictorial art; (the art of) painting.
pittrice, f. (pitt.) (woman*) painter.
pittura, f. **1** (arte del dipingere) painting: **p. a olio**, oil-painting; **p. ad acquerello**, water-colour painting; **p. dal vero**, painting from life; **studiare p.**, to study painting **2** (dipinto) painting; picture: **una p. di Botticelli**, a painting by Botticelli; **pitture a olio**, oil-paintings **3** (fig.: rappresentazione espressiva) (vivid) representation (o description): **una p. fedele di q.c.**, a faithful representation of st. **4** (pop.: vernice) paint: **p. fresca**, wet paint; (naut.) **p. anti-incrostazione** (o antivegetativa), anti-fouling paint; **p. antiruggine**, anti-rust paint **5** (belletto) make-up; rouge; (spreg.) paint. ● **p. a guazzo**, gouache □ **stare come una p.**, to fit like a dream (o a glove, fam.).
pitturare, A v. t. (dipingere, verniciare) to paint (anche fig.).
pitturarsi, B v. rifl. (pop.) to paint one's face; to make* up. ● **p. troppo**, to use too much make-up.
pituita, f. (med.) phlegm.
pituitàrio, a. (anat.) pituitary: **ghiandola pituitaria**, pituitary gland (o body); hypophysis; **membrana pituitaria**, pituitary membrane.
più, A avv. **1** (compar. di maggioranza) more; ...-er (suff. aggiunto agli avv. e agli agg. monosillabi e ad alcuni bisillabi): **più semplice**, simpler; **più stretto**, narrower; **più profondo**, deeper; **più giallo**, yellower; more yellow; **più bello**, more handsome; handsomer; **Mario è più intelligente di Carlo**, Mario is cleverer (o more intelligent) than Charles; **È più fortunato che capace**, he is more fortunate than capable; **È più grigio che marrone**, it is more grey than brown; **Il cielo è più bello in primavera che in estate**, the sky is more beautiful in spring than in summer; **Domani verrò più presto**, I'll come earlier tomorrow; **Questa automobile mi costerà più di mille sterline**, this car will cost me more than a thousand pounds; **Sono più alto di te, e tu hai due anni più di me**, I'm taller than you and you're two years older than I (am); **Quell'uomo è molto più ricco di quanto tu non pensi**, that man is much richer than you think; **La mia casa è (molto) più grande della tua**, my house is (much) bigger than yours; **Mi piace di più andare al mare che in montagna**, I like (going to) the seaside more than (going to) the mountains; **Non per questo l'impresa è più difficile (facile)**, the enterprise is none the more difficult (the easier) for this; **Non per questo è più bella**, she is none the more beautiful for this; she is not more beautiful for this; **sempre più facile**, easier and easier; **sempre più difficile**, more and more difficult; **Più avanti vai, più ripida diventa la strada**, the further (o farther) you go, the steeper the road becomes; **Più s'invecchia, più savi si diventa**, the older you get, the wiser you become; **Più sensibile sei, più soffrirai**, the more sensitive you are, the more you will suffer; **Più studio questa materia, più (meno) difficile diventa**, the more I study this subject, the more (the less) difficult it becomes **2** (superl. relat.) (the) most; ...-est (suff. aggiunto agli avv. e agli agg. monosillabi e ad alcuni bisillabi); (tra due) (the) more; (the)...-er (suff.; V. sopra): **Questo è il libro più difficile (facile) che io abbia mai letto**, this is the most difficult (the easiest) book I have ever read; **È il più ricco (strambo) dei due**, he is the richer (the more eccentric) of the two; **Fra tutti i miei amici, Giorgio parla di più**, of all my friends George speaks the most; **Delle due sorelle, la maggiore è la più bella**, the elder of the two sisters is the more beautiful; **Non so quale di questi quadri mi piaccia di più**, I don't know which of these pictures I like most **3** (rif. a tempo; in frasi neg. con «non») no longer; not...any longer; not...any more; (lett.) no more; (con «mai») never...again: **Non siamo più bambini**, we are no longer children; we are not children any more; **Non andrò più in quel ristorante**, I won't go to that restaurant any more; **Non ti voglio più vedere**, I don't want to see you any more; **Non torneranno mai più al loro paese natio**, they will never go back again to their native village; **Non lo farò mai più**, I shall never do it again; (anche fig.) **Non è più con noi**, he is no longer with us **4** (rif. a quantità; in frasi neg.) not...any more; no more: **Non ne voglio più**, I don't want any more; **Non c'è più pane**, there's no more bread **5** (enfat.) more: **Sono più che contento dei tuoi progressi**, I'm more than (o I'm very much) pleased at your progress; **Il tuo comportamento è più che riprovevole**: è disgustoso, your behaviour is more than reprehensible: it's disgusting; **È più che ricco; è un miliardario!**, he is more than rich; he's a multi-millionaire **6** (mat.) plus: **Uno più uno fa due**, one plus one is two; one and one are two. ● **più che mai**, more than ever □ **più di una volta**, more than once □ **il più possibile**, as much as possible □ **al più** (o **tutt'al più**), at the most; (al più tardi) at the latest: **Tutt'al più, tornerò giovedì**, at the latest, I'll be back on Thursday □ **chi più, chi**

meno, some more, some less □ **né più né meno**, neither more nor less □ **per di più**, moreover; furthermore; what's more: **È un fannullone, e per di più è un bugiardo**, he's a layabout, and furthermore (*o* what's more) he's a liar □ **per lo più**, mostly; for the most part; (*di solito*) usually: **A Perugia gli studenti sono per lo più stranieri**, at Perugia the students are mostly foreigners; **La sera per lo più mi troverai a casa**, you'll find me at home usually in the evening □ **per non dire di più**, to say the least □ **piuttosto più che meno**, rather more than less □ **tanto più che**, all the more so because: **Non puoi uscire stasera, tanto più che hai il raffreddore**, you can't go out tonight, all the more so because you have a cold □ **uno di più**, one extra □ **Ora non gli rimane più che morire**, death is all that awaits him now □ **Non più!** (*basta*), enough! □ **Che puoi fare di più?**, what more (*o* else) can you do? □ **Il suo podere è dieci volte più grande del mio**, his farm is ten times bigger than (*o* ten times as big as) mine □ **Ha un'automobile due volte più grande della mia**, his car is twice as big as mine □ **Sgobbavo il più possibile**, I swotted (*o* worked) as much as possible (*o* as much as I could) □ **Rispondimi il più presto possibile**, answer me as soon as possible (*o* as soon as you can) □ **Correva a più non posso**, he ran as fast as he could □ **In questi ultimi giorni sto lavorando a più non posso**, in these last few days I've been working as hard as possible. **B** *a.* **1** (*compar.*) more: **Ho più denaro di te**, I have more money than you; **Ci vogliono più uova per fare questa torta**, more eggs are needed to make this cake; **Più soldi hai, più amici troverai**, the more money you have, (the) more friends you'll find **2** (*superl. relat.*) most: **Carlo ha più quattrini di tutti**, Charles has (the) most money **3** (*parecchi*) several: **più volte**, several times; **Sono venuto in Italia con più valigie**, I came to Italy with several suitcases; **Ci vorranno più giorni per fare questo lavoro di ripristino**, this restoration work will take several days. ● **Compra più dollari e vendi più sterline che puoi**, buy as many dollars and sell as many pounds as you can. **C** *m.* **1** most; (the) greater part: **Il più è fatto**, most of it is done **2** (*la cosa più importante*) (the) most important thing: **Il più è cominciare**, the most important thing is to make a start **3** (*mat.: segno del più*) plus sign. ● **i più** (*la maggioranza*), the majority; most people: **I più la pensano così**, most people (*o* the majority) are of this opinion □ **il più delle volte**, most times; mostly; generally □ **dal più al meno**, more or less; approximately □ **il di più**, the surplus ● **e il più è che...**, and moreover...; and what's more... □ **parlare del più e del meno**, to talk of nothing in particular; to talk about this and that □ (*scherz.*) **È ormai nel numero dei più**, he's gone up to the Pearly Gates. **D** *prep.* (*oltre a*) plus; besides; in addition to: **Siamo cinque più Carlo**, there are five of us besides Charles.

piucchep(p)erfètto, *m.* (*gramm.*) past perfect (tense).

piuma, **A** *f.* **1** (*penna morbida e leggera di uccelli*) feather; down; (*per ornamento*) plume: **un materasso di piume**, a feather-bed; a down-bed; **un guanciale (imbottito) di piume**, a feather pillow; a down pillow; **ricco di piume**, abounding in feathers; feathery; plumy; **una p. sul cappello**, a plume in one's hat; **coprire di piume**, to cover with feathers; to feather; to plume; **essere leggero come una p.**, to be as light as a feather; **essere morbido come una p.**, to be as soft as down; to be soft and downy; to be fluffy **2** (*piumaggio*) plumage; down; feathering. **B** *a.* — (*sport*) **peso p.**, feather-weight.

piumàccio, *m.* feather pillow.

piumàggio, *m.* plumage; feathering; feathers (*pl.*).

piumàio, *m.* feather-man*; dealer in plumes.

piumato, *a.* adorned with a feather (*o* with feathers); plumed. ● **un cappello p.**, a hat with a feather.

piumétta, *f.* (*bot.*) plumule.

piumino, *m.* **1** (*piuma fine, propria delle oche, dei cigni e sim.*) (eider-)down **2** (*coperta imbottita di piume*) eider-down (quilt); quilt **3** (*per incipriarsi*) powder-puff **4** (*per spolverare*) feather-duster **5** (*proiettile*) (air-gun) dart **6** (*giacca imbottita*) down-jacket; quilted jacket.

piumosità, *f.* featheriness; downiness.

piumóso, *a.* feathery; downy.

piuòlo, *V.* piòlo.

piùria, *f.* (*med.*) pyuria.

piuttòsto, *avv.* **1** (*preferibilmente*) rather; sooner; better; (*invece*) instead (of): **Prenderei p. un bicchiere d'acqua**, I would (*o* had) rather have a glass of water; **Vivrei p. a Londra che a Parigi**, I had sooner live in London than in Paris; **P. la morte che acconsentire a un piano simile!**, I would sooner die than consent to such a plan!; **Torna a casa p.**, you had better go back home; **P. uno sciocco che un malandrino!**, better be a fool than a knave!; **p. grigio che nero**, rather grey than black **2** (*alquanto*) rather; somewhat; fairly: **Mi pare p. carina**, I think she is rather pretty; **È p. difficile**, it's somewhat difficult; **p. bene**, fairly well; **p. male**, rather badly; **sentirsi p. bene** (**male, stanco**), to feel rather well (poorly, tired).

piva, *f.* (*mus.*) bagpipes (*pl.*). ● (*fig.*) **tornarsene con le pive nel sacco**, to return empty-handed.

pivellino, pivèllo, *m.* **1** (*novellino*) raw, inexperienced person; colt; greenhorn (*fam.*) **2** (*giovincello pretenzioso e vanesio*) fatuous, conceited young man*; peacock (*fam.*).

piviale, *m.* (*relig.*) cope.

pivière, *m.* (*zool., Charadrius pluvialis*) plover.

pivieréssa, *f.* (*zool., Squatarola squatarola*) black-bellied plover.

pivot (*franc.*), *m.* (*nella pallacanestro*) pivot player; pivot man*.

pizia, *f.* (*sacerdotessa d'Apollo*) Pythia; pythoness.

pizio, *a.* (*lett.*) Pythius: **Apollo P.**, Apollo Pythius.

pizza, *f.* **1** (*cucina*) pizza*: **una p. alla napoletana**, a Neapolitan pizza **2** (*fig.: cosa o persona noiosa*) bore; nuisance; drag (*fam.*) **3** (*cinem.*) can.

pizzaiòlo, *m.* pizza-maker. ● (*cucina*) **alla pizzaiola**, (stewed) with peeled tomatoes, garlic and marjoram.

pizzardóne, *m.* (*scherz.*) policeman*; cop (*pop.*); bobby (*pop.*).

pizzerìa, *f.* pizza-restaurant; pizza-shop; «pizzeria».

pizzicàgnolo, *m.* pork-butcher; delicatessen-seller; (*droghiere*) grocer.

pizzicare, **A** *v. t.* **1** (*dare pizzicotti*) to pinch; to nip: **Mi pizzicano sempre**, they're always pinching me **2** (*pinzare, di insetti*) to sting*: **Un'ape mi ha pizzicato un dito**, a bee has stung my finger **3** (*stimolare col proprio sapore piccante*) to burn*: **p. la lingua**, to burn the tongue **4** (*fig.: punzecchiare*) to taunt; to tease **5** (*pungere, del freddo e sim.*) to pinch; to nip; to pierce **6** (*pop.: cogliere di sorpresa*) to catch* hold of; to catch*; to seize: **Se ti pizzico, sono guai!**, if I catch (hold of) you, you'll pay for it!; **Non mi ci pizzichi più!**, you'll not catch me again!; **farsi p.**, to be (*o* to get) caught; to be found out **7** (*fam.: rubare*) to pinch; to steal*; (*cogliere in flagrante*) to catch* (sb.) red-handed; (*catturare*) to capture; to seize: **Qualcuno mi ha pizzicato l'orologio**, somebody has pinched my watch **8** (*mus.*) to pluck; to twang; to twangle: **note pizzicate**, plucked notes; pizzicato notes; pizzicati; **p. le corde d'un violino**, to pluck the strings of (*o* to twang) a fiddle; **p. una chitarra**, to twangle a guitar. **B** *v. i.* **1** (*sentire pizzicore*) to itch; to be (*o* to feel*) itchy; (*causare pizzicore*) to tickle: **Le punture delle zanzare pizzicano**, mosquito bites itch; **Mi pizzica una gamba**, my leg is itchy; **sentirsi p. le mani**, to feel one's hand itching (*anche fig.*) **2** (*essere piccante*) to be pungent (*o* piquant); to be hot: **Questa salsa pizzica troppo**, this sauce is too hot **3** (*fig., fam.: avere sentore*) to savour (of); to smack (of); to be something (of); to be (*o* to seem) a bit + *agg.*): **Pizzica di eretico**, he is something of a heretic; **Tu pizzichi di matto**, you're a (wee) bit crazy; **teorie che pizzicano di comunismo**, theories that savour of Communism.

pizzicata, *f.* **1** (*il pizzicare, puntura*) pinch; nip: **dare una p.**, to give a pinch; to pinch; to nip **2** (*quantità di roba che si prende con la punta delle dita*) pinch: **una p. di tabacco da fiuto**, a pinch of snuff.

pizzicato, *m.* (*mus.*) pizzicato*.

pizzicheria, *f.* pork-butcher's (shop); delicatessen (shop); (*drogheria*) grocer's (shop).

pizzichino, *a.* (*fam.*) **1** (*piccante*) pungent; hot-tasting **2** (*frizzante*) fizzy.

pizzico, *m.* **1** (*il pizzicare*) pinch; nip: **dare un p.**, to give a pinch; to pinch **2** (*quantità di roba che si prende con la punta delle dita*) pinch: **un p. di tabacco da fiuto** (**di sale**), a pinch of snuff (of salt) **3** (*fig.: piccola quantità*) touch; smack; spice; bit (*fam.*): **un p. di poesia**, a touch of poetry; **un p. di umorismo**, a spice of humour **4** (*pinzata d'insetto*) sting; bite.

pizzicòre, *m.* itch (*anche fig.*); itching. ● **Mi viene il p. alle mani**, I feel my hands itching.

pizzicottare, *v. t.* (*fam.*) to pinch.

pizzicòtto, *m.* pinch; nip: **dare un p. a q.**, to give sb. a pinch; to pinch sb.

pizzo, *m.* **1** (*punta, estremità*) end; top; point **2** (*picco montuoso*) peak; mountain top **3** (*barba a punta, sul solo mento*) pointed beard; goatee; imperial **4** (*trina*) lace (*solo sing.*): **un colletto di p.**, a lace collar; **Che bei pizzi!**, what lovely lace!

placàbile, *a.* placable; appeasable; pacifiable.

placabilità, *f.* placability; appeasableness.

placare, **A** *v. t.* (*anche fig.*) to placate; to appease; to pacify; to calm (down); to soothe; to assuage; to allay: **p. q.**, to placate (*o* to pacify) sb.; to calm sb. down; **p. il nemico**, to placate the enemy; **p. gli stimoli della fame**, to appease one's hunger; **p. la propria ira**, to appease one's anger; **p. il proprio dolore**, to assuage one's grief. **placarsi**, **B** *v. rifl.* to calm oneself; to become* calm (*o* quiet); to calm (down); to subside; to abate: **Il babbo si è placato**, daddy has calmed himself; **Il vento si era già placato**, the wind had already subsided; **Il mare si placò**, the sea calmed down; **La burrasca si placò**, the storm abated.

placca, *f.* **1** (*piastra sottile di metallo*) (metal) plate; plaque **2** (*piastrina di riconoscimento*) metal badge; (*commemorativa*) plaque **3** (*anat.*) plate: **la p. nervosa** (*o* **neuromotrice**), the neural plate **4** (*med.*) plaque; patch **5** (*fis.*, *elettr.*, *metall.*) plate: **p. deviatrice**, deflecting-plate; **placche di deflessione**, deflector plates. ● (*elettr.*) **p. a griglia**, grid.
placcàggio, *m.* (*nel rugby*) tackling.
placcare, *v. t.* **1** to plate: **p. in oro**, to plate with gold; to gold--plate; **p. in argento**, to plate with silver; to silver-plate **2** (*nel rugby*) to tackle.
placcato, *a.* (*metall.*) plated: **p. in argento**, silver-plated.
placcatóre, *m.* (*metall.*) plater.
placcatura, *f.* (*ind. metall.*) plating: **bagno di p. al cianuro**, cyanide plating-bath. ● **p. elettronica**, electroplating.
placchétta, *f.* **1** small plate **2** (*arte*) plaquette **3** (*aletta degli occhiali*) glass-frames bridge support.
placèbo (*lat.*), *m.* (*farm.*, *med.*) placebo*.
placènta, *f.* **1** (*anat.*) placenta*; afterbirth **2** (*bot.*) placenta*.
placentale, *a.* (*anat.*) placental; placentary.
placentati, *m. pl.* (*zool.*, *Placentalia*) placental mammals; placentals.
placentato, *a.* (*zool.*) placentate.
placentazióne, *f.* (*anat.*, *bot.*) placentation.
placet (*lat.*), *m.* (*leg.*) placet.
placidaménte, *avv.* placidly; tranquilly; peacefully; calmly; gently.
placidità, *f.* placidity; tranquillity; peacefulness; calmness; quietness.
plàcido, *a.* placid; tranquil; peaceful; calm; (*quieto*) quiet; (*mite*) gentle, mild, meek: **p. e tranquillo**, quiet and peaceful; **un viso p.**, a placid face; **un sonno p.**, a placid (*o* quiet) sleep; **una notte placida**, a peaceful night; **una morte placida**, a peaceful death; **un mare p.**, a calm sea; an unruffled sea.
plàcito, *m.* (*stor.*) **1** judg(e)ment **2** (*sentenza*) placitum*; decree.
placòide, *a.* (*zool.*) placoid.
plafond (*franc.*), *m.* (*banca, credito*) line of credit; credit line.
plafonièra, *f.* ceiling light fixture.
plaga, *f.* (*lett.*) region; district; zone.
plagiare, *v. t.* **1** to plagiarize **2** (*leg.*) to subjugate morally.
plagiàrio, **A** *a.* plagiarizing; plagiaristic. **B** *m.* plagiarist; literary (*o* artistic) thief*.
plàgio, *m.* **1** (*appropriazione del lavoro altrui*) plagiarism; plagiary; literary (*o* artistic) theft **2** (*leg.*) moral subjugation.
plagioclàsio, *m.* (*miner.*) plagioclase.
plaid (*ingl.*), *m.* travelling-rug.
planare (1), *a.* **1** plane; flat; level **2** (*geom.*, *elettron.*) planar: **sistema p.**, planar array; **dispositivo p.**, planar device; **diodo p.**, planar diode.
planare (2), *v. i.* (*aeron.*) to glide; to plane.
planària, *f.* (*zool.*) planaria.
planarità, *f.* (*geom.*, *elettron.*) planarity.
planata, *f.* (*aeron.*) glide; plane.
plància, *f.* **1** (*naut.*) (pilot) bridge; (*passerella*) gangplank, gangway: **p. di vedetta**, look-out bridge **2** (*autom.*, *aeron.*) dash--board; instrument panel.
plàncton, *m.* (*biol.*) plankton.
planctònico, *a.* (*biol.*) planktonic.
planetàrio, **A** *a.* (*astron.*) planetary: **il sistema p.**, the planetary (*o* solar) system. **B** *m.* **1** (*astron.*) orrery; planetarium* **2** (*mecc.*) crown wheel.
planetòide, *m.* (*astron.*) planetoid; minor planet; asteroid.
planetologia, *f.* (*astron.*) planetology.
planetològico, *a.* (*astron.*) planetological.
planetòlogo, *m.* (*astron.*) planetologist.
planimetria, *f.* **1** (*geom.*) planimetry; plane geometry **2** (*archit.*) (location) plan.
planimètrico, *a.* (*geom.*) planimetric(al).
planimetro, *m.* planimeter.
planisfèro, *m.* (*astron.*) planisphere.
planitùdine, *f.* planeness; flatness.
plànkton, *V.* **plàncton**.
planogràfico, *a.* (*tipogr.*) planographic: **stampa planografica**, planographic printing.
Plantagenèto, *m.* (*stor.*) Plantagenet.
plantare, **A** *a.* (*anat.*) plantar: **arterie plantari**, plantar arteries. **B** *m.* (*apparecchio ortopedico*) arch support.
plantìgrado, *a. e m.* (*zool.*) plantigrade.
plaşma, *m.* **1** (*biol.*) plasma; plasm: **p. sanguigno**, blood plasma **2** (*fis.*, *miner.*) plasma.
plaşmàbile, *a.* mouldable, malleable (*anche fig.*); plastic: **creta p.**, plastic clay.
plaşmabilità, *f.* malleability (*anche fig.*).
plaşmare, *v. t.* to mould, to shape (*anche fig.*); to form: **p. la creta** (**la cera**), to mould clay (wax): **p. il carattere di q.**, to mould sb.'s character.
plaşmàtico, *a.* (*biol.*) plasmatic; plasmic.
plaşmatóre, **A** *m.* moulder; shaper. **B** *a.* moulding.
plaşmina, *f.* (*biol.*) plasmine.
plaşmòdio, *m.* (*biol.*) plasmodium*.
plàstica, *f.* **1** (*arte del modellare*) plastic art **2** (*materia p.*) plastic (matter) **3** (*med.*) plastic surgery; plastics (*pl. col verbo al sing.*). ● **recipiente di p.**, plastic container.
plasticare, *v. t.* **1** (*modellare*) to model (with plastic material) **2** (*rivestire di plastica*) to cover (*o* to coat) with plastic; to plastic-coat **3** (*attaccare con bomba al plastico*) to plastic bomb.
plasticatóre, *m.* plastic artist; modeller.
plasticismo, *m.* (*arte*) plasticism.
plasticità, *f.* plasticity.
plàstico, **A** *a.* (*in tutte le accezioni, anche fig.*) plastic: **materiale p.**, plastic material; **materie plastiche**, plastic substances; plastics (*pl. col verbo al sing.*); **argilla plastica**, plastic (*o* modelling) clay; **arti plastiche**, plastic arts; **la forza plastica della natura**, the plastic (*o* creative) force of nature; **chirurgia plastica**, plastic surgery; plastics (*pl. col verbo al sing.*); **operazioni plastiche**, plastic operations; **pose plastiche**, plastic (*o* statuesque) attitudes. **B** *m.* **1** (*archit.*) plastic (*o* relief) model **2** (*esplosivo*) plastic explosive. ● **bomba al p.**, plastic bomb.
plastidio, *m.* (*biol.*) plastid.
plastificante, *m.* plasticizer.
plastificare, *v. t.* **1** to plasticize **2** (*rivestire di plastica*) to plastic-coat; to cover with plastic.
plastificato, *a.* **1** plasticized **2** (*rivestito di plastica*) plastic--coated; covered with plastic.
plastificazióne, *f.* (*ind.*) plasticization.
plastilina, *f.* (*marchio*) plastiline.
plastòmero, *m.* (*chim.*) polymer plastic.
platanària, *f.* (*bot.*, *Acer platanoides*) Norway maple.
platanéto, *m.* plane-tree wood.
plàtano, *m.* (*bot.*, *Platanus*) plane; plane-tree: **un viale di platani**, an avenue of planes.
platèa, *f.* **1** (*teatr.*: *primo settore*) stalls (*pl.*); (*secondo settore*) pit **2** (*gli spettatori che occupano la p.*) audience in the stalls; pit **3** (*per estens.*: *pubblico in generale*) audience **4** (*edil.*) foundation(s); bed: **una p. di calcestruzzo**, a concrete bed **5** (*geol.*) shelf*; plateau: **p. continentale**, continental shelf. ● **recitare per la p.**, to play to the gallery.
plateale, *a.* **1** (*raro*) plebeian; vulgar: **un insulto p.**, a vulgar insult **2** (*evidente*) obvious; unmistakable; blatant: (*sport*) **un fallo p.**, a blatant foul **3** (*ostentato*) ostentatious; flaunty: **gesto p.**, ostentatious gesture. ● **errore p.**, glaring mistake.
platealità, *f.* **1** (*raro*) plebeianism; vulgarity **2** (*evidenza*) obviousness; unmistakableness; blatancy **3** (*ostentazione*) ostentatiousness; flauntiness. ● **La p. del suo gesto ci sconcertò**, we were taken aback by his flaunty gesture.
plateaménte, *avv.* vulgarly; coarsely.
plateàtico, *m.* (*fin.*) stallage.
plateau (*franc.*), *m. invar.* **1** (*cassetta per imballaggio*) crate: **un p. di mele**, a crate of apples **2** (*geogr.*) plateau; tableland.
platelmìnti, *m. pl.* (*zool.*, *Platyhelminthes*) platyhelminths; flatworms.
plàtina, *f.* (*tipogr.*) platen.
platinare, *v. t.* **1** (*ind.*) to platinize; to platinum-plate **2** (*capelli*) to dye platinum blonde.
platinato, *a.* **1** (*ind.*) platinized; platinum-plated **2** (*di capelli*) platinum blonde. ● **bionda platinata**, platinum blonde.
platinatura, *f.* (*ind.*) platinizing; platinum-plating.
platìnico, *a.* (*chim.*) platinic: **acido p.**, platinic acid.
platinifero, *a.* (*miner.*) platiniferous; platinum-bearing.
plàtino, *m.* (*chim.*) platinum: **nero di p.**, platinum-black; **spugna di p.**, platinum sponge.
platinòide, *a.* – (*metall.*) **lega p.**, platinoid.
platinotipìa, *f.* (*fotogr.*) platinotype.
platirrine, *f. pl.* (*zool.*, *Platyrrhina*) platyrrhine monkeys.
Platóne, *m.* (*stor.*, *filos.*) Plato.
platonicaménte, *avv.* Platonically.
platònico, **A** *a.* **1** (*filos.*) Platonic; of Plato: **la filosofia platonica**, Platonic philosophy; **le dottrine platoniche**, Platonic doctrines; **i dialoghi platonici**, the Dialogues of Plato **2** (*fig.*) Platonic; idealistic: **amore p.**, Platonic love. **B** *m.* (*filos.*) Platonist; follower of Plato: **i platonici**, the Platonists.
platonismo, *m.* (*filos.*) Platonism.
plaudènte, *a.* applauding (*anche fig.*).
plaudire, *v. i.* (*lett.*) to applaud (*anche fig.*).
plausìbile, *a.* **1** plausible; reasonable; acceptable: **una scusa p.**, a plausible excuse **2** (*lett.*: *degno di plauso*) praiseworthy; laudable; commendable.
plausibilità, *f.* **1** plausibility; reasonableness **2** (*lett.*:

l'essere degno di plauso) praiseworthiness; laudableness; commendableness.
plàuso, *m.* **1** (*lett.: applauso*) applause **2** (*fig.: approvazione*) approbation; approval; (*lode*) praise, encomium.
plàustro, *m.* (*stor.*) plaustrum*.
plautino, *a.* (*letter.*) Plautine.
Plàuto, *m.* (*stor. letter.*) Plautus.
playback (*ingl.*), *m.* dubbing; prescoring; (*sincronizzazione del dialogo*) lip-synchronization.
playboy (*ingl.*), *m.* playboy.
play-off (*ingl.*), *m. invar.* (*sport*) play-off.
plebàglia, *f.* (*spreg.*) mob; rabble; riff-raff; ragtag and bobtail (*pop.*).
plèbe, *f.* **1** (*volgo, basso popolo*) populace; lower classes (*pl.*); (*plebaglia*) mob, rabble, riff-raff **2** (*stor.*) plebs*: **la p. romana,** the Roman plebs.
plebeismo, *m.* (*spreg.: modo di dire plebeo*) vulgarism; vulgar expression.
plebèo, A *a.* **1** (*di, della plebe*) plebeian: **di origine plebea,** of plebeian (*o* low) birth **2** (*spreg.: volgare*) plebeian; common; vulgar: **gusti plebei,** plebeian tastes; **modi plebei,** plebeian (*o* vulgar) manners; plebeianism; vulgarity. **B** *m.* **1** plebeian; commoner **2** (*stor.*) plebeian: **patrizi e plebei,** patricians and plebeians.
plebiscitàrio, *a.* **1** plebiscitary **2** (*fig.: unanime*) unanimous: **una votazione plebiscitaria,** a unanimous vote.
plebiscito, *m.* **1** (*stor., polit.*) plebiscite: **i plebisciti per l'unità d'Italia,** the plebiscites for the unity of Italy **2** (*fig.: consenso universale*) general consent.
plèiade, *f.* pleiad: **una p. di poeti,** a pleiad of poets.
Plèiadi, *f. pl.* (*mitol., astron.*) Pleiades, Pleiads.
pleistocène, *m.* (*geol.*) Pleistocene.
pleistocènico, *a.* (*geol.*) Pleistocene (*attr.*).
plenariaménte, *avv.* plenarily.
plenàrio, *a.* **1** plenary; fully attended: **un'assemblea (una riunione) plenaria,** a plenary assembly (meeting) **2** (*totale*) full; plenary (*anche relig.*); complete: **consenso p.,** full consent; (*relig.*) **indulgenza plenaria,** plenary indulgence.
plenicòrni, (*zool.*) **A** *a.* solid-horned. **B** *m. pl.* solid-horned ruminants.
plenilunare, *a.* plenilunary; plenilunar; plenilunal: **una notte p.,** a plenilunary night.
plenilùnio, *m.* (*astron.*) full moon; plenilune.
plenipotenziàrio, *a. e m.* plenipotentiary: **un ministro p.,** a plenipotentiary minister.
plenum (*lat.*), *m.* plenum*.
pleocròico, *a.* (*miner.*) pleochroic.
pleocroismo, *m.* (*miner.*) pleochroism.
pleonasmo, *m.* (*gramm.*) pleonasm.
pleonasticaménte, *avv.* pleonastically.
pleonàstico, *a.* (*gramm.*) pleonastic: **una locuzione pleonastica,** a pleonastic locution.
pleròma (1), *m.* (*filos.*) pleroma.
pleròma (2), *m.* (*bot.*) plerome.
plesiosàuro, *m.* (*geol.*) plesiosaur; plesiosaurus*.
plessimetro, *m.* **1** (*med.*) pleximeter **2** (*mus.*) metronome.
plèsso, *m.* (*anat.*) plexus*: **il p. cardiaco,** the cardiac plexus; **il p. nervoso,** the nerve (*o* nervous) plexus.
plètora, *f.* **1** (*med.*) plethora **2** (*fig.*) plethora; overabundance; excess.
pletòrico, *a.* **1** (*med.*) plethoric: **una costituzione pletorica,** a plethoric constitution **2** (*fig.*) plethoric; overabundant; overlarge; (*di stile*) inflated, turgid.
plèttro, *m.* (*mus.*) plectrum*.
pleura, *f.* (*anat.*) pleura*: **la p. polmonare,** the pulmonary pleura.
pleùrico, *a.* (*anat.*) pleural.
pleurite, *f.* (*med.*) pleurisy.
pleuritico, (*med.*) **A** *a.* pleuritic. **B** *m.* sufferer from pleurisy.
pleurocentèsi, *f.* (*med.*) pleurocentesis.
pleuropolmonite, *f.* (*med.*) pleuro-pneumonia.
pleurotomìa, *f.* (*med.*) pleurotomy.
plexiglàs, *m.* (*marchio*) Plexiglas.
plica, *f.* **1** (*med.*) plica*; fold **2** (*mus.*) plica*.
plico, *m.* cover; wrapper; (*busta*) envelope; (*involto*) parcel: **in p. a parte,** under separate cover.
Plinio, *m.* (*stor.*) Pliny.
plinto, *m.* (*archit.*) plinth; footstall: **p. di fondazione,** foundation plinth.
pliocène, *m.* (*geol.*) Pliocene.
pliocènico, *a.* (*geol.*) Pliocene (*attr.*).
plissé (*franc.*), **A** *a. V.* **plissettato. B** *m.* (*tessuto p.*) plissé.
plissettare, *v. t.* to pleat.
plissettato, *a.* pleated.
plotóne, *m.* (*mil.*) platoon. ● **p. d'esecuzione,** firing-squad; firing-party.
plùmbeo, *a.* **1** (*di piombo*) (made) of lead; leaden: **un vaso p.,** a leaden vase **2** (*del colore del piombo*) leaden; lead-coloured; plumbeous: **nuvole plumbee,** leaden clouds; **un cielo p.,** a leaden sky **3** (*fig.*) oppressive; heavy; sultry; suffocating.
plum-cake (*ingl.*), *m.* (*cucina*) plumcake; sultana cake; fruit-cake.
plurale, *a. e m.* (*gramm.*) plural: **Questi nomi non hanno il p.,** these nouns have no plural form; **un nome p.,** a plural noun; **al p.,** in the plural.
pluralismo, *m.* (*filos., polit.*) pluralism.
pluralista, *m. e f.* (*filos., polit.*) pluralist.
pluralìstico, *a.* (*filos., polit.*) pluralist(ic).
pluralità, *f.* **1** (*maggioranza*) plurality; majority: **la p. dei voti,** the majority of votes; **a p. di voti,** by a majority **2** (*molteplicità*) plurality; multitude; large number: **una p. di persone,** a plurality of persons.
pluralizzare, *v. t.* (*mettere al plurale*) to pluralize; to make* plural.
pluriaggravato, *a.* (*leg.*) having more than one aggravating circumstance.
pluricellulare, *a.* (*biol.*) pluricellular; multi-cellular.
pluriclasse, *f.* mixed-level elementary school class.
pluricoltura, *f.* (*agric.*) diversified farming.
pluridecorato, A *a.* much-decorated. **B** *m.* much-decorated person.
pluridimensionale, *a.* multidimensional.
pluriennale, *a.* pluriannual; multiannual.
plurigèmino, *a.* multiparous.
plurilaterale, *a.* multilateral; plurilateral.
plurilingue, *a.* multilingual; plurilingual.
plurilinguismo, *m.* plurilingualism.
plurimilionàrio, *m.* multimillionaire.
plurimo, *a.* multiple; (*di voto*) plural.
plurimotóre, A *a.* (*specialm. aeron.*) multi-engined. **B** *m.* (*aeron.*) multi-engined aircraft.
plurinazionale, *a.* multinational.
plurinominale, *a.* (*polit.*) multi-member (*attr.*); plurinominal.
plurinucleato, *a.* (*biol.*) multinucleate; multinuclear.
pluripartìtico, *a.* (*polit.*) multiple-party (*attr.*).
pluriplano, *a.* (*aeron.*) multiplane.
plurireattóre, (*aeron.*) **A** *m.* multi-jet engine aircraft. **B** *a.* multi-jet engined.
pluriscafo, *a.* (*naut.*) multihull.
plurisecolare, *a.* centuries-old; (many-)centuried.
plurisillabo, *a.* (*gramm.*) polysyllabic.
pluristàdio, *a.* (*aeron.*) multi-stage.
pluriuso, *a.* with many uses (*pred.*).
plurivalènte, *a.* (*chim.*) multivalent; plurivalent.
plusvalènza, *f.* (*econ.*) capital gain.
plusvalóre, *m.* **1** (*econ.*) surplus-value; unearned increment **2** (*fin.: azionario*) share premium.
plùteo, *m.* **1** (*scansia di biblioteca*) pluteus*; bookshelf* **2** (*stor.*) pluteus*.
plutòcrate, *m. e f.* plutocrat.
plutocràtico, *a.* plutocratic: **un governo p.,** a plutocratic government.
plutocrazìa, *f.* plutocracy.
plutóne, *m.* (*geol.*) pluton.
Plutóne, *m.* (*mitol., astron.*) Pluto.
plutoniano, *a.* **1** (*astron.*) plutonian **2** (*geol.*) plutonic.
plutònico, *a.* (*geol.*) plutonic: **rocce plutoniche,** plutonic rocks.
plutònio, *m.* (*chim.*) plutonium.
plutonismo, *m.* (*geol.*) plutonism.
plutonista, *m. e f.* (*geol.*) plutonist.
pluviale, *a.* pluvial; rain (*attr.*): **acqua p.,** rain-water. ● (*edil.*) **conduttura p.,** waterspout; downpipe.
plùvio, *a.* (*lett.*) pluvious; rainy: **tempo p.,** rainy weather. ● **Giove P.,** Jupiter Pluvius.
pluviògrafo, *m.* (*meteorologia*) recording rain gage.
pluviometrìa, *f.* (*meteorologia*) pluviometry.
pluviomètrico, *a.* (*meteorologia*) pluviometric(al).
pluviòmetro, *m.* (*meteorologia*) rain-gauge; pluviometer.
pnèuma, *m.* (*filos., mus.*) pneuma.
pneumatica, *f.* (*fis.*) pneumatics (*pl. col verbo al sing.*).
pneumàtico, A *a.* pneumatic: **avvitatrice pneumatica,** pneumatic wrench; **martello p.,** pneumatic hammer; **scalpello p.,** pneumatic rock-drill; **scavatrice pneumatica,** pneumatic digger; **trapano p.,** pneumatic drill. ● **macchina pneumatica,** air-pump. **B** *m.* (*autom.*) tyre; tire (*USA*): **p. a bassa pressione,** low-pressure tyre; **pneumatici accoppiati,** coupled tyres; **p. ad alta pressione,** high-pressure tyre; **p. con battistrada a canale,** grooved-tread tyre; (*autom.*) **p. radiale,** radial tyre; **p. rigato,** ribbed tyre; **leva per p.,** tyre-crowbar.

pneumatologìa, *f.* (*filos.*) pneumatology.
pneumectomìa, *f.* (*med.*) pneumonectomy.
pneumocèle, *m.* (*med.*) pneumatocele; pneumocele.
pneumocòcco, *m.* (*med.*) pneumococcus*.
pneumoconiòsi, *f.* (*med.*) pneumoconiosis.
pneumogàstrico, *a.* (*anat.*) pneumogastric.
pneumografìa, *f.* (*med.*) pneumography.
pneumògrafo, *m.* (*med.*) pneumograph.
pneumologìa, *f.* (*med.*) pneumology.
pneumometrìa, *f.* (*med.*) pneumometry.
pneumòmetro, *m.* (*med.*) pneumatometer; pneumonometer.
pneumorragìa, *f.* (*med.*) pneumorrhagia.
pneumotomìa, *f.* (*med.*) pneumotomy.
pneumotoràce, *m.* (*med.*) pneumothorax.
po', V. **pòco**.
poc'anzi, *avv.* (*lett.*): a little while ago; just now.
pochade (*franc.*), *f.* (*teatr.*) low comedy; farce-comedy; farce.
pochézza, *f.* **1** littleness; (*limitatezza*) narrowness; (*scarsezza*) scarcity, insufficiency **2** (*fig.: mancanza*) lack, want; (*meschinità*) meanness, smallness: **p. d'ingegno,** lack of genius.
pòco, A *a. indef.* **1** little; not much: **C'è p. pane,** there's little (*o* not much) bread; **Ha poca voglia di studiare,** he has little (*o* not much) desire to study; **C'è p. da dire,** there's not much one can say **2** (*in espressioni di tempo*) short; little; (*in frasi ellittiche*) a short time, not long, shortly: **p. tempo fa,** a short time (*o* a while) ago; **p. (tempo) dopo,** shortly after(wards); a little later; **Rimango qui solo per p. tempo,** I'm only going to stay here a short time, I won't stay here long; **In p. tempo tutta la casa fu in fiamme,** in a short time the whole house was in flames; **p. (tempo) prima,** shortly before; a short time before; **di lì a p.,** shortly after(wards); after a while; **Manca p. alle vacanze,** it's not long to the holidays; **da p.,** a short time ago; (*rif. al passato*) a short time before; (*di tempo continuato*) for a short time: **È partito da p.,** he left a short time ago; **Arrivato in Francia, mi informarono che mio padre era morto da p.,** when I arrived in France, I was told that my father had died a short time before; **Abitavo qua da p. quando tu arrivasti,** I had been living here for a short time when you arrived; **È p. che ho smesso di scrivere,** it's not long since I stopped writing; **Manca p. che arrivi** (*o* al suo arrivo), it will not be long now before he comes; he won't be long (in coming); **Arrivederci da qui a p.** (*o* fra p.), see you shortly (*o* soon); **Gli manca p. per finire,** it will not be long before he's finished; he'll soon be finished; he's nearly finished **3** (*pl.*) few; not many; (*alcuni, alcune*) a few: **un uomo di poche parole,** a man of few words; **Ho pochi amici,** I have few (*o* not many) friends; **Porterò il giradischi e pochi dischi,** I'll bring the record-player and a few records; **Nella gara ho avuto pochi punti di penalizzazione,** I received few penalty points in the competition; I only received a few penalty points; **molto pochi,** very few; **troppo pochi,** too few; **Partiamo per pochi giorni,** we're leaving for a few days; **Poche persone hanno letto le opere di Sullivan,** few people have read the works of Sullivan; **L'autobus passa ogni pochi minuti,** the bus passes every few minutes. ● **p. avanti,** a little further on □ **p. indietro,** a little further back □ **p. più giù** (**su**), a little further down (up) □ **una cosa da p.,** something worthless; a trifle; a bagatelle □ **fra p.,** shortly; very soon □ **una moneta da p.,** a small coin □ **per p.** (*prezzo*), cheap: **Te lo vendo per p.,** I'll sell it to you cheap □ **un uomo da p.,** a good-for-nothing; a worthless fellow □ **un vantaggio da p.,** a small advantage □ **C'è p. da fare: o stai zitto o esci,** you've not much choice, you either keep quiet or out you go □ **Ci corre p. fra questi due colori,** there's little difference between these two colours □ **C'è p. da scegliere fra i due,** there is little to choose between the two of them □ **Ci vuole** (**ci vorrebbe**) **p. a scrivergli,** it doesn't (it wouldn't) take much to write to him □ **Si contenta di p.,** he's easily satisfied; he's content with little □ **Ti pare p. quel che ti ha dato?,** doesn't what he gave you seem enough? □ **C'è p. da Parma a Collecchio,** it's not (very) far from Parma to Collecchio □ **Caro mio, c'è p. da fare!,** my dear chap, there's nothing much we can do about it. **B** *pron. indef.* **1** little; very little; not much; (*un po'*) a little, some: **Io ho molto denaro ma il mio amico ne ha p.,** I have a lot of money but my friend has not much (*o* very little); «**Quanta stoffa ci vorrà?**» «**Per il panciotto, poca**», «how much material will be needed?» «for the waistcoat, (a) little (*o* very little)»; «**Hai della lana?**» «**Poca**», «have you got any wool?» «a little (*o* some)» **2** (*pl.*) few; very few; not many; (*alcuni, alcune*) a few: **Molti sono i chiamati ma pochi gli eletti,** many are called but few are chosen; **pochi ma buoni,** few but good; «**Vuoi delle caramelle?**» «**Sì, ma dammene poche**», «do you want some sweets?» «yes, but only give me a few (*o* don't give me many)». **C** *m.* **1** little: **Il p. vale meglio del nulla,** (a) little is better than nothing; half a loaf is better than no bread; **Dobbiamo serbare il p. che abbiamo,** we must keep the little we have; **Ogni p. conta,** every little helps;

Fece quel p. che poteva, he did what little he could; **Il p. che ho è in banca,** the little I have is in the bank; **Il p. che fa lo fa bene,** the little he does, he does well **2** – **un p.** (*o* un po'), a little; a bit: **un po' di quello e un po' di questo,** a little of that and a little of this; **un po' di tutto,** a little of everything; **un po' di sale** (**di giudizio**), a little (*o* some) salt (common sense); **un po' per uno,** a little each; **quel po' di greco che so,** the little (*o* that little bit of) Greek I know; **quel po' di tempo libero che ho,** the little free time I have; **Vuoi un altro po' di vino?,** will you have a little (*o* some) more wine?; **Dammene ancora un po',** give me some more; **un po' più in su,** a little higher up; **un po' più giù,** a little lower down; **un po' più avanti** (**indietro**), a little further on (back) **3** – **un p.** (*di tempo*), a short time; a little; **da un po',** some time ago; (*rif. al pass.*) some time before; (*tempo continuato*) for some time: **È partito da un po',** he left some time ago; **Vivo qui da un po',** I have been living here for some time; **Verrà fra un po',** he'll come in a short time (*o* before long) **4** (*pl.*) few; few people: **ai pochi fortunati,** to the happy few; **Eravamo in pochi,** there were few of us; **i pochi,** the few; the minority; **Erano in pochi alla partita,** there were few people at the match. ● **un p. di buono,** a no-good; a bad egg (*fam.*) □ **un bel p. di q.c.,** a great deal of st. □ **a dir p.,** to say the least □ **un governo di pochi,** an oligarchy □ **tra il p. e il molto,** between too little and too much □ **Che po' po' di faccia tosta!,** what a brazen face! □ **Ha un bel po' di quattrini,** he's got heaps (*o* loads) of money □ **Per p. non ci cascavo dentro,** I all but fell into it; I just avoided falling into it □ (*fam.*) **Ci mancò p. che non gli mollassi una sberla,** I was not far from belting him; I was on the point of giving him a slap □ **Ogni p. mi viene a trovare,** every now and then he comes to see me □ (*prov.*) **Ogni bel gioco dura p.,** long jesting was never good □ (*prov.*) **Non lasciare il p. per l'assai,** never quit certainty for hope □ (*prov.*) **Chi non tien di conto il p., non acquista l'assai,** take care of the pence and the pounds will take care of themselves □ (*prov.*) **Molti pochi fanno un assai,** many a little makes a mickle. **D** *avv.* **1** (*con agg. e avv. di grado positivo; con part. pres. e part. pass. in funzione di agg.*) not very: **È probabile che venga,** it's not very likely he will come; **È p. bella,** she's not very beautiful; **L'automobile andava p. veloce,** the car wasn't going very fast; **Questo motore va p. bene,** this engine doesn't go very well; **Mia sorella sta p. bene,** my sister is not very well (*o* is unwell); **È p. convinto,** he's not very convinced **2** (*con agg. e avv. di grado compar.*) little; not much: **È p. più intelligente di lei,** he is not much (*o* is little) more intelligent than she is; **Ha p. più di sessant'anni,** he is little over sixty; **Il tuo giardino è p. più grande del mio,** your garden is not much bigger than mine **3** – **un p.** (*o* un po'), rather; quite; a little; a bit (*fam.*). **Sono un po' abbattuto,** I'm rather (*o* a little) dejected; **Tu sei un po' più sensibile di me,** you're a little more sensitive than I (am); **Mi sento un po' meglio,** I feel a little (*o* a bit) better **4** (*con un part. pass.*) little; not...very much: **Quel libro è p. conosciuto,** that book is little known; **Quell'autore è p. letto,** that author is not read very much **5** (*con verbi*) little; not much; not...very much: **Dorme p. e sogna ancora meno,** he sleeps little and dreams even less; **Questo vino mi piace p.,** I don't like this wine very much; **Esco p. la sera,** I don't go out much at night **6** (*uso enfatico o pleonastico*) **Di un po'!,** listen here!; **Vediamo un po',** now let's see; **Ma guarda un po',** what do you know (about that) (*fam.*)? ● **un po' per questo... e un po' per quello...,** what with this...and (what with) that... □ **press'a p.,** nearly; almost; about.
podagra, *f.* (*med.*) podagra; gout.
podàgrico, *a.* (*med.*) podagric; podagral; gouty.
podagróso, (*med.*) **A** *a.* podagrous; podagric; gouty. **B** *m.* podagric.
podàlico, *a.* (*med.*) breech: **parto p.,** breech delivery.
poderale, *a.* (*agric.*) of a farm; farm (*attr.*): **casa p.,** farm-house.
poderante, *m.* (*agric.: padrone d'un podere*) farm-owner; (*chi lo coltiva*) tenant-farmer.
podére, *m.* (*agric.*) farm; (*proprietà terriera*) estate, holding: **essere a p.,** to work on a farm. ● (*fig.*) **un p. in piano,** a profitable investment □ **un contadino che è a p.,** a tenant-farmer; a metayer; a share-cropper (*USA*).
poderóso, *a.* (*very*) strong; vigorous; powerful; mighty: **un uomo p.,** a strong (and vigorous) man; a sturdy man; **un esercito p.,** a powerful army; **una voce poderosa,** a powerful voice; **una mente poderosa,** a mighty mind.
podestà, *f.* (*stor.*) podestà.
podestarile, *a.* of a podestà: **la carica p.,** the office of a podestà.
podesterìa, *f.* office (*o* rule, jurisdiction) of a podestà.
pòdice, *m.* (*med.*) breech.
pòdio, *m.* **1** (*archeol.*) podium* (*anche di direttore d'orchestra*) **2** (*palco rialzato e provvisorio*) dais; platform; stand.
podìsmo, *m.* (*sport*) **1** (*marcia*) walking **2** (*corsa*) running. ● **fare del p.,** to be a walker (*o* a runner).

podista, *m.* e *f.* (*sport*) **1** (*chi pratica la marcia*) walker **2** (*chi fa corse a piedi*) runner **3** (*scherz.: chi ama fare lunghe passeggiate a piedi*) good (*o* excellent) walker.
podistico, *a.* (*sport*) **1** (*di marcia*) walking (*attr.*); foot (*attr.*): **una corsa podistica**, a walking-race; a foot-race; **gara podistica**, walking-race; foot-race **2** (*di corsa*) running.
podofillina, *f.* (*farm.*) podophyllin; podophyllum resin.
podofillo, *m.* (*bot.*, *Podophyllum peltatum*) May-apple.
podologia, *f.* (*scient.*) podology.
podòmetro, *m.* (*contapassi*) pedometer.
poèma, *m.* (*letter.*, *mus.*) poem: **i poemi omerici**, the poems of Homer; **un p. eroicomico**, a mock-heroic poem; **un p. sinfonico**, a symphonic poem. ● **p. cavalleresco**, metrical romance □ **p. epico**, epic □ (*fig.*) **È un vero p.!**, that's wonderful!; never was seen (*o* heard, known) the like!
poemétto, *m.* short poem.
poesìa, *f.* **1** (*componimento in versi*) poem; piece of poetry: **le poesie di Carducci**, the poems of Carducci; **una raccolta di poesie**, a collection of poems; **scrivere una p.**, to write a poem **2** (*produzione poetica di un autore, di un periodo storico, ecc.*) poetry: **la p. di Dante**, the poetry (*o* poetical writings) of Dante; **la p. italiana**, Italian poetry; **Storia della p. inglese**, a History of English Poetry **3** (*arte e tecnica dell'esprimersi in versi*) poetry; poesy (*poet.*): **la difesa della p.**, the defence of poetry; **la p. epica** (**lirica**, **drammatica**), epic (lyrical, dramatic) poetry; **la p. pastorale**, pastoral poetry; **la p. burlesca**, mock-heroic poetry; **la p. popolare**, popular poetry **4** (*versi*) poetry; verse: **mettere in p.**, to put into verse; to poetize; **scrivere in p.**, to write (*o* to compose) poetry **5** (*fig.: di cose belle o nobili che ispirano alti pensieri*) poetry; romance: **la p. del mare**, the poetry of the sea; **la p. della natura**, the poetry in nature; **la p. della storia**, the romance of history **6** (*fig.: illusione*) dream; fancy; imagination; illusion. ● (*fig.*) **Passa tutta la p.!**, it takes the gilt off the gingerbread (*pop.*).
poèta, *m.* **1** (*chi compone versi*) poet (*anche fig.*): **Fu pittore e p.**, he was a painter and a poet; he was a poet-painter; **P. si nasce**, one is born a poet; **un grande p.**, a great poet; **un cattivo p.**, a petty (*o* paltry) poet; a poetaster; a rhymester; **il divino P.**, the divine Poet; **un p. lirico** (**epico**, **drammatico**), a lyrical (an epic, a dramatic) poet; **il p. laureato** (*o* **di corte**) (*in G.B.*) the Poet Laureate **2** (*scherz. o spreg.: di chi si lascia trasportare dalla fantasia*) (day-)dreamer; dreamy person; visionary: **È un p.!**, he's a dreamer!; he's always in the clouds (*fam.*)! ● **un p. da strapazzo**, a versemonger.
poetare, *v. i.* to write* (*o* to compose) poetry.
poetastro, *m.* poetaster; rhymester; versemonger.
poetéssa, *f.* poetess; woman* poet.
poètica, *f.* (*letter.*) poetics (*pl. col verbo al sing.*): **la p. di Aristotele**, Aristotle's Poetics.
poeticherìa, *f.* (*spreg.*) fumes of fancy (*pl.*); (*poetic*) romance.
poeticità, *f.* poeticalness.
poeticizzare, *V. poetizzare.*
poètico, A *a.* (*di poeta, di poesia*) poetic(al) (*anche fig.*): **l'arte poetica**, the poetic art; the art of poetry; **la dizione poetica**, poetic diction; **l'estro p.**, poetic inspiration (*o* fire); **furore p.**, poetic frenzy; **immagini poetiche**, poetic images; **una composizione poetica**, a poetic composition; a poem; **le opere poetiche di Coleridge**, the poetical works of Coleridge; **prosa poetica**, poetic prose; **una parola** (**un'espressione**) **poetica**, a poetic word (expression); **licenza poetica**, poetic licence; **amore p.**, poetic love. **B** *m.* (the) poetic. ● **qualcosa di p.**, something poetic.
poetizzare, *v. t.* (*rendere poetico*) to poeticize; to make* poetic.
poetùccio, poetùcolo, *m.* (*spreg.*) poetaster; rhymester.
pòggia, *f.* (*naut.: lato sottovento*) leeward; lee-side. ● **andare a p.**, to bear up □ **P.!**, up with the helm!; bear up!
poggiacapo, *m.* headrest; (*striscia di stoffa*) antimacassar.
poggiapièdi, *m.* foot-rest.
poggiare (1), A *v. t.* **1** (*appoggiare*) to lean*; to rest: **p. una scala al muro**, to lean a ladder against the wall **2** (*posare*) to put*; to lay*. **B** *v. i.* **1** to rest; to stand* **2** (*fig.: basarsi*) to be based; to rest **3** (*mil.: spostarsi*) to move.
poggiare (2), *v. i.* (*naut.*) **1** (*andare a poggia*) to bear* up **2** (*rifugiarsi in porto*) to harbour; to take* shelter in a harbour.
poggiata, *f.* (*naut.*) bearing up.
poggiatèsta, *m.* (*autom.*) headrest.
pòggio, *m.* knoll; hillock; mound.
poggiòlo, *m.* (*terrazzino*) balcony.
poh, *inter.* pooh!
pòi, A *avv.* **1** (*successivamente*) then: **Si arrabbiò e poi si pentì**, he became angry and then he was sorry; **prima uno, poi l'altro**, first one, then the other; **E poi?**, and then?; what then?; **da allora in poi**, from then onwards; ever since (then); **Seguite questa strada per un miglio, poi voltate a destra**, follow this road for a mile, then turn to the right **2** (*dopo*) after; afterwards; (*più tardi*) later (on): **Ora devi studiare, e poi potrai uscire**, you must study now, and afterwards you can (*o* may) go out; **prima o poi**, sooner or later; **Ve lo dirò poi**, I'll tell you afterwards; (**arrivederci**) **a poi**, see you later **3** (*in secondo luogo*) and then; secondly: **Innanzi tutto non è intelligente, e poi si dà molte arie**, first of all he isn't intelligent, and then (*o* secondly) he gives himself a lot of airs **4** (*avversativo*) but: **Io poi posso anche citarlo in tribunale**, but I can bring him to court; **Io ti consiglio così, tu poi farai come credi**, that's my advice, but then you do what you think fit (*o* but then take it or leave it); **Se poi sia vero, non so**, but if it's true, I don't know **5** (*finalmente*, *insomma*) finally; at last: **Ha poi deciso di venire?**, has he finally decided to come?; **Poi l'abbiamo vista**, we saw her at last; we finally saw her **6** (*in frasi enfatiche o rafforzative: traduzione idiomatica*): **Non fa altro che pagare e poi pagare**, he does nothing else but pay and pay; **Ti amo tanto e poi tanto**, I love you ever so much; **Come poi si sia laureato, Dio solo lo sa**, how the dickens he graduated, God only knows; **Questo poi è troppo**, this is really too much; **No e poi no!**, no, no, and no!; **Che diamine ho fatto io poi?**, what in the blazes have I done?; **Non era poi così facile parlargli**, it wasn't all that easy to speak to him. ● **in poi**, onwards; on; starting (from): **da domenica in poi**, from Sunday on. **B** *m.* (*il*) future; (the) time to come; (the) afterwards: **senza pensare al poi**, without thinking of the future. ● **il senno del poi**, wisdom after the event; hindsight.
poiana, *f.* (*zool.*, *Buteo vulgaris*) buzzard.
poiché, *cong.* **1** (*dato che, dal momento che*) as; since; because; seeing that: **P. pioveva, non uscii**, as it was raining, I didn't go out; **P. non ho denaro, non posso comprarlo**, since I have no money, I can't buy it; **P. insisti, te lo dirò**, since (*o* seeing that) you insist, I'll tell you **2** (*lett.: dopo che*) after; (*quando*) when.
pointer (*ingl.*), *m.* pointer.
pois (*franc.*), *m.* (*moda: pallino*) (polka) dot. ● **stoffa a p.**, polka-dotted cloth.
poise (*franc.*), *m.* (*fis.*) poise.
pòker (*ingl.*), *m.* **1** (*il gioco*) poker **2** (*quattro carte uguali*) four of a kind. ● **p. di donne** (**d'assi**, **ecc.**), four queens (four aces, etc.).
pokerista, *m.* e *f.* poker-player.
polacca, *f.* **1** (*mus.*) polonaise **2** (*veste di foggia p.*) polonaise **3** (*stivaletto*) bootee.
polacchino, *m.* (*specialm. al pl.*) bootee; high-laced shoe.
polacco, A *a.* Polish: **la lingua polacca**, the Polish language; Polish; **la letteratura polacca**, Polish literature. **B** *m.* **1** Pole: **i Polacchi**, the Poles **2** (*la lingua*) Polish.
polare, *a.* **1** polar; pole (*attr.*): **la stella p.**, the polar star; the pole-star; the North Star; **i circoli polari**, the polar circles; **le terre polari**, the polar regions; (*fis.*) **intensità p.**, pole strength **2** (*miss.*) **orbita p.**, polar orbit; **satellite in orbita p.**, polar satellite. ● **clima p.**, arctic weather.
polarimetrìa, *f.* (*fis.*) polarimetry.
polarimètrico, *a.* (*fis.*) polarimetric.
polarìmetro, *m.* (*fis.*) polarimeter.
polariscòpio, *m.* (*fis.*) polariscope.
polarità, *f.* (*fis.*) polarity (*anche fig.*).
polarizzabilità, *f.* (*fis.*) polarizability.
polarizzare, *v. t.* **polarizzarsi,** *v. rifl.* (*fis.*) to polarize (*anche fig.*): **p. la luce**, to polarize light.
polarizzato, *a.* (*fis.*) polarized: **luce polarizzata**, polarized light.
polarizzatóre, (*fis.*) **A** *m.* polarizer. **B** *a.* polarizing.
polarizzazióne, *f.* (*fis.*) polarization (*anche fig.*): **piano di p.**, plane of polarization. ● **p. di griglia**, grid-bias □ **togliere la p.**, to depolarize.
polarografìa, *f.* (*chim.*, *fis.*) polarography.
polarògrafo, *m.* (*chim.*, *fis.*) polarograph.
polarogramma, *m.* (*chim.*, *fis.*) polarogram.
polaròid(e), *m.* (*marchio: ottica*) Polaroid.
pòlca, *f.* (*mus.*) polka: **ballare la p.**, to dance the polka; to polka; **suonare la p.**, to play a polka.
pólder (*oland.*), *m.* (*geogr.*) polder.
polemarco, *m.* (*stor.*) polemarch.
polèmica, *f.* polemic; controversy: **entrare in p. con q.**, to engage in controversy with sb.; **sostenere una p.**, to hold (*o* to carry on) a controversy.
polemicità, *f.* polemic character.
polèmico, *a.* polemic(al); controversial: **uno scrittore p.**, a polemic writer; **scritti polemici**, polemic writings; **un saggio p.**, a polemical essay; **con spirito p.**, in a polemic spirit; **con tono p.**, in a controversial tone.
polemista, *m.* e *f.* **1** polemist; polemic; controversialist (*specialm. relig.*): **le invettive del giovane p.**, the invectives of the

polemizzare

young polemic 2 (*per estens.*: *attaccabrighe*) quarrelsome person; trouble-maker.
polemizzare, *v. i.* to polemize; to carry on a controversy.
polemologìa, *f.* polemology.
polemòlogo, *m.* polemologist.
polèna, *f.* (*naut.*) figure-head.
polènta, *f.* 1 (*cucina*) «polenta»: **la p. (di farina) dolce**, chestnut-meal polenta 2 (*fig.*, *spreg.*) pap; mash.
polentàio, *m.* 1 polenta-maker 2 (*scherz.*: *chi mangia molta polenta*) great eater of polenta.
polentóne, *m.* 1 (*fig.*: *persona lenta e pigra*) slow-coach; sluggard; lubber; swab (*pop.*) 2 (*spreg.*, *scherz.*: *italiano del Nord*) «polentone» (eater of polenta); North Italian; northener.
poleografìa, *f.* (*geogr.*) urban geography.
polfer, *f.* (*abbr. di*: **polizia ferroviaria**) railway police.
poliacrìlico, *a.* (*chim.*) polyacrylic: **fibre poliacriliche**, polyacrylic fibres.
poliambulatòrio, *m.* general surgery.
poliammide, *f.* (*chim.*) polyamide.
poliandrìa, *f.* (*bot.*, *etnologia*) polyandry.
poliàndro, *a.* (*specialm. bot.*) polyandrous.
poliarchìa, *f.* polyarchy.
poliàrchico, *a.* polyarchic(al). ● **un governo p.**, a polyarchy.
poliartrìte, *f.* (*med.*) polyarthritis.
poliatòmico, *a.* (*chim.*) polyatomic.
polibàsico, *a.* (*chim.*) polybasic.
policàrpico, *a.* (*bot.*) polycarpous.
policèntrico, *a.* (*anche polit.*) polycentric.
policentrismo, *m.* (*polit.*) polycentrism.
policentrista, *m. e f.* (*polit.*) polycentrist.
policìclico, *a.* (*elettr.*) polycyclic.
policitemìa, *f.* (*med.*) polycyth(a)emia.
policlìnico, *m.* (*med.*) polyclinic; general hospital.
policromàre, *v. t.* to polychrome.
policromàtico, *V.* **policromo**.
policromìa, *f.* polychromy.
policromo, *a.* polychromatic; polychromic; polychrome.
polidattilìa, *f.* (*med.*) polydactyly; polydactylism.
polidàttilo, *a. e m.* (*med.*) polydactyl.
poliedricità, *f.* 1 (*geom.*) polyhedric configuration 2 (*fig.*) manysidedness; versatility.
polièdrico, *a.* 1 (*geom.*) polyhedral; polyhedrous; polyhedric: **un angolo p.**, a polyhedral angle 2 (*fig.*) polyhedric(al); many-sided; versatile: **una mente poliedrica**, a polyhedric mind; **un genio p.**, a many-sided genius; **un uomo p.**, a many-sided man.
polièdro, *m.* (*geom.*) polyhedron*.
poliennale, *a.* pluriennial.
poliestere, *a. e m.* (*chim.*) polyester.
poliestesìa, *f.* (*med.*) poly(a)esthesia.
polietere, *m.* (*chim.*) polyether.
polietilène, *m.* (*chim.*) polyethylene.
polifagìa, *f.* (*med.*) polyphagia; polyphagy.
polifago, (*biol.*) **A** *a.* polyphagous. **B** *m.* polyphage.
polifase, *a.* (*fis.*) polyphase; multiphase.
Polifèmo, *m.* (*mitol.*) Polyphemus.
polifonìa, *f.* (*mus.*) polyphony.
polifònico, *a.* (*mus.*) polyphonic; polyphonous: **musica polifonica**, polyphonic music; **una composizione polifonica**, a polyphonic (*o* contrapuntal) composition.
polifonismo, *m.* (*mus.*) polyphonism.
polifonista, *m. e f.* (*mus.*) polyphonist.
poligàla, *f.* (*bot.*, *Polygala senega*) senega (root).
poligamìa, *f.* polygamy.
poligàmico, *a.* of polygamy; polygamic.
polìgamo, **A** *a.* (*anche bot.*) polygamous. **B** *m.* polygamist.
poligènesi, *f.* polygenesis; polygeny.
poligenètico, *a.* polygenetic.
poligenismo, *m.* polygenism.
poliginìa, *f.* (*etnologia*, *zool.*) polygyny.
poliglòtta, **A** *m. e f.* polyglot; plurilingualist. **B** *a.* polyglot; plurilingual: **un erudito p.**, a polyglot scholar; **un dizionario p.**, a polyglot dictionary; **una Bibbia poliglotta**, a polyglot Bible.
poliglòttico, *a.* polyglot; polyglottic; polyglottal.
poliglottismo, *m.* polyglottism.
poliglòtto, *a. e m. V.* **poliglòtta**.
poligonàle, **A** *a.* (*geom.*) polygonal: **una figura p.**, a polygonal figure. **B** *f.* (*topografia*) traverse.
poligonazióne, *f.* (*topografia*) traversing.
polìgono, *m.* 1 (*geom.*) polygon: **un p. regolare**, a regular polygon; **il p. delle forze**, the polygon of forces 2 (*mil.*) firing-ground 3 (*sport*: *p. di tiro*) rifle-range.
poligrafàre, *v. t.* to make* polygraphic copies (of a writing, a painting).
poligrafìa, *f.* 1 polygraphy 2 (*copia poligrafica*) polygraphic copy.
poligràfico, **A** *a.* 1 (*della poligrafia*) polygraphic 2 (*della stampa*) printing: **officina poligrafica**, printing plant. **B** *m.* 1 (*stabilimento*) printing plant: **il P. dello Stato**, the State printing plant 2 (*tecnico*) printer; typographer: **lo sciopero dei poligrafici**, the printers' strike. ● **Unione nazionale dei poligrafici**, National Graphical Association (*abbr.*: N.G.A.).
polìgrafo, *m.* 1 (*strumento*) polygraph 2 (*scrittore versatile*) polygraph; polygraphist; versatile writer.
polimatèrico, *a.* (*arte*) made with different materials.
polimerìa, *f.* (*biol.*, *chim.*) polymerism.
polimèrico, *a.* (*chim.*) polymeric.
polimerismo, *m.* (*chim.*) polymerism.
polimerizzàre, *v. t. e i.* **polimerizzàrsi**, *v. rifl.* (*chim.*) to polymerize.
polimerizzazióne, *f.* (*chim.*) polymerization.
polìmero, **A** *m.* (*chim.*) polymer. **B** *a.* (*chim.*) polymeric; (*biol.*) polymerous.
polimetrìa, *f.* (*poesia*) variety of metres.
polimètrico, *a.* (*poesia*) in various metres.
polìmetro, *m.* (*poesia*) poem in various metres.
Polimnia, *f.* (*mitol.*) Polyhymnia.
polimòrfico, *a.* (*scient.*) polymorphic.
polimorfismo, *m.* (*scient.*) polymorphism; polymorphy.
polimòrfo, *a.* (*scient.*) polymorphous; polymorphic: **un organismo p.**, a polymorphous organism; a polymorph.
Polinèsia, *f.* (*geogr.*) Polynesia.
polinesiàno, *a. e m.* Polynesian.
polineurìte, **polinevrìte**, *f.* (*med.*) polyneuritis.
polinomiàle, *a.* (*mat.*) polynomial.
polinòmio, *m.* (*mat.*) polynomial.
polinucleàto, *a.* (*biol.*) polyneuclear.
poliomielìte, *f.* (*med.*) poliomyelitis; polio (*fam.*).
poliomielìtico, **A** *a.* poliomyelitic. **B** *m.* poliomyelitic sufferer.
poliopìa, *f.* (*med.*) polyopia.
polipeptìde, *m.* (*chim.*) polypeptide.
polipètalo, *a.* (*bot.*) polypetalous.
poliplòide, *a.* (*biol.*) polyploid(al).
poliploidìa, *f.* (*biol.*) polyploidy.
polipnèa, *f.* (*med.*) polypn(o)ea.
pòlipo, *m.* 1 (*zool.*) polyp 2 (*med.*) polypus*.
polipòdio, *m.* (*bot.*, *Polypodium*) polypody.
polipòide, *a.* polypoid(al).
polipòlio, *m.* (*econ.*) polypoly.
polipòsi, *f.* (*med.*) polyposis*.
polipòso, *a.* (*med.*) polypous; polypose.
polipropilène, *m.* (*chim.*) polypropylene.
polìre, *v. t.* to polish (*anche fig.*).
polirème, *f.* (*stor.*) polyreme.
poliritmìa, *f.* (*mus.*) polyrhythm.
poliritmico, **poliritmo**, *a.* (*mus.*) polyrhythmic(al).
pòlis, *f.* (*stor.*) polis* (Greek city-state).
polisaccàride, *m.* (*chim.*) polysaccharide.
polisemàntico, *a.* polysemantic.
polisemìa, *f.* (*linguistica*) polysemy.
polisèmico, *a.* (*linguistica*) polysemous.
polisènso, **A** *a.* polysemantic; polysemous. **B** *m.* (*gioco enigmistico*) pun.
polisillàbico, *a.* polysyllabic.
polisìllabo, **A** *a.* polysyllabic: **una parola polisillaba**, a polysyllabic word; a polysyllable. **B** *m.* polysyllable.
polisillogismo, *m.* (*filos.*) polysyllogism.
polisìndeto, *m.* (*gramm.*) polysyndeton*.
polisintètico, *a.* polysynthetic(al).
polisolfuro, *m.* (*chim.*) polysulphide.
polisportivo, *a.* omnisports.
polista, *m.* (*sport*) polo-player; poloist.
polistàdio, *a. invar.* multistage.
polìstico, *a.* (*sport*) polo (*attr.*).
polistilo, *a.* (*archit.*) polystyle: **un edificio p.**, a polystyle edifice.
polistirène, **polistiròlo**, *m.* (*chim.*) polystyrene.
polistiròlico, *a.* (*chim.*) polystyrene (*attr.*): **resine polistiroliche**, polystyrene resins.
Politburo, *m.* (*polit.*) Politburo.
politeama, *m.* (*archit.*) theatre; (*arena*) circus.
politècnico, *a. e m.* polytechnic: **un istituto p.**, a polytechnic school.
politeismo, *m.* polytheism.
politeista, **A** *m. e f.* polytheist. **B** *a.* polytheistic(al).
politeìstico, *a.* polytheistic(al).
politemàtico, *a.* (*mus.*) based on various themes.
politène, *m.* (*materia plastica*) polythene.
politézza, *f.* (*anche fig.*) polish; finish.

politica, *f.* 1 (*arte del governare uno Stato*) politics (*pl. col verbo al sing.*); state-craft: **p. interna**, domestic (*o* home) politics; **p. estera**, foreign politics; (*spreg.*) **p. da caffè**, armchair politics 2 (*indirizzo da dare alla vita pubblica*) policy: **la p. estera del Cavour**, Cavour's foreign policy; **la p. finanziaria del nostro governo**, the financial policy of our government; **una p. temporeggiatrice**, a wait-and-see policy; **adottare una p. protezionista**, to adopt a protective policy 3 (*vita p.*) politics (*pl. col verbo al sing.*); political life: **darsi alla p.**, to enter (*o* to go into) politics; **fare della p.**, to dabble in politics; **parlare (discutere) di p.**, to talk (to discuss) politics; **ritirarsi dalla p.**, to retire from political life 4 (*linea di condotta*) policy: **L'onestà è la migliore p.**, honesty is the best policy 5 (*fig.*) policy; (*diplomazia*) diplomacy, tact; (*astuzia*) cunning, craftiness: **Ti ci vorrà molta p.**, great tact will be required; you'll have to be very diplomatic; **un po' di p.**, a little diplomacy. ● **p. sporca**, double dealing □ **conoscere la p. di q.**, to know what sb.'s game is.
politicaménte, *avv.* 1 politically; from a political point of view; in political terms 2 (*fig.*) diplomatically; tactfully.
politicante, *m. e f.* (*spreg.*) politician: **un vero p. nel senso cattivo della parola**, a thorough politician in the bad sense of the word.
politicastro, *m.* (*spreg.*) petty politician.
politicità, *f.* political character; politicalness.
politicizzare, *v. t.* to politicize.
politicizzazióne, *f.* politicization.
político, A *a.* political: **vita politica**, political life; **teorie (opinioni) politiche**, political theories (opinions); **discussioni politiche**, political debates; **scritti politici**, political writings; **economia politica**, political economy; **storia (geografia) politica**, political history (geography); **elezioni politiche**, political elections; **i diritti politici**, political rights; **un prigioniero p.**, a political (prisoner). ● **L'uomo è un animale p.**, man is a social animal. B *m.* 1 politician (*abbr.*: pol) statesman* 2 (*fig.*) politician; shrewd person.
politicóne, *m.* (*fam.*) great intriguer; (*furbone*) sly fox (*fam.*).
politipo, *m.* (*tipogr.*) logotype.
politico, *a.* polished (*anche fig.*): **uno stile p.**, a polished style.
politologia, *f.* political science.
politologo, *m.* political scientist; expert in political matters.
politonale, *a.* 1 (*mus.*) polytonal 2 (*fig.*) having many tones.
politonalità, *f.* 1 (*mus.*) polytonality 2 (*fig.*) variety of tones.
polittico, *m.* (*arte*) polyptych.
politura, *f.* polishing.
poliuretànico, *a.* polyurethane (*attr.*): **resina poliuretanica**, polyurethane resin.
poliuretano, *m.* (*chim.*) polyurethane.
poliùria, *f.* (*med.*) polyuria.
polivalènte, *a.* (*chim.*) polyvalent; multivalent (*anche fig.*).
polivalènza, *f.* (*chim.*) polyvalence; multivalence (*anche fig.*).
polivinile, *m.* (*chim.*) polyvinyl. ● **cloruro di p.**, polyvinyl chloride, vinyl chloride resin.
polivinílico, *a.* (*chim.*) polyvinyl (*attr.*).
polizìa, *f.* police (*collett.*); police force: **La p. è sulle sue tracce**, the police are after him; **la p. ferroviaria**, the railway police; **la p. stradale**, the traffic police; **un agente di p.**, a (police-)constable; a policeman*; a cop (*fam.*); **un funzionario di p.**, a police officer; **un ispettore di p.**, a police inspector; **Commissariato di P.**, Police Station; **ricercato dalla p.**, wanted by the police; **chiamare la p.**, to call the police. ● **p. giudiziaria**, Criminal Investigation Department (*abbr.*: C.I.D.) □ **p. sanitaria**, sanitary inspectors □ **p. segreta**, secret service.
Poliziano, *m.* (*stor. letter.*) Politian.
poliziésco, *a.* of the police; police (*attr.*); policeman-like; (*spreg.*) inquisitorial: **i metodi polizieschi**, the methods of the police; **modi polizieschi**, policeman-like manners. ● **racconto p.**, detective story; thriller (*pop.*).
poliziòtto, A *m.* policeman*; (police-)constable; copper, cop, bobby, flat-foot, flatty (*tutti fam.*). ● **p. in borghese**, detective; plain-clothes constable. B *a.* police (*attr.*): **un cane p.**, a police dog; **una donna p.**, a policewoman.
pòlizza, *f.* 1 (*comm.*) policy: **una p. aperta**, an open policy; **una p. tipo**, a standard policy; **una p. di assicurazione**, an insurance policy; **una p. di assicurazione marittima**, a marine insurance policy; **una p. di assicurazione sulla vita**, a life-insurance policy; **una p. di assicurazione contro incendi**, a fire-insurance policy; **fare una p.**, to take out a policy 2 (*naut.*) bill: **una p. di carico**, a bill of lading; **una p. di carico collettiva**, a general bill of lading; **una p. di carico per trasporto oceanico**, an ocean bill of lading; **una p. di carico diretta**, a through bill of lading; **alla presentazione della p. di carico**, on sight of the bill of lading. ● **p. di pegno**, pawn-ticket.
polizzàrio, *m.* policy register.
polizzino, *m.* (*naut.*) slip.
pòlka, V. **pòlca**.

pòlla, *f.* spring (of water); (*fonte*) fountain.
pollàio, *m.* 1 poultry-pen; hen-pen; hen-house; (*recinto per polli*) fowl-run, chicken-run 2 (*fig., fam.*: *luogo sporco*) barnyard 3 (*fam.*: *confusione*) hullabaloo. ● (*fig., scherz.*) **andare a p.**, to go to roost.
pollaiòlo, *m.* poulterer.
pollame, *m.* poultry.
pollastra, *f.* 1 (*gallina giovane*) pullet 2 (*fig., scherz.*: *ragazzotta semplice*) wench.
pollastro, *m.* 1 (*pollo giovane*) young fowl; (*galletto*) cockerel 2 (*fig.*: *semplicione*) callow youth; mug (*pop.*).
polleria, *f.* poultry shop; poulterer's (shop).
pòllice, *m.* 1 (*anat.*) thumb 2 (*misura di lunghezza pari a 2,54 cm.*) inch: **sei pollici**, six inches; **un p. quadrato**, a square inch; (*fig.*) **non cedere d'un p.**, not to yield an inch. ● (*stor.*) **p. verso**, (with) thumb down □ (*fig.*) **avere il p. verde**, to have green fingers □ (*fig.*) **non cedere di un p.**, not to yield (*o* to give) an inch.
pollicoltóre, *m.* poultry-farmer; poultry-breeder; chicken-farmer.
pollicoltura, *f.* poultry-farming; poultry-breeding; chicken-farming.
pollina, *f.* (*agric.*) fowl-dung.
pòlline, *m.* (*bot.*) pollen; farina.
pollínico, *a.* (*bot.*) pollinic.
pollino, *a.* (*dei polli*) of poultry; of fowls; of chickens; poultry (*attr.*); fowl (*attr.*); chicken (*attr.*).
pollinòsi, *f.* (*med.*) pollinosis*.
pollivéndolo, V. **pollaiòlo**.
pòllo, *m.* 1 (barn-door) fowl; chicken; (*gallina*) hen; (*gallo*) cock; (*pollame, carne di p.*) poultry: **un p. d'allevamento**, a battery chicken; **p. arrosto**, roast chicken; **p. alla cacciatora**, chicken cacciatore; **brodo di p.**, chicken broth; **allevamento di polli**, chicken-farming; poultry-farming (*o*-breeding); **un allevatore di polli**, a chicken-farmer; a poultry-farmer (*o*-breeder); **tirare il collo a un p.**, to wring a chicken's neck; **pelare** (*o* **spennare**) **un p.**, to pluck a fowl; **vendere polli**, to sell fowls (*o* poultry) 2 (*fig.*: *semplicione*) simpleton; dupe; mug (*pop.*). ● (*zool.*) **p. sultano** (*Porphyrio porphyrio*), purple gallinule □ (*fig.*) **alzarsi con i polli**, to get up very early; to get up at cock-crow; to get up with the lark □ (*fig.*) **andare a letto con i polli**, to go to bed very early □ (*fig.*) **conoscere i propri polli**, to know one's customers; to be nobody's fool □ (*fig.*) **far ridere i polli**, to make a cat laugh.
pollóne, *m.* (*bot.*) sucker; offset; tiller; scion; shoot.
Polluce, *m.* (*mitol.*) Pollux.
polluzióne, *f.* (*med.*) pollution.
polmonare, *a.* (*anat.*) pulmonary; of the lungs: **un'arteria (una vena) p.**, a pulmonary artery (vein); **tubercolosi p.**, pulmonary consumption.
polmonària, *f.* (*bot., Pulmonaria officinalis*) lungwort.
polmóne, *m.* (*anat.*) lung (*anche fig.*): **Quest'aria fa bene ai polmoni**, this air is good for one's lungs; **il p. sinistro (destro)**, the left (the right) lung; **avere buoni polmoni**, to have good lungs; (*med.*) **un p. d'acciaio**, an iron lung; (*fig.*) **i polmoni di Londra** (*i suoi parchi*), the lungs of London. ● **respirare a pieni polmoni**, to breathe deeply □ **urlare a pieni polmoni**, to shout at the top of one's voice □ (*fig.*) **Ci ho rimesso un'ala di p.** (*o* **i polmoni**), I've wasted my breath.
polmonite, *f.* (*med.*) pneumonia: **p. doppia**, double pneumonia.
pòlo (1), *m.* 1 (*geogr., astron.*) pole (*anche fig.*): **i poli geografici**, the geographical poles; **i poli celesti**, the celestial poles; **i poli magnetici**, the magnetic poles; **il p. magnetico terrestre**, the terrestrial magnetic pole; **il p. nord** (*o* **artico**), the North Pole; **il p. sud** (*o* **antartico**), the South Pole; (*fig.*) **p. di sviluppo industriale**, industrial development pole 2 (*fis., geom.*) pole: **il p. negativo (positivo)**, the negative (positive) pole; **poli opposti**, opposite poles; **i poli d'una sfera**, the poles of a sphere.
pòlo (2), *m.* (*sport*) polo.
pòlo (3), *f.* (*tipo di camicia*) polo-shirt.
polonaise (*franc.*), V. **polacca**.
Polònia, *f.* (*geogr.*) Poland.
polònio, *m.* (*chim.*) polonium.
Polonio, *m.* (*letter.*) Polonius.
pólpa, *f.* 1 (*di un frutto*) pulp; flesh: **la p. d'una pesca**, the pulp of a peach 2 (*carne magra*) lean (meat) 3 (*pl., pop.: polpacci*) calves 4 (*fig.*) substance; pith; heart; essence: **la p. d'un discorso**, the substance of a speech. ● (*anat.*) **p. dentaria**, dental pulp □ (*chim., ind.*) **p. di legno**, wood pulp □ **manzo tutto p.**, beef without bones □ (*fig.*) **lasciare la p. e le ossa in q.c.**, to be ruined root and branch; to be cleaned out lock, stock and barrel.
polpàccio, *m.* (*anat.*) calf*.
polpacciuto, *a.* 1 (*polposo*) fleshy; pulpy; pulpous 2 (*che ha grossi polpacci*: *rif. a persona*) having big calves; (*rif. a gam-*

polpastrèllo

be) big, fat.
polpastrèllo, *m.* (*anat.*) (digital) pulp. ● **p. del pollice**, ball of the thumb.
polpétta, *f.* **1** (*cucina*) rissole; (*di carne*) meat-ball; (*di carne o di patate*) croquette **2** (*boccone avvelenato*) poisoned food (*o bait*); poison. ● (*fig., fam.*) **fare polpette di q.**, to make mince-meat of sb.; to beat sb. to a jelly.
polpettóne, *m.* **1** (*cucina*) meat-loaf* **2** (*fig.*) muddle; jumble; hotch-potch.
pólpo, *m.* (*zool., Octopus vulgaris*) octopus*.
polpóso, *a.* pulpy; pulpous; fleshy: **una sostanza polposa**, a pulpy substance; **frutta polposa**, fleshy (*o* succulent) fruit.
polputo, *a.* fleshy; fat; plump: **gambe polpute**, fat legs.
polsino, *m.* cuff; wrist-band: **i polsini d'una camicia**, the cuffs of a shirt.
pólso, *m.* **1** (*parte del braccio*) wrist: **un orologio da p.**, a wrist-watch; **legare q. ai polsi**, to tie sb. by the wrists **2** (*med.*) pulse: **avere il p. debole**, to have a weak pulse; **tastare il p. a q.**, to feel sb.'s pulse (*anche fig.*) **3** (*parte della manica di un indumento*) cuff; wrist-band **4** (*fig.*) nerve; energy; vigour; strength: **essere un uomo di p.**, to be a man of nerve; to be an energetic man; **Gli manca il p. per farlo**, he hasn't the nerve to do such a thing. ● **con p. fermo**, with a strong hand □ **un lavoro di p.**, a hard piece of work; a work of great skill.
polstrada, *f.* (*abbr. di*: **polizia stradale**) traffic police.
poltàceo, *a.* pultaceous.
poltìglia, *f.* **1** (*miscuglio alquanto liquido*) mash; mush; pulp: **una p. di crusca**, a bran-mash; **ridurre q.c. in p.**, to reduce st. to pulp; to mash st. **2** (*fanghiglia*) sludge; slush; slime. ● (*fig.*) **ridurre q. in p.**, to make mince-meat of sb.; to beat sb. to a jelly.
poltiglióso, *a.* **1** mashy; mushy; pulpy **2** (*sudicio di fanghiglia*) sludgy; slushy; slimy.
poltrire, *v. i.* **1** (*stare a letto per pigrizia*) to lie* lazily in bed **2** (*stare in ozio*) to idle about; to hang* (idly) about. ● **p. nell'ozio**, to live in idleness; to idle away one's time.
poltróna, *f.* **1** armchair; easy-chair: **sedere in p.**, to sit in an armchair **2** (*teatr.*) stall **3** (*fig.: impiego comodo*) cushy job (*pop.*). ● **p. a dondolo**, rocking-chair; rocker □ **p. a sdraio**, deck-chair; lounge-chair □ **p. a rotelle**, wheel-chair □ **p. odontoiatrica**, dental treatment chair □ **p. da oculista**, oculist treatment chair □ (*teatr.*) **posto in p.**, seat in the stalls □ (*fig.*) **starsene in p.**, to idle away one's time.
poltronàggine, *V.* poltronerìa.
poltroncìna, *f.* **1** small armchair **2** back stall; back orchestra seat (*USA*).
poltróne, **A** *a.* lazy; indolent; sluggish; slothful. **B** *m.* lazy (*o* indolent) person; sluggard; lazy-boots (*fam.*); lazy-bones (*fam.*).
poltronerìa, *f.* laziness; indolence; sluggishness; sloth; slothfulness: **Dovrà scontare la sua p.**, he'll have to pay for his indolence. ● **Questa è p. bella e buona!**, this is what you call being lazy!
poltronésco, *a.* lazy; sluggish; slothful.
poltronìssima, *f.* (*teatr.*) front orchestra stall (*o, USA*: seat).
poltronìte, *f.* (*scherz.*) laziness; sloth. ● **È affetto da p. acuta**, he's a lazy beggar!
polveràio, *a.* dust-raising; dust-upheaving: **un vento p.**, a dust-raising wind.
pólvere, *f.* **1** dust (*anche fig.*): **Le strade sono piene di p.**, the streets are full of dust; **sollevare la p.**, to raise the dust; (*anche fig.*) **gettare la p. negli occhi a q.**, to throw dust in sb.'s eyes; **La pioggia ha spento la p.**, the rain has settled (*o* laid) the dust; **una nube di p.**, a cloud of dust; (*fig.*) **mordere la p.**, to bite the dust; **Ricorda, uomo, che tu sei p., e che p. tornerai**, remember, man, that you art dust, and unto dust thou shalt return **2** (*sostanza ridotta minutissima*) powder: **p. di talco**, talcum powder; **p. di riso**, rice powder; ground rice; **sapone in p.**, soap powder; **p. da sparo** (*o p. pirica*), gun powder. ● **p. di carbone**, coal dust; coom □ **p. d'oro**, gold-dust □ **p. di smeriglio**, emery dust; emery flour □ **p. di stelle**, star-dust □ (*fig.*) **far mordere la p. a q.**, to humble sb. □ **in p.**, powdered; in powder □ **orologio a p.**, hour-glass □ (*anche fig.*) **ridurre in p.**, to pulverize (*fig.*) **scuotere la p. di dosso a q.** (*bastonarlo*), to dust sb.'s jacket □ (*fig.*) **sentire** (*o fiutare*) **odore di p.**, to smell a fight □ (*anche fig.*) **tenere asciutte le polveri**, to keep one's powder dry □ **togliere la p.**, to do the dusting; to dust □ **zucchero in p.**, castor sugar □ (*mil.*) **Non ha mai sentito l'odore della p.**, he's never been in active service (*o* combat) □ **Lascia quei libri alla p.!**, don't (ever) bother to read those books □ **Ho ancora p. da sparare**, I haven't fired my last shot yet (*anche fig.*) (*fig.*) **I've still got something up my sleeve** □ **Non ha inventato la p.**, that's no discovery; that's nothing new.
polverièra, *f.* (*mil.*) **1** powder-magazine **2** (*fig.*) powder-keg: **Il Medio Oriente è una p.**, the Middle East is a powder-keg.
polverificio, *m.* (*ind.*) powder-factory; powder-mill.

polverìna, *f.* **1** (*farm.*) powder **2** (*pop.: cocaina*) coke, snow (*pop.*).
polverìno, *m.* **1** (*per asciugare l'inchiostro*) sand; (*vasetto in cui si tiene il p.*) sand-box; dust-box **2** (*per innescare armi da fuoco*) priming; (*contenitore a fiasco*) powder-flask. ● (*miner.*) **p. di carbone**, coal-dust □ **p. di miniera**, slack.
polvèrio, *m.* (cloud of) dust: **Per le strade c'è un gran p.**, there's quite a lot of dust blowing in the streets; **Smetti di fare quel p.!**, stop making (*o* raising) such a dust!
polverizzàbile, *a.* pulverizable; pulverable.
polverizzare, **A** *v. t.* **1** to pulverize: **p. lo zucchero**, to pulverize sugar **2** (*nebulizzare*) to atomize; to nebulize **3** (*cospargere di polvere*) to powder; to cover with powder **4** (*fig.: annientare*) to pulverize; to annihilate: **Egli mi guardò come se volesse polverizzarmi**, he looked at me as if to pulverize me. ● **p. un record**, to smash a record. **polverizzarsi**, **B** *v. rifl.* **1** to pulverize; to be reduced to powder **2** (*fig.*) to melt away.
polverizzato, *a.* pulverized: **zucchero p.**, pulverized sugar.
polverizzatóre, *m.* **1** pulverizer **2** (*nebulizzatore*) atomizer; (*per polvere insetticida*) duster **3** (*mecc.*) nozzle; sprayer: **p. a pressione**, pressure nozzle; **p. a vapore**, steam jet sprayer; **p. a ventaglio**, fan nozzle; **p. di carburante**, fuel nozzle.
polverizzazióne, *f.* (*ind.: di un liquido*) atomization; atomizing; (*di un solido*) pulverization: **p. del combustibile**, atomizing of the fuel.
polveróne, *m.* (great *o* thick) cloud of dust; (terrible) dust: **sollevare un p.**, to raise a cloud of dust; to raise a terrible dust; **Che p.!**, there's such a terrible dust!
polveróso, *a.* **1** (*coperto di polvere*) dusty; full of dust; covered with dust: **I miei abiti erano polverosi**, my clothes were covered with dust; **strade polverose**, dusty roads; **libri polverosi**, dusty books **2** (*in polvere*) powdery: **neve polverosa**, powdery snow.
polverulènto, *a.* **1** (*in polvere*) powdery **2** (*lett.: coperto di polvere*) dusty; full of dust.
polverume, *m.* (*spreg.*) heap of dust.
pomà(r)io, *m.* (*frutteto*) fruit-garden; (*pometo*) (apple-)orchard.
pomata, *f.* **1** (*unguento profumato con aromi*) pomade; pomatum; (*per i capelli*) brilliantine; (*per la pelle*) cold cream **2** (*farm.*) ointment; salve; liniment.
pomato, *a.* planted with fruit-trees: **terreno p.**, land planted with fruit-trees.
pomellato, *a.* dappled; dapple: **un cavallo p.**, a dappled horse.
pomellatura, *f.* dappling.
pomèllo, *m.* **1** (*della gota*) cheek-bone **2** (*di leva, di maniglia*) pommel; knob; ball-grip; handle. ● (*autom.*) **p. dell'aria**, choke.
pomeridiano, *a.* post meridiem (*abbr.*: p.m.); postmeridian; in the afternoon; afternoon (*attr.*): **Sono le sei pomeridiane**, it is six p.m.; **una passeggiata pomeridiana**, an afternoon walk; **lezioni pomeridiane**, afternoon lessons; **prendere il tè p.**, to take one's afternoon tea. ● **nelle ore pomeridiane**, in the afternoon.
pomeriggio, *m.* afternoon: **Ci andrò nel p.**, I shall go (there) in the afternoon; **Ci andrò domenica p.**, I shall go (there) on Sunday afternoon; **Ci vado ogni domenica p.**, I go there on Sunday afternoons (*o* every Sunday afternoon); **un afoso p.**, a sultry afternoon; **nel primo** (**nel tardi**) **p.**, early (late) in the afternoon; **le lezioni del p.**, the afternoon lessons.
pomèrio, *m.* (*archeol.*) pomoerium*.
pométo, *m.* (apple-)orchard.
pómfo, *m.* (*med.*) itchy, puffy, red patch.
pómice, *f.* (*miner.*) pumice(-stone): **dare la p. a q.c.**, to clean (*o* to polish, to smooth) st. with pumice; to pumice st.
pomiciare, *v. i.* (*pop.*) to pet; to neck.
pomiciatura, *f.* (*levigatura*) cleaning (*o* polishing, smoothing) with pumice; pumicing.
pomicióne, *m.* (*pop.*) one who likes petting (*o* necking).
pomicoltóre, *m.* (*agric.*) fruit-farmer; fruit-grower.
pomicoltura, *f.* (*agric.*) fruit-farming; fruit-growing.
pomidòro, (*pop.*) *V.* pomodòro.
pómo, *m.* **1** (*bot., Pyrus malus*) apple-tree **2** (*il frutto*) apple: (*mitol.*) **il p. della discordia**, the apple of discord (*anche fig.*) **3** (*estremità tondeggiante*) pommel; knob: **il p. d'una spada**, the pommel of a sword **4** (*naut.*: **p. d'albero**) truck. ● (*anat.*) **il p. d'Adamo**, Adam's apple □ **il p. vietato**, the fruit of the forbidden tree.
pomodorata, *f.* blow with a tomato. ● **prendere q. a pomodorate**, to throw tomatoes at sb.
pomodòro, *m.* (*bot., Solanum lycopersicum*; anche il frutto) tomato*: **I pomodori maturi sono rossi**, ripe tomatoes are red; **pomodori verdi**, green tomatoes; **salsa di p.**, tomato-sauce; **succo di p.**, tomato-juice. ● **farsi rosso come un p.**, to flush up □ **rosso come un p.**, as red as a cherry (*o* a beetroot).
pómolo, *m.* pommel; knob; ball-grip.
pomologia, *f.* pomology.

pomològico, *a.* pomological.
pomòlogo, *m.* pomologist.
pomóso, *a.* (*lett.*) fruitful; fruit-laden: **autunno p.,** fruit-laden autumn.
pómpa (1), *f.* **1** (*apparato fastoso*) pomp; display; magnificence: **la p. del potere,** the pomp of power **2** (*ostentazione*) (ostentatious) display; parade; show: **fare p. della propria ricchezza** (**della propria cultura**), to make a display of one's wealth (of one's learning); to parade (*o* to show off) one's wealth (one's learning). ● **un'impresa di pompe funebri,** an undertaker's (shop); **a morticians's shop** (*USA*) □ **impresari di pompe funebri,** undertaker; mortician (*USA*) □ (*scherz.*) **mettersi in p. magna,** to put on one's Sunday best.
pómpa (2), *f.* **1** (*mecc.*) pump: **p. ausiliaria,** booster pump; **p. a ingranaggi,** gear pump; **p. aspirante,** suction pomp; **p. a stantuffo,** piston pump; **p. dell'olio,** oil pump; **p. premente,** force-pump; **p. antincendi,** fire-pump; **p. a fire-engine** (*autom., mecc.*); **p. elettrica,** electric fuel pump; **alimentazione a p.,** pump-feed; **p. centrifuga,** turbo-pump; **p. pneumatica,** pneumatic pump; **p. per bicicletta,** bicycle-pump; **p. per pneumatici,** tyre pump; tire pump (*USA*) **2** (*mus.*) tuning-slide **3** (*fam.: distributore di benzina*) petrol pump; gas pump (*USA*). ● (*mecc.*) **p. idraulica,** master cylinder □ **p. per fare il vuoto,** air-pump □ (*naut.*) **sala delle pompe,** well.
pompàggio, *m.* pumping: **centrale di p.,** pumping-station.
pompare, *v. t.* to pump; to pump up; (*tirare su acqua con la pompa*) to draw* up: **p. un secchio d'acqua,** to draw up a bucket of water.
pompata, *f.* **1** pumping; pump **2** (*quantità d'acqua estratta con la pompa*) pumpful. ● **dare una p. a una gomma,** to pump up a tyre.
pompeggiare, A *v. i.* to make* a display (*o* a show) of; to show* off (*fam.*); to parade. **pompeggiarsi, B** *v. rifl.* to be puffed up; to strut about; to show* off (*fam.*); to strut one's stuff (*pop.*).
pompeiano, *a.* Pompeian: **rosso p.,** Pompeian red.
pompèlmo, *m.* (*bot., Citrus paradisi; il frutto*) grape-fruit; shaddock.
Pompèo, *m.* (*stor.*) Pompeius; Pompey.
pompière, *m.* fireman*. ● **corpo dei pompieri,** fire-brigade.
pompista, *m. e f.* (*chi è addetto a un distributore di benzina*) service-station attendant.
pompon (*franc.*), *m.* pompon.
pomposaménte, *avv.* pompously; (*con ostentazione*) ostentatiously.
pomposità, *f.* pompousness; pomposity: **p. di stile,** pomposity of style.
pompóso, *a.* **1** pompous: **vesti pompose,** pompous (*o* magnificent, splendid) garments; **un uomo p.,** a pompous (*o* self-important) man; **uno stile p.,** a pompous (*o* high-flown, bombastic) style; **un discorso p.,** a pompous speech **2** (*mus.*) pomposo.
pónce, *m.* punch: **un p. al rum,** a rum punch.
pòncio, *m.* poncho.
ponderàbile, *a.* ponderable (*anche fig.*): **una materia p.,** a ponderable substance.
ponderabilità, *f.* ponderability (*anche fig.*).
ponderale, *a.* ponderal; weight (*attr.*).
ponderare, *v. t. e i.* to ponder; to ponder on (*o* over) st.; to consider (carefully); to think* over (st.); to weigh: **Pondera bene ciò che ho detto,** think over what I have said; **Bisogna p. il pro e il contro,** you must weigh the pros and cons; **p. le parole di q.,** to ponder sb.'s words.
ponderataménte, *avv.* with (*o* after) due (*o* careful) consideration; after mature deliberation.
ponderatézza, *f.* circumspection: **un uomo di grande p.,** a man of great circumspection.
ponderato, *a.* **1** (*che procede con ponderatezza*) circumspect; careful; cautious: **un uomo saggio e p.,** a wise, circumspect man **2** (*detto o fatto con ponderatezza*) well-pondered; well-considered; thought-out: **un discorso p.,** a well-pondered speech.
ponderazióne, *f.* careful consideration; reflection; thought. ● **Non è cosa che possa farsi senza p.,** you must think it over.
ponderosità, *f.* (*raro*) ponderosity; ponderousness.
ponderóso, *a.* (*per lo più fig.*) ponderous; weighty; (*difficile, faticoso*) hard, difficult, laborious: **un p. fardello,** a ponderous burden; **uno stile p.,** a ponderous style; **un lavoro p.,** a hard piece of work.
pòndo, *m.* (*lett.*) weight; burden.
ponènte, *m.* **1** (*ovest*) west: **una finestra che guarda a p.,** a window facing the west; **a p.,** in the west; (*volto verso p.*) to the west, westward(s); **esposto a p.,** facing the west; lying towards the west; **dirigersi verso p.,** to go west; to be westbound **2** (*vento che spira da p.*) west wind.

ponentino, *m.* westerly breeze; light west wind.
pongista, *m. e f.* (*sport*) table-tennis player.
ponsò, *m.* ponceau (*franc.*); bright-red.
pontato, *a.* (*naut.*) decked.
pónte, *m.* **1** bridge: **p. sospeso,** suspension bridge; **p. di barche,** pontoon bridge; **p. girevole,** swing-bridge; **p. ferroviario,** railway bridge; **p. di ferro** (**di pietra**), iron (stone) bridge; **gettare un p. su un fiume,** to throw a bridge across (*o* to bridge) a river; **p. a schiena d'asino,** hump-backed bridge; **p. a mensola,** cantilever bridge; **p. in cemento armato,** concrete bridge; **p. trasbordatore,** ferry bridge **2** (*naut.*) deck: **p. a torri,** turret deck; **p. controcoperta,** spar-deck; **p. corazzato,** armoured deck; **ponte di volo** (*di una nave portaerei*), flight deck; **p. delle lance,** boat deck; **p. di coperta,** upper deck; **p. principale,** main-deck; **p. di passeggiata,** promenade deck; **p. di manovra,** hurricane deck; **p. di stiva,** lower deck; **p. superiore,** upper deck; **p. d'imbarco,** loading deck; **p. scoperto,** weather deck; **ponte di prima classe,** saloon deck; **ponte di batteria,** main-deck; **sul p.,** on deck; **montare sul p.,** to go (*o* to come) on deck; **Tutti sul p.!,** all hands on deck!; **Sgombrare i ponti per l'azione,** to clear the decks for action **3** (*elettr.*) bridge: **p. ad alta frequenza,** high-frequency bridge; **p. magnetico,** permeability bridge; **p. di scanalatura,** slot bridge **4** (*edil.*) scaffold(ing) **5** (*odontoiatria*) brace (*USA*). ● **p. aereo,** air-lift □ (*naut.*) **p. a pozzo,** well-deck □ (*fis.*) **p. degli isolatori,** insulator framework □ (*mat.*) **p. dell'asino,** «pons asinorum» (*lat.*) □ (*naut.*) **p. di comando,** fore bridge; pilot bridge □ (*naut.*) **p. di fortuna,** jury bridge □ (*edil.*) **p. di impalcatura,** catwalk □ (*naut.*) **p. di sbarco,** gang-plank □ (*naut.*) **p. di stazza,** tonnage-deck □ (*naut.*) **p. di terza classe,** steerage □ (*naut.*) **p. di vedetta,** look-out bridge □ **p. levatoio** (*naut.*) drawbridge □ (*naut.*) **p. poppiero,** after bridge □ **p. radio,** radio link □ (*autom.*) **p. sollevatore,** auto lift □ (*fig.*) **bruciarsi i ponti alle spalle,** to burn one's boats □ (*fig.*) **fare il p.,** to have an extra long week-end □ **fare i ponti d'oro a q.,** to offer advantageous terms to sb. □ (*fig.*) **fare da p. a q.,** to give sb. a leg up □ **gioco del p.,** bridge □ (*naut.*) **nave a tre ponti,** three-decker □ (*fig.*) **tagliare** (*o* **rompere**) **i ponti con q.,** to break off with sb. □ (*mil.*) **testa di p.,** bridge-head (*anche fig.*).
pontéfice, *m.* (*stor. romana, relig.*) pontifex*; pontiff: **il Sommo P.,** the Sovereign (*o* Supreme) Pontiff; the Pope; **il P. Massimo,** the Pontifex Maximus; the chief priest.
ponteggiatóre, *m.* (*costr.*) scaffolder; scaffold-builder.
pontéggio, *m.* (*edil.*) scaffolding; staging. ● **materiale per p.,** scaffolding(s).
ponticèllo, *m.* **1** small bridge **2** (*mus.*) ponticello*; bridge (of a stringed instrument).
pontière, *m.* (*mil.*) pontoneer, pontonier.
pontificale, A *a.* **1** (*relig.*) pontifical; papal: **paramenti pontificali,** pontifical robes; pontificals; **seggio p.,** papal seat **2** (*stor. romana*) pontifical **3** (*scherz.: volutamente solenne*) pontifical; pompous. **B** *m.* (*relig.: messa p.*) Pontifical Mass; (*libro*) pontifical.
pontificare, *v. i.* **1** (*relig.*) to pontificate **2** (*fig.*) to pontificate; to act the pontiff.
pontificato, *m.* **1** (*relig.*) pontificate; papacy **2** (*stor. romana*) pontificate.
pontificio, *a.* **1** (*relig.*) pontifical; papal; of the Pope: **dignità** (**autorità**) **pontificia,** papal dignity (authority); **una bolla pontificia,** a papal edict; a bull; **gli Stati Pontifici,** the Papal States **2** (*stor. romana*) pontifical.
pontile, *m.* (*naut.*) wharf; gangway; gangplank; pier: **un p. di carico** (**di scarico**), a loading (an unloading) wharf.
pontino, *a.* (*geogr.*) Pontine: **le paludi Pontine,** the Pontine Marshes.
pontista, *V.* **ponteggiatore.**
pontóne, *m.* (*naut., mil.*) pontoon; hulk; (*chiatta*) lighter: **p. a gru,** a crane-pontoon; **un ponte costruito su pontoni,** a pontoon-bridge; **un p. a biga,** a shear hulk; ● **p. armato,** monitor; gunboat.
pontonière, *V.* **pontière.**
pony (*ingl.*), *m.* (*zool.*) pony.
ponzare, A *v. i.* to rack (*o* to cudgel) one's brains (*o* wits); to pump one's brains (for a solution). **B** *v. t.* to produce after a great effort; to toil out: **p. un romanzo,** to toil out a novel.
pool (*ingl.*), *m.* (*econ.*) pool; consortium.
pop (*ingl.*), *a. e m.* pop: **musica pop,** pop music. ● **artista pop,** pop artist; popster (*fam. USA*).
pop-art (*ingl.*), *f.* (*arte*) pop-art.
pop corn (*ingl.*), *m.* pop corn.
pòpe, *m.* (*relig.*) pope.
popeline (*franc.*), *m.* (*ind. tessile*) poplin.
pòplite, *m.* (*anat.*) popliteus*; popliteal muscle.
poplitèo, *a.* (*anat.*) popliteal: **arteria** (**vena**) **poplitea,** popliteal

artery (vein); **nervi poplitei**, popliteal nerves.
popò, (*infant.*) **A** *f.* (*escremento*) poopy; number two. **B** *m.* (*deretano*) botty.
popolaménto, *m.* peopling; population.
popolano, **A** *a.* of the (common) people. **B** *m.* man* of the people; member of the lower classes.
popolare (1), *a.* **1** (*del popolo*) popular; of the people: **tumulti popolari**, popular tumults; **elezioni popolari**, popular elections; **un governo p.**, a popular (*o* a democratic) government; **guadagnarsi il favore p.**, to gain the favour of the people; **modi di dire popolari**, popular idioms **2** (*istituito per il popolo*) popular; folk (*attr.*): **una biblioteca p.**, a popular library **3** (*che proviene dal popolo, che è diffuso fra il popolo*) popular; folk (*attr.*): **musica p.**, popular music; folk-music; **poesia p.**, popular poetry; folk-poetry; **canzoni (danze) popolari**, folk-songs (folk-dances); **divertimenti popolari**, popular amusements; **a prezzi popolari**, at popular (*o* cheap, low) prices; **uno stile p.**, a popular style **4** (*ammirato dal popolo*) popular: **un uomo p.**, a popular man; **uno scrittore p.**, a popular writer; **rendere p.**, to make popular. ● **case popolari**, working-class houses; (*in G.B.*) council houses □ **favore p.**, popularity □ (*polit.*) **il fronte p.**, the Popular Front □ **giudice p.**, juryman □ **una repubblica p.**, a people's republic.
popolare (2), **A** *v. t.* **1** (*rendere abitato*) to populate; to people: **I Germani popolarono gran parte della Gallia**, the Germans populated a large part of Gaul **2** (*abitare*) to populate; to inhabit: **le razze che popolano l'Asia**, the races populating Asia. **popolarsi**, **B** *v. rifl.* **1** (*diventare popolato*) to become* populated (*o* inhabited) **2** (*riempirsi di gente*) to get* crowded, to fill with people.
popolareggiante, *a.* inspired by folk art (*o* popular tradition).
popolarésco, *a.* of the (common) people; popular; folk (*attr.*); popular-like: **un costume p.**, a folk-custom; **in modo p.**, in a popular-like manner.
popolarità, *f.* popularity: **la p. d'un libro**, the popularity of a book; **acquistare p.**, to win popularity. ● **godere di grande p.**, to be very popular.
popolarizzare, *v. t.* to popularize, to make* popular; (*divulgare*) to divulgate: **p. la scienza**, to popularize science.
popolarménte, *avv.* popularly.
popolato, *a.* **1** populated; peopled **2** (*affollato*) crowded: **Stasera il teatro è poco p.**, the theatre is not too crowded this evening.
popolazióne, *f.* **1** (*complesso degli abitanti d'un luogo*) population: **la p. dell'Italia**, the population of Italy; **una p. di cinquanta milioni**, a population of fifty millions; **un censimento della p.**, a census of the population; **un aumento della p.**, a rise in population; a population increase; **la p. fluttuante**, the floating population; **eccesso di p.**, over-population **2** (*nazione, popolo*) people; nation; (*razza*) race: **le popolazioni nordiche**, the northern peoples.
popolino, *m.* (the) common people (*col verbo al pl.*); (the) lower classes (*pl.*); (the) masses (*pl.*).
pòpolo, *m.* **1** (*abitanti di uno stato o d'una città*) people; (*nazione*) nation: **il p. italiano (francese)**, the Italian (French) people; **i popoli europei**, the peoples of Europe; the European peoples; **i popoli di lingua inglese**, the English-speaking peoples; **il p. eletto**, the chosen people; **un p. giovane**, a young nation; **un p. guerriero**, a warlike nation **2** (*gente*) people (*col verbo al pl.*); persons (*pl.*); (*folla*) crowd (of people); multitude; folk (*fam.*): **Le strade erano gremite di p.**, the streets were crowded with people; **una piazza gremita di p.**, a square full of (*o* packed with) people; a crowded square **3** (*pubblico*) people; public: **annunziare al p.**, to announce to the people **4** (*ceto dei popolani*) (the) (common) people (*col verbo al pl.*); (the) lower classes (*pl.*); (the) working classes (*pl.*): **Parlo al p. come uno del p.**, I speak to the people as one of the people; **È venuto su dal p.**, he has risen from the working classes (*o* the ranks); **le costumanze del p.**, the customs of the people; folk-customs; **una donna del p.**, a woman of the people **5** (*lett.: razza*) people; race: **il p. dei letterati**, the literary people; **un p. di navigatori**, a race of navigators. ● **il p. d'Israele**, the children of Israel □ **il p. grasso**, the middle classes □ **in p. minuto**, the working classes (*pl.*); the lower classes (*pl.*) □ **a furor di p.**, by popular acclaim □ **essere eletto a voce di p.**, to be elected by the people □ **Un p. ha il governo che si merita**, people only get the government they deserve □ (*prov.*) **Poco p., poca predica**, a small congregation, a short sermon □ (*prov.*) **Voce di p., voce di Dio**, the voice of the people, the voice of God.
popolóso, *a.* populous; densely populated; thickly inhabited: **una città popolosa**, a densely-populated town.
poponàia, *f.* (*agric.*) melon bed.
poponàio, *m.* **1** (*venditore di poponi*) melon-seller **2** (*poponaia*) melon bed.
popóne, *m.* **1** (*bot., Cucumis melo*) (musk) melon: **essere giallo come un p.**, to be melon-yellow; to be as yellow as a quince **2**

(*fig., scherz.: gobba*) hump; hunch. ● (*fam.*) **avere il p.**, to be humpbacked; to be hunchbacked.
póppa (1), *f.* (*naut.*) stern; poop: **da p. a prua**, from stem to stern; fore and aft. ● **a p.**, astern; aft; abaft □ (*anche fig.*) **avere il (o navigare col) vento in p.**, to sail before the wind □ **ponte di p.**, after-deck □ **vento di p.**, aft (*o* stern) wind.
póppa (2), *f.* (*anat.*) breast; (*di femmina d'animale*) udder. ● **dare la p.**, to suckle; to give the breast □ **togliere la p. a un bambino**, to wean a baby.
poppante, **A** *a.* suckling. **B** *m. e f.* **1** suckling; nurseling **2** (*fig., scherz.: giovane inesperto*) callow youth; whipper-snapper (*fam.*).
poppare, *v. t. e i.* **1** (*succhiare il latte dalla poppa*) to suck milk from the breast: **p. il latte**, to suck milk (from one's mother's breast) **2** (*scherz.: bere golosamente*) to suck up; to lap up. ● **popparsi le dita**, to suck one's fingers.
poppata, *f.* feed; feeding; suck: **dopo ogni p.**, after each suck; **l'ora della p.**, feeding-time; **fare una buona p.**, to have a good feed.
poppatóio, *m.* feeding-bottle.
poppavìa, *f.* – (*naut.*) **a p.**, aft; abaft; astern.
Poppèa, *f.* (*stor.*) Poppaea.
poppière, *m.* (*naut.*) **1** (*rematore di poppa*) stern-oarsman* **2** (*marinaio addetto alle manovre di poppa*) stern-sheets man*.
poppièro, *a.* (*naut.*) at the stern; stern (*attr.*); aft. ● **albero p.**, miz(z)en-mast.
popputo, *a.* (*scherz.*) full-breasted.
populazionìsmo, *m.* (*polit.*) policy favouring population increase.
popùleo, *a.* (*lett., bot.*) **1** (*di pioppo*) of the poplar; poplar (*attr.*) **2** (*piantato a pioppi*) poplared; poplar-planted.
populìsmo, *m.* (*polit.*) populism.
populìsta, *a., m. e f.* (*polit.*) populist.
populìstico, *a.* (*polit.*) populistic.
pòrca, *f.* (*agric.*) balk; ridge.
porcaccióne, *m.* (*fig., spreg.*) filthy person; hog.
porcàio (1), *m.* (*guardiano di porci*) swine-herd.
porcàio (2), *m.* **1** (*luogo sudicio*) filthy place; pigsty: **Questa stanza è ridotta a un p.**, this room is just like a pigsty **2** (*fig.: luogo immorale*) sink of corruption (*o* iniquity); (*ambiente equivoco*) questionable surroundings (*pl.*).
porcaréccia, *f.* (*agric.*) swinery; piggery.
porcaro, *m.* swine-herd.
porcata, *V.* **porcheria**.
porcellana (1), *f.* **1** (*ceramica*) porcelain; china: **Tazze e piatti sono spesso di p.**, cups and plates are often made of porcelain; **una tazza di p.**, a china cup **2** (*pl.: oggetti di p.*) china; chinaware: **una collezione di porcellane**, a collection of chinaware: **fare collezione di vecchie porcellane**, to collect old china **3** (*mantello equino*) blue roan.
porcellana (2), *f.* (*zool., Cypraea*) cowrie, cowry.
porcellana (3), *f.* (*bot., Portulaca oleracea*) (common) purslane.
porcellanare, *v. t.* (*ind.*) to porcelainize; to glaze.
porcellanato, *a.* (*ind.*) porcelain (*attr.*); glazed.
porcellino, *m.* **1** piglet; little pig **2** (*fig., scherz.*) (dirty) little pig; dirty little toad (*fam.*): **Sei un p.!**, you're a dirty little pig!; **Vieni a lavarti, p.!**, come in and wash yourself, you dirty little toad! ● (*zool.*) **p. d'India** (*Cavia cobaya*), guinea-pig; cavy □ **p. di latte**, sucking-pig □ (*zool.*) **p. di terra** (*Oniscus asellus*), wood-louse; sow bug.
porcèllo, *m.* **1** young pig **2** (*fig.*) pig; hog.
porcellóne, *m.* (*fig.*) pig; hog.
porcherìa, *f.* **1** (*sudiciume*) filth; dirt; muck (*fam.*) **2** (*fig.: atto, detto indecente*) indecency; obscenity; indecent (*o* obscene, bad) thing (to say); smut (*pop.*): **Che p.!**, that was a bad thing to say!; **dire delle porcherie**, to talk smut; to talk bawdry **3** (*fig.: azione disonesta*) dirty trick; bad thing (to do) **4** (*fig., fam.: cibo schifoso*) nasty food: **Ho mangiato certe porcherie**, I've eaten such nasty food **5** (*fig., fam.: cosa fatta in modo pessimo*) rubbish; trash: **Quel romanzo è una vera p.!**, that novel is mere trash. ● **Un quadro che è una vera p.**, a daub.
porchétta, *f.* (*cucina*) roast sucking-pig.
porciglióne, *m.* (*zool., Rallus aquaticus*) water-rail.
porcìle, *m.* pigsty, piggery (*anche fig.*).
porcino, **A** *a.* porcine; piggish; hoggish; swinish; pig (*attr.*): **occhi porcini**, pig eyes. ● **carne porcina**, pork □ (*bot.*) **pan p.** (*Cyclamen europaeum*), sowbread. **B** *m.* (*bot., Boletus edulis*) (edible) pore fungus (*o* mushroom).
pòrco, **A** *m.* **1** (*zool., Sus; anche fig.*) pig; hog; swine*: **un branco di porci**, a herd of swine; **un guardiano di porci**, a swine-herd; **ingrassare il p.**, to fatten the pig; **essere sudicio come un p.**, to be as dirty as a pig; (*fig.*) **È un gran p.!**, he's a dirty pig!; (*fig.*) **Brutto p.!**, you dirty pig!; (*fig.*) **fare il p.**, to behave like

a swine 2 (*carne di maiale*) pork: **salciccia di p.**, pork sausage. ● (*zool.*) **p. selvatico** (*Sus scrofa*), wild boar □ **carne di p.**, pork □ (*fig.*) **fare l'occhio del p.**, to look out of the corner of one's eye □ **fare la vita del beato p.**, to live like a lord; to live in the lap of luxury ● **mangiare come un p.**, to make a pig of oneself. **B** *a.* (*volg.*) filthy; wretched; bloody (*volg.*): **questa porca vita**, this wretched life. ● **Porca miseria** (*o* **P. mondo**)!, damn it all!; hell!

porcospino, *m.* (*zool.*, *Hystrix*) porcupine (*anche fig.*).

pòrfido, *m.* (*miner.*) porphyry: **il p. rosso d'Egitto**, the red porphyry of Egypt. ● **una colonna di p.**, a porphyritic column.

porfirico, *a.* (*miner.*) porphyritic(al).

porfirióne, *m.* (*zool.*, *Porphyrio porphyrio*) purple gallinule.

porfirite, *f.* (*miner.*) porphyrite.

porfiròide, *a.* (*miner.*) porphyroid.

pòrgere, **A** *v. t.* **1** (*passare*) to hand; (*dare*) to give*; (*consegnare*) to deliver: **Il ragazzo mi porse la lettera**, the boy handed me the letter; **Porgimi quel libro, per favore**, please hand me that book; **Porgimi il burro, per favore**, pass me the butter, please; (*fig.*) **p. una mano a q.**, to give sb. a hand; to lend sb. a helping hand; **p. fede a q.c.**, to give credit to st.; to credit st. **2** (*offrire*) to offer; to present: **p. la mano a q.**, to offer (*o* to hold out) one's hand to sb.; **p. il braccio a q.**, to offer one's arm to sb.; **p. le proprie scuse**, to offer one's apologies. ● **p. attenzione**, to pay attention □ **p. aiuto**, to help □ **p. fede**, to believe; to have faith (in) □ (*fig.*) **p. l'altra guancia**, to turn the other cheek □ **p. orecchio** (*o* **ascolto**), to listen (to sb., to st.) □ **p. i propri ringraziamenti**, to express one's thanks □ (*oratoria*) **l'arte del p.**, elocution. **B** *v. i.* (*declamare*) to declaim; to recite. **pòrgersi**, **C** *v. rifl.* (*lett.*) **1** (*presentarsi*) to offer; to occur: **Afferra la prima occasione che ti si porge**, take the first opportunity that offers; **Quando si porgerà l'occasione**, as occasion offers; when the opportunity arises **2** (*mostrarsi*) to show* oneself.

poriferi, *m. pl.* (*zool.*, *Porifera*) Porifera.

pòrno, *a. invar.* pornographic; porn(o) (*fam.*).

pornografia, *f.* pornography; porn(o) (*fam.*).

pornogràfico, *a.* pornographic; porn(o), porny, nudie (*fam.*): **scritti** (**disegni**) **pornografici**, pornographic (*o* obscene) writings (drawings); **una romanzo p.**, a pornographic novel; **un film p.**, a pornografic picture; a porno; a blue movie; a skin flick (*pop. USA*).

pornògrafo, *m.* pornographer; porn(o) (*pop.*).

pòro, *m.* (*anat.*, *bot.*) pore: **Dai pori esce il sudore**, sweat passes through the pores; **i pori della pelle**, the pores of the skin; (*fig.*) **sprizzare rabbia da tutti i pori**, to fret and fume at every pore. ● (*fig.*) **sprizzare salute da tutti i pori**, to be bursting with health.

porosità, *f.* porosity; porousness.

poróso, *a.* porous: **legno p.**, porous wood.

pórpora, *f.* **1** (*sostanza colorante*) purple; purple dye: **la p. di Tiro**, Tyrian purple **2** (*color p.*) purple **3** (*stoffa tinta di p.*) purple; purple cloth; (*veste di p.*) purple (robe): **vestito di p.**, clothed in purple **4** (*dignità cardinalizia*) (the) purple: **essere innalzato alla p.**, to be raised to the purple **5** (*med.*) purpura: **p. emorragica**, purpura hemorrhagica ● **farsi di p.**, to become purple.

porporato, **A** *a.* clothed (*o* clad) in purple; wearing purple. **B** *m.* (*relig.*) cardinal.

porporina, *f.* (*chim.*) purpurin; madder-purple.

porporino, *a.* purple; (purple-)red: **un fiore p.**, a purple flower; **guance** (**labbra**) **porporine**, red cheeks (lips).

pórre, **A** *v. t.* **1** (*posare*, *deporre*) to lay* (down), to put* (down); (*mettere*) to put*; (*collocare*, *disporre*) to place; to set: **p. le fondamenta**, to lay the foundations; **Gli posi la mano sul capo**, I put my hand on his head; **Pose le guardie nei luoghi opportuni**, he placed (*o* set) the guards in the appropriate spots; **Ho posto le scatole l'una sull'altra**, I have set the boxes on top of each other; **Poni questo tappeto sul pavimento**, lay this carpet on the floor; **p. assedio a una città**, to lay siege to a town; **p. q. al comando di q.c.**, to place sb. in command of st.; **Pose le prove davanti al giudice**, he laid the evidence before the judge; **p. ai voti**, to put to the vote; **Mai più porrò piede in quella casa**, I'll never set foot in that house again; **p. la firma su un documento**, to put one's signature to a document; to sign a document; **p. una domanda a q.**, to put a question to sb.; **p. un agguato**, to set (*o* to lay) a trap (*o* an ambush) **2** (*presentare*) to submit: **Gli amici lo persuasero a p. la sua candidatura**, his friends persuaded him to submit his candidature **3** (*supporre*) to suppose: **Poniamo il caso che tu non possa arrivare in tempo**, let us suppose you cannot come in time; **Poniamo che il sole si muova**, let us suppose that the sun moves **4** (*piantare*) to plant: **p. un terreno a patate**, to plant a field with potatoes **5** (*dedicare*) to erect; to set* up: **I cittadini con animo grato posero questa statua...**, the citizens in gratitude erected this statue... **6** (*stabilire*) to set*; to fix; to settle: **p. un termine**, to set a limit. ● **p. a effetto**, to put into effect; to carry out □ (*comm.*) **p. a frutto**, to invest; to lay out at interest □ **p. da parte**, to set apart; to lay aside; to set aside □ **p. fiducia** (**speranza**) **in q.**, to place one's trust (hopes) in sb. □ **p. un freno a**, to restrain; to curb; to check □ (*fig.*) **p. in croce**, to torment; to pester □ **p. in dubbio**, to doubt □ **p. in evidenza** (*o* **rilievo**) **q.c.**, to lay stress (*o* emphasis) on st.; to emphasize (*o* to point out, to stress) st. □ **p. in libertà q.**, to set sb. free □ **p. in salvo**, to save; to put in safety □ **p. mano a q.c.**, to begin (*o* to start) st. □ **p. mente a q.c.**, to keep one's mind on st.; to pay attention to st. □ **p. un nome a q.**, to give a name to sb. □ **p. tempo in mezzo**, to lose time □ **p. termine** (*o* **fine**) **a q.c.**, to put an end to st.; to terminate st. □ **senza p. tempo in mezzo**, without delay. **pórsi**, **B** *v. rifl.* **1** to put* oneself; (*collocarsi*, *disporsi*) to place (*o* to set*) oneself: **Si pose all'uscio della cucina**, he placed himself at the kitchen door; **Ella si pone su un piedistallo**, she puts herself on a pedestal **2** (*accingersi*) to set* to (*o* about): **Si pose ad aprire il pacco**, he set about opening the parcel; **Si pose al lavoro**, he set to work. ● **p. a sedere**, to sit down □ **p. in cammino**, to set out; to start off □ **p. in salvo**, to find refuge.

porrina, *f.* (*bot.*) leek-bulb.

pòrro, *m.* **1** (*bot.*, *Allium porrum*) leek **2** (*med.*) wart. **porróso**, *a.* warty; full of warts; covered (*o* afflicted) with warts. ● **avere le mani porrose**, to have warts all over one's hands.

pòrta, **A** *f.* **1** door: **una p. di bronzo**, a bronze door; **una p. di quercia**, an oak-wood door; **la p. principale**, the front door; **la p. di servizio**, the back door; **l'architrave** (**gli stipiti**, **le imposte**, **i battenti**) **della p.**, the lintel (the jambs, the shutters, the leaves) of the door; **p. imbottita**, padded door; **p. girevole**, revolving door; **p. a fisarmonica**, folding door; **p. di sicurezza**, emergency door; **p. a vetri**, glass door; **p. finta**, blind door; **p. laterale**, side door; **chiudere** (**aprire**) **la p.**, to shut (to open) the door; **chiudere la p. a chiave**, to lock the door; **sbattere la p.**, to slam the door; **bussare** (**picchiare**) **alla p.**, to knock on the door: **Hanno bussato alla p.**, there was a knock on the door; somebody has knocked; **accompagnare q. alla p.**, to see sb. to the door; **andare di p. in p.**, to go from door to door; (*naut.*) **porte stagne**, watertight doors; **essere p. a p. con q.**, to be (*o* to live) next door to sb. **2** (*di città*, *ecc.*) gate: **Nel 1941 i tedeschi erano alle porte di Mosca**, in 1941 the Germans were at the gates of Moscow; **le porte del Paradiso** (**dell'Inferno**), the gates of Heaven (of Hell); **le porte di un tempio** (**di un palazzo**, **di un castello**), the gates of a temple (of a palace, of a castle); (*stor.*) **p. decumana**, Decuman gate **3** (*fig.*, *lett.*: *ingresso*) admission: **vietare la p. a q.**, to refuse admission to sb. **4** (*geogr.*: *valico*) pass; gate: **le porte d'Italia**, the passes of Italy **5** (*calcio*) goal: **Ci fu una mischia sotto la p.**, there was a scramble near the goal-area; **tirare in p.**, to kick at goal; to shoot; **area di p.**, goal mouth. ● **abitare fuori p.**, to live outside the town (*o* the old city walls) □ (*leg.*) **a porte aperte**, in open Court □ **a porte chiuse**, behind closed doors; (*leg.*) in camera: **Il Comune si riunì a porte chiuse**, the Town Council meeting was held behind closed doors; the Town Council held a secret session; **Il processo sarà a porte chiuse**, the trial will be held in camera □ **essere alle porte** (*essere imminente*), to be at the door; to be (drawing) near; to be approaching: **L'esame è alle porte**, the exam is drawing near (*o* is almost with us) □ **aprire la p. a q.**, to open one's door to sb.; (*fig.*) to welcome sb. □ (*fig.*) **chiudere la p. in faccia a q.**, to refuse to help sb. □ **una colletta di p. in p.**, a door-to-door collection □ **mettere q. alla p.**, to throw (*o* to turn) sb. out □ (*fig.*) **mostrare la p. a q.**, to show sb. the door □ **p. a p.** (*sistema di vendita*), door-to-door (*attr.*) □ **prendere la p.**, to go off; to leave □ (*fig.*) **sfondare una p. aperta**, to state the obvious; to do st. useless □ **Quella è la p.!**, get out of here!; there's the door! □ **Sono venuto da te stamani ma ho trovato la p. chiusa**, I came to your house this morning but nobody was in □ **Il denaro apre tutte le porte**, money opens all doors □ (*prov.*) **Non si serra mai una p. che non se ne apra un'altra**, God never shuts one door but He opens another. **B** *a.* – (*anat.*) **vena p.**, portal vein.

portaacqua, *m. e f. invar.* **1** water-carrier **2** *V.* **portaborracce**.

portaaghi, *m. invar.* (*med.*) needle-holder.

portabagagli, **A** *m. invar.* **1** (*facchino*) (railway) porter **2** (*arnese atto a sostenere bagagli*) luggage-carrier; (*di treno*, *autobus*) luggage-rack; baggage-rack (*USA*); (*di macchina*) roof rack. **B** *a. invar.* luggage, baggage (*attr.*): **vano p.**, luggage--compartment; boot; trunk (*USA*).

portabandièra, *m. invar.* standard-bearer.

portabastóni, *m. invar.* (*golf*) caddie.

portabigliétti, *m. invar.* (*anche* **custodia p.**) card-case.

portàbile, *a.* portable.

portàbiti, *m. invar.* valet; clothes-stand.

portabóllo, *m. invar.* (road) licence-holder.

portabómbe, *m. invar.* (*aeron.*, *anche* **vano p.**) bomb-bay.

portaborracce, *m. invar.* (*sport*) cyclist who supplies the team captain with water.
portabottìglie, *m. invar.* bottle-rack.
portaburro, *m. invar.* butter-dish.
portacanna, *m.* (*pesca*) fishing-rod holder (*o* case).
portacappèlli, *m. invar.* hat box, hat case.
portacarte, *m. invar.* brief-case; paper-holder.
portacatino, *m. invar.* wash(-hand) stand.
portacénere, *m. invar.* ash-tray.
portachiavi, *m. invar.* key-ring; key-chain.
portacipria, *m. invar.* powder-case; compact.
portacontainers, *f.* (*naut.*) containership.
portadischi, *m. invar.* 1 (*album*) record-album 2 (*mobiletto*) record-rack; record-stand. ● **piatto p.**, turntable.
portadólci, *m. invar.* cake-stand.
portaelicòtteri, *f. invar.* (*naut.*) helicopter-carrier.
portaèrei, *f. invar.* (*naut.*) aircraft-carrier; flattop (*pop.*): **p. a propulsione nucleare**, nuclear-powered aircraft-carrier; **p. d'appoggio**, support aircraft-carrier.
portaferiti, *m. invar.* litter-bearer; stretcher-bearer.
portafiammìferi, *m. invar.* match-box; match-holder.
portafiaschi, *m. invar.* flask-stand.
portafili, *m. invar.* 1 (*ind. tessile*) thread carrier 2 (*elettr.*) cable carrier.
portafinèstra, *f.* French window.
portafióri, *m. invar.* flower-stand.
portafògli, *m. invar.* 1 wallet; pocket-book: **un p. vuoto**, an empty wallet; (*scherz.*) **alleggerire q. del p.**, to relieve sb. of his wallet 2 (*cartella*) portfolio*. ● **avere il p. gonfio** (*o* **ben fornito**), to have a fat purse □ **mettere mano al p.**, to loosen one's purse-strings; to shell out (*fam.*).
portafòglio, *m.* 1 *V.* **portafogli** 2 (*fig.*: *carica ministeriale*) portfolio*; ministry; ministerial office: **ministro senza p.**, minister without portfolio; **il p. della Difesa**, the portfolio of Defence; **arrivare al p.**, to enter the ministry; to become a minister 3 (*banca, fin.*) paper securities (*pl.*); bills in hand (*pl.*); portfolio*: **p. interno** (*estero*), inland (foreign) bills 4 (*banca: ufficio p.*) bills department. ● **p. titoli**, (*banca*) security department; (*fin.*) investment portfolio.
portafortuna, **A** *m. invar.* mascot(te); (*amuleto*) amulet. **B** *a. invar.* lucky: **un ciondolo p.**, a lucky charm.
portafrutta, *m. invar.* fruit-dish; fruit-bowl.
portafusìbili, *m. invar.* (*elettr.*) fuse block.
portagiòie, **portagioièlli**, *m. invar.* jewel-case; jewel-box; trinket-box.
portaimmondìzie, *m. invar.* dustbin.
portaincènso, *m. invar.* (*relig.*) incense-boat.
portainnèsto, *m.* (*bot.*) rootstock.
portainségna, *m. invar.* standard-bearer (*anche fig.*).
portalàmpada, *m. invar.* lamp-holder; bulb-socket: **un p. a vite**, a screw lamp-holder; **un p. con chiavetta**, a key-type bulb-socket; **un p. con interruttore a pulsante trasversale**, a push-bar switch lamp-holder.
portalàpis, *m.* pencil-holder; (*astuccio*) pencil-case.
portale (1), *a.* (*anat.*) portal.
portale (2), *m.* (*archit.*) portal.
portalèttere, **A** *m. invar.* postman*; mailman*; mail carrier. **B** *f. invar.* post-woman*; mail carrier.
portamatita, *m.* pencil-holder.
portamatite, *m. invar.* pencil-case; pencil-box.
portaménto, *m.* 1 gait; carriage: **un p. goffo**, an awkward gait; **un grazioso p.**, a graceful carriage 2 (*fig.*: *condotta*) bearing; demeanour; behaviour; conduct: **un p. quieto e modesto**, a quiet, modest demeanour 3 (*mus.*) portamento*.
portamina, *m. invar.* propelling pencil.
portamìssili, *a. invar.* (*aeron.*) rocket (*attr.*): **aereo p.**, rocket launcher.
portamonéte, *m. invar.* purse: **un p. pieno** (**vuoto**), a heavy (light) purse. ● **vuotare il p.**, to spend one's very last penny; to run out of money.
portamòrso, *m. invar.* (*equitazione*) cheek-strap; cheek-piece.
portampólle, *m.* cruet-stand.
portamunizióni, *m. invar.* (*mil.*) ammunition carrier.
portante, **A** *a.* 1 bearing; carrying 2 (*edil.*) load-bearing 3 (*radio, telev.*) carrier (*attr.*): **onda p.**, carrier wave. ● **ben p.** (*rif. a persona*), well preserved. **B** *m.* (*ambio*) amble.
portantina, *f.* 1 (*sedia portatile*) sedan(-chair); (*lettiga*) litter; (*p. indiana, orientale*) palanquin, palankeen: **viaggiare in p.**, to travel in a palanquin 2 (*barella*) litter; stretcher: **trasportare un ferito su una p.**, to carry a wounded person in a litter.
portantino, *m.* litter-bearer; sedan-bearer.
portanza, *f.* 1 carrying capacity 2 (*aeron.*) lift: **p. aerodinamica**, aerodynamic lift; **p. statica**, static lift; **pèrdita di p.**, lift loss.
portaobiettivo, *m.* (*di microscopio*) nose-piece.
portaoggètto, *m.* (*vetrino p.*) object slide.
portaombrèlli, *m. invar.* umbrella-stand.
portaórdini, *m. invar.* messenger; courier; dispatch-rider.
portaòvo, *V.* **portauòvo**.
portapacchi, *m. invar.* 1 (*chi porta a domicilio pacchi postali, ecc.*) carrier; (*postino*) postman* 2 (*arnese che regge i pacchi*) carrier; (*rete*) net. ● **p. a griglia**, parcel grid.
portapénne, *m. invar.* penholder.
portapiatti, *m. invar.* plate-rack.
portapipe, *m. invar.* pipe-rack.
portaposate, *m. invar.* cutlery canteen (*o* box).
portapranzi, *V.* **portavivande**.
portare, **A** *v. t.* 1 (*verso chi parla*) to bring*; (*andare a prendere*) to fetch: **Portami un bicchiere, per favore**, bring me a glass, please; **Gli portò il dizionario che stava sul tavolo**, he fetched him the dictionary that was on the table; **Mi spiace di portarti notizie così cattive**, I'm sorry to bring you such bad news; **Il vento soffia da nord: ci porterà la neve**, the north wind is blowing, and it will bring us snow; **p. su (giù, dentro, fuori)**, to bring up (down, in, out) 2 (*lontano da chi parla; accompagnare*) to take*: **Porta questo mazzolino di fiori a tua sorella**, take this little bunch of flowers to your sister; **Ti porterò a ballare (al teatro, al cinema, alle corse dei cavalli)**, I'll take you dancing (to the theatre, to the cinema, to the races); **La portai a casa**, I took her home; **p. su (giù, dentro, fuori)**, to take up (down, in, out) 3 (*sostenere; portare con fatica, o d'abitudine; avere una portata di*) to carry: **p. sulle spalle**, to carry on one's shoulders; **p. sotto il braccio**, to carry under one's arm; **Il cameriere portava due vassoi**, the waiter was carrying two trays; **Non porto mai l'ombrello**, I never carry an umbrella; **Porto sempre con me il libretto degli assegni**, I always carry my cheque-book with me; **Gli ufficiali portavano la spada**, the officers were carrying their swords; **p. q. in braccio**, to carry sb. in one's arms; **Questo autocarro porta oltre cinque tonnellate**, this lorry carries over five tons; **Ognuno deve p. il proprio zaino**, each of us (*o* of you, of them) must carry his own knapsack; **p. q. in trionfo**, to carry sb. in triumph; **Questi tubi portano l'acqua alla città**, these pipes carry water to the city; **Dopo cena portai il vino di sotto (in cantina)**, after supper I carried the wine down to the cellar 4 (*prendere con sé*) to take*; to bring*: **Devi p.** (*o* **portarti**) **l'ombrello**, you must take an umbrella (with you) 5 (*condurre*) to lead*; to drive*: **p. q. alla disperazione**, to lead (*o* to drive) sb. to despair; **Questa strada porta alla stazione**, this road leads to the station; **p. le pecore al pascolo**, to lead the sheep to pasture 6 (*portare indosso, indossare, ecc.*) to wear*; to have on; to be dressed in (st.): **D'inverno porto abiti pesanti**, in winter I wear heavy clothes; **Quando uscì quella sera, portava un vestito grigio e scarpe nere**, when he went out that evening he had on a grey suit and black shoes; **La moglie del presidente portava un vestito giallo al ballo d'inaugurazione**, at the inauguration ball the president's wife was dressed in a yellow gown; **p. i capelli corti (lunghi)**, to wear one's hair short (long); to have short (long) hair; **p. un fiore all'occhiello**, to wear a flower in one's button-hole; **p. occhiali (gioielli, orecchini)**, to wear glasses (jewels, ear-rings); **p. il lutto**, to wear mourning; **Non porta mai il nero**, she never wears black 7 (*di portamento*) to carry; to bear*: **Porta diritta la persona**, he bears his body (*o* person) upright; he walks with an upright carriage 8 (*provare, nutrire sentimenti*) to bear*; to nourish: **p. rancore verso q.**, to bear sb. a grudge; **p. odio a q.**, to nourish feelings of hatred for sb.; **p. amore (rispetto)**, to bear love (respect) 9 (*causare*) to cause; to bring* about; to do*: **p. danno**, to cause (*o* to do) harm; **Queste piogge porteranno molte inondazioni**, these rains will cause many floods; **Speriamo che marzo porti un cambiamento (in meglio)**, let's hope that March will bring about a change for the better; **Questo indugio mi ha portato molto danno**, this delay has done me a lot of harm 10 (*produrre*) to bear*; to bring* forth; to yield; to produce: **La negligenza porta ora i suoi frutti**, negligence is now bearing its fruits 11 (*avere; recare tracce, ecc.*) to have; to bear*: **Porta ancora i segni della caduta**, he still bears the signs of his fall; **Tu porti un nome illustre**, you bear (*o* you have) a famous name; **Il libro porta un titolo attraente**, the book bears (*o* has) an attractive title; **Se non porta la mia firma, non vale**, if it doesn't bear my signature, it isn't valid 12 (*sopportare*) to bear*; to endure; to suffer: **Portano la miseria con dignità**, they bear poverty nobly 13 (*addurre*) to adduce; to bring* forward; to put* forward: **p. delle buone ragioni**, to adduce good reasons; **p. prove**, to bring forward proofs 14 (*mat.: riportare*) to carry: **Scrivo uno e porto sei**, I put down and carry six 15 (*di arma da fuoco*) to have a range of; (*di automezzo*) to have a load capacity of; (*di bilancia*) to weigh up to; (*di gru*) to lift up to: **I grossi calibri portano venti chilometri**, the big guns have a range of twenty kilometres; **Questa bilancia porta fino a dieci chili**, these scales weigh up to ten kilos; **Le grandi gru del porto**

Portorico

portano fino a cento tonnellate, the big cranes in the harbour lift up to a hundred tons. ● (*eufemistico*) **p. a letto una ragazza**, to take a girl to bed □ **p. avanti un lavoro**, to get ahead with one's job □ (*fig.*) **p. q. sulla cattiva strada**, to lead sb. astray □ **portarsi da bere al ristorante**, to brown-bag (*pop. USA*) □ **portarsi il cestino del pranzo al posto di lavoro**, to brown-bag (*pop. USA*) □ **Il vento mi portò via il cappello**, the wind blew my hat off □ **Che il diavolo ti porti!**, go to the devil! □ (*fig.*) **O-gnuno ha la propria croce da p.**, everyone has his own cross to carry (*o* to bear) □ **Porti bene i tuoi anni**, you don't look your age □ **La logica ci porta a dire di sì**, logic inclines us to say yes □ **Non porto (bene) l'alcool**, I don't hold my drink (very well) □ **Mi hanno portato via l'automobile**, my car has been stolen □ **Portò la mano al cappello** (*in segno di saluto*), he touched his hat to me □ **La corrente lo portò a fondo**, the current dragged him to the bottom □ **La corrente lo portò a galla**, the current made him rise to the surface □ **Questo lavoro mi ha portato via tre giorni**, this work took me three days □ **Se l'è portato via un cancro ai polmoni**, lung cancer carried him off □ **Tutte le strade portano a Roma**, all roads lead to Rome. **portarsi, B** *v. rifl.* **1** (*andare*) to go*; (*venire*) to come*: **La polizia si portò sul luogo dell'incidente**, the police went to the scene of the accident **2** (*comportarsi*) to behave: **Ti sei portato bene** (*male*), you have behaved well (badly) **3** (*spostarsi*) to move: **Portati un po' a destra**, move a little to the right. ● (*di salute*) **p. bene** (*male*), to be (*o* to feel) well (ill).

portaritratti, *m. invar.* picture-frame; photograph-frame.
portariviste, *m. invar.* newspaper-rack; newspaper-stand.
portarossétto, *m. invar.* lip-stick holder.
portasapóne, *m. invar.* (*vaschetta*) soap-dish; (*scatoletta*) soap-box.
portascalmo, *m.* (*naut.*) crutch socket; rowlock housing.
portasci, *m. invar.* (*autom.*) ski-rack.
portasciugamano, *m.* towel-rack; towel-horse.
portasigarétte, *m. invar.* cigarette-case.
portasigari, *m. invar.* cigar-case; cigar-box.
portaspàzzole, *m. invar.* brush-holder.
portaspazzolino, *m.* (tooth-)brush-holder.
portaspilli, *m. invar.* pin-cushion.
portastanghe, *m. invar.* shaft-strap.
portastecchini, *m. invar.* toothpick-holder.
portastendardo, *m.* standard-bearer; ensign-bearer.
portata, *f.* **1** (*di pranzo*) course: **un pranzo di quattro portate**, a dinner of four courses; a four-course dinner **2** (*di nave*) (carrying) capacity; (*stazza*) tonnage; (*di automezzo, di bilancia*) capacity; (*di gru*) capacity, lifting (*o* hoisting) power; (*edil.*) capacity load: (*naut.*) **p.-lorda**, dead weight capacity **3** (*di fiume*) flow; (*di tubo, anche*) delivery; (*di oleodotto*) pipeline run: **p. al secondo**, flow per second **4** (*di arma da fuoco*) range; (*dell'occhio o di strumento ottico*) range, reach (*anche fig.*); (*di microfono*) beam; (*di segnale luminoso*) light range: **essere a p. di fucile**, to be within rifle range; **La p. di questo cannocchiale è enorme**, the range (*o* reach) of this telescope is enormous; **fuori p.**, out of range; (*fig.*) out of reach **5** (*fig.*: *importanza, significato*) importance; significance; purport: **un problema di grande p.**, a problem of great importance; **Non ho capito la p. del suo discorso**, I haven't understood the purport of his speech **6** (*fig.*: *capacità intellettiva, comprensione*) capacity; reach; grasp: **Questo libro è alla p. dei giovani**, this book is within the capacity of young readers; **Le tue parole devono essere alla p. di tutti**, your words must be within everyone's reach (*o* grasp) **7** (*fig.*: *livello*) level: **Sono tutti della stessa p.**, they're all at the same level. ● **a p. della cinecamera** (*o* **telecamera**), on-camera □ **a p. di mano**, within reach; (*fig.*) round the corner; on deck (*fam.*) □ **a p. d'orecchio**, within hearing (*o* earshot) □ **a p. di voce**, within the sound of sb.'s voice; within call □ **un fucile a lunga p.**, a long-range rifle □ **fuori p. della cinecamera** (*o* **telecamera**), off-camera.
portatéssera, portatèssere, *m.* ticket-holder; card-holder.
portàtile, *a.* portable: **una macchina da scrivere p.**, a portable typewriter; **un telefono p.**, a portable telephone; **armi portatili**, portable fire-arms; small arms.
portatimbri, *m. invar.* stamp-rack.
portativo, *a.* portative; portable: (*mus.*) **organo p.**, portative organ.
portato, A *a.* **1** (*già usato*) used; already worn; (*di seconda mano*) second-hand **2** (*incline*) prone; inclined; given: **essere p. all'ira**, to be prone to anger. ● **essere p. alla musica**, to have a bent for music. **B** *m.* (*risultato*) result; outcome: **il p. della civiltà moderna**, the result of modern civilization.
portatóre, A *m.* (*chi porta*) bearer: **i portatori di una lettiga**, the stretcher-bearers **2** (*comm.*) bearer; (*detentore*) holder; (*d'un assegno e sim.*) payee: **titoli al p.**, stock to bearer; **pagabile al p.**, payable to bearer **3** (*med., biol.*) carrier; vector: **un p. di germi** (*disease-germ*) carrier.
portatovagliòlo, *m.* (*busta*) napkin-holder; (*anello*) napkin-ring.
portauòvo, *m. invar.* egg-cup.
portautènsili, *m. invar.* (*mecc.*) tool-holder; tool-carrier; tool-post.
portavalóri, A *m. invar.* bank courier; cash guard. **B** *a.* (*banca*) safe-deposit: **cassetta p.**, safe-deposit box.
portavasi, *m. invar.* (*portafiori*) flower-stand.
portavivande, *m. invar.* food-container. ● **carrello p.**, trolley-table; dumb-waiter.
portavóce, A *m. invar.* **1** (*specialm. naut.*) speaking-tube; (*megafono*) megaphone **2** (*fig.*) spokesman*; mouthpiece: **il p. del proprio partito**, the spokesman of one's party. **B** *f. invar.* (*fig.*) spokeswoman*.
porte-enfant (*franc.*), *m. invar.* «porte-enfant».
portèlla, *f.* **1** (*sportello*) door **2** (*naut.*) port; porthole: **p. di carico**, raft-port.
portellino, *m.* (*naut.*) scuttle(-hole).
portèllo, *m.* (*naut., aeron.*) port; porthole: **p. di carico**, raft-port. ● (*naut.*) **p. di boccaporto**, hatch.
portellóne, *m.* (*aeron., naut.*) hatch.
portènto, *m.* **1** (*prodigio, fatto straordinario*) portent; prodigy; wonder; marvel; miracle: **Che p.!**, what a wonder (it is)!; **un p. del genere**, a portent of its kind; **operare portenti**, to work wonders (*o* miracles) **2** (*fig.*) prodigy; miracle: **i portenti della natura**, the prodigies of nature; **un p. di sapienza**, a prodigy of learning. ● **essere un p. di memoria**, to have a prodigious memory.
portentosaménte, *avv.* portentously; prodigiously; marvellously; wonderfully.
portentóso, *a.* portentous; prodigious; wonderful; marvellous: **una memoria prodigiosa**, a prodigious memory.
porticato, *m.* (*archit.*) arcade; colonnade.
pòrtico, *m.* **1** (*archit.*) portico*; arcade; veranda(h) (*USA*): **il p. d'un tempio**, the portico of a temple; **sotto i portici**, under the arcades **2** (*agric.*) lean-to; shed. ● **il p. esterno d'una chiesa**, the galilee □ (*fig.*) **fare il p. dietro la casa**, to put the cart before the horse.
portièra (1), *f.* **1** (*autom.*) door **2** (*tenda davanti alle porte*) door-curtain; «portière» (*franc.*).
portièra (2), *f.* **1** (*female*) doorkeeper **2** (*moglie del portiere*) doorkeeper's wife* **3** (*relig.*) portress.
portierato, *m.* porter's job; duties (*pl.*) of a porter.
portière, *m.* **1** *V.* **portinàio 2** (*sport*) goal-keeper; goalie (*fam.*).
portinàia, *V.* **portièra** (2).
portinàio, *m.* doorkeeper; porter; janitor; concierge.
portineria, *f.* porter's lodge.
pòrto (1), *m.* **1** (*naut.*) port; harbour; (*lett.*) haven: **il p. di Genova** (**di Marsiglia, di Rotterdam**), the port of Genoa (of Marseilles, of Rotterdam). **p. naturale**, natural harbour; **p. interno**, inner (*o* close) port; **entrare in p.**, to enter port; **p. di mare**, seaport; **p. d'entrata**, port of entry; **p. d'imbarco** (**di scarico**), port of loading (of discharge); **p. militare**, naval port (*o* base); **p. fluviale**, river port; **lasciare il p.**, to leave port; **p. sicuro**, safe harbour; **p. d'armamento** (*o* **di partenza**), home port; **p. artificiale**, artificial harbour; **p. di scalo**, port of call; **p. canale**, canal harbour; **p. d'immatricolazione**, port of registry; **fare scalo a un p.**, to call at a port **2** (*fig.*: *asilo, rifugio*) haven; harbour; port; shelter; refuge: **un p. di salvezza**, a haven of safety; **un p. di pace**, a haven of rest. ● **p. franco**, free port; open port □ (*naut.*) **capitaneria di p.**, harbour-master's office □ (*naut.*) **capitano di p.**, harbour-master □ (*fig.*) **condurre in p.**, to carry out; to accomplish □ (*naut.*) **diritti di p.**, harbour dues □ **essere in p.**, to be in port; (*fig.*) to have reached one's goal □ (*fig.*) **La sua casa è in p.**, he keeps an open house □ (*fig.*) **I negoziati sono andati a buon p.**, the negotiations have been successful.
pòrto (2), *m.* **1** (*prezzo del trasporto*) carriage; freight (*USA*); (*naut.*) freight: **Mi costa più il p. che la merce**, the carriage costs me more than the goods; **franco di p.**, carriage paid; **p. assegnato**, carriage forward **2** (*affrancatura postale*) postage **3** (*licenza, permesso*) certificate; licence: **p. d'armi**, gun licence. ● **p. abusivo di armi**, unlawful carrying of arms.
pòrto (3), *m.* (*vino*) port: **un bicchiere di p.**, a glass of port.
Portogallo, *m.* (*geogr.*) Portugal.
portoghése, A *a.* Portuguese: **una ragazza p.**, a Portuguese girl. **B** *m.* e *f.* **1** (*abitante del Portogallo*) Portuguese: **i Portoghesi**, the Portuguese **2** (*fig.*: *chi assiste a uno spettacolo a scrocco*) gate-crasher. **C** *m.* (*lingua*) Portuguese: **parlare il p.**, to speak Portuguese.
portolano, *m.* (*naut.*) portolano*; pilot-book.
portombrèlli, *m. invar.* umbrella-stand.
portóne, *m.* main door; main entrance; front gate.
portoricano, *a.* e *m.* Puerto Rican; Porto Rican.
Portorico, *m.* (*geogr.*) Puerto Rico.

portuale, A *a.* (*naut.*) port (*attr.*); harbour (*attr.*): **consorzio p.**, harbour trust; **diritti portuali**, harbour dues; dockage (*sing.*). **B** *m.* docker; dock (*o* harbour) worker.

portualità, *f.* port facilities: **Dobbiamo salvare la p. di Venezia**, we must save the port facilities of Venice.

portuàrio, *a.* (*naut.*) port (*attr.*); harbour (*attr.*).

portulaca, *f.* **1** (*bot., Portulaca grandiflora*) rose moss; portulaca **2** (*bot., Portulaca oleracea*) purslane.

portuóso, *a.* with many ports; rich in harbours: **una costa portuosa**, a coast with many ports.

Pòrzia, *f.* Portia.

porzióne, *f.* **1** (*parte, quota, anche fig.*) portion; share; part: **dividere q.c. in due (tre) porzioni uguali**, to divide st. into two (three) equal portions (*o* parts); **distribuire q.c. in porzioni uguali**, to distribute st. in equal shares; **avere la propria p. di fortuna**, to have one's share of luck **2** (*quantità di vivande servita a un commensale*) portion; helping: **una p. intera**, a full portion; **una p. scarsa**, a scanty portion; **due porzioni di budino**, two helpings of pudding. ● **dividere q.c. in porzioni**, to share out st.

pòsa, *f.* **1** (*il posare in un luogo*) laying; setting: **la p. della prima pietra**, the laying of the foundation-stone; **la p. d'un cavo**, the laying of a cable **2** (*quiete, riposo*) rest; peace: **non avere (non trovare) mai p.**, to have (to find) no peace (*o* rest); **non dare p.**, to give no peace; **senza p.**, without rest; restlessly; unceasingly; incessantly; uninterruptedly **3** (*atteggiamento di chi deve essere ritratto*) pose; (*seduta*) sitting: **mettersi in p.**, to assume a pose; **in tre pose**, in three sittings **4** (*fotogr.*) exposure: **dieci secondi di p.**, ten seconds of exposure; **fare otto pose**, to make eight exposures (*o* pictures) **5** (*atteggiamento, posizione*) attitude; posture; (*atteggiamento affettato*) pose, affectation; airs (*pl.*): **una p. naturale**, a natural attitude; **mettersi in p. solenne**, to assume a solemn attitude; **Non è che una p.**, it's a mere pose **6** (*gramm.*) stress; accent **7** (*mus.*) rest; pause **8** (*sedimento*) sediment. ● (*cinem.*) **teatro di p.**, studio.

posacavi, *m. invar.* (*naut.*) cable-layer.

posacénere, *m. invar.* ash-tray.

posafèrro, *m. invar.* iron-stand.

posamine, (*naut.*) **A** *f. e m. invar.* mine-layer. **B** *a. invar.* mine-laying: **sommergibile p.**, mine-laying-submarine.

posamòlle, *m. invar.* tongs-stand.

posapiano, *m. e f. invar.* (*scherz.*: *persona lenta*) slowcoach.

posare, A *v. t.* **1** (*deporre*) to put* (down), to lay* (down); (*appoggiare*) to rest; to lay*; (*collocare*) to place, to set*: **Posa la valigia e vieni a mangiare**, put down your case and have something to eat; **Posò il piatto sul tavolo**, he laid the plate on the table; **Mi posò le mani sulle spalle**, he laid his hands on my shoulders; **La ragazza posò il capo sul mio petto**, the girl laid her head on my breast; **p. il capo sul guanciale**, to lay one's head on the pillow; **Posai il libro aperto sulle ginocchia**, I rested (*o* laid) the open book on my knees; **Lo posai qui**, I put it here; **Posalo!**, put it down!; **Posa il piede ferito su questo sgabello**, rest your wounded foot on this stool; **p. un cavo** (**una mina**, **le rotaie**), to lay a cable (a mine, railway tracks). **B** *v. i.* **1** (*poggiare*) to rest; to stand*: **Questo edificio posa sulla roccia viva**, this building stands (*o* rests) on live rock; **Il palazzo delle esposizioni posa su sedici pilastri**, the exhibition hall stands (*o* rests) on sixteen pillars **2** (*fig.*: *fondarsi*) to be based (*o* founded); to rest: **Il suo discorso non posava su un ragionamento logico**, his speech wasn't based on logical reasoning **3** (*restare immobile per farsi ritrarre*) to pose; to sit*: **Posò molte volte per quel ritratto**, he sat many times for that portrait **4** (*assumere atteggiamenti affettati*) to pose: **Il tuo fidanzato posa a intellettuale**, your fiancé poses as an intellectual; **Posa troppo a moglie oltraggiata**, she poses too much as an outraged wife; **Non poso a critico letterario**, I don't pose as (*o* I don't set myself up as) a literary critic **5** (*di liquidi*: *deporre al fondo le impurità*) to stand*; to settle: **Il vino deve p. prima d'essere imbottigliato**, wine must settle before it is bottled **6** (*lett.*: *fermarsi*) to stay*; to stop; (*riposare*) to rest: **Non trovava luogo dove p.**, he couldn't find any place to stay **7** (*lett.*: *giacere*) to lie*: **ove posa il corpo di quel grande**, where the body of that great man lies. ● **p. le armi**, to lay down (one's) arms; (*fig.*) to cease hostilities.

posarsi, C *v. rifl.* **1** (*di uccello, di cosa che si mette giù ferma*) to alight; to settle; (*appollaiarsi*) to perch; (*aeron.*) to land: **La polvere si è posata**, the dust has settled; **La neve si posò sulle cime più alte**, the snow settled on the highest peaks; **Ogni mattina un passero si posa sul mio davanzale**, every morning a sparrow alights on my window-sill; **Il gufo si posò sul ramo più alto prima di piombare sulla preda**, the owl perched on the highest branch before swooping down on its prey; **L'aviogetto si posò sulla pista di emergenza**, the jet landed on the emergency runway **2** (*soffermarsi*) to stay*; to rest: **Il suo sguardo si posò sulla bella ragazza**, his gaze rested on the beautiful girl **3** (*accento*) to fall*: **L'accento tonico posa sulla prima sillaba**, the tonic accent falls on the first syllable.

posata, *f.* **1** (*cucchiaio*) spoon; (*forchetta*) fork; (*coltello*) knife*; (*pl.*) cutlery (*collett.*) **2** (*coperto*) cover. ● **posate d'argento**, silver-plate; silver-ware □ **piatti e posate**, table-ware.

posateria, *f.* cutlery.

posatézza, *f.* staidness; sedateness; composure; composedness.

posato, *a.* staid; sedate; composed; self-possessed: **un uomo p.**, a staid man. ● **un dibattito p.**, a calm debate □ **un discorso p.**, a moderate speech.

posatóio, *m.* perch; roost.

posatóre, *m.* poser; poseur.

posatrice, *f.* poser; poseuse.

posatura, *f.* sediment; settlings (*pl.*); lees (*pl.*); dregs (*pl.*).

posbèllico, *V.* **postbellico**.

pòscia, (*lett.*) *V.* **pòi, dópo**.

poscritto, *m.* postscript; postscriptum* (*abbr.*: P.S.): **aggiungere un p. a una lettera**, to add a postscript to a letter.

posdatare, *V.* **postdatare**.

posdomani, *avv.* (*lett.*) the day after tomorrow.

positiva, *f.* (*fotogr.*) positive.

positivaménte, *avv.* positively; (*con sicurezza*) definitely; (*affermativamente*) affirmatively, in the affirmative.

positivismo, *m.* (*filos.*) positivism.

positivista, *m. e f.* **1** (*filos.*) positivist **2** (*fam.*) practical person; matter-of-fact person.

positivistico, *a.* (*filos.*) positivistic; positivist (*attr.*).

positività, *f.* positiveness.

positivo, A *a.* **1** positive, (*certo, sicuro, anche*) definite; (*affermativo, anche*) affirmative; (*vantaggioso, anche*) favourable: **È p.**, that's positive (*o* quite sure, certain); **Ancora non c'è nulla di p.**, there's nothing positive yet; **filosofia positiva**, positive philosophy; positivism; **una legge positiva**, a positive law; **una teoria positiva**, a positive theory; **una risposta positiva**, a positive answer; (*gramm.*) **il grado p.**, the positive degree; (*mat.*) **segno p.**, positive (*o* plus) sign; (*mat.*) **un numero p.**, a positive number; (*mat.*) **una quantità positiva**, a positive quantity; (*fis.*) **polo p.**, positive pole; (*fis.*) **elettricità positiva**, positive electricity; (*fotogr.*) **un'immagine positiva**, a positive (picture) **2** (*fam.*: *pratico*) practical; matter-of-fact: **un uomo p.**, a practical (*o* a matter-of-fact) man. ● **di p.**, for certain □ **Lo so di p.**, I'm quite sure about it □ **Vengo di p.**, I'm sure to come; of course, I'll come. **B** *m.* **1** (*ciò che è certo*) what is certain; reality **2** (*gramm.*) positive (degree). ● **badare al p.**, to be interested only in facts.

positróne, *m.* (*fis.*) positron.

positura, *f.* **1** (*atteggiamento, posa*) posture; attitude **2** (*posizione*) position.

posizionale, *a.* (*fis., linguistica*) positional.

posizionare, *v. t.* (*tecn.*) to position.

posizióne, *f.* **1** position (*anche fig.*); (*ubicazione*) situation, location: **la p. delle arterie lungo la gamba**, the position of the arteries along the leg; **p. geografica**, geographical position; **la p. dell'Italia nel Mediterraneo**, Italy's position in the Mediterranean; **la p. incantevole di questa casetta**, the enchanting situation of this cottage **2** (*atteggiamento del corpo, della persona e sim.*) position, attitude (*anche fig.*) **p. di attenti**, position of attention; **essere seduto in una p. comoda**, to sit in a comfortable position; **Qual è la tua p. in questa faccenda?**, what is your position (*o* attitude) in this matter?; (*fig.*) **assumere una p. ben definita**, to take up a definite position **3** (*fig.*: *stato, condizione*) situation; position; standing: **trovarsi in una p. imbarazzante**, to be (*o* to find oneself) in an awkward situation (*o* position); **p. sociale** (**finanziaria**), social (financial) standing; **Una persona nella tua p. non deve scendere così in basso**, a person in your position shouldn't lower himself to this level; **Come paciere, è in una p. delicata**, as a peacemaker he's in a delicate situation (*o* position) **4** (*nella carriera*) position: **farsi una p.**, to acquire a position; **Si è procacciato una p. invidiabile in quella ditta**, he has obtained an enviable position in that firm **5** (*mil.*) position: **attaccare le posizioni nemiche**, to attack the enemy's positions; **p. chiave**, key position **6** (*linguistica*) position: **una sillaba lunga per p.**, a syllable long by position. ● **p. sociale**, social status □ (*naut.*) **p. stimata**, dead reckoning □ (*mil.*) **guerra di p.**, trench warfare □ **luci di p.**, (*naut.*) navigation lights; (*autom.*) side-lights; parking lights □ **prendere p.** (*in una disputa*), to come off the fence; to take sides □ **prendere p. contro q.** (**q.c.**), to take a stand against sb.

poslùdio, *m.* (*mus.*) postludium; postlude.

posologia, *f.* (*farm.*) posology; dosage.

pospórre, *v. t.* **1** (*posticipare*) to postpone; to defer; to delay; to put* off: **Dobbiamo p. il nostro viaggio**, we must put off (*o* delay) our journey; **Si dovette p. la riunione**, the meeting had to be postponed **2** (*mettere dopo*) to place (*o* to put*) after

3 (*fig.*) to subordinate; to put* after: **p. la virtù alla ricchezza**, to subordinate virtue to wealth.

pospositivo, *a.* (*gramm.*) postpositive: **una particella pospositiva**, a postpositive (particle).

posposizióne, *f.* postposition: **la p. degli aggettivi in francese**, the postposition of adjectives in French.

pòssa, *f.* (*lett.*) might; power; (*forza*) strength, vigour: **a tutta p.**, with all one's might.

possedére, *v. t.* **1** to possess; to own; to be in possession of; to have: **Possiede molte automobili**, he possesses (*o* owns, has) many cars; **Possiede molte qualità**, he has many qualities; **Mi costringete a vendere tutto ciò che possiedo**, you are forcing me to sell all I have (*o* possess); **Quanti ristoranti possiedi?**, how many restaurants do you own?; **Possiedo un segreto**, I am in possession of a secret **2** (*fig.*) to possess: **L'ira lo possedeva**, he was possessed by anger; anger possessed him; **È posseduto da qualche demonio**, he is possessed by some devil; **p. una donna**, to possess a woman; **posseduto dall'amore**, by love possessed; possessed by love **3** (*fig.*: *conoscere a fondo*) to master; to have a mastery of; to have a good knowledge of: **Si vede che possiede la sua materia**, you can see he has a mastery of his subject; **p. una lingua**, to have a good knowledge of a language.

possediménto, *m.* **1** (*proprietà*) possession; property; (*bene immobiliare*) estate; tenement: **Non gli rimangono molti possedimenti dopo aver pagato i suoi debiti**, he hasn't much property left after paying his debts; **I possedimenti dell'aristocrazia inglese sono ancora grandi**, the estates of the English aristocracy are still great; **Ho un possedimento in Lombardia**, I have an estate (*o* some property) in Lombardy **2** (*colonia*, *paese posseduto*) colony; possession: **i possedimenti inglesi in Africa**, the English colonies in Africa; **i possedimenti francesi d'oltremare**, the French overseas possessions.

possènte, *a.* (*lett.*) puissant; mighty; potent; powerful: **un principe p.**, a puissant (*o* a potent) prince.

possessivaménte, *avv.* possessively.

possessivo, **A** *a.* possessive (*anche gramm.*): **un aggettivo (pronome) p.**, a possessive adjective (pronoun); **il caso p.**, the possessive (case); **un temperamento p.**, a possessive temperament. **B** *m.* (*gramm.*) possessive.

possèsso, *m.* **1** possession (*anche leg.*); ownership: **La collina è in p. del nemico**, the hill is in the enemy's possession; **Sono in p. di molti documenti importanti**, I am in possession of many important documents; **entrare in p. di q.c.**, to enter (*o* to come) into possession of st.; **essere nel pieno p. delle proprie facoltà mentali**, to be in full possession of one's mental faculties; **prendere p. di q.c.**, to take possession of st.; **rientrare in p. di q.c.**, to regain possession of st.; to recover st.; (*leg.*) **Ho tutti i diritti di p.**, I have all the rights of ownership (*o* of tenure); **p. legittimo**, lawful possession; **presa di p.**, taking into possession; (*di una carica*) installation **2** (*specialm. al pl.*: *proprietà*) possession; property; (*bene immobiliare*) estate **3** (*padronanza*) mastery: **il p. di una lingua**, the mastery of a language. (*fin.*) **p. di azioni**, shareholding □ **p. di una carica**, tenure of office □ **prendere p. della presidenza**, to assume the presidency; (*polit. USA*) to take over □ **Molti assistettero alla cerimonia della presa di p. da parte del Presidente**, many were present at the President's installation ceremony □ **Quando prenderò p. di quel podere, lo trasformerò in un pioppeto**, when I take possession of that farm, I'll transform it into a poplar-grove.

possessóre, *m.* possessor; (*proprietario*) proprietor, owner; (*detentore*) holder: **il legittimo p.**, the rightful owner.

possessòrio, *a.* (*leg.*) possessory: **un'azione possessoria**, a possessory action.

possibile, **A** *a.* possible: **cose possibili, ma non probabili**, possible, but not probable things; **Tutto è p. (al mondo)**, everything is possible; **Non so se sia p.**, I don't know if it's possible; **Non è p. vedere il malato oggi**, it's not possible to see the patient today; **Com'è p.?**, how is it possible?; **Non è p.**, it isn't possible, it's impossible; **fare ogni sforzo p.**, to make every possible effort; to move heaven and earth (*fam.*); **P.?**, can it be possible?; really?; incredible! ● **il meno (il più) p.**, as little (as much) as possible □ **il più tardi p.**, at the latest possible moment □ **un progetto p.**, a feasible scheme □ **Non è p. confondere la signora Smith con la signora Brown**, there's no mistaking Mrs Smith for Mrs Brown □ **Spero mi sia p.**, I hope I can □ **È p. ch'egli lo faccia**, he may possibly do it. **B** *m.* **1** (*the*) possible: **oltrepassare i limiti del p.**, to go beyond the limits of the possible **2** (*ciò che si può fare*) everything possible; one's possible (*o* best): **fare (tutto) il p.**, to do everything possible; to do all one (possibly) can. ● **nei limiti del p.**, as far as possible.

possibilismo, *m.* (*polit.*) possibilism.

possibilista, *a.* e *m. e f.* (*polit.*) possibilist.

possibilistico, *a.* (*polit.*) possibilist (*attr.*).

possibilità, *f.* **1** (*l'essere possibile*, *potere*) possibility: **dare a q. la p. di fare q.c.**, to give sb. the possibility of doing st.; to enable sb. to do st. **2** (*opportunità*) opportunity; chance; occasion: **Non ne abbiamo avuto ancora la p.**, we've had no chance yet; **Ti rimane una sola p.**, you have just a chance left **3** (*specialm. al pl.*: *mezzi morali*) means (*pl.*); power; (*mezzi materiali*) means (*pl.*): **dare secondo le proprie possibilità**, to give according to one's means. ● **fare buon uso delle proprie p.**, to play one's cards well (*fam.*) □ **offrire molte p. di successo**, to offer many possibilities □ **C'è ancora la p. che egli venga**, he may still come.

possibilménte, *avv.* if possible. ● **Vieni p. prima delle tre**, come before three if you (possibly) can.

possidènte, **A** *m. e f.* proprietor; owner; (*persona agiata*) well-to-do person. ● **p. terriero**, landowner □ **un ricco (una ricca) p.**, a man (a woman) of property (*o* means). **B** *a.* land-owning; property-owning.

pòsta, *f.* **1** post; mail: **per p.**, by post; by mail; **spedire per p.**, to send by post; to post; to mail; **p. aerea**, air mail; **p. pneumatica**, pneumatic post (*o* dispatch); **a giro di p.**, by return of post; **p. in arrivo**, in-coming mail; **p. in partenza**, out-going mail; **C'è molta p. per te**, there's a lot of mail (*o* of letters) for you; **La p. non viene distribuita nei giorni di festa**, there is no mail delivery on holidays; **la p. del mattino (del pomeriggio)**, the morning (the afternoon) post; **p. raccomandata**, registered mail **2** (*ufficio postale*) post office: **p. centrale**, General Post Office (*abbr.*: G.P.O.); **impiegato delle poste**, post-office clerk **3** (*nei giochi e fig.*) stake: **Raddoppiò la p. e perse**, he doubled the stake(s) and lost; **la p. minima**, the minimum stake **4** (*di cacciatore*) position; (*di sentinella*) post **5** (*stor.*: *diligenza delle poste*) post; mail-coach; (*stazione di p.*) stage, post(-stage) **6** (*posto per un cavallo nella stalla*) stall; box **7** (*relig.*: *parte del rosario*) decade. ● **Poste e Telegrafi**, postal and telegraph services □ **a bella p.**, on purpose; deliberately □ (*stor.*) **cavalli di p.**, post-horses □ **direttore delle poste**, postmaster □ **fare la p. a q.**, to lie in wait for sb.; to waylay sb. □ (*di una lettera*) **ferma in p.** (*o* **fermo p.**), «poste restante» (*franc.*) □ **mettersi (o stare) alla p. di q.**, to be on the look-out (*o* on the watch) for sb. □ **Ministro delle Poste e Telecomunicazioni**, Postmaster General □ **piccola p.** (*o* **la p. dei lettori**), letters to the editor □ **spese di p.**, postage.

postagiro, *m.* postal transfer (*o* giro).

postale, **A** *a.* postal; post (*attr.*); mail (*attr.*): **vaglia p.**, postal order; **distretto p.**, postal district; **spedire per pacco p.**, to send by parcel post; (*stor.*) **diligenza p.**, mail-coach; **tariffe postali**, postal tariffs; **furgone p.**, mail-van; **regolamento p.**, postal regulations. ● **battello p.**, post-boat □ **cartolina p.**, postcard □ **codice di avviamento p.**, zip code (*USA*) □ **casella p.**, post-office box □ **cassa di risparmio p.**, post-office savings bank □ **cassetta p.**, letter box; mail-box (*USA*); (*solo per imbucare*) pillar box □ **francobollo p.**, postage stamp □ **impiegato p.**, post-office clerk □ **pacco p.**, parcel; packet □ **spese postali**, postage □ **succursale p.**, branch post-office □ **timbro p.**, post-mark □ **ufficiale p.**, postmaster; (*se donna*) postmistress □ **ufficio p.**, post-office. **B** *m.* **1** (*naut.*) packet(-boat); post-boat; mail-steamer **2** (*ferr.*) mail-train.

postare, **A** *v. t.* (*anche mil.*) to post; to station: **p. una sentinella**, to post (*o* to station) a sentinel. **postarsi**, **B** *v. rifl.* to post (*o* to station) oneself.

postazióne, *f.* (*anche mil.*) posting; stationing; placing.

postbèllico, *a.* post-war (*attr.*).

postbruciatóre, *m.* (*aeron.*) afterburner.

postcombustióne, *f.* (*mecc.*) afterburning.

postcombustóre, *m.* (*mecc.*) afterburner.

postconciliare, *a.* (*relig.*) postconciliar.

postdatare, *v. t.* to post-date; to date forward: **p. un assegno**, to post-date a cheque.

postdatato, *a.* post-dated.

postdatazióne, *f.* post-dating.

posteggiare (1), *v. t.* (*fare la posta*) to lie* in wait for (sb.); to be on the look-out for (sb.); to waylay*.

posteggiare (2), *v. t.* e *i.* (*autom.*) to park.

posteggiatóre, *m.* **1** (*autom.*) car-park attendant **2** (*venditore con bancarella*) stall-holder.

postéggio, *m.* **1** (*autom.*) parking-place; car-park **2** (*per venditori di piazza*) stand; stall. ● **p. di auto pubbliche**, taxi-rank; cab-stand.

postelegràfico, **A** *a.* post and telegraph (*attr.*); postal and telegraphic: **un ufficio p.**, a post and telegraph office; **servizi postelegrafici**, postal and telegraphic services. **B** *m.* post and telegraph employee.

postelegrafònico, **A** *a.* post, telegraph and telephone (*attr.*); postal, telegraphic, and telephonic. **B** *m.* post, telegraph and telephone employee.

postelementare, *a.* (*rif. a corsi di studio*) post-elementary.

postergare, *v. t.* **1** (*comm.*, *leg.*) to postpone; to defer: **azioni**

pòsteri

(obbligazioni) postergate, deferred shares (bonds); **p. un'ipoteca**, to postpone a mortgage **2** (*buttarsi dietro le spalle*) to throw* aside; (*trascurare*) to neglect.

pòsteri, *m. pl.* posterity (*sing. collett.*); descendants.

posterióre, A *a.* **1** posterior; back; hinder; hind; rear (*specialm. mil.*): **la parte p.**, the posterior (*o* hinder, back) part; the back; the rear; **la parte p. del teschio**, the posterior (*o* hinder) part of the skull; **la parte p. del duomo**, the back of the cathedral; **una stanza nella parte p. della casa**, a room in the back of the house; **le zampe posteriori d'un animale**, the hind legs of an animal; (*mil.*) **le file posteriori**, the rear ranks **2** (*che viene dopo*) posterior; later; subsequent; following: **È un poema p. a quello dantesco**, it is a poem posterior to Dante's; **opere posteriori**, later works; **avvenimenti posteriori**, posterior (*o* subsequent) events; **gli anni posteriori**, the following years **3** (*bot.*) posticous. **B** *m.* (*deretano*) buttocks (*pl.*); bottom; behind (*fam.*); bum (*fam.*).

posteriorità, *f.* posteriority: **p. di tempo**, posteriority of time.

posteriorménte, *avv.* later on; subsequently.

posterità, *f.* posterity; descendants (*pl.*); (*specialm. leg.*) issue: **la p. di David**, the posterity of David; **trasmettere alla p.**, to transmit (*o* to hand down) to posterity.

postglaciale, *a.* (*geol.*) post-glacial.

posticcio, A *a.* (*artificiale*) artificial; (*fittizio*) fictitious, sham; (*falso*) false: **denti posticci**, artificial teeth; **capelli posticci**, false hair. **B** *m.* (*ciuffo di capelli posticci*) hairpiece; toupet; wiglet.

posticino, *m.* **1** spot **2** (*fam.*: *gabinetto*) lavatory; loo (*fam.*); john (*fam. USA*).

posticipare, *v. t.* to put* off (to a later time); to postpone; to defer; to delay: **p. la partenza**, to put off one's departure.

posticipato, *a.* deferred; delayed: **pagamento p.**, deferred payment.

posticipazióne, *f.* putting off (to a later time); postponement; postponing; deferment; delay.

postièrla, *f.* (*stor.*) postern.

postiglióne, *m.* postil(l)ion; post-boy.

postilla, *f.* marginal note; side-note; foot-note (*chiosa*) gloss.

postillare, *v. t.* to write* marginal notes on; to annotate; (*chiosare*) to gloss.

postillato, *a.* annotated; with notes.

postillatóre, *m.* annotator; commentator.

postillatura, *f.* **1** (*il postillare*) annotation; annotating; (*il chiosare*) glossing **2** (*insieme delle postille*) annotations (*pl.*); marginal notes (*pl.*); side-notes (*pl.*); foot-notes (*pl.*); glosses (*pl.*).

postime, *m.* (*agric.*) seedling (plant).

postimpressionismo, *m.* (*arte*) post-impressionism.

postimpressionista, *m. e f.* (*arte*) post-impressionist.

postino, *m.* postman*; mailman*; mail-carrier.

postite, *f.* (*med.*) posthitis*.

postmilitare, *a.* post-military.

postmodèrno, *a.* post-modern.

pósto (1), *m.* **1** place: **Ogni cosa era al suo p.**, everything was in (its) place; (*anche fig.*) **essere fuori p.**, to be out of place; **Gli alunni andarono ai loro posti**, the pupils went to their places; **prendere il p. di q.** (q.c.), to take the place of sb. (st.); **Venne lei al p. di sua madre**, she came in (the) place of (*o* instead of) her mother; **Fossi al tuo p., non ci andrei**, if I were in your place, I wouldn't go; **Tutto è a p.**, everything's in place; (*fig.*) everything's settled **2** (*spazio*) room; space: **Non c'è p. in camera mia per i tuoi vestiti**, there's no room in my bed-room for your clothes; **Fammi un po' di p.**, make some room for me (*o* move over); **Il pianoforte occupa troppo p.**, the piano takes up too much space (*o* room); **p. (disponibile) in piedi**, standing room **3** (*p. a sedere*; *sedile*) seat; (*a scuola*: *banco*) desk; (*in Parlamento*) seat, bench: **il p. di guida**, the driver's seat; **prendere p.**, to take a seat; to sit down; **p. d'angolo**, corner seat; **p. davanti**, front seat; **prenotare un p.**, to book a seat; **p. riservato**, reserved seat; **p. di teatro (di cinema)**, theatre (cinema) seat; (*teatr.*) **un p. distinto**, a seat in the stalls **4** (*lavoro*, *impiego*) position; post; job; situation: **il p. di giudice (consulente legale, ecc.)**, the position (*o* post) of judge (legal adviser, etc.); **fare domanda per un p.**, to apply for a situation; **p. d'insegnante**, teaching post; **p. di falegname**, job as a carpenter; **occupare un p. importante**, to hold an important position; **Non gli piace il p. che ha**, he doesn't like the job he has **5** (*sito*, *punto*, *posizione*) spot; place: **La villa è in un bel p.**, the villa is in a lovely spot; **Che bei posti!**, what beautiful places!; **Non ho mai visto quei posti**, I've never seen those places; **arrivare sul p.**, to reach the spot; to arrive on the scene; **la gente del p.**, the people on the spot; the locals (*fam.*); **Questo non è p. per te**, this is no place for you; **un p. incantevole sotto i pini**, an enchanting spot under the pines. ● (*mil.*) **p. avanzato**, outpost ▫ (*naut.*) **p. d'ancoraggio** (*o* d'ormeggio), berth ▫ **p. di blocco stradale**, road block ▫ (*naut.*) **p.**

di caricamento, loading berth ▫ (*naut.*) **posti di combattimento**, stations; quarters ▫ **p. di controllo**, check point ▫ **p. di frontiera** (*o* di confine), frontier crossing ▫ (*mil.*) **p. di guardia**, sentry post ▫ **p. di lavoro non occupato**, unfilled vacancy ▫ **p. di medicazione**, dressing-station ▫ **p. di osservazione**, observation post ▫ (*aeron.*) **p. di pilotaggio**, cockpit ▫ **p. di primo soccorso**, first-aid post ▫ **p. di polizia**, police station ▫ (*naut.*) **p. di quarantena**, quarantine anchorage ▫ (*autom.*) **p. di rifornimento**, filling station ▫ **p. di villeggiatura**, holiday resort ▫ (*radio*) **p. emittente (ricevente)**, transmitting (receiving) station ▫ **p. letto** (in albergo), bed ▫ **p. vacante**, vacancy; opening ▫ **automobile a due posti**, two-seater ▫ (*fig.*) **stare al proprio p.**, to keep one's place ▫ **tenere la lingua a p.**, to hold one's tongue ▫ (*teatr.*) **Solo posti in piedi**, standing room only ▫ (*teatr.*) **Posti esauriti**, all seats sold; all sold out ▫ **Tieni le mani a p.**, keep your hands to yourself ▫ (*fig.*) **Mettiamo le cose a p.!**, let's get things straight! ▫ **Lo metterò a p. io**, I'll put him in his place; I'll settle his hash (*pop.*).

pósto (2), *a.* placed; situated; set; put: **Il villaggio è p. in riva al mare**, the village is situated (*o* placed) on the sea-shore. ● **p. che**, since; as ▫ **p. ciò**, that being stated.

postònico, *a.* (*linguistica*) post-tonic.

postoperatòrio, *a.* (*med.*) post-operative.

postprandiale, *a.* (*lett.*) postprandial.

postrèmo, *a.* (*lett.*) last.

postribolare, *a.* bawdy; obscene; lewd.

postribolo, *m.* (*lett.*) brothel(-house); bawdy-house.

postscriptum, *V.* poscritto.

postsincronizzazióne, *f.* (*cinem.*) post-synchronization.

postulante, A *a.* petitioning; postulating (*specialm. relig.*). **B** *m. e f.* petitioner; postulant (*specialm. relig.*).

postulare, *v. t.* to petition for (st.); to postulate (*anche fig.*).

postulato, *m.* (*filos.*, *mat.*) postulate: **i postulati del socialismo**, the postulates of socialism; **i postulati d'Euclide**, Euclid's postulates.

postulatóre, *m.* (*relig.*) postulator.

pòstumo, A *a.* posthumous: **un figlio p.**, a posthumous child; **scritti postumi**, posthumous writings; posthuma; **fama postuma**, posthumous fame. **B** *m. pl.* (*med.*) consequences; (*del bere alcol*) hangover (*sing.*): **i postumi della scarlattina**, the consequences of scarlet fever.

postutto, al, *locuz. avv.* (*lett.*) after all; all things considered.

postvocàlico, *a.* (*linguistica*) post-vocalic.

potàbile, *a.* drinkable: **acqua p.**, drinkable water.

potabilità, *f.* drinkableness.

potabilizzare, *v. t.* to render potable.

potage (*franc.*), *m.* (*cucina*) «potage» (thick soup).

potaiòlo, *V.* potatóio.

potamologia, *f.* (*geogr.*) potamology.

potare, *v. t.* (*agric.*) to prune; to lop; to trim: **p. un vite**, to prune a vine; **p. una siepe**, to trim a hedge.

potassa, *f.* (*chim.*) potassium carbonate; potash: **p. caustica**, potassium hidroxide; caustic potash. ● **p. pura**, pearl-ash(es).

potàssico, *a.* (*chim.*) potassic; potassium (*attr.*): **sali potassici**, potassium salts.

potàssio, *m.* (*chim.*) potassium: **carbonato di p.**, potassium carbonate; **cianuro di p.**, potassium cyanide; **cloruro di p.**, potassium chloride; **idrato di p.**, potassium hydroxide; caustic potash; **nitrato di p.**, potassium nitrate; nitre; saltpetre.

potatóio, *m.* (*agric.*) pruning-hook; pruning-knife*.

potatóre, *m.* (*agric.*) pruner; lopper.

potatura, *f.* (*agric.*) pruning; lopping; trimming.

potentato, *m.* (*lett.*) potentate.

potènte, A *a.* powerful; potent; mighty: **un uomo p.**, a powerful man; **un principe p.**, a potent prince; **una nazione p.**, a powerful nation; **un veleno p.**, a potent poison. **B** *m.* powerful person; (*pl.*, *collett.*) (the) powerful.

potenteménte, *avv.* powerfully; potently; mightily.

potènza, *f.* **1** power; might; (*forza*) strength: **la p. di Dio (di un principe)**, the power of God (of a prince); **la p. della stampa**, the power of the Press; **la p. militare della Russia**, Russia's military strength; **la p. delle passioni**, the strength of passions; **la p. del denaro**, the power of money; **la p. di una lente**, the power of a lens; (*filos.*) **la p. intellettiva**, the powers of the intellect **2** (*Stato*, *individuo*) power: **le grandi Potenze**, the great Powers; **una p. mediterranea**, a Mediterranean power; **La Cina è ora una grande p.**, China is now a great power; (*relig.*) **le potenze delle tenebre**, the powers of darkness **3** (*efficacia*) potency: **la p. di un veleno**, the potency of a poison; **La p. è tale che ne basta una goccia per uccidere**, the potency is such that one drop is enough to kill **4** (*mat.*) power: **la p. di un numero**, the power of a number; **elevare x e y alla quarta p.**, to raise x and y to the fourth power (*o* to the power of four) **5** (*mecc.*) power; rating; (in cavalli) horse-power; (*aeron.*) **p. a regime**, power rating;

(*aeron.*) **p. di crociera**, cruising power; (*di motore*) **p. fiscale**, nominal horse-power; (*aeron.*) **p. di decollo**, take-off power **6** (*fis.*) capacity; power: **p. continua**, active power; **fattore di p.**, power factor; (*radio*) **p. acustica**, acoustic power **7** (*geol.*) thickness. ● (*mat.*) **elevare un numero alla seconda (alla terza) p.**, to square (to cube) a number □ **in p.**, potential (*agg.*); potentially (*avv.*): **una minaccia in p.**, a potential menace.

potenziale, A *a.* potential: **le risorse potenziali di un paese**, the potential resources of a country; (*gramm.*) **modo p.**, potential (*o* conditional) mood. ● **allo stato p.**, potential (*agg.*); potentially (*avv.*). **B** *m.* **1** (*fis.*) potential: **p. elettrico**, electric potential; **p. magnetico**, magnetic potential **2** (*fig.*) potential; potentiality: (*comm.*) **p. di vendita**, sales potential; selling power; **p. economico**, economic potential. ● **p. bellico**, military strength □ **p. di lavoro**, working strength □ **p. umano**, manpower.

potenzialità, *f.* potentiality; potency; power; capacity: **la p. di propulsione**, the propelling power.

potenziamento, *m.* potentiation; strengthening; development.

potenziare, *v. t.* to potentiate; to strengthen; to develop.

potenziòmetro, *m.* (*elettr.*) potentiometer.

potére (1), A *v. i.* **1** (*avere la capacità, cioè la forza, la facoltà, la libertà di fare q.c.*) can (*indic. e congiunt. pres.*), could (*indic. e congiunt. pass., condiz.*); to be able: **Posso fare quello che voglio**, I can do what I like; **Non posso alzare questo peso**, I cannot lift this weight; **Finora non sono potuto andare da mia zia**, up to now I have not been able to go to my aunt's; **In fine potei entrare**, I was able (*o* I managed) to get in at last; **Quella sera non poté uscire**, that evening he could not go out; **Non potendo dormire, lessi un romanzo**, being unable to (*o* as I could not) sleep, I read a novel; **Se potrò, ti verrò a trovare domani**, if I can, I'll come to see you tomorrow; **Potendo, te lo farei**, if I could, I would do it for you; **Finché non ci darà la chiave, non potremo aprire quella porta**, we shall not be able to open that door till he gives us the key; **Qui non si può respirare**, one cannot breathe here; it's impossible to breathe here; **Potrai incontrarmi domani alle nove?**, will you be able to meet me tomorrow at nine?; **Passando per Milano, potremmo fermarci da Mario**, while passing through Milan, we could stop at Mario's; **Se potessimo uscire, saremmo più felici**, if we could (*o* if we were able to) go out, we would be happier; **Se venisse, potrei dirgli ciò che accadde**, if he should came, I could (*o* I would be able to) tell him what happened; **Se avessi potuto reagire, le cose sarebbero andate diversamente**, if I could have reacted (*o* if I had been able to react), things would have gone differently; **Se fossero venuti da me prima, li avrei potuti consigliare meglio**, if they had only come to me first, I would have been able to advise them better; **Farò tutto ciò che posso** (*o* **potrò**), I shall do all I can; I shall do my best (*o* my utmost); **Feci tutto ciò che potevo**, I did all I could; I did my best (*o* my utmost); **Vorrei p. fare il giro del mondo**, I wish I could travel round the world; **Spero di p. partire entro la fine del mese**, I hope I shall be able to leave by the end of the month; **Mi spiace di non essere potuto venire**, I'm sorry I was not able to (*o* I could not) come; **Non posso che dire di sì**, I cannot help saying yes; I can but say yes; **Non potevo che innamorarmi di quella ragazza**, I couldn't help falling in love with that girl; **Non puoi fare a meno di (*o* altro che) andare**, you cannot but go; **Non potevano fare a meno di ridere**, they couldn't help laughing; **Non potevo fare a meno di lei**, I could not do without her; **In questi mesi di intenso lavoro, non potrò fare a meno di te**, in these months of hard work I shall not be able to spare you; **Se può farne a meno, non le parlerà**, he will not speak to her if he can help it; **Fargli cambiare parere! Mi spiace, ma non ci posso fare niente** (*o* **nulla**), make him change his mind! I'm sorry, I can't do anything about it; **Se non hai soldi, non ci posso fare nulla**, if you haven't any money, I can't (*o* cannot) help it; **Si fa quello che si può**, one does what one can; **Farò quanto posso**, I'll do all I can; **Verranno quando potranno**, they'll come as soon as they can; **Ti porterò quel che posso**, I'll bring you as much (*o* as many) as I can; **Così non si può (più) andare avanti**, we cannot go on like this (any more) **2** (*avere la possibilità, il permesso di fare q.c.*) may (*indic. pres.*), might (*condiz.*; *e, nel discorso indiretto, indic. pass.*; *spesso sostituiti nella lingua fam., rispettivamente da* can *e* could); to be allowed; to be permitted: **Posso uscire?**, may (*o* can) I go out?; **Mi chiese se poteva uscire**, he asked me if he might (*o* could) go out; **Potete prendere i miei libri**, you may (*o* can) take my books; **Ci disse che potevamo prendere i suoi libri**, he told us that we might (*o* could) take his books; **Non puoi parlare durante la lezione**, you are not allowed to speak during the lesson; **Potrò visitarlo la settimana prossima**, I shall be allowed to visit him next week; **Non puoi entrare prima delle nove**, you are not permitted (*o* allowed) to go in (*o* you cannot go in) before nine o'clock; **Ci sei potuto entrare?**, could you get in?; were you allowed in? **3** (*essere probabile*) may (*pres.*), might (*pass.*); to be likely: **Dove potrai essere domani?**, where are you likely to be tomorrow?; **Credo che potrà riuscire ad avere i suoi soldi**, I think he is likely to succeed in getting his money; **Potrà essere stato lui**, it may have been he (*o* him); **Posso anche sbagliare**, I may have made a mistake; **Posso aver torto**, I may be wrong; **Può essere**, (it) may be; **È un farabutto, ma può anche aiutarti**, he's a scoundrel, but he may help you; **Mio cugino potrebbe conoscere quell'uomo**, my cousin might know that man; **Con un'altra moglie, avrebbe potuto superare quegli ostacoli**, with a different wife he might have overcome those difficulties; **Potrei averlo fatto io**, I might have done it **4** (*essere possibile*) can (*pres.*), could (*pass.*): **Dove può essere andato a finire?**, where can it have gone?; **Dove poteva essersi nascosto?**, where could he have hidden? **5** (*augurio, esortazione*) may (*congiunt. e condiz. pres.*), might (*congiunt. e condiz. pass.*): **Possa tornare la felicità in questa casa!**, may happiness come back to this house!; **Possa arrivare presto l'estate!**, may summer come soon!; **Potrebbe almeno rispondere!**, he might at least reply! **6** (*riuscire in un'impresa*) to manage to; to succeed in **7** (*avere influenza*) to be influential (*o* powerful); to have influence: **Può molto presso il presidente**, he has a lot of influence with the president **8** (*avere possibilità economiche*) to be well-off; to be well-to-do. **B** *v. t.* **1** (*p. fare; valere*) can do (*pres.*), could do (*pass.*): **L'esempio può più delle parole**, example can do more than words; **Possono molto per noi**, they can do a lot for us **2** (*reggere, portare*) to be able to carry (*o* to bear): **Non lo può, tutto quel carico**, he cannot carry all that load. ● **Non può, non posso**, to the utmost; as much as possible □ **può darsi**, maybe: **Può darsi che arrivi stasera**, maybe he will arrive this evening; **Può darsi che si sia fatto male**, maybe he has hurt himself; he may have got hurt; **Può darsi che lo sappia**, maybe he knows; it is possible he knows □ **non p. fare altro che...**, to be unable to do anything but... □ **un uomo che può**, a man of means □ **un uomo che può molto**, a very influential man □ **Si salvi chi può!**, every one for himself □ **Non ne potevano più di quel trattamento**, they couldn't stand that treatment any more □ **Non ne posso più**, (*sono esaurito*) I am exhausted; (*fam.*) I'm all in, I'm bushed; (*sono al limite della sopportazione*) I'm at the end of my tether, I can't stand it any more □ **Lo picchiava a più non posso**, he was hitting him as hard as he could □ **Correva a più non posso**, he was running as fast as he could □ (*prov.*) **Volere è p.**, where there's a will, there's a way.

potére (2), *m.* **1** power (*anche fig.*): **Non è in mio p. di procedere oltre**, it is not within my power to proceed any further; **p. civile (militare, legislativo, ecclesiastico, esecutivo)**, civil (military, legislative, ecclesiastical, executive) power; **p. assoluto**, absolute power; **Il p. corrompe e il p. assoluto corrompe assolutamente**, power corrupts and absolute power corrupts absolutely; **sete di p.**, thirst (*o* lust) for power; **p. temporale (spirituale)**, temporal (spiritual) power; **abuso di p.**, abuse of power; **Farò tutto ciò che è in mio p.**, I'll do everything in my power; **Esercita un gran p. su tutti**, he exercises great power (*o* he holds great sway) over everyone; (*polit.*) **essere al p.**, to be in power; (*polit.*) **p. nero**, black power (*in USA*); **conferire (ricevere) pieni poteri**, to grant (to be invested with) full powers **2** (*influsso, dominio*) influence; sway: **Non ho alcun p. su di lui**, I have no influence over him; **L'oratore esercitava un gran p. sull'uditorio**, the speaker held a great sway over the audience **3** (*possibilità*) power; possibility; (*capacità*) power, capacity: (*econ.*) **p. d'acquisto**, purchasing power; **Tu non hai il p. di fare altrimenti**, you haven't the possibility of acting otherwise; you haven't the power to act otherwise; (*fis.*) **p. d'interruzione**, breaking capacity; **p. calorifico**, heating power **4** (*autorità*) authority: **Non hai il p. di fare ciò**, you have no authority to do that; **i pubblici poteri**, the public authorities. ● **ambasciatore con pieni poteri**, plenipotentiary □ **a tutto p.**, with all one's might □ **cadere in p. di q.**, to fall into sb.'s power (*o* hands) □ (*fig.*) **il quarto p.**, the Press.

potestà, *f.* **1** (*potere*) power; (*autorità*) authority: **Non è in mia p.**, it's not within my power; **non avere la p. di fare q.c.**, to be out of one's power to do st.; **p. di vita e di morte**, power of life and death; (*leg.*) **patria p.**, parental authority; (*stor.*) «**patria potestas**» (*lat.*) **2** (*dominio, balia*) power; mercy: **essere in p. di q.**, to be in sb.'s power; to be at sb.'s mercy **3** (*pl., relig.*) Powers: **le p. angeliche**, the Angelic Powers. ● (*leg.*) **p. di giudicare**, jurisdiction □ **l'Alta** (*o* **Divina**) **P.**, the Almighty.

potestativo, *a.* (*leg.*) potestative: **condizione potestativa**, potestative condition.

pot-pourri (*franc.*), *m.* **1** (*cucina*) hotchpotch; stew (of meat and vegetables) **2** (*letter., mus.*) pot-pourri; (literary *o* musical) medley **3** (*genericamente: miscuglio*) hotchpotch; medley; jumble; farrago.

pouf (*franc.*), *m.* pouf, pouffe (*sgabello imbottito*).

pourparler (*franc.*), *m.* pourparler; informal discussion

poveràccio (preliminary to actual negotiation).
poveràccio, *m.* poor thing (*o* fellow); poor devil (*fam.*).
poveràglia, *f.* (*spreg.*) beggars (*pl.*); rabble.
poveraménte, *avv.* poorly.
poverèllo, *m.* poor fellow.
poverétto, poverino, A *a.* poor; wretched. **B** *m.* poor thing (*o* fellow).
pòvero, A *a.* **1** (*indigente*) poor; needy: **Sposò una ragazza povera,** he married a poor girl; **Sono gente povera,** they are poor people; **Il sindaco distribuì i pacchi alle famiglie povere della città,** the mayor distributed the parcels to the needy families of the city **2** (*miserabile*) poor; wretched; unfortunate; unhappy: **P. diavolo!,** poor devil!; **Il p. cane fu maltrattato dal suo padrone,** the wretched dog was ill-treated by its master; **La povera donna annegò,** the unfortunate (*o* wretched, poor) woman was drowned **3** (*scarso*) scanty; poor; lacking (in): **un raccolto p.,** a scanty (*o* a poor) harvest; **un paese p. di materie prime,** a country lacking (*o* poor) in raw materials; **una biblioteca povera,** a poor (*o* a scanty) library **4** (*sterile*) poor; barren; sterile: **terreno p.,** barren land; **Questi poderi di montagna sono poveri,** these mountain farms are poor (*o* barren) **5** (*disadorno*) plain; bare: **uno stile p.,** a plain style; **in parole povere,** in plain language; **L'altare della chiesa è piuttosto p.,** the church altar is rather bare **6** (*umile*) humble; poor: **Lo so che la mia povera opinione non conta,** I know that my humble (*o* poor) opinion doesn't count **7** (*fam.*: *defunto*) late; poor: **il mio p. zio,** my late uncle. ● **p. in canna,** as poor as a church mouse □ **un fiume p. di acqua,** a shallow river □ (*autom.*) **miscela povera,** lean (*o* weak) mixture □ **montagne povere di pascoli,** mountains with little pasture □ **È ben povera cosa!,** it's not much! □ **P. me!,** dear me!, oh dear! □ (*fam.*) **P. lui, se lo beccano!,** he'll be in for it if they catch him. **B** *m.* **1** poor man*; pauper; (*pl. collett.*) (the) poor, (the) needy, poor people: **È il caffè dei poveri,** it's the poor men's café; **Me lo posso permettere; non sono un p.,** I can afford it; I'm not a pauper; **i poveri della città,** the city poor; (*relig.*) **Beati i poveri di spirito,** blessed are the poor in spirit **2** (*mendicante*) beggar; mendicant. ● (*fam.*) **un p. di spirito** (*uno stupido*), a simple-minded (*o* dull-witted) person.
povertà, *f.* (*fossetta*) poverty; indigence; want; penury; destitution: **vivere in p.,** to live in poverty (*o* in want); **essere ridotto in p.,** to be poverty-stricken; **fare voto di p.,** to take the vow of poverty **2** (*fig.*) poverty; (*scarsezza*) poorness, scarcity, want, lack; (*piccolezza*) smallness; (*meschinità*) poorness, meanness, scantiness: **p. d'idee,** poverty of ideas; **p. di vitamine,** poverty in vitamins; **p. d'acqua,** want of water; **p. di vedute,** meanness of views.
poveruòmo, *m.* poor fellow (*o* thing).
poziòne, *f.* (*med.*) potion; draught. ● **p. calmante,** sedative.
pózza, *f.* puddle; pool: **pieno di pozze,** full of puddles; puddly; **una p. di sangue,** a pool of blood.
pozzànghera, *f.* puddle: **La strada era piena di pozzanghere,** the road was full of puddles.
pozzétta, *f.* (*fossetta*) dimple.
pozzétto, *m.* **1** (*di motore*) sump; (*di miniera*) winze **2** (*naut.*) cockpit. ● (*mecc.*) **p. di depurazione,** water filter □ (*edil.*) **p. di raccolta detriti,** drain well.
pózzo, *m.* **1** well (*anche fig.*): **un p. asciutto,** a dry well; **un p. artesiano,** an artesian well; **un p. petrolifero,** an oil-well; **un p. eruttivo,** a flowing well; **un p. esplorativo,** a wildcat well; **perforare un p.,** to drill a well; (*fig.*, *fam.*) **essere un p. di erudizione,** to be a well (*o* a mine) of learning **2** (*cava*) pit: **p. carbonifero,** coal--pit; colliery **3** (*miner.*) shaft; pit: **p. di aerazione,** ventilating (*o* air) shaft; **p. di estrazione,** hauling (*o* hoisting) shaft; **p. verticale,** vertical shaft; **p. inclinato,** sloping shaft; **p. di afflusso,** downcast shaft; **p. di affondamento,** sinking shaft; **p. di colmata,** flushing shaft **4** (*nei giochi di carte*) pool; pack. ● **p. dell'ascensore,** lift-shaft; elevator shaft (*USA*) □ (*naut.*) **p. delle catene,** chain-locker; cable locker □ (*naut.*) **p. dell'elica,** propeller aperture □ (*naut.*) **p. delle pompe,** well □ (*miner.*) **p. di comunicazione,** winze □ (*fig.*, *fam.*) **un p. di soldi,** a mint of money; pots (*pl.*) of money □ (*fam.*) **essere il p. di S. Patrizio,** to be like a widow's cruse □ **p. nero,** cesspool; sump; septic tank.
pozzolana, *f.* (*miner.*) pozz(u)olana.
pozzolànico, *a.* (*miner.*) pozz(u)olanic.
Praga, *f.* (*geogr.*) Prague.
pragmàtica, *f.* (*filos.*) pragmatics (*pl. col verbo al sing.*).
pragmàtico, *V.* **prammàtico.**
pragmatismo, *m.* (*filos.*) pragmatism.
pragmatista, *m. e f.* (*filos.*) pragmatist.
pragmatistico, *a.* (*filos.*) pragmatic; pragmatist (*attr.*).
pralina, *f.* (*specie di confetto*) praline.
pralinare, *v. t.* (*cucina*) to brown in boiling sugar; to coat with chocolate.
prammàtica, *f.* (*costumanza*) custom; regular practice; usage: **Così vuole la p.,** custom requires us to do so. ● **essere di p.,** to be customary.
prammàtico, *a.* pragmatic: **un editto p.,** a pragmatic edict; (*stor.*) **la Prammatica Sanzione,** the Pragmatic Sanction.
pranoterapìa, *f.* Prana therapy.
pranzare, *v. i.* to dine; to have dinner; (*consumare il pasto del mezzogiorno*) to lunch; to have lunch: **p. a casa,** to dine in; **p. fuori (di casa),** to dine out; **chi pranza spesso fuori casa,** diner-out.
pranzo, *m.* dinner; (*pasto del mezzogiorno*) lunch; (*più formale*) luncheon; (*banchetto*) dinner-party, dinner, banquet: **È l'ora di p.,** it's dinner-time; **Il p. è pronto,** dinner is ready; **un ottimo p.,** an excellent dinner; a slap-up dinner (*pop.*); **dare un p. in onore di q.,** to give a dinner-party in sb.'s honour; **invitare q. a p.,** to ask sb. to dinner; **p. di nozze,** wedding banquet; **dopo p.,** after dinner (*o* lunch); (*nel pomeriggio*) in the afternoon. ● **saltare il p.,** to go without dinner.
praseodimio, *m.* (*chim.*) praseodymium.
prassi, *f.* praxis*; (*accepted*) practice; routine (*o* usual, regular) procedure. ● **p. bancaria,** banking customs □ **la p. commerciale,** the ordinary course of business.
prataiòlo, A *a.* of the fields; of the meadows; field (*attr.*); meadow (*attr.*): **una gallina prataiola,** a meadow chicken. **B** *m.* (*bot.*, *Psalliota campestris*) meadow (*o* field) mushroom.
pratellina, *V.* **pratolina.**
pratènse, *a.* growing in the meadows; meadow (*attr.*); field (*attr.*): **fiori pratensi,** meadow-flowers.
pratèria, *f.* prairie; meadow (*generalm. al pl.*); grass-land.
pràtica, *f.* **1** practice: **mettere q.c. in p.,** to put st. into practice **2** (*esperienza*) practice; experience: **Ho molta p. di calcolatrici,** I have had a lot of experience with calculators; **La perizia si acquista con la p.,** skill comes with practice; **parlare per p.,** to speak from experience; **Hai molta p. nell'insegnare le lingue?,** have you had much experience in teaching languages?; **Non avrà abbastanza p. per questo posto,** he probably hasn't enough experience for this post; **Gli manca la p. in questo campo,** he lacks experience in this field **3** (*addestramento*) training; (*apprendistato*) apprenticeship: **Ci vuole molta p. prima di diventare tornitore,** one needs a great deal of training before becoming a turner **4** (*consuetudine*, *usanza*) practice; custom; usage; (*prassi*) praxis*: **la p. di onorare i morti,** the practice of honouring the dead; **pratiche religiose,** religious practices **5** (*affare*, *faccenda*) matter; affair; business: **regolare (*o* sbrigare) una p.,** to settle an affair; **Ti affido questa p. affinché tu la sbrogli,** I'm leaving this business for you to clear up; **condurre una p. segreta,** to conduct an affair secretly **6** (*documento*) paper; (*caso*) case; (*incartamento*) file, dossier: **Dovrai fare le pratiche per ottenere la carta d'identità,** you will have to get the papers for an identity card; **accantonare una p.,** to shelve a case; **disincagliare una p.,** to re-open a case; **Cercherò la p. in archivio,** I'll look for the file (*o* dossier) in the archives **7** (*pl.*: *atti del culto religioso*, *ecc.*) practices: **pratiche cristiane,** Christian practices; **pratiche magiche** (*superstiziose*), magic (superstitious) practices; **pratiche religiose,** religious practices (*o* observances) **8** (*pl.*: *trattative*) negotiation(s); dealing(s). ● (*leg.*) **pratiche illecite,** unlawful conduct (*sing.*) □ **acquistare p.,** to learn by experience □ (*naut.*) **avere libera p.,** to be out of quarantine □ **avere molta p. di q.c.,** to have a good (practical) knowledge of st. □ **avere p. di una lingua (di un autore),** to be familiar with a language (with an author) □ (*naut.*) **dare libera p. a una nave,** to grant pratique □ **fare p. con un avvocato,** to be articled to a lawyer □ **fare p. con un chirurgo,** to be apprenticed to a surgeon □ **fare le pratiche per ottenere q.c.,** to get the papers ready for st. □ **fare p. presso un artigiano,** to serve one's apprenticeship with an artisan □ **in p.,** in practice; virtually □ **mettere in p. i consigli di q.,** to take sb.'s advice □ **non avere p. del mondo,** to lack knowledge of the world □ **non avere p. di q.c.,** to have no practical knowledge of st. □ **osservare le pratiche religiose,** to fulfil one's religious duties □ **perdere la p. di q.c.,** to lose practice (*o*, *fam.*, the knack) of st. □ **passare una p. a un avvocato,** to place a matter in the hands of a lawyer □ **Suono un'ora al giorno per fare p. di pianoforte,** I practise the piano for an hour every day □ (*prov.*) **Val più la p. della grammatica,** an ounce of practice is worth a pound of precept.
praticàbile, A *a.* **1** (*che si può mettere in pratica*) practicable; feasible; that can be put into practice: **un metodo p.,** a practicable method **2** (*che si può percorrere*) practicable; passable; (*accessibile*) accessible: **Il guado non era p.,** the ford was not passable; **una strada p.,** a practicable road **3** (*rif. a campi da gioco*) playable. **B** *m.* (*teatr.*) practicable (*fam.*).
praticabilità, *f.* **1** practicability; practicableness **2** (*rif. a campi da gioco*) playability.
praticàccia, *f.* (*fam.*) knack; empirical skill.
praticaménte, *avv.* **1** practically; in practice **2** (*con la pratica*) by practice; by experience: **Le lingue s'imparano p.,** you learn

a language by practice.
praticantato, *m.* training; practice.
praticante, A *a.* practising: **un cattolico p.**, a practising Catholic. **B** *m. e f.* **1** (*chi fa pratica d'un mestiere*) apprentice; beginner; tiro, tyro **2** (*chi esercita un mestiere o una professione*) practiser; practitioner **3** (*chi osserva le pratiche religiose*) church-goer.
praticare, *v. t.* **1** (*mettere in pratica*) to practise; to put* into practice (*o* action); to exercise: **p. la giustizia**, to practise justice **2** (*esercitare una professione, arte, ecc.*) to practise; to follow: **p. un mestiere (una professione)**, to follow a trade (a profession) **3** (*frequentare luoghi*) to frequent; (*frequentare persone*) to associate with, to mix with, to have to do with: **p. un luogo**, to frequent a place; **Egli non pratica più i bar**, he no longer frequents bars; **p. q.**, to associate with sb.; **Non p. certa gente!**, don't associate with such people! **4** (*seguire le pratiche religiose*) to practise (religion) **5** (*fare, aprire*) to make*: **p. un foro (un taglio)**, to make a hole (a cut). ● **p. un prezzo**, to make (*o* to quote) a price □ **p. una cura**, to try a treatment □ **p. la professione dell'avvocato (del medico)**, to practise law (medicine); to practise as a lawyer (as a physician) □ **p. ribasso**, to rebate.
praticità, *f.* practicalness; practicality; convenience.
pràtico, A *a.* **1** practical: **esercizio p.**, practical exercise; **metodo p.**, practical method; **consigli pratici**, practical advice; **dimostrazione pratica**, practical demonstration; **Ha superato tutte le difficoltà pratiche**, he has overcome all the practical difficulties **2** (*comodo, funzionale*) practical; convenient; handy: **Hai una casa molto pratica**, you have a very practical house; **abiti pratici**, practical clothes (*o* garments); **Una valvola di ricambio è una cosa pratica in casa**, a spare fuse is a convenient (*o* a handy) thing to have in the house; **Ci vuole qualcosa di più p.**, something more practical (*o* convenient) is needed **3** (*esperto, perito*) experienced, skilled (in); familiar (with): **È poco p. del mestiere**, he's not very experienced (*o* skilled) in his trade; **È p. di queste faccende**, he's experienced in these matters; **un idraulico p.** (*del suo mestiere*), a skilled plumber; **Cercansi dattilografe pratiche**, skilled (*o* experienced, competent) typists wanted; **È p. di macchine elettroniche**, he's familiar with (*o* he's experienced in) computers **4** (*empirico, positivo*) practical; empirical: **una mente pratica**, a practical (*o* empirical) mind; **senso p.**, practical (*o* common) sense; **un uomo p.**, a practical man; a down-to-earth sort of man. ● **all'atto p.**, in practice; when it comes to it (*o* to the point) □ **essere p. del proprio mestiere**, to know one's trade □ **nella vita pratica**, in real life ■ **Non era p. del luogo**, he wasn't familiar with the place; he was a stranger there □ **Non sono affatto p. di motori**, I don't know anything about engines ■ **Vollero vedermi all'atto p.**, they wanted to put me to the test □ **Era molto p. della città**, he knew the city very well (*o* from A to Z, *o*, *fam.*: backwards) □ (*fam.*) **Siamo pratici!**, let's be factual! **B** *m.* practical man*.
praticolo, *a.* (*zool.*) prairie (*attr.*); grassland (*attr.*).
praticoltura, *f.* grassland farming.
praticóne, *m.* practised hand.
Pratile, *m.* (*stor.*: nono mese del calendario rivoluzionario francese*) Prairial (*franc.*).
prativo, *a.* meadowy; meadow (*attr.*); grass (*attr.*): **terreno p.**, meadow land; grassland.
prato, *m.* meadow; (*p. rasato*) lawn: **fiori di p.**, meadow flowers. ● **giocare sul p.**, to play on the grass □ **terreno a p.**, grassland; grazing land.
pratolina, *f.* (*bot.*, *Bellis perennis*) daisy.
pravità, *f.* (*lett.*) perverseness; perversity; wickedness; iniquity.
pravo, *a.* (*lett.*) perverse; wicked; iniquitous: **O generazione incredula e prava!**, O faithless and perverse generation!; **anime prave**, wicked spirits; **costumi pravi**, iniquitous customs.
preaccennare, *v. t.* (*bur.*) to mention beforehand.
preaccennato, *a.* (*bur.*) mentioned before; aforesaid.
preadamita, *m.* pre-adamite: **i preadamiti**, the pre-adamites.
preadamitico, *a.* pre-adamitic(al).
preadolescènte, *a.*, *m. e f.* pre-teen.
preagònico, *a.* (*med.*) pre-agonal.
preallarme, *m.* warning signal.
Prealpi, *f. pl.* (*geogr.*) (the) Pre-Alps.
prealpino, *a.* (*geogr.*) Pre-Alpine.
preàmbolo, *m.* preamble. ● **dire q.c. senza tanti preamboli**, to say st. right away □ **Lascia stare i preamboli!**, just come to the point, will you?
preammòllo, *m.* presoak (cycle). ● **fare il p.**, to presoak.
preamplificare, *v. t.* (*telev.*, *radio*) to preamplify.
preamplificatóre, *m.* (*telev.*, *radio*) preamplifier.
preamplificazióne, *f.* (*telev.*, *radio*) preamplification.
preannunciare, preannunziare, *v. t.* to pre-announce; to announce in advance (*o* beforehand); (*predire*) to forebode, to foretell*, to prognosticate: **Questi nuvoloni preannunziano un temporale**, these black clouds forebode a storm.
preannùncio, preannùnzio, *m.* pre-announcement.
preatlètico, *m.* (*sport*) preparatory exercise.
preavvertiménto, *m.* forewarning.
preavvertire, *v. t.* to forewarn; to inform in advance (*o* beforehand).
preavvisare, *v. t.* to inform in advance (*o* beforehand); to give* notice to; to forewarn.
preavviso, *m.* **1** (*avviso preventivo*) notice; warning; forewarning: **dietro p.**, upon notice; **senza p.**, without notice; **per mancato p.**, for want of notice; **con breve p.**, at short notice; **con p. di quindici giorni**, at a fortnight's notice; **dare (ricevere) un mese di p.**, to give (to get) a month's notice (*o* warning) **2** (*leg.*: *di disdetta di contratto, ecc.*) warning: **senza p.**, without (any) warning.
preazióne, *f.* (*cibernetica*) feedforward.
prebarba, (*cosmesi*) **A** *a. invar.* pre-shave: **lozione p.**, pre-shave lotion; **crema p.**, pre-shave cream. **B** *m. invar.* (*lozione*) pre-shave lotion; (*crema*) pre-shave cream.
prebèllico, *a.* pre-war.
prebènda, *f.* (*relig.*) prebend.
prebendàrio, *m.* (*relig.*) prebendary.
prebendato, (*relig.*) **A** *a.* prebendal. **B** *m.* prebendary.
precambriano, *a.* (*geol.*) Pre-Cambrian.
precàmera, *f.* (*tecn.*) burner windbox.
precampionato, *a. invar. e m.* (*sport*) prechampionship.
precariato, *m.* **1** (*condizione di precarietà nell'impiego*) lack of stability in one's job **2** (*collett.*: *precari*) those who are not on the regular staff; (*docenti*) pro-tempore teachers.
precarietà, *f.* precariousness.
precàrio, A *a.* precarious; uncertain; unstable; (*temporaneo*) temporary: **possesso (a titolo) p.**, precarious possession; **uno stato p. di salute**, a precarious state of health; **un impiego p.**, a temporary situation (*o* job). ● **a titolo p.**, on sufferance. **B** *m.* (*docente p.*) pro-tempore teacher.
precauzionale, *a.* precautionary; precautional: **prendere misure precauzionali**, to take precautionary measures.
precauzióne, *f.* **1** precaution: **Le precauzioni non sono mai troppe**, you can't take too many precautions; **una saggia p.**, a wise precaution; **precauzioni sanitarie**, sanitary precautions; **prendere le debite precauzioni**, to take the necessary precautions; **per p.**, as a precaution **2** (*cautela*) caution; care; heed; prudence: **con la massima p.**, with the greatest care.
prèce, (*lett.*) *V.* **preghièra.**
precedènte, A *a.* **1** preceding; previous; foregoing: **le pagine precedenti**, the preceding pages; **la lezione p.**, the previous lesson; **il giorno p.**, the previous day; the day before; **nelle spiegazioni (citazioni) precedenti**, in the foregoing explanations (quotations); **avere (annullare) un impegno p.**, to have (to cancel) a previous engagement **2** (*anteriore*) former: **in tempi precedenti**, in former times; **in una vita p.**, in a former life. **B** *m.* **1** precedent (*anche leg.*): **creare un p.**, to create (*o* to set) a precedent; **senza precedenti**, without precedent; unprecedented (*agg.*) **2** (*pl.*, *condotta anteriore a un certo momento*) record (*sing.*): **avere buoni (cattivi) precedenti**, to have a good (bad) record. ● (*leg.*) **precedenti penali**, previous offences.
precedenteménte, *avv.* previously; before; on a previous occasion.
precedènza, *f.* **1** precedence; (*priorità*) priority: **La p. spetta al più anziano**, the oldest person takes (*o* has) precedence; **avere la p.**, to take precedence (of, over st.); to have priority (over sb. in st.); **Le misure deflazionistiche hanno la p. su qualsiasi altra cosa**, deflationary measures take precedence over any other matter; **disputarsi la p. con q.**, to contend with sb. for precedence; **La p. sarà data ai casi di maggior bisogno**, priority will be given to the most needy cases; **dare la p. a q.** (**q.c.**), to give precedence (*o* priority) to sb. (st.); **in ordine di p.**, in order of precedence **2** (*autom.*, *anche diritto di p.*) right of way: **Bisogna dare la p. alle automobili provenienti da destra**, right of way must be given to cars coming from the right. ● **in p.**, previously; before; on a previous occasion □ (*mecc.*) **ordine di p.** (*dei bulloni, ecc.*), sequence: **dare la p. ai veicoli provenienti da destra** (*cartello stradale in G. B.*), give way to vehicles coming from the right.
precèdere, A *v. t.* **1** to precede; to go* (*o* to come*) before; (*essere alla testa di*) to head; to go* (*o* to come*) ahead of: **Il lampo precede il tuono**, lightning precedes thunder; **La banda cittadina precede il corteo**, the town band headed the procession; **Mio figlio mi precederà**, my son will go before (*o* will precede) me; **Mi precedeva nella lista**, he came before me in the list; **Dopo una sosta a Genova, ci precedettero**, after a stop at Genoa, they went ahead of us **2** (*per dignità, rango*) to have precedence over (sb.) **3** (*fare da introduzione a*) to preface **4** (*prevenire*) to anticipate: **p. le mosse degli avversari**, to anticipate one's

precessióne

adversaries' movements. **B** *v. i.* to come* first; to precede: **Precede una sonata di Chopin**, first comes a Chopin sonata. ● **fare p.** (*premettere*), to put first □ **farsi p. da q.**, to send sb. ahead; to announce oneself.
precessióne, *f.* (*astron., mecc.*) precession: **p. degli equinozi**, precession of the equinoxes.
precettare, *v. t.* **1** (*mil.*) to call up **2** (*leg.: come testimone, ecc.*) to garnish; (*convocare*) to summon; (*ordinare*) to order, to command.
precettazióne, *f.* (*mil.*) call-up.
precettista, *m. e f.* (*spreg.*) teacher by precept.
precettistica, *f.* **1** teaching by precept **2** (*precetti in complesso*) precepts (*pl.*).
precettivo, *a.* (*lett.*) preceptive.
precètto, A *m.* **1** (*norma, regola*) precept (*anche relig.*); rule: **i precetti della chiesa**, the precepts (*o* commandments) of the Church; **i precetti della buona educazione**, the rules of good manners **2** (*lett.: ordine*) order; command **3** (*leg.*) request of payment after judgment **4** (*mil.*) call-up notice. ● **il p. pasquale**, one's Easter duties (*pl.*) □ **festa di p.**, day of obligation; red-letter day (*fam.*). **B** *a.* – (*mil.*) **cartolina p.**, call-up papers (*pl.*).
precettóre, *m.* preceptor; tutor.
precipitàbile, *a.* (*chim.*) precipitable.
precipitabilità, *f.* (*chim.*) precipitability.
precipitante, *m.* (*chim.*) precipitant.
precipitare, A *v. t.* **1** (*gettare giù a capofitto*) to precipitate; to throw* down (headlong); to fling* down; to hurl down; to cast* down: **Iddio precipitò Lucifero nell'Inferno**, God precipitated Lucifer into Hell; **p. q. da un burrone**, to hurl sb. down from ravine **2** (*fig.: affrettare troppo*) to precipitate; to rush; to hasten; to speed* up: **p. le cose**, to precipitate things; **p. una decisione**, to rush a decision; to make a hasty decision; **dover p. la partenza**, to have to hasten one's departure **3** (*chim.*) to precipitate. **B** *v. i.* **1** (*cadere rovinosamente*) to fall* (headlong) (*anche fig.*): **p. in una voragine**, to fall headlong into a pit; **p. in rovina**, to fall (*o* to go) to ruin; to be ruined **2** (*aeron.*) to crash: **L'aeroplano precipitò su una collina**, the plane crashed on a hillside **3** (*giungere a conclusione*) to come* to a head: **Gli eventi precipitano**, events are coming to a head **4** (*chim.*) to precipitate; to settle as a precipitate. **precipitarsi, C** *v. rifl.* **1** (*gettarsi giù*) to throw* (*o* to fling*, to hurl) oneself down: **p. da una rupe**, to throw oneself down from a rock **2** (*accorrere in gran fretta*) to rush; to dash; (*affrettarsi*) to hasten; to speed* up (*fam.*): **p. fuori da una stanza**, to rush out of a room; **p. in aiuto di q.**, to rush (*o* to run) to sb.'s help; **p. a casa (in ufficio)**, to hasten home to one's office.
precipitato, A *a.* (*affrettato*) precipitate; hurried; over-hasty; rash. **B** *m.* (*chim.*) precipitate: **un p. fioccoso**, a flaky (*o* a flocky) precipitate.
precipitatóre, *m.* (*fis., chim.*) precipitator.
precipitazióne, *f.* (*in ogni senso*) precipitation: **Non dobbiamo agire con p.**, we must not act with precipitation (*o* inconsiderately). ● **p. radioattiva**, fall-out.
precipite, *a.* (*lett.*) **1** (*che cade col capo all'ingiù*) headlong: **essere gettato p.**, to be thrown (*o* hurled) headlong **2** (*fig.: ripido, scosceso*) precipitous; (very) steep: **una rupe p.**, a precipitous cliff.
precipitevolissimevolménte, *avv.* (*scherz.*) very hurriedly; in great haste; headlong. ● (*prov.*) **Chi troppo in alto sale, cade repente p.**, hasty climbers have sudden falls.
precipitosaménte, *avv.* precipitately; hastily; with all haste; (*avventatamente*) rashly, headlong, recklessly, impetuously: **correre p.**, to run (*o* to rush) headlong; **gettarsi p. nella lotta**, to rush headlong into the fight.
precipitóso, *a.* **1** (*che cade o corre a precipizio*) precipitous; headlong: **una caduta precipitosa**, a headlong fall **2** (*fig.: avventato*) precipitate; over-hasty; rash; reckless; headlong; (*affrettato*) impetuous, hasty, hurried: **un ritorno p.**, a precipitate return; **un uomo p.**, a rash man; **una decisione precipitosa**, an over-hasty decision.
precipìzio, *m.* **1** precipice (*anche fig.*): **cadere in un p.**, to fall into a precipice **2** (*fig.: rovina*) ruin: **andare in p.**, to go (*o* to fall) to ruin; **mandare in p.**, to bring to ruin; **essere sull'orlo del p.**, to be on the brink of ruin **3** (*fig., fam.: grandissima quantità*) heap; no end of; great deal; lots (*pl.*): **Ce n'era un p.**, there was no end of them. ● **a p.**, steeply; precipitously; (*a capofitto*) headlong; (*precipitosamente*) precipitately, headlong, impetuously: **correre a p.**, to run (*o* to rush) headlong □ (*prov.*) **Ai voli troppo alti e repentini sogliono i precipizi esser vicini**, hasty climbers have sudden falls.
precipuaménte, *avv.* (*lett.*) principally; mainly; chiefly; primarily; above all.
precipuo, *a.* (*lett.*) **1** principal; main; chief; leading; most important: **lo scopo p. della vita**, the principal aim in life; **il dovere p. di q.**, one's main (*o* first) duty; **l'argomento p.**, the leading topic **2** (*per estens.: particolare*) particular; peculiar.
precisaménte, *avv.* **1** (*in modo preciso*) precisely; in a precise manner; with precision; with accuracy: **lavorare p.**, to work with precision **2** (*in tutto e per tutto*) exactly; definitely; quite; just: **È p. quello che è accaduto**, that's exactly (*o* just) what happened; **Le cose stanno p. così**, things stand exactly like that; **essere p. uguali**, to be exactly alike; to be quite (*o* just) the same; **P.!**, definitely!; just so!; quite so!
precisare, *v. t.* to define precisely; to state (*o* to tell*) precisely (*o* exactly); to specify; (*fissare*) to state, to fix: **Non saprei p.**, I couldn't tell you exactly; **p. meglio q.c.**, to state st. more exactly (*o* explicitly); to be more explicit about st.; **p. una domanda**, to specify a question; **p. la data di una riunione**, to state the date of a meeting. ● **p. i dettagli**, to give further details.
precisazióne, *f.* **1** precise (*o* specific, explicit) statement; specification **2** (*pl.*) precise information (*sing.*).
precisióne, *f.* precision; preciseness; exactness; definiteness; accuracy: **la p. di un'affermazione**, the precision of a statement; **la p. del linguaggio**, the precision of language; **la p. d'una traduzione**, the exactness of a translation; **sapere q.c. con p.**, to know st. with precision; to be (quite) sure about st.; **fare q.c. con molta p.**, to do st. with great precision; **mirare alla p.**, to aim at exactness; **p. di tiro**, accuracy of fire. ● **di p.**, precision (*attr.*): **una bilancia di p.**, a precision balance; **uno strumento di p.**, a precision instrument.
preciso, *a.* **1** (*che opera con esattezza*) precise; exact; (*accurato*) accurate: **un operaio molto p.**, a most accurate workman; **essere p. in tutto**, to be exact in everything **2** (*p. nei particolari, esatto*) precise; exact; (*ben determinato*) definite, particular; (*corretto*) correct: **ordini precisi**, precise orders; **una copia precisa dell'originale**, an exact copy of the original; **una traduzione precisa**, an exact (*o* a correct) translation; **un resoconto p. di q.c.**, a (full and) particular account of st.; **nulla di p.**, nothing definite; **le tue precise parole**, your exact (*o* very) words **3** (*di peso, misura, tempo*) precise; exact: **Dimmi l'ora precisa, per favore**, tell me the exact time, please; **il momento p. in cui avviene q.c.**, the precise (*o* very) moment at which st. is happening; **la misura precisa di q.c.**, the exact size of st. **4** (*identico*) identical (to); the same (as); just like. ● **alle tre precise**, at three o'clock sharp □ «**Hai detto proprio così?**» «**P.!**», «did you really say so?» «just so!».
precitato, *a.* above-mentioned; mentioned above; quoted above; aforesaid.
preclaro, *a.* (*lett.*) (most) illustrious; (most) distinguished; eminent: **un uomo p.**, a most distinguished man; **un uomo di virtù preclare**, a man of eminent (*o* choice) virtues.
preclassico, *a.* (*letter.*) pre-classical.
preclùdere, *v. t.* **1** to block; to obstruct; to bar; to preclude: **p. la via a q.**, to block (*o* to bar) sb.'s way; **p. l'àdito**, to obstruct ingress; **p. a q. ogni probabilità di successo**, to bar sb.'s chances of success **2** (*leg.*) to estop.
preclusióne, *f.* **1** bar; foreclosure **2** (*leg.*) estoppel. ● **senza preclusioni verso alcun candidato**, without barring anybody from the competition.
preclusivo, *a.* preclusive.
precòce, *a.* precocious; (*anticipato*) early; forward; (*prematuro*) premature, untimely: **un bambino p.**, a precocious child; **un talento p.**, a precocious talent; **un inverno p.**, an early winter; **piselli precoci**, early peas; **una vecchiaia p.**, a premature (old) age; untimely decrepitude; **uno sviluppo p.**, a premature development; **una morte p.**, an untimely death. ● **delinquenza p.**, juvenile delinquency.
precoceménte, *avv.* precociously; (*prematuramente*) prematurely.
precocità, *f.* precocity; precociousness; forwardness; untimeliness.
precognitivo, *a.* precognitive.
precògnito, *a.* (*lett., scient.*) known beforehand (*pred.*).
precognizióne, *f.* (*lett.*) foreknowledge; precognition.
precolombiano, *a.* pre-Columbian.
precombustióne, *f.* (*tecn.*) precombustion.
precompressióne, *f.* (*edil.*) prestressing.
precompressó, (*edil.*) **A** *a.* prestressed: **cemento p.**, prestressed concrete. **B** *m.* prestressed concrete.
precomprimere, *v. t.* (*edil.*) to prestress.
preconcètto, A *a.* preconceived: **idee preconcette**, preconceived ideas. **B** *m.* preconception; (*pregiudizio*) prejudice: **giudicare senza preconcetti**, to judge without preconceptions; **abbandonare ogni p.**, to leave out all prejudices.
preconciliare, *a.* (*relig.*) preconciliar.
preconfezionaménto, *m.* (*ind.*) prepackage.
preconfezionare, *v. t.* **1** (*ind.*) to prepack **2** (*abbigliamento*) to make* ready-to-wear (*o* prêt-à-porter) clothes.

precongressuale, *a.* precongressional.
preconizzare, *v. t.* **1** to preconize (*anche relig.*) **2** (*predire*) to foretell*; to predict.
preconizzatóre, *m.* preconizer.
preconizzazióne, *f.* preconization (*anche relig.*).
preconoscènza, *f.* (*lett.*) foreknowledge.
preconóscere, *v. t.* to know* beforehand.
precònscio, *a. e m.* (*psic.*) preconscious.
precòrdio, *m.* (*anat.*) precordium*.
precordiale, *a.* (*anat.*) pr(a)ecordial.
precórrere, *v. t.* to be in advance of; to anticipate; to forestall: **p. gli avvenimenti,** to anticipate events; **p. i tempi,** to be in advance of one's age; (*anticipare i fatti*) to anticipate events.
precorritóre, A *m.* forerunner; precursor; harbinger. **B** *a.* forerunning; forestalling; precursory.
precostituire, *v. t.* to establish in advance.
precostituito, *a.* **1** pre-determined; established beforehand **2** (*leg.*) pre-constituted; pre-established: **maggioranza precostituita,** pre-constituted majority.
precòtto, A *a.* pre-cooked. **B** *m.* pre-cooked food.
precristiano, *a.* pre-Christian.
precuòcere, *v. t.* to precook.
precursóre, A *m.* precursor; forerunner; (*messaggero*) harbinger: **S. Giovanni, il P. di Cristo,** St. John the Baptist, the Forerunner of Christ. **B** *a.* precursory; forerunning; forestalling: **i sintomi precursori d'una malattia,** the precursory symptoms of a disease. ● **il lampo p. del tuono,** lightning which precedes thunder □ **i segni precursori della tempesta,** the signs of the impending storm.
prèda, *f.* **1** prey (*anche fig.*); (*animale braccato*) quarry: **Gli agnelli sono p. del lupo,** lambs are the wolf's prey; **animale (uccello) da p.,** animal (bird) of prey; **La muta inseguì la p. fino alla tana,** the pack ran the quarry to earth; **cadere in p. a q. (q.c.),** to fall a prey to sb. (st.): **Cadde in p. alla disperazione,** he fell a prey to despair; **Fu una p. facile per quell'imbroglione,** he was an easy prey to that swindler; **È p. delle sue passioni,** he is a prey to (*o* he is enslaved by) his own passions; **I martiri furono dati in p. alle belve,** the martyrs were given as prey to the wild beasts; **essere in p. a,** to be a prey to (*anche fig.*): **essere in p. al rimorso,** to be a prey to remorse **2** (*bottino, spoglie*) booty; plunder: **p. di guerra,** war booty; spoils of war; **diritto di p.,** right of plunder; **dare in p.,** to give over to plunder **3** (*naut.*) prize. ● **andare in p. alle fiamme,** to be burnt down □ **darsi in p. a q.c.,** to give oneself up to st.; to abandon oneself to st. □ **fare p. di q.c.,** to plunder st.; (*naut.*) to prize st. □ **essere in p. a una crisi di nervi (di pianto),** to have a fit of nerves (of crying) □ **essere in p. alle fiamme,** to be on fire; to be aflame □ **essere in p. all'ira,** to be beside oneself with rage; to be overwhelmed with rage □ **essere in p. al terrore,** to be terror-struck □ **essere in p. al vizio,** to be a slave to vice; to be enslaved by vice.
predare, *v. t.* to prey upon; to plunder; to pillage; to sack; to maraud: **p. un paese,** to plunder (*o* to ravage) a country.
predatóre, A *m.* plunderer; pillager; marauder; (*di animale*) predator, raptorial. **B** *a.* predatory; plundering; pillaging.
predatòrio, *a.* predatory.
predazióne, *f.* (*biol.*) predation.
predecessóre, *m.* **1** predecessor **2** (*pl.: antenati*) forefathers.
predèlla, *f.* platform; dais; (*di altare*) predella*, foot-pace.
predellino, *m.* (*di veicolo*) foot-board; running-board. ● **fare il p. intrecciando per gioco le mani in due,** to make a chair.
predestinare, *v. t.* to (pre)destine; to predestinate (*anche relig.*); to foredoom; to preordain: **Era predestinato ch'egli non dovesse realizzare le sue speranze,** his hopes were destined not to be realized; **un tentativo che era predestinato all'insuccesso,** an attempt that was foredoomed to failure; **essere predestinato alla vita eterna,** to be predestinated to eternal life; to be one of the elect.
predestinato, A *a.* (pre)destined; predestinated (*anche relig.*); foredoomed; doomed; preordained: **speranze predestinate a essere deluse,** hopes doomed to disappointment. ● **la città predestinata,** the fated city. **B** *m.* predestinate.
predestinazióne, *f.* predestination (*specialm. relig.*); destiny: **la dottrina della p.,** the doctrine of predestination.
predestinazionismo, *m.* (*relig.*) predestinarianism; predestinationism.
predeterminare, *v. t.* to predetermine; to preordain.
predeterminazióne, *f.* previous determination; predetermination.
predétto, *a.* mentioned above; above-mentioned; aforesaid: **per la ragione predetta,** for the aforesaid reason.
prediabète, *m.* (*med.*) prediabetes.
prediabètico, *a. e m.* (*med.*) prediabetic.
prediale, *a.* (*leg.*) pr(a)edial; landed; real. ● **imposte prediali,** land taxes.
prèdica, *f.* **1** (*relig.*) sermon; preach (*fam.*): **fare una p.,** to preach a sermon **2** (*fig., fam.: ramanzina*) lecture; talking-to; telling-off; preachy-preachy (*fam.*): **fare la p. a q.,** to give sb. a lecture (*o* a talking-to); to lecture sb. ● **un predicatore che con le sue prediche faceva addormentare,** a preacher who would preach people asleep □ **Ecco il frutto delle tue prediche!,** this is what you've got with all your preaching (*o* sermonizing)! □ **Da che pulpito viene la p.!,** look who's talking!; just listen to him!
predicàbile, A *a.* (*lett.*) preachable. **B** *m.* (*filos.*) predicable.
predicaménto, *m.* **1** (*filos.*) predicament; category **2** (*predica*) preachment (*per lo più spreg.*); sermon **3** (*stima*) esteem; consideration.
predicare, A *v. t.* **1** (*relig.*) to preach: **p. il vangelo,** to preach the Gospel; **p. le verità della fede,** to preach the truths of faith; **p. il quaresimale (*o* la quaresima),** to preach the Lenten sermons **2** (*andare insegnando pubblicamente*) to preach; to preach up; to recommend; to teach*: **p. la pace (la guerra),** to preach peace (war); **p. l'uguaglianza,** to preach equality; **p. la pazienza a q.,** to preach patience to sb. **3** (*filos.*) to predicate. **B** *v. i.* **1** to preach; to sermonize **2** (*fam.: dare consigli, ammonimenti*) to preach; to sermonize; to lecture: **Smettila di p.!,** stop sermonizing, will you? **3** (*filos.*) to predicate. ● **p. al deserto (*o* al vento),** to waste one's words □ **p. bene e razzolare male,** not to practise what one preaches; not to live up to one's principles □ **È tanto che glielo predico,** I've told him over and over again.
predicativo, *a.* (*gramm.*) predicative; predicate (*attr.*).
predicato, *m.* (*gramm., filos.*) predicate: **un p. verbale,** a verbal predicate. ● **essere in p.,** to be a candidate (for an office, a position).
predicatóre, A *m.* **1** (*relig.*) preacher (*anche fig.*); (*frate p.*) predicant **2** (*sostenitore*) advocate; upholder; preacher: **p. della pace,** advocate of peace. **B** *a.* (*relig.*) preaching; predicant: **un frate p.,** a preaching friar; a predicant.
predicatòrio, *a.* predicatory; sermonizing: **in tono p.,** in a sermonizing tone.
predicazióne, *f.* **1** (*relig.*) preaching: **la p. del vangelo,** the preaching of the Gospel **2** (*filos.*) predication.
predicòzzo, *m.* (*scherz.*) lecture; talking-to; telling-off: **fare un p. a q.,** to give sb. a lecture; to lecture sb.; to talk to sb. (*fam.*).
predigerire, *v. t.* to predigest.
predigestióne, *f.* predigestion; preliminary digestion.
predilètto, A *a.* favourite; dearest; best-loved; pet (*attr.*); darling (*attr.*): **la tua figliola prediletta,** your favourite daughter; **il mio amico p.,** my dearest friend; **i miei libri prediletti,** my favourite (*o* best-loved) books; **il mio passatempo p.,** my favourite pastime; my hobby. ● **animale p.,** pet. **B** *m.* favourite; pet; darling: **essere il p. della mamma,** to be one's mother's pet (*o* little darling).
predilezióne, *f.* predilection; (*preferenza*) preference, partiality: **avere una p. per q.,** to have a predilection for sb.; to be particularly fond of sb.; **mostrare p. per q.c.,** to show a predilection (*o* a preference) for st. ● **La sua p. era la caccia,** his favourite pastime was hunting.
predilìgere, *v. t.* to have a preference for; to prefer; (*fra due*) to like better; (*fra più di due*) to like best: **p. q.,** to have a preference for sb.; to be particularly fond of sb.; **p. la poesia classica,** to have a preference for classic poetry; to prefer classic poetry.
prediluviale, *a.* (*geol.*) antediluvial.
prèdio, *m.* praedium* (*lat.*): **p. rustico,** praedium rusticum.
predire, *v. t.* to foretell*; to predict; to prophesy; to forebode; (*il tempo*) to forecast*: **p. il futuro (le decisioni) di q.,** to foretell sb.'s fortune (sb.'s decisions); **p. le azioni di q.,** to predict sb.'s actions; **p. il ritorno d'una cometa,** to predict the return of a comet; **p. la guerra,** to prophesy war; **p. una calamità,** to forebode disaster.
predispórre, A *v. t.* to predispose (*anche med.*); to dispose beforehand; to arrange in advance; to prearrange; (*preparare*) to prepare, to plan, to get* (st.) ready: **p. q. in favore di q. altro,** to predispose sb. in sb. else's favour; **p. la mente a q.c.,** to predispose one's mind to st.; **p. una cerimonia,** to plan a ceremony; **p. tutto per un viaggio,** to arrange everything (*o* to get everything ready) for a journey; to make preparations for a journey; **p. un incontro,** to arrange a meeting. **predispórsi, B** *v. rifl.* to prepare oneself; to get* ready: **p. a una delusione,** to prepare oneself for a disappointment.
predisposizióne, *f.* **1** (*il predisporre*) predisposition; pre-arrangement **2** (*l'essere predisposto*) (pre)disposition; (*inclinazione*) inclination, tendency, propensity, natural bent, turn: **p. d'animo,** an inclination of the mind; **p. a ingrassare,** an inclination to grow fat (*o* to stoutness); **avere p. a q.c.,** to have a disposition to st.; to have a turn for st.; **mostrare p. alla musica (alla pittura),** to show a natural bent for music (painting) **3** (*med.*) predisposition: **avere p. a certe malattie,** to have a

predispósto, predisposition to certain diseases.
predispósto, *a.* **1** arranged beforehand; prepared in advance; scheduled: **Lo spettacolo p. non avrà luogo**, the scheduled programme will not take place **2** susceptible; predisposed; prone to: **un organismo p. a una malattia**, an organism susceptible (*o* prone) to infection.
predizióne, *f.* prediction; prophecy.
predominante, *a.* predominant; predominating; prevailing; prevalent; ruling; leading: **i venti predominanti**, the prevailing winds; **il colore p.**, the predominant colour; **la passione p.**, the predominant (*o* ruling) passion; **il tratto p. del proprio carattere**, the predominant feature of one's character; **l'opinione p.**, the prevailing opinion; **l'idea p.**, the leading (*o* ruling) idea.
predominanza, *f.* predominance; predominancy.
predominare, *v. i.* to predominate; to dominate; to rule (supreme); (*prevalere*) to prevail, to be predominant: **Egli vuole p.**, he wants to dominate; **Nel mio cuore predominava l'amore**, love predominated in my heart; **In questa tragedia predomina il terrore**, terror dominates this tragedy; **una città in cui predomina lo stile gotico**, a town in which the Gothic style predominates; **una foresta in cui predominano i pini**, a forest in which pine-trees prevail. ● **In lui predomina l'orgoglio**, pride is the dominant feature of his character.
predomìnio, *m.* predominance; supremacy; (*prevalenza*) prevalence, sway; (*preponderanza*) preponderance: **il p. della Chiesa**, the supremacy of the Church; **il p. delle passioni**, the prevalence of passions. ● **avere il p.**, to stand foremost □ **esercitare il p. su q.**, to dominate over sb.; to rule over sb.
predóne, *m.* marauder; plunderer; pillager, robber. ● **p. del mare**, pirate; freebooter.
preelettorale, *a.* pre-electoral.
preellènico, *a.* pre-Hellenic.
preènfasi, *f.* (*elettron.*) preemphasis: **circuito di p.**, preemphasis network.
preesistènte, *a.* pre-existent; pre-existing: **le condizioni preesistenti**, the pre-existent conditions.
preesistènza, *f.* pre-existence (*anche relig.*): **la p. dell'anima**, the pre-existence of the soul.
preesìstere, *v. i.* to pre-exist.
prefabbricare, *v. t.* (*edil.*) to prefabricate.
prefabbricato, (*edil.*) **A** *a.* prefabricated: **una casa prefabbricata**, a prefabricated house; a prefab (*fam.*). **B** *m.* prefabricated building; prefab (*fam.*).
prefabbricazióne, *f.* (*edil.*) prefabrication.
prefatóre, *m.* prefacer; writer of a preface.
prefàzio, *m.* (*relig.*) Preface.
prefazionare, *v. t.* to preface.
prefazióne, *f.* preface; introduction; foreword.
preferènza, *f.* **1** preference: **avere p. per q. (q.c.)**, to have a preference for sb. (for st.); to prefer sb. (st.); to have a bias towards sb. (st.); **non avere preferenze**, to have no preferences **2** (*parzialità*) partiality. ● **a p. di**, rather than □ **di p.**, preferably; (*per lo più*) mostly; (*più volentieri*) more willingly, sooner; (*piuttosto*) rather (*polit.*) **voto di p.**, preferential vote.
preferenziale, *a.* preferential: **voti preferenziali**, preferential votes; **tariffe preferenziali**, preferential tariffs; **trattamento p.**, preferential treatment. ● (*comm.*) **azioni preferenziali**, preference shares (*o* stocks) ● (*comm.*) **pagamento p.**, priority payment □ **trattamento p. a favore del Commonwealth**, Imperial Preference.
preferìbile, *a.* preferable; to be preferred; better: **Sarebbe p. dirgli tutto**, it would be better to tell him everything.
preferibilità, *f.* preferability; preferableness.
preferibilménte, *avv.* preferably; (*per lo più*) mostly; (*più volentieri*) more willingly, sooner; (*piuttosto*) rather.
preferire, *v. t.* to prefer; to have a preference for (sb., st.); (*fra due*) to like better; (*fra più di due*) to like best: **Preferisco il tè**, I prefer tea; I like tea better; **Dei due, preferisco questo**, of the two, I prefer this; of the two, this is my preference (*fam.*); **Preferisco la poesia alla prosa**, I prefer poetry to prose; **Preferisco leggere anziché starmene senza fare niente**, I prefer to read rather than sit idle; **Preferisco di no**, I prefer not. ● **Che cosa preferiresti, tè o caffè?**, which would you rather have, tea or coffee? □ **Preferirei una tazza di tè**, I would rather have a cup of tea □ **Preferirei la morte al disonore**, I would rather die than live in dishonour □ **Preferirei non andare**, I had rather not go □ **Preferirei che tu andassi a casa**, I'd rather you went home □ **Preferirei che tu non fossi venuto**, I'd rather you hadn't come.
preferìto, **A** *a.* favourite; best-loved: **Questo è il mio libro p.**, this is my favourite book; this is the book I prefer (*o* I like best); **il figlio p. della fortuna**, fortune's favourite child. ● **la mia amica preferita**, my bosom friend. **B** *m.* favourite; (*beniamino*) pet, darling: **essere il p. di q.**, to be sb.'s favourite.
prefettéssa, *f.* (*moglie d'un prefetto*) prefect's wife.

prefettìzio, *a.* prefector(i)al.
prefètto, *m.* (*in ogni senso*) prefect.
prefettura, *f.* (*in ogni senso*) prefecture.
prèfica, *f.* (*stor.*) hired (woman*) mourner.
prefìggere, **A** *v. t.* **1** to fix (beforehand); to establish (in advance); to arrange: **p. un limite (una data)**, to fix a term (a date) **2** (*premettere*) to prefix. **prefìggersi**, **B** *v. rifl.* to propose to oneself; to be determined (on doing st.); to intend. ● **p. uno scopo**, to set oneself a goal.
prefigurare, *v. t.* to prefigure; to foreshadow.
prefigurazióne, *f.* prefiguration; foreshadowing.
prefinanziaménto, *m.* (*econ.*) prefinancing.
prefinanziare, *v. t.* (*econ.*) to prefinance.
prefissare, *v. t.* to pre-establish; (*elab.*) to preset*.
prefissato, *a.* **1** fixed in advance; prearranged **2** (*elab.*) preset.
prefisso, **A** *a.* (*predisposto*) fixed in advance; appointed: **all'ora prefissa**, at the appointed time; **il compito p.**, one's appointed task. **B** *m.* **1** (*gramm.*) prefix **2** (*tel.*) code: **p. interurbano**, (*USA*) area code; (*G.B.*) STD code.
preflorazióne, *f.* (*bot.*) pr(a)efloration; aestivation.
prefogliazióne, *f.* (*bot.*) pr(a)efoliation; vernation.
preformare, *v. t.* to preform; to form (*o* to shape) beforehand.
preformazióne, *f.* preformation (*anche biol.*).
pregare, *v. t.* **1** (*relig.*) to pray; (*dire preghiere, anche*) to say* prayers: **p. Iddio**, to pray God; **Ogni mattina va in chiesa a p. per i suoi cari**, every morning he goes to church to pray for his dear ones; **Prega per noi peccatori**, pray for us sinners **2** (*chiedere con preghiere*) to ask; to beg; (*richiedere*) to request: **Pregalo di non essere così severo**, ask him not to be so strict; **Pregalo di entrare**, ask him (to come) in; **Ho pregato l'impiegato di fare un po' di straordinario**, I asked the clerk to do some overtime; **Mi pregarono di uscire con loro**, they asked me to go out (*o* they invited me out) with them; **Vi prego di essere indulgenti**, I beg you to be indulgent; **I clienti sono pregati di non toccare la merce**, customers are requested not to touch the goods; **I candidati sono pregati di scrivere i loro nomi in stampatello**, candidates are requested to write their names in block letters; **Ti prego di ripensarci**, I beg you to think it over; **Ecco quello di cui mi pregò**, this is all he requested of me. ● **farsi p.**, to stand on ceremony; to wait to be asked twice □ **Ti prego di entrare**, please come in; do come in □ **Vi prego di sedervi**, please sit down □ **Non si disturbi, La prego**, please don't trouble □ **Vedrai che non si farà p. per accettare l'offerta**, you'll see, he won't take much persuading to accept the offer.
pregévole, *a.* valuable; of great value (*o* worth): **un libro (un quadro) p.**, a valuable book (painting).
pregevolézza, *f.* (*lett.*) valuableness; (*pregio*) value, worth.
pregevolménte, *avv.* valuably.
preghièra, *f.* **1** (*relig.*) prayer: **dire le proprie preghiere**, to say one's prayers; **Dio esaudirà le tue preghiere**, God will answer your prayers; **preghiere della sera (del mattino)**, evening (morning) prayers; **p. di ringraziamento**, prayer of thanksgiving; **in p.**, in prayer; **le preghiere per i defunti**, the prayers of the dead; **libro di preghiere**, prayer book **2** (*richiesta*) request; entreaty: **una p. di aiuto**, a request for help; **accogliere la p. di q.**, to grant sb.'s request; **rivolgere una p. a q.**, to make a request to sb.; **su p. di q.**, at sb.'s request; **una fervida (ardente) p.**, a fervid (ardent) entreaty. ● (*comm.*) **con p. di inoltro immediato**, please forward immediately □ **dire una p. prima dei pasti**, to say grace (before meals) □ **rimanere sordo alle preghiere di q.**, to turn a deaf ear to sb.'s entreaties.
pregiare, **A** *v. t.* (*lett.*) to appreciate; to value; to esteem. **pregiarsi**, **B** *v. rifl.* **1** (*bur.*: *sentirsi onorato*) to have the honour; to beg; to take* pleasure: **Mi pregio d'informarVi che...**, I have the honour (*o* I beg) to inform you that... **2** (*vantarsi*) to pride (*o* to plume) oneself (on st.).
pregiatìssimo, *a.* **1** (*di valore*) very valuable; (*molto stimato*) much esteemed **2** (*nello stile epistolare*: *sulla busta non va tradotto*) Dear: **p. direttore**, Sir; **p. Signor Bianchi**, Dear Mr. Bianchi. ● **un vino p.**, a rare wine.
pregiato, *a.* **1** (*di valore*) valuable; prized **2** (*stimato*) esteemed; valued: **molto p.**, highly esteemed; **la Vostra pregiata lettera**, your esteemed letter; **Siamo in possesso della pregiata Vostra del 10 c.m.**, we are in receipt of your (esteemed) letter of the 10th inst.
prègio, *m.* **1** (*stima, considerazione*) esteem; regard; consideration: **tenere (o avere) in gran p. q.**, to hold sb. in high esteem (*o* regard) **2** (*qualità positiva*) (good) quality; merit; excellence: **pregi artistici (letterari)**, artistic (literary) qualities; **conoscere i pregi di q.**, to know sb.'s merits **3** (*valore*) value; worth; merit: **un libro di gran p.**, a book of great value; **un uomo di p.**, a man of merit; **avere gran p.**, to be of great value; to be worth a lot; **non avere nessun p.**, to be of no value; to be worthless. ● **Mi faccio (un) p. d'avvertirvi che...**, I have the

pregiudicante, *a.* prejudicial; injurious; detrimental.
pregiudicare, *v. t.* (*compromettere*) to prejudice; to be prejudicial to; to compromise; (*mettere in pericolo*) to jeopardize; to put* in jeopardy; (*danneggiare*) to impair, to harm; to damage, to injure, to be detrimental to: **Ciò vi pregiudicherà**, that will be detrimental to you; **p. una buona causa**, to prejudice a good cause; **Il fumo pregiudica la salute**, smoking impairs (*o* harms) the health; **p. gli interessi di q.**, to be prejudicial to sb.'s interests.
pregiudicativo, *a.* (*raro*) prejudicative; prejudicial.
pregiudicato, A *a.* (*votato a insuccesso*) compromised; bound to fail; doomed: **un progetto p.**, a plan bound to fail. **B** *m.* (*leg.*) previous offender; gaol-bird (*fam.*).
pregiudiziale, A *a.* prejudicial; preliminary: **una questione p.**, a preliminary question. **B** *f.* (*leg.*) preliminary question.
pregiudizialità, *f.* (*leg.*) preliminary nature.
pregiudiziévole, *a.* prejudicial; detrimental. ● **q.c. p. alla salute**, st. bad for the health.
pregiudizio, *m.* **1** (*opinione erronea*) prejudice; bias; (*superstizione*) superstition: **orgoglio e p.**, pride and prejudice; **i pregiudizi del volgo**, the prejudices of the common people; popular superstitions; **una mente piena di pregiudizi**, a mind full of prejudices; a prejudiced mind; **con l'animo sgombro d'ogni p.**, with one's mind free from prejudice; with an unprejudiced (*o* an unbiassed) mind; **non avere pregiudizi**, to be free from prejudice; to be unbias(s)ed **2** (*danno*) prejudice; detriment; damage, inconvenience: **con grave p. della sua salute**, to the great detriment of his health; **senza p.**, without prejudice **3** (*giudizio anticipato*) prejudg(e)ment; forejudg(e)ment. ● **essere (o riuscire) di p. a q.c.**, to be prejudicial (*o* detrimental) to st. □ **portare p. a q.c.**, to prejudice st.; to jeopardize st.; to be detrimental to st. □ **un uomo senza pregiudizi**, an unprejudiced man.
preglaciale, *a.* (*geol.*) preglacial.
pregnante, *a.* **1** (*lett.: pregno*) pregnant **2** (*fig.*) teeming; pregnant; rich; full **3** (*linguistica*) pregnant; meaningful: **parole pregnanti**, pregnant words; words full of meaning.
pregnanza, *f.* (*linguistica*) pregnancy; meaningfulness.
prégno, *m.* **1** (*gravido*) pregnant; with child (*pred.*) **2** (*fig.*) saturated, impregnated (with); (*pieno*) teeming (with), full (of): **acqua pregna di sale**, water impregnated with salt; **occhi pregni di lacrime**, eyes full of tears; tearful eyes; **un libro p. di concetti**, a bock full of ideas.
prègo, *inter.* **1** (*rispondendo a chi ringrazia*) don't mention it!; it's a pleasure!; you're welcome! (*specialm. USA*) **2** (*per invitare q. a ripetere ciò che non si è capito*) pardon? **3** (*in formule di cortesia*) please: **P., sedetevi**, please sit down **4** (*invitando q. ad entrare prima*) after you!
pregrèsso, *a.* past; previous.
pregustare, *v. t.* to foretaste; to anticipate; to look forward to: **p. la vendetta**, to foretaste vengeance; **p. i piaceri del riposo**, to anticipate the pleasures of rest; **p. la gioia di rivedere q.**, to look forward to seeing sb. again.
pregustazióne, *f.* (*lett.*) foretaste; anticipation.
preindicato, *V.* **sopraindicato**.
preistòria, *f.* prehistory.
preistòrico, *a.* **1** prehistoric(al): **l'età preistorica**, the prehistoric period **2** (*fig.*) prehistoric; antediluvian; very old; ancient: **una bottiglia di porto p.**, a bottle of prehistoric port.
prelatésco, *a.* (*spreg.*) prelatish; prelate-like.
prelatìzio, *a.* (*relig.*) prelatic(al).
prelato, *m.* (*relig.*) prelate.
prelatura, *f.* (*relig.*) prelacy.
prelavàggio, *m.* prewash (cycle).
prelazióne, *f.* (*leg.*) pre-emption: **diritto di p.**, right of pre-emption.
prelegato, *m.* (*leg.*) preferential legacy.
prelevaménto, *m.* **1** (*il prelevare*) withdrawal; withdrawing; drawing: **avviso di p.**, withdrawal notice; **p. di cassa**, cash drawing; **p. di campioni**, drawing of samples **2** (*somma prelevata*) amount drawn; drawings (*pl.*): **p. su un conto corrente**, drawings on a current account.
prelevare, *v. t.* **1** to withdraw*; to draw*: **p. denaro da un conto** (*da una banca*), to withdraw money from an account (from a bank); **p. una somma dalla riserva**, to take a sum from the reserve **2** (*arrestare*) to arrest **3** (*scherz.: passare a prendere*) to pick (sb.) up; to collect **4** (*med.*) to take*; to collect; (*con siringa*) to withdraw.
prelibare, *v. t.* (*lett.*) to foretaste.
prelibatézza, *f.* daintiness; deliciousness; exquisiteness.
prelibato, *a.* dainty; delicious; exquisite; excellent; choice (*attr.*): **un piatto p.**, a dainty (*o* choice) dish; **vino p.**, excellent wine. ● **boccone p.**, tit-bit.
preliévo, *m.* **1** *V.* **prelevaménto 2** (*med.*) taking; collecting;

(*con siringa*) withdrawal: **p. del sangue**, taking of a blood sample.
preliminare, A *a.* preliminary; preparatory; introductory: **osservazioni** (*avvertimenti*) **preliminari**, preliminary remarks (instructions); **un esame p.**, a preliminary examination; a prelim (*fam.*); **le misure preliminari**, the preparatory steps; the preliminary measures; the preliminaries; **gli articoli preliminari d'un trattato di pace**, the preliminary articles to a peace treaty. **B** *m.* **1** preliminary matter; (*premessa*) premise **2** (*comm.*) promise: **p. di vendita**, promise to sell; preliminary agreement to sell **3** (*pl.*) preliminaries: **i preliminari della pace**, the preliminaries to peace.
preliminarménte, *avv.* preliminarily; as a first step.
prelògico, *a.* (*psic.*) prelogical.
prelùdere, *v. i.* **1** (*introdurre*) to introduce: **p. con poche parole all'argomento**, to introduce the subject in brief **2** (*preannunciare con segni indicatori*) to prelude; to be a sign of; to betoken; to foreshadow; to forebode: **Tutto sembra p. a un brutto inverno**, everything seems to prelude a hard winter; **quando il grigiore del mattino prelude allo splendore del giorno**, when the grey of morn preludes the splendour of the day (*Dryden*); **nuvole che preludono a una burrasca**, clouds foreboding a storm; **p. alla guerra**, to forebode war.
preludiare, *v. i.* **1** (*mus.*) to prelude **2** *V.* **prelùdere.**
prelùdio, *m.* **1** (*proemio*) prelude; introduction; preface; proem: **una specie di p. alle proprie opere maggiori**, a sort of prelude to one's major works; **servire come p.**, to serve by way of proem **2** (*segno precursore*) prelude; sign; token; forerunner; foreshadow; foreboding: **Fu il p. della guerra**, it was the prelude to war; **il p. di un avvenimento**, the prelude to (*o* the prognostic of) an event; **p. di burrasca**, a sign of storm **3** (*mus.*) prelude: **il p. d'una fuga**, the prelude of a fugue.
Pré-maman, (*marchio*) **A** *m.* maternity dress. **B** *a.* maternity (*attr.*): **abiti p.**, maternity wear.
prematrimoniale, *a.* premarital; pre-marriage (*attr.*): **visita p.**, pre-marriage examination. ● **consultorio p.**, marriage guidance council.
prematuraménte, *avv.* prematurely. ● **morire p.**, to die young; to come to an untimely end.
prematurità, *f.* (*anche med.*) prematurity; prematureness.
prematuro, A *a.* premature; untimely: **un parto p.**, a premature delivery; **un'opinione prematura**, a premature opinion; **idee premature**, premature ideas; **una morte prematura**, an untimely death. ● **decisione prematura**, hasty decision □ **È p. dire che...**, it's too early to say... **B** *m.* premature baby.
premeditare, *v. t.* to premeditate; to plan (in advance): **L'assassinio è stato premeditato**, the murder was premeditated; **p. un delitto**, to premeditate a crime; **p. una fuga**, to plan an escape.
premeditataménte, *avv.* premeditatedly; with premeditation.
premeditato, *a.* **1** premeditated (*anche leg.*); intentional **2** (*leg.*) wilful; prepense.
premeditazióne, *f.* **1** premeditation: **agire senza alcuna p.**, to act without premeditation **2** (*leg.*) wilfulness; malice prepense; malice aforethought. ● **un delitto con p.** (*senza p.*), a premeditated (an unpremeditated) crime.
prememorizzazióne, *f.* (*elab.*) prestoring.
premènte, *a.* **1** pressing; urgent: **affari prementi**, pressing (*o* urgent) matters **2** (*tecn.*) pressing; compressing; forcing: **pompa p.**, pressing pump.
prèmere, A *v. t.* **1** to press: **p. un bottone** (*il grilletto*), to press a button (the trigger) **2** (*incalzare*) to press; to bear* down on: **La folla ci premeva contro la barriera**, the crowd pressed us against the barrier. **B** *v. i.* **1** to press: **Premi sul bottone col dito**, press your finger on the button; **p. sul pedale col piede**, to press one's foot on the pedal **2** (*gravare, anche fig.*) to press; to bear* down; to weigh: **Il peso preme sulle stanghe del carro**, the weight is pressing (*o* bearing down) on the shafts of the cart **3** (*v. impers.: stare a cuore, importare*) to matter; to interest; to be important; to be of interest; to be anxious (*v. pers.*): **Tutto ciò che mi preme è la tua felicità**, all that matters to me is your happiness; **La letteratura e la musica non gli premono**, literature and music are of no interest to him (*o* do not interest him); **Mi preme di finire il più presto possibile**, I am anxious to finish as soon as possible; **Mi preme che tu riesca**, I am anxious for you (*o* I want you) to succeed **4** (*urgere*) to be urgent; to be pressing: **La faccenda preme**, the matter is urgent (*o* pressing) **5** (*fig.: fare pressione, cercare d'indurre*) to urge (sb.); to press (sb.); to bring* pressure to bear (on sb.); to exert pressure (on sb.): **L'avvocato preme su di lui perché venda quella casa**, the lawyer is urging him (*o* is exerting pressure on him) to sell that house; **Premono su di me per una risposta**, they are pressing me for an answer **6** (*fig.: insistere*) to insist; to press: **non p. troppo su questo tasto**, don't insist too much on this subject; don't press this subject

too far; don't harp too much on that string.

premescolato, *a.* (*costr.*) ready-mixed: **cemento p.**, ready-mixed concrete.

preméssa, *f.* **1** introductory (*o* preliminary, previous) statement; introduction; (*preambolo*) preamble: **fare una p.**, to make a preliminary statement **2** (*pl.*, *leg.*) premises: **le premesse e le conclusioni**, premises and conclusions **3** (*filos.*) premise; premiss. ● **senza tante premesse**, right away; without wasting words.

premésso, *a.* premised; stated beforehand (*o* in advance) already stated; (*precedente*) preceding, previous: **le premesse considerazioni**, the previous considerations. ● **p. che**, since; considering that; (*leg.*) whereas □ **ciò p.**, that being stated (*o* said).

preméttere, *v. t.* **1** to premise; to prefix; to state beforehand (*o* in advance); to put* forward; to start by saying: **Bisogna p. che non l'avevo mai visto**, I must state beforehand that I had never seen him before; **p. i particolari**, to premise the details; **p. una breve prefazione**, to prefix a short introduction **2** (*mettere prima*) to put* (*o* to place) before: **p. il nome al cognome**, to put one's Christian name before one's surname.

premiando, *m.* prize-winner.

premiare, *v. t.* **1** to give* (*o* to award) a prize to (sb.): **Sono stato premiato**, I have been given a prize; **Nella cerimonia, gli studenti più meritevoli furono premiati**, the most meritorious students were awarded prizes at the ceremony **2** (*rimunerare*, *ricompensare*) to recompense; to reward; to repay*: **Vorrei premiarti per il disturbo che ti ho recato**, I should like to recompense (*o* to repay) you for the trouble I've caused you; **Bisogna sempre p. la fedeltà**, faithfulness must always be rewarded.

premiato, **A** *a.* prize-winning. **B** *m.* prize-winner.

premiatóre, *m.* rewarder.

premiazióne, *f.* prize-giving.

premicarta, *m. invar.* (*tipogr.*) platen.

premier (*ingl.*), *m.* (*polit.*) Prime Minister; Premier.

première (*franc.*), *f.* (*teatr.*, *cinem.*) première; first performance; first night (*fam.*).

premilitare, *a.* (*mil.*) pre-military: **istruzione p.**, pre-military instruction.

preminènte, *a.* pre-eminent; prominent.

preminènza, *f.* pre-eminence; prominence.

prèmio, **A** *m.* **1** prize; award: **p. Nobel**, Nobel prize; **concedere** (*o* **dare**) **un p. a q.**, to award sb. a prize; **p. di consolazione**, consolation prize; **primo (secondo) p.**, first (second) prize; **istituire un p.**, to endow a prize; **Ricevetti in p. un buono per dischi**, I received a record token as a prize; **Ricevettero premi per meriti di servizio**, they received awards for meritorious service; **Gli fu assegnato il primo p.**, he was awarded the first prize; **p. in denaro**, cash prize **2** (*ricompensa*) reward; recompense: **La virtù è p. a se stessa**, virtue is a reward in itself (*o* is its own reward); **Ogni fatica merita un p.**, every effort deserves recompense; **un p. per i propri servizi**, a recompense (*o* reward) for one's services **3** (*ass.*) premium: **p. d'assicurazione per l'automobile**, motor-car insurance premium; **p. d'assicurazione sulla vita**, life premium **4** (*econ.*, *fin.*) bounty; rebate: **p. all'esportazione**, export bounty (*o* rebate); bounty on export; drawback. ● **p. d'anzianità** (*di servizio*), long-service bonus □ (*sport*) **p. d'ingaggio**, transfer fee; signing-on fee □ (*sport*) **p. (di) partita**, match bonus □ **distribuzione dei premi**, prize-giving □ (*sport*) **Gran P.**, «Grand Prix» (*franc.*). **B** *a.* bonus; prize-winning: **licenza p.**, bonus (*o* special) leave; **viaggio p.**, prize-winning trip; bonus trip; free trip; (*in un'azienda e sim.*) trip as a perk. ● **buono p.**, premium bond.

premista, *m.* (*Borsa*) stag.

premistòffa, *m. invar.* (*della macchina per cucire*) presser.

premistóppa, *m. invar.* (*mecc.*) stuffing box.

prèmito, *m.* (*med.*) tenesmus.

premitura, *f.* pressure; pressing.

premolare, *a.* e *m.* (*anat.*) premolar.

premonitóre, **A** *a.* premonitory; forewarning: **un sogno p.**, a premonitory dream. **B** *m.* premonitor; forewarner.

premonitòrio, *a.* (*med.*) premonitory: **i sintomi premonitori d'una malattia**, the premonitory symptoms of a disease.

premonizióne, *f.* premonition; forewarning.

premonstratènse, **premonstratése**, *m.* e *a.* (*relig.*) Premonstratensian.

premorïènza, *f.* (*leg.*) predecease.

premorire, *v. i.* to die before (sb. else): **p. al padre** (**alla madre**), to die before one's father (one's mother).

premòrte, *V.* **premoriènza**.

premozióne, *f.* (*relig.*) promotion.

premunire, **A** *v. t.* **1** to fortify (beforehand); to forearm; to strengthen; (*proteggere*) to guard, to protect: **p. una fortezza**, to fortify a stronghold **2** (*fig.*) to preserve; (*mettere in guardia*) to warn. **premunirsi**, **B** *v. rifl.* **1** to take* precautions (*o* protective measures); (*rafforzarsi*) to fortify (*o* to arm) oneself; (*proteggersi*) to protect (*o* to guard) oneself: **p. contro i danni**, to take protective measures against damages; **p. contro il freddo**, to fortify oneself against the cold; **p. contro tutte le tentazioni**, to fortify oneself against all temptations **2** (*provvedersi*) to provide oneself (with): **p. di q.c.**, to provide oneself with st.

premunizióne, *f.* **1** (*med.*) premunition **2** (*il premunirsi*) (taking of) protective measures.

premura, *f.* **1** (*sollecitudine*, *cura*) care; solicitude; thoughtfulness: **Ebbe p. di spedirmi subito il pacco**, he took care to send me the parcel immediately; **Avrebbe dovuto avere maggiore p. per il suo lavoro**, he should have given more care to his work **2** (*cortesia*) kindness; (*riguardo*, *attenzione*) attention: **Voglio ringraziarti della tua p. per mia madre**, I want to thank you for your kindness to my mother; **colmare q. di premure**, to shower attentions upon sb.; to overwhelm sb. with kindness **3** (*urgenza*, *fretta*) hurry; haste: **avere (molta) p.**, to be in a (great) hurry: **Ho p. di finire presto**, I'm in a hurry to finish early; **fare q.c. di p.**, to do st. in haste (*o* in a hurry); **Non c'è p.**, there is no hurry. ● **avere p. di sapere q.c.**, to be anxious to know st. □ **darsi p.**, to take pains (to do st.): **Si dà molta p. di fare contenta sua moglie**, he takes great pains to please his wife □ **far p. a q.**, to hurry sb. up.

premurare, **A** *v. t.* to hurry; to urge. **premurarsi**, **B** *v. rifl.* to take* pains (to do st.).

premurosaménte, *avv.* solicitously; considerately; thoughtfully; kindly.

premurosità, *f.* solicitousness; considerateness; thoughtfulness; kindness.

premuróso, *a.* solicitous; considerate; thoughtful; kind: **un amico p.**, a thoughtful friend; **essere cortese e p.**, to be courteous and considerate.

prenatale, *a.* pre-natal; antenatal.

prenatalizio, *a.* pre-Christmas (*attr.*).

prèndere, **A** *v. t.* **1** to take* (*in molti casi*); (*acciuffare*) to catch*; (*ghermire*, *afferrare*) to seize; (*andare a p.*) to fetch; to collect: **Prese tutto quel che c'era da p.**, he took all there was to be taken; **Prese il bastone e glielo porse**, he took the stick and handed it to him; **Lo presi tra le mani**, I took it in my hands; **Prendi con te questa frutta**, take this fruit with you; **Prendete quello che volete**, take whatever you want; **p. lezioni private**, to take private lessons; **Prendi questo pacco e portalo alla zia**, take this parcel to your aunt's; **Tutte le sue lezioni sono prese dal libro di testo**, all his lessons are taken from the text-book; **Questa frase è presa dal discorso di Gettysburg**, this sentence is taken from the Gettysburg Address; **p. un cavallo per le briglie**, to take (*o* to take hold of) a horse by the bridle; **p. q.c. per il manico**, to take hold of (*o* to hold, to pick up) st. by the handle; **Se non vuoi andare da solo, prendi con te il tuo fratellino**, if you don't want to go alone, take your little brother with you; **p. un tassì**, to take a taxi; **p.** (*o* **prendersi**) **le vacanze**, to take one's holidays; **p. un vocabolo da una lingua straniera**, to take (*o* to borrow) a word from a foreign language; **Ha preso un altro lavoro** (*o* **impiego**), he has taken another job; **I gatti prendono i topi**, cats catch mice; **Il cacciatore e il pescatore non hanno preso niente**, the hunter and the fisherman have not caught anything; **Presi il cane per la coda**, I seized the dog by the tail; **Fui preso dal rimorso (dalla rabbia, dalla paura)**, I was seized with remorse (anger, fear); **Presero l'orso in trappola**, they caught the bear in a trap; **Fu preso dalle convulsioni**, he was seized by convulsions; **Le cose prendono una brutta (una buona) piega**, things are taking a turn for the worse (for the better); **Mi prese per la cravatta**, he seized me by the tie; **p. una laurea**, to take a degree; **p. una medicina**, to take a medicine; **p. il posto di q.**, to take sb.'s place; **p. le misure a q.**, to take sb.'s measurements; **p. q. per la collottola**, to take sb. by the scruff of the neck; **p. q. prigioniero**, to take sb. prisoner; **p. il comando di**, to take command of; **p. un autobus**, to take (*o* to catch) a bus; **p. un treno**, to catch a train; **lasciarsi** (*o* **farsi**) **p.**, to let oneself be caught; **p. possesso di q.c.**, to take possession of st.; **p. rilevamenti**, to take bearings; (**andare a**) **p. i bambini a scuola**, to fetch the children from school; **prendere le valigie alla stazione**, to collect (*o* to pick up) the suitcases at the station **2** (*cogliere sopraggiungendo*) to catch*; to take*: **Lo presi mentre rubava**, I caught him stealing; **La polizia prese il ladro sul fatto**, the police caught the thief red-handed (*o* in the act); **Ti ci ho preso, ladruncolo!**, I've caught you, you little thief!; **Presero i nemici alle spalle**, they took the enemy from behind (*o* from the rear) **3** (*prendere per sé*) to take* (for oneself): **Si prese l'ala del pollo**, he took the wing of the chicken for himself; **prendersi la libertà di fare q.c.**, to take the liberty of doing st. **4** (*assumere*) to take* over, to assume; (*impiegati*, *operai*, *ecc.*) to engage: **Prese la gestione dell'albergo**, he took over (*o* assumed) the management of the hotel; **Eisenhower prese il comando delle**

preparare

forze alleate in Europa, Eisenhower took over the command of the Allied Forces in Europe; **p. la direzione di una ditta**, to assume (*o* to take over) the management of a firm; **Ha preso un buon cuoco**, he has engaged a good cook; **p.** (*o* **prendersi**) **la responsabilità di q.c.**, to assume (*o* to take) the responsibility for st.; **p. q. per guida**, to engage sb. as a guide **5** (*di spazio: occupare*) to take* up; (*di tempo*) to take*: **Quest'armadio prende troppo posto**, this wardrobe takes up too much room; **Il pubblico prese posto**, the audience took (up) their seats; **Non è che questo lavoro prenda molto tempo, ma è noioso**, it's not that this job takes a long time, but it's boring **6** (*cogliere nel segno*) to hit*: **Presi il cervo al primo colpo**, I hit the stag with my first shot **7** (*ottenere, guadagnare*) to get*; to earn: **Ho preso il primo premio**, I got the first prize; **Non si sa dove abbia preso tutto quel denaro**, it isn't clear where he got all that money from; **Prendo trenta sterline alla settimana**, I earn thirty pounds a week **8** (*comprare*) to buy*; to get*: **Sarà difficile p. quelle scarpe per meno di centomila lire**, it will be difficult to buy those shoes for less than hundred thousand lire; **Ti prenderò il pane mentre sono fuori**, I'll get the bread for you while I'm out **9** (*scambiare per*) to mistake*; to take*: **Lo presi per tedesco**, I mistook (*o* I took) him for a German; **La presi per la cameriera**, I took her for the maid; **p. una cosa per un'altra**, to mistake one thing for another **10** (*trattare*) to treat; to handle; to deal* with: **p. con le buone**, to handle sb. with tact; to treat sb. tactfully; **p. q. con le cattive**, to handle sb. roughly; to be rude to sb.; **Non sa prenderlo**, he doesn't know how to deal with him **11** (*far pagare*) to charge: **Quanto ti ha preso per risuolare le scarpe?**, how much did he charge you for soling your shoes? **B** *v. i.* **1** (*girare, voltare*) to turn: **p. a destra** (**a sinistra**), to turn to the right (to the left) **2** (*attecchire*) to take* root: **Hai visto come ha preso bene questa rosa?**, have you seen how well this rose has taken root? **3** (*rapprendersi, indurirsi*) to set*: **Il cemento ha preso**, the cement has set. ● **a** (*cominciare*) to take to; to start: **Dopo quel fallimento, prese a bere**, after that bankruptcy he took to drink; **Tom ha preso a mangiare gli spaghetti e adesso non vuole altro**, Tom has taken to eating (*o* has started eating) spaghetti, and now he doesn't want anything else □ **Quando prende a parlare, non la smette più**, when he starts talking he simply never stops □ **p. q. a calci**, to kick sb. □ **p. a cuore q.c.**, to take st. to heart □ **p. a prestito**, to borrow □ **p. q. a pugni**, to strike sb. with one's fists □ (*naut.*) **p. a rimorchio**, to take in tow □ **p. l'abitudine di**, to get into the habit of □ **p. q.c. alla lettera**, to take st. literally □ **p. alloggio**, to put up (at) □ **p. un appuntamento**, to make (*o* to fix) an appointment □ **p. congedo da q.**, to take leave of sb. □ **p. contatto con q.**, to get in touch with sb.; to contact sb. □ **p. coraggio**, to take heart □ **p. le cose come vengono**, to take things as they come □ **p. da** (*somigliare*), to take after: **Ha preso dal padre**, he takes after his father □ **p. dei pensionanti**, to take in boarders □ **p. d'assalto**, to take by storm (*anche fig.*) □ **p.** (*o* **prendersi**) **l'impegno di fare q.c.**, to engage oneself to do st. □ **p. in affitto**, to rent □ **p. q.c. in burla** (**sul serio**), to take st. as a joke (in earnest) □ **p. q. in disparte**, to draw sb. aside □ **p. in giro q.**, to pull sb.'s leg; to take the mickey out of sb. (*fam.*) □ **p. q.c. in mala parte**, to take st. amiss □ **p. q. in parola**, to take sb. at his word □ **p. q. in simpatia** (**in antipatia**), to take a liking (a dislike) to sb. □ **p. informazioni**, to make inquiries □ **p. interesse a q.c.**, to take an interest in st. □ **p. il largo**, (*naut.*) to put to sea; to bear off; (*fig.*) to take to one's heels; to make oneself scarce □ **p. lavoro a cottimo**, to undertake piece-work □ **p. lucciole per lanterne**, to be grossly mistaken □ **p.** (*o* **prendersi**) **un malanno**, to catch an illness □ (*di cavallo, automezzo, ecc.*) **p. la mano a q.**, to get out of sb.'s control □ **p. la mano** (*o* **pratica**) **a q.c.**, to get the knack of st. □ **p. marito** (*o* **moglie**), to get married □ **p. le mosse**, to start moving □ **p. nota di q.c.**, to take note of st. □ (*comm.*) **p. un ordine**, to take (*o* to book) an order □ (*relig.*) **p. gli ordini**, to take orders □ (*fig.*) **p. la palla al balzo**, to seize an opportunity □ **p. parte a q.c.**, to take part in st. □ **p. i pasti**, to take (*o* to have) one's meals □ **p. piede**, to catch on; to become fashionable □ **p. la pioggia**, to get (soaking) wet □ **p. una posizione strategica**, to take (*o* to capture) a strategic position □ **p. posto**, to take one's seat; (*fig.*) to rank □ (*aeron.*) **p. quota**, to gain height □ **p. radice**, to take root □ **p. il raffreddore**, to catch a cold □ **p. una risoluzione**, to make up one's mind □ **p. una sbornia**, to get drunk □ **p. uno schiaffo** (**un pugno**), to be (*o* to get) slapped (punched) □ **p. servizio**, to begin working □ **p. una sgridata**, to be scolded; to get a lecture (*fam.*) □ **p. il sole**, to sunbathe; to bask in the sun □ **p. su**, to pick up: **Mi prese su nella sua automobile**, he picked me up in his car □ **p. tabacco**, to take snuff (*fig.*) □ **p. un terno al lotto**, to have a stroke of luck □ **p. il toro per le corna**, to take the bull by the horns □ (*relig.*) **p. il velo**, to take the veil □ **p. un vizio**, to get into a bad habit □

prenderle, to catch it (*fam.*); (*di bambini*) to be spanked, to be smacked □ **prendersela** (*offendersi*), to take offence: **Me la sono presa**, I've taken offence at this; I have taken it amiss □ **prendersela** (**a cuore**), to take things to heart □ **prendersela calda per q.c.**, to take st. to heart □ **prendersela comoda**, to take it easy; to take one's time □ **prendersela con q.**, (*adirarsi*) to get angry with sb.; (*incolpare q.*) to lay the blame on sb. □ **uscire a p. aria**, to go out for a breath of fresh air □ **Me la prendo troppo quando non mi telefona la sera**, I get too worried (*o* concerned) every evening she doesn't 'phone me □ **Mi venne a p. ieri**, he called for me yesterday □ **Per chi mi prendi?**, who do you take me for? □ **P. o lasciare!**, take it or leave it! □ **Che ti prende?**, what's the matter with you? □ **Come l'ha presa?**, what way did he take it? **prèndersi, C** *v. rifl. recipr.* — **p. a pugni**, to come to blows; **Si presero a ben volere**, they came to like one another.

prendìbile, *a.* tak(e)able.

prendisóle, *m. invar.* sun-suit.

prenditóre, *m.* **1** taker; receiver **2** (*comm.*) payee **3** (*sport: nel baseball*) catcher.

prenóme, *m.* **1** (*stor.*) pr(a)enomen*; personal name **2** (*nome di battesimo*) Christian name; given name (*USA*).

prenominato, *a.* (*lett.*) above-mentioned; aforesaid.

prenotare, A *v. t.* to book; to reserve; to engage; to put* one's name down for; to make* a reservation for: **Le camere devono essere prenotate con qualche anticipo**, rooms are to be booked in advance; **p. una camera in un albergo**, to book a room at a hotel; **p. una poltrona a teatro**, to book a stall in a theatre; **p. un posto in treno**, to book a seat on a train; **p. una telefonata**, to book (*o* to place) a telephone call; **p. dieci copie d'un libro**, to put one's name down for ten copies of a book; to subscribe for ten copies of a book; **p. una cabina sul piroscafo da New York a Genova**, to book a passage from New York to Genoa. **prenotarsi, B** *v. rifl.* to book (st.); to put* one's name down (for st.).

prenotazióne, *f.* booking; reservation (*specialm. USA*); (*d'una chiamata telefonica*) placement: **la p. d'una camera in un albergo**, the reservation of a room at a hotel; **tassa di p.**, booking (*o* reservation) fee; **ufficio prenotazioni**, booking-office; **annullare una p.**, to cancel a booking.

prenozióne, *f.* (*filos.*) prenotion.

prènsile, *a.* (*zool.*) prehensile: **la coda p. d'una scimmia**, the prehensile tail of a monkey.

prensióne, *f.* (*zool.*) prehension: **organi di p.**, organs of prehension.

preoccupante, *a.* worrying; worrisome.

preoccupare, A *v. t.* (*tenere, mettere in apprensione*) to worry; to trouble; to make* (sb.) anxious; to vex; to bother (*fam.*): **Che cosa ti preoccupa?**, what is worrying you?; **Tutto questo mi preoccupa**, all this is worrying me; **Ciò non mi preoccupa affatto**, that does not worry me at all; **Quello che mi preoccupa è che...**, what troubles (*o* bothers) me is that...; **La notizia della malattia di mio padre mi preoccupa**, I am troubled (*o* vexed) by the news of my father's illness. **preoccuparsi, B** *v. rifl.* to worry; to be troubled; to trouble (*generalm. nelle frasi neg.*); to be anxious; (*provvedere a*) to trouble about, to see* to: **Non ti p.!**, don't worry!; **Oh, non ti p., grazie!**, oh, don't trouble, thanks!; **Non dobbiamo preoccuparcene**, we must not trouble about that; **p. per q.**, to be anxious for sb.; **p. di q.c.**, to worry about st.

preoccupato, *a.* (*in apprensione*) worried; troubled; anxious; vexed: **essere p. per q.**, to be anxious for sb.; **essere p. di q.c.**, to be troubled about st.; to worry about st. ● **assai p.**, strung up (*fam.*).

preoccupazióne, *f.* worry; anxiety; care (*usato al pl.*); trouble; (*apprensione*) apprehension; concern: **le preoccupazioni della vita**, the (cares and) worries of life; **le piccole preoccupazioni della vita d'ogni giorno**, the petty worries of everyday life; **essere libero da preoccupazioni**, to be free from cares (of every kind); **essere una grande p. per q.**, to be a great worry to sb.

preolimpiònico, *a.* (*sport*) Olympic trial (*attr.*).

preomìnide, *m.* (*antropologia*) prehominid; prehuman.

preordinaménto, *m.* pre-arrangement.

preordinare, *v. t.* **1** to pre-arrange; to establish beforehand; to pre-ordain **2** (*predestinare*) to predestine.

preordinazióne, *f.* **1** pre-ordination **2** (*predestinazione*) predestination.

preparare, A *v. t.* to prepare; (*apprestare*) to make* (*o* to get*) (sb., st.) ready; (*predisporre*) to arrange: **Si stava preparando il tè in cucina**, tea was being prepared in the kitchen; **p. il pranzo**, to get dinner ready; **p. una lezione** (**un discorso, una predica**), to prepare a lesson (a speech, a sermon); **p. un esame**, to prepare an examination; **p. q. a un esame**, to prepare (*o* to coach) sb. for an examination; **p. un contratto**, to prepare a contract; **p. uno**

preparativo

spettacolo, to prepare an entertainment; **p. q. a ricevere una brutta notizia**, to prepare sb. for a piece of bad news. ● **p. q. a un compito particolare (a una carriera, ecc.)**, to groom sb. for a particular task (an occupation, etc.) □ **p. il fuoco**, to lay the fire □ **p. la tavola**, to lay the table □ **Si sta preparando una nuova edizione**, a new edition is in (active) preparation □ **Chi sa che ci prepara l'avvenire!**, who knows what lies in store for us! **prepararsi**, B *v. rifl.* **1** to prepare (oneself); to get* ready; (*fare preparativi*) to make* preparations: **Preparati!**, get ready, will you?; **p. a un esame**, to prepare for an examination; **p. a un viaggio**, to make preparations for a journey; **p. a morire**, to prepare for death **2** (*accingersi*) to be about to: **Si prepara- va ad uscire**, he was (just) about to go out **3** (*essere in procin- to di manifestarsi*) to be about to happen; to lie* in store.
preparativo, *m.* preparation; preparative; arrangement: **I miei preparativi sono ultimati**, my preparations are complete; **fare i preparativi per un viaggio**, to make preparations for a journey; **iniziare i preparativi per il matrimonio**, to begin the preparations for the marriage.
preparato, A *a.* prepared; (*pronto, disposto*) ready, willing; (*allestito*) fitted out, equipped: **essere p. a fare q.c.**, to be ready to do st.; **essere p. per sostenere un esame**, to be prepared for an examination. B *m.* (*chim., farm.*) preparation. ● **preparati chimici**, chemical compounds; chemicals □ (*biol.*) **p. microscopico**, specimen □ (*ind.*) **p. per lucidare**, polish.
preparatóre, *m.* preparer.
preparatòrio, *a.* preparatory; preparative; (*preliminare*) preliminary, introductory: **una scuola preparatoria**, a preparatory school; a prep (*gergo studentesco*); **un corso p.**, a preparatory course.
preparazióne, *f.* **1** (*in ogni senso*) preparation: **la p. delle lezioni di scuola**, the preparation (*o* preparing) of one's school lessons; **la p. del terreno per la semina**, the preparation of land for sowing; **preparazioni anatomiche**, anatomical preparations **2** (*addestramento*) training; grounding; (*complesso di nozioni teo- riche acquisite*) attainments (*pl.*): **p. professionale**, vocational training. ● (*miss.*) **p. della rampa** (*per un nuovo lancio*), turnaround □ **senza p.**, unprepared.
prepensionaménto, *m.* early retirement.
preponderante, *a.* preponderant; predominant; predominating; prevalent; prevailing: **il partito p.**, the preponderant party; **il tratto p. del mio carattere**, the predominant feature of my character; **il pensiero p.**, the predominating thought; **l'opinione p.**, the prevailing opinion.
preponderanza, *f.* preponderance; (*predominio*) predominance, predominancy; (*prevalenza*) prevalence, overbalance; (*maggioranza*) majority; (*superiorità*) superiority; (*supremazia*) supremacy: **la p. dei voti**, the majority of votes; **la p. marittima della Gran Bretagna**, the maritime supremacy of Great Britain.
preponderare, *v. i.* to preponderate; to predominate; to prevail.
prepórre, *v. t.* **1** (*porre innanzi*) to place (*o* to put*) before; to prefix: **Questa pagina va preposta all'altra**, this page is to be placed (*o* comes) before the other; **parole (versi) da p. a**, words (lines) to be prefixed to **2** (*fig.: preferire*) to prefer; to set* above: **p. q. a q. altro**, to prefer sb. to sb. else; **p. il bene al male**, to set good above evil **3** (*lett.: mettere a capo*) to put* at the head of.
prepositivo, *a.* (*gramm.*) prepositive: **una particella prepositiva**, a prepositive (particle). ● **locuzione prepositiva**, prepositional phrase.
prepositura, *f.* (*relig.*) provostship; provostry.
prepositurale, *a.* (*relig.*) provostal.
preposizióne, *f.* (*gramm.*) preposition: **«Da» è una p.**, «from» is a preposition.
prepósto, V. **prevòsto**.
prepotènte, A *a.* **1** overbearing; arrogant; domineering; bossy (*fam.*); high-handed (*fam.*): **un ragazzo p.**, an arrogant boy **2** (*fig.*) pressing, irrepressible: **un bisogno p.**, a pressing need. B *m.* e *f.* arrogant (*o* domineering) person; bully. ● **fare il p.**, to behave arrogantly; to bully; to ride the high horse (*fam.*); to be on one's high horse (*fam.*).
prepotenteménte, *avv.* overbearingly; arrogantly; domineeringly; high-handedly.
prepotènza, *f.* overbearance; overbearing behaviour (*o* manners, *pl.*); arrogance; bullying: **farla di p.**, to do st. with arrogance (*o* arrogantly); **Smettila con le prepotenze!**, do stop it with your bullying! ● **di p.**, by force.
prepotére, *m.* excessive power.
prepùbere, *a.* prepuber(t)al.
prepubertà, *f.* prepuberty.
prepuziale, *a.* (*anat.*) preputial.
prepùzio, *m.* (*anat.*) prepuce.
preraffaellismo, *m.* (*arte, letter.*) Pre-Raphaelitism; Pre- -Raphaelism.
preraffaellita, *a., m.* e *f.* (*arte, letter.*) Pre-Raphaelite.
preraffreddaménto, *m.* (*tecn.*) precooling.
preraffreddare, *v. t.* (*tecn.*) to precool.
preraffreddatóre, *m.* (*tecn.*) precooler.
prerinascimentale, *a.* pre-Renaissance.
preriscaldaménto, *m.* (*tecn.*) preheating.
preriscaldare, *v. t.* (*tecn.*) to preheat.
preriscaldatóre, *m.* (*tecn.*) preheater.
prerogativa, *f.* **1** (*privilegio*) prerogative; privilege: **le prerogati- ve della Corona**, the royal prerogatives; **godere una p.**, to enjoy a privilege; **per p.**, as a prerogative; by privilege **2** (*dote tipica*) prerogative; gift; (special) quality: **avere la p. di una memo- ria ferrea**, to have the gift of (*o* to be endowed with) a cast- -iron memory **3** (*proprietà, virtù speciale*) property: **avere la p. di attrarre il ferro**, to have the property of attracting iron.
preromànico, *a.* (*arte*) pre-Romanesque.
preromano, *a.* Pre-Roman.
preromanticismo, *m.* (*letter.*) pre-Romanticism.
preromàntico, *a.* e *m.* (*letter.*) pre-Romantic.
présa, *f.* **1** (*atto del prendere*) taking; catching; seizing: **la p. di possesso di una carica**, the taking up of an office **2** (*cattu- ra, conquista*) seizure; capture: **la p. di Sebastopoli**, the capture of Sebastopol; **la p. del canale di Suez**, the seizure of the Suez Canal; **la p. della Bastiglia**, the capture (*o* taking) of the Bastille; **la p. della nave**, the seizure of the ship; **la p. dell'evaso**, the capture of the fugitive **3** (*stretta*) hold; grasp; grip; (*nella lotta*) hold: **abbandonare la p.**, to let go one's hold; **allentare la p.**, to release one's hold; **avere una p. forte**, to have a firm grip (*o* grasp); **venire alle prese con q.**, to come to grips with sb.; **Mi insegnò molte prese di judo**, he taught me many holds in judo **4** (*per maneggiare il ferro da stiro quando è caldo*) iron- -holder **5** (*di acqua, d'aria*) intake; (*di gas*) outlet **6** (*elettr.*) tap; socket; (*di elaboratore, di telefono*) jack: **p. di corrente**, current-tap **7** (*di cemento, ecc.*) set; setting: **p. rapida**, quick setting **8** (*pizzico*) pinch: **una p. di tabacco (di sale)**, a pinch of tobacco (of salt) **9** (*impugnatura*) grip; (*manico*) handle **10** (*carte*) trick: **fare cinque prese**, to make five tricks. ● **p. di contatto**, contact □ **p. di coscienza**, becoming aware; new awareness □ **p. in giro**, leg-pull; mickey-take (*fam.*) □ (*fig.*) **avere p. su q.**, to have a hold over sb. □ (*fig.*) **essere alle prese con q.c.**, to grapple with st. □ **cane da p.**, lurcher □ **dar p. alle calunnie**, to give rise to slander □ **fare p.**, to get (*o* to have) a grip (*o* hold); (*indurirsi*) to set; (*attaccarsi*) to stick; (*mettere radici*) to take root: **Queste gomme non fanno p. sul fondo stra- dale bagnato**, these tyres have no grip on the wet road; **L'ora- tore non fece p. sul pubblico**, the speaker had no grip (*o* hold, sway) on the audience; **La calcina ha già fatto p.**, the mortar has already set; **La colla non fa p.**, the glue does not stick; **La pianta non ha fatto p.**, the plant has not taken root □ (*mecc.*) **in p. diretta**, in top gear □ (*cinem.*) **macchina da p.**, motion- -picture camera □ **L'ottone fa p. con il ferro**, brass binds (*o* alloys) with iron □ (*naut.*) **L'ancora non sta facendo p.**, the anchor is not holding.
presàgio, *m.* presage; omen; portent; (*presentimento*) presentiment, premonition, foreboding: **Il tuo p. si è avverato**, your presage has been fulfilled; **melanconici presagi del futuro**, melancholy presages of the future; **essere di buon p.**, to be of good omen; **essere di cattivo p.**, to be of bad omen; to be ominous; **sentire un p. nel cuore**, to have a presentiment in one's heart.
presagire, *v. t.* to presage; to portend; (*prevedere*) to foresee*; (*predire*) to predict, to foretell*; (*presentire*) to have a presentiment of (st.); to forebode: **p. la vittoria**, to presage victory; **p. qualche terribile calamità**, to forebode some dreadful calamity.
presàgo, *a.* foreboding; presaging. ● **essere p. di q.c.**, to foresee st.; to have a presentiment (*o* a premonition) of st.
presalàrio, *m.* (*assegno di studio*) (student's) grant.
presame, *m.* rennet.
presbiopìa, *f.* (*med.*) presbyopia; long sight.
prèsbite, (*med.*) A *a.* presbyopic; long-sighted. B *m.* e *f.* long- -sighted person.
presbiterale, *a.* (*relig.*) presbyteral.
presbiterato, *m.* (*relig.*) presbyterate.
presbiterianésimo, presbiterianismo, *m.* (*relig.*) Pres- byterianism.
presbiteriano, *a.* e *m.* (*relig.*) Presbyterian: **la Chiesa Presbite- riana**, the Presbyterian Church.
presbitèrio, *m.* (*archit., relig.*) presbytery.
prèsbitero, *m.* (*relig.*) presbyter.
presbitismo, *m.* (*med.*) presbyopia; long sight.
prescégliere, *v. t.* to select; to choose* out; to pick out; to cull.
prescélto, A *a.* select; selected; choice. B *m.* chosen (*o* selected) person.

presciènte, *a.* (*lett.*) prescient; foreseeing.
prescienza, *f.* prescience; foreknowledge; foresight.
prescindere, *v. i.* to leave* (*o* to put*) aside; to prescind; to leave* (st.) out of consideration: **p. da q.c.,** to prescind from st.; **a p.** (*o* **prescindendo**) **da questo,** apart from this.
prescolare, *a.* nursery-school (*attr.*): **insegnamento p.,** nursery-school teaching. ● **bambini in età p.,** children under six.
prescolàstico, *a.* pre-school.
prescrittibile, *a.* (*leg.*) prescriptible; that may be barred by limitation.
prescrittibilità, *f.* (*leg.*) prescriptibility.
prescrittivismo, *m.* prescriptivism.
prescrittivista, *m. e f.* prescriptivist.
prescritto, A *a.* **1** prescribed; (*stabilito*) fixed, established; (*obbligatorio*) obligatory, compulsory: **il tempo p.,** the prescribed term; **formalità prescritte dalla legge,** formalities prescribed by the law; **riempire il modulo p.,** to fill up the prescribed form **2** (*leg.*) statute-barred: **essere p.,** to be statute-barred; to be barred by the statute of limitations. ● **È p. l'abito da sera,** evening dress (de rigueur). **B** *m.* prescript; ordinance; law; command.
prescrivere, A *v. t.* **1** to prescribe (*anche med.*); to impose; (*stabilire*) to fix, to establish: **La legge prescrive che...,** the law prescribes that...; **p. una medicina,** to prescribe a medicine; **p. una cura,** to prescribe a treatment **2** (*leg.*) to prescribe; to debar.
prescriversi, B *v. rifl.* (*leg.*) to be barred (by the statute of limitations): **Alcuni diritti si prescrivono dopo vent'anni,** certain rights are barred at the end of twenty years.
prescrizionale, *a.* (*leg.*) prescription (*attr.*).
prescrizione, *f.* **1** (*il prescrivere*) prescription (*anche med.*); prescribing **2** (*norma*) rule, precept; (*direttiva*) direction (*usato al pl.*), instruction (*usato al pl.*): **le prescrizioni della Chiesa,** the precepts of the Church; **attenersi alle prescrizioni,** to keep to the rules; to follow the instructions **3** (*leg.*) prescription; bar of the statute of limitations; debarment: **p. acquisitiva,** acquisitive (*o* positive) prescription; **p. estintiva,** negative prescription. ● **cadere in p.,** to lapse; to be barred by the statute of limitations □ **interrompere la p.,** to toll the statute of limitations.
presegnalare, *v. t.* to presignal.
presegnale, *m.* presignal.
preselettóre, *m.* (*elettr., elettron.*) preselector.
preselezionare, *v. t.* to preselect; (*elettron.*) to screen.
preselezione, *f.* preselection; (*elab., anche*) presort.
presèlla, *f.* (*per fucinatura*) fuller.
presenile, *a.* (*med.*) presenile.
presentàbile, *a.* presentable (*anche fig.*): **È un tipo p.?,** is he a presentable sort of person?; is he a decent fellow?; **una lettera non ancora in forma p.,** a letter not yet in presentable form; **rendere un vestito p.,** to make a dress presentable. ● **non p.,** unpresentable: **un lavoro non p.,** an unpresentable piece of work.
presentabilità, *f.* presentability; presentableness.
presentare, A *v. t.* **1** (*mostrare, anche fig.*) to present, to show*; (*esibire*) to produce: **Quando farete la domanda, dovrete presentare il certificato di nascita,** when you make your applications, you will have to show (*o* produce, present) your birth certificates; **Ogni mattina ci presenta sempre lo stesso viso accigliato,** every morning he always shows us the same gloomy face; **Il problema presenta molte difficoltà,** the problem presents many difficulties; **Dovrai p. le tue referenze,** you will have to produce your references **2** (*proporre*) to propose; (*bur.:* inoltrare) to submit, to put* in, to send* in, to present: **p. q. come candidato,** to propose (*o* to present) sb. as a candidate; **p. una ricevuta,** to present a receipt; **p. una domanda (un conto),** to submit (*o* to send in) an application (an account); **p. un reclamo,** to put in a claim; **Dovevate p. la domanda in tempo,** you should have sent (*o* put) in your application in time **3** (*offrire, porgere, anche fig.*) to offer; to present: **L'affare presenta questi vantaggi,** the deal offers these advantages; **p. i propri complimenti,** to present one's compliments; **p. le scuse,** to offer one's apologies **4** (*radio, telev.*) to announce; (*di ditta: offrire un programma*) to sponsor: **Questo programma vi è stato presentato dalla ditta Splurge,** the programme was sponsored by Splurge Inc. **5** (*condurre alla presenza di q.*) to present; (*far conoscere*) to introduce, to present: **Presentarono al presidente i superstiti della strage,** they presented the survivors of the massacre to the president; **Permetti che ti presenti mia moglie?,** may I introduce my wife to you? ● (*mil.*) **p. le armi,** to present arms □ (*rag.*) **p. i conti,** to render accounts □ (*polit.*) **p. un'interpellanza,** to ask a (parliamentary) question □ (*leg.*) **p. un'istanza,** to lodge (*o* to make) a request □ (*polit.*) **p. una mozione,** to present a motion □ **p. una mozione d'ordine,** to raise a point of order □ **p. i propri omaggi,** to pay one's respects □ **p. un progetto di legge,** to introduce a bill □ (*comm.*) **p. un saldo a favore di q.,** to show a balance in sb.'s favour □ **p. una sfida,** to deliver a challenge. **presentarsi, B** *v. rifl.* **1** to present oneself; to turn up (*fam.*); (*mostrarsi*) to show* oneself; (*comparire*) to appear: **Si presentarono al direttore della banca,** they presented themselves to the bank manager; **Non ha il coraggio di p. così vestito,** he hasn't the courage to present himself (*o* to show himself) dressed in that fashion; **Appena si presentarono i poliziotti, i ladri fuggirono,** as soon as the policemen appeared, the thieves fled; **p. davanti al Tribunale,** to appear before the Court **2** (*farsi conoscere*) to introduce oneself: **Permette che mi presenti?,** may I introduce myself? **3** (*offrirsi*) to offer (oneself); (*capitare*) to occur, to arise*: **Quando l'occasione si presenta,** when the opportunity arises (*o* offers); **Un'occasione così (buona) non si presenterà mai più,** such a good opportunity will never occur again **4** (*sembrare, essere*) to seem; to appear; to look: **La crisi economica si presenta molto grave,** the economic crisis seems (*o* appears) to be serious; **La superficie si presenta levigata,** the surface looks smooth. ● **p. a un esame,** to sit for an exam □ **p. bene,** (*di aspetto*) to have a nice appearance, to look well; (*fig.*) to promise well □ **p. candidato a q.c.,** to run for st.: **Roosevelt si presentò candidato alla presidenza degli Stati Uniti per quattro volte,** Roosevelt ran four times the presidency of the United States □ **p. candidato al Parlamento,** to stand for Parliament □ **p. in ritardo (in anticipo),** to arrive late (early).
presentat'arm, presentatàrm, *locuz. sost.* (*mil.*) present arms.
presentatóre, *m.* **1** (*radio, telev.: di notizie*) announcer; (*di spettacoli di varietà*) compère; presenter; master of ceremonies (*abbr. fam.:* m.c.); talk-showman (*USA*) **2** (*comm.*) presenter; bearer: **il p. d'una cambiale tratta,** the bearer of a draft. ● (*radio, telev.*) **p. di dischi,** disk-jockey □ **p. di quiz,** quiz-master.
presentazione, *f.* **1** presentation: **la P. di Maria Vergine al Tempio,** the Presentation of the Blessed Virgin Mary in the Temple; **la p. di una nuova commedia,** the presentation of a new play **2** (*il far conoscere una persona a un'altra*) introduction: **lettera di p.,** letter of introduction; **scambio delle presentazioni,** exchange of introductions **3** (*il fare il nome di q.*) nomination: **la p. dei candidati per le elezioni,** the nomination of candidates for the elections; **Nessuno può essere ammesso senza p. da parte di un socio,** no one may be admitted without nomination by a member **4** (*bur.: inoltro*) submission **5** (*cinem.: p. del prossimo film*) trailer **6** (*radio, telev.*) compèring **7** (*elettron.*) display. ● (*comm.*) **p. di un prodotto,** demonstration ● (*med.*) **p. podalica,** breech presentation □ **fare le presentazioni,** to do the introducing □ (*comm.*) **a p.,** on demand: **tratta a p.,** draft on demand; cash order □ (*comm.*) **pagamento contro p. dei documenti,** payment against documents.
presènte (1), A *a.* **1** present: **Te lo può dire Paolo che è p.,** Paul who is present (*o* here) can tell you; **Tutti i ministri erano presenti alla seduta,** all the ministers were present at the meeting; «**Smith!**» «**P.!**», «**Smith!**» «**present!**» (*o* «**here!**»; «**adsum!**») **2** (*attuale*) present; current: **gli avvenimenti presenti,** present events; **la moda p.,** the current fashion; **il p. mese,** the current month; **le tendenze presenti,** present (*o* current) trends **3** (*questo*) this*: **il p. volume,** this volume; **la p. settimana,** this week; (*comm.*) **la p. lettera,** this letter. ● **essere p. a se stesso,** to be self-possessed □ **avere p. q. (q.c.),** to remember sb. (st.) □ **tenere p. q.c.,** to bear (*o* to keep) st. in mind □ **Fatele p. che non può riscuotere quell'assegno fino a domani,** remind her that she cannot cash that cheque till tomorrow □ **Non ho p. se a quell'epoca fossi sposato,** I can't remember whether I was married at that time □ **P. il cadavere, si accusarono a vicenda,** in the presence of the corpse, they accused each other in turn. **B** *m.* **1** (the) present: **il passato, il p. e il futuro,** the past, the present and the future; **al p.,** at present; **Il p. non mi fa sperare nel futuro,** the present does not give me any hope for the future **2** (*gramm.*) present (tense): **al p.,** in the present; **il p. progressivo,** the present continuous **3** (*pl.*) those present: **Era tra i presenti,** he was among those present; **Il numero dei presenti era alto,** the number of those present was high; **Tutti i presenti allo spettacolo furono disgustati,** all those present at the show (*o* all the spectators) were disgusted; **Nessuno dei presenti alla zuffa intervenne,** none of those present (*o* of those who witnessed, *o* of the bystanders) at the brawl intervened. ● **i presenti esclusi,** present company excepted. **C** *f.* (*lettera*) this letter. ● (*comm.*) **con la p.,** herewith □ (*comm.*) **nella p.,** herein.
presènte (2), *m.* (*lett.: dono*) present; gift.
presenteménte, *avv.* at present; at this moment; now.
presentiménto, *m.* presentiment; foreboding: **avere un brutto p.,** to have a bad presentiment; **avere una specie di p.,** to have a sort of foreboding.
presentire, *v. t. e i.* to have a presentiment (of st.; that...); to forebode; to foresee*; to anticipate; to portend: **Presentivo che non sarebbe venuto,** I had a presentiment (*o* feeling) that he would not have come; **Presentii giorni tristi,** I foreboded

presènza

evil days to come; **p. una disgrazia**, to portend some great misfortune; **p. quel che accadrà**, to foresee what will happen (*o* how things will turn out).

presènza, *f.* **1** presence: **Nessuno si accorse della sua p.**, nobody noticed his presence; **Giurò in p. di testimoni**, he took an oath in the presence of witnesses; **Certe cose non si dicono in mia p.**, certain things are not said in my presence; **In quell'acqua è stata riscontrata la p. di bacilli del tifo**, the presence of typhoid bacilli has been found in that water **2** (*il frequentare*) attendance: **la p. alle lezioni di medicina legale è obbligatoria**, attendance at the lectures of forensic medicine is compulsory; **Ogni alunno deve avere duecento presenze**, every pupil must have two hundred attendances; **la p. al ciclo di conferenze è stata bassissima**, the attendance at the series of lectures has been very low. ● **p. d'animo** (*o* **di spirito**), presence of mind □ **di p.** (*di persona*), in person; personally □ **fare atto di p.**, to put in (*o* to make) an appearance □ **una persona di bella p.**, a good-looking person □ **un uomo di nobile p.**, a man of stately bearing (*o* of noble presence) □ **cercasi stenodattilografa, bella p.**, wanted: shorthand typist, smart appearance.

presenziare, *v. t.* e *i.* to be present (at); to attend; to take* part (in): **p. un'adunanza**, to be present at a meeting; **p. a un funerale**, to attend a funeral; **p. a un banchetto**, to take part in a banquet.

presèpe, presèpio, *m.* manger; crib: **il santo p.**, the Holy Crib; the Christmas Crib.

pre-sèrie, *f.* pre-production model.

preservaménto, *V.* **preservazióne**.

preservare, *v. t.* to preserve; (*proteggere*) to protect, to guard, to save (from injury); (*difendere*) to defend (from evil): **Iddio ci preservi!**, God preserve us!; **p. il grano**, to preserve corn.

preservativo, **A** *a.* preservative. **B** *m.* (*farm.*) prophylactic; condom.

preservatóre, *m.* preserver.

preservazióne, *f.* preservation.

prèside, **A** *m.* principal; head-master; (*di facoltà universitaria*) dean, head of a department: **il p. d'una scuola**, the principal (*o* head-master) of a school. **B** *f.* lady principal; head-mistress.

presidènte, *m.* **1** (*d'un consiglio, di un'assemblea, ecc.*) chairman*: **Il p. apre la seduta**, the chairman opens the meeting; **il p. del consiglio d'amministrazione**, the chairman of the board of directors; **essere il p. d'una società**, to be the chairman of a company; **il P. del Consiglio di Stato**, the Chairman of the Council of State **2** (*polit.*) President: **il P. della Repubblica**, the President of the Republic; **il P. degli Stati Uniti**, the President of the United States **3** (*d'un tribunale*) presiding judge. ● **il P. del Consiglio dei Ministri**, the President of the Council of Ministers; the Prime Minister; the Premier □ **il P. della Camera (dei deputati)**, the Speaker of the Chamber of Deputies □ **il P. della Camera dei Lord**, the Lord Chancellor □ **il P. del Senato**, the Speaker of the Senate □ **essere nominato p. d'una assemblea**, to be elected to the presidency of a meeting □ **non essere più p.**, to have passed the chair (*fam.*) □ **rimettersi al p.**, to leave the matter to the chairman's decision.

presidentéssa, *f.* **1** (*moglie del presidente*) President's wife; first lady (*USA*) **2** (*donna che presiede*) lady president; chairwoman*.

presidènza, *f.* **1** (*atto del presiedere*) presidency; chairmanship; (*seggio presidenziale*) chair: **assumere la p.**, to take the chair; **essere alla p.**, to act as chairman **2** (*ufficio, dignità di presidente*) presidency; presidentship; chairmanship: **sotto la p. di**, under the chairmanship of **3** (*ufficio, dignità di preside*) headmastership **4** (*ufficio, dignità di Presidente del Consiglio dei Ministri, in G.B.*) Premiership **5** (*di una società*) board of directors.

presidenziale, *a.* presidential: **il sistema p.**, the presidential system; **l'anno delle elezioni presidenziali**, the presidential year (*USA*). ● **il seggio p.**, the chair: **occupare il seggio p.**, to be in the chair.

presidiare, *v. t.* (*mil.*) to garrison (*anche fig.*): **p. una fortezza (una città)**, to garrison a fort (a town).

presidiàrio, *a.* (*mil.*) of a garrison; garrison (*attr.*): **truppe presidiarie**, garrison troops.

presidiato, *a.* (*mil.*) garrisoned (*anche fig.*).

presidio, *m.* **1** (*mil.*) garrison: **milizie di p.**, garrison troops **2** (*fig.: protezione*) protection; (*difesa*) defence: **sotto il p. di**, under the protection of; **a p. di**, in defence of. ● **p. medico**, remedy.

presidium, *m.* (*polit.*) pr(a)esidium: **il p. del Soviet Supremo**, the presidium of the Supreme Soviet.

presièdere, *v. i.* e *t.* **1** (*fare da presidente*) to preside; to take* the chair; to act as chairman*: **Chi presiedeva?**, who was acting as chairman?; **p. una seduta**, to preside at (*o* over) a meeting; to act as chairman at a meeting; **p. una società**, to be the chairman of a company **2** (*dirigere*) to be at the head (of st.).

presina, *f.* **1** pinch **2** (*per afferrare recipienti caldi*) pot-holder

3 (*farm.: cartina*) dose.

presinterizzazióne, *f.* (*metall.*) presintering.

presistole, *f.* (*fisiologia*) presystole.

presistòlico, *a.* (*fisiologia*) presystolic.

prèso, *a.* **1** (*indaffarato*) busy; taken up; engaged: **Nel mio lavoro sono sempre molto p.**, I'm always busy in my job **2** (*occupato*: *di cosa*) taken; occupied; engaged: **Tutti i posti sono presi**, all the seats are taken.

presocràtico, *a. e m.* (*filos.*) pre-Socratic.

prèssa, *f.* **1** (*calca, ressa*) pressing of people; crowd (of people); throng; press **2** (*mecc.*) press: **p. a banco inclinabile**, inclinable press; **p. a bilanciere**, fly press; **p. a braccio**, horning press; **p. a eccentrico**, eccentric(-shaft) press; **p. a frizione**, friction press; **p. a ingranaggi**, geared press; **p. a mano**, hand press; **p. a piegare**, forming press; **p. a riscaldamento interno**, hot-press; **p. a vapore**, steam press; **p. a vite**, screw press; **p. centripeta**, centripetal press; **p. idraulica**, hydraulic forging press; (*tipogr.*) **p. per legatore**, lying press; **p. multipla**, multiple press; **p. per olio**, oil press; **p. sbavatrice**, flash trimming press; **p. verticale**, standing press. ● **fare p.** (*accalcarsi*), to crowd; to throng; to press.

pressacarte, *m. invar.* paper-weight.

pressaforàggio, *m. invar.* (*agric.*) forage press.

pressante, *a.* pressing; urgent.

pressanteménte, *avv.* urgently.

pressapàglia, *m. invar.* (*agric.*) straw baler.

pressappochismo, *m.* carelessness; inaccuracy.

pressappochista, *m.* e *f.* careless (*o* inaccurate) person.

pressappòco, prèss'a pòco, *avv.* about; more or less; approximately; roughly; nearly. ● **È p. la stessa cosa**, it's pretty much the same thing.

pressare, *v. t.* **1** to press: (*mecc.*) **p. a caldo (a freddo)**, to hot-press (to cold-press) **2** (*fig.*) to press; to urge.

pressatóre, *m.* presser.

pressatura, *f.* (*mecc.*) pressing.

pressióne, *f.* **1** pressure (*anche fig.*): **p. atmosferica**, atmospheric pressure; (*fis.*) **p. specifica**, specific pressure; **alta (bassa) p.**, high (low) pressure; (*med.*) **p. arteriosa**, arterial pressure; (*anche fig.*) **essere sotto p.**, to be under pressure; (*mecc.*) **p. cinetica**, kinetic pressure; (*chim., fis.*) **p. critica**, critical pressure; (*fis.*) **p. di arresto**, dynamic (*o* stagnation) pressure; (*mecc.*) **p. di aspirazione**, suction pressure; (*mecc.*) **p. di bloccaggio**, locking pressure; (*mecc.*) **p. di frenatura**, brake pressure; braking power; (*mecc.*) **p. di punta**, peak pressure; (*fis., med.*) **aumento di p.**, pressure increase; (*fis., med.*) **caduta di p.**, pressure drop; fall in pressure; (*med.*) **p. del sangue**, blood pressure; (*fig.*) **fare p. su q.**, to put pressure on sb. **2** (*in macchine a vapore*) steam: **mantenere la p.**, to keep up steam; **mettere in p.**, to raise steam. ● **p. del vento**, wind load (*o* pressure); (*aeron.*) **p. di alimentazione**, boost □ (*mecc.*) **p. totale**, total head (*o* pressure) □ (*fis.*) **bassa p.**, low-pressure (*agg.*) □ **pentola a p.**, pressure-cooker.

prèsso, **A** *avv.* nearby; near; close (at hand): **Lì p. c'è una quercia**, there's an oak nearby; **Abita qui p.**, he lives near here; **lives close at hand** (*o* not far from here). ● **press'a poco**, about; more or less; approximately; roughly; nearly: **Ci sono press'a poco trecento pagine in quel libro**, there are roughly approximately, about) three hundred pages in that book □ **p. che**, almost; all but: **Ero p. che arrivato, quando si mise a piovere**, I was nearly there when it began raining; **È p. che fatto**, it's all but done □ **a un di p.**, about; approximately; roughly: **Ci sono a un di p. due libbre e un quarto in un chilo**, there are roughly (*o* about, approximately) two and a quarter pounds in a kilo □ **da p.**, closely; at close quarters (*anche fig.*): **pedinare q. da p.**, to shadow sb. closely □ **più p.**, nearer; closer □ **vedere la morte da p.**, to look death in the face. **B** *prep.* **1** (*vicino*) near; not far from: **Io abito p. Mantova**, I live near Mantua; **Stava in piedi p. la porta**, he was standing close to the door; **Nella Bretagna, p. Roscoff**, c'è una zona molto fertile, there is a very fertile area in Brittany not far from Roscoff **2** (*accanto a, a fianco di*) beside; next to; by: **Si sedette p. la bella ragazza**, he sat down beside the beautiful girl; **La canonica di solito si trova p. la chiesa**, the presbytery is usually next to (*o* beside) the church; **Troverai la bottiglia di latte p. la porta**, you'll find the bottle of milk by the door **3** (*a casa di, nell'ufficio di*) at, with; (*negli indirizzi*) care of (*abbr.*: c/o): **Abito p. i Rossi, in via Farini**, I live at the Rossi's, in via Farini; **Ero impiegato p. una ditta di farmaceutici**, I was employed with a pharmaceuticals firm; **Lavoro p. il Signor Smith**, I work with (*o* for) Mr Smith; **Lavoravo otto ore al giorno p. la ditta Burton**, I used to work eight hours a day at Burton's; **Egr. Sig. X. Y. p. Z.**, Mr X. Y. c/o Z. **4** (*fra*) among: **P. i dotti tu passi per un facilone**, you are considered a superficial person among the learned (*o* among scholars); **p. il popolo**, among the people; in popular opinion **5** (*lett.: in confronto*) in comparison (with); compared (with): **P. a lui sei**

un nano, in comparison with him you are a dwarf; **P. al Brasile, il Perù sembra piccolissimo**, compared with Brasil, Peru seems very small **6** (*fig.*) with; over: **Mi adoperò p. il Ministro per ottenere quel permesso**, I'll do my utmost with the Minister to get that licence; **Quell'uomo ha molta influenza p. il sindaco**, that man has great influence over the mayor. ● **essere p. a fare q.c.**, to be about to do st.; to be on the point of doing st. □ **Ambasciatore p. la Corte di San Giacomo**, Ambassador to Saint James's Court (*o* to Great Britain). **C** *m. pl.* neighbourhood (*sing.*); (*dintorni*) environs, outskirts, surroundings: **nei pressi di Firenze**, in the neighbourhood of Florence; on the outskirts of Florence; somewhere near Florence.

pressoché, *avv.* (*lett.*) almost; all but.

pressofusióne, *f.* (*fonderia*) die-casting. ● **stampo per p.**, die.

pressóio, *m.* presser.

pressòstato, *m.* **1** (*elettr.*) pressure switch **2** (*ing.*) manostat; thrust meter.

pressurizzare, *v. t.* (*aeron., ing.*) to pressurize.

pressurizzazióne, *f.* (*aeron., ing.*) pressurization.

prestabilire, *v. t.* to arrange (*o* to fix) beforehand (*o* in advance); to pre-arrange; to pre-establish; (*fissare*) to fix, to set*: **p. il numero**, to fix the number in advance. ● **Nulla c'era di prestabilito**, nothing had been decided yet.

prestanóme, *m.* e *f.* **1** figure-head; dummy; (*masch., anche*) man* of straw **2** (*leg.*) nominee.

prestante, *a.* of fine presence; good-looking; handsome: **un uomo p.**, a good-looking (*o* a handsome) man.

prestanza, *f.* good looks (*pl.*); fine appearance; handsomeness: **essere di grande p. fisica**, to have very good looks.

prestare, **A** *v. t.* to lend*: **p. denaro (libri, riviste) a q.**, to lend money (books, magazines) to sb.; to lend sb. money (books, magazines); **p. denaro a interesse**, to lend money on interest. ● **p. aiuto**, to lend a (helping) hand; to help □ **p. attenzione**, to pay attention □ **p. fede a q.**, to believe sb. □ **p. fede a q.c.**, to give credit to st. □ **p. giuramento**, to take an oath □ **p. man forte**, to give help □ **p. obbedienza a q.**, to obey sb. □ **p. omaggio**, to pay (*o* to render) homage □ **p. orecchio** (*o* ascolto), to lend an ear; to listen □ **p. la propria opera**, to give one's services □ **p. i primi soccorsi**, to give first aid □ (*prov.*) **Chi presta, tempesta**, he that goes a-borrowing, goes a-sorrowing. **prestarsi**, **B** *v. rifl.* **1** to lend* hand; (*acconsentire*) to consent; (*approvare*) to countenance: **Il vile si presta sempre al compromesso**, the coward always lends himself to compromise; **Sono sicuro che tua madre non si presterà a vendere quelle azioni**, I'm sure your mother will not consent to sell those shares; **Questo paese non si presterebbe mai a un atto di aggressione**, this country would never countenance an act of aggression; **Il suo discorso si prestò a diverse interpretazioni**, his speech lent itself to several interpretations **2** (*rendersi utile*) to help; to make* oneself useful; to lend* a hand: **Mi sono prestato più volte a suo favore**, I have helped him several times; I have intervened several times on his behalf; **Si presta a portare il vino dalla cantina ogni volta che viene**, he makes himself useful by bringing up the wine from the cellar every time he comes **3** (*essere idoneo*) to be fit (*o* suitable); to lend* oneself: **È un luogo che si presta a un raduno politico**, it's a place that is fit (*o* suitable) for a political meeting; **uno scrittore che mal si presta a esser tradotto**, a writer who does not lend himself easily to translation.

prestatóre, *m.* lender; (*di denaro*) money-lender. ● **p. di lavoro**, workhand □ **p. d'opera**, hired person; employee □ **p. su pegno**, pawnbroker.

prestavóce, *m.* e *f.* (*cinem.*) dubber.

prestazióne, *f.* **1** (*pl.: servizi*) services: **le prestazioni di un medico (di un avvocato)**, the services of a doctor (of a lawyer) **2** (*pl., mecc.*) performance (*sing.*): **le prestazioni di questo motore sono eccellenti**, the performance of this engine is excellent **3** (*sport*) performance **4** (*tassa, tributo*) tax; tribute. ● (*leg.*) **p. d'opera**, work done.

prestézza, *f.* readiness; quickness; promptness.

prestidigitatóre, *V.* prestigiatóre.

prestidigitazióne, *f.* sleight-of-hand; legerdemain; prestidigitation.

prestigiatóre, *m.* **1** (*chi fa giochi di prestigio*) conjurer, conjuror, prestidigitator; (*giocoliere*) juggler: **i giochi d'un p.**, the tricks of a conjurer **2** (*fig.*) juggler; trickster.

prestigio, *m.* **1** (*gioco di mano*) sleight-of-hand; feat of legerdemain; prestidigitation **2** (*fig.: fascino*) glamour; charm: **il p. della bellezza**, the charm of beauty; **mancare di p.**, to lack in prestige **3** (*fig.: autorità*) prestige; authority; ascendancy: **il p. d'una vecchia scuola**, the prestige of an old school. ● **giochi di p.**, legerdemain (*sing.*); conjuring tricks; jugglery (*sing.*).

prestigióso, *a.* **1** (*che ha fascino*) glamorous; charming; fascinating **2** (*che colpisce per importanza*) prestigious.

prèstito, *m.* loan: **p. a breve (a lunga) scadenza**, short-term (long-term) loan; **p. di guerra**, war loan; **p. a interesse**, loan at interest; **p. dello Stato**, Government loan; **p. di denaro**, loan of money; **contrarre un p.**, to incur a loan; **p. ipotecario**, mortgage loan; **p. forzoso**, forced loan; **chiedere un p.**, to ask for a loan; **sottoscrivere un p.**, to subscribe to a loan; **l'emissione di un p.**, the issue of a loan; **emettere un p.**, to issue (*o* to float) a loan; **p. su pegno**, loan on pawn; **p. garantito**, secured loan; **rimborsare un p.**, to redeem a loan; **avere (ricevere) q.c. in p.**, to have (to receive) st. on loan; **p. pubblico**, public loan. ● (*fin.*) **p. obbligazionario**, debenture (*o* loan) stock □ **p. rimborsabile a vista**, call money □ **agenzia di prestiti su pegno**, pawnshop □ **dare in p. q.c. a q.**, to lend st. to sb.; to lend sb. st. □ **i frutti di un p.**, the interest on a loan □ **prendere q.c. in p. da q.**, to borrow st. from (*o* of) sb.

prèsto, **A** *avv.* **1** (*in breve tempo*) soon; in a short time; before long; shortly: **P. si pentirà della sua azione**, he will soon regret his action; he will regret his action before long; (**Arrivederci**) **a p.**, see you soon; **Tornerà p.**, he'll come back in a short time; **Fece p. a vestirsi**, he got dressed in a short time; **Avrai p. notizie da tua zia**, you'll receive news from your aunt before long **2** (*di buon'ora; prima del tempo stabilito*) early: **Non mi alzo mai p. al mattino**, I never get up early in the morning; **È ancora p. per andare alla stazione**, it's early to go to the station; **È ancora troppo p. per giudicare se la riforma sia utile**, it's still too early to judge whether the reform is useful **3** (*in fretta*) quickly; quick: **Fallo p.**, do it quickly **4** (*facilmente*) easily; easy: **Si capisce p. che non è un genio**, it's easily understood that he is no genius; **Si fa p. a dire**, that's easily said; easier said than done. ● **p. o tardi**, sooner or later □ **al più p.**, (*di tempo*) as soon as possible; (*di velocità*) as quickly as possible: **Partirò al più p. (possibile)**, I shall leave as soon as I can □ **Partì il più p. possibile**, he left as soon as he could (*o* as soon as possible) □ **fare p.**, to be quick; to hurry up; to make haste □ **fare q.c. il più p. possibile**, to do st. as soon as possible; to do st. at one's earliest convenience □ **P.!**, hurry up!; quick! □ **Si fa p. a volere (a comandare)**, it's easy to want (to command) □ (*prov.*) **P. e bene raro avviene**, good and quickly seldom meet □ (*prov.*) **P. a letto e p. alzato, fa l'uomo sano, ricco e fortunato**, early to bed and early to rise, makes a man healthy, wealthy and wise. **B** *a.* (*lett.*) **1** (*sollecito, pronto*) prepared; ready **2** (*lesto*) nimble. ● **p. di mano**, nimble-fingered; dexterous.

prèsule, *m.* (*relig.*) bishop; prelate.

presùmere, **A** *v. i.* to presume; to rely too much (on); to take* (st.) for granted: **p. della propria autorità**, to rely too much on one's authority; **p. di sapere q.c.**, to presume to know st. **B** *v. t.* to presume; to conjecture; to think*; to suppose: **Presumo quel che vuoi dirmi**, I imagine what you want to tell me. ● **p. troppo di sé**, to be over-confident; to have (*o* to suffer from) swelled head (*pop.*).

presumibile, *a.* presumable; (*probabile*) probable, likely. ● **È p. che egli non venga**, he is unlikely to come.

presuntivo, **A** *a.* **1** presumptive; apparent: **l'erede p.**, the heir presumptive **2** (*prevedibile*) foreseeable; calculable. ● (*econ.*) **bilancio p.**, budget statement. **B** *m.* (*spesa presunta*) estimated expenditure.

presùnto, *a.* presumed; (*valutato*) estimated; (*presuntivo*) presumptive, apparent: **morte presunta**, presumed death; **il valore p.**, the estimated value; **le spese presunte**, the estimated expenditure; **l'erede p.**, the heir presumptive. ● **il p. omicida**, the alleged murderer.

presuntuosàggine, *f.* presumptuousness; conceit; cockiness (*fam.*).

presuntuosaménte, *avv.* presumptuously; presumingly; conceitedly; cockily (*fam.*).

presuntuosità, *f.* (self-)conceit; presumption; over-confidence.

presuntuóso, **A** *a.* presumptuous; presuming; over-confident; conceited; cocky (*fam.*): **un ignorante p.**, a conceited dolt; a pack-ass (*fam.*). **B** *m.* presumptuous (*o* conceited) person. ● **Non fare il p.**, don't be (so) cocky.

presunzióne, *f.* **1** (*presuntuosità*) presumption; presumptuousness; over-confidence; (self-)conceit; conceitedness; cockiness (*fam.*): **avere la p. di fare q.c.**, to have the presumption to do st.; to presume to do st. **2** (*congettura*) presumption; conjecture; supposition: **È una semplice p.**, it's a mere conjecture **3** (*leg.*) presumption: **p. legale**, presumption of law; **La p. che tutti conoscano la legge è una p. di diritto**, the presumption that a person knows the laws is a presumption of law. ● **peccare di p.**, to be conceited (*o* over-confident); to be cocky (*fam.*).

presuòla, *f.* (*bot., Galium verum*) Our-Lady's-bedstraw; yellow bedstraw; cheese-rennet.

presuppórre, *v. t.* **1** to presuppose; to suppose, to assume

presupposizióne

presuppozizióne, (before-hand); to conjecture: **Un effetto presuppone una causa,** an effect presupposes a cause **2** (*implicare*) to presuppose; to imply.

presupposizióne, *f.* **1** (*il presupporre*) presupposition; assumption **2** (*cosa presupposta*) presupposition; premise; supposition; conjecture.

presuppósto, *m.* presupposition; assumption; premise; supposition; conjecture: **un falso p.,** a false presupposition; **un semplice p.,** a mere conjecture.

pretàglia, *f.* (*spreg.*) company of priests; confederacy of soutanes.

prêt-à-porter (*franc.*), **A** *a.* ready-made; ready-to-wear: **un abito p.,** a ready-to-wear dress. **B** *m.* ready-made.

prète, *m.* **1** (*relig.*: *sacerdote cattolico*) priest; (*sacerdote della Chiesa anglicana*) clergyman*; (*sacerdote protestante*) minister, pastor: **p. operaio,** worker priest; **farsi p.,** to become a priest; to take holy orders **2** (*fam.*: *telaio dello scaldino*) wooden frame (for a warming-pan). ● **morire senza il p.,** to die without receiving the last Sacraments; to die without the comforts of religion.

pretendènte, *m.* **1** pretender; claimant (to a throne) **2** (*corteggiatore*) suitor; wooer.

pretèndere, A *v. t.* **1** (*presumere, sostenere*) to claim; to profess; to pretend: **Quell'uomo pretende di essere infallibile,** that man claims to be infallible (*o* claims infallibility); **Non pretendo di essere un esperto in economia politica,** I don't profess (*o* claim, pretend) to be an expert in political economy; **Pretende di essere un grande stratega,** he pretends (*o* claims) to be a great strategist **2** (*credere indebitamente*) to think* one can (do st.): **Pretende di fare quel che gli piace,** he thinks he can do anything he likes; **Pretendeva di correre i cento metri in dieci secondi,** he thought himself capable of running (*o* he thought he could run) the hundred metres in ten seconds **3** (*esigere, aspettarsi*) to exact; to expect; to demand; to want; to require; to claim: **Pretendo la massima puntualità dai miei impiegati,** I exact the utmost punctuality from my employees; **Pretese la somma di dieci sterline,** he exacted the sum of ten pounds; **Non pretendete l'impossibile da questi alunni!,** don't expect the impossible from these pupils!; **Pretende di essere servito prima di tutti,** he expects to be served first; **Domando un favore, non pretendo nulla,** I am asking a favour, I'm not claiming anything; **Pretendeva la sua parte del bottino,** he claimed his share of the loot; **Pretende delle scuse da lui,** he demands an apology from him; **Pretendevo che mi aiutasse,** I demanded that he should help me; **Fece tutto ciò che pretendevano da lui,** he did all they required of him; **Pretendevano che lo stessi zitto,** they wanted me to keep silent **4** (*chiedere come prezzo*) to ask (for): **Quanto pretende di quell'automobile?,** how much is he asking for that car? **B** *v. i.* to pretend (to); to lay* claim (to); to claim (to): **p. al trono d'Inghilterra,** to pretend (*o* to lay claim) to the throne of England; **p. alla mano di una donna,** to pretend to a woman's hand.

pretensióne, *f.* pretension; claim; pretence: **accampare molte pretensioni,** to lay many claims; **Non ha pretensioni di essere un buongustaio,** he has no pretensions (*o* he makes no claims) to being a gourmet; **un uomo che non ha pretensioni,** a man without pretence; an unpretentious man; **È una ragazza senza doti e tutta p.,** she's a girl without much to recommend her and all pretence (*o* and nothing but pretence).

pretensióso, pretenzióso, *a.* pretentious: **uno sbarbatello p.,** a pretentious young lad; **oratoria pretenziosa,** pretentious oratory.

pretenziosità, *f.* pretentiousness.

preterintenzionale, *a.* (*leg.*) unintentional; beyond the intention (*pred.*) ● **omicidio p.,** manslaughter.

preterintenzionalità, *f.* (*leg.*) unintentionality.

preterire, *v. t.* (*lett.*) **1** (*passare sotto silenzio*) to pass over (without mention); to omit: **non p. il vero,** not to pass over the truth **2** (*trasgredire*) to transgress; to break*.

pretèrito, A *a.* (*gramm.*) preterite; past. **B** *m.* **1** (*gramm.*) preterite (tense); past tense **2** (*scherz.*: *deretano*) backside; posterior; bum (*pop.*).

preterizióne, *f.* (*retor.*) pr(a)eterition; pr(a)etermission; paraleipsis*.

pretermèttere, *v. t.* (*lett.*) to pr(a)etermit; to pass over (without mention); to omit.

pretermissióne, *f.* (*lett.*) pr(a)etermission; omission.

preternaturale, *a.* preternatural.

pretésa, *f.* **1** (*presunzione*) pretension; claim; pretence: **Non ho pretese di grande intelligenza,** I have no pretensions (*o* claims) to great intelligence; **Non ho la p. di passare per istruito,** I lay no claims to being educated; I do not set myself up to be educated; **Ha la pretesa di essere un grande chirurgo,** he has the pretension of being a great surgeon; **Non ho pretese di correttezza grammaticale,** I make no pretence to grammatical accuracy **2** (*pretesto*) pretence: **Entrò in casa con la p. di vendermi un televisore,** he came into the house under (*o* on) the pretence of selling me a television set **3** (*esigenza, richiesta*) claim; demand: **avanzare delle pretese,** to make claims; **Le sue pretese sono piccole,** his demands are small; **soddisfare una p.,** to satisfy a demand **4** (*leg.*) right; claim: **avanzare delle pretese su q.c.,** to claim rights over st.; **recedere da una p.,** to withdraw a claim. ● (*nelle offerte d'impiego*) **indicare pretese,** state salary required ☐ **senza pretese,** unpretentious (*agg.*); unpretentiously (*avv.*): **È un uomo senza pretese,** he's an unpretentious man ☐ **È una bella p.,** that's asking a lot ☐ **Non avrai la p. che egli venga a quest'ora!,** you don't really expect him to arrive at this hour, do you? ☐ **Aveva la p. di essere l'ultimo dei Moicani,** he claimed to be the last of the Mohicans ☐ **Non ho le tue pretese di essere un genio,** I don't pretend (*o* claim) like you to be a genius ☐ **È un uomo di molte pretese,** he's a pretentious man; he's a difficult man to please ☐ **È un uomo di poche pretese,** he's an easy man to please.

pretésco, *a.* (*spreg.*) priestly; priest-like.

pretéso, *a.* **1** (*reclamato*) claimed; demanded **2** (*supposto*) pretended; alleged; supposed; so-called: **questa pretesa neutralità,** this pretended neutrality; **il p. ladro,** the alleged thief.

pretèsta, *f.* (*stor.*) (*toga*) pr(a)etexta*.

pretestato, *a.* (*lett.*) wearing a pr(a)etexta.

pretèsto, *m.* **1** (*ragione apparente, scusa*) pretext; pretence; excuse: **un semplice p.,** a mere pretext; **Sono tutti pretesti!,** that's all pretence!; **addurre un p.,** to advance an excuse; **cercare un p. per non fare q.c.,** to try to find a pretext not to do st.; **col p. di,** on (*o* under) the pretext of; under cover of **2** (*occasione*) occasion; opportunity: **cogliere un p. per fare q.c.,** to seize the opportunity to do st.

pretestuóso, *a.* used as a pretext.

pretino, *m.* young priest; (*spreg.*) priestling.

pretònico, *a.* (*gramm.*) pretonic.

pretóre, *m.* **1** (*leg.*) lower Court judge; (police) magistrate **2** (*stor. romana*) praetor.

pretoriano, *a.* e *m.* (*stor. romana*) praetorian (*anche fig.*): **i pretoriani,** the Praetorian soldiers; the soldiers of the Praetorian Guard.

pretorile, *a.* (*leg.*) of a lower Court judge; of a magistrate.

pretòrio (1), *a.* **1** (*leg.*) magisterial **2** (*stor. romana*) praetorian; praetorial: **la coorte pretoria,** the praetorian cohort; **la porta pretoria,** the praetorian gate.

pretòrio (2), *m.* (*stor. romana*) praetorium.

pretrattaménto, *m.* (*tecn.*) pretreatment.

pretrattare, *v. t.* (*tecn.*) to pretreat.

prettaménte, *avv.* **1** (*schiettamente*) purely; genuinely **2** (*tipicamente*) typically.

prètto, *a.* **1** (*schietto*) pure; genuine **2** (*fig.*) pure; true; real; sheer; downright; thorough: **in p. francese,** in pure (*o* perfect) French; **Questa è pretta ignoranza,** this is sheer (*o* downright) ignorance.

pretura, *f.* **1** (*leg.*) «pretura»; (local) Magistrate's Court **2** (*stor. romana*) pr(a)etorship.

prevalènte, *a.* prevailing; prevalent; (*predominante*) predominating, predominant, ruling, leading: **l'opinione p.,** the prevailing (*o* prevalent) opinion; **il partito p.,** the predominating party.

prevalenteménte, *avv.* prevalently; prevailingly; mostly.

prevalènza, *f.* **1** prevalence; predominance; predominancy; supremacy **2** (*maggioranza*) majority. ● **avere la p. su q.,** to prevail over sb. ☐ **in p.,** mainly; mostly ☐ **essere in p.,** to be in the majority; to have a majority.

prevalére, A *v. i.* to prevail; to be prevalent; (*predominare*) to predominate: **Prevarrà la verità,** truth will prevail; **Non sempre prevale la ragione,** not always does reason prevail; **Fra gli italiani prevale la carnagione scura,** dark complexions prevail among Italians; **p. per forza,** to prevail in strength; **p. sui propri nemici,** to prevail over one's enemies. **prevalérsi, B** *v. rifl.* to avail oneself (of); to take* advantage (of).

prevaricaménto, *V.* **prevaricazióne.**

prevaricare, *v. i.* **1** to act dishonestly; to be dishonest **2** (*leg.*) to abuse one's office; to embezzle; to peculate; to graft.

prevaricatóre, *m.* (*leg.*) embezzler; peculator; grafter.

prevaricazióne, *f.* (*leg.*) embezzlement; peculation; graft.

prevedére, *v. t.* **1** to foresee*; to anticipate; (*presagire*) to foretell*, to forecast*, to predict: **Prevedo ch'egli sarà qui domani,** I anticipate he will be here tomorrow; **L'accorto prevede il male,** a prudent man foresees evil; **p. quel che accadrà,** to foresee what will happen; **p. il futuro,** to foretell the future; **p. un buon raccolto,** to predict a good harvest **2** (*considerare, disciplinare*) to provide (for): **La legge non prevede questo caso,** the law does not provide for this case. ● **Era da p.!,** it was to be expected!;

prèzzo

that's no surprise! □ (*prov.*) **Cosa prevista, mezzo provvista**, to be forewarned is to be forearmed.
prevedibile, *a.* foreseeable; predictable. ● **Era p.**, it was to be expected; that's no surprise □ **Ciò non era p.**, that was not foreseen.
prevedibilità, *f.* predictability.
preveggènte, preveggènza, (*lett.*) V. **previdènte, previdènza**.
prevenire, *v. t.* **1** (*arrivare prima, precedere*) to arrive before; to precede; to anticipate; to forestall: **Lo prevenni di circa mezz'ora**, I arrived about half an hour before him; **Intendevo scriverti, ma mi hai prevenuto**, I meant to write to you, but you preceded me; **p. un concorrente**, to forestall a competitor **2** (*anticipare*) to anticipate: **p. una domanda**, to anticipate a question; **p. un desiderio**, to forestall a wish **3** (*avvertire in anticipo*) to forewarn; to warn (beforehand); to inform in advance (*o* beforehand): **Non feci in tempo a prevenirti**, I was not in time to forewarn you; **Vi prevengo che non riceverete risposta**, I warn you not to expect any reply; **p. con telegramma**, to warn by telegram **4** (*prevedere e cercare d'evitare*) to prevent; to avoid; to avert; to ward off: **p. il male**, to prevent evil; **p. una malattia**, to prevent an illness; **p. una guerra**, to avert a war; **p. ogni discussione**, to avoid all dispute; **p. le difficoltà**, to avoid difficulties.
preventivaménte, *avv.* previously; in advance; beforehand.
preventivare, *v. t.* (*anche rag.*) to estimate; to make* an estimate of.
preventivato, *a.* (*anche rag.*) estimated: **la spesa preventivata**, the estimated expenditure.
preventivo, A *a.* **1** preventive: **misure preventive**, preventive measures **2** (*med.*) preventive; prophylactic: **cura preventiva**, preventive treatment. ● (*mil.*) **attacco p.**, pre-emptive attack □ (*rag.*) **bilancio p.**, budget □ **un calcolo p.**, a rough estimate; an estimate. **B** *m.* (*rag.*) estimate; estimation; budget: **Non si può fare alcun assegnamento su quel p.**, no reliance can be placed on that estimate; **fare un p.**, to make an estimate. ● **p. troppo basso**, underestimate.
preventòrio, *m.* (*med.*) preventorium*.
prevenuto, A *a.* prejudiced; bias(s)ed; ill disposed: **essere p. contro q.** (**q.c.**), to be prejudiced (*o* to have a prejudice) against sb. (st.). **B** *m.* (*leg.*) accused.
prevenzióne, *f.* **1** (*il prevenire*) prevention; (*misura preventiva*) precautionary measure: **p. infortuni**, prevention of accidents **2** (*preconcetto*) prejudice; bias: **giudicare senza prevenzioni**, to judge without prejudice; **non avere nessuna p. contro q.**, to have no prejudice against sb.; to be unbiased towards sb. **3** (*med.*) prevention; prophylaxis*. ● **avere delle prevenzioni contro q.**, to be prejudiced (*o* biassed) against sb.
previaménte, *avv.* previously; beforehand.
previdènte, *a.* provident; far-sighted; cautious; (*prudente*) prudent, wise: **un uomo p.**, a provident man; **un'amministrazione p.**, a wise administration.
previdenteménte, *avv.* providently; far-sightedly; cautiously.
previdènza, *f.* providence; foresight; caution: **La sua stessa p. lo ha reso ricco**, he is rich through his own providence. ● **p. sociale**, social security; social insurance □ **cassa di p.**, national insurance fund □ **istituto di p.**, provident institution □ **mancare di p.**, to be short-sighted □ **una persona di grande p.**, a far-sighted man.
previdenziale, *a.* social security (*attr.*).
prèvio, *a.* previous; preceding; prior: **senza p. avviso**, without previous notice. ● **p. accordo**, by previous agreement □ **p. avviso**, upon notice □ **p. pagamento**, upon (*o* against) payment.
previsionale, *a.* anticipatory. ● (*rag.*) **bilancio p.**, budget.
previsióne, *f.* **1** (*il prevedere*) prevision; foresight **2** (*cosa prevista*) prevision; forecast; expectation (*generalm. al pl.*); anticipation: **Le mie previsioni si sono avverate**, my previsions have come true; **previsioni meteorologiche** (*o* **del tempo**), weather forecast; **in p. di**, in expectation of; in anticipation of; **al di là d'ogni p.**, beyond expectation(s); **contrariamente alle previsioni**, against (*o* contrary to) expectation(s); **secondo le previsioni**, according to expectation(s); **corrispondere alle proprie previsioni**, to meet (*o* to come up to) one's expectations; **superare ogni p.**, to surpass all one's expectations. ● (*rag.*) **p. delle entrate** (**delle spese**), estimate of revenue (of expenditure) □ (*rag.*) **bilancio di p.**, budget □ (*rag.*) **fare la p. delle entrate** (**delle spese**), to estimate revenue (expenditure).
previsto, A *a.* **1** foreseen; forecast; scheduled: **Il treno arrivò all'ora prevista**, the train arrived at the scheduled time; **un avvenimento p.**, a foreseen event **2** (*rag.*) estimated: **la somma prevista**, the estimated amount. ● (*leg.*) **un caso p. dalla legge**, a case provided for by law. **B** *m.* what is expected; expectation (*generalm. al pl.*); foreseen element. ● **oltre il p.**, more than expected □ **più a lungo del p.**, longer than expected □ **spendere più del p.**, to spend more than one expected to.

prevòsto, *m.* (*relig.*) head priest (of a parish); parish priest; (*nella Chiesa protestante*) provost.
preziàrio, *m.* price list.
preziosaménte, *avv.* preciously; richly.
preziosismo, *m.* preciosity (*anche letter.*); over-refinement.
preziosità, *f.* **1** (*l'essere prezioso*) preciousness; great value: **la p. della salute**, the great value of good health **2** (*fig.: ricercatezza, eleganza affettata*) preciosity; over-refinement: **p. di stile**, preciosity of style.
preziòso, A *a.* **1** precious; valuable; costly; (*di gran pregio*) of great value: **i metalli preziosi**, the precious metals; **una pietra preziosa**, a precious stone; **libri** (**quadri**) **preziosi**, books (paintings) of great value **2** (*fig.: che si tiene in gran conto*) precious; most valuable; highly-esteemed: **il dono p. della vita**, the precious gift of life; **ricordi preziosi**, precious recollections; **un consiglio p.**, a most valuable piece of advice; **doti preziose**, highly-esteemed qualities; **un'amicizia preziosa**, a precious (*o* dear) friendship **3** (*fig.: ricercato*) precious; over-refined; over-nice: **uno stile p.**, a precious (*o* most elaborate) style. **B** *m.* jewel; valuable (*generalm. al pl.*). ● **rendersi p.**, to keep to oneself.
prezzare, *v. t.* (*comm.*) to price-mark.
prezzémolo, *m.* (*bot.*, *Petroselinum sativum*) parsley: **salsa di p.**, parsley sauce. ● (*fig.*, *scherz.*) **essere il p. d'ogni minestra**, to be a nosey parker □ **entrare in q.c. come il p.**, to make no difference to st.; to have no effect on st. □ (*fig.*) **essere come il p.**, to be (*o* to turn up) everywhere.
prèzzo, *m.* **1** price: **p. alto** (**basso**), high (low) price; **p. al minuto** (*o* **al dettaglio**), retail price; **p. all'ingrosso**, wholesale price; **pagare il giusto p.**, to pay the right price; **a p. di costo**, (at) cost price; **p. a forfait**, price by the job; **p. d'acquisto**, purchase price; **p. netto**, net price; **p. lordo**, gross price; (*econ.*) **p. dell'offerta**, supply price; **p. corrente** (*o* **del giorno**), current (*o* market) price; **p. ridotto**, reduced price; **condizioni di p.**, price terms; (*Borsa*) **p. di apertura** (**di chiusura**), opening (closing) price; **p. globale**, inclusive (*o* all-in) price; **p. medio**, average price; **p. di compera** (**di vendita**), buying (selling) price; **p. di calmiere**, State-controlled price; **p. di favore**, special price; **p. di listino**, list price; **p. ridotto per rivenditori**, trade price; **p. tutto compreso**, all-in price; **p. fisso**, fixed price; **p. di stima**, estimated price; **p. di monopolio**, monopoly price; **pattuire il p.**, to agree on the price; **p. equo**, fair price; **p. sotto costo**, under-cost price; **a caro** (**a poco**) **p.**, at a high (at a low) price; **a metà p.**, at half price; **ridurre i prezzi al minimo**, to cut prices close (*o* to the bone); **andamento** (*o* **corso**) **dei prezzi**, course of prices; **aumento** (*o* **rialzo**) **dei prezzi**, rise in prices; **diminuzione** (*o* **calo**) **dei prezzi**, fall (*o* decline) in prices; **fluttuazioni dei prezzi**, fluctuations in prices; **aumentare** (**abbassare**) **i prezzi**, to raise (to reduce) prices; **mantenere un p.**, to keep up a price; **vendere sotto p.**, to sell below cost price; **ultimo** (**ultimissimo**) **p.**, bottom (rock-bottom) price; **p. minimo**, reserve price; **I prezzi salgono**, prices are rising; **I prezzi scendono**, prices are falling; **Ieri in Borsa i prezzi precipitarono**, prices tumbled yesterday on the Stock Exchange; **Alla notizia del rimpasto governativo, i prezzi si alzarono di colpo**, prices soared immediately at the news of the Government reshuffle; **Malgrado le cattive notizie, i prezzi si sono sostenuti**, in spite of the bad news prices have remained steady (*o* the market has remained steady); **I prezzi erano incerti**, prices were erratic; **pagare q.c. a caro p.**, to pay a high price for st.; (*anche fig.*) to pay dear(ly) for st.; **praticare buoni prezzi**, to charge fair prices; **tirare sul p.**, to haggle (about the price) **2** (*costo*) cost(s): **il p. della mano d'opera**, labour costs; **a p. di**, at the cost of: **a p. di morire**, at the cost of (*o* of death); **Si comprò parecchie pellicce senza badare al p.**, she bought several furs for herself without regard to cost; **a qualunque p.**, at any cost (*o* price); **Sì, diventerai ricco, ma soltanto a p. della tua salute**, yes, you'll become rich but only at the cost of your health **3** (*tariffa*) fare; rate; fee: **Il p. dei biglietti ferroviari aumenterà entro la fine dell'anno**, railway fares will be raised by the end of the year; **p. del biglietto di viaggio in treno** (**in corriera**), train (coach) fare; **p. d'ingresso**, admission fee **4** (*valore*) value; worth: **un oggetto di poco** (**di grande**) **p.**, an object of little (of great) value; **Il vero p. di quest'opera non è calcolabile**, the real worth (*o* value) of this work cannot be calculated; **dare un alto p. a q.c.**, to set a high value on st.; **Il p. di quella proprietà cala**, the value of that property is going down **5** (*pl.: condizioni*) terms; charges: **Quell'albergo fa dei prezzi troppo alti**, the terms at that hotel are too high. ● **p. del silenzio**, hush-money □ **a p. bassissimo**, dirty cheap (*agg. e avv., fam.*) □ **a basso p.**, on the cheap: *turismo* **l'Italia a basso p.**, Italy on the cheap □ (*Borsa*) **abbassare** (**rialzare**) **i prezzi**, to bear (to bull) the market □ (*in un appalto*) **battere q. sul p.**, to underbid sb. □ **flessione nei prezzi**, sag □ (*Borsa*) **listino dei prezzi**, Stock Exchange quotations □ (*comm.*) **offrire merce a un p. inferiore a quello di q.**, to underbid sb.

prezzolare

□ (*a un'asta*) offrire un p. superiore a quello di q., to outbid sb. □ (*fig.*) **non avere p.**, to be priceless □ (*fig.*) **vendere la vita a caro p.**, to sell one's life dearly.
prezzolare, *v. t.* to hire; (*corrompere*) to bribe: **p. un sicario**, to hire a cut-throat.
prezzolato, *a.* hired; mercenary: **un assassino p.**, a hired assassin; a cut-throat; **gente prezzolata**, mercenary people; hirelings. ● **stampa prezzolata**, venal press.
pria, (*poet.*) *V.* **prima** (1).
Priamo, *m.* (*letter.*) Priam.
priapismo, *m.* (*anche med.*) priapism.
Priapo, *m.* (*mitol.*) Priapus.
prigióne, *f.* **1** (*carcere*) prison; jail, gaol; quod (*pop.*); can (*pop. USA*): **una p. di Stato**, a State prison; **condannare q. alla p.**, to condemn (*o* to sentence) sb. to prison; **mettere q. in p.**, to send (*o* to commit) sb. to prison (*o* jail); to imprison sb.; to take sb. into custody; to quod sb. (*pop.*); **rimanere in p. tre anni**, to spend three years in jail; to serve a three years' sentence; **tenere q. in p.**, to keep sb. in prison (*o* in jail); to detain sb. in custody; **evadere dalla p.**, to escape from prison; to break prison **2** (*pena della prigione*) imprisonment; incarceration; detention; confinement: **tre anni di p.**, three years' imprisonment; **p. di rigore**, close confinement **3** (*fig.*) prison; dungeon: **L'isola era per me una p.**, the island was like a prison to me; **Qui si sta come in p.**, it's just like being in prison here; **Questa casa è una p.**, this house is as dark as a dungeon.
prigionia, *f.* imprisonment; incarceration; confinement; detention: **cinque anni di p.**, five years' imprisonment.
prigionièro, **A** *a.* imprisoned; confined; shut up; (*mil.*) taken prisoner: **l'anima prigioniera del corpo**, the soul imprisoned in the body; **l'uccello p. in gabbia**, the bird shut up in a cage. **B** *m.* prisoner: **un p. di guerra**, a prisoner of war; **un p. politico**, a political prisoner; **fare p. q.**, to take sb. prisoner.
prillare, *v. i.* (*dial.*) to spin*; to whirl.
prima (1), **A** *avv.* **1** before: **Ne so quanto p.**, I know as much as I did before; **Si viveva meglio p.**, we lived better before; **molto p.**, long before; **poco p.**, shortly (*o* a short time) before; **P. non lo conoscevo bene**, I didn't know him well before; **Sta come p.**, he's just as he was before **2** (*per primo, per prima cosa*) first: **Carlo partì p. e gli altri seguirono**, Carlo left first and the others followed; **P. di tutto faremo una passeggiata**, first of all we'll go for a walk; **P. lo studio, poi il divertimento**, first study, then pleasure (*o* entertainment) **3** (*in anticipo*) beforehand; in advance: **Sapevo che sarebbe venuto, perciò avevo preparato tutto p.**, I knew he would come, so I had prepared everything beforehand; **La prossima volta che vieni, telefonami p.**, the next time you come phone me in advance **4** (*un tempo, una volta*) once; formerly; of yore (*lett.*): **P. aveva un amore segreto**, once he had a secret love; **P. si viveva bene con mille sterline all'anno**, formerly we used to live well on a thousand pounds a year; **nei tempi di p.**, in times of yore **5** (*più presto*) earlier; sooner: **Questa volta partiremo p.**, this time we'll leave earlier; **Bisognerà che tu ti alzi p. la mattina**, you'll have to get up earlier in the morning; **Vieni p., se puoi**, come sooner, if you can; **p. o poi**, sooner or later; **Dovrai venire p. se non vuoi perdere lo spettacolo**, you'll have to come earlier if you don't want to miss the show. **B** *locuz. cong.* **1** – **p. di** (*o p. che*) before: **P. di scrivere quella lettera, pensaci su**, think it over before writing that letter; **Esci di qui, p. che ti prenda a calci**, get out of here before I kick the hide off you; **P. di partire** (*o che partisse*), **mi salutò**, before leaving (*o* before he left) he said goodbye to me **2** (*piuttosto di, piuttosto che*) rather (*o* sooner) than: **Si farebbe uccidere p. di tradirlo**, he'd let himself be killed rather than betray him; **P. la morte che il disonore!**, death rather than (*o* death before) dishonour! **C** *locuz. prep.* – **p. di**, before: **p. delle 10**, before 10 (o'clock); **p. di Cristo**, before Christ (*abbr.*: B.C.); **p. di lui**, before him. ● **p. che posso**, as soon (*o* as early) as I can □ **p. di tutto**, first of all □ **come p.**, just as before □ **quanto p.**, as soon as possible; very soon □ **le usanze di p.**, former customs ■ **Non è che l'ombra di quello di p.**, he is but a pale shadow of his former self □ (*fig.*) **Non è più quello di p.**, he is no longer his former self; he isn't the man he was □ **Dopo quello scontro, siamo più amici di p.**, after that clash we are closer friends than ever □ **Lo troverai tre pagine p.**, you'll find it three pages back □ (*prov.*) **Bisogna pensarci p. per non pentirsi poi**, the afterthought is good for nought □ (*prov.*) **Chi p. nasce p. pasce**, first born, first fed.
prima (2), *f.* **1** (*a scuola: p. classe*) first class; first grade (*USA*); (*di scuola media, di liceo*) first form; (*di liceo, anche*) first year **2** (*di nave, treno*) first class; (*fam.*): **viaggiare in p.**, to travel first class; **una cabina di p.**, a first-class cabin; **una carrozza di p.**, a first-class carriage **3** (*teatr., cinem.*) first night; première: **la p. di «Cesare e Cleopatra»**, the first night of «Caesar and Cleopatra» **4** (*autom.*) first gear; first (*fam.*): **inserire (mettere) la p.**, to engage first gear **5** (*scherma*) prime; first **6** (*alpinismo*) first ascent **7** (*relig.*) prime. ● **sulle prime** (*o* **a tutta p.**), in the beginning; (at) first □ **Ci riuscii alla p.**, I succeeded at the first go.
primariaménte, *avv.* **1** (*principalmente*) primarily; principally; mainly; chiefly; first and foremost **2** (*in primo luogo*) primarily; first; firstly; in the first place.
primariato, *m.* (*med.*) post of a chief (*o* head) physician (in a hospital).
primàrio, **A** *a.* (*generalm.*) primary; (*primo*) first; (*principale*) principal, chief, main, leading: **rocce primarie**, primary rocks; (*geol.*) **l'era primaria**, the Primary (*o* Paleozoic) era; **istruzione primaria**, primary education; **una scuola primaria**, a primary (*o* elementary) school; **una questione di primaria importanza**, a matter of primary (*o* the greatest) importance; **una delle primarie famiglie**, one of the first families. **B** *m.* (*med.*) chief (*o* head) physician.
primate, *m.* (*relig.*) primate: **l'arcivescovo di Dublino, p. d'Irlanda**, the Archbishop of Dublin, Primate of Ireland.
primati, *m. pl.* (*zool.*, *Primates*) primates.
primaticcio, *a.* (*agric.*) early: **pesche primaticce**, early peaches.
primatista, *m. e f.* (*sport*) record-holder.
primato, *m.* **1** (*supremazia*) supremacy; superiority; pre-eminence; primacy; leadership: **il p. politico**, the political supremacy; **il p. marittimo dell'Inghilterra**, the naval supremacy of England; **tenere il p.**, to hold the supremacy; to be supreme **2** (*sport*) record: **battere un p.**, to break (*o* to beat) a record; **stabilire un p.**, to set up a record; **a tempo di p.**, at a record time.
primavèra, *f.* **1** spring (*anche fig.*): **La p. è la prima stagione dell'anno**, spring is the first season of the year; **Qui si gode una eterna p.**, it's always spring here; **la p. scorsa** (*prossima*), last (next) spring; **una bella giornata di p.**, a lovely spring day; **giovinezza, p. della vita**, youth, the spring of life **2** (*bot.*, *Primula acaulis*) primrose. ● **avere sulle spalle parecchie primavere**, to have seen many winters; to be advanced in years.
primaverile, *a.* of spring; spring (*attr.*); vernal; springlike: **aria p.**, spring air; **fiori primaverili**, spring flowers.
primazia, *f.* (*relig.*) primateship.
primaziale, *a.* (*relig.*) primatial: **chiesa p.**, primatial church.
primeggiare, *v. i.* to excel; to be pre-eminent (*o* superior); to take* the lead (*fam.*): **p. come oratore**, to excel as an orator; **p. nello sport** (**nella matematica**), to excel at sport (in mathematics).
primèvo, *a.* (*lett.*) prim(a)eval.
primicèrio, *m.* (*relig.*) primicerius*.
primièra, *f.* (*antico gioco di carte*) primero.
primièro, **A** *a.* (*lett.*) first; former; previous; earlier: **il p. disegno**, the former design. **B** *m.* (*prima parte d'una sciarada*) first part.
primigènio, *a.* **1** primitive; primary **2** (*zool.*) primigenial.
primina, *f.* (*bot.*) primine.
primipara, *f.* primipara*.
primitivamente, *avv.* primitively.
primitivismo, *m.* primitivism.
primitività, *f.* primitivity; primitiveness.
primitivo, **A** *a.* **1** primitive; original; early; ancient: **un uomo p.**, a primitive man; **popoli primitivi**, primitive peoples; **poesia (arte) primitiva**, primitive poetry (art); **il significato p.**, the original meaning; **dei tempi primitivi**, of ancient times **2** (*di prima*) former; earlier; previous: **riprendere la forma primitiva**, to go back to one's former shape **3** (*fig.*) primitive; simple; rude; old-fashioned: **Sono sempre rimasti un po' primitivi**, they have always been somewhat old-fashioned; **una persona primitiva**, an old-fashioned person; **armi primitive**, primitive weapons; **vivere una vita primitiva**, to live a primitive (*o* simple) life **4** (*gramm.*) primitive; original; primary; radical: **una voce primitiva**, a radical word; a root-word; a primitive. **B** *m.* **1** (*uomo dei tempi preistorici*) primitive (man*) **2** (*in arte*) primitive **3** (*fig.*) uncouth (*o* uncultured) person.
primizia, *f.* **1** (*generalm. al pl.*: *primi frutti*) first (*o* early) fruits; first (*o* early) vegetables: **le primizie del mio frutteto**, the first fruits of my orchard; **le primizie del mio orto**, the first vegetables of my back garden **2** (*notizia molto fresca*) (very) latest news; hot news (*fam.*); (*in esclusiva*) scoop **3** (*novità*) novelty.
primo, **A** *a. num. ord.* **1** first: **il p. giorno del mese**, the first day of the month; **il p. boccone** (**passo**), the first bite (step); **a prima vista**, at first sight; (*gramm.*) **la prima persona**, the first person; **Keir Hardie fu uno dei primi deputati laburisti**, Keir Hardie was one of the first Labour M.P.s; **il p. piano**, the first floor; the second floor (*USA*); **il p. re di Savoia**, the first King of Savoy; **Pietro P. di Russia**, Peter the First of Russia; **i primi anni di università**, the first years of university; **Avuto il telegramma, partii con il p. aereo**, as soon as I got the telegram, I left

by the first plane; **Questa è la prima e l'ultima volta che ti avverto**, this is the first and last time I'm warning you; **Lo farò per prima cosa domattina**, I'll do it first thing tomorrow morning; **riuscire p.**, to come first: **Riuscì p. della classe**, he came first in the class; **i primi due**, the first two; **la prima mano di pittura**, the first coat of paint; **arrivare p.**, to come in first: **Arrivò p. nella Milano-San Remo**, he came in first (o he was first at the finish) in the Milan-San Remo cycle race; **Ci fermeremo al p. bar**, we'll stop at the first bar; **il p. canto del «Purgatorio»**, the first canto of the «Purgatorio»; **in p. luogo**, in the first place; first of all; **dal p. momento**, from the very first (moment) **2** (precedente, p. di due) former: **Volse le spalle ai suoi primi amici**, he turned his back on his former friends; **Preferisco la prima proposta alla seconda**, I prefer the former proposal to the latter; **Tornerò un giorno al mio p. lavoro**, I'll go back one day to my former work; **Voglio tornare al mio p. amore**, I want to go back to my former love **3** (prossimo) next; first: **Non fermiamoci qui; ci fermeremo al p. villaggio**, let's not stop here; we'll stop at the next (o first) village; **Abita nella prima casa accanto alla mia**, he lives in the house next to mine **4** (principale; più importante) principal; chief; main; foremost; (il migliore) best: **Il sindaco è il p. cittadino della città**, the mayor is the main (o chief) citizen of a town; **Le prime parti di quell'opera teatrale sono sostenute da attori famosi**, the principal (o main, leading) parts of that play are acted by famous actors; **La prima causa del decesso fu l'arteriosclerosi in fase avanzata**, the main (o chief) cause of death was advanced arteriosclerosis; **Proviene da una delle prime famiglie della città**, he comes from one of the best families in town; **È fra i primi interpreti d'Italia**, he is one of the best interpreters in Italy **5** (antecedente, iniziale, più lontano nel tempo) early; first: **la prima infanzia**, early childhood; **la prima giovinezza**, early youth; **di prima sera**, early in the evening; **nelle prime ore del mattino**, in the early hours of the morning; **i primi Cristiani**, the early Christians; **i primi Romani**, the early Romans; **i primi testi greci**, the early Greek texts; **uno dei primi futuristi**, one of the early (o first) futurists; **i primi Visigoti a calare in Italia**, the first Visigoths to swoop into Italy; **i primi mesi della guerra**, the early (o first) months of the war; **sin dalla prima età**, from a very early age. ● (teatr.) **prima donna**, leading lady; (opera lirica) prima donna □ **P. Ministro**, Prime Minister □ **il p. nato**, the first-born □ (comm.) **prima offerta**, upset price □ (teatr.) **prima parte**, leading role (anche fig.) □ **p. piano**, (arte. anche fig.) foreground; (fotogr., cinem., telev.) close-up □ (edil.) **prima pietra**, corner-stone □ (mus.) **p. violino**, first violin; leader □ **atto I, scena VII**, act one, scene seven □ **di prima mano**, first hand: **Ho ottenuto queste informazioni di prima mano**, I obtained this information first-hand □ **di prim'ordine**, first-class; first-rate: **È stata una recita di prim'ordine**, it was a first-rate piece of acting □ (fig.) **di p. piano**, first-rate; top-notch (fam.): **un artista di p. piano**, a first-rate artist □ **in un p. tempo**, at first □ (mat.) **numeri primi**, prime numbers □ (fig.) **Non sono il p. venuto**, I'm not a nobody. **B** m. **1** (the) first; (fra due) former: **il p. di maggio**, the first of May; **Dei due quadri mi piaceva più il p.**, of the two pictures I preferred the former; **Il Dr. Smith e il Dr. Jones sono entrambi medici, ma il p. fa il chirurgo**, Dr. Smith and Dr. Jones are both medical practitioners, but the former is a surgeon; **Fu uno dei primi a saperlo**, he was one of the first to know (it); **Sono stato io il p. a difenderlo**, I was the first to defend him **2** (il migliore, il più importante) (the) best; (the) first; (the) top: **Fu tra i primi della scuola**, he was among the best in the school **3** (pl.: inizio) beginning: **ai primi di febbraio**, at the beginning of February. ● **Il p. dei miei figli**, (di due) my elder son; (di più di due) my eldest son □ **il p. dell'anno**, New Year's Day □ **essere il p.** (della classe), to be top (of the form) □ **il p. dopo di me**, the next after me □ (prov.) **Chi è il p. al mulino, p. macina**, first come, first served □ (prov.) **Chi mena per p. mena due volte**, the first blow is as much as two.

primogènito, a. e m. first-born: **il figlio p.**, the first-born (son); the eldest son; (tra due) the elder son.

primogenitóre, m. (Bibbia) primogenitor.

primogenitrìce, f. (Bibbia) primogenitrix.

primogenitura, f. primogeniture.

prìmola, V. primula.

primordiàle, a. primordial; original; primitive; prim(a)eval: **materia p.**, primordial matter; **lo stato p. dell'uomo**, the primordial condition of man.

primòrdio, m. **1** (specialm. al pl.) (very) beginning; origin; outset; dawn: **i primordi del mondo**, the beginning of the world; **i primordi della civiltà**, the origin(s) (o the dawn) of civilization **2** (biol.) anlage*; primordium.

primula, f. (bot., Primula acaulis) primrose; (Primula veris) cowslip.

primulàcee, f. pl. (bot., Primulaceae) primulaceous plants.

princesse (franc.), f. (moda) princess dress.

principale, A a. principal; chief; main; major; most important; foremost: **la proposizione p.**, the principal clause; **la città p. della Toscana**, the principal town of Tuscany; **i fiumi principali della Francia**, the chief rivers of France; **la strada p. d'una città**, the main street of a town; **lo scopo p.**, the main object; **la cosa p.**, the main (o most important) thing; **le opere principali d'un poeta**, the major works of a poet. ● (comm.) **sede p.**, head office. **B** m. **1** main point; chief matter; essentials (pl.) **2** (fam.: padrone) principal; head; chief; master; boss (fam.).

principalménte, avv. principally; chiefly; mainly; primarily; (soprattutto) above all, first and foremost.

principato, m. **1** (ufficio, dignità del principe) princedom **2** (stato retto da un principe) principality; princedom: **un piccolo p.**, a small principality; **il p. di Monaco**, the Principality of Monaco **3** (governo di un principe) principality **4** (stor. romana) principate **5** (pl.: gerarchia angelica) principalities.

principe, A m. prince (anche fig.): **il p. Carlo**, Prince Charles; **il p. di Galles**, the Prince of Wales; **il p. di Monaco**, the Prince of Monaco; **un p. del sangue** (o **di Casa Reale**), a prince of the blood (royal); **il p. ereditario**, the Crown Prince; **il p. consorte**, the Prince Consort; **il p. reggente**, the Prince Regent; **un P. della Chiesa**, a Prince of the (Holy Roman) Church; a Cardinal; **il p. degli Apostoli**, the Prince of the Apostles; **il p. delle tenebre**, the Prince of Darkness; Satan; (fig.) **il p. azzurro**, prince charming; (fig.) **stare** (o **vivere**) **come un p.**, to live like a prince; (fig.) **il p. dei poeti**, the prince of poets; (fig.) **il p. degli imbroglioni**, the prince of swindlers. ● **p. del foro**, famous (o outstanding) barrister. **B** a. (più antico, più autorevole) princeps; first; original: **l'edizione p.**, the «editio princeps»; the original edition.

principescaménte, avv. in a princely manner (o style); like a prince.

principésco, a. princely; princelike: **un dono p.**, a princely (o a magnificent) gift. ● **una casa principesca**, a splendid house.

principéssa, f. princess: **la p. Anna**, Princess Anne; **una p. del sangue** (o **di Casa Reale**), a princess of the blood.

principiànte, A m. e f. beginner; (apprendista) apprentice: **un libro per principianti**, a book for beginners; **un lavoro da p.**, a very easy piece of work. **B** a. inexpert; inexperienced.

principiàre, v. t. e i. to begin*; to start; to commence: **p. un libro**, to begin a book; **p. una discussione**, to start an argument; **La strada principia da qui**, the road begins (o starts) from here; **Principiò presto a rubare**, he started stealing at an early age; **Ora principio a comprendere**, now I am beginning to understand. ● **a p. da**, beginning with: **Tutto il Governo, a p. dal Primo Ministro, assistette alla cerimonia**, all the Cabinet, beginning with the Prime Minister, was present at the ceremony □ **a p. da domani**, as (o starting) from tomorrow (on) □ **Tu principi male** (**bene**), you're getting off to a bad (to a good) start.

principio, m. **1** beginning; start; commencement: **il p. del discorso** (**della lezione**), the beginning of the speech (of the lesson); **il p. dei lavori di ripristino**, the commencement of the restoration work; **al p. dell'anno scolastico**, at the beginning of the school year; **un buon** (**cattivo**) **p.**, a good (bad) start; **fin dal p.**, right from the start; from the very beginning; **dal p. alla fine**, from beginning to end; **rifarsi dal p.**, to start again from the beginning; **il p. della fine**, the beginning of the end; **al p. del mondo**, at the beginning of the world; **il p. del sentiero**, the beginning of the path **2** (pl.: rudimenti) (first) principles; rudiments: **È inutile studiare la fisica senza sapere i principi della matematica**, it's useless to study physics without knowing the principles of mathematics; **Non sa neanche i principi della chimica**, he doesn't even know the rudiments of chemistry **3** (massima, verità, norma fondamentale) principle: (fis.) **il p. di Archimede**, the principle of Archimedes; **principi morali** (**religiosi**), moral (religious) principles; **principi politici**, political principles; **il p. della giustizia** (**fratellanza, uguaglianza, libertà**), the principle of justice (fraternity, equality, liberty); **ragazzi di sani e buoni principi**, boys of sound and good principles; **per p.**, on principle: **fare q.c. per p.**, to do st. on principle; to make it a matter of principle to do st.; **rifiutare** (**accettare**) **q.c. per p.**, to refuse (to accept) st. on principle; **partire dal p. che...**, to start from the principle that...; **vivere secondo i propri principi**, to live according to one's principles; **una persona di alti principi**, a person of high principles; a high-principled person; **una persona senza principi**, a person of no principles; an unprincipled person **4** (cagione, origine) (prime) cause; origin: **Dio, p. dell'universo**, God, the prime cause of the universe; (filos.) **il p. del bene e del male**, the origin of good and evil. ● (filos.) **p. vitale**, vital force □ **al** (o **da, in, sul**) **p.**, at first; at the beginning □ **dare p. a q.c.**, to start st: **Darò p. alla gara sparando tre colpi**, I'll start the race by firing three shots □ (filos.) **fare una petizione di p.**, to beg the question □ **in linea di p.**, in principle.

princisbécco, m. pinchbeck: **di p.**, pinchbeck (*attr.*, *anche fig.*); (*fig.*) sham, spurious, counterfeit, false. ● (*fig.*) **rimanere di p.**, to be dumbfounded.

prióra, f. (*relig.*) prioress.

priorale, a. (*relig.*) prioral; of a prior (*o* of a prioress): **l'ufficio p.**, the office of a prior; the priorate; the priorship. ● **casa p.**, priory.

priorato, m. (*relig.*) priorate; priorship.

prióre, m. (*relig.*, *stor.*) prior. ● (*scherz.*) **stare come un p.**, to eat well and work little.

prioria, f. (*relig.*) priorate; priorship.

priorità, f. 1 priority; (*precedenza*) precedence: **p. di nascita (di data)**, priority of birth (of date); **il diritto di p.**, the right of priority; **la p. d'una invenzione**, the priority of an invention; **la legge della p.**, the law of priority; **avere la p.**, to take priority **2** (*prevalenza*) prevalence; prominence. ● (*fin.*) **azioni di p.**, preference shares; privileged stock □ **elencare** (*o* **mettere**) **in ordine di p.**, to prioritize.

prioritàrio, a. priority (*attr.*).

prisco, a. (*poet.*) ancient; of times long past.

prisma, m. (*geom.*, *fis.*, *miner.*) prism: **un p. triangolare (quadrangolare)**, a triangular (quadrangular) prism; **p. deflettore**, deflecting prism; **p. di rinvio**, reflecting prism; **p. raddrizzatore**, erecting (*o* rectifying) prism.

prismàtico, a. (*geom.*, *fis.*, *miner.*) prismatic; prismal: **cristalli prismatici**, prismatic crystals; **effetti prismatici**, prismatic effects; **i colori prismatici**, the prismatic colours; **una bussola prismatica**, a prismatic compass.

prismatòide, m. (*geom.*) prismatoid.

pristino, a. (*lett.*) pristine; original; former; primitive: **p. vigore**, pristine vigour. ● **rimettere q.c. in p.**, to restore st. to its former state.

pritanèo, m. (*stor.*) prytaneum.

privare, A v. t. 1 to deprive: **p. q. della libertà**, to deprive sb. of his freedom; **Mi hanno privato dei diritti civili**, they have deprived me of my civil rights; **L'immane sciagura lo privò della ragione**, the appalling disaster deprived him of his reason; **La siccità ha privato dell'acqua la città**, the drought has deprived the city of water; **p. q. della vista**, to deprive sb. of his sight **2** (*rendere orfano*, *vedovo*, *ecc.*) to bereave*: **essere privato dei genitori (della moglie, ecc.)**, to be bereaved of one's parents (one's wife, etc.); **La guerra privò molte famiglie dei loro cari**, the war bereaved many families of their dear ones **3** (*rifiutare*) to deny: **Non posso privarlo di nulla**, I can't deny him anything. ● **p. q. della vita**, to take sb.'s life; to kill sb. **privarsi, B v. rifl. 1** to deprive oneself: **Si privarono di molte cose per aiutare i poveri**, they deprived themselves of many things to help the poor; **Perché dovrei privarmi di questo lusso?**, why should I deprive myself of this luxury? **2** (*negarsi*) to deny oneself; (*rinunciare a*) to give* up (st.): **Non ci si può p. del necessario**, one cannot deny oneself the necessary things in life; **Per lei mi sono privato di tutto**, I have given up everything for her.

privataménte, avv. 1 (*in privato*) privately; in private; in confidence; confidentially **2** (*da privato*) as a private person (*o* citizen).

privatézza, f. privacy.

privatista, m. e f. private student; (*ad un esame*) external candidate.

privatìstico, a. (*econ.*) based on private enterprise (*pred.*); privatistic.

privativa, f. 1 (*privilegio esclusivo*) exclusive privilege **2** (*monopolio*) monopoly **3** (*spaccio di tabacchi*) tobacconist's (shop). ● **diritto di p.**, patent-right □ **generi di p.**, monopolies.

privativo, a. privative (*anche gramm.*): **un prefisso p.**, a privative (prefix); **particelle privative**, privative particles.

privatizzare, v. t. (*econ.*) to denationalize.

privatizzazióne, f. (*econ.*) denationalization.

privato, A a. (*in tutte le accezioni*) private: **diritto p.**, private law; **spese private**, private expenses; **una scuola privata**, a private (*o* a non-State) school; **una stanza privata**, a private room; **la propria vita privata**, one's private life; one's privacy; **una faccenda privata**, a private (*o* a personal) matter; **una riunione privata**, a private meeting; **un segretario p.**, a private (*o* a confidential) secretary; **corrispondenza privata**, private (*o* confidential) correspondence; **motivi privati**, private reasons; reasons of one's own; **in forma privata**, in a private (*o* an unofficial) way; privately. ● **cura dei propri interessi privati**, privatism □ **in p.**, in private; privately; in confidence; confidentially: **dire q.c. a q. in p.**, to tell sb. st. in confidence □ **ritirarsi a vita privata**, to retire. **B m. 1** private person; private citizen **2** (*riservatezza*, *vita privata*) privacy. ● **che ha cura del «p.»**, privatistic □ **culto del «p.»**, privatism □ **non si vende ai privati**, no retail sales.

privazióne, f. 1 (*il privare*) deprivation; depriving; taking away **2** (*l'essere privato*) privation; loss: **la p. della libertà**, the privation of freedom; **p. dei diritti civili**, loss of civil rights; **affrontare delle dure privazioni**, to undergo severe privations; **spinto dalle privazioni**, urged by privation. ● **condurre una vita di privazioni**, to live in destitution.

privilegiare, v. t. to privilege; to grant a privilege (*o* privileges) to (sb.); to bestow a privilege (*o* privileges) (up)on (sb.); to invest (sb.) with a privilege (*o* privileges).

privilegiato, A a. 1 privileged: **le classi privilegiate**, the privileged classes; **essere un uomo p.**, to be a privileged (*o* gifted) man **2** (*comm.*) privileged; preferred; preferential; preference (*attr.*): **azioni privilegiate**, privileged stock; preference shares; **credito p.**, preferred right (*o* debt). ● **essere p. di q.c.**, to enjoy the privilege of st. **B m.** privileged person. ● **i pochi privilegiati (della sorte)**, the privileged few.

privilègio, m. 1 privilege (*anche leg.*): **p. legale**, legal privilege; **accordare un p. a q.**, to grant sb. a privilege; **godere di un p.**, to enjoy a privilege; **abolire tutti i privilegi**, to abolish all privileges **2** (*leg.*: *su un bene*) charge; lien; (*conferito da un'autorità*) franchise; charter **3** (*onore speciale*) honour; privilege: **Gli toccò il p. di rappresentare la scuola**, he had the honour of representing the school **4** (*qualità*, *dote*) merit; quality; gift; (*vantaggio*) advantage. ● (*Borsa*: *di titoli*) **senza privilegi o riserve**, ex-all.

privo, a. deprived (of); bereft (of); devoid (of); void (of); destitute (of); (*mancante*) lacking (in), wanting (in); (*senza*) without, -less (*suff.*): **essere p. di q.c.**, to be deprived of st.; **essere p. del ben dell'intelletto**, to be bereft of reason; **p. di abitanti**, devoid of inhabitants; **un uomo p. di senso comune**, a man devoid of sense; a man lacking in common sense; a brainless man; **p. di coraggio**, wanting in courage; **una stanza priva di luce**, a room without light; a dark room; **p. d'utilità**, useless; **una giornata priva di sole**, a sunless day; **parole prive di significato**, meaningless words. ● **essere p. della vista**, to be blind □ **essere p. di genitori**, to be an orphan □ **essere p. di tutto**, to live in misery and want; to be as poor as a church mouse (*fam.*).

pro (1), m. use; good; profit; advantage; benefit: **A che pro?**, what's the use (of it)?; what for? (*fam.*); **Buon pro ti faccia!**, much good may it do you!; **senza alcun pro**, to no advantage; **lavorare ma senza pro**, to work without any advantage; **a pro di q.**, to sb.'s advantage; **parlare a pro di q.**, to speak to sb.'s advantage. ● **Buon pro!**, good health!

pro (2), A prep. for; in favour of; on behalf of; for the benefit of; to the advantage of: **pro bono publico**, for the public good; **pro forma**, for the sake of form; pro forma; **Ci sono ragioni pro e contro**, there are reasons for and against (*o* pro and con). ● **pro domo sua**, in one's own interest □ **pro memoria**, as a reminder; pro memoria. **B m.** pro (*generalm. al pl.*): **il pro e il contro**, the pros and cons; the reasons for and against; **ascoltare il pro e il contro**, to listen to the pros and cons; **valutare il pro e il contro**, to weigh the pros and cons (*o* the arguments for and against).

pro (3), a. m. e f. invar. (*fam.*, *sport*: *abbr. di «professionista»*) pro*; professional (player).

proavo, m. 1 great-grandfather **2** (*pl.*) ancestors.

probàbile, a. probable; (*verosimile*) likely; (*eventuale*) prospective: **È possibile, ma non p.**, it's possible, but not probable; **Ha del p.**, it's probable; **È abbastanza p.**, it's fairly probable; it's likely enough; **È molto p.**, it's quite probable; it's almost sure; **È p. che egli venga**, it's probable that he will come; he will probably come; he is likely to come; **È p. ch'io vada a Parigi**, it's probable I'll go to Paris; I may probably go to Paris; I am likely to go to Paris; **un p. cliente**, a prospective customer; **un risultato molto p.**, a most probable result. ● **poco p.**, unlikely; improbable.

probabiliorismo, m. (*relig.*) probabiliorism.

probabiliorista, m. e f. (*relig.*) probabiliorist.

probabilismo, m. (*filos.*, *relig.*) probabilism.

probabilista, m. e f. (*filos.*, *relig.*) probabilist.

probabilìstico, a. (*filos.*, *relig.*) probabilist (*attr.*); probabilistic.

probabilità, f. probability (*anche mat.*); likelihood; chance: **Ho poca p. di riuscire**, there is little probability that I shall succeed; **I've no great chance of succeeding**; **Ho una buona p. di successo**, I have a good chance of success; **Quel cavallo non ha nessuna p. di vincere**, that horse has no chance of winning; it's quite impossible for that horse to win; **Quali p. ci sono?**, what are the probabilities?; **C'è una sola p.**, there's just a chance; **C'è una p. su cento**, there is one chance in a hundred; **la minima p.**, the slightest (*o* least) chance; a ghost of a chance (*fam.*); **con tutta p.**, in all probability (*o* likelihood); most probably; most likely: **Con tutta p. partiremo per Parigi la prossima settimana**, in all probability we shall be leaving for Paris next week; **Con tutta p. Arturo non ritornerà quest'anno**, in all probability Arturo will not come back this year; (*mat.*) **calcolo delle p.**, calculus of probability.

probabilménte, avv. probably; likely; (forse) possibly, perhaps, maybe: **p. riuscirai,** you will probably succeed; **P. non andrò,** maybe I won't go; it's probable (o likely) I won't go; **molto p.,** most probably; most likely; in all probability (o likelihood): **Molto p. partiremo domani,** in all probability we shall be leaving tomorrow.

probandato, m. (relig.) probationship.

probando, m. (relig.) postulant; probationer.

probante, a. convincing.

probativo, probatòrio, a. (leg.) probative; probatory; evidential: **una lettera probatoria,** a probative letter.

probità, f. honesty; righteousness; uprightness; integrity; rectitude; probity: **un uomo di grande p.,** a man of great probity (o integrity); **p. di vita,** integrity of life.

probiviro, V. proboviro.

problèma, m. 1 (mat.) problem: **i dati (la soluzione) d'un p.,** the data (the solution) of a problem; **la risposta al p.,** the solution (o of) the problem; **un p. d'algebra,** a problem of algebra; **risolvere un p.,** to solve a problem; to find the answer to a problem 2 (questione particolare) problem; question; (persona difficile) problem, worry: **Sbarcare il lunario è un p.,** how to make both ends meet is a problem; **È un p.!,** it's a problem; it's an enigma; **Questo ragazzo è un p.,** this child is a problem; **i problemi dei giovani,** the problems of youth; **problemi sociali (economici),** social (economic) problems. ● **pieno di problemi,** hung up (fam.) □ **Per me è un p.,** I just can't make it out.

problemàtica, f. problems (pl.): **la p. del nostro tempo,** the problems of our age.

problematicismo, m. (filos.) problematicism.

problematicità, f. problematic nature.

problemàtico, a. 1 problematic(al); doubtful; questionable; uncertain: **un'affermazione molto problematica,** a very problematical assertion; **un risultato p.,** a problematical result; **onestà problematica,** problematic (o doubtful) honesty; **di carattere p.,** of a problematical character 2 (mat.) of a (o the) problem: **i dati problematici,** the data of the problem.

pròbo, a. (lett.) honest; righteous; upright: **un uomo p. (o d'animo p.),** an upright man.

proboscidati, m. pl. (zool., Proboscidea) proboscideans.

proboscidato, a. e m. (zool.) proboscidean.

probòscide, f. 1 (zool.) proboscis*; trunk; (di insetti) proboscis*: **la p. dell'elefante,** the proboscis of the elephant; an elephant's trunk; **fornito di p.,** having a trunk; trunked 2 (scherz.: grosso naso) proboscis*; beak. ● **a forma di p.,** proboscidiform; proboscis-like.

proboviro, m. (leg.) arbitrator.

procàccia, m. e f. invar. rural postman* (masch.); rural postwoman* (femm.); carrier.

procacciaménto, m. procurement; procuring; obtaining: **p. di notizie,** obtaining of information.

procacciante, a. (spreg.) profiteering; profit-hunting; speculating.

procacciare, A v. t. to procure; to obtain; to get*; to provide: **p. un impiego a q.,** to get sb. a job; **p. il sostentamento ai propri figli,** to provide food for one's family. **procacciarsi, B** v. rifl. to obtain; to get*; to earn; to gain; to win*: **p. da vivere,** to get (o to make) a living; to earn one's bread; **p. un impiego,** to get a job; **p. guai,** to get into trouble.

procacciatóre, A a. V. procacciante. **B** m. profiteer; speculator. ● **p. d'affari,** dealer.

procace, a. forward; pert; saucy; impudent; (provocante) provoking; tempting: **una giovane p.,** a forward young woman; **occhiate procaci,** saucy glances.

procaceménte, avv. saucily (fam.); impudently; provokingly; temptingly.

procacità, f. forwardness; pertness; sauciness; impudence.

procaina, f. (farm.) procaine; novocaine.

pro capite (lat.), locuz. agg. e avv. per capita: **consumo pro capite,** per capita consumption.

procèdere (1), v. i. 1 to proceed; to go* on; (fig.) to continue: **Il lavoro procede male,** the work is proceeding badly (o is not going on well); **Procedi con il racconto!,** go on with your story!; **prima di p. oltre,** before going on (o proceeding) any further; **p. lentamente (cautamente, silenziosi, risoluti),** to proceed slowly (cautiously, silently, resolutely); **Procedi così nei tuoi studi,** continue like this in your studies; **Dovremo p. con la cura della penicillina,** we'll have to continue with the penicillin treatment 2 (iniziare) to start; to proceed: **Procediamo alla votazione!,** let's start voting; let's put it to the vote; **La polizia procedette al sequestro delle sigarette di contrabbando,** the police proceeded to seize the smuggled cigarettes; **Il chirurgo procedette all'operazione,** the surgeon proceeded to operate 3 (comportarsi, agire) to proceed; to act; to behave; (trattare) to deal*: **p. onestamente,** to behave honestly; **Non mi piaceva il suo modo di p.,** I didn't like his way of acting (o the way he acted); **Quando lo incontrerai la prossima volta, dovrai p. con maggior energia,** when you meet him the next time, you'll have to deal with him more energetically 4 (provenire, originare) to proceed; to originate; to arise*: **Da che procede questo fatto?,** what does this fact proceed from?; what's this fact due to?; (relig.) **Il Figlio e lo Spirito Santo procedono dal Padre,** the Son and the Holy Ghost proceed from the Father 5 (leg.) to proceed; to start proceedings: **p. contro q.,** to proceed against sb.; **p. per vie legali contro q.,** to start (o to undertake) legal proceedings against sb. ● (leg.) **p. a un'inchiesta,** to institute an inquiry □ (naut.) **p. a tutta velocità,** to forge □ (naut.) **p. a zig zag,** to back and fill □ **p. di buon passo,** to walk at a quick pace □ **p. negli anni,** to advance in years; to get old(er); (leg.) **non luogo a p.,** non-suit.

procèdere (2), m. 1 (l'avanzare) process; passing: **con il p. del tempo,** in process of time; with the passing of time; in the course of time 2 (condotta, comportamento) conduct; behaviour: **Non mi piace il tuo (modo di) p.,** I don't like your conduct (o way of acting).

procediménto, m. 1 (modo di comportarsi) conduct; behaviour: **Il loro p. verso di me è stato addirittura iniquo,** their conduct (o behaviour) towards me has been nothing short of iniquitous 2 (leg.) proceedings (pl.): **iniziare il p. contro q.,** to begin (o to institute) proceedings against sb.; **procedimento sommario,** summary proceedings 3 (svolgimento, corso) course: **seguire il p. naturale dei fatti,** to follow the natural course of events 4 (scienza, mecc.) process: **p. chimico,** chemical process; **p. di fabbricazione,** manufacturing process; (tipogr.) **p. a matrice rilevata,** relief process; **il p. di una operazione matematica,** the process of a mathematical operation 5 (procedura) procedure: (aeron.) **p. di avvicinamento,** approach procedure; (aeron.) **p. di avvicinamento mancato,** missed-approach procedure. ● (leg.) **p. giudiziario,** prosecution □ (leg.) **p. legale,** process.

procedura, f. 1 (specialm. leg.) procedure; proceedings (pl.); practice: **p. legale,** proceedings at law; **la p. usuale,** the regular procedure; **una p. illegale,** an illegal procedure; **un errore di p.,** an error of procedure; **p. civile (penale),** civil (criminal) proceedings; **codice di p.,** code of procedure; **regolamento di p.,** rules of procedure; **secondo la p. comune,** according to common practice 2 (elab.) procedure; routine. ● **p. parziale,** subroutine.

procedurale, a. (leg.) procedural; of (o relating to) procedure.

procedurista, m. e f. expert in procedure.

procèlla, f. (lett.) storm; tempest.

procellària, f. (zool., Hydrobates pelagicus) petrel.

procellóso, a. (lett.) stormy, tempestuous (anche fig.): **un mare p.,** a stormy sea; **una vita procellosa,** a stormy (o tumultuous) life; **un'adunanza procellosa,** a tempestuous meeting.

processàbile, a. (leg.) prosecutable.

processare, v. t. to try: **Fu processato per alto tradimento,** he was tried for high treason; **P. q. per assassinio (per furto, ecc.),** to try sb. for murder (for theft, etc.). ● **far p.,** to bring to trial; to prosecute: **far p. q. per un grave delitto,** to bring sb. to trial for a felony.

processionale, a. (relig.) processional; of (o relating to) a procession: **canti processionali,** processional chants.

processionària, f. (zool., Cnethocampa processionea) processionary (o processional) moth.

processióne, f. 1 (relig.) (religious) procession: **la p. del Corpus Domini,** the procession of Corpus Christi; **andare in p.,** to go in procession 2 (fig.) procession; long line; string: **una p. di formiche,** a procession of ants; **una p. di dimostranti,** a procession (o a long line) of demonstrators. ● (fig., fam.) **andare tutti in p.,** to go all together □ (fig., fam.) **mandare q. in p.,** to send sb. round about.

procèsso, m. 1 (leg.) trial; (legal) action; (law-)suit; (legal) proceedings (pl.): **p. civile,** civil proceedings (o lawsuit); **p. penale,** criminal trial; **essere sotto p. per q.c.,** to be on trial for st.; **mettere q. sotto p.,** to bring sb. to trial; **intentare un p. a q.,** to bring an action against sb.; **Il p. è stato rinviato alla prossima settimana,** the trial has been adjourned till next week; **perdere un p.,** to lose a suit (o an action) 2 (procedimento, corso) course; process: (di un libro) **in p. di stampa,** in course of publication; **il p. di una malattia,** the course of an illness; **p. di sviluppo,** process of growth; **p. di evaporazione,** process of evaporation; (med.) **il p. infiammatorio (suppurativo),** the inflammatory (suppurative) process; **in p. di costruzione (formazione, decomposizione),** in the process of construction (formation, decomposition); **il p. evolutivo del linguaggio,** the evolutionary process of language 3 (tecn.) process: (metall.) **p. acido,** acid process; (metall.) **p. con forni a riverbero,** open-hearth process; (chim.) **p. delle camere di piombo,** chamber process; (mecc.) **p. di estrusione,** extrusion process; (fotogr.) **p. di tricromia,** screen process; **p. chimico,** chemical process; (chim.) **p. Solvay,** ammonia-soda process; **p. di laminazione,** rolling

procèssore process **4** (*anat., bot., zool.*) process: **p. ciliare**, ciliary process; **p. mammillare**, mammillary process. ● (*chim.*) **p. di isomerizzazione**, isoforming; isomerization □ (*leg.*) **p. verbale**, minutes (*pl.*) □ (*leg.*) **andare sotto p.**, to be tried; to be brought to trial □ (*fig.*) **fare il p. a q.**, to come down on sb.; to put sb. through it □ **spese di p.**, legal costs □ (*leg.*) **vincere un p.**, to win a case.

procèssore, *m.* (*tecn.*) processor.

processuale, *a.* (*leg.*) of a trial; trial (*attr.*). ● **diritto p.**, law of procedure □ **spese processuali**, law expenses; costs.

procinto, *m.* — **essere** (*o* **trovarsi**) **in p. di**, to be on the point of; to be about to: **Ero in p. di partire**, I was on the point of leaving; I was about to leave.

procióne, *m.* (*zool., Procyon lotor*) rac(c)oon.

proclama, *m.* proclamation; manifesto*.

proclamare, *v. t.* to proclaim (*anche fig.*); to call (out); (*dichiarare*) to declare, to state: **p. il nuovo re**, to proclaim the new king; **p. la guerra**, to proclaim (*o* to declare) war; **p. una legge** (**un decreto**), to proclaim (*o* to promulgate) a law (a decree); **p. la propria innocenza**, to proclaim one's innocence; **p. uno sciopero**, to call out a strike.

proclamazióne, *f.* proclamation; calling (out); (*dichiarazione*) declaration, statement: **la p. dei diritti dell'uomo**, the declaration of the rights of man. ● **p. d'uno sciopero**, strike call.

pròclisi, *f.* (*gramm.*) proclisis*.

proclitica, *f.* (*gramm.*) proclitic.

proclitico, *a.* (*gramm.*) proclitic: **parole proclitiche**, proclitic words.

proclive, *a.* (*lett.*) prone; inclined; disposed: **p. all'indulgenza**, prone to indulgence; **un uomo p. dal male**, a man prone to evil; **una mente p. al dubbio**, a mind prone to doubt; **essere p. all'ozio**, to be inclined to be lazy; to have a tendency to laziness.

proclività, *f.* proclivity; inclination; tendency; propensity.

procombènte, *a.* (*anche bot.*) procumbent.

procómbere, *v. i.* (*lett.*) to fall* on one's face.

proconsolare, *a.* (*stor. romana*) proconsular: **poteri proconsolari**, proconsular powers.

proconsolato, *m.* (*stor. romana*) proconsulate; proconsulship.

procònsole, *m.* (*stor. romana*) proconsul.

procrastinaménto, *m.* procrastination; postponement; delaying; deferment; putting off.

procrastinare, **A** *v. t.* to postpone; to delay; to defer; to put* off: **p. una seduta**, to postpone (*o* to put off) a meeting. **B** *v. i.* to procrastinate; to delay.

procrastinatóre, *m.* procrastinator.

procrastinazióne, *f.* procrastination; postponement.

procreàbile, *a.* that can be procreated; generable.

procreare, *v. t.* to procreate; to beget*; to engender; to generate: **p. un erede**, to procreate an heir.

procreatóre, *m.* procreator; begetter.

procreatrice, *f.* procreatress; procreatrix.

procreazióne, *f.* procreation; generation; engenderment.

procromosòma, *m.* (*biol.*) prochromosome.

proctite, *f.* (*med.*) proctitis.

proctologia, *f.* (*med.*) proctology.

proctoscòpio, *m.* (*med.*) proctoscope.

procura, *f.* **1** (*leg.*) power of attorney; proxy; procuration: **p. generale**, general power of attorney; **p. speciale**, special (*o* particular) power of attorney; **lettera di p.**, letter (*o* power) of attorney; **mediante** (*o* **per**) **p.**, by proxy; per procuration; per pro: **sposare** (**votare**) **per p.**, to marry (to vote) by proxy; **firmare per p.**, to sign by proxy; **dare la p. a q.**, to confer the proxy on sb.; **to appoint sb. as one's proxy 2** (*documento di p.*) letter (*o* warrant) of attorney **3** (*ufficio del procuratore*) attorney's office.

procurare, *v. t.* **1** (*ingegnarsi d'avere*) to procure; to get*; (*provvedere*) to provide: **p. un libro** (**un giornale**), to procure (*o* to get) a book (a newspaper); **p. la felicità di q.**, to procure sb.'s happiness; **procurarsi la protezione di q.**, to procure (*o* to try to get) sb.'s protection; **p. q.c. a q.**, to procure (*o* to get) st. for sb.; **p. un impiego a q.**, to procure (*o* to get) a job for sb.; to provide sb. with a job; **procurarsi un impiego**, to get a job; to obtain a position; **p. il cibo per i propri figli**, to provide food for one's family **2** (*causare*) to cause; to bring* about: **p. parecchie noie a q.**, to cause sb. a lot of trouble; **p. la morte di q.**, to cause sb.'s death **3** (*cercare, sforzarsi*) to endeavour; to try; (*fare del proprio meglio*) to do* one's best: **Procura di star buono**, try to be good; **p. di fare il proprio dovere**, to endeavour to do one's duty; **p. di partire di buon'ora**, to do one's best to leave early **4** (*trovare il modo*) to manage: **Procureremo di venire**, we'll manage to come **5** (*fare in modo*) to see* (to it); to make* sure: **Procura ch'egli venga**, see to it that he comes.
● **procurarsi da vivere**, to get (*o* to make, to earn) a living; to earn one's bread □ **procurarsi noie**, to get into trouble.

procuratóre, *m.* **1** (*persona munita di procura*) proxy: **agire quale p.**, to stand proxy **2** (*leg.*) attorney: **p. legale**, attorney-at-law; public attorney; solicitor; law-agent **3** (*stor., relig.*) procurator: **P. di San Marco**, Procurator of St. Mark. ● (*leg.*) **p. generale**, general proxy; (*magistrato*) Procurator General (*in Italia*); Attorney General (*in USA*).

procuratòrio, *a.* (*leg.*) of (*o* relating to) an attorney.

pròda, *f.* (*sponda*) shore; coast; bank; strand (*poet.*); (*terra*) land: **giungere alla p.**, to come to shore (*o* land); to go ashore; **toccare la p.**, to reach land.

pròde, **A** *a.* brave; valiant; bold: **un uomo p.**, a brave man. **B** *m.* brave (*o* valiant) man; (*pl. collett.*) (the) brave.

prodése, *m.* (*naut.*) bow fast.

prodézza, *f.* **1** (*l'essere prode*) bravery; boldness; valour; gallantry: **affrontare il pericolo con p.**, to meet (*o* to face) danger with bravery; to brave danger **2** (*impresa da prode*) deed (of valour); feat; exploit **3** (*fam.: bravata*) bravado; reckless act. ● (*iron.*) **Conosco le tue prodezze**, I know how clever you are; I know what a fine one you are □ (*iron.*) **Belle prodezze!**, fine goings-on indeed!

prodière, *m.* (*naut.*) bowman*; bow.

prodièro, (*naut.*) **A** *a.* ahead; fore; forward. **B** *m.* bowman*; bow.

prodigalità, *f.* **1** (*l'essere prodigo*) prodigality; extravagance; lavishness; profuseness: **La p. di sua moglie lo condusse alla rovina**, his wife's extravagance ruined him **2** (*atto da prodigo*) extravagance; extravagancy: **una p. pazzesca**, a foolish extravagance **3** (*sperpero*) dissipation; squandering; wasteful spending.

prodigalménte, *avv.* prodigally; liberally; extravagantly; lavishly; profusely; generously.

prodigare, **A** *v. t.* to squander; to lavish (*anche fig.*): **p. lodi** (**onori**), to lavish praise (honours). **prodigarsi**, **B** *v. rifl.* to try one's best; to do* one's best (*o* utmost); to do* everything in one's power; to do* all one can: **p. in tutti i modi**, to do one's very best; to leave no stone unturned (*fam.*). ● **p. in complimenti**, to be lavish with one's compliments.

prodìgio, **A** *m.* **1** (*oggetto o fenomeno inconsueto*) prodigy; portent; wonder; marvel: **i prodigi della scienza**, the marvels of science; **un p. di pazienza**, a marvel of patience; **fare** (*o* **operare**) **prodigi**, to work wonders; to do miracles; **Che p.!**, what a wonder (it is)!; that's a marvel! **2** (*segno premonitore*) portent; omen; (*prophetic*) sign: **Molti prodigi annunzieranno la fine del mondo**, many omens will portend the end of the world. ● **essere un p. di memoria**, to have a prodigious (*o* a phenomenal) memory. **B** *a.* — **un bambino p.**, an infant prodigy.

prodigiosaménte, *avv.* prodigiously; wonderfully; marvellously.

prodigiosità, *f.* prodigiousness.

prodigióso, *a.* prodigious; portentous; wonderful; marvellous: **cose prodigiose**, prodigious things; **una memoria prodigiosa**, a portentous memory.

pròdigo, **A** *a.* prodigal; extravagant; lavish; profuse; (*generoso*) generous: **Maggio è p. di fiori**, May is prodigal of flowers; **un uomo p. quant'altri mai**, a very prodigal man; a most extravagant man; **il figliol p.**, the prodigal son; **essere p.**, to be prodigal; to be free with one's money; **essere p. di consigli**, to be lavish of advice; **fare il p.**, to play the prodigal; to act prodigally. **B** *m.* spendthrift; squanderer.

prodirettóre, *m.* deputy manager.

proditoriaménte, *avv.* treacherously; by treachery; traitorously.

proditòrio, *a.* treacherous; traitorous; treasonable: **un atto p.**, a treacherous act.

prodittatóre, *m.* pro-dictator.

prodittatoriale, *a.* of a pro-dictator; pro-dictatorial.

prodittatura, *f.* pro-dictatorship.

prodótto, **A** *m.* **1** product; produce (*collett., col v. al sing.*): **prodotti industriali**, industrial products; **prodotti chimici**, chemical products; chemicals; **p. nazionale** (**estero**), home (foreign) product; **i prodotti della terra**, the produce of the land; **prodotti agricoli**, agricultural produce; **p. principale**, staple product; **p. finale**, end product; **prodotti lavorati**, manufactured products; **prodotti di scarto**, waste products; **prodotti finiti**, finished (*o* end) products; **prodotti industriali**, industrial products; **prodotti di bellezza**, beauty products; cosmetics; **un p. dell'arte**, a product (*o* a work) of art; **un p. dell'ingegno umano**, a product of human ingenuity **2** (*frutto, risultato*) fruit; result; product: **Questo è il p. di una mente malata**, this is the fruit (*o* product) of a sick mind; **Il successo è il p. dell'operosità**, success is the fruit of hard work; **Questo è il p. di un anno di lavoro**, this is the result of one year's work; **Il mulo è il p. dell'incrocio di un asino con una cavalla**, the mule is the product (*o* result) of crossbreeding an ass with a mare **3** (*zootecnia*) breed: **prodotti misti**, mixed breeds **4** (*mat.*) product: **il p. dei fattori**, the product of factors

5 (*med.*) secretion: **il p. di una ghiandola**, the secretion of a gland; glandular secretion. ● **prodotti alimentari**, foodstuffs □ **prodotti chimici**, chemicals □ **p. derivato** (*o* **secondario**), by-product; spin off □ **prodotti farmaceutici**, pharmaceuticals □ **prodotti tessili**, textiles. **B** *a.* **1** produced: **Le cineprese prodotte nel Giappone sono ottime e di basso costo**, the cine-cameras produced in Japan are excellent and cheap **2** (*allegato, addotto*) exhibited; produced: **la testimonianza prodotta dal querelante**, the evidence exhibited (*o* produced) by the plaintiff. ● **p. in Italia**, made in Italy □ **automobili prodotte in serie**, mass-produced cars.

prodròmico, *a.* (*med.*) prodromal; prodromic.

pròdromo, *m.* **1** (*segno precursore*) premonitory (*o* warning) sign: **i prodromi della guerra**, the premonitory signs of war **2** (*med.*) prodrome; premonitory symptom: **i prodromi d'una malattia**, the prodromes (*o* premonitory symptoms) of a disease.

producènte, *a.* productive.

producìbile, *a.* producible.

produrre, A *v. t.* **1** (*far nascere, generare, anche fig.*) to produce; to yield; to bear*: **La terra produce erbe, fiori, frutti**, the earth produces (*o* yields) grass, flowers, fruit; **Questo terreno produce molto grano**, this ground bears (*o* yields, produces) a lot of wheat; **L'Italia ha prodotto grandi artisti e grandi scienziati**, Italy has produced great artists and great scientists; **I suoi sforzi hanno finalmente prodotto i loro frutti**, his efforts have at last borne fruit **2** (*fare, fabbricare*) to produce; to manufacture; to make*; to turn out: **La nostra ditta produce solo mobili di lusso**, our firm produces (*o* makes, manufactures) luxury furniture only; **La nostra fabbrica produce un gran numero di automobili**, our factory turns out a large number of cars **3** (*cagionare, originare*) to cause; to produce; to give* rise to (st.): **L'ira produce molti mali**, anger causes (*o* gives rise to) many evils; **Il suo discorso produsse l'effetto contrario**, his speech produced the opposite effect; **p. un'impressione favorevole**, to produce (*o* to create) a favourable impression; **p. eccitazione**, to produce (*o* to give rise to, to cause) excitement; **La nuova riforma della scuola produrrà molte polemiche**, the new school reform will give rise to much controversy; **La febbre fu prodotta dall'infezione**, the fever was caused by (the) infection; **prodursi una grave ferita**, to cause oneself a serious injury; **p. dei danni**, to cause damage; **Le sue dimissioni produssero una grande delusione nel paese**, his resignation caused great disappointment in the country **4** (*arte, teatr., ecc.*) to produce; (*pubblicare*) to bring* out, to publish: **p. una commedia (un film)**, to produce a play (a film); **È uno scrittore che non produce molto**, he's a writer who doesn't produce much; he isn't a prolific writer; **Quando produrrai il tuo prossimo romanzo?**, when are you going to bring out your next novel?; **È capace di p. un quadro in un'ora**, he's capable of producing (*o* of turning out) a picture in an hour **5** (*esibire, presentare*) to show*; to exhibit; to produce: **p. un biglietto (un documento)**, to show (*o* to exhibit) a ticket (a document); **p. un argomento a favore di q.c.**, to produce an argument in favour of st. **6** (*leg.*) to call; to bring* forward* witnesses: **p. testimoni**, to call (*o* to bring forward) witnesses: **p. documenti**, to produce documents. ● **p. calore**, to generate heat □ (*ind.*) **p. in serie**, to mass-produce. **prodursi, B** *v. rifl.* **1** (*teatr.*) to play; to appear: **p. nella parte di Otello**, to play Otello; **p. sulla scena**, to appear on the stage **2** (*accadere*) to happen; to occur; to come* about: **Questi fenomeni si producono ogni dieci anni**, these phenomena happen every ten years.

produttivìstico, *a.* productional.

produttività, *f.* productivity; productiveness: (*econ.*) **p. massima**, peak productivity.

produttivo, *a.* **1** productive; fertile; fruitful: **campi produttivi**, productive (*o* fertile) fields; **terra produttiva**, fertile soil; **una carriera produttiva**, a fruitful career **2** (*econ., comm.*) productive; yielding; bearing: **un operaio p.**, a productive worker; **un'industria produttiva**, a productive (*o* yielding) industry; **azioni produttive di un dividendo**, shares yielding a dividend; **spese produttive**, productive expenses; profit-yielding expenses **3** (*econ., comm.: della produzione*) production (*attr.*): **ciclo p.**, production cycle. ● (*fin.*) **p. d'interesse**, interest-bearing □ (*fin.*) **p. di reddito**, revenue-bearing.

produttóre, A *m.* **1** producer: **p. cinematografico**, film--producer; movie-producer; movie-maker (*USA*) **2** (*fabbricante*) manufacturer; maker: **p. di scarpe**, shoe-manufacturer; **p. di giocattoli**, toy-maker; toy-manufacturer **3** (*coltivatore*) grower: **produttori di vino**, wine-growers **4** (*comm.*) sales-agent; selling agent; salesman*. **B** *a.* **1** producing: **i paesi produttori di caffè**, coffee-producing countries **2** (*che fabbrica*) manufacturing: **le industrie produttrici**, the manufacturing industries.

produzióne, *f.* **1** production; (*fabbricazione*) manufacture: **la p. del ferro (del petrolio, della seta)**, the production of iron (of oil, of silk); **p. nazionale (estera)**, home (foreign) production; **p. artistica (letteraria)**, artistic (literary) production; **spese di p.**, production costs; **direttore della p.**, production manager; **aumentare (diminuire, accelerare, rallentare) la p.**, to increase (to cut down, to accelerate, to slow down) production; **articolo di p. straniera**, article of foreign manufacture; **Questa ditta è specializzata nella p. dell'acciaio**, this firm is specialized in steel manufacture **2** (*sotto l'aspetto quantitativo e temporale; anche fig.*) output; production: **la p. annua di una fabbrica (delle industrie chimiche, di una miniera)**, the annual output (*o* production) of a factory (of the chemical industries, of a mine); **p. media**, average output; **capacità di p.**, capacity of output; production--capacity; **la p. letteraria della Francia in quest'annata**, France's literary output for this year; **un autore di scarsa p.**, an author with a small output; **La produzione degli agrumi fu bassa l'anno scorso**, last year the citrus-fruit output (*o* production) was low **3** (*teatr., cinem.*) production: **una p. drammatica**, a theatrical production; **Stasera c'è una nuova p. del «Faust» alla Scala**, there's a new production of «Faust» at La Scala tonight; **le produzioni di Eisenstein sono capolavori**, Eisenstein's productions are masterpieces **4** (*il produrre documenti, ecc.*) production; exhibition: **p. di documenti**, production (*o* exhibition) of documents **5** (*leg.*) production; calling: **la p. di testimoni**, the production (*o* the calling) of witnesses. ● **p. inferiore alla normale**, under-production □ **p. in serie**, mass production □ **articolo di p. inglese**, English-made article □ (*cinem.*) **direttore di p.**, producer □ **eccesso di p.**, over-production □ (*leg.*) **mancata p. di documenti**, failure to produce documents.

proemiale, *a.* (*lett.*) proemial; prefatory; introductory: **un discorso p.**, an introductory speech.

proemiare, *v. i.* (*lett.*) to write* a proem (*o* an introduction); to preface.

proèmio, *m.* (*lett.*) proem; (*prefazione*) preface, introduction.

prof, *m.* e *f. abbr. fam. di* **professore, professoressa** (*V.*).

profanare, *v. t.* **1** (*violare la santità di luoghi o cose sacre*) to profane; to desecrate; to violate; to pollute: **p. il giorno del Signore**, to profane the Lord's day; **p. una tomba**, to violate a tomb; **p. un altare**, to desecrate an altar **2** (*fare uso indegno di q.c.*) to profane; to abuse; to defile: **p. il ricordo di q.**, to defile sb.'s memory.

profanatóre, A *m.* profaner; desecrator; violator. **B** *a.* profaning; desecrating.

profanazióne, *f.* profanation; desecration; violation; pollution: **la p. d'un luogo sacro (d'un santuario)**, the violation of a sacred place (of a sanctuary); **la p. del nome di Dio**, the profanation of the name of God; **una p. dell'arte**, a profanation of art.

profanità, *f.* profanity; profaneness.

profano, A *a.* **1** (*non sacro*) profane; secular; lay: **storia profana**, profane history; **musica profana**, secular music; **pensieri profani**, profane thoughts **2** (*che è contro il rispetto delle cose sacre*) profane; irreverent; blasphemous: **atti profani**, profane acts; **una lingua profana**, a profane (*o* a blasphemous) language; **una mano profana**, an irreverent hand **3** (*nuovo, inesperto*) ignorant; unskilled: **essere p. in un'arte**, to be ignorant of (*o* unskilled in) an art; to be no judge of an art. **B** *m.* **1** (the) profane: **il sacro e il p.**, the sacred and the profane **2** (*chi non s'intende di q.c.*) non-expert; bad (*o* poor) judge; no judge; layman* (*specialm. rif. alla legge, alla medicina*): **In fatto di legge, sono soltanto un p.**, where the law is concerned, I am only a layman; **essere un p. di musica**, to be no judge of music.

profase, *f.* (*biol.*) prophase.

profènda, *f.* provender; fodder.

proferìbile, *a.* utterable; expressible (in words); pronounceable.

proferiménto, *m.* utterance; pronouncement.

proferire, A *v. t.* **1** (*pronunziare*) to utter; to express; to articulate; to pronounce: **p. un nome**, to pronounce a name; **p. la propria opinione**, to pronounce one's opinion; **senza p. parola**, without uttering a word **2** (*lett.: offrire*) to offer; to proffer (*lett.*): **p. q.c. a q.**, to offer sb. st.; **p. ricchi doni (i propri servigi)**, to proffer rich gifts (one's services). **proferirsi, B** *v. rifl.* to offer (oneself); to propose: **Carlo si proferì di accompagnarmi alla stazione**, Charles offered to see me to the station; **p. in caso di bisogno**, to offer one's help in case of need.

professante, *a.* professing: **un cattolico p.**, a professing Catholic.

professare, A *v. t.* **1** (*mostrare di credere, di sostenere*) to profess: **p. una religione (una dottrina)**, to profess a religion (a doctrine) **2** (*dichiarare apertamente*) to profess; to declare (openly); to avow; to acknowledge: **p. la propria fiducia in q.**, to profess one's confidence in sb.; **p. gratitudine**, to profess gratitude **3** (*esercitare una professione*) to profess; to practise: **p. la medicina (l'avvocatura)**, to profess medicine (law); to practise as a doctor (as a lawyer). **professarsi, B** *v. rifl.* to profess (*o* to avow) oneself; (*dichiararsi*) to declare oneself: **p. cristiano**, to avow oneself (to be) a Christian; **p. amico di q.**, to profess (oneself) to be sb.'s friend; **p. innocente**, to declare

professionale

oneself innocent.
professionale, *a.* professional: **abilità professionale,** professional skill; **il segreto p.,** the professional secrecy; **istruzione p.,** professional training. ● **istituto p.,** vocational training school □ **malattia p.,** occupational disease.
professionalità, *f.* professional nature; professionalism.
professionalménte, *avv.* professionally.
professióne, *f.* 1 (*pubblica dimostrazione d'una credenza, di un'opinione, d'un sentimento*) profession; declaration; avowal; acknowledgement: **la p. d'una credenza (di un'opinione),** the profession of a belief (of an opinion); **professioni d'amicizia (di lealtà),** professions of friendship (of loyalty) 2 (*esercizio d'una disciplina, di un'arte*) profession; calling; occupation: **una p. lucrosa,** a lucrative profession; **la p. di architetto (d'avvocato),** the profession of an architect (of a lawyer); **esercitare una p.,** to practise a profession: **esercitare la p. dell'avvocato (del medico),** to practise as a lawyer (as a doctor); to be a lawyer (a doctor) (by profession); to practise law (medicine); **cambiare p.,** to change one's profession; **scegliere una p.,** to take up (*o* to choose) a profession; **di p.,** by profession; professional (*agg.*); professionally (*avv.*): **essere avvocato (insegnante, pittore, musicista) di p.,** to be a lawyer (a teacher, a painter, a musician) by profession; **un giocatore di calcio di p.,** a professional footballer; **Che p. esercita tuo padre?,** what is your father's profession (*o* occupation)? 3 (*relig.*) profession: **La novizia fece p.,** the novice made her profession; **p. di fede,** profession of faith. ● **libera p.,** profession □ **vivere della propria p.,** to live off one's earnings.
professionismo, *m.* professionalism (*anche sport*).
professionista, *m.* e *f.* 1 professional (man*) (*masch.*); professional (woman*) (*femm.*); practitioner 2 (*sport*) professional (*abbr. fam.*: pro).
professionistico, *a.* (*anche sport*) professional.
professo, *a.* (*relig.*) professed: **una monaca professa,** a professed nun.
professorale, *a.* 1 professorial; of a professor: **la dignità p.,** the professorial dignity; (*iron.*) **con tono p.,** in a professorial tone 2 (*fig.*) pedantic; academic.
professorato, *m.* (*universitario*) professorship; (*scolastico*) post as a schoolteacher.
professóre, *m.* 1 (*di scuole secondarie*) (school-)master; teacher; (*universitario*) professor; (*universitario, non titolare di cattedra*) lecturer; assistant professor (*USA*): **un p. di matematica,** a mathematics master; **il p. di francese,** the professor of French; **il Prof. Jones,** Professor Jones; (*scherz.*) **parlare come un p.,** to speak like a professor 2 (*mus.*) player: **un p. d'orchestra,** an orchestra-player. ● (*scherz.*) **saperne quanto un p.,** to be a know-all (*scherz.*); **Non fare il p.!,** what a know-all you are!; don't be pedantic!
professoréssa, *f.* (*di scuole secondarie*) schoolmistress; teacher; (*universitaria*) (woman*) professor; (*universitaria, non titolare di cattedra*) lecturer; assistant (woman*) professor (*USA*).
profèta, A *m.* prophet (*anche fig.*): **il p. Isaia,** the prophet Isaiah; (*Bibbia*) **i Profeti,** the Prophets; **un falso p.,** a false prophet; **un p. di sventura,** a prophet of woe. ● **essere buon p.,** to guess right. **B** *a.* prophetic(al); prophet (*attr.*): **il re p.,** the prophet-king.
profetare, *V.* profetizzare.
profetéssa, *f.* prophetess; woman* prophet.
profètico, *a.* prophetic(al); of a prophet: **sogni profetici,** prophetic dreams; **parole profetiche,** prophetic words; **spirito p.,** a prophetic spirit.
profetismo, *m.* prophetism.
profetizzare, A *v. t.* to prophesy; to predict; to foretell*: **p. la guerra,** to prophesy war; **p. la nascita di q.,** to predict sb.'s birth. **B** *v. i.* to prophesy.
profezìa, *f.* prophecy; prediction: **la P. di Isaia,** the Prophecy of Isaiah.
profferire, *v. t.* to offer; to proffer (*lett.*): **p. q.c a q.,** to offer sb. st.; **p. un premio,** to offer a reward; **p. i propri servigi (la propria amicizia),** to offer one's services (one's friendship).
proffèrta, *f.* offer; proffer (*lett.*).
proficuaménte, *avv.* profitably.
proficuo, *a.* 1 profitable; useful: **un mestiere p.,** a profitable trade; **consigli proficui,** profitable advice; **ore proficue,** profitable hours 2 (*fin.: che dà profitto*) profit-making; lucrative.
profilare, A *v. t.* 1 (*ritrarre in profilo*) to profile; to outline; to draw* (*o* to represent) in profile (*o* in outline) 2 (*guarnire con sottile bordatura*) to border; to edge; to trim 3 (*mecc.*) to profile; (*aerodinamica*) to streamline. **profilarsi, B** *v. rifl.* to stand* up; to loom up (*anche fig.*). ● **Si profila qualche speranza,** there is some hope.
profilassi, *f.* (*med.*) prophylaxis*; preventive treatment: **la p. del colera,** the prophylaxis of cholera.

profilato, A *a.* 1 (*delineato nei contorni*) drawn in profile; outlined: **p. nel cielo,** outlined against the sky 2 (*orlato, filettato*) bordered; edged; trimmed. ● **avere un viso ben p.,** to have clear-cut features. **B** *m.* (*mecc.*) section; section iron; structural shape: **p. leggero (normale),** light (standard) section. ● **p. a bulbo,** bulb iron □ **p. a doppio T,** H-beam □ **p. a L,** angle iron □ **p. a T,** Tee beam □ **p. a U,** channel □ **p. di acciaio,** structural steel □ **p. speciale,** shape.
profilatóio, *m.* engraving chisel.
profilatrice, *f.* (*mecc.*) forming-machine: **p. a rulli,** roll forming-machine.
profilàttico, A *a.* (*med.*) prophylactic; preventive: **una buona cura profilattica,** a good preventive treatment. **B** *m.* (*farm.*) prophylactic; condom.
profilatura, *f.* 1 (*il profilare*) profiling; outlining; drawing (*o* representing) in profile (*o* in outline) 2 (*il guarnire con bordatura*) bordering; edging; (*bordatura*) border, edging 3 (*ing. mecc.*) profiling; forming. ● (*mecc.*) **p. al tornio,** profile turning.
profilo, *m.* 1 (*linea di contorno*) outline; contour: **il p. d'una montagna,** the outline (*o* contour) of a mountain 2 (*linea del volto visto di p.*) profile: **avere un p. delicato,** to have a delicate profile; **di p.,** in profile; **È più bella di p.,** seen in profile, she looks nicer; **il ritratto d'una persona vista di p.,** the portrait of a person in profile; **disegnare di p.,** to draw in profile 3 (*archit.*) profile; section 4 (*letter.: schizzo*) outline; sketch; summary; monograph; (*biografia*) profile; biographical sketch: **un p. della letteratura inglese,** an outline of English literature 5 (*aeron.*) section: **p. aerodinamico,** aerofoil section 6 (*mecc.*) contour: **p. dell'eccentrico,** cam contour (*o* track). ● (*mecc.*) **p. ad evolvente,** involute profile □ (*mecc.*) **p. della filettatura,** thread form □ **p. professionale,** career brief.
profiterole (*franc.*), *m.* (*cucina*) profiterole.
profittare, *v. i.* 1 (*far profitto, progredire*) to progress; to make* progress: **p. negli studi,** to make progress in one's studies; **Quel ragazzo potrebbe p. di più,** that boy could progress further (*o* could make better progress) 2 (*avvantaggiarsi, trarre profitto*) to profit (from, by); to take* advantage (of); to avail oneself (of): **Profittò del mio insegnamento,** he profited from (*o* he took advantage of) my teaching; **p. dei consigli di q.,** to profit by sb.'s advice; **p. di un'occasione,** to avail oneself of an opportunity; **Profittai della sua amicizia per chiedergli quel favore,** I took advantage (*o* I profited from) his friendship to ask that favour of him; **Dovresti p. dei miei libri di testo per preparare l'esame,** you should avail yourself of my text-books to prepare for the exam 3 (*abusare*) to take* (undue) advantage (of); to abuse: **Non p. della mia indulgenza!,** don't take (undue) advantage of my indulgence!; **Profittò della fiducia che avevamo riposto in lui,** he abused the confidence we had placed in him.
profittatóre, *m.* profiteer. ● **essere un p.,** to profiteer.
profittévole, *a.* 1 profitable 2 (*fin.*) gainful; lucrative.
profitto, *m.* 1 profit; advantage; benefit: **trarre p. da q.c.,** to take advantage of st.; to profit by st.; to benefit by (*o* from) st.; **a p. di q.,** for the benefit of sb.; **studiare con p.,** to study with profit; **Che p. ne abbiamo avuto?,** what benefit did we draw from it?; what good did it do us?; **Ho cercato di convincerlo, ma senza p.,** I tried to convince him, but to no advantage (*o* to no avail); **con poco o nessun p.,** with (*o* to) little or no advantage 2 (*guadagno, vantaggio pecuniario*) profit; gain; return; take; proceeds (*pl.*): **vendere con p.,** to sell at a profit; **p. lordo (netto),** gross (net) profit; **Il p. che ha ricavato dalla vendita di quella proprietà è stato enorme,** his gain (*o* profit) on the sale of that property has been enormous; **p. sul capitale,** return on capital 3 (*pl.: proventi*) profit(s); earnings; makings; receipts; takings; (*comm.*) **conto profitti e perdite,** profit and loss account; **accertare i profitti di q.,** to determine (*o* to assess) sb.'s profits; **I profitti che ricava dalle azioni sono alti,** his profits on shares are high; his income from shares is high; **alzare (diminuire) i profitti,** to raise (to lower) profits 4 (*progresso negli studi*) achievement; progress. ● **compartecipazione ai profitti,** profit-sharing □ **mettere a p. q.c.,** to turn st. to profit (*o* to account); (*farne buon uso*) to make good use of st.; **mettere a p. il proprio tempo libero,** to make good use of one's free time.
profluvio, *m.* 1 profluvium*; (*copioso*) discharge 2 (*fig.*) stream; flood: **un p. di parole,** a stream of words; **un p. di gente,** a stream of people.
profondaménte, *avv.* 1 (*a fondo, molto addentro*) deeply; deep; to a great depth: **scavare p.,** to dig deep 2 (*fig.: intensamente*) deeply; profoundly; intensely; with all one's heart: **essere p. interessato in q.c,** to be deeply interested in st.; **sentire q.c. p.,** to feel st. deeply; **essere p. grato a q.,** to be profoundly grateful to sb.; **amare q. p.,** to love sb. with all one's heart. ● **addormentato,** sound (*o* fast) asleep □ **dormire p.,** to sleep soundly (*o* like a log).

profondare, (*lett.*) **A** *v. i.* to sink*; to go* to the bottom. **B** *v. t.* to deepen; to make* deeper. **profondarsi, C** *v. rifl.* to sink* (into); to plunge deeply (into).

profóndere, A *v. t.* **1** to squander; to lavish; to bestow profusely (*o* freely); to waste: **p. il proprio denaro,** to squander one's money; **p. tesori,** to bestow treasures profusely **2** (*fig.*) to pour forth; to lavish: **p. lodi,** to lavish praise. **profóndersi, B** *v. rifl.* to be profuse (in st.); to be lavish (of st., in doing st.): **p. in scuse,** to be profuse in one's apologies; **p. in lodi,** to be lavish of one's praise. ● **p. in ringraziamenti,** to go on thanking everybody □ **p. in inchini,** to bow left and right.

profondimetro, *m.* depth-gauge.

profondità, *f.* depth; (*fig.*) depth, profundity: **le profondità inesplorate dell'oceano,** the unexplored depths of the ocean; **la p. di un fiume (di un lago, di un pozzo),** the depth of a river (of a lake, of a well); **Il canale ha una p. di tre metri,** the canal has a depth of three metres; (*più spesso*) the canal is three metres deep; **la p. del pensiero,** the profundity of thought; **Non conosci la p. del mio sentimento,** you don't know the depth of my feeling; **la p. della dottrina scolastica,** the profundity of Scholastic doctrine (*o* of Scholasticism); **nella p. della notte,** in the depth(s) (*o* at dead) of night; **la p. di un colore (di un suono),** the depth of a colour (of a sound). ● (*ottica*) **p. di campo,** depth of field □ (*naut.*) **p. d'immersione,** draught □ **nella p. dell'animo,** deep down; at bottom.

profóndo, A *a.* **1** deep; (*fig.*) deep, profound: **un lago (un fiume, un mare) p.,** a deep lake (river, sea); **Aveva due profonde ferite alla gamba,** he had two deep wounds on his leg; **un foro p.,** a deep hole; **La quercia mette radici profonde,** the oak strikes deep roots; **l'azzurro p. del mare,** the deep blue of the sea; **profonda mestizia (malinconia, gioia),** deep (*o* profound) sadness (melancholy, joy); **profonda ignoranza,** profound ignorance; **un p. pensatore,** a profound thinker; **una voce profonda,** a deep (*o* a low-pitched) voice; **una mente profonda,** a profound mind; **Gli feci un profondo inchino,** I made a profound bow to him; I bowed deeply to him; **un colore p.,** a deep (*o* a dark) colour; **sentimenti di p. rispetto (amore, odio),** feelings of deep (*o* deeply-rooted) respect (love, hate); **un silenzio p.,** a deep (*o* a profound) silence; **un respiro (sospiro, suono) p.,** a deep breath (sigh, sound); **un sonno p.,** a profound (*o* a sound) sleep; **È p. oltre 800 piedi,** it is over 800 feet deep; **un problema (mistero, segreto) p.,** a deep problem (mystery, secret) **2** (*astruso*) abstruse; difficult: **una profonda dottrina,** an abstruse doctrine; **poesia profonda,** difficult (*o* abstruse) poetry; **Queste sono verità profonde,** these are difficult (*o* sublime) truths. ● **una profonda delusione,** a bitter disappointment □ **essere p. in matematica,** to be well versed in mathematics □ **una profonda passione,** a great passion □ **un fiume poco p.,** a shallow river □ **È un luogo di profonda quiete,** it's a place of perfect peace □ **È un p. conoscitore di monete antiche,** he's a great expert of ancient coins. **B** *m.* (*anche fig.*) depth(s): **il p. dell'Inferno,** the depths of Hell; **i fantasmi che sorgono dal p. della nostra psiche nel sonno,** the ghosts which arise from the depths of our psyche in sleep; **nel p. del cuore,** in the depth of one's heart. ● **nel p. della notte,** at dead of night. **C** *avv.* deep; deeply; profoundly: **scavare p.,** to dig deep (*o* deeply).

pro forma (*locuz. lat.*), **profórma,** *avv., a. e m. invar.* pro forma: **un esame p.,** a pro forma (*o* purely formal) exam; (*comm.*) **una fattura p.,** a pro forma invoice.

pròfugo, A *a.* fugitive (*attr.*). **B** *m.* fugitive; refugee.

profumare, A *v. t.* to perfume; to scent; to put* scent on: **p. il fazzoletto,** to put some scent on one's handkerchief; **p. una stanza,** to perfume a room. **B** *v. i.* to smell* sweet; to be fragrant. **profumarsi, C** *v. rifl.* to perfume oneself; to use scent. ● **Come ti sei profumato!,** what a lot of perfume you have put on!

profumataménte, *avv.* profusely; generously; dearly. ● **pagare p.,** to pay through the nose (*fam.*).

profumato, *a.* **1** perfumed; scented; odorous; fragrant; sweet-smelling: **un fazzoletto p.,** a scented handkerchief; **una sostanza profumata,** a sweet-smelling substance; **un fiore p.,** a sweet-smelling flower; **erba profumata,** scented grass **2** (*fam.:* generosa) generous; liberal. ● **p. di lavanda,** lavender-scented.

profumerìa, *f.* **1** (*negozio del profumiere*) perfumery; perfumer's (shop) **2** (*arte del profumiere*) perfumery **3** (*pl.: profumi*) perfumery (*sing.*); perfumes; scents.

profumièra, *f.* (*vaso per contenere profumi*) scent bottle.

profumière, *m.* perfumer.

profumièro, *a.* perfume (*attr.*).

profumo, *m.* **1** (*esalazione odorosa*) scent; perfume; sweet smell; pleasant odour; fragrance: **il p. delle rose (del fieno),** the scent of roses (of hay); **riempire di p.,** to fill with a sweet smell; to perfume; to scent; **emanare p.,** to have a sweet smell; to smell sweet; to emit a pleasant smell **2** (*sostanza odo-* rosa) perfume; scent: **una boccetta di p.,** a bottle of scent (*o* perfume); **mettere un po' di p. sul fazzoletto,** to put some scent on one's handkerchief; **senza p.,** having no scent; scentless: **fiori senza p.,** scentless flowers. ● **dal p. di rose,** rose-scented □ **mandare un buon p.,** to smell good.

profusióne, *f.* **1** (*abbondanza soverchia*) profusion; (over-)abundance; copiousness: **una p. di onori,** a profusion of honours; **a p.,** in profusion; in abundance: **rose che crescono a p.,** roses growing in profusion **2** (*prodigalità*) profusion; prodigality. ● **dare a p.,** to give lavishly.

profùṣo, *a.* profuse; bountiful; prodigal; lavish: **spese profuse,** profuse expenditure.

progènie, *f. invar.* **1** (*lett.: discendenza*) progeny; offspring; issue; descendants (*pl.*); (*schiatta*) race, stock: **la p. di Napoleone,** the progeny of Napoleon; **provenire da bassa p.,** to come of humble stock **2** (*scherz.: figli*) children (*pl.*); progeny (*scherz.*) **3** (*spreg.: genia*) brood; tribe.

progenitóre, *m.* progenitor; forefather; ancestor: **il nostro primo p.,** Adamo, Adam, our first progenitor; **i nostri progenitori,** our ancestors.

progenitrice, *f.* progenitrix*; progenitress.

progesteróne, *m.* (*biol., chim.*) progesterone.

progettare, *v. t.* to plan; to project; to design; to programme; to scheme; to make* plans for (st.): **p. un edificio,** to plan a building; **p. una spedizione,** to plan an expedition; **p. un viaggio,** to make plans for a journey; **p. l'apertura d'una filiale oltremare,** to plan the opening of an overseas branch; **p. d'andarsene,** to be planning to go away.

progettazióne, *f.* planning; design. ● **p. assistita da elaboratore,** computer aided design.

progettista, *m. e f.* planner; designer; (*mecc.*) design engineer.

progettìstica, *f.* planning; designing.

progettìstico, *a.* planning; design (*attr.*).

progètto, *m.* **1** plan; project; design; scheme: **Quali sono i tuoi progetti per l'avvenire?,** what are your plans for the future?; **Il mio risultò un p. sbagliato,** my plan proved to be a failure; **Quel p. non va,** that plan will not do; that cock won't fight (*fam.*); **un p. definitivo,** a definite project; **un p. di massima,** a preliminary project; **un p. incerto,** an insecure scheme; a house of cards (*fam.*); **progetti avventati,** wild-cat schemes; **progetti di grande importanza,** designs of great import; **il p. d'un ponte,** the project of a bridge; **fare un p.,** to make a plan; **presentare (approvare, respingere) un p.,** to present (to approve, to reject) a project **2** (*di una costruzione*) plan; lay-out. ● (*leg.*) **p. di legge,** bill □ **avere in p. di fare q.c.,** to plan to do st. □ **fare progetti campati in aria,** to build castles in the air.

proglaciale, *a.* (*geol.*) proglacial.

proglòttide, *f.* (*zool.*) proglottid; proglottis*.

prognatìsmo, *m.* (*anat.*) prognathism.

prognato, *a.* (*anat.*) prognathous; prognathic: **un viso p.,** a prognathous face.

prògnoṣi, *f.* (*med.*) prognosis*.

prognosticare, prognòstico, *V.* pronosticare, pronòstico.

prognòstico, *a.* (*med.*) prognostic.

programma, *m.* **1** programme; program (*USA*); (*prospetto*) prospectus*, syllabus*; (*p. politico*) platform; (*per lo più politico*) manifesto; (*ind.*) schedule (*specialm. USA*): **Che p. abbiamo per domani?,** what is the programme for tomorrow?; what are we going to do tomorrow?; **il p. della giornata,** one's programme for the day; **un p. troppo ambizioso,** too ambitious a programme; **il p. d'un concerto,** the programme of a concert; **un p. teatrale,** a theatre programme; **il p. d'un giornale,** the prospectus of a newspaper; **il p. d'un partito politico,** the platform of a political party; **il p. d'un nuovo movimento letterario,** the manifesto of a new literary movement; **p. consegne,** delivery schedule; **svolgere un p.,** to carry out a programme; **attenersi al proprio p. di lavoro,** to keep up to one's schedule **2** (*elab.*) program; (*procedura*) routine. ● **p. delle corse,** race-card □ **un p. scolastico,** an outline of a course of studies; a syllabus □ (*fig.*) **fuori p.,** unexpected event □ (*elettronica*) **sotto p.,** subprogramme.

programmàbile, *a.* programmable.

programmabilità, *f.* programmability.

programmare, *v. t.* **1** to programme; to program (*USA*); to plan (*anche econ.*): **p. un calcolatore,** to programme a computer; **p. la produzione,** to plan production **2** (*spettacoli*) to put* on; to stage. ● **p. in anticipo,** to preprogram.

programmàtico, *a.* programmatic. ● (*polit.*) **discorso p.,** general policy statement.

programmato, *a.* programmed: **istruzione programmata,** (medicine); a laxative; **sali purgativi,** purgative salts.

programmatóre, *m.* **1** (*econ.*) planner **2** (*elab.*) programmer.

programmazióne, *f.* **1** (*il programmare*) programming; planning (*anche econ.*). **2** (*elab.*) programming; (*ind.*) scheduling

programmista

(*specialm. USA*). ● (*cinem.*) **di prossima p.**, coming shortly.
programmista, *m.* e *f.* **1** programmer; planner **2** (*radio, telev.*) programme announcer.
progredire, *v. i.* **1** to progress; to be in progress; to advance; (*procedere*) to proceed, to go* on, to get* on: **Il lavoro ora progredisce**, work is now in progress; **Il lavoro progredisce costantemente**, the work is progressing steadily; **Il lavoro non progredisce**, the work is not proceeding **2** (*fig.: fare progressi*) to make* progress; to improve: **p. nello studio del latino**, to make progress in the study of Latin; **p. nelle scienze**, to make progress in science.
progredito, *a.* advanced: **idee progredite**, advanced ideas. ● **un popolo p.**, a civilized nation.
progressióne, *f.* **1** (*il progredire*) progression; progress: **una lenta, graduale p.**, a slow, gradual progression **2** (*mat., mus.*) progression: **p. aritmetica (geometrica)**, arithmetic(al) (geometric) progression. ● (*fig.*) **crescere in p. geometrica**, to increase rapidly (*o* by leaps and bounds).
progressismo, *m.* (*polit.*) progressivism.
progressista, (*polit.*) **A** *a.* progressive: **una politica progressista**, a progressive policy; **un partito p.**, a progressive party. **B** *m.* e *f.* progressive; progressist; progressionist; progressivist.
progressistico, *a.* (*polit.*) progressist (*attr.*); progressive.
progressivaménte, *avv.* progressively; step by step.
progressività, *f.* progressiveness.
progressivo, *a.* progressive: **uno sforzo p.**, a progressive effort; **un'imposta progressiva**, a progressive tax; **una malattia progressiva**, a progressive disease.
progrèsso, *m.* progress (*solo al sing.*); progression; (*sviluppo*) development; (*incremento*) advance(ment), growth; (*miglioramento*) improvement: **il p. della scienza (delle arti)**, the progress of science (of the arts); **il p. della cultura**, the advancement of learning; **progressi tecnologici**, technological advances; **i propri progressi nello studio del francese**, one's progress in the study of French; **fare progressi**, to make progress; **Non ho fatto molti progressi ultimamente**, I have made little progress lately; **fare progressi rapidissimi**, to make extremely rapid progress; to shoot ahead (*fam.*). ● **in p. di tempo**, in the course of time.
proibire, *v. t.* **1** to forbid*; to prohibit; to interdict: **La legge proibisce la vendita di stupefacenti**, the law prohibits the sale of drugs; **p. q.c.**, to forbid st.; **p. a q. di fare q.c.**, to forbid sb. to do st.; to command (*o* to tell) sb. not to do st.: **Ti proibisco di rispondere**, I forbid you to answer back **2** (*impedire*) to prohibit, to prevent (sb. from doing st.). ● **p. a q. d'entrare in casa propria**, to forbid sb. one's house.
proibitivo, *a.* prohibitive: **prezzi proibitivi**, prohibitive prices.
proibito, *a.* forbidden; prohibited; interdicted; not allowed: **È severamente p. fumare**, smoking (is) strictly prohibited; **libri proibiti**, forbidden books; **il frutto p.**, the forbidden fruit; **la città proibita**, the Forbidden City; **p. dalla legge**, forbidden by law; outlaw (*attr.*). ● **È p. fumare**, no smoking (allowed) □ **È p. l'ingresso**, no admittance.
proibitóre, *m.* forbidder; prohibiter.
proibitòrio, *a.* prohibitory; prohibitive.
proibizióne, *f.* prohibition; forbiddance; interdiction: **Troppe proibizioni!**, too many prohibitions!
proibizionismo, *m.* prohibitionism.
proibizionista, **A** *m.* e *f.* prohibitionist. **B** *a.* prohibitionist (*attr.*).
proibizionìstico, *a.* prohibitionist (*attr.*).
proiettare, *v. t.* **1** (*gettare fuori, innanzi a sé*) to project; to throw*; to cast*: **Gli alberi proiettavano lunghe ombre sull'erba**, the trees threw long shadows on the grass; **La lampada proiettava una forte luce sul tavolo**, the lamp threw a strong light on the table; **l'ombra che il mio corpo proiettava**, the shadow my body projected; **p. i propri pensieri nel futuro**, to project one's thoughts into the future **2** (*geom.*) to project: **p. una figura**, to project a figure **3** (*cinem.*) to project; to screen.
proiettarsi, *v. rifl.* to be projected; to be cast; to fall* (on).
proiettificio, *m.* ammunition factory.
proièttile, **A** *m.* projectile; missile; shell; (*pallottola*) bullet, ball: **lanciare un p.**, to project a missile; **a prova di p.**, bullet-proof; **un p. a razzo**, a rocket missile; **un p. atomico**, an atomic shell; **un p. dumdum**, a dumdum bullet; **un p. illuminante**, a star shell; **un p. incendiario**, an incendiary shell; **un p. tracciante**, a tracer bullet; **un p. controllato a distanza**, a guided missile. ● **p. inesploso**, dud. **B** *a.* projective: **uomo p.**, projectile man*, human cannonball.
proiettività, *f.* (*mat.*) projectivity.
proiettivo, *a.* projective: **geometria proiettiva**, projective geometry. ● (*psic.*) **test proiettivo**, projective test.
proiètto, *m.* projectile; missile. ● (*geol.*) **proietti vulcanici**, volcanic ejecta.
proiettóre, *m.* **1** (*strumento che proietta*) projector: **un p. cine-** matografico, a motion-picture projector; **un p. per diapositive**, a slide-projector **2** (*sorgente luminosa molto potente*) flood-light; (*specialm. mil.*) searchlight **3** (*autom.*) headlight. ● (*fis.*) **p. di profili**, optical comparator; projector □ (*aeron.*) **p. di segnalazioni del traffico aereo**, air-traffic signal light □ **p. per la determinazione della quota delle nubi**, cloud searchlight □ **p. ultrasonoro** (*idrofonico*), supersonic oscillator.
proiezióne, *f.* **1** (*il proiettare*) projection; projecting; throwing: **la p. dell'ombra di un corpo su una superficie**, the projection of the shadow of a body upon a surface **2** (*geom., geogr.*) projection: **la p. d'un punto su un piano**, the projection of a point on a plane surface; **p. di Mercatore**, Mercator's projection; **p. ortogonale**, orthographic projection **3** (*cinem.*) projection; show; showing: **una sala da p.**, a projection room; **la p. d'un film**, the showing (*o* the projection) of a film; **una conferenza con proiezioni**, a lecture and film-show. ● **macchina per p. cinematografica**, motion-picture projector.
prolasso, *m.* (*med.*) prolapsus; prolapse: **il p. dell'utero** (**del retto**), the prolapse of the uterus (of the rectum).
pròle, *f.* children (*pl.*); offspring; progeny; issue (*per lo più leg.*); (*zool.*) brood: **una numerosa p.**, a numerous offspring; a large family; **il padre di numerosa p.**, the father of many children; **p. maschile**, male issue; **morire senza p.**, to die without issue. ● **senza p.**, childless.
prolegato, *m.* (*stor.*) prolegate; deputy-legate.
prolegòmeni, *m. pl.* (*lett.*) prolegomena.
prolèssi, *f.* (*retor.*) prolepsis*.
proletariato, *m.* **1** (*proletari in complesso*) proletariat; proletarian class; wage-earners (*pl.*); working classes (*pl.*) **2** (*condizione del proletario*) proletarianism.
proletàrio, *a.* e *m.* proletarian: **la classe proletaria**, the proletarian class.
proletarizzare, *v. t.* to proletarianize.
prolèttico, *a.* (*gramm., retor.*) proleptic.
proliferare, *v. i.* (*biol. e fig.*) to proliferate.
proliferazióne, *f.* (*biol. e fig.*) proliferation: **p. delle armi nucleari**, proliferation of nuclear weapons.
prolifero, *a.* (*biol.*) proliferous.
prolificare, *v. i.* to proliferate.
prolificazióne, *f.* prolification.
prolificità, *f.* prolificacy; prolificness; fertility: **la p. dei conigli**, the prolificacy of rabbits.
prolifico, *a.* (*anche fig.*) prolific; fertile: **I conigli sono molto prolifici**, rabbits are very prolific; **un albero p.**, a prolific tree; **un romanziere p.**, a prolific novelist; **una mente prolifica**, a prolific mind. ● **rendere p.**, to prolificate.
prolissaménte, *avv.* with prolixity; prolixly; long-windedly; verbosely; diffusely.
prolissità, *f.* prolixity; long-windedness; verboseness; diffuseness: **p. di stile**, prolixity of style.
prolisso, *a.* prolix; lengthy; long-winded; verbose; diffuse: **un oratore** (**uno scrittore**) **p.**, a prolix orator (writer); **una predica prolissa** (*o* **un discorso p.**), a prolix (*o* a long-winded) sermon (speech); (*lett., scherz.*) **una barba prolissa**, a prolix beard.
pròlogo, *m.* (*in ogni senso*) prologue: **recitare il p.**, to deliver the prologue; **il P. dei Canterbury Tales di Chaucer**, the Prologue to Chaucer's Canterbury Tales.
prolùdere, *v. i.* **1** (*pronunciare una prolusione*) to give* an inaugural lecture **2** (*cominciare a parlare*) to begin* to speak.
prolunga, *f.* extension.
prolungàbile, *a.* prolongable; extensible.
prolungabilità, *f.* prolongableness; extensibility.
prolungaménto, *m.* **1** (*il prolungare, allungamento*) prolongation; protraction; extension: **il p. d'una linea retta**, the prolongation of a straight line; **il p. d'una linea ferroviaria**, the extension of a railway **2** (*continuazione*) prolongation; continuation: **Questa via è il p. dell'altra**, this street is the continuation of the other one **3** (*proroga*) extension; delay: **un p. delle proprie vacanze estive**, an extension of one's summer holidays; **un p. di tempo**, an extension of time.
prolungare, **A** *v. t.* **1** (*rendere più lungo*) to prolong; to protract; to extend: **p. un muro** (**una linea ferroviaria**), to extend a wall (a railway); **p. la vita a q.**, to prolong sb.'s life; to make sb.'s life longer; **p. una visita**, to prolong (*o* to extend) a visit; **p. un discorso** (**una conversazione**), to protract a speech (a conversation) **2** (*prorogare*) to extend; to delay: **p. la scadenza d'una cambiale**, to extend the time of payment of a bill. **prolungarsi**, **B** *v. rifl.* **1** (*rif. a tempo*) to grow* longer; to be prolonged (*o* extended) **2** (*rif. a spazio*) to stretch; to extend **3** (*dilungarsi*) to dwell (on st.).
prolungato, *a.* prolonged: **un'assenza prolungata**, a prolonged absence; **applausi prolungati**, prolonged applause.
prolungazióne, *f.* **1** *V.* **prolungamento 2** (*mus.*) suspension.
prolusióne, *f.* inaugural speech; (*lezione*) inaugural lecture.

prolùvie, *f. invar.* (*lett.*) flood.
promanare, *V.* emanare.
promemòria, *m.* memorandum* (*abbr.*: memo); note.
promèssa (1), *f.* promise: **fare una p.,** to make a promise; **mancare a una p.,** to break a promise; **mantenere una p.,** to keep a promise; **una p. di pagamento (di matrimonio, ecc.),** a promise of payment (of marriage, etc.); **p. formale (solenne),** formal (solemn) promise; **Non ti fidare delle sue promesse,** don't trust his promises; **promesse vane,** empty promises. ● (*fig.*) **p. di marinaio,** dicer's oath □ (*leg.*) **p. di vendita,** agreement to sell □ (*fig.*) **le promesse del calcio italiano,** the promising players in Italian football □ (*leg.*) **p. unilaterale,** one-sided promise □ **essere impegnato da una p.,** to be promise-bound □ **pascere di promesse,** to delude; to deceive □ (*leg.*) **rottura di p. di matrimonio,** breach of promise □ **Quello scrittore è una p.,** he's a writer of promise; he's a promising writer □ (*prov.*) **Ogni p. è debito,** promise is debt.
promèssa (2), *f.* (*lett.*: *fidanzata*) fiancée.
promèsso, A *a.* promised: **la Terra Promessa,** the Promised Land; the Land of Promise. ● **gli sposi promessi,** the betrothed. **B** *m.* (*lett.*: *fidanzato*) fiancé.
prometèico, *a.* (*lett.*) Promethean.
promèteo, *m.* (*chim.*) promethium.
promettènte, *a.* promising: **un alunno p.,** a promising pupil; **un cielo p.,** a promising sky. ● **poco p.,** unpromising.
prométtere, A *v. t.* 1 to promise: **Mi promise che mi avrebbe regalato un libro,** he promised me he would give me a book as a present; **Mi prometti di condurmi con te?,** will you promise to take me with you?; **Lo prometti (davvero)?,** do you promise?; **Promisi di arrivare prima delle quattro,** I promised to arrive (*o* that I would arrive) before four o'clock; **Non prometto nulla, ma cercherò di aiutarti,** I'm not promising anything, but I'll try and help you 2 (*minacciare*) to threaten; to promise: **Queste nuvole promettono una nevicata,** these clouds are threatening a snowfall. **B** *v. i.* to promise (well); to be promising: **Quest'anno le viti promettono (bene),** the vines promise well (*o* are promising) this year; **Ha un ingegno che promette (bene),** he has a mind that promises well (*o* a promising mind); **A vederlo, promette poco, ma è bravissimo,** he doesn't promise much to look at him, but he is very good. ● **p. in moglie,** to promise in marriage □ **p. male,** to bode ill □ **p. mari e monti,** to promise the moon □ (*prov.*) **Chi promette molto, mantiene poco,** a long tongue is a sign of a short hand. **prométtersi C** *v. rifl.* 1 (*impegnarsi*) to pledge oneself: **Si promise di pagare tutti i suoi debiti,** he pledged himself to pay all his debits 2 (*fidanzarsi*) to become* engaged. ● **p. a Dio,** to dedicate (*o* to give) oneself to God.
promettitóre, *m.* 1 (*lett.*) promiser 2 (*leg.*) promisor.
promèzio, *V.* prometèo.
prominènte, *a.* prominent; jutting (*o* standing) out; projecting; protuberant: **un naso p.,** a prominent nose; **zigomi prominenti,** prominent cheek-bones.
prominènza, *f.* 1 (*l'essere prominente*) prominence; prominency 2 (*parte, punto prominente*) prominence; projection; (*protuberanza*) protuberance: **una p. in mezzo alla pianura,** a prominence in the middle of the plain.
promiscuaménte, *avv.* promiscuously; mixedly.
promiscuità, *f.* promiscuity; promiscuousness; (heterogeneous) mixture: **p. di vocaboli,** promiscuity of words.
promìscuo, *a.* 1 promiscuous; heterogeneous; (*misto*) mixed: **una folla promiscua,** a promiscuous crowd; **una scuola promiscua,** a mixed (*o* co-educational) school; **un matrimonio p.,** a mixed marriage 2 (*gramm.*) common: **nomi di genere p.,** common gender nouns; two-sex nouns 3 (*rif. ad autoveicolo*) dual purpose (*attr.*).
promissàrio, *m.* (*leg.*) promisee.
promissòrio, *a.* (*leg.*) promissory.
promontòrio, *m.* (*geogr.*) promontory; headland.
promòsso, A *a.* 1 promoted 2 (*scuola*) successful. **B** *m.* (*all'università*) pass student; (*nella scuola*) pass pupil; (*a un concorso*) pass candidate. ● **elenco dei promossi,** pass list.
promotóre, A *m.* 1 promoter; organizer: **un p. di disordini,** a promoter of disturbances 2 (*fin.*: *d'una società per azioni*) founder; floater. **B** *a.* promoting; promotive; organizing: **il comitato p.,** the organizing committee.
promoviménto, *m.* promoting; promotion; advancement.
promovitóre, *V.* promotóre.
promozionale, *a.* (*comm.*) promotional: **vendita (campagna) p.,** promotional sale (campaign).
promozióne, *f.* promotion; advancement; preferment: **una p. per merito,** a promotion by merit; **una p. per anzianità,** a promotion by seniority (*o* in order of age); **ottenere la p.,** to get one's promotion; (*agli esami*) to pass one's exams. ● (*comm.*) **p. delle vendite,** (sales) promotion □ **ottenere la p. a sergente,** to be promoted sergeant.

promulgare, *v. t.* 1 (*leg.*) to promulgate; to enact; to put* into force: **p. una legge,** to promulgate a law 2 (*proclamare*) to promulgate; to proclaim: **p. un dogma,** to promulgate a dogma 3 (*diffondere*) to spread*; to propagate; to set* forth: **p. una teoria,** to spread (*o* to set forth) a theory.
promulgatóre, *m.* promulgator.
promulgazióne, *f.* (*leg.*) promulgation; enaction; enactment: **la p. d'una nuova legge,** the promulgation of a new law 2 (*proclamazione*) promulgation; proclamation: **la p. d'un dogma,** the promulgation of a dogma 3 (*diffusione*) spread; propagation.
promuòvere, *v. t.* 1 (*far progredire, favorire*) to promote; to further (the progress of); to foster; to forward: **p. la cultura,** to promote learning; **p. un disegno di legge,** to promote a bill 2 (*far avanzare a un grado superiore*) to promote: **p. q. (al grado di) colonnello,** to promote (*o* to raise) sb. to the rank of colonel; **p. un alunno alla classe superiore,** to promote a pupil (to a higher class); to pass a pupil 3 (*provocare, stimolare*) to bring* about; to bring* on; to cause; to raise; to induce: **p. una lite,** to bring about a quarrel; **p. la febbre,** to bring on a temperature; **p. la traspirazione,** to cause perspiration; **p. il vomito,** to induce vomiting. ● **p. un'azione legale contro q.,** to bring an action against sb.; to sue sb. □ **p. una sottoscrizione,** to open a subscription □ (*comm.*) **p. la vendita di un articolo,** to promote (*o* to merchandize) an article.
prònao, *m.* (*archit.*) pronaos*.
pronatóre, *m.* (*anat.*) pronator.
pronazióne, *f.* pronation.
pronipóte, A *m.* grand-nephew. **B** *f.* grand-niece. **C** *m. pl.* descendants; offspring (*sing.*); issue (*sing.*).
pròno, *a.* 1 (*piegato all'ingiù*) prone; prostrate; lying face downwards: **L'uomo non è un animale p.,** man is not a prone animal; **una posizione prona,** a prone position; **p. a terra,** prone on the ground 2 (*fig.*) prone; inclined; liable; disposed: **una mente prona al dubbio,** a mind prone to doubt; **essere p. al male,** to be prone to evil.
pronóme, *m.* (*gramm.*) pronoun: **un p. possessivo (dimostrativo),** a possessive (demonstrative) pronoun; **un p. personale (relativo),** a personal (relative) pronoun.
pronominale, *a.* (*gramm.*) pronominal.
pronosticare, *v. t.* 1 (*predire*) to prognosticate; to predict; to foretell*; to forecast*: **p. un avvenimento,** to prognosticate an event; **p. ulteriori complicazioni,** to prognosticate further complications 2 (*far prevedere*) to presage; to forebode; to foreshadow; to prognosticate: **Questi nuvoloni pronosticano tempesta,** these dark clouds forebode a storm; **un vento che pronostica neve,** a wind that prognosticates (*o* promises) snow.
pronosticatóre, *m.* prognosticator; predictor; foreteller.
pronòstico, *m.* prognostic; prognostication; omen; (*presagio*) presage, foreboding; (*predizione*) prediction, forecast; (*segno*) sign, omen: **Il p. si avvera,** the prognostic is coming true; **tristi pronostici,** gloomy prognostications; **fare un p.,** to make a prediction; to prognosticate; to foretell. ● **fare un brutto p.,** to predict st. unpleasant □ **godere il favore del p.,** to be the favourite.
prontaménte, *avv.* 1 readily; quickly: **Riempì il modulo p.,** he quickly filled in the form; **Acconsentì p. a fare ciò che volevo,** he readily agreed to do what I wanted 2 (*senza indugio*) promptly; without delay; (*volentieri*) willingly: **I vostri ordini saranno p. eseguiti,** your orders will be promptly executed; **rispondere (ubbidire) p.,** to reply (to obey) promptly 3 (*subito*) at once; straight off; immediately: **Reagì p. alla minaccia del nemico,** he immediately reacted (*o* he reacted at once) to the enemy's threat.
prontézza, *f.* readiness; quickness; promptitude: **p. di mente,** readiness of mind; **p. di movimenti (di riflessi),** quickness of movement (of reflex); **p. di spirito,** readiness of wit; presence of mind; **p. di mano,** quickness of hand; **rispondere (ubbidire) con p.,** to reply (to obey) with promptitude (*o* promptly). ● **p. all'ira,** quick temper □ **p. d'ingegno,** quick-wittedness; lively intelligence □ **p. di parola,** fluency (in speech).
prónto, *a.* 1 ready; prepared: **La stanza (L'automobile) è pronta,** the room (the car) is ready; **La colazione sarà pronta fra mezz'ora,** lunch will be ready in half an hour; **Tutto era p. per il viaggio (il matrimonio, ecc.),** everything was ready for the journey (the wedding, etc.); **p. all'azione,** prepared (*o* ready) for action; **p. a tutto,** ready for anything; **Era p. a dare la vita per la patria,** he was ready (*o* prepared) to give his life for his country; **p. a ogni evenienza,** prepared (*o* ready) for every eventuality; **tenere p. q.c.,** to keep st. ready; **Era p. per partire,** he was ready to leave; **I medici erano già pronti,** the doctors were already prepared; **tenersi p.,** to keep ready 2 (*rapido, vivace, sollecito*) prompt; quick; ready: **ubbidienza pronta,** prompt obedience; **azione pronta,** prompt action; **avere un'intelligenza pronta,** to have a ready wit; to be quick in understanding; to be quick-witted; **p. a**

prontuàrio

muoversi, quick to move; **p. a biasimare**, ready to find fault; **p. nelle risposte**, ready (*o* quick) in one's answers; (*comm.*) **pronta consegna**, prompt delivery **3** (*facile, propenso*) quick: **essere p. all'ira**, to be quick to anger; to be quick-tempered. ● (*comm.*) **p. a magazzino**, off-the-shelf □ (*comm.*) **pronta cassa**, ready cash; prompt cash; cash down □ (*med.*) **p. soccorso**, first aid □ (*comm.*) **pronta spedizione**, speedy conveyance □ **cemento a pronta presa**, quick-setting cement □ (*al telefono*) **P.!**, hallo!; hello!; hullo! □ (*inizio di una gara*) **Pronti! Al tempo! Via!**, ready! steady! go! □ (*comm.*) **pagamento a pronti**, cash (*o* down) payment; cash down □ **una persona pronta** (*di mente*), a quick--witted person □ (*relig.*) **Lo spirito è p., ma la carne è inferma**, the spirit is willing but the flesh is weak.
prontuàrio, *m.* (*manuale*) manual; hand-book. ● (*rag.*) **p. degli interessi**, interest table □ **p. di calcoli**, ready reckoner.
prònuba, *f.* (*stor. romana*) pronuba*.
prònubo, *m.* **1** (*stor. romana*) pronubus* **2** (*lett.: paraninfo*) paranymph **3** (*bot.*) pollinator.
pronùncia, *V.* **pronùnzia**.
pronunciaménto, *m.* (*polit.*) pronunciamento*.
pronunciare, e *deriv. V.* **pronunziare**, e *deriv.*
pronùnzia, *f.* pronunciation; utterance; (*accento*) accent: **Si capisce dalla p. che è tedesco**, from his pronunciation you can understand he is a German; **una p. difettosa**, a defective utterance; **avere una buona (pessima, ecc.) p.**, to have a good (very bad, etc.) pronunciation. ● (*leg.*) **p. interlocutoria**, interlocutory judgment □ **un dizionario di p. inglese**, an English pronouncing dictionary.
pronunziàbile, *a.* pronounceable. ● **una parola facilmente p.**, a word easy to pronounce.
pronunziare, **A** *v. t.* **1** to pronounce: **Egli pronunzia l'italiano in modo diverso dagli altri stranieri**, he pronounces Italian differently from other foreigners; **p. una parola correttamente (scorrettamente)**, to pronounce a word correctly (incorrectly); **p. male la r**, to pronounce the r incorrectly **2** (*dire, proferire*) to pronounce; to utter; to say*; to speak*; to articulate: **le ultime parole che egli pronunziò**, the last words he uttered; **non p. una parola**, not to utter a single word; **p. i voti** (*religiosi*), to pronounce one's vows; to take religious vows **3** (*recitare*) to deliver: **p. un'orazione** (**un discorso, ecc.**), to deliver an oration (a speech, etc.) **4** (*dichiarare pubblicamente*) to pronounce: **p. una sentenza di morte**, to pronounce a death sentence. ● **p. bene (male)**, to have a good (bad) pronunciation □ **p. lettera per lettera**, to spell. **pronunziarsi**, **B** *v. rifl.* (*dichiararsi*) to pronounce; to declare oneself; (*manifestare la propria opinione*) to give* one's opinion: **p. contro (in favore di) q.c.**, to pronounce against (in favour of) st. ● **Non mi pronunzio**, I won't say anything.
pronunziato, **A** *a.* **1** (*sporgente*) prominent: **zigomi pronunziati**, prominent cheek-bones **2** (*spiccato*) pronounced; marked; decided: **un accento tedesco molto p.**, a strongly marked German accent. ● **mento p.**, protruding chin. **B** *m.* (*leg.*) sentence.
propagàbile, *a.* propagable.
propagaménto, *m.* propagation; propagating: **il p. d'una dottrina**, the propagation of a doctrine.
propaganda, *f.* **1** propaganda: **Ti ci vuole un po' di p.**, you need some propaganda; **l'abile p. del nemico**, the cleverly worked--out propaganda of the enemy **2** (*comm.*) propaganda; advertising; publicity. ● (*comm.*) **p. capillare**, canvassing □ **far p.**, to propagandize.
propagandare, *v. t.* **1** to propagandize **2** (*comm.*) to propagandize; to advertise; (*merce, anche*) to push.
propagandista, *m.* e *f.* **1** propagandist **2** (*comm.*) propagandist; salesman* (*masch.*); saleswoman* (*femm.*).
propagandìstico, *a.* **1** propagandistic; propaganda (*attr.*) **2** (*comm.*) advertising (*attr.*).
propagare, **A** *v. t.* **1** (*biol.*) to propagate: **p. le piante per seme** (**per talea**), to propagate plants by seeds (by cuttings); **p. una razza di cavalli**, to propagate a breed of horses **2** (*spargere, diffondere*) to propagate; to spread*: **p. una religione** (**il Vangelo**), to propagate a religion (the Gospel); **p. una malattia**, to propagate a disease; **p. false notizie**, to propagate (*o* to pass on) (false) rumours **3** (*fis.*) to propagate: **p. il suono** (**la luce, il calore**), to propagate sound (light, heat). **propagarsi**, **B** *v. rifl.* **1** (*biol.*) to propagate: **I topi si propagano con facilità**, mice propagate rapidly **2** (*diffondersi*) to spread*: **Le chiacchiere si propagano subito**, rumours spread quickly **3** (*fig.*) to be propagated.
propagatóre, *m.* propagator.
propagazióne, *f.* **1** (*biol.*) propagation; propagating; reproduction: **la p. delle piante**, the propagation of plants **2** (*il diffondersi*) propagation; spreading; spread: **la p. del Vangelo**, the propagation of the Gospel; **la p. d'una malattia** (**di un'infezione**), the propagation of a disease (of an infection) **3**

(*fis.*) propagation: **la p. del suono** (**della luce, del calore**), the propagation of sound (of light, of heat).
propagginaménto, *m.* (*agric.*) layering; propagating by layers.
propagginare, *v. t.* **1** (*agric.*) to layer; to propagate by layering **2** (*stor.*) to bury (alive with the) head downwards.
propagginazióne, *f.* **1** (*agric.*) layerage; layering; propagation by layers **2** (*stor.*) burial head downwards.
propàggine, *f.* **1** (*agric.*) layer: **riprodursi per p.**, to propagate by layers **2** (*fig.: diramazione*) offshoot: **le propaggini delle Alpi**, the offshoots of the Alps **3** (*lett., fig.: prole*) offshoot; offspring; descendants (*pl.*): **una p. di una nobile famiglia**, an offshoot of a noble family.
propàgolo, propàgulo, *m.* (*bot.*) propagulum*; propagule.
propalare, *v. t.* to divulge; to spread* (abroad): **p. un segreto**, to divulge a secret; **p. una notizia**, to spread abroad a piece of news.
propalatóre, *m.* divulger; spreader.
propalazióne, *f.* divulgation; spreading (abroad).
propano, *m.* (*chim.*) propane.
proparossìtono, *a.* (*gramm.*) proparoxytone.
propedèutica, *f.* propaedeutics (*pl. col verbo al sing.*): **La logica è la p. della filosofia**, logic is the propaedeutics of philosophy.
propedèutico, *a.* propaedeutic(al); preliminary: **insegnamento p.**, preliminary teaching; preparatory instruction; propaedeutics.
propellènte, **A** *a.* propellent; propellant; propelling. **B** *m.* propellant; propellent: **p. liquido**, liquid propellant.
propèndere, *v. i.* to incline; to be inclined; to lean*; to tend; to have a tendency (*o* a bias): **Propendo a credere che...**, I am inclined to believe that...; **Aristotele propende per l'opinione contraria**, Aristotele leans to the contrary opinion; **Egli propende per la clemenza**, he leans to the side of mercy; he has a propensity to mercy; **p. per la pace**, to tend to peace. ● **p. per il no**, to be against (st.) □ **p. per q.**, to be favourable to sb.; to side with sb. □ **p. per il sì**, to have nothing against (st.); to be in favour of (st.).
propensióne, *f.* propensity; inclination; tendency; disposition; bent: **la p. dell'animo all'amore**, the tendency of the soul to love; **avere** (*o* **sentire**) **p. per q.c.**, to have a disposition (*o* a tendency) to (*o* towards) st.; to have a bent for st.: **Il ragazzo ha una p. naturale alla pittura**, the boy has a natural bent for painting. ● **avere p. per q.**, to have a liking for sb.
propènso, *a.* inclined; disposed; prone; (*favorevole*) favourable; well-disposed: **essere p. a q.c.**, to be inclined to st.; **essere p. a fare q.c.**, to be inclined to do st.; **Sono p. a credere nella tua innocenza**, I am inclined (*o* I incline) to believe in your innocence.
properispòmeno, *a.* (*gramm. greca*) properispome; properispomenon*.
Propèrzio, *m.* (*stor. letter.*) Propertius.
propile, *m.* (*chim.*) propyl.
propilène, *m.* (*chim.*) propylene.
propilèo, *m.* (*archit.*) propylaeum*.
propìlico, *a.* (*chim.*) propylic. ● **alcool p.**, propyl alcohol.
propina, *f.* (*examiner's*) fee.
propinare, *v. t.* to administer: **p. il veleno**, to administer poison.
propinatóre, *m.* (*lett.*) administrator; giver.
propinquo, (*lett.*) **A** *a.* near; close. **B** *m.* (*specialm. al pl.*) relative.
propiònico, *a.* (*chim.*) propionic: **acido p.**, propionic acid.
propiziaménte, *avv.* propitiously; favourably.
propiziare, *v. t.* **propiziarsi**, *v. rifl.* to propitiate; to render (*o* to make*) propitious; to conciliate: **p. gli dei**, to propitiate the gods.
propiziatóre, **A** *m.* propitiator. **B** *a.* propitiatory.
propiziatòrio, *a.* propitiatory: **un dono p.**, a propitiatory gift.
propiziazióne, *f.* propitiation. ● (*Bibbia*) **giorno di p.**, Day of Atonement □ **sacrificio di p.**, propitiatory sacrifice.
propizio, *a.* **1** (*favorevole, benigno*) propitious; favourably disposed: **Dio è p. agli umili**, God is propitious to the humble; **Gli auspici non furono propizi**, the auspices were not propitious; **un oracolo p.**, a propitious oracle; **rendersi propizi gli dei**, to render the gods propitious; to propitiate the gods **2** (*opportuno, adatto*) propitious; favourable; suitable; right: **Le circostanze erano propizie ai disegni d'un dittatore**, the circumstances were propitious to the designs of a dictator; **attendere l'occasione propizia**, to wait for the right opportunity; **un momento quanto mai p. per agire**, a most propitious (*o* suitable) moment for action; **il momento più p. per fare q.c.**, the most suitable time for doing st. ● **non p.**, unfavourable; unsuitable.
pròpoli, *m.* e *f.* propolis; bee-glue.
proponènte, **A** *a.* proponent. **B** *m.* e *f.* proponent; proposer; propounder; (*d'una mozione in un'assemblea*) mover.
proponìbile, *a.* proposable.
proponiménto, *m.* intention; resolution: **I tuoi proponimenti sono buoni, ma credo che non riuscirai a mantenerli**, your intentions are good, but I think you will not be able to carry

them out; **fare molti buoni proponimenti**, to make many good resolutions; **col p. di**, with intention to; intending to: **La lasciai col p. di ritornare subito a casa**, I left her intending to go back home at once. ● **fare p. di fare q.c.**, to resolve to do (*o* upon doing) st.

proponitóre, *V.* **proponènte**.

propórre, **A** *v. t.* **1** to propose; to propound; (*suggerire*) to suggest: **p. un rimedio**, to propose a remedy; **Non mi piacevano le soluzioni che proponeva**, I didn't like the solutions he suggested (*o* proposed, propounded); **Propongo il signor Smith per la presidenza di questa assemblea**, I propose Mr Smith for the chairmanship of this assembly; **p. un affare (condizioni favorevoli, un brindisi) a q.**, to propose an affair (favourable terms, a toast) to sb.; **Fui proposto per quella carica**, I was proposed for that post; **Ci propose un argomento da discutere**, he suggested a subject for discussion; **p. una teoria**, to propound a theory; **Propongo che tu parta con il prossimo treno**, I suggest you leave (*o* that you should leave) with the next train; **Proporrei di non parlarne più**, I should suggest considering the matter closed; **Propongo di partire subito**, I suggest leaving at once **2** (*porre, sottoporre*) to set*; to put*: **p. una questione**, to set (*o* to put) a question; **p. un problema**, to set a problem; **p. un esempio**, to set an example. ● **p. a esempio**, to point to (*o* to set up, to hold up) as an example □ **p. un disegno di legge**, to introduce (*o* to bring in) a bill □ (*leg.*) **p. una domanda in giudizio**, to start legal proceedings □ **p. un premio**, to offer a prize □ **p. un prezzo**, (*chiedere*) to ask a price; (*offrirlo*) to offer a price □ (*prov.*) **L'uomo propone e Dio dispone**, man proposes, God disposes. **propórsi**, **B** *v. rifl.* to intend; to resolve; to set* oneself; to propose (to oneself): **Mi ero proposto di parlargli**, I had intended to speak to him; **Si propose di scrivere un libro**, he resolved to write a book; **Ci proponiamo di abbandonare il partito**, we propose (*o* we intend) to leave the party; **Ci proponemmo di parlargli francamente**, we resolved to speak frankly to him; **Mi propongo di riaprire l'inchiesta prima di dimettermi**, I propose (*o* I intend) reopening (*o* to reopen) the inquest before resigning; **p. un obiettivo**, to set oneself a goal.

proporzionale, *a.* proportional (*anche mat.*); (*proporzionato*) proportionate: **inversamente p.**, inversely proportional; **quantità proporzionali**, proportional quantities; **un'imposta p.**, a proportional tax; (*polit.*) **rappresentanza p.**, proportional representation.

proporzionalità, *f.* proportionality (*anche mat.*).

proporzionalménte, *avv.* proportionally; in proportion.

proporzionare, *v. t.* to proportion; to proportionate; to tailor; to adjust: **p. le spese ai redditi**, to proportion (*o* to adjust) one's expenditure to one's income; **p. l'altezza d'una stanza alla larghezza**, to proportion the height of a room to its width.

proporzionato, *a.* proportionate; proportional; proportioned: **Le spese dovrebbero essere proporzionate ai redditi**, one's expenditure should be proportionate (*o* in proportion) to one's income; **Le punizioni dovrebbero essere proporzionate alle colpe**, punishments should be proportioned to offences; **un corpo ben p.**, a well-proportioned body.

proporzióne, *f.* **1** proportion, (*relazione*) relation: **la p. delle parti d'un edificio**, the proportion of the parts of a building; **la p. delle parti al tutto**, the proportion of the parts to the whole; **la p. tra una cosa e un'altra**, the proportion of one thing to another; **la p. tra le nascite e le morti**, the proportion of births to deaths; **mancante di p.**, wanting in proportion; disproportionate (*agg.*); **Non c'è p.**, it lacks proportion; **senza p.**, out of proportion; proportionless (*agg.*); **giusta p.**, due proportion; **symmetry 2** (*mat.*) proportion; (*rapporto*) ratio: **p. armonica**, harmonic ratio; **p. diretta (inversa)**, direct (inverse) ratio; **estremi (medi) di una p.**, extremes (means) of a proportion; **i termini di una p.**, the terms of a proportion; **una p. geometrica**, a geometric proportion; **essere in p.**, to be in proportion **3** (*pl.: dimensioni*) proportions (*anche fig.*); dimensions: **le proporzioni d'una statua (del corpo umano, d'un edificio, ecc.)**, the proportions of a statue (of the human body, of a building, etc.); **una nave di proporzioni colossali**, a ship of colossal proportions; **uno scandalo di enormi proporzioni**, a scandal of enormous proportions; **assumere gravi proporzioni**, to reach vast proportions. ● (*mat.*) **p. antecedente**, antecedent □ (*mat.*) **p. conseguente**, consequent □ **di piccole proporzioni**, small □ **in p.**, in proportion; (*proporzionato*) proportionate; (*in confronto*) compared: **Tutto dev'essere (*o* stare) in p.**, everything must be in proportion; **L'esordio è in p. al discorso**, the exordium is proportionate to the speech; **spendere in p. ai propri redditi**, to spend in proportion to one's income.

propòsito, *m.* **1** purpose; (*intenzione*) intention; (*disegno*) design, plan: **non si sa mai quali siano i suoi propositi**, you never know what his intentions are; **onestà (fermezza) di p.**, honesty (firmness) of purpose; **È sempre pieno di buoni propositi, ma è un seccatore**, he's always full of good intentions but he's a pain in the neck; **Dimenticò tutti i suoi buoni propositi**, he forgot all his good intentions; **Non riuscii a smuoverlo dal suo fermo p.**, I wasn't able to dissuade him from his firm purpose; **Non riuscii a mettere in atto il mio p.**, I was unable to carry out my design **2** (*scopo*) aim; object; purpose: **Il suo p. era di far saltare il ponte**, his object was to blow up the bridge; **perdere tempo e denaro senza p.**, to waste time and money without purpose (*o* aimlessly) **3** (*argomento*) subject; point: **Si potrebbe dire molto a questo p. (*o* in p.)**, one could say a great deal on this subject; **Non vorrei dirti tutto a questo p.**, I wouldn't like to tell you everything on this subject. ● **a p.**, by the way; incidentally: **A p., mi devi ancora dieci sterline**, by the way, you still owe me ten pounds □ **a p. di**, with regard to; in connexion with; apropos of: **a p. di ciò che mi hai detto ieri**, with regard to (*o* in connexion with) what you told me yesterday □ **arrivare proprio a p.**, to arrive in the nick of time □ **cambiare p.**, to change one's mind □ **capitare** (*o* **venire**) **a p.**, (*di una cosa*) to answer (*o* to suit) one's purpose; (*di una persona*) to turn up (*o* to come) at the right moment □ **di p.**, (*apposta*) on purpose, intentionally; (*seriamente*) seriously, in earnest: **pensare a q.c. di p.**, to think seriously of st.; **dire q.c. di p.**, to say st. in earnest □ **fare il p. di fare q.c.**, to decide (*o* to resolve) to do st. □ **fare q.c. a p.**, to do st. at the right time (*o* moment) □ **fuori (di) p.**, irrelevant, inappropriate (*agg.*); irrelevantly, beside the point (*avv.*) □ **male a p.**, unsuitable, ill-timed, inopportune (*agg.*); inopportunely (*avv.*); **al wrong time** (*o* moment) □ **senza p.**, to no purpose □ **uomo (donna) di p.**, strong-willed man (woman) □ **Tutto tornò a p.**, everything turned out all right □ **Questo non fa al mio p.**, this does not meet my requirements □ **Sparla di lui a ogni p.**, he never misses a chance (*o* an opportunity) of tearing his character to pieces □ **Tutto ciò che dice è poco a p.**, all he says is not much to the point (*o* is rather irrelevant).

proposizióne, *f.* **1** (*gramm.*) sentence; clause: **la p. principale**, the main clause; **una p. semplice (composta)**, a simple (compound) sentence; **una p. enunciativa (interrogativa, esclamativa, imperativa)**, a declarative (an interrogative, exclamatory, imperative) sentence; **un p. subordinata (coordinata)**, a subordinate (co-ordinate) clause **2** (*filos., mat.*) proposition.

propósta, *f.* **1** proposal; proposition; (*presentata a un'assemblea*) motion; (*suggerimento*) suggestion; (*offerta*) offer: **La mia p. non venne accettata**, my proposal was turned down; my proposition was not accepted; **Siamo d'accordo sulla vostra p.**, we agree to your proposal; **Non abbiamo difficoltà circa la vostra p.**, we have no objections to your proposal; **La p. fu respinta dalla grande maggioranza**, the motion was rejected by a large majority; **una p. ragionevole**, a sensible proposal; **fare una p. a q.**, to make a proposal to sb.; **fare proposte di pace**, to make propositions (*o* overtures) of peace; **accettare (rifiutare) una p.**, to accept (to decline) a proposal **2** (*offerta di matrimonio*) (marriage) proposal: **La ragazza ha già ricevuto parecchie proposte**, the girl has already had several proposals; **fare una p. di matrimonio a q.**, to propose to sb. ● **p. di legge**, bill □ **secondo la tua p.**, as suggested by you.

prapreffètto, *m.* (*stor. romana*) propr(a)efectus*.

propretóre, *m.* (*stor. romana*) propr(a)etor.

propriaménte, *avv.* **1** (*con proprietà di linguaggio*) properly: **esprimersi p.**, to express oneself properly **2** (*in senso proprio*) literally; in the literal sense **3** (*realmente*) really; actually: **È p. vero che ti sposi?**, is it really true that you're getting married? ● **p. detto**, in the strict (*o* proper) sense of the word.

proprietà, *f.* **1** (*diritto di disporre di q.c.*) ownership; proprietorship; property: **p. assoluta**, absolute ownership; **p. presunta**, reputed ownership; **diritto di p.**, right of ownership; title **2** (*ciò che si possiede*) property; estate; possessions (*pl.*): **p. immobiliare**, real property (*o* estate); **p. mobiliare**, personal property (*o* estate); **p. fondiaria**, landed property (*o* estate); **una p. terriera**, a landed estate; a property; a demesne; **piccole proprietà** (*o* holdings) **3** (*fis., chim.*) property: **le p. chimiche del ferro**, the chemical properties of iron **4** (*mat.*) property; law: **p. topologica**, topological property; **p. associativa (commutativa, distributiva)**, associative (commutative, distributive) law **5** (*precisione di significato; uso di parole appropriate*) (*correttezza*) correctness: **parlare con grande p.** (*di vocaboli*), to speak with great propriety (of terms); **p. di linguaggio**, correctness of language. ● (*leg.*) **p. affittata**, lease □ (*leg.*) **p. assoluta**, fee simple □ (*ind.*) **p. industriale**, patent rights □ (*leg.*) **p. letteraria**, copyright: **violazione di p. letteraria**, infringement of copyright □ (*leg.*) **una p. limitata e condizionata**, a fee-tail □ «**p. privata**», «no trespassing!» □ (*leg.*) **p. reversibile**, reversion □ **di p. dello Stato**, State-owned (*agg.*) □ **essere di p. di q.**, to belong to sb.; to be sb.'s property: **Questo giardino è di mia p.**, this garden is my property (*o* belongs to

proprietària

proprietària, *me* □ (*leg.*) **di p. riservata**, proprietary (*agg.*) □ (*leg.*) **trapasso** (*o* **passaggio**) **di p.**, transfer of title □ **La notizia è di p. comune**, the news is common property.
proprietària, *f.* **1** owner; proprietress **2** (*di pensione, locanda, ecc.*) landlady.
proprietàrio, *m.* **1** owner; proprietor; proprietary: **Chi è il p. di questa casa?**, who is the owner of this house?; **to whom does this house belong?**; **il legittimo p.**, the lawful owner; **il p. d'un albergo**, the proprietor of a hotel **2** (*di pensione, ecc.*) landlord. ● (*naut.*) **p. di banchina**, wharfinger □ **p. terriero**, landowner; landholder □ **essere p. di q.c.**, to own st. □ **essere il p. di una casa**, to occupy a house □ **un grande p.**, a man of property □ (*leg.*) **senza p.** (*di terreno, ecc.*), vacant.
pròprio, A *a.* **1** (*poss. e rafforzativo; anche pron.*) own; one's; one's own; of one's own: **badare ai fatti propri**, to mind one's own business; **scritto di proprio pugno**, written in one's own hand; **Lo vidi con i miei propri occhi**, I saw it with my own eyes; **fare del p. meglio**, to do one's best; **Ognuno crea il p. destino**, everyone creates (*o* is master of) his own destiny; **Abita in casa propria**, he lives in his own house (*o* in a house of his own); **Non ho nulla di mio p.**, I have nothing of my own; **morire per la propria patria**, to die for one's country **2** (*particolare, caratteristico*) characteristic; particular; peculiar; typical: **Il riso e il pianto sono propri dell'uomo**, laughter and tears are characteristic of (*o* peculiar to) man; **l'azione propria di certi veleni**, the effect peculiar to (*o* the peculiar effect of) certain poisons; **con quell'aria di trasognato che gli era propria**, with his typical (*o* characteristic) dreamy look; with that dreamy look peculiar to him; **avere un sistema tutto p. di fare q.c.**, to have a (particular) system of one's own of doing st. **3** (*appropriato, conveniente, giusto*) suitable; right; fitting; apt; proper: **La chiesa non è il luogo più p. per chiacchierare**, church is not the most suitable (*o* appropriate) place for chattering; **Non è la cosa propria da fare a quest'ora**, it's not the right thing to do at this hour; **Non è il vestito p. per la cerimonia**, it's not the proper suit for the ceremony; it's not the suit proper to the ceremony; **Non hai usato il termine p.**, you haven't used the proper term **4** (*rif. a parola, significato*) literal; exact: **il senso p. di una parola**, the literal sense of a word; **significato p.**, literal meaning **5** (*gramm., mat.*) proper: **nome p.**, proper noun; **frazione propria**, proper fraction. ● **amor p.**, self-respect; self-esteem □ **vero e p.**, real; proper; regular: **Era un vero e p. mascalzone**, he was a real (*o* an utter) scoundrel ● **Vorrei avere un'automobile vera e propria, invece di questo mucchio di rottami**, I'd like to have a real car instead of this heap of scrap iron □ **studiare per conto p.**, to study by oneself. B *m.* one's own; what belongs to one: **rimetterci** (**spendere**) **del p.**, to lose (to spend) one's own money. ● **in p.**, (*di proprietà*) of one's own; (*per p. conto*) on one's own: **Ha una casa in p.**, he has a house of his own; **lavorare in p.**, to work on one's own □ **rispondere in p.**, to be directly responsible □ **Bisogna dare a ciascuno il p.**, to each his due (*o* his own). C *avv.* **1** (*precisamente*) just; exactly; quite: **p. allora** (**ora**), just then (now); **Mi ha raccontato p. la stessa storia**, he told me exactly the same story; **p. così**, just so; just like that; **Farai p. quello che ti dico**, you'll do exactly what I tell you; **È p. ciò che volevo**, it's just what I wanted **2** (*veramente, davvero*) really; (*affatto*) quite: **Quella ragazza è p. bella**, that girl is really beautiful; **Sei p. tu?**, is it really you?; **Mi sento p. male**, I feel really ill; **Questo è p. il colmo**, this is really the limit; **È p. senza scrupoli**, he's quite unscrupulous; **La tua proposta è p. ridicola**, your proposal is quite ridiculous **3** (*in frasi neg.: affatto*) at all; (*in frasi afferm.: rafforzativo*) very: **Non ne ho p. voglia**, I don't feel like it at all; **Non è p. vero!**, it isn't true at all!; **p. all'ultimo momento**, at the very last moment; **P. al culmine della cerimonia, egli svenne**, he fainted at the very climax of the ceremony; **L'hai detto p. tu**, you yourself said so; **P.?, indeed?; really?;** «**Avevo ragione io!**» «**P.!**», "I was right!" "Yes, you were!".
propriocettìvo, *a.* (*fisiologia*) proprioceptive.
propriocettóre, *m.* (*fisiologia*) proprioceptor.
propriocezióne, *f.* (*fisiologia*) proprioception.
propugnàcolo, *m.* (*fig.*) bulwark.
propugnàre, *v. t.* (*fig.*) to fight* for; to support; to advocate; to defend; to champion: **p. l'abolizione della schiavitù**, to fight for the abolition of negro slavery; **p. un principio**, to defend (*o* to maintain) a principle.
propugnatóre, *m.* supporter; advocate; defender; champion: **un energico p. dei diritti delle donne**, a stalwart champion (*o* a staunch supporter) of womens' rights.
propugnazióne, *f.* advocacy; defence; championship.
propulsàre, *v. t.* (*mecc.*) to propel.
propulsióne, *f.* (*mecc., fis., aeron., naut.*) propulsion: **p. ad accumulatori**, storage-battery propulsion; **p. turbo-elettrica**, turbo-electric propulsion; **p. liquida** (**solida**), liquid (solid) propulsion; **p. a reazione**, jet propulsion; **p. a razzo**, rocket propulsion. ● **a p. autonoma**, self-propelled □ **a p. a getto**, jet-propelled □ **a p. a razzo**, rocket-propelled.
propulsìvo, *a.* (*mecc.*) propulsive; propelling.
propulsóre, *m.* (*mecc.*) propulsor; propeller. ● (*aeron., miss.*) **p. a reazione**, thruster, thrustor.
propulsòrio, *a.* (*mecc.*) propulsive; propelling.
proquestóre, *m.* (*stor. romana*) proquaestor.
pròra, *V.* **prua**.
proravìa, *a, locuz. avv.* (*naut.*) ahead; forward.
prorettóre, *m.* pro-rector; pro-Vice Chancellor; pro-Chancellor.
pròroga, *f.* **1** extension (of time); respite; (*dilazione*) delay; reprieve: **Ci sarà una p. di una settimana**, there will be a week's delay; **una p. di pagamento** (**di credito, ecc.**), an extension of payment (of credit, etc.); **una p. di quindici giorni**, a fortnight's respite; **chiedere** (**concedere, ecc.**) **una p.**, to ask for (to grant, etc.) a respite; **ottenere una p.**, to obtain (*o* to get) an extension of time **2** (*differimento*) deferment; postponement; (*aggiornamento*) adjournment.
prorogàbile, *a.* extendible; extensible; subject to extension; liable to deferment: **termine p.**, expire date liable to deferment.
prorogabilità, *f.* extendibility; extensibility; liability to deferment.
prorogàre, *v. t.* **1** to extend; to respite; (*dilazionare*) to delay: **Il termine di consegna è stato prorogato fino al 15 settembre**, the term of delivery has been extended until the 15th of September; **p. la scadenza d'una cambiale**, to extend the time of payment of a bill; to prolong a bill; **p. di alcuni giorni**, to extend for a few days **2** (*differire*) to defer; to postpone; (*rinviare*) to put* off; (*aggiornare*) to adjourn: **Il processo è stato prorogato**, the trial has been postponed; **p. la chiusura di un'esposizione**, to postpone the closing date of an exhibition; **p. una seduta**, to adjourn a meeting.
prorompènte, *a.* bursting out; gushing; issuing: **lacrime prorompenti dal cuore**, tears gushing from the heart.
prorómpere, *v. i.* (*anche fig.*) to burst*; to burst* out (*o* forth); to break* out (*o* forth); (*sgorgare*) to gush; to issue: **I nostri soldati proruppero dalle trincee**, our soldiers burst forth from the trenches; **Il sangue gli proruppe dalle vene**, blood gushed out of his veins; **Lo sdegno, sin allora represso, proruppe**, anger, till then repressed, broke out; **p. in una risata**, to burst into laughter; to burst out laughing; **p. in pianto**, to burst into tears; **p. in invettive**, to break out into invectives.
pròsa, *f.* **1** prose: **p. letteraria** (**poetica**), literary (poetic) prose; **scrivere in p.**, to write in prose; **un'antologia della p. inglese**, an anthology of English prose; **la p. del Machiavelli**, Machiavelli's prose **2** (*opera in p.*) prose work (*o* writing, composition): **le prose del Carducci**, Carducci's prose works **3** (*fig., spesso spreg.*) prose; prosaicness; commonplace: **la p. d'una esistenza monotona**, the prosaicness of a humdrum life. ● **p. rimata**, dull verse □ (*teatr.*) **compagnia di p.**, theatrical company □ **scelta di prose**, selected prose writings □ **scrittore di p.**, prose-writer; proser; prosaist □ (*teatr.*) **teatro di p.**, playhouse; theatre.
prosaicaménte, *avv.* prosaically; in a prosaic manner (*o* style); prosily.
prosaicìsmo, *m.* **prosaicità**, *f.* prosaicness; prosaicism; prosaism, prosiness.
prosàico, *a.* **1** prosaic; of (*o* pertaining to) prose: **uno stile p.**, a prosaic style **2** (*fig., spreg.*) prosaic; matter-of-fact; commonplace; dull; prosy: **Com'è diventato p.!**, he has become very prosaic, hasn't he!; **un uomo p.**, a prosaic man; a prosaist; **un parlatore p.**, a commonplace talker; **una vita prosaica e monotona**, a prosaic, humdrum life; **cose prosaiche**, prosaic (*o* commonplace) things; **scrivere in modo p.**, to write in a prosaic manner (*o* prosily).
prosàpia, *f.* (*lett.*) race; stock; (*discendenza*) lineage; descent; (*nascita*) birth, extraction: **una p. di re**, a race of kings; **un uomo di nobile p.**, a man of noble birth.
prosasticità, *f.* (*lett.*) prosaicness; prosiness.
prosàstico, *a.* (*lett.*) prose (*attr.*); prosaic; prosy: **scritti prosastici**, prose writings (*o* works).
prosatóre, *m.* prose-writer; proser; prosaist.
proscènio, *m.* (*teatr.*) proscenium*; (*palcoscenico*) stage: **palchi di p.**, proscenium (*o* stage) boxes; **chiamare gli attori al p.**, to call the actors back to stage. ● **presentarsi al p.**, to take a curtain-call.
proscìmmie, *f. pl.* (*Prosimiae*) Prosimii; (Madagascan) lemurs.
prosciògliere, *v. t.* **1** to acquit; to release; to set* free; to free: **p. q. da un obbligo**, to acquit sb. of an obligation; to release (*o* to free) sb. from an obligation; to relieve sb.; **p. q. da un voto** (**da una promessa, ecc.**), to free sb. from a vow (from a promise, etc.) **2** (*leg.*) to acquit; to release; to clear; to exonerate: **L'imputato fu prosciolto da ogni accusa**, the accused was acquitted

of all charges.
proscioglimén to, *m.* **1** (*il prosciogliere*) acquittance; releasement; release: **ottenere il p. da un obbligo,** to obtain (a) release from an obligation **2** (*leg.*) acquittal; releasement; exoneration.
prosciòlto, *a.* (*leg.*) acquitted; released.
prosciugaménto, *m.* **1** (*il disseccare*) drying up; draining; drainage **2** (*il bonificare*) reclamation; reclaiming.
prosciugare, A *v. t.* **1** (*disseccare*) to dry up; to drain: **Il sole prosciugò tutte le pozzanghere,** the sun dried up all the puddles; **p. il proprio terreno,** to drain one's land **2** (*bonificare*) to reclaim: **p. una palude,** to reclaim a marsh. **prosciugarsi, B** *v. rifl.* to dry up; to become* (*o* to get*) dry: **Durante quella calda estate i torrenti si prosciugarono,** the streams dried up during that hot summer; **I campi si prosciugano troppo,** the fields are getting too dry.
prosciutto, *m.* ham: **p. affumicato,** smoked ham; **una fetta di p.,** a slice of ham; **un panino col p.,** a ham sandwich; **p. di Parma,** Parma ham; **uova al p.,** ham and eggs. ● (*fam.*) **avere gli occhi foderati di p.,** to be blind to evidence □ (*fam.*) **avere gli orecchi foderati di p.,** to be hard of hearing.
proscritto, A *a.* proscribed; banished; exiled. **B** *m.* exile.
proscrittóre, *m.* proscriber.
proscrìvere, *v. t.* **1** (*condannare all'esilio*) to proscribe; to banish; to exile: **Molti cittadini erano stati proscritti,** many citizens had been proscribed (*o* banished) **2** (*fig.: abolire*) to proscribe; to interdict; to prohibit; to forbid*: **p. certe usanze,** to proscribe certain customs.
proscrizióne, *f.* **1** proscription; banishment; exilement: **liste di p.,** proscription lists **2** (*fig.*) proscription; interdiction; prohibition: **la p. d'un libro,** the proscription of a book; **la p. dei riti funebri,** the interdiction of sepulchral rites.
prosecuzióne, *f.* prosecution; (*continuazione*) continuation: **la p. di un'azione giudiziaria,** the prosecution of a suit; **durante la p. dell'inchiesta,** during the prosecution of the inquiry.
proseguimento, *m.* prosecution; (*continuazione*) pursuance, continuation: **il p. degli studi,** the prosecution (*o* pursuance) of one's studies; **il p. d'un articolo,** the continuation of an article. ● **Buon p.!,** all the best (to you)!; (*a chi viaggia*) have a good trip!, I hope you will have a good journey.
proseguire, A *v. t.* to prosecute; to carry on; (*continuare*) to pursue, to continue, to go* on (with), to keep* up; (*riprendere*) to resume: **Prosegui, ti ascolto,** go on, I'm listening to you; **Proseguii dicendo che...,** I went on saying that...; **Devi p. lo studio del francese,** you must continue your study of (*o* go on studying) French; **p. gli studi,** to pursue (*o* to continue) one's studies; to go on with one's studies; **p. il lavoro,** to go on with one's work, to go on (*o* to continue) working; **p. la lettura,** to go on reading; **p. il viaggio,** to continue (*o* to resume) one's journey; **p. il cammino,** to continue on one's way. **B** *v. i.* (*continuare*) to continue; to go* on; to keep* up; to pursue; (*persistere*) to persist, to hold* on: **Proseguono i disordini,** the disorders are going on (*o* have not ceased); **Proseguiremo nelle ricerche,** we will pursue our inquiries; **Devo p. per Napoli,** I must continue my journey to Naples; **Egli prosegue a credere che non sia affatto vero,** he persists in believing that it isn't true at all; **p. a dire** (**ad affermare, ecc.**), to persist in saying (in asserting, etc.); **p. a parlare** (**cantare, dormire, ecc.**), to go on speaking (singing, sleeping, etc.). ● (*su lettera*) «**far p.**», please forward.
proselitismo, *m.* proselytism.
proselitista, *m. e f.* (*raro*) proselytizer; proselyst.
prosèlito, *m.* proselyte; convert: **fare proseliti,** to make proselytes (*o* converts); to proselytize; to proselyte.
prosencèfalo, *m.* (*anat.*) forebrain.
prosènchima, *m.* (*bot.*) prosenchyma*.
prosenchimàtico, *a.* (*bot.*) prosenchymatous.
prosettóre, *m.* (*med.*) prosector.
prosièguo, *m.* (*bur.*) course: **in p. di tempo,** in the course of time.
prosillogismo, *m.* (*filos.*) prosyllogism.
prosindaco, *m.* deputy (*o* acting) mayor.
prosit (*lat.*), *inter.* **1** (*relig.*) prosit **2** (*nei brindisi*) cheers!; to your health!
prosodìa, *f.* prosody: **secondo le regole della p.,** according to the rules of prosody; **la p. greca (latina, inglese, ecc.),** Greek (Latin, English, etc.) prosody; **la p. d'Orazio,** Horace's prosody; **un trattato di p.,** a treatise on prosody.
prosodìaco, prosòdico, *a.* (*lett.*) prosodiac(al); prosodic(al).
prosopografìa, *f.* (*retor.*) prosopography.
prosopopèa, *f.* **1** (*retor.*) prosopopoeia **2** (*spreg.*) ostentation; haughtiness. ● **avere una gran p.,** to give oneself airs □ **Hai sentito? Che p.!,** did you hear him? he's as vain as a peacock.
prosopopèico, *a.* (*retor.*) prosopopoeic(al).
prosperaménte, *avv.* prosperously; thrivingly, propitiously; favourably.

prosperare, *v. i.* to be prosperous; to prosper; to flourish; to thrive*; to boom (*fam.*): **I suoi affari prosperano,** his business is flourishing; he is doing well (in business); **Queste piante non prosperano nei paesi freddi,** these plants don't prosper (*o* flourish) in cold countries; **p. in salute,** to prosper in health; to enjoy good health.
prosperità, *f.* prosperity; welfare; well-being; bonanza (*fam.*): **la p. d'una famiglia,** the prosperity of a family; **la p. d'una nazione,** the welfare of a nation; **una lunga p.,** a long period of prosperity; **un periodo di grande p.,** a period of great prosperity; **a bonanza period.** ● (*augurio a chi starnuta*) **P.!,** (God) bless you!
pròspero, *a.* **1** (*fiorente*) prosperous; flourishing; thriving: **una nazione prospera,** a prosperous nation; **industrie prospere,** flourishing industries; **essere in prospere condizioni,** to be in flourishing conditions; to prosper **2** (*propizio*) prosperous; propitious; favourable; (*felice*) happy: **un anno p.,** a prosperous year; **un vento p.,** a prosperous (*o* propitious) wind; **un p. evento,** a prosperous (*o* a happy) event **3** (*robusto, vigoroso*) healthy; sturdy: **un bambino p.,** a healthy child. ● **la prospera fortuna,** good fortune □ **salute prospera,** very good health: **essere in prospera salute,** to enjoy very good health; to be hale and hearty.
prosperosaménte, *avv.* prosperously; lustily.
prosperosità, *f.* prosperousness; (*di donna*) buxomness.
prosperóso, *a.* **1** (*fiorente*) prosperous; flourishing; thriving: **un'industria prosperosa,** a flourishing industry **2** (*florido di salute*) healthy, hale and hearty; (*vigoroso*) lusty; (*di donna*) buxom: **un fanciullo p.,** a big healthy boy; **un giovane p.,** a lusty young man; **una donna prosperosa,** a buxom woman.
prospettare, A *v. t.* **1** (*affacciarsi su*) to look out upon (st.); to face; to front: **gli edifici che prospettano la piazza,** the buildings facing the square **2** (*presentare, esporre*) to point out; to show*; to state: **Prospettai tutte le difficoltà dell'impresa,** I pointed out all the difficulties of the enterprise; **Prospettarono i lati favorevoli e tacquero quelli contrari,** they stated the pros, but did not mention the cons **3** (*fig.: formulare*) to advance; to put* forward: **p. un'ipotesi,** to advance a hypothesis. **B** *v. i.* (*affacciarsi su un luogo*) to face; to front; to look out upon (st.): **L'albergo prospetta sul mare,** the hotel fronts the sea. **prospettarsi, C** *v. rifl.* (*presentarsi*) to appear; to seem: **La situazione si prospetta difficile,** the situation appears to be difficult.
prospèttico, *a.* perspective (*attr.*): **linee prospettiche,** perspective lines.
prospettiva, *f.* **1** (*disegno*) perspective (*anche concreto*): **È sbagliata la p.,** the perspective is wrong; **In quel quadro non c'è p.,** that painting lacks perspective; **p. lineare,** linear perspective; **p. aerea,** aerial perspective; **le leggi della p.,** the rules of perspective; **in p.,** in perspective; **un disegno in p.,** a drawing in perspective **2** (*vista panoramica*) view; prospect; scene; vista: **Guarda che bella p. di qui!,** look, what a lovely view from here! **3** (*fig.*) prospect (*spesso al pl.*); outlook: **Che triste p.!,** what gloomy prospects!; **Le prospettive per il futuro non sono molto brillanti,** prospects for the future are not very bright; **L'impiego non offre prospettive,** the situation holds no prospects; **la p. del successo,** the prospect of success; **una p. misantropica della vita,** a misanthropic outlook on life; **avere buone prospettive,** to have good prospects. ● (*fig.*) **errore di p.,** misjudgement; mistaken estimation □ **non avere nessuna p.,** to have nothing in prospect □ **Ho la p. d'un impiego molto migliore,** I have a much better job in prospect.
prospettivista, *m. e f.* perspective painter.
prospettivo, *a.* **1** (*prospettico*) perspective (*attr.*) **2** (*valido in prospettiva*) prospective.
prospètto, *m.* **1** (*veduta*) prospect; view; outlook: **Di qui si gode uno splendido p.,** you can enjoy a splendid view from here; **il p. delle coste vedute dal mare,** the prospect of the coasts seen from the sea; **un p. di colli e valli e boschi,** a prospect of hills, and dales, and woods; (*leg.*) **servitù di p.,** easement of outlook **2** (*facciata*) façade; face; front: **il p. d'un edificio,** the façade (*o* front) of a building **3** (*tabella, specchietto*) list; table; schedule; statement; report: **il p. delle entrate e delle uscite,** the list of assets and liabilities; **un p. statistico,** a statistical table; **un p. particolareggiato delle spese,** an itemized statement of expenses; **stendere un p. completo,** to draw up a full statement. ● **una figura di p.,** a full face □ **guardare q.c. di p.,** to get a front view of st. □ (*teatr.*) **palchi di p.,** front boxes.
prospettóre, *m.* (*ind. min.*) prospector.
prospezióne, *f.* (*ind. min.*) prospecting; (*grafico*) prospecting chart. ● **eseguire prospezioni,** to prospect □ **p. terrestre,** land-surveying.
prospiciènte, *a.* facing; overlooking; looking out upon (st.): **i villini prospicienti il (***o* **sul) mare,** the cottages facing the sea; **il lato p. la (***o* **sulla) strada,** the side facing the street.
prossèmica, *f.* proxemics (*pl. col verbo al sing.*).

prosseneta, *m.* **1** (*lett.: mediatore*) mediator; go-between **2** (*spreg.: mezzano*) pimp; pander.
prossimale, *a.* (*anat., geol.*) proximal.
prossimaménte, **A** *avv.* presently; before long; shortly; in a short time. **B** *m.* (*cinem.*) trailer.
prossimità, *f.* proximity; closeness; nearness: **la p. dei monti (del mare)**, the proximity (*o* closeness, nearness) of the mountains (of the sea); **La p. della mia partenza mi impedisce di visitare tutti i miei amici**, the closeness (*o* imminence) of my departure prevents me from seeing all my friends. ● **in p. di**, in proximity to; near; not far from: **in p. del lago**, near the lake □ **Siamo in p. di Ravenna**, we are not far (*o* we are a short distance) from Ravenna □ **Si era in p. di Pasqua**, Easter was coming (*o* drawing near).
pròssimo, **A** *a.* **1** (*molto vicino*) (very) near; close; at hand (*pred.*): **parente p.**, near (*o* close) relative; **in un p. avvenire**, in the near future; **I miei esami sono prossimi**, my exams are at hand (*o* are approaching). **È già prossima l'ora della separazione**, the hour of separation is already very near (*o* is drawing nigh); **Natale è p.**, Christmas is at hand (*o* near, getting close); **essere p. alla fine**, to be near the end; (*fig*) to be near one's end; **La casa è prossima alla chiesa**, the house is close to che church **2** (*che segue nel tempo o nello spazio; successivo*) next: **Ci andrò la settimana prossima**, I'll go there next week; **Verrà il p. mese**, he'll come next month; **La prossima volta che ti vedrò, ti darò i dischi**, I'll give you the records the next time I see you; **Dovrebbe arrivare nei prossimi giorni**, he should arrive in (*o* within) the next few days; **Vediamo se hanno delle camere al p. albergo**, let's see if they've got any rooms in (*o* at) the next hotel; **Partirò con il p. treno**, I'll leave by the next train **3** (*diretto*) immediate; direct: **le cause prossime**, the direct causes **4** (*fig.: stretto*) close: **parenti prossimi**, close relatives. ● **essere p. a fare q.c.**, to be about to do st.; to be going to do st.; to be on the point of doing st.: **Ero p. a partire, quando arrivò lei**, I was about to leave (*o* I was on the point of leaving) when she arrived □ **essere p. alla partenza** (*alla vigilia*), to be on the eve of departure □ **p. venturo**, next; following: **lunedì p. venturo**, next Monday □ **in un passato p.**, recently; not long ago □ **nei tempi a noi prossimi**, in most recent times □ (*gramm.*) **passato p.**, present perfect □ (*comm.*) **il 7 del mese p.**, on the 7th prox. □ (*gramm.*) **trapassato p.**, past perfect; pluperfect □ **Era p. ai quarant'anni**, he was nearly forty; he was getting on for forty. **B** *m.* neighbour; fellow creatures (*pl.*): **Ama il p. tuo come te stesso**, love thy neighbour as thyself; **il nostro p.**, our fellow creatures (*o* fellowmen); **il rispetto del p.**, the respect of one's neighbour.
prostaglandina, *f.* (*biol., chim.*) prostaglandin.
pròstata, *f.* (*anat.*) prostate.
prostatectomìa, *f.* (*med.*) prostatectomy.
prostàtico, *a.* (*anat.*) prostate (*attr.*); prostatic: **la ghiandola prostatica**, the prostate (*o* prostatic) gland; the prostate.
prostatite, *f.* (*med.*) prostatitis*.
prosternare, **A** *v. t.* (*lett.*) to prostrate; to throw* down.
prosternarsi, **B** *v. rifl.* to prostrate oneself; to bow down: **p. ai piedi di q.**, to prostrate (*o* to throw) oneself at sb.'s feet.
prosternazióne, *f.* prostration.
pròstesi, *f.* (*gramm.*) prosthesis*.
prostètico, *a.* (*gramm.*) prosthetic.
pròstilo, *m.* (*archit.*) prostyle.
prostituire, **A** *v. t.* (*anche fig.*) to prostitute: **p. cuore e cervello**, to prostitute one's heart and brains. **prostituirsi**, **B** *v. rifl.* to prostitute oneself; to make* a prostitute of oneself.
prostituta, *f.* prostitute; street-walker; whore.
prostituzióne, *f.* (*anche fig.*) prostitution: **la p. del proprio ingegno**, the prostitution of one's genius.
prostrare, **A** *v. t.* **1** (*distendere a terra*) to prostrate; to throw* down; to knock down: **alberi prostrati dalla bufera**, trees thrown down by the gale **2** (*fig.: fiaccare*) to prostrate; to exhaust; to wear* out: **La lunga malattia lo ha prostrato**, the long illness has prostrated him; **L'eccessivo lavoro prostra le forze**, overwork exhausts one's strength **3** (*fig.: umiliare*) to humble; to abase: **p. l'orgoglio di q.**, to humble sb.'s pride. **prostrarsi**, **B** *v. rifl.* **1** to prostrate oneself: **p. dinanzi a un altare**, to prostrate oneself before an altar **2** (*fig.: umiliarsi*) to humble oneself. ● **p. ai piedi di q.**, to throw oneself at sb.'s feet; to kneel down before sb.
prostrato, *a.* **1** prostrate: **i fedeli prostrati dinanzi all'altare**, the worshippers prostrate before the altar **2** (*fig.: sfinito*) prostrate; exhausted; dejected; worn out.
prostrazióne, *f.* **1** (*il prostrare, il prostrarsi*) prostration: **le prostrazioni dei fedeli**, the prostrations of the worshippers; **la p. della Francia dopo le guerre napoleoniche**, the prostration of France after the Napoleonic Wars **2** (*fig.*) prostration; exhaustion; depression; dejection: **La ragazza è in un penoso stato di p.**, the girl is in a painful state of prostration.

prosuòcera, *f.* mother of one's father-in-law (*o* mother-in-law).
prosuòcero, *m.* father of one's father-in-law (*o* mother-in-law).
protagonista, **A** *m.* protagonist (*anche fig.*); chief character; hero; (*attore principale*) leading actor; (*di un film*) lead, star: **il p. di un dramma (d'un romanzo)**, the protagonist of a play (of a novel). **B** *f.* protagonist (*anche fig.*); chief (female) character; heroine; (*attrice principale*) leading actress; (*di un film*) lead, star.
protalàmio, *m.* (*lett.*) prothalamion; prothalamium*.
protallo, *m.* (*bot.*) prothallium*.
pròtasi, *f.* (*letter., gramm.*) protasis*: **la p. d'un periodo ipotetico**, the protasis of a conditional sentence.
protèggere, **A** *v. t.* **1** (*accordare protezione a*) to protect; (*custodire*) to take* care of, to watch over; (*difendere*) to defend, to guard; to shield, to screen; (*salvaguardare*) to safeguard; (*mettere al coperto*) to shelter: **Dio lo protegga!**, God protect him!; **Il padre deve p. i figli**, a father must take care of his children; **Il ragazzo disse una bugia per p. suo fratello**, the boy told a lie to shield his brother; **p. dal pericolo**, to protect (*o* to shield) from danger; to guard; **p. gli occhi dalla luce eccessiva**, to protect the eyes from excessive light; **p. i soldati dal fuoco nemico**, to shelter the soldiers from the enemy's fire; (*econ.*) **p. gli scambi**, to shelter trade **2** (*promuovere, favorire*) to promote; to patronize; to foster: **p. le arti**, to promote the arts. **protèggersi**, **B** *v. rifl.* **1** to protect oneself **2** (*fin.*) to hedge: **p. dalle perdite derivanti da oscillazioni nei prezzi**, to hedge against loss due to price fluctuations.
protèico, *a.* (*chim.*) proteinic; proteinaceous; proteinous. ● **sostanze proteiche**, proteins.
proteifórme, *a.* proteiform; protean.
proteina, *f.* (*chim.*) protein.
proteìnico, *V.* **protèico**.
proteinoterapìa, *f.* (*med.*) protein therapy.
pròtele, *m.* (*zool.*, *Proteles cristatus*) aardwolf*.
protèndere, **A** *v. t.* to hold* out; to stretch out (*o* forth): **p. le braccia**, to stretch out one's arms. ● **p. lo sguardo**, to look far away. **protèndersi**, **B** *v. rifl.* to stretch oneself; to lean* forward. ● **p. da una finestra**, to lean out of a window.
pròteo, *m.* (*zool.*, *Proteus anguineus*) proteus; olm.
Pròteo, *m.* (*mitol.*) Proteus.
proteolisi, *f.* (*biol., chim.*) proteolysis.
proterandrìa, *f.* (*biol.*) protandry.
proteroginìa, *f.* (*biol.*) protogyny.
protervaménte, *avv.* arrogantly; haughtily; insolently.
protèrvia, *f.* (*lett.*) arrogance; haughtiness; pertness; insolence.
protèrvo, *a.* (*lett.*) arrogant; haughty; pert; insolent.
pròtesi, *f.* **1** (*med.*) prosthesis*: **p. dentaria**, dental prosthesis; dentures (*pl.*) **2** (*gramm.*) pro(s)thesis.
protèsico, *a.* (*med.*) prosthetic.
protesista, *m. e f.* **1** (*medico*) prosthetist **2** (*tecnico*) prosthodontist.
protèsta, *f.* **1** (*testimonianza, dichiarazione pubblica*) protestation; avowal: **una p. d'amore (d'amicizia, ecc.)**, a protestation of love (of friendship, etc.) **2** (*dichiarazione d'opposizione*) protest; complaint; remonstrance: **La nostra p. non fu presa in considerazione**, our complaint was not taken into consideration; **una vana p.**, a vain protest; **fare una p.**, to make a protest (against st.); to protest; to remonstrate.
protestante, *a., s. m. e f.* (*relig.*) Protestant: **Sposò una p.**, he married a Protestant; **i Protestanti**, the Protestants; **un pastore p.**, a Protestant minister; **la Chiesa p.**, the Protestant Church; **la riforma p.**, the Protestant Reformation.
protestantésimo, *m.* (*relig.*) Protestantism.
protestàntico, *a.* (*relig.*) Protestant (*attr.*).
protestare, **A** *v. t.* **1** (*dichiarare formalmente*) to protest; to declare; to assert: **p. amicizia (fedeltà, ecc.)**, to protest one's friendship (one's loyalty, etc.); **p. la propria innocenza**, to protest one's innocence; to protest (*o* to declare) that one is innocent; (*leg.*) to plead not guilty; **Il prigioniero protestò la propria innocenza**, the prisoner declared that he was innocent **2** (*comm.*) to protest: **p. una cambiale**, to protest a bill (of exchange); **La cambiale fu protestata per mancato pagamento**, the bill was protested for non-payment. **B** *v. i.* to protest; to make* a protest; to raise an objection; to remonstrate: **Protestai contro quel provvedimento**, I protested against that measure; **Tutta l'assemblea protestò**, the whole assembly protested. **protestarsi**, **C** *v. rifl.* to protest oneself; (*dichiararsi*) to declare (*o* to avow) oneself; (*professarsi*) to profess oneself. ● **p. innocente**, to protest one's innocence; to protest (*o* to declare) that one is innocent; (*leg.*) to plead not guilty □ **Si protestava mio amico**, he declared he was a friend of mine.
protestatàrio, *a.* protesting; of protest.
protestatóre, *m.* protester, protestor.
protèsto, *m.* (*leg.*) protest: **un avviso di p.**, a notice of protest;

p. per mancata accettazione (**per mancato pagamento**), protest for non-acceptance (non-payment); **spese di p.**, protest charges; **fare un p.**, to make a protest. ● **mandare una cambiale in p.**, to dishonour a bill.

protettivo, *a.* protective; protecting; defensive: **dazi protettivi**, protective duties; **una tariffa protettiva**, a protective tariff.

protètto, A *a.* **1** protected; sheltered; shielded; guarded: **un luogo p.**, a sheltered place; (*econ.*) **industrie protette**, protected (*o* sheltered) industries **2** (*mil., miss.*) hardened. **B** *m.* protégé (*franc.*); favourite.

protettorato, *m.* (*polit.*) protectorate.

protettóre, A *m.* **1** protector; defender; guardian: **un potente p.**, a powerful protector; **il p. degli oppressi**, the protector of the oppressed **2** (*fautore*) patron: **un p. delle arti**, a patron of the arts **3** (*polit., relig.*) Protector: **Oliver Cromwell, lord p. della repubblica**, Oliver Cromwell, Lord Protector of the Commonwealth **4** (*sfruttatore d'una prostituta*) ponce; bully; pimp. **B** *a.* protecting; protective. ● **il santo p. d'una città**, the patron saint of a town □ **Società protettrice degli animali**, Society for the Prevention of Cruelty to Animals.

protettrice, *f.* protectress; patroness: **Maria Vergine, p. degli afflitti**, the Virgin Mary, protectress of the afflicted.

protezióne, *f.* **1** (*il proteggere, difesa*) protection; defence; guardianship: **la p. dei deboli**, the protection of the weak; **la p. delle industrie**, the protection of industries; **essere sotto la p. di q.**, to be under sb.'s protection; **prendere q. sotto la propria p.**, to take sb. under one's protection (*o* under one's wing); **invocare la p. di Dio**, to invoke God's (help and) protection; **senza p.**, without protection; unprotected; defenceless **2** (*patrocinio*) patronage; (*spreg.*) favouritism: **la p. delle arti**, the patronage of the arts; **chiedere la p. di q.**, to solicit sb.'s patronage. ● **p. dell'ambiente**, environmental conservation (*o* protection) □ (*edil.*) **p. antincendio**, fire protection □ **p. sanitaria**, health and safety □ (*fam.*) **con aria di p.**, with a patronizing air □ **misure di p. antiaerea**, air-raid precautions □ **Opera di p. dell'infanzia**, child-welfare association □ (*fam.*) **prendere un tono di p.**, to assume a patronizing (*o* a paternalistic) air.

protezionismo, *m.* (*econ.*) protectionism.

protezionista, *a., m. e f.* (*econ.*) protectionist.

protezionistico, *a.* (*econ.*) protectionist; protective.

protide, V. **proteina**.

protìdico, *a.* (*biol., chim.*) proteic.

pròtio, *m.* (*chim.*) protium.

protista, *m.* (*biol.*) protist.

pròto, *m.* (*tipogr.*) foreman*; overseer.

protoattinio, *m.* (*chim.*) protoactinium.

protocollare (1), *a.* protocolar(y); protocol (*attr.*).

protocollare (2), *v. t.* **1** to record; to register; to file; to protocol **2** (*leg.*) to record in protocol.

protocollista, *m. e f.* keeper of records; filing clerk.

protocòllo, *m.* **1** (*registro*) register of documents; record; file: **essere a p.**, to be on record **2** (*ufficio*) registry (*o* record) office **3** (*leg.*) protocol **4** (*cerimoniale*) protocol; ceremonial: **secondo il p.**, according to the protocol. ● **p. della corrispondenza in arrivo** (**in partenza**), inward (outward) letter-book □ **carta** (**formato**) **p.**, foolscap (paper) □ **mettere a p.**, to record; to register; to file; to protocol □ **numero di p.**, reference number.

protogino, *m.* (*miner.*) protogine.

protomàrtire, *m. e f.* (*relig.*) protomartyr; first martyr.

pròtome, *f.* (*arte antica*) protome, protoma.

protomèdico, *m.* archiater; chief physician.

protomotèca, *f.* protomothèque.

protóne, *m.* (*fis.*) proton.

protònico (1), *a.* (*fis.*) protonic; proton (*attr.*): **carica protonica**, proton charge.

protònico (2), *a.* (*gramm.*) pretonic.

protonotariato, *m.* (*relig.*) prot(h)onotaryship.

protonotàrio, *m.* (*relig., stor.*) prot(h)onotary: **i Protonotari apostolici**, the Protonotaries Apostolic.

protoplaşma, *m.* (*biol.*) protoplasm.

protoplaşmàtico, *a.* (*biol.*) protoplasmatic; protoplasmal; protoplasmic.

protorace, *m.* (*zool.*) prothorax.

protoràcico, *a.* (*zool.*) prothoracic: **ghiandole protoraciche**, prothoracic glands.

protoromàntico, *a. e m.* (*letter.*) early Romantic.

protosincrotróne, *m.* (*fis.*) proton-synchrotron.

protòssido, *m.* (*chim.*) protoxide.

protòtipo, A *m.* prototype (*anche fig.*): **il p. del romanzo moderno**, the prototype of the modern novel. ● **essere il p. dei mascalzoni**, to be a perfect rascal. **B** *a.* prototypal; prototypic(al).

protòttero, *m.* (*zool., Protopterus annectens*) (African) lungfish.

protòzoi, *m. pl.* (*zool., Protozoa*) Protozoa, protozoans.

protozòico, *a.* (*geol.*) Archeozoic.

protozòo, *m.* (*zool.*) protozoon*; protozoan.

protrarre, A *v. t.* **1** (*prolungare*) to protract; to prolong; to extend; to lengthen; to continue: **La loro visita fu protratta di alcune settimane**, their visit was protracted for some weeks; **p. una discussione**, to protract a debate; **p. gli studi**, to continue one's studies **2** (*differire*) to postpone; to defer; to delay; to put* off: **p. la partenza**, to postpone (*o* to put off) one's departure. **protrarsi, B** *v. rifl.* to be protracted; (*continuare*) to continue, to go* on; (*durare*) to last: **La conferenza si protrasse per due ore**, the lecture went on for two hours.

protràttile, *a.* (*zool.*) protractile; protrusile; protrusible.

protrazióne, *f.* **1** (*prolungamento*) protraction; prolongation; lengthening out **2** (*differimento*) postponement; deferment; delay; putting off.

protrombina, *f.* (*biol., chim.*) prothrombin.

protrùdere, *v. t. e i.* to protrude.

protruşióne, *f.* (*med.*) protrusion.

protuberante, *a.* protuberant; protrusive; prominent; bulgy.

protuberanza, *f.* **1** (*prominenza*) protuberance; prominence; swelling; (*bernoccolo*) bump, lump: **Il ragazzo ha una p. sulla fronte**, the boy has a protuberance on his forehead; **formare una p.**, to form a protuberance (*o* a prominence); to swell; to bulge out **2** (*astron.*) prominence; protuberance: **p. solare**, solar prominence.

protutóre, *m.* (*leg.*) protutor; deputy guardian.

pròva, *f.* **1** (*esperimento, saggio*) trial; test; experiment: **p. di velocità**, speed trial; (*mecc.*) **p. al banco**, bench test; (*edil.*) **p. all'urto**, shock test; **p. conclusiva**, crucial test; (*naut.*) **p. di bacino**, basin trial; **p. di durata**, (*mecc.*) endurance test; (*sport*) long-distance trial; (*sport*) **p. a cronometro**, time trial; **p. di sicurezza**, reliability test; (*aeron.*) **volo di p.**, trial flight; **essere in p.**, to be on trial; **Prendo questa automobile in p. per tre mesi**, I'm taking this car for a three-month trial; **p. del sangue**, blood test; **reggere alla p.**, to stand the test; **superare una p.**, to pass a test; **p. su strada**, road test; (*sport*) **p. di resistenza**, test of stamina; (*edil.*) **p. a fatica**, fatigue test; (*di motori*) **p. a freddo**, cold test; **p. di collaudo**, acceptance test; (*mecc.*) **p. di durezza**, hardness test; (*fis.*) **p. di elasticità**, elasticity test; **p. di pressione**, pressure test; (*elettr.*) **p. di rigidità**, electric strength test; **p. ad alta tensione**, high-voltage test; **Facciamo la p. per vedere se è oro fino**, let us do a test (*o* an analysis) to see if it is refined gold; **Le prime prove della bomba atomica ebbero luogo nel Nuovo Messico**, the first experiments of the atomic bomb took place in New Mexico; **assumere q. in p.**, to give sb. a trial; (*mecc.*) **p. al freno**, brake test; (*chim.*) **p. alla fiamma**, flame test; (*aeron.*) **prova a terra**, ground tests; taxiing trials; (*mil.*) **p. di tiro**, range trial; **prove di massima potenza**, full-power trials; (*comm.*) **ordine di p.**, trial order; **mettere alla p.**, to put to the test; **prove di stabilità**, stability trials; **dare buona p.**, to stand the test; (*fig.*) **p. delle armi**, trial by combat; **p. di forza**, trial of strength; **apparecchio di p.**, test set **2** (*dimostrazione*) proof; (*testimonianza, anche*) evidence (*solo sing.*): **Un indizio non è una p.**, a clue is no proof; **Anche questa è p. sufficiente della sua colpevolezza**, even this is sufficient proof of his guilt; **Fino a p. contraria, non lo giudico**, until I have proof to the contrary, I'm not going to judge him; **Prima ci vogliono le prove**, first we must have proof; **Questo non fa p. in giudizio**, this proof won't stand (up) in court; **dare p. di coraggio**, to give (a) proof of one's courage; **dare p. d'intelligenza**, to give (a) proof of (*o* to show) one's intelligence; **a p. della mia (tua, ecc.) asserzione**, in proof of my (your, etc.) assertion; **a p. della mia (tua, ecc.) stima**, as (a) proof of my (your, etc.) esteem; **Ecco una p. della tua colpevolezza**, here's (a) proof of your guilt; **Portami delle prove prima di dire ciò!**, bring me some proof before saying that!; (*leg.*) **p. a carico**, evidence for the prosecution; (*leg.*) **p. a discarico**, evidence for the defence; (*leg.*) **p. indiziaria**, circumstantial evidence; (*leg.*) **p. in contrario**, evidence to the contrary; (*leg.*) **p. testimoniale**, testimonial evidence; (*leg.*) **assoluzione per insufficienza di prove**, acquittal on the grounds of insufficient proof; **Era in buona fede, p. ne sia che...**, he was in good faith, and the proof is that...; **a p. della mia (della tua, ecc.) amicizia**, as a proof (*o* as a token) of my (your, etc.) friendship; (*leg.*) **p. addotta dalla pubblica accusa**, evidence produced by the Public Prosecutor; (*in G.B.*) evidence for the Crown; **La p. riguarda l'arma del delitto**, the evidence bears on (*o* relates to) the weapon of the crime; **Mancano le prove per condannarlo**, there's not enough proof to convict him; **prove concrete**, concrete evidence **3** (*sforzo, tentativo*) try; attempt: **Vollero rifare la p.**, they wanted to have another try (*o* to make another attempt); **Alla prima p. l'uscio cedette**, the door gave way (*o* in) at the first attempt; **Dopo l'ennesima p., rinunciò**, after the umpteenth try (*o* attempt) he gave up; **riuscire** (**fallire**) **nella p.**, to succeed (to fail) in the attempt **4** (*esame*) exam; examination; test: **p. orale** (**scritta**), oral (written) exam (*o* test); **Le prove d'inglese avranno luogo domani**, the

provàbile

English examinations will take place tomorrow; **sostenere una p.**, to sit for (*o* to take) an examination (*o* an exam); **p. psicotecnica**, intelligence test **5** (*teatr.*) rehearsal: **prove generali**, dress rehearsal (*sing.*); **La commedia andrà in p. la settimana prossima**, the play will go into rehearsal (*o* rehearsals of the play will start) next week; **Gli attori fanno cinque ore di p. al giorno**, the actors have five hours' rehearsal every day; the actors rehearse for five hours every day **6** (*esito*) result: **fare buona (cattiva) p.**, to give good (bad) results **7** (*tipogr.: bozza*) proof: **correggere una p.**, to correct a proof; **tirare una p.**, to pull a proof **8** (*di abito*) fitting: **fare due prove per un abito**, to have two fittings for a suit; **Il sarto mi metterà in p. il vestito per martedì**, the tailor will have my suit ready for the fitting on Tuesday **9** (*mat.*) proof: **la p. dell'addizione (della sottrazione)**, the proof of the addition (of the subtraction) **10** (*afflizione, disgrazia*) affliction; sorrow; trial: **Dio non ti abbandonerà nell'ora della p.**, God won't forsake you in your hour of affliction (*o* of need); **Subirono le più dure prove**, they underwent the hardest trials; **Dovette patire molte amare prove**, he had to suffer many bitter sorrows. ● (*ind. tessile*) **p. dei filati**, yarn testing □ (*stor. e fig.*) **p. del fuoco**, ordeal (*o* trial) by fire □ **p. del nove**, (*mat.*) casting out nines; (*fig.*) crucial test □ **a p. d'acqua**, waterproof □ **a p. di bomba**, bomb-proof □ **a p. di cannone**, shell-proof □ (*autom.*) **a p. di collisione**, crashworthy □ **a p. di fuoco**, fire-proof □ **a p. di scasso**, burglar-proof □ **un amico a tutta p.**, a tried (*o* trustworthy) friend □ **banco di p.**, testing bench □ **campo di p.**, proving ground □ **dare buona p. di sé**, to give a good account of oneself □ **dare p. di**, to display; to show; to give proof of □ (*mat.*) **fare la p. del nove**, to cast out nines □ **fedeltà a tutta p.**, oft-proved loyalty □ (*tipogr.*) **foglio di p.**, specimen page □ (*comm.*) **gratis in p.**, on free trial; on free approval □ **in p.**, on trial, on probation; (*comm.*) on approval: (*di persona*) **essere in p.**, to be on probation □ (*leg.*) **onere di fornire le prove**, burden of proof □ **onestà a tutta p.**, well-tried honesty □ (*tipogr.*) **prima p.**, galley(-proof) □ (*tipogr.*) **seconda p.**, revise □ **stanza di p.**, testing-room □ (*tipogr.*) **terza p.**, second revise □ **un uomo duramente messo a p.**, a sorely-tried man □ **Non mi hai ancora dato p. di essere una persona responsabile**, you haven't proved to me yet that you are a responsible person □ (*prov.*) **Alla p. si scortica l'asino**, the proof of the pudding is in the eating.

provàbile, *a.* prov(e)able; demonstrable.

provare, **A** *v. t.* **1** (*sperimentare, tentare*) to try: **p. un fucile (una automobile, un cavallo)**, to try a gun (a car, a horse); **p. una medicina (un nuovo metodo)**, to try a medicine (a new method); **Lasciate che provi anch'io!**, let me try as well!; **Dopo mesi e mesi ch'era a letto, provò a fare qualche passo**, after months in bed he tried to take some steps; **Prova se riesci a sapere quando verrà**, try and find out when he will come; **Prova a colpirmi, se hai il coraggio!**, just try and hit me, if you have the courage! **2** (*dimostrare*) to prove; to show*; to demonstrate: **p. la propria innocenza**, to prove one's innocence; **Ve lo provo con poche parole**, I'll prove it to you in a few words; **Questo è ancora da p.**, this has yet to be proved; **Come puoi p. che questo sia un effetto e non una causa?**, how can you demonstrate that this is an effect and not a cause?; **p. la verità di q.c.**, to demonstrate the truth of st.; **Il suo comportamento prova la sua intelligenza**, his behaviour shows his intelligence; **Te lo proverò con documenti**, I'll prove it to you with documents; **p. la validità di una teoria**, to demonstrate the validity of a theory **3** (*sentire*) to feel*; (*sperimentare in sé*) to experience: **Non so che soddisfazione tu ci provi**, I don't know what satisfaction you feel (*o* you get out of it); **p. dolore (gioia, emozione)**, to feel pain (joy, emotion); **Non sai che gioia provai a quella notizia**, you've no idea what joy I felt on hearing that news; **p. pietà per q.**, to feel pity for sb.; **p. una gran delusione**, to feel deeply disappointed; **Non provo più piacere a nulla**, I feel no pleasure in anything; **p. la fame (la sete)**, to experience hunger (thirst); **p. una grande avversione per q. (per q.c.)**, to experience (*o* to feel) a great aversion (*o* dislike) for sb. (for st.); **p. la gioia della vita all'aperto**, to experience the joys of life in the open air **4** (*indumenti, ecc.*) to try on; (*dal sarto*) to have a fitting: **p. un paio di scarpe (di occhiali, un cappello, un vestito)**, to try on a pair of shoes (of spectacles, a hat, a suit); **Un vestito (dal sarto) lo provo tre volte prima di essere soddisfatto**, I have three fittings (for a suit) at the tailor's before I'm satisfied **5** (*mettere alla prova*) to try; to test; to put* to the test: **Proverò questo dentifricio per un mese**, I'll try this toothpaste for a month; **Proverò le sue capacità con il lavoro che gli assegnerò**, I'll test his abilities with the job I'm going to give him; **Fallo venire e lo proveremo**, make him come and we'll put him to the test (*o* we'll give him a trial) **6** (*fig.*) to try; to afflict: **La disgrazia lo ha duramente provato**, misfortune has sorely tried (*o* afflicted) him; **Quell'uomo fu provato da un grande dolore**, that man was afflicted (*o* tried) by a great sorrow **7** (*teatr.*) to rehearse: **p. una commedia**, to rehearse a play; **L'orchestra sta provando lo spartito**, the orchestra is rehearsing the score **8** (*collaudare*) to test: **Provai l'automobile in curva e sul rettilineo**, I tested the car in cornering and on the straight; **I nostri macchinari sono provati a fondo prima della vendita al pubblico**, our machinery is fully tested before being sold to the public **9** (*gustare*) to taste: **Prova queste castagne!**, taste these chestnuts! **10** (*saggiare*) to try; to test; to analyse: **p. la purezza di un metallo**, to test (*o* to analyse) the purity of a metal. ● **Proviamo un po'!**, let's have a try (*o*, *fam.*: a go) □ (*prov.*) **P. per credere**, first try and then trust □ (*prov.*) **L'eccezione prova la regola**, the exception proves the rule □ (*prov.*) **Chi ha provato il male, gusta meglio il bene**, misfortunes tell us what fortune is. **provarsi**, **B** *v. rifl.* **1** to try; to attempt; to endeavour: **Mi voglio p. a scalare quella montagna**, I want to attempt to climb that mountain; **Si è provato più volte inutilmente**, he tried several times in vain; **Devi provarti a vincere questa partita**, you must endeavour to win this match; **Mi proverò a essere più puntuale**, I'll endeavour (*o* try) to be more punctual; (*fam.*) **Provati ad alzare un dito!**, just you try and lift a finger! **2** (*cimentarsi, misurarsi*) to put* oneself to the test; to measure oneself (with sb.): **Mi voglio p. con lui**, I want to measure myself (*o* my strength) with (*o* against) him **3** (*di indumenti, ecc.*) to try on; (*dal sarto*) to have a fitting: **p. un paio di scarpe (di occhiali, un cappello, un vestito)**, to try on a pair of shoes (a pair of spectacles, a hat, a suit); **Verrò a provarmi il vestito la settimana prossima**, I'll come to have a fitting (*o* for a fitting) (of the suit) next week.

provato, *a.* **1** (*fedele*) tried; trustworthy; reliable; faithful: **un amico p.**, a tried friend **2** (*colpito*) tried: **un uomo p. dalle sventure**, a man tried by misfortune **3** (*affaticato*) exhausted; worn-out; weary.

provatura, *f.* fresh buffalo-milk cheese.

provavàlvole, *m. invar.* (*elettron.*) tube tester.

proveniènte, *a.* **1** (*che deriva*) deriving (from); (*che procede*) proceeding (from); (*che ha origine*) originating (from); arising (from); (*causato*) caused (by) **2** (*che viene*) coming (from): **merci provenienti dalla Francia**, goods coming from France. ● (*di vento*) **p. dal mare**, seaward.

proveniènza, *f.* **1** (*luogo d'origine*) place of origin; provenance; provenience; (*origine*) origin: **la p. della merce**, the place of origin of the goods; **il luogo di p.**, the place of origin; **merce di p. straniera**, goods of foreign origin; **di p. ignota**, of unknown provenance **2** (*fonte*) source: **notizie di incerta p.**, news from an unreliable source; **La p. delle notizie è attendibilissima**, the source of the news is quite reliable. ● **ufficio di p.**, forwarding office.

provenire, *v. i.* **1** (*derivare*) to derive; to proceed; to originate; to arise*; to be caused: **Tutti i nostri guai provengono da questo**, all our troubles are caused by this; this is the cause of all our troubles **2** (*per nascita*) to come* of; to descend from: **la famiglia da cui egli proviene**, the family he comes of **3** (*venire da un dato luogo*) to come*: **Non so da dove quel denaro provenga**, I don't know where that money comes from; **Queste merci provengono dalla Spagna**, these goods come from Spain.

provènto, *m.* (*comm.*) proceeds (*pl.*); receipts (*pl.*); gain; return: **il p. di una vendita**, the proceeds of a sale; **il p. d'un anno di lavoro**, the proceeds of a year's work.

proventriglio, *m.* (*zool.*) proventriculus*; proventricule.

Provènza, *f.* (*geogr.*) Provence.

provenzale, **A** *a.* Provençal; Provence (*attr.*): **la lingua p.**, (the) Provençal (language); **la poesia p.**, Provençal poetry. **B** *m. e f.* Provençal.

provenzaleggiante, *a.* (*letter.*) in the Provençal style.

provenzaleggiare, *v. i.* (*letter.*) to use Provençal forms (*o* idioms).

provenzalismo, *m.* (*letter.*) Provençal idiom.

provenzalista, *m. e f.* (*letter.*) specialist in old Provençal.

proverbiale, *a.* **1** proverbial: **saggezza p.**, proverbial wisdom; **un detto p.**, a proverbial saying; a proverbialism **2** (*fig.*) proverbial; (*rif. a qualità negative*) notorious: **La tua avarizia è p.**, your stinginess is proverbial (*o* notorious); **Quell'uomo è di un'ignoranza p.**, that man's ignorance is proverbial (*o* notorious); that man is a proverb of ignorance.

proverbialménte, *avv.* proverbially.

provèrbio, *m.* proverb; saying; (*adagio*) adage, (wise) saw: **I proverbi sono la saggezza del genere umano**, proverbs are the wisdom of mankind; **proverbi inglesi comuni**, common English proverbs; **lo studio dei proverbi**, the study of proverbs; proverbiology; **come dice il p.**, as the saying is (*o* goes); (*Bibbia*) **i Proverbi**, (the Book of) Proverbs. ● **il gioco dei proverbi**, proverbs □ **passare in p.**, to become proverbial.

proverbióso, *a.* full of proverbs.

proverbista, *m. e f.* proverbialist.

provétta, f. 1 (chim.) test-tube: **p. graduata**, graduated tube 2 (mecc.: barretta per prove) test-bar.
provétto, a. experienced; skilled; skilful; expert; practised: **un insegnante p.**, an experienced teacher; **un artista p.**, a skilled artist; **una mano provetta**, a practised hand. ● (lett.) **età provetta**, mature age.
provicariato, m. (relig.) provicariate.
provicàrio, m. (relig.) provicar.
provincia, f. 1 (circoscrizione amministrativa) province; district: **L'Italia si divide in province**, Italy is divided into provinces; **l'amministrazione d'una p.**, the administration of a province 2 (opposizione a «capoluogo») provinces (pl.); country: **abitare in p.**, to live in the provinces; **venire dalla p.**, to come from the provinces; **fare il giro della p.**, to tour the provinces 3 (paese, regione) country; district; region: **i costumi di quelle remote province**, the customs of those far-off countries; **viaggiare in lontane province**, to travel through distant countries 4 (relig., stor. romana) province: **il governatore d'una p.**, the governor of a province 5 (geol.) province. ● **di p.**, provincial; country (attr.): **abitudini di p.**, provincial customs; **gente di p.**, provincials; country people.
provincialato, m. (relig.) provincialate.
provinciale, A a. 1 (della provincia) provincial: **una strada p.**, a provincial road; **Parigi e le grandi città provinciali**, Paris and the great provincial towns 2 (di provincia) provincial; countrified: **La ragazza è piuttosto p.**, the girl is rather countrified; **maniere provinciali**, provincial (o countrified, unpolished) manners; **usanze provinciali**, provincial (o countrified) customs. ● (relig.) **padre p.**, provincial □ **linguaggio p.**, local language (o idiom). B m. e f. provincial: **Ci si vede il p.**, you can easily see that he is a provincial (o that he comes from the provinces, that he is a plain country fellow); **vestirsi come un p.**, to dress like a provincial (o like one from the provinces). C f. (strada p.) provincial road.
provincialismo, m. 1 (l'essere provinciale) provincialism; provinciality 2 (vocabolo provinciale) provincialism; local word.
provincialità, f. provinciality. ● **p. di modi**, provincial manners.
provincializzare, v. t. to provincialize.
provincializzazione, f. provincialization.
provino, m. 1 test-piece; specimen 2 (chim.: provetta) test-tube 3 (cinem.) screen-test.
provitamina, f. (biol., chim.) provitamin.
provocàbile, a. provokable; liable to provocation.
provocante, a. 1 (che provoca) provoking; provocative; irritating: **parole provocanti**, provocative words; **una risposta p.**, an irritating answer 2 (procace) provoking; provocative; tempting; inviting: **sguardi provocanti**, provocative glances.
provocare, v. t. 1 (eccitare) to provoke; to excite; (istigare) to instigate, to incite; (suscitare) to arouse, to stir up: **Gli insulti provocano il risentimento**, insults incite resentment; **p. il riso**, to provoke laughter; **p. un tumulto**, to provoke (o to excite) a riot; **p. l'ira (l'odio, ecc.)**, to arouse anger (hatred, etc.); **p. la collera di q.**, to provoke sb. to wrath; **p. la pietà di q.**, to arouse sb.'s pity; **p. il popolo alla ribellione**, to incite the people to revolt 2 (causare) to cause; to induce; to bring* on: **p. il sudore**, to cause perspiration; **p. il vomito**, to induce vomiting; **p. un raffreddore**, to bring on a cold 3 (irritare) to provoke; to irritate; to annoy; to vex: **Provocheresti anche un santo**, you are enough to provoke a saint; **Non mi p.!**, don't provoke me!; **Faresti meglio a non provocarmi**, you had better not irritate me 4 (sfidare) to challenge: **p. q. a duello**, to challenge sb. to a duel. ● (comm.) **p. rialzi (o ribassi) sul mercato**, to rig the market (fam.) □ (Borsa) **p. un rialzo (un ribasso)**, to engineer a rise (a fall).
provocativo, a. provocative; provoking.
provocatóre, A m. provoker: **i provocatori del popolo**, the provokers of the people. B a. provoking; provocative: **una lettera provocatrice**, a provocative letter. ● **agente p.**, agent provocateur.
provocazióne, f. 1 (atto, effetto del provocare) provocation; (istigazione) instigation, incitement: **la p. della guerra**, the provocation of war; **adirarsi alla minima p.**, to get angry at the slightest provocation; **sopportare molte provocazioni**, to endure many provocations 2 (sfida) challenge: **raccogliere la p.**, to accept the challenge.
pròvola, f. provola; fresh buffalo-milk cheese.
provolóne, m. provolone.
provvedére, A v. t. 1 to provide; to supply; to furnish: **La natura ha provvisto l'uomo di due mani**, nature has provided man with two hands; **p. il necessario alla propria famiglia**, to provide (the necessities) for one's family; **p. il combustibile all'industria siderurgica**, to furnish (o to supply) the steel industry with fuel; **L'orto provvede verdura per il nostro bisogno**, the garden provides (o supplies) vegetables for our needs 2 (disporre) to prepare; to get* ready: **Ha provveduto tutto per il ricevimento**, he has got everything ready for the party; **È stato provveduto tutto per la partenza**, everything has been prepared (o everything is ready) for the departure. B v. i. 1 to provide (for st.); to make* provision (for st.): **Dio vede e provvede**, God sees and provides; **La legge provvede anche a questo caso**, the law also makes provision for this eventuality; **p. ai bisogni della propria famiglia**, to provide for one's family; **p. all'istruzione dei propri figli**, to provide for the education of one's children 2 (prendersi cura di) to take* care of (sb., st.); (badare a) to look after: **Provvide agli orfani largamente**, he took generous care of the orphans; **Chi provvederà ai bambini mentre io sono all'estero?**, who'll look after the children while I'm abroad? 3 (prendere un provvedimento, mettere riparo) to take* a decision; to act; to take* steps: **Bisogna p. subito, in questa faccenda**, we must take a decision (o we must act) immediately in this matter; **Se non provvediamo in tempo, saranno guai**, if we don't take steps (o if we don't act) in time, there will be trouble 4 (procurare, disporre) to see* (to st., about st.); to arrange (for st.): **Provvederò alla distribuzione della posta**, I'll see to the distribution of the mail; **Hanno provveduto che egli venga il mese prossimo**, they have arranged for him to come next month; **Dobbiamo p. che il nemico non venga a conoscenza dei nostri piani**, we must see to it that the enemy doesn't come to know of our plans; **Provvederò io a tutto**, I'll arrange for everything; **Ho provveduto a saldare i miei debiti**, I have seen to the payment of my debts; **Provvederò presto alla villeggiatura della famiglia**, I'll arrange for my family's holidays soon. ● (naut.) **p. di boe**, to buoy □ **p. d'ingranaggi** (una macchina, ecc.), to gear □ **p. di personale** (un'azienda, ecc.), to staff. **provvedérsi**, C v. rifl. to provide (o to furnish) oneself: **Mi provvedo di tutto ciò che rende più bella la vita**, I provide myself with everything that makes life more beautiful; **p. di un'automobile (di abiti, di cibo)**, to provide oneself with a car (with clothes, with food).
provvediménto, m. 1 (riparo, rimedio) measure; action: **provvedimenti disciplinari**, disciplinary measures (o action); **prendere (gravi) provvedimenti contro q.**, to take action (o severe measures) against sb.; **p. amministrativo (legislativo)**, administrative (legislative) measure; **In questo caso, che p. proponete?**, what measure(s) (o course of action) do you propose in this case?; **Urgono energici provvedimenti finanziari per salvare la sterlina**, energetic financial measures are urgently needed to save the pound 2 (misura di previdenza) precaution: **provvedimenti sanitari (igienici)**, sanitary (hygienic) precautions; **provvedimenti di sicurezza**, safety precautions; **prendere provvedimenti contro l'incendio**, to take precautions against fire.
provveditorato, m. (government) office; superintendency: **p. agli studi**, provincial education office.
provveditóre, m. director, superintendent, head (of a Civil Service Office): **p. agli studi**, (provincial) director of education; **p. dell'ospedale**, hospital superintendent. ● (naut.) **p. navale**, ship-chandler.
provveduto, a. (fornito, dotato) well-provided; gifted; endowed: **essere p. di tutto**, to be well-provided with everything.
provvidaménte, avv. providently; with foresight.
provvidènza, f. 1 providence: **È un dono della p.**, it's a gift of providence; **la divina P.**, Divine Providence 2 (pl., bur.: provvedimenti) measures; steps; provisions: **provvidenze a favore dei disoccupati**, measures (o provisions) for the unemployed. ● **provvidenze sociali**, social benefits □ **essere una p.**, to be a godsend; to be providential: **Fu una vera p.**, it was really providential; it was a real piece of luck □ **Fu una vera p. che ci trovassimo là**, we were really lucky to be there.
provvidenziale, a. providential: **un uomo p.**, a providential man; **una pioggia p.**, a providential rain; **un aiuto p.**, a providential help.
provvidenzialità, f. providential disposition.
provvidenzialménte, avv. providentially.
pròvvido, a. 1 provident; (previdente) foreseeing; (prudente) prudent, wary: **un uomo p.**, a provident man; a prudent (and wary) man; **la provvida formica**, the provident (o wise) ant 2 (opportuno) wise; appropriate; timely; (utile) useful.
provvigióne, f. (comm.) commission: **Vi riserveremo una p. del 5%**, we shall reserve you a 5% commission; **la tariffa delle provvigioni**, the scale of commissions; **contratto di p.**, commission contract; **p. sugli acquisti (sulle vendite)**, commission on purchases (on sales); **franco p.**, free of commission; **vendere a p.**, to sell on commission; **fare pagare una p.**, to charge a commission.
provvisionale, a. (leg.) provisional.
provvisoriaménte, avv. provisionally; provisorily; temporarily;

provvisorietà

pro tempore (*abbr.*: pro tem); for the time being.
provvisorietà, *f.* provisional character; temporariness.
provvisòrio, *a.* provisional; provisory; temporary; interim: **governo p.**, provisional government; **un contratto p.**, a provisional contract; **un impiego p.**, a temporary job; **una ricevuta provvisoria**, an interim receipt. ● **in via provvisoria**, provisionally; temporarily; pro tempore (*abbr.*: pro tem) □ **Tutto è p.**, nothing is permanent (*o* goes on for ever).
provvista, *f.* **1** (*il provvedere*) provision; supply **2** (*cose provvedute*) provision (*generalm. al pl.*); supply; (*scorta*) stock, store: **La nave fu rifornita di provviste**, the ship was supplied with provisions; **Le nostre provviste vanno esaurendosi**, our stock is running short; **provviste di alimentari**, food supplies; provisions; **provviste militari**, military stores; **provviste di bordo**, naval stores; **avere una buona p. di q.c.**, to have a good supply of st.; to be well-supplied with st.; **essere a corto di provviste**, to be short of supplies; **fare provviste**, to make provisions; to lay in stocks; **fare provviste per l'inverno**, to lay in stores for the winter; (*fig.*) **avere una buona p. di energia**, to have a good store of energy; **fare p. di q.c.**, to provide oneself with st.
provvisto, *a.* **1** provided; furnished; equipped: **essere p. di q.c.**, to be provided with st. **2** (*fig.*: *dotato*) endowed; gifted. ● **essere p. dell'occorrente**, to have everything one needs □ **essere ben p.**, to be well off.
prozia, *f.* great-aunt.
prozio (1), *m.* great-uncle.
pròzio (2), *m.* (*fis.*) protium.
prua, *f.* (*naut.*) bow; prow; stem; head: **da poppa a p.**, from stem to stern; fore and aft; **vento di p.**, head-wind; **La nave era inclinata a p.** (*o* **era appruata**), the ship was (down) by the head; **La nave aveva la p. controvento**, the ship was head to the wind. ● **castello di p.**, forecastle □ **dirigere la p. al largo**, to stand out to sea; to stand off □ **orientare la p. in direzione opposta al vento**, to bear up □ **ponte di p.**, forecastle-dock.
prude (*franc.*), *a.* prudish; prim.
prudènte, *a.* prudent; (*cauto*) cautious, wary, circumspect, discreet, deliberate: **un uomo p.**, a prudent man; **un contegno p.**, a discreet behaviour; **un silenzio p.**, a discreet silence; **essere accorto e p.**, to be cautious and wary. ● **troppo p.**, over-cautious; gingerly □ **Sii p. nel parlare**, mind what you are saying.
prudenteménte, *avv.* prudently; (*cautamente*) cautiously, warily, with circumspection, discreetly, with discretion.
prudènza, *f.* prudence; (*cautela*) caution, circumspection, discretion; (*precauzione*) precaution: **La p. è una delle quattro virtù cardinali**, prudence is one of the four cardinal virtues; **avere** (*o* **usare**) **p.**, to use caution, to be prudent; **operare con p.**, to act with circumspection; **per p.**, as a precaution. ● **soverchia p.**, over-caution; gingerliness □ **Ti consiglio maggior p.**, you must be more prudent □ **La p. non è mai troppa**, you are never too prudent.
prudenziale, *a.* prudential: **una massima p.**, a prudential maxim; **misure prudenziali**, prudential measures; precautions; **per motivi prudenziali**, for prudential reasons.
prùdere, *v. i.* to itch (*anche fig.*); to be itchy: **Mi prudono** (*o* **mi sento p.**) **le mani**, my hands are itchy (*anche fig.*); (*fig.*) **Mi prude** (*o* **mi sento p.**) **la lingua**, I'm itching to let everything out. ● (*fig.*) **toccare q. dove gli prude**, to touch sb. on the raw.
pruderie (*franc.*), *f.* prudery; prudishness; primness: **p. sessuale**, sexual prudery.
prudóre, *V.* prurito.
prueggiare, *v. i.* (*naut.*) to luff.
pruéggio, *m.* (*naut.*) luffing.
prugna, **A** *f.* (*bot.*) plum: **prugne secche**, dried plums; prunes. ● **a forma di p.**, plum-shaped. **B** *a.* plum (*attr.*): **color p.**, plum--coloured.
prugno, *m.* (*bot.*, *Prunus domestica*) plum(-tree).
prùgnola, *f.* (*bot.*) sloe.
prùgnolo, *m.* (*bot.*, *Prunus spinosa*) sloe; blackthorn.
pruìna, *f.* **1** (*bot.*) bloom **2** (*poet.*: *brina*) hoar-frost.
pruinóso, *a.* **1** (*bot.*) pruinose; glaucous **2** (*poet.*: *coperto di brina*) frosty.
prunàio, *m.* **1** thorn-bush; blackthorn thicket **2** (*fig.*) thorny (*o* difficult) situation; (bad) fix: **mettersi in un p.**, to get oneself into a bad fix (*o* a fine mess). ● (*prov.*) **Una spina non fa un p.**, one thorn does not make a thicket.
prunèlla (1), *f.* (*bot.*, *Prunella vulgaris*) prunella; self-heal.
prunèlla (2), *f.* **1** (*ind. tessile*) prunella **2** (*liquore*) plum brandy.
prunéto, *m.* thorn-bush; blackthorn thicket.
pruno, *m.* **1** (*bot.*, *Prunus spinosa*) blackthorn; sloe: **una siepe di pruni**, a (black)thorn-hedge **2** (*spina di p.*) thorn: **M'è entrato un p. nel dito**, a thorn has got into my finger; **essere come un p. in un occhio**, to be a thorn in one's side (*o* flesh); to be a real nuisance; (*fig.*) **stare** (*o* **essere**) **sui pruni**, to be upon thorns;

to feel (*o* to be) quite uneasy. ● (*prov.*) **Ogni p. fa siepe**, every little helps.
prurìgine, *f.* **1** (*lett.*) itchiness; itching; itch (*anche fig.*): **la p. del piacere**, the itch of pleasure; an itch for pleasure **2** (*med.*) prurigo*.
pruriginóso, *a.* **1** itching; itchy **2** (*fig.*: *stuzzicante*) exciting; provocative **3** (*med.*) pruriginous.
prurito, *m.* **1** itching; itch (*anche fig.*): **un p. alla pelle**, an itching of the skin; **avere il p. del denaro**, to have an itch for money; to have an itching palm **2** (*med.*) pruritus. ● **sentire p.**, to itch; to be itchy: **Se senti p.**, **grattati**, scratch yourself if you itch.
prussianésimo, **prussianismo**, *m.* Prussianism.
prussiano, *a. e m.* Prussian.
prussiato, *m.* (*chim.*) prussiate; cyanide: **p. giallo (rosso) di potassio**, yellow (red) prussiate of potash.
prùssico, *a.* (*chim.*) prussic: **acido p.**, prussic (*o* hydrocyanic) acid.
psammòfita, *f.* (*bot.*) psammophyte.
psammoterapìa, *f.* (*med.*) psammotherapy.
pseudoacàcia, *f.* (*bot.*, *Robinia pseudoacacia*) false acacia; locust-tree.
pseudointellettuale, *m. e f.* (*spreg.*) pseudointellectual.
pseudoletterato, *m.* (*spreg.*) would-be man* of letters.
pseudomembrana, *f.* (*med.*) pseudomembrane; false membrane.
pseudomòrfo, *a.* (*miner.*) pseudomorphic; pseudomorphous.
pseudomorfòsi, *f.* (*miner.*) pseudomorphism.
pseudònimo, **A** *m.* pseudonym; false (*o* fictitious) name; (*p. letterario*) pen-name; nom de plume (*franc.*); (*di attore*) stage--name: **l'uso d'uno p.**, the use of a pseudonym; **prendere uno p.**, to assume a pseudonym; **scrivere sotto p.**, to write under a false name. **B** *a.* pseudonymous.
pseudo-operazióne, *f.* (*elab.*) pseudo-operation.
pseudoparàlisi, *f.* (*med.*) pseudoparalysis*.
pseudopòdio, *m.* (*biol.*) pseudopodium*.
pseudoprofèta, *m.* pseudo-prophet; false prophet.
psi, *m. e f.* (*ventitreesima lettera dell'alfabeto greco*) psi.
psicagogìa, *f.* psychagogy.
psicagògico, *a.* psychagogic.
psicagògo, *m.* psychagogue.
psicanàlisi, *f.* psychoanalysis.
psicanalista, *m. e f.* psychoanalyst.
psicanalìtico, *a.* psychoanalytic(al).
psicanalizzare, *v. t.* (*med.*) to psychoanalyse.
psicastenìa, *f.* (*psic.*) psychasthenia.
psicastènico, *a.* (*psic.*) psychasthenic.
psiche (1), *f.* psyche.
psiche (2), *f.* (*grande specchio a oscillazione*) cheval-glass.
psichedèlico, **A** *a.* psychedelic: **farmaco p.**, psychedelic drug; **arte psichedelica**, psychedelic art. ● **rendere p.**, to psychedelicize. **B** *m.* psychedelic.
psichiatra, *m. e f.* (*med.*) psychiatrist.
psichiatrìa, *f.* (*med.*) psychiatry.
psichiàtrico, *a.* (*med.*) psychiatric(al). ● **ospedale p.**, mental home.
psichico, *a.* psychic(al); mental: **fenomeni psichici**, psychic phenomena; **attività psichiche**, mental activities; **fatti psichici**, mental facts; **disturbi psichici**, mental disorders.
psicoanàlisi, *e deriv.* *V.* **psicanàlisi**, *e deriv.*
psicoattivo, *a.* (*farm.*) psychoactive.
psicochirurgìa, *f.* psychosurgery.
psicodiagnòstica, *f.* psychodiagnostics (*pl. col verbo al sing.*).
psicodiagnòstico, *a.* psychodiagnostic.
psicodinàmica, *f.* psychodynamics (*pl. col verbo al sing.*).
psicodinàmico, *a.* psychodynamic.
psicodramma, *m.* (*psic.*) psychodrama.
psicofàrmaco, *m.* (*farm.*) psychotropic drug; psychopharmaceutical.
psicofarmacologìa, *f.* psychopharmacology.
psicofìsica, *f.* psycho-physics (*pl. col verbo al sing.*).
psicofìsico, *a.* psycho-physical.
psicofisiologìa, *f.* psychophysiology.
psicofisiològico, *a.* psychophysiological.
psicogènesi, *f.* psychogenesis.
psicografìa, *f.* psychography.
psicologìa, *f.* psychology: **un trattato di p.**, a treatise on (the science of) psychology; **p. industriale**, industrial psychology. ● **p. applicata**, psychotechnology; psychotechnics (*pl. col verbo al sing.*) □ **p. del comportamento**, behaviourism □ **p. della lingua**, psycholinguistics (*pl. col verbo al sing.*) □ **p. fisiologica**, psychophysiology □ **p. patologica**, psychopathology.
psicològico, *a.* (*attinente alla psicologia*) psychologic(al); (*che riguarda l'anima*) psychic(al): **principi (metodi) psicologici**, psychological principles (methods); **ricerche psicologiche**,

psychical researches; **un fenomeno p.**, a psychic phenomenon; **il momento p.**, the psychological moment. ● **il mondo p.**, the world of the human soul.
psicologismo, *m.* (*filos.*) psychologism.
psicologista, *m. e f.* (*filos.*) psychologue.
psicòlogo, *m.* psychologist.
psicomanzìa, *f.* psychomancy.
psicometrìa, *f.* psychometry.
psicomètrico, *a.* psychometric: **test p.**, psychometric test.
psicomotòrio, *a.* (*med.*) psychomotor.
psiconevròsi, *f.* (*med.*) psychoneurosis.
psiconevròtico, *a. e m.* (*med.*) psychoneurotic.
psicopatìa, *f.* (*med.*) psychopathy; mental disease (*o* disorder).
psicopàtico, **A** *a.* psychopathic. **B** *m.* psychopath.
psicopatologìa, *f.* (*med.*) psychopathology.
psicopatològico, *a.* (*med.*) psychopathologic(al).
psicopatòlogo, *m.* psychopathologist.
psicopedagogìa, *f.* educational psychology.
psicopedagogista, *m. e f.* educational psychologist.
psicòsi, *f.* (*med.*) psychosis*.
psicosomàtico, *a.* (*med.*) psychosomatic.
psicotècnica, *f.* psychotechnology.
psicotècnico, **A** *a.* psychotechnic(al). **B** *m.* psychotechnician.
psicoterapèuta, **psicoterapèutico**, V. **psicoterapista**, **psicoteràpico**.
psicoterapìa, *f.* (*med.*) psychotherapy: **p. di gruppo**, group psychotherapy.
psicoteràpico, *a.* (*med.*) psychotherapeutic.
psicoterapista, *m. e f.* psychotherapist.
psicòtico, *a.* (*med.*) psychotic.
psicòtropo, *a.* (*farm.*) psychotropic.
psicròmetro, *m.* (*meteorologia*) psychrometer.
psictère, *m.* (*archeol.*) psykter, psycter.
psilòsi, *f.* (*med.*) psilosis*.
psittacismo, *m.* (*med.*) psittacism.
psittacòsi, *f.* (*med.*) psittacosis*.
psòas, *m.* (*anat.*) psoas*.
psoriasi, *f.* (*med.*) psoriasis*.
psòrico, *a.* (*med.*) psoric; psoriatic.
pss, pst, *inter.* sh!
pteridòfite, *f. pl.* (*bot.*, *Pteridophyta*) pteridophytes.
pterodàttili, *m. pl.* (*paleontologia*) pterodactyls.
ptèropo, *m.* (*zool.*, *Pteropus*) flying fox.
pteròpodi, *m. pl.* (*zool.*, *Pteropoda*) pteropods.
pterosàuri, *m. pl.* (*paleontologia*) pterosaurs.
ptialìna, *f.* (*biol.*) ptyalin.
ptialismo, *m.* (*med.*) ptyalism.
ptilòsi, *f.* (*med.*) ptilosis*.
ptomaìna, *f.* (*chim.*) ptomaine.
ptòsi, *f.* (*med.*) ptosis*.
puàh, *inter.* ugh!; pugh!; pshaw!
pubblicàbile, *a.* publishable.
pubblicaménte, *avv.* publicly; in public.
pubblicano, *m.* (*stor.*) publican; tax-gatherer.
pubblicare, *v. t.* 1 (*diffondere per mezzo della stampa*) to publish; to bring* out; (*dell'editore*) to issue: **Quando pubblicherai il tuo nuovo romanzo?**, when are you going to publish (*o* to bring out) your new novel?; **p. un libro**, to publish a book; **p. un giornale**, to issue a newspaper; **p. un decreto**, to issue a decree; **p. a puntate**, to publish in serial form (*o* serially); to serialize 2 (*divulgare*) to publish; to spread* (about); to divulgate; to make* public; to give* out: **p. una notizia**, to spread (*o* to give out) a piece of news 3 (*promulgare*) to promulgate; to publish: **p. una legge**, to promulgate (*o* to publish) a law. ● **p. annunzi (sui giornali)**, to advertise □ **p. sulla gazzetta ufficiale**, to gazette □ **da non p.** (*di intervista, ecc.*), off the record.
pubblicazióne, *f.* 1 (*il pubblicare*) publication; publishing; issue; issuing: **la p. d'un libro**, the publication of a book; **la p. d'un giornale**, the issue of a newspaper 2 (*libro pubblicato*) publication; (*relazione scientifica, anche*) paper **Non ho ancora letto la tua ultima p.**, I haven't read your latest paper yet 3 (*promulgazione*) publication; promulgation: **la p. d'una legge**, the publication of a law. ● **p. annuale**, yearly □ **p. bimestrale**, bimonthly □ **p. bisettimanale**, biweekly □ **p. ciclostilata**, mimeo(graph) □ **p. mensile**, monthly □ **p. periodica**, periodical □ **p. quindicinale**, biweekly; fortnightly □ **p. settimanale**, weekly □ **p. trimestrale**, quarterly □ **curare la p. d'un libro**, to edit a book □ **curatore della p. di un'opera**, editor □ **essere di recente p.**, to be just published (*o* just out) □ **fare le pubblicazioni matrimoniali**, to publish the banns □ **essere in corso di p.**, to be publishing; to be in print.
pubblicista, *m. e f.* 1 (*giornalismo*) writer on current public topics; freelance journalist 2 (*esperto di diritto pubblico*) publicist; expert in public law.
pubblicità, *f.* 1 publicity: **Dovevamo evitare quella p.**, we should have avoided that publicity; **Quell'attrice va sempre in cerca di p.**, that actress always seeks publicity 2 (*l'essere pubblico*) publicity: **la p. dell'istruttoria**, the publicity of the examining magistrate's investigation; **la p. del giudizio**, the publicity of the judgment 3 (*propaganda comm.*) advertising: **La p. è l'anima del commercio**, advertising is the very soul of trade; **i vantaggi della p.**, the benefits of advertising; **p. radiofonica (televisiva)**, radio (television) advertising; radio (TV) commercials (*pl.*). ● **p. luminosa**, luminous (*o* neon) signs □ **p. stravagante**, hype (*fam.*) □ **agente di p.**, advertising agent; (*al servizio di una persona celebre*) publicity (*o* press) agent □ **agenzia di p.**, advertising agency □ **fare p. a q.c.**, to advertise st. □ **fare molta p. a q.c.**, to plug (*o* to boost) st. □ **piccola p.**, small advertisements (*pl.*); small ads (*pl., fam.*).
pubblicitàrio, **A** *a.* advertising; promotional: **campagna pubblicitaria**, advertising campaign; **ufficio (agente) p.**, advertising office (agent). ● **avviso p.**, advertisement; ad (*fam.*) □ **redattore p.**, copy-writer □ **trovata pubblicitaria**, publicity stunt. **B** *m.* advertising agent; media man*; ad writer.
pubblicizzare, *v. t.* to publicize. ● **p. in modo stravagante**, to hype up (*fam.*).
pùbblico, **A** *a.* public; (*statale, nazionale*) national; state, government (*attr.*): **giardini pubblici**, public gardens; **lavori pubblici**, public works; **servizi pubblici**, public utilities; (*leg.*) **P. Ministero** (*o* **Pubblica Accusa**), Public Prosecutor; the Prosecution; **rendere p. q.c.**, to make st. public; to broadcast st.; **bagni pubblici**, public baths; **p. Debito**, National Debt; **pubblica calamità**, national disaster (*o* calamity); **diritto p.**, public law; **i pubblici monumenti**, public monuments; **pubblica istruzione**, state education; **opinione (vita, salute, stima, fama) pubblica**, public opinion (life, health, esteem, fame); **un ente p.**, a public body; **p. notaio**, notary public; **fare una pubblica protesta**, to make a public protest; **un nemico p.**, a public enemy; **tenere una pubblica riunione**, to hold a public (*o* an open) meeting; **edifizi pubblici**, government (*o* public) buildings; **una questione di interesse p.**, a public matter; (*d'importanza nazionale*) a matter of national importance; **un p. ufficiale**, a public officer; a civil servant; **scuole pubbliche**, (*in G.B.*) state schools; (*in USA*) public schools. ● **agente di pubblica sicurezza**, policeman □ (*leg.*) **atto (strumento) p.**, deed (instrument) under seal □ **la Pubblica Sicurezza**, the Police □ **fare q.c. di pubblica ragione**, to publish st.; to call attention to st. □ **lavorare per il bene p.**, to work for the common good (*o* weal) □ **Ministero dei Lavori Pubblici**, Ministry of Works □ **Ministero della Pubblica Istruzione**, Ministry of Education □ **È una notizia pubblica** (*o* **È di dominio p.**), it's common knowledge. **B** *m.* 1 public: **dire (fare) q.c. in p.**, to say (to do) st. in public; **il p. dei lettori**, the reading public; **Il p. sarà il mio giudice**, the public will be my judge; **parlare al p.**, to speak to the public; **i gusti del p.**, the tastes of the public; **il p. inglese (francese, ecc.)**, the British (French, etc.) public; **Il p. è pregato di non toccare i quadri**, the public is (*o* are) requested not to touch the pictures; **Il p. non è ammesso dopo le 18**, the public is (*o* are) not admitted after 6 p.m. 2 (*uditorio*) audience; (*spettatori*) spectators (*pl.*): **il p. del teatro**, the theatre audience; **gli applausi del p.**, the applause of the audience; **C'era un foltissimo p. allo stadio**, there was a great number of spectators at the stadium. ● **il favore del p.**, public favour □ **in p.**, publicly; in public □ **mettere q.c. in p.**, to make st. public; to spread st. abroad □ **l'opinione pubblica**, public opinion □ **C'era poco p. alla conferenza**, the lecture was poorly attended; there was a poor attendance at the lecture.
pube, *m.* (*anat.*) 1 (*osso pubico*) pubis*; pubic bone 2 (*regione pubica*) pubes*.
puberale, *a.* puberal; pubertal. ● **l'età p.**, the age of puberty.
pùbere, **A** *a.* puberal; pubertal. **B** *m. e f.* pubescent.
pubertà, *f.* puberty.
pubescènte, *a.* 1 (*lett.:* *pubere*) pubescent 2 (*bot.*) pubescent; downy.
pubescènza, *f.* (*biol.*) pubescence.
pùbico, *a.* (*anat.*) pubic: **sinfisi pubica**, pubic symphysis.
puddellàggio, *m.* (*metall.*) puddling.
puddinga, *f.* (*geol.*) pudding-stone.
pudènde, *f. pl.* (*anat.*) pudenda.
pudibóndo, *a.* 1 (*verecondo*) modest; bashful; coy: **una fanciulla pudibonda**, a coy young girl 2 (*di chi affetta pudore*) demure; prudish: **un sorriso p.**, a demure smile.
pudicaménte, *avv.* modestly; bashfully; demurely.
pudicizia, *f.* modesty; bashfulness; pudency; (*affettata*) prudery.
pudìco, *a.* modest; bashful; chaste; (*in modo affettato*) prudish: **una giovinetta pudica**, a modest young girl; **un sorriso p.**, a bashful (*o* shamefast) smile; **parole pudiche**, chaste words.
pudóre, *m.* modesty; decency; chastity; (*vergogna*) shame; (*ri-*

pueblo

tegno) reserve: **p. verginale**, virginal modesty; **falso p.**, false modesty; **mancanza di p.**, want of decency; **un'offesa al p.**, an offence against decency; **offendere il p.**, to offend against decency; **avere perduto ogni p.**, to have lost all sense of decency (o all shame); **non avere p.**, to have no shame; to be lost to shame; **per p.**, out of shame. ● **non avere p. a fare q.c.**, not to be ashamed to do st. □ **senza p.**, without shame; shameless (agg.); shamelessly (avv.).

pueblo (spagn.), m. pueblo.
puericultóre, m. p(a)ediatrician; baby doctor.
puericultrice, f. baby nurse; infant nurse.
puericultura, f. puericulture; child welfare.
puerile, a. **1** childish; child-like; (da fanciullo) boyish; (da fanciulla) girlish: **giochi puerili**, childish games; **trastulli puerili**, boyish pastimes **2** (spreg.) puerile; childish; foolish; silly: **Fu un'idea p.**, that was a childish idea; **Non essere p.**, don't be silly; **un'osservazione p.**, a puerile (o a foolish) remark; **un motivo p.**, a puerile reason; **obiezioni puerili**, puerile (o childish) objections. ● **l'età p.**, childhood.
puerilismo, m. (med.) puerilism.
puerilità, f. puerility (anche concreto); (spreg., anche) childishness, foolishness, silliness: **la p. del proprio comportamento**, the puerility of one's behaviour.
puerilménte, avv. puerilely; childishly; like a child: **comportarsi p.**, to behave like a child.
puerizia, f. childhood; (rif. a fanciullo) boyhood; (rif. a fanciulla) girlhood: **sin dalla mia p.**, ever since I was a child.
puèrpera, f. puerpera*; woman* in childbirth; lying-in patient.
puerperale, a. puerperal: **febbre p.**, puerperal fever.
puerpèrio, m. puerperium*; (childbirth) confinement; lying-in.
puf, m. (cuscino-sgabello) pouf(fe).
puff, inter. flop!
puffino, m. (zool., Puffinus) shearwater.
pugilato, m. (sport) boxing; pugilism: **un incontro di p.**, a boxing-match. ● **fare del p.**, to box.
pugilatóre, pùgile, m. (sport) boxer; pugilist.
pugilìstico, a. (sport) boxing (attr.); pugilistic: **un incontro p.**, a boxing-match. ● **campione p.**, champion boxer.
pùglia, f. **1** (gettone) counter; fish; chip **2** (posta, al poker) pool.
Pùglia, f. (geogr.) Apulia; Puglia.
pugliése, a., m. e f. Apulian.
pugna, f. (lett.) battle; fight: **entrare nella p.**, to join battle.
pugnace, a. (lett.) pugnacious; combative; bellicose; warlike: **un'indole p.**, a bellicose nature.
pugnacemènte, avv. (lett.) pugnaciously; bellicosely.
pugnalare, v. t. to stab (with a dagger): **p. q. alle spalle**, to stab sb. in the back. ● **morire pugnalato**, to be stabbed to death.
pugnalata, f. **1** (colpo di pugnale) stab: **una p. alle spalle**, a stab in the back (anche fig.) **2** (fig.) great blow; severe shock: **Quella notizia fu per me una p.**, the news was a great blow to me. ● **colpire q. con una p.**, to stab sb.
pugnalatóre, m. stabber.
pugnale, m. dagger: **L'uomo lo colpì col suo p.**, the man stabbed him with his dagger. ● **colpo di p.**, stab: **un colpo di p. alle spalle**, a stab in the back (anche fig.) □ **uccidere q. a colpi di p.**, to stab sb. to death.
pugnare, v. i. (lett.) to fight*; to battle; to struggle: **p. da prode**, to fight bravely.
pugno, m. **1** (mano serrata) fist: **stringere (o serrare) i pugni**, to clench one's fists; **allargare (o aprire) il p.**, to open one's fist; **a pugni stretti**, with clenched fists; **mostrare i pugni a q.**, to shake one's fist at sb.; to threaten sb. with one's fist **2** (colpo dato col p.) punch; blow: **Mi assestò un p. sulla testa**, he gave me a punch (o he struck me a blow) on the head; he punched me on the head; **venire a pugni**, to come to blows; **una scarica di pugni**, a succession (o a hail) of blows; **Con un p. lo stese a terra**, with one blow (o punch) he knocked him down; **Sfondò il coperchio con un p.**, he smashed the lid in with one blow; **Gli sferrò un p. da ammazzare un bue**, he landed him a punch (o a blow) that would have killed an ox; **Gli tirai un p. alla mascella**, I struck him a blow (o landed him one) on the jaw; **Se lo rifai, ti do un p. in un occhio**, I'll give you a punch in the eye if you do that again **3** (manciata) fistful; handful; bunch (anche fig.): **un p. di diamanti**, a fistful of diamonds; **un p. di eroi**, a handful (o a bunch) of heroes; **un p. di dollari**, a handful of dollars **4** (mano) hand: **Il guerriero si fece avanti con la spada in p.**, the warrior advanced sword in hand. ● **p. di ferro**, knuckle-duster □ (fig.) **p. di ferro in guanto di velluto**, an iron hand in a velvet glove □ (fig.) **essere un p. in un occhio**, to be an eyesore: **Le case vicine al duomo sono un p. in un occhio**, the houses near the cathedral are an eyesore □ **avere il p. proibito**, to have a powerful punch; (fam.) to be very strong □ **avere la vittoria in p.**, to have victory in one's grasp □ **di proprio p.**, in one's own hand(writing): **Il documento era firmato di suo p.**, the document was signed in his own handwriting; **Scrisse la lettera di suo p.**, he wrote the letter himself (o in his own hand) □ **fare a pugni**, to fight; (fig.) to clash, to disagree, to be contrary, to contradict: **Nelle ore di punta bisogna fare a pugni per trovare un posto**, in the rush hours you've got to fight your way through to find a seat (o to elbow your way through to find a seat); **Il colore delle tue scarpe fa a pugni col colore dei calzoni**, the colour of your shoes clashes with the colour of your trousers; **Il tuo comportamento fa a pugni con il buon senso**, your behaviour is contrary to common sense; **Le mie affermazioni facevano a pugni con le sue**, my assertions contradicted his □ (fig.) **rimanere con un p. di mosche**, to be left empty-handed □ **tenere q.c. (q.) in p.**, to hold (o to have) st. (sb.) in one's power □ **tenere in p. la situazione**, to have control of the situation.

puh, inter. pooh!
pula, f. (agric.) chaff.
pulce, f. (zool., Pulex irritans) flea: **La casa era piena di pulci**, the house was full of fleas; **un morso di p.**, a flea-bite (anche fig.); **morso dalle pulci**, flea-bitten; **ammazzare le pulci**, to destroy fleas. ● (fig.) **una p. nell'orecchio**, a nagging suspicion (o doubt, etc.) □ (zool.) **p. penetrante** (Pulex penetrans), jigger; chigoe □ **color p.**, puce (colour) □ **gioco della p.**, tiddlywinks (pl. col verbo al sing.) □ (fig.) **mettere una p. in un orecchio a q.**, to arouse sb.'s suspicions □ **essere noioso come una p.**, to be a deadly bore.
pulcesécca, f. pinch.
pulciàio, m. **1** nest of fleas **2** (per estens.: luogo sporco) pigsty.
pulcinàio, m. chicken-house; chicken-coop.
pulcinèlla, m. **1** (maschera del teatro napoletano) Punchinello; (marionetta ingl.) Punch: **avere il naso di p.**, to have a nose like Punchinello's; to have a large, hooked nose; **mascherarsi da p.**, to dress up as Punchinello **2** (fig., spreg.) buffoon; fool: **fare il p.**, to play the fool. ● (zool.) **p. di mare** (Fratercula arctica), puffin □ **segreto di p.**, open secret.
pulcinellata, f. (spreg.) piece of buffoonery.
pulcino, m. **1** chick: **una covata di pulcini**, a brood of chickens **2** (fam.: bambino molto piccolo) chick; tiny tot **3** (calcio: giocatore giovanissimo) colt. ● **essere bagnato come un p.**, to be drenched (o soaked) to the skin; to be wet through; to be as wet as a drowned rat □ **essere come un p. nella stoppa**, not to know which way to turn; to be like a fish out of water (fam.) □ (fig.) **sembrare un p. bagnato**, to look like a frightened hen.
pulcióso, a. full of fleas; infested with fleas; flea-ridden.
pulédra, f. filly.
pulédro, m. colt; foal: **saltellare come un p.**, to frisk like a colt.
puléggia, f. (mecc.) pulley; (scanalata) sheave: **p. a diametro variabile**, expanding pulley; **p. a fascia piena**, band-pulley; **p. fissa**, fast (o fixed) pulley; **p. folle**, idle (o loose) pulley.
pùlica, f. (air-)bubble; boil.
pulicària, f. (bot., Plantago psyllium) flea-bane.
pulimentare, v. t. to polish.
pulimentatóre, m. (tecn.) polisher.
pulimentazióne, f. (tecn.) polishing.
puliménto, m. polish. ● **tirare a p.**, to polish.
pulire, v. t. **1** (togliere il sudicio) to clean; to make* clean; (strofinando) to wipe; (lavare) to wash; (spolverare) to dust; (fregare) to scrub; (spazzolare) to brush: **Devo far p. questi pantaloni**, I must have these trousers cleaned; I must send these trousers to the dry-cleaner's; **Pulisci la lavagna, per favore**, clean (o wipe) the blackboard, please; **p. la casa**, to clean the house; **p. il pavimento**, to scrub the floor; **p. i vetri (delle finestre)**, to clean the windows; **p. la propria stanza**, to clean (o to tidy up) one's room; **p. un cassetto**, to clean out a drawer; **pulirsi la faccia (le mani)**, to clean (o to wash) one's face (one's hands); **pulirsi i denti (le unghie)**, to brush one's teeth (one's nails); **pulirsi le scarpe**, to clean (o to brush) one's shoes; (sullo stoino) to wipe one's shoes **2** (lucidare) to polish; (mecc.) to buff: **p. un mobile**, to polish a piece of furniture; **far p. i mobili**, to get the furniture polished; **p. con la pomice**, to polish (o to clean) with pumice; to pumice **3** (levigare) to smooth; to smooth down; to rub down: **p. con una pialla**, to smooth down with a plane; to plane **4** (togliere ciò che ingombra, ciò che c'è d'estraneo) to clean; to clear: **p. il riso**, to clean rice; **p. una aiuola dalle erbacce**, to clear a flower-bed of weeds; to weed a flower-bed. ● **p. a secco**, to dry-clean □ **pulirsi il naso**, to wipe (o to blow) one's nose.
pulisciorécchi, m. ear-pick; ear-picker.
pulicipénne, m. pen-wiper.
puliscipièdi, pulisciscarpe, m. door-mat.
pulita, f. cleaning; cleaning up; wipe; wiping; (lavata) wash; (spazzolata) brush: **La stanza ha bisogno d'una buona p.**, the room needs a cleaning up; **Va a darti una buona p.**, go and have a good wash; **dare una p. a q.c.**, to give st. a wipe; to wipe st.; to clean st.; (lavandola) to give st. a wash, to wash st.; (spaz-

zolandola) to give st. a brush, to brush st.: **Ho dato una p. all'automobile**, I've given the car a wash (*o* a wash-down); **Ti ho dato una p. alle scarpe**, I've given your shoes a brush.

pulitaménte, *avv.* 1 (*raro*) cleanly 2 (*fig.*) neatly; nicely; properly.

pulitézza, *f.* 1 polish; finish; (*ordine*) neatness 2 (*fig.*) polish; refinement: **p. di stile**, refinement of style.

pulito, A *a.* clean (*anche fig.*); (*pulito, ordinato*) neat, tidy, spic and span: **Hai le mani pulite?**, are your hands clean?; **Mettiti un vestito p.**, put on a clean dress; **Va sempre p.**, he is always (neat and) clean; **Dovete tenere la classe pulita**, you must keep your classroom clean; **Dovete condurre una vita pulita**, you must lead a clean life; **acqua pulita**, clean water; **una casa (una stanza) pulita**, a clean house (room); **una scrittura pulita**, a neat handwriting; **bombe pulite**, clean bombs; **tenere p. un bambino**, to keep a child clean. ● **avere la coscienza pulita**, to have a clear conscience □ **una faccenda poco pulita**, a dishonest (*o* a shady) business □ **farla** (*o* **passarla**) **pulita**, to get away with it □ **far piazza pulita**, to make a clean sweep; to sweep up all; (*al gioco*) to sweep the board (*o* the stakes); (*mangiare tutto*) to eat up everything □ **gioco p.**, fair play □ **lasciare q. p.** (*privo di denari*), to clean sb. out □ **osso p.**, bare bone. **B** *avv.* cleanly; neatly: **scrivere p.**, to write neatly. **C** *m.* — **Sa di pulito**, it smells clean.

pulitóre, A *m.* cleaner. **B** *a.* cleaning; cleansing.

pulitrice, *f.* 1 (*mecc.*) buffer; polishing-machine 2 (*agric.*) seed-winnower. ● **p. a nastro**, surface sandpapering machine □ **disco per p.**, polishing-disk.

pulitura, *f.* 1 (*il pulire*) cleaning; wiping; (*il lavare*) washing; (*lo spazzolare*) brushing: **p. a secco**, dry-cleaning; **p. meccanica**, mechanical cleaning 2 (*il lucidare*) polishing; (*mecc.*) buffing: **la p. del marmo (dei metalli)**, the polishing of marble (of metals) 3 (*il levigare*) smoothing; down; rubbing down 4 (*il togliere ciò che ingombra, ciò che c'è d'estraneo*) cleaning; clearing: **la p. del riso**, rice-cleaning. ● **dare l'ultima p. a un lavoro**, to give the finishing touches to a piece of work.

pulizia, *f.* 1 (*il pulire*) cleaning: **fare le pulizie**, to do the cleaning (*o* the housework); **pulizie pasquali**, spring-cleaning 2 (*l'essere pulito*) cleanliness; cleanness; neatness. ● **fare p.**, to clean up; (*fig.*) to make a clean sweep □ **impresa di pulizie**, cleaning contractor □ **Qui c'è molta p.**, it's very clean here.

pullman (*ingl.*), *m.* 1 (*autom.*) coach 2 (*ferr.*) pullman.

pullover (*ingl.*), *m.* pullover.

pullulare, *v. i.* to swarm; to teem; to pullulate: **Pullulano gli insetti**, insects swarm; **Questo fiume pullula di pesci**, this river is teeming with fish; **un p. d'insetti**, a swarming of insects; swarms of insects; **le idee che pullulano nella mente degli uomini**, the ideas swarming in men's minds.

pulmino, *m.* (*autom.*) minibus; microbus; minicoach.

pulóne, *m.* (*agric.*) chaff.

pulpite, *f.* (*med.*) pulpitis*.

pùlpito, *m.* pulpit. ● (*fig.*) **salire sul p.** (*o* **montare in p.**), to sermonize; to preach □ (*iron.*) **Da che p. viene la predica!**, look who's talking!

pulsante, *m.* push-button; (*del campanello*) bell-push. ● **p. dell'orologio**, pusher □ (*fotogr.*) **p. di scatto**, shutter-release.

pulsantièra, *f.* (*elettr.*) push-button panel.

pulsar, *m.* (*astron.*) pulsar.

pulsare, *v. i.* to pulsate (*per lo più scient.*); to beat*; (*palpitare*) to throb: **Il cuore (gli) pulsava ancora**, his heart was still beating; **Gli pulsavano le tempie**, his temples were throbbing; **il p. del cuore**, the beating (*o* throbbing) of the heart; **il p. di un'arteria**, the pulsating (*o* pulsation) of an artery.

pulsàtile, *a.* (*anat.*) pulsatile.

pulsatilla, *f.* (*bot., Anemone pulsatilla*) pasque-flower; pulsatilla.

pulsazióne, *f.* 1 pulsation (*anche med.*); beat; beating; throb; throbbing: **la p. di un'arteria (delle tempie, del polso)**, the pulsation of an artery (of the temples, of the pulse); **pulsazioni del cuore**, heart-beats 2 (*fis.*) angular frequency; pulsatance.

pulsimetro, *m.* (*med.*) pulsimeter.

pulsióne, *f.* (*scient.*) pulsion; thrust.

pulsivo, *a.* (*scient.*) pulsive.

pulsòmetro, *m.* (*mecc.*) pulsometer: **pompa a p.**, pulsometer pump.

pulsoreattóre, *m.* (*aeron.*) pulse-jet engine.

pulverulènto, V. polverulènto.

pulvinare, *m.* (*stor. romana*) pulvinar*.

pulvinato, *a.* (*archit.*) pulvinate(d).

pulvino, *m.* (*archit.*) dosseret; pulvino.

pulviscolo, *m.* 1 (*sottile polvere*) (fine) dust 2 (*bot.*) pollen. ● **p. atmosferico**, motes (*pl.*).

pulzèlla, *f.* (*lett.*) maid; damsel: **la p. d'Orleans**, the Maid of Orleans.

pum, *inter.* bang!

puma, *m.* (*zool., Felis concolor*) puma*; cougar*; mountain lion.

punching-ball (*ingl.*), *m.* (*sport*) punching-bag; punch ball (*o* punching ball).

pungènte, *a.* 1 (*che punge*) prickly; pricking; stinging; pungent: **una spina p.**, a prickly thorn; **ortiche pungenti**, stinging nettles 2 (*fig.*) pungent; piercing; biting; penetrating; sharp; poignant: **parole pungenti**, pungent (*o* biting) words; **odore p.**, pungent (*o* sharp) smell; **un vento p.**, a piercing (*o* a biting) wind.

pùngere, *v. t.* 1 (*penetrare nella carne, bucare*) to prick; to sting*: **Lo punsi con un ago**, I pricked him with a needle; **pungersi il dito con uno spillo**, to prick one's finger with a pin; **L'ortica punge**, nettles sting; **Mi punsi con l'ortica**, I got stung with a nettle; **Una vespa m'ha punto**, I've been stung by a wasp; **p. la pelle**, to sting the skin 2 (*pizzicare*) to pierce; to nip; to bite*: **Il freddo punge**, the cold is biting; the air is nipping; there is a cold nip in the air; it's bitter cold 3 (*ferire, offendere*) to sting*; to prick; to pierce; to wound: **Le mie parole lo punsero**, my words stung (*o* wounded) him; **Lo pungeva la coscienza**, his conscience pricked him; he felt remorse; **p. q. sul vivo**, to sting sb. to the quick 4 (*lett.*: *spronare*) to spur; to urge on: **p. un cavallo**, to spur a horse. ● **sentirsi p.**, to feel hurt □ **Mi pungeva il desiderio di vederla**, I was itching to see her.

pungiglióne, *m.* sting: **il p. d'uno scorpione (d'una vespa, ecc.)**, the sting of a scorpion (of a wasp, etc.).

pungitopo, *m.* (*bot., Ruscus aculeatus*) butcher's broom.

pungolare, *v. t.* to goad (*anche fig.*); to urge on; to spur: **p. i buoi**, to goad the oxen.

pùngolo, *m.* 1 goad: **stimolare col p.**, to prick with a goad; to goad; to drive on (with a goad) 2 (*fig.*) goad; spur; (*morso*) sting, prick: **sotto il p. del bisogno**, under the spur of necessity; **il p. della miseria**, the spur of poverty; **il p. della fame**, the sting (*o* prick) of hunger; **il p. della coscienza (del rimorso, ecc.)**, the prick of conscience (of remorse, etc.).

punibile, *a.* punishable; liable to punishment.

punibilità, *f.* punishability; punishableness; liability to punishment.

puniceo, *a.* (*lett.*) puniceous; bright red; purplish-red.

pùnico, *a.* Punic; Carthaginian: **le tre guerre puniche**, the three Punic Wars; **fede punica**, Punic faith.

punire, *v. t.* to punish; to chastise; to bring* to book (*fam.*); to give* it to (sb.) (*fam.*): **La legge punisce tutti i malfattori**, the law punishes all wrongdoers; if a man breaks the law, he will be punished; **Sarà infine punito dalla legge**, the law will bring him to book in the end; **Il ragazzo fu punito perché aveva disobbedito**, the boy was punished for disobedience; **Se lo farai ancora, ti punirò**, I'll give it to you if you do it again; **p. i traditori**, to punish traitors; **p. q. severamente**, to punish sb. severely; **p. q. per le sue colpe**, to chastise sb. for his faults. ● **p. q. a titolo d'esempio**, to make an example of sb.

punitivo, *a.* punitive; punitory: **una legge punitiva**, a punitive law; **una spedizione punitiva**, a punitive expedition.

punitóre, A *m.* punisher; chastiser. **B** *a.* punitory; punitive: **giustizia punitrice**, punitive justice.

punizióne, *f.* 1 (*il punire*) punishment; punishing; chastisement; chastising: **la p. d'un delitto**, the punishment of a crime; **meritare una p.**, to deserve punishment; **infliggere una p. a q.**, to inflict a punishment on sb.; **proporzionare la p. alla colpa**, to make the punishment fit the crime; to fit the punishment to the crime 2 (*sport*) penalty.

punta (1), *f.* 1 (*estremità sottile e acuta*) point: **la p. di un ago (di uno spillo, di un chiodo, di un coltello, di un lapis)**, the point of a needle (of a pin, of a nail, of a knife, of a pencil); **smussare (spezzare) la p.**, to blunt (to break) the point; **p. aguzza (ottusa)**, sharp (blunt) point; **con la p. all'insù**, point upwards; **con la p. all'ingiù**, point downwards; **ferire (colpire) di p. e di taglio**, to wound (to strike) with point and blade 2 (*parte terminale*) tip; end: **sulla p. delle dita**, on the tips of one's fingers; **camminare sulla p. dei piedi**, to walk on the tips of one's toes; to walk on tiptoe; to tiptoe; **la p. del naso**, the end of the nose; (*fig.*) **avere q.c. sulla p. delle dita**, to have st. at one's finger-tips; (*anche fig.*) **avere q.c. sulla p. della lingua**, to have st. on the tip of one's tongue; **la p. della barba**, the tip (*o* point) of one's beard 3 (*quantità minima*) touch; pinch; tinge; trace: **una p. di invidia**, a touch (*o* tinge) of envy; **C'era una p. di dolore nel suo sguardo**, there was a touch (*o* a trace) of sorrow in his look; **una p. di sale**, a pinch of salt; **Aggiungi solo una p. di zucchero (di pepe, di cannella)**, just add a touch of sugar (of pepper, of cinnamon); **C'è una p. di aglio in questa minestra**, there's a trace (*o* a touch) of garlic in this soup 4 (*di vino: inizio di acidità*) sourness: **Questo vino ha preso un po' di p.**, sourness has set in (with this wine); this wine has gone slightly sour; **levare la p.**, to take away the sourness (*o* acidity) 5 (*cima: di albero, guglia, ecc.*) top; (*di monte*) peak: **le punte degli alberi**, the tops of the trees; the tree-tops; **le maggiori punte delle Alpi**, the major

punta (2)

Alpine peaks **6** (*promontorio*) cape; promontory; headland; (*con i toponimi*) cape, point: **Si vedevano due ragazzi sulla p.**, two boys could be seen on the promontory (*o* headland, cape); **P. di Melito**, Cape Melito; Melito Point **7** (*stat.*) peak: **punte di analfabetismo che arrivano al 95%**, peaks of illiteracy up to 95% **8** (*sport: calcio*) attacking forward; attack-man* **9** (*mecc.: di tornio*) centre; (*per perforazione*) bit; (*da trapano*) drill: **p. elicoidale**, shell bit; **p. a elica**, twist drill. ● (*mecc.*) **p. da trapano**, drill (bit) □ (*mecc.*) **p. conica**, casing nail □ (*macelleria*) **p. di petto** (*di manzo*), breast of beef □ **p. fonografica**, stylus; needle □ **a p. di diamante**, pyramid-shaped □ **cappello a tre punte**, three-cornered hat □ **compasso a punte fisse**, dividers □ **fare la p. a una matita**, to sharpen a pencil □ **fatto a p.**, pointed □ **ferita a p.**, stab-wound □ **ore di p.**, rush hours □ **parlare in p. di forchetta**, to pick one's words □ **prendere q. di p.**, to clash with sb. □ **prendere q.c. di p.**, to meet st. head-on; to take st. up with enthusiasm □ (*fis.*) **pressione di p.**, peak pressure □ **uomo di p.**, leading man; (*calcio*) attacking forward, attack-man* ● **Quell'uomo non vede più in là della p. del suo naso**, that man can't see an inch in front of his nose.

punta (2), *f.* (*atteggiamento del cane da caccia*) point. ● **cane da p.**, pointer.

puntale, *m.* **1** (*punta o guarnizione metallica*) ferrule; shoe; metal ring (*o* cap); (*di stringa*) tag: **il p. d'un bastone**, the ferrule of a stick **2** (*mecc.*) push-rod **3** (*naut.*) pillar; stanchion.

puntaménto, *m.* (*mil.*) laying; sighting; (*in elevazione*) pointing; (*in direzione*) training: **p. diretto** (**indiretto**), direct (indirect) laying; **il p. d'un cannone**, the training of a cannon.

puntapièdi, *m.* (*naut.*) stretcher; foot-rest.

puntare (1), **A** *v. t.* **1** (*spingere con forza*) to push; (*mettere, poggiare*) to put*: **Puntò il baule contro la porta per sbarrarla**, he pushed the trunk against the door to bar it; **Puntarono le mani sul banco**, they put their hands on the desk; **Puntai il gomito nel suo fianco**, I pushed (*o* I dug) my elbow into his side; **Puntando i piedi contro il muro, riuscì a chiudere la porta**, by pushing his feet against the wall, he succeeded in closing the door; **p. i gomiti sulla tavola**, to put one's elbows on the table **2** (*volgere, dirigere*) to point; to direct: **Puntai la frusta verso di lui**, I pointed the whip at him; **p. lo sguardo su q.c. (q.)**, to direct one's gaze on st. (sb.); **p. l'attenzione su q.c.**, to direct one's attention on st.; **p. un cannocchiale**, to point a pair of field-glasses; (*metterlo a fuoco*) to focus a pair of field-glasses; **p. i propri sforzi su q.c.**, to direct one's efforts towards st.; to concentrate one's efforts on st.; **p. il dito verso q.c. (q.)**, to point at (*o* to) st. (sb.); **Gli puntò la spada contro il petto**, he pointed his sword to (*o* against) his chest **3** (*aggiustare la mira*) to point; to aim; to sight; to level: **Tutti puntarono le pistole (i fucili) contro di lui**, they all aimed (*o* levelled) their revolvers (guns) at him; **Mi puntò la pistola contro il petto**, he levelled (*o* aimed) his revolver against my chest; **Il cacciatore puntò la beccaccia (la lepre)**, the hunter sighted the woodcock (the hare); **Bisogna p. prima di sparare**, you must aim (*o* take aim) before shooting **4** (*scommettere*) to bet*; to wager: **Voglio p. dieci sterline sul favorito**, I want to bet ten pounds on the favourite; **Punterò tutto quello che ho su questi tre cavalli**, I'll wager (*o* bet) my shirt on these three horses. **B** *v. i.* **1** (*dirigersi*) to head (for): **Puntavo su Calais**, I was heading for Calais; **Punta direttamente a ovest!**, head straight (*o* due) west! **2** (*mirare, anche fig.*) to aim (at): **Puntò alla testa dell'uomo prima di sparare**, he aimed at the man's head before firing; **p. al successo**, to aim at success **3** (*fig.: fare assegnamento*) to count (on, upon st.) **4** (*scommettere*) to bet* (on); (*sui cavalli*) to back: **p. sul rosso**, to bet on the red; (*anche fig.*) **Puntai sul cavallo perdente**, I backed the wrong horse. ● **p. un cannone**, to lay a gun □ (*fig.*) **p. i piedi**, to put one's foot down; to dig one's heels in □ (*naut.*) **p. le vele**, to hoist the sails.

puntare (2), *v. t.* (*di cane da caccia*) to point: **p. un fagiano**, to point a pheasant.

puntare (3), *v. t.* (*segnare con punti*) to dot; to mark with dots.

puntasécca, *f.* (*tecnica d'incisione; riproduzione*) dry-point.

puntaspilli, *m.* pin-cushion.

puntata (1), *f.* **1** (*colpo di punta*) thrust **2** (*il puntare al gioco*) betting; (*somma scommessa*) bet, stake **3** (*breve visita*) flying visit: **Fecero una p. a Milano**, they paid a flying visit to Milan **4** (*mil.*) raid; strike **5** (*calcio*) attack.

puntata (2), *f.* (*parte d'una pubblicazione*) instalment: **Il romanzo fu pubblicato a puntate**, the novel was published in instalments (*o* in serial form, serially); the novel was serialized; **la prima p. d'un romanzo**, the first instalment of a novel. ● **romanzo a puntate**, serial (novel).

puntato, *a.* dotted (*anche mus.*): **una nota puntata**, a dotted note.

puntatóre, *m.* **1** (*chi punta al gioco*) better, bettor **2** (*artigliere che punta il pezzo*) layer; (*p. in elevazione*) pointer; (*p. in direzione*) trainer **3** (*elab.*) pointer.

puntazza, *f.* **1** (*edil.*) pile shoe **2** (*mecc.*) pipe bit.

punteggiaménto, *m.* dotting; (*punti*) dots (*pl.*).

punteggiare, *v. t.* **1** (*gramm.*) to punctuate **2** (*segnare con punti*) to dot; to mark with dots **3** (*bucare col punteruolo*) to prick **4** (*fig.: intercalare*) to punctuate; to dot: **p. un discorso di citazioni**, to dot a speech with quotes.

punteggiato, *a.* **1** (*gramm.*) punctuated: **un periodo mal p.**, a badly-punctuated sentence **2** (*segnato con punti*) dotted: **una linea punteggiata**, a dotted line **3** (*cosparso di macchioline*) dotted; spotted; speckled: **p. d'azzurro**, dotted with blue; with blue dots (*o* spots); **un'ala punteggiata di rosso**, a wing speckled with red; **un prato p. di pecore**, a field dotted with sheep **4** (*fig.*) punctuated; dotted.

punteggiatura, *f.* **1** (*gramm.*) punctuation: **segni di p.**, punctuation-marks **2** (*disegno*) dotting **3** (*macchiettatura*) dotting; dots (*pl.*); spotting; spots (*pl.*); speckling; speckles (*pl.*).

puntéggio, *m.* **1** (*sport*) score: **Il p. fu di 3-2**, the score was 3-2; **totalizzare un buon p.**, to make a good score **2** (*in un esame*) points (*pl.*).

puntellaménto, *m.* propping; shoring; staying up.

puntellare, A *v. t.* **1** to prop; to shore; to stay up: **p. una porta (un tetto cadente, ecc.)**, to prop a door (a falling roof, etc.); **p. un muro cadente**, to shore up a shaky wall; **p. un ramo con uno stecco**, to prop up a branch with a stick; **p. il capo col braccio**, to prop one's head up with an arm **2** (*fig.*) to prop up; to support; to back up; to bolster up; to buttress up: **p. il credito del governo**, to bolster up the credit of the government. **puntellarsi, B** *v. rifl.* to seek* support.

puntellatura, *f.* **1** (*il puntellare*) propping; shoring; staying up **2** (*insieme di puntelli*) propping; props (*pl.*); shoring; shores (*pl.*). ● (*edil.*) **p. di sostegno**, crib.

puntèllo, *m.* **1** prop; shore; stay; support: (*naut.*) **un p. di sentina**, a bilge-shore; **mettere un p. (puntelli) a un muro (a una porta, ecc.)**, to set a prop (*o* props) against a wall (a door, etc.); to prop a wall (a door, etc.) **2** (*fig.*) prop; (chief) support; (chief) stay: **Quel ragazzo doveva essere il p. della mia vecchiaia**, that boy was to be the prop (*o* the staff) of my old age; **essere il p. della famiglia**, to be the chief support (*o* stay) of one's family **3** (*pl., naut.*) pillaring; shoring **4** (*min.*) leg; post; prop: **p. di sicurezza**, safety post. ● (*naut.*) **p. di bacino**, bilge-block □ (*min.*) **p. orizzontale**, stull □ (*fig.*) **andare avanti a forza di puntelli**, to keep going only with help □ **tenere la porta aperta servendosi di un p.**, to prop the door open □ **tenere q.c. su a forza di puntelli**, to prop st. up; to bolster st. up.

punteria, *f.* **1** (*mecc.*) tappet: (*autom.*) **registrare le punterie**, to set the tappets **2** (*mil.*) laying gear.

punteruòlo, *m.* (*arnese usato nei mestieri*) punch; pricker; (*per forare metalli*) drift(-pin); (*per forare cuoio o legno*) awl, bradawl; (*per forare panno*) bodkin. ● (*naut.*) **p. per funi**, marline-spike □ (*zool.*) **p. del grano** (*Calandra granaria*), granary weevil □ (*zool.*) **p. del riso** (*Calandra oryzae*), rice weevil.

puntifórme, *a.* punctiform.

puntíglio, *m.* **1** spite; (*picca*) pique: **fare q.c. per p.**, to do st. out of spite; **andarsene per p.**, to go off in a pique **2** (*ostinazione*) stubbornness; obstinacy. ● **Non si tratta che di un p. (da parte loro)**, they just don't want to give in.

puntigliosaménte, *avv.* **1** spitefully; resentfully; with resentment; out of spite **2** (*ostinatamente*) stubbornly; obstinately.

puntigliosità, *f.* **1** spitefulness **2** (*ostinazione*) stubbornness; obstinacy.

puntiglióso, *a.* **1** spiteful; resentful: **un carattere p.**, a spiteful disposition **2** (*ostinato*) stubborn; obstinate.

puntina, *f.* **1** (*da disegno*) drawing-pin; thumb-pin (*USA*); thumb-tack (*USA*) **2** (*punta fonografica*) needle; stylus **3** (*tipo di chiodino*) brad **4** (*mecc.*) point: **p. di candela**, spark-plug point.

puntinismo, *m.* (*pitt.*) divisionism; pointillism(e).

puntino, *m.* **1** dot; spot: **Guardai l'isola finché non fu che un p. all'orizzonte**, I watched the island until it was a mere dot on the horizon; **segnare con un p.**, to mark with a dot; to dot **2** (*bikini minuscolo*) g-string. ● (*gramm.*) **puntini di sospensione**, dots □ (*fig.*) **a p.**, properly; nicely; (*esattamente*) exactly, to a turn; (*opportunamente*) pat; (*a pennello*) like a glove, like a dream: **fare le cose a p.**, to do things properly; **arrivare a p.**, to come pat; **servire a p. allo scopo**, to come (very) pat to the purpose; (*di un vestito*) **tornare a p.**, to fit like a glove □ **mettere i puntini sugli i**, to dot one's i's □ **trovare tutto a p.**, to find everything in perfect order □ **Tutto procedette a p.**, everything went like clock-work.

punto, A *m.* **1** (*generalm.*) point: **in ogni p.**, on all points; **p. cardinale**, cardinal point; (*chim., fis.*) **p. di accensione**, fire (*o* burning) point; (*mecc.*) **p. di contatto**, point of contact; **p. di appoggio**, (*edil.*) point of support; (*fis.*) fulcrum; (*astron.*) **p. e-**

puntualménte

quinoziale (solstiziale), equinoctial (solstitial) point; **p. di mira**, point of aim; **p. di caduta**, impact point; **p. d'avvio**, release point; (*anat.*) **punti lacrimali**, lacrimal points; (*mecc.*) **p. d'articolazione**, pivot point; (*fis., chim.*) **p. di congelamento**, freezing point; (*fis.*) **p. d'ebollizione**, boiling point; **p. di entrata**, point of entry; (*fis.*) **p. di fusione**, melting point; (*fis.*) **p. di combustione**, ignition point; (*fis.*) **p. d'infiammabilità**, flash point; (*geom.*) **p. d'intersezione**, intersection point; **p. di riferimento**, reference point; (*aeron.*) check point; (*topografia*) datum point; **p. di cottura**, cooking point; (*econ.*) **p. d'oro**, gold point; **p. d'osservazione**, look-out point; (*fis.*) **p. di rottura**, breaking point; (*chim., fis.*) **p. di saturazione**, saturation point; (*mat.*) **p. limite**, limit point; **p. estremo**, utmost point; (*fis.*) **p. neutro**, neutral point; **p. d'equilibrio**, (*fis.*) balance point; (*chim.*) end point; (*leg.*) **p. di diritto**, point of law; **p. d'atterraggio**, landing point (*o* place); (*naut.*) **p. di orientamento**, pinpoint; (*fis.*) **p. critico**, critical point **2** (*cucito e maglia*) stitch: **p. a smerlo**, buttonhole stitch; **punti fitti**, close stitches (*o* stitching); **lasciare cadere un p.**, to drop a stitch; **mettere su i punti**, to cast on stitches; **crescere** (*calare*) **un p.**, to add (to slip) a stitch; **p. a coste**, rib stitch; **p. pieno**, satin stitch; **p. rammendo**, darning stitch; **Se non sai dare un p., non fare la sarta**, if you can't sew a stitch, don't become a dressmaker **3** (*argomento, questione, dettaglio*) point; detail: **un p. d'onore** (**di coscienza**), a point of honour (of conscience); **Non afferrava il mio p.**, he didn't grasp my point; **chiarire un p.**, to clear up a point; **il p. essenziale**, the main point; **Vieni al p.!**, come to the point!; **Sta al p.!**, don't wander (*o* stray) from the point; **Siamo d'accordo su quasi tutti i punti**, we agree almost on every point; **Il p. è che tu non dovevi agire in quel modo**, the point is that you shouldn't have acted like that; **Il p. che voglio mettere in rilievo è questo**, the point I wish to emphasize is this; **C'è un p. della lettera che non si capisce bene**, there's a point in the letter that is not easily understood; **L'abbiamo discusso p. per p.**, we have discussed it point by point (in detail); **p. primo, dovremo pagare**, the first point is that (*o* first and foremost) we'll have to pay; **Non tralasciare nessun p.**, don't omit a single detail **4** (*punteggio al gioco*) point; (*pl.*) score: **Ogni asso vale tre punti**, every ace is worth three points; **Ti darò quindici punti di vantaggio**, I'll give you a start of fifteen points; (*pugilato*) **vincere ai punti**, to win on points; **fare molti punti**, to make a good score; (*sport*) **Quanti punti ha l'Italia?**, what's Italy's score?; **Quanti punti hai fatto**, how many points have you made?; how much have you scored?; **Il sangue freddo è un p. a suo favore quando gioca**, his sang-froid is a point in his favour when he plays; **Può dare dieci punti a chiunque e vincere la partita**, he can give ten points to anybody and still win the game **5** (*momento*) point, moment; (*istante*) instant: **a un certo p.**, at a certain point (*o* moment); **in p. di morte**, at the point of death; **Arrivi in buon p.**, you've arrived at the right moment; **Giunse in mal p.**, he came at the wrong moment; **Lo colse al p. buono per chiedergli un favore**, he took him at the right moment to ask a favour of him; **un p. nel tempo**, a moment (*o* an instant) in time **6** (*posto, luogo*) point; place; spot; (*posizione*) position; (*parte*) part; (*lato*) side: **p. di partenza**, starting point; **p. di arrivo**, point of arrival; **il p. più alto del colle**, the highest point of the hill; (*fig., polit.*) **p. caldo**, hot spot; **È un p. incantevole sulla costa**, it's an enchanting spot on the coast; **Non posso trovarmi in due punti nello stesso tempo**, I can't be in two places at once; **Stabiliamo un p. di ritrovo**, let's fix a meeting place; **Da questo p. si vede tutta la città**, from this point (*o* spot) you can see the whole town; **Il p. in cui si trova la tua casa è bellissimo**, the position of your house is very beautiful; your house is beautifully situated; **un p. deserto** (**pericoloso, ecc.**), a deserted (dangerous, etc.) spot; **Abito nel p. opposto della città**, I live in the opposite part (*o* on the opposite side) of the town **7** (*grado*) degree; extent; point; stage: **Fino a che p. ti interessi a questa faccenda?**, to what degree are you interested in this matter?; **Soffre a tal p. che vuole uccidersi**, he suffers to such a degree (*o* an extent) that he wants to kill himself; **Le cose sono giunte a tal p. che non si può neanche parlargli**, things have come to such a point (*o* pitch, pass) that one can't even speak to him; **essere a buon p.**, to have reached a satisfactory stage; **fino a un certo p., fino a un p.**, to a certain extent; up to a point; **a un p. critico**, at a critical stage (*o* point) **8** (*voto di merito, a scuola*) mark: **Ha riportato ottimi** (**cattivi**) **punti negli esami**, he got excellent (bad) marks in the exams **9** (*med.*) stitch: **mettere** (**togliere**) **i punti**, to put in (to take out) stitches **10** (*fin., Borsa*) point: **Le** (**azioni della**) **Montecatini sono salite** (**diminuite**) **di tre punti**, Montecatini shares have gone up (have fallen) three points **11** (*naut.: posizione*) position; fix: **fare il p.**, to determine a ship's position; to take a ship's bearings; **p. corretto**, corrected fix; **p. radiogoniometrico**, wireless (*o* radar) fix **12** (*segno molto piccolo*) spot; dot: **Molte stelle ci appaiono come punti luminosi**, many stars appear as luminous spots (*o* dots) to us; **Era così lontano che pareva un p. all'orizzonte**, he was so far away that he seemed to be a dot on the horizon **13** (*fig.: macchia*) mark; spot: **C'è un p. nero nella sua vita**, there's a black mark (*o* spot) in his life **14** (*sfumatura di colore*) shade: **Mi piace questo p. di rosso**, I like this shade of red **15** (*passo di un libro*) passage: **In quel libro vi sono punti commoventi**, in that book there are some moving (*o* touching) passages **16** (*tipogr.*) point **17** (*segno d'interpunzione: p. fermo*) full stop; period. ● (*cucito*) **p. a catenella**, chain-stitch □ (*cucito*) **p. a** (*o* in) **croce**, cross-stitch □ (*cucito*) **p. a giorno**, hem-stitch □ **p. culminante**, highlight □ **p. debole**, weak point: **Il greco è il mio p. debole**, Greek is my weak point □ **p. dell'ordine del giorno**, item on the agenda □ **p. d'appoggio**, footing (*anche fig.*) □ (*fis.*) **p. di arresto**, stop □ (*fotogr., aeron.*) **p. di presa**, camera station □ **p. di vista**, point of view; viewpoint: **Tu hai il tuo p. di vista e io ho il mio**, you have your point of view and I have mine □ (*gramm.*) **punti di sospensione**, dots □ (*maglia*) **p. dritto** (*o* a legaccio), plain-stitch □ (*gramm.*) **p. e a capo**, full stop and new paragraph □ **p. esclamativo**, exclamation mark □ **p. e virgola**, semi-colon □ **p. fermo**, full stop; period □ **p. interrogativo**, question mark □ (*legatoria*) **p. metallico**, staple □ **p. morto**, (*mecc.*) dead point (*o* centre); (*fig.*) standstill, deadlock, impasse; (*mil.*) dead angle □ (*cucito*) **p. nascosto**, blind-stitch □ **p. nero** (*comedone*), blackhead; comedo □ (*maglia*) **p. rovescio**, purl; back-stitch □ **al p. in cui stanno le cose**, as matters stand □ **dare dei punti a q.**, to knock the spots off sb. □ **dare** (*o* **cogliere**) **nel p.**, to hit the mark □ **dare un p. a un vestito**, to stitch (up) a dress □ **di p. in bianco**, unexpectedly; suddenly; all of a sudden □ **di tutto p.**, completely; entirely; thoroughly; from head to foot: **L'ho nutrito e vestito di tutto p.**, e non mi ha nemmeno ringraziato, I've fed him and clothed him completely and he hasn't even thanked me; **Si organizzarono di tutto p. e partirono per la montagna**, they got thoroughly (*o* completely) organized and left for the mountains; **Era armato di tutto p.**, he was armed from head to foot (*o* to the teeth) □ (*gramm.*) **due punti**, colon □ **fare il p. della situazione**, to see what the situation is; to take stock □ **fare il p. su q.c.**, to define (*o* to clarify) st. □ **messa a p.**, set-up; (*fis.*) focus; (*fig.*) restatement: **messa a p. di una questione**, restatement of a question □ (*autom.*) **messa a p. del motore**, engine tuning; tuning (up) □ **mettere i punti sugli i**, to dot one's i's (*anche fig.*) □ **mettere a p.**, to set up; to adjust □ (*fis.*) **mettere a p. una lente**, to focus a lens □ **mettere a p. una questione**, to restate (*o* to formulate) a question □ (*autom.*) **mettere a p. un motore**, to tune (up) an engine □ (*fig.*) **per un p.**, by a hair's breadth □ **esser sul p. di fare q.c.**, to be on the point of doing st.; to be about to do st. □ **saperne un p. più del diavolo**, to be very crafty (*o* cunning) □ **Sono arrivati alle tre in p.**, they arrived at three o'clock sharp □ **Per un p. non lo schiaffeggiai**, I almost (*o* I all but) slapped him □ **A che p. siamo?**, where have we got to?; where are we? □ **Le cose sono a buon p.**, things are progressing well; things are going on satisfactorily □ **La faccenda è al p. di prima**, the matter stands as before □ **È ora di finirla, facciamo p. e basta**, it's time to stop all this nonsense □ **Fra dieci anni tu sarai allo stesso p. di oggi**, in ten years' time you'll be just where you are today □ **Questo è il p.!**, there's the rub! □ (*prov.*) **Per un p. Martin perdé la cappa**, for want of a nail the shoe is lost □ (*prov.*) **Un p. in tempo ne salva cento**, a stitch in time saves nine. **B** *a. indef.* (not) any; (not)... the slightest: **Non ha punta voglia di lavorare**, he hasn't the slightest desire to work; **Non ho p. vino in cantina**, I haven't any wine (at all) in the cellar; **Non ho punti quattrini**, I haven't any (*o* I have no) money. **C** *avv.* (*in frasi neg.*) at all; (*senza neg. espressa*) not at all: «**Come stai?**» «**P. bene**», «how are you?» «not at all well»; **Non ci vede p.**, he doesn't see at all; **Non era p. contento del mio lavoro**, he wasn't pleased at all with my work.

puntóne, *m.* (*edil.*) strut; (*principal*) rafter: **p. d'angolo**, hip rafter; **falso p.**, (*common*) rafter.

puntuale, *a.* **1** (*che giunge a tempo giusto*) punctual; on time (*pred.*): **Bisogna essere puntuali**, one must be punctual; **Egli arriva sempre p.**, he always arrives on time **2** (*preciso nei propri impegni*) punctual; exact: **essere sempre p. a far fronte ai propri impegni**, to be always punctual in meeting one's engagements **3** (*fatto con scrupolosa diligenza*) accurate; precise; exact: **un lavoro p.**, an accurate piece of work; **una traduzione p.**, an exact translation.

puntualità, *f.* punctuality; (*esattezza*) exactness; (*precisione*) precision: **Conosco la tua p.**, I know something about your punctuality; I know how punctual you are; **p. nei pagamenti**, punctuality in payments; **richiedere p.**, to exact punctuality; **con la massima p.**, with clock-work precision.

puntualizzare, *v. t.* to define precisely.

puntualizzazione, *f.* precise definition.

puntualménte, *avv.* **1** (*con puntualità*) punctually; on time: **Arrivai p.**, I arrived punctually (*o* on time); **pagare p.**, to pay

puntura

punctually **2** (*regolarmente*) regularly; duly; on the dot (*fam.*); **soddisfare i propri debiti p.**, to meet one's engagements regularly.
puntura, *f.* **1** (*il pungere e i suoi effetti*) puncture; prick; (*d'insetto*) sting, bite: **Ho il viso tutto coperto di punture di zanzara**, my face is covered all over with mosquito bites; **una p. d'ago**, a needle-prick **2** (*fig.*) pain: **una p. che mi trafisse il cuore**, a pain which pierced my heart **3** (*med.: fitta*) stitch; sharp (*o* shooting) pain: **una p. a un fianco**, a stitch in the side; **sentire delle punture al capo**, to have shooting pains in one's head **4** (*med.*) puncture: **p. lombare**, lumbar puncture **5** (*fam.: iniezione*) injection; shot (*fam.*): **farsi una p.**, to have an injection.
puntuto, *a.* pointed; sharp (*anche fig.*).
punzecchiaménto, *m.* **1** (*il pungere*) prick; pricking; prickling; (*d'insetto*) sting, stinging, biting **2** (*fig.*) teasing; taunting.
punzecchiare, *v. t.* **1** (*pungere*) to prick; to prickle; (*d'insetto*) to sting*, to bite*: **Le zanzare lo punzecchiarono tutto**, he was badly bitten by mosquitoes **2** (*fig.: stuzzicare*) to tease; to taunt: **Enrico continuava a punzecchiarlo con scherzetti**, Henry went on teasing him with his little tricks; **Vuoi smettere di punzecchiarmi?**, stop teasing me, will you?
punzecchiatura, *f.* **1** (*il punzecchiare*) pricking; prickling; (*di insetti*) stinging, biting **2** (*traccia lasciata dal punzecchiare*) sting (*anche fig.*); bite: **punzecchiature di zanzara**, mosquito bites **3** (*fig.*) teasing; taunting.
punzonare, *v. t.* **1** (*mecc.*) to punch; to stamp **2** (*sport*) to attach leaden seals (to bicycles, etc.).
punzonatóre, *m. mecc.*) puncher.
punzonatrice, *f.* **1** punch; punching-machine; punch-press: **p. a mano**, hand metal-punch; **p. per occhielli**, eyelet-punch **2** (*per documenti, schede, ecc.*) perforator; card-punch.
punzonatura, *f.* **1** (*mecc.*) punching **2** (*di documenti, schede, ecc.*) perforation; perforating **3** (*sport*) attaching of leaden seals (to bicycles, etc.). ● **p. cava**, trepanning ◻ **p. di controllo** (*su oggetti d'oro, d'argento*), hall-mark; plate-mark.
punzóne, *m.* **1** (*mecc.*) punch; prick-punch; drift; drift-pin: **p. a forare**, piercing-punch; **p. a tranciare**, blanking-punch; **p. per incassare chiodi**, nail-punch **2** (*per schede, documenti, ecc.*) perforator **3** (*oreficeria*) pusher. ● **p. monetario** (*o* **per coniare**), (minting) die; punch.
punzonista, *m.* **1** (*chi fa i punzoni*) punch-cutter **2** (*chi punzona*) puncher.
pupa (1), *f.* **1** (*bambola*) doll, dolly **2** (*pop.: bambina*) little girl; baby-girl; (*ragazza*) doll.
pupa (2), *f.* (*zool.*) pupa*; chrysalis*.
pupàttola, *f.* **1** (*bambola*) doll, dolly (*anche fig.*): **Sembra una p.**, she is just like a doll **2** (*spreg.*) puppet.
pupazzettista, *m. e f.* caricaturist.
pupazzétto, *m.* **1** little puppet **2** (*disegno caricaturale*) caricature.
pupazzo, *m.* puppet (*anche fig.*). ● **p. di neve**, snowman ◻ **p. di stoffa**, rag doll.
pupilare, *v. i.* to shriek; to screech: **Il pavone pupila**, the peacock shrieks.
pupilla (1), *f.* **1** (*anat.*) pupil **2** (*per estens.: occhio*) eye: **abbassare le pupille**, to lower one's eyes; **con le pupille asciutte**, with dry eyes; without shedding a tear. ● **essere la p. degli occhi di q.**, to be the apple of sb.'s eye.
pupilla (2), *f.* (*leg.*) (female) ward; pupil: **la p. e il suo tutore**, the ward and her guardian.
pupillare (1), *a.* (*anat.*) pupil(l)ary; of the pupil: **riflesso p.**, pupillary reflex.
pupillare (2), *a.* (*leg.*) pupil(l)ary; of a ward; of a pupil.
pupillo, *m.* **1** (*leg.*) ward; pupil **2** (*per estens.: prediletto*) pet; favourite.
pupinizzare, *v. t.* (*tel.*) to coil load.
pupinizzazióne, *f.* (*tel.*) coil loading.
pupo, *m.* **1** (*fam.*) child; little boy; baby-boy; tot **2** (*burattino*) puppet.
puraménte, *avv.* **1** (*con purità*) purely; in a pure manner; chastely: **vivere p.**, to live purely **2** (*unicamente, solamente*) purely; merely; simply; solely; only; just; but; (*del tutto*) quite: **Ero andato là p. per aiutarlo**, I had gone there merely (*o* only, just) to help him; **Egli parla p. per il piacere di parlare**, he talks merely for the sake of talking; **È p. inutile**, it's quite useless; it isn't any good; **una cortesia p. formale**, a purely formal courtesy.
purché, *cong.* provided (that); on condition that; if; so long as; if only: **P. non ci sia nessun pericolo, puoi andare**, provided that all is safe, you may go; **Gli fu permesso d'andare, p. rimanesse vicino agli altri ragazzi**, he was allowed to go on condition that he kept near the other boys; **Lo puoi prendere, p. tu lo tenga pulito**, you may take it so long as you keep it clean; **P. non piova!**, if only it doesn't rain!
purchessia, *a. indef.* any; any... whatever; any... whatsoever: **Me ne basta uno p.**, any one will do for me; **Dammene uno p.**, give me any one; give me one, it doesn't matter which; **un vestito p.**, any dress whatever; any dress you like; **in un momento p.**, at any time; **in un luogo p.**, in any place whatever; anywhere; **in un modo p.**, in any way whatever; anyhow.
pure, **A** *avv.* **1** (*anche*) also; too; as well: **P. io sono andato a quella festa**, I too (*o* I also) went to that party; **C'era p. lei**, she was there too; **L'ha detto p. a me**, he also told me; he told me too; **un vestito di seta e un soprabito p. di seta**, a silk dress and a silk overcoat as well; **Noi p. verremo con te**, we'll go with you as well **2** (*permettendo, concedendo*) certainly; by all means; please; of course; as you like; if you like: «**Faccia p.!**», please do; «**Posso prenderne ancora?**» «**Fai p.!**», «may I have some more?» «certainly (*o* of course, by all means)»; «**Vi dispiace?**» «**Faccia p.!**», «do you mind?» «certainly not (*o* of course not, by no means)»; **Fate p., io sono solo il bidello**, do as you like, I'm only the janitor; **Vieni p. da me stasera!**, by all means, come to my house tonight!; **Puoi p. partire quando vuoi**, of course you can leave when you wish; **Diglielo p.!**, tell him, if you like. ● **p. ieri**, only yesterday ◻ **p. ora**, just now ◻ **sia p.**, granted ◻ **È p. facile sbagliare!**, how easy it is to make a mistake! ◻ **È p. difficile imparare bene le lingue!**, how difficult it is to learn languages well! ◻ **Bisogna p. campare**, one still has to live ◻ **È p. vero**, it really is true ◻ **Lo ha p. fatto**, he has indeed done it ◻ **Era p. bello stare al sole!**, how lovely it was in the sun! **B** *cong.* **1** (*anche se*) even if; even though: **Non lo vorrei, fosse p. d'oro**, I wouldn't have it even if it were gold; **S'inginocchiasse p. davanti a me, non lo perdonerei**, even if he were to go down on his knees in front of me, I wouldn't forgive him; **P. volendoti bene, non posso permettere che tu faccia questo**, even though I love you, I can't allow you to do this **2** (*tuttavia, eppure*) but; still; yet; however: **Dovrà p. venire da me**, he will still have to come to me; **È ricco, p. è umile**, he's rich, but he's humble; **Sebbene lo avessi avvisato, pur volle fare ciò che gli pareva**, although I had warned him, he still wanted to do what he liked; **Non posso andarvi, p. mi piacerebbe**, I can't go there, yet I'd like to; **Tutto ciò che diceva era vero, p. stentavano a crederlo**, all he said was true, however (*o* and yet) they hardly believed him **3** (*solamente*) only: **Se p. me l'avessero detto!**, if only they had told me!; **Se p. tornasse a casa!**, if only he would come back home! **pur di**, **C** *cong.* if only: **Pur di andarvi, rinuncerebbe a tutto**, he would give up everything if only he could go there; **Pur di giungere alla meta, sacrificherebbe la sua famiglia**, he would sacrifice his family if only he could reach his goal. ● **pur tuttavia**, and yet; all the same; nevertheless.
purè, *m.* **purèa**, *f.* (*cucina*) mash; purée: **salsicce e p.**, sausages and mash; **p. di fragole**, strawberry purée. ● **p. di patate**, mashed potatoes ◻ **fare un p. di verdura**, to mash vegetables.
purézza, *f.* purity; pureness; clearness: **p. di stile** (**di linguaggio**), purity of style (of language); **p. di cuore**, purity (*o* pureness) of heart; **la p. dell'aria**, the pureness of the air; **la p. del cielo**, the clearness of the sky; **p. di linee** (**di contorni**), purity of line (of contour); **p. dell'animo**, pureness (*o* purity) of mind. ● (*elettron.*) **p. di colore**, colour purity.
purga, *f.* **1** (*il purgare*) purgation; purging; purge **2** (*med.: purgante*) purge; purgative: **L'olio di ricino è adoperato come p.**, castor oil is used as a purgative; **agire da p.**, to act as a purge; **prendere la p.**, to take a purge; to take some medicine (*fam.*) **3** (*polit.*) purge **4** (*ind. tessile*) scouring.
purgante, **A** *a.* cathartic; purgative; purging: **medicine purganti**, cathartic medicines; purgatives. ● (*relig.*) **le anime purganti**, the souls in Purgatory. **B** *m.* (*med.*) cathartic; purge; purgative: **un p. blando**, a mild purgative; a laxative; an aperient; **un p. forte** (*o* **drastico**), a drastic purge; **prendere un p.**, to take a purge; to take some medicine (*fam.*).
purgare, **A** *v. t.* **1** (*med.*) to purge; to administer (*o* to give*) a purge (*o* an aperient, a laxative) to: **Il malato è stato purgato ieri**, a purge was administered to the patient yesterday; **Ho purgato il ragazzo**, I have given the boy a purge; I've given the boy some medicine (*fam.*) **2** (*purificare*) to purify; to depurate; to cleanse; to clarify: **Il vento ha purgato l'aria**, the wind has purified the air; **p. il sangue**, to purify (*o* to depurate) the blood; **p. un liquido**, to clarify a liquid **3** (*nettare, pulire*) to purge; to clean; to clear (of); to free (from): **p. un'aiuola dalle male erbe**, to clear a flower-bed of weeds; to free a flower-bed from weeds; to weed a flower-bed; **p. l'orzo**, to purge the barley (from the bran); to clean the barley **4** (*fig.: mondare*) to purify; to cleanse: **p. l'anima dal peccato**, to cleanse the soul from sin; to purify the soul **5** (*relig.*) to purge away; to expiate; to atone: **p. il peccato**, to expiate sin **6** (*letter.*) to expurgate; to bowdlerize: **p. un testo**, to expurgate a text **7** (*polit.*) to purge. **purgarsi**, **B** *v. rifl.* **1** (*med.*) to purge oneself; to take* a purge (*o* an aperient, a laxative); to take* some medicine (*fam.*): **Mi sono purgato ieri**, I took a purge yesterday; **È necessario che tu ti**

purghi, you need a purge (*o* some medicine) **2** (*fig.*: *purificarsi*) to purge oneself; to purify oneself.
purgata, *f.* purge; purging.
purgataménte, *avv.* with purity of language (*o* of style).
purgatézza, *f.* (*lett.*) purity: **p. di lingua (di stile, ecc.)**, purity of language (of style, etc.).
purgativo, *a.* (*med.*) cathartic; purgative; purging: **una medicina purgativa**, a cathartic (medicine); a purge; an aperient (medicine); a laxative; **sali purgativi**, purgative salts.
purgato, *a.* **1** (*depurato*) purged; purified; depurated; cleansed; clarified: **aria purgata**, purified air; **un liquido p.**, a clarified liquid **2** (*castigato*) purified; pure: **uno stile p.**, a pure style **3** (*letter.*) expurgated; bowdlerized: **un'edizione purgata**, an expurgated edition.
purgatòrio, **A** *m.* (*relig.*) purgatory (*anche fig.*): **le fiamme del p.**, the flames of purgatory; **pregare per le anime del p.**, to pray for the souls in purgatory. ● (*fam.*, *fig.*) **un'anima del p.**, a restless soul □ **Questo è un vero p.**, this is hell! □ **Anime sante del p.!**, goodness gracious! **B** *a.* purgatorial: **pene purgatorie**, purgatorial pains.
purgatura, *f.* **1** (*il purgare*) purgation; purging; purifying; depurating; cleansing **2** (*impurità*) impurities (*pl.*); foreign elements (*pl.*).
purgazióne, *f.* **1** (*il purgare*) purgation; purging; cleansing **2** (*relig.: espiazione*) purgation; expiation: **la p. dei propri peccati**, the expiation of one's sins **3** (*leg.*) clearing; release; redemption: **la p. d'una ipoteca**, the redemption of a mortgage.
purificaménto, *m.* purifying; purification; cleansing.
purificare, **A** *v. t.* **1** (*rendere puro*) to purify; to cleanse; to purge: **p. l'aria d'una stanza**, to purify the air of a room; **p. il sangue**, to purify the blood **2** (*relig.*) to purify; to cleanse (from sin): **p. l'anima**, to purify the soul; **p. con riti religiosi**, to purify with religious rites; **p. il calice**, to purify (*o* to wipe) the chalice.
purificarsi, **B** *v. rifl.* **1** to purify oneself **2** (*diventare puro*) to be purified; to become* pure: **L'anima si purifica col soffrire**, the soul is purified through suffering.
purificatóio, *m.* (*relig.*) purificator.
purificatóre, **A** *m.* purifier; cleanser. **B** *a.* purifying; cleansing.
purificazióne, *f.* (*il purificare*) purification (*anche relig.*); purifying; cleansing; purging: **la p. dell'aria**, the purification of the air; **la p. del sangue**, the purifying of the blood; **la p. col fuoco**, the purifying by fire; **la p. della mente**, the purification of the mind; **la p. del calice**, the purification (*o* wiping) of the chalice; (*relig.*) **la P. di Maria Vergine**, the Purification of the Virgin Mary; Candlemas.
purim (*ebraico*), *m.* (*relig.*) Purim; Feast of Lots.
purina, *f.* (*chim.*) purine.
purinico, *a.* (*chim.*) purine (*attr.*).
purino, *m.* (*agric.*) liquid manure.
purismo, *m.* purism.
purista, *m.* e *f.* purist.
puristico, *a.* puristic(al).
purità, *f.* purity, pureness (*anche fig.*): **la p. dell'anima**, the purity of the soul; **p. verginale**, virginal purity; **la p. della lingua (dello stile, ecc.)**, the purity of language (of style, etc.).
puritanésimo, *m.* **1** (*relig.*) Puritanism **2** (*fig.*) puritanism.
puritano, **A** *a.* **1** (*relig.*) Puritan **2** (*fig.*) puritanic(al): **leggi puritane**, puritanical laws. **B** *m.* **1** (*relig.*) Puritan: **i puritani**, the Puritans **2** (*fig.*) puritan; (*old*) square-toes (*fam.*): **Di lui non si dirà mai che è un p.**, he will never be thought of as an old square-toes.
puro, **A** *a.* **1** pure: **lana (seta) pura**, pure wool (silk); **di razza pura**, of pure breed; thoroughbred; **parlava l'inglese p.**, he spoke pure (*o* impeccable) English; **p. stile gotico (dorico)**, pure Gothic (Doric); **acqua (aria) pura**, pure (*o* clear) water (air); **scienza (matematica) pura**, pure science (mathematics); **linguaggio (stile) p.**, pure language (style); **oro p.**, pure gold **2** (*semplice*, *schietto*, *p. e semplice*) sheer; mere; plain; simple: **pura forza naturale**, sheer natural strength; **Questa è pura invenzione**, that's sheer invention; **un p. effetto ottico**, a mere optical effect; **Lo incontrai per p. caso**, I met him by mere chance; **È un p. capriccio**, it's a mere whim; **Dirò la pura (e semplice) verità**, I'll tell the plain truth (*o* the truth pure and simple); **fare il p. dovere**, to do one's simple duty; **Queste sono pure illusioni**, these are mere illusions **3** (*casto*) chaste; pure: **una ragazza pura**, a chaste girl; **p. di mente**, pure in mind; **anima (vita) pura**, chaste (*o* pure) soul (life); **Le mie intenzioni sono pure**, my intentions are pure **4** (*fig.: incontaminato*) untainted; pure; clear: **p. da peccato**, untainted by sin; **p. e innocente come una colomba**, as pure and innocent as a dove; **un cielo p.**, a clear sky. ● (*scient.*) **p. al 100 per 100**, ultrapure □ **il p. necessario (per vivere)**, the bare necessities of life □ **alcol p.**, absolute alcohol □ **attenersi ai fatti puri e semplici**, to stick to the naked facts □ **cavallo p.**

sangue, thoroughbred (horse) □ **cibo p.**, unadulterated food □ **per pura necessità**, out of pure necessity □ **vino p.**, undiluted wine □ **Prendete solo il p. necessario!**, just take what is strictly necessary. **B** *m.* **1** pure person **2** (*sport*) amateur.
purosàngue, *a.* e *m.* thoroughbred (*anche fig.*).
purpùreo, *a.* purple; purpureal (*lett.*).
purpùrico, *a.* (*chim.*) purpuric.
purtròppo, *avv.* unfortunately: **P. il ragazzo è malato**, unfortunately, the boy is ill; **P. è partito ieri**, unfortunately he left yesterday. ● **P.!**, (all) too true!; I'm afraid so! □ **P. è vero**, it's only too true □ **P. lo so**, I know only too well □ **P. i prezzi sono troppo alti**, the drawback is that prices are too high □ **P. egli non è più fra noi**, sad to say, he is no longer with us.
purulènto, *a.* (*med.*) purulent; suppurating; festering: **un ascesso p.**, a purulent abscess; **una ferita purulenta**, a purulent (*o* a festering) wound. ● **materia purulenta**, matter; pus.
purulènza, *f.* (*med.*) **1** (*l'essere purulento*) purulence, purulency; suppuration; festering **2** (*materia purulenta*) matter; pus.
pus, *m.* (*med.*) pus; matter.
pusillànime, **A** *a.* pusillanimous; cowardly; craven; faint-hearted; pigeon-hearted (*fam.*); milk-livered (*lett.*): **un uomo p.**, a cowardly man; a coward; **comportamento p.**, cowardly behaviour. **B** *m.* e *f.* coward; poltroon; craven: **È un p.**, he's a coward.
pusillanimità, *f.* pusillanimity; cowardliness; faint-heartedness.
pùstola, *f.* (*med.*) pustule; pimple: **una p. maligna** (*o* **carbonchiosa**), a malignant pustule; **le pustole del vaiolo**, smallpox pustules.
pustolóso, *a.* (*med.*) pustulous; pustular; covered (*o* spotted) with pimples; pimply: **Avevo un viso p.**, my face was covered with pimples; **pelle pustolosa**, pustulous skin.
puszta (*ungherese*), *f.* puszta; steppe.
putacaso, *avv.* suppose; supposing: **P. ch'egli dicesse...**, just suppose he should say...; **Se, p., io m'addormentassi...**, supposing I should go to sleep...
putativo, *a.* putative; reputed: **un padre p.**, a putative father.
puteale, *m.* (*archeol.*) puteal; well curb.
pùtido, *a.* (*lett.*) fetid; stinking; foul-smelling.
Putifarre, *m.* (*Bibbia*) Potiphar.
putifèrio, *m.* row; uproar; shindy (*fam.*); rumpus (*fam.*); hubbub; hubble-bubble (*pop.*): **Ne nacque un p.**, a row developed; **Tutto finì in un p.**, it all ended in an uproar; **Che cos'è tutto questo p.?**, what's all this rumpus?; **fare un p.**, to kick up a row (*o* a shindy, a rumpus); to make an uproar.
putire, (*lett.*) V. **puzzare**.
putizza, *f.* (*geol.*) sulphureous exhalations (*pl.*).
putrèdine, *f.* **1** putridity; putrescence; putrefaction; rottenness, rot **2** (*fig.*) (moral) corruption.
putredinóso, *a.* putrescent; putrefying.
putrefare, **A** *v. i.* e **putrefarsi**, *v. rifl.* to putrefy; to decompose; to decay; to rot; to go* bad (*fam.*): **I cadaveri si putrefanno rapidamente**, corpses decompose rapidly; **Il pesce si putrefà rapidamente**, fish decays (*o* goes bad) quickly.
putrefatto, *a.* putrefied; putrid; decomposed; decayed; rotten: **pesce p.**, rotten fish.
putrefazióne, *f.* putrefaction; decomposition; decay; corruption; rotting: **Si può impedire la p.?**, can you prevent putrefaction?; **Il ghiaccio ritarda la p.**, ice retards decay; **La p. del corpo dopo la morte**, the corruption of the body after death; **in uno stato di avanzata p.**, in an advanced state of decomposition.
putrèlla, *f.* (*edil.*) iron beam; girder; I-beam.
putrescènte, *a.* putrescent; putrefying; decaying; rotting; rotten: **concimi putrescenti**, putrescent manures; **una mela p.**, a rotten apple.
putrescènza, *f.* putrescence.
putrescibile, *a.* putrescible; subject to putrefaction (*o* decomposition, decay); liable to rot.
putrescina, *f.* (*chim.*) putrescine.
putridità, *f.* putridity; advanced rottenness.
pùtrido, **A** *a.* **1** putrid; decayed; rotten: **acqua putrida**, putrid (*o* tainted) water; **carne putrida**, rotten meat **2** (*fig.*) putrid; corrupt; rotten. ● **fermentazione putrida**, putrefactive fermentation. **B** *m.* (*fig.*) corruption; rottenness. ● (*letter. e scherz.*) **C'è del p. nello stato di Danimarca**, something is rotten in the state of Denmark.
putridume, *m.* **1** putridity; rot **2** (*fig.*) corruption; rottenness.
putsch (*ted.*), *m.* (*polit.*) putsch. ● **chi prende parte a un p.**, putschist.
puttana, *f.* (*volg.*) whore; street-walker; prostitute; tart.
puttaneggiare, *v. i.* (*volg.*) to whore; to be a prostitute; to walk the streets.
puttanésco, *a.* (*volg.*) whorish; tarty.
puttanière, *m.* (*volg.*) whoremonger.
putto, *m.* **1** (*bambino*) little boy; child* **2** (*pitt.*, *scult.*) putto*.

puzza, V. puzzo.
puzzacchiare, v. i. (fam.) to give* out a rather nasty smell; to emit a rather bad (o a somewhat offensive) odour; to be smelly.
puzzare, v. i. **1** to stink*; to smell* (bad); to give* out (o to emit) an offensive odour (o a strong, nasty smell): **Questo pesce puzza,** this fish smells (o stinks); **Gli puzzano i piedi,** his feet smell; he has smelly feet; **Gli puzza il fiato,** his breath smells; he has bad breath; **Puzza orrendamente,** it smells horribly; it stinks; **Puzza da levare il fiato,** it emits a breath-taking smell; **p. d'aglio (di cipolla, ecc.),** to smell of garlic (of onion, etc.); **p. di muffa (di rancido, ecc.),** to smell mouldy (rancid, etc.); **p. di vecchio,** to smell old **2** (fig.) to smack; to smell*: **p. d'eresia,** to smack of heresy; **p. d'anarchia,** to smell of anarchy; **p. d'avaro,** to smell of miserliness. ● (fig.) **p. d'imbroglio,** to smell fishy □ (fig.) **Gli puzzano i denari,** his money is burning a hole in his pocket □ (fig.) **Ti puzza la salute?,** you don't care a hoot (o two hoots) for your health.
puzzicchiare, V. puzzacchiare.
puzzle (ingl.), m. **1** (ad incastro) jigsaw puzzle **2** (cruciverba) crossword puzzle.

puzzo, m. **1** stench; stink; nasty (o bad, offensive, strong, foul) smell; bad (o offensive) odour: **Si sente un gran p. qui,** there is such a nasty smell here; **C'è un p. di cipolle,** there is a smell of onions; **C'è un p. di bruciato,** there is a smell of burning; **C'è un p. da levare il fiato,** there is an overpowering stink; **C'è un p. che appesta,** there is a pestilential odour; **Apri la finestra per mandare via il p.,** open the window to get rid of the smell; **un p. d'uova fradice,** a smell (o stench) of rotten eggs; **dare p.,** to give out a smell (o a bad odour); to smell; to stink **2** (fig.: sentore, indizio) smack; smell; taint; tang: **un p. d'eresia,** a smack of heresy. ● (fig.) **C'è p. d'imbroglio,** it smells fishy.
pùzzola, f. (zool., Mustela putorius) polecat; fitchew.
puzzolènte, a. stinking; ill-smelling; strong-smelling; smelly; fetid: **una persona p.,** an ill-smelling person; (fig.) a skunk; a rotter (pop.); **un fiato p.,** a strong-smelling breath.
puzzolenteménte, avv. stinkingly; fetidly.
puzzonata, f. (volg.) **1** (azione disonesta) lousy trick **2** (cosa mal riuscita) fizzle, flop (fam.).
puzzóne, m. (volg.) **1** stinker (volg.) **2** (fig.) skunk; rotter (pop.).

q, Q

Q, q, *f.* e *m.* (*quindicesima lettera dell'alfabeto ital.*) Q, q. ● (*tel.*) q come Quarto, q for Queen.
qua (1), *avv.* here: **Sono qua,** I'm here; **Venite qua!,** come here; **qua e là,** here and there: **Correvano qua e là,** they ran here and there; **Eccolo qua,** here he is; **Eccoci qua,** here we are; **qua dentro,** in here; **qua fuori,** out here; **qua giù,** down here; **qua su,** up here; **questo qua,** this one here; **qua sopra,** up here; **Venite qua!,** come over here! ● **da un po' di tempo in qua,** for some time now ◻ **Da quando in qua?,** since when? ◻ **da sei mesi in qua,** for the last six months ◻ **di qua,** (*da questo lato*) on this side; (*per di qua*) this way: **Sta' di qua!,** stay on this side!; **Passiamo di qua,** let's go this way ◻ **di qua da** (*o* **al di qua di**), on this side of: **di qua dagli Appennini,** on this side of the Appennines: **al di qua del fiume,** on this side of the river ◻ **farsi** (*tirarsi*) **in qua,** to come (*o* to draw) nearer: **Fatti più in qua!,** come nearer! ◻ **il mondo di qua,** this world; the world we live in ◻ **per di qua,** this way: **Me ne vado per di qua,** I'm going this way ◻ (*fig.*) **essere più di là che di qua,** to be at one's last gasp; to be at death's door ◻ **Datemi qua!,** give it to me! ◻ **Chi c'è di qua?,** who's in the next room? ◻ **Qua mezzo litro!,** bring half a litre here! ◻ **C'era molta roba qua e là,** there was a lot of stuff all over the place ◻ **Qua la mano,** let's shake hands ◻ **Qua ti volevo!,** I've got you there!
qua (2), *inter.* e *m.* quack.
quàcchera, quàcquera, *f.* (*relig.*) Quakeress.
quaccherismo, quacquerismo, *m.* (*relig.*) Quakerism; Quakerdom.
quàcchero, quàcquero, (*relig.*) **A** *m.* Quaker; Friend: **i quaccheri,** the Quakers; the Society of Friends. ● (*fig.*) **alla quacchera,** without ceremony. **B** *a.* Quaker (*attr.*); Quakerish.
quadèrna, *V.* **quatèrna.**
quadernàrio, A *a.* quaternary. **B** *m.* (*quartina*) quatrain.
quadèrno, *m.* **1** exercise-book; copy-book; (*per appunti*) note-book: **il mio q. per il francese,** my French exercise-book **2** (*comm.*) book: **q. di cassa,** cash-book.
quadragenàrio, *a.* e *m.* (*lett.*) quadragenarian.
quadragèsima, quadragesimale, *V.* **quarésima, quaresimale.**
quadragèsimo, *a.* e *m.* (*lett.*) fortieth. ● **q. primo** (**secondo,** ecc.**),** forty-first (-second, etc.).
quadrangolare, *a.* (*geom.*) quadrangular; tetragonal: **una figura q.,** a quadrangular figure; a quadrangle; **un prisma q.,** a quadrangular prism. ● (*sport*) **incontro q.,** four-sided (*o* four-way) match.
quadràngolo, (*geom.*) **A** *a.* quadrangular; tetragonal. **B** *m.* quadrangle (*abbr. fam.:* quad).
quadrantale, *a.* (*relat. a un quadrante*) quadrantal: **deviazione q.,** quadrantal deviation.
quadrante, *m.* **1** (*geom., naut., astron.*) quadrant **2** (*di orologio*) dial; dial-plate; (*clock-*)face. ● **q. solare,** sun-dial.
quadrare, A *v. t.* **1** (*geom.*) to square; to make* square: **q. il cerchio,** to square the circle **2** (*mat.*) to raise (a number) to the power of two; to square **3** (*comm.*) to balance; to reconcile. **B** *v. i.* **1** (*di calcoli e sim.: essere esatto*) to balance: **I conti quadrano,** the accounts balance **2** (*corrispondere con esattezza*) to fit; to suit: **Quel soprannome davvero gli quadra,** that nickname really suits him; **q. a capello,** to fit like a glove (*o* like a dream) **3** (*fig., fam.: andare a genio*) to be to one's taste (*o* fig.): **Non mi quadra,** that's not to my taste; I don't like it. ● (*fig.*) **q. la testa a q.,** to bring sb. to reason; to knock sense into sb.
quadràtico, *a.* (*mat.*) quadratic: **un'equazione quadratica,** a quadratic equation.
quadrato, A *a.* **1** (*che ha forma quadrata*) square; (*squadrato*; *elevato al q.*) squared: **una superficie quadrata,** a square surface; **un recinto q.,** a square enclosure; **una fronte quadrata,** a square forehead; **dalle spalle quadrate,** square-shouldered; **dallo scollo q.,** square-necked; **scarpe con la punta quadrata,** square-toed shoes **2** (*mat.*) square: **un numero q.,** a square number; **un metro q.,** a square metre; **la radice quadrata d'un numero,** the square root of a number; **estrazione della radice quadrata,** extraction of the square root **3** (*anat.*) quadrate: **un muscolo q.,** a quadrate (muscle) **4** (*fig.: robusto*) square; solid; stocky: **spalle quadrate,** square shoulders **5** (*fig.: assennato*) well-balanced; level; level-headed; sensible: **una persona quadrata,** a well-balanced (*o* a sound) person; **una testa quadrata,** a level head; a well-balanced mind; **avere la testa quadrata,** to have a level head; to be well-balanced; to have one's brains in the right place (*fam.*). **B** *m.* **1** (*geom.*) square: **L'area d'un q. si ottiene moltiplicando un lato per se stesso,** to find the area of a square square one of its sides; **formare un q.,** to form a square; (*enigmistica*) **q. magico,** magic square **2** (*mat.*) square: **Il q. di 4 è uguale a 16,** the square of 4 is 16; 4 squared is 16; **9 è il q. di 3,** 9 is the square of 3; 9 is 3 squared; **il q. di a + b,** the square of a + b **3** (*mil.*) square: **il q. di Villafranca,** the square of Villafranca; **formare il** (*o* **mettersi in**) **q.,** to form a square **4** (*naut.*) ward-room; officers' mess(-room) **5** (*sport*) ring **6** (*tipogr.*) quad; quadrat. ● (*mat.*) **elevabile al q.,** quadrable (*mat.*) **elevare un numero al q.,** to square a number ◻ (*mat.*) **elevato al q.,** squared ◻ (*mat.*) **espressione al q.,** quadratic.
quadratura, *f.* **1** (*il quadrare*) squaring; (*riquadro*) square **2** (*mat.*) quadrature; squaring: **la q. del circolo,** the squaring of the circle **3** (*astron.*) quadrature: **le quadrature della luna,** the quadratures of the moon. ● (*fig.*) **q. mentale,** level-headedness ◻ **cercare la q. del circolo,** to try to square the circle (*anche fig.*).
quadrellatura, *f.* (*geogr., grafica, urbanistica*) quadrillage.
quadrèllo, *m.* **1** (*arnese per tirare righe*) square ruler **2** (*mattonella quadrata*) square tile **3** (*del guanto*) gusset **4** (*lett.: freccia*) quarrel; arrow. ● **ammattonato a quadrelli,** (floor) tiled in squares.
quadreria, *f.* picture-gallery.
quadrettare, *v. t.* **1** to divide into squares; to square off **2** (*tessuti*) to chequer, to checker.
quadrettato, *a.* **1** squared; in squares **2** (*di tessuto*) chequered, checkered; check (*attr.*).
quadrettatura, *f.* **1** (*il quadrettare*) division into squares **2** (*effetto del quadrettare*) checks (*pl.*); chequerwork, checkerwork.
quadrétto, *m.* **1** (*piccolo quadro*) small picture **2** (*piccolo quadrato*) small square **3** (*archit.*) moulding **4** (*mecc.*) board: (*autom.*) **q. di distribuzione,** distribution board; (*elettr.*) **q. portastrumenti,** instrument board (*o* panel); (*elettr.*) **q. portainterruttori,** cut-out board **5** (*fig.: scenetta*) sight; picture. ● **a quadretti,** squared; chequered, checkered: **carta a quadretti,** squared paper.
quàdrica, *f.* (*mat.*) quadric surface.
quadricipite, *m.* (*anat.*) quadriceps (extensor).
quàdrico, *a.* (*geom.*) quadric.
quadricromia, *f.* (*tipogr.*) four-colour process.
quadricròmo, *a.* (*tipogr.*) four-colour (*attr.*).
quadridimensionale, *a.* four-dimensional.
quadriennale, A *a.* **1** (*che dura quattro anni*) quadr(i)ennial; four-year (*attr.*): **un corso q. di studi,** a four-year course of studies **2** (*che ricorre ogni quattro anni*) quadr(i)ennial; four-yearly: **un'esposizione q.,** a quadriennial exhibition; **giochi quadriennali,** quadriennial games. **B** *f.* (*arte*) four-yearly exhibition; quadriennial show.
quadriènnio, *m.* quadr(i)ennium*; period of four years.
quadrifido, *a.* (*bot.*) quadrifid.
quadrifòglio, *m.* **1** (*bot.*) four-leaved clover **2** (*archit.*) quatrefoil **3** (*raccordo stradale*) clover-leaf (junction).
quadrifora, (*archit.*) **A** *f.* quadruple lancet window. **B** *a.* **finestra q.,** mullioned window with four lights.
quadriforme, *a.* (*lett.*) quadriform.
quadriga, *f.* (*stor.*) quadriga*.
quadrigàrio, *m.* (*stor.*) quadriga driver.
quadrigèmino, *a.* — **parto q.,** birth of quadruplets.
quadrigètto, *m.* (*aeron.*) four-engined jet.

quadriglia, *f.* (*danza, mus.*) quadrille: **ballare (suonare) la q.**, to dance (to play) a quadrille; to quadrille.
quadrilàtero, **A** *a.* (*geom.*) quadrilateral; four-sided: **un edificio q.**, a four-sided building. **B** *m.* **1** quadrilateral: **Il quadrato e il rettangolo sono quadrilateri**, a square and a rectangle are quadrilaterals; (*mecc.*) **q. articolato**, articulated quadrilateral **2** (*mil.: fortificazione*) four-sided stronghold; (*territorio*) quadrilateral **3** (*sport: nel calcio*) box.
quadrilingue, *a.* quadrilingual: **un'iscrizione q.**, a quadrilingual inscription; **un interprete q.**, a quadrilingual interpreter.
quadrilióne, *m.* (*mat.*) quadrillion (*USA; non ha nome nel sistema ingl.*).
quadrilobato, *a.* (*bot., zool.*) quadrilobate; quadrilobed.
quadrilustre, *a.* (*lett.*) twenty years old; twenty-year-old (*attr.*).
quadrimembre, *a.* (*lett.*) quadrimembral.
quadrimestrale, *a.* four-monthly.
quadrimèstre, *m.* period of four months; four-month period. ● **pagare a quadrimestri**, to pay every four months.
quadrimotóre, (*aeron.*) **A** *m.* four-engined aircraft. **B** *a.* four-engined.
quadrinomiale, *a.* (*mat.*) quadrinomial; quadrinominal.
quadrinòmio, *m.* (*mat.*) quadrinomial.
quadripartire, *v. t.* to divide into four parts.
quadripartito (1), *a.* quadripartite: **un trattato q.**, a quadripartite treaty.
quadripartito (2), (*polit.*) **A** *a.* four-party (*attr.*). **B** *m.* four-party government.
quadriplegia, *f.* (*med.*) quadriplegia; tetraplegia.
quadripòlo, *m.* (*elettr.*) quadrupole, quadripole.
quadripòrtico, *m.* (*archit.: cortile*) arcaded court; (*portico*) four-sided portico*.
quadrireattóre, *V.* **quadrigètto**.
quadrirème, *f.* (*stor.*) quadrireme.
quadrisillabo, **A** *a.* quadrisyllabic: **una parola quadrisillaba**, a quadrisyllabic word. **B** *m.* quadrisyllable.
quadrittòngo, *m.* (*fon.*) double diphthong.
quadrivalènte, *a.* (*chim.*) quadrivalent; tetravalent.
quadrìvio, *m.* **1** (*luogo dove fanno capo quattro strade*) cross-roads (*sing.*) **2** (*medioevo: arti del q.*) quadrivium.
quadro (1), *m.* **1** picture; painting: **dipingere un q.**, to paint a picture; **posare per un q.**, to pose for a picture; **i quadri degli impressionisti**, the paintings (*o* pictures) of the Impressionists; **un q. tondo (ovale)**, a round (an oval) picture (*o* painting); **q. a olio**, oil painting; **q. ad acquerello (a pastello)**, water-colour (pastel) painting; **quadri murali**, mural paintings; murals **2** (*fig.*) picture; description; outline; (*ambientazione*) setting; (*scena*) sight: «**I Promessi Sposi**» **sono un q. magnifico di vita milanese nel Seicento**, «The Betrothed» is a magnificent description of seventeenth-century life in Milan; **Ci ha fatto un q. spaventoso del disastro**, he has given us an awesome (*o* a frightful) picture of the disaster; **Che bel posto! Pare un q.**, what a beautiful place! It's just (like) a picture; **un q. terrificante**, a terrifying sight **3** (*fis.*) board; panel; (*telev., cinem.*) frame: **q. a muro**, wall-type board; **q. dei fusibili**, fuse(-)board; **q. di comando**, control board; **q. di distribuzione**, distribution panel; **q. a pulsanti**, press-button board; (*autom.*) **q. strumenti**, instrument board **4** (*pl.: polit., mil.*) cadres: **i quadri dell'esercito**, the cadres of the army; **I quadri sono completi**, the cadres are complete (*o* full); **quadri direttivi**, executive cadres **5** (*pl.: nelle carte*) diamonds: **il fante di quadri**, the jack of diamonds **6** (*teatr.*) scene **7** (*tabella*) table; chart: **q. sinottico**, synoptic table; **q. delle condizioni meteorologiche**, weather chart **8** (*cinem.*) still **9** (*pezzo quadrato*) square: **uno scialle a quadri grigi**, a shawl with grey squares; **a grey-chequered shawl**. ● (*elettr.*) **q. degli interruttori**, switch-board ▫ (*naut.*) **q. di poppa**, upper stern ▫ (*fis.*) **q. luminoso**, illuminated diagram ▫ **quadri plastici (viventi)**, tableaux vivants ▫ (*fig.*) **il q. politico (istituzionale)**, the political (institutional) framework ▫ **q. riassuntivo**, summary ▫ **a quadri**, chequered; checkered; checked; check (*attr.*): **un disegno a quadri** (*di stoffa, ecc.*), a check (pattern) ▫ **fare il q. della situazione**, to give a summary of the situation ▫ (*telev., cinem.*) **fuori q.**, out of frame; (*fig.*) ill at ease ▫ **galleria di quadri**, picture-gallery ▫ (*telev., cinem.*) **mettere in q.**, to frame ▫ **Questo è il q. della situazione**, this is how things stand.
quadro (2), *a. V.* **quadrato**.
quadrùmane, (*zool.*) **A** *a.* quadrumanous; four-handed. **B** *m.* quadrumane(-).
quadrumvirato, **quadrunvirato**, *m.* (*stor.*) quadrumvirate.
quadrùmviro, **quadrùnviro**, *m.* (*stor.*) quadrumvir.
quadrùpede, (*zool.*) **A** *a.* quadruped(al); four-footed: **un animale q.**, a four-footed animal. **B** *m.* quadruped.
quadruplicare, **A** *v. t.* to quadruplicate; to quadruple; to multiply by four: **q. un numero**, to multiply a number by four. **B** *v. i.* e **quadruplicarsi**, *v. rifl.* to quadruple; to become* four times as much (*o* as many).
quadruplicazióne, *f.* (*mat.*) quadruplication.
quadrùplice, *a.* quadruple; fourfold: **un vantaggio q.**, a fourfold advantage; (*stor.*) **la Q. Alleanza**, the Quadruple Alliance.
quadruplicità, *f.* quadruplicity.
quàdruplo, (*mat.*) **A** *a.* quadruple; four times as much; four-fold; (*mus.*) **contrappunto q.**, quadruple counterpoint. **B** *m.* quadruple: **20 è il q. di 5**, 20 is the quadruple of 5; **Carlo vinse il q.**, Charles won four times as much; **il q. delle imposte**, the quadruple of one's taxes.
quadrupòlo, *V.* **quadripòlo**.
quagga, *m.* (*zool., Equus quagga*) quagga.
quaggiù, *avv.* **1** down here: **Vieni q.**, come down here **2** (*fig.: in questo mondo*) here below; in (*o* of) this world; on the earth: **le cose di q.**, the things of this world **3** (*per estens.: a sud*) here in the south.
quàglia, *f.* (*zool., Coturnix coturnix*) quail*. ● (*scherz.*) **essere grasso come una q.**, to be as fat as a quail; to be as plump as a partridge.
quaglière, *m.* quail-pipe.
qualche, *a. indef.* **1** (*in frasi afferm. o comunque con valore positivo; quando si offre q.c.*) some; (*alcuni*) a few: **Ti darò q. libro**, I'll give you some books; **Non lo vedo da q. tempo**, I haven't seen him for some time; **Deve avere q. motivo**, he must have some reason; **Vuoi q. caramella?**, would you like some sweets?; **Mi darai q. consiglio prima di partire?**, will you give me some advice before leaving?; **q. anno (mese, giorno) fa**, a few years (months, days) ago; **C'era solo q. persona**, there were only a few people there; **Lo disse con q. certezza**, he said it with some certainty; **Partirò tra q. giorno**, I'll leave in a few days' time; **Trova q. pretesto!**, find some excuse!; **q. mio amico**, (*alcuni miei amici*) some friends of mine; (*uno o l'altro dei miei amici*) some friend of mine; (*con stupore*) **Non ha q. amico?** (*ma sì, dovrebbe averlo*), hasn't he got some friends? **2** (*in frasi neg., interr., dubit., e interr. neg.*) any; (*alcuni*) a few: **Hai q. vecchio straccio?**, have you got any old rags?; **Hai q. fiammifero?**, have you got any matches?; **Non so se sia rimasto q. biscotto**, I don't know whether there are any biscuits left; **Non ha q. amico?**, hasn't he got any friends?; has he got no friends?; **Hai riscontrato q. traccia di batteri in quel latte?**, have you found any trace(s) of bacteria in that milk?; **Hai q. sigaretta?**, have you got any cigarettes? **3** (*un certo*) some; a certain amount of: **godere di una q. considerazione**, to be held in some esteem **4** (*quale che sia; uno o l'altro: in frasi afferm.*) some...(or other); (*in frasi interr.*) any: **Verrò a trovarti, q. giorno**, I'll come and see you some day or other; **In q. modo ci riuscirò**, I'll succeed some way or other (*o* somehow); **Deve avere q. fonte di reddito**, he must have some source of income; **Non hai q. minuto per scrivere una lettera?**, haven't you got any (spare) time to write a letter? ● **q. cosa**, *V.* **qualcosa** ▫ **q. cosa di meno**, something less ▫ **q. cosa meno**, rather less ▫ **q. volta** sometimes ▫ **in q. luogo** (*o* **posto**), somewhere (or other); anywhere: **Mio figlio deve essere in q. posto**, my son must be somewhere (*o* in some place); **Lo vedi in q. posto** (*o* **da q. parte**)?, can you see it anywhere?
qualcheduno, *V.* **qualcuno**.
qualcòsa, *pron. indef.* **1** (*in frasi afferm. o comunque con valore positivo; quando si offre q.c.*) something: **Dammi q. da bere**, give me something to drink; **Ognuno è buono a q.**, everyone can do something; **Ci vuole qualcos'altro**, something else is needed; **Bada ai fatti suoi, ed è già q.**, he minds his own business, and that's already something; **Q. mi diceva che non sarebbe arrivato l'altra sera**, something told me he wouldn't come the other evening; **q. del genere**, something of the kind; something like that; **q. di strano (bello, nuovo, antico, ecc.)**, something strange (beatiful, new, ancient, etc.); **Non state lì a guardare, dite q.!**, don't stand there looking, say something!; **Ti posso offrire q. da mangiare?**, can I get you something to eat?; **Vuoi q. di più costoso?**, do you want something more expensive?; **Forse al tuo paese conterai q. ma qui non sei nessuno**, you might be something (special) in your village but here you're a nobody **2** (*in frasi interr., dubit. e condiz.*) anything: **Hai q. in banca?**, have you anything in the bank?; **Hai bisogno di q.?**, is there anything you need?; **Se q. non va, chiamami subito**, if anything goes wrong, call me immediately; **Dovesse succedere q., non saprei reagire**, if anything should happen, I wouldn't know how to react; **Puoi offrirmi q. di nuovo (qualcos'altro)?**, can you give me anything new (anything else)? ● **avere q. al sole**, to own a piece of land ▫ **Beviamo q.?**, shall we have a drink? ▫ **Ti offro q. da bere**, I'm going to stand you a drink ▫ **Ha un conto in banca di cento milioni e q.**, he has an odd hundred million in the bank.
qualcuno, *pron. indef.* **1** (*in frasi afferm. o comunque con valore positivo*) somebody, someone; (*con un partitivo*) some; (*uno*) one: **Q. ti cerca**, someone (*o* somebody) is looking for you; **Bisogna trovare q. che lo faccia**, we must find somebody (*o* someone

who'll do it; **Q. glielo avrà detto**, somebody (*o* someone) must have told him; **Ce n'è q. in più**, there are some extra; **Credi di essere q., ma sei una nullità**, you think you are (a) somebody, but you are (a) nobody; **Lo dovrà fare qualcun altro**, somebody else will have to do it; **Q. di noi (di voi, di loro) dovrà andare**, (*alcuni*) some of us (of you, of them) will have to go; (*uno*) one of us (of you, of them) will have to go; **I funghi cominciano a crescere: ne ho visto q.**, mushrooms are starting to grow: I have seen some; **Che bei fiori! Ne coglierò q.**, what beautiful flowers! I'm going to pick some; **Non mi dirai che q. possa fare ciò da solo**, you're not going to tell me that somebody can do that alone (*o* all by himself); **Potrò portare q. con me?**, can I bring someone with me?; **Q. di loro non lo conosco**, there are some of them I don't know; **Sono ghiotto di tartufi e ne vorrei mangiare q.**, I just love truffles and I should like to eat some **2** (*in frasi interr., neg., dubit. e condiz.*) anybody, anyone; (*con un partitivo*) any; (*uno*) any(one): **Hai visto q. nella strada?**, have you seen anybody (*o* anyone) in the street?; **Se viene q., digli che non sono in casa**, if anyone (*o* anybody) comes, tell him I'm not at home; **Se q. facesse del male ai miei cari, non so cosa succederebbe**, if anyone (*o* anybody) harmed my dear ones, I don't know what would happen; **C'è qualcun altro?**, is there anybody else?; **Al ballo c'era q. che io conosco?**, was there anyone I know at the dance?; **C'è di loro (di voi, di noi) disposto a trasferirsi a Milano?**, is there any (*o* are there any) of them (of you, of us) willing to be transferred to Milan?; **C'era q. della famiglia là?**, was there any(one) of the family there? **3** (*alcuni, certuni*) some; some people; (*alcuni, pochi*) a few; (*uno*) one: **Q. sostiene che Tom ha ragione, ma io no**, some (*o* some people) maintain that Tom is right but I don't. **Q. del coro stonava**, (*alcuni*) a few of the chorus were out of tune; (*uno*) one of the chorus was out of tune; **Ha molti libri, ma solo q. è interessante**, he has many books but only a few of them are interesting. ● **Ne farà qualcuna delle sue**, he'll get up to his usual tricks (*o* larks, pranks).

quale, A *a.* **1** (*correlativo di «tale», che spesso è sottinteso*) (just) what; (just) as; exactly like: **Non era (tale) q. mi avevano fatto credere**, he wasn't just as (*o* what) I had been led to believe; **È tale q. me l'aspettavo**, it's just as (*o* what) I thought; **L'esito fu q. si sperava**, the outcome was just as hoped for; the outcome was just what was hoped for; **La stanza è q. io la lasciai**, the room is as I left it **2** (*interr.: fra due, o fra un numero limitato di cose o persone*) which: **Q. vestito hai scelto?**, which suit have you chosen?; **Quali fiori hai messo sulla tomba?**, which flowers did you put on the grave?; **Quali ragazzi marinarono la scuola?**, which boys played truant? **3** (*interr.: fra un numero indeterminato di cose o di persone*) what: **A q. pagina?**, on what page?; **Quali sono i vostri autori preferiti?**, what are your favourite authors?; **Quali automobili hai visto al Salone?**, what cars did you see at the Motor Show?; **Quali sono le tue intenzioni?**, what are your intentions?; **Per q. ragione non vuoi andare?**, what is your reason for not going?; **Non so q. carriera abbia intrapreso**, I don't know what career he has taken up **4** (*in frasi escl. ed enfatiche: sing.*) what (a); (*pl.*) what: **Quale figlio ha allevato!**, what a son she has reared!; **Q. odiosa persona!**, what a despicable person he is!; **Q. onore!**, what an honour!; **Quali belle cose ha fatto nella vita!**, what beautiful things he's done in life!; **Quali tristi pensieri!**, what sad thoughts! **5** (*indef.: qualunque*) whatever: **Q. (che) sia il giudizio della storia, rimarrà sempre un grand'uomo per me**, whatever history's judgment may be, he will always remain a great man for me **6** (*pleonastico; idiom.*): **Aveva una certa qual mestizia sul volto**, there was a touch of sadness on his face. ● **la qual cosa**, which □ **in certo qual modo**, more or less; approximately: **Venne in certo qual modo a dire che avevo torto**, he more or less said I was wrong □ **non so q.**, vague; uncertain; undefinable: **Mi assalì non so q. dubbio**, a vague (*o* an undefinable) doubt assailed me □ **per la q.**, (very) good: **È un vinetto per la q.**, this is a good light wine; **Questa carne non è troppo per la q.**, this meat isn't very good; **Hai fatto quel lavoro non tanto per la q.**, you haven't done a very good job (of it) □ **tale e q.**, identical; exactly the same; just like: **Ne voglio uno tale e q.**, I want one exactly the same; **È tale e q. suo fratello**, he's just like his brother ● **Ve la dico tale q. l'ho sentita**, I'll tell you exactly what I heard □ **È tutto sua madre, tale e q.**, he's the very image (*o fam.*: he's the dead spit) of his mother □ (*prov.*) **Q. il padre, tale il figlio**, like father, like son. **B** *pron.* **1** (*interr.: fra due, o fra un numero limitato di cose o persone*) which: **Q. (o quali) di queste cravatte preferisci?**, which of these ties do you prefer?; **Qual è tua sorella?**, which is your sister?; **Sono incerto su q. strada seguire**, I'm uncertain as to which road to follow **2** (*interr.: fra un numero indeterminato di cose o persone*) what: **Qual è la tua ambizione?**, what is your ambition?; **Non saprei dirti quali siano le sue intenzioni**, I really couldn't tell you what his intentions are; **Qual è il prezzo di quella merce?**, what is the price of those goods? **3** (*relat.: rif. a persone*) (*sogg.*) who, that; (*compl. ogg.*) whom, that; (*compl. indir.*) whom; (*poss.*) whose: **C'era un signore il q.** (*più spesso*: **che**) **gentilmente mi aiutò**, there was a man who kindly helped me; **Tutti coloro i quali non sono in possesso dei documenti richiesti non saranno ammessi al concorso**, all those who are not in possession of the necessary documents will not be allowed to take the competitive examination; **È un signore del q. tutti ammirano l'onestà**, he is a gentleman whose honesty is admired by all; **Mia madre, della q. stavo parlando poco fa, ha sessant'anni**, my mother, of whom I was speaking a little while ago, is sixty years old; **La famiglia sopra la q. viviamo è rumorosa**, the family above whom we live is noisy; **È un amico sul q. posso sempre contare**, he's a friend on whom I can always rely; he's a friend I can always rely on **4** (*relat.: rif. a cose o animali*) (*sogg., compl. ogg. e indir.*) which, that; (*poss.*) of which, whose: **Quella casa, la q.** (*più spesso*: **che**) **è molto bella, è anche molto costosa**, that house, which is very beautiful, is also very dear; **uno stanzone, su tre pareti del q. vi erano molte fotografie**, a big room, on three walls of which there were many photographs; **Dove sono quelle vecchie case coloniche delle quali i nonni ci decantavano così spesso le virtù?**, where are those old farm-houses whose virtues our grandfathers so often declaimed?; **il mondo nel q. viviamo**, the world in which we live; the world we live in; **Ecco il libro del q. ti ho parlato**, here's the book about which I spoke to you; **il vestito col q. sono uscito**, the suit in which I went out; the suit which I went out in; **La scuderia dalla q.** (*più spesso*: **da cui**) **viene questo cavallo è celebre**, the stable(s) from which this horse comes is (are) famous **5** (*indef.: lett.: in correlazione con «quale»*) some... some (*o* others): **q. qui, q. là**, some here, some there; **q. mansueto e q. ritroso e fiero** (*Monti*), some meek and docile, others reluctant and fierce **6** (*nelle esemplificazioni*) like; such as: **poeti quali Keats e Shelley**, poets such as Keats and Shelley. **C** *avv.* (*con funzione di, in qualità di*) as: **Fu mandato q. ambasciatore (paciere)**, he was sent as an ambassador (a peacemaker).

qualifica, *f.* **1** qualification; (*titolo*) title **2** (*bur.: giudizio*) rating. ● **meritare la q. di sciocco**, to deserve being called a fool.

qualificàbile, *a.* qualifiable.

qualificare, **A** *v. t.* to qualify; (*caratterizzare*) to characterize, to style, to call; (*definire*) to define, to describe: **Ti hanno qualificato come uno sciocco**, they have qualified you as a fool; **q. con un titolo**, to qualify with a title. **qualificarsi**, **B** *v. rifl.* **1** to describe oneself (as) **2** (*ottenere una qualifica, anche sport*) to qualify: **Si è qualificato idoneo**, he qualified as suitable.

qualificativo, *a.* **1** qualificative; qualifying; qualificatory **2** (*gramm.*) descriptive: **un aggettivo q.**, a descriptive adjective.

qualificato, *a.* **1** (*fornito di qualità necessarie*) qualified; competent: **essere pienamente q. a fare q.c.**, to be fully qualified to do st.; **un insegnante q.**, a competent teacher; **un briccone q.**, a qualified rascal **2** (*che si distingue*) distinguished; remarkable; excellent **3** (*esperto*) skilled; skilful: **un operaio q.**, a skilled workman.

qualificatóre, *m.* (*elab.*) qualifier.

qualificazióne, *f.* **1** qualification **2** (*sport*) qualifying event; qualifier (*pop.*).

qualità, *f.* **1** quality; (*natura*) nature; (*proprietà*) property: **In tutte le cose conta più la q. che la quantità**, in all things quality is more important than quantity; **la q. di un articolo**, the quality of an article; **lana (seta, tabacco) di ottima q.**, wool (silk, tobacco) of excellent quality; **una q. fisica**, a physical quality; **La dimensione e il peso sono qualità essenziali della materia**, size and weight are essential properties of matter; **la q. del clima (del suolo)**, the nature of the climate (of the soil) **2** (*genere, varietà*) kind; sort: **Ne abbiamo di due qualità, amaro e dolce**, we have two kinds, bitter and sweet; **vini di diverse q.**, wines of many kinds **3** (*specie*) species*; kind: **Ci sono due q. di elefanti**, there are two species of elephants; **razze di tutte le q.**, races of all different kinds **4** (*specialm. al pl.: dote, virtù*) quality; merit: **Ha tante buone q.**, he has many good qualities; **Le sue q. spiccano in qualsiasi compagnia**, his merits are outstanding in any company **5** (*grado, ufficio, carica*) capacity: **nella mia q. di medico (avvocato, professore, ecc.)**, in my capacity as a doctor (lawyer, teacher, etc.), to act in one's capacity as guardian **6** (*ceto, condizione sociale*) class; social standing: **C'era gente di ogni q.**, there were people of all classes; **È persona d'alta q.**, he's a man of high social standing. ● (*aeron.*) **q. di volo**, airworthiness □ (*naut.*) **q. nautiche**, seaworthiness □ **di prima q.**, first-rate, choice (*attr.*): **vino di prima q.**, choice wine □ **di q. inferiore**, low-class, low-grade (*attr.*) □ **di q. scadente**, second-class, third-class (*attr.*): inferior □ **di q. superiore**, high-grade (*attr.*); superior □ **servire in q. di**, to serve as: **Serviva in q. di governante**, she served as a governess.

qualitativaménte, *avv.* qualitatively.

qualitativo, A *a.* qualitative: **dati qualitativi**, qualitative data; (*chim.*) **analisi qualitativa**, qualitative analysis. **B** *m.* (*comm.*) quality.

qualóra, *cong.* (*posto che*) in case; if: **Q. me ne dimentichi, ti prego di ricordarmelo**, in case I forget, please remind me about it; **Q. ti piaccia, acquistalo pure**, if you like it, just buy it; **q. non si possa**, if it's impossible; **q. piovesse**, in case (*o* if) it should rain.

qualsìasi, *a. indef.* **1** any: **Lo farò studiare a costo di q. sacrificio**, I'll make him study (*o* I'll put him through his studies) at any sacrifice; **a q. costo**, at any cost; at all costs; **in q. caso**, in any case; **consegna in q. parte della città**, delivery to any part of town; **Viaggia con q. tempo**, he travels in any weather (*o* in all kinds of weather); **Q. persona intelligente sa risolvere questo problema**, any intelligent person can solve this problem; **Quel meccanico sa riparare q. motore**, that mechanic can repair any engine; **uno q. di voi** (*di noi, di loro*), any one of you (of us, of them) **2** (*in frasi concessive: quale che sia*) whatever; (*con riferimento a due, o a un numero limitato di cose o persone*) whichever: **Q. fosse l'offerta, non l'accetterei mai**, whatever the offer, I would never accept it; **Q. sia la sua condotta, in fondo è un bravo ragazzo**, whatever his conduct may be, he is a good boy at heart; **Q. decisione tu prenda, ricordati della tua promessa**, whatever decision you may take, remember your promise; **Q. partito vada al potere, la nostra politica estera non cambia**, whichever party comes into power, our foreign policy remains the same **3** (*ogni*) every; each: **Q. libro della mia biblioteca è schedato**, every book in my library is catalogued **4** (*senza particolari qualità o attitudini*) ordinary; common: **un uomo q.**, an ordinary man; **Questi sono francobolli q., non hanno alcun valore**, these are ordinary (*o* common) stamps, they're not worth anything; **Egli indossa vestiti q.**, he wears common clothes; **Dammi un bicchiere q.**, give me an ordinary (*o* any old, any odd) glass ● **q. cosa**, whatever; anything; (*ogni cosa*) everything: **Q. cosa accada, non negarmi la tua fiducia**, whatever happens, don't lose your confidence in me; **Q. cosa tu faccia, la farai bene**, whatever you do, you'll do it well; **Q. cosa faccia, la fa bene**, everything he does, he does well □ **in q. modo**, anyhow □ **Uno q. potrebbe manovrare questa macchina**, anyone could handle this machine.

qualsisia, qualsivòglia, (*lett.*) *V.* **qualsìasi**.

qualùnque, *V.* **qualsìasi**.

qualunquismo, *m.* **1** (*polit.*) «Qualunquismo» **2** (*atteggiamento scarsamente impegnato, specialm. in polit.*) non-committalism.

qualunquista, A *m.* e *f.* **1** (*polit.*) supporter of «Qualunquismo» **2** (*chi mostra indifferenza verso i problemi politici e sociali*) non-committed person. **B** *a.* non-committal.

qualunquistico, *a.* non-committal.

quando, A *avv.* **1** when: **Q. hai intenzione di partire?**, when do you intend to leave?; **Q. fu fondata Roma?**, when was Rome founded?; **Non so q. mi pagherà**, I don't know when he'll pay me; **Mi sa dire q. avranno luogo gli esami d'inglese?**, can you tell me when the English exams are?; **Di q. è la cattedrale di Canterbury?**, when does Canterbury Cathedral date from?; **Ma q. la pianti con queste domande sciocche?**, but when are you going to stop asking me such stupid questions? **2** (*correlativo*) **q..., q.**, sometimes...sometimes: **Va all'ufficio q. a piedi q. in autobus**, he goes to the office sometimes on foot sometimes by bus; **Arrivava q. in ritardo q. in anticipo**, he would sometimes arrive late, sometimes early. ● **q. mai?**, when ever?: **Q. mai mi darai i soldi che mi devi?**, when ever are you going to give me the money you owe me?; **Q. mai hai sentito questa notizia?**, when ever »id you hear this news? □ **a q.?**, when?: **A q. la partita di rivincita?**, when is the return match?; when will the return match be? □ **da q.?**, since when?; how long?: **Da q. esci con lei?**, since when (*o* how long) have you been going out with her?; **Da q. sai che è morto?**, since when (*o* how long) have you known that he's dead? □ **in q. a?**, since when?: **Da q. in qua non si mangia puntualmente in questa famiglia?**, since when are meals not taken punctually in this family? □ **di q. in q.**, from time to time; now and then; every so often: **Faccio una partita a carte di q. in q.**, I have a game of cards now and then; I have an occasional game of cards □ **fino a q.?**, till when?; how long?: **Fino a q. potrai resistere?**, till when (*o* how long) will you be able to hold out?; **Fino a q. dovrò sopportarlo?**, till when shall I have to put up with him? □ **per q.?**, when?: **Per q. è la prossima partita?**, when is the next match? **B** *cong.* **1** when: **Q. ero a Roma, ero felice**, I was happy when I was in Rome; **Q. mi vide, mi salutò**, he greeted me when he saw me; **Te lo dirò q. ci rivedremo**, I'll tell you when I see you again; **Q. si è giovani, si commettono molte azioni avventate**, when one is young, one commits many rash actions; **Questo è per q. sarò vecchio**, this is for (the time) when I am old **2** (*ogni volta che*) whenever: **Q. la incontro, mi sorride**, whenever I meet her, she smiles at me **3** (*con valore condiz.*,

causale) if; since; when: **Q. lo dice lui, bisogna accettarlo**, since he says so, we must accept it; **q. è così**, if that is the case; **Q. non foss'altro, dovresti farlo per i tuoi genitori**, if for no other reason, you should do it for your parents; **Q. tutti tacessero, io parlerei per te**, if all the others were silent, I would speak up for you; **Q. poi non c'è silenzio, non si può lavorare**, if there is no peace, one cannot work; **Come posso aiutarli a capire, q. non vogliono darmi ascolto?**, how can I help them to understand when they won't listen to me? **4** (*mentre*) while: **Io studio in camera mia q. gli altri guardano la televisione**, I study in my room while the others watch television **5** (*con valore avversativo*) when: **Non capisco perché tu ti alzi così presto q. potresti startene a letto**, I don't understand why you get up so early when you could stay in bed. ● **q. anche**, even if; even though: **Q. anche non ci fossi io, vi divertireste lo stesso**, even if (*o* even though) I weren't there, you would still enjoy yourselves □ **q. ecco**, when suddenly: **Andavamo a passeggio q. ecco scoppiò un temporale**, we were out for a walk when suddenly a storm broke out □ **da q.**, since; ever since: **Lavoro con lui da q. arrivai in questa città**, I have been working with him (ever) since I came to this town; **Da q. è morto mio padre, niente mi va bene**, nothing has gone right with me since my father died; **Da q. esco con lei, non ho un momento libero**, I haven't had a free moment ever since I started going out with her □ **di q.**, of the time when: **Questi non sono i libri di q. andavo a scuola io**, these books are not like those I had when I used to go to school □ **fino a q.**, until; till: **Sarò triste fino a q. tu non tornerai**, I'll be sad until (*o* till) you come back □ **Q. si dice nascere disgraziati!**, talk about being born unlucky! **C** *m.* when: **il come e il q.**, the how and the when; **il dove e il q.**, the where and the when; the time and the place.

quàntico, quantìstico, *a.* (*fis.*) quantic; quantum (*attr.*).

quantificare, *v. t.* to quantify.

quantificatóre, *m.* (*mat., filos.*) quantifier: **q. esistenziale**, existential quantifier (*o* operator); **q. universale**, universal quantifier.

quantificazióne, *f.* (*filos.*) quantification.

quantità, *f.* **1** quantity: **il concetto della q.**, the concept (*o* idea) of quantity; **Per i filosofi, la q. è una categoria**, for philosophers, quantity is a category; **La q. va spesso a scapito della qualità**, quantity is often prejudicial to quality **2** (*quantitativo*) quantity; amount; number; (*abbondanza*) abundance: **la q. necessaria**, the required amount; **una q. trascurabile**, a negligible quantity (*o* amount); **una q. piccola (grande) q.**, a small (large) quantity (*o* amount); **in grandi q.**, in large quantities (*o* amounts, numbers); (*in abbondanza*) in abundance; **in piccole q.**, in small quantities (*o* amounts); **C'è un limite alla q. di lavoro che si può fare in un giorno**, there's a limit to the amount of work that can be done in a day **3** (*gran numero, moltitudine*) lots (of); (*a*) lot (of); (*a*) great (*o* good) deal (of); (*a*) large quantity (of); many (*pl.*); heap, load (*fam.*): **Ha soldi in q.**, he has lots of money; **Ha amici in q.**, he has lots of friends, he has many friends, he has a lot of friends; «**Ha scritto molti libri?**» «**Sì, una q.**», «has he written many books?» «yes, lots»; **Una volta si permetteva una q. di lussi**, he used to indulge in many luxuries; **Possiede una q. di mobili antichi**, he has a lot of antique furniture; **Ho una q. di cose da fare**, I have a lot of (*o* many) things to do; **Consuma una gran q. di carne ogni giorno**, he consumes a large (*o* a great) quantity of meat every day; **C'è una q. di gente che non paga le imposte**, there are many (*o* a lot of, lots of) people who don't pay their taxes; **Ho una q. di cose da dirti**, I have many things to tell you **4** (*mat., filos., poesia, fis.*) quantity: **q. d'elettricità**, quantity of electricity; **q. di luce**, quantity of light; **una q. negativa**, a negative quantity; **L'armonia dei versi greci e latini era fondata sulla q.**, the harmony of Greek and Latin verse was based on quantity. ● (*fis.*) **q. di moto**, momentum □ **q. di moto angolare**, (*mecc.*) angular momentum; (*fis. atomica*) spin □ (*mat.*) **q. variabile**, variable □ (*fis.*) **accoppiamento in q.**, connexion in parallel □ **Ogni domenica una q. di gente va allo stadio**, a large crowd goes to the stadium every Sunday.

quantitativaménte, *avv.* quantitatively.

quantitativo, A *a.* quantitative: (*chim.*) **analisi quantitativa**, quantitative analysis. **B** *m.* (*comm.*) quantity; amount; number: **il q. disponibile**, the amount available; **in grandi quantitativi**, in large numbers. ● **q. fissato** (*o* **stabilito**), quota.

quantizzare, *v. t.* (*fis.*) to quantize.

quantizzatóre, *m.* (*elettron.*) quantizer.

quantizzazióne, *f.* (*fis.*) quantization.

quanto (1), A *a.* **1** (*interr., anche pron.*) how much; (*pl.*) how many: **Q. pane c'è?**, how much bread is there?; **Q. denaro hai?**, how much money have you got?; **Quanti appartamenti ha comprato?**, how many flats has he bought?; **Quante volte te l'ho detto?**, how many times have I told you?; **Q. c'è di vero in quello che dice?**, how much truth is there in what he says?; **Non so q.

denaro abbia, I don't know how much money he has; **Dimmi quante automobili hai**, tell me how many cars you have; **Quanti ne hai presi?**, how many did you take?; **Quanti partirono con lui?**, how many left with him? **2** (*escl., anche pron.*) what a lot (of); how much; (*pl.*) how many: **Q. denaro spendi in vestiti!**, what a lot of money you spend on clothes!; **Q. petrolio hanno trovato in Venezuela!**, what a lot of (o how much) oil has been found in Venezuela!; **Quante sciocchezze dici!**, what a lot of foolish things you say!; **Quanti meli ha nel suo frutteto!**, how many (o what a lot of) apple-trees he has in his orchard! **3** (*nel compar. di uguaglianza*) as much; (*pl.*) as many; (*soltanto in frasi neg.*) so much; (*pl.*) so many: **Avrà tanto denaro q. gliene occorre**, he'll have as much money as he needs; **Ha tanti clienti quanti ne hai tu**, he has as many customers as you (have); **Non hai tanti libri quanti ne abbiamo noi**, you haven't so many books as we (have); **Quante teste tanti pareri**, there are as many viewpoints as there are people; so many men, so many minds; **Conosce tante ragazze quante tutti voi messi insieme**, he knows as many girls as all of you put together; **Ha avuto tanti dolori quante gioie nella vita**, he has had as much sorrow as joy (o as many sorrows as joys) in life **4** (*in frasi temporali ellittiche*) how long: **Q. ci vorrà per riparare la mia automobile?**, how long will it take to repair my car?; **È venuto stamane, ma non so q. si tratterrà**, he came this morning but I don't know how long he will stay; **Q. sei stato via da casa!**, how long you've been away from home!; **Non so q. ci voglia per andare da Ferrara a Venezia**, I don't know how long it takes to go from Ferrara to Venice **5** (*in altre frasi ellittiche*) how much (o *idiom.*): **Q. ti sono costati questi fiori?**, how much did these flowers cost you?; **Q. c'è da Milano a Parigi?**, how far is it from Milan to Paris?; **Q. hai preso nell'esame di latino?**, what was your mark in the Latin exam?; **Q. hai di febbre?**, what's your temperature?; **Quanti ne abbiamo oggi?**, what is the date today? **B** *pron. relat.* **1** (*al pl.: tutti coloro che*) all those who; whoever: **quanti desiderino andare**, all those who wish to go **2** (*tutto quello che*) all (that); (*quello che*) what: **Faccio q. posso**, I do what I can; **Si presentò con q. occorreva**, he presented himself with what (o with all that) was necessary; **Non credo mai a q. mi dice quella gente**, I never believe what those people tell me; **L'ho pagato q. valeva**, I paid what it was worth; **Gli diede q. aveva di meglio nella sua raccolta**, he gave him all the best (things) of his collection; **A q. si dice**, from what people say; **Ne prese quanti ne trovò**, he took all (o as many as) he found; **Lo fece di nascosto a quanti stavano in casa**, he did it out of sight of all in the house; **Truffò quanti incontrò sul suo cammino**, he swindled all those he met on his way. **C** *avv.* **1** (*con agg. e avv.*) how; (*rif. a verbi*) how much, what a lot: **Q. è grande la casa?**, how big is the house?; **Q. è bella quella ragazza**, how beautiful that girl is!; **Q. hai camminato oggi?**, how much (o how far) have you walked today?; **Q. ha sofferto quella madre!**, how much that mother has suffered!; **Q. hai mangiato!**, what a lot you've eaten! **2** (*nel compar. d'uguaglianza, correlativo di «tanto»* (*con agg. e avv.*) as... as; (*soltanto in frasi neg.*) so...as; (*con sost.*) as much (*neg.*: so much)...as; (*pl.*) as many (*neg.*: so many)...as: **Ha uno stipendio (tanto) alto q. il mio**, he has as high a salary as I (have); **Ha una casa (tanto) bella q. la tua?**, has he got as beautiful a house as you (have)?; **Il sole non era tanto caldo q. mi aspettavo in quel luogo**, the sun wasn't so hot as I expected in that place **3** (*correlativo di «tanto», rif. a verbi*) as much as: **Tu spendi (tanto) q. me per l'automobile**, you spend as much as I (do) on the car; **Ne so q. (ne sapevo) prima**, I know as much as I did before; **Non ama quella ragazza (tanto) q. dovrebbe**, he doesn't love that girl as much as he should **4** (*correlativo di «tanto», nel senso di: sia...sia*) both...and: **Comprerò tanto la casa q. l'automobile**, I'll buy both the house and the car; **Mi vendicherò tanto di te q. di lui**, I'll get my own back both on you and him **5** – **per q.**, (*limitativo*) as far as; (*con agg. e avv.*) however; (*con verbi*) however much, whatever: **Per q. ne so io, è già partito**, as far as I know, he has already left; **Per q. mi riguarda...**, as far as I'm concerned...; **Per q. ricco tu sia, non potrai comprarlo**, however rich you may be, you won't be able to buy it; **Per q. intelligente tu sia, dovrai pur studiare**, however intelligent you are, you'll still have to study; **Per q. tu sappia, non saprai mai abbastanza**, however much you (may) know, you'll never know enough **6** – **q. più...tanto meno**, the more...the less; the... -er... the less: **Q. più astruso è un romanzo, tanto meno lo si gusta**, the more abstruse a novel is, the less one enjoys it; **Q. più scuro è un colore, tanto meno mi piace**, the darker a colour is, the less I like it; **Q. più guido l'automobile, tanto meno mi sento sicuro**, the more I drive a car, the less I feel safe **7** – **q. più...tanto più**, the more...the more; the...-er...-er: **Q. più studi, tanto più impari**, the more you study, the more you learn. ● **q. a**, as for; **q. a...è concerned**; as regards; (*circa*) as to: (**in**) **q. a me**, for me; as far as I am concerned; **Q. a lasciarla gui**dare, non ci penso nemmeno, as to letting her drive, I wouldn't even think of it □ **q. mai**, as much as ever; (*molto*) very (o extremely, most): **Era q. mai generoso**, he was extremely (o most) generous □ **q. prima**, as soon as possible: **Tornerò da te q. prima**, I'll come back to you as soon as possible; **Dovrete terminare questo lavoro q. prima**, you'll have to finish this work as soon as possible □ **in q.**, (*in qualità di*) since; as; in so far as; (*poichè*) as, since, because, in that: **in q. medico**, as a doctor; **Si sente più inglese che americano, in q. è nato e cresciuto in Inghilterra**, he feels more English than American in that he was born and brought up in England □ **È q. dire che...**, it is as much as saying that... □ **Q. prima, tanto meglio**, the sooner, the better.

quanto (2), *m.* (*fis.*) quantum*: **la teoria dei quanti**, the quantum theory; **q. di energia**, energy quantum; quantum of energy.

quantomeccànica, *f.* (*fis.*) quantum mechanics (*pl. col verbo al sing.*).

quantoméno, *avv.* at least.

quantum (*lat.*), *m.* (*fis.*) quantum*.

quantùnque, *cong.* although; though; tho'; tho (*USA*); notwithstanding (that); (*anche se*) even if: **Q. fosse piuttosto tardi, andai lo stesso**, although it was rather late, I went all the same; **Il ragazzo venne, q. fosse malato**, the boy came, though ill; **Andrò, q. tu non voglia**, I'll go, even if you don't want me to.

quaranta, *a. num. card.* e *m.* forty: **Mi costò q. sterline**, it cost me forty pounds; **L'avrò letto almeno q. volte**, I've read it at least forty times; **un uomo su q.**, one man in forty; **un uomo di q. anni**, a man of forty; a forty-year-old man; **avvicinarsi ai q.**, to be nearly forty (years of age); **avere passato i q.**, to be over forty (years of age); to be in one's forties; to be on the wrong side of forty (*fam.*); (*tennis*) **q. pari**, deuce.

quarantamila, *a. num. card.* e *m.* forty thousand.

quarantèna, *f.* **1** forty days; quarantine **2** (*med.*) quarantine: **Tra pochi giorni la nave sarà fuori q.**, the ship will be out of quarantine in a few days; **fare la q.**, to be in quarantine; **mettere in q.**, to put (o to keep) in quarantine; to quarantine.

quarantènne, **A** *a.* forty years old; forty-year-old (*attr.*): **Sua moglie è q.**, his wife is forty (years old); **una moglie q.**, a forty-year-old wife. **B** *m.* forty-year-old man*. **C** *f.* forty-year-old woman*.

quarantènnio, *m.* period of forty years.

quarantèsimo, *a. num. ord.* e *m.* fortieth: **dopo il q. giorno**, after the fortieth day; **la quarantesima parte**, the fortieth part; **tre quarantesimi**, three fortieths.

quarantina, *f.* **1** (*circa quaranta*) about forty; some forty: **Saremo una q.**, we shall be about forty; **una q. di ragazzi (di libri, ecc.)**, some forty children (books, etc.) **2** (*età di quarant'anni*) forty (years of age): **un uomo sulla q.**, a man about forty; **essere sulla q.**, to be about forty (years of age); **avere passato la q.**, to be over forty (years of age); to be in one's forties; to be on the wrong side of forty (*fam.*).

quarantóre, *f. pl.* (*relig.*) forty hours' devotion.

quarantottèsimo, *a. num. ord.* e *m.* forty-eighth.

quarantòtto, *a. num. card.* e *m.* forty-eight. ● (*stor.*) **il Q.**, the risings of 1848 □ (*fam.*) **fare un q.**, to kick up a shindy; to raise Cain (o hell) □ (*fam.*) **finire a carte q.**, to end in an uproar □ (*fam.*) **mandare a carte q.**, to mess (st.) up.

quarésima, *f.* (*relig.*) Lent: **la prima domenica di q.**, the first Sunday in Lent; Quadragesima (Sunday); **la quarta domenica di q.**, the 4th Sunday in Lent; Mid-Lent (Sunday); **fare la q.**, to keep Lent. ● (*fig.*) **essere lungo quanto la q.**, to be long and wearisome □ (*fig.*) **sembrare la q.**, to look half-starved.

quaresimale, **A** *a.* (*relig.*) Lenten; of Lent; Lent (*attr.*); quadragesimal: **funzioni quaresimali**, Lenten services; **prediche quaresimali**, Lent sermons; **il digiuno q.**, the Lenten (o quadragesimal) fast. **B** *m.* **1** (*relig.*) Lenten (o Lent) sermons (*pl.*): **predicare il q.**, to preach the Lent sermons **2** (*fig.*) long and boring sermon.

quaresimalista, *m.* (*relig.*) Lent preacher.

quark, *m.* (*fis. nucleare*) quark: **q. inferiore** (**superiore**), down (up) quark; **q. incantato**, charmed quark.

quarta, *f.* **1** (*nell'ordinamento scolastico*) fourth class; fourth year **2** (*naut.*) rhumb **3** (*autom.*) fourth gear **4** (*scherma*) carte; quarte **5** (*mus.*) (interval of a) fourth. ● (*fig.*) **partire in q.**, to get off to a flying start; to throw oneself headlong into st.

quartabuòno, *m.* (*squadra da falegname*) quarter round.

quartana, *f.* quartan (fever, ague).

quartato, *a.* (*di complessione robusta*) strongly and stoutly built; well-built; well-set; well-knit; sturdy; strapping: **un giovane ben q.**, a strapping fellow.

quartazióne, *f.* (*metall.*) quartation.

quarteróne, *m.* quadroon.

quartettista, *m.* e *f.* (*mus.*) **1** member of a quartet **2** (*composi*-

quartétto, *m.* 1 (*mus.*) quartet(te): **un q. d'archi**, a string quartet 2 (*fam.*) quartet; foursome.

quàrtica, *f.* (*mat.*) quartic. ● **q. sferica**, cyclic curve.

quartière, *m.* 1 (*parte d'una città*) quarter; district; area; section: **Questo è il nuovo q. residenziale**, this is the new residential quarter; **il q. latino a Parigi**, the Latin quarter in Paris 2 (*appartamento*) flat; apartment (*USA*): **un q. mobiliato**, a furnished flat; **un bel q. al terzo piano**, a nice flat on the third floor 3 (*mil.: luogo dove alloggiano i soldati*) quarters (*pl.*); barracks (*pl.*): **quartieri d'estate**, summer-quarters; **quartieri d'inverno**, winter-quarters; (*fig., fam.*) **prendere q. in un luogo**, to take up one's quarters in a place 4 (*mil.: clemenza*) quarter: **chiedere (dare) q.**, to ask for (to give) quarter; **non dare q.**, to give no quarter 5 (*araldica*) quarter. ● **quartieri alti**, exclusive neighbourhood (*sing.*) □ **quartieri bassi**, slums □ (*naut.*) **q. di poppa**, steerage □ (*naut.*) **q. di prora**, forebody □ (*mil.*) **q. generale**, headquarters: **Gran Q. Generale**, General Headquarters □ (*araldica*) **a quartieri**, quartered.

quartierino, *m.* (*piccolo appartamento*) small flat.

quartiermastro, *m.* (*stor. mil.*) quartermaster.

quartile, *m.* (*stat.*) quartile.

quartina, *f.* 1 (*poesia*) quatrain 2 (*mus.*) quadruplet.

quartino, *m.* 1 (*mus.*) small clarinet 2 (*misura d'un quarto di litro*) quarter (of a litre) 3 (*tipogr.*) four-page folder.

quarto, A *a. num. ord.* fourth: **la quarta fila delle poltrone**, the fourth row of the stalls; **Abito al q. piano**, I live on the fourth floor; **Fa il q. anno di università**, he's in his fourth year at university; (*autom.*) **quarta velocità**, fourth speed; **innestare la quarta (velocità)**, to engage fourth (o top) gear; **la quarta parte**, the fourth part; **la quarta dimensione**, the fourth dimension; **Sisto Q.**, Sistus the Fourth; **il q. mese dell'anno**, the fourth month of the year; **arrivare (finire) q.**, to arrive (to finish) fourth. ● **la quarta arma**, the Air Force □ **il q. centenario**, the quatercentenary □ **una quarta parte**, a quarter □ (*fig.*) **il q. potere**, the Press. B *m.* 1 fourth; (*quarta parte*) quarter, fourth: **25 è un q. di 100**, a quarter of 100 is 25; **Abbiamo fatto un q. del cammino**, we've come a quarter (*o* a fourth) of the way; **il primo (secondo, ecc.) q. della luna**, the first (second, etc.) quarter of the moon; **ridotto di un q.**, reduced by a quarter; **un q. di pollo**, a quarter of (a) chicken; **Un q. degli alunni è assente a causa dell'influenza**, a fourth (*o* a quarter) of the pupils are absent because of flu; **Tu sei il q. che mi fa la stessa domanda**, you are the fourth (person) to ask me the same question; **Visse nel primo q. dell'Ottocento**, he lived in the first quarter of the nineteenth century; **Tu hai fatto solo un q. di ciò che ho fatto io**, you've only done a fourth of what I've done; **Ti vendo questo quadro per un q. del suo vero valore**, I'm selling you this picture for a fourth (*o* a quarter) of its real value; **dividere q.c. in quarti**, to divide st. into quarters; to quarter st.; **un miglio e un q.**, a mile and a quarter; (*a carte, a tennis*) **fare il q.**, to make a fourth; **Non possiamo fare la partita senza il q.**, we can't play (the game) without a fourth 2 (*in senso temporale*) quarter: **un q. d'ora**, a quarter (of an hour); fifteen minutes; **Ti ho aspettato un buon q. d'ora**, I waited a good quarter of an hour for you; **tre quarti d'ora**, three quarters of an hour; **Sono le sei e un q.**, it is a quarter past six; **Sono le dieci e tre quarti** (*o* sono le undici meno un q.), it is a quarter to eleven; (*fig.*) **passare un brutto q. d'ora**, to go through (*o* to pass) a bad quarter of an hour; **un orologio che batte le ore, le mezz'ore e i quarti**, a clock that strikes the hours, the half-hours and the quarters 3 (*tipogr.*) quarto: **edizione in q.**, quarto edition 4 (*naut.: turno di guardia*) watch 5 (*araldica*) quarter. ● (*fig.*) **il q. d'ora di Rabelais**, the time to pay the reckoning □ **un q. di vino**, a quarter-litre of wine □ (*sport*) **quarti di finale**, quarter-finals □ **a tre quarti**, three-quarters; three-fourths: **un sacco pieno (vuoto) a tre quarti**, a sack three-fourths (*o* three-quarters) full (empty) □ (*fis.*) **a q. d'onda**, quarter-wave □ **avere i quattro quarti di nobiltà**, to have the four quarterings of nobility □ (*fig.*) **essere in un cattivo q. d'ora**, to be in a bad mood; to be out of sorts □ (*fig.*) **passare un q. d'ora con q.**, to spend a few minutes with sb. □ (*rugby*) **i tre quarti**, the three-quarters: **la linea dei tre quarti**, the three-quarter line □ **tre quarti**, three-quarters; three-fourths: **Tre quarti della popolazione del mondo soffrono la fame**, three-fourths (*o* three-quarters) of the world's population suffer from hunger □ **Non ho mai un q. d'ora di pace**, I've never a moment's peace □ **Ebbe il suo q. d'ora di celebrità (di gloria)**, he had his brief spell (*o* fleeting moment) of fame (of glory).

quartogènito, *a. e m.* fourth-born.

quartùltimo, *a. e m.* last but three; fourth from the last.

quarzifero, *a.* (*miner.*) quartziferous.

quarzite, *f.* (*miner.*) quartzite.

quarzo, *m.* (*miner.*) quartz: **q. bruno**, brown quartz. ● (*fis., med.*) **lampada al q.**, quartz lamp □ **oscillatore a quarzo**, quartz oscillator.

quarzóso, *a.* (*miner.*) quartzose; quartzous.

quasar, *f.* (*astron., fis.*) quasar.

quasi, A *avv.* 1 almost, nearly; (*con significato neg.*) hardly: **È q. un'ora che aspetto**, I've been waiting for almost (*o* nearly) an hour; **Sono quasi uguali di altezza**, they are nearly (*o* almost) the same height; **È q. scuro**, it's almost (*o* nearly) dark; **Q. urtavo lo spigolo del muro con l'automobile**, I nearly (*o* almost) hit the corner of the wall with my car; **Dopo anni di baldoria, non gli rimase q. niente**, after years of wassailing, he had hardly anything (*o* almost nothing) left; **Sono usciti q. tutti**, they have almost all gone out; nearly all of them have gone out; **Non ho q. denaro in tasca**, I have hardly any money about me; **Non viene q. mai da me**, he hardly ever comes to my house; **Ha q. vinto la corsa**, he almost (*o* nearly) won the race; **Q. sposavo quella ragazza**, I nearly (*o* I all but) married that girl; «**È uno spiantato?**» «**Q.**», «is he penniless?» «almost» (*o* «very nearly», «he's not far off it»); **Ho mille libri nella mia biblioteca, o q.**, in my library I have a thousand books or very nearly (*o* or thereabouts) 2 (*in alcuni composti*) quasi: (*leg.*) **q. contratto**, quasi-contract; (*leg.*) **q. delitto**, quasi-delict; (*fis.*) **q.-particella**, quasi-particle; **una posizione q. ufficiale**, a quasi-official position; **q. pubblico**, quasi-public. B *cong.* – **q.** (**che**), as if: **Dice sempre che disprezza il denaro, q. che qualcuno gli credesse**, he's always saying that he despises money, as if anybody believed him; **Correvano q. li portasse il vento**, they were running as if the wind were carrying them. ● **q. q.**, very nearly: **Q. q. cascavo nel tranello**, I very nearly fell into the trap □ **senza q.**, certainly; definitely; of course; no doubt: «**È spacciato**» «**senza q.**», «he's done for» «he certainly is» (*o* of course he is, *o* definitely) □ **Q. q. andrei a trovarlo**, I've half a mind to go and see him.

quàssia, *f.* (*bot., Quassia amara*) quassia.

quassina, *f.* quassin.

quàssio, *m.* quassia(-wood).

quassù, *avv.* up here: **Venite q.**, come up here.

quatèrna, *f.* combination of four numbers. ● **una q. di candidati**, a (short) list of four candidates □ **fare q.**, to make a win of four numbers.

quaternàrio, A *a.* 1 (*geol.*) Quaternary: **l'era quaternaria**, the Quaternary period 2 (*poesia*) of four syllables. B *m.* 1 (*geol.*) Quaternary (period) 2 (*poesia*) line of four syllables; four-syllabled line.

quaterniòne, *m.* (*mat.*) quaternion.

quatto, *a.* cowering; crouching. ● **q. q.**, very quietly; stealthily □ **andarsene q. q.**, to steal away □ **starsene q. q.**, to keep very quiet.

quattordicènne, A *a.* fourteen years old; fourteen-year-old (*attr.*): **una ragazza q.**, a fourteen-year-old girl; a girl of fourteen (years of age); a girl aged fourteen. B *m.* boy of fourteen; fourteen-year-old boy. C *f.* girl of fourteen; fourteen-year-old girl.

quattordicèsimo, *a. num. ord. e m.* fourteenth: **il secolo q.**, the fourteenth century; **la quattordicesima parte**, the fourteenth part; **un q.**, a fourteenth.

quattórdici, *a. num. card. e m.* fourteen: **un ragazzo di q. anni**, a boy of fourteen (years of age); a boy aged fourteen; a fourteen-year-old boy. ● **il q. giugno**, the 14th of June; June (the) 14th □ (*poesia*) **verso di q. sillabe**, fourteener □ **Sono le q.**, it is two p.m.; it is two in the afternoon.

quattrinàio, A *a.* money-grubbing. B *m.* money-grub; money-grubber.

quattrino, *m.* 1 (*al pl.: denari*) money; brass (*pop.*); blunt (*pop.*): **Ci vogliono molti quattrini**, you need a lot of money; **fare quattrini**, to make money; **buttare via tempo e quattrini**, to waste one's time and money; **essere a corto di quattrini**, to be short of money; to be hard up (*fam.*) 2 (*numismatica*) quattrino*. ● **avere quattrini a palate**, to have money to burn (*fam.*) □ (*fig.*) **ballare su un q.**, to watch one's step □ (*fig.*) **far ballare q. su un q.**, to keep sb. up to the mark □ **fior di quattrini**, a pretty penny □ **non avere il becco d'un q.**, to be as poor as a church mouse, to be on the rocks (*fam.*) □ **essere giù a quattrini**, to be badly off □ **essere pieno di quattrini**, to be rolling in money □ **senza quattrini**, penniless; broke (*fam.*) □ **spendere fino all'ultimo q.**, to spend to the (very) last penny □ **tirare al q.**, to be a money-grubber □ **Non vale un q.**, it's not worth a (brass) farthing (*o* a penny) □ **Egli non ha lasciato un q.**, he died a poor man □ (*prov.*) **Q. risparmiato, due volte guadagnato**, a penny saved is a penny earned □ (*prov.*) **Quattrini e santità, metà della metà**, of money, wit, and virtue, believe one-fourth of what you hear.

quattro, *a. num. card. e m.* 1 four: **Due e due fanno q.**, two and two make four; **Sono le (ore) q.**, it's four (o'clock); **Si gioca in q.**, it is played by four persons; **Ci siamo tutt'e q.**, the four of us are here; **un bambino di q. anni**, a child of four; a four-year-old child; **i q. punti cardinali**, the four cardinal points; **le q. stagioni**, the four seasons; **una comitiva di q. persone**, a party of four; **una sonata (per pianoforte) a q. mani**, a sonata for four hands; **il q. di picche**, the four of spades; **il q. per cento**, four per cent; **dividere in q.**, to divide into four (parts); to quarter; **in riga per q.**, four abreast; **a q. a q.**, four by four; (*sport*) **q. con** (*timoniere*), coxed four; (*sport*) **q. senza** (*timoniere*), coxless four **2** (*nelle date*) fourth: **il q. aprile**, the fourth of April; April (the) fourth. ● **dirne q. a qualcuno**, to tell sb. a thing or two; to give sb. a piece of one's mind □ **fare il diavolo a q.**, to raise hell (*o* Cain); to be up to all kinds of mischief □ **fare q. chiacchiere**, to have a chat □ **fare q. passi**, to take a stroll □ **farsi in q.**, to do one's very best; to do everything one can (*o* in one's power); to leave no stone unturned (*fam.*) □ **in q. e quattr'otto**, in a moment; in less than no time; in the twinkling of an eye □ **un numero di q. cifre**, a four-figure number □ (*prov.*) **Non dir q. se non l'hai nel sacco**, don't count your chickens before they are hatched.

quattròcchi, *m.* (*fam.*, *scherz.*) person wearing glasses; four eyes (*pl. col verbo al sing.*): **il signor Q.**, Mr Four Eyes. ● **a q.**, in private; confidentially; between you and me.

quattrocentésco, *a.* **1** of the fifteenth century; fifteenth-century (*attr.*): **un palazzo q.**, a fifteenth-century building **2** (*arte o letter. ital.*) of the «Quattrocento»; «Quattrocento» (*attr.*): **stile q.**, Quattrocento style.

quattrocentèsimo, *a. num. ord. e m.* four hundredth.

quattrocentista, *m. e f.* **1** (*letter.*) fifteenth-century author (artist, etc.) **2** (*arte o letter. ital.*) quattrocentist: **i quattrocentisti fiorentini**, the Florentine quattrocentists **3** (*sport*) four-hundred-metre runner.

quattrocentìstico, *a.* **1** (*letter.*) fifteenth-century (*attr.*) **2** (*arte o letter. ital.*) of the Quattrocentists; quattrocentist (*attr.*).

quattrocènto, **A** *a. num. card.* four hundred: **q. libri**, four hundred books. **B** *m.* **1** four hundred **2** (*il secolo*) (the) fifteenth century: **gli scrittori del Q.**, the writers of the fifteenth century; **un poeta del Q.**, a fifteenth-century poet **3** (*arte o letter. ital.*) «Quattrocento»: **la scultura del Q.**, the sculpture of the Quattrocento; **lo stile del Q.**, Quattrocento style.

quattrofòglie, *m. invar.* (*araldica*) quatrefoil.

quattromìla, *a. num. card. e m.* four thousand.

quebracho (*spagn.*), *m.* (*bot.*, *Aspidosperma quebracho*; *legno che si ricava dall'albero*) quebracho.

quégli, *pron. dimostrativo m.* (*lett.*) that man; he.

quéllo, **A** *a. dimostrativo* **1** that*: **Dammi q. zaino**, give me that knapsack; **Vedi quel soldato?**, do you see that soldier?; **Quegli stessi uomini me lo dissero**, those same (*o* very) men told me so; **Quei ragazzi hanno sonato il campanello**, those boys have rung the doorbell; **quella ragazza è molto giovane**, that girl is very young; **Quelle signore stanno andando ad Ascot**, those ladies are going to Ascot; **quel mio libro**, that block of mine; **quell'idiota di suo fratello**, that idiot brother of his **2** (*come art. determinativo*): **Quel poco che aveva, lo diede ai figli**, the little he had he gave to his children; **Non è più quella bella ragazza di un tempo**, she isn't the beautiful girl she was (years ago); **Rifiutò di parlare con quegli uomini che lo avevano maltrattato**, he refused to speak to the men who had maltreated him **3** (*enfatico*) such: **Ho avuto una di quelle paure!**, I had such a fright! **4** (*come pred. nominale, è idiom.*): **Per lei non sono più q.**, I'm not the same person for her; **Non sono più q. di prima**, I'm not the man I was once; **Non è più q.**, he's not his old (*o* former) self; **È sempre q.**, he's still the same as he used to be. ● **q. del latte** (**del carbone**), the milkman (the coalman) □ **q. del vino**, the man who sells (*o* brings) the wine □ **quelli di Roma** (**di Firenze**), the Romans (the Florentines) □ **in quel di** (*nei dintorni di*), in the neighbourhood (*o* vicinity) of: **In quel di Prato ci sono molti maglifici**, there are many knitwear factories in the vicinity of Prato □ **in quel mezzo** (*nel frattempo*), in the meantime □ (*eufemismo*) **una di quelle**, a prostitute; a street-walker □ **Ehi, quella signorina!**, hey there, young lady! □ **Ehi, quel ragazzo!**, hey there, boy! □ **Ne fanno di quelle!**, they get up to all sorts of things! □ **Ne dice di quelle!**, he talks such nonsense! □ **Ne ho passate di quelle!**, the things I've been through! **B** *pron. dimostrativo* **1** that* (one): **q. lì**, that one; **q. là**, that one there; **Non è q. il colore che voglio**, that is not the colour I want; **Se non vuoi questa penna, prendi quella**, if you don't want this pen, take that one; **Era un libro di storia q. che ti diedi**, that (*o* it) was a history book I gave you; **Quelli sono i ragazzi che hanno scritto queste parole**, those are the boys who wrote these words; **Quelle non sono le mie scarpe**, those aren't my shoes; **Questo libro è mio**; **il tuo è q.**, this book is mine; that one is yours; **Non c'è alunno più intelligente di q. là vicino al muro**, there's no more intelligent pupil (*o* there's no cleverer pupil) than that one near the wall; **Queste arance sono da conservare, quelle da vendere**, these oranges are to be kept, those are to be sold **2** (*in sostituzione di un sost., quando l'indicazione è data specificando qualità, materia, colore, misure, ecc.*) the one: **Una casa come quella dove stai tu è troppo cara per me**, a house like the one you live in is too expensive for me; **Prenderò q. che mi piace di più**, I'll take the one I like best; **Preferisci il clima caldo o quello freddo?**, do you prefer a warm climate or a cold one?; **Le automobili più costose non sono sempre quelle che danno maggior soddisfazione**, the most expensive cars aren't always the ones that give the greatest satisfaction (*o* aren't always the most satisfactory ones); **Preferisco il braccialetto d'oro a quello di platino**, I prefer the gold bracelet to the platinum one; **Ti ho detto di mettere i calzoni grigi non quelli verdi**, I told you to put on the grey trousers, not the green ones **3** (*con un poss., trova corrispondenza nel genitivo anglosassone del nome del possessore*) 's: **Questo non è il mio cappello ma q. di John**, this isn't my hat but John's; **Quella degli Smith fu una festa interessante**, the Smiths' party was an interesting one; **Non voglio quest'orologio, ma q. di mio padre**, I don't want this watch but my father's **4** (*seguito da un pron. relat.*) (*con valore di «colui»*) the one, the man; (*con valore di «colei»*) the woman, the girl; (*pl., con valore di «coloro»*) those, (the) people; (*con valore di «chiunque»*) whoever, anyone: **Q. che l'ha fatto avrà la coscienza sporca**, the one (*o* the man) who has done it must have a dirty conscience; **Quella con il vestito verde è mia sorella**, the girl in the green dress is my sister; **Quella che parla con il professore è mia zia**, the woman talking to the teacher is my aunt; **Quelli che non vogliono andare possono stare a casa**, those who don't want to go can stay at home; **Quelli che possiedono l'automobile non sono necessariamente ricchi**, (the) people who have cars are not necessarily rich; **Quelli che non avranno il biglietto d'invito non saranno ammessi al ricevimento**, whoever (*o* anyone who) is not provided with (*o* in possession of) an official invitation will not be admitted to the reception **5** – **q. che**, (*ciò che*) what; (*tutto q. che*) all (that), everything (that): **Capisco q. che vuoi dire**, I see what you mean; **Fece per lui q. che poteva**, he did what he could for him; **Farà per lui tutto q. che potrà**, he'll do all he can for him; **Ho fatto per lei tutto q. che era umanamente possibile**, I did everything that was humanly possible for her **6** (*con valore di «egli»*) he (*f.* she; *pl. m. e f.* they): **Q.** (**quella**) **mi disse che non era vero**, he (she) told me it wasn't true; **Quelli non volevano andare**, and they didn't want to go **7** (*correlativo di «questo»: il primo...il secondo*) the former...the latter: **Sidney e Dryden furono ambedue poeti inglesi; quegli** (*o* **q.**) **visse nel Cinquecento, questi nel Seicento**, Sidney and Dryden were both English poets; the former lived in the sixteenth century, the latter in the seventeenth century; **John Fraser e Adam Smith abitano nella stessa strada; q. è avvocato, questo dentista**, John Fraser and Adam Smith live in the same street; the former is a lawyer, the latter a dentist; **Gianna e Laura frequentano l'università di Pavia; quella studia medicina, questa lettere**, Jane and Laura are at Pavia University; the former is studying medicine, the latter Arts **8** (*correlativo di «questo»: l'uno...l'altro*) one...one (*o* the other); (*alcuni...altri*) some...some (*o* others): **Questo fa una cosa, q. un'altra**, one does one thing, one (*o* the other) does another; **Questo giocava a carte, q. cantava a squarciagola**, some were playing cards, some (*o* others) were singing at the top of their voices. ● **di q. che** (*dopo un comparativo*), than: **È più ricco di quel che pensavo**, he is richer than I thought □ **per q. che mi riguarda**, as far as I'm concerned □ **per quel che ne so io**, as far as I know □ **Sarà q.!** (*che tu dici*), it'll be as you say □ (*enfatico*) **Q. è vino!**, this is what you call wine! □ (*iron.*) **Buono q.!**, he's (*o* that's) a good one! □ **Gran fortuna fu quella!**, that was a great piece of luck! □ **Q. sì che è buono!**, that's really good!; (*iron.*) he's a fine one! □ **Q. si chiama fare sul serio!**, that's what I call getting down to it.

quercéta, *f.* **quercéto**, *m.* oak-wood; oak-grove.

quèrcia, *f.* **1** (*bot.*, *Quercus robur*) oak(-tree): **un bosco di querce**, an oak-grove **2** (*legno*) oak: **una porta di q.**, an oak door; **fatto di q.**, made of oak; oaken, oak (*attr.*). ● (*prov.*) **Al primo colpo non cade la q.**, an oak is not felled at one stroke.

quercino, *a.* oaken, oak (*attr.*); of oak: **legno q.**, wood of oak; oak.

querciòla, *f.* **1** oaklet; oakling **2** (*bot.*, *Teucrium chamaedrys*) wall germander.

quercìte, *f.* **quercitòlo**, *m.* (*chim.*) quercitol.

quercitrìna, *f.* (*chim.*) quercitrin.

quercitróne, *m.* **1** (*bot.*, *Quercus tinctoria*) quercitron (oak) **2** (*estratto colorante*) quercitron.

querèla, *f.* **1** (*leg.*) (legal) complaint; (law)suit; action (at law): **una q. per diffamazione**, an action for libel; **il ritiro d'una q.**, the withdrawal of an action; **presentare** (*o* **sporgere**) **q. contro q.**, to bring an action against sb.; to sue sb.; **ritirare una q.**, to

querelante

withdraw an action **2** (*lett.*: *lamento*) complaint; plaint (*lett.*).
querelante, *m.* e *f.* (*leg.*) plaintiff; complainant; prosecutor.
querelare, A *v. t.* (*leg.*) to sue (at law); to bring* an action against (sb.); to prosecute: **La mia opinione è ch'egli non sborserà un soldo finché non venga querelato**, my opinion is that he will not pay a penny till he is sued. **querelarsi, B** *v. rifl.* **1** (*leg.*) to take* legal proceedings **2** (*lett.*: *lamentarsi*) to complain; to lament.
querelato, *m.* e *a.* (*leg.*) accused; defendant.
querimònia, *f.* (*lett.*) querimony; complaint; complaining.
quèrulo, *a.* querulous; complaining; peevish: **vecchi queruli**, querulous old people; **con voce querula**, in a querulous tone.
quesito, *m.* question; query; (*problema*) problem: **un q. facile (difficile)**, an easy (a difficult) question; **rispondere a ciascun q.**, to answer every question; **proporre un q.**, to put a question; to raise a query; **un q. di matematica**, a mathematical problem; **risolvere un q.**, to solve a problem.
quésti, *pron. dimostrativo m.* (*lett.*) this man; he; (*quest'ultimo*: *di due*) the latter.
questionare, *v. i.* **1** (*discutere*) to argue; to dispute: **q. di politica**, to argue about politics; **stare sempre a q.**, to argue all the time **2** (*litigare*) to quarrel: **q. con qualcuno su q.c.**, to quarrel with sb. about st.
questionàrio, *m.* questionnaire; list of questions; (*per indagini statistiche*) schedule.
questióne, *f.* **1** (*discussione, controversia*) question; issue; controversy; dispute; argument: **risolvere una q.**, to settle an issue (*o* a question); **sollevare una q.**, to raise an issue (*o* a question); **in q.**, in question; at issue: **il punto in q.**, the point at issue; **la persona in q.**, the person in question; **Non voglio essere coinvolto in quella q.**, I don't want to be involved in that argument; **dibattere una q.**, to debate an issue; **la q. principale**, the main issue; **Non si fa q. di denaro**, it's not a question of money **2** (*faccenda*) question; matter; (*punto della q.*) point: **questioni economiche (politiche)**, economic (political) matters (*o* questions); **il nocciolo della q.**, the heart of the matter; **È q. di vita o di morte**, it's a matter of life and death; **giungere alla q. di fondo**, to come to the substance of the question; **È una q. di pochi minuti**, it will be a matter of minutes; **Questo è il nodo della q.**, this is the crux of the matter; **Non è una q. molto difficile da decidere**, it isn't a very difficult question (*o* matter) to decide; **Qui sta la q.**, this is the point; **La q. è che tu sei minorenne**, the point is that you're a minor (*o* under age); **la q. trattata**, the point under discussion **3** (*leg.*) issue; question; point: **q. di diritto**, issue (*o* question) of law; **q. di competenza**, question of jurisdiction; **q. di fatto**, issue (*o* question) of fact; **q. di procedura**, point of order; **q. pregiudiziale**, preliminary question **4** (*polit.*: *problema*) problem; question: **la q. di Berlino**, the Berlin question (*o* problem) **5** (*litigio, diverbio*) quarrel; dispute: **Non voglio avere una q. con lui**, I don't want to have a quarrel (*o* a fight) with him, □ (*leg.*) **q. pendente**, pending suit □ **mettere in q.**, to doubt; to dispute □ **Questa è una q. di lana caprina**, this is a pointless question.
quésto, *a. dimostrativo* this*: **Piglia q. piatto!**, take this plate!; **Questa lezione finirà fra poco**, this lesson will soon finish; **fino a q. punto**, up to this point; **in q. momento**, at this moment; **su q. punto**, on (*o* about) this point; **Queste ragazze sono le migliori della classe**, these girls are the best in the class; **Questi uomini malvagi dovranno scontare i loro crimini**, these wicked men will have to pay for their crimes; **Quest'altro ragazzo me lo disse**, this other boy told me; **Verrò a trovarti questa settimana (q. mese, quest'anno)**, I'll come and see you this week (this month, this year); **In questi ultimi dieci giorni ho avuto molto da fare**, in these last ten days I have been very busy; **Questi ultimi decenni hanno visto molti cambiamenti sociali**, these last few decades have seen many social changes; **Chi può accettare queste tue proposte?**, who can accept these proposals of yours? ● **quest'oggi**, today □ **in q. mentre**, in the meanwhile □ **Questa è bella!**, that's a good one!; that takes the cake! (*fam.*) □ **Sentite questa!**, listen to this (one)! □ **In questi giorni ho avuto molto da fare**, in the last few days I've been very busy □ **In questi giorni partirò per Firenze**, I'll leave for Florence within the next few days □ **L'ho sentito con questi orecchi**, I heard it with my own ears □ **L'ho visto con questi occhi**, I saw him (*o* it) with my own eyes □ **Ci mancherebbe anche questa!**, we'd just need this to crown it all! **B** *pron. dimostrativo* **1** this* (one): **Questa è l'ultima volta che te lo dico**, this is the last time I'm telling you; **q. vicino a me**, this one near me; **q. quaggiù (quassù)**, this one down here (up here); **Che cos'è q.?**, what is this?; **Quelle arance sono da vendere, e queste da conservare**, those oranges are to be sold but these are to be kept **2** (*con valore di «egli»*) he (*f.* she; *pl. m.* e *f.* they): **Mi rivolsi agli uomini seduti al tavolo, ma questi non seppero aiutarmi**, I asked (*o* turned to) the men sitting at the table but they couldn't

help me; **Aiutai la signora (il giovane), ma questa (q.) non mi ringraziò**, I helped the lady (the young man) but she (he) didn't thank me **3** (*ciò*) this; that: **Disse q. con grande sincerità**, he said this with great sincerity; **Q. è quanto disse**, this is what he said; **Q., non lo farò mai**, this, I'll never do; **In q. non siamo d'accordo**, we don't agree about this; **È q. tutto quello che disse?**, is this all he said?; **Perché mi dici q.**, why are you telling me this?; **Tutto q. per nulla**, all that (*o* this) for nothing **4** (*correlativo di «quello»*: *il primo...il secondo*) the former...the latter: **John Fraser e Adam Smith abitano nella stessa strada**; **quello è avvocato, q. dentista**, John Fraser and Adam Smith live in the same street; the former is a lawyer, the latter a dentist; **Giovanna e Laura frequentano l'università di Pavia**; **quella studia medicina, questa lettere**, Jane and Laura are at Pavia University; the former is studying medicine, the latter Arts **5** (*correlativo di «quello»*: *l'uno...l'altro*) one...one (*o* the other); (*alcuni...altri*) some...some (*o* others): **Q. fa una cosa, quello un'altra**, one does one thing, one (*o* the other) does another; **Questi parlavano, quelli ridevano**, some were talking, some (*o* others) were laughing. ● **O q. poi!** (*non ci credo*), go on! □ **O q. poi, non ci voleva!**, we could have done without this □ **O q. sì!**, (*certo che lo farò*, *te lo darò, ecc.*) of course I will!; (*è proprio vero!*) yes, that's true! □ **«Non sono molto ricco»** «**E con q.?»**, «I'm not very rich?» «so what?» □ **Per q. gli ho risposto di no**, for this reason I turned him down □ **Con q. vi saluto**, and having said what I wanted to, I'm leaving you □ **Q. mai e poi mai!**, never, I tell you! □ **Con tutto q., le è rimasto sempre fedele**, in spite of all this (*o* despite all this), he has remained faithful to her □ **Q. è quanto!**, that's all! □ **Ti dirò q. e altro**, I'll tell you all, and more □ **È un segreto, non andarlo a dire a q. e a quello**, it's a secret, don't go around telling everybody.
questóre, *m.* **1** (*di polizia*) police commissioner (in a province); police superintendent; questor **2** (*polit.*) whip **3** (*stor. romana*) quaestor: **questori militari (urbani)**, military (urban) quaestors.
questòrio, *a.* (*stor. romana*) quaestorial.
quèstua, *f.* **1** begging **2** (*in chiesa*) collection (of alms); quest: **fare una q.**, to make (*o* to take up) a collection. ● **andare alla q.**, to go begging.
questuante, A *a.* begging; mendicant: **frati questuanti**, begging friars. **B** *m.* e *f.* beggar; mendicant.
questuare, A *v. t.* to beg (*anche fig.*). **B** *v. i.* to go* begging.
questura, *f.* **1** police-headquarters (*pl.*) (in a province); police-office **2** (*stor. romana*) quaestorship. ● **telefonare alla q.**, to call the police.
questurino, *m.* (*pop.*) policeman*; bobby; copper (*pop.*).
quetzal (*spagn.*), *m.* **1** (*zool., Pharomachrus mocinno*) quetzal bird **2** (*unità monetaria del Guatemala*) quetzal*.
qui, *avv.* **1** (*di luogo*) here: **È sempre qui a chiedere q.c.**, he's always here asking for st.; **Non abita più qui**, he doesn't live here any more; **Vieni qui!**, come here!; **qui e là**, here and there; **Resta qui da noi stasera!**, stay here with us tonight; **Eccomi (eccoci, eccoli, ecc.) qui**, here I am (here we, they, etc. are); **qui dentro**, in here; **qui fuori**, out here; **qui sotto**, down here; **qui sopra**, up here; **Mi fa male qui**, it hurts me here; **da qui a lì**, from here to there; **qui dirimpetto**, opposite here; **Guarda qui!**, look here!; **qui vicino**, near here; close by; **da qui a Roma**, from here to Rome; **Ti aspetterò qui**, I'll wait for you here; **Di qui non si passa**, one cannot get through here; **Qui sta il busillis**, here's where the difficulty lies **2** (*in espressioni temporali*) now: **di qui a un mese (a un anno)**, a month (a year) from now; **da qui innanzi**, from now on; **Qui, pensai, ci vuole calma**, now, I thought, I must keep calm (*o* keep my head); **fin qui**, up to now; so far: **Fin qui ho sopportato tutti i tuoi capricci**, up to now (*o* so far) I've put up with all your whims; **E qui bisogna avvertirli**, and now we must warn them. ● (*comm.*) **qui unito** (*o* **accluso**), herewith (*o* herein) enclosed □ **di qui a poco**, in a short while □ **di qui a quindici** (*giorni*), a fortnight today □ **di qui a una settimana**, in a week's time □ **uno nativo di qui**, a native of these parts □ **per di qui**, this way: **Passeremo per di qui**, we'll go this way □ **Qui ti voglio** (*qui t'aspetto*), see if you can wriggle out of this □ **Qui ti volevo** (*in una discussione*), this is what I wanted you to admit □ (*fig.*) **Qui casca l'asino**, here's where the obstacle lies; there's the rub □ **Qui hai torto**, this is where you are wrong □ **Di qui consegue che...**, hence it follows that... □ **Di qui nacque la sua antipatia per quell'uomo**, his aversion to that man arose from this □ **«Quale libro preferisci?» «Preferisco questo qui»**, «which book do you prefer?» «I prefer this one (here)» □ **Questi ragazzi qui hanno fame**, these boys (here) are hungry □ **Non si spostò di qui a lì**, he didn't budge (*o* stir) an inch.
quid (*lat.*), *pron.* something.
quiddità, *f.* (*filos.*) quiddity.
quidditativo, *a.* (*filos.*) quiddative.
quiescènte, *a.* **1** quiescent: **un corpo q.**, a quiescent body **2**

(geol., bot.) dormant.
quiescènza, f. **1** quiescence; quiescency **2** (geol., bot.) dormancy. ● **porre q. in q.**, to retire sb.; to cause sb. to retire □ **trattamento di q.**, (retirement) pension.
quietaménte, avv. quietly; calmly; tranquilly; peacefully.
quietanza, f. (comm.) receipt; quittance; acquittance; voucher: **un modulo di q.**, a receipt form; **tassa di bollo per q.**, receipt stamp duty; **q. a saldo**, receipt in full; **rilasciare una q.**, to give a receipt. ● (naut.) **q. per nolo**, freight release □ **per q.**, paid; (value) received.
quietanzare, v. t. (comm.) to receipt: **q. una fattura**, to receipt an invoice; **una fattura regolarmente quietanzata**, an invoice duly receipted; **una fattura non quietanzata**, an unreceipted invoice.
quietare, A v. t. to calm; to soothe. **quietarsi, B** v. rifl. to quiet down; to calm down; to be soothed.
quiète, f. **1** quiet, quietness; (calma) calm; (tranquillità) stillness, tranquillity; (pace) peace; (silenzio) silence; (riposo, requie) rest, respite: **la q. della sera**, the quiet of evening; **Dopo le elezioni ci fu un periodo di q.**, after the elections there was a period of quiet; **in tempi di q.**, in times of quiet (o peace); **Mi piace la q. di questo luogo**, I like the quietness (o peace) of this place; **la q. del mare**, the calm of the sea; **la q. che precede la tempesta**, the calm before the storm; **la q. della notte**, the stillness (o still, silence) of the night; **la q. della campagna in inverno**, the stillness of the countryside in winter; **In questa casa non c'è q.**, there's no peace in this house; **Con questa q. riesco a studiare bene**, I can study well in this silence; **Il rimorso non gli dava q.**, remorse gave him no rest **2** (tranquillità dell'animo) peace of mind: **Te lo dico per la tua q.**, I'm telling you for your own peace of mind **3** (fis.) rest; immobility: **I corpi passano dallo stato di q. a quello di moto**, a body passes from a state of rest to a state of motion. ● (fig.) **l'ultima q.**, the last sleep □ **turbare la q. pubblica**, to disturb the (Qeen's, King's) peace.
quietismo, m. **1** (relig.) quietism **2** (apatia) quietism; passiveness.
quietista, m. e f. (relig.) quietist (anche fig.).
quietìstico, a. (relig.) quietist(ic) (anche fig.).
quièto, a. quiet; (calmo) calm; (tranquillo) still, tranquil; (silenzioso) silent; (pacifico) peaceful, pacific: **una strada quieta**, a quiet road; **essere amante del q. vivere**, to be fond of a quiet life; **una bestia quieta**, a quiet animal; **Il malato ha passato una notte quieta**, the patient had a quiet night; **un mare q.**, a calm sea; **l'aria quieta**, the calm air; **Ragazzi, state quieti!**, be (o keep) quiet, boys!; (non muovetevi) keep still (o don't move), boys!; **un animo q.**, a tranquil mind; **una natura quieta**, a pacific (o a peaceful) nature; **una serata quieta**, a peaceful evening; **una famiglia quieta**, a peaceful (o a pacific) family; **Non puoi restare q.?**, can't you keep still? ● **q. q.**, very quietly (o softly) □ **andarsene q. q.**, to steal away □ **di q. e di piano** (pacificamente), peacefully □ **un mare q. come l'olio**, a sea as smooth as a mill-pond □ **per amore del q. vivere**, for the sake of peace and quiet.
quinario, A a. **1** quinary **2** (poesia) five-syllabled; of five syllables: **un verso q.**, a five-syllabled line. **B** m. **1** (poesia) line of five syllables; five-syllabled line **2** (numismatica) quinarius*.
quinci, avv. (lett.) hence; from here. ● **da q. innanzi**, henceforward; henceforth; in future □ **parlare in q. e quindi**, to mince one's words □ **stare sul q. e sul quindi**, to mince it.
quincónce, m. invar. quincunx.
quinconciale, a. quincuncial.
quindecemvirato, m. (stor. romana) quindecemvirate.
quindecèmviro, m. (stor. romana) quindecemvir.
quindi, A cong. (perciò, di conseguenza) so; therefore; thus; thence (lett.); consequently; by consequence: **Q. ti consiglio...**, consequently I advise you... **B** avv. (poi) then; afterwards: **e q. dissi**, and then I said.
quindicennale, A a. **1** (che dura quindici anni) lasting fifteen years; fifteen-year (attr.) **2** (che ricorre ogni quindici anni) recurring every fifteen years. **B** m. fifteenth anniversary.
quindicènne, A a. fifteen years old; fifteen-year-old (attr.): **un ragazzo q.**, a fifteen-year-old boy; a boy of fifteen (years of age); **a boy aged fifteen. B** m. boy of fifteen; fifteen-year-old boy. **C** f. girl of fifteen; fifteen-year-old girl.
quindicènnio, m. period of fifteen years.
quindicèsimo, a. num. ord. e m. fifteenth: **il secolo q.**, the fifteenth century; **la quindicesima parte**, the fifteenth part; **un q.**, a fifteenth.
quindici, a. num. card. e m. fifteen: **numero q.**, number fifteen; **avere q. anni**, to be fifteen years old; **un ragazzo di q. anni**, a boy of fifteen (years of age); a boy aged fifteen; a fifteen-year--old boy. ● **q. giorni**, a fortnight: **andare via per q. giorni**, to go away for a fortnight □ **lunedì a q.**, a fortnight next Monday; Monday fortnight □ **oggi a q.**, a fortnight today □ **ogni q. giorni**, once every fortnight; fortnightly (agg. e avv.) □ **una vacanza di q. giorni**, a fortnight's holiday □ **È il q.**

di agosto, it is the 15th of August □ **Sono le (ore) q.**, it is three p.m.; it's three in the afternoon.
quindicimila, a. num. card. e m. fifteen thousand.
quindicina, f. **1** (complesso di quindici) (set of) fifteen **2** (circa quindici) about fifteen; fifteen or so: **una q. di libri**, about fifteen books; **una q. di persone**, about fifteen people **3** (fam.: quindici giorni) fortnight; two weeks: **la prima q. di giugno**, the first two weeks of June; **fra una q. di giorni**, in a fortnight **4** (paga di quindici giorni) fortnight's pay.
quindicinale, A a. **1** (che dura quindici giorni) a fortnight's (attr.) **2** (che ricorre ogni quindici giorni) fortnightly; bi--monthly; semi-monthly; bi-weekly: **una riunione q.**, a fortnightly meeting; **una rivista q.**, a fortnightly magazine. **B** m. fortnightly (o bi-monthly) publication (o magazine): **un q. illustrato**, an illustrated fortnightly magazine.
quinòa, m. (bot., Chenopodium quinoa) quinoa.
quinquagenàrio, a. (lett.) quinquagenarian; fifty years old; fifty-year-old (attr.).
quinquagèsima, f. (relig.) Quinquagesima (Sunday).
quinquagèsimo, a. e m. (lett.) fiftieth.
quinquennale, a. quinquennial; five-yearly; five-year (attr.): **un periodo q.**, a quinquennial (period); a quinquennium; **un piano q.**, a five-year plan.
quinquènnio, m. quinquennium*; period of five years: **due quinquenni**, two quinquennia.
quinquerème, f. (stor.) quinquereme.
quinta, f. **1** (teatr.) wing; side-scene: **dietro le quinte**, behind the scenes (anche fig.); **appostarsi tra le quinte**, to stand in the wings **2** (mus.) quint; (interval of a) fifth **3** (scherma) quinte **4** (nell'ordinamento scolastico) fifth class; fifth year.
quintale, m. quintal; hundred kilograms.
quintana, f. **1** (med.) quintan (fever, ague) **2** (stor.) quintain: **correre la q.**, to tilt at a quintain.
quintèrno, m. five sheets of paper; quinternion.
quintessènza, f. quintessence (anche fig.): **È la q. dei seccatori**, he is the quintessence of bores; **Quella ragazza è la q. dell'orgoglio**, that girl is the quintessence of pride; **trovare la q. della bellezza nella scultura greca**, to find the quintessence of beauty in Greek sculpture.
quintessenziale, a. quintessential.
quintètto, m. (mus.) quintet(te) (anche fig.).
quintile, m. (quinto mese del calendario romano) Quintilis.
Quintiliàno, m. (stor. letter.) Quintilian.
quintiliòne, m. (mat.) trillion (in G.B.); quintillion (in USA).
quintina, f. **1** (mus.) quintuplet **2** V. **cinquina**, def. **2**.
quintino, m. (misura) fifth (part) of a litre; (recipiente) vessel holding a fifth of a litre.
Quintino, m. Quentin, Quintin.
quinto, a. num. ord. e m. fifth: **Maggio è il q. mese dell'anno**, May is the fifth month of the year; **Carlo Q.**, Charles the Fifth; **due quinti**, two fifths; **una maggioranza di tre quinti**, a three--fifths majority; **la quinta parte**, the fifth (part); **il q. dello stipendio**, a fifth of one's salary; **la Quinta Colonna**, the Fifth Column: **le attività della Quinta Colonna in Inghilterra**, Fifth-Column activities in England; **un partigiano della Quinta Colonna**, a Fifth-Columnist; **abitare al q. piano**, to live on the fifth floor; (fig.) **essere la quinta ruota del carro**, to be the fifth wheel of the coach.
Quinto, m. Quintus.
quintogènito, a. e m. fifth-born.
quintùltimo, a. e m. last but four; fifth from the last.
quintuplicare, A v. t. to quintuple; to quintuplicate; to multiply by five. **quintuplicarsi, B** v. rifl. to quintuple; to become* five times as much (o as many).
quintùplice, a. quintuple.
quintuplo, A a. quintuple; fivefold; five times as much. **B** m. quintuple.
qui pro quo (lat.), m. misunderstanding.
Quirinale, m. (geogr.) Quirinal.
Quirino, m. (mitol.) Quirinus.
quirite, m. (stor. romana) Quirite: **i Quiriti**, the Quirites.
quisquìlia, f. trifle; minutia (generalm. al pl.): **perdersi in quisquilie**, to get lost in trifles. ● **Quisquilie!**, nonsense!; fiddlesticks!
quissìmile, m. something similar; something like it.
quivi, avv. (lett.) **1** (lì) there **2** (allora) then.
quiz, m. quiz: **presentatore di q.**, quiz-master. ● **un gioco a q.**, a quiz.
quondam (lat.), avv. quondam; former; sometime; late: **i miei amici q.**, my quondam (o former) friends; **il signor Jones, il q. professore di francese**, Mr Jones, the sometime professor of French.
quorum (lat.), m. (leg.) quorum: **raggiungere il q.**, to form a quorum.
quòta, f. **1** (porzione) quota; part; share; proportion; portion;

quotare

amount: **Questa è la tua q.**, this is your share (*o* portion, part); **Quanto è la mia q. delle spese?**, what is my share of the expenses?; **In una società a responsabilità limitata nessun socio è responsabile oltre la q. che ha versato**, in a limited company no partner is liable beyond his share; **la q. imponibile**, the taxable quota; **q. sociale**, share **2** (*rata*) instal(l)ment: **quote mensili**, monthly instalments; **pagare** (*o* **versare**) **la prima** (**l'ultima**) **q.**, to pay the first (the last) instalment **3** (*topografia*) altitude; elevation: **Raggiunsi la q. di seimila metri**, I reached an altitude of six thousand metres **4** (*geom.*, *aeron.*) height; altitude: **q. d'equilibrio**, height of equilibrium; **q. di navigazione**, cruising height; **q. di volo**, flying height; **q. massima di volo**, maximum (flying) height; ceiling; **q. minima di volo**, minimum (flying) height; **perdita di q.**, loss of height; **ad alta q.**, at a high altitude; **prendere** (**perdere**) **q.**, to gain (to lose) height **5** (*ippica*) odds (*pl.*) **6** (*naut.*) depth: **q. periscopica** (*di un sommergibile*), periscope depth **7** (*disegno tecnico*) dimension. ● (*econ.*) **q. d'ammortamento**, depreciation allowance □ **q. d'immigrazione**, immigrant (*o* immigration) quota □ **q. di iscrizione**, entrance fee □ (*fin.*) **q. versata** (*o* **da versare**), subscription □ (*topografia*) **q. zero**, sea level □ (*aeron.*) **volare ad alta** (**bassa**) **q.**, to fly high (low).

quotare, A *v. t.* **1** (*comm.*, *fin.*) to quote; to rate; to state: **Favorite q. il vostro ultimissimo prezzo**, please quote your very lowest price; **q. i titoli**, to quote stocks; **q. in valuta estera**, to quote in foreign currency; **q. in valuta nazionale**, to quote in home currency **2** (*obbligare per una quota*) to assign a share to **3** (*fig.*: *stimare*) to esteem; to consider; to value **4** (*disegno tecnico*) to dimension. **quotarsi, B** *v. rifl.* to subscribe.

quotato, *a.* **1** (*comm.*, *fin.*) quoted; rated; stated; (*valutato*) estimated: **valori non quotati**, unquoted (*o* outside) securities **2** (*fig.*) (highly) esteemed; valued; efficient: **un operaio ben q.**, an (expert and) efficient workman **3** (*disegno tecnico*) dimensioned. ● (*fin.*) **titoli non quotati** (*in Borsa*), unlisted securities □ (*fin.*) **titoli quotati** (*in Borsa*), listed securities.

quotatura, *f.* (*nel disegno tecnico*) dimensioning. ● **q. con indicazione dei limiti di tolleranza**, limit dimensioning method □ (*mecc.*) **q. della posizione**, location dimension □ (*mecc.*) **q. delle dimensioni**, size dimension.

quotazióne, *f.* (*comm.*, *fin.*) quotation; rating; (*di titolo*) market: **Favorite telegrafare le vostre ultimissime quotazioni**, please wire your very lowest quotations; **Non si possono trasmettere quotazioni sicure**, no reliable quotations can be given; **Le quotazioni qui appresso indicate sono soltanto nominali**, the following are only nominal quotations; **Questi titoli non sono ammessi alla q. in Borsa**, this stock is not admitted to quotation in the list; **quotazioni a contanti**, quotations for cash. ● (*Borsa*, *fin.*) **q. d'acquisto**, bid □ (*Borsa*) **q. d'apertura**, opening price □ (*Borsa*) **q. di chiusura**, day's close; closing quotation □ (*Borsa*, *fin.*) **q. di vendita**, ask □ **q. filatelica**, catalogue value □ **q. ufficiale di Borsa**, Stock Exchange list □ **essere ammesso alla q. in Borsa**, to be officially quoted □ **titoli non ammessi alla q. ufficiale di Borsa**, unquoted securities.

quotidianaménte, *avv.* daily; every day; day by day: **un giornale pubblicato q.**, a newspaper published daily.

quotidiano, A *a.* daily; everyday (*attr.*): **Dacci oggi il nostro pane q.**, give us this day our daily bread; **il lavoro q.**, one's everyday work; **una passeggiata quotidiana**, a daily walk; a walk every day; **un giornale q.**, a daily (news)paper. **B** *m.* daily (newspaper).

quotizzare, *v. t.* **1** (*distribuire*) to share **2** (*lottizzare*) to divide into lots: **q. un terreno**, to divide a piece of land into lots **3** (*sottoscrivere*) to subscribe; to contribute.

quoto, *m.* (*mat.*) quotient.

quoziènte, *m.* **1** (*mat.*) quotient; ratio **2** (*stat.*) quotient; rate: **q. d'intelligenza**, intelligence quotient; **q. di mortalità**, death-rate.

r, R

R, r, *f.* e *m.* (*sedicesima lettera dell'alfabeto ital.*) R*, r. ● (*tel.*) r come Roma, r for Robert (*USA*: r for Roger).
rabàrbaro, *m.* **1** (*bot., Rheum*) rhubarb: **radice di r.**, rhubarb--root **2** (*liquore*) rhubarb bitter.
rabattino, *m.* (*fam.*) huckster.
rabazza, *f.* (*naut.*) heel (of a topmast).
rabbellire, *v. t.* to embellish; to beautify; to make* (*o* to render) more beautiful (*o* attractive).
rabberciaménto, *m.* botching; patching up; mending.
rabberciare, *v. t.* to botch, to patch up (*anche fig.*); to cobble; to mend (badly); to repair (clumsily); (*fig.*) to make* the best of a bad job: **r. un vestito**, to patch up a dress. ● **scarpe rabberciate**, badly-mended shoes □ **versi rabberciati**, patched-up lines □ **Capii di averla detta grossa e cercai di rabberciarla**, I realized I had put my foot in it and tried to make the best of it.
rabberciatura, *f.* **1** (*il rabberciare*) botching, patching up (*anche fig.*); cobbling; mending; repairing **2** (*accomodatura fatta alla bell'e meglio*) botch; patchwork.
rabbi, *m.* rabbi.
ràbbia, *f.* **1** (*ira, furore*) anger; passion; rage; fury; wrath; ire (*poet.*): **essere pieno di r.**, to be filled with anger; to be very angry; to be greatly enraged; to be in a passion (*o* a rage); to be on one's high ropes (*fam.*); **essere preso da r.**, to be seized with anger; **essere divorato dalla r.**, to be consumed with anger; **essere fuori di sé dalla r.**, to be beside oneself with rage; to be mad with rage; **essere cieco di r.**, to be blind with rage **2** (*dispetto, stizza*) annoyance; irritation **3** (*med.*) rabies; hydrophobia: **avere la r.**, to be affected with rabies; to be rabid **4** (*furia degli elementi*) rage; fury: **la r. del mare** (**del vento, ecc.**), the rage of the sea (of the wind, etc.); **la r. delle onde**, the fury of the waves **5** (*avidità*) rage; frenzy: **la r. dell'oro**, the rage of gold. ● **un gesto di r.**, an angry gesture □ **Mi fa r.**, it greatly annoys me; it irritates me; it makes me (so) furious □ **Che r.!**, I'm awfully annoyed!; what a damned nuisance!
ràbbico, *a.* (*med.*) rabic: **virus r.**, rabic virus.
rabbinato, *m.* rabbinate.
rabbinico, *a.* rabbinic(al); of the rabbis: **la letteratura rabbinica**, rabbinical literature; **la lingua rabbinica**, the language of the rabbis; Rabbinic; Rabbinical Hebrew; **tradizioni rabbiniche**, rabbinical traditions; rabbinism.
rabbinismo, *m.* rabbinism.
rabbinista, *m.* e *f.* rabbinist.
rabbino, *m.* rabbin; rabbi.
rabbiosaménte, *avv.* angrily; in a rage; wrathfully; furiously.
rabbióso, *a.* **1** (*che si adira facilmente*) choleric; irascible; passionate; hot-tempered: **un uomo r.**, a hot-tempered man **2** (*adirato*) angry; enraged; furious; wrathful; ireful (*poet.*): **uno sguardo r.**, an angry look; **odio r.**, furious hatred; **con tono r.**, in a furious tone **3** (*di cose: furioso, agitato*) furious; raging; violent; rageful: **un vento r.**, a (o a violent) wind; **il mare r.**, the raging sea **4** (*d'animale: idrofobo*) rabid; hydrophobous; hydrophobic; mad: **un cane r.**, a mad dog; **morsi di animali rabbiosi**, bites of rabid animals.
rabboccare, *v. t.* **1** to fill up: **r. una bottiglia**, to fill up a bottle **2** (*costr.*) to garret **3** (*autom., mecc.*) to top up.
rabbócco, *m.* (*autom., mecc.*) topping-up.
rabbonacciare, A *v. t.* to becalm; to make* calm (*o* quiet); to calm down (*anche fig.*). **rabbonacciarsi,** B *v. rifl.* to calm down.
rabbonire, A *v. t.* to calm down; to soothe; to appease; to assuage; to pacify: **Provai a rabbonirlo**, I tried to calm him down. B *v. i.* e **rabbonirsi,** *v. rifl.* **1** to calm down: **Il vento si rabbonì**, the wind calmed down **2** (*del tempo*) to clear up: **Il tempo rabbonisce**, the weather is clearing up.
rabbottonare, *V.* riabbottonare.
rabbriccicare, *v. t.* (*fam. tosc.: accomodare alla meglio*) to patch up; to mend (*o* to repair) clumsily; to botch.
rabbrividire, *v. i.* to shudder; to shiver: **Alla vista del sangue rabbrividii**, I shuddered at the sight of blood; **Rabbrividii e involontariamente indietreggiai**, I shuddered and involuntarily drew back; **r. per il freddo**, to shiver with cold; **r. per lo spavento**, to shudder (*o* to tremble, to shake) with fear. ● **far r.** (**per lo spavento**), to make one's flesh creep.
rabbruscaménto, *m.* clouding over; darkening.
rabbruscare, *v. i.* **rabbruscarsi,** *v. rifl.* **1** (*rannuvolarsi*) to become* overcast; to get* cloudy; to cloud over **2** (*fig.*) to darken.
rabbuffare, A *v. t.* **1** (*arruffare*) to ruffle; to dishevel; to tousle: **r. i capelli a q.**, to dishevel (*o* to tousle) sb.'s hair **2** (*fare un rabbuffo*) to rebuke; to reprove. **rabbuffarsi,** B *v. rifl.* (*minacciare tempesta*) to grow* stormy. ● **Il tempo si rabbuffa**, a storm is brewing. C *v. rifl. recipr.* (*azzuffarsi*) to scuffle; to come* to blows.
rabbuffata, *V.* rabbuffo.
rabbuffato, *a.* **1** dishevelled; tousled; tousy; uncombed; untidy: **con i capelli rabbuffati**, with dishevelled (*o* tousled, tousy) hair; with one's hair dishevelled (*o* uncombed, untidy) **2** (*fig.: sconvolto*) upset; deranged.
rabbuffo, *m.* rebuke; reproof; scolding; reprimand: **dare un r. a q.**, to administer a rebuke to sb.; to reprimand sb.; to give sb. a good talking-to; to give sb. what for (*fam.*); **buscarsi un solenne r.**, to get a good scolding; to catch it (*fam.*).
rabbuiare, *v. i.* **rabbuiarsi,** *v. rifl.* to grow* (*o* to become*, to get*) dark (*o* darker); to darken (*anche fig.*): **Il tempo si rabbuia**, it is growing dark; **La ragazza si rabbuiò in volto**, the girl's face darkened.
rabdomante, *m.* e *f.* rhabdomancer; dowser; water-diviner. ● **bacchetta da r.**, dowsing-rod; divining-rod.
rabdomàntico, *a.* rhabdomantic; of rhabdomancy; dowsing. ● **l'arte rabdomantica**, rhabdomancy.
rabdomanzia, *f.* rhabdomancy; dowsing.
rabelesiano, *a.* (*letter.*) Rabelaisian.
rabescare, *v. t.* to ornament (*o* to decorate) with arabesques.
rabescato, *a.* arabesque(d); ornamented with arabesques.
rabescatura, *f.* (*arabeschi*) arabesques (*pl.*).
rabésco, *m.* arabesque (*anche fig.*): **disegnare rabeschi**, to draw arabesques.
rabicano, A *a.* roan. B *m.* (*cavallo r.*) roan (horse).
ràbido, *a.* (*lett.*) rabid; furious; raging.
ràbula, *m.* (*lett.*) pettifogger.
raccapezzare, A *v. t.* **1** (*mettere insieme con fatica*) to scrape up (*o* together); to gather together (with difficulty); to bring* together; to collect (with effort); to hoard up (penuriously): **r. un po' di denari**, to scrape together some money; **r. la giornata**, to scrape a living **2** (*riuscire a comprendere*) to make* out; to understand*; to grasp: **Guarda se raccapezzi il senso di queste parole**, see if you can make out the meaning of these words; **Non ci raccapezzo proprio nulla**, I don't understand a single word. **raccapezzarsi,** B *v. rifl.* to find* one's way; to make* it out: **non r.**, to be unable to find one's way; to be at one's wits' end; to be at a loss: **Non mi ci raccapezzo affatto**, I can't find my way out; I'm quite at a loss.
raccapricciante, *a.* ghastly; gruesome; grisly; horrifying; appalling; blood-curdling: **un sogno r.**, a ghastly dream; **una leggenda r.**, a gruesome legend; **un racconto r.**, a blood-curdling tale; **i particolari raccapriccianti d'un assassinio**, the gruesome details of a murder; **urla raccapriccianti**, blood-curdling yells.
raccapricciare, A *v. i.* to be horrified; (*rabbrividire*) to shudder: **Raccapricciai a quella vista**, I was horrified at the sight (of it). ● **far r.**, to make one's flesh creep; to make one's hair stand on end; to make one's blood run cold; to chill one's spine; to take away (*o* to stop) one's breath □ **uno spettacolo che fa r.**, a blood-curdling scene. **raccapricciarsi,** B *v. rifl.* to be horrified; to be shocked; (*rabbrividire*) to shudder.
raccapriccio, *m.* horror; dread; horripilation.
raccartocciarsi, *v. rifl.* to curl up.

raccattacénere, *m. invar.* (*ceneratoio*) ash-pit; ash-pan.
raccattacicche, *m. e f. invar.* person who picks up fag-ends.
raccattafièno, *m. invar.* horse-rake.
raccattapalle, *m. invar.* **1** (*sport*) ball-boy **2** (*golf*) caddie, caddy.
raccattare, *v. t.* **1** (*raccogliere*) to pick up: **Raccatta subito quel libro**, pick up that book at once **2** (*mettere insieme*) to gather; to put* together; to collect; (*con fatica*) to scrape up (*o* together): **r. notizie**, to gather information.
raccattatura, *f.* **1** (*il raccattare da terra*) picking up **2** (*ciò che si raccatta*) pickings (*pl.*).
raccèndere, *V.* **riaccèndere**.
racchétta (1), *f.* **1** (*sport*) racket; bat: **una r. da tennis**, a tennis racket; **una r. da ping-pong**, a table-tennis bat (*o* racket) **2** (*autom.: di tergicristallo*) blade. ● **r. da neve**, snow-shoe □ **r. da sci**, ski-stick; ski-pole.
racchétta (2), *f.* (*mil., stor.*) rocket; flare.
ràcchio (1), *m.* small bunch of stunted grapes.
ràcchio (2), *a.* (*fam.*) ugly; ill-looking; ungainly.
racchiocciolarsi, *v. rifl.* to cuddle up; to nestle: **Mi racchiocciolai sotto le coperte**, I cuddled up under the blankets.
racchiùdere, *v. t.* **1** (*contenere, anche fig.*) to contain; to hold*: **Questo museo racchiude molte opere preziose**, this museum contains many valuable works; **I proverbi racchiudono molta sapienza**, proverbs contain a good deal of wisdom; **La sua filosofia racchiude alcuni elementi di verità**, his philosophy contains some elements of truth; **parole che racchiudono un'importante verità**, words which contain an important truth **2** (*fig.: implicare*) to imply; to include: **Racchiude una contraddizione**, it implies a contradiction.
racciabattare, *v. t.* to botch; to cobble; to patch up.
raccògliere, **A** *v. t.* **1** to pick up; (*cogliere*) to pick: **Raccolse il bastone**, he picked up the (*o* his) stick; **Raccolse il cappello (il guanto, ecc.) caduto per terra**, he picked up the hat (the glove, etc.) that had fallen on the floor; **r. fiori (ciliegie, cotone, ecc.)**, to pick flowers (cherries, cotton, etc.); **Il treno (la corriera) si ferma a ogni stazione per r. i passeggeri**, the train (the coach) stops at every station to pick up passengers; (*fis.*) **r. impulsi**, to pick up impulses; **Raccolsero i feriti sul campo**, they picked up the wounded on the battlefield; **r. un punto** *nel lavoro a maglia*), to pick up a stitch **2** (*mietere*) to reap; to harvest; to crop: **Hanno raccolto venti quintali di grano**, they reaped (*o* harvested) twenty quintals of wheat **3** (*radunare, mettere insieme*) to gather; to get* together; to assemble; to collect: **Erano tutti raccolti intorno a lui**, they were all gathered round him; **Raccolse i suoi uomini nel cortile**, he assembled (*o* gathered) his men in the courtyard; **Raccolse le schede di votazione**, he collected the voting cards; **r. informazioni (notizie) su q.c.**, to gather information (news) about st.; **r. legna**, to gather wood; **r. le proprie carte**, to gather one's papers together; **In breve raccolse un esercito di mercenari**, he soon got an army of mercenaries together; **r. fondi**, to collect funds; **Raccogliete tutti gli alunni nell'aula!**, assemble all the pupils in the hall; **r. i capelli in una crocchia**, to gather (up) one's hair into a bun; **r. le proprie idee**, to collect one's thoughts **4** (*ricevere*) to receive: **Il Po raccoglie le acque delle valli lombarde**, the Po receives the waters of the valleys of Lombardy; **r. un'eredità**, to receive an inheritance; to inherit; **La proposta raccolse pochissimi voti**, the proposal received (*o* obtained) very few votes **5** (*collezionare*) to collect; to make* a collection of: **r. monete (francobolli, porcellane)**, to collect coins (stamps, porcelain); **Sta raccogliendo molti quadri dei cubisti**, he is making a collection of Cubist paintings (*o* he is collecting a lot of Cubist paintings **6** (*dare rifugio a*) to shelter; to take* in: **r. i fanciulli abbandonati**, to take in abandoned children; **r. profughi politici**, to shelter (*o* to give shelter to) political refugees. ● (*di un uccello*) **r. le ali**, to fold one's wings □ (*fig.*) **r. un'allusione**, to take a hint □ (*fig.*) **r. il frutto del proprio lavoro**, to harvest the fruits (*o* to reap the harvest) of one's labour □ **r. il guanto** (*la sfida*), to pick (*o* to take) up the gauntlet □ **r. lodi**, to win (*o* to gain) praise □ **r. un pettegolezzo**, to believe idle gossip □ **r. le reti**, to haul in the nets □ **r. simpatia**, to become popular □ **r. successi**, to meet with success; to be successful □ (*naut.*) **r. le vele**, to furl the sails □ **un ospizio che raccoglie l'infanzia abbandonata**, a foundling hospital □ **Raccolse tutte le sue forze per l'ultimo cimento**, he collected (*o* gathered up) all his strength for the last trial □ (*prov.*) **Si raccoglie quel che si semina**, as they sow, so let them reap. **raccogliersi**, **B** *v. rifl.* **1** (*radunarsi*) to gather; to assemble; to crowd (together): **I passeggeri si raccolsero in coperta**, the passengers gathered (*o* assembled) on the deck (of the ship); **I marinai si raccolsero intorno al capitano**, the sailors crowded (*o* gathered) round the captain **2** (*concentrarsi*) to collect one's thoughts; to concentrate: **Davanti alla statua, si raccolse in preghiera**, he collected his thoughts in prayer before the statue; **Raccogliamoci un momento!**, let us concentrate (*o* reflect) for a moment!
raccoglimento, *m.* concentration; concentrated (*o* engrossed) attention; absorption (of mind): **ascoltare q. con il massimo r.**, to listen to sb. with the greatest attention (*o* most attentively). ● **un minuto di r.**, a moment's silence □ **pregare con r.**, to be absorbed in prayer.
raccoglitìccio, **A** *a.* picked up here and there; put together at haphazard; collected at random. ● **truppe raccoglitìcce**, mercenary troops. **B** *m.* haphazard (*o* random) collection; haphazard assemblage (*o* concourse): **un r. di gente**, a haphazard concourse of people.
raccoglitòre, *m.* **1** (*collezionista*) collector: **un r. di oggetti rari**, a collector of curiosities; **un r. di francobolli**, a stamp collector **2** (*ind. tessile*) picker **3** (*cartella per lettere, documenti, ecc.*) file-holder; loose-leaf binder.
raccoglitrìce, *f.* (*macchina per prodotti agricoli*) picker.
raccòlta, *f.* **1** (*il raccogliere: cereali*) harvesting; (*uva*) grape-harvesting; (*frutta, cotone, luppoli, ecc.*) picking: **Con questo tempo la r. del grano non sarà facile**, the harvesting (of the wheat) won't be easy in this weather **2** (*raccolto*) harvest; crop; (*di uva*) grape-harvest, vintage: **La grandine di maggio ha distrutto mezza r.**, the hailstorm in May destroyed half the crop; **Certe zone dell'Italia meridionale hanno due raccolte all'anno**, certain areas in Southern Italy have two harvests a year **3** (*epoca del raccolto*) harvest-time: **Ti pagherò alla r.**, I'll pay you at harvest-time **4** (*collezione*) collection: **una r. di antiche armi da fuoco (di francobolli, di proverbi)**, a collection of ancient fire-arms (of stamps, of proverbs); **pubblicare una r. di classici latini (di poesie liriche)**, to publish a collection of Latin classics (of lyrical poems) **5** (*adunanza*) gathering. ● **r. di leggi**, body of laws; statute-roll; statute-book □ **chiamare a r. le proprie energie**, to gather one's energies; to rally one's strength □ **chiamare a r. il proprio partito**, to rally one's party □ **chiamare a r. le truppe**, to gather (*o* to assemble) the troops □ **fare la r. del grano (del granturco, del riso)**, to harvest wheat (maize, rice) □ **fare la r. delle mele (dei luppoli, ecc.)**, to pick apples (hops, etc.) □ **fare la r. di armi antiche (di francobolli)**, to collect ancient weapons (stamps) □ **suonare a r.**, to sound the rally.
raccoltamente, *avv.* with concentration; with concentrated attention. ● **pregare r.**, to be absorbed in prayer.
raccòlto, **A** *a.* **1** (*colto*) picked: **fiori raccolti**, picked (*o* cut) flowers **2** (*adunato*) collected; gathered: **I delegati raccolti nell'aula delle conferenze udirono un fischio sonoro**, the delegates gathered in the conference hall heard a loud whistle; **la folla raccolta nel luogo dell'incidente...**, the crowd collected at the scene of the accident... **3** (*rannicchiato*) drawn up; curled up; crouching: **Stava seduta sul divano, con le gambe raccolte**, she was sitting on the sofa with her legs drawn up; **Dormiva con il corpo raccolto**, he was sleeping with his body curled up; **R. vicino al fuoco, non guardava nessuno**, crouching by the fire, he didn't look at anybody **4** (*fig.: assorto*) absorbed; engrossed; collected; silent and intent: **essere r. nei propri pensieri**, to be absorbed in thought; **Era calmo e r. prima di entrare nell'aula**, he was calm and collected before going into the hall; **Stavano tutti raccolti come in chiesa**, they were all silent and intent as if they were in church **5** (*fig.: tranquillo*) quiet, tranquil; (*confortevole*) cosy, snug: **una viuzza (una casa) raccolta**, a quiet (*o* tranquil) lane (house); **una stanza raccolta**, a cosy room. **B** *m.* crop; harvest; (*dell'uva*) vintage, grape-harvest: **Quest'anno il r. è andato bene**, the harvest has come off well this year; **il r. del granturco (del fieno, del grano)**, the maize (the hay, the wheat) harvest; **il r. del tabacco (del caffè)**, the tobacco (the coffee) crop; **In Francia, il r. dell'uva sarà eccellente quest'anno**, the grape-harvest (*o* vintage) in France will be excellent this year. ● **l'epoca del r.**, harvest-time.
raccomandàbile, *a.* recommendable; advisable: **un investimento r.**, a recommendable investment. ● **una persona r.**, a reliable person □ **Egli non è una persona r.**, he is an unreliable person.
raccomandante, **A** *a.* recommending. **B** *m.* recommender.
raccomandare, **A** *v. t.* **1** (*affidare*) to entrust; to recommend; to commend; to commit: **Prima di partire, mi raccomandò il figlio**, before leaving, he entrusted his son to me; **r. l'anima a Dio**, to recommend (*o* to commend) one's soul to God; **r. q. alla clemenza dei giudici**, to commit (*o* to recommend) sb. to the clemency of the judges **2** (*indicare all'attenzione altrui*) to recommend: **r. un amico per un posto**, to recommend a friend for a job **3** (*lettere, pacchi, ecc.*) to register: **r. una lettera (un pacco)**, to register a letter (a parcel) **4** (*consigliare con insistenza*) to insist upon; (*esortare*) to exhort; to urge: **Raccomando l'ubbidienza innanzi tutto**, I insist upon obedience above all; **Gli raccomandai di non andare da loro**, I urged (*o* advised) him not to go to their house **5** (*attaccare, fissare*) to fasten; to tie; to fix: **L'àncora è raccomandata a una catena**, the anchor is fastened (*o*

fixed) to a chain; **r. a un palo (a un albero, ecc.)**, to tie to a pole (to a tree, etc.). ● **r. il segreto**, to enjoin secrecy □ (*fig.*) **La sua vita è raccomandata a un filo**, his life is hanging by a thread □ (*fig.*) **La sua fama è raccomandata alle sue poesie**, his fame rests upon his poetry. **raccomandarsi, B** *v. rifl.* **1** (*supplicare, chiedere*) to entreat; to beg; to implore; to ask: **Mi raccomando a te perché tu mi aiuti**, I beg you to help me; **Si raccomandò al giudice perché questi gli usasse clemenza**, he implored the judge to show him mercy; **Mi raccomando: non dirlo a nessuno**, I beg you (*o* please), don't tell anybody **2** (*affidarsi*) to recommend (*o* to commend) oneself. ● **r. al buon senso di q.**, to appeal to sb.'s good sense ● **r. alle proprie gambe**, to take to one's heels □ (*fig.*). **r. a mani giunte**, to entreat; to implore □ **È un film che si raccomanda da sé**, it's a film that needs no recommendation □ **Non te lo dimenticare, mi raccomando!**, please don't forget!
raccomandata, *f.* registered letter: **fare una r.**, to send a registered letter.
raccomandatàrio, *m.* (*naut.*) ship's agent; ship's husband.
raccomandato, A *a.* **1** (*affidato alla protezione di q.*) recommended; (*fornito di raccomandazioni*) supplied with recommendations: **un candidato molto r.**, a candidate supplied with a good number of recommendations **2** (*di lettera, plico, ecc.*) registered: **una lettera raccomandata**, a registered letter **3** (*affisso*) fixed; fastened. **B** *m.* (*persona raccomandata*) person recommended; «protégé» (*franc.*). ● (*scherz.*) **r. di ferro**, person who knows how to pull the right strings; person with friends in high places.
raccomandatòrio, *a.* recommendatory; of recommendation: **lettere raccomandatorie**, letters of recommendation.
raccomandazióne, *f.* **1** (*il raccomandare*) recommendation: **una lettera di r.**, a letter of recommendation (*o* of introduction); **fare una r.**, to make a recommendation; **non fare (non accettare, ecc.) raccomandazioni**, to make (to accept, etc.) no recommendations **2** (*esortazione*) recommendation; exhortation; warning; (*consiglio*) (piece of) advice: **Il ragazzo non si curò delle raccomandazioni del maestro**, the boy paid no attention to his teacher's exhortations; **Non dimenticare le raccomandazioni di tua madre**, don't forget your mother's warnings; **fare mille raccomandazioni a q.**, to give sb. lots of advice **3** (*di lettera, plico, ecc.*) registration: **tassa di r.**, registration fee.
raccomodaménto, *m.* repair; repairing; mending.
raccomodare, *v. t.* **1** (*accomodare*) to repair; to mend: **r. un orologio (un ombrello, ecc.)**, to repair a watch (an umbrella, etc.); **r. un paio di scarpe**, to mend a pair of shoes **2** (*fig.*: *rimettere a posto*) to put* (*o* to set*) (st.) right (again). ● **r.** (*o* **raccomodarsi**) **la cravatta**, to straighten one's tie.
raccomodatura, *f.* **1** (*il raccomodare*) repair; repairing; mending: **la r. di un paio di scarpe**, the mending of a pair of shoes **2** (*effetto del raccomodare*) repair: **raccomodature appena visibili**, barely noticeable repairs; **fare delle raccomodature**, to make repairs.
racconciare, A *v. t.* **1** (*riparare, anche fig.*) to mend; to repair: **r. una strada**, to repair a road **2** (*rassettare*) to put* (*o* to set*) in order; to tidy up; to make* (st.) neat and tidy. **racconciarsi, B** *v. rifl.* (*del tempo*: *rasserenarsi*) to clear up; to turn fair; to change for the better: **Penso che il tempo si racconci**, I think the weather is clearing up.
racconciatura, *f.* repair.
racconsolare, *v. t.* to console; to comfort.
raccontàbile, *a.* worth telling; fit to be told.
raccontafàvole, *m.* e *f. invar.* story-teller; yarn-spinner (*fam.*).
raccontare, *v. t.* to tell*; (*narrare*) to narrate; (*riferire*) to relate, to recount: **Raccontami tutto**, tell me all about it; **Raccontami quanto è accaduto**, tell me what happened; **La ragazza mi raccontò tutta la sua storia con le lacrime agli occhi**, the girl told me her whole story with tears in her eyes; **Così mi hanno raccontato**, so I've been told; **C'era proprio bisogno di raccontarglielo?**, was it really necessary to tell him?; **È andato a raccontargli i fatti miei**, he has been telling him all about me; **per raccontarne una**, just to tell you one thing; **Raccontano che...**, it is said (*o* rumoured) that...; people say that...; the story goes that...; **r. una bugia**, to tell a lie; **r. una favola**, to tell a story (*o* a tale); **r. frottole (*o* fandonie)**, to tell tales; **r. fatti interessanti**, to narrate interesting facts; **r. le proprie avventure**, to narrate one's adventures; **r. q.c. per filo e per segno**, to narrate st. in detail; **r. q.c. a q.**, to tell sb. about st. ● **r. una barzelletta**, to crack a joke □ **r. una storia non vera**, to spin a yarn □ (*fam.*) **saperla r.**, to know one's own business □ **Ringrazia Dio che questa la puoi r.**, you are lucky you are alive to tell the story □ **A me la racconti!**, don't tell me! □ **Che cosa mi racconti!**, that's funny! □ **Va a raccontarla altrove!**, (you can) tell that to the marines!
raccónto, *m.* story; tale; (*narrazione*) narration, narrative; (*relazione*) account, relation: **un r. storico (leggendario, ecc.)**, a historical (legendary, etc.) story; **un r. lungo (breve, prolisso,**

stringato, ecc.), a long (short, long-winded, condensed, etc.) story; **un r. straziante**, a heart-rending story; **racconti per bambini**, children's stories; **un r. per bambini piccoli**, a nursery-tale; **un libro di racconti**, a story-book. ● **r. a puntate**, serial □ **fare a q. il r. delle proprie disgrazie (delle proprie avventure, ecc.)**, to tell sb. of (*o* about) one's misfortunes (one's adventures, etc.).
raccorciaménto, *m.* shortening; abbreviation; abridgement; curtailment.
raccorciare, A *v. t.* to shorten; to make* shorter; to abbreviate; to abridge; to curtail: **r. una parola**, to abbreviate a word; **r. un discorso (una conferenza, ecc.)**, to curtail a speech (a lecture, etc.). ● **r. un vestito**, to pull up the hem of a dress. **raccorciarsi, B** *v. rifl.* to shorten; to become* (*o* to grow*, to get*) shorter; to draw* in: **Le giornate si raccorciano d'autunno**, the days shorten in autumn.
raccordare, A *v. t.* **1** to join; to connect; to link **2** (*ferr.*) to connect (by a siding) **3** (*mecc.*) to joint. **raccordarsi, B** *v. rifl.* to link (up); to connect; to join up: **Subito fuori città la strada si raccorda con l'autostrada**, just out of town the road links up with the motorway.
raccòrdo, *m.* **1** joint; connection, connexion **2** (*ferr.*) railway siding; side-track; spur-track (*USA*): **r. insabbiato**, sanded siding; **r. privato**, private siding **3** (*per tubi*) pipe-fitting. ● **r. anulare**, ring-road ● **r. a tre pezzi**, pipe-union □ **r. autostradale**, connecting road; slip-road; access road (*USA*) □ **r. a vite**, nipple □ **r. di fognatura**, house-sewer □ (*di autostrada*) **r. di svincolo**, turn-off □ **punto di r.** (*stradale*), road link-up □ (*ferr.*) **tronco di r.**, feeder-line.
raccostaménto, *m.* **1** approach **2** (*confronto*) comparison **3** (*di colori, ecc.*) matching.
raccostare, A *v. t.* **1** to approach; to draw* near **2** (*confrontare*) to compare **3** (*porta, finestra e sim.*) to set* ajar **4** (*riaccostare*) to re-approach; to approach again. **raccostarsi, B** *v. rifl.* **1** to approach; to move closer; to come* (*o* to go*) near (to) **2** (*rassomigliare*) to be (very) similar **3** (*riaccostarsi*) to re-aproach; to approach again.
raccozzare, A *v. t.* to throw* (*o* to draw*, to bring*, to scrape) together; to jumble up. **raccozzarsi, B** *v. rifl.* to get* together; to gather; to meet*.
racemato, *m.* (*chim.*) racemate.
racèmico, *a.* (*chim.*) racemic: **acido r.**, racemic acid.
racemìfero, *a.* (*bot.*) racemiferous; bearing racemes (*o* clusters).
racemizzazióne, *f.* (*chim.*) racemization.
racèmo, *m.* **1** (*bot.*) raceme; cluster **2** (*chim.*) racemate.
racemóso, *a.* (*bot.*) racemose: **infiorescenza racemosa**, racemose inflorescence.
Rachèle, *f.* Rachel.
rachialgìa, *f.* (*med.*) r(h)achialgia; pain in the spine.
rachicentèsi, *f.* (*med.*) rachicentesis; lumbar puncture.
ràchide, *f.* e *m.* **1** (*anat.*) r(h)achis*; vertebral column; spine **2** (*bot., zool.*) r(h)achis*.
rachìdeo, rachidiano, *a.* (*anat.*) r(h)achidian; spinal.
rachìtico, A *a.* **1** (*med.*) rachitic; affected with rickets; ricket(t)y: **un bimbo r.**, a rickety child; **vecchi rachitici**, rickety old people **2** (*stentato, poco sviluppato*) poorly-developed; stunted; spindly: **piante rachitiche**, stunted plants. **B** *m.* (*med.*) sufferer from rickets; rickety person.
rachitide, *f.* **rachitismo,** *m.* (*med.*) rachitis*; rickets (*pl. col verbo al sing.*).
racimolare, *v. t.* **1** to glean; to pick **2** (*fig.*) to scrape (*o* to get*) together; to glean: **r. il denaro per q.c.**, to scrape together the money for st.; **r. notizie**, to glean news.
racimolatura, *f.* **1** gleaning **2** (*fig.*) scraping together; gleaning **3** (*ciò che si è racimolato, anche fig.*) gleanings (*pl.*).
racìmolo, *m.* (*bot.*) racemule; small cluster.
racket (*ingl.*), *m.* racket: **il r. della droga**, drugs (*o* narcotics) racket.
rada, *f.* (*naut.*) roadstead; roads (*pl.*); haven; harbour: **ancorato in r.**, lying at anchor in a roadstead.
Radamanto, *m.* (*mitol.*) Rhadamanthus.
radància, *f.* (*naut.*) thimble.
ràdar, *m.* e *a.* radar: **r. a onde persistenti**, continuous-wave radar; **r. aeroportato**, air-borne radar; **r. a microonde**, microwave radar; **r. anticollisione**, anti-collision radar; **r. di avvistamento**, warning radar (*o* search radar); **r. di controllo per aeroporti**, airfield control radar; **r. per intercettazione aerei**, aircraft interception radar; **r. portuale**, harbour-control radar; **r. terrestre**, land-based radar; **controllo r.**, radar monitoring; **installazione r.**, radar installation. ● **r. topografico**, plan position indicator □ **attrezzato con r.**, radar-fitted □ **trovare un bersaglio col r.**, to acquire a target by radar.
radarastronomìa, *f.* radar astronomy.
radarfaro, *m.* radar beacon; trasponder.
radarista, *m.* radar operator (*o* controller); radarman*.

radaristica, *f.* radar technology.
radarlocalizzazióne, *f.* radar detection.
radazza, *f.* (*naut.*) swab, swob; mop.
radazzare, *v. t.* to swab, to swob; to mop.
raddensàbile, *a.* condensable.
raddensaménto, *m.* thickening; condensation; condensing.
raddensare, A *v. t.* to thicken; to make* (st.) thicker (*o* denser); to condense. **raddensarsi**, B *v. rifl.* to thicken; to become* thicker (*o* denser).
raddensatóre, *m.* thickener; condenser.
raddobbare, *v. t.* (*naut.*) to refit; to repair: **r. una nave**, to refit a ship.
raddóbbo, *m.* (*naut.*) refit; repair: **cantiere di r.**, repair yard. ● **bacino di r.**, dry dock; graving-dock.
raddolciménto, *m.* 1 (*il fare diventare dolce*) sweetening 2 (*fig.*) sweetening; softening; soothing; assuaging; alleviation; alleviating 3 (*di metallo*) softening 4 (*di suono, colore, ecc.*) softening; toning down 5 (*linguistica*) palatalization.
raddolcire, A *v. t.* 1 (*far diventare dolce*) to sweeten: **r. con sciroppo**, to sweeten with syrup 2 (*fig.*: *attenuare*) to sweeten; to soften; to soothe; to assuage; to alleviate: **r. il proprio dolore**, to soften (*o* to assuage) one's sorrow; **r. le proprie sofferenze**, to alleviate one's suffering 3 (*rif. a metallo*) to soften: **r. il ferro col fuoco**, to soften iron with fire 4 (*rif. a suono, colore e sim.*) to soften; to tone down: **r. la voce**, to soften one's voice. B *v. i. e* **raddolcirsi**, *v. rifl.* 1 (*diventare dolce*) to sweeten; to become* sweet 2 (*del tempo*: *diventare meno rigido*) to become* (*o* to get*) milder; to milden: **Da ieri il tempo è un po' raddolcito**, the weather has become milder since yesterday 3 (*rif. a sdegno, dolore, e sim.*) to be soothed (*o* assuaged, alleviated).
raddoppiaménto, *m.* doubling; redoubling; duplication; reduplication: **il r. del proprio stipendio**, the doubling of one's salary; **il r. d'una consonante**, the doubling of a consonant; **il r. d'un numero**, the duplication of a number.
raddoppiare, A *v. t.* 1 (*rendere doppio*) to double; to make* double; to duplicate; to reduplicate: **Lascia o raddoppia**, double or quits; **r. la paga a q.**, to double sb.'s salary; **r. una scommessa**, to double a bet; **r. una consonante**, to double a consonant; **r. un numero**, to duplicate a number; to multiply a number by two 2 (*aumentare notevolmente*) to double; to redouble; to increase: **r. le proprie premure**, to double one's attentions; to be doubly solicitous; **r. i propri sforzi**, to redouble one's efforts; **r. il passo**, to double one's pace. **raddoppiarsi**, B *v. rifl.* to double; to be redoubled; to be duplicated.
raddoppiato, *a.* 1 (*fatto doppio*) double; doubled; doubled up; duplicate; reduplicated: **una consonante raddoppiata**, a double consonant 2 (*molto accresciuto*) redoubled; increased: **con sforzi raddoppiati**, with redoubled efforts 3 (*piegato in due*) folded in two.
raddóppio, *m.* 1 (*raddoppiamento*) doubling; redoubling; duplication; reduplication 2 (*equitazione*) redoppe 3 (*nel gioco del biliardo*) double. ● (*ferr.*) **binario di r.**, double track.
raddrizzaménto, *m.* 1 (*il rendere diritto*) straightening; straightening out (*o* up) 2 (*fis., radio*) rectification.
raddrizzare, A *v. t.* 1 (*rendere diritto*) to straighten; to make* (st.) straight; to put* (st.) straight: **r. una linea**, to straighten a line; **r. un filo di ferro**, to straighten a piece of wire; **r. un quadro**, to put a picture straight 2 (*fig.*) to straighten; to set* (*o* to put*) (st.) right; to redress; (*correggere*) to correct, to revise: **r. un po' le cose**, to straighten things a bit; **r. una faccenda**, to set a matter right 3 (*elettr.*) to rectify. ● (*fig.*) **r. le gambe ai cani**, to wash a blackamoor white □ (*fig.*) **r. le ossa a q.**, to beat sb. up □ (*fig.*) **r. la testa a q.**, to straighten sb. up (*fam.*)
raddrizzarsi, B *v. rifl.* 1 (*ritornare diritto*) to straighten oneself up 2 (*rif. al tempo*) to clear up; to settle: **Il tempo finalmente si è raddrizzato**, the weather has settled at last.
raddrizzatóre, *m.* (*elettr.*) rectifier: **un r. ad arco**, an arc rectifier; **un r. a gas**, a gas-filled rectifier; **un r. a lamina vibrante**, a vibrating-blade rectifier; **un r. a ossido metallico**, a metal oxide rectifier; **un r. a onda intera (a semionda)**, a full-wave (a half-wave) rectifier; **un r. termoionico**, a vacuum tube (*o* a thermionic) rectifier.
raddrizzatrice, *f.* (*mecc.*) straightener. ● **r. a rulli**, roller leveller.
raddrizzatura, *V.* raddrizzamento.
radènte, *a.* grazing; skimming: **un tiro r.**, a grazing shot. ● (*fis.*) **attrito r.**, rolling friction □ (*naut.*) **corrente r.**, current following the coast □ **passare a**, to shave □ (*aeron.*) **volare r.**, to hedgehop □ (*aeron.*) **volo r.**, hedgehopping.
radènza, *f.* grazing (*o* skimming) movement.
ràdere, A *v. t.* 1 to shave: **r. la barba (i capelli, ecc.)**, to shave (*o* to cut off) the beard (the hair, etc.); **r. il mento**, to shave the chin; **r. i baffi a q.**, to shave off sb.'s moustache; **r. con il rasoio**, to shave with a razor; **farsi r.**, to get shaved; to get a shave: **Vado a farmi r.**, I'm going to the barber's to get a shave 2 (*fig.*: *rasentare*) to graze; to skim; to touch (lightly); to shave: **r. il suolo**, to graze the ground; **r. la superficie dell'acqua**, to skim the surface of the water; **r. il muro**, to shave the wall 3 (*abbattere, diroccare*) to raze, to rase: **una città rasa al suolo da un terremoto**, a town razed by an earthquake; **r. al suolo una città**, to raze a town to the ground. **ràdersi**, B *v. rifl.* (*farsi la barba*) to shave (oneself): **Mi rado tutte le mattine**, I shave every morning.
radézza, *f.* 1 (*l'essere rado*) thinness; rareness; scarcity; sparseness 2 (*spazio fra una cosa e l'altra*) interval: **a una r. di tre metri l'uno dall'altro**, at intervals of three metres 3 (*successione a lunghi intervalli*) infrequency: **la r. dei messaggi**, the infrequency of the messages.
radiale, A *a.* (*anat., geom.*) radial: **arteria (vena, nervo) r.**, radial artery (vein, nerve); **direzione r.**, radial direction; **pneumatico r.**, radial tyre. B *f.* (*linea r.*) radial line.
radialménte, *avv.* radially.
radiante (1), *a.* 1 (*raggiante*) radiant; beaming; beamy (*poet.*); bright; glowing: **r. di gioia**, radiant (*o* beaming) with joy; **un volto r.**, a radiant face; **un sorriso r.**, a beaming smile; **occhi radianti**, radiant (*o* beamy) eyes 2 (*fis.*) radiant: **energia r.**, radiant energy; **pannello r.**, radiant heater. ● (*astron.*) **punto r.**, radiant □ (*med.*) **terapia r.**, radiant therapy; radiotherapy.
radiante (2), *m.* (*geom.*) radian.
radianza, *f.* (*fis.*) radiance.
radiare, *v. t.* 1 to strike* off (*o* out); to cancel 2 (*espellere*) to expel; to remove: **r. da un partito**, to expel from a party 3 (*naut.*) to condemn. ● **r. dall'albo (degli avvocati)**, to disbar □ (*leg.*) **r. un'ipoteca**, to extinguish a mortgage.
radiativo, *a.* (*fis.*) radiative.
radiato, *a.* radial; radiate(d).
radiatóre, *m.* radiator: **un r. ad alette**, a finned (*o* a gilled) radiator; **un r. a nido d'ape**, a honeycomb radiator; **un r. a pannelli**, a panel radiator; **un r. a tubi d'acqua**, a water-tube radiator; (*autom.*) **maschera per r.**, radiator-cowl; (*autom.*) **tappo del r.**, radiator cap.
radiazióne (1), *f.* 1 (*cancellazione*) striking off (*o* out); cancellation 2 (*espulsione*) expulsion; removal. ● (*leg.*) **la r. di un'ipoteca**, the extinction of a mortgage.
radiazióne (2), *f.* (*fis.*) radiation: **r. infrarossa**, infra-red radiation; **r. nera**, black-body radiation; **caratteristica di r.**, radiation pattern. ● **r. cosmica**, cosmic rays (*pl.*).
ràdica, *f.* 1 (*pop.*: *radice*) root 2 (*legno*) briar; briarwood: **una pipa di r.**, a briar (tobacco pipe).
radicale, A *a.* 1 (*bot., gramm.*) radical; root (*attr.*): **peli radicali**, radical hairs; **umido r.**, radical moisture 2 (*fig.*) radical; thorough: **un cambiamento r.**, a radical (*o* sweeping) change; **un rimedio r.**, a radical cure; **una riforma r.**, a radical (*o* thorough) reform 3 (*polit.*) Radical: **il partito r.**, the Radical Party. B *m.* (*mat., chim.*) radical: **un r. acido**, an acid radical. C *m. e f.* 1 (*gramm.*) radical; root: **il (o la) r. d'una parola**, the root of a word 2 (*polit.*) Radical. ● **svolta r.**, u-turn (*fig.*).
radicaleggiare, *v. i.* (*polit.*) to lean* towards the Radical Party.
radicalismo, *m.* (*anche polit.*) radicalism.
radicalizzare, A *v. t.* (*polit.*) to radicalize. **radicalizzarsi**, B *v. rifl.* (*polit.*) to move towards radicalism; to become* radical.
radicalizzazióne, *f.* (*polit.*) radicalization.
radicalménte, *avv.* radically; in a radical manner; root and branch; thoroughly; completely.
radicaménto, *m.* (*bot.*) rooting.
radicando, *m.* (*mat.*) radical quantity; radicand.
radicare, *v. i.* **radicarsi**, *v. rifl.* (*anche fig.*) to root; to take* (*o* to strike*) root: **una pianta che radica bene in questo terreno**, a plant that will easily take root in this ground; **Quell'idea mi si radicò nel cervello**, that idea struck root in my mind.
radicato, *a.* rooted; deep-rooted; deep-seated: **opinioni radicate**, rooted opinions; **un'antipatia radicata**, a deep-rooted dislike; **un dolore r.**, a deep-seated sorrow.
radicazióne, *f.* (*bot.*) rooting.
radìcchio, *m.* (*bot.*, *Cichorium intybus*) chicory.
radice, *f.* 1 (*parte della pianta*) root: **Ogni pianta ha le sue radici**, every plant has its roots; **la r. d'una pianta**, the root of a plant; **radici aeree**, aerial roots; **la cuffia della r.**, the root-cap; **mettere (le) radici**, to take root (*anche fig.*) 2 (*bot.*, *Raphanus sativus*) radish 3 (*anat., med.*) root: **la r. della lingua** (**d'un dente**, **ecc.**), the root of the tongue (of a tooth, etc.); **la r. di un'unghia**, the root of a nail; **la r. d'un callo**, the root of a corn 4 (*fig.*: *origine*) root; origin; source: **la r. di tutti i mali**, the root of all (kinds of) evil; **colpire alla r.**, to strike at the root 5 (*gramm.*) root: **la r. d'un verbo**, the root of a verb 6 (*mat.*) root: **la r. quadrata (cubica)**, the square (cube) root; **4 è la r. quadrata di 16, la r. cubica di 64**, 4 is the square root of 16,

the cube root of 64; **la r. quarta (quinta, ecc.)**, the fourth (the fifth, etc.) root; **estrarre la r. d'un numero**, to extract the root of a number. ● **radici commestibili**, root-crops □ (*bot.*) **r. della vita** (*Panax ginseng*), ginseng □ **distruggere sino alle radici**, to root out (*o* up) □ **mettere le radici di una pianta al sole**, to pull up a plant by the root(s); to uproot a plant □ (*mat.*) **segno di r.**, radical sign.
radichétta, *f.* (*bot.*) **1** (*abbozzo della radice nell'embrione*) radicle **2** (*radice secondaria*) rootlet.
radicifórme, *a.* (*bot.*) radiciform; root-shaped.
radicolare, *a.* (*bot., anat., med.*) radicular.
radicolite, *f.* (*med.*) radiculitis.
radiesteṣìa, radiesteṣìsta, *V.* **radioesteṣìa, radioesteṣìsta**.
radimàdia, *f.* kneading-trough scraper.
ràdio (1), *m.* (*anat.*) radius*.
ràdio (2), *m.* (*chim.*) radium: **r. emanazione**, radium emanation.
ràdio (3), A *f.* **1** (*radiofonia*) radio*; wireless: **L'ho udito alla r.**, I heard it on the radio; **ascoltare un concerto alla r.**, to listen to a concert on the radio (*o* over the wireless); **trasmettere un messaggio per r.**, to send a message by radio (*o* wireless); **un aeroplano r.-comandato**, a radio-controlled aeroplane **2** (*apparecchio radiofonico*) wireless-set; radio(-set): **una r. portatile**, a portable radio-set; **una r. ricevente**, a radio-receiver; **una r. a cinque valvole**, a five-valve receiver; **una r. trasmittente**, a radio--transmitter **3** (*stazione trasmittente*) wireless transmitting station; broadcasting station. ● **r. a galena**, crystal set □ **ascoltare la r.**, to listen in □ **trasmettere per r.**, to broadcast; to transmit (by radio): **Il discorso del Presidente fu trasmesso per r.**, the President's speech was broadcast. **B** *a.* radio (*attr.*): **ponte r.**, radio-link. ● **r. diffusione**, broadcast(ing) □ **il giornale r.**, the (radio) news.
radioabbonato, *m.* radio subscriber.
radioaltìmetro, *m.* radio altimeter.
radioamatóre, *m.* radio-amateur; ham (*fam.*).
radioascoltatóre, *m.* listener-in.
radioascólto, *m.* listening-in.
radioassistènza, *f.* radio aid. ● (*elettron.*) **r. alla navigazione**, radio aid to navigation.
radioastronomìa, *f.* radio astronomy.
radioastrònomo, *m.* radio astronomer.
radioattività, *f.* (*chim., fis.*) radio-activity: **r. indotta**, induced radio-activity.
radioattìvo, *a.* (*chim., fis.*) radio-active: **elemento r.**, radio-active element; **ferro r.**, radio iron. ● (*fis. atomica*) **periodo r.**, half-life □ (*fis.*) **pioggia radioattiva**, fall-out □ **zolfo r.**, radio sulphur.
radioaudizióne, *f.* listening-in.
radiobiologìa, *f.* radiobiology.
radiobiòlogo, *m.* radiobiologist.
radiobùssola, *f.* (*aeron., naut.*) radio compass.
radiocanale, *m.* (*tel.*) radio channel.
radiocarbònio, *m.* (*chim.*) radiocarbon.
radiocèntro, *m.* broadcasting station.
radiochìmica, *f.* radio chemistry.
radiocollegaménto, *m.* radio link.
radiocomandare, *v. t.* to radio-control.
radiocomandato, *a.* radio-controlled.
radiocomando, *m.* radio control.
radiocomunicazióne, *f.* radio communication.
radioconduttóre, *m.* radio-conductor; (*rivelatore di onde elettromagnetiche*) coherer.
radioconversazióne, *f.* radio discussion (*o* talk).
radiocromatografìa, *f.* (*scient.*) radiochromatography.
radiocromatogràfico, *a.* (*scient.*) radiochromatographic.
radiocrònaca, *f.* running (radio) commentary.
radiocronista, *m.* e *f.* radio commentator. ● **r. di collegamento**, anchorman.
radiocronologìa, *f.* (*geol.*) radiochronology.
radiodermite, *f.* (*med.*) radiodermatitis.
radiodiagnòstica, *f.* (*med.*) radiodiagnostics (*pl. col verbo al sing.*).
radiodiagnòstico, *a.* (*med.*) radiodiagnostic.
radiodiffóndere, *v. t.* to broadcast*; to radiobroadcast*; to radio.
radiodiffusióne, *f.* broadcast(ing). ● **r. di notizie**, newscast.
radiodilettante, *m.* e *f.* radio-amateur.
radiodisturbo, *m.* radio interference. ● **r. artificiale**, man--made noise.
radiodramma, *m.* radio play.
radioecologìa, *f.* (*scient.*) radioecology.
radioecològico, *a.* (*scient.*) radioecological.
radioecòlogo, *m.* radioecologist.
radioeleménto, *m.* (*fis. nucl.*) radio element; radioactive element.

radioelèttrico, *a.* radio, wireless (*attr.*).
radioemanazióne, *f.* (*chim.*) radon.
radioesteṣìa, *f.* divining; dowsing.
radioesteṣìsta, *m.* e *f.* diviner; dowser.
radiofaro, *m.* (*aeron., naut.*) (radio) beacon: **r. di avvicinamento**, approach beacon; **r. direttivo**, radio-range beacon; **r. di rotta**, course-indicating beacon; **r. di terra**, ground-radio beacon; **orientamento mediante r.**, radio-range orientation; **r. girevole**, rotating radio-beacon; **r. omnidirezionale** (*circolare*), omnidirectional radio-beacon (*abbr.*: ORB).
radiofonìa, *V.* **radiotelefonìa**.
radiofònico, *a.* wireless, radio (*attr.*): **un apparecchio r.**, a wireless set; a radio; **una trasmissione radiofonica**, a (radio) broadcast.
radiofonògrafo, *m.* radio-gramophone; radiogram.
radiofòto, *f. invar.* radiophoto; radiophotograph.
radiofrequènza, *f.* radio frequency.
radiofurgóne, *m.* mobile (radio) unit.
radiogènico, *a.* (*scient.*) radiogenic.
radiogiornale, *m.* radio news; radio newscast.
radiogoniometrìa, *f.* radiogoniometry.
radiogoniomètrico, *a.* radiogoniometric.
radiogoniòmetro, *m.* radiogoniometer; (radio) direction finder: **r. a più telai**, spaced-loop direction finder; **r. automatico**, automatic direction finder.
radiografare, *v. t.* to radiograph; to X-ray.
radiografìa, *f.* **1** radiography; X-ray photography **2** (*lastra*) radiograph; X-ray (photograph): **fare una r.**, to take a radiograph.
radiogràfico, *a.* radiographic; X-ray (*attr.*): **un esame r.**, an X--ray examination.
radiogramma (1), *V.* **radiotelegramma**.
radiogramma (2), *m.* (*lastra*) radiograph; X-ray (photograph).
radiogrammòfono, *V.* **radiofonògrafo**.
radioguìda, *f.* radio guidance; radio homing aid.
radioguidare, *V.* **radiocomandare**.
radiointerferòmetro, *m.* radio interferometer.
radioiòdio, *m.* (*fis. nucl.*) radioiodine.
radioiṣòtopo, *m.* (*chim., fis.*) radioisotope.
radiolari, *m. pl.* (*zool., Radiolaria*) radiolarians.
radiolarite, *f.* (*geol.*) radiolarite.
radiolina, *f.* transistor radio.
radiolocaliẓẓare, *v. t.* to radiolocate.
radiolocaliẓẓatóre, *m.* radar; radio locator.
radiolocaliẓẓazióne, *f.* radiolocation.
radiologìa, *f.* (*med.*) radiology.
radiològico, *a.* (*med.*) radiologic(al).
radiòlogo, *m.* (*med.*) radiologist.
radiomessàggio, *m.* radio message.
radiometallografìa, *f.* (*metall.*) radiometallography.
radiometrìa, *f.* (*fis.*) radiometry.
radiomètrico, *a.* (*fis.*) radiometric.
radiòmetro, *m.* (*fis.*) radiometer.
radiomicròmetro, *m.* (*fis.*) radiomicrometer.
radiomòbile, *f.* (*autom.*) radio car.
radionavigazióne, *f.* radio-navigation.
radionùclide, *m.* (*fis. nucl.*) radionuclide.
radioónda, *f.* radio-wave: **radioonde a bassa (ad alta, a media) frequenza**, low-frequency (high-frequency, medium-frequency) radio-waves; **radioonde metriche**, metric radio-waves.
radiopilòta, *m.* (*aeron.*) radio pilot.
radiopropagazióne, *f.* (*fis.*) radio-wave propagation.
radioregistratóre, *m.* (*tel.*) radio tape recorder.
radioresistènza, *f.* (*biol.*) radioresistance.
radioricevènte, A *a.* radio-receiving (*attr.*); (wireless) receiving (*attr.*). **B** *f.* **1** (*apparecchio*) radio-receiver; (wireless) receiving-set **2** (*stazione*) radio-receiving station.
radioricevitóre, *m.* radio-receiver; (wireless) receiving-set.
radiocezióne, *f.* radio reception.
radiorilevaménto, *m.* **radiorilevazióne**, *f.* (*aeron., naut.*) direction finding.
radioriparatóre, *m.* radio repairer; radio engineer.
radioripetitóre, *m.* radio repeater.
radioṣaménte, *avv.* radiantly; brilliantly.
radioscopìa, *f.* (*med.*) radioscopy.
radioscòpico, *a.* (*med.*) radioscopic(al).
radioṣegnalazióne, *f.* radio signalling: **r. mediante radiofari**, radio beacon signalling.
radioṣegnale, *m.* radio signal.
radioṣensibilità, *f.* (*med.*) radiosensitivity.
radioṣentièro, *m.* (*aeron.*) glide path.
radioṣità, *f.* radiance; splendour; brilliance, brilliancy.
radióṣo, *a.* radiant; beaming; brilliant; bright; glorious: **il sole**

radiosónda

r., the radiant sun; **un sorriso r.**, a beaming smile; **un cielo r.**, a bright sky; **una giornata radiosa**, a glorious day; **r. di gioia**, beaming with joy.
radiosónda, f. (meteorologia) radiosonde.
radiosorgènte, f. radio source.
radiostazióne, f. broadcasting station.
radiostélla, f. radio star.
radiosvéglia, f. clock radio.
radiotassi, radiotaxi, m. radiotaxi.
radiotècnica, f. radio engineering.
radiotècnico, m. radio engineer.
radiotelecomandato, radiotelecomando, V. **radiocomandato, radiocomando**.
radiotelefonia, f. radio-telephony; wireless telephony; radiophony.
radiotelefònico, a. radio-telephonic.
radiotelefonista, m. e f. radio-telephone operator.
radiotelèfono, m. radio-telephone; radiophone; wireless telephone. ● **r. portatile**, walkie-talkie, walky-talky (fam.).
radiotelefotografia, f. radio-facsimile system.
radiotelegrafare, v. t. to radio-telegraph; to wireless.
radiotelegrafia, f. radio-telegraphy; wireless telegraphy.
radiotelegràfico, a. radio-telegraphic. ● **comunicazione radio-telegrafica**, radiotelegram; radiogram.
radiotelegrafista, m. e f. (naut.) radiotelegraph operator; radiotelegraphist.
radiotelegramma, m. radiotelegram; radiogram; wireless message.
radiotelemetria, f. (naut.) radiotelemetry; radio range-finding.
radiotelèmetro, m. (elettron.) range-finder.
radiotelescòpio, m. (astron.) radio telescope.
radiotelescrivènte, f. radioteletypewriter; radio telex.
radiotelevisióne, f. radio and television.
radiotelevisivo, a. radio and television (attr.): **tecnico r.**, radio and television engineer.
radioterapèutico, a. (med.) radiotherapeutic.
radioterapia, f. (med.) radiotherapy; radiotherapeutics (pl. col verbo al sing.).
radioteràpico, a. (med.) radiotherapeutic.
radioterapista, m. e f. radiotherapist; radiotherapeutist.
radiotrasméttere, v. t. to broadcast*; to radiobroadcast*; to radio.
radiotrasmettitóre, m. transmitting-set; radio-transmitter.
radiotrasmissióne, f. (wireless) broadcast; broadcasting. ● **r. delle immagini**, photoradio.
radiotrasmittènte, A a. (radio-)transmitting (attr.); broadcasting (attr.): **un apparecchio r.**, a transmitting-set; a (radio-)transmitter; **una stazione r.**, a broadcasting station. B f. 1 broadcasting station 2 (apparecchio r.) transmitting-set; (radio-)transmitter.
radioutènte, m. e f. radio licence-holder.
radiovènto, m. (meteorologia) rawin.
radiovisióne, f. (telev.) radiovision.
raditura, f. (ciò che si asporta radendo) shavings (pl.).
ràdium, m. (chim.) radium.
rado, a. 1 (non fitto) thin; (non denso) rare, sparse, (thinly) scattered: **una nebbia rada**, a thin mist; **capelli radi**, sparse hair; **una barba rada**, a sparse beard; **una popolazione rada**, a sparse population; **radi casolari**, scattered (o sparse) hamlets 2 (non frequente) infrequent; occasional; rare: **visite rade**, occasional visits. ● **rade volte** (o **di rado**), seldom; rarely □ **non di rado**, rather often □ **un panno r.**, a thin-woven cloth □ **un pettine r.**, a wide-toothed comb.
ràdon, m. (chim.) radon.
ràdula, f. (zool.) radula*.
radume, m. bare patches (pl.).
radunaménto, m. assemblage; assembling; gathering.
radunare, A v. t. 1 (adunare, riunire) to assemble; to gather together; to muster; to rally: **Egli ci radunò tutti insieme**, he gathered us all together; **Raduna tutti gli uomini che trovi**, muster all the men you can find; **r. una folla intorno a sé**, to gather a crowd around oneself 2 (raccogliere, mettere insieme) to collect; to gather together: **Ho radunato una serie di vasi cinesi**, I have collected a series of Chinese vases 3 (ammassare) to amass; to heap up; to pile up. **radunarsi**, B v. rifl. to assemble; to gather; to meet* (together); to convene: **Gli alunni si sono radunati nell'aula**, the pupils have assembled in the school-room; **La folla gli si radunò intorno**, a crowd gathered around him; **Si radunarono per deliberare**, they met to take a decision.
radunata, f. **raduno**, m. 1 (il radunare, il radunarsi) assembling; gathering; meeting: **una r. di gente**, a gathering of people 2 (riunione) gathering; meeting; rally; convention. ● **far r.**, to assemble people.

radura, f. 1 bare patch 2 (in un bosco, prato, ecc.) clearing; glade; open space.
ràfano, m. (bot., Raphanus sativus) radish.
rafe, m. (anat., bot.) raphe.
raffa, V. **riffa** (1).
Raffaèle, m. Raphael.
raffaèlla, alla, locuz. avv. after (o in) the style of Raphael: **capelli alla r.**, hair in the style of Raphael.
raffaellésco, a. Raphaelesque, Raffaelesque; after the style of Raphael: **un profilo r.**, a Raphaelesque profile.
Raffaèllo, m. Raphael: **un (quadro di) R.**, a painting by Raphael.
raffazzonaménto, m. 1 touching up; patching up; botching 2 (cosa raffazzonata) botch; bungle.
raffazzonare, v. t. to touch up; (riparare alla meglio) to patch up, to botch: **r. un disegno**, to touch up a drawing.
raffazzonatóre, m. botcher; bungler.
raffazzonatura, f. V. **raffazzonamento**.
rafférma, f. 1 (conferma in un ufficio) confirmation in office; renewal of office 2 (mil.) re-engagement.
raffermare, A v. t. 1 (riconfermare in un ufficio) to confirm 2 (mil.) to re-engage. **raffermarsi**, B v. rifl. to become* stale.
raffèrmo, a. stale: **pane r.**, stale (o dry) bread.
ràffia, f. 1 (bot., Raphia ruffia) raffia (palm) 2 (la fibra) raffia.
raffibbiare, V. **riaffibbiare**.
ràffica, f. 1 gust; blast; burst: **una r. di vento**, a gust (o a blast) of wind; a windblast; a squall; **una r. di fuoco**, a burst of fire; **vento a raffiche**, wind blowing in gusts 2 (fig.) hail; volley; shower: **una r. d'ingiurie**, a hail (o a volley) of insults.
raffigurabile, a. 1 representable 2 (riconoscibile) recognizable.
raffigurare, A v. t. 1 (rappresentare) to represent; to show*; to portray; to depict: **La scena raffigura una strada di campagna**, the scene represents a country road; **Questo quadro raffigura la Pace**, this painting represents Peace; **Raffigura il trionfo della povertà**, it represents the triumph of Poverty 2 (simboleggiare) to symbolize; to be a symbol of; to stand* for: **L'innocenza è raffigurata da una colomba**, innocence is symbolized by a dove 3 (riconoscere) to recognize: **r. q. subito**, to recognize sb. at once. **raffigurarsi**, B v. rifl. to imagine; to figure (to oneself): **Non me lo raffiguravo così**, I didn't imagine him like that; I didn't suppose he was like that; **Me lo raffiguravo altissimo**, I imagined (o figured) him as a very tall man; **Raffigurati in un'isola deserta**, imagine yourself (to be) on a desert island.
raffigurazióne, f. 1 (il rappresentare) representation; representing; portraying 2 (il simboleggiare) symbolization; symbolizing.
raffilare, v. t. 1 (affilare) to sharpen; to whet: **r. un coltello**, to whet a knife 2 (pareggiare) to trim; to pare: **r. i capelli**, to trim the hair.
raffilatóio, m. (legatoria) trimmer.
raffilatura, f. 1 (l'affilare) sharpening; whetting 2 (il pareggiare) trimming; paring 3 (ciò che si asporta raffilando) trimmings (pl.); parings (pl.).
raffinaménto, m. refinement (anche fig.): **il r. dello zucchero (del petrolio, ecc.)**, the refinement of sugar (of oil, etc.); **il r. dei metalli**, the refinement of metals; **i raffinamenti dell'arte**, the refinements of art; **L'emulazione non è che un r. dell'invidia**, emulation is but a refinement upon envy. ● (ind.) **r. a fuoco**, forge-refining.
raffinare, A v. t. to refine (anche fig.): **r. lo zucchero** (**il petrolio, l'oro, ecc.**), to refine sugar (oil, gold, etc.); **r. la propria educazione** (**il proprio gusto, ecc.**), to refine (o to improve) one's manners (one's taste, etc.); **r. i propri sentimenti**, to refine one's feelings; **r. una lingua**, to refine (o to polish) a language; **r. il proprio stile il più possibile**, to refine one's style to the utmost; **r. la propria crudeltà**, to refine one's cruelty. **raffinarsi**, B v. rifl. to become* (o to get*) refined.
raffinataménte, avv. refinedly; with refinement; in a refined (o elegant, polished) way.
raffinatézza, f. refinement; refinedness: **r. di gusti** (**di maniere, ecc.**), refinement (o elegance) of taste (of manners, etc.); **r. di crudeltà** (**di malizia, ecc.**), refinement (o subtlety) of cruelty (of malice, etc.); **le raffinatezze della vita moderna**, the refinements of modern life; **un'età che manca di r.**, an age lacking in refinement. ● **raffinatezze stilistiche**, stylistic subtleties.
raffinato, A a. (anche fig.) refined: **zucchero** (**petrolio, oro, ecc.**) **r.**, refined (o purified) sugar (oil, gold, etc.); **arte raffinata**, refined (o exquisite) art; **uno stile r.**, a refined (o a polished) style; **una lingua raffinata**, a refined (o a polished) language; **un accento r.**, a refined accent; **un uomo r.**, a refined (o a thoroughbred) man; **la raffinata malizia di quell'uomo**, the refined malice of that man; **la raffinata crudeltà di un tiranno**, the refined (o subtle) cruelty of a tyrant. B m. refined (o thoroughbred) person.
raffinatóio, m. (metall.) refining furnace.

raffinatóre, A *m.* refiner. **B** *a.* refining.
raffinatura, raffinazióne, *f.* refinement; refining: **la r. dell'oro,** the refining of gold; **r. elettrolitica,** electrolytic refining; electrorefining.
raffinerìa, *f.* (*ind.*) refinery: **una r. di petrolio,** an oil refinery. ● **r. di zucchero,** sugar mill.
raffinòsio, *m.* (*chim.*) raffinose.
ràffio, *m.* grappling-iron; grapple; grapnel.
raffittire, A *v. t.* to thicken; to make* thicker. **B** *v. i.* e **raffittirsi,** *v. rifl.* to thicken; to become* (*o* to get*) thicker: **La folla si raffittisce sempre più,** the crowd is thickening every instant.
rafforzàbile, *a.* reinforceable.
rafforzaménto, *m.* strengthening; invigoration; invigorating; reinforcement.
rafforzare, A *v. t.* to strengthen; to invigorate; to fortify; to reinforce: **r. lo stomaco,** to strengthen (*o* fortify) the stomach; **r. le proprie opinioni,** to strengthen one's opinions; **r. la mente e il corpo,** to invigorate one's mind and body; **r. un muro,** to fortify a wall. **rafforzarsi, B** *v. rifl.* to strengthen; to invigorate; to grow* (*o* to get*) stronger: **Si è molto rafforzato,** he has grown much stronger.
rafforzativo, *a.* **1** strengthening; reinforcing **2** (*gramm.*) intensifying; intensive.
raffreddaménto, *m.* **1** cooling: **il r. della crosta terrestre,** the cooling of the crust of the earth; **r. ad aria,** air-cooling; **r. per espansione,** dynamic cooling; **r. a irraggiamento,** radiant cooling; **impianto di r.,** cooling plant **2** (*fig.*) cooling (down); dampening; (*freddezza*) coolness: **Ci fu un certo r. nei loro rapporti,** there was a cooling of relations between them. ● (*metall.*) **r. entro stampo,** die-quenching □ **r. intermedio,** intercooling.
raffreddare, A *v. t.* **1** to cool; to make* cool (*o* cooler, cold); to chill: **Il ghiaccio raffredda l'acqua,** ice cools water; **La pioggia ha raffreddato l'aria,** the rain has cooled the air; **r. ad acqua,** to water-cool; **r. ad aria,** to air-cool; (*mecc.*) **far r. il motore (i freni, ecc.),** to allow the engine (the brakes, etc.) to cool **2** (*fig.*) to cool; to cool down (*o* off); to chill; to dampen; to damp: **Nulla raffredda il cuore quanto la diffidenza,** nothing chills the heart like distrust; **r. gli ardori,** to dampen one's ardour; **r. l'entusiasmo di q.,** to cool (*o* to damp) sb.'s enthusiasm. ● **r. ad immersione,** to quench □ **r. con ghiaccio,** to ice. **raffreddarsi, B** *v. rifl.* **1** to cool down (*o* off); to become* (*o* get*) cool (*o* cooler, cold); to chill: **Lascia che la minestra si raffreddi,** let the soup cool down; **Si sta raffreddando,** it's getting cold **2** (*fig.*) to cool down: **Il mio entusiasmo s'è raffreddato,** my enthusiasm has cooled down **3** (*prendere un raffreddore*) to catch* a cold (*o* a chill): **Mi sono raffreddato,** I've caught a cold.
raffreddato, *a.* cooled; chilled; cold. ● **essere (molto) r.,** to have a (bad) cold.
raffreddatóio, *m.* (*ind. del vetro*) cooling-chamber.
raffreddatóre, *m.* (*metall.*) chill; chiller.
raffreddatura, *f.* **1** (*il raffreddarsi*) cooling; chilling **2** (*raffreddore*) cold; chill.
raffreddóre, *m.* cold; chill: **Metà dei ragazzi erano assenti col r.,** half the children were absent with colds; **avere il r.,** to have a cold; **prendere** (*o* buscarsi) **il r.,** to catch a cold; **Prenderai il r.,** you'll catch a cold; **Mi sono buscato un terribile r.,** I've caught a bad (*o* nasty) cold.
raffrenàbile, *a.* (*anche fig.*) checkable; controllable.
raffrenaménto, *m.* (*anche fig.*) curbing; checking; control.
raffrenare, A *v. t.* (*anche fig.*) to curb; to check; to restrain; to control: **r. un cavallo,** to curb (*o* to control) a horse; **r. la lingua,** to curb one's tongue; **r. le proprie passioni,** to curb (*o* to dominate) one's passions; **r. la propria ira,** to check (*o* control, to curb) one's anger. **raffrenarsi, B** *v. rifl.* to restrain oneself; to control oneself.
raffrescare, *V.* **rinfrescare**.
raffrontare, *v. t.* to confront; (*collazionare*) to collate; (*paragonare*) to compare; to draw* a parallel between: **r. due testi,** to collate two texts.
raffrontatóre, *m.* confronter; collator; comparer.
raffrónto, *m.* confrontation; collation; comparison; parallel: **fare il r. fra due persone (due cose),** to make a comparison (*o* to draw a parallel) between two persons (two things); to compare two persons (two things).
ràfia, *V.* **ràffia**.
ràgadi, *f. pl.* (*med.*) rhagades.
raganèlla, *f.* **1** (*zool., Hyla arborea*) tree-frog **2** (*mus.*) rattle.
ragazza, *f.* **1** girl; (*tra i 13 e i 19 anni*) teen-ager; lass, lassie (*specialm. scozz.*): **È una brava r.,** she is a good girl; **un bel pezzo di r.,** a fine figure of a girl; **da r.,** when (I was) a girl **2** (*donna nubile*) unmarried (*o* single) woman* **3** (*fidanzata*) girl(-friend); sweetheart; fiancée: **È la mia r.,** she is my girl **4** (*giovinetta che sta a servizio*) girl; maid(-servant); (*commessa*) shop-girl:

una r. nuova per fare le faccende di casa, a new girl to do the housework. ● **avere la r.,** to be engaged □ **il proprio nome da r.,** one's maiden name □ **rimanere r.,** to remain unmarried.
ragazzàglia, *f.* (*spreg.*) (noisy) crowd of children (*o* of youngsters); pack of children.
ragazzata, *f.* childish action; boyish prank; mischievous trick; mischief: **Fu una vera r.,** it was just a childish action (*o* a childish thing to do); **fare sempre delle ragazzate,** to be always up to mischief.
ragazzo, *m.* **1** boy; (*tra i 13 e i 19 anni*) teen-ager; child*; youngster; lad: **È un buon (cattivo) r.,** he is a good (naughty) boy; **un r. che promette molto,** a promising lad; **da r.,** when (I was) a boy; as a child; **trattare q. da r.,** to treat sb. like a child **2** (*fidanzato*) boy-friend; sweetheart; fiancé: **È il mio r.,** he is my boy-friend **3** (*garzone*) boy: **il r. dell'ascensore,** the lift-boy; **un r. di bottega,** a shop-boy; (*fattorino*) an errand-boy; (*apprendista*) an apprentice **4** (*figlio*) boy; son: **Ho quattro ragazzi e una bambina,** I have four boys (*o* sons) and a little girl (*o* a daughter). ● **cose da ragazzi,** childish things □ **fare il r.,** to behave like a child □ **Nonostante i suoi trent'anni, è ancora un r.,** though he is already thirty, he's just like a child.
raggelare, *v. t.* e *i.* **raggelarsi,** *v. rifl.* to freeze* (*anche fig.*).
raggentilire, *v. t.* to refine.
raggiante, *a.* **1** (*anche fig.*) radiant; beaming; gleaming; shining; glowing; bright: **il sole r.,** the radiant sun; **un volto r.,** a radiant face; **occhi raggianti di gioia,** radiant eyes; eyes beaming with joy; **essere r. di felicità,** to be glowing with happiness; **essere r. di gioia,** to be beaming (*o* gleaming) with joy **2** (*fis.*) radiant: **calore r.,** radiant heat.
raggiare, A *v. i.* (*anche fig.*) to radiate; to be radiant; (*risplendere*) to shine* (brightly), to glow: **il r. del sole,** the shining of the sun; **L'innocenza gli raggiava sul volto,** innocence shone on his face; **r. di felicità,** to be glowing with happiness. **B** *v. t.* (*anche fig.*) to radiate: **Il sole raggiava vivida luce,** the sun radiated vivid light; **r. felicità,** to radiate happiness.
raggiato, *a.* radial; radiate; radiated: **una ruota raggiata,** a radial wheel; **simmetria raggiata,** radial symmetry.
raggièra, *f.* halo (of rays); (*fascio di raggi*) rays (*pl.*). ● **ornamento a r.,** sunburst ornamentation.
ràggio, *m.* **1** ray; beam; (*fig.*) gleam, glimmer, ray: **i raggi del sole,** the rays of the sun; the sunbeams; **i raggi della luna,** the rays of the moon, the moonbeams; **r. diretto (riflesso),** direct (reflected) beam; **un r. di speranza,** a gleam (*o* a ray) of hope; **Un r. di luce filtrava nella stanza attraverso il buco della serratura,** a ray (*o* a beam) of light filtered through the keyhole into the room; **r. luminoso,** ray of light; light-ray; **un fascio di raggi luminosi,** a pencil of light-rays **2** (*fis.*) ray: **la riflessione (la rifrazione) dei raggi,** the reflection (the refraction) of rays; **r. alfa (beta, gamma),** alfa (beta, gamma) ray; **r. cosmico,** cosmic ray; **raggi infrarossi (ultravioletti),** infra-red (ultraviolet) rays; **raggi X (Röntgen),** X-rays (Röntgen rays); **r. catodico,** cathode ray; **r. infracosmico,** infra-cosmic ray; **r. positivo,** positive (*o* canal) ray **3** (*geom., mecc.*) radius*: **r. vettore,** radius vector; **r. di sterzata,** turning radius; **Il r. è la metà del diametro,** the radius is a half of the diameter; (*scienza delle costruzioni*) **r. di curvatura,** bending radius **4** (*area, campo*) radius*; range: **r. d'azione,** range (*o* field) of action; **Non c'è traccia del nemico in un r. di dieci miglia,** there is no trace of the enemy within a radius of ten miles **5** (*di ruota*) spoke **6** (*di edificio: braccio*) arm; wing **7** (*zool.*) spine. ● (*geom.*) **r. del cerchio inscritto,** inradius □ (*mecc.*) **r. del cono primitivo,** cone distance □ (*telev.*) **r. scandente,** scanning beam.
raggiraménto, *m.* deception; deceiving; cheating; swindling.
raggirare, A *v. t.* to deceive; to cheat; to swindle; to make* a fool of; to take* in; to sell* (sb.) a pup (*fam.*): **Non tentare di raggirarmi,** don't try to deceive me (*o* to make a fool of me); **Lo hanno raggirato,** he has been deceived (*o* cheated); they've made a fool of him; **Sono stato raggirato,** I have been deceived (*o* cheated); I've been taken in; they've sold me a pup. **raggirarsi, B** *v. rifl.* **1** (*aggirarsi*) to wander about (*o* over, through); to roam: **r. intorno a un luogo,** to wander over (*o* through) a place **2** (*concernere*) to deal* (with); to touch (on): **r. su un solo argomento,** to deal (*o* to touch) only one subject.
raggiratóre, *m.* deceiver; cheat; swindler.
raggiro, *m.* deception; deceit; swindle; trick; dodge. ● **un uomo pieno di raggiri,** a deceitful man; a dodger (*fam.*).
raggiùngere, *v. t.* **1** to reach*; to overtake*; to catch* up; to come* (*o* to catch*) up with; (*riunirsi a q.*) to join*: **Raggiungemmo l'altra auto,** we overtook the other car; **Va' avanti, ti raggiungerò tra qualche minuto,** walk ahead: I'll catch you up in a few minutes; **Alla fine lo raggiunsi,** at last I caught up with him; **Vi raggiungerò in giardino,** I'll join you in the garden **2** (*toccare un luogo*) to reach*; to get* to; to arrive; (*conseguire, ottenere*) to attain; to achieve; to gain: **Non un suono raggiun-**

raggiungìbile

geva le nostre orecchie, not a sound reached our ears; **r. la vetta d'una montagna**, to reach the top of a mountain; **r. un luogo**, to reach (*o* to get to) a place; **r. la meta (lo scopo, ecc.)**, to attain one's aim (one's object, etc.); **r. il punto critico**, to reach the climax; **to come to a head 3** (*naut.*) to overhaul; (*in una gara di canottaggio*) to row down. ● **r. un accordo**, to come to an agreement ● **r. il bersaglio**, to hit the target □ **r. la maggiore età**, to come of age ● **non r. l'effetto voluto**, to fall flat.

raggiungìbile, *a.* attainable; achievable.

raggiungimento, *m.* 1 (*il raggiungere*) reaching; overtaking; catching up 2 (*conseguimento*) attainment; achievement: **il r. d'un fine**, the attainment of a goal. ● **r. dell'età maggiore**, coming of age.

raggiuntare, *v. t.* to join together; to piece together.

raggiustamento, *m.* 1 repairing; mending 2 (*fig.*) settlement; settling.

raggiustare, A *v. t.* 1 (*aggiustare*) to repair; to mend; to adjust 2 (*mettere in ordine*) to put* (*o* to set*) in order; to tidy up 3 (*fig.: comporre, accomodare*) to settle. **raggiustarsi, B** *v. rifl. recipr.* to come* to an agreement; to make* peace; to make* it up (*fam.*).

raggomitolare, A *v. t.* to wind* (st.) into a ball; to roll up; to coil. **raggomitolarsi, B** *v. rifl.* to curl (oneself) up; to coil up; to huddle up: **Il cagnolino si raggomitolò sul divano**, the puppy curled himself up on the sofa.

raggranellare, *v. t.* to scrape up; to scrape together; (*racimolare*) to glean: **r. alcune sterline**, to scrape together a few pounds; **r. notizie**, to glean news.

raggravare, V. riaggravare.

raggrinzamento, *m.* wrinkling; creasing; crumpling; puckering up.

raggrinzare, raggrinzire, A *v. t.* to wrinkle; to crease; to crumple; to pucker up; (*seccare*) to shrivel: **una mela raggrinzita**, a shrivelled apple. **B** *v. i.* e **raggrinzarsi, raggrinzirsi**, *v. rifl.* to become* (*o* to get*) wrinkled; to wrinkle; to crease; to crumple; to pucker. ● **Il volto gli si è tutto raggrinzato**, his face has become all wrinkly.

raggrumare, *v. t.* **raggrumarsi**, *v. rifl.* to clot.

raggruppamento, *m.* 1 (*il raggruppare*) grouping 2 (*gruppo*) group, cluster; (*rif. a cose*) assemblage.

raggruppare, A *v. t.* to group; to form (*o* to gather) into a group (*o* into groups); to assemble. **raggrupparsi, B** *v. rifl.* to group (oneself); to gather in a group (*o* in groups); to assemble.

raggruzzolare, *v. t.* (*fam.*) to scrape up; to scrape together; to save up.

ragguagliàbile, *a.* comparable.

ragguagliare, *v. t.* 1 (*pareggiare*) to equalize; to make* equal (*o* even); (*livellare*) to level 2 (*paragonare*) to compare; to bring* together: **I due casi non si possono r.**, we cannot compare the two cases 3 (*rag.*) to balance: **r. le partite**, to balance accounts 4 (*informare*) to inform; to acquaint (sb. with st.).

ragguàglio, *m.* 1 (*paragone*) comparison: **fare un r.**, to make a comparison 2 (*informazione*) (piece of) information; (*resoconto*) report: **ulteriori ragguagli**, further information (*o* details); **dare qualche r. a q.**, to give sb. some information; **dare ampio r. su q.c.**, to give full information on (*o* about) st. 3 (*rag.*) balance. ● **tavola di r.**, comparative table (of weights and measures).

ragguardèvole, *a.* 1 (*degno di riguardo*) worthy (of respect); noteworthy; notable; remarkable; conspicuous: **alcuni dei cittadini più ragguardevoli**, some of the most worthy citizens 2 (*ingente*) considerable; substantial; (*rif. a somma di denaro, anche*) respectable: **una somma r.**, a considerable sum of money.

ragguardevolézza, *f.* noteworthiness; notableness; remarkableness; conspicuousness; considerableness.

ragguardevolménte, *avv.* notably; remarkably; conspicuously.

ràgia, *f.* resin, rosin. ● **acqua (di) r.**, turpentine.

ragià, *m.* rajah.

ragionaménto, *m.* 1 (*il ragionare*) reasoning: **r. induttivo (deduttivo)**, inductive (deductive) reasoning 2 (*dimostrazione, argomentazione*) reasoning; reasons (*pl.*); arguments (*pl.*): **Il tuo r. non mi pare molto chiaro**, your reasons are not very clear to me 3 (*dissertazione*) dissertation. ● **fare ragionamenti stupidi**, to talk nonsense □ **fare troppi ragionamenti**, to talk too much □ **Voglio farti un r.**, I want to talk to you □ **Mi occorrerebbe un lungo r.**, I'd have quite a few things to tell you; **Questo non mi pare un r.**, I don't think all this makes much sense □ (*iron.*) **Bel r.!**, that's a fine way of talking!

ragionare, *v. i.* 1 to reason: **Soltanto l'uomo sa r.**, **ma non sempre ragiona**, only man can reason, but he doesn't always do so; **È innamorato e quindi non sa più r.**, he's in love and he can't reason any more 2 (*discutere*) to argue: **È un uomo con il quale non si può r.**, he's a man you can't argue with; **r. di filosofia (di politica)**, to argue about philosophy (about politics) 3 (*fam.: discorrere, parlare*) to discuss; to talk over: **Per tutta la notte Andrea ragionò con Giuseppe di quell'affare**, Andrew discussed the deal with Joseph all night; **Ragionerò di questo con mia figlia**, I'll talk this over with my daughter. ● **r. con i piedi (*o* a vanvera)**, to talk through one's hat (*fam.*) □ **r. tra sé e sé**, to talk to oneself □ **In quanto alla lettera**, **non se ne ragiona: la scriverò di certo**, as for the letter, I'll certainly write it, that's for sure □ (*o* there's no doubt about that) □ **Quanto a mettersi a studiare**, **non se ne ragiona (neanche)**, as to getting down to some studying, that's the last thing that comes into his head □ **Ragiona un po' e vedrai**, think it over a little and you'll see □ **Non c'è verso di farlo r.**, you can't make him use his head.

ragionato, *a.* 1 reasoned; (*razionale*) rational; (*logico*) logical: **ben r.**, well-reasoned; thought-out 2 (*ragionevole*) reasonable; sensible 3 (*rif. a scritti*) annotated.

ragionatóre, *m.* reasoner: **un sottile r.**, a subtle reasoner.

ragióne, *f.* 1 reason: **il lume della r.**, the light of reason; **Devi lasciarti guidare dalla r.**, you must let yourself be guided by reason; **ascoltare la voce della r.**, to listen to reason; **l'uso della r.**, the use of reason; **la fredda (sana, serena) r.**, cold (sound, serene) reason (*o* reasoning); **perdere la r.**, to lose one's reason; (*filos.*) **critica della r. pura**, critique of pure reason; **raggiungere l'età della r.**, to reach the age of reason (*o* of discretion); **agire contro r.**, to act contrary to reason 2 (*causa, motivo*) reason; motive; ground: **Ho le mie buone ragioni per dire così**, I've got my (good) reasons for saying so; **per nessuna r.**, for no reason; on no account: **Per nessuna r. ti venderà quel quadro**, he won't sell you that picture for any reason; on no account will he sell you that picture; **dare r. dei propri atti**, to give reasons for one's actions; **Non era una buona r. per colpirlo**, that wasn't a (good) reason for hitting him; **ragioni di famiglia**, family reasons; **Lo feci per una semplicissima r.**, I did it for a very simple reason; **Non si muove se non per ragioni d'interesse**, he only stirs (*o* moves) for motives of interest; **Non so la r. della sua gelosia**, I don't know the reason for his jealousy; **la r. per la quale vado all'estero...**, the reason why I'm going abroad...; **Non hai una r. per chiedere la separazione legale?**, haven't you any reason (*o* any grounds) to ask for a legal separation? 3 (*giusto motivo, diritto*) right; reason: **La r. non è sempre completamente separata dal torto**, right is not always quite distinct from wrong; **Questo mi appartiene di r.**, this belongs to me by right; **Il padre rimproverò il figlio a r.**, the father had reason (*o* was right) to reprove his son; **La r. è dalla sua parte**, right is on his side; he is in the right; **Il tempo gli darà r.**, time will show (*o* prove) that he is (*o* was) right; **Hai avuto r. di rifiutare quell'offerta**, you had every reason (*o* you were right) to refuse that offer; **far valere le proprie ragioni**, to assert (*o* to stand on) one's rights 4 (*argomentazione, prova*) reason; justification; consideration: **Lo proverò con valide ragioni**, I'll prove it with valid reasons; **Che r. futile!**, what a futile justification!; **Parecchie ragioni hanno influito sulla sua decisione**, several considerations have influenced his decision; **L'ignoranza della legge non è una r.**, ignorance of the law is no justification (*o* excuse) 5 (*rapporto, misura, proporzione*) ratio; proportion; (*tasso*) rate: **in r. diretta (inversa)**, in direct (inverse) ratio; **r. geometrica (aritmetica)**, geometrical (arithmetical) ratio; **calcolare la perdita in r. del cinque per cento**, to calculate the loss at the rate of five per cent; **calcolare la quantità di una cosa occorrente in r. del numero dei presenti**, to calculate the quantity of a thing needed in proportion to the number of those present; **alla stessa r.**, in the same proportion; **Ci toccano 50 000 lire in r. di 2500 lire a testa**, we are due 50 000 lire at the rate of 2500 lire a head. ● **r. d'essere**, reason for existence; raison d'être (*franc.*): **La pena capitale non ha più r. d'essere in una società civile**, capital punishment no longer has any reason for existence (*o* is no longer justified) in a civilized society □ **r. di più (*o* a maggior r.)**, all the more reason: **Hai una r. di più per continuare i tuoi studi**, you have all the more reason for continuing your studies; **A maggior r. dovevo partire presto**, all the more reason for my having to leave early □ (*polit.*) **r. di Stato**, reason of State □ **r. per cui**, that's why; which is why □ (*comm.*) **r. sociale**, firm name; trade (*o* business) name; style □ (*filos.*) **la r. ultima delle cose**, the first cause of things □ **a r. o torto**, rightly or wrongly □ **a ragion veduta**, after due consideration; (*intenzionalmente*) intentionally, deliberately □ (*in certificati, circolari, ecc.*) **a chi di r.**, to whom it may concern; to the proper authorities □ **a più forte r.**, all the more so □ **avere r.**, to be right: **Hai perfettamente r.**, you are quite right; **Tu hai sempre r.!**, you're always right! □ **avere r. da vendere**, to be absolutely right □ **avere r. di q. (di q.c.)**, to get the better (*o* the upper hand) of sb. (of st.) □ **chiedere r. a q.**, to call sb. to account □ **dare r. di un fatto**, to account for a fact □ **dare (*o* rendere) r. di q.c.**, to give the reason for st. □ **darle di santa r. a q.**, to give sb. a good (*o* a sound) beating (*o* thrashing); to tan sb.'s hide (*fam.*)

□ **darsi** (*o* **rendersi**) **r. di q.c.**, to understand the reason for st.: **Non so darmi r. del suo strano comportamento**, I can't understand the reason for his strange behaviour □ **di r.**, properly: **come di r.**, quite properly (*o* as a matter of course) □ **farsi** *o* **r. da sé**, to take the law into one's own hands (*o* **per ragioni di salute**, for health reasons □ **prenderle di santa r.**, to get a good beating (*o* thrashing) □ **rendere q.c. di pubblica r.**, to announce st. publicly; to make st. manifest □ **rendersi** (*o* **darsi, farsi**) **r.**, to resign oneself; to accept the inevitable; to make the best of a bad job □ **Tu non sai far valere le tue ragioni**, you let yourself be stood (*o* trampled) on; you let people step on you □ **Ricorrerò a chi di r.**, I shall have recourse to the proper (*o* competent) authorities; I'll apply to the person whose concern it is □ **Quell'uomo non vuole intendere r.**, that man won't let himself be persuaded □ **Bella r.! allora, anch'io potrei fare quello che voglio**, a fine excuse! (*o* what rubbish!) then I too could do what I want to □ **Chi più urla ha più r.**, he who shouts the loudest gets the upper hand □ **Vuole sempre avere r.**, he always wants to have his own way □ **Ecco la r. per cui lo feci**, that's why I did it □ **Aveva mille ragioni di lamentarsi**, he was quite (*o* dead) right in complaining □ **Dovette darmi r.**, he had to admit that I was right □ (*prov.*) **La r. è del più forte**, might is right.

ragionería, *f.* 1 (*disciplina*) accounting; accountancy; (*contabilità*) book-keeping 2 (*ufficio*) accounting department; counting--house 3 (*scuola*) commercial school.

ragionévole, *a.* 1 reasoning; rational: **un essere r.**, a rational being 2 (*che si lascia guidare dalla ragione*) reasonable; sensible: **una persona r.**, a sensible person; **Non sei molto r.**, you're not very sensible 3 (*conforme al buon senso, opportuno*) reasonable; moderate; equitable; fair: **È un'offerta r.**, it is a reasonable offer; **prezzi ragionevoli**, reasonable (*o* fair) prices; **una richiesta r.**, a reasonable demand; **entro un periodo di tempo r.**, within a reasonable time; **a condizioni ragionevoli**, on reasonable terms 4 (*fondato*) well-founded; well-grounded: **sospetti ragionevoli**, well--founded suspicions; **timori ragionevoli**, well-grounded fears.

ragionevolézza, *f.* 1 reasonableness; sensibleness; sense 2 (*convenienza*) reasonableness; fairness 3 (*fondatezza*) soundness.

ragionevolménte, *avv.* reasonably; in a reasonable manner; according to reason.

ragionière, *m.* accountant: **un r. professionista**, a public (*o* a chartered) accountant; **r. capo**, head (*o* chief) accountant; (*dello Stato*) paymaster general.

ragionieristico, *a.* 1 accounting (*attr.*) 2 (*troppo attento ai particolari*) over-particular.

raglàn, *a.* (*moda*) raglan (*attr.*): **manica r.**, raglan sleeve.

ragliaménto, *m.* braying (*anche fig.*).

ragliare, A *v. i.* (*anche fig.*) to bray: **Gli asini ragliano più spesso di maggio**, asses bray more frequently in May; **Lascialo r.!**, let him bray!; **r. come un asino**, to bray like an ass. B *v. t.* to bray out: **r. un discorso**, to bray out a speech. ● (*prov.*) **Asino che raglia mangia poco fieno**, the ass that brays most eats least.

ragliata, *f. pop.* ● **fare una r.**, to bray.

ràglio, *m.* braying (*anche fig.*); bray. ● (*prov.*) **R. d'asino non arriva in cielo**, the braying of an ass does not reach heaven.

ragna, *f.* 1 (*rete per catturare uccelli*) bird's net: **tendere la r.**, to spread a net 2 (*fig.: insidia, tranello*) snare; trap; net: **cadere nella r.**, to fall into a trap; **rimanere preso alla r.**, to be caught in a trap 3 (*lett.: ragnatela*) cobweb; spider's web 4 (*parte logora di un tessuto*) threadbare patch.

ragnare, *v. i.* **ragnarsi**, *v. rifl.* (*di tessuto*) to become* threadbare.

ragnatéla, *f.* **ragnatélo**, *m.* spider's web; spider web; cobweb: **una stanza piena di ragnatele**, a room full of spider webs; **coperto di ragnatele**, covered with cobwebs; cobwebby.

ragnato, *a.* threadbare; worn-out; frayed.

ragnatura, *f.* threadbare patch.

ragno, A *m.* (*zool.*) spider: **r. d'acqua** (*Argyroneta aquatica*), water spider; **una tela di r.**, a spider's web; a cobweb. ● (*fig.*) **non saper cavare un r. da un buco**, to be a good-for-nothing. B *a.* – (*zool.*) **pesce r.** (*Trachinus draco*), sting-bull; (*nel circo*) **uomo r.**, contortionist.

ragù, *m.* (*cucina*) 1 (*stufato*) ragout 2 (*sugo*) meat sauce.

ragutièra, *f.* sauce-boat.

ràia, *V.* **razza** (2).

raid (*ingl.*), *m.* endurance-test; (*sport*) long-distance trial 2 (*incursione, specialm. aerea*) raid.

Raimóndo, *n. pr. m.* Raymond.

ràion, *m.* (*ind. tessile*) rayon. ● (*autom.*) **un pneumatico con carcassa di r.**, a rayon cord tyre.

ralinga, *f.* (*naut.*) bolt-rope.

ralingare, *v. t.* (*naut.*) to rope.

ralla, *f.* (*mecc.*) 1 (*supporto di spinta*) thrust-bearing; thrust--block 2 (*di porta*) pivot 3 (*di cabina di locomotore*) centre casting 4 (*di rimorchio*) fifth wheel.

rallargare, *v. t.* **rallargarsi**, *v. rifl.* to widen.

rallegraménto, *m.* 1 (*il rallegrarsi*) rejoicing; joy 2 (*pl.: congratulazioni*) congratulations: **Le porgo i miei rallegramenti, please accept my congratulations.** ● **fare i rallegramenti a q. per q.c.**, to congratulate sb. on st.

rallegrare, A *v. t.* to cheer up; to raise the spirits of; to gladden; to rejoice: **La tua visita mi ha rallegrato (l'animo)**, your visit has cheered me up; **La bella notizia rallegrò tutti**, everyone was cheered by the good news; **Una segreta gioia rallegrava tutti quelli che la vedevano**, a secret joy gladdened all that saw her; **Il successo del ragazzo rallegrerà il cuore di sua madre**, the boy's success will rejoice his mother's heart. **rallegrarsi**, B *v. rifl.* 1 to cheer up; to rejoice (at, in, over st.); to be delighted; to be glad: **Si rallegrò subito quando glielo dissi**, he cheered up at once when I told him; **Egli si rallegrò a quella risposta**, he rejoiced at that answer; **A quella notizia mi rallegrai**, I was glad to hear that piece of news; I was cheered by the news 2 (*congratularsi*) to congratulate: **Mi rallegro con te del tuo successo**, I congratulate you on your success; **Mi rallegro con te che sei stato promosso**, I congratulate you on passing your examination.

rallegrata, *f.* (*equitazione*) prance; prank.

rallentaménto, *m.* slowing down; slowdown; slackening.

rallentando, *m.* (*mus.*) rallentando.

rallentare, A *v. t.* 1 to slow; to slow down; to slacken; to make* slower; to reduce the speed of: **R.!**, slow down!; **r. la velocità**, to slacken (*o* to reduce) speed; **r. il passo**, to slacken one's pace 2 (*rendere più cedevole*) to make* loose; to loosen; to slacken; to relax: **r. la presa**, to slacken one's hold; **r. il freno**, to slacken the reins; **r. la disciplina**, to relax (*o* to slacken) discipline 3 (*diminuire di frequenza*) to make* (st.) less frequent; to reduce the number of: **r. le visite**, to make one's visits less frequent. B *v. i.* to slow down (*o* up); to slacken: **Il treno rallentò**, the train slowed down; **Quando giunsi al crocevia, rallentai**, when I reached the crossroads, I slowed down ● (*autom.: cartello*) **R.!**, go slow! **rallentarsi**, C *v. rifl.* 1 to slacken; to become* loose; to loosen: **La vita si è rallentata**, the screw has loosened 2 (*fig.: diventare meno frequente*) to become* less frequent: **Le sue visite si erano rallentate**, his visits had become less frequent; his visits were not so frequent as they used to be.

rallentatóre, *m.* 1 (*mecc.*) decelerator 2 (*cinem.*) slow-motion camera 3 (*fotogr.*) restrainer.

rallo, *m.* (*zool., Rallus*) rail.

rallungare, *V.* **allungare**.

rally (*ingl.*), *m.* (*sport*) rally.

ramadàn, *m.* (*relig.*) Ramad(h)an; Ramazan.

ramàglia, *f.* dead branches (*pl.*); loppings (*pl.*); prunings (*pl.*).

ramagliatura, *f.* (*agric.*) lopping; pruning.

ramàio, *m.* coppersmith.

ramaiolata, *f.* 1 ladleful: **due ramaiolate di minestra**, two ladlefuls of soup 2 (*colpo di ramaiolo*) blow with a ladle.

ramai(u)òlo, *m.* ladle: **un r. per servire la minestra**, a soup ladle.

ramanzina, *f.* scolding; lecture; talking-to; telling-off (*fam.*); dressing-down (*fam.*): **una bella r.**, a terrible lecture; a good talking-to; a good dressing-down; **fare una r. a q.**, to give sb. a lecture; to lecture (*o* to scold) sb.; to give sb. a talking-to; **pigliarsi una r.**, to receive a lecture; to be scolded.

ramare, *v. t.* 1 (*ind.*) to copper-plate; to copper 2 (*agric.*) to spray with copper sulphate.

ramarro, *m.* (*zool., Lacerta viridis*) green lizard. ● **verde r.**, lizard-green.

ramato, A *a.* 1 copper-plated 2 (*rossiccio*) auburn; copper (*attr.*); copper-coloured: **capelli ramati**, auburn hair. B *m.* (*agric.*) copper sulphate.

ramatura (1), *f.* (*complesso dei rami d'una pianta*) branches (*pl.*); branching; ramification.

ramatura (2), *f.* 1 (*il coprire di rame*) copper-plating; coppering 2 (*agric.*) spraying with copper sulphate.

ramazza, *f.* broom.

ramazzare, *v. t.* to sweep*.

rame, *m.* 1 (*chim.*) copper: **r. fuso**, casting copper; **r. grezzo**, black copper; **filo di r.**, copper wire; **una moneta di r.**, a copper (coin); **solfato di r.**, copper sulphate; **verde r.**, copper green; **di color r.**, copper-coloured; cupreous 2 (*pl.: recipienti di rame per la cucina*) copper pots and pans 3 (*incisione su r.*) copper-plate.

rameggiare, A *v. t.* to stake; to put* stakes to; to support (*o* to fasten up) with stakes: **r. piselli (fagioli, ecc.)**, to stake peas (beans, etc.). B *v. i.* (*di corna del cervo*) to branch out: **Le corna dei cervi rameggiano**, the antlers of stags branch out.

ramèico, *a.* (*chim.*) cupric.

rameóso, *a.* (*chim.*) cuprous: **composti rameosi**, cuprous

ramerino

compounds.
ramerino, V. **rosmarino.**
ramia, f. **1** (bot., *Boehmeria nivea*) ramie, ramee **2** (*fibra di r.*) ramie (hemp).
ràmico, a. (chim.) cupric.
ramiè, m. V. **ramìa.**
ramifero (1), a. (*che contiene rame*) copper-yielding.
ramifero (2), a. (*ricco di rami*) full of branches; branchy.
ramificare, A v. i. to branch; to put* forth (*o* to send* out) branches; to ramify: **Vi sono degli alberi che ramificano in pochissimo tempo,** there are trees that branch in a very short time.
ramificarsi, B v. rifl. to branch; to branch out (*o* off); to ramify: **La strada si ramifica qui,** the road branches here; **Le vene si ramificano,** veins ramify; **una ferrovia che si ramifica attraverso tutto l'occidente,** a railroad that ramifies throughout the West.
ramificato, a. (biol.) ramate; (bot.) branched, brachiate.
ramificazióne, f. ramification; ramifying; branching (out): **le ramificazioni d'un fiume,** the ramifications of a river.
ramina, f. **1** copper flake **2** (*paglia d'acciaio*) steel wool.
ramingare, v. i. (lett.) to wander; to roam; to ramble; to rove.
ramingo, a. wandering; roaming; rambling; roving. ● **andarsene r.,** to wander; to roam; to ramble; to rove.
ramino (1), m. (*vaso di rame*) copper pot; kettle.
ramino (2), m. (*gioco di carte*) rummy.
rammagliare, v. t. to mend (a ladder): **r. una calza,** to mend a ladder in a stocking.
rammagliatrice, f. stocking-mender.
rammagliatura, f. mending.
rammaricaménto, m. regret; regretting.
rammaricare, A v. t. to make* (sb.) feel (very) sorry; to afflict; to grieve: **Tutto questo mi rammarica,** all this makes me feel very sorry. **rammaricarsi,** B v. rifl. **1** to regret; to feel* (*o* to be) (very) sorry; to grieve: **Egli si rammaricò d'esservi andato,** he regretted going there; **Mi rammaricai di quanto avevo fatto,** I was sorry for (*o* about) what I had done; **r. dei propri errori,** to regret one's mistakes; **r. del proprio destino,** to grieve one's fate **2** (*lamentarsi*) to complain (of, about st.): **Non fai che rammaricarti,** you are complaining all the time. ● **Di che cosa mi dovrei r.?,** what should I resent? □ **È inutile r. di ciò che è già accaduto,** it's no use crying over spilt milk.
rammaricato, a. (very) sorry: **Sono r. di non poter venire,** I am sorry I cannot come.
rammàrico, m. **1** regret; (*dolore*) grief, sorrow, repining: **ricordare con r. i giorni dell'infanzia,** to look back with regret on the days of childhood; **con mio grande r.,** much to my regret; **destare rammarichi,** to awaken regrets; **esprimere il proprio profondo r.,** to express one's deep regret; **non dare segno di r.,** to give no signs of grief **2** (*lagnanza*) complaint; lament.
rammemorare, A v. t. (lett.) to recollect; to call back to one's mind; to recall: **r. i giorni felici dell'infanzia,** to recollect (*o* to call back to one's mind) the happy days of one's childhood. **rammemorarsi,** B v. rifl. (lett.) to remember; to recall; to recollect: **r. di q. (di q.c.),** to remember sb. (st.).
rammemorazióne, f. (lett.) remembrance; memory; recollection.
rammendare, v. t. to darn; to mend; to repair: **Questi calzini sono stati rammendati un'infinità di volte,** these socks have been darned again and again; **r. un paio di calze,** to darn a pair of stockings; **r. un buco in una calza,** to mend a hole in a stocking.
rammendatrice, f. (*chi rammenda*) darner (*anche* «*macchina per rammendo*»); mender.
rammendatura, f. darning; mending.
rammèndo, m. darn; darning; mend; mending. **r. invisibile,** invisible mending; **un ago per r.,** a darning-needle. ● **fare un r. a q.c.,** to darn st.
rammentare, A v. t. **1** (*aver presente alla memoria*) to remember; to recollect: **Ben rammento quel giorno (quel luogo, ecc.),** I do remember that day (that place, etc.); **Non rammento il nome del ragazzo,** I don't remember (*o* I can't call to mind) the boy's name **2** (*richiamare alla memoria*) to remind; to call back to (sb.'s) mind: **Rammentami che devo scrivere quella lettera,** remind me to write that letter; **Questa stanza mi rammenta molte cose tristi,** this room reminds me of (*o* calls back to my mind) many sad things; **La ragazza mi rammenta la madre,** the girl reminds me of her mother **3** (*far menzione*) to mention: **Non r. queste cose dinnanzi a lui,** don't mention these things in his presence **4** (*suggerire*) to prompt: **r. la parte a un attore,** to prompt an actor. **rammentarsi,** B v. rifl. to remember; to recollect; to recall: **Cerca di rammentarti,** try to remember; **Ti rammenterai di me?,** will you remember me; **Non mi rammento nulla,** I cannot remember anything (about it); **Rammentati dei consigli di tuo padre,** remember your father's advice. ● **non r. dal naso alla bocca,** to have a very bad memory □ **Non ce ne siamo più rammentati,** we forgot all about it.
rammentatóre, m. (teatr.) prompter.
rammolliménto, m. softening: (med.) **r. cerebrale,** softening of the brain.
rammollire, A v. t. (*anche fig.*) to soften: **r. q.c. con acqua,** to soften st. with water. **rammollirsi,** B v. i. e v. rifl. (*anche fig.*) to soften; to become* (*o* to get*) soft.
rammollito, A a. (*anche fig.*) soft. ● **un vecchio r.,** a dotard; an old man in his dotage. B m. (fig.) softling.
rammorbidiménto, m. softening.
rammorbidire, v. t. e i. **rammorbidirsi,** v. rifl. (*anche fig.*) to soften.
ramno, m. (bot., *Rhamnus*) buckthorn.
ramo, m. **1** branch; (*r. grosso*) bough: **Il ragazzo si nascose tra i rami dell'albero,** the boy hid among the branches of the tree; **i rami principali,** the main branches; **un piccolo r.,** a small branch; a twig; a sprig; a spray; **un r. d'ulivo,** an olive branch; **mettere i rami,** to form branches; to branch out; to ramify; **tagliare un r.,** to cut off (*o* down) a branch **2** (*linea di parentela*) branch: **i vari rami d'una famiglia,** the various branches of a family **3** (*di fiume, lago, strada e sim.*) branch; arm: **un r. del delta,** a delta branch; **quel r. del lago di Como che volge a mezzogiorno,** that branch of the lake of Como, which extends southwards **4** (*di scienza, arte o disciplina*) branch: **La logica è un r. della filosofia,** logic is a branch of philosophy; **un r. dello scibile,** a branch of knowledge; **i diversi rami dell'industria,** the various branches of industry **5** (anat.) ramification; twig: **i rami d'un nervo (d'una vena, ecc.),** the ramifications of a nerve (of a vein, etc.) **6** (miner.) vein **7** (geom.) branch **8** (comm.) branch; line; lay (am.). ● **Non è il mio r.,** that's not in my line; that's out of my line; **un r. di commercio,** a line of business **9** (zool.: *delle corna del cervo*) antler. ● **un r. di pazzia,** a touch of madness □ (ass.) **r. incendi,** fire insurance □ **avere un r. di pazzia,** to be a bit crazy (*o* dotty); to have a screw loose (fam.) □ (fig.) **r. secco,** useless person; dead-wood; (econ.) sector showing a deficit □ (prov.) **R. corto, vendemmia lunga,** short boughs, long vintage.
ramolàccio, m. (bot., *Raphanus sativus*) radish: **r. selvatico** (*Raphanus raphanistrum*), wild radish; jointed charlock.
ramoscèllo, m. small branch; twig; sprig; spray: **ramoscelli di salice,** willow twigs.
ramosità, f. branchiness.
ramóso, a. **1** branchy; branching; full of branches: **querce ramose,** branchy oaks **2** (biol.) ramose; ramous; (*ramificato*) branched: **le corna ramose del cervo,** the branched horns of a stag; the antlers of a stag.
rampa, f. **1** (*di scale*) flight (of stairs) **2** (miss.) pad: **r. di lancio,** launching pad **3** (edil.) ramp; (*stradale*) slope; (ferr.) incline: (ind.) **r. di carico,** loading ramp **4** (araldica) paw. ● **r. di accesso** (*a un'autostrada*), slip road; access-road (USA).
rampante, A a. (araldica) rampant: **un leone r.,** a lion rampant. B m. (*rampa di scale*) flight (of stairs).
rampata, f. ramp; steep ascent (*o* slope).
rampicante, A a. **1** (bot.) climbing; creeping: **piante rampicanti,** climbing plants; climbers; creepers **2** (zool.) climbing. B m. **1** (bot.) climber; creeper **2** (pl., zool.) climbers.
rampicatóre, A a. climbing. B m. climber.
rampichino, m. **1** (zool., *Certhia*) tree-creeper **2** (bot.) climber; creeper.
rampinare, v. t. (naut.) to grapple.
rampinata, f. blow with a grapnel.
rampino, m. **1** (*ferro a uncino*) hook **2** (naut.) grapnel; grappling-hook; grappling-iron **3** (fig.: *pretesto*) pretext: **attaccarsi a tutti i rampini,** to seize upon any pretext. ● **a r.,** hook-shaped; hooked □ (fam., fig.) **giocare di r.,** to steal; to filch; to pilfer.
rampógna, f. (lett.) rebuke; reproof; reprimand.
rampognare, v. t. (lett.) to rebuke; to reprove; to reprimand.
rampollare, v. i. **1** (*scaturire*) to spring* forth; to gush; (*di sorgente*) to rise* **2** (*germogliare*) to sprout; to shoot* forth; to bud: **rami giovani che rampollano da una vecchia quercia,** young branches shooting forth from an old oak **3** (fig.: *sorgere, derivare*) to spring* up; to originate; to arise*: **le idee rampollano nella mente,** ideas spring up in the mind.
rampóllo, m. **1** (*sorgente*) spring **2** (*germoglio*) sprout; shoot **3** (*discendente in linea diretta*) descendant; scion: **un r. di nobile famiglia,** a descendant of a noble family **4** (scherz.: *figlio*) child*; son (and heir); kid (fam.): **i miei rampolli,** my kids.
rampóne, m. **1** (*ferro a uncino*) hook; hooked iron **2** (*attrezzo per pesca*) harpoon **3** (alpinismo) crampon. ● **r. per legname in tronchi,** timber dog.
ramponière, m. harpooner.
Ramsète, m. (stor.) Ramses.
rana, A f. (zool., *Rana*) frog: **Le rane gracidano,** frogs croak;

la favola della r. e del bue, the fable of the frog and the ox. ● (*zool.*) **r. pescatrice** (*Lophius piscatorius*), sea-toad; frog-fish; angler □ (*zool.*) **r. toro** (*Rana catesbeiana*), bull-frog □ (*fig.*) **cantare come una r.**, to sing out of tune; to croak □ (*fig.*) **essere gonfio come una r.**, to be swollen with pride; to be puffed up □ (*sport*) **nuoto a r.**, breast-stroke. **B** *a.* – **uomo r.**, frogman.

ranch (*ingl.*), *m.* ranch. ● **piccolo r.**, ranchette (*USA*).

ràncico, *m.* (*pop.*) bad taste in the mouth.

rancidézza, *f.* rancidness; rancidity.

rancidire, *v. i.* to become* (*o* to grow*) rancid.

rancidità, *V.* **rancidézza**.

ràncido, **A** *a.* **1** rancid; rank: **olio** (**burro, ecc.**) **r.**, rancid oil (butter, etc.); **sapere di r.**, to taste rancid **2** (*fig.*: *sorpassato, antiquato*) stale; antiquated; out-of-date; old-fashioned: **usanze rancide**, old-fashioned customs; **parole rancide**, out-of-date words; **uno stile r.**, an antiquated style. **B** *m.* (*sapore di r.*) rancid (*o* rank) taste, rancidity; (*odore di r.*) rancid smell, rank odour. ● **avere il r.**, to be rancid □ **prendere il r.**, to become (*o* to grow) rancid.

rancidume, *m.* **1** rancid smell; rank odour **2** (*quantità di cose rancide*) rancid stuff **3** (*fig.*, *cose vecchie, antiquate*) antiquated (*o* old-fashioned) things (*pl.*): **Codesti sono rancidumi!**, these are old-fashioned things.

ranciére, *m.* (*mil.*) messman*. ● (*mil.*) mess. ● **distribuire il r.**, to distribute the rations.

rancóre, *m.* grudge; rancour; ill-feeling; ill-will: **serbare r. a q.**, to have a grudge against sb.; to bear sb. a grudge; **soddisfare vecchi rancori**, to pay off old grudges; **dire q.c. senza rancore**, to say st. with no ill-feeling.

randa, *f.* (*naut.*) spanker.

randàgio, *a.* stray; wandering; lost: **un cane r.**, a stray dog. ● **uomo r.**, wanderer; vagabond; vagrant.

randeggiare, *v. i.* (*naut.*) to coast; to sail along the coast.

randellare, *v. t.* to cudgel; to club; to beat* with a cudgel (*o* a club, a truncheon).

randellata, *f.* blow with a cudgel (*o* a club, a truncheon).

randèllo, *m.* cudgel; club; truncheon. ● (*scherz.*) **parere un r.**, to be as lean as a rake; to be as thin as a whipping-post.

Randòlfo, *m.* Randolph, Randal.

ranétta, *V.* **renétta**.

rànfia, *f.* (*pop.*: *granfia*) claw; talon.

ranfotèca, *f.* (*zool.*) rhamphotheca.

ranghinatóre, *m.* (*macchina agricola*) side-delivery rake.

rangifero, *m.* (*lett.*) *V.* **rènna**.

rango, *m.* **1** (*ceto, grado*) rank; social class; standing: **un uomo d'alto r.**, a man of high rank; **persone d'ogni r.**, people of all ranks (and classes) **2** (*mil.*) rank; line: (*anche fig.*) **serrare i ranghi**, to close ranks **3** (*naut.*) rating **4** (*geol., mat.*) rank. ● (*mil.*) **rientrare nei ranghi**, to fall in again; (*fig.*) to return to the ranks.

ranista, *m. e f.* (*sport*) breast-stroke swimmer.

rannicchiare, **A** *v. t.* to huddle. **rannicchiarsi**, **B** *v. rifl.* to crouch; to cower; to squat; to huddle up; to cuddle up: **r. in un angolo** (**dietro la porta, ecc.**), to crouch in a corner (behind the door, etc.); **r. sotto la tavola**, to cower under the table; **r. sotto le coperte**, to cuddle up under the blankets. ● **r. nel proprio guscio**, to withdraw into one's shell; to retire into oneself.

rannicchiato, *a.* crouching; cowering; squatting; squat (*pred.*); huddled up: **r. in un angolo**, crouching in a corner; **starsene r. nel letto**, to lie huddled up in bed.

rannidarsi, *v. rifl.* **1** (*fare il nido*) to build one's nest **2** (*fig.*: *nascondersi*) to hide* (oneself); to lie* concealed.

ranno, *m.* lye. ● (*fam.*) **perdere** (*o* **buttar via**) **il r. e il sapone**, to waste one's time and labour (*o* money).

rannodare, *V.* **riannodare**.

rannóso, *a.* **1** (*che contiene ranno*) with lye **2** (*sim. a ranno*) like lye.

rannuvolaménto, *m.* clouding over; darkening.

rannuvolare, **A** *v. t.* **1** to cloud **2** (*fig.*: *annebbiare*) to cloud; to dim. **rannuvolarsi**, **B** *v. rifl.* **1** (*ricoprirsi di nubi*) to cloud over; to become* overcast; (*oscurarsi*) to grow* dark, to darken: **Il cielo sta rannuvolandosi**, the sky is clouding over; it's growing dark; **Il cielo si rannuvolò all'improvviso**, the sky suddenly became overcast **2** (*fig.*: *oscurarsi in volto*) to darken; to become* gloomy: **A quelle parole egli si rannuvolò**, at those words his face darkened.

rannuvolata, *f.* sudden clouding over.

rannuvolato, *a.* **1** clouded; cloudy; overcast; (*oscuro*) dark: **un sole r.**, a clouded sun; **un cielo r.**, a cloudy sky **2** (*fig.*) gloomy; dark; (*accigliato*) sullen, frowning: **un volto r.**, a gloomy face.

ranòcchia, *f.* (*zool.*, *Rana esculenta*) (edible) frog.

ranocchiàia (1), *f.* (*zool.*, *Ardea purpurea*) purple heron.

ranocchiàia (2), *f.* (*luogo pieno di ranocchi*) froggery.

ranocchiàio, *m.* (*venditore di ranocchi*) frog-seller.

ranocchiésco, *a.* frog-like; froggy; froggish.

ranòcchio, *m.* **1** (*zool.*, *Rana*) frog **2** (*scherz.*: *persona bassa e sgraziata*) puny, misshapen person **3** (*scherz.*: *bambino*) child; kid.

rantolare, *v. i.* to wheeze; (*di moribondo*) to have the death-rattle (in one's throat).

rantolio, *m.* wheezing; rattling (in the throat).

ràntolo, *m.* **1** wheeze; (*del moribondo*) death-rattle **2** (*med.*) rale.

rantolóso, *a.* wheezy; rattling.

rànula, *f.* (*med.*) ranula.

ranùncolo, *m.* (*bot.*, *Ranunculus*) ranunculus; buttercup.

rapa, *f.* **1** (*bot.*, *Brassica rapa*) turnip **2** (*radice mangereccia della r.*) turnip **3** (*fig.*, *fam.*: *persona sciocca*) blockhead; silly ass: **Che testa di r.!**, what a silly ass! **4** (*scherz.*: *testa calva*) bald head; billiard-ball (*fam.*). ● **avere la testa come una r.**, (*essere rapato a zero*) to have one's hair cropped clean; (*essere calvo*) to be bald-headed □ **cime di r.**, turnip-tops □ **non valere una r.**, not to be worth a straw □ (*fig.*) **voler cavare sangue da una r.**, to try to draw blood from a stone.

rapace, **A** *a.* rapacious; predatory; (*rif. a uccelli*) raptorial, of prey; (*avido*) avid, greedy: **un uomo violento e r.**, a violent, rapacious man; **mani rapaci**, rapacious hands; **animali rapaci**, rapacious (*o* predatory) animals; **il lupo r.**, the rapacious wolf; **uccelli rapaci**, birds of prey. **B** *m.* (*zool.*) bird of prey; raptor.

rapaceménte, *avv.* rapaciously; greedily; with avidity.

rapacità, *f.* rapacity; rapaciousness; predatoriness; (*avidità*) avidity, greed: **la r. dei lupi**, the rapacity of wolves.

rapàio, *m.* (*agric.*) turnip-field.

rapare, **A** *v. t.* to crop; to cut* (sb.'s hair) very short; to crew-cut*: **Voglio farmi r.**, I want to have my hair cut very short (*o* cropped). **raparsi**, **B** *v. rifl.* to have (*o* to get*) one's hair cropped (*o* cut very short); to have a crew-cut.

rapata, *f.* hair-crop(ping); crew-cut(ting).

rapato, *a.* (closely) cropped; crew-cut: **una testa rapata**, a closely-cropped head of hair.

rapatura, *f.* head-shaving; hair-cropping.

rapè, *m.* rappee.

raperèlla, *f.* (*mecc.*) washer.

raperino, *m.* (*zool.*, *Serinus canarius*) serin.

raperónzolo, *m.* (*bot.*, *Campanula rapunculus*) rampion.

raperùgiolo, *V.* **raperino**.

ràpida, *f.* (*geogr.*) rapid (*generalm. al pl.*).

rapidaménte, *avv.* rapidly; swiftly; fast; very quickly.

rapidità, *f.* rapidity; rapidness; swiftness; quickness; celerity; velocity: (*fis.*) **r. di modulazione**, rapidity of modulation; **la r. di una corrente**, the rapidity of a current; **la r. del pensiero**, the rapidity (*o* quickness) of thought; **con r. prodigiosa**, with prodigious celerity. ● **con la r. del fulmine**, as quick as lightning □ **fare tutto con r.**, to do everything quickly.

ràpido, **A** *a.* rapid; swift; (very) quick; speedy: **un movimento r.**, a rapid movement; **un fiume r.**, a rapid river; **il r. volo della fantasia**, fancy's rapid flight; **gli anni che passano rapidi**, swift-passing years; **una rapida guarigione**, a speedy (*o* a quick) recovery; **r. come il pensiero** (**come il fulmine**), as quick as thought (as lightning); **dare una rapida occhiata a q.c.**, to take a swift glance at st. ● **una rapida visita**, a short visit. **B** *m.* (*ferr.*) express (train).

rapiménto, *m.* **1** (*di donna*) abduction; rape; (*di bambino*) kidnapping; (*di cane, gatto, ecc., per chiedere il riscatto*) petnapping: **il r. delle Sabine**, the rape of the Sabines **2** (*fig.*: *estasi*) rapture; ravishment; ecstasy.

rapina, *f.* **1** robbery; plunder: **r. a mano armata**, armed robbery; **vivere di r.**, to live by plunder **2** (*bottino*) plunder; booty; loot: **condividere la r.**, to share in the plunder. ● **animali che vivono di r.**, predatory animals □ **uccelli di r.**, birds of prey.

rapinare, *v. t.* to rob; to plunder.

rapinatóre, *m.* robber; plunderer.

rapinóso, *a.* **1** (*lett.*) swift; precipitous **2** (*fig.*: *irresistibile*) irresistible.

rapire, *v. t.* **1** (*portar via con violenza o con frode*) to carry off; (*una donna*) to abduct, to rape; (*un bambino*) to kidnap; (*rubare*) to steal* **2** (*carpire, strappare*) to ravish; to snatch; to seize: **r. q. alla morte**, to snatch sb. from the jaws of death; **r. il consenso di q.**, to snatch sb.'s consent **3** (*fig.*: *estasiare*) to ravish; to enrapture; to entrance: **una musica che rapisce**, ravishing music; **r. la mente**, to enrapture the mind.

rapito, *a.* **1** (*di donna*) abducted; (*di bambino*) kidnapped: **i bambini rapiti**, the kidnapped children **2** (*in estasi*) enraptured; (en)rapt; entranced; in raptures; (*assorto in contemplazione*) absorbed (*o* lost) in contemplation: **La guardava r.**, he was looking at her enraptured; **essere r. dallo stupore**, to be rapt in wonder. ● «**Il riccio r.**» **del Pope**, «The Rape of the

rapitóre

Lock» by Pope.
rapitóre, *m.* (*di donna*) abductor; (*di bambino*) kidnapper.
rapónzolo, *V.* raperónzolo.
rappa, *f.* 1 (*ciocca di pianticella*) bunch: **una r. di finocchio**, a bunch of fennel 2 (*mil.*) pompon; pompom; tassel.
rappaciare, rappaciarsi, *V.* rappacificare, rappacificarsi.
rappacificaménto, *m.* pacification; pacifying; (*riconciliazione*) reconciliation, reconcilement.
rappacificare, **A** *v. t.* to pacify; to bring* back to (a state of) peace; (*riconciliare*) to reconcile: **r. il popolo**, to pacify the people; **r. un uomo adirato**, to pacify an angry man; **r. gli amici**, to reconcile one's friends. **rappacificarsi**, **B** *v. rifl. recipr.* to become* reconciled; to make* it up (*fam.*): **Litigarono per un anno, ma alla fine si rappacificarono**, they quarrelled for a year, but at last they made it up.
rappacificazióne, *f.* pacification; (*riconciliazione*) reconciliation.
rappattumare, **A** *v. t.* to reconcile; to bring* together again. **rappattumarsi**, **B** *v. rifl.* to become* reconciled; to make* it up (*fam.*).
rappezzaménto, *m.* patching; mending; (*fatto alla meglio, anche fig.*) botching up.
rappezzare, *v. t.* (*spesso spreg.*) to patch; to patch up; to mend; (*alla meglio, anche fig.*) to botch up: **r. un articolo**, to botch up (*o* to put together) an article.
rappezzatóre, *m.* patcher; mender; (*chi apprezza alla meglio, anche fig.*) botcher.
rappezzatura, *f.* 1 (*il rappezzare*) patching up; mending; botching up 2 (*parte rappezzata*) patch; mend; (*mal fatta, anche fig.*) botch, bungle.
rappèzzo, *m.* 1 (*rappezzatura*) patch; (*mal fatto, anche fig.*) botch 2 (*ripiego*) makeshift.
rappiccicare, *V.* riappiccicare.
rappiccicottare, *v. t.* to botch up.
rappigliare, *v. t.* **rappigliarsi**, *v. rifl.* to curdle; to coagulate; to clot: **Questo latte si è rappigliato**, this milk has curdled.
rappisolarsi, *V.* riappisolarsi.
rapportàbile, *a.* referable (to).
rapportare, *v. t.* 1 (*riferire, riportare*) to report; to refer; to relate: **Egli rapportò quanto aveva visto**, he reported what he had seen 2 (*confrontare*) to compare 3 (*riprodurre*) to reproduce; (*un disegno*) to transfer.
rapportatóre, *m.* (*strumento da disegno*) protractor. ● (*topografia, naut.*) **r. a tre aste**, station pointer.
rappòrto, *m.* 1 (*relazione orale o scritta*) report; (*dichiarazione*) statement: **Sa stendere un r. in cinque minuti**, he can write up a report in five minutes; **secondo un r. ufficiale**, according to an official report (*o* statement); **Il r. del poliziotto formerà prova in giudizio**, the policeman's report will be used as evidence in court; **Mandò al Prefetto un rapporto completo e minuzioso**, he sent a thorough and detailed report to the Prefect; **il r. semestrale di una ditta**, the half-yearly statement of a firm 2 (*correlazione, attinenza*) connection; relation; correlation; relationship; intercourse: **Non c'è r. fra quello che dici tu e quel che è accaduto**, there's no connection between what you are saying and what really happened; (*filos., leg.*) **r. di causalità**, relation of cause and effect; **rapporti commerciali (sociali)**, business (social) relations; **rapporti di amicizia**, friendly relations; **rapporti internazionali**, international relations; **rapporti di lavoro**, relations between employer and worker; **il r. fra genitori e figli**, the parent-child relationship; **rapporti sessuali**, sexual intercourse; **I rapporti fra i due paesi sono alquanto tesi**, relations between the two countries are somewhat strained; **Il suo discorso non aveva nessun r. con il problema del Mezzogiorno**, his speech had no relation (*o* connection) with the problem of Southern Italy; **Non abbiamo nessun r. con quella ditta**, we have no connection with that firm; **i rapporti fra moglie e marito**, the relations between husband and wife; **avere rapporti con q.**, to have relations with sb.; **rompere i rapporti diplomatici**, to break off (*o* to sever) diplomatic relations; **Tra me e lui non c'è stato altro r. se non d'affari**, between him and me there have only been business relations 3 (*riguardo*) respect; reference; connection: **in r. a**, with respect to; with reference to; in connection with; **sotto tutti i rapporti**, in every respect; from all points of view; **sotto questo r.**, in this respect 4 (*mat., fis., mecc.*) ratio (*mecc.*). **r. del cambio**, gear ratio (*fis.*). **r. di lavoro**, work ratio; (*chim.*) **r. di riflusso**, reflux ratio; (*fis.*) **r. di trasformazione**, ratio of transformation; (*mecc.*) **r. totale di trasmissione**, overall gear ratio; (*fis.*) **r. di compressione**, pressure ratio; (*fis.*) **r. tra il diametro e la lunghezza focale**, aperture ratio; (*mecc.*) **r. di frenatura**, braking ratio; (*mat.*) **nel r. di X a Y**, in the ratio of X to Y: **nel r. di 4 a 6**, in the ratio of 4 to 6 5 (*in tessitura*) repeat. ● (*naut.*) **r. di avaria**, captain's protest □ (*mecc.*) **r. di trasmissione**, gear □ **rapporti epistolari**,

correspondence □ **andare a r. da q.**, to report to sb. □ **chiamare q. a r.**, to summon sb.: **Il colonnello chiamò gli ufficiali a r.**, the colonel summoned the officers □ **essere in buoni rapporti con q.**, to be on good terms with sb. □ **mettere q. in r. con q. altro**, to put sb. in touch with sb. else □ **mettersi a r.**, to demand a hearing □ **mettersi in r. con q.**, to get in touch with sb.; to contact sb. □ **Fece r. contro di me ai miei superiori**, he reported me to my superiors.
rapprèndere, *v. t.*, *v. i.* e **rapprèndersi**, *v. rifl.* to curdle; to coagulate; to clot. ● **far r. il latte**, to curdle milk.
rappresàglia, *f.* retaliation; reprisal: **sanguinose rappresaglie**, sanguinary retaliations; **un atto di r.**, an act of retaliation; a retaliatory act; **fare r.**, to make reprisals; to retaliate; **per r.**, by way of retaliation.
rappresentàbile, *a.* 1 representable 2 (*teatr.*) performable.
rappresentante, **A** *a.* representative. **B** *m.* 1 representative (*anche fig.*); deputy; delegate; (*portavoce*) spokesman*: **il nostro r. alla Camera dei Comuni**, our representative in the House of Commons; **i rappresentanti d'una nazione**, the representatives of a nation; **il r. del sindaco**, the deputy of the mayor; **r. sindacale**, union officer (*o* representative) 2 (*comm.*) (representative) agent; representative; man* (*fam.*): **Siamo disposti a nominarvi nostro r. esclusivo per la vostra zona**, we are willing to appoint you our sole agent for your district; **fare il r.**, to be (*o* to act as) an agent.
rappresentanza, *f.* 1 (*il rappresentare*) representation; delegation: **r. nazionale**, national representation; **r. proporzionale**, proportional representation 2 (*comm.*) agency: **Vi offriamo la nostra r. per la vostra zona**, we offer you our agency for your district; **una r. esclusiva**, a sole agency; **un contratto di r.**, an agency contract; **fare domanda di r.**, to apply for an agency; **concedere una r.**, to grant an agency 3 (*delegazione*) representative body; deputation; delegation. ● **avere la r. d'una casa editrice**, to be the agent for a publishing house □ **in r. di...**, on behalf of... □ **spese di r.**, entertainment expenses.
rappresentare, *v. t.* 1 to represent; to depict; to portray; to picture: **Questo quadro rappresenta la flagellazione di Cristo**, this picture represents the scourging of Christ; **Nel corteo funebre erano rappresentati tutti i partiti politici**, in the funeral procession all the political parties were represented; **Tomasi di Lampedusa ha rappresentato nel suo romanzo la vita siciliana dell'Ottocento**, Tomasi di Lampedusa has depicted nineteenth century life in Sicily in his novel; **r. le passioni del popolo**, to depict (*o* to describe) the passions of the people 2 (*fare le veci di*) to represent; to act for: **Il Ministro si farà r. dal Prefetto**, the Minister will be represented by the Prefect; **Quando vado all'estero per affari, rappresento tutta la famiglia**, when I go abroad on business, I act for the whole family 3 (*comm.*) to act as agent for; to be the (*o* an) agent for: **Mio cognato rappresenta una ditta di cosmetici**, my brother-in-law is an agent for (*o* travels for) a cosmetics firm 4 (*simboleggiare*) to symbolize; to correspond to; to stand* for; to represent: **Il verde rappresenta la speranza**, green symbolizes (*o* is the symbol of) hope; **Quella figura rappresenta la giustizia**, that figure symbolizes Justice; **Le linee continue sulla carta rappresentano le strade nazionali**, the continuous lines on the map correspond to main arterial roads; **Il leone rappresenta la forza**, the lion symbolizes strength 5 (*identificarsi con un'idea*) to personify; to be the essence of: **Egli rappresenta il materialismo più crudo**, he personifies (*o* he is the personification of) the coarsest materialism; **Quell'uomo rappresenta la generosità fatta persona**, that man is the essence of generosity 6 (*teatr.: recitare*) to play; to act; (*mettere in scena*) to perform; to stage, to give*, to put* on (*fam.*): **Rappresentò la parte di Pamela**, she played (*o* she acted) the part of Pamela; **Sa r. anche le parti più difficili**, he can also play (*o* act) the most difficult roles; (*anche fig.*) **r. una parte molto importante**, to play a very important part; **r. una commedia**, to perform (*o* to stage) a play; **Il teatro stabile rappresenterà una nuova commedia del Goldoni**, the civic theatre will stage (*o* give, put on) a new play by Goldoni; **Che cosa rappresentano stasera al «Duse»?**, what are they giving (*o* what's on) tonight at the «Duse»? 7 (*significare*) to mean*: **Queste scuse non rappresentano nulla per me**, these excuses mean nothing to me; **Quella ragazza non rappresenta più nulla per me**, that girl means nothing more to me 8 (*cinem.*) to show*: **r. un film**, to show a film. ● (*leg.*) **r. q. in giudizio**, to appear for sb. □ (*mat., stat.*) **r. per mezzo di un diagramma** (*o di un grafico*), to graph.
rappresentativa, *f.* 1 (*sport*) representative team 2 (*delegazione*) delegation.
rappresentatività, *f.* representativeness.
rappresentativo, *a.* 1 (*anche polit.*) representative: **arte rappresentativa**, representative art; **un sistema r.**, a representative system 2 (*che simboleggia*) representative; symbolical; typical:

un uomo r. della sua età, a man representative (*o* typical) of his age.
rappresentazióne, *f.* 1 representation (*anche mat.*, *elab.*); (*descrizione*) description, portrayal: **La r. di talune cose per mezzo dei colori è quasi impossibile**, the representation of certain things with colours (*o* by means of colour) is almost impossible; **Questo quadro è una r. della battaglia di Legnano**, this picture is a representation of the battle of Legnano 2 (*recita, spettacolo, ecc.*) performance; show: **la r. di un'opera lirica (di una commedia, di una rivista)**, the performance of an opera (of a play, of a show); **a metà della r.**, half-way through the performance 3 (*filos.*) representation 4 (*leg.*) representation; **I discendenti succedono per r.**, descendants succeed by representation. ● **r. diurna**, «matinée» (*franc.*) ● **prima r.**, first (*o* opening) night; first performance; «première» (*franc.*) □ **prima r. assoluta**, world première □ (*teatr.*) **sacra r.**, mystery; miracle-play.
rappréso, *a.* curdled; coagulated; clotted: **latte r.**, curdled milk; **sangue r.**, coagulated blood.
rapsodìa, *f.* (*letter.*, *mus.*) rhapsody: **le rapsodie ungheresi di Listz**, Listz's Hungarian Rhapsodies; **r. su una notte di vento**, rhapsody on a windy night.
rapsòdico, *a.* (*letter.*, *mus.*) rhapsodic.
rapsodista, *m.* e *f.* 1 V. **rapsòdo** 2 (*mus.*) author of rhapsodies.
rapsòdo, *m.* (*letter.*) rhapsodist; rhapsode: **i rapsodi dei poemi omerici**, the rhapsodists who recite (*o* the reciters of) the Homeric poems.
raptus (*lat.*), *m.* (*med.*, *anche fig.*) raptus.
raraménte, *avv.* seldom; not very often; rarely: **La incontro r.**, I don't meet her very often; **Ti vedo molto r.**, I see you very seldom; **I see you once in a blue moon**; **cose viste r.**, things rarely seen.
rarefàre, A *v. t.* to rarefy; (*diradare*) to make* less frequent: **r. i gas**, to rarefy gases. **rarefàrsi**, B *v. rifl.* to rarefy; to become* less dense; (*diradarsi*) to become* less frequent; (*di traffico*) to thin out.
rarefattìbile, *a.* rarefiable.
rarefattivo, *a.* rarefactive.
rarefàtto, *a.* rarefied: **i gas rarefatti**, rarefied gases; **aria rarefatta**, rarefied air.
rarefazióne, *f.* rarefaction; rarefying.
rarità, *f.* 1 (*qualità di raro*) rarity; rareness: **la r. d'un libro**, the rareness of a book 2 (*cosa singolare, rara*) rarity; curiosity; curio*: **Questo libro è una r.**, this book is a rarity; **Vidi tre r. di genere diverso**, I saw three rarities of different kinds; **Da noi è una r.**, it's a rarity with us; **È una r.!**, that's a curiosity 3 (*scarsezza*) rarity; rareness; scarcity.
raro, *a.* 1 (*difficile a trovarsi*) rare; (*insolito*) unusual; (*non comune*) uncommon, out of the common, singular, unwonted; (*eccezionale*) exceptional; (*prezioso*) precious: **qualche r. esemplare**, some rare specimens; (*anche fig.*) **un uccello r.**, a «rara avis»; a rare bird; a rarity; **una rara eccezione**, an uncommon exception; **una cosa quanto mai rara**, a most uncommon thing; **rare virtù**, rare virtues; **un uomo di r. coraggio**, a man of singular courage; **una donna di rara bellezza**, a woman of exceptional beauty; **un uomo r.**, a remarkable man; **pietre rare**, precious stones; (*chim.*) **terre rare**, rare earths 2 (*non frequente*) rare; infrequent; occasional; (*insolito*) unusual: **È un caso r.**, it's an unusual case; **un avvenimento r.**, a rare occurrence; **le mie rare visite**, my occasional visits. ● **rare volte**, seldom; not (very) often; rarely; once in a blue moon (*fam.*) □ (*fam., fig.*) **una bestia rara**, a queer fish (*o* bird); one in a million □ **un oggetto r.**, a rarity; a curiosity; a curio.
ras, *m.* 1 (*capo abissino*) ras 2 (*fig., spreg.*) petty despot.
rasàre, A *v. t.* 1 (*pareggiare tagliando*) to trim; to pare; to clip; to mow; (*livellare*) to level; **r. una siepe**, to trim (*o* to clip) a hedge; **r. un prato**, to mow a lawn 2 (*radere*) to shave: **farsi r.**, to get shaved; to get a shave. **rasàrsi**, B *v. rifl.* to shave (oneself): **Mi sono già rasato**, I have already shaved.
rasatèllo, *m.* (*raso di cotone*) sateen.
rasàto, A *a.* 1 (*pareggiato*) trimmed; clipped; mown: **una siepe rasata**, a trimmed hedge; **un prato appena r.**, a new-mown lawn 2 (*sbarbato*) shaven: **camerieri ben rasati**, clean-shaven waiters 3 (*liscio come raso*) satin-like; satiny; satin (*attr.*); smooth: **carta rasata**, satin-paper. ● **tessuto r. di cotone**, sateen. B *m.* (*ind. tessile*) sateen.
rasatóre, *m.* (*ind. tessile*) shearer.
rasatrice, *f.* (*ind. tessile*) shearing-machine.
rasatura, *f.* 1 (*il pareggiare tagliando*) trimming; clipping; mowing: **la r. d'una siepe**, the trimming (*o* clipping) of a hedge; **la r. dell'erba**, the mowing of grass 2 (*il radere*) shaving: **darsi una r.**, to have a shave; to shave 3 (*ciò che si asporta rasando*) trimmings (*pl.*); parings (*pl.*); clippings (*pl.*); shavings (*pl.*).

raschiàbile, *a.* scrapable.
raschiaménto, *m.* 1 scraping; rasping 2 (*med.*) curettage.
raschiaòlio, *m. invar.* (*mecc.*) scraper ring.
raschiàre, A *v. t.* 1 to scrape; to scrape off (*o* away); to rasp; (*cancellare raschiando*) to erase, to scratch out: **r. un muro**, to scrape a wall; **r. via la ruggine**, to scrape the rust off; **r. via la vernice**, to scrape off (*o* away) the paint 2 (*med.*) to curette. B *v. i.* (*fare il raschio*) to clear one's throat. ● **raschiarsi la gola**, to clear one's throat.
raschiata, *f.* scrape; scraping; rasping. ● **dare una r. a q.c.**, to scrape st.
raschiatóio, *m.* 1 scraper; (*per metalli*) rabble 2 (*med.*) curette.
raschiatura, *f.* 1 (*il raschiare*) scraping; rasping; (*il cancellare raschiando*) erasure, scratching out 2 (*ciò che si asporta raschiando*) scrapings (*pl.*).
raschiétta, *f.* (*naut.*) scraper.
raschiettàre, *v. t.* (*mecc.*) to scrape.
raschiettatura, *f.* (*mecc.*) scraping.
raschiétto, *m.* 1 (*mecc.*) scraper: **un r. per superfici concave**, a hollow scraper; **un r. a becco**, a hooked scraper 2 (*per cancellare raschiando*) eraser; erasing-knife* 3 (*per le scarpe*) shoe-scraper. ● (*mecc.*) **finito a r.**, scrape-finished.
raschino, *m.* 1 (*per cancellare raschiando*) eraser; erasing-knife* 2 (*raschiatoio*) scraper.
ràschio (1), *m.* 1 clearing of one's throat 2 (*irritazione alla gola*) irritation in the throat. ● **dare il r.**, to irritate one's throat □ **fare il r.**, to clear one's throat.
raschio (2), *m.* scraping.
ràscia, *f.* (*ind. tessile*) frieze; serge.
rasciugaménto, *m.* drying; drying up.
rasciugàre, A *v. t.* to dry up; to make* (st.) quite dry: **r. il bucato**, to dry up the washing. ● (*scherz.*) **r. una bottiglia**, to drain a bottle. **rasciugàrsi**, B *v. rifl.* to dry up; to dry away; to become* (quite) dry. ● **r. il sudore**, to wipe off one's perspiration.
rasciugatura, *f.* drying; drying up.
rasciutto, *a.* dried up; (*asciutto fin troppo*) over-dry.
raṣentàre, *v. t.* 1 to keep* (*o* to go*) close to; to graze; to shave; to skim along (*o* over, through): **L'automobile rasentò un muro**, the car shaved a wall; **r. la sponda**, to keep close to the shore; to hug the shore; **r. una superficie**, to skim along (*o* over) a surface 2 (*fig.*) to border (up)on: **Il comportamento di quel giovane rasenta la pazzia**, that young fellow's behaviour borders on insanity; **parsimonia che rasenta la tirchieria**, parsimony bordering on stinginess 3 (*rif. a un limite temporale*) to be nearly: **r. la sessantina**, to be nearly sixty. ● **r. il codice penale**, to sail near (*o* close) to the wind □ **r. il patibolo**, to cheat the gallows.
raṣènte, *prep.* close to: **r. al muro**, close to the wall; **r. terra**, close to the ground. ● **passare r. a q.c.**, to graze st.; to skim over st.
rasièra, *f.* 1 (*arnese per togliere il colmo dallo staio*) strickle 2 (*arnese del falegname*) scraper.
rasieràre, *v. t.* to scrape; to smooth.
raso (1), *a.* 1 (*di barba*) (fresh-)shaven; (*di capelli*) closely-cut, (close-)cropped; shorn (*scherz.*): **chiome rase**, closely-cut hair 2 (*pieno, ma non colmo*) level; full; (*pieno fino all'orlo*) full to the brim: **un cucchiaio r.**, a level spoonful; **un bicchiere r.**, a glass full to the brim. ● **r. terra**, close to (*o* skimming) the ground □ **una campagna rasa**, a bare countryside □ **una città rasa al suolo**, a town razed to the ground □ **dal pelo r.**, short-haired □ **fare tabula rasa**, to make a clean sweep (of sb., of st.) □ **misura rasa**, strike (*o* struck) measure □ **pelo r.**, short hair □ (*ricamo*) **punto r.**, satin-stitch □ **essere tabula rasa**, to be a blank □ (*aeron.*) **volare r. terra**, to hedgehop.
raso (2), *m.* (*ind. tessile*) satin: **un abito di r.**, a satin dress; **fodera di r.**, satin lining; **r. operato**, brocaded satin.
rasoiàta, *f.* razor-slash; razor-cut.
rasòio, *m.* razor: **un r. di sicurezza**, a safety-razor; **un r. elettrico**, an electric razor (*o* shaver); **ridare il filo al r.**, to sharpen a razor; (*fig.*) **camminare sul filo del r.**, to walk on the razor's edge. ● (*fig.*) **attaccarsi ai rasoi**, to try anything; to seize upon any pretext; to hang on tooth and nail □ (*fig.*) **tagliare come un r.**, to be as sharp as a razor; to be razor-sharp.
raspa (1), *f.* rasp: **una r. da calzolaio**, a shoe rasp; **una raspa da ebanista**, a cabinet rasp; **una r. da maniscalco**, a horse rasp; **una r. per legno**, a wood rasp.
raspa (2), *f.* (*ballo*) raspa.
raspaménto, *m.* 1 (*il levigare con la raspa*) rasping; scraping (with a rasp) 2 (*il grattare con l'unghia*) scratching 3 (*di cavallo*) pawing.
raspàre, A *v. t.* 1 (*levigare con la raspa*) to rasp; to scrape (with a rasp): **r. il legno**, to rasp wood; **r. lo zoccolo a un cavallo**, to rasp a horse's hoof 2 (*grattare con l'unghia, razzolare*) to

raspatóio

scratch; (*di cavallo*) to paw 3 (*irritare*) to rasp; to irritate: **r. la gola**, to irritate the throat 4 (*fam.: rubare*) to steal*; to pinch (*fam.*): **Bada che non ti raspi q.c.**, look out, if you don't want him to pinch st. from you. **B** *v. i.* 1 (*produrre un rumore simile a un raschio*) to rasp 2 (*grattare, raschiare*) to scratch; to be scratchy; to rasp: **Questo pettine raspa troppo**, this comb scratches too much 3 (*razzolare*) to scratch about 4 (*fig., spreg.: scrivere come grattando*) to scrawl 5 (*frugare*) to rummage: **r. in un cassetto**, to rummage in a drawer 6 (*armeggiare, darsi da fare*) to fuss about.
raspatóio, *m.* (agric.) harrow.
raspatura, *f.* 1 (*il raspare*) rasping; scraping 2 (*ciò che si asporta raspando*) raspings (*pl.*); scrapings (*pl.*) 3 (*il razzolare*) scratching; scratching about. ● (*fig.*) **r. di gallina**, pothooks and hangers.
rasperèlla, *f.* (*bot., Equisetum arvense*) common horsetail.
raspino, *m.* scraper; smoothing-file.
raspio, *m.* rasping; scraping; grating: **un noioso insistente r.**, a tiresome, incessant grating.
raspo, *m.* (agric.) grape-stalk.
raspollare, *v. t. e i.* (agric.) to glean (vines).
raspollatura, *f.* (agric.) 1 (*il raspollare*) gleaning (of vines) 2 (*i raspolli colti*) gleanings (*pl.*).
raspóllo, *m.* (agric.) small bunch of grapes.
rasségna, *f.* 1 (mil.) review; inspection; muster: **passare in r.**, to pass in review; to review (*anche fig.*) 2 (*fig.*) review; report; survey: **una r. generale**, a general survey; **una r. teatrale**, a theatrical review; **una r. industriale (commerciale, ecc.)**, an industrial (a commercial, etc.) review 3 (*pubblicazione periodica*) review; magazine: **una r. letteraria**, a literary review 4 (*mostra*) show; exhibition. ● **r. di successi musicali**, hit parade.
rassegnare, **A** *v. t.* (*presentare, consegnare*) to resign; to hand in; to send* in; to give*: **r. un reclamo**, to resign a claim; **r. le proprie dimissioni**, to give (*o* to send in) one's resignation; to resign (one's post). **rassegnarsi**, **B** *v. rifl.* to resign (*o* to reconcile) oneself; to submit; to accept (without complaint): **Devi rassegnarti a farne a meno**, you must resign yourself to doing without it; **Non mi rassegnerò mai a restare separato da lei**, I will never submit to being parted from her; **Dobbiamo rassegnarci alla volontà di Dio**, we must submit to God's will. ● **Non c'è che r.**, you must accept things just as they are; all you can do is to grin and bear it □ **Tanto vale r. a questo proposito**, you might just as well make your mind easy regarding this.
rassegnataménte, *avv.* resignedly; with resignation.
rassegnato, *a.* resigned: **essere r. al proprio destino (ai voleri della Provvidenza, ecc.)**, to be resigned to one's fate (to the will of Providence, etc.).
rassegnazióne, *f.* resignation; submission; forbearance: **r. ai voleri della Provvidenza**, submission to the will of Providence; **sopportare q.c. con r.**, to bear st. with resignation (*o* patiently). ● **accettare q.c. con r.**, to be resigned (*o* reconciled) to st. □ **prendere tutto con r.**, to take the rough with the smooth □ **Ci vuole r.**, you must accept things just as they are.
rasserenaménto, *m.* 1 clearing up; brightening: **il r. del tempo**, the clearing up of the weather 2 (*fig.*) cheering up; brightening (up).
rasserenante, *a.* comforting; soothing; peace-giving.
rasserenare, **A** *v. t.* 1 to clear; to clear up; to brighten: **Questo vento rasserenerà il cielo**, this wind will clear the sky 2 (*fig.*) to cheer; to cheer up; to brighten (up): **La bella notizia lo rasserenò**, the good news cheered him up; **r. la vita di q.**, to brighten sb.'s life. ● **r. la fronte**, to smooth one's brow □ **La tramontana rassereni sempre il tempo**, the north wind always brings fair weather. **B** *v. i.* e **rasserenarsi**, *v. rifl.* 1 to clear up; to become* clear; to brighten: **Il cielo (il tempo) si rasserena**, the sky (the weather) is clearing up (*o* brightening) 2 (*fig.*) to cheer up; to brighten (up): **Si rasserenò subito quando gli promisi di andare con lui**, he cheered up at once when I promised to go with him; **A quelle parole gli si rasserenò il viso**, at those words his face brightened.
rasserenato, *a.* 1 clear (*o* serene) again: **Il cielo era tutto r.**, the sky was all clear again; the sky had cleared up (*o* brightened) 2 (*fig.*) in better spirits; more cheerful.
rassestare, *V.* **riassestare**.
rassettaménto, *m.* 1 (*il riordinare*) setting in order; tidying up 2 (*effetto del rassettare*) readjustment; arrangement.
rassettare, **A** *v. t.* 1 (*riordinare*) to put* (*o* to set*) in order; to tidy up: **Devi r. la tua stanza**, you must tidy up your room; **r. la casa**, to put the house in order 2 (*raccomodare*) to mend; to repair; (*mettendo toppe*) to patch up: **La donna gli rassettò i calzoni**, the woman patched up his trousers 3 (*fig.*) to put* right; to patch up; to settle: **r. una lite**, to patch up a quarrel. **rassettarsi**, **B** *v. rifl.* to tidy oneself; to make* oneself (neat and) tidy: **Devo rassettarmi prima di uscire**, I must tidy myself before

1764

going out.
rassettatura, *f.* 1 (*il riordinare*) putting (*o* setting) in order; tidying up 2 (*il raccomodare*) mending; repairing; (*con toppe*) patching up 3 (*parte raccomodata*) mend; mending.
rassicurante, *a.* reassuring: **parole rassicuranti**, reassuring words. ● **un aspetto poco r.**, a hang-dog countenance □ **in uno stato per niente rassicurante**, in a deplorable condition.
rassicurare, **A** *v. t.* to reassure; to give* confidence to; (*rendere sicuro*) to assure, to make* (sb.) (quite) sure: **Cercai di rassicurarlo**, I tried to reassure him; **Lo rassicurai pienamente**, I fully reassured him; **Chi mi rassicura?**, who will assure me?; **pronto a farsi r.**, eager to be reassured. **rassicurarsi**, **B** *v. rifl.* to be reassured; to take* heart; to recover confidence: **Alle mie parole egli si rassicurò**, he took heart at my words.
rassicurato, *a.* reassured; confident: **Restò del tutto r.**, he felt quite reassured.
rassicurazióne, *f.* reassurance; assurance: **nonostante le mie rassicurazioni**, notwithstanding my assurances; though I tried to reassure him.
rassodaménto, *m.* 1 (*il rendere sodo*) hardening; stiffening; consolidating 2 (*fig.*) consolidation; consolidating; strengthening.
rassodante, *a.* hardening; stiffening. ● **crema r.**, skin-reinforcing cream.
rassodare, **A** *v. t.* 1 (*rendere sodo*) to harden; to make* hard (*o* harder); to stiffen; to consolidate: **r. l'argilla (i mattoni, ecc.)**, to harden clay (bricks, etc.) 2 (*fig.: rendere stabile*) to consolidate; to strengthen; to cement: **r. l'autorità di q.**, to consolidate sb.'s authority. **B** *v. i.* e **rassodarsi**, *v. rifl.* to harden; to become* hard (*o* harder); to stiffen; to set* (hard): **La calcina si rassoda**, mortar hardens.
rassodato, *a.* consolidated; hardened; stiffened: **calcina rassodata**, hardened mortar.
rassomigliante, *a.* similar; like. ● **un ritratto r.**, a good likeness.
rassomiglianza, *f.* resemblance; likeness; similarity: **C'è molta (poca, nessuna) r. fra i due**, there is a close (little, no) resemblance between the two; **C'è una vaga r.**, there is a vague resemblance. ● **La r. è perfetta**, they are exactly alike; they are as like as two peas.
rassomigliare, **A** *v. i.* (*essere simile*) to resemble; to be like; to be similar to; to take* after; (*nell'aspetto*) to look like: **Rassomigli molto a tua sorella**, you are just like your sister; you look very much like your sister; **Il ragazzo rassomiglia al padre (alla madre, ecc.)**, the boy takes after his father (his mother, etc.). **rassomigliarsi**, **B** *v. rifl. recipr.* to resemble each other; to be alike: **I due ragazzi si rassomigliano**, the two boys resemble each other; **Si rassomigliano moltissimo**, they are very much alike; there is a close resemblance between them; **Non si rassomigliano**, they don't resemble each other; there is no resemblance between the two. ● **r. come due gocce d'acqua**, to be cast in the same mould; to be as like as two peas (*fam.*) □ **non r. affatto**, to be cast in a different mould; to be as different as chalk from cheese (*fam.*).
rassottigliare, **A** *v. t.* 1 (*assottigliare*) to thin; to taper; (*aguzzare*) to sharpen 2 (*far dimagrire*) to make* thin 3 (*fig.: acuire*) to sharpen; to make* keener. **rassottigliarsi**, **B** *v. rifl.* 1 to thin; to grow* thinner 2 (*dimagrire*) to grow* thin.
rastrellaménto, *m.* 1 raking; raking up (*o* together) (*anche fig.*) 2 (*mil.*) mopping up: **operazioni di r.**, mopping-up operations 3 (*di forze di polizia o militari*) rounding up; combing out.
rastrellare, *v. t.* 1 to rake; to rake up (*o* together) (*anche fig.*): **Hanno rastrellato tutto**, they've raked up everything; **r. il fieno**, to rake up hay; **r. la ghiaia**, to rake the gravel 2 (*mil.*) to mop up; (*con mezzi navali*) to sweep*: **r. le trincee**, to mop up the trenches 3 (*di forze di polizia o militari*) to round up; to comb out.
rastrellata, *f.* 1 (*il rastrellare*) raking 2 (*quantità rastrellata*) rakeful 3 (*colpo di rastrello*) blow with a rake 4 (*mil.*) mopping up 5 (*persone sorprese dalla polizia*) round-up; comb-out.
rastrellatura, *V.* **rastrellamento**.
rastrellièra, *f.* 1 (agric.) rack; (*per fieno*) hay-rack 2 (*per armi*) arm-rack 3 (*per piatti*) dish-rack.
rastrèllo, *m.* (*attrezzo agricolo*) rake: **un r. meccanico**, a dump rake; **adoperare un r.**, to use a rake; to rake.
rastremare, *v. t.* **rastremarsi**, *v. rifl.* (archit., mecc.) to taper: **r. le colonne**, to taper the columns.
rastremato, *a.* (archit., mecc.) tapered; tapering; taper: **colonne rastremate**, tapered columns.
rastremazióne, *f.* (archit., mecc.) taper(ing).
rasura, *f.* (filol.) erasure.
rata, *f.* (comm.) instalment: **Il prestito è rimborsabile a rate**, the loan is repayable by (*o* in) instalments; **pagamento a rate**, instalment payment; **a rate mensili (trimestrali, ecc.)**, by

monthly (quarterly, etc.) instalments; **comprare (pagare) a rate**, to buy (to pay) by instalments; **pagare la prima (la seconda, l'ultima) r.**, to pay the first (the second, the final) instalment. ● (*naut.*) **r. di nolo**, (freight) rate □ **negoziante che vende a rate**, tallyman □ **pro r.**, «pro rata» (*lat.*); in proportion, proportionately.

ratafià, *m.* (*liquore*) ratafia; ratafee.

rateale, *a.* (*comm.*) by instalments; on the instalment plan; instalment (*attr.*): **pagamento r.**, instalment payment. ● **commercio a pagamento r.**, tally trade □ **La sottoscrizione al prestito fu frazionata in parecchi versamenti rateali**, the subscription to the loan was spread into several instalments.

ratealista, *m.* instalment plan salesman*; tallyman*.

ratealménte, *avv.* (*comm.*) by instalments.

rateare, *v. t.* (*comm.*) to divide into instalments. ● **r. un pagamento**, to arrange payment by instalments.

rateazióne, *f.* (*comm.*) division into instalments.

rateizzare, rateizzazióne, *V.* **rateare, rateazióne**.

ratèle, *m.* (*zool.*, *Mellivora capensis*) ratel.

ràteo, *m.* (*rag.*) calculation of interest (for broken period). ● **r. attivo**, accrued income □ **r. passivo**, accrued expense; accrued (*o* anticipated) liability.

rateòmetro, *m.* (*ing. nucl.*) (counting) rate meter.

ratièra, *f.* (*da telaio*) dobby: **un telaio a r.**, a dobby loom.

ratifica, *f.* ratification; approval; sanction; (*conferma*) confirmation: **la r. d'un trattato**, the ratification of a treaty.

ratificare, *v. t.* to ratify; to approve and sanction; (*confermare*) to confirm: **Il Senato ratificò il trattato**, the Senate ratified the treaty; **r. un contratto**, to ratify a contract; **r. una nomina**, to ratify (*o* to confirm) a nomination.

ratificatóre, *m.* ratifier; sanctioner; confirmer.

ratificazióne, *V.* **ratifica**.

ratinare, *v. t.* (*ind. tessile*) to frieze.

ratinatrice, *f.* (*ind. tessile*) friezing (*o* napping) machine.

ratinatura, *f.* (*ind. tessile*) friezing; napping.

ratiné (*franc.*), *m.* (*ind. tessile*) ratiné.

Ratisbòna, *f.* (*geogr.*) Ratisbon.

ratiti, *m. pl.* (*zool., Ratitae*) ratites.

ratizzare, ratizzazióne, *V.* **rateare, rateazióne**.

rat musqué (*franc.*), *m.* (*pelliccia*) musk-rat; musquash.

rato, *a.* (*leg.*) ratified; approved; sanctioned; confirmed.

rattenére, A *v. t.* (*lett.*) **1** (*trattenere*) to hold*; to hold* back; (*tenere*) to keep* back: **Gli argini rattengono l'acqua**, dams hold back the water; **r. q. per un braccio**, to hold sb. by the arm; **r. la paga di q.**, to keep back sb.'s wages **2** (*fig.*: *frenare*) to control; to check; to curb: **r. l'ira**, to control (*o* to check, to curb) one's anger; to repress one's rage. **rattenérsi, B** *v. rifl.* (*lett.*) **1** (*tenersi*) to hold* oneself; to hold* on: **r. a una corda**, to hold on to a rope **2** (*fig.*: *frenarsi*) to control oneself: **Mi rattenni e non gli risposi nulla**, I controlled myself and didn't answer back.

rattézza, *f.* (*lett.*) rapidity; rapidness; swiftness.

rattizzare, *v. t.* **1** (*attizzare*) to stir up; to poke: **r. il fuoco**, to stir up the fire **2** (*fig.*) to incite; to stir up (again); to instigate: **r. la collera di q.**, to incite sb. to anger.

ratto (1), (*lett.*) **A** *a.* rapid; quick; swift: **dal piede r.**, swift-footed. **B** *avv.* rapidly; quickly; swiftly.

ratto (2), *m.* (*rapimento*) rape; abduction; (*di bambino*) kidnapping: **il r. delle Sabine**, the rape of the Sabine women.

ratto (3), *m.* (*zool., Rattus*) rat. ● **r. canguro** (*Dipodomys*), kangaroo rat □ **r. comune** (*Rattus rattus*), roof (*o* black) rat □ **r. delle chiaviche** (*Rattus norvegicus*), Norway (*o* brown, barn, sewer) rat.

rattoppaménto, *V.* **rattoppatura**.

rattoppare, *v. t.* to patch; to put* a patch (*o* patches) on; to mend (with patches); to patch up (*anche fig.*); to repair; to botch, to cobble (*anche fig.*): **r. un paio di pantaloni**, to patch a pair of trousers; **r. un paio di scarpe**, to mend (*o* to cobble) a pair of shoes; **r. versi**, to cobble verse.

rattoppato, *a.* patched up; botched, cobbled (*anche fig.*): **una vecchia giubba rattoppata**, an old patched-up coat.

rattoppatura, *f.* patching; mending; repairing; botching, cobbling (*anche fig.*).

rattòppo, *m.* **1** *V.* **rattoppatura 2** (*toppa*) patch: **fare un r. a q.c.**, to put a patch on st.; to patch st.

rattòrcere, *V.* **attòrcere**.

rattrappiménto, *m.* benumbment; benumbing; (*contrazione*) contraction.

rattrappire, A *v. t.* to benumb; to make* numb (*o* stiff); (*contrarre*) to contract: **Il freddo rattrappisce le membra**, the cold benumbs the limbs. **rattrappirsi, B** *v. rifl.* to be benumbed; to be stiff; (*contrarsi*) to become* contracted: **Sono rattrappito dal freddo**, I am benumbed with cold; **Mi si sono rattrappite le mani per il freddo**, my hands are benumbed with cold.

rattrappito, *a.* numb; stiff; (*contratto*) contracted: **dita rattrappite per il freddo**, fingers numb with cold.

rattrarre, rattratto, *V.* **rattrappire, rattrappito**.

rattristante, *a.* saddening; afflicting; distressing; gloomy: **una scena r.**, a distressing (*o* a gloomy) scene.

rattristare, A *v. t.* to make* sad; to sadden; to afflict; to give* the hump (*fam.*): **Tutto questo mi rattrista**, all this makes me sad; all this gives me the hump; **La sua lugubre presenza rattrista la scena**, his gloomy presence saddens the scene; **Non voglio rattristarti**, I don't want to afflict you. **rattristarsi, B** *v. rifl.* to grow* sad; to grieve; to be sad: **r. per la morte di q.**, to grieve over sb.'s death.

rattristato, *a.* saddened; sad.

raucaménte, *avv.* hoarsely; raucously.

raucèdine, *f.* hoarseness; raucousness. ● **avere la r.**, to have a hoarse voice.

ràuco, *a.* **1** hoarse; raucous: **essere r.** (*o* **avere la voce rauca**), to be hoarse; **diventare r.**, to become hoarse; **diventare r. per avere parlato troppo**, to talk oneself hoarse **2** (*rif. a suono*) raucous; husky.

rauwòlfia, *f.* (*bot., Rauwolfia serpentina*) Indian rauwolfia.

ravanèllo, *m.* (*bot., Raphanus sativus*) radish.

ravennate, A *a.* of Ravenna: **mosaici ravennati**, mosaics of Ravenna. **B** *m. e f.* inhabitant (*o* native) of Ravenna.

raviòli, *m. pl.* (*cucina*) «ravioli».

ravizzóne, *m.* (*bot., Brassica napus oleifera*) rape; cole; kale, kail: **olio di ravizzone**, rape oil. ● **semi di r.**, rapeseed; coleseed.

ravvalorare, *v. t.* **1** (*convalidare*) to confirm; to corroborate; to bear* out **2** (*rimettere in vigore*) to put* back into effect.

ravvedérsi, *v. rifl.* to acknowledge one's faults; to mend one's ways; to amend one's way of living; to reform (oneself); (*pentirsi*) to repent: **È necessario che tu ti ravveda**, you must acknowledge your faults; you must mend your ways; **Spero davvero ch'egli si ravveda**, I do hope he will mend his ways; I do hope he will repent; **Non è mai troppo tardi per r.**, it's never too late to reform (one's way of living).

ravvediménto, *m.* acknowledgement of one's faults; amendment; reformation; (*pentimento*) repentance.

ravveduto, *a.* reformed; (*pentito*) repentant.

ravvenaménto, *m.* (*idraulica*) recharge.

ravviaménto, *m.* tidying up; putting in order; straightening.

ravviare, A *v. t.* (*rimettere in ordine*) to tidy up; to put* (*o* to set*) in order; to straighten; to make* neat and tidy; to trim up: **r. i capelli**, to tidy (one's) hair; to brush (*o* to comb, to dress) (one's) hair; to do (one's) hair; **r. una stanza**, to tidy up a room. ● **r. il fuoco**, to poke the fire □ **r. una matassa**, to disentangle a skein. **ravviarsi, B** *v. rifl.* to tidy oneself; to make* oneself neat and tidy; to trim oneself up.

ravviata, *f.* tidying up; straightening. ● **dare una r. a una stanza**, to tidy up a room □ **darsi una r.**, to tidy oneself; to make oneself neat and tidy; to trim oneself up □ **darsi una r. ai capelli**, to tidy (*o* to comb) one's hair.

ravvicinaménto, *m.* **1** drawing nearer (*o* closer); approach **2** (*fig.*) reconciliation; reconcilement.

ravvicinare, A *v. t.* **1** (*avvicinare di più*) to bring* nearer (*o* closer); to draw* (*o* to pull*) up: **Ravvicinarono i due tavolini**, they brought the two tables closer **2** (*fig.*: *riconciliare*) to reconcile; to bring* together again: **Ravvicinai i due fratelli**, I reconciled the two brothers **3** (*fig.*: *confrontare*) to compare. **ravvicinarsi, B** *v. rifl.* e *rifl. recipr.* **1** (*avvicinarsi di più*) to draw* nearer (*o* closer); (*avvicinarsi di nuovo*) to re-approach **2** (*fig.*: *riconciliarsi*) to become* reconciled; to make* peace; to make* it up: **Mi sono ravvicinato a lui**, I've made it up with him; **I due ragazzi ebbero un litigio, ma si sono ora ravvicinati**, the two boys had a quarrel, but they have now made it up.

ravviluppare, A *v. t.* **1** (*avviluppare*) to wrap (up); to envelop **2** (*avvolgere*) to wind*; to roll up: **r. il filo**, to roll up string **3** (*fig.*: *raggirare*) to take* in; to dupe. **ravvilupparsi, B** *v. rifl.* to wrap oneself (up); to envelop oneself.

ravvisàbile, *a.* recognizable.

ravvisare, *v. t.* to recognize; to see*: **La ravvisai subito**, I recognized her at once; **r. una vecchia conoscenza**, to recognize an old acquaintance.

ravvivaménto, *m.* **1** revival (*anche fig.*); reanimation **2** (*rinvigorimento*) renewal (of vigour, energy) enlivenment.

ravvivante, *a.* reviving; reanimating.

ravvivare, A *v. t.* **1** (*far tornare in vita*) to revive (*anche fig.*); to reanimate; to restore to life (*o* to consciousness); to bring* round (*fam.*): **I sali odorosi la ravvivarono**, the smelling-salts brought her round; **r. la speranza**, to revive (*o* to reawaken) hope; **r. vecchie usanze**, to revive old customs **2** (*rinvigorire*) to reanimate; to enliven; to reinvigorate; to freshen up; to quicken; **r. il commercio**, to enliven trade; **r. la fantasia**, to quicken the imagination **3** (*rendere più vivace*) to enliven; to animate; to (re)kindle; to brighten (up): **Un dolce sorriso le ravvivava il volto**,

ravvivatóre

a sweet smile animated (o brightened) her face; **Questi bei fiori ravvivano la stanza**, these lovely flowers brighten up the room; **r. il fuoco**, to rekindle (o to stir) the fire; **r. un colore**, to brighten up a colour. **ravvivarsi**, B v. rifl. to revive; to be revived; to brighten up: **Le mie speranze subito si ravvivarono**, my hopes immediately revived; **La mia fede si è ravvivata**, my faith has revived; **Gli occhi della ragazza si ravvivarono**, the girl's eyes brightened up.

ravvivatóre, m. reviver; animator; kindler.

ravvòlgere, A v. t. to wrap up; to enwrap; to wind* round; to fold round; to envelop: **La donna ravvolse il suo bambino in uno scialle**, the woman wrapped up her child in a shawl; the woman wound a shawl round her baby; **Ravvolgilo bene nella carta velina**, wrap (o fold) it up well in tissue-paper; **Gli ravvolsi una benda al braccio**, I wound a bandage round his arm; **r. q.c. nella bambagia**, to wrap up st. in cotton-wool; **r. q.c. nel mistero**, to envelop st. in mystery. **ravvòlgersi**, B v. rifl. to wrap oneself up; to wind* (o to fold) round oneself: **Si ravvolsero nelle coperte**, they wrapped themselves up in the blankets; **L'uomo si ravvolse nel suo mantello**, the man wound his cloak round himself.

ravvolgiménto, m. 1 wrapping up; winding up; enveloping 2 (giro, spira) winding; bend(ing) 3 (fig.) tortuousness; trickiness.

ravvòlto, a. 1 (avvolto) wrapped up; enwrapped; folded; enveloped: **La vetta della montagna era ravvolta nella nebbia**, the mountain top was wrapped up (o folded) in mist; **r. nella bambagia**, wrapped up in cotton-wool 2 (lett., fig.: involuto) complicated; involved; intricate.

ravvoltolare, A v. t. to roll (up); to wrap up: **Il ragazzo ravvoltolava qualche cosa fra le dita**, the boy was rolling something in his fingers. **ravvoltolarsi**, B v. rifl. to roll (o to wrap) oneself up; to roll (about); to wallow: **Mi ravvoltolai nelle coperte**, I rolled myself up in the blankets; (anche fig.) **r. nel fango**, to wallow in the mire; **r. per terra**, to roll on the ground.

ràyon, m. (marchio: ind. tessile) rayon.

raziocinante, a. reasoning.

raziocinare, v. i. (lett.) to ratiocinate (generalm. scherz.); to reason.

raziocinativo, a. (lett.) ratiocinative; ratiocinatory.

raziocinatóre, m. subtle reasoner.

raziocinio, m. 1 (facoltà del ragionare) faculty of reason 2 (ragionamento) ratiocination; reasoning 3 (fam.: buon senso) (common) sense: **mancare di r.**, to have no sense; **senza r.**, with no sense. ● **agire con r.**, to be guided by reason; to act (quite) reasonably.

razionale, A a. (in ogni senso) rational; (funzionale) functional: **una cura r.**, a rational treatment; **un processo r.**, a rational process; **un sistema r.**, a rational system; **una creatura r.**, a rational being; **arredamento r.**, functional furnishings; (mat.) **numeri razionali**, rational numbers; **una formula r.**, a rational formula. B m. (the) rational.

razionalismo, m. (filos., relig.) rationalism.

razionalista, (filos.) A m. e f. rationalist. B a. rationalist(al).

razionalistico, a. (filos., relig.) rationalistic(al).

razionalità, f. rationality; (funzionalità) functionality: **la r. di certe dottrine**, the rationality of certain doctrines; **la r. di un edificio**, the functionality of a building.

razionalizzare, v. t. to rationalize.

razionalizzazione, f. rationalization.

razionalménte, avv. rationally; (in modo sistematico) systematically; (in modo funzionale) functionally.

razionaménto, m. rationing: **r. dei viveri**, food rationing.

razionare, v. t. to ration: **r. lo zucchero**, to ration the sugar.

razióne, f. ration (anche mil.); fixed allowance (porzione) portion, share: **una r. di pane (di latte, di caffè, ecc.)**, a ration of break (of milk, of coffee, etc.); **stabilire la r. dello zucchero**, to fix the ration of sugar; **mettere a r.**, to put on rations (o on a fixed allowance); **essere messo a r.**, to be put on rations; **a razioni ridotte**, on short rations. ● (med.) **r. calorica**, (daily) caloric requirement.

razza (1), f. 1 (schiatta, generazione) race: **la r. umana**, the human race; mankind; **l'intera r. umana**, the whole race of mankind; **la r. alata**, the winged race; **la razza of birds** 2 (etnografia) race: **le razze umane**, the human races; **r. nordica**, the Nordic race; **di r. gialla**, of a yellow race; **differenze di r.**, differences of race; **un conflitto di razza**, a race-conflict; **odio di r.**, race-hatred; racialism 3 (di animali) race; breed: **le migliori razze di bestiame**, the best breeds of cattle; **i cani di questa r.**, the dogs of this breed; **di buona r.**, of good breed; **di r. pura**, of pure breed; (rif. a cavallo) thoroughbred; **di razza incrociata**, of mixed breed; cross-bred: **pecore di r. incrociata**, cross-bred sheep; **incrocio di razze**, cross-breed; **migliorare le razze**, to improve the breeds 4 (stirpe) race, stock; descent; breed: **un uomo di antica e nobile r.**, a man of ancient and noble race; **essere di buona r.**, to come of a good stock; to be of good descent; **R. di vipere!**, breed of vipers! 5 (fam.: qualità, sorta) kind; sort: **C'era gente d'ogni r.**, all kinds of people were there; **Che r. di gente è?**, what sort of people are they?; **Che r. d'uomo è?**, what sort of a man is he?; **Che r. di musica è questa?**, what sort of music is this? ● **animale da r.**, breeder ☐ **cavallo di r.**, thoroughbred ☐ **fare r.**, to breed ☐ (fig.) **fare r. da sé** (o non fare r. con nessuno), to keep to oneself; to be stand-offish ☐ (fam., spreg.) **Di che r. è costui?**, I wonder where he comes from ☐ **Che r. d'uomo!**, he's a funny one! ☐ **Che r. di mascalzone!**, what a rascal! ☐ **Che r. di roba è questa?**, what's this rubbish?

razza (2), f. (zool., Raja) ray; skate. ● **r. cornuta** (Manta birostris), devil-fish.

razza (3), f. (raggio di ruota) spoke.

razzamàglia, V. razzumàglia.

razzatóre, m. (zootecnia) breeder.

razzia, f. raid; foray; (ruberia) robbery: **fare una r.**, to make a raid; to raid; to foray.

razziale, a. racial; of the race; race (attr.): **caratteristiche razziali**, racial characteristics.

razziare, v. t. to raid; to make* a raid (o a foray) on; to foray; (saccheggiare) to plunder; to pillage; to sack.

razziatóre, m. raider; forayer; plunderer; pillager.

razzismo, m. racism; racialism.

razzista, A m. e f. racist; racialist. B a. of racialism; racist; racialist(ic). ● **rigurgito r.**, white backlash (polit. USA).

razzistico, a. of racialism; racist; racialist(ic).

razzo, m. 1 (fuoco artificiale) rocket: **Ci saranno razzi e girandole**, there will be rockets and Catherine-wheels 2 (proiettile, propulsore a getto) rocket; missile; bird (fam.): **razzi incendiari**, incendiary rockets; **un r. da segnalazioni**, a signal rocket; **un r. a energia nucleare**, a nuclear-powered rocket; (mecc.) **un motore a r.**, a rocket engine; (mecc.) **propulsione a r.**, rocket-propulsion; (di capsula spaziale) **r. di spinta**, thrusting rocket; **r. vettore**, carrier rocket. ● **r. di spinta**, jet thruster ● (mil.) **r. illuminante**, star-shell; flare ☐ **via come un r.**, off like a shot.

razzolare, v. i. 1 (raspare, dei polli) to scratch about: **Questi polli non la finiscono di r.**, these chickens are scratching about all the time 2 (scherz.: rovistare) to rummage; to poke around: **Vuoi smetterla di r. in quel cassetto?**, will you stop rummaging in that drawer? ● (fig.) **predicare bene e r. male**, not to practise what one preaches ☐ (prov.) **Chi di gallina nasce, convien che razzoli**, like hen, like chicken.

razzolata, razzolatura, f. (il raspare, dei polli) scratching about.

razzolio, m. continual scratching about.

razzumàglia, f. (spreg.) rabble; riff-raff; rag-tag; rag, tag and bob-tail.

re (1), m. 1 (sovrano di un regno) king; sovereign: **re costituzionale (assoluto)**, constitutional (absolute) king; **il re Carlo II**, King Charles II (the Second); **il Re di Roma**, the King of Rome; **il Re dei Re**, the King of Kings; **il Re dei Cieli**, the King of Heaven; **il Re Travicello**, King Log; **il leone è il re degli animali**, the lion is the king of beasts; (Bibbia) **i Libri dei Re**, the Books of Kings; (fig.) **il re del cotone (dell'acciaio, del sapone, ecc.)**, the cotton (steel, soap, etc.) king (o baron); king cotton (steel, soap, etc.); (fig.) **il re dei cuochi**, the king of cooks 2 (nel gioco degli scacchi, delle carte) king: **il re di fiori**, the king of clubs. ● (zool.) **re di quaglie** (Crex crex), corncrake ☐ **i R. Magi**, the Magi; the Three Wise Men.

re (2), m. (mus.) D; re: **re diesis**, D sharp; **la scala di re maggiore (minore)**, the D major (minor) scale.

reagènte, A a. reacting. B m. (chim.) reagent; reactant.

reagire, v. i. to react (anche chim.); to show* opposition; to object; to raise an objection; (ribattere) to retort, to kick (fam.): **r. alle insolenze di q.**, to react to sb.'s insolence; **Non so davvero come egli avrebbe reagito**, I really don't know how he would have reacted; **Perché non reagisti?**, why didn't you show opposition?; **A che vale r.?**, what's the use of kicking?; **La ragazza reagì contro il crudele trattamento che le si faceva**, the girl kicked against (o at) the cruel treatment she was receiving; **sopportare q.c. senza r.**, to bear st. without raising any objections (o without protesting).

reale (1), A a. 1 (di, del re) royal: **la famiglia r.**, the royal family; **un principe r.**, a royal prince; a prince of the blood; **la corona r.**, the royal crown; **il palazzo r.**, the royal palace; **un decreto r.**, a royal decree; **Sua Altezza R.**, His (o Her) Royal Highness 2 (fig.) royal; (regale) regal, kingly: **un'aquila r.**, a royal (o golden) eagle; **una palma r.**, a royal palm; **carta r.**, royal paper. ● (cucina) **pasta r.**, sponge-cake. B m. member of the royal family; royal. ● **i Reali**, the Royal Family; the King and Queen.

reale (2), A *a.* **1** (*effettivo, vero*) real; actual: **fatti reali**, real (*o* actual) facts; **È un fatto r.**, it's an actual fact; **la presenza r. del corpo e del sangue di Cristo nell'Eucarestia**, the real presence of Christ's body and blood in the Eucharist; **una prova r.**, real evidence; **la ragione r. e quella apparente**, the real reason and the ostensible one; **un vantaggio r.**, a real advantage **2** (*leg.*) real: **un'azione r.**, a real (*o* personal) action **3** (*mat.*) real: **un numero r.**, a real number. **B** *m.* reality.

reale (3), *m.* (*numismatica*) real.

realgàr, *m.* (*chim.*) realgar; red arsenic.

realismo, *m.* (*filos., letter., pitt.*) realism: **r. socialista**, socialist realism.

realista (1), *m. e f.* (*polit.*) royalist. ● (*fig.*) **essere più r. del re**, to be holier than the Pope.

realista (2), *m. e f.* (*filos., letter., pitt.*) realist.

realisticaménte, *avv.* realistically; in a realistic way.

realistico, *a.* (*filos., letter., pitt.*) realistic: **un romanzo r.**, a realistic novel; **scene realistiche**, realistic scenes; **una tendenza realistica**, a realistic tendency. ● **politica realistica**, practical politics (*pl. col verbo al sing.*); realpolitik.

realizzàbile, *a.* **1** realizable; feasible **2** (*comm.*) realizable; (*fin.*) convertible.

realizzabilità, *f.* **1** realizability; feasibility, feasibleness **2** (*comm.*) realizability; (*fin.*) convertibility.

realizzare, A *v. t.* **1** (*effettuare, mettere in atto*) to realize; to accomplish; to fulfil; to execute; to carry out: **r. un progetto**, to realize (*o* to carry out, to execute) a plan; **r. le proprie ambizioni**, to realize one's ambitions **2** (*sport: segnare*) to score: **r. un gol**, to score a goal **3** (*fig.: comprendere*) to realize; to understand*: **r. l'importanza di un avvenimento**, to realize the importance of an event **4** (*comm.*) to realize; to encash; to receive; to get*; to make*: **Il guadagno effettivamente realizzato fu inferiore a quello che si pensava**, the profit actually realized was lower than we thought; **r. forti guadagni**, to realize (*o* to make) large profits. **B** *v. i.* (*comm.: convertire in contanti*) to convert into cash. **realizzarsi, C** *v. rifl.* to come* true; to materialize: **Tutti i miei sogni si realizzarono**, all my dreams came true.

realizzatóre, *m.* **1** realizer; accomplisher **2** (*sport*) scorer.

realizzazióne, *f.* **1** realization; fulfilment; accomplishment; carrying out: **la r. d'un piano**, the realization (*o* carrying out, execution) of a plan; **la r. delle proprie speranze**, the realization of one's hopes; **la r. d'un film**, the realization of a film **2** (*comm.*) (*riscossione*) realization; encashment; (*conversione in contanti*) conversion into cash.

realizzo, *m.* (*comm.*) realization; encashment; conversion into cash: **conto di r.**, realization account; **il r. della proprietà di un fallito**, the realization of a bankrupt's estate. ● (*rag.*) **il r. del contante**, the recovery of cash □ **a prezzi di r.**, at cost (price) □ (*comm.*) **di facile r.**, easily cashable (*o* cashed).

realménte, *avv.* really; (really and) truly; in reality; (*effettivamente*) actually, as a matter of fact: **È andata r. così**, it really happened like that; **Che cosa ne pensi r.?**, what do you really think about it?; **Credi r. che sia così?**, do you really and truly think so?; **L'ho detto r.**, I actually said so.

realpolitik (*ted.*), *f.* (*stor., polit.*) realpolitik.

realtà, *f.* reality: **la r. del mondo esteriore**, the reality of the external world; **la r. dei fatti**, the reality of facts; **le amare r. della vita**, the bitter realities of life; **in r.**, in reality; really; actually; as a matter of fact. ● **È sogno o r.?**, am I dreaming or is it really true? □ **Veniamo alla r. dei fatti**, let us get down to brass tacks.

reame, (*lett.*) *V.* **régno**.

reato, *m.* (*leg.*) offence; crime; (*civile*) tort; (*di minore gravità*) misdemeanour: **un r. passibile di pena**, an indictable offence; **il corpo del r.**, «corpus delicti» (*lat.*); the substance of the offence; **commettere un r.**, to commit a crime; **incolpare q. di un r.**, to charge sb. with a crime. ● **r. di diffamazione**, slander; libel □ **r. di lesa maestà**, high treason; lese-majesty □ **r. di sangue**, (*omicidio*) homicide; (*ferimento*) wounding □ **r. di stampa**, libel □ **sorprendere q. in flagrante r.**, to take sb. in the very act (of doing st.); to catch sb. red-handed □ (*fam.*) **Non credo d'avere commesso un r.**, I don't think there is much wrong in what I've done □ (*fam.*) **È un r.?**, what's wrong about it?

reattanza, *f.* (*elettr.*) reactance: **r. induttiva**, inductive reactance.

reattino, *m.* **scricciolo**.

reattività, *f.* (*chim.*) reactivity.

reattivo, A *a.* reactive: **una sostanza reattiva**, a reactive substance; a reagent. ● **carta reattiva**, test paper. **B** *m.* **1** (*chim.*) reagent **2** (*psic.*) test: **un r. attitudinale**, an aptitude test; **un r. collettivo**, a group test; **un r. di associazione**, an association test; **un r. di livello**, a power test; **un r. di personalità**, a personality test; **un r. di rendimento**, an achievement test; **un r. mentale** (*o* psicologico), a mental (*o* psychological) test.

reattóre, *m.* **1** (*aeron.*) jet aircraft **2** (*fis. nucl.*) reactor: **un r. a catena**, a chain reactor; **un r. nucleare**, a nuclear reactor; **regione attiva del r.**, reactor core **3** (*elettr.*) reactor; choke-coil. ● (*aeron.*) **a tre reattori**, trijet.

reazionàrio, *a.* **1** (*polit.*) reactionary: **sistemi reazionari**, reactionary systems; **movimenti reazionari**, reactionary movements **2** (*spreg.: retrogrado*) reactionary; retrograde; backward-looking.

reazionarìsmo, *m.* (*polit.*) reactionaryism; reactionarism; reactionism.

reazióne, *f.* **1** reaction (*anche polit.*); (*opposizione*) opposition: **azione e r.**, action and reaction **2** (*chim., fis., aeron.*) reaction: **r. acida**, acid reaction; (*anche fig.*) **r. a catena**, chain reaction; **r. nucleare**, nuclear reaction; **r. aerodinamica**, aerodynamic reaction **3** (*radio*) reaction; feedback: **r. acustica**, acoustic feedback **4** (*med.*) reaction; response **5** (*psic.*) reaction: **tempo di r.**, reaction time. ● (*aeron.*) **aereo (di linea) a r.**, jet air-liner □ (*aeron.*) **motore a r.**, jet engine.

rebbiare, *v. t.* **1** (*percuotere con i rebbi*) to prong **2** (*fam.: bastonare*) to thrash; to beat*.

rebbiàta, *f.* (*fam.: bastonata*) blow.

rébbio, *m.* prong; tine.

reboante, *a.* **1** (*rimbombante*) high-sounding; sonorous; resounding **2** (*fig., spreg.*) high-sounding; bombastic: **parole reboanti**, high-sounding (*o* bombastic) words; **versi reboanti**, bombastic lines; **uno stile r.**, a bombastic style.

rèbus, *m.* **1** rebus; puzzle: **la soluzione di un r.**, the solution of a rebus **2** (*fig.*) enigma; riddle: **Questo è un r.**, this is an enigma.

recalcitrare, *V.* **ricalcitrare**.

recanatése, A *a.* relating to (*o* of) Recanati; from Recanati. **B** *m. e f.* native (*o* inhabitant) of Recanati.

recapitare, *v. t.* to deliver: **Se imposto questa lettera adesso, quando sarà recapitata?**, if I post this letter now, when will it be delivered?; **r. un pacco (la merce)**, to deliver a parcel (the goods). ● **non recapitato**, undelivered.

recàpito, *m.* **1** (*indirizzo*) (business) address; (*ufficio*) office: **Non se ne conosce il r.**, we don't know his (*o* her) address; **Dov'è il vostro r.?**, where is your office?; **dare un r. falso**, to give a false address **2** (*consegna*) delivery: **pronto r.**, prompt delivery; **r. a domicilio**, delivery to one's house. ● **In caso di mancato r. vogliate ritornare al mittente**, if undelivered, please return to sender □ **La lettera non ha avuto r.**, the letter has not been delivered □ **Di solito egli fa r. qui**, you can usually find him here.

recare, A *v. t.* **1** to bring*; to bear*; to carry: **r. q.c. in dono a q.**, to bring sb. st. as a present **2** (*avere su di sé*) to bear*: **Il suo corpo recava tracce di ferite profonde**, his body bore the traces of deep wounds; **r. la firma di q.**, to bear sb.'s signature; **La pietra tombale recava un epitaffio in italiano**, the tombstone bore an epitaph in Italian **3** (*cagionare, arrecare*) to cause; to bring*: **r. gioia**, to bring joy; **r. molestia (danno, dolore, offesa)**, to cause trouble (harm, sorrow, offence); **Le iniezioni di morfina recarono un po' di sollievo al paziente**, the morphine injections brought some relief to the patient; **Il suo comportamento ti recherà molti fastidi**, his behaviour will cause you (*o* will bring down on you) a lot of trouble **4** (*lett.: tradurre*) to translate; to turn: **r. in volgare**, to turn into the vulgar tongue. ● **r. ad effetto**, to carry out: **Recherò ad effetto i miei progetti quando avrò il denaro**, I'll carry out my plans when I have the money □ **r. a termine**, to finish (off); to accomplish: **Recò a termine il lavoro in meno di una settimana**, he finished off (*o* accomplished) the work in less than a week □ **r. gioia a q.**, to make sb. happy □ **r. piacere a q.**, to give sb. pleasure □ **Le reco disturbo se apro questa finestra?**, shall I disturb you (*più comune*: do you mind) if I open this window? **recarsi, B** *v. rifl.* to go*; to betake* oneself (*lett.*): **Quest'estate mi recherò in Spagna**, this summer I'll go to Spain.

recèdere, *v. i.* **1** (*fig.: tirarsi indietro*) to recede; to withdraw*; (*rinunziare*) to give* up; to abandon: **r. da un'impresa**, to recede from an undertaking; **r. da un'idea**, to give up an idea **2** (*leg.*) to back down. ● **non r. d'un passo**, not to yield an inch.

recensióne, *f.* **1** review; write-up (*fam.*) **2** (*filol.*) recension; critical revision. ● **fare la r. di un libro**, to review a book □ **Nel suo tempo libero egli scrive recensioni**, he reviews in his spare time.

recensire, *v. t.* **1** to review; to write* a review of: **Non recensirei mai l'opera d'un autore anonimo**, I would never review the work of an anonymous author **2** (*filol.*) to recense; to make* a recension of: **r. un testo**, to recense a text.

recensóre, *m.* reviewer: **un r. anonimo**, an anonymous reviewer.

recènte, *a.* recent; (*nuovo*) new; (*fresco*) fresh; (*aggiornato*) up-to-date; (*ultimo*) late: **Ci sono notizie recenti?**, is there any fresh news?; **Queste sono le notizie più recenti**, this is the latest news; **i recenti avvenimenti**, the recent events; **le piogge recenti**, the recent rains; **le recenti inondazioni**, the late floods; **mode recenti**, new (*o* up-to-date) fashions; **di data r.**, of recent date; **di r.**,

recentemente

formazione, of new formation. ● **di r.**, recently; lately; of late □ **in questi anni più recenti**, in the last few years; of late.

recenteménte, avv. recently; lately; newly; of late.

recentìssime, f. pl. (giornalismo) stop press (sing.); spot (o latest) news (sing. collett.).

recepìre, v. t. 1 (lett.) to receive 2 (leg.) to absorb; to assimilate 3 (bur., polit.: accogliere) to grant 4 (bur., polit.: considerare) to take* into account.

rècere, v. i. to vomit.

recessióne, f. 1 recession; receding; withdrawal 2 (econ.) recession; slump. ● (econ.) **r. improvvisa**, down-swing.

recessività, f. (biol.) recessiveness.

recessìvo, a. 1 (biol.) recessive 2 (econ.) recessionary: **sintomi recessivi**, recessionary symptoms.

recèsso, m. 1 (luogo appartato) recess; nook: **nei più ascosi recessi**, in the most secret recesses; **un r. montano**, a mountain recess; **un r. ombroso**, a shady nook 2 (fig.) recess: **gli intimi recessi dell'anima**, the inmost recesses of one's soul 3 (il recedere) recess; recession; receding; **il r. della marea**, the recess of the tide 4 (leg.) withdrawal 5 (med.) remission.

recettività, **recettivo**, V. ricettività, ricettivo.

recettóre, m. (fisiologia) receptor.

recezióne, V. ricezione.

recìdere, v. t. 1 (tagliare con taglio netto) to cut* off; to chop off; (tagliare) to cut*, to crop; (falciare) to cut* down, to mow: **Recidi un ramo di quell'albero**, chop a branch off that tree; **r. i rami d'un albero**, to cut (o to chop) off the branches of a tree; **r. con la scure**, to chop off with an axe; **r. la testa d'un uomo**, to cut off a man's head; **r. un nodo**, to cut a knot; **r. l'erba**, to mow the grass 2 (chirurgia) to excise; to resect.

recidiva, f. 1 (leg.) recidivism 2 (med.) relapse.

recidivàre, v. i. (med.) 1 (di malato) to relapse 2 (di malattia) to reappear (in a more serious form).

recidività, f. (leg.) recidivism.

recidìvo, A a. 1 (leg.) recidivous 2 (med.) relapsing. B m. 1 recidivist (anche leg.); old offender; habitual criminal: **essere r.**, to be a habitual criminal 2 (med.) relapser.

recìngere, v. t. to enclose; to shut* in (on all sides); to fence in; (circondare) to surround: **Recinsi il giardino con un muro**, I enclosed the garden with a wall; **r. di mura**, to surround with walls. ● **r. di palizzate**, to palisade.

recintàre, v. t. to fence in; to enclose. ● **r. il giardino con una siepe**, to hedge the garden in.

recìnto, m. 1 (spazio cinto all'intorno) enclosure; (per animali) pen; (per cavalli) paddock: **rinchiudere in un r.**, to shut up in a pen; to pen up 2 (per bambini) play-pen 3 (steccionata) fence 4 (muro che recinge) enclosure (o surrounding) wall 5 (sport) ring. ● (Borsa) **r. delle grida**, floor; pit (USA); (di Borsa Merci) ring □ (ippica) **r. del peso**, weighing-in room.

recinzióne, f. 1 (il recingere) enclosure; fencing in 2 (ciò che serve a recingere) enclosure; fence; fencing: **r. a reticolato metallico**, wire-net fencing; **r. in tavole**, board fence; **r. in muratura**, wall enclosure. ● (costr.) **r. in legname**, cage.

recipiènte, m. container; vessel; receptacle; (di dimensioni notevoli) vat: **la capacità d'un r.**, the capacity of a vessel; **un r. per generi alimentari**, a food container; **recipienti a rendere**, returnable containers. ● **r. di latta**, tin; can (USA) □ **r. di raccolta**, receiver □ **r. graduato**, graduate □ **r. vuoto**, empty.

reciprocaménte, avv. reciprocally; mutually. ● **aiutarsi r.**, to help each other (o one another).

reciprocànza, f. (lett.) reciprocity; reciprocation.

reciprocàre, v. t. to reciprocate; to interchange.

reciprocità, f. reciprocity.

recìproco, A a. 1 (vicendevole) reciprocal; mutual: **affetto r.**, reciprocal love; **avversione reciproca**, mutual aversion; **amicizia reciproca**, mutual friendship; **obblighi reciproci**, reciprocal obligations; **uno scambio r. di cortesie**, a mutual exchange of courtesies 2 (gramm.) reciprocal: **pronomi reciproci**, reciprocal pronouns 3 (mat.) reciprocal: **proporzioni reciproche**, reciprocal proportions. B m. (mat.) reciprocal.

recisaménte, avv. resolutely; definitely; (senza esitazione) without hesitation; (bruscamente) abruptly, curtly, bluntly.

recisióne, f. 1 (lett.) cutting off 2 (fig.) abruptness; curtness; bluntness 3 (med.) excision; resection.

recìso, a. 1 (tagliato) cut; cut off: **i rami recisi**, the cut-off branches 2 (fig.: risoluto) resolute; definite; firm; (brusco) abrupt, curt, blunt: **un «no»**, a definite «no»; **dare una risposta recisa**, to give a curt answer.

recisùra, f. (screpolatura) chap.

rècita, f. (teatr.) performance: **la r. d'un dramma**, the performance of a play; **la prima (l'ultima) r.**, the first (the last) performance; **una r. di beneficenza**, a charity performance; **una r. all'aperto**, an out-door performance.

recitàbile, a. performable; suitable for performance: **una commedia r.**, a comedy suitable for performance.

recitànte, a. reciting; declamatory; acting: **in tono r.**, in a declamatory tone.

recitàre, A v. t. 1 (dire a memoria) to recite; to say*: **r. una poesia**, to recite a poem; **r. la lezione**, to say (o to repeat) one's lesson; **to recite one's lesson** (USA); **r. le preghiere**, to say one's prayers 2 (teatr.) to perform; to act; to play: **r. un dramma**, to perform a play; **r. la parte di Amleto**, to act (the part of) Hamlet; **r. bene la propria parte**, to play one's part well (anche fig.); (fig.) **r. la commedia**, to play a part; to act. B v. i. 1 (essere un attore) to be an actor 2 (teatr.) to act; to play: **r. con sentimento**, to act with feeling 3 (esprimersi affettatamente) to declaim.

recitatìvo, a. e m. (mus.) recitative.

recitatóre, m. reciter.

recitazióne, f. 1 (il recitare) recitation; recital; reciting: **la r. d'una poesia**, the recitation of a poem 2 (modo di recitare) acting: **La r. fu ottima**, the acting was excellent. ● **scuola di r.**, dramatic school.

reclamànte, m. e f. claimant; claimer; complainant.

reclamàre, A v. i. to put* forward (o in) a claim; (protestare) to protest; to make* (o to lodge) a complaint: **r. presso q.**, to make a complaint to sb.; **r. contro q.** (contro q.c.), to protest against sb. (st.); **r. energicamente**, to protest vigorously. B v. t. 1 to claim; to lay* claim to; (chiedere) to ask for; (esigere la restituzione di) to reclaim; to claim back: **r. i propri diritti**, to claim one's rights; **r. una parte del patrimonio**, to lay claim to a part of the estate; **r. giustizia**, to ask for justice; **r. una lettera all'ufficio postale**, to claim a letter from the post office; **r. la restituzione del dazio pagato**, to reclaim the duty paid; **r. la spartizione in due parti uguali**, to claim a half-share; to cry halves 2 (fig.: abbisognare) to claim; to require; to need: **La tua stanza reclama una buona pulita**, your room needs a thorough cleaning.

réclame, (franc.), f. 1 (pubblicità) advertising; publicity: **r. su riviste**, magazine advertising 2 (avviso pubblicitario) advertisement (abbr.: ad). ● **fare r. a q.c.**, to advertise st.

reclamista, m. e f. 1 (agente di pubblicità) advertising agent 2 (chi ama mettersi in vista) self-advertiser.

reclamìstico, a. advertising, publicity (attr.).

reclamizzàre, v. t. to advertise; to merchandise.

reclàmo, m. claim; (formal) complaint; contention: **Non ci sono stati reclami**, no claim was incurred; **fare un r.**, to make (o to lodge) a complaint; **avanzare (o sporgere) un r.**, to put forward a claim (o a complaint); (naut.) **avanzare un r. per perdita o avaria**, to put forward (o in) a claim for losses or damage; **contestare un r.**, to dispute a claim; **ritirare un r.**, to withdraw a claim.

reclinàre, v. t. to recline; (chinare) to bend* down: **r. il capo su un guanciale**, to recline (o to rest) one's head on a pillow.

reclinàto, a. (bot.) recumbent.

reclìno, a. (lett.) reclining; (chino) bowed, bending downward.

reclùdere, v. t. (lett.) to seclude; to keep* (sb.) secluded.

reclusióne, f. 1 (il rinchiudere) reclusion; shutting up; seclusion 2 (leg.) imprisonment; confinement: **tre anni di r.**, three years' imprisonment; **essere condannato alla r.**, to be sentenced to imprisonment; **r. a vita**, life imprisonment.

reclùso, A a. recluse; secluded. B m. (chi sta scontando un periodo di reclusione) prisoner; convict.

reclusòrio, m. prison; jail; gaol; penitentiary (USA).

rècluta, f. 1 (mil.) recruit; conscript; rookie (fam.): **arruolare recluta**, to enlist recruits 2 (fig.) raw recruit; beginner; novice.

reclutaménto, m. 1 (mil.) recruitment; recruiting 2 (per estens.: assunzione) recruiting; employment; hiring.

reclutàre, v. t. 1 (mil.) to recruit; to enlist (as recruits) 2 (per estens.: assumere) to recruit; to employ; to hire: **r. manodopera qualificata**, to recruit skilled workers.

recòndito, a. 1 secluded; sequestered; out-of-the-way: **un luogo r.**, a secluded place; a sequestered (o lonely, solitary) spot; **un sentiero r.**, an out-of-the-way path 2 (fig.) recondite; hidden; secret: **i principi reconditi della filosofia**, the recondite principles of philosophy; **pensieri reconditi**, secret thoughts.

record (ingl.), m. 1 (sport: primato) record: **stabilire (battere) un r.**, to set (to break) a record 2 (elab.) record. ● (fig.) **a tempo di r.**, very quickly; in record time.

recordista, m. e f. (cinem.) sound engineer; recordist.

recordman (ingl.), m. (sport) record holder.

recriminàre, A v. t. to regret; to lament. B v. i. 1 (ritorcere un'accusa) to recriminate 2 (formulare lagnanze) to complain.

recriminatòrio, a. recriminatory; recriminative.

recriminazióne, f. 1 (ritorsione di un'accusa) recrimination 2 (lamentela) complaint: **vane recriminazioni**, useless complaints.

recrudescènza, f. 1 (med.) recrudescence: **i timori di una r. dell'epidemia**, the fears of a recrudescence of the epidemic 2 (fig.) recrudescence; renewal; fresh outburst (o outbreak). ● **una**

r. di freddo, a return of cold weather.
recto (*lat.*), *m.* face; (*di foglio*) recto; (*di moneta*) obverse.
recuperare, recùpero, *V.* ricuperare, ricùpero.
redància, *V.* radància.
redarguìbile, *a.* deserving of rebuke (*o* reproof); reprovable; blameworthy
redarguire, *v. t.* to rebuke; to reprove; to reproach; to scold; to lecture: **Il maestro redarguì i ragazzi severamente**, the teacher lectured the boys severely.
redatto, *a.* drawn up; written out; worded: **Un contratto dovrebbe essere r. in modo chiaro e preciso**, a contract should be worded in a clear and accurate way.
redattóre, *m.* **1** (*di giornale*) member of the editorial staff; (*di casa editrice*) editor; (*cronista*) reporter: **i redattori d'un giornale (d'una rivista)**, the editorial staff of a newspaper (of a magazine) **2** (*compilatore*) drawer; compiler; writer: **il r. d'una relazione**, the drawer of a report. ● **r.-capo**, editor-in-chief □ **essere r. d'un giornale**, to be on the editorial staff of a newspaper □ **r. pubblicitario**, copywriter □ **È r. al «Daily Mail»**, he reports for the «Daily Mail».
redazionale, *a.* editorial.
redazióne, *f.* **1** (*il redigere*) drawing up; writing; wording **2** (*compilazione d'un giornale*) editing; compiling **3** (*insieme dei redattori*) editorial staff; (*ufficio*) editorial office **4** (*filol.:* versione*) version.
redazza, *V.* radazza.
redditière, *m.* (*econ.*) enjoyer of an income.
redditività, *f.* (*econ.*) profitability.
redditizio, *a.* profitable; lucrative; remunerative; paying: **commercio r.**, lucrative trade; **un'impresa redditizia**, a profitable undertaking. ● **Non è r.**, it is unprofitable; it does not pay.
rèddito, *m.* **1** (*provento*) income; revenue; earnings (*pl.*); proceeds (*pl.*): **r. personale**, private income; **r. imponibile**, income liable to tax; **redditi di lavoro**, earned income; **redditi non provenienti da lavoro**, unearned income; **sgravio dei redditi di lavoro**, earned-income relief; **il r. dello Stato**, the national income; the revenue; **imposta sul r.**, income-tax; **esenzione dall'imposta sul r.**, exemption from income-tax; **r. esente da imposta**, tax-free income; **redditi professionali**, professional earnings; **godere di un vasto r.**, to enjoy a large income; **vivere di r.**, to live on one's income **2** (*frutto*) profit; yield; return: **il r. del capitale**, the return on capital; **il r. d'un investimento**, the yield of an investment; **dare un ampio r.**, to yield a profitable return. ● **r. di fabbricati**, rental □ **redditi occasionali**, perquisites □ **denuncia dei redditi**, income-tax return □ **imposta sul r. delle persone fisiche**, personal income-tax.
redènto, *a.* redeemed; (*riscattato*) ransomed: **uno schiavo r.**, a redeemed (*o* a ransomed) slave; **r. dal peccato**, redeemed (*o* delivered) from sin; **i redenti**, the redeemed.
redentóre, **A** *m.* redeemer: **il r. degli oppressi**, the redeemer of the oppressed; (*relig.*) **il R.**, the Redeemer. **B** *a.* redeeming.
redentorista, *m.* (*relig.*) Redemptorist.
redenzióne, *f.* (*riscatto*) redemption; ransom: **la r. degli schiavi**, the redemption of slaves; **la r. del genere umano**, the redemption of man; (*relig.*) **la R.**, the Redemption.
redibitòrio, *a.* (*leg.*) redhibitory: **azione redibitoria**, redhibitory action; redhibition; **vizio r.**, redhibitory defect.
redibizióne, *f.* (*leg.*) redhibition.
redìgere, *v. t.* to draw* up; to write* out; to make* out; to word; (*compilare*) to compile; (*scrivere*) to write*: **r. un atto (un documento, un contratto, ecc.)**, to draw up a deed (a document, a contract, etc.); **r. il verbale (d'una seduta)**, to draw up the minutes; **r. una copia d'un contratto**, to write out a copy of a contract; **r. un dizionario**, to compile a dictionary; **r. un articolo**, to write an article. ● **r. in duplice copia**, to indent.
redìmere, **A** *v. t.* to redeem (*anche fin.*): **Cristo ci ha redenti**, Christ has redeemed us; **r. dalla schiavitù**, to redeem (*o* to ransom) from bondage; **r. dal peccato**, to redeem (*o* to deliver) from sin; **r. un'ipoteca**, to redeem a mortgage. **redimersi**, **B** *v. rifl.* to redeem oneself.
redimìbile, *a.* redeemable (*anche fin.*): **titoli redimibili**, redeemable stock; **un prestito r.**, a redeemable loan.
redimibilità, *f.* redeemableness; redeemability (*anche fin.*): **la r. d'una obbligazione**, the redeemableness of a debenture.
rèdine, *f.* (*anche fig.*) rein: **un paio di redini**, a pair of reins; (*anche fig.*) **tenere le redini**, to hold the reins; **tirare le redini**, to draw rein (*anche fig.*); to rein up; **prendere (abbandonare) le redini del governo**, to assume (to drop) the reins of government. ● **arrestare un cavallo tirando le redini**, to rein up (*o* back) a horse.
redingote (*franc.*), *f.* frock-coat.
redivivo, *a.* revived; brought back to life; alive again. ● **essere un Raffaello r.**, to be another Raphael.
redolènte, *a.* (*lett.*) sweet-smelling; fragrant.

rèduce, **A** *a.* returning; back (from): **i pellegrini reduci dal Santo Sepolcro**, the pilgrims returning from the Holy Sepulchre; **essere r. da un lungo viaggio**, to be back from a long journey. **B** *m.* ex-serviceman*; (*superstite*) survivor. ● (*scherz.*) **r. dalle patrie galere**, scapegrace; scamp.
reduplicare, *v. t.* (*lett.*) to reduplicate; to redouble; (*ripetere*) to repeat.
reduplicazióne, *f.* (*lett.*) reduplication; (*ripetizione*) repetition.
réfe, *m.* thread; yarn: **un rocchetto di r.**, a reel of thread; **una matassa di r.**, a skein of yarn. ● (*fig.*) **a r. doppio**, with all one's might □ (*fig.*) **cucire a r. doppio**, to be a double-dealer.
referendàrio, *m.* referendary.
referèndum, *m.* referendum. ● (*polit.*) **r. istituzionale**, plebiscite.
referènte, **A** *a.* reporting; referring. **B** *m.* (*linguistica*) referent.
referènza, *f.* reference; (*benservito*) testimonial: **una cameriera con ottime referenze**, a maid with very good references; **referenze commerciali**, trade references; **referenze circa la capacità e moralità**, references as to ability and character; **avere referenze di prim'ordine**, to have first-class testimonials.
referenziare, **A** *v. t.* to provide (sb.) with references (*o* with testimonials); to reference. **B** *v. i.* to supply references (*o* testimonials).
refèrto, *m.* report: **un r. medico**, a medical report.
refettòrio, *m.* refectory; dining-hall.
refezióne, *f.* refection; meal: **r. scolastica**, school-meal.
refilare, *v. t.* to trim.
refill (*ingl.*), *m.* refill.
reflazionare, *v. t.* (*econ.*) to reflate.
reflazióne, *f.* (*econ.*) reflation.
reflazionistico, *a.* (*econ.*) reflationary.
rèflex (*ingl.*), *m. invar.* (*fotogr.*) reflex camera.
refluire, *V.* rifluire.
rèfluo, *a.* flowing back; refluent.
rèfolo, *m.* puff of wind.
refrain (*franc.*), *m. invar.* (*mus.*) refrain.
refrattarietà, *f.* (*fis., med.; anche fig.*) refractoriness.
refrattàrio, *a.* (*fis., med.; anche fig.*) refractory: **materiale r.**, refractory material; **mattoni refrattari**, refractory bricks; fire-bricks; **un malato r. alle cure**, a patient refractory to treatment; **gente refrattaria a ogni forma di cultura**, people refractory to all culture. ● **essere r. a q.c.**, to have no aptitude for st.
refrigeraménto, *m. V.* refrigerazióne.
refrigerante, **A** *a.* **1** refrigerant; refrigerative; refrigerating; cooling; (*rinfrescante*) refreshing: **una bevanda r.**, a cooling (*o* refreshing) drink; a refresher (*fam.*); **cella r.**, refrigerating room (*o* cell) **2** (*fig.*) refreshing; soothing: **sonno r.**, a refreshing sleep. ● **miscela r.**, freezing-mixture. **B** *m.* **1** (*apparecchio*) refrigerator; cooler **2** (*fluido*) refrigerant; coolant.
refrigerare, **A** *v. t.* **1** to refrigerate; to cool **2** (*rinfrescare, dar refrigerio*) to freshen; to cool. **refrigerarsi**, **B** *v. rifl.* to refresh oneself.
refrigerativo, *a.* refrigerative; refrigerant; cooling.
refrigerato, *a.* refrigerated; cooled; chilled: **carne refrigerata**, chilled meat. ● **magazzino r.**, cold store.
refrigeratóre, **A** *m.* (*apparecchio refrigerante*) refrigerator; cooler: **un r. ad acqua**, a water cooler; **un r. per vini**, a wine cooler. **B** *a.* refrigeratory; refrigerating; cooling.
refrigerazióne, *f.* refrigeration; refrigerating; cooling: **r. dell'aria**, air refrigeration; (*autom.*) **r. ad acqua**, water-cooling; **r. ad aria**, air-cooling.
refrigèrio, *m.* **1** refreshment; relief **2** (*fig.: sollievo, conforto*) relief; solace; comfort: **Non c'è r. per il mio dolore**, there is no relief (*o* comfort) for my sorrow; **trovare r.**, to find relief (*o* solace). ● **sentire r.**, to feel refreshed.
refurtiva, *f.* stolen goods (*pl.*); loot (*fam.*): **ricuperare la r.**, to recover the stolen goods.
refuso, *m.* **1** (*tipogr.*) wrong fount **2** (*errore di stampa*) misprint.
regalàbile, *a.* suitable for a present (*o* gift). ● **Non sono libri regalabili a una ragazza**, you should not give such books to a girl.
regalare, **A** *v. t.* **1** (*donare*) to give* (as a present); to present; to make* a present of: **Mi regalarono un bel mazzo di fiori**, they presented me with a lovely bunch of flowers; **Gli fu regalato un orologio**, he was presented with a watch; **Voglio regalarti una bella notizia**, I want to give you a good piece of news; **r. q.c. a q.**, to give sb. st. as a present; to present sb. with st.; to make a present of st. to sb.; (*iron.*) **r. a q. un occhio nero**, to give sb. a black eye **2** (*vendere a basso prezzo*) to sell* for a song; to give* for nothing; to give* away (*fam.*). ● **È regalato**, it's just given away; it's dirty-cheap (*fam.*). ● **A questo prezzo, le camicie sono regalate**, the shirts are sold at give-away prices □ **Te lo regalo!**, it's yours for good! **regalarsi**, **B** *v. rifl.* to allow oneself;

regale

to regale oneself: **Mi sono voluto regalare un po' di riposo,** I have allowed myself some rest; **r. un sigaro,** to regale oneself with a cigar.

regale, *a.* **1** (*reale*) royal; (*da re*) regal; kingly: **splendore r.,** regal splendour; **magnificenza r.,** kingly magnificence; **una corona r.,** a kingly crown **2** (*fig.*) magnificent; princely; splendid: **un dono r.,** a princely (*o* magnificent, splendid) gift.

regalèco, *m.* (*zool., Regalecus glesne*) giant oarfish.

regalia, *f.* gratuity; box.

regalità, *f.* **1** regality; royalty; sovereignty; kingship **2** (*fig.*) majesty; stateliness. ● **r. d'aspetto,** regal appearance.

regalménte, *avv.* regally; royally.

regalo, A *m.* present; gift: **Ebbi molti regali,** I received many gifts; **Ho ricevuto un bellissimo r.,** I have received a beautiful gift (*o* present); **un r. splendido** (*meschino, ecc.*), a splendid (paltry, etc.) gift; **i regali di Natale** (**di Pasqua**), Christmas (Easter) presents (*o* gifts); **un r. per un compleanno,** a birthday present; **un r. di nozze,** a wedding present; **un r. in denaro,** a gift of money; **un buono r.,** a gift coupon; **accettare** (**rifiutare**) **un r.,** to accept (to refuse) a present; **fare un r. a q.,** to make a present to sb.; **dare q.c. a q. in r.,** to give sb. st. as a present; to make a present of st. to sb.; to present sb. with st. ● (*iron.*) **Bel r.!,** that was a fine present, indeed! □ (*fig.*) **Se accetterete l'invito, mi farete un vero r.,** I shall be very much obliged to you if you accept my invitation. **B** *a.* gift (*attr.*): **confezione r.,** gift pack.

règamo, *m.* (*bot., Origanum vulgare*) origan; oregano; wild marjoram.

regata, *f.* (*sport*) regatta; boat-race; (*r. velica*) sailing-race. ● **r. di panfili,** yacht-racing.

regatare, *v. i.* to take* part in a regatta.

regèsto, *m.* (*leg.*) register.

reggae, *m.* (*danza delle Indie occidentali*) reggae.

reggènte, A *a., m.* e *f.* regent: **il Principe R.,** the Prince Regent. **B** *f.* (*gramm.*) main clause.

reggènza, *f.* **1** regency: **durante la r. di Giorgio, principe di Galles,** during the regency of George, Prince of Wales **2** (*gramm.*) regimen.

règgere, A *v. t.* **1** (*sostenere, portare*) to bear*; to support; to carry; to hold* (up, straight, upright): **Questa trave regge il peso del tetto,** this beam bears the weight of the roof; **È così vecchio che le gambe non lo reggono più,** he's so old that his legs can't carry him any more; **Se non lo avessi retto sarebbe caduto,** if I hadn't held him (up) he would have fallen; **Con questo freddo non posso r. la penna in mano,** I can't hold the pen in my hand with this cold; **Quella predella non reggerà il peso di tutta quella gente,** that dais won't bear the weight of all those people; **Quel ponte non è tanto forte da r. un treno,** that bridge is not strong enough to support a train; **Quel ramo secco non ti reggerà,** that withered branch won't support you; **Salgo io, ma reggimi la scala,** I'll go up, but hold the ladder for me; **r. un bimbo fra le braccia,** to hold a child in one's arms; **Lo reggevano per un braccio,** they held him up by the arm **2** (*tenere in mano*) to hold*: **Reggimi il cappello,** hold my hat for me; **r. un cane per il collare,** to hold a dog by the collar; **Apro io, reggimi il lume,** I'll open up, hold the candle for me; **r. un bastone,** to hold a stick □ (*guidare, governare*) to guide; to rule; to govern: **Colei che resse i miei primi passi,** she who guided my first steps; **Reggeva la mano alla bambina che imparava a scrivere,** she was guiding the hand of the child learning to write; **Il principe resse il paese in assenza del re,** the prince ruled the country in the absence of the king; **r. le fortune di un popolo,** to govern (*o* to rule) the fortunes of a people **4** (*dirigere*) to manage; to run*: **r. un'azienda,** to manage (*o* to run) a business **5** (*sopportare*) to stand*: **È permaloso e non regge la celia,** he's very touchy and he can't stand teasing (*o* he can't take a joke); **la prova,** to stand the test **6** (*gramm.*) to govern; to take*: **Il soggetto regge il verbo,** the subject governs the verb; **Questo verbo regge il complemento oggetto,** this verb takes the direct object; **Questi verbi reggono l'infinito,** these verbs govern (*o* take) the infinitive (*o* are followed by the infinitive). **B** *v. i.* **1** (*resistere*) to hold* out; to resist: **Il nemico non poté r. all'assalto,** the enemy couldn't hold out against the assault; **Se nessuno mi sostituisce, non potrò più r. a lungo,** if nobody takes my place, I won't be able to hold out much longer; **Per un po' resse alla tentazione di fumare,** for some time he resisted the temptation to smoke; **L'argine non resse alla prima ondata di piena del Po,** the dyke did not resist (*o* didn't hold out against) the first spate of the Po **2** (*durare*) to last; to hold* (out); (*di cibi*) to keep*: **Credo che il bel tempo regga,** I think the good weather will last; **Vedrai che questo direttore non regge,** you'll see this manager won't last (long); **Lo leggherò come meglio posso, ma non reggerà,** I'll tie it the best I can, but it won't hold; **Domani, se il tempo regge, partiremo,** tomorrow, if the weather holds (out), we'll leave; **Questo formaggio regge per parecchi giorni,** this cheese keeps for several days **3** (*avere consistenza, sostenersi*) to stand*; to be consistent: **Questo capo d'accusa non può r.,** this charge cannot stand; **Le sue opinioni non reggono ai fatti,** his opinions are not consistent with facts; **Questa ipotesi non reggerà,** this hypothesis will not stand (*o* will not hold good); **Il suo argomento non regge,** his argument is not consistent (*o* does not hold water); **L'obiezione non regge,** the objection cannot stand **4** (*stare in piedi*) to stand*: **Le grandi cattedrali gotiche reggono da oltre sei secoli,** the great Gothic cathedrals have stood for over six centuries **5** (*sopportare, resistere*) to stand*; to bear*; to resist: **r. alla prova,** to stand the test; **r. al martello,** to stand hammering; **r. al caldo** (**al freddo**), to stand the heat (the cold); **Non potevano più r. alla fame** (**alla sete**), they couldn't stand (*o* bear) hunger (thirst) any more; **r. al confronto** (**con**), to bear comparison (with); **Non tutti possono r. a una tale vita,** not everyone can bear (*o* put up with) such a life; **r. agli insulti** (**alle provocazioni**), to bear (*o* to support) insults (provocations); **r. alle lusinghe** (**al denaro**), to resist flattery (bribes); **r. a un colpo,** to stand (*o* to withstand) a blow; **Non posso r. a questo dolore,** this pain is more than I can bear (*o* stand); **r. alla concorrenza,** to stand competition; **r. a un attento esame,** to stand (*o* to bear) careful examination **6** (*sport*) to hold* one's own: **La difesa ha retto,** the defence has held its own. ● **r. al fuoco,** to be fireproof (*o* fire-resistant) □ **r. alla fatica,** to stand up to hard work; to withstand fatigue □ **r. i cordoni** (*a un funerale*), to be a pall-bearer □ **r. il governo,** to hold the reins of government □ (*fig., fam.*) **r. il moccolo,** to play gooseberry □ **r. una scommessa,** to accept a bet □ **r. il vino,** to hold one's drink (*o* wine, liquor) □ **stoffa che regge l'acqua,** waterproof material □ **Non mi reggeva il cuore di dirglielo,** I hadn't the heart to tell him □ **Non gli regge più la vista,** his eyesight is beginning to fade □ **Non mi regge il cuore di vederla patire tanto,** it breaks my heart to see her suffering so much □ **Questo è un colore che regge,** this is a colour that does not fade. **règgersi, C** *v. rifl.* **1** (*sostenersi*) to stand*: **Oggi mi reggo appena,** I can hardly stand today; **Il bimbo ha appena dieci mesi e già si regge bene,** the child is scarcely ten months old and is already standing well; **È così ubriaco che non si regge in piedi,** he's so drunk that he can't stand on his feet **2** (*aggrapparsi*) to hold* on; to cling*: **Reggiti a questa fune!,** hold on to this rope!; **Si resse al sostegno,** he clung on to the strap **3** (*resistere, sopportare*) to hold* out; to keep* going: **Mi reggo con la speranza di rivederla un giorno,** I hold out (*o* I keep going) with the hope of seeing her again one day; **Non riesco più a reggermi,** I can't hold out much longer **4** (*governarsi*) to govern oneself; to rule oneself. ● **r. a galla,** to float; to keep afloat □ **r. la pancia** (*dalle risa*), to hold one's sides with laughter □ **Questo governo non si reggerà a lungo,** this government won't last long □ **L'Italia si regge a repubblica e la Gran Bretagna si regge a monarchia,** Italy is a republic and Great Britain is a monarchy □ **Con tante spese, il giornale stenta a r.,** with so many expenses, the paper is finding it difficult to keep its head above water (*o* to keep on its feet).

règgersi, D *v. rifl. recipr.* (*aiutarsi l'un l'altro*) to help each other (*o* one another).

reggétta, *f.* (*mecc.*) hoop(-iron); band.

règgia, *f.* royal palace. ● (*iperbolico*) **Questa è una r.!,** it's just like a palace!

reggiàno, A *a.* Reggio (*attr.*); Reggian; Reggiano: **formaggio r.,** Reggiano cheese. **B** *m.* **1** native (*o* inhabitant) of Reggio **2** (*il formaggio*) Reggiano (cheese). ● **Sono r.,** I am from Reggio.

reggicàlze, *m.* suspender belt; garter belt.

reggilibri, reggilibro, *m.* book-end.

reggilùme, *m.* lamp-stand.

reggimentale, *a.* (*mil.*) regimental; of a regiment.

reggiménto, *m.* **1** (*mil.*) regiment: **un r. di fanteria** (**di cavalleria, ecc.**), an infantry (a cavalry, etc.) regiment; **il comando del r.,** the command of the regiment **2** (*fig.*) regiments (*pl.*); crowd; large number; army: **un intero r. di parenti,** whole regiments of relations.

reggìno, A *a.* of Reggio Calabria; Reggio (*attr.*); Reggian. **B** *m.* native (*o* inhabitant) of Reggio Calabria.

reggipància, *m.* **1** (*fam.: panciera*) girdle; body-belt **2** (*del finimento del cavallo*) girth.

reggipénne, *m.* pen-stand; pen-holder.

reggipétto, *m.* **1 V. reggiséno 2** (*del finimento del cavallo*) breast-collar; breast-strap.

reggiséno, *m.* brassière (*abbr. fam.*: bra). ● **senza r.,** braless.

reggispinta, *m.* (*mecc.*) thrust bearing (*o* block).

reggitèsta, *m.* head-rest.

reggitóre, *m.* (*lett.*) ruler: **un r. di popoli,** a ruler of peoples.

regìa, *f.* **1** (*teatr.*) production **2** (*cinem.*) direction **3** (*econ.: monopolio*) régie; government monopoly.

regicìda, A *a.* regicidal. **B** *m.* e *f.* regicide.

regicìdio, *m.* regicide; king-killing: **commettere un r.,** to commit regicide.

regimare, v. t. (*un corso d'acqua*) to regulate.

regimazióne, f. (*di un corso d'acqua*) regulation.

regime, m. **1** (*polit.*) régime, regime; (system of) government; rule; (*spreg.*) dictatorship: **il vecchio r.**, the old régime **2** (*med.*) regimen; régime of diet; diet: **r. dietetico**, (régime of) diet; **essere a r.**, to be on a diet **3** (*d'un fiume*) régime **4** (*mecc.*) speed **5** (*econ.*) system: **il r. degli scambi**, the system of trade; **il r. dei prezzi**, the price system. ● (*econ.*) **r. aureo**, gold standard □ (*aeron.*) **r. di impatto**, rate of catch □ **r. di vita**, tenor of life □ (*fin.*) **r. fiscale** (**o tributario**), tax treatment; taxation; tax regulations (*pl.*) □ (*di motori*) **r. massimo**, peak r.p.m. (--revs per minute) □ (*fis.*) **r. permanente** (**transitorio**), steady (transient) condition.

regina, A f. **1** (*anche fig.*) queen: **Dio salvi la r.**, God save the Queen; **la r. di Olanda**, the Queen of Holland; **la r. Elisabetta**, Queen Elizabeth; **la r. madre**, the queen mother; **la R. del Cielo**, the Queen of Heaven; **La rosa è la r. dei fiori**, the rose is the queen of flowers; **Venezia, r. dell'Adriatico**, Venice, the queen of the Adriatic; **la r. di maggio**, the queen of (the) May, the May Queen **2** (*nel gioco degli scacchi, delle carte*) queen: **la r. di cuori**, the queen of hearts. ● (*bot.*) **r. dei prati** (*Spiraea ulmaria*), goat's-beard; meadow-sweet □ **da r.**, queenly (*agg.*) □ **erba della r.**, queen's-herb; tobacco □ **stile r. Anna**, Queen Anne style. B a. queen (*attr.*): **l'ape r.**, the queen bee.

Reginaldo, m. Reginald; Ronald; (*dim.*) Rex, Reggie, Ronnie.

reginétta, f. (*nei concorsi di bellezza*) beauty-queen.

règio, A a. royal; regal: **autorità regia**, royal authority; **potere r.**, royal power; **un decreto r.**, a royal decree; **il R. Esercito**, the Royal Army; **la Regia Marina**, the Royal Navy; **la Regia Accademia**, the Royal Academy. B m. (*stor.*: *soldato del re*) king's man*.

regionale, a. regional; district (*attr.*); provincial: **una mostra r.**, a regional exhibition; **una banca r.**, a district bank.

regionalismo, m. **1** (*polit.*) regionalism **2** (*campanilismo*) localism **3** (*linguistica*) localism; local idiom.

regionalista, A m. e f. **1** (*polit.*) regionalist **2** (*campanilista*) parish-pump politician; local patriot. B a. regionalistic(al).

regionalistico, a. regionalistic(al).

regionalizzare, v. t. to regionalize.

regionalizzazióne, f. regionalization.

regióne, f. **1** region; district; area: **le regioni artiche**, the Arctic regions; **la r. dei laghi**, the Lake District; **una r. deserta**, a desert region; **una r. agricola** (**industriale**), an agricultural (industrial) district **2** (*divisione amministrativa*) region; department: **le regioni d'Italia**, the regions of Italy; **le regioni della Francia**, the departments of France; **r. a statuto speciale**, region that has been granted a special statute **3** (*anat.*) region: **la r. del cuore**, the region of the heart; **la r. lombare**, the lumbar region **4** (*fig.*: *campo*) realm; domain; province; region: **nelle regioni dell'arte** (**della scienza**), in the domain of art (of science).

regista, m. e f. **1** (*teatr.*) producer; stage-manager **2** (*cinem.*) director: **l'aiuto r.**, the assistant director **3** (*fig.*) organizer.

registràbile, a. **1** recordable; fit to be recorded **2** (*mecc.*) adjustable.

registrare, v. t. **1** to register; to record: **r. un fatto** (**una nascita, una morte, un testamento**), to register a fact (a birth, a death, a will); **La storia di Roma registra fulgidi esempi di patriottismo**, the history of Rome records refulgent examples of patriotism; **I sismografi registrarono due scosse telluriche**, the seismographs recorded (*o* registered) two earthquakes; **La cronaca oggi registra un altro incidente stradale**, the news today records (*o* reports) another road accident; **Ieri il termometro ha registrato trenta gradi centigradi**, yesterday the thermometer registered thirty degrees centigrade **2** (*rag.*) to enter; to book; (*protocollare*) to file: **r. una fattura**, to enter an invoice; **r. una ordinazione**, to book an order; **Tutte le perdite sono state registrate**, all the losses have been entered; **r. un pagamento**, to enter a payment; **r. un'istanza**, to file a petition **3** (*mecc., elettr.*) to adjust; to set*; to reset*: **r. le punterie** (**i fari**), to adjust the valve-tappets (the headlights); **r. il manubrio di una bicicletta**, to adjust (*o* to set) the handle-bar of a bicycle; **r. un orologio**, to set (*o* to regulate, to synchronize) a watch **4** (*mus.*) to set*; (*accordare*) to tune: **r. uno strumento musicale**, to set a musical instrument; **r. un pianoforte** (**un organo**), to tune a piano (an organ) **5** (*cinem.*) to synchronize: **r. la colonna sonora di un film**, to synchronize the sound-track of a film **6** (*incidere*) to record; (*col magnetofono*) to tape, to tape-record; (*un programma radiotelevisivo*) to transcribe; to tape: **Molti programmi della B.B.C. sono registrati**, many B.B.C. programmes are recorded; **A mia insaputa, registrò la mia voce**, unknown to me, he recorded my voice **7** (*turismo*) to check in. ● (*rag.*) **r. a mastro**, to post □ (*naut.*) **r. nel giornale di bordo**, to log □ (*rag.*) **r. nella colonna dell'avere**, to credit □ (*rag.*) **r. nella colonna del dare**, to debit □ **r. su dischi**, to record; to can (*USA*) □ **Bisogna far r. i bagagli prima di salire sull'aereo**, our luggage must be registered (*o* checked) before we get on to the plane.

registrato, a. **1** (*bur.*) on record; recorded; entered **2** (*notificato all'ufficio del registro*) registered **3** (*acustica*) recorded.

registratóre, A m. **1** (*chi registra*) recorder **2** (*apparecchio per registrare*) recorder: **un r. magnetico**, a magnetic recorder; **un r. (magnetico) a nastro**, a tape-recorder; **un r. portatile**, a portable recorder; **un r. di quota**, an altitude-recorder; **un r. di velocità**, a speed-recorder; a speedometer; **un r. video**, a video recorder. ● (*comm.*) **r. di cassa**, cash-register □ (*aeron.*) **r. di distanza**, air log. B a. recording: **un apparecchio r.**, a recording apparatus; a recorder.

registrazióne, f. **1** recording: **una r. della B.B.C.** (**della R.A.I.**), a B.B.C. (a R.A.I.) recording; **Abbiamo una r. del canto dell'usignolo**, we have a recording of the nightingale's song; **la r. ufficiale della cerimonia**, the official recording of the ceremony **2** (*rag.*) entry; record: **r. composta**, compound entry; **annullare una r.**, to cancel an entry; **la r. di un atto**, the record of a deed; **Le mie registrazioni dimostrano che ho già pagato quella merce**, my records (*o* entries) show that I have already paid for those goods **3** (*mecc., elettr.*) adjustment; adjusting; reset: **r. delle punterie**, tappet adjustment; **r. della distribuzione**, timing adjustment **4** (*leg.*) registration: **spese di r.**, registration charges. ● (*rag.*) **r. a giornale**, (journal) entry □ (*rag.*) **r. a mastro**, posting □ (*elab.*) **r. di dati**, data logging □ **r. su nastro**, tape-recording □ **r. televisiva**, telerecording; transcription □ **cabina di r. sonora**, monitor-room.

registro, m. **1** register: **Aveva un r. su cui notava tutte le spese**, he had a register in which he wrote down all the expenses; **r. scolastico**, school register; **r. di classe**, class register; (*naut.*) **r. di classificazione del Lloyd**, Lloyd's register; **r. della parrocchia** (**del comune**), parish (council) register; **i registri di stato civile**, the registers of births, marriages and deaths; **r. delle ipoteche**, Register of charges; **r. dei soci**, register of members **2** (*rag.*) register; book: **r. di magazzino**, warehouse book; **r. dei conti di corrispondenza**, draft register; **r. a madre e figlia**, counterfoil book; **r. a matrice**, counterpart register; **r. a molte colonne**, multi-column book (*o* register); **r. a una colonna**, single-column book (*o* register); (*naut.*) **r. dei carichi**, cargo book; ship's book **3** (*Ufficio del R.*) Registrar's Office; Registry: **È impiegato al R.**, he's employed at the Registrar's office; **R. dello stato civile**, Registry Office; **Ufficio del R.**, Registry of deeds **4** (*mus.*: *di voce*) register; (*di strumento, anche*) stop: **r. alto** (**medio, basso**), high (middle, low) register; **r. d'organo**, organ stop (*o* register); **mutare r.**, to change register (*o* stop) **5** (*mecc.*) register; regulator; (*di freno*) brake-adjuster; (*valvola di regolazione per l'aria*) register **6** (*elab.*) register: **registro di indirizzo**, address register. ● **r. aeronautico**, Air Registration Board □ **r. dell'orologio**, clock (*o* watch) regulator □ (*aeron., naut.*) **r. di bordo**, log-book □ **r. genealogico**, (*di cavalli*) stud-book □ **r. navale** (*o* marittimo), Register of Shipping □ (*rag.*) **essere a r.**, to be on record □ (*rag.*) **mettere a r.**, to enter; to book □ (*fig.*) **mutare r.**, to change one's tune; (*cambiare tenore di vita*) to turn over a new leaf, to alter one's ways: **Dopo quella minaccia mutò r.**, he changed his tune after that threat; **Dopo essersi sposato ha mutato r.**, after getting married, he has turned over a new leaf (*o* he has changed his ways).

regnante, A a. **1** (*che esercita l'autorità di re*) reigning; regnant; ruling: **la casa r.**, the regnant house; **una regina r.**, a queen regnant; **il sovrano r.**, the ruling sovereign **2** (*fig.*) predominating; dominant; prevalent; prevailing: **i venti regnanti**, the prevailing winds. B m. king; sovereign. C f. queen; sovereign.

regnare, v. i. **1** to reign: **Filippo II regnò sulla Spagna**, Philip II reigned over Spain; **La Regina Vittoria regnò 64 anni**, Queen Victoria reigned 64 years **2** (*predominare, anche fig.*) to reign; to rule; to dominate; to prevail: **Il vizio regna sul mondo**, vice reigns over the world; **Qui regna eterno l'inverno**, eternal winter reigns here; **Regnava un silenzio assoluto**, complete silence reigned; **Vi regnano i monsoni**, monsoons prevail there **3** (*prosperare, allignare*) to flourish; to thrive*: **Le viti non regnano nei paesi freddi**, vines don't flourish in cold countries; **Qui non regna l'ulivo**, olive-trees don't flourish here.

régno, m. **1** (*stato retto a monarchia*) kingdom: **La Svezia è un r.**, Sweden is a kingdom; **il R. Unito**, the United Kingdom; **i confini d'un r.**, the boundaries of a kingdom **2** (*tempo durante il quale un sovrano esercita il suo potere*) reign: **un r. glorioso**, a glorious reign; **sotto il r. di Giorgio V**, in (*o* during) the reign of George V; **il R. del Terrore**, the Reign of Terror **3** (*fig.*) kingdom; realm; province; domain; region: **Venga il tuo R.**, Thy Kingdom come; **il r. del cielo** (*o* **dei cieli**), the Kingdom of Heaven; **il r. delle tenebre**, the kingdom of darkness; Hell; **il r. animale** (**vegetale, minerale**), the animal (vegetable, mineral)

règola

kingdom; **il r. della poesia**, the realm of poetry; **il r. della fantasia**, the realm of imagination; **il r. dell'arte (della scienza, ecc.)**, the domain of art (of science, etc.); **il r. della metafisica**, the region of metaphysics.

règola, *f.* **1** rule: **le regole di grammatica**, the rules of grammar; **stabilire (insegnare, osservare) una r.**, to establish (to teach, to observe) a rule; **r. generale (particolare)**, general (particular) rule; **attenersi a una r.**, to follow a rule; **conformarsi a una r.**, to conform to a rule; **le regole di un gioco**, the rules (*o* laws) of a game; **le regole della moltiplicazione (della divisione)**, the rules of multiplication (of division); **secondo le regole**, according to the rules; **trasgredire una r.**, to break a rule; **un'eccezione alla r.**, an exception to the rule; **L'eccezione conferma la r.**, the exception proves the rule; (*mat.*) **r. catenaria**, chain rule; (*chim., fis.*) **r. delle fasi**, phase rule; **r. empirica**, rule of thumb; (*mat.*) **la r. del tre**, the rule of three; **le regole del galateo**, the rules of etiquette; **di r.**, as a rule: **Di r., si risponde per iscritto**, as a rule, one replies in writing; it is customary to reply in writing **2** (*norma, principio*) norm; principle: **Le combinazioni chimiche avvengono secondo certe regole**, chemical combinations occur according to certain norms (*o* principles); **L'economia è una buona r.**, thrift is a good principle **3** (*esempio*) example: **Un uomo come lui non fa r.**, a man like him can't be taken as an example; **servire di r.**, to serve as an example **4** (*misura, moderazione*) moderation; measure; (*dieta*) diet: **Non ha r. nel mangiare e nel bere**, he has no moderation (*o* he is immoderate) in (his) eating and drinking; **In quella famiglia non c'è r.**, there's no (sense of) measure in that family; **Egli spende i suoi soldi con r.**, he spends his money in moderation **5** (*relig.*) rule; (*ordine*) order: **la r. monastica di San Benedetto**, the monastic rule of Saint Benedict; **la r. domenicana**, the Dominican order **6** (*ordine*) order: **La costa è stata rovinata da coloro che hanno costruito senza r.**, the coast has been disfigured by those who have built without order; **Tiene i quaderni (i conti) in r.**, he keeps his copybooks (his accounts) in order **7** (*pl.*: *mestruazioni*) menstruation (*sing.*). ● **a r. d'arte**, duly; perfectly; beautifully: **Il lavoro sarà fatto a r. d'arte**, the work will be duly carried out; **L'incisione era fatta a r. d'arte**, the engraving was perfectly done □ (*fig.*) **avere le carte in r.**, to have all the requisites necessary (for st.) □ **essere in r. con i pagamenti**, to be up-to-date with one's payments □ **mettersi in r. con q.c.**, to settle st. □ (*fig.*) **stare alle regole del gioco**, to stick to the rules □ **Per tua (norma e) r., ci ho già pensato io**, for your information, I have already seen to it.

regolàbile, *a.* (*mecc.*) adjustable.

regolamentare (1), *a.* (*prescritto dal regolamento*) regulation (*attr.*); regular; prescribed: **velocità r.**, regulation speed; **nella forma r.**, in the prescribed form; (*autom.*) **gomme di misura r.**, regulation-size tyres.

regolamentare (2), *v. t.* (*sottoporre a un regolamento*) to regulate; to control by regulations.

regolamentazióne, *f.* **1** regulation **2** (*insieme di norme*) regulations (*pl.*).

regolaménto, *m.* **1** rule; regulations (*pl.*): **il r. di polizia**, police regulations; **r. d'igiene**, hygiene regulations; **il r. scolastico**, school regulations; (*leg.*) **regolamenti esecutivi**, rules for the enforcement of a law; **regolamenti rigidi**, hard-and-fast rules; **r. provvisorio**, provisional regulations; **un'infrazione al r.**, an infringement of the rule(s); **conformarsi al r.**, to conform to the regulations; **sospendere il r.**, to waive the rule(s); **r. ferroviario**, railway regulations; **regolamenti antinquinamento atmosferico**, air-pollution regulations **2** (*comm.*) settlement; payment: **il r. dei propri debiti**, the settlement of one's debts; (*anche fig.*) **r. di conti**, settlement of accounts. ● (*leg.*) **r. di confini**, fixing of boundaries □ **r. edilizio**, building code □ (*fin.*) **r. interno di una società**, articles of association.

regolare (1), *a.* regular: **moto r.**, regular movement; **respiro r.**, regular breathing; **lineamenti regolari**, regular features; (*mil.*) **esercito r.**, regular army; **avere il polso r.**, to have a regular pulse; (*gramm.*) **verbo (nome) r.**, regular verb (noun); **il clero r.**, the regular clergy. ● **essere r. nei pagamenti**, to be punctual with one's payments □ (*leg.*) **con r. processo**, by due process of law □ **passo r.**, even pace □ **statura r.**, average (*o* medium) height □ **L'ispettore trovò che tutto era r.**, the inspector found that everything was in order.

regolare (2), A *v. t.* **1** to regulate; to govern: **r. la circolazione stradale**, to regulate the traffic; **r. il riscaldamento (la pressione, la luce, la velocità)**, to regulate the heating (the pressure, the light, the speed); **La grammatica regola l'uso della lingua**, grammar regulates the use of language; **r. la propria condotta**, to regulate (*o* to govern) one's conduct; **Iddio regola l'universo**, God governs the universe **2** (*governare, guidare*) to guide; to lead*: **Si è lasciato r. dal suo senso di giustizia**, he let himself be guided by his sense of justice; **Non lasciarti r. dalle cattive compagnie!**, don't let yourself be led by bad company! **3** (*ordinare, disciplinare*) to control: **r. il corso di un fiume**, to control the flow of a river; **r. il moto (il calore)**, to control the movement (the heat); **r. le spese**, to control (the) expenses **4** (*liquidare*) to settle; (*pagare*) to pay* (up): **r. un conto**, to settle (*o* to pay) an account; **Ho regolato quell'affare**, I have settled that matter; **r. i propri debiti**, to settle (*o* to pay up) one's debts **5** (*mecc., elettr.*) to adjust; to square; to set*; to reset*: **r. un carburatore**, to adjust a carburettor; **r. un orologio**, to set (*o* to synchronize) a watch; **r. le punterie**, to adjust (*o* to set) the tappets **6** (*radio: sintonizzare*) to tune in. ● (*fig.*) **r. i conti con q.**, to get one's own back on sb. □ **r. un motore**, to tune up an engine. **regolarsi, B** *v. rifl.* **1** (*agire*) to act; (*fare*) to do*; (*comportarsi*) to behave oneself: **Non so come regolarmi con quella signora**, I don't know how to act with that lady; **Ora so come regolarmi**, now I know what to do; **Ognuno deve r. come consigliano le circostanze**, everyone must act as circumstances suggest; **Ti ho già avvertito: regolati!**, I've already warned you: behave yourself!; **Se insistono, come mi regolerò?**, if they insist, what shall I do? **2** (*controllarsi*) to control oneself; to regulate oneself: **r. nel mangiare e nel bere**, to regulate oneself (*o* to be moderate) in eating and drinking.

regolarità, *f.* **1** (*l'essere regolare*) regularity: **la r. di un atto**, the regularity of a deed; **con r.**, with regularity; regularly **2** (*puntualità*) punctuality. ● **la r. del terreno**, the evenness of the ground □ **andare con la r. di un orologio**, to go like clock-work □ (*autom.*) **prova di r.**, reliability trial.

regolarizzare, *v. t.* to regularize; (*sistemare*) to settle: **r. una situazione**, to regularize a position; **r. un conto**, to settle an account.

regolarizzazióne, *f.* regularization; settlement.

regolarménte, *avv.* regularly; duly; in due course: **Ci è pervenuta la vostra lettera**, we have duly received your letter; **soddisfare r. i propri impegni**, to meet one's engagements regularly.

regolata, *f.* (*messa a punto*) tune-up.

regolataménte, *avv.* (*con moderazione*) moderately; with moderation: **mangiare (bere) r.**, to eat (to drink) moderately; to be moderate in eating (drinking).

regolatézza, *f.* **1** orderliness **2** (*moderatezza*) moderation: **r. nel bere**, moderation in drinking.

regolato, *a.* **1** orderly; balanced: **uno stile r.**, a balanced style; **in modo r.**, in an orderly way **2** (*moderato*) moderate: **un regime r.**, a moderate régime.

regolatóre, A *m.* **1** (*mecc., elettr., fis.*) regulator; governor: **r. della tensione**, voltage regulator; **r. di pressione**, pressure regulator; **un r. automatico**, an automatic governor; **r. di velocità (o di giri)**, speed-governor; **r. centrifugo**, centrifugal governor; **r. a induzione**, induction regulator **2** (*radio, telev.*) control: **r. automatico di frequenza**, automatic frequency control; **r. di amplificazione**, gain control; **r. d'intensità (di tono, di volume)**, brilliance (tone, volume) control. ● (*naut.*: *di siluro*) **r. di profondità**, depth gear. **B** *a.* regulating: **il principio r.**, the regulating principle. ● **piano r.**, town-planning scheme.

regolazióne, *f.* **1** (*il regolare*) regulation; regulating **2** (*mecc.*) adjustment; adjusting: **r. micrometrica** (*o di precisione*), micrometer adjustment; **una vite di r.**, an adjusting screw **3** (*elettr., radio*) regulation; control: **r. della tensione**, voltage regulation **4** (*autom.*: *messa a punto*) tuning up. ● (*elettron.*) **r. fine**, trimming.

regolizia, *f.* (*pop.*: *liquirizia*) liquorice, licorice.

règolo (1), *m.* **1** (*riga*) rule; straightedge: **un r. calcolatore**, a sliding rule; a slide-rule; **un r. calcolatore dell'ampiezza visiva**, a visual field slide-rule **2** (*negli scacchi*) file **3** (*archit.*) list.

règolo (2), *m.* **1** (*spreg.*) kinglet; kingling **2** (*zool., Regulus regulus*) goldcrest; kinglet.

Règolo, *m.* (*stor.*) Regulus.

regredire, *v. i.* (*anche fig.*) to regress; to retrogress; to recede; to go* back; to slip back.

regressióne, *f.* (*anche scient.*) regression.

regressivaménte, *avv.* regressively; in a backward direction.

regressivo, *a.* regressive; retrogressive; backward: (*filos.*) **il metodo r.**, the regressive method.

regrèsso, *m.* **1** (*ritorno indietro*) regress; regression; retrogression; retrocession **2** (*fig.*) regression; decadence; decline; decay: **il progresso e il r.**, the rise and the decline; **essere in r.**, to be in a state of decadence; to be in decline **3** (*ferr.*) switch-back; back-shunt **4** (*leg., comm.*) recourse **5** (*naut., aeron.*) slip: **r. apparente**, apparent slip; **r. dell'elica**, screw slip **6** (*biol.*) throwback. ● (*leg.*) **azione di r.**, action for recovery.

reiètto, A *a.* rejected; castaway: **essere r. da tutti**, to be rejected by everybody. **B** *m.* castaway; outcast. ● **una moglie reietta**, a repudiated wife.

reiezióne, *f.* rejection; rejecting: **la r. d'una proposta**, the rejection of a proposal. ● **chiedere la r. d'una mozione**, to

oppose a motion. ● (*elettron.*) **r. di modo comune**, common mode rejection.
reificare, *v. t.* to reify: **r. la cultura**, to reify culture.
reificazióne, *f.* (*filos.*) reification.
reimbarcare, *v. t.* **reimbarcarsi**, *v. rifl.* to re-embark.
reimbarco, *m.* re-embarkation.
reimpiantare, *v. t.* (*med.*) to reimplant.
reimpianto, *m.* (*med.*) reimplantation.
reimpiegare, *v. t.* 1 to re-employ 2 (*fin.*) to reinvest; to plough back (*fam.*).
reimpiègo, *m.* 1 re-employment 2 (*fin.*) reinvestment.
reincàrico, *m.* 1 (*nuovo incarico*) new appointment 2 (*rinnovo dell'incarico*) re-appointment.
reincarnare, A *v. t.* to reincarnate. **reincarnarsi**, B *v. rifl.* (*relig.*) to be reincarnated.
reincarnazióne, *f.* (*relig.*) reincarnation (*anche fig.*).
reinfezióne, *f.* re-infection.
reingàggio, *m.* renewal of contract.
reingrèsso, *m.* re-entry.
reinnestare, *v. t.* (*agric.*) to top-graft.
reinnèsto, *m.* (*agric.*) top-grafting.
reinscrivere, *v. t.* (*bur.*) to enrol again.
reinseriménto, *m.* 1 (*rif. a persone*) reinstatement 2 (*rif. a cose*) reinsertion.
reinserire, A *v. t.* 1 (*persone*) to reinstate 2 (*cose*) to reinsert. **reinserirsi**, B *v. rifl.* to become* reinstated; to take* one's place again: **r. nella società**, to take one's place in society again.
reintegrare, A *v. t.* 1 (*rimettere nello stato di prima*) to reinstate; to restore: **r. un impiegato nel suo ufficio**, to reinstate an employee in his post; to restore an employee to his post; **r. le proprie forze**, to restore one's strength 2 (*risarcire*) to refund; to repay*; to indemnify; to compensate: **r. una somma di denaro**, to refund a sum; **r. q. del danno subito**, to indemnify (*o* to compensate) sb. for the damage(s). **reintegrarsi**, B *v. rifl.* to take* up one's former position.
reintegrativo, *a.* reintegrative.
reintegrazióne, *f.* 1 reinstatement; restoration 2 (*risarcimento*) refund; indemnification; compensation.
reinventare, *v. t.* to reinvent.
reinvestiménto, *m.* (*fin.*) reinvestment: **r. di capitali**, reinvestment of capitals.
reinvestire, *v. t.* (*fin.*) to reinvest; to plough back (*fam.*): **r. i propri guadagni**, to plough back one's earnings.
reità, *f.* guilt; guiltiness.
reiteràbile, *a.* repeatable.
reiterare, *v. t.* (*lett.*) to reiterate; to repeat: **r. una domanda (un ordine, ecc.)**, to reiterate a request (an order, etc.); **r. le proprie dichiarazioni di amicizia**, to repeat one's protestations of friendship.
reiterataménte, *avv.* repeatedly; over and over again; again and again.
reiterato, *a.* reiterated; repeated (over and over again).
reiterazióne, *f.* reiteration; repetition.
relativa, *f.* (*gramm.*) relative clause.
relativaménte, *avv.* relatively; comparatively. ● **in condizioni r. agiate**, in comparative comfort □ **r. a**, in (*o* with) relation to; as regards; with regard (*o* reference) to.
relativismo, *m.* (*filos.*) relativism.
relativista, *m. e f.* (*filos.*) relativist.
relativistico, *a.* (*filos.*) relativistic.
relatività, *f.* relativity (*anche fis.*); relativeness: (*filos.*) **la r. della conoscenza**, the relativity of knowledge; (*fis.*) **la teoria della r.**, the theory of relativity.
relativizzare, *v. t.* to relativize.
relativizzazióne, *f.* relativization.
relativo, *a.* 1 (*che ha relazione con q.c.*) relative; pertinent; relevant: **una risposta relativa alla domanda**, a pertinent answer; **con le relative prove**, with the pertinent evidence; **i particolari relativi**, the relevant details 2 (*non assoluto*) relative; comparative: **vantaggi relativi**, comparative advantages; **una felicità relativa**, a comparative happiness 3 (*rispettivo*) respective; **secondo i (loro) relativi meriti**, according to their respective merits 4 (*gramm.*) relative: **pronomi (avverbi) relativi**, relative pronouns (adverbs); **una proposizione relativa**, a relative clause. ● **r. a**, relating to; concerning □ **avere una bontà (utilità, ecc.) relativa**, to be relatively good (useful, etc.) □ **Tutto è r.**, it all depends.
relatóre, A *m.* 1 reporter 2 (*di comitato, ecc.*) chairman* 3 (*polit.: di commissione ecc.*) rapporteur; (*di un disegno di legge*) proposer (of a bill); (*portavoce*) spokesman*. B *a.* reporting. ● (*polit.*) **deputato r.**, reporter.
relax (*ingl.*), *m.* relaxation.
relazionare, *v. t.* (*bur.*) to (make*) a report (to sb.); to inform; to acquaint sb. with st.

relazióne, *f.* 1 report; account: **la r. orale (scritta) dell'ispettore**, the oral (written) report of the inspector; **compilare una r.**, to draw up a report; **r. interinale**, interim report; **Voglio una r. scritta di quanto hai speso**, I want a written account of what you spent; (*rag.*) **r. annuale del bilancio**, annual report; **La sua r. non mi convince**, his account (*o* report) does not convince me; **Fece una r. dei suoi viaggi**, he gave an account of his travels 2 (*collegamento logico, nesso*) connection, connexion; relation; relationship; correlation: **Questi fatti hanno tra loro una stretta r.**, these facts have a close connection to each other; these facts are closely connected one to the other; **avere** (*o* **essere in**) **r. d'affari con q.**, to have business relations (*o* dealings) with sb.; **stringere r. con q.**, to enter into relations with sb.; **Ci deve essere qualche r. fra queste idee**, there must be some connection between these ideas; **entrare in r. d'affari con q.**, to enter into a business connection with sb.; **r. di causa e d'effetto**, relationship of cause and effect; **relazioni d'amicizia**, friendly relations; **relazioni diplomatiche cordiali (tese)**, cordial (strained) diplomatic relations; **rompere (riprendere) le relazioni diplomatiche con uno Stato**, to break off (to resume) diplomatic relations with a State; **pubbliche relazioni**, public relations; **relazioni umane**, human relations; **relazioni sindacali**, labour relations; **in r. a**, in relation to, with regard to: **Voleva parlare con me in r. alla conferenza della prossima settimana**, he wanted to speak to me in relation (*o* with regard) to next week's conference 3 (*conoscenza*) acquaintance; connection: **Ha numerose relazioni al Ministero**, he has numerous acquaintances at the Ministry 4 (*contatto*) touch; contact: **Non sono più in r. con i miei parenti americani**, I'm no longer in touch with my American relatives; **mettere q. in r. con q. altro**, to put sb. in touch with sb. else; **mettersi in r. con q.**, to get in touch with sb.; to contact sb. 5 (*r. amorosa*) (love) affair; liaison. ● **essere in buone (cattive) relazioni con q.**, to be on good (bad) terms with sb. □ **una persona che ha molte** (*o* **potenti**) **relazioni**, a well-connected person.
relè, *m.* (*elettr.*) relay: **r. di massima corrente**, overload (*o* overcurrent) relay; **r. termico**, temperature relay; thermal cut-out.
relegaménto, *V.* relegazione.
relegare, *v. t.* to relegate (*anche fig.*); to confine; (*bandire*) to banish: **Fu relegato in un'isola**, he was relegated (*o* confined) to an island; **Sono stato relegato in questo posto orribile**, I have been relegated to this horrible place.
relegazióne, *f.* relegation; confinement; (*bandimento*) banishment.
religióne, *f.* 1 (*anche fig.*) religion: **la r. cattolica (anglicana, ecc.)**, the Catholic (Anglican, etc.) religion; **Anche i selvaggi hanno una r.**, even savages have a religion; **i dogmi della r.**, the dogmas of religion; the religious dogmas; **r. monoteistica (politeistica)**, monotheistic (polytheistic) religion; **r. di stato**, established (*o* State) religion; **r. naturale (rivelata)**, natural (revealed) religion; **le guerre di r.**, the Wars of Religion; **senza r.**, without religion; unreligious; **morire senza i conforti della r.**, to die without the comfort of religion; to die without the last rites; (*relig. cattolica*) to die without the Last Sacrament; **abbracciare (abiurare) una r.**, to embrace (to abjure) a religion (*o* a faith) 2 (*venerazione, culto*) worship; cult: **la r. della tomba**, the worship of the grave; **Oggigiorno la r. del denaro è più forte che mai**, today the worship of money is stronger than ever; **la r. della morte**, the cult of death; **la r. della patria**, the cult (*o* worship) of one's country; **la r. della famiglia**, the cult of the family 3 (*esattezza scrupolosa*) religious (*o* reverent) care: **Ascoltarono le sue parole con r.**, they listened to his words with religious care. ● (*fig.*) **Non c'è più r.!**, the world's going to Hell (*o* to the dogs)!
religiosaménte, *avv.* 1 religiously; piously; devoutly 2 (*fig.: scrupolosamente*) religiously; scrupulously; with great care.
religiosità, *f.* 1 (*l'essere religioso*) religiousness; devoutness; piety 2 (*fig.: scrupolosa esattezza*) scrupulousness; conscientiousness. ● **con r.**, religiously.
religióso, A *a.* 1 religious; pious; devout: **propaganda religiosa**, religious propaganda; **pratiche religiose**, religious practices; **ordini religiosi**, religious (*o* monastic) orders; **abito r.**, religious habit; **Sua madre è una donna religiosa**, his mother is a pious (*o* a devout) woman; **È un cattolico molto r.**, he's a very devout Catholic; **dottrina religiosa**, religious doctrine; **condurre una vita religiosa**, to lead a religious (*o* a devout, pious) life 2 (*fig.: scrupoloso*) religious; scrupulous: **Per sua madre ha un r. rispetto**, he has a religious respect for his mother; **Agisce sempre con onestà religiosa**, he always acts with scrupulous honesty. ● **matrimonio r.**, church wedding □ **Dovrete osservare un silenzio r.**, you will have to observe absolute silence. B *m.* religious*; (*monaco*) monk; (*frate*) friar: **Vennero due religiosi**, two monks (*o* friars) came.
reliquia, *f.* (*anche fig.*) relic: **una r. sacra**, a holy relic; **le reliquie**

reliquiàrio 1774

dei santi (dei martiri), the relics of saints (of martyrs); **le reliquie di Roma antica**, the relics (*o* the remains) of ancient Rome; **le reliquie del passato**, the relics of the past. ● **conservare q.c. come una r.**, to treasure st. most dearly.

reliquiàrio, *m.* reliquary; shrine; feretory.

relitto, *m.* **1** wreck (*anche fig.*); wreckage; flotsam and jetsam: **un r.**, a piece of wreckage; **relitti galleggianti sul mare**, pieces of wreck (*o* wreckage) floating on the sea; **i relitti della guerra**, the flotsam and jetsam of war **2** (*geol.*) relict land **3** (*fig.*) outcast; down-and-out; derelict. ● **i relitti della società**, the scum of society.

remare, *v. i.* to row; to oar; to stroke. ● **r. a ritmo accelerato**, to row a fast stroke □ **r. bene**, to pull a good oar □ **r. con la pagaia**, to paddle □ **sbagliare un colpo nel r.**, to catch a crab □ **essere spossato a forza di r.**, to be rowed out.

remata, *f.* **1** (*il remare*) row: **farsi una r.**, to go for a row (*o* a pull) **2** (*colpo di remo*) (oar-)stroke.

rematóre, *m.* rower; oarsman*; oar: **essere un buon (cattivo) r.**, to be a good (a bad) oar. ● **i rematori**, the boat's crew □ **a rematori affiancati**, double-banked □ **a una sola fila di rematori**, single-banked.

rematrice, *f.* rower; oarswoman*.

remeggiare, *v. i.* **1** (*remare*) to row; to oar **2** (*fig., lett.: muovere le ali a guisa di remi*) to flap: **un r. di ali**, a flapping of wings.

reméggio, *m.* **1** (*atto del remare*) rowing; oaring **2** (*complesso dei remi*) oarage **3** (*fig.: movimento simile al remare*) flapping.

rèmico, *a.* rowing (*attr.*): **imbarcazione remica**, rowing-boat; row-boat.

remièro, *a.* (*sport*) rowing (*attr.*).

remigante, **A** *a.* rowing; oaring. ● (*zool.*) **penne remiganti**, remiges; wing-quills. **B** *m. e f.* (*lett.: chi rema*) rower; oar. **C** *f. pl.* (*zool.: penne remiganti*) remiges; wing-quills.

remigare, *v. i.* **1** (*lett.: remare*) to row **2** (*d'uccelli*) to flap one's wings.

reminiscènza, *f.* **1** reminiscence; (vague) memory: **la r. del bene (del male) operato**, the reminiscence of the good (the evil) one did; **ridestare reminiscenze della prima giovinezza**, to awaken reminiscences of one's youth **2** (*letter., mus.*) reminiscence: **Vi sono alcune reminiscenze del Keats**, there are some reminiscences of Keats; **musica piena di reminiscenze**, music full of reminiscences.

remisier (*franc.*), *m. invar.* (*Borsa*) half-commission man*.

remissìbile, *a.* remissible; that may be remitted; pardonable: **Non tutte le colpe sono remissibili**, not all faults are remissible; **un peccato r.**, a remissible sin.

remissióne, *f.* **1** (*perdono*) remission; forgiveness; pardon: **la r. dei peccati**, the remission of sins **2** (*condono*) remission; acquittance: **Non posso accordargli la r. di tutto quello che mi deve**, I cannot grant him the remission of all he owes me; **la r. d'un debito**, the remission of a debt **3** (*leg.*) remission; withdrawal: **la r. d'una querela**, the withdrawal of an action **4** (*sottomissione*) submission; submissiveness; compliance: **r. al volere dei genitori**, compliance with the will of one's parents **5** (*med.*) remission; abatement: **Ci fu una r. della febbre**, there was a remission of the fever **6** (*scampo*) way out; escape: **Non c'è r., bisogna che io parta subito**, there is no way out (*o* there is nothing else I can do), I must leave at once; **Non ci fu r., mi fecero rimanere a casa loro**, there was no escape (*o* there was no getting out of it), they made me stay at their house. ● **r. della pena**, pardon □ **senza r.**, unremittingly; without mercy.

remissivaménte, *avv.* submissively; docilely; meekly.

remissività, *f.* submissiveness; meekness; compliancy.

remissivo, *a.* (*condiscendente*) submissive; docile; meek; compliant: **un ragazzo r.**, a submissive boy. ● **avere un carattere r.**, to be docile.

remittènte, *a.* - (*med.*) **febbre r.**, remittent fever.

remittènza, *f.* (*med.*) remission; abatement.

rèmo, *m.* oar; (*palella*) scull; (*pagaia*) paddle; (*r. lungo*) sweep: **un colpo di r.**, an oar-stroke; a stroke; **una barca a remi**, a rowing-boat; a row-boat; **fornito di remi**, provided with oars; oared; **fornire di remi**, to provide with oars. ● **una barca a quattro remi**, a four oar □ **condannare al r.**, to condemn to the galleys □ **mettere in voga i remi**, to start rowing □ **sbagliare un colpo di r.**, to catch a crab □ **tirare i remi in barca**, to boat (*o* to lay in) oars; (*fig.*) to withdraw, to back out (of st.).

Rèmo, *m.* (*stor. romana*) Remus.

rèmolo, *m.* eddy; whirlpool.

rèmora (1), *f.* **1** (*indugio*) delay **2** (*impedimento*) impediment; draw-back **3** (*naut.*) wake.

rèmora (2), *f.* (*zool., Remora remora*) remora; shark sucker.

remòto, *a.* **1** (*lontano, isolato*) distant; remote; far-off; far-away; out-of-the-way; secluded: **luoghi remoti**, out-of-the-way places; far-off; solitary (*o* lonely) spots; **un r. villaggio**, an out-of-the-way (*o* a secluded, solitary) village **2** (*lontano nel tempo*) remote; distant; far-off: **avvenimenti remoti**, remote events; **età remote**, distant ages.

removìbile, *V.* **rimovìbile**.

remunerare, e *deriv. V.* **rimunerare**, e *deriv.*

réna, *f.* sand: **I bambini si divertono a giocare sulla r.**, children enjoy playing on the sands (*o* on the sea-shore); **coprire di r.**, to cover with sand; to sand; (*fig.*) **fabbricare sulla r.**, to build on sand; (*fig.*) **seminare sulla r.**, to plough the sands. ● (*fig.*) **portare r. al lido**, to carry coals to Newcastle.

renàccio, *m.* sandy barren ground.

renàio, *m.* sand-bank; sand-hill.

renaiòlo, *m.* sand-digger.

renale, *a.* (*anat.*) renal; of the kidneys; kidney (*attr.*): **infiammazione r.**, inflammation of the kidneys.

Renània, *f.* (*geogr.*) Rhineland.

renano, *a.* Rhenish; of the Rhine; Rhine (*attr.*): **le regioni renane**, the Rhenish regions; **la valle renana**, the Rhine Valley.

renard (*franc.*), *m. invar.* (*pelliccia di volpe*) fox-fur.

Renata, *f.* Renée.

Renato, *m.* René.

rèndere, **A** *v. t.* **1** to give* back; to return; to restore; to repay*: **Non mi ha reso il libro (i quattrini, le forbici) che gli ho prestato**, he hasn't given me back the book (the money, the scissors) I lent him; **Devo r. questi libri alla biblioteca entro la fine della settimana**, I have to return these books to the library by the end of the week; **r. la vista ai ciechi**, to restore sight to the blind; to make the blind see; **Rese il maltolto ai proprietari legittimi**, he returned (*o* he restored, he gave back) his ill-gotten gains to the rightful owners; **Rendimi mio figlio!**, give me back my son!; **return my son to me!**; **r. la libertà a q.**, to restore sb. to liberty; to set sb. free; **Questo denaro vi sarà reso il più presto possibile**, this money will be repaid to you as soon as possible; (*sulle etichette*) **Vuoto a r.**, please return empties **2** (*contraccambiare*) to return; to repay*; to render: **r. il saluto a q.**, to return (*o* to acknowledge) sb.'s greeting; **r. una visita**, to return (*o* to repay) a visit; **r. bene per male**, to render good for evil; **All'occasione, ti renderò il servizio**, when the occasion arises, I'll repay your kindness; **r. colpo per colpo**, to render blow for blow **3** (*dare, fare*) to render; to give*; to pay*: **r. giustizia ai poveri**, to render justice to the poor; **r. un servizio a q.**, to render sb. a service; to do sb. a favour; **r. le estreme onoranze a q.**, to pay the last honours to sb.; **r. omaggio a q.**, to pay homage to sb.; **r. testimonianza**, to give evidence; to bear witness; **r. conto di q.c.**, to give an account of st.; to account for st.; **Dovrai r. conto delle tue azioni**, you'll have to give account of (*o* to justify, to account for) your actions **4** (*produrre, fruttare*) to produce; to yield; to return; to bear*: **Queste obbligazioni rendono un interesse del cinque per cento**, these bonds bear five per cent interest; **Fra un anno il mio investimento mi renderà il venti per cento**, in a year's time my investment will yield twenty per cent; **Quanto hanno reso queste azioni?**, how much profit have these shares returned?; **Questo terreno renderà un gran raccolto**, this land will produce a big crop **5** (*far diventare, ridurre*) to render; to make*: **r. q. felice (triste)**, to make sb. happy (sad); **r. visibile (invisibile)**, to make visible (invisible); **Quella donna mi rende la vita difficile**, that woman makes my life difficult; **Quella delusione lo ha reso cinico**, that disillusion has made him cynical; **La vecchiaia lo rende più vizioso**, old age makes him all the more depraved; **Il lavoro lo rende nervoso**, his work makes (*o* renders) him nervous; **r. q.c. di pubblica ragione**, to make st. public (*o* known) **6** (*esprimere, rappresentare, riprodurre*) to express; to render: **Il pianista rese molto bene il concerto 21 di Mozart**, the pianist rendered Mozart's 21st Concerto very well (*o* gave an excellent rendering of Mozart's 21st Concerto); **Quell'attore rese molto bene il personaggio di Otello**, that actor rendered Othello very well; **r. un'immagine**, to represent (*o* to reproduce) an image; **Non riesco a r. quello che penso**, I cannot express what I think; **È un'opera che rende bene il disagio sociale del Novecento**, it's a work that well expresses the social unrest of the twentieth century **7** (*tradurre*) to translate; to render: **r. in inglese (in italiano)**, to translate into English (into Italian); **r. parola per parola**, to translate word for word (*o* literally); **È quasi impossibile r. il verso endecasillabo in inglese**, it's almost impossible to render the hendecasyllabic verse (*o* line) in English. ● **r. l'anima a Dio** (*o* **r. l'ultimo respiro**), to breathe one's last □ **r. le armi**, to surrender; to lay down one's arms □ **r. un buon (un cattivo) servizio a q.**, to do sb. a good (a bad) turn □ **r. lode a q.**, to praise (*o* to give praise) to sb. □ (*fig.*) **r. pan per focaccia**, to give tit for tat □ **r. triste**, (*anche*) to sadden; to make sad □ **r. la vita impossibile a q.**, to lead sb. a dog's life □ **Non so se rendo l'idea**, I don't know if I make myself clear (*o* if you see what I mean) □ **Il delitto non rende**, crime does not pay □ **Il mio lavoro non rende molto**, my work is not very remunerative

□ (*Bibbia*) **A ciascuno sarà reso per quel che avrà fatto**, each one will be rewarded for what he has done □ **Dio te ne renda merito!**, God bless you for it! □ **A buon r.!**, my turn next time!

rèndersi, B *v. rifl.* **1** to become*; to make* oneself: **Si rese necessario l'intervento degli alleati**, the Allied intervention became necessary; **r. insopportabile**, to become insufferable; **Ti rendi sempre più ridicolo con queste pose da intellettuale**, you are becoming (*o* are making yourself) more and more ridiculous with all these intellectual airs; **r. inutile**, to become useless; **r. impopolare**, to make oneself unpopular; **r. odioso**, to make oneself hated; **Renditi utile!**, make yourself useful! **2** (*recarsi*) to go*; to proceed: **r. in un luogo**, to go (*o* to make one's way) to a place; **r. a Barcellona**, to proceed to Barcelona. ● **r. certo**, to make sure □ **r. conto di**, (*capire*) to realize; (*capacitarsi di*) to explain: **Non ti rendi conto di quello che hai fatto?**, don't you realize what you've done?; **Non potrai renderti conto delle difficoltà prima di incontrarle**, you won't be able to realize the difficulties before meeting them; **Non so rendermi conto di come sia avvenuto l'incidente**, I can't explain how the accident happened □ **r. persuaso**, to persuade oneself.

rendez-vous (*franc.*), *m. invar.* rendezvous* (*anche astronautica*): **r. orbitale terrestre** (**lunare**), earth (lunar) orbital rendezvous.

rendicónto, *m.* **1** (*comm.*) statement (of accounts); account; report: **fare un r.**, to make a statement of accounts; **r. dei profitti**, revenue account; **un r. delle spese**, a statement of expenses **2** (*atti di un'istituzione*) report of proceedings; minutes (*pl.*); notes (*pl.*) **3** (*narrazione particolareggiata*) account; report.

rendiménto, *m.* **1** rendering: **r. di grazie**, rendering of thanks; thanksgiving; **r. di conti**, rendering of account **2** (*produzione*) yield; production; (*resa*) output: **r. annuo**, yearly production; **il r. di un'azienda**, the yield of a firm; **Qual è il r. per ettaro?**, what is the yield (*o* production) per hectare?; **r. all'ora**, hourly output; **il r. di una miniera**, the output of a mine **3** (*fis.*, *mecc.*) efficiency: **r. del motore**, engine efficiency; (*aeron.*) **r. di propulsione**, propulsive efficiency; **massimo r.**, peak efficiency; **r. meccanico**, mechanical efficiency; **r. termico**, thermal efficiency; **r. totale**, overall efficiency **4** (*r. scolastico*) progress. ● (*mecc.*) **r. effettivo**, rating performance □ **un impiegato di buon** (**di scarso**) **r.**, an efficient (an inefficient) employee □ **lavorare a pieno r.**, to work full time □ **una macchina di gran r.**, a very efficient machine □ **motore ad alto r.**, high-efficiency engine.

rèndita, *f.* **1** (unearned) income; (*unearned*) revenue; (*di pubbliche amministrazioni*) revenue: **vivere di r.**, to live on unearned income; **le rendite del Comune** (**dello Stato**), the revenues of the city council (of the State) **2** (*leg.*, *comm.*) annuity: **r. perpetua**, perpetual annuity; **r. vitalizia**, life annuity **3** (*pl.*, *Borsa*) stock: **rendite ammortizzabili**, redeemable stock; **rendite nominative**, registered stock; **rendite del 4%**, 4% stock.

rène, *m.* (*anat.*) kidney: **r. mobile**, floating kidney; **r. artificiale**, artificial kidney.

renèlla, *f.* (*med.*) gravel.

renétta, *f.* (*mela*) rennet. B *a.* – **mela r.**, rennet.

réni, *f. pl.* (*anat.*) loins; (*schiena*) back: **avere mal di r.**, to have a pain in one's back; to have a backache. ● (*fig.*) **avere le r. rotte**, to be tired out; to be dead beat (*fam.*) □ **il fil delle r.**, the backbone; the spine □ (*fig.*) **rompere le r. a q.**, to give sb. a sound thrashing.

reníccio, *m.* silt.

renifórme, *a.* kidney-shaped; reniform: **una foglia r.**, a reniform leaf.

renina, *f.* (*biol.*) renin.

rènio, *m.* (*chim.*) rhenium.

renitènte, A *a.* reluctant; unwilling; recalcitrant; (*restio*) lo(a)th (*pred.*): **essere r. ai consigli di q.**, to be reluctant (*o* unwilling) to follow sb.'s advice; **essere r. agli ordini**, to be reluctant to orders; to be unwilling (*o* loth) to accept orders. ● (*mil.*) **essere r. alla leva**, to fail to report for military service; to dodge military service; to dodge the draft (*USA*). B *m.* (*mil.*) one who fails to report for military service; draft dodger (*USA*).

renitènza, *f.* reluctance; unwillingness; recalcitrance; recalcitrancy: **r. a ubbidire**, reluctance to obey. ● (*mil.*) **r. alla leva**, failure to report for military service.

rènna, *f.* **1** (*zool.*, *Rangifer tarandus*) reindeer* **2** (*pelle di r.*) buckskin.

Réno, *m.* (*geogr.*) (the) Rhine.

renosità, *f.* sandiness.

renóso, *a.* sandy: **terreno r.**, sandy soil.

rentrée (*franc.*), *f. invar.* return; reappearance.

rèo, A *a.* **1** (*leg.*) guilty: **essere reo d'alto tradimento** (**d'omicidio**, **ecc.**), to be guilty of high treason (of murder, etc.) **2** (*lett.*: *malvagio*) wicked; evil: **un uomo reo**, a wicked man. B *m.* **1** (*leg.*) offender; culprit; criminal **2** (*lett.*: *persona malvagia*) wicked person ● (*leg.*) **reo confesso**, accused confessed guilty.

reobàrbaro, *V.* rabàrbaro.

reòforo, *m.* (*elettr.*) rheophore.

reògrafo, *m.* (*elettr.*) rheograph.

reologia, *f.* (*chim.*, *fis.*) rheology.

reòmetro, *m.* (*elettr.*) rheometer; galvanometer.

reoscòpio, *m.* (*elettr.*) rheoscope.

reostàtico, *a.* (*elettr.*) rheostatic.

reòstato, *m.* (*elettr.*) rheostat: **un r. di avviamento**, a starting rheostat (*o* resistance); **un r. di campo**, a field rheostat; **un r. regolatore di velocità**, a speed-regulating rheostat.

reòtomo, *m.* (*fis.*) rheotome.

reotropismo, *m.* (*biol.*) rheotropism.

reparto, *m.* **1** (*compartimento*, *sezione*) department; division; section; (*di ospedale*) ward; (*di officina*) bay; shop: **r. collaudi**, testing department; **r. di vendita**, sales department; **il r. degli abiti per uomo**, the men's clothing department; **il capo r.**, the head of a department; (*mecc.*) **r. montaggio**, fitting shop **2** (*mil.*) unit; detachment; party: **un r. di fanteria**, a detachment of infantry.

repêchage (*franc.*), *m. invar.* (*sport*) «repechage» (second-chance trial heat).

repellènte, *a.* (*anche fig.*) repellent; repelling; repulsive: **forze repellenti**, repulsive forces; **un uomo r.**, a repulsive (*o* a repugnant) man.

repellènza, *f.* (*chim.*) repellency.

repentàglio, *m.* risk; danger; hazard; jeopardy. ● **mettere a r.**, to risk; to hazard; to jeopardize □ **mettere a r. la propria reputazione**, to risk one's reputation.

repènte, (*lett.*) A *a.* sudden: **ira r.**, sudden rage ● **di r.**, all of a sudden; on a sudden; suddenly. B *avv.* suddenly; all of a sudden; on a sudden.

repentinità, *f.* suddenness; unexpectedness.

repentino, *a.* sudden; unexpected; (*rapido*) hasty: **un r. cambiamento del tempo**, a sudden change in the weather; **una morte repentina**, a sudden death; **una partenza repentina**, a sudden (*o* hasty) departure. ● **prendere una risoluzione repentina**, to make up one's mind in less than no time.

reperibile, *a.* to be found (*pred.*); traceable; (*disponibile*) available: **La ragazza non è r. da nessuna parte**, the girl is nowhere to be found.

reperibilità, *f.* availability.

reperiménto, *m.* finding; tracing; (*elab.*) retrieval: **r. di informazioni**, information retrieval.

reperire, *v. t.* to find*; to trace; (*elab.*) to retrieve.

repertare, *v. t.* **1** (*leg.*) to produce; to exhibit; to submit: **r. prove**, to produce evidence **2** (*trovare*) to find*.

repèrto, *m.* **1** (*anche archeol.*) find **2** (*leg.*) exhibit **3** (*med.*) (medical) report.

repertòrio, *m.* **1** (*indice*) index*; list; inventory **2** (*teatr.*) «repertoire»; repertory. ● **mettere a r.**, to index.

rèplica, *f.* **1** (*il replicare*, *la cosa replicata*) repetition; reiteration: **la r. d'una ricetta**, the repetition of a prescription **2** (*teatr.*) repeat performance **3** (*d'opera d'arte*) replica; duplicate: **Quel quadro è una r. o una copia?**, is that picture a replica or a copy?; **fare una r. di un quadro**, to make a replica of a picture; to replicate a picture **4** (*risposta*) reply; answer; replication: **Non ho ricevuto finora nessuna r. alla mia del 3 ottobre**, up to now I have had no reply to my letter of the 3rd October; **Ecco la mia r.**, this is my answer to it **5** (*obiezione*) objection; retort: **Devi ubbidire senza r.**, you must obey without raising any objections; **una r. spiritosa**, a witty retort; a repartee **6** (*leg.*) repleader. ● (*leg.*) **r. della difesa**, rebutter; rejoinder □ (*teatr.*) **avere dieci** (**venti**, **ecc.**) **repliche**, to have a run of ten (twenty, etc.) successive nights □ (*teatr.*) **avere molte repliche**, to have a long run.

replicàbile, *a.* repeatable; reiterable.

replicare, *v. t.* **1** (*fare di nuovo*) to repeat; to do* over again; to make* over again; to reiterate: **r. un'esperienza**, to repeat an experience; **r. un esercizio**, to repeat an exercise; to do an exercise over again **2** (*dire di nuovo*) to repeat; to say* over again; to reiterate: **Sono stanco di r. le stesse cose**, I am tired of repeating the same things (*o* of saying the same things over and over again) **3** (*controbattere*) to retort; to object; to answer back (*fam.*): **Non r.!**, don't answer back **4** (*rispondere*) to reply; to answer: **Egli mi scrisse, ma io non replicai**, he wrote to me, but I did not reply **5** (*teatr.*) to repeat; to perform (again). ● **C'è poco da r.!**, there is not much to say against it!

reportage (*franc.*), *m.* report; reportage: **r. di guerra**, war report.

reporter (*ingl.*), *m. e f.* reporter.

repressióne, *f.* repression (*anche psic.*); repressing: **la r. d'un tumulto**, the repression (*o* putting down) of a riot; **la r. dell'accattonaggio**, the repression of beggary.

repressivo, *a.* repressive: **leggi repressive**, repressive laws.

represso, *a.* repressed (*anche psic.*); subdued: **sollevazioni represse**, repressed riots; **sentimenti repressi**, repressed feelings.
repressóre, A *m.* repressor, represser. **B** *a.* repressive.
reprimènda, *f.* reprimand; (severe) reproof; rebuke. ● **fare una r.**, to reprimand; to reprove; to rebuke.
reprimere, A *v. t.* **1** (*domare con la forza*) to repress; (*sopprimere*) to suppress, to put* down: **r. una rivolta**, to repress (*o* to put down) a rising **2** (*raffrenare*) to repress; to restrain; to check; to hold* back: **r. i propri sentimenti**, to restrain one's feelings; **r. l'ira**, to restrain (*o* to check) one's anger; **r. le lacrime**, to restrain one's tears; to refrain from tears. **reprimersi, B** *v. rifl.* to restrain oneself; to hold* in; (*dominarsi*) to control oneself.
reprimibile, *a.* (*scient.*) repressible.
reprimibilità, *f.* (*scient.*) repressibility.
règrobo, A *a.* reprobate (*anche relig.*); unprincipled; (*malvagio*) evil, wicked; **spiriti reprobi**, reprobate spirits. **B** *m.* reprobate (*anche relig.*); unprincipled person: **Molti sono i reprobi, pochi gli eletti**, many are the reprobates, few the elect.
reps (*franc.*), *m.* (*ind. tessile*) rep, repp.
reptante, *a.* (*zool.*) reptant; repent.
reptatòrio, *a.* (*zool.*) reptatory; reptatorial.
reptazióne, *f.* (*zool.*) reptation.
repùbblica, *f.* **1** republic: **una r. democratica (aristocratica, oligarchica)**, a democratic (an aristocratic, an oligarchic) republic; **una r. federativa**, a federal republic; **la R. Italiana**, the Italian Republic; **la R. di San Marino**, the Republic of San Marino; **l'antica R. Romana**, the ancient Roman Republic; **le repubbliche italiane del Medioevo**, the medieval Italian republics **2** (*fig.*) republic; commonwealth: **la r. letteraria (o delle lettere)**, the republic of letters; **la r. degli artisti**, the commonwealth of artists **3** (*fam.: confusione, disordine*) confusion; disorder; mess: **In quella casa c'è la r.**, in that house there is a lot of confusion. ● (*stor.*) **la r. inglese** (1649-1660), the Commonwealth □ **reggersi a r.**, to have a republican government.
repubblicanésimo, *m.* (*polit.*) republicanism.
repubblicano, *a. e m.* republican: **un governo r.**, a republican government; **il partito r.**, the Republican party; **istituzioni repubblicane**, republican institutions; **sentimenti repubblicani**, republican sentiments.
repubblichino, *a. e m.* (*stor.*) Republican-Fascist.
repùdio, e *deriv.* V. **ripùdio**, e *deriv.*
repugnare, e *deriv.* V. **ripugnare**, e *deriv.*
repulisti, *m.* – (*fam. e scherz.*) **far r.**, to make a clean sweep (of st.).
repulsióne, *f.* (*fis.*) repulsion.
repulsivo, V. **ripulsivo**.
repulsóre, *m.* (*ferr.*) buffer.
reputare, A *v. t.* to repute (*nella forma passiva*); to consider; to think*; to deem: **Lo reputano un uomo onesto**, he is reputed (to be) an honest man; **Tutti la reputano una bravissima ragazza**, she is generally considered to be a very clever girl; **Reputo la sua condotta vergognosa**, I consider him (*o* her) to have acted disgracefully; **Lo reputavo necessario**, I thought it necessary. **reputarsi, B** *v. rifl.* to consider oneself: **Si reputano un gran che**, they consider themselves very important; they have too high an opinion of themselves.
reputazióne, *f.* reputation; repute; credit; standing: **godere d'una buona r.**, to have (*o* to enjoy) a good reputation; **rovinarsi la r.**, to lose one's reputation.
rèquie, A *f.* rest; peace: **Povera donna... non ha mai un minuto di r.**, poor woman! she never has a moment's peace (*o* any rest); **trovare un po' di r.**, to find some peace; **non avere (non dare) r.**, to have (to give) no peace. ● **senza r.**, incessantly; unceasingly. **B** *m.* V. **rèquiem**.
rèquiem, *m. e f.* (*relig.*) requiem; prayer for the dead. ● (*relig., mus.*) **Messa di r.**, (Mass of) Requiem.
requirènte, *a.* (*leg.*) investigating; examining; inquiring.
requisire, *v. t.* (*specialm. mil.*) to requisition; to commandeer: **r. cavalli per le truppe**, to requisition horses for the troops.
requisito, *m.* requisite; requirement; qualification: **Il primo r. di un buon scrittore è la chiarezza**, the first requisite in a good writer is lucidity; **requisiti di servizio**, service requirements; **i requisiti d'ammissione**, the requisitions for admission; **avere i massimi requisiti**, to have the highest qualifications. ● **r. indispensabile**, prerequisite (*anche leg.*).
requisitòria, *f.* **1** (*leg.*) public prosecutor's statement of charges (against) and penalty called for **2** (*per estens.: severo rimprovero*) reprimand.
requisizióne, *f.* (*specialm. mil.*) requisition; commandeering: **una r. di vettovaglie per l'esercito**, a requisition of provisions for the army.
résa, *f.* **1** (*mil.*) surrender: **la r. d'una città**, the surrender of a town; **le condizioni della r.**, the terms of surrender; **r. senza condizioni**, unconditional surrender; **intimare la r. al nemico**, to summon the enemy to surrender **2** (*restituzione*) return; restitution; repayment; (*comm.*) rendering: **la r. dei giornali invenduti**, the return of unsold newspapers; **chiedere la r. di un prestito**, to require repayment of a loan; **la r. dei conti**, the rendering (*o* settling) of accounts **3** (*reddito, rendimento*) yield; take; profit: **la r. garantita (stimata)**, the guaranteed (estimated) yield; **la r. in peso**, the yield in weight. ● (*fig.*) **la r. dei conti**, the crunch □ **un podere di pochissima r.**, a farm that yields very little; an unprofitable farm.
rescindènte, *a.* rescinding.
rescindere, *v. t.* to rescind; to cancel; to annul; to avoid; to terminate: **r. un contratto**, to rescind (*o* to avoid) a contract; **avere la facoltà di r. il contratto**, to have the power of rescinding the contract; **r. il contratto d'impiego con q.**, to terminate sb.'s employment.
rescindibile, *a.* rescindable; cancellable; annullable; avoidable.
rescindibilità, *f.* (*leg.*) rescindability.
rescissióne, *f.* rescission; cancellation; annulment; avoidance; termination: **la r. d'un contratto**, the rescission (*o* cancellation) of a contract; **in caso di r.**, in case of rescission.
rescissòrio, *a.* (*leg.*) rescissory.
rescritto, *m.* (*leg., stor., relig.*) rescript.
resecare, *v. t.* **1** (*tagliar via*) to cut* off (*o* away); to remove: **r. i rami d'un albero**, to cut off the branches of a tree **2** (*med.*) to resect: **r. i tendini**, to resect the tendons.
resèda, *f.* (*bot.*, *Reseda odorata*) mignonette.
resezióne, *f.* (*med.*) resection: **la r. dell'osso**, the resection of the bone.
residènte, A *a.* resident; residing: **la popolazione r.**, the resident population; **un ministro r.**, a minister resident. **B** *m. e f.* resident. **C** *m.* (*ministro r.*) (minister) resident.
residènza, *f.* **1** (*il risiedere, luogo ove si risiede*) residence; abode: **C'è obbligo di r.**, residence is required; **il proprio luogo di r.**, one's place of residence (*o* abode); **essere di r. in un luogo**, to have one's residence in (*o* at) a place; to reside in (*o* at) a place; **essere di r. all'estero**, to have one's residence abroad; to reside abroad; **essere senza r. fissa**, to have no fixed residence; **fissare (*o* stabilire) la propria r. in una città**, to take up one's residence in a town **2** (*per estens.: edificio in cui si abita*) (place of) residence; building; dwelling-place: **una r. lussuosa**, a luxury building **3** (*sede fissa*) seat; residence: **La r. del governo è a Roma**, the seat of the government is in Rome. ● **r. stabile**, domicile.
residenziale, *a.* residential: **il quartiere r.**, the residential quarter.
residuale, *a.* residual.
residuare, *v. i.* to remain; to be left over.
residuato, A *a.* residual; remaining; left over. **B** *m.* surplus; residue: **r. bellico**, war surplus.
residuo, A *a.* residual; residuary; remanent; remaining; left over: (*fis.*) **magnetismo r.**, remanent (*o* residual) magnetism; **la somma residua**, the residual amount. **B** *m.* **1** (*ciò che resta*) residue; remainder; residual product: **i residui della combustione**, the residual combustion products **2** (*mat.*) remainder **3** (*chim.*) residue; foot: **un r. catramoso**, a tarry residue **4** (*pl., comm.*) surplus; balance. ● (*chim.*) **r. della calcinazione**, calx □ (*comm.*) **residui di merci invendute**, left-over stock (*sing.*) □ (*ind.*) **r. di scarto**, tailings (*pl.*).
resiliènte, *a.* (*fis., mecc.*) resilient.
resiliènza, *f.* (*fis., mecc.*) resilience, resiliency. ● **prova di r.**, impact test.
rèsina, *f.* resin; rosin: **r. di pino**, pine resin; **r. minerale**, fossil resin; **resine sintetiche**, synthetic resins; resinoids; **resine stratificanti**, laminating resins; **resine termoplastiche**, thermoplastic resins; **colla di r.**, resin size.
resinàceo, *a.* resinous; resiny.
resinare, *v. t.* **1** to tap resin from: **r. i pini**, to tap resin from a pine **2** (*ind. tessile*) to resin.
resinato, A *a.* treated with resin; resinated. **B** *m.* (*chim.*) resinate.
resinatura, *f.* **1** resin tapping **2** (*ind. tessile*) resin finish.
resinìfero, *a.* resin-yielding; resiniferous; resinogenous.
resinificare, A *v. t.* to resinify. **resinificarsi, B** *v. rifl.* to resinify; to become* resinous.
resinificazióne, *f.* (*chim.*) resinification.
resinóso, *a.* resinous (*anche elettr.*): **sostanze resinose**, resinous substances; **una pianta resinosa**, a resinous plant.
resipiscènte, *a.* (*lett.*) resipiscent; repentant.
resipiscènza, *f.* (*lett.*) resipiscence; repentance.
resistènte, *a.* **1** resistant; resisting; (*nei composti*) -proof: **r. al calore**, heat-resisting; heat-proof; **r. al fuoco**, fire-proof; **r. al gelo**, frost-proof; **r. alle intemperie**, weather-proof; **r. agli alcali**, alkali-proof; **r. agli acidi**, acid-proof **2** (*forte*) strong; (*duro*)

hard: stoffa r., strong material **3** (*di colore*) fast: **colori resistenti**, fast colours **4** (*bot.*) hardy. ● **essere r. alla fatica**, to be capable of physical endurance; to have a tough physique.

resistènza, *f.* **1** resistance (*anche fig.*); (*forza di sopportare un dolore, ecc.*) endurance: **opporre r.**, to offer resistance; **r. attiva (passiva)**, active (passive) resistance; **r. all'autorità**, resistance to authority; **vincere la r.**, to overcome (*o* to wear down) resistance; **essere alla fine della r.**, to be at the end of one's endurance (*o* of one's tether); **dimostrare notevole capacità di r.**, to show remarkable powers of endurance; **r. alla fatica**, resistance against (*o* to) fatigue; **fiaccare la r. di q.**, to weaken the resistance of sb. **2** (*scient.*) resistance; strength: **la r. dell'aria (dell'acqua) a un corpo**, the resistance of the air (of the water) to a body; **r. di attrito**, frictional resistance; **r. alla rottura**, tensile strength; **r. d'avviamento**, (*mecc.*) starting resistance; (*fis.*) starting resistor; (*fis.*) **r. di terra**, earth resistance; (*radio*) **r. anodica**, plate resistance; (*fis.*) **r. acustica**, acoustic resistance; (*edil.*) **r. elastica**, elastic strength; (*fis.*) **r. al calore (al freddo)**, resistance to heat (to cold); (*metall.*) **r. alla corrosione**, corrosion strength; (*fis.*) **r. di contatto**, contact resistance; (*fis.*) **r. autoregolatrice**, ballast resistance; (*radio*) **r. dinamica**, dynamic resistance; (*fis.*) **r. riduttrice di tensione**, voltage-reducing resistance **3** (*elettr.*) resistor; resistance(-coil): **r. di polarizzazione**, bias resistor **4** – (*polit.*) **la R.**, the Resistance. ● (*fis.*) **r. aerodinamica**, drag □ (*aeron.*) **r. indotta**, induced drag □ (*fis.*) **coefficiente di r.**, drag coefficient □ (*sport*) **gara di r.**, endurance test; enduro (*fam.*) □ **prova di r.**, endurance test (*o* trial) □ **stoffa di grande r.**, hard-wearing material.

resistenziale, *a.* (*polit.*) Resistance (*attr.*): **un movimento r.**, a Resistance movement.

resìstere, *v. i.* **1** (*anche fig.*) to resist, to withstand* (sb., st.); (*tener duro*) to hold* out (against sb., st.): **r. al nemico**, to resist the enemy; **La capanna resistette alle intemperie**, the hut resisted (*o* withstood) the inclement weather; **r. a un assedio**, to withstand a siege; **r. alle tentazioni**, to resist temptation; **La quercia resiste all'impeto dei venti**, the oak withstands the force of the winds; **Dopo i pasti, non so r. a una sigaretta**, after meals, I can't resist a cigarette; **Fino a quando potrà r. il nemico?**, how long will the enemy be able to hold out?; **Resisterò ancora un po' alla sua offerta**, I'll hold out a little bit yet against his offer; **r. fino alla fine**, to hold out (*o* on) to the last **2** (*sopportare*) to endure; to bear*; to bear* up (against); to put* up (with): **r. alla sfortuna**, to bear up against misfortune; **r. alla fame (al dolore)**, to endure (*o* to bear) hunger (pain); **Non poté più r. a quelle ingiurie (a quelle provocazioni)**, he couldn't put up with those insults (with those provocations) any longer; **Con quel padrone nessuno ha potuto r.**, nobody could put up with that boss; **A sentirlo parlare così, non resistetti e ruppi in pianto**, I couldn't bear (*o* stand) hearing him speak like that, and I burst into tears **3** (*reggere*) to stand*; to be resistant (to); to be proof (against): **Queste piante potranno r. a un clima rigido**, these plants will be able to stand a rigid climate; **Questa terraglia resiste al fuoco**, this pottery is resistant to fire (*o* is fireproof); **r. agli acidi**, to be acid-proof; **r. alla prova**, to stand the test. ● (*edil.*) **r. allo sforzo**, to take the stress □ **Non ci resisto più**, I can't go on any longer; I can't stand it any more.

resistività, *f.* (*elettr.*) resistivity: **r. magnetica**, magnetic resistivity.

resistivo, *a.* (*elettr.*) resistive.

resistóre, *m.* (*elettr.*) resistor.

rèso, *m.* (*zool.*, *Macacus rhesus*) rhesus (monkey).

resocontista, *m. e f.* reporter.

resocónto, *m.* account (of facts, of proceedings); statement (of facts); report; (*relazione*) relation: **il r. sportivo**, the sporting record; **un r. dei fatti**, a statement of facts; **fare un r.**, to give an account; to make a report. ● **r. aggiornato**, update.

resorcina, *f.* (*chim.*) resorcin; resorcinol.

respingènte, **A** *a.* repellent; repelling. **B** *m.* (*ferr.*) buffer; bumper (*USA*): **un r. a molla**, a spring buffer. ● (*ferr.*) **r. fisso**, bumping-post.

respìngere, *v. t.* **1** (*spingere indietro*) to repel; to drive* back; to push back; to repulse: **r. il nemico**, to repel (*o* to drive back) the enemy; **r. un assalitore**, to repel an assailant; **r. un attacco**, to repel (*o* to drive back) an attack; **r. un assalto (*o* to repulse) an assault (*anche fig.*); **r. la tentazione**, to repel (*o* to resist) temptation **2** (*non accettare*) to reject; to turn down; to refuse to accept: **r. una domanda (un'offerta, ecc.)**, to reject a request (an offer, etc.); **r. una proposta**, to reject (*o* to turn down) a proposal; to shoot down a proposal (*fam.*) **3** (*rimandare al mittente*) to return; to send* back: **In caso di mancata consegna, r. al mittente**, in case of non-delivery, return to the sender; **r. una lettera (un pacco, ecc.)**, to return a letter (a parcel, etc.) **4** (*bocciare in un esame*) to reject; to fail; to plough (*fam.*); to pluck (*fam.*); to flunk out (*fam. USA*): **r. un candidato a un esame**, to reject (*o* to fail) a candidate in an examination; **essere respinto agli esami**, to fail in one's examinations; to be ploughed (*fam.*); **Fu respinto in latino**, he failed in Latin **5** (*fis.*) to repel.

respingiménto, *m.* **1** (*lo spingere indietro*) repulsion; repelling; driving back **2** (*il non accettare*) rejection; turning down.

respìnta, *f.* (*nel calcio*) kick back; clearance.

respìnto, **A** *a.* **1** (*rigettato*) rejected **2** (*bocciato in un esame*) rejected; failed; ploughed (*fam.*); plucked (*fam.*); flunked (*fam. USA*). **B** *m.* failed candidate; flunker (*fam. USA*): **Ci sono stati venti promossi e tre respinti**, there were twenty successful and three failed candidates.

respiràbile, *a.* breathable; respirable: **aria r.**, breathable air.

respirabilità, *f.* breathableness; respirableness.

respiràre, **A** *v. i.* **1** to breathe; to respire: **I pesci respirano con le branchie**, fish breathe with gills; **Anche le piante respirano**, also plants respire; **r. a fatica**, to breathe hard; **r. a pieni polmoni**, to breathe deeply; **r. liberamente**, to breathe freely **2** (*fig.*) to breathe again; to be relieved: **Ora comincio a r.**, I'm beginning to breathe again (*o* to feel at my ease now); **A quella notizia respirai**, when I heard the news, I was greatly relieved **3** (*vivere*) to be still breathing; to be still alive: **Quando arrivai, egli respirava ancora**, when I arrived, he was still breathing (*o* alive) **4** (*riprendere fiato*) to take* breath; to get* one's breath: **Lasciatemi r. e poi vi risponderò**, let me get my breath, then I'll answer you. **B** *v. t.* to breathe: **Sono libero come l'aria che respiro**, I am as free as the air I breathe; **r. aria buona**, to breathe good (*o* fresh) air. ● **non avere tempo di r.**, not to have a moment to spare □ **Sono stanco di r. quest'aria**, I am tired of staying here; I'm fed up with this place (*fam.*).

respiratóre, *m.* **1** (*med.*) respirator **2** (*per immersioni subacquee*) aqualung **3** (*aeron.*) oxygen breathing set.

respiratòrio, *a.* respiratory; breathing: **gli organi respiratori**, the respiratory (*o* breathing) organs; **le funzioni respiratorie**, the respiratory functions.

respirazióne, *f.* respiration; breathing: **Mentre nell'uomo e negli animali superiori la r. avviene per mezzo dei polmoni, nei pesci si effettua per mezzo delle branchie**, while in man and the higher animals respiration is carried on by the lungs, in fishes it is effected by the gills; **la r. vegetale**, respiration in plants; **r. artificiale**, artificial respiration; **la r. cutanea**, porous respiration; **r. bocca a bocca**, rescue breathing; mouth-to-mouth breathing. ● **organi della r.**, respiratory (*o* breathing) organs.

respìro, *m.* **1** (*il respirare*) breathing: **Si sentiva il r. del bambino**, one could hear the child's breathing **2** (*singolo movimento della respirazione*) breath: **fare un r. profondo**, to take a deep breath; **perdere il r.**, to lose one's breath; **trattenere il r.**, to hold (*o* to catch) one's breath; **un tanfo che mozza il r.**, a breath-taking smell; **una velocità da togliere il r.**, a breath-taking speed **3** (*fig.*: *breve pausa, riposo*) respite; rest: **non avere mai un minuto di r.**, never to have a moment's rest **4** (*fig.*: *differimento nei pagamenti, nella consegna di merci, ecc.*) respite; delay: **Mi dia un po' di r. e pagherò il mio debito**, give me some respite, and I'll pay my debt; **accordare un breve r. per il pagamento d'una fattura**, to grant a short respite for the payment of an invoice **5** (*metall.*) gas vent. ● **un r. di sollievo**, a sigh of relief □ **avere il r. corto**, to be short of breath □ (*fig.*) **di vasto r.**, wide-ranging; far-reaching: **un'opera di vasto r.**, a far-reaching work □ **fino all'ultimo r.**, to the last □ **mancanza di r.**, breathlessness □ **mandare l'ultimo r.**, to breathe one's last □ **senza r.**, breathless.

responsàbile, **A** *a.* responsible; answerable; accountable; liable: **Vi riteniamo personalmente r. di...**, we hold you personally responsible for...; **Ti terrò r. delle conseguenze**, I shall hold you responsible for the consequences; **essere r. davanti a Dio**, to be responsible before God; **essere r. di q.c.**, to be responsible for st.; to answer for st.; **Mi faccio r. io di ciò**, I'll answer for that; **essere ritenuto r. di q.c.**, to be held responsible (*o* accountable) for st. ● **non essere r. delle proprie azioni**, to be beside oneself; to be off one's head. **B** *m. e f.* **1** person in charge **2** (*capo*) head.

responsabilità, *f.* responsibility; liability: **Lo feci sotto la mia r.**, I did it on my own responsibility; **La r. è del funzionario**, responsibility rests with the officer; **La r. ricade interamente su di voi**, the responsibility rests entirely with you; **Non incorrete in nessuna r.**, you will incur no liability; **una grave r.**, a heavy responsibility; **r. individuale e solidale**, joint and several liability; **r. penale**, criminal liability; **r. limitata (illimitata)**, limited (unlimited) liability; **assumere la r. di q.c.**, to assume (*o* to take upon oneself) the responsibility for st.; **dividere la r. con q. altro**, to share the responsibility with sb. else; **senza r. da parte nostra**, without any responsibility on our part. ● **una carica di r.**, a responsible office □ (*fig.*) **palleggiarsi le r.**, to pass the buck (*fam.*).

responsabilizzàre, **A** *v. t.* to make* (sb.) assume a responsibility. **responsabilizzàrsi**, **B** *v. rifl.* to assume (*o*

responsabilizzazióne, to take* upon oneself) a responsibility.
responsabilizzazióne, *f.* **1** responsibleness **2** definition of responsibilities.
responsabilménte, *avv.* responsibly.
respònso, *m.* **1** (*di oracolo*) response; (oracular) answer: **L'antico oracolo a cui i Greci solevano chiedere responsi**, the ancient oracle from which the Greeks used to seek responses **2** (*giudizio pronunziato da q., anche scherz.*) opinion: **il r. medico**, the doctor's opinion; **Egli mi ha dato finalmente il suo alto r.!**, he has given me his precious opinion at last! **3** (*leg.*) verdict.
responsoriale, *m.* (*relig.*) responsorial.
responsòrio, *m.* (*relig.*) responsory; response.
rèssa, *f.* (*calca di persone*) crowd; throng; crush; press; rush of people: **C'è una gran r. nelle strade**, there is a large crowd in the streets. ● **fare r.**, to crowd; to throng.
rèsta (1), *f.* **1** (*bot.*) awn; beard **2** (*lisca di pesce*) fish-bone.
rèsta (2), *f.* (*filza*) string: **una r. di cipolle (di agli, ecc.)**, a string of onions (garlic, etc.).
rèsta (3), *f.* (*stor.*) rest: **con la lancia in r.**, with lance in rest.
restante, A *a.* remaining; left over: **la parte r.**, the remaining part; **il denaro r.**, the money left over. **B** *m.* remainder; rest.
restare, *v. i.* **1** (*rimanere, non andarsene*) to stay; to remain: **Resta con me!**, stay with me; **Restate lì!**, stay where you are!; don't move!; **Oggi resto in casa**, I am staying at home (*o* I'm staying in) to-day; **I bambini restarono alzati fino alle nove**, the children stayed up till nine; **Restammo fuori fino a buio**, we stayed out until it was dark; **Ci restai per alcuni giorni**, I stayed (*o* stopped) there for a few days; **Devi pensare a chi resta**, you must think of those who remain; **r. a letto**, to stay in bed **2** (*fermarsi*) to stop; to pause: **Io resto qui**, I'll stop here; **r. a mezza strada**, to stop half-way **3** (*essere posto, trovarsi*) to be situated; to stand*; to lie*: **Non so dove resti la loro casa**, I don't know where their house is situated; **La mia bottega resta a sinistra**, my shop stands on the left; **Il paese resta in fondo alla valle**, the village lies at the bottom of the valley **4** (*essere grandemente meravigliato*) to be taken aback; to be greatly surprised: **A sentirgli fare quei discorsi, restammo**, we were taken aback when we heard him speak like that; **Quando lo vidi, restai**, I was greatly surprised when I saw him (*o* at seeing him) **5** (*essere, diventare*) to be; to become*: **r. sorpreso** (**sbalordito, ecc.**), to be surprised (astonished, etc.); **r. in dubbio**, to be doubtful; **r. pienamente soddisfatto**, to be quite satisfied; **restare male** (*o* **deluso**), to be disappointed; **r. ferito**, to be wounded; **r. vedova**, to become a widow **6** (*rimanere, essere lasciato*) to be left: **r. orfano**, to be left an orphan; **r. al buio**, to be left in the dark; **r. solo in casa**, to be left in the house alone; **r. al verde**, to be left penniless; **r. in asso**, to be left in the lurch **7** (*avanzare, esserci ancora*) to remain; to be left; to be left over; to have (st.) left (*v. pers.*): **Se da cinque tolgo quattro, resta uno**, if you take four from five, one remains; four from five leaves one; **Mi restano solo dieci sterline**, I've only ten pounds left; **Mi restano ancora cinque sterline**, I've five pounds left over; **Non me ne restano che due**, I have only two left; **Non mi resta più niente**, I have nothing left; **Quanto resta?**, how much is left over?; **Resta a vedere (se è vero)**, it remains to be seen; that remains to be proved **8** (*mettersi d'accordo*) to agree; to settle; to leave* it: **Restarono così: lui sarebbe partito subito e la moglie lo avrebbe raggiunto il giorno dopo**, they agreed that he would leave at once, and his wife would join him the day after; **Restiamo che ti telefono io**, let's leave it that I'll call you **9** (*essere preso*) to be caught: **Misi una trappola e ci restò un topo**, I set a trap, and a mouse was caught in it **10** (*durare, resistere*) to stay; to last: **Egli non resterà a lungo in carica**, he won't stay long in office. ● **r. a galla**, to keep afloat □ **r. in contatto con q.**, to keep in touch with sb. □ **r. indietro**, to remain (*o* to fall*, to get*) behind: **Ero stanco e restai indietro**, I was tired and fell behind □ **r. (morto) sul colpo**, to be struck dead on the spot □ **Resti fra noi!**, don't breathe a word of it; this must be confidential □ **Che cosa mi resta da fare?**, what else can I do? □ **Non mi resta altro da fare**, this is the only thing I can do □ **Ci resta molto da fare**, we still have a lot to do □ **Non mi resta che andare**, I can but go.
restauràbile, *a.* restorable.
restaurare, *v. t.* **1** (*rinnovare, riparare*) to restore; to repair: **r. una casa** (**una chiesa, un monumento, ecc.**), to restore a house (a church, a monument, etc.); **r. un quadro**, to restore a painting **2** (*ripristinare*) to restore; to re-establish; to reinstate: **r. la monarchia**, to restore the monarchy.
restaurativo, *a.* restorative.
restauratóre, *m.* restorer: **r. di mobili**, furniture restorer; **il r. d'un monumento**, the restorer of a monument.
restaurazióne, *f.* restoration; re-establishment; reinstatement: **la r. della monarchia in Grecia**, the re-establishment of the monarchy in Greece; **la r. dei Borboni**, the reinstatement of the Bourbons; (*stor.*) **la R.**, the Restoration.
restàuro, *m.* restoration; repairs (*pl.*): **fare dei restauri**, to make restorations; **il r. di un quadro**, the restoration of a painting.
restio, *a.* (*di animale*) restive; jibbing; balky: **un cavallo r.**, a balky horse **2** (*fig.*) reluctant; unwilling; lo(a)th: **Era r. a partire**, he was reluctant to leave; **essere r. ad accettare q.c.**, to be reluctant to accept st.; **essere r. a obbedire**, to be unwilling to obey; **essere r. a confessare q.c.**, to be loath to confess st.
restituibile, *a.* returnable; (*rimborsabile*) repayable; reimbursable, refundable: **recipienti restituibili porto franco**, containers returnable carriage paid.
restituire, *v. t.* **1** (*rendere*) to return; to give* back; to render; (*rispedire*) to send* back; (*rimborsare*) to repay*, to pay* back, to reimburse, to refund: **Il denaro venne restituito**, the money was given back (*o* refunded); **Quando mi restituirai il libro che ti prestai?**, when will you return me (*o* give me back) the book I lent you?; **r. un libro preso in prestito**, to return a borrowed book; **r. la merce**, to return (*o* to send back) the goods; **r. una visita**, to return (*o* to repay) a visit **2** (*rimettere nello stato primitivo*) to restore; to bring* back to: **r. la forma a q.c.**, to bring st. back to its former shape **3** (*reintegrare, ristabilire*) to restore; to reinstate: **r. q. nei propri diritti**, to restore sb. to one's rights; **r. q. nel suo vecchio impiego**, to restore sb. to one's old post. ● **r. denaro rubato**, to replace stolen money □ **r. un torto**, to retaliate a wrong.
restitutóre, *m.* **1** (*chi restituisce*) returner **2** (*restauratore*) restorer.
restitutòrio, *a.* (*leg.*) restitutory.
restituzióne, *f.* **1** (*il restituire*) restitution; return; (*rimborso*) repayment, paying back, reimbursement, refund: **la r. di proprietà confiscata**, the restitution of confiscated property; **chiedere la r. di un prestito**, to ask for the return of a loan **2** (*reintegrazione*) restoration; reinstatement **3** (*filol.*) emendation: **la r. d'un testo**, the emendation of a text.
rèsto, *m.* **1** remainder; rest: **Il r. dovrai farlo tu**, the rest is up to you; **il r. del tempo** (**del giorno, della vita**), the rest of the time (of the day, of one's life); **Aspettiamo il r. del racconto**, we're waiting for the rest of the story; **Tra poco giungerà il r. della compagnia**, the remainder of the company will arrive shortly; **Tu copia fin qui, io copierò il r.**, you copy up to here, I'll copy the rest; **Ti dirò il r. domani**, I'll tell you the rest tomorrow **2** (*differenza fra il denaro sborsato e quello dovuto*) change: **Ho speso 800 lire ed eccoti il r.**, I spent 800 lire and here's your change; **Rendimi il r.!**, give me back my change!; **ho lasciato il r. per la mancia**, I left the change as a tip; **Non aveva da darmi il r.**, he had no change to give me; he couldn't give me the change; **Mi può dare il r. di cinque sterline?**, can you give me (the) change of five pounds?; can you change me five pounds?; **Tieni il r.!**, keep the change! **3** (*pl.*: *residui*) remnants; remains; (*ruderi*) remains, ruins: **i resti dell'antica gloria** (**bellezza, ecc.**), the remnants (*o* remains) of former glory (beauty, etc.); **i resti di un banchetto**, the remnants (*o* remains) of a banquet; **i resti di un esercito**, the remnants of an army; **i resti mortali**, the mortal remains; the corpse; **i resti dell'antica Roma**, the remains (*o* ruins) of Ancient Rome **4** (*mat.*) remainder; residual: **il r. d'una sottrazione aritmetica o algebrica**, the remainder of an arithmetical or algebraic subtraction **5** (*comm.*: *differenza a saldo*) balance: **pagare il r. a rate mensili**, to pay the balance in monthly instalments. ● **del r.**, (*inoltre*) besides, moreover; (*d'altronde*) on the other hand, however: **Non ho voglia di andarci, del r., è troppo tardi**, I don't feel like going there; besides, it's too late □ **Ci disse cose che, del r., si sapevano già**, he told us things which, however, were already known □ **in quanto al r.**, as for the rest (*o* remainder) □ **Non ho spiccioli per il r.**, I've no small change □ (*fig.*) **Ha avuto il suo r.**, he got what he deserved; he got his deserts.
restringere, A *v. t.* **1** (*stringere*) to tighten; to tighten up; to narrow: **Bisogna restringerlo un po'**, it needs tightening up a little **2** (*vestiti, ecc.*) to take* in: **Bisogna che me lo restringa quel tuo vestito**, I must take in that dress of yours **3** (*contrarre*) to contract **4** (*ridurre*) to reduce; to limit; to restrict; to cut* down; to shorten: **Devi r. le spese**, you must cut down expenses; **r. i prezzi**, to reduce prices; **r. un articolo per adattarlo alle pagine d'una rivista**, to cut down an article to make it fit the pages of a magazine; **r. le proprie ricerche**, to restrict one's researches. ● **far r.** (*tessuti*) to shrink. **restringersi, B** *v. rifl.* **1** to tighten; to narrow; to become* (*o* to get*) narrower: **La strada in questo punto si restringe**, the road gets narrower here **2** (*contrarsi*) to contract: **I metalli, raffreddandosi, si stringono**, metals contract as they become cooler **3** (*di tessuti*) to shrink*: **Gli indumenti di lana spesso si restringono quando si lavano**, woollen garments often shrink when they are washed; **Questa stoffa non si restringe**, this material does not shrink **4** (*avvicinarsi a q. per occupare meno spazio*) to close up; to

restringiménto, *m.* **1** (*il restringere, il restringersi*) tightening (up); narrowing **2** (*contrazione*) contraction; contracting: **il r. della pupilla**, the contraction of the pupil **3** (*di tessuto*) shrinkage; shrinking **4** (*med.*) stricture; stenosis*: **un r. uretrale**, a urethral stricture.

restrittivo, *a.* restrictive: **provvedimenti restrittivi**, restrictive measures; **leggi restrittive**, restrictive regulations. ● **un'interpretazione restrittiva**, a close interpretation.

restrizióne, *f.* restriction; reserve; limitation: **restrizioni alla libertà di stampa**, restrictions on the freedom of the press; **fare qualche r.**, to make some restrictions; **imporre restrizioni al commercio estero**, to place restrictions on foreign trade. ● (*fin.*) **r. creditizia**, credit squeeze □ **r. mentale**, mental reservation □ **senza restrizioni**, unreservedly.

resultare, *V.* risultare.
resupino, *a.* (*lett.: supino*) supine.
resurrezióne, resuscitare, *V.* risurrezióne, risuscitare.
retàggio, *m.* (*anche fig.*) heritage: **l'avito r. di gloria**, the ancestral heritage of glory.

retata, *f.* **1** (*gettata di rete*) cast; (*quantità di pesce preso*) draught, haul, catch: **una r. di pesci**, a draught of fish; **una bella r.**, a fine (*o* good) catch **2** (*fig.*) catch; round-up: **una r. di ladri**, a round-up of thieves. ● (*fig.*) **r. della polizia**, drag(-)net.

réte, *f.* **1** net: **r. da pesca**, fishing-net; **r. a deriva**, drift net; **r. a strascico**, trawl net; **drag(-)net; gettare (tirare) le reti**, to cast (to haul in) the nets; **r. parasommergibili**, anti-submarine net; **r. parasiluri**, anti-torpedo net; **r. metallica**, wire net (*o* netting); **tendere le reti per uccellare**, to set the nets for fowling; **reti da posta fissa**, permanent nets; **r. per farfalle**, butterfly net **2** (*fig.: insidia, inganno*) trap; snare; net: **Capì che gli avevano teso una r.**, he understood that a trap (*o* snare) had been set for him; **cascare nella r.**, to fall into the net (*o* trap); **prendere q. alla r.**, to catch sb. in the net; to trap sb.; **rimanere nella propria r.**, to be caught in one's own trap; to be hoist with one's own petard **3** (*complesso di linee incrociate*) network; system; grid: **la r. dei paralleli e dei meridiani**, the grid of parallels and meridians; **r. ferroviaria (stradale)**, railway (road) network; **r. telegrafica (telefonica)**, telegraph (telephone) system (*o* network); **r. televisiva**, television network; **una r. di fili (canali, ecc.)**, a network of wires (canals, etc.); **la r. di distribuzione elettrica**, the (electric) grid; **r. di fognature**, drainage system; **r. di tubazioni**, pipe network; piping system **4** (*gioco del calcio*) net; (*punto segnato*) goal: **Il capo cannoniere di serie A ha segnato ventisette reti**, the top goalscorer in A Division has scored twenty-seven goals; **La partita finì a reti inviolate**, the game ended without a goal being scored (*o* in a goalless draw) **5** (*tennis*) (tennis-)net: **scendere a r.**, to come up to the net **6** (*per la spesa*) shopping-net; string-bag **7** (*per i capelli*) hair-net **8** (*del letto*) bedspring **9** (*anat.*) omentum*. ● (*radio*) **r. di antenne**, aerial array □ (*ind.*) **r. metallica finissima**, wire gauze □ (*ferr.*) **r. per i bagagli**, luggage-rack □ **calze di nailon a r.**, mesh nylons □ (*tennis*) **gettare la palla in r.**, to net the ball □ (*tennis*) **gioco a r.**, net-play □ **maglia di r.**, mesh □ **prendere pesci (uccelli) nella r.**, to net fish (birds).

reticèlla, *f.* **1** (*per i capelli*) hair-net; (*per ornamento*) snood **2** (*chim.*) wire gauze. ● **r. Auer**, gas mantle.

reticènte, *a.* reticent; reserved: **un testimone r.**, a reticent witness.
reticènza, *f.* reticence, reticency; reserve: **Talvolta le reticenze dicono di più delle parole**, reticences are sometimes more revealing than words. ● **parlare senza r.**, to speak one's mind; to speak out □ **senza r.**, unreservedly; freely.

Rètiche (Alpi), *f. pl.* (*geogr.*) (the) Rhaetian Alps.
rètico, *a.* **1** (*geogr. stor.*) Rhaetian **2** (*geol.*) Rhaetic.
reticolaménto, *m.* reticulation.
reticolare (1), *v. t.* to reticulate.
reticolare (2), *a.* reticular; net-like; reticulate(d): **una delicata membrana r.**, a delicate reticular membrane.
reticolato, **A** *a.* reticulated; reticulate; reticular; net-like. **B** *m.* **1** (*tracciato di linee che s'intersecano*) net-work; graticule; grid **2** (*rete metallica*) wire netting **3** (*mil.*) (barbed) wire entanglement.
reticolatura, *f.* (*fotogr.*) reticulation.
reticolazióne, *f.* reticulation; (*chim.*) cross-linking.
reticolo, *m.* **1** network; graticule; grid **2** (*fis.*) lattice: **r. spaziale**, space-lattice **3** (*zool.*) reticulum*; honeycomb **4** (*ottica*) reticle; reticule; grating.
reticoloendoteliale, *a.* (*biol.*) reticuloendothelial: **sistema r.**, reticuloendothelial system.
retifórme, *a.* retiform; reticular; net-like.

rètina (1), *f.* (*anat.*) retina*.
retina (2), *f.* (*per i capelli*) hair-net.
retinare, *v. t.* **1** (*tecn.*) to reinforce; (*vetro*) to wire **2** (*tipogr.*) to screen.
retìnico, *a.* (*anat.*) retinal.
retinite, *f.* (*med.*) retinitis*.
retino, *m.* **1** (*attrezzo per pesca*) landing-net **2** (*fotoincisione, tipogr.*) screen: **r. per carta patinata**, screen for art paper.
rètore, *m.* rhetor, rhetorician (*anche spreg.*).
retòrica, *f.* rhetoric (*anche spreg.*): **l'arte della r.**, the art of rhetoric; **avere troppa r.**, to indulge in rhetoric; to be a rhetorician; **Questa è r. e nulla più**, this is mere rhetoric. ● **uno scrittore che è tutto r.**, a rhetorician.
retoricaménte, *avv.* rhetorically.
retòrico, **A** *a.* rhetorical (*anche spreg.*): **espressioni retoriche**, rhetorical flourishes; **una domanda retorica**, a rhetorical question. ● **figura retorica**, figure of speech. **B** *m.* rhetorician.
retoricume, *m.* (*spreg.*) mere rhetoric; flowers of rhetoric (*pl.*).
retoromanzo, *a.* e *m.* (*glottologia*) Rhaeto-Romance; Rhaeto-Romanic.
retrarre, *v. t.* (*tecn.*) to retract.
retràttile, *a.* retractile; retractable: **Le unghie del gatto sono retrattili**, the claws of a cat are retractile; (*aeron.*) **carrello r.**, retractable undercarriage.
retrattilità, *f.* retractility: **la r. delle unghie del gatto**, the retractility of a cat's claws.
retribuire, *v. t.* **1** to remunerate; to pay*; to repay*; to compensate; (*ricompensare*) to recompense; (*premiare*) to reward: **r. q. per i suoi servigi**, to pay (*o* to remunerate) sb. for his services; **r. le buone azioni**, to remunerate good actions; **r. il bene col male**, to recompense good with evil; **r. q. secondo il merito**, to reward sb. according to his merits. ● **r. inadeguatamente**, to underpay.
retributivo, *a.* retributive; retributory; compensational.
retributóre, *m.* rewarder.
retribuzióne, *f.* remuneration; pay; compensation; (*ricompensa*) recompense; (*premio*) reward; (*salario*) wage(s); (*stipendio*) salary: **una r. inadeguata (meschina, generosa, ecc.)**, an insufficient (a paltry, a large, etc.) recompense; **lavorare senza r.**, to work without recompense; **ricevere una r. per i propri servigi**, to receive a recompense for one's services; **r. annuale**, annual wage.

retrivo, **A** *a.* backward; unprogressive; behind the times; (*reazionario*) reactionary: **essere d'idee retrive**, to have backwards ideas. **B** *m.* reactionary; reactionist; die-hard.
rètro (1), **A** *m.* **1** back: **sul r.**, on the back; (*d'una pagina*) overleaf **2** (*d'una moneta, medaglia e sim.*) verso*; reverse; back. **B** *avv.* (*lett.*) behind. ● **vedi r.**, please turn over.
rétro (2) (*franc.*), *m.* retro.
retroattività, *f.* retroactivity: **la r. della legge**, the retroactivity of the law.
retroattivo, *a.* retroactive; retrospective: **una legge retroattiva**, a retroactive law; **effetto r.**, retroactive effect.
retroazióne, *f.* **1** retroaction **2** (*elettronica*) feedback.
retrobócca, *m. invar.* (*anat.*) back of the mouth; pharynx*.
retrobottéga, *m.* e *f.* back-shop.
retrocàmera, *f.* back-room.
retrocàrica, *a. locuz. avv.* breech-loading: **un fucile a r.**, a breech-loading gun; a breech-loader.
retrocèdere, **A** *v. i.* to retrocede; to recede; to go* (*o* to move) back; (*ritirarsi*) to retreat, to withdraw*. **B** *v. t.* **1** (*mil.*) to degrade; to reduce (in rank); to demote: **Il caporale fu retrocesso a soldato semplice**, the corporal was reduced to the ranks **2** (*sport*) to relegate: **r. una squadra in serie B**, to relegate a team to the second division **3** (*ferr.*) to shunt backwards; to reverse; to back: **far r. un treno**, to reverse (*o* to back) a train. ● **r. da una decisione**, to change one's mind.
retrocessióne, *f.* **1** retrocession; (*ritiro*) withdrawal; retreat **2** (*mil.*) degrading; demotion **3** (*sport*) relegation.
retrocucina, *m.* e *f.* back-kitchen; scullery.
retrodatare, *v. t.* to antedate; to back-date; to date back: **r. una lettera (un contratto, ecc.)**, to antedate a letter (a contract, etc.).
retrodatato, *a.* antedated; back-dated: **una lettera retrodatata**, a back-dated letter.
retrodatazióne, *f.* antedating; back-dating; dating back.
retroflessióne, *f.* (*anche fon.*) retroflexion.
retroflèsso, *a.* (*anche fon.*) retroflex.
retrogradare, *v. i.* (*specialm. astron.*) to retrograde.
retrogradazióne, *f.* (*specialm. astron.*) retrogradation.
retrògrado, **A** *a.* **1** retrograde (*specialm. astron.*); backward; reverse: **moto r.**, retrograde motion **2** (*fig.: contrario al progresso*) retrograde; unprogressive; behind the times; (*polit.*) reactionary: **un popolo r.**, a retrograde people; **idee retrograde**, retrograde (*o* out-of-date) ideas; **un partito r.**, a reactionary

retrogressióne

party. **B** *m.* (*polit.*) reactionary; reactionist; die-hard.
retrogressióne, *f.* retrogression; regression; retrocession.
retroguàrdia, *f.* **1** (*mil.*) rearguard; rear: **la r. d'un esercito**, the rearguard of an army; **formare la r.**, to bring up (*o* to close) the rear; **stare alla r.**, to be in the rear; (*fig.*) to hang back **2** (*calcio*) defence.
retrogusto, *m.* aftertaste.
retromàrcia, *f.* (*mecc.*) reverse motion. ● (*autom.*) **andare in r.**, to reverse □ (*autom.*) **ingranaggio della r.**, reverse gear.
retromotóre, *m.* (*miss.*) retro-engine.
retronebbia, *m. invar.* (*autom.*) red rear light.
retropalco, *m.* (*teatr.*) back-stage.
retrorazzo, *m.* (*miss.*) retro-rocket. ● **accendere un r.**, to retrofire □ **gruppo di retrorazzi**, retropack.
retròrso, *a.* (*bot.*) retrorse.
retrosapóre, *m.* aftertaste.
retroscèna, **A** *f.* (*teatr.*) back-stage. **B** *m. invar.* **1** (*teatr.*) what goes on behind the scenes; back-stage activity **2** (*fig.*) underhand intrigue; underhand dealings (*pl.*).
retroscritto, *a.* written on the back.
retrospettiva, *f.* retrospective (exhibition).
retrospettivo, *a.* retrospective: **una mostra retrospettiva**, a retrospective exhibition; **una narrazione retrospettiva**, a retrospective narration; **una visione retrospettiva degli avvenimenti**, a retrospective view of the events. ● **dare un breve sguardo r.**, to give a short retrospect.
retrospezióne, *f.* retrospection.
retrostante, *a.* lying (*o* standing) behind; at the back: **la valle r.**, the valley lying behind.
retrostanza, *f.* back-room.
retrotèrra, *m.* **1** (*geogr.*) hinterland; inland; back country **2** (*fig.*) background.
retrovéndita, *f.* (*comm.*) sale and (*o* or) return.
retroversióne, *f.* **1** (*anche med.*) retroversion **2** (*ritraduzione nella lingua originale*) retroversion; retranslation; back-version.
retrovìa, *f.* (*mil.*: *usato specialm. al pl.*) area behind the front; back-lines (*pl.*); rear: **Fu inviato alle retrovie**, he was sent to the rear.
retrovisivo, *a.* rear-vision; rearview (*attr.*). ● (*autom.*) **specchietto r.**, rear-view mirror.
retrovisóre, *m.* (*autom.*) rear-view mirror.
rètta (1), *f.* (*geom.*) straight (*o* right) line: **La r. è la più breve delle linee che passano per due punti**, a straight line is the shortest distance between two points; **rette coniugate**, conjugate lines.
rètta (2), *f.* – **dare r.**, to pay attention; to listen: **Non gli dare r.: vuole metterti nei guai**, don't listen to him; he wants to get you into trouble; **Se ti avessi dato r.**, **questo non sarebbe accaduto**, had I listened to you, this would not have happened; **Non mi si dà mai r.**, I am never listened to. ● **non dare r. a nessuno**, to take no heed of what one is told.
rètta (3), *f.* (*pensione che pagano i convittori*) charge; terms (*pl.*): **la r. completa**, the inclusive terms.
rettale, *a.* (*anat.*) rectal; of the rectum.
rettalgìa, *f.* (*med.*) rectalgia; proctalgia.
rettaménte, *avv.* uprightly; righteously; rightfully; with rectitude; (*giustamente*) justly, rightly; (*fig.*) **agire r.**, to act righteously (*o* honourably); to play the game (*fam.*).
rettangolare, *a.* (*geom.*) rectangular.
rettàngolo, **A** *a.* (*geom.*) right-angled: **un triangolo r.**, a right-angled triangle. **B** *m.* (*geom.*) rectangle. ● (*sport*) **r. di gioco**, field of play.
rettifica, *f.* **1** straightening (out) **2** (*fig.*: *correzione*) rectification; correction; amendment; adjustment **3** (*mecc.*) grinding.
rettificàbile, *a.* (*specialm. mat.*) rectifiable.
rettificare, *v. t.* **1** (*rendere retto*) to straighten; to straighten out; to make* straight **2** (*fig.*: *correggere*) to rectify; to correct; to amend; to adjust: **r. una data**, to rectify (*o* to correct) a date; **r. un errore**, to rectify a mistake; **r. un'affermazione**, to rectify a statement **3** (*chim., mat.*) to rectify: **r. l'alcol**, to rectify alcohol; **r. una curva**, to rectify a curve **4** (*mecc.*) to grind*.
rettificato, *a.* **1** (*fig.*: *corretto*) rectified; corrected; amended **2** (*chim.*) rectified: **alcol r.**, rectified alcohol **3** (*mecc.*) ground.
rettificatóre, *m.* **1** (*operaio*) grinder **2** (*radio*) detector; rectifier: **un r. a onda intera (a semionda)**, a full-wave (half-wave) rectifier; **un r. a cristallo**, a crystal detector.
rettificatrice, *f.* (*mecc.*) grinder; grinding-machine: **una r. di precisione**, a precision grinder; **una r. per ingranaggi**, a gear grinding-machine; **una r. per rulli**, a roll grinder.
rettificazióne, *f.* **1** straightening; straightening out **2** (*fig.*: *rettifica, correzione*) rectification; correction; amendment; adjustment: **la r. d'un errore**, the rectification of a mistake **3** (*chim., mat.*) rectification: **la r. dell'alcol**, the rectification of alcohol; **la r. d'una curva**, the rectification of a curve **4** (*mecc.*) grinding: **r. a secco**, dry grinding; **r. di precisione**, precision grinding **5** (*fis., radio*) rectification; detection: **r. integrale**, full-wave rectification.
rettifilo, *m.* straight stretch; straight road.
rèttile (1), *m.* **1** (*zool.*) reptile: **I coccodrilli sono rettili**, crocodiles are reptiles **2** (*fig., spreg.*) reptile; mean, despicable person.
rèttile (2), *a.* (*bot.*) repent; creeping.
rettilineo, **A** *a.* **1** (*che è in linea retta*) rectilinear; rectilineal; straight(-lined): **moto r.**, rectilinear motion; **costa rettilinea**, straight coastline; **in direzione rettilinea**, in a rectilinear direction **2** (*geom.*) rectilinear: **una figura rettilinea**, a rectilinear figure **3** (*fig.*) straightforward; upright: **condotta rettilinea**, upright conduct. **B** *m.* (*rettifilo*) straight stretch; straight road. ● (*sport*) **r. d'arrivo**, home-stretch.
rettite, *f.* (*med.*) rectitis*; proctitis*.
rettitùdine, *f.* rectitude; integrity; uprightness; righteousness; probity: **la r. delle intenzioni**, the rectitude of one's intentions; **un uomo di singolare r.**, a man of singular uprightness. ● **operare con r.**, to act righteously.
rètto, **A** *a.* **1** (*diritto*) straight; right: **una linea retta**, a straight line **2** (*fig.*) upright; righteous; straightforward: **un uomo r.**, an upright (*o* a righteous) man; **una coscienza retta**, an upright conscience **3** (*corretto, giusto*) right; correct; proper; exact: **la retta pronunzia d'un vocabolo**, the right (*o* correct) pronunciation of a word; **la retta interpretazione d'un passo**, the correct (*o* exact) interpretation of a passage; **formarsi una retta opinione di q. (di q.c.)**, to form a correct opinion of sb. (of st.) **4** (*geom.*) right: **un angolo r.**, a right angle. ● (*fig.*) **seguire la retta via**, to follow (*o* to stick to) the straight and narrow path. **B** *m.* **1** (*anat.*) rectum* **2** (*geom.*) right angle **3** (*tipogr.*) recto*: **il r. e il verso**, the recto and the verso.
rettocèle, *m.* (*med.*) rectocele.
rettorale, *a.* rectorial.
rettorato, *m.* rectorate (*anche relig.*); rectorship; (*di università ingl.*) chancellorship; (*di università USA*) presidency.
rettóre, *m.* (*di università ital., anche relig.*) rector; (*di università ingl.*) chancellor; (*di università USA*) president: **il r. di un seminario**, the rector of a seminary.
rettoréssa, *f.* (*moglie di un rettore*) rectress; rector's (*o* chancellor's, president's) wife*.
rettorìa, *f.* (*relig.*) rectorate.
rettòrico, e *deriv. V.* **retòrico**, e *deriv.*
rettoscopìa, *f.* (*med.*) proctoscopy.
rettoscòpio, *m.* (*med.*) proctoscope.
rèuma, *m.* (*med.*) rheumatism.
reumàtico, *a.* (*med.*) rheumatic(al): **dolori reumatici**, rheumatic pains; rheumatics (*pl. col verbo al sing.*; *fam.*).
reumatismo, *m.* (*med.*) rheumatism; rheumatics (*pl. col verbo al sing.*; *fam.*): **r. muscolare**, muscular rheumatism; myalgia; **r. articolare acuto**, acute rheumatic fever.
reumatizzare, **A** *v. t.* to cause rheumatism. **reumatizzarsi**, **B** *v. rifl.* to get* rheumatism (*o, fam.*: rheumatics).
reumatizzato, *a.* affected with rheumatism (*o, fam.*: rheumatics); rheumaticky (*fam.*).
reumatologìa, *f.* (*med.*) rheumatology.
reumatòlogo, *m.* (*med.*) rheumatologist.
revanscismo, *m.* (*polit.*) revanche; revanchism.
revanscista, *m. e f.* (*polit.*) revanchist.
revanscistico, *a.* (*polit.*) revanchist (*attr.*).
reverèndo, **A** *a.* reverend: **la reveranda madre badessa**, the reverend Mother Abbess; **il r. padre O'Higgins**, the Rev. Father O'Higgins; **il r. pastore John Smith**, the Rev. John Smith; **reverendissimo**, (*rif. a vescovo*) right reverend; (*rif. ad arcivescovo*) most reverend. **B** *m.* reverend (*fam.*); (*sacerdote*) priest.
reverènte, reverènza, *V.* **riverènte, riverènza**.
reverenziale, *a.* reverential. ● **timore r.**, awe.
revers (*franc.*), *m.* lapel; revers: **i r. della giacca**, jacket lapels.
reversale, *f.* (*comm.*) collection order; collection voucher.
reversibile, **A** *a.* **1** reversible: **processo r.**, reversible process **2** (*leg.*) reversionary; reversional: **pensione r.**, reversionary annuity; survivorship annuity.
reversibilità, *f.* reversibility. ● (*autom.*) **r. dello sterzo**, caster action □ **pensione di r.**, reversionary annuity; survivorship annuity.
reversióne, *f.* (*leg., biol.*) reversion. ● (*individuo*) **che ha subìto una r.**, revertant.
revisionare, *v. t.* **1** (*rivedere*) to revise: **r. un dizionario**, to revise a dictionary; **r. un manoscritto**, to revise a manuscript; **r. bozze di stampa**, to revise printer's proofs; to read (and correct) proofs **2** (*verificare, controllare*) to audit; to check up: **r. conti**, to audit accounts **3** (*mecc.*) to overhaul: **r. un motore**, to overhaul an engine.

revisióne, *f.* **1** (*il rivedere*) revision; revisal; review: **la r. d'un dizionario**, the revision of a dictionary; **la r. d'un documento**, the revision of a document; **la r. d'un trattato**, the revisal of a treaty; **una r. delle imposte**, a review of taxation **2** (*controllo*) check--up; (*specialm. contabile*) audit, auditing: **una r. dei conti**, an audit(ing) of accounts **3** (*mecc.*) overhaul; overhauling: **r. sul campo**, field overhaul; **manuale d'istruzione per la r.**, overhaul handbook; **r. generale**, general (*o* complete) overhaul; **r. delle valvole**, valve overhauling **4** (*leg.*) rehearing; review: **la r. d'un processo**, the rehearing of a trial; **la r. d'una causa**, the review of a case. • **r. contabile**, audit □ **r. di bozze di stampa**, proof-reading.
revisionismo, *m.* (*polit.*) revisionism.
revisionista, *a.*, *m.* e *f.* (*polit.*) revisionist.
revisionistico, *a.* (*polit.*) revisionist (*attr.*).
revisóre, *m.* **1** reviser, revisor: **il r. d'un manoscritto**, the reviser of a manuscript; **i revisori della Bibbia**, the revisers of the Bible **2** (*dei conti*) check clerk; auditor **3** (*di bozze di stampa*) proof-reader.
revivalismo, *m.* (*relig.*) revivalism.
revivalista, *m.* e *f.* (*relig.*) revivalist.
revivalistico, *a.* (*relig.*) revivalist (*attr.*); revivalistic.
reviviscènte, *a.* reviviscent; reviving.
reviviscènza, *f.* **1** (*il riprender vita*) reviviscence, reviviscency; return to life **2** (*fig.*) revival; renewal: **la r. di una tradizione**, the revival of a tradition **3** (*biol.*) revivification.
rèvoca, *f.* **1** (*leg.*) revocation; repeal; reversal; retraction; annulment: **la r. d'un decreto** (**d'una legge, d'un testamento, ecc.**), the revocation of a decree (of a law, of a will, etc.); **la r. di una disposizione**, the repeal (*o* the revocation) of a provision **2** (*comm.: di un'ordinazione, ecc.*) cancellation.
revocàbile, *a.* (*leg.*) revocable; revok(e)able; repealable; annullable.
revocabilità, *f.* (*leg.*) revocability, revocableness: **la r. d'un decreto**, the revocability of a decree.
revocare, *v. t.* **1** (*leg.*) to revoke; to repeal; to reverse; to retract; to annul: **r. una concessione**, to revoke a grant; **r. un ordine**, to revoke an order; **r. una nomina**, to annul an appointment; **r. un'offerta**, to retract an offer **2** (*comm.: un'ordinazione, ecc.*) to cancel **3** (*lett.: richiamare; anche fig.*) to recall; to call back: **r. in vita**, to call back to life. • **r. uno sciopero**, to call off a strike.
revocatòrio, revocatòrio, *a.* revoking; revocatory.
revocazióne, *V.* **rèvoca**.
revoluto, *a.* (*bot.*) revolute.
revòlver, (*ingl.*), *m.* (*rivoltella*) revolver. • (*mecc.*) **un tornio a r.**, a turret-lathe; a capstan lathe.
revolverata, *f.* revolver-shot.
revulsióne, *f.* (*med.*) revulsion.
revulsivo, *a.* e *m.* (*farm.*) revulsive.
rexismo, *m.* (*polit.*) (the) Rexist party.
rexista, *m.* (*polit.*) Rexist.
Rèzia, *f.* (*geogr.*) Rhaetia.
reziàrio, *m.* (*stor.*) retiarius*.
rézzo, *m.* (*lett.*) **1** (*ombra*) shade: **stare al r.**, to lie in the shade; **mettersi al r.**, to lie down in the shade **2** (*venticello*) gentle breeze.
rhum, *V.* **rum**.
ria (*spagn.*), *f.* ria; creek.
riabbaiare, *v. t.* **1** (*abbaiare di nuovo*) to bark again **2** (*abbaiare a propria volta*) to bark back.
riabbandonare, A *v. t.* to abandon (*o* to leave*) again. **riabbandonarsi**, B *v. rifl.* to abandon oneself again (to st.).
riabbassare, A *v. t.* to lower again; to bring* down again. • **r. il ricevitore del telefono**, to ring off; to hang up (*fam.*). **riabbassarsi**, B *v. rifl.* to lower (*o* to humble) oneself again (*o* still more).
riabbàttere, *v. t.* to pull (*o* to knock) down again.
riabbellire, A *v. t.* to re-embellish; to make* beautiful again (*o* more beautiful). **riabbellirsi**, B *v. rifl.* to grow* more beautiful.
riabbottonare, A *v. t.* to button up again. **riabbottonarsi**, B *v. rifl.* to button oneself up again.
riabbracciare, *v. t.* **riabbracciarsi**, *v. rifl. recipr.* to embrace again; (*vedere, vedersi di nuovo*) to meet* again (after a long time).
riabilitare, A *v. t.* **1** (*rendere di nuovo abile*) to enable once more (*o* again); (*med.*) to rehabilitate **2** (*reintegrare nell'esercizio dei diritti*) to rehabilitate; to restore (to a former right, rank, etc.); (*ripristinare*) to restore, to reinstate **3** (*rendere nuovamente la buona fama a q.*) to rehabilitate; to re-establish the good name of: **Giovanna d'Arco venne riabilitata nel 1456**, Joan of Arc was rehabilitated in 1456. • (*comm.*) **r. un fallito**, to discharge a bankrupt. **riabilitarsi**, B *v. rifl.* to restore one's good name; to recover one's reputation.
riabilitazióne, *f.* **1** (*reintegrazione nell'esercizio dei diritti*) rehabilitation; restoration (to a former right, rank, etc.) **2** (*il rendere nuovamente la buona fama a q.*) rehabilitation **3** (*med.*) rehabilitation. • (*comm.*) **la r. d'un fallito**, the discharge of a bankrupt.
riabituare, A *v. t.* to reaccustom. **riabituarsi**, B *v. rifl.* to reaccustom oneself (to); to get* used again (to).
riaccalappiare, *v. t.* (*anche fig.*) to ensnare again.
riaccasare, A *v. t.* to marry again; to remarry. **riaccasarsi**, B *v. rifl.* to get* married again; to remarry.
riaccèndere, A *v. t.* **1** (*accendere di nuovo*) to light again: **Perché non hai riacceso il fuoco?**, why didn't you light the fire again? **2** (*di luce, gas, ecc.*) to put* (*o* to switch, to turn) on again: **Riaccendi la luce, per favore**, turn on the light again, please **3** (*radio, telev.*) to switch on again: **Devo r. la radio?**, shall I switch on the wireless again? **4** (*fig.*) to revive; to rekindle; to stir up: **r. l'odio**, to rekindle hatred. **riaccèndersi**, B *v. rifl.* **1** (*illuminarsi di nuovo*) to brighten again **2** (*prendere fuoco di nuovo*) to catch* fire again **3** (*fig.*) to be rekindled; to be stirred up.
riaccennare, *v. t.* **1** to hint at (st.) again; to mention again **2** (*con un cenno della testa*) to nod again.
riaccensióne, *f.* **1** lighting again **2** (*di luce, gas, ecc.*) switching on again.
riaccettare, *v. t.* to reaccept; to accept once again.
riacchiappare, riacciuffare, *v. t.* to catch* again; to seize again; to recapture.
riaccògliere, *v. t.* to welcome back, to take* in again; (*riabbracciare*) to re-embrace; (*riammettere*) to re-admit.
riaccomodare, A *v. t.* to repair again; to mend again. **riaccomodarsi**, B *v. rifl. recipr.* (*fig.*) to make* friends again; to make* it up.
riaccompagnare, A *v. t.* **1** (*accompagnare di nuovo*) to accompany again; to reaccompany **2** (*accompagnare a propria volta*) to take* back: **Egli mi riaccompagnò a casa**, he took be back home. **riaccompagnarsi**, B *v. rifl. recipr.* to join company again (with).
riaccoppiamento, *m.* (*mecc.*) recoupling.
riaccordare, A *v. t.* (*concedere di nuovo*) to grant again; to allow again. **riaccordarsi**, B *v. rifl. recipr.* to come* to a new agreement; (*riconciliarsi*) to become* reconciled, to make* it up.
riaccostare, *v. t.* **riaccostarsi**, *v. rifl.* to re-approach; to approach again. • (*relig.*) **riaccostarsi ai sacramenti**, to return to the sacraments.
riaccreditare, A *v. t.* to credit again. **riaccreditarsi**, B *v. rifl.* to gain new credit.
riacquistàbile, *a.* recoverable.
riacquistare, *v. t.* **1** (*acquistare di nuovo*) to buy* again; to repurchase: **Perché hai riacquistato del tè?**, why have you been buying tea again? **2** (*acquistare di nuovo ciò che si era venduto*) to buy* back; ro repurchase: **Ho riacquistato la mia vecchia auto**, I've bought my old car back **3** (*recuperare*) to recover; to regain; to get* back: **r. la libertà**, to recover one's freedom; **r. il tempo perduto**, to recover (*o* to make up for) lost time; **r. l'appetito**, to recover one's appetite; **r. la salute**, to regain health; to recover (one's health); **r. fiducia**, to regain confidence. • **r. validità** (*di leggi, ecc.*), to revive.
riacquisto, *m.* repurchase.
riacutizzare, A *v. t.* (*anche fig.*) to make* acute again: **r. una crisi**, to make a crisis acute again. **riacutizzarsi**, B *v. rifl.* to become* acute again.
riacutizzazióne, *f.* **1** effect of becoming acute again, renewal of acute phase **2** (*med.*) relapse.
riadattaménto, *m.* readaptation; readjustment.
riadattare, A *v. t.* to readapt; to readjust. **riadattarsi**, B *v. rifl.* to readapt oneself; to adapt oneself again.
riaddormentare, A *v. t.* to put* to sleep again. **riaddormentarsi**, B *v. rifl.* to go* to sleep again; to fall* asleep again.
riadoperare, *v. t.* to use again.
riaffacciare, A *v. t.* to bring* forward again. **riaffacciarsi**, B *v. rifl.* **1** to present oneself again; to show* oneself again; to reappear **2** (*fig.*) to return; to reoccur.
riaffermare, A *v. t.* to reaffirm; to affirm again; to reassert. **riaffermarsi**, B *v. rifl.* to reaffirm oneself.
riafferrare, A *v. t.* to seize again; to recapture. **riafferrarsi**, B *v. rifl.* to grasp again.
riaffezionare, A *v. t.* to make* (sb.) get to like (sb. else, st.) again. **riaffezionarsi**, B *v. rifl.* to become* fond (of sb., st.) again.
riaffibbiare, *v. t.* to buckle again; to re-buckle.
riaffilare, *v. t.* to sharpen again; to re-sharpen.
riaffittare, *v. t.* **1** (*dare in affitto di nuovo*) to let* again; to

riaffrontare

relet* 2 (*prendere in affitto di nuovo*) to rent again; to re-lease.
riaffrontare, *v. t.* to face again.
riagganciare, A *v. t.* 1 (*agganciare di nuovo*) to hook again; to re-hook; to clasp again 2 (*riattaccare*) to hang* up again. **riagganciarsi, B** *v. rifl.* (*fig.*) to draw* (on); to be connected (with): **r. al realismo,** to draw on realism.
riaggiogare, *v. t.* to yoke again; to re-yoke.
riaggiustare, *v. t.* to readjust; to adjust again; to settle again; to set* (*o* to put*) in order again.
riaggravare, A *v. t.* to make* worse; to aggravate again. **riaggravarsi, B** *v. rifl.* to get* worse again.
riaggregare, A *v. t.* (*specialm. scient.*) to aggregate again; to reaggregate. **riaggregarsi, B** *v. rifl.* to reaggregate.
riaggregazióne, *f.* (*specialm. scient.*) reaggregation.
riagguantare, *v. t.* to catch* again; to seize again.
riallacciare, A *v. t.* 1 (*legare di nuovo*) to tie up again; to fasten again 2 (*unire di nuovo*) to connect again; to link again; to re-unite 3 (*riprendere*) to resume; to renew: **r. una vecchia amicizia,** to resume an old friendship. **riallacciarsi, B** *v. rifl.* (*fig.*) to draw* (on); to be connected (with).
riallargare, A *v. t.* to widen again; (*allargare di più*) to make* wider. **riallargarsi, B** *v. rifl.* to widen again; (*allargarsi di più*) to become* still wider.
riallentare, A *v. t.* to slacken again; to loosen again; to make* still looser. **riallentarsi, B** *v. rifl.* to loosen; to become* still looser.
riallineaménto, *m.* realignment.
riallineare, *v. t.* **riallinearsi,** *v. rifl.* to realign.
rialloggiare, *v. t.* to lodge again.
riallungare, *v. t.* **riallungarsi,** *v. rifl.* to lengthen again.
rialto, *m.* height; rise.
rialzàbile, *a.* raisable.
rialzaménto, *m.* 1 (*il rendere più alto*) heightening again 2 (*rialzo*) height; rise 3 (*aumento*) rise; increase: **C'è stato un r. della temperatura,** there has been a rise in temperature; **un r. dei prezzi,** a rise in prices; **un r. di credito,** an increase of credit.
rialzare, A *v. t.* 1 (*rendere più alto*) to heighten; to make* higher; to raise higher: **r. un edificio di un piano,** to make a building one floor higher 2 (*sollevare*) to lift up (again); to raise again: **r. la testa** (*o* **il capo**), to lift up one's head again (*anche fig.*) 3 (*fig.: aumentare*) to raise; to increase: **r. i prezzi,** to raise prices; **r. il valore dei titoli in borsa,** to raise the price of stocks; (*elettr.*) **r. il voltaggio,** to raise the voltage; to boost the voltage (*USA*). **B** *v. i.* to rise* (again); to go* up (*fam.*): **I prezzi continuano a r.,** prices continue to rise; **Il termometro rialza,** the thermometer is going up. ● **r. di un piano,** to build another floor. **rialzarsi, C** *v. rifl.* 1 (*risollevarsi*) to rise* again; to get* up again 2 (*elevarsi, salire*) to rise* again; to increase; to go* up (*fam.*): **I prezzi si rialzeranno,** prices will go up; **r. di quattro volte,** to increase fourfold.
rialzato, *a.* raised; heightened. ● **piano r.** (**di un edificio**), mezzanine (floor); entresol.
rialzista, (*Borsa*) **A** *m.* bull; long. **B** *a.* bull (*attr.*): **mercato r.,** bull market.
rialzo, *m.* 1 (*aumento*) rise; increase: **I prezzi sono in r.,** prices are on the rise; prices are rising; **Non è in vista nessun r.,** no increase is expected; **un r. dei prezzi,** a rise in prices 2 (*Borsa: aumento del corso dei titoli*) bullishness; bull run 3 (*parte rialzata*) height; rise; elevation; prominence 4 (*tipogr.*) underlay. ● **r. improvviso dei prezzi,** boom □ **essere in forte r.,** to be booming □ (*Borsa*) **speculare al r.,** to bull □ (*Borsa*) **speculatore al rialzo,** bull □ **la tendenza al r. dei prezzi,** the upward trend of prices □ (*econ.*) **tendenza al r.,** uptrend; (*Borsa, anche*) bullish trend □ **C'è stato un r. dei prezzi in Borsa oggi,** prices have gone up to-day on the Stock-Exchange.
riamare, *v. t.* 1 (*corrispondere q. in amore*) to return (sb.'s) love; to love in return 2 (*amare di nuovo*) to love again.
riambientarsi, *v. rifl.* to feel* at home once more; to settle down again; to readapt (oneself).
riamicare, A *v. t.* to conciliate again. **riamicarsi, B** *v. rifl. recipr.* to make* friends again.
riammalare, *v. i.* **riammalarsi,** *v. rifl.* 1 (*ammalarsi di nuovo*) to fall* ill again 2 (*ricadere in una malattia*) to relapse.
riammattonare, *v. t.* to pave again; to re-pave.
riamméttere, *v. t.* to readmit; to admit again.
riammirare, *v. t.* to admire again; to readmire.
riammissibile, *a.* readmissible.
riammissióne, *f.* readmission.
riammobiliare, *v. t.* to furnish again; to refurnish.
riammogliarsi, *v. rifl.* to get* married again; to remarry.
riammonire, *v. t.* to warn again; to admonish again.
riandare, A *v. i.* to go* again. **B** *v. t.* (*ricordare*) to call back to one's mind; to recall; to recollect: **r. le cose passate,** to recall memories of the past.

rianimare, A *v. t.* 1 (*rimettere in vita*) to reanimate; to animate anew; to restore to life; (*med.*) to resuscitate: **r. un annegato,** to reanimate a drowned person 2 (*fig.: ravvivare, rallegrare*) to cheer up; to revive: **La mia visita lo ha rianimato,** my visit has cheered him up 3 (*fig.: infondere coraggio di nuovo*) to reanimate; to give* fresh courage (*o* heart) to: **r. truppe avvilite,** to reanimate demoralized troops. **rianimarsi, B** *v. rifl.* 1 (*riaversi*) to recover (oneself); to come* round (*fam.*) 2 (*fig.: riprendere animo*) to take* courage (*o* heart); to cheer up: **Il vecchio si rianimò subito,** the old man cheered up at once 3 (*fig.: riacquistare animazione*) to come* (*o* to spring*) to life again: **Le vie della città si rianimarono,** the city streets came to life again.
rianimazióne, *f.* 1 reanimation; (*med.*) resuscitation 2 (*fig.*) cheering up; heartening. ● (*med.*) **centro di r.,** intensive care unit.
riannacquare, riannaffiare, *v. t.* to water again.
riannebbiare, A *v. t.* 1 (*avviluppare di nuovo nella nebbia*) to fog again 2 (*oscurare di nuovo*) to dim again. **riannebbiarsi, B** *v. rifl.* 1 (*tornare ad annebbiarsi*) to become* (*o* to get*) misty (*o* foggy) again 2 (*oscurarsi di nuovo*) to become* (*o* to get*) dim again.
riannessióne, *f.* (*specialm. polit.*) reannexation.
riannèttere, *v. t.* to reannex; to annex again.
riannodare, A *v. t.* 1 to knot again; to tie again (in a knot) 2 (*fig.*) to renew: **r. un'amicizia,** to renew a friendship. **riannodarsi, B** *v. rifl.* to become* knotted again.
riannuvolare, *v. i.* **riannuvolarsi,** *v. rifl.* to cloud over again; to grow* cloudy again; to become* overcast again: **Il cielo si riannuvolò,** the sky clouded over again.
riapertura, *f.* reopening; opening up again; (*inizio*) beginning: **la r. d'un teatro,** the reopening of a theatre; **la r. delle scuole,** the reopening of schools; **la r. dei corsi,** the beginning of the school term. ● **la r. delle ostilità,** the resumption of hostilities.
riappaciare, V. **rappacificare.**
riappaltare, *v. t.* 1 (*appaltare di nuovo*) to contract again 2 (*dare in subappalto*) to subcontract.
riappaltatóre, *m.* subcontractor.
riappalto, *m.* subcontract.
riapparecchiare, *v. t.* to prepare again. ● **r. la tavola,** to lay (*o* to set) the table again.
riapparire, *v. i.* to reappear; to appear again.
riapparizióne, *f.* reappearance; reappearing.
riappèndere, *v. t.* to hang* up again.
riappiccicare, A *v. t.* to stick* (*o* to join) again; (*incollare di nuovo*) to glue again. **riappiccicarsi, B** *v. rifl.* to stick* together again.
riappigionare, V. **riaffittare.**
riappisolarsi, *v. rifl.* to doze off again.
riapplaudire, *v. t.* to applaud again; to reapplaud.
riapplicare, A *v. t.* to re-apply; to apply again. **riapplicarsi, B** *v. rifl.* to apply oneself again; to devote oneself again.
riapprèndere, *v. t.* to re-learn*.
riappressare, A *v. t.* to bring* near again; to re-approach. **riappressarsi, B** *v. rifl.* to draw* near again.
riapprovare, *v. t.* to approve again; to re-approve.
riaprire, A *v. t.* to reopen; to open again; to open up again: **r. un libro,** to reopen a book; to open a book again; **r. una porta,** to open a door again; **r. la mano,** to reopen one's hand; **r. un negozio,** to reopen a shop; **r. un teatro,** to open up a theatre again; (*comm.*) **r. un conto,** to reopen an account; **r. una discussione,** to reopen a discussion. ● (*fig.*) **r. una ferita** (*o* **una piaga**), to open up an old wound □ **r. gli occhi,** to open one's eyes (*anche fig.*); (*riprendere i sensi*) to come round (*o* to). **riaprirsi, B** *v. rifl.* to reopen; to open again: **La scuola si riaprirà in settembre,** school will reopen (*o* begin again) in September.
riàrdere, *v. t. e i.* to burn* (again) (*anche fig.*); to burn* up.
riarginare, *v. t.* to re-embank; to embank again; to dam up again.
riarmaménto, *m.* 1 rearmament 2 (*naut.*) recommissioning.
riarmare, A *v. t.* 1 to rearm; to arm again; to remilitarize 2 (*naut.*) to recommission. **riarmarsi, B** *v. rifl.* to rearm.
riarmatura, *f.* (*edil.*) reinforcement.
riarmo, *m.* rearmament; remilitarization.
riarso, *a.* parched; quite dry; dried up: **terra riarsa,** parched ground. ● **avere la gola riarsa,** to be parched with thirst.
riasciugare, *v. t.* **riasciugarsi,** *v. rifl.* to dry again; to dry up.
riascoltare, *v. t.* to listen to (sb., st.) again: **Riascolta!,** listen again; **Riascoltami!,** listen to me again.
riassaggiare, *v. t.* to taste again; to try again.
riassalire, riassaltare, *v. t.* (*anche fig.*) to assail again; to attack again; to assault again.
riassaporare, *v. t.* (*anche fig.*) to taste again; to relish again; to enjoy again: **r. le gioie della libertà,** to taste the joys of freedom again.

riassediare, *v. t.* to besiege again; to rebesiege.
riassegnare, *v. t.* to reassign; to assign again.
riassestaménto, *m.* resettlement; readjustment; re-arrangement.
riassestare, A *v. t.* to settle again; to readjust; to re-arrange. **riassestarsi, B** *v. rifl.* to settle down again.
riassettare, A *v. t.* to re-arrange; to put* (*o* to set*) in order; to tidy up. **riassettarsi, B** *v. rifl.* to put* oneself in order; to tidy oneself up.
riassètto, *m.* 1 re-arrangement 2 (*nuovo ordinamento*) reorganization.
riassicurare, (*ass.*) **A** *v. t.* to reinsure; to reassure; to insure again. **riassicurarsi, B** *v. rifl.* to reinsure oneself; to renew one's insurance.
riassicuratóre, *m.* (*ass.*) reinsurer.
riassicurazióne, *f.* (*ass.*) reinsurance; reassurance.
riassociare, A *v. t.* to associate again; to reassociate. **riassociarsi, B** *v. rifl.* to become* a member again; to rejoin.
riassoggettare, A *v. t.* to subdue again; to conquer again; to reconquer. **riassoggettarsi, B** *v. rifl.* to submit again; to adapt oneself again; to yield again.
riassopire, *v. t.* **riassopirsi,** *v. rifl.* to drowse again.
riassorbiménto, *m.* 1 (*anche fig.*) reabsorption: **r. di manodopera,** reabsorption of labour 2 (*med.*) resorption.
riassorbire, A *v. t.* (*anche fig.*) to reabsorb; to absorb again. **riassorbirsi, B** *v. rifl.* to be reabsorbed.
riassùmere, *v. t.* 1 (*assumere di nuovo*) to reassume; to assume again; to take* (upon oneself) again: **r. una carica,** to reassume an office; **r. una responsabilità,** to reassume a responsibility; to take a responsibility upon oneself again; **r. il proprio nome,** to reassume one's name; to take one's name again 2 (*impiegare di nuovo*) to re-employ; to re-engage; to engage again 3 (*compendiare, ricapitolare*) to sum up; to summarize; to recapitulate; (*abbreviare*) to condense, to make* a précis of, to précis 4 (*leg.*) to resume. ● **per r.,** to sum up; in brief.
riassumibile, *a.* 1 (*reimpiegabile*) re-employable 2 (*compendiabile*) summarizable.
riassuntivo, *a.* recapitulatory; resumptive; summarizing: **un capitolo r.,** a recapitulatory chapter.
riassunto, *m.* summary; summing up; recapitulation; précis: **un breve r. delle ragioni pro e contro,** a concise summary of the pros and cons.
riassunzióne, *f.* 1 (*nuova assunzione*) reassumption; resumption 2 (*nuova assunzione alle proprie dipendenze*) re-employment; re-engagement 3 (*leg.*) resumption.
riattaccare, A *v. t.* 1 (*ritornare all'attacco, anche fig.*) to attack again; to re-attack; to assail again 2 (*congiungere di nuovo*) to connect (*o* to join) again; to reattach; to attach again 3 (*appiccicare di nuovo*) to stick* on again; (*con la colla*) to glue on again: Riattacca questo francobollo, stick this stamp on again; **r. q.c. con la colla,** to glue st. on again 4 (*ricominciare*) to resume; to begin* again; to start again: **r. un discorso** (**la conversazione, ecc.**), to resume (*o* to reopen) a speech (the conversation, etc.). ● **r. un bottone,** to sew a button on again □ **r. un cavallo** (**a una carrozza**), to harness a horse (to a carriage) again □ (*tel.*) **r. il ricevitore,** to hang up (the receiver); to ring off. **B** *v. i.* 1 (*fam.: ricominciare*) to begin* (*o* to start) again; to resume: **Riattaccò a piovere,** it began raining again 2 (*tel.*) to hang* up; to ring* off. **riattaccarsi, C** *v. rifl.* 1 (*congiungersi di nuovo*) to become* (*o* to get*) attached again 2 (*tornare ad appiccicarsi*) to stick* together again: **I due francobolli si sono riattaccati,** the two stamps have stuck together again. ● (*fig.*) **r. alla vita,** to cling to life again.
riattaménto, *m.* refitting; repairing; reconditioning.
riattare, *v. t.* to refit; to make* fit (for use) again; to repair; to recondition: **r. una strada,** to repair a road.
riatterrare, A *v. t.* to demolish again; to knock down again. **B** *v. i.* to land again.
riattivare, *v. t.* 1 to bring* into use again; to put* back into service; to re-establish; to reopen; to open up again: **r. una strada,** to reopen a road; **r. una linea telefonica,** to put a telephone line back into service 2 (*chim., med.*) to reactivate. ● **I servizi automobilistici sono stati riattivati,** buses are running again normally.
riattivazióne, *f.* reopening 2 (*chim., med.*) reactivation.
riattizzare, *v. t.* 1 to stir up again (*anche fig.*); to poke again 2 (*fig.*) to excite again; to rekindle: **r. l'odio,** to rekindle hatred.
riattraversare, *v. t.* to cross again: **r. la strada,** to cross the road again.
riavére, A *v. t.* 1 (*avere un'altra volta*) to have (*o* to get*) again: **Oggi ho riavuto la febbre,** I've had a temperature again to-day 2 (*ricuperare*) to get* (*o* to have) back: **Finalmente ho riavuto il mio libro,** I've got my book back at last; **Non avevo riavuto il resto,** I had not got my change back 3 (*riacquista-re*) to recover; to regain: **r. la vista** (**l'udito**), to recover one's sight (one's hearing); **r. la libertà,** to regain one's freedom; **far r.,** to revive. **riavérsi, B** *v. rifl.* 1 (*riprendere i sensi*) to recover; to come* to (oneself) again; to come* round: **Le spruzzammo dell'acqua sul viso e subito si riebbe,** we splashed some water on her face, and she soon came to 2 (*riprendere vigore*) to recover; to get* well again: **r. da una malattia,** to recover from an illness; **r. da un'illness,** to be oneself again; **r. da uno spavento,** to recover from a fright 3 (*rifarsi da perdite economiche*) to recover; to get* back on one's feet again.
riavvampare, *v. i.* to burst* into flame again; to blaze up again (*anche fig.*).
riavvertire, *v. t.* 1 (*informare di nuovo*) to inform again; to let* know again; (*per iscritto*) to send* word again 2 (*ammonire di nuovo*) to warn again.
riavvezzare, A *v. t.* to accustom again; to reaccustom. **riavvezzarsi, B** *v. rifl.* to get* accustomed again.
riavvicinaménto, *m.* 1 reapproaching 2 (*riconciliazione*) reconciliation.
riavvicinare, A *v. t.* **riavvicinarsi,** *v. rifl.* to reapproach; to approach again; to draw* nearer to. **B** *v. rifl. recipr.* to make* friends again; to become* reconciled.
riavvilire, A *v. t.* 1 (*umiliare di nuovo*) to humiliate again 2 (*demoralizzare di nuovo*) to discourage again; to dishearten again. **riavvilirsi, B** *v. rifl.* 1 (*degradarsi di nuovo*) to degrade oneself again 2 (*demoralizzarsi di nuovo*) to be discouraged again.
riavvisare, *V.* **riavvertire.**
riavvòlgere, A *v. t.* to wrap up again; (*su rocchetto, bobina, ecc.*) to rewind*, to wind* again; (*arrotolare di nuovo*) to roll up again: **r. una pellicola,** to rewind a film. **riavvòlgersi, B** *v. rifl.* to wrap oneself up again.
riavvolgiménto, *m.* (*elettr.*) rewinding.
riavvolgitóre, *m.* rewinder.
riazzuffarsi, *v. rifl. recipr.* to come* to blows again.
ribaciare, *v. t.* 1 (*baciare di nuovo*) to kiss again 2 (*baciare a propria volta*) to kiss back.
ribadiménto, *m.* 1 (*mecc.*) riveting; clinching; fixing 2 (*fig.: conferma*) confirmation; corroboration.
ribadire, A *v. t.* 1 (*mecc.*) to rivet; to rivet down (*o* in); to clinch (*anche naut.*); to fix: **r. un chiodo,** to rivet (*o* to clinch) a nail; **un martello a r.,** a riveting hammer 2 (*fig.: confermare*) to confirm; to corroborate: **Questa tua osservazione ribadisce la mia,** this observation of yours corroborates my own; **r. un'accusa,** to confirm an accusation. ● **r. q.c. nella mente a q.,** to impress st. on sb.'s mind. **ribadirsi, B** *v. rifl.* to be impressed on one's mind; to take* root (in one's mind).
ribaditóio, *m.* (*mecc.*) riveting hammer.
ribaditrice, *f.* (*mecc.*) riveter; riveting-machine: **r. ad aria compressa,** pneumatic riveter; **r. a serraggio pneumatico,** pneumatic squeeze riveting-machine; **r. elettrica,** electric riveting-machine; **r. idraulica,** hydraulic riveting-machine.
ribaditura, *f.* (*mecc.*) riveting; clinching: **r. a caldo (a freddo),** hot (cold) riveting; **r. a macchina,** power riveting.
ribagnare, A *v. t.* to wet again. **ribagnarsi, B** *v. rifl.* to get* wet again.
ribalderia, *f.* 1 (*l'essere ribaldo*) rascality; roguishness; knavery 2 (*azione di ribaldo*) knavish trick; piece of scoundrelism; roguery; knavery 3 (*fig.: opera di pessima fattura*) trash; junk; rubbish (*fam.*).
ribaldo, *m.* rascal; scoundrel; rogue; knave; scamp.
ribalta, *f.* 1 (*piano ribaltabile*) flap; fold; leaf*: **la r. della scrivania,** the leaf of the desk 2 (*di botola*) trap-door 3 (*d'autocarro, ecc.*) tail-board 4 (*teatr.*) front of the stage; apron 5 (*fig.: notorietà*) limelight: **alla r.,** in the limelight. ● **letto a r.,** folding bed □ (*teatr.*) **luci della r.,** footlights □ (*teatr.*) **presentarsi alla r.,** to take a curtain call □ (*fig.*) **tornare alla r.,** to return to public life; (*di questione*) to come up again □ (*fig.*) **venire alla r.,** to come to the fore.
ribaltàbile, *a.* overturnable; tipping; tip-up (*attr.*): **un autocarro r.,** a tipping lorry; a dumper (*USA*); **un carrello r.,** a tip-waggon; **un sedile r.,** a tip-up seat.
ribaltaménto, *m.* overturn; overturning; turnover; upsetting; tipping; capsizing (*anche naut.*).
ribaltare, A *v. t.* to turn over; to overturn; to upset*; to capsize (*anche naut.*). **B** *v. i.* e **ribaltarsi,** *v. rifl.* to turn over; to upset*; to capsize (*anche naut.*): **L'auto ribaltò,** the car (was) turned over; **La barca ribaltò,** the boat capsized.
ribaltatóre, *m.* (*trasporti*) dumper; tipper; dumping (*o* tipping) device; flip-over mechanism.
ribaltatura, *f.* overturning; upsetting; capsizing (*anche naut.*).
ribaltina, *f.* (*della sovraccoperta di un libro*) flap.
ribaltóne, *m.* (*fam.*) jerk.
ribalzare, *v. i.* to spring* up again; to jump again: **r. in piedi,** to

ribassare

jump to one's feet again.
ribassàre, A *v. t.* to lower; to reduce; to abate: **r. il tasso di sconto,** to lower the bank rate; **r. i prezzi,** to reduce prices. B *v. i.* to lower; to be reduced; to decline; to fall*; to go* down; to sag: **Gli affitti sono ribassati,** rents have lowered; **I prezzi sono ribassati,** prices have fallen (*o* gone down).
ribassista, (*Borsa*) A *m.* e *f.* bear; short. B *a.* bear (*attr*.): **mercato r.,** bear market.
ribàsso, *m.* **1** (*diminuzione di prezzo o valore*) reduction; abatement; fall; decline; sag; **C'è un r. nel prezzo del riso,** there is a sag in the price of rice; **un r. dei titoli,** a fall in the price of stocks; **un r. dei prezzi,** a decline in (*o* of) prices **2** (*Borsa: diminuzione nel corso dei titoli*) bearishness; bear run **3** (*sconto*) discount; rebate: **un r. del 10%,** a 10% discount; **concedere un r.,** to grant a discount. ● **essere in r.,** to be falling, to go down in value; (*fig*.) to be on the decline, to be under a cloud ☐ **un mercato in r.,** a sagging market ☐ **un'ondata di r.** a slump ☐ (*Borsa*) **un'operazione al r.,** a bearish transaction ☐ (*Borsa*) **speculare al r.,** to bear ☐ (*Borsa*) **speculatore al r.,** bear ☐ **la tendenza al r. dei prezzi,** the downward trend of prices ☐ (*econ*.) **tendenza al r.,** downtrend (*Borsa, anche*) bearish trend ☐ **vendere al r.,** to sell off ☐ **vendita al r.,** selling-off.
ribàttere, *v. t.* **1** (*battere di nuovo*) to beat* again; (*ad una porta, per es*.) to knock again; (*leggermente*) to tap again: **Batti e ribatti, mi hanno aperto,** I knocked and knocked again till at last they opened the door (for me) **2** (*mecc.: ribadire*) to rivet; to clinch: **r. un chiodo,** to rivet (*o* to clinch) a nail **3** (*fig.: confutare*) to refute; to rebut (*o* to confute) to disprove: **r. gli argomenti dell'avversario,** to refute the opponent's arguments; **r. un'accusa,** to rebut a charge **4** (*fig.: replicare*) to retort; to return; (*con sfrontatezza*) to answer back; (*discutere*) to argue: **essere sempre pronto a r.,** to be always ready to argue **5** (*sport*) to return; to send* (*o* to throw*) back: **r. la palla,** to return the ball **6** (*cucito*) to fell: **r. una cucitura,** to fell a seam. ● (*fig*.) **battere e r. sullo stesso tasto,** to harp upon the same string ☐ **Batti e ribatti, egli ha ceduto,** I talked him round (*o* over).
ribattezzàre, *v. t.* **1** to rebaptize; to rechristen **2** (*fig*.) to rename.
ribattìno, *m.* (*mecc*.) rivet: **un r. a testa cilindrica,** a flat-head rivet; **un r. a testa tonda,** a round-head rivet; **un r. esplosivo,** an explosive rivet; **far saltare i ribattini,** to burst rivets.
ribattitóre, *m.* **1** (*mecc*.) riveter **2** (*sport: nel tennis*) receiver; (*nel cricket*) batsman*.
ribattitura, *f.* **1** (*mecc.: ribaditura*) riveting; clinching **2** (*cucito: il ribattere le cuciture*) felling; (*cucitura a punto ribattuto*) fell.
ribattùta, *f.* **1** (*atto del ribattere*) beating again; renewed beating **2** (*sport*) return.
ribèca, *f.* (*mus*.) rebeck.
ribechìsta, *m.* (*mus*.) performer on the rebeck.
ribellàrsi, *v. rifl.* to rebel (against); to rise* (in rebellion) to revolt (against; *fig.:* at); to mutiny; to kick over the traces (*fam*.): **Si ribellarono tutti,** they all rebelled (*o* rose in rebellion); **Le tribù si ribellarono al governo,** the tribes rebelled against the government; **Mi ribello all'ingiustizia,** I rebel against injustice; **La natura umana si ribella dinanzi a un simile delitto,** human nature revolts at (*o* against) such a crime.
ribèlle, A *a.* **1** rebellious; rebel (*attr*.); mutinous: **un ragazzo r.,** a rebellious boy; **un carattere r.,** a rebellious temperament; **l'esercito r.,** the rebel army; **marinai ribelli,** mutinous sailors; **il mondo r.,** the rebel world; **gli angeli ribelli,** the rebel angels **2** (*med*.) rebellious; refractory: **malattie ribelli,** refractory diseases; **una ferita r. a qualsiasi cura,** a rebellious wound; a wound refractory to treatment. ● **essere r. all'autorità della Chiesa,** to rebel against the authority of the Church ☐ **riccioli ribelli,** unruly locks. B *m.* e *f.* rebel: **I ribelli furono condannati a morte,** the rebels were sentenced to death.
ribellióne, *f.* rebellion; revolt; rising; insurrection; mutiny: **Scoppierà una r.,** an insurrection will break out; **r. a mano armata,** armed rebellion; **la r. del popolo,** the rebellion of the people; **la r. d'una città,** the insurrection of a town; **reprimere una r.,** to repress (*o* to put down) a revolt.
ribellìsmo, *m.* rebellious tendency.
ribellìstico, *a.* rebellious.
ribére, *v. t.* to drink* again; (*continuare a bere*) to go* on drinking, to drink* on: **Bevi e ribevi, gli girava la testa,** he went on drinking till he got dizzy; he had drunk himself dizzy.
ribes, *m.* (*bot., Ribes rubrum*) ribes; red currant: ● **r. nero** (*Ribes nigrum*), black currant ☐ **r. spinoso** (*Ribes grossularia*), gooseberry.
ribisognàre, *v. i.* to need again; to require again.
ribobinàre, *v. t.* (*pesca*) to rewind*; to reel in.
riboccànte, *a.* overflowing: **strade riboccanti di gente,** streets overflowing with people; **Ho il cuore r. di gioia,** my heart is overflowing with joy.

riboccàre, *v. i.* to overflow: **Le strade riboccano di gente,** the streets are overflowing with people; **r. di gioia,** to overflow with joy.
ribòcco, *m.* overflow.
ribollènte, *a.* boiling; bubbling; seething: **le onde ribollenti,** the bubbling waves.
ribolliménto, *m.* **1** boiling; (*il bollire forte*) bubbling, seething **2** (*fig.: fermento*) turmoil; whirl; ferment.
ribollìre, A *v. i.* **1** (*bollire di nuovo*) to reboil; to boil again; (*continuare a bollire*) to boil away; (*bollire forte*) to bubble, to seethe: **il r. d'una pentola sul fuoco,** the bubbling of a pot on the fire **2** (*fermentare*) to ferment; to work: **il r. del vino,** the fermenting (*o* fermentation) of wine; **far r. q.c.,** to make st. work **3** (*fig.: agitarsi*) to boil (over); to seethe; to surge: **r. di rabbia,** to boil over (*o* to seethe) with anger; **Sento ribollirmi il sangue,** my blood is boiling. B *v. t.* (*far bollire di nuovo*) to reboil; to boil again: **Bisogna ribollirlo,** you must boil it again.
ribollìto, *a.* boiled up again: **minestra ribollita,** soup boiled up again. ● **saper di r.,** to taste stale.
ribollitùra, *f.* **1** reboiling; boiling again **2** (*fermentazione*) fermenting; working.
ribonucleìco, *a.* (*chim*.) ribonucleic.
ribòsio, *m.* (*chim*.) ribose.
ribòtta, *f.* (*bisboccia*) carousal; spree (*fam*.). ● **far r.,** to carouse; to go on a spree.
ribrézzo, *m.* horror; repugnance; disgust; loathing: **mostrare r. di q.c.,** to show repugnance against (*o* to) st.; **provare r. di q.c.,** to feel disgust at (*o* for) st.; to be disgusted at (*o* by, with) st. ● **fare r.,** to fill with disgust; to disgust; to revolt: **Mi fa r. il solo vederlo,** the very sight of him fills me with disgust (*o* makes me shudder); **La scena gli faceva r.,** the scene revolted him; **cose che fanno r.,** disgusting (*o* revolting) things ☐ **Che r.!,** how disgusting!
ribussàre, *v. i.* to knock again; to rap again.
ributtànte, *a.* repugnant; repulsive; disgustful; disgusting; revolting: **C'era q.c. di così r. nella donna!,** there was st. so repulsive about the woman!; **Sei proprio r.!,** you are really disgusting!; **uno spettacolo r.,** a disgustful (*o* a nauseating) sight; **un aspetto r.,** a repulsive aspect; **cose ributtanti,** disgusting (*o* revolting) things.
ributtàre, A *v. t.* **1** (*buttare di nuovo*) to throw* again; to fling* again; to hurl back: **r. q.c. in terra,** to throw st. down again **2** (*respingere con violenza*) to push (*o* to drive*) back (*o* away); to repel: **Ributtarono i nemici fuori dalle mura,** they drove the enemy outside the walls; **Lo ributtai lontano da me con una spinta,** I pushed him away from me **3** (*vomitare*) to throw* up; to vomit: **Ributtai il pranzo,** I threw up my dinner. B *v. i.* **1** (*ripugnare*) to disgust; to fill with disgust; to revolt; to repel: **Mi ributta,** it revolts me; **azioni che ributtano,** disgusting actions **2** (*bot.: germogliare di nuovo*) to sprout again. **ributtàrsi,** C *v. rifl.* to throw* (*o* to fling*) oneself again: **r. giù,** to throw oneself down again; (*ammalarsi di nuovo*) to take to one's bed again; (*perdersi d'animo*) to let oneself go, to lose heart.
ricacciàre, A *v. t.* **1** (*cacciare di nuovo*) to chase away again; to drive* away again: **Tornarono, ma li ricacciai,** they came back, but I chased them away again **2** (*respingere*) to drive* out again; to drive* back; to repel: **Li assalimmo e li ricacciammo al di là del fiume,** we attacked them and drove them back beyond the river; **I nemici furono ricacciati dalla città,** the enemy were driven out of the town again **3** (*rificcare, rimettere con forza*) to put* (*o* to thrust*) back; to shove back. ● **r. le parole in gola a q.,** to make sb. swallow (*o* eat) his words. **ricacciàrsi,** B *v. rifl.* (*cacciarsi di nuovo*) to throw* (*o* to fling*) oneself again; to plunge again. ● **r. nei guai,** to get into trouble again; to get into hot water once again (*fam*.).
ricadére, *v. i.* **1** (*cadere di nuovo, anche fig*.) to fall* (down) again (*o* once more): **Ricadde in terra,** he fell to the ground again; **Ricaddè supino,** he fell flat on his back once more; **È ricaduto fra le grinfie di quella donna,** he has fallen into the hands of that woman again; **r. nella povertà,** to fall into poverty once more (*o* again); **r. ammalato,** to fall ill again **2** (*avere una ricaduta*) to have a relapse; to relapse (*anche fig.*): **Era quasi guarito, ma poi è ricaduto,** he had almost recovered, but then he had a relapse; **r. nel vizio (nell'errore, nel peccato, nel letargo),** to relapse into vice (into error, into sin, into lethargy) **3** (*pendere*) to hang* (down): **L'orlo della gonna le ricadeva sulle ginocchia,** the hem of her skirt hung over her knees; **È una stoffa che ricade bene,** it's a material (*o* cloth) that hangs well **4** (*riversarsi*) to fall*: **La colpa ricadrà su di te,** the blame will fall upon you.
ricadùta, *f.* (*anche fig.*) relapse: **una r. nel peccato (nell'errore),** a relapse into sin (into error); (*med*.) **avere una r.,** to have a relapse; to relapse. ● (*fis*.) **r. radioattiva,** fall-out.

ricalare, A *v. t.* to lower again; to let* down again. **B** *v. i.* **1** (*diminuire di nuovo*) to lower again; to decline again; to go* down again; to fall* again: **I prezzi ricaleranno**, prices will go down again **2** (*tramontare di nuovo*) to set* again; to go* down again; *to* sink* again.

ricalcàbile, *a.* traceable: **disegno r.**, traceable drawing.

ricalcare, *v. t.* **1** (*calcare di nuovo*) to press again; to tread* again; (*calcare di più*) to press down, to tread* down: (*fig.*) **r. le orme di q.**, to tread in sb.'s footsteps; to follow sb.'s example **2** (*disegno*) to transfer; to trace: **r. un disegno**, to transfer a drawing; **carta da r.**, tracing-paper **3** (*fig.: imitare*) to imitate; to follow **4** (*metall.*) to upset*; to head. ● (*fig.*) **r. le proprie orme**, to retrace one's steps.

ricalcata, *f.* pressing down; treading down.

ricalcatrice, *f.* upsetting-machine; upsetter; header: **una r. idraulica**, a hydraulic upsetting-press.

ricalcatura, *f.* **1** (*disegno: il ricalcare*) transfer; transferring; tracing **2** (*disegno ricalcato*) transfer **3** (*fig.: imitazione*) imitation; copy **4** (*metall.*) upsetting; heading: **r. a caldo**, hot-heading; **r. a freddo**, cold-heading; **r. elettrica**, electric upsetting.

ricalcificare, *v. t.* **ricalcificarsi,** *v. rifl.* (*med.*) to recalcify.

ricalcificazióne, *f.* (*med.*) recalcification.

ricalcitraménto, *m.* (*anche fig.*) recalcitration; recalcitrance; recalcitrancy.

ricalcitrante, *a.* (*anche fig.*) recalcitrant.

ricalcitrare, *v. i.* **1** to kick (out) **2** (*fig.*) to be recalcitrant; to recalcitrate; to kick out (*fam.*): **r. contro la disciplina**, to kick out against (*o* at) discipline.

ricalco, *m.* tracing. ● **a r.**, tracing □ **copia a r.**, tracing; (*rif. a scritto*) carbon-copy.

ricalpestare, *v. t.* to tread* on again; to trample down again.

ricalzare, *v. t.* to put* on again; to slip on again.

ricamare, *v. t.* (*anche fig.*) to embroider: **r. un fazzoletto**, to embroider a handkerchief; **r. le proprie cifre su un fazzoletto**, to embroider one's initials on a handkerchief; **r. un fiore**, to embroider a flower; **Egli aveva ricamato il suo racconto con alcune leggende meravigliose**, he had embroidered his story with some marvellous legends. ● (*fig.*) **r. sui difetti di q.**, to exaggerate sb.'s defects.

ricamato, *a.* embroidered: **r. a mano**, hand-embroidered.

ricamatóre, *m.* embroiderer (*anche fig.*).

ricamatrice, *f.* embroideress.

ricamatura, *f.* **1** (*il ricamare*) embroidering **2** (*ricamo*) embroidery.

ricambiare, A *v. t.* **1** (*cambiare di nuovo*) to change again **2** (*contraccambiare*) to reciprocate; to return; to repay*: **Il mio amore non era ricambiato**, my love was not reciprocated; **r. un complimento**, to return a compliment; **r. una visita**, to return a visit. **ricambiarsi, B** *v. rifl. recipr.* to reciprocate; to exchange: **Ci ricambiammo gli auguri**, we reciprocated good wishes; **r. i saluti**, to exchange greetings.

ricàmbio, *m.* **1** (*contraccambio*) reciprocation; return; exchange; repayment: **un r. di cortesie**, a reciprocation (*o* an exchange) of courtesies; **un r. di regali**, an exchange of presents; **dare q.c. in r. di q.c. altro**, to give st. in return for st. else **2** (*ricarica*) refill **3** (*mecc.*) spare (part): **un pezzo di r.**, a spare part; **una ruota di r.**, a spare wheel **4** (*biol.*) metabolism: **malattie del r.**, metabolism diseases. ● **r. del lavoro**, (labour) turnover □ **r. sociale**, social mobility.

ricamo, *m.* **1** (*arte del ricamare*) embroidery; ornamental needle-work **2** (*lavoro eseguito ricamando*) embroidery (*anche fig.*); embroidered work: **un bel r.**, a lovely piece of embroidery; **un r. di margheritine**, an embroidery of daisies.

ricantare, *v. t.* **1** (*cantare di nuovo*) to sing* again: **Ricantami quella vecchia canzone**, sing me that old song again **2** (*fig., fam.: dire e ridire con insistenza*) to keep* on repeating (st.); to tell* (sb. st.) over and over again. ● **Gliel'ho ricantata su tutti i toni**, I've told him over and over again.

ricapitare, *v. i.* **1** (*accadere di nuovo*) to happen again **2** (*giungere di nuovo per caso*) to happen to come again; to turn up again (*fam.*).

ricapitolare, *v. t.* to recapitulate (*abbr. fam.*: to recap) to summarize; to sum up.

ricapitolazióne, *f.* recapitulation (*abbr. fam.* recap) summary; summing up.

ricàrica, *f.* **1** reloading; recharge (*anche elettr.*) **2** (*di un orologio*) rewinding.

ricaricare, *v. t.* **1** to reload; to load up again; to recharge: **r. un carro**, to reload a cart; **r. un fucile**, to reload a gun; **r. una molla**, to reload a spring **2** (*riempire*) to refill: **r. la pipa**, to refill one's pipe **3** (*elettr.*) to recharge **4** (*un orologio*) to rewind*; to wind* again; to wind* up.

ricascare, *v. i.* (*cascare di nuovo*) to fall* again (*anche fig.*):

Lo raccolsi, ma mi ricascò, I picked it up, but it fell again; **r. nelle cattive abitudini**, to fall into bad habits again. ● (*fam.*) **ricascarci**, (*fare lo stesso errore*) to make the same mistake again; (*farsi ingannare di nuovo*) to fall for it again □ **r. nello stesso errore**, to make the same mistake again □ (*prov.*) **L'asino dov'è cascato una volta, non ci ricasca la seconda**, where-ever an ass falleth, there will he never fall again.

ricattare, *v. t.* to blackmail.

ricattatóre, *m.* blackmailer.

ricattatòrio, *a.* blackmail (*attr.*).

ricatto, *m.* blackmailing; blackmail. ● **Non spaventarti: è semplicemente un tentativo di r.**, don't be frightened: this is simply an attempt to blackmail you.

ricavàbile, *a.* obtainable.

ricavare, *v. t.* **1** (*cavare fuori, estrarre*) to extract; to draw* out **2** (*ottenere*) to obtain; to get*; to gain; to make*; (*derivare*) to derive: **Non ne ricaverò mai nulla**, I'll never be able to get anything out of it; **Ne ricaverò poco frutto**, I'll not get much out of it; it will not bring me in very much; **Ecco quel che si ricava!**, that's what you get!; **Da questo pezzo di stoffa si può r. una gonna**, you can make a skirt out of this piece of cloth; **Ho ricavato gran (poco) beneficio dalla mia vacanza in montagna**, I have got (*o* derived) much (little) benefit from my holiday in the mountains **3** (*calcare*) to trace; to transfer: **r. un disegno**, to transfer a drawing.

ricavato, *m.* **1** proceeds (*pl.*) **2** (*fig.*) result.

ricavo, *m.* proceeds (*pl.*); revenue; return; receipt; take: **il r. lordo** (**netto**), the gross (net) proceeds.

riccaménte, *avv.* richly; (*in modo sontuoso*) sumptuously: **un appartamento r. ammobiliato**, a richly furnished flat.

Riccardo, *m.* Richard; (*dim.*) Dick. ● (*stor.*) **R. Cuor di Leone**, Richard the Lion-Heart.

ricchézza, *f.* **1** richness; wealth **2** (*averi, sostanze, spesso al pl.*) riches (*pl.*); wealth: **Tutte le mie ricchezze sono qui**, all my riches are here; **il godimento delle ricchezze**, the enjoyment of riches; **la principale fonte di r.**, the main source of wealth; **accumulare ricchezze**, to amass riches **3** (*abbondanza*) richness; wealth; opulence; copiousness; abundance: **la r. di colore**, the richness of colour; **la r. del suolo**, the richness (*o* fertility) of the soil; **la r. d'una lingua**, the copiousness of a language; **con r. di particolari**, with a wealth of detail. ● (*econ., fin.*) **r. mobile**, personal property □ (*fin.*) **imposta di r. mobile**, income tax.

riccio (1), A *a.* curly: **capelli ricci**, curly hair; **avere i capelli ricci**, to have curly hair; to be curly-headed. **B** *m.* **1** (*ciocca di capelli*) curl; lock **2** (*cosa a forma di r.*) curl: **un r. di burro**, a butter-curl **3** (*chiocciola del violino*) scroll **4** (*cinem.: di pellicola*) loop **5** (*ind. tessile*) terry: **tessuto a r.**, terry cloth **6** (*mecc.*) bava) burr; (*di tornitura*) chip. ● **ricci di legno**, wood shavings □ (*ind. tessile*) **r. di ordito**, warp pile □ **farsi i ricci**, to curl one's hair □ **ferro da ricci**, curling-tongs; curling-irons.

riccio (2), *m.* **1** (*zool., Erinaceus europaeus*) hedgehog **2** (*bot.*) bur(r); husk (of the chestnut). ● (*zool.*) **r. di mare** (*Paracentrotus lividus*), sea(-)urchin.

ricciolo, *m.* (*riccio di capelli*) curl.

riccioluto, ricciuto, *a.* **1** curly: **capelli ricciuti**, curly hair; **una testa ricciuta**, a curly head; **un bimbo r.**, a curly-headed little boy **2** (*ind. tessile*) terry: **velluto r.**, terry velvet.

ricco, A *a.* **1** rich; wealthy; well-off; moneyed: **Sposerò un r. signore**, I'll marry a rich gentleman; **un uomo r.**, a rich (*o* a wealthy) man; a man of wealth; **È r. di famiglia**, he comes of a wealthy (*o* rich) family; **essere r.**, to be well-off (*o* well-to-do); **È r. sfondato**, he's terribly rich; he's rolling in money; he's loaded with money **2** (*abbondante*) rich (in); abounding (in, with); full (of): **L'America è ricca di risorse naturali**, America is rich in natural resources; **un paese r. di minerali**, a country rich in minerals; **un libro r. d'informazioni**, a book rich in (*o* full of) information; **un mare r. di pesci**, a sea abounding with fish; **un uomo r. di coraggio morale**, a man abounding in (*o* full of) moral fibre (*o* courage); **r. d'ingegno** (**di fantasia, di buona volontà**), full of ingeniousness (imagination, good will); **r. di idee**, full of ideas **3** (*sontuoso, sfarzoso*) sumptuous; rich: **un r. palazzo**, a sumptuous palace; **ricchi addobbi**, rich decorations; **un r. pranzo**, a sumptuous meal **4** (*ingente per valore*) rich; valuable: **una ricca dote**, a rich dowry; **un r. dono**, a valuable gift; **un r. patrimonio**, a valuable (*o* rich) heritage; **una ricca eredità**, a rich inheritance. ● (*autom.*) **miscela troppo ricca**, overrich mixture □ **uno spettacolo con r. allestimento scenico**, a richly-staged show □ (*iron.*) **È r. di debiti**, he's up to the eyes in debt. **B** *m.* rich (*o* wealthy) man*. ● **i ricchi**, the rich; the wealthy □ **un nuovo r.**, a nouveau riche; a parvenu.

riccóne, *m.* very rich man*; croesus; nabob; magnate; tycoon (*USA*).

ricérca, *f.* **1** search; quest; (*di petrolio, minerali, ecc.*) prospecting: **andare alla r. di q.c.**, to go in search of st.; **la r.**

ricercare

dell'oro, the quest (*o* search) for gold; **essere alla r. di q.c.**, to be in search of st.; to be on the look-out for st. (*fam.*); **la r. della verità**, the search for truth **2** (*il perseguire*) pursuit: **la r. della felicità** (**del sapere**), the pursuit of happiness (of knowledge); **alla r. di**, in pursuit of **3** (*r. scientifica e sim.*) research: **lavoro di r.**, research work; **ricerche storiche** (**nucleari, scientifiche, bibliografiche**), historical (nuclear, scientific, bibliographical) research; **r. di mercato**, market research; **laboratorio di ricerche**, research laboratory; **I Curie dedicarono tutta la loro vita alle ricerche sul radio**, the Curies devoted all their lives to radium research; **fare ricerche**, to carry out research **4** (*indagine, investigazione*) investigation; inquiry: **Dopo una minuziosa r., la polizia giudiziaria scoprì l'assassino**, after a careful and thorough investigation the Criminal Investigation Department (*abbr.*: C.I.D.) discovered the murderer; **fare delle ricerche su q.c.**, to make inquiries about st. **5** (*econ.: richiesta*) demand: **una r. di case a buon mercato**, a demand for cheap houses; **r. viva**, brisk demand **6** (*elab.*) search; look-up: **r. tabellare**, table look-up. ● **centro** (*o* **istituto**) **di r.**, research center (*o* institute); (*interdisciplinare*) think factory; think tank.
ricercare, *v. t.* **1** to look for (st., sb.) again: **Ricercherò il tuo orologio quando avrò scritto questa lettera**, I'll book for your watch again after writing this letter; **Dovrete r. il libro**, you'll have to look for the book again **2** (*cercare con impegno*) to seek*; to seek* for (st., sb.); to search for (st., sb.): **Ricercava la parola giusta ma non gli veniva in mente**, he sought (for) the right word but it didn't come to mind (*o* into his mind); **La polizia lo ricerca**, the police are searching (*o* looking) for him; **r. delicati effetti di colore**, to seek delicate effects of colour; **r. un latitante**, to search (*o* to make a search) for a fugitive from justice **3** (*investigare, esaminare*) to investigate; to inquire into (st.): **r. la verità di un racconto** (**dei fatti**), to investigate the truth of a story (of facts); **r. la possibilità di vita organica sul pianeta Marte**, to inquire into the possibility of organic life on the planet Mars **4** (*perseguire*) to pursue; to seek* after (st.): **r. la felicità**, to seek after (*o* to pursue) happiness; **r. un ideale**, to pursue an ideal **5** (*esigere*) to want; to require; to demand: **Ricerco una maggiore puntualità nei miei dipendenti**, I want (*o* demand) greater punctuality from my staff (*o* employees). ● **r. le parole**, to choose one's words.
ricercatamènte, *avv.* **1** (*in modo raffinato*) refinedly; in a refined way; with refined elegance **2** (*in modo affettato*) affectedly; with affectation.
ricercatézza, *f.* **1** refinement; refinedness: **r. di stile**, refinement of style; **mancare di r.**, to lack in refinement **2** (*affettazione*) affectation. ● **senza r.**, unaffectedly (*agg.*). unaffected (*agg.*).
ricercato, A *a.* (*richiesto: rif. a persone*) sought-after (*rif. a cose*) in (great) demand: **un tenore** (**un medico, un pittore**) **molto r.**, a much sought-after tenor (doctor, painter); **È uno scapolo molto r. dalle madri delle debuttanti**, he's a bachelor much sought-after by debutantes' mothers **2** (*raffinato*) refined; (*troppo raffinato*) over-refined: **Veste con ricercata eleganza**, he dresses with refined elegance; **È r. nella scelta delle parole**, he is over-refined in his choice of words **3** (*affettato*) affected; «recherché» (*franc.*); (*sforzato*) far-fetched: **modi ricercati**, affected manners **4** (*cercato*) wanted; **È r. dalla polizia**, he's wanted by the police. ● **Questa merce è molto ricercata sul mercato**, there's a great demand for these goods on the market. B *m.* wanted man*.
ricercatóre, *m.* **1** (*persona*) researcher; research worker **2** (*apparecchio*) detector; searcher.
ricetrasmettitóre, *m.* (*radio*) transceiver.
ricetrasmittènte, (*radio*) A *a.* for both transmitting and receiving. B *m.* e *f.* two-way radio communications unit; transmitter-receiver. ● **r. portatile**, handie-talkie.
ricètta, *f.* **1** (*med.*) prescription: **fare una r.**, to make up a prescription **2** (*cucina*) recipe; receipt: **una r. per marmellate**, a jam recipe **3** (*rimedio, espediente; anche fig.*) receipt; remedy; cure: **la r. per stare allegri**, a remedy to keep cheery. ● (*prov.*) **Ogni male ha la sua r.**, for every evil under the sun, there is a remedy.
ricettàcolo, *m.* **1** (*luogo che dà ricetto*) receptacle; den; hide-out: **un r. di ladri**, a den of thieves **2** (*bot.*) receptacle.
ricettare (1), *v. t.* (*leg.*) to receive (stolen goods); to reset (*leg. scozz.*); to fence (*fam.*): **r. merci rubate**, to receive stolen goods.
ricettare (2), *v. t.* (*med.*) to prescribe.
ricettàrio, *m.* **1** (*med.*) book of prescriptions **2** (*cucina*) book of receipts; cookery-book; cook-book (*USA*).
ricettatóre, *m.* (*leg.*) receiver of stolen goods; resetter (*leg. scozz.*); fence (*fam.*); lock-all-fast (*pop.*).
ricettazióne, *f.* (*leg.*) receiving of stolen goods; reset (*leg. scozz.*); fencing (*fam.*).
ricettività, *f.* **1** receptivity **2** (*med.*) susceptibility.

ricettivo, *a.* **1** receptive: **una mente ricettiva**, a receptive mind; **potenza ricettiva**, receptive power; receptivity **2** (*med.*) susceptible.
ricètto, *m.* (*lett.*) shelter; refuge: **dare r.**, to give shelter; to shelter; **trovare r.**, to find shelter.
ricevènte, A *a.* receiving (*anche radio*): **stazione r.**, receiving station. B *m.* e *f.* receiver.
ricévere, *v. t.* **1** to receive: **Ho ricevuto la tua lettera**, I have received your letter; **r. un telegramma** (**una telefonata**), to receive a telegram (a telephone call); **Hai ricevuto una brutta notizia?**, have you received some bad news?; **r. un saluto** (**una lode, un onore, un aiuto**), to receive a salute (a praise, an honour, help); **r. gli auguri di Natale** (**di Pasqua**), to receive Christmas (Easter) greetings; **Non ricevo il giornale da due giorni**, I haven't received the paper for two days; **r. la santa Comunione** (**i sacramenti**), to receive Holy Communion (the Sacraments); **r. q.c. in ricompensa** (**in premio**), to receive st. as a reward (as a prize) **2** (*accettare*) to accept; to take*: **Non avresti dovuto r. il suo regalo**, you should not have accepted his gift (*o* a gift from him); **La decisione non fu ricevuta molto bene dalla maggioranza**, the decision was not well accepted (*o* received) by the majority; **r. una promessa da q.**, to accept (*o* to receive) a promise from sb. **3** (*ammettere*) to admit: **Fu ricevuto nel collegio di Eton**, he was admitted to Eton College; **r. q. come novizio**, to admit sb. as a novice; **L'Accademia francese ha spesso rifiutato di r. uomini illustri**, the French Academy has often refused to admit illustrious men **4** (*prendere, ottenere, avere*) to take*; to get*; to have; to receive: **Ricevevano lezioni d'inglese**, they were taking English lessons; **r. q.c. in cambio**, to take (*o* to receive) st. in exchange; **Questa parte del giardino non riceve mai la luce del sole**, this part of the garden never gets any sunlight; **Riceviamo l'acqua da quella sorgente**, we get our water from that spring **5** (*contenere*) to hold*; (*afferrare*) to grasp: **Ha una mente incapace di r. un'idea astratta**, he has a mind that is unable to grasp an abstract idea; **È un bacino che può r. grosse navi**, it's a dock that can hold big ships **6** (*accogliere all'arrivo*) to receive; to meet*; to welcome; to greet: **Una speciale missione andrà a riceverlo alla frontiera**, a special mission will go and welcome (*o* meet) him at the frontier; **Erano a riceverlo alla stazione**, they were at the station to meet him **7** (*di albergo, ecc.*) to accommodate; (*dare ricovero*) to shelter: **r. un fuggiasco**, to shelter a fugitive **8** (*provare, sentire*) to receive; to feel*; to experience: **r. un'impressione favorevole**, to receive a favourable impression; **Ricevetti molta gioia da quella bella notizia**, I felt (*o* experienced) great joy on hearing the good news; **Ricevetti un grave trauma**, I experienced a severe trauma **9** (*ammettere a visitare*) to receive; to be at home to (sb.): **L'avvocato** (**il direttore**) **riceve i clienti dalle 9 alle 11**, the lawyer (the manager) receives clients from 9 to 11 a.m.; **La signora riceve le amiche tutti i sabati**, the lady is at home to (*o* receives) her friends every Saturday; **Oggi non ricevo nessuno**, I'm not at home to anybody today **10** (*ammettere a un'udienza*) to grant an audience: **Il Papa lo ha ricevuto stamane**, the Pope granted him an audience this morning; **Il Ministro lo riceverà domani**, the Minister will grant him an audience tomorrow. ● **r. il battesimo**, to be baptized □ **r. una buona accoglienza**, to be well received □ **r. lodi**, to be praised □ **r. una punizione**, to be punished □ **r. q.c. in prestito**, to borrow st. □ **rifiutarsi di r. q.**, to refuse to see sb.
ricevimento, *m.* **1** (*il ricevere*) receiving; receipt; reception: **Al r. di quel dono, non riuscii a trattenere la mia gioia**, on receiving that gift, I couldn't contain my joy; **al r. della merce**, upon receipt of the goods; **al r. della tua lettera**, upon receipt of your letter **2** (*accoglienza*) welcome; reception: **Gli fu preparato un grande r.**, a great reception (*o* welcome) was prepared for him **3** (*trattenimento, festa*) reception; party: **sala di r.**, reception room; **dare un r.**, to give (*o*, *fam.*: to throw) a party; **andare a un r.**, to go to a party **4** (*ammissione*) admission: **il giorno del suo r. all'Accademia Reale**, the day of his admission to the Royal Academy.
ricevitóre, *m.* **1** (*chi riceve*) receiver **2** (*radio, tel.*) receiver: **un r. a galena**, a galena (*o* crystal) receiver; **un r. telefonico**, a telephone receiver; **un r. a valvola termoionica**, a thermo-electronic valve receiver; **un r. d'echi**, an echo receiver **3** (*chi riscuote somme per conto d'altri*) collector: **r. delle dogane**, collector of customs; **r. delle imposte**, tax-collector. ● (*radio*) **r. acustico**, sounder □ **r. del Registro**, registrar □ (*tel.*) **riattaccare il r.**, to hang up; to ring off.
ricevitoria, *f.* receiving-office. ● **r. del Registro**, Register (*o* Registry) Office.
ricevuta, *f.* receipt; (*di raccomandata, ecc.*) acknowledgement of delivery; (*quietanza*) quittance: **una r. a saldo**, a receipt in full (settlement); **una r. in carta da bollo**, a stamped receipt; **una r. di spedizione**, a consignment receipt (*o* note); **una r. di versamento**,

ricollegare

a receipt for payment; **una r. senza riserve**, a clean receipt; **un libretto per ricevute**, a receipt book; **una raccomandata con r. di ritorno**, a registered letter with return receipt; **accusare r.**, to acknowledge receipt; **Pregasi accusare r.**, please acknowledge receipt; **firmare (scrivere, ecc.) una r.**, to sign (to write, etc.) a receipt.

ricezióne, *f.* (*radio, telev.*) reception: **La r. dei programmi televisivi è ottima in questa zona**, reception of the television programmes is excellent in this district. ● (*radio*) **disturbare la r. di**, to blanket.

richiamàbile, *a.* (*mil.*) liable to recall.

richiamare, **A** *v. t.* **1** (*chiamare di nuovo*) to call again: **Se non mi serve bene, non lo richiamo**, if he doesn't serve me well, I won't call him again; **L'ho dovuto chiamare e r.**, I had to call him again and again **2** (*chiamare indietro, far tornare*) to call back; to recall: **Ero già sull'uscio quando mi richiamò**, I was already at the door when he called me back; (*al telefono*) **Richiamami domani mattina!**, call me back tomorrow morning!; **La ditta mi ha richiamato in sede**, the firm has called me back to (the) head office; **Il governatore sarà richiamato nella Capitale**, the Governor will be recalled (*o* called back) to the Capital; **r. dall'esilio**, to call back (*o* to recall) from exile **3** (*attirare, far accorrere*) to attract; to draw*: **Grida sempre per r. l'attenzione**, he always shouts to attract attention; **La squadra richiama un'enorme folla in tutti gli stadi**, the team draws enormous crowds at all grounds; **La luce richiama sempre le falene**, light always draws (*o* attracts) moths; **r. l'attenzione di q. su q.c.**, to draw (*o* to call) sb.'s attention to st.; to point st. out to sb. **4** (*ritirare*) to withdraw*: **Hanno dovuto r. le truppe da Creta**, they have had to withdraw their troops from Crete **5** (*rimproverare*) to rebuke; to reprimand: **Il direttore lo richiamò severamente**, the manager rebuked (*o* reprimanded) him severely **6** (*citare, riportare*) to quote: **Richiamò un verso del Tasso**, he quoted a line from Tasso. ● (*aeron.*) **r. un aeroplano**, to flatten out (*o* to level off) an aircraft; (*dopo una picchiata*) to pull out an aircraft □ **r. q. al dovere**, to recall sb. to his duty □ **r. q. all'ordine**, to call sb. to order □ **r. q. in carica**, to recall sb. to office □ **r. q. in vita**, to restore (*o* to bring back) sb. to life □ **r. q.c. alla memoria**, to recall st. to mind □ **r. q.c. alla mente di q.**, to remind sb. of st.: **Queste scene di panico mi richiamano alla mente i disordini del dopoguerra**, these scenes of panic remind me of the post-war riots □ **r. sotto le armi**, to recall for military service. **richiamarsi**, **B** *v. rifl.* **1** (*riferirsi*) to refer: **Mi richiamo all'articolo 19 del codice stradale**, I'm referring to article 19 of the Highway Code; **r. a un documento**, to refer to a document **2** (*appellarsi, ricorrere*) to appeal: **r. alla Corte Suprema**, to appeal to the Supreme Court.

richiamata, *f.* (*aeron.*) flattening out, levelling off; (*dopo una picchiata*) pull-out. ● (*aeron.*) **deflettore di r.**, recovery flap.

richiamato, *m.* (*mil.*) recalled serviceman*.

richiamo, *m.* **1** recall; call: **r. alle armi**, recall to arms; call-up; **il r. della flotta dall'Egeo**, the recall of the fleet from the Aegean Sea; **Il r. dell'ambasciatore fu interpretato come un segno di crisi interna**, the recall of the ambassador was interpreted as a sign of an internal crisis **2** (*avvertimento*) warning; reminder: **Ha già avuto due richiami: la terza volta, sarà punito**, he's already had two warnings; the third time, he'll be punished **3** (*allettamento*) call; (*mezzo, modo per attirare*) pull, appeal: **il r. della foresta (della brughiera, del mare)**, the call of the wild (of the heather, of the sea); **Sento il r. della primavera**, I feel the call of spring; **Quella pubblicità è un potente r.**, that advertising has a tremendous pull **4** (*nella caccia*) bird-call: **caccia al r.**, hunting by bird-call **5** (*tipogr.*) cross-reference mark. ● **r. all'ordine**, call to order □ (*caccia*) **fare da r.**, to act as a decoy □ (*mecc.*) **molla di r.**, return spring □ **parola che serve da r.**, catch-word □ (*tipogr.*) **segno di r.**, cross-reference mark □ (*caccia*) **uccello da r.**, decoy □ (*med.*) **vaccinazione di r.**, booster dose.

richiedènte, **A** *a.* applying; petitioning. **B** *m.* e *f.* **1** applicant; petitioner **2** (*leg.*) demandant; petitioner; plaintiff.

richièdere, *v. t.* **1** (*chiedere di nuovo*) to ask again for (st.); (*chiedere in restituzione*) to ask for (st.) back: **Glielo ho chiesto ieri e ho mandato q. a richiederglielo oggi**, I asked him for it yesterday and I sent sb. to ask him again for it today; **Sarò costretto a chiedere e r.**, I shall be obliged to ask again and again; **Gli richiesi i quattrini (il libro, i fiammiferi)**, I asked him for my money (my book, my matches) back; I asked him to give me back my money (my book, my matches) **2** (*chiedere, domandare*) to ask; (*chiedere con insistenza o decisione*) to demand: **Richiede la sua parte dell'eredità**, he is demanding his part (*o* share) of the inheritance; **Il poliziotto ci richiese nome e indirizzo**, the policeman demanded our names and addresses **3** (*chiedere per avere q.c.*) to ask for (st.): **r. l'aiuto di q.**, to ask for sb.'s help **4** (*volere, esigere*) to request; to demand; to exact: **Richiedo la massima ubbidienza dai miei alunni**, I exact absolute obedience from (*o* of) my pupils; **Il colonnello richiese la presenza di tutti gli ufficiali**, the colonel requested the presence of all the officers; **Richiede l'impossibile**, he demands (*o* asks for) the impossible **5** (*necessitare*) to require; to need; to call for (st., sb.): **Questa malattia richiederà una lunga cura**, this disease will require (*o* need) a long period of treatment; **È una cosa che richiede tempo e denaro**, it's a thing that needs time and money; **Questo lavoro richiede una persona più esperta di me**, this work calls for a more expert person than I (am); **un gioco che richiede destrezza**, a game that calls for skill. ● **È richiesta la presenza dell'interessato**, the presence of the person concerned is necessary □ **È molto richiesto**, he is much sought-after □ **Il platino è molto richiesto**, platinum is in great demand □ **Questa merce non è più richiesta**, these goods are no longer in demand.

richièsta, *f.* request; demand: **fare (una) r. di q.c.**, to make a request for st.; **accettare (rifiutare) la r. di q.**, to accept (to refuse) sb.'s request; **a** (*o* **su**) **r.**, by (*o* on, at) request: **L'opuscolo è disponibile su r.**, the pamphlet is available on request; **dietro vostra r.**, at your request; **La commedia si replica a r. generale**, by general request the play will be repeated; **C'è molta r. di cotone**, there is a great demand for cotton; cotton is in great demand; **soddisfare le richieste di q.**, to satisfy sb.'s demands; **È una r. indiscreta**, that is an indiscreet (*o* a tactless) demand; **Le richieste del partito socialista furono accolte (respinte) dal consiglio comunale**, the Socialist Party's demands were accepted (rejected) by the Town Council; **Ci fu una grande r. di insegnanti di matematica**, there was a great demand for maths teachers. ● **richieste d'aumenti salariali**, wage claims □ (*fin.*) **r. di fondi**, call for funds □ **r. d'informazioni**, inquiry □ **r. di matrimonio**, proposal of marriage: **Quella ragazza ha avuto molte richieste (di matrimonio)**, that girl has had many proposals □ **a** (*o* **dietro**) **r. scritta**, on written application □ **come da r.**, as requested.

richièsto, *a.* **1** in demand; popular; sought after: **un articolo molto r.**, a very popular item; an item much in demand; **libro molto r.**, a much sought after book **2** necessary; required: **avere le qualità richieste**, to have the necessary qualities.

richinare, **A** *v. t.* to bend* again: **r. il capo**, to bend (*o* to bow) one's head (again). **richinarsi**, **B** *v. rifl.* to bend* down (again); (*inchinarsi di nuovo*) to bow down (again), to stoop (again).

richino, *a.* (*lett.*) bent; stooping: **r. dagli anni**, bent with age.

richiùdere, **A** *v. t.* **1** (*chiudere di nuovo*) to close again; to shut* again; (*a chiave*) to lock again: **Richiudi gli occhi**, close your eyes again **2** (*chiudere bene*) to close up; to shut* up: **r. una cassaforte**, to shut up a safe. **richiùdersi**, **B** *v. rifl.* **1** (*chiudersi di nuovo*) to close (*o* to shut*) again: **La porta si richiuse**, the door closed again **2** (*chiudersi bene*) to close up; to shut* up: **La ferita si richiuse**, the wound closed up. ● **r. in se stesso**, to withdraw into oneself.

riciclàbile, *a.* (*ind.*, *ing.*, *econ.*) recyclable (*anche fig.*).

riciclàggio, *m.* **1** (*ind.*, *ing.*, *econ.*) recycling (*anche fig.*) **2** (*fin.*) recycling **3** (*fig.*: *di denaro sporco, ecc.*) laundering; washing clean.

riciclare, *v. t.* **1** (*ind.*, *ing.*, *econ.*) to recycle: **r. i materiali di scarto**, to recycle scrap materials; **L'acqua viene riciclata**, the water is recycled; **r. vecchie teorie**, to recycle old doctrines **2** (*fin.*) to recycle: **I fondi degli uffici postali sono riciclati in breve tempo**, the funds of the post offices are recycled in a short time **3** (*fig.*) to recycle; to launder; to wash (st.) clean: **r. denaro sporco**, to recycle black money; to launder.

riciclo, *m.* (*ind.*, *econ.*) recycling.

ricingere, *v. t.* **1** (*cingere di nuovo*) to girdle again; to encircle again; to surround again **2** *V.* **recingere**.

ricino, *m.* (*bot.*, *Ricinus communis*) castor-oil plant. ● **olio di r.**, castor oil.

ricinolèico, *a.* (*chim.*) ricinoleic.

rickèttsia, *f.* (*biol.*) rickettsia*.

rickettsiòsi, *f.* (*med.*) rickettsiosis*.

ricògliere, *v. t.* (*sorprendere di nuovo*) to catch* again: **Cerca che non ti ci ricolga più**, see to it that I don't catch you at it again.

ricognitivo, *a.* (*leg.*) of acknowledgment; recognitive.

ricognitóre, *m.* **1** reconnoit(e)rer **2** (*aeron.*) reconnaissance aircraft; scout; spotter.

ricognizióne, *f.* **1** (*riconoscimento*) recognition; (*leg.*) acknowledgment **2** (*mil.*) reconnaissance; reconnoitre; recce (*gergo*): **apparecchio da r.**, reconnaissance aircraft; **r. in forze**, reconnaissance in force; **r. terrestre**, land reconnaissance; **fare una r.**, to make a reconnaissance; to reconnoitre.

ricollegare, **A** *v. t.* **1** (*collegare di nuovo*) to reconnect; to connect again; to join again **2** (*fig.*: *collegare insieme*) to connect; to associate: **Non riesco a r. le due cose**, I cannot connect the two things. **ricollegarsi**, **B** *v. rifl. recipr.* **1** (*riferirsi*) to refer: **Mi ricollego al nostro colloquio della setti-**

ricollocàbile

mana scorsa, I refer to our talk of last week **2** (*essere collegato*) to be connected; to be associated; to be linked together: **Le due cose si ricollegano strettamente**, the two things are closely linked together.

ricollocàbile, *a.* replaceable.

ricollocaménto, *m.* replacement.

ricollocare, *v. t.* to replace; to place again; (*collocare nel luogo precedente*) to put* back again: **r. q.c. al suo posto**, to put st. back in its place.

ricolmare, *v. t.* **1** (*riempire di nuovo*) to fill again; to refill: **Mi ricolmai il bicchiere**, I filled my glass again **2** (*riempire fino all'orlo*) to fill up: **Ricolmai il bicchiere**, I filled up the glass; I filled the glass full. ● **r. q. di lodi (di gentilezze, ecc.)**, to overwhelm sb. with praises (with kindness, etc.).

ricólmo, *a.* **1** full to overflowing; brimful (*pred.*): **È r. di idee nuove**, he is brimful of new ideas **2** (*fig.*) overwhelmed: **Il mio cuore è r. di dolore**, I am overwhelmed with grief; my heart aches.

ricolorare, ricolorire, *v. t.* **ricolorarsi, ricolorirsi**, *v. rifl.* to colour again; to colour up.

ricoltivare, *v. t.* to grow* again.

ricombàttere, *v. t. e i.* to fight* again.

ricombinante, *a. e m.* (*biol.*) recombinant: **DNA r.**, recombinant DNA.

ricombinare, *v. t.* **1** (*mettere insieme di nuovo*) to recombine; to combine again; to join together again; to put* together again **2** (*stabilire di nuovo*) to re-arrange; to arrange (once) again; to fix again.

ricombinazióne, *f.* (*fis.*) recombination: **r. radiativa**, radiative recombination.

ricominciare, *v. t. e i.* to begin* again; to start again (*o* anew); to recommence; (*riprendere*) to resume; to take* up again, to go* on with: **Ricominciamo daccapo**, let's begin all over again; **Il bambino ricominciò a piangere**, the little boy started crying (*o* to cry); **r. a leggere (a parlare, ecc.)**, to begin (*o* to start) reading (talking, etc.) again; **Ricomincia a piovere (a nevicare, ecc.)**, it is beginning to rain (to snow, etc.) again; **r. q.c. più volte**, to begin st. over and over again; **r. una discussione**, to resume a discussion; **r. una partita**, to resume a game. ● **Ricomincia il freddo**, the cold weather is back again □ **Ecco che il ragazzo ricomincia!**, that's the boy at it again! □ **Si ricomincia!**, we're at it again!

ricomméttere, *v. t.* **1** (*commettere di nuovo*) to recommit; to commit again **2** (*mettere insieme le parti staccate di q.c.*) to put* together; to join: **r. i pezzi di un vaso**, to put together the pieces of a vase. ● **r. lo stesso errore**, to repeat the same mistake.

ricommettitura, *f.* **1** (*il mettere insieme*) putting together; joining **2** (*punto ove la r. ha luogo*) join.

ricompaginare, *v. t.* to re-arrange; to put* (*o* to set*) in order again.

ricomparire, *v. i.* to reappear; to appear again; to show* oneself again: **Ogni tanto egli si eclissa e poi ricompare**, now and again he disappears and then reappears; **il r. del sole**, the reappearing of the sun. ● **r. all'improvviso**, to turn up again.

ricomparsa, *f.* reappearance; reappearing; appearing again: **la r. dei sintomi**, the reappearance (*o* reappearing) of the symptoms. ● **La tua improvvisa r. mi meravigliò**, I was surprised to see you turn up again.

ricompènsa, *f.* recompense; reward; (*retribuzione*) remuneration, repayment; compensation (*USA*): **la r. delle buone azioni**, the reward of good actions; **ricevere una ricompensa per il tempo perduto**, to receive a recompense for the loss of one's time; **lavorare senza r.**, to work without recompense; **senza la speranza d'una r.**, without hope of reward; **in** (*o* **per**) **r. di q.c.**, in recompense for st.; as a return for st. ● **Ecco la r. che ebbi!**, that's all I got for my pains!

ricompensàbile, *a.* rewardable.

ricompensare, *v. t.* to recompense; to reward; (*retribuire*) to remunerate, to repay*; to compensate (*USA*): **Ricompenserò quelli che mi sono stati fedeli**, I will reward those that were faithful to me; **r. il bene col male**, to recompense good with evil; **r. q. per le sue prestazioni**, to remunerate sb. for his services. ● **Egli mi ricompensò sì e no con un grazie**, he hardly thanked me.

ricomperare, *V.* ricomprare.

ricómpiere, *v. t.* to reaccomplish; to reperform; to perform again; to do* again.

ricompilare, *v. t.* to recompile; to compile again; (*redigere di nuovo*) to draw* up again.

ricompilazióne, *f.* recompilation; drawing up again.

ricompórre, **A** *v. t.* **1** (*comporre di nuovo*) to compose again; to rewrite*; to write* again: **Ricomposi tutto il discorso**, I wrote the whole speech over again; **r. una melodia**, to compose a tune again **2** (*riunire insieme le parti d'un tutto*) to recompose; to put* together again; to reassemble: **scomporre e r.**, to decompose and recompose **3** (*ricostruire*) to reconstruct; to re-form; to form again: **r. un'epoca trascorsa**, to reconstruct a past epoch **4** (*tipogr.*) to reset*: **r. una pagina di stampa**, to reset a page of type. ● **r. il viso**, to recompose one's features. **ricompórsi**, **B** *v. rifl.* to recompose oneself; to resume (*o* to regain) one's composure.

ricomposizióne, *f.* **1** (*nuova composizione*) recomposition; recomposing **2** (*rimpasto*) reshuffle **3** (*il riunire le parti d'un tutto*) recomposition; reassemblage; reassembling **4** (*tipogr.*) reset(ting).

ricompràbile, *a.* repurchasable.

ricomprare, *v. t.* **1** (*comprare di nuovo quanto in precedenza venduto*) to buy* back; to repurchase: **Lo vendette e poi lo ricomprò**, he sold it and then he bought it back again **2** (*comprare di nuovo*) to buy* again; to repurchase: **Comprò un'automobile e io gliela ricomprai**, he bought a car and I repurchased it from him.

ricompratóre, *m.* repurchaser.

ricomputare, *v. t.* to recompute; to compute again; to recalculate; to calculate again.

ricomunicare, **A** *v. t.* **1** (*informare di nuovo*) to inform (sb.) again **2** (*amministrare di nuovo il sacramento della Eucarestia*) to communicate again **3** (*assolvere dalla scomunica*) to absolve from excommunication. **ricomunicarsi**, **B** *v. rifl.* to go* to (Holy) Communion again.

riconcèdere, *v. t.* to grant again; (*permettere di nuovo*) to allow again.

riconcentrare, **A** *v. t.* to reconcentrate (*anche chim.*); to concentrate again. **riconcentrarsi**, **B** *v. rifl.* to concentrate (again); to be absorbed (*o* lost) in thought.

riconciliàbile, *a.* reconcilable.

riconciliare, **A** *v. t.* **1** to reconcile; to conciliate (again): **r. due amici che hanno litigato**, to reconcile two friends who have quarrelled **2** (*far riacquistare*) to regain; to win* back (*o* again). **riconciliarsi**, **B** *v. rifl. recipr.* to become* reconciled; to make* friends again; to make* it up (*fam.*): **Si riconciliarono quasi subito**, they soon made friends (again); **Sono contento di vedere che finalmente vi siete riconciliati**, I am glad to see you've made it up at last. ● **r. con Dio**, to return to the sacraments.

riconciliatóre, *m.* reconciler; peacemaker.

riconciliazióne, *f.* reconciliation; reconcilement: **la r. fra i coniugi**, the reconciliation between husband and wife; **come segno di r.**, as a mark of reconciliation. ● **fare opera di r.**, to attempt to reconcile.

riconcimare, *v. t.* (*agric.*) to remanure; to refertilize; to manure (*o* to fertilize) again.

ricondannare, *v. t.* to recondemn; to condemn again; to sentence again.

ricondensare, *v. t.* **ricondensarsi**, *v. rifl.* to recondense; to condense again.

riconducìbile, *a.* referable.

ricondurre, *v. t.* **1** (*condurre di nuovo*) to bring* again; to take* again; to lead* again: **Riconducilo qui**, bring him here again; **Lo ricondussero via**, they took him away again; **Lo ricondussero su una cattiva strada**, they led him astray again **2** (*riportare al luogo di partenza*; anche *fig.*) to reconduct; to bring* back; to take* back; to lead* back: **Lo ricondussero a casa**, they took him back to his house; **r. all'ovile la pecora smarrita**, to bring back the sheep that had strayed; **r. q. alla ragione**, to bring sb. back to reason; **r. q.c. alle origini**, to bring st. back to its origins; **r. un popolo alla vittoria**, to lead a people back to victory.

riconduzióne, *f.* reconduction; relocation; renewal (of a lease).

riconférma, *f.* reconfirmation. ● **avere la r. di un incarico**, to have one's appointment confirmed.

riconfermàbile, *a.* reconfirmable.

riconfermare, *v. t.* to reconfirm; to confirm (again): **Il ragazzo riconfermò quanto aveva detto**, the boy confirmed what he had said; **r. una notizia**, to confirm a piece of news; **r. q. in una carica**, to confirm sb. in a position.

riconficcare, *v. t.* to drive* in again.

riconfiscare, *v. t.* to reconfiscate; to confiscate again; to seize again.

riconfortare, **A** *v. t.* to comfort (again); to (re)console; to cheer up. **riconfortarsi**, **B** *v. rifl.* to take* heart again; to cheer up.

riconfrontare, *v. t.* to recompare; to compare again.

ricongedare, **A** *v. t.* to dismiss again; to send* away again. **ricongedarsi**, **B** *v. rifl.* to take* one's leave again; to say* good-bye again.

ricongelare, *v. t.* to re-freeze*.

ricongelazióne, *f.* re-freezing.

ricongiùngere, *v. t.* **ricongiùngersi**, *v. rifl.* to rejoin; to

reunite; to join again; to link together again: **r. alla famiglia**, to join one's family again. ● **r. al marito**, to go to live with one's husband again.

ricongiungiménto, *m.* **ricongiunzióne,** *f.* rejoining; reunion; reuniting.

riconnèttere, A *v. t.* to reconnect; to connect again; to link again. **riconnèttersi, B** *v. rifl.* to be reconnected; to be connected (*o* linked) again.

riconoscènte, *a.* thankful; grateful; (*obbligato*) obliged: **Vi sono assai r.**, I am much obliged to you; **i nostri cuori riconoscenti**, our thankful hearts; **un pensiero r.**, a grateful thought; **essere r. di q.c.**, to be thankful for st. ● **Ti sono r. dal fondo del cuore**, I thank you with all my heart.

riconoscènza, *f.* thankfulness; gratefulness; (*gratitudine*) gratitude; thanks (*pl.*): **avere r.**, to feel gratitude; to be grateful (*o* thankful); **esprimere (mostrare) la propria r.**, to express (to show) one's gratitude. ● **con r.**, gratefully (*avv.*).

riconóscere, A *v. t.* **1** to recognize: **Mi riconobbe subito**, he recognized me at once; **Lo riconobbi a stento, tanto era dimagrito**, he had grown so thin that I hardly recognized him; **un motivo musicale**, to recognize a tune; **Si travestì per non farsi r.**, he disguised himself so as not to be recognized; **r. q. alla voce (al passo, ecc.)**, to recognize sb. by his voice (by his walk, etc.) **2** (*ammettere ufficialmente, dichiarare apertamente*) to acknowledge; to recognize: **Riconosco il bene che mi hai fatto**, I acknowledge (*o* recognize) the good you have done me; **Riconobbi la giustizia delle loro rivendicazioni**, I acknowledged the justice of their claims; **Riconobbero la parte che aveva avuto nell'impresa**, they acknowledged the part he had played in the undertaking; **r. un debito**, to acknowledge a debt; **Questi titoli di studio non sono riconosciuti in questo paese**, these diplomas are not recognized in this country; **r. q. come proprio erede**, to recognize sb. as one's heir **3** (*ammettere*) to acknowledge; to admit; to own (up to): **Riconosco di aver torto**, I acknowledge that I am wrong; **r. la propria colpevolezza**, to admit one's guilt; **Riconobbe di aver lasciato aperta la gabbia**, he admitted having left the cage open; **Riconobbi di aver copiato il compito in classe**, I owned up to the fact that I had copied my class-work; **Devi r. di essere stato imprudente**, you must acknowledge that you have been rash; **Non vuol r. che ho ragione**, he doesn't want to admit that I'm right; **Riconosco la forza del suo argomento**, I own the force of his argument; **Il ladro riconobbe di avere compiuto quei furti**, the thief owned to (*o* admitted) having committed those thefts **4** (*comprendere, discernere*) to recognize; to know*; to realize: **r. i pregi di q.** (**di un quadro, ecc.**), to recognize the merits of sb. (of a picture, etc.); **Riconobbe che era impossibile continuare**, he knew (*o* recognized) that it was impossible to go on; **Dopo pochi minuti passati in sua compagnia, riconobbi di essere di fronte a un genio**, after a few minutes in his company, I knew (*o* recognized) that I was face to face with (a) genius **5** (*identificare*) to identify **6** (*apprezzare*) to appreciate: **il merito**, to appreciate it worth **7** (*mil.*) to reconnoitre: **La pattuglia andrà a r. le posizioni nemiche**, the patrol will reconnoitre the enemy positions. ● (*leg.*) **r. i figli naturali**, to recognize one's illegitimate children **7** (*farsi r.*, to identify oneself; to make oneself kown: **Prima che ti diano i soldi, devi farti r. con qualche documento**, before they give you the money, you'll have to identify yourself (*o* to make yourself known) with some document. **riconóscersi, B** *v. rifl.* to acknowledge (*o* to recognize) oneself: **Mi riconosco nel torto**, I acknowledge myself in the wrong. ● **r. colpevole**, to plead guilty ☐ **r. vinto**, to admit defeat. **C** *v. rifl. recipr.* to recognize each other (*o* one another).

riconoscibile, *a.* recognizable, recognisable: **appena r.**, hardly recognisable.

riconosciménto, *m.* **1** (*il riconoscere*) recognition: **il r. di una persona (di una cosa)**, the recognition of a person (of a thing) **2** (*ammissione ufficiale*) recognition; acknowledg(e)ment: **il r. di un governo (di uno Stato)**, the recognition of a Government (of a State); **il r. di un debito**, the acknowledgment of a debt; (*leg.*) **il r. di un figlio naturale**, the acknowledgment of an illegitimate child **3** (*ammissione*) admission; avowal: **il r. di un errore**, the admission (*o* avowal) of an error **4** (*identificazione*) identification: **un segno di r.**, an identification mark **5** (*apprezzamento*) recognition; appreciation: **in r. delle sue prestazioni**, in recognition of his services.

riconosciuto, *a.* recognized: **legalmente r.**, legally recognized **2** (*in senso morale*) acknowledged: **un'autorità riconosciuta da tutti**, an authority generally acknowledged. ● **feste riconosciute**, (official) public holidays.

riconquista, *f.* reconquest.

riconquistare, *v. t.* to reconquer; to conquer again; to regain; to win* again: **r. un paese**, to conquer a country again; **r. l'affetto (la stima, ecc.) di q.**, to win sb.'s love (esteem, etc.) again.

riconsacrare, *v. t.* to reconsecrate; to consecrate again.

riconsacrazióne, *f.* reconsecration.

riconségna, *f.* reconsignment; redelivery; (*restituzione*) return, restitution.

riconsegnare, *v. t.* to reconsign; to redeliver; to consign (*o* to deliver) again; (*restituire*) to hand (*o* to give*) back, to return.

riconsiderare, *v. t.* to reconsider; to consider again.

riconsigliare, *v. t.* to readvise; to advise again.

riconsolare, A *v. t.* to reconsole; to console again (*o* anew). **riconsolarsi, B** *v. rifl.* to take* comfort; to cheer up.

ricontare, *v. t.* re-count; to count-again; to renumber; to number again.

ricontrarre, *v. t.* to recontract; to contract again.

riconvalidare, *v. t.* to validate again; to make* valid (*o* legal) again.

riconvenire, *v. t.* (*leg.*) to sue by cross-action; to counter-claim.

riconvenzionale, *a.* (*leg.*) cross, counter (*attr.*).

riconvenzióne, *f.* (*leg.*) cross summons; cross-action; counter--claim.

riconversióne, *f.* reconversion. ● **r. industriale**, industrial reorganization.

riconvertire, A *v. t.* to reconvert; to convert again. **riconvertirsi, B** *v. rifl.* to be reconverted; to reconvert.

riconvocare, *v. t.* to resummon; to summon again.

riconvocazióne, *f.* resummons*.

ricopèrto, *a.* **1** covered; (*coperto completamente*) covered up (*o* all over): **montagne ricoperte di neve**, snow-covered mountains; **alberi ricoperti di fronde**, trees covered with leaves; **tutto r. di polvere**, covered all over with dust; all covered with dust; all dusty **2** (*rivestito*) coated: **r. di zucchero**, coated with sugar **3** (*placcato*) plated: **r. d'oro**, gold-plated.

ricopertura, *f.* **1** covering; cover **2** (*rivestitura*) coating **3** (*placcatura*) plating.

ricopiare, *v. t.* **1** (*copiare di nuovo*) to recopy; to copy again; (*copiare*) to copy, to make* a copy of (st.) **2** (*trascrivere in bella copia*) to make* a fair copy of (st.).

ricopiatura, *f.* recopying; copying again.

ricopribile, *a.* coverable.

ricopriménto, *m.* **1** cover; covering; (*il coprire di nuovo*) re--covering, covering again; (*il coprire completamente*) covering up **2** (*il rivestire*) coating **3** (*il placcare*) plating.

ricoprire, A *v. t.* **1** (*coprire*) to cover; (*coprire di nuovo*) to re--cover, to cover again: **Hai ricoperto il libro?**, have you covered the book?; **Scoprii e ricoprii la pentola**, I uncovered the pot, then I re-covered it (*o* I covered it again) **2** (*coprire completamente*) to cover up; to cover all over; to wrap; to wrap up: **La donna ricoprì il bambino con uno scialle**, the woman wrapped the child in a shawl; **r. q.c. di paglia**, to cover st. up with straw **3** (*rivestire internamente*) to line; (*con uno strato sottile*) to coat: **r. di stagno**, to coat with tin **4** (*placcare*) to plate: **r. q.c. d'oro**, to plate st. with gold **5** (*nascondere; anche fig.*) to cover; to conceal; to hide*; to screen: **Egli rise per r. il suo nervosismo**, he laughed to cover his nervousness **6** (*fig.: colmare*) to load; to overwhelm; to smother: **r. q. di onori (di insulti, ecc.)**, to load sb. with honours (with insults, etc.); **r. q. di gentilezze (di elogi, ecc.)**, to overwhelm sb. with kindness (with praises, etc.); **r. q. di baci**, to smother sb. with kisses **7** (*occupare*) to hold*; to fill: **r. una carica**, to hold an office **8** (*mil.*) to cover; to protect: **r. la ritirata**, to cover the retreat. **ricoprirsi, B** *v. rifl.* **1** (*coprirsi, anche fig.*) to cover oneself; (*coprirsi completamente*) to cover (*o* to wrap) oneself up: **Fa molto freddo: ti devi r. bene**, it's very cold; you must cover yourself up warmly; **r. di gloria (di vergogna, ecc.)**, to cover oneself with glory (with shame, etc.) **2** (*comm.*) to cover: **r. della spesa**, to cover one's expenses.

ricordàbile, *a.* memorable; never to be forgotten.

ricordanza, *f.* **1** (*poet.*) remembrance; recollection; memory **2** (*pl., letter.*) memoirs.

ricordare, A *v. t.* **1** (*aver presente nella memoria*) to remember: **Non riesco a r. il nome del ragazzo**, I can't remember the boy's name; **Non r. è come non sapere**, not to remember is just the same as not knowing; **Ricordo benissimo di avere detto ciò**, I remember very well having said that; **Ricorda che io non sarò sempre qui ad aiutarti!**, remember that I won't always be here to help you!; **Non ricordo di avere spedito quella lettera**, I don't remember having sent that letter; **Non ricordi che abbiamo riempito il modulo insieme?**, don't you remember that we filled in the form together? (*o* our filling in the form together?) **2** (*richiamare alla propria memoria*) to recollect: **Mia moglie ha cercato di r. ciò che accadde**, my wife has tried to recollect what happened; **Non so neppure r. i nomi dei testimoni**, I can't even recollect the names of the witnesses **3** (*richiamare alla memoria, far r.*) to recall; to call to mind: **Ricordò un caso di sua esperienza**, he recalled a case within his own experience; **Questo mi ricorda qualcosa che vidi molti anni fa**, this recalls to me (*o* to my memory) something I saw many years ago; **Questi avvenimenti ci ricordano gli anni di crisi economica prima della guerra**, these events call to mind the pre-war years of economic crisis **4** (*richiamare alla memoria altrui*) to remind: **Gli ricordavo quei begli anni**, I reminded him of those wonderful years; **Gli ricordammo la sua promessa**, we reminded him of his promise; **Ricordami di comprare il giornale della sera**, remind me to buy the evening paper; **Mi ricorda sua sorella**, he reminds me of his sister; **Ti devo r. l'invito di domani**, I must remind you of tomorrow's invitation **5** (*menzionare, nominare*) to mention; to record: **Il suo nome viene ricordato spesso**, his name is often mentioned; **Anche il Muratori ricorda questo fatto**, Muratori also records (*o* mentions) this fact; **r. q.c. come esempio**, to mention st. as an example **6** (*rassomigliare*) to look like; to be like; to recall: **Quella ragazza ricorda molto la madre**, that girl looks very like her mother. ● **r. poco e male**, to have a bad memory □ **una lapide che ricorda i caduti**, a stone commemorating the fallen □ **Ricordami ai tuoi!**, remember me to your family! □ **Questa commedia ricorda quelle degli anni venti**, this play is reminiscent of those of the 1920's. **ricordarsi, B** *v. rifl.* **1** to remember: **Mi ricordo benissimo**, I remember very well; **Non ti ricordi di me?**, don't you remember me?; **Mi ricordo il fatto come se fosse avvenuto ieri**, I remember the fact (*o* this) as if it had happened yesterday; **Non mi ricordo quando**, I don't remember when; **Si ricordò di averle promesso di andarci**, he remembered having promised her (*o* that he had promised her) to go there; **r. di q. nelle preghiere**, to remember sb. in one's prayers **2** (*richiamare alla propria memoria*) to recall; to recollect: **Si ricordò dei giorni felici quando era scapolo**, he recalled his happy bachelor days; **Non posso ricordarmi di tutti i particolari dell'incidente**, I cannot recollect (*o* remember) all the details of the accident. ● **Se ne ricorderà per un pezzo!**, he won't forget this for a long time! □ (*come minaccia*) **Me ne ricorderò!**, I won't forget in a hurry!

ricordévole, *a*. (*lett.*) **1** (*memore*) mindful **2** (*memorabile*) memorable; worth remembering.

ricordino, *m*. **1** keepsake; little souvenir **2** (*immaginetta sacra*) holy picture; (*per ricordare una persona defunta*) memoriam card.

ricòrdo, *m*. **1** memory; recollection; remembrance: **vivere dei propri ricordi**, to live on one's memories; to live in the past; **r. perenne**, everlasting memory; **avere** (*o* **serbare**) **un r. di q.** (**q.c.**), to have a recollection of sb. (st.); **conservare un r. preciso di q.c.**, to retain (*o* to have) a precise recollection (*o* a clear memory) of st.; **ricordi di giorni felici** (**della propria infanzia**), memories of happy days (of one's childhood); **Questo è sfuggito al mio r.**, this has escaped my memory; **Ho soltanto un vago r. di quegli avvenimenti**, I have only a vague recollection of those events; **Quando l'amore è diventato soltanto un r.**, when love has become only a memory; **I nostri primi ricordi risalgono a quando avevamo non meno di cinque anni**, our first (*o* earliest) recollections go back to when we were at least five; **Al solo r., me ne spavento ancora**, I am still frightened at the mere recollection of it; **Mi resta un caro r. di lei**, the memory of her is still dear to me **2** (*oggetto, dono che fa ricordare un luogo, un avvenimento*) souvenir; (*una persona defunta*) memento*; (*una persona assente, lontana*) keepsake: **Ti ho portato un r. da Parigi**, I've brought you a souvenir from Paris; **Mia madre mi diede quell'anello come r. di mio padre**, my mother gave me that ring as a memento of my father; **tenere q.c. per r.**, to keep st. as a keepsake (*o* a memento) **3** (*pl.*: *memorie*) reminiscences; (*letter.*) memoirs: **Quando parla dei suoi ricordi, quel vecchio mi commuove**, that old man touches me when he speaks of his reminiscences; **Ha scritto un libro di ricordi**, he wrote a book of memoirs **4** (*testimonianza*) record: **Non esiste più r. di quegli antichi popoli**, there is no extant record of those ancient peoples. ● **r. di famiglia**, heirloom □ **r. di viaggio**, souvenir □ **un r. marmoreo**, a marble memorial □ **degno di r.**, memorable; worth remembering □ **un monumento a r. degli eroi della Resistenza**, a monument as a memorial to the heroes of the Resistance.

ricoricare, A *v. t.* **1** (*mettere di nuovo a letto*) to put* to bed again **2** (*adagiare di nuovo*) to lay* down again. **ricoricarsi, B** *v. rifl.* **1** (*tornare a coricarsi*) to go* back to bed **2** (*sdraiarsi di nuovo*) to lie* down again **3** (*fig. poet., del sole*) to set*; to go* down.

ricorrèggere, A *v. t.* to recorrect; to correct again; to revise. **ricorrèggersi, B** *v. rifl.* to mend one's ways.

ricorrènte, A *a*. **1** (*che ritorna periodicamente*) recurrent; recurring **2** (*anat., med.*) recurrent: **arterie ricorrenti**, recurrent arteries **3** (*leg.*) petitioning; claiming. **B** *m. e f.* (*leg.*) petitioner; plaintiff; complainant; claimant.

ricorrènza, *f*. **1** (*ritorno periodico*) recurrence **2** (*anniversario*) anniversary; (*festività*) feast, festivity: **È la r. del nostro matrimonio**, it's our wedding-anniversary; **la r. della nascita di q.**, the anniversary of sb.'s birth **3** (*med.*) recursion **4** (*mat.*) recursion.

ricórrere, A *v. i.* **1** (*rivolgersi*) to apply; to resort; to have recourse; to have resort; (*fare appello*) to appeal: **Ricorreremo alle autorità competenti**, we'll apply to the proper authorities; **r. alla forza**, to resort (*o* to have resort) to force; **Ricorse a questo espediente**, he had recourse to this expedient; **r. alle vie legali**, to have recourse to the law; to take legal proceedings; **r. a q. per aiuto**, to have recourse to sb.; to apply to sb. for help; to turn to sb. for help; **r. a mezzi illeciti**, to have resort to illicit means; **Ricorro a voi in questo doloroso frangente**, I'm appealing to you (*o* I'm having recourse to you) in this painful situation **2** (*leg.*) to appeal: **r. contro una sentenza**, to appeal against a sentence; **r. in Cassazione**, to appeal to the Supreme Court; **un decreto per r. alla Camera dei Pari**, a fiat to appeal to the House of Lords **3** (*ripetersi*) to recur; to occur: **È un fenomeno celeste che ricorre assai raramente**, it's a celestial phenomenon that very rarely recurs; **Sono parole (frasi) che ricorrono spesso nei suoi scritti**, these are words (phrases) which often recur (*o* are often to be found) in his writings **4** (*di anniversario, di data*) to be; (*cadere*) to fall*; to come*: **Oggi ricorre l'anniversario del mio matrimonio**, today is my wedding anniversary; **Quest'anno Pasqua ricorre alta** (*o* **tardi**), Easter falls late this year; **Il giorno di Santo Stefano ricorre il 26 dicembre**, St. Stephen's Day falls on the 26th of December **5** (*correre di nuovo*) to run* again; (*tornare indietro di corsa*) to run* back: **Arrivati alla stazione, avendo scordato il denaro, dovemmo r. a casa**, as we had forgotten our money, when we arrived at the station we had to run back home. **B** *v. t.* (*anche sport*) to rerun*; to run* again: **Ricorrerà i cento metri**, he will run the hundred metres again. ● **r. al dizionario**, to consult the dictionary □ (*leg.*). **r. alla giustizia**, to go to Court □ **r. col pensiero ai tempi andati**, to cast one's mind back to days gone by □ **un fregio che ricorre sul basamento**, a frieze that is repeated on the base □ **Quando è a corto di quattrini, ricorre a sua madre**, when he's short of money, he runs to his mother.

ricórso, *m*. **1** resort; recourse: **fare r. a q.** (**q.c.**), to have recourse (*o* to resort) to sb. (st.); **Dovette far r. all'astuzia**, he had to have recourse (*o* to resort) to cunning; **Dobbiamo convincerlo senza fare r. alla forza**, we must convince him without resort to force **2** (*leg.*) petition; (*appello*) appeal; (*reclamo*) claim: **fare un r.**, to make a petition; **presentare un r. a q.**, to lodge (*o* to file) a petition with sb.; to appeal to sb.; **Farò r. in Cassazione**, I'll make an appeal (*o* I'll appeal) to the Supreme Court; **fare r. contro una sentenza**, to make an appeal (*o* to appeal) against a sentence; **Il suo r. fu respinto**, his appeal was turned down; **Il tribunale accolse il suo r.**, the court upheld his claim **3** (*ripetersi periodico*) recurrence: **il r. dei fenomeni stellari**, the recurrence of stellar phenomena; **i ricorsi storici**, historical recurrences. ● **Faccio r. al tuo senso di giustizia**, I'm appealing to your sense of justice.

ricostituènte, (*farm.*) **A** *a*. reconstituent; tonic. **B** *m*. tonic; pick-me-up (*fam.*).

ricostituire, A *v. t.* **1** to reconstitute; to constitute again; to re-establish; to establish again; to set* up again; (*formare di nuovo*) to re-form, to form again: **r. una società**, to reconstitute a partnership; **r. su nuove basi**, to form again on new bases **2** (*rinvigorire*) to restore. **ricostituirsi, B** *v. rifl.* **1** to be reconstituted **2** (*rimettersi in buona salute*) to recover (one's) strength.

ricostituito, *a*. reconstituted: (*chim.*) **latte** (**olio, legno**) **r.**, reconstituted milk (oil, wood).

ricostituzióne, *f*. reconstitution; re-establishment.

ricostruire, *v. t.* **1** to reconstruct (*anche fig.*); to construct again (*o* anew); to rebuild*: **r. una chiesa**, to rebuild a church; **r. i fatti**, to reconstruct the facts; **r. un delitto**, to reconstruct a crime; **r. un testo**, to reconstruct (*o* to restore) a text. ● (*autom.*) **r. un copertone**, to retread a tyre.

ricostruttivo, *a*. reconstructive: **una politica ricostruttiva**, a reconstructive policy; **critica ricostruttiva**, reconstructive criticism.

ricostruttóre, *m*. reconstructer, reconstructor.

ricostruzióne, *f*. (*anche fig.*) reconstruction; rebuilding. ● **r. di un copertone**, retreading of a tyre.

ricòtta, *f*. «ricotta» (cottage cheese made of skim milk). ● (*fig.*) **avere il cervello di r.**, to be soft-headed; to be weak in the upper storey (*fam.*) □ (*fig.*) **avere le mani di r.**, to be butter-fingered □ (*fig.*) **essere un uomo di r.**, to be a milksop.

ricottàio, *m*. seller of ricotta.

ricòtto, *a*. **1** recooked; cooked again **2** (*metall.*) annealed: **r. completamente**, soft annealed. ● (*metall.*) **rame r.**, soft copper.

ricottura, *f*. **1** recooking; cooking again **2** (*metall.*) annealing: **r. completa**, full annealing; **un forno di r.**, an annealing-furnace; **r. a bassa temperatura**, sub-critical annealing; **r. in bianco**, bright annealing; **r. intermedia**, process annealing. ● *(metall.)* **r. di globulizzazione**, spheroidizing □ *(metall.)* **r. di omogeneizzazione**, homogenizing.

ricoverare, A *v. t.* to shelter; to give* shelter to: **r. un pellegrino**, to shelter a pilgrim. ● **r. q. in un ospedale**, to admit sb. to hospital; to hospitalize sb. □ **r. q. in un ospizio**, to take sb. into a home. **ricoverarsi, B** *v. rifl.* to shelter (oneself); to take* shelter; to find* a refuge: **Pioveva a dirotto e non sapevo dove ricoverarmi**, it was pouring, and I did not know where to shelter myself; **r. sotto un albero (in una capanna, ecc.)**, to shelter oneself under a tree (in a hut, etc.).

ricoverato, A *a.* sheltered. **B** *m.* **1** *(in un ospizio)* inmate **2** *(in un ospedale)* in-patient.

ricóvero, *m.* shelter; refuge: **un r. sotterraneo**, an underground shelter; **un r. antiaereo**, an air-raid shelter; a dug-out; **dare r. a q.**, to give shelter to sb.; to shelter sb.; **cercare (trovare) r.**, to seek (to find) shelter. ● **r. in ospedale**, admission to hospital; hospitalization: **casa di r. per poveri**, poor-house; poor people's home □ **casa di r. per i vecchi**, old people's home.

ricreare, A *v. t.* **1** *(creare di nuovo)* to re-create; to create anew *(o* again*)* **2** *(ristorare)* to recreate: **r. l'occhio**, to recreate one's eyes; **r. l'animo** *(o* **lo spirito)**, to recreate one's mind. **ricrearsi, B** *v. rifl.* to recreate oneself; to recreate one's mind *(o* spirits*)*. ● **Sento il bisogno di ricrearmi**, I need some recreation.

ricreativo, *a.* recreative; recreational; amusing: **letture ricreative**, recreative readings; **attività ricreative**, recreational activities.

ricreatòrio, *m.* recreation room.

ricreazióne, *f.* recreation: **l'ora della r.**, recreation time; playtime; break; **mezz'ora di r.**, half an hour's recreation; **concedersi una r.**, to take some recreation.

ricrédere, A *v. i. (credere di nuovo)* to believe (once) again. **ricrédersi, B** *v. rifl.* to change one's mind; to be undeceived: **Lo credevo onesto, ma mi sono ricreduto**, I thought he was honest, but I've changed my mind.

ricréscere, *v. i.* to grow* again; to regrow*; *(aumentare)* to increase.

ricréscita, *f.* regrowth; new growth; *(aumento)* increase.

ricristallizzare, *v. t. e i.* to recrystallize.

ricristallizzazióne, *f.* recrystallization.

rictus (*lat.*), *m. invar.* (*med.*) rictus*.

ricucimento, *m.* sewing up; stitching.

ricucire, *v. t.* **1** *(cucire di nuovo)* to sew* (up) again **2** *(rammendare)* to mend; to stitch **3** *(chirurgia)* to sew* up **4** *(fig.: scritti, discorsi)* to botch up.

ricucitura, *f.* **1** *(il cucire di nuovo)* sewing again **2** *(il rammendare)* mending; stitching **3** *(cosa ricucita)* mend **4** *(fig.)* botching up.

ricuòcere, *v. t.* **1** *(cuocere di nuovo)* to recook; to cook again **2** *(metall.)* to anneal: **r. il vetro**, to anneal glass.

ricuperàbile, *a.* recoverable; retrievable.

ricuperabilità, *f.* recoverableness; retrievableness.

ricuperaménto, *m.* recovery; retrieval.

ricuperare, *v. t.* **1** *(riacquistare)* to recover; to get* back; to recuperate; *(riguadagnare)* to regain, to make* up for, to retrieve: **r. le forze**, to recover one's strength; **r. la salute**, to recover one's health; **r. il proprio denaro**, to get one's money back; **r. il tempo perduto**, to recover *(o* to make up for) lost time; **r. la libertà**, to recover *(o* to regain) one's freedom **2** *(da naufragio, incendio)* to salvage; to rescue **3** *(ind.: rigenerare)* to regenerate; *(mecc.)* to salvage **4** *(una nave)* to refloat. ● *(sport)* **r. una partita**, to play a postponed match □ *(comm.)* **crediti da r.**, outstanding credits.

ricuperatóre, *m.* **1** *(ind.)* regenerator; recuperator **2** *(naut.)* salvager; salvor; wrecker *(specialm. USA)*.

ricùpero, *m.* **1** *(riacquisto)* recovery; retrieval: **il r. delle forze**, the recovery of one's strength **2** *(da naufragio, incendio)* salvage; salvaging; rescue **3** *(mecc., ind.)* regeneration **4** *(da una capsula spaziale)* pick-up. ● **r. dei crediti**, debt collection *(o* collecting*)* □ *(naut.)* **r. di un relitto**, wreck raising □ **capacità di r.**, resilience □ *(ind.)* **materiale di r.**, salvage □ *(sport)* **partita di r.**, replay; replayed match □ *(ind. della carta)* **vasca di r.**, backwater tank.

ricurvo, *a.* bent; curved; crooked; crook: **un vecchio r.**, a crooked old man; **avere il naso r.**, to have a crooked *(o* a hooked) nose. ● **avere le spalle ricurve**, to be round-shouldered; to have round shoulders □ **bastone r.**, crook.

ricusa, *f.* **1** refusal; rejection; denial; repudiation **2** *(leg.)* challenge.

ricusàbile, *a.* **1** admitting of refusal **2** *(dir.)* open to challenge.

ricusare, *v. t.* **1** to refuse; to reject; to decline to accept; to deny: **r. un regalo**, to refuse a present; **r. un'offerta**, to reject an offer; **r. di fare q.c.**, to refuse to do st. **2** *(leg.)* to challenge. ● **r. un testamento**, to repudiate a will.

ricusazióne, *f. (leg.)* challenge: **la r. di un giudice**, the challenge of a judge.

ridacchiare, *v. i.* to giggle; to titter; to snigger; to snicker.

ridanciano, *a.* prone to laughter *(pred.)*; jolly; merry; gay; full of fun *(pred.)*: **una ragazza ridanciana**, a girl full of fun. ● **una storiella ridanciana**, a humorous story.

ridare, *v. t.* **1** *(dare di nuovo)* to give* again **2** *(restituire)* to give* back; to return: **Mi riediede il libro che gli avevo prestato**, he gave me back *(o* returned me) the book I had lent him. ● **r. fuori**, to vomit; to throw up □ **r. validità a una legge**, to revive a law □ *(fig.)* **dagli e ridagli**, after much labour; try and try again □ **Dagli e ridagli, alla fine ci riuscii**, I did my very best, and I was successful at last.

ridarèlla, *f. (fam.)* giggles *(pl.)*: **avere la r.**, to have the giggles.

ridarèllo, *V.* **riderèllo**.

ridda, *f.* **1** *(antico ballo)* reel **2** *(fig.)* whirl; turmoil; tumult: **una r. di passioni**, a tumult of passions.

ridènte, *a.* **1** *(che ride)* laughing; *(che sorride)* smiling; *(allegro)* merry, bright: **un viso r.**, a bright face; **occhi ridenti**, smiling eyes **2** *(ameno)* pleasant; delightful; charming: **un paesaggio r.**, a pleasant landscape.

rìdere (1), A *v. i.* **1** to laugh (at sb., st.): **Soltanto l'uomo sa r.**, only man can laugh; **L'ho riconosciuto sentendolo r.**, I recognized him on hearing him laugh; **r. rumorosamente (sguaiatamente, di gran cuore)**, to laugh loudly (coarsely, heartily); **I miei amici mi fanno sempre r.**, my friends always make me laugh; **scoppiare a r.**, to burst out laughing; to break into laughter; **r. di q.**, to laugh at sb.; **Non c'è nulla da r.**, there's nothing to laugh at; **r. in faccia a q.**, to laugh in sb.'s face; **r. dei guai altrui**, to laugh at other people's troubles; **r. alle spalle di q.**, to laugh behind sb.'s back; **Che c'è da r.?**, what's there to laugh about?; **Mi fece r. fino alle lacrime**, he made me laugh till I cried; **Ridendo, dissipò le mie paure (i miei dubbi)**, he laughed away my fears (my doubts); **Questa è una cosa da r.**, this will make you laugh; **(è cosa da nulla)** this is just a trifle **2** *(lett.: arridere)* to smile (on st., sb.): **La fortuna ride agli audaci**, fortune smiles on the brave. ● **r. a crepapelle**, to split one's sides with laughter □ **r. a fior di labbra**, to smile □ **r. come un matto**, to laugh one's head off □ **r. forzatamente**, to give a forced laugh □ **r. sgangheratamente**, to roar with laughter □ **r. sotto i baffi** *(o* fra sé e sé*)*, to laugh in *(o* up) one's sleeve □ **aver voglia di r.**, to be in a laughing mood □ **dire q.c. per r.**, to say st. in *(o* for) fun □ **far r. i sassi** *(o* i polli*)*, to make a cat laugh □ **Questa non è cosa da r.**, this is no laughing matter □ **Bada che io non rido!**, mind, I'm not joking! □ **Ridono i giardini a primavera**, gardens are a blaze of colour in spring □ **Ride il cielo**, the sky is resplendent □ **Gli ridono gli occhi**, his eyes are sparkling *(o* shining*)* □ **È vestita in modo da far r.**, she's ridiculously dressed □ *(scherz.)* **Ha le scarpe che gli ridono**, his shoes are split □ **r. sarà da morire dal r.**, it will be great fun □ *(prov.)* **Chi ride il venerdì, piange la domenica**, he that sings on Friday, will weep on Sunday □ *(prov.)* **Ride bene chi ride ultimo**, he laughs best who laughs last □ *(prov.)* **Ridi e il mondo ride con te; piangi e piangerai solo**, laugh and the world laughs with you; weep and you weep alone. **ridersi, B** *v. rifl.* **1** *(burlarsi)* to laugh (at sb., st.); to make* fun (of sb., st.): **È meglio r. dei fanatici che prenderli sul serio**, it's better to make fun of *(o* to poke fun at) fanatics than take them seriously; **r. della stoltezza di q.**, to laugh at sb.'s stupidity **2** *(non far conto)* not to give* a brass button *(o* a fig, a jot) for (st.); not to care about (st.): **Me ne rido delle tue minacce**, I don't give a brass button *(o* a fig, a jot) for your threats. ● **Non gli piace che si rida di lui**, he doesn't like being laughed at □ **Si fece ridere dietro da tutta la scuola**, he became the laughing-stock of the whole school.

rìdere (2), *m.* laughter; laughing: **Il r. troppo è da stolti**, too much laughter is the sign of the fool; **Tutto questo r. mi dà sui nervi**, all this laughing *(o* laughter) gets on my nerves; **Ci fece morire dal r.**, he made us die with laughter. ● **Non poteva trattenersi dal r.**, he couldn't help laughing.

riderèllo, *a.* easily moved to laughter *(pred.)*; jolly; merry.

ridestare, *v. t.* **ridestarsi,** *v. rifl. (anche fig.)* to reawake*; to reawaken; *(da un sonno)* *(o* to awaken) again; to wake* up again; to rouse up again: **Mi hai destato alle cinque, e poi mi hai ridestato alle sei**, you awoke me at five, then you awoke me again at six; **Mi ridestai alle sei**, I awoke *(o* woke up) again at six; **Si ridestò in lei la speranza**, hope reawakened *(o* revived) in her; **r. l'entusiasmo (la gelosia, l'ira, ecc.) di q.**, to rouse up *(o* to stir) sb.'s enthusiasm (jealousy, anger, etc.) again; **r. l'interesse del pubblico**, to rouse the interest of the audience (again); to (re)kindle the interest of the audience.

ridettare, *v. t.* to redictate; to dictate again.

ridévole, *a.* laughable; laughter-provoking; funny.

ridicibile, *a.* repeatable. ● **non r.**, unrepeatable.

ridicolàggine, *f.* **1** *(l'essere ridicolo)* ridiculousness; absurdity

ridicolézza

2 (*cosa ridicola*) absurdity; (piece of) nonsense: **Sono tutte ridicolaggini**, it's all nonsense.
ridicolézza, *f.* **1** (*l'essere ridicolo*) ridiculousness; absurdity **2** (*cosa ridicola*) absurdity; (piece of) nonsense; (*inezia*) trifle, mere nothing: **dire mille ridicolezze**, to talk a lot of nonsense; ● **Non fare ridicolezze!**, don't be ridiculous (*o* silly)! □ **Non stare a ringraziarmi per una r. simile**, you don't need to thank me for so little.
ridicolizzare, *v. t.* to render ridiculous.
ridicolo, A *a.* **1** ridiculous; absurd: **un uomo molto r.**, a very ridiculous (*o* funny) man; **un aspetto r.**, a ridiculous (*o* a funny) aspect; **un tentativo r.**, a ridiculous attempt; **parere r.**, to look ridiculous; **È r.**, that's ridiculous!; that's silly! **2** (*esiguo, meschino*) ridiculous; paltry; insignificant: **uno stipendio r.**, a paltry salary. **B** *m.* **1** ridicule: **mettere in r. q.**, to hold sb. up to ridicule; to ridicule sb.; to poke fun at sb.; **mettere in r. q.c.**, to turn st. (in)to ridicule; **gettare il r. su q.**, to pour ridicule on sb.; to ridicule sb. **2** (*ridicolaggine*) ridiculousness; ridiculous side; absurdity: **non sentire il r. d'una situazione**, not to realize the absurdity of a situation. ● **rendersi r.**, to make a fool of oneself.
ridimensionaménto, *m.* **1** reorganization **2** (*riduzione*) retrenchment; reduction **3** (*fig.*) reappraisal; re-evaluation.
ridimensionare, A *v. t.* **1** to reorganize; to reshape: **r. un'industria**, to reorganize an industry **2** (*ridurre*) to retrench; to reduce; to cut* down (on): **r. il personale**, to reduce personnel **3** (*fig.*) to reappraise; to re-evaluate; to see* (st.) in the true light: **r. uno scrittore**, to reappraise a writer. **ridimensionarsi, B** *v. rifl.* to reappraise oneself.
ridipingere, *v. t.* to repaint; to paint again.
ridire, *v. t.* **1** (*dire di nuovo*) to tell* again; to retell*; to say* again; (*ripetere*) to repeat: **Non me lo r. un'altra volta**, don't tell me again; **Te l'ho detto e ridetto cento volte**, I've told you over and over again; **Bisogna sempre ridirgli mille volte la stessa cosa**, you have always to tell him the same thing over and over again; **Non faccio che r. quanto è stato detto mille volte**, I do but repeat what has been said a thousand times; **Ridissi le stesse parole**, I repeated the same words **2** (*riferire*) to repeat: **Egli ridice tutto quello che mi sente dire**, he repeats everything he hears me say **3** (*criticare*) to find* fault (with); (*obiettare*) to object (to): **Egli trova sempre a r. su tutto**, he's always finding fault; **Spero che non troverai nulla da r.**, I hope you won't object. ● **Hai qualcosa da r.?**, have you any objection?
ridiscéndere, *v. t. e i.* to redescend; to descend again; to come* (*o* to go*) down again.
ridiscórrere, *v. i.* to retalk; to talk again; to speak* again.
ridispórre, *v. t.* to re-arrange; to arrange again.
ridisténdere, A *v. t.* to spread* out again; to stretch again. **ridisténdersi, B** *v. rifl.* to lie* down again.
ridistribuire, *v. t.* to redistribute.
ridistribuzióne, *f.* redistribution. ● **r. degli oneri fiscali**, equalization of taxes.
ridiventare, *v. i.* to become* again.
ridividere, *v. t.* to redivide; to divide again.
ridomandare, *v. t.* **1** (*domandare di nuovo*) to ask again; (*domandare con insistenza*) to keep* on asking **2** (*chiedere in restituzione*) to ask (sb.) to give back (st.); to ask for (st.) back: **Gli ridomandai i miei libri**, I asked him to give me back my books.
ridonare, *v. t.* **1** (*donare di nuovo*) to give* again **2** (*restituire*) to give* back; to restore: **r. la vita (la salute, ecc.) a q.**, to restore sb. to life (to health, etc.). ● **r. la libertà a q.**, to set sb. free again.
ridondante, *a.* redundant; superabundant: **un verso r. di undici sillabe**, a redundant line of eleven syllables; **uno stile r.**, a redundant style.
ridondanza, *f.* redundance, redundancy; superabundance; excess: **soverchie ridondanze**, too many redundancies; **una r. di parole**, a redundance (*o* a superfluity) of words.
ridondare, *v. i.* (*lett.*) **1** (*sovrabbondare*) to be redundant; to superabound **2** (*risultare*) to redound: **Ciò ridonda a suo onore**, that redounds to his credit; **r. in favore (in danno) di q.**, to redound (*o* to turn) to sb.'s advantage (disadvantage). ● **una prosa che ridonda di fronzoli**, prose redundant in frills.
ridòsso, *m.* lee (*specialm. naut.*); shelter: **a r. di**, under (the) lee of; behind; at the back of; close by: **a r. d'una rupe**, under the lee of a cliff; **Il monte è a r. della città**, the mountain rises behind the town; **La città ha a r. le montagne**, the town has mountains at its back.
ridótta, *f.* (*mil.*) redoubt.
ridótto, A *a.* reduced: **essere r. alla più nera miseria**, to be reduced to penury (*o* to one's last shifts). ● **edizione ridotta**, abridged edition □ **formato r.**, small size □ **essere mal r.**, to be in reduced circumstances; to be in a bad state □ **orario r.**, short time □ **tariffa ridotta**, cheap fare. **B** *m.* **1** (*teatr.*) foyer

2 (*mil.*: *ridotta*) redoubt.
riducènte, A *a.* reducing (*anche chim.*); (*dimagrante*) slimming: **fiamma r.**, reducing flame. **B** *m.* (*chim.*) reducer; reductant.
riducibile, *a.* (*anche chim.*) reducible: **una frazione r.**, a reducible fraction; **un prezzo r.**, a reducible price; **spese riducibili**, reducible expenses.
riducibilità, *f.* (*anche chim.*) reducibility.
ridurre, A *v. t.* **1** to reduce; to cut* down; to curtail; to shorten: **r. la velocità**, to reduce speed; **r. un discorso**, to curtail a speech; (*comm.*) **r. il capitale**, to reduce (the) capital; **r. il prezzo di un prodotto**, to reduce (*o* to lower, to bring down) the price of a product; **r. le spese**, to reduce (*o* to cut down) expenses; **r. una vacanza**, to curtail a holiday; to cut a holiday short; **I programmi televisivi furono ridotti la settimana scorsa**, the television programmes were curtailed last week; **Ho ridotto l'assegno mensile di mio figlio**, I have curtailed my son's monthly allowance; **r. le spese governative**, to cut down (*o* to reduce, to curtail) government expenditure **2** (*mutare, trasformare*) to reduce (to); to turn (into): **r. q.c. in cenere**, to reduce st. to ashes; **r. q.c. in polvere**, to reduce st. to dust; to pulverize st.; (*mat.*) **r. più frazioni al minimo comun denominatore**, to reduce some fractions to the lowest common denominator (*abbr.*: to the L.C.D.); **r. pesi (misure) al sistema metrico decimale**, to reduce weights (measures) to the metrical decimal system; (*chim.*) **r. un ossido**, to reduce an oxide; **r. il ferro in acciaio**, to turn iron into steel; to reduce iron to steel; **r. franchi (dinari, ecc.) in lire (sterline, ecc.)**, to turn francs (dinars, etc.) into lire (pounds, etc.) **3** (*spingere, portare*) to drive*; to reduce: **r. q. alla pazzia**, to drive sb. mad; **r. q. alla disperazione**, to drive (*o* to reduce) sb. to despair; **r. q. a mal partito**, to reduce sb. to a sorry plight; **r. q. alla rovina (alla miseria)**, to reduce sb. to ruin (to poverty); **r. q. al silenzio**, to reduce sb. to silence; **r. q. all'obbedienza (alla disciplina)**, to reduce sb. to obedience (to discipline); **Le forze nemiche furono ridotte alla resa**, the enemy forces were reduced to surrender (*o* to submission); **essere ridotto a fare q.c.**, to be reduced (*o* driven) to doing st.: **La fame mi ha ridotto a rubare**, hunger has driven me to stealing; **r. q. in fin di vita**, to reduce sb. to his last gasp; to bring sb. to the brink of death **4** (*adattare*) to adapt: **Molti romanzi celebri sono stati ridotti per lo schermo**, many famous novels have been adapted for the screen **5** (*mus.*) to adapt; to arrange: **r. uno spartito per pianoforte**, to adapt (*o* to arrange) a score for the piano; **r. un brano di musica per violino**, to arrange a piece of music for the violin **6** (*tradurre*) to translate; to turn: **r. un brano d'italiano in latino**, to translate an Italian passage into Latin; **r. una poesia in prosa**, to turn a poem into prose **7** (*raccogliere, adunare*) to unite; to assemble; to gather: **r. tutti sotto una sola bandiera**, to unite everyone under the same flag **8** (*ricondurre*) to bring* back; to take* back: **r. il gregge all'ovile**, to bring back the flock to the fold; **r. q.c. alla memoria**, to bring st. back (*o* to recall st.) to memory; **r. i miscredenti alla fede cristiana**, to bring back unbelievers to the Christian faith **9** (*med.*) to set*; to reduce: **r. una frattura**, to set a fracture; **r. un'ernia**, to reduce a hernia. ● **r. q. alla ragione**, to bring sb. to reason □ **r. in pezzi**, to break into pieces; to smash to pieces □ **r. un'opera letteraria**, to abridge a literary work □ **r. progressivamente**, to scale down □ **r. q.c. in briciole**, to crumble st. up □ (*naut.*) **r. la velatura**, to shorten (*o* to take in) sail □ **Ridusse tutta la discussione a un punto solo**, he limited the whole argument to one point only. **ridursi, B** *v. rifl.* **1** to reduce oneself; to come* (down): **Non voglio ridurmi a mendicare**, I don't want to reduce myself (*o* to be reduced) to begging; **Tutto si riduce a un meschino puntiglio**, everything comes (*o* boils) down to petty obstinacy; **Tutti i miei progetti si sono ridotti a nulla**, all my plans have come to nothing; **Ciò che tu dici si riduce a questo**, what you say comes to this **2** (*diventare*) to be reduced; to become*: **r. pelle e ossa**, to be reduced to skin and bone (*o* almost to a skeleton); **Si è ridotto a mendicare**, he has become a beggar; **Usando quest'olio, l'efficienza del motore si riduce del 50%**, by using this oil the efficiency of the engine is reduced by 50 per cent **3** (*ritirarsi*) to retire: **r. a vita privata**, to retire into private life **4** (*restringersi, anche fig.*) to shrink*: **Questa stoffa, lavandola, si riduce di un terzo**, on washing, this material shrinks by a third; **Tutto il raccolto si è ridotto a una miseria**, all the harvest has shrunk to almost nothing (*o* to next-to-nothing).
riduttivo, *a.* reductive.
riduttóre, A *m.* **1** (*chi riduce*) reducer **2** (*di romanzi e sim.*) adapter **3** (*mecc., chim., elettr.*) reducer: **un r. di velocità**, a speed-reducer; **un r. a ingranaggi**, a gear reduction unit; **un r. di pressione**, a pressure-reducer **4** (*fotogr.*) adapter. **B** *a.* (*anche mecc.*) reducing.
riduzióne, *f.* **1** reduction; cut: **una r. di numero**, a reduction in (*o* of) numbers; **r. dei prezzi**, (*comm.*) reduction in prices; (*econ.*) roll-back (of prices); **una r. dei salari**, a cut in wages; a wage-

-cut; **C'è stata una r. del 10 per cento nel prezzo di questo prodotto**, there has been a 10 per cent reduction (*o* cut) in the price of this product; **una r. di pena**, a reduction (*o* a mitigation) of sentence; (*comm.*) **r. di capitale**, reduction (*o* writing down) of capital; (*fin.*) **una r. delle imposte**, a tax reduction; an abatement of taxes **2** (*mat.*) reduction: **la r. di una frazione ai minimi termini**, the reduction of a fraction to the lowest terms **3** (*di un libro*) abridg(e)ment; (*mus.*) arrangement; adaptation: **r. per pianoforte**, arrangement for the piano; **una r. di Borodin**, an adaptation from Borodin **4** (*chim.*, *mecc.*) reduction: **la r. dei metalli**, the reduction of metals **5** (*sconto*) discount; rebate: **fare una r.**, to grant a discount; **Ti darò questa merce con una grossa r.**, I'll give you these goods at a big discount **6** (*med.*) reduction; setting: **la r. di una frattura**, the setting of a fracture. ● **r. cinematografica (di un romanzo)**, screen adaptation □ **r. progressiva**, scale-down □ (*mecc.*) **ingranaggio di r.**, step-down gear.

riècco, *avv.* here again; there again: **Rieccoti!**, here you are again!; **Rieccolo!**, here (*o* there) he is (*o* comes) again!; **Rieccoti il libro!**, here's your book! ● **R. la pioggia!**, it's raining again.

riecheggiaménto, *m.* **1** re-echoing; resounding **2** (*fig.*) echo.

riecheggiare, *v. i. e t.* **1** to re-echo; to resound **2** (*fig.*) to echo.

riedificàbile, *a.* rebuildable.

riedificare, *v. t.* to rebuild*; to build* again; to reconstruct; to construct anew: **r. una città**, to rebuild a city; **r. una chiesa**, to reconstruct a church.

riedificatóre, *m.* rebuilder; reconstructor.

riedificazióne, *f.* rebuild; rebuilding; reconstruction.

rièdito, *a.* newly edited.

riedizióne, *f.* **1** new edition; reissue **2** (*cinem.*) remake **3** (*teatr.*) revival.

rieducàbile, *a.* re-educable.

rieducare, *v. t.* to re-educate; to educate again: **r. un mutilato**, to re-educate a disabled person.

rieducazióne, *f.* re-education.

rielaborare, *v. t.* **1** to elaborate again **2** (*rifare con criteri diversi*) to work out again; to draw* up again.

rielaborazióne, *f.* **1** new elaboration **2** (*rifacimento*) working-out again; drawing up again.

rielèggere, *v. t.* to re-elect; to elect again: **r. q. alla presidenza**, to re-elect sb. to the presidency.

rieleggìbile, *a.* re-eligible.

rieleggibilità, *f.* re-eligibility.

rielezióne, *f.* re-election.

riemèrgere, *v. i.* to re-emerge; to emerge again.

riemersióne, *f.* re-emergence.

riempìbile, *a.* refillable.

riémpiere, *V.* riempire.

riempiménto, *m.* (re)filling; filling up; filling in: **il r. d'un modulo**, the filling in (*o* up) of a form; **r. con calcestruzzo**, concrete filling. ● **a r. automatico**, self-filling.

riempire, **A** *v. t.* **1** (*anche fig.*) to fill (up); to stuff: **Mi riempì il bicchiere**, he filled my glass up; **Questa notizia ci riempie di gioia (di terrore, ecc.)**, this news fills us with joy (with terror, etc.); **La pioggia ha riempito i fossati**, the rain has filled up the ditches; **Quella donna mi ha riempito gli orecchi di ciarle**, that woman stuffed my ears with gossip; **r. un materasso (un guanciale)**, to stuff a mattress (a pillow); **r. un pollo**, to stuff a chicken; **r. la bottiglia (i bicchieri)**, to fill the bottle (the glasses); **Il fumo riempì la stanza**, the smoke filled the room; **r. di cemento un buco**, to fill a hole with cement; **Gli hanno riempito la testa d'informazioni inutili**, they've stuffed (*o* crammed) his head with useless facts **2** (*inserire ciò che manca*) to fill in (*o* out, up): **r. un assegno**, to fill (*o* to make) out a cheque; **r. un modulo**, to fill in a form. ● **r. i vuoti**, (*di bottiglie, ecc.*) to refill the empties; (*di spazi in bianco*) to fill in the blanks. **riempirsi**, **B** *v. rifl.* **1** to fill (up); to fill oneself; to be filled: **Le si riempirono gli occhi di lacrime**, her eyes filled with tears; **La sala si riempì presto di gente**, the room quickly filled with people **2** (*fam.*: *rimpinzarsi*) to stuff oneself; to cram oneself: **Si riempì di leccornie**, he stuffed (*o* crammed) himself with delicacies.

riempita, *f.* (*fam.*) (re)filling; filling up. ● **dare una r.**, to fill up.

riempitivo, **A** *a.* filling. **B** *m.* **1** filler; filling: **r. di plastica**, plastic filler (*fig.*) filler; makeweight: **Non è che un r.**, it's a mere filler.

riempitóre, *m.* (re)filler.

riempitrice, *f.* (*ind.*) filler; bottle-filling machine.

riempitura, *f.* **1** (*il riempire*) (re)filling; filling up; filling in; stuffing: **la r. d'una botte**, the filling up of a cask **2** (*ciò che serve a riempire*) filler; filling.

rientràbile, *a.* retractable; folding.

rientraménto, *m.* **1** (*il rientrare*) re-entering; entering again; re-entry (*in parte rientrata*) recess; indentation: **un r. della costa**, a recess in the coast-line.

rientrante, **A** *a.* **1** (*che rientra*) re-entering; re-entrant: **un angolo r.**, a re-entrant angle **2** (*incavato*) sunken; hollow; deep-set. **B** *m.* (*mil.*) re-entrant; re-entering angle.

rientranza, *f.* recess; indentation.

rientrare, *v. i.* **1** (*entrare di nuovo*) to re-enter, to enter (a place) again; (*tornare*) to return, to go* back, to come* back: **Uscì dalla stanza e rientrò quasi subito**, he left the room and re-entered almost immediately; **Le truppe nemiche rientrarono nella città da cui erano state cacciate un mese prima**, the enemy troops entered the city again after being driven out a month before; **Dopo un giro del paese, la processione rientrò in chiesa**, after going round the village, the procession re-entered the church (*o* entered the church again); **Il freddo ci fece r. in casa**, the cold made us go back into the house; **Quando rientro, voglio vedere la casa pulita**, when I return (*o* come back), I want to see the house clean; **Quando rientri in ufficio, vieni da me**, when you come back (*o* return) to the office, come and see me; **r. in collegio**, to go back to school (*o* to boarding-school); **r. in possesso di q.c.**, to re-enter into possession of st.; to regain possession of st.; to repossess st.; **r. in città**, to return (*o* to go back) to town **2** (*essere compreso, far parte*) to form (*o* to be) part of (st.); to be included in (st.); to fall* (*o* to come) within (st.): **Questo non rientra nei suoi obblighi**, this doesn't form part of his duties; **La gita a Firenze non rientrava nel nostro programma**, the outing to Florence wasn't included in our programme; **La riforma scolastica rientra nel piano quinquennale**, the school reform falls within (*o* is included in) the five-year plan; **Questa faccenda rientra in un altro campo**, this matter falls (*o* comes) within another sphere **3** (*restringersi*) to shrink*: **Con il caldo, il legno rientra**, wood shrinks with heat **4** (*assumere un profilo concavo*) to curve inwards; to recede: **In quel punto la costa rientra**, the coast curves inwards at that point **5** (*teatr.*: *di personaggio che torna sulla scena*) to re-enter. ● (*mil.*) **r. alla base**, to return to one's base □ (*sport*) **r. in gioco**, to return to the game □ (*fig.*) **r. in lizza**, to return to the fray □ (*naut.*) **r. in porto**, to return to port □ **r. in sé**, to recover one's senses; to come to oneself □ **r. nell'esercito**, to go back into the army □ **r. nelle grazie di q.**, to regain sb.'s favour □ **r. nei propri diritti**, to be reinstated in one's rights □ **r. nelle spese**, to recover one's expenses □ (*tipogr.*) **far r.**, (*una linea*), to indent □ **Lo sciopero rientrò**, the strike was called off.

rientrata, *f.* re-entrance; re-entry.

rientrato, *a.* **1** (*che non ha avuto modo di riuscire*) unfulfilled; not carried out; that has come to nothing **2** (*infossato*) hollow: **guance rientrate**, hollow cheeks.

rièntro, *m.* **1** (*il rientrare*) re-entry (*anche di navicella spaziale*) **2** (*restringimento di stoffa*) shrinkage **3** (*comm.*) return.

riepilogare, *v. t.* to recapitulate; to sum up; to summarize.

riepilogativo, *a.* recapitulative; recapitulatory.

riepìlogo, *m.* recapitulation; summing up; summary.

riequilibrare, *v. t.* **1** to redress (the balance); to re-balance; to re-equilibrate: **r. la bilancia dei pagamenti**, to redress the balance of payments situation **2** (*mecc.*) to re-equilibrate; to re-balance.

riesame, *m.* re-examination. ● (*leg.*) **r. di una causa**, review of a case.

riesaminare, *v. t.* to re-examine; to examine again.

riesecuzióne, *f.* (*elab.*) rerun.

riespórre, **A** *v. t.* **1** (*a rischio*) to re-expose; to expose again **2** (*rimettere in mostra*) to re-exhibit; to exhibit again; to show* again **3** (*spiegare di nuovo*) to expound again; to set* forth again. **riespórsi**, **B** *v. rifl.* to expose oneself again.

riesportare, *v. t.* (*comm.*) to re-export; to export again.

riesportatóre, *m.* (*comm.*) re-exporter.

riesportazióne, *f.* (*comm.*) re-exportation.

rièssere, *v. i.* to be again; to be back again: **Eccoli! Già risono qui**, here they are; they are already back again! ● **Ci risiamo!**, here we go again!

riesumare, *v. t.* **1** to exhume; to disinter **2** (*fig.*) to exhume; to revive.

riesumazióne, *f.* **1** exhumation; disinterment **2** (*fig.*) exhumation; revival.

rievocare, *v. t.* **1** to recall; to call up again: **r. i giorni del passato**, to recall bygone days **2** (*commemorare*) to commemorate: **r. (la memoria) di q.**, to commemorate sb.

rievocazióne, *f.* **1** recalling **2** (*cosa rievocata*) memory; remembrance **3** (*commemorazione*) commemoration.

rifabbricàbile, *a.* rebuildable.

rifabbricare, *v. t.* to rebuild*; to build* again.

rifaciménto, *m.* **1** (*il rifare*) remaking **2** (*letter.*) adaptation; rehash (*spreg.*) **3** (*cinem.*) remake. ● (*edil.*) **r. (dei) tetti**, reroofing.

rifacitóre, *m.* **1** remaker **2** (*letter.*) adapter.

rifare, **A** *v. t.* **1** to do* (*o* to make*) again; to remake*: **Questo compito è da r.**, this homework is to be done again; **Rifece il garage tutto da sé**, he made the garage again all by himself;

Costi quel che costi, rifarò quel viaggio, I'll remake that journey (*o* I'll make that journey again), whatever the cost; **r. q.c. tutto da capo**, to do st. all over again; **r. q.c. di sana pianta**, to do st. all over again from beginning to end **2** (*imitare*) to imitate; (*scimmiottare*) to ape: **r. la voce (le mosse) di q.**, to imitate (*o* to ape) sb.'s voice (gestures); **r. il miagolio del gatto**, to imitate a cat's miaowing; **Rifà tutti i gesti del suo amico**, he apes all the gestures of his friend **3** (*contraffare*) to forge: **Quell'uomo sa r. quasi tutti i biglietti di banca**, that man can forge almost any bank-note; **r. la firma di q.**, to forge sb.'s signature **4** (*ripristinare*) to restore; to rebuild*: **Ci sono molte chiese romaniche in Lombardia che hanno bisogno di essere rifatte**, there are many Romanesque churches in Lombardy that need to be restored; **Il quattordicesimo duca fece r. il palazzo**, the fourteenth duke had the palace rebuilt **5** (*ripercorrere*) to retrace; to go* back (over) (*anche fig.*): **Dovrò r. la strada fino al confine**, I'll have to retrace my steps as far as the frontier; **Rifece le scale**, he went back up the stairs; **L'insegnante dovette r. la lezione per i ritardatari**, the teacher had to go back over the lesson for the latecomers **6** (*riparare*) to repair: **Feci r. le suole delle mie scarpe**, I had the soles of my shoes repaired; I had my shoes resoled; **Sarà meglio r. la casa che comprarne una nuova**, it will be better to repair the house than buy a new one **7** (*sostituire*) to change; to renew: **Rifà l'automobile ogni anno**, he changes his car every year; **Dovrò r. questi mobili**, I'll have to renew (*o* to change) this furniture **8** (*indennizzare, compensare*) to indemnify; to refund: **r. q. delle spese sostenute**, to indemnify (*o* to reimburse) sb. for expenses incurred **9** (*rieleggere*) to re-elect: **L'hanno rifatto presidente**, they have re-elected him chairman. ● **r. le camere**, to do the bedrooms □ **r. un esame**, to take (*o* to sit for) an exam again □ **r. un letto**, to make a bed □ **r. la pace**, to make it up (again). **rifarsi**, **B** *v. rifl.* **1** to make* up: **r. del tempo perduto**, to make up for lost time; **Voglio rifarmi dei soldi che ho perduto ieri sera al casinò**, I want to make up the money I lost last night at the Casino **2** (*vendicarsi*) to revenge oneself (on sb. for st.); to get* one's own back (on sb.) (*fam.*): **Mi rifarò degli insulti subiti**, I'll revenge myself for the insults I've suffered **3** (*riprendere le forze, ristabilirsi*) to recover: **Era un po' sciupata, ma ora s'è rifatta**, she was a bit run down, but she has recovered now; **Si rifarà in poco tempo**, he'll recover in no time **4** (*risalire nel tempo*) to go* back: **Rifacciamoci a quando Colombo ottenne le tre caravelle**, let's go back to when Columbus obtained the three caravels; **Mi rifaccio al giorno in cui ti dissi di non accettare**, I'm going back to the day when I told you not to accept **5** (*seguire, imitare*) to follow: **Non possiamo rifarci ai suoi metodi d'insegnamento**, we can't follow his teaching methods **6** (*del tempo*) to settle: **Pare che il tempo voglia r.**, the weather seems to be settling (*o* to be taking a turn for the better). ● **r. da zero**, to start again from scratch □ **r. d'una perdita**, to recover a loss □ **r. delle spese**, to clear expenses □ **r. una vita**, to make a new life for oneself; to start a new life □ **Non so da che parte rifarmi**, I don't know where to start.

rifasaménto, *m.* (*elettr.*) power factor correction.

rifasàre, *v. t.* (*elettr.*) to correct the power factor.

rifasatóre, *m.* (*elettr.*) power factor corrector; phase advancer.

rifasciàre, *v. t.* **1** (*una ferita*) to rebandage; to bandage again **2** (*avvolgere di nuovo*) to bind* up again; to wrap up again **3** (*un neonato*) to swaddle again.

rifàscio, *m.* – **a r.**, (*a bizzeffe*) in large quantities; in plenty; galore; (*alla rinfusa*) pell-mell. ● **andare a r.**, to go to (rack and) ruin; to go to the dogs (*fam.*) □ **piovere a r.**, to pour; to rain in torrents; to rain cats and dogs (*fam.*).

rifàtto, *a.* **1** (*fatto un'altra volta*) remade; made again; done again **2** (*racconciato*) patched up; botched **3** (*di vivande*) cooked again; warmed-up. ● **un villano r.**, an upstart; a parvenu.

riferìbile, *a.* referable.

riferiménto, *m.* **1** reference: **segno di r.**, reference mark; **Parlò senza r. agli avvenimenti del 1977**, he spoke without reference (*o* without referring) to the events of 1977; (*comm.*) **con r. alla Vostra lettera**, with reference to your letter; **Si fece un r. alla sua carriera universitaria**, a reference was made to his university career; **fare un r. a q.c. (q.)**, to make a reference to (*o* to refer to) st. (sb.) **2** (*aeron.*) datum*: **linea di r.**, datum line; **punto di r.**, datum point; **piano di r.**, datum level (*o* plane). ● (*topografia*) **punto di r.**, landmark.

riferìre, **A** *v. t.* **1** to report; to tell*; to relate: **Voglio r. questa scorrettezza a suo padre**, I want to report this breach of manners to his father; **Non gli si può dir nulla, che lo va a r. a tutti**, you can't tell him anything without his going and telling everyone; **L'insegnante riferì il fatto al preside**, the teacher related the fact to the headmaster; **Mi riferì le loro precise parole**, he told me their precise words **2** (*ascrivere*) to ascribe; to attribute; to refer: **Riferiscono il suo fallimento alla sua vita dispendiosa**, they ascribe his bankruptcy to his extravagant living; **r. gli effetti alle cause**, to attribute effects to causes. **riferirsi**, **B** *v. rifl.* **1** (*rapportarsi*) to refer; to make* reference: **Mi riferisco alla questione attuale**, I'm referring to the present question; **L'oratore si riferiva all'insurrezione che portò alla liberazione della città**, the speaker made reference (*o* referred) to the uprising that led to the liberation of the city; **Mi riferisco a quella frase ingiuriosa che hai detto ieri**, I'm referring to the insulting words you said yesterday **2** (*concernere*) to concern (sb., st.); to be related, to refer, to apply (to sb., st.): **Il mio discorso si riferisce solamente all'archeologia**, my speech concerns archaeology and nothing else; **Ciò che ho detto non si riferiva a te**, what I said didn't concern you (*o* refer to you); **Questa regola non si riferisce ai verbi di moto**, this rule does not apply to verbs of motion.

rifermàre, **A** *v. t.* **1** (*fermare di nuovo*) to stop again **2** (*fissare di nuovo*) to refasten; to fasten again; to fasten up; to refix; to fix again **3** (*confermare*) to confirm; to keep* on: **r. q. al proprio servizio**, to keep sb. on (in one's service). **rifermarsi**, **B** *v. rifl.* to stop again.

rifermentàre, *v. i.* to referment.

rifermentazióne, *f.* refermentation.

riffa (1), *f.* – **di r. o di raffa**, by hook or by crook.

riffa (2), *f.* (*lotteria privata*) raffle.

rifiatàre, *v. i.* **1** (*respirare*) to breathe: **Non potevo r.**, I could not breathe **2** (*fig.: riprendere fiato*) to take* breath: **Lasciàlo r.!**, let him take breath! **3** (*dire parola*) to breathe a word; to utter a (single) word: **Guai a te se rifiati!**, mind you don't breathe a word of this! ● **senza r.**, without a moment's rest; uninterruptedly.

rificcàre, **A** *v. t.* to thrust* again; to rethrust*. **rificcarsi**, **B** *v. rifl.* to thrust* oneself again. ● **r. a letto**, to get back into bed □ **r. i guanti (il cappello, ecc.)**, to thrust on one's gloves (one's hat, etc.).

rifilàre, *v. t.* **1** (*tagliare a filo*) to trim; to edge **2** (*fam.: menare, dare*) to deal*; to deliver: **r. un pugno**, to deal a blow **3** (*fam.: dare con astuzia spesso fraudolenta*) to palm off: **Non avresti rifilato roba simile a me**, you wouldn't have palmed off such stuff on me.

rifilatrìce, *f.* (*macchina che rifila*) trimmer.

rifilatùra, *f.* trimming.

rifiltràre, *v. t.* to refilter; to filter again; to strain again.

rifinanziàre, *v. t.* to re-finance.

rifinìre, *v. t.* **1** (*finire di nuovo*) to finish again; to bring* to an end again **2** (*dare l'ultima mano*) to finish (up); to give* the finishing touches to; (*ritoccare*) to touch up, to polish.

rifinitézza, *f.* finish.

rifinìto, *a.* **1** finished (up): **un vestito ben r.**, a well-finished suit **2** (*fig.*) exhausted; worn out; (*stanco r.*) tired out.

rifinitóre, *m.* finisher.

rifinitùra, *f.* **1** (*ultima mano*) finish; finishing up; finishing touches (*pl.*); (*ritocco*) touching up, polishing **2** (*guarnizione*) trimming. ● **rifiniture interne**, interior finishings.

rifioriménto, *m.* **1** blossoming again; blooming again **2** (*fig.*) reflourishment; reflourishing; revival: **il r. letterario**, the literary revival.

rifiorìre, **A** *v. i.* **1** (*fiorire di nuovo*) to blossom again; to bloom again: **Quando rifioriranno queste viole del pensiero?**, when will these pansies blossom again? **2** (*fig.: riprendere vigore*) to reflourish; to flourish again; to thrive* again; to prosper again: **Rifioriscono le arti**, arts are flourishing again; **I miei affari rifioriscono**, my business is flourishing again **3** (*di macchie, pustole, ecc.: riaffiorare*) to reappear; to appear again; to come* out again: **Le macchie d'olio rifioriscono sempre**, oil stains always come out again. **B** *v. t.* **1** (*lett.: far fiorire*) to make* (st.) bloom again: **La primavera rifiorisce i prati**, spring makes the meadows bloom again **2** (*lett.: ravvivare*) to brighten up; to enliven **3** (*cospargere di ghiaia*) to gravel.

rifiorìta, *f.* reflorescence; new blossoming; new blooming. ● **fare una r.**, to blossom again; to bloom again.

rifioritùra, *f.* **1** (*nuova fioritura*) reflorescence; new blossom; new bloom **2** (*fig.*) reflourishing; revival **3** (*il riaffiorare di macchie, pustole, ecc.*) reappearance; coming out again **4** (*abbellimento*) embellishment.

rifischiàre, *v. t. e i.* **1** (*fischiare di nuovo*) to whistle again **2** (*fischiare per rispondere ad altro fischio*) to whistle back **3** (*fam.: riferire*) to repeat; to tell*: **Non andare a rifischiarglielo subito**, now don't go and tell him right away.

rifischióne, *m.* (*fam.*) talebearer; telltale.

rifiutàbile, *a.* admitting of refusal; refusable; rejectable.

rifiutàre (1), **A** *v. t.* **1** (*non accettare*) to refuse; (*declinare*) to decline; (*respingere*) to reject, to repel, to turn down: **Dobbiamo r. la vostra offerta**, we must refuse (*o* decline) your offer; **r. una carica**, to refuse an office; **r. i consigli di q.**, to refuse (*o* to turn down) sb.'s advice **2** (*non voler concedere*) to refuse;

to deny: **Non gli si può r. nulla**, one can't refuse him anything; **r. obbedienza a q.**, to refuse obedience to sb.; **r. il consenso**, to refuse one's consent; **r. un favore a q.**, to deny sb. a favour **3** (*rinnegare*) to refuse to recognize; to renounce; to disown; to deny: **r. le proprie opere giovanili**, to disown one's juvenile works **4** (*ippica*) to refuse. **rifiutarsi, B** *v. rifl.* to refuse; to decline: **r. di fare q.c.**, to refuse to do st.: **Egli si rifiutò di aiutare il suo amico**, he refused to help his friend.

rifiutare (2), *v. t.* (*fiutare di nuovo*) to resmell*; to smell* again; (*d'animali*) to scent again.

rifiuto, *m.* **1** (*il non accettare*) refusal; declination; rejection; turning down: **un cortese r.**, a kind (*o* courteous) refusal; **il r. d'un invito**, the refusal of an invitation; **non accettare un r.**, to take no refusal **2** (*diniego*) refusal; denial: **il r. d'una richiesta di denaro**, the denial of a request for money; **ricevere un netto r.**, to meet with a flat denial **3** (*scarto*) waste; refuse: **acque di r.**, waste water; **rifiuti radioattivi**, radioactive waste; **materiale di r.**, waste material; **merce di r.**, waste goods **4** (*pl.: immondizie*) refuse, rubbish, litter (*solo sing.*); scum (*solo sing.*, *anche fig.*); dregs (*anche fig.*): **i rifiuti della società**, the dregs (*o* scum) of society. ● (*comm.*) **r. di accettazione**, non-acceptance □ **r. di galera**, jail-bird □ (*leg.*) **il r. di un giudice**, the challenge of a judge □ **opporre un r.**, to refuse.

riflessióne, *f.* **1** reflection; meditation; consideration; deliberation: **le riflessioni di un uomo saggio**, a wise man's reflections (*o* meditations); **dopo matura r.**, after mature deliberation; **Dopo lunga r., si decisero**, after long consideration, they reached a decision; **fare un po' di r. su di una faccenda**, to give a matter some (*o* due) consideration **2** (*fis.*) reflection, reflexion: **la r. di un'immagine (della luce, del suono)**, the reflection of an image (of light, of sound); **angolo di r.**, angle of reflection; **r. totale**, total reflection; (*radar*) **r. spuria**, spurious (*o* parasitic) reflection; **la r. delle onde sonore (delle onde elettriche)**, the reflection of sound waves (of electric waves) **3** (*osservazione*) reflection; remark; observation; comment: **riflessioni filosofiche**, philosophical reflections; **Fece una giusta r. su quel fatto**, he made an appropriate remark on that fact; **Le sue riflessioni sul viaggio in Russia erano molto interessanti**, his observations (*o* reflections) on his journey to Russia were very interesting. ● (*radar*) **r. del terreno**, background return □ (*fis.*) **r. multipla del suono**, sound reverberation □ **una persona senza r.**, a thoughtless (*o* an inconsiderate) person.

riflessività, *f.* reflectiveness; thoughtfulness.

riflessivo, *a.* **1** reflective; reflecting; thoughtful: **un uomo r.**, a reflecting (*o* meditative) man **2** (*gramm.*) reflexive: **un pronome (un verbo) r.**, a reflexive pronoun (verb). ● **essere poco r.**, not to reflect very much.

riflèsso (1), *a.* **1** (*anche fig.*) reflected: **raggi riflessi**, reflected rays; **luce riflessa**, reflected light; (*anche fig.*) **brillare di luce riflessa**, to shine with reflected light **2** (*fisiologia*) reflex: **La tosse e lo starnuto sono esempi comuni di atti riflessi**, coughing and sneezing are familiar instances of reflex actions; **un movimento r.**, a reflex movement **3** (*bot.*) reflexed.

riflèsso (2), *m.* **1** reflection, reflexion: **Questo r. mi fa male agli occhi**, this reflection is bad for my eyes; **il r. della luce (del calore, del suono)**, the reflection of light (of heat, of sound) **2** (*fig.*) repercussion; effect **3** (*fisiologia*) reflex: **il r. pupillare**, the pupillary reflex; **riflessi condizionati**, conditioned reflexes (*o* responses). ● (*fig.*) **di** (*o* **per**) **r.**, indirectly.

riflessoterapia, *f.* (*med.*) reflex treatment.

riflettènte, *a.* (*fis.*) reflecting: **una superficie r.**, a reflecting surface.

riflettènza, *f.* (*fis.*) reflectance.

riflèttere, A *v. t.* **1** to reflect; (*fig.*) to mirror, to reflect: **r. un'immagine**, to reflect an image; **r. la luce (il calore)**, to reflect light (heat); **Le nostre azioni riflettono i nostri pensieri**, our actions reflect our thoughts; **La calma superficie del lago rifletteva gli alberi delle sponde**, the calm surface of the lake reflected the trees on the shores; **L'occhio riflette i moti dell'animo**, the eye mirrors the workings of the mind **2** (*fis.*) to reflect. **B** *v. i.* to reflect (upon st.); to think* (st.) over; to consider (st.); to ponder (st.; on, over st.): **Rifletti sempre prima di agire**, I always reflect before acting; **Perché dire di no? Rifletti un po'**, why say so? think it over a little; **Ho riflettuto sulla possibilità di non riuscire**, I have considered the possibility of not succeeding; **Ha riflettuto sulle ragioni di questo tradimento**, he has pondered on the reasons for this betrayal. ● **Dopo avere ben riflettuto**, after careful consideration □ **far r.**, to give food for thought □ **lasciare il tempo di r.**, to give time for reflection □ **senza r.**, inconsideratly; thoughtlessly □ **Riflettendoci su, ho deciso di non farne più nulla**, on reflection (*o* on second thoughts), I have decided not to do anything about it □ **Riflettiamo sui vantaggi e sugli svantaggi di questa situazione**, let's weigh up the pros and cons of this situation. **riflèttersi, C** *v. rifl.* **1** to be reflected (*anche fig.*); to be mirrored: **Le luci di Sirmione si riflettevano nel lago**, the lights of Sirmione were reflected (*o* were mirrored) in the lake; **Non poteva nascondere la gioia che si rifletteva sul suo volto**, he couldn't hide the joy that was reflected in his face **2** (*fig.: ripercuotersi*) to have repercussions; to be reflected: **L'assassinio del Presidente si riflettè sulla vita politica del paese**, the assassination of the President had repercussions on the political life of the country.

riflettòmetro, *m.* (*fis.*) reflectometer: **r. fotoelettrico**, photoelectric reflectometer.

riflettóre, *m.* (*fis., telev., radar*) reflector; (*proiettore elettrico*) searchlight, spotlight, floodlight: **un r. a largo fascio**, a floodlight reflector; **un r. a spina di pesce**, a fishbone reflector; **un r. per palcoscenico**, a stage floodlight; **un r. comune**, a standard reflector. ● (*cinem.*) **r. ad arco**, klieg (*o* kleig) light.

rifluire, *v. i.* **1** (*scorrere indietro*) to flow back; to reflow; (*scorrere di nuovo*) to flow again: **fluire e r.**, to flow and reflow **2** (*della marea*) to ebb **3** (*affluire di nuovo*) to pour again (into).

riflusso, *m.* **1** (*il rifluire*) reflow; refluence; reflux; flowing back: **flusso e r.**, flux and reflux **2** (*della marea*) ebb; reflux: **il flusso e il r. della marea**, the ebb and flow of the tide **3** (*fig.*) surge back; ebb-tide.

rifocillaménto, *m.* refreshment.

rifocillare, A *v. t.* to refresh; to give* refreshment to. **rifocillarsi, B** *v. rifl.* to refresh oneself; to take* refreshment: **Mi rifocillai con una tazza di tè**, I refreshed myself with a cup of tea. ● **r. lo stomaco**, to have st. to eat and drink.

rifoderare, *v. t.* to reline; to provide with a new lining.

rifondare, *v. t.* to refound; to found again.

rifóndere, *v. t.* **1** (*fondere di nuovo*) to remelt; to melt again **2** (*metall.*) to recast*; to cast* again: **r. un metallo**, to recast a metal; to cast a metal again **3** (*fig.: rimborsare*) to refund; to reimburse; to repay*; to pay* back: **r. le spese (i danni)**, to refund expenses (damages) **4** (*fig.: rimaneggiare*) to recast*; to rewrite*; to write* over again: **Ho rifuso i primi due capitoli**, I have recast the first two chapters; **r. un'opera letteraria**, to recast a literary work.

rifondibile, *a.* **1** (*rimborsabile*) reimbursable; repayable **2** (*che può essere rifuso*) capable of being remelted.

rifonditóre, *m.* **1** (*chi rimborsa*) refunder; reimburser **2** (*chi rifonde metalli*) recaster.

rifórma, *f.* **1** (*il formare di nuovo*) re-formation; re-forming **2** (*il migliorare, il correggere*) reform; reformation; reforming; improvement; amendment: **una r. sociale (politica, ecc.)**, a social (political, etc.) reform; **una r. parlamentare**, a parliamentary reform; **una r. totale**, a sweeping reform; **la r. del calendario**, the reform of the calendar; **la r. dei costumi**, the reformation of manners; **la r. della religione**, the reformation of religion; **favorire la r.**, to advocate (*o* to favour) reform **3** (*mil.*) declaration of unfitness for military service; rejection (as being unfit) **4** (*stor.*) Reformation.

riformàbile, *a.* **1** reformable; susceptible of reformation **2** (*mil.*) apt to be declared unfit for military service; rejectable.

riformare, A *v. t.* **1** (*formare di nuovo*) to re-form; to reshape; to form (*o* to shape) again (*o* anew); to form over again: **formare e r.**, to form and re-form **2** (*migliorare, correggere*) to reform; to improve; to mend: **r. i costumi**, to reform manners; **r. l'amministrazione della giustizia**, to reform the administration of justice **3** (*relig.*) to reform: **r. un ordine religioso**, to reform a religious order **4** (*mil.*) to declare (sb.) unfit for military service; to reject (as unfit). ● (*scherz.*) **r. (con un pugno) i connotati a q.**, to smash sb.'s face in □ (*leg.*) **r. una sentenza**, to reverse a sentence □ (*mil.*) **farsi r.**, to dodge military service. **riformarsi, B** *v. rifl.* to form again; to re-form: **Si è riformato il ghiaccio**, ice has formed again.

riformativo, *a.* reformative; reformatory.

riformato, A *a.* **1** (*formato di nuovo*) re-formed; formed again (*o* anew) **2** (*emendato*) reformed; improved; amended **3** (*relig.*) reformed: **le Chiese riformate**, the Reformed Churches; **un ordine r.**, a reformed religious order **4** (*mil.*) declared unfit for military service. **B** *m.* (*mil.*) man* declared unfit for military service.

riformatóre, A *m.* reformer; reformist: **Fu un grande r. della chirurgia**, he was a great reformer of surgery. **B** *a.* reforming; reformatory: **i principi riformatori**, the reforming princes.

riformatòrio, *m.* reformatory; approved school.

riformazióne, *f.* re-formation; new formation.

riformismo, *m.* (*polit.*) reformism.

riformista, (*polit.*) **A** *m.* e *f.* reformist; reformer. **B** *a.* reformist(ic).

riformistico, *a.* (*polit.*) reformist; reformistic.

rifornimento, *m.* **1** (*il rifornire, il rifornirsi*) (new) furnishment; furnishing (again); (re)supply; supplying (again); restocking: **il programma di r.**, the restocking programme; **il r. delle vettovaglie all'esercito**, the supply of provisions to the army **2** (*il*

rifornire

riempire) filling up; (*di carburante*) refuelling: (*aeron.*) **r. in volo**, refuelling in flight; (*autom.*) **posto** (*o* **stazione**) **di r.**, filling-station; petrol station **3** (*pl.*: *scorta, provviste*) supplies; provisions; stocks: **una temporanea scarsità di rifornimenti**, a temporary falling off of supplies. ● **r. d'acqua**, water-supply □ (*naut.*) **fare r. d'acqua**, to take on water; to water □ (*naut.*) **fare r. di carbone**, to coal; to recoal.

rifornire, A *v. t.* **1** (*fornire, fornire di nuovo*) to furnish (again); to (re)supply; to provide (again); to restock: **r. q. di q.c.**, to furnish (*o* to supply, to provide) sb. with st.; **Rifornirono i nemici di viveri e di munizioni**, they furnished the enemy with food and ammunition; **Dobbiamo r. la biblioteca di libri**, we must furnish the library with books **2** (*riempire*) to fill up again; (*di carburante*) to refuel; to fuel up. ● **r. il proprio guardaroba**, to replenish one's wardrobe □ **r. in quantità eccessiva**, to overstock. **rifornirsi, B** *v. rifl.* to supply oneself (again), to provide oneself (again) (with st.); to make* a (fresh) supply (of st.): **Debbo rifornirmi di sigarette**, I must provide myself with cigarettes; **r. d'acqua**, to supply oneself with water; (*naut.*) to take on water; to water. ● (*naut.*) **r. di carbone**, to recoal; to coal □ (*naut.*) **r. di viveri** (*o* **di munizioni**), to take in stores.

rifornitóre, *m.* supplier; provider.

rifornitura, *f. V.* **rifornimento**.

rifrangènte, *a.* (*fis.*) refractive; refracting.

rifrangènza, *f.* (*fis.*) refractivity.

rifràngere, A *v. t.* (*fis.*) to refract: **L'acqua rifrange i raggi luminosi**, water refracts the rays of light. **rifràngersi, B** *v. rifl.* **1** (*fis.*) to be refracted **2** (*di onde, ecc.*) to break*.

rifrangìbile, *a.* (*fis.*) refrangible.

rifrangibilità, *f.* (*fis.*) refrangibility.

rifrattività, *f.* (*fis.*) refractivity.

rifratto, *a.* (*fis.*) refracted: **un raggio r.**, a refracted ray; **luce rifratta**, refracted light.

rifrattometrìa, *f.* (*fis.*) refractometry.

rifrattòmetro, *m.* (*fis.*) refractometer.

rifrattóre, (*fis.*) **A** *m.* refractor; refracting telescope. **B** *a.* refracting.

rifraziòne, *f.* (*fis., astron.*) refraction: **la r. atmosferica**, the atmospheric refraction; **l'angolo di r.**, the angle of refraction; **l'indice di r.**, the index of refraction; the refractive index.

rifreddare, A *v. t.* to cool. **rifreddarsi, B** *v. rifl.* to cool down; to get* cold (again).

rifréddo, A *a.* cold. **B** *m.* (*vivanda che si serve fredda*) cold dish.

rifrìggere, A *v. t.* **1** (*friggere di nuovo*) to fry (up) again **2** (*fig.: ripetere più volte*) to repeat (st.) over and over again; to harp on: **Friggere e r. sempre le stesse cose**, to be continually harping on the same string; to keep on repeating the same things. **B** *v. i.* (*friggere a lungo*) to fry too long.

rifritto, *a.* **1** (*fritto di nuovo*) fried (up) again **2** (*fig.: ripetuto più volte*) repeated over and over again; oft-told; stale: **cose fritte e rifritte**, things repeated over and over again (*o* a thousand times); oft-told things; the same old stuff (*fam.*). ● **sapere di r.**, to taste rancid; (*fig.*) to be stale.

rifrittume, *m.* **rifrittura**, *f.* (*spreg.*) rehash: **Il suo secondo libro è una r. del primo**, his second book is a rehash of his first.

rifrugare, *v. t. e i.* to re-search; to search again; to re-rummage; to rummage again: **frugare e r. le tasche invano**, to rummage and re-rummage one's pockets in vain.

rifruttare, rifruttificare, *v. t. e i.* to fructify again.

rifuggire, A *v. i.* **1** (*fuggire di nuovo*) to run* away again; to flee* again; to escape again: **Il ragazzo è rifuggito**, the boy has run away again **2** (*fig.: aborrire, essere alieno*) to shrink*; to draw* back; to recoil; to shirk; to shun: **Egli rifugge dal fare nuove conoscenze**, he shrinks from making new acquaintances; **r. dalla vendetta**, to recoil from vengeance; **r. dal pericolo** (**dalle difficoltà, ecc.**), to shirk danger (difficulties, etc.); **r. da ogni compromesso**, to shun all half-measures. **B** *v. t.* (*raro*) to avoid; to shun.

rifugiarsi, *v. rifl.* to take* (*o* to seek*) refuge (*anche fig.*); to take* shelter; to shelter (oneself): **Ci rifugiammo come meglio potemmo**, we sheltered ourselves as well as we could; **r. in una capanna**, to take refuge in a hut; **r. in un paese straniero**, to seek refuge in a foreign country; **r. in casa d'un amico**, to take refuge in the house of a friend; **r. nella preghiera**, to seek refuge (*o* solace) in prayer. ● **r. sulle montagne**, to take to the mountains.

rifugiato, *m.* refugee.

rifùgio, *m.* refuge (*anche fig.*); shelter: **Cercai un r. per ripararmi dalla pioggia**, I looked for a shelter from the rain; **Trovai r. sotto un albero**, I took shelter (*o* sheltered) under a tree; **È il mio unico r.**, he is my only refuge; **I libri sono un r. per i solitari**, books are a refuge of the lonely; **un porto di r.**, a harbour of refuge; **un r. antiaereo**, an air-raid shelter; **un r. antiatomico**, an A-shelter; **cercare r.**, to seek refuge (*o* shelter); **trovare r.**,

to find shelter.

rifulgènte, *a.* (*anche fig.*) refulgent; resplendent; radiant; glowing: **occhi rifulgenti**, radiant eyes.

rifùlgere, *v. i.* (*anche fig.*) to be refulgent; to shine* (bright); to glow: **foreste che rifulgono di tinte autunnali**, forests that glow with autumn tints.

rifumare, A *v. t.* to smoke again: **Appena guarito cominciò a r. la pipa**, no sooner had he recovered than he began to smoke his pipe again. **B** *v. i.* to smoke again; to have another smoke.

rifusìbile, *a.* (*metall.*) remeltable.

rifusiòne, *f.* **1** (*metall.*) remelting **2** (*fig.: rimborso*) reimbursement; refund; refunding; (*risarcimento*) compensation: **r. dei danni**, compensation for damages.

rifùso, *a.* **1** (*fuso di nuovo*) remelted **2** (*comm.*) reimbursed; refunded.

riga, *f.* **1** line: **tirare una r.**, to draw a line; (*fig.*) **leggere fra le righe**, to read between the lines; **una pagina di venticinque righe**, a page of twenty-five lines; a twenty-five-line page; **Ti scriverò due righe prima di partire**, I'll drop you a line (*o* I'll write you a few lines) before leaving; **Nella penultima r. c'è uno svarione**, there's a bad mistake (*o* a blunder) in the last line but one **2** (*fila*) row (*anche mat.: di matrice*): **tutti su una r.**, all in a row; all in line; **Mettetevi in r.!**, get into a row (*o* line)! **3** (*regolo*) rule; ruler: **r. d'acciaio**, steel rule; (*metall.*) **r. per modellisti**, contraction rule; **r. da disegno**, drawing ruler (*o* rule) **4** (*striscia*) stripe: **Ti mostrerò un tessuto a righe bianche e rosse**, I'll show you a material with red and white stripes; **La tigre ha un mantello a righe nere e gialle**, the tiger has a coat with black and yellow stripes (*o* has a black-and-yellow striped coat) **5** (*scriminatura*) parting **6** (*mus.*) stave; staff*. ● **r. a forma di T**, T-square □ (*fis.*) **r. d'assorbimento**, absorption line □ (*fis.*) **r. spettrale**, spectrum line □ **a righe**, (*a strisce*) striped; (*a linee*) ruled, lined: **calzini** (**pantaloni**) **a righe**, striped socks (trousers); **quaderno a righe**, ruled exercise-book □ **fare una r. a maglia**, to knit a round □ **farsi la r.** (**nei capelli**) **a sinistra** (**a destra**), to part one's hair on the left (on the right) □ (*mil.*) **mettersi in r.**, to line up □ (*fig.*) **mettersi in r. con q.**, to vie with sb.; to compete with sb. □ (*fig.*) **porre tutti nella medesima r.**, to judge everyone by the same yardstick □ (*fig.*) **rimettere in r. q.**, to make sb. toe the line □ (*mil.*) **rompere le righe**, to break ranks □ (*mil.*) **far rompere le righe a un plotone**, to dismiss a platoon □ (*fig.*) **stare in r.**, to toe the line; to behave properly □ (*tipogr.*) **ultima r. di un paragrafo**, break (line) □ (*fig.*) **uscire dalla r.**, to step out of line □ **È una canaglia di prima r.**, he's an out-and-out scoundrel; he's the lowest of the low □ **Era un lestofante di prima r.**, **quand'era più giovane**, when he was younger, he was a swindler of the first order □ (*mil.*) **destr' r.** (**sinistr' r.**)**!**, right (left) dress! □ **Da bambino portavo la r. in mezzo**, when I was a boy, I parted my hair in the middle.

rigàglie, *f. pl.* (*interiora di pollo*) giblets.

rigàgnolo, *m.* rivulet; streamlet; rill; runnel; trickle.

rigame, *f.* flute; groove.

rigare, *v. t.* **1** (*segnare con righe*) to rule; to line: **r. un foglio di carta**, to rule a sheet of paper **2** (*rif. a canna d'arma da fuoco*) to rifle **3** (*scalfire*) to score; to scratch **4** (*fig.*) to furrow; to stream down; to flow down: **Le lacrime le rigavano il volto**, tears streamed down her face. ● (*fig.*) **r. diritto**, to behave properly; to toe the line (*fam.*).

rigata, *f.* (*mus.*) staff; stave.

rigatino, *m.* (*ind. tessile*) striped cotton material.

rigato, *a.* **1** (*segnato da righe*) ruled; lined: **carta rigata**, ruled paper **2** (*a strisce*) striped; **panno r.**, striped material **3** (*di canna di un'arma da fuoco*) rifled: **un fucile r.**, a rifled gun **4** (*scalfito*) scored; scratched **5** (*fig.*: *solcato*) furrowed; (*bagnato*) bathed, wet: **Le sue guance erano rigate di calde lacrime**, her cheeks were furrowed with (*o* bathed in) hot tears; **una fronte rigata di sudore**, a forehead bathed in sweat **6** (*archit.: di una colonna*) fluted.

rigatòni, *m. pl.* (*cucina*) «rigatoni» (alimentary paste in short curved fluted pieces).

rigatrice, *f.* (*macchina*) ruler.

rigatterìa, *f.* (*merce da rigattiere*) junk; trash.

rigattière, *m.* **1** second-hand dealer; junk dealer; rag and bone man* (*fam.*) **2** (*chi rivende abiti usati*) old-clothes dealer. ● **bottega di r.**, junk shop; old-clothes shop □ **roba da r.**, junk; trash.

rigatura, *f.* **1** (*il segnare con righe*) ruling; lining **2** (*righe*) lines (*pl.*); stripes (*pl.*): **r. punteggiata**, dotted lines **3** (*di canna d'arma da fuoco*) rifling.

rigelare, *v. i.* to regelate.

rigèlo, *m.* regelation.

rigeneràbile, *a.* regenerable.

rigenerare, A *v. t.* **1** to regenerate (*anche fig.*): **r. una nazione**, to regenerate a nation **2** (*ind.*) to regenerate; (*gomma*) to reclaim; (*pneumatici*) to retread; to recap (*USA*); (*metalli*) to restore. ● (*mecc.*) **r. un cuscinetto**, to repair a bearing. **rigenerarsi, B** *v. rifl.* **1** to be regenerated; to grow* again **2** (*fig.*: *nascere a nuova vita*) to be reborn; to be born anew; to be regenerated.

rigenerativo, *a.* regenerative.

rigenerato, *a.* **1** regenerated (*anche fig.*) **2** (*ind.*) regenerated; (*rif. a gomma*) reclaimed; (*rif. a pneumatici*) retreaded; recapped (*USA*); (*rif. a metalli*) restored.

rigeneratóre, A *m.* **1** regenerator (*anche fig.*) **2** (*ind.*) heat-exchanger. **B** *a.* regenerative. ● **lozione rigeneratrice dei capelli**, hair-restorer.

rigenerazióne, *f.* **1** regeneration (*anche fig.*): **la r. d'una nazione**, the regeneration of a nation; (*biol.*) **la r. dei tessuti** (*in una ferita*), the regeneration of tissue **2** (*ind.*) regeneration; (*rif. a gomma*) reclaiming; (*rif. a pneumatici*) retreading, recapping (*USA*); (*rif. a metalli*) restoring.

rigermogliare, *v. i.* to bud again; to sprout again.

rigettàbile, *a.* rejectable.

rigettare, A *v. t.* **1** (*gettare di nuovo*) to throw* again; to fling* again; to hurl again **2** (*gettare indietro*) to throw* back; to fling* back; to hurl back: **Il ragazzo riprese la palla al volo e me la rigettò**, the boy caught the ball and threw it back to me **3** (*respingere*) to drive* back; to push back; to repel: **r. il nemico oltre le trincee**, to push the enemy back beyond the trenches **4** (*fig.*: *non accogliere*) to reject; to turn down; to throw* out: **r. una proposta** (**un'offerta, ecc.**), to reject (*o* to turn down) a proposal (an offer, etc.); **r. una preghiera**, to reject a request; **far r. un disegno di legge**, to have a bill thrown out **5** (*fam.*: *vomitare*) to vomit; to throw* up: **Rigettai il pranzo**, I threw up my dinner **6** (*gettare sulla riva*) to cast* ashore **7** (*bot.*: *rigermogliare*) to bud (again); to sprout (again); to put* out fresh shoots: **Quelle piante hanno rigettato**, those plants have put out fresh shoots **8** (*metall.*) to recast*: **r. una statua**, to recast a statue. **rigettarsi, B** *v. rifl.* to throw* (*o* to fling*) oneself again.

rigètto, *m.* **1** (*il rigettare*) rejection; rejecting; (*rifiuto*, *anche*) turning down, refusal: **il r. d'un disegno di legge**, the rejection (*o* throwing out) of a bill; **il r. d'una proposta** (**di un'offerta, ecc.**), the rejection (*o* turning down) of a proposal (an offer, etc.) **2** (*cosa rigettata*) reject; rejection **3** (*geol.*) displacement **4** (*biol.*: *di organo trapiantato*) rejection; reject. ● (*geol.*) **r. orizzontale**, heave □ (*geol.*) **r. stratigrafico**, slip □ (*geol.*) **r. verticale**, throw.

righèllo, *m.* rule; ruler; straightedge. ● **r. graduato**, scale.

righettare, *v. t.* to rule; to line; to stripe.

righettato, *a.* striped; (*striato*) streaked: **stoffa righettata**, striped material.

righino, *m.* (*tipogr.*) break (line).

rigidaménte, *avv.* rigidly; with rigour; strictly; severely; sternly.

rigidézza, *f.* **1** rigidness; rigidity; stiffness; inflexibility: **la r. di una fune**, the stiffness of a cable **2** (*fig.*) rigidness; rigour; strictness; sternness: **la r. d'una legge**, the rigidity of a law; **r. di principi**, rigidity of principles **3** (*di clima, stagione, tempo, ecc.*) severity; rigours (*pl.*): **la r. d'un clima**, the severity (*o* rigours) of a climate.

rigidità, *f.* **1** rigidity; stiffness; inflexibility (*med.*) **r. muscolare**, rigidity of the muscles **2** (*fig.*) rigidity; strictness; rigour; sternness; harshness: **la r. della giustizia**, the rigidity of justice; **r. di vita**, strictness (*o* austerity) of life **3** (*asprezza di clima*) severity; rigours (*pl.*): **la r. dell'inverno**, the rigours of winter. ● (*med.*) **r. cadaverica**, rigor mortis; death stiffening □ (*econ.*) **r. della domanda** (**dell'offerta**), inelasticity of demand (of supply) □ (*fis.*) **r. dielettrica**, dielectric strenght.

rigido, *a.* **1** (*duro, inflessibile*) rigid; stiff; hard; inflexible; unbending: **Ho le gambe rigide a forza di star seduto**, I've been sitting so long that my legs have got stiff; **una verga rigida**, a rigid bar **2** (*fig.*: *severo, rigoroso*) rigid; rigorous; strict; severe; stern; harsh: **principi rigidi**, rigid principles; **un insegnante r.**, a strict teacher; **un giudice r.**, a stern judge; **rigida disciplina**, rigorous discipline; **parole rigide**, harsh words; **essere r. con i propri alunni**, to be severe on one's pupils **3** (*di clima, stagione, tempo, ecc.*) severe; rigorous; harsh: **un clima r.**, a rigorous climate **4** (*econ.*: *di domanda, prezzo, ecc.*) inelastic; sticky.

rigiocare, *v. t. e i.* to replay; to play again.

rigirare, A *v. t. e i.* **1** (*girare di nuovo*) to turn again; to turn round again; (*girare più volte*) to turn over: **Rigira la testa**, turn your head round again; **r. la chiave**, to turn the key again; to give the key another turn; **r. q.c. tra le mani**, to turn st. over in one's hands; to fiddle with st. **2** (*raggirare, menare per il naso*) to get* round; to sell* (sb.) a pup (*fam.*): **Sua moglie sa come rigirarlo**, his wife knows how to get round him; **Mi hanno rigirato**, they've sold me a pup **3** (*percorrere girando attorno*) to go* all round (a place); (*cingere tutt'intorno*) to surround: **Un muro rigira tutto il giardino**, a wall runs all round the garden ●

r. il discorso, to change subject □ **r. una frase**, to turn a sentence □ **rigirarla** (*o* **saperla r.**), to know how to turn things to account □ **comunque rigiri la cosa**, however you look at it □ **far r. q. nella tomba**, to make sb. turn in his grave □ **Gira e rigira, alfine l'ho trovato**, I looked about till at last I found him. **rigirarsi, B** *v. rifl.* to turn round; to turn over: **r. nel letto**, to turn over in bed; to toss (oneself) about. ● **non sapere dove r.**, not to know which way to turn □ **Se la rigirino come meglio possono**, let them manage by themselves □ **È abilissimo a r. le persone**, he's a regular twister (*pop.*).

rigirio, *m.* (*fam.*) coming and going; bustle.

rigiro, *m.* **1** turning back; turning round **2** (*rotazione*) rotation; (*giro*) turn **3** (*fig.*: *imbroglio*) ruse; dodge; swindle. ● **fare troppi rigiri di parole**, to beat about the bush □ **Con tutti quei rigiri di parole, non ha detto nulla**, that was a long rigmarole about nothing.

rigiudicare, *v. t.* (*leg.*) to rejudge.

rigiurare, *v. t. e i.* to swear* again; to reswear*.

rigo, *m.* **1** (*linea; linea di stampa o di scrittura*) line: **scrivere un r.**, to drop (*o* to send) a line **2** (*mus.*) staff; stave.

rigodóne, *m.* (*antica danza*) rigadoon.

rigóglio, *m.* luxuriance (*anche fig.*); luxuriant (*o* lush) growth; (*esuberanza*) exuberance. ● (*fig.*) **in pieno r.**, in full bloom.

rigogliosaménte, *avv.* luxuriantly; exuberantly; lushly.

rigogliosità, *f.* luxuriance (*anche fig.*); lushness; exuberance.

rigoglióso, *a.* luxuriant (*anche fig.*); exuberant; lush: **la vegetazione rigogliosa delle foreste tropicali**, the luxuriant vegetation of tropical forests; **una persona rigogliosa**, an exuberant person; **salute rigogliosa**, exuberant health; **una fantasia rigogliosa**, a luxuriant (*o* an exuberant) imagination. ● **crescere** (*o* **venir su**) **r.**, to grow luxuriantly; to be thriving.

rigògolo, *m.* (*zool.*, *Oriolus oriolus*) golden oriole.

rigonfiaménto, *m.* swelling; bulking; bulge: **r. del legno**, wood swelling.

rigonfiare, A *v. t.* to reinflate; to blow* up (again); to puff out (again). ● **r. una gomma**, to pump up a tyre. **B** *v. i.* e **rigonfiarsi**, *v. rifl.* to swell* (again); to swell* up; to bulge: **Il legno nell'acqua rigonfia**, wood swells in water.

rigónfio, A *a.* inflated; swollen; puffed out. **B** *m.* swelling, bulge.

rigóre, *m.* **1** (*freddo intenso*) rigour (*per lo più al pl.*); rigor (*USA*); severity; harshness: **il r. invernale**, the rigours of winter **2** (*fig.*: *grande severità*) rigour; strictness; severity; stringency: **applicare una legge con r.**, to execute a law with rigour; **punire q. col massimo r. della legge**, to punish sb. with the utmost rigour of the law; **il r. d'una regola monastica**, the rigour of a monastic rule **3** (*fig.*: *esattezza*) rigour; exactness **4** (*med.*) rigor; rigidity **5** (*sport*: *calcio di r.*) penalty kick. ● **a r.**, strictly speaking; in a strict sense □ **a r. di legge**, according to the law □ **a r. di logica**, according to the rules of logic; logically speaking □ **a r. di termini**, strictly speaking; in the strict sense of the term □ (*mil.*) **arresti di r.**, close arrests □ (*sport*) **calcio di r.**, penalty kick □ **di r.**, «de rigueur»; compulsory; obligatory: **È di r. l'abito da sera**, evening dress is de rigueur.

rigorismo, *m.* rigo(u)rism; austerity; extreme strictness.

rigorista, *m. e f.* rigo(u)rist.

rigoristico, *a.* rigo(u)rist; rigo(u)ristic.

rigorosaménte, *avv.* rigorously; strictly; **r. parlando**, strictly speaking.

rigorosità, *f.* **1** rigorousness; rigour; rigidity; strictness; severity; sternness; stringency: **la r. della disciplina**, the rigour of discipline **2** (*precisione*) rigorousness; accuracy; precision: **la r. di un metodo**, the accuracy of a method.

rigoróso, *a.* **1** (*rigido*) rigorous; rigid; strict; severe; stern; stringent: **Spero ch'ella non sia troppo rigorosa con i bambini**, I hope she will not be too rigorous with (*o* too severe on) the children; **Sei troppo r.!**, you are too strict!; **un insegnante r.**, a strict teacher; **un ordine r.**, a strict order **2** (*esatto*) rigorous; rigid; accurate; exact: **una definizione rigorosa**, a rigorous (*o* a strict) definition **3** (*mus.*) strict: **contrappunto r.**, strict counterpoint.

rigovernare, *v. t.* **1** (*lavare e asciugare stoviglie*) to wash up: **È di là che rigoverna**, she is washing up; **Sono stati rigovernati i piatti del pranzo?**, have the dinner things been washed up? **2** (*rif. a cavalli*) to groom.

rigovernata, *f.* washing-up: **dare una r. ai piatti**, to do the washing-up; to wash up; to wash (*o* to do) the dishes.

rigovernatura, *f.* **1** (*il rigovernare i piatti*) washing up **2** (*acqua usata per rigovernare*) dish-water.

rigridare, *v. t. e i.* to shout again; to cry out again.

riguadagnare, *v. t.* **1** (*guadagnare di nuovo*) to re-earn; to earn again; to gain again **2** (*ricuperare*) to regain; to win* back; to recover; to get* back: **Devi r. tutto il tempo che hai perduto**, you must recover (*o* make up for) all the time you've lost; **r. la**

riguardante

riguardare, A v. t. **1** to look at (st., sb.) again; (*guardare attentamente*) to examine, to check (over): **Dopo averlo guardato e riguardato, me lo rese**, after looking at it again and again, he gave it back to me; **Si voltò a r. il paese per l'ultima volta**, he turned and looked back at the village again for the last time; **Voglio r. le spese di casa**, I want to examine (*o* to check) the household expenses **2** (*considerare*) to regard; to consider; to look on (st., sb.): **Nel suo paese lo riguardano come un vigliacco**, in his village they regard him as a coward; **Lo riguardavo come un fratello**, I considered him as a brother; **Qui, tu sei riguardato come un intruso**, here, you're looked on as an intruder (*o* you're considered an intruder) **3** (*concernere, spettare*) to concern; to regard: **Questo non mi riguarda e quindi non me ne preoccupo**, this does not concern me (*o* this is no concern of mine), so I'm not going to bother about it; **per quel che mi riguarda**, as far as I'm concerned; as for me; **Non te lo dico, perché non ti riguarda**, I'm not going to tell you, because it doesn't regard (*o* concern) you **4** (*custodire con riguardo*) to keep* (st.) carefully; to take* care of (sb., st.): **Questa pianticella è molto delicata; riguardala!**, this little plant is very delicate; take care of it! **riguardarsi, B** v. rifl. **1** (*avere riguardo di sé*) to take* care of oneself; to look after oneself; to protect oneself: **Riguardati durante il viaggio**, take care of yourself (*o* look after yourself) during the journey; **Bisogna r. dalle correnti d'aria (dal freddo)**, one must protect oneself (*o* keep away) from draughts (from the cold); **Dopo la malattia, si riguardò bene**, after his illness, he took good care of himself **2** (*stare in guardia*) to beware (of st., sb.); to guard (against st., sb.): **Bisogna r. dagli ipocriti**, one must beware of hypocrites; **Devi riguardarti dai tranelli tesi da quell'uomo**, you must guard against (*o* beware of) being cheated by that man.

riguardata, f. look; glance: **dare una r. a q.**, to have a look at sb.; **dare una r. a q.c.**, to have a look at st.; to look st. over.

riguardo, m. **1** (*attenzione, cura*) care: **Questa roba fragile va maneggiata con r.**, this fragile stuff has to be handled with care; **Abbiti r.**, take care of yourself; **fare q.c. col massimo r.**, to do st. with the utmost care; **con tutti i riguardi**, with the greatest care **2** (*rispetto, deferenza*) respect; regard; consideration: **È una persona degnissima, che merita ogni r.**, he's a very worthy person, deserving of all respect; **Manca di r. a tutti**, he has no regard for anybody; **Non ebbe molto r. per i loro sentimenti**, he didn't have much consideration for their feelings; **Taci, almeno per r. di tua madre!**, keep quiet, at least out of respect for your mother (*o* at least for your mother's sake)!; **Per r. alla sua età, non ho reagito alle sue ingiurie**, I didn't react to his insults out of consideration for his age **3** (*relazione, attinenza*) respect; connection; regard: **a ciò**, with regard (*o* respect) to this; **Ciò che tu mi hai detto non ha nessun r. con il libro**, what you told me has no connection with the book; **a questo r.**, in this connection; **sotto ogni r.**, in every respect; **sotto questo r.**, in this respect; **R. a quello che mi hai detto**, ho deciso di agire, with regard to (*o* as to) what you told me, I've decided to act. ● **r. a me**, as far as I am concerned; as for me □ **avere r. nel fare q.c.**, to do st. carefully □ **non avere riguardi**, not to stand on ceremony: **Non avere riguardi, prendi quello che vuoi**, don't stand on ceremony, take what you want □ **parlare senza r.**, to speak freely (*o* openly) □ **una persona di r.**, a person of consequence □ **pieno di r.**, considerate, thoughtful (*rispettoso*) respectful ● **senza r.**, inconsiderate; thoughtless; (*non rispettoso*) disrespectful □ **senza r. a spese**, without considering the expense □ **Non ho sentito più notizie al r.**, I haven't heard any further news on this matter (*o* subject).

riguardosaménte, avv. respectfully; deferentially; considerately.

riguardóso, a. respectful; regardful; considerate: **essere r. dei diritti altrui**, to be respectful of other people's rights; **essere r. con q.**, to be respectful to sb.; **Dobbiamo essere riguardosi dei sentimenti dei vecchi**, we must be considerate of old people's feelings. ● **poco r.**, inconsiderate, thoughtless; (*privo di rispetto*) disrespectful.

rigurgitante, a. **1** regurgitating; gushing back **2** (*traboccante*) overflowing **3** (*fig.*) packed; swarming; teeming.

rigurgitare, A v. i. **1** to regurgitate; to gush back: **Il cibo può r. dallo stomaco**, food may regurgitate from the stomach **2** (*traboccare*) to overflow **3** (*fig.*) to swarm; to teem; to be packed: **Le strade rigurgitavano di gente**, the streets were swarming with people; **Questo fiume rigurgita di pesci**, this river is teeming with fish. **B** v. t. to bring* up.

rigùrgito, m. **1** (*il rigurgitare*) regurgitation (*anche med.*); regurgitating; gushing back: **r. di sangue**, regurgitation of blood **2** (*il traboccare*) overflowing **3** (*fig.*: *ritorno*) (short) revival. ● (*fig.*) **un r. di rabbia**, a fit of rage.

rilanciare, A v. t. **1** (*lanciare di nuovo*) to fling* again; to hurl again; to throw* again **2** (*lanciare a propria volta*) to fling* back; to hurl back; to throw* back **3** (*ad un'asta, al gioco d'azzardo*) to raise: **r. l'offerta**, to raise the bid; to make a higher bid **4** (*fig.*) to relaunch; to bring* in again: **r. una moda**, to relaunch a fashion. **rilanciarsi, B** v. rifl. to fling* (*o* to throw*) oneself again.

rilàncio, m. **1** (*il lanciare di nuovo*) flinging again; hurling again; throwing again **2** (*il lanciare a propria volta*) flinging back; hurling back; throwing back **3** (*ad un'asta, al gioco d'azzardo*) raising: **il r. di un'offerta**, the raising of a bid **4** (*fig.*) relaunching.

rilasciaménto, V. rilassamento.

rilasciare, A v. t. **1** (*lasciare di nuovo*) to leave* again **2** (*liberare*) to release; to set* (sb.) free; to set* (sb.) at liberty: **r. un prigioniero**, to release a prisoner; to set a prisoner free **3** (*fig.*: *allentare*) to relax: **disciplina rilasciata**, relaxed discipline **4** (*consegnare*) to deliver; to consign: **r. la merce**, to deliver the goods **5** (*concedere*) to grant; to give*; to allow: **r. un permesso**, to grant a permission; **r. un benservito**, to give a character. ● **r. un passaporto**, to issue a passport □ **r. (una) ricevuta**, to make out a receipt □ **farsi r. q.c.**, to take out st. **rilasciarsi, B** v. rifl. to relax: **I muscoli certe volte si rilasciano**, muscles sometimes relax. **C** v. rifl. recipr. (*lasciarsi di nuovo*) to leave* each other (*o* one another) again.

rilàscio, m. **1** (*il lasciare libero*) release; setting free; setting at liberty: **il r. d'un prigioniero**, the release of a prisoner **2** (*consegna*) delivery; consignment: **il r. della merce**, the delivery of the goods **3** (*concessione*) grant: **il r. d'un brevetto**, the grant of a patent. ● **r. d'un certificato** (**d'un passaporto**), issue of a certificate (of a passport).

rilassaménto, m. relaxation (*anche fis., med.*); relaxing: **il r. dei muscoli**, the relaxation of the muscles; **un r. della disciplina**, a relaxation in discipline.

rilassare, A v. t. **1** to relax: **r. i nervi**, to relax one's nerves; **r. la disciplina**, to relax discipline **2** (*allentare*) to slacken: **r. le corde d'un violino**, to slacken the strings of a violin. **rilassarsi, B** v. rifl. **1** to relax: **È necessario che tu ti rilassi**, you must relax **2** (*allentarsi*) to slacken; to become* slack.

rilassatézza, f. (*specialm. fig.*) laxity; looseness: **la r. dei costumi**, the laxity of morals.

rilassato, a. **1** relaxed: **muscoli rilassati**, relaxed muscles **2** (*fig.*) lax; loose: **costumi rilassati**, lax morals.

rilassatóre, a. relaxing.

rilavare, v. t. to wash again; to re-wash: **Mi lavai e rilavai**, I washed and re-washed (myself).

rilavatura, f. **1** (*il rilavare*) washing again; re-washing **2** (*rigovernatura*) dish-water.

rileccare, v. t. **1** to lick again; to re-lick **2** (*fig.*) to polish up.

rilegare, v. t. **1** (*legare di nuovo*) to tie (up) again; to bind* again **2** (*un libro*) to bind*: **Farò r. questo libro**, I'll have this book bound **3** (*incastonare*) to set*. ● **r. insieme** (**in un solo volume**), to bind up.

rilegato, a. **1** (*legato di nuovo*) tied (up) again; bound again **2** (*di un libro*) bound: **Questo libro è r. in tela azzurra**, this book is bound in blue cloth; **un libro r. in pelle**, a leather-bound book.

rilegatóre, m. binder; bookbinder.

rilegatura, f. **1** (*il rilegare*) binding; bookbinding **2** (*legatura*) binding: **una r. in pelle**, a leather binding **3** (*incastonatura*) setting.

rilèggere, v. t. **1** (*leggere di nuovo*) to read* over again; to re-read*: **leggere e r. q.c.**, to read and re-read st. **2** (*rivedere*) to revise.

rilènto, a, locuz. avv. (*con lentezza*) slowly; (*con cautela*) cautiously, with caution.

rilettura, f. re-reading; second reading.

rilevàbile, a. detectable; perceivable; noticeable.

rilevaménto, m. **1** (*topografia*) survey: **il r. di un'area**, the survey of an area; **r. delle altitudini**, survey of heights **2** (*fin.*: *di un'azienda, ecc.*) take-over **3** (*naut.*) bearing: **r. a incrocio**, cross bearing; **r. alla bussola**, compass bearing; **r. ottico**, visual bearing; **r. polare**, polar (*o* relative) bearing; **r. magnetico**, magnetic bearing **4** (*sporgenza*) prominence **5** (*mil.*) relief; relieving. ● (*elettr.*) **r. a distanza**, remote sensing □ **r. dei tempi** (**di lavoro**), timekeeping.

rilevante, a. considerable; remarkable; important: **una somma r.**, a considerable sum. ● **una perdita r.**, a heavy loss.

rilevanza, f. importance.

rilevare, A v. t. **1** (*levare di nuovo*) Questo libro take* away again; to take* off again: **Avevo messo qui il libro e tu l'hai rilevato**, I had put the book here and you have taken it away again; **Ha rilevato la copertina del libro**, he has taken the book-cover off again **2**

rimanère

(*notare*) to notice; (*far notare*) to point out, to bring* out: **La polizia rilevò che qualcuno era entrato nella stanza**, the police noticed that somebody had entered the room; **r. i difetti (i pregi) di q.c. (q.)**, to point out the flaws in (the merits of) st. (sb.) **3** (*prendere*) to take*: **r. un'impronta digitale**, to take a finger-print; **r. la temperatura di q.**, to take sb.'s temperature **4** (*comprendere*) to understand*; to realize: **Rilevai subito che era più forte di me**, I immediately realized (*o* understood) that he was stronger than I **5** (*sostituire, dare il cambio; anche mil.*) to relieve: **Tu l'assisterai tutta la mattina, e a mezzogiorno verrò io a rilevarti**, you will nurse him all morning, and at noon I'll come and relieve you; **r. una sentinella**, to relieve a guard **6** (*andare a prendere*) to call for (sb.); to meet*: **Andai a r. mio fratello alle dieci**, I went and called for my brother at 10 a.m.; **Verrò a rilevarti domani sera alla stazione**, I'll come along and meet you at the station to-morrow night **7** (*apprendere*) to learn*: **Ho rilevato quella notizia dai giornali**, I learnt that news from the newspapers **8** (*fin.*) to take* over; to buy* out: **r. una ditta**, to take over a firm; **r. la parte di un socio**, to buy out a partner **9** (*topografia*) to survey; to plot: **r. una costa (un terreno)**, to survey (*o* to plot) a coast (a tract of land) **10** (*naut.*) to take* the bearing of (st.): **Il capitano rilevò la posizione della (sua) nave**, the captain took the bearing of the ship. **B** *v. i.* to stand* out; to be in relief: **Queste figure non rilevano**, these figures do not stand out (*o* are not in relief). ● **far r.** (*far notare*), to point out: **Gli feci r. l'errore**, I pointed out the mistake to him. **rilevarsi**, **C** *v. rifl.* (*alzarsi, sollevarsi; anche fig.*) to rise* again; to stand* up again: **Aiutiamolo a r. dall'abiezione**, let us help him to rise again from his degradation.

rilevatàrio, *m.* (*fin.*) purchaser; successor.

rilevato, *a.* **1** (*in rilievo*) in relief **2** (*sporgente*) projecting; protruding.

rilevatóre, *m.* (*naut., topografia*) circumferentor. ● (*elettron.*) **r. di segnali**, signal tracer.

rilevazióne, *f.* **1** survey; (*osservazione*) observation; (*registrazione*) recording: **r. dei prezzi**, observation of price trends; **r. dei tempi (di lavoro)**, time recording; time-taking **2** (*rag.*) entry. ● (*fin.*) **rilevazioni statistiche**, gathering of statistical data; statistical findings.

riliévo, *m.* **1** (*arte, geogr.; anche fig.*) relief: (*geogr.*) **una carta in r.**, a relief map; **un profilo in r.**, a profile in relief; (*geogr.*) **r. fotografico**, photographic relief; **mettere q.c. in r.**, to put (*o* to bring) st. into relief; **un r. di marmo (di terracotta)**, a marble (a terracotta) relief; **ricamo in r.**, relief (*o* raised) embroidery; **alto (basso) r.**, high (low) relief; **dare r. a q.c.**, to give relief to st. **2** (*parte rilevata*) rise; height; (*protuberanza*) protuberance, bulge: **un r. del terreno**, a rise in the ground **3** (*complesso di alture*) high ground **4** (*fig.: importanza*) importance; stress; prominence: **Questa faccenda non è di grande r.**, this matter is of no great importance; **L'insegnante dà troppo r. alla calligrafia**, the teacher lays too much stress on writing; **cose di r.**, matters of importance; **Il r. che certa stampa dà alle dive del cinema è davvero eccessivo**, the prominence that certain newspapers give to film stars is really excessive; **occupare una posizione di r.**, to hold a position of prominence; to hold a prominent position **5** (*osservazione*) remark; (*critica*) criticism: **L'ispettore fece i suoi rilievi agli agenti di vendita**, the inspector made his remarks to the selling agents; **È un grave r. a suo carico**, it's a serious criticism against him **6** (*topografia*) survey; plotting: **L'ingegnere sta facendo dei rilievi del terreno**, the engineer is making surveys of (*o* is surveying) the land **7** (*fin.*) taking over: **il r. di un'azienda (di una ditta)**, the taking over of a business (of a firm). ● **libro a r.**, embossed book □ **mettere in r. q.c.** (*o* **dare r. a q.c.**), to point out (*o* to emphasize, to stress) st.

rilievografìa, *f.* (*tipogr.*) relief (*o* letterpress) printing.

rilievogràfico, *a.* (*tipogr.*) of relief printing; letterpress (*attr.*).

rilocare, *v. t.* (*elab.*) to relocate.

rilocazióne, *f.* (*elab.*) relocation.

rilòga, *f.* curtain rod.

rilucènte, *a.* resplendent; brilliant; bright; lustrous: **perle rilucenti**, lustrous pearls.

rilùcere, *v. i.* to resplend; to be resplendent; to be bright; (*brillare, anche fig.*) to shine*; (*luccicare*) to glitter: **r. come il sole**, to be as bright as the sun (at noonday). ● (*prov.*) **Non è tutt'oro quel che riluce**, all that glitters is not gold.

rilustrare, *v. t.* to polish again; to repolish.

riluttante, *a.* reluctant; unwilling; averse: **essere r. a fare q.c.**, to be reluctant to do st.; **essere r. a una proposta**, to be averse to a suggestion.

riluttanza, *f.* reluctance (*anche fis.*); unwillingness; aversion: **mostrare r.**, to show reluctance; to hang back (*fam.*); **avere r. per q.c.**, to have an aversion to st.; **con (senza) r.**, (with) without reluctance. ● (*fis.*) **r. specifica**, reluctivity.

riluttare, *v. i.* (*lett.*) to be reluctant: **Riluttava ad accettare l'invito**, he was reluctant to accept the invitation.

rima (1), *f.* (*poesia*) **1** rhyme: **r. perfetta** (*o* **di consonanza**), perfect rhyme; **r. imperfetta**, imperfect rhyme; **rime alternate**, alternate rhymes; **mettere in r.**, to put into rhyme (*o* verse) **2** (*pl.: versi*) rhymes; rhymed verses (*o* poetry): **le Rime del Petrarca**, Petrarch's Rhymes; **rime d'amore**, love poetry. ● **r. baciata**, rhymed couplet □ (*fig.*) **dire** (*o* **cantare**) **q.c. in r.**, to say st. straight out □ **far r.**, to rhyme: «**Amore**» **fa r. con** «**dolore**», «amore» rhymes with «dolore» □ (*fig.*) **rispondere a q. per le rime**, to give sb. blow for blow (*o* tit for tat); to pay sb. back in his own coin.

rima (2), *f.* (*anat.*) rima*: **la r. boccale**, rima oris; the fissure of the mouth; **la r. palpebrale**, rima palpebrarum; the palpebral fissure.

rimacchiare, *v. t.* (*macchiare di nuovo*) to stain again; to restain; (*specialm. con l'inchiostro*) to blot again.

rimalmèzzo, *f. invar.* (*poesia*) internal (*o* middle) rhyme.

rimandare, *v. t.* **1** (*mandare di nuovo*) to send* again: **L'ho rimandato fuori**, I have sent him out of the room again **2** (*mandare indietro, restituire*) to send* back; to return: **Gli rimandai l'ombrello**, I sent him back his umbrella **3** (*rinviare*) to put off*; to postpone; to defer; (*aggiornare*) to adjourn; (*una discussione, ecc.*) to shelve: **Non r. a domani quello che puoi fare oggi**, don't put off to tomorrow what you can do today; **r. alle calende greche**, to put off till doomsday **4** (*mandare ad altra prova di esame*) to make* (sb.) repeat an examination: **Lo hanno rimandato in latino**, he has to repeat his Latin exam. ● **r. a un altro libro** (**a un'altra pagina**), to refer to another book (to another page) □ **r. da Erode a Pilato**, to drive from pillar to post □ **r. q.c. all'ultimo momento**, to leave st. to the last minute.

rimandato, **A** *a.* (*di alunno*) who has to repeat an examination. **B** *m.* resit candidate (*o* pupil, student).

rimando, *m.* **1** (*il posporre*) postponement; putting off; deferment; deferring; (*aggiornamento*) adjournment **2** (*il rimandare una palla*) return **3** (*richiamo per il lettore*) (cross) reference **4** (*mecc.*) intermediate control: **r. dei freni**, brake intermediate control. ● **di r.**, in return.

rimaneggiaménto, *m.* **1** (*il maneggiare di nuovo*) rehandling; re-arrangement **2** (*letter.*) rehash; adaptation. ● **r. ministeriale**, cabinet reshuffle.

rimaneggiare, *v. t.* **1** (*maneggiare di nuovo*) to rehandle; to re-arrange **2** (*rifare, adattare*) to rehash; to adapt: **r. un libro**, to adapt a book **3** (*tipogr.*) to overrun*. ● **r. il governo**, to reshuffle the government.

rimanènte, **A** *a.* remaining; (*avanzato*) left over: **la parte r.**, the remaining part; the remainder; **il denaro r.**, the money left over. **B** *m.* remainder; rest; remaining part; (*residuo*) residue: **Il r. dovrà essere pagato all'arrivo della merce**, the remainder (*o* balance) to be paid on arrival of goods; **Domani ti dirò il r.**, tomorrow I'll tell you the rest (of the story); **Ti manderò domani il r.**, I'll send you the rest tomorrow; **i rimanenti**, the remainder; the rest; the others; **il r. della merce**, the remainder of the goods.

rimanènza, *f.* remainder; remnant; surplus. ● (*rag.*) **r. di cassa**, cash balance □ **rimanenze di merci non vendute**, left-over stock (*sing.*); left-overs.

rimanére, *v. i.* **1** to remain; to stay: **Rimarrò a Milano tutta la settimana prossima**, I shall stay in Milan all next week; **Questo è quanto rimane da fare**, this is what remains to be done; **r. a casa**, to stay at home (*o* indoors); **Mia zia mi chiese di r. ancora una settimana**, my aunt asked me to stay another week; **Con i bambini si deve spesso r. alzati tutta la notte**, one often has to stay up all night with babies; **Rimane da vedere se tu potrai uscire stasera**, whether you can go out tonight remains to be seen; **D'estate mando la famiglia al mare e io rimango in città**, in summer I send my family to the seaside and I remain in town; **Non vuoi r. con noi?**, won't you stay with us?; **Rimani lì fino al mio ritorno!**, stay there till I come back!; **Quella frase rimarrà celebre**, that phrase will remain famous; **Rimase per guardare lo spettacolo televisivo**, he stayed to watch the television show **2** (*avanzare*) to remain; to be left; to have (st.) left (*v. pers.*): **Ecco quel che rimane**, that's all that remains; that's all that's left; **Pagati i debiti, rimase ben poco**, after paying the debts, very little remained (*o* was left); **Sottraendo ottantasette da centocinquanta, rimane sessantatre**, if you take eighty-seven from a hundred and fifty sixty-three remains; **Non mi rimane altro che morire**, there is nothing left for me but to die; **Rimane ben poco da dire (da fare)**, very little remains to be said (to be done); **Dopo anni di sperpero non rimane nulla della sua fortuna**, after years of squandering nothing remains of his fortune (*o* there is nothing left of his fortune); **Non mi (gli, le, ecc.) rimane nulla**, I (he, she, etc.) have (has) nothing left; **Non gli è rimasta altra scelta**, he has no choice left **3** (*essere situato*) to be; to be situated (*o* located): **I suoi uffici rimangono dietro la Questura**, his offices

rimangiare

are situated (*o* are located, are) behind the Police headquarters; **Dove rimane la stazione?**, where is the station? **4** (*persistere, durare*) to remain; to last; to persist: **Rimase in carica due anni**, he remained (*o* stayed) in office for two years; **Nonostante le mie assicurazioni, i suoi dubbi rimasero a lungo**, in spite of my assurances, his state of doubt persisted (*o* lasted) for a long time; **Il pericolo rimane**, the danger persists **5** (*convenire, restare d'accordo*) to agree: **Rimanemmo che loro avrebbero pagato le spese**, we agreed that they should pay the expenses; **Rimanemmo d'incontrarci a Venezia**, we agreed to meet in Venice **6** (*restare, mantenersi*) to keep*; to remain; to stay: **r. calmo (tranquillo)**, to keep calm (quiet); **r. insieme**, to keep (*o* to stay) together; **r. uniti**, to remain united; **r. fedele (onesto, ligio)**, to remain faithful (honest, loyal); **r. amici**, to remain friends; **r. in contatto con q.**, to keep in touch with sb. **7** (*rimanere sbalordito, stupirsi*) to be astounded; to be greatly surprised; to be astonished: **A vederlo così cambiato, rimasi**, I was astonished to see such a change in him; **Nel sentire la notizia, rimasi**, I was greatly surprised to hear this news **8** (*dipendere*) to depend (on): **Se rimanesse a loro, sarebbero già partiti**, if it depended on them, they would have already left **9** (*spettare*) to rest with: **La decisione rimane a loro**, it rests with them (*o* is up to them) to decide. ● (*fig.*) **r. a bocca aperta**, to be taken aback; to gape □ **r. a corto di**, to run short of: **Sono rimasto a corto di quattrini**, I've run short of money □ **r. a guardare**, to watch □ **r. a letto**, to stay in bed □ **r. a pranzo (a cena)**, to stay to lunch (to dinner) □ (*fig.*) **r. all'asciutto** (*o* **al verde**), to be left penniless; to be left stony broke (*pop.*) □ **r. fuori casa**, (*essere lasciato fuori*) to be left outside; (*rimanere assente*) to stay away, to be away □ **r. in asso**, to be left in the lurch; to be left high and dry □ **r. indietro**, to remain behind; to fall behind: **Voi proseguite, io rimango indietro ad aspettare i ritardatari**, you go on, I'll remain behind to wait for the latecomers; **Con quella settimana di vacanza sono rimasto indietro col lavoro**, with that week's holiday I have fallen behind in my work □ **r. in dubbio**, to be in doubt □ **r. male**, (*deluso*) to be disappointed; (*offeso*) to take it amiss □ **r. meravigliato**, to be astonished □ **r. orfano**, to be left an orphan □ **r. senza**, to run out of: **Siamo rimasti senza pane**, we've run out of bread □ **r. senza fiato**, to be breathless □ **r. senza parole**, to be left speechless □ **r. soddisfatto**, to be satisfied □ **r. sullo stomaco**, not to agree with; (*fig.*) to rankle: **Il prosciutto che ho mangiato ieri sera mi è rimasto sullo stomaco**, the ham I ate last night didn't agree with me; **I suoi atteggiamenti da superuomo mi rimangono sullo stomaco**, his airs of superman rankle in my mind; **Anche dopo vent'anni, queste ingiurie rimangono sullo stomaco**, even after twenty years these insults still rankle (*o* remain a sore point) □ **r. ucciso (ferito)**, to be killed (wounded) □ **Questo deve r. fra noi**, this is a secret between us; you mustn't breathe a word of this to anyone □ **Dove siamo rimasti?**, where did we leave off?; where did we stop? □ **Otto meno quattro: rimane quattro**, four from eight leaves four □ (*fam.*) **Ci rimasi come un merlo**, I was taken for a ride □ (*fam.*) **Quel furbacchione c'è rimasto anche lui**, that slyboots was done as well.

rimangiare, *v. t.* **1** (*mangiare di nuovo*) to eat* again: **Hai pranzato un'ora fa, e ora già rimangi**, you had your dinner an hour ago, and here you are eating again **2** (*fig.: ritrattare*) to take* back; to eat*, to swallow (one's words): **S'è rimangiato tutto quello che aveva detto**, he took back everything he had said; he swallowed all his words. ● **rimangiarsi una promessa**, to break a promise.

rimarcàbile, *a.* noteworthy.

rimarcare (1), *v. t.* (*marcare di nuovo*) to re-mark; to mark again.

rimarcare (2), *v. t.* (*notare, osservare*) to remark; to observe; to point out.

rimarchévole, *a.* remarkable; notable; conspicuous.

rimarco, *m.* (*bur.*) note; comment.

rimare, *v. t. e i.* (*poesia*) to rhyme: **Ho rimato «amore» con «dolore»**, I have rhymed «amore» with «dolore»; **«Caro» rima con «raro»**, «caro» rhymes with «raro».

rimarginare, **A** *v. t.* (*anche fig.*) to heal: **Il tempo rimargina tutte le piaghe**, time heals all sores. **B** *v. i. e* **rimarginarsi**, *v. rifl.* to heal up; to heal up: **La ferita si rimarginò presto**, the wound soon healed up; **Si rimarginò lentamente**, it healed slowly.

rimàrio, *m.* rhyming dictionary.

rimaritare, **A** *v. t.* to remarry; to marry off again. **rimaritarsi**, **B** *v. rifl.* to remarry; to marry again; to get* married again.

rimasticare, *v. t.* **1** (*masticare di nuovo*) to remasticate; to masticate again; to chew again; (*ruminare*) to chew (the cud), to ruminate **2** (*fig.: rimuginare*) to chew (st.) over; to ruminate (st.; over, on, about st.); to meditate (on st.); to turn (st.) over (and over) in one's mind.

rimasticatìccio, *m.* (*fig., spreg.*) rehash.

rimasticatura, *f.* **1** chewing again **2** (*spreg.*) rehash.

rimasùglio, *m.* remainder; residue; odds and ends (*pl.*); left-over, oddment, remnant, scrap (*spesso al pl.*): **i rimasugli d'un banchetto**, the remnants of a banquet; **alcuni rimasugli**, a few oddments.

rimato, *a.* rhymed: **versi rimati**, rhymed verse.

rimatóre, *m.* rhymer; versifier.

rimbacuccare, **A** *v. t.* to wrap up: **La donna rimbacuccò il suo bambino in uno scialle**, the woman wrapped her child up in a shawl. **rimbacuccarsi**, **B** *v. rifl.* to wrap oneself up: **La povera vecchia si rimbacuccò nello scialle**, the poor old woman wrapped herself up in her shawl.

rimbaldanzire, (*lett.*) **A** *v. t.* to embolden. **B** *v. i. e* **rimbaldanzirsi**, **C** *v. rifl.* to grow* bold.

rimbalzare, *v. i.* **1** to rebound; to bounce: **Una palla di gomma rimbalza bene**, a rubber ball bounces well; **La palla rimbalzò al di là del muro**, the ball bounced over the wall **2** (*rif. a proiettile*) to ricochet **3** (*fig.: trasmettersi con rapidità*) to spread* (quickly): **La notizia rimbalzò di bocca in bocca**, the news spread quickly. ● **far r.**, to bounce.

rimbalzèllo, *m.* ducks and drakes: **giocare a r.**, to play (at) ducks and drakes.

rimbalzista, *m. e f.* (*pallacanestro*) rebounder.

rimbalzo, *m.* **1** rebound; bounce: **di r.**, on the rebound: **Colsi la palla di r.**, I caught the ball on the rebound **2** (*di proiettile*) ricochet. ● (*fig.*) **di r.**, indirectly □ (*sport*) **calciare di r.**, to drop-kick □ (*sport*) **calcio di r.**, drop-kick.

rimbambiménto, *m.* dotage; second childhood.

rimbambire, *v. i.* **rimbambirsi**, *v. rifl.* to enter one's dotage (*o* second childhood); to grow* childish (*o* foolish). ● **La senilità lo ha fatto r.**, senility has made a dotard of him.

rimbambito, **A** *a.* in one's dotage; in one's second childhood. **B** *m.* dotard. ● **un vecchio r.**, an old dotard.

rimbarcare, *v. t. e i.* (*naut.*) to re-embark; to reship.

rimbarco, *m.* (*naut.*) re-embarkation; re-embarking; reshipment.

rimbeccare, *v. t.* to retort; to answer back. **rimbeccarsi**, **B** *v. rifl. recipr.* to bicker; to squabble.

rimbécco, *m.* retort: **di r.**, in retort.

rimbecillire, **A** *v. t.* **1** to make* stupid **2** (*stordire*) to stun. **B** *v. i. e* **rimbecillirsi**, *v. rifl.* to grow* stupid; to lose* one's mind.

rimbecillito, *a. e m.* stupid.

rimbellire, **A** *v. t.* to embellish; to beautify; to render beautiful; to make* nicer (*o* more attractive). **B** *v. i.* to grow* beautiful; to become* nicer (*o* more attractive).

rimbiancare, *v. t.* **1** (*rendere bianco di nuovo*) to whiten again; to make* white again; to rewhiten **2** (*rif. a tessuti*) to bleach again **3** (*rimbiancare a calce*) to whitewash (again).

rimbiondire, **A** *v. t.* to make* fair (*o* golden) again. **B** *v. i. e* **rimbiondirsi**, *v. rifl.* to become* fair (*o* golden) again.

rimboccare, *v. t.* to turn up (*o* down); to tuck up (*o* in): **Mi rimboccai i pantaloni**, I turned up the ends of my trousers; (*anche fig.*) **Mi rimboccai le maniche**, I turned up (*o* rolled) up my shirt sleeves; **Si rimboccò la gonna**, she tucked up her skirt; **r. le coltri a q.**, to tuck up sb.'s bed-clothes; to tuck sb. up in bed.

rimboccato, *a.* **1** (*di manica*) rolled up: **maniche rimboccate**, rolled up sleeves; (*fig.*) hard at work; (*fam.*) stuck in, nose to the grindstone **2** (*di pantaloni*) turned up **3** (*di gonna*) tucked up.

rimboccatura, *f.* **rimbócco**, *m.* **1** turning up (*o* down); tucking up (*o* in) **2** (*parte rimboccata*) tuck; turn-up; turn-down.

rimbombante, *a.* **1** (*che rimbomba*) booming; rumbling; roaring; thundering; (*risonante*) resonant, resounding: **un rumore r.**, a booming noise; a rumbling sound; **una voce r.**, a booming (*o* a deafening) voice **2** (*fig.: altisonante*) bombastic(al); fustian; high-flown: **frasi rimbombanti**, bombastic (*o* high-flown) phrases; **versi rimbombanti**, bombastic lines.

rimbombare, *v. i.* to boom; to rumble; to roar; to thunder; (*risuonare*) to resound, to re-echo: **il r. delle cannonate**, the booming (*o* roaring) of the cannon; **il r. del tuono**, the rumbling of thunder; **avere una voce che rimbomba**, to have a booming (*o* a deafening) voice.

rimbómbo, *m.* boom; rumble, rumbling; roar, roaring: **il r. d'una grossa campana**, the boom of a large bell; **il r. dei tuoni**, the rumbling of thunder.

rimborsàbile, *a.* reimbursable; repayable; (*redimibile*) redeemable: **r. a richiesta**, repayable at call; **obbligazioni rimborsabili**, redeemable debentures. ● **obbligazioni non rimborsabili**, unredeemable debentures.

rimborsare, *v. t.* (*restituire il denaro speso*) to reimburse; to repay*; to pay* back; to refund; (*riscattare*) to redeem: **r. le spese**, to reimburse expenses; **r. le spese postali**, to refund the postage.

rimbórso, *m.* reimbursement; repayment; refund; (*riscatto*) redemption: **il r. delle spese**, the repayment (*o* reimbursement of expenses; **r. fiscale**, tax refund; **il r. di un'obbligazione**, the redemption of a debenture. ● **r. dei dazi**, drawback.

rimboscaménto, *m.* reafforestation; reforestation.
rimboscare, **A** *v. t.* to reafforest; to reforest; to replant with trees. **rimboscarsi**, **B** *v. rifl.* (*lett.*) to hide* in the woods (again); to take* to the woods (again).
rimboschiménto, *V.* rimboscaménto.
rimboschire, **A** *v. t.* to reafforest; to reforest; to replant with trees. **B** *v. i.* to become* wooded again.
rimbrottare, *v. t.* to rebuke; to reproach; to scold; to cast* (st.) in (sb.'s) teeth.
rimbròtto, *m.* rebuke; reproach; scolding.
rimbruttire, **A** *v. t.* to make* (sb.) look ugly. **B** *v. i.* e **rimbruttirsi**, **C** *v. rifl.* to become* (*o* to grow*) ugly (*o* uglier).
rimbucare, **A** *v. t.* to put* (*o* to drive*) into a hole again. **rimbucarsi**, **B** *v. rifl.* to go* (*o* to get*) into a (*o* one's) hole again; (*nascondersi di nuovo*) to hide* (in a hole) again.
rimbussolare, *v. t.* to put* back into the ballot-box (and shake* again).
rimediàbile, *a.* remediable. ● **È cosa r.**, there is a remedy (*o* a way out) □ **La cosa non è più r.**, there is nothing to be done about it; it can't be helped.
rimediare, **A** *v. i.* 1 (*portare rimedio*) to remedy; to find* a remedy for; to put* right; to make* up for: **Nessuno può rimediarvi**, nobody can remedy it; **r. al tempo perduto**, to make up for lost time 2 (*provvedere*) to attend; to see* to; to take* care of: **Rimedierò io**, I'll see to it. **B** *v. t.* (*fam.*) 1 (*mettere insieme*) to scrape; to scrape up (*o* together); to put* together: **r. appena il necessario per vivere**, to scrape a living 2 (*accomodare alla meglio*) to patch up; to mend: **r. uno strappo nei pantaloni**, to mend a tear in a pair of trousers. ● **rimediarla**, to scrape along □ **E ora come si rimedia?**, well, what can we do about it?
rimediato, *a.* scraped up (*o* together); put together. ● **un pranzo r.**, a scratch dinner.
rimèdio, *m.* 1 (*anche estensivo*) remedy; cure: **Questo è l'unico r.**, this is the only remedy; **Non c'è nessun r.**, it's past remedy; **Il r. è peggiore del male**, the remedy is worse than the disease; **Qual è il migliore r. contro la tosse?**, what is the best cure for a cough?; **un buon r. per il raffreddore**, a good remedy for a cold; **un sicuro r.**, a sovereign remedy; **un r. per tutti i mali**, a remedy for all diseases; a cure-all; a panacea; **Il governo non ha ancora trovato un r. contro la disoccupazione**, the government has not found a remedy for unemployment yet 2 (*espediente*) remedy; way out: **Non c'è r., devo partire subito**, there is no remedy (*o* no way out of it, no alternative) but to leave at once; **Bisogna trovare un r.!**, we must find some way out of it. ● **un male che non ha r.**, a desperate illness □ **senza r.**, irremediable (*agg.*); irremediably (*avv.*) □ (*prov.*) **A mali estremi, rimedi estremi**, desperate diseases must have desperate remedies □ (*prov.*) **A tutto c'è r. fuorché alla morte**, while there's life there's hope.
rimeditare, *v. t.* to meditate again; to think* about (st.) again.
rimembranza, *f.* (*lett.*) remembrance; recollection; memory: **dolci rimembranze**, sweet remembrances; **rimembranze del passato**, memories of the past. ● **parco delle rimembranze**, memorial park.
rimembrare, *v. t.* (*poet.*) to remember; to recollect; to recall: **r. il passato**, to recollect the past.
rimenare, *v. t.* 1 (*condurre di nuovo*) to bring* again (*o* back); to take* again (*o* back): **Rimenalo qui**, bring him here again; **Lo rimenai a casa sua**, I took him back to his house; **r. il bel tempo**, to bring back fair weather 2 (*rimescolare*) to shake* up; to mix well; to stir up.
rimenata, *f.* 1 (*il rimescolare*) shaking up; mixing up; stirring up 2 (*fam.: sgridata*) scolding; talking-to (*fam.*).
rimeritare, *v. t.* (*lett.*) to remunerate; to recompense.
rimescolaménto, *m.* 1 (*il mescolare di nuovo*) remixing; mixing again; remixing; mingling again 2 (*il mescolare bene*) mixing up; (*l'agitare*) stirring up 3 (*di carte*) shuffling 4 (*fig.: confusione*) confusion; hubbub 5 (*fig.: turbamento*) upset; stirring in the blood; thrill; shock. ● (*fig., fam.*) **r. delle carte**, reshuffle.
rimescolare, **A** *v. t.* 1 (*mescolare di nuovo*) to remix; to mix again; to mingle again 2 (*mescolare bene*) to mix up; to stir up 3 (*rif. a carte da gioco*) to shuffle: **r. le carte**, to shuffle the cards 4 (*rovistare*) to rummage about (*o* among) 5 (*rinvangare*) to rake up: **r. questioni vecchie**, to rake up old matters. ● (*fig.*) **far r. il sangue**, to stir the blood. **rimescolarsi**, **B** *v. rifl.* 1 (*agitarsi per un turbamento*) to be (terribly) upset; to be shocked 2 (*mischiarsi in un gruppo*) to mingle; to mix: **r. tra la folla**, to mingle with the crowd 3 (*rif. a cose: agitarsi*) to be agitated.
rimescolata, *f.* 1 stir; mix 2 (*di carte da gioco*) shuffle; shuffling. ● **dare una r. alle carte**, to shuffle the cards □ **dare una r. alla minestra**, to stir the soup.
rimescolio, *m.* 1 continuous stirring 2 (*fig.: trambusto*) bustle; turmoil 3 (*fig.: turbamento*) thrill; shock.
rimèssa, *f.* 1 (*il rimettere*) replacing; replacement 2 (*riserva*) store; reserve: **Ha fatto una buona r. di grano e granturco**, he has laid in a good store of wheat and maize; **Gli scoiattoli fanno una bella r. di nocciole per l'inverno**, squirrels build up a good reserve of nuts for the winter 3 (*comm.: invio di denaro*) remittance; (*invio di merci*) consignment: **r. di fondi**, remittance of funds; **Le rimesse degli emigrati contribuiscono molto alla bilancia dei pagamenti**, the remittances made by emigrants give great contribution to the balance of payments; **Aspetto da Lipsia una r. di bicchieri di cristallo**, I'm waiting for a consignment of crystal glasses from Leipzig 4 (*comm.: perdita*) loss: **vendere a r.**, to sell at a loss 5 (*per automobili*) garage; (*per carrozze*) mews (*pl col verbo al sing.*), coach-house; (*per aeroplani*) hangar; (*per tram, autobus*) depot: **appartamenti con r.**, flats with garage; **A quest'ora tutti i tram tornano alla r.**, at this hour all the trams are going back to the depot 6 (*bot.: nuovo germoglio*) sprout; shoot. ● (*calcio, ecc.*) **r. dal fondo**, goal-kick □ (*tennis, ecc.*) **r. della palla**, return □ (*teatr.*) **r. in scena**, revival □ **r. laterale**, (*calcio, ecc.*) throw-in; (*rugby*) line-out □ **r. telegrafica**, cable transfer □ (*comm.*) **fare una r. di denaro a q.**, to remit a sum of money to sb.
rimessàggio, *m.* garaging.
rimessióne, *f.* (*leg.*) remittal.
rimessiticcio, *m.* (*agric.*) shoot.
rimèsso, **A** *a.* 1 (*condonato*) remitted; forgiven: **peccati rimessi**, remitted sins 2 (*ristabilito in salute*) well again; fit again; (*sollevato nel morale*) in better spirits (*pred.*). **B** *m.* 1 (*tarsia in legno*) inlay; inlaying 2 (*pitt.*) retouch 3 (*orlo*) hem. ● **lavoro di r.**, inlaid work; marquetry.
rimestaménto, *m.* 1 (*nuovo mestamento*) stirring again; mixing again; remixing 2 (*accentuato mestamento*) stirring up; mixing up 3 (*fig.*) raking up.
rimestare, *v. t.* 1 (*mestare di nuovo*) to stir again; to mix again 2 (*mestare ben bene*) to stir up; to mix up 3 (*fig.*) to bring* back; to rake up: **r. vecchi rancori**, to bring back old grudges; **r. questioni vecchie**, to rake up old matters. ● **Non r. il passato!**, let bygones be bygones!
rimestatóre, *m.* 1 stirrer 2 (*fig.*) troublemaker.
rimestio, *m.* continuous stirring.
riméttere, **A** *v. t.* 1 to put* again; to put* back: **Rimise il libro nello scaffale**, he put the book back on the shelf; **r. un vestito nell'armadio**, to put a suit back into the wardrobe; **r. i sigilli**, to put the seals on again; **r. il cappello**, to put one's hat on again; **r. q.c. a posto**, to put st. back in its place 2 (*mandare*) to remit; (*consegnare*) to hand; to deliver; (*presentare*) to submit: **r. denaro a q.**, to remit money to sb.; **La citazione gli fu rimessa ieri**, the summons was handed to him (*o* served on him) yesterday; **r. un dispaccio a q.**, to deliver a message to sb.; **Vogliate rimetterci l'assegno a stretto giro di posta**, kindly remit us the cheque by return of post; **r. un prigioniero alla giustizia**, to hand a prisoner over to justice; **Dovrai r. questi documenti entro la fine del mese**, you'll have to submit (*o* lodge) these documents by the end of the month 3 (*fam.: scapitare, perdere*) to lose*; to ruin: **rimetterci di decoro (di reputazione)**, to lose face (one's reputation); **Ci rimetterà la vita**, he'll lose his life; **Se continui così, ci rimetterai la salute**, if you go on like this, you'll ruin your health; **Con il suo comportamento ci ha rimesso la carriera**, he has ruined his career with his behaviour; **rimetterci la tranquillità dello spirito**, to lose one's peace of mind; **Glielo dirò: che ci rimetto?**, I'll tell him; anyway, what have I got to lose? 4 (*differire*) to defer; to postpone; to put* off; (*aggiornare*) to adjourn: **Ha rimesso il pagamento fino a domani**, he has deferred payment till tomorrow; **Rimetteremo la gita alla settimana prossima**, we'll postpone the outing to next week; **La riunione è stata rimessa**, the meeting has been put off (*o* is off); **r. una causa**, to postpone (*o* to adjourn) a case 5 (*condonare, perdonare*) to remit; to forgive*; to pardon: **r. i peccati**, to remit sins; **r. un'offesa**, to pardon an offence; (*nel «Padre nostro»*) **Rimetti a noi i nostri debiti come noi li rimettiamo ai nostri debitori**, forgive us our trespasses as we forgive them that trespass against us 6 (*recuperare*) to make* up for; to recover: **r. il tempo perduto**, to make up for lost time 7 (*affidare*) to refer; to submit; to leave*; to entrust: **Rimettiamo la faccenda a un arbitro!**, let us refer (*o* submit) the matter to arbitration!; **r. un affare al giudizio di q.**, to refer a matter to sb.'s judgment; **r. l'anima a Dio**, to entrust (*o* to commit) one's soul to God 8 (*vomitare*) to vomit; to throw* up; to bring* up: **Mi venne da r. dopo aver bevuto quel liquore**, I felt like vomiting (*o* I felt sick) after drinking that liqueur; **Ho appena rimesso il pranzo**, I have just thrown (*o* brought) up my meal. ● **r. a nuovo**, to do up; to renew: **far r. q.c. a nuovo**, to have st. done up □ (*sport*) **r. in gioco**, to throw in □ (*autom.*) **r. in marcia**, to restart □ **r. in uso** (*o* **in funzione**), to bring into use again; to reactivate

rimettitóre

☐ **r. in vigore** (*una legge, ecc.*) to revive; to re-enact ☐ **r. l'orologio**, to set the watch (*o clock*) right ☐ **r. piede**, to set foot again: **Non rimetterò più piede in quel negozio**, I won't set foot in that shop again ☐ **r. la spada nella guaina**, to sheathe one's sword ☐ **r. su bottega**, to set up shop again ☐ **r. sul trono**, to restore to the throne ☐ (*fig.*) **rimetterci le penne**, not to get away with it. **riméttersi, B** *v. rifl.* **1** (*ristabilirsi*) to recover: **r. in salute (in forze)**, to recover one's health (one's strength); **r. in sesto**, to recover one's (former) position; to get on one's feet again: **La squadra si è rimessa in sesto**, the team has recovered its (former) position; **Dopo molti anni di ristagno, la ditta si rimise in sesto**, after many years of stagnation, the company got on its feet again; **r. da uno spavento (da un colpo)**, to recover from a fright (from a shock) **2** (*affidarsi*) to entrust oneself; to submit (to sb.); to rely (on sb., st.): **Dobbiamo rimetterci alla volontà di Dio**, we must entrust ourselves (*o* resign ourselves) to God's will; **Mi rimetto a te; fa' come meglio credi**, I'm relying on you; do as you think best; **Mi rimetterò all'arbitrato**, I shall submit to arbitration **3** (*di tempo: rasserenarsi*) to settle; to clear up: **Il tempo si rimette**, the weather is settling (*o* clearing up) **4** (*mettersi di nuovo*) to put* oneself again; to put* on again: **Si rimise primo nella lista**, he put himself first on the list again; **r. gli occhiali (il cappotto, la giacca, ecc.)**, to put on one's glasses (one's coat, one's jacket, etc.) again. ● **r. a fare q.c.**, to start doing st. again: **Mi sono rimesso a studiare**, I've started studying again ☐ **r. in cammino**, to set out (*o* off) again ☐ **r. in carne**, to put on flesh (*o* weight); to pick up flesh.

rimettitóre, *m.* replacer.
rimettitura, *f.* replacement; replacing.
rimirare, A *v. t.* to gaze at (sb., st.) (again); to stare at (sb., st.) (again). **B** *v. i.* (*prendere di nuovo la mira*) to aim again (at sb., st.). **rimirarsi, C** *v. rifl.* to look at oneself with admiration; to admire oneself.
rimischiare, *v. t.* to remix; to mix again.
rimisurare, *v. t.* to measure again; to take* the measurements (of sb., st.) again.
rimmel, *m.* (*marchio*) mascara.
rimminchionire, *v. i.* (*fam.*) to become* a fool (*o* an idiot); to grow* stupid.
rimodellare, *v. t.* to remodel.
rimodernaménto, *m.* modernization; modernizing; updating.
rimodernare, A *v. t.* to modernize; to update; (*riadattare secondo la moda*) to remodel: **r. un appartamento**, to modernize a flat; **far r. un vecchio cappello**, to have an old hat remodelled. **rimodernarsi, B** *v. rifl.* to bring* oneself up to date.
rimodernatura, *f.* modernization; (*rif. a vestiti, ecc.*) remodelling: **la r. della sala da pranzo**, the modernization of the dining-room; **la r. d'un vestito (d'un cappello, ecc.)**, the remodelling of a dress (of a hat, etc.).
rimondare, *v. t.* **1** (*pulire di nuovo*) to clean again; to clean (*o* to clear) out again: **r. una fossa**, to clean out a ditch again **2** (*potare*) to lop; to trim; to prune: **r. un albero**, to lop a tree; **r. una siepe**, to trim a hedge **3** (*fig.*) to purify; to cleanse; to purge: **r. l'anima**, to purify the soul.
rimondatura, *f.* **1** (*il pulire di nuovo*) cleaning again; clearing out again **2** (*potatura*) lopping; trimming; pruning: **la r. d'un albero**, the lopping of a tree **3** (*ciò che si toglie ripulendo*) refuse **4** (*ciò che si toglie potando*) loppings (*pl.*); trimmings (*pl.*); prunings (*pl.*).
rimónta, *f.* **1** (*mil.*) remounting; remount **2** (*sport*) recovery; catching up. ● **cavallo di r.**, remount.
rimontare, *v. t. e i.* (*salire di nuovo*) to remount; to mount again; to go* (*o* to get*) up again: **r. a cavallo**, to remount one's horse; to get on horseback again; **r. sulla bicicletta**, to remount one's bicycle; to get on one's bicycle again; **r. (su per) le scale**, to go upstairs again **2** (*mecc.*) to reassemble: **r. un orologio**, to reassemble a watch; **r. un fucile**, to reassemble a rifle **3** (*mil.*) to remount: **r. la cavalleria**, to remount the cavalry; to provide the cavalry with fresh horses **4** (*naut.*) to sail up: **r. la costa**, to sail up the coast **5** (*risalire, avere principio*) to date back; to go* back: **Le origini di questa usanza rimontano al Medio Evo**, this practice goes back to the Middle Ages; **La fondazione di Roma rimonta al 753 a. C.**, the foundation of Rome dates back to 753 B. C. **6** (*sport*) to recover; to catch* up (*naut.*). **r. la corrente**, to go (*o* sail) upstream ☐ (*naut.*) **r. il vento**, to go against the wind; to go upwind.
rimontatura, *f.* (*mecc.*) reassemblage.
rimorchiare, *v. t.* (*generalm.*) to tow (*o* to take*) in tow (*anche fig.*): **r. una nave in porto**, to tow a ship into port; **r. una barca**, to take a boat in tow; **r. di fianco (di poppa)**, to tow alongside (astern); **r. un'automobile**, to tow a motor-car; (*scherz.*) **un messicano a cavallo che rimorchiava un toro**, a mounted Mexican towing a bull; **r. q.**, to have sb. in tow. ● (*fam.*) **r. una ragazza**, to pick up a girl ☐ **lasciarsi r.**, to let oneself be dragged along.
rimorchiatóre, A *m.* **1** tower **2** (*naut.*) tow; tow-boat; tug. **B** *a.* towing; tug (*attr.*); tow (*attr.*).
rimòrchio, *m.* **1** (*il rimorchiare, l'essere rimorchiato*) tow; towing; towage; (*veicolo trainato*) tow: **prendere a r.**, to take in tow; to tow; **gancio per r.**, towing bracket **2** (*naut.: canapo*) tow; tow-line; tow-rope **3** (*autom.*) trailer. ● **andare** (*o* **essere) a r.**, to be towed.
rimòrdere, *v. t.* **1** (*mordere di nuovo*) to bite* again: **Il cane ha rimorso il ragazzo**, the dog has bitten the boy again **2** (*mordere a propria volta*) to bite* back: **Il mio cane morse il tuo, e il tuo lo rimorse**, my dog bit yours, and yours bit him back **3** (*fig.*) to prick; to torment: **Mi rimordeva la coscienza**, my conscience pricked me; I felt remorse.
rimòrso, *m.* remorse; compunction; (*rammarico*) regret; (*pentimento*) repentance, contrition: **il pungolo del r.**, the prick of remorse; **sentire** (*o* **provare) r.**, to feel remorse; **provare il r. d'avere agito male**, to feel remorse for one's ill-doing; **senza rimorsi**, without remorse; remorseless (*agg.*); **senza il minimo r.**, without the slightest compunction. ● **essere preso da rimorsi**, to be conscience-stricken ☐ **Fu preso da tardivi rimorsi**, he repented, but it was too late ☐ **Non avere rimorsi**, you have nothing to repent of.
rimostranza, *f.* remonstration; remonstrance; expostulation; protest; complaint: **Le mie rimostranze non furono accolte**, my remonstrances were disregarded; **Le loro rimostranze furono inutili**, their expostulations had no result. ● **fare le proprie rimostranze a q.**, to remonstrate with sb.
rimostrare, A *v. t.* (*mostrare di nuovo*) to show* again; to re-exhibit; to exhibit again. **B** *v. i.* (*fare rimostranze*) to remonstrate; to expostulate (with sb. about st.).
rimòvere, *V.* **rimuòvere**.
rimovìbile, *a.* removable. ● **un ostacolo r.**, a surmountable obstacle.
rimovitóre, *m.* remover.
rimozióne, *f.* **1** (*il rimuovere*) removal; removing; (*di automobili*) towing away: **la r. d'una statua**, the removal of a statue **2** (*destituzione*) removal; dismissal **3** (*leg.*) removal: **la r. dei sigilli**, the removal of seals **4** (*psic.*) repression. ● **zona di r. forzata** (*di automobili*), tow-away zone.
rimpacchettare, *v. t.* to repackage.
rimpallare, *v. i.* (*nel gioco del biliardo*) to cannon.
rimpallo, *m.* **1** (*nel gioco del biliardo*) cannon **2** (*sport*) bounce back.
rimpannucciare, A *v. t.* (*fig.*) to improve (sb.'s) financial position. **B** *v. rifl.* (*fig.*) to improve one's financial position; to feather one's nest.
rimpastare, *v. t.* **1** (*impastare di nuovo*) to knead again; (*rimescolare*) to mix up again **2** (*fig.: rimaneggiare*) to recast*; to recompose; to reshuffle (*anche polit.*): **r. alcuni capitoli d'un romanzo**, to recast some chapters of a novel; **r. il Governo**, to reshuffle the Cabinet.
rimpasticciare, *v. t.* to botch up (again); to bungle (again): **r. un lavoro**, to botch a piece of work.
rimpasto, *m.* **1** (*l'impastare di nuovo*) kneading again; (*il rimescolare*) mixing up again, remixing **2** (*fig.*) recasting; recomposition; recomposing; reshuffling **3** (*cosa rimpastata*) mixture **4** (*fig.*) recast; recomposition; reshuffle (*anche polit.*): **r. governativo**, Cabinet reshuffle.
rimpatriare, A *v. i.* to return to one's own country (*o* to one's native land); to repatriate. **B** *v. t.* to repatriate; to send* (sb.) back to his own country (*o* to his native land): **r. un prigioniero di guerra**, to repatriate a prisoner of war.
rimpatriata, *f.* (*fam.*) reunion; get-together.
rimpàtrio, *m.* repatriation. ● **ottenere il r.**, to be repatriated.
rimpegnare, A *v. t.* **1** (*ingaggiare di nuovo*) to re-engage; to engage again **2** (*dare in pegno di nuovo*) to pawn again; to pledge again. **rimpegnarsi, B** *v. rifl.* to bind* (*o* to pledge) oneself again; to engage (oneself) again.
rimpellare, *v. t.* (*costr.*) to gallet; to garret.
rimpennarsi, *v. rifl.* **1** (*rimettere le penne*) to grow* new feathers; to feather (out) again **2** (*fig.: rimpannucciarsi*) to feather one's nest; to improve one's financial position **3** (*di cavallo: impennarsi di nuovo*) to rear (up) again.
rimpettirsi, *v. rifl.* to strut; to swell* with pride.
rimpètto, A *avv.* opposite. **B** *m.* front. ● (*locuz. prepositiva*) **r. a** (*o* **a r. di**), (*di faccia a*) opposite (to), in front of, facing, face to face with; (*in confronto a*) in comparison with: **Abitavano r. a noi**, they lived in the house opposite ours; they lived just across the road.
rimpiallacciare, *v. t.* to veneer again.
rimpiallacciatura, *f.* veneering again.
rimpiàngere, *v. t.* to regret; to lament; (*rammentare con rammarico*) to look back with regret on: **r. la felicità perduta**, to regret

rimpianto, A *a.* regretted; lamented: **il tuo r. amico**, your late lamented friend. **B** *m.* regret: **tristi rimpianti e vani pentimenti**, sad regrets and vain repentances. ● **avere inutili rimpianti**, to cry over spilt milk (*fam.*) □ **A che giovano ora i rimpianti?**, it's no use crying over spilt milk.

rimpiattare, A *v. t.* to hide*; to conceal: **Il vecchio rimpiattò il gruzzolo sotto il materasso**, the old man hid his hoard under his mattress. **rimpiattarsi, B** *v. rifl.* to hide* (oneself); to conceal oneself: **Fa presto, rimpiattati!**, quick, hide yourself!; **Faresti meglio a rimpiattarti**, you had better hide; **Dove credi che si sia rimpiattato?**, where do you think he is hiding? ● **andare a r.**, to hide oneself □ (*gioco*) **fare a r.**, to play hide-and-seek.

rimpiattino, *m.* hide-and-seek: **fare** (*o* **giocare**) **a r.**, to play hide-and-seek.

rimpiazzare, *v. t.* to replace; to take* (sb.'s) place; to substitute; to supersede: **La nuova domestica rimpiazzò una da molto tempo in servizio**, the new maid replaced one long in service; **Lo rimpiazzerò durante la sua assenza**, I shall take his place during his absence; **essere rimpiazzato**, to be replaced (*o* superseded). ● **farsi r.**, to get a substitute.

rimpiazzo, *m.* **1** (*il rimpiazzare*) replacement; replacing; substitution: **merce di r.**, replacement goods **2** (*sostituto*) substitute; replacement.

rimpiccinire, rimpiccolire, A *v. t.* **1** to make* smaller **2** (*svalutare*) to depreciate **3** (*far restringere*) to shrink*. **rimpiccinirsi, rimpiccolirsi, B** *v. rifl.* **1** to get* smaller **2** (*svalutarsi*) to depreciate oneself **3** (*restringersi*) to shrink*.

rimpiegare, *v. t.* **1** (*impiegare di nuovo*) to re-employ; to employ again **2** (*fin.: capitali*) to reinvest; to invest again.

rimpiègo, *m.* **1** re-employment **2** (*fin.: di capitali*) reinvestment.

rimpigrire, A *v. t.* to make* (sb.) lazier. **B** *v. i.* e **rimpigrirsi,** *v. rifl.* to grow* (*o* to get*) lazier.

rimpinguare, A *v. t.* **1** (*impinguare di nuovo*) to fatten again (*anche fig.*); (*la borsa*) to line **2** (*fig.: un racconto e sim.*) to stuff; to pad. **rimpinguarsi, B** *v. rifl.* to grow* fat again (*anche fig.*), to put* on weight.

rimpinzaménto, *m.* cramming, stuffing (*anche fig.*); gorging; overeating.

rimpinzare, A *v. t.* to cram, to stuff (*anche fig.*); to gorge: **r. lo stomaco**, to cram (*o* to fill up) one's stomach. **rimpinzarsi, B** *v. rifl.* to cram oneself, to stuff oneself (with st.) (*anche fig.*); to gorge oneself (with st.); to overeat*.

rimpolpare, A *v. t.* **1** (*impolpare di nuovo*) to fatten (again); to make* fat (again) **2** (*fig.: accrescere, arricchire*) to augment; to enrich. **rimpolparsi, B** *v. rifl.* (*rimettersi in polpa*) to put* on flesh (again); to grow* fat (again); to pick up flesh.

rimpolpettare, *v. t.* (*fig., spreg.*) to rehash.

rimpossessarsi, *v. rifl.* to take* possession (of st.) again.

rimpoverire, A *v. t.* to make* (sb.) poor again (*o* poorer). **B** *v. i.* e **rimpoverirsi,** *v. rifl.* to grow* (*o* to become*) poor again (*o* poorer).

rimproveràbile, *a.* reproachable; reprovable; deserving of rebuke.

rimproverare, A *v. t.* **1** to scold; to reproach; to reprove; to rebuke; to upbraid; to reprimand; to tell* off (*fam.*): **r. q. di** (*o per*) **q.c.**, to scold (*o* to reproach, to reprove) sb. for st.; **r. q.c. a q.**, to reproach (*o* to upbraid) sb. with st.; **La madre rimproverò il figlio perché non voleva cenare**, the mother scolded (*o* rebuked) her son because he wasn't eating his supper; **Senza volerti r., devo dire che non mi piace il tuo comportamento**, without meaning to reproach you, I must say that I don't like your behaviour; **La moglie continua a rimproverargli i trascorsi di gioventù**, his wife continues to rebuke his youthful escapades; **Il preside rimproverò gli alunni**, the headmaster rebuked the pupils; **Il direttore rimproverò un suo impiegato per aver mancato di rispetto a un cliente**, the manager upbraided one of his employees for lack of respect towards a customer; **Fu rimproverato perché era in ritardo**, he was told off (*o* he got a telling-off) for being late **2** (*rinfacciare*) to grudge: **Quell'avaro gli rimprovera ogni lira che gli dà**, that miser grudges him every lira he gives to him. **rimproverarsi, B** *v. rifl.* to reproach oneself (with st., with doing st.); (*rammaricarsi*) to regret (st., doing st.); (*pentirsi*) to repent (st., of st., doing st., of doing st.): **Non ho nulla da rimproverarmi**, I have nothing to reproach myself with; **Mi rimprovero di non averlo fatto prima**, I regret not having done it earlier.

rimpròvero, *m.* reproach; reproof; rebuke; reprimand; (*sgridata*) scolding; telling-off (*fam.*): **Questo è un acerbo r.**, this is a bitter reproach; **uno sguardo di r.**, a look of reproach; **un muto r.**, a silent rebuke; **Il capitano ricevette un severo r. dal colonnello**, the captain received a severe reprimand from the colonel; **Non meritava quel r. dell'insegnante**, he didn't deserve that telling-off from the teacher; **Quando è in ritardo, riceve sempre un r. dai genitori**, he always receives (*o* gets) a scolding (*o* a telling-off) from his parents when he arrives late. ● **muovere un r. a q.**, to reproach (*o* to rebuke) sb.

rimuginare, *v. t.* e *i.* **1** (*ripensare a lungo*) to turn (st.) over and over in one's mind; to revolve (st.) in one's mind; to brood on (*o* over) (st.); to ruminate over (*o* about, on) (st.); to ponder over (st.): **r. sempre le stesse cose**, to turn the same things over and over in one's mind; **r. su una frase**, to ponder over a phrase **2** (*frugare*) to rummage; to turn over: **r. fra vecchie carte**, to rummage among old papers.

rimunerare, *v. t.* to remunerate, to recompense (sb. for st.); to reward; (*un professionista*) to fee: **Non so davvero come rimunerarvi**, I really don't know how to recompense (*o* to repay) you. ● **un'azienda che non rimunera**, a firm that yields no profit.

rimunerativo, *a.* remunerative; profitable; rewarding; paying. ● **lavoro r.**, well-paid job.

rimuneratóre, *m.* remunerator; rewarder.

rimunerazióne, *f.* remuneration; consideration money; recompense; (*di un professionista*) fee: **a titolo di r.**, as a recompense.

rimuòvere, A *v. t.* **1** (*sgomberare*) to remove; to clear away; to shift: **r. le macerie**, to clear away the rubble **2** (*togliere di mezzo, anche fig.*) to remove; to eliminate: **Bisogna r. la causa**, one must remove the cause; **r. un ostacolo**, to eliminate an obstacle; **r. ogni dubbio**, to remove all doubts **3** (*dissuadere*) to dissuade; to deter: **r. q. dal suo proposito**, to deter sb. from his purposes; to make sb. change his mind **4** (*licenziare da un ufficio*) to remove; to dismiss (from office): **Fu rimosso dal suo impiego**, he was removed from his position **5** (*psic.*) to repress. ● (*leg.*) **r. i sigilli**, to break the seals. **rimuòversi, B** *v. rifl.* to move; to withdraw*; to budge (*nelle frasi neg.*).

rimutare, A *v. t.* **1** (*mutare di nuovo*) to change again **2** (*far cambiare parere*) to make* (sb.) change his mind. **rimutarsi, B** *v. rifl.* to change one's mind.

Rinaldo, *m.* Reginald; Ronald; (*dim.*) Rex, Reggie, Ronnie.

rinalgìa, *f.* (*med.*) rhinalgia.

rinascènte, *a.* renascent; reviving.

rinascènza, *f.* **1** (*lett.: rinascita*) renascence; revival; rebirth **2** (*arte, letter.*) Renaissance: **l'architettura della R.**, Renaissance architecture.

rinàscere, *v. i.* **1** (*nascere di nuovo*) to be born again; (*rivivere*) to return to life; to revive (*anche fig.*): **I fiori rinascono nell'acqua**, flowers revive in water; **Ci rinacquero le speranze**, our hopes revived; **Sento r. in me gli antichi sentimenti d'odio**, I feel the old feelings of hatred revive in me **2** (*germogliare, crescere di nuovo*) to spring* up again; to grow* again: **La pianta rinacque**, the plant sprang up again **3** (*fig.: ritornare nell'uso*) to revive; to come* into use (*o* vogue): **tradizioni che rinascono**, traditions which revive. ● **sentirsi r.**, to feel (quite) another man (*o* woman) □ **Ogni mattina rinasce il sole**, every morning the sun rises again □ **Rinascono le arti**, there is a revival of the arts.

rinascimentale, *a.* (*arte, letter.*) Renaissance (*attr.*); of the Renaissance; of the Renascence: **l'arte r.**, Renaissance art.

rinasciménto, *m.* (*arte, letter.*) Renaissance; Renascence: **il R. italiano**, the Italian Renaissance; the Renaissance in Italy; **il R. francese** (**tedesco, ecc.**), the French (German, etc.) Renaissance; **l'architettura del R.**, Renaissance architecture; **mobili** (**stile**) **r.**, Renaissance furniture.

rinàscita, *f.* renascence; revival; re-birth; renewal.

rincagnarsi, *v. rifl.* (*raro*) to scowl.

rincagnato, *a.* pug, snub (*attr.*): **un naso r.**, a pug nose; a snub nose. ● **avere il naso r.**, to be pug-nosed; to be snub-nosed.

rincalcare, *v. t.* (*pop.*) to press down; to pull down: **Gli rincalcai il cappello fin sugli orecchi**, I pulled his hat down over his ears.

rincalzaménto, *m.* **1** (*agric.*) earthing up **2** (*il fermare con rinforzi*) propping up.

rincalzare, *v. t.* **1** (*agric.*) to earth up: **r. una pianta**, to earth up a plant **2** (*lenzuola, coperte*) to tuck in (*o* up): **r. il letto**, to tuck the bed-clothes up **3** (*assicurare alla base, fermare con rinforzi*) to prop; to prop up; to fix: **piantare un palo e rincalzarlo con sassi**, to drive in a stake and prop it with stones; **r. una porta**, to prop a door open; **r. un tavolo**, to fix a table **4** (*fig.*) to support.

rincalzata, *f.* (*agric.*) earthing up. ● **dare una r. alle coperte**, to tuck in the blankets □ **dare una r. a una pianta**, to earth up a plant.

rincalzatrice, *f.* (*ferr.*) tamper.

rincalzatura, *f.* (*agric.*) earthing up.

rincalzo, *m.* **1** (*agric.*) earthing up **2** (*rinforzo, aiuto*) reinforcement; support: **di** (*o per*) **r.**, in support **3** (*sport*) reserve. ● (*mil.*) truppe di r., reserves; reinforcements.

rincamminarsi, *v. rifl.* to set* out again; to resume one's way.

rincantucciare, A *v. t.* to drive* (*o* to put*) into a corner; to corner. **rincantucciarsi, B** *v. rifl.* to creep* into a corner; to hide* in a corner.

rincarare, A *v. t.* 1 (*aumentare il prezzo di*) to raise (*o* to increase) the price of: **Hanno rincarato l'olio d'oliva**, the price of olive-oil has been raised; **r. gli affitti**, to increase the rents 2 (*fig.: aggravare*) to aggravate; to make* worse: **r. la dose**, to make things worse. **B** *v. i.* to get* dearer; to become* more expensive; to rise* (in price); to go* up (in price): **Tutto rincara**, everything is getting dearer (*o* going up).

rincarnare, A *v. t.* 1 (*reincarnare*) to reincarnate 2 (*far tornare in carne*) to fatten; to make* fat (again). **B** *v. i.* e **rincarnarsi,** *v. rifl.* (*rimettersi in carne*) to put* on flesh (*o* weight); to grow* (*o* to get*) fat (again); to get* fatter.

rincarnazióne, *f.* (*relig.*) reincarnation (*anche fig.*).

rincaro, *m.* rise (*o* increase) in prices; price rise; advance (in markup); **Al r. del costo della vita non fece seguito un aumento dei salari**, the advance in the cost of living was not followed by higher wages; **il costante r. dei prezzi**, the constant increase in prices; **il r. degli affitti**, the increase of rents.

rincartare, *v. t.* to wrap up in paper (again).

rincasare, *v. i.* **rincasarsi,** *v. rifl.* to return home; to go* (*o* to come*) back home: **r. tardi** (*o* **nelle ore piccole**), to come home with the milk (*fam.*).

rincatenare, *v. t.* to chain up again.

rinchite, *m.* (*zool.*, *Rhynchites*) snout-beetle.

rinchiùdere, A *v. t.* to shut* up (*o* in); to confine; (*a chiave*) to lock up (*o* in): **r. gioielli in una cassaforte**, to shut up jewels in a safe; **r. q. in una stanza**, to lock sb. up in a room; **r. un prigioniero**, to lock up a prisoner; **r. il gatto in cucina**, to shut the cat in the kitchen; **r. un uccello in gabbia**, to confine a bird in a cage; to cage a bird. **rinchiùdersi, B** *v. rifl.* to shut* oneself up (*o* in); to lock oneself in. ● **r. in convento** (*o* **in un monastero**), to withdraw into a monastery; to become a monk (*o* a nun) □ **r. in se stesso**, to retire into oneself; to go into one's shell.

rinchiùso, *a.* shut up (*o* in); locked up (*o* in). ● **C'è aria rinchiusa**, the air is close. **B** *m.* (*spazio chiuso*) enclosed place; enclosure; (*per animali*) enclosure; pen. ● **odorare di r.**, to be musty (*o* fusty, stale-smelling) □ **un puzzo di r.**, a musty smell □ **una stanza che sa di r.**, a stuffy room.

rincitrullire, A *v. t.* to make* foolish (*o* stupid). **B** *v. i.* e **rincitrullirsi,** *v. rifl.* to grow* foolish (*o* stupid); to become* a fool.

rincivilimento, *m.* civilizing; civilization.

rincivilire, A *v. t.* to civilize. **rincivilirsi, B** *v. rifl.* to become* civilized.

rincòforo, *m.* (*zool.*) snout-beetle.

rincollare, *v. t.* to glue (*o* to paste) together again; to glue on again: **Rincollai i due pezzetti di legno**, I glued the two pieces of wood together again; **Rincolla quella fotografia**, glue that photograph on again.

rincòllo, *m.* obstruction; blockage.

rincominciare, *v. t.* to begin* again; to start again: **Rincomincia a piovere**, it's beginning to rain again; **Il bambino rincominciò a piangere**, the little boy started crying (*o* to cry) again; **r. q.c. da capo**, to start st. over again.

rincontrare, *v. t.* to meet* again. ● **r. q. per caso**, to come across sb. (once) again.

rincóntro, A *m.* meeting. **B** *locuz. prepositiva* **di r. a**, in front of; opposite to: **Abitano di r. a noi**, their house is opposite to ours.

rincoraggiare, *v. t.* to encourage; to hearten.

rincorare, A *v. t.* to encourage; (*confortare*) to comfort; to solace. **rincorarsi, B** *v. rifl.* to take* heart; to feel* encouraged; (*confortarsi*) to be comforted (*o* relieved).

rincorporare, *v. t.* to reincorporate.

rincórrere, A *v. t.* to run* after; (*inseguire*) to pursue, to chase: **r. un ladro**, to run after a thief; **r. una lepre**, to pursue a hare. **rincórrersi, B** *v. rifl. recipr.* to run* after each other (*o* one another); to chase each other (*o* one another). ● (*gioco*) **fare** (*o* **giocare**) **a r.**, to play tag (*o* tig).

rincórsa, *f.* run; run-up: **prendere la r.**, to take a run; **di r.**, at a run.

rincréscere, *v. i.* (*sentire rincrescimento*) to be sorry; to regret; (*in formule di cortesia*) to mind: **Mi rincresce di non poter venire**, I am sorry I cannot come; I regret being unable to come (*o* that I cannot come); **Mi rincresce che tu non possa andare**, I am sorry you cannot go; **Gli rincrebbe di dover lasciare gli amici**, he was sorry to have to leave his friends; **Se non ti rincresce**, if you don't mind.

rincrescimento, *m.* regret: **esprimere il proprio r.**, to express one's regret; **non senza mio grande r.**, much to my regret; **Voglia** accettare l'espressione del mio r., please accept my regrets. ● **provare r. per q.c.**, to feel sorry for st.

rincrescióso, *a.* regrettable; unpleasant.

rincretinire, A *v. t.* to make* (sb.) stupid; to drive* (sb.) crazy. **B** *v. i.* to become* (*o* to grow*) stupid; to go* crazy.

rincrudiménto, *m.* aggravation; aggravating; worsening: **il r. d'un male**, the aggravation of an illness. ● **C'è stato un r. del freddo**, the weather has become colder.

rincrudire, A *v. t.* to aggravate; to make* worse; to worsen: **r. le proprie pene**, to aggravate one's woes. **B** *v. i.* e **rincrudirsi,** *v. rifl.* to become* severer; to get* worse; to worsen: **Il tempo è rincrudito**, the weather has become severer (*o* colder); the weather has got worse.

rinculare, *v. i.* 1 (*indietreggiare*) to recoil; to recede; to draw back; to back: **Il cavallo improvvisamente rinculò**, the horse backed suddenly 2 (*d'arma da fuoco*) to recoil; to kick.

rinculata, *f.* recoiling; receding; drawing back.

rinculo, *m.* (*di arma da fuoco*) recoil; kick.

rincuorare, *V.* rincorare.

rincupire, A *v. t.* to make* (st.) darker; to darken. **B** *v. i.* e **rincupirsi,** *v. rifl.* (*anche fig.*) to grow* (*o* to get*) darker (*o* duller); to darken; to cloud over: **Tutt'a un tratto il cielo rincupì**, it suddenly got darker; the sky suddenly clouded over; **Il suo volto rincupì**, his face darkened.

rincurvare, *V.* incurvare.

rindurire, *v. t.*, *v. i.* e **rindurirsi,** *v. rifl.* to harden (again).

rinegare, *v. t.* to deny again; to re-deny.

rinegoziare, *v. t.* to renegotiate.

rinencèfalo, *m.* (*anat.*) rhinencephalon*.

rinettare, *v. t.* 1 (*nettare di nuovo*) to clean up again; to cleanse again; to recleanse 2 (*rendere ben liscio*) to make* smooth; to smooth; to smooth down; to smoothen.

rinevicare, *v. i. impers.* to snow again.

rinfacciaménto, *V.* rinfàccio.

rinfacciare, *v. t.* to throw* (st.) in (sb.'s) face; to cast* (st.) in (sb.'s) teeth; to reproach (sb. with st.): **È inutile rinfacciarmelo ogni volta che m'incontri**, it's no use casting it in my teeth every time you meet me.

rinfàccio, *m.* 1 (*il rinfacciare*) throwing (*o* casting) in sb.'s teeth 2 (*rimprovero*) snub; reproach; rebuke; scolding.

rinfervorare, A *v. t.* to fill with new fervour (*o* enthusiasm). **rinfervorarsi, B** *v. rifl.* to be filled with new fervour (*o* enthusiasm).

rinfiammare, A *v. t.* 1 to set* on fire again; to rekindle; to kindle again 2 (*fig.*) to inflame again; to rekindle; to (en)kindle again; to stir up again. **rinfiammarsi, B** *v. rifl.* 1 to take* (*o* to catch*) fire again 2 (*fig.*) to become* (*o* to get*) inflamed again; to flame up again; to get* excited again.

rinfiancaménto, *m.* backing; supporting; propping.

rinfiancare, *v. t.* (*anche fig.*) to back; to support; to prop: **r. una ipotesi**, to support a hypothesis; **r. un'accusa con nuove prove**, to support a charge with new evidence.

rinfianco, *m.* (*anche fig.*) support; prop.

rinfierire, *v. i.* to rage again.

rinfilare, *v. t.* 1 (*infilare di nuovo*) to thread again; to rethread 2 (*fig.*) to repeat (from beginning to end).

rinfittire, *v. i.* to thicken; to grow* (*o* to get*) thicker.

rinfocolaménto, *m.* rekindling; kindling again; stirring up again.

rinfocolare, A *v. t.* 1 (*riattizzare*) to rekindle (the fire); to kindle (*o* to stir, to poke) again 2 (*fig.*) to rekindle; to stir up: **r. la propria gelosia**, to rekindle one's jealousy; **r. vecchi rancori**, to stir up old grudges. **rinfocolarsi, B** *v. rifl.* to be rekindled; to be kindled again; to be stirred up.

rinfoderare, *v. t.* 1 to sheathe (again): **r. la spada**, to sheathe one's sword 2 (*fig.*) to renounce; to give* up.

rinfornare, *v. t.* to put* (st.) back into the oven.

rinforzàbile, *a.* reinforceable.

rinforzaménto, *m.* (*generalm.*) strengthening; reinforcement.

rinforzare, A *v. t.* 1 (*rimettere in forza*) to strengthen; to make* stronger; to give* (health and) strength to; to (re)invigorate; to brace: **Questa medicina ti rinforzerà**, this medicine will make you stronger; **Il vino preso con moderazione rinforza lo stomaco**, wine taken in moderation strengthens the stomach; **r. la voce**, to strengthen the voice 2 (*rafforzare, anche fig.*) to reinforce; to strengthen; to support: **r. un esercito** (**le truppe**), to reinforce an army (the troops); **r. una credenza**, to strengthen a belief 3 (*edil.*) to back; to support; to stiffen; (*puntellare*) to prop up: **r. un muro**, to back a wall 4 (*mecc.*) to reinforce; to strengthen 5 (*fotogr.*) to intensify. ● (*chim.*) **r. la concentrazione di una soluzione**, to strengthen a solution □ (*naut.*) **r. con stragli** (*un albero, ecc.*), to stay. **B** *v. i.* to become* (*o* get*) stronger: **Il vento è rinforzato**, the wind has become stronger. **rinforzarsi, C** *v. rifl.* to strengthen (oneself); to be

rinforzato, *a.* **1** (*generalm.*) reinforced; strengthened **2** (*edil.*) backed; stiffened; (*puntellato*) propped up **3** (*fotogr.*) intensified.

rinfòrzo, *m.* **1** (*il rinforzare*) reinforcement; strengthening **2** (*edil.*) backing; stiffening; propping up: **nervatura di r.**, stiffening rib **3** (*ciò con cui si rinforza q.c.*) reinforce; reinforcement **4** (*mil.*) reinforcement: **un r. di truppe**, a reinforcement of troops **5** (*fotogr.*) intensification **6** (*elettron.*) enhancement **7** (*fig.: sostegno, aiuto*) support; help. ● **venire in r. di q.**, to back sb. up.

rinfrancare, A *v. t.* to reassure; to give* (sb.) new confidence (*o* courage); to encourage: **Quelle parole mi rinfrancarono**, those words reassured me (*o* removed all my doubts, cheered me up). **rinfrancarsi, B** *v. rifl.* (*rassicurarsi*) to be reassured; to feel* more confident; to pluck up courage; to take* heart again: **Quando lo rividi, subito mi rinfrancai**, when I saw him again, I immediately plucked up courage.

rinfrescaménto, *m.* refreshment; refreshing; cooling.

rinfrescante, A *a.* refreshing; cooling: **una bevanda r.**, a refreshing (*o* cooling) drink; **cibo r.**, refreshing food. **B** *m.* (*fam.*) mild laxative.

rinfrescare, A *v. t.* **1** (*rendere fresco*) to refresh; to freshen; to make* fresh(er); to cool; to make* cool(er): **La pioggia ha rinfrescato l'aria**, the rain has cooled the air **2** (*ritoccare, restaurare*) to freshen up; to renovate; to restore; to make* (st.) look like new again: **r. un vestito vecchio**, to make an old dress look like new again; **r. un quadro (una statua, ecc.)**, to restore a painting (a statue, etc.). **B** *v. i.* (*meteorologia*) to cool; to get* cool(er); (*del vento*) to freshen: **L'aria rinfresca**, the air is getting cooler. ● **r. l'aria in una stanza**, to change the air in a room □ **r. una materia**, to brush up a subject □ **r. la memoria a q.**, to freshen up (*o* to refresh) sb.'s memory □ **r. la strada**, to sprinkle the road with water. **rinfrescarsi, C** *v. rifl.* **1** (*ristorarsi, specialm. con bevande*) to refresh oneself; to take* refreshment: **Ora che ci siamo rinfrescati, possiamo riprendere la via**, now that we have refreshed ourselves, we can resume our journey; **Mi rinfrescherò con una buona tazza di tè**, I'll refresh myself with a nice cup of tea **2** (*lavarsi*) to freshen oneself up. ● **r. la memoria**, to refresh one's memory.

rinfrescata, *f.* **1** (*meteorologia*) cooling (of the weather); cooler weather; (*del vento*) freshening **2** (*fam.: lavata*) freshening-up. ● **dare una r. alle pareti**, to give a light coat of paint to the walls □ **dare una r. a q.c. (con spruzzi d'acqua)**, to sprinkle st. with water □ **darsi una r.**, to freshen oneself up □ **È venuta una bella r.**, the weather has got much cooler □ **Non ti ricordi? Ti darò io una r.**, don't you remember? I'll freshen up your memory.

rinfrescativo, *a.* refreshing.

rinfrésco, *m.* **1** refreshments (*pl.*) **2** (*ricevimento*) (cocktail) party.

rinfronzolire, A *v. t.* to tit(t)ivate. **rinfronzolirsi, B** *v. rifl.* to tit(t)ivate oneself.

rinfurbire, *v. i.* (*fam.*) to become* (*o* to get*) slier.

rinfusa, alla, *locuz. avv.* pell-mell; helter-skelter; higgledy-piggledy; (*comm.*) in job lots; (*naut.*) in bulk.

ring (*ingl.*), *m. invar.* **1** (*sport*) (boxing) ring **2** (*accordo tra imprese*) ring. ● (*sport*) **campione del r.**, boxing champion.

ringagliardiménto, *m.* reinvigoration; reinvigorating; strengthening.

ringagliardire, A *v. t.* to reinvigorate; to give* (*o* to impart) fresh vigour to; to strengthen. **B** *v. i. e* **ringagliardirsi,** *v. rifl.* to become* more vigorous; to become* stronger.

ringalluzzire, A *v. t.* to embolden; to make* bolder (*o* cocky). **B** *v. i. e* **ringalluzzirsi,** *v. rifl.* to become* (*o* to get*) cocky (*fam.*); to grow* (*o* to get*) bolder.

ringalluzzito, *a.* cocky (*fam.*).

ringentilire, A *v. t.* to refine (again). **ringentilirsi, B** *v. rifl.* to become* (more) refined.

ringhiare, *v. i.* (*anche fig.*) to snarl; to growl: **Il cane ringhiò**, the dog snarled; **Lo sento r.**, I hear him snarling.

ringhièra, *f.* (*di balcone, terrazza, ecc.*) railing(s); (*di scala*) banisters (*pl.*): **sporgersi dalla r.**, to lean over the railings; **appoggiarsi alla r.**, to lean on the banisters.

ringhio, *m.* snarl; growl.

ringhióso, *a.* snarling (*anche fig.*); growling: **un cane r.**, a snarling dog. ● **un uomo r.**, a bad-tempered man.

ringhiottire, *v. t.* (*anche fig.*) to swallow again.

ringiovaniménto, *m.* rejuvenation.

ringiovanire, A *v. t.* **1** (*far ritornare giovane*) to restore to youth; to make* younger; to rejuvenate: **Medea ringiovanì il vecchio Esone**, Medea restored old Aeson to youth **2** (*far sembrare più giovane*) to make* (sb.) look younger: **Quel vestito ti ringiovanisce**, that dress makes you look younger. **B** *v. i. e* **ringiovanirsi,** *v. rifl.* to become* young again; to rejuvenate; (*specialm. biol.*) to rejuvenesce. ● **Gli anni passano, ma tu ringiovanisci**, the years roll by, but you seem to get younger.

ringoiare, *v. t.* **1** (*ingoiare di nuovo*) to swallow up again **2** (*fig.*) to swallow; to take* back; to withdraw*; to eat* (*fam.*): **ringoiarsi tutte le parole**, to swallow (*o* to eat) all one's words.

ringorgaménto, *m.* swirling.

ringorgare, A *v. t.* to block up (again); to clog up (again). **ringorgarsi, B** *v. rifl.* to get* blocked up (again); to clog up (again).

ringrandire, A *v. t.* to enlarge further. **B** *v. i. e* **ringrandirsi,** *v. rifl.* to become* (*o* to grow*, to get*) larger.

ringrassare, A *v. t.* to fatten again; to make* fatter. **B** *v. i.* to put* on weight again; to grow* (*o* to get*) fatter.

ringraziaménto, *m.* **1** thanks (*pl.*): **Accettate i nostri ringraziamenti**, please accept our thanks; **Vi rinnovo i miei più rispettosi ringraziamenti**, I renew my respectful thanks; **tanti ringraziamenti**, many thanks; thanks very much; **una lettera di r.**, a letter of thanks; **fare i propri ringraziamenti a q.**, to express one's thanks to sb. **2** (*relig.*) thanksgiving.

ringraziare, *v. t.* to thank: **Ti ringrazio con tutto il cuore**, I thank you with all my heart; **Ti ringrazio molto**, I thank you very much; **Vi ringrazio anticipatamente**, I thank you in advance (*o* beforehand); **Gli scriverò per ringraziarlo**, I am going to write to him to thank him; **r. q. di q.c.**, to thank sb. for st.; **Ti ringrazio del tuo aiuto**, I thank you for your help; **Sia ringraziato Iddio!**, God be thanked!; **Puoi r. la tua buona stella**, you may thank your lucky stars; (*iron.*) **Non hai che r. te stesso**, you have only yourself to thank; **Non c'è bisogno che mi si ringrazi**, there's no need to thank me.

ringrinzare, ringrinzire, *V.* raggrinzare, raggrinzire.

ringròsso, *m.* (*ind. tessile*) slub.

riguainare, *v. t.* to sheathe (again).

rinite, *f.* (*med.*) rhinitis*.

rinnamoraménto, *m.* falling in love again.

rinnamorare, A *v. t.* to win* sb.'s love again. **rinnamorarsi, B** *v. rifl.* to fall* in love again; to be enamoured again.

rinnegare, *v. t.* to deny; to disown; to disavow; to renounce; to repudiate: **Pietro rinnegò Cristo**, Peter denied Christ; **r. la propria religione**, to renounce one's religion; **r. gli amici d'un tempo**, to deny one's former friends; **r. il proprio figlio**, to disown (*o* to renounce) one's son; **r. i propri principi**, to repudiate one's own principles.

rinnegato, A *a.* disowned; repudiated; renegade (*attr.*). **B** *m.* renegade; (*polit.*) deserter, turn-coat.

rinnegatóre, *m.* denier; renouncer.

rinnestare, *v. t.* **1** (*agric.*) to graft again **2** (*mecc.*) to re-engage: **r. una marcia**, to re-engage a gear.

rinnovàbile, *a.* renewable: **un contratto r.**, a renewable contract.

rinnovaménto, *m.* **1** renewal; renovation; (*rinascita*) revival: **il r. dello spirito**, the spiritual renewal **2** (*sostituzione*) change; renewal; (*rimodernamento*) updating; modernization.

rinnovare, A *v. t.* to renew: **r. un contratto (una cambiale)**, to renew a contract (a bill); **r. l'abbonamento a un giornale**, to renew one's subscription to a newspaper; **r. una conoscenza**, to renew an acquaintance; **r. i propri sforzi**, to renew (*o* to redouble) one's efforts; **r. un assalto**, to renew an attack; **r. un dolore**, to renew a sorrow **2** (*sostituire*) to renew; to change; (*rimodernare*) to update; to modernize: **r. il personale**, to change (*o* to renew) the staff; **r. il guardaroba**, to renew one's wardrobe; **r. l'aria in una stanza**, to change the air in a room **3** (*ripetere*) to repeat: **r. una richiesta**, to repeat a request. ● **r. la casa**, to redecorate (*o* to do up) the house □ **r. i ringraziamenti**, to thank again □ **r. le scuse (gli applausi)**, to apologize (to applaud) again □ **Il circolo rinnova il presidente ogni anno**, the club re-elects a president (*o* elects a new president) every year. **rinnovarsi, B** *v. rifl.* **1** (*tornare nuovo*) to be renewed; to be made new; to be restored **2** (*ripetersi*) to happen (*o* to occur) again; to be repeated: **Non voglio che questi disordini si rinnovino**, I don't want these disorders to happen again (*o* to be repeated, to occur again).

rinnovativo, *a.* renewing; renovating.

rinnovatóre, A *m.* renewer; renovator. **B** *a.* renewing; renovating.

rinnovazióne, *f.* renewal; renovation.

rinnovellare, (*poet.*) *V.* rinnovare.

rinnòvo, *m.* **1** renewal: **il r. di una cambiale**, the renewal of a bill; **avviso di r.**, renewal notice **2** (*sostituzione*) change; renewal; (*rimodernamento*) updating; modernization. ● **r. del contratto d'affitto**, relocation; reconduction.

rinocerónte, *m.* (*zool.*, *Rhinoceros*) rhinoceros.

rinofaringe, *f.* (*anat.*) nasopharynx; rhinopharynx.

rinofaringite, *f.* (*med.*) rhinopharyngitis*.
rinòfide, *m.* (*zool.*, *Rhinophis*) shieldtail (snake).
rinofonìa, rinolalìa, *f.* (*med.*) rhynophonia; rhinolalia.
rinolaringite, *f.* (*med.*) rhinolaryngitis*.
rinòlofo, *m.* (*zool.*, *Rhinolophus*) horseshoe bat.
rinologìa, *f.* (*med.*) rhinology.
rinomanza, *f.* renown; fame; celebrity: **di grande r.**, of high renown. ● **avere r.**, to be renowned (*o* well-known).
rinomato, *a.* renowned; famous; celebrated; well-known.
rinominare, *v. t.* **1** (*nominare di nuovo*) to rename; to name again **2** (*rieleggere*) to re-elect; to elect again **3** (*conferire una nomina di nuovo*) to reappoint; to appoint again.
rinoplàstica, *f.* (*med.*) rhinoplasty.
rinoplàstico, *a.* (*med.*) rhinoplastic.
rinorragìa, *f.* (*med.*) rhinorrhagia; epistaxis.
rinorrèa, *f.* (*med.*) rhinorrh(o)ea.
rinoscopìa, *f.* (*med.*) rhinoscopy.
rinoscòpico, *a.* (*med.*) rhinoscopic.
rinoscòpio, *m.* (*med.*) rhinoscope.
rinquartare, *v. i.* (*nel biliardo*) to cause the opponent's ball to strike three cushions.
rinquarto, *m.* (*nel biliardo*) stroke causing the opponent's ball to strike three cushions.
rinsaccare, A *v. t.* **1** (*insaccare di nuovo*) to sack again; to put* into sacks (*o* bags) again; to repack **2** (*scuotere un sacco perché c'entri più roba*) to shake* (st.) down in a sack (*o* bag). B *v. i.* e **rinsaccarsi**, *v. rifl.* **1** (*affondare la testa nelle spalle*) to draw* one's head in; to be hunched up; (*alzare le spalle*) to shrug one's shoulders **2** (*sussultare cavalcando*) to be shaken up; to be jolted.
rinsaldaménto, *m.* (*fig.*) strengthening; consolidation.
rinsaldare, A *v. t.* **1** (*dare di nuovo la salda*) to starch again **2** (*fig.: rendere più saldo*) to strengthen; to consolidate: **r. i vincoli della amicizia**, to consolidate the ties of friendship. **rinsaldarsi**, B *v. rifl.* to become* (*o* to get*) stronger; to be strengthened (*o* consolidated).
rinsanguare, A *v. t.* **1** (*rifornire di sangue*) to give* fresh blood to **2** (*fig.*) to give* new strength to; to impart new vigour to; to reinvigorate. **rinsanguarsi**, B *v. rifl.* **1** (*riprendere vigore*) to recover (one's strength); to become* (*o* to get*) stronger: **Era proprio sfinito di forze, ma ora comincia a r.**, he was quite exhausted, but now he is beginning to recover **2** (*fig.: riprendersi economicamente*) to improve one's financial position; to get* back on one's feet; to recoup oneself.
rinsanire, *v. i.* **1** (*riaversi da malattia*) to recover (from an illness); to recover one's health **2** (*ritornare sano di mente*) to become* sane again; to recover one's sanity.
rinsavire, *v. i.* to become* sensible again; to return to reason; to recover one's wits.
rinsecchire, *v. i.* **1** (*diventare secco*) to dry up; to go* dry **2** (*diventare magro*) to grow* (*o* to get*) thin.
rinsecchito, *a.* **1** (*diventato secco*) dry; dried up **2** (*diventato magro*) thin; gaunt. ● (*fig.*) **viso r.**, wizened face.
rinselvarsi, *v. rifl.* **1** (*ritornare nella selva*) to hide* (*o* to take* refuge) in the woods again; (*rimboscarsi*) to take* to the woods again **2** (*rimboschire*) to become* wooded again.
rinselvatichire, A *v. t.* to make* wild again. B *v. i.* to grow* (*o* to get*) wild again.
rinserrare, A *v. t.* to shut* in (*o* up) (again); (*a chiave*) to lock in (*o* up) (again). **rinserrarsi**, B *v. rifl.* to shut* oneself in (again); (*a chiave*) to lock oneself in (*o* up) (again): **Mi rinserrai in camera**, I locked myself up in my room.
rinsudiciare, A *v. t.* to dirty again; to make* dirty again; to soil again. **rinsudiciarsi**, B *v. rifl.* to become* (*o* to get*) dirty (*o* soiled) again.
rintanarsi, *v. rifl.* **1** (*rientrare nella tana*) to go* into one's hole again; (*della volpe*) to run* (*o* to go*) to earth again **2** (*fig.: nascondersi*) to hide* (oneself) up; to conceal oneself.
rintavolare, *v. t.* to start (*o* to begin*) again; to open again.
rintegrare, rintegrazióne, *V.* **reintegrare, reintegrazióne**.
rintelare, *v. t.* to (re)canvas; to restore (a painting) by means of a new canvas.
rintenerire, A *v. t.* **1** (*rendere tenero di nuovo*) to soften again; to make* soft (*o* tender) again **2** (*fig.: commuovere di nuovo*) to move again; to touch (sb.'s) heart again. **rintenerirsi**, B *v. rifl.* **1** (*diventare tenero di nuovo*) to soften again; to become* (*o* to get*) soft (*o* tender) again **2** (*fig.: commuoversi di nuovo*) to be moved again.
rinterraménto, *m.* filling up with earth; silting up.
rinterrare, A *v. t.* **1** (*colmare di terra*) to fill up with earth; to silt up **2** (*interrare di nuovo*) to bury again. **rinterrarsi**, B *v. rifl.* to fill up with earth; to silt up.
rintèrro, *m.* bank; silting-up.
rinterrogare, *v. t.* to requestion; to question again; to interrogate again.
rinterzare, *v. i.* (*nel biliardo*) to cause the opponent's ball to strike two cushions and return to strike the player's ball.
rintèrzo, *m.* (*nel biliardo*) stroke causing the opponent's ball to strike two cushions and return to strike the player's ball.
rintoccare, *v. i.* to toll: **una campana che rintocca**, a tolling bell; **Si sentiva il mesto r. d'una campana**, one could hear the sad tolling of a bell; **L'orologio rintoccava**, the clock was tolling.
rintócco, *m.* toll; stroke. ● **i rintocchi d'una campana**, the tolling of a bell □ **suonare a rintocchi**, to toll.
rintonacare, *v. t.* to plaster again.
rintontiménto, *m.* stun; daze; dazedness.
rintontire, A *v. t.* to stun; to daze. B *v. i.* e **rintontirsi**, *v. rifl.* to be stunned; to be dazed.
rintoppare, *v. i.* **rintopparsi**, *v. rifl.* **1** to run* into; to bump into (*o* against) **2** (*in un ostacolo*) to come* up against **3** (*inciampare, anche fig.*) to stumble: **r. nella verità**, to stumble upon the truth.
rintòppo, *m.* **1** obstacle **2** (*fig.*) stumbling-block; hindrance; impediment.
rintorpidire, A *v. t.* **1** to benumb again; to make* torpid again **2** (*fig.*) to dull again. **rintorpidirsi**, B *v. rifl.* to become* torpid again.
rintracciàbile, *a.* traceable.
rintracciaménto, *m.* tracing; finding out; running down.
rintracciare, *v. t.* to trace; to track; to track down; (*ritrovare cercando*) to find* out, to run* down: **r. la selvaggina**, to trace (*o* to track down) game; **r. un ladro**, to trace a thief; **r. l'origine di q.c.**, to trace st. to its source; **r. le fonti d'un dramma**, to find out the sources of a play; **r. una citazione**, to run down a quotation.
rintronaménto, *m.* (*rimbombo*) booming; roaring; thundering.
rintronare, A *v. t.* **1** (*scuotere*) to shake* **2** (*stordire*) to stun; to din; (*assordare*) to deafen. B *v. i.* (*rimbombare*) to boom; to roar; to thunder. ● **r. nelle orecchie**, to din in one's ears □ **far r. le orecchie**, to din the ears.
rintronato, *a.* stunned; dazed; bewildered; dizzy.
rintuzzare, *v. t.* **1** (*spuntare*) to blunt; to dull; to take* the edge off (st.): **r. la punta d'una spada**, to blunt the edge of a sword **2** (*fig.: reprimere*) to repress; to check; to curb: **r. il proprio orgoglio**, to repress one's pride **3** (*fig.: ribattere*) to retort; to fling* back: **r. un'accusa**, to retort an accusation.
rinunciare, e *deriv. V.* **rinunziare**, e *deriv.*
rinùnzia, *f.* **1** renunciation; renouncement; relinquishment; resignation; abandonment: **la r. alla presidenza**, the renunciation of one's chairmanship **2** (*leg.*) renunciation; waiver; quitclaim: **la r. a un diritto (a un titolo, ecc.)**, the renunciation of a right (of a title, etc.); **r. implicita**, implied waiver; **clausola di r.**, waiver clause; **un atto di r.**, a quitclaim deed **3** (*pl.: privazioni*) hardships.
rinunziàbile, *a.* renounceable.
rinunziare, *v. i.* **1** to renounce; to give* up; to abandon; to relinquish; to resign; to surrender: **Devi r. a fumare**, you must give up smoking; **Fui costretto a rinunciare al tentativo**, I was compelled to abandon (*o* to give up) the attempt; **Si rinunziò al progetto**, the plan was relinquished; **r. a tutti i divertimenti**, to give up all amusements; **r. al piacere di fare q.c.**, to give up the pleasure of doing st.; **r. a ogni speranza**, to abandon (*o* to relinquish) all hope; **r. al mondo**, to renounce the world **2** (*leg.*) to renounce; to resign; to remise; to waive; to recede: **Non rinunzierò ai miei diritti**, I will not resign my rights; **r. a un privilegio**, to renounce a privilege; **r. al trono**, to renounce the throne; to abdicate. ● **r. a indovinare**, to give it up □ **r. alla speranza di vedere q.**, to give sb. up.
rinunziatàrio, *m.* renouncer.
rinvangare, *V.* **rivangare**.
rinvasare, *v. t.* (*floricoltura*) to repot.
rinvasatura, *f.* (*floricoltura*) repotting.
rinvenìbile, *a.* (*generalm.*) recoverable.
rinveniménto (1), *m.* **1** (*ritrovamento*) recovery; finding; (*oggetto ritrovato*) find, object found: **il r. del quadro rubato**, the recovery of the stolen painting **2** (*scoperta*) discovery; finding out.
rinveniménto (2), *m.* **1** (*il ricuperare i sensi*) to recovery **2** (*metall.*) tempering.
rinvenire (1), *v. t.* **1** (*ritrovare*) to find* (again); to recover: **Il testamento non si poté r.**, the will was nowhere to be found; **Lo rinvennero gravemente ferito**, they found him seriously wounded; **r. un oggetto smarrito**, to recover st. lost **2** (*scoprire*) to find* out; to discover: **r. come sia andata q.c.**, to find out how st. happened.
rinvenire (2), *v. i.* **1** (*ricuperare i sensi*) to recover consciousness (*o* one's senses); to come* round (*o* to): **Quando rinvenni, la mia valigia non c'era più**, when I came to, my suit-

-case was missing **2** (*riprendere freschezza*) to revive; to become* fresh (again): **Annaffiandoli, i fiori rinvengono**, flowers revive if you sprinkle them with water **3** (*riprendere morbidezza*) to soften; to become* (*o* to get*) soft: **I funghi secchi rinvengono nell'acqua tiepida**, dried mushrooms become soft in lukewarm water **4** (*metall.*) to temper; to draw*. ● **fare r. q.c.**, to soften st. □ **fare r. q.**, to bring sb. to his senses; to restore sb. to consciousness; to bring sb. round (*o* to).

rinverdire, A *v. t.* **1** to make* (st.) green again; to clothe (st.) with green again: **La pioggia ha rinverdito i prati**, the rain has clothed the meadows with green again **2** (*fig.*) to revive; to renew. **B** *v. i. e* **rinverdirsi**, *v. rifl.* **1** (*ritornare verde*) to become* (*o* to grow*) green again; to green again: **A primavera i prati rinverdiscono**, in springtime the meadows grow green again **2** (*fig.*) to revive; to be renewed: **Le mie speranze rinverdirono**, my hopes revived.

rinvestiménto, *m.* (*fin.*) reinvestment.

rinvestire, *v. t.* (*fin.*) to reinvest; to invest again: **Il ricavo della vendita è stato rinvestito in terreni**, the proceeds of the sale have been reinvested in land.

rinviare, *v. t.* **1** (*mandare indietro*) to send* back; to return: **Fu rinviato a casa sua**, he was sent back home; **Vi prego di rinviarmi la ricevuta firmata**, please return me the receipt signed; (*sport*) **r. la palla**, to return the ball **2** (*rimandare ad altro tempo*) to put* off; to postpone; to defer; to delay; to procrastinate; (*aggiornare*) to adjourn: **La riunione è stata rinviata alla prossima settimana**, the meeting has been put off until next week; **La conferenza fu rinviata d'una settimana**, the lecture was postponed for a week; **r. una causa**, to adjourn a case **3** (*rimandare*) to refer: **Rinviamo il lettore al capitolo successivo**, we refer the reader to the following chapter **4** (*leg.: rimettere ad altro tribunale*) to remit. ● (*leg.*) **r. q. a giudizio**, to commit sb. for trial □ (*prov.*) **Non r. a domani quello che puoi fare oggi**, don't put off to tomorrow what you can do today.

rinvigoriménto, *m.* reinvigoration; strengthening.

rinvigorire, *v. t.* to reinvigorate; to impart (new) vigour to; to revive (*anche fig.*); (*rafforzare*) to strengthen, to brace: **La fede rinvigorisce la speranza**, faith revives hope. **B** *v. i. e* **rinvigorirsi**, *v. rifl.* to gain (new) vigour; to regain strength; to revive (*anche fig.*): **La mia speranza si rinvigorisce**, my hope revives.

rinvilire, A *v. t.* to cheapen; to lower (*o* to cut* down) the price of (st.): **Hanno rinvilito i prezzi**, prices have been cut down. **B** *v. i. e* **rinvilirsi**, *v. rifl.* to become* (*o* to get*) cheaper: **Le uova rinviliscono**, eggs are getting cheaper.

rinvio, *m.* **1** (*il mandare indietro*) sending back; return **2** (*differimento*) putting off; postponement; deferment; delay; procrastination; (*aggiornamento*) adjournment: **il r. ad altra data**, the putting off to a later date; **il r. d'una conferenza**, the postponement of a lecture; **un r. in seguito ad accordo**, a postponement by stipulation; **il r. d'una causa**, the adjournment of a case **3** (*rimando*) reference; cross-reference **4** (*leg.: il rimettere ad altro tribunale*) remittal **5** (*sport*) return.

rinvitare, *v. t.* **1** (*invitare di nuovo*) to invite again; to reinvite **2** (*invitare a propria volta*) to invite in return.

rinvòlgere, A *v. t.* to wrap up again; to envelop again. **rinvòlgersi, B** *v. rifl.* to wrap oneself up again.

rinvoltare, *v. t.* to wrap up (again); to wind* (again).

rinvoltolare, A *v. t.* to wrap round and round; to wind* over and over again. **rinvoltolarsi, B** *v. rifl.* to roll about; to wallow: **r. nel fango**, to wallow in the mud.

rinvoltura, *f.* **1** wrapping up **2** (*il materiale*) wrapping (*di solito al pl.*).

rinzaffare, *v. t.* (*edil.*) to render; to rough in.

rinzaffatura, *f.* (*edil.*) **1** rendering; roughing-in **2** (*primo intonaco*) roughing-in (*o* rendering) coat.

rinzaffo, *m.* (*edil.*) roughing-in (*o* rendering) coat.

rio (1), (*lett.*) *V.* **ruscèllo**.

rio (2), (*lett.*) *V.* **rèo**.

riobbligare, A *v. t.* to reoblige; to oblige again; to compel again; to force again. **riobbligarsi, B** *v. rifl.* to bind* oneself again.

rioccupare, A *v. t.* to reoccupy; to occupy again. **rioccuparsi, B** *v. rifl.* to occupy oneself again (with).

rioccupazióne, *f.* reoccupation.

Rio delle Amàzzoni, *m. geogr.* (the) Amazon.

rioffèndere, *v. t.* to offend again; to reoffend.

rioffrire, *v. t.* to offer again; to reoffer.

riolite, *f.* (*miner.*) rhyolite.

rionale, *a.* of the district; district (*attr.*); ward (*attr.*); local; (*periferico*) suburban: **un mercato r.**, a local market; **cinema r.**, suburban cinema.

rióne, *m.* district; quarter; ward.

riordinaménto, *m.* **1** reordering; rearrangement; tidying up **2** (*riforma*) reform; (*riorganizzazione*) reorganization: **il r. dell'esercito**, the reorganization of the army.

riordinare, A *v. t.* **1** (*rimettere in ordine*) to reorder; to put* (*o* to set*) in order (again); to tidy up (again); to rearrange: **Vuoi riordinarmi questo cassetto?**, will you put this drawer in order for me?; **Devi riordinarti la camera**, you must tidy up your room **2** (*dare un nuovo ordinamento a*) to reform; (*riorganizzare*) to reorganize: **r. l'amministrazione della giustizia**, to reform the administration of justice; **r. un esercito**, to reorganize an army. **riordinarsi, B** *v. rifl.* to put* oneself in order (again); to tidy oneself up: **Mi devo riordinare**, I must tidy myself up.

riordinatóre, *m.* reformer; reorganizer.

riordinazióne, *f.* **1** (*comm.*) reorder **2** (*relig.*) reordination.

riórdino, (*bur.*) *V.* **riordinaménto**.

riorganizzaménto, *m.* reorganization; reorganizing.

riorganizzare, A *v. t.* to reorganize; to organize again: **r. un esercito**, to reorganize an army. **riorganizzarsi, B** *v. rifl.* to reorganize.

riorganizzatóre, *m.* reorganizer.

riorganizzazióne, *f.* reorganization.

riottosità, *f.* (*lett.*) **1** (*litigiosità*) quarrelsomeness; cantankerousness; contentiousness **2** (*indocilità*) unruliness; intractability; refractoriness.

riottóso, *a.* (*lett.*) **1** (*litigioso*) quarrelsome; cantankerous; contentious **2** (*indocile*) unruly; intractable; refractory.

ripa, *f.* steep bank. ● (*zool.*) **uccelli di r.**, riparian birds; wading birds; waders.

ripagare, *v. t.* **1** (*pagare di nuovo*) to repay*; to pay* again: **Dovetti r. il libro**, I had to pay for the book again **2** (*fam.: ricompensare, contraccambiare*) to repay*; to pay* back; to recompense: **Ti ripagherò di quanto hai fatto per me**, I will repay you for what you have done for me; (*fig.*) **r. q. con la stessa moneta**, to pay sb. back in his own coin; to give sb. tit for tat **3** (*risarcire*) to pay* for; to replace: **L'hai rotto e lo ripagherai**, you have broken it, so you will have to replace it (*o* to pay for it).

riparàbile, *a.* repairable; (*risarcibile*) reparable: **una perdita r.**, a reparable loss.

riparabilità, *f.* reparability.

riparare (1), A *v. t.* **1** (*difendere*) to shelter; to protect; to shield; to screen: **r. q. dal freddo** (**dal vento, dalla pioggia, dal sole**), to shelter sb. from the cold (from the wind, from the rain, from the sun); **La riparò con il suo corpo**, he protected (*o* shielded) her with his body; **Le finestre erano riparate dalle zanzare con apposite reti**, the windows were screened from mosquitoes by special nets **2** (*accomodare*) to repair, to fix (*anche mecc.*); to mend; to restore; (*aeron., naut.*) to refit: **r. scarpe** (**una stalla, un muro, una rottura**), to repair shoes (a byre, a wall, a break); **r. una foratura**, to repair (*o* to mend) a puncture; **r. un vestito**, to mend a dress; (*naut.*) **r. vele** (**alberi**), to refit sails (masts); **Il rubinetto lo riparerò io**, I'll fix (*o* repair) the tap **3** (*fare ammenda, risarcire*) to redress; to make* amends for (st.); to make* up for (st.); to make* good: **r. un danno** (**un torto**), to redress an injury (a wrong) **4** (*un esame*) to repeat; to resit* for. ● **r. un'ingiustizia**, to right an injustice □ (*fig.*) **r. le spalle a q.**, to back sb. up. **B** *v. i.* **1** (*mettere riparo*) to remedy; to redress; to make* up for (st.); to make* good: **r. a un inconveniente**, to remedy a defect; **r. a una perdita**, to make up for a loss; **r. a un malestro**, to make good a piece of damage; **r. a un torto**, to redress a wrong **2** (*a scuola*) to repeat (an examination): **Non essendo promosso a giugno, riparerà a settembre**, as he failed in June, he will repeat the exam in September. **ripararsi, C** *v. rifl.* (*difendersi*) to protect oneself: **La sciarpa aiuta a ripararci dal vento freddo**, a scarf helps us to protect ourselves from the biting wind.

riparare (2), A *v. i.* to take* refuge; to repair to (a place): **È riparato all'estero**, he has taken refuge abroad. **ripararsi, B** *v. rifl.* to shelter (oneself); to take* shelter; to take* cover: **Si riparò dalla pioggia in una capanna**, he sheltered himself from the rain in a hut; **Quando scoppiò il temporale, si ripararono sotto un albero**, when the storm broke out, they sheltered (*o* took shelter) under a tree.

riparata, *f.* repair. ● **dare una r. a q.c.**, to repair st.; to fix st. (*fam.*) **Ha bisogno d'una r.**, it needs repairing.

riparato, *a.* **1** (*difeso, protetto*) sheltered; protected: **un luogo ben r.**, a well-sheltered place; **r. dal freddo**, sheltered (*o* protected) from the cold **2** (*aggiustato, accomodato*) repaired: **scarpe riparate**, repaired shoes.

riparatóre, *m.* repairer; (*restauratore*) restorer.

riparazióne, *f.* **1** repair; repairing; mending; fixing; (*ripristino*) restoration; (*di vestiti*) alteration; (*mecc.*) repair, fixing; (*aeron., naut.*) refit: **Quest'anno, dopo il gelo, molte strade sono in r.**, after the frosts of this year, many roads are under repair; **La r. della rete ferroviaria richiese molti anni**, the repairing of the railway network took many years; **Le riparazioni al tempio greco sono in fase avanzata**, the restoration of the Greek temple is well under way; **Farò fare delle riparazioni a questo vestito**, I'll have some alterations made to this dress; **La r. degli aerei viene eseguita a bordo della portaerei**, the refit of the planes is done on board the aircraft-carrier; **È lui che ha fatto la r. della valvola**, he did the fixing (*o repair*) of the fuse **2** (*fig.*) reparation; atonement; amends (*pl.*); redress: **chiedere una r.**, to demand reparation (*o* satisfaction); **riparazioni di guerra**, war reparations; **Farò r. di tutti i miei misfatti**, I'll make amends for all my misdeeds; **la r. di un'ingiustizia**, the amends for a tort; **in r. di un torto**, in reparation of (*o* in atonement for, as amends for) a wrong; **un atto di r.**, an act of atonement (*o* of reparation). ● **esami di r.**, resit exams; resits (*fam.*) ☐ **officina per riparazioni**, repair shop ☐ (*segnaletica stradale*) **strada in r.**, road up.

riparèlla, *f.* (*mecc.*) washer.

ripàrio, *a.* (*lett.*) riparial; riparian; riverine.

riparlare, **A** *v. i.* to speak* again; to talk again. ● (*fig.*) **Ne riparleremo!**, just wait and see. **riparlarsi**, **B** *v. rifl. recipr.* to be reconciled; to be friends again.

riparo, *m.* **1** shelter; cover; protection: **Nella tempesta, non riuscimmo a trovare un r.**, we were unable to find a shelter during the storm; **mettersi al r.**, to take cover; **Quando lampeggia, gli alberi non sono un r. sicuro**, when there is lightning, trees are not a very safe shelter **2** (*difesa, schermo*) protection; defence; shield: **Quando tira il vento, l'ombrello offre poco r.**, when the wind blows, an umbrella offers little protection; **Contro la calunnia non c'è r.**, there's no defence against calumny **3** (*rimedio*) remedy; cure: **trovare** (**mettere**) **r. a q.c.**, to find (to provide) a remedy for st.; **Non c'è r. a questi mali**, there's no cure (*o* remedy) for these ills **4** (*mecc.*) guard; shield; apron: **r. di protezione per fresa**, cutter-guard; **r. della cinghia**, belt safety-guard; **r. contro gli spruzzi di olio**, oil-splash guard; **r. di protezione del mandrino**, chuck guard. ● **al r. dal vento**, sheltered from the wind ● **correre ai ripari**, to take (remedial) measures ☐ **farsi r.**, to protect (*o* to shield) oneself ☐ **mettere r. a un inconveniente**, to put a stop to a nuisance ☐ (*fig.*) **senza r.**, irreparably, irretrievably (*avv.*); irreparable, irretrievable (*agg.*) ☐ (*fig.*) **Non c'è r.**, there's nothing to be done about it.

ripartibile, *a.* divisible; distributable; apportionable; allottable.

ripartiménto, *m.* **1** division (into parts); apportionment; distribution; allotment **2** (*bur.*) division; department; section.

ripartire (1), *v. i.* **1** to go* away again; to leave* again; to start out again: **Egli ripartì dopo alcuni giorni**, he left again after a few days **2** (*mecc.*) to start again. ● **far r.**, to restart.

ripartire (2), **A** *v. t.* (*dividere in parti, distribuire*) to divide (into parts); to apportion; to portion out; to parcel out; to share out; to distribute; to allot: **Quando gli utili furono ripartiti, io ricevetti cento sterline**, when the profits were allotted, I received 100 pounds; **r. le spese** (**le perdite, ecc.**), to share expenses (losses, etc.); **r. le azioni**, to allot shares; **r. dieci sterline fra cinque ragazzi**, to share out ten pounds among five children. **ripartirsi**, **B** *v. rifl. recipr.* to split* up (st.); to divide (between, among): **Si ripartirono il denaro**, they divided the money between (*o* among) themselves.

ripartitóre, *m.* **1** (*impiegato postale*) sorter **2** (*tel.*) distribution frame.

ripartizióne, *f.* **1** (*il ripartire*) division; apportionment; portioning out; sharing out; distribution; allotment: **una equa r. del denaro**, a fair division of the money; **la r. degli utili**, the allotment of profits **2** (*ciascuna delle parti*) division; share; portion; allotment: **ripartizioni di terreno**, allotments of land **3** (*bur.*) division; department; section.

riparto, *V.* **ripartiménto**, **reparto**.

ripassare, **A** *v. t.* **1** (*passare di nuovo*) to cross again; to recross; to go* through again: **r. il fiume** (**il lago**), to cross the river (the lake) again; **Il panfilo ripassò il Golfo della Spezia**, the yacht recrossed the Gulf of Spezia; **Il fuggiasco ripassò il bosco**, the fugitive went through the wood again **2** (*rivedere, rileggere*) to revise; to read* (st.) over again; to go* through (st.) again; to have a look at (st.) again; to go* (*o* to run*) over (st.) (again): **r. una lezione** (**degli appunti, ecc.**), to go over a lesson (some notes, etc.) again; **Ho ripassato la sua tesi, ma dovrò respingerla**, I've read his thesis over again, but I'll have to reject it; **r. i conti**, to go over (*o* to review) the accounts; **Dovremo r. queste dichiarazioni**, we'll have to go through these statements again; **Voglio r. questi documenti**, I want to have a look at these documents again **3** (*ritoccare*) to give* a finishing touch (to st.); to touch up; to retouch: **Gli operai stanno ripassando la mia nuova casa**, the workmen are giving a finishing touch to my new house; **Chiesi all'esperto di r. quel quadro**, I asked the expert to touch up that painting; **A primavera, chiamo il verniciatore per r. tutte le finestre**, in spring, I ask the painter to retouch (*o* to give a fresh coat of paint to) the windows **4** (*colare, filtrare di nuovo*) to strain again, to restrain; (*r. allo staccio*) to sift again: **Vuoi che ti ripassi questa minestra?**, do you want me to strain this soup again (*o* to restrain this soup) for you? **5** (*porgere di nuovo*) to pass again; to hand again: **Ripassami quel giornale, per cortesia!**, pass me that paper again, please! **6** (*mecc.*) to overhaul: **r. un motore**, to overhaul an engine **7** (*fam.: rimproverare*) to scold; to tell* off (*fam.*); (*picchiare*) to beat*; to give* a (good) beating (*o* thrashing) to (sb.): **Lo ripassano spesso, quel ragazzo**, they often beat that boy. **B** *v. i.* to pass again (through a place); to call (at a place) again; to call (on sb.) again: **Domani, tornando a Torino, ripasserò da Piacenza**, tomorrow, on my way back to Turin, I'll pass through Piacenza again; **Ripasserò da te domani per vedere tuo marito**, I'll call on you again tomorrow to see your husband. ● **r. un disegno a inchiostro**, to ink in a drawing ☐ (*mecc.*) **r. le sedi delle valvole**, to regrind the valve seats ☐ **Ripassate più tardi!**, come back later!

ripassata, *f.* **1** (*scorsa*) another look; look through: **Voglio dare una r. ai miei appunti prima dell'esame**, I want to have another look at my notes (*o* I want to look over my notes again) before the exam **2** (*pulita*) clean; cleaning: **Questo pavimento ha bisogno di una r.**, this floor needs a clean (*o* a cleaning); **Dovrò dare una r. a questo vestito**, I'll have to give this suit a cleaning (*o* a clean) **3** (*mecc.: revisione*) overhaul; overhauling: **dare una r. a un motore**, to give an engine an overhaul(ing) **4** (*mano di colore, di vernice*) fresh (*o* new) coat of paint: **Dovremo dare una r. al salotto**, we'll have to give the drawing-room a fresh (*o* new) coat of paint **5** (*fig.: sgridata*) scolding; telling-off (*fam.*); (*botte*) (good) beating, thrashing: **Gli hanno fatto una solenne r.**, he was given a severe scolding (*o* telling-off). ● **dare una r. ai mobili**, to give the furniture a polish ☐ **dare una r. al tavolo**, to give the table a wipe over ☐ **Dammi una r. (col ferro) ai pantaloni!**, give my trousers a press!

ripasso, *m.* **1** (*ritorno*) return: **il r. degli uccelli migratori**, the return of migratory birds **2** (*revisione*) revision: **esercizi di r.**, revision exercises. ● **fare il r. di q.c.**, to go through st. again.

ripàtica, *f.* (*leg.*) riparian rights (*pl.*).

ripeggiorare, **A** *v. t.* to worsen again; to make* worse. **B** *v. i.* to worsen again; to get* worse again.

ripensaménto, *m.* **1** (*riflessione*) afterthought, second thought(s); reflection **2** (*mutamento d'idea*) change of mind.

ripensare, *v. i.* **1** (*tornare a pensare*) to think* again; to rethink*; to think* (st.) over; to think* better (of st.); (*riflettere*) to reflect, to consider: **Ripensa a quanto t'ho detto**, think over what I've said; **Ripensaci!**, think it over!; **Che idea sciocca! Spero che ci ripenserai meglio**, what a foolish idea! I hope you will think better of it **2** (*cambiare idea*) to change one's mind: **Ci ho ripensato, rimango qui**, I've changed my mind, I'm going to stay here **3** (*riandare con la mente*) to recall; to call back to one's mind: **r. ai bei giorni del passato**, to recall the good old times. ● **Ripensandoci meglio, decisi di non andare**, on second thoughts, I decided not to go.

ripentiménto, *m.* repentance; penitence; contrition.

ripentirsi, *v. rifl.* **1** to repent **2** (*provare rammarico*) to regret; to feel* regret; to repent; to be (*o* to feel) sorry **3** (*mutare proposito*) to change one's mind; to repent.

ripercórrere, *v. t.* **1** to run* through again **2** (*fig.*) to go* over again.

ripercòssa, *f.* **ripercotiménto**, *m.* repercussion (*anche fig.*).

ripercuòtere, **A** *v. t.* **1** (*percuotere di nuovo*) to strike* again; to beat* again **2** (*riflettere*) to reflect; to throw* back. **ripercuotersi**, **B** *v. rifl.* **1** to be reflected; to reverberate **2** (*fig.*) to influence; to affect: **La mancanza di interesse al lavoro si ripercuote sul rendimento**, output is influenced by lack of interest in work. ● **il r. del suono**, the repercussion of sound.

ripercussióne, *f.* **1** repercussion **2** (*riflessione*) repercussion; reflection; reverberation **3** (*fig.*) repercussion; far-reaching effect(s); consequence: **le ripercussioni del Trattato di Versailles**, the repercussions of the Treaty of Versailles; **la r. dei recenti avvenimenti politici sul nostro mercato**, the repercussion of the late political events on our market; **ripercussioni fiscali**, tax consequences.

ripercussivo, *a.* repercussive.

ripèrdere, *v. t.* to lose* again.

riperdonare, *v. t.* to forgive* again.

ripesare, *v. t.* to weigh again; to reweigh.

ripescare, *v. t.* **1** (*pescare di nuovo*) to fish again **2** (*trarre fuori dall'acqua cosa che vi sia caduta*) to fish out (*o* up); to draw* (*o* to pull) out of the water: **r. q.c. da un pozzo**, to fish st. out of a well **3** (*fig.: trovare dopo molte ricerche*) to fish out; to find* (again): **Dove lo ripesco?**, where can I find him?

ripestare, *v. t.* (*calpestare di nuovo*) to re-tread*; to tread* again; to trample again; to crush again.

ripetènte, A a. repeating. B m. e f. (scolastico) pupil repeating a year. ● **i ripetenti**, repeat students.

ripètere, A v. t. 1 (fare di nuovo) to repeat: **r. un esperimento (un errore, un esame)**, to repeat an experiment (a mistake, an exam); **r. un anno a scuola**, to repeat a year at school 2 (dire di nuovo) to repeat; to say* again; to tell* again: **r. un comando (una preghiera, una parola)**, to repeat an order (a prayer, a word); **Ripete tutti i pettegolezzi che sente**, he repeats all the gossip he hears; **L'ho ripetuto mille volte!**, I've said it again and again; I've repeated it a hundred times; **Te l'ho detto e ripetuto**, I've told you again and again; **Non ripeto mai quello che dico né ciò che mi si dice**, I never repeat what I say nor what I'm told; **Non c'è bisogno che tu me lo ripeta**, there's no need for you to tell me again 3 (leg.) to claim back: **Ha diritto di r. dagli eredi un terzo delle spese**, he has the right to claim back a third of the expenses from the heirs. ● **r. le proprie lagnanze**, to renew one's complaints □ **far r. la lezione a q.**, to hear sb.'s lesson □ **Non ho bisogno di farmelo r. due volte**, I don't need to be told twice □ (fam.) **Paganini non ripete!**, I don't plant my cabbages twice! **ripètersi**, B v. rifl. to repeat oneself; to be repeated: **È pericoloso per uno statista credere che la storia si ripeta**, it's dangerous for a statesman to believe that history repeats itself; **Queste scuse si ripetono troppo spesso**, these excuses are repeated (o happen) too often; **Ti stai ripetendo troppo perché tu possa tener vivo il mio interesse**, you're repeating yourself too often to hold my interest.

ripetibile, a. repeatable; reiterable; replicable.
ripetibilità, f. repeatability.
ripetitività, f. repetitiveness.
ripetitivo, a. repetitive.
ripetitóre, A m. 1 repeater: (ferr.) **un r. di segnali**, a signal repeater; (tel.) **r. d'impulsi**, impulse repeater 2 (acustica) echoer 3 (insegnante privato) coach. ● **r. televisivo**, television relay. B a. 1 repeating 2 (radio, telev.) relay (attr.): **stazione ripetitrice**, relay station.
ripetitrice, f. (radio, telev.: stazione r.) relay station. ● (naut.) **r. di bussola**, compass repeater □ (ing.) **r. di girobussola**, gyrorepeater □ (naut.) **r. di rotta**, steering repeater.
ripetizióne, f. 1 (il ripetere) repetition: **la r. di parole (di frasi, di un fatto)**, the repetition of words (of phrases, of a fact) 2 (ripasso) revision: **una r. generale di una materia**, a general revision of a subject 3 (lezione privata) private lesson: **andare a r. da q.**, to take private lessons from sb.; to be tutored by sb.; **dare ripetizioni a q.**, to give private lessons to sb.; to tutor sb.; to coach sb. 4 (leg.) claiming back. ● **fucile a r.**, repeating rifle; repeater.
ripetutaménte, avv. repeatedly; over and over again; again and again.
ripetuto, a. repeated: **errori ripetuti**, repeated mistakes. ● **battere ripetuti colpi ad una porta**, to knock again and again at a door.
ripianaménto, m. (econ.) levelling up.
ripianare, v. t. (econ.) to level up.
ripiano, m. 1 (pianerottolo) landing 2 (tratto di terreno pianeggiante) terrace; level ground 3 (palchetto d'un mobile) shelf* 4 (geol.) bench. ● (di terreno) **a ripiani**, terraced; in terraces.
ripiantare, v. t. to replant; to plant again (o anew).
ripicca, f. spite; pique; resentment: **fare q.c. per r.**, to do st. out of spite.
ripicchiare, A v. t. to strike* again; to hit* again; to beat* again: **Ragazzaccio! Ti meriteresti di essere ripicchiato ben bene!**, you naughty boy! I ought to give you a good beating again! B v. i. 1 to knock again: **Picchia e ripicchia, nessuno mi aprì**, I knocked again and again, but nobody came to open the door for me 2 (fig.: insistere, tornare a domandare) to insist; to ask again. **ripicchiarsi**, C v. rifl. (fam.: azzimarsi) to spruce up; to tit(t)ivate oneself.
ripicchiata, f. 1 (il ripicchiare) striking again; hitting again; beating again 2 (fam.: l'azzimarsi) sprucing up. ● **dare una r. alla porta**, to knock at the door again □ (fam.) **darsi una r.**, to spruce up; to tit(t)ivate oneself.
ripicco, V. ripicca.
ripicolo, a. (biol.) riparial.
ripidaménte, avv. steeply; precipitously.
ripidézza, f. steepness; precipitousness.
ripido, a. steep; precipitous: **un r. pendio**, a steep slope; **una salita ripida**, a steep ascent.
ripiegaménto, m. 1 (il piegare di nuovo) folding again; refolding 2 (il piegare più volte) folding up 3 (ripiegatura) fold; folding 4 (tortuosità) bend; curve; turn; winding 5 (mil.) retreat; withdrawal.
ripiegare, A v. t. 1 (piegare di nuovo) to fold again; to refold: **piegare e r.**, to fold and refold 2 (piegare più volte o a più doppi) to fold up: **r. le lenzuola**, to fold up the sheets 3 (abbassare) to lower: **r. la bandiera**, to lower the flag. B v. i. 1 (mil.) to retreat; to withdraw*: **r. oltre il fiume**, to retreat beyond the river 2 (fig.: trovare un ripiego) to make* shift with; to make* do with: **r. su vacanze poco costose**, to make do with a cheap holiday. ● (anche fig.) **r. le ali**, to fold one's wings. **ripiegarsi**, C v. rifl. 1 (piegarsi) to bend* down: **I rami carichi di mele si ripiegavano**, the boughs laden with apples were bending down 2 (incurvarsi) to bend*; to turn; to wind*: **Il fiume si ripiega parecchie volte**, the river bends several times; **Qui la strada si ripiega a destra**, the road bends to the right here; **La strada si ripiega bruscamente**, the road turns abruptly; there is a sharp bend in the road. ● **r. in se stesso**, to retire into oneself; to keep (oneself) to oneself.
ripiegata, f. folding; folding up. ● **dare una r. a q.c.**, to fold up st.
ripiegato, a. 1 folded; flexed: **foglio r.**, folded sheet of paper 2 (incurvato) folded; bent; curved: **ramo r.**, bent bough.
ripiegatura, f. folding; (piega) fold; (metall.) lap.
ripiègo, m. expedient; makeshift; resource; stopgag; device: **l'ultimo r.**, the last resource; **trovare un r.**, to find out an expedient; **per r.**, as a makeshift; **un r. d'emergenza**, an emergency stopgag. ● **soluzione di r.**, makeshift solution □ **vivere di ripieghi**, to live by one's wits.
ripièna, f. (min.) gob.
ripienézza, f. fullness; repletion.
ripienista, m. e f. (mus.) ripienist.
ripièno, A a. 1 full up; quite full; replete; filled to repletion; (pieno fino all'orlo) full to the brim 2 (pervaso) full; pervaded: **un uomo r. di boria**, a man full of arrogance; a haughty man; **r. di gioia**, pervaded with joy 3 (cucina) stuffed: **un tacchino r.**, a stuffed turkey. ● **panino r.**, sandwich. B m. 1 (ciò che serve a riempire) filling; stuffing; padding: **il r. d'un cuscino**, the stuffing of a cushion 2 (cucina) stuffing; filling 3 (fig.) make-weight: **Qui, io ci sono per r.**, I'm but a make-weight here 4 (mus.) ripieno*.
ripigliare, A v. t. 1 (riprendere) to retake*; to take* again; to take* back 2 (ricuperare) to recover 3 (riafferrare) to catch* again; to seize again 4 (ricominciare) to resume; to begin* (o to start) again: **r. a scrivere una lettera**, to start writing a letter again 5 (riaccettare) to re-engage; to take* back. B v. i. (rif. a piante, alberi: riaversi) to revive. **ripigliarsi**, C v. rifl. to recover (oneself): **Si ripigliò quasi subito**, he quickly recovered.
ripiglino, m. (gioco infant.) cat's-cradle.
ripiombare, A v. t. to plumb again; to reseal (with lead). B v. i. 1 to fall* (o to pounce) upon again 2 (fig.) to plunge (o to fall*) back: **r. nella disperazione**, to plunge back into despair.
ripiòvere, v. i. impers. to rain again.
ripopolaménto, m. repopulation; repeopling.
ripopolare, A v. t. to repopulate; to repeople; to people again (o anew). **ripopolarsi**, B v. rifl. to be repopulated (o repeopled).
ripórre, A v. t. 1 (porre di nuovo) to put* again: **Riponilo lì**, put it there again 2 (ricollocare una cosa dove era prima) to replace; to put* back; (mettere via) to put* away: **Riponi il libro sullo scaffale**, put the book back on the shelf; **Riponi i libri**, put your books away 3 (nascondere) to hide*; to conceal 4 (fig.: collocare) to put*; to place; to set*: **r. la propria fiducia in q.**, to put (o to set) one's trust in sb.; **r. la propria fiducia in q.**, to place confidence in sb.; **r. ogni speranza in q.**, to place (o to repose) one's hopes in sb. **ripórsi**, B v. rifl. 1 (rimettersi a fare q.c.) to resume; to start again; to begin* again: **r. a studiare**, to start (o to begin) studying again 2 (nascondersi) to hide* (oneself); to conceal oneself. ● **r. a sedere**, to sit down again.
riportàbile, a. (Borsa) contangeable; continuable.
riportare, A v. t. 1 (verso l'interlocutore: portare di nuovo) to bring* again, (indietro) to bring* back; (lontano dall'interlocutore: portare di nuovo, o riaccompagnare) to take* again, (indietro) to take* back, to carry back: **Fagli l'ambasciata e riportami la risposta**, give him the message and bring me back the reply; **Riportami quella fiala**, bring me that phial again; **Gli devo r. questi libri oggi?**, must I take these books to him again today?; **Ti riporterò il libro che mi desti**, I'll bring you back the book you gave me; **Riporta queste chiavi al padrone**, take these keys back to the owner; **Riportò il ferito alla cascina**, he carried the injured man back to the farm-house 2 (riferire) to report; to relate; (pubblicare) to report, to carry, to publish; (citare) to quote: **Riporta ai superiori tutto quello che sente dire**, he reports everything he overhears to his superiors; **r. la verità**, to report the truth; **Tutti i giornali hanno riportato questa notizia**, all the papers have reported (o carried) this piece of news; **Ha riportato un passo del mio libro**, he has quoted a passage from my book; **r. l'opinione di una persona autorevole**, to quote the opinion of a person of authority 3 (la selvaggina) to retrieve 4 (fig.: ricevere, ottenere) to receive, to get*, to carry off; (subire) to suffer; to meet* with: **r. una buona impressione**, to receive a good impression; **r. un premio**, to get (o to obtain o to receive) a prize;

riportatóre

r. la vittoria, to carry off the victory; **r. danni (ferite)**, to suffer damages (injuries); **r. una leggera ferita**, to receive a slight wound; to be slightly wounded **5** (*mat.*) to carry; to carry over: **Scrivo cinque e riporto due**, I write down five and carry two **6** (*rag.*) to carry forward (*o* over); to bring* forward: **r. una somma alla pagina seguente**, to carry a total forward to the next page **7** (*Borsa*) to contango; to continue; to carry over; to borrow **8** (*disegno*) to transfer. ● (*edil.*) **r. materiale di sterro**, to embank. **riportarsi, B** *v. rifl.* **1** (*tornare, anche fig.*) to go* back: **Riportati in città il più presto possibile**, go back to town as soon as possible; **Si riporta sempre al passato per trovare casi analoghi**, he always goes back to the past for analogous cases **2** (*riferirsi*) to refer: **Mi riporto a teorie già provate**, I'm referring to theories that have already been proved; **Si riportò a ciò che era stato detto**, he referred to what had already been said **3** (*attenersi*) to follow (st.); to rely (on st.): **Mi riporterò al giudizio di persone più competenti**, I shall rely on the judgment of more competent people.

riportatóre, *m.* **1** reporter **2** (*Borsa*) taker.

ripòrto, *m.* **1** (*mat.*) amount to be carried; carry **2** (*rag.*) carry-over; amount carried forward **3** (*Borsa*) contango; continuation; carry-over: **il tasso di r.**, the contango rate **4** (*cucito, ricamo: pezzo che si riporta per ornamento*) appliqué **5** (*metall.*) surfacing **6** (*elab.*) carry. ● **r. di terra**, embankment □ **cane da r.**, retriever □ (*edil.*) **materiale di r.**, filling material.

riposante, *a.* restful; peaceful: **un paesaggio r.**, a peaceful landscape. ● **una vacanza r.**, a relaxing holiday.

riposare (1), A *v. t.* to rest: **r. la mente**, to rest the mind; **Riposa la tua voce per un po' di tempo!**, rest your voice for a little!; **Lavorò tutta la notte senza r.**, he worked all night without resting; **Ho bisogno di r. gli occhi**, I have to rest my eyes. **B** *v. i.* **1** to rest; to have (*o* to take*) a rest; (*dormire*) to sleep*: **Voglio r. un'oretta, prima di partire**, I want to rest for an hour before leaving; **L'ammalato riposò tutta la notte**, the patient slept (*o* rested) all night **2** (*essere sepolto*) to rest; to lie*: **La salma del Presidente riposa nel cimitero di Arlington**, the body of the President lies (*o* rests) in Arlington Cemetery **3** (*poggiare, reggersi*) to rest; to be built; to be supported (by st.): **La statua riposa sul basamento**, the statue rests on the pedestal; **L'edificio riposa su terreno argilloso**, the edifice is built on clay soil; **L'arcata riposa su due grandi pilastri**, the arch is supported by two big pillars **4** (*confidare*) to rely (upon sb., st.): **Riposiamo sulla tua promessa**, we rely upon your words **5** (*di terreno*) to rest; to lie* fallow: **La terra deve r. da una coltura all'altra**, the land must rest (*o* lie fallow) between one cultivation and another **6** (*di liquido*) to settle. ● **r. sugli allori**, to rest on one's laurels □ **Dio lo riposi!**, may God grant him rest! **riposarsi, C** *v. rifl.* to rest; to have (*o* to take*) a rest; (*sdraiarsi*) to lie* down: **Il settimo giorno Dio si riposò**, God rested on the seventh day; **Ho bisogno di riposarmi**, I need to take a rest; **Mi riposerò per un'ora**, I'll have an hour's rest; **Dopo colazione, mi riposo un po' prima di riprendere il lavoro**, after lunch, I lie down for a little before starting work again.

riposare (2), A *v. t.* (*posare di nuovo*) to place back; to replace; to put* back; to lay* down again: **Riposò il bicchiere sul tavolo**, he placed the glass back on the table; **Ricordati di r. il libro sullo scaffale**, remember to replace the book on the shelf; **Riposa quella scatola dove l'hai presa!**, put that box back where you took it from!; **Riposò il fucile per terra**, he laid the rifle down again on the ground. **riposarsi, B** *v. rifl.* (*posarsi di nuovo*) to stay* again; to rest again; (*di uccelli e sim.*) to alight again; to perch again.

riposata, *f.* (*fam.*) (short) rest.

riposato, *a.* **1** (*tranquillo*) restful; tranquil; peaceful; quiet; calm: **fare una vita riposata**, to lead a calm (*o* peaceful) life **2** (*ristorato, non stanco*) refreshed; fresh: **Non mi sono mai sentito più r.**, I never felt fresher in my life **3** (*di liquido*) settled.

riposino, *m.* (*fam.*) short rest; nap; forty winks (*fam.*): **fare un r.**, to have (*o* to take) a nap; to have forty winks.

riposizióne, *f.* (*med.*) reposition; replacement.

ripòso, *m.* **1** rest; repose (*lett.*): **I bambini non le concedono mai un minuto di r.**, the children never give her a moment's rest; **Viaggiò notte e giorno senza r.**, he travelled night and day without rest (*o* repose); **stare in r.**, to be at rest; **prendersi un po' di r.**, to take a little rest; **La domenica è un giorno di r.**, Sunday is a day of rest; **un breve r. dopo colazione**, a short rest (*o* a nap) after lunch; **cinque minuti di r. prima di continuare il discorso**, five minutes' rest before going on with the speech **2** (*lett.: tranquillità, pace*) tranquillity; peace; quiet: **Che dolce r. su questi colli!**, what sweet tranquillity on these hills! **3** (*mus.*) pause; hold. ● **r. settimanale**, weekly day off □ **andare a r.**, to retire □ **andare agli eterni riposi**, to lie in eternal sleep; to pass away □ **collocare** (*o* mettere) **q. a r.**, (*per malattia*) to put sb. on the sick-list; (*per limiti d'età*) to superannuate sb.

□ (*della terra*) **stare in r.**, to lie fallow □ (*teatr.*) **stasera r.**, no performance tonight □ **Buon r.**, have a good night's rest!; sleep well! □ (*mil.*) **R.!**, (stand) at ease! □ **Questo è il mio giorno di r.**, this is my day off.

ripostìglio, *m.* lumber-room; store-room; closet (*USA*).

ripósto, *a.* **1** (*segreto*) secret; recondite; concealed; hidden: **i più riposti pensieri**, the most secret thoughts **2** (*appartato*) secluded; out-of-the-way: **luoghi riposti**, out-of-the-way (*o* solitary) places.

ripregare, *v. t.* **1** (*dire di nuovo preghiere*) to pray again **2** (*chiedere di nuovo*) to ask again; to request again.

ripremiare, *v. t.* to reward again.

riprèndere, A *v. t.* **1** (*prendere di nuovo*) to retake*, to take* again; (*riacchiappare*) to catch* again: **Riprese il suo posto** (*a sedere*), he took his seat again; he sat down again; **Riprese in mano la penna (lo scalpello)**, he took up the pen (the chisel) again; **Riprese il raffreddore**, he caught a cold again (*o* another cold); **Mi era scappato, ma l'ho ripreso**, he had run away, but I caught him again **2** (*riavere, prendere indietro*) to take* back; to get* back; (*ricuperare*) to recover: **Dopo la lite, si riprese il libro che mi aveva prestato**, after the quarrel, he took back the book he had lent me; **Aveva messo il figlio in collegio, ma l'ha presto ripreso**, he had sent his son to a boarding school, but he soon took him back (home); **r. il fiato**, to get one's breath back; **r. forza (vigore)**, to recover one's strength (vigour); **r. un dono**, to take a gift back; **r. i sensi**, to recover consciousness; **Ripresi il denaro prestato**, I got back the money I had lent; **Abbiamo ripreso tutto ciò che avevamo perduto**, we have recovered all we had lost **3** (*ricominciare*) to begin* again; to resume; (*continuare*) to continue: **Riprese a gridare**, he began shouting again; **Il nemico riprese il bombardamento dopo una sosta di ventiquattro ore**, the enemy resumed the bombardment after a twenty-four-hour lull; **Dopo cena ripresi il viaggio**, after supper I resumed my journey; **r. a scrivere (a lavorare)**, to begin writing (working) again; **r. il lavoro (la lettura, l'insegnamento)**, to resume work (reading, teaching); (*autom.*) **r. velocità**, to resume (*o* to pick up) speed **4** (*continuare a dire*) to go* on; to continue; (*soggiungere*) to add: «**Se vuoi, riprese, «andrò a trovarlo**», «if you wish,» he added, «I'll go and see him»; «**No, riprese mia madre, «non voglio che tu lo faccia**», «no,» my mother added, «I don't want you to do this»; **r. il discorso**, to go on with the talk **5** (*assumere di nuovo*) to resume; (*impiegati*) to re-engage: **Il dittatore ha ripreso il potere nel paese**, the dictator has resumed power in the country; **Dovremo r. tutto il personale dell'anno scorso e qualche cameriera in più**, we'll have to re-engage all last year's staff and some extra waitresses as well **6** (*riconquistare, riacquistare*) to retake*; to recapture: **Ripresero le posizioni che avevano abbandonato il giorno prima**, they retook the positions they had abandoned the day before; **L'evaso non godette che poche ore di libertà prima d'essere ripreso**, the escaped prisoner enjoyed only a few hours' freedom before he was recaptured; **r. una città**, to retake (*o* to recapture) a town **7** (*rimproverare*) to reprove; to reprimand; to find* fault with (sb.); to scold: **Lo riprese severamente**, he reproved him sharply; **Non fa altro che riprenderci**, all he does is find fault with us **8** (*sartoria*) to take* in: **Questo vestito ha bisogno di esser ripreso alla vita**, this dress needs to be taken in at the waist **9** (*pitt.*) to portray: **Il pittore l'ha ripreso bene**, the painter has portrayed him well **10** (*cinem., fotogr.*) to take*; to shoot*; to film: **r. un primo piano**, to shoot a close-up; **r. una scena**, to take (*o* to shoot) a scene. **B** *v. i.* to recover; to revive: **Dagli un po' d'acqua: riprenderà presto**, give him some water: he'll soon recover (*o* come to); **La pianta riprese dopo la pioggia**, the plant revived after the rain. ● **r. le armi**, to take up arms again □ **r. il cammino**, to set out again □ **r. coraggio**, to take courage again □ **r. moglie** (*o* marito), to marry again (*o* lavoro a maglia) **r. un punto**, to pick up a stitch □ (*aeron.*) **r. quota**, to regain height; (*fig.*) to regain popularity □ **La vita riprende**, things are getting back to normal. **riprèndersi, C** *v. rifl.* **1** (*da una malattia*) to recover; (*da un'emozione e sim.*) to collect oneself: **Dopo una malattia del genere, è difficile r. completamente**, after such an illness it is difficult to recover completely; **L'ammalato si riprende lentamente**, the patient is recovering slowly; **Dopo quella emozione, mi ci volle molto tempo per riprendermi**, after that shock I needed a lot of time to collect myself **2** (*correggersi*) (*o* to check) oneself; to pull oneself up: **Si accorse di aver sbagliato, ma si riprese subito**, he realized he had made a mistake, but he corrected himself immediately. ● **Non si riprenderà mai**, he'll never be his former self again.

riprensìbile, *a.* (*lett.*) reprehensible; reprovable; blameworthy.

riprensióne, *f.* (*lett.*) reprehension; reproof; rebuke: **degno di r.**, deserving of reprehension; reprehensible; reprovable; blameworthy.

riprensivo, *a.* (*lett.*) of reprehension; of reproof; of reproach:

parole riprensive, words of reproof.
riprensóre, *m.* (*lett.*) reprehender; reprover; rebuker.
ripreparare, A *v. t.* to prepare again; to reprepare. **riprepararsi, B** *v. rifl.* to prepare oneself again.
riprésa, *f.* **1** restarting; renewal; resumption: **La r. del lavoro dopo le vacanze è sempre difficile**, the restarting (*o* resumption) of work after the holidays is always difficult; **la r. delle ostilità**, the renewal of hostilities; **la r. dell'attività**, the renewal of activity; **la r. di un processo**, the resumption of a trial **2** (*rinascita*) revival: **Si deve la r. del dramma poetico inglese nel Novecento a T. S. Eliot**, the revival of English poetic drama in the twentieth century was started by T. S. Eliot **3** (*riconquista*) recapture: **La r. di Caen fu una delle battaglie più feroci della seconda guerra mondiale**, the recapture of Caen was one of the fiercest battles of the Second World War **4** (*da una malattia, un'emozione, ecc.*) recovery: **Dopo quell'incidente spaventoso, la sua r. sarà lenta**, after that frightful accident, his recovery will be slow; **La rapida r. dell'economia nazionale ha stupito tutti**, the rapid recovery of the national economy has astonished everyone **5** (*teatr.*) revival: **Nella prossima stagione teatrale ci saranno due riprese di commedie cinquecentesche**, for the next theatrical season there will be two revivals of sixteenth-century plays **6** (*autom.*) pick-up; acceleration **7** (*cinem., fotogr.*) shot; take; shooting: **r. a trucco**, process shot; **r. col rallentatore**, slow-motion shot; **r. di un interno**, interior shooting; **r. in esterni**, shooting on location; **r. inclinata**, angle shot; **r. muta**, mute shot; **riprese sottomarine**, under-water shots **8** (*telev.*: *r. diretta*) live telecast: **la r. di un avvenimento agonistico**, the live telecast of a sporting event **9** (*pugilato, lotta, ecc.*) round; (*scherma*) bout; (*calcio, rugby, ecc.*) half **10** (*mus.*) repeat **11** (*sartoria*) tuck; fold. ● **r. cinematografica**, filming **○ a più riprese**, in successive stages; (*più volte*) several times over, on several occasions □ (*fig.*) **essere in r.**, to be on the upswing (*o* on the rise) □ **Dipinse il ritratto in dieci riprese**, he painted the portrait in ten sittings.
ripresentare, A *v. t.* **1** (*offrire, proporre di nuovo*) to re-present; to present again; to offer again; to put* forward again; to introduce again; to send* in again: **r. un'istanza**, to re-present a plea; **r. le proprie scuse**, to offer one's apologies again; **r. un disegno di legge**, to introduce (*o* to bring in) a bill again **2** (*mostrare di nuovo*) to show* again; (*esporre di nuovo*) to re-exhibit, to exhibit again; (*esibire di nuovo*) to re-produce, to produce again. **ripresentarsi, B** *v. rifl.* to re-present oneself; to present oneself again: **r. alla casa d'un amico**, to present oneself at a friend's house again; **r. a un esame**, to re-present oneself for an examination; to sit an exam again. ● **quando si ripresenterà l'occasione**, as opportunity offers.
riprestare, *v. t.* to lend* again.
riprincipiare, *v. t. e i.* to begin* (all over) again; to start again; to restart; to recommence: **Il bambino riprincipiò a piangere**, the little boy started crying (*o* to cry) again.
ripristinaménto, *m.* restoration; reinstatement.
ripristinare, *v. t.* **1** to restore; to reinstate; (*rimettere in uso*) to bring* back into use, to revive, to renew; (*una legge*) to bring* into force again: **r. un castello**, to restore a castle; **r. una vecchia usanza**, to revive an old custom **2** (*elettr., elab.*) reset.
ripristinato, *a.* restored; reinstated; (*rimesso in uso*) revived.
ripristinatóre, *m.* restorer.
ripristinazióne, *V.* ripristinaménto.
ripristino, *m.* **1** restoration; reinstatement; (*di usanze*) revival: **il r. d'una vecchia chiesa**, the restoration of an old church **2** (*elettr., elab.*) reset.
riproducibile, *a.* reproducible.
riproducibilità, *f.* reproducibility.
riprodurre, A *v. t.* **1** (*produrre di nuovo*) to reproduce; to produce again; **r. il suono**, to reproduce sound; **r. gli stessi effetti**, to produce the same effects again **2** (*fare copia*) to reproduce; to produce a copy of: **r. un'opera d'arte**, to reproduce a work of art **3** (*copiare*) to copy; to reproduce; (*documenti, ecc.*) to take* off **4** (*pubblicare*) to reproduce; to bring* out; to print; to publish: **Tutti i giornali hanno riprodotto il tuo articolo**, your article has been printed (*o* has come out) in all the papers **5** (*fig.*: *riferire*) to reproduce; to present again: **r. i pensieri d'un altro**, to reproduce sb. else's thoughts. ● **r. (con vernice) le venature del legno**, to grain **□ r. esattamente q.c.**, to facsimile it. **riprodursi, B** *v. rifl.* **1** to be reproduced: **Alcuni animali si riproducono per gemmazione**, some animals are reproduced by gemmation **2** (*riformarsi*) to form again.
riproduttivo, *a.* reproductive: **la facoltà riproduttiva**, the reproductive faculty.
riproduttóre, A *m.* **1** reproducer **2** (*animale destinato alla riproduzione*) breeder; breeding animal. ● (*fis.*) **r. acustico**, pick-up. **B** *a.* **1** reproducing **2** (*biol.*) reproductive: **apparato r.**, reproductive organs (*pl.*).

riproduttrice, *f.* – (*elab.*) **r. di banda**, tape reperforator.
riproduzióne, *f.* **1** (*il riprodurre, il riprodursi*) reproduction; reproducing: **la r. sonora**, the reproduction of sound **2** (*cosa riprodotta*) reproduction; copy: **una r. fotografica**, a photographic reproduction **3** (*ristampa*) reprint **4** (*biol.*) reproduction. ● (*leg.*) **diritto di r.**, copyright.
riprografia, *f.* (*tecn.*) reprography.
riprogràfico, *a.* (*tecn.*) reprographic.
riprògrafo, *m.* (*tecn.*) reprographer.
riprométtere, A *v. t.* to promise again. **ripromettersi, B** *v. rifl.* to promise oneself; (*aspettarsi*) to expect; to hope: **Mi riprometto di venire domani**, I hope I shall be able to come tomorrow.
ripropórre, A *v. t.* to re-propose; to propose again. **riproporsi, B** *v. rifl.* to come* up again; to arise* again.
riprotestare, *v. i.* to re-protest; to protest again.
ripròva, *f.* **1** (*nuova prova*) (new) proof; new evidence; (*riconferma*) (re)confirmation; (*verifica*) verification: **Ecco la r. di quanto ti dissi**, this is the proof of (*o* this confirms) what I told you; **a r.**, as a proof **2** (*mat.*) proof. ● (*leg.*) **testimone a r.**, refuting witness.
riprovare (1), A *v. t. e i.* (*provare di nuovo*) to try again: **Ora ci riprovo**, now I'll try again; **Prova e riprova, alla fine imparai (a farlo)**, I tried again and again till at last I learned how to do it. **riprovarsi, B** *v. rifl.* to try again: **Ci si riprovò più e più volte, ma non ci riuscì**, he tried over and over again, but couldn't do it.
riprovare (2), *v. t.* **1** (*non approvare*) to reprove; to reprehend; (*disapprovare*) to disapprove, to censure, to find* fault with: **r. la condotta di q.**, to reprove sb.'s behaviour **2** (*scolastico*) to fail; to reject; (*fam.*) to plough (*fam.*); to pluck (*fam.*): **r. un candidato**, to reject a candidate (in an examination). ● **essere riprovato in latino**, to fail in Latin.
riprovatóre, *m.* reprover; reprehender; reprimander.
riprovazióne, *f.* **1** (*il riprovare*) reproval; reproof; reprehension; (*disapprovazione*) disapproval, reprobation, censure **2** (*scolastico*) failure (in an examination).
riprovévole, *a.* reprovable; reprehensible; censurable; blameworthy: **azioni riprovevoli**, reprehensible actions.
riprovvedére, A *v. t.* to reprovide; to provide again; to resupply; to supply again. **B** *v. i.* to provide again (for sb.). **riprovvedersi, C** *v. rifl.* to provide oneself again (with st.).
ripuàrio, *a.* riparian; riverine.
ripubblicare, *v. t.* to republish; to publish again; to reissue.
ripubblicazióne, *f.* republication; new publication; reissue.
ripudiàbile, *a.* that may be repudiated.
ripudiare, *v. t.* (*anche fig.*) to repudiate; to disown; to disavow; (*respingere*) to reject: **r. la moglie**, to repudiate one's wife; **r. gli amici d'un tempo**, to repudiate one's former friends; **r. un'opinione** (*una dottrina, ecc.*), to reject an opinion (a doctrine, etc.).
ripudiatóre, *m.* repudiator; disavower.
ripùdio, *m.* (*anche fig.*) repudiation; disavowing; disavowal; (*rifiuto*) rejection; (*leg.*) disclaimer: **il r. della moglie**, the repudiation of one's wife; **il r. di una dottrina**, the rejection of a doctrine.
ripugnante, *a.* (*che ripugna, disgusta*) repugnant; repulsive; repellent; revolting; disgusting; offensive: **C'era qualche cosa di r. nella donna**, there was something repulsive about the woman; **una faccia r.**, a repulsive face; **una vista r.**, a repulsive (*o* a revolting) sight; **un odore r.**, a disgusting (*o* an offensive) smell; **una proposta r.**, a repugnant proposal.
ripugnanza, *f.* repugnance, repugnancy; repulsion; aversion; disgust: **una forte r. per q.c.**, a deep repugnance against st.; **provare r. per q.c.**, to feel repugnance against (*o* to) st.; **non riuscire a vincere la propria r. per q.c.**, to be unable to overcome one's repugnance to st. **2** (*riluttanza*) reluctance. ● **avere r. a fare q.c.**, to be loath to do st.
ripugnare, *v. i.* **1** (*suscitare disgusto, avversione*) to cause repugnance; to fill with repugnance (*o* with disgust); to revolt; to disgust: **La sola idea mi ripugna**, the very idea of it fills me with disgust; **La scena mi ripugnò**, the scene revolted me **2** (*essere contrario*) to be contrary (to); to be contradictory (to); to be inconsistent (with); to be incompatible (with): **Questo ripugna al senso comune**, this is contrary to (*o* stands against) common sense; **azioni che ripugnano ai propri principi**, actions that are inconsistent with one's principles; **r. al senso morale**, to be repugnant to the moral sense.
ripuliménto, *V.* ripulitura.
ripulire, *A v. t.* **1** (*pulire di nuovo*) to clean again; to reclean; to make* clean again; (*pulire bene*) to clean up; to do* up (*fam.*): **r. le scarpe di q.**, to clean sb.'s shoes (again); **r. la casa**, to clean up the house **2** (*fig.*: *dirozzare*) to refine; to polish up: **r. il proprio stile**, to refine one's style; **r. un componimento**, to polish up a composition **3** (*togliere via tutto, far piazza pulita*) to clean up (*o* out); to make* a clean sweep of; (*mangiare tutto*) to

ripulisti

finish off (*o* up), to eat* up: **Hai ripulito tutto**, you've cleaned up everything; **Ripulimmo tutto quello che c'era in tavola**, we finished (*o* ate) up everything there was on the table; **r. q.** (*levandogli tutti i quattrini*), to clean sb. out **4** (*fonderia*) to trim. ● **r. il giardino dalle erbacce**, to weed the garden. **ripulirsi, B** *v. rifl.* **1** (*rimettere in ordine la propria persona*) to clean oneself up; to make* oneself neat and tidy; to tidy oneself **2** (*fig.: dirozzarsi*) to refine oneself; to polish up one's manners.

ripulisti, *V.* repulisti.

ripulita, *f.* **1** (*il ripulire, il ripulirsi*) clean up; cleaning up **2** (*fig.*) clean-up; clean-sweep: **fare una r. generale**, to make a clean-up; to clean up everything; to make a clean sweep of everything. ● **dare una r. a q.c.**, to clean up st. □ **darsi una r.**, to clean oneself up; to tidy oneself (up).

ripulitura, *f.* **1** (*il ripulire*) cleaning up **2** (*ciò che si toglie nel ripulire*) cleanings (*pl.*) **3** (*fig.: rifinitura*) finishing off; finishing touches (*pl.*) **4** (*fonderia*) trimming.

ripulsa, *f.* refusal; rejection: **ricevere una r.**, to meet with a refusal.

ripulsióne, *f.* **1** (*ripugnanza*) repulsion; repugnance; aversion: **per una invincibile r.**, by some invincible repulsion; **sentire r. per q.c.**, to feel repugnance against (*o* to) st. **2** (*fis.*) repulsion.

ripulsivo, *a.* **1** (*ripugnante*) repulsive; repellent; revolting; disgusting **2** (*fis.*) repulsive.

ripùngere, *v. t.* to sting* again; to prick again.

riputare, riputazióne, *V.* reputare, reputazione.

riquadraménto, *m.* squaring.

riquadrare, *v. t.* (*ridurre in forma quadrata*) to square; to make* square (in form); to cut* in a square form. ● (*fig.*) **r. il cervello** (*o* **la testa**) **a q.**, to bring sb. to reason.

riquadratura, *f.* **1** squaring **2** (*spazio quadro*) square.

riquadro, *m.* **1** (*spazio quadro*) square **2** (*archit.*) panel.

riqualificare, *v. t.* to retrain.

riqualificazióne, *f.* retraining.

risacca, *f.* backwash; surf.

risàia, *f.* rice-field; paddy-field.

risaiòlo, *m.* rice-field (*o* paddy-field) worker.

risaldare, *v. t.* to (re)weld; to weld again; to (re)solder; to solder again.

risaldatura, *f.* **1** (*il risaldare*) (re)welding; welding again; (re)soldering; soldering again **2** (*punto risaldato*) weld; soldering.

risalire, A *v. t.* **1** to go* up; to climb up; to ascend: **I pesci risalgono il fiume in febbraio**, fish ascend the river in February; **La barca risalì la corrente**, the boat went up the river (*o* went upstream); **Dobbiamo r. la collina per raggiungere il villaggio**, we must climb up the hill to reach the village **2** (*salire di nuovo*) to re-ascend; to go* up again; to climb up again: **Risalì la montagna per cercare il suo amico**, he re-ascended the mountain (*o* he went up the mountain again) to look for his friend; **Dovremo r. questo sentiero tortuoso se non vogliamo smarrirci**, we'll have to climb up this tortuous path again if we don't want to get lost; **Risalì la scala** (*a pioli*), he went up the ladder again. **B** *v. i.* **1** to go* up again; to re-ascend; to climb up again: **r. sul trono**, to re-ascend the throne; **Risalì sul podio**, he re-ascended the rostrum; **Dovetti r. in camera per prendere i documenti**, I had to go up again to my room for my documents; **Risalimmo a quota duemila**, we climbed up again to a height of two thousand metres **2** (*fig.*) to go* up again; to rise* again: **Le azioni dovranno pur r.**, shares will eventually have to go up again; **I prezzi risalgono**, prices are rising (*o* going up) again; **La temperatura** (**il barometro**) **risale**, the temperature (the barometer) is rising (*o* is going up) again **3** (*r. alle origini*) to go* back; to date back; to trace back: **r. alle origini** (**alla causa**) **di q.c.**, to go back to the origins (to the cause) of st.; **La chiesa risale al sedicesimo secolo**, the church dates back to the sixteenth century; **La frustrazione psicologica risale quasi sempre a qualche trauma dell'infanzia**, psychological frustration almost always traces back to some trauma in childhood. ● (*fig.*) **r. la corrente**, to get on one's feet again □ **r. la corrente a nuoto**, to swim up the river (*o* upstream) □ (*naut.*) **r. la costa**, to sail up the coast □ **r. le scale**, to go upstairs again.

risalita, *f.* (re)ascent; climb. ● **la r. dei prezzi**, the renewed rise of prices □ (*sport invernali*) **mezzi di r.**, lifts.

risaltare, A *v. t. e i.* (*saltare di nuovo*) to jump (over) again; to leap* (over) again: **Risaltò il fosso**, he jumped (*o* he leapt) over the ditch again; **Il cavallo non volle r. l'ostacolo**, the horse refused to jump the obstacle again. **B** *v. i.* **1** (*far spicco*) to show* up; to catch* the eye; to stand* out: **Questo è un colore che risalta più di qualsiasi altro**, this is a colour that shows up more than any other; **I colori vivi risaltavano sullo sfondo scuro**, the bright colours stood out against the dark background; **È una ragazza che risalta in qualsiasi compagnia**, she's a girl who stands out in any company **2** (*archit.: sporgere*) to project; to jut out: **Questi grondoni non risaltano molto**, these gargoyles do not jut out very much. ● **far r.**, to enhance; to show up: **Quei vestiti fanno r. la sua figura**, those clothes enhance her figure.

risalto, *m.* **1** prominence; relief; (*enfasi*) emphasis: **dare r. a q.c.**, to give prominence to st.; (*dare enfasi*) to lay emphasis (*o* stress) on st.: **Non hai dato abbastanza r. al prodotto sul cartellone pubblicitario**, you haven't given enough prominence to the product in the advertising poster; **Voglio mettere in r. gli aspetti positivi del suo carattere**, I want to lay emphasis on (*o* I want to stress) the positive aspects of his character; **Le statue della cattedrale si stagliano con grande r. contro l'austera facciata gotica**, the statues of the cathedral stand out in great relief against the austere Gothic front; **Bisogna dare un po' di r. al mento nel tuo disegno**, you must give a little relief to the chin in your drawing **2** (*sporgenza rocciosa*) (rock) ledge **3** (*archit.*) projection. ● **far r.**, to stand out; to be thrown into relief.

risalutare, A *v. t.* **1** (*salutare di nuovo*) to salute again; to greet again **2** (*rendere il saluto*) to salute in return; to greet in return. **risalutarsi, B** *v. rifl. recipr.* to salute (*o* to greet) each other again.

risanàbile, *a.* **1** curable; healable **2** (*di terreno*) reclaimable.

risanaménto, *m.* **1** (*il risanare*) restoration to health; healing: **il r. d'una piaga**, the healing of a sore **2** (*di terreno*) reclamation; reclaiming: **il r. d'una zona paludosa**, the reclamation of a marsh **3** (*r. edilizio*) slum-clearance; urban renewal **4** (*fig.*) reformation **5** (*econ.: di bilancio, ecc.*) balancing.

risanare, A *v. t.* **1** (*guarire*) to restore (*o* to bring* back) to health; to cure; to heal: **Un lungo periodo di riposo lo risanò**, a long period of rest restored him to health **2** (*bonificare*) to reclaim: **r. una zona paludosa**, to reclaim a marsh **3** (*fig.*) to reform **4** (*econ.: un bilancio, ecc.*) to balance. **B** *v. i.* to recover; to get* well again: **Cominciai lentamente a r.**, I began to recover slowly; **r. da lunga malattia**, to recover from a long illness. ● **Come si fa a r. certi cervelli?**, how can you teach sense to (*o* knock sense into) such people?

risanatóre, A *m.* healer. **B** *a.* healing; (*fig.*) reforming.

risanguinare, *v. i.* to bleed* again.

risapére, *v. t.* **1** to come* (*o* to get*) to know; to hear* of (st.): **Come lo riseppero?**, how did they come to know about it?; **Si venne a r. che...**, it came to be known that...

risaputo, *a.* (*noto*) well-known; of common knowledge.

risarcibile, *a.* recoupable; indemnifiable.

risarciménto, *m.* recoupment; refund; compensation; indemnification; indemnity: **r. dei danni**, compensation for damages. ● **a r. di**, in satisfaction of □ **richiesta di r. dei danni**, claim for damages.

risarcire, *v. t.* **1** (*indennizzare, ripagare*) to recoup; to refund; to make* up for; to make* good; to compensate; to indemnify: **Ti risarcirò di tutte le spese in cui incorrerai lavorando per mio conto**, I will indemnify you for any expenses you incur while working on my behalf; **Questo mi risarcirà della perdita**, this will make good my loss; **r. q. per le perdite subite**, to recoup sb. for his losses; **r. un danno**, to make up for a damage **2** (*riparare*) to make* amends for (st.); to redress: **r. un'offesa**, to make amends for a wrong.

risarèlla, *f.* (*fam.*) uncontrollable laughter.

risata, *f.* laughter (*solo sing.*); laugh; burst of laughter: **Mi rispose con una r.**, he answered me with a laugh; **fare una bella r.**, to have a good laugh; **scoppiare in una r.**, to burst into laughter; to burst out laughing; **una r. grassa**, a hearty (*o* a rollicking) laugh; **Una grande r. scosse le pareti dell'aula**, a loud burst of laughter shook the walls of the hall; **una r. subitanea**, a sudden burst of laughter; **una r. omerica**, homeric laughter; **provocare una r. generale**, to raise a general laugh. ● **r. beffarda**, sneer □ **r. fragorosa**, guffaw □ **fare una r. in faccia a q.**, to laugh in sb.'s face.

risatina, *f.* giggle; titter; snigger. ● **farsi una r.**, to giggle; to titter; to snigger.

riscaldaménto, *m.* **1** heating: **r. centrale**, central heating; **r. ad acqua calda**, hot-water heating; **r. ad aria calda**, hot-blast heating; **r. a termosifone**, radiator heating; **r. a vapore**, steam heating; **r. a pannelli radianti**, panel heating; radiant heating; **impianto di r.**, heating system (*o* apparatus); **r. elettrico**, electric heating **2** (*aumento di temperatura*) heating up **3** (*pop.: infiammazione*) inflammation.

riscaldare, A *v. t.* **1** to warm; to heat: **L'asino e il bue riscaldano con il fiato il Bambino Gesù**, the ass and the ox warm the Child Jesus with their breath; **Il sole riscalda la terra**, the sun heats the earth; **r. la stanza** (**la casa**) **con la stufa** (**con il termosifone**), to warm (*o* to heat) the room (the house) with a stove (with radiators) **2** (*scaldare di nuovo*) to warm up again; to warm again; to heat again: **Riscalda il caffè** (**il brodo**)!, warm up (*o* heat up) the coffee (the broth)!; **Ti riscalderò l'arrosto**,

I'll warm (*o* I'll heat) the roast again for you **3** (*fig.*: *accendere, eccitare*) to stir up; to excite; to heat: **Questo discorso non farà che r. l'assemblea**, this speech will only excite (*o* stir up) the assembly; **Tu riscaldi sempre l'atmosfera con le tue discussioni politiche**, you always heat the atmosphere with your political discussions **4** (*pop.*: *provocare riscaldo a*) to cause inflammation to. **riscaldarsi**, B *v. rifl.* **1** to warm oneself; to warm up; to get* warm (*o* hot): **Riscaldati vicino al fuoco!**, warm yourself by the fire!; **Il ferro non si è ancora riscaldato**, the iron has not warmed (*o* heated) up yet; **Si riscaldò facendo degli esercizi ginnici**, he got warm by doing some physical exercise; **Ti riscalderai troppo con tutte queste coperte**, you'll get too hot with all these blankets **2** (*fig.*: *infervorarsi*) to warm up; to get* excited; (*adirarsi*) to get* heated, to get* angry: **Senti il predicatore come si riscalda!**, listen how the preacher is warming up (to his subject)!; **Si riscalda molto per la politica (per gli amici)**, he gets so excited for political ideas (on behalf of friends); **Non riscaldarti, perché nessuno ce l'ha con te!**, don't get angry, because nobody has it in for you!; **La discussione si riscaldò**, the argument (*o* the discussion) got (*o* became) heated. ● (*fig.*) **r. a freddo**, to feign indignation.

riscaldata, *f.* warming up. ● **dare una r. a q.c.**, to warm st. (up).

riscaldato, *a.* **1** heated; warm: **Tutte le stanze sono riscaldate**, all the rooms are heated **2** (*di cibo*) warmed up; heated up: **Questo latte è r.**, this milk has been warmed up (*o* heated up) **3** (*fig.*: *eccitato*) excited; (*adirato*) angry. ● (*prov.*) **Cavolo r. non fu mai buono**, take heed of meat twice boiled.

riscaldatóre, *m.* heater: **un r. ad alta frequenza**, a high-frequency heater; **un r. a raggi infrarossi**, an infra-red heater; **un r. a resistenza**, a resistance heater. ● **r. a getto di vapore**, steam-jet blower.

riscaldatura, *f.* warming up; reheating.

riscaldo, *m.* (*pop.*: *infiammazione*) inflammation.

riscappare, *v. i.* to run* away again; to escape again; to re-escape.

riscattàbile, *a.* ransomable; redeemable (*anche fin.*, *leg.*): **titoli riscattàbili**, redeemable stock. ● **non r.**, unredeemable.

riscattare (1), *v. i.* (*scattare di nuovo*) to spring* up again.

riscattare (2), A *v. t.* **1** (*ottenere la libertà di q. con denaro*) to ransom; to redeem: **r. un prigioniero**, to ransom a prisoner; **r. uno schiavo**, to redeem a slave **2** (*fig.*: *redimere*) to redeem: **Gesù riscattò il genere umano**, Jesus redeemed mankind **3** (*fin.*, *leg.*) to redeem; to buy* in (*o* off); (*ass.*) to surrender: **r. un pegno**, to redeem a pledge; **r. una polizza d'assicurazione sulla vita**, to surrender a life-insurance policy. ● **r. un appartamento**, to pay off the mortgage on a flat. **riscattarsi**, B *v. rifl.* (*redimersi*) to redeem oneself.

riscatto, *m.* **1** (*il riscattare schiavi, prigionieri di guerra*) ransom; redemption: **il r. d'un prigioniero di guerra**, the ransom of a prisoner of war **2** (*il prezzo pagato*) ransom: **pagare il r. in oro**, to pay the ransom in gold **3** (*fig.*: *il redimere*) redemption; redeeming **4** (*fin.*, *leg.*) redemption; (*ass.*) surrender: **il r. d'un pegno**, the redemption of a pledge; **il prezzo di r.**, the redemption price; **diritto di r.**, right of redemption; **vendita con patto di r.**, sale with right of redemption; **r. di una polizza**, surrender of an insurance policy. ● **a r.**, on mortgage; with right of redemption □ **tenere q. prigioniero fino al pagamento del r.**, to hold sb. to ransom.

riscégliere, *v. t.* to pick out again; to choose* again; to select again; to reselect.

rischiaraménto, *m.* **1** (*l'illuminare*) lighting up; illumination **2** (*meteorologia*) clearing up; brightening: **il r. del tempo**, the clearing up of the weather **3** (*di liquidi*) clarification; clearing.

rischiarare, A *v. t.* **1** (*illuminare*) to light up; to give* light to; to lighten; to illuminate: **Il sole rischiara il mondo**, the sun illuminates the world **2** (*fig.*) to enlighten; to illumine: **r. la mente**, to enlighten the mind **3** (*un colore*) to brighten; (*un suono*) to make* clearer. B *v. i. e* **rischiararsi**, *v. rifl.* **1** to light up; to lighten **2** (*meteorologia*) to clear up; to brighten: **Comincia a r.**, it's beginning to clear up; the sky is brightening **3** (*rif. a liquidi*) to become* clear; to clarify. ● **r. la voce**, to clear one's throat.

rischiare, A *v. t.* **1** (*mettere a repentaglio*) to risk; to hazard: **r. la vita**, to risk one's neck; to venture (*o* to hazard) one's life **2** (*correre il pericolo di*) to run* (*o* to take*) the risk of (doing st.); to risk (doing st.): **Rischio di buscarmi un solenne raffreddore**, I'm running the risk of catching a bad cold. B *v. i. impers.* to threaten; to be a danger (*o* a threat): **Rischia di nevicare**, it is threatening to snow.

rischiarire, V. rischiarare.

rischio, *m.* **1** risk; hazard: **correre un r.**, to run (*o* to take) a risk; to chance: **Era pronto a correre un simile r.**, he was ready to take such a risk; **Ne correrò il r.**, I'll chance it; **col r. di perde-** re tutto, at the risk of losing everything **2** (*comm.*) risk: **rischi di guerra**, war risks; **r. d'incendio**, fire risk; **a proprio r. e pericolo**, at one's own risk; at one's peril; **a r. del compratore**, at buyer's risk; **assicurare contro ogni r.**, to insure against all risks. ● **mettere a r.**, to risk; to venture: **mettere a r. la propria vita**, to venture one's life □ **politica del r. calcolato**, brinkmanship □ **senza correre rischi**, safely (*avv.*).

rischiosità, *f.* riskiness; (*pericolosità*) dangerousness.

rischióso, *a.* risky; hazardous; dicey (*fam.*); (*pericoloso*) dangerous: **un'impresa rischiosa**, a risky undertaking.

risciacquaménto, *m.* rinsing; rinsing out.

risciacquare, *v. t.* to rinse; to rinse out: **r. il bucato**, to rinse (out) the washing; **r. i piatti**, to rinse the dishes; **r. una bottiglia**, to rinse a bottle. ● **risciacquarsi la bocca (i denti)**, to rinse one's mouth (one's teeth) □ **risciacquarsi i capelli**, to rinse one's hair.

risciacquata, *f.* **1** (*il risciacquare*) rinse; rinsing: **dare una r. a q.c.**, to give st. a rinse; to rinse st. **2** (*fam.*: *rabbuffo*) scolding; rebuke; reproach: **fare** (*o* **dare**) **una r. a q.**, to give sb. a scolding; to scold sb.; to check sb.

risciacquatura, *f.* **1** rinse; rinsing: **una r. con acqua calda (con acqua fredda)**, a hot-water (cold-water) rinse **2** (*acqua in cui è stato risciacquato q.c.*) rinsings (*pl.*). ● (*fig.*) **r. di piatti** (*o* **di bicchieri**), mere wash.

risciàcquo, *m.* (*liquido usato per risciacquarsi la bocca*) mouth-wash; mouth-rinse.

riscio, *m.* riksha(w).

risciògliere, *v. t.* to redissolve; to dissolve again.

riscolo, *m.* (*bot.*, *Salsola kali*) (prickly) glasswort.

riscontare, *v. t.* (*banca*) to rediscount; to discount again.

riscónto, *m.* (*banca*) rediscount; rediscount account.

riscontràbile, *a.* **1** (*verificabile*) verifiable; that can be verified; that can be checked **2** (*che si può trovare*) that may be found.

riscontrare, A *v. t.* **1** (*confrontare*) to compare; to collate; to set* off: **r. la copia con l'originale**, to compare (*o* to collate) the copy with the original **2** (*verificare*) to check; to verify; to examine: **r. il peso**, to check the weight; **r. un conto**, to verify an account **3** (*rilevare*) to find* out; to find*; to discover; (*notare*) to notice: **non r. nulla d'irregolare**, to find nothing irregular; **r. un errore**, to find out a mistake; **r. molti difetti**, to notice many defects. B *v. i.* to correspond; to agree; to match; to tally.

riscontrata, *f.* check; verification.

riscóntro, *m.* **1** (*confronto, collazione*) comparison; collation: **fare un r.**, to make a comparison; to compare; **fare il r. d'una copia con l'originale**, to compare (*o* to collate) a copy with the original **2** (*verifica*) check; checking; verification: **r. dei conti**, checking (*o* audit) of accounts **3** (*risposta*) reply; answer: **in attesa di un cortese r.**, awaiting your kind reply; **in r. alla vostra lettera**, in reply to your letter **4** (*per estens.*: *corrente d'aria*) draught; **C'è r. qui**, there is a draught here **5** (*corrispondenza simmetrica*) pendant: **fare r. a**, to make a pendant to. ● (*mecc.*) **calibro di r.**, reference-gauge □ **fare degno r. (a)**, to be a match (for) □ **mettere a r.**, to compare; to collate □ **non trovare non r.**, to be unparalleled (*o* unmatched) □ **non trovare r. (in)**, not to be found (in) □ **Favorite inviarci un cenno di r.**, please acknowledge receipt.

riscopèrta, *f.* rediscovery.

riscoprire, *v. t.* to rediscover; to discover again.

riscórrere, *v. t.* (*anche fig.*) to run* over again; to go* through again.

riscòssa, *f.* **1** (*insurrezione*) insurrection; revolt **2** (*riconquista*) recovery. ● **Alla r.!**, to arms!

riscossióne, *f.* collection: **la r. delle imposte**, the collection of taxes. ● **r. di pedaggi**, tollage.

riscossóne, *m.* (violent) start; jerk; jolt.

riscotìbile, *a.* collectable; cashable; encashable. ● **non r.**, uncollectable; uncashable.

riscotiménto, *m.* shaking; rousing.

riscotitóre, *m.* collector: **un r. delle imposte**, a tax-collector.

riscrìvere, *v. t.* **1** (*scrivere di nuovo*) to rewrite*; to write* again. B *v. i.* (*rispondere*) to reply (to); to answer.

riscuòtere, A *v. t.* **1** (*ricevere, percepire*) to collect; to draw*; to receive; (*incassare*) to cash, to encash: **Se riuscissi a r. tutto il denaro che mi si deve, sarei ricco**, if I could collect all the money that people owe me, I should be a rich man; **r. le imposte**, to collect taxes; **r. lo stipendio**, to draw one's salary; **r. un assegno**, to cash a cheque **2** (*fig.*: *ottenere*) to win*; to gain; to obtain; to get*; to earn: **r. la fiducia di q.**, to win sb.'s confidence; **r. lodi**, to win praise **3** (*scuotere*) to shake*; (*fig.*, *anche*) to rouse; (*risvegliare*) to awaken: **È inutile che tu lo riscuota: dorme della grossa**, it's no use trying to awaken him: he is sleeping like a top **4** (*scuotere di nuovo*) to reshake*; to shake* again. ● **r. un enorme successo**, to meet with outstanding

riscuotibile

success. **riscuòtersi, B** *v. rifl.* **1** (*trasalire*) to start; to be startled **2** (*risvegliarsi da torpore*) to rouse oneself; to pull oneself together.

riscuotìbile, *V.* **riscòtibile.**

risecare, *V.* **resecare.**

riseccare, A *v. t.* to desiccate; to dry up. **riseccarsi, B** *v. rifl.* to become* desiccated; to dry up.

risecchire, *v. i.* (*fam.*) to become* dry (*o* stale); to dry up; to wither; to shrivel; to wither up; to shrivel up: **Questo pane è risecchito,** this bread has become stale.

risécchito, *a.* dry; stale; dried up; withered; shrivelled: **un viso r.,** a shrivelled face; **pane r.,** stale bread.

risedére, *v. i.* to sit* down again.

riséga, *f.* (*archit.*) offset; set-back. ● (*archit.*) **fare una r.,** to offset.

risegare, *v. t.* to resaw*; to saw* over again.

risegnare, *v. t.* **1** (*generalm.*) to re-mark; to mark again; (*col marchio*) to re-brand; to brand again **2** (*sport*) to score again.

riselciare, *v. t.* to repave; to pave again.

riseminare, *v. t.* (*anche fig.*) to resow*; to sow* again.

risentiménto, *m.* **1** resentment; grudge: **provare un certo r. contro q.** (q.c.), to feel a certain resentment against sb. (st.); **Diede sfogo al suo r.,** he gave vent to his resentment; **nutrire un profondo r. verso q.,** to harbour a deep grudge against sb.; **non avere risentimenti contro q.,** to bear no resentment against sb.; to bear sb. no grudge **2** (*med.*) after-effect. ● **con r.,** resentfully.

risentire, A *v. t.* **1** (*ascoltare di nuovo*) to hear* again, to re-hear*; (*sentire di nuovo*) to feel* again: **Vorrei r. quel disco,** I should like to hear that record again; **Risentì tutta la poesia dall'inizio alla fine,** he re-heard the poem from beginning to end; **Risentii il dolore dopo qualche ora,** I felt the pain again after a few hours **2** (*sentire, provare*) to feel*; (*subire*) to suffer: **Risentirai giovamento da questa cura,** you'll feel the benefit of this treatment; **Presto ne risentirà l'effetto,** he'll soon feel the effect; **Risentiva la mancanza di un affetto sincero,** he suffered (from) the lack of a sincere affection; **Risentì molto la morte del padre,** he greatly felt the death of his father **3** (*provare come conseguenza*) to get*; to feel* the effects (of st.): **Risentimmo molti vantaggi da quella situazione,** we got a lot of advantages out of that situation. **B** *v. i.* to show* traces; (*di una persona*) to feel* the effect(s): **Questo libro risente dell'epoca in cui fu scritto,** this book shows traces of the time when it was written; **Risentiva ancora delle vecchie ferite,** he still felt the effects of his old wounds. **risentirsi, C** *v. rifl.* **1** to resent (st.); to take* offence (at st.): **Anche se lo rimproveri giustamente, subito si risente,** even if you rightly rebuke him, he resents it at once; **A quelle parole parve r.,** he seemed to take offence at those words; **Si risentiva dell'invadenza della suocera,** he resented his mother-in-law's intrusiveness **2** (*ricuperare i sensi*) to regain consciousness; to recover one's senses; (*destarsi*) to awake*, to wake* up: **Cessato l'effetto del cloroformio, incominciò a r.,** when the effects of the chloroform wore off, he began to regain consciousness. ● **r. con q.,** to be offended with sb. **risentirsi, D** *v. rifl. recipr.* to hear* each other again; to talk to each other again. ● **A risentirci!,** goodbye for now!

risentitaménte, *avv.* resentfully; with resentment.

risentitézza, *f.* resentfulness; (*suscettibilità*) susceptibility, susceptibleness.

risentito, *a.* **1** resentful; offended: **un atto r.,** a resentful deed; **un carattere r.,** a resentful (*o* a susceptible) temper **2** (*irritato*) angry; cross; irritated: **tono r.,** irritated tone **3** (*vivo, forte*) strong; bold; vigorous: **polso r.,** strong pulse.

riseppelliménto, *m.* reburial.

riseppellire, *v. t.* to rebury; to bury again.

riserbare, *V.* **riservare.**

riserbatézza, riserbato, *V.* **riservatézza, riservato.**

risèrbo, *m.* reserve; reservedness; self-restraint; discretion: **procedere con r.,** to act with reserve; to proceed with discretion. ● **senza r.,** unreserved (*agg.*); unreservedly (*avv.*) ● **uscire dal proprio r.,** to come out of one's shell.

riseria, *f.* rice-mill.

riserrare, *v. t.* to close again; to shut* again.

risèrva, *f.* **1** reserve (*anche fig.*); supply; stock: **r. monetaria** (**bancaria, aurea, statutaria**), monetary (bank, gold, statutory) reserve; (*fin., rag.*) **fondo di r.,** reserve fund; (*rag.*) **passivo di r.,** reserve liabilities; **Abbiamo ancora delle riserve di munizioni (di viveri),** we still have some supplies of ammunition (of food); **riserve di grano,** wheat supplies; **merce in r.,** goods in stock; **Ho una buona r. di informazioni su di lui,** I've a good stock of information about him **2** (*restrizione*) reserve; reservation: **senza riserve,** without reserve (*o* reservation); **r. mentale,** mental reservation; **fare qualche r.,** to make some reservation; **con tutte le debite riserve,** with all due (*o* all proper) reservation; **Acconsento, con questa r., che lo sappiano i tuoi,** I agree, with this reservation (*o* reserve), that your parents know about it **3** (*mil., sport*) reserve: **appartenere alla r.,** to be in the Reserve **4** (*di caccia, pesca*) preserve: **una r. di caccia,** a game preserve (*o* reserve) **5** (*etnologia*) reservation; reserve: **le riserve indiane,** the Indian reservations. ● (*leg.*) **r. di legge,** saving clause □ (*polit.*) **accettare con r. l'incarico di formare il governo,** to reserve the right to accept nomination for the task of forming a new Cabinet □ (*leg.*) **con r. di tutti i diritti,** all rights reserved □ (*autom.*) **essere in r.,** to be on the reserve; to be short of petrol □ (*naut.*) **navi alla r.,** ships out of commission □ (*miss.*) **una navicella di r.,** a backup ship □ (*mil.*) **passare alla r.,** to be placed on the reserve list □ (*mecc.*) **pezzi di r.,** spare parts □ (*mil.*) **truppe di r.,** reserves; supporting troops □ (*mil.*) **ufficiale di r.,** officer on the reserve list □ **vendita con r. di proprietà,** conditional sale □ **Il Primo Ministro sciolse la r. sul rimpasto governativo,** the Premier made known his decision on the government reshuffle.

riservare, A *v. t.* **1** to reserve; to keep*; to set* aside; (*prenotare*) to book, to reserve: **Riservatemi questo giocattolo!,** keep this toy for me!; **Ho riservato questo lotto di terreno per costruirvi la mia casa,** I have set aside this plot of land to build my house on it; **Dovremo r. le camere in albergo,** we'll have to book (*o* to reserve) the rooms at the hotel; **Sarebbe meglio r. la nostra decisione alla riunione prossima,** it would be better to reserve (*o* to put off, to postpone) our decision till the next meeting **2** (*dimostrare*) to give*; to show*: **r. particolari attenzioni a q.,** to give (*o* to show) sb. special attention. **riservarsi, B** *v. rifl.* **1** to reserve (oneself): **r. il diritto (la facoltà) di fare q.c.,** to reserve the right (the faculty) to do st. **2** (*riprometteris*) to intend; to propose (to do st.): **Mi riservo di tornare un'altra volta su questo argomento,** I intend to come back to this subject another time; **Si riserva di chiamarti domani,** he proposes to call you tomorrow. ● (*med.*) **r. la diagnosi,** to reserve one's diagnosis ● **r. di dare un giudizio,** to reserve one's judgment □ (*comm.*) **Ci riserviamo di mandarvi un campione della merce,** we shall send you a sample of the goods in due time.

riservataménte, *avv.* **1** reservedly; with reserve **2** (*in modo confidenziale*) confidentially; in private.

riservatézza, *f.* reservedness; reserve; self-restraint; discretion.

riservato, *a.* **1** (*pieno di riserbo*) reserved; restrained; discreet: **È troppo r. per essere popolare,** he is too reserved to be popular **2** (*prenotato*) reserved: **posti riservati,** reserved seats **3** (*segreto*) confidential; private; secret: **informazioni riservate,** confidential information; **corrispondenza riservata,** confidential correspondence. ● **in via riservatissima,** strictly in confidence □ **proprietà letteraria riservata,** copyright.

riservista, *m.* (*mil.*) reservist.

risguardo, *m.* (*tipogr.*) fly-leaf*.

risibile, *a.* laughable; laughter-provoking; funny; ridiculous; ludicrous.

risibilità, *f.* laughableness; ridiculousness; ludicrousness.

risicare, *v. t.* to risk. ● (*prov.*) **Chi non risica, non rosica,** nothing venture, nothing have.

risicato, *a.* hard-earned: **una vittoria risicata,** a hard-earned victory.

risìcolo, *a.* rice, rice-growing (*attr.*).

risicoltóre, *m.* rice-grower.

risicoltura, *f.* (*agric.*) rice-growing.

risiedere, *v. i.* to reside (*anche fig.*); to live; to dwell: **r. a Milano,** to reside (*o* to live) in Milan; **r. all'estero,** to reside abroad; **Il potere risiede nel popolo,** power resides in the people.

risièro, *a.* rice (*attr.*): **industria risiera,** rice industry.

risificio, *m. V.* **riseria,** *f.*

risigillare, *v. t.* to reseal; to seal again.

risina, *f.* broken rice.

risipola, *f.* (*pop.: erisipela*) erysipelas; St. Anthony's fire (*pop.*).

risistemare, *v. t.* to rearrange; to readjust.

risma, *f.* **1** ream (*anche ind.*) **2** (*fig., spreg.: genere, qualità*) kind; sort: **gente d'ogni r.,** all kinds of people; **essere tutti della stessa r.,** to be all of a kind; to be birds of a feather.

riso (1), *m.* **1** (*il ridere*) laughter (*solo sing.*); laughing; laugh: **Tutto finì in r.,** everything ended in laughter; **Non potei frenare il r.,** I couldn't help laughing; **uno scoppio di risa,** a burst of laughter; **sbellicarsi (***o* **sganasciarsi, scoppiare) dalle risa,** to split (*o* to burst) one's sides with laughter (*o* laughing); **muovere il r.,** to provoke laughter: **cose che muovono il r.,** laughter-provoking (*o* laughable) things **2** (*fig.*) smile; splendour: **il r. della primavera,** the smile of spring; **il r. della natura,** the splendour of nature. ● (*med.*) **r. sardonico,** risus sardonicus □ **un r. sardonico,** a sneer □ **risa sfrenate,** roars of laughter □ **mettere tutto in r.,** to turn everything into ridicule □ **oggetto di r.,** laughing-stock □ (*prov.*) **Il r. fa buon sangue,** laugh and be (*o* grow) fat; laughing is good for you □ (*prov.*) **Il r. abbonda**

sulla bocca degli stolti, laughter abounds in the mouths of fools.

riso (2), *m.* (*bot.*, *Oryza sativa*) rice: **la coltivazione del r.**, rice-growing; **la brillatura del r.**, rice-hulling; **acqua di r.**, rice-water; **minestra di r.**, rice-soup; **r. soffiato**, oven-popped rice; **budino di r.**, rice-pudding.

risoffiare, **A** *v. i.* to blow* again. **B** *v. t.* (*fig.*, *fam.*: *riportare*) to repeat; to tell*: **Adesso non andarglielo a r.**, now don't go and tell him.

risolare, *v. t.* to sole; to resole: **r. un paio di scarpe**, to sole a pair of shoes.

risolatura, *f.* soling.

risolino, *m.* snigger; snicker; (*di scherno*) sneer.

risollevare, **A** *v. t.* **1** (*sollevare di nuovo*) to raise again; to lift up again **2** (*fig.*: *rialzare*) to lift up; to pull up; (*liberare*) to set* free, to free: **r. un popolo dalla miseria**, to free a people from misery **3** (*fig.*: *confortare*) to comfort; to relieve; to cheer: **r. la mente**, to relieve the mind **4** (*fig.*: *riproporre*) to raise again; to bring* up again: **r. una questione**, to raise a question again.

risollevarsi, **B** *v. rifl.* **1** to lift (*o* to raise) oneself up again **2** (*fig.*) to recover; to pick up again.

risolùbile, *a.* solvable; soluble; resolvable; resoluble.

risolutaménte, *avv.* resolutely; decidedly; with resolution; without hesitation.

risolutézza, *f.* resoluteness; resolution; determinedness; firmness. ● **In tal genere di cose ci vuole r.**, in such things one must be resolute.

risolutivo, *a.* resolutive; resolutory; (*determinante*) decisive.

risoluto, *a.* resolute; resolved; determined; decided; firm: **Erano pochi, ma risoluti**, they were few, but resolute; **un uomo r.**, a resolute man. ● **mostrarsi r.**, to put on a bold face.

risolutóre, *m.* resolver.

risoluzióne, *f.* **1** (*decisione*) resolution; decision: **Questa r. sarà fraintesa**, this resolution will be misunderstood; **prendere una r.**, to take a decision; to make up one's mind **2** (*risolutezza*) resolution: **Il nemico resistette con molta r.**, the enemy resisted with great resolution; **Mostrò poca r.**, he didn't show much resolution **3** (*mat.*) solution: **la r. di un'equazione**, the solution of an equation **4** (*leg.*) cancellation; dissolution: **la r. di un contratto**, the cancellation of a contract. ● **Questo problema non è di facile r.**, this problem is not easy to solve □ **Presi la r. di lasciare la città**, I resolved (*o* I decided) to leave town.

risolvènte, **A** *a.* resolving; resolvent. **B** *m.* (*farm.*) resolvent.

risòlvere, **A** *v. t.* **1** to solve; to work out; to resolve: **r. una sciarada** (**un problema, un'equazione, un indovinello**), to solve (*o* to work out) a charade (a problem, an equation, a riddle); **r. un dubbio** (**una difficoltà**), to resolve a doubt (a difficulty) **2** (*deliberare, decidere*) to decide; to resolve: **Ha risolto di accettare**, he has resolved (*o* decided) to accept; he has decided that he will accept **3** (*comporre, definire*) to settle; to decide; to define: **r. una questione**, to settle a question; **r. una vertenza**, to decide a dispute; **Non hanno ancora risolto nulla**, they have not settled anything yet **4** (*chim.*) to resolve (into st.); to break* down (into st.); to reduce (to st.): **Dovremo r. questa soluzione nei suoi componenti**, we'll have to resolve this solution into its component parts; **r. un composto nei suoi elementi**, to reduce a compound to its elements **5** (*rescindere*) to rescind; to annul; to cancel: **r. un contratto**, to rescind (*o* to determine) a contract; **r. un accordo**, to annul (*o* to cancel) an agreement. **risòlversi**, **B** *v. rifl.* **1** (*decidersi*) to resolve (to do st., upon doing st.); to decide (to do st.); to make* up one's mind: **Si risolse a rompere la relazione**, he decided to end the affair; **Presto o tardi, ti dovrai risolvere**, sooner or later, you'll have to make up your mind **2** (*tramutarsi, andare a finire*) to change, to turn (into st.): **La neve si risolse in nevischio**, the snow changed (*o* turned) into sleet; **La sua malinconia si risolse in rabbia**, his melancholy turned into rage **3** (*di malattia*) to clear up; to resolve; to disappear: **Questa infiammazione si risolverà in pochi giorni**, this rash will clear up in a few days. ● **r. in bene** (*in male*), to turn out well (badly) □ **Tutte le sue promesse si risolsero in nulla**, all his promises came to (*o* ended in) nothing □ **Tutto si risolverà per il meglio**, everything will work out all right.

risolvìbile, *a.* solvable; soluble; resolvable; resoluble.

risolvibilità, *f.* solvability; resolvability; resolvableness; resolubleness.

risommare, *v. t.* to sum up again; to add up again.

risommèrgere, *v. t.* to submerge again.

risonante, *a.* resonant (*anche fis.*); resounding; re-echoing: **una voce r.**, a resonant (*o* sonorous) voice; **note risonanti**, resonant notes; **fertili valli, risonanti di scampanii**, fertile valleys, resonant with the sound of church bells.

risonanza, *f.* **1** resonance (*anche fis.*); sonority: **la r. dei corpi sonori**, the resonance of sonorous bodies; **r. acustica**, acoustic resonance; **cassa di r.**, resonance box; (*radio*) **r. in serie**, series resonance **2** (*fig.*) renown; fame; echo; sound. ● (*fig.*) **avere vasta r.**, (*propagarsi*) to be known far and wide; (*suscitare interesse*) to arouse a great deal of interest □ (*radio*) **circuito di r.**, resonator □ (*fis.*) **entrare in r.**, to resonate.

risonare, *v. t. e i.* **1** (*suonare di nuovo*) to play again; (*eseguire di nuovo*) to perform again; (*rif. a campane, campanelli*) to ring* again, to re-ring*: **Risuoneranno lo stesso brano**, they will play the same piece of music again; **Suona e risuona, finirono per aprirmi**, I rang and re-rang till at last they opened the door for me **2** (*riecheggiare*) to resound; to be resonant; to echo back; to re-echo: **Le valli risonavano di allegre canzoni**, the valleys resounded with merry songs; **Il teatro risonava di applausi**, the theatre resounded with applause **3** (*fig.*: *ripercuotersi*) to resound; to ring*; to echo: **Mi risuonano ancora nelle orecchie le ultime parole di mio padre**, my father's last words are still ringing in my ears.

risonatóre, *m.* (*fis.*) resonator.

risóne, *m.* paddy (rice).

risórgere, *v. i.* **1** (*sorgere di nuovo*) to rise* again; to spring* up again **2** (*tornare in vita*) to rise* from the dead; to resuscitate; to come* back to life again: **Cristo risorse dopo tre giorni**, Christ rose from the dead after three days **3** (*fig.*: *rifiorire*) to flourish again; to revive: **Le mie speranze risorsero**, my hopes revived; **il r. delle arti** (**delle scienze**), the reviving (*o* revival) of the arts (of science) **4** (*fig.*: *essere riedificato*) to arise* again; to be rebuilt: **La città risorse dalle rovine**, the city arose again from its ruins.

risorgimentale, *a.* (*stor.*) of the (Italian) Risorgimento.

risorgimentista, *m. e f.* one versed in the history of the (Italian) Risorgimento.

risorgiménto, *m.* **1** (*rinascita*) revival; renaissance; rebirth: **il r. delle arti**, the revival of the arts **2** (*stor.*) (Italian) Risorgimento.

risorgiva, *f.* (*geol.*) resurgence.

risorgivo, *a.* (*geol.*) resurgent.

risórsa, *f.* **1** resource (*generalm. al pl.*); means (*pl.*): **ricche risorse naturali**, rich natural resources; **risorse finanziarie**, pecuniary (*o* financial, moneyed) resources; **non avere più risorse**, to be at the end of one's resources; to have exhausted every resource **2** (*espediente*) resource; expedient; device; resort; shift: **la mia ultima r.**, my last resource (*o* shift); **come ultima r.**, as a last resort. ● **senza risorse**, resourceless □ **un uomo di molte risorse**, a resourceful man.

risospingere, *v. t.* **1** (*spingere di nuovo*) to drive* (forward) again; to push (forward) again **2** (*fig.*: *incitare di nuovo*) to urge again; to drive* again.

risòtto, *m.* (*cucina*) «risotto».

risottométtere, **A** *v. t.* **1** (*assoggettare di nuovo*) to resubject; to subjugate again; to subdue again **2** (*presentare all'esame altrui di nuovo*) to resubmit; to submit again. **risottométtersi**, **B** *v. rifl.* to submit again; to yield again.

risovvenìrsi, *v. rifl.* to remember; to recollect; to recall.

rispalmare, *v. t.* to spread* again.

rispàrgere, *v. t.* to spread* again; to scatter again.

risparmiare, **A** *v. t.* **1** (*mettere da parte*) to save; to save up; to lay* (*o* to put*) by; to put* away; to set* apart; (*economizzare*) to economize: **Riuscii a r. alcune sterline**, I managed to save a few pounds; **r. denaro**, to save money; to put money by (*o* away); **r. per la vecchiaia**, to save up for one's old age; **r. il più possibile**, to save up as hard as possible; **r. le proprie forze**, to save one's strength; **r. un vestito per la domenica**, to save (*o* to put away) a suit for Sundays; **per r. tempo**, in order to save time **2** (*evitare spese, perdite, ecc.*, *non sprecare*) to spare; to save: **Non si è risparmiato né tempo, né fatica, né denaro**, no time, trouble or expense has been spared; **Se andiamo a piedi, possiamo r. il denaro per il biglietto dell'autobus**, by walking we can save spending money for bus fares; **Questo mi risparmierà un sacco di fastidio**, this will save me a lot of trouble; **r. il fiato**, to save (*o* not to waste) one's breath (*o* words) **3** (*non affaticarsi troppo*) to spare: **r. gli occhi** (**le gambe, ecc.**), to spare one's eyes (one's legs, etc.); **r. q.**, to spare sb. **4** (*concedere, salvare*) to spare: **Risparmiaci, buon Dio**, spare us, good Lord; **La morte non risparmia nessuno**, death spares nobody; death comes to all; **r. la vita a q.**, to spare sb.'s life; **Mi fu risparmiato questo dolore**, I was spared this affliction. ● **r. di fare q.c.**, to save oneself the trouble of doing st. □ **r. per il futuro**, to put by (*o* to provide) for a rainy day □ **che fa r.**, economical; saving □ **che fa r. tempo**, time-saving □ (*prov.*) **Quattro risparmiato, due volte guadagnato**, a penny saved is a penny gained. **risparmiàrsi**, **B** *v. rifl.* to spare oneself; to take* care of oneself.

risparmiatóre, *m.* saver; thrifty person.

rispàrmio, *m.* **1** (*il risparmiare*) saving; (*economia*) thrift, economy; (*parsimonia*) parsimony: **In quella casa non c'è r.**, in that house there is no economy; **il r. di tempo** (**di denaro, ecc.**), the saving of time (of money, etc.) **2** (*denaro risparmia-*

rispecchiare

to) savings (*pl.*); economies (*pl.*): **i risparmi d'anni e anni**, the savings of years and years; **comprare q.c. con i propri risparmi**, to buy st. with one's economies; **vivere con i propri risparmi**, to live on one's savings; **mettere i propri risparmi in una banca**, to deposit one's savings in a bank; **prelevare dai propri risparmi**, to draw on one's savings; to take out of the kitty (*pop.*); **una cassa di r.**, a savings-bank. ● **fare r. di q.c.**, to save st. □ **per r. di tempo**, in order to save time □ **prodigarsi senza r.**, to spare no pains □ **spendere e spandere senza r.**, to spend money like water; to throw away one's money □ **senza r. di forze**, sparing no effort.

rispecchiare, A *v. t.* **1** (*specchiare di nuovo*) to mirror again; to reflect again **2** (*specchiare*) to mirror; (*riflettere*) to reflect (as in a mirror): **Il lago rispecchiava gli alberi**, the lake reflected the trees **3** (*fig.*) to reflect; to show*: **parole che rispecchiano l'animo**, words reflecting the soul. **rispecchiarsi, B** *v. rifl.* to be mirrored; to be reflected.

rispedire, *v. t.* **1** (*spedire di nuovo*) to send* again; to forward again; to reforward; to ship again; to reship **2** (*spedire indietro*) to send* back; to return.

rispedizióne, *f.* **1** (*nuova spedizione*) reforwarding; reshipment; reshipping **2** (*lo spedire indietro*) sending back; return.

rispettàbile, *a.* **1** (*degno di rispetto*) respectable; worthy of respect; estimable: **l'uomo più r. che io conosca**, the most respectable man I am acquainted with; **un uomo povero, ma r.**, a poor but respectable man **2** (*spesso scherz.: considerevole*) respectable; considerable; prominent: **una somma r.**, a respectable amount; **un naso r.**, a prominent nose.

rispettabilità, *f.* respectability.

rispettare, A *v. t.* **1** to respect; (*onorare*) to honour: **r. i vecchi (i deboli)**, to respect the old (the weak); **r. i diritti altrui**, to respect other people's rights; **Rispettai il suo ultimo desiderio**, I respected his last wish; **r. il padre e la madre**, to honour one's father and mother; **r. la propria firma (una cambiale)**, to honour one's signature (a bill) **2** (*osservare*) to respect; to observe; to comply with (st.): **r. le leggi del paese**, to respect (*o* to observe) the laws of the land; **r. la tradizione**, to respect (*o* to be respectful of) tradition; **r. le feste di precetto**, to observe holy days of obligation; **I candidati devono r. tutti i regolamenti**, candidates must comply with (*o* observe) all the regulations **3** (*avere cura di*) to respect; to treat with care: **I visitatori sono pregati di r. i fiori**, visitors are asked to respect the flowers; **Rispettate questi libri!**, treat these books with care! ● **r. le previsioni**, to fulfil expectations □ **r. una promessa**, to keep a promise □ **fare r. la legge**, to enforce the law □ **farsi r.**, to make oneself respected; to command respect □ **non r. un accordo**, to break an agreement □ **una persona che si rispetti**, a respectable person □ (*prov.*) **Bisogna r. l'albero per la sua ombra**, honour the tree that gives you shelter. **rispettarsi, B** *v. rifl.* to respect oneself; to have self-respect.

rispettivaménte, *avv.* respectively: **Appartengono r. a Carlo, Giovanni e Giacomo**, they belong respectively to Charles, John, and James.

rispettivo, *a.* (*relativo*) respective; (*proprio*) one's: **Furono scelti secondo i rispettivi meriti**, they were chosen according to their respective merits; **un quadro con la rispettiva cornice**, a picture with its frame; **gli alunni con i rispettivi genitori**, the pupils with their parents.

rispètto, *m.* **1** respect: **Non porta r. a nessuno**, he doesn't bear respect for anybody; **incutere r.**, to command respect; **avere (mostrare) r. per q.**, to have (to show) respect for sb.; **fare q.c. per r. a q.**, to do st. out of respect for sb.; **trattare q. con r.**, to treat sb. with respect; **È un uomo che merita tutto il r.**, he is a man deserving (*o* worthy) of all respect; **salutare q. con il dovuto r.**, to greet (*o* to salute) sb. with due respect; **perdere il r. per q.**, to lose respect for sb. **2** (*riguardo, punto di vista*) respect: **sotto molti (tutti i) rispetti**, in many (in all) respects **3** (*osservanza*) observance: **r. della legge**, observance of the law. ● **r. a**, (*in relazione a*) as regards, as to; (*in confronto a*) in comparison with, compared to: **r. alla vostra richiesta**, as regards your request; **Erano in pochi r. al numero degli invitati**, there were few people compared to the number of those who had been invited □ **r. di se stesso**, self-respect □ **r. umano**, respect for public opinion: **Non ha nessun r. umano**, he has no respect for public opinion; he doesn't care what people think □ (*naut.*) **àncora (vela) di r.**, spare anchor (sail) □ **con r. parlando**, if you'll excuse my saying so □ **mancare di r. a q.**, to be disrespectful to sb. □ **pieno di r.**, respectful □ **presentare i propri rispetti a q.**, to give one's respects (*o* regards) to sb. □ **senza r.**, disrespectful □ **La morte non porta r. a nessuno**, death is no respecter of persons.

rispettosaménte, *avv.* respectfully; in a respectful manner.

rispettóso, *a.* respectful: **uno sguardo r.**, a respectful glance; **essere r. delle tradizioni**, to be respectful of tradition(s). ● **essere r. della legge**, to be observant of the law □ **essere r. verso q.**, to show respect for sb.

rispiegare, *v. t.* **1** (*spiegare di nuovo*) to unfold again **2** (*fig.: chiarire meglio*) to explain again; to explain more thoroughly.

risplendènte, *a.* (*anche fig.*) resplendent; shining; brilliant; bright; radiant; refulgent; (*rilucente*) glowing; (*luccicante*) glittering: **oro r.**, resplendent gold; **lampade risplendenti**, shining lamps; **occhi risplendenti**, bright (*o* radiant) eyes; **stelle risplendenti nel cielo**, stars glittering in the sky; **r. di bellezza**, shining with beauty.

risplèndere, *v. i.* (*anche fig.*) to be resplendent; to shine* (brightly); to be bright (*o* radiant); **rifulgere**) to glow; (*luccicare*) to glitter: **Il sole risplende**, the sun shines; **r. come l'oro**, to glitter like gold; **r. di bellezza**, to shine with beauty.

rispolverare, *v. t.* **1** to dust again **2** (*fig.*) to brush up.

rispondènte, *a.* in conformity with; answering; in accordance with; agreeing (with).

rispondènza, *f.* correspondence; conformity; agreement.

rispóndere, A *v. i.* **1** to answer (st., sb.); to reply (to st., to sb.): **Rispose alla mia lettera**, he answered (*o* replied to) my letter; **r. a una domanda**, to answer (*o* to field) a question; **r. a un invito**, to reply to (*o* to answer) an invitation; **r. prontamente (subito)**, to answer (*o* to reply) promptly (immediately); **r. per iscritto**, to reply (*o* to answer) in writing; **r. ad alta voce (a bassa voce)**, to answer in a loud voice (in a low voice); **r. al fuoco del nemico**, to reply to the enemy's fire; **r. al telefono**, to answer the telephone; **r. di sì (di no)**, to answer yes (no); to answer in the affirmative (in the negative); **r. con una risata (con una sghignazzata)**, to answer with a laugh (with a sneer); **r. evasivamente**, to reply evasively; to give an evasive answer; **r. a mezza bocca**, to answer reluctantly; **Rispondigli e digli che andrai da lui venerdì**, reply to him and tell him you'll go to his house on Friday; **È scortese non r. quando ci rivolgono la parola**, it is impolite not to answer (*o* not to reply) when we are spoken to **2** (*farsi garante*) to answer (for st., for sb.); to be responsible (for st., for sb.); to vouch (for st., for sb.): **La direzione non risponde dei valori non depositati nella cassaforte dell'albergo**, the management will not answer (*o* cannot be held responsible) for the theft of valuables not handed in to the hotel safe; **Risponderò io della sua onestà**, I'll vouch for his honesty; **Anche di questo dovrà r. in tribunale**, he'll have to answer for this as well in court **3** (*corrispondere*) to answer (st., to st.); to correspond (to st.); to meet*: **Questo non risponde al mio scopo**, this does not answer my purpose; **Questo non risponde alla tua descrizione**, this does not answer (to) your description; **r. ai bisogni di q.** (q.c.), to answer to the needs of sb. (st.); **Le sue azioni non rispondono al suo pensiero**, his actions do not correspond to his thoughts; **È una ragazza che risponde al mio ideale di donna**, she's a girl who corresponds to my ideal of what a woman should be like; **non r. ai requisiti**, not to meet (*o* to be up to) requirements **4** (*ribattere con vivacità*) to answer back: **Non si dovrebbe r. quando si è sgridati**, one should not answer back when one is rebuked; **Quando ti rimprovero per qualche cosa non voglio che tu mi risponda**, when I pull you up for something, I don't want you to answer me back **5** (*obbedire*) to respond; to obey: **Quest'automobile risponde subito al minimo richiamo dei freni**, this car responds immediately to the slightest application of the brakes; **Questo cavallo non risponde alla briglia**, this horse does not obey (*o* doesn't respond to) the bridle; (*med.*) **r. all'adrenalina**, to respond to adrenalin **6** (*aprirsi*) to look out (on to); (*di una porta*) to give* (on to): **Questa finestra risponde sulla strada maestra**, this window looks on to the main road **7** (*a carte*) to reply: **Ha risposto con il re di cuori**, he replied with the king of hearts. **B** *v. t.* to answer: **non r. verbo**, not to answer a word; **r. poche parole (poche righe)**, to answer in a few words (a few lines). ● **r. all'appello**, to answer the roll; (*fig.*) to answer the call □ **r. all'attesa di q.**, to come up to (*o* to satisfy, to be equal to) sb.'s expectations □ **r. al nome di**, to answer to the name of □ **r. al saluto di q.**, to return sb.'s greeting □ **r. a tono**, to give a reasonable (*o* a logical) answer □ **r. a voce**, to give a verbal answer (*o* reply) □ **r. bene**, to give the right (*o* a good) answer □ **r. con un cenno del capo (con una strizzatina d'occhi)**, to reply with a nod (with a wink) □ **r. di traverso**, to answer at cross-purposes □ **r. male**, (*sbagliare*) to give a wrong answer; (*r. con sgarbo*) to answer rudely (*o* back) □ (*fig.*) **r. per le rime**, (*dare una rispostaccia*) to give a sharp answer; (*rendere pan per focaccia*) to pay sb. back in his own coin (*o* to give tit for tat) □ (*fig.*) **r. picche**, to give (sb.) a flat denial (*o* an abrupt refusal) □ **r. secco secco**, to answer (sb.) a curt answer □ **Questo non è r.**, this is not an answer.

risposare, A *v. t.* to remarry; to marry again. **risposarsi, B** *v. rifl.* to remarry; to get* married again.

rispósta, *f.* **1** answer; reply: **r. lunga (breve, cortese, scortese)**, long (short, courteous, impolite) answer (*o* reply); **in r. a**, in reply to; **dare una r. a q.**, to give sb. an answer; **trovare una r. a**

tutto, to find an answer for everything; **in attesa di una sollecita r.**, waiting (*o* hoping) for an early reply; **lettera di r.**, letter of reply; **domande e risposte**, questions and answers; **La sua r. alla mia domanda fu un'alzata di spalle**, his reply (*o* answer) to my question was just a shrug (of the shoulders); **Ciò non è degno di r.**, this isn't worthy of a reply 2 (*responso*) response 3 (*scherma*) riposte; counterthrust; counterblow 4 (*reazione*) reaction; response: **r. condizionata**, conditioned response (*o* reflex) 5 (*elettr., elab.*) response. ● **lasciare una lettera senza r.**, to leave a letter unanswered □ (*fig.*) **Mi lasci senza r.**, you leave me speechless.

rispuntare, A *v. i.* 1 to reappear; to rise* (*o* to come* up) again 2 (*di persona*: *ricomparire*) to reappear; to turn (*o* to show*) up again (*fam.*). B *v. t.* (*accorciare di nuovo*) to trim again.

rissa, *f.* brawl; wrangle. ● **far r.**, to brawl; to wrangle.

rissaiòlo, A *a.* quarrelsome; brawling; wrangling. B *m.* brawler; wrangler.

rissare, *v. i.* to brawl; to quarrel; to wrangle.

rissosità, *f.* quarrelsomeness.

rissóso, *a.* brawling; quarrelsome; wrangling.

ristabiliménto, *m.* 1 (*il ristabilire*) re-establishment 2 (*ricostituzione*) re-establishment; restoration; reconstitution: **il r. della monarchia in Inghilterra**, the re-establishment of the monarchy in England 3 (*il ristabilirsi in salute*) recovery (of health).

ristabilire, A *v. t.* 1 (*stabilire di nuovo*) to re-establish; to establish again 2 (*rimettere stabilmente*) to re-establish; to restore; to bring* back: **r. la monarchia**, to re-establish monarchy; **r. l'ordine**, to restore order; **r. l'armonia**, to restore harmony; **r. una vecchia consuetudine**, to restore (*o* to bring back to use) an old custom 3 (*rimettere in salute*) to restore (sb.) to health. **ristabilirsi**, B *v. rifl.* to recover: **r. in salute**, to recover (one's health); **r. da una malattia**, to recover after an illness; to pull round (*o* through) (*fam.*).

ristagnaménto, *m.* stagnation.

ristagnare (1), *v. t.* (*stagnare di nuovo*) to re-tin; to tin again; to re-solder; to solder again.

ristagnare (2), A *v. i.* 1 (*diventare stagnante*) to stagnate; to become* stagnant; (*cessare di scorrere*) to cease to flow 2 (*fig.*) to be stagnant (*o* slack); to slacken; to lag: **Gli affari ristagnano**, business is slack. B *v. t.* to sta(u)nch: **r. il sangue**, to sta(u)nch blood. **ristagnarsi**, C *v. rifl.* to stagnate; to cease to flow; to stop flowing.

ristagnatura, *f.* (*nuova stagnatura*) re-tinning; re-soldering.

ristagno, *m.* 1 (*il ristagnare di liquidi*) stagnation; (*del sangue, anche*) sta(u)nching: **il punto di r.**, the stagnation point 2 (*fig.*) stagnation; standstill; slackness: **C'è un r. negli affari**, business is at a standstill; trade is stagnant (*o* slack). ● (*comm.*) **r. nelle vendite**, slump in sales.

ristampa, *f.* 1 (*il ristampare*) reprint; reprinting 2 (*opera ristampata*) reprint; second (*o* new) impression: **Ne sono state vendute dieci ristampe**, ten impressions have been sold; **la decima r.**, the 10th impression. ● **essere in r.**, to be reprinting.

ristampàbile, *a.* reprintable.

ristampare, *v. t.* to reprint; to print again: **r. un romanzo**, to print a novel again.

ristampatóre, *m.* reprinter.

ristare, *v. i.* (*lett.*) 1 (*stare di nuovo*) to stay again; (*fermarsi*) to stop 2 (*fig.*: *astenersi*) to refrain: **r. dal fare q.c.**, to refrain from doing st.

ristivàggio, *m.* (*naut.*) restowal.

ristorante, *m.* restaurant; (*di stazione ferroviaria*) refreshment--room, buffet. ● (*ferr.*) **vagone** (*o* **carrozza**) **r.**, dining-car.

ristorare, A *v. t.* 1 (*anche fig.*) to refresh; to restore: **Il sonno ristora il corpo e la mente**, sleep refreshes the body and the mind; **r. lo spirito**, to restore (sb.'s) spirits 2 (*fig., lett.*: *risarcire*) to recoup (sb. for st.). **ristorarsi**, B *v. rifl.* to refresh oneself; to take* refreshment; to have something to eat and drink; (*riposarsi*) to rest, to have a rest: **Ho bisogno di ristorarmi**, I must have something to eat and drink; **r. con una tazza di tè**, to refresh oneself with a cup of tea.

ristorativo, A *a.* refreshing; refreshful: **bevande ristorative**, refreshing drinks. B *m.* refreshment; refresher (*fam.*).

ristoratóre, A *m.* (*bur.*: *ristorante*) restaurant; (*di stazione ferroviaria*) refreshment-room, buffet. B *a.* refreshing: **pioggia ristoratrice**, refreshing rain.

ristórno, *m.* (*fin.*) drawback.

ristòro, *m.* 1 (*sollievo*) relief; comfort; solace: **trovare r.**, to find relief 2 (*rifocillamento*) refreshment: **un posto di r.**, a refreshment-room. ● **dare r.**, to refresh □ (*autom.*: *cartello*) **posto di r.**, limited catering facilities.

ristrettézza, *f.* 1 (*l'essere ristretto*; *angustia*) narrowness: **la r. della casa**, the narrowness of the house 2 (*fig.: meschinità*) meanness; poorness; poverty 3 (*fig.: insufficienza*) lack; want: **r. di mezzi**, lack of means; **r. di tempo**, want of time; **r. di spazio**, want of room 4 (*pl.*: *condizioni economiche disagiate*) straitened (*o* narrow, reduced) circumstances; (*financial*) straits: **essere ridotto in gravi ristrettezze**, to be reduced to great straits; **trovarsi in ristrettezze**, to be in financial straits; **vivere in ristrettezze**, to live in straitened circumstances. ● (*fig.*) **r. di mente** (*o* **di idee**), narrow-mindedness.

ristrétto, A *a.* 1 (*angusto*) narrow: **un luogo r.**, a narrow place 2 (*limitato*) narrow; limited: **Che cosa significa la parola nel senso più r.?**, what does the word mean in the narrowest sense?; **un r. numero d'amici**, a narrow circle of friends 3 (*ridotto*) reduced; cut-down: **prezzi ristretti**, reduced (*o* rock-bottom) prices; **vendere a prezzi ristretti**, to sell at reduced prices 4 (*scarso*) narrow; straitened; scanty; poor: **condizioni ristrette**, narrow (*o* straitened, reduced) circumstances; **mezzi ristretti**, scanty means 5 (*concentrato*) concentrated; condensed; thick; (*di caffè*) strong: **una salsa ristretta**, a thick sauce 6 (*fig.*: *condensato*) condensed; concentrated: **molte idee ristrette in poche parole**, many ideas condensed into few words 7 (*fig.*: *gretto, meschino*) mean; petty; narrow-minded. ● **avere idee troppo ristrette** (*o* **essere r. di mente**), to be narrow-minded □ (*cucina*) **brodo r.**, clear soup; «**consommé**» (*franc.*) □ **un uomo di vedute ristrette**, a narrow-minded man. B *m.* (*compendio*) summary; précis; abstract. ● **in r.**, briefly.

ristringere, A *v. t.* 1 to grasp again; to clasp again: **r. q. fra le braccia**, to clasp sb. in one's arms again; to embrace (*o* to hug) sb. again 2 (*stringere, avvitare di nuovo, anche mecc.*) to retighten; to tighten again. ● **r. la mano a q.**, to shake hands with sb. again. **ristringersi**, B *v. rifl.* to narrow; to get* narrow(er).

ristrutturare, *v. t.* to restructure; (*dare una nuova struttura organizzativa*) to reorganize.

ristrutturazióne, *f.* restructure; (*r. organizzativa*) reorganization.

ristuccare, *v. t.* 1 (*stuccare di nuovo*) to replaster; to plaster (up) again 2 (*fig., fam.*: *annoiare fino alla nausea*) to bore (*o* to weary, to tire) (sb.) to death.

ristuccatura, *f.* replastering.

ristucchévole, *a.* boring; wearisome; tiresome; irksome.

ristucco, *a.* sick and tired; bored (*o* sick) to death; fed up (*fam.*): **essere stucco e r. di q.c.**, to be sick to death of st.; to be fed up with st.

ristudiare, *v. t.* to study again; to restudy.

risucchiare, *v. t.* 1 to suck again; to resuck 2 (*assorbire*) to suck in.

risùcchio, *m.* 1 eddy 2 (*naut.*) undertow.

risultàbile, *a.* probable.

risultante, A *a.* resultant; resulting; ensuing. B *m.* e *f.* (*fis., mat.*) resultant. C *f.* (*fig.*: *risultato*) result; outcome.

risultanza, *f.* result; outcome: **secondo le risultanze del processo**, according to the results of the trial.

risultare, *v. i.* 1 to result; to come* out; to turn out; to follow; to ensue; to spring*: **Dalle mie osservazioni risulta che questo farmaco è completamente innocuo**, from my observations it results that this drug is completely innocuous; **Dalle indagini risultò che il marito era innocente**, it resulted (*o* turned out) from the investigations that the husband was innocent; **Risulterà che non ha avuto a che fare con questa faccenda**, it will come out that he had nothing to do with the whole affair; **Risultò che la ragazza era rimasta in casa tutto il giorno**, it turned out that the girl had remained at home all day; **A calcoli fatti, risulta che questo metallo non reggerà allo sforzo**, after these calculations it follows (*o* ensues) that this metal won't bear the stress; **La verità risulterà da questi documenti**, the truth will spring (*o* come out) from these documents 2 (*impers.*: *essere noto*) to understand*, to hear*, to know* (*verbi pers.*): **Mi risulta che sei stato licenziato**, I understand (*o* I have come to know) that you have been dismissed; **Mi risulta che sta per sposarsi**, I understand (*o* I hear) that he is about to get married; **Non mi risulta**, I don't know anything about it 3 (*dimostrarsi*) to be; to prove (to be); to turn out (to be): **r. falso**, to turn out to be false 4 (*riuscire*) to come* out, to be: **È risultato vincitore**, he was the winner. ● **Ne risulta che...**, consequently...; the result is that... □ **Risulta chiaro che...**, it is clear (*o* obvious) that... □ **Non so dirti che cosa ne è risultato**, I can't tell you what the result (*o* the outcome) of it was.

risultato, *m.* result (*anche mat.*); outcome; issue: **I risultati degli esami sono buoni**, the exam results are good; **il r. dell'intervento chirurgico è ancora incerto**, the outcome (*o* result) of the surgical operation is still uncertain; **r. negativo (positivo)**, negative (positive) result; **aspettare il r. di q.c.**, to abide the issue (*o* the result, the outcome) of st.; **Tu non vuoi studiare, ed eccone il r.**, you don't want to study, and this is the result (*o* this is what it leads to). ● **i risultati delle elezioni**, the election returns □ (*sport*) **r. di parità**, draw; tie.

risuolare, e *deriv.* V. **risolare**, e *deriv.*

risuonare, e *deriv.* V. **risonare**, e *deriv.*

risurrezióne, *f.* **1** (*il risorgere*) resurrection; rising: **la r. di Cristo**, the Resurrection of Christ; **la r. dei morti**, the resurrection (*o* rising) of the dead; **la r. della carne**, the resurrection of the body **2** (*fig.*) resurrection; revival; restoration: **la r. di antiche consuetudini**, the revival of old customs.

risuscitaménto, *m.* resuscitation; revival; revivification; resurrection; restoration.

risuscitare, **A** *v. t.* **1** (*richiamare in vita*) to resuscitate; to bring* back to life again; to raise from the dead; to restore to life; to resurrect: **Gesù risuscitò Lazzaro**, Jesus raised Lazarus from the dead; **r. i morti**, to resuscitate the dead **2** (*fig.: rimettere in uso*) to resurrect; to revive; to restore; to bring* back into use: **r. antiche consuetudini**, to revive old customs **3** (*fig.: ridestare*) to (re)awaken; to (re)kindle; to rouse; to call back: **r. l'entusiasmo di q.**, to reawaken (*o* to kindle) sb.'s enthusiasm; **r. dall'oblio**, to call back (*o* to rescue) from oblivion **4** (*fare riavere*) to put* new life into: **Le tue parole mi risuscitano**, your words put new life into me. **B** *v. i.* **1** (*tornare in vita*) to resuscitate; to come* back to life again; to rise* again from the dead **2** (*fam.: riaversi*) to revive; to pick up.

risuscitatóre, *m.* resuscitator.

risvegliare, **A** *v. t.* **1** (*svegliare di nuovo*) to reawake*; to awake* again; to wake* up again: **Mi svegliasti alle sei, poi mi risvegliasti alle sette**, you awoke me at six, then you awoke me again at seven **2** (*svegliare*) to awake*; to awaken; to wake* up; to rouse (*specialm. nella forma passiva*): **Il rumore mi risvegliò**, the noise woke me up **3** (*fig.*) to awaken; to awake*; to wake*; to arouse; (*eccitare*) to excite, to stimulate; (*ravvivare*) to revive, to freshen up: **r. l'interesse di q. per q.c.**, to arouse sb.'s interest in st.; **r. l'interesse di q.**, to excite interest in sb.; **r. le passioni**, to wake passions; **r. l'appetito**, to stimulate the appetite; to give an appetite; **r. la memoria**, to freshen up the memory. **risvegliarsi**, **B** *v. rifl.* **1** to awake*; to waken; to wake* up (*anche fig.*): **Bisogna r.**, you must wake up; **Ha bisogno di qualcuno che lo risvegli**, he needs someone to wake him up **2** (*fig.*) to be aroused (again); to rekindle: **A quelle parole tutto il suo rancore si risvegliò**, at those words all his resentment was aroused again.

risvéglio, *m.* **1** (*il risvegliarsi*) (re)awakening; waking up **2** (*fig.*) awakening; revival; renewal: **un r. del commercio**, a revival of trade. ● (*econ.*) **un r. d'attività**, an upsurge of activity □ **Al mio r.**, **vidi che il sole era già alto**, when I awoke (*o* woke up), the sun was already high in the sky.

risvolta, *f.* V. **risvolto**.

risvoltare, *v. t.* e *i.* to turn again.

risvolto, *m.* **1** (*del collo d'una giacca*) lapel; (*di manica*) cuff; (*di tasca*) flap; (*di pantaloni*) turn-up: **i risvolti d'una camicia**, the cuffs of a shirt **2** (*della sopraccoperta d'un libro*) jacket-flap **3** (*fig.*) implication; (*secondary*) aspect: **i risvolti politici di una situazione**, the political implications of a situation. ● **stivali con r.**, top-boots.

ritagliare, *v. t.* **1** (*tagliare di nuovo*) to cut* (again) **2** (*tagliare tutt'intorno*) to cut* out.

ritagliatóre, *m.* cutter.

ritàglio, *m.* **1** cutting; cut-out: **ritagli di giornale**, newspaper cuttings; press-cuttings; press-clippings **2** (*di stoffa*) remnant; scrap. ● (*cinem.*) **r. di pellicola**, cut-out □ (*fig.*) **ritagli di tempo**, spare time; leisure hours; odd moments.

ritardàbile, *a.* that can be delayed (*o* postponed).

ritardante, *a.* retarding; delaying: **un agente r.**, a retarding agent.

ritardare, **A** *v. t.* to delay; to retard; to keep* off; to stave off: **Dobbiamo r. la partenza**, we must delay (*o* postpone) our departure; **L'assassino ritardò l'arresto di alcuni giorni fuggendo in Francia**, the murderer staved off arrest for a few days by running away to France; **r. il moto**, to retard the motion. **B** *v. i.* **1** (*indugiare a giungere*) to retard; to be delayed; to hang* fire (*pop.*): **La posta ritarda a causa dell'abbondante nevicata**, the mail is delayed by the heavy snow-fall; **La promozione di Giovanni a direttore ritarda**, John's promotion to manager is hanging fire **2** (*essere in ritardo*) to be late: **Il treno oggi ritarda**, the train is late today **3** (*rif. all'orologio*) to be slow. ● (*mil.*) **r. il fuoco**, to hang fire □ **Hai ritardato troppo**, you are too late.

ritardatàrio, *m.* **1** late-comer **2** (*chi indugia a fare q.c.*) defaulter.

ritardato, **A** *a.* **1** delayed **2** (*psic.*) **B** *m.* (*psic.*) retarded child*; retardate.

ritardatóre, **A** *m.* retarder. **B** *a.* retardatory; retarding; delaying.

ritardo, *m.* **1** (*il ritardare*) delay; retard; retardation: **Ci sarà il r. d'un giorno**, there will be a delay of a day; **un r. di tre ore**, a delay of three hours; **senza r.**, without delay; at once **2** (*psic.: r. mentale*) (mental) retardation **3** (*mus.*) retardation; suspension. ● (*elab.*) **r. di risposta**, lag □ **il r. tecnologico dell'Europa**, Europe's technological lag □ **essere in r.**, to be late, to be behind time; (*di orologio*) to be slow; (*con un pagamento*) to be behind hand, to get into arrears; (*col lavoro, con le consegne, ecc.*) to be behind schedule; (*di treno, nave, ecc.*) to be overdue, to be past-due □ **Mi scusi del r.**, please excuse me for coming late (*o* if I'm late) □ **Il treno ha avuto un r. di due ore a causa della forte nevicata**, the train was delayed two hours by the heavy snow-fall.

ritégno, *m.* **1** reserve; reservedness: **C'è davvero molto r. nelle sue maniere**, he really has great reserve of manner; **Il suo r. è tipicamente inglese**, his reservedness is typically English; **senza r.**, without reserve; unreservedly; **parlare con molto r.**, to speak with much reserve; **vincere il r. di q.**, to break through sb.'s reserve **2** (*freno*) restraint; moderation; control: **agire con r.**, to act with restraint; **spendere con r.**, to spend with moderation; **senza r.**, without restraint; unrestrainedly. ● **avere r. a fare q.c.**, to hesitate (*o* to be reluctant) to do st.; to shrink from doing st.

ritemprare, **A** *v. t.* **1** (*ridare la tempra a*) to retemper; to temper again **2** (*fig.*) to restore; to recruit; to fortify; to strengthen; to (re)invigorate: **r. le forze**, to recruit (*o* to restore) one's strength; **r. l'animo**, to invigorate one's mind. **ritemprarsi**, **B** *v. rifl.* (*fig.*) to fortify oneself; to recover one's strength; to recruit one's health: **r. nella lotta quotidiana**, to fortify oneself in one's daily struggle.

ritenére, **A** *v. t.* **1** (*trattenere*) to hold* (back); to stop; to retain; to keep* (back); to withhold*: **r. il corso delle acque**, to stop the flow of the waters; **Questo vaso non ritiene l'acqua**, this vase does not retain water; **r. le lacrime**, to hold back (*o* to restrain) one's tears; **Mi ritengono il venti per cento sullo stipendio**, they hold back twenty per cent of my salary **2** (*stimare, credere*) to think*; to deem; to believe; to consider: **Ritengo che sia stato il ragazzo a rubare il denaro**, I think (*o* I believe) it was the boy who stole the money; **Ritengo necessario questo provvedimento**, I deem this measure necessary; **Ritenni urgente operare**, I deemed it urgent to operate; **Ritengo che la scalata sia una vera pazzia con questo tempo**, I believe (*o* I think) that the ascent in this weather is pure folly; **Non lo ritengo necessario**, I don't think it necessary; **Non lo ritengo un uomo intelligente**, I don't consider him (*o* regard him) as an intelligent man; **Non ritenni che fosse mio dovere**, I didn't consider it my duty; **È ritenuto il miglior dentista della città**, he is considered (*o* regarded) as the best dentist in town. ● **r. q.c. a memoria**, to remember st. □ **Ha una memoria labile, che ritiene poco o nulla**, he has a memory like a sieve. **ritenérsi**, **B** *v. rifl.* **1** (*considerarsi*) to regard oneself; to consider oneself: **Si ritiene un grande atleta**, he regards himself (as) a great athlete; **Si ritiene il Padre Eterno**, he considers himself a (little) tin god **2** (*lett.: contenersi*) to restrain oneself; to control oneself: **Si ritenne dal piangere**, he restrained himself from crying.

ritentare, *v. t.* to try again; to reattempt; to attempt again: **Tenta e ritenta, alla fine riuscirai**, try, try again; at last, you'll be successful. ● **r. la prova**, to have another try.

ritentiva, *f.* retentive faculty; memory.

ritentività, *f.* retentiveness.

ritentivo, *a.* retentive.

ritenuta, *f.* (*trattenuta*) deduction; stoppage: **fare una r.**, to make a deduction; **una r. sul salario (sullo stipendio)**, a deduction from wages (from salary). ● (*fin.*) **r. alla fonte**, taxation at source; withholding; (*l'ammontare ritenuto*) withholding tax □ (*fin.*) **r. d'acconto**, capital gains tax; withholding tax.

ritenutézza, *f.* reserve; reservedness; restraint; (*cautela*) cautiousness, circumspection.

ritenuto, *a.* reserved; (*cauto*) cautious, circumspect.

ritenzióne, *f.* **1** (*il ritenere*) retention; retaining **2** (*somma trattenuta*) deduction; stoppage **3** (*med.*) retention: **r. delle urine**, retention of urine.

ritèssere, *v. t.* (*anche fig.*) to weave* again; to reweave*.

ritessitura, *f.* (*anche fig.*) reweaving.

ritingere, *v. t.* **1** (*tingere di nuovo*) to tinge again; to colour again; (*dipingere di nuovo*) to repaint; to paint again **2** (*tingere con altro colore*) to dye (again): **fare r. un abito**, to have a dress dyed.

ritintura, *f.* retincture; (*dando altro colore*) dyeing.

ritirare, **A** *v. t.* **1** (*tirare indietro*) to withdraw*; to draw* back; to take* back; (*anche, ritrattare*) to retract: **Ritirò la mano che aveva allungato**, he withdrew (*o* drew back) the hand he had stretched out; **r. la candidatura**, to withdraw one's candidature; to stand down; **r. una querela (un'accusa)**, to withdraw an action (an accusation); **r. le truppe**, to withdraw the troops; **r. un'offer-**

ta (una promessa, un'affermazione), to take back (o to withdraw) an offer (a promise, a statement); r. q.c. dalla circolazione, to withdraw st. from circulation; Fece appena a tempo a r. il piede, he was just in time to draw back his foot; Ritiro tutto ciò che ho detto sul suo conto, I take back all I have said about him; r. la parola data, to take back one's word; r. una moneta (una banconota), to withdraw (o to call in) a coin (a bank-note); L'imputato ritirò la sua confessione, the accused retracted his confession; La lumaca può r. le corna, a snail can retract (o draw in) its horns; Il senatore ritirò la sua proposta, the senator retracted (o withdrew) his proposal 2 (riscuotere) to draw*; to withdraw*; (farsi consegnare) to collect: r. denaro da una banca, to draw (o to withdraw) money from a bank; r. il proprio stipendio, to draw one's salary; Voglio r. i miei capitali da quell'impresa, I want to withdraw my capital from that business; All'ingresso del teatro ci sarà qualcuno a r. i biglietti, there will be somebody to collect the tickets at the theatre entrance; r. una lettera (un pacco), to collect a letter (a parcel) 3 (ind.: modelli difettosi) to call back (o in) 4 (gettare di nuovo) to throw* again: r. un sasso (una palla), to throw a stone (a ball) again. ● r. un assegno, to cash a cheque □ r. un ordine, to revoke an order □ r. la patente a q., to revoke (o to withdraw) sb.'s driving-licence □ r. le reti, to draw in (o up) the nets. ritirarsi, B v. rifl. 1 to retire; to withdraw*: Si è ritirato in camera, he retired to his room; r. a vita privata, to retire to private life; r. in buon ordine, to retire (o to withdraw) in good order; r. in campagna, to retire into the country; r. da un esame, to withdraw from an examination; r. dagli affari (dalla politica), to retire from (o to give up) business (politics); r. in se stesso, to retire into oneself; Dopo il pranzo, le signore si ritirarono, after dinner the ladies withdrew; r. in un chiostro, to retire from the world; r. dalla lotta, to withdraw from the fight; to retire from the field; Mi sono ritirato per far posto a tuo fratello, I withdrew (o I drew back) to make room for your brother 2 (di truppe: indietreggiare) to retreat; to withdraw*; to retire; (evacuare) to move out, to evacuate: I tedeschi si ritirarono davanti agli americani, the Germans retreated in front of the Americans; Il reggimento si è ritirato su posizioni strategiche migliori, the regiment has withdrawn (o has retired) to better strategic positions 3 (di acqua) to subside; to recede; (di marea) to ebb: Le acque si ritirano lentamente dopo i monsoni, the waters are subsiding slowly after the monsoons; Quest'anno il mare si è ritirato di oltre settanta metri, this year the sea has receded more than seventy metres; Qui la marea si ritira con grande rapidità, the tide here ebbs very quickly 4 (rientrare in casa) to go* home; (andare a letto) to go* to bed 5 (specialm. di tessuti: restringersi) to shrink*: Questa stoffa si ritira dopo la prima lavata, this material shrinks after the first wash 6 (mancare a una promessa) to go* back on one's word; to take* back one's word: Ho promesso e non mi ritiro, I have promised and I am not going back on my word; Non è uomo che si ritiri quando ha detto qualcosa, he's not a man to take back his word when he has said something 7 (leg.: di tribunale) to adjourn: La Corte si ritirerà alle undici e mezza, the court will adjourn at half past eleven. ● Si ritirano sempre due candidati su tre prima della fine del corso, two out of every three candidates always drop out (o, USA: flunk out) before the end of the course.

ritirata, f. 1 retreat; withdrawal: battere in r., to beat a retreat (specialm. fig.); essere in r., to be in retreat; suonare la r., to sound the retreat; tagliare la r. a q., to cut off sb.'s retreat; effettuare una r., to make a retreat (o a withdrawal); proteggere la r. di q., to cover sb.'s withdrawal (o retreat); r. strategica, strategic withdrawal (o retreat) 2 (rientro in caserma) tattoo: suonare la r., to beat (o to sound) the tattoo 3 (latrina) lavatory; toilet; loo (fam.).

ritiratezza, f. retiredness; (riservatezza) reservedness, reserve.

ritirato, a. retired; secluded; sequestered; (riservato) reserved: una vita ritirata, a retired life; un luogo r., a secluded spot. ● vivere (o starsene) r., to live in seclusion (o in retirement).

ritiro, m. 1 (il ritirare) withdrawal; withdrawing; retirement; retiring: il r. delle truppe da un luogo, the withdrawal of the troops from a position; il r. di banconote dalla circolazione, the withdrawal of bank-notes from circulation 2 (ind.: di modelli difettosi) call-back 3 (riscossione) collection 4 (luogo appartato) retreat; seclusion; secluded spot; nook; (eremo) hermitage 5 (contrazione) contraction; shrinkage. ● r. della patente di guida, revocation (o suspension) of a driving-licence □ il r. di una licenza, the cancellation of a licence □ in r., retired: un impiegato statale in r., a retired civil servant.

ritmare, v. t. to beat* out; to mark.

ritmica, f. (poesia, mus.) rhythmics (pl. col verbo al sing.).

ritmicamente, avv. rhythmically.

ritmicità, f. rhythmicity.

ritmico, a. rhythmic(al); cadenced; measured; accenti ritmici, rhythmical accents; prosa ritmica, rhythmical prose; un movimento r., a rhythmical movement; il suono r. delle campane, the rhythmic chiming of church-bells.

ritmo, m. 1 (generalm.) rhythm; cadence: il r. di un verso, the rhythm of a line (of poetry); il r. d'una danza, the rhythm of a dance; (med.) il r. delle pulsazioni, the rhythm of pulsations 2 (mecc.) rate: il r. di alternanza, the rate of reciprocation 3 (fig.) pace; rate. ● (econ.) il r. di rialzo dei prezzi, the rate of price increases.

ritmologia, f. rhythmics (pl. col verbo al sing.).

ritmo-melòdico, a. (mus.) rhythmic-melodic.

rito, m. 1 (complesso delle cerimonie del culto) rite; liturgy: il r. ambrosiano, the Ambrosian rite 2 (cerimonia religiosa) rite; rituals (pl.): riti liturgici, liturgical rites; riti pagani, heathen rites; riti funebri, burial rites; secondo il r. anglicano, according to the Anglican rite 3 (fam.: usanza) custom; usage; (habitual) practice: È di r. far questo, it is the custom to do so; secondo il r., according to custom; di r., prescribed by custom; customary; usual; habitual: cose di r., customary things.

ritoccare, v. t. 1 (toccare di nuovo) to retouch; to touch again 2 (correggere) to retouch; to touch up; to give* the finishing touches to (st.): r. una poesia, to retouch a poem; r. un disegno, to retouch (o to touch up) a drawing; r. una fotografia, to retouch (o to touch up) a photograph 3 (prezzi, tariffe, ecc.) to revise; to readjust: r. i prezzi, to revise (o to raise) prices. ● ritoccarsi le labbra, to put on one's lipstick □ ritoccarsi il trucco, to freshen up one's make-up.

ritoccata, f. retouch; touching up. ● dare una r., to retouch; to touch up.

ritoccatóre, m. (specialm. fotogr.) retoucher. ● r. di fotografie, photographic processor.

ritoccatura, f. ritòcco, m. 1 retouch; touch-up; finishing touch; retouching 2 (di prezzi, tariffe, ecc.) revision; readjustment. ● apportare alcuni ritocchi a q.c., to retouch (o to touch up) st.

ritògliere, v. t. 1 (prendere di nuovo) to take* again: Ritolsero il libro dallo scaffale, they took the book from the shelf again 2 (riprendere quel che si era dato ad altri o ci era stato sottratto) to take* back: Me lo ritolsero, they took it back from me 3 (levare di nuovo) to take* off again: Mi ritolsi i guanti, I took my gloves off again 4 (detrarre di nuovo) to detract again; to deduct again. ● (prov.) Chi dà e ritoglie, il diavolo lo raccoglie, to give a thing and take a thing is to wear the devil's gold ring.

ritòrcere, v. t. 1 (torcere di nuovo) to retwist; to twist again; to twine again 2 (fig.) to retort; to throw* back; to turn against: r. un'accusa, to retort a charge; to turn the tables (on sb.) 3 (ind. tessile) to twist; to twine; to double: r. filo (cotone), to twist thread (cotton).

ritorcitóio, m. (ind. tessile) doubling (twisting) frame; twister: un r. ad anello, a ring twisting frame.

ritorcitóre, m. (ind. tessile) twister; doubler.

ritorcitura, f. (ind. tessile) twisting; doubling.

ritornare, A v. i. 1 to return; (andare indietro) to go* back; (venire indietro) to come* back: r. a casa, to return (o to go back, to come back) home; r. a scuola, to return (o to go back, to come back) to school; Con il pensiero ritorna sempre lì, he always goes back there in thought: r. alle origini di q.c., to go back (o to return) to the origins of st.; Ritornò dalla Francia la settimana scorsa, he came back from France last week; r. alle vecchie abitudini, to go back (o to return) to one's old habits; Ritorna sempre sullo stesso argomento, he always comes (o goes) back to the same subject 2 (ricorrere) to recur: È un problema che ritorna troppo spesso, it's a problem that recurs too often 3 (diventare di nuovo) to become* again: Con le cure e con il riposo, è ritornato sano, with treatment and rest, he has become healthy again; Questo vestito, lavato e stirato, ritornerà nuovo, when this suit is washed and ironed, it will become like new. B v. t. (restituire) to return; to give* back: Ti ritorno i libri che mi hai prestato, I'm returning you the books you lent me. ● r. di moda, to become fashionable again □ r. in sé, (riprendere coscienza) to come to one's senses, to come round, to regain consciousness; (rinsavire) to come to one's senses, to see reason □ r. sopra una decisione, to go back on a decision 2 ritornarsene, to return; to go* (o to come*) back: Me ne ritorno al paese mio, I'm going back (o I'm returning) to my village.

ritornèllo, m. 1 refrain; chorus; burden 2 (mus.) «ritornello». ● (fig.) ripetere sempre il solito r., to be always harping on one (o the same) string.

ritórno, m. 1 return; (r. periodico) recurrence: il r. della primavera, the return of spring; viaggio di r., return journey; (per mare) return voyage; al mio (tuo, suo, ecc.) r., on my (your, his, etc.) return; Il r. di questa epidemia diventa sempre più frequente, the recurrence of this epidemic is becoming more and more

ritorsióne

frequent **2** (*mecc.*: *di molla*) recovery; (*di pistone*) reversal **3** (*elab.*) return. ● (*fis.*) **r. acustico**, acoustic feedback □ **r. in auge**, come-back □ (*leg.*) **r. in vigore** (*di leggi, ecc.*), revival □ (*mecc.*) **r. di fiamma**, backfire; flashback □ **biglietto di andata e r.**, return ticket □ (*naut.*) **carico di r.**, homeward cargo □ **essere di r.**, to be back: **Sarò di r. fra un'ora**, I'll be back in an hour's time □ **fare r.**, to come back: **Fece r. dopo tre anni di assenza**, he came back after three years' absence □ (*comm.*) **merci di r.**, returned goods; returns □ (*naut.*) **nolo di r.**, homeward freight □ (*sport*) **partita di r.**, return match □ (*aeron.*) **punto di non r.**, point of no return □ (*comm.*) **spese di r.**, return charges □ (*comm.*) «**vuoti di r.**», «empties» □ **Al r. mi fermai a Lodi**, I stopped at Lodi on my way back □ **Non vedo il momento del suo r.**, I just can't wait to see him again (*o* back).

ritorsióne, *f.* **1** (*rappresaglia*) reprisal; retaliation: **per r.**, by way of retaliation **2** (*di un'accusa, ecc.*) retort: **fare una r.**, to make a retort; to retort.

ritòrta, *f.* withy, withe.

ritòrto, **A** *a.* **1** (*torto*) twisted; twined: **filo r.**, twisted thread **2** (*contorto*) twisted; contorted. **B** *m.* twisted yarn.

ritosare, *v. t.* to reshear*; to shear* again.

ritradurre, *v. t.* to retranslate; to translate again; to translate back: **Ritraducete questo brano** (*dall'italiano*) **in inglese!**, translate this passage back into English; **Ritraduci la lettera, per favore**, please translate this letter again.

ritraduzióne, *f.* retranslation; (*retroversione*) retroversion, back-version.

ritrarre, **A** *v. t.* **1** (*tirare indietro*) to withdraw*; to draw* back: **r. la mano** (**il piede**), to withdraw (*o* to draw back) one's hand (one's foot) **2** (*distogliere*) to divert; to turn away; to turn aside: **r. lo sguardo da uno spettacolo disgustoso**, to turn one's eyes away (*o* aside) from a disgusting spectacle **3** (*ricavare, percepire*) to get*; to obtain; to derive: **Non ritrassi quasi nulla da quel lavoro**, I got (*o* I obtained) almost nothing from that work; **r. vantaggio da q.c.**, to derive advantage from st. **4** (*riprodurre, rappresentare*) to portray; to depict; to reproduce; to represent: **È un soggetto facile da r.**, he's an easy subject to portray; **Voglio che tu ritragga questo vaso di fiori**, I want you to depict this vase of flowers; **Ritrae qualunque viso in poco tempo**, he reproduces any face in a short time **5** (*descrivere*) to describe; to paint; to picture; to portray: **r. una situazione a forti tinte**, to paint a coloured picture of a situation; **r. un ambiente**, to describe a milieu **6** (*fotogr.*) to photograph; to take* a photograph of (sb., st.). **ritrarsi**, **B** *v. rifl.* **1** (*ritirarsi*) to withdraw*; to retire; to draw* back: **r. da un'impresa**, to withdraw (*o* to retire) from an undertaking; **Si ritrasse spaventato**, he drew back frightened; **Il nemico si ritrasse su posizioni strategiche migliori**, the enemy withdrew to better strategic positions **2** (*sottrarsi, ritirarsi*) to withdraw*; to get* out (of st.): **Non possiamo ritrarci da quell'impegno**, we can't withdraw from that pledge; **Non puoi ritrarti da questa situazione**, you can't get out of this situation **3** (*farsi l'autoritratto*) to portray oneself; to give* a portrait of oneself.

ritrasméttere, *v. t.* **1** (*radio*) to rebroadcast* **2** (*tel.*) to translate.

ritrasmissióne, *f.* **1** (*radio*) rebroadcast **2** (*tel.*) translation.

ritrattàbile, *a.* retractable.

ritrattare (1), *v. t.* (*trattare di nuovo*) to treat again; to re-treat; to deal* with (st.) again: **r. un argomento**, to re-treat a subject.

ritrattare (2), **A** *v. t.* (*ritirare, rinnegare*) to retract; to withdraw*; to take* back; (*pubblicamente*) to recant: **r. un'accusa**, to retract (*o* to withdraw) an accusation; **r. pubblicamente le opinioni d'un tempo**, to recant one's former opinions. **ritrattarsi**, **B** *v. rifl.* to retract; to withdraw* (*o* to take* back) one's words; (*pubblicamente*) to recant.

ritrattatóre, *m.* recanter.

ritrattazióne (1), *f.* (*il trattare di nuovo*) re-treatment; new-treatment; rehandling: **la r. d'un argomento**, the rehandling of a subject.

ritrattazióne (2), *f.* (*il disdire una propria affermazione*) retractation; retraction; withdrawal; (*pubblicamente*) recantation: **la r. di un'affermazione**, the retractation of a statement; **la r. di una confessione**, the retraction of a confession.

ritrattista, *m. e f.* portrait-painter; portraitist.

ritrattistica, *f.* portraiture.

ritrattistico, *a.* of portraiture.

ritratto, **A** *m.* **1** portrait; picture; (*per estens.*: *descrizione*) account; description: **un r. somigliante**, a faithful (*o* lifelike) portrait; **In un sonetto, il Foscolo ci fa il suo r.**, Foscolo gives us a portrait of himself in a sonnet; **r. a olio**, oil portrait; portrait in oils; **farsi fare il r.**, to have one's portrait painted; **Con poche parole ne ha fatto il fedele r.**, he has given a faithful portrait of him in few words; **dipingere un r. di q.**, to paint a portrait of

sb. **2** (*fig.*) image; picture: **Questo bambino è il r. di sua madre**, this child is the very image (*o*, *fam.*: the dead spit) of his mother; **È il r. della salute**, he is the picture of health. ● **r. in miniatura**, miniature □ **Quest'uomo è il r. della bontà**, this man is the essence (*o* the soul) of goodness. **B** *a.* **1** (*tratto indietro*) drawn back; withdrawn: **La belva aveva gli artigli ritratti**, the wild beast had its claws drawn back (*o* withdrawn) **2** (*rappresentato, figurato*) portrayed; depicted; pictured: **In questo romanzo è ritratta la vita fiorentina dell'antiguerra**, life in pre-war Florence is portrayed (*o* depicted) in this novel; **L'evoluzione psicologica del personaggio è ritratta con molta finezza**, the psychological development of the character is depicted with great finesse. ● **ben** (**mal**) **r.**, well (badly) drawn (*o* portrayed).

ritrazióne, *f.* retraction; (*contrazione*) contraction.

ritritare, *v. t.* to mince again.

ritrito, *a.* **1** (*tritato più volte*) minced over again **2** (*fig.*) trite; stale; hackneyed; commonplace: **cose trite e ritrite**, commonplace things.

ritrosággine, *V.* ritrosia.

ritrosaménte, *avv.* **1** (*con schiva timidezza*) bashfully; coyly **2** (*con riluttanza*) reluctantly; unwillingly.

ritrosia, *f.* **1** bashfulness; shyness; (*rif. specialm. a fanciulla*) coyness: **non saper vincere la propria r.**, not to be able to win one's bashfulness **2** (*riluttanza*) reluctance; unwillingness. ● **avere r. a fare q.c.**, to be reluctant (*o* unwilling) to do st.

ritróso, *a.* **1** (*schivo*) bashful; shy; (*rif. specialm. a fanciulla*) coy: **Non essere (o fare il) r.!**, don't be shy!; **essere r. per natura**, to be naturally shy; **una ragazza ritrosa**, a coy girl **2** (*restio, averso*) reluctant; unwilling; averse: **essere r. a una nuova dottrina**, to be averse to a new doctrine; **essere r. ad accettare consigli**, to be reluctant (*o* unwilling) to accept advice **3** (*che va all'indietro*) moving backwards; retrograde; retreating: **acque ritrose**, retreating waters. ● **a r.**, backward(s): **andare a r.**, to go backwards □ **andare a r. della corrente**, to move against the current; to swim against the stream.

ritrovàbile, *a.* findable; (*ricuperabile*) recoverable.

ritrovaménto, *m.* **1** (*il ritrovare*) finding (again); (*ricupero*) recovery **2** (*scoperta*) finding out; discovery; (*invenzione*) invention.

ritrovare, **A** *v. t.* **1** to find* again; to refind*: **Se ti ritrovo qua, ti punisco**, if I find you here again, I'll punish you; **Lo ritroverò a qualunque costo**, I'll find him again, whatever the cost; **r. la strada**, to find one's way again **2** (*trovare cose, persone smarrite, ecc.*) to find*: **Ho ritrovato il mio ombrello**, I have found my umbrella; **Lo ritrovarono addormentato nel bosco**, they found him asleep in the wood **3** (*fig.*: *ricuperare*) to recover: **r. la salute**, to recover (one's health) **4** (*fig.*: *scoprire*) to discover; to find*: **r. le sorgenti del Nilo**, to discover the sources of the Nile; **Ho ritrovato la soluzione di questo problema**, I have found (*o* discovered) the solution to this problem **5** (*incontrare di nuovo*) to meet* (again): **Ritrovai tutti i miei vecchi amici a quella riunione**, I met all my old friends at that reunion **6** (*riconoscere*) to recognize: **Ritrovo nel suo viso lo sembianze del padre**, I recognize his father's looks in his face; **È difficile r. questi segnali con il rumore di fondo**, it's difficult to recognize these signals with the background noise. **ritrovarsi**, **B** *v. rifl.* **1** to find* oneself: **Si ritrovò nel mezzo del tafferuglio**, he found himself in the middle of the brawl **2** (*raccapezzarsi*) to see* one's way ahead; to make* (st.) out; to understand* (st.): **Non mi ci ritrovo in questo groviglio finanziario**, I can't see my way ahead in (*o* I can't make head or tail of) this financial tangle; **Non mi ci ritrovo con queste cifre**, I can't make these figures out; I don't understand these figures **3** (*trovarsi a proprio agio*) to be (*o* to feel*) at ease; to get* on well; to be at home: **Non mi ci ritrovavo in quella famiglia**, I was not (*o* I did not feel) at ease with that family. **C** *v. rifl. recipr.* (*incontrarsi*) to meet*; (*trovarsi di nuovo insieme*) to meet* again: **Ci ritroveremo qui fra un'ora**, we'll meet here in an hour's time; **Ci ritrovammo dopo dieci anni di separazione**, we met again after a separation of ten years.

ritrovato, *m.* **1** (*scoperta*) discovery; (*invenzione*) invention **2** (*espediente*) contrivance; device.

ritrovatóre, *m.* **1** (*chi ritrova*) finder **2** (*scopritore*) discoverer; (*inventore*) inventor.

ritròvo, *m.* **1** (*il ritrovarsi insieme*) meeting; resort: **luogo di r.**, meeting-place **2** (*il luogo*) meeting-place; resort; haunt; rendezvous; (*circolo*) club; (*spreg.*) den: **Questo è il r. della crema della città**, this is the resort of the élite of the town; **un r. notturno**, a night-club; **un r. di ladri**, a den of thieves.

ritta, *f.* (*lett.*: *mano destra*) right hand.

ritto, **A** *a.* **1** (*in posizione verticale o eretta*) standing on one's feet; upright; erect; straight; vertical: **Restammo sempre ritti**, we remained on our feet all the time; **un palo r.**, an upright post; **ritto come un fuso**, as straight as a pole; **a coda ritta**, with one's tail erect (*o* up); **stare r.**, to stand erect; to stand straight up **2** (*destro*) right: **la mano ritta**, the right hand; **il lato r.**, the right side; **volgersi a man ritta**, to turn to the right. ● **a naso r.**, with one's nose turned up □ **non reggersi più r.**, to be unable (*o* too weak) to stand □ **Avevo i capelli ritti dal terrore**, my hair stood on end (with terror). B *m.* **1** (*diritto*) right side; face: **Qual è il r. di questa stoffa?**, which is the right side of this cloth?; **una stoffa che ha due ritti**, a double-faced fabric **2** (*sostegno verticale*) upright; prop. ● **né per r. né per rovescio**, in no wise □ (*prov.*) **Ogni r. ha il suo rovescio**, there are two sides to every question; no rose without a thorn □ (*prov.*) **Sacco vuoto non sta r.**, an empty sack cannot stand upright.

rituale, A *a.* **1** (*secondo il rito*) ritual: **formule rituali**, ritual formulas **2** (*conforme all'abitudine*) customary; usual; habitual. B *m.* **1** (*relig.*) ritual: **il r. romano**, the Roman ritual **2** (*cerimoniale*) ceremonial.
ritualismo, *m.* (*specialm. relig.*) ritualism.
ritualista, *m. e f.* (*specialm. relig.*) ritualist.
ritualistico, *a.* (*specialm. relig.*) ritualistic.
ritualità, *f.* rituality.
ritualizzare, *v. t.* to ritualize.
ritualizzazione, *f.* ritualization.
ritualmente, *avv.* ritually; according to prescribed ritual forms.
rituffare, *v. t.* **rituffarsi,** *v. rifl.* to replunge; to plunge again.
riturare, *v. t.* to stop again; to replug.
riudire, *v. t.* to hear* again.
riungere, *v. t.* to grease again; to oil again; to re-oil; (*spreg.*) to (be)smear again. **riungersi,** B *v. rifl.* to grease oneself again; to (be)smear oneself again.
riunione, *f.* **1** (*adunanza, persone riunite insieme*) meeting; assembly; gathering; get-together (*fam.*) **Ci sarà una r. la prossima settimana**, a meeting will take place next week; **La riunione si sciolse alle diciotto**, the meeting broke up at six p.m.; **una r. d'un consiglio d'amministrazione**, a meeting of a board; **riunioni politiche**, political meetings; **un luogo di r.**, a meeting-place; **r. mondana**, social gathering; party; **tenere una r.**, to hold a meeting; **rinviare una r.**, to put off a meeting **2** (*nuova unione*) reunion; (*riconciliazione*) reconciliation. ● (*polit.*) **r. al vertice**, summit □ **r. conviviale**, dinner party □ **sala delle riunioni**, assembly-room; conference-room.
riunire, A *v. t.* **1** to reunite; to put* (st.) together: **L'amore dei figli li ha riuniti**, love for their children has reunited them; **Riunì con grande pazienza i frammenti del vaso**, he very patiently put the fragments of the vase together **2** (*adunare*) to gather together (*o* up); to collect; to get* together; (*convocare*) to call, to summon: **Riunì tutte le sue carte e uscì**, he gathered together (*o* up) all his papers and went out; **r. alcuni amici**, to gather a few friends together; **r. alcuni libri**, to collect some books **3** (*convocare*) to convene; to convoke; to call; to summon: **r. un'assemblea**, to convene an assembly **4** (*riconciliare*) to bring* together again; to reconcile: **La disgrazia ha riunito la famiglia**, the misfortune brought the family together again; **La nascita del nipote riunì le due famiglie**, the birth of the grandchild reconciled the two families. **riunirsi,** B *v. rifl.* **1** (*unirsi di nuovo*) to join again; to rejoin: **I due gitanti non si riunirono al gruppo**, the two excursionists did not join the group again **2** (*adunarsi*) to meet*; to gather; to get* together: **Il Consiglio di Sicurezza delle Nazioni Unite si riunirà domani**, the United Nations Security Council will meet tomorrow; **r. intorno al fuoco**, to gather round the fire; **Dovremo riunirci una di queste sere**, we'll have to get together one of these evenings. C *v. rifl. recipr.* to be reunited; to come* together again: **Nonostante le esortazioni del giudice, i due coniugi non vollero r.**, in spite of the judge's exhortations, the husband and wife did not want to be reunited (*o* to come together again); **Alla fine si riunirono**, they finally came together again; they were finally reunited.
riunito, *a.* **1** reunited **2** (*associato*) united.
riunto, *a.* oiled again; re-oiled; greased again. ● (*fam.*) **villano** (*o* **pidocchio**) **r.**, upstart; parvenu.
riusare, *v. t.* to use again; to reuse; to make* use of (st.) again.
riuscire, *v. i.* **1** to succeed (in st., in doing st.); to manage; (*essere capace*) to be able; can (*difett.*): **È un ragazzo che riuscirà nella vita**, he's a boy who will succeed in life; **Non riuscii ad aprire la porta**, I did not succeed in opening (*o* I couldn't open) the door; **Se non riesci a capire, non è colpa mia**, if you can't (*o* are unable to) understand, it's not my fault; **Riuscii a liberarmi dalle catene**, I managed to free myself from the chains; **Non riesco a fare questo problema** (**di matematica**), I am not able to (*o* I can't) do this mathematical problem; **Ci andai tre volte, ma non riuscii a vederla**, I went there three times, but I wasn't able to see her (*o* I didn't succeed in seeing her); **Non so se riuscirò a superare questa prova**, I don't know whether I'll be able to pass this test; **r. negli affari**, to succeed in business **2** (*avere esito*) to come* out; to turn out; (*avere esito positivo*)

to be successful: **La ragazza non riuscì bene in fotografia**, the girl did not come out well in the photograph; **Lo scherzo riuscì bene**, the joke turned out well; **L'impresa riuscirà se tutti faranno il loro dovere**, the undertaking will be successful (*o* will succeed) if everyone does his duty; **L'esperimento (il piano) riuscì bene**, the experiment (the plan) turned out well (*o* was successful); **Con quelle ragazze, la festa riuscirà bene**, with those girls, the party will be successful (*o* will be a success) **3** (*avere attitudine, capacità*) to be good (at st., at doing st.); to be clever (at st., at doing st.): **Mia figlia riesce nella musica, ma nella pittura no**, my daughter is good at music, but not at painting; **Quel ragazzo riesce nelle lingue moderne**, that boy is clever at modern languages **4** (*apparire, risultare*) to be; (*mostrarsi*) to prove (to be): **La notizia della sua morte non mi riesce nuova** the news of his death is not new to me **5** (*sboccare, mettere capo*) to lead* (to a place): **Questa strada riesce in Piazza del Duomo**, this road leads to Piazza del Duomo **6** (*uscire di nuovo*) to go* out again: **Entrò dalla porta e riuscì dalla finestra**, he came in through the door and went out again through the window. ● **r. nell'intento**, to achieve one's goal □ **non r. a fare q.c.**, to fail to do (*o* in) st.: **Non riuscimmo a vincere la partita**, we failed to win the match; **Non riuscii a scalare la montagna**, I failed in my ascent of the mountain □ **Mi riesce proprio antipatico**, I don't like him at all □ **Riesce odioso a tutti**, he is hated by everyone □ **Riesce simpatica a tutti**, everybody likes her; she is liked by everybody □ **Prova se ti riesce**, try if you can □ **il segreto per r.**, the secret of success.
riuscita, *f.* (*esito*) issue; result; outcome; (*successo*) success: **La r. dell'impresa è in dubbio**, the issue of the undertaking is in doubt; **Stiamo a vedere la r.!**, let's wait and see the result; **La festa ha avuto una splendida r.**, the party was a splendid success; **La r. dell'operazione dipende da molti fattori**, the success of the operation depends on many factors; **qualunque sia la r.**, whatever the result (*o* outcome, issue) may be. ● **cattiva r.**, failure; lack of success: **Questo nuovo prodotto ha fatto una cattiva r.**, this new product has been a failure; **La sua cattiva r. lo ha amareggiato**, his lack of success (*o* his failure) has embittered him □ **Quest'automobile ha fatto una buona r.**, this car has lasted well □ **Questi indumenti hanno fatto una buona** (**cattiva**) **r.**, these clothes have worn (have not worn) well.
riuscito, *a.* **1** well-done; good: **un lavoro r.**, a well-done job **2** (*che ha avuto successo*) successful: **impresa riuscita**, successful undertaking.
riutilizzabile, *a.* reusable; reutilizable.
riutilizzare, *v. t.* to use (*o* to utilize) again; to reuse; to reutilize.
riutilizzazione, *f.* (*anche ind.*) reutilization.
riva, *f.* (*di fiume*) bank; (*di mare, lago*) shore: **sulle rive del lago**, on the shores of the lake; **le rive del Tevere**, the banks of the Tiber; **la r. sinistra** (**destra**) **del fiume**, the left (right) bank of the river; **la r. del mare**, the sea-shore; the sea-side; **andare in r. al mare**, to go to the sea-side; **a r.**, on shore; ashore; on land; **venire a r.**, to come ashore; **mantenersi a r.**, to keep close to (*o* to hug) the shore; **nuotare a r.**, to swim to the bank; **r. r.**, near the shore; close to the coast (*o* bank): **La barca andava r. r.**, the boat was sailing close to the coast. ● (*naut.*) **ancora a r.**, anchor in sight □ (*naut.*) **avere la bandiera a r.**, to fly the flag □ **città in r. al mare**, sea-side town □ **toccare la r.**, to touch land.
rivaccinare, A *v. t.* to revaccinate; to vaccinate again. **rivaccinarsi,** B *v. rifl.* to get* vaccinated again.
rivaccinazione, *f.* revaccination.
rivale, *a., m. e f.* rival: «I rivali» è il titolo d'una commedia, «The Rivals» is the title of a comedy; **rivali in amore**, rivals in love; **rivali negli affari**, rivals in business; business rivals; **non avere rivali**, to stand without rivals; to be unparalleled (*o* matchless); to be second to none; **senza rivali**, without a rival; unequalled; the best of all. ● **squadra r.**, competing team.
rivaleggiare, *v. i.* to be in rivalry; to be the rival (of sb.); (*competere*) to be in competition; to compete, to vie (with sb.).
rivalérsi, *v. rifl.* **1** (*valersi di nuovo*) to avail oneself (of st.) again; to make* use (of st.) again **2** (*rifarsi di una perdita subita*) to recoup oneself; to make* up for one's loss(es), to make* good one's loss(es) (at sb.'s expense) **3** (*leg.*) to retaliate. ● **r. di q.c. su q.**, to take st. out on sb.
rivalità, *f.* rivalry; rivalship; (*competizione*) competition; emulation: **r. in amore** (**negli affari**), rivalry in love (in business); **r. letterarie** (**politiche**), literary (political) rivalries.
rivalsa, *f.* (*rivincita*) revenge: **prendersi una r. su q.**, to take revenge on sb. **2** (*risarcimento*) recoupment; compensation **3** (*comm.*) redraft **4** (*leg.*) retaliation.
rivalutare, *v. t.* **1** (*valutare di nuovo*) to revalue; to value again; to appraise again; to re-estimate; to estimate again **2** (*econ.*) to revalorize; to revaluate.
rivalutazione, *f.* **1** (*nuova valutazione*) revaluation; new

rivangare

valuation; reappraisal; re-estimation 2 (*econ.*) revalorization; revaluation: **la r. della lira sul dollaro**, the revaluation of the lira in terms of the dollar. ● (*econ.*) **r. monetaria**, currency appreciation.
rivangare, *v. t.* 1 (*vangare di nuovo*) to dig* up again 2 (*fig.*) to rake up; to dig* up again; to recall: **r. il passato**, to recall bygone days. ● **Non rivanghiamo il passato!**, let bygones be bygones.
rivedére, A *v. t.* 1 (*vedere di nuovo*) to see* again; (*incontrare di nuovo*) to meet* again: **Lo rivedrò domani**, I'll see him again tomorrow; **Chi sa quando la rivedremo**, who knows when we shall see her again; **Quando lo rividi, quasi non lo riconobbi**, when I met him again, I scarcely recognized him; **Non so se rivedrò mai più il paese natio**, I don't know if I shall ever see my native village again; **Se gli presterai dei soldi, non li rivedrai più**, if you lend him some money, you'll never see it again 2 (*tornare in un luogo*) to return to; to go* back to; to come* back to: **Rivide l'Italia dopo dieci anni di assenza**, he returned to Italy after a ten-year absence; **Ora parto, ma rivedrò queste montagne prima di morire**, I'm leaving now, but I'll come back to these mountains before I die 3 (*correggere*) to correct; to revise; to look over; (*verificare*) to check: **Devo r. questi esercizi prima di uscire**, I must correct these exercises before going out; **r. l'edizione di un libro (una traduzione, ecc.)**, to revise the edition of a book (a translation, etc.); **Mi diede il suo manoscritto da r.**, he gave me his manuscript to look over; **Non stampa nulla, se non glielo rivedo io**, he doesn't print anything, unless I've checked it; **Rivedi queste cifre!**, check these figures!; **r. i conti**, to check the accounts; (*ufficialmente, da contabile*) to audit the accounts 4 (*rileggere*) to read* over again; to re-read*; (*ripassare*) to look over again: **Bisogna che riveda la lezione**, I must look over the lesson again; **r. le liste elettorali**, to look over the electoral rolls again; to recheck the electoral rolls 5 (*rif. a prezzi, tariffe: ritoccare*) to revise; to readjust: **r. i prezzi**, to revise prices; (*aumentandoli*) to raise prices 6 (*ispezionare*) to inspect; to examine: **Voglio r. l'impianto centrale di ventilazione**, I want to inspect the central ventilation system; **Bisogna r. le fondamenta di quella casa**, we must examine the foundations of that house 7 (*mecc.*) to overhaul: **Ho fatto r. il motore**, I have had the engine overhauled. ● **r. le bozze**, to proof-read □ (*fig.*) **r. le bucce a q.**, to pick holes in sb.'s work □ (*fig.*) **r. le costole** (*o* **il pelo**) **a q.**, to give sb. a good hiding □ **Fatti r. ogni tanto**, come round once in a while □ (*scherz.*) **Beato chi ti rivede!**, look who's here! **rivedérsi, B** *v. rifl. recipr.* 1 to see* each other (*o* one another) again: **Si rividero dopo tanti anni di separazione**, they saw each other (*o* one another) again after many years of separation 2 (*incontrarsi di nuovo*) to meet* again: **Non so quando ci rivedremo**, I don't know when we'll meet again. ● **A rivederci**, good-bye; see you soon; so long; cheerio (*fam.*) □ **Ci rivedremo a Filippi!**, my day will come!
rivedibile, *a.* 1 revisable; liable (*o* subject) to revision 2 (*mil.*) temporarily unfit.
rivedibilità, *f.* (*mil.*) temporary unfitness.
riveduta, *f.* (quick) revision; second look (*o* glance). ● **dare una r. a q.c.**, to revise st. (quickly); to go over st. again; (*dare una scorsa a q.c.*) to run through st.; (*ridare uno sguardo a q.c.*) to take a second look at st.
riveduto, *a.* revised; corrected: **bozze rivedute**, revised proofs; **una nuova edizione riveduta e corretta**, a new revised edition; (*relig.*) **la Versione Riveduta** (*della Bibbia*), the Revised Version.
rivelàbile, *a.* revealable: **una verità r.**, a revealable truth.
rivelare, A *v. t.* 1 (*palesare*) to reveal; to disclose; (*rendere noto*) to make* known; (*dire*) to tell*: **r. un segreto**, to reveal a secret; **r. i segreti del cuore umano**, to disclose the secrets of the human heart; **r. il nome, il luogo, le circostanze**, to reveal the name, the place, the circumstances; **r. q.c. a q. in stretta confidenza**, to tell sb. st. in strict confidence 2 (*manifestare*) to reveal; to display; to show*; to exhibit: **Il quadro rivela il pittore**, the painting reveals the painter; **r. il proprio carattere**, to show one's true colours. **rivelarsi, B** *v. rifl.* to reveal oneself; to show* oneself; to prove (oneself): **Si rivelò un vero amico**, he revealed himself to be a true friend; **Si rivelò un codardo**, he proved himself (to be) a coward.
rivelato, *a.* 1 revealed; disclosed; divulged: **verità rivelata**, revealed truth 2 (*relig.*) revealed: **religione rivelata**, revealed religion.
rivelatóre, A *m.* 1 (*chi rivela*) revealer; discloser 2 (*tecn.*) detector; sensor; pick-up: **r. a campo frenante**, retarding-field detector; reverse-field detector; **r. a cristallo**, crystal detector; **r. a eterodina**, heterodyne detector; **r. a valvola**, valve detector 3 (*chim., fotogr.*) developer. **B** *a.* revealing; disclosing: **parole rivelatrici**, revealing words.
rivelazióne, *f.* 1 revelation (*anche relig.*); disclosure: **la r. d'un segreto**, the revelation of a secret; **le rivelazioni della scienza**, the revelations of science 2 (*manifestazione inaspettata*) revelation (*fam.*): **Quel libro è stato una r.**, that book has been a revelation 3 (*tecn.*) detection. ● **r. di documenti**, discovery of documents.
rivellino, *m.* (*mil.*) ravelin.
rivéndere, *v. t.* 1 (*vendere di nuovo*) to resell*; to sell* again 2 (*vendere ciò che si era acquistato*) to resell*; to sell* back: **Glielo rivenderò**, I'll sell it back to him; **r. la merce con un forte guadagno**, to resell the goods at a considerable profit 3 (*fig.: superare*) to surpass; to be superior to: **r. q. mille volte**, to be far superior to sb.; **In filosofia egli li rivende tutti**, he surpasses them all in philosophy. ● **La rivendo come l'ho sentita**, I repeat it as I heard it.
rivendìbile, *a.* resal(e)able.
rivendicàbile, *a.* claimable.
rivendicare, A *v. t.* 1 (*vendicare di nuovo*) to avenge again; to vindicate again 2 (*anche leg.*) to vindicate; to claim: **r. un diritto**, to claim a right; **r. l'uccisione di q.**, to claim responsibility for sb.'s execution 3 (*ricuperare lottando*) to vindicate: **r. il proprio onore**, to vindicate one's honour. ● **r. la paternità di un'opera**, to vindicate the authorship of a work □ **r. la priorità d'una scoperta**, to claim the priority of an invention. **rivendicarsi, B** *v. rifl.* to vindicate oneself; to avenge oneself; to take* vengeance (upon sb. for st.).
rivendicativo, *a.* 1 (*lett.*) vindicatory 2 (*leg.: sindacale*) of (*o* concerning) a claim (*o* a demand). ● **piattaforma rivendicativa**, platform of the union demands.
rivendicatóre, A *m.* vindicator; claimer; claimant. **B** *a.* vindicating; vindicative; vindicatory.
rivendicatrice, *f.* vindicatress; claimer; claimant.
rivendicazióne, *f.* 1 (*lett.*) vindication 2 (*leg.*) revendication 3 (*leg., sindacale*) claim; demand: **r. salariale**, wage claim; **rivendicazioni sindacali**, demands of the trade unions; union demands.
rivendicazionismo, *m.* (*specialm. in campo sindacale*) tendency to keep on making further (union) demands.
rivéndita, *f.* 1 (*il rivendere*) resale; reselling: **il prezzo di r.**, the resale price 2 (*negozio*) (retail) shop. ● **r. di giornali**, bookstall □ **r. di pane**, bakery; bread shop □ **r. di tabacchi**, tobacconist's shop.
rivenditóre, *m.* 1 (*chi rivende*) reseller 2 (*chi rivende al minuto*) retailer 3 (*chi rivende roba usata*) second-hand dealer.
rivendùgliolo, *m.* small retailer; (*ambulante*) hawker; huckster.
rivenire, *v. i.* to come* again; to come* back; to return: **r. in mente**, to come back to one's mind; **Mi rivennero in mente le tue parole**, your words came back to my mind. ● **Ora mi riviene in mente**, now I remember.
riverberaménto, *m.* reverberation.
riverberare, A *v. t.* (*di suono*) to reverberate, to re-echo; (*di luce o calore*) to reverberate, to reflect. **riverberarsi, B** *v. rifl.* to reverberate; to be reflected (*anche fig.*).
riverberazióne, *f.* reverberation; reflection. ● **forno di r.**, reverberatory furnace (*o* kiln).
rivèrbero, *m.* 1 (*il riverberare*) reverberation; reverberating; reflection: **il r. del calore** (**della luce**), the reverberation of heat (of light) 2 (*luce o calore che si riverbera*) reverberation; (*riflesso*) reflection; (*luce abbagliante*) glare: **il r. del sole sull'acqua**, the glare of the sun on the water; **di r.**, by reflection 3 (*meteorologia*) blink. ● **a r.**, reverberatory: (*metall.*) **un forno a r.**, a reverberatory furnace (*o* kiln) □ **lume a r.**, reverberator.
riverènte, *a.* reverent; (deeply) respectful: **parole riverenti**, reverent words. ● **un atto r.**, an act of reverence.
riverenteménte, *avv.* reverently; with (deep) respect; respectfully.
riverènza, *f.* 1 (*gran rispetto*) reverence; (deep) respect; veneration: **un atto di r.**, an act of reverence; **r. verso i genitori**, respect to one's parents 2 (*inchino*) (low) bow; obeisance; (*di donna*) curts(e)y: **Egli mi fece una r.**, he gave me a low bow; **La ragazza fece una r.**, the girl made a curtsey; the girl curtseyed (*o* curtsied). ● **con r.**, reverently; respectfully; with (deep) respect.
riverenziale, *a.* reverential: **timore r.**, awe.
riverire, *v. t.* 1 (*rispettare profondamente*) to revere; to reverence; to show* reverence to; to hold* in reverence; (*rispettare*) to respect, to hold* in deep (*o* high) respect; (*venerare*) to venerate, to honour: **r. i genitori**, to respect one's parents 2 (*ossequiare*) to give* one's respects (*o* regards) to: **Riveritelo da parte mia**, please give him my best (*o* kindest) regards. ● **La riverisco**, my respects; my regards; (*salutando, iron. o scherz.*) good-bye.
riverito, *a.* respected; revered; honoured; (*stimato*) esteemed: **la vostra riverita lettera**, your esteemed letter; **essere r. da tutti**, to be respected by all. ● (*iron.*) **Ho i miei riveriti dubbi**, I don't think so.

riverniciare, *v. t.* to repaint; to paint again. ● (*autom.*) **r. a spruzzo**, to re-spray.
riverniciatura, *f.* repainting. ● (*autom.*) **r. a spruzzo**, re-spraying.
riversaménto, *m.* pouring out (*o* forth); outpouring.
riversare, **A** *v. t.* **1** (*versare di nuovo*) to pour again; to pour out again **2** (*versare*) to pour; to pour out **3** (*rovesciare*) to turn over **4** (*fig.*) to throw*; to lavish; to shower: **r. la colpa su q.**, to throw (*o* to lay) the blame on sb.; to pass the bucket to sb. (*fam.*). ● **r. la propria ira su q.**, to disburden one's wrath (*o* anger) upon sb. □ **un fiume che riversa le sue acque in un lago**, a river flowing into a lake. **riversarsi**, **B** *v. rifl.* **1** (*sfociare*) to flow: **Si riversa nel mare**, it flows into the sea **2** (*affluire*) to pour: **La gente si riversò nella piazza**, people poured into the square.
riversìbile, riversióne, *V.* reversìbile, reversióne.
rivèrso, *a.* (*lett.: supino*) on one's back (*pred.*); supine: **giacere r.**, to lie on one's back.
rivestiménto, *m.* **1** (*generalm.*) covering; coating; (*r. interno*) lining, inner coating: **il r. d'un fiasco**, the covering of a flask; (*aeron.*) **r. d'ala**, wing covering; (*ind.*) **r. di serbatoio**, tank lining; **r. refrattario**, refractory lining; (*ind.*) **r. in mattoni refrattari**, firebrick lining **2** (*edil.*) sheathing **3** (*archit.*) facing **4** (*ind.: per isolamento termico*) lagging; insulating. ● (*edil.*) **r. a pannelli**, panelling □ (*elettrochimica*) **r. galvanico**, electroplating □ (*edil.*) **r. in legno**, wainscot(t)ing; wainscot □ (*autom.*) **r. in panno**, cloth upholstery □ (*metall.*) **r. protettivo**, fettling □ **materiale di r.**, lining □ (*edil.*) **materiale per r. in legno**, wainscot(t)ing.
rivestire, **A** *v. t.* **1** (*vestire di nuovo*) to dress again; to clothe again: **S'era spogliato, perciò mi toccò rivestirlo**, he had taken his clothes off, so I had to dress him again **2** (*provvedere di abiti nuovi*) to dress; to clothe; to provide with (new) clothes; to fit out (with new clothes): **Dovetti rivestirlo di sana pianta**, I had to fit him out from head to toe **3** (*ricoprire*) to cover; to coat; to clothe; (*foderare*) to line: **L'edera rivestiva il muro**, the ivy covered the wall; **r. di paglia**, to cover with straw; **r. di zucchero**, to coat with sugar **4** (*fig.: ricoprire un ufficio, ecc.*) to hold*: **r. una carica**, to hold a position **5** (*fig.: assumere, avere*) to have; to take* on: **Ciò riveste una grande importanza**, this has (*o* is of) great importance **6** (*ind.: con isolante termico*) to lag; to insulate. ● **r. con intonaco**, to ceil □ **r. con materiale combustibile**, to fire-proof □ (*edil.*) **r. con mattonelle**, to tile □ **r. con pannelli**, to panel □ **r. con pannelli di legno**, to wainscot □ **r. con pietre**, to stone. **rivestirsi**, **B** *v. rifl.* **1** (*vestirsi di nuovo*) to dress (oneself) again; to put* on one's clothes again; to get* dressed (again) **2** (*provvedersi d'abiti nuovi*) to provide oneself with (new) clothes **3** (*cambiarsi i vestiti*) to change one's clothes **4** (*fig.*) to be clothed (in st.).
rivestito, *a.* **1** (*vestito di nuovo*) dressed again; (*vestito*) dressed **2** (*provvisto di abiti*) fitted out with new clothes **3** (*ricoperto*) covered; coated; clothed; (*foderato*) lined **4** (*edil.*) furred: **soffitto r.**, furred ceiling. ● (*spreg.*) **villano r.**, upstart; «parvenue» (*franc.*).
rivestitura, *f.* (*generalm.*) covering; coating; (*interna*) lining, inner coating.
rivettare, *v. t.* (*mecc.*) to rivet.
rivétto, *m.* (*mecc.*) rivet: **un r. a maschio**, a screw-rivet; **un r. a testa fresata piana**, a countersunk-head rivet; **un r. spaccato**, a split rivet; **un r. tubolare**, a tubular rivet. ● **ribattere rivetti**, to rivet.
rivièra, *f.* coast. ● **la r. italiana**, the Italian Riviera.
rivierasco, **A** *a.* (*attr.*); coastal; riparian; littoral: (*leg.*) **proprietà rivierasca**, riparian property. **B** *m.* coast-dweller.
rivìncere, *v. t.* **1** (*vincere di nuovo*) to win* again **2** (*ricuperare vincendo*) to win* back.
rivìncita, *f.* **1** (*nello sport*) return match; (*nel gioco*) return game **2** (*fig.*) revenge: **dare a q. la r.**, to give sb. his revenge; **prendersi la r.**, to take one's revenge.
rivisitare, *v. t.* to revisit; to visit again.
rivista, *f.* **1** (*mil.*) review; parade: **passare in r.**, to pass in review; to review **2** (*revisione d'uno scritto*) revision **3** (*pubblicazione periodica*) magazine; review; journal; periodical: **una r. mensile**, a monthly magazine; **una r. a grande tiratura**, a mass magazine **4** (*teatr.*) revue; show.
rivistaiòlo, *a.* **1** (*teatr.*) of a revue **2** (*spreg.: superficiale*) superficial; shallow; (*di cattivo gusto*) in bad taste (*pred.*).
rivìvere, **A** *v. i.* **1** (*vivere di nuovo*) to live again; to come* to life again; to return to life **2** (*fig.: tornare in uso; riacquistare vigore*) to revive **3** (*fig.: continuare, perpetuarsi*) to relive; to live again: **Le sue virtù rivìvono nel figlio**, his virtues live again in his son. **B** *v. t.* to live over again: **Oh se potessi r. quegli anni!**, Oh, could I live those years over again! ● **far r.**, to bring to life again □ **sentirsi r.**, to feel quite oneself again.

rivivificare, *v. t.* to revivify.
riviviscènza, *V.* reviviscènza.
rivo, *m.* **1** (*ruscello*) brook; rill; streamlet **2** (*liquido che scorre*) stream: **rivi di sangue (di lava, ecc.)**, streams of blood (of lava, etc.).
rivogare, **A** *v. i.* to row again; to paddle again. **B** *v. t.* (*fam.*) to pass off; to palm off; to fob off: **r. una moneta falsa a q.**, to palm off a false coin on sb.
rivolére, *v. t.* **1** (*volere di nuovo*) to want again **2** (*volere indietro*) to want back: **Me l'ha regalato e ora lo rivuole**, he gave it to me as a present, and now he wants it back. ● **Oh quanto ti rivorrei con me!**, Oh, I do wish you were here with me again!
rivòlgere, **A** *v. t.* **1** to turn: **r. l'attenzione a q.c.**, to turn one's attention to st.; **r. gli occhi a q. (a q.c.)**, to turn one's eyes to sb. (to st.); **r. i propri pensieri (sforzi, interessi) a q.c.**, to turn one's thoughts (efforts, interests) to st. **2** (*indirizzare*) to address; (*parlare*) to speak* (to): **r. una preghiera a q.**, to address a prayer to sb.; **Non sapevamo a chi fossero rivolte quelle frasi**, we didn't know to whom those phrases were addressed; **Voglio r. a te queste parole di consiglio**, I want to address these words of advice to you **3** (*girare*) to turn: **Rivolse la chiave nella toppa**, he returned the key in the lock **4** (*distogliere*) to turn away (*o* aside): **Rivolsi lo sguardo da quell'orrenda scena**, I turned my eyes away from that horrible sight. ● **r. una critica a q.**, to criticize sb. □ **r. una domanda a q.**, to ask sb. a question; to put a question to sb. □ **r. nella mente**, to brood over (*o* on) (st.); to turn (st.) over in one's mind: **Rivolgeva nella mente una vendetta feroce**, he brooded over (*o* on) a fierce vengeance □ **r. la parola a q.**, to address sb.; to speak to sb.: **Non rivolgo la parola ai traditori**, I don't speak to traitors; **r. la parola a q. in inglese (in italiano, ecc.)**, to speak to sb. in English (in Italian, etc.) □ **r. il saluto a q.**, to say hello to sb. **rivòlgersi**, **B** *v. rifl.* **1** (*volgersi indietro*) to turn round: **Si rivolse per vedere se qualcuno lo seguisse**, he turned round to see if anyone was following him **2** (*volgersi a q.*) to turn (to sb.); (*indirizzarsi*) to address (sb.): **Non mi rivolgo a coloro che preferiscono una vita tranquilla**, I'm not addressing those who prefer a quiet life **3** (*ricorrere*) to apply; to turn: **Quando hai bisogno di aiuto, rivolgiti a me**, turn to me, when you need help; **Rivolgiti al direttore!**, apply to the manager!; **Nella sua disperazione, si rivolse a Dio**, in his desperation he turned to God; **r. a q. per un prestito**, to turn to sb. for a loan; **per ulteriori informazioni r. alla direzione**, for further information apply to the management **4** (*fig.: darsi, applicarsi*) to turn; to give* (*o* to devote) oneself: **r. alla musica (alla pittura)**, to turn (*o* to devote) oneself to music (to painting).
rivolgiménto, *m.* **1** (*sconvolgimento*) upheaval (*anche fig.*); disturbance; disorder; trouble **2** (*cambiamento*) revolution; change.
rivolo, *m.* rivulet; rill; brooklet; streamlet.
rivòlta, *f.* **1** (*sommossa*) revolt; rebellion; insurrection; rising: **Scoppiò una r.**, a revolt broke out; **reprimere una r.**, to repress (*o* to put down) a rising **2** (*naut., mil.*) mutiny **3** (*risvolto*) turn-up.
rivoltaménto, *m.* turning over.
rivoltante, *a.* revolting; repellent; repulsive; disgusting; disgustful; loathsome; nauseous; sickening: **Che odore r.!**, what a disgusting smell!
rivoltare, **A** *v. t.* **1** to turn over again; to turn round again: **Rivoltò il libro ma lo lasciò nella stessa posizione di prima**, he turned the book over again but left it in the same position as before; **Rivoltò l'automobile e tornò a casa**, he turned the car round again and went back home; **Voltò e rivoltò le coperte**, she turned the blankets over and over again **2** (*rovesciare*) to turn (over); (*con l'interno verso l'esterno*) to turn inside out; (*capovolgere*) to turn upside-down: **r. il materasso**, to turn the mattress; **r. le zolle**, to turn (up) the soil; **r. un vestito**, to turn a dress; **Rivoltò la giacca prima di piegarla**, he turned the jacket inside out before folding it; **Voglio r. queste bottiglie perché si asciughino prima**, I want to turn these bottles upside-down to dry them more quickly **3** (*fig.: turbare, sconvolgere*) to upset*; to turn; (*ripugnare*) to revolt, to disgust: **Il tuo cinismo mi rivolta**, your cynicism revolts me; **Queste scene mi rivoltano lo stomaco**, these scenes upset (*o* turn) my stomach **4** (*mescolare*) to mix; to toss: **r. l'insalata**, to mix the salad. ● **r. la frittata**, to turn the omelette (over); (*fig.*) to change the tune □ **far r. lo stomaco a q.**, to turn sb.'s stomach □ **far r. un abito**, to have a suit turned. **rivoltarsi**, **B** *v. rifl.* **1** (*rigirarsi*) to turn over; to toss about; (*voltarsi indietro*) to turn round: **Dormendo, si è rivoltato più volte**, he turned over several times in his sleep; **Mi rivoltai e vidi q. ai piedi del letto**, I turned over and saw somebody at the foot of the bed; **Si rivoltò per richiamarla**, he turned round to call her back again **2** (*ribellarsi*) to revolt; to rebel; to turn against; to turn on (*o* upon): **Gli si rivoltarono e**

rivoltata

lo cacciarono dalla città, they revolted (*o* rebelled) against him and chased him from town; **Si rivolterà contro di te, se non lo aiuti**, he'll turn against you, if you don't help him; **Le si rivoltò contro con parole maligne**, he turned on her with spiteful words **3** (*fig.*: *sconvolgersi*) to turn: **Mi si rivolta lo stomaco solo a pensarci**, my stomach turns at the mere thought of it. ● **r. nella tomba**, to turn (over) in one's grave.
rivoltata, *f.* turning over. ● **dare una r. a q.c.**, to turn st. over.
rivoltato, *a.* turned; turned out; (*con l'interno verso l'esterno*) turned inside out. ● (*fig.*) **giubba rivoltata**, turncoat.
rivoltatura, *f.* turning; turning out; turning inside out.
rivoltèlla, *f.* revolver. ● **r. a sei colpi**, six-shooter.
rivoltellata, *f.* revolter shot.
rivoltolaménto, *m.* turning over; rolling about.
rivoltolare, A *v. t.* **1** (*voltolare più volte*) to turn over and over **2** (*mettere sossopra*) to turn upside-down. **rivoltolarsi, B** *v. rifl.* to roll about; to wallow: **r. nel fango**, to wallow in the mud.
rivoltolìo, *m.* continual turning (over); rolling about.
rivoltolóne, *m.* somersault: **fare un r.**, to turn a somersault. ● (*fig., pop.*) **Vedendolo, il cuore mi fece un r.**, my heart jumped when I saw him.
rivoltóso, A *a.* rebellious; rebel (*attr.*); mutinous: **uomini rivoltosi**, rebellious men; rebels. **B** *m.* rebel; mutineer.
rivoluzionare, *v. t.* **1** (*anche fig.*) to revolutionize **2** (*fig.*: *sconvolgere*) to upset*.
rivoluzionàrio, *a.* **e** *m.* (*anche fig.*) revolutionary: **moti rivoluzionari**, revolutionary insurrections; uprisings; **un governo r.**, a revolutionary government; **idee rivoluzionarie**, revolutionary ideas; **una scoperta rivoluzionaria**, a revolutionary discovery.
rivoluzionarismo, *m.* revolutionary tendencies (*pl.*).
rivoluzióne, *f.* **1** (*quasi in ogni senso*) revolution: **la R. francese**, the French Revolution; (*astron.*) **la r. della terra intorno al sole**, the revolution of the earth round the sun; **una completa r. nella nostra industria nazionale**, a complete revolution in our national industry **2** (*fig.*, *fam.*: *scompiglio*) confusion; disorder; mess: **Che r.!**, what a mess!; **mettere tutto in r.**, to turn everything upside-down.
rivulsióne, *f.* (*med.*) revulsion.
rivulsivo, *a.* **e** *m.* (*farm.*) revulsive.
rivuotare, *v. t.* to empty again; to re-empty.
rizina, *f.* (*bot.*) rhizine.
rizòbio, *m.* rhizobium*.
rizocàrpico, *a.* (*bot.*) rhizocarpous.
rizòide, *m.* (*bot.*) rhizoid.
rizòma, *m.* (*bot.*) rhizome; rootstock.
rizomatóso, *a.* (*bot.*) rhizomatous.
rizomòrfo, *a.* rhizomorphous.
rizopòdio, *m.* (*zool.*) rhizopod.
rizostòma, *m.* (*zool.*) rhizostome.
rizza, *f.* (*naut.*) lashing.
rizzare (1), A *v. t.* **1** (*mettere ritto*) to lift up; to set* up: **r. un palo**, to set up a post; **r. una sedia**, to lift up a chair; **r. il capo**, to lift up (*o* to raise) one's head; **r. una tenda**, to set up (*o* to pitch) a tent **2** (*inalberare*) to hoist; to raise: **r. una bandiera**, to hoist a flag **3** (*innalzare, fabbricare*) to erect; to raise; to build*: **r. un muro**, to build a wall. ● **r. la cresta**, to put on (*o* to give oneself) airs; to get cocky (*fam.*) ● **r. le orecchie**, to prick up one's ears (*anche fig.*) □ (*fig.*) **da far r. i capelli**, hair-raising; terrifying. **rizzarsi, B** *v. rifl.* **1** (*alzarsi in piedi*) to stand* up; to rise* to one's feet; (*levarsi a sedere*) to sit* up: **Tutti si rizzarono quand'egli entrò**, everybody stood up when he entered; **Mi rizzai a sedere sul letto**, I sat up on my bed **2** (*dei capelli: diventare ritti*) to stand* on end: **Mi si rizzarono i capelli per l'orrore**, my hair stood on end with horror.
rizzare (2), *v. t.* (*naut.*) to lash; to frap; to gripe.
ro, *m.* e *f.* (*diciassettesima lettera dell'alfabeto greco*) rho.
roano, *a.* e *m.* roan: **un cavallo r.**, a roan (horse).
roast beef (*ingl.*), *locuz. m.* roast beef.
ròba, *f.* **1** stuff; things (*pl.*); (*effetti personali*) belongings (*pl.*): **Questa è r. mia**, this is my stuff; **Radunarono in fretta la loro r. e scapparono**, they hastily gathered their things together and escaped; **È r. da buttare via**, it's worthless stuff; **Vorrei farti vedere della r.**, I'd like to show you some stuff (*o* something); **Mi piace la r. dolce**, I'm fond of sweet things **2** (*beni*) goods (*pl.*); property; possessions (*pl.*); fortune; wealth: **r. di casa**, household goods; **r. di valore**, valuable goods; valuables (*pl.*); **Ha lasciato la sua r. ai poveri**, he left all his possessions to the poor; (*Bibbia*) **Non desiderare la r. d'altri**, thou shalt not covet thy neighbour's goods **3** (*indumenti*) clothes (*pl.*); clothing; things (*pl.*): **Ho messo via tutta la roba estiva**, I have put all the summer clothes (*o* things) away; **indossare r. nuova**, to put on new clothes **4** (*merce, articolo*) merchandise; goods (*pl.*): **Questa è tutta r. rubata**, these are all stolen goods; **r. di scarto**, discarded goods; rejects (*pl.*); **r. a buon mercato**, cheap goods; **r. usata**, second-hand goods **5** (*affare, faccenda*) matter; business; affair; thing: **Non immischiarti in questa r.**, don't get mixed up in this affair; this is no business of yours **6** (*fam.*: *opera*) work: **È proprio r. sua**, it's all his own work. ● **r. da lavare**, washing □ **r. da mangiare**, food; things (*pl.*) to eat □ **r. da matti** (*o* **da chiodi**), sheer lunacy (*o* rubbish) □ **fare r.** (*arricchirsi*), to make money; to get rich □ **Questa è r. da cani**, it's rubbish □ **Bella r.!**, a fine thing indeed! □ **Che r. è questa?**, what's this? □ **Non è r. per me**, it's not my cup of tea □ (*prov.*) **La r. va alla r.**, money draws money.
robàccia, *f.* rubbish; trash; junk (*fam.*).
ròbbia, *f.* (*bot., Rubia tinctorum*) madder.
Robèrto, *m.* Robert; (*dim.*) Bobby, Bob, Dob, Dobbin, Rob, Robin.
robinia, *f.* (*bot., Robinia pseudo-acacia*) false acacia; locust-tree.
robiòla, *f.* «robiola» (kind of mild cheese made in Lombardy).
robivècchi, *m.* second-hand dealer; rag-and-bone man*.
roboante, *V.* **reboante**.
robóne, *m.* (*stor.*) (long) robe.
ròbot, *m.* (*anche fig.*) robot.
robòtica, *f.* robotics (*pl. col verbo al sing.*).
robustaménte, *avv.* robustly; vigorously.
robustézza, *f.* strength; robustness; vigour; sturdiness; stoutness: **r. di membra**, sturdiness of limbs. ● **r. di stile**, pithiness of style □ **un uomo di grande r.**, a strong sturdy man.
robusto, *a.* strong; robust; vigorous; sturdy; (*grasso*) fat; stout: **un bambino r.**, a strong boy; **un uomo forte e r.**, a strong and robust man; a sturdy (*o* a stoutly-built) man; **un uomo di costituzione robusta**, a man with a strong constitution; **un uomo dalle membra robuste**, a strong-limbed (*o* a sturdy-limbed) man; **una quercia robusta**, a robust oak; **uno stile r.**, a vigorous (*o* a pithy) style; **essere dotato di robuste qualità intellettuali**, to be endowed with strong intellectual faculties. ● **un r. appetito**, a good appetite.
rocàggine, *f.* hoarseness.
rocambolésco, *a.* (*audace*) bold; daring; (*sbalorditivo*) amazing, astonishing.
ròcca (1), *f.* (*fortezza, anche fig.*) fortress; stronghold; citadel: **assalire la r.**, to attack (*o* to assail) the fortress. ● (*anat.*) **r. petrosa**, petrosal bone □ **cristallo di r.**, rock crystal □ **forte** (*o* **saldo**) **come una r.**, as firm as a rock.
ròcca (2), *f.* **1** (*conocchia*) distaff: **il fuso e la r.**, the spindle and the distaff **2** (*ind. tessile*) twisting bobbin.
roccafòrte, *f.* (*anche fig.*) stronghold.
roccata, *f.* rock.
roccatrice, *V.* **rocchettièra**.
roccatura, *f.* (*ind. tessile*) winding; (*incannatura*) spooling.
roccétto (1), *V.* **rocchétto (1)**.
rocchettièra, *f.* (*ind. tessile*) winder.
rocchétto (1), *m.* (*relig.*) rochet.
rocchétto (2), *m.* **1** (*per avvolgervi il filato*) reel; spool; (*bobina*) bobbin: **un r. di filo**, a reel of thread **2** (*elettr.*) coil: **r. d'induzione**, induction coil **3** (*cinem.*) spool: **un r. avvolgitore**, a take-up spool; **un r. svolgitore**, a delivery spool **4** (*fotogr.*) roll. ● (*mecc.*) **r. a denti**, sprocket-wheel □ (*mecc.*) **r. a denti conduttore**, driving sprocket □ (*autom.*) **r. d'accensione**, ignition coil.
ròcchio, *m.* **1** (*di tronco d'albero*) log **2** (*di colonna*) drum **3** (*per estens.: pezzo*) (thick) piece; section. ● **r. di salsiccia**, sausage-roll.
ròccia, *f.* **1** (*geol.*) rock: **r. argillosa**, argillaceous rock; claystone; **r. silicea**, siliceous rock; ganister; **r. friabile**, brittle rock; **rocce eruttive**, igneous rocks; **rocce sedimentarie**, sedimentary rocks **2** (*fam.: sudiciume*) dirt; filth.
rocciatóre, *m.* (*sport*) rock-climber; cragsman*; cliffsman*.
roccióso, *a.* **1** (*che abbonda di rocce*) rocky; full of rocks; abounding in rocks: **una spiaggia rocciosa**, a rocky shore; **monti rocciosi**, rocky mountains **2** (*fam.: sporco*) dirty; filthy.
ròcco, *m.* (*relig.*) crosier; crozier.
roccocò, A *m.* (*archit.*) rococo: **mobili alla r.**, rococo furniture. **B** *a.* **1** (*archit.*) rococo **2** (*fig.: goffo*) rococo; out-moded.
rochézza, *V.* **rocàggine**.
rock and roll (*ingl.*), *locuz. m.* rock and roll.
ròco, *V.* **ràuco**.
rococò, *V.* **roccocò**.
rodàggio, *m.* **1** (*autom., mecc.*) running-in; breaking-in **2** (*fig.*) period of adjustment. ● **L'auto è in r.**, the car is being run-in.
Ròdano, *m.* (*geogr.*) (the) Rhone.
rodare, *v. t.* **1** (*autom., mecc.*) to run* in; to break* in **2** (*fig.*) to adjust; to adapt.
rodeo (*spagn.*), *m.* rodeo.
ródere, A *v. t.* **1** to gnaw; (*rosicchiare*) to nibble: **r. un osso**,

to gnaw (at) a bone; **I tarli rodono il legno**, woodworms gnaw wood; **rodersi le unghie**, to gnaw (*o to bite*) one's nails **2** (*corrodere*) to corrode; to eat* into (st.); to bite* into (st.); (*erodere*) to erode: **L'acqua salata rode il nichelio**, salt water corrodes nickel; **Gli acidi rodono la pietra**, acids bite (*o* eat) into stone; **La corrente rode le sponde del fiume**, the current is eroding the river banks **3** (*fig.: tormentare*) to gnaw (at); to torture; to wear* (out): **Un senso di colpa mi rode l'animo**, a sense of guilt is gnawing (at) my mind; **Lo rodeva la gelosia (l'invidia)**, jealousy (envy) tortured (*o* gnawed) him **4** (*scherz.: mangiare*) to eat*: **Dammi q.c. da r.!**, give me st. to eat. ● **r. il freno**, to champ the bit; (*o anche, solo fig.*) to chafe under restraint □ (*fig.*) **un osso duro da r.**, a hard nut to crack. **ródersi**, **B** *v.* rifl. (*fig.*) (*consumarsi*) to be consumed; (*preoccuparsi*) to be worried; (*logorarsi*) to wear* oneself out: **r. d'invidia** (**di gelosia, di rabbia**), to be consumed with envy (with jealousy, with rage); **Si rode per il viaggio che dovrà fare**, he is worried about the journey he'll have to make; **r. per niente**, to worry (*o* to wear oneself out) for nothing; **Si rode per quella ragazza**, he is wearing himself out for that girl. ● **r. il fegato** (*o* **il cuore**), to eat one's heart out.

Rodèsia, *f.* (*geogr.*) Rhodesia.
rodesiàno, *a.* e *m.* Rhodesian.
Ròdi, *m.* (*geogr.*) Rhodes.
ròdico, *a.* (*chim.*) rhodous.
rodilégno, *m. invar.* (*zool., Cossus cossus*) goat moth.
rodiménto, *m.* **1** (*il rodere*) gnawing; nibbling **2** (*corrosione*) corrosion; (*erosione*) erosion **3** (*fig.: cruccio*) worry; anxiety; anguish: **Quel ragazzo svogliato era il suo r. principale**, that lazy boy was his main worry (*o* anxiety).
ròdio (1), *a.* (*geogr.*) Rhodian: **diritto r.**, Rhodian law.
ròdio (2), *m.* (*chim.*) rhodium.
rodio (3), *m.* **1** gnawing; nibbling **2** (*continuo corrodere*) corroding; corrosion; erosion **3** (*fig.*) torment; anxiety.
rodiòta, *a.*, *m.* e *f.* Rhodian.
roditóre, **A** *m.* (*zool.*) **1** rodent **2** (*pl., Rodentia*) rodents. **B** *a.* rodent; gnawing (*anche fig.*): **cancro r.**, rodent cancer.
rododèndro, *m.* (*bot., Rhododendron*) rhododendron; rose-bay.
Rodòlfo, *m.* Rudolph; Ralph.
rodomontata, *f.* rodomontade; vainglorious brag (*o* boast).
rodomónte, *m.* braggadocio; braggart; vain boaster; swaggerer. ● **fare il r.**, to rodomontade; to brag; to boast; to swagger.
rodomontésco, *a.* rodomontade; bragging; boastful.
rodonite, *f.* (*miner.*) rhodonite.
Rodrigo, *m.* Roderick.
rogante, *m.* e *f.* (*leg.*) drafter.
rogare, *v. t.* (*leg.*) to draw* up: **r. un atto**, to draw up a deed.
rogatàrio, *m.* (*leg.*) drafter (and certifier).
rogatóre, *m.* (*leg.*) drafter.
rogatòria, *f.* (*leg.*) rogatory letter; letters rogatory (*pl.*).
rogatòrio, *a.* (*leg.*) rogatory.
rogazióne, *f.* **1** (*stor.*) rogation **2** (*pl., relig.*) rogations.
roggia, *f.* (*sett.*) irrigation channel.
rògito, *m.* (*leg.*) (notarial) deed: **fare un r.**, to draw up a deed.
rógna, *f.* **1** (*scabbia*) scabies; itch; (*di pecore, cani, ecc.*) scab, mange **2** (*fig., fam.: briga fastidiosa*) trouble; worry; nuisance: **Non voglio darti delle rogne**, I don't want to give you any trouble; **andare in cerca di rogne**, to ask (*o* to look) for trouble.
rognonata, *f.* (*cucina*) kidneys en casserole.
rognóne, *m.* kidney.
rognóso, *a.* **1** scabby; scabbed; mangy: **una pecora rognosa**, a scabby sheep **2** (*fig.: fastidioso*) troublesome; bothersome.
rógo, ròdo, *m.* **1** (*catasta di legna per bruciare un cadavere*) pyre **2** (*supplizio del fuoco*) stake: **venire condannato al r.**, to be condemned (*o* sent) to the stake; **morire sul r.**, to suffer at the stake **3** (*per estens.: incendio*) fire.
Rolando, *m.* Roland.
rollare, *v. i.* (*aeron., naut.*) to roll.
rollata, *f.* (*aeron., naut.*) rolling; roll.
rollè, *m.* (*cucina*) rolled veal.
rollino, *V.* **rullino**.
rollio, *m.* (*aeron., naut.*) rolling; roll.
rollòmetro, *m.* (*naut.*) oscillometer.
Róma, *f.* (*geogr.*) Rome: **i sette re di R.**, the seven kings of Rome. ● (*pop.*) **promettere R. e toma**, to promise heaven and earth □ (*prov.*) **R. non fu fatta in un giorno**, Rome was not built in a day □ (*prov.*) **Tutte le strade portano a R.**, all roads lead to Rome.
romagn(u)òlo, **A** *a.* of Romagna. **B** *m.* inhabitant (*o* native) of Romagna.
romàico, *a.* e *m.* Romaic.
romaménte, *avv.* in the Roman way; like a Roman; Romanly.
romàncio, *a.* e *m.* Romansh, Romansch.
romanésco, **A** *a.* of Rome; Roman: **il dialetto r.**, the Roman dialect. **B** *m.* (*dialetto di Roma*) (the) Roman dialect.
romanésimo, *V.* **romanismo**.
Romania, *f.* (*geogr.*) Rumania.
romànico, *a.* e *m.* (*archit.*) Romanesque: **lo stile architettonico r.**, the Romanesque style of architecture.
romanismo, *m.* **1** idiom (*o* peculiarity) of the Roman dialect **2** (*relig.*) loyalty to the Roman Church; acceptance of the authority of Rome.
romanista, *m.* e *f.* (*in tutte le accezioni*) Romanist.
romanistica, *f.* **1** (*leg.*) study of Roman law **2** (*filologia romanza*) Romance philology.
romanistico, *a.* **1** (*concernente il diritto romano*) of (*o* concerning) Roman law **2** (*concernente la romanistica*) concerning Romance philology.
romanità, *f.* Romanism.
romanizzare, *v. t.* to Romanize.
romanizzazióne, *f.* Romanization.
romano (1), **A** *a.* Roman; of Rome: **l'Impero r.**, the Roman Empire; **gli imperatori romani**, the Roman Emperors; **il calendario r.**, the Roman calendar; **il diritto r.**, Roman law; **antichità romane**, Roman antiquities; **la chiesa romana**, the Church of Rome; **numeri romani**, Roman numerals; (*pitt.*) **la scuola romana**, the Roman school; **alla romana**, in the Roman way. **B** *m.* Roman: **i Romani**, the Romans; (*scherz.*) **un r. di Roma**, a true--born Roman. ● (*tipogr.*) **carattere r.**, roman (type) □ **fare alla romana**, to go Dutch □ **saluto r.**, Fascist salute.
romano (2), *m.* (*contrappeso della stadera*) counterpoise weight (of a steelyard).
romanticheria, *f.* romantic attitude(s); romantic fancy (*o* nonsense); romance; sentimentality: **una ragazza piena di romanticherie**, a girl full of romance; **Sono tutte romanticherie**, it's all romantic nonsense.
romanticismo, *m.* **1** (*arte, letter.*) Romanticism: **il r. inglese**, English Romanticism **2** (*sentimentalismo*) romanticism; sentimentality; romantic attitude(s).
romàntico, **A** *a.* **1** (*arte, letter.*) Romantic: **un poeta r.**, a Romantic poet; **la scuola romantica**, the Romantic School; **ideali romantici**, Romantic ideals **2** (*sentimentale*) romantic; sentimental; (*sognante*) dreaming, fanciful: **una ragazza romantica**, a romantic girl (*di luogo e sim.*) romantic: **un luogo quanto mai r.**, a most romantic place; **un vecchio castello r.**, a romantic old castle. **B** *m.* **1** (*arte, letter.*) Romantic; Romanticist **2** (*persona sentimentale*) romantic; sentimentalist.
romanticume, *m.* (*spreg.*) romantics (*pl.*); romantic nonsense.
romanza, *f.* (*letter., mus.*) romance.
romanzare, *v. t.* (*letter.*) to romanticize; to romance; to novelize: **r. la storia**, to novelize history.
romanzato, *a.* (*letter.*) romanticized; novelized; fictionalized: **una biografia romanzata**, a novelized biography; a biographical novel.
romanzatóre, *m.* (*letter.*) romancer; novelist.
romanzésco, *a.* romantic; (*avventuroso*) adventurous: **avventure romanzesche**, romantic adventures; **una storia romanzesca**, a romantic story; **una vita romanzesca**, an adventurous life. ● **avere del r.**, to be far-fetched □ **impresa romanzesca**, fantastic feat □ **poema r.**, romance.
romanzétto, *m.* **1** light novel; novelette **2** (*fig.*) (romantic) love-affair.
romanzière, *m.* novelist: **i romanzieri del periodo vittoriano**, the novelists of the Victorian Age.
romanzo (1), *a.* Romance (*attr.*); Romanic: **le lingue romanze**, the Romance languages.
romanzo (2), *m.* **1** (*componimento narrativo moderno*) novel; (*genere letterario*) fiction: **il r. nero**, the Gothic novel; **il r. storico**, the historical novel; **romanzi a tesi**, problem novels; **un r. psicologico**, a psychological novel; **un r. giallo**, a detective novel; a thriller; **un r. rosa**, a love novel **2** (*componimento medievale*) romance: **i romanzi cavallereschi del medioevo**, the romances of the Middle Ages **3** (*fig.: storia inverosimile*) romance: **La mia vita è proprio un r.**, my life is quite a romance; **Roba da r.!**, this is romance! ● **r. a fumetti**, comic-strip story □ **r. a puntate**, serial □ **r. fiume**, «roman fleuve» (*franc.*) □ (*telev.*) **r. sceneggiato**, television serial.
rombante, *a.* rumbling; roaring; thundering; booming.
rombare, *v. i.* to rumble; to roar; to thunder; to boom: **Il vento romba**, the wind is roaring.
rombencéfalo, *m.* (*anat.*) rhombencephalon*.
ròmbico, *a.* (*geom.*) rhombic.
rómbo (1), *m.* **1** (*geom.*) rhomb; rhombus*; (*losanga*) lozenge, diamond **2** (*naut.*) rhumb.
rombo (2), *m.* (*zool., Rhombus*) rhombus. ● **r. gigante** (*Rhombus maximus*), turbot □ **r. liscio** (*Rhombus laevis*), brill*.
rómbo (3), *m.* (*rumore grave e forte*) rumble; roar; roll; boom; thunder: **il r. del tuono**, the rumble of thunder; **il r. dei cannoni**,

the roll of cannon.
rombododecaèdrico, *a.* (*mat.*, *miner.*) rhombohedral.
rombododecaèdro, *m.* (*geom.*) rhombododecahedron*.
romboèdrico, *a.* (*geom.*) rhombohedral.
romboèdro, *m.* (*geom.*) rhombohedron*.
romboidale, *a.* (*geom.*) rhomboid(al).
rombòide, *m.* (*geom., anat.*) rhomboid.
romèno, *V.* **rumèno.**
romèo, A *m.* pilgrim (going to Rome). **B** *a.* — **strada romea,** pilgrim route (to Rome).
rómice, *f.* (*bot.*, *Rumex*.) dock.
romitàggio, *m.* hermitage.
romito, *m.* (*anche fig.*) hermit.
romitòrio, *m.* hermitage.
Ròmolo, *m.* (*stor.*) Romulus.
rómpere, A *v. t.* (*anche fig.*) to break*: **r. un bicchiere** (**un bastone, un ramo**), to break a glass (a stick, a branch); (*anche fig.*) **r. il ghiaccio,** to break the ice; **Questo fiume, quando si è in piena, rompe sempre gli argini,** when this river is in spate it always breaks its banks; **r. un braccio** (**una gamba, una costola**), to break an arm (a leg, a rib); **r. la monotonia,** to break the monotony; **r. q.c. in due** (**in tre, ecc.**), to break st. in two (in three, etc.); **r. un'amicizia con q.,** to break (off) a friendship with sb.; **r. un fidanzamento,** to break (off) an engagement; **r. la pace,** to break the peace; **r. l'incantesimo (l'incanto),** to break the spell (the charm); **r. un contratto,** to break a contract; **r. il silenzio,** to break (o to relieve) the silence; **r. le linee nemiche,** to break the enemy lines; **r. il digiuno,** to break one's fast. **B** *v. i.* **1** to break* (*anche fig.*): **Il Po ha rotto presso Stellata,** the Po has broken (its banks) near Stellata; **La fidanzata lo costrinse a r. con quella donna,** his fiancée forced him to break with that woman; **r. con le vecchie abitudini,** to break with old habits **2** (*prorompere*) to burst*: **r. in pianto** (**in singhiozzi**), to burst into tears (into sobs). ● (*volg.*) **r. l'anima** (*o* **le scatole, le tasche, gli stivali**) **a q.,** to pester sb.; to get sb.'s goat (*fam.*); to get on sb.'s nerves (*o, volg.:* wick) □ **r. l'atomo,** to split the atom □ (*naut.*) **r. il blocco,** to run the blockade □ **r. la calca,** to elbow one's way through the crowd □ **r. gli indugi,** to hesitate no longer □ (*pop.*) **r. il muso** (*o* **la faccia**) **a q.,** to smash (*o* to bash) sb.'s face in □ (*mil.*) **r. il passo,** to break step □ **r. un ramoscello,** to snap a twig □ **r. la terra con l'aratro,** to break up the earth with the plough □ (*fig.*) **r. la testa a q.,** to drive sb. crazy □ (*mil.*) **Rompete le righe!,** dismiss! □ (*prov.*) **Chi rompe paga e i cocci sono suoi,** if you break, you pay: the broken bits you take away.
rómpersi, C *v. rifl.* **1** to break*: **r. il collo** (**l'osso del collo**), to break one's neck; **r. un braccio** (**una gamba, le costole**), to break one's arm (one's leg, one's ribs); **Questa è roba fragile, e si rompe facilmente,** this is fragile stuff and it breaks easily (*o* and is easily broken); **Il piatto si ruppe in piccoli pezzi,** the plate broke into small pieces **2** (*di vena, vescica*) to rupture; to burst*. ● (*fig.*) **r. la schiena,** to work hard; to overwork □ (*fig.*) **r. la testa su q.c.,** to rack (*o* to beat) one's brains over st.
rompiballe, *m.* e *f.* (*pop.*) nuisance; bore; pain in the ass (*pop.*).
rompicapo, *m.* **1** (*fastidio*) worry; trouble; problem **2** (*in enigmistica*) riddle; puzzle. ● **Non mancano mai rompicapi,** there is always something to worry about; life is full of worries.
rompicòllo, *m.* dare-devil; madcap; scapegrace. ● **a r.,** at breakneck speed; headlong.
rompighiàccio, *m. invar.* (*anche naut.*) ice-breaker.
rompiménto, *m.* breaking. ● (*volg.*) **un r. di capo** (*o* **di tasche, scatole, stivali**), a nuisance; a bore; a troublesome person.
rompiscàtole, rompitasche, *m.* e *f.* (*pop.*) nuisance; bore; pain in the ass (*pop.*): **È un vero r.,** he's a perfect nuisance.
romùleo, *a.* (*lett.*) Romulan: **le mura romulee,** the Romulan walls.
ronachìstica, *f.* chronicles (*pl.*).
rónca, *V.* **róncola.**
roncatura, *f.* (*agric.*) pruning.
roncinato, *a.* (*bot.*) runcinate.
rónco (1), *m.* (*med.*) rhonchus*; rale.
rónco (2), *m.* (*zool., Echinorhinus spinosus*) bramble shark.
róncola, *f.* (*agric.*) pruning-hook; bill-hook.
roncolare, *v. t.* (*agric.*) to prune.
roncolo, *m.* (*agric.*) gardening-knife. ● **avere le gambe a r.,** to be bow-legged □ **gambe a r.,** bow-legs.
rónda, *f.* (*mil.*) **1** (*guardia che fanno i soldati*) patrol; rounds (*pl.*); watch: **la r. di notte,** the night watch; **essere di r.,** to be on patrol; **fare la r.,** to go the rounds **2** (*soldati che fanno la r.*) patrol: **Passa la r.,** the patrol is going the rounds. ● **cammino di r.,** rounds (*pl.*) □ (*fig.*) **fare la r. a una ragazza,** to dangle round (*o* after, about) a girl.
rondèlla, *f.* (*mecc.*) washer: **una r. circolare** (**quadrata**), a round (a square) washer; **una r. di spinta,** a thrust washer; **una r. aperta,** an open (*o* a slip) washer; **r. di sicurezza,** lock-washer.
rondèllo, *m.* **1** (*letter.*) rondeau; rondel **2** (*mus.*) rondo.
róndine, *f.* (*zool., Hirundo rustica*) swallow: **r. di mare** (*Sterna hirundo*), sea swallow; (*common*) tern; **a coda di r.,** swallow-tailed; **una giacca a coda di r.,** a swallow-tailed coat; tails (*pl., fam.*). ● (*prov.*) **Una r. non fa primavera,** one swallow does not make a summer.
rondinino, rondinòtto, *m.* young swallow.
rondò, *m.* **1** (*mus.*) rondo **2** (*letter.*) rondeau **3** (*stradale: isola rotazionale*) roundabout; rotary (intersection); traffic circle.
rondóne, *m.* (*zool., Apus apus*) swift.
ronfare, *v. i.* **1** to snore (loudly) **2** (*per estens.: fare le fusa*) to purr.
röntgen (*ted.*), *m.* (*fis.*) roentgen.
röntgenografia, *f.* (*fis.*) roentgenography.
röntgenterapia, *f.* (*med.*) roentgenotherapy.
ronzaménto, *V.* **ronzio.**
ronzare, *v. i.* **1** to hum; to buzz; to drone; (*di pallottole*) to whine: **Le api ronzavano nel giardino,** the bees were humming in the garden; **Ronzava come una vespa,** it buzzed like a wasp; **Mi ronzano gli orecchi,** my ears are buzzing. ● (*fig.*) **r. intorno a una ragazza,** to dangle round (*o* after, about) a girl □ (*fig.*) **Un'idea mi ronza in testa,** an idea keeps running through my head.
ronzatóre, *m.* **1** hummer; buzzer; droner **2** (*cicalino*) buzzer.
Ronzinante, *m.* **1** (*letter.*) Rosinante **2** (*fig.*) *V.* **ronzino.**
ronzino, *m.* jade; nag; hack; crock.
ronzio, *m.* humming; buzz; buzzing; drone; (*di pallottole*) whine: **il r. delle api,** the humming of bees; **il r. del motore,** the drone of the engine.
ronzóne, *m.* **1** (*zool., Melolontha melolontha*) cockchafer; May-bug **2** (*fig.: corteggiatore*) admirer; wooer.
ròrido, *a.* (*poet.*) dewy.
ròsa, A *a.* pink: **un vestito r.,** a pink dress. ● **vedere tutto r.,** to see things through rose-coloured spectacles. **B** *m.* pink; rose: **Il r. non ti si addice,** pink does not suit you; **il r. antico,** old rose. **C** *f.* **1** (*bot., Rosa*) rose: **r. selvatica,** wild rose; briar; brier; **r. di Natale,** Christmas rose; **r. di Gerico,** rose of Jericho; **r. canina** (*Rosa canina*), dogrose; eglantine; **r. damascena,** damask(-)rose; **r. muschiata,** musk(-)rose; **r. tea,** tea(-)rose; **r. centifoglia** (*Rosa centifolia*), cabbage-rose; **Maggio è il mese delle rose,** May is the month of roses; **La vita non è un letto di rose,** life is not a bed of roses; (*stor. ingl.*) **la guerra delle due Rose,** the Wars of the Roses **2** (*fig.: gruppo di persone*) restricted group; set; list: **una r. di candidati,** a set of candidates; **una r. di nomi,** a list of names **3** (*proiezione dei pallini da caccia*) burst pattern. ● (*bot.*) **r. del Giappone,** camellia □ (*naut.*) **r. della bussola,** compass rose □ (*bot.*) **r. delle Alpi,** alpine rhododendron □ (*naut.*) **r. dei venti,** compass-card □ (*bot.*) **r. di mare,** sea anemone □ (*bot.*) **r. rampicante,** rambler □ **acqua di rose** □ (*fig.*) **all'acqua di rose,** tepid; lukewarm; mild; milk-and-water: **Era una dittatura all'acqua di rose,** it was a milk-and-water (*o* a mild) dictatorship; **È un marxista all'acqua di rose,** he's a lukewarm (*o* nominal) Marxist; **una punizione all'acqua di rose,** a mild punishment □ **bocciolo di r.,** rose-bud (*anche fig.*) □ (*mil.*) **fare la r. a un bersaglio,** to pepper a target with shot □ **fresco come una r.,** as fresh as a daisy □ **legno di r.,** rosewood □ **Pasqua di rose,** Whitsunday □ (*prov.*) **Non c'è r. senza spine,** no rose without a thorn □ (*prov.*) **Se son rose fioriranno,** the proof of the pudding is in the eating.
Ròsa, *f.* Rose, Rosa.
rosàcee, *f. pl.* (*bot., Rosaceae*) rosaceans.
rosàceo, *a.* (*bot.*) rosaceous.
rosàio, *m.* (*bot.*) rose-bush; rosary.
Rosalìa, *f.* Rosalie, Rosalia.
Rosalinda, *f.* Rosalind.
Rosamaria, *f.* Rosemary.
Rosamunda, *f.* Rosamond.
rosanilina, *f.* (*chim.*) rosaniline.
rosàrio, *m.* **1** (*relig.: preghiera; corona di grani*) rosary: **recitare il r.,** to say one's rosary; to tell one's beads **2** (*fig.*) series; succession; sequence.
rosata, *f.* (*mil.*) bullet group.
rosatèllo, *m.* (*tipo di vino*) (vin) rosé (*franc.*).
rosato, *a.* **1** (*roseo*) rosy; roseate; rose-coloured; pink **2** (*che contiene essenza di rose*) rose (*attr.*): **acqua rosata,** rose-water.
ròsbif, *m.* (*cucina*) roast beef.
rosé (*franc.*), *a.* (*rif. a vino*) rosé.
ròseo, *a.* **1** (*di color rosa*) rosy; rose-coloured; roseate; rose-red; (*rose*) pink: **gote rosee,** rosy cheeks **2** (*fig.*) rosy; roseate; bright; sweet: **prospettive rosee,** rosy prospects; **sogni rosei,** sweet dreams. ● **vedere tutto r.,** to see things through rose-coloured spectacles.
rosèola, *f.* (*med.*) roseola.
rosèto, *m.* (*bot.*) rose-bed; rose-garden; rosary.

rosétta, f. 1 (*diamante*) rose(-diamond) 2 (*coccarda*) rosette 3 (*mecc.*) washer.
rosicante, m. (*zool.*) 1 rodent 2 (*pl.*, *Rodentia*) rodents.
rosicare, v. t. to gnaw (at); to nibble (at). ● (*prov.*) **Chi non risica, non rosica,** nothing venture, nothing have.
rosicatura, f. gnawing; nibbling.
rosicchiaménto, m. gnawing; nibbling.
rosicchiare, v. t. to gnaw (at); to nibble (at): **r. un osso,** to gnaw (at) a bone; **r. un biscotto,** to nibble (at) a biscuit. ● (*fig.*) **essere un osso duro da r.,** to be a hard nut to crack.
rosicoltóre, m. rose-grower.
rosicoltura, f. rose-growing.
rosmarino, m. (*bot.*, *Rosmarinus officinalis*) rosemary.
rosminiano, a. e m. (*filos.*) Rosminian.
Rosmunda, f. Rosamond.
róso, a. gnawed; eaten; eaten up; worn away; corroded. ● **r. dai tarli,** moth-eaten □ **r. dalla ruggine,** rust-eaten □ **r. dal tempo,** time-worn.
rosolàccio, m. (*bot.*, *Papaver rhoeas*) red weed; corn poppy.
rosolare, A v. t. (*cucina*) to brown; to roast brown. **rosolarsi, B** v. rifl. 1 (*cucina*) to brown 2 (*riscaldarsi a un fuoco troppo vivo*) to roast oneself. ● **rosolarsi al sole,** to bask in the sun.
rosolatura, f. (*cucina*) browning.
rosolia, f. (*med.*) German measles (*pl. col verbo al sing. o al pl.*); rubella.
rosolida, f. (*bot.*, *Drosera rotundifolia*) common sundew.
rosolièra, f. liqueur set.
rosòlio, m. rosolio (*ital.*).
rosóne, m. (*archit.*) 1 (*finestra rotonda a forma di rosa*) rose-window 2 (*motivo ornamentale*) rosette. ● **r. da soffitto,** ceiling-rose.
ròspo, m. 1 (*zool.*, *Bufo vulgaris*) toad 2 (*fig.*: *persona scontrosa*) unsociable person; (*persona che suscita repulsione*) hideous person. ● (*fig.*) **ingoiare un r.,** to swallow a bitter pill.
Rossana, f. Roxana; (*dim.*) Roxy.
rossastro, a. reddish; rufous.
rosseggiante, a. reddish; reddening; ruddy: **foglie rosseggianti,** reddish leaves; **un cielo r.,** a reddening sky.
rosseggiare, v. i. (*tendere al rosso*) to redden; to become* reddish, to turn red; (*apparire rosso*) to redden, to be reddish, to appear red: **il r. del cielo,** the reddening of the sky.
rossèllo, m. (*chiazza rossa*) red spot.
rossétta, f. (*zool.*, *Pteropus edulis*) flying fox; fruit-bat.
rossétto, m. (*per le guance*) rouge; (*per le labbra*) lip-stick: **darsi il r.,** to put on rouge (*o* lip-stick); **adoperare troppo r.,** to use too much lip-stick.
rosséeza, f. redness.
rossiccio, A a. reddish; ruddy; ginger: **capelli rossicci,** ginger hair; **nuvole rossicce,** ruddy clouds. **B** m. reddish--colour; ginger.
rossiniano, A a. of G. Rossini. **B** m. follower (*o* imitator) of G. Rossini.
rósso, A a. red: **Il cinabro (il carminio) è r.,** vermilion (carmine) is red; **capelli rossi,** red hair; **diventare r.,** (*per eccitazione, rabbia*) to go red in the face, to flush; (*per imbarazzo*) to turn red, to blush; **la bandiera rossa,** the Red Flag; **vino r.,** red wine. ● **r. come un gambero** (*o* **un peperone**), as red as a beetroot (*o* as a lobster); **l'Armata Rossa,** the Red Army □ **le camicie rosse,** the Red Shirts □ **la Croce Rossa,** the Red Cross □ **una persona dai capelli rossi,** a red-haired person (*o* a redhead) □ **pesce r.,** goldfish □ **avere il viso r.,** to be red in the face □ **La ragazza aveva gli occhi rossi di pianto,** the girl was red-eyed with crying. **B** m. 1 red: **Era vestita di r.,** she was dressed in red; **dipingere q.c. di r.,** to paint st. red; **un r. acceso,** a fiery red; **r. mattone** (**scuro**), brick (dark) red; **r. cupo,** dull red; **r. ciliegia,** cherry red; **cerise; r. corallo,** coral red; (*pitt.*) **r. di Venezia,** Venetian red; (*chim.*, *pitt.*) **r. inglese,** English red 2 (*persona dai capelli rossi*) red-haired person; redhead; carrot-top (*fam.*) 3 (*di un uovo*) yolk (of an egg) 4 (*di semaforo*) red light: **attraversare col r.,** to cross on the red light 5 (*comm.*) debit side; red (*fam.*): **essere in r.,** to be in the red; **non andare in r.,** to stay out of the red. ● (*polit.*) **i Rossi,** the Reds; the commies (*fam.*) □ (*stor.*) **i Rossi e i Neri,** Socialists and Clericals □ (*fig.*) **vedere tutto r.,** to see red □ (*prov.*) **R. di sera, buon tempo si spera,** red sky at night, shepherd's delight.
róssola, f. (*bot.*, *Russola*) russula.
rossóre, m. 1 (*colore rosso*) red 2 (*di chi prova vergogna*) blush; flush: **pieno di r.,** full of blushes (*fig.*: *vergogna*) shame. ● **non sentire r.,** to be shameless □ **tingersi di r.,** to blush; to flush up; to become red (in the face) □ **un uomo senza r.,** a shameless man □ **Gli salì il r. alla fronte per la vergogna,** shame flushed his cheeks.
ròsta, f. (*archit.*) fan-window.

rosticcerìa, f. «rôtisserie» (*franc.*); roast meat shop; take-away food shop (*fam.*).
rosticcière, m. owner of a roast meat shop.
rosticcio, m. (*metall.*) dross.
rostrale, a. 1 (*archeol.*) rostral: **la corona r.,** the rostral crown 2 (*zool.*) rostral; rostrate.
rostrato, a. 1 (*zool.*) rostrate(d); beaked 2 (*archeol.*) rostral: **una corona** (**colonna**) **rostrata,** a rostral crown (column).
ròstro, m. 1 (*zool.*) rostrum*; (*becco*) beak 2 (*di ponte*) cutwater 3 (*pl.*, *archeol.*) rostrum* (*sing.*).
rosume, m. nibblings (*pl.*).
ròta, V. **ruòta.**
rotàbile, A a. carriageable; practicable for wheeled vehicles. ● **materiale r.,** rolling-stock □ **strada r.,** carriage road. **B** f. (carriage) road.
rotacismo, m. (*linguistica*) r(h)otacism.
rotacizzare, v. t. (*linguistica*) to change by r(h)otacism.
rotàia, f. 1 (*solco di ruote*) rut; (wheel-)track 2 (*ferr.*) rail: **r. a cremagliera,** rack-rail; **r. centrale,** central contact rail; **r. corta,** make-up rail; **r. di rampa,** ramp rail; **r. esterna** (**interna**), outer (inner) rail; **sezione della r.,** rail cross-section; (*anche fig.*) **uscire dalle rotaie,** to go off the rails; **r. per gru,** crane-rail. ● **una strada con profonde rotaie,** a deeply-rutted road.
rotale, a. (*leg.*) rotal; of (*o* relating to) the (Sacred) Rota.
rotante, a. rotating; rotary; revolving.
rotare, A v. t. to rotate; to turn round; to roll: **r. gli occhi,** to roll one's eyes. **B** v. i. to rotate; to revolve: **La terra ruota intorno al sole,** the earth revolves round the sun; **r. intorno a un asse,** to rotate (*o* to revolve) on an axis 2 (*volare in circolo*) to circle (round); to wheel.
rotariano, A a. Rotarian; of the Rotary Club. **B** m. Rotarian; member of the Rotary Club.
rotativa, f. (*tipogr.*) rotary press.
rotativista, m. (*tipogr.*) rotary-press worker.
rotativo, a. rotative; rotating; rotary: (*tipogr.*) **una macchina rotativa,** a rotary press. ● (*agric.*) **sistema r.,** rotation.
rotato, a. (*bot.*) rotate; wheel-shaped.
rotatòrio, a. rotatory; rotating; rotative; rotary: **moto r.,** rotatory motion; **un movimento r.,** a rotatory movement. ● (*anat.*) **muscolo r.,** rotator.
rotazionale, a. rotational.
rotazióne, f. 1 (*movimento rotatorio*) rotation: **la r. della Terra,** the rotation of the Earth; **r. in senso orario,** clockwise rotation; **r. in senso antiorario,** anticlockwise rotation; **r. invertita,** reverse rotation; **asse di r.,** axis of rotation 2 (*fig.*: *avvicendamento*) rotation; alternation: **r. del personale,** staff rotation 3 (*agric.*) rotation (of crops).
roteaménto, m. rotating; rolling; wheeling; whirling.
roteare, v. t. to rotate; to roll; to wheel; to whirl: **I gabbiani roteavano nel cielo,** the sea-gulls were wheeling in the sky; **I fiocchi di neve roteavano nell'aria,** the snow-flakes whirled in the air; **r. gli occhi,** to roll one's eyes.
roteazióne, f. rotation; rolling; wheeling.
rotèlla, f. 1 (*piccola ruota*) small wheel; (*r. orientabile*) castor; (*di pattino*) roller; (*di sperone*) rowel 2 (*anat.*) rotula*; patella*; knee-cap. ● (*mecc.*) **r. d'arresto,** grip roller □ **r. metrica,** measuring tape □ (*cucina*) **r. tagliapasta,** jagging wheel □ (*fig.*) **avere una r. fuori posto,** to have a screw loose □ **pattini a rotelle,** roller-skates.
rotellista, m. e f. (*sport*) roller-skater.
rotiferi, m. pl. (*zool.*, *Rotifera*) rotifers.
rotismo, m. (*mecc.*) wheelwork; gearing; gear: **r. a ingranaggi cilindrici,** spur gearing. ● **r. epicicloidale,** epicyclic train; sun--and-planet motion □ **rotismi moltiplicatori,** step-up wheels.
rotocalco, m. 1 (*tipogr.*) rotogravure 2 (*periodico illustrato a r.*) illustrated magazine.
rotocalcografia, f. (*tipogr.*) rotogravure.
rotocalcogràfico, a. (*tipogr.*) rotogravure (*attr.*): **una macchina rotocalcografica,** a rotogravure press; **una riproduzione rotocalcografica,** a rotogravure reproduction; a rotograph.
rotocalcògrafo, m. (*tipogr.*) rotogravure operator.
rotolaménto, m. rolling.
rotolante, a. rolling: **un sasso r.,** a rolling stone.
rotolare, A v. t. e i. to roll: (**far**) **r. un sasso** (**una botte,** ecc.), to roll a stone (a barrel, etc.); **Alcuni macigni rotolavano giù per la collina,** some big stones were rolling down the hillside. ● **r.** (**giù per**) **le scale,** to roll down the stairs; to tumble down the stairs. **rotolarsi, B** v. rifl. to roll (about): **r. per terra,** to roll on the ground; **r. nel fango,** to wallow in the mud.
rotolìo, m. rolling.
ròtolo, m. roll; (*di corda*) coil: **un r. di carta da parati,** a roll of wall-paper; **un r. di stoffa,** a roll of cloth. ● (*fig.*) **andare a rotoli,** to go to (w)rack and ruin; to go downhill; to go to the dogs (*fam.*) □ (*fig.*) **mandare a rotoli,** to ruin □ **Tutto va**

rotolóne

a rotoli, everything is going wrong (*o from bad to worse*).
rotolóne, *m.* (*fam.*) tumble; fall: **Feci un brutto r.**, I had a nasty tumble. ● **fare un r. giù per le scale**, to tumble down the stairs.
rotolóni, *avv.* (*rotolando*) rolling. ● **cadere** (*o* **venire giù**) (**a**) **r.**, to tumble down □ (*fig.*) **mandare a r.**, to ruin □ (*fig.*) **È andato tutto a r.**, everything has gone wrong.
rotonave, *f.* (*naut.*) rotor ship.
rotónda, *f.* (*archit.*) rotunda: **Il Pantheon è una r.**, the Pantheon is a rotunda **2** (*terrazza circolare*) round terrace.
rotondeggiante, *a.* roundish.
rotondeggiare, *v. i.* to take* on a round(ish) shape.
rotondità, *f.* **1** roundness (*anche fig.*); rotundity: **la r. della Terra**, the rotundity of the Earth; **la r. d'un periodo**, the roundness of a period **2** (*pl., scherz.: parti rotonde*) curves.
rotóndo, *a.* round (*anche fig.*); rotund (*per lo più scient.*): **La Terra non è perfettamente rotonda**, the Earth is not perfectly round; **r. come una palla**, as round as a ball; **una faccia rotonda**, a round face; **dalla faccia rotonda**, round-faced; **una torre rotonda**, a round tower; **una tavola rotonda**, a round table; **i Cavalieri della Tavola Rotonda**, the Knights of the Round Table; **un numero r.**, a round number; **in cifra rotonda**, in round figures. ● (*fig.*) **un periodo r.**, a well-turned sentence.
rotóre, *m.* (*fis., aeron.*) rotor; (*mat.*) curl, rotation: **un r. radiale**, a radial rotor; **un r. ad anelli**, a slip-ring rotor.
rotòrico, *a.* (*fis., aeron.*) rotor (*attr.*): **disco r.**, rotor disk.
rótta (1), *f.* (*mil.*) rout; disorderly retreat; (*utter*) defeat: **la r. di Canne**, the defeat of Cannae; **mettere in r.**, to put to rout; to overwhelm. ● (*fig.*) **a r. di collo**, at breakneck speed: **correre a r. di collo**, to run at breakneck speed □ **perdere denaro a r. di collo**, to lose money hand over fist □ **essere in r. con q.**, to be on bad terms with sb.
rótta (2), *f.* (*naut., aeron.*) course; (*itinerario*) route: **la r. d'una nave**, a ship's course; **r. aerea**, air route; air-lane; **r. geografica**, geographical course; **la r. prestabilita**, the fixed course; **tenere la r.**, to hold the course; **cambiare r.**, to change course (*o* route); **deviare dalla r.**, to deviate from the (straight) course; to sheer. ● (*naut.*) **cambio di r.**, sheer □ (*naut.*) **fare r. per**, to sail to; to head for; to make for □ **fare r. verso nord** (**verso est, ecc.**), to steer northwards (eastwards, etc.) □ **in r. per**, sailing to; heading for □ (*naut.*) **mantenere la rotta**, to steady; to stand on; to hold the course □ (*naut., aeron.*) **ufficiale di r.**, navigating officer.
rottamàggio, *m.* (*ind.*) discarding; scrapping.
rottamare, *v. t.* (*ind.*) to discard; to scrap.
rottamazióne, *f.* V. **rottamàggio**.
rottame, *m.* **1** scrap; (*di incidente, naufragio, ecc.*) wreck, wreckage: **un ammasso di rottami**, a pile of scraps; a scrap-heap **2** (*fig.*) wreck: **un r. umano**, a (mere) wreck; **essere ridotto a un r.**, to be reduced to a wreck. ● (*naut.*) **rottami galleggianti**, flotsam (*sing.*).
rótto, **A** *a.* **1** (*anche fig.*) broken: **una gamba** (**costola, mascella**) **rotta**, a broken (*o* fractured) leg (rib, jaw); **Questa seggiola è rotta**, this chair is broken; **onde rotte dagli scogli**, waves broken by the rocks; **con voce rotta**, in a broken voice; **una voce rotta dai singhiozzi**, a voice broken by (*o* with) sobs; **Dov'è il vetro r.?**, where is the broken pane? **2** (*stracciato*) torn; split; rent: **calze rotte**, torn stockings; **scarpe rotte**, torn (*o* split) shoes **3** (*dato, dedito*) given; addicted: **È un uomo r. a ogni vizio**, he is a man given (*o* addicted) to every vice; he's thoroughly vicious; **r. al bere**, addicted to drinking (*abituato, avvezzo*) accustomed; inured: **r. a tutte le fatiche**, inured to any kind of fatigue. ● **sentirsi tutto r.**, to be aching all over □ **Ho le gambe** (**le ossa**) **rotte dal lungo camminare**, my legs (my bones) are aching with all that walking. **B** *m. pl.* (*spiccioli*) small change. ● (*fig.*) **per il r. della cuffia**, by the skin of one's teeth: **uscirne per il r. della cuffia**, to escape by the skin of one's teeth □ **L'ho pagato venti sterline e rotti**, I paid twenty pounds odd for it.
rottura, *f.* **1** breakage; breaking; break; breach **2** (*fig.*) break; breaking off: **la r. di un fidanzamento**, the breaking off of an engagement; **la r. dei rapporti diplomatici**, the breaking off (*o* the severing) of diplomatic relations; **la r. dei negoziati**, the breaking off of negotiations **3** (*med.: frattura*) fracture. ● (*leg.*) **r. di contratto**, breach of contract □ (*mecc.*) **r. di fatica**, fatigue failure □ **la r. di un tubo**, a pipe burst □ (*edil.*) **carico di r.**, maximum stress □ **punto di r.**, breaking point; (*tecn.*) crack point □ (*volg.*) **Che r. di scatole!**, what a drag!
ròtula, *f.* (*anat.*) rotula*; patella*; knee-cap.
rotùleo, *a.* (*anat.*) rotulian; rotular; of the rotula.
roulette (*franc.*), *f.* roulette: **giocare alla r.**, to play roulette.
roulotte (*franc.*), *f.* (*autom.*) caravan; trailer (*USA*).
roulottista, *m. e f.* caravan(n)er.
round (*ingl.*), *m.* (*sport*) round.
routine (*franc.*), *f.* routine (*anche elab.*).
rovàio, *m.* north wind.

rovano, V. **roano**.
rovèllo, *m.* (*lett.*) anger; rage.
rovènte, *a.* (*anche fig.*) red-hot; burning; fiery: **ferro r.**, red-hot iron; **lacrime roventi**, burning tears; **il sole r.**, the fiery sun.
róvere, **A** *m.* e *f.* (*bot., Quercus robur*) bay oak. **B** *m.* (*legname di r.*) oak. ● **di r.**, oaken; oak (*attr.*).
roveréto, *m.* oak wood.
rovèscia, *f.* (*risvolto: di manica*) cuff; (*di colletto*) lapel. ● **alla r.**, (*capovolto*) upside down, overturned; (*con l'interno all'esterno*) inside out; (*col davanti dietro*) back to front, the wrong way round; (*fig.: al contrario*) the opposite; wrong; (*fig.: male*) wrongly, the wrong way, badly: **Fingeva di leggere e teneva il libro alla r.**, he pretended he was reading, but he was holding the book upside down; **Si mise le calze alla r.**, she put on her stockings inside out; **mettersi il pullover alla r.**, to put on one's pullover back to front; **Tutto mi va alla r.**, everything is going wrong for me; **Se prendi tutto questo alla r., non ho più nulla da dire**, if you take all this the wrong way, I have nothing else to say □ **capire q.c. alla r.**, to misunderstand st. □ (*miss.*) **conto alla r.**, countdown.
rovesciàbile, *a.* overturnable.
rovesciaménto, *m.* **1** upsetting; overturning; reversal **2** (*di una barca*) capsizing **3** (*di un governo, ecc.*) overthrowing.
rovesciare, **A** *v. t.* **1** to upset*; to overturn; to tip over; (*capovolgere*) to turn upside down: **Rovesciò il bicchiere di vino**, he upset (*o* he overturned) the glass of wine; **r. una barca**, to upset (*o* to capsize) a boat **2** (*gettare a terra*) to throw* down; to knock down (*o* over) **3** (*versare intenzionalmente*) to pour; (*accidentalmente*) to spill*: **Rovesciavano olio bollente sugli attaccanti**, they poured (out) boiling oil on the attackers; **Rovesciai dell'olio di oliva sulla bruciatura**, I poured some olive oil on the burn; **Il bambino rovesciò l'acqua sulla tovaglia**, the child spilt the water on the table-cloth **4** (*rivoltare*) to turn inside out: **Rovescia le tasche!**, turn your pockets inside out!; **r. le maniche** (**un paio di guanti**), to turn the sleeves (a pair of gloves) inside out **5** (*piegare all'indietro*) to throw* back: **r. la testa**, to throw back one's head **6** (*gettare addosso, anche fig.*) to throw*; to shower: **r. insulti su q.**, to shower insults on sb. **7** (*fig.: abbattere*) to overthrow*: **Gli insorti hanno rovesciato il governo costituzionale**, the insurgents have overthrown the constitutional government **8** (*fig.: mutare radicalmente*) to reverse: **r. la situazione**, to reverse the situation. ● **r. la colpa su q.**, to lay the blame on sb. □ (*fig., fam.*) **Il sacco**, to make a clean breast of st. **rovesciarsi**, **B** *v. rifl.* **1** to overturn; to upset*; (*capovolgersi*) to capsize: **L'aereo si alzò soltanto pochi metri, poi si rovesciò**, the plane only rose a few metres, then overturned; **Nella tempesta la barca si rovesciò**, the boat capsized in the storm **2** (*gettarsi*) to throw* oneself; (*cadere*) to fall* down: **Si rovesciò sul divano**, he threw himself on the sofa **3** (*riversarsi*) to pour; (*ricadere*) to fall*: **La pioggia si rovesciò a catinelle**, the rain poured down in buckets; **Tutti gli accattoni si sono rovesciati nei sobborghi della città**, all the beggars have poured into the city suburbs; **Tutti i guai si sono rovesciati su di me**, all the trouble has poured down (*o* has fallen) on me.
rovesciata, *f.* (*sport*) overhead kick.
rovesciato, *a.* **1** (*capovolto*) overturned; (*turned*) upside down; inverted; (*rif. ad imbarcazione*) capsized **2** (*gettato a terra*) knocked down (*o* over) **3** (*versato*) spilt **4** (*rivoltato*) turned inside out **5** (*piegato all'indietro*) thrown back **6** (*fig.: abbattuto*) overthrown **7** (*fig.: mutato radicalmente*) reversed **8** (*geol.*) overturned **9** (*bot.*) resupinate **10** (*sport*) overhead. ● (*bot.*) **ovulo r.**, anatropous ovule.
rovesciatóre, *m.* (*mecc.*) car dump. ● (*min.*) **r. a tamburo**, rotary dumper □ (*min.*) **r. per vagonetti**, tipper.
rovèscio, **A** *a.* **1** (*supino*) supine; on one's back (*pred.*): **Lo trovai r. e privo di sensi nel salotto**, I found him supine and unconscious in the drawing-room; **cadere** (**giacere**) **r.**, to fall (to lie) on one's back **2** (*inverso*) reverse. ● **a r.**, V. **sotto rovèscia** □ (*lavoro a maglia*) **punto r.**, purl stitch. **B** *m.* **1** reverse; reverse side; back; other (*o* wrong) side: **il r. della medaglia**, the reverse (*o* the other side) of the medal; (*fig.*) the other side of the question (*o* of the story); **il r. della stoffa**, the reverse side of the cloth; **il r. di una busta** (**di un foglio**), the back of an envelope (of a sheet of paper) **2** (*precipitazione violenta*) heavy shower; downpour; (*fig.*) rain, hail, volley: **Non sapevamo come ripararci da quel r.**, we didn't know how to take shelter from that heavy shower (*o* downpour); **un r. di colpi**, a rain (*o* a hail) of blows; **un r. di ingiurie**, a rain of insults; **un r. di sassi**, a volley (*o* a shower) of stones **3** (*tennis*) backhand (stroke): **Quel giocatore ha un bel r.**, that player has a good backhand; **Questo è stato un bel r.**, that was a good backhand stroke; **tirare di r.**, to play a backhand stroke; **tirare su r. di q.**, to play on sb.'s backhand **4** (*manrovescio*) backhander **5** (*fig.: grave danno*) set-back; reverse: **avere un r. finanziario**, to suffer a financial

set-back; **rovesci di fortuna**, reverses of fortune. ● **Non c'entra né per diritto né per r.**, it has nothing at all to do with it.

rovescióne (1), *m.* **1** (*rovescio di pioggia*) downpour; heavy shower **2** (*manrovescio*) backhander.

rovescióne (2), rovesciòni, *avv.* on one's back; supine: **giacere r.**, to lie on one's back.

rovéto, *m.* brier; briar; bramble-bush. ● (*Bibbia*) **il r. ardente**, the burning bush.

rovina, *f.* **1** (*crollo, caduta*) collapse; fall: **la r. di un ponte (di una casa, di un muro)**, the collapse (*o* the fall) of a bridge (of a house, of a wall) **2** (*pl.: ruderi*) ruins; remains: **le rovine di Troia (di Cartagine)**, the ruins of Troy (of Carthage); **Skopje è risorta dalle rovine del terremoto**, Skopje has risen from the ruins of the earthquake **3** (*sfacelo, causa dello sfacelo*) ruin; downfall: **Quell'uomo sarà la r. della sua famiglia**, that man will be the ruin of his family; **Il gioco, il bere e le donne saranno la tua r.**, gambling, drinking and women will be your downfall (*o* ruin) **4** (*lett.: violenza, furia*) violence; fury: **La piena tutto travolse nella sua r.**, the spate, in its violence (*o* fury), swept everything away. ● **andare in r.**, to go to rack and ruin □ **mandare q. in r.**, to ruin sb. □ **Quelle vecchie costruzioni minacciano r.**, those old buildings are threatening to collapse (*o* to fall) □ **Non voglio la tua r.**, I don't want to ruin you.

rovinare, A *v. t.* **1** (*anche fig.*) to ruin; to spoil*: **La fillossera rovina le vigne**, phylloxera ruins the vines; **Il crollo finanziario lo rovinò**, the (financial) crash ruined him; **La pioggia ha rovinato la nostra merenda all'aperto**, the rain has spoilt our picnic; **r. la reputazione di q.**, to ruin sb.'s reputation; **rovinarsi l'appetito**, to spoil one's appetite; **rovinarsi la salute**, to ruin one's health; **Le cattive compagnie lo rovinarono**, bad company ruined him **2** (*abbattere, demolire*) to demolish; to pull down: **r. un vecchio edificio**, to demolish (*o* to pull down) an old building. B *v. i.* to crash; to collapse; (*precipitare*) to crash down: **Il campanile rovinò con immenso fragore**, the bell-tower collapsed (*o* fell) with a tremendous crash □ **L'automobile rovinò contro un albero**, the car crashed against a tree □ **Quel muro minaccia di r.**, that wall is threatening to collapse. **rovinarsi**, C *v. rifl.* to ruin oneself; to be ruined: **Si sta rovinando con il gioco**, he is ruining himself by gambling; **Si rovinò con quegli amici**, he was ruined by (*o* he ruined himself with) those friends.

rovinato, *a.* (*anche fig.*) ruined: **edifici rovinati**, ruined buildings; **un paio di scarpe rovinate dalla pioggia**, a pair of shoes ruined by the rain; **Se non mi aiuti, sono r.**, if you don't help me, I'm ruined (*o* I'm done for).

rovinio, *m.* **1** (*crollo*) ruin; downfall **2** (*fracasso di cose che rovinano*) crash.

rovinosaménte, *avv.* **1** (*con grande rovina*) ruinously **2** (*furiosamente*) violently.

rovinóso, *a.* **1** ruinous; disastrous; pernicious: **una speculazione rovinosa**, a ruinous speculation **2** (*furioso, impetuoso*) violent; destructive; heavy: **un uragano r.**, a violent hurricane.

rovistare, *v. t.* to search; (*frugare*) to rummage, to ransack: **r. da per tutto**, to search everywhere; **r. la casa**, to search the house; **r. ogni angolo della casa**, to ransack every corner of the house; **r. le tasche**, to rummage one's pockets.

rovistio, *m.* searching; rummaging; ransacking.

róvo, *m.* (*bot., Rubus fruticosus*) bramble. ● **mora di r.**, blackberry.

ròzza, *f.* jade; rip.

rozzaménte, *avv.* roughly; coarsely; rudely.

rozzézza, *f.* **1** (*l'essere rozzo*) roughness **2** (*fig.*) roughness; coarseness, rudeness. ● **r. di modi**, rude manners.

rózzo, *a.* **1** (*non ben rifinito*) rough; coarse: **pietre rozze**, rough stones; **stoffa rozza**, coarse material; **una tavola rozza**, a rough board **2** (*fig.: grossolano, zotico*) rough; coarse; rude; uncivil: **una persona rozza**, a rough customer; an unlicked cub (*fam.*); **maniere rozze**, rude manners **3** (*fig.: inesperto*) rough; unskilled; inexpert; inexperienced; raw; (*primitivo*) primitive: **un artista r.**, a rough artist; **una mano rozza**, an inexperienced hand; **civiltà rozza**, primitive civilization.

rozzume, *m.* roughness; rudeness.

ruba, *f.* — (*di merci varie*) **andare a r.**, to sell like hot cakes (*pop.*).

rubacchiare, *v. t.* to pilfer.

rubacchiatóre, *m.* pilferer.

rubacuòri, A *a.* bewitching; captivating; ravishing: **uno sguardo r.**, a bewitching glance. B *m.* (*scherz.*) lady-killer. C *f.* (*scherz.*) charmer; heart-breaker.

rubamazzo, rubamónte, *m.* (*gioco di carte*) snap.

rubare, A *v. t.* **1** to steal* (st. from sb.) (*anche fig.*); to rob (sb. of st.): **In treno le rubarono la borsetta**, her handbag was stolen on the train; **Riuscii a rubargli il segreto**, I succeeded in stealing his secret; **I miei mi hanno rubato il denaro**, the thieves have stolen my money; **Mi rubarono la valigia**, they robbed me of my suitcase; **r. un bacio (un'idea)**, to steal a kiss (an idea); **r. il cuore a q.**, to steal sb.'s heart **2** (*svaligiare*) to burgle: **Ieri sera degli sconosciuti hanno rubato in banca**, last night some unknown persons burgled the bank **3** (*rubacchiare*) to filch; to pilfer: **Nei grandi magazzini molti rubano**, many people pilfer in department stores; **Rubò qualche pacchetto di sigarette**, he filched a few packets of cigarettes. ● **r. a man salva**, to plunder □ **r. un bambino**, to kidnap a child □ **r. con gli occhi**, to covet □ **r. nel gioco**, to cheat □ **r. ore al lavoro**, to idle; to waste time □ **r. le ore al sonno**, to burn the midnight oil □ **r. la parola a q.**, to take the words out of sb.'s mouth □ **r. il sonno a q.**, to deprive sb. of sleep □ **r. sul peso**, to give short weight □ (*prov.*) **Ladro piccolo non r. ché il ladro grosso ti fa impiccare**, great thieves hang little ones. **rubarsi**, B *v. rifl. recipr.* (*contendersi*) to compete (for sb.); to fight* (over sb.).

rubato, *a.* stolen: **roba rubata**, stolen goods; **denari rubati**, stolen money; money not earnestly earned. ● (*mus.*) **tempo r.**, (tempo) rubato.

rubefacènte, *a. e m.* (*farm.*) rubefacient.

rubefazióne, *f.* (*med.*) rubefaction.

rubellite, *f.* (*miner.*) rubellite.

rubèola, *V.* **rosolia**.

ruberìa, *f.* theft; stealing; robbery: **È una r.**, that's robbery; **vivere di r.**, to live by stealing.

rubicóndo, *a.* rubicund; ruddy; (*rosso*) red: **una faccia rubiconda**, a rubicund face; **gote rubiconde**, ruddy cheeks; **un naso rubicondo**, a red nose.

Rubicóne, *m.* (*geogr.*) Rubicon: (*fig.*) **passare il R.**, to cross (*o* to pass) the Rubicon; to take the plunge.

rubidio, *m.* (*chim.*) rubidium.

rubinetterìa, *f.* taps and fittings (*pl.*).

rubinétto, *m.* tap; cock; faucet (*USA*): **Non lasciare il r. aperto**, don't leave the tap running; **aprire (chiudere) il r.**, to turn on (to turn off) the tap; **un r. di spurgo**, a drain cock; **un r. a tre vie (a quattro vie)**, a three-way (four-way) cock; (*mecc.*) **r. di decompressione**, compression relief tap.

rubino, *m.* **1** (*pietra preziosa*) ruby: **il r. orientale**, the oriental (*o* true) ruby; **il r. spinello**, the spinel ruby; **il r. balascio**, the balas ruby; **i rubini d'un orologio**, the rubies (*o* jewels) of a watch **2** (*fig. lett.: colore vermiglio*) ruby.

rubizzo, *a.* hale (and hearty); vigorous.

rublo, *m.* ruble, rouble.

rubrica, *f.* **1** (*quaderno a margini scalettati*) index-book; (*per indirizzi*) address-book: **r. telefonica**, telephone-book; phone-book **2** (*sezione di giornale*) column; section; page; (*telev.*) spot: **la r. teatrale**, the theatre column; **la r. sportiva**, the sports section; **la r. mondana**, the gossip column **3** (*titolo in rosso*) rubric; heading (in red ink) **4** (*relig.*) rubric: **le rubriche liturgiche**, liturgical rubrics.

rubricare, *v. t.* **1** (*provvedere di titoli in rosso*) to rubricate **2** (*segnare in una rubrica*) to index; to enter in an address-book.

rubricatóre, *m.* rubricator.

rubricazióne, *f.* **1** (*il provvedere di titoli in rosso*) rubrication **2** (*il segnare in una rubrica*) indexing.

rubricista, *m.* (*relig.*) rubricist; rubrician.

ruchétta, rùcola, *f.* (*bot., Eruca sativa*) garden rocket.

rude, *a.* **1** (*rozzo, grossolano*) rough; coarse; (*maleducato, scortese*) rude: **un uomo r.**, a rude man; a boor; **contegno r.**, rude behaviour; **materia r.**, rough material **2** (*fig.: aspro, duro*) hard: **lavoro r.**, hard work.

rudeménte, *avv.* roughly; coarsely; rudely; impolitely; in an impolite (*o* an uncivil) manner.

ruderale, *a.* (*bot.*) ruderal.

rùdere, *m.* (*specialm. al pl.*) ruin (*anche fig.*); remains (*pl.*): **i ruderi di Roma**, the ruins (*o* remains) of Rome; **fra i ruderi del passato**, among the ruins of the past. ● (*fig.*) **Egli è ormai un r.**, he is a (*o* the) mere wreck of his former self.

rudézza, *f.* roughness; coarseness; rudeness.

rudimentale, *a.* **1** (*elementare*) rudimental; rudimentary; elementary: **una conoscenza r. della grammatica latina**, a rudimentary knowledge of Latin grammar **2** (*biol.*) rudimental; rudimentary; undeveloped: **un organo r.**, a rudimentary organ; a rudiment.

rudiménto, *m.* **1** (*specialm. al pl.*) rudiment; first principle (*o* element); first step (*o* stage): **i rudimenti della matematica**, the rudiments (*o* the first principles) of mathematics; **i rudimenti del sapere**, the rudiments of knowledge **2** (*biol.*) rudiment; vestige.

ruffa, *f.* (*raro: calca*) scramble. ● **fare a r. raffa**, to scramble.

ruffiana, *f.* procuress; bawd.

ruffianata, *f.* (*volg.*) dirty trick; (piece of) roguery.

ruffianeggiare, *v. i.* **1** to bawd; to pander; to pimp **2** (*fig.*) to pander; to toady.

ruffianerìa, *f.* bawdiness; panderism.

ruffianésco, *a.* bawdy; pandering; toadyish (*fig.*).

ruffiano, *m.* **1** procurer; pander; pimp; (*mezzano*) go-between **2** (*fig.*) toady.
ruga (1), *f.* (*grinza*) wrinkle; pucker; furrow: **le rughe sul viso d'un vecchio**, the wrinkles on the face of an old man; **un viso solcato dalle rughe**, a wrinkle-furrowed face.
ruga (2), *f.* (*pop.*: *bruco*) caterpillar; grub; worm.
rugbista, *m.* rugby player.
rugby (*ingl.*), *m.* (*sport*) rugby.
ruggènte, *a.* roaring: **un leone r.**, a roaring lion; **anni ruggenti**, roaring years.
Ruggèro, Ruggièro, *m.* Roger.
rùgghio, *m.* (*lett.*) roar (*anche fig.*).
rùggine, **A** *f.* **1** (*prodotto d'ossidazione sul ferro*) rust: **La r. mangia il ferro**, rust corrodes iron **2** (*fig.*: *astio, rancore*) bad blood; ill feeling; ill-will; grudge; rancour: **Tra loro c'è della r.**, there's bad blood between them; **avere della r. con q.**, to bear (*o* to owe) sb. a grudge; to have a grudge against sb. **3** (*agric.*) rust: **r. del grano**, wheat rust; blight. **B** *a.* rust-brown, russet (*attr.*). ● **color r.**, rust brown; russet □ **mela r.**, russet.
rugginosità, *f.* rustiness (*anche fig.*).
rugginóso, *a.* **1** rusty: **un ago r.**, a rusty needle; **una spada rugginosa**, a rusty sword **2** (*di color ruggine*) rust-brown; rusty; russet: **macchie rugginose**, rusty spots **3** (*lett., fig.*: *torpido*) rusty: **una memoria rugginosa**, a rusty memory.
ruggire, *v. i.* (*anche fig.*) to roar: **Il leone ruggisce**, a lion roars; **Il vento ruggiva**, the wind was roaring; **il r. del vento**, the roaring of the wind.
ruggito, *m.* (*anche fig.*) roar: **i ruggiti d'un leone**, the roars of a lion; **il r. delle onde**, the roar of the waves.
rugiada, *f.* (*anche fig.*) dew: **L'erba era bagnata di r.**, the grass was wet with dew; **gocce di r.**, dew-drops; **Le tue parole sono r. al mio dolore**, your words are like dew to my grief.
rugiadóso, *a.* dewy (*anche fig.*); (*bagnato di rugiada*) moist (*o* wet) with dew; dew-wet: **prati rugiadosi**, dewy fields; **una notte rugiadosa**, a dewy night; **guance rugiadose**, dewy cheeks; **occhi rugiadosi**, dewy eyes.
rugliare, *v. i.* (*di animali*) to growl; (*di elementi naturali*) to rumble, to roar: **Il cane rugliava**, the dog was growling.
rùglio, *m.* (*di animali*) growl; (*di elementi naturali*) rumble, roar(ing).
rugosità, *f.* **1** wrinkledness; (*scabrosità*) roughness **2** (*bot.*) rugosity.
rugóso, *a.* **1** wrinkled; wrinkly; full of wrinkles; puckered; (*scabro*) rough: **un viso r.**, a wrinkly face; **una vecchia dalle guance rugose**, a wrinkle-cheeked old woman **2** (*bot.*) rugose.
rullàggio, *m.* (*aeron.*) taxiing. ● **pista di r.**, runway.
rullare, **A** *v. i.* **1** (*del tamburo*) to roll: **I tamburi rullarono**, the drums rolled **2** (*naut.*) to roll; to rock **3** (*aeron.*) to taxi. **B** *v. t.* to roll: **r. una strada**, to roll a road.
rullata, *f.* roll.
rullatura, *f.* (*il comprimere mediante rulli*) rolling.
rullino, *m.* (*fotogr.*) roll of film; spool of film (*USA*); film.
rullìo, *m.* **1** (*del tamburo*) rolling; roll: **un r. di tamburi**, a rolling of drums **2** (*naut.*) rolling; rocking **3** (*aeron.*) taxiing.
rullo, *m.* **1** (*del tamburo*) roll: **r. di tamburi**, roll (*o* beating) of drums **2** (*arnese cilindrico*) roller; roll: **un r. compressore** (*a vapore*), a steam-roller; **un r. conico**, a conical roller; **un r. per filogranare**, a dandy roll (*o* roller); **un r. per filettare**, a thread roll; **un r. spianatore**, a straightening roll; **una catena a rulli**, a roller-chain; (*ind. tessile*) **r. di trazione**, drawing-frame roller; (*mecc.*) **r. portacingolo**, track roller; (*mecc.*) **cuscinetto a rulli**, roller-bearing **3** (*fotogr.*) roll; spool (*USA*): **un r. di pellicola**, a roll of film **4** (*cinem.*) reel **5** (*tipogr.*) roller **6** (*di macchina da scrivere*) plat(t)en; cylinder.
rum, *m.* rum.
rumba, *f.* (*danza moderna*) rumba.
rumèno, *a. e m.* Rumanian, Romanian.
ruminante, (*zool.*) **A** *a.* ruminant. **B** *m.* **1** ruminant **2** (*pl., Ruminantia*) ruminants.
ruminare, **A** *v. t.* **1** to ruminate; to chew **2** (*fig.*) to ruminate; to turn (st.) over and over in one's mind: **Sta ruminando qualcosa**, he is ruminating something; he's thinking about something; **r. q.c. nella mente**, to turn st. over and over in one's mind. **B** *v. i.* (*zool.*) to ruminate (*anche fig.*); to chew the cud.
ruminazióne, *f.* rumination; cud-chewing.
rùmine, *m.* (*zool.*) rumen*.
rumóre, *m.* **1** noise; (*strepito*) din; (*suono*) sound: **il r. della pioggia**, the sound of the rain; **r. forte** (*assordante*), loud (deafening) noise; **Che r. terribile!**, what a terrible din!; **Quei bambini fanno tanto r. che non riesco a dormire**, those children make so much noise that I can't sleep; **i rumori della strada**, the noise of traffic; **fare r.**, to make a noise; **il r. della folla**, the din of the crowd **2** (*fig.*: *diceria, voce*) rumour; talk **3** (*med.*) bruit; sound **4** (*elettron.*) noise: **r. di fondo**, background noise; **r. bianco**, white noise. ● **r. metallico**, clang □ **contro i rumori** (*molesti*), antinoise □ (*fig.*) **fare molto r.**, to arouse great interest; to cause a stir: **L'impresa fece molto r.**, the enterprise aroused great interest (*o* was much talked about) □ **lontano dai rumori del mondo**, far from the madding crowd □ **molto r. per nulla**, much ado about nothing.
rumoreggiante, *a.* noisy; rumbling; roaring; clamorous: **una folla r.**, a noisy crowd.
rumoreggiare, *v. i.* to make* a noise; to rumble; to roar.
rumorio, *m.* noise; low rumbling.
rumorista, *m.* (*cinem., telev.*) sound-effects man*.
rumorosaménte, *avv.* noisily.
rumorosità, *f.* noisiness.
rumoróso, *a.* (*pieno di rumore*) noisy; full of noise; (*che fa molto rumore*) noisy; loud; clamorous: **una folla rumorosa**, a noisy crowd; **una città rumorosa**, a noisy town; **risata rumorosa**, loud laugh.
runa, *f.* rune.
rùnico, *a.* runic: **caratteri runici**, runic characters; **l'alfabeto r.**, the runic alphabet.
ruolino, *m.* – (*naut.*) **r. di bordo**, muster-roll; (*fig.*) **r. di marcia**, time-table; schedule.
ruòlo, *m.* **1** (*mil., bur.*) list; roll: **il r. attivo**, the active list; **r. di anzianità**, seniority list; **il r. dell'equipaggio**, the muster-roll; **il r. del personale insegnante**, the list of state teachers; **passare in r.**, to be put on the employee roll; (*leg.*) **r. delle imposte**, tax roll; assessment book **2** (*teatr.*) rôle, role: **il r. principale**, the leading rôle; **recitare nel r. di Amleto**, to play the rôle of Hamlet **3** (*per estens.*: *novero*) class; category: **essere nel ruolo degli stolti**, to belong to the category of fools **4** (*fig.*: *funzione*) rôle; part: **Ha un r. importante nella mia vita**, he plays an important part in my life **5** (*naut.*) bill. ● **essere di r.**, to be on the permanent (*o* regular) staff □ **insegnante di r.**, regular teacher □ (*leg.*) **mettere a r. una causa**, to enter a case (for trial) □ **personale di r.**, permanent (*o* regular) staff □ (*leg.*) **rimandare una causa a nuovo r.**, to adjourn a case.
ruòta, *f.* **1** wheel: (*autom.*) **ruote anteriori** (*posteriori*), front (rear) wheels; (*autom.*) **r. di scorta**, spare wheel; **le ruote di un orologio**, the wheels of a watch; **una r. di mulino**, a mill wheel; **una r. a pale**, a paddle(-)wheel; (*mecc.*) **una r. dentata**, a gear-wheel; **un giro di r.**, a turn of the wheel; (*mecc.*) **r. di frizione**, friction wheel; **Le ruote girano a vuoto**, the wheels are idling; (*naut.*) **r. del timone**, (steering-)wheel; **r. da vasaio**, potter's wheel; (*mecc.*) **r. a raggi**, spoked wheel; **r. idraulica**, water wheel; (*mecc.*) **r. motrice**, driving-wheel; (*stor.*) **mettere q. al supplizio della r.**, to break (*o* to torture) sb. on the wheel **2** (*urna girevole del lotto*) lottery-wheel; (*mecc.*) **r. di cavo**, cable drum □ (*naut.*) **r. di prua**, stem-post □ (*mecc.*) **r. di turbina**, rotor □ **r. panoramica**, Ferris wheel □ **andare a r. libera** (*senza pedalare, in bicicletta*), to free-wheel ● **arrivare a r. di q.**, to arrive hot on the heels of sb. □ **fare la r.**, to display; (*fig.*) to strut like a peacock: **un pavone che fa la r.**, a peacock displaying □ (*fig., scherz.*) **fare la r. a una ragazza**, to court a girl □ (*fig.*) **mettere i bastoni fra le ruote a q.**, to put a spoke in sb.'s wheel □ **seguire q. a r.**, to follow hot on the heels of sb. □ (*fig., fam.*) **essere l'ultima** (*o* **la quinta**) **r. del carro**, to be a mere cipher □ (*fig.*) **ungere le ruote**, to grease the wheels □ **un veicolo a due** (**a quattro**) **ruote**, a two-wheeled (a four-wheeled) vehicle.
ruotante, ruotare, *V.* **rotante, rotare**.
ruotismo, *V.* **rotismo**.
rupe, *f.* cliff; rock; crag: **la r. Tarpea**, the Tarpeian Rock.
rupèstre, *a.* rocky; rock (*attr.*); craggy. ● **iscrizioni rupestri**, rupestrian inscriptions.
rùpia (1), *f.* (*med.*) rupia.
rupia (2), *f.* (*numismatica*) rupee.
rupicolo, *a.* (*bot., zool.*) rupicolous.
rurale, **A** *a.* rural; rustic; country (*attr.*): **economia r.**, rural economy. ● **casa r.**, farmhouse. **B** *m.* countryman*; country dweller. ● **i rurali**, country people; country folk.
ruscèllo, *m.* brook; stream.
rusco, *m.* (*bot., Ruscus aculeatus*) butcher's broom.
ruspa, *f.* (*mecc.*) scraper. ● **r. a prestazione pesante**, bulldozer.
ruspante, *a.* (*che razzola*) scratching about. ● (*cucina*) **pollo r.**, farmyard (*o* free-range) chicken.
ruspare, **A** *v. i.* (*razzolare*) to scratch about. **B** *v. t.* (*livellare con la ruspa*) to scrape.
russaménto, *m.* snoring.
russare, *v. i.* to snore: **Russò tutta la notte**, he snored out all the night.
russificare, *v. t.* to russianize.
russificazióne, *f.* Russification.
russo, *a. e m.* Russian: **i Russi**, the Russians; **la lingua russa**, (the) Russian (language).
russofilia, *f.* Russophilism.

russòfilo, *a. e m.* Russophile, Russophil.
russofobia, *f.* Russophobia.
russòfobo, *a. e m.* Russophobe.
rusticàggine, *f.* rusticity.
rusticale, *a.* (*lett.*) rustic(al); rural; of country life; bucolic: **un poema r.**, a poem of country life.
rusticaménte, *avv.* **1** rustically; rurally **2** (*fig.*) roughly; rudely. ● **lavorato r.**, in rustic style.
rusticano, *a.* rustic; rural; country (*attr.*): **maniere rusticane**, rustic manners.
rustichézza, rusticità, *f.* rusticity; rustic manners (*pl.*).
rùstico, **A** *a.* **1** (*di campagna*) rustic; rural; country (*attr.*): **una casa rustica**, a rustic house; a cottage; **scene rustiche**, rural scenes; **gente rustica**, country people (*o* folk); **la vita rustica**, country life; **danze rustiche**, country dances **2** (*fig.*: *non socievole*) unsociable: **un ragazzo r. e selvaggio**, a wild, unsociable boy **3** (*fig.*: *rozzo*) rough; unrefined; rude: **maniere rustiche**, rude manners. ● **alla rustica**, simply □ **mobilia rustica**, plain furniture. **B** *m.* **1** (*alloggio per contadini*) labourer's cottage; (*fabbricato per riporre gli attrezzi*) outhouse **2** (*edil.*) carcass; shell (of a building).
ruta, *f.* (*bot.*, *Ruta graveolens*) rue. ● **r. di muro** (*Asplenium ruta muraria*), wall-rue.
rutènico, *a.* (*chim.*) ruthenic.
rutènio, *m.* (*chim.*) ruthenium.
rutèno, *a. e m.* Ruthenian.
rutilante, *a.* (*lett.*) rutilant; glowing with a ruddy light: **gemme scintillanti e rutilanti**, glittering rutilant gems.
rùtilo, *m.* (*miner.*) rutile.
rutina, *f.* (*chim.*) rutin.

ruttare, **A** *v. i.* (*volg.*) to belch; to eruct. **B** *v. t.* (*fig.*) to belch forth; to vomit forth.
ruttino, *m.* (*eruttazione del lattante*) burp.
rutto, *m.* (*volg.*) belch.
ruttóre, *m.* (*elettr.*) contact-breaker; trembler: **molla (puntine) del r.**, contact-breaker spring (points).
ruvidézza, ruvidità, *f.* roughness; ruggedness: **r. di superficie**, surface roughness. ● **r. di maniere**, rough (*o* rude) manners.
rùvido, *a.* **1** (*non liscio*) rough; rugged: **carta ruvida**, rough paper; **una pietra ruvida**, a rough stone; **mani ruvide**, rough hands **2** (*fig.*) rough; rude: **modi ruvidi**, rough (*o* rude) manners.
ruzzare, *v. i.* (*fam.*) to romp; to frolic; (*giocare*) to play about: **Il bambino ruzzava col gatto**, the little boy was playing with the cat.
ruzzo, *m.* **1** rompishness; frolicsomeness; playfulness **2** (*voglia, capriccio*) whim; fancy. ● **cavare il r. di capo a q.**, to knock the nonsense out of sb.
rùzzola, *f.* spinning-disk.
ruzzolare, *v. t. e i.* to roll; to tumble: **r. una botte**, to roll a barrel; **r. dalle scale**, to roll (*o* to tumble) down the stairs; **r. da un cavallo**, to tumble off a horse; **r. da una finestra**, to tumble out of a window; **r. in un fiume**, to tumble into a river.
ruzzolata, *f.* tumble: **fare una brutta r.**, to have a nasty tumble.
ruzzolio, *m.* rolling; tumbling.
ruzzolóne, *m.* tumble; purler (*fam.*): **fare un r.**, to have a tumble.
ruzzolóni, *avv.* tumbling down. ● **cadere r.**, to tumble down □ **fare le scale (a) r.**, to tumble down the stairs.

S, s

S, s, *f.* e *m.* (*diciassettesima lettera dell'alfabeto ital.*) S, s. ● (*abbr. di santo*) S., St.: **S. Pietro**, St. Peter □ (*tel.*) **s come Salerno**, s for Sugar □ **curva a S**, S curve.
sabadìglia, *f.* (*bot., Sabadilla officinalis*) sabadilla, cebadilla.
sàbato, *m.* Saturday: (*relig.*) **S. Santo**, Holy Saturday; **Tuo fratello verrà s. prossimo?**, will your brother come next Saturday?; **Egli non viene mai il s.**, he never comes on Saturdays (*o* on a Saturday). ● (*scherz.*) **s. che viene**, when the moon turns blue; never □ (*prov.*) **Dio non paga il s.**, the mills of God grind slowly (but they grind exceedingly small).
sabàudo, *a.* of Savoy; of the House of Savoy.
sabba, *m.* witches' sabbath.
sabbàtico, *a.* (*lett.*) sabbatic(al): **anno s.**, sabbatical year.
sàbbia, A *f.* **1** sand: (*fig.*) **s. alluvionale**, alluvial sand; **s. comune**, standard sand; **s. di cava**, pit-sand; **s. di mare**, sea-sand; **s. isolante**, parting (sand); **s. refrattaria**, fire-sand; **una cava di s.**, a sand-quarry; **a sand-pit**; (*med.*) **un bagno di s.**, a sand-bath; **un orologio a s.**, a sandglass; (*fig.*) **costruire sulla s.**, to build upon sand; (*fig.*) **seminare nella s.**, to plough the sand **2** (*pl., med.*) urinary sand. ● (*geol., miner.*) **deposito di sabbie aurifere**, placer □ (*geol.*) **sabbie mobili**, quicksand □ (*fig.*) **scrivere sulla s.**, to write on (*o* in) water. **B** *a.* (*di color s.*) sandy.
sabbiare, *v. t.* (*tecn.*) to sand-blast.
sabbiatóre, *m.* sand-blaster; sander.
sabbiatrice, *f.* sand-blasting machine; sander.
sabbiatùra, *f.* **1** (*med.*) sand-bath(ing) **2** (*tecn.*) sand-blast(ing). ● (*mecc.*) **s. metallica**, shot-blasting □ **s. umida**, vapour blasting.
sabbièra, *f.* (*ferr.*) sand-box.
sabbióne, *m.* coarse sand.
sabbionìccio, *m.* sandy soil.
sabbióso, *a.* sandy: **terreno s.**, sandy soil.
sabèllico, *a.* (*stor.*) Sabellian; Sabellic.
sabèllo, *m.* (*stor.*) Sabellian: **i Sabelli**, the Sabellians.
sabèo, *a.* e *m.* (*stor.*) Sabaean, Sabean: **i Sabei**, the Sabaeans.
sabìna, *f.* (*bot., Juniperus sabina*) savin(e).
Sabìna, *f.* Sabina.
sabìno, *a.* e *m.* (*stor.*) Sabine: **i Sabini**, the Sabines.
sabotàggio, *m.* (*anche fig.*) sabotage: **Il fuoco fu causato da s.**, the fire was caused by sabotage.
sabotare, *v. t.* to sabotage (*anche fig.*).
sabotatóre, *m.* (*anche fig.*) saboteur.
sacca, *f.* **1** bag; (*bisaccia*) knapsack, haversack: **la s. d'un soldato**, a kit-bag; a soldier's pack; **una s. da viaggio**, a travelling-bag **2** (*insenatura*) cove; creek; inlet **3** (*mil.*) pocket: **s. d'aria**, air-pocket **4** (*biol.*) sac **5** (*fig.*) pocket: **sacche di sottosviluppo**, pockets of underdevelopment.
saccarasi, *f.* (*biochimica*) saccharase.
saccàrico, *a.* (*chim.*) saccharic: **acido s.**, saccharic acid.
saccàride, *m.* (*chim.*) saccharide; carbohydrate.
saccarìfero, *a.* sacchariferous. ● **industria saccarifera**, sugar industry.
saccarificàre, *v. t.* (*chim.*) to saccharify.
saccarificazióne, *f.* (*chim.*) saccharification.
saccarimetrìa, *f.* (*chim.*) saccharimetry.
saccarìmetro, *m.* (*chim.*) saccharimeter.
saccarìna, *f.* (*chim.*) saccharine.
saccarinato, *a.* saccharinated; saccharated.
saccarìno, *a.* (*chim.*) saccharine.
saccaròide, *a.* e *m.* (*miner.*) saccharoid.
saccaròmetro, *m.* (*chim.*) saccharometer.
saccaromicèti, *m. pl.* (*bot., Saccharomyces*) saccharomycetes.
saccaròsio, *m.* (*chim.*) saccharose.
saccata, *f.* sack(ful); bag(ful): **una s. di paglia**, a sackful of straw.
saccatura, *f.* (*meteorologia*) trough: **s. equatoriale**, equatorial trough; **s. polare**, polar trough.
saccènte, A *a.* pedantic; (*presuntuoso*) presumptuous, pretentious, bumptious. ● **donna s.**, blue-stocking □ **È un po' troppo s.**, he is a wee bit too clever (*fam.*). **B** *m.* e *f.* pedant; wiseacre; know-all (*fam.*). ● **fare il s.**, to parade one's knowledge; to be a know-all (*fam.*).
saccenteménte, *avv.* pedantically; (*con presunzione*) presumptuously; (*con pretenziosità*) pretentiously.
saccenterìa, *f.* pedantry; (*presunzione*) presumption, pretentiousness, bumptiousness.
saccheggiaménto, *m.* sacking; pillage; plunderage; looting.
saccheggiàre, *v. t.* **1** to sack; to put* to sack; to pillage; to plunder; to loot; to despoil; to ravage: **s. una città**, to sack a city **2** (*per estens.: rapinare*) to rob: **s. una banca**, to rob a bank **3** (*fig.*) to plagiarize: **s. un libro**, to plagiarize a book.
saccheggiatóre, *m.* **1** sacker; pillager; plunderer; looter; ravager **2** (*rapinatore*) robber **3** (*fig.*) plagiarizer.
sacchéggio, *m.* **1** sack; pillage; plunder; ravage: **abbandonare una città al s.**, to give over a town to pillage; **dare il s. a una città**, to put a town to sack **2** (*rapina*) robbery **3** (*fig.*) plagiarism.
sacchétta, *f.* (*musetta*) nose-bag.
sacchétto, *m.* **1** small sack; (small) bag; pouch; poke (*pop.*): **un s. di carta**, a paper bag; **s. di carta** (*o* plastica) (*gratis nei negozi*), carrier bag; shopping bag (*USA*); **s. per la biada**, nose bag; feed bag (*USA*) **2** (*quantità contenuta in un s.*) sack(ful); bag(ful).
sacciforme, *a.* (*anat.*) sacciform; sac-shaped; sac-like; (*bot.*) saccate.
sacco, *m.* **1** sack; bag; (*saccata*) sack(ful); bag(ful): **un s. di farina (di patate)**, a sack of flour (of potatoes); **un s. di tela di iuta**, a canvas s. (a jute) sack; (*fig.*) **essere un s. d'ossa**, to be a bag of bones; **riempire un s.**, to fill up a sack; **mettere q.c. in un s.**, to put st. into a sack; to sack st. **2** (*fam.: grande quantità*) sackful; pack (*spreg.*); heap; lot: **un s. di bugie**, a pack of lies; **un s. di gente**, a lot of people; lots of people; **un s. di quattrini**, a lot (*o* a mint) of money; **quattrini a sacchi**, heaps (and heaps) of money; pots of money (*fam.*); **Ve ne potrei raccontare un s.**, I could tell you quite a lot about it **3** (*biol.*) sac: **s. embrionale**, embryo-sac **4** (*tela da s.*; *veste rozza, specialm. di penitenti*) sackcloth: **vestito d'un s.**, (clothed) in sackcloth; sack-clothed **5** (*saccheggio*) sack; pillage; plunder: **il s. di Roma**, the sack of Rome; **mettere a s. una città**, to put a town to sack; to sack (*o* to pillage) a town **6** (*fig., scherz.: banconota da mille lire*) thousand-lire note. ● **s. a pelo**, sleeping-bag □ **s. da montagna**, rucksack; knapsack □ **s. da viaggio**, travelling-bag □ (*fig., spreg.*) **un s. di cenci**, a bundle of rags □ **s. postale**, mailbag □ **abito a s.**, sack (frock) □ (*pop.*) **avere il s. pieno**, to be full up (*fam.*) □ (*fig.*) **cogliere q. con le mani nel s.**, to catch sb. red-handed □ **colazione al s.**, picnic □ (*fig.*) **colmare il s.**, to pass all limits □ **corsa nel s.**, sack race □ **fare il s. a q.** (*nel letto*), to make sb. an apple-pie bed □ (*fig.*) **farina del proprio s.**, one's own work □ (*fig.*) **mettere q. nel s.**, (*superarlo*) to beat sb., to get the upper hand of sb.; (*imbrogliarlo*) to cheat sb., to swindle sb. □ **parere un s.**, to be baggy □ (*fig.*) **tenere** (*o* reggere) **il s. a q.**, to aid and abet sb. □ (*fig.*) **vuotare il s.**, to speak out (one's mind); to spill the beans (*pop.*) □ **Mi piace un s.**, I like it awfully □ **Gliene ho detto un s. (una sporta)**, I have given him a good piece (*o* bit) of my mind.
saccòccia, *f.* (*dial.*) pocket.
saccomanno, *m.* (*saccheggio*) sack; pillage; plunder: **mettere a s.**, to put to sack; to pillage; to plunder.
saccóne, *m.* (*pagliericcio*) straw mattress.
sacculato, *a.* (*scient.*) sacculate(d).
sàcculo, *m.* (*anat.*) sacculus*; saccule.
sacèllo, *m.* **1** (*archeol.*) sacellum* **2** (*lett.: cappelletta*) (small) chapel; (*oratorio*) oratory.
sacerdotale, *a.* sacerdotal; priestly: **l'ordine s.**, the sacerdotal (*o* priestly) order; **l'ufficio s.**, the priestly office; priesthood.
sacerdòte, *m.* **1** priest (*generalm. cattolico*); clergyman*;

churchman*; minister (of religion) **2** (*fig.*) priest; devotee: **un s. dell'arte** (**della scienza**), a priest of art (of science); **un s. di Esculapio**, a devotee of Aesculapius. ● **farsi s.**, to enter the Church □ **il Sommo S.**, (*il Papa*) the Pope; (*Bibbia*) the High Priest.

sacerdotéssa, *f.* priestess.

sacerdòzio, *m.* priesthood (*anche fig.*). ● **assumere il s.**, to enter the Church.

sacrale (1), *a.* (*lett.*) sacral; (*sacro*) sacred, holy: **una formula s.**, a sacral formula; **riti sacrali**, sacred rites.

sacrale (2), *a.* (*anat.*) sacral: **vertebre sacrali**, sacral vertebrae; sacrals.

sacralgìa, *f.* (*med.*) sacralgia.

sacralità, *f.* sacral character; sacredness.

sacralizzàre, *v. t.* to make* st. (*o sb.*) sacred; to sacralize.

sacralizzazióne, *f.* (*med.*) sacralization.

sacramentale, **A** *a.* (*anche fig.*) sacramental: **confessione s.**, sacramental confession; (*fig.*, *scherz.*) **parole sacramentali**, sacramental words. **B** *m. pl.* (*relig.*) sacramentals.

sacramentare, **A** *v. t.* (*relig.*) to administer the Sacraments to (sb.). **B** *v. i. e t.* to swear*; to curse. **sacramentarsi, C** *v. rifl.* (*relig.*) to receive the Sacraments; (*comunicarsi*) to receive Holy Communion.

sacramentàrio, *m.* **1** (*relig.*) sacramentary **2** (*stor.*) Sacramentarian.

sacramentato, *a.* (*relig.*) consecrated. ● **Gesù s.**, Christ in the Blessed Sacrament.

sacraménto, *m.* (*relig.*) sacrament: **i sette sacramenti**, the seven sacraments; **il Santissimo S.**, the Blessed (*o* the Holy) Sacrament; **amministrare** (**ricevere**) **un s.**, to administer (to receive) a sacrament; **accostarsi ai sacramenti**, to receive the Sacraments. ● (*fig., fam.*) **fare q.c. con tutti i sacramenti**, to do st. with all the usual formalities.

sacrare, **A** *v. t.* (*lett.*) to consecrate. **B** *v. i.* (*pop.: bestemmiare*) to swear*; to curse.

sacràrio, *m.* **1** (*archeol.*) sacrarium*; (*santuario*) sanctuary, shrine **2** (*relig.*) sacrarium* **3** (*fig.*) bosom: **nel s. della famiglia**, in the bosom of one's family.

sacrestano, sacrestìa, *V.* **sagrestano, sagrestìa**.

sacrificàbile, *a.* sacrificable; expendable.

sacrificale, *a.* sacrificial.

sacrificare, **A** *v. t.* **1** (*anche fig.*) to sacrifice; to immolate: **s. vittime umane**, to sacrifice (*o* to immolate) human victims; **Agamennone sacrificò la figlia Ifigenia ad Artemide**, Agamemnon sacrificed his daughter Iphigenia to Artemis; **s. i propri interessi**, to sacrifice one's own interests; **s. la vita alla causa della giustizia**, to sacrifice one's life in the cause of justice **2** (*non valorizzare*) to waste; to spoil. **B** *v. i.* to sacrifice; to make* offerings. **sacrificarsi, C** *v. rifl.* to sacrifice oneself; (*sacrificare la vita*) to sacrifice one's life: **s. per la patria**, to sacrifice (*o* to lay down) one's life for one's country.

sacrificato, *a.* **1** sacrificed **2** (*non valorizzato*) wasted; spoiled: **In quel lavoro è s.**, he is wasted in that job. ● **vita sacrificata**, life of sacrifice.

sacrificatóre, *m.* (*lett.*) sacrificer; sacrificator; immolator.

sacrifìcio, sacrifìzio, *m.* sacrifice (*anche fig.*); (*immolazione*) immolation; (*offerta*) offering: **un s. propiziatorio** (**espiatore**), a propitiatory (an expiatory) sacrifice; **il s. d'Abramo**, Abraham's sacrifice; **il s. del corpo e del sangue di Cristo**, the sacrifice of the body and blood of Christ; **il s. della Messa**, the sacrifice of the Mass; **il s. di sé**, self-sacrifice; **il s. supremo**, the last (*o* supreme) sacrifice; **I genitori spesso fanno dei sacrifici per dare un'istruzione ai figli**, parents often make sacrifices in order to educate their children. ● **Fece s. di sé alla patria**, he gave his life for his country.

sacrilègio, *m.* (*anche fig.*) sacrilege: **commettere un s.**, to commit sacrilege.

sacrìlego, *a.* sacrilegious: **ladri sacrileghi**, sacrilegious robbers; **mani sacrileghe**, sacrilegious hands. ● **lingua sacrilega**, blasphemous tongue.

sacripante, *m.* swashbuckler; hector: **fare il s.**, to play the hector.

sacrista, *V.* **sagrista, sagrestano**.

sacristìa, *V.* **sagrestìa**.

sacro (1), A *a.* sacred; holy; (*divino*) divine: **un luogo s.**, a holy place; **gli ordini sacri**, the holy orders; **il potere s. e inviolabile dei tribuni**, the sacred and inviolable power of the tribunes; **il S. Collegio**, the Sacred College; **il S. Cuore di Gesù**, the Sacred Heart of Jesus; **il S. Romano Impero**, the Holy Roman Empire; **il s. suolo della patria**, the sacred soil of one's country; **il vate s.**, the divine poet; **la colomba sacra a Venere**, the dove sacred to Venus; **la musica** (**la poesia**) **sacra**, sacred music (poetry); **la Sacra Scrittura**, the Holy Scriptures; **la storia sacra**, sacred history; **un edificio s.**, a sacred building; **s. alla memoria** (**di**), sacred to the memory (of); **La promessa è sacra**, a promise is sacred. **B** *m.* (the) sacred: **il s. e il profano**, the sacred and the profane.

sacro (2), *m.* (*anat.: osso s.*) sacrum*.

sacroilìaco, *a.* (*anat.*) sacroiliac.

sacrosantaménte, *avv.* (*meritatamente*) deservedly; (*giustamente*) rightly; (*assolutamente*) quite, altogether; (*indiscutibilmente*) indisputably: **s. meritato**, rightly (*o* well) deserved. ● **È s. vero**, it's the pure truth.

sacrosanto, *a.* **1** sacrosanct; most sacred: **un diritto s.**, a most sacred right **2** (*meritato*) well-deserved: **un castigo s.**, a well-deserved punishment. ● **È verità sacrosanta**, it's the pure truth.

sadducèo, saducèo, A *a.* (*stor.*) Sadducean, Sadducaean. **B** *m.* Sadducee.

sàdico, A *a.* sadistic. **B** *m.* sadist.

sadìsmo, *m.* sadism.

sadomasochìsmo, *m.* (*psic.*) sadomasochism.

sadomasochista, *m. e f.* (*psic.*) sadomasochist.

sadomasochìstico, *a.* (*psic.*) sadomasochistic.

saétta, *f.* **1** (*lett.: freccia*) arrow; bolt; dart **2** (*fulmine*) (thunder)bolt; (*lampo*) flash of lightning: **correre come una s.**, to run like (*o* as quick as) lightning **3** (*geom.*) sagitta* **4** (*lancetta dell'orologio*) hand **5** (*mecc.: punta di trapano*) bit **6** (*edil.*) strut **7** (*fam.: ragazzo molto vivace*) imp; pickle: **È una s.!**, he's a little imp!

saettante, *a.* darting; shooting.

saettare, *v. t.* **1** (*lett.*) to shoot* arrows (at sb., st.) **2** (*fig.*) to dart; to shoot*: **s. occhiate malevole** (**furiose**), to dart (*o* to shoot) malignant (angry) glances (at sb.); **Il sole d'estate saetta raggi roventi**, in summer the sun shoots forth burning rays **3** (*nel calcio*) to shoot*: **s. la palla in rete**, to shoot the ball into the goal.

saettatóre, *m.* (*lett.*) darter.

saettèlla, *f.* (*mecc.*) drill bit.

saettifórme, *V.* **sagittato**.

saettóne, *m.* **1** (*zool., Elaphe longissima*) Aesculapian snake **2** (*edil.*) strut.

safàri, *m.* safari: **s. fotografico**, photographic safari.

safèna, *f.* (*anat.*) saphena.

safèno, *a.* (*anat.*) saphenous.

sàffica, *f.* (*poesia*) Sapphic ode.

sàffico, *a.* (*poesia*) Sapphic: **il metro s.**, the Sapphic metre; **la strofa saffica**, the Sapphic stanza. ● **versi saffici**, Sapphics.

saffìsmo, *m.* lesbianism.

Saffo, *f.* (*letter.*) Sappho.

safranina, *f.* (*chim.*) safranin(e).

saga, *f.* (*letter.*) saga.

sagace, *a.* sagacious; shrewd; (*perspicace*) perspicacious, sharp-witted, keen-witted: **una risposta s.**, a shrewd reply; **un uomo s.**, a sagacious man.

sagaceménte, *avv.* sagaciously; perspicaciously.

sagàcia, sagacità, *f.* sagacity; shrewdness; (*perspicacia*) perspicacity.

saggézza, *f.* wisdom: **aspirare alla s.**, to seek wisdom.

saggiaménte, *avv.* wisely; (*con buon senso*) sensibly, judiciously.

saggiare, *v. t.* (*metall.*) to assay; to test (*anche fig.*): **s. l'oro** (**l'argento**), to assay gold (silver).

saggiatóre, *m.* **1** assayer; tester **2** (*bilancia per saggiare*) assay-balance.

saggiatura, *f.* assaying; testing.

saggina, *f.* (*bot., Sorghum vulgare*) sorghum; Indian millet.

sagginale, *m.* sorghum-stalk; millet-stalk.

sagginare, *v. t.* to fatten: **s. i maiali**, to fatten pigs.

sagginato, *a.* (*di colore simile alla saggina*) sorghum-brown; (*roano*) roan.

sàggio (1), A *a.* wise; sage; (*dotato di buon senso*) sensible, judicious; (*prudente*) prudent: **consigli saggi**, sage advice; **detti saggi**, wise sayings; saws; **un progetto s.**, a wise (*o* a sensible) plan; **un uomo s.**, a wise man; **È più s. di quanto non credessi**, he is wiser than I thought; **Fosti s. a non andare**, you were wise not to go. **B** *m.* wise person; sage. ● **i saggi**, the wise.

sàggio (2), *m.* **1** (*operazione sperimentale*) assay; test; trial **2** (*campione, esemplare*) assay; specimen; sample: **un s. di vino**, an assay of wine; **copia di s.**, specimen copy **3** (*fig.: prova*) proof: **dare s. della propria bravura**, to give proof of one's skill **4** (*fin.: tasso*) rate: **il s. di sconto**, the rate of discount; the discount rate. ● **s. ginnico**, gym display □ **s. musicale**, musical performance; school concert □ **fare il s. d'un metallo**, to assay (*o* to test) a metal.

sàggio (3), *m.* (*letter.*) essay: **un s. biografico**, a biographical essay; **saggi critici** (**storici**), critical (historical) essays.

saggista, *m. e f.* (*letter.*) essayist.

saggìstica, *f.* (*letter.*) essay-writing.

saggìstico, *a.* (*letter.*) essayistic.

sagittale, *a.* (*anat.*) sagittal: **la sutura s.**, the sagittal suture.

sagittària, *f.* (*bot.*, *Sagittaria sagittifolia*) (old world) arrowhead.
sagittàrio, *m.* **1** (*stor.*) archer; bowman* **2** — (*astron.*, *astrologia*) **il S.**, Sagittarius; the Archer (*costellazione e IX segno dello Zodiaco*). ● (*astrologia*) **persona nata sotto il segno del S.**, Sagittarius; Sagittarian.
sagittato, *a.* (*bot.*) sagittate(d).
sàglia, *V.* **sàia**.
sàgola, *f.* (*naut.*) line: **s. da getto**, heaving line; **s. del solcometro**, log line; **s. per scandaglio**, sounding line.
sàgoma, *f.* **1** outline; profile; silhouette; (*forma*) shape, mould **2** (*falegnameria*) pattern **3** (*mecc.*) templet; template **4** (*metall.*) strickle **5** (*ferr.*) gauge: **s. di carico**, loading gauge; **s. limite, clearance gauge 6** (*bersaglio di tiro a segno*) target; silhouette. ● (*fam.*) **È una bella s.!**, he is a funny one, indeed!
sagomare, *v. t.* to shape; to mould; to form; to model.
sagomato, *a.* shaped; modelled: **ben s.**, well-shaped.
sagomatrice, *f.* (*mecc.: fresatrice*) milling machine; miller.
sagomatura, *f.* **1** shaping **2** (*sagoma*) outline; profile.
sagra, *f.* **1** festival; feast **2** (*festa nell'anniversario della consacrazione di una chiesa*) feast of the consecration of a church.
sagrato, *m.* **1** (*spazio dinanzi ad una chiesa*) church-square **2** (*pop.: bestemmia*) oath; curse: **tirare sagrati**, to utter curses; to swear.
sagrestano, *m.* sacristan; sexton.
sagrestìa, *f.* (*relig.*) sacristy; vestry.
sagrì, *m.* (*zool.*, *Etmopterus spinax*) lantern shark.
sagrista, *m.* sacrist; sacristan; sexton.
sagù, *m.* sago.
sahariana, *f.* (*giacca*) bush-jacket.
sahariano, *a.* Saharan, Saharian; Sahara (*attr.*).
sàhib, *m.* (*in India*) sahib.
sàia, *f.* (*ind. tessile*) twill.
sàio, *m.* frock; cowl: **vestire il s.**, to take the cowl.
sakè (*giapponese*), *m. invar.* saké, saki.
sala (1), *f.* hall; room; (*d'albergo*) saloon: **s. da ballo**, dance-hall; ball-room; dancing-saloon (*USA*); **s. da biliardo**, billiard-room; **s. da pranzo**, dining-room; **s. d'aspetto**, waiting-room; **s. di lettura**, reading-room; **s. nautica**, chart-room; **s. operatoria**, operating-theatre; **s. per concerti**, concert-hall; **s. d'esposizione**, show-room; **s. di riunione**, assembly-room; (*di associazioni corporativistiche*) guild-hall; **s. prova**, test-room; testing-room; (*ind.*) **s. pompe**, pump-room; (*naut.*) **s. macchine**, engine-room. ● **s. corse**, betting shop □ (*naut.*) **s. delle caldaie**, stokehold □ (*Borsa*) **s. (delle) contrattazioni**, floor; pit (*USA*) □ (*telev.: radio*) **s. di regia**, control cubicle.
sala (2), *f.* (*mecc.*) axle; axle-tree.
sala (3), *f.* (*bot.*, *Sparganium erectum*) bur-reed.
salacca, *f.* (*zool.*, *Alosa alosa*) allice-shad. ● (*di persona magrissima*) **sembrare una s.**, to be as lean as a rake; to be as thin as a lath.
salace, *a.* salacious; lewd; (*mordace*) pungent, spicy.
salacità, *f.* salacity; salaciousness; lewdness; (*mordacità*) pungency, spiciness.
Saladino, *m.* (*stor.*) Saladin.
salagióne, *f.* salting; pickling.
salamandra, *f.* (*zool.*, *Salamandra*) salamander (*anche fig.*): **Si diceva che la s. vivesse nel fuoco**, the salamander was supposed to live in fire. ● (*zool.*) **s. acquaiola** (*Triturus cristatus*), newt; triton.
salame, *m.* **1** salami (*sing.*); (*meno comune*) salame (*pl.* salami) **2** (*fig.*) dolt; blockhead; jackass; moron (*USA*).
salamelècco, *m.* salaam; low bow. ● **fare salamelecchi**, to bow and scrape □ **senza tanti salamelecchi**, without ceremony; without beat of drum.
Salamina, *f.* (*geogr.*) Salamis.
salamòia, *f.* brine; pickle. ● **un'aringa in s.**, a pickled herring □ **mettere in s.**, to pickle □ **olive in s.**, olive pickles; pickled olives.
salamoiare, *v. t.* to pickle.
salangana, *f.* (*zool.*, *Collocalia*) salangane; cave-nesting swift.
salare, *v. t.* **1** (*per dare sapore*) to salt; to season with salt; to add salt to: **s. la minestra**, to add salt to the soup **2** (*per conservare*) to salt (down); to corn; to pickle: **s. il merluzzo**, to salt (down) cod. ● (*fig.*) **s. la scuola**, to play truant.
salariale, *a.* of wages; wage (*attr.*); pay (*attr.*).
salariare, *v. t.* to pay* wages to; (*stipendiare*) to pay* a salary to.
salariato, A *a.* waged; hired. **B** *m.* wage-earner; wageworker (*USA*).
salàrio, *m.* wage (*generalm. al pl.*); packet; hire; earnings (*pl.*); (*paga*) pay: **s. a cottimo**, piece wage; **s. a premio**, premium system wages; **s. netto**, take-home pay; **un s. di fame**, a starvation wage. ● **s. base** (*iniziale*), basic (initial) rate □ **I minatori ricevono un s., mentre i maestri ricevono uno stipendio**, miners are wage-earners, whereas teachers are salaried people.
salassare, *v. t.* **1** (*med.*) to bleed* **2** (*fig.*) to draw* (*o* to extort) money from (sb.); to bleed* (*fam.*); to suck (*fam.*).
salassatura, *f.* (*med.*) bleeding; blood-letting.
salasso, *m.* **1** (*med.*) bleeding; blood-letting **2** (*fig.*) drain; heavy expense. ● **fare un s. a q.**, to bleed sb. (*anche fig.*).
salata, *f.* salting. ● **dare una s. a q.c.**, to add some salt to st.
salatino, *m.* salt biscuit; cocktail-snack; (*al formaggio*) cheese-straw.
salato, A *a.* **1** salt (*attr.*); salty: **piuttosto s.**, somewhat salty; saltish; **acqua salata**, salt water **2** (*conservato sotto sale*) salt; salted; corned; pickled: **burro s.**, salted butter; **manzo s.**, salted (*o* corned) beef; salt-horse (*pop.*); **merluzzo s.**, salt cod **3** (*fig.: costoso*) very dear; expensive; (*di prezzi, conti e sim.*) high, stiff, tall: **costare s.**, to be very dear; to cost a pretty penny (*fam.*); **pagare q.c. s.**, to pay st. very dear; to pay through the nose for st. (*fam.*); (*fig.*) to pay dear for st. **4** (*fig.: mordace*) pungent; sharp; spicy: **una risposta salata**, a sharp retort. ● **Questa minestra è troppo salata**, there is too much (*o* an awful lot of) salt in this soup. **B** *m.* (*sapore salato*) salty taste: **sapere di s.**, to have a salty taste **2** (*cucina*) salt pork.
salatóio, *m.* salting-room.
salatóre, *m.* (*addetto a operazioni di salatura*) salter.
salatura, *f.* salting.
salciccia, (*pop.*) *V.* **salsiccia**.
salcigno, *a.* **1** (*di salice*) willow (*attr.*) **2** (*rif. a legno: nodoso*) knotty; gnarled.
salciòlo, *m.* withe; withy.
salda, *f.* starch-water.
saldàbile, *a.* (*metall.*) weldable.
saldabilità, *f.* (*metall.*) weldability.
saldaménte, *avv.* (*generalm.*) firm, firmly; solidly; (*fermamente*) fast, steadily; (*tenacemente*) tenaciously.
saldaménto, *m.* (*med.*) healing; cicatrization.
saldare, A *v. t.* **1** (*congiungere*) to join; to bind*; to unite **2** (*metall.*) to solder; to weld: **s. a dolce** (*o* **a stagno**), to soft-solder; **s. a forte** (*o* **a ottone**), to hard-solder; to braze; **s. a pressione**, to pressure-weld; **s. a punti**, to spot-weld **3** (*fig.*) to weld together; to link up **4** (*comm.*) to settle; to balance; to square: (*anche fig.*) **s. i conti con q.**, to square accounts with sb.; **s. un conto**, to settle an account; (*fig.*) **s. una partita**, to settle a matter. ● **s. tubazioni di piombo**, to wipe. **saldarsi, B** *v. rifl.* (*di ferita*) to heal; (*di osso fratturato*) to knit* (together).
saldato, *a.* **1** joined; bound; united **2** (*metall.*) welded: **s. a pressione**, pressure-welded **3** (*comm.*) settled (in full); paid.
saldatóio, *m.* (*mecc.*) soldering-iron; soldering-copper. ● **s. a martello**, soldering-hammer.
saldatóre, *m.* **1** (*operaio*) welder; solderer **2** (*utensile*) soldering-iron.
saldatrice, *f.* (*mecc.*) welder; welding machine: **s. ad arco**, arc-welding machine.
saldatura, *f.* **1** (*operazione del saldare*) soldering; welding: **s. ad arco**, arc-welding; **s. a dolce** (*o* **a stagno**), soft-soldering; **s. a fuoco**, forge-welding; **s. a pressione**, pressure-welding; **s. a punti**, spot-welding; **s. a rilievo**, projection-welding; **s. autogena**, gas-welding; **s. automatica**, automatic welding; **s. continua**, seam welding; **s. elettrica**, electric welding; **s. a forte** (*o* **a ottone**), hard-soldering; **s. provvisoria**, tack-soldering **2** (*punto di s.*) welded joint **3** (*fig.*) welding together; linking up **4** (*di ferita*) healing; (*di osso fratturato*) knitting. ● **lega per s. forte**, hard solder □ **lega per s. tenera** (*o* **dolce**), soft solder.
saldézza, *f.* firmness; steadiness; (*solidità*) solidity, solidness; (*compattezza*) compactness; (*tenacia*) tenacity, steadfastness: **la s. dei metalli**, the solidity of metals; **la s. dei propri propositi**, the firmness of one's intentions.
saldo (1), *a.* firm; steady; (*solido*) solid; (*compatto*) compact; (*forte*) strong, sturdy; (*sano*) sound; (*tenace*) tenacious, staunch, steadfast: **muscoli saldi**, firm muscles; **salde convinzioni**, strong convictions; **salde ragioni**, solid reasons; **saldi princìpi**, firm principles; **essere s. nei propri princìpi**, to stand firm to one's principles; to be staunch; **una base salda**, a solid (*o* a steady) foundation; **una fede salda**, a staunch faith; **una voce salda**, a firm voice; **s. come la roccia**, as firm as a rock; **reggersi s. sulle gambe**, to stand steady; **stare s.**, to stand firm; to hold one's ground.
saldo (2), *m.* (*comm.*) **1** settlement; balance; payment in full; full payment: **s. a conto nuovo**, balance carried forward; **a s. totale d'un conto**, in full balance; **mandare un vaglia a s.**, to send a money order in settlement; **Il conto si chiude con un s. di 50 sterline a mio favore**, the account closes with a balance of fifty pounds in my favour **2** (*liquidazione*) sale; clearance: **saldi invernali** (*estivi*), winter (summer) sales. ● **s. passivo**, debit balance; deficit □ (*stat.*) **il s. demografico**, the population gap □ **a prezzi di s.**, at bargain prices □ **pagare a s.**, to pay in full.

saldobrasatura, f. (metall.) braze welding.
sale, m. **1** salt: **s. grosso,** coarse salt; **s. da cucina,** kitchen-salt; **giacimento di s.,** salt mine; **s. fino,** white salt; **s. da tavola,** table-salt; **un pizzico di s.,** a pinch of salt; **conservare sotto s.,** to preserve in salt; to pickle; **Metti un po' di s. nella saliera,** put some salt into the salt-cellar; **C'è troppo s.,** there is too much salt (in it); **s. inglese,** Epsom salt(s); **sali aromatici,** smelling salts **2** (fig.: buon senso, senno) common sense; (good) judgment; **un uomo che ha s. in testa,** a man of sense; a man of good judgment; **avere s. in zucca,** to have plenty of sense; to have a good head on one's shoulders (fam.). ● **s. attico,** Attic wit (o salt) □ **s. ossigenato,** oxysalt □ (fig.) **con un grano di s.,** with a grain of salt □ (fig.) **prendere q.c. con un grano di s.,** to take st. with a pinch of salt □ (fig.) **restare di s.,** to be dumbfounded; to be struck dumb □ **sapere di s.,** to taste salty; (fig., lett.) to taste bitter □ **senza s.,** saltless; unsalted □ (fig.) **una zucca senza s.,** a blockhead.
salentino, A a. of Salento; Salentine: **la penisola salentina,** the Salentine Peninsula. **B** m. inhabitant (o native) of Salento.
salernitano, A a. of Salerno; Salerno (attr.): **la costa salernitana,** the Salerno coast. ● (stor.) **la Scuola Salernitana,** the Schola Salernitana. **B** m. inhabitant (o native) of Salerno.
salesiano, a. e m. (relig.) Salesian.
salgèmma, m. (min.) rock salt.
saliare, a. (stor. romana) Salian: **canti saliari,** Salian hymns; **la danza s.,** the Salian dance.
sàlice, m. (bot., Salix babylonica) willow; willow-tree: **s. piangente** (Salix babylonica), weeping willow. ● (fig., scherz.) **sembrare un s. piangente,** to be tearful.
salicéto, m. willow-thicket; willow-grove.
salicilato, m. (chim.) salicylate.
salicìlico, a. (chim.) salicylic: **acido s.,** salicylic acid.
salicilizzazióne, f. (chim.) salicylization.
salicina, f. (chim.) salicin.
sàlico, a. (stor.) Salic: **la legge salica,** the Salic law.
salicòrnia, f. (bot., Salicornia herbacea) saltwort; glasswort.
saliènte, A a. **1** (sporgente) projecting; salient; prominent **2** (fig.: rilevante) salient, outstanding, prominent, conspicuous; (principale) main: **il punto s.,** the salient point; **il tratto più s. del quadro,** the most salient feature in the picture; **le caratteristiche più salienti,** the main characteristics. **B** m. **1** (sporgenza) prominence; protrusion; salience **2** (mil., archit.) salient.
saliènza, f. prominence; protrusion; salience.
salièra, f. salt-cellar; salt-stand.
salìfero, a. saliferous; salt (attr.): **un miniera salifera,** a salt mine.
salificàbile, a. (chim.) salifiable.
salificare, v. t. (chim.) to salify.
salificazióne, f. (chim.) salification.
saligno, a. salt (attr.); salty.
salina, f. **1** salt-pan; (ind.) saltern, salt-works **2** (miniera di salgemma) rock salt mine.
salinàio, salinaro, salinatóre, m. salter.
salinare, v. i. to extract salt.
salinatura, f. salt-extraction.
salinèlla, f. (geol.) salinelle.
salinità, f. salinity; saltiness.
salino, a. salty; (chim.) saline: **soluzione salina,** saline solution.
salinòmetro, m. salimeter; salinometer.
salire, A v. i. **1** to climb; to go* up; to mount; to ascend; (levarsi) to rise*: **s. su un albero,** to climb a tree; **s. su una scala a pioli,** to climb a ladder; **s. al trono,** to ascend the throne; **La luna saliva in cielo,** the moon was rising in the sky; **Gesù salì in cielo,** Jesus ascended into Heaven; **La strada sale sino alla vetta,** the road climbs up to the top; **La nebbia saliva dalla valle,** the mist rose from the valley; **L'edera era salita su per il muro,** the ivy had climbed up the wall; **L'aeroplano saliva lentamente,** the aeroplane climbed (up) slowly; **Il barometro sale,** the barometer is rising; **Le salì il rossore al viso,** a blush mounted to her cheeks **2** (su un mezzo di trasporto, ecc.) to board; to get* on (o into): **s. su un autobus (un treno, una nave),** to board (o to get on) a bus (a train, a ship) **3** (crescere) to rise*, to increase; (ammontare) to amount (to): **I prezzi salgono,** prices are rising **4** (fig.: pervenire a una condizione migliore) to rise*; to go* up: **s. nella stima di q.,** to rise in sb.'s estimation; **s. in** (o **di**) **grado,** to rise in rank. **B** v. t. to climb; to go* up; to mount; to ascend: **s. le scale,** to go up the stairs; to go upstairs; **s. un colle,** to climb up a hill. ● **s. a un'alta posizione sociale,** to attain a high position in society □ (naut.) **s. a bordo,** to go aboard; to go on board □ (di prezzi) **s. alle stelle,** to rocket □ (di vino) **s. alla testa,** to go to one's head □ **s. a volo,** to fly up □ **s. da q.** (andargli a far visita), to drop in on sb. □ (di prezzi) **s. di colpo,** to shoot up □ (fig.) **s. in alto,** to rise in the world □ (aeron.) **s. in candela,** to zoom □ **far s. q.** (nella propria automobile), to give sb. a lift.

Salisburgo, f. (geogr.) Salzburg.
saliscéndi, m. latch. ● (fig.) **i saliscendi della fortuna,** the ups and downs of fortune □ **La strada è un continuo s.,** the road is all ups and downs.
salita, f. **1** climb; (upward) slope; rise; (ferr.) up-grade, gradient: **una s. ripida,** a steep slope; **fare una s.,** to climb a slope; (ferr.) **una s. forte,** a steep gradient; **in s.,** on the climb **2** (il salire) climbing; climb; ascent: **La s. è dura,** it's a hard climb; **È una s. facile,** it's an easy climb; **La s. della montagna non fu affatto difficile,** the ascent of the mountain was not difficult at all **3** (aumento) rise; increase: **una s. improvvisa dei prezzi,** a sudden rise (o a jump) in prices.
saliva, f. saliva; spittle: **un'abbondante secrezione di s.,** an abundant secretion (o discharge) of saliva.
salivale, a. (anat.) salivary.
salivare (1), a. (anat.) salivary: **ghiandole salivari,** salivary glands.
salivare (2), v. i. to salivate; to secrete saliva.
salivatòrio, a. salivary.
salivazióne, f. salivation; secretion (o discharge) of saliva.
Sallùstio, m. (stor. letter.) Sallust.
salma, f. **1** (cadavere) dead body; corpse **2** (poet.: corpo) body.
salmarino (1), m. sea-salt.
salmarino (2), V. salmerino.
salmastro, A a. brackish; saltish; brinish: **acqua salmastra,** brackish water; **sapore s.,** saltish taste. **B** m. saltish (o salty) taste: **sapere di s.,** to have a salty taste; to taste brackish.
salmeggiare, v. i. to sing* psalms; to psalmodize.
salmeria, f. (mil.) impedimenta (pl.); baggage.
salmerino, m. (zool., Salvelinus) char.
salmerista, m. (mil.) baggage-man*.
salmì, m. (cucina) salmi.
salmiaco, m. (miner.) sal ammoniac.
salmista, m. (autore di salmi) psalmist: **il S.** (David), the Psalmist.
salmistrare, v. t. (cucina) to salt; to corn: **lingua salmistrata,** corned tongue.
salmo, m. psalm: **il Libro dei Salmi,** the Book of Psalms; the Psalter. ● (prov.) **Tutti i salmi finiscono in gloria,** all psalms end with the Gloria.
salmodìa, f. psalmody.
salmodiare, v. i. to psalmodize; to sing* psalms.
salmòdico, a. psalmodic; psalmodical.
salmonato, a. salmon (attr.); salmonid: **trota salmonata,** salmon (o sea) trout.
salmóne, A m. (zool., Salmo salar) salmon (invar. al pl.): **s. affumicato,** smoked salmon; **s. in scatola,** tinned (o canned) salmon. ● (zool.) **s. rosso** (Oncorhynchus nerka), red salmon; sockeye. **B** a. (colore) salmon; orange-pink.
salmonèlla, f. (biol.) salmonella*.
salmonellòsi, f. (med.) salmonellosis*.
salnitro, m. (chim.) saltpetre; potassium nitrate.
salnitróso, a. (chim.) saltpetrous.
salòlo, m. (chim.) salol; phenyl salicylate.
Salomè, f. (Bibbia) Salome.
Salomóne, m. **1** (Bibbia) Solomon **2** (gran sapiente) Solomon; sage; (iron.) wiseacre: **Si crede un S.,** he thinks himself a Solomon.
salomònico, a. Solomonic.
salóne, m. **1** saloon; (large) hall: **s. da ballo,** dance-hall; ball-room; dancing-saloon **2** (negozio di barbiere) (barber's) saloon; barber's shop; (negozio di parrucchiere) hairdresser's saloon **3** (mostra, esposizione) show, exhibition; (mostra d'arte) salon: **s. dell'automobile,** motor show. ● (ferr.) **vettura s.,** pullman (car); parlor-car (USA).
Salonicco, f. (geogr.) Salonika.
salopette (franc.), f. (moda) overalls (pl.).
salottièro, a. (spreg.) drawing-room (attr.): **conversazione salottiera,** drawing-room conversation; **modi salottieri,** drawing-room manners.
salòtto, m. **1** drawing-room; parlour; sitting-room **2** (s. letterario, mondano) salon: **tenere s.,** to hold a salon.
salpa, f. (zool., Salpa) salpa*.
salpare, A v. i. **1** (naut.) to weigh anchor; (far vela) to set* sail; to sail: **s. da Napoli per New York,** to sail from Naples to New York **2** (fig. scherz.: andarsene) to leave*; to make* off. **B** v. t. (naut., tirare in superficie) to draw* up; to hoist; (l'ancora) to weigh.
salpinge, f. **1** (anat.) salpinx*; Fallopian tube **2** (archeol.) salpinx*.
salpingectomìa, f. (med.) salpingectomy.
salpingite, f. (med.) salpingitis.
salsa, f. **1** sauce: **s. d'acciughe,** anchovy-sauce; **s. di pomodoro,** tomato-sauce; **s. piccante,** sauce piquante **2** (intingolo) gravy

salsapariglia

3 (*geol.*: *vulcano di fango*) salse; mud volcano. ● (*fig.*) **in tutte le salse**, in all ways.
salsapariglia, *f.* (*bot.*, *Smilax*) sarsaparilla.
salsato, *a.* (*cucina*) with sauce (*pred.*).
salsèdine, *f.* **1** (*l'essere salso*) saltiness; saltishness; saltness: **la s. dell'acqua marina**, the saltness of sea-water **2** (*incrostazione salina*) salt (deposit).
salsedinóso, *a.* salty.
salsiccia, *f.* (pork) sausage; banger (*fam.*). ● (*fig.*, *fam.*) **far salsicce di q.**, to cut sb. to pieces □ (*fig.*) **legare le viti con le salsicce**, to put butter upon bacon.
salsicciàio, *m.* **1** (*chi fa le salsicce*) sausage-maker **2** (*chi vende salsicce*) pork-butcher.
salsièra, *f.* sauce-boat; gravy-boat.
salso, **A** *a.* salt (*attr.*); salty; briny; (*salmastro*) brackish: **acqua salsa**, salt water. **B** *m.* **1** (*salsedine*) saltiness **2** (*sapore di sale*) salty taste.
salsoiòdico, *a.* (*chim.*) sodio-iodic.
saltabécca, *f.* (*fam.*: *cavalletta*) grasshopper.
saltabeccare, *v. i.* to hop.
saltaleóne, *m.* (*molla*) spring.
saltamartino, *m.* **1** (*fam.*: *grillo*) cricket; (*cavalletta*) grasshopper **2** (*giocattolo*) jumping-jack **3** (*fig.*: *bambino molto vivace*) imp.
saltare, **A** *v. i.* **1** to jump; to leap*; to spring*; (*su un piede*) to hop; (*con la corda*) to skip; (*balzare*) to bound; (*s. improvvisamente*, *rimbalzare*) to bounce; (*appoggiandosi sulle mani o su un'asta*) to vault: **s. a cavallo**, to leap (*o* to spring) upon one's horse; to leap into the saddle; **s. su un tassì**, to jump (*o* to get) into a taxi; **s. dalla gioia**, to jump for joy; (*fig.*) **s. di palo in frasca**, to jump from one subject to another; to ramble; **s. giù** (*o* **fuori**) **dal letto**, to jump (*o* to spring) out of bed; **s. in piedi**, to jump (*o* to spring) to one's feet; **s. nell'acqua**, to jump (*o* to dive) into the water; **s. sul tavolino**, to jump on to the table; **s. a piè pari**, to jump with both feet together; **La bambina saltava con la corda**, the little girl was skipping; **La palla di rimbalzo saltò lassù**, the ball bounced there **2** (*esplodere*) to explode; to blow* up; (*di valvola*) to blow* (out): **Tutte le mine saltarono**, all the mines blew up **3** (*fam.*: *di un bottone*) to come* off **4** (*fam.*: *di una molla*) to break*. **B** *v. t.* **1** to jump; to bound over (*o* across); to leap* (over); to spring* over; to hop (over); to vault over: **s. una siepe**, to jump (*o* to leap) over a hedge; **s. un fosso**, to jump across (*o* to spring over) a ditch; **s. un muro**, to jump a wall; **s. uno steccato**, to jump over a fence; (*servendosi un'asta*) to vault over a fence **2** (*tralasciare*) to skip (over); (*omettere*) to omit; to leave* out: **s. una classe**, to skip a class; **s. una parola**, to skip a word; **s. un intero capitolo**, to skip a whole chapter **3** (*cucina*) to sauté. ● **s. al collo di q.**, to throw (*o* to fling) one's arms around sb.'s neck □ **s. addosso a q.**, to bounce upon sb.; to rush upon sb. □ **s. agli occhi di q.** (*avventarglisi contro*), to assail sb. □ **s. un ballo** (*restando seduto*), to sit out a dance □ **s. una difficoltà**, to get round a difficulty □ **s. fuori**, (*apparire improvvisamente*) to jump out; to pop out; to spring (from); (*dire ad un tratto*) to come out (with): **Da dove salti fuori?**, where have you sprung from? □ **s. in aria**, to blow up; to explode: **Il barile di polvere da sparo saltò in aria**, the barrel of gunpowder blew up □ **s. in bestia**, to lose one's temper; to fly into a rage □ **s. in mente**, to cross sb.'s mind: **L'idea mi è saltata in mente proprio adesso**, the idea has just crossed my mind □ **s. i pasti**, to miss one's meals □ **s. il ticchio** (*o* **il ghiribizzo**), to take a fancy: **Gli è saltato il ticchio di fare del giardinaggio**, he has taken a fancy to gardening □ **s. via** (*staccarsi*), to come off □ **far s. un bambino sulle ginocchia**, to dandle (*o* to jig) a baby (up and down) on one's knees □ **far s. il governo**, to bring down the Government □ **far s. in aria**, to blow up; to blast: **I soldati fecero s. in aria il ponte con la dinamite**, the soldiers blew up the bridge with dynamite □ **far s. q.** (*licenziandolo*), to give sb. the sack, to sack sb. (*fam.*); to fire sb. (*fam.*, *specialm. USA*); **far s. q. dalla finestra**, to throw sb. out of the window □ **far s. una serratura**, to break a lock □ **far s. uno steccato a un cavallo**, to jump a horse over a fence □ **far s. il tappo di una bottiglia**, to pop the cork out of a bottle □ **farsi s. le cervella**, to blow out one's brains □ **una verità che salta agli occhi**, a self-evident (*o* an obvious) truth □ **Che ti salta in mente?**, what on earth has got into your head? □ **Saltiamo a pagina 100**, let's pass on to page 100 □ (*prov.*) **O mangi questa minestra o salti questa finestra**, (it's a case of) Hobson's choice.
saltarèllo, *V.* salterèllo.
saltato, *a.* (*cucina*) sauté; sautéed: **patate saltate**, sautéed potatoes.
saltatóre, **A** *m.* **1** jumper **2** (*acrobata*) acrobat; tumbler **3** (*sport*) hurdler. **B** *a.* jumping; leaping; hopping: **un animale s.**, a jumping animal; a jumper.

saltellaménto, *m.* hopping; skipping; jumping.
saltellante, *a.* hopping; skipping.
saltellare, *v. i.* **1** to dance about; to skip about; to trip; to hop; (*saltare gioiosamente*) to frisk, to caper, to prance **2** (*fig.*: *palpitare*) to throb; to thump: **Il cuore mi saltellava**, my heart thumped.
saltèllio, *m.* hopping; skipping; jumping.
saltèllo, *m.* hop; skip.
saltellóni, *avv.* by jumps; leaping; by leaps; skipping; by skips. ● **andare** (**a**) **s.**, to skip (*o* to trip) along.
salterellare, *V.* saltellare, *def. 1.*
salterèllo, *m.* **1** little hop (*o* jump) **2** (*fuoco d'artificio*) cracker **3** (*mus.*: *legnetto di clavicembalo*) jack **4** (*danza popolare*) salterello, saltarello.
saltèrio (1), *m.* (*mus.*) psaltery.
saltèrio (2), *m.* (*relig.*: *libro dei Salmi*) Psalter; Book of Psalms.
salticchiare, *V.* saltellare, *def. 1.*
saltimbanco, *m.* **1** (*acrobata*) acrobat; tumbler **2** (*fig. spreg.*: *ciarlatano*) mountebank; charlatan; quack.
saltimbócca, *m.* (*cucina*) «saltimbocca».
saltimpalo, *m.* (*zool.*, *Saxicola torquata*) stonechat.
salto, *m.* **1** jump; leap; spring (*balzo*) bound; (*con l'asta*) vault: (*sport*) **il s. con l'asta**, the pole-jump; the pole vault; **il s. in alto** (**in lungo**), the high (long) jump; (*fig.*) **un s. nei prezzi**, a jump (*o* a sudden rise) in prices; (*fig.*) **un s. nel buio** (*o* **nel vuoto**), a leap in the dark; **fare** (*o* **spiccare**) **un s.**, to take (*o* to make) a jump; **fare un s. di sei piedi**, to make a jump of six feet; **Con un s. l'animale scomparve tra gli alberi**, with one bound the animal disappeared among the trees **2** (*brusco dislivello*) drop; fall **3** (*fig.*: *omissione*, *lacuna*) gap: **Nel libro c'è un s. di due pagine**, there is a two-page gap in the book **4** (*elab.*) jump; branch; (*omissione*) skip. ● **s. mortale**, somersault: **fare un s. mortale**, to turn a somersault □ **a salti**, by fits and starts; by (*o* in) snatches; (*a grandi balzi*) by leaps and bounds □ **fare due** (*o* **quattro**) **salti** (*ballare*), to dance (a little); to have a dance □ **fare un s. da un amico**, to drop in on (*o* to pop in and see) a friend □ **fare un s. dal droghiere** (**dal tabaccaio**, **ecc.**), to pop over to the grocer's (to the tobacconist's, etc.) □ (*fig.*) **In un s. vado e torno**, I shall be back in a jiffy □ **La settimana scorsa feci un s. a Parigi**, last week I skipped (*o* I popped) over to Paris □ **Qui c'è un s. di tre righe**, three lines have been omitted here.
saltuariaménte, *avv.* desultorily; discontinuously; by (*o* in) snatches; at irregular intervals.
saltuarietà, *f.* desultoriness; discontinuity.
saltuàrio, *a.* desultory; discontinuous; intermittent; irregular.
salubre, *a.* salubrious; wholesome; healthy; healthful: **aria** (**clima**) **s.**, salubrious air (climate); **cibo s.**, wholesome food; **un luogo s.**, a healthy place.
salubreménte, *avv.* salubriously; healthily; healthfully.
salubrità, *f.* salubrity; salubriousness; wholesomeness; healthiness; healthfulness: **la s. dell'aria**, the salubrity of the air.
salumàio, *V.* salumière.
salume, *m.* **1** salt pork **2** (*pl.*) cold cuts.
salumeria, *f.* delicatessen (shop).
salumière, *m.* pork-butcher; delicatessen seller.
salumificio, *m.* delicatessen (*o* sausage, salami) factory.
salutare (1), **A** *v. t.* **1** to greet; to salute (*anche mil.*); to hail (*anche naut.*); to say* hullo: **s. q. applaudendo**, to greet sb. with cheers; **s. q. con un cenno del capo**, to greet sb. with a nod; to nod to sb.; **s. q. re**, to hail sb. (as) king; **s. la bandiera**, to salute the flag; **La restaurazione degli Stuart era stata salutata con gioia**, the restoration of the Stuarts had been hailed with delight; **Non mi salutò nemmeno**, he didn't even say hullo **2** (*dire addio a*) to say* good-bye (to sb.); to bid* farewell (to sb.) (*lett.*): **È tardi: devo salutarti**, it's late: I must say good-bye. ● **s. q. con un «Buon giorno»!**, to say «good morning» to sb. □ **s. q. con un cenno della mano**, to wave one's hand to sb.; (*nell'accomiatarsi*) to wave sb. good-bye □ **s. q. con un inchino**, to bow to sb. □ **s. con una salva di cannoni**, to fire a salute □ **s. q. togliendosi il cappello**, to take one's hat off to sb. □ **andare** (*o* **venire**) **a s. q.**, to drop in on sb.; to call on sb.: **Prima di partire**, **verrò a salutarti**, before leaving, I shall drop in on you; **Andrò a salutarlo domani**, I shall call on him tomorrow □ **passare oltre senza s. q.**, to cut sb. (*fam.*) □ **Salutami tua sorella**, give my love to your sister; remember me to your sister □ **Ti saluto!** (*accomiatandosi*), goodbye!; be seeing you!; bye-bye! □ (*in fine di lettera*) **Distintamente vi salutiamo**, Yours faithfully (*o* truly) □ (*in fine di lettera*) **Ti saluto affettuosamente**, Yours affectionately; **With my best** (*o* **kindest**) **regards**; With lots of love (*fam.*). **salutarsi**, **B** *v. rifl. recipr.* to greet (*o* to salute) each other: **Si salutarono togliendosi il cappello**, they saluted each other by raising their hats. ● **Non ci salutiamo più**, we are no longer on speaking (*o* friendly) terms.

salutare (2), *a.* salutary, wholesome (*anche fig.*); healthy; healthful; (*giovevole*) beneficial: **consigli salutari**, wholesome advice; **un pentimento s.**, a salutary repentance.

salutazióne, *f.* (*lett.*) salutation: (*relig.*) **la s. angelica**, the Angelic(al) Salutation; the Hail Mary.

salute, A *f.* **1** (*del corpo*) health: **una s. cagionevole**, delicate health; **una s. di ferro**, perfect health; **bere alla s. di q.**, to drink sb.'s health; **Alla s.!** (*brindando*), good (*o* your) health!; cheers!; **crepare di s.** (*o* **sprizzare s. da tutti i pori**), to be bursting with health; **essere il ritratto della s.**, to look the picture of health; **essere in** (**buona**) **s.**, to be in good health; **essere pieno di s.**, to be full of health; to be in fine fettle (*fam.*); **godere buona** (**ottima**) **s.**, to enjoy good (excellent) health; **guastarsi la s.**, to ruin one's health; **recuperare la s.**, to recover (one's health); to pull round (*fam.*); **La s. val più della ricchezza**, health is better than wealth **2** (*dell'anima*) salvation: **la s. dello spirito**, spiritual salvation **3** (*salvezza*) salvation; (*sicurezza*) safety; (*benessere*) welfare; (*stor.*) **Comitato di s. pubblica**, Committee of Public Safety; **la s. pubblica**, public welfare. ● (*med.*) **casa di s.**, nursing-home □ **nocivo alla s.**, unhealthy; unwholesome □ **per motivi di s.**, on medical grounds: **essere collocato a riposo per motivi di s.**, to be retired on medical grounds □ (*fig.*) **porto di s.**, haven □ **utile alla s.**, healthful; healthsome; wholesome □ **Il moto per lui è s.**, exercise is good for him (*fam.*) □ **Come va la s.?**, how are you feeling (*o* keeping)?. **B** *inter.* **1** (*espressione augurale: in un brindisi*) good (*o* your) health!; cheers!; (*a chi starnuta*) bless you! **2** (*per esprimere meraviglia*) gracious me!

salutífero, *a.* (*lett.*) health-giving; healthful; healthsome; wholesome.

salutista, *m.* e *f.* **1** health fiend; valetudinarian **2** (*membro dell'Esercito della Salvezza*) Salvationist.

saluto, *m.* **1** greeting; salutation: **un s. amichevole**, a friendly greeting; **piegare il capo** (**togliersi il cappello**) **in segno di s.**, to bow (to take off one's hat) in salutation; **rispondere al s. di q.**, to return sb.'s greeting; **scambio di saluti**, exchange of greetings **2** (*mil., naut.*) salute: **un s. militare**, a military salute; **fare il s.**, to stand at the salute; **L'ufficiale rispose al s. del subalterno**, the officer returned his subaltern's salute **3** (*pl.: nelle formule di cortesia*) regards; best wishes: **Porgigli i miei saluti**, please give him my kind regards; (*in fine di lettera*) **Cordiali saluti**, With my kindest regards; Yours affectionately. ● **fare un cenno di s. a q.**, (*con la mano*) to wave one's hand to sb; (*col capo*) to nod to sb; (*inchinandosi*) to bow to sb. □ **levare il s. a q.**, to cut sb. (*fam.*) □ (*comm.*) **Vogliate gradire i nostri distinti saluti**, (We are, dear Sirs,) Yours faithfully (*o* truly).

salva, *f.* (*mil., naut.*) salvo*; volley; salute: (*fig.*) **una s. di applausi**, a salvo of cheers; **una s. di moschetteria**, a salvo of musketry; **una s. di ventun colpi**, a salute of twenty-one guns; **sparare a s.**, to fire a salvo (*o* a volley); to fire salvoes. ● **cartuccia a s.**, blank cartridge □ **colpo a s.**, blank shot.

salvàbile, *a.* e *m.* saveable, savable; salvable. ● (*fam.*) **salvare il s.**, to save whatever possible.

salvacondótto, *m.* safe-conduct.

salvadanàio, *m.* money-box.

salvadorégno, *a.* e *m.* Salvador(i)an; (inhabitant) of El Salvador.

salvagènte, *m.* **1** (*naut.*) life-buoy, life-belt; (*giubbotto*) life-jacket **2** (*stradale*) street-island; safety-island.

salvagócce, *m. invar.* drip-catcher.

salvaguardare, A *v. t.* to safeguard; to guard; (*proteggere*) to protect; (*difendere*) to defend: **s. i propri diritti** (**interessi**), to safeguard one's rights (interests). **salvaguardarsi, B** *v. rifl.* to guard (against).

salvaguàrdia, *f.* safeguard; (*protezione*) protection; (*difesa*) defence: **sotto la s. della legge**, under the protection of the law.

salvaménto, *m.* saving; deliverance; rescue. ● **condurre** (*o* **portare, trarre**) **a s.**, to save; to deliver; to rescue.

salvamotóre, *m.* (*mecc.*) motor protector; overload cut-out.

salvapunte, *m.* (*di matita e sim.*) cap.

salvare, A *v. t.* to save; (*da naufragio, incendio, ecc.*) to salvage; (*liberare*) to deliver, to rescue, to retrieve; (*tutelare*) to safeguard; (*proteggere*) to protect, to preserve, to guard; (*difendere*) to defend: **s. gli uomini dalla tirannia**, to rescue mankind from tyranny; **s. la faccia**, to save one's face; **s. l'anima**, to save one's soul; **s. la pelle**, to save one's skin; to save one's bacon (*fam.*); **s. la situazione**, to save the situation; **s. la vita a q.**, to save sb.'s life; **s. le apparenze**, to save (*o* to keep up) appearances; **s. una casa dalle fiamme**, to save a house from the flames; **s. la reputazione**, to protect (*o* guard) one's reputation; **Che Iddio ci salvi da tutti gli spiriti maligni!**, may God deliver us from all evil spirits!; **Dio salvi la Regina!**, God save the Queen!; **Dio ti salvi!**, God save you! **salvarsi, B** *v. rifl.* **1** to save oneself; (*sfuggire a un pericolo*) to escape; (*proteggersi*) to protect oneself; (*difendersi*) to defend oneself: **s. dalla morte**, to escape death; **s. dalla maldicenza**, to protect oneself from slander **2** (*cercare rifugio*) to take* (*o* to find*) shelter; to seek* refuge: **s. in Grecia**, to seek refuge in Greece **3** (*relig.*) to be saved. ● **Si salvi chi può!**, every man for himself! □ **Nessuno si salva dalle sue critiche**, nobody is safe from his criticism.

salvastrèlla, *f.* (*bot., Sanguisorba minor*) salad burnet.

salvatacco, *m.* heel-piece.

salvatàggio, *m.* **1** rescue: **operare un s.**, to carry out a rescue **2** (*naut.*) salvage: **compenso di s.**, salvage (money) **3** (*specialm. fin.*) bail-out. ● **battello di s.**, life-boat □ **cintura di s.**, life-belt; safety-belt.

salvatóre, *m.* saver; saviour; savior (*USA*); (*liberatore*) deliverer, rescuer. ● **il S.**, the Saviour; the Redeemer.

salvazióne, *f.* salvation: **la s. dell'anima**, the salvation (*o* saving) of the soul.

salve (1), *inter.* **1** (*lett.*) hail! **2** (*fam.*) hullo!; hello!

salve (2), *V.* **salva.**

salveregina, *f.* (*relig.*) Salve Regina.

salvézza, *f.* salvation; (*sicurezza*) safety; (*scampo*) escape: **la s. dell'anima**, the salvation of the soul; **assicurarsi la s. eterna**, to work out one's spiritual salvation; **una via di s.**, a means of escape; a way out; **cercare s. nella fuga**, to seek safety in flight; **essere la s. (di)**, to be the salvation (of); **Il sonno è la sua s.**, sleep is his salvation; **trovare la propria s. nel lavoro**, to find one's salvation in work. ● (*naut.*) **ancora di s.**, sheet-anchor (*anche fig.*): **Il commercio estero è la nostra principale ancora di s.**, foreign trade is our main sheet-anchor.

sàlvia, *f.* (*bot., Salvia officinalis*) sage.

salviétta, *f.* serviette; (*table-*)napkin: **s. di carta**, paper serviette.

salvifico, *a.* (*lett.*) salvific(al).

salvinia, *f.* (*bot., Salvinia natans*) floating fern.

salvo, A *a.* (*al sicuro*) secure; **sano e s.**, safe and sound; **Finalmente eravamo salvi**, we were safe at last; **Ritornarono tutti salvi**, they all returned safe and sound (*o* safely). ● **a man salva**, without any risk □ **rubare a man salva**, to steal with a free hand □ **Ebbe salva la vita**, his life was spared. **B** *m.* safety: **essere in s.**, to be in safety; to be safe; **mettere in s.**, to put in safety (*o* in a safe place); **mettersi in s.**, to take (*o* to find) shelter; to find refuge. **C** *prep.* except; excepting; excepted; with the exception of; save; but; barring: **tutti, s. due**, all but two; **s. casi di forza maggiore**, (*comm.*) Acts of God excepted; (*fam.*) circumstances permitting; **s. contrordini**, contrary orders excepted; unless countermanded; **s. errori e omissioni**, errors and omissions excepted; **s. imprevisti**, barring accidents; **Tutto è perduto s. l'onore**, all is lost save honour. ● (*comm.*) **s. venduto**, subject to being unsold □ **s. il vero**, if I am not mistaken.

salvo che, *cong.* except that; save that; (*a meno che*) unless; if...not: **Verrò, s. che piova**, I shall come if it does not rain.

sàmara, *f.* (*bot.*) samara; key (fruit).

samàrio, *m.* (*chim.*) samarium.

samaritano, *a.* e *m.* (*anche fig.*) Samaritan.

samba, *f.* samba.

sàmbar, *m.* (*zool., Cervus unicolor*) sambur, sambar.

sambuca (1), *f.* **1** (*mus.*) sambuke **2** (*mil.*) sambuca.

sambuca (2), *f.* (*liquore*) «sambuca» (kind of anisette).

sambuco (1), *m.* (*bot., Sambucus nigra*) elder.

sambuco (2), *m.* (*naut.*) sambuk, sambuq; dhow.

sammarinése, A *a.* San Marinese; Sammarinese; relating to (*o* of) San Marino. **B** *m.* e *f.* San Marinese; Sammarinese; native (*o* inhabitant) of San Marino.

Samo, *f.* (*geogr.*) Samos. ● (*fig.*) **portare vasi a S.**, to carry coals to Newcastle.

samoano, *a.* e *m.* Samoan.

samoièdo, *a.* e *m.* Samoyed(e).

Samotràcia, *f.* (*geogr. stor.*) Samothrace.

samovàr, *m.* samovar; (*Russian*) tea-urn.

sampàn, *m. invar.* (*naut.*) sampan, sanpan.

sampiètro, *m.* (*zool., Zeus faber*) John Dory.

samsonite, *f.* (*miner.*) samsonite.

Samuèle, *m.* Samuel; (*dim.*) Sam, Sammy.

samuraì, *m.* samurai*.

san, *V.* **santo.**

sanàbile, *a.* **1** curable (*anche fig.*); healable: **disturbi sanabili**, curable disorders **2** (*rimediabile*) remediable; retrievable: **un errore s.**, a retrievable mistake **3** (*leg.*) amendable.

sanabilità, *f.* **1** curability **2** (*rimediabilità*) remediableness; retrievability; retrievableness.

sanare, A *v. t.* **1** to cure (*anche fig.*); (*una ferita*) to heal (*anche fig.*); (*guarire*) to restore to health: **s. una ferita**, to heal a wound; **s. un'infermità**, to cure an infirmity **2** (*correggere*) to correct; to amend; to rectify; to retrieve: **s. una colpa**, to amend a fault; **s. un errore**, to retrieve (*o* to correct, to rectify) a mistake; **s. un'omissione**, to rectify an omission **3** (*bonificare*)

sanatòria

to reclaim: **s. un terreno paludoso**, to reclaim a marsh. ● (*econ.*) **s. un bilancio**, to balance a budget ☐ **s. un passivo**, to make up a deficit. **sanarsi**, B *v. rifl.* to heal (up); to be healed: **La ferita si è presto sanata**, the wound soon healed up.
sanatòria, *f.* (*leg.*) deed (*o* act) of indemnity.
sanatoriale, *a.* (*med.*) sanatorium (*attr.*): **cura s.**, sanatorium treatment.
sanatòrio (1), *m.* (*med.*) sanatorium*.
sanatòrio (2), *a.* (*leg.*) indemnifying; amending.
San Bernardo, *m.* (*geogr.*) Saint Bernard (*anche il cane*).
sancire, *v. t.* to sanction; (*ratificare*) to ratify; (*confermare*) to confirm; (*decretare*) to decree, to enact: **s. una legge**, to sanction a law; **s. una nomina**, to ratify a nomination.
sancito, *a.* sanctioned; (*ratificato*) ratified; (*confermato*) confirmed; (*decretato*) decreed, enacted: **s. dall'uso**, sanctioned by custom.
sancta sanctorum, *m.* 1 (*del tempio ebraico*) Holy of Holies 2 (*tabernacolo*) tabernacle 3 (*fig., anche scherz.*) sanctum (sanctorum): **Lo trovarono nel suo sancta sanctorum**, they found him in his private sanctum.
sanctus, *m.* (*relig., mus.*) Sanctus: **La messa è al s.**, the Mass is at the Sanctus.
sanculòtto, *m.* (*stor.*) sansculotte (*franc.*).
sandalificio, *m.* sandal factory.
sàndalo (1), *m.* 1 (*bot., Santalum*) sandal; sandalwood (tree): **olio di s.**, sandalwood oil 2 (*legno del sandalo*) sandalwood; sandal: **s. bianco**, white sandalwood; **s. rosso**, red sandalwood; red sanders 3 (*calzatura*) sandal: **un ragazzo che calzava sandali**, a boy wearing sandals; a sandalled boy.
sàndalo (2), *m.* (*naut.*) punt.
sandolino, *m.* (*naut.*) sculler; canoe.
San Domingo, *m.* (*geogr.*) Santo Domingo.
sandracca, *f.* (*resina*) sandarac.
sandwich (*ingl.*), A *m.* sandwich: **un s. al prosciutto**, ham sandwich. B *a.* sandwiched: **struttura s.**, sandwiched structure. ● **uomo s.**, sandwich man.
sanforizzare, *v. t.* (*ind. tessile: marchio*) to Sanforize.
sanforizzato, *a.* (*ind. tessile: marchio*) Sanforized.
sanforizzazióne, *f.* (*ind. tessile: marchio*) Sanforization.
sangallo, *m.* (*ind. tessile*) «broderie anglaise» (*franc.*).
sangiaccato, *m.* (*stor.*) sanjak.
sangiacco, *m.* (*stor.*) sanjakbeg.
sangria (*spagn.*), *f.* sangria (*bevanda*).
sàngue, A *m.* 1 blood: **s. arterioso (venoso)**, arterial (venous) blood; **la circolazione del s.**, the circulation of blood; **una macchia di s.**, a smear of blood; a blood-stain; (*med.*) **perdita di s.**, discharge (*o* escape) of blood; haemorrhage; **un grumo di s.**, a clot of blood; **grondante di s.**, dripping (*o* streaming) with blood; **rosso (come il) s.**, blood-red; **cavare s. a q.**, to draw (*o* to let) blood from sb.; to bleed sb. (*anche fig.*); **far stagnare il s.**, to staunch the blood; **sputare s.**, to spit blood; (*fig.*) **sudare s.**, to sweat blood (*pop.*); **Mi si agghiacciò il s. alla vista del morto**, my blood curdled at the sight of the dead man; **Mi si agghiacciò il s. per lo spavento**, terror curdled my blood; **Mi sentii agghiacciare il s.**, my blood froze (*o* ran cold); **Mi sentii ribollire il s.**, my blood was up; **Mi fece ribollire il s.**, it made my blood boil; **Mi sento rimescolare il s. al solo pensarci**, my blood stirs at the very thought of it 2 (*fig.: stirpe, origine*) blood; stock; descent; extraction: **s. nobile** (*o* blu), noble (*o* blue) blood; **essere di s. nobile**, to be of noble extraction; to come of (a) noble stock; **s. reale**, royal blood; **un principe del s.**, a prince of the blood; **essere s. del proprio s.**, to be one's own flesh and blood; **la voce del s.**, the call of blood; **legami di s.**, blood bonds. ● **s. di drago** (*resina rossastra*), dragon's blood ☐ **s. freddo**, sang-froid (*franc.*); composure; self-control ☐ **animali a s. caldo (a s. freddo)**, warm-blooded (cold-blooded) animals ☐ (*cucina*) **al s.**, underdone; rare (*USA*): **La carne mi piace al s.**, I like my meat underdone ☐ **a s. caldo**, in hot blood; in the heat of passion: **fare q.c. a s. caldo**, to do st. in the heat of passion ☐ **a s. freddo**, in cold blood ☐ **assetato di s.**, blood-thirsty ☐ **all'ultimo s.**, to the death: **un duello all'ultimo s.**, a duel to the death; a mortal duel ☐ **avere la musica (la pittura, ecc.) nel s.**, to have music (painting, etc.) in one's blood; to have an inborn aptitude for music (painting, etc.) ☐ **avere sete di s.**, to be bloodthirsty ☐ (*med.*) **avvelenamento del s.**, blood-poisoning ☐ **cavallo di mezzo s.** (*o* **di s. misto**), half-bred (horse) ☐ **cavallo di puro s.**, blood-horse; thoroughbred ☐ **donatore di s.**, blood-donor ☐ (*med.*) **esame del s.**, blood-test ☐ **farsi cattivo s.**, to worry (*o* fret) per q.c., to bother about st.; to worry about (*o* over) st. ☐ **un fatto di s.**, a bloody crime ☐ **iniettato di s.**, bloodshot ☐ **macchiato di s.**, blood-stained; blood-besmeared (*fig.*) ☐ **non avere s. nelle vene**, to be cold-blooded (*o* ice-cold) ☐ (*di una vittoria*) **ottenuta a prezzo di s.**, bloody ☐ (*med.*) **pressione del s.**, blood-pressure ☐ (*fig.*) **prezzo del s.**, blood-money ☐ **senza (spargimento di) s.**, bloodless (*agg.*); bloodlessly (*avv.*) ☐ **spargimento di s.**, bloodshed: **Ci sarà gran spargimento di s.**, there will be a lot of bloodshed ☐ (*med.*) **trasfusione di s.**, blood-transfusion ☐ **Gli esce s. dal naso**, his nose is bleeding ☐ **Ho dovuto sudar s. per convincerlo**, it took a lot of doing to persuade him (*fam.*) ☐ **I giovani hanno il s. bollente**, young people are hot-blooded ☐ **S. di Giuda!** (*o* **di Bacco!**), Judas!; by Jove! ☐ (*prov.*) **Non si può cavar** (*o* **levar**) **s. da una rapa**, you can't get blood out of a stone ☐ (*prov.*) **Il s. non è acqua**, blood is thicker than water ☐ (*prov.*) **Buon s. non mente**, blood will tell ☐ (*prov.*) **Il riso fa buon s.**, laugh and grow fat. B *a.* blood (*attr.*): **rosso s.**, blood red; **un tramonto color s.**, a blood-red sunset.
sanguemisto, *m.* 1 half-breed 2 (*zool.*) cross.
sanguétta, *f.* (*pop.*) V. sanguisuga.
sanguífero, *a.* (*fisiologia*) sanguiferous; blood (*attr.*): **vasi sanguiferi**, blood-vessels.
sanguificare, A *v. t.* to convert into blood. B *v. i.* to produce blood. **sanguificarsi**, C *v. rifl.* to be converted into blood.
sanguificatóre, *m.* producer of blood.
sanguificazióne, *f.* (*fisiologia*) sanguification; haematopoiesis.
sanguigna, *f.* 1 (*miner.*) red h(a)ematite 2 (*pitt.*) sanguine: **uno schizzo in s.**, a sketch in sanguine.
sanguigno, A *a.* 1 blood (*attr.*); sanguineous; sanguine: **gruppi sanguigni**, blood-groups; **plasma s.**, blood-plasma; **vasi sanguigni**, blood-vessels; **un temperamento s.**, a sanguine temperament 2 (*lett.: di colore simile al sangue*) blood-red; sanguineous; sanguine (*lett.*): **un cielo s.**, a blood-red sky. ● (*miner.*) **diaspro s.**, blood-stone. B *m.* (*colore del sangue*) blood red.
sanguinàccio, *m.* (*cucina*) black pudding; blood-pudding; blood-sausage.
sanguinante, *a.* (*anche fig.*) bleeding: **con cuori sanguinanti**, with bleeding hearts.
sanguinare, *v. i.* (*anche fig.*) to bleed*: **La ferita sanguinò molto**, the wound bled freely; **Gli sanguina il naso**, his nose is bleeding; **Mi sanguina il cuore nel vedere la sua angoscia**, my heart bleeds to see his distress.
sanguinària, *f.* (*bot.*) 1 (*Sanguinaria canadensis*) blood-root 2 (*Geranium sanguineum*) (crimson) crane's-bill.
sanguinàrio, A *a.* sanguinary; bloody; blood-thirsty: **Maria la Sanguinaria**, Bloody Mary; **un uomo s.**, a sanguinary man. B *m.* blood-thirsty person; sanguinary: **Quel sovrano fu un feroce s.**, that sovereign was a ferocious, blood-thirsty person.
sànguine, *m.* **sanguinèlla**, *f.* (*bot., Cornus sanguinea*) cornel; dogwood; (*drupa*) dogberry.
sanguinolènto, *a.* sanguinolent; bloody; (*sanguinante*) bleeding: **mani sanguinolente**, bloody hands. ● (*cucina*) **bistecca sanguinolenta**, underdone beefsteak.
sanguinosaménte, *avv.* bloodily; (*con spargimento di sangue*) with a lot of bloodshed.
sanguinóso, *a.* 1 bloody; sanguinary; sanguine (*lett.*); (*macchiato di sangue*) blood-stained, blood-besmeared, gory: **fatti sanguinosi**, bloody deeds; **ferite sanguinose**, bloody wounds; **mani sanguinose**, bloody hands; **una battaglia sanguinosa**, a bloody battle; **un conflitto s.**, a sanguinary conflict 2 (*fig.: che ferisce*) mortal, deadly; (*amaro*) bitter: **lacrime sanguinose**, bitter tears; **un'ingiuria sanguinosa**, a mortal insult.
sanguisuga, *f.* 1 (*zool., Hirudo medicinalis*) leech 2 (*fig.*) blood-sucker; leech.
sanguivoro, *a.* (*zool.*) sanguivorous.
sanità, *f.* 1 (*salute del corpo*) (sound) health; soundness (*anche fig.*); (*certificato di s.*), health certificate; **perfetta s.**, perfect health; **s. di corpo e di mente**, soundness of body and mind; **la s. dei tuoi principi**, the soundness of your principles; **recuperare la s.**, to recover one's health 2 (*l'essere sano*) healthiness; (*salubrità*) salubrity, healthfulness, wholesomeness: **la s. dell'aria**, the salubrity of the air; **la s. dei cibi**, the wholesomeness of food. ● **S. Marittima**, Port Medical Office ☐ (*mil.*) **Corpo di S., Medical Corps** ☐ **in perfetta s. di mente**, in possession of one's full faculties ☐ **Servizio di S. Pubblica**, Public Health Service ☐ **ufficio di s.**, health office.
sanitàrio, A *a.* sanitary; medical; health (*attr.*): **cordone s.**, sanitary cordon; **Corpo S. Militare**, Army Medical Corps; **impianti sanitari**, sanitary fittings; **leggi sanitarie**, sanitary (*o* health) laws; **misure sanitarie**, sanitary (*o* hygienic) precautions; **una cassetta sanitaria**, a medical bag; **un ufficiale s.**, a health-officer. B *m.* doctor.
sannita, *a., m. (attr.).* Samnite: **i Sanniti**, the Samnites.
sannitico, *a.* Samnite (*attr.*).
sano, A *a.* 1 (*in buona salute*) healthy; (*di mente*) sane; (*senza difetti*) sound, wholesome; (*salubre*) salubrious, salutary, healthful: **aria sana**, salubrious air; **cibi sani**, wholesome food; **denti sani**, sound teeth; **sana costituzione**, sound constitution; **un aspetto s.**, a healthy aspect; **un clima s.**, a healthy climate;

un colorito s., a healthy complexion; **s. e salvo**, safe and sound; **essere (arrivare) s. e salvo**, to be (to arrive) safe and sound; **essere s. come un pesce**, to be as sound as a bell; to be in the best of health **2** (*fig.*: *onesto*, *retto*) sound; healthy: **affetti sani**, healthy affections; **consigli sani**, sound advice; **dottrine sane**, sound doctrines; **sani principi**, sound (*o* well-grounded) principles **3** (*fig.*: *intero*) entire; whole; (*completo*) complete, thorough; (*intatto*) intact, unimpaired: **un pane s.**, a whole loaf; **Sono stato un anno s. senza vederlo**, I have not seen him for a whole year; **Non si trova più un piatto s.**, there isn't a dish left intact. ● **s. e vispo**, spry □ **di sana pianta**, (*completamente*) entirely, completely, thoroughly; (*da capo*) all over again, from scratch: **inventare q.c. di sana pianta**, to invent st. entirely; **rifare q.c. di sana pianta**, to do st. all over again □ (*fig.*) **dolersi di gamba sana**, to complain without reason □ **non s. di mente**, insane; not right in the head (*fam.*) □ **stare** (*o* **conservarsi**) **s.**, to keep well: **Sta s.!**, keep well!; take care of yourself! ● *m.* healthy person; (*pl. collett.*) (the) healthy.
sanrocchino, *m.* (pilgrim's) cloak.
sansa (1), *f.* olive husk(s). ● **olio di s.**, husk oil.
sansa (2), *f.* (*mus.*) sansa, zanza.
sanscritista, *m.* e *f.* Sanskritist.
sànscrito, *a.* e *m.* Sanskrit, Sanscrit: **scritto in s.**, written in Sanskrit. ● **uno studioso di s.**, Sanskritist.
sansevièria, *f.* (*bot.*, *Sansevieria trifasciata*) striped bowstring hemp.
sans-façon (*locuz. franc.*), *locuz. avv.* in an off-hand manner.
sansimonismo, *m.* (*filos.*) Saint-Simonianism; Saint-Simonism.
sansimonista, *m.*, *f.* e *a.* (*filos.*) Saint-Simonian.
Sansóne, *m.* Samson, Sampson.
santabàrbara, *f.* (*naut.*) powder-magazine.
santaménte, *avv.* holily; piously. ● **morire s.**, to die a holy (*o* saintly) death □ **vivere s.**, to live a holy (*o* saintly) life.
santarellina, *f.* prude; goody-goody (*fam.*).
santarèllo, *V.* **santerèllo**.
santerèllo, *m.* sanctimonious humbug (*fam.*).
santificante, *a.* sanctifying: **grazia s.**, sanctifying grace.
santificare, **A** *v. t.* **1** (*rendere santo*) to sanctify; to make* holy; to hallow: **Dio benedisse il settimo giorno e lo santificò**, God blessed the seventh day and sanctified it; **Sia santificato il Tuo nome**, hallowed be Thy name **2** (*canonizzare*) to canonize; to saint: **Don Bosco fu santificato**, Don Bosco was canonized **3** (*venerare*) to worship; to honour; to celebrate; (*osservare*) to observe, to keep*: **s. il nome di Dio**, to celebrate the name of God; **s. le feste**, to keep holy days. **santificarsi**, **B** *v. rifl.* to become* holy.
santificatóre, *m.* (*lett.*) sanctifier.
santificazióne, *f.* **1** (*il santificare*) sanctification: **la s. delle feste**, the sanctification of holy days **2** (*canonizzazione*) canonization.
santimònia, *f.* (*spreg.*) sanctimony; sanctimoniousness; pretended holiness; sanctified airs (*pl.*).
santino, *m.* (*piccola immagine sacra*) holy picture.
Santippe, *f.* Xanthippe, Xantippe.
santìssimo, (*relig.*) **A** *a. superl.* Most Holy; Most Sacred. ● *m.* Most Holy Sacrament.
santità, *f.* holiness; sanctity; saintliness: **s. di vita**, holiness of life; saintliness; **Sua S.**, His Holiness; **la s. d'un giuramento**, the sanctity of an oath; **la s. d'un tempio**, the holiness of a temple; **morire in odore di s.**, to die in the odour of sanctity.
santo, **A** *a.* **1** holy; (*da santo*) saintly; (*benedetto*) blessed; (*sacro*) sacred; (*pio*) pious: **il S. Padre**, the Holy Father; **il Sant'Uffizio**, the Holy Office; **la Città Santa**, the Holy City; **l'acqua santa**, holy water; **l'anno s.**, the holy year; (*stor.*) **la Lega Santa**, the Holy League; (*stor.*) **la Santa Alleanza**, the Holy Alliance; **la Santa Comunione**, Holy Communion; **la Santa Messa**, Holy Mass; **la Santa Sede**, the Holy See; **la Settimana Santa**, the Holy Week; **la Terra Santa**, the Holy Land; **le anime sante**, the Holy Souls; **l'olio s.**, holy oil; chrism; **lo Spirito S.**, the Holy Spirit (*o* Ghost); **la Santa Vergine**, the Blessed Virgin; **santi pensieri**, pious thoughts; **vivere una vita santa**, to live a holy (*o* a saintly) life; **Sia benedetto il Suo S. nome**, blessed be His Holy name **2** (*seguito da nome proprio*) Saint (*abbr.*: St.; *pl.*: Sts., SS.): **San Giuseppe**, St. Joseph; **San Pietro**, St. Peter; **la chiesa di S. Pietro**, St. Peter's; **Sant'Anna**, St. Anne; **il s. patrono**, the patron saint; **la festa del s. patrono**, the patron saint's day **3** (*fig.*, *fam.*: *efficace*) extraordinary; prodigious: **una santa medicina**, an extraordinary medicine. ● **Giovedì S.**, Maundy Thursday □ **picchiare q. di santa ragione**, to give sb. a good (*o* sound) thrashing □ **prendere le cose in santa pace**, to take things peacefully □ **prenderle di santa ragione**, to get a good thrashing (*o* beating, flogging) □ **tutto il s. giorno**, all day long □ **Venerdì S.**, Good Friday □ **S. Iddio!**, Goodness me!; Goodness gracious! □ **Santa pazienza!**, God give me patience! □ **Lasciami in santa pace!**, do let me alone! □ **Fammi il s. piacere d'andare via di qui**, please, do go away from here! **B** *m.* saint: **avere la pazienza d'un s.**, to have the patience of a saint (*o* of Job); **far scappare la pazienza anche a un s.**, to vex a very saint; **to make a saint swear** (*fam.*); **non essere uno stinco di s.**, to be far from being a saint; to be no angel; **Oggi è la festa del mio s.** (*o* **Oggi è il mio s.**), today is my saint's-day (*o* name-day). ● (*Bibbia*) **il S. dei Santi**, sanctum sanctorum (*lat.*); the Holy of Holies; (*Dio*) **il Holiest** □ **a dispetto dei santi** (*a ogni costo*), at any cost □ **avere qualche s. dalla propria**, to have a guardian angel □ **fare una morte da s.**, to die a holy (*o* a saintly) death □ (*fig.*) **non sapere a quale s. raccomandarsi** (*o* **che s. votarsi**), not to know which way to turn; to be at one's wits' end □ (*relig.*) **proclamare q. s.**, to canonize sb. □ (*fig.*) **raccomandarsi a tutti i santi**, to implore everybody's help □ **(tutti) i Santi** (*Ognissanti*), All Saints' Day □ **Non c'è santi (che tengano)**, there's no help for it □ **Qualche s. ci aiuterà!**, let's hope for the best! □ (*prov.*) **Passata la festa, gabbato lo s.**, once on shore we pray no more.
santocchieria, *f.* (*spreg.*) bigotry; sanctimony; sanctimoniousness; sanctified airs (*pl.*).
santòcchio, *m.* (*spreg.*) bigot; mawworm.
sàntola, *f.* (*dial.*) godmother.
sàntolo, *m.* (*dial.*) godfather.
santóne, *m.* **1** santon; marabout **2** (*spreg.*) bigot; mawworm.
santònico (1), *m. V.* **santonina (1)**.
santònico (2), *a.* — (*chim.*) **acido s.**, santonic acid.
santonina (1), *f.* (*bot.*, *Artemisia cina*) Levant wormseed.
santonina (2), *f.* (*chim.*) santonin.
santorèggia, *f.* (*bot.*, *Satureia hortensis*) garden (*o* summer) savory.
santuàrio, *m.* **1** (*anche fig.*) sanctuary; shrine **2** (*stor.*) sanctum sanctorum*; Holy of Holies.
sanzionare, *v. t.* **1** (*sancire*) to sanction; (*ratificare*) to ratify; to approve; (*confermare*) to confirm: **s. una legge**, to sanction a law **2** (*applicare sanzioni punitive*) to apply sanctions against (sb.).
sanzióne, *f.* **1** sanction; (*ratifica*) ratification, approval; (*conferma*) confirmation: (*stor.*) **s. prammatica**, pragmatic sanction **2** (*penalità*) sanction: **La Lega delle Nazioni applicò le sanzioni contro l'Italia**, the League of Nations applied sanctions against Italy. ● (*leg.*) **sanzioni penali**, penalties.
sapèrda, *f.* (*zool.*, *Saperda calcarata*) poplar borer.
sapére (1), **A** *v. t.* **1** (*conoscere*) to know*; (*essere al corrente di*) to be acquainted (with); (*essere consapevole di*) to be aware (of): **s. il nome di q.**, to know sb.'s name; (*anche fig.*) **s. il proprio mestiere**, to know one's own business; (*anche fig.*) **s. la propria parte**, to know one's role; **s. q.c. a memoria** (*o* **a mente**), to know st. by heart; **s. q.c. a menadito**, to know st. thoroughly; to be thoroughly expert in st.; to have st. at one's fingers' ends (*o* tips) (*fam.*); **s. q.c. per esperienza**, to know st. by experience; **s. tutto**, to know everything; **non s. che cosa dire (fare)**, not to know what to say (to do); to be at a loss; **non s. come, dove, quando**, not to know how, where, when; **non s. nulla di nulla** (*o* **non saperne un'acca**), to know nothing at all about it; not to know anything at all about it; **non s. quel che si vuole**, not to know one's own mind; **So che il ragazzo ha ragione**, I know (that) the boy is right; **Sì, so tutto**, yes, I know all about it; **Non ne so niente**, I don't know anything about it; **So quel che dico**, I know what I'm talking about; **Lo sai chi è?**, do you know who he is?; **È tutto quello che so**, that's all I know (about it); **Sai che sei seduto sul mio cappello?**, are you aware (*o* do you know) that you're sitting on my hat?; **Sai che i tuoi amici sono qui?**, are you aware that your friends are here?; **Sai, partirò domani**, I'm leaving tomorrow, you know; **Non so che ore siano**, I don't know the time; **Non so se sia qui o no**, I don't know whether he is here or not; **So che c'è un piccolo ristorante qui vicino**, I know of a little restaurant near here; **Sai nessuno che voglia comprarlo?**, do you know of anybody who wants to buy it?; **No, per quel che ne so io**, not so far as I know; not that I know of (*fam.*); **Che sappia io, è una brava ragazza**, as far as I know, she is a good girl; **Che ne sai tu di me?**, you don't know anything at all about me!; **Se solo sapessi!**, if only I knew!; **Dio lo sa!**, Heaven (*o* God) knows!; nobody knows!; **Non si sa mai**, you never know; you never can tell; **Non saprei**, I don't know; I can't say; **Che ne so io!**, how should I know?; **Lo so**, I know; **Lo so da me**, I know myself; **Ad averlo saputo!**, if only I had known about it! **2** (*potere*) to know* how; (*posso*) can; (*potevo*, *potei*, *potrei*) could; (*essere in grado*) to be able (to): **s. fare q.c.**, to know how to do st.; **s. giocare a scacchi**, to know how to play chess; **s. guidare l'automobile**, to be able to drive a car; **Sai guidare?**, can you drive?; **s. leggere e scrivere**, to be able to read and write; **Il bambino sa leggere**, the little boy can read; **Il bambino non sa ancora leggere**, the little boy cannot read yet; **La bambina**

sapére (2)

non sapeva scrivere, the little girl could not write; **Sa parlare tre lingue**, he can speak three languages; **Non so distinguere l'uno dall'altro**, I can't tell one from the other; **Non so credere che sia un ladro**, I can't believe he is a thief; **Non so dirti la mia gioia nel vederlo**, I can't tell how glad I was to see him; **Non saprei fare senza**, I couldn't do without it **3** (*apprendere, venire a s.*) to know*; to get* to know; to learn*; to hear*; to come* to (sb.'s) knowledge: **s. q.c. da buona fonte**, to know (*o* to learn) st. from a reliable source; **Come hai fatto a saperlo?**, how did you get to know about it?; **s. q.c. da q.**, to learn st. from sb.; **Non abbiamo ancora saputo se sia arrivato sano e salvo**, we have not yet learned whether he arrived safely; **Ho saputo che...**, it has come to my knowledge (that)...; **Lo seppi molto tempo fa**, I knew about it long ago **4** (*presagire*) to know*; to feel*; to have a feeling: **Sapevo che sarebbe andata a finire così**, I had a feeling it would end up like this. **B** *v. i.* **1** (*avere odore*) to smell* (of); (*avere sapore*) to taste (of), to savour (of), to smack (of): **s. d'acido**, to smell sour; **s. d'amaro**, to taste bitter; **s. di bruciato**, to taste burnt; **s. di buono**, to smell (*o* to taste) good (*o* nice); **s. di chiuso**, to smell fusty (*o* stuffy); **s. di cipolla**, to taste of onions; **s. di sapone**, to taste of soap; to have a soapy taste; **s. di turacciolo**, to smack of the cork; **s. di zolfo**, to smack of sulphur **2** (*avere sentore; pensare, credere*) to think*; to bet* (*fam.*): **Quell'uomo mi sa di presuntuoso**, I think that man is a know-all; **Mi sa che non ci è andato**, I bet he didn't go. ● **s. di filosofia**, to be versed in philosophy ☐ **s. il fatto proprio**, to know a thing or two; to know what's what; to know the ropes (*fam.*) ☐ **s. male**, to be sorry: **Gli seppe male ch'io non andassi**, he was sorry I could not go ☐ **s. tutto per filo e per segno**, to know the long and the short of it ☐ **s. vivere**, to know how to enjoy life; to be a man of the world ☐ (*fam.*) **saperci fare**, (*con la gente*) to have a certain savoir faire; (*con le donne*) to be a lady-killer; (*essere in gamba*) to be a clever person ☐ **saperla lunga**, to be clever (*o* smart); to be a sly one: **La sa lunga!**, he's a sly one!; he's a devil of a man! ☐ **saperne una più del diavolo**, to be as shrewd as the devil ☐ **saperne quanto prima**, to be none the wiser ☐ **un certo non so che**, a certain something; a certain «je ne sais quoi» ☐ **e che so io**, and what not: **Vende penne, matite, gomme e che so io**, he sells pens, pencils, rubbers, and what not ☐ **far s.**, to let know; (*per iscritto*) to send word, to drop a line: **Fammi s. quando intendi partire**, let me know when you are leaving ☐ **non s. di nulla**, to be tasteless (*o* very insipid): **Una minestra che non sa di nulla**, a tasteless (*o* wishy-washy) soup; (*fig.*) **un giovane che non sa di nulla**, a very insipid young man ☐ **non s. quel che si dice** (*parlare a vanvera*), to talk at random; to talk through one's hat (*pop.*) ☐ **non voler saperne di q.** (*q.c.*), not to want to have anything to do with sb. (with st.): **Non voglio più saperne di lui**, I'll have nothing else to do with him ☐ **Bisogna saperci fare con i bambini**, you have to know how to handle children ☐ **Buono a sapersi!**, that's worth knowing! ☐ **Chi sa?**, who knows?; who can tell?; (*dubitativo*) I wonder ☐ **Chi sa se verrà**, I wonder whether he will come (*o* not) ☐ **Chi sa quanti saranno!**, there must be quite a lot! ☐ **Chi sa che non venga anch'io**, maybe I'll come, too ☐ **Avrà aspettato chi sa quanto!**, he must have been waiting quite a long time ☐ **Chi sa che non l'abbia già trovato**, he may have found him (*o* it) already; perhaps he has found him (*o* it) already ☐ **È impossibile saperlo**, there is no knowing: **È impossibile s. quando ritornerà**, there is no knowing when he will come back again ☐ **Non so che farci!**, I can't help it! ☐ **Non so che farei per lui**, I'd do anything for him.

sapére (2), *m.* knowledge; (*dottrina*) learning: **l'umano s.**, human knowledge; **un ramo del s.**, a branch of knowledge; **amante del s.**, fond of learning; **un uomo di gran s.**, a very learned man; a man of great learning. ● **il s. fare**, «savoir faire» (*franc.*); tact ☐ **il s. vivere**, «savoir vivre» (*franc.*), knowledge of the world.

sapidità, *f.* (*lett.*) sapidity (*anche fig.*); savouriness.

sàpido, *a.* (*lett.*) **1** sapid (*anche fig.*); savoury **2** (*fig.*) keen; pungent.

sapiènte, A *a.* **1** (*saggio*) wise, sage; sapient (*generalm. iron.*): **parole sapienti**, wise words; **un uomo s.**, a wise man; a sage **2** (*colto*) learned; (*erudito*) erudite; (*dotto*) scholarly: **una donna s.**, a learned lady **3** (*ammaestrato*) trained: **un cavallo s.**, a trained horse **4** (*che rivela perizia*) sure; expert; masterly: **un s. tocco (delle mani)**, a sure touch. **B** *m.* **1** (*uomo saggio*) wise man*; sage; sapient (*generalm. iron.*): **i sapienti**, the wise; **i sette sapienti della Grecia**, the seven wise men (*o* sages) of Greece **2** (*uomo colto*) learned man*; man* of learning; (*dotto*) scholar; savant (*generalm. iron.*).

sapienteménte, *avv.* wisely.

sapientòne, *m.* (*spreg., iron.*) wiseacre; wisehead; know-all.

sapiènza, *f.* **1** (*saggezza*) wisdom: **la s. di Dio**, the wisdom of God **2** (*il sapere*) knowledge; learning; erudition: **la s. umana**, human knowledge **3** (*uno dei libri della Bibbia*) Book of Wisdom.

sapienziale, *a.* sapiential: (*Bibbia*) **i libri sapienziali**, the sapiential books.

saponàceo, *a.* saponaceous; soapy.

saponàio, *m.* **1** (*chi fabbrica sapone*) soap-maker; soap-boiler; soap-manufacturer **2** (*chi vende sapone*) soap-seller.

saponària, *f.* (*bot.*, *Saponaria officinalis*) soapwort; soap-plant.

saponàrio, *a.* soap (*attr.*): **radice saponaria**, soap-root; **corteccia saponaria**, soap-bark.

saponata, *f.* **1** (*per il bucato*) soap-suds (*pl.*); (*per i capelli, la barba*) lather: **fare una s.**, to make a lather **2** (*fig.: adulazione*) flattery; soft soap (*fam.*); soft sawder (*fam.*).

sapóne, *m.* soap. ● **s. 1** (*per il bucato*) soap-suds (*pl.*); **s. duro (molle)**, hard (soft) soap; **s. da toletta**, toilet-soap; **s. per la barba**, shaving-soap; **una bolla di s.**, a soap bubble. ● (*fig.*) **buttare via** (*o* **perdere**) **il ranno e il s.**, to waste one's time and money; to waste powder and shot (*fam.*).

saponeria, *f. V.* **saponificio.**

saponétta (1), *f.* cake of soap: **due saponette**, two cakes of soap.

saponétta (2), *f.* (*orologio piatto da tasca*) hunting-watch; hunter.

saponièra, *f.* soap-box.

saponière, *m.* **1** (*operaio*) soap-boiler **2** (*commerciante*) soap-dealer.

saponièro, *a.* soap (*attr.*).

saponificàbile, *a.* (*chim., ind.*) saponifiable.

saponificare, *v. t.* to saponify.

saponificatóre, *m.* (*chim., ind.*) saponifier.

saponificazióne, *f.* saponification.

saponificio, *m.* soapery; soap-factory.

saponina, *f.* (*chim.*) saponin.

saponite, *f.* (*miner.*) saponite.

saponóso, *a.* soapy.

saporàccio, *m.* nasty taste.

sapóre, *m.* **1** taste; (*aroma*) flavour; savour (*anche fig.*); smack (*anche fig.*): **un buon s.**, a pleasant taste; a good flavour; a relish; **un s. amaro (dolce)**, a bitter (sweet) taste; **Non mi piace il s. di questa minestra**, I don't like the taste of this soup; (*anche fig.*) **lasciare un cattivo s. in bocca**, to leave a bad (*o* nasty) taste in the mouth **2** (*fig.*) spice; zest: **dare s. alla vita**, to give spice to life. ● **assaggiare q.c. per sentirne il s.**, to taste st. ☐ (*fig.*) **avere s. di arcaismo (di classicismo)**, to savour of archaism (classicism) ☐ (*fig.*) **non avere né amore né s.**, to be callous ☐ **senza s.**, tasteless; (*fig.*) flat, dull, insipid ☐ **Che s. ha?**, what does it taste like? (*fig.*) **Non avevo mai conosciuto il s. del successo**, I had never tasted success before.

saporire, *v. t.* to season; to flavour.

saporitaménte, *avv.* with gusto; with relish; with zest: **bere s.**, to drink with relish. ● **dormire s.**, to sleep soundly; to sleep like a top (*fam.*) ☐ **ridere s.**, to laugh heartily.

saporito, *a.* **1** savoury (*anche fig.*); appetizing; palatable; nice; dainty; tasty (*fam.*): **un piatto s.**, a savoury dish; **vivande saporite**, savoury food **2** (*fig.*) racy; zestful; tart; sharp; peppery; spicy: **una risposta saporita**, a sharp (*o* a tart) answer; **uno stile s.**, a racy style. ● **conto s.**, stiff bill ☐ **risata saporita**, hearty laugh ☐ **sonno s.**, sound sleep.

saporosità, *f.* savouriness; tastiness (*fam.*).

saporóso, *a.* **1** savoury (*anche fig.*); saporous; tasty (*fam.*) **2** (*fig.*) racy; piquant; zestful; spicy: **un aneddoto s.**, a spicy anecdote; **uno stile s.**, a racy style.

sapòta, *f.* (*bot., Achras sapota*) sapodilla(-tree).

sapotiglia, *f.* (*frutto della sapota*) sapodilla(-plum); chico.

sapròfago, (*zool.*) **A** *a.* saprophagous. **B** *m.* saprophage.

saprofitismo, *m.* (*bot.*) saprophytism.

sapròfito, (*bot.*) **A** *m.* saprophyte. **B** *a.* saprophytic.

sapropèl, *m.* (*geol.*) sapropel.

sapropèlico, *a.* (*geol.*) sapropelic.

saputèllo, *m.* little prig.

saputo, A *a.* **1** (*che si sa*) known: **una cosa saputa e risaputa**, a well-known thing **2** (*erudito*) learned; well-informed; erudite: **un uomo s.**, a learned (*o* a well-informed) man **3** (*che presume di sapere*) sapient (*iron.*); pedantic; priggish. ● **ragazzo s.**, little prig ☐ **Il ragazzo è un po' troppo s.**, the boy is a wee bit too clever (*fam.*). **B** *m.* know-all; wisehead; wiseacre; prig. ● **fare il s.**, to show off one's knowledge ☐ **Non fare il s.**, don't be pedantic; don't try to be too clever (*fam.*).

Sara, *f.* Sarah; (*dim.*) Sal, Sally.

sarabanda, *f.* **1** (*mus.*) saraband **2** (*fig.*) uproar; hullabaloo: **Che s.!**, what a hullabaloo!

saracca, *V.* **salacca.**

saracco, *m.* rip-saw.

saracèno, *a. e m.* Saracen. ● **armato come un s.**, armed to the teeth ☐ (*bot.*) **grano s.**, buckwheat.

saracinésca, *f.* **1** (*edil.*) roll-up shutter; rolling shutter **2** (*di chiusa idraulica*) sluice-gate **3** (*stor.*: *cancellata di ferro o travi*) portcullis: **alzare (abbassare) la s.**, to raise (to lower) the portcullis. ● (*mecc.*) **valvola a s.**, slide (*o* gate) valve.
saracino, (*pop.*) *V.* **saracèno**.
sàrago, *m.* (*zool.*, *Diplodus sargus*) white bream.
Saragòzza, *f.* (*geogr.*) Saragossa.
sarcasmo, *m.* sarcasm; causticity. ● **fare del s.**, to make sarcastic remarks ☐ **pungere con sarcasmi**, to taunt; to gibe (at); to jeer (at.).
sarcasticaménte, *avv.* sarcastically; with sarcasm.
sarcàstico, *a.* sarcastic; sarcastical; sarky (*pop.*); caustic; taunting; (*sardonico*) sardonic, sardonical; (*beffardo*) scornful, sneerful: **parole insolenti e sarcastiche**, insolent and taunting (*o* sneerful) words; **un linguaggio s.**, a sarcastic language; **un'osservazione sarcastica**, a caustic remark; **un rimprovero s.**, a scornful reproach; a taunt; **un sorriso s.**, a sardonic smile; a sneer.
sarchiare, *v. t.* (*agric.*) to hoe; to weed.
sarchiatóre, *m.* weeder.
sarchiatrice, *f.* (*mecc.*) weeder; hoeing-machine.
sarchiatura, *f.* (*agric.*) weeding; hoeing.
sarchiellare, *v. t.* to hoe (up); to weed.
sarchièllo, **sàrchio**, *m.* hoe; weeder; weeding-hook; weed-hook.
sarcòfaga, *f.* (*zool.*, *Sarcophaga carnaria*) flesh-fly.
sarcòfago, *m.* (*archit.*) sarcophagus*.
sarcòide, *m.* (*med.*) sarcoid.
sarcoidòsi, *f.* (*med.*) sarcoidosis*.
sarcolèmma, *m.* (*anat.*) sarcolemma.
sarcolite, *f.* (*miner.*) sarcolite.
sarcòma, *m.* (*med.*) sarcoma.
sarcomatòsi, *f.* (*med.*) sarcomatosis*.
sarcomatóso, *a.* (*med.*) sarcomatous.
sarcoplàsma, *m.* (*biol.*) sarcoplasm; sarcoplasma*.
sarcràuti, *m. pl.* (*cucina*) Sauerkraut (*sing.*); sourcroit (*sing*).
sarda (1), *V.* **sardèlla**.
sarda (2), *f.* (*miner.*) sard.
sardana, *f.* (*mus.*) sardana.
sardanapalésco, *a.* Sardanapalian.
Sardanapalo, *m.* (*stor.*) Sardanapalus.
Sardégna, *f.* (*geogr.*) Sardinia.
sardegnòlo, *a. m.* (*pop.*) Sardinian.
sardèlla, **sardina**, *f.* **1** (*zool.*, *Sardina pilchardus*) pilchard; (*esemplare più piccolo*) sardine **2** (*in salamoia o in barile*) sardine: **una scatola di sardine**, a tin of sardines; **essere pigiati come le sardine**, to be packed like sardines.
sardo, *a. e m.* Sardinian: **il dialetto s.**, Sardinian; **la lana sarda**, Sardinian wool; **i Sardi**, the Sardinians.
sardònia, *f.* (*bot.*, *Ranunculus sceleratus*) cursed crowfoot; marsh crowfoot.
sardònica, *f.* (*miner.*) sardonyx.
sardonicaménte, *avv.* sardonically; (*beffardamente*) scornfully.
sardònico, *a.* sardonic; sardonical; (*beffardo*) scornful, mocking; (*med.*) **riso s.**, sardonic laugh; **un ghigno s.**, a sardonic grin; **un sorriso s.**, a sardonic smile.
sargasso, *m.* (*bot.*, *Sargassum bacciferum*) sargasso*; gulf-weed. ● (*geogr.*) **Mar dei Sargassi**, Sargasso Sea.
sari, *m.* (*veste femminile indiana*) sari, saree.
sariga, *f.* (*zool.*, *Didelphis virginiana*) opossum.
sarmàtico, *a. e m.* Sarmatian.
Sarmàzia, *f.* (*geogr. stor.*) Sarmatia.
sarménto, *m.* (*bot.*) sarmentum*; runner; (*di vite*) vine-shoot, vine-branch.
sarmentóso, *a.* (*bot.*) sarmentous; sarmentose.
sarong, *m.* (*indumento malese*) sarong.
sàros, *m.* (*astron.*) saros.
sarrochino, *V.* **sanrocchino**.
sarrùssofono, *m.* (*mus.*) sarrusophone. ● **suonatore di s.**, sarrusophonist.
sarta, *f.* dress-maker; seamstress; tailoress.
sàrtia, *f.* (*naut.*) shroud (*per lo più al pl.*): **sartie di belvedere**, mizzen-topgallant shrouds; **sartie di granvelaccio**, main-topgallant shrouds; **sartie di velaccio**, fore-topgallant shrouds.
sartiame, *m.* (*naut.*) shrouds (*pl.*); cordage; rigging.
sartiare, *v. t.* (*naut.*) to fleet.
sartina, *f.* (*apprentice*) dress-maker.
sartiòla, *f.* (*naut.*) shroud (*specialm. al pl.*).
sarto, *m.* tailor: **andare dal s.**, to go to the tailor's; **fare il s.**, to be a tailor; **un abito fatto dal s.**, a tailor-made suit. ● **s. da donna**, dress-maker ☐ **mestiere del s.**, tailoring.
sartoria, *f.* **1** (*laboratorio del sarto*) tailor's workshop **2** (*arte del sarto*) tailoring; dress-making.
sartoriale, *a.* tailor's; tailoring (*attr.*).
sartòrio, *m.* (*anat.*) sartorius*.

sartriano, *a.* (*letter., filos.*) Sartrian.
sassafrasso, *m.* (*bot.*, *Sassafras officinale*) sassafras.
sassàia, *f.* **1** (*riparo di sassi*) barrier of stones; stone-dike **2** (*luogo sassoso*) stony place; (*strada sassosa*) stony road.
sassaiòla, *f.* **1** (*grandine di sassi*) shower (*o* volley) of stones: **essere accolto da una s.**, to be received with a shower of stones **2** (*battaglia coi sassi*) fight with stones; stone-fight.
sassaiòlo, *a.* rock (*attr.*): (*zool.*) **colombo s.** (*Columba livia*), rock-pigeon; rock-dove.
sassànide, *a.* (*stor.*) Sassanid; Sas(s)anian.
sassarése, **A** *a.* relating to (*o* of) Sassari. **B** *m. e f.* native (*o* inhabitant) of Sassari. **C** *m.* (*dialetto*) Sardinian dialect of the Sassari area.
sassata, *f.* blow with (*o* from) a stone. ● **fare a sassate**, to throw stones at each other (*o* at one another) ☐ **prendere q. a sassate**, to pelt sb. with stones ☐ **tirare una s. a q.**, to throw a stone at sb. ☐ **uccidere q. a sassate**, to stone sb. to death.
sassàtile, *a.* (*bot., zool.*) saxatile; saxicoline; saxicolous.
sassèlla, *m. invar.* «sassella» (red wine of the Valtellina region).
sassèllo, **A** *m.* (*zool.*, *Turdus musicus*) red-winged thrush; redwing. **B** *a.* **– tordo s.**, red-winged thrush.
sàsseo, *a.* (*lett.*) stony; stone-like.
sasséto, *m.* stony ground.
sassifraga, *f.* (*bot.*, *Saxifraga*) saxifrage; rock-foil.
sasso, *m.* **1** (*pietra*) stone; (*roccia*) rock: **una casa costruita sul s.**, a house built upon rock; (*fig.*) **avere il cuore di s.** (*o* **essere di s.**), to have a heart of stone **2** (*frammento di roccia*) stone; (*ciottolo*) pebble: **La strada è piena di** (*o* **tutta**) **sassi**, the road is covered with stones; **lanciare un s. contro q.**, to throw (*o* to cast, to fling) a stone at sb.; (*fig.*) **La povera vedova avrebbe fatto pietà ai sassi**, the poor widow would have made the very stones weep (*o* would have pierced a heart of stone). ● (*fig.*) **gettare sassi in piccionaia**, to foul one's own nest ☐ (*fig.*) **restare di s.**, to be petrified; to be dumbfounded; to stand aghast ☐ **una spiaggia di sassi**, a pebbled beach.
sassofonista, *m. e f.* (*mus.*) saxophonist.
sassòfono, *m.* (*mus.*) saxophone; sax (*fam.*).
sassofrasso, *V.* **sassafrasso**.
sàssola, *f.* (*naut.*) bailer; bailing-scoop.
sassolino, *m.* **1** small stone; pebble **2** (*miner.*) sassolin(e); sassolite.
sassolite, *f.* (*miner.*) sassolite.
sàssone, *a., m. e f.* Saxon: **gli Anglo-Sassoni**, the Anglo-Saxons.
sassóso, *a.* stony; full of stones; covered with stones; pebbly; pebbled (*per lo più poet.*): **terreno s.**, stony ground; **viottoli sassosi**, stony lanes.
Sàtana, *m.* Satan; (*il diavolo*) the Devil; the Evil One: **darsi a S.**, to sell one's soul to the Devil.
satanasso, *m.* **1** (*pop.*: *Satana*) Satan **2** (*fig.*: *persona malvagia*) devil; (*persona prepotente*) bully.
satànico, *a.* Satanic; Satanical; (*diabolico*) diabolic, diabolical; devilish; (*infernale*) infernal: (*letter.*) **i poeti satanici**, the Satanic poets; (*letter.*) **la scuola satanica**, the Satanic school; **un piano s.**, a diabolical (*o* devilish) plan.
satanismo, *m.* (*anche letter.*) Satanism.
satèllite, **A** *a.* satellite (*attr.*); satellitic; (*secondario*) secondary, minor: **stati satelliti**, satellite states; **città s.**, satellite town. ● (*mecc.*) **ingranaggio s.**, planetary gear; planet wheel. **B** *m.* **1** (*astron.*) satellite; secondary planet: **La luna è un s.**, the moon is a satellite **2** (*polit.: stato s.*) satellite state **3** (*fig.: seguace*) satellite; follower; henchman*. ● (*miss.*) **s. artificiale**, artificial satellite ☐ (*polit.*) **s. di un s.**, subsatellite ☐ (*radio, telev.*) **collegamento via s.**, link-up via satellite ☐ (*miss.*) **oggetto messo in orbita da un s.**, subsatellite.
satellitismo, *m.* (*polit.*) satellitism.
satellizzare, *v. t.* (*polit.*) to satellize; to make* into a satellite state.
satellizzazióne, *f.* (*polit.*) satellization.
satellòide, *m.* (*aeron.*) satelloid.
satin, *m.* (*ind. tessile*) satin.
satinare, *v. t.* to glaze; to satin.
satinato, *a.* glazed; satined; satin (*attr.*): **carta satinata**, glazed paper; **pelle satinata**, glazed leather.
satinatura, *f.* **1** (*il satinare*) glazing **2** (*effetto del satinare*) glaze.
sàtira, *f.* (*letter.*) satire; lampoon.
satireggiare, **A** *v. t.* to satirize; to lampoon. **B** *v. i.* **1** (*fare della satira*) to be satirical **2** (*letter.*) to write* satires.
satirésco, *a.* (*letter.*) satyric; satyrical: **un dramma s.**, a satyric drama.
satiriàsi, *f.* (*psic.*) satyriasis*.
satiricaménte, *avv.* satirically.
satìrico, **A** *a.* satiric; satirical: **tono s.**, satiric tone; **un poeta s.**, a satiric poet. **B** *m.* (*autore di satire*) satirical writer; satirist.

satirióne, *m.* (*bot.*, *Phallus impudicus*) stinkhorn.
sàtiro, *m.* (*mitol.*) satyr (*anche fig.*).
sativo, *a.* (*agric.*) fit to be sown; sowable.
satollare, A *v. t.* to satiate; to sate; to fill up; to glut; to gorge; to surfeit. **satollarsi, B** *v. rifl.* to eat* one's fill; to glut (*o* to gorge) oneself (with); to surfeit (with).
satóllo, *a.* satiated; sated; replete; full up (*fam.*).
satrapéssa, *f.* (*stor.*) satrapess; (*moglie del satrapo*) satrap's wife.
satrapìa, *f.* (*stor.*) satrapy.
sàtrapo, *m.* **1** (*stor.*) satrap **2** (*fig.*) petty despot. ● (*fig.*) **fare il s.**, to lord it.
saturàbile, *a.* (*chim., fis.*) saturable.
saturabilità, *f.* (*chim., fis.*) saturability.
saturare, A *v. t.* **1** (*chim., fis.*) to saturate (*anche fig.*): **s. l'acqua di sale**, to saturate water with salt; **s. un acido con un alcali**, to saturate an acid with an alkali; **s. un mercato**, to saturate a market **2** (*fig.: riempire*) to fill; to cram: **s. la mente di formule e regole**, to fill the mind with formulas and rules. **saturarsi, B** *v. rifl.* to become* saturated (with).
saturatóre, *m.* (*tecn.*) saturator.
saturazióne, *f.* (*chim., fis.*) saturation (*anche fig.*): **punto di s.**, saturation point; **s. magnetica**, magnetic saturation; **la s. del mercato**, market saturation.
saturèia, *f.* (*bot.*, *Satureia hortensis*) garden (*o* summer) savory.
saturnale, *A* *a.* (*mitol.*) of Saturn. **B** *m. pl.* (*stor.*) Saturnalia.
satùrnia, *f.* (*zool.*, *Saturnia*) saturniid.
saturniano, *a. e m.* (*astron.*) Saturnian.
saturnino, *a.* (*astron., med.*) saturnine.
satùrnio, *A* *a.* (*lett.*) Saturnian: **la saturnia terra**, the Saturnian land; (*poesia*) **versi saturni**, Saturnian verses; Saturnians. **B** *m.* (*poesia*) Saturnian (verse).
saturnìsmo, *m.* (*med.*) saturnism; lead-poisoning.
Saturno, *m.* (*mitol., astron.*) Saturn: **l'età dell'oro durante il regno di S.**, the golden age during the reign of Saturn; **i satelliti di S.**, the satellites of Saturn.
sàturo, *a.* **1** (*chim., fis.*) saturated (*anche fig.*): **una soluzione satura di salnitro**, a saturated solution of nitre; **un'atmosfera satura**, a saturated atmosphere; **vapore s.**, saturated steam **2** (*fig.: pieno*) full (of st.); (*zeppo*) crammed (with st.); (*stipato*) stowed (with st.): **una mente satura di insegnamenti**, a mind stowed with precepts; **un cuore s. d'odio**, a heart full of hatred.
saudita, *a.* Saudi: **Arabia Saudita**, Saudi Arabia.
sàuna, *f.* **1** sauna (bath): **fare la s.**, to take a sauna (bath) **2** (*lo stabilimento*) saunarium.
sàuri, *m. pl.* (*zool.*, *Sauria*) saurians.
sàuro, *a. e m.* sorrel: **un cavallo s.**, a sorrel horse; **cavalcare un s.**, to ride a sorrel.
sauté (*franc.*), *a. e m.* (*cucina*) sauté: **s. di cozze**, mussels sauté.
savana, *f.* (*geogr.*) savanna(h).
savarin (*franc.*), *m.* (*cucina*) «savarin» (brioche baked in a ring mould).
Savério, *m.* Xavier.
saviaménte, *avv.* sensibly; judiciously; wisely; sagely.
saviézza, *f.* sensibleness; judiciousness; (*saggezza*) wisdom.
sàvio, A *a.* **1** (*assennato*) sensible; (*giudizioso*) judicious; (*saggio*) wise, sage; (*prudente*) prudent; (*avveduto*) wary; (*accorto*) cautious: **s. e avveduto**, wise and wary; **parole savie**, wise words; **una savia idea**, a sensible idea; **un uomo s.**, a sensible man; a man of sense (*o* of good judgment) **2** (*sano di mente*) sane. **B** *m.* (*uomo sapiente*) wise man*; sage: **i sette savi della Grecia**, the seven wise men (*o* sages) of Greece.
Savòia, *f.* (*geogr.*) Savoy.
savoiardo, A *a.* of Savoy; Savoyard. **B** *m.* **1** (*abitante della Savoia*) Savoyard **2** (*biscotto*) sponge biscuit; finger-biscuit.
savoir-faire (*locuz. franc.*), *m. invar.* savoir faire; adroitness; tact.
savonaròla, *f.* (*sedile di antica origine toscana*) Savonarola chair; scissors chair.
sax, *m.* (*abbr. di «saxofono»*) sax.
saxofonista, saxòfono, *V.* sassofonista, sassòfono.
saziàbile, *a.* satiable.
saziabilità, *f.* satiability; satiableness.
saziare, A *v. t.* **1** to satiate; to satisfy; to slake; to glut; to cloy; (*appagare*) to gratify, to appease: **s. la fame**, to satisfy the hunger (of); **s. l'appetito**, to glut (*o* to cloy) the appetite (of); **s. la sete**, to slake the thirst (of); (*fig.*) **s. la sete d'apprendere d'un bambino**, to gratify a child's thirst for knowledge; (*fig.*) **s. la sete di vendetta**, to slake one's desire for revenge; (*fig.*) **s. la vista**, to glut one's eyes **2** (*stuccare*) to fill up: **Le patate saziano presto**, potatoes soon fill you up. **saziarsi, B** *v. rifl.* **1** (*riempirsi di cibo*) to eat* (*o* to have) one's fill; to glut oneself (with); to surfeit (with); (*essere sazio*) to be satiated **2** to be satisfied; to be full (*fam.*): **Mangia e saziati!**, eat your fill!; **Non si sazia mai!**, he is never satisfied!; he is never full! (*fam.*) **2** (*fig.: stancarsi*) to get* tired (of); to grow* weary (of); to have too much (of): **non s. mai di guardare q.**, never to get tired of looking at sb.; **Me ne saziai presto**, I soon got tired of it; **Non me ne sazierei mai**, I'd never get tired of it; I could go on for ever.
sazietà, *f.* **1** satiety (*anche fig.*); surfeit; repletion: **fino alla s.**, to satiety; **la s. dei piaceri**, satiety of pleasures **2** (*fig.*) weariness. ● **a s.**, as much as one wants (*o* likes) □ **averne a s.**, to have quite (*o* more than) enough □ **mangiare (bere) a s.**, to eat (to drink) one's fill.
sàzio, *a.* **1** satiated (*anche fig.*); satisfied; filled to satiety; full to repletion; glutted; full up (*fam.*): **sentirsi s.**, to be full; to have had enough; **Sono s. e basta**, I don't want any more; I'm full (up) (*fam.*); **Non è mai s.**, he is never satisfied **2** (*fam.: stufo*) tired (of); weary (of); sick and tired (of); fed up (with) (*pop.*): **essere s. dei piagnistei di q.**, to be weary of sb.'s complaints; **Sono s. di questa vita**, I am sick and tired of this life. ● (*prov.*) **Corpo s. non crede a digiuno**, he whose belly is full, believes not him who is fasting.
sbaccellare, *v. t.* to shell: **s. piselli**, to shell peas.
sbacchettare, *v. t.* to beat*: **s. un tappeto**, to beat a carpet.
sbacchettata, *f.* beating: **dare una s.**, to give a beating.
sbaciucchiaménto, *m.* repeated kissing; necking (*pop.*).
sbaciucchiare, *v. t.* to kiss over and over again; to smother with kisses. **sbaciucchiarsi, B** *v. rifl. recipr.* to kiss each other over and over again; to neck (*pop.*).
sbadatàggine, *f.* carelessness; heedlessness; inattention; inadvertence; thoughtlessness; (*negligenza*) negligence; (*distrazione*) absent-mindedness: **una s.**, a piece of carelessness; **È una delle sue solite sbadataggini**, it is one of his usual inadvertences; **per s.**, through inadvertence (*o* negligence).
sbadataménte, *avv.* carelessly, with carelessness; heedlessly; inattentively; inadvertently; (*distrattamente*) absent-mindedly; absently: **dire q.c. s.**, to say st. inadvertently; **fare q.c. s.**, to do st. carelessly; to pay no attention to (*o* to think little of) what one is doing.
sbadato, A *a.* careless; heedless; inattentive; inadvertent; thoughtless; (*negligente*) negligent; (*distratto*) absent-minded. **B** *m.* careless person; scatter-brain.
sbadigliaménto, *m.* yawning.
sbadigliare, *v. i.* to yawn: **s. di noia** (*per sonnolenza*), to yawn from boredom (sleepiness); **far s. q.**, to make sb. yawn; **trascorrere la vita sbadigliando**, to yawn away one's existence. ● **un libro che ti fa s.**, a yawny (*o* a dull) book.
sbadìglio, *m.* yawn. ● **fare uno s.**, to yawn □ **far morire di sbadigli**, to bore (*o* to weary, to tire) to death □ **Lo s. è contagioso**, yawning is catching.
sbafare, *v. t.* (*fam.*) **1** (*mangiare con avidità*) to devour (greedily); to gorge; to gormandize; to guttle; to guzzle; to gobble up; to gulp down **2** (*scroccare*) to sponge; to scrounge (*fam.*); to cadge (*fam.*): **s. un pranzo**, to sponge a dinner.
sbafata, *f.* (*fam.*) **1** (*scorpacciata*) feed; bellyful (*fam.*) **2** (*mangiata a ufo*) free meal.
sbafatóre, *m.* (*fam.*) **1** (*mangione*) glutton; gormandizer **2** (*scroccone*) sponger; scrounger (*fam.*); cadger (*fam.*).
sbaffare, *v. t.* to smudge; to smear.
sbaffo, *m.* smudge; smear.
sbafo, *m.* (*fam.*) sponging; scrounging (*fam.*); cadging (*fam.*). ● **a s.**, by sponging; by scrounging; (*senza pagare*) without paying, free: **ottenere q.c. a s.**, to get st. free □ **vivere a s.**, to scrounge a living.
sbagliare, A *v. t.* to mistake*; (*fallire*) to miss: **s. il bersaglio**, to miss the target; **s. la mira**, to mistake one's mark; to miss the mark; **s. q. con q. altro**, to mistake sb. for sb. else. ● **s. i calcoli**, to miscalculate; to get st. wrong: **Hai sbagliato i calcoli**, you have got it wrong □ **s. mestiere**, to choose the wrong job □ **s. momento**, to choose the wrong time; to do st. at the wrong time □ **s. numero** (*al telefono*), to get (*o* to dial) the (*o* a) wrong number □ **s. l'ortografia**, to spell a word incorrectly □ **s. strada**, to take (*o* to go, to come) the wrong way □ **s. treno**, to take (*o* to get into) the wrong train □ (*fam.*) **sbagliarla di grosso**, to be greatly mistaken; to be quite wrong: **Se il ragazzo crede di poter fare a modo suo, l'ha sbagliata di grosso**, if the boy thinks he can have his own way, he is greatly mistaken □ **far s. q.**, to make sb. make a mistake. **B** *v. i.* e **sbagliarsi**, *v. rifl.* to make* a mistake; to be mistaken; to be wrong; to be in the wrong; to err; to be in error; to be on the wrong side of the hedge (*fam.*): **s. spesso**, to make a lot of mistakes; **s. troppo spesso**, to make too many mistakes; **Puoi dimostrarmi che ho sbagliato?**, can you prove me that I am wrong?; **se non sbaglio**, if I am not mistaken (*o* wrong); **Può darsi ch'io sbagli, ma dev'essere un buono a nulla**, I may be wrong, but I think he is a good-for-nothing; **Potrei s.**, I may be mistaken (*o* wrong); **Non c'è da s.**, there can be no mistake; there's no mistaking. ● **Sba-**

glio, o siete la signora Rossi?, you are Mrs Rossi, aren't you? □ (*prov.*) **Sbaglia anche il prete all'altare**, we all make mistakes; to err is human □ (*prov.*) **Sbagliando s'impara**, practice makes perfect.

sbagliato, *a*. mistaken; wrong; (*erroneo*) erroneous, incorrect: **un'affermazione sbagliata**, an incorrect statement; **una nozione sbagliata**, a mistaken notion; **un'impressione sbagliata**, an erroneous impression; **un'opinione sbagliata**, a mistaken (*o* a wrong) opinion; **fare q.c. in modo s.**, to do st. the wrong way; **scegliere il momento s.**, to choose the wrong time; **Quella è l'interpretazione sbagliata**, that's the wrong interpretation; **È tutto s.!**, it's all wrong! ● **dare una risposta sbagliata**, to answer wrong □ **fare economie sbagliate**, to be penny-wise and pound-foolish (*fam.*) □ **formarsi un'idea del tutto sbagliata**, to get hold of the wrong end of the stick (*fam.*) □ **giungere a una conclusione sbagliata**, to reach the wrong conclusion; to get the wrong sow by the ear (*fam.*) □ (*anche fig.*) **una mossa sbagliata**, a false move.

sbàglio, *m*. **1** mistake; error; (*fallo, colpa*) fault; (*svista*) slip, oversight: **un grosso s.**, a big mistake; a blunder; **uno s. d'ortografia**, a spelling mistake; **commettere** (*o* **fare**) **uno s.**, to make a mistake; **correggere i propri sbagli**, to correct one's mistakes; **per s.**, by mistake; **prendere q.c. per s.**, to take st. by mistake; **È stato uno s.!**, it was a mistake!; **Lo s. è stato mio**; **avrei dovuto rifiutare**, it was my fault; I should have refused **2** (*colpa morale, errore*) error: **gli sbagli della gioventù**, the errors of youth.

sbalestraménto, *m*. **1** wandering; (*digressione*) digression; beating about the bush (*fam.*).

sbalestràre, **A** *v. i.* **1** (*sbagliare il segno*) to miss the mark **2** (*fig.: divagare*) to wander from the point; to beat* about the bush (*fam.*). **B** *v. t.* **1** (*gettare, scagliare*) to fling*; to hurl: **Il vento sbalestrò la barca contro gli scogli**, the wind hurled the boat against the rocks **2** (*fig.: assegnare a una sede lontana*) to send*; to remove; to shift: **s. q. da Roma a Torino**, to remove (*o* to shift) sb. from Rome to Turin.

sbalestrato, *a*. **1** (*squilibrato*) unbalanced: **una mente sbalestrata**, an unbalanced mind **2** (*in uno stato di disagio*) upset; ill at ease; uneasy.

sballàre, **A** *v. t.* to unpack: **s. merci**, to unpack goods. **B** *v. i.* (*nei gioco*) to go* out.

sballàre (2), *v. t.* (*fam.: dire, raccontare*) to tell*; to talk: **s. fandonie**, to tell stories. ● **sballarle grosse**, to talk big; to draw the long bow (*fam.*); to talk through one's hat (*pop.*).

sballato, *a*. **1** (*privo di equilibrio*) unbalanced; deranged: **una mente sballata**, an unbalanced mind **2** (*privo di fondamento*) without foundation; (*inventato*) made-up, trumped-up; (*privo di logica*) senseless, meaningless: **una notizia sballata**, a trumped-up story.

sballatura, *f*. **sballo**, *m*. unpacking.

sballóne, *m*. (*pop.*) humbug; story-teller: **È uno s. e non gli si può credere**, he's a humbug; you can't believe a word of what he says.

sballottaménto, *m*. tossing; jerking; jolting; (*lo spingere qua e là*) pushing about.

sballottàre, *v. t.* to toss; to toss about; to jerk; to jolt; (*spingere qua e là*) to push about: **essere sballottato dalla folla**, to be pushed about in the crowd; **essere sballottato dalle onde**, to be tossed by the waves. ● **essere sballottato da un posto all'altro**, to be driven from pillar to post.

sballòttio, *m*. (continual) tossing.

sbalordiménto, *m*. **1** bewilderment; stupor; stupefaction **2** (*meraviglia*) wonder; (*sorpresa*) amazement, astonishment.

sbalordìre, **A** *v. t.* **1** to bewilder; to daze; to stupefy; (*stordire*) to stun: **s. q. con un colpo alla testa**, to stun sb. with a blow upon the head **2** (*stupire*) to amaze; to astonish; to astound; to dumbfound; to flabbergast. **B** *v. i.* **1** (*rimanere privo di sensi*) to lose* consciousness **2** (*rimanere sbigottito*) to be bewildered. ● (*fig.*) **una cosa da (far) s.**, a most wonderful thing; a stunning thing (*fam.*).

sbalordìtàggine, *f*. **1** (*atto da balordo*) stupid (*o* foolish, silly, crazy) action; (*parole da balordo*) piece of nonsense **2** (*balordaggine*) stolidity; dullness; stupidity; foolishness.

sbalordìtìvo, *a*. **1** amazing; astounding; astonishing; stunning (*fam.*) **2** (*incredibile, esagerato*) staggering; incredible: **prezzi sbalordìtivi**, staggering prices.

sbalordìto, *a*. **1** bewildered; in bewilderment; stupefied; (*stordito*) dazed, stunned: **guardarsi attorno s.**, to look round in bewilderment; **sembrare s.**, to look bewildered **2** (*stupito*) amazed; astonished; astounded; lost in amazement: **rimanere s. dalle parole di q.**, to be amazed at sb.'s words; **Quando mi vide, rimase s.**, he was astonished at seeing me.

sbalzàre (1), **A** *v. t.* **1** (*lanciare*) to hurl; to fling*; to throw* (down): **s. di sella**, to throw from the saddle; to unsaddle **2** (*fig.: sbalestrare*) to send*; to remove; to shift: **s. q. da Roma a Milano**, to remove (*o* to shift) sb. from Rome to Milan **3** (*fig.: allontanare da una carica, un ufficio, e sim.*) to dismiss (from a position, an office); to remove. **B** *v. i.* (*balzare*) to bounce; to spring*; (*saltare*) to leap*, to jump: **s. dal letto**, to bounce (*o* to spring) out of bed; **s. giù per le scale**, to bounce (*o* to jump) down the stairs; **s. in un fosso**, to bounce (*o* to leap) into a ditch.

sbalzàre (2), *v. t.* (*metall.: lavorare a sbalzo*) to emboss.

sbalzato, *a*. (*metall.*) embossed: **argento s.**, embossed silver.

sbalzatóre, *m*. (*chi esegue lavori a sbalzo*) embosser.

sbalzellàre, *v. i.* to jolt; to jerk; to bump: **Il treno si mosse sbalzellando**, the train jerked along; **La vecchia carrozza correva sbalzellando lungo la strada sassosa**, the old carriage bumped along the stony road.

sbalzellóni, *avv*. hopping; skipping. ● **camminare s.**, to hop along.

sbalzo (1), *m*. **1** jolt; jerk; start; hitch; (*salto*) bound, leap, jump; (*rimbalzo*) bounce: **uno s. improvviso**, a sudden jerk; a jolt; **cogliere la palla di s.**, to catch the ball on the bounce; **dare uno s.**, to jerk; (*sobbalzare*) to give a start, to start; **fermarsi con uno s.**, to stop with a jerk **2** (*fig.: cambiamento improvviso*) sudden change; jump: **uno s. di temperatura**, a sudden change in temperature. ● (*fig.*) **gli sbalzi della vita**, the ups and downs of life □ **a sbalzi**, (*irregolarmente*) jerkily; by leaps and bounds; by fits and starts; (*saltuariamente*) desultorily; (*a intervalli*) at intervals, on and off □ **muoversi a sbalzi**, to jolt along; to jerk along.

sbalzo (2), *m*. **1** (*metall.*) embossment **2** (*archit.*) projecting part; overhang **3** (*edil.*) jutty; jetty. ● (*archit.*) **a s.**, overhanging; cantilevered □ (*metall.*) **lavorare a s.** (*in rilievo*), to emboss □ (*metall.*) **lavoro a s.**, embossing.

sbancaménto, *m*. excavation; (*min.*) strip, stripping.

sbancàre (1), **A** *v. t.* **1** (*in un gioco d'azzardo*) to break* (the bank) **2** (*fig.: far fallire*) to bankrupt; to ruin. **sbancarsi**, **B** *v. rifl.* (*fig.*) to ruin oneself; to be ruined; to go* broke (*pop.*).

sbancàre (2), *v. t.* (*scavare*) to excavate; to move earth from.

sbandaménto, *m*. **1** disbandment; disbanding; dispersion **2** (*autom.*) skid; skidding; side-slip **3** (*naut.*) list; heel; heeling; careening **4** (*aeron.*) bank; banking.

sbandàre, **A** *v. t.* to disband (*anche mil.*); to disperse; to scatter: **s. le truppe** (**un esercito**), to disband the troops (an army). **B** *v. i.* **1** (*autom.*) to skid; to side-slip: **L'automobile sbandò**, the motor-car skidded **2** (*naut.*) to list; to heel; to careen **3** (*aeron.*) to bank **4** (*fig.: deviare*) to lean*; to tend.

sbandarsi, **C** *v. rifl.* **1** to disband; to disperse; to scatter: **Quando arrivò la polizia, la folla si sbandò**, the crowd dispersed when the police came **2** (*fig.: dividersi*) to break* up; to fall* apart.

sbandata, *f*. **1** V. **sbandamento**, *def.* 2, 3 e 4 **2** (*fig., fam.*) crush (*pop.*): **prendere una s. per q.**, to get a crush on sb.

sbandato, **A** *a*. **1** disbanded; dispersed; stray **2** (*fig.: disorientato*) bewildered; confused; mixed-up. ● **una nave sbandata**, a vessel thrown on her beam-ends. **B** *m*. **1** straggler **2** (*fig.*) mixed-up person.

sbandieraménto, *m*. **1** waving of flags **2** (*fig.: ostentazione*) ostentation; parade; display; showing off (*fam.*).

sbandierare, *v. t.* **1** to wave (flags) **2** (*fig.: ostentare*) to parade; to show off (*fam.*).

sbandierata, *f*. display of flags.

sbandòmetro, *m*. (*strumento aeron.*) bank-indicator.

sbaraccàre, (*fam.*) **A** *v. t.* to sweep* away; to get* rid of. **B** *v. i.* to pack up (and leave*); to clear out.

sbaragliàre, *v. t.* **1** (*mil.*) to rout; to put* to rout; to defeat and disperse: **s. i nemici**, to put the enemy to rout **2** (*disperdere*) to disperse; to scatter: **La polizia sbaragliò i dimostranti**, the police dispersed the demonstrators **3** (*per estens.: infliggere una sconfitta*) to overcome*. ● **un esercito sbaragliato**, a defeated and fleeing army.

sbaraglìno, *m*. (*gioco*) backgammon.

sbaràglio, *m*. (*mil.*) rout; defeat. ● **buttarsi** (*o* **gettarsi**) **allo s.**, to chance one's arm (*fam.*) □ **mettere allo s.**, to endanger; to jeopardize.

sbarazzare, **A** *v. t.* to rid* (of); to free (from); to clear: **s. la tavola**, to clear the table; **s. q. da un compagno noioso**, to rid sb. of a troublesome companion; **Qualche volta le strade devono essere sbarazzate dalla neve**, the streets sometimes have to be cleared of snow. **sbarazzarsi**, **B** *v. rifl.* to rid* oneself (of); to get* rid (of); to get* free (from): **s. di q.** (**di q.c.**), to get rid of sb. (of st.).

sbarazzìna, *f*. romp; tomboy.

sbarazzìno, **A** *m*. scamp; (little) rascal; (little) scoundrel. **B** *a*. roguish; free-and-easy.

sbarbàre, **A** *v. t.* **1** (*sradicare*) to uproot (*anche fig.*); to root out; (*estirpare, anche fig.*) to extirpate, to eradicate, to weed out: **s. le male erbe**, to extirpate weeds; **s. un albero**, to uproot a tree

sbarbatèllo

2 (*radere la barba*) to shave; to give* a shave (to) 3 (*mecc.*) to shave. **sbarbarsi, B** *v. rifl.* (*radersi*) to shave (oneself); to have a shave.

sbarbatèllo, *m.* young shaver; greenhorn.

sbarbato, *a.* (*rasato*) (clean-)shaven.

sbarbatrice, *f.* (*mecc.*) shaving-machine.

sbarbatura, *f.* (*ind.*) shaving.

sbarbettatura, *f.* (*agric.*) pruning of roots.

sbarbicare, *v. t.* (*anche fig.*) to uproot; to root out; to extirpate; to eradicate: **s. la superstizione,** to extirpate superstition; **s. un albero,** to uproot a tree.

sbarcare, A *v. t.* 1 (*passeggeri: da una nave*) to disembark; to land; to set* ashore; (*da un aereo*) to land; (*da un autobus*) to put* down; (*merci*) to unload, to discharge, to deliver: **s. un carico,** to unload a cargo; **s. un esercito,** to land an army 2 (*fam.: far scendere da un mezzo di trasporto*) to land: **L'autobus lo sbarcò alla stazione,** the bus landed him at the station 3 (*fig.: trascorrere*) to spend*; to pass: **s. l'estate discretamente,** to spend the summer fairly well. **B** *v. i.* 1 to disembark; to land; (*temporaneamente*) to go* ashore: **s. a Napoli,** to land at Naples; **s. a tutti i porti,** to go ashore at every port; **Le truppe sbarcarono a Tripoli,** the troops disembarked (*o* landed) at Tripoli 2 (*fam.: scendere da un mezzo di trasporto*) to land; to alight: **s. a una locanda,** to land at an inn 3 (*cessare di far parte dell'equipaggio di una nave*) to be discharged. ● (*pop.*) **sbarcarla** (*o* **sbarcarsela**), to get on (*o* along) as well as one can.

sbarcatóio, *m.* landing-place; landing-stage.

sbarco, *m.* disembarkation; disembarking; disembarking; landing; (*di merci*) unloading, discharge: **lo s. dei passeggeri,** the landing of passengers; **luogo di s.,** landing-place; landing-stage; (*mil.*) **mezzo da s.,** landing-craft; (*mil.*) **unità da s.,** landing-force; **allo s.,** (*dei passeggeri*) on landing; (*delle merci*) on unloading. ● **ponte di s.,** gangway □ (*mil.*) **truppe da s.,** marines.

sbardare, *v. t.* to unharness.

sbarèllo, *m.* (*trasporti*) dump truck.

sbarra, *f.* 1 (*anche fig.*) bar: **una s. di ferro,** an iron bar; **le sbarre d'una inferriata,** the bars of a grating; **s. per griglia,** fire bar; **s. spaziatrice** (*d'una macchina da scrivere*), space-bar; (*fis.*) **s. collettrice,** bus-bar; (*edil.*) **s. di porta,** locking bar 2 (*ginnastica*) (horizontal) bar 3 (*lineetta obliqua*) oblique (*o* slanted) stroke 4 (*naut.: barra del timone*) tiller 5 (*leg.*) bar 6 (*araldica*) bend sinister 7 (*mus.*) double bar. ● **s. a bilico,** bascule barrier □ (*leg.*) **presentarsi alla s.,** to appear before the Court.

sbarraménto, *m.* 1 barrage; barring; blocking; obstruction; (*di acque*) dam, weir; (*barricata*) barricade, defence, blockade; (*mil.*) **s. antiaereo,** antiaircraft barrage; (*aeron. mil.*) **s. di palloni,** balloon barrage; (*naut.*) **s. di reti,** net defence; (*naut.*) **s. ultrasonico,** supersonic barrage; (*mil.*) **tiro di s.,** barrage fire 2 (*econ.*) crossing: **s. particolare,** special crossing. ● (*mil.*) **s. di mine,** mine-field.

sbarrare, *v. t.* 1 to bar (*anche fig.*); (*ostruire*) to block, to obstruct; (*arginare*) to dam; (*barricare*) to barricade: **s. il passo,** to bar the way; **s. l'ingresso,** to obstruct the entrance; **s. una porta,** to bar a door; **s. una strada,** to block (up) a road 2 (*spalancare*) to open wide: **s. gli occhi,** to open one's eyes wide 3 (*econ.*) to cross: **s. un assegno,** to cross a cheque.

sbarrato, *a.* 1 barred; (*ostruito*) blocked, obstructed: **una finestra sbarrata,** a barred window; **una strada sbarrata,** a blocked road 2 (*spalancato*) wide open: **Aveva gli occhi sbarrati,** his (*o* her) eyes were wide open 3 (*econ.*) crossed: **un assegno s.,** a crossed cheque.

sbarrétta, *f.* (*tipogr.*) bar. ● **sbarrette parallele,** parallels.

sbarrista, *m.* e *f.* (*ginnastica*) (horizontal) bar expert.

sbassaménto, *m.* lowering; reduction.

sbassare, *v. t.* to lower; to make* lower; to reduce (the height of).

sbastire, *v. t.* to take* the basting (*o* the tacking) out of.

sbatacchiaménto, *m.* banging; slamming; bumping; (*di ali, vele, ecc.*) flapping.

sbatacchiare, A *v. t.* 1 to bang; to slam: **s. una porta** (**una finestra**), to bang a door (a window); **s. le imposte,** to bang the shutters (to and fro); **s. l'uscio in faccia a q.,** to slam the door in sb.'s face 2 (*gettare violentemente*) to dash; to hurl; to fling*; to slap down: **s. q.c. contro il muro,** to dash st. against the wall; **s. q. per terra,** to dash sb. to the ground; to knock sb. down; **s. un libro sul tavolo,** to slap a book down on the table 3 (*ali, vele, ecc.*) to flap: **L'uccello sbatacchiava le ali,** the bird was flapping its wings. **B** *v. i.* to bang; to slam: **Le porte sbatacchiano,** the doors are banging.

sbatacchiata, *f.* bang; slam. ● **dare una s. all'uscio,** to bang (*o* to slam) the door □ **uscire dando una s. all'uscio,** to bang the door behind one.

sbatàcchio, *m.* prop; (*min.*) stull.

sbàttere, A *v. t.* 1 to bang; to slam; to beat*; (*urtare*) to knock, to bump; (*scuotere*) to shake*, to toss: **s. usci e finestre,** to bang doors and windows; **s. la porta in faccia a q.,** to slam the door in sb.'s face; **s. la testa nel muro,** to bump one's head against the wall; (*fig.*) to knock one's head against a brick wall; **s. q.c. contro q.c. altro,** to knock (*o* to bang) st. against st. else; **s. q.c. sul tavolo,** to bang st. on the table; **s. un cuscino,** to shake (up) a cushion; **Il vento sbatteva i rami,** the wind was shaking (*o* tossing) the branches 2 (*gettare violentemente*) to dash; to hurl; to fling*; to cast*; (*buttare fuori*) to throw* out (*fig.*). **s. q.c. in faccia a q.,** to cast st. in sb.'s teeth; **s. q.c. contro il muro,** to dash st. against the wall; **La nave fu sbattuta contro gli scogli,** the ship was dashed against the rocks; **Se non la smetti, ti sbatto fuori della stanza,** if you don't stop it, I'll throw you out of the room 3 (*sbalestrare*) to send*; to shift; to remove: **È stato sbattuto in Sicilia,** he has been sent (away) to Sicily 4 (*battere*) to beat*; (*montare*) to whip: **s. un uovo,** to beat (up) an egg; **s. le chiare a neve,** to whip the whites (of the eggs) 5 (*ali, vele, ecc.*) to flap: **L'uccello sbatteva le ali,** the bird was flapping its wings 6 (*fam.: rendere smorto*) to make* (sb., st.) look wan (*o* pale): **Questa tinta ti sbatte,** this shade makes you look pale (*o* look like a ghost). **B** *v. i.* 1 (*di porte, finestre*) to bang; to slam; to rattle: **Una porta sbatte,** a door is banging 2 (*di ali, vele, ecc.*) to flap: **Le vele sbattevano contro l'albero,** the sails were flapping against the mast. ● **s. i piedi,** to stamp one's feet □ **s. q. fuori dell'uscio,** to turn sb. out □ (*fam.*) **s. q. in prigione,** to fling sb. into prison □ **s. i tacchi,** to click one's heels □ (*del vento*) **far s.,** to flap: **Il vento faceva sbattere le vele,** the wind was flapping the sails □ (*fam.*) **non sapere dove s. la testa,** not to know which way to turn. **sbàttersi, C** *v. rifl.* 1 (*sballottarsi*) to toss (oneself) about 2 (*dibattersi*) to struggle. ● (*fig., volg.*) **s. di q.c.** (*o* **sbattersene**), not to give a damn.

sbattezzare, A *v. t.* to unchristianize; to make* (sb.) abjure Christianity; to turn (sb.) from Christianity. **sbattezzarsi, B** *v. rifl.* 1 (*abiurare la religione cristiana*) to abjure (*o* to turn from) Christianity 2 (*cambiare nome*) to change one's name.

sbattighiàccio, *m.* shaker.

sbattiménto, *m.* 1 (*di porte, finestre*) banging; slamming 2 (*scuotimento*) shaking; tossing 3 (*di vele, ali, ecc.*) flapping 4 (*di uova e sim.*) beating; whipping 5 (*aeron.*) flutter; (*delle pale*) flapping: **s. asimmetrico,** asymmetrical flutter; **s. di stallo,** stalling flutter; **cerniera di s.,** flapping hinge.

sbattitóre, *m.* (*elettrodomestico*) beater.

sbattitura, *V.* **sbattimento.**

sbattiuòva, *m.* (egg-)whisk; egg-beater.

sbattuta, *f.* shake; shaking; toss; tossing: **dare una s. a q.c.,** to give st. a shake.

sbattuto, *a.* 1 (*sballottato*) tossed: **una nave sbattuta dalle onde,** a ship tossed (about) by the waves 2 (*di uova e sim.*) beaten; whipped: **un uovo s.,** a beaten egg (*fig.: abbattuto*) dejected; depressed; downcast; (*stanco*) tired out; (*smorto*) wan; (*pallido*) pale.

sbavagliare, *v. t.* to ungag.

sbavaménto, *m.* slavering; slobbering; dribbling; drooling.

sbavare, A *v. i.* 1 to slaver; to slobber; to dribble; to drool 2 (*tipogr.*) to smudge; to blur 3 (*di rossetto*) to smear. **B** *v. t.* 1 to slaver over; to dribble; to dribble on; to slobber 2 (*metall.*) to clean; to trim; to snag 3 (*mecc.*) to burr; to deburr. **sbavarsi, C** *v. rifl.* to beslaver oneself; to beslobber oneself.

sbavatóre, *m.* (*metall.*) cleaner; trimmer.

sbavatrice, *f.* (*mecc.*) snagging-machine; snag-grinder.

sbavatura, *f.* 1 (*lo sbavare*) slavering; slobbering; dribbling; drooling 2 (*bava*) slaver; slobber; dribble 3 (*di lumaca*) slime 4 (*di rossetto*) smear 5 (*metall.*) trimming 6 (*mecc.*) burr 7 (*tipogr.*) blur; smudge 8 (*fig.: divagazione*) wandering from the point. ● (*metall.*) **molatrice per s.,** snag-grinder.

sbeccare, sbeccucciare, A *v. t.* to break* the spout (of); to chip the edge (of): **s. un bicchiere,** to chip the edge of a glass. **sbeccarsi, sbeccucciarsi, B** *v. rifl.* to chip.

sbeccucciato, *a.* chipped (at the edge).

sbeffeggiare, *v. t.* to mock.

sbellicarsi, *v. rifl.* – **s. dalle risa** (*o* **dal ridere**), to split (*o* to burst) one's sides with laughter (*o* with laughing).

sbendare, *v. t.* to unbandage; to remove the bandage (*o* bandages) from (sb., st.); to uncover: **s. gli occhi,** to uncover one's eyes.

sberciare, *v. i.* (*pop.*) 1 (*non cogliere nel segno*) to miss the mark 2 (*gridare ad alta voce*) to bawl; to bellow; to yell.

sbèrla, *f.* (*schiaffo*) slap; cuff: **dare una s. a q.,** to give sb. a (good) cuff; to slap sb.; to cuff sb.

sberlèffo, *m.* (*gesto di scherno*) sneer; jeer; (*smorfia*) grimace: **fare uno s.,** to make a grimace (*o* a wry face).

sberrettarsi, *v. rifl.* to take* off one's cap; to cap (to).

sbertucciare, *v. t.* 1 (*sgualcire*) to crush; to crumple 2 (*fig.:*

schernire) to mock; to sneer at (sb.); to make* fun of (sb.).

sbertucciato, *a.* crushed; crumpled; battered: **un vecchio cappello s.**, a battered old hat.

sbevazzare, *v. i.* (*spreg.*) to tipple; to bouse, to booze (*pop.*).

sbevazzatóre, *m.* (*raro*) toper (*lett.*); tippler; bouser, boozer (*pop.*).

sbiadire, *v. i.* e t. **sbiadirsi**, *v. rifl.* to fade: **Questa stoffa non sbiadirà mai**, this material will never fade; **Il sole ha sbiadito il tappeto**, the sun has faded the carpet.

sbiadito, *a.* **1** faded: **un vestito (un colore) s.**, a faded dress (colour) **2** (*fig.: scialbo*) colourless; dull; (*monotono*) monotonous: **uno stile s.**, a dull style; **un racconto s.**, a colourless (*o* dull) story **3** (*fig.: sfiorito*) faded: **bellezza sbiadita**, faded beauty.

sbianca, *f.* (*ind. tessile, cartaria*) bleaching.

sbiancante, **A** *a.* bleaching. **B** *m.* bleacher; whitener.

sbiancare, **A** *v. t.* **1** (*rendere bianco*) to whiten **2** (*ind. tessile*) to bleach. **B** *v. i.* e **sbiancarsi**, *v. rifl.* **1** (*diventare bianco*) to whiten; to turn white; (*impallidire*) to grow* pale **2** (*ind. tessile*) to bleach.

sbiancato, *a.* whitened; (*bianco*) white; (*pallido*) pale: **un viso s.**, a pale face.

sbianchiménto, *V.* **sbianca**.

sbianchire, **A** *v. t.* **1** to whiten **2** (*cucina*) to parboil. **B** *v. i.* to whiten; to turn white; (*impallidire*) to grow* pale.

sbicchierare, *v. i.* to have a drink in merry company.

sbicchierata, *f.* drink in merry company. ● **fare una s.**, to have a drink together.

sbiecamente, *avv.* **1** (*obliquamente*) aslant; obliquely; sideways **2** (*di traverso*) askance; askant; askew; asquint; awry.

sbièco, *a.* aslant (*pred.*); slanting; slantwise; (*storto*) askew, asquint, awry (*pred.*); (*obliquo*) oblique; sidelong. ● **di s.**, on the slant, on the bias, slantingly, slantwise, slantways; (*di traverso*) askance, askant, askew, asquint, awry; (*obliquamente*) obliquely, sideways: **attaccare q.c. di s.**, to hang st. askew; (*anche fig.*) **guardare q. di s.**, to look askance at sb.; **tagliare q.c. di s.**, to cut st. on the bias.

sbiettare, *v. t.* (*levare la bietta*) to unwedge.

sbiettatura, *f.* unwedging.

sbigottiménto, *m.* bewilderment; (*costernazione*) dismay.

sbigottire, **A** *v. t.* to bewilder; (*costernare*) to dismay, to appal. **B** *v. i.* e **sbigottirsi**, *v. rifl.* to be bewildered; to be dismayed; to stand* aghast.

sbigottito, *a.* bewildered; (*costernato*) dismayed; appalled; aghast (*pred.*).

sbilanciaménto, *m.* loss of balance; unbalance; upset.

sbilanciare, **A** *v. t.* **1** to unbalance; to overbalance; to put* (*o* to throw*) out of balance **2** (*fig.: dissestare*) to put* into difficulties; (*dissestare economicamente*) to cause financial problems. **B** *v. i.* to overbalance. **sbilanciarsi**, **C** *v. rifl.* **1** (*perdere l'equilibrio*) to lose* one's balance; to overbalance **2** (*compromettersi*) to compromise oneself; (*nel parlare*) to exaggerate; to go* too far; (*nello spendere*) to overspend*; to be a spendthrift. ● **non s. troppo**, (*nel parlare*) to weigh one's words; (*nello spendere*) to be no spendthrift.

sbilàncio, *m.* **1** unbalance; lack of balance **2** (*fin., rag.*) deficit, deficiency; (*eccesso*) excess; (*perdita*) loss: **uno s. di ottanta sterline**, a deficit of eighty pounds; **uno s. di spese**, an excess of expenditure.

sbilènco, *a.* crooked; (*mal fatto*) misshapen, ill-proportioned; (*di gambe*) bandy: **un uomo s.**, a crooked (*o* a misshapen) man; **dalle gambe sbilenche**, bandy-legged; bow-legged; **avere le gambe sbilenche**, to be bandy-legged (*o* bow-legged).

sbirciare, *v. t.* **1** (*guardare di sottecchi*) to peer (*o* to peep) at (sb., st.); (*di traverso*) to glance at (sb., st.) out of the corner of one's eye; to look at (sb., st.) sidelong; (*di sfuggita*) to look hastily at (sb., st.) **2** (*scrutare*) to scan; to eye.

sbirciata, *f.* glance; peer; peep: **dare una s. a q.**, to take a glance at sb.; to glance at sb.

sbirràglia, *f.* (*spreg.*) police (*collett.*); cops (*pl., fam.*); the law (*fam.*).

sbirrésco, *a.* **1** policeman-like **2** (*brutale*) brutal.

sbirro, *m.* **1** (*spreg.*) policeman*; bobby (*fam.*); copper, cop (*fam.*); pig (*spreg.*) **2** (*naut.*) strop. ● **essere furbo quanto sette sbirri**, to be a sly fox.

sbizzarrire, **A** *v. t.* to cure (sb.) of (his) whims (*o* fancies).

sbizzarrirsi, **B** *v. rifl.* to indulge one's whims (*o* fancies); to have one's own way.

sbloccaménto, *m.* **1** (*mil.*) raising of a blockade **2** (*mecc.*) unblocking; releasing (of a brake) **3** (*di affitti, ecc.*) decontrol; (*di prezzi, fondi, ecc.*) unfreezing.

sbloccare, *v. t.* **1** (*mil.*) to raise the blockade (of): **s. una città (un porto)**, to raise the blockade of a town (a port) **2** (*mecc.*) to release (the brake); to free **3** (*di affitti, ecc.*) to decontrol; to deregulate; (*di prezzi, fondi, ecc.*) to unfreeze*.

sblòcco, *m.* **1** (*mil.*) raising of a (*o* of the) blockade **2** (*mecc.*) release **3** (*di affitti, ecc.*) decontrol; deregulation; (*di prezzi, fondi, ecc.*) unfreezing.

sbòbba, *f.* (*pop.: brodaglia*) slop; dish-water.

sboccare, **A** *v. i.* **1** (*di corsi d'acqua*) to disembogue (into); to flow (into); to run* (into): **s. nel mare**, to flow (*o* to run) into the sea; **Il Po sbocca nell'Adriatico**, the Po flows into the Adriatic Sea **2** (*di strade, ecc.*) to lead* (to, into); to open (to, into): **una valle che sbocca nella spiaggia**, a valley opening to the shore; **Questa via sbocca in una piazza**, this street leads into a square **3** (*irrompere*) to pour (into); to rush (into): **La folla sboccò sulla piazza**, the crowd poured into the square **4** (*fig.: andare a finire*) to end (up). **B** *v. t.* **1** (*rompere all'imboccatura*) to break* the neck of (st.); to chip the edge of (st.): **s. una bottiglia**, to chip the edge of a bottle **2** (*togliere un po' di liquido da un recipiente pieno*) to pour a few drops from (st.).

sboccaggine, **sboccatezza**, *f.* coarseness of language.

sboccato, *a.* **1** (*rotto all'imboccatura*) chipped (at the edge): **Il fiasco è s.**, the flask has a chipped edge **2** (*di cavallo*) hard-mouthed **3** (*di persona*) foul-mouthed; foul-tongued; coarse: **un uomo s.**, a foul-mouthed man.

sbocciare (1), *v. i.* **1** (*bot.*) to bud; to blossom; to bloom **2** (*fig.: nascere*) to originate (from, in); to rise* (from); to spring* (from).

sbocciare (2), *v. t.* (*nel gioco delle bocce*) to hit* (the opponent's bowl).

sbòccio, *m.* blossoming; blooming: **lo s. dei fiori**, the blossoming of flowers. ● **di s.**, in bud □ (*fig.*) **di primo s.**, in the bloom of youth.

sbócco, *m.* **1** (*lo sboccare*) flowing (into) **2** (*di un fiume*) (river) mouth; outfall **3** (*bocca*) mouth; (*varco*) opening: **lo s. d'una galleria**, the mouth of a tunnel **4** (*via d'uscita*) outlet; exit; passage out; way out: **Non vedo lo s. di questa situazione**, I see no way out of this situation **5** (*comm.*) outlet; (*mercato*) market, channel of trade: **cercare nuovi sbocchi**, to open new markets. ● **s. di sangue**, expectoration of blood; (*emottisi*) haemoptysis.

sbocconcellare, *v. t.* **1** (*mangiare a piccoli bocconi*) to nibble; to nibble at; to peck at (*fam.*) **2** (*fig.: spezzettare*) to split* up into small pieces **3** (*piatti, tazze, ecc.*) to chip (at the edge).

sbocconcellato, *a.* **1** nibbled **2** (*rotto all'imboccatura*) chipped (at the edge).

sbocconcellatura, *f.* **1** (*lo sbocconcellare*) nibble; nibbling **2** (*segno che resta nella cosa sbocconcellata*) chip: **Questo bicchiere ha una s.**, this glass has a chip on the edge.

sbòffo, *m.* puff. ● **maniche con gli sboffi**, puff (*o* puffed) sleeves.

sbollare, *v. t.* to break* the seal (of); to unseal: **s. una lettera**, to unseal a letter.

sbollentare, *v. t.* (*cucina*) to parboil.

sbollire, *v. i.* **1** to stop boiling **2** (*fig.*) to cool down; to calm down: **Spero che gli sia sbollita l'ira**, I hope his anger has cooled down.

sbolognare, *v. t.* **1** (*fam.*) to palm (st.) off (on sb.) **2** (*fig.: levarsi di torno*) to get* rid of (sb.).

sbòrnia, *f.* (*fam.*) intoxication (*anche fig.*); drunkenness. ● **avere una bella s.**, to be blind-drunk (*o* dead-drunk); to be as drunk as a lord □ **prendere una bella s.**, to get drunk (*o* high) □ **smaltire la s.**, to sober down; (*dormendo*) to sleep off a drunk.

sborniarsi, *v. rifl.* (*fam.*) to get* drunk.

sborniato, *a.* (*fam.*) drunk; high, tight (*fam.*).

sborniόne, *m.* (*fam.*) drunkard; tippler; boozer (*fam.*).

sborsare, *v. t.* to disburse; (*pagare*) to pay* out; to shell out (*fam.*); to fork out (*fam.*); (*spendere*) to spend*.

sbórso, *m.* **1** (*lo sborsare*) disbursement; expenditure; paying out **2** (*denaro sborsato*) outlay; disbursement; money paid out.

sboscaménto, *m.* disafforestation; deforestation; clearing of trees.

sboscare, *v. t.* to disafforest; to deforest; to clear of trees.

sbottare, *v. i.* (*fam.*) to burst* out; to blurt out; to speak* up: **s. a ridere**, to burst out laughing; **Non potei frenarmi e sbottai**, I couldn't stand it any longer, so I spoke up.

sbottata, *f.* burst; outburst; explosion: **una s. di pianto**, a burst of weeping; **una s. di risa**, an outburst (*o* an explosion) of laughter.

sbòtto, *V.* **sbottata**.

sbottonare, **A** *v. t.* to unbutton. **sbottonarsi**, **B** *v. rifl.* **1** to unbutton (oneself): **Mi sbottonai il cappotto**, I unbuttoned my coat **2** (*fig., fam.*) to unbosom oneself; to disclose one's feelings (*o* thoughts); to open up: **Egli è l'ultima persona con cui mi sbottonerei**, he is the last person to whom I could unbosom myself.

sbottonatura, *f.* unbuttonment; unbuttoning.

sbozzare, *v. t.* **1** to outline; to sketch out **2** (*mecc.: carpenteria, ecc.*) to rough; to rough-shape; (*marmo, ecc.*) to rough-hew*. ●

sbozzato

(*mecc.*) **s. alla macchina utensile**, to rough-machine □ (*carpenteria*) **s. alla pialla**, to rough-plane □ **s. una pietra**, to scabble (a stone).

sbozzato, *a.* rough-hewn; rough-shaped; roughly shaped out; roughly wrought.

sbozzatóre, *m.* (*marmoraio*) rough-hewer.

sbozzatura, *f.* rough sketch; (rough) outline.

sbozzimare, *v. t.* (*ind. tessile*) to desize.

sbozzimatrice, *f.* (*ind. tessile*) desizing machine.

sbozzino, *m.* (*carpenteria*) jack-plane.

sbòzzo, *m.* rough sketch; (rough) outline.

sbozzolare, A *v. t.* (*staccare i bozzoli*) to take* the cocoons from. **B** *v. i.* (*uscire dal bozzolo*) to come* out of the cocoon.

sbozzolatura, *f.* (*operazione dello sbozzolare*) taking of the cocoons (from the leaves).

sbracalato, *a.* (*spreg.*) slovenly; sloppy.

sbracare, A *v. t.* to take* (sb.'s) trousers off. **sbracarsi, B** *v. rifl.* to take* off one's trousers. ● **s. dalle risa**, to roar (*o* to yell) with laughter.

sbracato, *a.* **1** trouserless **2** (*trasandato*) slovenly; sloppy **3** (*fig.: sguaiato*) coarse; vulgar: **risa sbracate**, coarse laughter.

sbracciarsi, *v. rifl.* **1** (*scoprirsi le braccia*) to uncover one's arms; to roll up (*o* to tuck up) one's sleeves **2** (*gesticolare*) to gesticulate; to saw* the air **3** (*fig.: adoperarsi con ogni sforzo*) to do* one's best (*o* all one can); to spare no efforts; to leave* no stone unturned (*fam.*).

sbracciato, *a.* **1** with bare arms; bare-armed; (*con le maniche rimboccate*) with one's sleeves rolled up (*o* tucked up) **2** (*rif. ad abito*) short-sleeved; (*senza maniche*) sleeveless.

sbràccio, *m.* (*sport*) throwing action.

sbraciare, *v. t.* to poke: **s. il fuoco**, to poke the fire.

sbraciata, *f.* **1** poke: **dare una s. al fuoco**, to give the fire a poke **2** (*fig.: spacconata*) bragging; (*vanteria*) boasting.

sbraciatóio, *m.* poker.

sbraitaménto, *m.* shouting; bawling; screaming; yelling.

sbraitare, *v. t.* to shout (at the top of one's voice); to bawl; to scream; to yell: **s. come un ossesso**, to shout like one possessed.

sbraitóne, *m.* (*fam.*) bawler. ● **È uno s.!**, he is always shouting!; he never stops shouting!

sbramare, *v. t.* (*spogliare il risone della lolla*) to hull.

sbramatura, *f.* hulling.

sbramino, *m.* huller.

sbranaménto, *m.* tearing to pieces; lacerating.

sbranare, A *v. t.* (*anche fig.*) to tear* to pieces; to lacerate. **sbranarsi, B** *v. rifl. recipr.* (*fig.*) to tear* each other (*o* one another) to pieces.

sbrancare, A *v. t.* **1** (*far uscire dal branco*) to take* from the flock **2** (*disperdere*) to scatter; to drive* away; (*sbandare*) to disband. **sbrancarsi, B** *v. rifl.* **1** (*uscire dal branco*) to leave* the flock **2** (*disperdersi*) to disperse; to straggle; to stray.

sbrandellare, *v. t.* to tear* to tatters; to tear* to shreds.

sbrano, *m.* tear; rent.

sbrattare, *v. t.* to clear; to clear out; to clear up; (*riordinare*) to tidy up: **s. la tavola**, to clear the table; **s. una scrivania**, to clear up a writing-desk; **s. una stalla**, to clear out a stable; **s. una stanza**, to tidy up a room; **Sbrattate di qui!**, clear out (*o* off)!; away with you!; scram! (*pop.*).

sbrattata, *f.* clearing; clearing out; clearing up; (*riordinata*) tidying up. ● **dare una s. a una stanza**, to tidy up a room □ **dare una s. a un tavolino**, to clear up a table.

sbreccare, *v. t.* to chip (at the edge).

sbrecciare, *v. t.* to breach; to make* a breach (in st.).

sbrendolare, *v. i.* (*tosc.*) to hang* in tatters.

sbréndolo, *m.* (*tosc.*) tatter (*generalm. al pl.*); shred.

sbrendolóne, *m.* (*tosc.*) tatterdemalion; person all tattered and torn; ragamuffin.

sbriciolaménto, *m.* crumbling.

sbriciolare, A *v. t.* **1** to crumble: **s. il pane**, to crumble one's bread **2** (*fig.: annientare*) to crush; to destroy; to finish (*fam.*): **s. q.**, to finish sb. **sbriciolarsi, B** *v. rifl.* to crumble; to crumble away.

sbriciolatura, *f.* **1** (*lo sbriciolare*) crumbling **2** (*briciole*) crumbs (*pl.*): **raccogliere la s.**, to pick up the crumbs.

sbrigare, A *v. t.* **1** (*terminare con sollecitudine*) to dispatch; to get* through; to expedite; to work off; (*risolvere*) to settle, to arrange, to transact: **s. un affare**, to dispatch (*o* get through) a piece of business; **s. una questione**, to settle a matter; **Hanno già sbrigato tutto**, they have already arranged everything **2** (*comm.: ordinariamente, ecc.*) to rush. ● **s. la corrispondenza**, to clear off (*o* to do) the correspondence □ **s. q. in pochi minuti**, to get rid of (*o* to have done with) sb. in a few minutes. **sbrigarsi, B** *v. rifl.* **1** (*affrettarsi*) to make* haste; to hurry up; to be quick; to get* on with it: **Digli che si sbrighi!**, tell him to hurry up! (*o* to get a move on!); **Sbrigati: è tardi!**, hurry up: it's late! **2** (*levarsi d'attorno*) to rid* oneself (of); to get* rid (of); to get* free (from): **s. di q.**, to get rid of sb.; to have done with sb.: **Mi sbrigherò presto di quel seccatore!**, I'll soon get rid of that bore! ● **Me la sbrigo subito**, I'll be through in a minute.

sbrigativaménte, *avv.* in all haste, expeditiously; speedily; (*affrettatamente*) hurriedly, in a hurry.

sbrigatività, *f.* expeditiousness.

sbrigativo, *a.* hasty; expeditious; speedy; (*rapido*) swift, quick, rapid; (*affrettato*) hurried: **provvedimenti sbrigativi**, expeditious measures; **una risposta sbrigativa**, a hasty answer; **un pasto s.**, a hurried meal. ● **in modo s.**, in all haste; speedily; quickly; hurriedly □ **modi sbrigativi**, brusque ways □ **un uomo s.**, a go-ahead man (*fam.*).

sbrigliaménto, *m.* **1** (*lo sbrigliare*) unbridling **2** (*med.*) freeing (of an artery, a nerve, etc.).

sbrigliare, A *v. t.* **1** (*levare la briglia*) to unbridle **2** (*fig.: lasciare libero*) to give* the rein(s) (to); to allow full play (to); to let* go: **s. la fantasia**, to give (the) rein(s) to one's imagination; to give free play to one's imagination **3** (*med.*) to free. **sbrigliarsi, B** *v. rifl.* (*fig.: perdere ogni freno*) to unbridle oneself; to let* oneself go; to run* wild.

sbrigliata, *f.* (*fig.: ramanzina*) rebuke; scolding; lecture; dressing down (*fam.*): **dare a q. una bella s.**, to give sb. a good dressing down (*fam.*).

sbrigliatézza, *f.* lack of restraint; unrestraint; unruliness; wildness.

sbrigliato, *a.* **1** (*senza briglia*) unbridled; unreined; reinless: **un cavallo s.**, an unbridled horse **2** (*fig.*) unbridled; reinless; unruly; unrestrained; (*indisciplinato*) unruly, wild: **una fantasia sbrigliata**, an unbridled imagination; **un giovane s.**, a wild young man. ● **a velocità sbrigliata**, at top speed.

sbrinaménto, *m.* defrosting.

sbrinare, *v. t.* to defrost; to demist.

sbrinatóre, *m.* defroster; demister; (*autom.*) windscreen (*o*, *USA*, windshield) heater.

sbrindellare, A *v. t.* to tear* (*o* to reduce) to tatters; to tear* to shreds. **B** *v. i.* (*cadere a brandelli*) to be in tatters (*o* tattered).

sbrindellato, *a.* torn to shreds; in tatters; tattered.

sbrindèllo, *m.* (*pop.: brandello*) shred; rag; tatter (*generalm. al pl.*).

sbrindellóne, *m.* tatterdemalion; ragamuffin.

sbrinz, *m.* Sbrinz (hard cheese suitable for grating).

sbrodare, A *v. t.* to soil; to stain with soup. **sbrodarsi, B** *v. rifl.* to soil oneself; to get* soiled.

sbrodolaménto, *m.* **1** (*lo sbrodolare*) soiling; staining with soup **2** (*macchie*) stains (*pl.*) **3** (*fig.*) spinning out.

sbrodolare, A *v. t.* **1** to soil; to stain with soup **2** (*fig.: rendere prolisso*) to spin* out; to draw* out: **s. una conferenza**, to spin out a lecture. **sbrodolarsi, B** *v. rifl.* to soil oneself; to get* soiled.

sbrodolato, *a.* **1** soup-stained: **gonna sbrodolata**, soup-stained skirt **2** (*fig.: prolisso*) long-drawn-out; wordy; long-winded: **discorso s.**, long-drawn-out speech.

sbrodolóne, *m.* **1** slovenly (*o* messy) eater **2** (*fig.*) windbag; maunderer.

sbrogliare, A *v. t.* **1** to disentangle; to extricate; to unravel; to undo*: **s. una matassa**, to disentangle a skein **2** (*sgombrare*) to clear: **s. il tavolino**, to clear the table **3** (*fig.: risolvere*) to unravel; to clear up; to settle: **s. un affare urgente**, to settle an urgent matter. **sbrogliarsi, B** *v. rifl.* (*anche fig.*) to disentangle oneself; (*liberarsi*) to extricate oneself, to free oneself (from); (*sbarazzarsi*) to get* rid (of): **Questa matassa non vuole s.**, this skein won't disentangle; **s. da una situazione complicatissima**, to extricate oneself from a quagmire. ● **sbrogliarsela da sé**, to manage by oneself; to manage all alone □ **non riuscire a sbrogliarsela**, not to know how to get out of a difficulty □ **Lascia che il ragazzo se la sbrogli da sé!**, leave the boy to himself!

sbrónza, sbronzarsi, *V.* **sbòrnia, sborniarsi**.

sbrónzo, *a.* (*fam.*) drunk; high, tight (*fam.*).

sbruffare, *v. t.* **1** to spatter; to squirt; to splutter **2** (*fig.: raccontare imprese esagerate*) to brag; to boast **3** (*fig.: dare uno sbruffo*) to bribe; to give* a sop to (sb.).

sbruffata, *f.* spatter; squirt; splutter.

sbruffo, *m.* **1** spatter; squirt; splutter **2** (*fig.: mancia che si dà per ottenere agevolazioni*) bribe: **dare lo s. a q.**, to give sb. a bribe; to grease sb.'s palm (*fam.*); **prendere lo s.**, to take a bribe.

sbruffonata, *f.* swaggering; bragging; boasting.

sbruffóne, *m.* swaggerer; braggart; boaster.

sbucare, *v. i.* **1** to come* (*o* to get*) out (of a hole): **s. dalla tana**, to get out of one's den **2** (*uscire all'improvviso*, *apparire*) to spring*; to spring* out: **s. dal letto**, to spring out of bed (*o* from one's bed); **s. di sotto il letto**, to spring from under the bed.

sbucciafatiche, *m.* (*pop.*) skulker, skulk; slacker (*fam.*); (*poltrone*) lazy-bones (*fam.*).
sbucciaménto, *m.* peeling; paring.
sbucciapatate, *m.* potato-peeler.
sbucciare, **A** *v. t.* **1** to peel; to take* off the skin of (st.); to skin; to pare; to shuck: **s. le patate (un'arancia)**, to peel potatoes (an orange) **2** (*produrre un'abrasione*) to graze. **sbucciarsi**, **B** *v. rifl.* (*spogliarsi dell'involucro*) to cast* (*o* to shed*) one's skin; to slough off. ● (*fig., fam.*) **sbucciarsela**, to get off cheaply.
sbucciatóre, *m.* peeler.
sbucciatura, *f.* **1** (*lo sbucciare*) peeling; paring **2** (*abrasione della pelle*) graze. ● **farsi una s. al ginocchio**, to graze one's knee.
sbudellaménto, *m.* disembowelment; disembowelling.
sbudellare, **A** *v. t.* **1** (*cavare le budella a*) to disembowel; to gut; to draw*; (*pulire*) to clean: **spennare e s. un'oca**, to pluck and draw a goose **2** (*ferire gravemente al ventre*) to run* (sb.) through the guts. **sbudellarsi**, **B** *v. rifl. recipr.* to stab each other (*o* one another). **C** *v. rifl.* – (*pop.*) **s. dalle risa** (*o* **dal ridere**), to split one's sides with laughter.
sbuffante, *a.* puffing: **una locomotiva s.**, a puffing engine.
sbuffare, *v. i.* to puff; to whiff; to snort; (*ansimare*) to puff and blow*; to pant; (*soffiare*) to blow* hard: **s. come una locomotiva**, to puff like an engine; **Il treno si allontanò sbuffando**, the train puffed away; **Il poveretto sbuffa ancora**, the poor old man is still panting and puffing; **Il cavallo sbuffava**, the horse snorted; **s. di rabbia**, to snort (*o* to fume) with rage.
sbuffata, *f.* puff; whiff.
sbuffo, *m.* **1** puff; whiff; snort: **sbuffi di fumo**, puffs (*o* whiffs) of smoke; **uno s. di vento**, a puff of wind; **fare uno s.**, to emit a puff; to puff out **2** (*sboffo*) puff.
sbugiardare, *v. t.* to give* the lie to: **s. q.**, to give sb. the lie.
sbullettare, **A** *v. t.* to untack. **B** *v. i.* (*detto di intonaco*) to blister.
sbullonaménto, *m.* unbolting; unfastening.
sbullonare, *v. t.* (*mecc.*) to unbolt.
sburocratizzare, *v. t.* to free from excessive bureaucracy.
sburrare, *v. t.* to skim: **s. il latte**, to skim milk.
sburrato, *a.* skimmed: **cacio s.**, skimmed cheese; skim-milk cheese; **latte s.**, skimmed milk; skim-milk.
sbuzzare, **A** *v. t.* **1** (*sventrare*) to draw*; to gut: **s. un pollo**, to draw a chicken **2** (*pop.: ferire al ventre*) to run* (sb.) through the guts. **sbuzzarsi**, **B** *v. rifl.* (*fig., fam.: aprirsi*) to split* open.
scàbbia, *f.* (*med.*) scabies; itch; (*vet.*) mange.
scabbiósa, *f.* (*bot., Scabiosa succisa*) devil's bit; scabious.
scabbióso, *a.* (*med.*) scabbed, scabby; (*vet.*) mangy.
scabrézza, *f.* scabrousness (*anche fig.*); roughness; harshness; ruggedness.
scabro, *a.* scabrous (*anche fig.*); rough; harsh; rugged: **una superficie scabra**, a rough surface. ● **uno stile s.**, a terse style.
scabrosità, *f.* scabrousness (*anche fig.*); roughness; harshness; ruggedness: **la s. della superficie**, the roughness of the surface **2** (*fig.*) harshness; rudeness; (*difficoltà*) difficulty, knottiness, thorniness; (*delicatezza*) scabrousness.
scabróso, *a.* **1** (*scabro*) scabrous; rough; harsh; rugged: **una foglia scabrosa**, a scabrous leaf; **una pietra scabrosa**, a rough stone; **una strada scabrosa**, a rough road **2** (*fig.*) harsh; rude; (*difficile*) difficult, hard, beset with difficulties, thorny, knotty; (*delicato a trattarsi*) scabrous, risky: **una domanda scabrosa**, a knotty question; **un cammino s.**, a thorny path; **un compito s.**, a hard task; **un argomento s.**, a scabrous subject.
scaccato, *a.* chequered, checkered; checked.
scacchiare, *v. t.* (*agric.*) to prune.
scacchiatura, *f.* (*agric.*) pruning.
scacchièra, *f.* chess-board; (*per la dama*) draught-board. ● **a s.**, (*a scacchi*) chequered, (*a quadretti*) checked.
scacchière (1), *m.* (*mil.*) sector; zone; theatre.
scacchière (2), *m.* (*in G.B.: erario*) Exchequer: **il Cancelliere dello S.**, the Chancellor of the Exchequer.
scacchista, *m. e f.* chess-player.
scacchìstico, *a.* of chess; chess (*attr.*): **torneo s.**, chess tournament.
scàccia, *m.* (*nella caccia: battitore*) beater.
scacciacani, *m. e f.* dummy pistol.
scacciafumo, *m.* (*mil.*) air-blast.
scacciamósche, *m.* fly-flap; fly-whisk.
scacciapensièri, *m.* **1** (*mus.*) Jew's harp **2** (*passatempo*) pastime; diversion.
scacciare, *v. t.* to drive* away (*o* off, out); (*mandare via*) to send* away, to turn out; (*bandire*) to banish; (*espellere*) to expel; (*dissipare*) to dissipate, to dispel; (*far dileguare*) to disperse: **s. dalla scuola**, to expel from school; **s. i nemici dal paese**, to drive the enemy out of the country; **s. la noia**, to dispel boredom; **s. le mosche**, to drive away flies; **s. le preoccupazioni**, to drive care away; **s. ogni dubbio e timore**, to dispel one's doubts and fears; **s. q. di casa**, to turn sb. out (of the house); **s. tutti i pensieri tristi**, to banish all sad thoughts; **Il sole scacciò la nebbia**, the sun dispelled the mist; **Il vento scacciò le nubi**, the wind drove away the clouds. ● (*prov.*) **Chiodo scaccia chiodo**, a new evil drives away the old one.
scacciata, *f.* driving away; expulsion.
scaccino, *m.* beadle; sexton.
scacco, *m.* **1** (*quadratino di scacchiera*) square **2** (*pl.: gioco*) chess; (*pezzi con cui si gioca*) chess-men: **una partita a scacchi**, a game of chess; **giocare a scacchi**, to play chess **3** (*fig.: sconfitta*) check; checkmate; setback; loss; defeat: **subire uno s.**, to suffer a setback; **tenere q. in s.**, to keep sb. in check. ● **s. matto**, *V.* **scaccomatto** □ (*di tessuto, ecc.*) **a scacchi**, chequered, checkered; (*a quadretti*) checked: **con disegni a scacchi**, chequered in pattern □ **dare s. al re**, to check the king □ **disporre a scacchi**, to chequer; to checker; to arrange chequer-wise □ **stoffa a scacchi**, check □ (*fig., scherz.*) **vedere il sole a scacchi**, to be in jail.
scaccografia, *f.* chess notation.
scaccolarsi, *v. rifl.* (*pop.*) to pick one's nose.
scaccomatto, *m.* (*nel gioco degli scacchi, anche fig.*) checkmate. ● (*anche fig.*) **dare s.**, to checkmate.
scadènte, *a.* second-rate; of inferior (*o* low, poor) quality; trashy: **cibo s.**, poor food; **merce s.**, goods of poor quality **2** (*insufficiente*) poor; low; bad; inferior: **voto s.**, low mark; **È s. in latino**, he is poor at Latin.
scadènza, *f.* **1** (*termine del tempo convenuto*) expiration, expiry; (*di obbligazioni e sim.*) maturity, time of payment, due date: **s. a vista**, maturity at sight; **il giorno precedente alla s.**, the day prior to maturity; **il termine di s.**, the date of expiration; **la data della s. d'una cambiale**, the date of maturity of a bill; **la s. d'un contratto**, the expiry of a contract; **alla s.**, at (*o* on) maturity; **pagare alla s.**, to pay on maturity; **fino alla s.**, till maturity; till due **2** (*ultima data utile*) deadline; date of expiry. ● **a breve s.**, short-dated; short; (*fig.*) in a short while, within a short time, soon: **cambiale a breve s.**, short-dated (*o* short) bill; **fare q.c. a breve s.**, to do st. within a short time; **Ci rivedremo a breve s.**, we shall soon meet again □ **cambiale a lunga s.**, long-dated (*o* long) bill □ (*di cambiali, ecc.*) **in ordine di s.**, as they fall due □ **programma a lunga s.**, long-term programme □ **una tratta con s. al 15 luglio p.v.**, a draft falling due on the 15th July next □ **La cambiale è prossima alla s.**, the bill has a short time to run.
scadenzare, *v. t.* (*bur.*) to fix an expiry date for (st.).
scadenzàrio, *m.* (*comm.*) due register; bill-book; tickler (*USA*).
scadére, *v. i.* **1** (*declinare*) to decline; (*diminuire*) to decrease, to go* down; (*peggiorare*) to worsen, to fall* off: **un'usanza che comincia a s.**, a custom (which is) beginning to decline; **La mia salute va scadendo**, my health is declining; **s. di valore**, to decrease in value; **La qualità della loro merce era scaduta**, the quality of their goods had fallen off **2** (*di obbligazioni e sim.*) to be due; to become* due; to fall* due; to mature: **La cambiale scade il 3 corrente**, the bill falls due on the 3rd of this month; **Quando scade questa cambiale?**, when does this bill mature? **3** (*giungere a scadenza*) to expire; to cease: **La sua carica scade il prossimo anno**, his term of office will expire next year **4** (*naut.*) to sag to leeward. ● **s. d'importanza (d'autorità, ecc.)**, to lose importance (power, etc.) □ **s. nell'opinione pubblica**, to lose credit.
scadiménto, *m.* decline; decadence; decay.
scaduto, *a.* **1** (*di carica, documento, ecc.*) expired; lapsed **2** (*di obbligazioni e sim.*) due; overdue; past-due; mature: **un conto s. il 30 giugno u.s.**, an account due on the 30th June last; **Questa cambiale è scaduta**, this bill is overdue. ● **essere s. nella stima di q.**, to have lost sb.'s esteem.
scafandro, *m.* **1** (*naut.*) diving-dress; diving-suit **2** (*aeron.*) pressure-suit; (*di astronauta*) space-suit.
scaffalare, *v. t.* **1** (*munire di scaffali*) to provide (*o* to fit) with shelves; to shelve **2** (*mettere negli scaffali*) to shelve; to arrange on (*o* upon) a shelf (*o* shelves).
scaffalata, *f.* (*whole*) shelf*; shelfful: **una s. di romanzi**, a whole shelf of novels.
scaffalatura, *f.* **1** (*lo scaffalare*) shelving **2** (*serie di scaffali*) shelves (*pl.*).
scaffale, *m.* **1** (*mensola*) shelf*: **uno s. di libri**, a shelf of books **2** (*mobile*) set of shelves; bookcase. ● **s. a rastrelliera**, rack □ **s. da archivio**, filing cupboard.
scafista, *m.* hull-maintenance man*.
scafo, *m.* **1** (*naut.*) hull; body: **s. ad ala portante**, hydrofoil hull; **s. resistente alla pressione**, pressure hull **2** (*aeron.*) hull. ● **s. esterno**, outer casing □ **longitudinalmente allo s.**, fore and aft

scafocefalìa

□ trasversalmente allo s., athwartship.
scafocefalìa, f. (med.) scaphocephaly; scaphocephalism.
scafocefàlico, a. (med.) scaphocephalic.
scafocèfalo, (med.) **A** a. scaphocephalous. **B** m. scaphocephalic individual.
scafòide, (anat.) **A** a. scaphoid. **B** m. scaphoid (bone).
scagionare, A v. t. to exculpate; to excuse: **s. q. da un'accusa,** to exculpate sb. from a charge. **scagionarsi, B** v. rifl. to exculpate oneself; to excuse oneself.
scàglia, f. **1** (zool.) scale **2** (di sapone) flake **3** (scheggia) chip. ● **sapone a scaglie,** soap flakes □ **tetto a scaglie,** scaled roof □ **coperto di scaglie,** scaly.
scagliare (1), A v. t. (lanciare) to throw* (with violence); to fling*; to hurl; to sling*: **s. una palla,** to fling a ball; **s. un giavellotto,** to hurl a spear; **s. un sasso contro q.,** to fling a stone at sb.; (con la fionda) to sling a stone at sb.; **s. q. contro un muro,** to hurl sb. against a wall; (fig.) **s. insulti,** to hurl insults. **scagliarsi, B** v. rifl. **1** to fling* oneself; to hurl oneself: **Si scagliarono contro il nemico,** they hurled themselves at (o upon) the enemy **2** (fig.: inveire) to rail at (sb.); to abuse.
scagliare (2), v. t. **scagliarsi,** v. rifl. (rompere, rompersi in scaglie) to splinter; to flake.
scagliòla, f. **1** (edil.) scagliola **2** (bot., Phalaris canariensis) canary-grass.
scaglionaménto, m. **1** spacing out; staggering **2** (mil.) arrangement in echelons.
scaglionare, v. t. **1** to space (out); to stagger: **s. i pagamenti,** to stagger payments **2** (dividere in gruppi) to group; to divide into groups **3** (mil.) to echelon.
scagliόne, m. **1** (gruppo in genere) group: **a scaglioni,** in groups **2** (geol.) terrace **3** (mil.) echelon: **a scaglioni,** in echelon **4** (econ.: di reddito) bracket **5** (araldica) «chevron» (franc.).
scagliόso, a. scaly.
scagnòzzo, m. (spreg.) **1** (professionista, artista di poco valore) bungler **2** (tirapiedi) underling; hanger-on.
scala, f. **1** (fissa, di pietra o altro) staircase; stairway; stair; stairs (pl.): **una rampa di scale,** a flight of stairs; **una s. a due rampe,** a staircase with two flights; **una s. di venti scalini,** a stair of twenty steps; **s. a chiocciola,** spiral staircase (o stairs); winding staircase (o stairs); **s. mobile** (per trasporto di persone), moving staircase (o stairs); escalator; **la S. Santa,** the Holy Stairs (o Staircase); **far le scale,** to go up and down the stairs; **ruzzolare per le scale,** to tumble down the stairs; **a metà s.,** (salendo) halfway up the stairs; (scendendo) halfway down the stairs **2** (portatile, di legno, ferro, ecc.) ladder (anche fig.): **s. aerea,** aerial ladder; **s. allungabile,** extension ladder; **s. a pioli,** (rung) ladder; **s. di corda,** rope-ladder; **s. di Giacobbe,** Jacob's ladder; **s. pieghevole,** folding ladder; **s. portatile,** step-ladder **3** (geogr., mat.) scale: **una carta geografica in s. di 1 a 50 000,** a map on the scale of 1 to 50 000; **s. 2:1,** twice full-size scale; **1:1,** full-size scale; **s. 1:2,** half-size scale; **s. logaritmica,** logarithmic scale; **disegno in s.,** scale-drawing **4** (mus.) scale: **s. maggiore (minore),** major (minor) scale; **la s. di do,** the scale of C; **fare le scale,** to practise scales (on the piano) **5** (serie progressiva) scale; range (fotogr.) **s. delle distanze,** distance scale; (fis.) **s. di durezza,** scale of hardness; **s. dei colori,** scale of colours; (comm.) **s. dei prezzi,** range of prices; (econ.) **s. mobile,** sliding scale; **su vasta s.,** on a large scale; **o a vasta extent 6** (s. graduata) scale: **la s. centigrada del termometro,** the centigrade scale of the thermometer; **la s. decimale,** the decimal scale **7** (nel poker) straight. ● **s. da incendi** (o da pompieri), fire-ladder **s. di servizio,** backstairs □ **s. di sicurezza** (antincendio), fire-escape; escape stair □ **s. esterna,** perron □ (radio) **s. parlante,** tuning-dial □ (nel poker) **s. reale,** straight flush; (all'asso) royal flush □ (disegno) **ridurre in s.,** to scale off □ **salire le scale,** to go upstairs; to come upstairs □ **scendere le scale,** to go (o to come) downstairs □ **scendere le scale di corsa,** to run downstairs □ **tromba delle scale,** stair-well □ (prov.) **Il mondo è fatto a scale, chi le scende e chi le sale,** the world is a ladder for some to go up and some down.
scalandróne, m. (naut.) gang-board; gang-plank: **spese di s.,** gang-board dues.
scalare (1), a. **1** graduated; graded **2** (mat.) scalar.
scalare (2), v. t. **1** to climb: **s. un muro,** to scale a wall; **s. una montagna,** to climb a mountain **2** (disporre in ordine decrescente) to grade down; (ridurre proporzionalmente) to scale down **3** (diffalcare) to deduct; to take* off. ● **s. un debito,** to pay off a debt.
scalarifórme, a. (biol.) scalariform.
scalata, f. **1** scaling; climbing **2** (alpinismo) climb; ascent. ● **dare la s. alle mura,** to scale the walls □ (fig.) **dare la s. al potere,** to make a bid for power.
scalato, a. graduated; graded.
scalatóre, m. **1** (alpinismo) climber; (rocciatore) cragsman **2** (ciclismo) specialist in hill-climbing cycle races.
scalcagnare, v. t. to wear* down at the heel.
scalcagnato, a. **1** (di scarpa) down at heel **2** (di persona: male in arnese) down at heel; shabby; seedy(-looking).
scalcare, v. t. to carve: **s. un pollo,** to carve a chicken.
scalciare, v. i. to kick: **Questo cavallo scalcia,** this horse kicks; **Il bambino gridava e scalciava,** the little boy was screaming and kicking.
scalciata, f. kick.
scalcinare, v. t. to unplaster.
scalcinato, a. **1** unplastered **2** (fig.: di persona) down at heel; shabby; seedy(-looking); (di cose) shabby, much worn.
scalcinatura, f. removal of plaster.
scalco, m. (stor.) carver; steward. ● **coltelli da s.,** carving knives; carvers.
scalda(a)cqua, m. invar. **scaldabagno,** m. water heater; geyser: **uno s. elettrico,** an electric water heater.
scaldabanchi, V. scaldapanche.
scaldalètto, m. bedwarmer; warming pan.
scaldamani, scaldamano, m. hand warmer.
scaldapanche, m. e f. lazybones (fam.); lazy-boots (fam.).
scaldapiatti, m. plate warmer; plate heater.
scaldapièdi, m. foot warmer.
scaldare, A v. t. to warm (up) (anche fig.); to heat; to scald: **s. un po' d'acqua,** to warm (up) some water; to heat some water; **Mi scalderà il cuore vederlo felice,** it will warm my heart to see him happy. **B** v. i. to become* warm; (eccessivamente) to get* overheated. ● (fig.) **s. le panche,** to be a lazy-bones (fam.) □ (fig.) **s. la testa a q.,** to stir up sb.'s imagination. **scaldarsi, C** v. rifl. **1** to warm oneself; to get* warm; to warm up (anche fig.): **s. al sole,** to warm oneself in the sun; to bask in the sun; **s. le mani al fuoco,** to warm one's hands at the fire; **Il latte comincia a s.,** the milk is warming up **2** (fig.: eccitarsi) to get* heated; to get* excited; (adirarsi) to get* angry; (affannarsi) to fuss; to get* into a fuss: **Egli si scalda per un nonnulla,** he gets heated over nothing; **Non scaldarti!,** don't fuss!; keep cool!
scaldasèggiole, V. scaldapanche.
scaldata, f. warm; warming; heating. ● **dare una s. al letto,** to warm up the bed □ **darsi una s.,** to warm oneself □ **darsi una s. alle mani,** to warm one's hands.
scaldavivande, m. chafing-dish.
scàldico, a. (stor.) skaldic, scaldic: **la poesia scaldica,** skaldic poetry.
scaldino, m. hand-warmer; (braciere) brazier.
scaldo, m. (stor.) skald, scald.
scalèa, f. flight of steps.
scalèno, a. (geom.) scalene: **un triangolo s.,** a scalene triangle. ● (anat.) **muscolo s.,** scalenus*.
scalenoèdro, m. (geom.) scalenohedron*.
scalèo, m. **1** (scala a libro) step-ladder **2** (mobile a due o tre scalini) step-stool; library-steps (pl.).
scalètta, f. **1** short step-ladder **2** (cinem., telev.) treatment **3** (fig.) script; summary. ● (aeron.) **s. d'imbarco,** ramp.
scalettare, v. t. to terrace; to fashion (o to arrange) in terraces; to cut* steps into.
scalettato, a. terraced.
scalfare, v. t. (sartoria) to enlarge; to widen.
scalfire, v. t. to graze; to scratch: **Il proiettile gli scalfì la spalla,** the bullet grazed his shoulder.
scalfittura, f. graze; scratch.
scalfo, m. (sartoria) sleeve-hole.
scaligero, A a. **1** (che si riferisce ai Della Scala) of the Scaliger (o Della Scala) family: **la signoria scaligera,** the rule of the Scaliger family **2** (di Verona) of Verona; Veronese **3** (che si riferisce al teatro della Scala di Milano) of the Scala Opera House in Milan. **B** m. pl. **1** (the) Scaligers **2** (abitanti di Verona) (the) Veronese.
scalinare, v. t. (alpinismo) to cut* steps in (an ice slope).
scalinata, f. stairs (pl.); steps (pl.); flight of steps.
scalino, m. **1** step (anche fig.); stair: **una rampa di dieci scalini,** a flight of ten steps; **una scala di venti scalini,** a staircase of twenty steps; **il primo s.,** the bottom stair; **l'ultimo s.,** the top stair; **il penultimo s.,** the top stair but one; **Attento, c'è uno s.!,** mind the step! **2** (di scala a pioli) rung (anche fig.); step: (fig.) **cominciare dal primo s.,** to start on the lowest rung **3** (alpinismo) step; foothold.
scalmana, f. **1** (raffreddore) cold; chill: **prendere una s.,** to catch a cold **2** (vampata di calore al viso) hot flush **3** (fig.: infatuazione) fancy; fad: **prendersi una s. per q.,** to take a fancy to sb. ● **S'è preso una s. per lo sci,** he's crazy about skiing.
scalmanarsi, v. rifl. **1** to work up a sweat **2** (fig.: affannarsi) to bustle about; to fuss (over st.); to make* a (great) fuss; (fare tutto il possibile) to do* one's best: **fare q.c. senza s.,** to do st. without fussing (o making a fuss) **3** (fig.: scaldarsi, accen-

dersi) to get* heated (*o* excited). ● È inutile s. a volerlo convincere, it's no use wanting to persuade him at all costs.

scalmanato, A *a*. **1** in a fuss; excited; (*trafelato*) out of breath: Arrivò tutto s., when he arrived, he was out of breath (*o* gasping for breath) **2** (*turbolento*) hot-headed. **B** *m*. hot-head.

scalmièra, *f*. (*naut*.) poppet; rowlock.

scalmo, *m*. (*naut*.) futtock; (*d'imbarcazione a remi*) rowlock; thole-pin. ● **s. di cubia,** hawse-timber.

scalo, *m*. **1** (*naut*.) port (of call); place of call; call; (*banchina*) wharf*; (*s. di costruzione o di alaggio*) slipway: **porto di s.,** calling-port; **s. intermedio,** intermediate port; **s. traghetti,** ferry port **2** (*aeron*.) landing: **s. intermedio,** intermediate landing **3** (*ferr*.) **s. merci,** goods-station; freight-yard (*USA*); depot (*USA*). ● **fare s. a un porto,** to call at a port: **fare s. al porto di Napoli,** to call at the port of Naples; to touch Naples □ (*aeron*.) **senza scalo,** non-stop (*agg. e avv.*): **volo senza s.,** non-stop flight □ (*naut*.) «**senza scali intermedi**», «no calls».

scalógna (1), *f*. (*fam.: sfortuna*) bad luck. ● **avere s.,** to be down on one's luck □ **persona** (*o* **cosa**) **che porta s.,** jinx (*pop*.); hoodoo (*specialm. USA*).

scalógna (2), *V*. **scalógno**.

scalognato, *a*. (*fam.: sfortunato*) unlucky; down on one's luck (*pred*.).

scalógno, *m*. (*bot*., *Allium ascalonicum*) shallot.

scalóne, *m*. grand staircase; main stair(s).

scàlopo, *m*. (*zool., Scalopus acquaticus*) eastern American mole.

scalòppa, scaloppìna, *f*. (*cucina*) escalope.

scalpare, *v. t*. to scalp.

scalpellare, *v. t*. **1** to chisel **2** (*med*.) to scalpel.

scalpellatóre, *m*. **1** chiseller **2** (*metall*.) cleaner; trimmer.

scalpellatura, *f*. chiselling.

scalpellino, *m*. (*operaio*) stonecutter; stone-mason; stone-dresser.

scalpèllo, *m*. **1** chisel; (*punta per perforazione*) bit: **s. a caldo (a freddo),** hot (cold) chisel; **s. ad alette,** wing bit; **s. da falegname,** wood-working chisel; **s. da marmista,** double-facet cape chisel; **s. da muratore,** stone chisel; **s. da tornitore,** turning-chisel; **s. pneumatico,** pneumatic chisel; pneumatic rock drill **2** (*scultore*) sculptor: **l'arte dello s.,** the sculptor's art; sculpture; **uno dei migliori scalpelli d'Europa,** one of the best sculptors in Europe **3** (*med*.) scalpel. ● **s. da intagliatore,** scooper □ **s. da sbozzo,** boaster □ **s. tondo,** gouge □ **un lavoro di s.,** a (work of) sculpture; a piece of sculpture.

scalpicciare, *v. i*. to shuffle one's feet; to shuffle along.

scalpiccio, *m*. shuffle; shuffling.

scalpitaménto, *m*. pawing.

scalpitare, *v. i*. to paw (the ground); to trample: **un cavallo scalpitante,** a pawing horse.

scalpitio, *m*. pawing; trample; trampling.

scalpo, *m*. scalp.

scalpóre, *m*. noise; fuss. ● **fare s.,** to make a noise; (*fig*.) to be the talk of the town; to cause a sensation: **Non fare tanto s.!,** don't make such a noise! □ **Quell'episodio aveva fatto s. a Londra,** that episode had been the talk of all London □ **Una cosa del genere farebbe s.,** such a thing would make a talk □ **La nuova commedia ha fatto proprio s.,** the new play has caused a great sensation.

scaltraménte, *avv*. cunningly; shrewdly; astutely; artfully; craftily.

scaltrézza, *f*. slyness; cunning; (*astuzia*) shrewdness; astuteness; craftiness; (*sagacia*) subtlety.

scaltrire, A *v. t*. to sharpen (sb.'s) wits; to wake* (sb.) up: **Ha bisogno d'essere un po' scaltrito,** he needs sb. to wake him up. **scaltrirsi, B** *v. rifl*. **1** (*diventare scaltro*) to become* shrewd (*o* crafty) **2** (*diventare più esperto*) to become* experienced.

scaltrito, *a*. (*scaltro*) cunning; sly; (*esperto*) expert, experienced, skilled, skilful: **un uomo s.,** a cunning man; **essere s. nel proprio mestiere,** to be skilled in one's trade, to be an expert.

scaltro, *a*. sly; cunning; (*astuto*) shrewd, astute, artful, crafty, (*sagace*) sagacious, subtle: **un individuo s.,** a sly fellow; a sly-boots (*fam*.); ● **s. come una volpe,** he is as cunning as a fox. ● **una mossa scaltra,** a clever move.

scalzacane, *m. e f*. (*spreg*.) **1** (*persona mal vestita*) tramp; ragamuffin; down-and-out **2** (*persona incompetente*) bungler; botcher.

scalzaménto, *m*. **1** (*agric*.) hoeing up **2** (*lo smuovere alla base*) undermining (*anche fig*.) **3** (*il togliere da un ufficio*) ousting.

scalzapèlli, *m*. cuticle-pusher; orange-stick.

scalzare, A *v. t*. **1** (*togliere scarpe e calze*) to take* (sb.'s) shoes and socks off: **s. q.,** to make sb. take his shoes and socks off **2** (*agric*.) to hoe up; to bare the roots of: **s. una pianta,** to bare the roots of a plant **3** (*smuovere dalla base*) to undermine (*anche fig*.): **s. un muro,** to undermine a wall; (*fig*.) **s. l'autorità di q.,** to undermine sb.'s authority **4** (*fig.: togliere da un ufficio*) to oust (from): **s. q. dal potere,** to oust sb. from command. **scalzarsi, B** *v. rifl*. to take* one's shoes and socks (*o* stockings) off.

scalzatura, *f*. **1** undermining; sapping; eroding **2** (*agric*.) baring of roots; soil-stripping.

scalzo, *a*. barefoot; barefooted; with bare feet: **Carmelitani Scalzi,** Barefooted Carmelites; **andare s.,** to go barefoot; **camminare s.,** to walk barefoot.

Scamandro, *m*. (*geogr., stor*.) (the) Scamander.

scambiàbile, *a*. exchangeable.

scambiare, A *v. t*. **1** to change; to exchange; (*barattare*) to barter, to swap (*fam*.): (*fig*.) **s. le carte in tavola,** to change the meaning of one's words; **s. un biglietto da una sterlina,** to change a one-pound note; **s. due parole con q.,** to exchange a few words with sb.; **Mi hanno scambiato l'ombrello,** they have exchanged my umbrella; **s. posto con q.,** to exchange seats (*o* to swap places) with sb. **2** (*confondere per errore*) to mistake* (for); (*prendere una cosa per un'altra*) to take* by mistake; to take*...instead of: **Lo scambiai per suo fratello,** I mistook him for his brother; **s. il sale per lo zucchero,** to take salt instead of sugar. ● **s. un libro per un altro (una chiave per un'altra, ecc.),** to take the wrong book (the wrong key, etc.).

scambiarsi, B *v. rifl. recipr*. to exchange; to swap (*fam*.): **s. delle occhiate,** to exchange glances (with sb.); **s. i saluti,** to exchange greetings; **s. qualche parola,** to exchange a few words; **Ci scambiamo francobolli esteri,** we swap foreign stamps.

scambiato, *a*. wrong; mistaken: **il libro s.,** the wrong book.

scambiatóre, *m*. (*fis*.) exchanger: **s. di calore,** heat exchanger; **s. di ioni,** ion exchanger.

scambiétto, *m*. **1** (*ballo*) caper **2** (*fig*.) play on words.

scambiévole, *a*. mutual; reciprocal: **affetto s.,** reciprocal love; **timore s.,** mutual fear.

scambievolézza, *f*. mutuality; reciprocity.

scambievolménte, *avv*. mutually; reciprocally.

scambio, *m*. **1** (*lo scambiare, scambiarsi*) change, exchange; (*baratto*) barter, swap (*fam*.); (*comm*.) **lo s. delle merci,** the exchange of goods; **uno s. di saluti,** an exchange of greetings; (*chim*.) **s. di base,** exchange of base; (*fis*.) **s. di calore,** heat-exchange; heat-transfer; **s. di prigionieri,** exchange of prisoners; **numerosi scambi di vedute,** numerous exchanges of views; **fare uno s.,** to make an exchange; **in s. di,** in exchange (for); (*invece*) instead (of); **dare q.c. a q. in s. di q.c. altro,** to give st. st. in exchange for st. else; **Credo che il tuo cappello mi andrebbe bene: facciamo uno s.?,** I think your hat would suit me: shall we try a swap? **2** (*ferr*.) shunt; points (*pl*.); switch (*USA*) **3** (*pl., econ*.) trade, trading (*sing*.): **scambi esteri,** external trade. ● (*di filobus*) **s. aereo,** trolley-frog □ (*ferr*.) **s. automatico,** self-acting turn-out □ (*radio*) **s. elettronico,** electronic switching system □ (*econ*.) **fautore del libero s.,** free-trader □ (*econ*.) **libero s.,** free trade □ **C'è stato uno s. nei nostri ombrelli,** we have exchanged our umbrellas.

scambista, *m*. **1** (*comm*.) trader **2** (*Borsa*) stock(-)broker **3** (*ferr*.) pointsman*; shunter; switchman* (*USA*).

scamiciarsi, *v. rifl*. (*fam*.) to take* one's jacket off.

scamiciato, A *a*. in one's shirt-sleeves: **Stava s.,** he was in his shirt-sleeves. **B** *m*. **1** (*abito*) pinafore dress **2** (*polit*.) («descamisado» (*spagn*.); extremist; revolutionary.

scamóne, *m*. (*cucina*) rump.

scamòrza, *f*. **1** «scamorza» (unfermented cheese) **2** (*fig., scherz*.) duffer; bungler.

scamosceria, *f*. chamoising.

scamosciare, *v. t*. to chamois; to oil-tan.

scamosciato, *a*. shammy; oil-tanned; «suède» (*franc*.): **guanti scamosciati,** suède gloves; **pelle scamosciata,** chamois (*o* shammy) leather.

scamosciatóre, *m*. oil-tanner.

scamosciatura, *f*. (*ind*.) chamoising; oil-tanning.

scamozzare, *v. t*. (*agric*.) to pollard; to lop: **s. un albero,** to lop a tree.

scamozzatura, *f*. **1** (*agric*.) pollarding; lopping **2** (*ramo scamozzato*) lop; (*ramoscelli scamozzati*) loppings (*pl*.).

scampafórca, *m. invar*. gallows-bird; (*furfante matricolato*) arrant knave, blackguard.

scampagnata, *f*. trip to the country; (*merenda all'aperto*) picnic. ● **fare una s.,** to go for a day's outing; (*fare merenda all'aperto*) to go on a picnic; to picnic.

scampanaménto, *m*. (*mecc*.) piston-slap (*o* -slapping).

scampanare, A *v. i*. **1** (*suonare di campane a distesa*) to peal; to chime **2** (*mecc*.) to slap **3** (*di abito*) to flare. **B** *v. t*. (*modellare secondo una forma a campana*) to flare: **s. una gonna,** to flare a skirt.

scampanata, *f*. (merry) peal (of bells).

scampanato, *a*. (*di abito*) bell-shaped; bell-bottom; flared:

scampanatura

gonna scampanata, flared skirt; **pantaloni scampanati**, bell-bottom trousers; bell-bottoms; bells (*fam.*); flares (*USA*).
scampanatura, *f.* (*di abito*) flare: **la s. di una gonna**, the flare of a skirt.
scampanellare, *v. i.* to ring* loudly.
scampanellata, *f.* (loud) ringing (at the door): **Si sentì una s.**, there was a loud ringing at the door.
scampanellio, *m.* (prolonged) ringing.
scampanio, *m.* peal; pealing; (*a festa*) chiming. ● **Ci fu un gioioso s.**, the bells chimed merrily; the bells rang a joyous peal.
scampare, **A** *v. i.* **1** (*uscire illeso*) to escape; to get* off safely: **s. alla morte**, to escape death; **s. al naufragio**, to escape from ship-wreck; **Ne sono scampato per miracolo**, I escaped by the skin of my teeth; I had a hair-breadth escape **2** (*rifugiarsi*) to shelter; to take* refuge: **s. in Francia**, to take refuge in France. **B** *v. t.* **1** (*evitare*) to avoid; to elude: **s. il pericolo**, to escape from danger; to avoid danger; **s. la morte per vero miracolo**, to escape death by a hair's breadth (*o* by the skin of one's teeth) **2** (*salvare*) to save; to rescue: **Dio mi scampi dagli amici!**, God save me from my friends! ● **scamparla bella**, to have a hair-breadth (*o* a narrow) escape □ **Dio ce ne scampi e liberi!**, God forbid!
scampato, **A** *m.* survivor: **gli scampati al naufragio**, the survivors of the shipwreck. **B** *a.* rescued; survived; saved.
scampo (1), *m.* **1** escape **2** (*via di s.*) (means of) escape; way out; (*salvezza*) safety: **cercare s. nella fuga**, to seek safety in flight; **trovare uno s.**, to find a way out; **Non c'è via di s.!**, there is no way out!
scampo (2), *m.* **1** (*zool.*, *Nephrops norvegicus*) Norway lobster; prawn **2** (*cucina*) shrimp.
scàmpolo, *m.* **1** (*d'una pezza di stoffa*) remnant: **una vendita di scampoli**, a remnant sale **2** (*fig.*) remnant; scrap; little bit: **uno s. di carta**, a scrap of paper. ● **non avere uno s. di tempo**, to have no spare time □ (*spreg.*) **uno s. d'uomo**, a midget of a man; a shrimp.
scanalare, **A** *v. t.* **1** to groove **2** (*archit.*) to flute; to channel **3** (*mecc.*) to groove; to spline; to slot. **B** *v. i.* to get* out of a channel.
scanalato, *a.* **1** grooved **2** (*archit.*) fluted; channelled **3** (*mecc.*) grooved; splined.
scanalatrice, *f.* (*mecc.*) groover; slot cutter.
scanalatura, *f.* **1** groove **2** (*archit.*) flute; fluting **3** (*mecc.*) groove; spline: **s. per guarnizione**, packing groove; **s. per lubrificazione**, oil groove.
scancellare, *e deriv.* V. **cancellare**, *e deriv.*
scandagliamento, *m.* (*naut.*) sounding: **s. acustico** (*o* **sonoro**), sonic sounding.
scandagliare, *v. t.* **1** (*naut.*) to fathom; to sound **2** (*fig.*) to probe; to sound; to test: **s. i sentimenti di q.**, to probe sb.'s feelings.
scandagliatóre, *m.* (*naut.*) leadsman*.
scandàglio, *m.* **1** (*naut.*: *strumento per scandagliare*) sounding-line; sounding-lead; lead-line: **gettare lo s.**, to heave the lead-line **2** (*naut.*: *lo scandagliare*) sounding; fathoming: **fare scandagli**, to take soundings (*anche fig.*) **3** (*fig.*) probe; sounding. ● **s. acustico**, echo-sounder; sonic depth finder □ **s. elettroacustico**, electroacoustic sounding set □ **s. meccanico**, sounding-machine □ **s. di profondità**, bathometer □ **s. ultrasonoro**, supersonic sounding set.
scandalismo, *m.* scandalmongery.
scandalista, *m. e f.* scandalmonger.
scandalistico, *a.* scandalmongering.
scandalizzare, **A** *v. t.* to scandalize; to shock: **Il conferenziere scandalizzò il pubblico con le sue teorie ateistiche**, the lecturer scandalized the audience with his atheistic views. **scandalizzarsi**, **B** *v. rifl.* to be scandalized; to be shocked: **s. alle parole di q.**, to be shocked at sb.'s words; **s. per un nonnulla**, to be easily scandalized.
scàndalo, *m.* scandal: **la pietra dello s.**, a cause of scandal; **uno s. internazionale**, an international scandal; **Quel libro è uno s.**, that book is a scandal; **fare uno s.**, to stir up a scandal; **essere (causa) di s.**, to cause scandal; **soffocare uno s.**, to hush up a scandal. ● **dare s.**, to scandalize □ **gridare allo s.**, to cry shame.
scandalosaménte, *avv.* scandalously; shockingly.
scandalóso, *a.* **1** scandalous; shocking; (grossly) disgraceful; (*licenzioso*) licentious, obscene: **una condotta scandalosa**, a shocking (*o* a disgraceful) behaviour; **una storia scandalosa**, a scandalous story; **una vita scandalosa**, a scandalous life; **un libro s.**, an obscene book; **parole scandalose**, obscene words **2** (*scherz.*: *eccessivo*) outrageous; monstrous.
scandinavo, *a. e m.* Scandinavian.
scàndio, *m.* (*chim.*) scandium.
scandire, *v. t.* **1** (*poesia*) to scan: **s. un esametro**, to scan a hexameter **2** (*parole*) to articulate; to pronounce (st.)

distinctly **3** (*mus.*) to stress **4** (*telev.*) to scan.
scannafòsso, *m.* ditch.
scannaménto, *m.* slaughter; massacre; butchering.
scannare (1), *v. t.* **1** to cut* (sb.'s) throat: **Ti scanno!**, I'll cut your throat! **2** (*uccidere brutalmente*) to slaughter; to butcher; to massacre **3** (*fig.*: *angariare*) to oppress; to burden: **s. con le imposte**, to burden with taxes **4** (*fig.*, *di negozianti*: *far pagare caro*) to fleece; to skin (*fam.*): **In quel negozio ti scannano**, in that shop they skin you.
scannare (2), *v. t.* (*ind. tessile*) to unwind*.
scannatóio, *m.* slaughter-house.
scannatóre, *m.* cut-throat; slaughterer.
scannatura, *f.* slaughtering; butchering.
scannellaménto, *m.* **1** (*il fare un incavo*) grooving **2** (*archit.*) fluting; channelling.
scannellare (1), *v. t.* **1** (*scanalare*) to groove **2** (*archit.*) to flute; to channel.
scannellare (2), *v. t.* (*ind. tessile*) to unwind*; to unreel.
scannellato (1), *a.* **1** (*scanalato*) grooved **2** (*archit.*) fluted; channelled.
scannellato (2), *a.* (*ind. tessile*) unwound; unreeled.
scannellatura, V. **scanalatura**.
scannèllo (1), *m.* (*taglio di carne di manzo*) rump.
scannèllo (2), *m.* (*banco per scrivere con cassetto*) writing-desk.
scanno (1), *m.* (*seggio*) bench; seat. ● **s. del coro**, choir-stall.
scanno (2), *m.* (*banco di sabbia*) sand-bank.
scansafatiche, *m. e f.* shirker; skulker; lazy-bones, lazy-boots (*fam.*).
scansare, **A** *v. t.* **1** (*spostare*) to shift; to remove; to push aside; to draw* aside: **s. q.c.**, to shift st.; **s. q.** (*tirarlo da parte*), to draw sb. aside **2** (*evitare*) to avoid; to escape; (*schivare*) to shun, to eschew; (*parare*) to parry, to ward off: **s. il male**, to eschew evil; **s. il pericolo**, to avoid danger; **s. q.** (*evitarlo*), to shun sb.; **s. un colpo**, to parry a blow. **scansarsi**, **B** *v. rifl.* (*tirarsi da parte*) to draw* (*o* to step) aside; to stand* aside (*o* off); to get* out of the way: **Scansati!**, stand off!; get out of the way!
scansia, *f.* (*scaffale*) shelf*; (*libreria*) bookcase, set of shelves; (*armadietto*) cabinet.
scansióne, *f.* **1** (*poesia*) scansion; scanning **2** (*telev.*) scanning.
scanso, *m.* avoidance. ● **a s. di**, to avoid; to prevent: **a s. di equivoci**, to avoid (all) misunderstandings.
scansòrio, *a.* (*zool.*) scansorial.
scantinare, *v. i.* **1** (*uscire di tono*) to go* out of tune **2** (*fig.*: *deviare dalla convenienza di un colloquio*) to talk out of turn.
scantinato, *m.* basement.
scantonare, *v. i.* **1** (*voltare l'angolo d'una strada*) to turn (*o* to round) the corner (of a street) **2** (*fam.*: *svignarsela*) to slink* away; to slip off.
scanzonato, *a.* unconventional; free and easy; easy-going.
scapacciónare, *v. t.* to slap; to smack.
scapaccióne, *m.* slap; smack. ● **dare uno s. a q.**, to slap (*o* to smack) sb. □ (*fig.*) **passare un esame a scapaccioni**, to scrape through an examination □ **prendere q. a scapaccioni**, to box sb.'s ears; to slap sb.
scapataggine, *f.* thoughtlessness; heedlessness; recklessness.
scapato, **A** *a.* thoughtless; heedless; reckless; scatter-brained; hair-brained. **B** *m.* scatter-brain; hare-brain.
scapecchiare, *v. t.* (*ind. tessile*) to hackle.
scapecchiatóio, *m.* (*ind. tessile*) flax-comb; (flax-)hackle.
scapestrataggine, *f.* **1** (*dissolutezza*) dissoluteness, profligacy, loose conduct; (*sfrenatezza*) wildness, recklessness **2** (*azione da scapestrato*) licentious act; reckless act.
scapestrato, **A** *a.* (*dissoluto*) dissolute; loose-living; profligate; (*sfrenato*) unbridled, wild, reckless. **B** *m.* (*dissoluto*) profligate; (*sfrenato*) loose person; loose fish (*fam.*); (*scavezzacollo*) scapegrace, madcap, dare-devil.
scapezzare, V. **scapitozzare**.
scapicollarsi, *v. rifl.* (*fig.*) to do* one's utmost; to try hard (*o* one's best): **Si è scapicollato per arrivare in tempo**, he did his utmost to arrive in time.
scapicòllo, *m.* – **a s.**, at breakneck speed.
scapigliare, **A** *v. t.* to ruffle (sb.'s) hair; to tousle, to touzle; to dishevel. **scapigliarsi**, **B** *v. rifl.* to ruffle (*o* to tousle) one's hair.
scapigliato, *a.* **1** (*spettinato*) ruffled; tousled, touzled; dishevelled **2** (*fig.*) dissolute; loose-living; profligate.
scapigliatura, *f.* **1** loose living; profligacy; bohemianism **2** (*letter.*, *arte*) (La) Scapigliatura.
scapitare, *v. i.* (*perdere*) to lose*; to suffer loss; to be a loser; (*patire danno*) to suffer damage: **s. di credito**, to lose one's credit. ● **s. nella stima**, to damage one's reputation □ **Ad andare con lui, ci scapiti**, if you go with him, you'll ruin your reputation.

scàpito, *m.* (*perdita*) loss; (*danno*) damage, detriment, prejudice: **recare s.**, to cause loss (*o* damage); **con nostro grave s.**, at a great loss (for us); **to the prejudice of our rights; senza s.**, without any loss; **a s. (di)**, to the prejudice (of); to the detriment (of); **a s. della propria salute**, to the detriment of one's health.
scapitozzare, *v. t.* (*agric.*) to pollard; to top (and lop).
scapo, *m.* 1 (*archit.*) scape; shaft 2 (*bot.*) scape; flower-stalk.
scapocchiare, *v. t.* to take* off the head of (st.).
scàpola, *f.* (*anat.*) scapula*; shoulder-blade; blade-bone.
scapolare (1), *a.* (*anat.*) scapular.
scapolare (2), *m.* (*relig.*) scapular.
scapolare (3), *v. t. e i.* (*fam.: scampare*) to escape (danger).
scàpolo, A *m.* bachelor. ● **essere s.**, to be single. **B** *a.* single; unmarried; bachelor (*attr.*).
scapolóne, *m.* (*fam.*) old bachelor.
scapolo-omerale, *a.* (*anat.*) scapulo-humeral.
scappaménto, *m.* 1 (*di orologio*) escapement: **s. ad ancora**, anchor escapement; **s. a cilindro**, cylinder escapement; **s. a cronòmetro**, chronometer escapement; **s. a leva**, lever escapement 2 (*di pianoforte*) escapement 3 (*di motore*) exhaust: **tubo (valvola) di s.**, exhaust pipe (valve) 4 (*ferr.*) blast pipe.
scappare, *v. i.* (*fuggire*) to flee*, to take* to flight, to escape; (*correre via*) to run* away, to hurry away; (*andarsene*) to be off, to dash off, to pop off; (*volare via*) to fly* away; (*sfuggire*) to slip; **s. come il vento**, to run at the top of one's speed; **s. davanti al nemico**, to flee one's enemy; **s. di mano**, to slip out of one's hand(s) (*o* through one's fingers); **s. di mente**, to slip from sb.'s mind: **Sapevo il nome ma mi è scappato di mente**, I knew the name, but it has slipped (from) my mind; **s. di prigione**, to escape from prison; **Il canarino è scappato**, the canary has flown (away); **È scappata una delle tigri del giardino zoologico**, one of the tigers of the zoo has escaped from its cage (*o* has broken loose); **Vieni qui, non s.!**, come here, don't run away!; **Devo s. (via)**, I must dash (*o* pop) off; **Gli anni scappano**, the years slip by (*o* away). ● **s. a gambe levate**, to take to one's heels □ **s. detto (a q.)**, to say st. inadvertently; to happen to say: **Mi scappò detto che lo conoscevo**, inadvertently, I said that I knew him □ **s. fuori (*o* s. a dire)**, to blurt out □ **a scappa e fuggi**, in a great hurry; in all haste □ **un errore che è scappato dalla penna (dalla bocca)**, a slip of the pen (of the tongue) □ **lasciar(si) s. un'occasione**, to miss an opportunity; to let an opportunity slip □ **Spesso mi scappa la pazienza**, I often lose my patience □ **Dove scappi così di furia?**, where are you going in such a hurry? □ **Mi scappò da ridere**, I could not help laughing □ **Di qui non si scappa!**, there is no way out of it! □ **Gli scappò di bocca un'imprecazione**, an oath escaped his lips □ **Di qui non si scappa: o è uno sciocco o è un bugiardo**, there's no mistaking; he is either a fool or a liar.
scappata, *f.* 1 (*breve visita*) short visit; call: **fare una s. da q.**, to pay a short visit (*o* to call on (*o* upon) sb.; to drop (*o* to pop) in (to see sb.); **fare una s. in un luogo**, to call at a place 2 (*scappatella*) escapade, prank; (*monelleria*) piece of mischief. ● **avere fatto le proprie scappate in gioventù**, to have sown one's wild oats in one's youth.
scappatèlla, *f.* escapade; prank.
scappatóia, *f.* way out; means of escape, loop-hole; cop-out (*fam.*); (*sotterfugio*) subterfuge, shift; (*pretesto*) pretext, excuse: **cercare una s.**, to try to find some way out; **trovare una bella s.**, to find a good pretext; **Non c'è nessuna s.**, there is no way out (of it).
scappellarsi, *v. rifl.* to take* off (*o* to raise) one's hat: **s. davanti a q.**, to raise one's hat to sb.
scappellata, *f.* raising (of) one's hat: **Si salutarono con una s.**, they greeted each other by raising their hats. ● **fare una s. a q.**, to raise one's hat to sb.
scappellatura, *f.* flourish of one's hat.
scappellòtto, *m.* box on the ear; (*scapaccione*) slap, smack, cuff: **dare uno s. a q.**, to give sb. a box on the ear; to slap sb. ● **prendere q. a scappellotti**, to box sb.'s ears; to slap sb.; to smack sb.
scappottare, *v. i.* (*nel gioco*) to avoid a capot.
scappucciare, A *v. t.* to take* off the hood of; to unhood; to uncowl. **scappucciarsi, B** *v. rifl.* to take* one's hood off; to unhood oneself; to uncowl oneself.
scapricciare, A *v. t.* to gratify (sb.'s) whims. **scapricciarsi, B** *v. rifl.* to gratify one's whims.
scapsulare, *v. t.* to decapsulate.
scarabàttola (1), V. **carabàttola.**
scarabàttola (2), *f.* **scarabàttolo,** *m.* (china) cabinet.
scarabèide, *m.* (*zool.*) scarabaeid.
scarabèo, *m.* 1 (*zool., Scarabaeus*) beetle 2 (*pietra dura egiziana*) scarabaeus*; scarab 3 (*gioco*) scrabble. ● (*zool.*) **s. sacro**, (*Scarabaeus sacer*), sacred scarab □ **s. stercorario** (*Geotrupes stercorarius*), dung-beetle; dorbeetle.
scarabocchiare, *v. t.* to scribble; to scrawl; to scrabble: **s. tutto il muro**, to scrawl all over the wall; **s. una risposta**, to scrawl an answer; **s. sciocchezze**, to scribble bosh (*pop.*).
scarabòcchio, *m.* 1 scribble; scrawl; (*macchia d'inchiostro*) blot: **quattro scarabocchi**, a hasty scribble; **La firma è uno s.**, the signature is a (miserable) scrawl 2 (*disegno mal fatto*) daub; doodle 3 (*fig.: persona piccola e malfatta*) runt; shrimp.
scaracchiare, *v. i.* (*volg.*) to cough up phlegm; to expectorate.
scaràcchio, *m.* (*volg.*) phlegm; expectoration.
scarafàggio, *m.* (*zool., Blatta orientalis*) cockroach; black-beetle.
scaramanzìa, *f.* (magic) charm; spell. ● **fare s.**, to touch wood; to cross one's fingers □ **per s.**, for luck; against bad luck.
scaramazza, *a., f.* (*di perla*) baroque; irregular.
scaramùccia, *f.* (*mil.*) skirmish (*anche fig.*).
scaramucciare, *v. i.* to skirmish.
scaraventare, A *v. t.* 1 (*scagliare con impeto*) to dash; to fling*; to hurl (*anche fig.*); to launch (*anche fig.*): **s. a terra**, to dash to the ground; **s. un sasso contro q.**, to fling a stone at sb.; **s. via un libro**, to fling a book away; **s. minacce contro q.**, to hurl (*o* to launch) threats at sb.; **essere scaraventato in prigione**, to be flung into prison 2 (*fig.: trasferire in una sede lontana*) to shift: **s. q. da Venezia a Roma**, to shift sb. from Venice to Rome.
scaraventarsi, B *v. rifl.* to dash; to fling* oneself; to hurl oneself: **s. contro q.**, to hurl oneself at (*o* upon) sb.; to rush at sb.
scarceraménto, V. **scarcerazióne.**
scarcerare, *v. t.* to release (sb.) from prison; to set* (sb.) free.
scarcerazióne, *f.* release (from prison): **s. su cauzione**, release on bail.
scardare, *v. t.* to husk.
scardassare, *v. t.* (*ind. tessile*) to comb; to card.
scardassatóre, *m.* (*ind. tessile*) carder.
scardassatura, *f.* (*ind. tessile*) combing; carding.
scardasso, *m.* (*ind. tessile*) combing-card.
scardinare, *v. t.* 1 to unhinge; to take* (st.) off the hinges: **s. una porta**, to unhinge a door 2 (*fig.*) to undermine.
scàrica, *f.* 1 (*di arma da fuoco*) discharge; (*di più armi insieme*) volley; (*salva*) salvo*: **una s. di fucileria**, a volley (*o* a salvo) of fire-arms; **fare una s.**, to fire a volley 2 (*elettr.*) discharge; flash-over; (*tra elettrodi*) jump spark: **s. a bagliore**, glow discharge; **s. a fiocco**, brush discharge; **s. di un accumulatore**, discharge of a battery; **s. oscillante**, oscillatory discharge 3 (*radio*) atmospheric disturbance; atmospherics (*pl.*) 4 (*med.*) discharge (from the bowels) 5 (*fig.*) volley; shower: **una s. d'insulti**, a volley of insults; **una s. di pugni**, a shower of blows.
scaricabarili, *m.* — (*fig.*) **fare a s.**, to throw the blame on each other (*o* on one another); to pass the buck (*fam.*).
scaricalàsino, *m.* (*gioco infant.*) piggy-back: **giocare a s.**, to play piggy-back.
scaricaménto, *m.* unloading; discharge.
scaricare, A *v. t.* 1 (*levare il carico*) to unload; to unburden; to disburden; (*di una carica, di un fardello*) to discharge (of a load, of a burden): **s. merce (passeggeri)**, to discharge goods (passengers); **s. una nave**, to unload (*o* to discharge) a ship; **s. un mulo**, to unburden a mule 2 (*lasciar cadere*) to release: **s. una bomba da un aereo**, to release a bomb from an aircraft 3 (*un'arma*) to unload; (*sparare*) to discharge, to fire; (*scoccare*) to shoot*; (*far scattare*) to let* off: **s. un arco**, to discharge (*o* to shoot) a bow; **s. un fucile**, (*togliere i proiettili*) to unload a gun; (*sparare*) to discharge (*o* to fire) a gun 4 (*elettr.*) to discharge; to run* down: **s. un accumulatore**, to discharge an accumulator 5 (*mecc.*) to release: **s. una molla**, to release a spring 6 (*versare, emettere*) to discharge, to send* out, to let* out; (*svuotare*) to drain, to empty: **s. l'acqua di rifiuto**, to discharge waste water; **s. il vapore**, to let out the steam; **s. una cisterna**, to empty a rain-water tank 7 (*evacuare*) to evacuate: **s. l'intestino**, to evacuate (*o* to empty) the bowels 8 (*fig.: liberare, alleggerire*) to unload; to disburden; to unburden; to lighten; to relieve; (*sfogare*) to vent: **s. il proprio risentimento**, to unload one's resentment; **s. la propria coscienza**, to disburden one's conscience; **s. la propria collera su q.**, to vent one's wrath upon sb. 9 (*elab.*) to dump. ● **s. alla rinfusa**, to dump □ (*fig.*) **s. la colpa addosso a q.**, to lay the blame on sb.; to blame sb. □ (*fig.*) **s. improperi su q.**, to heap insults upon sb. □ (*mecc.*) **s. l'olio**, to drain the oil □ (*fig.*) **s. q. da qualsiasi responsabilità**, to free sb. from all responsibilities □ (*naut.*) **s. la zavorra**, to unballast. **scaricarsi, B** *v. rifl.* 1 (*deporre il proprio carico*) to unload oneself; to unburden oneself 2 (*fig.: liberarsi*) to unburden one's soul (*o* oneself); to relieve oneself (*sfogarsi*) to (give*) vent to one's feelings, to pour out one's heart: **s. un peso** (*morale*), to unburden one's soul; to relieve oneself of a burden; **s. di un segreto**, to relieve (*o* to unburden) oneself of a burden; **s. (*rilassarsi*) to relax 4 (*di orologio e sim.*) to run* down: **L'orologio si è scaricato**, the clock has run down 5 (*di acque*) to flow (into): **Il Nilo si scarica nel Mediterraneo**,

scaricatóio

the Nile flows (*o* discharges itself) into the Mediterranean (Sea). ● **Il fulmine si scaricò sul comignolo**, the lightning struck the chimney-top.
scaricatóio, *m.* **1** unloading place; (*per rifiuti*) dump **2** (*canale di scarico*) drain; sewer.
scaricatóre, *m.* **1** unloader **2** (*di porto*) docker; dockhand; stevedore **3** (*elettr.*) discharger; arrester. ● **s. d'acqua**, water--trap □ **s. d'aria**, air-escape.
scàrico (1), *a.* **1** (*non carico*) unloaded; unburdened; disburdened; burdenless; **una nave scarica**, an unloaded ship; **un mulo s.**, a burdenless mule **2** (*di arma da fuoco*) unloaded; discharged **3** (*di batteria, orologio*) run-down; exhausted: **Il mio orologio è s.**, my watch has run down **4** (*elettr.*) flat: **batteria scarica**, flat battery **5** (*di molla*) released. ● (*fam.*) **capo s.**, scatter-brain.
scàrico (2), *m.* **1** (*lo scaricare*) unloading; unburdening; disburdening; disburdening; discharge: **lo s. delle merci**, the discharge of the goods; **lo s. d'una nave**, the unloading of a ship; **porto di s.**, port of discharge **2** (*elettr.*) discharge: **tensione di s.**, discharge pressure **3** (*mecc.*) exhaust: **collettore di s.**, (*di motore stellare*) exhaust ring; (*di motore in linea*) exhaust manifold; **cono di s.**, exhaust cone; **tubo di s.** (*di scappamento*), exhaust--pipe; **valvola di s.**, exhaust-valve **4** (*edil.*) sewer; (*canale di scolo*) drain: **s. d'acqua** (**piovana**), water-drain; **canale di s.**, drain--pipe; drainage-conduit; tail-race; (*mecc.*) **rubinetto di s.**, drain--cock; **tappo di s.**, drain-plug; **tubo di s.** (*di drenaggio*), drain--pipe; waste-pipe **5** (*rifiuti*) refuse; waste; (*deposito di rifiuti*) dump: **acque di s.**, waste-water **6** (*fig.: discarico*) defence: **a proprio s.**, in one's (own) defence; in self-defence **7** (*ind., ecologia*) emission: **gli scarichi industriali**, industrial emissions. ● **s. della doccia di gronda**, down spout □ (*naut., aeron.*) **s. in mare** (*per es.: in caso di avaria*), jettison □ **s. di responsabilità**, to avoid all responsibilities □ (*comm.*) **bolletta di s.**, discharge receipt □ (*naut.*) **cominciare lo s.**, to break bulk □ **fare lo s. d'una nave**, to unload a ship; to discharge a cargo □ (*comm.*) **libro di s.**, stock book □ **luogo di s.** (*per rifiuti*), dump □ (*comm.*) **numero di s.**, (*di una somma*) paying-out number; (*di materiale*) going-out number.
scarificare, *v. t.* (*med., agric.*) to scarify: **s. una ferita**, to scarify a wound.
scarificatóre, *m.* (*med., agric.*) scarifier.
scarificazióne, *f.* (*med., agric.*) scarification.
scariòla, *V.* **scaròla**.
scarlattina, *f.* (*med.*) scarlatina; scarlet fever.
scarlattinóso, (*med.*) **A** *a.* **1** (*relativo alla scarlattina*) scarlatinal **2** (*affetto da scarlattina*) scarlatinous. **B** *m.* person affected with scarlet fever.
scarlatto, *a. e m.* scarlet: **rosso s.**, scarlet red. ● **farsi s. in viso**, to flush scarlet.
scarmigliare, **A** *v. t.* to dishevel; to tousle; to touzle; to ruffle (sb.'s hair). **scarmigliarsi**, **B** *v. rifl.* to ruffle (*o* to tousle, to touzle) one's hair.
scarmiglióne, *m.* untidy and dishevelled person.
scarnare, *v. t.* **1** to unflesh **2** (*conceria*) to flesh.
scarnatrice, *f.* fleshing machine.
scarnatura, *f.* (*conceria*) fleshing.
scarnificare, *v. t.* to strip the flesh from (st.).
scarnificazióne, *f.* stripping of flesh.
scarnire, *v. t.* **1** to strip the flesh from (st.) **2** (*fig.*) to bare; to strip.
scarnito, *a.* **1** stripped of flesh **2** (*magrissimo*) skinny; lean; meagre **3** (*fig.: spoglio*) bare.
scarno, *a.* **1** meagre; thin; lean; gaunt; skinny; scraggy: **mani scarne**, skinny hands; **un viso s.**, a meagre face; **dal viso s.**, meagre-faced; thin-faced **2** (*fig.*) bare; meagre; scanty; jejune: **un trattato s.**, a meagre treatise.
scaro, *m.* (*zool., Sparisoma cretense*) scarus*; parrot-fish.
scarógna, scarognato, *V.* **scalógna (1), scalognato**.
scaròla, *f.* (*bot., Lactuca scarola*) prickly lettuce.
scarpa, *f.* **1** shoe; (*s. alta, stivaletto*) boot: **scarpe basse**, flat shoes; flats (*USA*); **scarpe a punta**, pointed shoes; **scarpe a punta quadra**, square-toed shoes; **scarpe che calzano bene** (*male*), well--fitting (ill-fitting) shoes; **Queste scarpe non calzano bene**, these shoes are not the right size; **scarpe col tacco alto** (*basso, a spillo*), high-heeled (low-heeled, spike-heeled) shoes; **scarpe di cuoio**, leather shoes; **scarpe di vernice**, patent leather shoes; **scarpe ortopediche**, (*med.*) orthopaedic shoes; (*tipo di scarpe da donna*) wedge-heeled shoes; wedgies (*fam.*); **scarpe da ginnastica**, gym shoes; plimsolls; sneakers (*USA*); **scarpe chiodate** (*per l'atletica*), spiked running shoes; spikes (*fam.*); **scarpe scollate**, court shoes; pumps; **scarpe sfondate**, worn-out shoes; **scarpe strette**, tight shoes; **un paio di scarpe comode**, a pair of comfortable shoes; **infilarsi le scarpe**, to slip on one's shoes; **mettersi le scarpe**, to put on one's shoes; **togliersi le scarpe**, to take off

one's shoes **2** (*cuneo di puntello per veicoli*) shoe; skid **3** (*fig., fam.: persona incapace*) wash-out; flop; dud; dead-loss **4** (*edil.*) scarp: **muro a s.**, scarp wall. ● (*naut.*) **s. dell'ancora**, anchor fluke chock □ (*fam.*) **essere una s. vecchia** (*un incapace*), to be a wash-out (*o* a dead-loss) □ **a s.** (*in pendio*), sloping (*agg.*) □ **avere il cervello nelle scarpe** (*o* il giudizio sotto la suola delle scarpe), to have no brains (at all) □ **avere le scarpe scalcagnate**, to be down at heel (*fam., fig.*) **fare le scarpe a q.**, to double--cross sb.; to do sb. down □ **lucido da scarpe**, shoe-polish; shoe--cream □ (*fig.*) **morire con le scarpe ai piedi** (*o* mettere le scarpe al sole), to die in one's boots □ **non essere degno di legare** (*o* lustrare) **le scarpe a q.**, not to be fit to tie sb.'s shoes-laces (*o* shoes-strings).
scarpàio, *m.* (*venditore ambulante*) (itinerant) shoe-vendor.
scarpata (1), *f.* (*d'un terrapieno*) escarp; escarpment; (*pendio*) slope.
scarpata (2), *f.* (*colpo dato con una scarpa*) blow with a shoe. ● **dare una s. a q.**, to throw a shoe at sb.
scarpétta, *f.* **1** (*scarpa da bambino*) child's shoe **2** (*scarpa bassa e leggera*) (light, low-heeled) shoe: **scarpette da ballo**, dancing--shoes; pumps; **scarpette da ginnastica**, gym shoes; plimsolls; sneakers (*USA*); **scarpette da tennis**, tennis-shoes.
scarpièra, *f.* **1** (*armadietto*) shoe-cupboard; (*aperta*) shoe-rack **2** (*custodia per le scarpe*) shoe-bag.
scarpinare, *v. i.* (*fam.*) to tramp; to trek.
scarpinata, *f.* (*fam.*) long walk; tramp.
scarpino, *m.* dainty shoe; (*da sera, da ballo*) pump.
scarpóne, *m.* boot; heavy boot; hobnailed boot: **scarponi doposci**, après-ski boots.
scarrocciare, *v. i.* (*naut.*) to make* leeway; to sag to leeward. ● **s. con l'ancora**, to club.
scarròccio, *m.* (*naut.*) leeway; sag: **andare a s.**, to make leeway; to sag to leeward.
scarrozzare, **A** *v. t.* to take* (sb.) round about (in a carriage). **B** *v. i.* to drive* about in a carriage.
scarrozzata, *f.* drive (in a carriage).
scarrucolare, **A** *v. i.* to run* on a pulley. **B** *v. t.* to release (a pulley).
scarrucolìo, *m.* running (of a rope) on a pulley.
scarruffare, **A** *v. t.* to ruffle (sb.'s) hair; to dishevel (sb.'s) hair. **scarruffarsi**, **B** *v. rifl.* to ruffle one's hair; to dishevel one's hair.
scarsaménte, *avv.* scantily; sparely; poorly; (*parsimoniosamente*) sparingly.
scarseggiare, *v. i.* **1** (*essere scarso*) to be running out; to run* short; (*avere scarsezza*) to be short (of): **I viveri scarseggiano**, provisions are running out; **s. di vino** (*di denaro*), to be short of wine (of money) **2** (*fig.*) to lack; to be lacking (in): **s. di logica**, to be lacking in logic.
scarsèlla, *f.* money-bag; purse.
scarsézza, scarsità, *f.* scarceness; scarcity; (*insufficienza*) insufficiency; scantiness; shortage; (*mancanza*) lack; want: **s. di mezzi**, lack of means; **s. d'ingegno**, lack of genius; **s. di manodopera**, labour shortage.
scarso, *a.* scarce; scanty; scant; meagre; spare; (*fiacco*) feeble; (*manchevole*) lacking, short, insufficient; (*povero*) poor, lean: **annate scarse**, lean years; **mezzi scarsi**, scanty means; **peso s.**, short weight; **s. d'ingegno**, lacking in intelligence; **una luce scarsa**, a feeble (*o* a faint) light; **un pasto s.**, a meagre (*o* a spare) meal; **un raccolto s.**, a lean harvest; **un raccolto s. di riso**, a scanty crop of rice; **prestare scarsa attenzione a q.c.**, to pay scant attention to st.; **essere s. a quattrini**, to be short of money; **rendere scarsa giustizia**, to do scant justice (to); **Il cibo si fece s.**, food became scarce; **Le nostre provviste si fecero scarse**, our supplies ran short. ● **essere s. in latino** (in matematica, ecc.), to be weak in Latin (in mathematics, etc.) □ (*di merce*) **di s. valore**, third-rate □ **tre metri scarsi**, a bare three metres.
scartabellare, *v. t.* to skim (*o* to run*) through; to run* over the pages of: **s. un libro**, to skim through a book.
scartafàccio, *m.* **1** scribbling-block; note-book; jotter **2** (*libro malridotto*) tattered book **3** (*comm.*) waste-book.
scartaménto, *m.* (*ferr.*) gauge: **s. normale** (**ridotto**), standard (narrow) gauge. ● (*fig.*) **a s. ridotto**, in dribs and drabs.
scartare (1), *v. t.* (*di cosa incartata*) to unwrap.
scartare (2), *v. t.* **1** (*eliminare, respingere*) to discard; to reject; (*mettere da parte*) to put* (*o* to lay*) aside: **s. i vestiti vecchi**, to discard old clothes; **s. la merce avariata**, to discard damaged goods; **s. una proposta**, to reject a proposal; **s. un'ipotesi**, to discard a hypothesis **2** (*nel gioco*) to discard: **s. un asso**, to discard an ace **3** (*mil.: riformare*) to reject; to declare (sb.) unfit for military service.
scartare (3), **A** *v. i.* **1** (*deviare bruscamente: di veicoli*) to swerve; to skid; (*di animali*) to swerve, to shy, to side--step **2** (*sport*) to side-step; to dodge. **B** *v. t.* (*sport*) to side-

-step; to dodge.
scartata, *f.* **1** (*di animali o veicoli*) swerve; swerving **2** (*fig., fam.: ramanzina*) rebuke. ● **fare una s. a destra**, to swerve to the right.
scartavetrare, *v. t.* to sandpaper.
scartellaménto, *m.* (*banca*) disregarding the norms of a banking cartel.
scartellare, *v. i.* (*banca*) to disregard the norms of a banking cartel.
scartina, *f.* **1** (*nei giochi di carte*) low card **2** (*fig., fam.: persona che non vale niente*) good-for-nothing; dud (*pop.*).
scartinare, *v. t.* (*tipografia*) to slip sheet.
scartino, *m.* **1** V. **scartina 2** (*tipogr.*) slip sheet.
scarto, *m.* **1** (*lo scartare scegliendo*) discard; discarding **2** (*cosa scartata*) discarded thing; refuse; trash; (*in officina*) scrap, rejection: (*mecc.*) **s. di lavorazione**, machine shop rejection **3** (*nel gioco*) discard: **Mettete qua gli scarti!**, put the discards here! **4** (*spreg.: di persona*) good-for-nothing; duffer (*fam.*); dud (*pop.*). ● **scarti esterni di fonderia**, foundry returns □ **scarti totali di fonderia**, foundry losses.
scarto (2), *m.* **1** (*di veicolo*) swerve; skid; (*di animale*) shy, swerve, side-step **2** (*margine, differenza*) margin; deviation; range; spread: (*Borsa, fin.*) **s. di garanzia**, safety margin **3** (*stat.*) deviation; error.
scartocciare, *v. t.* **1** to unwrap **2** (*agric.*) to husk; to strip.
scartocciatura, *f.* **1** unwrapping **2** (*agric.*) husking; stripping.
scartòccio, *m.* **1** (*di lumi a petrolio, lampade a gas, ecc.*) glass chimney **2** (*bot.*) husks (*pl.*).
scartòffie, *f. pl.* (*spreg.*) heap of) papers.
scassa, *f.* (*naut.*) step.
scassaquindici, *m.* (*giochi*) top fifteen.
scassare (1), *v. t.* (*togliere da una cassa*) to unbale; to unpack.
scassare (2), **A** *v. t.* **1** (*agric.*) to break* up; to plough up **2** (*fam.: rompere*) to break*; to wreck; to smash; to run* down. ● **s. una serratura**, to pick a lock. **scassarsi**, **B** *v. rifl.* (*fam.: rompersi*) to break*.
scassato, *a.* **1** (*agric.*) broken up; ploughed up **2** (*fam.*) wrecked; smashed; run-down: **una vecchia automobile scassata**, an old run-down car; an old jalopy.
scassinaménto, *m.* forcing; breaking open.
scassinare, *v. t.* to force (the lock of); to break* (st.) open; to crack (*pop.*): **s. una porta**, to break a door open. ● **s. una serratura**, to pick a lock.
scassinatóre, *m.* house-breaker; burglar; cracksman* (*pop.*). ● **s. di banche**, bank-robber.
scassinatura, V. **scassinaménto**.
scasso, *m.* **1** (*lo scassinare*) house-breaking, burglary; (*di serratura*) lock-picking **2** (*agric.*) breaking up. ● (*leg.*) **furto con s.**, house-breaking; burglary.
scatarrare, **scatarrata**, V. **scaracchiare**, **scaràcchio**.
scatenaménto, *m.* (*fig.: lo scatenarsi*) raging.
scatenare, **A** *v. t.* (*fig.: aizzare*) to instigate; to incite; to spur; (*sollevare*) to stir up, to rouse: **s. la plebe contro q.**, to incite the mob against sb.; **s. l'ira di q.**, to stir up sb.'s wrath; **s. una rivolta**, to instigate a rebellion. **scatenarsi**, **B** *v. rifl.* **1** (*fig.: sfrenarsi*) to unbridle oneself; to get* loose **2** (*fig.: prendere a infuriare*) to break* out; (*infuriare*) to rage: **Si scatenò la guerra**, war broke out; **Si scatenò una tempesta di neve**, a snow-storm broke out; **I venti si scatenarono**, the winds raged.
scatenato, *a.* (*privo di freno*) unbridled; unrestrained; wild. ● (*fam.*) **diavolo s.**, holy terror □ **venti scatenati**, raging winds.
scàtola, *f.* **1** box; (*astuccio*) case: **una s. per cappelli**, a hat-box; **una s. da imballaggio**, a packing-case; **una s. di cioccolatini**, a box of chocolates; **una s. di biscotti**, a box (*o* a tin) of biscuits; **una s. di fiammiferi**, a box of matches; **una s. di legno**, a wooden box **2** (*di latta*) tin; can (*USA*): **una s.** (*o* **scatoletta**) **di carne di manzo**, a tin of corned beef **3** (*mecc.*) box; case; housing. ● (*mus.*) **s. armonica**, musical box □ **s. a sorpresa** (*o* **s. magica**), jack-in-the-box □ (*anat.*) **s. cranica**, brain-box; skull □ (*autom.*) **s. del differenziale**, differential (gear) carrier □ (*elettr.*) **s. di connessione**, junction-box □ (*elettr.*) **s. di derivazione**, connector-block □ (*aeron.*) **s. nera**, flight-recorder; black box □ **a lettere di s.**, in block letters (*fig., volg.*) **averne piene le scatole**, to be fed up to one's back teeth □ **comprare** (**vendere**) **q.c. a s. chiusa**, to buy (to sell) a pig in a poke □ (*di cibi*) **in s.**, tinned (*agg.*); canned (*agg., USA*) □ **mettere** (*cibi*) **in s.**, to tin; to can (*USA*) □ (*fig., volg.*) **rompere le scatole a q.**, to get sb.'s goat (*fig.*).
scatolàio, *m.* **1** (*fabbricante*) box-maker **2** (*venditore*) box-seller.
scatolame, *m.* **1** tins (*pl.*); cans (*pl., USA*) **2** (*generi alimentari in scatola*) tinned food; canned food (*USA*).
scatolare, *a.* box (*attr.*); box-shaped.
scatolata, *f.* box.

scatolato, *a.* tinned; canned (*USA*).
scatolétta, *f.* tin; can (*USA*).
scatolifìcio, *m.* box-factory.
scatologìa, *f.* scatology, skatology.
scatològico, *a.* scatologic; scatological.
scattante, *a.* (*svelto, agile*) quick; wide-awake.
scattare, **A** *v. i.* **1** (*di molla e sim.*) to go* off; (*d'interruttore e sim.*) to trip **2** (*fig.: adirarsi*) to get* angry; to lose* one's temper **3** (*sport*) to sprint; to spurt. **B** *v. t.* (*fotogr.*) to take*; to shoot*. ● **s. a vuoto**, to misfire □ **s. in piedi**, to spring to one's feet □ **s. su come una molla**, to spring up □ **s. sull'attenti**, to spring to attention □ **far s. una molla**, to release a spring.
scattista, *m. e f.* (*sport*) sprinter.
scatto, *m.* **1** (*mecc.*) release; click: **s. automatico**, automatic release; **leva di s.**, release trigger; **lo s. d'una serratura**, the click of a lock **2** (*molla*) spring: **a s.** (*o* **con lo s.**), spring (*attr.*): **serratura a s.**, spring-lock **3** (*fotogr.*) self-timer **4** (*di telefono*) unit **5** (*di stipendio*) increase; increment: **s. di stipendio**, automatic pay increase **6** (*fig.: scoppio*) outburst; fit; access; (*impulso*) impulse: **uno s. d'ira**, an outburst (*o* a fit) of anger **7** (*sport*) sprint; spurt. ● **a scatti**, by fits and starts; jerkily □ **di s.**, suddenly; all of a sudden □ **dire q.c. di s.**, to blurt st. out □ (*sport*) **fare uno s.**, to sprint; to spurt □ **muoversi a scatti**, to jerk along; to jolt along.
scaturigine, *f.* (*lett.*) source; spring; (*origine*) origin.
scaturire, *v. i.* **1** to spring* (from, out of); to gush (from): **Le lacrime gli scaturirono dagli occhi**, tears gushed from his eyes **2** (*fig.*) to originate, to flow (from); to issue (from): **La ricchezza scaturisce dall'industria e dall'economia**, wealth flows from industry and economy.
scavafòssi, *f.* ditch digger; (*scavatrincee*) trencher, trench excavator.
scavalcaménto, *m.* **1** (*fig.*) supplantation; superseding **2** (*geol.*) overlap **3** (*sport*) overtaking.
scavalcare, *v. t.* **1** (*gettare giù da cavallo*) to unhorse; to throw* down (from a horse); (*sbalzare di sella*) to unsaddle **2** (*passare sopra*) to pass over; to climb* over; to stride* over (*o* across); to bestride*: **s. una maglia**, to pass over a stitch; **s. una staccionata**, to pass (*o* to climb, to jump) over a fence; **s. un fosso**, to stride over a ditch **3** (*fig.*) to supplant; to supersede: **essere scavalcato dal proprio rivale**, to be supplanted by one's rival **4** (*sport*) to overtake*.
scavallare, *v. i.* to gambol about; to frolic about; to frisk about.
scavare, *v. t.* **1** to dig*; to excavate; to hollow out: **s. il terreno**, to dig the ground; **s. una buca nel terreno**, to dig a hole in the ground; **s. un fosso**, to dig (*o* to excavate) a ditch; **s. una trincea**, to dig (*o* to excavate) a trench; **Le rive del fiume erano state scavate dalle acque impetuose**, the river banks had been hollowed out by the rushing water; **s. un tronco per farne una canoa**, to hollow out a trunk to make a canoe **2** (*estrarre scavando*; *portare alla luce, anche fig.*) to excavate; to dig* out; to dig* up: **s. una città sepolta**, to excavate a buried city; **s. un tesoro nascosto** (**una statua antica**), to dig up a hidden treasure (an old statue); **s. la verità**, to dig out the truth **3** (*fig.: escogitare, rivangare*) to dig* up: **s. strane teorie** (**storie ormai vecchie, ecc.**), to dig up strange theories (stories of long ago, etc.) **4** (*fig.: indagare*) to search; to dig* **5** (*con una paletta*) to scoop (out): **I bambini scavavano buche nella sabbia**, the children were scooping out holes in the sand **6** (*in miniera*) to dig*; to mine: **s. carbone** (**oro, ecc.**), to mine coal (gold, etc.) **7** (*una galleria*) to dig*; to bore: **s. una galleria sotto un monte**, to dig (*o* to bore) a tunnel through a mountain **8** (*con la sgorbia, anche fig.*) to gouge (out): **Il fiume s'è scavato la strada attraverso le rocce della montagna**, the river has gouged its way through the mountain rocks **9** (*con la draga*) to dredge **10** (*di abito: allargare*) to enlarge; to widen: **s. il collo** (**le maniche**) **di un vestito** (*da donna*), to enlarge (*o* to widen) the collar (the sleeves) of a dress **11** (*fig.: scovare*) to find* (out); to dig* up: **Dove diamine hai scavato quel vecchio documento?**, wherever did you dig up that old document? ● **s. fossi**, to ditch □ **s. un pozzo**, to sink a well □ **s. trincee**, to trench □ (*fig.*) **scavarsi la fossa con le proprie mani**, to dig one's own grave.
scavato, *a.* (*incavato*) hollow; sunken: **guance scavate**, hollow cheeks; **occhi scavati**, sunken (*o* deep-sunk) eyes.
scavatóre, **A** *m.* digger. **B** *a.* excavating; digging.
scavatrìce, *f.* (*macchina*) excavator; digger: **s. mobile**, mobile digger; **s. pneumatica**, pneumatic digger. ● **s. a cucchiaia**, power-shovel □ **s. per fossi**, ditching-machine.
scavatura, *f.* **1** digging; excavation **2** (*tratto scavato*) excavation **3** (*terra scavata*) earth dug up **4** (*di vestito*) hole.
scavezzacòllo, *m. e f.* reckless fellow; dare-devil; scapegrace. ● **a s.**, at (a) breakneck speed; headlong.
scavezzare, *v. t.* **1** (*rompere, spezzare*) to break* **2** (*levare la*

cavezza) to unhalter 3 *V.* **scapitozzare**. ● **scavezzarsi il collo**, to break one's neck.

scavezzatrice, *f.* (*mecc.*) breaker.

scavezzatura, *f.* (*mecc.*) breaking: **s. della canapa**, breaking hemp.

scavino, *m.* corer.

scávo, *m.* 1 (*lo scavare*) excavation; digging; digging out; (*min.*) mining: **s. a cielo aperto**, open-cut mining; **s. in galleria**, underground mining; **fare degli scavi**, to make excavations 2 (*archeol.*) excavation: **gli scavi di Pompei**, the excavations of Pompeii 3 (*incavatura*) hole: **lo s. del collo**, the neck-hole; **lo s. della manica**, the arm-hole. ● (*min.*) **s. di estrazione**, stope □ **iniziare uno s.**, to break ground □ (*min.*) **lavoro di s.**, mining □ (*min.*) **sezione di s.**, working face.

scazónte, (*poesia*) **A** *a.* scazontic; choliambic. **B** *m.* scazon*; choliamb.

scazzottare, **A** *v. t.* (*pop.*) to punch; to fight* (sb.) with one's fist. **scazzottarsi**, **B** *v. rifl.* (*pop.*) to fight*; to come* to blows.

scazzottata, **scazzottatura**, *f.* (*pop.*) fist-fight; punch-up (*fam.*).

scégliere, *v. t.* 1 to choose*; to pick out; to single out; to select; to sort out; to cull: **s. giustamente**, to choose right; **s. fior da fiore**, to choose the very best; **s. il buono dal cattivo**, to sort out the good from the evil; **s. il migliore di tutti**, to choose the best of all; **s. i propri amici**, to choose one's friends; **s. la via più lunga**, to choose the longest way; **s. un libro**, to select a book; **Hai scelto bene**, you have chosen well; **Non c'è molto da s.**, there is not much to choose from 2 (*preferire*) to prefer; to like better 3 (*ind. tessile*) to sort: **s. la lana**, to sort wool. ● **s. meticolosamente**, to pick and choose □ (*sport*) **tirare a sorte per s. il campo**, to toss for ends □ **Puoi s.**, you can take your choice □ **Non c'è da s.**, there is no choice □ **Sceglierei piuttosto di morire**, I would rather (*o* sooner) die.

sceglitóre, *m.* chooser; selector; sorter: **uno s. di lana**, a wool-sorter.

sceiccato, *m.* (*territorio soggetto al dominio di uno sceicco*) sheik(h)dom.

sceicco, *m.* sheik(h).

scekerare, *v. t.* to mix in a shaker.

scellerattàggine, **scelleratézza**, *f.* 1 (*l'essere scellerato*) villainy; wickedness; iniquity; atrocity 2 (*azione da scellerato*) misdeed; wicked act; iniquity; atrocity.

scellerato, **A** *a.* villainous (*anche fig.*); wicked; iniquitous; atrocious: **pensieri scellerati**, iniquitous thoughts; **uomini scellerati**, villainous men; villains. **B** *m.* villain; wicked man*; wretch.

scellino, *m.* 1 (*ingl.*) shilling; bob* (*fam.*): **un francobollo da uno s.**, a shilling stamp; **uno s. di caramelle**, a shillingsworth of sweets 2 (*austriaco*) schilling.

scélta, *f.* choice; selection; pick; (*opzione*) option: **una s. di poesie**, a selection of poems; **fare una s.**, to make a choice (*o* a selection); **fare la propria s.**, to take one's choice; **a s.**, by choice; optional (*agg.*); (*comm., naut.*) **a s. del capitano**, at the master's option; **È tua s.**, make your choice. ● **frutta o dolce, a s.**, choice of fruit or sweet □ **merce di prima s.**, choice goods; first-quality goods □ **non avere possibilità di s.**, to have no choice.

sceltézza, *f.* (*lett.*) choiceness.

scélto, *a.* choice; (well-)chosen; selected; select; picked; first-rate; crack (*fam.*); (*squisito*) exquisite, dainty; (*elegante*) elegant: **frutta scelta**, choice fruit; **poesie scelte**, selected poems; **una compagnia scelta**, a select company; **una scuola scelta**, a select school; **un boccone s.**, a dainty bit; a tit-bit; **un reggimento s.**, a crack regiment; **un tiratore s.**, a crack (*o* a first-rate) shot; a marksman; **vini scelti**, selected wines.

scemare, **A** *v. t.* (*diminuire*) to diminish; to lessen; to decrease; to abate; (*ridurre*) to reduce: **s. il valore del denaro**, to lessen the value of money; **s. i prezzi**, to reduce prices; **s. l'orgoglio di q.**, to abate (*o* to lower) sb.'s pride; **L'età scema le forze**, age reduces vitality. **B** *v. i.* 1 (*diminuire*) to diminish; to lessen; to decrease; to abate; (*indebolirsi*) to grow* weak (*o* weaker), to weaken; (*accorciarsi*) to grow* shorter, to shorten, to draw* in; (*declinare*) to decline; (*calare*) to wane: **D'inverno le giornate scemano**, in winter the days grow shorter; **Gli scemano le forze**, his strength is slowly declining (*o* waning); **La sua popolarità è scemata**, his popularity has waned 2 (*della luna*) to wane: **La luna scema**, the moon is waning (*o* on the wane) 3 (*della marea*) to ebb 4 (*comm.*) to fall*; to decline; to come* down; to drop: **I prezzi scemano**, prices are dropping. ● **s. d'autorità**, to lose authority □ **s. di forze (di peso)**, to lose strength (weight).

scemènza, *f.* 1 imbecility; stupidity; idiocy 2 (*atto da scemo*) imbecility; stupid (*o* foolish, silly) act. ● **dire scemenze**, to talk nonsense.

scémo, **A** *a.* (mentally) deficient; imbecile; stupid; idiotic. **B** *m.* imbecile; stupid; idiot; (*sciocco*) fool, duffer, noodle: **Non fare lo s.!**, don't be stupid!; don't play the fool!

scempiàggine, *f.* stupidity; idiocy; piece of nonsense. ● **dire scempiaggini**, to talk nonsense.

scempiare, *v. t.* to undouble; to make* single.

scémpio (1), **A** *a.* 1 (*sciocco*) foolish; silly; stupid: **Che cosa scempia!**, what a silly thing! 2 (*semplice*) single: **consonanti scempie**, single consonants; (*bot.*) **fiori scempi**, single flowers; **una rosa scempia**, a single rose. **B** *m.* (*persona sciocca*) fool; idiot.

scémpio (2), *m.* (*strage*) havoc; (*massacro*) slaughter: **fare s. di q.c.**, to play havoc with st.; to make havoc of st. ● **fare s. del corpo di q.**, to tear sb.'s body to pieces; to lacerate sb.'s body.

scèna, *f.* 1 (*palcoscenico*) scene; stage: **la s. d'un teatro greco**, the stage of a Greek theatre 2 (*teatr.: luogo dell'azione drammatica; tela che lo rappresenta*) scene: **un cambiamento di s.**, a change of scene; **un pittore di scene**, a scene-painter; (*anche fig.*) **dietro le scene**, behind the scenes; **Le scene vengono cambiate durante gli intervalli fra un atto e l'altro**, the scenes are changed (*o* shifted) during the intervals between the acts; **La s. del primo atto è a Londra**, the scene of the first act is laid in London 3 (*teatr.: suddivisione dell'atto d'un dramma*) scene: **la prima s. del terzo atto**, the first scene of the third act; **la s. dell'avvelenamento**, the poisoning scene; **la s. del duello nell'«Amleto»**, the duel scene in «Hamlet» 4 (*cinem.*) scene; shot: **girare una s.**, to shoot a scene 5 (*telev.*) set: **s. senza arredamento**, basic set 6 (*per estens.*: *teatro*) stage; theatre: **la vita della s.**, theatre-life; **dall'avvocatura alle scene**, from the Bar to the Theatre; **abbandonare le scene**, to leave the stage; **calcare le scene**, to take to the stage; to be an actor (*o* an actress); to tread the boards (*retor.*) 7 (*spettacolo*) scene; sight; (*vista*) view, scenery; (*paesaggio*) landscape: **scene della natura**, natural scenes; **Una s. sorridente si aprì alla vista**, a smiling scene opened to the sight 8 (*fig., spreg.*: *scenata*) scene; row: **fare una s.**, to make a scene; to kick up a row. ● (*fig.*) **la s. del mondo**, the scene: **scomparire dalla s. del mondo**, to quit the scene □ (*teatr.*) **s. muta**, dumb scene; dumb show □ **andare in s.**, to be staged; to be performed □ **colpo di s.**, stage-trick; coup de «scène» (*franc.*); (*fig.*) unforeseen event □ **direttore di s.**, stage-manager □ **entrare in s.**, (*teatr.*) to come on, to enter the stage; (*telev.*) to come on set; (*fig.*) to come on the scene □ **fare s.**, to make an impression □ (*fig.*) **fare s. muta a un esame**, not to utter a single word at an exam □ **messa in s.**, «mise-en-scène» (*franc.*); staging (*of a play, fam.*) put-up affair, put-on □ **mettere in s. un'opera teatrale**, to stage a play □ **Chi è di s.?**, whose turn is it (to come on the stage)?

scenàrio, *m.* 1 (*teatr.*) scenery: **s. teatrale**, stage-scenery 2 (*fig.*) setting; scenery 3 (*cinem.*) scenario; script.

scenarista, *m. e f.* (*cinem.*) scenario-writer; screenwriter; scenarist.

scenata, *f.* scene; row; quarrel: **fare una s.**, to make a scene; to kick up a row.

scéndere, **A** *v. i.* 1 (*andare giù*) to descend; to go* down; to get* down; (*venire giù*) to come* down: **salire e s.**, to go up and down; **s. a valle**, to descend to the valley; to go downhill; **s. da un albero**, to get down from a tree; **s. in cantina**, to go down into the cellar; **s. da una scala a pioli**, to get down from a ladder 2 (*smontare*) to dismount; to alight; to get* off; to get* down: **s. dalla bicicletta**, to dismount from one's bicycle; **s. da cavallo**, to alight from a horse; to get off a horse; **s. da un autobus (da un treno)**, to alight from a bus (a train); to get off a bus (a train); **s. di carrozza**, to get down from a carriage; **Sai dirmi dove devo s.?**, can you tell me where I must get off? 3 (*fermarsi, prendere alloggio*) to put* up; to stop: **s. a un albergo**, to put up at a hotel 4 (*di luoghi*: *presentare una pendenza*) to descend; to run* down; to slope; (*abbassarsi*) to lower, to become* lower; (*calare, diminuire*) to fall*, to drop; (*ricadere*) to fall* (over): **I prezzi aumentano invece di s.**, prices are rising instead of falling; **La strada scendeva rapidamente**, the road descended steeply; **La terra scendeva gradatamente al mare**, the land gradually sloped down to the sea; **La scogliera scendeva a picco sul mare**, the cliff fell sheer to the sea; **Il fiume scende al mare**, the river falls (*o* flows) into the sea; **Il termometro è sceso improvvisamente**, the thermometer has suddenly fallen (*o* dropped); **Il mantello gli scendeva sulle spalle**, his cloak fell over his shoulders; **I capelli le scendevano sulle spalle**, her hair fell over her shoulders 5 (*provenire da un luogo più a nord*) to descend; to sweep* down: **I Normanni scesero nell'Italia meridionale**, the Normans descended on southern Italy 6 (*atterrare*) to land; to come* down: **L'aereo scese in un campo**, the plane landed in a field 7 (*di astri*) to go* down; to sink*; (*della notte*) to fall*: **Il sole scendeva a occidente**, the sun was sinking in the west 8 (*di persona*: *abbassarsi, umiliarsi*) to lower oneself; to stoop: **s. a compromessi**, to stoop to compromises; **Non scendo**

a trattare con certa gente, I won't stoop to dealing with such people **9** (*di fiume*: *avere origine*) to rise*: **L'Arno scende dagli Appennini**, the Arno rises in the Appennines. **B** *v. t.* to descend; to go* down; to come* down: **s. una collina**, to go down a hill; **s. un pendio**, to descend a slope; **s. le scale**, to go (*o* to come) downstairs. ● (*di parole, ecc.*) **s. al cuore di q.**, to touch sb.'s heart □ **s. a minuti particolari**, to go (*o* to enter) into details □ **s. a patti**, to come to terms □ **s. a più miti consigli**, to listen to reason □ (*naut.*) **s. a terra**, to go ashore; to disembark □ **s. da un albero (da un palo, ecc.)**, to climb down a tree (a pole, etc.) □ **s. da un'automobile**, to get out of a car □ **s. dal letto**, to get out of bed; to get up □ (*fig.*) **s. in basso**, to degrade oneself □ **s. in piazza**, to take part in a demonstration; to come out into the streets □ **s. le scale a precipizio**, to rush downstairs □ **s. le scale di corsa**, to run down the stairs; to run downstairs □ **s. le scale in (tutta) fretta**, to hurry downstairs □ **far s. q.**, (*mandarlo giù*) to send sb. down; (*per le scale*) to send sb. downstairs; (*chiamarlo giù*) to call sb. down (*o* downstairs); (*farlo uscire da un'automobile*) to let sb. get out □ **una melodia che scende al cuore**, a melody which goes straight to the heart □ **Tom non è ancora sceso** (*dal piano di sopra*), Tom is not down yet.

scendibagno, *m.* bath mat.

scendilètto, *m. invar.* **1** (*tappetino*) bedside carpet **2** (*veste da camera*) dressing-gown.

sceneggiare, *v. t.* (*teatr.*) to adapt for the stage; to dramatize; (*cinem.*) to screen: **s. un romanzo (un episodio storico)**, to dramatize a novel (a historical episode).

sceneggiato, **A** *a.* (*teatr., cinem., radio, telev.*) dramatized; adapted. **B** *m.* (*specialm. telev.*) dramatization; dramatized version. ● (*telev.*) **uno s. a cinque puntate**, a five-part screen--play (by sb. from st.); a five-part T.V. serial □ **trasmettere uno s.** (*un romanzo s.*) **a puntate**, to serialize a novel on T.V.

sceneggiatóre, *m.* (*cinem., radio, telev.*) scenario-writer; screenwriter; script-writer; scenarist.

sceneggiatura, *f.* **1** (*teatr.*) adaptation for the stage **2** (*cinem., radio, telev.*) scenario; script; screen-play: **scrivere la s. d'un film**, to write the scenario of a film.

scenétta, *f.* (*breve scena comica*) sketch.

scenicaménte, *avv.* scenically.

scènico, *a.* (*teatr.*) scenic; stage (*attr.*): **effetti scenici**, stage effects. ● **allestimento s.**, staging.

scenografia, *f.* **1** (*teatr.*) scenography; scene-painting **2** (*cinem.*) setting; set-designing.

scenogràfico, *a.* **1** (*teatr.*) scenographic; scenographical **2** (*fig., spreg.*) showy; stagy.

scenògrafo, *m.* **1** (*teatr.*) scenographer; scene-painter **2** (*cinem.*) art-director; set-designer.

scenotècnica, *f.* **1** (*teatr.*) staging; stagecraft **2** (*cinem., telev.*) art-direction.

scenotècnico, *m.* **1** (*teatr.*) stage-manager **2** (*cinem., telev.*) art-director.

scèpsi, *f.* (*filos.*) scepsis.

sceratrice, *f.* (*apicoltura*) wax extractor.

sceriffo (1), *m.* sheriff.

sceriffo (2), *m.* (*discendente di Maometto*) shereef.

scervellarsi, *v. rifl.* to puzzle (*o* to rack, to cudgel) one's brains: **s. per trovare la risposta**, to puzzle one's brains to find the answer.

scervellato, **A** *a.* brainless; scatter-brained; crack-brained. **B** *m.* scatter-brain; crack-brain.

scésa, *f.* **1** (*lo scendere*) descent; going (*o* coming) down **2** (*discesa*) descent; (*china*) slope, declivity: **una s. ripida**, a steep descent; **fare una s.**, to make a descent; **Ci vollero tre ore per fare la s. della montagna**, the descent of the mountain took three hours.

scespiriano, *a.* (*letter.*) Shakespearean, Shakespearian; Shakespeare (*attr.*): **il sonetto s.**, the Shakespearean (*o* English) sonnet; **la critica scespiriana**, Shakespearian criticism.

scetticaménte, *avv.* sceptically; skeptically (*USA*).

scetticìsmo, *m.* (*anche filos.*) scepticism; skepticism (*USA*).

scèttico, (*anche filos.*) **A** *a.* sceptical; skeptical (*USA*): **un atteggiamento s.**, a sceptical attitude. **B** *m.* sceptic; skeptic (*USA*): **È uno s.**, he is a sceptic.

scettrato, *a.* (*poet.*) sceptred.

scèttro, *m.* (*anche fig.*) sceptre: **investire dello s.**, to endow with the sceptre; to sceptre; to invest with royal authority; **tenere lo s.**, to hold the sceptre; (*avere il primato*) to be supreme.

sceverare, *v. t.* (*lett., separare*) to sever; to separate; (*distinguere*) to distinguish: **s. il bene dal male**, to distinguish good from evil.

scévro, *a.* (*privo*) devoid (of); (*esente*) exempt (from); (*libero*) free (from); (*senza*) without.

schèda, *f.* **1** (file-)card; (*modulo*) form **2** (*elab.*) card: **s. perforata**, punch(ed) card. ● **s. di votazione**, ballot-paper; voting--paper; vote; ballot.

schedare, *v. t.* **1** to file; to index; to (card-)catalogue **2** (*registrare negli schedari della polizia*) to put* down in the police records.

schedàrio, *m.* **1** (*raccolta di schede*) file; card-index **2** (*mobile per contenere schede*) card-holder; filing-cabinet.

schedarista, *m. e f.* file-clerk.

schedato, **A** *a.* **1** (*di documento, ecc.*) on file (*pred.*) **2** (*s. dalla polizia*) having a police record. **B** *m.* person having a police record.

schedatóre, *m.* card-compiler.

schedatura, *f.* filing; indexing.

schedina, *f.* (*del totocalcio e sim.*) coupon.

schéggia, *f.* splinter; split; chip; sliver: **schegge di granate**, splinters of bursting shells; **una s. di legno**, a wood splinter; **una s. di pietra**, a stone splinter; a spall, a spawl; a gallet (*USA*); **rompersi in schegge**, to break (*o* to split) into splinters; to splinter.

scheggiare, *v. t.* **scheggiarsi**, *v. rifl.* to break* (*o* to split*) into splinters; to splinter; to chip: **soggetto a scheggiarsi**, liable to split; **Questo è un legno che si scheggia facilmente**, this kind of wood splits easily.

scheggiato, *a.* splintery; jagged.

scheggiatura, *f.* **1** splintering; chipping **2** (*punto scheggiato*) split **3** (*schegge*) splinters (*pl.*); chips (*pl.*).

scheggióso, *a.* splintery.

Schèlda, *f.* (*geogr.*) Scheldt.

schelètrico, *a.* **1** (*anat.*) skeleton (*attr.*) **2** (*simile a scheletro*) skeleton-like **3** (*fig.: ridotto al minimo*) skeleton (*attr.*); skeletal; terse: **uno schema s.**, a skeleton plan.

scheletrire, **A** *v. t.* to reduce to a skeleton; to skeletonize. **scheletrirsi**, **B** *v. rifl.* to be reduced to a skeleton.

scheletrito, *a.* **1** (*secco, nudo*) bare; skeletal: **un albero s.**, a bare tree **2** (*fig.: ridotto all'essenziale*) skeleton (*attr.*); skeletal; terse.

schèletro, *m.* **1** (*anat.*) skeleton: **lo s. d'un bambino (d'un uccello)**, the skeleton of a child (a bird); **essere ridotto uno s.**, to be reduced to a skeleton **2** (*ossatura*) skeleton; framework: **lo s. d'una nave**, the skeleton (or the carcass) of a vessel **3** (*fig.: persona magrissima*) skeleton **4** (*fig.: schema*) outline; plan; scheme: **lo s. d'un romanzo**, the outline of a novel.

schélmo, *m.* (*naut.*) row-boat; skiff.

schèma, *m.* **1** scheme; outline; (*abbozzo*) draft; (*progetto*) plan, project: **lo s. d'un libro**, the scheme of a book **2** (*fis., elettr.*) diagram; layout; chart: **s. di avvolgimento**, winding diagram; **s. di connessione**, wiring diagram; **s. di montaggio**, circuit diagram **3** (*modello normativo*) fixed pattern; mould; model **4** (*filos.*) schema*. ● (*mecc.*) **s. costruttivo**, structural arrangement □ **s. di legge**, bill □ **s. di montaggio**, hook-up.

schematicaménte, *avv.* schematically; in outline.

schematicità, *f.* schematism.

schemàtico, *a.* schematic: **forme schematiche**, schematic forms. ● **esporre in modo s.**, to schematize □ **in modo s.**, schematically; in outline.

schematìsmo, *m.* schematism.

schematizzare, *v. t.* to schematize.

schematizzazióne, *f.* schematization.

scherano, *m.* (*lett.*) ruffian; (*hired*) cut-throat villain.

schérma, *f.* (*sport*) fencing: **gara di s.**, fencing-match; **maestro di s.**, fencing-master; **sala di s.**, fencing-room; **scuola di s.**, fencing--school; **tirare bene di s.**, to be a good hand at fencing; to play a good stick (*fam.*). ● **tirare** (*o* **giocare**) **di s.**, to fence.

schermàggio, *m.* (*anche fis., radio*) screening; shielding.

schermàglia, *f.* (*fig.: scaramuccia*) skirmish; discussion; contest.

schermare, *v. t.* (*anche fis., radio*) to screen; to shield.

schermatura, *f.* **1** (*lo schermare*) screening; shielding **2** (*schermo*) screen; shield.

schermidóre, *V.* schermitóre.

schermire, **A** *v. t.* to protect; to shield. **B** *v. i.* (*tirare di scherma*) to fence. **schermirsi**, **C** *v. rifl.* **1** (*difendersi*) to defend oneself (from); to protect oneself (from): **s. dal freddo**, to protect (*o* to shield) oneself from the cold **2** (*parare*) to parry; to ward off; to fend off: **s. da una domanda**, to parry a question.

schermìstico, *a.* (*sport*) fencing (*attr.*): **un incontro s.**, a fencing-match.

schermitóre, *m.* (*sport*) fencer.

schérmo, *m.* **1** screen; shelter; shield; defence; protection **2** (*cinem., telev.*) screen: **s. argentato**, silver screen; **s. a stucco**, plaster screen; **s. di tela**, cloth screen; **artisti dello s.**, screen actors; film stars; **l'arte dello s.**, screen-craft; the cinematographic art **3** (*fotogr.*) filter: **s. giallo**, yellow filter **4** (*elettr.*) shield; screen: **s. termico**, thermal shield; **s. magnetico**, magnetic screen **5** (*fotogr.*) filter **6** (*mecc.*) baffle **7** (*elab.*) screen. ● **adattare per lo s.**, to screen □ **farsi s. col braccio**, to shield oneself with

one's arm.
schermografare, *v. t.* to X-ray.
schermografia, *f.* X-ray. ● **fare la s. a q.**, to X-ray sb.
schermogràfico, *a.* X-ray (*attr.*).
schernévole, *a.* mocking; scoffing; jeering; sneering; flouting; derisive: **parole schernevoli**, mocking words.
schernire, *v. t.* to mock; to scoff (at); to jeer (at); to sneer (at); to flout; to ridicule; (*deridere*) to deride, to poke fun (at); **s. q.**, to mock sb.; **s. i consigli di q.**, to flout sb.'s advice; **s. il nemico vinto**, to jeer at the defeated enemy; **s. i timori di q.**, to mock at sb.'s fears.
schernitóre, A *m.* mocker; scoffer; jeerer; sneerer; flouter. B *a.* mocking; scoffing; jeering; sneering; flouting.
schérno, *m.* 1 mockery; (*scornful*) derision; sneer: **farsi s. di q. (q.c.)**, to hold sb. (st.) up to mockery; to scoff (*o* to jeer, to sneer) at sb. (st.); **Il disprezzo e lo s. non sono mai accompagnati dalle lacrime**, scorn and derision never come in tears 2 (*oggetto di s.*) laughing-stock: **essere lo s. di tutti**, to be the laughing-stock of the company. ● **parole di s.**, scornful words □ **un sogghigno di s.**, a scornful grin.
scherzare, *v. i.* 1 to joke; to jest; to make* fun (of sb., st.); (*prendere alla leggera*) to trifle, to gamble: **s. alle spalle di q.**, to joke at sb.'s expense; **Egli scherza su tutto** (*o* **su ogni cosa**), he makes fun of everything; he is fond of fun; **Bada che non scherzo!**, I'm not joking!; I'm perfectly in earnest!; **Con lui non si scherza**, there is no joking with him; he's not a man to jest with; **Non s. su cose serie!**, don't jest about serious things!; **Non si deve s. con l'amore (la morte, ecc.)**, one must not gamble (*o* trifle) with love (death, etc.) 2 (*giocare*) to play; (*ruzzare*) to sport, to frolic, to frisk: **Il micino scherzava con un gomitolo**, the kitten was playing with a ball of wool. ● **s. con le armi**, to play with weapons □ **s. col fuoco**, to play with fire □ **s. con una malattia**, to make light of an illness □ **Non si scherza!**, it's no joke!; it's no laughing matter! □ **Con la morte c'è poco da s.**, death is no joke □ **Spesso diciamo tra verità scherzando**, many a true word is spoken in jest □ (*prov.*) **Scherza coi fanti e lascia stare i santi**, religion is no laughing matter.
scherzévole, (*lett.*) *V.* **scherzóso**.
schérzo, *m.* 1 joke; jest; (*tiro*) trick; (*divertimento*) fun: **un brutto s.**, a nasty (*o* a dirty) trick; **uno s. di cattivo gusto**, a joke in bad taste; **per s.**, in joke; in jest; in (*o* for) fun; **dire (fare) q.c. per s.**, to say (to do) st. (only) in fun; **senza scherzi**, without joking; (*sul serio*) in earnest; **fare uno s. a q.**, to play a joke on sb.; (*giocargli un tiro*) to play a trick on sb.; (*prenderlo in giro*) to pull sb.'s leg (*fam.*); **non sapere stare allo s.**, not to know how to take a joke; **volgere q.c. in s.**, to turn st. into a joke; **Non è uno s.!**, it's no joke!; it's no laughing matter!; **Non ci credere: è uno s.!**, don't believe it: it's a joke! 2 (*fig.: inezia*) trifle; child's play 3 (*mus.*) scherzo* (*ital.*). ● **scherzi a parte**, joking apart □ (*teatr.*) **s. comico**, farce □ **scherzi d'acqua**, water effects; waterworks □ **gli scherzi della fortuna**, the freaks of fortune □ **gli scherzi del vino**, the effects of wine □ **scherzi di colori (d'immagini)**, a play of colours (of images) □ **scherzi di suoni e di luci**, sound and light effects □ **uno s. di natura**, a freak (of nature) □ (*fig.: di cosa*) **fare un brutto s. a q.**, to let sb. down: **Il motore mi ha (I freni mi hanno) fatto un brutto s.**, the engine has (the brakes have) let me down □ **volgere q.c. in s.**, to laugh st. off: **Cercai di volgere in s. quella situazione imbarazzante**, I tried to laugh off that embarrassing situation □ **Niente scherzi!**, I'll have no trifling! □ (*prov.*) **S. di mano, s. di villano**, hand play, churls' play.
scherzosaménte, *avv.* 1 (*per scherzo*) in joke; in jest; in (*o* for) fun; (*non sul serio*) not in earnest 2 (*in modo scherzoso*) playfully, sportively.
scherzóso, *a.* (*detto o fatto scherzando*) jocular, jocose, joky (*fam.*); (*che ama scherzare*) playful, frolicsome, sportive; (*faceto*) facetious: **alcune proposte scherzose**, some jocose (*o* funny) proposals; **parole scherzose**, facetious words. ● **tipo s.**, jesting fellow; joker □ **tono s.**, laughing tone.
schettinàggio, *m.* roller-skating.
schettinare, *v. i.* to roller-skate.
schettinatóre, *m.* roller-skater.
schèttino, *m.* roller-skate.
schiacciaforaggi, *m. invar.* (*agric.*) haymaker.
schiacciaménto, *m.* 1 crushing; squeezing; smashing; jamming; (*lo spiaccicare, lo spremere*) squashing; (*il ridurre in poltiglia*) mashing; (*il rompere, premendo fortemente*) cracking 2 (*ind. della gomma*) deflection: **s. normale**, normal deflection; **s. totale**, maximum deflection.
schiaccianóci, *m.* nutcrackers (*pl.*): **Vuoi darmi uno s., per favore?**, will you give me a pair of nutcrackers, please?
schiacciante, *a.* (*fig.*) crushing; overwhelming; (*inoppugnabile*) incontestable, unquestionable: **una vittoria s.**, an overwhelming victory; **prove schiaccianti**, incontestable evidence.
schiacciapatate, *m.* potato-masher; ricer (*USA*).
schiacciare, A *v. t.* 1 to crush; to squeeze; to smash; to jam; (*spiaccicare, spremere*) to squash; (*ridurre a poltiglia*) to mash; (*rompere, premendo fortemente*) to crack: **s. q.c. con un martello**, to crush st. with a hammer; **s. il capo a una serpe**, to crush the head of a snake; **s. q. contro un muro**, to squeeze sb. flat against a wall; **s. una noce con i denti**, to crack a nut with one's teeth; **s. un cappello**, to crush a hat; **s. un dito a q.**, to crush (*o* to jam) sb.'s finger; **s. un uovo**, to smash an egg; **s. mezza libbra di patate**, to mash half a pound of potatoes 2 (*fig.: annientare*) to crush; to smash; to overwhelm: **s. i propri nemici**, to crush one's enemies; **s. l'esercito nemico**, to smash the enemy army 3 (*sport*) to smash. ● (*autom.*) **s. l'acceleratore**, to put one's foot down □ (*pop.*) **s. moccoli**, to swear; to curse □ (*autom.*) **s. il pedale del freno**, to slam down the brake-pedal □ (*fig.*) **s. un sonnellino**, to take (*o* to have) a nap □ **morire schiacciato**, to be crushed to death □ (*fam.*) **essere schiacciato da un'automobile (da un autobus, ecc.)**, to be run over by a car (by a bus, etc.) □ **Mi hai schiacciato un piede**, you've stepped on my toes. **schiacciarsi**, B *v. rifl.* 1 (*spiaccicarsi*) to squash; to get* squashed: **La frutta tenera si schiaccia facilmente**, soft fruits squash easily 2 (*pestarsi*) to crush; to jam: **Mi sono schiacciato il pollice col martello**, I've crushed my thumb with a hammer.
schiacciasassi, *m.* (*compressore stradale*) road-roller.
schiacciata, *f.* 1 (*lo schiacciare*) squeeze; squeezing: **dare una s. a q.c.**, to give st. a squeezing; to squeeze st. 2 (*sport*) smash.
schiacciato, *a.* 1 crushed; squashed; (*piatto*) (crushed) flat 2 (*archit.*) flattened: **una volta schiacciata**, a flattened vault 3 (*fon.*) palato-alveolar. ● **naso s.**, pug nose.
schiacciatura, *f.* 1 crushing; squeezing; smashing 2 (*parte schiacciata*) crushed part.
schiaffare, A *v. t.* to dump; to fling*; to throw*: **s. q.c. in terra**, to throw st. down; **s. q. dentro** (*o* **in prigione**), to fling sb. into prison; to put sb. inside. **schiaffarsi**, B *v. rifl.* to fling* oneself; to throw* oneself: **s. in poltrona**, to fling oneself into an arm-chair.
schiaffeggiare, *v. t.* 1 to slap; to smack; to cuff; to box (sb.'s) ears: **s. un bambino dispettoso**, to slap a naughty child 2 (*fig.*) to slap against (st.).
schiaffeggiatóre, *m.* slapper.
schiaffo, *m.* 1 slap; smack; cuff; box on the ear: **dare uno s. a q.**, to give sb. a box on the ear 2 (*fig.: smacco*) humiliation; slap in the face (*fam.*): **È stato un bello s. per lui!**, it was a great humiliation for him! ● **s. morale**, humiliation; insult □ **cose da schiaffi**, (the most) insolent things □ **una faccia da schiaffi**, a brazen face □ **prendere q. a schiaffi**, to slap sb.'s face; to box sb.'s ears □ **ricevere uno s.**, to be slapped □ (*biliardo*) **tiro di s.**, rebound (*o* cushion) shot.
schiamazzare, *v. i.* 1 (*di oche e sim.*) to cackle; to gaggle; to squawk; (*di galline*) to cackle: **Le galline schiamazzano quando hanno fatto l'uovo**, hens cackle after laying; a hen cackles when it has laid an egg 2 (*fig.: fare strepito*) to make* a din (*o* a noise); to kick up a racket; (*gridare a gran voce*) to clamour: **Come schiamazzano quei ragazzi!**, what a noise those children are making!
schiamazzatóre, *m.* noisy person; rowdy.
schiamazzìo, *m.* 1 cackling; gaggling; squawking 2 (*fig.*) din; racket; uproar.
schiamazzo, *m.* 1 (*di oche e sim.*) cackle; cackling; gaggle; gaggling; squawk; squawking; (*di galline*) cackle; cackling: **Le oche del Campidoglio salvarono Roma col loro s.**, the geese of the Capitol, by their cackle, saved Rome 2 (*fig.: strepito*) noise; din; racket; uproar; clamour: **lo s. d'una folla adirata**, the clamour of an angry crowd; **fare s.**, to make a (loud) noise (*o* a din); to clamour; **Ma che cos'è tutto questo s.?**, what's all this noise for?; **Che cosa sono quegli strani schiamazzi?**, what are those strange noises?
schiantare, A *v. t.* to break* (*anche fig.*); to break* off (*o* open); to crack; (*strappare*) to tear*, to rend*; (*spaccare*) to split*; to burst*: **s. il cuore a q.**, to break sb.'s heart; **s. una serratura**, to break a lock open; to crack a lock (*pop.*); **s. un ramo**, to break a branch off; **s. una porta**, to burst a door open. B *v. i.* (*scoppiare*) to burst*; to split*: **s. dalle risa**, to split (*o* to burst) one's sides (with laughter); **s. d'invidia**, to burst with envy 2 (*fam.: morire*) to die: **s. dalla fatica**, to die through overwork. **schiantarsi**, C *v. rifl.* to break* (*anche fig.*); to split*; to burst*: **Mi si schianta il cuore a tale pensiero**, it breaks my heart to think of it.
schianto, *m.* 1 (*lo schiantare*) breaking; breaking off; breaking open; cracking; (*lo strappare*) tearing, rending; (*lo schiantarsi*) burst, bursting 2 (*rumore di cosa che si schianta*) crash: **lo s. del tuono**, the crash of thunder; **cadere con uno s.**, to fall with

schistosòma

a (great) crash 3 (*fig.*: *gran dolore*) great (*o* sudden) blow; pang; wrench: **La morte della madre fu uno s. per lui**, his mother's death was a great blow to him. ● (*fam.*) **essere uno s.**, to be fantastic (*o* marvellous, splendid, etc.) □ **di s.**, abruptly; (*improvvisamente*) suddenly, all of a sudden □ (*fam.*) **uno s. di ragazza**, a smashing girl.

schiappa, *f.* **1** (*scheggia di legno*) (wood) splinter; spill **2** (*fig.*: *persona incapace*) duffer, bungler; (*sport*) rabbit (*pop.*).

schiariménto, *m.* **1** (*lo schiarire*) clearing up; brightening **2** (*fig.*: *spiegazione*) explanation; information (*solo al sing.*): **dare tutti gli schiarimenti necessari**, to give all necessary information.

schiarire, A *v. t.* **1** to clear; to clear up; to brighten: **schiarirsi la voce**, to clear one's throat **2** (*capelli*) to dye a lighter shade: **farsi s. i capelli**, to have one's hair dyed a lighter shade **3** (*liquidi*) to clarify; to refine: **s. l'olio**, to refine oil **4** (*piante, boschi: diradare*) to thin out; to clear. ● **s. un dubbio**, to remove a doubt. **B** *v. i.* **e schiarirsi**, *v. rifl.* **1** (*farsi chiaro*) to clear up; (*illuminarsi*) to brighten up; to light* up: **Il cielo si schiariva**, the sky was clearing up (*o* brightening up); **Le si schiarì il volto**, her face lit up **2** (*diventare più chiaro*) to grow* lighter; (*sbiadire*) to fade: **L'azzurro s'è schiarito un po'**, the blue has faded a little **3** (*diradarsi*) to thin out. ● **sullo s. del giorno**, at daybreak.

schiarita, *f.* **1** clearing up **2** (*fig.*: *miglioramento*) improvement; turn for the better.

schiatta, *f.* (*lett.*) race; (*ceppo*) stock; (*lignaggio*) lineage, descent. ● **di s. reale**, of royal blood.

schiattare, *v. i.* (*pop.*) **1** (*scoppiare*) to burst*: **s. di rabbia**, to burst with anger; **C'è da s.!**, there is enough to make one burst with anger! **2** (*morire*) to die; to drop down dead*; to peg out (*fam.*); to kick the bucket (*pop.*).

schiavina, *f.* **1** (*stor.*) slavin; slavein; pilgrim's cloak **2** (*coperta da letto, di panno grosso*) coarse blanket.

schiavismo, *m.* slavery; anti-abolitionism.

schiavista, A *a.* slave (*attr.*). **B** *m. e f.* **1** (*sostenitore dello schiavismo*) anti-abolitionist (of negro slavery) **2** (*mercante di schiavi*) slave-merchant; slave-trader; slaver.

schiavistico, *a.* slavish; slave (*attr.*); of slavery.

schiavitù, *f.* slavery (*anche fig.*); slavedom; thrall; thraldom; bondage (*anche fig.*); (*cattività*) captivity: **l'abolizione della s.**, the abolition of negro slavery; **la s. del peccato e del vizio**, the bondage of sin and vice; **la s. di Babilonia**, the captivity of the Jews at Babylon; the Captivity; **cadere in s.**, to fall into captivity; **liberare dalla s.**, to release from bondage; **ridurre in s.**, to reduce to slavery; **tenere in s.**, to hold in thraldom; to enthral(l).

schiavo, A *a.* enslaved; enthralled; (*assoggettato*) subject: **una razza schiava**, a subject race; **essere s. dei capricci della moglie**, to be subject (*o* a slave) to the caprices of one's wife; **non essere s. di nessun vizio**, to be thrall to no vice; **Non voglio essere s. di nessuno**, I don't want to be subject to anybody. ● **essere s. del peccato**, to be the slave of sin □ **essere s. dei pregiudizi**, to be a slave to prejudices □ **rendere s.**, to make a slave (of sb.); to reduce to slavery. **B** *m.* slave (*anche fig.*); thrall (*anche fig.*); (*prigioniero*) captive: **commercio** (*o* **traffico, tratta**) **degli schiavi**, slave-trade; **mercante di schiavi**, slave-merchant; **slave-trader**; slaver; **sorvegliante di schiavi**, slave-driver. ● **lavorare come uno s.**, to slave.

schiavóne, *a. e m.* (*stor.*) Slavonian.

schiccherare (1), *v. t.* (*fam.*: *scrivere alla peggio*) to scribble; (*scarabocchiare*) to scrabble, to scrawl.

schiccherare (2), *v. i. e t.* (*fam.*: *bere molto, con gusto*) to guzzle; to swill (*fam.*).

schiccheratura, *f.* (*fam.*: *lo scrivere alla peggio*) scribbling; (*lo scarabocchiare*) scrabbling; scrawling.

schiccheróne, *m.* (*fam.*) guzzler; swiller.

schidionare, *v. t.* (*raro*) to spit*.

schidionata, *f.* (meat on a) spit.

schidióne, *m.* spit.

schièna, *f.* **1** back: **sentire un dolore alla s.**, to have a pain in one's back; (*anche fig.*) **rompersi la s.**, to break one's back; **girare la s. a q.**, to turn one's back on sb. **2** (*geogr.*) ridge. ● **a forza di s.**, by working (very) hard; by hard work □ **a s. d'asino**, (*di strada*) cambered; (*di ponte*) hog-backed; hump-backed □ **avere molti anni sulla s.**, to have many years on one's shoulders; to be advanced in years □ (*fig.*) **colpire q. alla s.**, to stab sb. in the back □ **curvare la s.**, to bend one's back; (*fig.*: *umiliarsi*) to stoop, to submit oneself □ **dietro le s. di q.** (*anche fig.*), behind sb.'s back □ **il filo della s.**, the backbone; the spine □ **un lavoro di s.**, a hard job □ **mal di s.**, backache □ **voltare la s.**, (*andarsene*) to go off; (*fuggire*) to turn tail, to flee.

schienale, *m.* **1** back: **lo s. d'una poltrona**, the back of an armchair **2** (*schiena di animale da macello*) saddle; (*midollo spinale di bestia macellata*) spinal marrow **3** (*stor.*: *parte dell'armatura*) back-piece; back-plate **4** (*naut.*) backboard.

schienata, *f.* **1** (*colpo dato con la schiena*) knock of the back **2** (*colpo della lotta*) fall.

schièra, *f.* **1** (*mil.*) formation; array; (*fila*) rank: **le schiere nemiche**, the enemy's ranks; **a s.**, in formation **2** (*banda*) band; (*gruppo*) group, team; (*moltitudine*) crowd, multitude, swarm; (*fila*) row: **una s. di formiche**, a swarm of ants; **una lunga s. di formiche**, a long row of ants; **una s. di popolo**, a crowd of people; swarms of people; **a schiere**, in swarms; in crowds; in flocks.

schieraménto, *m.* **1** (*mil.*) marshalling; drawing up; (*disposizione delle truppe*) array, formation **2** (*fig.*) line-up; front: **s. politico**, political line-up **3** (*sport*) formation; line-up.

schierare, A *v. t.* **1** (*mil.*) to marshal, to line up (*anche fig.*); to draw* up; to array: **s. in ordine di battaglia**, to draw up in battle order; **s. le truppe**, to draw up the troops **2** (*sport*) to line up.

schierarsi, B *v. rifl.* **1** (*mil.*) to draw* up **2** (*fig.*) to take* sides (with); to side (with): **s. dalla parte di q.**, to take sides with sb.

schiettaménte, *avv.* frankly; openly; plainly; (*sinceramente*) sincerely.

schiettézza, *f.* purity; genuineness; (*sincerità*) sincerity, candour; (*franchezza*) frankness, straightforwardness; (*semplicità*) simplicity: **un uomo di grande s.**, a man of great candour; **con grande s.**, in a straightforward manner; with great simplicity. ● **parlare con s.**, to speak openly.

schietto, *a.* (*puro*) pure; (*non guasto*) sound; (*genuino*) genuine, true; (*sincero*) sincere, candid; (*franco*) frank, straightforward: **acqua schietta**, pure water; **frutta schietta**, sound fruit; **vino s.**, genuine wine; **una lingua schietta**, a pure language; **una risposta schietta**, a straightforward answer; **un amico s.**, a true friend; **un uomo s.**, a straightforward (*o* an open-hearted) man; **d'animo s.**, pure in mind; open-hearted; **essere s. con q.**, to be (quite) frank with sb.; **È la schietta verità**, it's the pure truth; **a dirla schietta**, to be frank (*o* candid); frankly.

schifare, A *v. t.* **1** (*avere a schifo*) to loathe **2** (*disgustare*) to disgust. **schifarsi, B** *v. rifl.* to loathe; to feel* disgust (for st.): **s. di q.**, to loathe sb.

schifato, *a.* disgusted.

schifézza, *f.* **1** (*l'essere schifoso*) filthiness; foulness; loathsomeness **2** (*cosa schifosa*) filth; loathsome (*o* disgusting) thing. ● **È una s.!**, it's disgusting!

schifiltà, *f.* reluctance; (*schifiltosità*) fastidiousness.

schifiltosaménte, *avv.* fastidiously; overnicely.

schifiltosità, *f.* overniceness, overnicety; fastidiousness; finicalness, finicality.

schifiltóso, A *a.* overnice; fastidious; particular; finical; finicky; fussy; hard to please (*pred.*). **B** *m.* fastidious person. ● **Non fare tanto lo s.!**, don't be so particular!

schifo (1), *m.* (*ripugnanza*) repugnance; disgust; loathing; (*nausea*) nausea: **provare s.**, to feel disgust; to be overcome with nausea; **Mi fa s.**, it fills me with disgust; it makes me sick. ● **avere s. q.c.**, to loathe st.; to recoil from st. □ **cibo che fa s.**, nauseating food □ **È uno s.!**, it's disgusting!

schifo (2), *m.* (*naut.*) skiff.

schifosàggine, *f.* nastiness, foulness; filthiness, loathsomeness; repulsiveness.

schifosaménte, *avv.* disgustingly; loathsomely; nastily.

schifosità, *V.* schifosàggine.

schifóso, *a.* **1** nasty; foul; filthy; (*disgustoso*) disgusting, loathsome; (*ripugnante*) repugnant, repulsive; (*che provoca nausea*) nauseating, nauseous, sickening, repellent; (*stomachevole*) queasy: **un insetto s.**, a repulsive insect; **un miscuglio s.**, a disgusting mixture; **s. a guardarsi**, (most) loathsome to look upon **2** (*pop.*: *pessimo*) dreadful; shocking.

schinière, *m.* (*stor.*) shin-guard.

schino, *m.* (*bot.*, *Schinus molle*) pepper tree.

schioccare, *v. t. e i.* to crack; to snap; to smack: **(far) s. le dita**, to snap one's fingers; **(far) s. le labbra**, to smack one's lips; **s. le mani**, to smack one's hands together; to clap one's hands; **(far) s. una frusta**, to crack a whip. ● **s. un bacio**, to give sb. a smacking kiss.

schioccata, *f.* cracking; snapping; smacking.

schiòcco, *m.* crack; snap; smack: **lo s. d'una frusta**, the crack of a whip; **dare un bacio con lo s.**, to give sb. a smack; to smack.

schiodare, *v. t.* **1** (*mecc.*) to unrivet **2** (*carpenteria*) to unnail.

schiodatura, *f.* **1** (*mecc.*) unriveting **2** (*carpenteria*) unnailing.

schiomare, *v. t.* (*lett.*) to dishevel.

schioppettata, *f.* gun-shot; rifle-shot.

schiòppo, *m.* (*fucile*) gun; rifle; (*da caccia*) shotgun. ● **a un tiro di s.**, within gun-shot.

schisi, *f.* (*med.*) schisis*.

schisto, e *deriv.* *V.* scisto, e *deriv.*

schistosòma, *m.* (*zool.*) schistosome; blood fluke.

schistosomìasi, *f.* (*med.*) schistosomiasis*.
schitarrare, *v. i.* to strum (*o* to thrum) (on) a guitar.
schitarrata, *f.* strum(ming); thrum(ming).
schiùdere, A *v. t.* to open (*anche fig.*); to unclose: **s. gli occhi**, to open one's eyes; **s. l'animo alla pietà**, to open one's soul to pity; **s. le labbra a un sorriso**, to open one's lips to a smile; to part one's lips in a smile. **schiùdersi**, B *v. rifl.* 1 to open; to unclose; (*di uova*) to hatch: **I fiori si schiudono**, the flowers are opening; **La porta si schiuse**, the door opened 2 (*fig.: manifestarsi*) to open up: **Gli si schiude un nuovo avvenire**, a new future is opening up for him.
schiuma, *f.* 1 foam; froth: **la s. della birra**, the froth of beer; **estintore a s.**, foam extinguisher; **s. da lattice**, latex foam 2 (*di sapone*) lather 3 (*fig.: feccia, rifiuto*) scum. ● (*miner.*) **s. di mare**, sepiolite; meerschaum; sea-foam □ (*anche fig.*) **avere la s. alla bocca**, to foam (*o* to froth) at the mouth □ (*di sapone*) **far s.**, to lather: **Questo sapone non fa troppa s.**, this soap does not lather well □ **levare la s.**, to skim off.
schiumaiòla, V. **schiumaròla**.
schiumare, A *v. t.* (*anche metall.*) to skim: **s. una pentola**, to skim a pot. B *v. i.* 1 to foam; to froth 2 (*del sapone*) to lather: **Quanto schiuma quel sapone!**, that soap lathers well.
schiumaròla, *f.* skimmer; skimming-spoon.
schiumògeno, A *a.* foaming. B *m.* foam extinguisher.
schiumosità, *f.* foaminess; frothiness.
schiumóso, *a.* 1 foamy; frothy 2 (*del sapone*) lathery.
schiusa, *f.* 1 opening 2 (*rif. a pulcini e sim.*) hatching.
schivàbile, *a.* shunnable; avoidable.
schivafatiche, V. **scansafatiche**.
schivare, *v. t.* to shun; to eschew; to avoid; to evade; to dodge: **s. il male**, to eschew evil; **s. il pericolo**, to avoid danger; **s. q.**, to shun sb.; **s. un incidente**, to avoid an accident; **s. un colpo**, to dodge (*o* to evade) a blow.
schivata, *f.* (*sport*) dodge.
schivo, *a.* 1 loath; averse (to): **s. a mostrare i propri meriti**, loath to show one's merits 2 (*ritroso*) bashful; coy. ● **essere s. di compagnia**, to shun company.
schizofita, *f.* (*bot.*) schizophyte.
schizofrenìa, *f.* (*psic.*) schizophrenia.
schizofrènico, *a. e m.* (*psic.*) schizophrenic; schizo (*fam.*).
schizogènesi, *f.* schizogenesis; reproduction by fiction.
schizòide, *a., m. e f.* (*psic.*) schizoid.
schizoidìa, *f.* (*psic.*) schizoid personality.
schizomanìa, *f.* (*psic.*) schizomania.
schizomicèti, *m. pl.* (*biol.*) schizomycetes.
schizotimìa, *f.* (*psic.*) schizothymia.
schizzare, A *v. i.* 1 to squirt; to spirt; to spurt; to spout (up, out); (*zampillare*) to gush, to jet: **s. fuori**, to squirt (*o* to spout) out; **s. via**, to dash, to dart; **s. nell'acqua**, to squirt into the water 2 (*saltare fuori*) to spring*; to jump out: **s. dal letto**, to spring out of bed. B *v. t.* 1 to squirt; to spirt; to spurt; (*spruzzare*) to sprinkle, to besprinkle, to spray; (*inzaccherare*) to spatter, to bespatter, to splash, to splutter (*mandare fuori*) to send* out (*o* forth), to shoot* out, to jet, to spout: **s. acqua dalla bocca**, to spurt water from the mouth; **s. d'acqua**, to sprinkle with water; **s. q. (q.c.) di fango**, to spatter sb. (st.) with mud; **s. d'inchiostro**, to splutter with ink; **s. faville**, to send out sparks; **s. veleno**, to shoot out poison 2 (*disegno*) to sketch; to draft; to outline: **s. un paesaggio**, to sketch a landscape. ● **s. fuoco dagli occhi**, to flash fire from one's eyes □ **s. salute**, to be bursting with health □ **Gli occhi gli schizzavano fuori dall'orbita**, his eyes popped out of his head.
schizzata, *f.* squirt; spirt; spurt; spatter; splash; sprinkle. ● **dare una s. a q.**, to splash sb.
schizzatóio, *m.* spray; syringe.
schizzettare, *v. t.* to spray.
schizzettata, *f.* spray.
schizzétto, *m.* 1 (*schizzatoio*) spray; syringe 2 (*giocattolo*) water-pistol.
schizzinosaménte, *avv.* overnicely; fastidiously; squeamishly.
schizzinóso, A *a.* over-nice; fastidious; particular; (*schifiltoso*) squeamish, finical, finicking: **Non fare tanto lo s.!**, don't be so particular! B *m.* particular person.
schizzo, *m.* 1 squirt; spurt; (*zampillo*) gush, jet; (*spruzzo*) sprinkle, spray; (*zacchera*) spatter, splash, splutter: **schizzi di fango**, splashes of mud; **schizzi di sangue**, jets of blood 2 (*disegno*) sketch; draft; outline: **uno s. a mano libera**, a free-hand sketch 3 (*schema*) scheme; (*piano*) plan; (*progetto*) draft: **lo s. d'un discorso**, the draft for a speech. ● **caffè con lo s.**, coffee with a smack of liquor □ **stendere lo s. d'un progetto di legge**, to draft a bill.
schnauzer (*ted.*), *m.* (*zool.*) schnauzer.
schnörchel (*ted.*), *m.* (*naut.*) snorkel.
sci, *m.* 1 (*attrezzo*) ski*: **un paio di sci**, a pair of skis 2 (*lo sport*) skiing: **fare dello sci**, to do some skiing; to go skiing. ● **sci-alpinismo**, ski touring □ **sci d'acqua**, water-ski □ **indumenti da sci**, skiwear (*collett.*).
scìa, *f.* 1 (*naut.*) wake; track: **la s. d'una nave**, the wake of a ship; **navigare nell'altrui s.**, to sail in the wake of another ship 2 (*traccia*) trail: **la s. di un razzo**, the trail of a rocket. ● (*fig.*) **mettersi sulla s.** (*o* **seguire la s.**) **di q.**, to follow in sb.'s footsteps; to tread in sb.'s wake □ (*autom., sport*) **stare nella s.** (*di un'altra macchina*), to draft.
scià, *m.* shah.
sciabécco, *m.* (*naut.*) xebec.
sciàbica, *f.* 1 (*rete da pesca*) trawl net 2 (*zool., Gallinula chloropus*) water-hen; moor-hen.
sciabicare, *v. i.* (*pescare con la sciabica*) to trawl.
sciàbile, *a.* fit (*o* suitable) for skiing on.
sciabilità, *f.* suitability for skiing on.
sciàbola, *f.* sabre, saber. ● **armato di s.**, sabred, sabered.
sciabolare, *v. t.* to sabre; to slash (with a sabre).
sciabolata, *f.* sabre-cut; slash (*anche fig.*).
sciabolatóre, *m.* sabreur; swordsman*.
sciabordare, A *v. t.* to shake*; to swash. B *v. i.* to swash; to lap.
sciabordìo, *m.* swash; swashing; lapping.
sciacallo, *m.* (*zool., Canis aureus*) jackal (*anche fig.*).
sciacquabudèlla, *m.* (*spreg.*) wish-wash. ● **bere a s.**, to drink on an empty stomach.
sciacquadita, *m.* finger-glass; finger-bowl.
sciacquare, *v. t.* to rinse (out): **s. una bottiglia**, to rinse a bottle; **s. i panni**, to rinse clothes; **sciacquarsi i denti** (**la bocca, i capelli**), to rinse one's teeth (one's mouth, one's hair). ● **sciacquarsi lo stomaco**, to drink on an empty stomach.
sciacquata, *f.* rinse; rinsing. ● **dare una s. a q.c.**, to rinse st.
sciacquatura, *f.* 1 (*lo sciacquare*) rinsing 2 (*acqua che è stata usata per sciacquare*) rinsing water; rinsings (*pl.*); (*di piatti*) dish-wash, dish-water 3 (*spreg.: brodaglia*) dish-water.
sciacquìo, *m.* 1 (*continuous*) rinsing 2 (*sciabordio*) swash; swashing; lapping.
sciàcquo, *m.* 1 (mouth-)rinsing; (mouth-)cleansing 2 (*liquido per sciacquarsi la bocca*) mouth-wash.
sciacquóne, *m.* flushing device. ● **tirare lo s.**, to flush the toilet.
sciaguattare, *v. i. e t.* (*dial.*) to swash.
sciagura, *f.* disaster; calamity; (*incidente*) accident; (*scontro*) crash 2 (*sfortuna*) misfortune: **essere perseguitato dalla s.**, to be dogged by misfortune.
sciaguratàggine, *f.* 1 (*l'essere malvagio*) wickedness; iniquity 2 (*azione malvagia*) wicked action.
sciagurataménte, *avv.* 1 (*disgraziatamente*) unfortunately; unluckily; unhappily 2 (*in maniera empia*) wickedly; iniquitously.
sciagurato, *a.* 1 (*disgraziato*) wretched; unlucky; unfortunate; miserable 2 (*malvagio*) wicked; iniquitous 3 (*calamitoso*) calamitous; (*funesto*) baleful, woeful. ● **S. me!**, woe to me! (*lett.*); poor me!
scialacquaménto, *m.* squandering.
scialacquare, *v. t.* to squander; to dissipate; to throw* about; to waste: **s. il proprio patrimonio**, to dissipate one's patrimony; to run through one's money (*fam.*). ● **s. un patrimonio al gioco**, to gamble away a fortune □ **Se la scialacqua!**, he spends money like water!; (*se la spassa*) he has a good time!
scialacquatóre, *m.* squanderer; spendthrift.
scialacquìo, *m.* (continuous) squandering; dissipation.
scialàcquo, *m.* squandering; dissipation; waste: **Che s. di parole!**, what a waste of words!
scialacquóne, *m.* (*pop.*) squanderer; spendthrift; waster.
scialagògo, (*farm.*) A *a.* sialagogic. B *m.* sialagogue.
scialare, *v. i.* to spend* money extravagantly; to squander money; to make* ducks and drakes of one's money (*fam.*). ● **Non c'è** (*o* **C'è poco**) **da s.**, we cannot afford to throw money away; there's little to spare.
scialatóre, *m.* squanderer; spendthrift.
scialbare, *v. t.* 1 (*intonacare*) to plaster 2 (*imbiancare*) to whitewash.
scialbatura, *f.* 1 (*intonacatura*) plastering 2 (*imbiancatura*) whitewashing.
scialbo, *a.* 1 pale; wan; light-coloured; (*sbiadito*) faded 2 (*fig.*) colourless; dull; (*privo di personalità*) insignificant, expressionless.
scialbóre, *m.* (*fig.*) colourlessness; dullness; (*inespressività*) insignificance, inexpressiveness.
scialìtico, *a.* scialytic: **una lampada scialitica**, a scialytic lamp.
sciallato, *a.* shawl (*attr.*): **collo s.**, shawl collar.
scialle, *m.* shawl. ● **s. da viaggio**, plaid.
scialo, *m.* 1 waste; wastage; dissipation; squandering; (*prodigalità*) lavishness: **Non c'è s. di nulla**, there is no waste at

all **2** (*sfoggio*) display; parade; ostentation. ● **far s. di q.c.**, to waste st.
scialografìa, *f.* (*med.*) scialography.
scialóne, *m.* (*fam.*) squanderer; spendthrift.
scialorrèa, *f.* (*med.*) sialorrhoea; excessive salivation.
scialuppa, *f.* (*naut.*) shallop; sloop. ● **s. di salvataggio**, life-boat.
sciamànico, *a.* (*relig.*) shaman (*attr.*).
sciamanismo, *m.* shamanism.
sciamannare, *v. t.* to spoil; to waste; (*sgualcire*) to rumple, to crumple.
sciamano, *m.* (*relig.*) shaman.
sciamare, *v. i.* (*anche fig.*) to swarm.
sciamatura, *f.* swarming: **la s. delle api**, the swarming of bees.
sciame, *m.* **1** (*anche fig.*) swarm: **uno s. di api**, a swarm of bees; **uno s. di mosche**, a swarm of flies; **Un nuovo s. d'invasori sopraggiunse**, a new swarm of invaders came over; **a sciami**, in swarms **2** (*fis.*) shower: **s. a cascata**, cascade shower.
sciampagna, *m. invar.* champagne. ● **(di) color s.**, champagne--coloured.
sciampagnino, *m.* fizzy soft drink.
sciampo, *m.* shampoo.
sciancare, A *v. t.* to cripple. **sciancarsi, B** *v. rifl.* to dislocate one's hip; to become* a cripple.
sciancato, A *a.* hip-shot (*anche fig.*); crippled; (*zoppo*) lame: **guercio e s.**, blind and lame. **B** *m.* cripple.
sciancrato, *a.* (*di abito*) fitted at the waist; waist-tight.
sciancratura, *f.* (*di abito*) fitting at the waist.
sciangài, *m.* (*gioco*) pick-up-sticks.
Sciangài, *f.* (*geogr.*) Shanghai.
sciantósa, *f.* chanteuse (*franc.*).
sciàntung, *m.* (*ind. tessile*) shantung.
sciapo, *a.* insipid.
sciara, *f.* (*geol.*) volcanic scoria.
sciarada, *f.* charade.
sciaradista, *m.* e *f.* charade-solver.
sciare (1), *v. i.* (*sport*) to ski: **andare a s.**, to go skiing.
sciare (2), *v. i.* (*naut.*) to back water.
sciarpa, *f.* scarf*. ● **sciarpe e cravatte**, neck wear.
sciata, *f.* skiing.
sciatalgia, sciàtica, *f.* (*med.*) sciatica.
sciàtico, *a.* (*anat.*) sciatic: **il nervo s.**, the sciatic nerve; **dolori sciatici**, sciatic pains.
sciatóre, *m.* skier.
sciatòrio, *a.* ski (*attr.*); skiing (*attr.*).
sciattaménte, *avv.* in a slovenly (*o* slipshod, clumsy) way; slovenly; untidily; sloppily (*fam.*).
sciattare, *v. t.* (*sciupare*) to spoil; to waste; (*sgualcire*) to rumple, to crumple.
sciatteria, sciattézza, *f.* slovenliness; slatternliness; untidiness; (*trascuratezza*) carelessness; neglectfulness; sloppiness (*fam.*).
sciatto, *a.* slovenly; slatternly; untidy; slipshod; frowzy; blowzy; (*trascurato*) careless, neglectful; sloppy (*fam.*): **una donna sciatta**, a slatternly woman; **uno scrittore s.**, a careless writer; **uno stile s.**, a slipshod style; **essere s. nel vestire**, to be slipshod in one's dress.
sciattóna, *f.* slattern; slut.
sciattóne, *m.* sloven; slovenly (*o* slipshod) fellow.
sciàvero, *m.* (*tecn.*) slab.
scibile, *m.* knowledge: **lo s. umano**, human knowledge; **i rami dello s.**, the branches of knowledge.
scicche, *V.* **sciccóso.**
sciccheria, *f.* (*pop.*) chic; elegance; smartness; swankiness.
sciccóso, *a.* (*pop.*) chic; elegant; smart; swanky.
sciènte, *a.* (*lett.*: *conscio*) conscious; aware; knowing.
scienteménte, *avv.* consciously; knowingly.
scientifica, *f.* (*polizia s.*) criminal laboratory department.
scientificaménte, *avv.* scientifically.
scientificità, *f.* scientific quality (*o* nature).
scientifico, *a.* scientific: **una verità scientifica**, a scientific truth; **un esperimento (un metodo) s.**, a scientific experiment (method).
scientismo, *m.* **1** (*filos.*) scientism **2** (*relig.*) Christian Science.
scientista, *m.* e *f.* **1** (*filos.*) adherent of scientism **2** (*relig.*) Christian Scientist.
sciènza, *f.* **1** science: **scienze esatte**, exact sciences; **scienze naturali**, natural science; **scienze occulte**, occult sciences; **s. pura**, pure science; **s. dell'informazione**, information science; **un uomo di s.**, a man of science (*o* of learning); a scientist **2** (*sapere, dottrina*) knowledge: **un uomo senza s. di lettere**, a man without any knowledge of letters; **l'albero della s.**, the tree of knowledge. ● (*relig.*) **S. Cristiana**, Christian Science ⬜ **s. delle costruzioni**, construction theory ⬜ **s. delle maree**, tidology ⬜ **s. degli ultrasuoni**, ultrasonics (*pl. col verbo al sing.*) ⬜ **s. elettronica**,

electronics (*pl. col verbo al sing.*) ⬜ **un'arca** (*o* **un pozzo**) **di s.**, a mine of information ⬜ **cultore di scienze umane**, life scientist ⬜ **il progresso delle scienze**, scientific progress ⬜ (*prov.*) **Esperienza, madre di s.**, experience is the best teacher.
scienziato, *m.* scientist; man* of science.
scifo, *m.* **1** (*archeol.*) scyphus* **2** (*bot.*) scyphus*; scypha*.
sciismo, *m.* (*relig.*) Shiism.
sciistico, *V.* **sciatòrio.**
sciita, *m.* e *f.* (*relig.*) Shiite.
scilinguàgnolo, *m.* **1** (*pop.*: *frenulo linguale*) fraenum* (of the tongue); fraenulum* **2** (*fig.*) loquaciousness; talkativeness. ● **avere lo s. sciolto**, to have a glib tongue; to have the gift of the gab (*fam.*) ⬜ **perdere lo s.**, to lose one's tongue ⬜ **Gli s'è sciolto lo s.**, he has found his tongue again.
scilinguato, *a.* stammering; stuttering.
scilla, *f.* (*bot.*, *Scilla maritima*) squill; sea-onion.
Scilla, *f.* (*geogr.*, *mitol.*) Scylla. ● (*fig.*) **essere fra S. e Cariddi**, to be between the devil and the deep blue sea; to be caught between a rock and a hard place (*USA*).
scimitarra, *f.* scimitar.
scimmia, *f.* **1** (*zool.*) monkey (*anche fig.*); ape (*anche fig.*): **muso di s.**, monkey-face; **fare la s.**, to play the ape **2** (*gergo dei tossicomani*) monkey on one's back. ● (*zool.*) **s. urlatrice** (*Alouatta*), howler (monkey) ⬜ **Brutta s.!**, ugly thing! ⬜ **brutto come una s.**, as ugly as sin ⬜ **fare la s. a q.**, to ape sb.
scimmièsco, *a.* monkey (*attr.*); monkey-like; monkeyish; ape--like; apish: **muso s.**, monkey-face; **dal muso s.**, monkey-faced.
scimmiottare, *v. t.* to monkey; to ape; to take* a leaf out of (sb.'s) note-book (*fam.*).
scimmiottata, scimmiottatura, *f.* monkeying; aping; apery.
scimmiòtto, *m.* (*zool.*) young monkey (*anche fig.*). ● **fare lo s.**, to play the ape ⬜ **sembrare uno s.**, to be as ugly as a (dead) monkey.
scimpanzé, *m.* (*zool.*, *Pan troglodytes*) chimpanzee; jocko*.
scimunitàggine, *f.* **1** (*l'essere scimunito*) foolishness; silliness; stupidity **2** (*azione da scimunito*) foolish (*o* stupid) act; silly thing.
scimunito, A *a.* foolish; silly; stupid. ● **un vecchio s.**, a dotard. **B** *m.* fool; blockhead: **È uno s.**, he is a fool; he has a screw loose (*fam.*); **Non fare lo s.!**, don't be silly!; (*a un bambino*) don't be a silly!
scinco, *m.* (*zool.*, *Scincus scincus*) skink.
scindere, A *v. t.* **1** to split*; to cleave*; to break* up: **s. un partito politico**, to split a political party **2** (*separare*) to separate; to divide: **s. una questione dall'altra**, to separate one matter from the other **3** (*chim.*) to resolve; to crack. **scindersi, B** *v. rifl.* to split* up.
scindibile, *a.* divisible.
scintigrafìa, *f.* **1** (*esame diagnostico*) scintigraphy **2** (*grafico*) scintigram.
scintigramma, *m.* (*med.*) scintigram.
scintilla, *f.* spark (*anche fig.*); sparkle: **la s. del genio**, the spark of genius; **una s. d'ingegno**, a spark of genius; **una s. elettrica**, an electric(al) spark; (*autom.*) **con accensione a s.**, spark-fired; **s. d'accensione**, ignition spark; **la s. che fece scoppiare la guerra**, the spark that set off the war. ● **far scintille**, to give out sparks; to spark ⬜ **piccola s.**, sparklet ⬜ **senza scintille**, sparkless.
scintillaménto, *m.* scintillation; sparkling. ● (*cinem.*) **s. delle immagini**, flicker ⬜ (*elettr.*) **dispositivo per togliere lo s.**, spark-arrester.
scintillante, *a.* sparkling; scintillating; (*lampeggiante*) flashing; (*luccicante*) glittering, twinkling: **occhi scintillanti**, sparkling eyes; **vetrine scintillanti di gioielli**, shop-windows glittering with jewels.
scintillare, *v. i.* **1** (*emettere scintille*) to spark; to give* out sparks **2** (*risplendere di viva luce*) to sparkle; to scintillate; (*lampeggiare*) to flash; (*luccicare*) to glitter, to twinkle: **Gli occhi della donna scintillavano**, the woman's eyes sparkled; **I suoi occhi scintillavano di gioia**, his eyes twinkled with joy; **Le stelle scintillavano nel cielo**, the stars were twinkling in the sky.
scintillatóre, *m.* (*fis.*) scintillator.
scintillazióne, *f.* (*astron.*, *fis.*) scintillation.
scintillìo, *m.* sparkling; scintillating; flashing; glittering; twinkling.
scintillòmetro, *m.* (*astron.*) scintillometer.
scintoismo, *m.* (*relig.*) Shinto; Shintoism.
scintoista, (*relig.*) **A** *m.* e *f.* Shintoist. **B** *a.* Shintoistic.
scintoistico, *a.* (*relig.*) Shintoistic.
sciò, *inter.* shoo!
scioccaménte, *avv.* foolishly; like a fool; stupidly; in a silly way.
scioccante, *a.* shocking; upsetting.
scioccare, *v. t.* to shock; to upset*.
sciocchézza, *f.* **1** (*l'essere sciocco*) silliness; foolishness;

stupidity 2 (*azione, parola sciocca*) foolish (*o* silly, stupid) thing; (piece of) nonsense: **Non è che una s.!**, it's but a piece of nonsense!; **Non dire sciocchezze!**, don't talk nonsense!; **Basta con le tue sciocchezze!**, I want no more of your nonsense!; **Sciocchezze!**, nonsense!; humbug!; fiddlesticks! 3 (*cosa da nulla*) trifle: **È una s., ma spero vorrai gradirla ugualmente**, it's only a trifle, but I hope you will appreciate it all the same; **Costa una s.**, it costs a mere trifle.

sciòcco, A *a.* 1 silly; foolish; stupid; thick-headed (*fam.*); (*senza senso*) nonsensical: **osservazioni sciocche**, foolish (*o* nonsensical) remarks; **una domanda sciocca**, a silly question; **una ragazza sciocca**, a silly girl; **Che idea sciocca!**, what a silly idea! 2 (*insipido*) tasteless; insipid. B *m.* fool; silly (*fam.*); duffer; noodle: **fare lo s.**, to play the fool; to be silly: **Non fare lo s.!**, don't be silly!; don't make a fool of yourself!; **non essere uno s.**, to be no fool; **È uno s.**, he's a silly thing!

sciocccóne, *m.* big fool.

sciògliere, A *v. t.* 1 (*disfare un legame*) to loose, to loosen, to let* loose; (*slegare*) to untie, to unfasten, to undo*; (*dalla catena, dai ceppi*) to unchain, to unfetter, (*dal guinzaglio*) to unleash; (*liberare*) to set* free, to release, to absolve: **s. i cordoni della borsa**, to loosen one's purse-strings; **Il vino gli sciolse la lingua**, wine loosened his tongue; **s. le catene**, to untie the bonds; **s. un nodo**, to loose (*o* to undo) a knot; **s. i prigionieri**, to set the prisoners free; to release the prisoners; **s. q. da una promessa**, to absolve sb. from a promise; **s. q. da un obbligo (da un voto)**, to release sb. from an obligation (from a vow); **s. un cane**, to let a dog loose; to unleash a dog; **s. un cane dalla catena**, to unchain a dog 2 (*porre fine a*) to dissolve; to wind* up; (*riunioni e sim.*) to break* up: **s. un contratto**, to dissolve (*o* to annul) a contract; **s. una società**, to dissolve a partnership; **s. il Parlamento**, to dissolve Parliament 3 (*adempiere*) to fulfil: **s. una promessa (un voto)**, to fulfil a promise (a vow); **s. un obbligo**, to fulfil an obligation 4 (*risolvere*) to solve, to resolve; (*dissipare*) to dispel, to dissipate: **s. una difficoltà**, to resolve a difficulty; **s. un problema (un enigma)**, to solve a problem (a puzzle); **s. un dubbio**, to dispel a doubt 5 (*fare una soluzione*) to dissolve: **s. lo zucchero (il sale) nell'acqua**, to dissolve sugar (salt) in water 6 (*liquefare*) to melt: **s. il ghiaccio**, to melt (the) ice; **Il caldo sciolse la neve**, the heat melted the snow 7 (*rendere agile*) to loosen; to loosen up; to limber up: **s. le gambe**, to loosen one's legs; **s. i muscoli**, to limber up one's muscles. ● (*naut.*) **s. l'àncora**, to weigh anchor □ **s. un assembramento**, to disperse (*o* break up) a crowd □ (*med.*) **s. il corpo**, to move the bowels □ (*fig.*) **s. l'intreccio d'un dramma**, to unravel the plot in a drama □ **s. una seduta**, to close (*o* to break up) a meeting □ (*fin.*) **s. una società per azioni**, to wind up a joint-stock company (*naut.*) **s. le vele**, to unfurl the sails. ● **sciògliersi**, B *v. rifl.* 1 (*liberarsi*) to free oneself (from); to release oneself (from); (*slegarsi*) to break* (*o* to get*) loose; (*di legatura, nodo, ecc.*) to come* loose, to come* untied: **s. da un impegno**, to free oneself from an engagement; **s. da una promessa**, to release oneself from a promise; **Il cane da guardia si era sciolto** (*dalla catena, ecc.*), the watch-dog had broken loose 2 (*terminare*) to break* up; to end; (*disperdersi*) to be dissolved, to scatter: **La seduta si sciolse alle diciotto**, the meeting broke up at six p.m.; **Il corteo si sciolse**, the procession scattered 3 (*liquefarsi*) to dissolve; to melt: **La neve si sciolse presto**, the snow soon melted away; **La nebbia si sta sciogliendo**, the fog is melting away; **Lo zucchero si scioglie nell'acqua**, sugar melts in water; **Questo dolce si scioglie in bocca**, this cake melts in your mouth 4 (*del ghiaccio, del gelo*) to thaw. ● (*fig.*) **s. in lacrime**, to melt (*o* to burst) into tears.

scioglilingua, *m. invar.* tongue-twister.

scioglimento, *m.* 1 (*il disfare un legame*) loosening; unfastening; undoing 2 (*il porre fine*) dissolution; dissolving; winding up; (*rif. a riunioni e sim.*) breaking up: **lo s. del Parlamento**, the dissolution of Parliament; **lo s. d'una società**, the dissolution of a partnership; **lo s. di un matrimonio**, the dissolution of a marriage; **lo s. di un'assemblea**, the breaking up of a meeting 3 (*adempimento*) fulfilment; fulfilling: **lo s. di un voto**, the fulfilment of a vow 4 (*soluzione*) solution: **lo s. d'un problema (d'un enigma)**, the solution of a problem (of a puzzle) 5 (*il liquefarsi*) melting: **lo s. della neve**, the melting of the snow 6 (*lett.: di un intreccio*) unravelling; «dénouement» (*franc.*). ● (*med.*) **s. del corpo**, motion of the bowels □ **s. dei ghiacci** (*disgelo*), thawing; thaw □ (*fin.*) **lo s. di una società per azioni**, the winding-up of a joint-stock company.

sciolina, *f.* ski wax.

sciolinare, *v. t.* (*sport*) to apply ski wax to; to wax (skis).

sciolinatura, *f.* (*sport*) application of ski wax; ski-waxing.

sciòlta, *f.* (*fam.*) diarrhoea.

scioltaménte, *avv.* freely; fluently; in a free-and-easy way.

scioltézza, *f.* 1 looseness 2 (*agilità*) agility; nimbleness: **s. di membra**, nimbleness of limbs 3 (*fig.: facilità*) fluency; ease; smoothness: **s. di lingua**, fluency of speech; **s. di stile**, smoothness of style.

sciòlto, *a.* 1 (*generalm.*) loose; (*slegato*) untied, unbound, unfastened: **capelli sciolti**, loose hair; **un foglio s.**, a loose sheet; **lasciare un cane s.**, to leave a dog loose 2 (*agile*) agile; nimble: **dita sciolte**, nimble fingers 3 (*fig.: disinvolto*) easy; smooth; fluent; free and easy: **modi sciolti**, easy manners; **uno stile s.**, a smooth (*o* an easy) style; **avere un fare s.**, to be free and easy 4 (*libero*) free (from); released (from): **s. da impegni**, free from engagements; disengaged 5 (*fuso*) melted: **burro s.**, melted butter 6 (*di merce*) loose; by measure (*pred.*): **Queste caramelle si vendono sciolte**, these sweets are sold loose. ● **a briglia sciolta**, whip and spur; (*fig.*) at full speed: **cavalcare a briglia sciolta**, to ride whip and spur □ **avere la lingua sciolta**, to have the gift of the gab □ **comperare olio d'oliva s.**, to buy olive oil by the pint □ **con i capelli sciolti**, with one's hair down □ (*letter.*) **versi (endecasillabi) sciolti**, blank verse (*sing.*).

scioperante, A *m. e f.* striker; turnout. B *a.* on strike; striking.

scioperare, *v. i.* to strike*; to go* (*o* to be) on strike; to walk out; to down tools (*fam.*).

scioperatàggine, scioperatézza, *f.* idleness; (*poltroneria*) laziness, sloth, sluggishness.

scioperato, A *a.* idle; (*poltrone*) lazy, slothful, sluggish. B *m.* idler; sluggard; drone; lazy-bones (*fam.*): **Gli scioperati non mi piacciono**, I don't like lazy, idle people! ● **vivere da s.**, to live in idleness.

sciòpero, *m.* strike; turnout; walk-out (*fam.*): **s. a scacchiera**, staggered strike; **s. a singhiozzo**, intermittent (*o* on-off) strike; **s. bianco**, (*con occupazione della fabbrica*) sit-down strike; (*applicazione rigida dei regolamenti*) work-to-rule, slow-down; **s. (a gatto) selvaggio**, wildcat strike; wildcat; **uno s. per l'aumento dei salari**, a strike for higher wages; **essere in s.**, to be on strike; **entrare in s.**, to go on strike; to down tools (*fam.*); **fare lo s. della fame**, to go on (a) hunger strike. ● **s. totale televisivo**, black-out □ **fare uno s. bianco**, to work to rule.

sciorinamento, *m.* 1 hanging out 2 (*fig.*) pouring out.

sciorinare, *v. t.* 1 to hang* out: **s. il bucato**, to hang out the washing 2 (*fig.: dire con disinvoltura*) to pour out; to rattle off: **s. consigli (citazioni)**, to pour out advice (quotations) 3 (*fig.: ostentare*) to show* off; to display; to make* a display of: **s. la propria cultura**, to make a display of one's knowledge. ● (*fig.*) **s. bugie**, to tell quite a lot of lies.

sciovia, *f.* (*sport*) ski-lift.

sciovinismo, *m.* chauvinism; jingoism.

sciovinista, *m. e f.* chauvinist; jingo; jingoist.

sciovinistico, *a.* chauvinistic; jingoist(ic).

Scipióne, *m.* (*stor.*) Scipio.

scipitàggine, scipitézza, *f.* 1 insipidity; insipidness; tastelessness 2 (*fig.: insulsaggine*) dullness, flatness, (*sciocchezza*) foolishness, silliness.

scipito, *a.* 1 (*insipido*) insipid; tasteless; watery; wishy-washy: **cibo s.**, tasteless food; **minestra scipita**, watery (*o* wishy-washy) soup 2 (*fig.: insulso*) dull, flat; (*sciocco*) foolish, silly.

scippare, *v. t.* (*fam.*) to snatch; to bag-snatch.

scippatóre, *m.* (*fam.*) bag-snatcher.

scippo, *m.* (*fam.*) bag-snatching.

sciroccale, *a.* sirocco (*attr.*).

sciroccata, *f.* sirocco gale; south-east gale.

sciròcco, *m.* sirocco; south-east (wind).

sciroppare, *v. t.* to syrup. ● (*fig.*) **sciropparsi q. (q.c.)**, to put up with sb. (st.).

sciroppato, *a.* syruped; in syrup.

sciròppo, *m.* syrup.

sciroppóso, *a.* (*anche fig.*) syrupy.

scirro, *m.* (*med.*) scirrhus*.

scirróso, *a.* (*med.*) scirrous.

scisma, *m.* schism: **lo s. anglicano**, the Anglican Schism.

scismàtico, A *a.* schismatic; schismatical. B *m.* schismatic.

scissile, *a.* scissile.

scissióne, *f.* 1 (*anche fig.*) split, splitting; (*divisione*) division, separation: **la s. di un partito**, a party split 2 (*fis.*) fission: **s. indotta**, induced fission; **s. nucleare**, nuclear fission; **energia di s.**, fission energy; **prodotti della s.**, fission products; **soglia di s.**, fission threshold 3 (*biol.*) fission: **riproduzione per s.**, reproduction by fission. ● **suscettibile di s.**, fissionable.

scissionismo, *m.* (*polit.*) secessionism.

scissionista, *m. e f.* (*polit.*) secessionist.

scissionistico, *a.* (*polit.*) secessional.

scissiparità, *f.* (*biol.*) schizogenesis.

scisso, *a.* split; divided.

scissura, *f.* 1 (*fessura*) cleft; fissure 2 (*anat.*) scissure 3 (*fig.*) dissension.

scisto, *m.* (*geol.*) schist; shale.
scistosità, *f.* (*geol.*) schistosity.
scistóso, *a.* (*geol.*) schistose.
scitico, *a.* (*stor.*) Scythian.
sciupare, A *v. t.* (*generalm.*) to waste; (*danneggiare*) to damage; to impair; to trash (*fam.*); (*guastare*) to spoil, to mar, to mangle; (*rovinare*) to ruin; (*sperperare*) to squander: **s. il fiato**, to waste one's breath (*o* one's words); **sciuparsi la salute**, to impair (*o* to ruin) one's health; **s. tempo e denaro**, to waste (*o* to trifle away) one's time and money; **s. un patrimonio**, to squander (*o* to waste, to dissipate) a fortune; **s. un pezzo di musica**, to mangle a piece of music; **La pioggia le ha sciupato il cappellino**, the rain has spoilt her hat. ● **s. le proprie forze**, to wear oneself out. **sciuparsi, B** *v. rifl.* **1** (*danneggiarsi*) to get* damaged; (*guastarsi*) to spoil, to get* spoiled; (*rovinarsi*) to ruin oneself, to get* ruined: **Questa stoffa non si sciupa a lavarla**, this material doesn't get spoiled when washed; **Certi alimenti si sciupano facilmente**, some kinds of food spoil easily **2** (*d'abito: sgualcirsi*) to crease; to get* creased; to wrinkle: **Metti i vestiti in valigia in modo che non si sciupino!**, pack the dresses so that they won't crease **3** (*deperire nel fisico*) to waste away; to wear* oneself out: **Quella ragazza si sta sciupando**, that girl is wasting away; **Non ti sciupare!**, don't wear yourself out! ● (*iron., fam.*) **Non ti sei (mica) sciupato!**, you haven't (certainly) overworked yourself!
sciupato, *a.* (*generalm.*) wasted; (*danneggiato*) damaged, impaired; (*guasto*) spoiled, marred; (*sgualcito*) creased, wrinkled; (*rovinato*) ruined; (*affaticato*) run down, worn out: **Mi sembri s.!**, you look run down! ● **È tempo s.!**, it's a waste of time!
sciupìo, sciupo, *m.* waste; wastage: **uno s. d'energia**, a waste of energy; **uno s. di tempo (di denaro)**, a waste of time (of money); **C'è troppo s. in questa casa!**, there is too much waste in this house!
sciupóne, *m.* waster; wasteful person; (*chi scialacqua*) squanderer, spendthrift.
sciuscià, *m.* shoeshine boy.
scivolaménto, *m.* **1** sliding; gliding **2** (*autom.*) skidding **3** (*ferr.*) wheelspin **4** (*geol., mecc.*) slip.
scivolare, *v. i.* **1** to slide*; to glide; (*involontariamente*) to slip; (*barcollando*) to slither: **s. di mano**, to slip out of (*o* from) one's hand(s); (*fig.*) **s. su un argomento**, to slide over a subject; **s. sul ghiaccio** (*per gioco*), to slide on the ice; **Scivolai sul ghiaccio e mi ruppi una gamba**, I slipped on the ice and broke my leg; **L'anguilla mi scivolò di mano**, the eel slipped out of my hand; **Il libro mi scivolò dalle ginocchia**, the book slipped off my knees; **La barca scivolava sul lago tranquillo**, the boat glided on the calm lake **2** (*fig.: andare agile, silenzioso, furtivo*) to slide*; to glide: **Il ladro scivolò dentro la stanza**, the thief slid into the room **3** (*fig.: sorvolare*) to pass (over) **4** (*autom.: slittare*) to skid **5** (*aeron.*) to slip; to slide*: **s. d'ala**, to side-slip; to slip; **s. di coda**, to tail-slide; to slide **6** (*mus.*) to glide: **note scivolate**, glided notes. ● **s. nelle cattive abitudini**, to slip into bad habits □ **s. nel ridicolo**, to lapse into absurdity □ **far s. una mano in tasca**, to slip one's hand into one's pocket □ **far s. q.c. nella mano di q.**, to slip st. into sb.'s hand: **Feci s. una moneta nella mano del cameriere**, I slipped a coin into the waiter's hand □ **Gli scivolò un piede e cadde**, he slipped and fell.
scivolata, *f.* **1** (*lo scivolare*) slide; sliding; glide; gliding; (*involontaria*) slip, slipping **2** (*autom.*) skidding **3** (*aeron.*) slip; slide: **s. d'ala**, side-slip; slip; **s. di coda**, tail-slide; slide. ● **fare una s.**, (*per gioco*) to have a slide, to slide; (*involontariamente*) to slip: **Facciamo una (bella) s. sul ghiaccio!**, let's have a (nice) slide on the ice!; **Feci una (brutta) s. sul terreno ghiacciato e caddi lungo disteso**, I slipped on the icy ground and fell flat on my back □ **fare scivolare giù per un pendio**, to slide down a slope.
scivolato, *a.* **1** (*moda*) flowing: **abito s.**, flowing dress **2** (*mus.*) glided: **note scivolate**, glided notes.
scivolo, *m.* **1** (*gioco per bambini*) slide **2** (*aeron., naut.*) slipway; runway **3** (*ind.*) chute: **s. di carico**, loading chute.
scivolóne, *m.* slip; (*caduta*) (bad) fall: **uno s. sul ghiaccio**, a slip on the ice.
scivolosità, *f.* slipperiness.
scivolóso, *a.* (*anche fig.*) slippery.
Scizia, *f.* (*geogr. stor.*) Scythia.
sclarèa, *f.* (*bot., Salvia sclarea*) clary.
sclèra, *V.* **scleròtica**.
sclerale, *a.* (*anat.*) scleral.
sclerèma, *m.* (*med.*) sclerema.
sclerènchima, *m.* (*bot.*) sclerenchyma*.
sclerite, *f.* (*med.*) scleritis; sclerotitis.
sclerodermìa, *f.* (*med.*) sclerodermas, sclerodermata (*pl.*).
scleròma, *m.* (*med.*) scleroma.
scleròmetro, *m.* (*fis.*) sclerometer.
scleroproteina, *f.* (*biol.*) scleroprotein.

sclerosare, *v. t.* (*med.*) to sclerose.
scleroscòpio, *m.* (*fis.*) scleroscope.
scleròsi, *f.* (*med.*) sclerosis*: **s. a placche**, multiple sclerosis.
scleròtica, *f.* (*anat.*) sclera*; sclerotic.
scleròtico, *a.* (*med.*) sclerotic.
sclerotizzare, *v. t.* (*fig.*) to institutionalize.
sclerotomìa, *f.* (*med.*) sclerotomy.
scòcca, *f.* (*ind. automobilistica*) body: **s. portante**, monocoque body.
scoccare, A *v. t.* **1** (*con arco, balestra*) to dart; to shoot*; to fling*; to throw*: **s. una freccia**, to shoot an arrow **2** (*le ore*) to strike*: **L'orologio scoccava le sette**, the clock was striking seven. **B** *v. i.* **1** (*di congegni a molla: scattare*) to be released; to spring* up **2** (*balenare*) to flash **3** (*delle ore*) to strike*: **Scoccano le dieci**, it is striking ten; **Sono appena scoccate le quattro**, it has just struck four; **La sua ora è scoccata**, his hour has struck. ● **s. un bacio**, to give a smacking kiss.
scocciante, *a.* annoying; irritating; bothersome.
scocciare (1), A *v. t.* (*fam.: seccare*) to bore; to bother; to annoy: **Non mi s.!**, don't bother me!; leave me alone! **scocciarsi, B** *v. rifl.* to be (*o* to get*) annoyed. ● **Mi sono scocciato**, I am fed up (*pop.*).
scocciare (2), *v. t.* (*naut.: sganciare*) to unhook.
scocciatóre, *m.* (*fam.: seccatore*) bore; bother; nuisance.
scocciatura, *f.* (*fam.: seccatura*) bore; bother; nuisance: **Non è una s.?**, isn't it a bother?; **Che s.!**, what a nuisance!
scòcco, *m.* **1** (*lo scoccare*) darting; shooting **2** (*di orologio*) striking; stroke. ● (*naut.*) **gancio a s.**, pelican hook; slip-hook.
scodare, *v. t.* to dock.
scodato, *a.* (*con la coda tagliata*) docked; (*senza coda*) tailless.
scodèlla, *f.* soup-plate; (*ciotola*) bowl: **una s. di legno**, a wooden bowl. ● **una s. di minestra**, a plate of soup.
scodellare, *v. t.* to ladle out (*anche fig.*); to dish up; to serve up: **s. la minestra**, to dish (up) the soup. ● (*fig.*) **s. bugie**, to tell a lot of lies (*o* fibs) □ (*fig.*) **s. promesse**, to make a great many promises.
scodellata, *f.* dishful; bowlful.
scodellato, *a.* dished out; served up. ● (*fig., fam.*) **volere la pappa bell'e scodellata**, to want everything nice and ready.
scodellino, *m.* (*mecc.*) cup; cap; retainer.
scodinzolare, *v. i.* **1** to wag one's tail: **Il cane scodinzolava**, the dog wagged its tail **2** (*fig., pop.: dimenarsi camminando*) to sway (*o* to waggle) one's hips.
scodinzolìo, *m.* wagging (of the tail).
scòglia, *f.* (*lett.: spoglia*) slough.
scogliera, *f.* reef; cliff: **s. corallina**, coral reef; **le bianche scogliere di Dover**, the white cliffs of Dover.
scòglio, *m.* **1** rock; cliff; crag: **fermo come uno s.**, as firm as a rock; **urtare contro uno s.**, to dash against a rock **2** (*fig.*) obstacle; drawback; stumbling-block. ● **s. sommerso**, ledge.
scogliòso, *a.* rocky; cliffy; cragged; craggy.
scoiaménto, *m.* skinning; flaying.
scoiare, *v. t.* to skin; to flay.
scoiatóre, *m.* skinner.
scoiàttolo, *m.* (*zool., Sciurus vulgaris*) squirrel.
scolabottìglie, *m.* bottle-rack.
scolabròdo, *m. invar.* colander; strainer.
scolafritto, *m. invar.* dripper.
scolapasta, *m. invar.* colander; cullender.
scolapiatti, *m.* draining-board; (*a rastrelliera*) plate-rack.
scolara, *f.* schoolgirl.
scolare (1), A *v. i.* to drip; to drain: **far s. l'acqua**, to let the water drain away; **mettere i piatti a s.**, to put the dishes on the board to drain. **B** *v. t.* to drain (st.) dry; (*con un colino*) to strain. ● **s. la verdura**, to strain off the water from the vegetables □ **scolarsi una bottiglia di vino**, to drain a bottle of wine.
scolare (2), *a.* school (*attr.*): **età s.**, school age.
scolarésca, *f.* pupils (*pl.*); students (*pl.*); body of students; (*scolari d'una classe*) class.
scolarésco, *a.* schoolboy (*attr.*): **gergo s.**, schoolboy slang.
scolarità, *f.* school-attendance index.
scolarizzare, *v. t.* to school; to send* to (a) school.
scolarizzazióne, *f.* schooling; sending to (a) school.
scolaro, *m.* schoolboy; (*alunno*) pupil; (*discepolo*) disciple.
scolàstica, *f.* (*filos.*) scholasticism.
scolasticaménte, *avv.* scholastically.
scolasticherìa, *f.* scholastics (*pl.*); (*pedanteria*) pedantry.
scolasticismo, *m.* (*filos.*) scholasticism.
scolasticità, *f.* scholasticism.
scolàstico (1), *a.* **1** (*della scuola*) scholastic; school (*attr.*): **la professione scolastica**, the scholastic profession; **un anno s.**, a school year; **tasse scolastiche**, school fees; **un ispettore s.**, a school inspector; **un libro s.**, a school-book **2** (*spreg.*)

scolàstico (2)

scholastic; formal. ● **aula scolastica**, class-room.
scolàstico (2), *a.* e *m.* (*filos.*) scholastic.
scolatóio, *m.* drainer; draining-board.
scolatura, *f.* **1** (*lo scolare*) dripping; draining **2** (*materia scolata*) dripping(s); drainings (*pl.*).
scoliasta, scoliaste, *m.* (*letter.*) scholiast.
scòlio (1), *m.* (*letter.*) scholium*; explanatory note.
scolio (2), *m.* (*lento deflusso di liquidi*) dripping; draining away.
scoliòsi, *f.* (*med.*) scoliosis*.
scoliòtico, *a.* (*med.*) scoliotic.
scollacciarsi, *v. rifl.* to wear* low-necked dresses.
scollacciato, *a.* **1** bare-necked; wearing a low-necked dress: **una signora scollacciata**, a lady wearing a low-necked dress **2** (*di abito*) low-necked; décolleté (*franc.*) **3** (*fig.*) licentious; bawdy.
scollacciatura, *f.* low-cut neckline; décolletage (*franc.*).
scollaménto, *m.* **1** unglueing **2** (*geol.*) creep **3** (*fig.*) split.
scollare (1), A *v. t.* (*fare lo scollo in*) to cut* the neck-hole in (a garment). **scollarsi**, **B** *v. rifl.* (*indossare abiti scollati*) to wear* low-necked dresses.
scollare (2), A *v. t.* (*staccare due pezzi incollati*) to unglue; to unstick*; to unpaste. **scollarsi**, **B** *v. rifl.* to unglue; to come* off.
scollato, *a.* **1** (*di abito*) low-necked; décolleté (*franc.*): **un abito s.**, a low-necked dress; (*anche*) a low-neck **2** (*di persona*) wearing a low-necked dress: **una signora scollata**, a lady wearing a low-necked dress. ● **s. a punta**, V-necked □ **s. in tondo**, round-necked.
scollatura (1), *f.* (*scollo*) neckline; neck-opening; neck-hole. ● **s. a punta**, V neck □ **s. tonda**, round neck □ **con la s. a punta**, V-necked □ **con la s. tonda**, round-necked.
scollatura (2), *f.* (*di cose incollate*) unsticking.
scollegare, *v. t.* (*autom., elettr.*) to disconnect.
scollettatrice, *f.* (*agric.*) beet-topper.
scollettatura, *f.* (*agric.*) beet-topping.
scòllo, *m.* neck-opening; neck-hole; neckline: **fare lo s. a una camicia**, to cut the neck(-hole) of a shirt.
scolmatóre, *m.* (*canale s.*) floodway.
scólo, *m.* **1** draining; drainage: **lo s. delle acque**, water drainage **2** (*liquido che scola*) waste water **3** (*pop.: blenorragia*) (the) clap.
scolopèndra, *f.* (*zool., Scolopendra*) scolopender; scolopendra.
scolòpio, *a.* e *m.* (*relig.*) Piarist.
scoloraménto, *m.* (*chim., ind.*) discoloration.
scolorare, scolorarsi, *V.* **scolorire, scolorirsi**.
scoloriménto, *m.* discolouring; fading.
scolorina, *f.* ink-remover; ink-eradicator.
scolorire, A *v. t.* to discolour; to fade (*anche fig.*). **B** *v. i.* e **scolorirsi**, *v. rifl.* to discolour; to lose* colour; to change colour; (*sbiadire*) to fade; (*impallidire*) to grow* pale: **Il mio vestito si è scolorito**, my dress has lost its colour; **Questa stoffa non scolorirà mai**, this material will never fade.
scolorito, *a.* **1** discoloured; faded; (*smorto*) pale, wan: **guance scolorite**, pale cheeks; **un vestito s. dal sole**, a dress discoloured by the sun **2** (*fig.*) faint; faded; dim: **ricordo s.**, faint (*o* dim) memory.
scolpare, A *v. t.* to exculpate; to free from blame; (*giustificare*) to justify. **scolparsi**, **B** *v. rifl.* to exculpate oneself; (*giustificarsi*) to justify oneself.
scolpire, *v. t.* **1** (*incidere*) to engrave; to cut* (on, in, into); to carve; (*formare figure*) to sculpture: **s. il proprio nome su un tronco d'albero**, to carve one's name on a tree trunk; **s. nella pietra (nel legno)**, to engrave on stone (on wood); **s. una statua**, to sculpture a statue **2** (*fig.: imprimere*) to engrave; to impress; to stamp; to fix: **s. principi nella mente degli uomini**, to engrave principles in men's minds; **Le sue parole sono fortemente scolpite nella mia memoria**, his words are strongly impressed on my memory **3** (*fig.: pronunciare con netta scansione*) to pronounce distinctly; to stress.
scolpitézza, *f.* incisiveness; graphicness.
scolpito, *a.* **1** graven; engraved; carved; sculptured: **un'immagine scolpita**, a graven image **2** (*fig.: impresso*) engraved; impressed; stamped; fixed: **principi scolpiti nella memoria**, principles stamped in one's memory **3** (*fig.: spiccato*) stressed; (*distinto*) distinct; (*netto*) clear: **parole scolpite**, stressed words. ● **un carattere ben s.**, a well-formed character.
scolpitura, *f.* (*ind. gomma*) groove.
scólta, *f.* (*mil.*) sentry; watch: **essere di s.** (*o* **fare la s.**), to be on sentry-duty; (*marciando avanti e indietro*) to be on sentry-go.
scombaciare, *v. t.* to disunite; to disjoin; to unfix.
scombaciato, *a.* disjoined; unfixed.
scombinare, *v. t.* **1** (*disordinare*) to disarrange; to put* into disorder; to upset* **2** (*mandare a monte*) to break* off: **s. un matrimonio**, to break off an engagement (to be married); **s. un negozio**, to break off a transaction.
scombinato, A *a.* muddled; (*di persona*) muddle-headed. **B** *m.* muddle-head.
scómbro, *m.* (*zool., Scomber scombrus*) mackerel.
scombussolaménto, *m.* **1** (*lo scombussolare*) upsetting; derangement; deranging; muddling **2** (*effetto dello scombussolare*) topsy-turvy; confusion; disorder; muddle; jumble.
scombussolare, *v. t.* to upset*; to derange; to disturb; (*mettere in disordine*) to put* into disorder, to turn topsy-turvy, to topsy-turvy, to muddle: **s. i piani di q.**, to upset sb.'s plans; **s. tutto**, to put everything into disorder (*o* into a muddle); **La notizia lo scombussolò tutto**, the news quite upset him. ● **s. lo stomaco**, to upset one's stomach.
scombussolato, *a.* topsy-turvy; upset; in confusion; in a muddle; (*confuso*) confused, bewildered, disconcerted: **rimanere s.**, to be upset.
scombussolio, *m.* great confusion; muddle; bustle.
scomméssa, *f.* bet; wager; (*posta*) stake: **fare una s.**, to make a bet; to bet; to lay a wager; to wager; **perdere (vincere) la s.**, to lose (to win) one's bet; **La s. era di dieci scellini**, the stake was of ten shillings.
scomméttere (1), *v. t.* (*disunire parti commesse*) to disjoin; to disconnect.
scomméttere (2), *v. t.* (*fare una scommessa*) to bet*; to wager; to stake; to lay* one's bet (on); (*su un cavallo*) to back, to put* (on): **s. alle corse** (*di cavalli*), to bet on horses; **s. molto denaro su un cavallo**, to put a lot of money on a horse; **Scommetto mille lire che non ci andrà**, I bet you a thousand lire he will not go there. ● **Scommetto che oggi piove**, I dare say it is going to rain today; it is going to rain today, you bet! (*pop.*) □ **Scommetterei la testa!**, I'd stake my life!
scommettitóre, *m.* better, bettor; wagerer.
scommettitura, *f.* **1** (*il disunire*) disjunction; detachment **2** (*parte scommessa*) detached part.
scomodaménte, *avv.* uncomfortably.
scomodare, A *v. t.* (*fam.*) to put* to inconvenience; to disturb; to trouble; to bother: **Mi dispiace di scomodarti**, I am sorry to disturb you. **B** *v. i.* to be an inconvenience (to sb.); to be inconvenient. **scomodarsi, C** *v. rifl.* to disturb oneself; to trouble; to bother: **senza più s.**, without troubling any further; **Non ti s.!**, don't bother! ● **Non voglio che vi scomodiate**, I don't want to give you any trouble.
scomodità, *f.* inconvenience; uneasiness; discomfort; (*fastidio*) trouble, annoyance, bother.
scòmodo, A *a.* inconvenient; uncomfortable; uneasy; (*fastidioso*) troublesome, bothersome: **una sedia scomoda**, an uncomfortable chair; **riuscire s.**, to be inconvenient; **sedere in una posizione scomoda**, to sit in an uncomfortable position; **stare s.**, to be uncomfortable. **B** *m.* inconvenience; trouble; bother: **recare s.**, to give trouble; to bother.
scompaginaménto, *m.* **1** (*lo scompaginare*) upsetting; disarrangement **2** (*effetto dello scompaginare*) disorder; confusion; muddle **3** (*tipogr.*) breaking up.
scompaginare, A *v. t.* **1** to upset* (*anche fig.*); to throw* into disorder; to disarrange; to put* out of joint **2** (*tipogr.*) to break* up; to distribute. **scompaginarsi, B** *v. rifl.* to be upset; (*disgregarsi*) to break* up.
scompaginatura, scompaginazióne, *f.* (*tipogr.*) breaking up; distribution.
scompagnaménto, *m.* breaking up; unmatching.
scompagnare, A *v. t.* to break* up (a pair); to unmatch. **scompagnarsi, B** *v. rifl.* (*separarsi*) to separate.
scompagnato, *a.* unmatched; odd: **vecchie sedie scompagnate**, old unmatched chairs.
scompagno, *a.* unmatched; (*diverso*) different.
scomparire, *v. i.* **1** (*sparire*) to disappear; to pass away; to vanish; to be lost: **s. ai propri occhi**, to be lost to one's sight; to vanish from sight; **s. dal mondo**, to pass away from the world; **Tutt'a un tratto scomparve**, he suddenly disappeared **2** (*fig.: fare cattiva figura*) to cut* a bad (*o* a poor) figure: **Non voglio s.**, I don't want to cut a bad figure **3** (*fig.: non risaltare*) not to show* up; not to appear to advantage; to look insignificant: **Questo quadro vicino agli altri scompare**, this painting does not show up beside the others.
scomparsa, *f.* **1** disappearance; vanishing **2** (*morte*) death; decease.
scomparso, *m.* (*defunto*) dead person; deceased.
scompartiménto, *m.* **1** compartment; division; partition **2** (*ferr.*) compartment: **s. privato**, private compartment; **uno s. di prima classe**, a first-class compartment; **uno s. per non fumatori**, a non-smoking compartment; a non-smoker.
scompartire, *v. t.* to share; to distribute; to divide.
scomparto, *m.* **1** compartment; section **2** (*aeron.*) bay.
scompensare, *v. t.* **1** to unbalance **2** (*med.*) to cause decompensation in.
scompènso, *m.* **1** unbalance; lack of balance **2** (*med.*)

decompensation: **s. cardiaco**, cardiac decompensation.
scompiacènte, *a.* uncomplaisant; disobliging; unkind.
scompiacènza, *f.* disobligingness; lack of courtesy; unkindness.
scompiacére, *v. i.* to be disobliging; to be unkind.
scompigliaménto, *m.* **1** (*lo scompigliare*) throwing into disorder, disarrangement, muddling; (*lo sconvolgere*) upsetting, derangement; (*il confondere*) confusion, confusing; (*lo scarmigliare*) tousling, dishevelling, ruffling **2** (*disordine*) disorder; muddle; confusion.
scompigliare, *v. t.* to throw* into disorder; to put* out of order; to disarrange; to turn topsy-turvy; to topsy-turvy; to muddle; (*sconvolgere*) to upset*, to derange; (*confondere*) to confuse, to mix up; (*scarmigliare*) to tousle, to dishevel, to ruffle: **s. i capelli a q.**, to dishevel (*o* to ruffle) sb.'s hair; **s. i piani di q.**, to upset sb.'s plans.
scompiglio, *m.* **1** (*lo scompigliare*) disarrangement; throwing into disorder **2** (*disordine*) disorder; muddle; mess; confusion; (*trambusto*) bustle, uproar, bedlam: **mettere tutto in s.**, to throw everything into disorder (*o* into confusion); to mess up everything; **in grande s.**, in utter confusion.
scompisciarsi, *v. rifl.* — **s. dalle risa**, to split one's sides with laughter.
scomplèto, *a.* incomplete; not complete.
scomponibile, *a.* decomposable; dismountable.
scomponibilità, *f.* decomposability.
scompórre, **A** *v. t.* **1** to decompose; (*disfare*) to undo*; (*dividere*) to divide, to split* up; (*scompigliare*) to throw* into disorder, to disarrange; (*smontare*) to take* to pieces, to break* up; (*sconvolgere*) to discompose, to upset*; (*guastare*) to spoil; (*arruffare*) to ruffle, to rumple; (*alterare*) to alter, to change: **s. i capelli**, to ruffle the hair; **s. i libri d'uno scaffale**, to throw the books on a shelf into disorder; (*fig.*) **s. i lineamenti del volto**, to change one's countenance; **s. in elementi**, to take to pieces; **s. l'animo**, to discompose the mind; (*ferr.*) **s. un treno**, to split up a train; **s. una macchina**, to take a machine to pieces **2** (*chim.*) to resolve **3** (*tipogr.*) to distribute **4** (*mat.*) to factorize. ● (*mat.*) **s. in fattori**, to factorize. **scompórsi**, **B** *v. rifl.* **1** to decompose; to take* to pieces; to break* up **2** (*fig.*) to lose* one's composure; to change one's countenance; to get* upset: **non s. affatto**, not to change one's countenance; to keep one's countenance; **senza s.**, without losing one's composure; without turning a hair.
scompositóre, *m.* (*tipogr.*) distributor.
scomposizióne, *f.* **1** decomposition; (*divisione*) division, splitting up; (*ferr.*) **la s. dei treni**, the splitting up of trains **2** (*chim.*) resolution **3** (*tipogr.*) distribution (of type). ● (*telev.*) **s. dell'immagine**, image scanning □ (*mat.*) **s. in fattori**, factorization.
scompostézza, *f.* **1** discomposure **2** (*sguaiatezza*) unbecomingness; unseemliness.
scompósto, *a.* **1** (*separato nelle parti componenti*) decomposed; taken to pieces; broken up **2** (*sconveniente*, *sguaiato*) unbecoming; unseemly **3** (*disordinato*) untidy; disordered; (*di capelli*) ruffled **4** (*fig.*: *sconnesso*) disconnected; incoherent. ● (*mat.*) **s. in fattori**, factorized.
scomputàbile, *a.* deductible.
scomputare, *v. t.* to deduct.
scòmputo, *m.* deduction.
scomùnica, *f.* (*relig.*) excommunication: **s. maggiore (minore)**, major (minor) excommunication; **lanciare la s. contro q.**, to fulminate an excommunication against sb. ● (*fig.*) **avere la s. (addosso)**, to be born under an evil star.
scomunicare, *v. t.* (*relig.*) to excommunicate (*anche fig.*).
scomunicato, (*relig.*) **A** *a.* excommunicated. **B** *m.* excommunicated person; excommunicate.
sconcatenare, *v. t.* to unlink.
sconcatenato, *a.* **1** unlinked **2** (*fig.*) disconnected.
sconcertaménto, *V.* **sconcèrto**.
sconcertante, *a.* disconcerting; puzzling.
sconcertare, **A** *v. t.* to disconcert; to puzzle; (*sconvolgere*) to upset*, to derange; to bewilder; (*frustrare*) to frustrate, to baffle: **s. i piani di q.**, to disconcert (*o* to upset, to frustrate) sb.'s plans. **sconcertarsi**, **B** *v. rifl.* to be disconcerted; to be bewildered; to be puzzled.
sconcertato, *a.* disconcerted; puzzled; upset; perturbed; bewildered; fogged (*pop.*).
sconcèrto, *m.* disconcertment; perturbation.
sconcézza, *f.* **1** (*l'essere sconcio*) indecency; obscenity; obsceneness; lewdness; smuttiness **2** (*cosa sconcia*) indecency; obscenity: **Quel libro è una s.**, that book is an obscenity. ● **dire sconcezze**, to talk bawdy; to talk smut.
sconciaménte, *avv.* indecently; obscenely; smuttily.
sconciare, *v. t.* to spoil; to damage; to mar; (*deformare*) to deform.

scóncio, **A** *a.* **1** (*osceno*) indecent; obscene; lewd; bawdy; smutty: **libri sconci**, indecent books; **parole sconce**, obscene words; **pensieri sconci**, lewd thoughts **2** (*deforme*) deformed; misshapen; ill-shapen. **B** *m.* **1** (*cosa sconcia*) shame; disgrace **2** (*cosa fatta male*) mess; botch.
sconclusionataménte, *avv.* inconclusively; inconsequently; inconsequentially; (*sconnessamente*) disconnectedly, ramblingly. ● **parlare s.**, to talk at random.
sconclusionatézza, *f.* inconclusiveness; inconsequence; inconsequentiality; (*incoerenza*) incoherence, incoherency.
sconclusionato, **A** *a.* inconclusive; inconsequent; inconsequential; (*sconnesso*) disconnected, rambling; (*incoerente*) incoherent: **frasi sconclusionate**, incoherent sentences; **una mente sconclusionata**, an inconsequent mind; **un discorso s.**, a rambling speech. **B** *m.* inconsequent person.
sconcordante, *a.* discordant; dissonant; jarring: **interessi sconcordanti**, jarring interests; **suoni sconcordanti**, discordant sounds.
sconcordanza, *f.* discordance; discordancy; discord.
sconcòrde, *a.* (*lett.*) discordant.
scondito, *a.* unseasoned.
sconfacènte, *a.* (*lett.*) unsuitable; inappropriate; (*disdicevole*) unbecoming.
sconfessare, *v. t.* to recant; to retract; to disclaim; to disavow; to deny.
sconfessionalizzare, *v. t.* to undenominationalize: **s. la scuola pubblica**, to undenominationalize state schools.
sconfessionalizzazióne, *f.* undenominationalization.
sconfessióne, *f.* recantation; retraction; disclaimer; disavowal; denial.
sconficcaménto, *m.* drawing out; extraction; removal.
sconficcare, *v. t.* to draw* out; to extract; to remove.
sconfiggere (1), *v. t.* to defeat (*anche fig.*); to overthrow*; to beat*; (*sopraffare*) to overcome*, to vanquish, to conquer: **s. il nemico in una battaglia**, to defeat the enemy in a battle. ● **s. l'avversario usando la sua stessa tattica**, to take the wind out of sb.'s sails (*fam.*).
sconfiggere (2), *V.* **sconficcare**.
sconfinaménto, *m.* **1** (*l'oltrepassare la frontiera*) passing (*o* crossing) the frontier; (*l'entrare nel territorio altrui*) trespassing, trespass **2** (*fig.*: *il varcare i limiti*) exceeding the limits.
sconfinare, *v. i.* **1** (*oltrepassare la frontiera*) to pass (*o* to cross) the frontier; (*entrare nel territorio altrui*) to trespass (on) **2** (*fig.*: *varcare i limiti*) to exceed the limits (of); to digress (from); (*trascendere*) to go* too far.
sconfinataménte, *avv.* boundlessly; unboundedly; unlimitedly.
sconfinatézza, *f.* boundlessness; unboundedness; unlimitedness.
sconfinato, *a.* boundless; limitless; (*illimitato*) unlimited; (*smisurato*) unmeasured; (*infinito*) infinite, endless: **l'oceano s.**, the boundless ocean; **un'ambizione sconfinata**, an unlimited (*o* a measureless) ambition.
sconfitta, *f.* defeat (*anche fig.*); overthrow. ● **subire una s.**, to be defeated.
sconfitto, **A** *a.* defeated (*anche fig.*); beaten; overthrown; (*sopraffatto*) overcome, vanquished. **B** *m.* defeated person; (*pl.* collett.*) (the) defeated.
sconfortante, *a.* discouraging; disheartening: **una notizia s.**, a discouraging piece of news.
sconfortare, **A** *v. t.* to discourage; to dishearten; to deject; to dispirit: **L'inutilità dei suoi sforzi lo sconfortò**, the uselessness of his efforts discouraged him. **sconfortarsi**, **B** *v. rifl.* to get* discouraged; to get* disheartened; to be dejected; to lose* heart: **Non ti s.!**, don't get discouraged!; cheer up!
sconfortato, *a.* discouraged; disheartened; downhearted; dejected; crest-fallen (*fam.*).
sconfòrto, *m.* discouragement; dejection; depression: **abbandonarsi allo s.**, to give way to dejection; to feel dejected.
scongelaménto, *m.* defreezing; defrosting.
scongelare, *v. t.* to defreeze*; to defrost.
scongiurare, *v. t.* **1** (*supplicare*) to beseech*; to implore; to entreat; to conjure: **s. q. di avere pietà**, to entreat sb. to show mercy; **s. q. di fare q.c.**, to beseech sb. to do st.; **Te ne scongiuro!**, I beseech you! **2** (*evitare*) to avoid; to avert; to prevent; to ward off: **s. il pericolo**, to avoid danger **3** (*lett.*: *esorcizzare*) to exorcize.
scongiuro, *m.* (*esorcismo*) exorcism; (*scaramanzia*) (magic) charm, spell. ● **fare gli scongiuri** (*contro la iettatura*), to touch wood; to cross one's fingers.
sconnessaménte, *avv.* disconnectedly; disjointedly; incoherently; desultorily.
sconnessióne, *f.* disconnectedness; disjointedness; (*incoerenza*) incongruity, incoherence.
sconnèsso, *a.* disconnected; disjointed; (*incoerente*) incoherent, incongruous: **frasi (idee) sconnesse**, incoherent sentences (ideas).

sconnessura, *f.* **1** disconnectedness; disjointedness **2** (*punto di s.*) opening.

sconnèttere, A *v. t.* to disconnect; to disjoint. **B** *v. i.* to ramble; to wander (in one's talk); to talk wildly.

sconoscènte, *a.* ungrateful; thankless.

sconoscènza, *f.* ungratefulness; ingratitude; thanklessness.

sconóscere, *v. t.* (*non voler riconoscere*) to refuse to recognize; to ignore.

sconosciuto, A *a.* **1** (*non noto*) unknown; unfamiliar; unheard-of; (*inesplorato*) unexplored: **luoghi sconosciuti**, unknown places; **un'isola sconosciuta**, an unknown-of (*o* unheard-of) island **2** (*privo di fama*) not well known; unknown; (*oscuro*) obscure: **uno scrittore s.**, an obscure writer. **B** *m.* **1** stranger; unknown person **2** (*leg.*) person unknown.

sconquassaménto, *m.* shattering; smash.

sconquassare, *v. t.* **1** to shatter; to smash; to break* up; (*rovinare*) to ruin, to destroy: **s. una finestra**, to shatter a window **2** (*scombussolare*) to upset*; to shake* up: **Il viaggio mi ha tutto sconquassato**, the journey has quite upset me.

sconquassato, *a.* **1** shattered; smashed; (*rovinato*) ruined; (*sgangherato*) ramshackle, rickety **2** (*scombussolato*) upset; shaken (up); (*stanchissimo*) tired out.

sconquasso, *m.* **1** shattering; smash; crash; ruin **2** (*scompiglio*) disorder; mess; confusion: **mettere tutto a s.**, to throw everything into disorder; **Che s.!**, what a mess!

sconsacrare, *v. t.* to desecrate.

sconsacrazióne, *f.* desecration.

sconsiderataménte, *avv.* inconsiderately; (*sbadatamente*) thoughtlessly, carelessly, heedlessly; (*avventatamente*) rashly; (*a caso*) at random.

sconsideratézza, *f.* inconsiderateness; (*sbadataggine*) thoughtlessness, carelessness, heedlessness; (*imprudenza*) imprudence; (*avventatezza*) rashness.

sconsiderato, A *a.* inconsiderate; (*sbadato*) thoughtless, careless, heedless; (*imprudente*) imprudent; (*avventato*) rash. **B** *m.* thoughtless (*o* careless) person.

sconsigliàbile, *a.* unadvisable.

sconsigliare, *v. t.* to dissuade (from); to advise (against): **s. q. dal fare q.c.**, to dissuade sb. from doing st.; to try to persuade sb. not to do st.

sconsigliatézza, *f.* unwariness; inconsiderateness.

sconsigliato, *a.* unwary; inconsiderate; thoughtless, heedless, reckless; (*avventato*) rash.

sconsolante, *a.* disheartening; distressing; saddening; sad: **una notizia s.**, a (very) sad piece of news.

sconsolare, A *v. t.* to dishearten; to distress; to sadden.

sconsolarsi, B *v. rifl.* to become* disheartened; to lose* heart.

sconsolataménte, *avv.* disconsolately; (*desolatamente*) desolately, dismally, cheerlessly, gloomily, drearily, comfortlessly; (*dolorosamente*) grievously; (*tristemente*) sadly.

sconsolatézza, *f.* desolation; dismalness; cheerlessness; gloominess; dreariness; sadness.

sconsolato, *a.* disconsolate; (*desolato*) desolate, dismal, cheerless, gloomy, dreary, comfortless; (*doloroso*) grievous; (*triste*) sad: **parole sconsolate**, sad words; **un cuore s.**, a desolate heart.

scontàbile, *a.* (*comm.*) discountable.

scontante, (*comm.*) **A** *a.* discounting; discount (*attr.*). **B** *m.* e *f.* discounter.

scontare, *v. t.* **1** (*comm.*) to discount: **s. una cambiale**, to discount a bill; **farsi s. una cambiale**, to have a bill discounted **2** (*detrarre da un conto*) to deduct **3** (*espiare*) to expiate; to atone for (st., doing st.); to pay* for (st.); (*in carcere*) to serve: **s. i propri peccati**, to expiate one's sins; **s. un delitto (una colpa)**, to expiate a crime (a guilt); **dovere s. cinque anni di carcere**, to have five years to serve in prison; **Il prigioniero sconterà la sua pena nella prigione di Portland**, the prisoner will serve his time in Portland Gaol; **fare s. q.c. a q.**, to make sb. pay for st.; **Prima o poi la sconterai!**, sooner or later, you shall have to pay for it! **4** (*prevedere*) to take* (st.) for granted: **Il nostro insuccesso era scontato**, our failure was taken for granted. • **s. una parte di un debito**, to pay off (a) part of a debt.

scontatàrio, *m.* (*Banca*) offerer of a bill for discount.

scontato, *a.* **1** (*comm.*) discounted **2** (*espiato*) expiated **3** (*previsto*) foregone; foreseen; taken for granted: **un risultato s.**, a foregone conclusion. • **dare per s.**, to take for granted □ **prezzo s.**, price with discount.

scontentare, *v. t.* to displease; not to please; to dissatisfy; (*deludere*) to disappoint: **s. q.**, to displease sb.; **Non lo s. di nuovo!**, don't disappoint him again!

scontentézza, *f.* discontentment; discontent; dissatisfaction.

scontènto, A *a.* discontent; displeased; dissatisfied; (*deluso*) disappointed: **essere s. di q.**, to be displeased with sb.; **rimanere s.**, to be disappointed. **B** *m.* **1** (*chi è scontento*) discontented person; malcontent **2** (*scontentezza*) discontent; dissatisfaction: **causare s.**, to cause discontent; **provare s.**, to feel discontent; not to be satisfied.

scontista, *m.* e *f.* (*comm.*) discounter.

scónto, *m.* **1** (*Banca*) discount: **lo s. d'una cambiale**, the discount of a bill; **s. effettivo**, true discount; **netto de s.**, discount net; **Il tasso di s. è sostenuto**, the discount rate (*o* rate of discount) is steady; **presentare effetti allo s.**, to offer bills for discount **2** (*detrazione, scomputo*) discount; deduction; (*abbuono*) allowance; (*riduzione, ribasso*) abatement, reduction, rebate: **fare** (*o concedere*) **uno s. del 3%**, to allow (*o* to grant) a three per cent discount. • **banca di s.**, discount bank; discounting house □ **il mercato degli sconti**, the discount market □ **tasso ufficiale di s.**, bank rate.

scontòrcere, scontòrcersi, *V.* contòrcere, contòrcersi.

scontornare, *v. t.* to silhouette.

scontrare, A *v. t.* **1** (*incontrare*) to meet* (with); to fall* in with; to run* across (*o* into); to encounter: **s. un amico per la strada**, to meet with a friend in the street **2** (*naut.*) to meet*.

scontrarsi, B *v. rifl.* **1** (*venire a battaglia*) to clash (with); to encounter: **s. col nemico**, to encounter the enemy; **I due eserciti si scontrarono a Marengo**, the two armies clashed at Marengo **2** (*urtarsi con violenza: di veicoli*) to collide; to crash (into st.); (*di persone*) to run* into (sb., each other): **Le due automobili si scontrarono**, the two cars collided; **Il nostro treno si scontrò con un treno merci**, our train crashed into a goods train; **Avevo tanta fretta che, girato l'angolo, mi scontrai con un vecchio mendicante**, I was in such a hurry that I ran into an old beggar who was standing round the corner **3** (*fig.: divergere*) to be in conflict; to conflict; to clash: **Le loro opinioni si scontrano**, their opinions are in conflict.

scontrino, *m.* **1** ticket; check; coupon **2** (*comm.*) voucher: **s. di cassa**, cash voucher. • (*comm.*) **s. di consegna**, delivery note □ **s. di controllo**, tally □ **s. doganale**, docket.

scóntro, *m.* **1** (*combattimento*) encounter; fight: **uno s. sanguinoso**, a bloody encounter **2** (*urto violento tra due veicoli*) collision; crash: **uno s. d'automobili**, a car crash; **Dieci persone morirono in uno s. ferroviario ieri**, ten people died in a railway crash yesterday **3** (*fig.: contrasto d'opinioni*) clash; (*s. verbale*) dispute, altercation, quarrel **4** (*naut.*) pawl. • **s. a fuoco**, gunfight; shooting; shoot-out (*fam.*) □ (*naut.*) **mettere gli scontri**, to pawl.

scontrosàggine, scontrosità, *f.* **1** (*l'essere scontroso*) peevishness, moroseness, sullenness; (*permalosità*) touchiness, testiness, tetchiness **2** (*azione da persona scontrosa*) peevish act.

scontróso, *a.* peevish; morose; sullen; unsocial; (*permaloso*) touchy, testy, tetchy: **Quanto sei s.!**, how touchy you are!; **Non fare lo s.!**, don't be so peevish!

sconvenévole, *a.* (*lett.*) unbecoming; unseemly; (*indecoroso*) indecorous.

sconvenevolézza, *f.* (*lett.*) unbecomingness; unseemliness; (*mancanza di decoro*) indecorousness.

sconveniènte, *a.* **1** (*non conveniente*) not convenient; unsuitable; (*disdicevole*) unbecoming, unseemly; (*indecoroso*) indecorous; (*inopportuno*) inconvenient, inopportune **2** (*svantaggioso*) disadvantageous; unfavourable.

sconvenienteménte, *avv.* inconveniently; unbecomingly; (*in modo indecoroso*) indecorously.

sconveniènza, *f.* **1** (*mancanza di convenienza*) unsuitableness; unsuitability; (*disdicevolezza*) unbecomingness, unseemliness; (*mancanza di decoro*) indecorousness; (*inopportunità*) inopportuneness **2** (*atto sconveniente*) breach of manners **3** (*svantaggio*) disadvantage.

sconvenire, *v. i.* **sconvenirsi**, *v. rifl.* not to be convenient; to be unsuitable; (*disdire*) to be unbecoming; (*essere inopportuno*) to be inconvenient.

sconvolgènte, *a.* upsetting; perturbing.

sconvòlgere, *v. t.* to upset*; to derange; to put* out of order; (*turbare*) to perturb, to disturb, to unsettle; (*scompigliare*) to throw* into disorder (*o* confusion), to turn topsy-turvy, to muddle: **s. i piani di q.**, to upset sb.'s plans; to upset sb.'s apple-cart (*fam.*); **s. la mente**, to derange the mind; **s. le idee di q.**, to upset (*o* to muddle up) sb.'s ideas; **s. l'ordine delle cose**, to upset the order of things; **Lo spavento la sconvolse**, the fright upset her.

sconvolgiménto, *m.* upset; upsetting; derangement; (*turbamento*) perturbation; (*scompiglio*) disorder, muddle, mess: **lo s. di vecchi principi**, the upset of old principles.

sconvòlto, *a.* upset; deranged; (*turbato*) perturbed, disturbed, troubled; (*sottosopra*) topsy-turvy, in a muddle: **una faccia sconvolta**, a troubled face; **una mente sconvolta dal dolore**, a mind deranged by sorrow; **essere tutto s.**, to be quite upset.

scoordinazióne, *f.* (*in atletica leggera*) non-co-ordination (of movements).
scooter (*ingl.*), *m.* **1** (motor-)scooter **2** (*naut.*) scooter.
scooterista, *V.* scuterista.
scópa (1), *f.* (*bot.*, *Erica arborea*) briar; tree-heath. ● (*bot.*) **s. marina** (*Tamarix gallica*), tamarisk.
scópa (2), *f.* (*granata*) broom; besom: **manico di s.,** broomstick. ● (*fig.*) **avere mangiato il manico della s.,** to have swallowed the poker (*fam.*) □ **magro come una s.,** as thin as a lath □ (*prov.*) **S. nuova spazza bene,** a new broom sweeps clean.
scópa (3), *f.* (*gioco di carte*) «scopa» (Italian game).
scopamare, *m.* (*naut.*) lower studding-sail.
scopare, *v. t.* **1** to sweep* (with a broom); to broom **2** (*volg.*) to fuck.
scopata, *f.* **1** sweep; sweep-up; sweep-out: **dare una buona s. a una stanza,** to give a room a thorough sweep **2** (*colpo dato con la scopa*) blow with a broom **3** (*volg.*) fuck.
scopatóre, *m.* sweeper.
scopatura, *f.* **1** sweeping **2** (*spazzatura*) sweepings (*pl.*); dust; rubbish.
scopazzo, *m.* (*bot.*) witches'-broom.
scoperchiare, *v. t.* to take* the lid off; to remove the cover from; to uncover; (*togliere il tetto a*) to unroof: **s. una casa,** to unroof a house; **s. una pentola,** to uncover a pot.
scoperchiato, *a.* uncovered; (*privato di tetto*) unroofed.
scoperchiatura, *f.* uncovering; (*il togliere il tetto*) unroofing.
scopèrta, *f.* **1** discovery; finding out; (*di cosa nascosta*) detection; disclosure: **la s. dell'America,** the discovery of America; **fare una s.,** to make a discovery **2** (*mil.*) reconnaissance. ● (*iron.*) **Bella s.!,** Queen Anne's dead! (*fam.*).
scopertaménte, *avv.* openly; freely; frankly.
scopèrto, A *a.* **1** discovered; found out; disclosed; (*rivelato*) revealed **2** (*non coperto*) uncovered; bare; (*non chiuso*) open; (*non riparato*) unsheltered, shelterless; (*senza tetto*) unroofed; (*non difeso*) unprotected: **una carrozza scoperta,** an open carriage; (*comm.*) **un assegno s.,** an uncovered cheque; **a capo s.,** bare-headed; **a spalle scoperte,** with bare shoulders; **avere il capo s.,** to have one's head bare; to be bare-headed **3** (*di posto di lavoro*) vacant. ● **a carte scoperte,** with one's cards on the table □ (*fig.*) **a fronte scoperta,** openly; frankly □ (*comm.*) **un conto s.,** an overdrawn account □ (*fig.*) **giocare a carte scoperte,** to lay (*o* to put) one's cards on the table □ **potere andare a fronte scoperta,** to have a clear conscience □ **vedersi** (*o* **sentirsi**) **s.,** to realize one has been discovered. **B** *m.* **1** (*luogo all'aperto*) outdoor place; open air (*o* space); (*spiazzo*) explanade: **allo s.,** in the open air; outdoor (*agg.*); outdoors (*avv.*): **dormire allo s.,** to sleep in the open air **2** (*comm.*, *anche* **s. di conto**) overdraft. ● **s. bancario,** bank overdraft □ **comprare allo s.,** to buy short □ **crediti allo s.,** unsecured credits □ **emissione allo s.,** uncovered issue □ **essere allo s.,** to be overdrawn; to be in the red □ **trarre allo s.,** to overdraw one's account □ **vendere allo s.,** to sell short □ **una vendita allo s.,** a short sale.
scopéto, *m.* heath; moor.
scopettóni, *m. pl.* long side-whiskers.
scopiazzare, *v. t.* (*spreg.*) to copy badly.
scopiazzatura, *f.* (bad) copy(ing).
scopièra, *f.* broom cupboard.
scopinare, *v. t.* (*ind. tessile*) to brush.
scopinatura, *f.* (*ind. tessile*) brushing.
scopino, *m.* (*spazzino*) street-sweeper; scavenger.
scopista, *m. e f.* player of «scopa».
scòpo, *m.* **1** (*fine*) aim; end; object; purpose; intent: **lo s. della propria vita,** the aim of one's life; **raggiungere** (*o* **conseguire, ottenere**) **il proprio s.,** to gain one's ends; to succeed in one's object; **non raggiungere il proprio s.,** to fail in one's object; **a tale s.,** for this purpose; **A che s. lo vuoi?,** for what purpose(s) do you want it? **2** (*topografia*) target. ● **a s. di,** for; for the sake of: **a s. di lucro,** for the sake of money; with a view to profit ; **a s. di bene,** with good intent □ **allo s. di,** in order to: **Lo feci allo s. di aiutarlo,** I did it in order to help him □ **andare diritto allo s.,** to go straight to the point □ (*topografia*) **mira a s.,** target rod □ **senza s.,** aimless (*agg.*); aimlessly (*avv.*): **una vita senza s.,** an aimless existence; a life without purpose; **Egli si batte senza s.,** he struggles aimlessly □ **Non credo che questo aggeggio serva al mio s.,** I don't think this gadget will serve my turn □ **A che s.?,** what for?
scopofilia, *f.* (*psic.*) scopophilia.
scopòfilo, *m.* (*psic.*) scopophiliac.
scopolamina, *f.* (*chim.*) scopolamine.
scopóne, *m.* (*gioco*) «scopone» (Italian game).
scoppiare (1), *v. i.* **1** (*spaccarsi, anche fig.*) to burst*; to split*; (*aprirsi*) to break* open; (*prorompere*) to burst* into; (*esplodere*) to burst*; to explode, to blow* up: **s. dal caldo,** to be bursting with the heat; **s. dalle risa** (*o* **dal ridere**), to burst (*o* to split) one's sides (with laughter); **s. d'invidia,** to burst with envy; **s. di rabbia,** to burst (*o* to explode) with anger; **s. in lacrime** (*o* **a piangere**), to burst into tears; **s. in una risata,** to burst out laughing; to break into laughter; (*di persona*) **sentirsi s.,** to be ready to burst; **La caldaia può s. da un momento all'altro,** the boiler may burst (*o* explode) any time; **La bomba scoppiò,** the bomb exploded; **Scoppiò una mina,** a mine exploded (*o* blew up); **Mi scoppiò un pneumatico,** a tyre burst (*o* blew up); **Se continui a mangiare così, scoppierai!,** if you go on eating like that, you will burst! **2** (*manifestarsi improvvisamente*) to break* out: **Scoppiò un incendio,** a fire broke out; **Scoppiò la guerra,** the war broke out; **Scoppiò la peste,** the plague broke out **3** (*sport*) to collapse. ● **far s. una bomba,** to explode a bomb □ **fino al punto di s.,** to bursting point □ **C'è da s. di rabbia!,** there is enough to make one burst with anger! □ **Mi scoppiava** (*o* **Mi sentii s.**) **il cuore a quella vista,** I felt my heart break at the sight of it □ **Scoppiò un fulmine,** a thunderbolt fell.
scoppiare (2), *v. t.* (*dividere una coppia*) to uncouple.
scoppiettaménto, *m.* crackling; (*il crepitare*) crepitation, crepitating.
scoppiettante, *a.* **1** crackling; (*crepitante*) crepitating, crepitant: **un fuoco s.,** a crackling fire **2** (*fig.*) rippling: **un riso s.,** rippling laughter.
scoppiettare, *v. i.* **1** to crackle; (*crepitare*) to crepitate **2** (*di motore*) to chug **3** (*fig.*) to ripple.
scoppiettio, *m.* **1** crackling; (*crepitio*) crepitating: **lo s. del fuoco,** the crackling of the fire **2** (*di motore*) chug; chugging.
scòppio, *m.* **1** (*anche fig.*) burst; bursting; outburst; gust; (*esplosione*) explosion, blast; (*di tuono, ecc.*) crash: **lo s. d'una bomba,** the burst (*o* explosion) of a bomb; **lo s. d'un pneumatico,** the burst (*o* bursting) of a tyre; **Lo s. fece tremare la casa,** the explosion (*o* blast) shook the house; **uno s. d'applausi,** a burst of applause; **uno s. d'ira,** an outburst of anger; **uno s. di pianto,** a burst (*o* an outburst) of tears; **uno s. di risa,** a burst (*o* a gale) of laughter; **uno s. di tuono,** a crash (*o* a peal) of thunder; a thunder-clap **2** (*rumore*) crash; bang **3** (*il manifestarsi improvviso*) outbreak: **allo s. della guerra,** at the outbreak of war **4** (*mil.: di un proiettile*) burst: **s. a terra,** graze burst; **s. in aria,** air burst; **s. ritardato,** retarded burst. ● **lo s. di un incendio,** the breaking-out of a fire □ (*aeron.*) **s. sonico,** sonic boom □ (*mil.*) **bomba a s. ritardato,** delayed-action bomb □ (*autom.*) **motore a s.,** piston-engine.
scòppola, *f.* **1** (*dial.*: *scappellotto*) blow; smack **2** (*fig.*: *perdita*) (heavy) loss.
scopriménto, *m.* **1** uncovering; disclosure; disclosing; (*di monumento e sim.*) unveiling: **lo s. d'una statua,** the unveiling (*o* uncovering) of a statue **2** (*l'arrivare a conoscere*) discovery; finding out.
scoprire, A *v. t.* **1** (*togliere ciò che copre*) to uncover; to lay* bare; to bare; to unveil; (*scoperchiare*) to take* the lid off: **s. il capo,** to bare the head; **s. una casa,** to uncover (*o* to unroof) a house; **s. una ferita,** to uncover a wound; **s. una pentola,** to uncover a pot; to take the lid off a pot; **s. una statua,** to unveil a statue **2** (*manifestare*) to lay* bare; to bare; (*rivelare*) to reveal, to disclose; (*far conoscere*) to make* known; (*esporre*) to expose, to show* up; (*portare alla luce*) to bring* (st.) to light: **s. il proprio animo a q.,** to bare one's soul to sb.; **s. i propri piani,** to disclose one's designs; **s. una congiura,** to expose a plot; **s. un inganno,** to show up a fraud; **s. un segreto,** to disclose (*o* to reveal) a secret; **s. un tesoro nascosto,** to disclose a hidden treasure **3** (*arrivare a conoscere ciò che era occulto, ignoto*) to discover; to find* out: **s. nuove terre,** to discover new lands; **Colombo scoprì l'America,** Columbus discovered America; **Ah! ti ho scoperto!,** ah! I've found you out!; **s. la verità,** to find out the truth; **s. il colpevole,** to find out (*o* to detect) the culprit; **s. un errore,** to find out a mistake; **È difficile s. quello che è realmente accaduto,** it is difficult to find out (*o* to ascertain) what really happened **4** (*scorgere*) to descry; to sight; to catch* sight of: **s. colli e valli,** to descry hills and valleys **5** (*mil.*) to expose: **L'esercito nemico scoprì il suo fianco destro,** the enemy army exposed its right flank. ● **s. il gioco di q.,** to find sb. out □ (*anche fig.*) **s. le proprie carte,** to lay one's cards on the table; (*fig.*) to come to a showdown □ **s. una tomba etrusca,** to unearth an Etruscan tomb □ (*iron.*) **Hai scoperto l'America!,** Queen Anne's dead! (*fam.*). **scoprirsi, B** *v. rifl.* **1** (*nel letto*) to throw* off one's bed-clothes; (*alleggerirsi degli indumenti*) to put* on lighter clothes **2** (*manifestare il proprio pensiero*) to give* oneself away; (*rivelarsi*) to show* oneself; to reveal oneself; to prove (to be): **s. un vero amico,** to show (*o* to reveal) oneself to be a real friend; to prove (to be) a real friend **3** (*mil.*) to expose oneself **4** (*sport*: *pugilato*) to drop one's guard.
scopritóre, *m.* discoverer: **Il capitano Cook fu un grande s.,** Captain Cook was a great discoverer.
scoraggiaménto, *m.* discouragement; disheartenment;

scoraggiante

depression; dejection.
scoraggiante, *a.* discouraging; disheartening; depressing.
scoraggiare, **A** *v. t.* to discourage; to dishearten; to depress; to deject; to turn off (*fam.*). **scoraggiarsi**, **B** *v. rifl.* to lose* heart; to get* discouraged. ● **Non ti s.!**, cheer up!
scoraggiato, *a.* discouraged; disheartened; depressed; dejected; downcast; crest-fallen; low-spirited; in low spirits.
scoraménto, *m.* (*lett.*) disheartenment; discouragement.
scorare, scorato, (*lett.*) *V.* **scoraggiare, scoraggiato**.
scorbellato, *a.* (*volg.*) ribald; crusty.
scorbutamina, *f.* (*biol.*, *chim.*) ascorbic acid; vitamin C.
scorbùtico, **A** *a.* **1** (*med.*) scorbutic **2** (*fig.: bisbetico*) crabbed; cross(-tempered); cantankerous; querulous; peevish: **essere quanto mai s.**, to be as cross as a bear with a sore head (*fam.*). **B** *m.* **1** sufferer from scurvy **2** (*fig.*) cantankerous (*o* peevish) person.
scòrbuto, *m.* (*med.*) scorbutus; scurvy.
scorciaménto, *m.* shortening.
scorciare (1), **A** *v. t.* (*rendere più corto*) to shorten; to make* shorter; to take* in; (*ridurre*) to curtail: **s. un abito**, to shorten a dress; **s. la vita**, to shorten one's life. **B** *v. i.* to shorten; to grow* (*o* to get*) shorter: **Le giornate cominciano a s.**, the days begin to grow shorter. ● **s. la strada**, to take a short cut.
scorciarsi, **C** *v. rifl.* to shorten; to grow* (*o* to get*) shorter.
scorciare (2), (*pitt.*) **A** *v. t.* to foreshorten. **B** *v. i.* to be foreshortened.
scorciatóia, *f.* short cut; by-way: **prendere una s.**, to take a short cut; to cut off a corner.
scorciatura, *f.* shortening.
scórcio, *m.* **1** (*pitt.*) foreshortening **2** (*ultima parte d'un periodo di tempo*) close; end; tail-end: **sullo s. del secolo**, towards the end of the century. ● **di s.**, foreshortened □ **in questo s. di tempo**, in this short lapse of time □ **rappresentare in s.**, to foreshorten.
scordare (1), *v. t.* **scordarsi**, *v. rifl.* to forget*: **s. il nome di q.**, to forget sb.'s name; **s. di fare q.c.**, to forget to do st.; **scordarsi di q.c.**, to forget st.; **Mi sono scordato il suo nome**, I have forgotten his name; I cannot remember his name; **Me ne scordai completamente**, I forgot all about it; **Si è scordato di restituire il denaro**, he has forgotten to pay back the money.
scordare (2), (*mus.*) **A** *v. t.* to untune; to put* out of tune.
scordarsi, **B** *v. rifl.* to get* out of tune.
scordato, *a.* (*mus.*) out of tune; untuned: **Il pianoforte è s.**, the piano is out of tune.
scordatura, *f.* (*mus.*) being out of tune.
scoréggia, *f.* (*volg.*) (*breaking*) wind; fart (*volg.*).
scoreggiare, *v. i.* (*volg.*) to break* wind; to fart (*volg.*).
scòrfano, *m.* **1** (*zool., Scorpaena*) scorpion-fish **2** (*fig., pop.: persona molto brutta*) very ugly person.
scòrgere, *v. t.* (*discernere*) to discern; to descry; to perceive; to make* out; (*avvistare*) to sight, to catch* sight of; (*vedere*) to see*; (*rendersi conto di*) to realize, to be aware of: **farsi s.**, to let oneself be seen; **Non voglio farmi s.**, I don't want anyone to see me; **s. il pericolo**, to realize (*o* to be aware of) the danger; **s. i propri difetti**, to realize one's defects; **s. la verità**, to discern the truth; **s. q. (q.c.) in lontananza**, to discern sb. (st.) in the distance; **s. q. tra la folla**, to make out sb. amidst the crowd; **Duro fatica a scorgerlo**, I can hardly see him; **Guardai, ma non scorsi nulla**, I looked but saw nothing. ● **senza farsi s.**, unnoticed.
scòria, *f.* **1** (*metall.*) scoria*; slag; dross; cinder; scum: **s. basica**, basic slag; **s. d'alto forno**, blast furnace slag; **s. di colata**, tapping slag; **scoria galleggiante**, floating slag **2** (*fig.: residuo privo di valore*) dross **3** (*pl., geol.*) scoriae: **scorie vulcaniche**, volcanic scoriae. ● (*metall.*) **s. di fucinatura**, clinker □ **s. fusa galleggiante**, floss □ (*fis.*) **scorie radioattive**, radioactive waste □ **eliminare la s.** (*mediante fucinatura*), to shingle.
scorificare, *v. t.* (*metall.*) to scorify; to slag.
scorificatóio, *m.* (*metall.*) scorifier.
scorificazióne, *f.* (*metall.*) scorification.
scornare, **A** *v. t.* **1** (*rompere le corna a*) to dishorn **2** (*fig.: svergognare*) to put* to shame; (*beffare*) to hold* up to mockery, to deride. **scornarsi**, **B** *v. rifl.* **1** (*rompersi le corna*) to break* one's horns **2** (*fig.*) to make* a fool of oneself.
scornato, *a.* **1** dishorned; unhorned **2** (*fig.*) abashed; crest-fallen. ● **tornarsene a casa s.**, to go back home with a flea in one's ear (*fam.*).
scorniciare, *v. t.* to unframe; to take* (st.) out of a frame.
scorniciato, *a.* unframed: **un quadro s.**, an unframed picture; a picture without a frame.
scorniciatura, *f.* frame-moulding.
scòrno, *m.* shame; disgrace; ignominy: **con suo s.**, to his great shame.
scoronare, *v. t.* **1** (*agric.*) to trim in the shape of a crown **2** (*togliere la corona a un dente*) to remove the crown (from a tooth) **3** (*ind. vetraria*) to cap.
scorpacciata, *f.* feed; bellyful (*pop.*): **una s. di uva**, a bellyful of grapes; **fare una s. di q.c.**, to have a bellyful of st.; to stuff oneself with st.
scorpèna, *f. V.* **scòrfano**.
scorpiòide, *a.* (*bot.*) scorpioid.
scorpióne, *m.* **1** (*zool.*) scorpion **2** − (*astron., astrologia*) **lo S.**, Scorpio; the Scorpion (*costellazione e VIII segno dello Zodiaco*) **3** (*fig.*) nasty ugly person. ● (*astrologia*) **persona nata sotto il segno dello S.**, Scorpio; Scorpioni.
scorpiònidi, *m. pl.* (*zool., Scorpiones*) scorpionida.
scorporare, *v. t.* to break* up.
scòrporo, *m.* break-up.
scorrazzaménto, *m.* rambling; roaming; roving; wandering.
scorrazzare, **A** *v. i.* (*correre qua e là*) to run* about; (*vagare*) to ramble, to roam, to rove, to wander: **s. per i boschi**, to ramble through the woods. **B** *v. t.* to rove; to travel all over. ● **s. in auto per la città**, to drive thunderously through the town.
scorréggia, scorreggiare, *V.* **scoréggia, scoreggiare**.
scórrere, **A** *v. i.* **1** (*generalm.*) (*fluire*) to flow*, to stream: **Il fiume scorre a valle**, the river flows (*o* runs) down to the valley; **Il sangue scorre nelle vene**, blood flows (*o* runs) in the veins; **Le lacrime le scorrevano sulle guance**, tears streamed down her cheeks; (*fig.*) **Le parole scorrevano dal suo labbro**, the words flowed from his lips; (*fig.*) **Questo periodo non scorre**, this period does not flow **2** (*rif. al tempo*) to elapse; to pass by (*o* away); to roll by; to glide on; to fly*: **Da allora è scorso un mese**, a month has elapsed since then; **Le ore scorrevano veloci**, the hours glided on; **Il tempo scorre veloce**, the years roll by (*o* time flies) **3** (*scivolare*) to glide; to slide*: **La barca scorreva sul lago**, the boat glided on the lake **4** (*mecc.*) to run* (on, upon, along, over); to roll; to slip; to slide: **La fune scorre nella carrucola**, the rope runs over the pulley. **B** *v. t.* **1** (*far scorrerie*) to raid; to scour; to foray: **Pattuglie nemiche scorrevano il paese**, enemy patrols were raiding (*o* scouring) the country **2** (*leggere in fretta*) to run* one's eye over; to run* over; to look over (*o* through); to skim (through); **s. il giornale**, to run one's eye over the newspaper; **Ho appena scorso il libro**, I have just run the book over. ● **far s. l'acqua**, to run the water □ **lasciare s. l'acqua**, to let the water run □ (*fig.*) **uno stile che scorre**, a fluent (*o* smooth) style.
scorreria, *f.* raid; foray: **fare una s.**, to make a raid (on, into); to raid; to foray; to scour.
scorrettaménte, *avv.* **1** (*generalm.*) incorrectly; improperly; (*erroneamente*) erroneously, wrongly **2** (*senza decoro*) indecorously.
scorrettézza, *f.* **1** (*l'essere scorretto*) incorrectness; impropriety **2** (*atto scorretto*) improper (*o* indecorous) act **3** (*errore*) error; mistake.
scorrètto, *a.* **1** (*che non è corretto*) incorrect; not correct; (*erroneo*) erroneous, mistaken, wrong; (*pieno di errori*) full of mistakes; (*inesatto*) inexact: **tre risposte scorrette**, three wrong answers; **una traduzione scorretta**, a translation full of mistakes; **un calcolo s.**, an incorrect calculation; **uno stile s.**, an incorrect style **2** (*non conforme ai principi dell'educazione*) incorrect; uncivil; impolite; (*sleale*) unfair, crooked; (*privo di decoro*) indecorous, improper, indecent: **una condotta scorretta**, incorrect behaviour. ● (*sport*) **gioco s.**, foul play.
scorrévole, **A** *a.* **1** (*che scorre facilmente, anche fig.*) flowing; fluid; fluent; smooth(-running): **inchiostro s.**, fluid ink; **uno stile s.**, a fluent (*o* a smooth) style; **un periodo s.**, a flowing period; **un verso s.**, a smooth line **2** (*mecc.: movibile su scanalatura*) sliding: **porta s.**, sliding door. **B** *m.* slide; sliding part.
scorrevolézza, *f.* **1** (*l'essere scorrevole, anche fig.*) flowingness; fluidity; fluency; smoothness: **la s. dello stile**, the fluency of style **2** (*tecn.*) flowability.
scorribanda, *f.* **1** inroad; incursion; raid; foray **2** (*rapida escursione*) trip **3** (*fig.*) excursion: **fare una s. nella storia**, to make an excursion into the historical domain.
scorriménto, *m.* **1** (*lo scorrere*) flowing; running **2** (*lo scivolare*) sliding; gliding **3** (*mecc.*) slide; sliding; (*slittamento*) slip, slipping; slippage **4** (*elettr.*) slip **5** (*telev.*) hunting **6** (*geol.*) slip **7** (*elab.*) shift: **registro a s.**, shift register. ● (*fis.*) **s. molecolare**, creep □ (*metall.*) **s. viscoso**, creep □ **strada di s.**, freeway; throughway.
scórsa, *f.* glance: **dare una s. al giornale**, to take a glance at (*o* to glance through) the newspaper; to skim (through) the newspaper.
scórso, **A** *a.* last; past: **l'anno s.**, last year; **la settimana scorsa**, last week; **lo s. marzo**, last March; in March last; **lunedì s.**, last Monday; on Monday last. **B** *m.* slip; lapse; (*svista*) oversight: **uno s. di penna**, a slip of the pen.
scorsóio, *a.* running: **un nodo** (*o* **cappio**) **s.**, a running knot; a

slip-knot; a noose.
scòrta, *f.* **1** guide; guidance: **fare da s. a q.**, to act as a guide to sb.; **sotto la s. d'un buon maestro**, under the guidance of a good teacher **2** (*mil.*) escort; convoy; (*a cavallo, in motocicletta*), outrider; (*guardia*) guard: **quattro uomini di s.**, an escort of four men; **una s. armata**, an armed escort; **essere di s. (a)**, to go as an escort (to); **fare la s. (a)**, to act as an escort (to); to escort; to convoy; **sotto s.**, under escort (*o* convoy); **sotto buona s.**, under good guard **3** (*provvista*) provision(s); supply; store; stock: **una buona s. di viveri**, a good store of food. ● (*ind.*) **s. di materie prime**, stores (*pl.*) □ (*comm.*) **s. insufficiente**, understock □ (*agric.*) **scorte morte**, dead stock □ (*agric.*) **scorte vive**, livestock □ **di s.** (*di ricambio*), spare (*agg.*): **ruota di s.**, spare wheel.
scortare, *v. t.* to escort; to convoy: **s. q. a casa**, to escort sb. home.
scortecciaménto, *m.* **1** barking; peeling; stripping **2** (*di un muro, ecc.*) scraping; unplastering.
scortecciare, A *v. t.* **1** to bark; to peel; to strip; to decorticate: **s. un albero**, to bark a tree; to take the bark off a tree **2** (*ai un muro, ecc.*) to scrape; to unplaster: **s. un affresco**, to scrape a fresco; **s. un muro**, to scrape (*o* to unplaster) a wall.
scortecciarsi, B *v. rifl.* **1** to lose* bark **2** (*di muro, ecc.*) to peel off; to chip.
scortecciatóio, *m.* (*agric.*) bark spud.
scortecciatrice, *f.* (*ind. cartaria*) bark-stripping machine; barker.
scortecciatura, *f.* barking; peeling.
scortése, *a.* unkind; discourteous; rude; impolite: **maniere scortesi**, impolite manners; **una risposta s.**, an unkind (*o* a rude) answer; **un uomo s.**, a rude man.
scorteseménte, *avv.* unkindly; discourteously; rudely; impolitely.
scortesìa, *f.* **1** unkindness; discourtesy; rudeness; impoliteness **2** (*atto scortese*) unkind (*o* rude, impolite) act; unkindness; discourtesy. ● **fare una s. a q.**, to be unkind to sb. □ **Grande fu la sua s.**, it was very unkind of him.
scorticagatti, *m.* (*scherz., fam.*) sawbones (*pop.*).
scorticaménto, *m.* **1** (*il levare la pelle*) skinning; flaying **2** (*abrasione*) abrasion; scraping off; scratch; excoriation **3** (*fig.*) fleecing; flaying.
scorticare, *v. t.* **1** (*spellare, scuoiare*) to skin; to flay: **s. un bue**, to flay an ox; **s. q. vivo**, to flay sb. alive; **Scorticherebbe un pidocchio** (*di persona avara o avida*), he would skin a flint **2** (*produrre un'abrasione in*) to abrade; to scrape off; to graze; to scratch; to excoriate; to bark (*fam.*): **s. la pelle**, to excoriate the skin; **scorticarsi un ginocchio**, to scrape (*o* to scratch) one's knee **3** (*fig.*: *richiedere prezzi esagerati*) to fleece; to flay; to skin (*pop.*): **venire scorticato da un usuraio**, to be fleeced by a usurer **4** (*fig.*: *esaminare con rigore*) to grill (*pop.*).
scorticatóio, *m.* **1** (*coltello*) flaying-knife* **2** (*luogo dove si scorticano le bestie macellate*) flaying-place.
scorticatóre, *m.* **1** flayer; skinner **2** (*fig.*) usurer; skinflint; money-grubber.
scorticatura, *f.* **1** (*lo scorticare*) flaying; skinning **2** (*abrasione*) abrasion; excoriation; scratch.
scortichino, *m.* **1** (*coltello*) flaying-knife* **2** (*chi scortica le bestie macellate*) flayer; skinner **3** (*fig.*: *usuraio*) usurer; skinflint; money-grubber.
scòrza, *f.* **1** (*corteccia*) rind; bark: **la s. d'un albero**, the bark (*o* rind) of a tree; **togliere la s.**, to strip the rind (from); to rind; to bark; to peel; to decorticate **2** (*buccia di alcuni frutti*) rind; peel; skin: **la s. di un'arancia**, the rind (*o* peel) of an orange; **s. d'arancia**, orange-peel; **s. di limone**, lemon-peel; **togliere la s.**, to take off the skin **3** (*del formaggio*) rind: **s. di formaggio**, cheese-rind **4** (*pelle dei pesci e delle serpi*) skin; (*spoglia*) slough **5** (*fig.*: *pelle umana*) skin **6** (*fig.*: *aspetto esteriore*) rind; surface: **penetrare entro la s. delle cose**, to go beyond the rind (*o* surface) of things. ● (*fig.*) **essere di** (*o* **avere la**) **s. dura**, to be thick-skinned; to be tough □ **liberarsi della s.**, to slough off.
scorzare, *v. t.* **1** (*scortecciare*) to barkpeel; to bark; to rind **2** (*sbucciare*) to peel.
scorzatrice, *f.* (*mecc.*) barker.
scorzatura, *f.* **1** (*lo scortecciare*) barking; (*lo sbucciare*) peeling **2** (*parte scortecciata*) bark; (*parte sbucciata*) peel.
scorzonéra, *f.* (*bot., Scorzonera hispanica*) scorzonera; black salsify.
scoscéndere, A *v. t.* (*lett.: spaccare*) to split*; to cleave*. B *v. i.* e **scoscéndersi**, *v. rifl.* **1** (*franare*) to slide* down **2** (*lett.: fendersi*) to split*; to be split; to cleave*.
scoscendiménto, *m.* **1** (*luogo scosceso*) steep slope; steep fall; cliff **2** (*frana*) landslide.
scoscéso, *a.* steep; precipitous.
scosciare, A *v. t.* to cut* off the leg(s) of: **s. un pollo**, to cut off the legs of a fowl. **scosciarsi**, B *v. rifl.* (*divaricare al mas-*

simo le gambe) to stretch one's legs wide apart; to do* the splits.
scosciata, *f.* (*spaccata*) splits (*pl.*).
scòscio, *m.* **1** (*spaccata*) splits (*pl.*) **2** (*sartoria*) crotch.
scòssa, *f.* **1** shake; shock; bump; (*sbalzo*) jerk, jolt, hitch; (*sobbalzo*) start, jump: **le scosse d'una vettura**, the bumps (*o* bumping) of a carriage; **una s. di terremoto**, an earthquake shock; **dare una s. a q.**, to give sb. a shake; **dare una s.** (*sobbalzare*), to give a start; to start; **a scosse**, by fits and starts **2** (*elettr.*) shock: **una s. elettrica**, an electric shock; **ricevere la s.**, to get a shock **3** (*fig.*) shock; blow: **È stata per lui una grave s.**, it was a great blow to him. ● **s. di pioggia**, (light) shower □ **procedere a scosse**, to jolt along.
scossare, *v. t.* (*raro*) to shake*.
scòsso, *a.* **1** (*mosso con violenza*) shaken **2** (*danneggiato*) damaged; (*logorato*) shattered, broken: **nervi scossi**, shattered nerves **3** (*sconvolto*) upset.
scossóne, *m.* jolt; jerk. ● **s. di pioggia**, heavy shower □ **dare degli scossoni**, to jolt (up and down) □ **procedere a scossoni**, to jolt along.
scostaménto, *m.* **1** removal; shifting; pushing away (*o* aside) **2** (*mat., rag.*) variance: **s. dalle cifre di bilancio**, budget variance **3** (*stat.*) deviation.
scostante, *a.* unpleasant; disagreeable; off-putting; (*poco socievole*) unfriendly.
scostare, A *v. t.* **1** to remove; to shift; to push away; to push aside (*o* apart): **s. q.c.**, to push st. aside; **s. una sedia da un tavolino**, to remove a chair from a table **2** (*fig., fam.: evitare*) to avoid; to keep* away from: **Ora che è malato tutti lo scostano**, now that he's ill everyone avoids him. B *v. i.* (*naut.*) to put* out; to get* underway. **scostarsi**, C *v. rifl.* **1** to draw* away (*o* aside), to turn away (*o* aside); to stand* aside: **s. dalla finestra**, to draw away from the window; **s. da q.**, to draw away from sb.; (*fig.*) **s. dai vecchi amici**, to turn away from one's old friends; **Scostati!**, stand aside! **2** (*fig.*: *deviare*) to stray, to get* away (from): **s. dalla retta via**, to stray from the right path; **s. da un argomento**, to stray from a subject; to get away from the point.
scostolare, *v. t.* to remove the ribs from (a leaf). ● **s. il tabacco**, to strip tobacco leaves.
scostumataménte, *avv.* **1** (*dissolutamente*) dissolutely; licentiously; immorally **2** (*maleducatamente*) ill-manneredly; rudely; uncivilly.
scostumatézza, *f.* dissoluteness; licentiousness; immorality; (*cattiva educazione*) rudeness, ill-breeding.
scostumato, A *a.* dissolute; licentious; immoral; (*maleducato*) rude, ill-bred, uncivil: **una vita scostumata**, a dissolute life. B *m.* dissolute person.
scotch (*ingl.*), *m.* **1** (*whisky*) Scotch whisky; Scotch (*fam.*) **2** (*marchio: nastro adesivo*) sellotape; scotch tape (*USA*). ● **accomodare** (*o* **attaccare**) **con lo s.**, to sellotape; to scotch-tape (*USA*).
scotennare, *v. t.* **1** to flay; to skin **2** (*togliere il cuoio capelluto a*) to scalp.
scotennatóio, *m.* flaying-knife*.
scotennatóre, *m.* **1** skinner **2** (*chi toglie il cuoio capelluto*) scalper.
scotennatura, *f.* **1** flaying; skinning **2** (*il togliere il cuoio capelluto*) scalping.
scoticare, *v. t.* (*agric.*) to remove turf.
scoticatura, *f.* (*agric.*) turf removing.
scotiménto, *m.* shaking; tossing; (*il dimenare*) wagging.
scotitóio, *m.* (*mecc.*) shaker.
scòto, (*stor.*) A *a.* Scotic. B *m.* Scot.
scotofobìa, *f.* (*psic.*) scotophobia.
scòtola, *f.* (*ind. tessile*) scutcher; scutch.
scotolare, *v. t.* (*ind. tessile*) to scutch.
scotolatrice, *f.* (*ind. tessile*) scutch(er); scutching-machine.
scotolatura, *f.* (*ind. tessile*) scutching.
scotòma, *m.* (*med.*) scotoma*.
scotomàtico, scotomatóso, *a.* (*med.*) scotomatous.
scòtta (1), *f.* (*residuo sieroso*) whey.
scòtta (2), *f.* (*naut.*) sheet: **s. di coltellaccio**, deck sheet; **s. di randa**, boom sheet.
scottaménto, *m.* scalding.
scottante, *a.* burning (*anche fig.*); scorching; scalding: **sabbia s.**, burning sand; **una questione s.**, a burning matter.
scottare, A *v. t.* **1** to scorch; to scald; (*bruciare*) to burn*: **Il sole gli scottò la pelle**, the sun burnt his skin **2** (*cuocere brevemente*) to half-cook; (*sbollentare*) to scald **3** (*fig.*) to sting*; to nettle; to gall; to hurt: **essere scottato sul vivo**, to be stung (*o* galled) to the quick; **Le mie aspre parole lo hanno scottato**, my sharp words stung him to the quick; he was nettled at my sharp words. B *v. i.* **1** to scorch; to burn*: **Oggi il sole scotta**, the sun is burning (*o* scorching hot) today; today is a scorcher

scottata

(*fam.*) 2 (*di cibi*) to be (very, too) hot; to be burning: **Questo caffè scotta**, this coffee is too hot. ● (*fig., fam.*) **cosa che scotta**, hot potato □ (*fig.*) **Gli scotta la terra sotto i piedi**, he's itching to be off. **scottarsi, C** *v. rifl.* **1** to scald oneself; to burn* oneself **2** (*fig.: fare esperienze spiacevoli*) to get* one's fingers burnt.

scottata, *f.* (*cucina*) half-cooking; (*in acqua bollente*) scalding. ● **dare una s. a q.c.**, to half-cook st.; to scald st.

scottato, *a.* **1** scalded; scorched; (*bruciato*) burnt **2** (*fig.*) disappointed; hurt; bitter. ● **s. dal sole**, sunburnt □ (*fig.*) **rimanere s.**, to be a loser □ (*prov.*) **Can s. dall'acqua calda, ha paura della fredda**, one bitten, twice shy.

scottatura, *f.* (*lo scottare*) scorching; burning; scalding **2** (*ustione*) scorch; burn; scald; (*da sole*) sunburn: **un unguento per le scottature**, an ointment for burns and scalds **3** (*fig.: esperienza spiacevole*) unpleasant experience; (*delusione*) disappointment. ● **farsi una s.**, to burn oneself □ **farsi una s. a un braccio (a una mano, ecc.)**, to burn one's arm (one's hand, etc.).

scòtto (1), *a.* (*troppo cotto*) overcooked; overdone.

scòtto (2), *m.* – (*fig.*) **pagare lo s.**, to pay the penalty; to pay for st.

scout (*ingl.*), *m.* (boy) scout.

scoutismo, *m.* scouting.

scoutista, A *m.* boy scout. **B** *f.* girl guide; girl scout (*USA*).

scoutìstico, *a.* scout (*attr.*); scouting.

scovare, *v. t.* **1** to rouse; to flush; (*stanare*) to drive* out of a den (*o a hole*): **s. una lepre**, to drive a hare out of its hole **2** (*fig.*) to find* out; to discover; to unearth: **Non so dove egli abbia scovato quella notizia**, I don't know where he found out (*o got*) that piece of news.

scovolare, *v. t.* to clean (with a swab).

scovolino, *m.* **1** (*per pulire pipe*) pipe-cleaner **2** (*per pulire bottiglie*) bottle-cleaner.

scóvolo, *m.* swab; cleaning-rod.

scòzia, *f.* (*archit.*) scotia.

Scòzia, *f.* (*geogr.*) Scotland. ● **Nuova S.**, Nova Scotia.

scozzare, *v. t.* to shuffle: **s. le carte**, to shuffle the cards.

scozzata, *f.* shuffle; shuffling: **dare una s. alle carte**, to give the cards (*o pack*) a shuffle.

scozzése, A *a.* Scots; Scottish; Scotch: **il dialetto s.**, the Scottish dialect; **whisky s.**, Scotch whisky; **alla s.**, after the Scottish fashion. ● **danza s.**, «schottische» (*ted.*) □ **gonnellino s.**, kilt □ **tessuto s.**, tartan. **B** *m.* **1** Scotsman*; Scot: **gli Scozzesi**, the Scots **2** (*la lingua*) Scotch; Scots. **C** *f.* **1** Scotswoman*; Scot **2** (*danza s.*) «schottische» (*ted.*).

scozzonare, *v. t.* **1** to train (*anche fig.*); to break* in: **s. un cavallo**, to break (in) a horse **2** (*fig.*) to teach* the first elements to; to initiate: **s. q. nel latino**, to teach sb. the first elements of Latin.

scozzonatóre, *m.* trainer.

scozzonatura, *f.* training (*anche fig.*); breaking in. ● **dare una s. a q.**, to train sb.

scozzóne, *m.* trainer.

scranna, *f.* bench. ● (*fig.*) **sedere a s.**, to lay down the law.

screanzato, A *a.* ill-mannered; ill-bred; unmannerly; rude; boorish: **un ragazzo s.**, an ill-mannered boy. **B** *m.* ill-mannered (*o ill-bred, rude*) person; boor.

screditare, A *v. t.* to discredit; to throw* discredit (on): **Non voglio screditarlo**, I don't want to discredit him. **screditarsi, B** *v. rifl.* to bring* discredit upon oneself; to lower (*o to lose**) one's reputation.

screditato, *a.* discredited; having a bad reputation; in disrepute: **uno statista s.**, a discredited politician.

scrédito, *m.* discredit; disrepute.

scremare, *v. t.* to skim; to cream off (*anche fig.*): **s. il latte**, to skim the milk.

scremato, *a.* skimmed: **latte s.**, skimmed milk; skim-milk.

scrematrice, *f.* cream-separator; skimmer.

scrematura, *f.* skimming; creaming off (*anche fig.*).

screpolare, A *v. t.* to chap; to cause to crack. **B** *v. i.* e **screpolarsi**, *v. rifl.* to chap; to crack; (*di superficie stradale*) to craze.

screpolato, *a.* cracked; chapped; chappy; (*di superficie stradale*) crazed.

screpolatura, *f.* crack; chap; chink; fissure: **una s. dovuta a dilatazione**, a crack due to expansion; **una s. in un muro**, a crack in a wall; **un muro pieno di screpolature**, a wall full of cracks; **C'era una grossa s. nel ghiaccio**, there was a big crack in the ice; **Questa tazza ha due screpolature**, this cup has two cracks. ● **mani piene di screpolature**, chapped hands.

screziare, *v. t.* to variegate; to streak; to speckle; to fleck.

screziato, *a.* **1** variegated; streaked; speckled; flecked: **azzurro s. di bianco**, blue variegated with white **2** (*multicolore*) multicoloured; many-coloured; motley.

screziatura, *f.* variegation; speckling.

scrèzio, *m.* dissension; disagreement; difference; variance; friction: **Ci fu tra loro qualche s.**, there was dissension among them; they were at variance.

scriba, *m.* (*stor.*) Scribe: **gli Scribi e i Farisei**, the Scribes and Pharisees.

scribacchiare, *v. i.* to scribble: **s. per un giornale**, to scribble for a newspaper; **s. delle sciocchezze**, to scribble bosh (*pop.*).

scribacchino, *m.* scribbler; hack; hack-writer.

scricchiolaménto, *m.* creaking; squeaking.

scricchiolante, *a.* creaking; squeaking; crunching.

scricchiolare, *v. i.* to creak; to squeak: **Il ghiaccio scricchiolava paurosamente**, the ice creaked frightfully. ● **una penna che scricchiola**, a scratchy pen □ **scarpe (scale) che scricchiolano**, creaky shoes (stairs).

scricchiolio, *m.* creaking; squeaking.

scricciolo, *m.* **1** (*zool.*, *Troglodytes troglodytes*) wren **2** (*fig.*) mite. ● **Quel bimbo è uno s.**, he's a mite of a child.

scrigno, *m.* casket; coffer; jewel-case.

scriminatura, *f.* (*linea di spartizione dei capelli*) parting (of the hair). ● **avere la s. a sinistra**, to have one's hair parted on the left.

scrimolo, *m.* **1** (extreme) edge; verge; brink; border **2** (*geogr.*) ridge.

scripter (*ingl.*), *m.* e *f.* (*cinem., telev.*) scripter; scriptwriter.

␣cristianare, cristianizzare, A *v. t.* to dechristianize. **cristianarsi, cristianizzarsi, B** *v. rifl.* to turn from Christianity.

cristianizzazióne, *f.* dechristianization.

scriteriato, A *a.* senseless; brainless; scatter-brained. **B** *m.* senseless fellow; scatter-brain: **Che s.!**, what a senseless fellow he is!

scritta, *f.* **1** writing; (*su cartelli*) notice; (*iscrizione*) inscription: **s. indecifrabile**, illegible writing; **una lapide con una s. in greco**, a memorial tablet with a Greek inscription **2** (*atto notarile*) deed; (*contratto*) contract: **s. di matrimonio**, contract of marriage.

scritto, A *a.* written (*anche fig.*); in writing: **la lingua scritta**, the written language; **leggi scritte**, written laws; **un ordine s.**, a written order; an order in writing. ● **s. a macchina**, type-written □ **s. a mano**, hand-written □ **una legge non scritta**, an unwritten law □ **Era s. che fosse così**, it was bound to happen. **B** *m.* **1** (*cosa scritta*) writing; (*lettera*) letter; (*biglietto*) note: **Ricevo proprio ora un tuo s.**, I have received your letter just now **2** (*opera letteraria o scientifica*) writing (*generalm. al pl.*); work: **scritti critici**, works of criticism; **scritti postumi**, posthumous writings **3** (*scrittura*) (hand)writing; hand: **uno s. illeggibile**, an illegible hand. ● **in (o per) scritto**, in writing; written (*agg.*): **un contratto per scritto**, a written contract; **rispondere per s.**, to reply in writing; to send a written reply; **mettere in scritto**, to put down in writing; to write down.

scrittóio, *m.* writing-desk; writing-table.

scrittóre, *m.* writer; (*autore*) author: **gli antichi scrittori**, the ancient writers; (*med.*) **il crampo dello s.**, the writer's cramp; **un celebre s.**, a well-known (*o a famous*) writer; **s. di testi pubblicitari**, ad writer. ● (*giornalismo*) **s. di trafiletti**, paragrapher □ (*giornalismo*) **s. indipendente**, free lance; free-lancer.

scrittòrio, *a.* scriptory; writing (*attr.*): **materiale s.**, writing materials.

scrittrice, *f.* woman* writer; lady-writer.

scrittura, *f.* **1** (*lo scrivere*) writing: **sala di s.**, writing-room **2** (*cosa scritta*) writing; (*atto notarile*) deed; (*contratto*) contract: **la (Sacra) S.**, the Holy Writings (*pl.*); (the Holy) Scriptures (*pl.*); **con s. pubblica**, by a public deed; **firmare una s.**, to sign a contract **3** (*teatr., cinem.*) contract; engagement **4** (*rag.*: *s. contabile*) record; (*a partita doppia*) entry. ● (*aeron.*) **s. aerea**, skywriting □ **s. a macchina**, typewriting □ **s. a mano**, handwriting □ **avere una bella s.**, to write a good hand □ **bella s.**, calligraphy; penmanship.

scritturàbile, *a.* **1** (*teatr., cinem.*) that may be engaged; suitable for engagement **2** (*comm.*) enterable; suitable for entry.

scritturale (1), A *m.* (*scrivano*) clerk; (*copista*) copyist; scrivener, scribe. **B** *a.* (*comm.*) book-keeping (*attr.*); account (*attr.*).

scritturale (2), (*relig.*) **A** *a.* Scriptural. **B** *m.* scripturalist.

scritturalismo, *m.* (*relig.*) scripturalism.

scritturare, *v. t.* **1** (*teatr., cinem.*) to engage **2** (*rag.*) to enter.

scritturazióne, *f.* **1** (*lo scritturare*) engagement; engaging **2** (*rag.*) entry.

scritturista, *m.* e *f.* scripturist; scripturalist.

scrivania, *f.* writing-desk; writing-table; bureau*.

scrivano, *m.* clerk; (*copista*) copyist, scrivener, scribe.

scrivènte, A *a.* writing. **B** *m.* e *f.* writer.

scrivere, A *v. t.* **1** to write*: **s. grande (piccolo)**, to write large (small); **s. a mano**, to write by hand; **s. a matita (a penna)**, to write in pencil (in ink); **s. q.c. di proprio pugno**, to write st. in one's own hand; **Scrive a casa una volta la settimana**, he writes home once a week; **s. a q.**, to write to sb.; **s. una lettera a q.**, to write sb. a letter; **Sono secoli che non mi scrive**, he has not written to me for ages; **s. per il teatro**, to write for the stage; **s. poesie**, to write poetry; **s. sotto dettatura**, to write from dictation; **s. un racconto**, to write a story; **guadagnarsi la vita scrivendo**, to make a living by writing; **insegnare (imparare) a s.**, to teach (to learn) how to write **2** (*le lettere d'una parola*) to spell; to write*: **una parola scritta male**, a word spelt incorrectly; a mis-spelt word; **Come si scrive il tuo nome?**, how do you spell your name?; **Molte parole scritte nello stesso modo si pronunziano differentemente**, many words written alike are pronounced differently **3** (*comm.*: *registrare*) to enter: **s. una somma a credito (a debito)**, to enter a sum on the credit-side (on the debit-side). ● **s. a macchina**, to typewrite; to type ☐ **s. bene**, (*con bella scrittura*) to write a good hand; (*essere un buono scrittore*) to be a good writer ☐ **s. in stampatello**, to print ☐ **s. il proprio nome in un modulo**, to fill in one's name ☐ **s. un numero in lettere**, to spell a number ☐ **s. per esteso**, to write out ☐ **macchina per s.**, typewriter ☐ **occorrente per s.**, writing materials ☐ (*fig.*) **Questa me la scrivo!**, I'll never forget it! **scriversi**, B *v. rifl. recipr.* to write* to each other (*o* to one another).

scriviritto, *m. invar.* (*mobile*) sloping desk (for writing or reading, while standing at it).

scroccare, *v. t.* to sponge; to scrounge: **s. un pranzo**, to sponge a dinner.

scroccatóre, *m.* sponger; sponge; scrounger.

scrocchiare, *v. i.* to squeak.

scròcchio, *m.* squeak.

scròcco (1), *m.* sponging; scrounging: **a s.**, by sponging. ● **vivere a s.**, to sponge one's living; to scrounge a living.

scròcco (2), *m.* (*scatto*) click. ● **coltello a s.**, clasp-knife.

scroccóne, *m.* sponger; sponge; scrounger.

scròfa, *f.* **1** sow **2** (*fig.*, *spreg.*: *donna di cattivi costumi*) tart; slut.

scròfola, *f.* (*med.*) scrofula; king's evil.

scrofolósi, *f.* (*med.*) scrophulosis*.

scrofolóso, (*med.*) A *a.* scrofulous. B *m.* sufferer from scrofula.

scrofulària, *f.* (*bot.*, *Scrophularia*) scrophularia; fig-wort.

scrollaménto, *m.* shaking.

scrollare, A *v. t.* to shake*: **s. la testa**, to shake one's head. ● **s. le spalle**, to shrug one's shoulders. **scrollarsi**, B *v. rifl.* **1** to shake* oneself **2** (*fig.*: *scuotersi*) to wake* up. ● **Accada quel che accada, lui non si scrolla**, whatever happens, he just doesn't care.

scrollata, *f.* shake; shaking: **una s. di capo**, a shake of the head; **dare una s. a q.c.**, to give st. a shake; to shake st. ● **s. di spalle**, shrug (of the shoulders).

scròllo, *m.* shake; shaking.

scrosciante, *a.* (*di pioggia*) pelting; (*di risa*) roaring; (*di applausi*) thundering.

scrosciare, *v. i.* (*di pioggia*) to pelt; to beat* down; (*di risa*) to roar; (*di applausi*) to thunder: **La pioggia scroscia**, the rain is pelting down; **lo s. degli applausi**, the thundering of applause.

scròscio, *m.* **1** pelt; pelting; shower; (*di risa*) roar; (*di applausi*) thunder; (*scoppio*) burst: **lo s. della pioggia**, the pelting of the rain; **uno s. di pioggia**, a shower (of rain); **scrosci di risa**, roars of laughter; **uno s. di applausi**, a thunder (*o* thunders) of applause; **uno s. di pianto**, a burst of tears **2** (*med.*) crepitation. ● **piovere a s.**, to pour; to rain cats and dogs (*fam.*).

scrostaménto, *m.* scraping; stripping; peeling.

scrostare, A *v. t.* **1** to take* the crust off (st.) **2** (*intonaco*, *vernice*, *ecc.*) to scrape (*o* to strip, to peel) off: **s. l'intonaco**, to scrape the plaster off. **scrostarsi**, B *v. rifl.* to scale (*o* to peel) off.

scrostatura, *f.* **1** scraping; stripping; peeling **2** (*parte scrostata*) peeling patch.

scrotale, *a.* (*anat.*) scrotal. ● **borsa s.**, scrotum.

scròto, *m.* (*anat.*) scrotum*.

scrùpolo, *m.* **1** scruple: **scrupoli di coscienza**, scruples of conscience; **un uomo senza scrupoli**, a man of no scruples; **pieno di scrupoli**, full of scruples, scrupulous; **avere s. a fare q.c.**, to have scruples about doing st.; **essere tormentato dagli scrupoli**, to be troubled with scruples (of conscience); **farsi s. di q.c.**, to make (a) scruple about st.; **mettere da parte gli scrupoli**, to lay one's scruples aside; **non avere nessuno s.**, to have no scruples; to stick at nothing (*fam.*); **non avere s. a fare q.c.**, to have no scruples about doing st. **2** (*cura*, *diligenza*) care; diligence; conscientiousness **3** (*ventiquattresima parte dell'oncia*) scruple. ● **essere esatto sino allo s.**, to be scrupulously exact ☐ **mancanza di s.**, wheeling.

scrupolosaménte, *avv.* scrupulously; (*meticolosamente*) meticulously; (*con particolare attenzione*) with great care, carefully.

scrupolosità, *f.* scrupulosity; scrupulousness; (*meticolosità*) meticulousness; queasiness: **s. di coscienza**, scrupulousness of conscience.

scrupolóso, *a.* scrupulous; (*meticoloso*) meticulous, queasy: **la più scrupolosa attenzione**, the most scrupulous attention; **con onestà scrupolosa**, with scrupulous honesty; **essere troppo s.**, to be over-scrupulous.

scrutàbile, *a.* (*lett.*) scrutable.

scrutaménto, *m.* (*lett.*) scrutiny; scrutinizing.

scrutare, *v. t.* to scrutinize; to peer at (sb.); to peer into (st.); to scan; (*indagare*) to search, to inquire into: **s. i segreti del cuore umano**, to search the secrets of the human heart; **s. l'animo di q.**, to search sb.'s soul; **s. l'orizzonte**, to scan the horizon.

scrutata, *f.* scrutinizing look; inquiring (*o* inquisitive) look: **dare una s. a q.c.**, to give an inquiring look at st.

scrutatóre, A *m.* **1** (*lett.*) scrutinizer **2** (*nelle votazioni*) scrutineer; poll-watcher. B *a.* scrutinizing; searching; inquisitive: **con sguardo s.**, with a searching look.

scrutinare, *v. t.* to scrutinize **2** (*nel linguaggio scolastico*) to assign (the term's) marks to (sb.).

scrutinatóre, *m.* (*nelle votazioni*) scrutinizer; poll-watcher.

scrutìnio, *m.* **1** (*in una votazione*) poll; ballot; voting: **s. di lista**, list-voting; **a s. segreto**, by secret ballot **2** (*spoglio dei voti*) scrutiny **3** (*nel linguaggio scolastico*) assignation of (the term's) marks.

scucire, A *v. t.* **1** to unstitch; to unseam **2** (*pop.*: *pagare*, *sborsare*) to get* out; to stump up (*pop.*); to fork (*o* to shell) out (*pop.*): **Scuci i soldi!**, get out your money! **scucirsi**, B *v. rifl.* come* unstitched.

scucito, *a.* **1** unstitched; ripped (at the seams) **2** (*fig.*: *sconnesso*) disconnected; incoherent; rambling: **pensieri scuciti**, incoherent thoughts; **un discorso s.**, a rambling speech.

scucitura, *f.* **1** unstitching; unseaming **2** (*parte scucita*) seam-rent.

scudato, *a.* (*lett.*) bearing a shield; (*protetto da scudo*) protected by a shield.

scuderia, *f.* **1** stable **2** (*autom.*) racing stable.

scudétto, *m.* (*sport*) **1** (*distintivo*) badge; shield **2** (*fig.*) first place; championship: **perdere lo s.**, to lose the first place (in the soccer championship); **portare via lo s. a q.**, to take the championship from sb.; **squadra da s.**, (soccer) team likely to win the championship; **vincere lo s.**, to win the (Italian soccer) championship.

scudièro, A *m.* **1** (*stor.*) esquire; squire **2** (*titolo di un dignitario di corte*) equerry. B *a.* — **alla scudiera**, riding: **calzoni alla scudiera**, riding-breeches.

scudisciare, *v. t.* to lash; to whip.

scudisciata, *f.* lash.

scudìscio, *m.* lash; (*frustino*) riding-whip. ● **Ci vuole lo s.**, he needs a good lashing.

scudo (1), *m.* **1** shield; buckler **2** (*stemma*) escutcheon; shield **3** (*schermo protettivo*) shield; screen: **farsi s. di q.c.**, to use st. as a shield **4** (*zool.*) shield; scute; (*di crostaceo*) shell, carapace **5** (*geol.*, *min.*) shield. ● (*naut.*) **s. di poppa**, escutcheon ☐ (*aeron.*) **s. di prua**, bow (*o* nose) cap ☐ (*mil.*) **s. missilistico**, missile defence ☐ **fare s. a q. con la propria persona**, to shield sb. with one's own body ☐ (*fig.*) **una levata di scudi**, an outcry; a revolt ☐ (*fig.*) **portare q. sugli scudi**, to exalt sb.

scudo (2), *m.* (*moneta*) scudo* (*ital.*).

scùffia, *f.* (*pop.*) **1** (*cuffia*) bonnet **2** (*sbornia*) drunkenness **3** (*cotta*) infatuation; crush (*pop.*): **avere una s. per q.**, to have a crush on sb. ● (*naut.*) **fare s.**, to capsize ☐ **prendersi una s.** (*sborniarsi*), to get drunk; to get tight (*pop.*).

scuffiare, *v. i.* (*naut.*) to capsize.

scugnizzo, *m.* urchin; street-urchin.

sculacciare, *v. t.* to spank.

sculacciata, *f.*, **sculaccióne**, *m.* spank; spanking. ● **dare una s. a q.**, to spank sb.

sculettare, *v. i.* (*fam.*) to sway one's hips (in walking); to waddle.

scultóre, *m.* sculptor: **l'arte dello s.**, the sculptor's art; **fare lo s.**, to be a sculptor.

scultòreo, **scultòrio**, *a.* **1** sculptural; sculpturesque **2** (*fig.*: *incisivo*) incisive; clear-cut.

scultrice, *f.* sculptress.

scultura, *f.* (*arte dello scolpire*; *opera scolpita*) sculpture: **la s. greca**, Greek sculpture; **s. in marmo (bronzo)**, sculpture in marble (bronze).

scuòcere, *v. i.* **scuòcersi**, *v. t.* to become* overcooked.

scuoiare, V. **scoiare**.

scuòla, A *f.* **1** school: **s. femminile**, girls' school; **s. maschile**, boys' school; **dopo s.**, after school; **prima di s.**, before school; **andare a s.**, to go to school; **essere (***o* **stare) a s.**, to be at school;

scuòlabus

essere (o trovarsi) nella s., to be in the school; lasciare la s., to leave school; mandare a s., to send (o to put) to school; espellere dalla s., to expel from school; La scuola comincia alle nove, school begins at nine; È ora di andare a s., it's time to go to school; it's school-time; Oggi non c'è s., there is no school today 2 (scolaresca) school: C'era tutta la s., the whole school was there 3 (insegnamento) teaching; school: dedicare la vita alla s., to dedicate one's life to teaching 4 (fig.: ammaestramento) school; (lezione) lesson; (esempio) example: la s. della dura esperienza, the school of hard experience; sotto la s. della madre, following the example of one's mother; Questo ti serva di s., I hope this will be a (good) lesson to you; La sua sorte serva di s. a voi tutti!, let his fate be a lesson (o a warning) to all of you! 5 (dottrina o stile di scrittori o artisti della stessa origine) school: la s. fiamminga, the Flemish school; la s. platonica, the Platonic school; la s. romantica, the Romantic school; una madonna di s. senese, a Madonna of the Sienese school. ● s. classica (in G.B.), grammar-school □ s. dell'obbligo, compulsory education □ s. di ballo, dancing-school □ s. di volo, flying-school □ s. domenicale, Sunday-school □ s. elementare, elementary (o primary) school; grammar-school (USA) □ s. guida, driving school; school of motoring □ s. magistrale, (teachers') training-school □ s. materna, kindergarten; nursery-school; infant-school □ s. media, secondary school; high school (USA) □ s. media inferiore, (in G.B.) secondary school; (in USA) junior high school □ s. media superiore, (in USA) secondary school; (in USA) senior high school □ s. privata, (in G.B.) public school; (in USA) private school □ s. professionale, vocational school □ s. pubblica, (in G.B.) state-school; (in USA) public school □ s. serale, night school □ s. tecnica, technical school □ s. tecnica commerciale, (in G.B.) school of commerce; (in USA) commercial high school □ (equitazione) alta s., haute école (franc.); high school □ compagno di s., school-fellow; school-mate □ custode della s., school-janitor □ fare s., (insegnare) to teach; (avere seguaci) to have some followers □ giorni di s., school-days □ libri di s., school-books; text-books. B a. training: nave s., training-ship. ● cantiere s., apprentices' school.

scuòlabus, m. school bus.

scuòtere, A v. t. e i. to shake*; to stir; to toss; (dimenare) to wag, to waggle; (destare) to rouse, to wake* up: s. il capo (o la testa), to shake (o to toss) one's head: In risposta alla mia domanda, scosse la testa, he shook his head in answer to my question; (fig.) s. il giogo, to shake off the yoke (of servitude); to slip the collar (fam.); s. il pugno contro q., to shake one's fist at sb.; s. q. (perché si svegli), to shake sb. up; to wake sb. up; s. q. dall'indolenza, to rouse sb. from indolence; s. un tappeto, to shake a carpet; musica che scuote gli animi, soul-stirring music; Fu molto scosso dalla notizia, he was much shaken at (o by, with) the news; Il vento scuoteva le foglie, the wind stirred the leaves; Il cane scuoteva la coda, the dog wagged (o waggled) his tail; Occorre che q. lo scuota, he needs sb. to wake him up; he wants stirring up. ● scuotersi di dosso una cattiva abitudine (la malinconia), to shake off a bad habit (melancholy) □ s. l'indifferenza di q., to rouse (o to stir up) sb.'s interest □ scuotersi la sabbia dalle scarpe, to shake sand out of one's shoes □ s. le spalle, to shrug one's shoulders. **scuòtersi**, B v. rifl. to shake* (oneself); (destarsi) to rouse oneself, to wake* up; (darsi da fare) to stir oneself: La terra si scosse, the earth shook; Scuotiti!, wake up!; shake yourself!; Faresti meglio a scuoterti e cercare lavoro, you had better stir yourself and look for a job. □ (fig.: di persona) non s. per nulla, to take no interest in anything.

scuotimènto, V. scotimento.

scuotipàglia, m. invar. (agric.) strawwalker.

scure, f. ax(e); (accetta) hatchet: una s. a doppio taglio, a double-bitted axe; (stor.) essere condannato alla s., to be condemned to the axe; to be sent to the block. ● (fig.) darsi la s. sui piedi, to be hoist with one's own petard □ (anche fig.) tagliato con la s., rough-hewn.

scurétto, m. (window-)shutter: chiudere gli scuretti, to close the shutters.

scurézza, f. darkness; obscurity.

scurire, A v. t. to darken; to obscure. B v. i. e scurirsi, v. rifl. to darken; to grow* (o to become*) dark: Comincia a s., it is growing (o getting) dark; it is beginning to get dark; Tra poco scurisce, it will soon grow dark.

scurità, f. (lett.) dark; darkness; obscurity; gloom: la s. del luogo, the darkness of the place.

scuro (1), A a. dark; dusky; obscure; dim; (tetro) sombre, gloomy, dismal; (torvo) grim: blu s., dark blue; una carnagione scura, a dark complexion; avere gli occhi scuri, to have dark eyes; una stanza scura, a dark room; un linguaggio s., an obscure language; Il cielo era s., the sky was dark; Perché quella faccia così scura?, why are you looking so dismal?; (agg.). B m. dark; dusk; gloom: (fig.) essere allo s. di q.c., to be in the dark about st. ● (fig.) i chiari e gli scuri, the lights and shades □ vestire di s., to wear dark colours.

scuro (2), m. (imposta) shutter; window-shutter.

scurrile, a. scurrilous; coarse; gross; foul-mouthed: atti scurrili, scurrilous acts; parole scurrili, gross words.

scurrilità, f. scurrility (anche concreto); coarseness; grossness.

scurrilménte, avv. scurrilously.

scusa, f. 1 (atto e parole dello scusare o dello scusarsi) excuse; apology: una lettera di s., a letter of apology; mille scuse, a thousand apologies; Ti prego di presentargli le mie scuse, please give him my apologies 2 (motivo a giustificazione) excuse; (pretesto) pretext, pretence, plea: una s. meschina (o una magra s.), a lame (o poor, sorry) excuse; È una s. buona, that's a good excuse; Con la s. che gli doleva il capo, on (o under) the pretext that he had a headache; allontanare q. con una s., to put sb. off with an excuse; cercare una s., to fish for an excuse; prendere una s. per buona, to swallow an excuse; profondersi in scuse, to be profuse in one's apologies; trovare fuori una s., to invent an excuse; Ora tira fuori una s. e ora un'altra, he is always ready with an excuse; Non c'è s. che tenga!, there is no excuse for him (o for her, for you, for them, etc.)!; Sono tutte scuse, that's all pretence. ● s. per non fare q.c., cop-out □ chiedere s., to beg sb.'s pardon; to apologize (to sb., for st., for doing st.): Chiedo s., signore, I beg your pardon, sir!; Chiesi s. del ritardo, I apologized for being late □ fare le proprie scuse, to excuse oneself □ Chiedo s.!, (per una richiesta che si sta per fare) excuse me!; I beg your pardon!; (per una mancanza già avvenuta) (I am) sorry!

scusàbile, a. excusable; pardonable: un errore s., an excusable mistake.

scusante, f. excuse; justification.

scusare, A v. t. 1 to excuse; (perdonare) to pardon, to forgive*: Trovo difficile s. la sua condotta, I find it hard to excuse his conduct; Scusami il ritardo, excuse me (o forgive me) for coming late (o if I am late); Scusami (o mi scusi!), (per una richiesta che si sta per fare) excuse me; (per una mancanza già avvenuta) (I am) sorry!; Sono stato molto sgarbato, scusami (tanto), I have been very rude, I'm (so) sorry; Scusa, che ore è?, excuse me, what time is it?; Vogliate scusarlo, please excuse him; Vuole scusarmi un momento?, will you excuse me for a moment? 2 (giustificare) to excuse; to justify: Niente può s. una tale sgarbataggine, nothing can excuse such rudeness. ● s. la propria condotta con l'ignoranza della legge, to plead ignorance of the law in excuse of one's conduct □ Scusi, come ha detto?, (I beg your) pardon? □ (iron.) Scusate se è poco!, that's something, indeed! **scusarsi**, B v. rifl. (formulare una scusa) to apologize (to sb., for st., for doing st.); (fornire una scusa) to excuse oneself; (giustificarsi) to justify oneself; (trovare scuse) to find* excuses: Mi scuso di essere arrivato tardi, I apologize for being late; Voglio scusarmi per ieri sera, I want to apologize for last night; Non puoi scusarti di uno sbaglio simile, you can't excuse yourself for making such a mistake. ● (prov.) Chi si scusa s'accusa, he who excuses himself, accuses himself.

scutèllo, m. (zool.) (bot.) scutellum*.

scuter, V. scooter.

scuterista, m. e f. motor-scooter rider.

şdamare, v. i. (nel gioco della dama) to move a man from the last row.

şdaziàbile, a. (comm.) clearable.

şdaziaménto, m. (comm.) clearance.

şdaziare, v. t. (comm.) to clear; to pay* the customs duties on.

şdebitare, A v. t. to free (sb.) from debt. **şdebitarsi**, B v. rifl. 1 (pagare i propri debiti) to pay* (off) one's debts; to free oneself from debt 2 (fig.: disobbligarsi) to repay* an obligation; to pay* (sb.) back. ● s. d'un favore ricevuto, to return a favour.

şdegnare, A v. t. 1 to disdain; to look down upon; to spurn; to scorn; (disprezzare) to despise: s. gli adulatori, to disdain flatterers; s. l'aiuto di q., to disdain sb.'s help; s. la compagnia di q., to spurn sb.'s company 2 (lett.: provocare a sdegno) to provoke; to irritate; to annoy. **şdegnarsi**, B v. rifl. (adirarsi) to get* angry; to be irritated (o annoyed); (offendersi) to get offended: s. con (o contro) q., to get angry with sb.; A quella notizia egli si sdegnò fortemente, he got very angry (o he was greatly annoyed) at the news.

şdegnato, a. indignant; angry; irritated; annoyed.

şdégno, m. disdain; indignation; (ira) anger: frenare lo s., to control one's anger; muovere q. a s., to arouse sb.'s indignation. ● avere q. (q.c.) a s., to disdain sb. (st.) □ parole di s., disdainful words.

şdegnosaménte, avv. disdainfully; scornfully; superciliously.

şdegnosità, f. disdainfulness; scornfulness; (alterigia) haughtiness, superciliousness.

sdegnóso, *a.* disdainful; scornful; (*altero*) proud, haughty, supercilious: **s. di tanta viltà**, disdainful of such cowardice; **un'indole sdegnosa**, a proud nature; **essere s.**, to be disdainful; to be on the high ropes (*fam.*); **rifiutare q.c. con parole sdegnose**, to refuse st. with disdainful words. ● **Lo guardò s.**, he looked at him with disdain (*o* disdainfully).

sdentare, A *v. t.* to break* the teeth of: **s. un pettine (una sega)**, to break the teeth of a comb (a saw). **sdentarsi, B** *v. rifl.* to lose* one's teeth.

sdentati, *m. pl.* (*zool., Edentata*) edentates.

sdentato, *a.* toothless; without teeth.

sdentatura, *f.* teeth-breaking.

sdilinquiménto, *m.* 1 (*deliquio*) fainting fit; swoon 2 (*fig.*: *svenevolezza*) languor; softness; mawkishness; lackadaisicalness.

sdilinquirsi, *v. rifl.* 1 (*languire*) to languish 2 (*andare in deliquio*) to faint; to swoon 3 (*fig.*: *essere svenevole*) to be languidly sentimental; to get* maudlin (*o* mawkish).

sdipanare, A *v. t.* to unwind*: **s. un gomitolo di lana**, to unwind a ball of wool. **sdipanarsi, B** *v. rifl.* (*anche fig.*) to unwind*: **Il sentiero nella giungla si sdipanava davanti a noi**, the track in the jungle unwound before us; **Il giallo si sdipanerà alla fine** (*del libro*), the crime story will unwind at the end.

sdirenare, A *v. t.* to break* the back of (sb.). ● **un lavoro che sdirena**, exhausting work. **sdirenarsi, B** *v. rifl.* to break* one's back (working); to wear* oneself out.

sdiricciare, *v. t.* to husk: **s. le castagne**, to husk chestnuts.

sdoganaménto, *m.* (*comm.*) clearance (through the customs); customs clearance; clearing. ● **pratica di s.**, clearance.

sdoganare, *v. t.* (*comm.*) to clear (through the customs).

sdoganato, *a.* (*comm.*) cleared; duty-paid; ex bond. ● **non s.**, uncleared; uncustomed.

sdogare, *v. t.* to remove staves from (a cask).

sdolcinataménte, *avv.* mawkishly; lackadaisically; sloppily (*fam.*).

sdolcinatézza, *f.* 1 (*l'essere sdolcinato*) sugariness; (*svenevolezza*) mawkishness, lackadaisicalness, sloppiness (*fam.*); namby--pambyism 2 (*atto sdolcinato*) mawkish (*o* sloppy, namby--pamby) action.

sdolcinato, *a.* sugary; (*lezioso*) full of affectation, namby--pamby; (*svenevole*) languidly sentimental, mawkish, lackadaisical; sloppy (*fam.*): **maniere sdolcinate**, sugary manners; mawkish ways; **parole sdolcinate**, mawkish words; **una persona sdolcinata**, a namby-pamby (person).

sdolcinatura, *f.* 1 mawkish manners (*pl.*); maudlin (*o* sentimental) behaviour 2 (*cosa sdolcinata*) sugary thing; namby-pamby.

sdoppiaménto, *m.* division (into two parts); splitting. ● (*psic.*) **s. della personalità**, split personality.

sdoppiare (1), *v. t.* (*rendere semplice ciò che è doppio*) to (make*) single; to undouble.

sdoppiare (2), *v. t.* **sdoppiarsi**, *v. rifl.* (*dividere o dividersi in due*) to divide (into two parts); to split*.

sdorare, *v. t.* to ungild; to remove the gilding (from).

sdottoreggiare, *v. i.* to put* on learned airs; to show* off one's learning.

sdràia, *f.* deck-chair.

sdraiare, A *v. t.* to lay* down. **sdraiarsi, B** *v. rifl.* to lay* oneself down; to lie* down; (*stendersi*) to stretch oneself out: **s. sull'erba**, to lie down on the grass; **s. su un letto**, to lie down (on a bed); **Perché non ti sdrai per qualche minuto?**, why don't you lie down for a few minutes?

sdraiato, *a.* lying (down); (*supino*) supine; (*steso*) stretched out. ● **stare s.**, to lie down.

sdràio, *m.* – **sedia a s.**, deck-chair.

sdrammatizzare, *v. t.* to render (*o* to make*) (st.) less dramatic.

sdrucciolaménto, *m.* slipping; sliding.

sdrucciolare, *v. i.* to slip; to slide*; to slither: **s. sul ghiaccio**, to slide on the ice; **s. su una buccia di banana**, to slip on a banana peel.

sdrucciolévole, *a.* slippery; slithery: **una strada s.**, a slippery road.

sdrucciolio, *m.* (continuous) slipping.

sdrùcciolo (1), *a.* (*fon.*) proparoxytone. ● **parola sdrucciola**, proparoxytone □ (*poesia*) **verso s.**, line ending with a proparoxytone.

sdrùcciolo (2), *m.* (*sentiero in pendio*) sloping lane; downhill lane.

sdrucciolóne, *m.* slip; slipping; slide. ● **fare uno s.**, to slip down □ **fare gli sdruccioloni sul ghiaccio**, to slide on the ice.

sdruccolóni, *avv.* (*sdrucciolando*) sliding; slipping. ● **venire giù s.**, to slide down.

sdruccolóso, *a.* slippery; slithery.

sdrùcio, *m.* 1 (*strappo*) tear; rent; rip 2 (*fam.*: *lacerazione*, *ferita*) tear; cut.

sdrucire, *v. t.* to rip (the seams of); (*lacerare*) to tear* (open); to rend*.

sdrucito, *a.* torn; rent; ripped: **un vecchio cappotto s.**, an old and torn coat.

sdrucitura, *f.* 1 ripping up; (*il lacerare*) tearing, rending 2 (*strappo*) tear; rent; rip.

se (1), A *cong.* 1 (*condizionale, causale, concessivo*) if: **Se mi dici la verità, ti aiuterò**, if you tell me the truth, I will help you; **Se verrà, glielo dirò**, if he comes, I will tell him; **Se studierai molto, sarai promosso**, if you study hard, you will pass your exam(s); **Se fossi in te, non lo farei**, if I were you, I would not do it; **Se sapessi che fare, lo farei**, if I knew what to do, I would do it; **Se me l'avessero detto, avrei accettato**, if they had told me, I would have accepted; **La storia d'Europa sarebbe stata diversa, se Napoleone avesse vinto a Waterloo**, the history of Europe would have been quite different, if Napoleon had won at Waterloo; **Come posso aiutarti, se non ho denaro?**, how can I help you, if I have no money?; **Se credi di poter fare quello che vuoi, sbagli**, if you think you can do as you like, you are wrong; **Se dici questo, sbagli**, if you say so, you are wrong; **Se ho torto io, hai torto anche tu**, if I am wrong, you are wrong, too 2 (*dubit.*) whether; if: **essere incerto se fare q.c.**, to be uncertain whether to do st..; **essere in dubbio se andare**, to be doubtful (*o* in doubt) whether to go; **non sapere se andare o rimanere**, not to know whether to go or stay; **Non so se egli venga o no**, I don't know whether he will come or not; **Chiedigli se può venire**, ask him whether (*o* if) he can come; **Mi chiedo se ce la faremo a prendere l'ultimo autobus**, I wonder whether we shall catch the last bus 3 (*escl. e desiderativo*) if (only): **Se solo sapessi!**, if only I knew!; **Se solo l'avessi saputo!**, if only I had known!; **Oh, se potessi andare!**, oh, if only I could go!; **Come se non lo sapessi!**, as if I didn't know!; **Se lo dico io!**, if I say so!; **Se è vero? Certo!**, if it's true? of course it is. ● **se così non fosse**, if it were otherwise □ **se mai**, (*caso mai*) if, in case; (*eventualmente*) in that case, if necessary; (*nella peggiore delle ipotesi*) at worst, if the worst comes to the worst: **Se mai dovesse rispondere, fammelo sapere**, let me know if he should answer; **Ricordamelo tu, se mai dovessi dimenticarlo**, in case I forget, please remind me (of it); **Tenterò l'esame, se mai mi boccheranno**, I'll try the exam, at worst they'll flunk me □ **se no**, if not; or else; (*altrimenti*) otherwise: **Sono andato, se no mio padre mi avrebbe sgridato**, I went, otherwise my father would have scolded me □ **se non** (*eccetto*), but; except: **Tutti mi hanno abbandonato, se non uno o due amici**, everybody has forsaken me but one or two friends □ **se non altro**, at least; if nothing else □ **se non che**, but: **È un buon giovane, se non che ha qualche difetto**, he is a good fellow, but he has some defects □ **Se non sbaglio**, if I am not mistaken □ **se pure**, if; supposing that: **Arriverà presto, se pure non è già qui**, he will arrive soon, if he isn't already here □ **anche se**, even if: **Ci andrò anche se piove**, I'll go there even if it rains □ **come se**, as if; as though: **Lo amo come se fosse mio figlio**, I love him as if he were my son □ **nemmeno se**, not even if □ **Pensa un po' se** (*non*) **ero addolorato io!**, now think how sorry I was! □ **E se provassimo?**, suppose we try!; □ **E se facessimo una lunga passeggiata nel pomeriggio?**, what about a long walk in the afternoon? □ **Ma se l'ho visto con i miei** (*stessi*) **occhi!**, but I saw him with my own eyes! □ **Anche lui, se vogliamo, ha torto**, in a certain sense, he, too, is wrong □ **Se Dio vuole, non è qui**, thank Heaven, he is not here □ **E mi chiedi se ti amo?**, do I love you? **B** *m.* if: **a furia di se e di ma**, with all one's ifs and buts; **Con tutti i suoi se, egli non si risolve mai**, with all his ifs and ans, he never makes up his mind.

se (2), *particella pron. atona* (*invece di «si»; davanti a lo, la, li, ne*) (*idiom.*): **Se n'è andato**, he's gone away; **Se lo mise in tasca**, he put it in his pocket; **Se ne parla ancora**, they are still talking about it; **Egli se la prese con me**, he got angry with me.

se (3), *pron. rifl.* (*nelle locuzioni pron.*: *se stesso*, *se stessa*, *ecc.*) *V.* **sé**.

sé, *pron. rifl. di 3ª pers. m. e f., sing. e pl.* 1 oneself; himself; herself, itself; themselves; one; him, her, it; them: **condurre q. via con sé**, to take sb. away with one(self); **essere fuori di sé**, to be beside oneself; to be off one's head: **Era fuori di sé per l'ira**, he (*o* she) was beside himself (*o* herself) with anger; **parlare di sé**, to talk about oneself: **Gli (le) piace parlare di sé**, he (she) likes to talk about himself (*o* herself); **Amano parlare di sé**, they like to talk about themselves; **ritornare in sé**, to come to oneself; to come round; **tenere q. presso di sé**, to keep sb. with oneself; **da sé**, by oneself: **fare q.c. da sé**, to do st. by oneself; **Lo fece da sé**, he (*o* she) did it (by) himself (*o* herself); **Ci pensi da sé**, it's up to him (*o* her); **fra sé**, to oneself: **borbottare q.c. fra sé**, to mumble st. to oneself; **parlare (pensare) fra sé**, to talk (to think) to oneself; **Gli piace far ridere di sé**, he likes to make people laugh at him (*o* to be laughed at); **Le piace far parlare di sé**, she likes to make people talk about her (*o* to be talked about);

sebàceo

La cosa di per sé ha poca importanza, the thing itself is not very important; **Pensa per sé e basta**, he (*o* she) cares for nobody but himself (*o* herself); he (*o* she) lives for himself (*o* herself) alone 2 – **di sé** (*auto-*), self-: **amore di sé**, self-love; **compassione di sé**, self-pity; **dimentico di sé**, self-forgetful; **padronanza di sé**, self-control; **padrone di sé**, self-possessed; **pieno di sé**, self-important; **rispetto di sé**, self-respect; **soddisfatto di sé**, self-satisfied; **stima di sé**, self-esteem; **un uomo che si è fatto da sé**, a self-made man; **un uomo sicuro di sé**, a self-confident man. ● **non essere più in sé**, to be off one's head □ **uscire di sé**, to lose one's reason □ **Va da sé (che...)**, it goes without saying (that...) □ (*prov.*) **Chi fa da sé, fa per tre**, if you want a thing (well) done, do it yourself □ (*prov.*) **Ognun per sé e Dio per tutti**, every man for himself, and God for us all.

sebàceo, *a.* (*anat.*) sebaceous: **ghiandole sebacee**, sebaceous glands.

sebàcico, *a.* (*chim.*) sebacic.

Sebastiano, *m.* Sebastian.

Sebastòpoli, *f.* (*geogr.*) Sevastopol; Sebastopol.

sebbène, *cong.* although; (even) though: **S. fosse freddo, non accese il fuoco**, although it was cold, he did not light the fire; **Continuò a lavorare, s. fosse molto tardi**, although it was very late, he went on working; **Venne, s. fosse ammalato**, he came, though (he was) ill.

sèbo, *m.* (*fisiologia*) sebum.

seborrèa, *f.* (*med.*) seborrh(o)ea; stearrh(o)ea.

seborròico, *a.* (*med.*) seborrh(o)eic.

secante, *a. e f.* (*geom.*) secant.

sécca, *f.* (*naut.*) shoal; shallows (*pl.*); sandbank; (*all'entrata di un porto*) sand-bar. ● (*fig.*) **abbandonare q. nelle secche**, to leave sb. stranded (*o* in the lurch) □ (*naut.*) **in s.**, in low water(s) (*avv.*); high and dry (*agg. pred.*) □ (*fig.*) **trovarsi nelle secche**, to be stranded; to be in a bad fix.

seccaménte, *avv.* (*bruscamente*) abruptly; curtly. ● **rispondere s.**, to give (sb.) a curt answer.

seccante, *a.* boring; annoying; tedious; tiresome; wearisome; bothersome; irksome: **Non sai quanto sia s.**, you don't know how boring he is; **È un libro molto s.**, it is a very boring book; **È molto s. perdere un treno**, it's very annoying to miss a train.

seccare, **A** *v. t.* 1 to dry, to dry up (*anche fig.*); to desiccate; to parch; (*prosciugare*) to drain; (*far appassire*) to wither up, to sear: **s. i fichi**, to dry figs; **s. il terreno**, to dry up the ground; **s. un pozzo**, to dry up (*o* to drain) a well; **s. la vena poetica di q.**, to dry up sb.'s poetic vein 2 (*fig.: importunare*) to bore; to bother; to annoy; to worry; to drag (*fam.*): **s. q. con domande sciocche**, to bother (*o* to worry) sb. with foolish questions; **Spero che non ti seccheranno**, I hope they will not annoy you; **Non mi s.!**, don't bother (*o* annoy, worry) me!; let me alone! **B** *v. i.* (*diventare secco*) to dry up; (*appassire*) to wither. **seccarsi**, **C** *v. rifl.* 1 to dry up 2 (*fig.*) to get* bored (*o* annoyed).

seccato, *a.* 1 dried; dried up; desiccated; parched; (*prosciugato*) drained; (*appassito*) withered: **s. al sole**, sun-dried 2 (*fig.: annoiato*) bored; annoyed; (*stufo*) tired; fed up (*pop.*): **essere s. di q.c.** (**con q.**), to be annoyed at st. (with sb.); **Era troppo s. per parlare**, he was too much annoyed to speak; **Sono s. di tutto**, I'm tired of everything; I'm fed up with everything.

seccatóio, *m.* 1 drying-room 2 (*naut.*) squeegee.

seccatóre, *m.* bore; tiresome person; nuisance.

seccatura, *f.* bore; bother; annoyance; nuisance; drag (*fam.*); (*fastidio*) trouble: **avere molte seccature**, to have a lot of trouble; **È una gran s.!**, it's a great bother!; it's such a bother!; **Che s.!**, what a nuisance!

secchézza, *f.* 1 (*aridità*) dryness (*anche fig.*); aridity: **la s. del terreno**, the dryness of the soil 2 (*magrezza*) thinness; slenderness; leanness.

sécchia, *f.* 1 bucket; pail: (*naut.*) **s. di tela**, canvas bucket 2 (*secchiata*) bucket(ful); pail(ful): **una s. d'acqua**, a pailful of water 3 (*gergo studentesco*) sap; swot; grind (*USA*). ● (*metall.*) **s. di colata**, ladle □ **fare come le secchie**, to go up and down.

secchiata, *f.* bucket(ful); pail(ful).

secchièllo, *m.* (small) bucket: **un s. per il ghiaccio**, an ice-bucket.

sécchio, *m.* pail; bucket: **un s. di latte**, a pail of milk.

secchióne, *m.* 1 (*metall.*) ladle 2 (*gergo studentesco*) sap; swot; grind (*USA*).

séccia, *f.* (*tosc.*) stubble.

secciàio, *m.* (*tosc.*) stubble-field.

sécco, **A** *a.* 1 (*privo d'acqua o di vapore acqueo*) dry; (*arido*) arid; (*disseccato*) dried, dried up, parched; (*appassito*) withered, sear: **fichi secchi**, dried figs; **fiori secchi**, withered (*o* dead) flowers; **foglie secche**, withered (*o* dead) leaves; **legno s.**, dry wood; **paglia secca**, dry straw; **pane s.**, dry (*o* stale) bread; **pesce s.**, dry fish; **un pozzo s.**, a dry well; **un ruscello s.**, a dry brook; **terreni secchi**, dry (*o* arid) lands; **una tosse secca**, a dry (*o* a hacking) cough; **un vento s.**, a dry wind; **vapore s.**, dry steam; **vini secchi**, dry wines; **avere la gola secca**, to feel (very) dry 2 (*magro*) thin; slender; lean; gaunt: **essere s. come uno stecco** (*o* **come un chiodo**), to be as thin as a lath (*o* as a whipping-post) 3 (*fig.*) curt; blunt; (*deciso*) flat, point-blank; (*brusco*) abrupt: **maniere secche**, abrupt manners; **una risposta secca**, a curt (*o* a flat) answer; **un no s.**, a flat denial; a point-blank refusal; **rispondere con un no s.**, to refuse point-blank. ● **agricoltura dei climi secchi**, dry farming □ **avere due gambe lunghe e secche**, to be spindle-legged (*o* shank-shanked) □ **una persona dalle gambe lunghe e secche**, a spindle-shanks □ **una persona secca**, a dry-bones (*fam.*) □ **spaccare q.c. con un colpo s.**, to split st. at a single blow. **B** *m.* 1 dryness; (*siccità*) drought; dry weather 2 (*parte secca*) dry part. ● (*elettr.*) **a s.** (*scarico*), flat: **batteria a s.**, flat battery □ **essere a s. di quattrini**, to be penniless (*o* broke) □ (*naut.*) **in s.**, aground (*agg. pred. e avv.*) □ (*naut.*) **lasciare in s.**, to leave stranded (*anche fig.*); (*fig.*) to leave (sb.) in the lurch □ **lavare a s.**, to dry-clean □ **lavatura a s.**, dry-cleaning □ (*naut.*) **rimanere in s.**, to be stranded (*anche fig.*); (*fig.*) to be left without a penny (*o* penniless) □ (*naut.*) **tirare una barca in s.**, to beach a boat.

seccume, *m.* withered branches and leaves; (*foglie secche*) dead leaves.

secentésco, *a.* (*arte, letter.*) seventeenth-century (*attr.*).

secentèsimo, *a. num. ord. e m.* six hundredth.

secentismo, *m.* (*arte, letter.*) seventeeth-century (style).

secentista, *m. e f.* (*arte, letter.*) seventeenth-century writer (*o* artist); (*per l'arte italiana*) «Seicento» writer.

secentìstico, *V.* secentésco.

secèrnere, *v. t.* (*biol.*) to secrete: **Il fegato secerne la bile**, the liver secretes bile.

secessióne, *f.* secession: **la Guerra di S.**, the War of Secession.

secessionismo, *m.* secessionism.

secessionista, *a., m. e f.* secessionist.

secessionìstico, *a.* secessionist (*attr.*).

séco, *pron. pers. m. e f. 3ª pers. compl. indir.* (*lett.*) (*con sé*) with one; (*con lui*) with him; (*con lei*) with her; (*con esso*) with it; (*con loro*) with them: **Lo presero s.**, they took him with them. ● **avere s. del denaro**, to have some money on one □ **Parlava s. medesimo**, he was talking to himself.

secolare, **A** *a.* 1 (*che si verifica ogni secolo*) secular: **i giochi secolari**, the secular games; **un carme s.**, a secular hymn (*o* poem) 2 (*che ha uno o più secoli*) secular; centuries old (*pred.*); centuried; age-old: **rancori secolari**, secular enmities; **una quercia s.**, a secular oak; **un'istituzione s.**, an age-old institution 3 (*che vive nel secolo*) secular; (*laico*) lay; (*mondano*) worldly, temporal: **beni secolari**, worldly goods; **il clero s.**, the secular clergy; **il foro s.**, the secular court (of justice). **B** *m.* secular; (*laico*) layman*. ● **i secolari**, the laity.

secolarésco, *a.* (*lett.*) worldly.

secolarità, *f.* (*lett.*) secularity.

secolarizzare, *v. t.* to secularize; to laicize.

secolarizzazióne, *f.* secularization; laicization: **la s. dell'insegnamento**, the secularization of education.

sècolo, *m.* 1 century: **il s. scorso**, the last century; **nel primo s. dell'era cristiana**, in the first century of the Christian era; **nel terzo s. avanti (dopo) Cristo**, in the third century before (after) Christ; **Viviamo nel ventesimo s.**, we are living in the twentieth century; **querce che hanno secoli**, oaks centuries old; secular oaks; **Egli morì due secoli fa**, he died two centuries ago; **È morto da più d'un s.**, he has been dead for more than a century 2 (*era*) era; (*epoca*) epoch; (*età*) age: **il s. d'Augusto**, the Augustan Age; **il s. dei lumi**, the Age of Enlightenment; **il s. d'oro della letteratura inglese**, the golden age of English literature 3 (*tempo attuale*) age; time; days (*pl.*): **le follie del s.**, the follies of the age; **le meraviglie del nostro s.**, the wonders of our time 4 (*nel linguaggio ascetico*) world: **rinunziare al s.**, to renounce the world; **Fra Biagio, al s. Giovanni Bernuzzi**, Fra Biagio, in the world Giovanni Bernuzzi 5 (*pl.: tempo*) time: **alla fine dei secoli**, at the end of time; **con l'andare dei secoli**, in the course of time; **nella notte dei secoli**, in the night of time; **per tutti i secoli dei secoli**, world without end; to the end of time; for ever and ever. ● **Non ti vedo da un s.**, I have not seen you for ages (*o, fam.:* for yonks); it's ages since I saw you last □ **Ti ho aspettato un s.**, I have been waiting for you for ages.

secónda, *f.* 1 (*a scuola*) second year (*o* class) 2 (*autom.*) second gear; second (*fam.*): **inserire** (*o* **mettere**) **la s.**, to engage second gear 3 (*ferr.*) second class: **viaggiare in s.**, to travel second class 4 (*naut.*) **cabin-class 5** (*comm.*) second of exchange 6 (*mus.*) second: **un intervallo di s. maggiore (minore)**, a major (minor) second 7 (*scherma*) seconde. ● **a s. di**, in conformity with; according to: **a s. delle circostanze**, according to circumstances □ **comandante in s.**, (*mil.*) second-in-command; (*naut.: di nave mercantile*) (second) mate □ (*fig.*) **Tutto gli va a s.**, everything goes well with him.

secondàbile, *a.* gratifiable.
secondaménto, *m.* seconding; support, supporting; gratification.
secondare, *v. t.* (*assecondare*) to second, to support; (*favorire*) to favour; (*accondiscendere*) to comply with (st.); (*indulgere*) to indulge, to gratify: **s. una proposta,** to support a proposal; **s. i desideri di q.,** to comply with sb.'s wishes; **s. il proprio amore per l'arte,** to indulge one's love for art; **s. le proprie inclinazioni,** to indulge (*o* to gratify) one's inclinations; **La fortuna lo seconda,** he is favoured by fortune.
secondariaménte, *avv.* **1** secondarily **2** (*in secondo luogo*) secondly; in the second place.
secondarietà, *f.* secondariness.
secondàrio, A *a.* **1** secondary; (*subordinato*) subordinate; (*minore*) minor: **l'istruzione secondaria,** secondary education; **scuole secondarie,** secondary schools; **un'autorità secondaria,** a secondary authority; **un intreccio s.,** a subordinate plot; a sub-plot; **di secondaria importanza,** of secondary (*o* minor) importance **2** (*geol.*) Secondary; Mesozoic: **l'era secondaria,** the Secondary era. ● **avere un posto di secondaria importanza,** to play second fiddle (*fam.*) □ (*ferr.*) **linea secondaria,** branch line □ **prodotto s.,** by-product □ **sentiero s.,** by-path □ **ufficio s.,** branch office. **B** *m.* (*geol.*) Secondary (era); Mesozoic (era).
secondino, *m.* warder; jailer, jailor; gaoler.
secóndo (1), A *a. num. ord.* **1** (*anche fig.*) second: **Giacomo II,** James the Second; **il s. anno (mese, giorno),** the second year (month, day); **il s. atto,** the second act; **il s. premio,** the second prize; (*mus.*) **il s. violino,** the second violin; **la seconda volta,** the second time; **un s. Raffaello,** a second Raphael; **abitare al s. piano,** to live on the second floor; **Per noi è un s. padre,** he is a second father to us; **non essere s. a nessuno,** to be second to none **2** (*per qualità*) second best; (*per grandezza*) second largest; (*per importanza*) second most important; **Qual è la seconda città d'Italia** (*per grandezza*)?, what's the second largest town in Italy?; **St. Louis è il s. centro ferroviario degli Stati Uniti,** St. Louis is the second most important railroad centre in USA **3** (*lett.: favorevole*) favourable: **venti secondi,** favourable (*o* fair) winds. ● **seconda colazione,** lunch □ **s. comandante,** (*mil.*) second-in-command; (*naut.: di nave mercantile*) (second) mate □ **centesimo di s.,** centisecond □ **di seconda categoria,** second-rate: **un albergo di seconda categoria,** a second-rate hotel □ **di seconda classe,** second-class; **un biglietto (ferroviario) di seconda classe,** a second-class ticket □ **s. impiego** (*o* lavoro), secondary job; moonlighting □ **di seconda mano,** second-hand: **libri di seconda mano,** second-hand books □ **in s. luogo,** in the second place; secondly □ **in s. piano,** in the background □ **un posto merci di seconda qualità,** middling goods; seconds □ **un posto di seconda fila,** a second-row seat □ **senza secondi fini,** with no ulterior (*o* hidden) motives. **B** *m.* **1** second: **Il primo non valeva niente, il s. era migliore,** the first (one) was no good; the second (*o* the second one) was better **2** (*minuto s.; anche fig.*) second: **Sessanta secondi fanno un minuto,** sixty seconds make a minute; **Aspetta un s.!,** wait a second!; **fra un s.,** in a second; **fra mezzo s.,** in half a second; in a jiffy (*fam.*) **3** (*padrino in un duello; assistente di pugile*) second: **Fuori i secondi!,** seconds out of the ring! **4** (*mil.*) second-in-command; (*naut.: di nave mercantile*) (second) mate **5** (*s. piatto*) main (*o* second) course. ● **la lancetta dei secondi** (*di un orologio*), the second-hand □ **il primo..., il s...,** the former..., the latter... **C** *avv.* second(ly): **Non ci andrò; primo, perché non voglio, s., perché non posso,** I won't go there; first, because I don't want to, second(ly), because I cannot.
secóndo (2), *prep.* according to; in conformity with; in accordance with; in compliance with: **s. il bollettino meteorologico,** according to the weather-forecast; **s. la Bibbia,** according to the Bible; **s. la vostra richiesta,** in conformity with your request; **s. le circostanze,** according to circumstances; **s. l'uso,** in accordance with custom; **s. quel che dice lui,** according to what he says; **s. quel che mi disse,** according to what he told me. ● **s. che,** according to whether: **s. che gli piaccia o no,** according to whether he likes it or not □ **s. me (te, ecc.),** in my (your, etc.) opinion; to my (your, etc.) mind □ **s. la moda francese,** after the French fashion □ (*comm.*) **s. l'ordine dato,** as per order given □ **s. i precedenti accordi,** as previously agreed upon □ **S. me, egli ha torto,** speaking for myself, I think he is wrong □ «**Andrai in campagna per il fine settimana?**» «**s. il tempo**», «are you going into the country for the week-end?» «it depends on the weather» □ **Glielo dirai?» «S.!»,** «are you going to tell him?» «that depends! (*o* it all depends!)».
secondoché, *cong.* **1** (*come, nel modo che*) as: **Agisce s. gli piace,** he does as he likes **2** (*nel caso che*) according to whether.
secondogènita, *f.* second-born daughter.
secondogènito, A *a.* second-born; junior. **B** *m.* second--born son.

secondogenitura, *f.* secundogeniture.
secondolavorista, *m. e f.* one who has a second job.
secrétaire (*franc.*), *m.* secretaire; secretary; bureau*.
secretivo, *a.* (*biol.*) secreting; secretory.
secrèto, (*biol.*) **A** *a.* secreted. **B** *m.* secretion.
secretóre, (*biol.*) **A** *a.* secretory. **B** *m.* secretory organ.
secretòrio, *a.* (*biol.*) secretory; secretionary: **dotto s.,** secretory duct.
secrezióne, *f.* (*biol.*) secretion: **la s. della saliva,** the secretion of saliva.
sèdano, *m.* (*bot., Apium graveolens*) celery. ● **s. di montagna** (*Levisticum officinale*), lovage.
sedare, *v. t.* **1** (*placare*) to assuage; to allay; to soothe; to mitigate: **s. il dolore,** to soothe pain; **s. la fame,** to assuage hunger; **s. le passioni,** to assuage passions; **s. l'ira,** to allay wrath **2** (*reprimere*) to repress; to put* down.
sedataménte, *avv.* sedately; quietly; calmly.
sedativo, (*farm.*) **A** *a.* sedative. **B** *m.* sedative; downer (*fam. USA*).
sède, *f.* **1** (*generalm.*) seat; (*centro*) centre; center (*USA*); (*residenza*) residence; (*dimora*) abode; (*luogo*) place: **Milano è la principale s. commerciale in Italia,** Milan is the chief seat of commerce in Italy; (*med.*) **la s. di un male,** the seat of a disease; **una s. d'esami,** an examination centre; (*di persona*) **avere s. in un luogo,** to have one's residence (*o* to reside) in a place; **La s. del governo italiano è a Roma,** Rome is the seat of Italian Government; **Il Vaticano è la s. del Papato,** the Vatican is the seat of Papacy; **Il peccato ha s. nell'anima,** sin has its seat in the soul **2** (*relig.*) see: **la Santa S.,** the Holy See; **la S. Apostolica,** the Apostolic See **3** (*comm.*) office: **la s. centrale d'una banca,** the head office of a bank; **trasferire la s. centrale da Napoli a Roma,** to transfer the head office from Naples to Rome **4** (*sessione*) session; sitting: **in separata s.,** in a special session; (*fig.*) in private; **in s. legislativa,** in legislative sitting **5** (*mecc.: di valvola*) seat, seating; (*di cuscinetto*) housing: **s. conica,** conical seat; **s. piana,** flat seat; **ripassare le sedi delle valvole,** to recondition the valve seats **6** (*mecc.*) **s. di bloccaggio,** lock slot □ (*mecc.*) **s. di rotolamento,** race □ **s. stradale,** roadway □ **s. tranviaria,** tram-lane; tram-lines (*pl.*) □ (*relig.*) **s. vacante,** «sede vacante» (*lat.*); vacancy (of a see) □ **s. vescovile,** see; diocese □ **città s. di università,** university town □ **in s. d'esami,** during the examinations □ **essere trasferito ad altra s.,** to be transferred to another town.
sedentarietà, *f.* sedentariness.
sedentàrio, A *a.* sedentary: **una vita sedentaria,** a sedentary life; **un impiego s.,** a sedentary employment. **B** *m.* sedentary man*.
sedentarismo, *m.* sedentariness.
sedènte, *a.* **1** sitting; seated **2** (*araldica*) sejant.
sedére (1), A *v. i.* **1** (*generalm.*) to sit*; to be seated; (*mettersi a sedere*) to sit* down, to take* a seat: **s. a tavola,** to sit at table; **s. con le gambe incrociate** (*o* **alla turca**), to sit cross-legged; **s. sul trono,** to sit on the throne; **s. in (una) poltrona (su una sedia, su una panchina, ecc.),** to sit in an arm-chair (on a chair, on a bench, etc.); **s. vicino al fuoco,** to sit by the fire; **Sedete, prego!,** please, sit down!; please be seated!; take a seat! **2** (*esercitare il proprio ufficio*) to sit*: **s. giudice,** to sit in judgment **3** (*avere seggio*) to sit*; to have a seat: **s. in Parlamento,** to sit in Parliament; to be an M.P. (*abbr. di* Member of Parliament) **4** (*lett.; fig.*) to sit*; to be situated; to lie*: **Il villaggio siede tra vigne e prati,** the village lies among vineyards and meadows; **Roma siede sulle rive del Tevere,** Rome is situated on the banks of the Tiber. ● **alzarsi da s.,** to stand up □ **fare s. q.,** to sit sb. down; to seat sb. □ (*fig.*) **mettere q. a s.,** to remove sb. from his office □ **mettersi a s.,** to sit down; to seat oneself; to take a seat: **Non vuoi metterti a s.?,** won't you take a seat (*o* a chair)?; **Mettiti a s., per favore,** sit down, please; please be seated □ (*fig.*) **non stare mai a s.,** never to stop working □ **posti a s.,** seats □ **rimanere seduto,** to keep one's seat □ **stare a s.** (*o* **seduto**), to be sitting; to be seated: **Stava seduto di fronte a me,** he was seated in front of me. **sedérsi, B** *v. rifl.* to sit* down; to seat oneself; to take* a seat: **s. a tavola,** to sit down at (the) table; **Siediti, prego,** please sit down; please be seated; **Sediamoci!,** let's sit down!
sedére (2), *m.* **1** (*l'essere seduto*) sitting: **il s. a tavola,** sitting at table **2** (*parte del corpo*) backside; bottom; buttocks (*pl.*); bum (*fam.*): **dare un calcio nel s. a q.,** to kick sb.'s bottom.
sèdia, *f.* chair: **una s. a braccioli,** an arm-chair; an easy-chair; **s. a rotelle,** wheel-chair; **una s. a sdraio,** a deck-chair; **s. elettrica,** electric chair; **la s. gestatoria,** the gestatorial chair. ● **sedie di prima fila,** first-row seats.
sediàrio, *m.* gestatorial-chair carrier.
sedicènne, A *a.* sixteen-year-old (*attr.*); sixteen years old (*pred.*); aged sixteen: **una (ragazza) s.,** a sixteen-year-old girl; a

girl sixteen years old. **B** m. sixteen-year-old boy. **C** f. sixteen-year-old girl.

sedicènte, a. would-be; self-styled: **Questi sedicenti democratici!,** these would-be democrats!

sedicèsimo, A a. num. ord. e m. sixteenth: **la sedicesima parte,** the sixteenth part. **B** m. (tipogr.) decimo-sexto; sexto-decimo; sixteenmo*: **in s.,** in 16mo.

sédici, a. num. card. e m. sixteen: **la camera numero s.,** room (number) sixteen; **una ragazza di s. anni,** a sixteen-year-old girl; **avere s. anni,** to be sixteen years old. ● **il s. di questo mese,** on the sixteenth of this month ◻ **Sono le (ore) s.,** it is four p.m.

sedicina, f. some (o about) sixteen: **una s. di libri,** some sixteen books.

sedile, m. seat; (sedia) chair; (panca) bench: **i sedili del parco,** the park benches; **lo schienale d'un s.,** the back of a seat; (aeron.) **s. eiettabile,** ejection seat; **s. girevole,** swivel chair; **s. pieghevole,** folding seat; **s. posteriore,** (d'auto) rear seat; (di motociclo) pillion.

sedimentare, v. i. to sediment.

sedimentàrio, a. (geol.) sedimentary: **rocce sedimentarie,** sedimentary rocks.

sedimentatóre, m. (chim.: s. centrifugo) centrifugal settler.

sedimentazióne, f. (chim., geol.) sedimentation: **vasca di s.,** sedimentation tank.

sediménto, m. (chim., geol.) sediment; deposit.

sedimentologìa, f. (geol.) sedimentology.

sediolìno, m. seat: (aeron.) **s. di pilotaggio,** pilot's seat; (aeron.) **s. eiettabile** (o **ad espulsione**), ejection (o ejector) seat.

sedìolo, m. (sport) sulky.

sedizióne, f. sedition; rebellion; mutiny: **domare una s.,** to put down a rebellion.

seditosaménte, avv. seditiously; riotously.

sedizióso, A a. seditious; riotous; factious: **cittadini seditosi,** seditious citizens; **parole seditose,** seditious words. **B** m. rioter; rebel.

seducènte, a. 1 seductive; seducing 2 (allettante) alluring; enticing; tempting.

sedurre, v. t. 1 (traviare) to seduce; to lead* astray; (ingannare) to beguile, to mislead*, to cheat: **s. una giovanetta,** to seduce a girl 2 (allettare) to allure; to entice; to tempt: **La proposta mi seduce,** the proposal tempts me.

seduta, f. 1 sitting; (tornata) session; (riunione) meeting: **una s. della Camera dei Comuni,** a sitting of the House of Commons; **una s. d'un tribunale,** a sitting (o a meeting) of a Court; **a session; s. stante,** during the sitting (o meeting); (fig.: immediatamente) immediately; **aprire** (chiudere, sospendere) **una s.,** to open (to close, to adjourn) a meeting; **convocare una s. segreta,** to go into secret session; **essere in s.,** to be in session; **tenere una s.,** to hold a sitting (o a meeting, a session) 2 (consultazione) consultation; (visita) visit 3 (pitt., scult.: posa del modello) sitting: **un ritratto fatto in tre sedute,** a portrait made in three sittings; **fare una s. per un pittore,** to have a sitting for a painter. ● **s. spiritica,** séance.

seduttóre, A m. seducer. **B** a. seductive; alluring; tempting: **promesse seduttrici,** seductive promises.

seduzióne, f. seduction: **le seduzioni della ricchezza (dell'arte),** the seductions of wealth (of art) 2 (allettamento) seductiveness; allure; appeal; (cosa che alletta) allurement, enticement, temptation: **non cedere alla s.,** not to yield to temptation.

sefardita, A m. e f. Saphardim*. **B** a. Saphardic; Saphardi.

séga, f. saw: **s. a catena,** chain-saw; **s. a mano,** hand-saw; **s. a mano per tronchi,** pit-saw; whip-saw; two-man saw; **s. a telaio,** frame saw; **s. chirurgica,** amputation saw; **s. cilindrica,** cylinder saw; **s. circolare,** circular (o *disk) saw; **s. da ferro,** cold saw; **s. da macellaio,** butcher's saw; **s. da traforo,** fret-saw; **s. meccanica per legno,** sawmill; **s. multipla,** gang saw; **s. per taglio trasversale,** crosscut saw; **lama della s.,** saw blade; (metall.) **s. a caldo,** hot saw; **s. a nastro,** band-saw; belt-saw; **s. per metalli,** hack-saw. ● **s. meccanica,** sawing machine ◻ **a** (**denti di**) **s.,** saw-toothed; saw-edged; serrate(d); **coltello a s.,** saw-edged knife; bread knife ◻ (zool.) **pesce s.** (Pristis pristis), sawfish.

segàccio, m. (falegnameria) rip-saw; ripper.

ségala, ségale, f. (bot., Secale cereale) rye: **farina di s.,** rye-flour; **pane di s.,** rye-bread. ● **s. cornuta,** ergot.

segalìgno, a. 1 (di segale) rye (attr.): **pane s.,** rye-bread 2 (fig.: di persona) lean; lank; wiry: **un vecchio s.,** a lean old man.

segalino, a. rye (attr.).

segantìno, m. sawyer.

segaòssa, m. butcher's saw.

segare, v. t. 1 to saw*; (tagliare) to cut*: **s. legna per il fuoco,** to saw wood for the fire; **un blocco di marmo,** to saw a block of marble; **s. un tronco,** to saw a log (in two); **legna facile da s.,** wood that saws smoothly 2 (dial.: mietere, falciare) to cut*; to reap; to mow: **s. il fieno,** to cut hay 3 (fig.: stringere fortemente)

to saw* (into); to cut* (into): **Questo elastico mi sega la gamba,** this rubber cuts into my leg. ● (metall.) **s. a caldo,** to hot-saw ◻ **s. metalli,** to hack-saw metals ◻ **s. secondo la fibra,** to rip.

segatóre, m. 1 sawyer 2 (dial.: mietitore, falciatore) reaper; mower.

segatrice, f. (falegnameria, mecc.) sawing machine.

segatura, f. 1 (l'azione del segare) sawing 2 (dial.: mietitura, falciatura) cutting; reaping; mowing 3 (s. di legno) sawdust.

seggétta, f. close-stool; commode.

sèggio, m. seat; chair; (stallo) stall: **il s. di San Pietro,** St. Peter's seat; **the Holy Seat; il s. presidenziale,** the President's chair; **il s. reale,** the royal seat; the throne; **conquistare un s. in Parlamento,** to win a seat in Parliament. ● **s. elettorale,** polling (o voting) station; (i componenti) board of scrutineers.

sèggiola, V. **sèdia.**

seggiolàio, m. 1 (chi fa seggiole) chair-maker 2 (chi accomoda seggiole) chair-mender 3 (chi vende seggiole) chair-seller.

seggiolata, f. blow with a chair.

seggiolìno, m. (per bambini) baby's chair. ● (aeron.) **s. eiettabile,** ejection seat.

seggiolóne, m. 1 big chair 2 (per bambini) high chair.

seggiovìa, f. chair-lift.

segherìa, f. saw-mill.

seghétta, f. small saw; (per aprire fiale) small file.

seghettare, v. t. to serrate.

seghettato, a. serrate(d); jagged (like a saw); saw-edged; saw-toothed: **una foglia a margine s.,** a serrate leaf.

seghétto, m. (per metalli) hack(-)saw.

segmentale, a. (geom., biol.) segmental.

segmentare, A v. t. 1 to segment; to divide into segments 2 (fig.: frazionare) to subdivide; to split* up. **segmentarsi, B** v. rifl. to divide into segments.

segmentazióne, f. (geom., biol.) segmentation; division into segments.

seménto, m. 1 (geom., biol.) segment: **un s. circolare,** a circular segment; **un s. di linea,** a line segment; **un s. ellittico,** a segment of an ellipse 2 (parte) section; piece; part 3 (di motori) piston-ring; ring; (per freni) brake-lining.

segnacarte, m. book-mark; book-marker.

segnacaso, m. (gramm.) preposition.

segnàcolo, m. (lett.) sign; mark; (simbolo) symbol, emblem.

segnalaménto, m. signalling; signalization.

segnalare, A v. t. 1 to signal; to make* a signal (o signals) (to): **s. con bandiera,** to flag-signal; to wig-wag; **s. un ordine,** to signal an order 2 (rendere noto) to announce; to report; to notify: **s. l'arrivo di un treno,** to announce the arrival of a train 3 (fig.: far conoscere) to signalize; to point out; (raccomandare) to mark out (for), to recommend: **s. un pericolo,** to point out a danger; **Fu segnalato per la promozione,** he was marked out for promotion; **s. q. per un impiego,** to recommend sb. for a post. ● **s. con l'eliografo,** to heliograph ◻ **s. per mezzo di semaforo,** to semaphore. **segnalarsi, B** v. rifl. to signalize oneself; to distinguish oneself: **s. in una battaglia,** to distinguish oneself in a battle.

segnalato, a. signal (attr.); outstanding; remarkable; conspicuous; (famoso) famous, celebrated: **segnalate imprese,** signal achievements; **uomini segnalati,** celebrated men.

segnalatóre, A m. 1 signaller 2 (naut., ferr.) signalman*. ● (autom.) **s. acustico,** horn; hooter ◻ (mecc.) **s. di pressione dell'olio,** oil pressure indicator ◻ **s. luminoso,** light; lamp. **B** a. signalling.

segnalazióne, f. 1 signalling; signaling (USA); (segnale) signal: **s. ottica,** visual signalling; **segnalazioni a lampi,** flash-signalling; **segnalazioni con bandiera,** flag-signalling; wig-wagging; **apparecchio di s.,** signal apparatus; **cabina di s.,** signal-cabin (o box); **sistema di allarme a s.,** signal alarm; **fare segnalazioni,** to make signals; to signal 2 (fig.) signalizing; pointing out; (raccomandazione) marking-out, recommendation. ● (mil.) **s. in codice,** coding ◻ **degno di s.,** noteworthy; worth of note.

segnale, m. signal; sign; marking; (specialm. luminoso) beacon; (aeron.) marker; (ferr.) **s. a braccio mobile,** semaphore signal; (ferr.) **s. a disco,** disk signal; **s. a distanza,** distance signal; **s. a luce intermittente,** flashing beacon; **s. acustico,** sound signal; (telev.) **s. audio,** sound (o audio) signal; **s. d'allarme,** warning signal; (ferr.) **s. emergency brake; (ferr.) s. di blocco,** block signal; (telev.) **s. d'immagine** (o **video**), picture (o video) signal; **s. di partenza,** starting signal; (naut.) Blue Peter; (ferr.) **s. di passaggio a livello,** road-crossing signal; **s. di pericolo,** danger signal; (radio) distress signal; **segnali di prescrizione** (o **di divieto**), signs giving orders; (mil.) **s. fumogeno,** smoke signal; **s. luminoso,** signal light; light beacon; **s. orario,** time signal; **segnali orizzontali** (sulla carreggiata), road markings; **s. pirotecnico,** pyrotechnical signal rocket; **s. stradale,** road sign; (aeron.) **segnali di limite,** boundary markers; **cifrario per i segnali,** code of signals; signal-book; (*ferr.*) **pannello dei segnali**, signal board; **dare il s. dell'avanzata**, to give the signal for advance; **fare segnali con fuochi**, to make fire-signals; **fare segnali con una bandiera**, to make signals with a flag; to wig-wag. ● (*elettron.*) **rapporto s. rumore**, signal to noise ratio ☐ (*tel.*) **s. di linea libera**, dialling tone ☐ (*tel.*) **s. di occupato**, busy tone ☐ (*autom.*) **segnali direzionali**, directionals ☐ (*aeron.*) **volare seguendo un s. unidirezionale**, to fly a beam.

segnalètica, *f.* **1** system of signs (*o* signals); signs (*pl.*), signals (*pl.*) **2** (*autom.*) (road) signs (*pl.*); (traffic) signals (*pl.*); markings (*pl.*): **s. in rifacimento**, markings (*o* signs) being repaired; **s. orizzontale**, road markings; **s. verticale**, road signs **3** (*di autostrada*) (warning) signals above (motorway) lanes **4** (*cartelli*) signposts (*pl.*).

segnalètico, *a.* identifying. ● **dati segnaletici**, identification marks.

segnalibro, *m.* book-mark; book-marker.

segnalinee, *m.* (*sport*) linesman*.

segnapassi, *m.* (*med.*) pacemaker.

segnapósto, *m.* place card.

segnaprèzzo, *m. invar.* price-tag; price-label.

segnapunti, **A** *m. e f.* scorekeeper; marker. **B** *m.* (*tabellone*) score-board.

segnare, **A** *v. t.* **1** (*generalm.*) to mark; (*notare con un segno*) to put* a mark (on); (*con un marchio, anche fig.*) to brand; (*tracciare*) to draw*, to trace: **s. gli errori col lapis rosso**, to mark (*o* to underline) the mistakes in the red pencil; **s. il bestiame con un marchio**, to brand the cattle; **s. i passi più notevoli sui margini d'un libro**, to mark the most noteworthy passages in the margins of a book; (*comm.*) **s. i prezzi sulla merce**, to mark the prices on the goods; **s. la linea di confine**, to draw the boundary line; **s. q.c. nella memoria**, to brand (*o* to impress) st. on one's memory; **s. un accento**, to mark an accent **2** (*prendere nota di*) to note down; to write* down; to make* a note of: **s. la data**, to write down the date; **s. le spese**, to note down (*o* to make a list of) the expenses (*indicare*) to mark, to indicate, to show*; (*additare*) to point at; (*di strumento, orologio, ecc.*) to read*, to say*, to tell*: **Il barometro segna una bassa pressione**, the barometer marks (*o* registers) low pressure; **Il contatore segna...**, the meter reads...; **L'orologio segna le ore**, the clock tells the time; **L'orologio segna le quattro**, the clock says four (o' clock) **4** (*scalfire*) to mark; to scratch: **I chiodi dei suoi scarponi hanno segnato il pavimento**, his hobnails have marked the floor; **Non s. il tavolino!**, don't scratch the table! **5** (*sport*) to mark; to score: **s. i punti**, to mark the game; to keep (*o* to record) the score; **s. tre punti**, to score three points; **s. un goal**, to score a goal; **Vuoi s., per favore?**, will you score, please? **B** *v. i.* (*sport*) to score. ● **s. con asterisco**, to asterisk; to star ☐ **s. con un frego**, to cross out; to score out ☐ (*mil.*) **s. il tempo**, to beat time (*anche fig.*) ☐ (*comm.*) **s. prezzi più alti (più bassi)**, to mark up (to mark down) ☐ (*fig.*) **s. q. a dito**, to point the finger of scorn at sb. ☐ (*mus.*) **s. il tempo**, to beat time ☐ (*comm.*) **s. una somma a credito (a debito) di q.**, to credit (to debit) sb. with an amount. **segnarsi, C** *v. rifl.* (*farsi il segno della croce*) to cross oneself; to make* the sign of the cross. ● (*pop.*) **s. bene (male)**, to get out of bed on the right (wrong) side (*fam.*).

segnataménte, *avv.* (*lett.*) especially; chiefly; mainly; particularly.

segnatàrio, *m.* signer; signatory.

segnatasse, *m. invar.* postage-due stamp.

segnatèmpo, *m. invar.* time-keeper.

segnato, *a.* **1** marked; (*con un marchio*) branded: **una pecora segnata**, a branded sheep; (*fig.*) a marked person **2** (*fig.: deciso, stabilito*) decided; settled; fixed. ● (*fig.*) **s. da Dio**, ill-favoured; deformed.

segnatura, *f.* **1** (*il segnare*) marking **2** (*segno*) mark, sign; (*numero di collocazione d'un libro*) press-mark **3** (*tipogr.*) signature (mark) **4** (*sport*) score **5** (*relig.*) Signatura: **S. Apostolica**, Apostolic Signatura.

segnavènto, **A** *m. invar.* weathercock. **B** *a.* – **gallo s.**, weathercock.

segnavia, *m. invar.* (*alpinismo*) trail sign.

ségnico, *a.* of signs.

ségno, *m.* **1** (*generalm.*) sign, mark; (*marchio*) brand; (*impronta*) print, impression; (*traccia*) trace, track; (*graffio*) scratch; (*cicatrice*) scar; (*voglia*) birth-mark: (*mat.*) **s. di integrale**, integral sign; (*mat.*) **s. meno**, minus sign; (*mat.*) **s. più**, plus sign; (*mat.*) **s. di radice**, root sign; (*mat.*) **s. positivo (negativo)**, positive (negative) sign; **segni convenzionali**, conventional signs; **segni di interpunzione**, punctuation marks; (*mecc.*) **segni di lima**, file marks; (*tipogr.*) **segni di ripetizione**, ditto marks; **il s. della croce**, the sign of the cross; (*astron.*) **i segni dello zodiaco**, the signs of the Zodiac; **nato sotto il s. dell'Ariete**, born under the sign of Aries; **i segni di piedi nudi**, the prints of naked feet; **lasciare un s. su q.c.**, to leave a mark on st.; **Si vede ancora il s. della ferita?**, does the mark of the wound still show? **2** (*cenno*) sign; motion; (*col capo*) nod; (*gesto*) gesture: **un s. della mano**, a sign (*o* a gesture) of the hand **3** (*indizio*) sign; indication; (*prova*) token, proof; (*sintomo*) symptom; (*presagio*) presage; (*auspicio*) omen: **un s. di distinzione**, a mark of distinction; a feather in one's cap (*fam.*); (*med.*) **un s. di tubercolosi**, a symptom of tuberculosis; **dare segni di stanchezza**, to show signs of weariness; **la bandiera bianca**, **come s. di resa**, the white flag as a token of surrender; **Le dette un anello come s. del suo amore**, he gave her a ring as a token of his love; **È s. che vuol piovere**, it's a sign of rain; **Non c'è s. di vita in questo luogo selvaggio**, there is no sign of life in this wild place; **Non c'era nessun s. che la corsa cominciasse**, there was no sign of the race starting **4** (*simbolo*) sign; mark; symbol; (*emblema*) emblem: **La colomba è s. di pace**, the dove is a symbol of peace; **un buon (un cattivo) s.**, a good (a bad) omen **5** (*bersaglio*) mark; target: **tiro a s.**, target-shooting; **colpire nel s.**, to hit the target; (*fig.*) to hit the mark; to strike home (*fam.*); to drive an argument home (*fam.*); **sbagliare il s.**, to miss the target (*o* mark) **6** (*limite*) limit; extent; (*grado*) degree; (*punto*) point: (*fig.*) **passare il s.**, to overstep all limits, to overshoot; **a tal s. che**, to such a degree that; **fino a questo s.**, up to this point **7** (*vestigio*) sign; trace; vestige; remains (*pl.*): **i segni dell'antica Roma**, the vestiges of ancient Rome. ● **segni caratteristici**, special peculiarities; characteristics ☐ (*tipogr.*) **s. di paragrafo**, section (*abbr.*) sect) ☐ **segni di passi (sulla sabbia, sulla neve, ecc.)**, footprints (on the sand, in the snow, etc.) ☐ **s. tipografico**, character ☐ (*tipogr.*) **s. tipografico &**, ampersand ☐ **comunicare a segni**, to use sign language ☐ **far s. con la mano**, to beckon (with the hand): **Egli mi fece s. di seguire**, he beckoned me to follow ☐ **fare un s. con la mano a q.** (*salutando*), to wave one's hand to sb. ☐ **far s. con la testa**, to motion; to nod: **Egli mi fece s. d'uscire**, he motioned me to go out ☐ (*fig.*) **fare un s. di croce su q.c.**, to think no more about st.; to stop thinking about st. ☐ **far s. di no**, to shake one's head ☐ **far s. di sì**, to nod assent (*o* agreement) ☐ **farsi il s. della croce**, to cross oneself; to make the sign of the cross ☐ **perdere il s.** (*in un libro*), to lose one's place (in a book) ☐ **per filo e per s.**, in detail; thoroughly: **spiegare q.c. per filo e per s.**, to explain st. in detail ☐ **rimettere a s. un orologio**, to put a clock (*o* a watch) right ☐ (*fig.*) **stare con la testa a s.**, to keep one's head ☐ (*fig.*) **tenere q. a s.**, to keep sb. in check ☐ (*fig.*) **La vita che conduce comincia a lasciare il s. su di lui**, the life he leads is beginning to tell on him (*fam.*) ☐ **Era fatto s. all'ammirazione generale**, he was admired by everyone.

ségo, *m.* tallow: **una candela di s.**, a tallow candle. ● **ingrassare col s.**, to tallow; to grease.

segóne, *m.* cross-cut saw.

segóso, *a.* tallowy; tallowish.

segregaménto, *m. V.* segregazione.

segregare (1), **A** *v. t.* to segregate; to isolate; to seclude; (*un prigioniero e sim.*) to place in confinement: **s. una pecora scabbiosa**, to segregate a scabbed sheep. **segregarsi, B** *v. rifl.* to segregate oneself; to seclude oneself: **s. dal mondo**, to seclude oneself from the world.

segregare (2), *v. t.* (*biol., med.*) to secrete.

segregato, *a.* segregated; isolated; secluded; (*appartato*) sequestered; (*solitario*) solitary: **un paese s.**, a secluded (*o* a sequestered) village; **vivere s.**, to live (*o* to lead) a secluded life; to live in retirement; **vivere s. dal mondo**, to live secluded from the world.

segregazióne, *f.* **1** segregation; isolation; seclusion: **la s. dei prigionieri in celle**, the seclusion of prisoners in cells **2** (*leg.*) confinement: **s. cellulare**, solitary confinement. ● **s. razziale**, (racial) segregation.

segregazionismo, *m.* (*polit.*) segregation.

segregazionista, *m. e f.* (*polit.*) segregationist, seg, seggie (*pop. USA*).

segregazionìstico, *a.* (*polit.*) segregationist.

segréta (1), *f.* dungeon.

segréta (2), *f.* (*relig.*) secreta*; secret.

segretaménte, *avv.* secretly; in secret; in private; (*confidenzialmente*) confidentially, in confidence; (*furtivamente*) stealthily; on the sly.

segretària, *f.* secretary; girl (*fam.*): **s. di direzione**, executive secretary; (*cinem., telev.*) **s. di edizione** (*o* **di produzione**), continuity (*o* script) girl.

segretariale, *a.* secretarial.

segretariato, *m.* **1** (*carica, mansioni di segretario*) secretaryship **2** (*ufficio, personale*) secretariat(e).

segretàrio, *m.* **1** secretary: **Primo S.**, Chief Secretary; **s. di ambasciata**, secretary of embassy; **s. di legazione**, secretary of

segretería, *f.* **1** (*ufficio*) secretariat(e) **2** (*complesso delle persone addette a una s.*) secretariat(e); staff of secretaries. ● **S. di Stato**, Secretariat of State □ **s. telefonica**, answering service; telephone-answering system.

segretézza, *f.* secrecy; privacy: **in gran s.**, in all secrecy; **con** (*o* **in**) **s.**, with (*o* in) secrecy; secretly; in secret; (*confidenzialmente*) confidentially, in confidence: **Me ne parlò in s.**, I was told about it in secret; **dire q.c. a q. in tutta s.**, to tell sb. st. in strict confidence. ● **contare sulla s. di q.**, to take sb. into one's confidence.

segréto, A *a.* (*generalm.*) secret; (*privato*) private; (*appartato*) secluded; (*nascosto*) hidden, underhand; (*occulto*) occult; (*discreto*) discreet, reserved: **fondi segreti**, secret funds; **intrighi segreti**, underhand dealings; **scrutinio s.**, secret voting; ballot; **stanze segrete**, private rooms; **una porta segreta**, a secret (*o* a private) door; **una società segreta**, a secret society; **un agente s.**, a secret agent; **un matrimonio s.**, a secret marriage; **un nemico s.**, a secret enemy; **un serpente in s.**, a snake in the grass (*fam.*); **un pensiero s.**, a secret thought; **un trattato s.**, a secret treaty; **servizio s.**, (*d'informazioni militari*) secret service; (*polizia*) secret police; **tenere q.c. s.**, to keep st. secret; to keep st. to oneself. ● **in s.**, in secrecy; in secret; secretly; (*in confidenza*) in confidence, confidentially; **dire q.c. a q. in s.**, to tell sb. st. in secrecy. **B** *m.* **1** secret: **il s. del successo**, the secret of success; **i segreti della natura (della scienza)**, the secrets of nature (of science); **un s. di Pulcinella**, an open secret; **essere a parte del s.**, to be in on the secret; **lasciarsi sfuggire un s.**, to let out a secret; to let the cat out of the bag (*fam.*); **mantenere un s.**, to keep a secret; **mettere q. a parte d'un s.**, to let sb. into a secret; **strappare un s. di bocca**, to fish out a secret; **svelare un s.**, to reveal (*o* to disclose) a secret; **Non è un s. per nessuno**, that's no secret for anybody **2** (*segretezza*) secrecy: **il s. epistolare**, secrecy of correspondence; **il s. professionale**, professional secrecy; **il s. bancario**, the banking secrecy **3** (*congegno segreto*) combination: **un lucchetto col s.**, a combination padlock. ● **un s. di famiglia**, a skeleton in the cupboard (*fam.*) □ **nel s. del cuore**, in the depth of one's heart □ **sotto il s. della confessione**, under the seal of confession.

seguace, *m.* e *f.* follower; disciple; adherent: **un s. della filosofia platonica**, a follower of Plato; a Platonist; **un s. di Cristo**, a follower of Christ; a disciple.

seguènte, A *a.* following; next: **il giorno s.**, the following (*o* next) day; the day after; **il mese (la settimana, l'anno) s.**, the following month (week, year); **la pagina s.**, the next page. ● **nel modo s.**, as follows; this way. **B** *m.* e *f.* next one; next person; next part: **Avanti il s.!**, next one, forward please!

segùgio, *m.* **1** (*zool.*) bloodhound; sleuth(-hound) **2** (*fig.*: *poliziotto*) policeman*; sleuth (*fam.*). ● **avere i segugi alle calcagna**, to have the police hot on one's heels.

seguire, *v. t.* e *i.* **1** (*generalm.*) to follow, to come* after, to go* after, to pursue; (*mil.*) to track: **s. i consigli di q.**, to follow sb.'s advice; **s. i dettami della coscienza**, to follow the dictates of conscience; **s. il piacere**, to follow (*o* to pursue) pleasure; **s. i propri studi**, to pursue one's studies; **s. la moda**, to follow the fashion; **s. la scuola romantica**, to follow the Romantic School; **s. l'esempio di q.**, to follow sb.'s example; to follow in sb.'s tracks; to take a leaf out of sb.'s notebook (*fam.*); to dance to sb.'s tune (*fam.*). ● **s. q.**, to follow sb.; (*pedinarlo*) to shadow sb., to dog sb.'s footsteps; **s. una dottrina**, to follow a doctrine; **coloro che seguono San Tommaso**, those who follow St. Thomas; **i seguaci di San Tommaso**, the followers of St. Thomas; **s. una professione**, to follow (*o* to practise) a calling (*o* a profession); **s. una regola**, to follow a rule; (*naut.*) **s. una rotta**, to follow a course; (*anche fig.*) **s. un sentiero**, to follow (*o* to take) a path; **come segue**, as follows; **Scrivi quanto segue**, write down what follows; (*nei telegrammi*) **Segue lettera**, letter following (*o* follows); **Vai avanti tu e io ti seguirò**, you go first and I will follow you; **Il tuono segue il lampo**, thunder follows lightning; **Alla guerra segue spesso la carestia**, famine often follows war; famine is often the sequel of war; **Parlava così svelto che non riuscivo a seguirlo**, he spoke so fast that I couldn't follow him; **La descrizione segue nell'altra pagina**, the description follows on the next page; **Non puoi immaginare quel che seguì**, you just cannot imagine what followed **2** (*frequentare*) to attend: **Numerosi studenti seguono le sue lezioni**, a lot of students attend his lectures **3** (*istruire privatamente*) to coach: **s. uno studente che prepara un esame**, to coach a student for an exam **4** (*sorvegliare, sovrintendere a*) to oversee*; to supervise; to control: **s. i lavori (gli operai, ecc.)**, to oversee (*o* to supervise) the works (the workmen, etc.),

5 (*accadere*) to happen: **Mi chiedo che cosa seguirà ora**, I wonder what will happen now **6** (*continuare*) to continue. ● (*anche fig.*) **s. la corrente**, to swim with the tide (*o* the stream) □ **s. la via gerarchica**, to go through official channels □ **s. la via giusta**, to take the right path □ **con quel che segue**, and all the rest □ **uno che segue i concerti (la prosa, ecc.)**, a keen concert-goer (theatre-goer) □ **Seguirà quel che seguirà, ma ci vado lo stesso**, whatever the consequences, I am going all the same □ **Lo seguii con lo sguardo mentre s'allontanava**, my eyes followed him as he was walking away □ **Segue a pagina venti**, continued on page twenty □ **Segue a tergo**, please turn over; continued on next page □ (*prov.*) **A una disgrazia ne segue un'altra**, it never rains but it pours.

seguitare, A *v. t.* to continue; to carry on; to go* on: **s. il proprio lavoro**, to carry on one's work; to go on with one's work; **L'aveva incominciato, ma non lo ha seguitato**, he had begun it, but he did not go on with it. **B** *v. i.* **1** (*continuare*) to continue; to go* on; to keep* on: **s. a fare q.c.**, to go on doing st.; **Fino a quando seguiterai a lavorare?**, how long will you go on working?; **Spero che non seguiti a piovere**, I hope it will not go on raining (*o* it will stop raining); **Il racconto seguita**, the story is to be continued **2** (*lett.*: *venire come conseguenza*) to follow (from); to result (from): **Da questo seguita che hai ragione**, from this it results that you are right. ● **Seguita a cantare!**, sing on.

séguito, *m.* **1** (*scorta*) retinue; train; suite; attendants (*pl.*): **l'imperatore e il suo s.**, the Emperor and his retinue; **essere al s. dell'ambasciatore**, to be among the ambassador's suite **2** (*seguaci, imitatori, fautori*) followers (*pl.*): **una dottrina che non ebbe s.**, a doctrine that had no followers **3** (*aderenza, consenso*) following: **avere molto s. in un'assemblea**, to have a large following in an assembly **4** (*serie, sequela*) succession; series; sequence; train; suite: **un lungo s. di anni**, a long succession of years; **un s. di disgrazie**, a series of misfortunes; **un s. di idee**, a train of ideas; **un s. di pensieri**, a train of thought; **un s. di vittorie**, a series (*o* a succession) of victories **5** (*continuazione*) continuation: **il s. d'un racconto**, the continuation of a story. ● (*nei giornali, nelle riviste, ecc.*) **il s. al prossimo numero**, to be continued (in our next issue) □ **dare s. a q.c.**, to carry out st.; to execute st.: (*comm.*) **Ci duole di non poter dare s. alla Vostra ordinazione**, we regret that we cannot carry out your order □ **di s.**, uninterruptedly; at a stretch; on end: **per quattro ore di s.**, for four hours on end □ **e così di s.**, and so on; and so forth □ **fare s. a q.c.**, to follow (up) st.: (*comm.*) **facendo s. alla nostra lettera del 15 marzo**, following (up) our letter dated March 15th □ **in s.**, afterwards; later on □ **in s. a**, further to; following; in consequence of; as a result of; (*a causa di*) owing to, on account of, because of □ **viaggiare senza s.**, to travel unattended.

sèi, *a. num. card.* e *m.* six: **sei ragazzi**, six children; **Datemene sei, per favore**, give me six, please; **un ragazzo di sei anni**, a boy six years old; a six-year-old (boy); **in gruppi di sei**, in sixes; **sei volte tanto**, six times as much (*o* as many); **Sono le (ore) sei**, it is six (o' clock); **alle sei di mattina**, at six in the morning; **il sei di quadri (di cuori)**, the six of diamonds (of hearts); **una rivoltella a sei colpi**, a six-shooter; **un tiro a sei (cavalli)**, a coach and six; a six-in-hand. ● **il sei di giugno**, the sixth of June.

Seiano, *m.* (*stor.*) Sejanus.

Seicèlle, *f. pl.* (*geogr.*) (the) Seychelles.

seicentésco, *V.* **secentésco**.

seicènto, A *a. num. card.* six hundred. **B** *m.* **1** (*il numero*) six hundred **2** (*il secolo*) (the) seventeenth century; (*per l'arte italiana*) «Seicento»

seiènne, *a.* **1** six-year-old (*attr.*); six years old (*pred.*); aged six **2** (*lett.*: *che dura da sei anni*) six-year (*attr.*).

seigiórni, *f.* (*sport*) six-day bicycle race.

seigiornista, *m.* (*sport*) competitor in a six-day bicycle race.

selaci, *m. pl.* (*zool.*, *Selachii*) selachians.

sélce, *f.* (*miner.*) flint; flintstone; (*per pavimentazione stradale*) Belgian block.

selciàio, *m.* (*operaio che selcia le strade*) paver; paviour.

selciare, *v. t.* to pave (with flints); to flag.

selciato, A *a.* paved; flagged. **B** *m.* pavement.

selciatóre, *m.* paver; paviour.

selciatura, *f.* **1** (*il selciare*) paving; flagging **2** (*selciato*) pavement.

selcióso, *a.* flinty.

Selène, *f.* (*mitol.*) Selene; Selena.

selènico (1), *a.* (*lett.*) lunar.

selènico (2), *a.* (*chim.*) selenic: **acido s.**, selenic acid.

selènio, *m.* (*chim.*) selenium: (*fis.*) **cellula fotoelettrica al s.**, photoelectric selenium cell.

selenióso, *a.* (*chim.*) selenious: **acido s.**, selenious acid.

selenita, *m.* e *f.* (*lett.*) selenite.

selenite (1), *f.* (*miner.*) selenite.
selenite (2), *V.* selenita.
selenitico (1), *a.* (*miner.*) selenitic.
selenitico (2), *a.* (*lunare*) selenitic; lunar.
selenografia, *f.* (*astron.*) selenography; lunar geography.
selenografico, *a.* (*astron.*) selenographic; selenographical.
selenografo, *m.* (*astron.*) selenographer; selenographist.
selenologia, *f.* (*astron.*) selenology.
selenologico, *a.* (*astron.*) selenological.
selenologo, *m.* (*astron.*) selenologist.
selenosi, *f.* (*med.*) selenosis; blind staggers.
selettivaménte, *avv.* selectively.
selettività, *f.* (*anche radio*) selectivity.
selettivo, *a.* (*anche radio*) selective.
selettóre, A *m.* selector; (*manopola*) switch: (*radio*) **s. di banda**, band-selector; (*telev.*) **s. di canale**, channel-selector; (*tel.*) **s. di gruppo**, group selector; (*radio*) **s. d'onda**, wave-selector; (*radar*) **s. di distanza**, range selector; (*tel.*) **s. finale**, final selector. **B** *a.* selecting; selective.
selèucidi, *m. pl.* (*stor.*) Seleucidae.
selezionaménto, *m.* selection; selecting; picking out; sorting.
selezionare, *v. t.* to select; to pick out; to sort.
selezionatóre, A *m.* selector. **B** *a.* selecting; selective.
selezionatrice, *f.* (*macchina*) sorter; sorting-machine.
selezióne, *f.* **1** selection: (*biol.*) **s. artificiale (naturale)**, artificial (natural) selection; **s. del personale** (*d'uno stabilimento*), personnel selection (*radio*: *selettività*) selectivity. ● **s. attitudinale**, aptitude test ☐ (*tel.*) **s. automatica**, automatic dialling ☐ (*autom.*) dispositivo di **s. delle marce**, gearshift.
self-control (*ingl.*), *m.* self-control.
self-service (*ingl.*), *m.* **1** (*tecnica di vendita*) self-service **2** (*punto di vendita*) self-service shop; self-service restaurant; self-service filling-station.
sèlla, *f.* **1** saddle: **s. da donna**, lady's saddle; side-saddle; pillion; **il pomo (le cinghie) d'una s.**, the pommel (the girths) of a saddle; **un cavallo da s.**, a saddle-horse; a saddler (*USA*); **balzare in s.**, to vault into the saddle; **levare la s. a un cavallo**, to remove the saddle from a horse; to unsaddle a horse; **mettere la s. a un cavallo**, to put the saddle on a horse; to saddle a horse; **montare in s.**, to get into the saddle; to saddle up; (*anche fig.*) **rimettersi in s.**, to get into the saddle again; **stare in s.**, to be in the saddle **2** (*geogr.*) col; saddle **3** (*cucina*) saddle: **una s. di montone**, a saddle of mutton. ● (*anat.*) **s. turcica**, sella turcica; pituitary fossa.
sellàio, *m.* saddler.
sellare, *v. t.* to saddle; to put* a saddle on.
sellato, *a.* saddled: **un cavallo s.**, a saddled horse.
sellatura, *f.* saddling.
selleria, *f.* **1** (*bottega del sellaio*) saddler's shop; saddlery **2** (*arte, finimenti*) saddlery **3** (*mil.*) saddle-room **4** (*autom., ferr.*) upholstering: **reparto s.**, upholstering shop.
sellino, *m.* **1** (*di bicicletta, motocicletta*) saddle **2** (*parte del finimento del cavallo da tiro*) back (*o* harness) pad. ● **s. posteriore** (*di motocicletta*), pillion.
sèltz, *m.* soda(-water): **acqua di s.**, soda-water; **vermut al s.**, vermouth and soda; **un sifone di acqua di s.**, a siphon of soda-water.
sélva, *f.* **1** wood (*spesso pl.*); woodland; (*foresta*) forest: **una s. di abeti**, a wood of fir-trees **2** (*fig.*) forest; crowd; multitude; host; lots (*pl.*) (*fam.*): **una s. di capelli**, a forest of hair; bushy hair; **una s. di difficoltà**, a host of difficulties; **una s. d'errori**, lots of mistakes; a great many mistakes; **una s. di lance**, a forest of spears.
selvaggiaménte, *avv.* wildly; savagely; barbarously; (*come un selvaggio*) like a savage.
selvaggina, *f.* game: **s. da penna**, feathered game.
selvàggio, A *a.* wild; savage; barbarous; uncivilized; (*rozzo*) rude, rough; (*primitivo*) primitive; **animali selvaggi**, wild animals; **azioni selvagge**, savage actions; savagery; **modi selvaggi**, rude (*o* unpolite) manners; **piante selvagge**, wild plants; **tribù selvagge**, wild (*o* savage) tribes; **un luogo s.**, a wild (*o* a desert, desolate) place; **un s. omicidio**, a barbarous (*o* a ferocious) homicide; **avere del s.**, to be rather wild; to be wildish. **B** *m.* (*anche fig.*) savage: **vivere come un s.**, to live like a savage; to live primitively. ● **È una selvaggia**, she is a wild cat.
selvatichézza, *f.* wildness, savageness; (*rozzezza*) roughness, rudeness; (*scontrosità*) unsociableness, unsociability.
selvàtico, A *a.* wild; savage; (*non addom.*) untame(d); (*rozzo*) rough, rude; (*non socievole*) unsociable: **terreno s.**, wild land; wilderness; **un asino s.**, a wild ass; an onager; **un fiore s.**, a wild flower; **un'oca selvatica**, a wild goose; **un pero s.**, a wild pear-tree; **essere un po' s. per natura**, to be rather unsociable. **B** *m.* (*odore di selvaggina*) smell of game; (*sapore di selvaggina*) taste of game. ● **puzzare di s.**, to smell wild (*o* gamy) ☐ **sapere di s.**, to taste wild (*o* gamy).
selvaticume, *m.* heap of wild things.
selvicoltóre, selvicoltura, *V.* silvicoltóre, silvicoltura.
selvóso, *a.* **1** woody; wooded: **monti selvosi**, woody mountains **2** (*fig.*) bushy: **un mento s.**, a bushy chin.
sèlz, *V.* sèltz.
Sem, *m.* (*Bibbia*) Shem.
semafòrico, *a.* semaphoric; semaphorical.
semaforista, *m.* semaphorist; (*segnalatore*) signaller, signalman*.
semàforo, *m.* **1** (*naut.*) signal-station **2** (*ferr.*) semaphore: **braccio del s.**, semaphore arm; semaphore blade (*USA*) **3** (*segnale per il traffico*) traffic-lights (*pl.*); (*cartello*) traffic signals (*pl.*). ● (*autom.*) **s. con lampeggio** (*o* **a intermittenza**), flashing amber lights.
semantèma, *m.* (*linguistica*) semanteme.
semàntica, *f.* (*linguistica*) semantics (*pl. col verbo al sing.*).
semanticità, *f.* (*linguistica*) semantic character (*o* nature).
semàntico, *a.* (*linguistica*) semantic.
semantista, *m.* semanticist; semantician.
semaṣiologia, *f.* (*linguistica*) semasiology; semantics (*pl. col verbo al sing.*).
semaṣiològico, *a.* (*linguistica*) semasiological; semantic.
semaṣiòlogo, *m.* semasiologist; semanticist.
sembiante, *m.* (*lett.*) semblance; appearance; aspect; (*volto*) countenance: **in s.**, in appearance (only). ● **far s.**, to pretend; to feign.
sembianza, *f.* **1** semblance; aspect; appearance; (*figura*) figure, form; (*immagine*) image; (*somiglianza*) likeness: **la s. d'un diavolo**, the semblance of a devil; **il falso sotto le sembianze del vero**, falsehood in semblance of truth **2** (*pl.*: *fattezze*) looks (*pl.*); (*lineamenti*) features (*pl.*), countenance: **un giovane di belle sembianze**, a young man of handsome features; a good-looking (*o* a handsome) young man. ● **avere belle sembianze**, to be good-looking.
sembrare, *v. i.* **1** (*parere*) to seem; (*apparire*) to appear (*costruzione pers. o impers.*); (*avere apparenza*) to look, to look like; (*dare l'impressione*) to sound; (*all'udito*) to sound like; (*al gusto*) to taste like; (*al tatto*) to feel* like; (*all'olfatto*) to smell* like: **Sembra che tu sia nei guai**, you seem to be in trouble; **Mi sembra che tu sia nei guai**, it seems to me (that) you are in trouble; you seem to me to be in trouble; **Sembra che sia un uomo onesto**, he seems to be an honest man; **All'apparenza sembra un uomo onesto**, he looks like an honest man; **Sembri triste**, you look sad; you look blue (*fam.*); **Sembri molto stanco**, you do look tired; **Mi sembra che tu stia bene**, you look well; **Mi sembra un sogno**, it seems to me like a dream; **Sembra un vecchio**, he looks like an old man; **Sembra suo fratello**, he looks like his brother; **Il lago sembra uno specchio**, the lake looks like a mirror; **Sembra che voglia piovere**, it looks like rain; **Sembra che voglia essere una bella giornata**, it looks like being a fine day; **Sembra vero**, that sounds true; **Ci sembra assai strano**, it sounds very strange to us; **La sua spiegazione sembra davvero convincente**, his explanation sounds quite convincing; **Sembra miele**, it tastes like honey; **Sembra di vetro (di velluto)**, it feels like glass (velvet) **2** (*credere, supporre*) to seem, to appear (*costruzione pers. o impers.*); to think*; (*piacere*) to like: **Mi sembra che tu abbia torto**, it seems to me that you are wrong; **I think you are wrong**; **Così sembra**, so it seems; **Che te ne sembra?**, what do you think of it?; **Come ti sembra questo caffè?**, how do you like this coffee?; **Non mi sembra vero**, I can't believe it.
séme, *m.* **1** seed* (*di arancia, pera, ecc.*) pip: **s. di lino**, flax-seed; linseed; **s. di vinacciolo**, grape seed; grapestone; **semi di fiori**, flower-seeds; **grano da s.**, seed-corn; **i semi di un'arancia**, the pips of an orange; **pieno di semi**, full of seeds; seedy; **s. di ravizzone**, cole seed **2** (*pop.: nocciolo*) stone; pit: **s. di ciliegia**, cherry-stone **3** (*sperma*) sperm **4** (*fig.*: *origine*) seed; origin; source: **il s. della discordia (dell'odio)**, the seeds of discord (of hatred); **gettare il s. d'una dottrina**, to sow the seeds of a doctrine **5** (*lett.*: *razza*) seed; offspring; progeny; descendants (*pl.*): **il mal s. d'Adamo**, the evil seed of Adam **6** (*delle carte da gioco*) suit: **due carte dello stesso s.**, two cards of the same suit. ● **s. (da) bachi**, silkworm eggs (*pl.*) ☐ **s. d'anice**, aniseed ☐ **s. di cacao**, cacao-bean ☐ **commerciante di semi e sementi**, seedsman ☐ **senza semi**, seedless; pipless.
semeiologia, *V.* semiologia.
semeiòlogo, *m.* semeiologist.
semeiòtica, *f.* **1** (*med.*) semeiotics (*pl. col verbo al sing.*); semeiology; symptomatology **2** (*linguistica*) semeiology.
semeiòtico, *a.* (*med.*) semeiotic(al); semeiologic(al).
seménta, *f.* **1** (*il seminare*) sowing; seeding **2** (*tempo della semina*) sowing-season; seed-time **3** (*semente*) seed.
seménte, *f.* seed.
seménza, *f.* **1** seed **2** (*fig.*: *discendenza*) seed; offspring;

progeny 3 (*fig.: origine*) seed; origin; cause; source.
semenzàio, *m.* (*anche fig.*) seed-bed.
semenzale, *m.* (*agric.*) seedling.
semestrale, *a.* semestral; semi-annual; half-yearly; bi-yearly; six-monthly: **la chiusura s.**, the semi-annual closing; **una rivista s.**, a six-monthly (magazine).
semestralità, *f.* **1** biannual character **2** (*rata semestrale*) biannual payment; six-monthly payment.
semestralménte, *avv.* every six months; half-yearly.
semèstre, *m.* semester; period (*o* term) of six months; half-year. ● (*polit.*) **s. bianco**, (the) last six months of the term of office of the President of the Republic (during which he cannot dissolve Parliament) □ **pagare a semestri**, to pay every six months.
semiacèrbo, *a.* half-ripe.
semianalfabèta, *a.*, *m. e f.* semilliterate (person).
semianalfabetismo, *m.* semilliteracy.
semiapèrto, *a.* half-open; (*rif. a porte*) ajar (*pred.*).
semiarco, *m.* (*archit.*) haunch.
semiasse, *m.* **1** (*geom.*) semi-axis* **2** (*autom.*) axle-shaft; driveshaft.
semiautomàtico, *a.* semi-automatic.
semiautomatizzato, *a.* semiautomated.
semibàrbaro, *a.* semi-barbarian; half-barbarian; semi-savage; semi-civilized; half-wild.
semibiscròma, *f.* (*mus.*) hemidemisemiquaver.
semibrève, *f.* (*mus.*) semibreve.
semibùio, *a.* dimly lit; semi-dark; half-lit: **un corridoio s.**, a dimly lit corridor.
semicadènza, *f.* (*mus.*) half-cadence; half-close.
semicérchio, *m.* (*anche geom.*) semicircle; half-circle.
semichiuso, *a.* half-closed; half-shut.
semicingolato, (*autom.*) **A** *a.* half-track(ed) **B** *m.* half-track.
semicircolare, *a.* semicircular.
semicircolo, *m.* (*geom.*) semicircle; half-circle.
semicirconferènza, *f.* (*geom.*) semicircumference.
semiconduttóre, *m.* (*fis.*) semiconductor.
semiconsonante, *f.* (*fon.*) semiconsonant; semivowel.
semiconsonàntico, *a.* (*fon.*) semiconsonant (*attr.*); semiconsonantal; semivocalic.
semiconvitto, *m.* day-school.
semiconvittóre, *m.* day-boy.
semicopèrto, *a.* half-covered.
semicòro, *m.* (*mus.*) semichorus.
semicròma, *f.* (*mus.*) semiquaver.
semicùpio, *m.* sitz-bath; hip-bath.
semidènso, *a.* semi-thick.
semideponènte, (*gramm.*) **A** *a.* semideponent. **B** *m.* semideponent (verb).
semidesèrtico, *a.* (*geogr.*) semidesert.
semidiàmetro, *m.* (*geom.*) semidiameter.
semidìo, *m.* (*mitol.*) demigod; semigod.
semidistrutto, *a.* half-destroyed.
semidòppio, *a.* semi-double.
semidòtto, *a.* half-erudite; not deeply-read.
semiduro, *a.* (*metall.*) medium hard.
semiesònero, *m.* partial exemption.
semifinale, *f.* (*sport*) semifinal: **le semifinali**, the semifinals.
semifinalista, *m. e f.* (*sport*) semifinalist.
semifluido, *a.* (*fis.*) semifluid.
semifréddo, **A** *a.* half-cold. **B** *m.* «semifreddo» (Italian soft ice-cream).
semigrasso, *a.* medium fat.
semigratùito, *a.* half-price.
semigruppo, *m.* (*mat.*) semigroup.
semilavorato, (*ind.*) **A** *a.* semi-finished; semi-manufactured. **B** *m.* semi-finished (*o* semi-manufactured, partly-finished) product.
semilìbero, **A** *a.* half-free; semifree. **B** *m.* **1** half-free (*o* semifree) man* **2** (*stor.*) semifreedman*.
semilibertà, *f.* half freedom.
semilìquido, *a.* (*fis.*) semiliquid.
semilùcido, *a.* semigloss.
semilunare, *a.* semilunar; half-moon-shaped: (*anat.*) **una valvola s.**, a semilunar (valve).
semimìnima, *f.* (*mus.*) crotchet.
semimòrto, *a.* half-dead.
semimpermeàbile, *a.* partially impermeable.
sémina, *f.* seeding; sowing.
seminàbile, *a.* sowable.
seminagióne, *f.* (*lett.*) seeding; sowing.
seminale, *a.* (*agric.*, *fisiologia*) seminal: **i vasi seminali**, the seminal vessels; **liquido s.**, seminal fluid. ● (*anat.*) **ghiandola s.**, testicle.
seminare, *v. t.* **1** to seed; to sow* (*anche fig.*): **s. il grano** (le patate), to sow wheat (potatoes); **s. un campo a grano**, to sow a field with wheat; **s. discordia**, to sow dissension; **s. nella sabbia** (*o* **sulla rena**), to sow in the sand; **s. odio**, to sow the seeds of hatred **2** (*spargere*) to scatter; to spread*; to strew*: **s. q.c. per tutta la casa**, to spread (*o* to leave) st. all over the house; **s. scandalo**, to spread scandal **3** (*fam.*: *lasciare indietro*) to leave* behind; to shake* off; to draw* away from: **Seminò gli inseguitori**, he shook off his pursuers. ● (*agric.*) **s. a righe**, to drill □ **s. denari**, to be a spendthrift □ **s. q.c. per la strada**, to drop st. along the road □ **Gli sta bene! Ha raccolto quel che ha seminato**, it serves him right! he has got what he asked for! □ (*prov.*) **Chi mal semina, mal raccoglie**, sow thin, shear thin □ (*prov.*) **Chi semina vento raccoglie tempesta**, sow the wind and reap the whirlwind □ (*prov.*) **Chi non semina non raccoglie**, he that does not sow, does not mow.
seminàrio, *m.* **1** (*relig.*) seminary **2** (*esercitazione universitaria*) seminar.
seminarista, *m.* (*relig.*) seminarist; seminarian.
seminarìstico, *a.* of a seminary; seminary (*attr.*).
seminata, *f.* sowing; seeding.
seminativo, *a.* (*agric.*) fit for seed.
seminato, **A** *a.* **1** sown; seeded: **terreno s.**, sown ground **2** (*sparso*) sown; scattered; spread; strewed; strewn: **un cielo s. di stelle**, a sky sown (*o* scattered) with stars; **una vita seminata di spine**, a life strewn with thorns. **B** *m.* sown ground. ● (*fig.*) **uscire dal s.**, to wander from the subject; to digress.
seminatóio, *m.* seeder.
seminatóre, *m.* sower. ● **s. di scandali**, scandalmonger.
seminatrice, *f.* **1** sower **2** (*macchina per seminare*) sowing-machine; seeding-machine; seeder: **s. a spaglio**, wheelbarrow seeder. ● **s. a righe**, drill.
seminatura, *f.* **1** (*semina*) seeding; sowing **2** (*tempo della semina*) seed-time; sowing season.
seminfermità, *f.* (*med.*) partial infirmity. ● (*leg.*) **s. mentale**, partial insanity.
seminférmo, **A** *a.* partially infirm. **B** *m.* partially infirm person.
seminìfero, *a.* (*bot.*, *anat.*) seminiferous.
seminterrato, *m.* (*edil.*) basement.
seminudo, *a.* half-naked.
semiografìa, *f.* (*scient.*) semeiography.
semiologìa, *f.* **1** (*med.*) semeiotics (*pl. col verbo al sing.*); semeiology, semiology **2** (*linguistica*) semeiology, semiology.
semiològico, *a.* (*med.*, *linguistica*) semeiologic; semeiological.
semiòlogo, *V.* **semeiòlogo**.
semiónda, *f.* (*fis.*, *radio*, *ecc.*) half-wave.
semiopaco, *a.* semi-opaque.
semioscurità, *f.* semi-darkness; half-dark; twilight.
semioscuro, *a.* half-dark.
semiòsi, *f.* (*filos. del linguaggio*) semiosis*.
semiòtica, *f.* (*linguistica*) semiotics.
semiòtico, *a.* (*filos. del linguaggio*) of semiosis.
semipermeàbile, *a.* semipermeable: **una membrana s.**, a semipermeable membrane.
semipermeabilità, *f.* semipermeability.
semipiano, *m.* (*geom.*) half-plane.
semipièno, *a.* (*mezzo pieno*) half-full; (*quasi pieno*) almost full.
semiprezióso, *a.* semiprecious.
semiprofessionismo, *m.* (*sport*) semiprofessionalism.
semiprofessionista, *m. e f.* (*sport*) semiprofessional; semipro (*fam.*).
semiprofessionìstico, *a.* (*sport*) semiprofessional: **il basket s.**, semiprofessional basketball.
semiraffinato, *a.* semirefined.
Semiràmide, *f.* (*Bibbia*) Semiramis.
semirètta, *f.* (*geom.*) half-line.
semirìgido, *a.* (*anche aeron.*) semirigid; semiflexible.
semirimòrchio, *m.* (*autom.*) semitrailer; half-trailer (*USA*).
semiscopèrto, *a.* half-uncovered.
semisécco, *a.* (*enologia*) demi-sec.
semisecolare, *a.* semi-secular.
semiselvàggio, *a.* semi-savage; half-savage; half-wild.
semisèrio, *a.* semi-serious; serio-comic.
semisezióne, *f.* half section.
semisfèra, *f.* (*geom.*) semisphere; hemisphere.
semisfèrico, *a.* (*geom.*) semispheric; semispherical; hemispheric; hemispherical.
semisòlido, *a.* (*fis.*) semi-solid.
semisómma, *f.* (*mat.*) half-sum.
semispàzio, *m.* (*geom.*) half space.
semispènto, *a.* almost (*o* nearly) out; half-extinguished; half-dead; (*fioco*) faint, weak: **Il fuoco è s.**, the fire is nearly out; **con voce semispenta**, in a faint voice.
semita, **A** *m. e f.* Semite. **B** *a.* Semitic.

semitappa, *f.* (*sport*) half-lap.
semìtico, *a.* Semitic: **lingue semitiche,** Semitic languages; **popoli semitici,** Semitic peoples.
semitista, *m.* e *f.* Semitist.
semitìstica, *f.* Semitics (*pl. col verbo al sing.*).
semitizzare, *v. t.* to Semitize; to Semiticize.
semitonato, *a.* (*mus.*) semitonal; semitonic.
semitóndo, *a.* half-round.
semitòno, *m.* (*mus.*) semitone.
semitrasparènte, *a.* semitransparent; almost transparent.
semitrasparènza, *f.* semi-transparency.
semiufficiale, *a.* semi-official; half-official.
semivestito, *a.* half-dressed.
semivivo, *a.* (*lett.*) half-dead; nearly-dead; half-alive.
semivocale, *f.* (*fonetica*) semivowel.
semivocàlico, *a.* (*fonetica*) semivocalic.
semmai, *cong.* V. **se** (1).
sémola, *f.* 1 (*crusca*) bran 2 (*fam.: lentiggini*) freckles (*pl.*).
semolata, *f.* bran-water.
semolato, *a.* – **zucchero s.,** castor sugar.
semolatrice, *f.* (*ind., mecc.*) purifier: **s. a gravità,** gravity purifier.
semolino, *m.* semolina.
semolóso, *a.* 1 (*pieno di semola*) branny 2 (*fam.: lentigginoso*) freckled: **pelle semolosa,** freckled skin; **Il viso della ragazza era tutto s.,** the girl's face was freckled all over.
semovènte, A *a.* 1 self-moving; self-propelled 2 (*automatico*) automatic(al). B *m.* (*pezzo d'artiglieria*) self-propelled gun.
semovènza, *f.* self-motion; self-propulsion.
Sempióne, *m.* (*geogr.*) Simplon.
sempitèrno, *a.* (*lett.*) sempiternal; eternal; everlasting. ● **in s.,** eternally; for ever (and ever).
sémplice (1), A *a.* 1 (*costituito d'un solo elemento*) simple; single: **un nodo s.,** a simple knot; (*bot.*) **un tulipano s.,** a single tulip 2 (*non mescolato o combinato con altro*) simple; unmixed; uncombined; (*non composto*) simple, uncompounded: **un colore s.,** a simple colour; **un corpo s.,** a simple body 3 (*non complesso o complicato*) simple; plain; (*facile*) easy; (*elementare*) elementary; (*schietto*) sheer; (*naturale*) natural, artless, naive, unaffected, unsophisticated: **L'ipotesi più s.,** the simplest hypothesis; **un compito** (**un problema**) **s.,** a simple (*o* an easy) task (problem); **un cuore s.,** a simple heart; **uno stile s.,** a simple (*o* an unadorned) style; **un pasto s.,** a simple (*o* a homely) meal; **un vestito s.,** a plain dress; **avere modi semplici,** to be simple--mannered; to have simple ways 4 (*null'altro che; spesso: puro e s.*) simple; mere; pure; bare; plain; sheer; but (*avv.*); (*soltanto*) only, just (*avv.*): **puro e s.,** pure and simple; **la (pura e) s. verità,** the simple (*o* mere, plain) truth; **una s. perdita di tempo,** a sheer waste of time; **una s. supposizione,** a mere conjecture; **essere un s. caporale,** to be a simple corporal; **rispondere con un s. sì o no,** to answer with a plain «yes» or «no»; **stare alla s. parola di q.,** to rely on the mere word of sb.; to believe sb.'s bare word; to believe st. on sb.'s bare word; **È un imbroglione puro e s.,** he's just a swindler 5 (*di persona*) simple; open; straightforward; (*ingenuo*) ingenuous, candid, simple-minded, naive; (*alla buona*) unpretentious, humble, plain: **essere d'animo s.,** to be simple--hearted; **Essere s. significa esser grande,** to be simple is to be great 6 (*chim., mat.*) simple: **una frazione s.,** a simple fraction. ● **s. cittadino,** private citizen □ (*naut.*) **marinaio s.,** ordinary seaman; rating □ (*rag.*) **partita s.,** single-entry book-keeping □ (*mat.*) **la regola del tre s.,** the rule of three □ (*mil.*) **soldato s.,** private (soldier); ordinary soldier. B *m.* 1 simple person (*o* soul) 2 (*semplicione*) simpleton.
sémplice (2), *m.* (*erba medicinale*) simple (*arc.*); herb: **giardino dei semplici,** herb garden.
semplicemènte, *avv.* 1 (*in modo semplice*) simply; in a simple manner; with simplicity; plain: **vestire s.,** to dress simply; to wear plain clothes; **vivere s.,** to live simply; to live a simple life; **parlare s.,** to speak in a simple manner (*o* way); to speak plain 2 (*solamente*) simply; solely; merely; only; but; just: **È s. un operaio,** he is simply a workman; **Voglio s. dirti questo,** I just want to tell you this; **Volevo s. vederlo,** I just wanted to see him (*c* it); **Gli chiesi s. il nome,** I merely asked his name 3 (*con ingenuità*) simply; ingenuously; candidly.
sempliciàrio, *m.* herbal.
semplicióne, A *m.* simpleton; greenhorn; gull; Simple Simon (*fam.*); sucker (*fam.*). B *a.* simple; naive.
semplicioneria, *f.* simplicity; simple-mindedness; ingenuousness; credulity.
semplicìòtto, V. **semplicióne.**
semplicìsmo, *m.* simplism; superficiality.
semplicista (1), A *a.* simplistic; superficial. B *m.* e *f.* simplicist; superficial person.

semplicista (2), *m.* (*erborista*) herbalist; herborist.
semplicisticamènte, *avv.* simplistically.
semplicìstico, *a.* simplistic; superficial.
semplicità, *f.* 1 simplicity; simpleness; plainness; (*naturalezza*) naturalness, naivety, naiveté, artlessness: **la s. d'una dottrina,** the simplicity of a doctrine; **s. di maniere,** simplicity of ways; (*modi semplici*) simple ways; **s. di stile,** simplicity of style; simple style; **s. di vita,** simplicity of life; **con s.,** with simplicity; simply; in a simple manner 2 (*ingenuità*) simplicity; ingenuousness; simple--mindedness; credulity. ● (*iron.*) **Santa s.!,** you do believe everything you are told!
semplificare, A *v. t.* 1 to simplify; to make* simple; (*agevolare*) to make* easy 2 (*mat.*) to reduce (to its lowest terms). **semplificarsi,** B *v. rifl.* to become* (*o* to get*) simpler (*o* easier).
semplificato, *a.* simplified.
semplificazióne, *f.* simplification; simplifying.
sèmpre, *avv.* 1 (*in ogni tempo*) always; ever; (*a ogni ora*) at all times; (*in ogni circostanza*) on all occasions: **avere q.c. s. presente,** always to bear st. in mind; never to forget st.; **Visse s. povero,** he was always a poor man; **Quel ragazzo parla s.,** that boy is always speaking; that boy never stops speaking (*o* never keeps quiet); **Mi è s. piaciuto,** I always liked it; **Ti vorrò s. bene,** I shall always love you; **Non andrà s. così!,** it will not be always like this! (*o* something will turn up!); **S. guai!,** (there is) always trouble!; **L'ufficio informazioni è s. aperto,** the information bureau is open at all times; **non s.,** not always; **ora e s.,** now and for ever; **per s.,** for ever; (*definitivamente*) for good: **Ha lasciato il paese per s.,** he has left the country for good; (*nella chiusa d'una lettera*) **Vostro per s.,** yours ever; ever yours; **Perduto per s.!,** lost for ever!; **Addio per s.!,** farewell for ever! 2 (*tutto il tempo; dall'inizio alla fine*) all the time: **Piovve s.,** it rained all the time; **Devi averlo s. saputo,** you must have known it all the time 3 (*ancora*) still: **C'era s. speranza,** there was still hope; **C'è s. tempo,** there is still plenty of time; **Sei s. contento di lui?,** are you still satisfied with him? 4 (*comunque, tuttavia; spesso: pur s.*) always; anyhow, however, nevertheless (*cong.*): **Posso s. tentare,** I can always try; anyhow, I can try; **Avevi pur s. torto,** however, you were wrong; **È pur s. vero che...,** it is nevertheless true that... 5 (*in composizione con un agg. attr.*) ever-: **importanza s. crescente,** ever-growing importance; **un numero s. crescente di persone,** an ever-increasing number of people; **un rischio s. presente,** an ever-present risk 6 (*davanti a un compar., con valore intensivo, è idiom.; in ingl. si raddoppia il compar.*): **s. meno,** less and less; still less: **s. meno ciarliero,** less and less talkative; **lavorare s. meno,** to work less and less; **s. peggio,** worse and worse; **s. più,** more and more; still more: **s. più facile,** easier and easier; **s. più interessante,** more and more interesting; **Mi piace s. più,** I like it more and more. ● **s. che,** provided (that); if only; as long as; that's if (*fam.*): **Verremo s. che non piova,** we shall come, provided that it does not rain; **Lo farò s. che tu lo voglia,** I'll do it, if only you want me to □ **s.,** fin dalla mia infanzia, ever since I was a boy (*o* a girl) □ **da s.,** from time immemorial; from time out of mind; always; all the time: **Quell'usanza esisteva da s.,** that custom existed from time immemorial; **Lo conosco da s.,** I have always known him; **Credo proprio che lo sapesse da s.,** he must have known it all the time □ **di s.,** usual; habitual: **Mi accolse col buon umore di s.,** he welcomed me with his usual good humour □ **fama (gloria, ecc.) che durerà s.,** everlasting fame (glory, etc.) □ **proprio per s.,** for ever and ever □ **salire s. più (in alto),** to go (*o* to come, to climb) up and up; (*crescere*) to become higher and higher □ **scendere s. più (in basso),** to go (*o* to come, to climb) down and down; (*calare*) to become lower and lower □ **una volta per s.,** once (and) for all: **Te lo dico una volta per s.!,** I am telling you once for all! □ **I ragazzi sono s. ragazzi,** boys will be boys.
semprevérde, *a., m.* e *f.* (*bot.*) evergreen: **Il pino e il cedro sono sempreverdi,** the pine and cedar are evergreens.
semprevivo, *m.* (*bot., Sempervivum tectorum*) sengreen; houseleek.
Semprònio, *m.* Sempronius.
sèna, *f.* (*bot., Cassia acutifolia*) senna.
senapato, *a.* with mustard; mustard (*attr.*): **carta senapata,** mustard paper; **un impiastro s.,** a mustard plaster.
sènape, *f.* 1 (*bot., Brassica alba*) white mustard; (*Brassica nigra*) black mustard 2 (*farina di s.*) (flour of) mustard: **un impiastro di s.,** a mustard plaster (*o* poultice) 3 (*salsa*) mustard. ● **color s.,** mustard yellow.
senapièra, *f.* mustard-pot.
senapismo, *m.* 1 (*med.*) mustard plaster (*o* poultice) 2 (*fig.*) pest; nuisance; bore: **Sei proprio un s.!,** you're a real pest!
senàrio, (*poesia*) A *a.* of six feet. B *m.* senarius*.
senato, *m.* 1 senate: **il s. romano,** the Roman Senate; **la presi-**

senatoconsulto

denza del S., the presidency of the Senate; il s. accademico, the senate of a (o of the) university 2 (sede del s.) senate-house.
senatoconsulto, m. (stor. romana) senatus consultum*.
senatorato, m. senatorship.
senatóre, m. senator; member of the Senate: i senatori d'Atene, the senators of Athens. ● s. a vita, Life Member of the Senate.
senatoriale, senatòrio, a. senatorial; of a senator: province senatorie, senatorial provinces.
senegalése, a., m. e f. Senegalese: i senegalesi, the Senegalese.
senescènte, a. (lett.) senescent.
senescènza, f. senescence.
senése, a., m. e f. Sienese, Siennese: i senesi, the Sienese.
senile, a. senile; of old age: (med.) cancrena s., senile gangrene. ● età s., old age □ le malattie senili, the infirmities of old age.
senilìsmo, m. (med.) premature senility.
senilità, f. senility (anche med.); (vecchiaia) old age.
senilménte, avv. senilely; in a senile way.
senior (lat.), **A** a. senior; elder: Plinio S., Pliny the Elder. **B** m. pl. (sport) seniors.
senióre, m. senior.
sènna, V. **sèna.**
Sènna, f. (geogr.) (the) Seine.
sénno, m. (common) sense; judg(e)ment; (practical) wisdom; (discernimento) discernment: un uomo di s., a man of sense. ● il s. di poi, hindsight; after-wit □ una cosa fatta con s., a sensible thing □ essere fuori di s., to be out of one's (right) mind; to be out of one's wits (o senses); to be off one's head (fam.) □ perdere il s. (o uscire di s.), to lose one's mind (o wits); to go out of one's mind □ un ragazzo senza s., a senseless (o a brainless) boy □ tornare in s., to recover one's mind □ (prov.) Del s. di poi sono piene le fosse, after-wit is everybody's wit.
sennò, avv. (fam.) otherwise.
sennonché, cong. but; except that.
séno (1), m. **1** (petto) breast; bosom: allattare un neonato al s., to breast-feed a baby; nascondere q.c. in s., to hide st. in one's bosom; (fig.) scaldarsi una serpe in s., to warm (o to cherish) a snake in one's bosom; stringere q. al s., to press (o to hug) sb. to one's breast **2** (grembo, anche fig.) bosom; womb; lap: portare un figlio in s., to carry a child in one's womb; nel s. della terra, in the womb (o in the bowels) of the earth **3** (fig.: animo) bosom; heart; breast: versare nel s. d'un amico i propri dolori, to pour one's griefs into a friend's heart **4** (cavità) bosom; cavity: nel s. d'una baia (d'una valle, ecc.), in the bosom of a bay (of a valley, etc.) **5** (anat.) sinus*; cavity: il s. frontale, the frontal sinus. ● (geogr.) s. di mare, inlet; creek; bay □ (fig.) in s. a, in the bosom of; within: in s. alla famiglia, in the bosom of one's family; in s. al partito democratico, within the Democratic Party.
séno (2), m. (mat.) sine (abbr.: sin): il s. di un angolo, the sine of an angle; s. iperbolico, hyperbolic sine (abbr. sinh; Sh).
senofobia, senòfobo, V. **xenofobia, xenòfobo.**
Senofónte, m. (stor. lett.) Xenophon.
senonché, V. **sennonché.**
sensale, m. (comm.) broker; middleman*; agent: s. marittimo, ship-broker.
sensatamènte, avv. sensibly; judiciously. ● parlare s., to talk sense.
sensatézza, f. sensibleness; good sense; judiciousness.
sensato, a. sensible; endowed with good sense; judicious: spese sensate, judicious purchases; un'idea (un'osservazione) sensata, a sensible idea (remark); un uomo s., a sensible man; Fu molto s., da parte tua, that was very sensible of you.
sensazionale, a. sensational; thrilling; (most) exciting: una storia s., a thrilling story; a thriller (fam.).
sensazióne, f. **1** sensation; feeling: s. auditiva, auditory sensation; s. tattile, tactile sensation; una s. di calore, a sensation of warmth; a sense of heat; una s. di freddo (di fame), a feeling of cold (of hunger); una s. di dolore, a sensation of distress; a feeling of pain; provare una s. di gioia, to feel a sensation of joy **2** (impressione viva) sensation; stir; excitement: fare s., to cause (o to create) a sensation. ● a s., sensational; thrilling: un romanzo a s., a sensational novel.
senseria, f. (comm.) brokerage.
sensibile, A a. **1** (atto a essere percepito dai sensi) sensible; perceptible: fenomeni sensibili, sensible (o perceptible) phenomena; il mondo s., the sensible world **2** (che ha sensibilità) sensitive; impressionable; (facile a commuoversi) tender-hearted; (eccessivamente sensibile) thin-skinned; tender-skinned; touchy (fam.): un bambino s., a (very) sensitive child; un carattere s., an impressionable disposition; La lingua è uno degli organi più sensibili, the tongue is one of the most sensitive of organs; Come sei s.!, how touchy you are!; avere l'animo s., to be tender--hearted; essere s. alla bellezza, to be sensitive to beauty **3** (mecc., radio, fotogr., ecc.) sensitive: una bilancia s., a sensitive balance; una pellicola s., a sensitive film; un termometro s., a sensitive (o sensibile) thermometer **4** (rilevante) sensible; considerable; appreciable; notable; serious: un abbassamento s. di temperatura, a sensible fall in the temperature; una differenza s. di peso, a sensible difference in weight; una perdita s., a considerable loss. ● essere s. al fascino femminile, to be susceptible to feminine charm. **B** f. (mus.) leading (o sensible) note.
sensibilità, f. **1** (capacità di percepire gli stimoli esterni) sensibility: la s. della pelle, the sensibility of the skin; la s. tattile, tactile sensibility **2** (disposizione a sentire vivamente) sensitivity; sensitiveness; tender-heartedness; (eccessiva sensibilità) touchiness (fam.): s. al dolore, sensitivity to pain; una s. morbosa, a morbid sensitiveness **3** (mecc., radio, fotogr., ecc.) sensitivity; sensibility: la s. di una pellicola, the sensitivity of a film; (radio, telev.) s. di variazione, variational sensitivity; (telev.) s. luminosa, luminous sensitivity. ● un termometro di grande s., a most sensitive thermometer.
sensibilizzare, v. t. **1** (fotogr.) to sensitize **2** (fig.) to awaken; to make* aware: s. l'opinione pubblica a q.c., to awaken public opinion to st.
sensibilizzatóre, m. (fotogr.) sensitizer.
sensibilizzazióne, f. (fotogr.) sensitization.
sensibilménte, avv. **1** sensibly; sensitively **2** (in modo rilevante) sensibly; considerably.
sensìsmo, m. (filos.) sensationalism; sensism.
sensista, (filos.) **A** m. e f. sensationalist; sensist. **B** a. sensationalistic; sensistic.
sensìstico, a. (filos.) sensationalistic; sensistic.
sensitiva, f. (bot., Mimosa pudica) sensitive plant.
sensitività, f. sensitivity; sensitiveness: la s. del nervo ottico, the sensitivity of the optic nerve.
sensitivo, A a. **1** (atto a sentire) sensitive: la facoltà sensitiva, the sensitive faculty **2** (dei sensi) sensitive; sensuous; sensory; sensorial: la vita sensitiva, sensitive life; percezioni sensitive, sensitive (o sensuous) perceptions **3** (di persona: facile a commuoversi) sensitive; impressionable; tender-hearted: una natura sensitiva, a sensitive nature; an impressionable disposition. **B** m. **1** sensitive (person) **2** (metapsichica) medium.
sensitòmetro, m. (fotogr., med.) sensitometer.
sènso, m. **1** (facoltà di ricevere le sensazioni) sense; sensibility; faculty of sensation (o of feeling): Gli animali sono dotati di s., animals are endowed with sensibility; gli organi del s., the organs of sense; sense-organs; i cinque sensi: della vista, dell'udito, dell'odorato, del gusto e del tatto, the five senses: of sight, hearing, smell, taste and touch; un sesto s., a sixth sense **2** (sensazione) sense; sensation; feeling: un uomo di nobili sensi, a man of noble feelings; il s. del dovere, a sense of duty; il s. dell'umorismo, a sense of humour: mancare di s. dell'umorismo, to have no sense of humour; un s. di disagio, a feeling of discomfort; un s. di felicità, a feeling of happiness; a happy feeling; un s. di gratitudine (di vergogna, ecc.), a sense of gratitude (of shame, etc.); un s. di tristezza, a sad feeling; avere il s. del bello, to have a (deep) feeling for beauty; to be sensitive to beauty; avere il s. della direzione, to have a good sense of direction **3** (pl.: sensualità) senses; sensuality (sing.); flesh (sing.): il piacere dei sensi, the pleasure of the senses; mortificare i sensi, to mortify the flesh **4** (significato) sense; meaning; significance: il s. d'una parola (d'una frase), the sense (o meaning) of a word (of a sentence); il s. letterale, the literal sense; il s. proprio, the proper sense; nel s. migliore della parola, in the best sense of the term; parole prive di (o senza) s., words without sense (o meaning); senseless (o meaningless) words; un doppio s., a double meaning; afferrare il s. di q.c., to grasp the meaning of st.; avere s., to make sense: Non ha s., it does not make any sense; dare un altro s. alle parole di q., to put (o to give) a wrong meaning to sb.'s words; to misunderstand sb.; non capire il s. di q.c., not to understand the meaning of st.; Qui manca il s., there is no sense in this; C'è del s. in quel che dici, there's sense in what you say; Che s. c'è a fare una cosa del genere?, what's the sense of doing that?; in un certo s., in a sense: In un certo s. quello che dici è giusto, what you say is true in a sense **5** (direzione) direction; way; (mecc.) s. di rotazione, direction of rotation; in s. opposto, in the opposite direction; in tutti i sensi, in every direction; in all directions; Va dritto in quel s.!, go that way, straight on! **6** (modo) way; manner: in questo o in quel s., in one way or another; one way or other; Si può fare nell'un s. e nell'altro, you can do it each way (o both ways). ● (traffico stradale) s. obbligatorio, compulsory thoroughfare □ (traffico stradale) s. rotatorio, roundabout □ (traffico stradale) s. unico, one way; one-way traffic (o street): una strada a s. unico, a one--way street □ (traffico stradale) s. vietato, no thoroughfare; no entry □ ai sensi di, according to; in conformity with: ai sensi di legge, according to the law □ avere il s. dell'orientamento, to

have a sense of locality □ **buon s.**, good sense; sound judgment: **un uomo di buon s.**, a man of sense □ **in s. orario (antiorario)**, clockwise (counter-clockwise) □ **nel s. della larghezza**, breadthwise; in breadth □ **nel s. della lunghezza**, lengthwise; in length □ **perdere i sensi**, to lose consciousness; to faint □ **provare un s. di smarrimento**, to be bewildered; to be at a loss □ **riacquistare i sensi**, to recover (*o* to regain) consciousness; to come round (*fam.*) □ **ripetere q.c. a s.**, to repeat st. in one's own words □ **rispondere in s. affermativo (negativo)**, to answer in the affirmative (in the negative) □. (*nella chiusa delle lettere*) **Gradite i sensi della mia devozione**, Yours truly (*o* faithfully, sincerely) □ **Scrivete in questo s.** (*in questi termini*), write in these terms □ **La vista del sangue mi fa s.**, the sight of blood makes me sick □ (*nelle lettere*) **Gradisca i sensi della mia gratitudine**, please accept this expression of my gratitude.

sensóre, *m.* **1** (*ing.*) sensor: **s. solare**, solar sensor **2** (*elab.*) pecker; sensor. ● (*elettron.*) **s. di luce**, photodetector; photosensor.

sensoriale, *a.* sensorial.

sensòrio, A *a.* sensory; sensorial: **i nervi sensori**, the sensory nerves. **B** *m.* sensorium*.

sensuale, *a.* **1** (*che si riferisce al piacere dei sensi*) sensuous **2** (*dedito ai piaceri dei sensi; che rivela voluttà*) sensual; carnal; voluptuous: **i piaceri sensuali**, sensual (*o* carnal) pleasures; **labbra sensuali**, sensual lips; **una vita s.**, a voluptuous life; **un uomo s.**, a sensual (*o* a voluptuous) man; a sensualist.

sensualismo, *m.* sensualism.

sensualista, *m. e f.* sensualist.

sensualìstico, *a.* sensualistic.

sensualità, *f.* sensuality; voluptuousness.

sensualménte, *avv.* sensually; voluptuously.

sensuóso, *a.* (*lett.*) sensuous.

sentènza, *f.* **1** (*aforisma*) aphorism; maxim; precept; (*detto*) saying, saw **2** (*leg.*) judg(e)ment; sentence; decision; finding: **la s. del tribunale**, the sentence of the Court; **s. di morte**, sentence of death; **pronunziare una s.**, to pass judgment (on sb.). ● (*leg.*) **una s. d'assoluzione**, an acquittal □ (*leg.*) **una s. di condanna**, a conviction □ (*leg.*) **una s. passata in giudicato**, «res judicata» (*lat.*) □ **il Libro delle Sentenze**, the Book of Sentences □ **sputare sentenze**, to play the wiseacre.

sentenziare, *v. i.* **1** (*emanare una sentenza*) to pass judgment (*o* sentence); (*giudicare*) to judge **2** (*sputare sentenze*) to talk sententiously; to be sententious.

sentenziosaménte, *avv.* sententiously.

sentenziosità, *f.* sententiousness.

sentenzióso, *a.* sententious; aphoristic; abounding in maxims: **uno stile s.**, a sententious style; **un parlatore s.**, a sententious speaker.

sentièro, *m.* path (*anche fig.*); pathway; footpath; lane; track: **un s. attraverso il bosco**, a path through the woods; **un s. di campagna**, a country lane; **i sentieri della gloria**, the paths of glory; **prendere un s.**, to take a path; **posa in opera di sentieri di pietre** (*in giardini, ecc.*), path laying; (*fig.*) **seguire il retto s.**, to follow the right path. ● (*anche scherz.*) **essere sul s. di guerra**, to be on the war-path.

sentimentale, A *a.* sentimental; romantic; (*sdolcinato*) mawkish, lackadaisical: **una ragazza s.**, a sentimental (*o* a romantic) girl; **un romanzo s.**, a sentimental novel; a tearjerker (*fam.*); **fare il s.**, to play the sentimental; to sentimentalize; **fare q.c. per motivi sentimentali**, to do st. for sentimental reasons. **B** *m. e f.* sentimental person; sentimentalist.

sentimentalismo, *m.* sentimentalism.

sentimentalista, *m. e f.* sentimentalist.

sentimentalità, *f.* sentimentality; sentiment; (*sdolcinatura*) mawkishness, lackadaisicalness.

sentimentalménte, *avv.* sentimentally.

sentiménto, *m.* **1** (*stato d'animo, moto dell'animo*) sentiment, feeling; (*sensazione*) sensation; (*senso*) sense: **il s. dell'onore**, one's sense of honour; **il s. morale**, the moral sense; **il s. religioso**, the religious sentiment; **il s. della pietà**, the sentiment of pity; **un uomo di nobili sentimenti**, a man of noble feelings; **ferire i sentimenti di q.**, to hurt sb.'s feelings **2** (*facoltà di sentire*) feeling: **un uomo di gran s.**, a man of feeling; **non avere un briciolo di s.**, not to have a grain of feeling **3** (*opinione*) sentiment; opinion; point of view; mind: **avere un alto s. di sé**, to have a high opinion of oneself; **esprimere i propri sentimenti su un argomento**, to express one's sentiments (*o* opinion) on a subject; **mutare sentimenti**, to change one's point of view (*o* one's mind); **rimanere del medesimo s.**, to be of the same mind; **Sono anch'io del tuo s.**, I am of your mind **4** (*pl.*: *conoscenza*) consciousness (*sing.*); (*sensi*) senses: **essere fuori dei sentimenti**, to be out of one's senses; **far tornare q. in sentimenti**, to bring sb. to his senses; **perdere i sentimenti**, to lose consciousness. ● (*fam.*) **con tutti i sentimenti**, with all one's might □ **nutrire**

un s. di simpatia per q., to feel sympathy for sb.; to sympathize with sb. □ **perdere il s. di sé**, to lose one's dignity □ **un ragazzo di buoni sentimenti**, a good-natured boy.

sentina, *f.* **1** (*naut.*) bilge: **acqua di s.**, bilge-water; **pompa di s.**, bilge-pump **2** (*fig.*) receptacle; den; sink: **una s. di vizi**, a den of vice.

sentinèlla, *f.* sentry (*anche fig.*); sentinel; guard: **dare il cambio alla s.**, to relieve the sentry; **essere di s.** (*o* **fare la s.**), to be on sentry-duty; to be on sentry-go; (*fig.*) **fare la s. a q.**, to watch (*o* to stand guard) over sb.; **montare di** (*o* **la**) **s.**, to mount guard. ● **s. sottomarina**, submarine sentry.

sentire (1), A *v. t.* **1** to feel*; to have a sensation of: **s. fame (sete)**, to feel (*o* to be) hungry (thirsty); **s. freddo (caldo)**, to feel (*o* to be) cold (warm); **s. sonno**, to feel (*o* to be) sleepy; **s. una gran stanchezza**, to feel (*o* to be) very tired (*o* dead tired); **s. un dolore al ginocchio**, to feel a pain in the knee; **s. un prurito**, to feel (*o* to be) itchy; **s. tremare la terra**, to feel the earth shake; **Sentii q. scuotermi**, I felt sb. shaking me; **Senti come pesa!**, just feel the weight of it! **2** (*rif. al tatto*) to feel*: **Senti com'è liscio!**, just feel how smooth it is!; **Sentivo un chiodo nella scarpa**, I could feel a nail in my shoe; **Gli sentii il polso**, I felt his pulse; **Senti se l'acqua è abbastanza calda**, feel whether the water is warm enough yet **3** (*rif. al gusto*) to taste: **s. il sapore di q.c.**, to taste st.; **Senti questa salsa!**, taste this sauce **4** (*rif. all'olfatto*) to smell*: **s. bruciare q.c.**, to smell st. burning; **s. odore di bruciato**, to smell burning; (*fig.*) to smell a rat; **s. l'odore di q.c. (q.c. all'odore)**, to smell st.: **Non sento nessun odore**, I don't (*o* I can't) smell anything **5** (*rif. all'udito: udire*) to hear*; (*ascoltare*) to listen (to): **s. Messa**, to hear (*o* to attend) Mass; (*fig.*) **s. le due campane**, to listen to both sides; **s. soltanto la voce dell'ambizione**, to listen only to the voice of ambition; **s. una conferenza**, to hear a lecture; **s. un rumore**, to hear a noise; **Proprio io te l'ho sentito dire**, I myself heard you say so; **s. q. cantare (gridare, ecc.)**, to hear sb. singing (shouting, etc.); **Hai sentito?**, did you hear (that)?; **Non l'ho mai sentito dire una parola**, I have never heard him say a word; **Fu sentita piangere**, she was heard to cry; **A quel che sento, vuol lasciarci**, I hear he wants to leave us; **Stavano a s. ciò che dicevamo**, they were listening to what we were saying; **Stammi a s.**, listen to me; **Sentite ora quel che gli accadde**, now listen to what happened to him; **Dio, che sento!**, just listen to him (*o* her, them)!; **Sento gente**, I hear somebody coming **6** (*rendersi conto di*) to feel*; to realize; (*capire*) to understand*: **Sento che il ragazzo ha detto la verità**, I feel that the boy has told the truth; **Sento che è mio dovere parlarti apertamente**, I feel it my duty to speak frankly to you; **Sento quale dev'essere ora il tuo animo**, I realize what your feelings must be now; **Sentii che q.c. di terribile stava per accadere**, I felt that st. dreadful was going to happen **7** (*rif. a impressione o moto dell'animo*) to feel*; to be (+ *agg. o p.p.*); (*provare*) to experience: **s. ammirazione**, to feel admiration (for); to admire; **s. dolore**, to be distressed; **s. il vuoto intorno a sé**, to feel lonely; **s. invidia**, to feel envy (of); to envy; **s. orrore**, to be horrified; **s. pietà**, to feel pity (for); **s. riconoscenza**, to feel (*o* to be) thankful (for st.); **s. spavento**, to be frightened; to have the shivers (*fam.*) **8** (*provare le conseguenze di*) to feel*; to suffer from: **s. il caldo**, to feel the heat; to suffer from the heat; **s. l'umido**, to feel the dampness; **Ero troppo giovane per s. la mia perdita**, I was too young to feel my loss. **B** *v. i.* **1** (*avere sensazioni*) to feel*: **I morti non possono s.**, the dead cannot feel **2** (*avere sapore*) to taste; to smack: **s. d'acido**, to taste sour; **s. di tappo**, to smack of the cork; **s. di buono**, to taste good **3** (*avere odore*) to smell*: **s. di muffa**, to smell mouldy (*o* musty) **4** (*udire*) to hear*: **Non (ci) sente; è sordo**, he cannot hear; he is deaf. ● **s. amore per q.**, to love sb. □ **s. dire** (*o* **avere sentito dire**) (*apprendere*), to hear: **Ho sentito dire che andrà in Australia**, I hear that he is going to Australia □ **s. la mancanza di q. (di q.c.)**, to miss sb. (st.) □ **s. odio**, to hate □ **s. parlare di q. (q.c.)**, to hear of (*o* about) sb. (st.) □ **Ne hai sentito parlare?**, have you heard about it? □ **s. il solletico**, to be ticklish □ **che non sente nulla**, unfeeling; callous; unsympathetic: **un uomo che non sente nulla**, a callous man □ (*di persona*) **farsi s.**, (*farsi udire*) to make oneself heard; (*fig.*) to speak out (*o* up): **Alla prossima riunione mi farò s.!**, at the next meeting I'll speak up (for myself)! □ **non s.** (*o* **non sentirci**) **da un orecchio**, to be deaf in one ear; (*fig.*) to turn a deaf ear: **Da quell'orecchio non ci sente**, he is turning a deaf ear □ **non s. nemmeno le cannonate**, to be stone-deaf □ **non s. più le gambe**, to have lost all feeling in one's legs; (*fig.*: *essere stanco morto*) to be hardly able to stand □ (*di persona sorda*) **non sentirci**, to be deaf □ **stare a s. dietro l'uscio**, to eavesdrop □ **Il freddo comincia a farsi s.**, the cold is setting in □ **A sentir lui...**, from what he says... □ **Senti che cosa vuole**, see what he wants □ **Via, sentiamo!**, well, speak out (*o* up)! □ **Mi sentii mancare**, my heart failed me □ (*fig.*) **Mi sentirà!**, things will not stop here!; (*prov.*) **Chi**

sentire (2)

dice quel che vuole sente quel che non vorrebbe, he who says what he likes, shall hear what he does not like □ (*prov.*) Cuor contento non sente stento, the happy man cannot be harried. **sentirsi, C** *v. rifl.* **1** to feel*; to be: **s. bene**, to feel (*o* to be) well; to feel quite oneself; **s. a proprio agio**, to be at one's ease; to feel at home; **s. male**, to feel unwell; not to feel well; **s. stanco**, to feel tired; **non s. affatto stanco**, not to feel tired at all; to be as fresh as a daisy; **Come ti senti oggi?**, how are you feeling today?; **s. fischiare le orecchie**, to feel one's ears burning; **Il povero uomo si sentiva morire**, the poor man felt he was dying **2** (*riconoscersi*) to feel*: **s. incapace di fare q.c.**, to feel unable to do st.; **s. obbligato a q.**, to feel obliged to sb. **3** (*essere disposto*) to feel* up to; (*sentire il desiderio*) to feel* like: **non s.** (*o* **non sentirsela**) **di fare q.c.**, not to feel up to st.; (*non averne desiderio*) not to feel like doing st.: **Non mi sento di fare una lunga passeggiata oggi**, I don't feel up to a long walk today; **Non mi sento di mangiare adesso**, I don't feel like eating just now. ● **s. pizzicare in gola**, to have a frog in one's throat (*fam.*) □ **s. svenire**, to feel faint □ **s. venire l'acquolina in bocca**, to feel one's mouth water □ **Si sente che è francese**, you can tell (*o* hear) that he is French.

sentire (2), *m.* (*lett.: sentimento*) sentiment; feeling: **un uomo di alto s.**, a man of noble feelings.

sentitaménte, *avv.* sincerely; warmly; heartily; (*con tutto il cuore*) with all one's heart.

sentito, *a.* **1** sincere; warm; heartfelt **2** (*udito*) heard. ● **per s. dire**, by hearsay.

sentóre, *m.* **1** sign; trace; inkling **2** (*lett.: profumo*) scent; perfume; (*odore*) smell. ● **avere s. di q.c.**, to hear of st.; to get wind of st.: **Ebbero s. del complotto**, they got wind of the plot.

senussia, *f.* (*relig.*) (the) Sanusiya (Islamic fraternity).

senussismo, *m.* (*relig.*) Senus(s)ism.

senussita, A *a.* Senus(s)ian. **B** *m.* Senus(s)i*; Senus(s)ite.

senusso, *m.* (*relig.*) member of the Sanusiya; Senus(s)i*; Sanusi*.

sènza, *prep.* e *cong.* without; -less (*agg.*); -lessly (*avv.*): **s. amici**, friendless; **s. casa**, homeless; **s. dubbio**, without (any) doubt; doubtless; **s. fine**, endless (*agg.*); endlessly (*avv.*): **una giornata s. fine**, an endless day; **s. paragone**, without equal; matchless; incomparable; **s. peso**, weightless; **s. quattrini**, without money; penniless; **s. sale**, without salt; saltless; **s. successo**, without success; unsuccessful (*agg.*); unsuccessfully (*avv.*); **s. tanti complimenti**, without ceremony; **una giornata s. sole**, a sunless day; **s. dire nulla**, without saying a word; **s. mangiare niente**, without eating anything; **s. prendere freddo**, without catching cold; **s. saperlo**, without knowing; without one's knowledge; unawares; **fare s. q.c.**, to do without st.: **Puoi farne s.?**, can you do (*o* go, manage) without it?; **rimanere s. q.c.**, to be left without st.; **viaggiare s. biglietto**, to travel without a ticket; **Sai parlare l'inglese s. fare errori?**, can you speak English without making mistakes?; **C'erano cinquanta persone, s. i bambini**, there were fifty people there, without counting, (*o* leaving out) the children; **s. di me** (**di te, di lui**), without me (you, him); **s. che glielo dicessi**, without my telling him. ● **senz'altro**, without doubt; certainly; definitely □ **s. dire che** (*tanto più che*), not to say that □ **s. fallo**, certainly; surely □ **s. spese**, free of charge □ **s. supplementi**, no extra □ **esprimere il proprio pensiero s. reticenze**, to speak one's mind; to speak out □ (*sport*) **un otto s.** (*timoniere*), a coxless eight – (*sport*) **un quattro s.**, a coxless four □ **essere rimasto s. pane** (**vino, ecc.**), not to have any bread (wine, etc.) left.

senzadio, *m.* e *f. invar.* **1** atheist **2** (*persona senza scrupoli morali*) godless person.

senzapàtria, *m.* e *f. invar.* **1** stateless (*o* displaced) person **2** (*spreg.*) unpatriotic person.

senzatétto, *m.* e *f. invar.* homeless person. ● **i s.**, the homeless.

senziènte, *a.* (*lett.*) sentient: **esseri senzienti**, sentient beings.

sèpalo, *m.* (*bot.*) sepal.

separàbile, *a.* separable; (*divisibile*) divisible, dissociable.

separabilità, *f.* separability; separableness; (*divisibilità*) divisibility, dissociableness.

separaménto, *m. V.* **separazióne**.

separare, A *v. t.* **1** (*generalm.*) to separate; (*dividere*) to divide; to part, to sever, to dissociate, to drive* asunder: **s. quelli buoni da quelli cattivi**, to separate the good ones from the bad ones; **s. una stanza e farne due**, to divide a room into two; **Provammo a s. i due contendenti**, we tried to part the two fighters; **I Pirenei separano la Spagna dalla Francia**, the Pyrenees separate Spain from France **2** (*distinguere*) to keep* separate; to separate; to distinguish: **s. il buono dal cattivo**, to separate the good from the bad **3** (*chim.*, *fis.*) to split*. ● **s. con un colpo**, to strike off. **separarsi, B** *v. rifl.* e *rifl. recipr.* **1** (*generalm.*) to separate; to part; to get* asunder: **s. da q.c.**, to part with st.; **s. da q.**, to part from sb.; **I due amici si separarono adirati**, the two friends separated (*o* parted) in anger; **Separiamoci da amici**, let us part friends **2** (*rif. a coniugi*) to separate.

separataménte, *avv.* **1** separately **2** (*uno alla volta*) severally; one at a time; one by one.

separatismo, *m.* (*polit.*, *relig.*) separatism.

separatista, *a.*, *m.* e *f.* (*polit.*, *relig.*) separatist.

separatistico, *a.* (*polit.*, *relig.*) separatist(ic).

separato, *a.* **1** separate; separated: **I bambini dormono in camere separate**, the children sleep in separate rooms; **Teniamo conti separati**, we keep separate accounts; **Sono separati legalmente**, they are legally separated **2** (*distinto*) distinct: **I due concetti devono rimanere separati** (**l'uno dall'altro**), the two ideas must be kept distinct, the one from the other; **in separata sede**, in private; in confidence; **vivere separati**, to live separate (*o* apart).

separatóre, A *m.* (*chim.*, *ind.*, *miner.*, *fis.*) separator: **s. centrifugo**, centrifugal separator; **s. magnetico**, magnetic separator. ● **s. di polvere**, dust trap. **B** *a.* separating.

separazióne, *f.* separation; (*divisione*) division, parting, severance; (*dissociazione*) dissociation; (*leg.*) **s. consensuale**, separation by mutual consent; **s. dei beni**, separation of property; **s. legale**, legal separation; (*telev.*) **la s. dei segnali**, the separation of (picture) signals; **la s. da quelli che amiamo**, the separation from those we love; **la s. dell'anima dal corpo**, the separation of the soul from the body; **incontrarsi dopo una lunga s.**, to meet after a long separation. ● **linea di s.**, line of demarcation.

séparé (*franc.*), *m.* private room (in a restaurant).

sepiolite, *f.* (*miner.*) sepiolite; meerschaum; sea-foam.

sepolcrale, *a.* **1** sepulchral, mortuary: **una pietra s.**, a sepulchral stone; a tomb-stone; a grave-stone; **un monumento s.**, a sepulchral monument; a tomb **2** (*fig.*) sepulchral; funereal; dismal; gloomy: **una voce s.**, a sepulchral voice; **un silenzio s.**, a dismal silence. ● (*letter.*) **poesia s.**, graveyard poetry.

sepolcréto, *m.* cemetery; graveyard; burial-ground.

sepólcro, *m.* sepulchre; (*tomba*) tomb, grave: **il Santo S.**, the Holy Sepulchre; (*fig.*) **un s. imbiancato**, a whited sepulchre; a hypocrite; (*fig.*) **essere con un piede nel s.**, to have one foot in the grave. ● (*fig.*) **condurre al s.**, to cause (sb.'s) death □ (*fig.*) **scendere nel s.**, to go to one's last resting-place.

sepólto, *a.* **1** (*seppellito*) buried: **s. vivo**, buried alive; **una città sepolta**, a buried city; **È morto e s.**, he is dead and buried **2** (*fig.: immerso*) buried; steeped; plunged: **s. nel sonno**, steeped in sleep **3** (*fig.: nascosto*) buried; hidden; concealed: **ricordi sepolti nel cuore**, memories buried in the heart. ● **i sepolti**, the dead □ (*relig.*) **le sepolte vive**, cloistered nuns.

sepoltura, *f.* **1** sepulture; burial; interment: **gli onori della s.**, the honours of sepulture **2** (*cerimonia funebre*) burial **3** (*luogo della s.*) (*tomba*) grave, tomb. ● **accompagnare q. alla s.**, to attend sb.'s funeral □ **avere un piede nella s.**, to have one foot in the grave □ **dare s. ai morti**, to bury the dead □ **privare q. della s. ecclesiastica**, to deny sb. Christian burial.

seppelliménto, *m.* burial; interment.

seppellire, A *v. t.* **1** (*deporre nella tomba*) to bury; to inter: **s. i morti**, to bury the dead; **essere sepolto nel mare**, to be buried at sea **2** (*nascondere sottoterra*) to bury; to hide*; (*sommergere*) to bury; to submerge: **s. un osso** (**un tesoro**), to bury a bone (a treasure); **La valanga seppellì un villaggio**, the avalanche buried a village; **La casa era quasi seppellita sotto la neve**, the house was half buried under snow **3** (*fig.: dimenticare*) to bury; to forget*: **s. il ricordo di q.c.**, to bury the memory of st. ● **Ha già sepolto due mariti**, she has already survived (*o* buried) two husbands. **seppellirsi, B** *v. rifl.* (*fig.*) to bury oneself; to be buried; to shut* oneself up: **s. fra i libri**, to bury oneself in one's books; **s. in campagna**, to bury oneself in the country; **s. in casa**, to shut oneself up in one's house; **s. nelle memorie del passato**, to be buried in the memories of the past.

seppellitóre, *m.* burier; (*becchino*) grave-digger.

séppia, A *f.* (*zool.*, *Sepia officinalis*) cuttle-fish; ink-fish. ● **nero di s.**, sepia □ **osso di s.**, cuttle-bone. **B** *m.* e *a.* (*colore*) sepia.

seppure, *cong.* even if; even though.

sèpsi, *f.* (*med.*) sepsis*.

septicemìa, *f.* (*med.*) septicaemia.

sequèla, *f.* sequence; chain; succession; series*: **una s. di sgrazie**, a chain of misfortunes; **una s. di lamenti**, a series of complaints.

sequènza, *f.* **1** (*relig.*) sequence; prose **2** (*serie ininterrotta*) sequence; series*; succession; run; chain **3** (*cinem.*) sequence: **s. di collegamento**, montage sequence; **s. di passaggio**, transitional sequence **4** (*nel gioco delle carte*) sequence; run. ● (*nel poker*) **s. reale**, straight flush.

sequenziale, A *a.* sequential. **B** *m.* (*relig.*) book of liturgical sequences.

sequestràbile, *a.* confiscable; seizable; distrainable; sequestrable.
sequestrante, *m.* (*leg.*) sequestrator; confiscator; distrainer, distrainor.
sequestrare, *v. t.* **1** (*leg.*) to sequester, to sequestrate; (*confiscare*) to confiscate, to seize, to distrain, to attach: **s. i beni di q.,** to sequestrate sb.'s property; to distrain upon sb.'s belongings; **s. le carte e i libri di q.,** to confiscate sb.'s papers and books; **s. un terzo dello stipendio di q.,** to attach one third of sb.'s salary **2** (*catturare e occultare per ricatto*) to kidnap **3** (*togliere q.c. a q.*) to sequestrate; to take* (st. from sb.) **4** (*segregare*) to segregate; to seclude; to confine. ● **essere sequestrato in casa,** to be kept indoors □ **La pioggia mi sequestra in casa,** the rain keeps me indoors; the rain prevents me from going out.
sequestratàrio, *m.* (*leg.*) sequestrator; official receiver.
sequestrato, A *a.* seized; distrained. **B** *m.* distrainee.
sequestratóre, *m.* (*leg.*) sequestrator; distrainer, distrainor; (*per ricatto*) kidnapper.
sequèstro, *m.* (*leg.*) sequestration; (*confisca*) confiscation, seizure, distraint, attachment: **il s. dei beni della chiesa,** the seizure of the estates of the church; **La polizia ordinò il s. dell'oppio,** the police ordered the seizure of the opium; **s. convenzionale,** voluntary sequestration; **s. giudiziario,** judicial attachment; **sotto s.,** under sequestration. ● **s. di persona,** unlawful imprisonment; duress; (*a scopo di ricatto*) kidnapping □ **disporre il s.,** to levy a distress.
sequòia, *f.* (*bot.*) **1** (*Sequoia gigantea*) giant sequoia; big tree; wellingtonia (*pop.*) **2** (*Sequoia sempervirens*) redwood.
séra, *f.* evening; even, eventide (*poet.*); night: **domenica s.,** on Sunday evening; **la s. del sette,** on the evening of the 7th; **un abito da s.,** an evening dress; **studiare la s.,** to study in the evening; **Buona s.!,** good evening!; **dalla mattina alla s.,** from morning to night; **di prima s.,** early in the evening; (*sull'imbrunire*) at night-fall, at dusk; **di s.,** in the evening; **domani s.,** tomorrow evening (*o* night); **ieri s.,** yesterday evening; last night; **questa s.,** this evening; to night.
seraccata, *f.* (*geol.*) seracs (*pl.*).
seracco, *m.* (*geol.*) serac.
seràfico, *a.* **1** seraphic; seraphical: **ardore s.,** seraphic ardour; **cori serafici,** seraphic choirs; **il Padre S. (San Francesco),** the Seraphic Father; **ordine s.** (*dei Francescani*), seraphic order **2** (*fig., fam.*) peaceful; serene.
serafino, *m.* seraph*.
serale, *a.* of the evening; evening (*attr.*); night (*attr.*): **le ore serali,** the hours of the evening; **una scuola s.,** an evening (*o* a night) school.
seralménte, *avv.* **1** (*di sera*) in the evening **2** (*ogni sera*) every evening.
Seràpide, *f.* (*mitol.*) Serapis.
serata, *f.* **1** (*durata della sera*) evening; night: **le lunghe serate invernali,** the long winter evenings; **passare la s. con q.,** to spend the evening with sb.; **Che s. incantevole!,** what a splendid evening (*o* night)! **2** (*ricevimento serale*) «soirée» (*franc.*); evening party **3** (*teatr.*) performance: **s. d'addio,** farewell performance; **s. di gala,** gala performance.
seratante, *m. e f.* (*teatr.*) artist in whose honour a benefit (*o* gala) performance is held.
serbare, A *v. t.* **1** (*mettere da parte*) to lay* aside; to put* away; to put* by; to store up; (*risparmiare*) to save: **s. q.c. per l'inverno,** to put st. by for the winter; to store up st. for the winter **2** (*riservare*) to keep*; to reserve: **s. il posto a q.,** to keep a seat for sb. **3** (*mantenere, conservare*) to keep*; to maintain; to stick* to; (*sentimenti*) to bear*, to nourish, to cherish: **s. fede,** to keep faith (in); **s. un segreto,** to keep a secret; **s. rancore,** to bear a grudge. ● **s. un dolce ricordo di q.,** to remember sb. dearly □ **s. gratitudine verso q.,** to be grateful to sb. □ **s. invidia,** to envy □ **s. odio,** to hate. **serbarsi, B** *v. rifl.* to keep*; to be: **s. fedele a q.,** to be faithful to sb.; **s. in buona salute,** to keep well.
serbatóio, *m.* **1** tank; reservoir; receiver: **s. d'acqua,** water reservoir; (*mecc.*) **s. a caduta,** gravity tank; **s. per l'olio,** oil tank; **s. di alimentazione,** feed tank; **s. di compensazione,** surge tank; **s. di livello,** gauge tank; **s. di stoccaggio,** storage tank; (*autom.*) **s. del carburante,** fuel tank; **s. della benzina,** petrol tank **2** (*di armi da fuoco portatili*) magazine. ● (*nelle penne stilografiche*) **s. dell'inchiostro,** barrel □ (*geol.*) **s. magmatico,** magma chamber.
sèrbo (1), *m.* – **avere in s.,** to have in store (*o* in reserve); **mettere in s.,** to lay in store; to store up; to lay (*o* to set) aside; to put by; **tenere in s.,** to keep in store.
sèrbo (2), *a. e m.* Serb; Serbian.
serbocroato, *a. e m.* Serbo-Croatian.
serenaménte, *avv.* **1** serenely; with serenity; peacefully; in peace; tranquilly; calmly **2** (*con imparzialità*) impartially; fairly: **giudicare s.,** to judge fairly; to be impartial.

serenata, *f.* serenade: **fare la s. a q.,** to sing sb. a serenade; to serenade sb.
serendipità, *f.* serendipity.
serenèlla, *f.* (*bot.*, *Syringa vulgaris*) lilac.
serenissimo, *a.* (*titolo di principi cadetti*) (Most) Serene.
serenità, *f.* **1** serenity; (*quiete*) quietness, calmness: **la s. del cielo (del mare),** the serenity of the sky (the sea) **2** (*fig.: tranquillità*) serenity; tranquillity; peace; peacefulness: **la s. del volto,** the serenity of one's countenance; **s. d'animo,** peace of mind; contentedness; equanimity; **sopportare le sventure con s. d'animo,** to bear misfortunes with equanimity; **affrontare la vita con s.,** to face life with serenity **3** (*fig.: obiettività*) objectiveness; impartiality **4** (*titolo*) Serenity; Serene Highness. ● **giudicare con s.,** to judge fairly; to be impartial.
seréno, A *a.* **1** (*d'aria, cielo, ecc.*) serene, calm; (*chiaro*) clear; (*limpido*) limpid; (*senza nuvole*) cloudless: **una notte serena,** a limpid night; **un cielo s.,** a clear (*o* a cloudless) sky **2** (*fig.: tranquillo*) serene; tranquil; peaceful; calm; unperturbed; placid: **un'anima serena,** a serene (*o* a happy) soul; **un aspetto s.,** a serene aspect; **un carattere calmo e s.,** a peaceful, placid nature; **vivere una vita serena,** to live a peaceful life **3** (*fig.: obiettivo*) unbiassed; objective; impartial: **un giudizio s.,** an unbiassed opinion. ● **dormire a ciel s.,** to sleep under the stars; to sleep in the open □ **un fulmine a ciel s.,** a bolt from the blue. **B** *m.* clear (*o* starlit) sky. ● (*anche fig.*) **il s. dopo la tempesta,** the calm after the storm □ **al s.,** in the open air □ **rimettersi al s.,** to clear up □ **Torna il s.,** it is clearing up again.
sergènte (1), *m.* (*mil.*) sergeant: **s. maggiore,** sergeant-major.
sergènte (2), *m.* (*falegnameria*) (carpenter's) clamp.
Sèrgio, *m.* Sergius; (*dim.*) Serge.
seriale, *a.* serial (*anche mus., elab.*).
seriaménte, *avv.* seriously; with seriousness; (*sul serio*) in earnest: **essere s. ammalato,** to be seriously ill.
seriare, *v. t.* (*specialm. stat.*) to seriate; to arrange (*st.*) in a series.
seriazióne, *f.* (*stat.*) seriation.
sericeo, *a.* (*lett.*) silky; sericeous: **una lucentezza sericea,** a silky lustre.
sericina, *f.* (*ind. tessile*) sericin; silk gum (*o* glue).
sericite, *f.* (*miner.*) sericite.
sèrico, *a.* (*lett.*) silky (*anche fig.*); silk (*attr.*); silken: **industria serica,** silk industry; **vesti seriche,** silken garments; **capelli serici,** silky hair.
sericolo, *a.* sericultural.
sericoltóre, sericultóre, *m.* sericulturist.
sericoltura, sericultura, *f.* sericulture.
sèrie, *f.* **1** series* (*anche fis., chim., mat.*); (*successione*) succession, sequence, chain; (*fila*) line, row, range: **una s. di francobolli,** a series (*o* a set) of stamps; **una s. di grandi statisti,** a series of great statesmen; **una s. di vittorie,** a series (*o* a succession) of victories; (*anche fis.*) **in s.,** in series; **una s. concatenata di fatti,** a chain of events; **una lunga s. di re,** a long line of kings; **una s. di case,** a row of houses **2** (*collezione, assortimento*) set: **una s. di chiavi,** a set of spanners **3** (*comm.: di prodotti*) line **4** (*sport*) division; league. ● **automobile fuori s.,** custom-built car □ (*comm., ind.*) **modello di s.,** current (production) model □ (*comm., ind.*) **modello fuori s.,** special model □ **il numero di s. di un assegno (di un biglietto di banca, ecc.),** the serial number of a cheque (of a banknote, etc.) □ **prodotto in s.,** mass-produced (*agg.*) □ **produrre in s.,** to mass-produce □ **produzione (*o* fabbricazione) in s.,** mass production □ **ridurre in s.,** to serialize.
serietà, *f.* seriousness; earnestness; (*gravità*) gravity: **la s. della situazione politica,** the gravity of the political situation; **la s. dell'aspetto di q.,** the gravity of sb.'s appearance; **con s.,** with seriousness; seriously; in a serious manner; **con tutta s.,** in all seriousness; very seriously. ● **pieno di s.,** quite serious.
serigrafia, *f.* (*tipogr.*) serigraphy; silkscreen process; (*l'esemplare ottenuto*) serigraph.
serigràfico, *a.* (*tipogr.*) silk-screen (*attr.*).
serimetro, *m.* (*ind. tessile*) serimeter.
sèrio, A *a.* **1** serious; earnest; (*grave*) grave: **musica seria,** serious music; **una difficoltà seria,** a grave difficulty; **una faccia seria,** a serious face; **una malattia seria,** a serious illness; **una situazione seria,** a serious situation; **s. di carattere,** serious-minded; grave-natured; **avere un aspetto s.,** to look grave. **B** *m.* (*serietà*) seriousness; gravity. ● **il s. e il faceto,** the serious and the humorous □ **fare la faccia seria** (*rimanere s.*), to keep a straight face □ **sul s.,** seriously; in earnest; (*davvero*) really, indeed: **fare sul s.,** to be in earnest; **prendere q.c. sul s.,** to take st. seriously; **Dici sul s.?,** really?; are you serious?; **Mi piace sul s.!,** I really like it!; I do like it! ● **Son cose serie!,** it's no nonsense!
seriòla, *f.* (*zool., Seriola dumerili*) amberjack.
serióre, *a.* (*lett.*) later; subsequent.

serióso, *a.* serious; grave.
serittèrio, *m.* (*ghiandola dei ragni e del baco da seta*) silk gland.
sermóne, *m.* sermon (*anche fig.*): **il s. della montagna**, the Sermon on the Mount; **fare un s.**, to deliver (*o* to preach) a sermon; (*fig.*) to give (sb.) a lecture. ● **Tutti i miei sermoni sono stati inutili**, I have preached in vain; I have wasted my words.
sermoneggiare, *v. i.* (*lett.*) to sermonize; to preach.
seròtino, *a.* **1** (*lett.*) evening (*attr.*) **2** (*tardivo*) serotinous; late.
serotonina, *f.* (*biol.*) serotonin.
sèrpa, *f.* **1** (*cassetta del cocchiere*) (coach-)box **2** (*sedile di diligenza*) (stage-coach) seat.
serpàio, serparo, *m.* **1** (*luogo pieno di serpi*) place infested with serpents; snake-pit **2** (*chi cattura e addomestica serpenti*) snake-catcher; snake-hunter.
sèrpe, *f.* (*zool.*) serpent; snake: **scaldare** (*o* **scaldarsi**) **una s. in seno**, to cherish a snake in one's bosom. ● **a s.**, serpentine; winding; snaky.
serpeggiaménto, *m.* winding; twisting; meandering; (*tortuosità*) tortuousness, sinuosity: **il s. d'un corso d'acqua**, the meandering (*o* meanders) of a stream.
serpeggiante, *a.* serpentine; tortuous; sinuous; winding; twisting: **il corso s. d'un fiume**, the serpentine (*o* winding) course of a river; **un viottolo s.**, a tortuous path.
serpeggiare, *v. i.* **1** to wind*; to twist; to meander: **Il fiume serpeggia nella valle**, the river winds (its way) in the valley; **Il sentiero sale serpeggiando**, the path winds its way up; **La strada serpeggia su per la montagna**, the road twists and turns up the side of the mountain; **Una stradicciola serpeggiava lungo il pendio**, a narrow road wound along the slope **2** (*fig.: diffondersi*) to spread*: **Il malumore serpeggia tra il popolo**, discontent is spreading among the people.
serpentària, *f.* (*bot., Aristolochia serpentaria*) serpentary; snake-root.
serpentàrio (1), *m.* (*zool., Sagittarius serpentarius*) serpent-eater; secretary-bird.
serpentàrio (2), *m.* (*luogo dove si allevano i serpenti*) serpentry; snake-house.
serpènte, *m.* **1** (*zool. e fig.*) snake; serpent: **serpenti innocui (velenosi)**, harmless (venomous) snakes; **il s. che tentò Eva**, the serpent that tempted Eve; **Quello lì è un s.!**, he is a serpent! **2** (*pelle conciata di s.*) snakeskin: **una borsa di s.**, a snakeskin bag **3** (*econ.*) snake. ● (*zool.*) **s. a sonagli** (*Crotalus*), rattlesnake □ (*zool.*) **s. corridore** (*Coluber constrictor*), black racer □ (*fig.*) **s. di mare** (*notizia falsa ma sensazionale*), «canard» (*franc.*) □ (*zool.*) **s. frusta** (*Coluber flagellum*), coach-whip snake □ (*zool.*) **s. marino**, sea serpent □ (*econ.*) **s. monetario**, the Snake □ **brutto come un s.**, as ugly as sin (*o* as a toad) □ **incantatore di serpenti**, snake-charmer □ **spoglia di s.**, slough □ **uomo s.**, contortionist.
serpentésco, *a.* of a serpent; serpentine (*anche fig.*).
serpentifórme, *a.* serpentiform; snake-like.
serpentina, *f.* **1** (*stor.*) serpentine **2** (*mecc.*) worm(-pipe); coil **3** (*linea serpeggiante*) winding line; serpentine **4** (*geol.*) serpentine **5** (*bot., Polygonum bistorta*) bistort; snakeweed. ● **una strada a s.**, a winding road.
serpentino, **A** *a.* (*di serpente*) serpentine, of a serpent, of a snake; (*che ha forma o qualità di serpente*) serpent-like, snake-like, snaky: **denti serpentini**, a serpent's teeth. ● (*fig.*) **lingua serpentina**, venomous tongue □ (*miner.*) **pietra serpentina**, serpentine. **B** *m.* **1** (*miner.*) serpentine **2** (*mecc.*) worm(-pipe); coil: **s. di condensazione (di raffreddamento)**, condenser (refrigerating) coil.
serpigine, *f.* (*med.*) serpigo*.
serpiginóso, *a.* (*med.*) serpiginous.
serpillo, serpollino, *m.* (*bot., Thymus serpyllum*) wild thyme.
sérqua, *f.* **1** (*dozzina*) dozen: **una s. di uova**, a dozen eggs **2** (*fig.: gran quantità*) dozens (*pl.*); lots (*pl.*).
sèrra (1), *f.* hothouse; greenhouse; glass-house; conservatory (*anche fig.*); **un fiore di s.**, a hothouse flower; **effetto s.**, greenhouse effect. ● **costruttore di giardini** (*o* **serre**, **ecc.**), horticultural builder.
sèrra (2), *f.* (*geogr.*) sierra; mountain-range.
serrabózze, *m.* (*naut.*) shank painter.
serradadi, *m.* (*mecc.*) wrench (for nuts).
serrafila, **A** *m. e f.* last in file. **B** *f.* (*naut.*) rear.
serrafilo, *m.* (*elettr.*) terminal.
serrafórme, *a.* (*tipogr.*) quoin.
serràggio, *m.* **1** (*mecc.*) clamping; tightening **2** (*fucinatura*) grip.
serràglio (1), *m.* (*di bestie feroci*) menagerie.
serràglio (2), *m.* (*residenza del sultano*) seraglio (*harem*): **harem**.
serramànico, *m.* — **coltello a s.**, clasp-knife*; jack-knife*; flick-knife*.

serrame, *m.* lock; fastening.
serraménti, *m. pl.* (*edil.*) window and door frames.
serramentista, *m.* window and door fitter.
serranda, *f.* **1** (*chiusura a saracinesca*) roll-up (*o* rolling) shutter **2** (*di forno*) (oven) door.
serrapèzzi, *m.* (*mecc.*) chuck.
serrare, **A** *v. t.* **1** to shut*; to close; (*a chiave*) to lock; (*sbarrando*) to bolt; (*circondando*) to enclose, to surround: **s.q. dentro (fuori)**, to shut (*o* to lock) sb. in (out); **s. q. in una stanza**, to lock sb. up in a room; **s. un cassetto**, to shut a drawer; **s. un uscio (una finestra)**, to shut (*o* to close) a door; **Tutti i negozi sono serrati**, all the shops are closed; **La casa è serrata da parecchi anni**, the house has been closed up for several years; **Si può s. (a chiave) questo baule?**, does this trunk lock? **2** (*chiudere stringendo*) to close; to clench; to clasp; to tighten; (*premere*) to press: **s. gli occhi**, to close one's eyes; **s. i pugni**, to clench one's fists; **s. le file**, to close the ranks; **a denti serrati**, with clenched teeth; **s. le braccia al petto**, to clasp one's arms to one's breast; **s. le labbra**, to tighten one's lips **3** (*intensificare, accelerare*) to speed* up; to quicken; **s. il ritmo**, to speed up the pace **4** (*naut.*) to furl; to take* in: **s. le vele**, to furl (*o* to take in) the sails (of a ship) **5** (*mecc.*) to clamp; to tighten. **B** *v. i.* (*chiudersi*) to shut*; to close; (*a chiave*) to lock: **un uscio che serra bene**, a door that closes (*o* locks) easily. ● **s. al petto** (*o* **al seno**), to clasp sb. in one's arms □ (*naut.*) **s. il vento**, to haul the wind □ **sentirsi s. il cuore**, to feel one's heart sink □ **Il pianto gli serrava la gola**, tears choked in his throat □ (*prov.*) **s. la stalla quando son scappati i buoi**, to lock the stable door when the steed is stolen.
serraschière, *m.* seraskier.
sèrra sèrra, *m.* crush; stampede.
serrata, *f.* (*sospensione forzata dal lavoro*) lock-out.
serrataménte, *avv.* **1** (*in modo incalzante*) closely **2** (*in modo conciso*) concisely.
serrate, *m. invar.* (*sport*) forcing.
serrato, *a.* (*chiuso*) closed; shut: **una finestra serrata**, a closed window **2** (*fitto*) close; closely-knit; tightly-woven; (*compatto*) compact; (*spesso*) thick: **un tessuto s.**, a close (*o* a tightly--woven) material **3** (*fig.: conciso*) close; concise; brief and to the point: **un oratore s.**, a concise orator; **un ragionamento s.**, a close argument; **uno stile s.**, a concise style **4** (*rapido*) fast: **trotto s.**, fast trot. ● **file serrate di soldati**, serried ranks of soldiers.
serratura, *f.* (*mecc.*) lock: **la s. di una porta**, a door-lock; **s. a due mandate**, double-turn lock; **s. a molla**, clasp (*o* spring) lock; **s. a cilindri**, cylinder (*o* Yale) lock; **s. a nottolini**, lever tumbler lock; **s. di sicurezza**, safety lock; child-proof lock; **s. inglese**, dial-lock; **rompere una s.**, to break (*o* to force) a lock. ● **s. a lucchetto**, padlock □ **s. con scatto a molla**, latch □ **buco della s.**, key-hole □ **fabbricante di serrature e lucchetti**, lock manufacturer.
serrétta, *f.* (*naut.*) limber board. ● **serrette di boccaporto**, hatch battens.
Sèrse, *m.* (*stor.*) Xerxes.
sèrto, *m.* (*poet.*) wreath; chaplet; garland.
Sertòrio, *m.* (*stor.*) Sertorius.
sèrva, *f.* woman-servant*; servant-girl; (*cameriera*) maid(-servant).
servàggio, *m.* (*lett.*) servitude.
servalo, *m.* (*zool., Felis serval*) serval; bush-cat.
servènte, **A** *a.* attendant. ● **cavalier s.**, cavalier-servant; lady's (*o* ladies') man*. **B** *m.* (*mil.*) member of a gun crew; gunner.
serventése, *m.* (*letter.*) sirvente.
servétta, *f.* **1** young maid-servant **2** (*spreg.*) gossip **3** (*teatr.*) «soubrette» (*franc.*).
servìbile, *a.* us(e)able; serviceable.
servìgio, *m.* service.
servile, *a.* **1** servile; slavish; menial: **lavori servili**, menial tasks; **di nascita s.**, of servile birth **2** (*fig.*) servile; fawning; cringing; (*abietto*) abject, base, vile: **adulazione s.**, servile (*o* fawning) flattery; **un adulatore s.**, a fawning flatterer; a toad-eater; **imitazione s.**, servile imitation; **timore s.**, servile fear **3** (*gramm.*) servile: **un verbo s.**, a servile verb. ● **individuo s.**, fawner; lick-spittle; toady.
servilismo, *m.* **servilità**, *f.* servilism; servility. ● **s. d'animo**, servile disposition.
servilménte, *avv.* servilely; slavishly; menially.
servire, **A** *v. t.* **1** (*prestare la propria opera*) to serve; to be in (sb.'s) service; to work for (sb.): **s. Dio (il re, il diavolo)**, to serve God (the king, the devil); (*fig.*) **s. due padroni**, to serve two masters; **s. Messa**, to serve (at) Mass; **Il buon cittadino è sempre pronto a s. la patria**, a good citizen is always ready to serve his country; **Maria ci serve da vent'anni**, Mary has been in our service for twenty years **2** (*rif. specialm. a persone di servizio*) to wait (up)on; to attend (up)on (sb.): **Fui servito da due**

domestici, I was waited upon by two servants; **Serve sua moglie di tutto punto,** he waits upon his wife hand and foot **3** (*nei negozi*) to serve: **s. al banco,** to serve behind the counter; **s. in bottega,** to serve in the shop; **s. un cliente,** to serve a customer; **Ora vi servo subito,** I'll serve you right away; **Non c'era nessuno che mi servisse,** there was no one to serve me; **Servo quel cliente da dieci anni,** I have served that customer for ten years; **Quella sarta serve le migliori famiglie,** that dressmaker serves the best families **4** (*a tavola*) to serve (with); to help (to): **Gli servii della carne,** I helped him to some meat; **Vuoi che ti serva la salsa?,** shall I help you to some sauce?; **Ti servirò io,** I'll serve you; **Servite prima la signora,** serve the lady first; **Il pranzo è servito,** dinner is served; **Il pesce è stato servito,** the fish has been served up; **Servirono il caffè in salotto,** the coffee was served in the drawing-room **5** (*aiutare*) to serve; to attend to; to help; to do* st. for: **Posso servirvi?,** can I help (*o* serve) you in any way?; can I do anything for you?; can I be of service to you?; **In che posso servirLa?,** what can I do for you?; **Non posso servirvi,** I can't do anything for you; (*iron.*) **s. q.,** to serve (*o* to pay) sb. out: **Ora lo servo io!,** now I'll serve him out!; **L'ho servito a dovere,** I've served him out!; that serves him right! **6** (*mil.*) to serve; to fire: **s. un pezzo d'artiglieria,** to serve a gun **7** (*sport*) to serve: **s. una palla,** to serve a ball **8** (*nei giochi di carte*) to deal*. **B** *v. i.* **1** (*prestare servizio*) to serve; to work: **s. come autista,** to work as a driver; **La ragazza serve in quella casa,** the girl works (*o* is a maid) in that house **2** (*a tavola*) to serve; to wait: **s. a tavola,** to wait at table **3** (*mil.*) to serve (in the forces); to do* military service: **s. a cavallo (a piedi),** to serve in the cavalry (in the infantry); **s. sotto le bandiere di Napoleone,** to serve under (the flag of) Napoleon **4** (*fare l'ufficio di q.c.*) to serve (as, for); to act (as); to do* duty (for): **s. di guida a q.,** to act as sb.'s guide; **s. di norma,** to serve as a rule; **s. di scusa,** to serve as an excuse; to be a pretext; **Questa stanza serve da ripostiglio,** this room serves as a lumber-room; **Una vecchia cassetta di legno servì da tavolino,** an old wooden box did duty for a table; **La lettura mi serve di passatempo,** reading serves me as a pastime **5** (*essere usato*) to be used (for): **Gli occhi servono a guardare,** the eyes are used for looking **6** (*giovare*) to serve; to be of use (*o* of service); to come* in handy: **s. a uno scopo,** to serve a purpose; **Non serve,** it is no use; **Non serve riperterglielo,** it is no use (*o* no good) telling him again; **A che serve?,** what's the use of it?; **A che serve dirglielo?,** what's the use (*o* good) of telling him?; **A che servirebbe?,** what would be the use of it?; **Quella scusa non ti servirà,** that excuse will be of no use to you (*o* will not serve you); **Questo aggeggio ci potrà s.,** this gadget may come in handy **7** (*bastare*) to be sufficient (*o* enough): **Tanto serve,** that's enough; that will do **8** (*occorrere*) to need: **Ti serve nulla?,** is there anything you need?; can I help you?; can I do anything for you?; **Non mi serve il dizionario,** I don't need a dictionary **9** (*indulgere*) to serve; to indulge; to gratify: **s. alle passioni,** to gratify (one's) passions **10** (*sport*) to serve: **s. bene (male),** to serve well (badly) **11** (*nei giochi di carte*) to deal*. ● **s. allo scopo,** to serve the (*o* one's) purpose □ **s. da bere a q.,** to give sb. a drink □ **s. in un ristorante,** to be a waiter in a restaurant □ (*di commerciante, negoziante, e sim.*) **s. molta gente,** to have many customers □ **s. q.c. di caldo a q.,** to give sb. a hot drink (*o* a hot meal) □ **animali che servono all'uomo,** animals useful to man □ **parole che non servono a nulla,** useless words □ **Per servirla!,** at your service! □ **Non serve che a farmi inquietare,** it only makes me angry □ (*nel gioco*) **A chi tocca s.?,** whose serve (*o* service) is it? □ **Non serve proprio a niente,** it's really no use; it's quite useless □ (*prov.*) **Chi non ha servito non sa comandare,** he that would command must serve.
servirsi, C *v. rifl.* **1** to use; to make* use (of): **s. di q.,** to make use of sb.; **s. di q.c.,** to use st.: **Mi servirò di questo dizionario,** I shall use this dictionary **2** (*fornirsi*) to buy*; to get* (things): **Mi servo da quel libraio,** I buy (*o* I get) my books at that book-seller's; **Non mi servo da quella sarta,** I don't get my clothes made by that dressmaker **3** (*a tavola*) to help oneself: **s. di q.c.,** to help oneself to st.; **Serviti, per favore,** please help yourself; **Suvvia, servitevi!,** do help yourselves! ● (*fam.*) **s. del cavallo di San Francesco,** to ride on (*o* to go on) Shank's (*o* Shanks') mare (*o* pony) □ **Mi servo da lui** (*sono suo cliente*), **I am a customer of his** □ **Grazie, mi sono servito,** thank you, that will do (*o* that's plenty) □ **Di quale banca ti servi?,** whom do you bank with?
servita, *m.* (*relig.*) Servite.
servito, *m.* (*servizio da tavola*) (dinner) service.
servitorame, *m.* (*spreg.*) servants (*pl.*).
servitóre, *m.* **1** (*domestico*) (man-)servant*; (domestic) servant: **un s. in livrea,** a livery servant; **fare il s.,** to be a servant **2** (*chi si dedica a servire una persona, un ideale, ecc.*) servant: **un fedele s. della patria,** a faithful servant to one's country **3** (*attaccapanni mobile*) clothes-tree; hall-stand.

servitorésco, *a.* (*spreg.*) servile.
servitù, *f.* **1** (*stato o condizione di chi serve*) servitude; (*schiavitù*) slavery, slavedom; thraldom; (*cattività*) captivity, bondage: **la s. del peccato,** the slavery to sin; **la s. dell'animo,** the slavery of the soul; **gemere in s.,** to groan in servitude; **ridurre in s.,** to reduce to slavery (*o* bondage) **2** (*fig.: legame, impedimento*) chain(s); shackle(s); restraint **3** (*insieme delle persone di servizio*) servants (*pl.*); domestic staff **4** (*leg.*) servitude; easement: **s. personali,** personal servitudes; **s. prediali,** praedial (*o* real) servitudes; **s. apparenti,** apparent easements; **s. passive,** negative easements. ● (*leg.*) **s. di passaggio,** right of way.
serviziévole, *a.* obliging; helpful; serviceable.
servizio, *m.* **1** (*attività come domestico*) service: **abbandonare il s.,** to leave service; **andare a s.,** to go out to (*o* to go into) service; **assumere al proprio s.,** to take into one's service; **essere a s.,** to be in service; **mettere q. a s.,** to put sb. out to (*o* into) service; **prendere s. presso q.,** to take service with sb. **2** (*prestazione di lavoro*) service; duty: **ore di s.,** service-hours; work-time; **turno di s.,** turn of duty; **essere di s.,** to be on duty; **non essere di s.,** to be off duty; **essere in attività di s.,** to be in active service; **prendere** (*o* **entrare in**) **s.,** to take (*o* to enter) service; to go on duty; **smontare dal s.,** to come off duty **3** (*prezzo del s., al ristorante, ecc.*) service: **Nel prezzo è compreso il s.,** the service is included in the price; **escluso il s.,** service not included **4** (*mil.*) service: **s. informazioni,** intelligence secret service; **s. obbligatorio,** compulsory service; **in s.,** on active service **5** (*complesso di mezzi di pubblica utilità*) service: **pubblici servizi,** public (utility) services; **s. aereo,** air service; **s. di soccorso stradale,** breakdown service; **s. di assistenza infermieristica,** nursing service; **s. di autobus,** bus service; **s. ferroviario,** train service; **s. sanitario,** sanitary service; **s. telefonico,** telephone service **6** (*relig.*) service: **il s. divino,** divine service; **il s. funebre,** the burial service; the last offices (*pl.*) **7** (*atto utile e gradito*) service; turn; (*favore*) favour: **rendere un s. a q.,** to do sb. a service (*o* a favour); **rendere un buon (un cattivo) s. a q.,** to do sb. a good (a bad) turn; **Quello fu l'ultimo s. che gli resi,** that was the last favour I did him **8** (*comm.*) department: **s. acquisti,** purchase department; **s. trasporti,** transport department **9** (*serie di oggetti*) service; set: **un s. da tavola,** a dinner service; **un s. da tè,** a tea service (*o* set); **un s. di porcellana,** a china set **10** (*giornalistico*) article; series of articles; report; feature: **Rossi ha fatto un bel s. sulla Scandinavia,** Rossi has written a good series of articles on Scandinavia; **s. speciale,** special report **11** (*sport*) serve; service **12** (*pl.: attrezzature*) facilities; (*impianti elettrici, di fognatura, ecc. d'una città*) utilities **13** (*pl.: faccende*) housework (*sing.*); chores (*fam.*): **fare vari servizi,** to do several chores **14** (*pl.: servizi igienici*) bathroom (*sing.*); bathroom and lavatory; (*cucina e bagno*) bathroom and kitchen: **un appartamento con doppi servizi,** a flat with two bathrooms. ● **s. a domicilio,** home delivery □ **s. all'americana** (*da tavola*), place mats (*pl.*) □ (*mil.*) **s. di guardia,** watch duty □ (*giornalismo*) **s. in esclusiva,** exclusive □ **s. informazioni telefoniche,** directory enquiry □ **servizi sociali,** welfare work □ (*autom.*) **area di s. e ristorante** (*cartello*), all services □ **avere venti anni di s.,** (*di domestico, di soldato, funzionario, ecc.*) to have served twenty years; (*d'impiegato, operaio, ecc.*) to have been twenty years (with a firm), to have worked twenty years (for a firm) □ **donna a mezzo s.,** part-time maid □ **donna di s.,** domestic (servant); maid; charwoman □ (**elenco dei**) **turni di s.,** duty roster □ **fare s.,** (*rif. a ufficio, ecc.*) to be open; (*rif. a mezzo di trasporto*) to run: **L'ufficio non fa s. a quell'ora,** the office is not open (*o* is closed) at that time of the day; **L'autobus non fa s. il giovedì,** the bus does not run on Thursdays; **L'autobus fa s. due volte al giorno,** the bus runs twice a day □ (*mil.*) **finire il periodo di s.,** to serve out one's time □ (*di nave, linea elettrica, ecc.*) **fuori s.,** out of commission □ **essere fuori s.** (*fuori uso*), to be out of order: **L'ascensore è fuori s.,** the lift is out of order □ **lasciare il s.,** (*dimettersi*) to resign (from one's post); (*andare in pensione*) to retire; (*sospendere il lavoro*) to come off duty, to stop work □ **licenziare q. dal s.,** to turn sb. out of his job; to dismiss sb. □ (*ind.*) **mettere in s.,** to start □ **mettersi al s. di q.** (*a sua disposizione*), to place oneself at sb.'s disposal □ **il personale di s.,** the domestic staff; the servants (*pl.*) □ **porta** (**scala**) **di s.,** back door (stairs) □ (*mil.*) **prendere s.** (*come soldato*), to join (*o* to enter, to go into) the army □ **prestare s. in marina,** to serve in the navy □ **riprendere il s.,** to go on duty again; (*riprendere il lavoro*) to take up one's work again □ (*autom.*) **stazione di s.,** service (*o* filling) station □ (*prov.*) **fare un viaggio e due servizi,** to kill two birds with one stone.
sèrvo, *m.* **1** (*servitore*) (domestic) servant; manservant* **2** (*chi si dedica a servire una persona, un ideale, ecc.*) servant: **s. di Dio,** servant of God **3** (*fig.: schiavo*) slave: **essere s. del denaro,** to be the slave of money. ● **s. muto,** dumb-waiter.
servocomando, *m.* (*mecc.*) servo-control.

servofréno, *m.* (*autom.*) servo-brake.
servomeccanismo, *m.* (*mecc.*) servomechanism.
servomotóre, *m.* (*mecc.*) servo-motor.
servosistèma, *m.* servo system.
servostèrzo, *m.* (*autom.*) power steering.
sèsamo, *m.* (*bot.*, *Sesamum indicum*) til; sesame: **olio di s.**, sesame-oil; til-oil. ● **Apriti sesamo**, open sesame!
sesamòide, (*anat.*) **A** *a.* sesamoid. **B** *m.* sesamoid (bone).
sesquiòssido, *m.* (*chim.*) sesquioxide.
sesquipedale, *a.* (*lett.*) sesquipedal; sesquipedalian.
sèssa, *f.* (*geogr.*) seiche (*franc.*).
sessagenàrio, *a.* e *m.* (*lett.*) sexagenarian.
sessagèsima, *f.* (*relig.*) Sexagesima (Sunday).
sessagesimale, *a.* (*mat.*) sexagesimal.
sessagèsimo, *a.* (*lett.*) sixtieth.
sessàggio, *m.* (*tecn.*) sexing.
sessanta, *a. num. card.* e *m.* sixty: **essere vicino ai s.**, to be nearly sixty.
sessantenàrio, *m.* sixtieth anniversary.
sessantenne, **A** *a.* sixty-year-old (*attr.*); sixty years old (*pred.*); aged sixty. **B** *m.* e *f.* sixty-year-old person.
sessantènnio, *m.* period of sixty years.
sessantèsimo, **A** *a. num. ord.* sixtieth. **B** *m.* sixtieth (*part.*).
sessantina, *f.* **1** (*i sessant'anni*) sixty years of age: **un uomo sulla s.**, a man about sixty (years of age); a man in his sixties **2** (*complesso di circa sessanta*) some (*o* about) sixty.
sessare, *v. t.* (*in pollicoltura*) to sex.
sèssile, *a.* (*biol.*) sessile: **una foglia s.**, a sessile leaf; **dalle foglie sessili**, sessile-leaved.
sessióne, *f.* session; term: **la s. autunnale**, the autumn session; **in s. straordinaria**, in special session.
sessismo, *m.* sexism.
sessista, *a.*, *m.* e *f.* sexist.
sèsso, *m.* **1** sex: **il gentil s.**, the fair (*o* gentle) sex; **il s. debole**, the weak(er) sex; **il s. forte**, the sterner sex; **il s. maschile (femminile)**, the male (female) sex **2** (*organi genitali*) genitals (*pl.*); sexual organs (*pl.*). ● **persone d'ambo i sessi**, both males and females.
sèssola, *f.* (*naut.*) bailer.
sessuale, *a.* sexual; sex (*attr.*): **gli organi sessuali**, the sexual organs; the organs of sex; **le malattie sessuali**, sexual diseases; **rapporti sessuali**, sexual intercourse. ● **discriminazione s.**, sexism.
sessualità, *f.* sexuality.
sessuato, *a.* (*biol.*) sexual; sexed.
sessuofobìa, *f.* (*psic.*) sex phobia.
sessuologìa, *f.* sexology.
sessuològico, *a.* sexological.
sessuòlogo, *m.* sexologist.
sèsta, *f.* **1** (*relig.*) sext **2** (*mus.*) sixth (interval).
sestante, *m.* **1** (*astron.*, *naut.*) sextant: **s. a bolla d'aria**, bubble sextant*; **s. aereo**, air sextant **2** (*stor.*: *moneta romana*) sextans*.
sestàrio, *m.* (*stor.*: *misura romana di capacità*) sextary.
sestèrzio, *m.* (*stor.*: *moneta romana*) sesterce.
sestétto, *m.* **1** (*insieme di sei persone*) sextet **2** (*mus.*) sextet; sestet; sextette.
sestière, *m.* (*quartiere*) quarter; district.
sestìga, *f.* coach-and-six.
sestile, **A** *a.* (*astron.*) sextile: **aspetto s.**, sextile aspect. **B** *m.* (*sesto mese dell'anno romano*) Sextilis.
sestina, *f.* **1** (*poesia*: *stanza di sei versi*) sextet; six-line stanza; (*componimento*) sestina **2** (*mus.*) sextuplet.
sèsto (1), **A** *a. num. ord.* sixth: **Giacomo VI**, James the Sixth; **la sesta volta**, the sixth time; **nel s. giorno del mese**, on the sixth (day) of the month. **B** *m.* sixth (part).
sèsto (2), *m.* **1** (*disposizione normale*, *ordine*) (good) order: **essere fuori di s.**, to be out of order; **mettere q.c. in** (*o* **a**) **s.**, to put (*o* to set) st. in order; to put st. straight; to settle st.; **porre in s. i propri affari**, to settle one's affairs **2** (*archit.*) curve (of an arch) **3** (*tipogr.*) format. ● **arco a s. acuto**, pointed (*o* ogival) arch; ogive ☐ **arco a tutto s.**, round arch ☐ (*fig.*) **rimettersi in s.**, to get on one's feet again.
Sèsto, *m.* (*stor.*) Sextus.
sestogradista, *m.* e *f.* (*alpinismo*) sixth-degree climber.
sestùltimo, *a.* last but five; six-last.
sèstupla, *f.* (*mus.*) sextuplet.
sestuplicare, *v. t.* to sextuple.
sestùplice, *a.* (*lett.*) sextuple; sixfold.
sèstuplo, **A** *a.* sextuple; sixfold; six times as great. **B** *m.* sextuple.
set (*ingl.*), *m.* (*cinem.*, *sport*) set.
séta, *f.* silk: **s. artificiale**, artificial silk; rayon; **s. grezza**, raw silk; **s. vegetale**, botany silk; **di s.**, made of silk (*attr.*); **un abito di s.**, a silk dress; **calze di s.**, silk stockings; silks; **l'industria della s.**, the silk industry; **un tessuto di s.**, a silk fabric. ● **articoli di s.**, silks ☐ **baco da s.**, silkworm ☐ **morbido come la s.**, silky; silken.

setacciare, *v. t.* **1** to sieve; to sift **2** (*fig.*) to comb; to search: **La polizia ha setacciato tutto il distretto alla ricerca dei sequestratori**, the police have combed out the whole district for the kidnappers.
setacciata, *f.* sieving; sifting.
setacciatura, *f.* **1** sieving; sifting **2** (*fig.*) combing; searching.
setàccio, *m.* sieve; sifter: **s. di fili metallici**, wire sieve (*o* sifter).
setàceo, *a.* silk-like; silky.
setaiòlo, *m.* **1** silk-merchant; dealer in silks **2** (*tessitore di seta*) silk-weaver.
séte, *f.* **1** thirst: **levarsi la s.**, to quench one's thirst; **morire di s.**, to die of thirst; **patire la s.**, to suffer from thirst; **soffrire una s. del diavolo**, to be dying with thirst **2** (*fig.*: *desiderio ardente*) thirst; longing; yearning; craving: **la s. di ricchezza (d'onori)**, the thirst for wealth (honours); **non per s. di vendetta**, not in thirst for revenge. ● **avere s.**, to be thirsty; to feel dry (*fam.*): **Ho una gran s.**, I am very thirsty; **La campagna aveva s.**, the country was (parched and) thirsty ☐ **avere s. di q.c.**, to thirst for (*o* after) st.; to long for st.; to yearn for (*o* after) st.; to crave (for) st.: **avere s. di misericordia**, to crave mercy; **avere s. di vendetta**, to thirst for revenge ☐ **avere s. di sangue**, to be blood-thirsty ☐ **avere continuamente s.**, to have a spark in one's throat (*fam.*).
seterìa, *f.* **1** *V.* setificio **2** (*pl.*: *filati*, *tessuti di seta*) silk goods (*pl.*); silks (*pl.*).
setificio, *m.* silk mill; silk factory.
setino, *m.* **1** (*seta per rammendo*) sewing-silk **2** (*paramento di seta per addobbare una chiesa*) silk hangings (*pl.*).
sétola (1), *f.* (*pelo grosso*, *rigido*) bristle: **pennello di setole**, bristle-brush. ● **capelli come setole**, bristly hair.
sétola (2), *f.* (*screpolatura della pelle*) chap; crack (in the skin).
setolóso, setolùto, *a.* bristly; setose; hispid.
setóne, *m.* (*vet.*) seton.
sètta, *f.* **1** sect; (*fazione*) faction, party: **una s. politica (religiosa, eretica)**, a political (religious, heretical) sect **2** (*società segreta*) secret society.
settanta, *a. num. card.* e *m.* seventy: **un uomo di s. anni**, a seventy-year-old man; a man seventy years old; a man aged seventy; **gli anni s.**, the seventies.
settantenàrio, *m.* seventieth anniversary.
settantenne, **A** *a.* seventy-year-old (*attr.*); seventy years old (*pred.*); aged seventy; of seventy years of age. **B** *m.* e *f.* seventy-year-old person; septuagenarian.
settantènnio, *m.* period of seventy years.
settantèsimo, **A** *a. num. ord.* seventieth. **B** *m.* seventieth (part).
settantina, *f.* **1** (*i settant'anni*) seventy years of age: **un uomo sulla s.**, a man about seventy (years of age); a man in his seventies; **essere vicino alla s.**, to be about (*o* nearly) seventy (years old) **2** (*complesso di circa settanta*) some (*o* about) seventy.
settàrio, **A** *a.* sectarian; party (*attr.*); (*fazioso*) factious: **fini settari**, party purposes; **spirito s.**, sectarian (*o* party) spirit; **tendenze (gelosie) settarie**, sectarian sympathies (jealousies). **B** *m.* sectarian; (*partigiano*) partisan: **È un s.**, he is a sectarian; he is a factious man.
settarismo, *m.* sectarianism.
sètte, *a. num. card.* e *m.* seven: **i s. peccati mortali**, the seven deadly sins; **le s. virtù**, the seven virtues; **la città dei s. colli**, the seven-hilled City; **la guerra dei s. anni**, the Seven Years' War; **un mostro con s. teste**, a seven-headed monster; **un ragazzo di s. anni**, a boy seven years old; a boy aged seven; a seven-year-old (boy); **Sono le (ore) s.**, it is seven (o' clock). ● **chiudere q.c. con s. sigilli**, to close st. hermetically (*o* tightly) ☐ **farsi un s. nei pantaloni**, to tear one's trousers.
settebèllo, *m.* (*nelle carte da gioco*: *sette di quadri*) seven of diamonds.
settecentésco, *a.* of the eighteenth century; eighteenth-century (*attr.*): **l'arte (la letteratura) settecentesca**, eighteenth-century art (literature).
settecentèsimo, **A** *a. num. ord.* sevenhundredth. **B** *m.* sevenhundredth (part).
settecentista, *m.* e *f.* eighteenth-century writer (*o* artist, philosopher).
settecentistico, *a.* eighteenth-century (*attr.*).
settecènto, **A** *a. num. card.* seven hundred. **B** *m.* **1** (*il numero*) seven hundred **2** (*il secolo*) (the) eighteenth century; (*per l'arte italiana*, *anche*) «Settecento»: **gli scrittori del S.**, eighteenth-century writers.
settèmbre, *m.* September: **Vi andrò il ventitré di s.**, I shall go there on the 23rd of September.

settembrino, *a.* of September; in September; September (*attr.*): **fichi settembrini,** September figs; **l'aria settembrina,** the air in September.
settembrista, *m.* (*stor.*) Septembrist.
settemila, *a. num. card.* e *m.* seven thousand.
settemvirato, *m.* (*stor. romana*) septemvirate.
settèmviro, *m.* (*stor. romana*) septemvir*.
settenàrio, A *a.* **1** (*poesia: di sette sillabe*) seven-syllable (*attr.*); (*di sette piedi*) septenary **2** (*mus.*) septuple: **misura settenaria,** septuple time. **B** *m.* (*poesia: verso di sette sillabe*) seven--syllable line, (*verso di sette piedi*) septenary.
settennale, *a.* **1** (*che dura sette anni*) septennial; seven-year, seven years' (*attr.*); lasting seven years (*pred.*): **un parlamento s.,** a septennial Parliament **2** (*che ricorre ogni sette anni*) septennial; recurring every seven years: **elezioni settennali,** septennial elections.
settennato, *m.* septennate.
settènne, *a.* seven-year-old (*attr.*); seven years old (*pred.*); aged seven; of seven years of age: **un bambino s.,** a seven-year--old (boy).
settènnio, *m.* septennium*; period of seven years.
settentrionale, A *a.* northern; northerly; north (*attr.*): **Europa s.,** Northern Europe; **l'America s.,** North America; **i paesi (i popoli) settentrionali,** the northern countries (peoples). **B** *m.* e *f.* northerner.
settentrionalismo, *m.* (*polit.*) tendency to support the political and economical predominance of Northern Italy (compared to Southern Italy).
settentrióne, *m.* **1** (*punto card.*) north: **il vento di s.,** the north wind **2** (*regione settentrionale*) north (country): **il s. d'Italia,** the north of Italy; North Italy. ● **popoli del s.,** northern peoples.
settenvirato, settènviro, *V.* **settemvirato, settèmviro.**
sètte ottavi, *locuz. m.* (*abbigliamento*) seven-eighths.
sètter, *m.* (*zool.*) setter.
setticemìa, *f.* (*med.*) septicaemia.
setticèmico, *a.* (*med.*) septicaemic.
setticlàvio, *m.* (*mus.*) (system of) seven clefs.
sèttico, *a.* (*med.*) septic: **una ferita settica,** a septic wound.
sèttile, *a.* sectile.
sèttima, *f.* (*mus.*) seventh (interval).
settimana, *f.* **1** week: **il principio (la fine) della s.,** the beginning (the end) of the week; **la s. prossima (scorsa),** next (last) week; **la s. di Pasqua,** Easter-week; **la S. Santa,** Holy Week; **fra una s.,** in a week('s time); **ogni due settimane,** every two weeks; every other week; **una s. o due,** a week or two; **una s. sì e una s. no,** in alternate weeks; **s. corta** (*lavorativa*), five-day week; **tre lezioni la s.,** three lessons a week; **una vacanza di sei settimane,** a six weeks' holiday; **il fine s.,** the week-end; **trascorrere il fine s. in campagna,** to spend the week-end in the country; **essere di s.,** to be on duty for the week; **essere pagato a s.,** to be paid by the week **2** (*salario di una s. di lavoro*) week's pay; week's wages (*pl.*): **riscuotere la s.,** to receive one's week's wages. ● **due settimane,** fortnight □ (*fam.*) **Sono qui solo da ieri, e mi pare una s.,** I have been here only since yesterday, and it seems weeks to me.
settimanale, A *a.* weekly; week (*attr.*): **paga s.,** weekly pay; **una riunione s.,** a weekly meeting; **una rivista s.,** a weekly magazine. **B** *m.* (*periodico s.*) weekly (newspaper): **un nuovo s. letterario,** a new literary weekly.
settimanalménte, *avv.* weekly; every week; once a week; (*a settimana*) by the week: **pagare s.,** to pay by the week.
settimino, A *a.* seven months' (*attr.*). **B** *m.* **1** seven months' child **2** (*mus.*) septet; septette.
Settimio Sevèro, *m.* (*stor.*) Septimius Severus.
sèttimo, A *a. num. ord.* seventh: **la settima volta,** the seventh time; **Enrico VII,** Henry the Seventh; **essere al s. cielo,** to be in the seventh heaven of delight; **Al s. giorno Dio si riposò,** God rested on the seventh day. **B** *m.* seventh (part).
sèto, *m.* (*anat.*) septum*: **il s. nasale,** the nasal septum.
settóre (1), *m.* **1** (*geom., elab.*) sector: **il s. circolare,** the sector of a circle; **il s. sferico,** the sector of a sphere **2** (*in un'aula semicircolare*) sector **3** (*area, zona, anche mil.*) sector; area; zone: **s. di tiro,** fire-sector; firing-area **4** (*fig.: ramo, campo di un'attività*) sector; field; line: **il s. economico,** the product sector; **il s. monetario,** the monetary field.
settóre (2), *m.* (*chi pratica la sezione dei cadaveri*) prosector.
settoriale, *a.* **1** sectorial **2** (*fig.*) sectional: **interessi settoriali,** sectional interests.
settorialismo, *m.* sectionalism.
settuagenàrio, *a.* e *m.* septuagenarian.
settuagèsima, *f.* (*relig.*) Septuagesima (Sunday).
settuagèsimo, *a.* (*lett.*) seventieth: **la pagina settuagesima,** the seventieth page.
settuplicare, *v. t.* to multiply by seven; to septuple.
sèttuplo, A *a.* septuple; sevenfold. **B** *m.* septuple; seven

times as much.
severaménte, *avv.* severely; sternly; strictly; with severity (*o* sternness, strictness); in a severe (*o* strict, stern, rigorous) manner: **castigare q. s.,** to punish sb. with severity (*o* rigour). ● **trattare q. s.,** to be severe on (*o* upon) sb.; to be hard upon sb. (*fam.*).
severità, *f.* severity; sternness; (*austerità*) austerity; (*rigore*) strictness, rigour; (*rigidità*) rigidity; (*gravità*) gravity: **la s. d'un rimprovero,** the severity of a reproof; **trattare q. con la massima s.,** to treat sb. with the utmost rigour (*o* with a heavy hand). ● **usare troppa s. con q.,** to be too severe upon sb.
sevèro, *a.* severe; stern; (*austero*) austere; (*rigoroso*) strict, rigorous; (*rigido*) rigid; (*grave*) grave: **un genitore (un insegnante) s.,** a strict parent (teacher); **un giudice s.,** a severe judge; **una condanna (una punizione) severa,** a severe penalty (punishment); **studi severi,** severe studies; **uno stile s.,** a severe style; **un volto s.,** a stern face; **un uomo dal volto s.,** a stern-faced man; **essere s. con i propri alunni,** to be too severe with one's pupils.
sevìzia, *f.* (*specialm. al pl.*) torture. ● **sottoporre q. a sevizie,** to torture sb.
seviziare, *v. t.* (*anche fig.*) to torture.
seviziatóre, *m.* torturer.
sévo, *m.* tallow.
sexy (*ingl.*), *a.* sexy.
sezionale, *a.* sectional.
sezionaménto, *m.* **1** (*divisione in sezioni*) sectioning; sectionizing; sectionalizing **2** (*med.*) dissection.
sezionare, *v. t.* **1** (*dividere in sezioni*) to section; to sectionize; to sectionalize **2** (*med.*) to dissect.
sezionatóre, *m.* (*elettr.*) isolator; isolating switch.
seziόne, *f.* **1** (*parte di q.c.*) section; part; division: **le sezioni d'un libro,** the sections (*o* subdivisions) of a book **2** (*ripartizione d'uffici, istituti, ecc.*) division; department: **il capo di s.,** the head of division; **una s. elettorale,** an electoral division; (*leg.*) **s. civile (penale),** civil (criminal) division; **la s. motori,** the engine division; **una s. chirurgica,** a surgical department; **una s. di lingue straniere,** a foreign language department **3** (*mil.*) section; unit: **una s. di mitragliatrici,** a machine-gun section **4** (*aeron.*) section: **una s. alare,** a wing section **5** (*med.*) dissection **6** (*mat., fis., geol.*) section: **s. aurea,** golden section; **s. d'urto,** cross section **7** (*archit.*) section: **s. longitudinale (orizzontale, verticale),** longitudinal (horizontal, vertical) section; **s. parziale (ribaltata),** part (revolved) section; **s. trasversale,** cross (*o* transverse) section. ● **s. di polizia,** police station.
sfaccendare, *v. i.* (*fam.*) to be busy; to bustle about; to be on the go (*pop.*). ● **s. per casa,** to do the house-work.
sfaccendato, A *a.* idle: **un ragazzo s.,** an idle boy; **essere s.,** to be idle; to have nothing to do. **B** *m.* idler; lounger; loafer: **fare lo s.,** to be an idler; to lounge (*o* to loaf) about. ● **Sei uno s.!,** you are a lazy-boots! (*fam.*).
sfaccettare, *v. t.* to facet; to cut* facets on.
sfaccettato, *a.* **1** faceted **2** (*fig.*) many-sided.
sfaccettatura, *f.* **1** (*lo sfaccettare*) faceting **2** (*faccette*) facets (*pl.*) **3** (*fig.: aspetto*) aspect; point of view.
sfacchinare, *v. i.* (*fam.*) to toil; to drudge; to work like a slave.
sfacchinata, *f.* drudgery; tough job (*fam.*).
sfacciatàggine, *f.* impudence; shamelessness; brazenness; cheek (*fam.*); sauciness (*fam.*): **avere la s. di dire (di fare) q.c.,** to have the impudence to say (to do) st.; **Ebbi la s. di chiederne ancora,** I had the cheek to ask some more; **Che s.!,** what impudence!; what (cool) cheek! ● **Ci vuole una bella s.!,** that's pretty cool behaviour, isn't it!
sfacciataménte, *avv.* impudently; pertly; cheekily (*fam.*); saucily (*fam.*); brazenly, brazen-facedly.
sfacciato, A *a.* **1** impudent; shameless; pert; cheeky (*fam.*); saucy (*fam.*): **una menzogna sfacciata,** an impudent lie; **una risposta sfacciata,** an impudent (*o* a pert) answer; **un ragazzo s.,** a cheeky boy **2** (*vistoso*) bold; showy; gaudy: **un rosso s.,** a bold red. **B** *m.* impudent (person); pert (person); cheeky fellow (*fam.*); brazenface. ● **fare lo s.,** to be cheeky □ **Che s.!,** what an impudent rascal he is! □ **Sei uno s.!,** you are a cheeky one!
sfacèlo, *m.* **1** (*disfacimento*) decay; (*rovina*) ruin, break-up; (*crollo*) collapse, downfall: **lo s. d'una città,** the decay of a town; **lo s. morale,** the moral decay; **essere in s.,** to be in decay **2** (*med.*) sphacelation. ● **È uno s.!,** it's a disaster!
sfagiolare, *v. i.* (*pop.: andare a genio*) to be to one's liking (*o* taste); to like (*pers.*): **Quel tizio non mi sfagiola,** I don't like that fellow.
sfagliare (1), A *v. t.* (*nel gioco: scartare*) to discard; to throw* away. **B** *v. i.* (*nel gioco*) to discard.
sfagliare (2), *v. i.* (*di cavallo: fare uno scarto*) to shy.
sfàglio (1), *m.* (*nel gioco*) discard(ing).
sfàglio (2), *m.* (*di cavallo*) shy.
sfagnéto, *m.* sphagnum bog.

sfagno, *m.* (*bot.*, *Sphagnum*) sphagnum*; bog moss.
sfàlcio, *m.* (*agric.*) mowing.
sfaldàbile, *a.* **1** flaky; scaly **2** (*miner.*) spathic.
sfaldaménto, *m.* **1** flaking; scaling **2** (*miner.*) cleavage.
sfaldare, **A** *v. t.* to flake; to scale. **sfaldarsi**, **B** *v. rifl.* **1** to flake (off); to scale (off) **2** (*miner.*) to cleave*.
sfaldatura, *f.* **1** flaking; scaling **2** (*miner.*) cleavage: **piano di s.**, cleavage plane.
sfalsaménto, *m.* stagger, staggering.
sfalsare, *v. t.* **1** (*mecc.*, *edil.*) to stagger; to offset* **2** (*deviare*, *scansare*) to ward off; to parry.
sfamare, **A** *v. t.* to satisfy (*o* to appease) (sb.'s) hunger; to feed*; to supply food for (sb.): **Basta per s. un centinaio di uomini**, that's enough to feed a hundred men. **sfamarsi**, **B** *v. rifl.* to satisfy (*o* to appease) one's hunger; to have one's fill. ● **non avere di che s.**, to have nothing to eat □ **Non riesco mai a sfamarmi**, I never seem to have enough to eat.
sfangaménto, *m.* (*miner.*) desliming.
sfangare, *v. t.* **1** (*pulire dal fango*) to clean mud off (st.) **2** (*miner.*) to deslime.
sfangatóre, *m.* deslimer.
sfare, **A** *v. t.* to undo*. **sfarsi**, **B** *v. rifl.* (*liquefarsi*) to melt; to melt away: **La neve si sfarà presto**, the snow will soon melt away.
sfarfallaménto (1), *m.* (*di baco da seta*) emergence (*o* emerging) from the cocoon.
sfarfallaménto (2), *m.* **1** (*autom.*) wobble: **lo s. delle ruote anteriori**, the front-wheel wobble **2** (*cinem.*, *telev.*) flicker.
sfarfallare (1), *v. i.* (*di baco da seta*) to come* out of (*o* to emerge from) the cocoon.
sfarfallare (2), *v. i.* **1** (*svolazzare*, *anche fig.*) to flutter; to flit; to flicker **2** (*fig.: commettere sproposati*) to blunder; to make* foolish mistakes; (*dire sciocchezze*) to talk nonsense **3** (*autom.*) to wobble **4** (*cinem.*, *telev.*) to flicker.
sfarfallatura, *f.* (*di baco da seta*) emergence (*o* emerging) from the cocoon.
sfarfallìo, *m.* (*cinem.*, *telev.*) flicker; flickering.
sfarfallóne, *m.* (*fam.*) blunder; howler (*fam.*): **fare uno s.**, to make a blunder; to blunder. ● **Certi sfarfalloni!**, such nonsense!
sfarinàbile, *a.* reducible to powder; pulverizable.
sfarinaménto, *m.* reduction to powder; pulverization.
sfarinare, **A** *v. t.* to reduce to powder; to pulverize. **B** *v. i.* e **sfarinarsi**, *v. rifl.* to be reduced to powder; to crumble. ● **s. in bocca**, to melt in the mouth □ **una terra che sfarina**, a crumbly soil.
sfarinato, *m.* (*ind.*) flour; meal.
sfarzo, *m.* pomp; luxury; splendour; (*magnificenza*) magnificence, grandeur.
sfarzosaménte, *avv.* **1** (*sontuosamente*) luxuriously; sumptuously **2** (*vistosamente*) gaudily; garishly.
sfarzosità, *f.* **1** (*sontuosità*) luxuriousness, sumptuousness **2** (*vistosità*) gaudiness; garishness; showiness.
sfarzóso, *a.* **1** (*sontuoso*) luxurious; sumptuous; splendid: **una festa sfarzosa**, a sumptuous feast; **vesti sfarzose**, sumptuous clothes **2** (*vistoso*) gaudy; garish; flashy; showy: **ornamenti sfarzosi**, gaudy (*o* garish) ornaments; **un abito s.**, a showy dress.
sfasaménto, *m.* **1** (*elettr.*) phase-displacement; phase-difference: **angolo di s.**, phase (displacement) angle **2** (*fig.*) bewilderment; confusion.
sfasare, *v. t.* **1** (*elettr.*) to displace the phase of; to put* out of phase **2** (*fig.*) to bewilder; to confuse.
sfasato, *a.* **1** (*elettr.*) out of phase **2** (*fig.*) bewildered; confused; dazed; in a daze. ● **È un tipo un po' s.**, he's a bit crackers.
sfasatóre, *m.* (*elettr.*) phase shifter.
sfasatura, *f.* V. **sfasamento**, *m.*
sfasciacarròzze, *m.* (*autom.*) vehicle dismantler; car breaker.
sfasciaménto, *m.* **1** (*il rompere sconquassando*) shattering; smashing; crashing **2** (*il crollare*) crumbling; collapse; collapsing; breakdown: **lo s. dell'impero romano**, the breakdown of the Roman Empire.
sfasciare (1), *v. t.* (*disfare la fasciatura di*) to unbandage; (*levare dalle fasce*) to unswathe, to unswaddle: **s. una ferita**, to unbandage a wound; **s. un bambino**, to remove the bandage from a wound; **s. un bambino**, to unswaddle a baby.
sfasciare (2), **A** *v. t.* **1** (*rompere sconquassando*) to shatter; to smash; to break* up: **una sedia**, to smash a chair; (*fig.*) **s. il muso a q.**, to smash sb.'s face in (*fam.*) **2** (*smantellare*) to dismantle. **sfasciarsi**, **B** *v. rifl.* **1** (*rompersi*) to shatter (into pieces); to get* smashed; to crash; (*crollare*) to crumble, to collapse: **imperi che si sfasciano**, crumbling empires; **L'automobile si sfasciò contro un muro**, the car crashed into a wall; **La sedia si sfasciò quando vi si sedette quell'uomo grosso e grasso**, the chair collapsed when that big, fat man sat on it **2** (*fig.: perdere la snellezza*) to get* flabby; to lose* one's figure.

sfasciato (1), *a.* unbandaged; (*di bambino*) unswathed, unswaddled.
sfasciato (2), *a.* **1** in pieces **2** (*fig.: di persona molto grassa*) flabby.
sfasciatura, *f.* unbandaging; removing of the bandage(s); (*di bambino*) unswathing, unswaddling. ● **Per la s. è meglio aspettare che la faccia il medico**, it's better to wait for the doctor to remove the bandage(s).
sfascicolare, *v. t.* to break* up (a book) into (its) sections (*o* signatures).
sfàscio, *m.* (*sfacelo*) collapse; ruin; breakdown.
sfasciume, *m.* (*spreg.*) **1** (*rovine*) ruins (*pl.*) **2** (*fig.: di persona sfatta fisicamente*) wreck: **non essere più che uno s.**, to be a (*o* the) mere wreck of one's former self.
sfataménto, *m.* exploding, discrediting; disproving; debunking: **lo s. d'una teoria**, the exploding of a theory.
sfatare, *v. t.* to explode; to discredit; to disprove; to debunk: **s. una leggenda**, to discredit a legend; **s. una teoria**, to explode a theory.
sfaticare, *v. i.* e **sfaticarsi**, *v. rifl.* to work hard; to toil; to drudge.
sfaticato, **A** *a.* idle; (*pigro*) lazy. **B** *m.* (*scansafatiche*) idler; loafer; lazy-bones (*fam.*).
sfatto, *a.* **1** (*disfatto*) undone **2** (*liquefatto*) melted: **cera sfatta**, melted wax **3** (*troppo cotto*) overcooked; overdone **4** (*troppo maturo*) overripe **5** (*vizzo*) withered; (*floscio*) flappy. ● **letto s.**, unmade bed.
sfavillaménto, *m.* sparkle; sparkling; glitter; glittering.
sfavillante, *a.* sparkling; glittering; twinkling; (*raggiante*) radiant: **il sole s.**, the radiant sun; **occhi sfavillanti**, sparkling eyes.
sfavillare, *v. i.* **1** to spark; to give* out sparks; to sparkle **2** (*fig.: risplendere*) to sparkle; to glitter; to twinkle; to beam; to glow; (*essere radiante*) to be radiant: **occhi sfavillano di gioia**, eyes beaming with joy; **Il suo volto sfavillava di gioia**, his face was radiant with joy.
sfavillìo, *m.* sparkling; glittering; twinkling; glowing.
sfavore, *m.* disfavour; disapproval.
sfavorévole, *a.* unfavourable; not favourable; (*contrario*) adverse, contrary; (*negativo*) negative: **circostanze sfavorevoli**, unfavourable circumstances; **una risposta s.**, a negative answer; **venti sfavorevoli**, contrary (*o* adverse) winds. ● **essere s. a un progetto**, to be against a plain □ **avere un'opinione s. di q.**, to hold sb. in low estimation □ **ricevere un'impressione s. di q.**, to be unfavourably impressed by sb. □ **un voto s.**, a no--confidence vote.
sfavorevolménte, *avv.* unfavourably.
sfavorire, *v. t.* to treat unfairly.
sfebbrare, *v. i.* to get* rid of a fever.
sfebbrato, *a.* without fever; no longer feverish: **essere s.**, to be no longer feverish.
sfegatarsi, *v. rifl.* (*fam.*) **1** to wear* oneself out; to break* one's back (*fam.*) **2** (*sgolarsi*) to shout oneself hoarse.
sfegatato, **A** *a.* passionate; ardent; keen; fanatical: **amore s.**, passionate (*o* ardent) love; **un repubblicano s.**, an ardent republican. **B** *m.* (*fam.*) dare-devil.
sfeltrare, *v. t.* (*ind. tessile*) to pluck.
sfeltratóre, *m.* (*ind. tessile*) plucker.
sfeltratura, *f.* (*ind. tessile*) plucking.
sfenisciformi, *m. pl.* (*zool.*, *Sphenisciformes*) Sphenisciformes.
sfenodónte, *m.* (*zool.*, *Sphenodon punctatum*) tuatara, tuatera.
sfenoidale, *a.* (*anat.*) sphenoidal.
sfenòide, *a.* e *m.* (*anat.*) sphenoid: **l'osso s.**, the sphenoid bone.
sfèra, *f.* **1** (*geom.*, *astron.*) sphere: **la superficie (il volume) della s.**, the area (the volume) of the sphere **2** (*oggetto sferico*) sphere; (*palla*) ball **3** (*fig.: condizione*, *grado sociale*) sphere (of life); rank; social position (*o* class): **gente della stessa s.**, people of the same rank; **un personaggio d'alta s.**, a man of (high) rank; **le sfere giornalistiche**, the ranks of journalists **4** (*fig.: campo*, *ambito*) sphere; range; province; field: **la s. d'influenza**, the sphere (*o* zone) of influence; the field of operations; **la propria s. d'azione**, one's sphere (*o* range) of action; **nella s. delle idee astratte**, in the field of abstract ideas **5** (*un orologio: lancetta*) hand; pointer **6** (*relig.: parte d'un ostensorio*) orb (of a monstrance) **7** (*mecc.*) ball: (*ind.*) **sfere macinanti**, grinding balls; **cuscinetto a sfere**, ball-bearing. ● **la s. celeste**, the celestial sphere; the sky; the heavens (*pl.*) □ **la s. dell'aria**, the atmosphere; the upper air □ **la s. terrestre**, the earth □ **penna a s.**, ball-point pen.
sfericaménte, *avv.* spherically.
sfericità, *f.* sphericity: **la s. della terra**, the sphericity of the earth.
sfèrico, *a.* spherical (*anche geom.*); globe-shaped: **un corpo s.**, a spherical body.

sferire, *v. t.* (*naut.*) to unfasten; to unreeve.
sferistèrio, *m.* **1** (*stor.*) sphaeristerium **2** (*sport*) playing-field.
sferoidale, *a.* spheroidal; spheroid.
sferòide, *m.* (*geom.*) spheroid.
sferòmetro, *m.* (*fis., mecc.*) spherometer.
sferragliaménto, *m.* rattling; clattering; clanging.
sferragliare, *v. i.* to rattle; to clatter; (*di treni, tram e sim.*) to clang.
sferrare, A *v. t.* **1** (*un cavallo*) to unshoe* **2** (*liberare dai ferri, dalle catene*) to unshackle; to unfetter **3** (*fig.*) to launch: **s. un assalto,** to launch an attack. ● **s. un calcio,** to lash out (at): **Il cavallo mi sferrò un calcio,** the horse lashed out at me □ **s. un pugno,** to land a punch. **sferrarsi, B** *v. rifl.* **1** (*di cavalli*) to cast* a shoe **2** (*fig.: avventarsi*) to fling* (*o* to hurl) oneself.
sferratura, *f.* (*lo sferrare un cavallo*) unshoeing.
sferruzzare, *v. i.* to knit* away.
sfèrza, *f.* whip; lash (*anche fig.*); scourge (*anche fig.*): **la s. della critica,** the lash of criticism; **la s. del vento,** the lashing of the wind. ● **la s. del sole,** the merciless rays of the sun.
sferzante, *a.* slashing; cutting; biting: **parole sferzanti,** biting words.
sferzare, *v. t.* to whip; to lash (*anche fig.*); to slash (*anche fig.*); to scourge (*anche fig.*); (*fustigare*) to flog: **s. un cavallo,** to lash a horse (with a whip); to whip a horse; **s. i vizi e le follie del proprio tempo,** to scourge the vices and follies of one's time; **s. a sangue,** to slash; **le onde sferzate dal vento,** the waves scourged by the wind.
sferzata, *f.* **1** blow (with a whip); lash; slash: **dare una s. a q.,** to give sb. a lash; to lash sb.; to slash sb.; to scourge sb. **2** (*fig.: critica pungente*) lashing; sharp criticism.
sfiaccolare, *v. i.* (*di candela o altro lume*) to glare.
sfiammare, *v. i.* to blaze up.
sfiancare, A *v. t.* **1** to break* through (st.) **2** (*spossare*) to exhaust; to tire out; to wear* out; to knock up (*fam.*). **sfiancarsi, B** *v. rifl.* **1** to break* open; to burst*; to cave in **2** (*logorarsi*) to exhaust oneself (by hard work); to tire oneself out; to be worn out; to be knocked up (*fam.*).
sfiancato, *a.* worn out; done up: **Alla fine il cavallo era s.,** at last my horse was done up. ● **un cavallo s.,** a hollow-flanked horse.
sfiataménto, *m.* leakage; escape.
sfiatare, A *v. i.* to leak; to escape. **sfiatarsi, B** *v. rifl.* **1** (*di strumenti musicali*) to lose* tone; to crack **2** (*fam.: sgolarsi*) to talk (*o* to shout) oneself breathless; to talk oneself hoarse: **Mi sono sfiatato per farglielo capire,** I have talked myself hoarse trying to make him understand. ● **s. inutilmente,** to waste one's breath.
sfiatato, *a.* (*senza fiato*) breathless; out of breath; (*senza voce*) voiceless, out of voice; (*rauco*) hoarse. ● **una tromba sfiatata,** a cracked trumpet.
sfiatatóio, *m.* **1** vent-hole **2** (*mecc.*) breather **3** (*zool.*) blowhole; (*dei cetacei*) spiracle.
sfiato, *m.* vent-hole.
sfibbiare, *v. t.* to unbuckle; to unfasten; (*slacciare*) to unclasp: **s.** (*o* **sfibbiarsi**) **una scarpa** (**una cintura**), to unbuckle a shoe (a belt).
sfibbiatura, *f.* unbuckling; unfastening; unclasping.
sfibraménto, *m.* **1** fibre extraction **2** (*fig.: logorio*) enervation; enervating; (*indebolimento*) enfeeblement, weakening, debilitation, debilitating.
sfibrante, *a.* enervating; enfeebling; weakening; exhausting.
sfibrare, A *v. t.* **1** to defiber; to free the fibres from (st.) **2** (*fig.: logorare*) to enervate; to unnerve; (*indebolire*) to enfeeble, to weaken, to debilitate; (*sfinire*) to exhaust, to wear* out, to knock up (*fam.*): **un caldo che sfibra,** an enervating heat; **un lavoro che sfibra,** an enervating (piece of) work **3** (*ind. cartaria: il legno*) to grind*; (*stracci*) to break*. ● **Il lavoro eccessivo lo ha sfibrato,** he has overworked himself. **sfibrarsi, B** *v. rifl.* to exhaust oneself.
sfibrato, *a.* (*fig.: logorato*) enervated; unnerved; (*indebolito*) enfeebled, weakened; (*esausto*) exhausted, worn out: **sentirsi s.,** to feel (*o* to be) exhausted; to be worn out; to be played out (*fam.*).
sfibratóre, *m.* (*mecc., ind. cartaria*) grinder; (*per stracci*) breaker.
sfibratura, *f.* **1** fibre extraction **2** (*ind. cartaria*) grinding.
sfida, *f.* (*anche fig.*) challenge; defiance: **lanciare una s.,** to shout defiance (at); (*a duello*) to throw down the glove; **raccogliere** (*o* **accettare**) **la s.,** to accept the challenge; (*a duello*) to take up the glove; **Ecco la s.!,** here is the challenge! ● **cartello di s.,** cartel □ **con aria di s.,** defiantly.
sfidante, A *a.* challenging. **B** *m. e f.* challenger.
sfidare, *v. t.* **1** to challenge; to defy; to dare: **s. q. a duello,** to challenge sb. to a duel; to throw down the glove to sb.; **s. q. alla corsa,** to challenge sb. to run a race; **s. q. a fare q.c.,** to challenge sb. to do st.; **Lo sfido a provare che non è vero,** I defy him to prove that it is not true; **Mi sfidò a farlo,** he dared me to do it; **s. i superiori** (**la legge**), to defy one's superiors (the law) **2** (*fig.: affrontare*) to face; to brave; to dare; to withstand*: **s. un pericolo** (**la morte**), to face danger (death). ● **Sfido io!,** naturally!; of course!; I should say so! □ **Sfido! come avrei potuto?,** of course, I didn't! how could I? **sfidarsi, B** *v. rifl. recipr.* to challenge each other (*o* one another).
sfidato, A *a.* challenged; defied. **B** *m.* person challenged; challengee.
sfidatóre, A *m.* (*lett.*) challenger. **B** *a.* challenging.
sfidùcia, *f.* **1** (*mancanza di fiducia*) mistrust; distrust; want (*o* lack) of confidence: **manifestare la propria s.,** to show one's distrust **2** (*polit.*) no-confidence: **voto di s.,** vote of no-confidence; **votare la s.,** to pass a vote of no-confidence. ● **avere s. in q.,** to mistrust sb.; to have no trust in sb. □ **avere s. in se stesso,** to mistrust one's own powers; not to have much self-confidence.
sfiduciare, A *v. t.* to discourage; to dishearten: **La più piccola cosa lo sfiducia,** the smallest matter discourages him. **sfiduciarsi, B** *v. rifl.* to lose* confidence; to get* discouraged; to lose* heart. ● **Non sfiduciarti per un insuccesso,** don't let one failure discourage you!
sfiduciato, *a.* discouraged; disheartened.
sfigmico, *a.* (*med.*) sphygmic.
sfigmografia, *f.* (*med.*) sphygmography.
sfigmògrafo, *m.* (*med.*) sphygmograph.
sfigmogramma, *m.* (*med.*) sphygmogram.
sfigmomanòmetro, *m.* (*med.*) sphygmomanometer.
sfigurare, A *v. t.* **1** (*deturpare*) to disfigure; to deface; to ruin; to spoil: **Il giovane aveva il volto alquanto sfigurato,** the young man's face was rather disfigured **2** (*stravolgere*) to distort: **La rabbia gli sfigurava il viso,** anger distorted his features. **B** *v. i.* **1** (*fare cattiva figura*) to cut* a bad (*o* poor, sorry) figure; to make* a bad impression: **Non voglio s.,** I don't want to cut a poor figure; **Mi farai s.,** you will make me cut a sorry figure **2** (*non armonizzare*) not to match; not to go* well (with): **Questa camicetta non ci sfigura sulla mia gonna nera,** this blouse can go well with my black skirt.
sfigurato, *a.* disfigured; defaced; (*stravolto*) distorted: **L'uomo aveva il volto s. dall'ira,** the man's face was distorted by rage.
sfilàccia, *f.* (*ind. tessile*) bast. ● **s. di lino,** lint.
sfilacciare, A *v. t.* to unravel; to fray. **B** *v. i. e* **sfilacciarsi,** *v. rifl.* to fray: **una stoffa che si sfilaccia facilmente,** a material that frays easily.
sfilacciato, *a.* frayed: **polsini sfilacciati,** frayed cuffs.
sfilacciatrice, *f.* (*mecc.*) rag-grinding machine; rag-grinder.
sfilacciatura, *f.* **1** unravelling; grinding **2** (*lo sfilacciarsi, parte sfilacciata*) threads (*pl.*); fraying.
sfilaménto, *m.* **1** unthreading; unstringing **2** (*rif. a paracadute*) opening; deployment.
sfilare (1), A *v. t.* **1** (*una cosa infilata*) to unthread; (*perle e sim.*) to unstring*; (*l'arrosto dallo spiedo*) to unspit: **s. la gugliata dall'ago** (*o* **s. l'ago**), to unthread a needle; to draw out the thread from a needle; **s. le perle** (**d'un vezzo**), to unstring pearls; **s. tordi da uno spiedo,** to unspit thrushes; to take thrushes off a spit **2** (*un tessuto, un orlo*) to draw* out a thread (*o* threads) (from); to pull the threads out (of): **s. una tela per ricamarla,** to draw out the threads from a piece of cloth to embroider it **3** (*togliere di dosso*) to slip off; to take* off: **L'infermiera sfilò le pantofole al malato,** the nurse took off the patient's slippers; **Si sfilò l'anello** (**dal dito**), he slipped off his ring. ● **s. il rosario,** to say the rosary; (*fig.*) to tear (sb.) to pieces. **sfilarsi, B** *v. rifl.* **1** (*di cosa infilata*) to get* unthreaded; (*rif. a perle*) to get* unstrung; to come* off the string: **L'ago si è sfilato,** the needle has got unthreaded; **La collana si è sfilata,** the beads have come off their string **2** (*di calza*) to ladder; to run*.
sfilare (2), *v. i.* (*passare in fila, anche mil.*) to parade; to defile; to file off; (*o* off); to march past (*o* off); to pass by (in procession): **s. in parata,** to march past (on parade); **I soldati sfilarono dinanzi al colonnello,** the soldiers marched past the colonel.
sfilata, *f.* **1** (*il procedere in fila*) passing (in procession); filing off; (*parata*) parade; (*mil.*) march past: **la s. delle truppe,** the march past (of the troops); **una s. di modelli,** a fashion parade; **assistere alla s. di un corteo,** to be present at the passing of a procession **2** (*sfilza, lunga successione*) long line; long row; string; series*; succession: **una s. d'alberi,** a long line (*o* row) of trees; **una s. di citazioni,** a series of quotations; **una s. di automobili** (**di bugie, d'imprecazioni, ecc.**), a string of cars (of lies, of curses, etc.). ● (*USA*) **s. di automobili** (*corteo*), motorcade.
sfilatino, *m.* (*filoncino di pane*) (French) loaf*.
sfilato, *m.* (*ricamo*) drawn-thread work; drawn-work.
sfilatura, *f.* **1** (*lo sfilare q.c.: un ago, ecc.*) unthreading; (*perle*)

sfilettare

unstringing 2 (*smagliatura*) ladder; run.
sfilettare, *v. t.* (*rif. a pesci*) to bone.
sfilza, *f.* series*; string: **una s. di errori**, a series of mistakes.
sfinge, *f.* **1** (*mitol., archeol.*) Sphinx **2** (*fig.*) sphinx*: **a mo' di s.**, sphinx-like; sphinxian **3** (*zool.*, *Sphinx*) sphinx(-moth); hawk-moth.
sfingeo, *a.* (*lett.*) **1** sphinx-like **2** (*fig.*) enigmatic(al).
sfiniménto, *m.* faintness; weariness; extreme weakness; languour.
sfinire, **A** *v. t.* to wear* out; to tire out; to exhaust: **La febbre l'ha sfinito**, the fever has exhausted him. **sfinirsi**, **B** *v. rifl.* to tire oneself out; to get* exhausted.
sfinitézza, *f.* faintness; weariness; extreme weakness.
sfinito, *a.* exhausted; worn out; tired out; run down; knocked up, done up, all in (*fam.*).
sfintère, *m.* (*anat.*) sphincter.
sfintèrico, *a.* (*anat.*) sphincteral; sphincteric.
sfioccare, **A** *v. t.* to fray into a tassel; to ravel out. **sfioccarsi**, **B** *v. rifl.* to fray out; to ravel out; to unravel. ● **lo s. d'una nuvola al vento**, the unravelling of a cloud in the wind.
sfiondare, *v. t.* to sling*; (*scagliare*) to fling*, to hurl (*anche fig.*).
sfioraménto, *m.* **1** (*il passare leggermente su q.c.*) skimming; brushing (against); grazing **2** (*fig.: il toccare appena*) skimming; touching (on, upon).
sfiorare, *v. t.* **1** (*passare leggermente su q.c.*) to skim; to skim along (*o* over, through); to brush against; to graze: **s. la pelle**, to graze the skin; **La palla gli sfiorò il viso**, the ball grazed his face; **I gabbiani sfiorano le onde**, the gulls are skimming the waves; **I raggi del sole sfiorano la cima del monte**, the sun's rays are grazing the summit of the mountain **2** (*fig.: trattare superficialmente*) to skim over; to touch on: **s. un argomento**, to skim over a subject; to touch on a subject **3** (*fig.: essere vicino a*) to be very close (*o* near); to almost touch: **s. il successo**, to be very close to success **4** (*scremare*) to skim: **s. il latte**, to skim milk. ● **Un sorriso le sfiorava le labbra**, a smile hovered about her lips □ **Non mi sfiorò il minimo dubbio**, no doubt crossed my mind.
sfioratóre, *m.* (*mecc.*) spillway. ● **s. a stramazzo**, weir.
sfiorire, *v. i.* **1** (*bot.*) to drop one's petals; (*appassire*) to fade, to wither: **fiori che mai sfioriscono**, flowers that never fade; **Quelle rose rosse sfioriranno presto**, those red roses will soon fade (*o* wither) **2** (*fig.: perdere la freschezza*) to fade away; to decay; to wither: **La poveretta sfiorì lentamente**, the poor woman slowly faded away; **La giovinezza sfiorisce presto**, youth soon fades away.
sfiorito, *a.* (*anche fig.*) faded; withered: **una rosa sfiorita**, a faded rose; **un volto s.**, a withered face. ● (*fig.*) **un volto sfiorito dal dolore**, a grief-worn face.
sfioritura, *f.* (*anche fig.*) fading; withering.
sfirèna, *f.* (*zool., Sphyraena sphyraena*) spet.
sfissare, *v. t.* (*fam.*) to cancel: **s. una prenotazione**, to cancel a booking.
sfittare, **A** *v. t.* to vacate: **s. un appartamento**, to vacate a flat. **sfittarsi**, **B** *v. rifl.* to become* vacant.
sfitto, *a.* vacant; unlet; untenanted: **una camera sfitta**, a vacant room.
sfizio, *m.* (*dial.*) whim; fancy.
sfocare, *v. t.* (*fotogr.*) to put* out of focus.
sfocato, *a.* **1** (*fotogr.*) out-of-focus (*attr.*); out of focus (*pred.*); fuzzy; blurred: **l'immagine è sfocata**, the image is out of focus **2** (*fig.*) hazy; indefinite.
sfocatura, *f.* (*fotogr.*) fuzziness; blurring.
sfociaménto, *m.* flowing (into); disemboguement.
sfociare, *v. i.* **1** to flow (into); to disembogue (into): **I fiumi sfociano nel mare**, rivers flow into the sea **2** (*fig.: avere come conseguenza*) to result (in); to lead* (to).
sfócio, *m.* mouth; outlet (*anche fig.*).
sfoderaménto, *m.* **1** unsheathing **2** (*fig.*) display; ostentation; showing off.
sfoderare, *v. t.* **1** (*levare la fodera a*) to unline; to take* the lining out (of): **s. una giacca**, to take the lining out of a jacket **2** (*levare dal fodero*) to unsheathe; to draw* (*o* to remove) from the sheathe (*o* scabbard): **s. la spada**, to unsheathe the sword **3** (*fig.: tirare fuori*) to draw* out: **s. ragioni**, to draw out (a great many) reasons **4** (*fig.: fare sfoggio di*) to make* a display (of); to parade; to show* off: **s. la propria cultura**, to make a display of one's learning. ● **s. un sorriso**, to smile brightly.
sfoderato, *a.* (*senza fodera*) unlined: **una giacchetta sfoderata**, an unlined jacket **2** (*senza fodero*) unsheathed: **una spada sfoderata**, an unsheathed sword.
sfogare, **A** *v. i.* **1** (*dare sfogo a*) to give* outlet to; to let* out; to discharge: **s. il fumo**, to let out smoke; **aprire le cateratte del serbatoio per s. l'acqua**, to open the sluice-gates of the reservoir to discharge the water **2** (*fig.*) to give* vent to; to vent; to wreak; to pour out: **s. l'indignazione (l'ira)**, to give vent to one's indignation (wrath); to let off steam (*fam.*); **s. il proprio malumore su q.**, to vent one's spleen (up)on sb.; **s. il proprio risentimento su q.**, to wreak one's resentment (up)on sb.; **s. il proprio entusiasmo**, to pour out one's enthusiasm. **B** *v. i.* **1** (*trovare uno sfogo*) to find* a vent (through); to find* an outlet **2** to pour out **2** (*fig.*) to find* vent (*o* relief); to be relieved: **un dolore che sfoga in pianto**, a grief that finds relief in tears. ● **s. il dolore col pianto**, to weep out one's grief □ **fare s. q.**, to let sb. say (*o* take) his fill □ **lasciare s. un bambino**, to allow a child to run wild □ **lasciare s. una malattia**, to let a disease run its course. **sfogarsi**, **C** *v. rifl.* **1** to relieve one's feelings; to unbosom (*o* to open) oneself; to unburden one's heart (*o* soul); to pour out (*o* to open) one's heart; to get* it off one's chest (*fam.*): **s. con q.**, to unbosom oneself to sb.; **Ho bisogno di sfogarmi**, I must open my heart to somebody **2** (*levarsi la voglia di dire, di fare q.c.*) to say* (*o* to take*) one's fill **3** (*di bambino*) to run* wild **4** (*di tempesta, temporale*) to die out. ● **s. contro q.**, to tell sb. what one thinks of him □ **s. in lacrime**, to weep out one's grief.
sfogatóio, *m.* vent-hole.
sfoggiare, *v. t. e i.* to show* off; to display; to make* a display (of); to parade; to flaunt: **s. i propri gioielli**, to flash one's jewels; **s. vestiti nuovi**, to show (off) one's new clothes; **s. erudizione**, to make a display of (*o* to show off) one's learning; **s. la propria abilità**, to parade one's skill.
sfòggio, *m.* (ostentazione) display; show; parade; showing off; ostentation; (*pompa*) pomp: **uno s. d'erudizione**, a display of learning; **fare s. di q.c.**, to make a display of st.; to show off st.; to parade st.; **fare un grande s. di destrezza**, to make a great show of dexterity.
sfòglia, *f.* **1** (*lamina*) lamina*; plate; foil; leaf*; (*falda*) flake: **una s. d'oro**, a gold leaf **2** (*cucina*) puff pastry.
sfogliare (1), **A** *v. t.* (*levare le foglie a*) to strip the leaves off; (*levare i petali a*) to pluck the petals off: **s. un ramo**, to strip the leaves off a branch. ● **s. il granturco**, to strip maize; to husk corn-cobs. **sfogliarsi**, **B** *v. rifl.* (*perdere le foglie*) to shed* leaves; (*perdere i petali*) to drop petals.
sfogliare (2), **A** *v. t.* **1** (*scorrere frettolosamente*) to skim (*o* to glance) through (st.); to take* a glance at (st.): **s. un giornale (una rivista)**, to skim through a newspaper (a magazine) **2** (*tagliare le pagine d'un libro intonso*) to open the (uncut) pages of (a book). **sfogliarsi**, **B** *v. rifl.* (*sfaldarsi*) to flake off; to exfoliate; to scale.
sfogliata (1), *f.* (*lo sfogliare un albero*) stripping of the leaves.
sfogliata (2), *f.* (*lo sfogliare un libro o sim.*) glance: **dare una s. a un libro**, to take a glance at a book; to skim through a book.
sfogliata (3), *f.* (*cucina*) puff; puffpastry cake: **una s. ripiena di marmellata**, a jam-puff.
sfogliatèlla, *f.* (*cucina*) puff.
sfogliatrice, *f.* (*agric.*) leaf-stripper.
sfogliatura, *f.* (*agric.*) leaf-stripping; (*del granturco*) maize-stripping.
sfógo, *m.* **1** (*apertura*) vent; outlet; way out: **avere (trovare) s.**, to have (to find) a vent; **avere bisogno d'uno s.**, to want an outlet; **aprire uno s. per il fumo**, to provide an outlet for smoke **2** (*fig.: manifestazione dei propri sentimenti*) vent; outburst: **lo s. delle parole**, the vent of words; **uno s. di lacrime**, an outburst of tears; **dare s. alla propria ira**, to give vent to (*o* to vent) one's wrath **3** (*fig.: libero s.*) free play: **dare (libero) s. alla propria fantasia**, to give free play to one's imagination **4** (*comm.: sbocco, mercato*) outlet; market **5** (*pop.: eruzione cutanea*) rash; eruption. ● **fare uno s. con q.**, to open one's heart to sb. □ (*comm.*) **merce che non trova s.**, goods that do not sell □ **trovare s. nelle lacrime**, to find relief in tears.
sfolgoraménto, *m.* flashing; flaring; glaring; blazing.
sfolgorante, *a.* flashing; flaring; glaring; blazing; (*scintillante*) sparkling, glittering; (*brillante*) brilliant: **gioielli sfolgoranti**, sparkling (*o* brilliant) jewels; **il sole s.**, the blazing sun; **un ingegno s.**, a brilliant mind. ● **s. di bellezza**, ablaze with beauty.
sfolgorare, *v. i.* to flash; to flare; to glare; to blaze; (*scintillare*) to sparkle; to glitter: **occhi che sfolgorano**, flashing eyes.
sfolgoreggiare, (*lett.*) *V.* **sfolgorare**.
sfolgorìo, *m.* flashing; flaring; glaring; blaze; blazing; (*scintillio*) sparkling, glittering.
sfollagènte, *m.* truncheon; baton.
sfollaménto, *m.* **1** (*d'una folla*) dispersion; dispersing (of a crowd) **2** (*da una città*) evacuation.
sfollare, **A** *v. i.* **1** (*diradarsi: di una folla*) to disperse; to thin off: **Dobbiamo lasciare s.**, we must let the crowd disperse **2** (*allontanarsi di singole persone*) to clear out (*o* off) (*fam.*): **Penso che dovremo s.**, I think we shall have to clear off **3** (*da una città*) to evacuate. **B** *v. t.* (*sgomberare*) to disperse people out of;

sfregiatóre

(*vuotare*) to empty: **s. una piazza**, to disperse the people out of a square; **La pioggia sfollò le strade**, the rain emptied the streets.
sfollato, A *a.* evacuated. **B** *m.* evacuee.
sfoltiménto, *m.* thinning.
sfoltire, *v. t.* **sfoltirsi**, *v. rifl.* to thin.
sfoltita, *f.* thinning. ● **dare una s. alla siepe**, to thin the hedge.
sfoltitrice, *f.* thinning shears (*pl.*).
sfondaménto, *m.* **1** breaking (down); staving in; smashing in; crashing; (*il rompere il fondo*) knocking the bottom out **2** (*mil.*) break-through: **lo s. del fronte nemico**, the break-through of the enemy's line.
sfondare, A *v. t.* **1** (*rompere il fondo di*) to break* the bottom of; to knock the bottom out of: **s. una scatola**, to knock the bottom out of a box **2** (*spalancare schiantando*) to break* down; to break* (*o* to burst*, to force) open; to stave in; to smash in (*o* down); to crash into; to crack (*pop.*): **s. una bottega**, to break open a shop; **s. una cassetta**, to stave in a chest; **s. una vetrina**, to crash into a shop-window; **s. un uscio**, to break (*o* to smash) down a door; (*fig.*) **s. una porta aperta**, to force an open door; to break a butterfly on the wheel (*fam.*) **3** (*logorare consumando*) to wear* out (*o* through); to make* (*o* to wear*) holes in: **s. le scarpe**, to wear one's shoes out **4** (*mil.*) to break* through; to pierce through: **s. il fronte nemico**, to break through the enemy's line. **B** *v. i.* (*riuscire in una carriera*) to make* a name for oneself; to make* one's way; to be successful. **sfondarsi, C** *v. rifl.* **1** (*perdere il fondo*) to burst* (*o* to break*) at the bottom **2** (*spalancarsi di schianto*) to burst* open **3** (*consumarsi per il logorio*) to become* worn through; to wear* out.
sfondato, A *a.* **1** (*che non ha fondo*) bottomless; without a bottom **2** (*fig.*: *insaziabile*) never satisfied; insatiable. ● **essere ricco s.**, to be rolling in money (*o* wealth) □ **scarpe sfondate**, shoes worn into holes; worn-out shoes. **B** *m.* (*pitt.*) trompe l'oeil perspective.
sfóndo, *m.* **1** (*pitt.*) background: **lo s. d'un quadro**, the background of a picture; **sullo s.**, in the background **2** (*fig.*: *ambiente storico, sociale, ecc.*) background; setting: **lo s. d'un dramma**, the setting of a play. ● **lo s. d'una scena**, the back of a stage.
sfondóne, *m.* (*fam.*) gross mistake; blunder.
sforacchiare, *v. t.* to riddle (with holes); to pierce; to perforate.
sforbiciare, *v. t.* to cut* up (with scissors); to snip.
sforbiciata, *f.* **1** (*colpo di forbici*) cut; snip **2** (*sport*) scissors.
sforbiciatura, *f.* cutting.
sformare, A *v. t.* **1** (*far perdere la forma a*) to spoil* the shape of (*st.*); to stave in: **s. un cappello**, to stave in a hat **2** (*togliere dalla forma*) to take* out of (*o* to remove from) a mould; to turn out: **s. una torta**, to take a cake out of the mould **3** (*fonderia*) to strip. **sformarsi, B** *v. rifl.* to get* out of shape; to lose* one's shape.
sformato, A *a.* (*che non ha più forma*) shapeless, unshapely; (*deformato*) deformed, disfigured. **B** *m.* (*cucina*) «timbale» (*franc.*).
sformatura, *f.* (*metall.*) shake-out; stripping.
sfornaciare, *v. t.* to take* (*st.*) out of the furnace.
sfornare, *v. t.* **1** (*estrarre dal forno*) to take* (*st.*) out of the oven: **s. il pane**, to take the bread out of the oven **2** (*fig.: produrre in grande quantità*) to dish up; to bring* out; to turn out: **s. un libro ogni tre mesi**, to dish up a book every three months; **Quando sfornerai il tuo nuovo romanzo?**, when are you going to bring out your new novel?
sfornire, A *v. t.* to deprive (sb. of st.). **sfornirsi, B** *v. rifl.* to deprive oneself.
sfornito, *a.* unprovided (with); lacking (in); without; destitute (of); (*di negozio*) out (of): **s. di denaro**, without any money; **s. d'intelligenza**, lacking in understanding; **s. del necessario**, destitute (of means); without resources. ● **Furono lasciati sforniti di tutto**, they were left unprovided for.
sfortuna, *f.* bad luck; ill luck; rough luck; misfortune: **avere s.**, to have bad (*o* ill, hard, rough) luck; **S. volle che...**, as (ill) luck would have it...; **È una vera s.!**, that's a bad piece of luck!; that's a bad job! ● **essere perseguitato dalla s.**, to be dogged by misfortune □ **Ebbi la s. di non trovarlo in casa**, I was so unlucky as not to find him at home.
sfortunataménte, *avv.* unluckily; unfortunately; sad to say.
sfortunato, *a.* unlucky; unfortunate; luckless; out of luck (*pred.*); hapless; ill-starred: **un giorno** (**un anno**) **s.**, an unlucky day (year); **un'impresa sfortunata**, a luckless enterprise; **essere s.**, to be down on one's luck.
sforzare, A *v. t.* **1** (*scassinare*) to force; to force open; to break* open: **s. una porta** (**una serratura**), to force a door (a lock) open **2** (*forzare, sottoporre a tensione*) to strain: **s. il passo**, to force the pace; **s. la voce**, to force one's voice; **s. la vista**, to strain one's eyes; **s. la mente di un bambino**, to force

a child's mind **3** (*costringere*) to force; to compel; to oblige **4** (*agric.*) to force: **s. una pianta** (**un fiore**), to force a plant (a flower). **sforzarsi, B** *v. rifl.* (*fare del proprio meglio*) to do* one's best (*o* utmost); to try one's best; to try hard; to endeavour; to strive*; to make* every effort: **s. a fare q.c.**, to strive to do st., to try (very) hard to do st. ● **s. d'essere gentile**, to keep a civil tongue in one's head (*fam.*) □ **s. di non piangere**, to keep back one's tears □ **s. per nulla**, to waste one's efforts □ (*iron.*) **Ti sei sforzato!**, that wasn't much of an effort, was it?
sforzataménte, *avv.* (*forzatamente*) forcedly; (*controvoglia*) against one's will. ● **ridere s.**, to give a forced laugh □ **La ragazza sorrideva s.**, there was a forced smile on the girl's face.
sforzato, *a.* forced; strained; (*artificioso*) unnatural, artificial: **un passo s.**, a forced pace; **un sorriso s.**, a forced (*o* a strained) smile; **un'interpretazione sforzata**, a strained (*o* an arbitrary) interpretation.
sforzatura, *f.* **1** (*lo scassinare*) forcing; forcing open; breaking open: **la s. d'una porta**, the forcing of a door **2** (*il sottoporre a tensione*) forcing; straining; (*tensione di energie*) strain **3** (*agric.*) forcing **4** (*cosa sforzata*) exaggeration: **Nel romanzo ci sono molte sforzature**, the novel is full of exaggerations.
sforzésco, *a.* (*stor.*) of the Sforza: **la dinastia sforzesca**, the dynasty of the Sforza.
sfòrzo, *m.* **1** effort; endeavour; exertion: **un continuo s. di memoria**, a continued exertion of memory; **fare uno s.**, to make an effort; **fare ogni s.** (*o* **tutti i propri sforzi**), to make every effort (*o* endeavour); to do one's best (*o* utmost); to do all one can; to leave no stone unturned (*fam.*); **fare q.c. senza s.**, to do st. without effort (*o* easily); **non riuscire a fare q.c. nonostante tutti i propri sforzi**, to fail to do st. in spite of all one's exertions (*o* efforts); **Ci volle un grande s. di volontà**, it required a great effort of will; **Ci volle un bello s.**, it required a considerable effort; **Non costa molto s.**, it doesn't need much effort; **I loro sforzi furono premiati col successo**, their efforts were rewarded with success; (*iron.*) **Che** (*o* **Bello**) **s.!**, that wasn't much of an effort, was it? **2** (*tensione eccessiva*) strain; overexertion: **uno s. di nervi**, a strain on the nerves; **uno s. d'attenzione**, a strain on one's attention **3** (*mecc.*) stress; strain: **s. di flessione**, bending stress; **s. di taglio**, shearing stress; **s. di torsione**, torsional stress; **mettere sotto s.**, to put under stress **4** (*ferr.*) effort; force: **s. di trazione**, tractive effort (*o* force). ● **Non fare sforzi!**, don't strain yourself!
sfóttere, A *v. t.* (*pop.*) to tease; to kid; to banter; to chaff; to get* (*o* to take*) a rise out of (sb.) (*pop.*); to take* the mike (*o* micky) out of (sb.) (*pop.*). **sfottersi, B** *v. rifl.* (*pop.*) to tease each other (*o* one another).
sfottiménto, *m.* (*pop.*) teasing; kidding; chaff.
sfottitóre, *m.* (*pop.*) tease (*fam.*).
sfottitura, *f.* (*pop.*) raillery; banter; chaff.
sfracassare, V. **fracassare**.
sfracellare, A *v. t.* to smash; to dash (*o* to knock) to pieces; to shatter. **sfracellarsi, B** *v. rifl.* to smash; to shatter; to crash.
sfragistica, *f.* sphragistics (*pl. col verbo al sing.*); sigillography.
sfragistico, *a.* sphragistic.
sfrangiare, *v. t.* to fringe; to fray (into a fringe).
sfrangiato, *a.* **1** fringed; frayed (into a fringe) **2** (*bot.*) laciniate; laciniated; fimbriate.
sfrangiatura, *f.* **1** (*lo sfrangiare*) fringing; fraying (into a fringe) **2** (*parte sfrangiata*) fringe.
sfratarsi, *v. rifl.* to unfrock oneself.
sfrattare, A *v. t.* to turn out; to evict; to eject: **s. q. da una casa**, to turn sb. out of a house. **B** *v. i.* to move.
sfrattato, A *a.* turned out; evicted; ejected. **B** *m.* evictee.
sfratto, *m.* turning out; eviction; ejectment. ● **ordine di s.**, (*leg.*) eviction order; (*fam.*) notice to quit: **dare** (**ricevere**) **l'ordine di s.**, to give (to receive) notice to quit.
sfrecciare, *v. i.* to dart; to whiz (*fam.*).
sfregaménto, *m.* rubbing; friction.
sfregare, A *v. t.* to rub. **B** *v. t. e i.* (*graffiare*) to scratch; to scrape.
sfregata, *f.* rub; rub-up; rub-down; (*graffio*) scratch, mark: **dare una buona s. a q.c.**, to give st. a good rub.
sfregatura, *f.* rubbing; friction; (*graffio*) scratch, mark.
sfregiare, A *v. t.* **1** (*con arma tagliente*) to slash; to gash **2** (*deturpare*) to deface; to disfigure: **s. il viso a q.**, to disfigure sb.'s face; **s. un dipinto**, to deface a painting. **sfregiarsi, B** *v. rifl.* to be disfigured; to be gashed (*o* slashed): **Nell'incidente si è sfregiato**, he was disfigured in the accident.
sfregiato, *a.* **1** (*con arma tagliente*) slashed; gashed **2** (*deturpato*) defaced; disfigured: **un volto s.**, a disfigured face; **rimanere s.**, to be defaced (*o* disfigured).
sfregiatóre, *m.* **1** (*chi sfregia con arma*) slasher **2** (*chi deturpa*) defacer; disfigurer.

sfrégio, *m.* 1 (*taglio*) slash; gash; cut 2 (*cicatrice*) scar: **lasciare uno s.**, to leave a scar 3 (*graffio*) scratch 4 (*deturpazione*) defacement; disfigurement: **uno s. a un quadro**, a disfigurement to a picture 5 (*fig.*) affront; insult; offence: **fare uno s. a q.**, to put an affront on sb.

sfrenare, A *v. t.* to unbridle (*anche fig.*); to unrein (*anche fig.*); to let* loose. ● **s. la fantasia**, to give free play to one's imagination. **sfrenarsi, B** *v. rifl.* to break* loose from all restraint; to let* oneself go; to run* wild.

sfrenataménte, *avv.* without restraint; wildly.

sfrenatézza, *f.* 1 lack of restraint; unbridledness; wildness 2 (*di costumi*) laxity of morals; licentiousness; dissoluteness 3 (*comportamento sfrenato*) wild behaviour.

sfrenato, *a.* 1 (*che non ha freno*) unbridled (*anche fig.*); unreined (*anche fig.*); unrestrained; unchecked; uncontrolled; wild: **ambizione sfrenata**, unbridled ambition; **un ragazzo s.**, a wild boy 2 (*licenzioso*) licentious; dissolute.

sfrido, *m.* 1 (*comm.*) shrinkage 2 (*ind.*) loss; waste; scrap; slug.

sfriggere, sfrigolare, *v. i.* to frizz; to frizzle; to sizzle; to sputter; to splutter: **La candela sfrigolava**, the candle was sputtering.

sfrigolìo, *m.* frizzing; frizzling; sputtering; spluttering.

sfringuellare, A *v. i.* 1 to twitter; to warble 2 (*fig.*) to rattle on (*o* away, along) (*fam.*): **La ragazza sfringuellò per un'ora**, the girl rattled on for an hour. **B** *v. t.* (*spifferare*) to blab: **s. q.c. a tutti**, to blab out st. to everybody.

sfrittellare, A *v. t.* (*fam.*) to spatter with grease. **sfrittellarsi, B** *v. rifl.* to get* (*o* to become*) bespattered with grease.

sfrondaménto, *m.* leaf-stripping; thinning out of the branches; pruning; trimming.

sfrondare, A *v. t.* 1 (*levare le fronde a*) to strip of leaves; to thin (out) the branches of; to prune; to trim: **s. un albero**, to strip a tree of its leaves; (*diradarne le fronde*) to thin out the branches of a tree 2 (*fig.*) to curtail; to prune; to cut* down: **s. un discorso**, to curtail a speech; **s. un articolo**, to cut down an article. **sfrondarsi, B** *v. rifl.* (*perdere le fronde*) to shed* (*o* to lose*) leaves: **Gli alberi cominciano a s.**, the trees are beginning to shed their leaves.

sfrondatura, *f.* V. **sfrondaménto**, *m.*

sfrontatàggine, sfrontatézza, *f.* impudence; forwardness; pertness; cheek (*fam.*): **avere la s. di fare q.c.**, to have the cheek to do st.; **Che s.!**, what impudence!; that's cool cheek!

sfrontataménte, *avv.* impudently; pertly; cheekily (*fam.*).

sfrontato, A *a.* impudent; forward; pert; cheeky (*fam.*): **un ragazzo s.**, a cheeky boy; **una ragazza sfrontata**, a forward (*o* a cheeky) girl; **parole sfrontate**, impudent words. **B** *m.* impudent person; cheeky fellow; brazenface: **Che s.!**, what an impudent rascal he is!; he is a cheeky one!

sfrusciare, *v. i.* to rustle.

sfruscio, *m.* rustling.

sfruttàbile, *a.* exploitable.

sfruttaménto, *m.* (*anche fig.*) exploitation: **lo s. d'una miniera**, the exploitation of a mine; **lo s. delle classi lavoratrici**, the exploitation of the working classes. ● **s. delle maestranze**, sweating system.

sfruttare, *v. t.* 1 (*anche fig.*) to exploit: **s. le risorse naturali d'un paese**, to exploit the natural resources of a country; **s. una miniera**, to exploit a mine; **s. le proprie conoscenze** (*per far carriera*), to exploit one's acquaintances; **s. al massimo**, to exploit to the utmost; to make the most (of) 2 (*fig.*: *trarre profitto dal lavoro altrui senza adeguato compenso*) to exploit; to overwork; to sweat: **s. la classe operaia**, to exploit the working classes; **s. i propri operai**, to sweat one's workers 3 (*fig.*: *approfittare di*) to profit by; to take* advantage of; to avail oneself of: **s. le circostanze**, to profit by circumstances; **s. la dabbenaggine altrui**, to take advantage of sb.'s credulity. ● **un'occasione da s.**, a good peg to hang on (*fam.*).

sfruttato, A *a.* (*anche fig.*) exploited. **B** *m.* exploited person.

sfruttatóre, *m.* exploiter; profiteer. ● **s. di donne**, pimp; bully; ponce (*pop.*).

sfuggènte, *a.* 1 fleeing 2 (*fig.*) slippery; evasive; shifty: **sguardo s.**, evasive look. ● **mento (fronte) s.**, receding chin (forehead).

sfuggévole, *a.* fleeting; transient; **immagini sfuggevoli**, fleeting images.

sfuggevolézza, *f.* fleetingness; transience.

sfuggevolménte, *avv.* fleetingly; transiently.

sfuggire, A *v. t.* (*scansare, schivare*) to avoid; to shun; to elude; to eschew; to keep* away (from): **s. i pericoli**, to avoid dangers; **s. q.**, to avoid sb.; to give sb. the slip. **B** *v. i.* 1 (*sottrarsi*) to avoid; to escape (from); to evade; to elude: **s. alla giustizia** (**alla legge**), to evade justice (the law); **s. ai propri nemici**, to elude one's enemies; **Tu non mi sfuggirai**, you will not escape from me 2 (*scampare*) to avoid; to escape: **s. alla morte**, to escape death 3 (*scorrere via*) to slip: **s. di mano**, to slip out of one's hand(s); **lasciarsi s. l'occasione**, to let the opportunity slip 4 (*uscire dalla memoria*) to slip (from) one's mind (*o* memory); to escape: **Mi sfugge il nome**, the name has slipped from my mind; **In questo momento mi sfugge il suo nome**, his (*o* her) name escapes me for the moment 5 (*passare inosservato*) to escape: **Nulla gli sfugge**, nothing escapes him; **Questo verso mi era sfuggito**, this line had escaped me; **Mi sfugge il significato**, the meaning escapes me 6 (*s. nel parlare*) to escape one's lips; to slip: **lasciarsi s. un'osservazione non gentile**, to let slip an unkind remark; **Mi è proprio sfuggito**, it just escaped my lips. ● **s. al controllo di q.**, to be beyond sb.'s control □ **lasciarsi s. un segreto**, to let the cat out of the bag (*fam.*) □ **senza lasciarsi s. un lamento**, without uttering a word of complaint.

sfuggita, *f.* — **di s.**, in a hurry; hurriedly; hastily. ● **vedere q. di s.**, to catch (*o* to get) a glimpse of sb.

sfumare, A *v. i.* 1 (*svanire*) to vanish; to fade away; to disappear; (*andare in fumo*) to fail, to come* to nothing, to fall* through 2 (*disegno*) to shade off (*o* away); to gradate; to fade (into): **I colori sfumano l'uno nell'altro**, the colours fade into one another. **B** *v. t.* 1 (*disegno*) to shade off; to gradate; to tone down; (*con sfumino*) to stump; to soften: **s. una tinta** (**un'ombra**), to gradate a colour (a shade) 2 (*mus.*) to tone down; to fade down: **s. un suono**, to tone down a sound 3 (*capelli*) to trim; to taper. ● **speranze che sfumano presto**, fleeting hopes.

sfumato, A *a.* 1 (*dileguato*) vanished; faded-away (*attr.*); (*andato in fumo*) broken-off (*attr.*); (*perduto*) lost: **i nostri sogni sfumati**, our lost dreams; **un matrimonio s.**, a broken-off engagement 2 (*di colori*) soft; (*pastoso*) mellow: **un colore s.**, a soft colour; **una tinta sfumata**, a soft shade 3 (*di luce*) soft; mellow; faint: **una luce sfumata**, a soft light 4 (*di capelli*) trimmed; tapered. **B** *m.* (*pitt.*) «sfumato» (delicate gradation).

sfumatura, *f.* 1 (*lo sfumare*) shading off; gradation; toning down 2 (*gradazione*) gradation; shade; tone; nuance: **le sfumature di colore dell'arcobaleno**, the gradations of colour in the rainbow; **tutte le sfumature del rosso**, all the shades of red; **una s. più chiara**, a lighter shade; **una lieve s. di azzurro**, a light tone of blue 3 (*fig.*) hint; touch: **una s. d'ironia**, a hint of irony 4 (*di capelli*) trimming; tapering. ● **una lieve s. di significato**, a delicate shade of meaning; a nuance.

sfumino, *m.* (*disegno*) stump.

sfumo, *m.* (*disegno*) stumping.

sfuriata, *f.* 1 (*sfogo d'ira*) outburst of anger; fit of passion 2 (*rabbuffo*) scolding; tirade; telling-off (*fam.*); talking-to (*fam.*): **fare una s. a q.**, to give sb. a good talking-to (*fam.*); to tell sb. off (*fam.*); to give* sb. the edge of one's tongue (*fam.*) 3 (*tempesta breve e violenta*) storm: **una s. di pioggia**, a rainstorm. ● **una s. di vento**, a gust of wind □ **prendersi una s.**, to be told off (*fam.*) □ **Non voglio essere costretto a fare una s.**, I don't want to be rushed off my feet (*fam.*).

sfuso, *a.* (*di merce che si vende sciolta*) loose; by measure (*pred.*).

sgabellarsi, *v. rifl.* (*fam.*) to get* rid (of): **s. di q.** (*o* **q.c.**), to get rid of sb. (*o* of st.).

sgabellata, *f.* blow with a stool.

sgabèllo, *m.* stool. ● (*fig.*) **farsi s. di q.**, to make use of sb.

sgabuzzino, *m.* store-room; lumber-room.

sgallare, *v. t.* to raise blisters (on).

sgambare, *v. i.* **sgambarsi**, *v. rifl.* 1 (*camminare a lunghi passi*) to stride* (along); (*camminare in fretta*) to step out 2 (*essere in continuo movimento*) to walk oneself off one's legs.

sgambata, *f.* 1 (*fam.*) long walk; (*corsa*) run 2 V. **sgambatura**.

sgambato, *a.* 1 (*senza gambo*) stalkless; without a stalk; stemless 2 (*stanco*) tired out 3 (*corto*) short: **calze sgambate**, short socks.

sgambatura, *f.* (*equitazione*) warm-up.

sgambettaménto, *m.* toddle; toddling.

sgambettare, A *v. i.* 1 (*camminare a passi corti e rapidi*) to trip along; to scurry about 2 (*dei bambini: cominciare a camminare*) to toddle 3 (*dimenare le gambe oziosamente*) to kick one's legs about. **B** *v. t.* (*far cadere con uno sgambetto*) to trip (up).

sgambétto, *m.* trip. ● **fare lo s. a q.**, to trip sb. up; (*fig.*) to supplant sb.; to put sb.'s nose out of joint (*pop.*).

sganasciare, A *v. t.* 1 (*slogare le ganasce di*) to dislocate the jaws of (sb.) 2 (*fig.*: *sfasciare*) to smash; to shatter. **sganasciarsi, B** *v. rifl.* (*slogarsi le ganasce*) to dislocate one's jaws. ● **s. dalle risa**, to split one's sides (with laughing); to roar with laughter □ **s. dagli sbadigli**, to yawn away.

sganasciata, *f.* roar of laughter; (boisterous) outburst of laughter.

sganascióne, *m.* (*dial.*) slap (in the face); box on the ear.

sganciabómbe, *m.* (*aeron. mil.*) bomb release (gear).

sganciaménto, *m.* 1 unhooking; unfastening (of a hook, of the hooks) 2 (*aeron. mil.*) releasing; dropping 3 (*mil.*) disengagement 4 (*ferr.*) uncoupling 5 (*mecc.*) release; releasement.

sganciare, A v. t. **1** to unhook; to unfasten the hook (o hooks) of (st.): **s. un vestito,** to unfasten (the hooks of) a dress **2** (aeron. mil.) to release; to drop: **s. bombe su una città,** to drop bombs on a town **3** (ferr.) to uncouple: **s. una vettura,** to uncouple a coach **4** (mecc.) to release **5** (fam.: sborsare) to stump up, to fork out (o up) (pop.). **sganciarsi, B** v. rifl. **1** to get* unhooked; to unhook **2** (ferr.) to come* uncoupled; to uncouple **3** (fig.: staccarsi) to break* (o to get*) away (from); to get* clear (of): **Devi sganciarti da lui,** you must get away from him! **4** (mil.) to disengage oneself.

sgàncio, m. (aeron. mil.) release.

sgangheraménto, m. **1** (il levare dai gangheri) unhingement; unhinging **2** (lo sconquassare) shattering; breaking up; knocking to pieces.

sgangherare, v. t. **1** (levare dai gangheri) to unhinge; to take* off the hinges; to remove from the hinges: **s. una porta,** to unhinge a door **2** (sconquassare) to shatter; to break* up; to knock to pieces: **s. una cassa,** to break up a box. ● (fig.) **sgangherarsi dalle risa,** to split one's sides with laughing.

sgangherataménte, avv. (sguaiatamente) coarsely; grossly; boisterously; (smodatamente) immoderately. ● **ridere s.,** to split one's sides with laughing; to roar with laughter.

sgangherato, a. **1** clumsy; disorderly; ramshackle; grungy (fam. USA); (malsicuro) rickety, tumble-down: **mobili sgangherati,** rickety furniture; **una vecchia macchina sgangherata,** a ramshackle old car **2** (fig.: sconnesso) disconnected; incoherent: **un periodo s.,** a disconnected period. ● **risa sgangherate,** boisterous laughter; roars of laughter.

sgarbatàggine, sgarbatézza, f. **1** impoliteness; incivility; discourtesy; rudeness (azione sgarbata) incivility; discourtesy; impolite (o rude) act. ● **s. di modi,** ungainly manners.

sgarbataménte, avv. ill-manneredly; impolitely; rudely.

sgarbato, A a. ill-mannered; impolite; uncivil; (scortese) discourteous, unkind, rude, gruff: **una persona sgarbata,** a rude person; a boor; **una risposta sgarbata,** a rude reply. ● **voce sgarbata,** coarse voice □ **È davvero molto s.,** he has no manners at all! **B** m. rude person; boor.

sgarberia, f. **1** (comportamento sguaiato) ill (o bad, ungainly) manners (pl.); impoliteness; incivility; (scortesia) discourtesy, rudeness **2** (atto sgarbato) incivility; discourtesy; impolite (o rude) act.

sgarbo, m. incivility; discourtesy; impolite (o rude) act. ● **fare uno s. a q.,** to be rude to sb. □ **ricevere uno s.,** to be treated impolitely (o rudely).

sgarbugliare, v. t. to disentangle; to unravel.

sgargiante, a. garish; gaudy; tawdry; showy; flashy: **colori sgargianti,** gaudy colours; **fiori sgargianti,** showy flowers; **un vestito s.,** a showy dress.

sgarrare, v. i. **1** (sbagliare) to be wrong; to be mistaken **2** (venir meno all'osservanza di un dovere) to go* wrong. ● **Questo orologio non sgarra un minuto,** this watch keeps perfect time □ **Il mio orologio sgarra di tre minuti al giorno,** (va avanti) my watch gains three minutes a day; (ritarda) my watch loses three minutes a day □ **Eccolo! lui non sgarra un minuto,** here he is: he is never one minute late (o he is always dead on time).

sgarro, m. mistake; inaccuracy.

sgarza, f. (zool., Ardea cinerea) grey (o common) heron.

sgattaiolare, v. i. to slink*; to slink* away (o off); to sneak away; to slip away; to sheer off (fam.): **s. dal proprio nascondiglio,** to slink out of one's hiding-place; **Il ragazzo cercava di sgattaiolarsela,** the boy was trying to sheer off.

sgelare, v. t., v. i. e **sgelarsi,** v. rifl. to thaw: **Sta sgelando,** it's thawing.

sgelato, a. ice-free.

sgelatóre, m. (aeron.) deicer.

sgèlo, m. thaw.

sghémbo, A a. (obliquo) slanting; slantwise; oblique; (storto) crooked: **una retta sghemba,** an oblique line. ● **a s.,** obliquely; on the slant; slantingly; aslant; slantwise; askew □ **di s.,** on the bias: **tagliare di s.,** to cut on the bias □ **camminare a s.,** to walk crabwise. **B** avv. obliquely; slantingly; on the slant.

sgheronato, a. gusseted; gored: **una gonna sgheronata,** a gored skirt.

sghèrro, m. **1** (bravaccio) hired ruffian; thug **2** (spreg.) sbirro*; peeler (fam.); slop (pop.).

sghiacciaménto, m. (aeron.) deicing.

sghiacciare, v. t., v. i. e **sghiacciarsi,** v. rifl. to thaw.

sghiacciatóre, m. (aeron.) deicer.

sghiaiatóre, m. (ing.) desilting basin.

sghignazzaménto, m. **1** scornful laughing; sneering **2** (il ridere sguaiatamente) guffawing.

sghignazzare, v. i. **1** to laugh scornfully; to sneer **2** (ridere sguaiatamente) to guffaw.

sghignazzata, f. **1** scornful laughter **2** (risata sguaiata) guffaw; horse-laugh. ● **fare una s.,** to guffaw.

sghimbèscio, V. **sghémbo.**

sghiribizzo, m. whim; fancy; caprice.

sgnaccare, v. t. — (gergo mil.) **s. dentro,** to nick.

sgobbare, v. i. (fam.) to work hard; to drudge; to grind* (fam.); to swot (fam.); to sap (gergo studentesco): **s. dalla mattina alla sera,** to drudge away the day; **s. per un esame,** to grind (o to cram) for an exam; **s. sui libri,** to grind away on one's books.

sgobbata, f. (fam.) fag; (piece of) drudgery; grind (fam.); swot (fam.).

sgòbbo, m. drudgery; grind (fam.); swotting (fam.).

sgobbóne, m. (fam.) drudge; grind (fam.); swot, swotter (fam.); sap (gergo studentesco).

sgocciolaménto, m. drip; dripping; drip-drop.

sgocciolare, A v. t. **1** (far cadere a gocciole) to drip **2** (vuotare delle ultime gocce) to drain (o to empty) to the last drop: **s. un fiasco,** to empty a flask to the last drop. **B** v. i. to drip: **Il rubinetto sgocciolava,** the tap was dripping; **La pioggia sgocciolava dagli alberi,** the rain was dripping from the trees.

sgocciolatóio, m. **1** (edil.) drip; drip-stone **2** (scolapiatti) draining-board.

sgocciolatura, f. **1** (lo sgocciolare) dripping **2** (gocciole cadute) drippings (pl.); drops (pl.); (gocciole residue) (very) last drops (pl.) **3** (difetto di verniciatura) runs (pl.).

sgocciolìo, m. dripping; drip-drop; drip, drip, drip: **Udivamo lo s. della pioggia,** we heard the drip, drip, drip of the rain.

sgócciolo, m. **1** dripping **2** (ultime gocce) last drops (pl.). ● (fig.) **essere agli sgoccioli,** (non poterne più) to be at the end of one's tether; (stare per morire) to be at one's last gasp □ **essere agli sgoccioli del mese,** to be at the very end of the month □ **Sono agli sgoccioli** (del mio denaro), I'm all but cleared out □ **Il vino è agli sgoccioli,** there is hardly any wine left.

sgolarsi, v. rifl. to talk (o to shout) oneself hoarse. ● **s. inutilmente,** to waste one's breath.

sgomberare, V. **sgombrare.**

sgómbero, m. (trasloco) move; removal; vacation. ● **fare lo s.,** to move out.

sgombranéve, m. snow-plough; snow-plow (USA).

sgombrare, A v. t. **1** (lasciare libero) to clear; to clear out; (svuotare) to empty out; (evacuare) to evacuate: **s. il tavolo,** to clear the table; **s. un cassetto,** to empty out a drawer; **s. il terreno,** to clear the ground (anche fig.); **s. le strade dal traffico,** to clear the streets of traffic; **s. la mente dai pregiudizi,** to clear one's mind of prejudices; to free (o to disentangle) one's mind from prejudices; **s. una città,** to evacuate a town; **far s. l'aula,** to clear the court **2** (un alloggio) to vacate; to move out (of): **Sgombriamo l'appartamento oggi,** we are vacating the flat today; we are moving out today **3** (naut.) to clear: **s. il ponte,** to clear the decks. **B** v. i. (cambiare casa) to move (house); to move out: **Sgombriamo questa settimana,** we are moving out this week.

sgómbro (1), a. clear (of); free (from): **una mente sgombra di dubbi,** a mind free from doubt.

sgómbro (2), V. **sgómbero.**

sgómbro (3), m. (zool., Scomber scombrus) mackerel.

sgomentare, A v. t. to dismay; to appal; to fill with fear; to daunt; to frighten: **La notizia lo sgomentò,** he was dismayed (o appalled) at the news; **Ogni cosa mi sgomenta,** everything fills me with fear. **sgomentarsi, B** v. rifl. to be dismayed; to be appalled; to be daunted; to get* frightened.

sgoménto, A a. dismayed; appalled; daunted; awe-stricken. **B** m. dismay; consternation: **mostrare s.,** to show consternation. ● **lasciarsi vincere dallo s.,** to be dismayed (o appalled).

sgominare, v. t. to rout; to put* to rout; (sconfiggere) to defeat, to overthrow*.

sgomitolare, v. t. **sgomitolarsi,** v. rifl. to unwind*.

sgommare, A v. t. **1** to remove the gum from (st.); to ungum **2** (ind. tessile) to degum **3** (autom.) to strip (a car, etc.) of the tyres. **B** v. i. (pop. autom.) to make* the tyres squeal (while cornering).

sgommato, a. **1** not gummed; ungummed; with no gum on **2** (autom.) tyreless; without tyres.

sgommatura, f. (ind. tessile) degumming.

sgonfiaménto, m. deflating; deflation; flattening out.

sgonfiare, A v. t. **1** to deflate; to flatten: **s. un pallone,** to deflate a balloon **2** (togliere il gonfiore a) to bring* down the swelling of **3** (fig.) to put* down; to bring* down; to prick: **s. l'orgoglio,** to bring down (sb.'s) pride. **B** v. i. e **sgonfiarsi,** v. rifl. **1** to become* deflated; to go* flat; to flatten out: **Il pallone (si) è sgonfiato,** the balloon has gone flat **2** (perdere il gonfiore) to go* down **3** (fig.) to be deflated; to come* down a peg (or two) (fam.).

sgonfiato, a. **1** deflated; flattened out; flat; (forato) punctured; pricked: (anche fig.) **un pallone s.,** a pricked balloon **2** (di pneu-

sgonfiatura

matico: a terra) flat; (*parzialmente*) soft.
sgonfiatura, *f.* deflation; deflating; flattening out.
sgónfio (1), *a.* **1** deflated; flat **2** (*di pneumatico: a terra*) flat; (*parzialmente*) soft.
sgónfio (2), *m.* (*sboffo*) puff.
sgonfiòtto, *m.* (*cucina*) puff.
sgonnellare, *v. i.* (*fam.*) **1** (*essere sempre in giro*) to gad about **2** (*affaccendarsi*) to bustle about.
sgòrbia, *f.* (*falegnameria*) gouge. ● **s. triangolare**, corner chisel.
sgorbiare, *v. t.* **1** (*scarabocchiare*) to scrawl; to scribble; to scrabble **2** (*macchiare*) to blot; to stain.
sgorbiatura, *f.* scrawl; scribble.
sgòrbio, *m.* **1** (*scarabocchio*) scrawl; scribble **2** (*macchia*) blot; stain; (*di colore*) daub **3** (*disegno mal fatto*) daub; scrabble **4** (*fig.: persona brutta e sgraziata*) fright (*fam.*).
sgorgare, *v. i.* (*di liquidi*) to gush out (*o* forth) (*anche fig.*); to spout; to issue forth: **Le acque sgorgarono**, the waters gushed out; **Il sangue sgorgò dalla ferita**, blood gushed (*o* spouted) from the wound; **Le sgorgarono le lacrime**, she gushed out in tears; **parole che sgorgano dal cuore**, words that gush (*o* spring) from the heart.
sgórgo, *m.* gush; gushing; spout.
sgottare, *v. t.* (*naut.*) to bail.
sgozzare, *v. t.* **1** (*scannare*) to cut* the throat of; (*strozzare*) to throttle **2** (*fig.: con l'usura e sim.*) to bleed*; to fleece; to squeeze money out of (sb.).
sgozzatura, *f.* **1** throat-cutting **2** (*fig.*) bleeding; fleecing.
sgradévole, *a.* disagreeable; unpleasant; nasty; bad; off-putting: **cose sgradevoli**, disagreeable things; **un odore s.**, an unpleasant (*o* a nasty) smell.
sgradevolézza, *f.* disagreeableness; unpleasantness.
sgradevolménte, *avv.* disagreeably; unpleasantly; nastily.
sgradire, *v. t.* not to appreciate; to unwelcome; to dislike.
sgradito, *a.* unwelcome; disagreeable; unpleasant; uncalled-for (*attr.*): **riuscire s.**, to be unwelcome.
sgraffiare, *v. t.* (*pop.*) to scratch: **Il gatto mi ha sgraffiato**, the cat scratched me.
sgraffiatura, *f.* (*pop.*) scratch.
sgraffignare, *v. t.* (*fam.*) to pilfer; to filch; to pinch (*fam.*): **Mi ha sgraffignato l'orologio**, he has pinched my watch. ● **Gli fu sgraffignato l'orologio**, he was relieved of his watch.
sgràffio, *m.* (*pop.*) scratch. ● **farsi uno s.**, to scratch oneself.
sgrammaticare, *v. i.* to make* mistakes in grammar.
sgrammaticato, *a.* ungrammatical; not grammatical; grammarless; full of grammatical mistakes; (*scorretto*) incorrect: **un parlatore s.**, a grammarless speaker; **un periodo s.**, an ungrammatical (*o* an incorrect) period; **La costruzione è sgrammaticata**, the construction is not grammatical.
sgrammaticatura, *f.* mistake in grammar; grammatical mistake.
sgranaménto, *m.* shelling; hulling; (*lo sgusciare*) husking.
sgranare (1), **A** *v. t.* **1** (*levare i grani dal guscio*) to shell; to hull; (*sgusciare*) to husk: **s. i piselli (i fagioli)**, to shell peas (beans) **2** (*fam.: mangiare con gusto*) to eat* heartily; to crunch **3** (*ind. tessile*) to gin: **s. il cotone**, to gin cotton. ● **s. gli occhi**, to open one's eyes wide ▫ **s. il rosario**, to tell one's beads. **sgranarsi**, **B** *v. rifl.* (*disfarsi: di cosa dura*) to crumble.
sgranare (2), *v. t.* (*mecc.*) to ungear; to throw* out of gear.
sgranata, *f.* (*gustosa mangiata*) hearty meal.
sgranato (1), *a.* **1** shelled; hulled; (*sgusciato*) husked: **piselli sgranati**, shelled peas **2** (*ind. tessile*) ginned **3** (*fig.*) wide open: **con gli occhi sgranati**, with one's eyes wide open.
sgranato (2), *a.* (*mecc.*) ungeared.
sgranatóio, *m.* (*agric.*) shelling-machine; huller.
sgranatóre, *m.* sheller; huller.
sgranatrice, *f.* **1** (*sgranatoio*) shelling-machine; huller **2** (*ind. tessile: di cotone*) cotton gin.
sgranatura, *f.* **1** (*lo sgranare*) shelling; hulling; (*lo sgusciare*) husking **2** (*ind. tessile*) ginning.
sgranchire, **A** *v. t.* to stretch. **sgranchirsi**, **B** *v. rifl.* to stretch (oneself): **s. le gambe**, to stretch one's legs.
sgranellare, *v. t.* to remove grains from (st.). ● **s. l'uva**, to pick grapes (from a bunch).
sgranocchiare, *v. t.* to crunch; to munch: **s. un biscotto**, to crunch a biscuit.
sgrappolatóio, *m.* (*agric.*) (grape) stalk-separator.
sgrassante, (*ind.*) **A** *a.* degreasing; scouring. **B** *m.* degreaser.
sgrassare, *v. t.* **1** (*togliere il grasso a*) to remove grease from (st.) **2** (*ind.*) to degrease; to scour: **s. la lana**, to scour wool.
sgrassatóre, *m.* degreaser.
sgrassatura, *f.* **1** degreasing (operation) **2** (*ind. tessile*) scouring.
sgravare, **A** *v. t.* **1** (*alleggerire*) to unload; to unburden; to relieve: **s. q. da un peso**, to relieve sb. of a burden **2** (*fig.: diminuire le imposte a*) to relieve; to exonerate: **s. il popolo da un'imposta**, to relieve the population of a tax **3** (*fig.: liberare*) to unburden; to disburden; to relieve; to ease: **s. q. da un gran pensiero**, to relieve sb. of a great worry; to take a load off sb.'s mind; **s. q. da un timore**, to ease sb.'s mind of a fear **B** *v. i.* (*fam.: partorire*) to be delivered of a child; (*di animali*) to bring* forth. **sgravarsi**, **C** *v. rifl.* **1** (*alleggerirsi*) to unburden oneself; to relieve oneself (of); to ease oneself (of) **2** (*partorire*) to be delivered of a child; (*di animali*) to bring* forth. ● **s. la coscienza**, to ease one's conscience.
sgràvio, *m.* **1** (*lo sgravare*) unloading; disburdenment **2** (*fig.: d'imposte*) relief; exoneration; allowance: **s. d'imposte**, tax relief **3** (*fig.*) alleviation; relief; ease. ● **a (*o* per) s.**, in justification ▫ **per s. di coscienza**, for conscience' sake.
sgraziataménte, *avv.* clumsily; awkwardly; gracelessly.
sgraziato, *a.* clumsy; awkward; ungainly; ungraceful; graceless.
sgretolaménto, *m.* crumbling; falling to pieces; mouldering; moldering (USA).
sgretolare, **A** *v. t.* to crumble; to crush. **sgretolarsi**, **B** *v. rifl.* to crumble; to fall* to pieces; to moulder; to molder (USA): **un muro che si sgretola**, a mouldering (*o* crumbling) wall; **rocce che si sgretolano**, crumbling rocks.
sgretolio, *m.* crumbling away; mouldering; moldering (USA).
sgricciolo, *V.* **scricciolo**.
sgridare, *v. t.* to scold; to rebuke; to lecture; to tell* off (*fam.*); to dress down (*fam.*).
sgridata, *f.* scolding; rebuke; telling-off (*fam.*); talking-to (*fam.*); dressing down (*fam.*): **fare una bella s. a q.**, to give sb. a (good) dressing down (*o* lecture); to give sb. the edge of one's tongue (*fam.*).
sgrigliatóre, *m.* (*ing.*) grate cleaner.
sgrillettare, *v. i.* to sizzle.
sgrinfia, *V.* **grinfia**.
sgrommare, **sgrommatura**, *V.* **sgrumare**, **sgrumatura**.
sgrondare, *v. i. e t.* to drain: **s. un fiasco**, to drain a flask; **mettere q.c. a s.**, to put st. to drain. ● **far s. il bucato**, to let the washing drip ▫ **Sgrondavo di sudore**, I was dripping sweat.
sgrondatura, *f.* draining.
sgróndo, *m.* **1** (*lo sgrondare*) draining **2** (*acqua che sgronda*) drops (*pl.*) (of water).
sgroppare (1), *v. t.* (*sciogliere un groppo*) to unknot; to untie.
sgroppare (2), **A** *v. t.* **1** (*rovinare la groppa a*) to break* the back of **2** (*stancare*) to wear* out. **B** *v. i.* (*di cavallo*) to buck. **sgropparsi**, **C** *v. rifl.* (*stancarsi*) to exhaust oneself; to tire oneself out.
sgroppata, *f.* **1** buck-jump **2** (*breve cavalcata*) short gallop.
sgropponare, *v. i.* **sgropponarsi**, *v. rifl.* to break* one's back; to get* a sore back; (*sgobbare*) to fag away (at st.); to drudge.
sgropponata, *f.* (*sgobbata*) fag; (piece of) drudgery: **Che s.!**, what a fag!
sgrossaménto, *m.* **1** (*il digrossare*) whittling down; thinning down **2** (*lo sbozzare*) roughing (out) **3** (*fig.*) refinement; polishing.
sgrossare, **A** *v. t.* **1** (*digrossare*) to whittle down; to thin down: **s. un pezzo di legno**, to whittle at a piece of wood **2** (*sbozzare*) to rough out; to rough-cast*; to rough-hew* **3** (*fig.*) to refine; to polish. ● **s. al laminatoio**, to rough-roll ▫ **s. al tornio**, to rough-turn. **sgrossarsi**, **B** *v. rifl.* to become* refined.
sgrossatóre, *m.* rougher.
sgrossatura, *f.* **1** (*il digrossare*) whittling down; thinning down **2** (*lo sbozzare*) roughing; roughing out. ● **s. al tornio**, rough-turning ▫ **s. d'un foro**, rough-boring.
sgrovigliare, *v. t.* to unravel; to untangle; to disentangle.
sgrugnare, **A** *v. t.* (*fam.*) to smash (*o* to bash) (sb.'s) face in. **sgrugnarsi**, **B** *v. rifl.* to smash one's face.
sgrugnata, *f.* **sgrugno**, *m.* (*fam.*) punch; cuff.
sgrumare, *v. t.* to scrape the tartar off (st.).
sgrumatura, *f.* scraping of tartar.
sguaiatàggine, *f.* **1** rudeness; coarseness; vulgarity **2** (*atto sguaiato*) rude (*o* coarse) action; vulgarity.
sguaiataménte, *avv.* rudely; coarsely; roughly.
sguaiato, **A** *a.* rude; coarse; vulgar: **una ragazza sguaiata**, a rude girl; **un atto s.**, a rude (*o* a coarse) action; **modi sguaiati**, coarse manners; **vulgar behaviour**. **B** *m.* rude person; vulgar; ill-bred person; impudent rascal: **Sei uno s.!**, you are an impudent rascal!
sguainare, *v. t.* to unsheathe; to unscabbard; to draw*: **s. la spada**, to draw one's sword.
sgualcire, **A** *v. t.* to crumple; to crush; to crease; to wrinkle: **s. i vestiti**, to crumple one's clothes. **sgualcirsi**, **B** *v. rifl.* to crumple; to crease; to get* crushed: **Questo tipo di stoffa si**

sgualcisce subito, this kind of cloth crumples (*o* creases) easily.
sgualcitura, *f.* crease; crumple.
sgualdrina, *f.* trollop; strumpet; slut; harlot; tart (*pop.*).
sgualdrinèlla, *f.* tart (*pop.*).
sguància, *f.* (*equitazione*) cheek-strap.
sguàncio, *m.* (*archit.*) splay.
sguàrdia, *f.* (*tipogr.*) fly-leaf*.
sguardo, *m.* **1** look; glance: **uno s. triste**, a sad look; **sguardi amorosi**, loving glances; **dare uno s. a q.c.**, to have a look at st.; to take a glance at st.; **lanciare uno s. a q.**, to cast a glance at sb.; to glance at sb.; **al primo s.**, at the first glance; (*a prima vista*) at first sight **2** (*occhi*) eye(s): **con lo s. basso**, with one's eyes downcast; **sollevare lo s.**, to raise one's eyes; **fin dove arriva lo s.**, as far as the eye can see **3** (*veduta, vista*) view. ● **s. fisso**, stare ☐ **s. d'insieme**, overall view ☐ **attirare gli sguardi di q.**, to attract (*o* to draw) sb.'s attention ☐ **cercare q. con lo s.**, to look (a)round for sb. ☐ **distogliere lo s. da q.** (q.c.), to look away from sb. (st.) ☐ **lanciare sguardi languidi a q.**, to cast sheep's eyes at sb. (*fam.*) ☐ **sfuggire agli sguardi di q.**, to escape sb.'s notice ☐ **Non lo degnò d'uno s.!**, he didn't even look at him!
sguarnire, *v. t.* **1** (*levare la guarnizione a*) to untrim; to strip of trimming: **s. un cappello**, to untrim a hat **2** (*mil.*) to dismantle; to leave* undefended. **s. una fortezza**, to dismantle a fortress.
sguarnito, *a.* **1** (*senza guarnizione*) untrimmed: **un cappello s.**, an untrimmed hat **2** (*mil.*) dismantled; undefended.
sguàttera, *f.* scullery-maid; kitchen-maid.
sguàttero, *m.* scullery-boy.
sguazzare, *v. i.* **1** to splash about; to paddle; to dabble: **s. nell'acqua**, to splash about in the water; **Le anitre sguazzavano nello stagno**, the ducks were paddling in the pond **2** (*avvoltolarsi, anche fig.*) to wallow; to welter; to roll (in): **s. nel fango**, to wallow in mud (*o* mire); **s. nella ricchezza** (*o* **nell'oro**), to be rolling in money; **s. nell'ozio**, to welter in idleness **3** (*fig.*: *starci largo*) to be lost; to swim*: **s. in un vestito**, to swim in a dress **4** (*di liquido in un recipiente*) to splash about: **L'acqua sguazza nella bottiglia**, the water was splashing about in the bottle. ● **In queste scarpe ci sguazzo**, these shoes are far too big for me.
sguincio, *m.* (*archit.*) splay. ● **a** (*o* **di**) **s.**, obliquely; aslant; askance; askew.
sguinzagliare, *v. t.* **1** (*sciogliere dal guinzaglio*) to unleash; to slip (from a leash); to let* loose: **s. un cane**, to unleash a dog **2** (*fig.*: *aizzare*) to set* (on): **s. i poliziotti dietro a q.**, to set the cops on sb.
sguizzare, *v. i.* to dart.
sguizzo, *m.* **1** (*lo sguizzare*) darting **2** (*guizzo*) dart.
sgusciare (1), *v. i.* **1** (*sfuggire*) to slip: **s. fra le dita**, to slip through (*o* out of) one's fingers; to wriggle out of one's fingers; **s. di mano**, to slip out of one's hands; **Mi sgusciò un piede e caddi**, I slipped and fell; **Il cane sgusciò dalla catena**, the dog slipped his chain **2** (*fig.*: *sottrarsi a q.c. di sgradito*) to wriggle (oneself) out (of st.); (*s. via*) to slip away; to slink away: **s. dal proprio nascondiglio**, to slink out of one's hiding-place.
sgusciare (2), **A** *v. t.* (*levare dal guscio*) to shell; to hull; to husk; to shuck: **s. i piselli**, to shell peas; **s. il granturco**, to husk Indian corn. **B** *v. i.* (*uscire dal guscio dell'uovo*) to hatch.
sgusciatrice, *f.* (*agric.*) shelling-machine; hulling-machine.
sgusciatura, *f.* (*agric.*) shelling; hulling.
sguscio, *m.* (*sgorbia per cesellatori*) chaser's gouge.
shaker (*ingl.*), *m.* cocktail shaker.
shakerare, *v. t.* to mix (st.) in a shaker.
shakespeariano, *a.* (*letter.*) Shakespearean, Shakespearian.
shampoo (*ingl.*), *m.* shampoo.
shantung, *m.* (*ind. tessile*) shantung.
sherry (*ingl.*), *m.* (*enologia*) sherry.
shimmy (*ingl.*), *m.* **1** (*ballo*) shimmy(-shake) **2** (*autom.*) shimmy.
shintoismo, e *deriv.* V. **scintoismo**, e *deriv.*
shoccante, shoccare, V. **scioccante, scioccare**.
shock (*ingl.*), *m.* (*anche med.*) shock.
shockterapia, *f.* (*med.*) shock therapy.
shopping (*ingl.*), *m.* shopping. ● **fare lo s.**, to do one's shopping; to go shopping.
short (*ingl.*), *m.* (*cinem.*) short film.
show (*ingl.*), *m.* (*cinem., teatr.*) show; variety show.
showman (*ingl.*), *m.* showman; entertainer.
shrapnel (*ingl.*), *m.* (*mil.*) shrapnel*; case-shot.
shunt (*ingl.*), *m.* (*elettr.*) shunt.
shuntare, *v. t.* (*elettr.*) to shunt.
si (1), **A** *pron. rifl. di 3ª pers.* **1** (*con i verbi riflessivi propri*) oneself (*impers.*); himself (*m. sing.*); herself (*f. sing.*); itself (*neutro sing.*); themselves (*pl.*): **lavarsi**, to wash oneself; **Egli si lava**, he washes himself; **Ella si lava**, she washes herself; **Si lavano**, they wash themselves; **Si divertirono**, they enjoyed themselves; **Il ragazzo si ferì con un coltello**, the boy cut himself with a knife; **La ragazza si guardò nello specchio**, the girl looked at herself in the mirror **2** (*con i riflessivi impropri, quando funge da compl. di termine, trova riscontro nel corrispondente agg. poss. ingl.*): **lavarsi le mani**, to wash one's hands; **Egli si è lavato le mani**, he has washed his hands; **La ragazza si guardò il volto nello specchio**, the girl looked at her face in the mirror **3** (*spesso a un v. rifl. ital. corrisponde un v. i. o una locuz. verbale ingl.*): **lavarsi**, (*anche*) to wash; **pentirsi**, to repent; **Quando mi alzai**, (**lui**) **si fermò**, when I got up, he stopped; **Si è dimenticato di dirmelo**, he forgot to tell me; **annoiarsi**, to get bored; **prepararsi**, to get ready; **stancarsi**, to get tired. **B** *pron. recipr.* **1** each other (*fra due*); one another (*fra più di due*): **Carlo e Anna si amano**, Charles and Ann love each other; **Si sono sempre piaciuti**, they have always liked each other; **Si scrivono da parecchi mesi**, they have been writing to each other for several months; **Si vogliono tutti bene**, they are all fond of one another; **I nostri studenti si rispettano** (**l'un l'altro**), our students respect one another **2** (*talora omesso in ingl.*): **Si baciarono**, they kissed; **Si incontrarono a Londra**, they met in London. **C** *pron. indef.* **1** one (*impers.*); we (*noi*); you (*voi*); they (*essi*); people (*la gente*); folk (*fam.*): **Si vede che sei felice**, one can see you are happy; **Non si è mai troppo vecchi per imparare**, one is never too old to learn; **In Italia si beve molto caffè**, in Italy we drink a lot of coffee; **In Inghilterra si beve molto tè**, in England they drink a lot of tea; **Che cosa si dirà di te?**, what will people say of you?; **Si dice che...**, they (*o* people) say that...; **Si dice che il film sia eccellente**, they say that the film is excellent; **Si dice che tu sia generoso**, it is said you are generous; you are said to be generous; **Si dice che siano una coppia felice**, it is said that they are a happy couple; they are said to be a happy couple **2** (*con valore passivo*): **Si vide un bagliore nel cielo**, a flash was seen in the sky; **Qui si fabbricano dei bei cappelli**, fine hats are made here; **Qui si parla inglese**, English (is) spoken here; **Si affittano appartamenti**, flats to let **3** (*pleonastico*): **Egli non sa quel che si dice**, he doesn't know what he is talking about. ● **Di me si dice che** (**sono, faccio, ecc.**), I am said (to be, to do, etc.) ☐ **Lo si sa**, everybody knows that ☐ **Mi si dice che...**, I am told that... ☐ **Non si sa mai!**, you never can tell! ☐ **Si sa!**, of course! ☐ **Ti si dirà che cosa fare**, you will be told what to do.
si (2), *m.* (*mus.*) B; si: **il si bemolle**, B flat; **la chiave di si**, the B clef.
sì (1), **A** *avv.* (*affermazione*) yes; ay(e): «**È vero?**» «**Sì**», «is it true?» «yes, it is»; «**Hai letto la lettera?**» «**Sì**», «have you read the letter?» «yes, I have»; «**Studi l'inglese?**» «**Sì**», «do you study English?» «yes, I do»; «**Hai studiato la poesia a memoria?**» «**Sì**», «did you study that poem by heart?» «yes, I did»; «**Andranno a Roma?**» «**Sì**», «will they go to Rome?» «yes, they will»; **dire di sì**, to say «yes»; to assent; **Sì, davvero!**, yes, indeed!; **Certo che sì!**, yes, of course!; certainly! ● **far cenno di sì**, to nod (assent) ☐ **un giorno sì e l'altro no**, every other day ☐ **rispondere di sì**, to answer in the affirmative ☐ **Credo di sì**, I think so ☐ (*iron.*) **Sì, domani!**, you'll be lucky ☐ **e sì che...**, and yet...: **E sì che te l'avevo detto più volte**, and yet I had told you more than once ☐ **forse (che) sì e forse (che) no**, maybe or maybe not ☐ **Pare di sì**, it seems so ☐ **Questa sì che è bella**, that's a good one ☐ **Sì, perché sì!**, just so! ☐ **Se c'è lui, non vengo: altrimenti sì**, if he is there, I'm not coming; otherwise, I am ☐ **Ma sì che lo vidi**, I did see him. **B** *m.* **1** yes: **Rispondi con un semplice sì o no**, answer with a plain yes or no **2** (*voto favorevole*) ay(e): **i sì e i no**, the ayes and noes; **I sì prevalgono** (*o* **sono in maggioranza**), the ayes have it. ● **stare** (*o* **essere**) **tra il sì e il no**, to be unable to make up one's mind.
sì (2), *avv.* (*lett.*: *così*) so; such: **una giornata sì bella**, so lovely a day; such a lovely day. ● **fare sì che q. faccia q.c.**, to get (*o* to persuade) sb. to do st. ☐ **fare sì da...**, to manage (to do st.): **Feci sì da accontentarlo**, I managed to satisfy him ☐ **Farò sì che egli compia il suo dovere**, I will get him to do his duty.
sial, *m.* (*geol.*) sial.
siàlico, *a.* (*geol.*) sialic.
siamango, *m.* (*zool., Symphalangus syndactylus*) siamang.
siamése, *a., m. e f.* Siamese: **i siamesi**, the Siamese. ● **fratelli siamesi**, Siamese twins ☐ **un gatto s.**, a Siamese cat.
sia...sia, *cong.* **1** (*o...o*) whether...or; either...or: **Sia che gli piaccia, sia che non gli piaccia**, whether he likes it or not; **Sia Tizio sia Caio, per me fa tutto uno**, whether (*o* either) Tom or Dick, for me it's just the same **2** (*tanto...quanto*) both...and: **Sia Giovanni sia suo fratello andarono a Milano ieri**, both John and his brother went to Milan yesterday.
Sìbari, *f.* (*geogr. stor.*) Sybaris.
sibarita, *m. e f.* (*anche fig.*) Sybarite.
sibaritico, *a.* (*anche fig.*) Sybaritic: **pranzi sibaritici**, Sybaritic

dinners.
sibbène, cong. (lett.) although, though; even if.
Sibèria, f. 1 (geogr.) Siberia 2 (fig.) very cold place.
siberiano, A a. 1 Siberian 2 (fig.) icy; freezing; bitterly cold. **B** m. Siberian.
siberite, f. (miner.) siberite.
sibilante, A a. hissing; sibilant; whizzing: **un suono s.**, a hissing sound. **B** f. (fon.) sibilant.
sibilare, v. i. to hiss; to whiz(z); to sibilate; to swish; to zip: **il s. dei serpenti**, the hissing of snakes; **Una freccia passò sibilando**, an arrow whizzed past.
sibilla, f. 1 (mitol.) Sibyl: **la s. Cumana**, the Cumaean, Sibyl 2 (fig., scherz.: donna che predice il futuro) sibyl; fortune-teller.
Sibilla, f. Sibyl, Sybil.
sibillino, a. (anche fig.) sibylline: **i libri sibillini**, the Sibylline Books; **parole sibilline,** sibylline (o enigmatic) words; **un sorriso s.**, a sibylline (o a mysterious) smile.
sìbilo, m. 1 hiss; hissing; whiz(z); whizzing; swish 2 (med.) sibilus*.
sic (lat.), avv. sic; thus.
sica, f. (antico pugnale) «sica».
sicàrio, m. hired assassin; cut-throat; ruffian.
siccativo, a. (chim.) drying; siccative.
sicché, cong. 1 (così che) so that: **A quel punto cadde il cavallo, s. furono costretti a fermarsi**, at that moment the horse fell, so that they had to stop 2 (perciò) so; therefore; thus: **Tu sei qui, s. rimarrò anch'io**, you are here, so I am staying, too 3 (ebbene) well: **S. vieni o rimani?**, well, are you coming or not?
siccità, f. drought; dryness. ● **periodo di s.**, dry spell.
siccitóso, a. droughty; dry.
siccóme, cong. as; since: **S. non c'eri, ritornai a casa**, as you were not in, I went back home.
Sicilia, f. (geogr.) Sicily.
siciliana, f. (mus.) siciliana; sicilienne.
sicilianismo, m. Sicilianism.
sicilianità, f. Sicilian character.
siciliano, a. e m. Sicilian: **i Siciliani**, the Sicilians; **i Vespri Siciliani**, the Sicilian Vespers.
siclo, m. (stor.) shekel*.
sicofante, m. 1 (stor.) sycophant 2 (lett.: delatore) informer; tale-bearer.
sicomòro, m. (bot., Ficus sycomorus) sycamore.
sicònio, m. (bot.) syconium*.
sicòsi, f. (med.) sycosis*.
siculo, a. e m. 1 (stor.) Sicul(i)an 2 (lett., scherz.: siciliano) Sicilian.
sicumèra, f. haughtiness; self-sufficiency; presumption.
sicura, f. (mecc.) safety-catch; safety. ● **in s.**, with the safety-catch on; at safety: **tenere un'arma in s.**, to keep a weapon at safety.
sicuraménte, avv. surely; certainly; of course.
sicurézza, f. 1 security; safeness; safety: **attraversare la strada con s. a un passaggio pedonale**, to cross the street in security at a pedestrian crossing; **un senso di s.**, a feeling of safeness; **per maggior s.**, for safety's sake; **la campagna per la s. stradale**, the campaign for road safety; **La s. anzitutto!**, safety first! 2 (certezza) certainty; (attendibilità) reliability: **affermare con s.**, to affirm with certainty; **dire q.c. con s.**, to say st. with certainty; **la s. di una notizia**, the reliability of some information; **Non lo so con s.**, I can't say with certainty; I don't know for certain 3 (fiducia) confidence; trust; assurance: **s. di sé**, self-confidence; self-assurance; **mancanza di s.**, lack of confidence; **ispirare s.**, to inspire confidence; **rispondere con s.**, to answer with assurance (o without hesitation). ● **agente di Pubblica S.**, policeman □ **avere la s. di fare q.c.**, to be sure of doing st. □ **avere la s. di q.c.**, to be sure of st. □ **cassetta di s.**, strong-box □ **di s.**, safety (attr.); (a prova di bambino) child-proof: **cintura di s.**, safety-belt; (autom.) **serratura di s.**, child-proof lock; **lampada di s.**, safety-lamp; **spilla di s.**, safety-pin; (mecc.) **valvola di s.**, safety-valve (anche fig.); **dispositivo di s.**, safety-device; **serratura di s.**, safety-lock; **vetro di s.**, safety-glass □ **misura di s.**, precautionary measure □ **la Pubblica S.**, the Police □ **i servizi di s.** (polizia speciale, controspionaggio), the security forces; the security police □ **uscita di s.**, emergency door (o exit) □ **Quell'uomo è un pericolo per la s. nazionale**, that man is a security risk.
sicuro, A a. 1 (che non presenta o non corre pericoli) safe; secure: **strade sicure**, safe roads; **un luogo s.**, a safe place; **s. come in una botte di ferro**, as safe as anything; as safe as the Bank of England (fam.); **Eravamo sicuri da ogni attacco**, we were secure from any attack; **Mi sentivo s. del mio avvenire**, I felt secure about my future 2 (certo) sure; certain; (garantito) certain, assured: **una prova sicura**, (a) sure proof; **andare incontro a morte sicura**, to face certain death; **essere s. di sé**, to be (o to feel) sure of oneself; to be self-confident; to have self-confidence; **non essere s. di sé**, not to feel sure of oneself; **Sono s. di quel che dico**, I am sure of what I am saying; **Sono s. di non avere detto niente in proposito**, I am sure I didn't say anything about it; **Ero s. che sarebbe venuto**, I was sure he would come; **Ne sei s.?**, are you sure of it?; do you feel sure about it?; **Non ne sono proprio s.**, I am not quite sure; **Sei s. che la tua risposta è esatta?**, are you certain (that) your answer is right?; **La nostra vittoria è sicura**, our victory is secure; **Il profitto è s.**, the profit is assured 3 (attendibile) safe; secure; reliable: **metodi sicuri**, safe methods; **una notizia sicura**, a reliable piece of news 4 (fidato) safe; trustworthy; reliable: **una guida sicura**, a reliable guide; **Puoi fidartene: è un uomo s.**, you can trust him: he is a reliable man 5 (saldo) secure; steady: **È sicura quella scala?**, is that ladder secure?; **con mano sicura**, with a steady hand 6 (esperto) skilled; skilful; expert; good: **essere s. nel maneggio delle armi**, to be skilled in handling weapons 7 (comm.) sound: **un affare s.**, a sound piece of business. ● **essere s. di q.**, to depend (o to rely) on sb. ● **a colpo s.**, without fail □ **un'arma sicura**, an unfailing weapon □ **con animo s.**, with calm courage; calmly □ **con gusto s.**, with unerring taste □ **mal s.**, unsafe; (incerto) uncertain □ **Il tempo non è s.**, the weather is unsettled yet. **B** m. 1 (luogo s.) safety; safe place: **essere al s.**, to be in safety; to be safe; to be out of harm's way; **mettere al s.**, to put in a safe place; to put out of harm's way 2 (certezza) certainty. ● **andare sul s.**, to keep to the safe side; to take no risks □ **di s.**, surely; for sure; certainly; for certain; undoubtedly: **Verrà di s.**, he will certainly come; he is sure to come; **Pioverà di s.**, it will certainly rain; it's surely going to rain □ (fig.) **giocare** (o **camminare**) **sul s.**, to play for safety □ **per stare al s.**, to be on the safe side: **Anche se c'era il sole, presi l'ombrello per stare al s.**, though the sun was shining, I took my umbrella to be on the safe side. **C** avv. surely; sure enough; certainly; (naturalmente) naturally, of course; (proprio così) quite so: «**Vuoi proprio partire?**» «**S.**», «do you really want to leave?» «of course, I do»; **S. che c'ero!**, sure enough I was there!
sicurtà, f. 1 (leg.: mallevadoria) security; guarantee; (garanzia) guaranty 2 (assicurazione) insurance.
sidecar (ingl.), m. (autom.) 1 (carrozzino) sidecar 2 (motocarrozzetta) motorcycle sidecar.
siderale, a. (astron.) sidereal.
sidèreo, a. (astron.) sidereal: **il mese (il giorno) s.**, the sidereal month (day); **la rivoluzione siderea**, the sidereal revolution. ● (miner.) **pietre sideree,** siderolites.
siderite, f. (miner.) siderite; chalybite.
siderografia, f. siderography.
siderolite, f. (miner.) siderolite.
sideròsi, f. (med.) siderosis.
sideròstato, m. (tecn.) siderostat.
siderurgia, f. iron metallurgy.
siderùrgico, A a. iron (and steel) (attr.). **B** m. (operaio) steel-worker; iron-worker.
siderurgista, m. 1 (esperto) metallurgist 2 (operaio) metal (o steel) worker.
Sidóne, f. (geogr., stor.) Sidon.
sidro, m. cider.
siemens (ted.), m. (elettr.) siemens.
sienite, f. (miner.) syenite.
siepàglia, siepàia, f. thick, overgrown hedge.
sièpe, f. 1 (anche fig.) hedge: **s. morta,** dead hedge; **s. viva,** quickset hedge 2 (ippica) hurdle: **corsa siepi,** hurdle race. ● (prov.) **Ogni pruno fa s.**, every little helps.
sièrico, a. serous; serum.
sièro, m. 1 (del latte) whey 2 (biol.) serum*: **s. antidifterico,** antidiphtheric serum; **s. della verità,** truth serum.
sieroalbumina, f. (med.) serum albumin.
sierodiàgnosi, f. (med.) serodiagnosis*.
sieroglobulina, f. (med.) serum globulin.
sierologia, f. serology.
sierològico, a. serologic, serological.
sieroprofilassi, f. (med.) seroprophylaxis*.
sierósa, f. (anat.) serosa*; serous membrane.
sierosità, f. serosity.
sieróso, a. serous: **membrane sierose,** serous membranes.
sieroterapia, f. (med.) serotherapy; serum therapy.
sieroteràpico, a. serotherapeutical.
sierovaccinazióne, f. (med.) serovaccination.
sièrra, f. (geogr.) sierra.
sièsta, f. siesta; (afternoon) nap: **fare la s.**, to take one's siesta.
siffatto, a. (per lo più spreg.) such: **con siffatta gente,** with such people.
sifilide, f. (med.) syphilis.
sifilitico, a. e m. (med.) syphilitic.
sifóne, m. 1 siphon 2 (per il seltz) siphon(-bottle). ● **s. a tenuta idraulica,** running trap.

sigaràia, *f.* **1** (*operaia che fa sigari*) cigar maker; (*che fa sigarette*) cigarette-maker **2** (*venditrice di sigari*) cigar-seller; (*di sigarette*) cigarette-seller.

sigaràio, *m.* (*operaio che fa sigari*) cigar-maker; (*che fa sigarette*) cigarette-maker.

sigarétta, *f.* cigarette; fag (*pop.*): **un pacchetto (una stecca) di sigarette,** a packet (a carton) of cigarettes.

sigarétto, *m.* cigarillo*; cigarito*.

sigaro, *m.* cigar: **a forma di s.,** cigar-shaped.

Sigfrido, *m.* Siegfried.

sigillare, *v. t.* to seal (*anche fig.*); to seal up: **s. con piombini,** to seal with lead; **s. una busta,** to seal (up) an envelope.

sigillatura, *f.* sealing; sealing up.

sigillo, *m.* seal; signet: **il S. Reale,** the Privy (*o* King's, Queen's) signet; **il Gran S. d'Inghilterra,** the Great Seal of England; **un anello con s.,** a signet-ring; **rimuovere i sigilli,** to remove the seals; **sotto il s. della confessione,** under the seal of confession; **mettere** (*o* **apporre**) **un s.,** to put (*o* to set, to affix) a seal (to); to seal; to seal up: **mettere i sigilli a una porta (a una lettera),** to seal a door (a letter); (*fig.*) **mettere il s. alle labbra a q.,** to seal sb.'s lips; (*fig.*) **Ho il s. alla bocca,** my lips are sealed; (*bot.*) **s. di Salomone** (*Polygonatum multiflorum*), Solomon's seal. ● **chiuso con sette sigilli,** hermetically sealed; hermetic.

sigillografia, *f.* sigillography; sphragistics (*pl. col verbo al sing.*).

Sigismóndo, *m.* Sigismund; Siegmund.

sigla, *f.* **1** (*iniziali*) initials (*pl.*); (*acronimo*) acronym; (*monogramma*) monogram; (*abbreviazione*) abbreviation: **mettere la propria s.,** to put one's initials (to, upon); to sign (*o* to mark) with one's initials; to initial **2** (*comm.*) trade-mark name. ● (*radio, telev.*) **s. musicale,** signature (tune); theme song.

siglare, *v. t.* to initial; to put* one's initials to (*o* upon); (*con un monogramma*) to mark with a monogram: **s. una correzione,** to initial an alteration.

siglàrio, *m.* abbreviation key.

siglatura, *f.* initialling.

sigma, A *m.* e *f.* (*diciottesima lettera dell'alfabeto greco*) sigma. **B** *m.* (*anat.*) sigmoid flexure.

sigmàtico, *a.* (*gramm. greca*) sigmatic.

sigmatismo, *m.* (*med.*) sigmatism.

sigmoidèo, *a.* (*anche anat.*) sigmoid; sigmoidal: **valvole sigmoidee,** sigmoid valves.

sigmoidite, *f.* (*med.*) sigmoiditis.

significante, A *a.* significant; significative; (*espressivo*) expressive: **parole significanti,** significative words. **B** *m.* (*linguistica*) significant.

significare, *v. t.* **1** (*voler dire*) to mean*; to signify: **Non sapere che cosa significhi una parola,** not to know what a word means (*o* the meaning of a word); **Che cosa significa questa parola?,** what does this word mean?; what is the meaning of this word?; **La parola latina «pater» significa padre,** the Latin word «pater» means father; **Che significa tutto questo rumore?,** what does all this noise mean? **2** (*valere*) to mean*; to signify: **La tua amicizia significa molto per me,** your friendship means a great deal to me **3** (*simboleggiare*) to be a symbol of: **Il bianco significa purezza,** white is a symbol of purity **4** (*lett.: manifestare, esprimere*) to signify; to make* known; to show*: **s. il proprio consenso con un cenno del capo,** to signify one's agreement with a nod.

significativaménte, *avv.* significantly; significatively.

significativo, *a.* significative; significant; meaning(ful); (*espressivo*) expressive: **uno sguardo s.,** a significant (*o* an expressive) look; **un sorriso s.,** an expressive smile; **cifre significative,** significant figures.

significato, *m.* **1** meaning; import; sense: **il s. di una parola,** the meaning of a word; **una parola con sei significati distinti,** a word with six distinct meanings; **una parola di s. dubbio,** a word of dubious import **2** (*fig.*: *importanza, valore*) importance; significance; purport: **attribuire un grande s. a q.c.,** to attach great importance to st. ● **una risposta priva di s.,** a meaningless answer.

significazióne, *f.* (*raro*) signification.

signóra, *f.* **1** (*titolo di rispetto*) lady; Mrs (*abbr. di* Mistress; *usato coi nomi propri*); madam (*usato al vocat., senza nome proprio*): **la s. Brown,** Mrs Brown; **Quella s. è la s. Smith,** that lady is Mrs Smith; **Buona sera, s. Brown,** good evening, Mrs Brown; **Buon giorno, s.,** good morning, madam; **Mi presenterai quella s.?,** will you introduce me to that lady? **2** (*l'ingl. spesso preferisce usare*) woman*: **Chi è quella bella s.?,** who is that beautiful woman?; **L'automobile era guidata da una s. anziana,** the car was driven by an elderly woman **3** (*donna di classe*) lady: **È una vera s.,** she is a real lady **4** (*moglie*) wife*: **Mi saluti la Sua s.,** remember me to your wife **5** (*donna ricca*) rich woman*: **È una gran s.,** she is a very rich woman **6** (*padrona di casa*) mistress: **È in casa la s.?** (*rivolgendosi a un domestico*), is your mistress at home? **7** (*relig.*) Lady: **Nostra S.,** Our Lady **8** (*lett.: padrona*) Lady; Mistress: **Venezia era la s. dell'Adriatico,** Venice was the Mistress of the Adriatic. ● **la s. duchessa,** Her Ladyship □ **la s. duchessa di Argyle,** the duchess of Argyle □ **il signor Bianchi e (la sua) s.,** Mr and Mrs Bianchi □ **il signor Walter Bianchi e (la sua) s.,** Mr and Mrs Walter Bianchi □ **vivere da (gran) s.,** to live like a duchess □ (*vocat.*) **S. Duchessa!,** Your Ladyship! □ (*cominciando un discorso*) **Signori e Signore!,** Ladies and Gentlemen!

signóre, *m.* **1** (*titolo di rispetto*) gentleman*; Mr (*abbr. di* Mister, *usato coi nomi propri*); sir (*usato al vocat., senza nome proprio*): **Chi è quel s.?,** who is that gentleman?; **Il signor Smith è qui, s.,** Mr Smith is here, sir; **Come sta, signor Smith?,** how are you, Mr Smith?; **Dopo di Lei, s.,** after you, sir; **sì, s.,** yes, sir; **no, s.,** no, sir; **i signori Smith** (*coppia di coniugi*), Mr and Mrs Smith; **i signori Smith, Brown e Robinson,** Messrs Smith, Brown and Robinson **2** (*di solito l'ingl. preferisce usare*) man*: **È un s. molto gentile,** he is a very kind man; **Nel mio scompartimento c'erano due signori che non la smettevano mai di parlare,** in the compartment I travelled in there were two men who never stopped talking **3** (*gentiluomo*) gentleman*: **Si è comportato da gran s.,** he behaved like a fine gentleman **4** (*persona ricca*) rich man*: **È un gran s.,** he is a very rich (*o* wealthy) man **5** (*padrone*) master; **essere s. di se stesso,** to be one's own master; **Dov'è il s.?** (*rivolgendosi a un domestico*), where is your master? **6** (*relig.*) Lord; (*Dio*) God: **il giorno del S.,** the Lord's Day; **Benedicimi, o S.,** bless me, Lord; **Pietà di noi, o S.,** Lord, have mercy on us; **Il S. ti benedica!,** God bless you!; **Sia fatta la volontà del S.,** God's will be done **7** (*stor.: principe*) Lord; Prince: **Cangrande s. di Verona,** Cangrande, Prince of Verona. ● **il signor dottore (avvocato, ecc.),** the doctor (the lawyer, etc.) □ **il signor Duca,** His Lordship □ **il signor duca di Monmouth,** the duke of Monmouth □ **darsi le arie di gran s.,** to act the lord; to lord it □ **fare il (gran) s.,** to live like a lord □ **S.!** (*o* **S. Iddio!**), Lord!; good Lord! □ (*cominciando un discorso*) **Signori e Signore!,** Ladies and Gentlemen! □ (*all'inizio di una lettera*) **Egregio S.,** Dear Sir □ **Egregi signori,** Dear Sirs □ **Signor Presidente!,** Mr President!

signoreggiare, A *v. t.* **1** (*dominare*) to dominate; to rule (over) **2** (*fig.*) to master; to dominate: **s. i pensieri,** to master one's thoughts; **s. la mente (le passioni),** to dominate one's mind (passions). **B** *v. i.* to domineer (over); to rule (over).

signoria, *f.* **1** (*dominio, potere*) dominion; rule; sway; lordship: **sotto la s. dei Visconti,** under the rule of the Visconti **2** (*titolo: rivolto a un uomo*) Lordship; (*rivolto a una donna*) Ladyship: **Sua S.,** His Lordship; **Vostra S.,** Your Lordship **3** (*stor.*) signoria (*ital.*); seign(i)ory **4** (*nella corrispondenza*) you: **La Vostra S. è invitata a...,** you are invited to...

signorile, *a.* **1** (*degno di un signore*) gentlemanly; gentlemanlike; (*di una signora*) ladylike: **un aspetto s.,** a gentlemanly appearance; **modi signorili** (*da signora*), ladylike manners **2** (*distinto, raffinato*) distinguished, refined; (*di prima categoria*) high-class, first-class, first-rate: **un quartiere s.,** a high-class neighbourhood.

signorilità, *f.* distinction; refinement. ● **la s. del suo aspetto,** his gentlemanly appearance.

signorilménte, *avv.* (*da signore*) in a gentlemanly way, as befits a gentleman; (*da signora*) in a ladylike way, as befits a lady.

signorina, *f.* **1** young lady; Miss (*usato coi nomi propri*): **la s. Maria,** Miss Mary; **la s. Smith** (*generalm. la figlia primogenita*), Miss Smith; **le signorine Smith,** the Misses Smith; (*più comunemente*) the Miss Smiths; **Conosci quella s.?,** do you know that young lady?; **un collegio per signorine,** a college for young ladies **2** (*l'ingl. spesso preferisce*) girl: **Chi è quella bella s.?,** who is that beautiful girl? **3** (*giovane padrona*) young mistress **4** (*donna nubile*) unmarried woman*; spinster. ● **nome da s.,** maiden name.

signorino, *m.* master: **il s. Carlo,** Master Charles.

signornò, *avv.* no, sir.

signoróne, *m.* (*fam.*) wealthy man*.

signorótto, *m.* squire.

signorsì, *avv.* yes, sir.

silàggio, *m.* (*agric.*) silage; ensilage.

silène, *m.* (*bot., Silene inflata*) bladder campion.

Silèno, *m.* (*mitol.*) Silenus.

silèno, *m.* (*zool., Macaca albibarbata*) wanderoo; lion-tailed monkey.

silènte, *a.* (*lett.*) silent; voiceless; still: **la luna s.,** the silent moon; **la notte s.,** the silent night.

silenziare, *v. t.* to silence; to muffle; (*elettron.*) to squelch: **s. un motore,** to muffle a motor.

silenziatóre, *m.* silencer; muffler; (*elettron.*) squelcher.

silènzio, *m.* **1** silence: **s. assoluto,** complete (*o* perfect) silence; **il s. eterno,** the eternal Silence; **un s. di tomba,** a deathlike silence;

silenziosaménte

ascoltare in s., to listen in silence; **fare** (*o* **restare in**) **s.**, to keep silence; to be (*o* to keep) silent; (*fig.*) **costringere q. al s.**, to put (*o* to reduce) sb. to silence; **passare q.c. sotto s.**, to pass st. over in silence; **rompere il s.**, to break silence; **soffrire in s.**, to suffer in silence (*o* silently); **S.!**, silence!; be (*o* keep) quiet!; stop talking! **2** (*periodo di s.*) silence: **un breve s.**, a short silence **3** (*calma, quiete*) silence; stillness; quiet; hush: **nel s. della notte**, in the silence (*o* hush) of night **4** (*mil.: segnale del s.*) lights-out: **suonare il s.**, to sound lights-out **5** (*di radio, di giornali, ecc.*) silence. ● **s. radio**, radio blackout; radio silence.
silenziosaménte, *avv.* silently; in silence; quietly; mutely; noiselessly; soundlessly: **annuire s.**, to nod in silence.
silenziosità, *f.* silence; quietness; stillness; (*taciturnità*) taciturnity.
silenzióso, *a.* silent; quiet; still; voiceless; soundless; (*taciturno*) taciturn: **mesto e s.**, sad and taciturn; **una notte silenziosa**, a silent night; **starsene s.**, to keep silent; (*polit.*) **maggioranza silenziosa**, silent majority.
silèsia, *f.* (*ind. tessile*) twill.
silfide, *f.* (*mitol. e fig.*) sylph. ● **leggera come una s.**, sylphlike; sylphish.
silfo, *m.* (*mitol.*) sylph.
silhouette (franc.), *f.* **1** (*arte*) silhouette **2** (*sagoma*) silhouette; outline; profile. ● **avere una bella s.**, to have a fine figure.
silicato, *m.* (*miner., chim.*) silicate: **s. di potassio**, potassium silicate; **s. di soda**, soda silicate.
silice, *f.* (*miner.*) silica: (*chim.*) **gelo di s.**, silica gel.
siliceo, *a.* (*miner.*) siliceous, silicious: **rocce silicee**, siliceous rocks.
silicico, *a.* (*chim.*) silicic.
silicio, *m.* (*chim.*) silicon.
silicizzare, *v. t. e i.* **1** (*geol.*) to silicify **2** (*metall.*) to siliconize.
silicizzazióne, *f.* **1** (*geol.*) silicification **2** (*metall.*) siliconization.
silicóne, *m.* (*chim.*) silicone.
silicòsi, *f.* (*med.*) silicosis*.
siliqua, *f.* (*bot.*) siliqua*; silique; pod.
siliquastro, *m.* (*bot., Cercis siliquastrum*) Judas tree.
siliquifórme, *a.* (*bot.*) siliquose; siliquous.
sillaba, *f.* syllable: **divisione in sillabe**, division into syllables; syllabism; **dividere in sillabe**, to divide into syllables; to syllabize; **non mancare d'una s.**, to repeat every syllable; **senza mutare una s.**, without changing a (single) syllable. ● **non dire** (*o* **proferire**) **s.**, not to say a word □ **parola d'una sola s.**, monosyllabic word; monosyllable □ **parola di tre sillabe**, three-syllabled word.
sillabare, *v. t.* to syllabize; to syllabify; (*compitare*) to spell.
sillabàrio, *m.* spelling-book; primer; ABC.
sillabazióne, *f.* syllabification.
sillàbico, *a.* syllabic: **accento s.**, syllabic accent; **aumento s.**, syllabic augment; **canto s.**, syllabic singing.
sillabo, *m.* (*relig.*) syllabus*.
sillèpsi, sillèssi, *f.* (*gramm.*) syllepsis*.
silloge, *f.* (*lett.*) sylloge; collection.
sillogismo, *m.* (*filos.*) syllogism: **le premesse (la conseguenza) d'un s.**, the premises (the conclusion) of a syllogism.
sillogistica, *f.* (*filos.*) syllogistic.
sillogisticaménte, *avv.* syllogistically.
sillogistico, *a.* (*filos.*) syllogistic: **ragionamento s.**, syllogistic reasoning; reasoning by syllogisms. ● **in forma sillogistica**, in the form of a syllogism.
sillogizzare, *v. i. e t.* (*filos.*) to syllogize.
silo, *m.* silo*; storage bin. ● **mettere nel s.**, to silo; to ensile.
siloétta, *V.* **silhouette**.
silofonista, *m. e f.* (*mus.*) xylophonist.
silòfono, *m.* (*mus.*) xylophone.
silografìa, *f.* **1** xylography; wood-engraving **2** (*copia a stampa*) xylograph.
silogràfico, *a.* xylographic(al).
silògrafo, *m.* xylographer; xylographist.
silologìa, *f.* xylology.
silòlogo, *m.* xylology expert (*o* specialist).
siltite, *f.* (*geol.*) siltstone.
siluraménto, *m.* (*mil.*) torpedoing.
silurante, *f.* (*mil.*) torpedo-boat.
silurare, *v. t.* **1** (*mil. e fig.*) to torpedo: **s. una nave**, to torpedo a vessel; **s. un piano**, to torpedo a plan of action **2** (*fig.: privare del comando*) to oust.
siluratóre, *m.* (*mil. e fig.*) torpedoer.
siluriano, silùrico, *a. e m.* (*geol.*) Silurian.
silurifìcio, *m.* torpedo factory.
silurifórme, *a.* torpedo-shaped.
siluripèdio, *m.* (*naut.*) torpedo firing range.
silurista, *m.* (*naut.*) torpedoman*.
siluro, *m.* **1** (*mil.*) torpedo*: **s. aereo**, air torpedo; **s. a baffi**, whiskered torpedo; **s. elettrico** (**magnetico**), electric (magnetic) torpedo; **camera siluri**, torpedo compartment **2** (*zool., Silurus glanis*) sheat-fish.
silvano, *a.* (*lett.*) sylvan, silvan; woodland (*attr.*): **una scena silvana**, a sylvan (*o* a woodland) scene; **un uccello s.**, a sylvan (bird).
Silvano, *m.* Silvanus, Sylvanus.
silvèstre, *a.* wild; sylvan, silvan; woodland (*attr.*): **animali (fiori, piante) silvestri**, wild animals (flowers, plants).
Silvèstro, *m.* Sylvester, Silvester; (*dim.*) Vester, Vessie. ● **la notte di San S.**, New Year's Eve.
silvia, *f.* **1** (*bot., Anemone nemorosa*) wood anemone **2** (*zool., Sylvia*) warbler.
Silvia, *f.* Sylvia; Silvia; (*dim.*) Silvie.
silvicolo, *a.* woodland (*attr.*); forest (*attr.*).
silvicoltóre, *m.* sylviculturist, silviculturist; forester.
silvicoltura, *f.* sylviculture, silviculture; forestry.
silvina, silvite, *f.* (*miner.*) sylvine; sylvite.
Silvio, *m.* Sylvius, Silvius.
sima, *m.* (*geol.*) sima.
simbiónte, *m.* (*biol.*) symbiont; symbiot(e).
simbiòsi, *f.* (*biol.*) symbiosis*.
simbiòtico, *a.* (*biol.*) symbiotic(al).
simboleggiare, *v. t.* to symbolize; to be a symbol of; to represent; to stand* for: **Il bianco simboleggia la purezza**, white symbolizes purity; **Il leone simboleggia il coraggio**, the lion is the symbol of courage.
simboleggiatura, *f.* symbols (*pl.*).
simbòlica, *V.* **simbologia**.
simbolicaménte, *avv.* symbolically; by symbols.
simbolicità, *f.* symbolic nature.
simbòlico, *a.* symbolic(al): **un carattere s.**, a symbolic character; **un linguaggio s.**, a symbolic language.
simbolismo, *m.* (*letter., arte*) symbolism.
simbolista, (*letter., arte*) **A** *m. e f.* symbolist. **B** *a.* symbolistic; symbolic.
simbolìstico, *a.* (*letter., arte*) symbolistic; symbolic.
simbolizzare, *v. t.* to symbolize.
simbolizzazióne, *f.* symbolization.
simbolo, *m.* **1** symbol: **simboli chimici**, chemical symbols; «Au» è **il simbolo dell'oro**, «Au» is the symbol of gold; **Il leone è il s. del coraggio**, the lion is the symbol of courage; **La croce è il s. della fede cristiana**, the cross is the symbol of Christianity **2** (*relig.*) symbol; creed: **il s. degli Apostoli**, the Apostles' Creed; **il s. di Nicea**, the Nicene Creed **3** (*mat.*) notation **4** (*elab.*) symbol.
simbologìa, *f.* symbology.
Simeóne, *m.* Simeon; (*dim.*) Sim.
sìmico, *a.* (*geol.*) simatic.
similare, *a.* similar; (*omogeneo*) homogeneous: **particelle similari**, homogeneous particles.
similarità, *f.* similarity; (*omogeneità*) homogeneity.
simile, **A** *a.* **1** (*che ha parziale identità*) similar; like; alike (*pred.*): **persone di gusti simili**, people of similar tastes; **simili nella forma (per il colore, ecc.)**, similar in shape (in colour, etc.); **in s. modo**, in a similar way; in like manner; similarly; likewise; **Le due sorelle sono molto simili fra loro**, the two sisters are very much alike **2** (*tale, di tal fatta*) such: **un uomo s.**, such a man; **uomini simili**, such men; **con s. gente**, with people such as these; **Hai mai sentito una cosa s.?**, did you ever hear such a thing (*o* the like of it)?; **Non avevo mai visto una cosa s.**, I had never seen such a thing (*o* the like, the like of it); **Non farò una cosa s.**, I will do no such thing; **Cose simili non dovrebbero accadere**, such things should not happen **3** (*geom.*) similar: **figure (triangoli, ecc.) simili**, similar figures (triangles, etc.). ● **essere s. all'oro**, to look like gold □ **essere s. al proprio padre (alla propria madre)**, to take after one's father (after one's mother) □ **essere simili d'aspetto**, to look like each other (*o* one another); to be alike □ **avere un sapore s. allo zafferano**, to taste like saffron. **B** *m.* **1** (*cosa o persona s.*) like: **i tuoi simili**, the likes of you (*fam.*); **qualcosa di s.**, some such thing; something like that; something of the kind; **nulla di s.**, no such thing; nothing like that; nothing of the kind; **e simili**, and such; and the like: **Ella ama la musica, la pittura e simili**, she is fond of music, painting, and the like **2** (*il prossimo*) fellow creatures (*pl.*): **Dobbiamo amare i nostri simili**, we must love our fellow creatures. ● (*prov.*) **Ogni s. ama il suo s.**, birds of a feather flock together.
similitùdine, *f.* **1** (*retor.*) simile; similitude: **uno stile ricco di similitudini**, a style rich in simile; **usare similitudini**, to use similes; **to similize** **2** (*geom.*) similarity: **s. geometrica**, geometrical similarity; **la legge della s.**, the law of similarity **3** (*lett.: somiglianza*) likeness; resemblance.
similménte, *avv.* similarly; likewise; in like manner.
similòro, *m.* pinchbeck; tombac, tombak; Dutch metal.
similpèlle, *f.* (*ind.*) imitation leather; leatherette.

simmetallismo, *m.* (*econ.*, *fin.*) symmetallism.
simmetrìa, *f.* symmetry: **s. bilaterale (raggiata)**, bilateral (radial) symmetry; **mancanza di s.**, lack of symmetry; **senza s.**, without symmetry; **Manca la s.**, it is wanting in symmetry; there is no symmetry.
simmetricaménte, *avv.* symmetrically.
simmètrico, *a.* symmetric(al).
Simóne, *m.* Simon; (*dim.*) Sim.
simonìa, *f.* simony.
simonìaco, *a.* e *m.* simoniac.
simpatètico, *a.* (*lett.*) sympathetic.
simpatìa, *f.* **1** (*inclinazione*) liking; fancy; attraction: **una s. passeggera**, a passing fancy; **avere** (*o* **provare**) **s. per q.**, to have a liking for sb.; **avere s. per q.c.**, to have a liking for st.; to be fond of st.; **prendere in s. q.** (*q.c.*), to take a liking (*o* a fancy) to sb. (to st.); to take to sb. (to st.): **Lo presi subito in s.**, I took to him at once **2** (*partecipazione ai sentimenti di q.*) sympathy; fellow-feeling: **per s.**, out of sympathy; **esprimere la propria s.**, to express one's sympathy **3** (*med.*) sympathy: **per s.**, by sympathy. ● **acquistarsi la s. generale**, to make oneself popular with everybody □ **avere una reciproca s.**, to like each other; to be fond of each other □ **le proprie simpatie e antipatie**, one's likes and dislikes □ **un sorriso di s.**, a sympathetic smile □ **provare una particolare s. per q.**, to be partial to sb. □ **Quella ragazza mi fa molta s.**, I do like that girl.
simpaticaménte, *avv.* nicely; pleasantly; agreeably.
simpaticità, *f.* niceness; pleasantness; agreeableness.
simpàtico (1), *a.* nice; pleasant; genial; agreeable: **una ragazza simpatica**, a nice girl; **un vecchio s.**, a genial old man; **un carattere allegro e s.**, a cheerful, genial disposition; **È molto s.**, he is very nice. ● **ambiente s.**, congenial surroundings (*pl.*) □ **inchiostro s.**, sympathetic (*o* invisible) ink □ **una ragazza di aspetto s.**, an attractive girl □ **Quel ragazzo non mi è affatto s.**, I don't like that boy at all.
simpàtico (2), (*anat.*) **A** *a.* sympathetic. **B** *m.* sympathetic nervous system.
simpaticotonìa, *f.* (*med.*) sympathicotonia.
simpaticotònico, *a.* (*med.*) sympathicotonic.
simpatizzante, **A** *a.* sympathizing. **B** *m.* e *f.* sympathizer.
simpatizzare, *v. i.* **1** (*entrare in simpatia*) to take* a liking (*o* a fancy) (to): **Simpatizzarono subito**, they took an immediate liking to each other **2** (*avere affinità di opinioni, idee, ecc.*) to sympathize (with): **s. per un partito**, to sympathize with a party. ● **Non simpatizzano**, they don't like each other; they don't get on well (together).
simplèsso, *m.* (*mat.*) simplex: **metodo del s.**, simplex method.
simplex, *m.* (*tel.*) individual line.
simpodiale, *a.* (*bot.*) sympodial.
simpòdio, *m.* (*bot.*) sympodium*.
simpòsio, *m.* **1** symposium*; drinking-party **2** (*convegno*) symposium*; conference.
simpsonite, *f.* (*miner.*) simpsonite.
simulacro, *m.* simulacrum* (*anche fig.*); image; (*mecc.*) mock-up.
simulare, *v. t.* **1** (*fingere*) to simulate; to pretend; to feign; to counterfeit; to sham: **s. dolore**, to feign grief; **s. indifferenza**, to feign indifference; **s. la voce di q.**, to counterfeit sb.'s voice; **s. una malattia**, to pretend (*o* to feign, to sham) illness **2** (*riprodurre artificialmente*) to simulate.
simulataménte, *avv.* with simulation; feignedly.
simulato, *a.* simulated; pretended; feigned; counterfeit; sham; fake: **vendita simulata**, simulated sale.
simulatóre, *m.* simulator; shammer. ● (*aeron.*) **s. di volo**, flight simulator.
simulatòrio, *a.* simulative; simulant.
simulazióne, *f.* (*il simulare*) simulation; simulating; pretence: **l'arte della s.**, the art of simulating. ● (*leg.*) **s. di reato**, simulation of offence.
simultànea, *f.* (*anche* **traduzione s.**) simultaneous translation. ● **tradurre in s.**, to translate (*o* to interpret) simultaneously.
simultaneaménte, *avv.* simultaneously; at the same time; contemporaneously.
simultaneità, *f.* simultaneity; simultaneousness; contemporaneousness.
simultàneo, *a.* simultaneous; contemporaneous: **avvenimenti simultanei**, simultaneous events; **un'azione simultanea**, a simultaneous action; **traduzione simultanea**, simultaneous translation.
simùn, *m.* (*vento del deserto*) simoom, simoon.
sinagòga, *f.* synagogue.
sinagogale, *a.* synagogal, synagogual.
sinaitico, *a.* Sinaitic; of Mount Sinai.
sinalèfe, *f.* (*linguistica*) synaloepha, synaloephe.
sinallagma, *m.* (*leg.*) mutual agreement.

sinallagmàtico, *a.* (*leg.*) synallagmatic: **un contratto s.**, a synallagmatic contract.
sinàntropo, *m.* sinanthropus; Peking man.
sinapsi, *f.* (*neurofisiologia*) synapse; synapsis*.
sinartròsi, *f.* (*med.*) synarthrosis*.
sincàrpico, sincàrpio, *a.* (*bot.*) syncarpous.
sincarpo, *m.* (*bot.*) syncarp; collective fruit.
sinceraménte, *avv.* sincerely; with sincerity; truly; faithfully; (*francamente*) candidly, frankly, honestly; (*schiettamente*) genuinely; (*apertamente*) openly.
sincerare, **A** *v. t.* (*lett.*) to make* (sb.) sure; to assure; to persuade; to convince. **sincerarsi**, **B** *v. rifl.* to make* sure; to assure oneself: **s. di q.c.**, to make sure of st.; **Mi sincerai che sarebbe venuto**, I made sure (that) he would come.
sincerità, *f.* sincerity, sincereness; truth; (*fedeltà*) faithfulness; (*lealtà*) loyalty; (*franchezza*) candour, frankness, openness, honesty; (*schiettezza*) genuineness: **con s.**, with sincerity, sincerely. ● **con tutta s.**, (speaking) in all sincerity; with all one's heart □ **parlare senza s.**, to speak insincerely (*o* without sincerity).
sincèro, *a.* **1** sincere; true; heart-felt; (*fedele*) faithful; (*leale*) loyal; (*franco*) candid, frank, open, honest; (*schietto*) genuine: **un amico s.**, a sincere (*o* a faithful) friend; **un innamorato s.**, a faithful lover; **un uomo s.**, a sincere man; **un dolore s.**, a genuine grief; **per essere s.**, to be quite honest about it **2** (*rif. a liquidi*) unadulterated; pure; unmixed: **acqua sincera**, pure water; **vino s.**, unadulterated wine. ● **amare q. d'amore s.**, to love sb. with all one's heart.
sinché, *cong.* **1** (*per tutto il tempo che*) as long as **2** (*fino al momento in cui*) until; till.
sincinesìa, *f.* (*med.*) synkinesia; synkinesis.
sincipitale, *a.* (*anat.*) sincipital.
sincipite, *m.* (*anat.*) sincipit.
sincizio, *m.* (*biol.*) syncytium*.
sinclinale, *f.* (*geol.*) synclinal; syncline.
sincopale, *a.* (*med.*) syncopal.
sincopare, *v. t.* (*linguistica, mus.*) to syncopate.
sincopato, *a.* (*linguistica, mus.*) syncopated: **musica sincopata**, syncopated music; **ritmo s.**, syncopated rhytm; **una parola sincopata**, a syncopated word.
sincope, *f.* **1** (*linguistica, mus.*) syncopation **2** (*med.*) syncope.
sincretismo, *m.* (*filos., relig., linguistica*) syncretism.
sincretista, *m.* e *f.* (*filos., relig.*) syncretist.
sincretistico, *a.* (*filos., relig., linguistica*) syncretistic.
sincrociclotróne, *m.* (*fis. nucl.*) synchro-cyclotron.
sincronìa, *f.* synchrony.
sincrònico, *a.* synchronous; synchronic(al).
sincronismo, *m.* synchronism. ● **velocità di s.**, synchronous speed.
sincronistico, *a.* synchronistic.
sincronizzare, *v. t.* to synchronize, to synchronise.
sincronizzato, *a.* synchronized; (*mecc., autom.*) synchro-mesh (*attr.*): **cambio (di velocità) s.**, synchro-mesh gear.
sincronizzatóre, *m.* synchronizer.
sincronizzazióne, *f.* synchronization.
sincrono, *a.* synchronous; synchronic(al): (*fis.*) **alternatore s.**, synchronous alternator.
sincrotróne, *m.* (*fis. nucl.*) synchrotron.
sindacàbile, *a.* **1** (*verificabile*) verifiable; checkable; controllable; (*nella contabilità*) liable to audit (*o* inspection) **2** (*censurabile*) censurable; criticizable.
sindacale (1), *a.* **1** (*di sindaco di città*) syndical (*in Italia*); mayoral (*in G.B.*): **l'ufficio s.**, the office of a syndic (*o* of a mayor); mayoralty **2** (*fin.: di sindaco di società*) auditorial.
sindacale (2), *a.* (*di sindacato*) syndical; trade-union (*attr.*); union (*attr.*).
sindacalismo, *m.* syndicalism (*anche polit.*); trade-unionism; (trades-)unionism.
sindacalista, *m.* e *f.* **1** trade-unionist; union representative **2** (*polit.*) syndicalist.
sindacalistico, *a.* **1** trade-union (*attr.*); union (*attr.*) **2** (*polit.*) syndacalist (*attr.*).
sindacalizzare, *v. t.* to unionize.
sindacalizzazióne, *f.* unionization.
sindacare, *v. t.* **1** (*rivedere i conti*) to audit; to inspect; to control; to check **2** (*fig.: censurare*) to censure; to criticize.
sindacato, *m.* **1** trade(s)-union; (labour) union: **s. di categoria**, craft union **2** (*fin.*) syndicate; trust; pool; combine: **s. industriale**, manufacturing trust; **s. di compratori**, buying syndicate. ● **s. padronale**, employers' association.
sindacatóre, *m.* **1** auditor; inspector; controller; checker **2** (*fig.*) criticizer; censor.
sìndaco, *m.* **1** (*di città*) (town) mayor; syndic (*in Italia*) **2** (*fin.: di società*) auditor: **s. effettivo (supplente)**, standing

sindattilia

(substitute) auditor.
sindattilia, *f.* (*med.*) syndactyly.
sindàttilo, *a.* (*med.*) syndactyl(ic).
sindèresi, *f.* **1** (*filos.*) synderesis*; synteresis* **2** (*fam.*) senses (*pl.*); clarity of mind. ● (*scherz.*) **perdere la s.**, to talk nonsense.
sindone, *f.* (*stor.*, *relig.*) sindon; shroud.
sindrome, *f.* (*med.*) syndrome.
sindròmico, *a.* (*med.*) syndromic.
sinechìa, *f.* (*med.*) synechia*.
sinecura, *f.* sinecure.
sinèddoche, *f.* (*retor.*) synecdoche.
sine die (*locuz. lat.*), *locuz. avv.* sine die; indefinitely.
sinèdrio, *m.* synedrion*; synedrium*.
sinèresi, *f.* (*linguistica*, *chim.*) syn(a)eresis*.
sinergìa, *f.* (*med.*) synergia; synergy.
sinèrgico, *a.* (*med.*) synergic, synergical; synergetic.
sinergismo, *m.* synergism.
sinesi, *f.* (*gramm.*) synesis.
sinestesìa, *f.* (*linguistica*) syn(a)esthesia.
sinfisi, *f.* (*anat.*) symphysis*.
sinfonìa, *f.* (*mus. e fig.*) symphony: **la nona s. di Beethoven**, Beethoven's ninth symphony; **una s. di colori**, a symphony of colours.
sinfònico, *a.* (*mus.*) symphonic: **musica sinfonica**, symphonic music. ● **concerto s.**, symphony concert □ **orchestra sinfonica**, symphony orchestra.
sinfonista, *m. e f.* (*mus.*) symphonist.
sinforòsa, *f.* **1** (*cappello da donna in uso nell'ottocento*) Dolly Varden **2** (*fig.*) old flirt.
singalése, *a.*, *m. e f.* Sin(g)halese (*pl. invar.*)
singènesi, *f.* (*biol.*, *geol.*) Syngenesis.
singenètico, *a.* (*biol.*, *geol.*) syngenetic.
singhiozzare, *v. i.* **1** (*avere il singhiozzo*) to hiccup; to hiccough; to have the hiccups **2** (*piangere a singhiozzi*) to sob.
singhiózzo, *m.* **1** (*movimento respiratorio*) hiccup; hiccough: **avere il s.**, to have the hiccups; to hiccup **2** (*s. che accompagna il pianto dirotto*) sob: **trattenere un s.**, to stifle (*o* to repress) a sob. ● (*fig.*) **a s.** (*o* **a singhiozzi**), by fits and starts □ **addormentarsi fra i singhiozzi**, to sob oneself to sleep □ (*fig.*) **avanzare a singhiozzi**, to jerk (*o* to jolt) along □ **dire q.c. tra i singhiozzi**, to sob out st. □ **sciopero a s.**, on-off strike □ **scoppiare in singhiozzi**, to burst out sobbing.
singolare, **A** *a.* **1** (*gramm.*) singular: **il numero s.**, the singular number **2** (*unico*, *eccellente*) singular; excellent; excelling; extraordinary; remarkable: **un dono s.**, a singular gift; **un fenomeno s.**, a singular phenomenon; **un uomo di s. coraggio**, a man of singular (*o* extraordinary) courage; **un uomo s. in ogni cosa**, a man excelling in everything **3** (*insolito*) singular; unusual; uncommon; (*raro*) rare, unique; (*strano*) strange, peculiar; (*eccentrico*) odd, whimsical; **un avvenimento s.**, a rare occurrence. **B** *m.* **1** (*gramm.*) singular: **Il s. di uomini è uomo**, the singular of men is man **2** (*tennis*) single(s).
singolarista, *m. e f.* (*tennis*) single player.
singolarità, *f.* **1** singleness; oneness **2** (*eccellenza*) singularity; excellence **3** (*originalità*) singularity; peculiarity; originality; strangeness; (*rarità*) rarity, uniqueness: **la s. dei tuoi modi**, the peculiarity of your manners; **Tra le singolarità di quell'uomo c'è anche...**, among the peculiarities of that man there is also...
singolarménte, *avv.* **1** (*in modo singolare*) in a singular way; singularly **2** (*a uno a uno*) one by one; singly; individually; separately.
singolo, **A** *a.* single; individual; separate: **le singole prove**, the separate proofs; **ogni s. giorno**, every single day; **un caso s.**, a single case. **B** *m.* **1** (*individuo*) individual **2** (*tennis*) single(s) **3** (*cannottaggio*) single sculler **4** (*tel.*) individual line.
singulto, *V.* **singhiozzo**.
siniscalco, *m.* (*stor.*) seneschal; steward.
sinistra, *f.* **1** (*mano s.*) left (hand): **scrivere con la s.**, to write with the left hand **2** (*lato sinistro*) left (side); left-hand side: **una casa sulla s.**, a house on the left-hand side of the street; **a s.**, on (*o* to) the left: **voltarsi a s.**, to turn to the left; **la s. d'un fiume**, the left bank of a river **3** (*polit.*) left: **la S.**, the Left; **l'estrema S.**, the Extreme Left; **la Nuova S.**, the New Left **4** (*naut.*) port: **Accostare a s.!**, steer to port! ● (*polit.*) **membro della Nuova S.**, New Leftist □ **uomo di s.**, left-winger □ (*naut.*) **Tutto a s.!**, hard aport!
sinistrabilità, *V.* sinistrosità, *def. 1*.
sinistraménte, *avv.* in a sinister way; ominously; (*in modo minaccioso*) threateningly.
sinistrare, *v. t.* to damage; to cause damage to.
sinistrato, **A** *a.* injured; damaged. **B** *m.* victim.
sinistrése, *m.* (*iron.*, *spreg.*) jargon of the Left (*o* of the Ultraleft).
sinistrismo, *m.* left-wing trend (*o* tendency).

sinistro, **A** *a.* **1** left; left-hand: **la gamba (la mano) sinistra**, the left leg (hand); **la riva sinistra di un fiume**, the left bank of a river; **scrivere con la mano sinistra**, to write with the left hand; **voltarsi dalla parte sinistra**, to turn to the left (side) **2** (*di cattivo augurio*) sinister; ominous; ill-omened; inauspicious; calamitous: **una faccia sinistra**, a sinister face; **un aspetto s.**, a sinister countenance; **un'occhiata sinistra**, a sinister glance; **tempi sinistri**, calamitous days; **voci sinistre**, ominous voices. **B** *m.* **1** (*incidente*) accident; mishap: **assicurazione contro i sinistri**, insurance against accidents; accident insurance **2** (*pugilato*) (straight) left **3** (*calcio*) left foot.
sinistrogiro, *a.* **1** (*geom.*) left-hand(ed) **2** (*fis.*, *chim.*) levorotatory; levogirate.
sinistròide, (*polit.*) **A** *a.* leftish. **B** *m. e f.* leftist.
sinistròrso, **A** *a.* **1** sinistrorse; sinistrorsal; left-hand **2** (*mecc.*) left-hand(ed); counter-clockwise **3** (*polit.*) leftish. **B** *m.* (*polit.*) leftist.
sinistrosità, *f.* (*ass.*) **1** liability to accidents **2** number of accidents.
sinizèsi, *f.* (*gramm.*) synizesis*.
sinizzazióne, *f.* sinicization; assimilation by Chinese culture and civilization.
sino, **A** *prep.* **1** (*di tempo*) until; till; up to; up till: **s. a stasera**, until this evening **2** (*di luogo*) as far as; to: **Arrivai s. a Milano**, I went as far as Milan. **B** *avv.* (*persino*) even; actually.
sinodale, *a.* (*relig.*) synodal; synodic(al). ● **l'età s.**, the Tridentine age.
sinòdico, *a.* (*astron.*) synodic(al): **il mese s.**, the synodical month.
sinodo, *m.* **1** (*relig.*) synod: **un s. generale**, a general synod; **il Santo S.**, the Holy Synod **2** (*astron.*) conjunction.
sinologìa, *f.* Sinology.
sinòlogo, *m.* Sinologist; Sinologue.
sinonimìa, *f.* **1** synonymity **2** (*sinonimo*) synonym.
sinonìmico, *a.* synonymic.
sinònimo, **A** *a.* synonymous: **una parola sinonima di un'altra**, a word synonymous with another. **B** *m.* synonym: **dizionario dei sinonimi**, a Dictionary of Synonyms; **lo studio dei sinonimi**, the study of synonyms; synonymic(s).
sinòpia, *f.* sinopite.
sinóra, *avv.* so far; until now; up to now.
sinòssi, *f.* (*letter.*) synopsis*; syllabus*.
sinostòsi, *f.* (*anat.*, *fisiologia*) synostosis*.
sinòttico, *a.* (*letter.*) synoptic(al): **una tavola sinottica**, a synoptic table; **i Vangeli sinottici**, the Synoptic Gospels.
sinòvia, *f.* (*anat.*) synovia; joint-oil; joint-water.
sinoviale, *a.* (*anat.*) synovial: **membrana s.**, synovial membrane.
sinovite, *f.* (*med.*) synovitis.
sintagma, *m.* (*linguistica*) syntagm; syntagma*.
sintagmàtico, *a.* (*linguistica*) syntagmatic.
sintantoché, *cong.* (*enf.*) until; till; as long as.
sintassi, *f.* (*gramm.*) syntax; sentence-building. ● **un errore di s.**, a syntactic error □ **un periodo senza s.**, a badly--constructed sentence.
sintàttico, *a.* (*gramm.*) syntactic(al). ● **le regole sintattiche**, the rules of syntax.
sinterizzare, *v. t.* (*metall.*) to sinter.
sinterizzazióne, *f.* (*metall.*) sintering.
sintesi, *f.* (*in ogni senso*) synthesis*: **la s. delle idee**, the synthesis of ideas; **fare una s. (di)**, to make a synthesis (of); to synthesize, to synthetize; (*chim.*) **la s. dell'acqua**, the synthesis of water; **per s.**, by synthesis. ● (*bot.*) **s. clorofilliana**, photosynthesis □ **in s.**, in summary; (*in poche parole*) in brief, in a few words.
sinteticaménte, *avv.* **1** synthetically **2** (*attraverso sintesi chimica*) by synthesis.
sinteticità, *f.* conciseness.
sintètico, *a.* **1** synthetic(al): **il metodo s.**, the synthetic method; **benzina sintetica**, synthetic petrol; **fibre sintetiche**, synthetic fibres; **gomma sintetica**, synthetic rubber; **lana sintetica**, synthetic wool; **resina sintetica**, synthetic resin **2** (*conciso*, *succinto*) concise; succinct; terse.
sintetismo, *m.* (*filos.*) synthetism.
sintetizzare, *v. t.* to synthesize, to synthetize; to make* a synthesis of (st.).
sintetizzatóre, *m.* (*mus.*) synthesizer.
sintogramma, *m.* (*radio*) tuning-scale.
sintomàtico, *a.* (*med.*) symptomatic(al) (*anche fig.*): **una febbre sintomatica**, a symptomatic fever.
sintomatologìa, *f.* (*med.*) symptomatology.
sintomo, *m.* (*med. e fig.*) symptom: **tutti i sintomi d'una malattia**, all the symptoms of a disease; **un s. della tubercolosi**, a symptom of tuberculosis; **un s. di debolezza**, a symptom (*o* a sign) of weakness.
sintonìa, *f.* **1** (*radio*) tuning; syntony: **acutezza di s.**, tuning

sharpness; **indicatore di s.**, tuning indicator **2** (*fig.*) agreement; tune; syntony: **essere in s. con q.**, to be in agreement with sb. ● (*radio*) **mettere in s.**, to tune in; to syntonize.
sintònico, *a.* (*radio*) syntonic.
sintonizzàbile, *a.* (*radio*) tunable: **non s.**, non-tunable.
sintonizzare, *v. t.* (*radio*) to syntonize; to tune in.
sintonizzato, *a.* (*radio*) tuned. ● **non s.**, untuned.
sintonizzatóre, *m.* (*radio*) syntonizer; tuner: **s. multiplo**, multiple tuner.
sintonizzazióne, *f.* (*radio*) syntonization; tuning: **s. di antenna in parallelo**, parallel antenna tuning; **s. doppia**, double--spot tuning.
sinuosità, *f.* **1** sinuosity; sinuousness; (*tortuosità*) windingness: **la s. d'un sentiero (d'un fiume)**, the sinuosity of a path (of a river) **2** (*insenatura*) sinuosity; bend; winding.
sinuóso, *a.* **1** sinuous; (*tortuoso*) winding, meandering: **il corso s. d'un fiume**, the winding course of a river; **un sentiero s.**, a sinuous (*o* a meandering) path **2** (*bot.*) sinuate.
sinusite, *f.* (*med.*) sinusitis.
sinusoidale, *a.* (*geom.*) sinusoidal.
sinusòide, *f.* (*geom.*) sinusoid.
sionismo, *m.* (*polit.*) Zionism.
sionista, *m.* e *f.* (*polit.*) Zionist.
sionistico, *a.* (*polit.*) Zionistic.
sipariétto, *m.* (*teatr.*) **1** (*breve numero*) «entr'acte» (*franc.*) **2** (*sipario supplementare*) entr'acte curtain; drop-curtain.
sipàrio, *m.* (*teatr.*) curtain; drop-curtain: **dietro il s.**, behind the curtain; **alzare (calare) il s.**, to raise (to drop) the curtain; **Si alza il s.**, the curtain rises; **Cala il s.**, the curtain drops. ● (*fig.*) **calare il s. su q.c.**, to draw the curtain on (*o* over) st.
Siracusa, *f.* (*geogr.*) Syracuse.
siracusano, *a.* e *m.* Syracusan.
sire, *m.* Sire.
sirèna, *f.* **1** (*mitol.*) siren (*anche fig.*); mermaid: **un canto di s.**, a siren song; **dalla voce di s.**, siren-voiced **2** (*apparecchio per segnali acustici*) siren; (*di fabbrica*) hooter: **la s. d'una nave**, a ship's siren; **una s. elettrica**, an electric siren **3** (*zool.*, *Siren*) siren. ● **s. da nebbia**, foghorn.
Siria, *f.* (*geogr.*) Syria.
siriaco, **A** *a.* Syriac: **l'alfabeto s.**, the Syriac alphabet; **arte siriaca**, Syriac art. **B** *m.* (*lingua siriaca*) Syriac.
siriàno, *a.* e *m.* Syrian.
siringa, *f.* **1** (*specialm. med.*) syringe: **una s. ipodermica**, a hypodermic syringe; **una s. per olio**, an oil syringe **2** (*mus.*: *rozzo strumento pastorale*) syrinx*; Pan-pipe; Pan's pipe **3** (*cucina*) pastry-tube **4** (*bot.*, *Syringa*) lilac. ● **s. per grasso**, grease gun □ **s. per lubrificazione**, oil gun.
siringare, *v. t.* to syringe; to inject (by means of a syringe).
siringatura, *f.* syringing; injection; injecting.
siringe, *f.* (*zool.*) syrinx*.
Sirio, *m.* (*astron.*) Sirius; Dog-Star.
sirte, *f.* (*lett.*) syrtis*; quicksand (*anche fig.*): **le sirti della politica**, the quicksands of politics.
Sirte, *f.* (*geogr.*) Syrtis.
sirtico, *a.* (*geogr.*) Syrtic.
sirventése, *V.* serventése.
sisal, *f.* **1** (*bot.*, *Agave sisalana*) sisal (plant) **2** (*fibra tessile*) sisal (hemp).
Sisifo, *m.* (*mitol.*) Sisyphus: **la vana fatica di S.**, the fruitless toil of Sisyphus ● **fatiche di S.**, Sisyphean labours.
sisma, *m. V.* sismo.
sismicità, *f.* (*geol.*) seismicity.
sismico, *a.* (*geol.*) seismic(al): **fenomeni (movimenti) sismici**, seismic phenomena (movements).
sismo, *m.* seism; earthquake.
sismografia, *f.* seismography.
sismogràfico, *a.* seismographic(al).
sismògrafo, *m.* seismograph.
sismogramma, *m.* seismogram.
sismologia, *f.* seismology.
sismològico, *a.* seismologic(al).
sismòlogo, *m.* seismologist.
sismòmetro, *m.* seismometer.
sismoscòpio, *m.* seismoscope.
sissignóre, *inter.* yes, sir.
sistèma, *m.* **1** (*in tutti i sensi*) system: **un s. logico**, a logical system; **adottare un s.**, to adopt (*o* to follow) a system; **un s. filosofico**, a philosophical system; a system of philosophy; (*elab.*) **sistema operativo**, operating system (*astron.*) **il s. solare**, the solar system; (*astron.*) **il s. tolemaico (copernicano)**, the Ptolemaic (the Copernican) system; (*geogr.*) **s. idrografico**, hydrographic system; (*anat.*) **il s. digerente (muscolare, nervoso)**, the digestive (muscular, nervous) system; **il s. metrico decimale**, the metric system; (*fin.*) **il s. bancario (monetario)**, the banking (monetary) system **2** (*fotogr.*) system; process: **il s. a tre colori**, the three-colour process; **il s. bicromico**, the two-colour process **3** (*sport: calcio*) M W formation: **giocare con il s.**, to play the M W formation **4** (*polit.*) (the) Establishment; (the) system; (the) power structure. ● (*ind.*) **s. d'impianto**, installation □ **s. d'impianto centrale**, central installation □ **s. d'impianto locale**, local installation □ (*tecn.*) **s. d'ingranaggi**, gearing □ (*fis.*) **s. di riferimento**, frame of reference □ **s. di vita**, way of life □ **lavorare senza s.**, to work without method □ **mutare s.**, to change one's way of life □ **per s.**, (*per abitudine*) habitually; customarily; as a practice; (*per partito preso*) intentionally; deliberately □ **Che sistemi sono questi?**, what kind of behaviour is this? □ **Non è mio s. fare cose del genere**, it's not my custom to do such things □ **Questo non è il s. di studiare**, this is no way to study.
sistemare, **A** *v. t.* **1** (*ridurre a sistema*) to systematize; to systemize; to reduce (st.) to system **2** (*ordinare*, *mettere in assetto*) to arrange; to put* (*o* to place) in order; to adjust; to settle; to fix: **s. i fiori**, to arrange (the) flowers; **s. i propri interessi**, to settle one's affairs; **s. la casa**, to put the house in order; **s. una faccenda**, to settle a matter **3** (*regolare*, *definire*) to settle; to define: **s. una lite**, to settle (*o* to arrange) a quarrel; **s. un conto**, to settle an account (*o* a bill); **avere una questione da s. con q.**, to have an account to settle with sb.; to have a bone to pick with sb. (*fam.*) **4** (*mettere a posto*, *a punto*) to set*; to fix (up): **s. le vele di una nave**, to set the sails of a ship; **s. una trappola**, to set a trap; (*fam.*) **Ti sistemo io!**, I'll fix (*o* sort) you! **5** (*fam.*: *trovare lavoro a q.*) to fix (sb.) up (with a job): **L'ha sistemato suo zio al Ministero**, his uncle has fixed him up with a job at the Ministry **6** (*ospiti in albergo*, *ecc.*) to accommodate. ● **s. in gruppi**, to sort out □ **s. q. per la notte**, to fix sb. up for the night (*fam.*) □ **s. q. presso una ditta**, to find sb. a job in a firm (*fam.*) □ **Ho sistemato i figli da mia cugina**, I left my children at my cousin's. **sistemarsi**, **B** *v. rifl.* **1** (*trovare stabile dimora*) to settle: **s. a Londra**, to settle in London; **s. in campagna**, to settle in the country **2** (*mettersi a posto*) to settle (oneself) down: **s. in poltrona**, to settle oneself down in an easy--chair; **Si è sposato e sistemato**, he is married and settled down **3** (*trovare un'occupazione*) to find* a job: **S'è sistemato bene all'Alitalia**, he has found a good job at Alitalia **4** (*sposarsi*) to get* married (to sb.); to marry (sb.).
sistemàtica, *f.* systematics (*pl.*, *col verbo al sing.*).
sistematicaménte, *avv.* systematically; in a systematic way.
sistematicità, *f.* systematic nature; (*metodicità*) methodicalness.
sistemàtico, *a.* systematic(al); (*metodico*) methodical: **un tentativo s.**, a systematical attempt; **lavoro s.**, methodical work; **una persona sistematica**, a methodical person.
sistematizzare, *v. t.* to systematize.
sistemazióne, *f.* **1** (*ordinamento*, *assestamento*) arrangement; arranging; settlement: **la s. dei mobili**, the arrangement of the furniture; **la s. dei propri interessi**, the settlement of one's affairs **2** (*definizione*) settlement; settling; arrangement: **la s. d'un contratto**, the settlement of a contract; **la s. di una controversia sindacale**, the settlement of a labour dispute **3** (*di macchinari*, *impianti*) layout; (*messa a punto di macchine*, *strumenti*) setting **4** (*posto*, *impiego*) post; position: **trovare una buona s.**, to find a good post (*o* job) **5** (*alloggio*) accommodation; lodging. ● **provvedere alla s. d'un conto**, to settle (*o* to pay) an account (*o* a bill) □ **La mia s. in quella città era definitiva**, I had settled down in that town for good.
sistèmico, *a.* systemic.
sistemista, *m.* e *f.* systems-player.
sistilo, *a.* e *m.* (*archit.*) systyle.
Sisto, *m.* (*stor.*) Sistus.
sistola, *f.* water-hose.
sistole, *f.* (*fisiologia*) systole.
sistòlico, *a.* (*fisiologia*) systolic.
sistro, *m.* (*stor.*) sistrum*.
sitibóndo, *a.* (*lett.*) thirsty, thirsting (*anche fig.*): **un terreno s.**, a thirsty ground; **essere s. di sangue**, to be blood-thirsty. ● **essere s. di onori**, to thirst after honours □ **essere s. di potere**, to thirst after (*o* for) power.
sito (1), *a.* (*lett.*, *bur.*) situated; placed; located: **un fabbricato s. in via Marconi**, a building situated in via Marconi.
sito (2), *m.* (*lett.*: *luogo*) place; locality.
sitofobia, *f.* sitophobia, sitiophobia.
sitologia, *f.* sitology, sitiology; dietetics (*pl.*, *col verbo al sing.*).
sitòlogo, *m.* dietician, dietitian.
sitomania, *f.* (*med.*) sitomania, sitiomania.
situare, *v. t.* to place; to locate.
situato, *a.* situated; placed; located.
situazionale, *a.* situational.
situazióne, *f.* situation; position; condition; plight; state (of affairs): **l'odierna s. politica**, the present political situation; **af-**

frontare una s. difficile, to face an awkward situation; to take the bull by the horns (*fam.*); **essere padrone della s.**, to be master of the situation; to have the ball at one's feet (*fam.*); **trovarsi in una s. imbarazzante**, to find oneself in an embarrassing situation; **trovarsi in una s. pericolosa**, to be in a dangerous position; to be in the lion's mouth (*fam.*); **trovarsi in una triste s.**, to be in a sad (*o* a sorry) plight; **Questa è la s.**, such is the situation. ● **s. critica**, crunch □ **s. senza via d'uscita**, impasse □ **esporre la s.**, to put the case □ **essere in una s. tale da non sapere più cosa fare**, to be in a quandary; to be all at sea; to be at sixes and sevens (*fam.*).

sivièra, *f.* (*metall.*) ladle.

Siviglia, *f.* (*geogr.*) Seville.

sizìgia, *f.* (*astron.*) syzygy.

sizigiale, *a.* (*astron.*) syzygial: **marea s.**, syzygial tide.

skateboard (*ingl.*), *m.* skateboard. ● **chi corre su uno s.**, skateboarder □ **(il) correre su uno s.**, skateboarding.

skating (*ingl.*), *m.* (*sport*) (*su ghiaccio*) ice-skating; (*su rotelle*) roller-skating.

sketch (*ingl.*), *m.* sketch; variety act (*o* number).

ski-lift (*ingl.*), *locuz. m.* ski lift.

skipper (*ingl.*), *m.* (*naut.*) skipper.

slabbrare, A *v. t.* **1** to chip the edge (*o* rim) of: **s. un vaso**, to chip the rim of a bowl **2** (*slargare*) to widen; to open out; to enlarge: **s. una ferita**, to open out a wound. **slabbrarsi, B** *v. rifl.* **1** (*di vaso, bottiglia e sim.*) to get* chipped at the edge **2** (*di ferita*) to open; to gape.

slabbratura, *f.* **1** (*di vaso e sim.*) chipping (at the edge) **2** (*punto slabbrato*) chipped edge; chip **3** (*di ferita e sim.*) opening; gaping **4** (*mecc.*) burr.

slacciare, A *v. t.* (*togliere i lacci*) to unlace; to untie; to loosen; to undo*; (*bottoni*) to unbutton; (*chiusura lampo*) to unzip; (*fibbia*) to unbuckle: **s. le scarpe**, to unlace one's boots (*o* shoes); to untie one's laces; **s. un nodo**, to untie (*o* to loosen) a knot. **slacciarsi, B** *v. rifl.* to come* unlaced (*o* untied, undone); to get* loose; (*sbottonarsi*) to come* unbuttoned.

slacciato, *a.* unlaced; untied; unfastened; (*sbottonato*) unbottoned: **con le scarpe slacciate**, with one's shoes unlaced.

sladinare, *v. t.* (*mecc.*) to run* in.

sladinatura, *f.* (*mecc.*) running-in.

slalom, *m.* (*sport*) slalom.

slalomista, *m. e f.* (*sport*) slalom-racer.

slanciare, A *v. t.* to fling*; to throw*; to hurl. **slanciarsi, B** *v. rifl.* **1** (*scagliarsi*) to fling* oneself; to throw* oneself; to rush; to dash: **Gli si slanciarono contro**, they rushed at him; they hurled themselves at (*o* upon) him; **Il ragazzo si slanciò fuori**, the boy rushed (*o* dashed) out of the room; the boy flung off **2** (*avventurarsi*) to throw* oneself (into); to venture (on, upon): **s. in un'impresa**, to venture on an enterprise; **s. nella politica**, to throw oneself into politics **3** (*protendersi*) to soar; to reach (up).

slanciato, *a.* slender; slim: **una colonna slanciata**, a slender column; **una ragazza slanciata**, a tall, slim girl.

slàncio, *m.* **1** rush; dash: **prendere lo s.**, to make a dash; to take a run **2** (*fig.: impeto, impulso*) impulse; fit; outburst: **in uno s. d'entusiasmo (di generosità)**, in a fit of enthusiasm (of generosity) **3** (*naut.*) rake: **s. di prua**, bow rake. ● **agire di s.**, to act on impulse □ **pieno di s.**, full of go.

slang (*ingl.*), *m.* (*linguistica*) slang.

slappolare, *v. t.* (*ind. tessile*) to burr.

slappolatrice, *f.* (*ind. tessile*) burring-machine.

slappolatura, *f.* (*ind. tessile*) burring; burr extraction.

slargaménto, *m.* widening; opening out.

slargare, A *v. t.* to widen; to make* wider; to enlarge; to make* larger; to broaden; to open out: **s. un'apertura**, to widen an opening. **slargarsi, B** *v. rifl.* to widen; to spread* out. ● **Che gioia! pare che mi si slarghi il cuore!**, my heart is swelling (*o* bursting) with joy!

slargatura, *f.* **1** widening; broadening; opening out; enlargement **2** (*punto slargato*) widening.

slargo, *m.* widening.

slatinare, *v. i.* (*iron., spreg.*) to latinize; to use Latinisms.

slattaménto, *m.* weaning.

slattare, *v. t.* to wean: **s. un bambino**, to wean a baby (from the breast).

slavato, *a.* washed out; watery; washy; (*insipido*) insipid, flat, vapid: **un colore s.**, a watery (*o* a faded) colour; **una descrizione slavata**, a watery (*o* a flat, a vapid) description.

slavatura, *f.* (*chiazza scolorita*) faded patch.

slavina, *f.* landslide; (*di neve*) snowslide.

slavìsmo, *m.* Slavism; Slavicism.

slavista, *m. e f.* Slavist; Slavicist.

slavìstica, *f.* Slavic studies (*pl.*).

slavizzare, A *v. t.* to Slavicize; to Slavize. **slavizzarsi, B** *v. rifl.* to become* Slavic.

slavizzazióne, *f.* Slavicization.

slavo, A *a.* Slavonian; Slavonic; Slavic; Slavish: **i paesi slavi**, Slavonic countries; **la lingua slava**, the Slavonic language; Slavish; **popoli di lingua slava**, Slavic-speaking people. **B** *m.* Slav; Slavonian.

slavofilismo, *m.* (*filos.*) Slavophilism.

slavòfilo, *a. e m.* Slavophil(e).

slavòfobo, A *a.* Slavophobic. **B** *m.* Slavophobe; Slavophobist.

sleale, *a.* disloyal; unfaithful; faithless; untrue; false; unfair; foul; treacherous: **una parola s.**, a treacherous word; **un amico s.**, a false friend; **un colpo s.**, an unfair (*o* a foul, a treacherous) blow; **gioco s.**, foul play; **concorrenza s.**, unfair competition.

slealménte, *avv.* disloyally; unfaithfully; faithlessly; falsely; unfairly; foully; treacherously: **agire s.**, to play foul; to hit below the belt (*fam.*); **trattare q. s.**, to treat sb. unfairly; to play sb. foul.

slealtà, *f.* disloyalty; unfaithfulness; faithlessness; falseness; unfairness; treacherousness.

sleeping-car (*ingl.*), *locuz. m.* (*ferr.*) sleeping-car.

slegaménto, *m.* **1** (*lo slegare*) untying; loosening; unfastening; unbinding; undoing **2** (*fig.: incoerenza*) looseness; disconnectedness; disconnection.

slegare, A *v. t.* to untie; to loosen; to unfasten; to unbind*; to undo*; (*liberare*) to set* free; to release: **s. i prigionieri**, to release the prisoners; **s. un cane**, to release (*o* to unleash) a dog; **s. un nodo**, to undo a knot. **slegarsi, B** *v. rifl.* to come* untied (*o* unbound, undone); to get* loose.

slegato, *a.* **1** (*non legato*) untied; unbound; loose **2** (*di libro*) unbound **3** (*fig.*) loose; disconnected: **idee slegate**, disconnected ideas.

slegatura, *f.* **1** untying; loosening; unfastening; unbinding **2** (*fig.*) disconnection.

Slèsia, *f.* (*geogr.*) Silesia.

slip, *m.* slips (*pl.*); briefs (*pl.*).

slitta, *f.* **1** (*veicolo senza ruote*) sledge; sleigh; sled: **slitte tirate da cavalli (da cani)**, sledges drawn by horses (by dogs); **andare in s.**, to travel in a sledge (*o* a sleigh); to sledge; to sleigh; to go sleighing **2** (*artiglieria*) chassis* **3** (*mecc.*) slide; (*di pressa*) ram; (*di tornio*) saddle: **s. portafresa**, cutter slide; **s. portautensile**, tool slide; cutter slide; **s. trasversale**, cross slide. ● (*sport*) **s. a vela**, ice-boat.

slittaménto, *m.* **1** (*di veicoli*) skid; skidding; (*di aereo*) side-slip **2** (*mecc.: scorrimento*) slipping; (*cinem.*) slippage **3** (*econ. e fig.*) sliding.

slittare, *v. i.* **1** (*andare in slitta*) to sleigh; to go* sleighing; to sledge; to travel in a sleigh (*o* a sledge) **2** (*autom.*) to skid; (*d'aereo*) to side-slip: **L'automobile slittò sulla strada bagnata**, the motor-car skidded on the wet road **3** (*autom., mecc.*) to slip: **la frizione (la cinghia del ventilatore, ecc.) slitta**, the clutch (the fan belt, etc.) slips (*o* is slipping) **4** (*econ. e fig.*) to slide*: **s. a sinistra**, to slide to the left; **s. nella recessione**, to slide into a recession; (*autom.*) **s. su di una pellicola d'acqua**, to hydroplane.

slittata, *f.* (*di veicoli*) skid; (*d'aereo*) side-slip.

slittino, *m.* sled.

slittovìa, *f.* (*sport*) sledge-lift.

slogaménto, *m. V.* **slogatura**.

slògan, *m.* slogan; catch-phrase; catch-word; tag line; message.

slogare, A *v. t.* to dislocate; to sprain; to strain: **slogarsi la caviglia (il polso)**, to sprain one's ankle (one's wrist); **Mi slogai il pollice della mano sinistra**, I strained the thumb of my left hand. **slogarsi, B** *v. rifl.* to get* dislocated.

slogato, *a.* dislocated; sprained; strained: **una caviglia slogata**, a sprained ankle.

slogatura, *f.* dislocation; sprain; strain.

sloggiare, A *v. t.* to dislodge (*anche mil.*); to turn out; to drive* out: **s. il nemico dalle sue posizioni**, to dislodge the enemy from their positions; to drive the enemy out of their positions. **B** *v. i.* to dislodge; to remove; to move out.

slombare, A *v. t.* **1** to break* the back of **2** (*fig.*) to wear* out. **slombarsi, B** *v. rifl.* **1** to break* one's back **2** (*fig.*) to overstrain oneself; to wear* oneself out.

slombato, *a.* enervate; nerveless; flaccid: **uno stile s.**, a nerveless style.

Slovàcchia, *f.* (*geogr.*) Slovakia.

slovacco, *a. e m.* Slovak.

slovèno, *a. e m.* Slovenian.

slow (*ingl.*), *m.* (*mus.*) modern waltz; slow fox-trot.

smaccato, *a.* (*anche fig.*) sickly(-sweet); sickening; cloying: **lodi smaccate**, sickening praises.

smacchiare, *v. t.* to remove stains from (st.); to clean.

smacchiatóre, *m.* **1** (*chi smacchia per mestiere*) (dry-)cleaner **2** (*preparato chimico*) stain-remover; spot-remover.

smacchiatura, *f.* removing of stains; cleaning. ● **s. a secco,** dry-cleaning.
smacco, *m.* (*sconfitta umiliante*) humiliating defeat; failure; let-down; (*onta*) shame, disgrace: **subire uno s.,** to have a let-down; **È stato per lui un grave s.,** it was a serious blow to him.
smagato, *a.* disenchanted; disillusioned.
smagliante, *a.* glowing; beaming; dazzling; brilliant; radiant: **colori smaglianti,** glowing colours; **luce s.,** dazzling light; **un sorriso s.,** a radiant smile.
smagliare, A *v. t.* **1** (*disfare le maglie d'una rete*) to undo* the meshes of (a net); (*di calze*) to ladder **2** (*rompere le maglie di un'armatura*) to break* the links of (a chain-mail). **smagliarsi, B** *v. rifl.* **1** (*di calze*) to ladder; to run*: **Le calze di seta si smagliano facilmente,** silk stockings easily run; **Ha le calze sempre smagliate,** her stockings are always laddered **2** (*della cute*) to develop stretch marks.
smagliatura, *f.* **1** (*di calza*) ladder **2** (*della cute*) stretch mark **3** (*fig.: mancanza di coesione*) discontinuity; (*soluzione di continuità*) gap, break **4** (*med.*) stria*.
smagnetizzare, *v. t.* (*fis.*) to demagnetize; to degauss.
smagnetizzatore, *m.* (*fis.*) demagnetizer.
smagnetizzazióne, *f.* (*fis.*) demagnetization; demagnetizing; degaussing.
smagrire, A *v. i.* to grow* (*o* to become*) thin; to slim; to lose* weight. **B** *v. t.* to have a thinning (*o* a slimming) effect on (sb.); to make* (sb.) thin.
smaliziare, A *v. t.* to sharpen the wits of (sb.); to teach* (sb.) a thing or two (*fam.*). **smaliziarsi, B** *v. rifl.* to learn* a thing or two (*fam.*).
smaliziato, *a.* knowing; cunning; crafty.
smallare, *v. t.* to husk; to remove husks from (nuts).
smaltare, *v. t.* **1** to enamel: **s. il ferro,** to enamel iron **2** (*fotogr., ind. ceramica*) to glaze. ● **s. a vetrino,** to glaze □ **smaltarsi le unghie,** to varnish (*o* to paint) one's nails.
smaltato, *a.* **1** enamelled **2** (*ind. ceramica*) glazed. ● **unghie smaltate,** varnished (*o* painted) nails.
smaltatore, *m.* enameller; enamelist.
smaltatrice, *f.* (*fotogr.*) glazer; glazing-machine: **s. rotativa,** rotary glazer. ● **s. piana,** flat-bed; glazer.
smaltatura, *f.* **1** enamelling **2** (*fotogr., ind. ceramica*) glazing. ● **s. a vetrino,** glazing.
smalteria, *f.* enamel factory.
smaltiménto, *m.* **1** (*il digerire*) digestion; digesting **2** (*comm.*) selling off.
smaltire, *v. t.* **1** (*digerire*) to digest: **duro a s.,** hard to digest; indigestible; **s. il cibo,** to digest one's food **2** (*fig.*) to digest; to swallow; to put* up with: **Sono cose che non posso s.,** that's more than I can swallow (*o* put up with) **3** (*comm.*) to sell* off **4** (*far defluire*) to drain; to discharge. ● **s. la sbornia,** to sober down; to sleep it off.
smaltista, *m. e f.* enameller; enamelist.
smaltitóio, *m.* drain.
smalto, *m.* **1** (*in quasi tutti i sensi*) enamel: **s. sintetico,** synthetic enamel; **fritta di s.,** enamel frit; **verniciatura a s.,** enamel painting; **lo s. dei denti,** the enamel of the teeth **2** (*fotogr., ind. ceramica*) glaze **3** (*s. per unghie*) (nail-)polish; nail-enamel **4** (*fig.: capacità combattiva*) combativity; combativeness; combative spirit. ● (*fig.*) **perdere lo s.,** to lose one's shine.
smammare, *v. i.* (*pop.: levarsi di torno*) to clear off; to beat* it.
smanacciare, *v. i.* (*fam.*) to gesticulate (with one's hands).
smanacciata, *f.* (*fam.*) blow with the hand; cuff; slap.
smanceria, *f.* affectation; mawkishness; lackadaisicalness. ● **le sue smancerie,** her affected (*o* mawkish) manners □ **fare smancerie,** to be mawkish (*o* affected).
smanceróso, *a.* affected; mincing; mawkish; lackadaisical.
smangiare, *v. t.* to eat* away; to wear* away; to corrode.
smangiucchiare, A *v. t.* to nibble; to pick. **B** *v. i.* to eat* sparingly; to nibble; to pick (at).
smània, *f.* **1** (*agitazione fisica o psichica*) fidgets (*pl.*); flutter; agitation; restlessness; (*frenesia*) frenzy: **avere la s.** (*o* **dare in smanie**), to have the fidgets; to be in a flutter; to fidget; **dare s.** (*o* **mettere la s. addosso**), to give the fidgets; to put in a flutter **2** (*fig.: voglia ardente*) craze; rage; mania; longing; yearning; craving: **s. del gioco,** gambling mania; **avere la s. della caccia,** to have a rage for hunting. ● **avere la s. di fare q.c.,** to be eager to do st.
smaniante, *a.* **1** fidgety; agitated; restless; in a flutter **2** (*che desidera ardentemente*) eager; longing; yearning; craving; crazy (*fam.*).
smaniare, *v. i.* **1** (*dare in smanie*) to fidget; to have the fidgets; to be in a flutter: **Sta' tranquillo e non s.!,** be quiet and don't fidget about! **2** (*fig.: desiderare ardentemente*) to have a rage (for st.). **3** (*fig.*) to be crazy (about st.); to long, to yearn, to crave (for st., to do st.); to hanker (after sth.): **s. di fare q.c.,** to be longing to do st.; to be eager to do st.; to yearn to do st.: **Il bambino smaniava di trovarsi fuori all'aperto,** the child yearned to be out of doors. ● **Ho smaniato tutta la notte,** I tossed and turned all night.
smanierato, *a.* ill-mannered; unmannerly.
smaniosaménte, *avv.* eagerly; longingly; yearningly.
smanióso, *a.* **1** (*che ha la smania*) fidgety; agitated; restless **2** (*fig.: bramoso*) eager; longing; yearning; craving; crazy (*fam.*): **essere s. di cominciare q.c.** (**d'imparare q.c.**), to be eager to begin st. (to learn st.); **essere s. di rivedere gli amici,** to be longing to see one's friends again; **essere s. di sciare,** to be crazy about skiing; to have a rage for skiing. ● **essere s. di vendetta,** to thirst for revenge.
smantellaménto, *m.* (*anche mil.*) dismantlement.
smantellare, *v. t.* **1** (*mil., edil., naut., ind.*) to dismantle: **s. una casa** (**una città, una fortezza, una nave**), to dismantle a house (a town, a fort, a ship) **2** (*fig.*) to demolish: **s. le argomentazioni di q.,** to demolish sb.'s arguments.
smarcare, (*sport*) **A** *v. t.* to free (from marking). **smarcarsi, B** *v. rifl.* to free oneself from the player marking.
smargiassata, *f.* brag; bragging; boasting.
smargiasso, *m.* braggart; boaster; swaggerer; swashbuckler; hector.
smarginare, *v. t.* **1** (*tagliare i margini*) to trim the margins (*o* the edges) of **2** (*tipogr.*) to bleed* (off).
smarginatura, *f.* **1** (*legatoria*) trimming of margins **2** (*tipogr.*) bleeding (off).
smargottare, *v. t.* (*agric.*) to remove the layer(s) from.
smarriménto, *m.* **1** loss; losing **2** (*fig.: turbamento*) bewilderment; (*sbigottimento*) dismay: **essere colto da s.,** to be filled with dismay; to be bewildered (*o* dismayed) **3** (*svenimento*) swoon; fainting-fit. ● **lo s. d'una lettera** (**d'un pacco**), the miscarriage of a letter (a parcel).
smarrire, A *v. t.* to lose*; to mislay*: **s. una chiave,** to lose a key; **s. il filo** (**del discorso**), to lose the thread; **s. la ragione,** to lose one's reason (*o* one's wits); **s. la strada,** to lose one's way; to get lost. **smarrirsi, B** *v. rifl.* **1** (*non trovare più la strada*) to lose* one's way; to lose* oneself; to get* lost: **Ci smarrimmo nel bosco,** we got lost in the woods **2** (*fig.: confondersi, essere perplesso*) to be at a loss; to be bewildered (*o* perplexed, puzzled); to be dismayed: **Alle sue domande mi smarrii,** I was bewildered by his questions.
smarrito, *a.* **1** (*perduto*) lost; mislaid; (*randagio*) stray: **ufficio degli oggetti smarriti,** lost-property office; **un cane s.,** a stray dog **2** (*fig.*) bewildered; perplexed; puzzled: **con l'occhio s.,** with a bewildered look; **sembrare s.,** to look puzzled. ● **avere un'aria smarrita,** to look bewildered (*o* perplexed, puzzled) □ **essere tutto s.,** to be in utter bewilderment.
smarronare, *v. i.* (*fam.*) to blunder; to make* stupid mistakes.
smarronata, *f.* (*fam.*) blunder; (very) stupid mistake; howler (*fam.*).
smartellare, A *v. t.* to hammer. **B** *v. i.* to hammer away.
smascellarsi, *v. rifl.* to dislocate one's jaws. ● **s. dalle risa,** to split one's sides with laughter; to roar with laughter.
smascheraménto, *m.* **1** unmasking **2** (*fig.*) unmasking; exposure; exposing; disclosure.
smascherare, A *v. t.* **1** (*levare la maschera*) to unmask **2** (*fig.*) to unmask; to uncloak; to expose; to disclose: **s. le follie degli uomini,** to expose the follies of men; **s. un'impostura,** to expose an imposture. **smascherarsi, B** *v. rifl.* **1** (*togliersi la maschera*) to unmask; to take* off one's mask **2** (*fig.*) to unmask; to reveal one's true nature.
smascheratóre, *m.* unmasker.
smascolinare, *v. t.* to demasculinize.
smascolinizzazióne, *f.* demasculinization.
smatassare, *v. t.* to unwind* (a skein, a hank).
smaterializzare, *v. t.* **smaterializzarsi,** *v. rifl.* to dematerialize.
smaterializzazióne, *f.* dematerialization.
smattonare, *v. t.* to remove the bricks of; to demolish.
smazzata, *f.* (*nei giochi di carte*) hand.
smègma, *m.* (*fisiologia*) smegma.
smelare, e *deriv.* V. **smielare** e *deriv.*
smembraménto, *m.* dismemberment; breaking up: **lo s. della Polonia,** the dismemberment of Poland.
smembrare, *v. t.* to dismember; to break* up: **s. una nazione** (**una società**), to dismember a nation (a society).
smemoraménto, *m.* loss of memory.
smemorare, *v. i.* to lose* one's memory.
smemoratàggine, *f.* **1** forgetfulness: **soffrire di s.,** to suffer from forgetfulness; to be absent-minded **2** (*dimenticanza*) lapse of memory.
smemoratézza, *f.* lack of memory.
smemorato, A *a.* **1** (*dimentico*) forgetful; oblivious **2** (*distrat-*

smentire

to) absent-minded; scatter-brained. **B** *m*. **1** forgetful person **2** (*persona distratta*) absent-minded person; scatter-brain.

smentire, A *v. t.* **1** to belie; to give* the lie to; (*negare*) to deny; (*sconfessare*) to disavow; (*ritrattare*) to recant, to retract: **Non mancheranno di smentirlo**, they will not fail to give him the lie; **s. le voci d'una crisi**, to deny rumours of a crisis **2** (*deludere le aspettative altrui*) to let* down; to be untrue to; to be unworthy of: **s. la propria fama**, to let down one's good name. **smentirsi, B** *v. rifl.* to be unworthy of oneself; to be untrue to oneself.

smentita, *f.* denial; (*sconfessione*) disavowal; (*ritrattazione*) recantation: **la s. dei fatti**, the denial of facts; **una solenne s.**, a categorical denial. ● **dare una s. a q.**, to give sb. the lie □ **dare una s. a q.c.**, to deny st.

smeraldino, *a.* emeraldine; emerald-green: **occhi smeraldini**, emerald-green eyes.

smeraldo, A *m.* (*miner.*) emerald: **lo s. orientale**, the Oriental emerald; **un anello con uno s.**, an emerald ring. **B** *a.* emerald (*attr.*): **verde s.**, emerald green.

smerciàbile, *a.* (*comm.*) saleable, salable; marketable.

smerciare, *v. t.* (*comm.*) to sell*; to sell* off; to market: **roba che non si smercia facilmente**, goods that do not sell easily; unsaleable goods.

smèrcio, *m.* (*comm.*) sale; market; marketing. ● **avere poco s.**, not to sell easily □ **trovare s.**, to sell □ **C'è un grande s. di questo prodotto**, this product sells fast (*o* like hot cakes).

smerdare, *v. t.* (*volg.*) **1** (*anche fig.*) to foul **2** (*fig.: svergognare*) to put* (sb.) to shame.

smèrgo, *m.* (*zool., Mergus*) merganser. ● **s. maggiore** (*Mergus merganser*), goosander; (*la femmina*) dun-diver.

smerigliare, *v. t.* **1** to polish with emery **2** (*mecc.*) to grind*; to lap: **s. le valvole**, to grind the valves. ● **s. il vetro**, to frost glass.

smerigliato, *a.* (*ricoperto di polvere di smeriglio*) emery (*attr.*): **carta smerigliata**, emery-paper. ● **vetro s.**, frosted glass.

smerigliatóre, *m.* (emery-)polisher.

smerigliatrice, *f.* **1** (*mecc.*) lapping-machine; grinder **2** (*carpenteria*) sanding-machine; sander; sandpapering machine.

smerigliatura, *f.* **1** emery-polishing **2** (*mecc.*) lapping; grinding: **s. degli ingranaggi**, gear lapping **3** (*carpenteria*) sanding; sandpapering.

smeriglio (1), *m.* (*miner.*) emery: **lima a s.**, emery-stick; **mola a s.**, emery-wheel; **polvere di s.**, emery powder.

smeriglio (2), *m.* **1** (*zool., Lamna nasus*) porbeagle **2** (*zool., Falco columbarius*) merlin; pigeon hawk.

smerlare, *v. t.* to scallop; to trim (*o* to border) with scallops.

smerlatura, *f.* scalloping; scallop-edging.

smèrlo, *m.* scallop. ● (*cucito*) **punto (a) s.**, button-hole stitch.

smésso, *a.* cast-off; left-off; old: **abiti smessi**, cast-off clothes; **roba smessa**, old things; **Le regalò un abito s.**, she gave her an old dress of hers.

sméttere, *v. t.* **1** to stop; to cease; to leave* off; to give* up; to discontinue: **s. il lavoro**, to stop (*o* to leave off) work; **s. di fare q.c.**, to stop (*o* to cease, to leave off) doing st.; **Smetti di parlare!**, stop talking!; **Ho smesso di fumare**, I have given up smoking; **far s. q. di fare q.c.**, to stop sb. from doing st.; **Smettila!**, stop it!; **Ditegli che la smetta una buona volta**, tell him to stop it once for all **2** (*non indossare più*) to cast* off; to leave* off; to stop wearing.

smezzare, *v. t.* (*dimezzare*) to halve; to divide (st.) into halves (*o* into two parts): **s. una mela**, to halve an apple.

smidollare, A *v. t.* **1** (*levare il midollo*) to extract (*o* to remove) the marrow from (a bone) **2** (*levare la midolla*) to remove the crumb from (a loaf) **3** (*fig.: svigorire*) to enfeeble; to weaken. **smidollarsi, B** *v. rifl.* to lose* one's strength (*o* vigour, energy); to grow* weak.

smidollato, A *a.* spineless. **B** *m.* spineless person; namby-pamby (*fam.*).

smielare, *v. t.* to extract honey from (the honeycomb).

smielatóre, *m.* honey-extractor.

smielatura, *f.* honey-extraction.

smilace, *f.* (*bot., Smilax*) smilax; sarsaparilla.

smilitarizzare, *v. t.* to demilitarize.

smilitarizzazióne, *f.* demilitarization.

smilzo, *a.* slim; slender; lean; thin; lanky: **una persona smilza**, a slim person; **un ragazzo lungo lungo e s.**, a lanky, overgrown boy. ● **un ragazzo s.**, a (mere) slip of a boy.

sminaménto, *m.* removal (*o* clearing) of mines; minesweeping.

sminare, *v. t.* to remove mines from (a mine field); to clear of mines.

sminatore, *m.* mine-remover.

sminuire, A *v. t.* **1** (*diminuire*) to diminish; to lessen; to reduce **2** (*fig.*) to belittle; to disparage; to defuse; to put* down. **sminuirsi, B** *v. rifl.* (*fig.*) to belittle oneself.

sminuzzaménto, *m.* breaking into small pieces; cutting up; mincing; (*lo sbriciolare*) crumbling.

sminuzzare, A *v. t.* **1** (*ridurre in pezzettini*) to break* into small pieces (*o* tiny bits); to cut* up; to mince; (*sbriciolare*) to crumble, to reduce to crumbs: **s. il pane**, to crumble bread **2** (*fig.*) to enter into all the details (*o* particulars) of (st.). **sminuzzarsi, B** *v. rifl.* to break* into small pieces; to break* up.

sminuzzatura, *f.* **1** (*lo sminuzzare*) breaking into small pieces; cutting up; mincing; (*lo sbriciolare*) crumbling **2** (*insieme di pezzetti*) pieces (*pl.*); bits (*pl.*); (*briciole*) crumbs (*pl.*).

sminuzzolaménto, *m.* breaking into tiny bits; crumbling.

sminuzzolare, *v. t.* **sminuzzolarsi,** *v. rifl.* to break* into tiny bits; to crumble.

Smirne, *f.* (*geogr.*) Smyrna.

smistaménto, *m.* **1** (*ferr.*) shunting; switching (*USA*): **stazione di s.**, shunting station; switchyard (*USA*) **2** (*postale, di merci*) sorting; sortation **3** (*mil.*) clearing **4** (*sport*) passing.

smistare, *v. t.* **1** (*ferr.*) to shunt; to switch (*USA*) **2** (*la posta, merci*) to sort **3** (*mil.*) to clear **4** (*sport*) to pass.

smisurataménte, *avv.* beyond (*o* above) measure; exceedingly; immoderately; excessively; exorbitantly; ever so much.

smisuratézza, *f.* immoderateness; excessiveness; (*immensità*) immensity; enormousness; (*l'essere sconfinato*) boundlessness.

smisurato, *a.* immoderate; excessive; extravagant; exorbitant; (*immenso*) immense, enormous; (*sconfinato*) boundless, unbounded: **l'Oceano s.**, the boundless Ocean; **prezzi smisurati**, exorbitant (*o* excessive) prices; **richieste smisurate**, extravagant demands; **spese smisurate**, immoderate expenses; **una ricchezza smisurata**, enormous wealth. ● **un uomo di smisurata altezza**, a man of extraordinary height.

smithsonite, *f.* (*miner.*) smithsonite.

smitizzare, *v. t.* to debunk; to demythicize.

smitizzazióne, *f.* demythicization.

smobiliare, *v. t.* to remove the furniture from (a room, a flat); to unfurnish: **s. una stanza**, to unfurnish a room.

smobiliato, *a.* unfurnished: **un appartamento s.**, an unfurnished flat.

smobilitare, *v. t.* (*mil.*) to demobilize; to demob (*fam.*).

smobilitazióne, *f.* (*mil.*) demobilization; demob (*fam.*).

smobilizzare, *v. t.* (*econ.: capitali*) to unfreeze*.

smobilizzo, *m.* (*econ.*) unfreezing.

smoccolare, A *v. t.* (*togliere il moccolo*) to snuff: **s. una candela**, to snuff a candle. **B** *v. i.* (*pop.: bestemmiare*) to swear*.

smoccolatóio, *m.* snuffers (*pl.*); pair of snuffers.

smoccolatura, *f.* **1** (*lo smoccolare*) snuffing **2** (*parte carbonizzata del lucignolo*) snuff.

smodataménte, *avv.* beyond (*o* above) measure; immoderately; excessively; to an excessive degree: **bere s.**, to drink immoderately; to soak (*fam.*).

smodato, *a.* immoderate; excessive; unrestrained: **ambizione smodata**, unrestrained ambition; **risa smodate**, immoderate (*o* extravagant) laughter.

smoderataménte, *avv.* immoderately; without moderation; (*eccessivamente*) excessively, to an excessive degree; (*esageratamente*) with exaggeration.

smoderatézza, *f.* immoderateness; immoderation.

smoderato, *V.* **smodato.**

smog (*ingl.*), *m.* smog. ● **senza s.**, smogless.

smoking, *m.* dinner-jacket; tuxedo (*USA*).

smonacare, A *v. t.* to uncloister. **smonacarsi, B** *v. rifl.* to leave* the cloister.

smontàbile, *a.* (*mecc.*) demountable; detachable.

smontàggio, *m.* (*mecc.*) disassembly; take-down: **s. di motori**, disassembly of engines. ● **s. generale,** strip(ping).

smontare, A *v. i.* **1** (*scendere*) to get* off (*o* down); to dismount; to alight; (*da un'automobile*) to get* out (of a car): **s. da cavallo**, to dismount (*o* to alight, to get down) from a horse; **s. dalla bicicletta** (**dalla motocicletta**), to dismount (*o* to get off) one's bicycle (one's motorcycle); **s. dal treno** (**dal tram, dall'autobus**), to alight from (*o* to get off) the train (the tram, the bus); **Smonto alla prossima stazione**, I'm getting off (the train, the tram, the bus) at the next station **2** (*cessare il servizio, il lavoro*) to go* off duty; to stop work; to knock off (*fam.*): **Smontiamo ora?**, shall we stop work now? **3** (*scolorirsi*) to fade: **È un colore che non smonta**, it is a colour that does not fade **4** (*sgonfiarsi, afflosciarsi*) to go* flat; to flop; to settle. **B** *v. t.* **1** (*far scendere: da cavallo*) to dismount; (*da un veicolo*) to drop, to put* down, to set* down; (*da una nave*) to disembark, to put* on shore: **s. q. davanti casa**, to drop sb. at his house; **Dove vuoi che ti smonti?**, where shall I drop you? **2** (*mecc.*) to disassemble; to dismount; to dismantle; to take* (st.) to pieces; to take down; to strip: **s. una macchina**, to dismount a machine; to take a machine to pieces; **s. un motore**, to dismantle an engine; **s. un orologio**, to disassemble a watch **3** (*mil.*) to dismount: **la cavalleria**, to dismount the cavalry **4** (*togliere dalla montatura*) to remove (from a setting, a mounting); to unset*: **s. una**

gemma, to unset a gem **5** (*far sgonfiare, afflosciare*) to make* (st.) go flat; to make* (st.) flop (*o* settle) **6** (*fig.: rendere privo di entusiasmo*) to cool (sb.'s) enthusiasm; to damp (sb.'s) spirits; to discourage; to dishearten: **Che cosa possiamo fare per smontarlo?**, what can we do to cool his enthusiasm?; **Niente lo smontava**, nothing could damp his spirits. ● **s. una porta (una finestra)**, to unhinge a door (a window) □ (*autom.*) **s. una ruota (un pneumatico)**, to remove (*o* to change) a wheel (a tyre). **smontarsi, C** *v. rifl.* (*perdere l'entusiasmo*) to cool down (*o* off); (*scoraggiarsi*) to lose* heart: **Si è subito smontato**, his enthusiasm ccoled down at once.

smontatura, *f.* **1** (*mecc.*) disassembly; take-down **2** (*fig.*) disheartening.

smòrfia, *f.* grimace; wry face; (*sorriso affettato*) simper: **un'orribile s.**, a hideous grimace; **fare una s.**, to make a grimace (*o* a wry face); to distort (*o* to twist) one's face; to grimace; **fare smorfie**, to make grimaces; to make faces; (*sorridere affettatamente*) to simper.

smorfiosaménte, *avv.* mincingly; skittishly; affectedly; with affectation.

smorfióso, A *a.* simpering; mincing; affected; skittish. **B** *m.* affected person.

smòrto, *a.* **1** (deadly) pale; wan: **un colore s.**, a pale colour; **un viso s.**, a (deadly) pale face; **diventare s. s.**, to turn (deadly) pale **2** (*fig.: scialbo*) colourless; expressionless; (*fiacco*) dull; (*spento*) lifeless, listless: **voce smorta**, colourless voice; **uno stile s.**, a dull style. ● **con occhi smorti**, listlessly.

smorzaménto, *m. V.* **smorzatura**.

smorzando, *avv.* e *m.* (*mus.*) smorzando (*ital.*).

smorzare, A *v. t.* **1** (*diminuire l'intensità*) to damp, to dampen; (*suoni*) to lower, to deaden, to muffle; (*luce*) to dim, to soften, to shade; (*colori*) to tone down; (*estinguere*) to slake, to slack, to slacken; (*fig.*) to assuage, to appease, to mitigate, to allay: **s. l'appetito**, to damp the appetite; **s. l'entusiasmo di q.**, to dampen sb.'s enthusiasm; **s. la sete**, to slake (*o* to quench) one's thirst; **s. la voce**, to lower one's voice; **s. la calce**, to slake lime; **s. il fuoco**, to damp down the fire; **s. un suono**, to muffle (*o* to deaden) a sound; **tende che smorzano la luce**, curtains that soften the light; **s. una tinta**, to tone down a colour; **s. il dolore**, to assuage pain; **s. l'ira di q.**, to appease sb.'s anger **2** (*spegnere*) to extinguish; to quench; to put* out: **s. il fuoco (il lume)**, to put out the fire (the light); **s. una candela**, to put (*o* to blow) out a candle; **s. un incendio**, to extinguish (*o* to put out) a fire. **smorzarsi, B** *v. rifl.* **1** (*di suono, luce*) to grow* faint(er); (*di colori*) to tone down; (*svanire*) to fade, to die away (*o* down); (*quietarsi*) to be assuaged, to be appeased: **Il suono della musica si smorzava nella lontananza**, the sound of music grew fainter in the distance; **La luce del giorno si smorzava**, the daylight was fading (*o* dying) away **2** (*spegnersi*) to go* out: **Il fuoco si è smorzato**, the fire has gone out.

smorzata, *f.* (*sport: tennis*) drop-shot.

smorzato, *a.* damped; (*di suoni*) muffled, deadened; (*di luce*) dim; (*di colori*) toned down; **tinte smorzate**, toned-down colours; **con voce smorzata**, in a muffled voice. ● **non s.**, undamped.

smorzatóre, *m.* **1** (*mecc.*) damper: **uno s. ad aria**, an air-damper; **uno s. di vibrazioni**, a vibration-damper; **uno s. magnetico**, an electromagnetic damper **2** (*mus.*) muffler.

smorzatura, *f.* damping; (*di suoni*) deadening, muffling; (*di luci*) dimming, softening; (*di colori*) toning down.

smòsso, *a.* **1** (*spostato*) shifted; displaced; (*fuori posto*) out of place (*pred.*) **2** (*malfermo*) loose: **un dente s.**, a loose tooth. ● **terra smossa**, loose earth □ **terreno s.**, tilled ground.

smottaménto, *m.* landslide; landslip.

smottare, *v. i.* to slip down; to slide* down.

smottatura, *f.* (*zona di smottamento*) landslide region; (*terra smossa nello smottare*) landslip, landslide.

smozzare, *v. t.* to cut* (*o* to lop) off.

smozzatura, *f.* cutting (*o* lopping) off.

smozzicare, *v. t.* to mangle (*anche fig.*); to cut* to pieces (*pred.*): **s. un vocabolo**, to mangle a word.

smozzicato, *a.* mangled (*anche fig.*); cut to pieces: **parole smozzicate**, mangled words.

smozzicatura, *f.* mangling (*anche fig.*); cutting to pieces.

smùngere, *v. t.* **1** (*rendere smunto*) to emaciate **2** (*sfruttare, sottrarre denaro*) to squeeze money out of (sb.); to soak (*pop.*). ● **s. i cittadini con le tasse**, to bleed the citizens with taxes.

smunto, *a.* haggard; meagre; lean; emaciated; (*pallido*) pale: **un colore s.**, a pale colour; **un viso s.**, a meagre face.

smuòvere, A *v. t.* **1** to shift; to move; to remove: **s. un armadio**, to shift a wardrobe; **s. un masso**, to move a block (of stone) **2** (*fig.: distogliere*) to dissuade; to move; to deter; (*commuovere*) to move; to touch; to affect: **non lasciarsi s. dalle preghiere di q.**, not to let oneself be moved (*o* affected) by sb.'s entreaties. ● (*fig.*) **s. q. da un'idea**, to make sb. change his mind □ **s. la terra**, to dig the ground □ (*pop.*) **s. il ventre**, to move the bowels. **smuòversi, B** *v. rifl.* **1** (*spostarsi*) to move about; to shift about **2** (*muoversi*) to move; to shift **3** (*fig.: cambiare proposito*) to change one's mind **4** (*fig.: commuoversi*) to be moved. ● (*fig.*) **s. dai propri proponimenti**, to change one's mind.

smurare, *v. t.* (*edil.*) to unwall.

smusare, *v. t.* to smash (sb.'s) face in; to bash (sb.) in the face; to beat* (sb.) up (*fam.*).

smusata, *f.* (*aspro rimprovero*) severe rebuke; dressing down (*fam.*); telling-off (*fam.*).

smussaménto, *m.* **1** trimming off; rounding off **2** (*fig.*) softening; smoothing.

smussare, A *v. t.* **1** to trim off (edges); to round off; (*rendere meno affilato*) to blunt **2** (*mecc., costr.*) to bevel; to chamfer **3** (*fig.*) to soften; to smooth(e) away. **smussarsi, B** *v. rifl.* (*di lame*) to get* blunt.

smussato, *a.* **1** (*mecc.*) bevelled; chamfered **2** (*del filo d'una lama*) blunt **3** (*fig.*) softened; smoothed.

smussatura, *f.* **1** trimming off (of the edges); rounding off **2** (*mecc.*) bevelment; bevelling; chamfering **3** (*parte smussata*) blunted part.

smusso, *m.* (*mecc.*) bevel; chamfer.

snack-bar (*ingl.*), *locuz. m.* snack bar.

snasare, *v. t.* (*scherz.*) to cut* off the nose of (sb.).

snasato, *a.* noseless.

snaturaménto, *m.* denaturalization.

snaturare, *v. t.* **1** to denaturalize; to alienate (st.) from its true nature; to alter the nature of (sb., st.) **2** (*fig.: travisare*) to alter; to misrepresent; to pervert; to distort: **s. una dottrina**, to alter a doctrine.

snaturatézza, *f.* inhumanity.

snaturato, *a.* unnatural; inhuman; (*crudele*) cruel, wicked: **un padre (un figlio) s.**, an unnatural father (son); **idee snaturate**, unnatural ideas.

snazionalizzare, *v. t.* to denationalize.

snazionalizzazióne, *f.* denationalization.

snebbiare, *v. t.* **1** (*dissipare la nebbia*) to dispel (*o* to drive* away) the fog (*o* the mist) from (the sky); to defog **2** (*fig.*) to clear; to clear up: **s. il cervello**, to clear the brain; **s. le idee**, to clear one's thoughts.

snebbiatóre, *m.* defogger.

snellézza, *f.* **1** (*l'essere sottile*) slenderness; slimness **2** (*agilità*) agility; nimbleness; briskness.

snelliménto, *m.* **1** slimming **2** (*fig.: l'accelerare*) speeding up **3** (*fig.: il semplificare*) facilitation; simplification.

snellire, A *v. t.* **1** (*rendere sottile*) to make* slender (*o* slim); to slim **2** (*fig.: rendere più rapido, più efficiente*) to speed* up: **s. il traffico**, to speed up the traffic **3** (*fig.: semplificare*) to facilitate; to simplify; to streamline. **snellirsi, B** *v. rifl.* to grow* slender (*o* slim).

snèllo, *a.* **1** slender; slim: **una ragazza alta e snella**, a tall, slender girl; **dita snelle**, slender fingers; **una colonna snella**, a slender column; **avere la vita snella**, to be slim-waisted **2** (*agile*) agile; nimble; quick and light (in movement); brisk; lissom; lithesome: **dalle dita snelle**, nimble-fingered **3** (*fig.: spigliato, disinvolto*) free and easy: **uno stile s.**, a free and easy style. ● **dalla figura snella**, slimly-built.

snervaménto, *m.* **1** (*lo snervarsi*) enervation; weakening; debilitation **2** (*di metallo*) yield; yielding: **carico di s.**, yield point.

snervante, *a.* enervating; debilitating; exhausting: **un clima s.**, an enervating climate. ● **attesa s.**, exasperating wait.

snervare, A *v. t.* to enervate; to unnerve; to weaken; to debilitate. **snervarsi, B** *v. rifl.* to become* enervated; to get* exhausted.

snervatézza, *f.* nervelessness; enervation; (*fiacchezza*) weakness, feebleness.

snervato, *a.* nerveless; enervate; enervated; (*fiacco*) weak, feeble, spiritless: **un giovane s.**, an enervated young man; **prosa snervata**, nerveless prose.

snidare, *v. t.* **1** (*far uscire dal nido*) to drive* out; to rouse; (*far volare via*) to flush: **s. una volpe**, to rouse a fox **2** (*fig.*) to dislodge; to drive* out: **s. il nemico da una posizione**, to dislodge the enemy from a position. ● (*scherz.*) **Non è facile snidarlo dal letto**, it's a job to get him out of his bed.

snòb, A *m. e f.* snob. **B** *a.* snobbish.

snobbare, *v. t.* to snob; to look down on (sb.); to cold-shoulder (sb.).

snobismo, *m.* snobbery; snobbishness; snobbism.

snobistico, *a.* snobbish; snobby.

snocciolare, *v. t.* **1** (*far uscire; to take* the stone (*o* the stones) out of; to remove the stone (*o* the stones) from; to pit (*USA*): **s. ciliegie (susine)**, to stone cherries (plums) **2** (*fig.: pagare in contanti*) to pay* out; to shell out; to fork out (*fam.*): **s. parec-**

snocciolatóio

snocciolatóio, *chie migliaia di lire*, to shell out several thousands of liras **3** *(fig.: dire)* to tell*; *(spifferare)* to blab out; to blurt out: **s. bugie**, to tell lies; **s. la verità**, to blurt out the truth.

snocciolatóio, *m.* stone-remover; stoner.

snocciolatura, *f.* stone-removing.

snodàbile, *a.* jointed.

snodare, **A** *v. t.* **1** to unknot; to untie (a knot); to undo* (a knot); to loosen (a knot); *(slegare)* to unfasten: **s. una fune**, to untie a knot in a rope **2** *(fig.: sciogliere)* to loose; to loosen; *(rendere elastico)* to make* supple: **s. la lingua**, to loosen one's tongue **3** *(mecc.: rendere snodato)* to joint. ● **s. le gambe**, to exercise one's legs. **snodarsi**, **B** *v. rifl.* **1** *(slegarsi)* to come* loose *(o* untied) **2** *(avere un andamento serpeggiante)* to wind* *(articolarsi)* to be jointed.

snodato, *a.* **1** *(slegato)* loose **2** *(articolato)* jointed: **un manichino s.**, a jointed dummy **3** *(pieghevole)* supple; flexible: **giunture snodate**, supple joints. ● **metro s.**, folding rule.

snodatura, *f.* **1** *(lo snodare)* unknotting; untying (of a knot); undoing (of a knot) **2** *(piegatura della giuntura)* joint **3** *V.* **snòdo**.

snòdo, *m. (mecc.)* articulation; articulated joint: **uno s. a ginocchiera**, a toggle-joint; **uno s. a sfera**, a ball-joint. ● **provvedere di s.**, to joint.

snudare, *v. t.* to unsheathe; to draw*: **s. la spada**, to draw one's sword.

soave, *a.* sweet; soft; gentle; suave; mild; *(piacevole)* pleasant, agreeable: **una s. melodia**, a sweet melody; **una voce s.**, a sweet *(o* soft, tender) voice; **uno sguardo s.**, a gentle look; **un profumo s.**, a sweet odour.

soaveménte, *avv.* sweetly; softly; gently; suavely.

soavità, *f.* sweetness; softness; gentleness; suavity; mildness; *(piacevolezza)* pleasantness, agreeableness: **la s. d'un sorriso**, the sweetness of a smile; **la s. di mille odori**, the sweetness of a thousand odours.

sobbalzare, *v. i.* **1** *(fare sbalzi continui)* to jerk; to jolt: **La vecchia automobile procedeva sobbalzando**, the old car jolted along **2** *(trasalire)* to start; to give* a start; to leap*: **s. a ogni rumore**, to start at every noise; **s. di paura**, to start back in fear; **s. di stupore**, to give a start of surprise; **Il ragazzo sobbalzò al suono della mia voce**, the boy started at the sound of my voice.

sobbalzo, *m.* jerk; jolt. ● **di s.**, with a start: **svegliarsi di s.**, to wake with a start □ **procedere a sobbalzi**, to jerk *(o* to jolt) along.

sobbarcare, **A** *v. t.* to burden; to load down; to weigh down: **s. q. a una spesa**, to burden sb. with an expense. **sobbarcarsi**, **B** *v. rifl.* to take* upon oneself; to undertake*: **s. a un lavoro**, to take upon oneself a task.

sobbolliménto, *m. (anche fig.)* simmering.

sobbollire, *v. i. (anche fig.)* to simmer: **L'acqua sobbolliva**, the water was simmering; **L'ira già sobbolliva nel mio cuore**, I was already simmering *(o* seething) with anger.

sobbórgo, *m.* suburb. ● **nei sobborghi di Firenze**, on the outskirts of Florence.

sobillaménto, *m.* instigation; incitement.

sobillare, *v. t.* to instigate; to incite; to stir up; to spur.

sobillatóre, *m.* instigator.

sobillatrice, *f.* instigatrix.

sobillazióne, *f.* instigation.

sobriaménte, *avv.* soberly; *(con moderazione)* moderately; with moderation.

sobrietà, *f.* sobriety; temperance; moderation: **s. del cibo (del bere)**, temperance in eating (drinking); **s. di stile**, sobriety of style.

sòbrio, *a.* sober; temperate; moderate: **un uomo s. nel bere**, a moderate drinker; **una risposta sobria**, a temperate reply; **uno stile s.**, a sober *(o* a simple) style; **condurre una vita sobria**, to lead a simple life.

socchiùdere, *v. t.* to leave* ajar; *(chiudere non del tutto)* to half-close; *(aprire un po')* to half-open: **s. un uscio**, to leave a door ajar.

socchiùso, *a.* ajar; half-close; half-shut; *(aperto un po')* half-open: **una porta socchiusa**, a door ajar; **con gli occhi socchiusi**, with one's eyes half open.

sòccida, *f. (leg.)* agistment.

soccidante, *m. e f. (leg.)* bailor of cattle in agistment.

soccidàrio, *m. (leg.)* agistor.

sòcco, *m. (teatr.)* sock: **calzare il s.**, to don *(o* to put on) the sock.

soccombènte, *(leg.)* **A** *a.* losing: **parte s.**, losing party. **B** *m. e f.* losing party.

soccombènza, *f. (leg.)* position of loser.

soccómbere, *v. i.* **1** *(essere costretto a cedere)* to succumb; to yield; to surrender oneself; to give* oneself up: **s. alla tentazione**, to succumb to temptation; **s. al dolore**, to surrender oneself to grief **2** *(morire)* to succumb; to die. ● *(leg.)* **s. in giudizio**, to lose one's case.

soccórrere, **A** *v. t.* to help; to aid; to assist; to succour; to relieve; to bring* help to: **s. chi è in pericolo**, to help people in distress; **s. gli afflitti**, to relieve the distressed; **s. una città assediata**, to succour *(o* to relieve) a besieged town. **B** *v. i. (lett.: sovvenire)* to come* to (one's) mind.

soccorrévole, *a. (lett.)* helping; assisting; relieving: **una mano s.**, a helping hand.

soccorritóre, *m.* **1** *(chi soccorre)* helper; aider; reliever **2** *(e- lettr.)* relay.

soccórso, *m.* **1** *(aiuto)* help; aid; assistance; succour; relief; rescue: **s. di denaro**, financial *(o* pecuniary) aid; **un fondo di s.**, a relief fund; **chiamare (a) s.**, to call (out) for help; **chiedere s.**, to ask for help; **venire in s.**, to come to the aid *(o* rescue) (of); to help; to succour; **dare** *(o* **prestare) s.**, to bring help; to lend aid *(o* assistance); **provvedere al s. dei profughi**, to provide relief for refugees **2** *(med.)* aid: **pronto s.**, first aid; **posto di s.**, first--aid station **3** *(mil.)* succour; reinforcements *(pl.)* **4** *(sovvenzione)* subvention. ● **società di mutuo s.**, (mutual) benefit society; friendly society □ **uscita di s.**, emergency door *(o* exit).

soccòscio, *m. (macelleria)* rump.

socialdemocràtico, *(polit.)* **A** *a.* Social Democratic. **B** *m.* Social Democrat.

socialdemocrazìa, *f. (polit.)* Social Democracy.

sociale, *a.* **1** *(che si riferisce alla società umana)* social: **i doveri sociali**, social duties; **le relazioni sociali**, social relations; **s. intercourse**; **l'ordine s.**, the social order; **il contratto s.**, the social contract; **scienze sociali**, social sciences; **previdenza s.**, social security; **un assistente s.**, a social (welfare) worker **2** *(fin.: di società di persone)* of a partnership; partnership *(attr.)*: *(di società di capitali)* of a company; company *(attr.)*: **patrimonio s.**, partnership property; **la ragione s.**, the company title. ● *(fin.)* **capitale s.**, registered capital □ **sede s.**, head office □ *(fin.)* **statuto s.**, articles of association.

socialismo, *m. (polit.)* Socialism.

socialista, *a., m. e f. (polit.)* Socialist.

socialìstico, *a. (polit.)* Socialist.

socialistòide, *(polit.)* **A** *a.* leaning towards Socialism. **B** *m. e f.* Socialist sympathizer.

socialità, *f.* sociality.

socializzare, *v. t.* to socialize: **s. le industrie**, to socialize industries.

socializzatóre, *m.* socializer.

socializzazióne, *f.* socialization: **la s. delle industrie**, the socialization of industries.

socialménte, *avv.* socially.

società, *f.* **1** society; community: **la s. umana**, human society; **l'alta s.**, high society; **la s. del benessere**, the affluent society; **essere un pericolo per la s.**, to be a danger to society **2** *(associazione)* society; association; *(circolo)* circle, club: **una s. di mutuo soccorso**, a (mutual) benefit society; a friendly society; **una s. filantropica**, a philanthropic society; **una s. massonica**, a Masonic society; **una s. segreta**, a secret society; **una s. politica (letteraria)**, a political (literary) circle **3** *(lega, alleanza)* league: *(stor.)* **la S. delle Nazioni**, the League of Nations **4** *(fin.: di capitali)* company; *(di persone)* partnership: **una s. anonima**, a joint-stock company; a corporation *(USA)*; **una s. anonima a responsabilità illimitata**, an unlimited joint-stock company; **una s. anonima a responsabilità limitata dalle azioni**, a joint-stock limited company; **una s. in accomandita semplice**, a limited *(o* special) partnership; **una s. in nome collettivo**, a general partnership; **una s. per azioni**, a joint-stock company; **una s. d'assicurazione**, an insurance company; **una s. di navigazione**, a shipping company; **una s. ferroviaria**, a railway company; **una s. finanziaria**, a holding company; **lo scioglimento d'una s.**, the dissolution of a partnership; **entrare in s. con q.**, to enter into partnership with sb.; **formare una s.**, to form a partnership; **liquidare una s.**, to wind up a partnership **5** *(ceto di persone)* society; class; *(ceto elevato)* society: **il rifiuto della s.**, the dregs *(pl.)* of society; **frequentare la s.**, to move in society. ● **S. Autostrade**, State--controlled Motorway Corporation □ **abito da s.**, evening dress □ *(fin.)* **atto costitutivo di una s.**, memorandum of association □ **avere q.c. in s. con q.**, to share st. with sb. □ **fare s. con q.**, to associate oneself with sb. □ **giochi di s.**, parlour games □ *(fin.)* **statuto d'una s.**, articles of association *(o* of partnership) □ **vita di s.**, social life □ **vivere ai margini della s.**, to live on the fringe of society.

societàrio, *a.* **1** social **2** *(fin.: di società di capitali)* of a company; company *(attr.)*; *(di società di persone)* of a partnership; partnership *(attr.)*.

sociévole, *a.* sociable; companionable; friendly.

socievolézza, *f.* sociability; sociableness; companionableness; friendliness.

socievolménte, *avv.* sociably.
socinianésimo, *m.* (*stor. relig.*) Socinianism.
sociniano, *a.* e *m.* (*stor. relig.*) Socinian.
sòcio, *m.* **1** (*membro di associazione*) member: **un s. onorario,** an honorary member (of a society); **una riunione di soci,** a meeting of the members (of a society); **farsi s. d'un circolo,** to become a member of a club; **to join a club 2** (*fin.*) partner; affiliate; member; (*consocio*) copartner; consociate: **s. accomandante,** limited (*o* special) partner; **s. accomandatario,** active (*o* general) partner; **un s. anziano,** a senior partner; **un s. gerente,** a managing partner; **un s. nominale,** a nominal partner; **s. occulto,** secret (*o* silent) partner **3** (*di un'accademia o di una società scientifica*) fellow: **i Soci della Royal Geographical Society,** the Fellows of the Royal Geographical Society. ● **è stato mio s. in parecchie imprese** (**commerciali**), he has been my associate in several business enterprises.
sociobiologìa, *f.* sociobiology.
sociobiològico, *a.* sociobiological.
sociobiòlogo, *m.* sociobiologist.
sòcio-culturale, *a.* socio-cultural.
sociodinàmico, *a.* sociodynamic.
socioeconòmico, *a.* socioeconomic.
sociogramma, *m.* sociogram.
sociolinguìstica, *f.* sociolinguistics (*pl.* col verbo al sing.).
sociolinguìstico, *a.* sociolinguistic.
sociologìa, *f.* sociology: **la s. industriale,** industrial sociology.
sociològico, *a.* sociological: **ricerche sociologiche,** sociological researches.
sociologìsmo, *m.* sociologism.
sociòlogo, *m.* sociologist; social scientist.
sociometrìa, *f.* sociometry.
sociomètrico, *a.* sociometric.
socio-pedagògico, *a.* socio-educational.
socio-politico, *a.* socio-political.
socio-psicològico, *a.* socio-psychological.
socioterapìa, *f.* (*psic.*) sociotherapy.
Sòcrate, *m.* (*stor. filos.*) Socrates.
socràtico, *a.* e *m.* (*filos.*) Socratic: **il metodo s.,** the Socratic method; **la filosofia socratica,** Socratic philosophy.
sòda, *f.* **1** (*chim.*) sodium carbonate; soda: **bicarbonato di s.,** sodium bicarbonate; bicarbonate of soda; **s. caustica,** sodium hydroxide; caustic soda; **s. per lavare,** washing soda **2** (*acqua di s.*) soda(-water). ● **s. naturale,** natron.
sodàglia, *f.* (*agric.*) untilled land.
sodalìzio, *m.* **1** (*società*) society; association; brotherhood **2** (*lett.: legame di amicizia*) companionship; fellowship.
sodanitro, *m.* (*miner.*) soda niter; Chile saltpeter.
sodare, *v. t.* (*ind. tessile*) to full.
sodatóre, *m.* (*ind. tessile*) fuller.
sodatura, *f.* (*ind. tessile*) fulling.
soddisfacènte, *a.* satisfactory; satisfying; (*adeguato*) adequate: **una risposta s.,** a satisfactory reply; **I progressi del ragazzo sono soddisfacenti,** the boy's progress is satisfactory.
soddisfacenteménte, *avv.* satisfactorily.
soddisfaciménto, *m.* gratification; satisfaction; fulfilment.
soddisfare, *v. t.* e *i.* **1** (*appagare*) to satisfy; to gratify; to fulfil; to meet*; to comply with: **s. i desideri di q.,** to meet (*o* to satisfy, to gratify) sb.'s wishes; **s. i propri bisogni,** to satisfy one's needs; **s. le esigenze di q.,** to meet (*o* to answer) sb.'s requirements; **s.** (**a**) **una richiesta,** to meet (*o* to comply with) a request **2** (*accontentare*) to satisfy; to content; to please: **Niente lo soddisfa,** nothing satisfies (*o* pleases) him **3** (*adempiere*) to satisfy; to fulfil; to perform; to carry out; to meet*: **s. i** (*o* **ai**) **propri impegni,** to fulfil (*o* to meet) one's engagements; **s. una promessa,** to fulfil a promise **4** (*pagare*) to discharge; to pay* (*off*): **s. un debito,** to discharge (*o* to pay) a debt; **s. i propri creditori,** to pay off one's creditors **5** (*fare ammenda, riparare*) to make* reparation for; to make* amends for; to atone for: **s. un'offesa,** to atone for an offence.
soddisfatto, *a.* **1** satisfied; pleased; gratified; contented; content (*pred.*): **un sorriso s.,** a contented smile; **avere un'aria soddisfatta,** to look pleased; **essere s. di sé,** to be pleased with oneself; **Sono molto s. di quello che ha fatto,** I'm very pleased with what he has done **2** (*adempiuto*) satisfied; fulfilled; performed: **un impegno s.,** a fulfilled engagement **3** (*pagato*) paid-off; paid-up: **un debito s.,** a paid-up debt. ● **non s.,** dissatisfied; discontented.
soddisfazióne, *f.* **1** (*il soddisfare*) satisfaction; gratification; fulfilment: **la s. dei propri desideri,** satisfaction (*o* gratification) of one's wishes; **la s. dei propri impegni,** the fulfilment of one's engagements **2** (*compiacimento*) satisfaction; pleasure; (*gioia*) joy; (*gusto*) relish: **con mia grande s.,** much to my satisfaction; **Sarà una grande s. per il tuo amico,** it will be a great satisfaction to your friend **3** (*riparazione*) satisfaction; reparation; redress; amends (*pl.*);

atonement: **chiedere s. di un'ingiuria,** to demand satisfaction for an injury; **Non gli ho dato s.,** I gave him no satisfaction. ● **provare una grande s.,** to be very (*o* so) pleased; to be delighted □ **riuscire di piena s.,** to be entirely satisfactory □ (*iron.*) **Bella s.!,** that's cold comfort!
sodézza, *f.* hardness; solidity; compactness; consistency; firmness.
sòdico, *a.* (*chim.*) sodic; sodium (*attr.*).
sòdio, *m.* (*chim.*) sodium: **bicarbonato di s.,** sodium bicarbonate; **carbonato di s.,** sodium carbonate; **cianuro di s.,** sodium cyanide; **cloruro di s.,** sodium chloride; **nitrato di s.,** sodium nitrate.
sòdo, A *a.* **1** (*duro*) hard; solid; compact; consistent; firm: **carni sode,** firm flesh; **un pugno s.,** a hard blow; **un uovo s.,** a hard-boiled egg **2** (*fig.: saldo, solido*) firm; solid; sound: **argomenti sodi,** solid reasons; **una cultura soda,** solid learning; **sode qualità,** sound qualities **3** (*agric.*) fallow; untilled: **terreno s.,** fallow ground. ● **darle sode a q.,** to give sb. a sound thrashing; to strike sb. hard □ **un muro s.,** a massive wall □ (*fig.: di persona*) **stare s.,** to hold on; not to give in. **B** *avv.* hard: **lavorare** (*studiare*) **s.,** to work (to study) hard. ● **dormire s.,** to sleep like a log (*fam.*) □ **mangiare s.,** to be a good eater; (*una volta tanto*) to have a substantial meal □ **picchiare s. a q.,** to give sb. a sound thrashing; to strike sb. hard. **C** *m.* (*terreno duro*) firm (*o* hard) ground: **costruire sul s.,** to build on firm ground. ● **venire al s.,** to come to the point; to come down to brass tacks (*fam.*) □ **C'è del s.,** it's a sound business □ **C'è del s. in quell'affare,** that deal is worth looking into.
Sòdoma, *f.* (*Bibbia*) Sodom.
sodomìa, *f.* sodomy.
sodomita, *m.* sodomite.
sodomìtico, *a.* sodomitical.
sodomizzare, *v. t.* to sodomize.
sofà, *m.* sofa; davenport (*USA*).
sofferènte, A *a.* suffering; (*malato*) ill; (*indisposto*) unwell, not well: **essere ancora s.,** not to be well yet. ● **essere s. di cuore,** to suffer from heart-trouble □ **essere s. di gotta,** to suffer from gout. **B** *m.* e *f.* sufferer.
sofferènza, *f.* **1** (*patimento*) suffering; pain; distress; misery; agony: **essere insensibile alle sofferenze di q.,** to be callous to sb.'s sufferings; **mitigare le sofferenze di q.,** to alleviate (*o* to relieve) sb.'s sufferings; **provare sofferenze inaudite,** to experience untold suffering; **un'amara s.,** a bitter agony **2** (*comm.: ritardo nel pagamento d'un debito*) delay in paying a debt. ● (*fin.*) **cambiale in s.,** unpaid (*o* outstanding, overdue) bill □ **i nostri compagni di s.,** our fellow-sufferers.
soffermare, A *v. t.* to detain; to stop. **soffermarsi, B** *v. rifl.* **1** (*fermarsi un po'*) to stop (for a while); to pause; to make* a pause: **s. ogni tanto,** to stop now and again; **Mi soffermai a guardare,** I stopped for a while to look at what was going on **2** (*fig.*) to dwell* (upon); to linger (upon): **s. su un argomento,** to dwell upon a subject. ● **Si soffermò sui particolari,** he went into details.
soffèrto, *a.* **1** suffered; endured **2** (*fig.*) deeply-felt.
soffiàggio, *m.* (*metall.*) blow: **s. finale,** after-blow.
soffiare, A *v. i.* **1** (*spingere l'aria fuori dai polmoni, ecc.*) to blow*: **s. forte,** to blow hard; **s. con un mantice,** to blow with a pair of bellows; **s. sul fuoco,** to blow (up) the fire; (*fig.*) to fan the flame of discord; to stir up strife; **s. sul caffè perché si raffreddi,** to blow (on) one's coffee to make it cool **2** (*del vento*) to blow*: **Soffiava un forte vento,** it was blowing hard; **Il vento soffiava da nord,** the wind was blowing from the north **3** (*ansare*) to blow*; to pant; (*sbuffare*) to puff: **s. come un mantice,** to puff and blow; to puff (*o* to blow) like a grampus **4** (*rif. al gatto*) to spit* **5** (*fig.: fare la spia*) to play the spy; to spill* the beans (*fam.*). ● **s.** (*o* **al**) **sing*** (*pop.*). ● **s. su una candela (e spegnerla),** to blow out a candle. **B** *v. t.* **1** to blow*; to puff: **s. aria** (*dentro q.c.*), to blow in air; to blast (air); **s. il fumo in faccia a q.,** to blow (*o* to puff) smoke into sb.'s face; **s. il vetro,** to blow glass; **s. via q.c.,** to blow st. off; **s. via la polvere da un libro,** to blow the dust off a book; **s. il naso a q.,** to blow sb.'s nose; **Soffiati il naso,** blow your nose **2** (*nel gioco della dama*) to huff: **s. una pedina,** to huff a man **3** (*pop.: riferire in segreto*) to whisper; (*spifferare*) to blab out, to blurt out: **s. q.c. nell'orecchio a q.,** to whisper st. in sb.'s ear **4** (*pop.: rubare con astuzia*) to pinch (*fam.*); to relieve (sb. of st., *scherz.*): **Chi mi ha soffiato la penna?,** who's pinched my pen?; **Il ladro gli soffiò l'orologio,** the thief relieved him of his watch. ● (*sport*) **s. la palla a un avversario,** to take the ball away from one's opponent □ **s. il posto a q.,** to supplant sb.
soffiata, *f.* **1** blow; blast; puff: **una s. di vento,** a puff of wind; **dare una s. sul fuoco,** to give the fire a blow; **darsi una buona s. di naso,** to give one's nose a good blow **2** (*fig.: spiata*) tip; tip-off (*pop.*). ● **fare una s. alla polizia,** to tip off the police.
soffiatóre, *m.* **1** (*operaio vetraio*) glass-blower **2** (*fig.: spia*) tell-

soffiatrice

-tale; spy; common informer.
soffiatrice, *f.* blowing-machine.
soffiatura, *f.* **1** blowing **2** (*ind. vetraria*) glass-blowing **3** (*metall.*) blowhole **4** (*tecn.*) gas pocket.
sòffice, *a.* soft; tender; gentle; (*di terreno*) loose: **capelli soffici**, soft hair; **lana s.**, soft wool; **la s. erba**, the soft (*o* tender) grass; **un guanciale (un letto) s.**, a soft pillow (bed). ● **rendere s.**, to soften.
sofficità, *f.* softness; tenderness; gentleness.
soffieria, *f.* (*metall.*) furnace bellows (*pl.*).
soffiètto, *m.* **1** (*piccolo mantice a mano*) bellows (*pl.*): **un s.**, a pair of bellows **2** (*di carrozza*) hood (of a carriage) **3** (*di macchina fotografica*) bellows (*pl.*) **4** (*giornalismo*) puff **5** (*scherz.: spia*) spy; tell-tale. ● **a s.**, folding ☐ **porta** (*o* **parete**) **riducibile a s.**, folding door (*o* partition) ☐ **valigia a s.**, expanding suitcase.
sóffio, *m.* **1** blow; blowing; breath; puff; gust: **il s. animatore**, the breath of life; **il s. del mantice**, the blowing of the bellows; **un s. d'aria**, a puff (*o* a breath) of air; **un s. di vento**, a gust (*o* a breath) of wind; (*violento*) a blast **2** (*rif. al gatto*) spit; spitting **3** (*med.*) murmur: **un s. cardiaco**, a cardiac murmur **4** (*radio*) hiss; hissing: **un s. microfonico**, a microphone hiss. ● **d'un** (*o* **in un**) **s.**, in an instant; in a flash; in the twinkling of an eye; in a jiffy (*fam.*) ☐ **in un s.** (*sottovoce*), in a whisper ☐ (*fig.*) **per un s.**, by the skin of one's teeth; by a hairbreadth ☐ **spegnere una candela con un s.**, to blow out a candle.
soffióne, *m.* **1** (*canna con cui si soffia nel fuoco*) fire-blower; blow-pipe; (*mantice per accendere il fuoco*) (fire-)bellows (*pl.*) **2** (*geol.*) fumarole; smoke-hole **3** (*bot.*, *Taraxacum officinale*) dandelion **4** (*fig.*, *pop.*: *spione*) spy; tell-tale.
soffitta, *f.* garret; attic; loft: **abitare in una s.**, to live in a garret.
soffittare, *v. t.* (*edil.*) to ceil; to furnish with a ceiling: **s. una stanza**, to ceil a room.
soffittatura, *f.* **1** (*edil.*) ceiling work **2** (*controsoffitto*) false ceiling.
soffitto, *m.* ceiling: **un s. a cassettoni**, a lacunar (ceiling); a coffered ceiling; **un s. a graticcio di canne**, a cane-mesh ceiling; **un s. a travi di legno**, a wooden-beam ceiling; **un s. a volta**, an arched ceiling.
soffocaménto, *m.* V. **soffocazione**.
soffocante, *a.* choking; stifling; suffocating: **Il caldo era s.**, the heat was stifling.
soffocare, **A** *v. t.* **1** to choke; to stifle; to suffocate; to strangle: **s. il respiro**, to stifle the breath; **Il fumo mi soffocava**, the smoke choked me; **Il caldo ci soffocava**, we were stifled by the heat; **Questo colletto mi soffoca**, this collar is strangling me **2** (*uccidere impedendo la respirazione, e fig.*) to choke (sb.) to death; to smother; (*strangolare*) to strangle, to throttle: **Mandò giù il nocciolo d'una susina che quasi lo soffocò**, he swallowed a plumstone and was almost choked; **s. q. di baci**, to smother sb. with kisses **3** (*spegnere*) to choke; to stifle; to smother; to put* out: **s. il fuoco**, to choke (*o* to smother) the fire **4** (*agric.: opprimere privando dell'aria*) to choke; to choke up; to suffocate: **Il giardino era soffocato dalle erbacce**, the garden was choked up with weeds **5** (*fig.: reprimere*) to choke down; to stifle; to quell; to smother; to suppress; to repress; to put* down; (*far tacere*) to silence: **s. il proprio dolore**, to smother one's grief; **s. il proprio sdegno**, to choke down (*o* to stifle) one's indignation; **s. la libertà**, to suppress (*o* to throttle) freedom; **s. la voce della coscienza**, to silence one's conscience; **s. una ribellione**, to stifle (*o* to quell) a rebellion; **s. un singhiozzo**, to stifle (*o* to repress) a sob; **s. uno sbadiglio**, to stifle (*o* to repress) a yawn **6** (*fig.: tenere segreto*) to smother up; to keep* (st.) secret; to hush up: **s. uno scandalo**, to hush up a scandal. **B** *v. i.* to choke; to suffocate; to be stifled: **Mi sento s.**, I feel stifled (*o* suffocated: *anche fig.*); **Qui si soffoca**, it is stifling here; **Soffocavo di rabbia**, I was suffocating with rage. ● (*fig.*) **s. una rivolta nel sangue**, to drown a revolt in blood.
soffocato, *a.* **1** choked; stifled; suffocated; smothered **2** (*privato d'aria e luce*) choked up; suffocated: **un campo s. dai rovi**, a field choked with briars **3** (*represso*) choked down; stifled; repressed. ● **morire s.**, to be choked to death; to be strangled.
soffocazióne, *f.* choking; stifling; suffocation (*anche med.*); suffocating; smothering. ● **morire per s.**, to be choked to death.
soffóndere, (*lett.*) **A** *v. t.* to suffuse; to tinge. **soffóndersi**, **B** *v. rifl.* to become* suffused; to be tinged.
soffreddare, **A** *v. t.* to cool. **B** *v. i. e* **soffreddarsi**, *v. rifl.* to cool; to cool down (*o* off).
soffregaménto, *m.* (gentle) rubbing.
soffregare, *v. t.* to rub (gently).
soffribile, *a.* sufferable; endurable; bearable; tolerable.
soffriggere, *v. t. e i.* to fry slowly in hot oil (or fat) to a light brown.
soffrire, **A** *v. t.* **1** (*patire*) to suffer: **s. atroci dolori**, to suffer terrible pain; **s. la sete (la fame)**, to suffer thirst (hunger); **s. il mal di mare**, to suffer from sea-sickness; to be sea-sick; to be a poor sailor (*fam.*) **2** (*subire*) to suffer; to undergo*; to go* through: **s. insulti**, to suffer insults; **s. una perdita (un torto)**, to suffer a loss (a wrong); **Quanto c'è da s.!**, there's such a lot to go through!; **s. l'estremo supplizio**, to suffer death **3** (*tollerare*) to endure; to bear*; to stand*; to put* up with; to suffer; to tolerate: **Non posso s. quell'individuo**, I cannot stand (*o* bear, endure) that fellow; **Non posso s. una cosa simile**, I cannot stand (*o* put up with) such a thing; **Come puoi s. una tale insolenza?**, how can you suffer such insolence? **4** (*permettere*) to allow; to permit: **Non posso s. che tu maltratti quella povera bestia**, I cannot allow you to ill-treat that poor animal. **B** *v. i.* **1** (*patire, sentire dolore*) to suffer: **s. in silenzio**, to suffer in silence; **s. d'un male**, to suffer from an ailment (*o* from a disease); **s. di emicranie**, to suffer from headaches **2** (*patire danno*) to suffer; to be injured (*o* impaired): **Ne soffrirà la tua reputazione**, your reputation will suffer by it. ● **s. una sete del diavolo**, to be dying with thirst.
soffritto, *m.* (*cucina*) slightly-fried (*o* browned) onions (*pl.*).
soffusióne, *f.* (*med.*) suffusion.
soffuso, *a.* (*lett.*) suffused; overspread. ● **con il volto s. di rossore**, with a flushed face ☐ **essere tutto s. di sudore**, to be wet with perspiration; to be in a sweat.
Sofia, *f.* Sophia; (*dim.*) Sophy.
sofisma, *m.* sophism.
sofista, *m. e f.* sophist.
sofistica, *f.* (*filos.*) sophistry.
sofisticàggine, *f.* (*spreg.*) sophistication; quibble; quibbling.
sofisticaménte, *avv.* sophistically.
sofisticaménto, *m.* **1** sophisticating **2** (*adulterazione*) sophistication; adulteration.
sofisticare, **A** *v. i.* to quibble; to cavil; to be captious; to split* hairs. **B** *v. t.* (*adulterare*) to sophisticate; to adulterate; to doctor: **s. il latte**, to adulterate milk (with water); **s. i vini**, to doctor wines. ● **trovare sempre da s. su tutto**, to find fault with everything; to be always finding fault.
sofisticato, *a.* **1** (*adulterato*) sophisticated; adulterated **2** (*raffinato, ricercato*) sophisticated; over-refined.
sofisticatóre, *m.* sophisticator; adulterator.
sofisticazióne, *f.* sophistication; adulteration; doctoring: **s. alimentare**, food adulteration.
sofisticheria, *f.* **1** sophistry **2** (*cavillo*) quibble; cavil: **Le sue obiezioni non sono che sofisticherie**, his objections are mere quibbles.
sofìstico, **A** *a.* **1** sophistic(al): **ragionamento s.**, sophistical reasoning; **un sillogismo s.**, a sophistic syllogism **2** (*cavilloso*) captious; hair-splitting. ● **Quanto è s.!**, he is always splitting hairs!; he is always finding fault (with everything)! **B** *m.* quibbler; caviller.
sòfo, *m.* (*lett. o scherz.*) sophist; wise man*.
Sòfocle, *m.* (*stor. letter.*) Sophocles.
Sofonisba, *f.* (*stor.*) Sophonisba.
software (*ingl.*), *m. invar.* (*elab.*) software: **s. di base**, basic software.
soggettista, *m. e f.* (*cinem.*) scenario writer; script writer.
soggettivaménte, *avv.* subjectively.
soggettivare, *v. t.* **1** (*rendere soggettivo*) to subjectivize; to subjectify **2** (*interpretare soggettivamente*) to interpret subjectively; to subjectify.
soggettivazióne, *f.* subjectivization; subjectification.
soggettivismo, *m.* **1** (*filos.*) subjectivism **2** (*arte*) subjectivity.
soggettivista, *m. e f.* (*filos.*, *arte*) subjectivist.
soggettivistico, *a.* (*filos.*, *arte*) subjective; subjectivistic.
soggettività, *f.* subjectivity; subjectiveness.
soggettivo, *a.* subjective: **il metodo s.**, the subjective method; **la realtà soggettiva**, subjective reality; **un'impressione soggettiva**, a subjective impression.
soggètto (1), *a.* **1** (*sottoposto*) subject: **un paese (un popolo) s.**, a subject country (people); **colonie soggette alla Gran Bretagna**, colonies subject to Great Britain; **essere s. a una legge (a norme)**, to be subject to a law (to rules); **Il corpo è s. allo spirito**, the body is subject to the soul **2** (*disposto, incline*) subject; liable; prone; exposed; inclined: **essere s. al mal di mare**, to be liable to seasickness; **essere s. ad infreddature**, to be subject to colds; **essere s. all'ira**, to be prone to anger **3** (*esposto a un'azione esterna*) subject; liable: **essere s. a modifiche**, to be subject to alterations; **s. a imposta**, liable to tax; taxable; **Gli uomini sono soggetti alla tentazione**, men are subject to temptation. ● **s. a dazio**, chargeable with duty; dutiable; customable ☐ **merce soggetta a forti tasse**, high-duty goods ☐ **non s. a dazio**, non-dutiable ☐ **prezzi soggetti a rapidi aumenti**, runaway prices.
soggètto (2), *m.* **1** (*argomento, tema*) subject; (subject-)matter; theme; topic: **il s. d'un libro (d'una commedia)**, the subject of

a book (a comedy); **un catalogo (un indice) per s.**, a subject catalogue (index); **cambiare s.**, to change the subject; to talk about st. else **2** (*gramm.*) subject: **il s. grammaticale**, the grammatical (*o* formal) subject; **il s. logico**, the logical subject; **Il verbo deve concordare col s.**, the verb must agree with the subject **3** (*filos.*) (thinking, conscious) subject; ego **4** (*med.*) subject: **i soggetti anemici**, anaemic subjects; **un s. isterico**, a hysterical subject **5** (*iron. o spreg.*) fellow; individual; customer (*fam.*): **un cattivo s.**, a worthless fellow; a bad lot (*fam.*) **6** (*mus.*) subject; dux (of a fugue). ● (*teatr.*) **recitare a s.**, to act extempore.

soggezióne, *f.* **1** subjection; (*sottomissione*) submission: **s. al divino volere**, submission to God's will; **s. alle leggi**, subjection to the laws **2** (*riguardo timoroso*) awe; (*imbarazzo*) uneasiness: **avere** (*o* **provare**) **s. di q.**, to stand in awe of sb.; to feel uneasy in the presence of sb.; **dare** (*o* **incutere**) **s.**, to inspire awe; to make (sb.) feel uneasy; **tenere q. in s.**, to hold sb. in awe. ● **non avere s. di nessuno**, to fear no man.

sogghignare, *v. i.* to grin; to sneer.
sogghigno, *m.* grin; sneer.
soggiacére, *v. i.* **1** (*essere sottoposto*) to be subjected (to): **s. ai capricci di q.**, to be subjected to sb.'s caprices **2** (*essere soggetto*) to be subject; to be exposed; to be liable **3** (*soccombere*) to succumb; to yield; (*morire*) to die.
soggiogaménto, *m.* subjugation.
soggiogare, *v. t.* (*anche fig.*) to subjugate; to conquer; to subdue: **s. un paese**, to conquer a country; **s. le proprie passioni**, to conquer one's passions.
soggiogatóre, *m.* (*lett.*) subjugator; conqueror; subduer.
soggiornare, *v. i.* to stay (for a time); to remain (for a time); to stop; to sojourn (*lett.*); (*dimorare*) to live: **s. per alcuni giorni in un luogo**, to stay (*o* to stop) for a few days in a place.
soggiórno, *m.* **1** (*dimora in un luogo*) (temporary) stay; sojourn (*lett.*): **fare s. in un luogo**, to make a temporary stay in a place; **un breve s.**, a short stay; **un s. di tre settimane a Londra**, a three weeks' stay in London **2** (*luogo dove si soggiorna*) place to stay **3** (*stanza di s.*) living-room. ● (*leg.*) **s. obbligato**, obligatory residence □ **permesso di s.**, (aliens') residence permit □ **tassa di s.**, visitors' tax.
soggiùngere, *v. t. e i.* to add; to subjoin (*lett.*): **Devo s. che...**, I must add that...; «**L'ho visto anch'io**», **soggiunse Carlo**, «I saw him, too», added Charles.
soggiuntivo, *m.* (*gramm.*) subjunctive (mood).
soggólo, *m.* **1** (*dell'abito monacale*) wimple **2** (*nei finimenti del cavallo*) throat-latch; throat-lash; throat-band **3** (*di berretto*) chin-strap.
sogguardare, *v. t.* (*lett.*) to peer up at (sb., st.); to steal* a glance at (sb., st.).
sòglia, *f.* **1** threshold; sill: **la s. di una finestra**, a window-sill; **la s. d'una porta**, a door-sill; the threshold (of a door) **2** (*fig.: primordio, principio*) threshold; beginning; dawn, dawning: **la s. della civiltà**, the threshold (*o* dawn) of civilization; **la s. della vita**, the threshold (*o* dawn) of life **3** (*fis., fotogr., psic.*) threshold: **la s. di sensibilità**, the threshold of sensitivity; **la s. di udibilità**, the threshold of audibility; **la s. della coscienza**, the threshold of consciousness. ● (*fig.*) **essere alle soglie**, to be near: **L'estate è alle soglie**, Summer is near □ **varcare la s.**, to cross (*o* to pass) the door; (*entrare*) to enter, to go in, to come in; (*uscire*) to go out, to come out.
sòglio, *m.* throne; seat: **il s. regio (pontificio)**, the royal (papal) throne.
sògliola, *f.* (*zool., Solea solea*) sole. ● **s. dal porro** (*Solea lascaris*), lemon sole.
sognàbile, *a.* imaginable; conceivable.
sognante, *a.* dreamy; lost in reverie: **occhi sognanti**, dreamy eyes.
sognare, A *v. i.* to dream*: **Sogno spesso**, I often dream; **Tu sogni!**, you are dreaming!; **Mi pareva di s.**, I thought I was dreaming; **Sognavo di trovarmi in un'isola deserta**, I dreamt I was on a desert island. **B** *v. t.* (*vedere in sogno*) to dream*; to dream* of; to behold* (sb.) in a dream: **s. la propria madre**, to dream of one's mother; **s. un brutto sogno**, to dream (*o* to have) a bad dream **2** (*fig.: desiderare ardentemente*) to dream*; to have dreams of; to be one's dream (to do st.): **Sognavo di vivere in una casetta in campagna**, it was a dream of mine to live in a country cottage **3** (*fig.: immaginare*) to dream* of; to think* of; to imagine; to fancy; to suppose: **L'hai detto o me lo sono sognato?**, did you say so, or did I dream it?; **Non me lo sognavo neppure che saresti venuto**, I little dreamt (*o* I never imagined) that you would come; **Non me lo sarei mai sognato!**, I could never have imagined such a thing!; **Non mi sognerei mai di fare una cosa simile!**, I'd never dream of doing such a thing!; **Me lo sarò sognato!**, I must have dreamt it!; **Non te lo sognare neppure!**, don't even dream of it! ● **s. a occhi aperti**, to day-dream □ **trascorrere il tempo (la vita) sognando**,
to dream away one's time (one's life). **sognarsi, C** *v. rifl.* (*vedere in sogno*) to dream* (of): **Mi sognai di mio padre**, I dreamt of my father.
sognatóre, *m.* **1** dreamer **2** (*fig.: chi sogna ad occhi aperti*) day-dreamer; (*visionario*) visionary.
sógno, *m.* dream (*anche fig.*); (*fantasticheria*) fancy, day-dream, reverie: **i sogni della giovinezza**, the dreams of youth; **fare un s.**, to have a dream; **svegliarsi da un brutto s.**, to awake from a bad dream; **Sogni d'oro!**, sweet dreams!; **parere un s.**, to be like a dream; **È un bel s. che non si attuerà mai**, it's a beautiful dream that will never come true; **È tutto un s.!**, it's all like a dream!; **La vita è un s.**, life is like a dream. ● **un s. a occhi aperti**, a waking dream; a day-dream □ (*letter.*) «**Il s. d'una notte di mezza estate**», «A Midsummer Night's Dream» □ **interprete di sogni**, dream-reader □ **il mondo dei sogni**, dreamland □ **Neanche** (*o* **Neppure, Nemmeno**) **per s.!**, not at all!; not in the least!; no fear! □ **un vestito ch'era un s., a dream of a dress** □ «**Faresti una cosa simile?**» «**Neanche per s.**», «would you do such a thing?» «I wouldn't dream of it!»
sòia, *f.* (*bot., Glycine max*) soya-bean, soy-bean.
soirée (*franc.*), *f.* soirée; soiree; evening party (*o* reception).
sòl (1), *m.* (*mus.*) G; sol: **chiave di sol**, G clef.
sòl (2), *m.* (*chim., fis.*) sol.
sòl (3) (*spagn.*), *m. invar.* (*unità monetaria del Perù*) sol*.
solàio, *m.* **1** (*edil.*) floor: **un s. a travicelli**, a joisted floor; **un s. a travi di legno**, a wooden-beam floor; **un s. incastrato**, a built-in floor; **un s. in cemento armato**, a reinforced-concrete floor; **un s. in ferro (in legno)**, an iron (wooden) floor; **s. con isolamento acustico**, sound-proof floor; **s. misto in cemento armato e laterizio**, tile-lintel floor **2** (*soffitta*) loft; attic; garret.
solaménte, *avv.* only; merely; but; just: **Me ne rimangono s. due**, I have only (*o* but, just) two left; **Posso dirti s. quello che so**, I can tell you only what I know; **Voglio s. parlargli**, I just want to speak to him; **non s. ... ma anche**, not only...but also: **Non s. l'ho visto, ma gli ho anche parlato**, not only did I see him, but I also spoke to him (*o* but I spoke to him too). ● **s. che...** (*non fosse che...*), were it not that...
solanàcee, *f. pl.* (*bot., Solanaceae*) Solanaceae.
solanina, *f.* (*chim.*) solanin(e).
solare (1), *a.* **1** (*del sole*) solar; sun (*attr.*): **eclissi s.**, solar eclipse; **luce s.**, sunlight; sunshine; **raggi solari**, sun-rays; (*elettr.*) **cellula s.**, solar cell; **batteria s.**, solar panel; (*astron.*) **vento s.**, solar wind; **il sistema s.**, the solar system; **l'anno (il giorno, l'ora) s.**, the solar year (day, hour); **lo spettro s.**, the solar spectrum; **una macchia s.**, a sun spot; **un orologio s.**, a solar clock; a sundial; a solarium **2** (*anat.*) solar: **il plesso s.**, the solar plexus.
solare (2), *v. t.* (*mettere la suola alle scarpe*) to sole.
solarimetro, *m.* (*geofisica*) solarimeter; pyranometer.
solàrio, solarium, *m.* (*med.*) solarium*; sun-parlour.
solarità, *f.* (*lett.*) brightness; radiance.
solatìo, A *a.* sunny; sunshiny: **una terra solatia**, a sunny land. **B** *m.* **1** (*luogo soleggiato*) sunny spot **2** (*parte volta a mezzogiorno*) southern part. ● **a s.**, facing South; situated in (*o* towards) the South; on the South side.
solatura, *f.* (*il mettere la suola alle scarpe*) soling.
solcàbile, *a.* (*lett.*) ploughable; plowable (*USA*).
solcare, *v. t.* **1** (*anche fig.*) to plough; to furrow; to plow (*USA*): **s. un campo**, to plough a field; **s. le onde**, to plough the waves; **guance solcate dalle lacrime**, cheeks furrowed with tears; **rughe che solcano il volto**, wrinkles that furrow the face; **una fronte solcata dal dolore**, a forehead furrowed by grief; a grief-furrowed forehead **2** (*incidere*) to groove. ● **I lampi solcavano il cielo**, lightning streaked across the sky.
solcata, *f.* furrow.
solcato, *a.* **1** furrowed; sulcate, sulcated **2** (*bot.*) rivulose.
solcatura, *f.* **1** ploughing; furrowing; plowing (*USA*) **2** (*mecc.*) grooving.
sólco, *m.* **1** (*agric.*) furrow; (*da semina*) drill: **aprire i solchi**, to cut furrows; **s. di s.**, to plough; to plow (*USA*); **seminare nei solchi**, to sow in drills **2** (*traccia di ruota sul terreno*) rut; track; furrow: **I solchi lasciati dai veicoli**, the ruts (*o* tracks) left by the vehicles **3** (*scia*) wake: **il s. d'una nave**, the wake of a ship **4** (*ruga*) furrow; wrinkle: **i solchi della vecchiaia**, the furrows of old age **5** (*mecc.; di disco*) groove **6** (*geol.*) crack; crevice **7** (*anat.*) sulcus*. ● **i solchi dei lampi**, the streaks of lightning □ (*fig.*) **uscire dal s.** (*divagare*), to get away from the point.
solcòmetro, *m.* (*naut.*) log: **un s. a elica**, a patent log; **il tamburo del s.**, the log drum.
soldanèlla, *f.* (*bot.*) **1** (*Soldanella alpina*) soldanella **2** (*Convolvulus soldanella*) sea bindweed; sea bells (*pl.*).
soldatàglia, *f.* (*spreg.*) (undisciplined) soldiery.
soldatésca, *f.* soldiery; troops (*pl.*).
soldatésco, *a.* soldierly; soldierlike; military. ● **maniere soldatesche**, a soldier's ways.

soldatéssa, *f.* **1** woman* soldier; female soldier **2** (*scherz.*) battle-axe; sergeant-major.

soldatino, *m.* **1** young soldier **2** (*giocattolo*) little (*o* toy) soldier; (*di piombo*) tin soldier.

soldato, *m.* **1** soldier: **un s. a cavallo**, a mounted soldier; a horseman; **un s. di fanteria**, an infantry (*o* a foot) soldier; **un s. semplice**, a private (soldier); a Tommy Atkins (*fam.*); enlisted man* (*USA*); (*stor.*) **s. di ventura**, soldier of fortune; **un s. di Cristo**, a soldier of Christ; **fare il s.**, to be a soldier; to follow the drum (*fam.*) **2** (*gergo della Mafia*) button man* (*USA*). ● **i soldati**, the soldiery; the military; the troops □ **i soldati a cavallo**, the cavalry □ **s. del genio**, engineer □ **s. di cavalleria**, trooper □ **andare (a fare il) s.**, to join (*o* to enter, to go into) the army □ **giocare ai soldati**, to play at being soldiers □ (*prov.*) **Chi non fu buon s., non sarà buon capitano**, he that would command must serve.

sòldo (1), *m.* **1** (*moneta ital.*) soldo*; (*moneta franc.*) sou **2** (*fig.*) penny*; farthing; copper: **non spendere un s.**, not to spend a (single) penny; **non valere un s.**, not to be worth a penny (*o* a farthing, anything at all); **Avevo in mano qualche s.**, I had a few coppers (*o* coins) in my hand **3** (*pl.: denaro in genere*) money (*sing.*): **essere pieno di soldi**, to have (quite) a lot of money; to have money to burn (*fam.*); **fare soldi**, to make money; **non avere soldi**, to have no money; **soldi a palate**, bags of money; **Per quei quattro soldi che prendo!**, for all the money I get! ● **soldi per le piccole spese**, pocket-money □ **un agreggio da quattro soldi**, a twopenny-halfpenny gadget □ **cose da pochi soldi**, cheap things □ **non avere nemmeno un s.**, to be penniless.

sòldo (2), *m.* (*mil.*) pay: **essere al s. di q.**, to be in the pay of sb. ● (*stor.*) **andare al s.**, to take the shilling (*o* the King's, the Queen's shilling).

sóle, *m.* **1** sun: **al s.**, in the sun; **esposto al s.**, exposed to the sun; **fulgido come il s.**, as bright as the sun; sun-bright; **alzarsi col s.**, to rise with the sun; **avere il s. negli occhi**, to have the sun in one's eyes; **Il s. si leva (tramonta)**, the sun rises (sets); **stare (sdraiarsi) al s.**, to sit (to lie) in the sun; **crogiolarsi al s.**, to bask in the sun; to sun oneself **2** (*luce, calore del s.*) sunlight; sunshine: **s. e ombra**, sunlight and shadows; **in pieno s.**, in bright sunshine; **Oggi c'è s.**, there is sunshine today; it's a sunny day; **Non c'è s.**, there is no sunshine; **Oggi abbiamo avuto alcune ore di s.**, we have had sunshine for a few hours today. ● **abbronzato dal s.**, sunburnt; tanned □ **adoratore del s.**, sun-worshipper □ **l'adorazione del s.**, sun-worship □ **andare a vedere il s. a scacchi**, to be put behind prison bars □ (*fig.*) **aprire gli occhi al s.** (*nascere*), to see the light (of day) □ (*fig.*) **avere q.c. al s.**, to have a piece of land □ **bagno di s.**, sun-bath □ **bello come il s.**, as beautiful as the morning star □ **bruciato dal s.**, sunburnt: **un viso bruciato dal s.**, a sunburnt face □ **cappellino da s.**, sun-hat; sun-bonnet □ **chiaro come il s.** (*o* **come la luce del s.**), as clear as daylight; as plain as the nose in your face (*fam.*) □ **colpo di s.**, sunstroke □ **fare la cura del s.**, to sun-bathe □ (*fig.*) **fare q.c. alla luce del s.**, to do st. openly □ **una giornata senza s.**, a sunless day □ **la luce del s.**, sunlight; sunshine □ **macchia del s.** (*macchia solare*), sun-spot □ **ombrellino da s.**, parasol; sunshade □ **un paesaggio illuminato dal s.**, a sunlit landscape □ **un paio di occhiali da s.**, a pair of sun-glasses □ **raggio di s.**, sunbeam □ **scottatura da s.**, sunburn □ **il sorgere** (*o* **la levata**) **del s.**, sunrise □ **una stanza piena di s.**, a room full of sunshine; a sunny room □ **il tramonto del s.**, sunset; sundown □ (*prov.*) **S. di vetro e vento di fessura mandano l'uomo in sepoltura**, sun through a window-pane, a draught down your spine, either will bury you before your time □ (*prov.*) **Dove entra il s. non entra il medico**, where the sun enters, the doctor does not.

solécchio, *m.* – **fare** (*o* **farsi**) **s.**, to shield one's eyes with one's hand.

solecismo, *m.* solecism.

soleggiare, *v. t.* to sun; to place in the sun; to expose to the sun; (*per asciugare*) to dry in the sun.

soleggiato, *a.* exposed to the sun; sunny.

solènne, *a.* **1** solemn; (highly) formal: **una festa s.**, a solemn feast; **una messa s.**, a solemn Mass; **un encomio s.**, a solemn encomium; **un giorno s.**, a solemn day; **un giuramento s.**, a solemn oath; **voti solenni**, solemn vows **2** (*imponente, serio*) solemn; grave; (highly) serious: **parole solenni**, solemn (*o* grave) words; **un s. ammonimento**, a solemn warning; **dall'aspetto s.**, solemn-looking **3** (*fig.: terribile*) terrific; (*matricolato*) thorough, downright; outright, out-and-out: **un s. pugno**, a terrific blow; **s. perfidia**, outright wickedness; **una bugia s.**, a downright lie; **una s. sgridata**, a terrific scolding; **un s. briccone**, a thorough scoundrel; an out-and-out scamp **4** (*leg.: di atto*) under seal (*pred.*).

solennemente, *avv.* (*in forma solenne*) solemnly; with solemnity; with full ceremony.

solennità, *f.* **1** (*qualità di solenne*) solemnity; formality; (*gravità*) gravity, seriousness: **la s. dell'inaugurazione**, the solemnity of the inauguration **2** (*ricorrenza solenne, festa*) solemnity; festival; feast: **la s. del Natale (della Pasqua)**, the solemnity of Christmas (Easter); **celebrare una s.**, to celebrate a solemnity **3** (*cerimonia*) solemnity; ceremony; rite: **le s. della Pasqua**, the solemnities of Easter; **con tutte le solennità**, with all (the proper) solemnities.

solennizzare, *v. t.* to solemnize; to celebrate: **s. la Pasqua**, to celebrate Easter; **s. una vittoria**, to celebrate a victory.

solenoidale, *a.* (*fis.*) solenoidal.

solenòide, *m.* (*elettr., fis.*) solenoid: **s. del motorino d'avviamento**, starter solenoid.

solére, *v. i.* to be accustomed to; to be used to; to be in the habit of: **Sono solito alzarmi presto**, I am accustomed to getting up early (in the morning); usually I get up early; **Solevo andare a letto tardi**, I was accustomed to going to bed late; I used to go to bed late; **Non sono solito camminare molto**, I am not used to walking; **Egli suole bere molto**, he is in the habit of drinking heavily. ● **Come suole accadere**, as usually happens □ **Come si suol dire**, as they say □ **Si soleva dire che...**, it used to be said that... □ **Solevi parlare per ore di seguito**, you would talk for hours and hours □ **Non solevi parlare così!**, you used not (*fam.*: you didn't use) to talk like that!

solèrte, *a.* industrious; hard-working; painstaking; (*diligente*) diligent, active; (*zelante*) zealous.

solerteménte, *avv.* industriously; painstakingly; diligently; zealously.

solèrzia, *f.* industriousness; (*diligenza*) diligence, activity; (*zelo*) zeal. ● **un uomo di grande s.**, a most painstaking man.

solétta, *f.* **1** (*di calza*) (stocking-)sole; foot* **2** (*di scarpa*) insole; inner (*o* loose) sole; sock **3** (*edil.*) slab.

solettatura, *f.* **1** soling **2** (*edil.*) slabbing.

solétto, *a.* – **solo s.**, all (*o* quite) alone (*pred.*).

sòlfa, *f.* **1** (*mus.*) sol-fa **2** (*fig.: ripetizione monotona*) old story: **È sempre la solita s.**, it is always the same old story. ● **battere la s.**, to beat time; to sol-fa; (*fig.*) to harp upon the same string.

solfanèllo, *m.* sulphur match. ● (*fig.*) **pigliare fuoco come un s.**, to be swift to anger; to flare up.

solfara, *f.* sulphur-deposit.

solfare, *V.* solforare.

solfatara, *f.* (*geol.*) solfatara; sulphurous volcano.

solfatazióne, *f.* (*chim.*) sulphation.

solfato, *m.* (*chim.*) sulphate: **s. di magnesio**, magnesium sulphate; Epsom salt(s); **s. di rame**, copper sulphate; **s. di sodio**, sodium sulphate.

solfatura, *V.* solforatura.

solfeggiaménto, *m.* (*mus.*) sol-faing; solmization.

solfeggiare, *v. t.* (*mus.*) to sol-fa; to solmizate.

solfeggiatóre, *m.* (*mus.*) sol-faer.

solféggio, *m.* (*mus.*) solfeggio*; solmization.

solferino, *a. e m.* solferino.

solfidrato, *m.* (*chim.*) sulphydrate.

solfidrico, *a.* (*chim.*) sulphydric; sulphuretted: **acido s.**, sulphydric acid (gas); sulphuretted hydrogen.

solfifero, *a.* sulphur-bearing.

solfitare, *v. t.* to sulphite.

solfito, *m.* (*chim.*) sulphite: **s. di sodio**, sodium sulphite.

sólfo, *m.* (*chim.*) sulphur.

solfonare, *v. t.* (*chim.*) to sulphonate.

solfonazióne, *f.* (*chim.*) sulphonation.

solfóne, *m.* (*chim.*) sulphone.

solfònico, *a.* (*chim.*) sulphonic.

solforare, *v. t.* **1** (*agric.*) to sulphur **2** (*ind.*) to sulphurize.

solforato, *a.* (*chim.*) **1** (*che contiene zolfo*) sulphur; sulphur(e)ous **2** (*trattato con zolfo*) sulphured; sulphurized. ● **idrogeno s.**, sulphuretted hydrogen; sulphydric acid.

solforatrice, *f.* (*agric.*) sulphurator.

solforatura, *f.* (*agric.*) sulphuring: **la s. delle viti**, vine-sulphuring.

solforazióne, *f.* (*ind.*) sulphurization.

solfòrico, *a.* (*chim.*) sulphuric: **acido s.**, sulphuric acid; **anidride solforica**, sulphuric anhydride; **etere s.**, sulphuric ether.

solforóso, *a.* (*chim.*) sulphurous: **acido s.**, sulphurous acid; **anidride solforosa**, sulphurous anhydride.

solfuro, *m.* (*chim.*) sulphide: **s. di ferro**, iron sulphide; iron pyrites; **s. di mercurio**, sulphide of mercury; mercuric sulphide; cinnabar; **s. di piombo**, lead sulphide; galena; **s. di zinco**, zinc sulphide; sphalerite; zinc-blende.

solicèllo, *m.* pale, feeble sun.

solidale, *a.* **1** (*concorde*) solid (for); in sympathy (with); in agreement (with): **essere s. con q.**, to be solid for sb.; to be in agreement with sb. **2** (*leg.*) jointly liable; jointly responsible; (*di responsabilità*) several **3** (*mecc.*) integral (with). ● (*leg.*) **obbligazioni solidali**, joint and several obligation □ (*leg.*) **responsa-**

bilità individuale e s., joint and several liability.
solidalménte, *avv.* **1** (*con solidarietà*) with solidarity **2** (*leg.*) jointly (and severally).
solidaménte, *avv.* solidly; firmly.
solidarietà, *f.* **1** solidarity **2** (*leg.*) solidarity; joint liability; joint responsibility. ● **sciopero di s.**, sympathetic strike.
solidarismo, *m.* solidarism.
solidaristico, *a.* solidaristic.
solidarizzare, *v. i.* to solidarize.
solidézza, *V.* **solidità**.
solidificare, *v. t.* **solidificarsi**, *v. rifl.* to solidify; to harden.
solidificazióne, *f.* solidification; hardening: **intervallo di s.**, solidification range. ● **punto di s.**, freezing point.
solidità, *f.* **1** solidity; solidness; (*compattezza*) compactness: **il rapporto di s.**, the solidity ratio **2** (*fig.*) solidity; firmness; stability; (*saldezza*) soundness; (*validità*) validity; (*forza*) strength: **la s. delle obiezioni di q.**, the validity of sb.'s objections; **la s. della cultura**, the solidity of learning; **la s. d'un edificio**, the solidity of a building; **la s. d'una dottrina**, the solidity of a doctrine **3** (*d'un colore*) fastness.
sòlido, **A** *a.* **1** (*compatto*) compact: **un corpo s.**, a solid body; **stato s.**, solid state **2** (*geom.*) solid: **geometria solida**, solid geometry; **una figura solida**, a solid figure; **un angolo s.**, a solid angle **3** (*fig.*) solid; firm; stable; (*saldo*) sound; (*valido*) valid; (*forte*) strong: **gambe solide**, strong legs; **motivi solidi**, solid (*o* sound) reasons; **solide fondamenta**, solid foundations; **una cultura solida**, solid learning; **una ditta solida**, a solid (*o* reliable) firm; **una reputazione solida**, a sound reputation; **un edificio s.**, a solid building; **muovere obiezioni solide a q.c.**, to raise valid objections to st. **4** (*di colori*) fast: **colori solidi**, fast colours. **B** *m.* **1** (*corpo allo stato s.*) solid (body): **i solidi e i liquidi**, solids and liquids **2** (*geom.*) solid (figure): **Il cubo è un s.**, a cube is a solid **3** — (*leg.*) **in s.**, joint (*agg.*); jointly (and severally) (*avv.*): **un'obbligazione in s.**, a joint obligation; **obbligarsi in s.**, to bind oneself jointly and severally.
soliflussióne, *f.* **soliflusso**, *m.* (*geogr.*) solifluction; solifluxion.
solilòquio, *m.* soliloquy; monologue: **fare un s.**, to make a soliloquy; to soliloquize.
Solimano, *m.* (*stor.*) Suleiman; Solyman.
solingo, *a.* (*lett.*) solitary; lonesome; lonely; alone (*pred.*): **solinghe valli**, solitary valleys; **una vita solinga**, a solitary life; **un luogo s.**, a solitary spot.
solino, *m.* (*colletto staccato*) detachable collar **2** (*bavero d'uniforme di marinaio*) sailor collar.
solipede, *a.* (*zool.*) soliped; solipedous; solidungular.
solipsismo, *m.* (*filos.*) solipsism.
solipsista, *m.* (*filos.*) solipsist.
solipsistico, *a.* (*filos.*) solipsistic.
solista, (*mus.*) **A** *m.* e *f.* soloist. **B** *a.* solo: **violino s.**, solo violin.
solìstico, *a.* (*mus.*) solo; soloistic.
solitaménte, *avv.* usually; generally; as a rule.
solitàrio (1), **A** *a.* solitary; lonely; lonesome; (*appartato*) secluded: **una casa solitaria**, a lonely house; **una strada solitaria**, a solitary (*o* a lonesome) road; **un luogo s.**, a solitary (*o* a secluded) spot; **navigatore s.**, lone sailor; **vivere s.**, to live a solitary life; to live all alone. ● (*zool.*) **passero s.** (*Monticola solitarius*), blue rock-thrush □ (*zool., pop.*) **verme s.** (*Taenia*), taenia*; tape-worm. **B** *m.* (*gioco di carte*) solitaire; patience: **fare un s.**, to play patience.
solitàrio (2), *m.* (*brillante*) solitaire; (*anello con un s.*) solitaire (ring).
sòlito, **A** *a.* usual; customary; habitual: **la solita folla**, the usual crowd; **la mia solita passeggiata**, my usual walk; **all'ora solita**, at the usual (*o* same) time; **come al s.** (*o* **secondo il suo s.**), as usual: **Secondo il suo solito arrivò tardi**, as usual she arrived late; **fuori del s.**, not usual; unusual; **più del s.**, more than usual; **più tardi del s.**, later than usual. ● **essere s. (di) fare q.c.**, to be used to (*o* to be accustomed to, to be in the habit of) doing st.; to be wont to do st.: **È s. bere molto** (*o* **Di s. beve molto**), he is in the habit of drinking heavily; **Sono s. (d')alzarmi presto** (*o* **Di s. m'alzo presto**), I am accustomed to getting up early; usually (*o* as a rule) I get up early; it is my custom to get up early; **Ero s. (d')alzarmi presto** (*o* **Di s. mi alzavo presto**), I was accustomed (*o* used) to getting up early; I used (*o* it was my custom) to get up early; I would get up early □ **Siamo alle solite!**, it's the same old thing!; here we go again! (*fam.*) □ **Il s., per favore!** (*al bar, ecc.*), the usual, please! □ **È una delle sue solite!**, he is up to his tricks again. **B** *m.* (the) usual (thing). ● **di s.**, usually; generally; habitually; as a rule: **Di s. dove trascorri l'estate?**, where do you usually spend the summer?; **Come di s. accade**, as usually happens.
solitùdine, *f.* **1** (*stato di chi è solo*) solitude; loneliness; solitariness; seclusion: **vivere in s.**, to live in seclusion; to live a solitary life **2** (*luogo solitario*) solitude; wilderness;

solitary place.
sollazzaménto, *m.* amusement; entertainment.
sollazzare, **A** *v. t.* to amuse; to keep* (sb.) amused; to entertain: **s. i bambini**, to keep the children amused. **sollazzarsi**, **B** *v. rifl.* to amuse oneself; to enjoy oneself.
sollazzévole, *a.* (*lett.*) amusing; entertaining; (*allegro*) merry, jolly: **un gioco s.**, an amusing game; **una compagnia s.**, a merry company.
sollazzo, *m.* (*lett.: divertimento*) amusement; entertainment. ● (*scherz.*) **darsi ai sollazzi**, to have a good time □ **M'era di s.**, it amused me.
sollecitaménte, *avv.* **1** (*con prontezza*) promptly; readily; expeditiously; quickly **2** (*con cura premurosa*) with solicitude; solicitously.
sollecitaménto, *m.* **1** (*l'affrettare*) speeding up; hastening; hurrying; quickening; urging on **2** (*il chiedere con insistenza*) solicitation; urging; pressing.
sollecitare, *v. t.* **1** (*affrettare*) to speed* up; to hasten; to hurry; to quicken; to expedite; to urge on: **s. il lavoro**, to hurry (*o* to speed up) the work; **s. il passo**, to hasten (*o* to quicken) one's pace **2** (*chiedere con insistenza*) to solicit; to urge; to plead for; to press for: **s. favori**, to solicit (*o* to beg) favours; **s. ordini**, to solicit (*o* to press for) orders **3** (*comm.: s. il pagamento d'un debito*) to dun; (*ordinazioni, ecc.*) to canvass **4** (*stimolare*) to urge; to incite; to rouse; to stimulate: **s. q. ad agire**, to urge sb. to action **5** (*mecc.*) to stress.
sollecitato, *a.* (*mecc.*) stressed.
sollecitatóre, *m.* **1** solicitor; pleader; urger **2** (*comm.: di pagamenti*) dunner; (*di ordinazioni*) runner, tout.
sollecitatòria, *f.* (*comm.*) dunning letter; reminder; follow-up.
sollecitatòrio, *a.* (*comm.*) dunning: **una** (**lettera**) **sollecitatoria**, a dunning letter; a reminder; a follow-up.
sollecitazióne, *f.* **1** (*richiesta insistente*) solicitation; (*earnest*) request: **cedere alle sollecitazioni di q.**, to yield to sb.'s solicitations **2** (*mecc.*) stress: **s. statica**, static stress **3** (*edil.*) strain. ● **lettera di s.**, reminder; dunning letter; follow-up.
sollécito (1), *a.* **1** (*che agisce con prontezza*) prompt; ready; expeditious; quick: **essere s. nel fare q.c.**, to be quick in doing st. **2** (*detto o fatto con prontezza*) prompt; early: **una risposta sollecita**, a prompt (*o* an early) reply **3** (*lett.: che si dà pensiero*) solicitous; anxious; thoughtful; careful: **essere s. della salute di q.**, to be solicitous about sb.'s health.
sollécito (2), *m.* (*bur.: sollecitazione*) solicitation; request; (*sollecitatoria*) dunning letter; reminder; follow-up.
sollecitùdine, *f.* **1** (*prontezza*) promptness; promptitude; readiness; quickness: **fare tutto con s.**, to do everything with promptness; **rispondere con s.**, to answer with promptness **2** (*interessamento*) solicitude; solicitousness; concern; anxiety; thoughtfulness; care: **mostrare molta s. per q.**, to show great concern for sb. ● **circondare q. di sollecitudini**, to show sb. numerous little attentions □ **Favorite inviarci la merce con cortese s.**, please send us the goods at your earliest convenience.
solleóne, *m.* **1** dog-days (*pl.*) **2** (*grande calura*) summer heat.
solleticaménto, *m.* tickling.
solleticante, *a.* tickling; (*stimolante*) stimulating; (*stuzzicante*) appetizing; tempting: **una vivanda s.**, an appetizing dish; **un'offerta s.**, a tempting offer.
solleticare, *v. t.* **1** (*anche fig.*) to tickle: **s. i piedi a q.**, to tickle sb.'s feet; **s. la curiosità di q.**, to tickle (*o* to arouse) sb.'s curiosity; **s. la propria ambizione** (**la propria vanità**), to tickle one's ambition (one's vanity); **cibo che solletica il palato**, food that tickles the palate; **La proposta mi solletica**, the proposal tickles (*o* tempts) me. ● **s. l'appetito**, to tempt (*o* to stimulate) the appetite □ **s. q. a fare q.c.**, to prompt sb. to do st.
solletico, *m.* **1** tickle; tickling **2** (*fig.: stimolo*) spur; prick: **il s. dell'ambizione**, the spur of ambition ● **fare il s. a q.**, to tickle sb. □ **soffrire il s.**, to be ticklish.
sollevàbile, *a.* rais(e)able; liftable.
sollevaménto, *m.* (*il sollevare*) raising; lifting; (*l'issare*) hoisting, heaving; (*sport*) **s. pesi**, weight-lifting; **meccanismo di s.**, lifting gear; hoisting gear; **un impianto di s.**, a lifting apparatus; a hoisting apparatus **2** (*geol.: corrugamento*) folding. ● **s. col cricco** (*o* **col martinetto**), jacking.
sollevare, **A** *v. t.* **1** (*levare su*) to raise (*anche fig.*), to lift; (*issare*) to hoist; to heave*, to put* up: **s. gli occhi**, to lift (up) one's eyes; to raise one's eyes; to look up; **s. grida (proteste)**, to raise cries (protests); **s. il bicchiere**, to raise one's glass; **s. la mano**, to put up one's hand; **s. l'àncora**, to heave anchor; **s. q.c. con gran cura**, to lift st. carefully; **s. q.c. da terra**, to lift st. (from the ground); **s. una sedia** (**un peso**), to lift a chair (a weight); **Non riesco a sollevarlo: è troppo pesante**, I can't lift it: it's too heavy **2** (*far venire su*) to raise: **s. un nuvolo di polvere**, to raise a cloud of dust **3** (*fig.: dare sollievo*) to relieve; to comfort: **s. gli afflitti**, to comfort the afflicted (*o* those who

sollevato

are in sorrow; **s. il morale a q.**, to raise sb.'s spirits; to boost sb.'s morale; **Il solo pensiero mi solleva**, the mere thought of it comforts me **4** (*fig.: far insorgere*) to raise; to rouse; to stir up; to stir (sb.) to mutiny (*o* to revolt): **s. il popolo (il paese) contro un tiranno**, to rouse (*o* to stir up) the people (the country) against a tyrant; **s. i minatori**, to stir the miners to revolt; **s. la ciurma**, to stir the crew to mutiny **5** (*fig.: far sorgere*) to raise; to bring* up (*o* forward): **s. una questione**, to bring up a matter; **s. un dubbio**, to raise a doubt; **s. un'obiezione**, to raise an objection; **s. un putiferio**, to raise hell (*o* the devil, Cain). ● **Mi hai sollevato da un gran peso**, you've taken a great weight off my shoulders. **sollevarsi**, B *v. rifl.* **1** (*levarsi su*) to rise*; to arise*; to get* up: **Mi sollevai a stento dalla sedia**, I could hardly rise (*più comune*: get up) from my chair **2** (*innalzarsi*) to rise*; to arise*; to be raised: **Prima che potessimo partire, si sollevò la nebbia**, before we could start, a fog arose; **Si sollevò un nuvolo di polvere**, a cloud of dust was raised **3** (*fig.: ribellarsi*) to rise*; to revolt: **sollevarsi in armi**, to rise in arms **4** (*fig.: riprendersi*) to recover (from st.); to get* over (st.): **sollevarsi da un duro colpo**, to recover from a hard blow.

sollevato, *a.* (*confortato*) relieved; comforted; (*rasserenato*) cheered up. ● **Oggi mi sento più s.**, I'm feeling better today.

sollevatóre, *m.* **1** (*chi solleva*) lifter **2** (*mecc.*) lift(er); hoist: (*autom.*) **s. idraulico**, hydraulic hoist; **s. meccanico**, mechanical power-lift; **s. elettromagnetico**, magnet-lifter. ● (*sport*) **s. di pesi**, weight-lifter □ (*anat.*) **muscolo s.**, elevator.

sollevazióne, *f.* (*ribellione di popolo*) rising; insurrection; rebellion; revolt.

sollièvo, *m.* relief; (*conforto*) comfort: **un sospiro di s.**, a sigh of relief; **con mio grande s.**, to my great relief; **dare** (*o* **portare**) **s.**, to give (*o* to bring) relief; to relieve; **Le tue parole le sono state di grande s.**, your words have been a great comfort to her. ● **non trovare un momento di s.**, to have no peace.

sollùchero, *m.* rapture; ravishment; ecstasy (of delight): **andare in s.**, to go into raptures; to be enraptured; **mandare in s.**, to send into raptures; to enrapture.

solmisazióne, *f.* (*mus.*) solmization.

sólo, A *a.* **1** (*senza compagnia*) alone (*pred.*); by oneself: **tutto s.** (*o* **s. s. s.**; **come un cane**), all alone; **essere sempre s.**, to be always alone; **lasciare q. s. in casa**, to leave sb. in the house alone; **ritornare a casa s.**, to go back home alone (*o* by oneself); **vivere s.**, to live alone (*o* by oneself); **Passammo la serata soli**, we spent the evening by ourselves **2** (*per escludere la partecipazione di ogni altro*) (by) oneself: **fare q.c. da s.**, to do st. by oneself; **L'ho fatto da s.**, I did it (by) myself; **parlare da s.**, to speak to oneself **3** (*unico*) only; single; sole; unique; (*en enfatico*) one and only: **una sola volta**, only once; just once; **un figlio s.**, only one son; **È il s. figlio che abbiano**, he is their only son; **un s. libro**, a single book; **Non un s. uomo sfuggì al massacro**, not a single man escaped the massacre; **Credo in un s. Dio**, I believe in one God; **Quella fu la sola volta che lo vidi**, that was the only time I saw him **4** (*pl.: solamente*) only: **una rivista per soli uomini**, a magazine for men only; **ingresso ai soli soci**, members only **5** (*semplice*) only; alone; mere: **Basta un s. cenno**, a mere hint is sufficient; **Il s. pensiero mi rattrista**, the mere thought of it makes me sad; **L'uomo non vive di s. pane**, man cannot live on bread alone. ● **avere due braccia sole**, to have one pair of hands □ **da s. a s.**, tête-à-tête; in private: **avere un colloquio da s. a s. con q.**, to have a tête-à-tête with sb. □ **un uomo con un occhio s.**, a one-eyed man. B *m.* **1** (*l'unico*) the only one; the only man*: **Sei il s. a saperlo**, you are the only one who knows **2** — (*mus.*) **a s.**, solo. C *avv.* only; (*semplicemente*) just, merely; (*non...che*) but; (*enfatico*) alone: **s. una volta**, only (*o* just) once; **s. per farti piacere**, just to please you; **Ce n'erano s. due**, there were only two; **Volevo s. vederti**, I only (*o* just) wanted to see you; **Ho fatto s. una capatina per un saluto**, I just dropped in to say hullo; **S. lui può farlo**, he alone can do it; **Posso dirti s. quello che so**, I can tell you only what I know; **Posso s. dire che...**, I can but say that...; **Se s. sapeste!**, if only you knew!; **Se s. cessasse di piovere!**, if only it would stop raining!; **Se s. sorridesse!**, if she could (*o* if she would) only smile! ● **s. che**, only (that); **Ti aiuterei volentieri, s. che ho troppo da fare**, I'd help you with pleasure, only I'm too busy; **Ti aiuterei volentieri, s. che potessi**, I'd help you with pleasure, if only I could □ **non s...., ma anche**, not only..., but also.

Solóne, *m.* (*stor.*) Solon.

solstiziale, *a.* (*astron.*) solstitial: **punti solstiziali**, solstitial points.

solstìzio, *m.* (*astron.*) solstice: **il s. d'estate**, the summer solstice; **il s. d'inverno**, the winter solstice.

soltanto, *avv.* only; just: **E non s. egli dovrebbe...**, not only should he...; **Non qui s., ma dappertutto**, not only here, but everywhere; **s. due**, just two. ● **S. lui poteva dire una cosa simile**, he alone could say such a thing.

solùbile, *a.* **1** (*anche chim.*) soluble: **s. al caldo**, soluble when heated; **s. in acqua**, soluble in water; water-soluble; **rendere s.**, to make soluble **2** (*risolvibile*) solvable; soluble: **un problema s.**, a solvable problem. ● **caffè s.**, instant coffee.

solubilità, *f.* (*anche chim.*) solubility: **la s. del sale nell'acqua**, the solubility of salt in water **2** (*risolvibilità*) solvability.

solubilizzare, *v. t.* to solubilize.

soluto, *m.* (*chim.*) solute.

solutóre, *m.* solver; solution-finder.

soluzióne, *f.* **1** (*anche chim.*) solution: **la s. dello zucchero nell'acqua**, the solution of sugar in water; **una s. alcalina**, alkaline solution; **una s. di sale e acqua**, a solution of salt and water; **una s. satura**, a saturated solution; **aumentare (diluire) la concentrazione della s.**, to strengthen (to dilute) the solution **2** (*risoluzione*) solution; (*spiegazione*) explanation: **la s. d'un problema (d'un enigma)**, the solution of a problem (a puzzle); **la s. esatta**, the correct solution; **una s. per ogni difficoltà**, a solution of every difficulty; **Non c'è altra s.**, there is no other solution (*o* explanation) **3** (*accordo*) settlement; arrangement; agreement: **s. pacifica di una controversia**, peaceful settlement of a dispute. ● (*autom.*) **s. anticongelante**, anti-freeze □ (*anche med.*) **s. di continuità**, solution of continuity □ **s. provvisoria** (*ripiego*), stopgap □ (*di pagamento*) **in un'unica s.**, in one amount □ **senza s. di continuità**, without solution of continuity □ **venire a una s.**, to take (*o* to make) a decision.

solvatazióne, *f.* (*chim.*) solvation.

solvato, *m.* (*chim.*) solvate.

solvènte, A *a. e m.* **1** (*chim.*) solvent **2** (*comm.*) paying; solvent. ● **s. per film**, film cement. B *m. e f.* (*comm.*) payer.

solvènza, *f.* (*comm.*) solvency.

solvìbile, *a.* (*comm.*) solvent.

solvibilità, *f.* (*comm.*) solvency.

sòma (1), *f.* burden (*anche fig.*); load: **una bestia da s.**, a beast of burden; a pack-animal. ● **scaricare la s.**, to unload □ **mettere la s.**, to load.

sòma (2), *m.* (*biol.*) soma.

Somàlia, *f.* (*geogr.*) Somaliland; (*stor.*) Somalia.

sòmalo, A *a.* Somalian. B *m.* Somali.

somara, *f.* **1** she-donkey; she-ass **2** (*fig.*) ass; donkey.

somaràggine, *f.* **1** (*l'essere somaro, solo fig.*) stupidity; blockheadedness **2** (*atto da somaro*) stupidity; piece of nonsense.

somaro, *m.* jackass; ass (*anche fig.*); donkey (*anche fig.*): **fare la figura del s.**, to make an ass of oneself; **Che s.!**, what an ass!

somàtico, *a.* (*biol.*) somatic: **le cellule somatiche**, the somatic cells.

somatizzazióne, *f.* (*psic.*) somatization.

somatologia, *f.* somatology; somatics (*pl. col verbo al sing.*).

somatològico, *a.* somatologic(al).

somatometrìa, *f.* somatometry.

somatotròpo, *a.* (*biol., chim.*) somatotropic. ● **ormone s.**, somatotropic hormone; somatotropin.

sombrèro (*spagn.*), *m.* sombrero* (high-crown, broad-brimmed hat).

someggiàbile, *a.* transportable by pack-animal.

someggiare, *v. t.* (*specialm. mil.*) to transport by pack-animal.

somière, *m.* **1** (*cassa dell'organo*) wind-chest **2** (*lett.: bestia da soma*) pack-animal.

somigliante, *a.* resembling; similar; like; alike (*pred.*): **essere s. a q.**, to be like sb. ● **un ritratto s.**, a good likeness □ **non avere nulla di s.**, to have no resemblance to each other.

somigliantemènte, *avv.* likewise; similarly; in a similar way; (*allo stesso modo*) in the same way.

somiglianza, *f.* resemblance; similarity; likeness: **C'è una certa (una stretta) s. fra i due**, there is a certain (a close) resemblance between the two; **Iddio creò l'uomo a sua immagine e s.**, God created man in His own image and likeness.

somigliare, A *v. t. e i.* **1** (*essere simile*) to resemble; to be similar (to); to be like; to look like; to take* after: **s. q.** (*o* **a q.**), to resemble sb.; to be like sb.; **s. al padre (alla madre)**, to take after one's father (one's mother); **s. esattamente a q.**, to be exactly like sb.; to be the living image of sb.; **s. a q. come due gocce d'acqua**, to be the dead spit of sb. (*fam.*); **Somiglia molto a suo fratello**, he and his brother are very like each other; **Il tuo caso somiglia moltissimo al mio**, your case is very much like mine **2** (*lett.: paragonare*) to compare; to liken. ● **s. a q. nella voce**, to have a voice like sb.'s. **somigliarsi**, B *v. rifl. recipr.* to resemble each other (*o* one another); to be alike: **Le due sorelle si somigliano**, the two sisters resemble each other; **Si somigliano molto**, they are very much alike. ● **s. come due gocce d'acqua**, to be as like as two peas.

sómma, *f.* **1** (*risultato dell'addizione*) sum; amount: **la s. totale**, the sum total **2** (*addizione*) addition; sum: **fare una s.**, to make an addition **3** (*quantità di denaro*) sum, amount (of money): **una grossa (una piccola) s.**, a large (a small) sum of money; **una s. di cento sterline**, a sum of one hundred pounds; **È una bella s.!**, that's a good round sum **4** (*complesso, insieme*) sum; whole amount: **la s. delle esperienze umane**, the sum of human experience **5** (*sostanza, conclusione*) sum and substance; gist; conclusion: **la s. delle cose**, the sum of things; (*letter.*) the supreme public interest **6** (*lett.: compendio*) sum; summary; epitome. ● (*fig.*) **la s. delle somme** (*la conclusione finale*), the final conclusion; the upshot; the end □ **la S. Teologica di San Tommaso**, the Summa Theologica of St. Thomas □ **fare la s. di due numeri**, to add up two numbers □ **in s.**, summarily; in short; in brief; in a few words □ **tirare le somme**, to cast up accounts; (*fig.*) to sum up, to draw conclusions □ (*fig.*) **tirate le somme**, all things considered.

sommacco, *m.* (*bot., Rhus coriaria*) sumac(h).

sommaménte, *avv.* to a high (*o* the last) degree; extremely; most (*seguito da agg.*). ● **essere s. grato a q.**, to be very much obliged to sb. □ **Mi fa s. piacere**, I am awfully glad; I am delighted.

sommare, A *v. t.* **1** (*mat.*) to add (up); to sum up: **s. un numero con un altro numero**, to add a number to another one; to add up (*o* to sum up) two numbers **2** (*aggiungere*) to add. **B** *v. i.* (*ammontare*) to amount (to): **I feriti sommano a venti**, the wounded amount to twenty. ● **tutto sommato**, all things considered; taking everything into account; (*dopo tutto*) after all.

sommariaménte, *avv.* summarily; (*in breve*) in short, in brief, briefly.

sommarietà, *f.* summariness.

sommàrio (1), *a.* summary (*anche leg.*); brief: **un giudizio s.**, a summary statement; **giustizia sommaria**, summary justice; **un procedimento s.**, summary proceedings. ● **esporre in modo s.**, to state briefly; to summarize; to sum up.

sommàrio (2), *m.* **1** (*compendio*) summary; synopsis*; compendium*; abstract: **un breve s.**, a brief summary **2** (*indice*) index*; table of contents.

sommatóre, *m.* (*elab.*) adder: **s. a modulo 2**, modulo-two adder.

sommatòria, *f.* (*mat.*) summation.

sommatório, *a.* (*mat.*) summative; cumulative.

sommelier (*franc.*), *m.* «sommelier» (waiter in a restaurant who has charge of wines and their service).

sommèrgere, A *v. t.* **1** to submerge (*anche fig.*); (*inondare*) to flood; (*affondare*) to sink*: **s. una barca**, to submerge a boat **2** (*fig.*) to overwhelm. **sommèrgersi, B** *v. rifl.* (*specialm. di sottomarino*) to submerge; (*affondare*) to sink*.

sommergìbile, A *a.* submergible; submersible; (*affondabile*) sinkable. **B** *m.* (*naut.*) submarine: **un s. di lunga crociera**, a fleet submarine; **un s. di media crociera**, a sea-going submarine; **un s. oceanico**, an ocean-going submarine; **un s. posamine**, a mine-laying submarine; **un s. a propulsione nucleare**, a nuclear-powered submarine.

sommergibilista, *m.* (*naut.*) submariner.

sommersióne, *f.* submersion; (*affondamento*) sinking.

sommèrso, *a.* **1** submerged; flooded; sunk under water; covered (*o* overflowed) with water: **un villaggio s.**, a submerged village **2** (*fig.*) overwhelmed: **essere s. dalle avversità**, to be overwhelmed by misfortune. ● (*fig.*) **s. dall'oblio**, sunk into oblivion □ **economia sommersa**, hidden economy.

sommessaménte, *avv.* (*a bassa voce*) in a low (*o* a subdued) voice; softly.

sommésso, *a.* **1** (*sottomesso*) submissive; meek: **avere un fare s.**, to have a submissive demeanour **2** (*di suono*) low; soft; subdued: **parlare con voce sommessa**, to speak in a low voice.

sommier (*franc.*), *m.* divan-bed; davenport.

somministrante, *m. e f.* (*leg.*) purveyor.

somministrare, *v. t.* to administer; (*dare*) to give*: **s. i Sacramenti**, to administer the Sacraments; **s. una medicina**, to administer (*o* to give) a medicine **2** (*scherz.: affibbiare*) to deal*; to deliver; to land: **s. un pugno**, to deal a blow **3** (*leg.*) to purvey.

somministratóre, *m.* **1** administrator; giver **2** (*leg.*) purveyor.

somministrazióne, *f.* **1** administration: **la s. dei Sacramenti**, the administration of the Sacraments; **la s. d'una medicina**, the administration of a medicine **2** (*leg.*) purveyance.

sommissióne, *f.* submission; submissiveness.

sommità, *f.* (*anche fig.*) top, summit, peak; (*apice*) apex*: **la s. d'una collina (d'un monte)**, the top of a hill (of a mountain); **toccare la s. dell'arte**, to reach the summit of art.

sómmo, A *a. superl.* highest; topmost; (*supremo*) supreme; (*grandissimo*) very great, greatest; (*eccellente*) excellent, outstanding; (*sublime*) sublime; (*divino*) divine: **le somme cime dei monti**, the highest peaks of the mountains; **il s. bene**, the supreme good; **il S. Poeta**, the divine Poet; **il S. Pontefice**, the Supreme Pontiff; **un s. artista**, a very great artist; **trattare q. con s. riguardo**, to show (very) great consideration for sb.; **una questione di somma importanza**, a question of the greatest importance; **in s. grado**, in the highest degree; to the utmost. ● **per sommi capi**, summarily □ **riassumere per sommi capi**, to summarize; to sum up. **B** *m.* (*anche fig.*) top; summit; peak: **raggiungere il s. del successo**, to reach the peak of success. ● **essere al s. della gioia**, to be ever so pleased.

sommoscapo, *m.* (*archit.*) top of a column.

sommòssa, *f.* rising; revolt; insurrection; rebellion: **fare una s.**, to rise in rebellion; to break out in revolt; **reprimere una s.**, to repress a rising; to put down a rebellion.

sommoviménto, *m.* agitation; commotion; tumult: **il s. delle onde**, the commotion of the billows; **il s. delle passioni**, the tumult of passions.

sommovitóre, *m.* instigator; inciter.

sommozzatóre, *m.* (*naut.*) frogman*; skin-diver. ● **attrezzatura per sommozzatori**, diving apparatus.

sommuòvere, *v. t.* to instigate; to incite; to spur; to stir up.

sonàbile, *a.* playable; suitable for being played.

sonaglièra, *f.* collar with bells.

sonàglio, *m.* harness-bell; (*di slitta*) sleigh-bell; jingle-bell, (*sonaglino*) rattle. ● (*zool.*) **serpente a sonagli**, rattlesnake.

sonante, *a.* sounding; (*di campane, ecc.*) ringing. ● **denaro s.**, ready money; cash.

sònar (*ingl.*), *m.* (*naut.*) sonar (sound navigation and ranging).

sonare, A *v. t.* **1** to sound; (*un campanello e sim.*) to ring*; (*uno strumento a fiato*) to play; (*uno strumento a fiato*) to blow*: **s. il campanello**, to ring the bell; **Il signore ha suonato?**, did you ring, sir?; **s. il gong**, to sound the gong; **s. l'allarme**, to sound the alarm; **s. il piano**, to play the piano; **s. il violino**, to play the violin; **s. le campane**, to ring the church bells; **s. qualche disco**, to play some records; **s. una tromba**, to blow (*o* to sound) a trumpet; **L'arbitro sonò il fischietto**, the referee blew his whistle; **s. un motivo a orecchio**, to play a tune by ear; to pick out a tune **2** (*eseguire sonando*) to play; to perform: **s. q.c. al piano**, to play st. on the piano; **s. una sinfonia**, to play a symphony **3** (*battere le ore*) to strike*: **s. le ore**, to strike the hours; **L'orologio ha appena sonato le sei**, the clock has just struck six **4** (*mil.*) to sound: **s. il silenzio**, to sound lights-out; **s. la ritirata**, to sound the retreat; **s. la sveglia**, to sound reveille **5** (*lett.: significare*) to sound; to mean*; to signify: **una parola che suona lode**, a word that sounds praise; **«Soma» in greco suona «corpo»**, «soma» means «body» in Greek. **B** *v. i.* **1** (*emettere un suono*) to sound; (*di campanelli e sim.*) to ring*; (*di strumento mus., di disco*) to play: **s. a doppio**, to ring a full peal; **s. a martello**, to ring the tocsin; **Suona il campanello (il telefono)**, the bell (the phone) is ringing; **Mi suonano le orecchie**, my ears are ringing **2** (*essere sonatore*) to play: **s. in un'orchestra**, to play in an orchestra **3** (*delle ore: scoccare*) to strike*; (*di una sveglia*) to ring*: **Sono appena sonate le nove**, nine has just struck; **La sveglia sonerà alle sei**, the alarm clock will ring (*o* will go off) at six **4** (*lett.: risonare*) to ring*; to resound; to re-echo: **Le tue parole ancora mi suonano nell'orecchio**, your words are still ringing in my ears; **La casa suonava di risa gioconde**, the house rang (*o* resounded) with merry laughter **5** (*delle parole: riferendosi al suono*) to sound; (*riferendosi alla lettura*) to read*: **s. vero (falso)**, to sound true (false); **Questa frase suona male**, this sentence does not sound right; **So che ti sonerà molto strano**, I know it will sound very strange to you. ● **s. a distesa**, to peal □ **s. a festa**, to chime □ **s. a morto**, to toll; to knell □ (*fig.*) **sonarla a q.** (*o* **s. q.**) (*raggirare q.*), to take sb. in; to cheat sb. □ (*fig.*) **sonarle a q.**, (*dire apertamente le proprie ragioni a q.*) to give sb. a piece of one's mind, to talk straight to sb.; (*picchiare q. di santa ragione*) to give sb. a good (*o* a sound) thrashing; to tan sb.'s hide (*pop.*) □ **s. (il campanello) per chiamare la cameriera**, to ring for the maid □ (*autom.*) **s. il clacson**, to hoot □ (*autom.*) **s. la tromba** (*nelle automobili d'un tempo*), to honk.

sonata, *f.* **1** (*atto ed effetto del sonare*) ring; ringing: **una s. di campanello**, a ring at the door: **Udii una s. di campanello**, there was a ring at the door; I heard sb. ring the bell **2** (*mus.*) sonata: **una s. per pianoforte (per violino)**, a sonata for pianoforte (for violin). ● (*fam.*) **dare una s. a q.**, (*ingannarlo*) to cheat sb., to take sb. in; (*bastonarlo*) to give sb. a good beating (*o* a sound thrashing) □ **fare una s. al pianoforte**, to play st. on the piano □ (*fam.*) **prendersi una s.**, (*essere ingannato*) to be cheated, to be taken in; (*essere bastonato*) to get a good beating (*o* a sound thrashing) □ **Che bella s.!** (*conto salato*), that was (an) expensive (bill), wasn't it?; that was paying through the nose, wasn't it?

sonatina, *f.* (*mus.*) sonatina.

sonatìstico, *a.* (*mus.*) sonata (*attr.*); of a sonata.

sonato, *a.* **1** (*compiuto, scoccato*) past: **Ho quarant'anni sonati**, I am past forty; **Sono le quattro sonate**, it's past four **2** (*ingannato*) cheated; taken in **3** (*matto*) off one's head; crazy; cracked (*pop.*) **4** (*di pugile*) punch-drunk; groggy.

sonatóre, *m.* player; performer; musician: **un s. ambulante**, a strolling musician. ● **s. di «blues»**, bluesman □ **s. di pianoforte**, pianist □ **s. di violino**, violinist □ (*fam.*) **E buona notte (ai) sonatori!**, and that's that!

sónda, *f.* **1** (*med.*) sound; probe **2** (*miss.*) probe: **s. lunare**, moon (*o* lunar) probe **3** (*min.*) drill: **una s. a percussione**, a percussion (*o* churn) drill; **una s. a rotazione**, a rotary drill; **una s. campionatrice**, a core drill; a sampler **4** (*naut.*) sounding-line; sounding-lead **5** (*mecc.*) feeler. ● (*meteorologia*) **pallone s.**, sounding (*o* meteorological) balloon.

Sónda, *f.* (*geogr.*) Sunda.

sondàbile, *a.* soundable; capable of being sounded.

sondàggio, *m.* **1** (*med., naut.*) sounding **2** (*min.*) drilling; boring: **s. a percussione**, percussive boring; **s. con fango misto ad aria**, aerated-mud drilling; **s. sottomarino**, offshore (*o* submarine) drilling **3** (*fig.*) sounding; probing; (*dell'opinione pubblica*) poll, survey. ● (*fig.*) **fare dei sondaggi**, to inquire; to conduct research.

sondare, *v. t.* **1** (*med., naut.*) to sound **2** (*min.*) to drill; to bore **3** (*fig.*) to sound; to probe; (*l'opinione pubblica*) to poll, to survey.

sondatóre, *m.* (*tecn.*) driller.

soneria, *f.* striking mechanism; (*allarme*) alarm; (*congegno di segnalazione*) bell: **una s. elettrica**, an electric bell.

sonettista, *m. e f.* sonnet(t)eer.

sonétto, *m.* (*poesia*) sonnet: **il s. elisabettiano**, the Elizabethan sonnet; **una corona** (*o* **ghirlanda**) **di sonetti**, a sonnet sequence; **un s. caudato**, a tailed sonnet. ● **scrittore di sonetti**, sonnet(t)eer □ **scrivere sonetti**, to sonnet(t)eer; to sonnetize.

sònico, *a.* sonic; sound (*attr.*): **barriera sonica**, sound barrier.

sonnacchiosaménte, *avv.* drowsily; sleepily; slumberously.

sonnacchióso, *a.* **1** (*pieno di sonno*) drowsy; dozy; sleepy; slumberous: **occhi sonnacchiosi**, sleepy (*o* slumberous) eyes; eyes full of sleep **2** (*fig., lett.: torpido*) drowsy; torpid; dull; sluggish: **una mente sonnacchiosa**, a torpid mind.

sonnambulismo, *m.* (*med.*) somnambulism; sleep-walking.

sonnàmbulo, *m.* somnambulist; sleep-walker.

sonnecchiare, *v. i.* **1** (*stare fra il sonno e la veglia*) to doze; to nod; to drowse; to slumber: **s. seduto al fuoco**, to sit nodding by the fire; **s. su un libro**, to doze over a book; **passare il tempo sonnecchiando**, to doze (*o* to drowse, to slumber) away one's time **2** (*fig.: non impegnarsi a fondo*) to take* it easy. ● (*fig.*) **Qualche volta anche Omero sonnecchia**, Homer sometimes nods.

sonnellino, *m.* nap; doze; shut-eye (*fam.*); zizz (*fam.*): **fare un s.**, to have (*o* to take) a nap.

sonnifero, **A** *a.* (*lett.*) soporific; somniferous; sleep-inducing: **le proprietà sonnifere dell'oppio**, the soporific virtues of opium. **B** *m.* (*farm.*) sleeping-draught; sleeping-pill (*o* tablet); soporific; narcotic.

sonnilòquio, *m.* somniloquy; somniloquence.

sonnìloquo, *m.* somniloquist.

sónno, *m.* sleep; (*leggero*) slumber: **un breve (lungo) s.**, a short (long) sleep; **un s. leggero (profondo)**, a light (sound) sleep; **un s. tranquillo**, a peaceful sleep; soft slumbers (*pl.*); **un s. agitato**, a troubled (*o* an uneasy) sleep; **il primo s.**, one's first sleep; **fra il s. e la veglia**, between sleep and waking; **addormentarsi d'un s. profondo**, to fall into a deep sleep; to fall sound (*o* fast) asleep; **dormire un bel s.**, to have a good sleep; **essere preso** (*o* **vinto**) **dal s.**, to be heavy with sleep; to be drowsy; **morire di s.** (*o* **cadere dal s.**), to be ready to drop with sleep; **parlare nel s.**, to talk in one's sleep; **perdere il s.**, to lose one's sleep; **Prendere s.**, to get to sleep; (*addormentarsi*) to go* to sleep; **Non riuscivo a prendere s.**, I couldn't get to sleep; **riprendere il s.**, to go to sleep again. ● **avere s.**, to be (*o* to feel) sleepy □ **avere il s. duro**, to be a deep sleeper; to sleep like a log (*o* a top, a dormouse) □ (*fig.*) **dormire sonni tranquilli**, to have no qualms □ **fare tutto un s.**, to sleep through the night □ (*fam.*) **essere impastato di s.**, to be a sleepy-head □ (*med.*) **malattia del s.**, sleeping-sickness □ (*fam.*) **rubare le ore al s.** (*per studiare*) to burn the midnight oil □ (*med.*) **terapia** (*o* **cura**) **del s.**, narcotherapy; sleep-cure □ **l'ultimo s.**, the repose of death □ **Mi fa venir s.**, it makes me sleep.

sonnolènto, *a.* **1** (*pieno di sonno*) sleepy (*anche fig.*); drowsy; dozy; somnolent; slumberous: **occhi sonnolenti**, sleepy (*o* slumberous) eyes; eyes full of sleep; **un villaggio s.**, a sleepy village **2** (*che concilia il sonno*) drowsy; soporific; sleep-inducing: **una giornata sonnolenta**, a drowsy day **3** (*fig.: lento, pigro*) drowsy; sluggish: **un fiume s.**, a drowsy river.

sonnolènza, *f.* **1** sleepiness; drowsiness; somnolence **2** (*fig.: pigrizia, torpore*) sluggishness; torpor; laziness. ● **essere preso da s.**, to be heavy with sleep; to be drowsy □ **Ho una s. tale che non posso tenere gli occhi aperti**, I feel so sleepy that I cannot keep my eyes open □ **Che s.!**, I am so sleepy!

sonòmetro, *m.* sonometer.

sonoraménte, *avv.* **1** sonorously; (*rumorosamente*) loudly **2** (*fig.*) soundly: **bastonare q. s.**, to beat sb. soundly.

sonorista, *m. e f.* (*cinem.*) sound engineer.

sonorità, *f.* sonority; sonorousness.

sonorizzàre, **A** *v. t.* **1** (*fon.*) to sonorize; to voice **2** (*cinem.*) to add a sound-track. **sonorizzarsi**, **B** *v. rifl.* (*fon.*) to be sonorized; to be voiced.

sonorizzazióne, *f.* **1** (*fon.*) sonorization; voicing **2** (*cinem.*) adding of a sound-track.

sonòro, **A** *a.* **1** (*che dà suono*) sonorous; resonant: **un metallo s.**, a sonorous metal **2** (*che ha un suono forte*) sonorous; resonant; resounding; (*rumoroso*) loud: **una voce sonora**, a sonorous voice; **risa sonore**, loud laughter; **un s. schiaffo**, a resounding slap **3** (*fig.: altisonante*) high-sounding: **frasi sonore**, high-sounding sentences **4** (*fig.: clamoroso*) resounding: **una sonora sconfitta**, a resounding defeat **5** (*fis., cinem.*) sound (*attr.*): **onde sonore**, sound waves; **effetti sonori**, sound effects; **la colonna sonora d'un film**, the sound track of a film; **un film s.**, a sound film; a sound motion picture **6** (*fon.*) voiced: **consonanti sonore**, voiced consonants. **B** *m.* (*cinem.*) **1** (*film s.*) sound film; sound motion picture; talkie (*fam.*) **2** (*colonna sonora*) sound track.

sontuosaménte, *avv.* sumptuously; luxuriously.

sontuosità, *f.* sumptuosity; sumptuousness; luxuriousness.

sontuóso, *a.* sumptuous; luxurious; **una casa sontuosa**, a sumptuous house; **un pranzo s.**, a sumptuous dinner.

soperchiare, e *deriv.* V. **soverchiare**, e *deriv.*

sopiménto, *m.* soothing; assuagement; appeasement.

sopire, *v. t.* **1** (*lett.: addormentare*) to send* to sleep; to lull (to sleep) **2** (*fig.: calmare*) to lull; to soothe; to assuage; to appease: **s. il dolore**, to lull (*o* to soothe) pain; to assuage sorrow; **s. le passioni**, to soothe (*o* to assuage) passions.

sopito, *a.* **1** (*lett.: addormentato*) asleep **2** (*fig.: calmato*) placated; subsided; appeased; alleviated: **ira sopita**, placated anger; **dolore s.**, alleviated pain.

sopóre, *m.* **1** drowsiness; doziness **2** (*med.: stato patologico*) sopor; stupor.

soporifero, *a.* soporific (*anche fig., scherz.*); sleep-inducing: **un discorso s.**, a soporific speech.

soporóso, *a.* (*lett.*) soporose.

soppalco, *m.* (*edil.*) mezzanine floor; (*solaio*) attic, garret.

sopperire, *v. i.* to provide (for); to make* up (for); to meet*; to satisfy: **s. alle spese**, to meet expenditure; **s. alle esigenze di q.**, to satisfy sb.'s needs.

soppesare, *v. t.* **1** to weigh (st.) in one's hands: **Soppesai la pietra**, I weighed the stone in my hands **2** (*fig.: ponderare*) to weigh; to ponder: **s. i vantaggi e gli svantaggi**, to weigh the advantages as well as the disadvantages.

soppiantare, *v. t.* to supplant; to supersede; to oust; to displace.

soppiatto, di, *locuz. avv.* by stealth; stealthily; furtively; secretly; surreptitiously; sneakingly. ● **andarsene di s.**, to steal away □ **entrare di s.**, to steal in □ **guardare q. di s.**, to cast a furtive glance at sb.

sopportàbile, *a.* endurable; tolerable; bearable; sufferable.

sopportabilità, *f.* endurableness; tolerability; bearableness.

sopportabilménte, *avv.* endurably; tolerably; bearably.

sopportare, *v. t.* **1** (*reggere, sostenere*) to bear*; to support; to sustain; to take*: **s. il peso di q.c.**, to bear (*o* to sustain) the weight of st.; **s. una perdita (un danno)**, to sustain a loss (a damage) **2** (*soffrire, tollerare*) to endure; to tolerate; to bear*; to stand*; to suffer; to put* up with; to cope with: **s. il dolore**, to endure (*o* to bear, to suffer) pain; **s. la propria sorte**, to put up with one's lot; **s. le persone moleste**, to put up with troublesome people; **Non posso s. quell'individuo**, I can't bear that fellow; **Non posso s. le tue insolenze**, I can't tolerate your insolent ways; **Non sopporterò la tua sfacciataggine**, I will not tolerate your impudence; **Non sopporterò che tu lo faccia**, I will not tolerate your doing so. ● **s. le conseguenze delle proprie azioni**, to lie (*o* to sleep) in the bed one has made (*fam.*).

sopportazióne, *f.* endurance; forbearance; tolerance: **al di là d'ogni s.**, past (*o* beyond) endurance; **dimostrare molta s.**, to show remarkable powers of endurance; **giungere ai limiti della s.**, to come to the end of one's endurance. ● **ascoltare q. con s.**, to listen condescendingly to sb.

soppressata, *f.* (*cucina*) brawn; head-cheese (*USA*).

soppressióne, *f.* **1** suppression: **la s. dei teatri**, the suppression of playhouses; **la s. d'una rivolta**, the suppression of an insurrection; **la s. d'un libro**, the suppression of a book **2** (*abolizione*) abolition; (*abrogazione*) repeal; (*distruzione*) destruction: **la s. d'una legge**, the abolition of a law; **s. di corrispondenza**, destruction of correspondence **3** (*uccisione violenta*) killing; dispatching; liquidation; elimination. ● **s. di un ordine religioso**, dissolution of a religious order □ (*leg.*) **s. di stato**, concealment of birth.

soppressivo, *a.* suppressive; nullifying: **legge soppressiva**, suppressive law.

soppressóre, m. (elettr.) suppressor: **s. di scintilla,** spark suppressor; **s. di disturbi radio,** radio interference suppressor; (tel.) **s. d'eco,** echo suppressor.

sopprimere, v. t. **1** (far cessare d'essere) to suppress; to repress; to put* down: **s. una rivolta,** to suppress (o to put down) an insurrection; **s. un giornale (un libro),** to suppress a newspaper (a book) **2** (abolire) to abolish, to do* away with; (abrogare) to repeal: **s. un'istituzione,** to abolish an institution **3** (uccidere) to kill; to dispatch; to liquidate; to eliminate: **s. un prigioniero,** to dispatch a prisoner.

soppunto, m. (cucito) stitching down.

sópra, A prep. **1** (per indicare sovrapposizione con contatto, anche fig.) on; upon: **la neve s. i campi,** the snow on the fields; **il libro s. il tavolo,** the book on the table; (naut.) **s. coperta,** on deck; **pietra s. pietra,** stone upon stone; **uno s. l'altro,** one on top of the other; one upon another: **dieci monete, una s. l'altra,** ten coins, one on top of the other; **essere portato s. una barella,** to be carried on a stretcher; **portare un carico s. le spalle,** to carry a burden on one's shoulders; **reggersi ritto s. un piede,** to stand upon one foot; **La responsabilità cade tutta s. (di) te,** the responsibility lies entirely on you; **Scrivici s. l'indirizzo,** write the address on it **2** (per indicare sovrapposizione senza contatto, o anche con contatto, ma con l'idea di protezione, rivestimento e sim.; anche fig.) over: **una finestra che guarda s. un giardino,** a window that looks over a garden; **una spada che pende s. il capo di q.,** a sword hanging over sb.'s head; **L'aeroplano volava s. la città,** the aeroplane was flying over the town; **un tappeto steso s. il pavimento,** a carpet laid over the floor; **Stendi la tovaglia s. la tavola!,** spread the cloth over the table!; **Lega un pezzo di carta s. la bocca del vaso!,** tie a piece of paper over the top of the jar; **un uomo s. la sessantina,** a man over sixty **3** (al di s. di): above: **s. il livello del mare,** above sea-level; (fin.) **s. la pari,** above par; **s. zero,** above zero; **s. dieci (venti, ecc.) sterline,** (al di s. di) above ten (twenty, etc.) pounds; (più di) over ten (twenty, etc.) pounds; **Egli è s. a te nella lista,** he is above you in the list; **L'aereo volò s. le nubi,** the aeroplane flew above the clouds; **qui s.,** here above; **lì s.,** there above; up there **4** (intorno a) on; upon; about: **scrivere un libro s. Shakespeare,** to write a book on Shakespeare; **parlare s. lo stesso argomento,** to speak on the same subject **5** (oltre, al di là) beyond: **un villaggio s. il Garda,** a village beyond Lake Garda **6** (dopo) after: **una disgrazia s. l'altra,** one misfortune after another **7** (fig.: rif. a governo, autorità e sim.) over: **comandare s. una città,** to rule over a town; **regnare s. molti popoli,** to reign over many peoples **8** (per indicare vicinanza) on; near: **un bosco s. il lago,** a wood near the lake **9** (addosso) on; upon: **gettarsi s. q.,** to fling oneself upon sb. ● **s. ogni cosa,** above all; more than anything else; most of all: **amare q. s. tutti,** to love sb. more than anyone else; **Questo gl'importa s. ogni cosa,** this is what matters most to him □ **essere** (o **stare**) **s. pensiero,** to be lost (o deep) in thought □ **averne fin s. i capelli,** to be fed up with st. (pop.) □ **bere q.c. s. q.c. altro,** to drink st. on top of st. else: **Non bere il vino s. il latte!,** don't drink wine on top of milk! □ **far assegnamento s. q.,** to rely (up)on sb.; to depend (up)on sb. □ **fare debiti s. debiti,** to run up one debt after another □ (fig.) **passare s. q.c.,** to overlook st. □ **piangere s. una persona perduta,** to mourn for sb. □ **piangere s. q.c.,** to cry over st. □ **tornare s. q.c.** (riprendere un argomento), to go back to st. **B** avv. **1** (precedentemente) above: **come s.,** as above; **come abbiamo detto s.,** as we said above; **s. indicato,** above-mentioned; **il passo s. citato,** the above--quoted passage **2** (per indicare un piano superiore di casa) upstairs: **È andato s.,** he has gone upstairs; **Dev'essere s.,** he must be upstairs; **Abitano s.,** they live upstairs **3** (per indicare lo strato o la superficie superiore) on top: **È d'oro soltanto s.,** it's gold only on top. ● **al di s. di,** above; beyond; over: **essere al di s. d'ogni sospetto,** to be beyond (o above) suspicion; **Tutti i bambini al di s. dei sei anni devono andare a scuola,** all children above six years of age must go to school; **Ciò è al di s. della mia comprensione,** this is above (o beyond) my understanding □ (fig.) **berci s.,** to have a drink on it □ **il cassetto** (**lo scaffale, ecc.**) **di s.,** (a un altro) the drawer (shelf, etc.) above; (a tutti) the top drawer (shelf, etc.) □ (fig.) **dormirci s.,** to sleep on it □ **la famiglia di s.,** the family on the floor above □ **in una delle stanze di s.,** in one of the upper rooms □ **il labbro di s.,** the upper lip □ (sport: cricket, ecc.) **lancio dal di s.,** overhand bowl (o bowling) □ (fig.) **metterci una pietra s.,** to forget the whole thing; to let bygones be bygones □ (sport: cricket, ecc.) **palla lanciata dal di s.,** overhand ball. **C** m. (parte superiore) top, upper part; (lato superiore) top side: **il (di) s. del coperchio,** the top (o the upper part) of the lid.

soprabbondare, e deriv. V. **sovrabbondare,** e deriv.

sopràbito, m. overcoat; top-coat.

sopraccaricare, sopraccàrico, V. **sovraccaricare, sovraccàrico.**

sopraccennato, a. above-mentioned.

sopracciglio, m. (anat.) eyebrow.

sopracciliare, a. (anat.) superciliary; of the eyebrow; eyebrow (attr.): **l'arcata s.,** the superciliary arch.

sopraccitato, a. quoted above (pred.); above-quoted; above--cited; above-stated; above-mentioned; (sopraddetto) above-said.

sopraccóda, f. e m. upper tail coverts (pl.).

sopraccolóre, m. top-coat (of paint).

sopraccopèrta (1), f. **1** (coperta che si mette sopra un'altra) coverlet; counterpane; bed-spread **2** (di un libro) (book-)jacket; dust-jacket; wrapper; (book-)cover.

sopraccopèrta (2), avv. (naut.) on deck.

sopraddétto, a. above-said; aforesaid; above-mentioned.

sopraddominante, f. (mus.) superdominant; submediant.

sopraddòte, f. additional dowry.

sopraeccedènza, sopraeccèdere, V. **sopraccedenza, sopraccèdere.**

sopraedificare, sopraedificazióne, V. **sopredificare, sopredificazióne.**

sopraelencato, a. above-listed; listed above (pred.).

sopraelevare, A v. t. **1** (edil.) to build* another store on to (a building); to raise **2** (strade, rotaie ferroviarie, ecc.) to superelevate; to bank. **sopraelevarsi, B** v. rifl. to rise* (o to tower) above (st.).

sopraelevata, f. (ferrovia s.) elevated railway; (strada) elevated road; (curva) banked curve.

sopraelevato, a. **1** (edil.) raised **2** (di strade, ecc.) (super)elevated; banked. ● **passaggio s.,** fly-over □ **piano s.,** extra storey.

sopraelevazióne, f. **1** (edil.) raising; (parte sopraelevata) part raised; (piano sopraelevato) extra storey **2** (di strade, rotaie ferroviarie, ecc.) superelevation; banking.

sopraespósto, a. above-stated; above-mentioned.

sopraffare, v. t. to overwhelm; to overcome*; to overpower; to crush down; (vincere) to win*, to get* the better (of): **s. i propri nemici,** to overwhelm (o to crush) one's enemies; **essere sopraffatto dal dolore,** to be overwhelmed with grief.

sopraffazióne, f. **1** (atto del sopraffare) overwhelming; overcoming; crushing down **2** (sopruso) abuse (of power); outrage.

sopraffilare, v. t. (cucito) to overcast*.

sopraffilo, m. (cucito) overcast(ing).

sopraffinèstra, f. (archit.) fan-light.

sopraffino, a. **1** superfine (anche fig.); extra fine; of the very best quality; (eccellente) excellent, first-rate, first-class: **merce sopraffina,** first-rate goods; **zucchero s.,** extra fine sugar; **gusti sopraffini,** superfine tastes **2** (fig.) consummate; supreme; extreme: **un ipocrita s.,** a consummate hypocrite; **crudeltà sopraffina,** extreme cruelty; **con arte sopraffina,** with extreme ability. ● **un ladro s.,** a master thief.

sopraffusióne, f. (fis.) superfusion; supercooling.

sopraggittare, v. t. to whip; to overcast*.

sopraggitto, m. whipping; overcast(ing). ● **cucire con il s.,** to whip; to overcast □ **punto a s.,** whip(-stitch).

sopraggiùngere, v. i. **1** (arrivare all'improvviso) to arrive unexpectedly (o suddenly); to supervene; to come* along; to turn up: **Dovesse s. la morte...,** should death supervene...; **Ero lì da mezz'ora quando il mio amico sopraggiunse,** I had been there for half an hour when my friend turned up **2** (accadere all'improvviso) to happen (o to occur) unexpectedly; to turn up: **Sopraggiunge sempre qualcosa a sconvolgere i miei piani,** something always turns up to interfere with my plans **3** (cogliere all'improvviso) to supervene; to seize (nel passivo): **Gli sopraggiunse la scarlattina,** he was seized with scarlet fever. ● **Sopraggiunse la notte,** night came (o fell).

sopraggiunta, f. extra addition. ● **per s.,** in addition; moreover; besides; into the bargain: **E per s. il ragazzo ci ha dato parecchi fastidi,** and besides, the boy has given us a lot of trouble.

sopraindicato, a. above-stated; above-mentioned; aforesaid.

sopraintèndere, V. **soprintèndere.**

sopralluògo, m. on-the-spot investigation; inspection.

sopralzo, m. V. **sopraelevazióne.**

soprammànica, f. oversleeve (per lo più pl.).

soprammenzionato, a. mentioned higher up (pred.); above--mentioned; aforesaid.

soprammercato, per, locuz. avv. in addition; into the bargain; on the top of it; to boot.

soprammèttere, V. **sovrappórre.**

soprammòbile, m. knick-knack, nick-nack.

sopranazionale, sopranazionalità, V. **soprannazionale, soprannazionalità.**

soprannaturale, A a. supernatural; heavenly: **un essere s.,** a supernatural being; **fenomeni soprannaturali,** supernatural

phenomena; **forza s.**, supernatural (*o* superhuman) strength; **felicità s.**, heavenly bliss; **virtù soprannaturali**, supernatural virtues. **B** *m.* supernatural: **credere nel s.**, to believe in the supernatural.
soprannaturaliṣmo, *m.* (*filos.*) supernaturalism.
soprannaturalità, *f.* supernaturality; supernaturalism.
soprannazionale, *a.* supranational: **autorità s.**, supranational authority.
soprannazionalità, *f.* supranationality.
soprannòlo, *m.* (*naut.*) extra (*o* back) freight; primage.
soprannóme, *m.* nickname: **ricevere un s.**, to get a nickname; to be nicknamed.
soprannominare, *v. t.* to nickname.
soprannominato (1), *a.* (*chiamato con soprannome*) nick-named; known as: **s. il Grassone**, nicknamed Fatty.
soprannominato (2), *V.* **sopranominato**.
soprannotato, *a.* aforesaid; above-mentioned.
soprannumerário, *a.* supernumerary; extra: **un impiegato s.**, a supernumerary (*o* an extra) employee; **un osso s.**, a supernumerary bone.
soprannùmero, *avv.* e *a. invar.* supernumerary (*agg.*). ● **in s.**, supernumerary; in excess: **un impiegato in s.**, a supernumerary employee.
soprano, (*mus.*) **A** *m.* (*registro*) soprano*: **chiave di s.**, soprano clef. **B** *m.* e *f.* (*cantante*) soprano*: **un mezzo s.**, a mezzo-soprano.
sopranominato, *a.* above-mentioned (*attr.*); mentioned above (*pred.*).
sopràppaga, *f.* extra pay; bonus.
soprappagare, *v. t.* to overpay*.
soprapparto, *avv.* in labour; in travail: **una donna s.**, a woman in labour.
soprappassàggio, *m.* (*cavalcavia*) fly-over; overpass (*USA*).
soprappensièro, *avv.* lost in thought; absent-minded (*agg.*); absent-mindedly (*avv.*).
soprappéṣo, *m.* overweight. ● **per s.**, besides; in addition; for good measure.
soprappiù, *m.* overplus; surplus; extra: **Questo è un s.**, this is an extra. ● **in** (*o* **per**) **s.**, in addition; moreover.
soprappòrta, **A** *f.* (*edil.*) fanlight. **B** *m. invar.* (*arch.*) ornamental panel (over a door).
soprapprèzzo, *m.* surcharge; excess charge; overprice.
soprapproduzióne, *f.* (*ind.*) overproduction.
soprapprofitto, *m.* (*fin.*) excess profit(s): **imposta sui soprapprofitti di guerra**, excess profits tax.
soprarazionale, *a.* supernatural.
sopraścarpa, *f.* overshoe; golosh, galosh: **portare le sopraśscarpe in una giornata di pioggia**, to wear goloshes on a rainy day.
sopraścritta, *f.* **1** (*indirizzo*) address **2** (*iscrizione*) inscription.
sopraśensibile, *a.* supersensible; supersensual.
sopraśsalto, *m.* start; jump; jerk: **di s.**, with a start; (*ad un tratto*) all of a sudden, suddenly: **balzare in piedi di s.**, to spring up with a start; **svegliarsi di s.**, to wake up with a start; to awake suddenly.
sopraśsata, *V.* **soppressata**.
sopraśsaturare, *v. t.* (*chim.*) to supersaturate.
sopraśsaturazióne, *f.* (*chim.*) supersaturation.
sopraśsàturo, *a.* (*chim.*) supersaturated.
sopraśsedére, *v. i.* **1** to postpone; to delay; to defer; to put* off: **s. a una decisione**, to put off a decision **2** (*aspettare*) to wait: **Soprassedettero per qualche giorno**, they waited for a few days.
sopraśsegnare, *v. t.* to mark higher up; to make* a mark above; (*contrassegnare*) to countersign.
sopraśségno, *m.* mark; (*contrassegno*) countersign.
sopraśsòglio, *m.* (*archit.*) lintel; architrave.
sopraśsòldo, *m.* extra pay; special allowance.
sopraśsuòla, *f.* (rubber) half sole.
sopraśsuòlo, *m.* **1** top-soil **2** (*piante arboree*) vegetation; growth.
soprastallia, *f.* (*naut.*) demurrage.
soprastampa, **soprastampare**, *V.* **sovrastampa**, **sovrastampare**.
soprastante, *m.* supervisor; overseer; superintendent.
soprastare, *v. i.* (*soprintendere*) to supervise; to oversee*; to superintend.
soprastruttura, *V.* **sovrastruttura**.
sopraterréno, *a.* superterrestrial.
sopratònica, *f.* (*mus.*) supertonic.
soprattacco, *m.* heel-piece.
soprattaṣṣa, *f.* **1** (*fin.*) surtax; additional tax; extra tax; special tax; surcharge; extra charge **2** (*su una lettera*) excess postage.
soprattaṣṣare, *v. t.* (*fin.*) to surtax.
soprattìtolo, *m.* (*tipogr.*) half title.

soprattutto, *avv.* above all; most of all; (*specialmente*) especially, principally, chiefly.
sopravalutare, e *deriv. V.* **sopravvalutare**, e *deriv.*
sopravanzare, **A** *v. t.* (*superare*) to surpass. **B** *v. i.* (*restare d'avanzo*) to be left: **il tempo che ci sopravanza**, the time that is left to us; **Non mi sopravanzerà nulla**, I'll have nothing left.
sopravanzo, *m.* **1** excess; surplus: **di s.**, in excess **2** (*residuo*) residue; rest; remainder. ● **Ce n'è di s.**, there's enough and to spare.
sopravvalutare, *v. t.* **1** to over-estimate; to overvalue; to overrate: **Non s. le tue capacità (qualità)**, don't over-estimate your capacities (qualities) **2** (*fin.*) to upvalue.
sopravvalutazióne, *f.* **1** over-estimate **2** (*fin.*) upvaluation.
sopravvenièenza, *f.* supervention; unexpected occurrence. ● (*rag.*) **sopravvenienze attive**, contingent assets □ (*rag.*) **sopravvenienze passive**, contingent liabilities.
sopravvenire, *v. i.* **1** (*sopraggiungere*) to supervene; to arrive (*o* to come*) unexpectedly; to turn up: **Proprio in quel momento sopravvenne il mio amico**, that very moment my friend turned up; **Dopo il raffreddore sopravvenne la febbre**, after a chill, fever supervened **2** (*accadere inaspettatamente*) to happen (*o* to occur) unexpectedly; to turn up: **Sto ancora aspettando che sopravvenga qualche cosa**, I'm still waiting for something to turn up. ● **Quando sopravvenne la notte...**, when night fell... □ **Sopravvenne il buio**, darkness fell upon the scene □ **Sopravvenne un furioso temporale**, a thunderstorm set in.
sopravvénto, **A** *avv.* upwind; to windward: **essere** (**mettersi**) **s.**, to be (to get) to windward. **B** *a.* upwind; windward. ● **navigare s.**, to have the weather gauge □ **tenersi s.**, to keep the weather gauge □ **Barra s.!**, up with the helm! **C** *m.* **1** (*naut.*) windward (side) **2** (*fig.*) upper hand; advantage; superiority: **avere** (**prendere**) **il s.**, to have (to get) the upper hand; (*sopraffare*) to overwhelm; **prendere il s. su q.**, to get the upper hand of (*o* over) sb.; to gain an advantage over sb.; to get the better of sb. ● **marea di s.**, weather-tide.
sopravvèste, *f.* (*stor.*) surcoat.
sopravvissuto, **A** *a.* surviving. **B** *m.* survivor.
sopravvivènte, **A** *a.* surviving. **B** *m.* e *f.* survivor.
sopravvivènza, *f.* survival; outliving: **in caso di s. della moglie**, in case of the survival of the wife; **Alcune usanze sono sopravvivenze d'altri tempi**, some customs are survivals of past times.
sopravvivere, *v. i.* **1** to survive; to outlive; (*durare più a lungo*) to outlast: **s. a q.**, to survive (*o* to outlive) sb.; **s. a una sciagura**, to survive a disaster **2** (*fig.*) to live on: **s. nella memoria**, to live on in one's memory; **I morti sopravvivono nel cuore degli amici**, the dead live on in the hearts of their friends.
sopreccedènza, *f.* surplus. ● **essere in s.**, to be in extra quantity.
sopreccèdere, **A** *v. t.* to exceed; to go* (far) beyond (st.). **B** *v. i.* to be in extra quantity.
sopredificare, *v. t.* to build* upon; to erect as a superstructure.
sopredificazióne, *f.* **1** building on; raising **2** (*parte sopredificata*) superstructure.
soprelevare, e *deriv. V.* **sopraelevare**, e *deriv.*
soprindicato, *a.* above-stated; above-mentioned.
soprintendènte, *m.* e *f.* superintendent; supervisor; overseer; (*d'azienda agricola*) estate agent: **il s. alle ferrovie**, the railway superintendent; **il s. ai lavori pubblici**, the superintendent of public works. ● **s. ai lavori**, clerk of the works □ **s. alle dogane**, commissioner of customs.
soprintendènza, *f.* superintendence; supervision.
soprintèndere, *v. i.* to superintend; to supervise; to oversee*: **s. ai lavori**, to superintend the works; **s. al carico** (**allo scarico**) **d'una nave**, to superintend the loading (the discharge) of a ship.
sopròsso, *m.* (*pop.*: *tumefazione callosa ossea*) bony outgrowth.
sopruṣo, *m.* abuse; abuse of power; act of tyranny; outrage: **fare un s.**, to commit an abuse of power; **porre fine a tutti i soprusi**, to put an end to all abuses; **ricevere un s.**, to suffer an outrage.
soqquadro, *m.* disorder; muddle; mess; confusion. ● **mettere q.c. a s.**, to turn st. upside-down (*o* topsy-turvy); to mess st. up: **Misi tutto a s.**, I turned everything upside-down.
sòrba, *f.* **1** (*frutto del sorbo*) sorb-apple; service-berry **2** (*fig.*: *botta*, *percossa*) blow. ● (*prov.*) **Col tempo e con la paglia si maturano le sorbe**, time and straw make medlars ripe.
sorbettare, *v. t.* **1** (*congelare*) to freeze* **2** (*fig.*, *fam.*: *sopportare controvoglia*) to put* up with (sb., st.).
sorbettièra, *f.* ice-cream freezer.
sorbettière, *m.* worker in an ice-cream factory.
sorbétto, *m.* sorbet; sherbet (*USA*). ● (*fig.*) **diventare un s.**, to be freezing □ (*fig.*) **Non è un s.!**, it's no joke!
sorbire, *v. t.* **1** (*a piccoli sorsi*) to drink* (in small sips); to sip (up): **s. il caffè** (**un liquore**), to sip coffee (a liquor) **2** (*fig.*: *sopportare con rassegnazione*) to bear*; to suffer; to put* up

with (sb., st.): **Mi sono dovuto s. quel noioso tutta la serata**, I had to put up with that boring fellow the whole evening.

sorbite, *f.* **sorbitòlo**, *m.* (*chim.*) sorbitol.

sòrbo, *m.* (*bot.*, *Sorbus domestica*) sorb; service(-tree). ● **s. selvatico** (*Sorbus aucuparia*), mountain ash; rowan(-tree).

sòrbola, **A** *f.* V. **sòrba**. **B** *al pl.*, *inter.* (*fam.*) my goodness!; goodness me!

sorcino, *a.* mouse-coloured; mous(e)y.

sórcio, *m.* (*zool.*, *Mus*) mouse*. ● (*fig.*) **far vedere i sorci verdi a q.**, (*sbalordire q.*) to astonish sb., to amaze sb.; (*mettere in difficoltà q.*) to lead sb. a dance.

sordàggine, *f.* deafness.

sordastro, *a.* deafish; slightly deaf; hard of hearing.

sordidaménte, *avv.* sordidly; meanly.

sordidézza, *f.* **1** (*sporcizia*, *anche fig.*) sordidness; filthiness **2** (*fig.*: *spilorceria*) sordidness; niggardliness; stinginess.

sórdido, *a.* **1** (*sporco*, *anche fig.*) sordid; filthy **2** (*fig.*: *spilorcio*) sordid; niggardly; stingy.

sordina, *f.* (*mus.*) mute; (*di pianoforte*) soft pedal. ● **in s.**, softly; (*fig.*) on the sly □ **mettere la s.**, to mute; to muffle the sound (of a musical instrument) □ **suonare con la s.**, to soft-pedal.

sordità, *f.* deafness.

sórdo, **A** *a.* **1** (*anche fig.*) deaf: **essere s. come una campana** (*o* **s. spaccato**, to be as deaf as a post; to be stone-deaf; **essere s. da un orecchio**, to be deaf in one ear; **È s. dalla nascita**, he has been deaf from birth; **essere s. alla ragione**, to be deaf (*o* dead) to reason; **essere s. alla voce dell'onore** (**del dovere**), to be deaf to the voice of honour (of duty) **2** (*di suono, rumore, ecc.*) dull; muffled; stifled; deadened; hollow: **un suono s.**, a dull sound; **con voce sorda**, in a stifled (*o* low) voice **3** (*fon.*) unvoiced: **una consonante sorda**, an unvoiced consonant. ● **colpo s.**, thump; thud □ **dolore s.**, dull pain □ (*fig.*) **fare una guerra sorda a q.**, to oppose sb. secretly □ **opposizione sorda**, underhand opposition □ **teatro s.**, theatre with very bad acoustics □ **tromba sorda**, muted trumpet □ **La vecchia sala è sorda**, the acoustics of the old hall are very bad □ (*prov.*) **Non c'è peggior s. di chi non vuol sentire**, none so deaf as those who won't hear. **B** *m.* deaf man*; (*pl. collett.*) (the) deaf. ● **fare il s.**, to turn a deaf ear □ **non intendere a s.**, to understand right away □ (*fig.*) **parlare ai sordi**, to cry (*o* to talk) to the winds.

sordomutìsmo, *m.* deaf-mutism.

sordomuto, **A** *a.* deaf and dumb; deaf-dumb; deaf-mute. **B** *m.* deaf-mute.

sorèlla, **A** *f.* **1** (*anche fig.*) sister: **fratelli e sorelle**, brothers and sisters; **una s. di latte**, a foster sister; (*leg.*) **una s. consanguinea**, a half-sister by the father's side; (*mitol.*) **le tre sorelle**, the three (*o* fatal) sisters; the Fates; (*mitol.*) **le nove sorelle**, the nine sister-goddesses; the Muses; **arti (lingue) sorelle**, sister arts (languages); **amarsi come sorelle**, to love one another like sisters; to be like sisters **2** (*suora*) sister: **sorelle della Carità**, Sisters of Charity. **B** *a.* sister (*attr.*): **nave s.**, sister ship.

sorellanza, *f.* **1** sisterhood **2** (*legame reciproco fra cose*) sisterhood; relationship.

sorellastra, *f.* half-sister; stepsister.

sorgènte, **A** *a.* rising; arising: **il sole s.**, the rising sun. **B** *f.* **1** (*geogr.*, *geol.*, *miner.*) spring; source: **acqua di s.**, spring water; **la s. d'un fiume**, the source of a river; **sorgenti termali**, hot springs **2** (*fis.*) source: **una s. di luce**, a light source **3** (*fig.*: *origine*) source; origin: **la s. di tutti i nostri mali**, the source of all our woes; **una s. di felicità**, a source of happiness; **una s. di guadagni** (**di ricchezza**), a source of profits (of wealth). ● **s. di petrolio**, oil-well.

sorgentifero, **sorgentizio**, *a.* relating to a spring; of a spring; spring (*attr.*): **bacino s.**, spring catchment basin (*o* area).

sórgere, *v. i.* (*levarsi*, *anche fig.*) to rise*: **A che ora sorge il sole?**, what time does the sun rise?; **s. a parlare**, to rise to speak; **s. in armi**, to rise in arms; **s. in piedi**, to rise (from one's seat); to get upon one's feet; to stand up; (*Bibbia*) **Sorgi e cammina**, rise and walk **2** (*scaturire*) to rise*; to spring*: **Dove sorge il Tevere?**, where does the Tiber rise?; **Lì presso sorgeva una fonte**, a fountain sprang nearby **3** (*fig.*: *nascere*) to arise*: **Sorgono nuove difficoltà**, new difficulties arise; **Sorse una discussione**, a discussion arose. ● **far s.**, to raise; to bring* about.

sorgiva, *f.* (*lett.*) spring.

sorgivo, *a.* spring (*attr.*): **acqua sorgiva**, spring water.

sórgo, *m.* (*bot.*, *Sorghum vulgare*) sorghum; durra; Indian (*o* common) millet.

soriano, **A** *a.* Syrian. **B** *m.* (*gatto s.*) tabby (cat).

sorite, *m.* (*filos.*) sorites*.

sormontàbile, *a.* **1** surmountable **2** (*fig.*) that may be overcome; surmountable.

sormontaménto, *m.* **1** surmounting **2** (*fig.*) overcoming; surmounting.

sormontare, **A** *v. t.* **1** to surmount; to rise* above: **s. una balza dopo l'altra**, to surmount one crag after another **2** (*di acque*) to overflow: **s. le sponde**, to overflow the banks **3** (*fig.*) to surmount; to overcome*: **s. una difficoltà** (**un ostacolo**), to surmount a difficulty (an obstacle). **B** *v. i.* (*di lembi di stoffa*: *sovrapporsi*) to overlap.

sornióne, **A** *a.* sly; sneaky. **B** *m.* sly dog; sneak; sly-boots (*fam.*).

sòro, *m.* (*bot.*) sorus*.

sororale, *a.* (*lett.*) sororal; sisterly: **affetto s.**, sisterly love.

sororicida, *m. e f.* sororicide.

sororicidio, *m.* sororicide.

soròsio, *m.* (*bot.*) multiple fruit.

sorpassare, *v. t.* **1** to surpass; to pass; to run* past; (*oltrepassare*) to go* beyond, to overstep, to overrun*; (*superare*) to excel, to outdo*, to outstrip, to outrun*; (*eccedere*) to exceed: **s. il limite di velocità**, to exceed the speed-limit; **s. q. in coraggio**, to surpass sb. in courage; **s. un concorrente**, to outrun a competitor; **s. un limite**, to overstep a limit; **s. ogni limite**, to surpass all limits; **s. q. senza notarlo**, to pass sb. without noticing him **2** (*autom.*) to overtake*; to pass. ● (*fig.*) **s. q. in astuzia**, to outwit sb.

sorpassato, **A** *a.* (*superato*, *non più attuale*) old-fashioned; out-of-date; out (*pred.*). **B** *m.* old-fashioned person.

sorpasso, *m.* (*autom.*) overtaking; passing: **divieto di s.**, no overtaking. ● **effettuare un s.**, to overtake.

sorprendènte, *a.* surprising; astonishing; amazing; (*inatteso*) unexpected, unlooked-for: **coraggio s.**, surprising bravery; **notizie sorprendenti**, surprising news; **un effetto s.**, an unlooked-for effect; **in modo s.**, in a surprising manner; to a surprising degree; surprisingly. ● **È davvero s.!**, what a wonder it is!

sorprendenteménte, *avv.* surprisingly; astonishingly; amazingly.

sorprèndere, **A** *v. t.* **1** (*cogliere di sorpresa*) to catch*; to surprise; to take* (sb.) by surprise (*o* unawares); to overtake*: **s. q. in flagrante**, to catch sb. in the very act; **s. q. mentre sta rubando**, to catch sb. stealing; **essere sorpreso dalla morte**, to be overtaken by death; **essere sorpreso dalla polizia**, to be caught by the police; **essere sorpreso da un temporale**, to be caught in a storm; to be overtaken by a storm; **s. il nemico**, to surprise the enemy; **s. un ladro che sta entrando in una casa**, to surprise a burglar in the act of breaking into a house **2** (*fig.*: *meravigliare*) to surprise; to astonish; to amaze: **Ciò mi sorprende davvero**, this greatly surprises me; **Niente più mi sorprende** (*o* **Non mi sorprendo più di nulla**), nothing surprises me any longer. ● **s. la buona fede di q.**, to take advantage of sb.'s confidence (in one): **Spero non sorprenderà la tua buona fede**, I hope he will not take advantage of your confidence in him. **sorprèndersi**, **B** *v. rifl.* **1** (*trovarsi all'improvviso*) to catch* oneself; to find* oneself: **Mi sorpresi a parlare da solo**, I caught myself speaking to myself **2** (*meravigliarsi*) to be surprised (*o* astonished, amazed) (at, by): **Ti sorprendi di vedermi qui?**, are you surprised to see me here?; **Non c'è da sorprendersene**, there is nothing to be surprised at; (it's) no wonder; **Non mi sorprenderebbe se piovesse**, I should not be surprised if it rained.

sorprésa, *f.* **1** (*improvvisata*) surprise: **una s. gradita** (**sgradita**), a pleasant (an unpleasant) surprise; **fare una s.**, to make a surprise **2** (*meraviglia*) surprise; astonishment; amazement: **non destare la minima s.**, not to arouse the least surprise; **con mia grande s.**, much to my surprise; **con s. di tutti**, to the surprise of everybody **3** (*irruzione*) raid: **La polizia fece una s. nella bisca clandestina**, the police made a raid on the gambling-den. ● **attacco di s.**, surprise attack; raid □ **avere in serbo una s.**, to have st. up one's sleeve (*fam.*) □ **di s.**, by surprise; unexpectedly; suddenly: **prendere q. di s.**, to take sb. by surprise □ **provare una grande s.** (**per q.c.**, **nell'apprendere q.c.**), to be greatly astonished (at st., at hearing st.).

sorpréso, *a.* (*stupito*) surprised; amazed; astonished.

sorrèggere, **A** *v. t.* **1** (*sostenere*) to support; to sustain; to hold* up; to prop up: **s. il tetto**, to support the roof; **Sorreggimi, altrimenti casco**, hold me up, otherwise I'll fall **2** (*fig.*) to sustain; (*incoraggiare*) to encourage; (*aiutare*) to assist, to help: **Lo sorregge la speranza**, he is sustained by hope; **La fede in Dio lo sorresse nelle sue sventure**, his faith in God helped him through his misfortunes. **sorrèggersi**, **B** *v. rifl.* (*sostenersi*) to sustain oneself; (*tenersi ritto*) to stand* (upright); to stay on one's feet: **Non mi sorreggevo**, I was unable to stand.

sorrentino, **A** *a.* Sorrentine; of Sorrentino: **la penisola sorrentina**, the Sorrentine peninsula. **B** *m.* inhabitant (*o* native) of Sorrento.

sorridènte, *a.* smiling: **occhi sorridenti**, smiling eyes.

sorrìdere, *v. i.* **1** (*anche fig.*) to smile: **s. a q.**, to smile at sb.; **scacciare le preoccupazioni sorridendo**, to smile one's cares away; **Che cosa ti fa s.?**, what is making you smile?; **Gli sorrideva la vita** (**la fortuna**), life (fortune) smiled (up)on him **2** (*fig.*: *attrar-*

re, piacere) to like; to appeal; to please: **È un'idea che mi sorride,** I like the idea (of it); **Quel progetto non mi sorride affatto,** that plan doesn't appeal to me at all.

sorriso, *m.* (*anche fig.*) smile: **il s. d'una madre,** the smile of a mother; **il s. della primavera,** the smiles of spring; **un s. ironico (di derisione),** an ironical (a scornful) smile; **un s. a fior di labbra,** a faint smile; **trattenere un s.,** to keep down a smile. ● **abbozzare un s.,** to smile faintly □ **acconsentire con un s.,** to smile consent □ **allontanare le lacrime con un s.,** to smile one's tears away □ **atteggiare la bocca a s.,** to assume a smiling expression □ **avere sempre il s. sulle labbra,** to be always smiling □ **fare un s.,** to smile.

sorsata, *f.* draught; gulp.

sorseggiare, *v. t.* to sip; to drink* (in small sips): **s. il tè,** to sip (one's) tea.

sórso, *m.* **1** sip; gulp; (*sorsata*) draught: **un s. di birra,** a draught of beer; **bere a piccoli sorsi,** to take small sips; to sip; **bere q.c. in un s.,** to swallow st. at one gulp; to drink st. at a draught **2** (*piccola quantità*) drop: **prendere un s. di q.c.,** to take (*o* to have) a drop of st.; **Vuoi un s. di acquavite?,** will you have a drop of brandy?; **Solo un s.!,** just a drop!

sòrta, *f.* kind; sort: **due (tutti) d'una s.,** two (all) of a kind; **d'ogni s.** (*o* **di tutte le sorte**), of every kind; of all sorts; of every description; **ogni s. di libri,** every kind (*o* all kinds, all sorts) of books; **dirne di tutte le sorte a q.,** to call sb. all sorts of names; **Gliene fanno d'ogni s.,** they play all sorts of tricks on him. ● **di (nessuna) s.,** whatever; whatsoever; **senza spesa di s.,** without any expense whatever; with no expense at all □ **Quel ragazzo ne fa d'ogni s.,** that boy is always up to mischief.

sòrte, *f.* **1** (*fortuna, destino*) fate; destiny; fortune; lot; luck: **i tiri della s.,** the tricks of fortune; **la buona (la cattiva) s.,** good (hard) luck; **condividere la s. di q.,** to cast (*o* to throw) in one's lot with sb.; **essere in balìa della s.,** to be at the mercy of fate; **meritare una s. migliore,** to deserve a better fate; **tentare la s.,** to try one's luck (*o* fortune); to take one's chance; **toccare in s. a q.,** to fall to sb.'s lot: **Mi toccò in s.,** it fell to (me as) my lot; **La s. ha deciso altrimenti,** fate has decided otherwise; **Ciascuno è schiavo della propria s.,** every man is a slave to his own destiny **2** (*caso, evento fortuito*) chance: **affidarsi alla s.,** to trust to chance; **far decidere q.c. alla s.,** to leave st. to chance; **Rimettiamoci alla s.,** let us leave it to chance. ● **le sorti d'un paese,** the future (*o* the destiny) of a country □ **avere la rara s. di avere q.c.,** to be so lucky as to have st. □ **estrarre q.c. a s.,** to draw st. by lot; to draw for st.: **I premi furono estratti a s.,** the prizes were drawn for □ **fare buon viso a cattiva s.,** to make the best of a bad bargain; to bite the bullet □ (*fam.*) **nella buona e cattiva s.,** through thick and thin □ **per buona s.,** luckily; fortunately □ **per mala s.,** unluckily; unfortunately □ **tirare a s.,** to draw lots □ **S. volle che...,** it happened that... □ **Ho avuto la s. di conoscerlo a Parigi,** I happened to meet him in Paris □ **La sua s. è segnata,** his hour has struck.

sorteggiàbile, *a.* that can be drawn by lot.

sorteggiare, *v. t.* to draw*; to draw* lots for (st.): **s. un nome,** to draw a name.

sortéggio, *m.* drawing of lots; draw. ● **Fu fatto il s.,** the lots were drawn; they drew lots.

sortilègio, *m.* sorcery; witchcraft.

sortire (1), *v. t.* (*lett.*: *avere in sorte*) to get* (by chance); to be endowed with; to have; to receive: **s. un grande ingegno,** to be endowed with great talent. ● **s. buon effetto,** to be successful □ **non s. buon effetto,** to be unsuccessful.

sortire (2), *v. i.* **1** (*uscire a sorte*) to be drawn (by lot); to come* out: **Questo numero non è sortito,** this number has not come out **2** (*mil.*) to make* a sortie; to sally **3** (*pop.: uscire*) to go* out: **È sortito proprio ora,** he has just gone out.

sortita, *f.* **1** (*mil.*) sortie; sally: **una s. cieca,** a night sortie; **fare una s.,** to make a sortie; to sally **2** (*teatr.*) entrance **3** (*pop.*) *battuta*) sally; brilliant (*o* witty) remark **4** (*pop.: uscita*) going out.

sorvegliante, *m.* watchman*; guard; caretaker; keeper; (*soprintendente*) superintendent, surveyor, overseer: **un s. notturno,** a night watchman.

sorveglianza, *f.* watch; guard; caretaking; keeping; (*soprintendenza*) superintendence, supervision, overseeing, oversight. ● **sotto s. speciale,** under police surveillance.

sorvegliare, *v. t. e i.* **1** to guard; to watch: **s. un prigioniero,** to guard a prisoner **2** (*soprintendere*) to superintend; to supervise; to oversee* **3** (*tener d'occhio*) to keep* an eye on (sb.); to look after, to watch (sb., st.): **s. i bambini,** to keep an eye on the children.

sorvegliato, A *m.* (*s. speciale*) person (kept) under police surveillance (*o* observation). B *a.* **1** (*tenuto d'occhio*) supervised; watched over **2** (*vigilato*) guarded; controlled; kept under watch.

sorvolare, *v. t. e i.* **1** (*aeron.*) to fly* over: **L'aeroplano sorvolò la città,** the aeroplane flew over the city **2** (*fig.*) to pass over; to overlook; (*omettere*) to leave* out, to omit, to skip: **s. sui particolari,** to pass over the details.

sorvólo, *m.* (*aeron.*) flying over.

S.O.S., *m.* (*anche fig.*) S O S: **lanciare un S.O.S.,** to send out an S O S.

soscrizióne, *f.* publisher's imprint.

sòsia, *m.* second self; double: **incontrare il proprio s.,** to meet one's double.

sospèndere, *v. t.* **1** (*attaccare in alto*) to suspend; (*appendere*) to hang* up: **s. un lampadario al soffitto,** to suspend a chandelier from the ceiling; **s. un quadro,** to hang up a picture; **essere sospeso a un filo,** to hang by a (single) thread **2** (*fig.*: *interrompere per un dato periodo di tempo*) to suspend; to stop; to interrupt; (*rinviare*) to put* (*o* to call) off, to adjourn, to defer, to postpone, to delay: **s. il proprio lavoro,** to stop one's work; **s. la partenza,** to put off one's departure; **s. la pubblicazione d'un giornale,** to suspend (the publication of) a newspaper; **s. q.c. a tempo indeterminato,** to postpone st. «sine die»; **s. una cura** (*medica*), to stop a treatment; **s. una rappresentazione,** to call off a performance; **s. una seduta,** to adjourn a sitting **3** (*fig.*: *privare per qualche tempo di una carica e sim.*) to suspend; (*radiare*) to strike* off, to remove: **s. q. da un impiego,** to suspend (*o* to remove) sb. from an office: **s. uno studente,** to suspend (*a* Oxford: to send down) a student; **s. un giocatore di calcio per ripetute infrazioni del regolamento,** to suspend a football player for repeated breaches of the rules **4** (*comm., leg.*) to suspend; to stop; to stay: **s. i pagamenti,** to stop payment; **s. un'azione legale,** to stay proceedings; **s. un assegno,** to stop a cheque. ● **s. ogni attività,** to shut up shop □ (*relig.*) **s. un sacerdote «a divinis»,** to suspend a priest (from the exercise of sacred functions) □ (*leg.*) **s. una sentenza,** to remit a sentence; to stay judgment.

sospensióne, *f.* **1** (*l'attaccare in alto*) suspension; suspending; (*l'appendere*) hanging up **2** (*interruzione*) suspension; interruption; stoppage; (*differimento*) adjournment, postponement, delay, deferment, putting off: **la s. delle ostilità,** the suspension of hostilities; **la s. d'una condanna a morte,** the postponement of a death sentence; **la s. d'una riunione (d'una seduta),** the adjournment of a meeting (of a sitting) **3** (*il privare per qualche tempo d'una carica e sim.*) suspension; (*radiazione*) striking off, removal: **la s. da un ufficio,** the suspension from an office; **la s. d'uno studente,** the suspension of a student **4** (*fig.*: *ansia*) suspense; anxiety; apprehension: **con gran s.,** in great suspense **5** (*comm.*) suspension; stoppage: **la s. dei pagamenti,** the suspension of payment **6** (*chim., mecc.*) suspension: **s. colloidale,** colloidal suspension; **s. elastica,** elastic suspension; **bracci della s.,** suspension arms; (*autom.*) **s. anteriore,** front-wheel suspension. ● (*mecc.*) **s. cardanica,** gimbals □ (*leg.*) **s. condizionale** (*della pena*), probation □ **s. del lavoro,** cessation of work □ **s. disciplinare** (*dal lavoro*), disciplinary lay-off □ **s. del pagamento dell'affitto** (*da parte di un gruppo d'inquilini*), rent strike □ **particelle di polvere** (*di vapore, ecc.*) **in s.,** suspended particles of dust (of steam, etc.) □ **puntini di s.,** dots.

sospensiva, *f.* **1** adjournment; postponement; delay: **chiedere la s.,** to ask for a delay **2** (*leg.*) abeyance.

sospensivo, *a.* (*anche fig.*) suspensive: **un veto s.,** a suspensive veto. ● **punti sospensivi,** dots.

sospensóre, *m.* suspensor; suspender; hanger.

sospensòrio, A *a.* (*anat.*) suspensory: **un muscolo s.,** a suspensory muscle. B *m.* suspensory (bandage); (*sport*) jock-strap.

sospéso, A *a.* **1** (*attaccato in alto*) suspended; (*appeso*) hanging: **una lampada sospesa al soffitto,** a lamp suspended (*o* hanging) from the ceiling **2** (*interrotto*) suspended, interrupted; (*rinviato*) adjourned, postponed, deferred **3** (*privato per qualche tempo d'una carica e sim.*) suspended **4** (*fig.: incerto, perplesso*) doubtful; hesitating; uncertain. ● **col fiato s.,** out of breath □ **far tenere s. il fiato a q.,** to take sb.'s breath away □ **in s.,** (*bur.*) in abeyance, outstanding, pending; (*comm.*) unpaid, outstanding; (*fig.*) anxious, in suspense: **tenere una pratica in s.,** to hold a matter in abeyance; to let a matter hang over; **conti in s.,** outstanding accounts; **tenere q. in s.,** to keep (*o* to hold) sb. in suspense □ **rimanere con l'animo s.,** to be in suspense □ **stare con l'animo s.,** to be anxious; to be on tenterhooks □ **tenere tutto in s. fino all'ultimo minuto,** to let everything hang over to the last minute. B *m.* (*bur.: pratica in s.*) outstanding (*o* pending) matter.

sospettàbile, *a.* suspectable; open to suspicion.

sospettare, A *v. t.* **1** to suspect: **s. q. di q.c.,** to suspect sb. of st.; **È sospettato di assassinio,** he is suspected of murder; **s. un'insidia,** to suspect a plot; **s. che si stia macchinando q.c.,** to suspect that trouble is brewing **2** (*credere, immaginare*) to think*; to

sostenére

imagine; to surmise; to suspect: **Non avrei mai sospettato in voi tanto coraggio**, I would never have thought you had so much courage. **B** *v. i.* **1** to suspect: **La polizia sospettò subito di lui**, the police suspected him immediately **2** (*diffidare*) to suspect; to have one's suspicions; to be suspicious; to mistrust; to distrust; not to trust: **Egli non sospetta di niente**, he doesn't suspect anything; he hasn't the least suspicion; **Egli sospetta di tutti**, he doesn't trust anybody; **Lo sospettavo**, I had my suspicions (*o* doubts) about it.

sospètto (1), A *a.* **1** (*che desta diffidenza*) suspect (*pred.*); suspected; suspicious: **circostanze sospette**, suspicious circumstances; **un contegno s.**, a suspicious behaviour; **un tipo s.**, a suspicious character; **L'affermazione del ladro è sospetta**, the thief's statement is suspect **2** (*dubbio*) doubtful: **di provenienza sospetta**, of doubtful origin. **B** *m.* (*persona sospetta*) suspect: **La polizia ha fermato tutti i sospetti**, the police are detaining all the suspects.

sospètto (2), *m.* suspicion; (*dubbio*) doubt, misgiving: **avere** (*o* **nutrire**) **un s.**, to have a suspicion; to smell a rat (*fam.*); **destare s.**, to arouse suspicion; **essere al di sopra d'ogni s.**, to be above suspicion; **non avere il minimo s.**, not to have the least suspicion; **scacciare ogni s.**, to dispel all doubts and fears. ● **mettere q. in s.**, to make sb. suspicious □ **essere tenuto in s. da q.**, to be suspected by sb.

sospètto (3), *m.* (*fam.: piccola quantità*) suspicion; dash.

sospettosaménte, *avv.* suspiciously.

sospettosità, *f.* suspiciousness.

sospettóso, *a.* suspicious; mistrustful; distrustful: **uno sguardo s.**, a suspicious look.

sospingere, *v. t.* **1** (*spingere in avanti*) to drive* (forward); to push (forward): **s. una carrozzina per bambini**, to push a pram; **essere sospinto dal vento**, to be driven by the wind **2** (*fig.: incitare*) to drive*; to urge; to impel: **s. q. alla disperazione**, to drive sb. to despair; **s. q. a fare q.c.**, to urge sb. to do st.; **Che cosa lo sospinse a fare una cosa del genere?**, what impelled him to do such a thing?

sospinto, *a.* − **a ogni piè s.**, at every step; (*fig.*) at every moment.

sospirare, A *v. i.* (*anche fig.*) to sigh: **s. come un mantice**, to sigh like a furnace; **s. di sollievo** (**per il dolore**, **ecc.**), to sigh with relief (with grief, etc.); **s. per la morte di q.**, to sigh for (*o* to lament, to mourn over, to grieve over, to bewail) sb.'s death; **s. per q.** (**per q.c.**), to sigh (*o* to pine) for sb. (for st.). **B** *v. t.* to sigh for; to long for; to pine for; to yearn for; to crave for: **s. la fine della guerra**, to sigh for the end of the war; **s. la pace**, to sigh (*o* to long) for peace; **s. una vacanza**, to long for a holiday. ● **far s. q.c. a q.**, to keep sb. longing (*o* yearning) for st. □ **esprimere il proprio dolore sospirando**, to sigh out one's grief □ **far s. q.**, to make sb. suffer; to cause sb. much suffering □ **farsi s.**, to keep sb. waiting a long time: **Mi hai fatto proprio s.!**, you've kept me waiting so long! □ **trascorrere i giorni sospirando**, to sigh away one's days.

sospirato, *a.* sighed-for; longed-for; yearned-for: **quel s. giorno**, that longed-for day.

sospiro, *m.* sigh: **un profondo s.**, a deep sigh; **mandare un s.**, to heave (*o* to give, to utter) a sigh; **con un s. di sollievo** (**di rammarico**), with a sigh of relief (of regret); **il Ponte dei Sospiri**, the Bridge of Sighs. ● **a sospiri**, at (long) intervals: **pagare a sospiri**, to pay at long intervals □ **con lacrime e sospiri**, weeping and sighing □ **costare molti sospiri**, to cause a lot of trouble □ **dare un s. di sollievo**, to sigh with relief □ (*lett.*) **mandare** (*o* **rendere**) **l'ultimo s.**, to breathe one's last.

sospiróso, *a.* **1** sighing; full of sighs **2** (*malinconico*) melancholy; plaintive.

sossópra, *V.* **sottosópra**.

sòsta, *f.* halt (*specialm. mil.*); (*fermata*) stop, stay; (*pausa*) pause; (*interruzione*) break; (*posa*) rest; (*tregua*) respite: **una s. di un'ora**, an hour's break; **Dopo varie soste, raggiungemmo la vetta**, after several rests, we got to the top; **fare una s.**, to halt; to have a rest; **non dare s.**, to give no rest (*o* peace); **non trovare s.**, to find no rest (*o* peace); **senza s.**, without respite; incessantly. ● **divieto di s.** (*o* **s. vietata**), no parking; no waiting □ **fare (una) s.**, to stop □ **fare un po' di s.**, to stop for a while □ **luogo di s.**, halting-place □ (*comm.*) **merci in s.**, goods on demurrage □ **un viaggio senza soste intermedie**, a non-stop journey.

sostantivale, *a.* (*gramm.*) substantival.

sostantivaménte, *avv.* (*gramm.*) substantively; as a substantive.

sostantivare, *v. t.* (*gramm.*) to substantivize; to substantivate. ● **aggettivo sostantivato**, adnoun.

sostantivazióne, *f.* (*gramm.*) substantivization; substantivation.

sostantivo, (*gramm.*) **A** *a.* substantive: **il verbo s.**, the substantive verb. **B** *m.* substantive; noun.

sostanza, *f.* **1** (*materia*) substance; matter; material; stuff: **la s. prima**, the first (*o* primary) substance; **sostanze liquide** (**gassose**, **solide**), liquid (gaseous, solid) substances; **sostanze medicinali**, medicinal substances; drugs; **s. colorante**, colouring matter; dye; dyestuff; **una s. grassa**, a fatty matter; **una s. tossica**, a poisonous substance; a toxicant; (*edil.*) **s. bituminosa**, bituminous material; (*chim.*) **s. corrosiva**, corroding substance **2** (*parte essenziale*) substance; essence; gist: **la s. delle cose**, the essence of things; **la s. d'un libro** (**d'un discorso**), the substance (*o* the essential points) of a book (of a speech); **la s. di quanto egli disse**, the substance of what he said; **badare alla s. e non alla forma**, to mind the substance, not the form; **sacrificare la s. per l'apparenza**, to lose the substance for the shadow **3** (*pl.: patrimonio*) substance (*sing.*); property (*sing.*); wealth (*sing.*); riches: **accumulare sostanze**, to accumulate wealth; **dissipare le proprie sostanze**, to squander one's property. ● **sostanze alimentari**, foodstuffs □ **s. radioattiva**, radioactive substance; radiator □ **cibo che dà s.**, nourishing (*o* substantial) food □ **dare s.**, to nourish; to be nourishing □ **in s.**, (*essenzialmente*) in substance; (*in conclusione*) to sum up, in conclusion □ **un pasto di s.** (**di poca s.**), a substantial (an unsubstantial) meal.

sostanziale, A *a.* substantial; essential; (*fondamentale*) fundamental: **differenze sostanziali**, substantial differences; **la parte s. d'un discorso**, the essential part of a speech. **B** *m.* (the) substantial; (*sostanza*) substance.

sostanzialismo, *m.* (*filos.*) substantialism.

sostanzialista, *m.* (*filos.*) substantialist.

sostanzialità, *f.* substantiality.

sostanzialménte, *avv.* in substance; substantially.

sostanziare, A *v. t.* (*lett.*) to substantiate; to substantialize. **sostanziarsi, B** *v. rifl.* to be substantiated (*o* substantialized).

sostanziosità, *f.* nutritiousness.

sostanzióso, *a.* **1** (*che dà sostanza*) substantial; nourishing, nutritious; rich: **cibo s.**, substantial food; **un pasto s.**, a substantial meal **2** (*fig.: profittevole*) profitable; valuable: **un libro s.**, a profitable book.

sostare, *v. i.* to stop (for a while); to stay; to pause: **s. dal lavoro** (**dal parlare**), to stop working (speaking).

sostégno, *m.* **1** (*cosa atta a sostenere*) support; prop; stand: **servire di s. a q.c.**, to serve as a support to st. **2** (*fig.*) support; prop; stay; staff: **s. morale**, moral support; **il s. della vita**, the staff of life; **essere il s. della famiglia**, to be the chief support of one's family; **Sarà il s. della mia vecchiaia**, he will be the staff of my old age; **a s. di**, in support of **3** (*mecc.*) support; brace; standard **4** (*edil.*) support **5** (*di autobus, ecc.*: *maniglia a pendaglio*) strap. ● (*naut.*) **s. del timone**, dumb-chalder □ **muro di s.**, retaining (*o* breast) wall.

sostenére, A *v. t.* **1** (*reggere, portare su di sé*) to support; to sustain (the weight of); to carry (the weight of); to hold* up; to uphold*; to prop: **s. un fardello**, to support (*o* to carry) a burden; **Queste colonne sostengono il tetto**, these columns carry the weight of the roof; **Questo scaffaletto non può s. il peso di tutti i libri**, this light shelf cannot sustain (the weight of) all the books; **Sostienilo, altrimenti cadrà**, hold him up, or he will fall **2** (*sopportare*) to sustain; to bear*; to stand*: **s. una grave perdita**, to sustain (*o* to suffer) a heavy loss; **s. una prova**, to stand a test; **s. il confronto con q.** (**con q.c.**), to stand comparison with sb. (with st.) **3** (*resistere, far fronte a*) to withstand*; to resist: **s. un assedio**, to withstand a siege; **s. un assalto dei nemici**, to resist an enemy attack **4** (*difendere*) to support; to give* support to; to stand* up for; to uphold*; to defend; (*patrocinare*) to advocate: **s. q.**, to stand up for sb.; **s. un partito politico**, to support a political party; **s. il proprio punto di vista**, to defend one's point of view **5** (*proteggere, aiutare*) to help; to assist; to back up; to stand* by: **s. un amico nel bisogno**, to help a friend in need **6** (*provvedere al mantenimento di*) to support; to provide for; to maintain; to keep*: **s. una famiglia numerosa**, to support (*o* to keep, to provide for) a big family **7** (*mantenere in forze*) to sustain; to nourish; to be nourishing **8** (*affermare, propugnare*) to maintain; to assert; to claim: **s. un diritto** (**una causa**), to assert a claim (a cause); **s. la propria innocenza**, to assert one's innocence; to maintain that one is innocent; **s. che una cosa non è vera**, to maintain that st. is not true **9** (*comm.*) to keep* up: **s. i prezzi**, to keep up prices; **s. la piazza**, to keep up the market-price; to support the market **10** (*fig.: tenere alto*) to keep* up: **Dobbiamo s. il buon nome dell'azienda**, we must keep up the good name of our firm **11** (*mantenere*) to keep* up: **Temo che non potremo s. a lungo un tenore di vita così alto**, I am afraid we cannot keep up such a high standard of life for a long time. ● **s. una carica importante**, to hold an important office □ **s. la concorrenza**, to stand up to competition; to meet (all) competition □ **s. la conversazione**, to keep the conversation going; to keep the ball rolling (*fam.*) □ **s. una conversazione in inglese**, to carry on a conversation in English □ (*leg.*) **s. la difesa di q.**, to defend sb. □ **s. un esame**, to take (*o* to sit for) an exam □ **s. l'esame (scritto) di spagnolo**, to sit one's Spanish

sostenibile

exam □ **s. finanziariamente**, to stake; to back; (*imprese e sim.*) to underwrite □ **s. il mare**, (*di persona*) to be a good sailor; (*di nave*) to ride well □ **s. il martirio**, to suffer martyrdom □ (*mus.*) **s. una nota**, to sustain (*o* to hold) a note □ (*teatr.*) **s. una parte**, to sustain (*o* to perform, to act, to play) a part (*o* a rôle) □ **s. le spese**, to meet the expenses. **sostenérsi**, B *v. rifl.* **1** (*reggersi in piedi*) to support oneself; to stand* (*anche fig.*): **s. su di un piede**, to stand on one leg; **È una teoria che non si sostiene**, it's a theory that won't stand **2** (*mantenersi vigoroso*) to support oneself; to sustain oneself; to keep* up one's strength: **s. con cibi sostanziosi**, to support oneself on nourishing food. ● **s. con un bastone**, to lean on a stick.

sostenìbile, *a.* **1** (*di opinioni, idee*) tenable; sustainable; maintainable: **un'affermazione s.**, a tenable statement **2** (*sopportabile*) bearable; endurable; tolerable.

sostenibilità, *f.* **1** (*di opinioni, idee*) tenability; tenableness **2** (*sopportabilità*) bearableness; endurableness; tolerableness.

sostenimento, *m.* (means of) sustenance; nourishment.

sostenitóre, A *m.* supporter; upholder; advocate; champion: **il s. d'una persona** (**d'una causa**), the supporter of a person (a cause); **il s. d'una dottrina**, the upholder of a doctrine; **un s. dei diritti della donna**, a champion of woman's rights; (*sport*) **un s. di una squadra di calcio**, a supporter of a football team. B *a.* supporting; contributing: **socio s.**, contributing member.

sostentamento, *m.* **1** (*mantenimento*) sustenance; support; maintenance: **provvedere al s. di q.**, to provide for sb.'s maintenance; **uno scarso s.**, a scanty sustenance **2** (*nutrimento*) (means of) sustenance; nourishment.

sostentare, A *v. t.* to support; to maintain; to provide for; to keep*: **s. i poveri**, to support the poor; **s. la famiglia**, to provide for (*o* to support) one's family. **sostentarsi**, B *v. rifl.* to support oneself; to subsist: **s. a base di frutta**, to subsist on fruit.

sostentatóre, A *m.* supporter; maintainer. B *a.* supporting. ● **gas s.**, lifting gas.

sostentazióne, *f.* **1** V. **sostentaménto 2** (*aeron., naut.*) sustentation.

sostenutézza, *f.* reservedness; reserve; stiffness; standoffishness.

sostenuto, *a.* **1** (*riservato*) reserved; stiff; cold; uncommunicative; standoffish; offish (*fam.*): **modi sostenuti**, stiff manners; **mantenere un contegno s.**, to be reserved; **Non fare il s.!**, don't be standoffish! **2** (*rif. a stile*) elevated; lofty: **uno stile s.**, a lofty style **3** (*comm.: che si mantiene alto*) continuing high (*pred.*); stable; steady; strong; stiff: **prezzi sostenuti**, prices continuing high; **mercato s.**, steady market **4** (*mus.*) sostenuto. ● **s. dall'aria**, air-borne.

sostituìbile, *a.* replaceable; substitutable.

sostituibilità, *f.* replaceability; substitutability.

sostituire, A *v. t.* **1** (*mettere al posto di un altro*) to replace: **s. una parola a un'altra**, to replace a word with another one **2** (*prendere il posto di un altro*) to replace; to substitute; to take* (sb.'s) place; (*fare le veci di*) to act for: **s. q. per alcuni giorni**, to take sb.'s place for a few days **3** (*mecc.*) to replace; to change; to supersede. **sostituirsi**, B *v. rifl.* to take* the place of (sb., st.).

sostitutivo, *a.* substitutive.

sostituto, *m.* substitute; deputy; backup; sub (*fam.*). ● **S. Procuratore della Repubblica** (*in Italia*), Assistant Public Prosecutor □ **s. temporaneo**, stopgap.

sostituzióne, *f.* replacement; substitution. ● (*autom.*) **s. della ruota**, wheel change □ (*leg.*) **s. di persona**, personation □ (*leg.*) **s. testamentaria**, substitution □ **agire in s. di q.**, to take sb.'s place □ **in s. di**, as a substitute for; in the place of.

sostrato, *m.* **1** (*strato sottostante*) substratum*; lower layer **2** (*fig.*) substratum*; basis*; foundation **3** (*geol., linguistica*) substratum*.

sostruzióne, *f.* (*archeol.*) substructure; under-structure; substruction.

soteriologìa, *f.* (*relig.*) soteriology.

soteriològico, *a.* (*relig.*) soteriological.

sottàbito, *m.* (*fam.*) petticoat; under-skirt; slip.

sottacére, *v. t.* to omit (to say); to leave* out; to fail to mention; to keep* to oneself.

sottacéto, A *avv.* by pickling. ● **conservare** (*o* **mettere**) **s.**, to pickle. B *a.* pickled: **peperoni s.**, pickled peppers. C *m. pl.* pickles: **Non mi piacciono i sottaceti**, I don't like pickles.

sottaciuto, *a.* (deliberately) omitted; unmentioned.

sottàcqua, *avv.* under water: **nuotare s.**, to swim under water. ● (*fig.*) **lavorare s.**, to scheme.

sottalimentazióne, *f.* undernourishment.

sottana, *f.* **1** (*sottoveste*) petticoat; under-skirt; slip **2** (*gonna*) skirt: **una s. a pieghe**, a pleated skirt **3** (*relig.*) cassock; soutane **4** (*pl., fam.: donne*) women: **correre dietro alle sottane**, to run after women; to be a skirt-chaser (*fam.*). ● (*fig.*) **essere attaccato** (*o* **cucito**) **alle sottane della mamma**, to be tied to one's mother's apron-strings.

sottarco, *m.* (*archit.*) underside of an arch.

sottécchi, *avv.* stealthily; by stealth; furtively: **guardare q.** (**di**) **s.**, to look at sb. furtively; to cast a furtive glance at sb.

sottèndere, *v. t.* (*geom.*) to subtend: **La corda sottende un arco**, the chord subtends an arc.

sottentrare, *v. i.* to take* the place of; to replace, to substitute (sb.): **s. a q.**, to take sb.'s place.

sotterfùgio, *m.* subterfuge; (*tranello*) trick; (*espediente*) expedient, dodge: **ricorrere ai sotterfugi**, to resort to subterfuge. ● **di s.**, secretly; furtively; by stealth.

sottèrra, V. **sottotèrra**.

sotterràbile, *a.* that may be buried.

sotterraménto, *m.* burial.

sotterrànea, *f.* (*ferr.*) underground (railway); subway (*USA*).

sotterràneo, A *a.* underground; subterranean: **sorgenti sotterranee**, subterranean springs; **una ferrovia sotterranea**, an underground (railway); a subway (*USA*); **un corridoio s.**, an underground passage; a subway. ● **il mondo s.**, the underworld □ (*mil., miss.*) **un rifugio s.**, a hardened shelter. B *m.* **1** cellar; vault **2** (*pl.: prigioni sotterranee*) dungeons.

sotterrare, *v. t.* **1** to lay* underground; (*seppellire*) to bury (in the ground); (*nascondere*) to hide* (in the ground): **s. i morti**, to bury the dead; **s. un tesoro**, to bury a treasure **2** (*agric.: semi*) to sow*; to plant. ● **Piuttosto andrei a farmi s., che...**, I would sooner die than... □ **Può andare a farsi s.!**, he has had it!

sotterrato, *a.* buried; placed underground: **morto e s.**, dead and buried; (*fig.*) obsolete, over and done with.

sottéso, *a.* **1** (*geom.*) subtended **2** (*lett., fig.*: *venato*) tinged (with): **s. di malinconia**, tinged with melancholy.

sottigliézza, *f.* **1** thinness: **la s. d'un filo metallico**, the thinness of a wire **2** (*magrezza*) thinness; slenderness; slimness; tenuity: **Il cervo si doleva della s. delle sue gambe**, the stag complained of the slenderness of his legs **3** (*fig.: acutezza*) subtlety; subtleness; acuteness; keenness: **s. di mente**, acuteness of mind; quick-wittedness **4** (*sofisticheria*) cavil; quibble: **Non è che una s.**, that's but a cavil; **Le sue obiezioni non mi sembrano che sottigliezze**, his objections seem to me to be mere quibbles.

sottile, A *a.* **1** (*che ha poco spessore*) thin: **carta s.**, thin paper; **un filo metallico molto s.**, a very thin wire **2** (*magro, snello*) thin; slender; slim; tenuous: **gambe sottili**, slender legs; **una ragazza alta e s.**, a tall, slender girl **3** (*fig.: fine, leggero*) thin; fine; light: **aria s.**, thin air; **polvere s.**, fine dust; **una brezzolina s.**, a light breeze; **capelli sottili**, thin hair; **una voce s.**, a thin voice **4** (*fig.: acuto*) subtle; acute; keen; sharp; (*cavilloso*) quibbling, hair-splitting: **una distinzione s.**, a subtle distinction; **un ragionamento s.**, a subtle argument; **una mente s.**, a subtle (*o* an acute) mind; **un orecchio s.**, a sharp ear; keen hearing; **un uomo d'ingegno s.**, a subtle-witted man **5** (*fig.: astuto*) sly; cunning: **un piano s.**, a sly plan. ● (*pop.*) **mal s.**, consumption. B *m.* thin part. ● **guardare troppo per il s.**, to be fastidious (*o* too particular); to split hairs.

sottilétte, *f. pl.* (*di formaggio*) slices of processed cheese.

sottilizzare, *v. i.* to subtilize; to split* hairs.

sottilménte, *avv.* **1** (*in modo sottile*) thinly; finely **2** (*con acume*) subtly; with subtlety: **argomentare s.**, to argue subtly.

sottinsù, di, *locuz. avv.* upward(s); from underneath; from below.

sottintèndere, *v. t.* **1** to understand*: **Dalle sue parole sottintesi che avesse il denaro**, from his words I understood he had the money (with him); **condizioni espresse o sottintese**, conditions expressed or understood; **s. un sostantivo dopo il participio**, to understand a substantive after the participle; **È sottinteso il verbo**, the verb is understood **2** (*implicare*) to involve; to imply: **Il lavoro sottintende dei sacrifici**, work involves sacrifices. ● **Si sottintende!**, that's obvious!; of course!

sottintéso, A *a.* understood; implied; unexpressed; (*tacito*) tacit: **È s.!**, that's (to be) understood!; of course! B *m.* implicit meaning; implied reference; (*allusione*) allusion, hint. ● **parlare per sottintesi**, to speak allusively; to hint □ **parlare senza sottintesi**, to speak openly.

sótto, A *prep.* **1** (*generalm.*) under (*anche fig.*): **s. a** (*o* **di**) **me**, under me; **s. un albero**, under a tree; **s. il cielo**, under the sky; **s. una coperta**, under a blanket; **s. terra**, under the ground; **s. chiave**, under lock and key; **s. i propri occhi**, under one's (very) eyes; **s. una luce favorevole**, under favourable light; **mettere una lettera s. un libro**, to put a letter under a book; **vivere s. lo stesso tetto**, to live under the same roof; **avere q.c. s. il naso**, to have st. under one's nose; **s. Augusto**, under Augustus; during the rule of Augustus; **s. il dominio francese**, under (the) French rule; **s. la protezione di q.**, under the protection of sb.; under sb.'s wing; **s. falso nome**, under an assumed name; **s. lo pseudonimo di**, under the pseudonym of; **s. l'impulso del momento**, under the impulse of the moment; **essere s. contratto con una ditta**, to be under contract with a firm; **essere s. il fuoco del nemico**, to be under the fire of the enemy; **essere s. il peso d'una grave accusa**, to be under a terrible accusation; **essere s. l'influenza dell'alcol**, to be under the influence of alcohol 2 (*più in basso*) below; (*a sud di*) south of; (*al di sotto*) beneath, underneath: **l'appartamento s. il nostro**, the flat below ours; **s. il livello del mare**, below sea-level; **s. la finestra di q.**, beneath sb.'s window; **s. la media**, below average; (*fin.*) **s. la pari**, below par; **s. costo**, below cost; **s. zero**, below zero; **a un miglio s. Roma**, one mile south of Rome; **non fare niente al di s. della propria dignità**, to do nothing beneath one's dignity 3 (*per indicare quantità o cifra minore*) under; less than: **s. il chilometro**, less than a kilometer; **i bambini s. i sei anni**, children under six years of age; **un giovane s. i trent'anni**, a young man under thirty 4 (*in locuzioni di tempo*: *in prossimità di*) near; around; (*durante*) at, during: **s. gli esami**, near examination-time; during the examinations; **s. il Natale**, at Christmas-time 5 (*cucina*) in: **sotto olio**, in oil. ● **s. altro nome**, by another name □ **s. questo aspetto**, from this point of view □ **affermare s. giuramento**, to swear upon oath □ (*fig.*) **mettere q.c. s. i denti**, to have a bite; to eat □ **parlare s. voce**, to speak in a low voice □ **passare s. silenzio q.c.**, to pass st. over (in silence); to say nothing about st. □ **prendere q.c. s. gamba**, to make light of st. □ (*fig.*) **ridere s. i baffi**, to laugh up one's sleeve. **B** *avv.* **1** under; below; beneath; underneath: **trovarsi di s.**, to be below; **qui s.**, under here; **lì s.**, under there; **tenere q. s.**, to keep sb. under; **Non c'è nulla s.**, there is nothing underneath 2 (*per indicare un piano inferiore di casa*) downstairs: **È andato di s.**, he has gone downstairs; **Dev'essere s.**, he must be downstairs; **Abitano s.**, they live downstairs 3 (*per indicare la parte inferiore di un oggetto o di una pila di oggetti*) at the bottom: **Questo libro va sopra o s.?**, does this book go on top or at the bottom? ● **s. s.**, (*in fondo*) right down, in secret, secretly, on the quiet; (*fig.*: *intimamente*) deep down, in one's heart of hearts □ **andare s.**, (*sommergersi*) to go down; (*tramontare*) to go down, to go below the horizon, to set; (*essere investito*) to be hit, to be run over □ **il cassetto (lo scaffale, ecc.) di s.**, the bottom drawer (shelf, etc.) □ (*fig.*) **dare s. a q.c.** (*per venirne presto a capo*), to get down to st.: **Dacci s.!**, get down to it! □ **di s.**, below; (*al piano di s.*) downstairs □ **farsi s.** (*avvicinarsi*) to draw near (*o* nearer); (*spingersi innanzi*) to push oneself forward □ **il labbro di s.**, the lower lip □ (*sport: cricket, ecc.*) **lancio dal di s.**, underhand bowl (*o* bowling) □ **mettere q. s.**, (*fig.*, *sottometterlo*) to get the upper hand of sb.; (*investirlo con un automezzo*) to hit sb., to run sb. over □ (*sport: cricket, ecc.*) **palla lanciata dal di s.**, underhand ball □ **le stanze di s.**, the downstair(s) rooms □ **S., ragazzi!**, come on, boys! □ **Vedi s.**, see below □ (*fig.*) **Qualcosa s. ci dev'essere**, there must be something behind it. **C** *m.* (*parte inferiore*) bottom; underneath; (*lato inferiore*) underside: **il s. d'un piatto**, the underside of a plate.

sottoalimentato, *a.* undernourished; underfed.
sottoalimentazióne, *V.* sottalimentazione.
sottoascèlla, *f.* dress-shield.
sottobanco, *avv.* **1** (*di nascosto*) underhand; secretly **2** (*di merce*) under the counter (*o* the table); underhand: **vendere q.c. s.**, to sell sc. under the counter. ● (*fig.*) **mettere q.c. s.**, to hush st. up.
sottobicchière, *m.* glass-mat; coaster; (*piattino*) saucer.
sottobórdo, *avv.* (*naut.*) alongside.
sottobòsco, *m.* **1** underwood; brushwood; underbrush; undergrowth **2** (*fig.*, *spreg.*) hangers-on (*pl.*).
sottobottiglia, *m.* coaster; (bottle-)mat.
sottobràccio, *avv.* arm-in-arm: **camminare s. con q.**, to walk arm-in-arm with sb.
sottocapo, *m.* **1** (*aiutante del capo*) assistant manager (*o* chief) **2** (*naut.*) coxswain.
sottòcchio, *avv.* under (*o* before) one's eyes; in front of one; before one.
sottoccupato, *a.* (*econ.*) subemployed; underemployed.
sottoccupazióne, *f.* (*econ.*) subemployment; underemployment.
sottochiave, *avv.* under lock and key; locked up. ● **mettere q.c. s.**, to lock st. up.
sottocipria, *m.* e *f. invar.* foundation cream.
sottoclasse, *f.* **1** (*biol.*) subclass **2** (*stat.*) bracket.
sottocóda, *m. invar.* **1** crupper **2** (*zool.*) subcaudal feathers (*pl.*).
sottocommissióne, *f.* subcommittee; subcommission.
sottoconsumo, *m.* (*econ.*) underconsumption.
sottocopèrta, (*naut.*) **A** *f.* lower deck; underdeck. **B** *avv.* below (deck): **andare s.**, to go below.
sottocóppa, *m. invar.* **1** (*centrino*) coaster; (*piattino*) saucer **2** (*autom.*) underpan.
sottocòsto, **A** *avv.* under price; below cost (price): **comprare (vendere) q.c. s.**, to buy (to sell) st. under price. **B** *a.* (*di merce*) distress (*attr.*): **merce s.**, distress merchandise.
sottocultura, *f.* subculture.
sottocuòco, *m.* under-cook.
sottocutàneo, *a.* (*anche anat.*) subcutaneous: **una iniezione sottocutanea**, a subcutaneous (*o* a hypodermic) injection.
sottocute, **A** *f.* (*anat.*) subcutis. **B** *avv.* subcutaneously.
sottodominante, *f.* (*mus.*) subdominant.
sottoespórre, *v. t.* (*fotogr.*) to underexpose.
sottoesposizióne, *f.* (*fotogr.*) underexposure.
sottoespósto, *a.* (*fotogr.*) underexposed.
sottofamìglia, *f.* (*biol.*) subfamily.
sottofàscia, **A** *avv.* under wrapper; under cover. **B** *m.* printed matter (sent under wrapper).
sottofondazióne, *f.* (*costr.*) sub-foundation.
sottofóndo, *m.* **1** (*edil.*) foundation **2** (*cinem.*, *telev.*, *radio*) background.
sottogamba, *avv.* lightly; carelessly. ● **prendere q.c. s.**, to make light of st.; to attach no importance to st.
sottogènere, *m.* **1** (*biol.*) subgenus; subspecies **2** (*mat.*) subset; sub group.
sottogóla, *m.* e *f. invar.* chin-strap.
sottogònna, *f.* (stiff) petticoat.
sottogovèrno, *m.* (*polit.*) abuse of party patronage; political jobbery.
sottogruppo, *m.* **1** (*anche chim.*) subgroup **2** (*mecc.*) subassembly.
sottoinsième, *m.* (*mat.*) subset: **s. proprio**, proper subset.
sottolineare, *v. t.* **1** to underline; to underscore **2** (*fig.*) to underline; to stress; to emphasize.
sottolineatura, *f.* **1** underlineation; underlining; underscoring **2** (*fig.*) stressing; emphasizing.
sottolinguale, *a.* (*anat.*) sublingual: **ghiandole sottolinguali**, sublingual glands.
sott'òlio, **sottòlio**, *avv.* e *a. invar.* (*cucina*) in oil: **tonno s.**, tunny fish in oil.
sottomano (1), *avv.* **1** (*di nascosto*) underhand; (*segretamente*) secretly **2** (*a portata di mano*) at hand; within easy reach; close by: **avere s. q.c.**, to have st. close at hand.
sottomano (2), *m.* (*cartella*) desk-pad; writing-pad.
sottomarino, **A** *a.* submarine; undersea: **un cavo s.**, a submarine cable. **B** *m.* (*naut.*) submarine.
sottomascellare, *a.* (*anat.*) submaxillary: **una ghiandola s.**, a submaxillary gland.
sottomésso, *a.* **1** (*assoggettato*) subdued; subject; subjected: **nazioni sottomesse**, subject nations **2** (*rispettoso e ubbidiente*) submissive; obedient: **un ragazzo s.**, a submissive child.
sottométtere, **A** *v. t.* **1** (*assoggettare*) to subdue; to subjugate; to subject: **s. un popolo**, to subdue a people **2** (*rendere ubbidiente*) to reduce (sb.) to obedience; to render (sb.) submissive **3** (*sottoporre*) to submit: **s. un caso a un tribunale**, to submit a case to a court. ● **s. i buoi al giogo**, to yoke the oxen. **sottométtersi**, **B** *v. rifl.* to submit; to yield; to surrender oneself: **s. alla volontà di Dio**, to submit to God's will; **s. a una regola**, to submit to a rule.
sottomissióne, *f.* **1** subduing; subjugation; subjection: **la s. della Galilea**, the subjugation of Galilee **2** (*l'essere sottomesso*) submission; (*docilità*) submissiveness, obedience: **con tutta s.**, with all due submission.
sottomùltiplo, *a.* e *m.* (*mat.*) submultiple: **I sottomultipli di 15 sono 3 e 5**, the submultiples of 15 are 3 and 5.
sottonotato, *a.* below named; below mentioned; below noted.
sottopalco, *m.* (*teatr.*) understage.
sottopància, *m. invar.* girth-strap; belly-band; saddle girth.
sottopassàggio, *m.* underpass; (*pedonale*, *anche*) subway.
sottopiatto, *m.* plate.
sottopiède, *m.* **1** (*di scarpa*) arch-support **2** (*di calzone*) under-strap.
sottopopolazióne, *f.* (*stat.*) underpopulation.
sottopórre, **A** *v. t.* **1** (*costringere*, *indurre a subire*) to subject; to expose: **s. q. a una cura**, to subject sb. to a treatment; **s. q. a una disciplina di ferro**, to subject sb. to a most rigid discipline; **s. q. a inutili rischi**, to expose sb. to unnecessary risks; **s. q. a un esame**, to subject sb. to an examination **2** (*fig.*: *presentare*) to submit; (*un documento*) to render: **s. un caso a un tribunale**, to submit a case to a court; **s. un progetto al giudizio di q.**, to submit a plan to sb.'s judgment **3** (*non comune*: *porre sotto*) to put* under; to set* under **4** (*non comune*: *soggiogare*) to subdue; to subjugate; to subject. ● **s. all'azione del gas**, to gas □ (*tecn.*) **s. a torsione**, to twist. **sottopórsi**, **B** *v. rifl.* **1** (*rendersi oggetto*) to subject oneself: **s. al ridicolo (alle critiche)**, to subject oneself to ridicule (to criticism) **2** (*subire*) to undergo*; to go* through: **s. a un intervento chirurgico**, to undergo an operation **3** (*sobbarcarsi*) to take* on; to undertake*: **s. a un lavoro**, to undertake a piece of work **4** (*sottomettersi*) to

sottopósto

submit; to yield; to surrender oneself: **s. alla volontà di Dio**, to submit to God's will.
sottopósto, A *a.* **1** submitted; subjected; subject **2** (*esposto*) exposed. **B** *m.* dependant; subordinate.
sottopotére, *V.* **sottogovèrno**.
sottoprefètto, *m.* subprefect.
sottoprefettura, *f.* subprefecture.
sottoprèzzo, *avv.* below (the normal) price.
sottoprodótto, *m.* (*ind.*) by-product; residual product.
sottoproduttivo, *a.* (*econ.*) underproductive.
sottoproduzióne, *f.* (*econ.*) underproduction.
sottoprogramma, *m.* (*elab.*) subprogram; subroutine.
sottoproletariato, *m.* lumpenproletariat.
sottoproletàrio, *m.* lumpenproletarian.
sottopunto, *V.* **soppunto**.
sottorbitale, sottorbitàrio, *a.* (*anat.*) suborbital.
sottórdine, *m.* (*biol.*) suborder. ● **in s.**, (*in grado subordinato*) in a subordinate position; (*d'importanza secondaria*) of minor importance □ **porre in s. una faccenda**, to attach less importance to a matter.
sottorégno, *m.* (*biol.*) subkingdom.
sottoscala, *m. invar.* (*edil.*) understairs (*pl.*).
sottoscapolare, *a.* (*anat.*) subscapular.
sottoscritto, A *a.* **1** (*bur.*) undersigned **2** (*firmato*) signed: **un accordo s. da ambo le parti**, an agreement signed by both parties **3** (*fin.*) underwritten. **B** *m.* **1** (*bur.*) (the) undersigned: **noi sottoscritti**, we the undersigned **2** (*scherz.: io*) yours truly.
sottoscrittóre, *m.* **1** subscriber **2** (*fin.: di titoli*) underwriter.
sottoscrivere, A *v. t.* **1** to undersign; to subscribe; (*firmare*) to sign: **s. una lettera (un documento)**, to (under)sign a letter (a paper) **2** (*dare la propria adesione a*) to subscribe; to underwrite* **3** (*fin.*) to underwrite*. **B** *v. i.* (*aderire*) to subscribe; to adhere: **s. per una forte somma**, to subscribe a large sum; **s. per un certo numero di copie**, to subscribe for a certain number of copies; **s. a un programma**, to adhere to a programme.
sottoscrizióne, *f.* **1** (*il sottoscrivere*) signing; subscription; (*firma*) signature **2** (*raccolta di firme di aderenti a un'iniziativa*) subscription: **aprire una s.**, to open a subscription; **fare una s.**, to raise a subscription **3** (*fin.*) underwriting.
sottosegretariato, *m.* undersecretaryship.
sottosegretàrio, *m.* undersecretary.
sottosezióne, *f.* subsection: **diviso in sottosezioni**, divided into subsections; subsectioned.
sottosistèma, *m.* subsystem.
sottosópra, A *avv.* **1** (*capovolto*) upside down; topsy-turvy: **rivoltare s. q.c.**, to turn st. upside down; **stare s.**, to stand (*o* to lie) upside down **2** (*fig.: in grande scompiglio*) upside down; topsy-turvy; in (great) disorder: **mettere tutto s.**, to throw everything upside down (*o* into utter confusion). ● (*fig.*) **essere s.**, to be in (utter) confusion; to be in a muddle; to be jumbled up; (*essere sconvolto*) to be upset. **B** *m.* disorder; (utter) confusion; muddle; jumble.
sottospècie, *f. invar.* **1** (*biol.*) subspecies* **2** (*spreg.*) lower species*.
sottosquadro, *m.* undercut.
sottòssido, *m.* (*chim.*) suboxide.
sottostante, *a.* underlying; (situated) below; (*inferiore*) lower: **le pianure sottostanti**, the plains below.
sottostare, *v. i.* **1** (*subire*) to undergo* **2** (*fig.: essere sottoposto, soggetto*) to be subject (to) **3** (*fig.: piegarsi*) to submit; to yield **4** (*lett.: stare sotto*) to underlie* (st.).
sottostazióne, *f.* substation.
sottosterzante, *a.* (*autom.*) understeering.
sottosterzata, *f.* (*autom.*) understeer.
sottostèrzo, *m.* (*autom.*) understeer.
sottostruttura, *f.* (*edil.*) substructure; understructure. ● **s. di ponte**, bridge foundation.
sottosuòlo, *m.* **1** subsoil; underground **2** (*edil.*) basement.
sottosviluppato, *a.* (*econ.*) underdeveloped: **i Paesi sottosviluppati**, the underdeveloped Countries.
sottosviluppo, *m.* (*econ.*) underdevelopment.
sottotangente, *f.* (*geom.*) subtangent.
sottotenènte, *m.* (*mil.*) second-lieutenant; sub-lieutenant (*anche naut.*).
sottotèrra, A *avv.* underground: **nascondere q.c. s.**, to hide st. underground. ● (*fig.*) **andare s.**, to die □ (*fig.*) **essere s.**, to be dead and buried □ **Avrei voluto nascondermi s.**, I wished the earth would open and swallow me. **B** *m.* (*ambiente sotterraneo*) basement; cellar.
sottotétto, *m.* (*edil.*) garret.
sottotipo, *m.* (*biol.*) subtype.
sottotitolo, *m.* **1** subtitle (*anche cinem.*); (*didascalia*) caption **2** (*tipogr.*) subhead, subheading.

sottovalutare, A *v. t.* (*anche fig.*) to undervalue; to underestimate; to underrate. **sottovalutarsi, B** *v. rifl.* to undervalue oneself: **Chi si sottovaluta è giustamente sottovalutato dagli altri**, he who undervalues himself is justly undervalued by others.
sottovalutazióne, *f.* undervaluation; underestimation.
sottovaso, *m.* saucer (for flower-pot).
sottovènto, (*naut.*) **A** *m.* leeward; leeside; lee: **marea di s.**, lee tide. **B** *a.* leeward; downwind. **C** *avv.* downwind. ● (*geogr.*) **Isole S.**, Leeward Islands.
sottovèste, *f.* slip; petticoat; under-skirt.
sottovìa, *f.* (*autom.*) underpass; subway.
sottovóce, *avv.* in a low voice: **parlare s.**, to speak (in a) low (voice).
sottovuòto, *avv. e a. invar.* **1** (*fis.*) in a vacuum; in a void **2** (*ind.*) vacuum packed; vacuum canned (*USA*): **caffè s.**, vacuum packed coffee.
sottraèndo, *m.* (*mat.*) subtrahend.
sottrarre, A *v. t.* **1** (*portare via*) to remove; to take* away; to withdraw*; to make* away with: **s. q.c. alla vista altrui**, to remove st. from sight **2** (*rubare*) to abstract; to steal*; to pilfer; to purloin: **s. del denaro da una cassaforte**, to abstract money from a safe; **s. il portafogli a q.**, to abstract a wallet from sb.'s pocket; **s. una lettera**, to purloin a letter **3** (*detrarre*) to deduct: **s. le spese**, to deduct one's expenses **4** (*liberare*) to deliver, to rescue (sb. from st.); to get* (sb.) out of (st.): **s. q. alla morte**, to rescue sb. from death; **s. q. a un pericolo**, to get sb. out of danger **5** (*mat.*) to subtract: **Sottraendo 6 da 9 si ottiene 3**, if 6 is subtracted from 9 the answer is 3. **sottrarsi, B** *v. rifl.* to escape; to get* out of; to avoid; to shirk; to evade; to elude; to cop out of (*fam.*): **s. a un pericolo**, to escape a danger; **s. alla cattura**, to escape capture; **s. alla legge (al servizio militare)**, to evade the law (military service); **s. alla morte (alla punizione)**, to escape (*o* to avoid) death (punishment); **s. alla prigione**, to escape from prison; **s. alle difficoltà (alle responsabilità)**, to shirk difficulties (responsibilities); **s. al proprio dovere**, to evade (*o* to cop out of) one's duty. ● **s. al fisco**, to dodge taxes.
sottrattivo, *a.* subtractive.
sottrazióne, *f.* **1** removal; taking away; withdrawal **2** (*il sottrarre, il rubare*) abstraction; stealing: **s. di documenti**, abstraction of documents **3** (*deduzione*) deduction; deducting **4** (*mat.*) subtraction: **il segno della s.**, the subtraction sign. ● **s. di minorenni**, abduction of minors.
sottufficiale, *m.* **1** (*mil.*) non-commissioned officer (*abbr.*: NCO) **2** (*naut.*) petty officer.
soubrette (*franc.*), *f.* (*teatr.*) «soubrette».
soufflé (*franc.*), *m.* (*cucina*) «soufflé».
soul (*ingl.*), *m. invar.* – (*mus.*) **musica s.**, soul music.
souplesse (*franc.*), *f.* (*specialm. sport.*) nimbleness; suppleness; agility. ● **vincere in s.**, to win hands down.
souvenir (*franc.*), *m.* «souvenir»; keepsake.
sovaccopèrta, *V.* **sopraccopèrta (1) e (2)**.
sovènte, *avv.* (*lett.*) often; frequently; oftentimes (*lett.*).
soverchiaménte, *avv.* excessively; immoderately; too much.
soverchiante, *a.* overwhelming; overpowering; crushing.
soverchiare, *v. t.* **1** (*lett.: sormontare*) to overflow: **Il fiume soverchiò le sponde**, the river overflowed its banks **2** (*fig.: superare*) to surpass; to excel; to outdo*: **Non c'è chi lo soverchi nelle astuzie**, nobody can excel him in cunning **3** (*fig.: sopraffare*) to overwhelm; to overpower; to overcome*; to browbeat*: **s. i propri nemici**, to overcome one's enemies.
soverchiatóre, *m.* oppressor; browbeater.
soverchieria, *f.* abuse (of power); outrage: **porre fine a tutte le soverchierie**, to put an end to all abuses.
sovèrchio, (*lett.*) **A** *a.* excessive; superabundant; superfluous; immoderate; too much; too great; extreme: **soverchi scrupoli**, too many scruples; **zelo s.**, immoderate (*o* superabundant) zeal. ● **soverchia indulgenza**, over-indulgence. **B** *m.* superabundance; excess. ● **averne di s.**, to have more than enough □ (*prov.*) **Il s. rompe il coperchio**, enough is as good as a feast.
sovesciare, *v. t.* (*agric.*) to green-manure.
sovèscio, *m.* (*agric.*) green manure.
soviet, *m.* soviet; council.
soviètico, *a. e m.* Soviet: **l'Unione Sovietica**, the Soviet Union; the U.S.S.R.
sovietizzare, *v. t.* to Sovietize.
sovietizzazióne, *f.* Sovietization.
sovietòlogo, *m.* Sovietologist.
sóvra, *V.* **sópra**.
sovrabbondante, *a.* superabundant; redundant.
sovrabbondanteménte, *avv.* superabundantly; excessively; redundantly.
sovrabbondanza, *f.* superabundance; redundance; redundancy.
sovrabbondare, *v. i.* to superabound; to be superabundant.
sovraccaricare, *v. t.* **1** to overload; to overburden **2** (*autom.*)

to surcharge.
sovraccàrico, A *a.* **1** overloaded; overburdened **2** (*autom.*) surcharged. **B** *m.* **1** overload; overburden **2** (*autom.*) surcharge.
sovraccopèrta, *V.* **sopraccopèrta** (1) e (2).
sovracompressióne, *f.* (*fis., mecc.*) overpressure.
sovracomprimere, *v. t.* (*fis., mecc.*) to overpress.
sovracorrènte, *f.* (*elettr.*) overcurrent.
sovraddàzio, *m.* (*fin.*) additional (*o* extra) duty.
sovraespórre, *v. t.* (*fotogr.*) to overexpose.
sovraesposizióne, *f.* (*fotogr.*) overexposure.
sovraespósto, *a.* (*fotogr.*) overexposed.
sovraffaticare, A *v. t.* to overtire; to tire (sb.) out. **sovraffaticarsi, B** *v. rifl.* to overtire oneself.
sovraffollaménto, *m.* overcrowding.
sovraffollato, *a.* overcrowded.
sovrainnestare, *v. t.* (*agric.*) to double-graft.
sovrainnèsto, *m.* (*agric.*) double-graft(ing).
sovralimentare, *v. t.* (*mecc.*) to supercharge; to boost.
sovralimentato, *a.* (*mecc.*) supercharged; boosted.
sovralimentatóre, *m.* (*mecc.*) supercharger; booster.
sovralimentazióne, *f.* (*mecc.*) supercharging; boosting.
sovramodulare, *v. t.* (*fis.*) to overmodulate.
sovramodulazióne, *f.* (*fis.*) overmodulation.
sovramoltiplicato, *a.* (*autom.*) overdrive (*attr.*): **marcia sovramoltiplicata,** overdrive gear.
sovrana, *f.* **1** sovereign; queen **2** (*numismatica*) sovereign.
sovraneggiare, *v. i.* e *t.* (*lett.*) **1** to rule, to dominate (over) **2** (*fig.*) to domineer (over, above); to tower (over, above); to dominate.
sovranità, *f.* **1** sovereignty **2** (*fig.*) sovereignty; supremacy.
sovrannaturale, *V.* **soprannaturale.**
sovrano, A *a.* **1** sovereign: **potere s.,** sovereign power; **uno stato s.,** a sovereign state **2** (*sommo, supremo*) supreme; sovereign; paramount: **un poeta s.,** a supreme poet. **B** *m.* sovereign; ruler; monarch; king.
sovraoccupazióne, *f.* (*econ.*) overemployment.
sovrappiù, *V.* **soprappiù.**
sovrapponibile, *a.* superimposable.
sovrappopolare, *v. t.* to overpopulate.
sovrappopolato, *a.* overpopulated.
sovrappopolazióne, *f.* overpopulation.
sovrappórre, A *v. t.* **1** to place (*o* to lay*) on (*o* upon); to superimpose (*anche fig.*); to superpose (*anche fig.*): **quattro strati che si sovrappongono,** four strata that are superimposed one upon another **2** (*fig.: far prevalere*) to set* over; to give* first place to **3** (*geom.*) to superpose **4** (*mecc., elab.*) to overlap. **sovrappórsi, B** *v. rifl.* **1** (*porsi sopra ad altro*) to lie* (*o* to be) over; to be superimposed **2** (*aggiungersi*) to be added.
sovrapposizióne, *f.* **1** (*anche fig.*) superimposition; superposition: **la s. delle rocce (di due idee),** the superimposition of rocks (of two ideas) **2** (*geom.*) superposition **3** (*mecc., radio, elab.*) overlap; overlay.
sovrappressióne, *f.* overpressure; extra pressure: **s. di acqua,** extra water pressure.
sovrapprèzzo, *V.* **soprapprèzzo.**
sovrapprodurre, *v. t.* (*econ.*) to overproduce.
sovrapproduzióne, *f.* (*econ.*) overproduction.
sovrascorriménto, *m.* (*geol.*) overthrust.
sovrastampa, *f.* overprint; surprint.
sovrastampare, *v. t.* to overprint; to surprint.
sovrastampato, *a.* overprinted.
sovrastante, *a.* (*anche fig.*) overhanging.
sovrastare, *v. t.* e *i.* **1** to overhang*: **il colle che sovrasta alla valle,** the hill which overhangs the valley **2** (*fig.: essere imminente*) to overhang*; to impend over; to threaten: **Era ignaro del pericolo che gli sovrastava,** he was unaware of the overhanging danger **3** (*fig.: essere superiore*) to surpass; to be superior (to); to be over (to).
sovrasterzante, *a.* (*autom.*) oversteering. ● **essere s.,** to oversteer.
sovrasterzata, *f.* (*autom.*) oversteer.
sovrastèrzo, *m.* (*autom.*) oversteer.
sovrastruttura, *f.* **1** superstructure **2** (*fig.: aggiunta inutile*) useless adjunct.
sovratensióne, *f.* (*elettr.*) overvoltage; excess voltage: **s. di carattere atmosferico,** overvoltage due to atmospheric electricity.
sovreccitàbile, *a.* overexcitable.
sovreccitabilità, *f.* overexcitability.
sovreccitare, A *v. t.* to overexcite. **sovreccitarsi, B** *v. rifl.* to become* overexcited.
sovreccitato, *a.* overexcited.
sovreccitazióne, *f.* overexcitement.
sovrimpórre, *v. t.* to superimpose.

sovrimpòsta, *f.* (*fin.*) additional (*o* extra) tax.
sovrimpressióne, *f.* overprint.
sovrimprèsso, *a.* overprinted.
sovrintelligìbile, *a.* beyond human understanding.
sovrintèndere, *V.* **soprintèndere.**
sovrumanaménte, *avv.* superhumanly.
sovrumano, *a.* (*anche fig.*) superhuman: **esseri sovrumani,** superhuman beings; **poteri sovrumani,** superhuman powers; **sforzi sovrumani,** superhuman efforts.
sovvenire, A *v. t.* (*lett.: soccorrere*) to assist; to help; to aid: **s. nel bisogno,** to help sb. in need; **s. q. con denaro,** to help sb. financially; to subsidize sb. **B** *v. i.* **1** (*venire in aiuto*) to come* to the aid (of); (*provvedere*) to supply: **s. ai bisogni di q.,** to supply sb.'s needs **2** (*tornare alla mente*) to occur (to one); to come* into (one's) mind; (*ricordare*) to remember: **Non mi sovvenne il tuo nome,** your name did not occur to me; **Proprio non mi sovviene,** I can't remember at all. **sovvenirsi, C** *v. rifl.* (*ricordarsi*) to remember: **Non me ne sovvengo,** I can't remember. ● **Non mi sovvenni delle tue parole,** your words did not occur to me.
sovventóre, *m.* financer; (financial) backer.
sovvenzionare, *v. t.* to subsidize; to endow; (*finanziare*) to finance: **s. una scuola,** to subsidize a school.
sovvenzionato, *a.* subsidized.
sovvenzionatóre, *m.* subsidizer.
sovvenzióne, *f.* subvention; subsidy; endowment; pecuniary aid; (cash) grant. ● (*econ.*) **sovvenzioni all'agricoltura,** aid to agriculture □ (*comm.*) **s. all'esportazione,** export bounty.
sovversióne, *f.* subversion; overthrow: **la s. di un governo (d'una costituzione),** the subversion of a government (of a constitution).
sovversivìsmo, *m.* subversivism.
sovversivo, A *a.* subversive: **propaganda sovversiva,** subversive propaganda. **B** *m.* subversive.
sovvertiménto, *m.* subversion; overthrow; overthrowing; overturning.
sovvertire, *v. t.* to subvert; to overthrow*; to overturn: **s. un principio,** to subvert a principle; **s. un ordine di cose,** to subvert an order of things.
sovvertitóre, A *m.* subverter; overthrower. **B** *a.* subversive.
sozzaménte, *avv.* filthily; foully.
sozzerìa, *f.* (*dial.*) filth, dirt (*anche fig.*).
sozzézza, *V.* **sozzura.**
sózzo, *a.* filthy (*anche fig.*); dirty; foul: **mani sozze,** filthy (*o* dirty) hands; **sozzi guadagni,** filthy lucre.
sozzume, *m.* filth; dirt; foulness.
sozzura, *f.* **1** filthiness (*anche fig.*); dirtiness; foulness **2** (*cosa sozza, anche fig.*) filthy (*o* dirty, foul) thing; filth.
spaccalégna, *m.* wood-cutter.
spaccamontagne, spaccamónti, *m.* swaggerer; braggart; brag; boaster.
spaccaòssa, *m.* cleaver.
spaccapiètre, *m.* stone-breaker.
spaccare, A *v. t.* to break*; to split*; to cleave*; to chop; to hew*: **s. q.c. in due (tre) parti,** to break st. into two (three) parts; **s. la legna,** to chop wood; **s. un ciocco,** to split a log; **s. le pietre,** to break stones. ● (*fig.*) **s. un capello in quattro,** to split hairs □ **s. il minuto,** (*d'orologio*) to keep perfect time; (*fig.*) to be dead on time □ **un orologio che spacca il minuto,** a watch that is dead right □ **un sole che spacca le pietre,** a blazing sun □ (*pop.*) **Ti spacco il muso!,** I'll bash your face in! □ **O la va o la spacca!,** it's all or nothing! **spaccarsi, B** *v. rifl.* to break*; to split*; to cleave*; to cut* open: **Si spacca facilmente,** it breaks easily.
spaccata, *f.* **1** (*ginnastica*) splits (*pl.*): **fare la s.,** to do the splits **2** (*furto compiuto infrangendo una vetrina*) smash-and-grab raid.
spaccato, A *a.* **1** broken; split; cleft; chopped; hewn: **legna spaccata,** split (*o* chopped) wood **2** (*fig.: vero e proprio*) downright; absolute; thorough; out-and-out; through and through; arrant; real: **un fiorentino s.,** a Florentine through and through; **un birbone s.,** an out-and-out scoundrel; **un bugiardo s.,** an arrant (*o* a real) liar **3** (*fig.: tale e quale*) just like; the (spitting) image of: **Quel bambino è suo fratello s.,** that child is just like his brother. ● **essere sordo s.,** to be stone-deaf. **B** *m.* (*archit.*) (vertical) section.
spaccatura, *f.* **1** breaking; splitting; cleaving; chopping; hewing **2** (*crepa, fenditura*) split; cleft; fissure; crack **3** (*fig.: profonda divisione politica*) cleavage.
spacchettare, *v. t.* to unpack; to unwrap.
spacchétto, *m.* (*moda*) slit.
spacciàbile, *a.* saleable.
spacciare, A *v. t.* **1** (*vendere*) to sell* (off): **s. vino e liquori,** to sell wine and liquors **2** (*mettere in circolazione*) to circulate; to pass: **s. monete false,** to circulate (*o* to utter) counterfeit coins **3** (*divulgare*) to spread*; to give* (st.) out; to tell*: **s. una notizia,** to spread a piece of news; **s. fandonie,** to tell fibs **4** (*fam.: di-*

spacciato

chiarare inguaribile) to give* (sb.) up: **essere (dato per) spacciato dai medici**, to be given up by the doctors. ● **s. droga**, to peddle (*o* to push) drugs □ **Ormai è spacciato**, he is past recovery □ (*fig.*) **Sono spacciato!**, I'm done for! **spacciarsi**, B *v. rifl.* (*dare a credere di essere*) to pretend (to be); to give* oneself out (to be, *o* as); to pass oneself off (as): **s. per conte**, to give oneself out to be a count.

spacciato, *a.* **1** (*venduto*) sold **2** (*divulgato*) diffused **3** (*fam.: dichiarato inguaribile*) given up; done for: **I medici lo danno per s.**, the doctors say he's done for **4** (*rovinato*) ruined.

spacciatóre, *m.* seller; vendor. ● **s. di droga**, pusher (of narcotics); drug-pusher □ **s. di moneta falsa**, utterer (of counterfeit money) □ **s. di notizie allarmanti**, alarmist.

spàccio, *m.* **1** (*vendita*) sale **2** (*luogo di vendita*) shop; store: **uno s. di tabacchi**, a tobacconist's shop; **uno s. di vino**, a wine-shop **3** (*mil.*) canteen. ● **s. aziendale**, factory shop □ **s. clandestino di alcolici**, illicit trading in liquor; bootlegging (*pop. USA*) □ **s. della droga** (*o di stupefacenti*), drug pushing.

spacco, *m.* **1** (*fenditura*) fissure; cleft; slit; (*incrinatura*) crack **2** (*di giacca, gonna*) slit; vent **3** (*strappo*) tear; rent; split. ● **farsi uno s. nella giacca**, to tear (*o* to split) one's jacket □ (*agric.*) **innesto a s.**, cleft-graft.

spacconata, *f.* brag; boast.

spaccóne, *m.* swaggerer; braggart; brag; braggadocio*; boaster.

spada, *f.* **1** (*anche fig.*) sword: **il fodero (l'elsa) d'una s.**, the sheath (the hilt) of a sword; **un colpo di s.**, a sword-cut; a sword-thrust; **con la s. alla mano**, sword in hand; **brandire la s.**, to brandish one's sword; **incrociare le spade**, to cross (*o* to measure) swords (with sb.); **passare a fil di s.**, to put to the sword; to slaughter; (*anche fig.*) **rimettere la s. nel fodero**, to sheathe the sword; **sguainare la s.**, to draw (*o* to unsheathe) the sword; **la s. della giustizia**, the sword of justice; **la s. di Damocle**, the sword of Damocles **2** (*tiratore di s.*) swordsman*: **essere una buona s.**, to be a good swordsman **3** (*pl.: seme delle carte da gioco*) «**spade**» (*one of the suits of the Italian pack of playing cards*). ● (*fig.*) **a s. tratta**, with all one's might; as hard as one can; vigorously □ **diritto come una s.**, as straight as a die □ **morire con la s. in pugno**, to die on the battle-field □ (*zool.*) **pesce s.** (*Xiphias gladius*), sword-fish □ (*prov.*) **Chi di s. ferisce di s. perisce**, he that striketh with the sword, shall be stricken with the scabbard.

spadaccino, *m.* swordsman*.

spadàio, *m.* sword-maker.

spadellare, *v. t.* (*caccia*) to miss: **s. un fagiano**, to miss a pheasant.

spàdice, *m.* (*bot., zool.*) spadix*.

spadiceo, *a.* (*bot.*) spadiceous.

spadifórme, *a.* (*lett.*) sword-shaped; ensiform.

spadino, *m.* dress-sword.

spadista, *m. e f.* (*scherma*) fencer.

spadóna, *f.* (*bot.*) Williams pear.

spadóne, *m.* broadsword.

spadroneggiare, *v. i.* (*spreg.*) to play the master; to domineer; to lord it.

spaesato, *a.* out of one's element; lost; bewildered.

spaghettata, *f.* (*fam.*) spaghetti dinner.

spaghétti, *m. pl.* (*cucina*) spaghetti (*col verbo al sing.*): **s. al pomodoro**, spaghetti with tomato sauce.

spaghétto, *m.* (*fam.: paura*) fright; funk: **prendersi uno s.**, to be in a funk.

spaginare, *v. t.* (*tipogr.*) to alter the paging (*o* pagination) of (a book).

spaginatura, *f.* (*tipogr.*) altering of the pagination.

spagliare (1), A *v. t.* (*levare la paglia da*) to remove the straw from (st.). B *v. i.* (*di animali nelle stalle*: *agitarsi disperdendo la paglia*) to kick straw about. **spagliarsi**, C *v. rifl.* (*perdere l'impagliatura*) to lose* the straw covering.

spagliare (2), *v. i.* (*straripare*) to overflow*; to flood.

spagliatura, *f.* removing of the straw.

spàglio, *m.* (*straripamento*) overflowing; flooding. ● (*agric.*) **semina a s.**, broadcasting □ (*agric.*) **seminare a s.**, to scatter seed broadcast.

Spagna, *f.* (*geogr.*) Spain. ● **cera di S.**, sealing-wax □ (*bot.*) **erba s.** (*Medicago sativa*), lucern(e) □ **pan di S.**, sponge-cake.

spagnòla, *f.* (*med.*) Spanish influenza.

spagnoleggiare, *v. i.* to follow Spanish fashions.

spagnolésco, *a.* (*spreg.*) Spanish.

spagnolétta, *f.* **1** (*di cotone o seta*) spool **2** (*serrame per finestra*) espagnolette **3** (*fam.: arachide*) peanut.

spagnolismo, *m.* Spanish idiom; Hispanicism.

spagnòlo, A *a.* **la lingua spagnola**, Spanish; the Spanish language; **la (febbre) spagnola**, Spanish influenza. B *m.* Spaniard: **gli Spagnoli**, the Spaniards.

spago (1), *m.* **1** string; twine: **s. grosso**, thick string; cord; **un gomitolo** (**un pezzo**) **di s.**, a ball (a piece) of string; **un pacco legato con s.**, a parcel tied up with string **2** (*filo da calzolaio*) waxed thread. ● (*fig.*) **dare s. a q.**, to give sb. rope; to humour sb. □ **tirare lo s.**, to be a shoemaker □ (*prov.*) **Tre fili fanno uno s.**, union is strength.

spago (2), *m.* (*fam., scherz.: paura*) fright; funk: **Che s. ha avuto!**, he got such a fright!

spaiaménto, *m.* separation (of a pair); uncoupling.

spaiare, *v. t.* to separate (a pair); to uncouple.

spaiato, *a.* odd; unmatched; uncoupled; unpaired.

spalancaménto, *m.* throwing open; opening wide.

spalancare, A *v. t.* to open wide; to throw* open; to fling* open: **s. gli occhi**, to open one's eyes wide; **s. la bocca**, to open one's mouth wide; to gape; **s. una finestra** (**una porta**), to fling a window (a door) open. ● **s. le ali**, to spread one's wings □ **s. la porta con un calcio**, to kick the door wide open. **spalancarsi**, B *v. rifl.* to open wide; to be thrown (*o* flung) open: **La porta si spalancò**, the door opened wide.

spalancato, *a.* wide-open (*attr.*): **occhi spalancati**, wide-open eyes. ● **a braccia spalancate**, with open arms.

spalare (1), *v. t.* (*levare con la pala*) to shovel: **s. via**, to shovel away; **s. un sentiero nella neve**, to shovel a path through the snow. ● **s. il grano**, to winnow corn.

spalare (2), *v. t.* (*naut.*) to feather (one's oars).

spalata, *f.* **1** shovelling **2** (*quantità*) shovelful. ● **dare una s. a q.c.**, to shovel st.

spalatóre, *m.* shoveller.

spalatrice, *f.* (*agric.*) grain aerator.

spalatura, *f.* shovelling.

spalla, *f.* **1** shoulder: **s. a s.**, shoulder to shoulder; **avere la testa sulle spalle**, to have a good head on one's shoulders; (*anche fig.*) **avere le spalle larghe** (*o* **buone spalle**), to have broad shoulders; **gettare la responsabilità** (**la colpa**) **sulle spalle di q. altro**, to shift the responsibility (the blame) on to other shoulders; **portare q.c. sulle spalle**, to carry st. on one's shoulders; **stringersi nelle spalle** (*o* **scrollare, alzare le spalle**), to shrug one's shoulders **2** (*pl.: schiena, dorso*) back (*sing.*): **dire q.c. dietro le spalle di q.**, to say st. behind sb.'s back; **avere le spalle al muro**, to have one's back to the wall; **mettere q. con le spalle al muro**, to put sb. with his back to the wall **3** (*rif. a montagna, a collina*) shoulder **4** (*parte d'un vestito*) shoulder: **Questa giacca è stretta di spalle**, this jacket is narrow across the shoulders **5** (*cucina*) shoulder: **prosciutto di s.**, shoulder ham **6** (*tipogr.*) shoulder **7** (*naut.*) bow: **la s. del timone**, the rudder bow **8** (*edil.*) abutment: **la s. di un ponte**, the abutment of a bridge **9** (*teatr.*) stooge. ● (*fig.*) **accarezzare le spalle a q.**, to dust sb.'s jacket (*fam.*) □ **un'alzata di spalle**, a shrug □ **assalire il nemico alle spalle**, to take the enemy in the rear □ **avere un certo numero di anni sulle spalle**, to be getting on in years □ **avere una famiglia numerosa sulle spalle**, to have a large family on one's hands □ **dalle spalle larghe**, broad-shouldered □ **dalle spalle quadre**, square-shouldered □ (*fig.*) **buttarsi** (*o* **gettarsi**) **q.c. dietro le spalle**, to take no further notice of st. □ **cogliere q. alle spalle**, to take sb. unawares □ (*teatr.*) **fare da s. a q.**, to stooge for sb. □ **fare** (*o* **tenere**) **s. a q.** (*spalleggiarlo*), to back sb. up □ **farsi largo con le spalle** (*o* **lavorare di spalle**), to shoulder one's way □ **prendersi una responsabilità sulle spalle**, to take a responsibility upon oneself □ (*anche fig.*) **una pugnalata alle spalle**, a stab in the back □ **ridere alle spalle di q.**, to laugh at sb. behind his back □ **stare alle spalle di q.**, to stand behind sb. □ (*mus.*) **violino di s.**, second violin; (*fig., scherz.*) second fiddle □ **vivere alle spalle di q.**, to live at sb.'s expense □ **volgere le spalle** (*fuggire*), to take to flight; to run away □ **voltare** (*o* **volgere**) **le spalle a q.**, to turn one's back to sb.; (*fig.*) to turn one's back on sb. □ (*mil.*) **Spall'arm!**, shoulder arms! □ **Ero proprio alle tue spalle**, I was just behind you.

spallàccio, *m.* **1** (*di zaino*) shoulder-strap **2** (*di armatura*) shoulder-plate.

spallata, *f.* **1** (*urto dato con la spalla*) push with the shoulder **2** (*alzata di spalle*) shrug (of the shoulders).

spallazióne, *f.* (*fis. nucl.*) spallation.

spalleggiaménto, *m.* backing up; support.

spalleggiare, A *v. t.* **1** to back up; to support **2** (*mil.*) to bear* (st.) on the shoulders; to shoulder. **spalleggiarsi**, B *v. rifl. recipr.* to back (*o* to support) each other (*o* one another).

spallétta, *f.* **1** (*parapetto*) parapet: **la s. d'un ponte**, the parapet of a bridge **2** (*edil.*) embrasure **3** (*argine*) embankment; bank.

spallièra, *f.* **1** (*di sedia, poltrona, ecc.*) back: **la s. d'una sedia**, the back of a chair; **una sedia senza s.**, a chair without a back **2** (*d'un letto: testata*) head; (*dalla parte dei piedi*) foot **3** (*di piante*) espalier **4** (*attrezzo ginnico*) wall bars (*pl.*).

spallina, *f.* **1** (*mil.*) epaulet(te); epaulette **2** shoulder loop (*USA*); shoulder mark (*marina USA*): **guadagnarsi le spalline**, to win one's epaulettes **2** (*di indumento femm.*) shoulder-strap **3** (*imbotti-*

tura) shoulder-padding.
spallùccia, *f.* – **fare spallucce**, to shrug (one's shoulders).
spallucciata, *f.* shrug (of the shoulders).
spalmare, A *v. t.* to smear; to spread*; (*ricoprire*) to coat, to cover: **s. con l'olio**, to smear with oil; to oil; **s. di pece**, to smear with pitch; to tar; **s. il burro su una fetta di pane**, to spread butter on a slice of bread; to butter a slice of bread. ● **s. una teglia di burro**, to butter a baking-tin. **spalmarsi**, B *v. rifl.* to smear oneself; to rub (st.) on one's body: **s. di olio**, to rub oil on one's body.
spalmata, *f.* smearing; spreading; (*con olio*) oiling; (*con pece*) tarring.
spalmatrice, *f.* (*mecc.*) spreader; spreading machine.
spalmatura, *f.* smearing; spreading; (*con olio*) oiling, greasing; (*con pece*) tarring.
spalto, *m.* 1 (*mil.*) glacis 2 (*pl.: gradinate di stadio*) terraces.
spampanare, A *v. t.* to strip of foliage; to thin out: **s. le viti**, to strip the vines of their foliage; to thin out the vines. **spampanarsi**, B *v. rifl.* (*di fiori*) to be overblown: **Queste rose sono già spampanate**, these roses are already overblown.
spampanato, *a.* 1 (*di viti*) stripped 2 (*di fiori*) overblown.
spampanatura, *f.* stripping of foliage; thinning out.
spanare, *v. t.* **spanarsi**, *v. rifl.* (*mecc.*) to strip.
spanato, *a.* (*mecc.*) stripped.
spanatura, *f.* (*mecc.*) stripping.
spanciare, A *v. i.* 1 (*di tuffatore*) to belly-flop 2 (*far pancia*) to belly; to bulge. **spanciarsi**, B *v. rifl.* – **s. dal ridere** (*o* **dalle risa**), to split one's sides (with laughter).
spanciata, *f.* 1 (*colpo con la pancia*) belly-flop 2 (*scorpacciata*) bellyful. ● **fare una s. di q.c.**, to stuff oneself with st.
spàncio, *m.* (*rigonfiamento*) bulge.
spàndere, A *v. t.* 1 (*distendere*) to spread*; to spread* out; to lay* out: **s. i panni lavati**, to lay out the washing; **s. una vela**, to spread (*o* to open) a sail; **L'albero spande i rami**, the tree spreads out its branches 2 (*versare, spargere*) to shed*; to pour out; to spill*; to slop; (*effondere*) to give* out (*o* off), to spread*: **s. sangue**, to shed blood; **s. lacrime**, to shed tears; **La candela spandeva una luce fioca**, the candle gave out a dim light 3 (*spargere*) to spread*; to scatter; to strew*: **s. terrore**, to spread terror 4 (*fig.: divulgare*) to spread*; to hand on: **s. una notizia**, to spread a piece of news. ● (*fig.*) **s. acqua**, to make (*o* to pass) water □ **spendere e s.**, to squander one's money; to throw one's money about. B *v. i.* to spread*; (*di luce*) to be shed, to be radiated: **inchiostro che spande**, ink that spreads 2 (*gergo studentesco*) to show* off; to give* oneself airs. **spandersi**, C *v. rifl.* 1 (*spargersi, allargarsi*) to spread* out: **Le macchie d'olio si spandono**, oil stains spread (out) 2 (*lett.: riversarsi*) to pour: **s. per le vie**, to pour into the streets.
spandicéra, *m. invar.* floor-polisher.
spandiconcime, *m. invar.* (*agric.*) manure-spreader.
spandifièno, *m. invar.* (*agric.*) hay-spreader.
spandiletame, *m.* (*agric.*) manure-spreader.
spandiménto, *m.* 1 spreading: **s. di concimi**, manure spreading 2 (*versamento*) spilling; pouring out.
spandisàbbia, *m.* (*tecn.*) sander.
spanditrice, *f.* (*ing.*) spreader; spreading machine.
spaniare, A *v. t.* to remove from bird-lime. **spaniarsi**, B *v. rifl.* 1 to free oneself from bird-lime 2 (*fig.*) to disentangle oneself.
spaniel (*ingl.*), *m.* (*zool.*) spaniel.
spanna, *f.* span. ● (*fig.*) **alto una s.**, tiny.
spannare, *v. t.* (*il latte*) to skim the cream from (the milk).
spannatóia, *f.* skimmer.
spannatura, *f.* skimming.
spannòcchia, *f.* (*dial.*) 1 (*pannocchia di granturco*) corn-web 2 (*zool.: spannocchio*) (edible) prawn.
spannocchiare, *v. t.* to husk.
spannocchiatura, *f.* husking.
spannòcchio, *m.* (*zool.*, *Penaeus carinatus*) edible prawn.
spappagallare, *v. i.* to jabber.
spappolaménto, *m.* pulping; mashing: **s. chimico**, chemical pulping.
spappolare, A *v. t.* to pulp; to mash; to reduce (st.) to a pulp. **spappolarsi**, B *v. rifl.* to be reduced to a pulp.
spappolato, *a.* pulpy; mushy.
spappolatóre, *m.* (*ind. cartaria*) kneader; pulper.
sparagèlla, sparaghèlla, *f.* (*bot., Asparagus acutifolius*) wild asparagus.
sparagiàia, *f.* asparagus bed.
sparagnino, *a.* (*fam.: tirchio*) close-fisted; stingy.
sparare (1), A *v. t. e i.* to shoot* (*anche sport*); to fire: **s. a una lepre**, to shoot at a hare; **s. a salve**, to fire salvoes; **s. un fucile**, to fire (*o* to discharge) a gun; **s. un colpo di fucile**, to fire (off) a shot; **s. una salva di ventun cannoni**, to fire a salute of twenty-one guns; **Egli spara bene**, he shoots well; **s. il pallone in rete**, to shoot a goal. ● **s. fandonie**, to tell tall stories □ **s. calci**, to kick; to lash out □ (*fig.*) **s. l'ultima cartuccia**, to play one's last card; to shoot one's bolt □ **spararle grosse**, to talk big. **spararsi**, B *v. rifl.* to shoot* oneself.
sparare (2), *v. t.* (*sventrare con un lungo taglio*) to split* open; to cut* lengthwise.
sparata, *f.* 1 discharge; volley 2 (*fig.: spacconata*) brag; boast.
sparato (1), *m.* (*di camicia*) shirt-front: **uno s. inamidato**, a starched shirt-front.
sparato (2), *a.* (*fam.: veloce*) fast; quick; like a shot. ● **Sta arrivando s.**, he's coming at top speed.
sparatóre, *m.* shooter.
sparatòria, *f.* 1 shooting; firing; (*scambio di fucilate*) exchange of shots 2 (*fra malviventi*) shoot-out.
sparecchiaménto, *m.* clearing (of the table).
sparecchiare, *v. t.* to clear: **s. la tavola**, to clear the table. ● **Sparecchia, per favore!**, please, clear the table!
sparéggio, *m.* 1 (*differenza fra due conti*) difference; disparity; deficit 2 (*sport*) play-off.
spàrgere, A *v. t.* 1 to scatter; to strew*: **s. fiori su una tomba**, to strew flowers over a grave; **s. il seme**, to scatter seed 2 (*versare*) to shed*, to pour out; to spill: **s. sangue**, to shed blood; **s. lacrime**, to shed tears; to turn on the waterworks (*fam.*) 3 (*divulgare*) to spread*: **s. false notizie**, to spread false news; **s. q.c. ai quattro venti**, to spread st. far and wide 4 (*diffondere, emanare*) to shed*; to give* out (*o* off): **s. una debole chiarore**, to shed a dim light; **s. calore**, to give off heat. ● **s. sale** (**zucchero**, ecc.) **su q.c.**, to sprinkle salt (sugar, etc.) on st. **spàrgersi**, B *v. rifl.* 1 (*disperdersi*) to spread*; to scatter; to disperse: **La folla si sparse dappertutto**, the crowd dispersed everywhere 2 (*diffondersi*) to spread*: **La voce si sparse in un baleno**, the news spread like wildfire.
spargiménto, *m.* 1 scattering; strewing 2 (*il versare*) shedding. ● **s. di sangue**, bloodshed.
spargipépe, *m.* 1 pepper-shaker 2 (*macinino*) pepper-mill; pepper-grinder.
spargisale, *m.* salt-cellar; saltshaker.
sparigliare, *v. t.* to break* up a pair of.
sparire, *v. i.* 1 to disappear; to vanish; to be gone: **s. senza lasciar traccia**, to vanish without leaving a trace; **s. via in un baleno**, to be gone in a twinkle; **Il sole sparì dietro una nuvola**, the sun disappeared behind a cloud; **La neve sparirà presto**, the snow will soon disappear; **La torta è sparita subito**, the cake disappeared in a twinkling 2 (*cessare di esistere*) to disappear; to pass away. ● **far s. q.c.**, (*nasconderla*) to hide st., to conceal st.; (*rubarla*) to steal st.; to purloin st.; to pinch st.; (*consumarla*) to put st. away: **far s. una chiave**, to purloin a key; **Gli hanno fatto s. il cappello**, somebody has pinched his hat □ **far s. q.** (*ucciderlo*), to kill sb.; to do away with sb.
sparizióne, *f.* disappearance.
sparlare, *v. i.* 1 to speak* ill (of); to backbite* (sb.); to run* (sb.) down (*fam.*): **s. dei propri vicini di casa**, to run down one's neighbours 2 (*parlare a sproposito*) to talk nonsense 3 (*parlare volgarmente*) to use bad language.
sparlatóre, *m.* backbiter.
sparo (1), *m.* firing; shooting; (*rumore*) shot, report: **uno s. di fucile**, a rifle-shot; **sentire uno s.**, to hear a shot.
sparo (2), *V.* **sàrago**.
sparpagliaménto, *m.* scattering; strewing; throwing about.
sparpagliare, A *v. t.* to scatter; to strew*; to throw* (st.) about: **s. libri**, to throw (one's) books about. **sparpagliarsi**, B *v. rifl.* to scatter; to disperse: **s. nelle vie**, to scatter through the streets.
sparpagliato, *a.* scattered; dispersed; strewn: **carte sparpagliate**, scattered cards (*o* papers).
sparsaménte, *avv.* sparsely; here and there.
sparso, *a.* 1 (*versato*) shed: **sangue s.**, shed blood 2 (*cosparso*) strewn; covered: **s. di fiori**, strewn with flowers 3 (*sciolto*) loose: **pagine sparse**, loose sheets; **con i capelli sparsi**, with one's hair loose. ● (*mil.*) **in ordine s.**, in open order.
spartachista, *m. e f.* (*stor.*) Spartacist.
Spàrtaco, *m.* (*stor.*) Spartacus.
spartanaménte, *avv.* Spartanly; like a Spartan.
spartano, *a. e m.* (*stor., anche fig.*): **gli Spartani**, the Spartans; **ideali spartani**, Spartan ideals; **il coraggio s.**, Spartan bravery; **la semplicità spartana**, Spartan simplicity; **educazione spartana**, Spartan upbringing.
sparteina, *f.* (*chim.*) sparteine.
spartiàcque, *m.* (*geogr.*) watershed.
spartibile, *a.* divisible.
spartifuòco, *m. invar.* (*teatr.*) safety curtain.
spartinéve, *m. invar.* snow-plough.
spartire, *v. t.* 1 (*dividere in parti*) to share out; to divide: **s. cento**

spartisémi

sterline fra cinque persone, to share out one hundred pounds among five people; **Spartimmo il denaro in parti uguali**, we divided the money equally **2** (*separare, dividere*) to separate; to divide; to part: **s. due litiganti**, to part two brawlers (*o* fighters); **s. i capelli**, to part one's hair **3** (*mus.*) to score; to arrange in a score. ● **non avere nulla da s. con q.**, to have nothing to do with sb.

spartisémi, *m.* (*agric.*) grapeseed separator.

spartito, *m.* (*mus.*) score.

spartitràffico, **A** *a.* – **aiuola s.**, median strip; **banchina s.**, traffic divider; **isola s.**, traffic island; **striscia** (*o* **linea**) **s.**, dividing lane line (*o* strip). **B** *m. invar.* traffic island; traffic divider; (*colonnina*) traffic bollard.

spartizióne, *f.* partition; sharing out; division.

sparto, *m.* **1** (*bot., Lygeum spartum*) esparto; esparto grass **2** (*fibra*) esparto.

sparutézza, *f.* **1** leanness; meagreness; gauntness; thinness **2** (*esiguità*) scantiness; meagreness.

sparuto, *a.* **1** lean; meagre; spare; gaunt; haggard; thin: **un viso s.**, a meagre face **2** (*di numero esiguo*) scant; scanty; meagre.

sparvière, sparvièro, *m.* **1** (*zool., Accipiter nisus*) sparrow-hawk **2** (*edil.*) hawk; mortar-board; hod.

spasimante, *m.* (*scherz.*) lover; wooer; suitor: **Ella ha molti spasimanti**, she has many suitors. ● **fare lo s.**, to spoon (*fam.*).

spasimare, *v. i.* **1** to suffer agonies; to be racked (with st.): **Ho spasimato tutta la notte**, I've suffered agonies all night long; **s. per il dolore**, to be racked with pain; **s. per la gelosia**, to be racked with jealousy **2** (*fig.*) to long; to yearn; to crave: **Spasimavo di vederti**, I was longing to see you. ● **s. per q.**, to be head over ears in love with sb. (*fam.*).

spàsimo, *m.* (*dolore acuto, anche fig.*) pang; agonies (of pain) (*pl.*): **gli spasimi della fame**, the pangs of hunger; **lo s. dell'amore** (**del rimorso, ecc.**), the pangs of love (of remorse, etc.).

spasmo, *m.* (*med.*) spasm: **s. dell'esofago**, esophagospasm.

spasmòdico, *a.* (*anche med.*) spasmodic(al): **contrazioni spasmodiche**, spasmodic contractions.

spasmofilia, *f.* (*med.*) spasmophilia.

spasmòfilo, *a.* (*med.*) spasmophilic; spasmophile.

spasmolitico, *a. e m.* (*farm.*) spasmolytic; antispasmodic.

spassare, **A** *v. t.* to amuse: (*far*) **s. i bambini**, to amuse the children. **spassarsi**, **B** *v. rifl.* to amuse oneself; to enjoy oneself; to have a good time; to have a lark (*fam.*); to lark about (*fam.*). ● **Gli piace spassarsela**, he likes to give himself a good time.

spasseggiare, *v. t.* to take* for a walk.

spasséggio, *m.* walk; stroll.

spassionarsi, *v. rifl.* (*tosc.*) to unbosom oneself; to give* vent to one's feelings; to disclose one's thoughts (to sb.).

spassionataménte, *avv.* dispassionately; impartially; with an unbiassed mind.

spassionatézza, *f.* dispassionateness; impartiality; unbias(s)edness.

spassionato, *a.* dispassionate; impartial; unbias(s)ed: **un parere s.**, an impartial opinion; **con animo s.**, with an unbiased mind; dispassionately.

spasso, *m.* **1** (*passeggiata*) (short) walk; stroll: **andare a s.**, to go for a walk; **menare q. a s.**, to take sb. for a walk; (*fig.*) to lead sb. up the (garden) path (*pop.*) **2** (*divertimento, passatempo*) fun; amusement; pastime; lark (*fam.*): **Lo stuzzicavo così per s.**, I teased him just in (*o* for) fun (*o* only for a lark); **È proprio uno s.!**, it's great fun!; **Che s.!**, what fun!; how amusing!; what a lark!; **darsi agli spassi**, to indulge in amusements; **prendersi s. di q.**, to poke fun at sb. **3** (*fig.: persona spassosa*) wag; scream (*fam.*): **Sei proprio uno s.!**, you are a perfect scream! ● (*fig.*) **essere** (*o* **trovarsi**) **a s.** (*senza lavoro*), to be out of work □ (*fig.*) **mandare q. a s.**, (*sbarazzarsene*) to get rid of sb.; (*licenziarlo*) to give sb. the sack; to sack sb.; to fire sb. (*fam.*) □ (*fig.*) **Va' a s.**, beat it!; scram! (*pop.*).

spassóso, *a.* funny; amusing.

spàstico, *a. e m.* (*med.*) spastic.

spastoiare, **A** *v. t.* to unhobble; to unfetter. **spastoiarsi**, **B** *v. rifl.* (*fig.*) to free oneself.

spata, *f.* (*bot.*) spathe.

spàtico, *a.* (*miner.*) spathic; spathose.

spato, *m.* (*miner.*) spar: **s. pesante**, heavy spar; barite. ● **s. d'Islanda**, Iceland spar.

spàtola, *f.* **1** spatula; spatule: **a s.**, shaped like a spatula; spatulate(d) **2** (*mestichino*) palette-knife* **3** (*mecc.*) paddle **4** (*zool., Platalea leucorodia*) spoonbill. ● **s. per mastice**, putty knife.

spatolato, *a.* (*bot.*) spatulate(d).

spatriare, *v. i.* e **spatriarsi**, *v. rifl.* to leave* one's native country; to expatriate; to emigrate.

spauràcchio, *m.* **1** (*spaventapasseri*) scarecrow: **mettere uno s. nell'orto**, to set up a scarecrow in the back garden **2** (*fig.*) scarecrow; bugbear; bugaboo*; bog(e)y: **semplici spauracchi per spaventare i bambini**, mere bugbears to scare children; **essere lo spauracchio di q.**, to be sb.'s bugbear.

spauriménto, *m.* frightening; scaring.

spaurire, **A** *v. t.* to frighten; to scare: **Non lo s.!**, don't frighten him!; **s. i bambini con storie di streghe**, to frighten children with stories of witches. **spaurirsi**, **B** *v. rifl.* to take* fright; to be scared (*o* frightened): **I conigli si spauriscono al minimo rumore**, rabbits are scared at the slightest noise.

spaurito, *a.* frightened; scared. ● **con occhi spauriti**, with fear in one's eyes □ **con l'aria spaurita**, like a duck in a thunder-storm (*fam.*).

spavaldaménte, *avv.* boldly; defiantly; arrogantly; insolently.

spavalderia, *f.* boldness; arrogance; insolence.

spavaldo, **A** *a.* bold; defiant; arrogant; insolent: **un sorriso s.**, a bold smile. ● **con aria spavalda**, haughtily □ **contegno s.**, overbearing behaviour; overbearance. **B** *m.* insolent person. ● **fare lo s.**, to be a show-off.

spaventapàsseri, *m.* (*anche fig.*) scarecrow.

spaventare, **A** *v. t.* to frighten; to give* (sb.) a fright; to scare: **Le tue parole non mi spaventano**, your words don't frighten me; **Mi spavento al solo pensarci**, the very thought of it frightens me; **La tempesta la spaventò**, she was scared by the storm. **spaventarsi**, **B** *v. rifl.* to be (*o* to get*) frightened; to take* fright (at st.); to be afraid; to be (*o* to get*) scared: **Mi spaventai terribilmente**, I was frightened out of my wits; I had my heart in my mouth; **Non ti spaventare per così poco!**, don't be afraid for so little!

spaventato, *a.* frightened; in a fright; scared: **essere s.**, to be frightened (*o* afraid); to be in a funk (*fam.*).

spaventévole, *V.* **spaventóso**.

spavènto, *m.* fright; fear; funk (*fam.*): **un pensiero che incute s.**, a fear-inspiring thought; **essere preso dallo s.**, to be seized with fear; to be frightened; **fare s. a q.**, to give sb. a fright; to frighten sb.; to scare sb.; (*fam.*) **Quella donna è un vero s.!**, that woman is a real fright! ● **brutto da fare s.**, frightfully ugly; hideous □ **far morire q. di s.**, to frighten sb. to death □ **morire dallo s.**, to be frightened out of one's life; to be scared to death: **La ragazza quasi morì dallo s.**, the girl was nearly frightened out of her life.

spaventosaménte, *avv.* **1** frightfully; dreadfully; hideously; horribly **2** (*fig.*) tremendously; awfully; terribly.

spaventosità, *f.* frightfulness; hideousness.

spaventóso, *a.* **1** frightful; dreadful; terrible; hideous; horrible: **Che storia spaventosa!**, what a dreadful story!; **È s.!**, that's terrible!; **un baratro s.**, a frightful chasm; **precipitare da un'altezza spaventosa**, to fall headlong from a frightful height; **un delitto s.**, a hideous crime; **spaventose minacce**, horrible threats **2** (*fam.: straordinario*) incredible; tremendous; fantastic; (*enorme*) enormous, huge: **avere una fortuna spaventosa**, to have incredible luck; **una quantità spaventosa**, an enormous quantity. ● (*fam.*) **Guida in modo s.**, he drives terribly.

spaziale, *a.* spatial; space (*attr.*). ● **astronauta che fa una passeggiata s.**, spacewalker □ **fare una passeggiata s.**, to spacewalk □ **male del volo s.**, space sickness □ **passeggiata s.**, spacewalk □ **volo s.**, space flight.

spazialità, *f.* (*archit., arte*) effect of space; spatiality.

spaziaménto, *m.* spacing.

spaziare, **A** *v. i.* **1** to soar; to sweep*; to wander; to range: **I miei occhi spaziarono sull'orizzonte**, my eyes swept the horizon **2** (*fig.*) to range: **s. per tutti i campi del sapere**, to range over all the fields of knowledge. **B** *v. t.* (*anche tipogr.*) to space. ● **Qui si può s.**, there is plenty of room here.

spaziato, *a.* (*anche tipogr.*) spaced.

spaziatrice, *a.* – **barra s.**, space-bar.

spaziatura, *V.* **spazieggiatura**.

spazieggiare, *v. t.* **1** to space **2** (*tipogr.*) to space; to letterspace.

spazieggiatura, *f.* **1** spacing **2** (*tipogr.*) spacing; letterspacing.

spazientire, **A** *v. t.* to make* (sb.) lose one's patience. **B** *v. i.* e **spazientirsi**, *v. rifl.* to lose* one's patience.

spazientito, *a.* out of patience.

spàzio, *m.* **1** space: **gravitare nello s.**, to gravitate in space; **s. interplanetario** (**interstellare**), interplanetary (interstellar) space; **la conquista dello s.**, the conquest of space; **l'uomo nello s.**, man in space; **il concetto di tempo e di s.**, the concept of time and space **2** (*estensione limitata*) space; (*posto*) room; (*distanza*) distance: **lo s. fra due rotaie** (**fra le righe, ecc.**), the space between two rails (between the lines, etc.); **C'è abbastanza s. per tutti**, there's enough room for everyone; **lo s. percorso**, the distance covered (*o* run); **Ci occorre più s.**, we need more room; **L'articolo non fu pubblicato per mancanza di s.**, the article was not published for lack of space; **lo s. vitale di una nazione**, the living space of a nation; **lo s. di frenatura** (*di veicoli*), the braking

distance; **Lo s. che separa A da B è poco**, the distance separating A from B is small; **Ho poco s. per muovermi**, I haven't much room to move **3** (*di tempo*) period; space: **nello s. di sei mesi**, in the period (*o* space) of six months; **in un breve s. di tempo**, in a short space (*o* period) of time **4** (*tipogr.*, *mus.*) space: (*tipogr.*) **s. da 4** (**da 3**, ecc.), 4-em (3-em, etc.) space; (*mus.*) **Nel terzo s. c'è il do nella chiave di violino**, in the third space there is the C in the treble clef **5** (*mat.*) space: **s. vettoriale**, vector space. ● **s. aereo**, airspace □ (*tipogr.*) **s. finissimo**, hair-space □ (*tipogr.*) **s. in bianco**, blank (space); (*fra caratteri*) pigeon-hole □ (*miss.*) **un satellite che viaggia nello s.**, a spaceborne satellite.
spaziosaménte, *avv.* spaciously.
spaziosità, *f.* spaciousness; vastness; wideness; roominess.
spazióso, *a.* spacious; large; vast; wide; roomy; broad: **una stanza spaziosa**, a spacious (*o* a large) room; **una strada spaziosa**, a wide (*o* a broad) road.
spazio-tèmpo, *m. invar.* (*fis.*) space-time.
spaziotemporale, *a.* (*fis.*) spatiotemporal.
spazzacamino, *m.* chimney-sweep(er).
spazzafórno, *V.* spazzatóio.
spazzamine, *m.* (*naut.*) minesweeper.
spazzanéve, *m. invar.* snow-plough: **uno s. a turbina**, a rotary snow-plough.
spazzare, *v. t.* **1** to sweep* (*anche fig.*); to scavenge: **s. il pavimento**, to sweep the floor; **s. una stanza**, to sweep out a room; **s. le strade**, to sweep the streets; **s. un camino**, to sweep a chimney; **Il vento spazza via le foglie morte (le nuvole, ecc.)**, the wind sweeps away the dead leaves (the clouds, etc.); **Le onde spazzarono il ponte**, the waves swept across the deck **2** (*fig.*) to wipe out; to sweep away: **s. i pregiudizi**, to wipe out prejudice. ● **s. via tutto**, to make a clean sweep of everything; (*al gioco*) to sweep the board.
spazzata, *f.* sweep; sweep-up; sweep-out. ● **dare una s. a una stanza**, to sweep out a room.
spazzatóio, *m.* oven-brush.
spazzatóre, **A** *m.* sweeper. **B** *a.* sweeping: **una macchina spazzatrice**, a sweeping-machine; a sweeper.
spazzatrice, *f.* (street-)sweeper; sweeping-machine.
spazzatura, *f.* **1** (*lo spazzare*) sweeping **2** (*sudiciume spazzato*) sweepings (*pl.*); dust; rubbish; refuse: **il bidone** (*o* **la cassetta**) **della s.**, the dustbin; the trash can (*USA*). ● **buttare q.c. nella s.**, to throw st. into the dustbin □ (*fig.*, *spreg.*) **trattare q. come s.**, to treat sb. like dirt.
spazzaturàio, *m.* dustman*; refuse-collector.
spazzino, *m.* street-sweeper; scavenger.
spàzzola, *f.* **1** brush: **una s. per abiti**, a clothes brush; **una s. da cappelli**, a hat-brush; **una s. da capelli**, a hair-brush; **adoperare una s.**, to use a brush **2** (*zool.*) scopula*; scopa*. ● (*elettr.*) **s. del distributore**, rotor (arm) □ (*autom.*) **s. del tergicristallo**, windscreen wiper blade □ **avere i baffi tagliati a s.**, to have a tooth-brush moustache □ **portare i capelli a s.**, to wear a crew-cut.
spazzolare, *v. t.* to brush: **spazzolarsi gli abiti**, to brush one's clothes.
spazzolata, *f.* brush: **dare una s. a q.c.**, to give st. a brush; to brush st.
spazzolatrice, *f.* brushing-machine.
spazzolatura, *f.* brushing.
spazzolificio, *m.* brush-factory.
spazzolino, *m.* (small) brush: **uno s. da denti**, a tooth-brush; **uno s. per le unghie**, a nail-brush.
spazzolóne, *m.* mop.
speaker (*ingl.*), *m.* **1** (*radio*, *telev.*) announcer **2** (*sport*) commentator **3** (*polit.*) speaker.
specchiàio, *m.* mirror-maker.
specchiarsi, *v. rifl.* **1** to look at oneself in a mirror: **Prima di uscire, si specchia cento volte**, before going out she looks at herself in the mirror a hundred times; **Specchiandosi, vide che era pallido**, looking at himself in the mirror, he saw (that) he was pale **2** (*riflettersi*) to be reflected; to be mirrored: **I cipressi si specchiano nel lago**, the cypress trees are reflected (*o* mirrored) in the lake. ● (*fig.*) **s. in q.**, to model oneself on sb. □ **s. nelle vetrine**, to look at one's reflection in the shop-windows.
specchiato, *a.* exemplary; flawless; spotless; upright: **un uomo di specchiata virtù**, a man of exemplary virtue.
specchièra, *f.* **1** (*specchio grande*) (large) mirror **2** (*toletta*) dressing-table.
specchiétto, *m.* **1** (*piccolo specchio*) looking-glass; (hand-)mirror: (*autom.*) **s. retrovisore**, driving mirror; rear-vision mirror; (*autom.*) **s. laterale**, wing mirror **2** (*richiamo per le allodole*) mirror decoy (for luring sky-larks) **3** (*compendio*) compendium*; synopsis*; (*prospetto*) table. ● (*fig.*) **s. per le allodole**, lure; decoy; bait.
spècchio, *m.* **1** mirror (*anche fig.*); looking-glass; glass: **guar-**

darsi nello s., to look at oneself in the mirror (*o* in the glass); **galleria degli specchi**, hall of mirrors; **essere liscio come uno s.**, to be as smooth as a mirror; **Gli occhi sono lo s. dell'anima**, the eyes are the mirror (*o* the windows) of the soul; **Lo s. non è bugiardo**, the mirror doesn't lie; **Il romanzo moderno è lo s. della nostra epoca**, the modern novel is the mirror of our time; **s. molato**, bevelled mirror **2** (*prospetto*) prospectus; register; schedule; (*orario*) time-table: **lo s. delle assenze**, the register of absences; **Gli specchi del programma di lavoro nel nostro ufficio sono alquanto elastici**, programme schedules in our office are somewhat elastic; **lo s. degli esami**, the time-table of the exams **3** (*fig.: esempio*) model; example; pattern: **Quell'uomo è uno s. di onestà (di virtù, ecc.)**, that man is a model (*o* an example) of honesty (of virtue, etc.); **È uno s. di tutte le virtù**, he is a pattern of all virtues. ● **uno s. d'acqua**, a stretch of water □ **s. delle ore lavorative**, time-sheet □ (*sport: calcio*) **s. della porta**, goal (mouth) □ (*naut.*) **s. di poppa**, transom □ (*bot.*) **s. di Venere** (*Specularia speculum Veneris*), Venus's looking-glass □ (*telev.*) **s. elicoidale**, mirror screw □ (*med.*) **s. frontale**, forehead mirror □ (*cinem.*) **s. parabolico**, parabolic (*o* reflecting) mirror; reflector □ (*autom.*) **s. retrovisore**, driving mirror; rear-vision mirror; rear-view mirror □ (*fis.*) **s. riflettente**, reflecting substage mirror □ (*cinem.*) **s. riflettore**, reflecting mirror □ **s. ustorio**, burning-glass □ **armadio a s.**, wardrobe with a mirror □ **essere a s. dell'acqua**, to be reflected in the water □ (*fig.*) **farsi s. di q.**, to model oneself on sb. □ **pulito come uno s.**, as clean as a new pin; spick and span □ **scrittura a s.**, mirror-writing □ **La nostra casa è a s. del lago**, our house is situated on the lakeshore.
speciale, *a.* **1** special; (*particolare*) particular, peculiar: **un favore s.**, a special favour; **una dieta s.**, a special diet; **un treno s.**, a special (*o* an extra) train; **niente di s.**, nothing special **2** (*scelto*) special; choice; select: **in modo s.**, (e)specially; particularly; in particular.
specialista, **A** *m. e f.* **1** specialist **2** (*ind.*) technician; expert. ● (*autom.*) **s. per la messa a punto**, (engine) tuner. **B** *a.* specialist (*attr.*); specialized: **medico s.**, specialized doctor; specialist.
specialistico, *a.* specialistic; specialist (*attr.*). ● (*med.*) **visita specialistica**, specialist's examination.
specialità, *f.* **1** (*ramo particolare di studio, di ricerche*) speciality; specialty: **La sua s. era l'entomologia**, his speciality was entomology **2** (*prodotto speciale*) speciality; specialty; special product (*o* article): **È una s. della ditta**, it is a specialty of the firm. ● **specialità farmaceutiche**, branded pharmaceuticals; proprietary medicines; proprietaries.
specializzare, **A** *v. t.* to specialize. **specializzarsi**, **B** *v. rifl.* to specialize; to become* a specialist: **s. in storia orientale**, to specialize in oriental history.
specializzato, *a.* specialized. ● **operaio s.**, skilled worker □ **operaio non s.**, unskilled worker.
specializzazióne, *f.* specialization.
specialménte, *avv.* (e)specially; particularly; in particular.
speciazióne, *f.* (*biol.*) speciation.
spècie (1), *f. invar.* **1** kind; sort: **Che s. di uomo è costui?**, what kind of man is he?; **Che s. di favore vuoi?**, what sort (*o* kind) of favour do you want?; **Abbiamo merci di ogni s.**, we have goods of all kinds; **gente di ogni s. e di ogni razza**, people of every kind and description; **È una s. di mago**, he's a sort of magician; **È qualche s. di strumento musicale**, it's a musical instrument of some sort **2** (*scient.*) species*: **la s. umana**, the human species; mankind; **l'origine della s.**, the origin of the species; **Tutte le s. animali sono in continua evoluzione**, all animal species are in continuous evolution **3** (*relig.*) species; appearance: **l'Eucarestia sotto la s. del pane e del vino**, the Eucharist under the appearances (*o* species) of bread and wine. ● **fare s.**, to impress; to surprise: **Non mi farebbe s. se venisse stasera**, I shouldn't be surprised if he came tonight; **Non mi fa s. questo sfoggio di ricchezza**, this show of wealth doesn't impress me; **Mi fa s. il tuo comportamento**, your behaviour surprises me; **Gli fece molta s. di sentirla parlare così sgarbatamente**, he was very surprised to hear her speak so rudely □ **in s.**, (e)specially; in particular: **da te in s.**, especially from you; from you in particular □ **in s. umana**, in human shape □ **mutare s.**, to change appearance □ **nella s.**, in this particular case □ **sotto s. di**, (*in aspetto di*) under the appearance of; (*col pretesto di*) with the pretext (*o* excuse) of.
spècie (2), *avv.* (e)specially; particularly: **Mi piace la campagna, s. di primavera**, I like the countryside, especially (*o* particularly) in spring.
specifica, *f.* (*comm.*) detailed list; bill; (*ind.*) specification: **Mandatemi una s. delle merci**, please send me a detailed list of the goods; **la s. delle spese giudiziarie**, the bill of costs.
specificàbile, *a.* specifiable.
specificaménte, *avv.* specifically; particularly; in particular.

specificare, *v. t.* to specify; to mention explicitly; to state precisely: **s. gli usi di q.c.**, to specify the uses of st.
specificataménte, *avv.* specifically; in detail.
specificativo, *a.* specificative; specifying.
specificato, *a.* specified.
specificazióne, *f.* specification. ● (*gramm.*) **complemento di s.**, genitive case.
specificità, *f.* specificity.
specifico, A *a.* specific; (*particolare*) particular, peculiar; (*preciso*) precise, explicit: **i caratteri specifici**, the specific characters; **le differenze specifiche**, the specific differences; **la causa specifica**, the specific cause; **una malattia specifica**, a specific disease; **un rimedio s.**, a specific remedy; (*fis.*) **peso s.**, specific gravity (*o* weight). **B** *m.* specific (remedy).
specillare, *v. t.* (*med.*) to probe.
specillo, *m.* (*med.*) stylet; probe.
specimen (*lat.*), *m.* **1** (*saggio, campione*) specimen; sample **2** (*nell'uso editoriale*) specimen (page) **3** (*banca*) signature specimen.
speciosaménte, *avv.* speciously; ostensibly.
speciosità, *f.* speciosity; speciousness; ostensibility.
specióso, *a.* specious; ostensible: **ragioni speciose**, ostensible reasons.
spèco, *m.* **1** (*lett.: spelonca*) cave; cavern; den **2** (*anat.*) canal.
spècola, *f.* observatory.
spècolo, *m.* (*med.*) speculum*.
speculàbile, *a.* fit for speculation.
speculare (1), A *v. t.* to speculate on; to inquire into: **s. i misteri della natura**, to inquire into the mysteries of nature. **B** *v. i.* **1** to speculate (on); to inquire (into) **2** (*fin.*) to speculate; to gamble; to operate: **s. sui titoli di banca (sul prezzo del caffè, ecc.)**, to speculate in bank stocks (on coffee, etc.); **s. in Borsa**, to gamble on the Stock Exchange: **Perse tutto il suo patrimonio speculando in Borsa**, he lost his fortune gambling on the Stock Exchange; (*Borsa*) **s. al rialzo**, to operate for a rise; to bull; **s. al ribasso**, to operate for a fall; to bear **3** (*sfruttare una situazione*) to take* advantage (of); to exploit.
speculare (2), *a.* specular; mirror (*attr.*): **riflessione s.**, specular reflection.
speculaménte, *avv.* speculatively.
speculativo, *a.* speculative (*anche fin.*): **una mente speculativa**, a speculative mind; **filosofia speculativa**, speculative philosophy; **operazioni speculative**, speculative transactions; **un'impresa di natura speculativa**, an undertaking of a speculative character.
speculatóre, *m.* (*Borsa, fin.*) speculator; gambler; operator; venturer. ● **s. al rialzo**, bull; long □ **s. al ribasso**, bear; short □ **s. professionista** (*Borsa ingl.*), jobber; stockjobber □ **s. senza scrupoli**, wildcatter.
speculatòrio, *a.* (*fin.*) speculative: **manovre speculatorie**, speculative manoeuvres.
speculazióne, *f.* **1** (*indagine razionale*) speculation; (*pensiero*) thought: **Egli era immerso nelle sue speculazioni filosofiche**, he was absorbed in his philosophical speculations **2** (*fin.*) speculation; operation; (ad)venture; (*aggiotaggio*) agiotage: **una s. rischiosa (sfortunata, ecc.)**, a risky (an unsuccessful, etc.) speculation; **s. in borsa**, speculation on the Stock Exchange; **partecipare a una s.**, to join in a speculation **3** (*spreg.*) gamble; play: **s. politica**, political gamble.
speculum (*lat.*), *m.* (*med.*) speculum*.
spedalità, *f.* hospitalization.
spedalizzare, *v. t.* to hospitalize.
spedantire, *v. t.* to rid of pedantry.
spedare, *v. t.* − (*naut.*) **s. l'ancora**, to weigh anchor.
spedire, *v. t.* to send*; to dispatch; to ship; (*per posta*) to mail; (*via mare*) to ship; (*per via aerea*) to airmail; (*inoltrare*) to forward; (*rimettere*) to remit: **Ti spedirò il pacco la settimana prossima**, I'll send you the parcel next week; **Ti spedii l'assegno qualche tempo fa**, I mailed you the cheque some time ago; **s. a mezzo piroscafo**, to ship by steamer; **Vi spedimmo la merce l'altro ieri**, we dispatched the goods to you the day before yesterday; **La prego di s. le lettere a questo indirizzo**, kindly forward the letters to this address; **s. a mezzo corriere**, to send st. through a forwarding agent; **s. a piccola (a grande) velocità**, to send by slow (by fast) train; **s. in busta aperta**, to send as printed matter; **s. come campione**, to send by sample-post; **s. contro assegno**, to send cash on delivery (*abbr.*): C.O.D.; **s. sotto fascia**, to send under cover; **s. per ferrovia**, to send by rail; **s. per posta aerea**, to send by airmail; to airmail; **s. per pacco postale**, to send (*o* to forward, to dispatch) by post; to post; to mail; **s. la merce**, to send (*o* to forward) the goods; (*per mare*) to ship the goods. ● (*fam.*) **s. una ricetta** (*medica*), to make up a prescription □ **s. q. all'altro mondo**, to send sb. to kingdom come.
spediménte, *avv.* expeditiously; promptly; speedily; quickly. ● **parlare s.**, to speak fluently.
speditézza, *f.* expedition; promptness; speed; quickness.
speditivo, *a.* (*lett.*) expeditious.
spedito, A *a.* **1** (*sollecito, pronto*) expeditious; prompt; ready; quick: **essere s. nel fare q.c.**, to be prompt to do st. **2** (*sciolto*) fluent: **avere una pronunzia spedita**, to have a fluent pronunciation **3** (*fam.: spacciato*) done for; hopeless. **B** *avv.* **1** expeditiously; promptly; quickly **2** (*in modo sciolto*) fluently: **parlare s.**, to speak fluently.
speditóre, A *m.* sender; forwarder; consignor. **B** *a.* forwarding.
spedizióne, *f.* **1** (*comm.*) consignment; forwarding; (*via mare*) shipment; (*di lettere, pacchi*) dispatch: **Vi farò presto un'altra s.**, I'll send you another consignment soon; **spese di s.**, forwarding (*o* shipping) charges; **s. per ferrovia**, forwarding by rail; **Il giorno di Natale non vi sarà s. di lettere, pacchi e telegrammi**, there will be no dispatch of letters, parcels and telegrams on Christmas Day; **La s. della merce fu ritardata dallo sciopero dei portuali**, the shipment of the goods was delayed by the dockers' strike; **istruzioni per la s.**, forwarding (*o* shipping) instructions; **ricevuta di s.**, consignment receipt; **bollettino di s.**, consignment note **2** (*scient., mil.*) expedition: **s. militare** (**navale**), military (naval) expedition; **s. geografica** (**archeologica, ecc.**), geographical (archaeological, etc.) expedition; **organizzare una s.**, to organize an expedition; **s. di soccorso**, relief expedition; **s. punitiva**, punitive expedition; **Si sta preparando una s. polare**, a Polar expedition is being prepared. ● **agenzia di s.**, forwarding (*o* shipping) agency □ **avviso di s.**, advice note □ (*mil.*) **corpo di s.**, expeditionary force.
spedizionière, *m.* **1** (*comm.*) forwarder; forwarding agent **2** (*naut., anche* **s. marittimo**) shipper; shipping agent; freighter.
spegnare, *v. t.* to redeem.
spègnere, A *v. t.* **1** to extinguish; (*fuoco*) to put* out; (*gas, luce, radio, telev.*) to turn off; (*con un interruttore*) to switch off: **s. le fiamme**, to extinguish the flames; **Prima di lasciare il campeggio, spensero il fuoco**, before leaving the camping ground they put out (*o* they doused) the fire; **s. il gas**, to turn off the gas; **s. il motore**, to switch off the engine; **s. la radio** (**il televisore**), to switch off (*o* to turn off) the radio (the television); **s. la luce**, to put out (*o* to turn off, to switch off) the light; **s. una candela con un soffio**, to put out (*o* to blow out) a candle **2** (*fig.: far cessare, estinguere*) to stifle; to extinguish; to kill: **s. l'amore di q.**, to extinguish (*o* to kill) sb.'s love; **s. le proprie ambizioni** (**passioni, speranze**), to stifle one's ambitions (passions, hopes) **3** (*fig.: smorzare*) to muffle; to dull; to dim: **La neve spegne i rumori**, snow muffles sounds. ● **s. la calce viva**, to slake (*o* to quench) lime □ **s. un debito**, to pay off a debt □ **s. un'ipoteca**, to discharge a mortgage □ **s. la polvere**, to lay the dust □ **s. la sete**, to quench one's thirst □ **s. una sigaretta**, to stub out a cigarette. **B** *v. rifl.* **1** (*di luce, fuoco*) to be extinguished; to go* out; to die out; (*di fuoco*) to burn* out; (*di macchine e sim.*) to stop, to stall: **A un tratto i lumi si spensero**, all of a sudden the lights were extinguished (*o* went out); **Il fuoco nel camino si va spegnendo lentamente**, the fire in the hearth is dying out slowly; **Mi si è spento il sigaro**, my cigar has gone out; **L'incendio si spense prima dell'arrivo dei vigili del fuoco**, the fire burnt (itself) out before the fire-brigade arrived; **Il motore si spegneva facilmente**, the engine stalled easily **2** (*fig.: venire meno, scomparire*) to die down; to fade away; to die away: **In questi ultimi anni la sua xenofobia si è spenta**, in these last few years his xenophobia has died down; **Con l'avanzare degli anni l'intelligenza comincia a s.**, with the passing of the years one's intelligence begins to fade (away); **Non voglio che la speranza si spenga nei vostri cuori**, I don't want hope to fade (*o* to die) away in your hearts; **Il suo sorriso non si spegne mai**, his smile never dies (*o* fades) away; **Il rumore della folla si spense a poco a poco**, the noise of the crowd gradually died away **3** (*fig.: morire*) to pass away; to die: **Si è spenta serenamente ad ottant'anni**, she passed away peacefully at the age of eighty.
spegniménto, *m.* **1** extinction **2** (*di apparecchi*) turning off; switching off **3** (*di macchine e sim.*) stopping; stalling **4** (*elettron.*) quenching. ● (*metall.*) **s. di un forno**, blowing-out.
spegnitóio, *m.* snuffer; extinguisher.
spegnitóre, *m.* extinguisher.
spegnitura, *f.* extinguishment; extinguishing.
spelacchiaménto, *m.* tearing out (patches of) hair.
spelacchiare, A *v. t.* to tear* (patches of) hair off. **spelacchiarsi**, **B** *v. rifl.* to lose* (patches of) hair.
spelacchiato, *a.* scanty-haired; (*logoro*) worn-out, shabby, bare: **una pelliccia spelacchiata**, a worn-out fur-coat.
spelare, A *v. t.* to remove the hair from (st.). ● (*fig.*) **s. q.**, to fleece sb. of his money. **B** *v. i.* e **spelarsi**, *v. rifl.* to lose* one's hair.

spelatura, *f.* **1** removing of the hair; (*parte spelata*) hairless patch **2** (*ind. tessile*) cotton waste.
spèlda, *V.* **spèlta.**
spelèo, *a.* cave (*attr.*): **un orso s.**, a cave-bear.
speleologìa, *f.* spel(a)eology.
speleològico, *a.* spel(a)eological.
speleòlogo, *m.* spel(a)eologist.
spellare, A *v. t.* **1** (*levare la pelle a*) to skin; to flay: **s. un coniglio**, to skin a rabbit **2** (*fam.: scorticare*) to scrape; to graze **3** (*fam.: chiedere prezzi esosi*) to skin; to fleece: **Fu spellato di tutto il suo denaro da un uomo disonesto**, he was fleeced of all his money by a dishonest man. **spellarsi,** B *v. rifl.* to peel: **Gli si spellò il viso**, his face peeled.
spellatura, *f.* **1** (*il levare la pelle*) skinning; flaying **2** (*escoriazione*) scrape; excoriation.
spellicciare, *v. t.* **1** (*strappare il pelo, la pelliccia*) to tear* the skin (*o* the fur) off **2** (*fig.: malmenare*) to treat roughly; to ill--treat; to ill-use.
spelónca, *f.* den (*anche fig.*); cavern: **una s. di ladri**, a den of thieves.
spèlta, *f.* (*bot., Triticum spelta*) spelt.
spème, (*lett.*) *V.* **speranza.**
spendaccióne, *m.* spendthrift; squanderer; wastrel.
spèndere, *v. t.* **1** to spend*; to expend (*anche fig.*); to lay* out: **s. molto per i libri**, to spend a lot on books; **s. troppo in vestiti**, to spend too much on clothes; **Quella ragazza spende tutto in gingilli**, that girl spends all her money on trinkets; **Non fai che s.**, you're always spending; **s. denaro (tempo)**, to spend money (time); **s. tutte le proprie forze**, to spend all one's energies; **s. tempo e fatica per fare q.c.**, to expend time and care in doing st.; **s. gli anni migliori della vita in un lavoro**, to spend the best years of one's life on a task; **s. il proprio denaro oculatamente**, to lay out one's money carefully **2** (*fare spese*) to make* purchases; (*fare la spesa*) to go* shopping, to shop **3** (*fig.: sprecare*) to waste; to throw* away: **s. il fiato**, to waste one's breath. ● **s. e spandere**, to squander one's money; to be a spendthrift □ **s. un occhio della testa** (*o* **l'osso del collo**), to spend an awful lot of money □ **s. una parola per q.**, to put in a good word for sb. □ **non badare a s.**, to spend freely □ **sapere s.**, to know how to spend one's money □ **Quanto ti hanno fatto s. in quell'albergo?**, how much did they charge you in that hotel? □ **Spesi due ore per convincerla**, it took me two hours to persuade her □ **È un uomo che spende**, he is free with his money □ **Spendi pure il mio nome**, you may use my name □ (*prov.*) **Chi più spende, meno spende**, best is cheapest.
spenderéccio, *a.* **1** spendthrift (*attr.*); extravagant; prodigal **2** (*costoso*) expensive; costly.
spendìbile, *a.* spendable.
spendicchiare, *v. t.* to spend* in driblets.
spèndita, *f.* spending. ● **s. di monete false**, passing false coins.
spenditóre, *m.* spender.
spèngere, *V.* **spègnere.**
spennacchiare, A *v. t.* **1** to pluck **2** (*fig.: ghermire denaro a*) to fleece; to skin. **spennacchiarsi,** B *v. rifl.* to moult; to lose* one's feathers.
spennacchiato, *a.* **1** plucked; featherless **2** (*scherz.: privo di capelli*) bald.
spennare, A *v. t.* **1** to pluck; to pull out the feathers of: **s. un pollo**, to pluck a fowl **2** (*fig.: far pagare troppo*) to fleece; to skin. **spennarsi,** B *v. rifl.* to moult; to lose* one's feathers.
spennata, *f.* plucking.
spennatura, *f.* **1** plucking **2** (*fig.*) fleecing; skinning.
spennellare, *v. t. e i.* (*anche med.*) to paint.
spennellata, *f.* stroke of the brush; brush stroke. ● **dare una s. a q.c.**, to paint it st.
spennellatura, *f.* (*anche med.*) painting.
spensieratàggine, *V.* **spensieratézza.**
spensieratamente, *avv.* thoughtlessly; in a happy-go-lucky fashion: **vivere s.**, to go through life in a happy-go-lucky fashion.
spensieratézza, *f.* thoughtlessness; light-heartedness.
spensierato, A *a.* thoughtless; light-hearted; happy-go-lucky: **gioventù spensierata**, thoughtless youth. B *m.* happy-go--lucky person.
spènto, *a.* **1** extinguished; out (*pred.*); switched off (*pred*): **Trovammo l'incendio già s. quando arrivammo**, we found the fire already extinguished when we arrived; **a luci spente**, with lights out; **Il fuoco è s.**, the fire is out **2** (*estinto, scomparso*) extinct: **razze spente**, extinct tribes; **un vulcano s.**, an extinct volcano **3** (*fig.: scialbo, smorto*) dull; dead; lifeless: **colori spenti**, dull (*o* dead) colours; **occhi spenti**, dead (*o* dull, lifeless) eyes. ● **una civiltà spenta**, a dead civilization □ **sigaretta spenta**, burnt--out cigarette.
spenzolare, *v. t. e i.* **spenzolarsi,** *v. rifl.* to dangle; to hang* (down).
spenzolóni, *avv.* dangling; hanging down (*pred.*): **con le gambe s.**, with one's legs dangling; **con le braccia (a) s.**, with one's arms hanging down.
speràbile, *a.* to be hoped (for).
speranza, *f.* hope; (*aspettazione*) expectation; (*fiducia*) trust: **vivere di s.**, to live on hopes; **Il verde è il colore della s.**, green is the colour of hope; **abbandonare ogni s.**, to give up (*o* to abandon) all hope; **cullarsi in vane speranze**, to cherish vain hopes; **deludere le speranze di q.**, to disappoint sb.'s hopes (*o* expectations); **vivere nella s. di fare q.c.**, to live in the hope of doing st.; **riporre le proprie speranze in q.c. (in q.)**, to set one's hopes in st. (in sb.); to pin one's faith on st. (on sb.); **nutrire s. di fare q.c.**, to set one's hopes on doing st.; **esprimere la ferma s. di fare q.c.**, to express the confident hope of doing st.; **distruggere le speranze di q.**, to dash (*o* to destroy) sb.'s hopes; **infondere la s. a q.**, to infuse hope into sb.; **un filo di s.**, a gleam (*o* a ray) of hope; **oltre ogni s.**, beyond (*o* past) all hope; **Questa risposta non dà molte speranze**, this reply doesn't inspire great hopes; **speranze vane (folli, nobili)**, vain (mad, noble) hopes; **Ho chiuso il cuore alla s.**, I've shut hope out of my heart; **una vaga s.**, a vague (*o* lingering) hope. ● (*geogr.*) **il Capo di Buona S.**, the Cape of Good Hope □ **un giovane di belle speranze**, a young man of promise; a promising young man □ (*nelle lettere*) **nella s. di ricevere presto una vostra risposta**, hoping to hear from you soon □ **essere pieno di speranze**, to be full of hopes □ **senza s.**, hopeless (*agg.*); hopelessly (*avv.*) □ (*prov.*) **La s. è il pane dei poveri**, hope is the poor man's bread □ (*prov.*) **Chi di s. vive disperato muore**, who lives by hope will die by hunger.
Speranza, *f.* Hope.
speranzóso, *a.* (*spesso scherz.*) hopeful; full of hope.
sperare (1), A *v. t.* **1** to hope (for st.): **Speravo di vederti ieri**, I hoped to see you yesterday; **Spero di no**, I hope not; **Spero di sì**, I hope so; **Spero di riuscire**, I hope to succeed; **Speravano un aiuto dai genitori di lui**, they hoped for help from his parents; **Speriamo una guarigione completa**, let us hope for a complete recovery; **Spero ch'egli possa venire**, I hope he will be able to come; **Che spera? tempi migliori?**, what's he hoping for? better times?; **Sperava sempre di trovare marito**, she still hoped to find a husband **2** (*aspettarsi*) to expect: **Non sperava di vederla così presto**, he did not expect to see her so soon; **Che altro possiamo s. ora?**, what else can we expect now? B *v. i.* to hope (for st., in st., in sb.): **s. in Dio**, to hope in God; **s. nel futuro**, to hope in the future; **Spero nel tuo prossimo ritorno**, I'm hoping you'll come back soon; **s. nella guarigione di q.**, to hope for sb.'s recovery; **s. in giorni migliori**, to hope for better times. ● **Speriamo bene!**, let's hope for the best!
sperare (2), *v. t.* (*guardare controluce*) to look at (st.) against the light; (*uova*) to candle.
speratura, *f.* (*lo sperare le uova*) candling.
spèrdere, A *v. t.* (*lett.: disperdere*) to disperse; to scatter. **spèrdersi,** B *v. rifl.* (*smarrirsi*) to lose* oneself; to get* lost (*anche fig.*); to lose* one's way; to go* astray: **C'eravamo sperduti nel buio**, we had lost our way in the dark.
sperdiménto, *m.* dispersal; dispersing; scattering.
sperduto, *a.* **1** (*perduto*) lost: **essere s. nel buio**, to be lost in the dark **2** (*fig.: smarrito*) lost; bewildered; (*a disagio*) ill at ease: **sentirsi s.**, to feel lost (*o* bewildered); **Mi trovai s. pur qui, nel mio stesso paesello nativo**, I found myself bewildered even here in my own native village **3** (*fig.: isolato, solitario*) secluded; solitary; out-of-the-way: **un luogo s.**, a secluded place.
sperequare, *v. t.* to unequalize.
sperequato, *a.* disproportionate; unequal.
sperequazióne, *f.* disproportion; inequality.
spergiurare, *v. i.* to perjure oneself; to forswear* oneself. ● **giurare e s.**, to swear by all that's holy.
spergiuratóre, *m.* (*lett.*) perjurer.
spergiuro, A *a.* perjured; forsworn: **una donna spergiura**, a perjured woman. B *m.* **1** (*chi spergiura*) perjurer **2** (*giuramento falso*) perjury.
spericolarsi, *v. rifl.* to be reckless; to take* risks.
spericolato, A *a.* reckless; daring; foolhardy. B *m.* dare--devil; reckless person.
sperimentàbile, *a.* experienceable.
sperimentale, *a.* (*in tutti i sensi*) experimental: **scienza s.**, experimental science; **un teatro s.**, an experimental theatre.
sperimentalismo, *m.* (*filos.*) experimentalism.
sperimentalmente, *avv.* experimentally; by way of experiment.
sperimentare, A *v. t.* to experiment; to test, to try (*anche fig.*); (*su di sé*) experience: **s. la propria forza**, to try one's strength. ● **s. ogni mezzo per riuscire**, to leave no stone unturned (*fam.*). **sperimentarsi,** B *v. rifl.* to test oneself; to put* oneself to the test.
sperimentato, *a.* **1** (*che ha esperienza*) experienced; expert;

sperimentatóre

skilled: **un chirurgo s.**, an experienced surgeon **2** (*provato*) proved; (well-)tested; (well-)tried: **amicizia sperimentata**, proved friendship.
sperimentatóre, *m.* experimenter.
sperimentazióne, *f.* experimentation.
spèrlano, *m.* (*zool.,* *Osmerus eperlanus*) European smelt; sparling (*dial.*).
spèrma, *m.* (*biol.*) sperm.
spermacèti, *m.* (*chim.*) spermaceti.
spermàtico, *a.* **1** (*anat.*) spermatic: **il cordone s.**, the spermatic cord **2** (*bot.*) spermic.
spermatogènesi, *f.* (*biol.*) spermatogenesis.
spermatologìa, *f.* (*bot.*) spermology.
spermatorrèa, *f.* (*biol.*) spermatorrhoea.
spermatozòo, *m.* (*biol.*) spermatozoon*.
spermicida, *a.* (*med.*) spermaticidal.
speronaménto, *m.* (*naut.*) ramming.
speronare, *v. t.* (*naut.*) to ram.
speronata, *f.* **1** (*colpo di sperone*) spurring **2** (*naut.*) ramming.
speronato, *a.* **1** (*naut.*) rammed **2** (*bot.*) spurred; calcarate.
speróne, *m.* **1** (*in generale*) spur **2** (*naut.*) ram **3** (*geogr., archit.*) buttress **4** (*bot.*) spur; calcar* **5** (*zool.*) calcar*.
speronèlla, *f.* (*bot., Delphinium*) larkspur.
sperperaménto, *m.* squandering; dissipation; dissipating; wasting.
sperperare, *v. t.* to squander; to dissipate; to run* through; to waste: **s. un patrimonio**, to squander a fortune; **s. il denaro**, to waste money; **s. le proprie energie**, to dissipate one's energies; to waste one's efforts.
sperperatóre, *m.* squanderer; dissipater; wastrel; waster.
sperpèrio, *m.* continuous squandering; continuous dissipation.
spèrpero, *m.* squander; squandering; dissipation; waste: **lo s. delle proprie energie**, the dissipation of one's energies; **s. di denaro (di tempo, ecc.)**, waste of money (of time, etc.).
sperpètua, *f.* (*fam., tosc.*) bad luck. ● **avere la s. addosso**, to be born under an evil star.
spèrso, *a.* **1** (*smarrito*) lost; (*di animale*) stray: **un cane s.**, a stray dog **2** (*sperduto, a disagio*) lost; bewildered; ill at ease.
spersonalizzare, **A** *v. t.* to depersonalize. **spersonalizzarsi**, **B** *v. rifl.* to lose* one's personality.
spersonalizzazióne, *f.* depersonalization.
sperticarsi, *v. rifl.* to exaggerate. ● **s. in elogi**, to be loud in one's praises.
sperticataménte, *avv.* excessively; in an exaggerated way. ● **lodare q. s.**, to praise sb. to the skies; to crack sb. up (*fam.*).
sperticato, *a.* **1** (*esageratamente lungo*) lanky; awfully long; out of proportion: **un ragazzo s.**, a lanky, overgrown boy; **un naso s.**, an awfully long (*o* a prominent) nose **2** (*fig.*) excessive; exaggerated; lavish: **lodi sperticate**, lavish praise.
spésa, *f.* **1** expense; charge; expenditure; (*rag., econ., anche*) outlay; (*costo*) cost: **a spese pubbliche**, at public expense; **far fronte a una s.**, to meet an expense; **non badare a spese**, to spare no expense; **ridurre le proprie spese**, to cut down one's expenses; **incorrere in grandi spese**, to incur great expenditure; **Nel bilancio di quest'anno c'è una s. enorme per gli armamenti**, in this year's budget there is an enormous outlay for armaments; **La s. per nuovi macchinari sarà alta**, the outlay (*o* expenditure) for new machinery will be high; **coprire le spese**, to cover the cost(s); **spese funebri**, funeral expenses; **spese accessorie**, incidental expenses (*o* charges); **spese di dogana**, customs expenses (*o* charges); **spese di viaggio**, travelling expenses; **spese legali**, legal costs; **spese voluttuarie**, unnecessary expenses; **spese di imballaggio**, packing charges (*o* expenses); **spese di magazzinaggio**, storing expenses (*o* charges); **spese di bollo**, stamp charges (*o* dues); **spese postali**, postal charges; postage; **spese impreviste**, unforeseen expenses; **spese di manutenzione**, maintenance charges; **spese di rappresentanza**, entertaining expenses; **spese di registro**, registration charges (*o* dues); **spese varie**, sundry expenses; **spese vive**, out-of-pocket expenses; **s. preventivata**, estimated expenditure; **spese di trasporto**, transport expenses (*o* carriage); **spese straordinarie**, extra expenses; **spese di riparazione**, cost of repairs; repair charges; **spese portuali**, port charges; **ripartire le spese**, to share the expenses; **spese di esercizio**, running expenses; operating expenses; **spese di gestione**, management expenses; **spese minute**, petty expenses (*o* petties); **Fu condannato ai danni e alle spese**, he was sentenced to pay damages and costs **2** (*compere*) shopping; (*acquisto*) purchase; buy (*fam.*): **fare la s.**, to do the shopping; **spese di Natale**, Christmas shopping; **Ho fatto delle spese stamattina**, I made some purchases this morning; **Non hai fatto una bella s. acquistando questa automobile**, you haven't made a good buy in taking this car. ● **spese a carico del destinatario**, charges forward □ **spese comprese**, including costs □ (*naut.*) **spese di bacino**, dockage □ (*naut.*) **spese di carenaggio**, careenage □ (*leg.*) **spese della causa**, costs of the litigation □ **spese di facchinaggio**, porterage □ (*anche fig.*) **a spese altrui**, at other people's expense □ **a proprie spese**, at one's expense; (*fig.*) to one's cost: **imparare a proprie spese**, to learn to one's cost □ **conto spese**, expense account □ **dividere le spese**, to go halves □ **escluse le spese**, charges excluded; exclusive of charges □ **esente da spese**, free of charge; no charge; charges paid □ (*fig.*) **fare le spese di q.c.**, to pay for st. □ **nota spese**, bill of costs □ **stare sulle spese**, to support (*o* to keep) oneself; to pay one's own living □ (*fig.*) **È più la s. che l'impresa**, it's not worth one's while.
spesare, *v. t.* to pay* (sb.'s) expenses.
spesato, *a.* with all expenses paid.
spesseggiare, *v. i.* to be frequent; to occur frequently.
spessézza, *f.* thickness; density.
spessimetro, *m.* (*mecc.*) thickness (*o* feeler) gauge.
spésso, **A** *a.* **1** (*denso*) thick; dense; compact: **un brodo s.**, a thick soup; **una nebbia spessa**, a thick (*o* a dense) fog; **spessi vapori**, dense vapours **2** (*fitto, folto*) thick; dense: **capelli spessi**, thick (*o* bushy) hair; **un bosco s.**, a dense forest **3** (*frequente*) frequent; repeated; (*numeroso*) numerous: **colpi spessi**, frequent blows **4** (*che ha un certo spessore*) thick: **un foglio di carta spessa**, a sheet of thick paper; **un muro s. mezzo metro**, a wall half a metre thick. ● **spesse volte**, often; frequently. **B** *avv.* often; frequently: **Lo incontro s.**, I often meet him; **Egli è venuto qui s.**, he has often come here; **non s.**, not often; seldom; rarely; **s. e volentieri**, very often; (*anche*) **troppo s.**, (all) too often.
spessóre, *m.* **1** thickness: **avere lo s. di quattro centimetri**, to be four centimetres in thickness; to be four centimetres thick; **lo s. del ghiaccio**, the thickness of the ice; (*edil.*) **lo s. d'una volta**, the thickness of a vault; (*aeron.*) **s. relativo**, thickness ratio **2** (*mecc.*) thickness; (*autom.: di freni*) lining: **s. circolare**, circular thickness; **s. per freni**, brake lining. ● (*autom.*) **sostituire gli spessori (dei freni)**, to reline □ (*autom.*) **sostituzione degli spessori (dei freni)**, (brake) relining.
spetezzare, *v. i.* (*volg.*) to break* wind; to fart (*volg.*).
spettàbile, *a.* respectable; honourable. ● **S. Ditta X e Y** (*in un indirizzo*), Messrs. X & Y.
spettacolare, *a.* **1** spectacular: **un film s.**, a spectacular film **2** (*per estens.: straordinario*) spectacular; unusual; fantastic.
spettacolarità, *f.* spectacularity.
spettàcolo, *m.* **1** (*vista di cosa non ordinaria*) spectacle; sight; view; scene: **Il povero vecchio ubriaco era un triste s.**, the poor, drunken old man was a sad spectacle; **Che s.!**, what a sight!; **Quanti spettacoli di sangue e d'orrore!**, how many scenes of blood and horror! **2** (*teatr.*) performance; show: **uno s. pomeridiano**, an afternoon performance; **uno s. di varietà**, a variety show. ● **s. teatrale**, play □ **dare s. di sé**, to make an exhibition of oneself □ **Ministero del Turismo e dello S.**, Ministry of Tourism and Recreation □ **mondo dello s.**, show business.
spettacolosaménte, *avv.* spectacularly.
spettacolóso, *a.* **1** spectacular **2** (*fig.*: *straordinario*) extraordinary; spectacular; terrific (*fam.*): **successo s.**, extraordinary success.
spettante, *a.* due.
spettanza, *f.* **1** concern; competence: **Non è di mia s.**, it is no concern of mine; it is beyond my authority; **essere di s. di q.**, to be sb.'s concern **2** (*ciò che compete per l'attività prestata*) what is owing (*o* due); (*remunerazione*) remuneration; (*onorario*) fee. ● **«A chi di s.»**, to whom it may concern».
spettare, *v. i.* **1** to be (sb.'s) duty (*o* concern); to be up to (sb.): **Spetta a lui farlo**, it's his duty to do so; **Spetta a te decidere**, it's up to you to decide **2** (*appartenere di diritto*) to be due: **Ciò mi spetta di diritto**, this is due to me by right. ● **il denaro che mi spetta**, the money I am entitled to □ **Non spetta a noi di diritto di giudicare**, we have no right to judge □ **Questa volta spetta a me**, it's my turn this time.
spettatóre, *m.* **1** spectator; onlooker; (*astante*) bystander; (*testimone*) witness **2** (*pl., teatr., cinem.*) audience (*sing.*): **C'erano molti spettatori**, there was a large audience. ● **essere s. di q.c.**, to witness st.: **Fummo spettatori dell'incidente**, we witnessed the accident.
spettegolare, *v. i.* to gossip.
spettinare, **A** *v. t.* to ruffle (sb.'s) hair; to dishevel (sb.'s) hair: **Non mi s.**, don't ruffle my hair. **spettinarsi**, **B** *v. rifl.* to ruffle (*o* to dishevel) one's hair.
spettinato, *a.* **1** (*non pettinato*) uncombed; unkempt **2** (*coi capelli in disordine*) with one's hair ruffled; with dishevelled hair.
spettrale, *a.* **1** spectral; ghostlike; ghostly; ghastly: **l'immagine s. d'un uomo**, the spectral image of a man; **avere un aspetto s.**, to look ghastly (*o* like a ghost) **2** (*fis.*) spectral: **analisi s.**, spectral (*o* spectrum) analysis. ● **d'un pallore s.**, ghasty pale.
spèttro, *m.* **1** (*fantasma*) ghost; spectre (*anche fig.*); phantom; apparition: **avere paura degli spettri**, to be afraid of ghosts; **lo s. della guerra**, the spectre of war **2** (*fis.*) spectrum*: **lo s. solare**,

spiattellataménte

the solar spectrum; **uno s. visibile**, a visible (*o* an ocular) spectrum; **uno s. infrarosso**, an infrared spectrum; **uno s. ultravioletto**, an ultraviolet spectrum; **s. di assorbimento (di emissione)**, absorption (emission) spectrum. ● **È ridotto che pare uno s.**, he is worn to a shadow of his former self.
spettrochìmica, *f.* (*chim.*) spectrochemistry.
spettroeliogràfico, *a.* (*astron.*) spectroheliographic.
spettroeliògrafo, *m.* (*astron.*) spectroheliograph.
spettroeliogramma, *m.* (*astron.*) spectroheliogram.
spettrelioscòpico, *a.* (*astron.*) spectrohelioscopic.
spettroelioscòpio, *m.* (*astron.*) spectrohelioscope.
spettrofotometrìa, *f.* (*fis.*) spectrophotometry.
spettrofotomètrico, *a.* (*fis.*) spectrophotometric.
spettrofotòmetro, *m.* (*fis.*) spectrophotometer.
spettrografìa, *f.* (*fis.*) spectrography: **s. di massa**, mass spectrography.
spettrogràfico, *a.* (*fis.*) spectrographic.
spettrògrafo, *m.* (*fis.*) spectrograph: **uno s. a raggi X**, an X-ray spectrograph.
spettrogramma, *m.* (*fis.*) spectrogram.
spettrometrìa, *f.* (*fis.*) spectrometry.
spettromètrico, *a.* (*fis.*) spectrometric.
spettròmetro, *m.* (*fis.*) spectrometer.
spettroscopìa, *f.* (*fis.*) spectroscopy.
spettroscòpico, *a.* (*fis.*) spectroscopic(al).
spettroscòpio, *m.* (*fis.*) spectroscope: **s. a raggi catodici**, cathode-ray spectroscope; **s. a reticolo**, diffraction spectroscope.
speziale, *m.* **1** (*venditore di spezie*) spice-seller **2** (*pop.*: *farmacista*) chemist; druggist; (*droghiere*) grocer.
spèzie, *f. pl.* spices: **Il pepe, la cannella, la noce moscata, ecc. sono s.**, pepper, cinnamon, nutmeg, etc. are spices.
spezierìa, *f.* **1** (*drogheria*) grocer's shop; grocery **2** (*pl.*: *assortimento di spezie*) spicery; spices (*pl.*).
spezzàbile, *a.* breakable. ● **non s.**, unbreakable.
spezzaménto, *m.* breaking (into pieces); shattering; splitting.
spezzare, **A** *v. t.* **1** to break* (*anche fig.*); to shatter; to split*; to chop: **s. q.c. in due**, to break st. in two; **s. la legna**, to chop wood; **s. il ghiaccio**, to break the ice; **s. il cuore a q.**, to break sb.'s heart **2** (*interrompere*) to break*; to interrupt: **s. il viaggio**, to break one's journey. **spezzarsi**, **B** *v. rifl.* to break* (*anche fig.*); to shatter; to be shattered; to be split: **Caddi e mi spezzai un braccio**, I fell and broke my arm; **Se lo lascerai cadere, si spezzerà**, if you drop it, it will break; **Quasi mi si spezza il cuore al solo pensarci**, the very thought of it almost breaks my heart; **Il ramo si piegò, ma non si spezzò**, the branch bent but didn't break. ● **Non posso mica spezzarmi in due!**, I can't be in two places at once!
spezzatino, *m.* (*cucina*) stew: **s. di montone**, Irish stew.
spezzato, **A** *a.* broken; shattered; split; chopped: **una mascella spezzata**, a broken jaw; **un'ala spezzata**, a broken wing; **una linea spezzata**, a broken line; **legna spezzata**, chopped wood. **B** *m.* **1** (*completo maschile*) sports jacket and trousers **2** (*teatr.*) flat **3** (*spezzatino*) stew **4** (*pl.*: *monete spicciole*) small money; (small) change.
spezzatóre, *m.* (*macellaio che separa i grossi pezzi*) chopper.
spezzatrice, *f.* divider.
spezzatura, *f.* **1** breaking; splitting; chopping **2** (*volume scompagnato*) odd volume.
spezzettaménto, *m.* dividing (*o* cutting up) into small pieces; breaking up; mincing.
spezzettare, *v. t.* to divide (*o* to cut* up) into small pieces; to break* up; to mince.
spezzettatura, *f.* *V.* **spezzettaménto**.
spezzonaménto, *m.* bombing with incendiary bombs.
spezzonare, *v. t.* to bomb with incendiary bombs.
spezzóne, *m.* **1** (*mil.*) incendiary bomb **2** (*cinem.*) strip of blank film **3** (*metall.*: *di lamiera, profilato*) cut-down size; crop end; (*pezzo da forgiare*) forging stock. ● (*naut.*) **s. di cima**, lanyard.
spia, **A** *f.* **1** spy; informer; squeaker, squealer (*fam.*); (*rif. a bambini*) telltale, sneak: **una s. della polizia**, a police informer; **a nark** (*pop.*); **servirsi di spie**, to use spies; **fare la s.**, to play the spy; (*di bambini*) to tell tales, to sneak **2** (*fig.*: *indizio*) sign; evidence: **essere s. di q.c.**, to give evidence of st. **3** (*spioncino*) spy-hole; peep-hole **4** (*tecn.*: *indicatore*) indicator; (*a indice, a lancetta*) gauge; (*lampada s.*) pilot-lamp; (pilot-)light: **s. (della temperatura) dell'acqua**, water temperature gauge. ● (*autom.*) **s. dell'olio**, oil window □ **s. luminosa**, warning light □ (*mecc., ind.*) **foro s.**, peephole; inspection hole. **B** *a.* **1** spy (*attr.*): **aereo s.**, spy plane **2** (*tecn.*) pilot (*attr.*); warning: **lampada s.**, pilot-lamp; (pilot-)light.
spiaccicare, **A** *v. t.* to squash; to crush; to smash: **s. un fico**, to squash a fig; **s. il cappello**, to crush one's hat. ● **Un giorno o l'altro gli spiaccicano il naso**, some day or other they'll smash his face in. **spiaccicarsi**, **B** *v. rifl.* to squash; to get* squashed.
spiaccichìo, *m.* **1** (*continuo spiaccicare*) squashing; crushing **2** (*roba spiaccicata*) squash; crushed mass.
spiacènte, *a.* sorry: **Sono davvero s.!**, I'm awfully sorry!; **Siamo spiacenti dell'accaduto**, we are sorry about what happened; we regret what happened.
spiacére, *v. i.* **1** (*riuscire sgradito*) to be displeasing (*o* unpleasant) **2** not to like; to dislike (*costruzione pers.*) **3** (*nelle frasi di cortesia*) to be sorry; to mind: **Mi spiace che non stai bene**, I'm sorry you're not feeling well; **Se non ti spiace, verrei un'altra volta**, if you don't mind, I'd rather come some other time **4** (*far dispiacere a*) to displease.
spiacévole, *a.* unpleasant; disagreeable; (*increscioso*) regrettable: **le esperienze spiacevoli della vita**, the disagreeable experiences of life; **verità spiacevoli**, unpleasant truths.
spiacevolézza, *f.* unpleasantness; disagreeableness; (*incresciosità*) regrettableness.
spiacevolménte, *avv.* unpleasantly; disagreeably.
spiàggia, *f.* beach; shore: **s. libera**, public beach; **I bagnanti erano tutti sulla s.**, the bathers were all on the beach; **le spiagge dell'Adriatico**, the shores of the Adriatic Sea. ● **articoli da s.**, beachwear (*collett.*) □ **sulla s.** (*a riva*), ashore.
spianàbile, *a.* that can be levelled (*o* straightened out, flattened).
spianaménto, *m.* *V.* **spianatura**.
spianare, **A** *v. t.* **1** to level; to make* (st.) level; to straighten out; to flatten; (*rendere liscio*) to smooth (*anche fig.*): **s. il terreno**, to level the ground; to make the ground level; **s. il fucile contro q.**, to level one's gun at sb.; **Hanno spianato il campo da gioco**, they have levelled the sports ground; **s. la fronte**, to smooth one's brow; (*fig.*) **s. la strada** (*o* **il cammino**) **a q.**, to smooth the way for sb.; **s. le difficoltà**, to smooth difficulties (away); **s. le cuciture di un vestito**, to flatten the seams of a dress; **La strada è stata spianata**, the road has been levelled (*o* has been made level) **2** (*radere al suolo*) to raze (to the ground): **s. una fortezza** (**una città**), to raze a fortress (a town) to the ground. **B** *v. i.* to be level (*o* flat). ● (*mecc.*) **s. a livello**, to flush □ (*mecc.*) **s. con rulli**, to roll □ (*fig., fam.*) **s. le costure** (*o* **le costole**) **a q.**, to give sb. a good thrashing (*o* hiding, hammering) □ (*mecc.*) **s. una lamiera**, to straighten out (*o* to flatten) a sheet □ (*mecc.*) **s. mediante pressione**, to flatten □ (*cucina*) **s. la pasta**, to roll out the dough. **spianarsi**, **C** *v. rifl.* (*distendersi*) to relax: **Il suo viso si spianò in un sorriso**, his face relaxed in a smile.
spianata, *f.* **1** (*lo spianare*) levelling; flattening; straightening out; (*il lisciare*) smoothing **2** (*luogo pianeggiante*) esplanade; open space. ● **dare una s. a q.c.**, to level st.; to flatten st.; to straighten out st.
spianatóia, *f.* baking-board.
spianatóio, *m.* rolling-pin.
spianatóre, *m.* leveller.
spianatrice, *f.* (*mecc.*) flattening-machine; straightening-machine.
spianatura, *f.* levelling; flattening; straightening out; (*il lisciare*) smoothing.
spiano, *m.* (*luogo spianato*) open space; esplanade. ● **a tutto s.**, (*senza interruzione*) without interruption, uninterruptedly; (*in abbondanza*) lavishly, profusely □ **lavorare a tutto s.**, to work very hard □ **spendere a tutto s.**, to spend money like water.
spiantare, **A** *v. t.* **1** (*sradicare*) to uproot; to dig* up by the roots; to extirpate, to eradicate: **s. un albero**, to uproot a tree; to dig a tree up by the roots **2** (*sconficcare*) to dig* out: **s. un palo**, to dig out a pole **3** (*fig.*) to ruin; to bring* to ruin. **spiantarsi**, **B** *v. rifl.* to ruin oneself; to be ruined.
spiantato, **A** *a.* (*ridotto in miseria*) ruined; penniless; hard up (*fam.*); stony, broke, stony-broke (*pred., pop.*). **B** *m.* penniless person.
spianto, *m.* — **andare a** (*o* **in**) **s.**, to go to rack and ruin; **mandare a** (*o* **in**) **s.**, to ruin.
spiare, *v. t.* **1** (*investigare nascostamente*) to spy (up)on (sb., st.); to pry into (st.) **2** (*aspettare con ansia*) to watch for; to wait for; to look out for: **s. il momento migliore per fare q.c.**, to watch for the best moment to do st. ● **s. attraverso le imposte**, to peer through the shutters □ **s. dal buco della chiave**, to peep through the keyhole □ **s. i movimenti di q.**, to keep a close watch on sb.'s movements; to spy upon sb.
spiata, *f.* (*delazione*) delation; secret information; tip-off (*gergo*). ● **fare una s. a q.**, to denounce sb.
spiattellare, *v. t.* (*fam.*) **1** to tell* (sb. st.) openly (*o* in plain words); to speak* out; to blab; to blab out; to blurt out: **Ha spiattellato tutto ciò che sapeva**, he blabbed all he knew; **s. la verità**, to speak out the truth **2** (*mostrare chiaramente*) to wave; to thrust*: **Mi spiattellò la lettera davanti agli occhi**, he waved the letter in my face.
spiattellataménte, *avv.* openly; in plain words.

spiattellato, *a.* – **alla spiattellata**, openly; in plain words.
spiazzare, *v. t.* (*sport*) to cause (an opponent) to move out of position.
spiazzata, *f.* (*parte di cuoio capelluto priva di capelli*) bald patch.
spiazzato, *a.* (*sport*) out of position (*pred.*).
spiazzo, *m.* (*spazio libero*) open space; (*radura in un bosco*) clearing.
spiccace, spiccàgnolo, *a.* (*di susina, pesca e sim.*) easily removed from the stone.
spiccare, A *v. t.* **1** to pick; to pluck; (*staccare*) to detach, to cut* off, to sever: **s. un frutto (un fiore, una foglia)**, to pick (*o* to pluck) a fruit (a flower, a leaf); **Con un colpo di mannaia, gli spiccò il capo dal busto**, with one blow of the axe, he cut off (*o* he severed) his head from his shoulders **2** (*pronunciare distintamente*) to pronounce distinctly; to articulate: **s. le parole**, to pronounce one's words distinctly; **Dovrete s. ogni sillaba**, you will have to articulate each syllable **3** (*leg.: emettere*) to issue: **s. un ordine (un mandato di cattura)**, to issue an order (a warrant of arrest) **4** (*comm.: un titolo di credito*) to draw*: **s. una cambiale**, to draw a bill of exchange. **B** *v. i.* to stand* out; to be conspicuous: **La ragazza spiccava fra tutte le altre per la sua eleganza**, the girl stood out among all the others for her elegance; **È un colore che spicca**, this is a colour that stands out; **Quel ragazzo spicca per il suo silenzio**, that boy is conspicuous for his silence. ● **s. il bollore**, to begin to boil □ **s. un salto**, to take a leap □ **s. il volo**, to fly up; (*fig.*) to take (to) flight.
spiccarsi, C *v. rifl.* (*di frutti*) to come* off easily.
spiccatamènte, *avv.* distinctly; conspicuously; clearly; markedly.
spiccato, *a.* distinct; conspicuous; clear; (*marcato*) marked, strong: **avere una spiccata inclinazione per q.c.**, to have a marked tendency to st. (*o* flair for st.).
spicchiare, *v. t.* (*raro*) to divide into segments; (*tagliare a fette*) to slice.
spicchio, *m.* **1** (*di agrumi*) segment; (*fetta*) slice; (*di aglio*) clove: **uno s. d'arancia**, a segment of an orange; **uno s. di limone**, a slice of lemon; **uno s. d'aglio**, a clove of garlic; **uno s. di torta**, a slice of cake; **fare a spicchi**, to divide into segments; to slice; **a spicchi**, in slices; sliced **2** (*archit.*) gore. ● **s. di luna**, crescent (moon) □ (*geom.*) **s. sferico**, spherical wedge.
spicciare, A *v. t.* **1** (*sbrigare*) to dispatch; to get* through; to get* (*st.*) done quickly (*o* rushed through): **s. una faccenda**, to dispatch a piece of business **2** (*servire in fretta*) to serve quickly: **s. un avventore**, to serve a customer quickly **3** (*spicciolare*) to change (into small money): **Puoi spicciarmi questo biglietto da cinque sterline?**, can you change this five-pound note? **B** *v. i.* (*sgorgare*) to gush forth (*o* out); to spurt out: **Il sangue spicciava dalla ferita**, blood spurted from the wound. **spicciarsi, C** *v. rifl.* to hurry up; to make* haste; to be quick; to hasten: **Spicciati!**, hurry up!; be quick!; stir your stumps (*fam.*); get a move on (*fam.*).
spicciativo, *a.* **1** quick; hasty; speedy; expeditious **2** (*che usa metodi spicciativi*) abrupt; brusque; rough.
spiccicare, A *v. t.* **1** (*staccare*) to unstick*; to take* off; to detach: **s. un francobollo**, to take a stamp off **2** (*fig.: separare*) to separate **3** (*fig.: pronunziare distintamente*) to pronounce distinctly. ● **s. le parole**, to speak distinctly □ **Non riuscì a s. una parola**, he couldn't say a word. **spiccicarsi, B** *v. rifl.* **1** (*staccarsi di cosa appiccicata*) to come* off: **S'è spiccicato il francobollo**, the stamp has come off **2** (*fig.: di persona*) to tear* oneself away: **s. da q. (da un luogo, ecc.)**, to tear oneself away from sb. (from a place, etc.).
spiccicato, *a.* (*dial.*) exactly like (sb.): **Quel bambino è il padre s.**, that child is exactly like his father; that child is the very image of his father.
spiccio (1), *a.* (*sbrigativo*) quick; hasty; speedy; expeditious; (*sollecito*) prompt: **qualcosa di s.**, something quick; **una decisione spiccia**, a quick decision; **risoluzioni spicce**, prompt resolutions. ● **andare per le spicce**, to make short work of st.
spiccio (2), *V.* **spicciolo**.
spicciolame, *m.* (*quantità di monete spicciole*) small money; (small) change.
spicciolare (1), *v. t.* (*agric.*) to pick; to strip.
spicciolare (2), *v. t.* (*cambiare in moneta spicciola*) to change (into small money): **s. una sterlina**, to change a pound note.
spicciolato, *a.* in coins (*pred.*); small; loose. ● **alla spicciolata**, (*pochi per volta*) a few at a time, by twos and threes; (*uno per volta*) one by one, separately.
spicciolo, A *a.* in coins (*pred.*); small; loose: **Ho bisogno di quattrini spiccioli**, I need some small money; **mille lire spicciole**, a thousand liras in small change. **B** *m. pl.* small coins; (small) change (*sing.*); small money (*sing.*): **cambiare in spiccioli**, to change (into small money); **Non ho spiccioli**, I have no change.

spicco, *m.* relief; vividness. ● **fare s.**, to catch the eye; to stand out.
spicconare, *v. t. e i.* to pickax(e).
spicilègio, *m.* (*lett.*) spicilege (*raro*); anthology.
spicola, *f.* (*zool.*) spicule.
spider (*ingl.*), *m. e f.* (*autom.*) two-seater sports car.
spidocchiare, A *v. t.* to delouse; to remove lice from.
spidocchiarsi, B *v. rifl.* to delouse oneself; to pick lice off oneself.
spiedata, *f.* (meat on a) spit. ● **una s. di polli**, a row of chickens on a spit.
spiedino, *m.* (*cucina*) skewer. ● **s. di carne**, skewer meat; (shish) kebab; kabob.
spièdo, *m.* (*cucina*) spit: **allo s.**, on the spit **2** (*stor.*) spear.
spiegàbile, *a.* explainable; explicable.
spiegaménto, *m.* **1** spreading out; unfolding **2** (*mil.*) deployment (of troops).
spiegare, A *v. t.* **1** (*chiarire*) to explain; (*esporre*) to expound; (*interpretare*) to interpret: **s. un problema (il significato di q.c.)**, to explain (*o* to expound) a problem (the meaning of st.); **s. un geroglifico (una sciarada, un mistero, la causa di q.c.)**, to explain a hieroglyph (a charade, a mystery, the cause of st.); **s. una teoria**, to expound a theory; **s. una poesia (il Vangelo, il codice stradale)**, to interpret a poem (the Gospel, the highway code); **Voglio spiegarti cosa devi fare**, I want to explain to you what you must do **2** (*stendere*) to unfold; to spread* out; to lay* out; (*vele, bandiere*) to unfurl: **Spiegò il foglio di carta**, he unfolded the sheet of paper; **Tolse il vestito dalla valigia e lo spiegò sul letto**, she took the dress out of the suitcase and spread it out (*o* laid it out) on the bed; **Spiegò i giornali sul pavimento**, he laid the newspapers out on the floor; (*anche fig.*) **s. le ali**, to unfold (*o* to spread) one's wings; **s. le vele (la bandiera)**, to unfurl the sails (the flag) **3** (*mil.*) to deploy: **s. le truppe**, to deploy the troops **4** (*fig.: mostrare*) to display; to show*: **s. un grande coraggio (grande intelligenza)**, to display great courage (great intelligence) **5** (*fig.: svolgere*) to engage in; to carry out: **s. un'intensa attività**, to engage in intense activity. ● (*naut.*) **s. tutte le vele**, to pack on all sail **2** (*mus.*) **s. la voce**, to sing with full voice. **spiegarsi, B** *v. rifl.* **1** to explain oneself; to make* oneself understood: **Lascia che mi spieghi meglio!**, let me explain myself better!; **In tedesco mi spiego a stento**, in German I make myself understood with difficulty **2** (*stendersi*) to unfold; to spread* out; (*aprirsi*) to open out; (*di vele, di bandiere*) to unfurl; **Durante il viaggio, la carta del pacco si spiegò**, during the journey the paper of the parcel unfolded; **I fiori si spiegano al mattino**, flowers open out in the morning; **Il battaglione si spiegò su un fronte di un miglio**, the battalion spread out over a one-mile front. ● **Spiegati meglio, perché non capisco nulla!**, make your meaning clearer, because I can't understand anything! □ **Questa è una porcheria, non so se mi spiego!**, this is just trash, need I say more? □ **Mi spiego?**, do you see what I mean? □ **Le fa la corte, ma ancora non si è spiegato**, he is courting her, but he hasn't made his intentions clear yet. **spiegarsi, C** *v. rifl. recipr.* (*venire a una spiegazione*) to clear things up; to have a frank talk. ● **Spieghiamoci!**, let's get this straight!
spiegato, *a.* open; spread out; unfolded; (*di vele, ecc.*) unfurled: **ad ali spiegate**, with open wings; **a vele spiegate**, with unfurled sails. ● **a bandiere spiegate**, with flags flying □ **a voce spiegata**, at the top of one's voice.
spiegatura, *f.* spreading out; unfolding.
spiegazióne, *f.* explanation; (*interpretazione*) interpretation: **s. lucida (sobria)**, lucid (sober) explanation; **poche parole di s.**, a few words of explanation; **la s. del problema**, the explanation of the problem; **domandare una s. a q.**, to ask sb. for an explanation; **Non c'è s.**, there's no explanation (*o* it's inexplicable); **dare una s. di q.c.**, to give an explanation of st.; to account for st.; **Non so trovare la s. di ciò**, I can't find an explanation for this. ● **avere una s. con q.**, to have it out with sb. □ **domandare spiegazioni a q.**, to call sb. to account.
spiegazzare, *v. t.* to crease; to crush; to crumple; to rumple: **s. un vestito**, to crease a dress; **s. un foglio di carta**, to crush up a sheet of paper; **una stoffa che si spiegazza facilmente**, a material that creases easily.
spiegazzatura, *f.* **1** creasing; crushing; crumpling **2** (*piega*) crease.
spietataménte, *avv.* pitilessly; mercilessly; ruthlessly; relentlessly.
spietatézza, *f.* pitilessness; mercilessness; ruthlessness; relentlessness; (*crudeltà*) cruelty.
spietato, *a.* pitiless; merciless; ruthless; relentless; (*crudele*) cruel: **un tiranno s.**, a pitiless tyrant; **una morte spietata**, a cruel death; **parole spietate**, ruthless words. ● **concorrenza spietata**,

fierce competition □ **fare una corte spietata a una ragazza**, to court a girl relentlessly □ **sorte spietata**, inexorable fate.

spietrare, *v. t.* (*agric.*, *tecn.*) to stone; to remove stones.

spietratóre, *m.* (*agric.*) stoner.

spietratura, *f.* (*agric.*, *tecn.*) removal of stones.

spifferare, A *v. t.* (*fam.*: *raccontare senza riguardo*) to blab; to blurt out; to tell*; to speak* out: **Hanno spifferato ogni cosa**, they've blabbed everything; **Gli hanno spifferato ogni cosa**, they have told him everything. B *v. i.* (*fischiare del vento fra le fessure*) to whistle (through a crack).

spifferata, *f.* **1** blabbing **2** (*raro*: *sonata di piffero*) tune on a pipe. ● **Questa è stata di certo una s.!**, somebody must have blabbed.

spiffero, *m.* (*fam.*: *corrente d'aria*) draught.

spifferóne, *m.* (*fam.*) blabber (mouth); (*spia*) telltale; (*gergo scolastico*) sneak.

spiga, *f.* (*bot.*) spike; ear: **una s. di grano**, an ear of corn; **fare la s.**, to form a spike; to spike; **mettere le spighe**, to form spikes; to spike up; to ear; to come into ear. ● **a s.**, spike-like; spike-shaped; (*ind. tessile*) twilled: **tessuto a s.**, twilled (*o* twill) cloth □ (*edil.*) **mattonato a s.**, herring-bone brickwork □ (*ricamo*) **punto a s.**, herring-bone stitch.

spigare, *v. t.* to spike up; to form spikes; to ear; to come* into ear.

spigato, *a.* **1** (*di tessuti*) twilled **2** (*bot.*) spiked.

spigatura, *f.* spiking; earing.

spighétta, *f.* **1** (*bot.*) spikelet **2** (*sartoria*) braid.

spigionarsi, *v. rifl.* to be no longer let; to remain vacant.

spigliataménte, *avv.* free and easy; with ease; self-possessedly.

spigliatézza, *f.* ease; free and easy manner; self-possession: **Una certa s. lo distingue come uomo di mondo**, a certain ease marks him as a man of the world.

spigliato, *a.* easy; free and easy; self-possessed: **un giovane s.**, a free and easy young man; **maniere spigliate**, easy manners; **avere un fare s.**, to have a self-possessed manner. ● **passo s.**, light step.

spignattare, *v. i.* (*fam.*) to busy oneself with the cooking.

spignoraménto, *m.* **1** (*leg.*) release from sequestration **2** (*riscatto*) redemption; (*da un pegno*) taking out of pawn.

spignorare, *v. t.* **1** (*leg.*) to release from sequestration **2** (*riscattare*) to redeem; (*una cosa data in pegno*) to take* out of pawn.

spigo, *m.* (*bot.*, *Lavandula officinalis*) lavender.

spigola, *f.* (*zool.*, *Morone labrax*) bass*.

spigolare, *v. t.* (*anche fig.*) to glean: **s. un campo**, to glean a field; **s. notizie**, to glean news.

spigolatóre, *m.* (*anche fig.*) gleaner.

spigolatura, *f.* **1** (*lo spigolare*, *anche fig.*) gleaning **2** (*pl.*, *fig.*: *notizie*, *curiosità*) gleanings (*pl.*).

spigolo, *m.* edge (*anche geom.*); corner; (*archit.*) arris: **uno s. vivo** (**smussato**), a sharp (rounded) edge; **urtare contro lo s. d'un tavolino**, to knock against the corner of a table; **smussare gli spigoli**, to round off the corners. ● (*fig.*) **essere tutto spigoli**, to be very rough □ (*fig.*) **smussare gli spigoli del proprio carattere**, to soften the harshness of one's character □ **viso tutto spigoli**, angular face.

spigolosità, *f.* angularity.

spigolóso, *a.* **1** angular **2** (*fig.*: *scontroso*) rough; difficult; unmanageable **3** (*fig.*: *ossuto*) bony; angular.

spigonardo, V. **spigo**.

spigrire, A *v. t.* to shake* (sb.) out of (his) laziness; to rouse (sb.) to action. **spigrirsi**, B *v. rifl.* to shake* off one's laziness; to rouse oneself out of one's laziness.

spilla, *f.* **1** (*gioiello*) brooch: **una s. di brillanti**, a diamond brooch **2** (*spillo*) pin: **s. da cravatta**, tie-pin; **s. da balia** (*o* **di sicurezza**), safety-pin.

spillàio, *m.* (*chi fa spilli*) pin-maker; (*venditore*) pin-seller.

spillare, A *v. t.* **1** (*forare*) to tap; to broach: **s. una botte**, to tap a cask **2** (*attingere dalla botte*) to tap; to draw* off: **s. vino**, to tap wine **3** (*fig.*) to tap; to squeeze: **s. notizie a q.**, to tap sb. for information; **s. denari a q.**, to tap sb. for money; to squeeze (*o* to get) money out of sb.': **Giorgio spillò dieci sterline al vecchio**, George tapped the old man for ten pounds. B *v. i.* to drip; (*stillare*) to ooze. ● **s. le carte** (**da gioco**), to fan the cards.

spillatico, *m.* (*leg.*) pin-money.

spillatura, *f.* tapping; broaching.

spillo, *m.* **1** pin: **aghi e spilli**, pins and needles; **la capocchia d'uno s.**, a pin's head; **un cuscinetto per spilli**, a pin-cushion; **uno s. di sicurezza** (*o* **da balia**), a safety-pin; **uno s. per capelli**, a hair-pin; **uno s. da cravatta**, a tie-pin; **appuntare q.c. con uno s.**, to fasten st. with a pin; to pin st. (down, up); (**far cadere di q.**, a pin-prick **2** (*stiletto per forare le botti*) broach **3** (*foro fatto con lo s.*) tap-hole **4** (*spilla*) brooch **5** (*mecc.*: *di valvola*) plunger; valve core **6** (*fonderia*) vent rod (*o* wire); pricker. ● **tacchi a s., stiletto** (*o* **spike**) heels □ (*fig.*) **uccidere q. a colpi di s.**, to worry sb. to death □ (*mecc.*) **valvola a s.**, needle valve.

spillóne, *m.* (*spillo per cappelli*) hat-pin.

spilluzzicare, *v. t.* **1** (*mangiare a piccoli pezzi*) to peck at (st.); to nibble (st.); to nibble at (st.) **2** (*fig.*: *raggranellare*) to scrape up (*o* together) **3** (*fig.*: *rubacchiare*) to pilfer.

spillùzzico, *m.* ● **a s.**, bit by bit; little by little; in driblets; **mangiare q.c. a s.**, to peck at st.; to nibble st.

spilorceria, *f.* **1** (*l'essere spilorcio*) stinginess; niggardliness; miserliness **2** (*atto da spilorcio*) niggardly action.

spilòrcio, A *a.* stingy; niggardly; miserly; close-fisted: **una vita spilorcia**, a niggardly life. B *m.* niggard; miser; skinflint.

spiluccare, *v. t.* to pick off; to pluck.

spilungóne, *m.* tall, lanky person; spindle-shanks (*fam.*); lamp-post (*fam.*); bean-pole (*fam.*).

spin (*ingl.*), *m.* (*fis.*) spin.

spina, *f.* **1** (*aculeo*) prickle: **le spine di una rosa** (**di un rovo**), the thorns of a rose (of a blackberry bush) **2** (*fig.*: *tribolazione*, *cruccio*) torment; sorrow; grief; difficulty: **Quel figlio è per me una s.**, that son is my torment; **Ognuno ha le sue spine**, everyone has his sorrows; **Questa s. nel mio cuore è troppo grande**, this grief in my heart is too great; **La vita è irta di spine**, life is fraught with difficulties **3** (*elettr.*) plug: **s. con interruttore**, switch plug; **s. di contatto**, connecting plug; **s. di prova**, test plug; **s. tripolare**, three-pin plug **4** (*mecc.*) pin; peg: **s. conica**, taper pin; **s. a occhio**, eye-pin; **s. di torsione**, torque pin; **s. di sicurezza**, break-pin; **s. cilindrica**, parallel pin **5** (*lisca*) fishbone; bone **6** (*naut.*) eyebolt **7** (*cannella di botte*) tap, spigot; (*foro*) bung-hole **8** (*zool.*: *aculeo*) thorn. ● (*anat.*) **s. dorsale**, backbone; spine □ **a s. di pesce**, herring-bone (*attr.*): **disegno a s. di pesce**, herring-bone pattern; **tessuto a s. di pesce**, herring-bone cloth; twill □ (*fig.*) **avere una s. nel cuore**, to have a thorn in one's side (*o* in one's flesh); to have an aching heart □ **birra alla s.**, draught beer □ (*fig.*) **stare** (*o* **essere**) **sulle spine**, to sit upon thorns; to be on tenterhooks □ (*fig.*) **togliere a q. una s. dal cuore**, to take a thorn out of sb.'s side □ (*prov.*) **Al nascer la s. porta la punta in cima**, it early pricks that will be a thorn.

spinàcio, *m.* **1** (*bot.*, *Spinacia oleracea*) spinach **2** (*pl.*: *cucina*) spinach (*sing.*). ● **s. selvatico** (*Chenopodium bonus-henricus*), fat-hen.

spinacristi, *f.* (*bot.*, *Lycium*) Christ's-thorn; matrimony vine; bastard jasmine.

spinale, *a.* (*anat.*) spinal; of the backbone: **il midollo s.**, the spinal marrow; the spinal cord.

spinapésce, *m.* ● **a s.**, herring-bone (*attr.*).

spinare, *v. t.* to bone; to fillet.

spinarèllo, *m.* (*zool.*, *Gasterosteus aculeatus*) stickleback.

spinaròlo, *m.* (*zool.*, *Squalus acanthias*) spiny (*o* picked) dogfish.

spinato, *a.* **1** (*di filo di ferro*) barbed: **filo s.**, barbed wire **2** (*a spina di pesce*) herring-bone (*attr.*); (*di tessuto*) twilled. ● **stoffa spinata**, twill.

spinatrice, *f.* (*tecn.*) broaching machine: **s. orizzontale** (**verticale**), horizontal (vertical) broaching machine.

spinèllo (1), *m.* (*miner.*) spinel (ruby).

spinèllo (2), *m.* (*sigaretta alla marijuana*) marijuana cigarette; joint (*pop.*).

spinéto, *m.* thorn-bush.

spinétta, *f.* (*mus.*) spinet; spinette.

spinettàio, *m.* spinet-builder.

spingarda, *f.* (*mil.*, *stor.*) **1** springal(d) **2** (*mortaio*) mortar.

spingere, A *v. t.* **1** to push; to shove; (*ficcare*) to drive*, to thrust*: **s. q.** (**q.c.**) **avanti** (**indietro**, **dentro**, **fuori**), to push sb. (st.) forward (back, in, out); **Non s.! lo sai che è maleducazione**, don't shove (*o* push)! you know it's impolite; **s. un attacco a fondo**, to push (*o* to thrust, to drive) an attack home; **Spinse il disturbatore fuori dalla porta**, he pushed (*o* he shoved) the disturber out of the door; **La corrente lo spinse a riva**, the current drove him to the bank (*o* to the shore) **2** (*condurre*) to drive*; (*indurre*) to induce; (*istigare*) to egg on, to incite; (*stimolare*) to urge; (*costringere*) to compel, to force: **Un ragazzo spingeva i maiali verso il porcile**, a boy was driving the pigs to their sty; **Se continui così, mi spingerai alla disperazione**, if you continue like this, you'll drive me to despair; **s. q. al suicidio** (**al delitto**, **ecc.**), to drive sb. to suicide (to crime, etc.); **Che cosa ti ha spinto a commettere questa sciocchezza?**, what induced you to do such a foolish thing?; **Ovunque ci sia malcontento, c'è sempre q. a s. gli altri alla ribellione**, wherever there is discontent, there is always somebody to incite others to rebellion; **Mi spinge sempre a reagire con violenza**, he always incites me (*o* eggs me on) to react violently; **Il bisogno mi spinge a chiederti aiuto**, need drives me to ask you for help **3** (*fig.*: *portare fino a un certo punto*) to carry: **s. q.c. fino al ridicolo**, to carry st. to ridiculous extremes; **s. uno scherzo oltre i limiti**, to carry a joke too far; **s. le proprie ambizioni troppo in alto**, to

spingitóio

carry one's ambitions too far; **Spingi il tuo odio (la tua antipatia, il tuo risentimento) troppo oltre**, you're carrying your hatred (your dislike, your resentment) too far. **B** *v. i.* (*fare pressione*) to press. ● **s. con la pertica** (*una barca*), to punt □ (*naut.*) **s. con i remi**, to row □ **s. lontano lo sguardo**, to gaze into the distance □ **s. un pulsante**, to press a button. **spingersi**, **C** *v. rifl.* **1** (*inoltrarsi*) to push; to go* forward; to venture: **s. avanti**, to push forward; to thrust oneself forward; **s. tra la folla**, to push (one's way) through the crowd; **Ci spingeremo fino al prossimo paese**, we'll push on to the next village; **L'anno prossimo mi spingerò fino a Mosca**, next year I'll venture as far as Moscow **2** (*fig.: osare*) to dare; to venture. ● (*anche fig.*) **s. troppo lontano**, to go too far.

spingitóio, *m.* (*mecc.*) pusher.

spinite, *f.* (*med.*) tabes dorsalis; locomotor ataxy.

spinnaker (*ingl.*), *m.* (*naut.*) spinnaker.

spino (1), *m.* **1** (*bot.*) thorn(-tree); thorn-bush; brier; bramble **2** *V.* **spina**, *def. 1.* ● (*bot.*) **s. di Giuda** (*Gleditschia triacanthos*), honey locust-tree.

spino (2), *a.* – **pero s.**, prickly pear; **uva spina**, gooseberry.

spinóne, *m.* (*zool.*) griffon.

spinosità, *f.* **1** thorniness; prickliness; spinosity **2** (*fig.*) thorniness; ticklishness; delicacy.

spinóso, *a.* **1** (*pieno di spine*) thorny; prickly; spiny; spinous; spined: **piante spinose**, thorny plants; **un ramo s.**, a thorny branch **2** (*fig.*) thorny; ticklish; delicate: **un argomento s.**, a thorny subject. ● (*anat.*) **processo s.**, spinous process.

spinòtto, *m.* **1** (*mecc.*) piston-pin; gudgeon(-pin) **2** (*elettr.: spina*) plug.

spinta, *f.* **1** push; (*forte*) shove, thrust: **dare una s. a q.**, to give sb. a push (*o* a shove, a thrust); **ricevere una s.**, to receive (*o* to get) a push (*o* a shove); **Lo cacciò via con una s.**, he drove him away with a shove **2** (*tecn.*) thrust: (*mecc.*) **cuscinetto di s.**, thrust bearing; (*aeron.*) **s. aerostatica**, aerostatic thrust; (*aeron.*) **s. al decollo**, take-off thrust; (*mecc.*) **s. assiale**, axial thrust; (*edil.*) **s. della terra**, earth thrust (*o* pressure); (*naut., aeron.*) **s. dell'elica**, screw-propeller thrust **3** (*fig.: stimolo*) spur; incentive; stimulus*: **La fama è la s. che acuisce lo spirito di sacrificio**, fame is the spur that sharpens the spirit of sacrifice; **Questa sarà per lui una s. a ben operare**, this will be an incentive (*o* a stimulus) for him to act well **4** (*fig.: aiuto*) push; helping-hand: **Ogni tanto ha bisogno di una s.**, every now and then he needs a push; **dare una s. a q.**, to lend sb. a helping-hand **5** (*fig.: appoggio*) backing; (*buona parola*) good word: **Ci vorrebbe una s. da parte sua per ottenere quel posto**, some backing from him would be needed to obtain that post; **Non potresti dare una s. per sollecitare quest'affare?**, couldn't you put in a good word to hurry up this deal? **6** (*fig.: incremento*) boost; impulse: **la s. data all'industria**, the boost given to industry. ● (*edil.*) **s. del vento**, wind pressure □ (*naut.*) **s. di galleggiamento**, buoyancy □ (*econ.*) **spinte inflazionistiche**, inflationary tendencies □ (*edil.*) **s. orizzontale** (*di un arco*), drift □ **fare a spinte**, to push each other.

spintarèlla, *f.* **1** (*sport*) push **2** (*fig.: appoggio*) backing; (*buona parola*) good word.

spinterògeno, *m.* (*autom.*) (battery) coil ignition; (*distributore*) distributor.

spinteròmetro, *m.* (*fis.*) spark-gap.

spinto, *a.* **1** (*disposto*) inclined; ready; willing: **sentirsi s. ad aiutare q.**, to feel inclined to help sb. **2** (*estremista*) extremist (*attr.*); (*scabroso*) scabrous, risky; (*piccante*) spicy, risqué: **idee spinte**, extremist ideas; **una barzelletta spinta**, a risqué joke. ● (*autom.*) **motore s.**, supercharged (*o* boosted) engine □ **sentirsi s. verso la musica**, to have a bent for music.

spintonare, *v. t.* (*fam.*) to shove; to push.

spintóne, *m.* shove; vigorous (*o* violent) push. ● (*anche fig.*) **farsi avanti a spintoni**, to push one's way.

spintóre, *m.* (*naut.*) push boat.

spiombare (1), *v. t.* to break* the (leaden) seals of (st.); to unseal.

spiombare (2), **A** *v. t.* (*fiaccare le forze*) to weigh down. **B** *v. i.* **1** (*presentare un appiombo irregolare*) to be out of plumb; to lean* (from the vertical) **2** (*essere molto pesante*) to be as heavy as lead.

spionàggio, *m.* espionage; spying. ● (*mil.*) **s. elettronico**, electronic intelligence □ **romanzo di s.**, spy thriller.

spioncino, *m.* peep-hole; spy-hole; judas-hole.

spióne, *m.* spy; informer; (*gergo scolastico*) sneak.

spionìstico, *a.* spy (*attr.*).

spiovènte, **A** *a.* drooping; flowing; streaming; hanging loose: **capelli spioventi**, flowing hair. ● (*sport: calcio*) **calcio (o tiro) s.**, drop shot. **B** *m.* **1** (*di tetto*) slope **2** (*geogr.: versante*) versant; slope **3** (*sport: calcio*) drop shot. ● (*archit.*) **a s.**, weathered.

spiòvere, *v. i.* **1** (*cessare di piovere*) to stop raining: **Aspetta che spiova**, wait till it stops raining **2** (*scorrere in giù*) to flow down: **le acque che spiovono dall'Appennino**, the water flowing down from the Apennines **3** (*ricadere*) to fall*; to hang* (*o* to come*) down: **I capelli le spiovevano sulle spalle**, her hair fell over her shoulders.

spira, *f.* **1** (*giro di spirale*) coil **2** (*pl.: di serpente*) coils **3** (*elettr., mecc.*) turn; coil: **spire inattive**, dead turns; **spire morte**, dead-end turns; **la s. d'una molla**, the turn (*o* coil) of a spring **4** (*archit.*) scroll. ● **avvolgere a spire**, to coil up □ **avvolgersi a spire**, to coil (oneself) □ **fatto a spire**, spiral.

spiràbile, *a.* (*poet.: respirabile*) breathable; respirable (*lett.*).

spiràglio, *m.* **1** (*small*) opening; fissure; crack; vent **2** (*naut.*) skylight **3** (*fig.*) gleam; glimmer: **uno s. di speranza**, a gleam of hope. ● **uno s. d'aria**, a breath of air □ **uno s. di luce**, a glimmer of light □ **uno s. di sereno**, a break in the clouds.

spirale, **A** *a.* spiral. **B** *f.* **1** (*geom.*) spiral **2** (*mecc.*) spring: **una molla a s. cilindrica**, a spiral spring; **una molla a s. conica** a volute spring **3** (*di orologio*) hair-spring **4** (*fig.*) spiral: **la s. dei prezzi**, the spiral of prices; the price spiral; **la s. prezzi-salari**, the price-wage spiral **5** (*med., anche* **s. intrauterina**) intrauterine device; IUD (*fam.*). ● **a s.**, spiral; coiled.

spiralifórme, *a.* spiraliform; spiral.

spiralizzazióne, *f.* (*in citologia*) spiralization: **la s. dei cromosomi**, the spiralization of chromosomes.

spirante, *a. e f.* (*fon.*) spirant.

spirare (1), **A** *v. i.* **1** (*soffiare*) to blow*: **Spira un forte vento di tramontana**, a strong wind is blowing from the north **2** (*emanare*) to emanate; to exhale; to come* (from): **Un orrendo fetore spirava dalla fogna**, a terrible smell came from the sewer; **Un dolce profumo spirava da tutto il suo corpo**, a sweet odour emanated (*o* exhaled) from all her body. **B** *v. t.* **1** (*emanare*) to exhale; to send* off: **Il giardino spirava un odore di rose**, the garden sent off (*o* exhaled) a scent (*o* a smell) of roses; **s. fragranza**, to exhale fragrance **2** (*fig.*) to radiate; to give* off; to express: **I suoi occhi spirano dolcezza**, her eyes radiate tenderness **3** (*lett.: ispirare*) to inspire: **È una vista che spira orrore e ribrezzo**, it's a sight that inspires horror and revulsion. ● **Oggi non spira un alito di vento**, there isn't a breath of air today □ (*fig.*) **Che aria spira?**, which way is the wind blowing? □ (*fig.*) **Spira aria di burrasca**, there is a storm in the air; the atmosphere is stormy □ (*fig.*) **Con quest'aria che spira, io me ne vado**, with the atmosphere there is here, I'm off (*o* I'm going).

spirare (2), *v. i.* **1** (*morire*) to pass away; to breathe one's last: **Mio zio è spirato stamane**, my uncle passed away this morning; **Era così debole che sembrava stesse lì li per s.**, he was so weak as to seem on the point of breathing his last **2** (*finire, terminare*) to come* to an end; (*scadere*) to expire, to fall* due: **La tregua spirerà domani**, the truce will expire tomorrow.

spirèa, *f.* (*bot., Spiraea ulmaria*) meadow-sweet.

spirillo, *m.* (*biol.*) spirillum*.

spiritare, *v. i.* **1** (*raro: essere in preda allo spirito maligno*) to be possessed by an evil spirit **2** (*fig.: essere fuori di sé*) to be beside oneself; to be mad (*o* wild): **s. dalla paura**, to be beside oneself with fear; to be frightened out of one's wits.

spiritato, **A** *a.* **1** (*invaso dal demonio*) possessed by an evil spirit: **una donna spiritata**, a woman possessed by an evil spirit **2** (*in preda a grande agitazione*) aghast; wild: **con occhi spiritati**, with eyes aghast; with wild eyes **3** (*pieno di vita*) spirited. **B** *m.* one possessed (by an evil spirit): **urlare come uno s.**, to shout like one possessed.

spiritèllo, *m.* **1** (*folletto*) elf; goblin **2** (*bambino vivace*) imp; little devil.

spirìtico, *a.* spiritualistic; spiritistic. ● **seduta spiritica**, séance.

spiritismo, *m.* spiritualism; spiritism.

spiritista, *m. e f.* spiritualist; spiritist.

spiritìstico, *a.* spiritualistic; spiritistic: **esperienze spiritistiche**, spiritistic experiences.

spirito (1), *m.* **1** spirit; (*anima*) soul: **Dio è puro s.**, God is pure spirit; **lo S. Santo**, the Holy Spirit; the Holy Ghost; **gli spiriti celesti**, the celestial spirits; the angels; **il regno degli spiriti**, the realm of spirits; **s. vitale**, vital spirit; **essere con q. in s.**, to be with sb. in spirit; **gli spiriti maligni (o infernali)**, the evil spirits; the demons; (*Bibbia*) **Lo s. è pronto, ma la carne è debole**, the spirit is willing but the flesh is weak; **gli spiriti del Purgatorio**, the souls in Purgatory **2** (*fantasma*) spirit; ghost; phantom: **evocare gli spiriti del passato**, to evoke the spirits (*o* shades) of the past; **credere negli spiriti**, to believe in ghosts; **Fosse questo soltanto uno s. che mi appare dinnanzi**, were this but a phantom that appears before me **3** (*mente, intelligenza*) mind; spirit: **Bisogna nutrire lo s. con buone letture**, one must nourish one's mind with good reading; **presenza di s.**, presence of mind; **s. profetico**, prophetic spirit; **i grandi spiriti**, the great minds; **È uno s. eletto**, he is a master mind (*o* spirit) **4** (*disposizione d'ani-*

spogliare

mo, attitudine) spirit; attitude; feeling: **s. di contraddizione** (**di osservazione, di sacrificio**), spirit of contradiction (of observation, of self-sacrifice); **s. di parte**, party (*o* partisan) spirit; **s. di squadra**, team spirit; **lo s. dell'epoca**, the spirit of the age; **s. materno**, maternal attitude; **Ha uno s. di pietà verso tutti**, he has a pious attitude towards everyone; **Affronta le difficoltà della vita con uno s. di serenità**, he tackles the difficulties of life with a serene attitude (*o* of mind) **5** (*significato essenziale*) spirit; inner meaning; sense: **seguire lo s. della legge**, to go by (*o* to obey) the spirit of the law; **Lo s. di quest'opera è difficile da capire**, the inner meaning (*o* the sense) of this work is difficult to understand **6** (*brio, arguzia*) wit; (*umorismo*) (sense of) humour: **È una persona di grande s.**, he is a person of great wit; he is a very witty person; **Ha prontezza di s.**, he has a ready wit; he has his wits about him; (*fam.*) **s. di patata**, stale (*o* foolish) humour; **mancare di s.**, to have no sense of humour **7** (*vivacità*) life; liveliness: **Ci mette tanto s. in tutto ciò che fa**, he puts so much life into everything he does; **Lo s. dei tuoi bambini mi stanca**, the liveliness of your children wears me out. ● **s. angelico**, angel □ **s. di corpo**, esprit de corps □ **s. folletto**, sprite □ **lo S. Maligno**, the Evil One □ **s. pubblico**, public feeling (*o* spirit) □ **battuta** (*o* **motto**) **di s.**, witticism; witty remark; wisecrack (*fam.*) □ **un bello s.**, a witty person □ **una casa frequentata dagli spiriti**, a haunted house □ **fare dello s.**, to be witty; (*dello spirito di patata*) to try to be funny □ **mancare di s.** (*del senso dell'umorismo*), to have no sense of humour □ **un uomo di s.**, a witty man; (*che sta allo scherzo*) a good sport □ **un uomo povero di s.**, a humble man; (*pop.*) a stupid man □ **i valori dello s.**, spiritual values □ **Mazzini fu lo s. della rivolta**, Mazzini was the leading spirit of the revolt.

spirito (2), *m.* (*alcol*) spirit; alcohol: **s. denaturato**, methylated spirit; **s. di legno**, methyl alcohol; wood spirit; **lampada a s.**, spirit lamp; **ciliege sotto s.**, cherries in alcohol.

spirito (3), *m.* (*gramm. greca*) breathing: **s. aspro** (**dolce**), rough (smooth) breathing.

spiritosàggine, *f.* **1** wittiness **2** (*atto, detto spiritoso*) witticism; piece of wit; wisecrack (*fam.*); (*spreg.*) poor humour: **Che s.!**, that's very poor humour, indeed!; that's all nonsense! ● **con le sue insulse spiritosaggini**, with all his nonsense.

spiritosaménte, *avv.* wittily; facetiously.

spiritosità, *f.* **1** wittiness; facetiousness **2** (*battuta di spirito*) witticism; wisecrack (*fam.*).

spiritóso, A *a.* **1** (*ricco di spirito, arguzia*) witty; clever; (*smartly*) facetious: **un parlatore s.**, a witty speaker; **un discorso s.**, a witty speech; **un'osservazione spiritosa**, a witty (*o* facetious) remark **2** (*iron.*) funny; clever. ● **una bevanda spiritosa**, an alcoholic drink □ **Le tue osservazioni non sono davvero molto spiritose**, I don't see much humour in your remarks □ **Vuol fare lo s.**, he is trying to be clever □ **Non fare lo s.!**, don't be funny! B *m.* funny person; would-be wit.

spirituale, A *a.* spiritual: **natura s.**, spiritual nature; **godimento s.**, spiritual delight; **il potere s. della chiesa**, the spiritual power of the Church; (*relig.*) **esercizi spirituali**, spiritual exercises. ● **canti spirituali negri**, spirituals □ **il proprio padre s.**, one's father confessor. B *m.* spiritual: **lo s. e il temporale**, the spiritual and the temporal.

spiritualismo, *m.* (*filos.*) spiritualism.
spiritualista, *m. e f.* (*filos.*) spiritualist.
spiritualistico, *a.* (*filos.*) spiritualistic.
spiritualità, *f.* spirituality.
spiritualizzare, A *v. t.* **1** to spiritualize: **s. l'amore**, to spiritualize love **2** (*idealizzare*) to idealize. **spiritualizzarsi**, B *v. rifl.* to be spiritualized.
spiritualizzazióne, *f.* **1** spiritualization **2** (*idealizzazione*) idealization.
spiritualménte, *avv.* spiritually.
spirochèta, *f.* (*biol.*) spiroch(a)ete.
spirochetòsi, *f.* (*med.*) spiroch(a)etosis.
spiroidale, *a.* spiral; spiraliform.
spirometria, *f.* (*fisiologia*) spirometry.
spiròmetro, *m.* inspirometer.
spirto (*poet.*), *V.* **spirito**.
spiumacciare, *V.* **sprimacciare**.
spiumare, *v. t.* **1** (*privare delle piume*) to pluck: **s. un pollo**, to pluck a hen **2** (*fig.: carpire quattrini*) to fleece; to skin.
spizzicare, *V.* **spilluzzicare**.
spìzzico, *m.* – **a s.** (*o* **a spizzichi**), in driblets; bit by bit; little by little; a litte at a time.
splàncnico, *a.* (*anat.*) splanchnic: **nervi splancnici**, splanchnic nerves.
splancnocrànio, *m.* (*anat.*) splanchnocranium; viscerocranium.
splancnologìa, *f.* (*med.*) splanchnology.
splenalgìa, *f.* (*med.*) splenalgia.
splendènte, *a.* resplendent; shining; beaming; bright; brilliant.

splèndere, *v. i.* (*anche fig.*) to shine*: **Il suo volto splendeva di gioia**, his face shone with joy. ● **s. come l'oro**, to glitter like gold.

splendidaménte, *avv.* splendidly; magnificently; grandly.

splendidézza, *f.* splendour; (*magnificenza*) magnificence, grandeur; (*pompa*) pomp.

splèndido, A *a.* **1** splendid (*anche fig.*); bright; brilliant; glorious; gorgeous: **Che tempo s.!**, what glorious weather!; **un tramonto s.**, a glorious (*o* a gorgeous) sunset; **un sole s.**, a splendid sun; **una settimana di s. sole**, a week of brilliant sunshine; **una vittoria splendida**, a splendid victory **2** (*lussuoso, sfarzoso*) splendid; magnificent; sumptuous; grand; stately: **un tempio s.**, a magnificent temple; **una sala splendida**, a splendid hall **3** (*liberale*) munificent; liberal; generous: **una persona splendida**, a munificent person **4** (*ottimo*) splendid; excellent; very good: **un'idea splendida**, a splendid idea; **un partito s.**, an excellent (*o* a very good) match. B *m.* munificent person. ● **fare lo s.**, to be munificent; to spend (*o* to give) lavishly (and ostentatiously).

splendóre, *m.* **1** splendour (*anche fig.*); brightness; brilliance; glory: **lo s. della fiamma**, the brightness of the flame; **lo s. del sole**, the splendour of the sun; **lo s. d'un tramonto**, the glory of a sunset **2** (*magnificenza*) splendour; magnificence; sumptuousness; grandeur; stateliness; pomp: **lo s. degli addobbi**, the magnificence of the decorations **3** (*fis.*) brightness: **lo s. dell'immagine**, the brightness of the image. ● **Che s. di ragazza!**, what a beautiful girl! □ **Sono finiti gli splendori**, the days of splendour are over.

splène, *m.* (*anat.*) spleen; milt.
splenectomia, *f.* (*med.*) splenectomy.
splenètico, (*med.*) A *a.* splenic. B *m.* person affected with disorder of the spleen.
splènico, A *a.* (*anat.*) splenic; splenetic: **arteria** (**vena**) **splenica**, splenic artery (vein). B *m.* (*med.*) person affected with disorder of the spleen.
splènio, *m.* (*anat.*) splenius*.
splenite, *f.* (*med.*) splenitis.
splenomegalìa, *f.* (*med.*) splenomegaly.
spòcchia, *f.* (*fam.*) haughtiness; bumptiousness; (*millanteria*) swagger. ● **avere una grande s.** (*o* **essere pieno di s.**), to mount (*o* to ride, to be on) the high horse (*fam.*).
spocchióne, *m.* (*fam.*) haughty (*o* bumptious) person; swaggerer.
spocchióso, *a.* (*fam.*) haughty; bumptious; (*millantatore*) swaggering.
spodestaménto, *m.* **1** (*il privare del potere*) deprivation (*o* depriving) of power; (*il privare del trono*) dethronement **2** (*esproprio*) dispossession; ousting.
spodestare, *v. t.* **1** (*privare del potere*) to deprive (sb.) of power; (*privare del trono*) to depose, to dethrone: **s. un re**, to depose a king **2** (*privare della proprietà*) to strip; to dispossess; to oust: **s. q. delle proprie terre**, to dispossess sb. of his land.
spodestato, *a.* (*privato del potere*) deprived of power; (*privato del trono*) deposed, dethroned: **un re s.**, a deposed king.
spoetizzare, *v. t.* **1** to disenchant; to disillusion: **Non voglio spoetizzarti**, I don't want to disenchant you **2** (*per estens.: disgustare*) to sicken; to disgust.
spòglia, *f.* **1** (*di rettili, ecc.*) slough; cast-off skin; ecdysis*: **la s. d'un serpente**, the slough of a snake **2** (*fonderia*) draft **3** (*mecc.*) rake **4** (*pl.: preda di guerra*) spoils (of war); booty (*sing.*): **spoglie opime**, spolia opima; honourable spoils; (*fig.*) rich booty. ● **la s. mortale** (*o* **le spoglie mortali**), the mortal remains □ **sotto mentite spoglie**, in borrowed plumes; in disguise.
spogliare, A *v. t.* **1** to strip: **s. un albero** (**una pianta**) **di tutte le foglie**, to denude, to bare) a tree (a plant) of all its leaves; **s. un giardino di tutti i fiori**, to strip a garden of all its flowers; (*raccoglierli*) to pick all the flowers in a garden; **s. l'altare**, to strip the altar; **s. la propria prosa di ogni fronzolo**, to strip one's prose of all frills **2** (*svestire*) to undress; to strip: **Spoglialo e mettilo a letto!**, undress him and put him to bed! **3** (*fig.: privare*) to deprive; to strip; to divest; to dispossess: **s. q. d'ogni bene**, to deprive (*o* to strip) sb. of all his possessions; **Lo spogliarono della sua carica e degli onori**, they divested him of his office and honours; **s. q. di ogni autorità**, to strip (*o* to deprive) sb. of all authority **4** (*fig.: depredare*) to rob; (*saccheggiare*) to plunder, to pillage, to despoil: **s. una casa**, to rob a house; **s. una città** (**un villaggio**), to plunder (*o* to pillage) a town (a village); **s. un museo** (**i nemici vinti, ecc.**), to despoil a museum (conquered enemies, etc.) **5** (*fare lo spoglio di*) to go* through (st.): **s. un libro** (**la corrispondenza**), to go through a book (the mail); **s. le schede**, to go through (*o* to count) the ballot papers. ● (*fig.*) **s. l'abito** (*sacerdotale o monacale*), to renounce one's vows □ **s. il riso**, to husk (*o* to hull) rice. **spogliarsi**, B *v. rifl.* **1** to undress; to strip: **Non vuoi**

spogliarellista

spogliarti e fare il bagno?, aren't you going to undress and bathe?; **Fra lo stupore generale, la ragazza si spogliò da capo a piedi**, to the amazement of everyone, the girl stripped from head to toe 2 (*di alberi, ecc.*) to shed* (st.): **In autunno gli alberi si spogliano delle foglie**, trees shed their leaves in autumn; **Le rose si sono spogliate dei petali**, the roses have shed their petals 3 (*fig.: privarsi*) to deprive oneself, to strip oneself, to divest oneself (of st.); to give* up (st.): **Si è spogliato di tutto per le sorelle**, he has deprived (o stripped) himself of (o he has given up) everything for his sisters; **s. di un diritto**, to give up a right 4 (*fig.: liberarsi*) to rid* oneself of; to put* aside: **Si spogliò di ogni prevenzione**, he rid himself of (o he put aside) all prejudice 5 (*di rettile*) to slough one's skin; to cast one's slough 6 (*di liquido: depositare le impurità*) to clear.
spogliarellista, *f.* strip-teaser; stripper.
spogliarèllo, *m.* strip-tease.
spogliatóio, *m.* dressing-room; changing room; (*guardaroba*) cloak-room.
spogliatóre, *m.* (*chi spoglia, rubando*) despoiler; plunderer.
spogliatura, *f.* (*lo spogliare, lo spogliarsi*) undressing; unclothing.
spogliazióne, V. spoliazióne.
spòglio (1), *a.* 1 (*spogliato, privo*) devoid; stripped; deprived 2 (*nudo*) bare: **una parete spoglia**, a bare wall. ● **s. di pregiudizi**, free from prejudice.
spòglio (2), *m.* 1 (*computo*) counting; (*esame*) scrutiny, perusal, examination: **lo s. dei voti**, the counting of the votes; the count; **Lo s. di questi documenti non è stato abbastanza rigoroso**, the scrutiny (o perusal) of these documents was not rigorous enough 2 (*abito smesso*) cast-off (garment). ● **lo s. delle riviste**, the culling of journals (o of reviews) □ **fare lo s. di q.c.**, to go through st.; to sift st.: **fare lo s. della corrispondenza**, to go through the mail; **Ho fatto lo s. di queste frasi e ne ho eliminato parecchie**, I have gone through (o I have sifted) these phrases and I have rejected quite a few of them.
spòla, *f.* 1 (*ind. tessile*) shuttle; spool; (*filato avvolto sulla s.*) cop 2 (*di macchina per cucire*) shuttle. ● **fare la s.**, to go to and fro; (*di mezzi di trasporto*) to ply; (*di viaggiatori*) to commute.
spolatrice, *f.* (*ind. tessile*) bobbin-winder.
spolatura, *f.* (*ind. tessile*) spooling.
spolétta, *f.* 1 (*spola di piccole dimensioni*) small spool 2 (*di ordigno esplosivo*) fuse: **una s. ad azione ritardata**, a delayed-action fuse; **una s. a tempo**, a time fuse; **una s. a doppio effetto** (*o a tempo e percussione*), a combination fuse 3 (*di macchina per cucire*) shuttle.
spolettièra, *f.* (*ind. tessile*) winder; winding-frame.
spoliazióne, *f.* 1 (*appropriazione di cose altrui*) dispossession 2 (*saccheggio*) despoliation; plunderage; pillage.
spoliticizzare, *v. t.* to depoliticize; to make* (st.) non-political.
spoliticizzazióne, *f.* depoliticization.
spollaiarsi, *v. rifl.* (*di polli e sim.*) to shake* oneself.
spollinarsi, *v. rifl.* (*di volatili*) to shake* off lice.
spollonare, *v. t.* (*agric.*) to prune; to remove shoots from.
spollonatura, *f.* (*agric.*) pruning; removal of shoots.
spolmonarsi, *v. rifl.* to talk (o to shout) oneself hoarse.
spolpare, A *v. t.* 1 (*privare della polpa*) to strip the flesh off (st.); to pick: **s. un osso**, to pick a bone 2 (*fig.: privare di gran parte degli averi*) to skin; to fleece; to bleed* white; to clean out (*pop.*): **L'hanno spolpato**, he has been bled white; they have skinned him. **spolparsi, B** *v. rifl.* 1 to be reduced to skin and bone 2 (*fig.: privarsi di quanto si possiede*) to bleed* oneself white (*pop.*).
spolpato, *a.* stripped of flesh; bare: **osso s.**, bare bone. ● **cotto s.**, madly in love □ **magro s.**, mere skin and bone(s) □ **pazzo s.**, stark mad.
spoltrire, spoltrirsi, V. spoltronire, spoltronirsi.
spoltroneggiare, *v. i.* to idle about; to loaf about; to idle (o to loaf) away one's time; to twiddle one's thumbs (*fam.*).
spoltronire, A *v. t.* to shake* (sb.) out of (his) laziness; to wake* up: **Il ragazzo ha bisogno di qualcuno che lo spoltronisca**, the boy needs someone to wake him up. **spoltronirsi, B** *v. rifl.* to shake* off one's laziness; to rouse oneself: **Devi cercare di spoltronirti**, you must try to shake off your laziness.
spolverare (1), A *v. t.* 1 to dust; (*con la spazzola*) to brush; (*col battipanni*) to beat* the dust out of (st.): **s. i mobili**, to dust the furniture; **spolverarsi gli abiti**, to brush one's clothes; (*iron.*) **s. le spalle** (*o il groppone*) **a q.**, to dust sb.'s jacket (o coat); to give sb. a good dressing down 2 (*fig.: mangiare ingordamente*) to eat* up; to polish off; to wolf (down) (*fam.*): **Spolverai tutto in un baleno**, I ate up everything in less than no time 3 (*fig.: portare via*) to make* a clean sweep of (st.): **I ladri spolverarono tutto**, the burglars made a clean sweep of everything. **B** *v. i.* (*levare la polvere*) to dust.
spolverare (2), *v. t.* (*cospargere con una sostanza in polvere*) to dust; to sprinkle: **s. un dolce di zucchero**, to dust a cake with sugar. ● **s. un disegno**, to pounce a design.
spolverata (1), *f.* dusting; (*con la spazzola*) brushing. ● **dare una s. a q.c.**, to dust st.
spolverata (2), *f.* (*il cospargere con una sostanza in polvere*) dusting; sprinkling. ● **dare una s. di zucchero a un dolce**, to dust a cake with sugar.
spolveratóre, *m.* duster.
spolveratura, *f.* 1 (*lo spolverare*) dusting; (*con spazzola*) brushing 2 (*fig.: infarinatura*) smattering; superficial knowledge: **avere una s. di storia naturale**, to have a smattering of natural history.
spolverina, *f.* dust-coat; dust-cloak.
spolverino (1), *m.* 1 (*dial.: piumino per spolverare*) duster: **uno s. di penne**, a feather-duster 2 (*spazzoletta di barbiere*) neck-brush 3 (*vasetto per cospargere con una sostanza in polvere*) duster; sprinkler.
spolverino (2), *m.* (*soprabito*) dust-coat; duster (*USA*).
spolverìo, *m.* 1 (*polverio*) cloud of dust 2 (*fig.: grande mangiata*) blow-out (*pop.*).
spolverizzare, A *v. t.* 1 (*polverizzare*) to pulverize; to powder 2 (*cospargere con una sostanza ridotta in polvere*) to dust; to sprinkle: **s. un dolce di zucchero**, to dust a cake with sugar 3 (*disegno*) to pounce. **spolverizzarsi, B** *v. rifl.* to pulverize.
spolverizzatóre, *m.* spray; sprayer.
spólvero, *m.* 1 (*raro: lo spolverare*) dusting 2 (*polvere minuta di q.c.*) dust; (fine) powder; pounce: **s. di carbone**, charcoal dust 3 (*disegno*) pouncing 4 (*fig.: infarinatura*) smattering.
spónda, *f.* 1 (*riva*) bank; side; shore: **la s. d'un fiume**, the bank of a river; the riverside; **la s. d'un lago**, the shore of a lake; **la s. del mare**, the sea-side; the seashore 2 (*bordo*) edge; border: **seduto sulla s. del letto**, sitting on the edge of the bed 3 (*parapetto*) parapet: **la s. d'un ponte**, the parapet of a bridge 4 (*del tavolo da biliardo*) cushion 5 (*di carro e sim.*) board; panel; side.
spondàico, *a.* (*poesia*) spondaic: **un esametro s.**, a spondaic hexameter.
spondèo, *m.* (*poesia*) spondee.
sponder(u)òla, *f.* (*specie di pialla*) rebate plane; rabbet plane (*USA*).
spondilartrite, *f.* (*med.*) spondylarthritis.
spondilite, *f.* (*med.*) spondylitis.
spòndilo, *m.* (*anat.*) vertebra*.
spondilòsi, *f.* (*med.*) spondylosis.
spongina, *f.* (*chim.*) spongin; keratose.
sponsale, A *a.* (*lett.*) nuptial; matrimonial. **B** *m. pl.* 1 (*promessa di matrimonio*) betrothal (*sing.*) 2 (*lett.: matrimonio*) nuptials; wedding (*sing.*).
sponsorizzare, *v. t.* (*sport*) to sponsor.
spontaneaménte, *avv.* spontaneously; with spontaneity; of one's own accord; naturally: **fare q.c. s.**, to do st. of one's own accord; **piante che nascono s.**, plants that grow naturally.
spontaneìsmo, *m.* spontaneity.
spontaneità, *f.* spontaneity; spontaneousness: **la s. d'un bambino**, the spontaneity of a child.
spontàneo, *a.* 1 (*detto, fatto di propria libera volontà*) spontaneous; voluntary: **un'offerta spontanea**, a spontaneous offer; **un dono s.**, a spontaneous gift 2 (*naturale, privo d'artificio*) natural; unaffected; free and easy: **un gesto s.**, a natural gesture; **uno stile s.**, a free and easy style 3 (*che si fa per istinto*) spontaneous; instinctive; involuntary: **un movimento s.**, a spontaneous movement 4 (*bot.*) volunteer. ● **combustione spontanea**, spontaneous combustion □ **di propria spontanea volontà**, of one's own free will.
spònte (*lat.*), *avv.* (*scherz.*): **spinte o s.**, willy-nilly; whether one likes it or not.
spopolaménto, *m.* depopulation.
spopolare, A *v. t.* to depopulate; to reduce the population of: **s. una città**, to depopulate a town. **B** *v. i.* (*fam.*) to draw crowds: **una cantante che spopola**, a singer that draws crowds. **spopolarsi, C** *v. rifl.* to depopulate; to decrease in population.
spopolato, *a.* depopulated; deserted.
spoppare, *v. t.* to wean.
spoppatura, *f.* (*pop.*) weaning.
spòra, *f.* (*biol.*) spore.
Spòradi, *f. pl.* (*geogr.*) (the) Sporades.
sporadicaménte, *avv.* sporadically.
sporadicità, *f.* sporadicity.
sporàdico, *a.* sporadic(al): **un caso s.**, a sporadic (o an isolated) case; **colera s.**, sporadic cholera.
sporàngio, *m.* (*bot.*) sporangium*; spore-case.
sporangiospòra, *f.* (*bot.*) sporangiospore.

sporcacciòna, *f.* filthy woman*; slattern; slut; sloven.
sporcaccióne, A *a.* dirty; filthy. **B** *m.* filthy (*o* dirty) man*; sloven; hog (*pop.*); pig (*pop*).
sporcaménte, *avv.* **1** dirtily; foully; sordidly **2** (*slealmente*) unfairly.
sporcare, A *v. t.* **1** (*rendere sporco*) to dirty; to make* dirty (*o* filthy); to soil; (*macchiare*) to stain: **s. un vestito,** to dirty a dress; **s. di sangue,** to stain with blood **2** (*fig.*: *deturpare*) to foul; to soil; to stain; to sully: **s. il proprio buon nome,** to sully one's reputation. **sporcarsi, B** *v. rifl.* to dirty oneself; to get* dirty (*o* filthy): **Non ti s.!,** don't get dirty!; **s. le mani (il viso, ecc.),** to dirty one's hands (one's face, etc.). ● (*fig.*) **non volere s. le mani,** to refuse to soil one's hands.
sporcìzia, *f.* **1** (*l'essere sporco*) dirtiness; filthiness; foulness; uncleanness; griminess **2** (*cosa sporca*) dirt; filth; grime **3** (*fig.*) obscenity; indecency; turpitude: **commettere sporcizie,** to commit obscenities (*o* obscene actions).
spòrco, A *a.* **1** (*non pulito*) dirty; filthy; soiled; grimy; foul; unclean; (*macchiato*) stained: **Hai le mani sporche,** your hands are dirty; **avere il viso s.,** to have a dirty face; **mani sporche di sangue,** hands stained with blood; blood-stained hands; **un foglio s. d'inchiostro,** an ink-stained sheet of paper; **piatti sporchi,** dirty dishes **2** (*fig.*) dirty; foul; obscene; nasty: **parole sporche,** dirty (*o* four-letter) words. ● **avere la coscienza sporca,** to have a guilty conscience □ **avere la fedina (penale) sporca,** to have a police record □ (*fam.*) **avere la lingua sporca,** to have a coated (*o* a furred) tongue □ (*colore*) **bianco s.,** off-white □ **scarpe sporche di fango,** muddy shoes □ **L'hai fatta sporca!,** you have behaved disgracefully! **B** *m.* dirt; filth.
sporgènte, *a.* projecting; jutting; protruding; protuberant: **una rupe s.,** a projecting (*o* an overhanging) rock; **denti sporgenti,** protruding teeth; **occhi sporgenti,** protuberant (*o* bulging) eyes.
sporgènza, *f.* **1** projection; jut; protrusion **2** (*archit.*, *geol.*) overhang: **la s. d'un tetto,** the overhang of a roof.
spòrgere, A *v. t.* to stretch out; to hold* out; to thrust* forward; to stick* out; to protrude: **s. la mano,** to stretch out one's hand; **s. la lingua,** to stick one's tongue out. **B** *v. i.* to project; to jut out; to protrude; (*sovrastare*) to overhang*: **un promontorio che sporge nel mare,** a promontory jutting out into the sea; **uno scoglio che sporge sul torrente,** a rock overhanging the stream. ● (*leg.*) **s. querela contro q.,** to prefer a charge against sb. **spòrgersi, C** *v. rifl.* to lean* out: **Non ti sporgere dal finestrino,** don't lean out of the window.
sporìdio, *m.* (*bot.*) sporidium*.
sporìfero, *a.* (*bot.*) sporiferous.
sporoblasto, *m.* (*zool.*) sporoblast.
sporocarpo, *m.* (*bot.*) sporocarp.
sporofillo, *m.* (*bot.*) sporophyll.
sporòfito, *m.* (*bot.*) sporophyte.
sporogènesi, *f.* (*biol.*) sporogenesis.
sporògeno, *a.* (*biol.*) sporogenous; sporogenic.
sporogonìa, *f.* (*bot.*) sporogony.
sporogònio, *m.* (*bot.*) sporogonium*.
sporologìa, *f.* (*bot.*) study of spores.
sporòlogo, *m.* sporologist.
sporozòi, *m. pl.* (*zool., Sporozoa*) sporozoans.
spòrt, A *m.* sport: **praticare uno s.,** to go in for a sport; **s. invernali,** winter sports. ● **articoli d'abbigliamento per lo s.,** sportswear (*collett.*) □ **fare q.c. per s.,** to do st. for fun. **B** *a.* sports (*attr.*): **una macchina s.,** a sports-car.
spòrta, *f.* **1** basket; (*per la spesa*) shopping-basket, hamper: **mettere q.c. in una s.,** to put st. into a basket; **tornare con la s. piena,** to come back with one's basket full **2** (*quantità di roba che la s. contiene*) basket; basketful: **una s. di pane,** a basket of bread. ● **dirne un sacco e una s.,** to give (sb.) a piece (*o* a bit) of one's mind □ (*fig.*) **un sacco e una s.,** a great amount.
sportellista, *m. e f.* **1** (*di ufficio*) counter-clerk; windowman* (*masch.*) **2** (*di banca*) (bank) teller.
sportèllo, *m.* **1** (*imposta girevole*) door; wing; leaf*: **lo s. di una gabbia,** the door of a cage **2** (*di portone, porta*) wicket(--door); wicket-gate: **Il portone era chiuso e lo s. aperto,** the door was closed, but the wicket was open **3** (*di auto, treno, ecc.*) door: **lo s. di un'automobile,** the door of a motor-car **4** (*di ufficio*) counter, window; (*di biglietteria*) ticket-window **5** (*di trittico*) flanking panel. ● **s. bancario esterno,** walk-up bank counter □ **s. di cassa,** cash desk □ (*banca*) **chiudere gli sportelli,** to stop payments.
sportivaménte, *avv.* sportingly.
sportività, *f.* sportsmanship.
sportìvo, A *a.* sporting; sports (*attr.*): **la pagina sportiva d'un giornale,** the sporting (*o* sports) page (*o* section) of a newspaper; **abiti sportivi,** sports clothes; **un campo s.,** a sports field. **B** *m.* sportsman*. **C** *f.* sportswoman*.
spòrto, *m.* **1** (*imposta di legno*) (wooden) shutter **2** (*archit.*) projection.

spòrula, *f.* (*zool., bot.*) sporule.
sporulazióne, *f.* (*biol.*) sporulation; spore-formation.
spòsa, *f.* bride; (*moglie*) wife*, spouse: **Ecco la s.!,** here comes the bride!; (*relig.*) **la Chiesa, s. di Dio,** the Church, the spouse of God; (*relig.*) **una s. di Cristo,** a bride of Christ; a nun. ● **abito da s.,** wedding-dress □ **dare in s.,** to give in marriage; to marry □ **promessa s.,** betrothed; fiancée.
sposalìzio, *m.* wedding; nuptial ceremony; nuptials (*pl.*).
sposare, A *v. t.* **1** (*prendere in matrimonio*) to marry; to take* in marriage: **Sposò un francese,** she married a Frenchman; **Sposò una vedova,** he married a widower; **Dice che la sposa,** he says he will marry her; **s. un consanguineo,** to marry a near relation **2** (*celebrare un matrimonio*) to marry; to join in marriage (*o* as husband and wife); to wed: **Li sposò il vescovo,** they were married by the bishop **3** (*dare in matrimonio*) to marry; to marry off; to give* in marriage: **Egli sposò la figlia a un giovane molto ricco,** he married his daughter to a very rich young man **4** (*fig.*: *unire*) to wed; to unite; to match: **s. la semplicità alla bellezza,** to wed simplicity to (*o* with) beauty **5** (*fig.*: *aderire a*) to embrace: **s. una causa,** to embrace a cause. ● (*relig.*) **s. Gesù,** to take the veil □ **s. una persona di grado sociale inferiore,** to marry beneath one. **sposarsi, B** *v. rifl.* to marry; to get* married: **Domani si sposano,** they are getting married tomorrow. ● **Si sposarono per amore,** it was a love-match.
sposato, *a.* married; wedded.
spòso, *m.* bridegroom; (*marito*) husband, spouse. ● **gli sposi novelli,** the newly-married couple □ **gli sposi promessi,** the betrothed; the engaged couple □ **una coppia di sposi,** a married couple.
spossaménto, *m. V.* **spossatézza.**
spossante, *a.* tiring; tiresome; wearisome; fatiguing; exhausting: **lavoro lento, s.,** slow, fatiguing work.
spossare, A *v. t.* to tire out; to weary; to wear* out; to fatigue; to exhaust: **lavoro che spossa,** work that tires one out; tiresome work. **spossarsi, B** *v. rifl.* to get* tired (*o* exhausted); to wear* oneself out; to exhaust oneself.
spossatézza, *f.* tiredness; weariness; fatigue; exhaustion: **s. fisica,** bodily fatigue; **essere in uno stato di s.,** to be in a state of exhaustion; to be tired (*o* worn) out.
spossato, *a.* tired out; weary; worn out; fatigued; exhausted; done in (*fam.*); knocked up (*fam.*): **sentirsi s.,** to feel fatigued; to be weary.
spossessaménto, *m.* dispossession.
spossessare, A *v. t.* to dispossess; to divest; to deprive: **s. un re del regno,** to dispossess a king of his crown; to depose (*o* to dethrone) a king; **s. q. dei suoi diritti,** to divest sb. of his rights; **s. q. del poco che ha,** to deprive sb. of the little he has. **spossessarsi, B** *v. rifl.* to deprive oneself (of st.).
spostaménto, *m.* **1** (*generalm.*) shift; shifting; moving; (*cambiamento*) change: **uno s. dei prezzi,** a shift in prices; **uno s. d'orario,** a change in the timetable **2** (*fis., chim.*) displacement: **s. angolare,** angular displacement; **s. elettrico,** electric displacement; **s. magnetico,** magnetic displacement **3** (*mecc.: traslazione*) traverse; (*cambio di posizione*) shifting **4** (*naut.: dislocamento*) displacement: **una nave con uno s. di 5000 tonnellate,** a ship of 5,000 tons displacement.
spostare, A *v. t.* **1** to move; to shift; to displace: **s. i mobili,** to move (*o* to shift) the furniture; **s. l'accento,** to shift the accent; **Ha spostato tutte le mie carte,** he has displaced all my papers; **s. il proprio interesse da una cosa a un'altra,** to shift one's interest from one thing to another **2** (*trasferire*) to move; to transfer: **s. un impiegato da un ufficio a un altro,** to move (*o* to transfer) an employee from one office to another **3** (*differire*) to defer; to delay; to postpone; (*mutare*) to change: **s. la data degli esami,** to postpone the date of the exams; **Sposterò l'ora della partenza perché tu possa raggiungermi a Ravenna domani,** I'll change the time of my departure so that you can join me tomorrow in Ravenna **4** (*mus.*) to transpose: **s. una romanza da una chiave all'altra,** to transpose an aria from one key to another **5** (*fig.*: *dissestare*) to ruin; (*sconvolgere*) to upset*: **Il troppo lusso lo ha spostato,** too much luxury has ruined him **6** (*chim.*) to displace: **Nei composti, un elemento sposta l'altro,** one element displaces another in a compound **7** (*naut.*) to displace. ● (*mecc.*) **s. a scatti,** to jog(gle) □ (*mecc.*) **s. in senso trasversale,** to traverse □ **s. una parola,** to change the position of a word □ (*mecc.*) **s. progressivamente,** to inch. **spostarsi, B** *v. rifl.* to move; to shift; to change one's place: **Spostati un po' in là!,** move over a bit!; **Si sposta da una città all'altra con monotona regolarità,** he shifts from one town to another with monotonous regularity; **Si spostò prima che l'insegnante entrasse in aula,** he changed his place before the teacher came into the classroom.
spostato, A *a.* (*che è fuori del proprio posto*) shifted; displaced; out of place. ● (*fig.*) **essere un po' s.,** to have a tile loose (*pop.*).

spostatura, f. shifting; displacement.

spot (ingl.) m. 1 (cinem., teatr.) spotlight 2 (elettr., telev.) spot 3 (radio, telev.) spot announcement.

spranga, f. bar; bolt. ● **mettere la s. a un uscio**, to bolt (o to bar) a door □ (pop.) **S. in bocca!**, shut up!

sprangare, v. t. to bar; to bolt: **s. una porta**, to bolt (o to bar) a door.

sprangatura, f. barring; bolting.

spray (ingl.), **A** m. atomizer; spray; aerosol: **darsi il profumo con lo s.**, to perfume oneself with an atomizer. **B** a. spray: **lacca s.**, spray lacquer; **in confezione s.**, spray can (o tin).

sprazzo, m. 1 (di liquido) splash: **sprazzi d'acqua**, splashes of water 2 (raggio, anche fig.) flash: **uno s. di luce**, a flash of light; **uno s. di speranza**, a gleam of hope. ● **uno s. d'allegria**, a burst of gaiety □ **s. d'ingegno**, brain-wave (fam.).

sprecaménto, V. spreco.

sprecare, **A** v. t. to waste; to squander; to throw* away; to fritter away; to fool away: **s. denaro**, to waste (o to throw away) one's money; **s. il tempo**, to waste (o to fritter away) one's time; **s. le proprie energie**, to waste one's efforts; to flog a dead horse (fam.); **s. il fiato**, to waste one's breath (o words); to talk in vain; (sport) **s. un pallone**, to miss a shot. **sprecarsi**, **B** v. rifl. to waste one's energy.

sprecato, a. wasted; squandered; frittered (o thrown) away: **Sono soldi sprecati**, it's money wasted (o thrown away); it's a waste of money; **È tempo s.**, it's a waste of time; **È fiato s.**, it's waste of breath; it's no use talking about it.

spreco, m. waste: **C'è troppo s. in questa casa**, there's too much waste in this house; **Che s. d'energia!**, what a waste of energy!; **s. di tempo e di denaro**, waste of time and money. ● **a s.** (in grande quantità), in plenty; in abundance; galore □ **fare s. di q.c.**, to waste st.

sprecóne, m. waster; squanderer.

spregévole, a. despicable; contemptible; mean; vile; paltry: **un uomo s.**, a despicable man.

spregevolménte, avv. despicably; contemptibly; meanly.

spregiare, v. t. to despise; to contemn; to scorn; to disdain; to hold* in contempt: **s. gli adulatori**, to disdain flatterers; **s. gli onori**, to despise (o, lett.: to contemn) honours.

spregiativo, **A** a. disparaging; derogative; pejorative (anche gramm.). **B** m. (gramm.) pejorative.

spregiatóre, m. (lett.) despiser; contemner.

sprègio, m. 1 (disprezzo) contempt; scorn; disdain: **avere in s.**, to hold in contempt; to despise; to scorn; to disdain 2 (atto offensivo) affront; insult: **fare uno s. a q.**, to offer an affront to sb. ● **fare q.c. per s.**, to do st. out of spite.

spregiudicarsi, v. rifl. to free oneself from prejudice; to rid* oneself of one's prejudices.

spregiudicataménte, avv. 1 in an unprejudiced way; without prejudice 2 (senza scrupoli) unscrupulously.

spregiudicatézza, f. 1 freedom from prejudice; open-mindedness 2 (mancanza di scrupoli) unscrupulousness.

spregiudicato, **A** a. 1 (che non ha pregiudizi) unprejudiced; open-minded; unbiased 2 (che non ha scrupoli) unscrupulous; unprincipled. **B** m. unscrupulous (o unprincipled) person.

sprèmere, v. t. 1 to squeeze (anche fig.); to squash: **s. un'arancia**, to squeeze an orange; **s. il succo di un limone**, to squeeze the juice out of a lemon; **s. una lacrima**, to squeeze out a tear; **s. denaro a q.**, to squeeze money out of sb. 2 (stoffa bagnata) to wring*; to wring* out: **s. i panni**, to wring out clothes. ● (fig.) **s. il sugo da q.c.**, to get the substance out of st. □ (fig.) **spremersi il cervello** (o **le meningi**), to cudgel (o to rack) one's brains.

spremiagrumi, m. citrus-fruit squeezer.

spremifrutta, m. fruit-squeezer.

spremilimóni, m. lemon-squeezer.

spremitóio, m. squeezer.

spremitóre, **A** m. squeezer. **B** a. squeezing.

spremitura, f. squeezing; squashing.

spremuta, f. 1 (lo spremere) squeeze; squash 2 (bibita) (fresh) juice: **s. di limone**, lemon-juice; **s. di arancio**, orange-juice. ● **dare una s. a q.c.**, to squeeze st.; to squash st.

spremuto, a. squeezed. ● **limone s.**, squeezed (o crushed) lemon.

spretarsi, v. rifl. to unfrock oneself.

spretato, **A** a. unfrocked. **B** m. unfrocked priest.

sprezzante, a. disdainful; scornful; contemptuous; (altezzoso) haughty: **un sorriso s.**, a disdainful smile; **uno sguardo s.**, a disdainful (o a contemptuous) look. ● **con aria s.**, disdainfully; scornfully ● **mostrarsi s.**, to show disdain; to turn up one's nose (at sb., st.) (fam.).

sprezzanteménte, avv. disdainfully; scornfully; contemptuously; (altezzosamente) haughtily, with haughty contempt.

sprezzare, v. t. (lett.) 1 to despise; to hold* in contempt; to contemn (lett.) 2 (disdegnare) to disdain; to scorn 3 (dire male di) to depreciate; to run* down.

sprezzatóre, m. (lett.) disdainer; scorner.

sprezzatura, f. 1 (lo sprezzare) disdaining; scorning 2 (opposto di «ricercatezza») studied carelessness; nonchalance.

sprèzzo, m. disdain; scorn; contempt; (noncuranza) heedlessness, disregard. ● **con s. del pericolo**, heedless of danger.

sprigionaménto, m. emission; exhalation; efflux: **lo s. di calore**, the emission of heat.

sprigionare, **A** v. t. (emettere) to emit; to send* forth (o out); to give* off; to exhale: **Il fuoco sprigiona calore**, fire emits heat; **s. scintille**, to send forth (a shower of) sparks; **s. gas**, to exhale gas. **sprigionarsi**, **B** v. rifl. to be given off; to exhale; to issue.

sprimacciare, v. t. to shake* up; to fluff up: **s. un guanciale**, to shake up a pillow.

sprimacciata, f. shake; fluffing up.

sprint (ingl.), (sport) **A** m. sprint; dash: **s. finale**, last rush. **B** a. sports (attr.): **un'automobile s.**, sports car.

sprintare, v. i. (sport) to sprint.

sprizzare, v. t. e i. to spirt; to squirt. ● **s. salute** (da tutti i pori), to be bursting with health.

sprizzo, m. 1 spirt; spurt; squirt: **uno s. di sangue**, a spurt of blood 2 (fig.) flash; spark: **uno s. di luce**, a flash of light; **uno s. d'ingegno**, a spark of genius; a brainwave (fam.).

sprocco, m. sprout; shoot; twig.

sprofondaménto, m. 1 sinking; sinkage; (crollo) collapse: **lo s. d'un tetto**, the collapse of a roof; **lo s. d'una nave**, the sinking of a ship 2 (parte sprofondata) sunken part; hollow; depression.

sprofondare, **A** v. i. to sink*; (andare a fondo) to go* to the bottom; (crollare) to collapse; (cedere) to give* way, to subside; (precipitare) to fall* (down): **La nave sprofondò**, the ship sank (o went to the bottom); **Alcune case sprofondarono**, some houses collapsed; **Il pavimento sprofondò**, the floor gave way; **Sprofondarono in un baratro**, they fell into an abyss. **B** v. t. to precipitate. ● **s. nella disperazione**, to be overcome by despair □ **far s.**, to sink. **sprofondarsi**, **C** v. rifl. 1 to sink*: **s. nel fango**, to sink into the mud; **s. in una poltrona**, to sink (o to drop down) into an arm-chair 2 (fig.) to sink*; to become* (o to get*) absorbed (o immersed, engrossed): **s. nella meditazione**, to sink into meditation; to be plunged in deep thought; **s. in un libro**, to get absorbed in a book.

sprofondato, a. 1 (inabissato) sunk; sunken; collapsed; subsided 2 (fig.: immerso) sunk; lost; absorbed; immersed; engrossed: **essere s. nella meditazione**, to be lost in meditation; **essere s. in un libro**, to be absorbed in a book; to be buried in a book.

sprofóndo, m. gulf; chasm.

sproloquiare, v. i. to ramble.

sprolòquio, m. long rigmarole; rambling speech; empty words (pl.): **un vano s.**, a long rigmarole about nothing.

spromèttere, v. i. (fam.) to break* a promise.

spronare, v. t. 1 (stimolare con lo sprone) to spur: **s. un cavallo**, to spur (on) a horse 2 (fig.) to spur (on); to urge (on); to goad; to prod; to goose (fam.): **L'ambizione lo spronò al successo**, ambition spurred him to success; **s. q. a fare q.c.**, to goad sb. into doing st.; **s. la propria coscienza**, to prod one's conscience; **s. uno studente pigro**, to prod a lazy student. ● **s. q. con l'esempio**, to set sb. a good example □ **Ha bisogno d'essere spronato**, he needs the spur.

spronata, f. 1 touch of the spur; spurring 2 (fig.) spurring (on); goad; prod. ● **avere bisogno di una s.**, to need the spur.

spróne, m. 1 spur: **un paio di sproni**, a pair of spurs; **dar di s. a un cavallo**, to put (o to set) spurs to a horse; to spur (on) a horse 2 (fig.) spur; goad; stimulus*; prod: **lo s. della miseria**, the spur of poverty 3 (sartoria) yoke. ● **a spron battuto**, whip and spur; at top (o full) speed; (fig.: in gran fretta) with the utmost haste, in a great hurry: **andare a spron battuto**, to ride whip and spur; **fare tutto a spron battuto**, to do everything in a great hurry □ **con gli sproni ai piedi**, wearing spurs; spurred □ (fig.) **non aver bisogno di sproni**, not to need the spur □ (prov.) **Chi ha l'amor nel petto, ha lo s. nei fianchi**, he that hath love in his breast, hath spurs in his sides.

spronèlla, V. speronella.

sproporzionale, a. disproportional; disproportionate; out of proportion (pred.): **grandezze sproporzionali**, disproportional quantities.

sproporzionalità, f. disproportionality; disproportionateness; want (o lack) of proportion.

sproporzionare, v. t. to disproportion.

sproporzionataménte, avv. disproportionately.

sproporzionato, a. disproportionate; unproportionate; unproportioned; out of proportion (pred.); in disproportion (pred.); (eccessivo) excessive: **Un lungo pentimento è un prezzo s. da pagare per una breve gioia**, a long repentance is a disproportionate price to pay for a short enjoyment; **spese sproporzionate alla propria rendita**, expenses out of proportion to one's income; **avere una testa sproporzionata al resto del corpo**, to have a head out of all proportion to the rest of the body.

sproporzióne, *f.* disproportion; want (*o* lack) of proportion: **Che non ci sia molta s. d'età**, let there be no great disproportion (*o* disparity) in age; **la s. tra domanda e offerta**, the disproportion of supply to demand; **la s. tra la colpa e la pena**, the disproportion of punishment to crime.

spropoṣitare, *v. i.* to blunder; (*parlando*) to talk nonsense.

spropoṣitataménte, *avv.* enormously; excessively.

spropoṣitato, *a.* 1 (*pieno di spropositi*) full of blunders (*o* gross mistakes) 2 (*fam.*: *enorme*) enormous; huge; very big; out of all proportion; (*eccessivo*) excessive.

spropòṣito, *m.* 1 blunder; gross (*o* bad) mistake; error; howler (*fam.*): **Fece lo s. di sposare in vecchiaia**, he made the gross mistake of marrying in old age; **Che s.!**, what a howler!; **spropoṣiti di grammatica**, grammatical mistakes; **una traduzione piena di spropositi**, a translation full of bad mistakes; **fare uno s.**, to make a blunder; (*commettere un'azione grave*) to do st. dreadful; (*uccidersi*) to take one's own life 2 (*fam.*: *quantità straordinaria*) excessive (*o* vast) amount; enormous (*o* very big) quantity. ● **a s.**, not to the point; inopportunely □ **dire un sacco di spropoṣiti**, to talk a lot of nonsense; to talk through one's hat (*pop.*) □ **far pagare a q. uno s.**, to rush sb. (*fam.*) □ **Ti costerà uno s.**, it will cost you the earth (*o* a mint of money).

spropriare, *v. t.* (*espropriare*) to expropriate; to dispossess.

spropriazióne, *f.* (*espropriazione*) expropriation; dispossession.

spròprio, *m.* (*esproprio*) expropriation.

sprovincializzare, A *v. t.* to free from provincialism.

sprovincializzarsi, B *v. rifl.* to shed* one's provincialism.

sprovvedére, A *v. t.* (*lett.*) to deprive. **sprovvedérsi**, B *v. rifl.* to deprive oneself.

sprovvedutézza, *f.* unpreparedness.

sprovveduto, A *a.* unprovided; unprepared: **Mi hai trovato s. e perciò non so risponderti**, you have found me unprepared, so I cannot give you an answer. B *m.* unprepared person.

sprovvisto, *a.* unprovided; not supplied; destitute: **La città era sprovvista di munizioni**, the town was unprovided with munitions; **essere s. di tutto**, to be completely unprovided; to be short of everything. ● (*fig.*) **essere s. di fantasia**, to be short of imagination □ **alla sprovvista**, unawares; unexpectedly; by surprise; **cogliere q. alla sprovvista**, to catch (*o* to catch) sb. unawares.

sprue, *f. invar.* (*med.*) sprue.

spruzzabiancheria, *m. invar.* sprinkler.

spruzzaménto, *m.* spraying; sprinkling; spluttering; sputtering; splashing.

spruzzare, *v. t.* to spray; to sprinkle; to splutter; to spatter; to splatter; to sputter; to splash: **Le spruzzai un po' d'acqua sul viso per farla rinvenire**, I sprinkled some water on her face to make her come round; **s. di fango**, to spatter with mud; **spruzzarsi d'olio la camicia**, to splash one's shirt with oil; to splash oil on one's shirt.

spruzzata, *f.* 1 (*lo spruzzare*) spraying; sprinkle; sprinkling; spluttering; sputtering; splash; splashing 2 (*breve caduta di pioggia*) light shower: **Dopo quella s. il cielo si rasserenò**, after that light shower the sky cleared up.

spruzzatóre, *m.* 1 spray; sprayer; atomizer; vaporizer 2 (*mecc.*, *autom.*) jet: **s. compensatore**, auxiliary jet. ● (*autom.*) **s. di carburatore ad iniezione**, spray nozzle.

spruzzatura, *f.* 1 (*lo spruzzare*) spraying; sprinkling; spluttering; sputtering; splashing: **s. a caldo (a freddo)**, hot (cold) spraying 2 (*liquido spruzzato*) spray; sprinkling; splash.

spruzzétta, *f.* (*chim.*) wash-bottle.

spruzzo, *m.* spray; sprinkle; sprinkling; jet; spurt; splash: **verniciatura a s.**, spray painting; **uno s. d'acqua**, a sprinkling of water; **uno s. di fango**, a splash of mud. ● **spruzzi di pioggia**, drops of rain □ **doccia a s.**, shower-bath.

spudorataménte, *avv.* impudently; shamelessly; (*sfacciatamente*) cheekily.

spudoratézza, *f.* impudence; shamelessness; audaciousness; cheek: **avere la s. di fare q.c.**, to have the cheek to do st.

spudorato, A *a.* impudent; shameless; audacious; brazen(-faced); (*sfacciato*) cheeky: **una ragazza spudorata**, a shameless girl; **una menzogna spudorata**, an audacious lie. B *m.* impudent (*o* shameless) person; brazen-face.

spugna, *f.* 1 (*zool.*) sponge: **un pescatore di spugne**, a sponge-diver; a sponge-fisher 2 (*scheletro di s.*, *impiegato per vari usi*) sponge: **lavare q.c. con una s.**, to wash st. with a sponge; sponge st.; (*anche fig.*) **passare la s. su q.c.**, to pass the sponge over st.; (*pugilato*) **gettare la s.**, to throw up the sponge (*anche fig.*) 3 (*per inumidire francobolli e sim.*) damper 4 (*tessuto spugnoso*) sponge-cloth 5 (*fig.*: *gran bevitore*) sponge; soaker; immoderate drinker: **È una s.**, he's a sponge. ● **bere come una s.**, to drink like a fish □ (*fig.*) **diventare una s.**, to get drenched; to get soaked (to the skin).

spugnare, *v. t.* to sponge; to wash (*o* to clean, to wipe) with a sponge.

spugnata, *f.* sponging. ● **dare una s.**, to sponge.

spugnatura, *f.* 1 sponging 2 (*med.*) sponge-bath.

spugnòla, *f.* **spugnòlo**, *m.* (*bot.*, *Morchella esculenta*) morel.

spugnosità, *f.* sponginess.

spugnóso, *a.* spongy; sponge-like; (*biol.*) cancellous: **un osso s.**, a cancellous bone; **platino s.**, spongy platinum.

spulare, *v. t.* (*agric.*) to winnow; to fan.

spulatura, *f.* (*agric.*) winnowing; fanning.

spulciare, A *v. t.* 1 (*liberare dalle pulci*) to rid* of fleas; to remove fleas from 2 (*fig.*) to scrutinize; to examine carefully.

spulciarsi, B *v. rifl.* to get* rid of fleas.

spulciatura, *f.* (*fig.*) scrutiny; thorough examination.

spuma, *f.* 1 foam; froth; (*di marosi*) surf: **la s. del mare**, the foam of the sea; sea-foam; **la s. in un bicchiere di birra**, the froth on a glass of beer 2 (*bevanda*) effervescent soft drink 3 (*cucina*) mousse. ● (*miner.*) **s. di mare**, meerschaum; sepiolite □ **s. di sapone**, lather.

spumante, A *a.* foaming; foamy; frothy; (*di vino*) sparkling. ● (*fig.*) **s. di rabbia**, fuming with anger; foaming at the mouth (*fam.*). B *m.* sparkling wine.

spumare, *v. i.* to foam; to froth; (*di vino*) to sparkle. ● **birra che spuma**, frothy beer.

spumeggiante, *a.* foamy; frothy; (*di vino*) sparkling: **vino s.**, sparkling wine.

spumeggiare, *v. i.* to foam; to froth; (*di vino*) to sparkle.

spumóne, *m.* 1 (*specie di gelato*) spumone; spumoni (*USA*) 2 (*meringa*) «spumone».

spumosità, *f.* foaminess; frothiness: **la s. della birra**, the frothiness of beer.

spumóso, *a.* 1 foamy; frothy; frothsome; spumy; spumous 2 (*fig.*: *leggero*) light; frothy; flimsy.

spunta, *f.* (*bur.*: *operazione di controllo di dati contabili*) ticking off; check; (*segno usato*) tick, check.

spuntare (1), A *v. t.* 1 (*rompere la punta di*) to blunt; to break* the point of (st.): **s. un ago (un coltello)**, to blunt a needle (a knife); **Mi hanno spuntato la penna**, they have broken the point (*o* the nib) of my pen 2 (*tagliare la punta di*) to cut* the tip off (st.); to trim: **s. un sigaro**, to cut the tip off a cigar; **s. i baffi (la barba)**, to trim a moustache (a beard); **farsi s. i capelli**, to have one's hair trimmed; **s. una siepe (un ramo)**, to trim a hedge (a branch) 3 (*levare spilli o aghi a*) to unpin; to undo*: **s. le fasce**, to unpin swaddling clothes; **s. il nastro di un cappello**, to undo the ribbon of a hat 4 (*fig.*: *superare*) to overcome*: **s. una difficoltà (un ostacolo)**, to overcome a difficulty (an obstacle). B *v. i.* 1 (*cominciare a nascere, a sorgere: del sole, ecc.*) to rise*; (*di piante, fiori, legumi, ecc.*) to sprout; (*di capelli, ecc.*) to begin* to grow; (*di denti, ecc.*) to cut*; (*di lacrime*) to well up, to start: **Il sole (la luna) spuntava nel cielo terso**, the sun (the moon) was rising in a clear sky; **A febbraio cominciano a s. i primi crochi**, the first crocuses begin to sprout in February; **Spuntano i fiori (i germogli, i ramoscelli)**, the flowers (the shoots, the twigs) are sprouting; **A mio figlio cominciano a s. i primi denti**, my son is beginning to cut his first teeth; **Gli spuntarono le lacrime agli occhi**, tears were welling (*o* rising) up in his eyes; his eyes filled with tears 2 (*apparire*) to appear; to come* out: **Vidi la ragazza s. dall'angolo**, I saw the girl appearing round the corner; **Spuntò da dietro la mia automobile**, he came out from behind my car. ● **spuntarla**, to succeed; to make it; to win (*o* to get) through: **La spunterò, costi quel che costi**, I'll make it (*o* I'll win through), no matter what the cost □ **spuntarla su q.**, to get the better of sb. □ **Spuntò un raggio di speranza nel mio cuore**, a ray of hope rose up in my heart □ **Un debole sorriso gli spuntò sulle labbra**, a faint smile appeared on his lips; he faintly smiled □ **Quando spunterà quel benedetto giorno, saremo felici**, when that blessed day comes, we'll be happy □ **Spuntavano i primi raggi del sole da dietro le nuvole**, the first rays of the sun peeped out from behind the clouds □ **Spunta l'aurora (il giorno)**, dawn (day) is breaking. **spuntarsi**, C *v. rifl.* 1 (*perdere la punta*) to get* blunt; to become* blunted; to lose* one's point: **Si è spuntata la spada**, the sword has got blunt (*o* has become blunted); **Mi s'è spuntata la matita**, my pencil has lost its point 2 (*staccarsi*) to become* unpinned (*o* unfastened) 3 (*fig.*: *svanire*) to die down; (*perdere forza*) to lose* effect: **La sua ira si spuntò dopo pochi minuti**, his anger died down after a few minutes; **Dinanzi alla mia calma, la sua rabbia si spuntò**, confronted with my calm, his anger lost its effect.

spuntare (2), *m.* (*nascita, apparizione*) break; breaking; (*di piante, fiori*) sprouting: **allo s. del giorno**, at break of day; at

spuntare (3)

daybreak; **lo s. delle foglie**, the sprouting of the leaves; **allo s. dell'alba**, at break of dawn; at dawn. ● **allo s. del sole**, at sunrise.

spuntare (3), *v. t.* (*bur.: controllare, facendo un segno*) to tick off; to check: **Spuntò ogni voce dall'elenco**, he ticked off every item on the list; **Ha spuntato la merce man mano che arrivava**, he checked the goods as they arrived.

spuntare (4), *v. i.* (*mecc.*) to get going.

spuntata (1), *f.* (*taglio di estremità eccedenti per lunghezza*) trim; trimming. ● **dare una s. a q.c.**, to trim st.

spuntata (2), *f.* (*controllo di dati contabili*) ticking off; check.

spuntato, *a.* (*senza punta*) blunt; pointless: **una matita spuntata**, a blunt pencil.

spuntatrice, *f.* (*macchina per spuntatura, mecc.*) chamfering machine; (*ind. tessile*) snipping machine.

spuntatura, *f.* **1** (*lo spuntare tagliando*) trimming; trimming off; clipping **2** (*parte tagliata*) trimmings (*pl.*); clips (*pl.*); ends (*pl.*): **spuntature di sigari**, cigar-ends **3** (*macelleria*) cut beneath sirloin and ribs **4** (*mecc.*) chamfering **5** (*ind. tessile*) snipping **6** (*metall.*) crop(-end). ● **dare una s. ai capelli**, to trim one's hair.

spuntellare, *v. t.* to unprop; to remove the props from (st.).

spuntèrbo, *m.* (*di scarpa*) toe-cap.

spuntino, *m.* snack; (*lo s. delle undici*) elevenses (*fam.*): **fare uno s.**, to have a snack.

spunto (1), *m.* **1** (*teatr., mus.*) cue **2** (*punto di partenza*) starting-point; (*suggerimento*) cue, hint **3** (*di vino*) sourness; sour taste; acidity. ● **vino che ha lo s.**, wine that tastes sour.

spunto (2), *m.* **1** (*mecc.: avviamento*) starting; (*accelerazione*) acceleration; pick-up **2** (*sport: scatto*) sprint.

spuntonata, *f.* thrust with a spike.

spuntóne, *m.* **1** spike **2** (*mil.*) spontoon; halfpike **3** (*alpinismo*) sharp projection (of rock).

spunzecchiare, *v. t.* (*fam.: punzecchiare*) to prick.

spurgaménto, *V.* spurgo.

spurgare, **A** *v. t.* **1** (*purgare, nettare*) to clean; to purge: **s. un fosso**, to clean a ditch **2** (*espellere*) to discharge; to eject: **s. il catarro**, to discharge phlegm; to expectorate. **spurgarsi**, **B** *v. rifl.* (*espettorare*) to expectorate; to discharge phlegm.

spurgo, *m.* **1** (*il purgare*) cleaning; purge; purging **2** (*l'espellere*) discharge; ejection; (*l'espettorare*) expectoration, expectorating, discharge of phlegm **3** (*materia spurgata*) discharge; (*catarro*) expectoration, phlegm.

spùrio, *a.* **1** (*non legittimo*) spurious; illegitimate; bastard: **un figlio s.**, a spurious son **2** (*non autentico*) spurious; false: **opere spurie**, spurious works **3** (*anat.*) false: **coste spurie**, false ribs. ● (*zool.*) **ala spuria**, spurious (*o* bastard) wing.

sputacchiare, *v. i.* **1** (*sputare spesso*) to spit* (and spit*) **2** (*espellere saliva, nel parlare*) to sputter.

sputacchièra, *f.* spittoon.

sputacchina, *f.* (*zool.*) cuckoo-spit insect.

sputàcchio, *m.* spittle; spit.

sputapépe, *m.* e *f. invar.* (*pop.*) petulant (person).

sputare, *v. t.* e *i.* to spit*: **È vietato s.**, don't spit; no spitting; (*anche fig.*) **Sputa fuori!**, spit it out!; (*fig.*) **s. addosso a q.**, to spit (up)on sb.; **s. in faccia a q.**, to spit in sb.'s face; (*fig.*) **s. su q.c.**, to spit at (*o* on) st.; **s. sangue**, to spit blood; (*fig.*) to sweat blood; (*fig.*) **s. i polmoni**, (*tossire fortissimo*) to spit up one's lungs (*fam.*); (*sfiatarsi*) to talk oneself out of breath. ● (*fig.*) **s. nel piatto in cui si mangia**, to bite the hand that feeds one □ **s. sentenze**, to talk sententiously; to play the wiseacre □ (*fam.*) **nato e sputato**, the very (*o* dead) spit of (*fam.*); the very spit and image of (*fam.*); the exact image of: **Guardalo, è suo padre nato e sputato**, look at him: he is the dead spit of his father □ (*fig.*) **Sputa l'osso!**, fire away! (*fam.*) □ (*prov.*) **Chi ha dentro amaro, non può s. dolce**, who hath bitter in his mouth, spits not all sweet.

sputasénno, sputasentènze, *m.* e *f. invar.* (*spreg.*) wiseacre; know-all.

sputo, *m.* spittle; spit; saliva; (*med.*) sputum*; (*fig.*) **essere appiccicato con lo s.**, to be stuck on with spit. ● **fare uno s. sanguigno**, to spit blood.

sputtanare, (*pop.*) **A** *v. t.* to slander. **sputtanarsi**, **B** *v. rifl.* to disgrace oneself.

squadernare, *v. t.* to spread* open; to display: **Mi squadernò la lettera davanti agli occhi**, he spread the letter open before my eyes; he put the letter under my nose.

squadra (1), *f.* **1** (*da disegno*) square: **s. a 45 gradi**, mitre square; **s. esagonale**, hexagonal square, **s. di legno** (di metallo), wooden (metal) square; **s. a triangolo**, set square; **s. falsa**, bevel square; bevel; **s. a T** (*o* **s. doppia**), T(-)square; **èssere fuori s.**, to be out of square; (*fig.*) to be out of sorts **2** (*mecc.*) square: **s. fissa**, try square. ● (*disegno*) **èssere a s.**, to be at right angles □ **uscire di s.**, (*disegno*) to be out of line; (*fig.*: *uscire dall'ordine*) to go off the rails; (*per estens.: perdere la pazienza*) to lose one's temper; to fly off the handle (*fam.*).

squadra (2), *f.* **1** (*sport*) team: **s. di calcio** (di rugby, di pallacanestro), football (rugby, basketball) team; **compagno di s.**, team(--)mate; **spirito di s.**, team spirit **2** (*mil.*) squad; (*naut.*) squadron; (*gruppo specializzato di polizia*) squad: **una s. di soldati**, a squad of soldiers; **Una s. della marina inglese incrociava al largo della costa**, a squadron of the Royal Navy was cruising in the offing; **a squadre**, in (*o* by) squads; **la s. del buon costume**, the vice squad; **la s. mobile**, the flying squad; (*stor.*) **s. d'azione fascista**, Fascist action squad **3** (*di operai, ecc.*) gang; team; set; (*di turno*) shift: **Una s. di operai sta sgombrando le macerie**, a gang of workmen are clearing away the debris; **una s. di pompieri** (di minatori), a team of firemen (of miners). ● **s. di salvataggio**, rescue crew □ **s. di turno**, duty-squad; duty-team □ **capo s.**, foreman; ganger □ **lavoro di s.**, team-work.

squadrare, *v. t.* **1** (*mettere in squadra*) to square (*anche fig.*); to square up; to make* (st.) square: **s. legname**, to square timber **2** (*osservare attentamente, quasi misurando*) to look at (sb.) (squarely). ● **s. q. da capo a piedi**, to look sb. up and down; to eye sb. from top to toe.

squadrato, *a.* square; (*di pietre, legno, ecc.*) squared.

squadratóre, *m.* squarer.

squadratura, *f.* squaring.

squadriglia, *f.* (*naut., aeron.*) squadron. ● **comandante di s.**, (*aeron.*) squadron-leader; (*naut.*) commodore.

squadrismo, *m.* (*stor.*) Fascist action squads (*pl.*).

squadrista, *m.* e *f.* (*stor.*) member of a Fascist action squad.

squadro (1), *m.* **1** (*lo squadrare*) squaring **2** (*strumento agrimensorio*) cross-staff; surveyor's cross.

squadro (2), *m.* (*zool., Squatina squatina*) angel-shark; angel-fish.

squadróne, *m.* (*mil.*) squadron.

squagliaménto, *m.* melting.

squagliare, **A** *v. t.* to melt: **È facile s. il burro**, it's easy to melt butter. ● (*fig., fam.*) **squagliarsela**, to slink away; to sneak away (*o* off). **squagliarsi**, **B** *v. rifl.* **1** (*struggersi*) to melt: **Il burro si squaglia facilmente**, butter melts easily; **La neve si squagliò presto**, the snow soon melted away **2** (*fig.: andarsene alla chetichella*) to slink* away; to sneak away (*o* off).

squalifica, *f.* (*anche sport*) disqualification.

squalificare, **A** *v. t.* (*anche sport*) to disqualify. **squalificarsi**, **B** *v. rifl.* to bring* discredit upon oneself.

squalificato, *a.* disqualified.

squalificazióne, *f.* disqualification; disqualifying.

squalifòrmi, *m. pl.* (*zool., Squaliformes*) Squaliform.

squallidézza, *f.* **1** bleakness; dreariness **2** (*miseria*) wretchedness; squalor; misery.

squàllido, *a.* **1** bleak; dismal; dreary; desolated; neglected: **una squallida spiaggia**, a bleak beach; **una campagna squallida**, a squalid (*o* a dreary) countryside **2** (*misero*) wretched; squalid; miserable: **squallidi tuguri**, squalid (*o* wretched) hovels.

squallóre, *m.* **1** bleakness; dreariness; squalor: **lo s. del luogo**, the dreariness of the place; **lo s. della miseria**, the squalor of penury **2** (*grave miseria*) dire poverty; squalor.

squalo, *m.* (*zool.*) shark. ● **s. balena** (*Rhincodon typus*), whale--shark □ **s. della Groenlandia** (*Somniosus microcephalus*), Greenland shark; nurse shark □ **s. tigre** (*Galeocerdo arcticus*), tiger-shark.

squama, *f.* (*zool., bot., med.*) squama*; scale: **una s. di pesce**, a fish-scale; **le squame d'un pesce** (d'un rettile), the scales of a fish (of a reptile).

squamare, **A** *v. t.* to scale. **squamarsi**, **B** *v. rifl.* to scale off.

squamato, *a.* **1** scaly; covered with scales **2** (*tessuto*) spangled.

squamatura, *f.* squamation.

squamifórme, *a.* squamiform.

squamóso, *a.* scaly; scaled; squamose; squamous: **un pesce s.**, a scaly fish.

squarciagóla, a, *locuz. avv.* at the top of one's voice: **gridare a s.**, to shout at the top of one's voice.

squarciaménto, *m.* tearing; rending; ripping.

squarciare, **A** *v. t.* to tear*; to rend*; to pull asunder; to rend*; to rip; to break* through: **Il sole squarcia le nuvole**, the sun is breaking through the clouds; (*fig.*) **s. il velo del mistero**, to tear aside the veil of mystery. **squarciarsi**, **B** *v. rifl.* to be torn (*o* rent); to rend*; to rip.

squarciatura, *f.* **1** (*lo squarciare*) tearing; rending; ripping **2** (*squarcio*) tear; rent; split; rip; gash.

squàrcio, *m.* **1** tear; rent; split; rip; gash: **uno s. nel vestito**, a tear in one's dress; **fare uno s.**, to make a rent; to tear; to rend; to rip **2** (*fig.: brano letterario, poetico, musicale*) passage; extract; excerpt: **alcuni squarci di poesia**, some passages of poetry **3** (*naut.*) hole.

squartaménto, *m.* quartering; cutting up.

squartare, *v. t.* **1** to quarter; to cut* up **2** (*stor.*) to quarter: **Il traditore fu impiccato e squartato**, the traitor was hanged and quartered.
squartatóio, *m.* butcher's cleaver; chopper.
squartatóre, *m.* quarterer. ● **Jack lo s.**, Jack the ripper.
squartatura, *f.* quartering; cutting up.
squarto, *m.* quartering. ● (*stor.*) **essere condannato allo s.**, to be condemned to be (hanged, drawn and) quartered.
squassaménto, *m.* violent shaking.
squassare, *v. t.* to shake* violently.
squasso, *m.* violent shake.
squattrinare, **A** *v. t.* to leave* (sb.) penniless. **squattrinarsi**, **B** *v. rifl.* to be left penniless; to beggar oneself.
squattrinato, **A** *a.* penniless; hard up (*fam.*); on the rocks (*fam.*); (stone-)broke (*fam.*). **B** *m.* penniless person.
squilibrare, **A** *v. t.* **1** to unbalance; to put* out of balance **2** (*fig.*: *disorientare*) to embarrass. **squilibrarsi**, **B** *v. rifl.* to lose* one's balance.
squilibrato, **A** *a.* unbalanced; (mentally) deranged; (a little) mad; crazy; off one's head (*fam.*); not right in the head (*fam.*); wrong in the upper storey (*pop.*); cracked (*pop.*). **B** *m.* lunatic; madman*; crack-brain (*pop.*); crackpot (*pop.*).
squilibrio, *m.* unbalance; want (*o* lack) of balance; imbalance (*anche stat.*). ● **s. mentale**, (mental) derangement; lunacy; insanity.
squilla (1), *f.* **1** (*piccola campana*) (small) bell; (*suono di campane*) pealing: **la s. della sera**, the Angelus-bell **2** (*campanaccio dei bovini*) cow-bell.
squilla (2), *f.* (*dial.*; *zool.*, *Squilla mantis*) squill; mantis-shrimp.
squillante, *a.* shrill; sharp and piercing; high-pitched: **una tromba s.**, a shrill bugle; **un suono s.**, a shrill sound; **con voce s.**, in a shrill voice.
squillare, *v. i.* to ring* (out); (*di campane*, *anche*) to peal; (*di tromba*) to blare: **Squillavano le campane**, the bells were ringing (*o* pealing); **Le trombe squillarono**, the trumpets blared.
squillo, **A** *m.* ring; ringing; (*di campana*, *anche*) peal; (*di tromba*) blast, blare. ● **uno s. di trombe**, a flourish. **B** *f.* (*ragazza s.*) call-girl.
squincio, *V.* **sguincio**.
squinternare, *v. t.* **1** to take* to pieces; to disarrange; to put* out of order **2** (*fig.*) to upset*.
squinternato, **A** *a.* **1** taken to pieces; disarranged; out of order **2** (*fig.*: *che si comporta in modo strano*) eccentric; (*che non ha il cervello del tutto a posto*) crazy; nutty (*pop.*). **B** *m.* (*persona stramba*) eccentric person; queer card (*o* customer, fish) (*pop.*).
squisitaménte, *avv.* exquisitely; daintily.
squisitézza, *f.* **1** exquisiteness; delicacy; delicateness; daintiness; deliciousness **2** (*specialm. al pl.*: *cosa squisita*) dainty; delicacy. ● **Che s. di cibo!**, what delicious food! □ **Che s. di pensieri!**, what delicate thoughts!
squisito, *a.* exquisite; delicate; dainty; delicious; (*scelto*) choice: **i bocconi più squisiti**, the most exquisite morsels; **cortesia squisita**, exquisite kindness; (*iron.*) **ignoranza squisita**, exquisite ignorance; **un gusto s.**, an exquisite taste; **un pensiero s.**, a delicate thought; **un dolce s.**, a delicious cake; **vino s.**, choice wine.
squittio, *m.* squeaking; squealing.
squittire, *v. i.* to squeak; to squeal. ● **lo s. d'un topo**, the squeaking of a mouse.
sradicaménto, *m.* (*anche fig.*) uprooting; eradication; extirpation.
sradicare, **A** *v. t.* (*anche fig.*) to uproot; to dig* up by the roots; to root out; to eradicate; to extirpate: **Il vento sradicò alcuni alberi**, the wind uprooted some trees; **s. le male erbe**, to extirpate weeds; **s. la superstizione**, to root out superstition; **s. le cattive abitudini**, to eradicate (*o* to get rid of) bad habits.
sradicarsi, **B** *v. rifl.* to uproot oneself.
sradicato, (*anche fig.*) **A** *a.* uprooted; rootless; eradicated; extirpated. **B** *m.* déraciné; rootless person.
sradicatóre, *m.* uprooter; eradicator; extirpator.
sragionaménto, *m.* false reasoning; nonsense.
sragionare, *v. i.* to talk nonsense.
sragionévole, *V.* **irragionévole**.
sregolataménte, *avv.* **1** immoderately; without moderation; intemperately **2** (*in modo dissoluto*) in a disorderly way; dissolutely. ● **bere s.**, to drink too much □ **vivere s.**, to lead a reckless (*o* a disorderly) life.
sregolatézza, *f.* **1** (*l'essere senza regola*) immoderateness; immoderation; lack of moderation; intemperance **2** (*l'essere scapestrato*, *dissolutezza*) recklessness; wildness; dissoluteness **3** (*atto sregolato*) excess (*specialm. al pl.*).
sregolato, *a.* **1** (*che è senza regola*) immoderate; intemperate: **essere s. nel bere**, to be an immoderate drinker **2** (*scapestrato*,

dissoluto) reckless; wild; disorderly; dissolute: **un giovane s.**, a wild young man; **una condotta sregolata**, disorderly (*o* extravagant) behaviour; **fare una vita sregolata**, to lead a reckless (*o* disorderly) life **3** (*autom.*, *mecc.*) out of adjustment: **puntine (del ruttore) sregolate**, (contact breaker) points out of adjustment.
srotolare, *v. t.* **srotolarsi**, *v. rifl.* to unroll.
srotolatóre, *m.* (*cartaria*) unroller.
sss, st, *inter.* sh!
stabaccare, *v. i.* (*pop.*) to take* snuff; to be a snuff addict.
stabbiare, **A** *v. i.* to be folded; to be confined in a fold (upon land to manure it). **B** *v. t.* **1** (*far s.*) to fold **2** (*concimare*) to manure.
stabbiatura, *f.* (*agric.*) manuring.
stàbbio, *m.* **1** (*recinto per bestie che stabbiano*) fold; pen; (*porcile*) pigsty **2** (*letame*) manure; dung.
stabbiòlo, *m.* (*porcile*) pigsty.
stàbile, **A** *a.* **1** stable; steady; firm: **Ho un lavoro s.**, I have a steady job; **fondamenta stabili**, stable (*o* firm, steady) foundations; **un governo s.**, a stable government; **un'offerta s.**, a firm offer **2** (*permanente*) permanent; lasting: **impiego s.**, permanent job; **residenza s.**, permanent residence; (*mus.*) **direttore s.**, permanent conductor; (*mus.*) **orchestra s.**, permanent orchestra; **pace s.**, lasting (*o* enduring) peace; (*di impiegato*) **essere in pianta s.**, to be on the permanent staff; **personale in pianta s.**, permanent staff **3** (*costante*) stable; steady; constant: **un proposito s.**, a steady (*o* a constant) purpose; **carattere s.**, stable character; **È una persona s.**, he is a steady person; **salute s.**, constant good health **4** (*di colori*) fast **5** (*fis.*, *chim.*) stable. ● **beni stabili**, real estate □ (*teatr.*) **compagnia s.**, repertory company □ **senza dimora s.**, of no fixed abode □ (*teatr.*) **teatro s.**, repertory theatre □ **tempo s.**, settled weather. **B** *m.* **1** (*edificio*) building; (*casa*) house **2** (*teatro s.*) repertory theatre. **C** *f.* (*compagnia teatrale s.*) repertory company.
stabiliménto, *m.* **1** factory; plant; works (*pl. col verbo al sing. o al pl.*): **Il nostro s. produce laminati plastici**, our factory produces laminated plastics; **s. chimico**, chemical plant; **uno s. siderurgico**, an iron and steel works; **s. per la produzione della gomma sintetica**, synthetic rubber factory; **il direttore di uno s.**, a factory (*o* a plant) manager **2** (*edificio*) establishment: **s. balneare**, bathing establishment; public baths (*pl.*) **3** (*pl.*: *colonie, presidi commerciali*) settlements **4** (*lo stabilire*) establishment: **lo s. dei patti (dell'alleanza)**, the establishment of the agreement (of the alliance). ● **s. carcerario**, prison □ **s. tessile**, textile mill.
stabilire, **A** *v. t.* **1** to establish; (*fissare*) to fix; (*sistemare*) to settle; (*definire*) to define: **Riuscimmo a s. una filiale in quella città**, we managed to establish a branch in that city; **s. il prezzo di q.c.**, to fix (*o* to quote) the price of st.; **Stabiliamo questa faccenda una volta per sempre!**, let's settle this matter once and for all!; **s. il significato di una parola**, to define the meaning of a word; **s. la procedura da seguire**, to fix (*o* to settle, to lay down) the procedure to be followed; **s. una data**, to fix a date **2** (*accertare*) to establish; to ascertain: **s. un fatto**, to establish a fact; **Dobbiamo s. la sua colpevolezza**, we must ascertain his guilt **3** (*proporsi*) to decide (upon): **s. il da farsi**, to decide on what to do; **Stabilì di recarsi a Roma**, he decided to go to Rome **4** (*deliberare*, *decretare*) to establish; to decree; to set*: **Stabilirono le condizioni della resa**, they established the surrender conditions. ● **s. un contatto con q.**, to contact sb.; to liaise with sb. □ **s. per legge**, to enact □ **s. un primato**, to set up a record.
stabilirsi, **B** *v. rifl.* to settle; to establish oneself; to locate: **Mi stabilirò in quella città**, I'll settle in that town.
stabilità, *f.* **1** (*generalm.*) stability; firmness; steadiness: **la s. d'un edificio**, the stability of a building; **la s. d'un governo**, the stability of a government; **s. di carattere**, stability (*o* firmness) of character; **s. dei prezzi**, price stability; flation; (*chim.*) **s. chimica**, chemical stability; (*aeron.*) **s. dinamica (statica)**, dynamic (static) stability **2** (*di colori*) fastness. ● **la s. di un impiego**, the permanence of a position.
stabilito, *a.* established; (*fissato*) fixed, stated; (*convenuto*) settled, agreed: **Resta s. che...**, it is agreed that... ● **l'ordine s.**, the law.
stabilitura, *f.* (*edil.*) skim coat; white coat.
stabilizzare, **A** *v. t.* (*generalm.*) to stabilize; to steady; to give* stability to; to make* stable (*o* steady) (*fin.*, *anche*) to peg: **s. il cambio**, to stabilize the exchange; **s. i prezzi**, to stabilize prices; **s. il mercato**, to peg the market. **stabilizzarsi**, **B** *v. rifl.* to stabilize; to steady; to become* stable (*o* steady); to settle; to level off.
stabilizzato, *a.* (*generalm.*) stabilized; (*aeron.*) **s. dalla pressione**, pressure-stabilized.
stabilizzatóre, **A** *m.* (*chim.*, *elettr.*, *naut.*, *aeron.*) stabilizer: **uno s. automatico**, an automatic stabilizer; **uno s. di frequenza**, a frequency stabilizer; **uno s. giroscopico**, a gyrostabilizer; **uno s.**

girostatico, a gyrostatic stabilizer. **B** *a*. stabilizing: **un apparecchio s.**, a stabilizing apparatus (*o* device).

stabilizzazióne, *f.* (*generalm.*) stabilization; (*fin.*, *anche*) pegging: **la s. dei prezzi (dei salari)**, the stabilization of prices (of wages).

stabilménte, *avv.* **1** steadily; firmly **2** (*permanentemente*) permanently.

stabulare, *v. t. e i.* (*zootecnia*) to stable; to stall.

stabulàrio, *m.* **1** pound **2** (*canile municipale*) dog-pound.

stabulazióne, *f.* (*zootecnia*) stabling; stalling.

stacanovismo, *m.* **1** (*stor.*) Stakhanovism **2** (*iron.*) over-zeal; over-eagerness.

stacanovista, A *m. e f.* **1** (*stor.*) Stakhanovite **2** (*iron.*) shock worker; eager beaver (*scherz.*). **B** *a*. **1** (*stor.*) Stakhanovite **2** (*iron.*) over-zealous.

staccàbile, *a.* detachable.

staccaménto, *m.* detachment; detaching; disjoining.

staccare, A *v. t.* **1** to take* off; to detach; to cut* off; (*strappare*) to tear* off, to tear* out, to pull off, to pull out; (*tirare giù*) to take* down: **s. un bottone**, to take off a button; **s. un quadro dalla parete**, to take off (*o* down) a picture from the wall; **s. un pezzo di q.c.**, to detach (*o* to cut off) a piece of st.; **s. un assegno dal libretto**, to tear a cheque out of the cheque-book; **s. un foglio dal calendario**, to tear off a leaf from the calendar; **s. una pagina da un quaderno d'appunti**, to tear a page out of a jotter; **s. un tagliando**, to detach a coupon; **s. un tenda**, to take down a curtain; **Il bambino staccò tutto il pelo dell'orsacchiotto**, the child pulled off all the hair from the teddy-bear; **Staccò tutti i petali del fiore non ancora dischiuso**, he pulled out all the petals from the still unopened flower **2** (*sciogliere*) to unfasten; to untie; to unbind*; (*allentare*) to loosen; (*sganciare*) to unhook: **Staccò l'orologio dalla catena**, he unfastened the watch from the chain; **s. un rimorchio**, to unhook a trailer **3** (*scostare*) to move away; to remove; to pull away: **s. una sedia dal muro**, to move a chair away from the wall **4** (*separare*) to separate: **s. una questione dall'altra**, to separate one question from another; **Fu staccato dai suoi in tenera età**, he was separated from his parents at an early age **5** (*sport*) to leave* (sb.) behind: **A metà della corsa staccò tutti vincendo con facilità**, at the half-way stage he left everyone behind and won the race easily **6** (*autom.*, *elettr.*, *mecc.*) to disconnect: **Stacca la batteria e pulisci i morsetti**, disconnect the battery and clean the terminals. **B** *v. i.* **1** (*risaltare*) to stand* out: **Il ritratto non stacca bene sul fondo**, the portrait does not stand out well against the background; **Questo colore stacca bene sul bianco**, this colour stands out well against white **2** (*venir via*) to come* off: **Il budino non ha staccato bene**, the pudding has not come off cleanly **3** (*fam.: cessare il lavoro*) to knock off (work); to go* off duty; to stop work; to down tools (*pop.*): **Quell'uomo stacca sempre mezz'ora prima degli altri**, that man always knocks off (*o* downs tools) half an hour before the others. ● **s. un assegno**, to draw a cheque □ **s. i buoi**, to unyoke the oxen □ **s. un cane dal guinzaglio**, to let a dog off the lead □ **s. i cavalli**, to unharness the horses □ **s. la corsa**, to start running □ **s. un fiore da una pianta**, to pick (*o* to pluck) a flower from a plant □ (*mus.*) **s. le note**, to play (notes) staccato □ **s. gli occhi da q.c. (q.)**, to take one's eyes off st. (sb.) □ **s. le parole**, to pronounce (*o* to enunciate) each word clearly □ **s. q.c. con un morso**, to bite st. off □ (*ferr.*) **s. una carrozza**, to uncouple (*o* to unhitch) a coach □ (*miss.*) **s. un veicolo spaziale in orbita**, to undock an orbiting spacecraft. **staccarsi, C** *v. rifl.* **1** to come* off (*o* out); to break* off; to get* detached: **Si è staccata l'etichetta dalla valigia**, the label has come off the suit-case; **Si è staccato un bottone dalla mia giacca**, a button has come off my jacket; **La spina si è staccata dalla presa**, the plug has come out of the socket; **Il primo stadio si è staccato dal missile**, the first stage has broken off from the missile; **Si è staccato un ramo dall'albero**, a branch has broken off (from) the tree; **Non so come si siano staccate queste candele d'accensione**, I don't know how these sparking plugs got detached **2** (*sciogliersi*, *slegarsi*) to break* loose; to break* away; (*sganciarsi*) to get* (*o* to come*) unhooked: **Alcuni animali del circo si staccarono dalle catene**, some of the circus animals broke loose from their chains; **Nella tempesta le navi si staccarono dagli ormeggi**, the ships broke loose (*o* away) from their moorings in the storm; **È un mistero come questa vettura si sia staccata**, it's a mystery how this coach has come (*o* got) unhooked **3** (*scostarsi*) to move away; to pull away; to get* away: **Si staccò dalla spiaggia**, he moved away from the shore; **La nave si stava staccando lentamente dal molo**, the ship was pulling away slowly from the pier **4** (*separarsi*) to leave* (sb., st.); to part; to tear* oneself away (from sb., st.): **Non sapeva s. da suo figlio**, he couldn't bear to leave (*o* to part from) his son; **Non riuscivo a staccarmi da quei luoghi così cari**, I couldn't tear myself away from those places that were so dear to me; **Dovrai staccarti dai tuoi quando farai il servizio militare**, you'll have to part from your parents when you do your national service **5** (*fig.: abbandonare*) to detach oneself (from st.); (*vizi*, *ecc.*) to give* up: **s. dai piaceri del mondo**, to detach oneself from worldly pleasures; to turn one's back on the world; **s. da una brutta abitudine**, to give up a bad habit **6** (*specialm. sport: distaccare*) to pull ahead (of sb., st.); to break* away (from sb., st.); to outdistance (sb., st.): **Dopo tre giri si staccò dal gruppo**, after three laps he pulled ahead of the group (*o* he broke away from the group); **Dovrai staccarti dagli altri molto prima della fine della corsa**, you'll have to outdistance the others long before the end of the race **7** (*essere differente*) to differ; to be different: **Il fratello si stacca molto dalla sorella nei gusti**, the brother differs greatly from his sister in taste; **Queste due lingue non si staccano molto l'una dall'altra**, these two languages are not very different from each other.

stàccato, *a. e m.* (*mus.*) staccato.

stacciaio, *m.* **1** (*fabbricante di stacci*) sieve-maker **2** (*venditore di stacci*) sieve-seller.

stacciare, *v. t.* **1** (*passare allo staccio*) to sift; to sieve: **s. la farina**, to sift flour; **s. la rena**, to sift sand **2** (*fig.: esaminare minutamente*) to sift; to examine minutely (*o* critically); to scrutinize.

stacciata, *f.* sift. ● **dare una s. alla farina**, to sift the flour.

stacciatura, *f.* **1** (*lo stacciare*) sifting; sieving **2** (*residuo di ciò che si staccia*) siftings (*pl.*); sievings (*pl.*).

stàccio, *m.* sieve; sifter. ● **passare q.c. allo s.**, to sieve st., to sift st.

stacciónata, *f.* **1** stockade; fence **2** (*equitazione*) hurdle.

stacco, *m.* **1** detachment; separation **2** (*sport: nel salto*) take-off **3** (*fig.: intervallo*) break; gap; interval; pause; (*sconnessione*) disconnection: **Non c'è s. fra una parte e l'altra**, there is no disconnection between one part and the other **4** (*fig.: risalto*) relief; prominence; (*di colori*) contrast. ● **uno s. d'abito**, a cut of cloth (for a dress); a dress-length □ **fare s.**, to stand out; to be conspicuous.

stadèra, *f.* steelyard: **i bracci d'una s.**, the arms of a steelyard. ● **s. a ponte**, weigh-bridge.

staderaio, *m.* **1** (*fabbricante di stadere*) steelyard-maker **2** (*venditore di stadere*) steelyard-seller.

stàdia, *f.* (*strumento per rilievi topografici*) levelling rod; levelling staff.

stàdio, *m.* **1** (*sport*) stadium* **2** (*fig.: periodo*, *fase*) stage; period; phase: **il primo s. della civiltà**, the first stage of civilization; **l'ultimo s. della tisi**, the last stage of consumption **3** (*di missile o razzo*) stage: **un razzo a tre stadi**, a three-stage rocket.

staff (*ingl.*), *m.* **1** staff* **2** (*gruppo di persone addette a un compito*) team; group.

staffa, *f.* **1** (*equitazione*) stirrup: **infilare i piedi nelle staffe**, to put one's feet in the stirrups; **reggere la s.** (*a chi monta*), to hold the stirrup **2** (*predellino di carrozza*) footboard **3** (*sottopiede*) foot-strap **4** (*mecc.*, *edil.*) stirrup; bracket **5** (*metall.*) flask; moulding-box: **una s. a cerniera**, a snap (flask); **una falsa s.**, a loose flask **6** (*naut.*) clamp **7** (*anat.*) stirrup(-bone); stapes **8** (*alpinismo*) stirrup. ● (*mecc.*) **s. a U**, U-bolt □ (*mecc.*) **s. centrale**, spring band □ (*edil.*) **s. per grondaie**, strap □ **s. della vanga**, foot-rest (on a spade) □ (*Banca*) **s. scalare**, interest table □ **bicchiere della s.**, stirrup-cup; parting glass □ (*fig.*) **perdere le staffe**, to lose one's temper; to fly off the handle (*fam.*) □ (*fig.*) **tenere il piede in due staffe**, to run with the hare and hunt with the hounds.

staffale, *m.* foot-rest (on a spade).

staffare, *v. t.* (*mecc.*, *edil.*) to stirrup.

staffétta, *f.* **1** dispatch-rider; courier **2** (*sport: corsa a s.*) relay race; relay: **Vincemmo la (corsa a) s.**, we won the relay. ● (*fig.*) **fare da s.**, to fetch and carry.

staffettista, *m. e f.* (*sport*) relay racer.

staffière, *m.* **1** (*palafreniere*) groom **2** (*servitore di casa signorile*) footman*; lackey.

staffilare, *v. t.* to scourge (*anche fig.*); to lash (*anche fig.*); to flog; to whip.

staffilata, *f.* **1** (*colpo di staffile, anche fig.*) lash: **Gli furono date dieci staffilate**, he was given ten lashes **2** (*al calcio*) tremendous shot.

staffilatóre, *m.* scourger (*anche fig.*); lasher (*anche fig.*); flogger.

staffile, *m.* **1** (*equitazione*) stirrup-leather; stirrup-strap **2** (*sferza di cuoio*) scourge; lash; whip.

stafilino, *a.* (*anat.*) uvular.

stafilocòccia, *f.* (*med.*) staphylococcosis*.

stafilocòccico, *a.* (*biol.*) staphylococcic; staphylococcal.

stafilocòcco, *m.* (*biol.*) staphylococcus*.

stafilòma, *m.* (*med.*) staphyloma.

stafisàgria, *f.* (*bot.*, *Delphinium staphisagria*) stavesacre.

stage (*franc.*), *m.* period of training.
stagflazióne, *f.* (*econ.*) stagflation.
staggiare, *v. t.* (*agric.*) to prop up.
stàggio, *m.* **1** shaft; support; stay-rod: **i due staggi d'una scala a pioli**, the two shafts of a ladder; **i due staggi d'un telaio da ricamo**, the two supports of a tambour **2** (*di sedia*) back upright **3** (*regolo di gabbia*) bar.
stagionale, **A** *a.* seasonal; in-season (*attr.*): **malattie stagionali**, seasonal diseases; (*turismo*) **ricettività s.**, in-season accommodation. **B** *m.* e *f.* seasonal (*o* temporary) worker.
stagionaménto, *m.* V. **stagionatura**.
stagionare, *v. t.* e *i.* to season; (*specialm. all'aria aperta*) to weather; (*far maturare*) to ripen, to mature; (*specialm. vini o liquori*) to age: **s. il legname**, to season (*o* to weather) timber; **s. il vino**, to age wine.
stagionato, *a.* **1** seasoned; (*all'aria aperta*) weathered; (*fatto maturare, maturo*) ripe, fully matured: **legno ben stagionato**, well-seasoned wood; **vino s.**, ripe (*o* aged) wine **2** (*fig., scherz.*: *attempato*) elderly; rather old; getting on in years (*pred.*): **un uomo s.**, an elderly man; a man of many winters; **È una ragazza piuttosto stagionata**, she is getting on in years; she is no chicken (*fam.*).
stagionatóre, *m.* seasoner.
stagionatura, *f.* seasoning; (*all'aria aperta*) weathering; (*il far maturare*) ripening, maturing: **la s. del legname**, the seasoning (*o* weathering) of timber.
stagióne, *f.* **1** (*parte dell'anno*) season: **L'anno si divide in quattro stagioni**, the year is divided into four seasons; **la mezza s.**, the in-between season; **la s. delle piogge**, the rainy season; **la s. asciutta**, the dry season; (*comm.*) **la s. morta**, the dead (*o* dull, off) season; slack time; (*comm.*) **prezzi d'alta (di bassa) s.**, high-season (off-season) prices **2** (*condizioni atmosferiche*) weather: **Abbiamo avuto una bella s.**, we have had lovely weather; **Che s. orribile!**, what horrible weather! **3** (*tempo propizio a q.c.*) season; time: **la s. dei fiori**, the flower season; **la s. del raccolto**, harvest-time; **di s.**, in season; seasonal (*agg.*); (*anche fig.*) **fuori s.**, out of season **4** (*teatr.*) season: **È scritturato per tutta la s.**, he has been engaged for the whole season; **la s. lirica (concertistica)**, the opera (concert) season.
stagliare, **A** *v. t.* to cut* unevenly; to hack; to notch. **stagliarsi**, **B** *v. rifl.* to be silhouetted; to stand* out: **s. contro il cielo**, to be silhouetted against the sky.
stagliato, *a.* silhouetted; in relief; in outline; in profile; projected: **s. contro il cielo**, silhouetted against the sky.
stagna, *f.* tin-can.
stagnàio, *m.* **1** (*calderaio*) tinker **2** (*lattoniere*) tinsmith; tinman*.
stagnaménto, *m.* (*il ristagnare*) stagnation; stagnating.
stagnante, *a.* (*anche fig.*) stagnant: **acqua s.**, stagnant water; **situazione s.**, stagnant situation.
stagnare (1), **A** *v. i.* **1** (*ristagnare, anche fig.*) to stagnate; to be (*o* to become*) stagnant **2** (*cessare di fluire*) to cease to flow; to stop (flowing). **B** *v. t.* to stop (the flow of); to sta(u)nch: **s. un'emorragia**, to stop a haemorrhage.
stagnare (2), *v. t.* **1** (*metall.*) to tin; to tin-plate; (*saldare*) to solder (*chiudere ermeticamente*) to make* watertight.
stagnata, *f.* soldering. ● **dare una s. a q.c.**, to solder st.
stagnato, *a.* **1** (*metall.*) tinned; tin-plated; (*saldato*) soldered: **recipiente s.**, tin-plated container (*o* receptacle) **2** (*chiuso ermeticamente*) watertight: **barile s.**, watertight barrel. ● **lamiera stagnata**, tin-plate.
stagnatura, *f.* tinning; tin-plating; (*saldatura*) soldering.
stagnazióne, *f.* (*econ.*) stagnation.
stagnicoltura, *f.* (*pesca*) fish farming.
stagnina, *f.* (*recipiente*) tin(-can).
stagnino, *V.* **stagnàio**.
stagno (1), *m.* (*bacino d'acqua stagnante*) pond; pool.
stagno (2), *m.* (*chim.*) tin: **s. in fogli**, sheet tin; **s. in pani**, block tin. ● **s. per saldare**, solder □ **saldare a s.**, to solder □ **saldatura a s.**, soldering.
stagno (3), *a.* (*a tenuta d'acqua*) watertight; (*a tenuta d'aria*) airtight: **compartimenti stagni**, watertight compartments.
stagnòla, *f.* tinfoil; silver paper.
stagnòlo, *a.* tin (*attr.*): **carta stagnola**, tinfoil; silver paper.
stàio, *m.* **1** (*misura di capacità*) bushel: **a staia**, bushels of (st.) **2** (*quanto tiene uno s.*) bushel(ful). ● (*fig., scherz.*) **cappello s.** (*cilindro*), top hat.
stalagmite, *f.* stalagmite.
stalagmitico, *a.* stalagmitic(al).
stalagmometria, *f.* (*fis.*) stalagmometry.
stalagmòmetro, *m.* (*fis.*) stalagmometer.
stalammite, *V.* **stalagmite**.
stalattite, *f.* stalactite.
stalattitico, *a.* stalactitic(al).

Stalingrado, *f.* (*geogr.*) Stalingrad.
staliniano, *a.* (*polit.*) Stalinist.
stalinismo, *m.* (*polit.*) Stalinism.
stalinista, *m.* e *f.* (*polit.*) Stalinist.
stalinizzare, *v. t.* (*polit.*) to stalinize.
stalinizzazióne, *f.* (*polit.*) stalinization.
stalla, *f.* stall; (*per bovini*) cattleshed, cowshed, cowhouse, byre; (*per i cavalli*) stable; (*per le pecore*) sheep-fold: **un mozzo di s.**, a stable-boy. ● (*fig.*) **sembrare una s.**, to be like a pig-sty □ (*prov.*) **chiudere la s. quando i buoi sono scappati**, to shut (*o* to lock) the stable-door when the horse has bolted.
stallàggio, *m.* **1** stabling **2** (*spesa dello s.*) stabling charge.
stallare, *v. i.* (*aeron.*) to stall.
stallàtico, **A** *a.* stable (*attr.*). **B** *m.* **1** (*concime s.*) (stable) manure **2** (*stallaggio*) stabling.
stalleréccio, *a.* stable (*attr.*); stabled; stalled.
stallia, *f.* (*naut.*) lay-day; ship's day. ● **giorni di s.** (*o* **stallie**), lay-days.
stallière, *m.* stableman*; stable-boy; groom; hostler.
stallino, *a.* stalled; stall-reared: **un cavallo s.**, a stalled horse.
stallo, *m.* **1** (*seggio*) stall; seat **2** (*aeron.*) stall **3** (*nel gioco degli scacchi*) stalemate. ● **s. di coro**, choir-stall □ (*aeron.*) **andare in s.**, to stall □ (*fig.*) **essere in una situazione di s.**, to be in a stalemate □ **mettere in una situazione di s.**, to stalemate.
stallóne, *m.* stallion; stud-horse.
stamane, stamani, stamattina, *avv.* this morning: **L'ho visto s.**, I've seen him this morning.
stambécco, *m.* (*zool., Capra ibex*) rock-goat; steinbock; ibex.
stambèrga, *f.* hovel; dog-hole.
stambùgio, *m.* small dark room; (cubby-)hole.
stamburaménto, *m.* **1** drumming **2** (*fig.*) trumpeting.
stamburare, **A** *v. i.* to drum. **B** *v. t.* (*fig.*) to trumpet.
stamburata, *f.* drumming; (*rullo di tamburi*) roll of drums.
stame (1), *m.* (*filo di lana*) (fine-carded) wool. ● (*fig.*) **lo s. della vita**, the thread of life.
stame (2), *m.* (*bot.*) stamen*.
stamigna, stamina, *f.* (*ind. tessile*) **1** (*per fare stacci, vagli, ecc.*) estamin **2** (*per fare bandiere, ecc.*) bunting.
staminale (1), *a.* (*bot.*) staminal; stamineous.
staminale (2), *m.* (*naut.*) futtock.
staminìfero, *a.* (*bot.*) staminiferous.
staminòdio, *m.* (*bot.*) staminodium*; staminode.
stampa, *f.* **1** (*anche fotogr.*) print: **s. chiara** (**grande**, **piccola**), clear (large, small) print; **Il libro non è ancora in s.**, the book is not in print yet; **essere fuori s.**, to be out of print; (*tipogr.*) **s. a linee colorate**, colour-line print; **Voglio tre stampe di ogni negativa**, I want three prints of each negative **2** (*arte, atto dello stampare*) printing: **s. a rilievo**, relief printing; (*tipogr.*) **s. a incavo**, intaglio printing; **curare la s. dei classici**, to edit the printing of the classics; **L'invenzione della s. ebbe luogo in Germania, a Magonza**, the invention of printing took place in Germany, at Mainz **3** (*fig.*: *giornali, giornalisti*) (the) press: **la libertà di s.**, the liberty of the press; **La s. fu invitata al ricevimento**, the press was invited to the reception; **la s. estera**, the foreign press; **la s. locale** (**periodica, politica, scientifica, religiosa**), the local (periodical, political, scientific, religious) press; **s. a grande tiratura**, mass-circulation press; **la tribuna della s.**, (*polit.*) the press-gallery; (*sport*) the press-box; **conferenza s.**, press conference; **campagna s.**, press campaign; **avere una buona s.**, to have a good press; **ritagli di s.**, press-cuttings; **comunicato s.**, press release; **sala s.**, press room; **ufficio s.**, press office; **agenzia di s.**, press (*o* news) agency; **il circolo della s.**, the press club **4** (*riproduzione*) print; (*incisione*) engraving; (*litografia*) lithograph: **Ti mostrerò una bella s. del Settecento**, I'll show you a beautiful eighteenth-century print (*o* engraving) **5** (*fig.*: *genere*) kind; sort; stamp: **Non si può parlare con gente di quella s.**, you can't talk with people of that kind (*o* sort); **essere della stessa s.**, to be of the same stamp; **Sono gente della vecchia s.**, they are people of the old stamp. ● **«Stampe»** (*nelle spedizioni postali*), «printed matter» (*sing.*) □ **bozze di s.**, printer's proofs □ **dare q.c. alle stampe**, to send st. to the press □ **errore di s.**, misprint □ **essere in corso di s.**, to be in the press; to be printing □ (*fig.*) **Di quelle automobili se n'è perduta la s.**, they don't make cars like that any more.
stampàbile, *a.* printable; fit to print. ● **non s.**, unprintable.
stampàggio, *m.* **1** (*mecc.*) pressing; (*a mano*) swaging: **s. a caldo**, hot-pressing; press-forging; **matrice per s. a caldo**, swaging-die **2** (*con maglio, a caldo*) drop-forging **3** (*coniatura*) coinage; striking **4** (*plastica*) (compression) moulding **5** (*stampa, rif. a determinate operazioni*) printing.
stampa-indirizzi, *m.* (*macchina s.*) mailer; mailing machine.
stampante, **A** *a.* printing: **macchina s.**, printing-machine; printing-press; printer. **B** *f.* (*elab.*) printer: **s. a laser**, laser printer; **s. a margherita**, daisy wheel printer; **s. elettrostatica**,

stampare

electrostatic printer.
stampare, A *v. t.* **1** (*imprimere*) to stamp; to print (*anche fig.*): **s. il proprio nome sulla merce**, to stamp one's name on one's goods; **s. un modello di q.c.**, to print a pattern of st.; (*fig.*) **Voglio stamparti nella mente queste cose**, I want to print these things on your memory; **far s. il proprio nome su q.c.**, to have one's name printed on st. **2** (*pubblicare*) to publish; to print: **Ho avuto il buon senso di non volere s. le mie poesie**, I had the common sense not to want to publish my poems (*o* not to have my poems published); **s. un articolo**, to print an article; **Ha stampato molte opere teatrali**, he has published many theatrical works **3** (*tipogr.*, *fotogr.*) to print: **s. fotografie**, to print photographs; **s. a mano**, to print by hand; **s. un giornale (un libro, un'incisione)**, to print a newspaper (a book, an engraving); **s. a rotocalco**, to print in photogravure; **s. a colori**, to print in colour **4** (*coniare*) to coin; to strike*: **s. medaglie (monete)**, to coin (*o* to strike) medals (coins). ● (*mecc.*) **s. a caldo** (*con la pressa*), to hot-press; to press-forge □ (*mecc.*) **s. a mano**, to swage □ **s. un bacio in fronte a q.**, to imprint (*o* to plant) a kiss on sb.'s forehead □ (*fam.*) **s. bugie**, to tell a string of lies □ **s. con errori**, to misprint □ (*mecc.*) **s. con il maglio**, to drop-forge □ **S! stampi** □ **s. con la pressa**, to press □ **s. orme nella neve** (**nella sabbia, nel fango**), to make footprints in the snow (in the sand, in the mud) □ (*fam.*) **s. figli**, to beget many children □ **Si stampi** (*su una bozza*), passed for printing. **stamparsi, B** *v. rifl.* (*fig.*) to be (strongly) impressed: **Quelle parole gli si stamparono nella mente**, those words were impressed on his memory; those words printed themselves on his memory.
stampatèllo, A *m.* block (*o* capital) letters (*pl.*): **scrivere il titolo in s.**, to write the title in block letters (*o* in capitals). **B** *a.* block letters (*attr.*).
stampato, A *a.* **1** (*anche fig.*) printed: **s. alla macchia**, printed piratically; **s. nella memoria**, printed on the memory; (*ind.*, *elettron.*) **circuito s.**, printed circuit; **stoffa stampata**, printed cloth; cotton print **2** (*con pressa*) pressed; (*a caldo*) press-forged **3** (*con maglio*, *a caldo*) drop-forged **4** (*coniato*) coined; struck. ● (*fam.*) **parlare come un libro s.**, to speak (*o* to talk) like a book. **B** *m.* **1** printed publication; print **2** (*modulo*) (printed) form; (*opuscolo*) booklet **3** (*ind. tessile*) printed material; print. ● «**stampati**» (*nelle spedizioni postali*), «printed matter».
stampatóre, *m.* (*chi lavora in una tipografia*) printer; typographer; pressman* **2** (*chi imprime stoffe*) printer **3** (*addetto al maglio*) hammerman*.
stampatrice, *f.* **1** printing-machine; printing-press **2** (*di pellicole cinematografiche*) printer; printing-machine: **una s. per film sonoro**, a sound film printing-machine.
stampatura, *f.* **1** (*stampa*) printing **2** (*mecc.*) pressing **3** (*coniatura*) coinage; striking **4** (*plastica*) moulding.
stampèlla, *f.* crutch: **un paio di stampelle**, a pair of crutches; **camminare con le stampelle**, to go on crutches.
stamperia, *f.* (*tipogr.*) printing-works (*pl.*, *col verbo al sing. o al pl.*); printing-office.
stampiglia, *f.* stamp.
stampigliare, *v. t.* to stamp.
stampigliatrice, *f.* stamping machine.
stampigliatura, *f.* stamping.
stampinare, *v. t.* **1** (*stampigliare*) to stamp **2** (*riprodurre con uno stampino*) to stencil.
stampinatura, *f.* **1** (*lo stampigliare*) stamping **2** (*il riprodurre con uno stampino*) stencilling.
stampino, *m.* **1** (*stampiglia*) stamp **2** (*per l'impressione di disegni, lettere, numeri*) stencil; stencil-plate **3** (*punteruolo*) punch **4** (*cucina*) little mould.
stampista, *m.* (*mecc.*: *operaio*) die-sinker.
stampo, *m.* **1** die; stamp; mould; (*matrice*) matrix*: **s. di piega**, forming die; **s. aperto**, open die; **s. per coniatura**, minting die; **s. per imbutitura**, drawing die; **s. per punzonatura**, piercing die; **s. mobile**, moving die; **s. per finitura**, finishing die; **s. abbozzatore**, blocking die; blocker; **s. fisso**, stationary die; **s. per bordare**, curling die; **lo s. per una statua**, the mould for a statue; **s. formatore**, blank mould; (*cucina*) **s. per budini**, mould for puddings; **uno s. di gomma**, a rubber stamp; **uno s. per il vetro**, a blow mould; **s. per ghiaccio**, ice mould; ice can **2** (*fig.*: *indole*) stamp; nature; (*genere*, *tipo*) kind, sort, stamp: **Vi era gente di ogni s. in quell'assemblea**, there were people of all kinds (*o* sorts) in that assembly; **Devi evitare uomini del suo s.**, you must avoid men of his stamp; **una persona di antico s.**, a person of the old stamp (*o* school); **essere tutti dello stesso s.**, to be all of the same stamp **3** (*uccello da richiamo*) decoy. ● (*mecc.*) **s. a caldo**, swage □ (*mecc.*) **s. per chiodi**, rivet set; riveting die □ (*fig.*) **fatto con lo s.**, mass-produced □ (*mecc.*) **incisione dello s.**, die-sinking.
stampóne, *m.* (*tipogr.*) final proof; proof-sheet.

stanare, *v. t.* **1** (*far uscire dalla tana*) to drive* out; to rouse: **I cani stanarono la volpe**, the dogs drove out the fox **2** (*fig.*) to get* (sb.) to go out (*o* to leave the house): **Si serra tra i suoi libri, e chi lo stana?**, he shuts himself up among his books, and who can get him to leave the house?
stanca, *f.* slack water.
stancàbile, *a.* easily tired.
stancaménte, *avv.* wearily; lazily.
stancare, A *v. t.* **1** (*rendere stanco*) to tire; to tire out; to weary; to make* (sb.) tired (*o* weary); to fatigue: **La lunga passeggiata lo aveva stancato moltissimo**, the long walk had tired him out; **s. q. facendolo camminare molto**, to tire sb. out with walking; to walk sb. off his legs (*fam.*); **s.** (*o* **stancarsi**) **gli occhi a forza di leggere**, to tire one's eyes with reading; **s. la mente**, to tire the mind **2** (*infastidire*) to tire; to weary; to bore; to make* (sb.) sick (and tired); to annoy; to bother: **Quella ragazza mi stanca**, that girl bores me; I've had enough of that girl (*fam.*); **Non stancarmi con le tue sciocche domande**, don't bother me with your foolish questions. ● (*prov.*) **Chi semina sulla strada, stanca i buoi e perde la semenza**, he that sows in the highway, tires his oxen and loseth his corn. **stancarsi, B** *v. rifl.* **1** (*affaticarsi*) to get* tired; to grow* weary: **Non voglio stancarmi**, I don't want to get tired; **Sono debole e mi stanco subito**, I am weak and I soon get tired; **s. nel camminare**, to get tired with walking; to walk oneself off one's legs (*fam.*) **2** (*infastidirsi*) to grow* (*o* to get*) tired (*o* weary); to get* bored: **Mi stancai del mare**, I grew weary of the sea; **Il bambino s'era stancato dei suoi vecchi giocattoli**, the child had got tired of his old toys. ● **non s. mai di fare q.c.**, to go on doing st.
stanchévole, *a.* tiring; tiresome; wearisome; fatiguing: **È un lavoro lento e s.**, it's slow, tiresome work.
stanchézza, *f.* tiredness; weariness; fatigue: **dare segni di s.**, to show signs of fatigue. ● **essere sfinito dalla s.**, to be tired out; to be worn out (with fatigue) □ **Mi sento un po' di s.**, I feel a little tired □ **Mi dà una tale s.!**, it makes me so tired!
stanco, *a.* **1** (*spossato*, *fiacco*) tired; weary; fatigued; exhausted: **Mi sento s.**, I feel tired; **Sono così s. che non riesco a scrivere**, I am so tired as not to be able to write; **Sono troppo s. per proseguire**, I'm too tired to go any further; **Sono s. di lavorare tanto**, I'm tired of working so hard; **non sentirsi affatto s.**, not to feel tired at all; to be as fresh as (new) paint (*fam.*); **essere s. morto**, to be dead tired; to be dog-tired; to be tired out; to be exhausted; **avere gli occhi stanchi**, to have tired eyes; **sembrare s.**, to look tired; (*agric.*) **terreno s.**, tired (*o* overworked) soil **2** (*infastidito*, *stufo*) tired; weary; sick (and tired); bored; annoyed; fed up (*fam.*): **Sono s. di fare le stesse cose tutti i giorni**, I'm tired of (*o* bored with) doing the same things day after day; **Sono s. delle tue lamentele**, I'm weary of your complaints; **Sono s. di questi libri**, I'm fed up with these books; **essere s. di q.** (**q.c.**), to be tired of sb. (st.); **essere s. di vivere** (*o* **della vita**), to be life-weary. ● (*comm.*) **mercato s.**, slack market.
stand (*ingl.*), *m.* **1** stand; pavilion **2** (*sport*: *tribuna*) stand; grandstand.
stàndard, A *m.* **1** standard, model; (*tenore*) standard of living; standing: **mantenersi nel proprio s.**, to keep up one's standing **2** (*telev.*) (TV) line standard. **B** *a.* standard: **prodotto s.**, standard product.
standardizzare, *v. t.* to standardize (*anche fig.*); (*produrre in serie*) to mass-produce.
standardizzato, *a.* standardized; (*prodotto in serie*) mass-produced.
standardizzazióne, *f.* standardization; (*produzione in serie*) mass-production.
standista, *m.* e *f.* standholder.
stanga, *f.* **1** (*barra*) bar; cross-bar **2** (*di carro*, *di carrozza*) shaft; thill **3** (*di aratro*) beam **4** (*fam.*: *persona alta e magra*) tall and lanky person. ● (*fig.*, *spreg.*) **essere una s.**, to be as thin as a lath (*o* a whipping-post); to be as lean as a rake □ (*fig.*) **essere la s. di mezzo**, to receive knocks from both sides □ **avere gambe come stanghe**, to be spindle-legged □ (*prov.*) **I panni rifanno le stanghe**, dress up a stick and it does not appear to be a stick.
stangare, *v. t.* **1** (*sbarrare*) to bar; to bolt: **s. tutti gli usci**, to bar all the doors **2** (*percuotere con una stanga*) to beat* **3** (*fig.*: *far pagare un prezzo esorbitante*) to bleed*; to rush (*pop.*) **4** (*gergo scolastico*: *bocciare*) to fail.
stangata, *f.* **1** blow with a bar **2** (*fig.*: *spesa superiore al previsto*) blow; (*danno economico*) hard knock, blow **3** (*sport*: *calcio*) shot. ● (*fig.*) **dare una s. a q.**, to do sb. a bad turn.
stanghétta, *f.* **1** (*piccola stanga*) small bar **2** (*mecc.*) bolt **3** (*di occhiali*) ear-piece; leg (*fam.*) **4** (*mus.*) bar-line. ● **occhiali a s.**, spectacles.
stangóne, *m.* **1** (*grossa stanga*) heavy bar **2** (*fig.*: *persona alta e robusta*) strapping person (*pop.*); strapper (*pop.*).

Stanislao, *m.* Stanislaus.
stannato, *m.* (*chim.*) stannate.
stànnico, *a.* (*chim.*) stannic: **acido s.**, stannic acid.
stannifero, *a.* stanniferous.
stannite, *f.* (*chim.*, *miner.*) stannite.
stannóso, *a.* (*chim.*) stannous: **acido s.**, stannous acid.
stanòtte, *avv.* **1** (*questa notte*) this night **2** (*nella notte immediatamente trascorsa*) last night **3** (*nella notte che sta per venire*) to-night; tonight.
stante, **A** *a.* – **a sé s.**, apart; separate; distinct; **seduta s.**, during the sitting (*o* meeting); (*fig.*) on the instant, immediately, at once. **B** *prep.* considering; owing to; on account of; because of: **s. la pioggia**, owing to the rain. ● **s. che**, as; since; seeing that.
stantio, *a.* (*anche fig.*) stale: **pane s.**, stale bread; **un uovo s.**, a stale (*o* a bad) egg; **notizie stantie**, stale news; **sapere di s.**, to taste stale.
stantuffo, *m.* (*mecc.*) piston; (*di pressa idraulica*) plunger: **uno s. a disco**, a flat piston; **uno s. a mantello**, a skirt type piston; **uno s. a pattino**, a slipper piston; **uno s. di compensazione**, a balance piston; **la fascia elastica dello s.**, the piston-ring; **lo stelo dello s.**, the piston-rod; **s. flottante**, floating piston; **corsa dello s.**, piston stroke; **perno dello s.**, piston pin.
stanza, *f.* **1** (*parte della casa*) room; apartment: **una stanza libera**, a vacant room; **un appartamento di quattro stanze**, a four-roomed flat; **un s. da letto**, a bed-room; **la s. da bagno**, the bath-room; **la s. da pranzo**, the dining-room; **la s. di soggiorno**, the living-room; the sitting-room; **le stanze a (pian) terreno**, the rooms on the ground floor; **le stanze di sopra**, the upstair(s) rooms; **le stanze del primo piano**, the rooms on the first floor; **stanze da affittare**, rooms to let **2** (*luogo di dimora*) (place of) residence: **prendere s. in un luogo**, to take up one's residence in a place **3** (*poesia*) stanza: **la s. spenseriana**, the Spenserian stanza; **una canzone di cinque stanze**, a song of five stanzas. ● (*banca, fin.*) **s. di compensazione**, (bankers') clearing house; clearance house □ **s. mortuaria**, mortuary □ (*mil.*) **essere di s.**, to be stationed.
stanziàbile, *a.* appropriable; allocable.
stanziale, *a.* **1** permanent; fixed **2** (*mil.*) standing; permanent **3** (*di selvaggina*) non-migratory.
stanzialménte, *avv.* permanently.
stanziaménto, *m.* **1** (*lo stanziare*) appropriation; allocation **2** (*somma stanziata*) appropriation; allocation; sum allocated; (*fondo*) fund. ● **s. pubblicitario**, (advertising) budget.
stanziare, **A** *v. t.* to appropriate; to allocate; to set* apart: **s. una somma per q.c.**, to appropriate a sum of money for st.
stanziarsi, **B** *v. rifl.* **1** to settle; to establish oneself **2** (*mil.*) to be quartered; to be stationed.
stanziatóre, *m.* appropriator; allocator.
stanzino, *m.* **1** (*ripostiglio*) store-room; (*spogliatoio*) dressing-room **2** (*gabinetto*) lavatory; toilet. ● **s. per conservare prodotti alimentari**, airing cupboard.
stapèdio, *m.* (*anat.*) stapedius*.
stappare, *v. t.* to uncork; (*togliendo un tappo metallico*) to uncap: **s. una bottiglia di vino**, to uncork a bottle of wine. ● **s. gli orecchi a q.**, to clear the wax from sb.'s ears; (*fig.*) to give sb. a piece of one's mind.
star (*ingl.*), *f.* (*anche naut.*) star: **una s. del cinema**, a film star.
stare, *v. i.* **1** to stay; to remain; to be; (*in piedi*) to stand*; (*seduto*) to sit*: **Mi chiesero di s. con loro un mese**, they asked me to stay for a month with them; **Sta' dove sei**; **non ti muovere!**, stay where you are; don't move!; **s. a letto**, to stay (*o* to be) in bed; **s. alzato**, to stay up; **s. seduto**, to be seated; to sit; **s. sveglio**, to stay awake; **s. diritto**, to stand up straight; (*s. seduto in posizione eretta*) to sit up straight; **s. in poltrona**, to sit in an armchair; **s. a scuola**, to be at school; **s. in casa**, to stay indoors; **s. a tavola**, to be (*o* to sit) at table; **s. indietro**, to stand back; **s. in disparte**, to stand aside; (*anche fig.*) **s. saldo**, to stand firm (*o* fast); **s. in punta di piedi**, to stand on tiptoe; **s. zitto**, to keep quiet; **s. dietro a q.** (q.c.), to stand behind sb. (st.); **s. sull'uscio**, to stand in the doorway; **Vado a s. con mia zia**, I am going to stay with my aunt; **Stava ai piedi delle scale**, he stood at the foot of the stairs; **Sta' quanto ti pare!**, stay as long as you like!; **Sono stati insieme soltanto pochi anni**, they remained together for only a few years; **s. sotto la pioggia**, to stay (*o* to remain) out in the rain; **s. al sole (all'ombra)**, to stay (*o* to stand) in the sun (in the shade); **s. fermo**, to stand still; **Si va o si sta?**, are we going or are we staying?; **Stette fuori tutta la notte**, he remained (*o* stayed) out all night; **Stette a contemplare il quadro per oltre mezz'ora**, he stood gazing at the picture for more than half an hour; **Starò fuori casa due giorni**, I'll stay away from home for two days; **Stette lì a capo chino**, he remained (*o* stood) there with bowed head **2** (*abitare*) to live; to reside; to dwell* (*lett.*): **Sta da solo**, he lives on his own; **s. uscio a uscio con q.**, to live next door to sb.; **s. in campagna**, to reside (*o* to live) in the country; **Sta in Inghilterra sei mesi all'anno**, he lives in England for six months of the year **3** (*essere*) to be: **Il fatto sta che...**, the fact is that...; **s. tranquillo**, to be (*o* to keep) calm; **s. a dieta**, to be on a diet; **s. comodo**, to be comfortable; **s. solo**, to be alone; **Le cose stanno così**, that is how things are; it's like this; **Stando così le cose**, that being so; **Qui sta il problema**, this is the problem; **s. attento (buono, ecc.)**, to be careful (good, etc.); **s. bene (male)**, (*di salute*) to be well (ill); (*di condizioni finanziarie*) to be well off (badly off); **Come stai?**, how are you?; **Stai tranquillo!**, be calm!; don't worry!; **Stai zitto!**, be (*o* keep) quiet!; shut up! (*fam.*) **4** (*andare*) to be: **Oggi sono stato dai miei nonni**, I have been to my grandparents' today **5** (*seguito da un gerundio*: *per indicare lo svolgersi dell'azione*) to be: **Sto studiando**, I'm studying; **Stava leggendo quando lo chiamai**, he was reading when I called him **6** (*dipendere*) to depend (on): **Se stesse in me, direi di no**, if it depended on me, I would say no; **Tutto sta che lui non passi il segno**, it all depends on his not going to any excess; **Tutto sta se potrà mantenere la promessa**, it all depends on whether he can keep his promise **7** (*spettare, toccare*) to be up (to sb.), to be for (sb.); (*essere il turno di q.*) to be (sb.'s) turn: **Sta in lui decidere**, it's up to him to decide; **Non sta in me dirti se hai torto o ragione**, it's not for me to say whether you are right or wrong; **Non sta a te dare ordini**, it's not up to you (*o* it's not for you) to give orders; **Sta a lui fare il giro d'ispezione**, it's his turn for the inspection round **8** (*parteggiare, aderire*) to side (with sb.); to adhere (to st.): **Con chi stai? con me o con lui?**, who(m) are you siding with? with me or with him?; **Starò sempre con il diritto contro la forza**, I'll always side with right against might; **s. con un partito rivoluzionario**, to adhere to (*o* to side with) a revolutionary party **9** (*attenersi*) to follow (out); to observe; to obey: **Starai alle mie istruzioni**, you'll follow out my instructions; **Devi s. alle regole**, you must observe the rules; **s. alle regole del gioco**, to obey the rules of the game **10** (*consistere*) to consist (in); to lie* (in); to be: **Sta appunto in questo aspetto della vita la dignità dell'uomo**, human dignity consists exactly in this aspect of life; **La difficoltà sta nel lanciare il razzo nell'orbita giusta**, the difficulty lies in sending the rocket into the right orbit; **Qui sta il suo debole**, that's his weak point **11** (*costare*) to cost*: **A quanto sta ora il grano?**, what does wheat cost now?; what's the price of wheat now? **12** (*mat.*) to be: **Due sta a dieci come tre sta a quindici**, two is to ten as three is to fifteen **13** (*nel gioco*: *mancare*) to need: **Sto per un punto (due punti, ecc.) per vincere**, I need one point (two points, etc.) to win **14** (*nel gioco*: *non volere altre carte*) to pass: **Sto!**, I pass! ● **s. a chiacchierare**, to stand chattering □ **s. a cuore q.**, to have (st.) at heart; to be anxious: **A me sta a cuore la tua futura felicità**, I have your future happiness at heart; **Le sta a cuore avere sue notizie**, she is anxious to obtain (*o* to get) news of him □ **s. a occhi aperti**, to keep one's eyes open □ **s. agli scherzi**, to take something in good part □ **s. ai patti**, to stand by an agreement; to keep a bargain □ **s. al paragone**, to stand comparison □ **s. alla larga da q.c.** (q.), to give st. (sb.) a wide berth □ **s. alla prova**, to stand the test □ **s. alle parole di q.**, to rely on sb.'s word □ **s. bene a q.**, (*di un abito*) to suit; (*addirsi*) to be fitting, to be becoming: **Questo vestito ti sta bene**, this dress suits you; **Queste scarpe ti stanno a pennello**, these shoes suit you perfectly (*o* fit you to a T); **Ti pare che stia bene rispondere così?**, do you think it is fitting to answer in this way? □ **s. dietro a q.**, (*pedinarlo*) to dog sb.'s footsteps; (*sorvegliarlo*) to keep an eye on sb.; (*fam.*: *fargli la corte*) to run after sb. □ **s. in guardia**, to be on one's guard □ **s. per fare q.c.**, to be going to do st.; to be about to do st.; to be on the point of doing st.: **Sta per comprare una casa nuova**, he is going to buy (*o* he is about to buy, he is on the point of buying) a new house; **Stavamo per uscire, quando sentimmo suonare il telefono**, we were about to go out when we heard the phone ring; **Stava per piangere ma poi si riprese**, he was on the point of crying (*o* of tears) but then he pulled himself together □ **s. sdraiato**, to be lying (down) □ **s. sempre a (+ inf.)**, to be always (+ gerundio): **Sta sempre a seccarmi**, he is always bothering me; **Ogni volta che lo incontravo, stava sempre a fumare la pipa**, every time I met him, he was always smoking a pipe □ **s. su**, (*con la schiena*) to stand upright; (*alzato la sera*) to stay up; (*fig.*: *con il morale*) to keep one's spirits up, to be in good spirits □ **s. sulle generali**, to keep (*o* to stick) to generalities □ (*fig.*) **s. sulle sue**, to keep aloof; to stand on one's dignity □ **s. tutto il giorno senza far nulla**, to spend all day twiddling one's thumbs □ **starci**, (*esserci spazio*) to be room (for st.); (*essere d'accordo*) to agree, to be willing; (*accettare di partecipare*) to accept, to join, to agree: **Non ci sta più niente in questo sacco**, there is no more room in this bag; **Quante persone ci stanno sulla predella?**, for how many people is there room on the dais?; how many people can stand on the dais?; **Se non ci sta, dovrai lasciarlo qui**, if there is no room for

starna

it, you'll have to leave it here □ **Vorremmo fargli un regalo, se ci stai anche tu**, we'd like to give him a present, if you will join us in it □ **starsene**, (*rimanere*) to stay, to remain; (*essere*) to be: **Oggi me ne sto a casa**, today I'm staying at home; **Se ne stette tutto solo** (*o* **solo soletto**), he was all alone □ **lasciar s.**, to leave (*o* to let) (sb., st.) alone; (*non occuparsi di*) not to interfere with (*o* in) (st.): **Lascia s. la mia roba!**, leave my stuff alone!; **Non mi lascia mai s.**, he never leaves me alone; **Lasciami s., non ho voglia di scherzare!**, leave me alone, I don't feel like joking; **Lasciamo s. le cose come sono!**, let's leave matters as they stand (*o* are); **Lascia s. i miei fatti personali!**, don't interfere in my personal matters! □ **non s. in sé dalla gioia (dalla curiosità)**, to be beside oneself with joy (with curiosity) □ **quanto ne può s. in un sacco**, as much as a bag can hold □ **sapere s. allo scherzo**, to be able (*o* to know how) to take a joke □ **Lascia s. gli affari che non ti riguardano!**, mind your own business! □ **Lasciamo s. questo suo comportamento increscioso!**, let's say nothing of his regrettable behaviour! □ **Non riusciva a farcene s. di più**, he couldn't get any more in □ **Questa è, sto per dire, tutta una porcheria**, this is, I must say, just a lot of trash □ **Suo fratello gliene fa di tutti i colori, ma lui ci sta**, his brother leads him a merry dance but he puts up with it □ **Sta bene!** (*va bene, d'accordo*), all right; very well; o. k. (*fam.*) □ **Starà poco a tornare**, he'll be back soon □ **Stammi a sentire!**, listen!; now listen to me! □ **Se lo scoprono a rubare, sta fresco!**, if they catch him stealing, he'll be in for it! □ **Stiamo a vedere come si comporta**, let's wait and see how he behaves □ **Ti sta bene!**, it serves you right! □ **Starà poco a piovere**, it's going to rain □ **Non puoi s. senza fumare per un'ora?**, can't you do without smoking for an hour? □ (*fig.*) **Non sa s. a tavola**, he has no table-manners □ **Lì sta il «busillis»**, there's the rub □ **Come stai a quattrini?**, how do you stand for cash? □ **Quanto sta a tornare?**, how long is he taking to come back? □ (*prov.*) **Chi non sta con noi sta contro di noi**, whoever is not with us is against us.

starna, *f*. (*zool.*, *Perdix perdix*) (grey) partridge.

starnare, *v. t.* to draw*.

starnazzare, *v. i.* **1** to flutter **2** (*fig., scherz.: fare chiasso*) to squawk (*fam.*).

starnutaménto, *m*. **1** sneezing **2** (*serie di starnuti*) sneezing fit.

starnutare, *V.* starnutire.

starnutatòrio, *a.* e *m.* sternutatory.

starnutire, *v. i.* to sneeze.

starnuto, *m*. sneeze. ● **fare uno s.**, to sneeze □ (*prov.*) **Amici da starnuti, il più che tu ne cavi è un «Dio t'aiuti»**, he is a friend at a sneeze; the most you can get of him is a «God bless you».

starter (*ingl.*), *m*. **1** (*aeron.*) electric starter **2** (*autom.: pomello di chiusura dell'aria*) choke; (*dispositivo d'avviamento: di carburatore*) starting device **3** (*elettr.: relè d'accensione*) starter **4** (*sport*) starter; starting-judge: **Lo s. ha dato il via**, the race-judge gave the starting signal.

stasare, *v. t.* to unclog; to unstop: **s. un tubo**, to unclog a tube; **s. gli orecchi a q.**, to unstop sb.'s ears.

staséra, *avv.* this evening; to-night; tonight.

stasi, *f*. **1** (*med.*) stasis; stagnation: **una s. sanguigna**, a stagnation of the blood **2** (*fig.: ristagno*) standstill; stagnation; slump (*fam.*): **C'è una s. negli affari**, business is at a standstill.

stàsimo, *m*. (*letter.*) stasimon*.

statale, **A** *a.* state (*attr.*); government (*attr.*): **impiegati statali**, state employees; civil servants. ● **la burocrazia s.**, the Civil Service □ **essere un funzionario s.**, to be a civil servant (*o* in the Civil Service). **B** *m.* e *f.* civil servant: **gli statali**, civil servants. **C** *f*. (*strada s.*) main road; highway.

statalismo, *m*. (*polit.*) statism, stateism.

statalista, *m.* e *f*. (*polit.*) statist.

statalistico, *a.* (*polit.*) statist (*attr.*).

statalizzare, *V.* statizzare.

statalizzazione, *V.* statizzazione.

statère, *m*. (*numismatica*) stater: **lo s. d'argento di Corinto**, the silver stater of Corinth.

stàtica, *f*. (*fis.*) statics (*pl. col verbo al sing.*).

staticità, *f*. (*anche fig.*) static nature.

stàtico, *a.* (*fis.*) static, statical (*anche fig.*): **elettricità statica**, static electricity.

statino, *m*. examination form.

statista, *m*. statesman*; (*uomo politico*) politician.

statìstica, *f*. **1** (*scienza*) statistics (*pl. col verbo al sing.*) **2** (*termini numerici*) statistics (*pl.*); statistical data (*pl.*): **la s. delle nascite**, birth statistics. ● **esperto di s.**, statistician.

statìstico, **A** *a.* statistical: **dati statistici**, statistical data. **B** *m*. statistician.

stativo, *m*. (*di microscopio*) stand.

statizzare, *v. t.* (*polit., econ.*) to nationalize: **s. un'industria**, to nationalize an industry.

statizzazione, *f*. (*polit., econ.*) nationalization.

stato, *m*. **1** state; condition: (*fis.*) **s. solido (liquido)**, solid (liquid) state; **in buono (in cattivo) s.**, in good (in bad) condition; **s. di salute**, state of health; **lo s. delle cose**, the state of things; (*mil.*) **s. d'assedio**, state of siege; **s. d'emergenza**, state of emergency; emergency rule; **s. di guerra**, state of war; (*relig.*) **s. di grazia**, state of grace; **Nel suo s. non può lavorare**, in his condition he can't work; **In che s. pietoso mi trovo!**, what a sorry state I'm in!; **Non è in s. di partire**, he's in no condition to leave **2** (*posizione sociale*) position; (*social*) condition; (*ceto*) class, rank: **Alla tua età bisogna farsi uno s.**, at your age you must make a position (*o* a place) for yourself (in society); **Quella gente pensa più allo s. di una persona che alle sue doti morali**, those people think more of a person's social position than of his moral virtues **3** (*leg.*) status: **s. civile**, civil status; **s. coniugale**, marital status; wedlock; **s. giuridico**, juridical status; legal standing **4** (*in senso politico*) State; (*Paese*) country; (*nazione*) nation: **gli Stati Uniti d'America**, the United States of America; the States (*fam.*); **lo S. Pontificio**, the Papal State; **il Capo dello S.**, the Head of the State; **il demanio di S.**, State property; **ragion di S.**, reason of State; **scuola (università, religione, prigione) di S.**, State school (university, religion, prison); **S. cuscinetto**, buffer State; **lo S. assistenziale** (*o* **sociale**), the welfare State. ● **s. d'animo**, frame of mind; mood □ **s. di efficienza**, serviceability □ (*leg.*) **s. di fallimento**, bankruptcy □ (*econ.*) **s. d'inattività** (*o* **di stagnazione**), stagnation; doldrums (*pl.*) □ **s. d'incoscienza**, unconsciousness □ (*comm.*) **s. d'insolvenza**, insolvency □ **s. di necessità**, necessitous situation □ (*leg.*) **s. libero** (*celibe*), bachelorhood □ (*mil.*) **S. Maggiore**, General Staff □ (*leg.*) **s. nubile**, spinsterhood □ (*comm.*) **s. passivo**, net deficiency □ (*comm.*) **s. patrimoniale**, statement of assets and liabilities □ (*fis., elettron.*) **s. solido**, solid-state (*attr.*) □ **allo s. brado**, running wild □ **capo di S. Maggiore**, Chief of Staff □ **colpo di S.**, «coup d'Etat» (*franc.*) □ **essere in s. di accusa**, to be under accusation □ **essere in s. di arresto**, to be under arrest □ **essere in s. di coma**, to be in a coma □ **essere in s. di ubriachezza**, to be under the influence of drink □ **essere in s. interessante**, to be pregnant; to be with child □ (*naut.*) **essere in buono s.**, to be in repair □ **il Quarto S.**, the proletariat □ (*stor.*) **il Terzo S.**, the Third Estate □ **ufficiale di s. civile**, Registrar □ **ufficiale di S. Maggiore**, Staff officer □ **ufficio di s. civile**, registry (*o* register) office □ **uomo di s.**, statesman.

statocisti, *f*. (*zool.*) statocyst.

statolatra, *m.* e *f*. statolater; worshipper of the state.

statolatria, *f*. statolatry; state-worship.

statolder, *m. invar.* (*stor.*) stadholder, stadholder.

statolderato, *m*. (*stor.*) stadtholderate; stadtholdership.

statolite, **statòlito**, *m*. (*biol.*) statolith.

statolìtico, *a.* (*biol.*) statolithic.

statóre, *m*. **1** (*mecc.*) stator: **protezione a persiana sullo s.**, louver stator guard **2** (*lett.*) Stator: **Giove S.**, Jupiter Stator.

statoreattóre, *m*. (*aeron.*) ram-jet engine.

statorecettóre, *a.* – (*fisiologia*) **organo s.**, statoreceptor.

statoscòpio, *m*. (*aeron.*) statoscope.

stàtua, *f*. statue: **una s. di marmo**, a marble statue; **una s. equestre**, an equestrian statue; **fare una s.**, to make a statue; **stare fermo come una s.**, to be as still as a statue.

statuale, *a.* (*dello Stato*) State (*attr.*); government (*attr.*).

statuària, *f*. (*arte*) statuary.

statuàrio, *a.* **1** statuary: **marmo s.**, statuary marble **2** (*fig.*) statuesque: **una posa statuaria**, a statuesque attitude. ● **l'arte statuaria**, statuary; the art of sculpture.

statuétta, *f*. statuette.

statuire, *v. t.* to decree; to ordain; to enact.

statuizióne, *f*. (*leg.*) decree; ordaining; enactment.

statunitènse, **A** *a.* United States (*attr.*); (*abbr.*: U.S.). **B** *m.* e *f.* United States (*o* U.S.) citizen.

statu quo, *V.* status quo.

statura, *f*. height; size; stature (*anche fig.*): **la s. d'un uomo**, the height of a man; **al di sotto della s. media**, below the average height; **essere di s. bassa**, to be short of stature; **un uomo di grande s. morale**, a man of high moral stature. ● **un uomo di s. alta (bassa)**, a tall (short) man.

status quo, (*lat.*), *m*. status quo; existing state of affairs.

statutàrio, *a.* statutory; statute (*attr.*): **una dichiarazione statutaria**, a statutory declaration; **una legge statutaria**, a statute law.

statuto, *m*. (*leg.*) **1** statute; charter; (*costituzione*) constitution **2** (*complesso di deliberazioni normative*) by-laws (*pl.*) **3** (*di una società*) charter; (*di una società di persone*) articles of partnership (*pl.*); (*di una società di capitali*) articles of association (*pl.*).

stavòlta, *avv.* (*fam.*) this time.

staziògrafo, *m*. (*naut.*) station-pointer.

stazionale, *a.* (*relig.*) stational.

stazionaménto, *m*. standing; stopping; (*parcheggio*) parking.

stazionare, *v. i.* to stand*; to stop; (*parcheggiare*) to park.
stazionarietà, *f.* stationariness.
stazionàrio, *a.* **1** (*generalm.*) stationary: **una malattia stazionaria**, a stationary disease; **temperatura stazionaria**, stationary temperature; (*fis.*) **onde stazionarie**, stationary waves (*o* vibrations) **2** (*econ.*) stationary; statical; static; stable.
stazióne, *f.* **1** station: **s. ferroviaria**, railway station; **s. metropolitana**, underground (*o*, *USA*: subway) station; (*ferr.*) **s. di smistamento**, shunting station; (*ferr.*) **s. di testa**, terminal station; terminal; **s. di rifornimento**, petrol (*o*, *USA*: gas) station; filling station; (*radio*) **s. clandestina**, illicit station; (*radio*) **s. emittente**, broadcasting station; (*radio*) **s. locale**, local (*o*, *USA*: spot) station; **s. meteorologica**, weather (*o* meteorological) station; (*radio*) **s. radiogoniometrica**, direction-finding station; (*naut.*, *mil.*) **s. telemetrica**, range-finding station; (*ferr.*) **s. principale (intermedia, di transito)**, main (intermediate, transit) station; **s. capolinea**, terminus (station); **una s. di autobus**, a bus station; (*radio*) **s. trasmittente**, transmitting station; **una s. navale**, a naval station; **una s. commerciale**, a trading station (*o* outpost); (*naut.*) **s. di punteria generale**, gun control station **2** (*sede di distaccamento*) station; post: **s. di frontiera**, frontier post (*o* station); **s. di polizia**, police station; **s. sanitaria**, sanitary post (*o* station) **3** (*luogo di villeggiatura*) resort: **una s. balneare**, a seaside resort; **una s. estiva (invernale)**, a summer (a winter) resort **4** (*osservatorio scientifico*) observatory; station: **s. di entomologia agraria**, agricultural entomology observatory **5** (*relig.*) station: **le stazioni della Via Crucis**, the stations of the Cross **6** (*fermata*) stop; halt: **La corriera fa s. a San Donà**, the bus makes a stop (*o* a halt) at San Donà; the bus stops at San Donà. ● **s. di monta** (*per equini*), stud farm.
stazza, *f.* (*naut.*) tonnage; **s. lorda (totale)**, gross tonnage; **s. netta**, net tonnage; **diritti di s.**, tonnage dues; **il ponte di s.**, the tonnage-deck. ● **s. di regata**, rating.
stazzaménto, *m.* V. **stazzatura**.
stazzare, *v. t.* (*naut.*) **1** (*di nave*: *avere capacità*) to have a tonnage of; to admeasure at: **una nave che stazza tante tonnellate**, a ship with a tonnage of so many tons **2** (*misurare la stazza di*) to measure the tonnage of.
stazzatóre, *m.* (*naut.*) (tonnage-)measurer.
stazzatura, *f.* (*naut.*) **1** (*misurazione della stazza*) tonnage admeasurement; measurement **2** (*capacità di una nave*) tonnage.
stazzo, *m.* pen; fold.
stazzonare, *v. t.* to rumple; to crumple; to crease.
steapsina, *f.* (*biol.*) steapsin.
steàrico, *a.* (*chim.*) stearic: **acido s.**, stearic acid. ● **candela stearica**, tallow candle.
stearina, *f.* (*chim.*) stearin(e).
steatite, *f.* (*miner.*) steatite; soapstone.
steatopigia, *f.* steatopygia; steatopygy.
steatòpigo, *a.* steatopygic; steatopygous.
steatòsi, *f.* (*med.*) steatosis*.
stèca, stècade, *f.* (*bot.*, *Lavandula stoechas*) French lavender.
stécca, *f.* **1** (*asta*, *assicella*) stick; rod; slat; lath; rib: **le stecche d'una persiana alla veneziana**, the slats of a Venetian blind; **le stecche d'un ventaglio**, the sticks of a fan; **le stecche d'un ombrello**, the ribs of an umbrella **2** (*med.*) splint **3** (*da biliardo*) cue **4** (*mus.*) false note **5** (*di sigarette*) carton. ● **s. di balena**, whalebone ● **s. di colletto** (*di camicia*), collar-stiffener □ **stecche di persiana (non avvolgibile)** louver boards.
steccàia, *f.* pilework.
steccare, A *v. t.* **1** (*chiudere con uno steccato*) to fence; to fence in; to surround with a fence: **s. l'orto**, to fence the kitchen garden **2** (*med.*) to splint. B *v. i.* **1** (*nel biliardo*) to miscue **2** (*mus.*) to sing* (*o* to play) a false note.
steccata, *f.* **1** V. **steccato 2** (*colpo di stecca*) blow with a stick (*o* a rod).
steccato, *m.* **1** fence; paling; (*stecconata*) stockade: **circondare con uno s.**, to surround with a fence; to fence (in) **2** (*equitazione*) rails (*pl.*).
steccatura, *f.* fencing (in).
stecchétto, *m.* small stick; (small) twig. ● **stare a s.**, to be on short commons (*o* short allowance); to stint oneself; to skimp oneself □ **tenere q. a s.**, to keep sb. on short commons (*o* on short allowance); to stint sb.; to skimp sb.
stecchièra, *f.* cue-rack.
stecchino, *m.* (*stuzzicadenti*) toothpick.
stecchire, A *v. i.* **stecchirsi**, *v. rifl.* **1** (*diventare secco*) to dry up **2** (*diventare magro*) to grow* (*o* to get*) very thin (*o* lean) **3** (*diventare rigido*) to become* stiff (*o* rigid). B. *v. t.* to kill (sb.) on the spot.
stecchito, *a.* **1** (*sottile come uno stecco*) (very) thin; lank: **gambe stecchite**, long, thin legs; spindle legs; **essere secco s.**, to be as thin as a lath (*o* a whipping-post); to be as lean as a rake

2 (*di piante*) dried up; withered: **una pianta stecchita**, a withered plant. ● **cadere morto s.**, to fall stone-dead □ **essere (morto) s.**, to be as dead as a door-nail (*fam.*) □ **rimanere s.**, to be killed on the spot □ **La notizia mi lasciò s.**, I was flabbergasted by the news.
stécco, *m.* stick; (dry) twig. ● **gambe sottili come stecchi**, spindle legs □ (*fig.*) **essere ridotto uno s.**, to be as thin as a lath; to be as lean as a rake.
stecconare, *v. t.* to stockade; to surround with a stockade.
stecconata, *f.* **stecconato**, *m.* stockade; enclosure.
steccóne, *m.* post; pale; stake.
stechiometria, *f.* (*chim.*) stoich(e)iometry.
stechiomètrico, *a.* (*chim.*) stoich(e)iometric(al).
Stefània, *f.* Stephanie.
Stéfano, *m.* Stephen; (*dim.*) Steve, Stevie. ● **cose che durano da Natale a Santo S.**, short-lived things □ **da Natale a Santo S.**, but one day; a very short time □ **il giorno di Santo S.**, Boxing Day.
Steganòpodi, *m. pl.* (*zool.*) Steganopodes; Pelecaniformes.
stégola, *f.* (*agric.*) plough-beam.
stegosàuro, *m.* (*paleontologia*, *Stegosaurus*) stegosaur.
stèle, *f.* **1** (*archeol.*) stela*; stele: **una s. sepolcrale**, a grave stele **2** (*bot.*) stele; vascular cylinder.
stélla (1), *f.* **1** star: **la s. del mattino (della sera)**, the morning (evening) star; **stelle doppie (fisse)**, double (fixed) stars; **s. polare**, North (*o* Pole) star; **s. filante** (**o cadente**), falling star; shooting star; (*anche fig.*) **vedere le stelle**, to see stars: **Se ti molla un pugno vedrai le stelle**, if he lands you one you'll see stars; **un cielo pieno di stelle**, a sky full of stars; a starlit sky **2** (*fig.*) destino, fortuna) star; fate; destiny: **nascere sotto una buona (una cattiva) s.**, to be born under a lucky (an unlucky) star; **È scritto nelle stelle**, it is written in the stars; **Ti auguro una migliore s.**, I wish you a better fate; **Così vogliono le stelle**, fate wills it; **Ringrazia la tua buona s. se non sei finito come lui!**, thank your lucky stars if you haven't ended up like him! **3** (*fig.*: *diva*) star: **s. del cinema (della televisione)**, film (television) star; **Era la s. della compagnia teatrale**, she was the star of the theatrical company **4** (*di cavallo*) blaze; star **5** (*rotella dello sperone*) rowel **6** (*mecc.*) row: **a s. semplice**, single-row; **a doppia s.**, double-row **7** (*tipogr.*: *asterisco*) asterisk; star: **Segnalo con una s.** (*o* **stelletta**), mark it with an asterisk (*o* with a star). ● (*bot.*) **s. alpina** (*Leontopodium alpinum*), edelweiss □ **s. cometa**, comet □ (*zool.*) **s. di mare** (*Asterias*), starfish □ (*bot.*) **s. di sera** (*Oenothera biennis*), evening primrose □ (*fig.*) **s. filante**, streamer □ **a forma di s.** (*o* **fatto a s.**), starlike; star-shaped □ **la bandiera delle stelle e delle strisce** (*degli USA*), the Stars and Stripes; the star-spangled banner □ **un cielo senza stelle**, a starless sky □ (*elettr.*) **collegamento a s.**, «Y» (*o* star) connection □ **dormire sotto le stelle**, to sleep out in the open □ (*fig.*) **portare q. alle stelle**, to praise sb. to the skies □ **un ristorante segnalato con due stelle**, a restaurant awarded two stars □ (*astron.*) **le sette stelle dell'Orsa Maggiore**, the Great Bear; the Big Dipper; Ursa Major □ (*astron.*) **le sette stelle dell'Orsa Minore**, the Little Bear; the Little Dipper; Ursa Minor □ (*fam.*) **Povera stella!**, poor thing! □ (*fig.*) **La sua s. sta tramontando**, his sun is setting □ **Quella fanciulla sembra una s.**, that maid is really beautiful □ **I prezzi sono alle stelle**, prices are sky-high □ **I prezzi sono saliti alle stelle**, prices have rocketed □ **Trovai la strada alla luce delle stelle**, I found my way by starlight.
stélla (2), *f.* (*naut.*) star.
Stélla, *f.* Stella; Estella.
stellàggio, *m.* (*Borsa*) double option.
stellante, *a.* **1** (*poet.*: *cosparso di stelle*) studded with stars; full of stars; starred; starry: **notti stellanti**, starry nights **2** (*lucente come stella*) star-like; shining like a star; as bright as a star: **occhi stellanti**, star-like eyes.
stellare (1), *a.* **1** (*astron.*) stellar; of a star; of stars; astral: **splendore s.**, astral lustre **2** (*che ha forma di stella*) stellar; stellate; star-shaped; star-like; astral: **una figura s.**, a stellar figure. ● (*elettr.*) **collegamento s.**, «Y» (*o* star) connection □ (*mecc.*) **motore s.**, radial engine □ (*astron.*) **terremoto s.**, starquake.
stellare (2), (*lett.*) A *v. t.* to adorn (*o* to stud) with stars.
stellarsi, B *v. rifl.* to fill with stars.
stellària, *f.* (*bot.*, *Stellaria media*) chickweed.
stellato, A *a.* studded with stars; full of stars; star-spangled; starred; starry; (*di cavallo*) blazed: **un cielo s.**, a starry (*o* a starlit) sky; **la bandiera stellata** (*degli USA*), the star-spangled banner; the Stars and Stripes. B *m.* **1** (*cielo stellato*) star-spangled sky **2** (*naut.*) wedgelike part. ● (*naut.*) **s. di poppa**, run □ (*naut.*) **s. di prua**, entrance.
stelleggiare, *v. t.* to stud (*o* to adorn) with stars.
stellétta, *f.* **1** (*mil.*) star **2** (*tipogr.*) asterisk.
stellina, *f.* (*giovane attrice*) starlet.

stellionato, *m.* (*leg.*) stellionate.
stellióne, *m.* (*zool.*, *Agama stellio*) starred lizard.
stelloncino, *m.* paragraph; (short) item of news.
stèlo, *m.* 1 (*bot.*) stem; stalk: **lo s. d'un fiore**, the stem of a flower 2 (*sostegno*) stand 3 (*mecc.*) stem; shaft: **lo s. d'una valvola**, a valve stem 4 (*ferr.*: *s. di rotaia*) web. ● (*mecc.*) **s. dello stantuffo**, piston-rod ☐ **lampada a s.**, standard (*o* floor) lamp.
stèmma, *m.* coat of arms; armorial bearings (*pl.*).
stemmàrio, *m.* (*araldica*) armorial.
stemmato, *a.* blazoned; emblazoned; armorial.
stemperaménto, *m.* 1 (*il diluire*) dilution; diluting; dissolving; melting 2 (*il togliere la tempra a un metallo*) softening.
stemperare, A *v. t.* 1 (*diluire, anche fig.*) to dilute; to dissolve; to melt: **s. una pastiglia**, to melt a tablet; (*fig.*) **s. un episodio in una narrazione prolissa**, to dilute (*o* to spin out) an episode in a prolix narration 2 (*metalli*) to soften: **s. l'acciaio**, to soften steel. **stemperarsi, B** *v. rifl.* 1 (*diluirsi*) to be diluted; to dissolve; to melt: **s. in lacrime**, to melt into tears 2 (*perdere la tempra*) to become* (*o* to get*) untempered (*o* soft).
stempiarsi, *v. rifl.* to go* bald (at the temples).
stempiato, *a.* bald at the temples.
stèn (*ingl.*), *m. e f. invar.* (*pistola mitragliatrice*) Sten (gun).
stendardière, *m.* standard-bearer.
stendardo, *m.* 1 (*mil.*) standard; ensign; banner: **alzare lo s.**, to raise the standard; **sotto lo s. di**, under the standard of 2 (*relig.*) banner 3 (*bot.*) vexillum*; banner; standard.
stèndere, A *v. t.* 1 (*distendere, allungare*) to stretch (out): **s. le braccia**, to stretch (out) one's arms; **s. le gambe**, to stretch (out) one's legs; **La piovra stese i suoi tentacoli in alto**, the octopus stretched its tentacles upwards 2 (*spiegare*) to spread* (out); to lay* (out): **s. le reti**, to spread (*o* to lay, to set) the nets; **s. le ali**, to spread one's wings; **s. un tappeto**, to lay a carpet; **s. il bucato sull'erba**, to spread the washing out on the grass; **s. la tovaglia**, to lay the table-cloth; **Stese le fotografie sul tavolo**, he spread (*o* laid) the photos out on the table 3 (*sciorinare*) to hang* out: **s. il bucato (i panni)**, to hang out the washing (the clothes); **Stendi quelle lenzuola al sole!**, hang out those sheets in the sun 4 (*mettere per iscritto*) to draw* up; to draft: **s. un contratto**, to draw up a contract; **s. un'accusa contro q.**, to draw up an accusation against sb.; **s. una relazione**, to draft (*o* to draw up) a report; **s. un piano di battaglia**, to draw up a plan of battle 5 (*spalmare*) to spread*; to lay*: **s. il burro sul pane**, to spread butter on bread; **s. la vernice su q.c.**, to spread (*o* to lay) paint on st. 6 (*abbattere*) to knock flat (*o* down); to floor; to stretch out; (*uccidere*) to kill: **s. a terra q. con un pugno**, to knock sb. down with a punch 7 (*rilassare*) to relax: **s. i nervi (i muscoli)**, to relax the nerves (the muscles) 8 (*metalli*) to hammer out 9 (*ind. tessile*) to tenter. ● (*fig.*) **s. la mano** (*chiedere l'elemosina*), to hold one's hand out ☐ **s. q. sul letto**, to lay sb. on the bed ☐ **fare s. q.**, to make sb. lie down. **stèndersi, B** *v. rifl.* 1 (*estendersi*) to stretch; to spread* out: **Il mio podere si stende fino al confine svizzero**, my farm stretches as far as the Swiss border; **La pianura padana si stende fino all'Adriatico**, the Po Valley stretches as far as the Adriatic; **Queste foreste si stendono a perdita d'occhio**, these forests stretch as far as the eye can see 2 (*allungarsi*) to stretch oneself out; (*sdraiarsi*) to lie* down: **s. per terra**, to stretch oneself out (*o* to lie down) on the ground; **Si stese sul letto**, he lay down on the bed. ● **s. a ventaglio**, to spread out like a fan; to fan out.
stendibiancheria, *m.* clothes-horse; (clothes-)drier.
stendifili, *m.* (*mil.*) cableman.
stenditóio, *m.* 1 (*locale*) drying-room (*attrezzo*) (clothes--)drier 3 (*ind. tessile*) tenter.
stenditrice, *f.* (*ind. tessile*) tenter.
stenditura, *f.* 1 spreading; stretching (out) 2 (*ind. tessile*) tentering.
stenebrare, *v. t.* (*lett., anche fig.*) to enlighten: **s. la mente**, to enlighten the mind.
stenìa, *f.* (*med.*) sthenia; vital energy; strength.
stènico, *a.* (*med.*) sthenic.
stenoalino, *a.* (*biol.*) stenohaline.
stenòbate, *a.* (*biol.*) stenobathic.
stenocardia, *f.* (*med.*) stenocardia; angina pectoris.
stenodattilografia, *f.* shorthand typing.
stenodattilògrafo, *m.* shorthand typist.
stenografare, *v. t.* to write* (*o* to take* down) in shorthand; to shorthand; to stenograph.
stenografato, *a.* (written) in shorthand.
stenografia, *f.* shorthand; stenography.
stenograficaménte, *avv.* in shorthand.
stenogràfico, *a.* shorthand (*attr.*); stenographic(al); of stenography: **resoconti stenografici**, shorthand reports; **un metodo s.**, a method of stenography; **scrittura stenografica**, (writing in) shorthand; stenography.
stenògrafo, *m.* shorthand writer; stenographer.
stenòsi, *f.* (*med.*) stenosis*.
stenotermìa, *f.* (*biol.*) stenothermy.
stenotèrmo, *a.* (*biol.*) stenothermal; stenothermic.
stenotipìa, *f.* stenotypy.
stenotipista, *m. e f.* shorthand machine operator.
stentacchiare, *V.* stentucchiare.
stentare, *v. i.* 1 (*mancare del necessario*) to be in need (*o* want); to feel* the pinch of poverty; to be badly off 2 (*durare fatica*) to find* it hard; to be hardly able; to have difficulty: **s. a fare q.c.**, to find it hard to do st.; to be hardly able to do st.; to have difficulty in doing st.: **Stento a crederti**, I can hardly believe you; **Egli stenta ancora a camminare**, he still has some difficulty in walking; **Stento molto a capirlo**, I've much difficulty in understanding him. ● **s. la vita**, to be badly off; to be hard up; to find it hard to make both ends meet.
stentataménte, *avv.* with difficulty; not without effort.
stentatézza, *f.* 1 difficulty 2 (*povertà*) poverty; hard-ship; privation 3 (*il crescere a stento*) stuntedness.
stentato, *a.* 1 (*fatto con fatica*) difficult, hard, laboured; (*ottenuto con fatica*) hard-earned: **uno stile s.**, a laboured style; **pane s.**, hard-earned bread 2 (*pieno di stenti*) hard; poverty-stricken: **condurre una vita stentata**, to lead a hard life (*o* a miserable existence); **to lead a dog's life** (*fam.*) 3 (*cresciuto a stento*) scrubby; stunted: **piante stentate**, scrubby plants. ● **parlare un italiano s.**, to speak broken Italian.
Stenterèllo, *m.* (*maschera fiorentina*) Stenterello.
stènto, *m.* 1 difficulty; (*sforzo*) effort; pains (*pl.*): **senza s.**, without difficulty (*o* effort); easily; **a s.**, with difficulty; not without effort; **fare q.c. a s.**, to do st. with difficulty; to be hardly able to do st.: **Lo tradussi a s.**, I could hardly translate it 2 (*pl.*: *povertà*) privation (*sing.*); poverty (*sing.*); straitened circumstances (*pl.*): **crescere fra gli stenti**, to grow up in poverty; **una vita di s.** (*o* **di stenti**), a life of privation (*o* hardship); a hard life. ● **vivere tra gli stenti**, to lead a hard life (*o* a miserable existence); to lead a dog's life (*fam.*).
Stèntore, *m.* (*mitol.*) Stentor.
stentòreo, *a.* stentorian: **con voce stentorea**, in a stentorian voice.
stentucchiare, *v. i.* (*fam.*) 1 to find* it hard 2 (*soffrire piccole privazioni*) to be in rather bad (*o* straitened) circumstances.
stepidire, *V.* stiepidire.
stéppa, *f.* (*geogr.*) steppe.
stèppico, *a.* steppe (*attr.*): **vegetazione steppica**, steppe vegetation.
steppóso, *a.* steppe-like.
steradiante, *m.* (*mat.*) steradian.
steràngolo, *m.* (*mat.*) solid angle.
stèrco, *m.* dung; excrement.
stercobilina, *f.* (*biol., chim.*) stercobilin.
stercoràceo, *a.* (*specialm. med.*) stercoraceous; stercoral.
stercoràrio (1), *a.* stercoral. ● (*zool.*) **scarabeo s.** (*Geotrupes stercorarius*), dung-beetle; dorbeetle.
stercoràrio (2), *m.* (*zool., Stercorarius pomarinus*) Pomarine skua; Pomarine jaeger (*USA*).
stèreo, *a.* (*fis., radio*) stereophonic; stereo.
stereòbate, *m.* (*archit.*) stereobate.
stereoblàstula, *f.* (*biol.*) stereoblastula.
stereochìmica, *f.* (*chim.*) stereochemistry.
stereochìmico, *a.* (*chim.*) stereochemical.
stereocinematografia, *f.* stereoscopic cinematography.
stereofonìa, *f.* (*fis., radio*) stereophony.
stereofònico, *a.* (*fis., radio*) stereophonic. ● **cuffia stereofonica**, stereophone ☐ **nastro (magnetico) s.**, stereotape.
stereofotografia, *f.* stereoscopic photography; stereophotography.
stereofotogramma, *m.* stereogram; stereograph.
stereofotogrammetria, *f.* stereophotogrammetry.
stereognosìa, *f.* (*fisiologia*) stereognosis*.
stereografia, *f.* (*med.*) stereography.
stereogràfico, *a.* (*geom.*) stereographic(al): **una proiezione stereografica**, a stereographic projection.
stereogramma, *m.* 1 (*mat., geol.*) stereogram 2 *V.* stereofotogramma.
stereoisomerìa, *f.* (*chim.*) stereoisomerism.
stereoisòmero, *a.* (*chim.*) stereoisomeric.
stereologìa, *f.* (*scient.*) stereology.
stereològico, *a.* (*scient.*) stereological.
stereometria, *f.* (*geom.*) stereometry.
stereomètrico, *a.* (*geom.*) stereometric(al).
stereoscopìa, *f.* (*fis.*) 1 (*la tecnica*) stereoscopy 2 (*fotografia stereoscopica*) stereograph; stereoscopic photograph.
stereoscòpico, *a.* (*fis.*) stereoscopic: **una fotografia stereosco-**

pica, a stereoscopic photograph; a stereograph; **un apparecchio fotografico s.**, a stereoscopic camera.
stereoscòpio, *m.* (*fis.*) stereoscope: **uno s. a riflessione**, a reflecting stereoscope; **uno s. a rifrazione**, a lenticular stereoscope; **uno s. a specchio**, a mirror stereoscope.
stereospecificità, *f.* (*chim.*) stereospecificity.
stereospecìfico, *a.* (*chim.*) stereospecific.
stereotipare, *v. t.* (*tipogr.*) to stereotype.
stereotipato, *a.* (*tipogr. e fig.*) stereotyped: **una formula stereotipata**, a stereotyped formula; **frasi stereotipate**, stereotyped phrases.
stereotipìa (1), *f.* (*tipogr.*) 1 (*procedimento*) stereotypy 2 (*lastra*) stereotype (plate); (*stampa*) stereotype print.
stereotipìa (2), *f.* (*psic.*) stereotypy.
stereotìpico, *a.* (*tipogr.*) stereotyped; stereotype (*attr.*): **una lastra stereotipica**, a stereotype(d) plate; a stereotype.
stereotipista, *m. e f.* (*tipogr.*) stereotyper; stereotypist.
stereòtipo (1), *a.* (*tipogr.*) stereotype; stereotyped (*anche fig.*): **un'edizione stereotipa**, a stereotype edition; **lastre stereotipe**, stereotype plates.
stereòtipo (2), *m.* (*psic.*) stereotype.
stereotropismo, *m.* (*biol.*) stereotropism.
stereovisóre, *m.* stereo viewer.
stèrico, *a.* (*chim.*) steric.
stèrile, *a.* 1 (*infecondo*) barren; sterile: **una donna s.**, a barren woman 2 (*che non dà frutto, anche fig.*) barren; sterile; unproductive; fruitless; vain; poor: **terreno s.**, barren land; **una pianta s.**, a barren plant; **un anno s.**, a sterile year; **un autore s.**, a sterile author; **una mente s.**, a barren mind; **rimpianti sterili**, vain regrets 3 (*med.*) sterile; sterilized.
sterilire, *v. t.* to render barren.
sterilità, *f.* 1 barrenness; sterility 2 (*improduttività, anche fig.*) barrenness; unproductiveness; fruitlessness 3 (*med.*) sterility.
sterilizzare, *v. t.* (*anche med.*) to sterilize: **s. il latte**, to sterilize milk.
sterilizzato, *a.* sterilized.
sterilizzatóre, **A** *m.* (*chi sterilizza, apparecchio per sterilizzare*) sterilizer. **B** *a.* sterilizing.
sterilizzazióne, *f.* sterilization.
sterilménte, *avv.* sterilely; unfruitfully; vainly.
sterlétto, *m.* (*zool., Acipenser ruthenus*) sterlet.
sterlina, *f.* pound (sterling): **Mi costò dieci sterline**, it cost me ten pounds; **venticinque sterline**, twenty-five pounds; **un biglietto da cinque sterline**, a five-pound note; a fiver (*fam.*); **un biglietto da dieci sterline**, a ten-pound note; a tenner (*fam.*). ● **lira s.**, pound sterling.
sterlineare, *v. t.* (*tipogr.*) to unlead.
sterlineatura, *f.* (*tipogr.*) unleading; removal of leads.
sterminàbile, *a.* exterminable.
sterminare, *v. t.* to exterminate; to destroy: **s. i topi**, to exterminate rats and mice.
sterminataménte, *avv.* boundlessly; unboundedly; endlessly; immensely.
sterminatézza, *f.* boundlessness; unboundedness; endlessness.
sterminato, *a.* boundless; unbounded; endless; immense: **lo s. oceano**, the boundless ocean.
sterminatóre, **A** *m.* exterminator; destroyer. **B** *a.* exterminating; destroying. ● **angelo s.**, angel of death.
sterminio, *m.* 1 extermination; (*utter*) destruction; massacre; (*strage*) slaughter: **La battaglia finì in uno s.**, the battle ended in a massacre; **campi di s.**, extermination (*o death*) camps 2 (*fig., fam.: quantità immensa*) immense (*o huge*) quantity; awful lot; lots and lots (*pl.*): **C'era uno s. di gente**, there were an awful lot of people.
stèrna, *f.* (*zool., Sterna hirundo*) tern; sea-swallow.
sternale, *a.* (*anat.*) sternal; of the breast-bone.
stèrno, *m.* (*anat.*) sternum*; breast-bone.
sternocleidomastoidèo, **A** *a.* – **muscolo s.**, sternocleidomastoid muscle. **B** *m.* sternocleidomastoid (muscle).
sternutare, sternutire, *V.* starnutire.
sternuto, *V.* starnuto.
stèro, *m.* (*unità di misura di capacità*) stero*; stere; cubic metre.
steròide, *a.* (*chim.*) steroid.
steròlo, *m.* (*chim.*) sterol.
sterpàglia, *f.* (*spreg.*) (heap of) brushwood.
sterpàia, *f.* **sterpàio**, *m.* brushwood; undergrowth.
sterpame, *m.* brushwood; scrubwood; underbrush.
sterpàzzola, *f.* (*zool., Sylvia communis*) (common) whitethroat.
sterpéto, *m.* brushwood; undergrowth; scrub.
sterpigno, *V.* sterpóso.
stèrpo, *m.* dry twig; dry shoot; (*pruno*) thorn.
sterpóso, *a.* overgrown with brushwood; scrubby.
sterraménto, *m.* digging out; excavating; excavating.
sterrare, *v. t.* to dig* out (earth); to excavate (earth).
sterrato, *a.* 1 excavated 2 (*privo di massicciata*) unmetalled.
sterratóre, *m.* digger; navvy.
stèrro, *m.* 1 (*lo sterrare*) digging out; excavation; excavating 2 (*terra scavata*) earth dug out; excavated material.
stertóre, *m.* (*med.*) stertor.
stertoróso, *a.* (*med.*) stertorous.
sterzante, *a.* (*autom.*) steering: **asse s.**, steering head (*o* axle).
sterzare (1), *v. t.* (*diradare*) to thin out: **s. un bosco**, to thin out a wood.
sterzare (2), *v. t. e i.* 1 (*autom.*) to steer; to turn: **s. bruscamente**, to turn suddenly 2 (*fig.*) to swerve; to veer; to deviate; to shift.
sterzata, *f.* 1 (*autom.*) steering; (*effetto*) sudden turn 2 (*fig.*) swerve; veer; sudden shift.
sterzatura (1), *f.* (*il diradare*) thinning out.
sterzatura (2), *f.* (*autom.*) steering.
stèrzo, *m.* (*autom.*) steering-gear.
stésa, *f.* 1 (*serie di cose stese*) display: **una s. di merci**, a display of goods 2 (*mano di vernice e sim.*) coat: **una s. di vernice**, a coat of paint.
stéso, *a.* 1 spread (out); (*allungato*) stretched out; (*teso*) outstretched; (*sdraiato*) lying: **I giornali erano stesi sul tavolo**, the newspapers were spread out on the table; **colori stesi male**, unevenly spread colours; **La trovai stesa per terra**, I found her stretched out on the ground; **con le braccia (le mani) stese**, with outstretched arms (hands); **Mentre era s. sul letto, squillò il telefono**, while he was lying on the bed, the telephone rang 2 (*appeso*) hanging: **Le lenzuola erano stese alle finestre**, the sheets were hanging from the windows.
stèssere, *v. t.* to unweave*; to undo*.
stésso, A *a. dimostrativo* 1 (*uguale, identico*) same: **Avremo lo s. allenatore dell'anno scorso**, we'll have the same trainer as last year; **Non voglio la stessa cena ogni sera**, I don't want the same supper every evening; **È sempre la stessa solfa**, it's always the same old story; **È la stessa situazione di prima**; **nulla è cambiato**, it's the same situation as before; nothing has changed; **È proprio lo s. libro che ha dato a me**, it's the very same book he gave to me; **Proprio quello s. giorno che ero a Firenze, venne a trovarmi**, on the very same day I was in Florence he came to see me 2 (*rafforzativo dei pron. rifl.*) -self* (*suff.*): **me s.**, myself; **te s.**, yourself; thyself (*poet.*); **se s.**, (*di persona*) himself; (*di cosa*) itself; (*indef.*) oneself; **se stessa**, herself; **noi stessi**, ourselves; (*pl. di maestà*) ourself; **voi stessi**, yourselves; **se stessi** (*o* **se stesse**), themselves; **Conosci te s.!**, know thyself; **essere fedele a se s.**, to be true to oneself; **Gli egoisti pensano sempre a se stessi**, selfish people always think of themselves; **Ama il prossimo tuo come te s.**, love your neighbour as yourself; **di per se s.**, in itself 3 (*rafforzativo dei pron. pers. sogg. e di sost.*) -self* (*suff.*): **io s.**, I myself; I...myself; **tu s.**, you yourself; you...yourself; **egli (o lui) s.**, he himself; he...himself; **ella (o lei) stessa**, she herself; she...herself; **esso s.**, it itself; it...itself; **noi stessi**, we ourselves; we...ourselves; (*pl. di maestà*) we ourself; we...ourself; **voi stessi**, you yourselves; you...yourselves; **essi (o loro) stessi**, they themselves; they...themselves; **esse (o loro) stesse**, they themselves; they...themselves; **È venuto ad aprirmi la porta lui s.**, he himself came to open the door for me; **Manzoni s. ce lo descrive nel suo romanzo**, Manzoni himself describes it to us in his novel; **Lo farò io s.**, I'll do it myself; **Dovreste andarci voi stessi**, you should go there yourselves; **Io s. lo vidi partire**, I myself saw him leave; **Quell'uomo è la gentilezza stessa**, that man is kindness itself; **Il testo s. era scritto male**, the text itself was badly written 4 (*con valore di «proprio», «esattamente»*) very: **oggi s.**, this very day; **in quel momento s.**, at that very moment; **Lo feci con queste stesse mani**, I did it with these very hands 5 (*rafforzativo degli agg. poss.*) own: **Lo udii con i miei stessi orecchi**, I heard it with my own ears. **B** *pron. dimostrativo* 1 (*la stessa persona*) same (person): **Non sono più lo s. dopo quell'incidente**, I'm not the same person (I was), after that accident 2 (*la stessa cosa*) same (thing): **per me, è lo s.**, it's (all) the same to me; **Anche lui ti dirà lo s.**, he'll tell you the same thing; **Che venga o non venga, fa lo s.**, it's (all) the same whether he comes or not; **Egli fa lo s. di me**, he does the same as I do. **C** *avv.* (*in ogni modo*) (all) the same; just the same; anyway: **Andremo a vederlo lo s.**, we'll go and see him all the same (*o* anyway).
stesura, *f.* 1 (*compilazione*) drawing up; writing out; wording: **la s. d'un bilancio**, the drawing up of a balance-sheet; **la s. d'un contratto**, the drawing up of a contract; **la s. d'una copia**, the writing out of a copy 2 (*documento*) draft.
stetoscopìa, *f.* (*med.*) stethoscopy.
stetoscòpico, *a.* (*med.*) stethoscopic(al).
stetoscòpio, *m.* (*med.*) stethoscope.
Stettino, *f.* (*geogr.*) Stettin.
steward (*ingl.*), *m.* steward.

stìa, f. (agric.) hen-coop; hutch.
stiacciare, V. **schiacciare**.
stiacciato, m. (scult.) «stiacciato».
stiaccino, m. (zool., Saxicola rubetra) whinchat.
stiància, f. (bot., Typha latifolia) reed-mace; cat's-tail; bubrush (pop.).
stibina, f. (miner.) stibine; stibnite.
stick (ingl.), m. stick: **s. di sapone per barba**, shaving stick; **s. deodorante**, deodorant stick. ● **s. di rossetto**, lipstick.
sticòmetro, m. (tipogr.) type (o line) gauge; pica rule; typometer.
sticomìtia, f. (letter.) stichomythia; stichomythy.
stiepidire, v. t. to warm up; to make* lukewarm.
stif(f)èlius, m. (redingote) froak-coat.
Stige, m. (mitol.) Styx: **lo S. infernale**, the infernal Styx.
stìgio, a. (mitol.) Stygian.
stigliare, v. t. (ind. tessile) to scutch; to swingle.
stigliatrice, f. (mecc.) scutching-machine; scutcher; swingle.
stigliatura, f. (ind. tessile) scutching; swingling.
stìglio, m. (ind. tessile) scutcher.
stigma, m. **1** (marchio) stigma; mark; brand: **avere lo s. del delinquente**, to be marked with the stigma of delinquency; to be stigmatized as a delinquent **2** (bot., zool.) stigma*.
stìgmate, f. pl. (med., relig.) stigmata: **le stigmate del vaiolo**, the stigmata of smallpox; **le stigmate di S. Francesco**, the stigmata of St. Francis.
stigmàtico, a. (bot., fis.) stigmatic.
stigmatìsmo, m. (fis.) stigmatism.
stigmatizzare, v. t. (fig.) to stigmatize; to censure.
stigmatizzazióne, f. **1** (energica disapprovazione) stigmatization **2** (impressione delle stigmate) stigmatization.
stilare, v. t. to write* out; to draw* up; to word.
stilata, f. (archit.) pier.
stilb, m. (fis.: unità di brillanza) stilb.
stilbite, f. (miner.) stilbite.
stilbo, m. (zool., Stilbum splendidum) golden wasp.
stile, m. **1** (generalm.) style; (maniera) manner, way, habit: **Lo s. è l'uomo**, the style is the man; **lo s. del Petrarca**, the style of Petrarch; **nello stile del Raffaello**, in Raphael's style; after the manner of Raphael; **lo s. gotico**, the Gothic style; **lo s. epico**, the epic style; **lo s. rinascimentale**, the Renaissance style; **lo s. Regina Anna**, Queen Anne style; **uno scrittore senza stile**, a writer lacking style; **cambiare s.**, to change one's style; **parlare nel proprio s. consueto**, to talk in one's usual style; **fare q.c. con s.**, to do st. in style; **in grande s.**, in grand style; on a large scale; (sport) **s. libero**, free style; **non avere s.**, to lack style; **È nel suo s. lamentarsi sempre**, it's his style (o it's like him) to be always complaining **2** V. **stilo**.
stilè, a. (elegante) stylish; smart.
stilèma, m. (letter.) stylistic feature.
stilettata, f. **1** (colpo di stiletto) stab **2** (fig.: trafittura) shooting (o stabbing) pain; pang: **una s. al fianco**, a shooting pain in the side.
stilétto, m. stiletto*; dagger.
stilìsmo, m. (letter., arte) stylism.
stilista (1), m. e f. (letter., arte) stylist.
stilista (2), m. e f. (moda, ecc.) stylist: **s. in capelli**, hair stylist.
stilìstica, f. stylistics (pl. col verbo al sing.).
stilìstico, a. stylistic.
stilita, **stilìte**, m. (relig.) stylite; pillar-saint.
stilizzare, v. t. to stylize.
stilizzato, a. stylized.
stilizzazióne, f. stylization.
stilla, f. (lett.) drop; droplet: **Non ce n'è più una s.**, there isn't a drop left; **una s. di vino**, a drop of wine; **a stille**, in drops; **a s. a s.**, drop by drop.
stillante, a. (lett.) dripping; oozing.
stillare, A v. t. **1** (mandare fuori a stille) to drip; to ooze; to exude: **Stillavo sudore**, I was dripping sweat; **Il pino stilla resina**, the pine-tree exudes resin **2** (raro: distillare) to distil. B v. i. (cadere a stille) to drip; to trickle; to ooze; to exude: **Il sangue stillava dalla ferita**, blood was trickling from the wound. ● (fig., fam.) **stillarsi il cervello**, to cudgel (o to rack) one's brains.
stillazióne, f. (distillazione) distillation.
stilliberista, m. e f. (sport) free-style swimmer; free-styler.
stillicìdio, m. **1** dripping **2** (fig.) continual repetition; constant trickle.
stilnovìsmo, m. (letter.) (adherence to the) «(dolce) stil novo» poetic style.
stilnovista, (letter.) A m. «stil novo» poet. B a. «stil novo» (attr.).
stilnovìstico, a. (letter.) «stil novo» (attr.).
stilnòvo, m. (letter.) «(dolce) stil novo».
stilo, m. **1** (stor.) stylus*; style **2** (pugnale) stiletto*; dagger **3** (zool., bot.) style.

stilòbate, m. (archit.) stylobate.
stilogràfica, f. fountain pen.
stilogràfico, a. stylographic: **inchiostro s.**, stylographic ink. ● **penna stilografica**, fountain pen.
stilòide, a. (anat.) styloid.
stima, f. **1** (valutazione) estimate; valuation; appraisal; rating; assessment: **fare la s. di q.c.**, to make an estimate of st.; to estimate (o to appraise) st.; **I periti non si accordarono sulla s. della proprietà**, the surveyors did not agree on the valuation of the property; **La s. del patrimonio fu sbagliata**, the appraisal of the estate was mistaken; **s. catastale**, cadastral estimate (o survey); **una s. dei danni**, an assessment of damages **2** (buona opinione) esteem; estimation; regard; respect; consideration: **avere molta s. di q.**, to hold sb. in high esteem; **perdere la s. di q.**, to lose sb.'s estimation (o esteem); **degno di s.**, worthy of esteem; **Se non godo la tua s., è inutile andare avanti**, if I don't enjoy your esteem, it's useless to go on like this **3** (naut.) reckoning: **s. della posizione**, dead reckoning. ● (agric.) **stime morte**, dead stock □ (agric.) **stime vive**, live stock □ (naut.) **errore di s.**, difference between estimated and observed position □ (naut.) **punto di s.**, estimated position □ **successo di s.**, «succès d'estime» (franc.) □ **tenere q. in molta (in poca) s.**, to think highly (little) of sb.
stimàbile, a. **1** (valutabile) estimable; valuable; appraisable **2** (rispettabile) respectable; estimable: **un uomo veramente s.**, a most respectable man.
stimabilità, f. **1** (valutabilità) estimableness; appraisability **2** (rispettabilità) respectableness; estimableness.
stimare, A v. t. **1** (valutare) to estimate; to value; to appraise; to rate; to assess: **s. il valore di q.c.**, to estimate (o to appraise) the value of st.; **s. una proprietà**, to value a property; **s. i danni**, to assess damages; **s. una distanza**, to estimate (o to calculate) a distance; **fare s. q.c.**, to have st. valued **2** (apprezzare) to esteem: **s. molto q.**, to esteem sb. highly; to hold sb. in high esteem; to think highly of sb.; **Come compositore era poco stimato**, as a composer he was not highly esteemed (o he was not much thought of); **È un uomo che stimo**, he's a man I esteem (o I hold in high esteem) **3** (giudicare, ritenere) to consider; to think*: **Stimo inutile questa lettera**, I consider this letter (to be) useless; **Stimo che la miglior cosa sia di non cedere**, I think the best thing to do is not to give in; **Lo stimo molto intelligente**, I consider him (to be) very intelligent. ● **s. q.c. al di sopra (al di sotto) del suo valore**, to overestimate (to underestimate) st. □ **s. q.c. a occhio e croce**, to make a rough estimate of st. **stimarsi**, B v. rifl. (giudicarsi) to consider oneself; to think* oneself: **Non si stima capace di riuscire**, he doesn't consider himself capable of succeeding; **s. fortunato**, to consider (o to think) oneself lucky; **Non mi stimo degno di un tale onore**, I don't consider myself worthy of such an honour.
stimato, a. **1** (valutato) estimated; valued; appraised **2** (apprezzato) (highly) esteemed.
stimatóre, m. (comm.) appraiser; estimator; valuer; valuator (anche ass.).
stimma, **stimmate**, V. **stigma**, **stigmate**.
stimmatizzare, V. **stigmatizzare**.
stimolante, A a. stimulating; stimulative. B m. (farm.) stimulant; upper (fam. USA).
stimolare, v. t. **1** (incitare, spronare) to stimulate; to incite; to spur; to goad; to prod on; (eccitare) to stir up, to rouse; (acuire) to whet: **L'ambizione lo stimolò al successo**, ambition spurred him on to success; **s. q. a fare q.c.**, to stimulate (o to incite) sb. to do st.; **s. q. con la speranza d'un premio**, to stimulate sb. by the hope of reward; **s. l'invidia**, to rouse (o to stir up) envy; **s. l'appetito**, to whet one's appetite **2** (fisiologia) to stimulate **3** (lett.: pungere con lo stimolo) to goad; to drive* on (with a goad); **s. i buoi**, to goad oxen.
stimolatóre, A m. stimulator; inciter. ● (med.) **s. cardiaco**, pacemaker. B a. stimulating; inciting.
stimolazióne, f. stimulation (anche fisiologia); incitement.
stìmolo, m. **1** (incitamento) stimulus*; incitement; incitation; incentive; spur **2** (assillo) sting; prick; pang: **sentire lo s. della fame**, to feel the sting (o the pangs) of hunger; **lo s. della coscienza**, the prick of conscience **3** (fisiologia) stimulus* **4** (lett.: pungolo per i buoi) goad. ● **gli stimoli naturali**, the demands of nature.
stincata, f. blow (o kick) on the shin.
stincatura, f. **1** (contusione causata da una stincata) bruise on the shin **2** V. **stincata**.
stinco, m. **1** shin-bone; (anat.) tibia* **2** (zool.) cannon-bone **3** (cucina) shank: **stinchi di vitello**, veal shanks. ● (fig.) **allungare gli stinchi**, to die; to turn up one's toes (fam.) □ (fig.) **non essere uno stinco di santo**, to be far from being a saint; to be no angel □ (fig.) **rompere gli stinchi a q.**, to annoy sb.; to bother sb.; to get sb.'s goat (fam.).

stìngere, *v. t.*, *v. i.* e **stìngersi**, *v. rifl.* to fade; to discolour: **Il sole aveva stinto il tappeto**, the sun had faded the carpet; **Questa stoffa non si stingerà mai**, this material will never fade.
stinto, *a.* faded; discoloured: **un vecchio vestito s.**, a faded old dress.
stipa, *f.* brushwood.
stipare (1), *v. t.* (*pulire dalla stipa*) to clear away the brushwood from.
stipare (2), A *v. t.* (*mettere in poco spazio*) to crowd; to throng; to press together; (*riempire calcando*) to cram, to pack, to stuff: **Li stiparono tutti in una stanza**, they crowded (*o* packed) them all into a room; **s. abiti in un baule**, to cram (*o* to pack) clothes into a trunk; to pack a trunk with clothes. **stiparsi, B** *v. rifl.* to crowd; to throng; to be pressed together.
stipato, *a.* (*pigiato*) crammed; packed; stuffed; (*affollato*) crowded, thronged; (*pieno zeppo*) cramfull, chockfull: **essere s. di gente**, to be crowded (*o* thronged) with people.
stipatura, *f.* (*il pulire dalla stipa*) clearing away of the brushwood.
stipendiare, *v. t.* **1** (*assumere*) to employ; to hire **2** (*retribuire con uno stipendio*) to pay* a salary to (sb.); to salary.
stipendiato, A *a.* salaried: **impiegati stipendiati**, salaried employees. **B** *m.* salaried person.
stipèndio, *m.* salary; pay; earnings (*pl.*); packet (*fam.*); paycheck (*fam. USA*): **un aumento di s.**, an increase of salary; **ricevere uno s.**, to receive a salary; **s. base**, base salary; **s. netto**, take-home pay.
stipettàio, *m.* cabinet-maker.
stipetteria, *f.* cabinet-making.
stipite, *m.* **1** (*archit.*) jamb: **s. di porta**, door jamb **2** (*bot.*) stipe; stipes*; stalk; (*fusto*) trunk **3** (*fig.*: *ceppo, stirpe*) stock; (*antenato*) ancestor: **due famiglie dello stesso s.**, two families of the same stock. ● (*archit.*) **s. in pietra**, jambstone.
stipo, *m.* cabinet.
stipola, *f.* (*bot.*) stipule.
stipolato, *a.* (*bot.*) stipulate(d).
stipsi, *f.* (*med.*) constipation; obstipation; costiveness.
stipula, *V.* **stipulazióne**.
stipulante, (*leg.*) **A** *a.* stipulating. **B** *m.* e *f.* stipulator; obligor.
stipulare, *v. t.* to stipulate; (*concordare*) to agree upon; (*redigere*) to draw* up; (*pattuire*) to condition, to provide; (*un prezzo e sim.*) to name: **s. un contratto di matrimonio**, to draw up a marriage contract.
stipulato, *a.* stipulated; (*concordato*) agreed upon; (*di prezzo e sim.*) named: **i patti stipulati**, the terms agreed upon.
stipulazióne, *f.* stipulation; (*stesura*) drawing-up; (*contratto*) contract; (*accordo*) agreement: **la s. d'un contratto**, the stipulation (*o* drawing up) of a contract; **la s. del matrimonio**, the marriage-contract.
stiracalzóni, *m.* trouser-press.
stiracchiaménto, *m.* **1** (*l'allungare distendendo*) stretching **2** (*fam.*: *il mercanteggiare*) haggling; chaffering; bargaining **3** (*fam.*: *il distorcere*) forcing, straining, distortion; (*il cavillare*) quibbling.
stiracchiare, A *v. t.* **1** (*allungare distendendo*) to stretch: **s. le gambe**, to stretch one's legs **2** (*forzare il significato di q.c.*) to force; to strain; to distort; (*cavillare*) to quibble about: **s. il significato d'una frase**, to distort the meaning of a sentence. **B** *v. t. e i.* (*fam.*, *mercanteggiare*) to haggle (about, over); to chaffer (about); to bargain (for, over): **Non mi piace stare a s.**, I don't like haggling about prices (*o* bargaining); **s. il (*o* sul) prezzo di q.c.**, to haggle about the price of st. ● **s. la vita**, to find it hard to make both ends meet. **stiracchiarsi, C** *v. rifl.* to stretch (oneself).
stiracchiato, *a.* (*fig.*) forced; strained; distorted; far-fetched: **un'intepretazione stiracchiata**, a forced interpretation.
stiracchiatura, *f.* (*interpretazione forzata*) forced (*o* distorted) interpretation; (*espressione forzata*) strained expression: **Queste sono stiracchiature**, these interpretations are forced.
stiràggio, *m.* **1** (*generalm.*) stretching **2** (*dei capelli*) straightening; conking (*pop. USA*).
stiramàniche, *m.* sleeve-board.
stiraménto, *m.* **1** (*generalm.*) stretching **2** (*med.*) sprain(ing); strain(ing): **s. muscolare**, muscle sprain.
stirare, A *v. t.* **1** (*allungare distendendo*) to stretch: **s. le gambe (le braccia)**, to stretch one's legs (one's arms) **2** (*col ferro da stiro*) to iron: **s. un paio di calzoni**, to iron a pair of trousers **3** (*i capelli*) to straighten; to conk (*pop. USA*) **4** (*ind. tessile*) to draw*. **stirarsi, B** *v. rifl.* to stretch (oneself).
stirata, *f.* (*stiratura frettolosa*) quick ironing.
stiratóio, *m.* **1** (*panno sul quale si stira*) ironing-blanket **2** (*ind. tessile*) drawing-frame.
stiratóre, *m.* **1** ironer **2** (*ind. tessile*: *stiratoio*) drawing-frame.
stiratoria, *V.* **stireria**.

stiratrice, *f.* **1** ironer; laundress **2** (*ind. tessile*) drawing-frame.
stiratura, *f.* **1** (*di tessuti*) ironing **2** (*dei capelli*) conk (*pop. USA*) **3** (*ind. tessile*) drawing **4** (*mecc.*) stretching **5** (*med.*) sprain(ing); strain(ing).
stirène, *V.* **stiròlo**.
stireria, *f.* ironing-room.
Stìria, *f.* (*geogr.*) Styria.
stirizzìre, A *v. t.* to warm: **s. le mani**, to warm one's hands.
stirizzirsi, B *v. rifl.* to warm oneself.
stiro, *m.* **1** ironing **2** (*ind. tessile*) drawing. ● **asse da s.**, ironing-board ☐ **ferro da s.**, flat-iron; iron.
stiròlo, *m.* (*chim.*) styrene; styrol.
stirpe, *f.* stock; race; family; (*lignaggio*) lineage, ancestry; (*nascita*) birth, origin, extraction; (*discendenza*) descent; issue: **lingue della stessa s.**, languages of the same family; **essere di nobile s.**, to be of noble birth.
stitichézza, *f.* constipation; obstipation; costiveness.
stìtico, *a.* **1** suffering from constipation; constipated; costive **2** (*fig.*: *taccagno*) costive; niggardly; mean; stingy.
stiva (1), *f.* (*stegola*) plough-beam.
stiva (2), *f.* (*naut.*) hold; bulk: **la s. d'una nave**, the hold of a ship; **s. di poppa**, after hold. ● **s. per il carbone**, bunker.
stivàggio, *m.* (*naut.*) stowage. ● **spese di s.**, stowage (charges).
stivalàio, *m.* boot-maker.
stivalata, *f.* blow with a boot.
stivalato, *a.* booted; wearing boots.
stivale, *m.* boot: **stivali alla scuderia**, top-boots; wellingtons; **mettersi (togliersi) gli stivali**, to put on (to take off) one's boots. ● **lo S.** (*l'Italia*), Italy ☐ **stivali da palude**, waders ☐ (*fig.*) **lustrare gli stivali a q.**, to lick sb.'s feet; to toady sb. ☐ (*fig.*, *pop.*) **rompere gli stivali a q.**, to annoy sb.; to bother sb.; to get sb.'s goat (*fam.*) ☐ (*spreg.*) **dei miei stivali!**, my foot!: **avvocato dei miei stivali!**, lawyer, my foot! ☐ **Il gatto con gli stivali**, Puss in Boots.
stivaleria, *f.* boot factory.
stivalétto, *m.* **1** half-boot; (*da signora o bambino*) bootee **2** (*per il pattinaggio*) skating-boot.
stivalóne, *m.* **1** high boot **2** (*per pescatori*) hip-boot.
stivare, *v. t.* (*naut.*) to stow: **s. merci alla rinfusa**, to stow goods in bulk.
stivatóre, *m.* (*naut.*) stevedore; longshoreman*; stower.
stivatura, *f.* (*fonderia*) ramming.
stizza, *f.* anger; huff; ill-humour; ill-temper. ● **lasciarsi prendere dalla s.**, to get angry; to get into a huff; to lose one's temper ☐ **pieno di s.**, angry; in a huff ☐ **provare s. di q.c.**, to be angry about st. ☐ **Non mi far venire la s.**, don't make me angry!
stizzire, A *v. t.* to make* (sb.) angry (*o* cross). **B** *v. i.* e **stizzirsi**, *v. rifl.* to get* angry (*o* cross); to get* into a huff: **Che bisogno c'è di s.?**, what's the use of getting angry?
stizzito, *a.* angry; cross; huffy; in a huff (*pred.*); in a temper (*pred.*).
stizzosaménte, *avv.* angrily; peevishly; irascibly; huffily.
stizzóso, *a.* (*che si stizzisce facilmente*) huffy; easily-offended; peevish; irascible: **un bambino s.**, a peevish child **2** (*che dimostra stizza*) angry; cross: **parole stizzose**, angry words.
stòa, *f.* (*archeol.*) stoa; portico.
stocàstico, *a.* (*stat.*) stochastic.
stoccafisso, *m.* stock-fish; dried cod. ● (*fig.*) **sembrare (*o* essere magro come) uno s.**, to be as thin as a lath.
stoccàggio, *m.* (*comm.*) storing (up); storage.
stoccata, *f.* **1** (*colpo di stocco*) rapier-thrust; stab **2** (*sport*: *scherma*) straight thrust; (*calcio*) goal shot **3** (*fig.*: *battuta pungente*) thrust; gibe **4** (*fig.*: *richiesta molesta di denaro*) sudden request for money.
stoccatóre, *m.* **1** thruster **2** (*fig.*: *chi dice battute pungenti*) giber **3** (*fig.*: *chi fa richieste moleste di denaro*) cadger.
stòcco (1), *m.* (*arma da punta*) rapier. ● **bastone da s.**, sword-stick.
stòcco (2), *m.* (*fusto del granturco*) corn-stalk.
Stoccólma, *f.* (*geogr.*) Stockholm.
stock (*ingl.*), *m.* (*comm.*) stock; inventory.
stòffa, *f.* **1** (*tessuto*) cloth; material; fabric: **Occorrono quattro metri di s. per fare quel vestito**, it takes four metres of cloth to make that dress; **La s. dell'abito era piuttosto pesante**, the material of the dress was rather heavy; **s. per abiti**, dress material; **s. fantasia**, fancy cloth; **s. di cotone**, cotton cloth; **s. a buon mercato**, cheap material; **stoffe di lana (di seta)**, woollen (silk) fabrics **2** (*fig.*, *fam.*: *capacità*) stuff: **In quel giovane c'è s.**, that fellow has good stuff in him (*o* is of good stuff); **Egli non ha la s. del musicista**, he is not the stuff musicians are made of.
stòia, *V.* **stuòia**.
stoiare, *v. t.* to mat.
stoicaménte, *avv.* stoically; with stoicism; like a stoic.
stoicìṣmo, *m.* **1** (*filos.*) Stoicism **2** (*fig.*) stoicism: **sopportare**

stòico

stòico, A *m.* **1** (*filos.*) Stoic: **la filosofia degli Stoici**, the philosophy of the Stoics; the Stoic philosophy **2** (*fig.*) stoic. **B** *a.* **1** (*filos.*) Stoic(al); of the Stoics: **la scuola stoica**, the school of the Stoics **2** (*fig.*) stoic(al): **con fermezza stoica**, with stoic fortitude. ● **con animo s.**, stoically.

stoino, *m.* (door-)mat.

stòla, *f.* **1** (*relig.*) stole **2** (*sciarpa di pelliccia*) stole: **una s. di visone**, a mink stole **3** (*stor.*) stola*.

stolidaménte, *avv.* dully; obtusely; doltishly; stupidly.

stolidézza, *f.* dullness; obtuseness; stupidity.

stolidità, *f.* dullness; obtuseness; stupidity (*anche concreto*).

stòlido, A *a.* dull; obtuse; stupid: **un ragazzo s.**, a dull boy. **B** *m.* dolt; blockhead; fool.

stòllo, *m.* (*agric.*) pole (of a straw-stack).

stolóne (1), *m.* (*fregio che adorna il piviale*) orphrey.

stolóne (2), *m.* **1** (*bot.*) stolon; runner: **gli stoloni delle fragole**, strawberry-runners **2** (*zool.*) stolon.

stoltaménte, *avv.* foolishly; stupidly; crazily; nonsensically.

stoltézza, *f.* **1** foolishness; silliness; brainlessness; craziness **2** (*azione stolta*) foolish action; stupidity; (*parole stolte*) nonsense, stupid talk.

stólto, A *a.* foolish; silly; brainless; crazy; dimwitted (*fam.*): **una ragazza stolta**, a silly girl; **un'opinione stolta**, a foolish opinion. **B** *m.* fool; blockhead; dolt.

stòma, *m.* (*bot.*) stoma*; breathing-pore.

stomacale, *a.* stomachic; stomachal.

stomacante, *a.* (*anche fig.*) sickening; nauseating; disgusting: **cibi stomacanti**, nauseating food; **parole stomacanti**, disgusting (*o* loathsome) words.

stomacare, A *v. t.* (*anche fig.*) to upset* (*o* to turn) the stomach of; to nauseate; to make* sick; to sicken; to disgust: **cibo che stomaca**, nauseating food. **stomacarsi, B** *v. rifl.* to get* sick; to be nauseated; to be disgusted.

stomacato, *a.* (*anche fig.*) sick; nauseated; disgusted.

stomachévole, *a.* (*anche fig.*) nauseating; queasy; sickening; disgusting; offensive; nasty: **Che odore s.!**, what a disgusting (*o* nasty) smell!; **cibo s.**, nauseating food; **un miscuglio s.**, a queasy mixture; **una vista s.**, a nauseating sight.

stomàchico, *a.* stomachic.

stòmaco, *m.* **1** (*anat.*) stomach; (*nel linguaggio infant.*) tum, tummy: **avere uno s. debole**, to have a weak stomach; **avere uno s. di struzzo** (*o* **di ferro**), to have a cast-iron stomach; **avere** (*o* **rimanere**) **sullo s.**, (*di cibo*) to lie heavy on one's stomach; (*fig.*) to stick in one's throat; **far rivoltare lo s.**, to upset (*o* to turn) one's stomach; **mal di s.**, stomach-ache; a pain in the stomach; tummy-ache (*fam.*); **a s. pieno** (**vuoto**), on a full (an empty) stomach **2** (*fig., fam.: coraggio*) nerve; grit (*fam.*); guts (*pl.*) (*fam.*); (*sfacciataggine*) impudence, cheek: **non avere lo s. di fare q.c.**, not to have the nerve to do st. ● **dare allo s.**, to sicken; to nauseate; to disgust □ **dare di s.**, to be sick; to throw up; to vomit □ (*fig.*) **essere di s. delicato**, to be squeamish □ **L'ho sullo s.**, I can't stand him.

stomacóso, (*pop.*) *V.* **stomachévole**.

stomàtico, *a.* **1** (*bot.*) stomatic; stomatal **2** (*med.*) good for diseases of the mouth.

stomatite, *f.* (*med.*) stomatitis*.

stomatologìa, *f.* (*med.*) stomatology.

stomatològico, *a.* (*med.*) stomatologic(al).

stomatòlogo, *m.* stomatologist.

stonacare, *v. t.* to remove plaster from (a wall).

stonare (1), A *v. t. e i.* (*mus.*) to sing* (*o* to play) out of tune. **B** *v. i.* (*fig.*) to be out of place; to jar; to clash; not to go* well with: **Queste parole stonano**, these words are out of place; **Il colore del tuo vestito stona col colore del tuo cappello**, the colour of your dress clashes with the colour of your hat; **una nota che stona**, a jarring note.

stonare (2), *v. t.* (*confondere*) to upset*; to bewilder; to disturb.

stonato (1), *a.* **1** (*mus.*) out of tune; false: **Il pianoforte è s.**, the piano is out of tune; **una nota stonata**, a false note; (*fig.*) a jarring note **2** (*fig.*) out of place; jarring; clashing.

stonato (2), *a.* (*confuso, turbato*) upset; bewildered; disturbed. ● **sentirsi tutto s.**, to be out of sorts.

stonatura, *f.* **1** (*mus.*) singing (*o* playing) out of tune; (*suono stonato*) false note: **fare una s.**, to sing (*o* to play) a false note **2** (*fig.: cosa che stona*) jarring note: **essere una s.**, to be a jarring note; to be out of place; to disagree.

stop (*ingl.*), *m.* **1** (*nei messaggi telegrafici*) stop **2** (*segnale stradale*) stop sign; halt-sign **3** (*naut.*) time; instant **4** (*sport*) stop; (*parata nel calcio*) save; (*parata nel pugilato*) block, stop.

stóppa, *f.* tow; (*da calafato*) oakum. ● **avere capelli come s.**, to have flaxen hair □ **carne che sembra s.**, tough (*o* stringy) meat □ **uomo di s.**, man of straw; a man of no account.

stoppàccio, *m.* (*batuffolo di stoppa*) wad; wadding.

stoppaccióso, *a.* **1** towy; towlike **2** (*di carne, ecc.*) tough; stringy.

stoppare (1), *v. t.* (*turare con stoppa*) to stop with tow.

stoppare (2), *v. t.* **1** (*fermare*) to stop; to halt **2** (*sport: nel calcio*) to stop; to trap.

stoppata, *f.* (*sport: nel calcio*) stopping; trapping.

stoppatóre, *m.* (*sport: nel calcio*) stopper.

stóppia, *f.* (*agric.*) stubble.

stoppino, *m.* **1** (*di candela*) wick **2** (*miccia per fuochi artificiali*) slow-match **3** (*ind. tessile*) rove.

stoppóso, *a.* towy; towlike. ● **carne stopposa**, tough (*o* stringy) meat.

storace, *m.* e *f.* **1** (*bot., Styrax officinalis*) storax **2** (*resina*) storax **3** (*balsamo usato in medicina e profumeria*) (Levant) storax.

stòrcere, A *v. t.* **1** to twist; to wrench; to wrest: **s. un braccio a q.**, to twist sb.'s arm; to give a twist to sb.'s arm; **s. una chiave**, to twist a key; **s. la bocca**, to twist one's mouth; to make a wry mouth **2** (*piegare*) to bend*; to curve; to make* crooked: **s. un chiodo**, to bend a nail **3** (*fig.: alterare*) to twist; to distort; to alter: **s. il significato delle parole di q.**, to twist the meaning of sb.'s words **4** (*slogarsi*) to sprain; to wrench; to dislocate: **storcersi una caviglia**, to sprain one's ankle. ● **s. gli occhi**, to roll one's eyes. **stòrcersi, B** *v. rifl.* (*contorcersi*) to twist (and turn); to writhe: **Mi storcevo in preda al dolore**, I twisted and turned about in pain.

storciménto, *m.* twisting; wrenching.

stordiménto, *m.* stunning; stupefaction; dizziness; daze.

stordire, A *v. t.* **1** to stun; to stupefy; to daze; to dizzy: **I rumori forti mi stordiscono**, loud noises daze me; **fracasso che stordisce**, stunning (*o* deafening) noise; **s. q. con un colpo alla testa**, to stun sb. with a blow on the head **2** (*fig.: far rimanere attonito*) to stun; to astound; to astonish; to daze; to dazzle. **stordirsi, B** *v. rifl.* to forget* (oneself). ● **cercare di stordirsi bevendo**, to try to drown one's sorrows in drink.

storditàggine, *f.* **1** (*l'essere stordito*) carelessness; heedlessness **2** (*atto, detto da stordito*) foolish (*o* silly) action (*o* mistake); folly: **Fu una s. bell'e buona**, it was pure folly.

storditézza, *V.* **storditàggine**, *def. 1*.

stordito, A *a.* **1** (*privo di sensi*) senseless; unconscious; stunned: **Cadde a terra s.**, he fell down senseless **2** (*sbalordito*) stunned; stupefied; bewildered; in bewilderment (*pred.*); dazed; dazzled: **Sembrava s.**, he looked bewildered; **Si guardò attorno s.**, he looked round in bewilderment; **sentirsi s.**, to feel dazed **3** (*sbadato, sventato*) careless; heedless; thoughtless; scatter-brained; hare-brained: **È un ragazzo s.**, he is a careless boy; he is a scatter-brain. **B** *m.* scatter-brain; hare-brain (*fam.*).

stòria, *f.* **1** history: **s. antica (medievale, moderna)**, ancient (medieval, modern) history; **s. greca (romana)**, Greek (Roman) history; **s. dell'arte**, history of art; **la s. d'Italia (d'Inghilterra, di Francia)**, the history of Italy (of England, of France); **s. naturale**, natural history; «**S. delle letterature europee**», «A History of European Literature»; **s. della filosofia** (**delle dottrine economiche**), history of philosophy (of economic doctrines); **s. delle idee**, history of ideas; **Il suo nome appartiene alla s.**, his name belongs to history; **Le sue prodezze passeranno alla s.**, his exploits will go down in history; **la s. sacra**, sacred history; **lezione (esame) di s.**, history lesson (exam); **libro di s.**, history book **2** (*racconto*) story; tale: **storie di avventure**, tales of adventure; adventure stories; **Ecco la s. della mia vita**, here's the story of my life; **È una lunga s.**, it's a long story; **È sempre la stessa s.**, it's always the same (old) story; **Ti racconterò questa s.**, I'll tell you this story; **una s. di fate**, a fairy tale (*o* story) **3** (*bugia*) lie; story; fib (*fam.*): **Sono tutte storie; non è vero niente**, it's all lies; nothing (of it) is true; **Non raccontare storie!**, don't tell stories (*o* fibs); **Quel bambino racconta tante di quelle storie**, that child tells so many fibs (*o* stories) **4** (*obiezione*) objection; (*pretesto*) excuse, pretext: **Quando gli chiedo del denaro, fa sempre molte storie**, when I ask him for money, he always raises a lot of objections; **Dovesse fare delle storie, andremo dal direttore**, should he raise any objections, we'll go to the manager; **Non fare tante storie, dimmi sì o no!**, don't make so many excuses, tell me yes or no!; **Questa è una delle sue storie per non partire**, this is just one of his pretexts (*o* excuses) for not leaving. ● **Storie!**, humbug!; stuff and nonsense! □ **Non fare tante storie!**, don't make such a fuss! □ **Quello che ti racconto è s.**, what I'm telling you is true.

storicaménte, *avv.* historically; from a historical point of view.

storicismo, *m.* (*filos.*) historicism.

storicista, *m.* e *f.* (*filos.*) historicist.

storicistico, *a.* (*filos.*) historicist (*attr.*).

storicità, *f.* historicity.

storicizzare, *v. t.* to historicize.

storicizzazione, *f.* historicization.

stòrico, A *a.* **1** historic(al): **avvenimenti storici**, historical events; **un romanzo s.**, a(n) historical novel; **studi storici**, historical studies; **critica storica**, historical criticism; **il metodo s. di ricerca**, the historical method of investigation **2** (*degno di essere ricordato*) memorable; historic; to be remembered (*pred.*): **una storica giornata**, a day to be remembered **3** (*fam.*: *noto a tutti*) well-known: **Questa è una cosa storica**, this is well-known. **B** *m.* historian; historiographer.
stòrico-critico, *a.* historico-critical.
storièlla, *f.* **1** (*storia non vera*) story (*fam.*); fib (*fam.*); (*bugia*) lie: **raccontare storielle**, to tell stories **2** (*barzelletta*) funny story; joke: **È una buona s.**, that's a good joke.
storiografia, *f.* historiography.
storiogràfico, *a.* historiographic(al).
storiògrafo, *m.* historiographer; historian.
storióne, *m.* (*zool.*, *Acipenser sturio*) sturgeon.
stormire, *v. i.* to rustle: **lo s. delle foglie**, the rustling of the leaves.
stórmo, *m.* **1** (*branco*) flock; flight; covey: **uno s. di rondini**, a flight of swallows **2** (*frotta*) flock; swarm: **uno s. di ragazzi**, a swarm of children **3** (*aeron.*) formation. ● **suonare a s.**, to ring the alarm (*o* the tocsin).
stornare, *v. t.* **1** (*volgere ad altra parte, allontanare*) to ward off; to stave off; to avert; to avoid: **s. il pericolo**, to avert the danger; **s. un colpo**, to ward off a blow **2** (*fig.*: *distogliere*) to divert; to dissuade; to put* off: **s. l'attenzione di q. da q.c.**, to divert sb.'s attention from st.; **s. q. dal suo proposito**, to dissuade sb. from his purpose; to make sb. change his mind; to talk sb. out of doing st. **3** (*rag.*) to transfer; to reverse; to divert: **s. una somma**, to transfer an amount; **s. una scrittura**, to reverse an entry **4** (*comm.*: *annullare*) to cancel: **s. un contratto**, to cancel a contract; **s. un'ordinazione**, to cancel an order.
stornellare, *v. i.* (*cantare stornelli*) to sing* «stornelli».
stornellata, *f.* singing of «stornelli».
stornellatóre, *m.* singer of «stornelli».
stornèllo (1), *m.* (*canto popolare*) stornello*.
stornèllo (2), *V.* **stórno (2)**.
stórno (1), *a.* (*del mantello del cavallo*) dapple-grey: **un cavallo s.**, a dapple-grey (horse).
stórno (2), *m.* (*zool.*, *Sturnus vulgaris*) starling. ● **s. roseo** (*Pastor roseus*), pastor.
stórno (3), *m.* (*rag.*) transfer; reversal; diversion; (*annullamento*) cancellation: **lo s. di fondi**, the diversion of funds; **uno s. di scrittura**, a reversal of entry; **lo s. di un'ordinazione**, the cancellation of an order. ● **fare lo s. d'una somma**, to transfer an amount.
storpiaménto, *m.* **1** (*il rendere storpio*) crippling; maiming **2** (*fig.*: *il pronunziare male*) mangling; (*l'eseguire male*) bungling, botching.
storpiare, A *v. t.* **1** (*rendere storpio*) to cripple; to make* a cripple (sb.); to maim; (*rendere deforme*) to deform **2** (*fig.*: *pronunziare male*) to mangle; (*eseguire male*) to bungle, to botch: **s. le parole**, to mangle (*o* to mispronounce) words; **s. un nome**, to mangle a name; **s. un lavoro**, to bungle a piece of work. ● (*prov.*) **Il troppo storpia**, too much breaks the bag; more than enough is too much. **storpiarsi, B** *v. rifl.* to become* a cripple; to be crippled.
storpiato, A *a.* **1** (*deforme nelle membra*) crippled; maimed; (*deforme*) deformed, misshapen: **un ragazzo s.**, a deformed boy; a cripple **2** (*fig.*: *pronunziato male*) mangled; (*eseguito male*) bungled, botched: **parole storpiate**, mangled (*o* mispronounced) words. ● **lavoro s.**, bungle; botch. **B** *m.* cripple.
storpiatura, *f.* **1** (*lo storpiare*) crippling; maiming **2** (*cosa storpiata*) bungle; botch **3** (*fig.*: *il pronunziare male*) mangling; (*l'eseguire male*) bungling, botching: **la s. d'una parola**, the mangling (*o* mispronunciation) of a word.
stòrpio, A *a.* crippled; maimed. **B** *m.* cripple: **Era nato s.**, he had been born a cripple.
stòrta (1), *f.* (*anche fig.*) twist; wrench; sprain: **Egli mi dette una s. al braccio**, he gave my arm a twist; he twisted my arm. ● **Presi una s. al piede nel saltare giù**, I twisted (*o* I sprained) my ankle when I jumped down.
stòrta (2), *f.* **1** (*recipiente per distillazione*) retort; still **2** (*pappagallo per orinare*) bed-pan.
stortézza, *f.* crookedness; twistedness.
stòrto, *a.* **1** crooked; twisted; distorted; bent: **un bastone s.**, a crooked stick; **gambe storte**, crooked (*o* bandy) legs; **avere il naso s.**, to have a crooked nose; to be crooked-nosed; **avere la bocca storta**, to have a twisted mouth **2** (*fig.*) wrong; false; mistaken: **idee storte**, wrong ideas; **Tutto è andato s.**, everything has gone wrong (*o* awry). ● **avere le gambe storte**, to be crooked-legged; to be bandy-legged □ **avere gli occhi storti**, to be crooked-eyed; to be cross-eyed; to have a squint □ **guardare s. q.**, to squint at sb. (*fig.*) to give sb. a nasty look.
stortura, *f.* **1** crookedness; twistedness **2** (*fig.*) wrongness;

falseness.
stoviglie, *f. pl.* crockery (*sing.*); (*piatti*) dishes; (*posate*) cutlery (*sing.*): **lavare le s.**, to do the dishes; to wash up.
stoviglieria, *f.* crockery (*sing.*).
stozzare, *v. t.* (*mecc.*) to slot.
stozzatóre, *m.* (*mecc.*) slotter.
stozzatrice, *f.* (*mecc.*) slotter; slotting-machine.
stozzatura, *f.* (*mecc.*) slotting.
stòzzo, *m.* (*mecc.*) slot-milling tool.
strabére, *v. i.* to drink* excessively (*o* too much); to drink* like a fish (*fam.*).
stràbico, A *a.* squint; squinting; (*dagli occhi strabici*) cross-eyed, squint-eyed; cock-eyed (*fam.*). ● **essere un po' s.**, to have a squint; to have a cast in the eye. **B** *m.* cross-eyed person; squint-eye; squinter.
strabiliante, *a.* amazing; astounding; astonishing; marvellous.
strabiliare, A *v. t.* to amaze; to astound; to astonish. **B** *v. i.* to be amazed; to be astonished. ● **C'è da s.**, that's amazing! □ **cose da far s.**, amazing (*o* marvellous) things.
strabiliato, *a.* amazed; in amazement (*pred.*); (greatly) astonished.
strabismo, *m.* (*med.*) strabismus; cross-eye; squint. ● **essere affetto da s.**, to squint; to be cross-eyed.
straboccare, *v. i.* (*traboccare*) to overflow*.
strabocchévole, *a.* exorbitant; excessive; enormous: **un numero s.**, an exorbitant number.
strabuzzare, *V.* **stralunare**.
stracanarsi, *v. rifl.* (*tosc.*, *fam.*) to work very hard; to work like a slave.
stracannare, *v. t.* (*ind. tessile*) to rewind*.
stracannatura, *f.* (*ind. tessile*) rewinding.
stracàrico, *a.* overloaded; overladen; overburdened: **È s. di lavoro**, he's overburdened with work.
stracca, *f.* tiredness; fatigue. ● **pigliare una s.**, to get tired.
straccale, *m.* (*di bestia da soma*) breeching-strap.
straccare, A *v. t.* to tire out; to weary out; to exhaust: **lavoro che stracca**, work that tires you out; fatiguing work. **straccarsi, B** *v. rifl.* to get* tired; to tire (*o* to wear*) oneself out: **Mi sono già straccato**, I'm already tired (*o* worn) out.
stracceria, *f.* rags (*pl.*); tatters (*pl.*).
stracchézza, *f.* tiredness; fatigue.
stracchino, *m.* «stracchino» (variety of very soft cheese).
stracciàbile, *a.* that can be torn; tearable.
stracciaiòlo, *m.* rag-and-bone man*.
stracciaménto, *m.* **1** tearing (to pieces); rending; shredding **2** (*ind. tessile*) combing.
stracciare, A *v. t.* **1** to tear*; to tear* to pieces (*o* up, off); to rend*; to shred: **Si stracciarono gli abiti**, they rent their clothes; **s. q.c. in due**, to tear st. in two (*o* in half); **s. una lettera**, to tear a letter; **s. un foglio del calendario**, to tear off a leaf from the calendar **2** (*ind. tessile*) to comb **3** (*fig.*, *fam.*: *stravincere*) to crush; to lick (*fam.*); to whack (*fam.*): **s. gli avversari**, to lick the opposing team. **stracciarsi, B** *v. rifl.* to tear*; to rend*; to get* torn.
stracciatèlla, *f.* (*cucina*) «stracciatella» (broth with egg and Parmesan cheese).
stracciato, *a.* **1** (*strappato*) torn; (*a brandelli*) ragged: **un vestito s.**, a torn dress; **un cappotto s.**, a ragged coat **2** (*con vesti stracciate*) ragged; tattered; (dressed) in rags; in tatters: **un vecchio tutto s.**, an old man all tattered and torn.
stracciatura, *f.* **1** (*lo stracciare*) tearing (to pieces); rending; shredding **2** (*strappo*) tear; rent **3** (*ind. tessile*) combing.
stràccio (1), *a.* torn; ragged. ● **carta straccia**, waste-paper.
stràccio (2), *m.* **1** (*cencio*) rag; tatter; shred: **essere vestito di stracci**, to be dressed in rags; **to be ragged 2** (*cencio per pulire*) cloth; rag: **s. per le scarpe**, shoe-cloth; **s. per pavimenti**, floor-cloth **3** (*pl.*: *indumenti logori*) rags (*pl.*); old clothes (*pl.*): **portare sempre degli stracci addosso**, to be always (dressed) in rags **4** (*ind. tessile*) combings (*pl.*). ● **s. per la polvere**, duster □ **non avere trovato uno s. di marito**, not to have found an apology for a husband (*fam.*) □ (*fig.*) **essere ridotto uno s.**, to be worn out.
stracción e, *m.* (*spreg.*) ragged person; tatterdemalion; ragamuffin.
stracciòso, *a.* (*raro*) ragged; in rags; in tatters; tattery.
stracciavéndolo, *m.* rag-and-bone man*; old-clothes man*.
stracco, *a.* **1** (*pop.*: *esausto*) tired out; knocked up; exhausted; fatigued; worn out (with fatigue): **Sono così s. che non ne posso più**, I'm tired out; I'm worn out; I am at the end of my tether; **essere s. morto**, to be dead tired; to be tired (*o* fatigued) to death; to be dog-tired (*fam.*); (*agric.*) **terreno s.**, tired (*o* overworked) soil **2** (*fig.*) weak; tepid; lukewarm: **un sentimento s.**, a lukewarm feeling. ● **alla stracca**, wearily; lazily; sluggishly.
stracittà, *f.* (*letter.*) «stracittà» (form of literary movement in Italy which developed after the First World War).

stracontènto, *a.* (*fam.*) overjoyed; beside oneself with joy; as happy as a king (*fam.*); as pleased as Punch (*fam.*).
stracòtto, A *a.* (*cotto troppo*) overdone. **B** *m.* (*cucina*) stew.
stracuòcere, *v. t.* to overdo*; to cook too much.
strada, *f.* **1** road; (*di città*) street: **s. maestra**, main road; highway; trunk-road; **incontrare q. per s.**, to meet sb. in the street; **La finestra dà sulla s.**, the window looks on to the street (*o* the road); **attraversare la s.**, to cross the street (*o* the road); **fare (aprire) una s.**, to build (to open) a road; **s. di montagna**, mountain road; **s. asfaltata**, asphalt road; **s. dissestata** (*cartello*), uneven road; **s. di campagna**, country road; **s. a senso unico**, one-way street; **s. provinciale**, provincial (*o* country, second-class) road; **s. nazionale**, arterial road; **s. ghiaiata**, gravel road; **s. in costruzione**, road under construction; **s. in macadam**, macadamized road; **s. selciata** (*o* **lastricata**), paved road; **s. di deviazione**, loop road; **dall'altra parte della s.**, on the other side of (*o* across) the road (*o* the street); **una s. romana**, a Roman road; **s. sbarrata**, blocked road; «no thoroughfare»; **una s. mal tenuta**, a badly-kept road; **Dove sbocca questa s.?**, where does this road lead to (*o* come out)?; **s. sdrucciolevole**, slippery road; **una s. secondaria**, a by-road; **all'angolo della s.**, at the street corner; **bivio della s.**, road fork; **una s. molto battuta**, a very busy road; **manutenzione delle strade**, road maintenance; **codice della s.**, rules of the road; highway code; **il colmo della s.**, the crown of the road; **il traffico nelle strade**, the traffic in the streets; **una s. tranquilla**, a quiet street (*o* road); **andare fuori s.**, (*di veicolo*) to go off (*o* to leave) the road; (*fuori pista*) to go off the track; (*fig.*) to go the wrong way, to go wrong **2** (*cammino, via, anche fig.*) way: **s. facendo**, on the (*o* on one's) way; **domandare la s.**, to ask the (*o* one's) way; **smarrire** (*o* **perdere**) **la s.**, to lose the (*o* one's) way; **Qual è la s. più breve da qui al Municipio?**, what is the shortest way from here to the Town Hall?; **Fai si tu!**, you lead the way!; **Non so che s. prendere**, I don't know which way to go (*o* fig.) I don't know which way to turn; **Era ubriaco e non seppe trovare la s. per andare a casa**, he was drunk and he couldn't find his way home; **aprirsi una s. nella neve**, to clear a way through the snow; **fermarsi per la s.**, to stop on the way; **indugiare per la s.**, to loiter on the way; **tagliare la s. a q.**, to cross the road in front of sb.; (*fig.*) to stand in sb.'s way; (*fig.*) **Non ho ancora trovato la mia s.**, I haven't found my way yet; **Ognuno deve andare per la sua s.**, everyone must go his own way; **farsi s. tra la folla**, to push one's way through the crowd; **Si fece s. tra la folla a gomitate**, he elbowed his way through the crowd; **Vengo con te perché è sulla mia s.**, I'll come with you since it's on my way; **Faremo un po' di s. insieme**, we'll go a bit of the way together; **farsi s. nel mondo**, to make one's way in the world; **andare per la propria s.**, to go one's own way; (*fig.*) **fare molta s.**, to go a long way **3** (*fig.: mezzo*) means; way; course: **tentare ogni s. possibile**, to try every possible way. ● **s. a due carreggiate**, dual carriage-way □ **s. a due (a quattro) corsie**, two-lane (four-lane) highway □ **s. carreggiabile**, cart-way □ **s. di circonvallazione**, ring road □ **s. ferrata**, railway □ **s. mulattiera**, mule-track; bridle-path □ **s. senza uscita**, cul-de-sac; blind alley; dead end □ **s. traversa**, (*scorciatoia*) short-cut; (*secondaria*) by-road, side-street, by-way □ **a un'ora di s.**, (*camminando*) an hour's walk away; (*in automobile*) an hour's run away □ (*anche fig.*) **cambiare s.**, to change direction □ **chiedere s.**, to ask to get past □ **darsi (gettarsi) alla s.**, to take to the road; to become a highwayman □ **donna di s.**, street-walker; prostitute □ **fermarsi a metà s.**, to stop short; (*fig.*) to fail to persevere □ (*fig.*) **essere fuori s.**, to be off the beaten track □ **un luogo fuori s.**, an out-of-the-way place □ **mettere q. in mezzo alla s.**, (*sfrattarlo*) to put sb. out in the street; (*fig.*) to reduce sb. to poverty □ **essere (mettere q.) su una buona (una cattiva) s.**, to be (to put sb.) on the right (wrong) track □ (*autom., USA*) **preferire le strade ordinarie** (*alle autostrade*) to shunpike □ **ragazzo di s.**, street urchin □ (*fig.*) **trovare la s. fatta**, to have everything on a silver platter □ (*fig.*) **l'uomo della s.**, the man in the street; the common man □ (*fig.*) **Mi vedo chiusa ogni s.**, I see every possibility closed to me □ (*prov.*) **Tutte le strade conducono a Roma**, all roads lead to Rome.
stradale, A *a.* road (*attr.*); of the road: **lavori stradali**, road works; (**titolare d'**)**impresa di costruzioni stradali**, road contractor; **un terrapieno s.**, a road-embankment; **un cartello s.**, a road-sign. ● **piano s.**, roadway. **B** *f.* (*polizia s.*) traffic police.
stradàrio, *m.* road-book; street-guide.
stradino, *m.* roadman*.
stradista, *m.* (*sport*) road-racing cyclist.
stradivàrio, *m.* (*mus.*) Stradivarius; strad (*fam.*).
stradóne, *m.* wide road; (*viale*) avenue.
stradotale, *a.* (*pop.: extradotale*) extradotal; paraphernal.
strafalcióne, *m.* **1** (*errore grossolano*) blunder; gross mistake; howler (*fam.*); clanger (*fam.*); boner (*fam. USA*) **2** (*pop.: chi lavora senza cura*) bungler.
strafare, *v. i.* to overdo* it; to do* more than required.
strafatto, *a.* (*troppo maturo*) overripe: **una pera strafatta**, an overripe pear.
strafóro, *m.* — **di s.**, stealthily; on the sly; secretly: **fare q.c. di s.**, to do st. on the sly.
strafottènte, (*fam.*) **A** *a.* arrogant; impudent. **B** *m.* e *f.* arrogant person.
strafottènza, *f.* (*fam.*) arrogance; impudence.
strafóttere, (*volg.*) **A** *v. i.* — **a s.**, in plenty; lots; heaps: **Di quattrini ne hanno a s.**, they have got lots (*o* pots, a mint) of money. **strafóttersi, B** *v. rifl.* not to care (*o* to give) a damn (*pop.*); not to care a hoot (*o* two hoots) (*pop.*): **Me ne strafotto di tutti**, I don't care a damn about anybody; **E chi se ne strafotte?**, I don't care two hoots.
strage, *f.* **1** slaughter; (*massacro*) massacre, carnage, havoc: **Ne fecero s.**, they made a massacre (*o* they made havoc) of them; they massacred them; **la s. degli innocenti**, the slaughter (*o* massacre) of the innocents **2** (*pop.: grande quantità*) mass; heap; lot.
stragiudiziale, *a.* (*leg.*) extrajudicial. ● **accordo s.**, out of Court settlement.
stràglio, *V.* strallo.
stragodére, *v. i.* (*fam.*) to enjoy oneself to the full.
stragónfio, *a.* (*fam.*) over-inflated.
stragrande, *a.* very large; huge; enormous; exorbitant: **un numero s.**, an enormous number.
stralciare, *v. t.* **1** (*levare via*) to take* off (*o* out, away); to remove: **s. un partita da un conto**, to remove an item from an account; **s. un passo da un libro**, to take a passage from a book **2** (*liquidare*) to wind* up; to liquidate: **s. un'azienda**, to liquidate a firm **3** (*agric.*) to prune: **s. una vite**, to prune a vine.
stralciatura, *f.* (*agric.*) pruning.
stràlcio, A *m.* **1** (*il levare via*) taking off (*o* out, away); removal; removing **2** (*brano, passo stralciato*) extract; excerpt **3** (*liquidazione*) winding up; liquidation. ● **vendere a s.**, to sell at bargain prices. **B** *a.* — **legge stralcio**, transitional law.
strale, *m.* (*anche fig.*) dart; arrow: **gli strali dell'oltraggiosa Fortuna**, the arrows of outrageous Fortune.
strallo, *m.* (*naut.*) stay: **stralli di trinchetto**, fore-stays; **stralli di mezzana**, mizzen-stays; **stralli di maestra**, main-stays; **vele di s.**, stay-sails.
stralodare, *v. t.* to overpraise; to praise excessively; to extol; to crack up (*fam.*).
stralunare, *v. t.* to roll: **s. gli occhi**, to roll one's eyes.
stralunato, *a.* (*stravolto*) (greatly) upset; beside oneself; out of one's wits. ● **con gli occhi stralunati**, with staring (*o* rolling) eyes □ **con gli occhi stralunati dal terrore**, staring in terror.
stramaledétto, *a.* (*pop.*) cursed; damned; goddam (*USA*); bloody (*pop.*).
stramaledire, *v. t.* (*pop.*) to curse (from the bottom of one's heart).
stramaturo, *a.* (*fam.*) overripe.
stramazzare, A *v. i.* to fall* heavily: **s. a terra**, to fall heavily to the ground. **B** *v. t.* to knock down; to strike* down; to fell: **s. q. a terra**, to knock sb. down.
stramazzata, *f.* heavy fall.
stramazzo, *m.* **1** heavy fall; nasty tumble **2** (*idraulica*) mill weir; overfall orifice. ● (*in alcuni giochi di carte*) **fare** (*o* **dare**) **s.**, to win all but one game.
stramazzóne, *m.* heavy fall; nasty tumble. ● **dare uno s. in terra**, to fall heavily to the ground.
strambaménte, *avv.* queerly; oddly; eccentrically; whimsically.
stramberìa, *f.* **1** (*l'essere strambo*) queerness; oddity; oddness; strangeness; eccentricity; whimsicality **2** (*parola, atto di persona stramba*) oddity; eccentricity; whimsicality; quaint fancy: **Ognuno ha le sue stramberie**, all people have their oddities; **un tipo noto per le sue stramberie**, a man well-known for his eccentricities.
strambo, *a.* (*bizzarro, stravagante*) queer; odd; strange; eccentric; whimsical: **una persona stramba**, an odd person; an oddity; **un individuo s.**, an eccentric (fellow); **un contegno s.**, strange behaviour; **avere idee strambe**, to have queer (*o* strange, odd) ideas.
strambòtto, *m.* (*letter.*) strambotto*.
strame, *m.* (*agric.*) straw; hay; (*foraggio*) forage; fodder; (*lettiera*) litter. ● (*prov.*) **Asino che ha fame, mangia di ogni s.**, a hungry horse makes a clean manger.
stramònio, *m.* (*bot., Datura stramonium*) jimsonweed; thorn-apple.
strampalato, *a.* (*fam.*) strange; eccentric; odd; queer; quaint; whimsical: **un modo di parlare assai s.**, a very queer way of talking; **avere idee strampalate**, to have strange (*o* odd, queer) ideas; **fare una proposta strampalata**, to make a strange

strampaleria, *f.* **1** strangeness; eccentricity; oddity; queerness **2** (*atto, detto di persona strampalata*) oddity; eccentricity; whimsicality; quaint fancy.

stranaménte, *avv.* strangely; oddly; queerly; quaintly.

stranézza, *f.* **1** (*l'essere strano*) strangeness; oddity; eccentricity; queerness; quaintness; (*l'essere insolito*) unusualness **2** (*atto, discorso strano*) oddity; eccentricity: **Ognuno ha le sue stranezze,** all people have their oddities.

strangolaménto, *m.* strangulation; strangling; throttling; (*strozzamento*) choking.

strangolare, A *v. t.* **1** to strangle; to throttle; (*strozzare*) to choke **2** (*naut.*) to rack. **strangolarsi, B** *v. rifl.* to strangle (oneself); to choke.

strangolatóre, *m.* strangler; throttler.

strangolatòrio, *a.* **1** strangulating **2** (*fig.*) oppressive.

stranguglióne, *m.* (*generalm. al pl.*) **1** (*veterinaria*) strangles (*pl.*) **2** (*singhiozzo*) hiccup: **avere gli stranguglioni,** to have (the) hiccups.

strangùria, *f.* (*med.*) strangury.

straniare, A *v. t.* to estrange; to alienate: **s. q. dalla famiglia,** to estrange sb. from his family. **straniarsi, B** *v. rifl.* to become estranged; to drift apart.

stranièro, A *a.* **1** foreign; alien: **una lingua straniera,** a foreign language; **lo studio di due, tre lingue straniere,** the study of two, three, foreign languages; **terra straniera,** alien land **2** (*esotico*) outlandish; exotic. **B** *m.* **1** foreigner; (*bur.*) alien; (*sconosciuto*) stranger: **Ci sono molti stranieri in Italia,** there are many foreigners in Italy **2** (*popolo nemico*) (the) enemy.

stranito, *a.* (*turbato*) uneasy; (*intontito*) befuddled, dazed.

strano, *a.* strange; odd; eccentric; queer; quaint; (*insolito*) unusual; (*buffo*) funny: **È una persona molto strana,** he is a very odd person; **Mi pare s.!,** I think it funny!; **un contegno s.,** strange behaviour; **un volto s.,** a strange face; **dall'aspetto s.,** strange-looking; odd-looking; **sentirsi s.,** to feel queer (*o* out of sorts); **in modo s.,** in a strange manner; strangely; oddly; queerly; quaintly: **s. a dirsi,** strange to say; oddly enough. ● **s., ma vero,** strange but true; true enough.

straordinariaménte, *avv.* extraordinarily; uncommonly; exceptionally; (*estremamente*) extremely.

straordinariato, *m.* (*bur.*) probationary period.

straordinarietà, *f.* extraordinariness; uncommonness; unusualness.

straordinàrio, A *a.* **1** extraordinary; uncommon; unusual; exceptional; (*singolare*) singular, remarkable: **un avvenimento s.,** an extraordinary event; **misure straordinarie,** extraordinary measures; **una donna di bellezza straordinaria,** a woman of singular beauty; **in modo s.,** in an unusual way; extraordinarily **2** (*bur.*) temporary; supernumerary: **impiegato s.,** temporary clerk. ● (*di giornale*) **edizione straordinaria,** special (edition) □ **lavoro s.,** overtime □ **vendita straordinaria,** bumper sale. **B** *m.* **1** (*lavoro s.*) overtime **2** (*compenso per il lavoro s.*) overtime pay; extra pay **3** (*impiegato s.*) temporary clerk. ● **fare lo s.,** to be on overtime; to work overtime □ **pagare a q. lo s.,** to pay sb. extra for overtime □ **Non vedo nulla di s. in ciò; io stesso lo saprei fare,** I don't see anything particularly clever in that; I could do it myself.

straorzare, *v. i.* (*naut.*) to yaw; to broach to.

straorzata, *f.* (*naut.*) yaw.

strapaése, *m.* (*letter.*) «strapaese» (Italian literary movement which attained some prominence in the 20s).

strapagare, *v. t.* to overpay*.

straparlare, *v. i.* **1** (*parlare troppo*) to be overtalkative **2** (*farneticare*) to talk nonsense; to rave.

strapazzaménto, *m.* **1** (*lo strapazzare*) ill-treatment; maltreatment **2** (*lo strapazzarsi*) overwork; excessive work.

strapazzare, A *v. t.* **1** to ill-treat; to maltreat; to ill-use; to abuse; (*con rimproveri*) to scold; to reprimand **2** (*affaticare eccessivamente*) to overwork; to wear* out; to overtire. ● **s. un autore,** to misinterpret an author □ **s. un lavoro,** to bungle a piece of work □ **s. un pezzo di musica,** to mangle a piece of music □ **s. un uovo,** to scramble an egg □ **s. un vestito,** to spoil a dress. **strapazzarsi, B** *v. rifl.* (*stancarsi troppo*) to overwork oneself; to tire (*o* to wear*) oneself out.

strapazzata, *f.* **1** (*sgridata*) scolding; reprimand; rebuke **2** (*fatica eccessiva*) overwork; fatigue. ● **dare** (*o* **fare**) **una s. a q.,** to scold sb.; to give sb. a piece (*o* a bit) of one's mind.

strapazzato, *a.* (*pieno di fatiche*) hard; full of hardships: **vita strapazzata,** hard life. ● (*cucina*) **uova strapazzate,** scrambled eggs.

strapazzatóre, *m.* ill-treater; maltreater; abuser.

strapazzo, *m.* overwork; excessive work; fatigue. ● **ammalarsi per lo s.,** to overwork oneself ill □ **da s.,** coarse; rough; (*fig.*) worthless; third-rate: **un avvocato da s.,** a third-rate lawyer □ **panni da s.,** working clothes □ **scrittore da s.,** scribbler □ **vita di strapazzi,** hard life.

strapazzóne, *m.* (*sciupone*) wastrel; spoiler; waster.

strapazzóso, *a.* fatiguing; tiring; tiresome; toilsome: **una vita strapazzosa,** a toilsome life.

strapèrdere, *v. i.* to lose* quite a lot. ● **Perde e straperde, e s'ostina a giocare,** he loses all the time, but never stops gambling.

strapièno, *a.* overfull; full up; (*traboccante*) overflowing.

strapiombante, *a.* (*alpinismo*) overhanging; projecting.

strapiombare, *v. i.* **1** (*non essere a piombo*) to be out of the perpendicular; to lean* on (*o* against) one side: **s. a sinistra,** to lean to the left **2** (*sporgere*) to overhang*; to jut (out).

strapiómbo, *m.* projection; precipice.

strapotènte, *a.* overpowerful; overmighty.

strapotènza, *f.* excess of power; excessive might.

strapotére, *m.* excessive power.

strappàbile, *a.* tearable.

strappacuòre, *a. invar.* heart breaking; heart-rending; distressing: **una scena s.,** a heart-rending scene.

strappalàcrime, *a. invar.* tear-jerking (*fam.*). ● **romanzo** (*o* **film**) **s.,** tear-jerker (*fam.*).

strappaménto, *m.* (*atto, effetto dello strappare*) tearing; ripping; snatching; wringing.

strappare, A *v. t.* **1** (*stracciare*) to tear*; to rip: **s. un vestito** (**un foglio di carta**), to tear a dress (a sheet of paper) **2** (*sradicare; togliere tirando via*) to pull up; to pull out; to pull away; (*con forza*) to tear* up, to rip, to wrench (*anche fig.*); (*di colpo*) to snatch (*anche fig.*); (*fig.*) to wring*: **s. le erbacce,** to pull up weeds; **s. un dente,** to pull out a tooth; **Strappa la carta del pacco (la copertina, ecc.)!,** pull away the wrapping paper (the cover, etc.); **In preda all'ira, strappò la lettera,** in a fit of anger, he tore up the letter; **s. una pagina da un libro,** to rip (*o* to tear) a page out of a book; **s. un palo dal terreno,** to wrench a pole out of the ground; **Gli strappò una confessione fasulla,** he wrenched (*o* he wrung) a false confession out of him; **Mi strappò il bambino dalle braccia,** he snatched the baby out of my arms; **s. un segreto a q.,** to wring (*o* to wrench) a secret from sb.; **s. le lacrime a q.,** to wring tears from sb.; to move sb. to tears; **s. un favore a q.,** to wring (*o* to wrench) a favour from (*o* out of) sb.; **Non riuscì a strappargli una parola,** he couldn't wring (*o* get) a word out of him; **s. q. alla morte,** to snatch sb. from (the jaws of) death. ● **s. il cuore a q.,** to wring (*o* to break) sb.'s heart □ **s. le erbe cattive da un campo,** to weed a field □ (*pop.*) **s. il pane** (*o* **la vita**) (*campare a stento*), to scrape a living □ **s. le penne a un uccello,** to pluck a bird □ **s. la verità a q.,** to get (*o* to wring) the truth out of sb. □ **farsi s. un dente,** to have a tooth (pulled) out. **strapparsi, B** *v. rifl.* to tear*; to get* torn: **Questa carta si strappa facilmente,** this paper tears easily; **Se tiri quelle tende troppo forte, si strapperanno,** if you pull those curtains too hard, they will get torn.

strappata, *f.* pull; tug; snatch; wrench: **Con una s. glielo portò via,** with one pull (*o* tug, snatch, wrench) he took it away from him.

strappatrice, *f.* (*ind. tessile*) stripping machine.

strappatura, *f.* **1** tearing; ripping **2** (*strappo*) tear; rent **3** (*ind. tessile*) tow.

strappo, *m.* **1** tear; rent: **Hai uno s. nei calzoni,** you have a tear in your trousers; **C'è uno s. in questa stoffa,** there's a rent in this cloth; **ricucire uno s.,** to sew a rent (*o* a tear) **2** (*strappata*) pull; tug; snatch; (*strattone*) jerk, wrench; (*fig.*) wrench: **Con uno s. lo spago si spezzò,** with one pull (*o* tug) the string broke; **Con uno s. le portò via la borsa,** with one snatch he took her handbag away from her; **Con uno s. riuscì a far cadere la pianta,** with one jerk (*o* wrench) he managed to topple the plant; **La partenza dal paese natio fu per lui un grande s.,** the departure from his native village was a great wrench for him; (*sollevamento pesi*) **s. a due braccia,** two-handed snatch **3** (*fig.: infrazione*) infringement; breach; infraction; (*eccezione*) exception: **uno s. alla legge,** an infringement of the law; (*fig.*) **fare uno s. alla regola,** to make an exception to the rule **4** (*med.: di muscoli*) sprain **5** (*fig., fam.: passaggio in macchina*) lift **6** (*ciclismo*) spurt. ● (*fig.*) **a strappi,** by fits and starts; jerkily □ **farsi uno s. nel vestito,** to tear one's dress.

strapuntino, *m.* **1** folding seat **2** (*naut.*) hammock mattress.

strapunto, *m.* quilt.

straricco, *a.* immensely rich; rolling in money (*pred.*).

straripaménto, *m.* overflowing; flooding.

straripare, *v. i.* to overflow*; to flood.

Strasburgo, *f.* (*geogr.*) Strasbourg.

strascicaménto, *m.* **1** trailing; dragging; dragging out; (*di piedi*) shuffling **2** (*fig.: di parole*) drawling.

strascicare, A *v. t.* **1** to trail; to drag; to drag out; (*i piedi*) to shuffle: **La povera donna si strascica sempre dietro la bambina,** the poor woman always drags the little girl along with her; **s.**

strascichìo

la gonna a terra, to trail one's skirt on (*o* along) the ground **2** (*fig.*: *tirare per le lunghe*) to drag out; to draw* out; to protract: **s. il lavoro**, to drag out one's work **3** (*fig.*: *pronunciare lentamente*) to drawl (out); to draw out: **s. le parole**, to drawl (out) one's words. **B** *v. i.* (*toccare terra, pendendo*) to trail: **La coperta strascica sul pavimento**, the blanket is trailing on the floor.

strascicarsi, C *v. rifl.* (*camminare a stento*) to drag one's feet; to shuffle one's feet; to shuffle along.

strascichìo, *m.* dragging; shuffling: **uno s. di passi**, a shuffling of steps.

stràscico, *m.* **1** (*lo strascicare*) trailing; dragging; (*di piedi*) shuffling **2** (*parte di abito lungo che strascica per terra*) train: **reggere lo s. a q.**, to hold up sb.'s train **3** (*fig.*: *conseguenza negativa*) after-effects (*pl.*); aftermath: **gli strascichi del tifo**, the after-effects of typhus; **uno s. della guerra**, an aftermath of war **4** (*naut.*) trawl: **una rete a s.**, a trawl-net **5** (*corteo, accompagnamento*) train **6** (*segno lasciato dalle lumache*) trail. ● **parlare con lo s.**, to drawl (out) one's words.

strascicóni, *avv.* shufflingly; dragging one's feet. ● **camminare (a) s.**, to shuffle along □ **essere sempre a s.**, to be always loafing about; to idle (*o* to loaf) away one's time.

strascinare, *V.* **trascinare**.

stràscino, *m.* (*naut.*) trawl-net; trail-net; drag-net.

strass, *m.* strass; rhinestone.

stratagèmma, *m.* stratagem; ruse; device; trick; dodge (*fam.*).

stratèga, *V.* **stratègo**.

strategìa, *f.* (*mil. e fig.*) strategy.

stratègico, *a.* (*mil. e fig.*) strategic(al): **una posizione strategica**, a strategic position; **un punto s.**, a strategic point; **una ritirata strategica**, a strategic retreat; **una mossa strategica**, a strategical movement.

stratègo, *m.* strategist.

stratificare, A *v. t.* (*anche geol.*) to stratify; to form (*o* to arrange) in strata (*o* layers). **stratificarsi, B** *v. rifl.* to stratify; to form strata (*o* layers).

stratificato, *a.* (*anche geol.*) stratified; in strata; in layers; (*geol.*) bedded: **rocce stratificate**, stratified rocks.

stratificazióne, *f.* (*anche geol.*) stratification; layering; (*geol.*) bedding: **stratificazioni storiche**, historical stratifications; (*geol.*) **piano di s.**, bedding plane.

stratifórme, *a.* (*anche geol.*) stratiform.

stratigrafìa, *f.* **1** (*geol.*) stratigraphy **2** (*med.*) planigraphy.

stratigràfico, *a.* (*geol.*) stratigraphic(al).

stratìgrafo, *m.* (*geol.*) stratigrapher.

stratimetrìa, *f.* (*geol.*) measurement of strata.

strato, *m.* **1** stratum*; layer; bed; (*rivestimento*) coat, coating: **gli strati dell'aria**, the strata of the air; **uno s. di polvere**, a layer of dust; **s. laminare**, laminar layer; **uno s. di vernice**, a coat of paint; (*chim. industriale*) **uno s. di ossido**, an oxide coating; (*radio*) **s. ionizzato**, ionized layer; (*edil.*) **s. filtrante**, filter bed; (*mecc.*) **s. limite**, boundary layer; (*chim., fis.*) **s. monomolecolare**, monomolecular layer; **strati di argilla**, strata of clay **2** (*meteorologia*) **stratus***; layer: **s. d'inversione**, inversion layer **3** (*fig.*: *ceto, classe*) stratum*; class: **tutti gli strati sociali**, all social classes. ● (*fis. nucl.*) **s. elettronico**, electron shell □ **s. sottile**, film □ (*mecc.*) **s. vorticoso**, vortex sheet □ (*geol.*) **affioramento superficiale di uno s.**, outcrop.

stratocùmulo, *m.* (*meteorologia*) strato-cumulus*; cumulo--stratus*.

stratonémbo, *m.* (*meteorologia*) nimbo-stratus*.

stratopàusa, *f.* (*meteorologia*) stratopause.

stratosfèra, *f.* (*meteorologia*) stratosphere.

stratosfèrico, *a.* **1** (*meteorologia*) stratospheric(al) **2** (*fig.*) stratospheric; exorbitant; (*astruso*) abstruse, recondite.

stratta, *f.* tug; haul; wrench; jerk: **a stratte**, by jerks; by fits and starts; jerkily.

strattagèmma, *V.* **stratagèmma**.

strattonare, *v. t.* (*fam.*: *specialm. sport*) to push; to shove; to tug.

strattóne, *m.* sharp tug; sharp jerk.

stravaccarsi, *v. rifl.* to sprawl (out).

stravaccato, *a.* sprawling: **s. sulla poltrona**, sprawling (*o* sprawled out) in the easy chair.

stravagante, A *a.* queer; eccentric; whimsical; odd; extravagant: **un carattere s.**, a queer character; **un'idea s.**, an extravagant (*o* an odd) idea; **condotta s.**, extravagant behaviour. ● (*letter.*) **rime stravaganti**, additional poems. **B** *m. e f.* character (*fam.*); queer fellow; eccentric (*o* odd) person.

stravagantemente, *avv.* queerly; eccentrically; whimsically; oddly; extravagantly.

stravaganza, *f.* **1** queerness; eccentricity; whimsicalness; whimsicality; oddness; oddity; extravagance **2** (*comportamento stravagante*) odd behaviour; eccentric ways (*pl.*).

stravasare, stravaso, *V.* **travasare**, **travaso**.

stravècchio, *a.* **1** very old: **cose vecchie e stravecchie**, very (*o* quite) old things **2** (*stagionato a lungo*) aged: **formaggio s.**, aged cheese. ● **vino s.**, vintage wine.

stravedére, *v. t. e i.* (*vedere male*) to see* wrongly. ● **s. per q.**, to be crazy about sb. (*fam.*).

stravéro, *a.* (*fam.*) quite true.

stravincere, A *v. t.* to crush; to lick (*fam.*); to whack (*fam.*). **B** *v. i.* to win* hands down (*o* all along the line).

stravisare, *v. t.* (*pop.*: *travisare*) to distort; to twist; to misinterpret.

straviziare, *v. i.* to be intemperate.

stravizio, *m.* (*generalm.*) intemperance; (*abuso di cibo*) overeating, indulgence in (good) eating; (*disordine nel bere*) overdrinking; (*disordine nei piaceri sensuali*) debauchery. ● **fare stravizi**, to be intemperate.

stravòlgere, A *v. t.* **1** (*torcere*) to twist; to roll; to writhe: **s. gli occhi**, to roll one's eyes **2** (*fig.*: *turbare, agitare*) to upset*; to disturb; to trouble **3** (*fig.*: *travisare*) to twist; to distort; to warp: **Egli stravolse le mie parole**, he twisted my words; **s. la verità**, to distort the truth. **stravòlgersi, B** *v. rifl.* to twist; to roll about; to writhe.

stravolgiménto, *m.* twisting; rolling.

stravòlto, *a.* **1** twisted; contorted: **lineamenti stravolti dall'ira**, features contorted with anger **2** (*fig.*) upset; deranged; disturbed; troubled; convulsed: **una mente stravolta**, a deranged mind.

straziante, *a.* agonizing; piercing; heart-rending; harrowing: **un dolore angoscioso e s.**, a sharp, agonizing pain; **un grido s.**, a piercing shriek; **il racconto s. delle mie sventure**, the harrowing tale of my misfortunes.

straziare, *v. t.* **1** (*fare strazio*) to tear* to pieces; to torture: **s. un corpo**, to tear a body to pieces **2** (*fig.*) to harrow; to rack; to rend*; to torment: **s. il cuore a q.**, to rend (*o* to break) sb.'s heart **2** (*fig.*: *sperperare*) to waste; to dissipate; to squander: **s. un patrimonio**, to dissipate a fortune. ● **s. una lingua**, to mangle a language □ **s. gli orecchi**, to grate (*o* to jar) upon one's ears.

straziato, *a.* torn; tortured; tormented: **un'anima straziata dai rimorsi**, a soul torn by remorse; **col cuore s. dal dolore**, with one's heart torn by grief.

stràzio, *m.* **1** (*scempio*) havoc; torture **2** (*fig.*: *atroce dolore morale*) torment; agony; torture; severe pain: **Questo è uno s.**, this is torture **3** (*fam.*: *fastidio, seccatura*) annoyance; (*persona noiosa*) nuisance; bore (*fam.*); pest (*fam.*): **Che s. questo libro!**, what torture this book is! **4** (*fig.*: *sciupio*) waste; wastage. ● **fare s. d'un cadavere**, to tear a body to pieces □ **Sentivo come uno s. dentro di me**, my heart was torn by grief.

strecciare, *v. t.* to unplait.

stréga, *f.* witch, hag (*anche fig.*); (*maga, fattucchiera*) sorceress: **Le streghe venivano condannate al rogo**, witches were sent to the stake; **È una vecchia s.!**, she's an old witch!; **quella vecchia s.**, that old hag. ● (*anche fig.*) **caccia alle streghe**, witch-hunt □ (*ricamo*) **punto a s.**, herring-bone stitch.

stregaménto, *m.* **1** bewitchment; bewitching **2** (*fig.*) witchery; enchantment; fascination; charm.

stregare, *v. t.* **1** to bewitch; to cast* a spell on **2** (*fig.*) to bewitch; to enchant; to fascinate; to charm: **La ragazza si comportò in modo molto strano quasi fosse stata stregata**, the girl behaved very strangely, as if she had been bewitched.

stregato, *a.* bewitched.

stregóne, *m.* wizard; (*mago*) magician, sorcerer.

stregonerìa, *f.* **1** witchcraft; sorcery **2** (*incantesimo*) spell.

strègua, *f.* rate; standard; way; manner: **alla stessa s.**, in the same way; alike: **trattare tutti alla stessa s.**, to treat everybody alike. ● **giudicare tutti alla stessa s.**, to judge everybody with the same yardstick.

strelìtzia, *f.* (*bot.*, *Strelitzia reginae*) strelitzia; bird-of-paradise flower.

stremare, *v. t.* to exhaust; to tire out: **s. le forze a q.**, to tire sb. out.

stremato, *a.* exhausted; tired out: **essere s. di forze**, to be exhausted (*o* tired out); to be reduced to extreme weakness.

strèmo, *m.* extreme limit; very end. ● **essere (ridotto) allo s.**, (*fisicamente*) to be at the end of one's strength; (*finanziariamente*) to have reached the end of one's resources.

strènna, *f.* gift; present: **strenne natalizie**, Christmas presents.

strenuaménte, *avv.* bravely; boldly; valiantly.

strenuità, *f.* (*lett.*) bravery; boldness; valiancy; courage.

strènuo, *a.* brave; bold; valiant; courageous: **uno s. difensore degli oppressi**, a valiant defensor of the oppressed. ● **uno s. lavoratore**, an untiring worker.

strepitare, *v. i.* to make* an uproar (*o* a din, a great noise); to kick up a shindy (*fam.*); (*urlare*) to shout, to yell.

strepitìo, *m.* din.

strèpito, *m.* uproar; clamour; din; fuss; (great) noise; shindy (*fam.*); (*di cose metalliche*) clank, clang, clash: **Che è questo s.?**, what's all this noise about?; **fare s.**, to make an uproar (*o* a din, a great noise); to kick up a shindy (*fam.*); **senza il minimo s.**, without the least noise. ● **lo s. del treno**, the rumbling of the train □ (*fig.*) **È un libro che fa molto s.**, that book is all the rage (*o* is quite a hit) □ (*fig.*) **È una scoperta che fece s.**, that discovery was much talked about.

strepitóso, *a.* **1** uproarious; roaring; clamorous; boisterous; loud; stormy: **risa strepitose**, uproarious laughter; **applausi strepitosi**, loud (*o* thunderous) applause **2** (*fig.: che desta meraviglia*) striking, resounding; outstanding: **Fu un successo s.**, it was a resounding (*o* a great) success; **una vita strepitosa**, an outstanding victory.

streptococcemìa, *f.* (*med.*) septicemia caused by streptococci.

streptocòcco, *m.* streptococcus*.

streptomicìna, *f.* (*farm.*) streptomycin.

strèss (*ingl.*), *m. invar.* (*fis., med.*) stress.

stressante, *a.* stressing.

stressare, *v. t.* to stress; to subject to stress.

stressato, *a.* stressful; under stress (*pred.*): **essere s.**, to be under stress.

strétta, *f.* **1** (*atto, effetto dello stringere*) (firm) hold; grasp; grip **2** (*fig.: ansia, timore*) feeling of anguish; pang: **provare una s. al cuore**, to feel a pang in one's heart **3** (*calca, mischia*) press; crush: **sottrarsi alla s. della folla**, to get away from the press of the crowd **4** (*geogr.*) (mountain) pass **5** (*fin.*) squeeze; crunch: **una s. creditizia**, a money (*o* a credit) squeeze. ● **una s. di mano**, a handshake □ **essere alle strette**, to be in straits; to be at the end of one's tether (*fam.*); to be in low water (*fam.*) □ **alla s. dei conti**, in conclusion; after all □ **alla s. del freddo**, when the cold is most intense □ (*fig.*) **dare una s. alla cinghia**, to tighten one's belt □ **dare una s. di mano a q.**, to shake hands with sb. □ **mettere q. alle strette**, to press sb. hard; to put sb. with his back to the wall □ **trovarsi in una s.**, to be in a predicament.

strettaménte, *avv.* **1** tight; tightly; fast: **legare q.c. s.**, to bind st. tight (*o* tightly); **Aggrappati s.!**, hold on fast (*o* tightly)! **2** (*rigorosamente*) strictly: **osservare le regole s.**, to observe the rules strictly; **È s. vietato**, it is strictly forbidden.

strettézza, *f.* **1** narrowness; tightness: **la s. della strada**, the narrowness of the road; **la s. di una giacca**, the tightness of a jacket **2** (*fig.: scarsità*) lack; shortage; scarsity: **s. di tempo**, lack of time **3** (*pl., fig.: povertà, ristrettezza*) straitened circumstances; poverty (*sing.*); financial difficulties: **essere in strettezze**, to be in straitened circumstances; to be hard up; **vivere in strettezze**, to live in poverty.

strétto (1), **A** *a.* **1** narrow: **una strada stretta**, a narrow road; **un passaggio (un corridoio) s.**, a narrow passage (corridor); **spalle strette**, narrow shoulders; **s. di spalle**, narrow in the shoulders; **entro stretti limiti**, within narrow limits **2** (*di abiti e sim.*) tight: **scarpe strette**, tight shoes; **Quel vestito le va un po' s.**, that dress is a bit tight on her; **Questa giacca è un po' stretta di spalle**, this jacket is a bit tight in the shoulders **3** (*serrato*) tight; fast; (*di denti, ecc.*) clenched: **Lo tenevo s.**, I held it tight; **coi pugni stretti**, with clenched fists; **a denti stretti**, with clenched teeth; **Lo tenne s. tra le braccia**, he held it tight (*o* fast) in his arms; **Lo legò s. alla sedia**, he tied him fast to the chair; **Non avvolgerlo troppo s.!**, don't wrap it too tight (*o* fast); **un nodo s.**, a tight knot; **tenere q. s. per la mano**, to hold sb. tight by the hand **4** (*rigoroso*) strict; close; rigorous: **stretta disciplina (osservanza)**, strict discipline (observance); **stretta sorveglianza**, close supervision; **una regola stretta**, a strict rule; **la stretta verità**, the strict (*o* naked) truth; **oggetti di stretta necessità**, items of strict necessity; **digiuno s.**, strict fast; **nel senso s. della parola**, in the strict sense of the word **5** (*intimo*) close: **amici stretti**, close friends; **stretta parentela**, close relationship; **essere in stretti rapporti con q.**, to be in close relations with sb. **6** (*preciso*) exact; precise: **Bisogna dare lo s. significato di ogni parola**, you must give the exact (*o* precise) meaning of every word **7** (*chiuso*) close: **pronunzia (vocale) stretta**, close pronunciation (vowel) **8** (*addossato, vicino*) close; very near; hugging; (*pigiato*) packed: **camminare s. al muro**, to walk hugging (*o* close to) the wall; **Erano stretti come sardine**, they were packed like sardines. ● **s. dal bisogno**, constrained by want □ **lo s. necessario**, that which is strictly necessary; the bare necessities □ **s. nelle catene**, bound in chains □ **avere il cuore s.**, to have a heavy heart; to be sad at heart □ (*fig.*) **essere di manica stretta**, to be (be very) strict □ **generi di stretta necessità**, essential goods; staple goods □ **obbligo s.**, firm obligation □ **tenere q. s. in pugno**, to have (*o* to hold) sb. in the palm of one's hand □ **È nostro s. dovere**, it is our bounden duty. **B** *avv.* tight(ly); close(ly); fast: **legare q.c. ben s.**, to tie st. tight.

strétto (2), *m.* (*geogr.*) strait; straits (*pl.*); narrows (*pl.*): **lo S. di Gibilterra**, the Straits of Gibraltar; **lo S. di Messina**, the Straits of Messina; **lo S. di Magellano**, Magellan's Strait; the Straits of Magellan.

strettóia, *f.* **1** narrow passage; bottleneck (*fam.*) **2** (*fig.*) (great) difficulty; difficult situation; tight spot (*fam.*).

strettóio, *m.* (*mecc.*) press.

strìa, *f.* **1** (*riga sottile*) stripe; streak **2** (*archit., anat.*) stria*.

striàre, *v. t.* to stripe; to streak; to striate.

striàto, *a.* **1** (*che ha strie*) striped; streaked; striate(d) **2** (*anat.*) striated: **fibre muscolari striate**, striated muscle fibres.

striatùra, *f.* stria* (*anche geol.*); striation; (*bot., zool.*) striga*.

stricnìna, *f.* (*chim.*) strychnine.

stricninìsmo, *m.* (*med.*) strychninization.

stridènte, *a.* **1** strident; squeaking; shrill; sharp; rasping; grating **2** (*fig.: contrastante*) clashing; jarring; conflicting. ● **contrasto s.**, blatant contrast.

strìdere, *v. i.* **1** (*mandare suoni acuti e aspri*) to squeak; to screech; to shriek; to creak; to rasp; (*rif. a insetti*) to chirp: **una porta che stride sui cardini**, a door that squeaks on its hinges; **Il cancello stride tutte le volte che viene aperto**, the gate creaks every time it is opened **2** (*fig.*) to clash; to jar; to conflict: **Il colore del tuo cappello stride col colore del tuo abito**, the colour of your hat clashes with the colour of your dress.

stridìo, *m.* squeaking; screeching; shrieking; creaking; rasping.

strìdo, *m.* squeak; squeal; whoop; (shrill, sharp) cry: **strida che s'alzavano al cielo**, shrill cries rising to the sky; **dare (*o* emettere) uno s.**, to utter a squeak; to squeak; to squeal.

stridóre, *m.* stridor; screeching; creaking; shrieking.

stridulàto, *a.* (*zool.*) stridulating: **organo s.**, stridulating organ.

stridulazióne, *f.* (*zool.*) stridulation.

strìdulo, *a.* stridulous; stridulant; strident; squeaky; shrill; sharp; rasping: **il canto s. della cicala**, the strident notes of the cicada; **un rumore s.**, a stridulous noise; **un fischio s.**, a shrill whistle; **una voce stridula**, a shrill (*o* a rasping) voice; **suoni striduli**, sharp sounds.

strigàre, *v. t.* (*anche fig.*) to disentangle; to untwist; to unravel; to undo*: **s. una matassa**, to disentangle a skein; **s. una faccenda complicata**, to unravel a tangled situation; **s. un nodo**, to undo (*o* to untie) a knot.

strìge, *f.* (*zool., pop.: gufo*) owl.

strìgile, *m.* (*archeol.*) strigil.

striglia, *f.* curry-comb.

strigliàre, **A** *v. t.* **1** (*pulire con la striglia*) to curry-comb; to curry: **s. un cavallo**, to curry a horse **2** (*fig.*) to rebuke; to scold. **strigliàrsi**, **B** *v. rifl.* (*scherz.*) to groom oneself.

strigliàta, *f.* **1** (*passata di striglia*) curry-combing; currying **2** (*fig.*) rebuke; scolding.

strigliatóre, *m.* groom.

strigliatùra, *f.* curry-combing; currying.

strìgolo, *m.* (*bot., Silene inflata*) bladder-campion.

strillàre, **A** *v. i.* **1** to scream; to shriek; to cry: **Perché strillano così?**, why are they screaming like that?; **s. come un pappagallo**, to cry like a parrot **2** (*parlare a voce molto alta*) to shout; to yell **3** (*fig.: risentirsi, protestare*) to make* a fuss. **B** *v. t.* **1** (*dire a voce molto alta*) to shout (out); to yell (out) **2** (*fam.: sgridare*) to scold; to tell* off (*fam.*); to dress down (*fam.*).

strillàta, *f.* **1** (*grido*) shout; sharp cry; yell **2** (*rabbuffo*) scolding; telling off (*fam.*); dressing down (*fam.*).

strìllo, *m.* scream; shriek; (shrill, piercing) cry: **fare uno s.**, to utter a sharp, shrill cry; to scream; to shriek.

strillonàggio, *m.* selling of newspapers by news-boys (*o* in the streets).

strillóne, *m.* **1** (*fam.: chi strilla molto*) screamer; (*chi parla a voce molto alta*) shouter **2** (*venditore ambulante di giornali*) news-man*; news-boy.

strillòzzo, *m.* (*zool., Emberiza calandra*) corn bunting.

striminzìre, **A** *v. t.* **1** to tighten; to stunt **2** (*rendere più magro*) to make* thinner. **striminzìrsi**, **B** *v. rifl.* **1** (*fasciarsi di indumenti troppo stretti*) to lace oneself too tightly **2** (*diventare più magro*) to become* thinner.

striminzìto, *a.* **1** (*misero*) shabby; poor: **un vestito s.**, a shabby dress **2** (*molto magro*) skinny; scraggy; (*stentato*) stunted.

strimpellaménto, *m.* (*rif. a strumenti a tasti*) strumming; pounding; banging; (*rif. a strumenti a corde*) strumming, thrumming, scraping, twanging: **lo s. d'un pianoforte**, the strumming of a piano; **lo s. d'una chitarra**, the thrumming of a guitar.

strimpellàre, *v. t.* (*strumenti a tasti*) to strum; to pound; to bang; (*strumenti a corde*) to strum; to thrum; to scrape; to twang: **s. il pianoforte**, to pound (on) the piano; **Se ne stava seduta al pianoforte strimpellando un motivo allegro**, she was sitting at the piano strumming a merry tune; **s. la chitarra**, to thrum (on) a guitar; **s. un violino**, to scrape a fiddle.

strimpellàta, *f.* (*rif. a strumenti a tasti*) strum; pound, bang;

strimpellatóre

(*rif. a strumenti a corde*) strum, thrum, scrape.
strimpellatóre, *m.* (*di strumenti a tasti*) strummer; pounder; banger; (*di strumenti a corde*) strummer, thrummer, scraper, twanger. ● **s. di violino**, gut-scraper (*scherz.*).
strimpellìo, *V.* **strimpellaménto**.
strinare, A *v. t.* **1** (*bruciacchiare stirando*) to scorch **2** (*cucina*) to singe. **strinarsi, B** *v. rifl.* to scorch.
strinato, *a.* **1** scorched: **una camicia strinata**, a scorched shirt **2** (*cucina*) singed: **ali strinate**, singed wings **3** (*fig.: magrissimo*) skinny; scraggy. ● **essere magro s.**, to be as thin as a rake □ **odore di s.**, smell of singeing.
strinatura, *f.* scorch (mark); scorching.
stringa, *f.* lace; string (*anche elab.*): **stringhe per scarpe**, shoe-laces. ● (*fig.*) **non valere una s.**, not to be worth a straw □ (*elab.*) **s. di caratteri**, character string.
stringàio, *m.* **1** (*fabbricante di stringhe*) lace maker; string-maker **2** (*venditore di stringhe*) lace-seller; string-seller.
stringare, *v. t.* **1** (*stringere con stringa*) to lace; to tie up with a string **2** (*fig.*) to condense; to make* concise.
stringatézza, *f.* conciseness; concision.
stringato, *a.* **1** (*stretto con stringhe*) laced up; tied up **2** (*fig.: conciso*) condensed; concise.
stringènte, *a.* **1** (*impellente*) urgent; pressing: **bisogni stringenti**, pressing needs **2** (*che persuade*) convincing; cogent: **ragioni stringenti**, convincing reasons.
stringere, A *v. t.* **1** (*serrare fortemente*) to hold* tight(ly); to clasp; to grasp; to grip; to clench; to hug: **Il ladro stringeva nella mano un coltello**, the thief was clasping a knife in his hand; **La strinse fra le braccia**, he clasped her in his arms; **s. le mani a q.**, to clasp sb.'s hands; **s. una fune**, to grasp a rope; **s. il pugno**, to clench one's fist; **s. i denti**, to clench (*o* to grind) one's teeth; **La ragazza stringeva la sua bambola al petto**, the girl was hugging her doll **2** (*accostare, unire le parti*) to tighten; (*chiudere*) to close, to shut*: **s. una vite**, to tighten a screw; **s. un nodo**, to tighten a knot; (*anche fig.*) **s. i cordoni della borsa**, to tighten the purse-strings; **s. gli occhi**, to close one's eyes; **s. le labbra**, to tighten one's lips **3** (*concludere, stipulare*) to make*: **s. un'alleanza** (**un patto**), to make an alliance (a pact) **4** (*restringere, rendere meno largo*) to tighten; to take* in: **s. un vestito**, to take in a dress **5** (*premere dolorosamente*) to be tight; to pinch: **Queste scarpe mi stringono in punta**, these shoes are tight at the toe **6** (*riassumere*) to summarize; to sum up: **s. un discorso**, to summarize a speech **7** (*costringere*) to compel: **Il bisogno mi stringe a chiedervi un favore**, necessity compels me to ask you a favour **8** (*accelerare*) to quicken; to speed* up: **s. il passo**, to quicken one's pace; (*mus.*) **s. il tempo**, to quicken the tempo; (*fig.*) to speed things up. **B** *v. i.* **1** (*essere stretto*) to be tight; (*di scarpe, anche*) to pinch: **Questa giacca stringe troppo**, this jacket is too tight **2** (*incalzare, urgere*) to press; to be pressing: **Il tempo stringe**, time presses; time is (running) short. ● **s. amicizia con q.**, to make friends with sb. □ **s. d'assedio una città**, to lay siege to a town □ **s. la mano a q.**, to shake hands with sb. □ (*naut.*) **s. il vento**, to close the wind; to haul upon the wind; to hug the wind □ **una notizia che mi strinse il cuore**, a piece of news that wrung my heart □ (*locuz. avv.*) **stringi stringi**, when all is said and done; when you get down to it □ (*prov.*) **Chi troppo vuole nulla stringe**, grasp all, lose all. **stringersi, C** *v. rifl.* **1** (*accostarsi*) to draw* close (to); to press (against); to hug: **s. al muro**, to draw close to the wall **2** (*fare spazio*) to squeeze together; to make* room. ● **s. nelle spalle**, to shrug one's shoulders □ **s. per far posto a q.**, to squeeze in.
stringiménto, *m.* **1** (*il serrare fortemente*) clasping; grasping; gripping; clenching; hugging **2** (*l'accostare, l'unire le parti*) tightening; (*il chiudere*) closing, shutting. ● (*fig.*) **s. di cuore**, heavy heart.
stringinaso, *m.* (*sport*) nose-clip. ● **occhiali a s.**, «pince-nez» (*franc.*).
strippare, *v. i.* **stripparsi**, *v. rifl.* (*pop.*) to gorge; to gormandize; to guzzle.
strippata, *f.* (*pop.*) bellyful; blow-out (*pop.*).
strip-tease (*ingl.*), *m.* strip-tease.
striscia (1), *f.* **1** stripe; (narrow) slip; strip: **Un sergente ha tre strisce sulla manica**, a sergeant has three stripes on his sleeve; **una s. di carta**, a strip (*o* slip) of paper; **una s. di stoffa**, a strip of cloth; **una s. di terreno**, a strip of land **2** (*pl.: strisce pedonali*) zebra crossing (*sing.*). ● (*aeron.*) **s. d'atterraggio**, runway □ (*edil.*) **s. di rinforzo**, cleat.
striscia (2), *f.* (*fumetto*) comic strip.
strisciaménto, *m.* **1** (*il passare sopra o rasente a q.c.*) crawling; creeping; stealing **2** (*fig.*) flattery; flattering; fawning; adulation; blandishment.
strisciante, *a.* **1** crawling; creeping **2** (*fig.*) flattering; fawning; servile: **adulazione s.**, servile flattery **3** (*bot.*) creeping; repent **4** (*zool.*) reptant. ● (*econ.*) **inflazione s.**, creeping inflation.

strisciare, A *v. i.* **1** (*passare sopra o rasente a q.c.*) to crawl; to creep*; to steal*: **Il serpente s'infilò strisciando in un buco**, the snake crawled into a hole; **Strisciammo attraverso le siepi verso il nemico**, we crept through the bushes towards the enemy; **Il gatto strisciò verso l'uccello**, the cat crept towards the bird; **La volpe strisciò via**, the fox stole away; **s. per terra**, to crawl on the ground; **s. rasente il muro**, to creep close by the wall **2** (*sfiorare*) to graze: **s. col parafango contro il muro**, to graze the wall with the mudguard **3** (*fig.*) to grovel: **s. ai piedi del proprio conquistatore**, to grovel at the feet of one's conqueror. **B** *v. t.* **1** (*sfiorare*) to graze: **La pallottola gli strisciò la guancia**, the bullet grazed his cheek; **s. l'acqua**, to graze the water **2** (*strascicare*) to shuffle; to drag: **s. i piedi**, to shuffle (*o* to drag) one's feet. **strisciarsi, C** *v. rifl.* **1** (*sfregarsi*) to rub (oneself) **2** (*fig.: adulare*) to flatter; to fawn; to crawl.
strisciata, strisciatura, *f.* **1** grazing **2** (*segno*) trail.
striscio, *m.* **1** graze **2** (*med.*) smear. ● **ballo con lo s.**, shuffle □ **colpire q.c. di s.**, to graze st. □ **di s.**, grazingly.
striscióne (1), *m.* (*grande striscia*) large stripe; large band. ● (*sport*) **s. del traguardo**, tape □ **s. pubblicitario**, advertising banner.
striscióne (2), striscióni, *avv.* crawlingly; creepingly; draggingly. ● **andare avanti s.**, to drag oneself along.
stritolàbile, *a.* grindable; crushable.
stritolaménto, *m.* grinding; crushing.
stritolare, A *v. t.* **1** (*ridurre in minutissimi pezzi*) to grind*; to crush; to crunch: **s. una gamba a q.**, to crush sb.'s leg; **Il cane stritolava un osso**, the dog was crunching a bone; **s. q.c.** (**fra i denti**), to crunch st. **2** (*fig.: annientare*) to crush; to demolish: **argomenti che stritolarono l'avversario**, arguments that crushed his opponent. ● (*fam.*) **Se lo piglio, lo stritolo!**, if I catch him, I'll make mincemeat of him (*o* I'll smash his face in)! **stritolarsi, B** *v. rifl.* to break* (in)to (very small) pieces: **Il bicchiere cadde e si stritolò**, the glass fell and broke into pieces.
stritolato, *a.* ground (down); crushed: **una mano stritolata**, a crushed hand.
stritolatóre, *m.* grinder; crusher.
strizzalimóni, *m.* lemon-squeezer.
strizzare, *v. t.* to squeeze; (*un panno bagnato e sim.*) to wring*: **s. un limone** (**un'arancia**), to squeeze a lemon (an orange); **s. i panni bagnati**, to wring wet clothes. ● **s. l'occhio** (**a q.**), to wink (at sb.).
strizzata, *f.* squeeze; wring. ● **s. d'occhio**, wink.
strizzatura, *f.* squeezing; wringing.
strizzóne, *m.* **1** squeeze; wring **2** (*fitta*) sharp (*o* shooting) pain.
strobilazióne, *f.* (*zool.*) strobilation.
stròbilo, *m.* **1** (*bot.*) strobile **2** (*zool.*) strobila*; strobile.
stroboscopìa, *f.* (*fis.*) stroboscopy.
stroboscòpico, *a.* (*fis.*) stroboscopic(al): **effetto s.**, stroboscopic effect.
stroboscòpio, *m.* (*fis.*) stroboscope.
stròfa, *f.* (*poesia*) strophe: **la s. alcaica** (**saffica, ecc.**), the Alcaic (Sapphic, etc.) strophe.
strofantina, *f.* (*chim.*) strophanthin.
strofànto, stròfanto, *m.* (*bot., Strophanthus*) strophanthus.
stròfe, *V.* **stròfa**.
stròfico, *a.* (*poesia*) strophic(al).
strofinàccio, *m.* (*per rigovernare*) dish-cloth; (*per stoviglie*) tea-cloth; (*per pavimenti*) floor-cloth; (*per spolverare*) duster, dust-cloth.
strofinaménto, *m.* rubbing; (*per pulire*) wiping.
strofinare, A *v. t.* (*fregare*) to rub; (*per pulire*) to wipe: **Il cane mi strofinò il muso contro le gambe**, the dog rubbed his head against my legs. ● **s. un fiammifero**, to strike a match □ **s. un pavimento**, to scrub a floor □ **s. q.c. con un cencio**, to wipe st. **strofinarsi, B** *v. rifl.* to rub oneself; to chafe: **s. gli occhi**, to rub one's eyes; **s. le mani col sapone**, to rub one's hands with soap; **s. la schiena contro q.c.**, to rub one's back against st. ● **s. a q.** (*adularlo*), to flatter sb.; to coax sb.; to fawn on sb.; to cajole sb. □ **s. a q. per indurlo a fare quanto si vuole**, to cajole sb. into doing all one wants □ **s. le mani** (*per scaldarsi*), to chafe one's hands.
strofinata, *f.* rub; wipe. ● **dare una s. a q.c.**, to rub st.
strofinio, *m.* rubbing.
strofòide, *f.* (*mat.*) strophoid.
stròlaga, *f.* (*zool., Columbus*) diver; loon.
stròma, *m.* (*biol.*) stroma*.
stromàtico, *a.* (*biol.*) stromal; stromatic.
strombare, *v. t.* (*archit.*) to splay.
strombatura, *f.* (*archit.*) splay.
strombazzare, *v. t.* to trumpet: **Strombazzarono il fatto per tutto il paese**, they trumpeted the story all over the town. ● **s. le proprie virtù**, to blow one's own trumpet.

strombazzata, *f.* trumpeting.
strombazzatóre, *m.* trumpeter.
strombazzatura, *f.* **1** (*lo strombazzare*) trumpeting **2** (*montatura pubblicitaria*) (publicity) stunt; puff (*pop.*).
strombettare, *v. i.* **1** to blow* a trumpet; to trumpet **2** (*autom.*) to hoot.
strombettata, *f.* **1** trumpeting **2** (*autom.*) hoot(ing).
strombettìo, *m.* **1** trumpeting; blowing of the trumpet **2** (*autom.*) hooting.
strómbo (1), *m.* (*zool.*, *Strombus gigas*) conch.
strómbo (2), *m. V.* **strombatura**.
stromboliano, *a.* (*geol.*) Strombolian.
stroncaménto, *m.* (*troncamento*) breaking off; cutting off.
stroncare, *v. t.* **1** (*troncare*) to break* off; to cut* off: **s. un ramo**, to break (*o* to cut) off a branch **2** (*fig.*: *fare oggetto di critica feroce*) to slash; to slate (*fam.*): **s. un film**, to slate a film. • **s.** (*ogni tentativo di*) **una rivolta**, to crush a rebellion.
stroncatóre, **A** *m.* (*fig.*) slasher; slashing critic. **B** *a.* slashing.
stroncatòrio, *a.* (*fig.*) slashing: **critica stroncatoria**, slashing (*o* severe) criticism; slating (*fam.*).
stroncatura, *f.* **1** (*il troncare*) breaking off; cutting off **2** (*fig.*) slashing criticism; slating (*fam.*).
stroncóne, *V.* **troncóne**.
stronfiare, *v. i.* (*fam.*) to puff; to pant; (*per ira*) to fume.
strònzio, *m.* (*chim.*) strontium.
strónzo, *m.* **1** (*volg.*) turd (*volg.*) **2** (*fig.*, *volg.*) shit (*volg.*).
stropicciaménto, *m.* rubbing; (*di piedi*) scuffling, shuffling.
stropicciare, *v. t.* **1** to rub; (*di piedi*) to scuffle, to shuffle: **Mi stropicciavo il braccio**, I was rubbing my arm; **s. i piedi**, to shuffle one's feet **2** (*fam.*: *sgualcire*) to crumple; to crease: **stropicciarsi gli abiti**, to crumple one's clothes. • **Me ne stropiccio!**, I don't care a pin!
stropicciata, *f.* rub; rubbing: **dare una bella s. a q.c.**, to give st. a good rub. • **darsi una s. alle mani**, to rub one's hands.
stropicciatura, *f.* rubbing.
stropìccio, *m.* rubbing; (*di piedi*) scuffling, shuffling.
stroppiare, **stròppio**, (*pop.*) *V.* **storpiare**, **stòrpio**.
stròppo, *m.* (*naut.*) strop; strap.
strosciare, **stròscio**, (*pop.*) *V.* **scrosciare**, **scròscio**.
stròzza, *f.* (*fam.*) throat; throttle; gullet; wind-pipe: **afferrare q. per la s.**, to seize sb. by the throat. • **Urlavo con quanto fiato avevo nella s.**, I was shouting at the top of my voice.
strozzaménto, *m. V.* **strozzatura**.
strozzare, **A** *v. t.* to throttle; to strangle; to choke; to scrag **2** (*fig.*) to rook; to fleece: **Quel commerciante m'ha strozzato**, that tradesman has rooked (*o* fleeced) me. **strozzarsi**, **B** *v. rifl.* **1** to choke; to strangle **2** (*per estens.*: *restringersi*) to narrow; to become* narrower.
strozzato, *a.* throttled; strangled; choked. • (*med.*) **ernia strozzata**, strangulated hernia □ **un vaso s.**, a narrow-necked vase □ **voce strozzata**, muffled voice.
strozzatóio, *m.* (*naut.*) compressor: **Apri lo s.!**, put back the compressor!
strozzatóre, **A** *m.* throttler; strangler; choker. **B** *a.* throttling; strangling; choking.
strozzatura, *f.* **1** throttling; strangling; choking; scragging **2** (*restringimento*) narrowing **3** (*stradale*) bottle-neck **4** (*econ.*) bottle-neck. • **la s. d'un camino**, the throat of a chimney.
strozzinàggio, *m.* usury; loan-sharking (*fam.*).
strozzinésco, *a.* relating to usury.
strozzino, *m.* usurer; money-grubber; loan shark (*fam.*).
struccaménto, *m.* stuccoing; puttying.
struccare, **A** *v. t.* to remove the make-up of. **struccarsi**, **B** *v. rifl.* to take* off one's make-up.
strudel (*ted.*), *m.* (*cucina*) «strudel» (pastry-cake with fruit-filling).
struggènte, *a.* yearning; longing; (*tormentoso*) tormenting, agonizing.
strùggere, **A** *v. t.* **1** (*liquefare*) to melt; to liquefy: **È cosa facile s. il burro**, it's easy to melt butter; **s. la cera**, to melt wax **2** (*fig.*: *consumare lentamente*) to consume: **Il rimorso lo strugge**, remorse is consuming him. **strùggersi**, **B** *v. rifl.* **1** (*liquefarsi*) to melt (away); to liquefy: **La neve si strusse al sole**, the snow melted away in the sun; **s. in lacrime**, to melt into tears **2** (*fig.*) to be consumed; to waste away; to pine away: **s. dal dolore**, to be consumed with grief; to eat one's heart out. • **s. dalla voglia di fare q.c.**, to be longing (*o* yearning) to do st.: **Mi struggevo di sapere la verità**, I was longing to learn the truth.
struggicuòre, *m.* heartache; heartbreak.
struggiménto, *m.* **1** melting; liquefaction **2** (*fig.*) pining away; anguish; torment; (*desiderio intenso*) longing, yearning. • **s. di cuore**, heartache; heartbreak.
struma, *m.* (*med.*: *gozzo*) goitre.
strumentale, **A** *a.* **1** (*generalm.*) instrumental: **musica vocale e s.**, vocal and instrumental music **2** (*econ.*: *di beni*, *ecc.*) inconsumable. **B** *m.* (*gramm.*: *caso s.*) instrumental case.
strumentalità, *f.* instrumentality.
strumentalizzare, *v. t.* to instrumentalize; to make* instrumental (to some end); to make* an instrument of (sb., st.).
strumentalizzazióne, *f.* instrumentalization.
strumentare, *v. t.* (*mus.*) to instrument; to orchestrate.
strumentàrio, *m.* instruments (*pl.*).
strumentatóre, *m.* (*mus.*) instrumentator.
strumentazióne, *f.* **1** (*mus.*) instrumentation; orchestration **2** (*complesso di strumenti*) instruments (*pl.*) **3** (*ing.*) instrumentation.
strumentini, *m. pl.* (*mus.*) woodwinds.
strumentista, *m. e f.* (*mus.*) instrumentalist.
struménto, *m.* **1** instrument, tool (*anche fig.*); implement: **strumenti scientifici**, scientific instruments; **strumenti ottici**, optical instruments; **uno s. a quadrante**, a dial instrument; **uno s. di misura**, a measuring instrument; a meter; **uno s. indicatore**, an indicating instrument; an indicator; **uno s. registratore**, a recording instrument; a recorder; **uno s. topografico**, a surveying instrument; **uno s. a magnete permanente**, a permanent magnet instrument; **uno s. di punizione**, an instrument of punishment; **essere lo s. della vendetta di q.**, to be the instrument of sb.'s revenge **2** (*mus.*) instrument: **strumenti a fiato**, wind instruments; **strumenti a corde**, string instruments; strings **3** (*leg.*) instrument; deed. • **s. per misurare archi di cerchio**, cyclometer □ **s. registratore della pressione, temperatura, e umidità dell'aria**, aerometeorograph □ (*mecc.*) **s. registratore del profilo dei denti** (*d'un ingranaggio*), odontograph.
strusciare, **A** *v. t.* **1** (*strofinare*) to rub **2** (*logorare*) to wear* out. • **s. i piedi**, to shuffle one's feet. **strusciarsi**, **B** *v. rifl.* **1** to rub (oneself) **2** (*fig.*: *adulare*) to fawn (on sb.); to butter up (sb.).
strusciata, *f.* rub; rubbing.
strùscio (1), *m.* rubbing; (*rif. ai piedi*) shuffling.
strùscio (2), *m.* (*passeggio domenicale*) Sunday walk (along the high street of a country town).
struscióne, *m.* (*fig.*) fawner; toady; cajoler.
struttivo, *V.* **strutturale**.
strutto, *m.* lard.
struttura, *f.* **1** (*generalm.*) structure; frame: **la s. del corpo umano**, the structure of the human body; (*chim.*, *elab.*) **s. ad anello**, ring structure; (*metall.*) **s. a grana aperta (a grana chiusa)**, open-grained (close-grained) structure; (*aeron.*) **s. a rivestimento resistente**, stressed-skin structure; (*fis.*) **s. atomica**, atomic structure; (*edil.*) **s. in cemento armato**, reinforced-concrete structure; (*aeron.*) **s. primaria**, primary structure; (*edil.*) **s. portante**, carrying structure; **s. mentale**, frame of mind **2** (*fig.*) structure; organization; composition: **s. sociale**, social structure. • (*aeron.*) **s. a guscio**, monocoque □ (*archit.*) **s. a ventaglio**, fantail □ (*geol.*) **s. fluidale**, fluidal texture □ (*costr.*) **s. in ferro**, steel construction □ (*geol.*) **s. lamellare**, sheeting □ (*mecc.*) **s. nervata**, ribwork.
strutturale, *a.* (*generalm.*) structural: **adattamenti strutturali**, structural modifications.
strutturalismo, *m.* (*linguistica*) structuralism.
strutturalista, *m. e f.* (*linguistica*) structuralist.
strutturalistico, *a.* (*linguistica*) structuralist(ic).
strutturare, *v. t.* to structure.
strutturato, *a.* structured; organized: **un complesso di elementi ben strutturati**, a set of well structured elements.
strutturazióne, *f.* **1** (*lo strutturare*) structuring **2** (*modo in cui q.c. è strutturato*) structure.
strutturìstica, *f.* (*chim.*, *fis.*) study of molecular structure.
struzzo, *m.* (*zool.*, *Struthio camelus*) ostrich. (*fig.*) **avere uno stomaco di s.**, to have the digestion of an ostrich. • **fare come lo s.** (*o* **fare la politica dello s.**), to play ostrich.
stuardo, *a.* (*stor.*) Stuart: **Maria Stuarda**, Mary Stuart.
stuccare (1), *v. t.* to stucco; to putty.
stuccare (2), **A** *v. t.* **1** (*nauseare*) to nauseate; to make* (sb.) sick **2** (*infastidire*) to annoy; (*annoiare*) to bore. **stuccarsi**, **B** *v. rifl.* (*averne abbastanza*, *stufarsi*) to have had enough (of); to be fed up (with) (*pop.*).
stuccato, *a.* stuccoed: **soffitti stuccati**, stuccoed ceilings.
stuccatóre, *m.* stucco decorator; plasterer.
stuccatura, *f.* **1** stuccoing; puttying **2** (*stucco applicato*) stucco; plaster; putty.
stucchévole, *a.* **1** (*che nausea*) nauseous; nauseating; sickening (*anche fig.*): **cibo s.**, nauseating food **2** (*fastidioso*) annoying; (*noioso*) boring, tiresome, tedious: **musica s.**, boring music; **un libro s.**, a very boring book; **una persona s.**, a tiresome person.
stucchevolézza, *f.* **1** (*l'essere nauseante*) nauseousness **2** (*l'essere noioso*) tiresomeness; tediousness.
stucco (1), *m.* **1** stucco; plaster; putty: **lavoro a s.**, stucco-work;

stucco (2)

s. da vetrai, glazing putty **2** (*rilievo ornamentale*) stucco. ● **decorare a s.**, to stucco □ (*fig.*) **rimanere di s.**, to be taken aback; to be dumbfounded.
stucco (2), *a.* (*pop.*) fed up (with); sick (of).
stuccóso, *V.* **stucchévole**.
studentato, *m.* (years of) studentship.
studènte, *m.* student; (*di scuola*) schoolboy; (*alunno*) pupil: **la vita di s.**, student life; **studenti di medicina**, medical students.
studentésca, *f.* (*raro*) body of students; students (*pl.*); pupils (*pl.*).
studentésco, *a.* student (*attr.*).
studentéssa, *f.* girl-student.
studiacchiare, *v. t. e i.* to study listlessly.
studiare, **A** *v. t.* **1** to study; (*di studenti universitari*) to read*; to study; (*per estens.: imparare*) to learn*: **s. inglese** (**latino, matematica**), to study English (Latin, Maths); **s. scienze politiche** (**diritto, sociologia**), to read (*o* to study) political science (law, sociology); **s. il violino** (**il pianoforte**), to study the violin (the piano); **Aveva studiato col Carducci**, he had studied with (*o* under) Carducci; **Studia filosofia all'università di Padova**, he is studying (*o* reading) philosophy at Padua University; **Studia troppe materie**, he is studying too many subjects; **s. molto poco** (**sodo, di mala voglia**), to study very little (hard, unwillingly); **s. a memoria una poesia**, to learn a poem by heart **2** (*esaminare*) to examine, to study; (*scientificamente*) to research into (st.); (*progettare*) to plan (out): **s. una questione**, to examine a problem; **s. il modo di fare q.c.**, to study the way of doing st.; **s. una situazione** (**una teoria**), to examine a situation (a theory); **Studiamo insieme come si possa arrivare alla meta!**, let's study (*o* examine) together the possibility of reaching our goal. ● **s. le proprie mosse**, to be affected in one's movements □ **s. le proprie parole**, to weigh one's words □ **Il padre era povero e non poteva farlo s.**, his father was poor, and couldn't put him through his studies. **studiarsi**, **B** *v. rifl.* **1** (*ingegnarsi*) to try; to endeavour: **Si studiava di contentarlo**, he tried (*o* he endeavoured) to please him **2** (*osservarsi*) to observe oneself.
studiataménte, *avv.* **1** (*di proposito*) studiedly; studiously; deliberately; purposely; on purpose **2** (*in modo ricercato*) studiedly; with affectation.
studiato, *a.* **1** (*meditato*) studied; studious; premeditated; carefully-considered (*attr.*). **2** (*affettato*) studied; affected.
studicchiare, *V.* **studiacchiare**.
stùdio, *m.* **1** study: **dedicarsi allo s. del greco** (**della matematica, delle lingue**), to devote oneself to the study of Greek (of mathematics, of languages); **studi classici** (**scientifici**), classical (scientific) studies; **corso di studi**, course of studies; **fare gli studi**, to pursue a course of regular studies; **studi irregolari**, irregular studies; **incominciare** (**continuare, interrompere, finire**) **gli studi**, to begin (to continue, to interrupt, to finish) one's studies; **essere amante dello s.**, to be fond of study (*o* of studying); **dedicare il proprio tempo allo s.**, to give (*o* to devote) one's time to study **2** (*singolo esercizio nell'ambito di un'arte*; *saggio critico, storico*) study: **Ha scritto uno s. sul Leopardi**, he has written a study on Leopardi; **Suonò uno s. di Brahms** (**di Chopin**), he played a study by Brahms (by Chopin); **uno s. di nudo**, a study from the nude; **Questi sono studi per un ritratto del duca**, these are studies for a portrait of the duke **3** (*esame*) examination; study; (*scientifico*) research; (*progetto*) plan: **lo s. per un ponte**, the plan for a bridge **4** (*stanza da studio*) study; (*ufficio di professionista*) office; (*di medico*) consulting room; (*di pittore, fotografo, ecc.*) studio*: **Passa la giornata nello s.**, he spends the day in his study; **s. legale**, solicitor's office; chambers (of a barrister) (*pl.*) **5** (*cinem., telev.*) studio* **6** (*lett.: cura, diligenza, premura*) care: **Metteva s. in ogni cosa che faceva**, he took care (*o* great pains) in everything he did **7** (*stor.: università*) university: **lo s. bolognese** (**fiorentino**), the University of Bologna (of Florence). ● (*naut.*) **s. delle maree**, tidology □ (*comm.*) **s. e analisi dei mercati**, marketing □ **s. pubblicitario**, personal agency □ **a bello s.**, on purpose; deliberately □ (*di progetto, legge, ecc.*) **essere allo s.**, to be under consideration; to be in the works (*USA*) □ **avere fatto studi universitari**, to have a university education □ **programma di studi**, curriculum; syllabus □ **un uomo di s.**, a man of studious habits; a scholar □ **Voglio fare i miei studi a Oxford**, I want to study at Oxford.
studiòlo, *m.* small study; private room.
studiosaménte, *avv.* **1** (*diligentemente*) studiously; diligently **2** (*a bella posta*) studiously; studiedly.
studióso, **A** *a.* studious; diligent: **un ragazzo s.**, a studious boy. **B** *m.* scholar; learned man*; (*ricercatore*) researcher: **Non sono uno s.**, I'm no scholar. ● **uno s. di cose orientali**, an Orientalist □ **uno s. di statistica**, a statistician.
stuellare, *v. t.* (*med.*) to tampon; to tent: **s. una ferita**, to tent a wound.
stuèllo, *m.* (*med.*) tampon; tent.

stufa, *f.* (*generalm.*) stove; (*elettrica*) heater, fire; (*radiatore*) radiator: **una s. a benzina**, a gasoline stove; **una s. termostatica**, a thermostatic stove; (*chim.*) **s. ad acqua**, stove with water jacket; **s. a parabola**, reflector heater; **un tubo da s.**, a stove-pipe. ● (*chim.*) **s. ad aria**, air bath □ (*per riscaldamento*) **s. ad aria calda**, hot-air furnace.
stufaiòla, *f.* stew-pan; casserole.
stufare, **A** *v. t.* **1** (*cucina*) to stew **2** (*i bozzoli*) to stifle **3** (*fam.: seccare*) to bore; to weary; to annoy. **stufarsi**, **B** *v. rifl.* (*fam.*) to get* bored (*o* annoyed); to grow* weary; (*averne abbastanza*) to have had enough (of); to be fed up (with) (*fam.*).
stufato, *m.* (*cucina*) stew; stewed meat.
stufatura, *f.* (*dei bozzoli*) stifling.
stufo, *a.* (*fam.*) bored; sick (and tired); fed up (*fam.*): **Sono s. di te**, I'm sick of you; **essere s. di q.c.**, to be fed up with st.; to have had enough of st.
stuòia, *f.* mat.
stuoino, *m.* door-mat.
stuòlo, *m.* crowd; flock; band; swarm: **uno s. di soldati**, a band of soldiers; **uno s. di mosche**, a swarm of flies.
stupa, *m. invar.* stupa (Buddhist monument).
stupefacènte, **A** *a.* **1** (*che provoca stupore*) amazing; astonishing; surprising: **notizie stupefacenti**, amazing news **2** (*med.*) stupefacient; stupefying. **B** *m.* drug; narcotic; dope (*fam.*): **traffico degli stupefacenti**, drug traffic.
stupefare, *v. t.* to amaze; to astonish; to surprise.
stupefatto, *a.* amazed; astonished; (greatly) surprised.
stupefazióne, *f.* **1** (*stupore, meraviglia*) amazement; astonishment; (great) surprise; wonder **2** (*med.*) stupor; stupefaction.
stupendaménte, *avv.* stupendously; marvellously; wonderfully.
stupèndo, *a.* stupendous; wonderful; amazing; prodigious; marvellous; terrific (*fam.*): **un quadro s.**, a marvellous picture; **uno spettacolo s.**, a stupendous (*o* a terrific) sight. ● **una giornata stupenda**, a lovely day.
stupidàggine, *f.* **1** (*l'essere stupido*) stupidity; stupidness; foolishness **2** (*atto, discorso stupido*) stupid (*o* silly, foolish) thing (*o* idea, words, etc.); (piece of) nonsense: **Quel giovane dice tante di quelle stupidaggini!**, that fellow talks such a lot of nonsense!; **Che stupidaggini!**, what nonsense!; bosh!; stuff and nonsense! **3** (*cosa da poco*) mere trifle.
stupidaménte, *avv.* stupidly; foolishy; like a fool.
stupidata, *f.* (*dial.*) stupid (*o* foolish, silly) thing to do (*o* to say).
stupidire, **A** *v. t.* to make* stupid; to stupefy; to stun. **B** *v. i.* to become* stupid.
stupidità, *f.* **1** (*l'essere stupido*) stupidity; stupidness; foolishness: **La tua s. è senza limiti**, your stupidity knows no limits **2** (*atto, discorso stupido*) stupid (*o* silly, foolish) thing: **Non ti pare una s.?**, don't you think it a silly thing to do (*o* to say)?
stupidito, *a.* stunned; astounded; dumbfounded.
stùpido, *a.* stupid; foolish; thick-headed; dimwitted (*fam.*): **Perché dici tante cose così stupide?**, why do you say such a lot of foolish things?; why do you talk such a lot of nonsense? **B** *m.* stupid (person); fool; thickhead; dimwit (*fam.*): **Non fare lo s.!**, don't be stupid!
stupire, **A** *v. t.* to amaze; to astonish; to astound; to surprise; to fill with wonder. ● **Cose da far s.!**, astonishing (*o* marvellous) things! **B** *v. i. e* **stupirsi**, *v. rifl.* to be amazed (*o* astonished, astounded); to wonder (at st.).
stupito, *a.* amazed; astonished; greatly surprised; wonder-struck.
stupóre, *m.* **1** (*grande meraviglia*) amazement; astonishment; astoundment; great surprise; wonder: **essere preso dallo s.**, to be seized with wonder; to be greatly surprised; **riempire q. di s.**, to fill sb. with wonder; to amaze sb.; **fare s.**, to be amazing (*o* astonishing) **2** (*med.*) stupor; stupefaction.
stuporóso, *a.* stupefying.
stuprare, *v. t.* to rape.
stupratóre, *m.* rapist; raper.
stupro, *m.* rape.
stura, *f.* (*lo sturare*) uncorking; opening; (*di barile, botte*) unbunging. ● **dare la s. a un barile**, to unbung a cask □ **dare la s. a una bottiglia**, to uncork a bottle □ (*fig.*) **dare la s. a q.c.**, to give vent to st.
sturabottiglie, *m.* cork-screw.
sturalavandini, *m.* plunger; plumber's helper.
sturaménto, *m.* uncorking; opening.
sturare, *v. t.* **1** to uncork; to open; (*di barile, botte*) to unbung: **s. una bottiglia**, to uncork a bottle; **s. un barile**, to unbung a cask **2** (*di tubo, lavandino*) to clear; to unclog: **s. uno scarico intasato**, to clear a blocked drain. ● (*fig.*) **s. gli orecchi a q.**, to give sb. a piece (*o* a bit) of one's mind.
stuzzicadènti, *m.* **1** toothpick **2** (*fig.*) toothpick; scrag.
stuzzicaménto, *m.* **1** picking; (*il punzecchiare*) prodding **2** (*il provocare, il molestare*) teasing; provoking **3** (*l'attizzare*) poking; stirring.

stuzzicante, *a.* (*eccitante*) exciting; (*stimolante*) stimulating; (*appetitoso*) appetizing: **cibo s.**, appetizing food.

stuzzicare, *v. t.* **1** to pick; (*punzecchiare*) to prod; (*strofinare*) to rub: **I ragazzi crudeli stuzzicavano l'animale attraverso le sbarre della gabbia**, the cruel boys were prodding the animal through the bars of the cage; **s. (o stuzzicarsi) i denti**, to pick one's teeth; **s. gli occhi**, to rub one's eyes **2** (*fig.: provocare, molestare*) to tease; to rag (*fam.*); to provoke: **Lo stuzzicavano continuamente**, they were always teasing him; **Lo stuzzicavano perché aveva fatto molti errori**, they teased him because he had made many mistakes; **Suvvia, smetti di stuzzicarlo!**, do stop teasing him! **3** (*fig.: eccitare, stimolare*) to excite; to whet; to stir: **s. l'appetito**, to whet one's appetite; to give an appetite; to make one's mouth water: **Questo odore mi stuzzica l'appetito**, this smell gives me an appetite; **s. l'attenzione di q.**, to excite sb.'s attention; **s. la curiosità di q.**, to excite (*o* to whet) sb.'s curiosity; **s. un vespaio**, to stir up a nest of hornets **4** (*attizzare*) to poke; to stir: **s. il fuoco**, to poke (*o* to stir) the fire.

stuzzichino, *m.* **1** (*fam.: chi stuzzica*) tease; teaser **2** (*spuntino*) snack.

su, A *prep.* **1** (*sovrapposizione con contatto*) on, upon; (*direzione*) on to: **Metti quel libro sul tavolo!**, put that book on the table; **Sull'armadio c'era una valigia**, there was a suitcase upon the wardrobe; **Hai un capello sulla spalla**, you have a hair on your shoulder; **Le fondamenta poggiano sulla roccia**, the foundations rest (*o* lie) on rock; **Hai messo il francobollo sulla lettera?**, have you put the stamp on the letter?; **Salì di corsa sul treno**, he ran on to the train **2** (*sovrapposizione senza contatto; e anche quando sia sottinteso il concetto di rivestimento, protezione, difesa, dominio, superiorità*) over: **portare i capelli (lunghi) sulle spalle**, to wear one's hair over one's shoulders; **tirarsi il cappello sugli occhi**, to draw one's hat over one's eyes; **avere un grande vantaggio su q.**, to have a great advantage over sb.; **vegliare su q.**, to watch over sb.; **Gli astronauti si trovano ora sull'Australia**, the astronauts are now over Australia; **regnare su un paese**, to rule over a country; **Mettiti qualcosa sulle spalle, perché fa freddo**, put something over your shoulders, because it's cold; **La nube atomica rimase sospesa sul deserto per molto tempo**, the atomic cloud hung over the desert for a long time **3** (*al di sopra di, più in alto di*) above: **Città del Messico è a più di duemila metri sul mare**, Mexico City is more than two thousand metres above sea-level **4** (*lungo*) on; (*affacciato su; on by*) **Parigi è sulla Senna**, Paris is on the Seine; **una casa sul lungomare**, a house on the sea-front; **Il nostro appartamento dà sul cortile interno**, our flat looks on to the inner court-yard; **un negozio sul Boulevard des Italiens**, a shop on the Boulevard des Italiens **5** (*verso, intorno a*) at; about; around; (*circa*) about, around, roughly: **sul mezzodì**, about noon; **sul fare dell'alba**, about dawn; **un uomo sulla sessantina**, a man about sixty (years old); **pesare sui cinquanta chili**, to weigh around fifty kilos **6** (*direzione, verso*) towards, to; (*contro*) on, at: **Le divisioni blindate puntarono su Colonia**, the armoured divisions headed towards (*o* made for) Cologne; **la Marcia su Roma**, the March on Rome; **Spararono sulle trincee nemiche**, they fired on (*o* at) the enemy trenches; **puntare il fucile su q.**, to aim one's gun at sb. **7** (*intorno a*) on; about: **Scrisse un libro sulla vecchiaia**, he wrote a book on old age; **Su che cosa parlerai?**, what will you talk about?; **Su quest'argomento potrei dire molto**, I could say a lot about (*o* on) this subject. ● **su due piedi** (*subito*), there and then; on the spot □ **sull'istante**, immediately □ **sul presto**, early □ **essere sul punto di fare q.c.**, to be about to do st.; to be on the point of doing st. □ **sul tardi**, late □ **commettere errori su errori**, to make mistake after mistake □ **fare promesse su promesse**, to make one promise after another □ **fare sul serio**, to be in earnest; to be serious □ **fatto su misura**, made-to-measure □ **sette (otto, ecc.) su dieci**, seven (eight, etc.) out of ten □ **Sul momento credevo fosse uno scherzo**, at first I thought it was a joke. **B** *avv.* up; (*ai piani superiori*) upstairs: **andare su**, to go up (*o* upstairs); **là su**, up there; **qui su**, up here; **su e giù**, up and down; **alzarsi su**, to stand up; **guardare su**, to look up; **saltare su**, to jump (*o* to spring) up; **mettere su casa**, to set up house; **andare su per i monti**, to go up into the mountains; **tirare su q.c.**, to pick up st.; **Se non vieni su subito, le buschi**, if you don't come upstairs at once, you'll catch it; **Lo tirarono su dal pozzo**, they hauled him up from the well; **Il pallone va su**, the balloon is going up; **Non va né su né giù**, it doesn't go up or down; **più su** (*più oltre*), further up; farther up: **Dovrai salire dieci piani più su**, you'll have to go ten floors further up; **tre isolati più su**, **nella Cinquantesima Strada**, three blocks farther up 50th Street. ● **essere su**, (*alzato*) to be up; (*di morale*) to be in good spirits □ **su per giù**, more or less; about; roughly; approximately: **Dovrai pagare su per giù cinque sterline**, you'll have to pay five pounds, more or less; you'll have to pay roughly five pounds □ **andare in su**, to go upwards □

dalla cintola in su, from the waist upwards □ **mettere su arie**, to put on airs □ **prezzi da una sterlina in su**, prices from a pound upwards □ **tutti i giovani da ventun anni in su**, all young men of twenty-one and over (*o* and above) □ **Dalle sette in su, mi troverai in casa**, from seven o'clock onwards you'll find me at home □ **Da Perth in su il treno diventa un accelerato**, from Perth onwards the train becomes a slow-passenger one □ **Lo ha messo su contro di me**, he has turned him against me □ **Devi scriverci su l'indirizzo**, you have to write the address on it □ **Pensaci su!**, think it over! □ **Non sono cose da riderci su**, that's no laughing matter; it's no joke □ **Voltalo per in sù!**, turn it up! □ **È venuto su dal nulla**, he is a self-made man □ **Su con la vita!**, cheer up! □ **Su, andiamo!**, come on, let's go! □ **Di', su** (*quello che sai*)!, spit it out! □ **Su, coraggio!**, pull yourself together!

suaccennato, *V.* **sopraccennato.**

suadènte, *a.* (*lett.*) **1** (*che persuade*) suasive; persuasive; convincing **2** (*allettante*) inviting; tempting.

suadére, *V.* **persuadére.**

suasivo, *V.* **suadènte.**

suasso, *V.* **svasso.**

sub, *m. e f.* (*sport*) skin-diver.

subaccollare, *v. t.* (*leg.*) to subcontract.

subàcido, *a.* (*chim.*) subacid.

subàcqueo, A *a.* subaqueous; subaquatic; underwater; submarine: **piante subacquee**, subaqueous plants; **cavo s.**, submarine cable. ● **pesca subacquea**, skin-diving. **B** *m.* (*sport*) skin-diver.

subacuto, *a.* (*med.*) subacute.

subaffittare, *v. t.* to sublet*; to relet*; to underlet*; to sublease; to underlease.

subaffitto, *m.* sublease; underlease; reletting; subtenancy.

subaffittuàrio, *m.* (*leg.*) sublessee; underlessee; subtenant.

subagènte, *m.* subagent; under-agent.

subagenzia, *f.* subagency.

subalpino, *a.* (*geogr.*) subalpine.

subaltèrno, A *a.* subaltern; subordinate; dependant: **un ufficiale s.**, a subaltern officer; (*logica*) **proposizioni subalterne**, subaltern (*o* subalternate) propositions. **B** *m.* **1** subordinate **2** (*mil.*) subaltern.

subantàrtico, *a.* (*geogr.*) subantarctic.

subappaltare, *v. t.* (*leg.*) to subcontract; to sublet*.

subappaltatóre, *m.* (*leg.*) subcontractor.

subappalto, *m.* (*leg.*) subcontract.

subappenninico, *a.* (*geogr.*) Sub-Apennine, subapennine (*attr.*).

subàrtico, *a.* (*geogr.*) subarctic.

subasta, *f.* auction-sale.

subatòmico, *a.* (*fis.*) subatomic: **fenomeni subatomici**, subatomic phenomena.

sùbbia, *f.* chisel.

subbiare, *v. t.* to chisel.

sùbbio, *m.* (*ind. tessile*) beam: **s. dell'ordito**, warp beam; **s. del tessuto**, cloth beam.

subbùglio, *m.* turmoil; (*scompiglio*) muddle, mess; (*confusione*) confusion, fuss; (*trambusto*) bustle: **essere in s.**, to be in a turmoil; **Tutto era in s.**, everything was in a mess (*o* a muddle); **Ci fu un tale s.!**, there was such a bustle!; **in gran s.**, in utter confusion; **mettere tutto in s.**, to throw everything into confusion; to mess up everything.

subcònscio, *V.* **subcosciènte.**

subcontinènte, *m.* (*geogr.*) subcontinent.

subcontrarietà, *f.* (*filos.*) subcontrariety.

subcontràrio, *a.* (*filos.*) subcontrary.

subcorticale, *a.* (*bot.*) subcortical.

subcosciènte, (*psic.*) **A** *a.* subconscious. **B** *m.* (the) subconscious.

subcosciènza, *f.* (*psic.*) subconscious(ness); (*il subcosciente*) (the) subconscious.

subdelegare, *v. t.* (*leg.*) to subdelegate.

subdelegazióne, *f.* subdelegation.

subdesèrtico, *a.* (*geogr.*) semidesert (*attr.*).

subdolaménte, *avv.* deceitfully; shiftily; in an underhand way.

sùbdolo, *a.* underhand; deceitful; sneaky; shifty; crafty; cunning: **maniere subdole**, shifty manners.

subeconomato, *m.* assistant bursar's office.

subecònomo, *m.* assistant bursar.

subenfitèusi, *f.* (*leg.*) subemphyteusis.

subentrante, A *a.* **1** succeeding; incoming; successive; following **2** (*med.*) subintrant: **coliche subentranti** subintrant colics. **B** *m. e f.* successor; replacement.

subentrare, *v. i.* to take* the place of (sb.); to replace (sb.); to succeed (to st.); to take* over (st.).

subéntro, *m.* replacement.

subequatoriale, *a.* (*geogr.*) subequatorial.

subericolo, V. **sughericolo**.
suberificarsi, v. rifl. (bot.) to be suberized.
suberificazióne, f. (bot.) suberization.
suberina, f. (chim.) suberin.
suberizzato, a. (bot.) suberized.
suberóso, a. (bot.) suberose; suberous.
subglaciale, a. (geol.) subglacial.
subinquilino, m. subtenant.
subire, v. t. to undergo*; to go* (o to pass) through; to experience; to meet* with; to suffer; to endure: (med.) **s. un'operazione**, to undergo an operation; **s. un torto**, to suffer a wrong; **s. un rifiuto (un rovescio)**, to meet with a refusal (a failure); **s. un forte danno**, to suffer great damage. ● (leg.) **s. una condanna**, to be convicted □ **s. le conseguenze di q.c.**, to pay for st. □ (leg.) **s. un processo**, to be on trial.
subirrigazióne, f. (agric.) subirrigation.
subissare, A v. t. to overwhelm (anche fig.); to ruin; to overthrow*: **s. un villaggio**, to overwhelm a village; **s. q. di lodi**, to overwhelm sb. with praise. B v. i. (cadere in rovina) to collapse: **La casa subissò**, the house collapsed; **far s. q.c.**, to cause st. to collapse.
subisso, m. 1 (sfacelo, rovina) collapse; utter ruin; destruction 2 (fig., fam.: quantità enorme) heaps (pl.); awful lot; no end: **un s. di regali**, heaps of presents; **Ce n'era un s.**, there were heaps and heaps; **Costano un s.**, they cost an awful lot of money. ● **andare in s.**, to collapse □ **mandare in s.**, to overwhelm; to ruin; to overthrow.
subitaménte, avv. (lett.) all of a sudden; suddenly; all at once.
subitaneaménte, avv. suddenly; all of a sudden; unexpectedly.
subitaneità, f. suddenness; unexpectedness.
subitàneo, a. sudden; unexpected: **una morte subitanea**, a sudden death.
sùbito (1), a. (lett.) 1 sudden; unexpected: **essere preso da subita paura**, to be seized with sudden fright 2 (pronto) prompt; ready; (rapido) fast.
sùbito (2), avv. at once; immediately; directly; straight (o right) away; in (less than) no time: **Partiamo s.**, we're leaving at once; **Vieni qui s.**, come here immediately; **Vennero da me s.**, they came to me directly; **Lo feci s.**, I did it in less than no time; **s. s.**, all at once. ● **s. dopo**, soon afterwards □ **s. prima**, just before.
sublacustre, a. (geol.) sublacustrine.
sublimare, A v. t. 1 (elevare spiritualmente) to sublime 2 (chim.) to sublimate; to sublime 3 (psic.) to sublimate. B v. i. (chim.) to sublime. **sublimarsi**, C v. rifl. to sublimate (anche psic.); to be sublimed.
sublimato, m. (chim.) sublimate: **s. corrosivo**, corrosive sublimate.
sublimazióne, f. (anche chim., psic.) sublimation.
sublime, A a. sublime; (eccellente) excellent: **un poeta s.**, a sublime poet; **un ingegno s.**, a sublime genius; **eroismo s.**, sublime heroism; **poesia s.**, sublime poetry. B m. (the) sublime: **dal s. al ridicolo**, from the sublime to the ridiculous.
subliméente, avv. sublimely; excellently.
subliminale, a. (psic.) subliminal.
sublimità, f. sublimity; sublimeness; (eccellenza) excellence.
sublinguale, a. (anat.) sublingual: **ghiandole sublinguali**, sublingual glands.
sublitorale, a. (geogr.) sublittoral.
sublocare, v. t. (leg.) to sub-let*; to sublease.
sublocatàrio, m. (leg.) sublessee; subtenant.
sublocatóre, m. (leg.) sublessor.
sublocazióne, f. (leg.) sub-lease; sublease.
sublunare, a. sublunary; sublunar: **l'instabilità di tutte le cose sublunari**, the uncertainty of all sublunary things.
subminiaturizzazióne, f. (tecn.) ultraminiaturization.
submontano, a. (geogr.) submountain.
subnormale, (med.) A a. subnormal. B m. e f. subnormal person.
suboceànico, a. suboceanic.
subodorare, v. t. to get* wind of; to smell*; (sospettare) to suspect: **s. un complotto**, to get wind of a plot; **s. un'insidia**, to smell a rat (fam.).
suborbitale, a. (aeron., miss.) suborbital.
subordinaménto, m. V. **subordinazióne**.
subordinante, a. (gramm.) subordinating.
subordinare, v. t. to subordinate; to render subordinate (o dependent); to condition: **s. i divertimenti allo studio**, to subordinate amusements to study; **s. ogni cosa al proprio interesse**, to subordinate everything to one's own interests.
subordinata, f. (gramm.) subordinate (o dependent) clause.
subordinataménte, avv. subordinately; dependently; conditionally.
subordinativo, a. (gramm.) subordinating: **congiunzioni subordinative**, subordinating conjunctions.

subordinato, A a. subordinate; dependent; secondary: **una proposizione subordinata**, a subordinate (o a dependent) clause. B m. subordinate; secondary; inferior.
subordinazióne, f. subordination.
subórdine, in, locuz. avv. (specialm. bur.) in a subordinate position.
subornare, v. t. (leg.) to suborn; to bribe; to tamper with (sb.): **s. un testimonio**, to suborn a witness.
subornatóre, m. (leg.) suborner; briber; tamperer.
subornazióne, f. (leg.) subornation; bribery.
subpolare, a. (geogr.) subpolar.
subroutine, f. invar. (elab.) subroutine.
subsidènte, a. (geol.) subsident.
subsidènza, f. (geol.) subsidence.
subsònico, a. (aeron.) subsonic.
substrato, V. **sostrato**.
subtropicale, a. (geogr.) subtropic, subtropical.
subumano, a. subhuman.
suburbano, a. suburban: **una villa suburbana**, a suburban villa; **scuole suburbane**, suburban schools.
suburbicàrio, a. (relig.) suburbicarian.
subùrbio, m. suburb.
suburra, f. (lett.) slum district; slums (pl.).
succedàneo, A. a. acting as a substitute. B m. substitute.
succèdere, A v. i. 1 to succeed (sb., to st.); to come* after (sb.): **Vittorio Emanuele II succedette a Carlo Alberto (sul trono)**, Victor Emmanuel II succeeded Charles Albert; **Chi mi succederà in questo posto?**, who will succeed me to (o in) this post? 2 (accadere) to happen; to take* place; to occur; to befall*: **Sapete che cosa è successo?**, do you known what has happened?; **Qualsiasi cosa succeda, ti sarò sempre fedele**, whatever may happen, I'll always be faithful to you; **L'incidente successe all'alba**, the accident occurred at dawn; **Queste cose succedono**, these things happen; **Gli è successa una grave disgrazia**, a great misfortune has befallen him 3 (seguire) to follow: **Alla tempesta succede il bel tempo**, good weather follows a storm; **Il tuono succede al lampo**, thunder follows lightning. ● **Che cosa ti succede?**, what's the matter with you? □ **Succederà il finimondo!**, there'll be hell to pay! **succèdersi**, B v. rifl. recipr. to follow each other (o one another); to follow (up)on one another: **Giorni di angoscia si succedevano senza sosta**, days of anguish followed one another unceasingly; (sport) **Le reti si succedevano ininterrottamente**, the goals followed one upon the other without a break.
succèdersi, m. succession; sequence; run; course; train: **un continuo s. di guerre**, a continual succession of wars; **il s. degli avvenimenti**, the course of events; **un s. di insuccessi**, a succession of defeats; **un s. di disgrazie**, a run of misfortunes.
successibile, (leg.) A a. entitled to succeed. B m. e f. person entitled to succeed.
successióne, f. 1 succession: **s. al trono**, succession to the throne; **s. ereditaria**, hereditary succession; (stor.) **le guerre di s.**, the Wars of Succession 2 (seguito, serie) succession; train; course; sequence; run: **Fu tutta una s. di gravi errori**, it was a succession of grave mistakes; **la s. degli avvenimenti**, the course of events; **La linea è una s. di punti**, a line is a sequence of points 3 (mat.) sequence; progression. ● (leg., comm.) **liquidare una s.**, to wind up an estate □ **imposta di s.**, inheritance tax; death duty.
successivaménte, avv. subsequently; afterwards; later.
successivo, a. 1 successive; following; next; subsequent: **il giorno s.**, the following day; the next day; the day after 2 (uno dopo l'altro) successive; consecutive: **a ondate successive**, in consecutive waves. ● **in un momento s.**, subsequently; afterwards.
succèsso, m. 1 success: **avere s.**, to meet with (o to have) success; to be successful; **Vedremo presto il s. di questa invenzione**, we'll soon see the success of this invention; **avere una serie di successi**, to have a series of successes; **Questo tuo progetto non avrà s.**, this plan of yours will not meet with success; **Fece un altro tentativo, ma senza s.**, he made another attempt but with no success 2 (discografico, teatrale, ecc.) hit: **un s. strepitoso**, a smash hit; **Queste canzoni erano i successi della mia adolescenza**, these songs were hits when I was a teen-ager 3 (esito) outcome; result(s); issue. ● (teatr., cinem.) **s. di cassetta**, box-office success □ **avere s. con le donne**, to be popular with women □ **che non ha (avuto) s.**, unsuccessful □ **con s.**, successful (agg.); successfully (avv.) □ **non avere s.**, to fail: **Non ebbe s. negli esami di concorso**, he failed in the competitive exams.
successóre, m. successor: **il s. di S. Pietro**, the successor of St. Peter; the Pope.
successòrio, a. (leg.) succession (attr.); inheritance (attr.): **imposta successoria**, inheritance tax; death duty.

succhiaménto, *m.* sucking; suction.
succhiare, *v. t.* **1** to suck; to suck in (*o* up): **s. il latte materno,** to suck one's mother's milk; **s. un uovo,** to suck an egg; **s. il sangue da una ferita,** to suck blood from a wound; **succhiarsi il pollice,** to suck one's thumb; **Molti insetti succhiano il nettare dei fiori,** many insects suck in the nectar from flowers **2** (*assorbire*) to absorb; to draw* (up): **La spugna succhia l'acqua,** a sponge absorbs water **3** (*centellinare*) to sip: **s. del caffè,** to sip coffee. ● (*nei ciclismo*) **s. la ruota di q.,** to stick to sb.'s wheel □ (*fig.*) **s. il sangue a q.,** to bleed sb. white □ (*fig.*) **avere succhiato q.c. col latte materno,** to have been brought up on (*o* doing) st.
succhiata, *f.* suck.
succhiatóio, *m.* (*zool.*) sucker.
succhiatóre, *m.* sucker.
succhiellaménto, *m.* (*falegnameria*) boring; wimbling.
succhiellare, *v. t.* (*falegnameria*) to bore; to wimble.
succhièllo, *m.* (*falegnameria*) gimlet; auger; wimble. ● **s. per botti,** vent-faucet.
sùcchio, *m.* **1** (*il succhiare*) suck **2** (*bot.*) sap.
succhióne, *m.* (*agric.*) sucker.
succhiòtto, *m.* (baby's) dummy.
succiacapre, *m.* (*zool., Caprimulgus europaeus*) goatsucker; nightjar.
succiaméle, *m.* (*bot., Orobanche*) broomrape.
succinato, *m.* (*chim.*) succinate: **s. di sodio,** sodium succinate.
succingere, *v. t.* (*lett.*) to gird.
succinico, *a.* (*chim.*) succinic.
succinite, *f.* (*miner.*) succinite.
sùccino, *m.* (*miner.*) amber.
succintaménte, *avv.* **1** scantily **2** (*fig.*) succinctly; concisely; briefly.
succintézza, *f.* (*fig.*) succinctness; conciseness; brevity.
succinto, *a.* **1** (*di veste*) short; scanty **2** (*fig.: breve*) succinct; concise; brief.
succitato, *a.* above-mentioned; above-stated.
succlàvio, *a.* (*anat.*) subclavian: **arteria (vena) succlavia,** subclavian artery (vein); **muscolo s.,** subclavian muscle.
succo, *m.* **1** juice: **il s. d'un limone (di un'arancia),** the juice of a lemon (of an orange) **2** (*fig.*) gist; pith; essence; main point(s): **il s. d'un libro,** the gist of a book; **il s. d'un discorso,** the pith (*o* the gist) of a speech. ● (*fisiologia*) **s. gastrico,** gastric juice □ (*bot.*) **s. vegetale,** sap.
succosaménte, *avv.* pithily.
succosità, *f.* **1** juiciness; succulence **2** (*fig.*) pithiness.
succóso, *a.* **1** (*pieno di succo*) juicy; succulent: **un limone s.,** a juicy lemon **2** (*fig.*) pithy: **un discorso s.,** a pithy speech.
sùccube, *m.* e *f.* **1** (*nella demonologia*) succubus* **2** (*per estens.*) person dominated by sb.; slave: **essere s. di q.,** to be dominated by sb.
sùccubo, *m.* V. **sùccube.**
succulènto, *a.* **1** succulent; juicy: **frutta succulenta,** succulent fruit **2** (*gustoso*) tasty; succulent: **un pranzo s.,** a tasty meal.
succursale, *f.* (*comm.*) branch; branch office; branch house: **il direttore della s.,** the branch manager; **aprire una s.,** to open a branch office.
succutàneo, *a.* subcutaneous.
sùcido, *a.* (*di lana*) greasy; grease (*attr.*).
sud, *m.* (*geogr.*) south: **Trascorremmo alcuni giorni nella Francia del Sud,** we spent a few days in the south of France; **l'America del Sud,** South America; **vivere nel sud,** to live in the south; **andare a sud,** to go south. ● **del sud,** southern; south (*attr.*): (*astron.*) **la Croce del Sud,** the Southern Cross □ **verso sud,** southwards.
sudacchiare, *v. i.* to perspire a little.
sudafricano, *a.* e *m.* South African.
sudamericano, *a.* e *m.* South American.
sudàmina, *f.* (*med.*) sudamen*.
sudanése, *a., m.* e *f.* Sudanese.
sudare, A *v. i.* **1** to sweat; to perspire: **s. per il caldo,** to sweat (*o* to perspire) with the heat; **Io sudo pochissimo,** I really don't perspire (*o* sweat) very much; **s. abbondantemente,** to sweat profusely; **far s. q.,** to cause sb. to sweat; to sweat sb. (*anche fig.*): **Quando si suda, diminuisce la febbre,** when one sweats (*o* perspires), the body temperature goes down **2** (*fig.*) to work very hard; to sweat (*fam.*): **Devo s. per imparare queste cose,** I have to sweat in order to learn these things; **s. sui libri,** to sweat (*o* to pore) over one's books; **Devo s. per guadagnare questi soldi,** I have to work very hard to earn this money **3** (*trasudare*) to sweat; to drip with moisture; to ooze: **Dalla corteccia della pianta, sudava un liquido acquoso,** a watery liquid was oozing from the bark of the tree. **B** *v. t.* **1** (*trasudare*) to sweat; to ooze; to exude: **Il vaso suda acqua,** the vase is oozing water **2** (*faticare molto*) to sweat: **s. sangue,** to sweat blood **3** (*guadagnare faticosamente, sudarsi q.c.*) to toil for (st.); to earn (st.) the hard way (*o* by the sweat of one's brow): **s. il pane,** to toil for one's bread; **Tutti questi soldi li ho sudati,** I have earned all this money the hard way. ● **s. freddo,** to be in a cold sweat □ **s. sette camicie,** to work very hard; to be a hard job for (sb. to do st.) □ **Ogni volta che sento quella voce sudo freddo,** every time I hear that voice my blood runs cold (*o* I go into a cold sweat).
sudàrio, *m.* **1** (*stor. romana, relig.*) sudarium* **2** (*lenzuolo funebre*) shroud.
sudata, *f.* **1** sweat: **Una buona s. talvolta cura il raffreddore,** a good sweat sometimes cures a cold; **fare una s.,** to have a sweat **2** (*fig.: fatica*) (great) effort; toil; hard work; sweat (*fam.*).
sudaticcio, *a.* sweaty; moist (with sweat): **mani sudaticce,** sweaty hands.
sudato, *a.* perspiring; wet with perspiration (*pred.*); sweating; sweaty; wet (*o* moist) with sweat, in a sweat (*pred.*): **volti sudati,** faces wet with perspiration; sweaty faces; **È tutto s.,** he is all in a sweat. ● **denaro s.,** hard-earned money.
sudatòrio, *m.* (*archeol.*) sudatorium*; sweating-room.
sudcoreano, *m.* e *a.* South Korean.
suddelegare, *v. t.* to subdelegate.
suddétto, *a.* **1** above-said; aforesaid; above-named; above-stated **2** (*rag.: nelle fatture, ecc.*) ditto.
suddiaconato, *m.* (*relig.*) subdiaconate; subdeaconate.
suddiàcono, *m.* (*relig.*) subdeacon.
suddistinguere, *v. t.* to subdistinguish.
suddistinzióne, *f.* subdistinction.
sudditanza, *f.* subjection.
sùddito, *m.* subject: **un s. fedele,** a faithful subject; **un s. britannico,** a British subject.
suddividere, *v. t.* to (sub)divide; to split* up.
suddivisìbile, *a.* (sub)divisible.
suddivisióne, *f.* (sub)division; (sub)dividing; splitting up.
sudèst, *m.* southeast: **dirigersi verso s.,** to head southeast; (*naut.*) **fare rotta verso s.,** to sail (*o* to head) for southeast; **vento di s.,** southeast wind; southeaster; southeasterly (wind).
sudicerìa, *f.* **1** (*l'essere sudicio*) dirtiness; filthiness; foulness; griminess: **La s. nuoce anche alla salute,** dirtiness is also bad for one's health **2** (*cosa sudicia*) dirty (*o* filthy) thing **3** (*fig.: atto indecente*) indecency; (*discorso indecente*) indecent (*o* dirty) talk; smut (*pop.*): **dire delle sudicerie,** to talk smut; to use foul language; to be foul-spoken. ● **un libro pieno di sudicerie,** a dirty (*o* an obscene) book.
sudiciaménte, *avv.* **1** dirtily **2** (*fig.*) dishonestly; foully.
sùdicio, A *a.* **1** dirty (*anche fig.*); filthy; soiled; foul; grimy: **avere il viso s. (le mani sudicie),** to have a dirty face (dirty hands); **panni sudici,** dirty clothes; **piatti sudici,** dirty dishes; **sudicie stradicciole,** filthy lanes; **un s. avaro,** a dirty niggard **2** (*fig.: indecente*) indecent; obscene; dirty; smutty (*pop.*): **discorsi sudici,** indecent (*o* dirty) talk; smut (*pop.*): **una canzone sudicia,** an obscene song. ● **di colore s.,** dirty-coloured. **B** *m.* **1** (*sudiciume*) dirt; filth; grime: **togliere il s.,** to remove the dirt **2** (*fig.*) dirt; immorality.
sudicióna, *f.* (*anche fig.*) dirty woman*; foul slattern; slut.
sudicióne, *m.* (*anche fig.*) dirty fellow.
sudiciume, *m.* **1** dirt; filth; grime: **una stanza piena di s.,** a room full of dirt; a dirty room; **lavare il s.,** to wash away the dirt **2** (*fig.*) dirt; immorality. ● (*fig.*) **un libro che è un s.,** a dirty (*o* an obscene) book.
sudista, (*stor. USA*) **A** *a.* Southern; Confederate. **B** *m.* e *f.* Southerner; Confederate.
sudorazióne, *f.* perspiration; sweating.
sudóre, *m.* **1** perspiration; sweat: **gocce di s.,** beads of perspiration; **essere in un bagno di s.,** to be bathed in sweat (*o* in perspiration); **madido di s.,** streaming with sweat; **grondare s.,** to be running with sweat; to be all in a sweat; **asciugarsi il s. dalla fronte,** to wipe the perspiration off one's brow; **provocare il s.,** to induce perspiration **2** (*fig.*) freddo, cold sweat; **Mi viene il s. freddo al solo pensarci,** I break out into a cold sweat at the mere thought of it; it makes me shudder even to think of it **2** (*fig.*) toil; sweat; labours (*pl.*): **i frutti dei miei sudori,** the fruits of my labours; **Tutto questo s. per nulla!,** all this toil (*o* all these labours) for nothing!; **guadagnarsi il pane col s. della fronte,** to earn one's living by the sweat of one's brow.
sudorifero, sudorifico, A *a.* sudoriferous; sudorific. **B** *m.* (*farm.*) sudorific.
sudoriparo, *a.* sudoriparous; sudoriferous: (*anat.*) **ghiandole sudoripare,** sudoriferous glands; sweat-glands.
sudovest, *m.* **1** southwest: **dirigersi verso s.,** to head southwest; (*naut.*) **fare rotta (*o* andare) verso s.,** to sail (*o* to head) for southwest; **vento di s.,** southwest wind; southwesterly (wind) **2** (*naut.: cappello di tela cerata*) sou'wester; south-wester.
sudvietnamita, *m., f.* e *a.* South Vietnamese.

suespósto, *a.* (*bur.*) above-mentioned; above-stated.
sufficiènte, A *a.* **1** sufficient; enough: **una quantità s.**, a sufficient quantity; **Ha denaro s. per vivere**, he has enough money to live on; **Non credo che questo sarà s.**, I don't think this will be enough (*o* will suffice); **La guarnigione ha viveri sufficienti per un mese**, the garrison has sufficient food supplies for a month; **Credi che diecimila lire siano sufficienti?**, do you think ten thousand lire will be enough?; **Ha denaro più che s. per mantenere una famiglia**, he has more than enough money (*o* he has money enough and to spare) to support a family; **Ho tempo s. per fare le valigie**, I have enough time (*o* time enough) to pack my cases; (*filos.*) **ragione s.**, sufficient reason **2** (*borioso*) conceited; self-important; self-sufficient: **Ha un'aria di s. che non mi piace**, he has a conceited air about him that I don't like; **Parla sempre con quel tono s.**, he always speaks in that self-important (*o* self-sufficient) tone. ● (*termine scolastico*) **s.**, fair. **B** *m.* **1** enough: **Ha il s. per vivere**, he has enough to live on **2** (*termine scolastico*) pass mark: **Ottenne il s.**, he obtained a pass mark. **C** *m. e f.* conceited person.
sufficientemènte, *avv.* sufficiently; enough: **La tua risposta non è s. esauriente**, your reply is not sufficiently exhaustive.
sufficiènza, *f.* **1** sufficiency: **Vi è s. di vino (di cibo, ecc.)**, there is a sufficiency of wine (of food, etc.) **2** (*termine scolastico*) pass mark: **Ha appena raggiunto la s. in latino**, he just obtained a pass mark in Latin **3** (*boria*) conceit; self-importance; self-sufficiency: **Ha un'aria di s.**, he has a conceited air about him; **Con tutta quella sua s.**, **si crede un padre eterno**, with all that self-importance (*o* self-sufficiency) he assumes, he thinks he is God Almighty. ● **a s.**, sufficiently; enough: **Ho tempo a s.**, I have enough time; **cibo a s.**, enough food; food enough.
suffisso, *m.* (*gramm.*) suffix.
suffraganeità, *f.* (*relig.*) status of suffragan; suffraganship.
suffragàneo, *a.* (*relig.*) suffragan: **un vescovo s.**, a bishop suffragan; a suffragan (bishop).
suffragare, *v. t.* **1** (*lett.: sostenere*) to support; to back; to uphold*: **Le ragioni che suffragano la mia tesi**, the reasons that support my thesis **2** (*relig.*) to pray for; to intercede for: **s. le anime dei defunti**, to pray for the souls of the departed.
suffragazióne, *f.* **1** support **2** (*relig.*) intercession. ● (*relig.*) **la s. dei defunti**, the prayers for the departed.
suffragètta, *f.* suffragette; suffragist.
suffràgio, *m.* **1** (*voto*) suffrage; vote: **s. universale**, universal suffrage; **il diritto di s.**, the (right to) vote **2** (*lett.: appoggio*) support; (*approvazione*) approval **3** (*relig.*) intercession; suffrages (*pl.*). ● **una messa di s. per le anime dei defunti**, a mass for the souls of the departed.
suffragista, *m. e f.* suffragist.
suffrùtice, *m.* (*bot.*) suffrutex*.
suffruticóso, *a.* (*bot.*) suffruticose.
suffumicaménto, *m.* suffumigating.
suffumicare, *v. t.* to suffumigate.
suffumigio, *m.* suffumigation(s).
suga, sugante, *a.* – **carta s.**, blotting-paper.
suggellare, *v. t.* **1** (*lett.*) *V.* **sigillare 2** (*fig.: confermare definitivamente*) to seal.
suggèllo, *m.* **1** (*lett.*) *V.* **sigillo 2** (*fig.: conferma definitiva*) seal; (*testimonianza*) pledge, token.
sùggere, (*poet.*) *V.* **succhiare**.
suggeriménto, *m.* **1** (*il suggerire*) suggestion; suggesting; hinting; (*il proporre*) proposal, proposing, prompting; (*il consigliare*) advising **2** (*cosa suggerita*) suggestion; hint; (*cosa proposta*) proposal; (*consiglio*) (piece of) advice; (*indicazione*) pointer, cue: **dare un buon s. a q.**, to give sb. a good piece of advice; **Non mi fu dato alcun s. su come tradurlo**, I was given no pointers on how to translate it.
suggerire, *v. t.* **1** to suggest; to hint; (*proporre*) to propose, to prompt; (*consigliare*) to advise; (*dire*) to tell*: **Suggerii un piano ai miei amici**, I suggested a plan to my friends; **Gli suggerii un rimedio**, I suggested a remedy to him; **Mi si suggerì di scrivere subito**, they suggested (that) I should write at once; I was advised to write at once; **Non c'è bisogno che tu mi suggerisca quello che devo fare**, there's no need for you to tell me what to do **2** (*far venire in mente*) to suggest; to bring* to mind **3** (*a teatro, a scuola*) to prompt: **s. a un attore**, to prompt an actor (on the stage).
suggeritóre, *m.* (*teatr.*) prompter.
suggestionàbile, *a.* suggestible.
suggestionabilità, *f.* suggestibility.
suggestionare, A *v. t.* to influence. **suggestionarsi, B** *v. rifl.* to be influenced.
suggestionato, *a.* **1** (strongly) influenced **2** (*affascinato*) attracted; charmed.
suggestióne, *f.* **1** (*istigazione*) suggestion, instigation: **fare q.c. per s. di q.**, to do st. at sb.'s instigation **2** (*psic.*) suggestion: **guarire q. con la s.**, to cure sb. by suggestion **3** (*fig.: fascino*) suggestiveness; charm.
suggestività, *f.* suggestiveness (*anche fig.*).
suggestivo, *a.* **1** evocative; stimulating **2** (*fig.*) charming. ● **ipotesi suggestive**, hypotheses suggesting interesting possibilities (*o* ideas).
sùghera, *f.* (*bot., Quercus suber*) cork-oak; cork-tree.
sugheràio, *m.* cork-worker; cork-processor.
sugheréta, *f.* **sugheréto**, *m.* cork-plantation; cork-forest.
sughericolo, *a.* cork (*attr.*).
sughericoltóre, *m.* cork-planter (*o* grower).
sughericoltura, *f.* cork-tree cultivation (*o* planting).
sugherifìcio, *m.* cork-factory.
sùghero, *m.* **1** (*bot., Quercus suber*) cork-oak; cork-tree **2** (*corteccia dell'albero*) cork: **s. granulato**, granulated cork **3** (*turacciolo*) cork; stopper.
sugheróso, *a.* cork (*attr.*); of cork: **corteccia sugherosa**, cork (bark) **2** (*sim. a sughero*) corky; cork-like; like cork (*pred.*).
sugna, *f.* lard.
sugnóso, *a.* **1** (*che ha sugna*) lardy **2** (*untuoso come la sugna*) like lard (*pred.*); greasy.
sugo, *m.* **1** (*di frutta*) juice: **il s. di un'arancia**, the juice of an orange; **s. di limone**, lemon-juice **2** (*cucina: s. di carne*) gravy; (*salsa di pomodoro*) sauce: **s. di pomodoro**, tomato sauce **3** (*fig.*) essence; substance; gist; point: **il s. d'un discorso**, the substance of a speech; **un discorso senza s.**, a pointless (*o* an empty) speech; **il s. di quanto egli disse**, the gist of what he said; **Non c'è s.**, there isn't any point (in it). ● **Che s. c'è?**, what's the good of it?
sugosità, *f.* juiciness; succulence.
sugóso, *a.* **1** juicy; succulent: **frutta sugosa**, juicy fruit **2** (*fig.*) full of substance; pithy: **un discorso s.**, a pithy speech.
suicida, A *a.* suicidal. **B** *m. e f.* suicide.
suicidarsi, *v. rifl.* to commit suicide (*anche fig.*); to kill oneself.
suicidio, *m.* suicide (*anche fig.*); self-murder: **s. morale**, moral suicide.
sùidi, *m. pl.* (*zool., Suida*) suidae.
sui generis (*lat.*), *locuz. agg.* sui generis (*generalm. posposto o pred.*); peculiar: **È una ragazza sui generis**, she is a girl sui generis.
suindicato, *V.* **sopraindicato**.
suinicoltóre, *m.* pig-breeder.
suinicoltura, *f.* pig-breeding.
suino, (*zool.*) **A** *a.* pig (*attr.*); swine (*attr.*); suilline. ● **carne suina**, pork. **B** *m.* swine*; pig; hog.
suite (*franc.*), *f.* (*mus.*) suite.
sulfamidico, (*farm.*) **A** *a.* sulpha (*attr.*). **B** *m.* sulphonamide; sulfa drug; sulphamide.
sulfùreo, *a.* sulphureous: **vapori sulfurei**, sulphureous vapours.
sulla, *f.* (*bot., Hedysarum coronarium*) sulla (clover); French honeysuckle.
sultana, *f.* **1** sultana **2** (*specie di divano*) ottoman.
sultanato, *m.* sultanate.
sultanina, *a.* – (**uva**) **s.**, sultana (raisin).
sultano, *m.* sultan. ● (*fig., scherz.*) **fare una vita da s.**, to live like a lord.
sumèrico, *a.* Sumeric; Sumerian.
sumèro, *m. e a.* Sumerian.
summenzionato, *a.* above-mentioned; above-named; mentioned above (*pred.*).
summit (*ingl.*), *m.* (*specialm. polit.*) **1** (*incontro al vertice*) summit meeting; (*conferenza*) summit conference **2** (*collett.: dirigenti*) summit powers; leaders: **il s. democristiano**, the Christian Democrat leaders.
sunna, *f.* (*relig.*) Sunna(h).
sunnismo, *m.* (*relig.*) Sunnism.
sunnita, *m.* (*relig.*) Sunnite.
sunnominato, *a.* above-named; afore-named; above-mentioned.
sunnotato, *a.* aforesaid; afore-noted; afore-remarked.
sunteggiare, *v. t.* to summarize; to sum up.
sunto, *m.* summary; abridgement; «précis» (*franc.*): **un breve s.**, a brief summary; **fare il s. d'un capitolo**, to write a summary (*o* to make a précis) of a chapter; to summarize (*o* to sum up) a chapter.
suntuàrio, *a.* (*stor.*) sumptuary: **legge suntuaria**, sumptuary law.
suntuóso, *a. deriv. V.* **sontuóso**, *e deriv.*
suo, A *a. poss.* **1** (*rif. a persone: di lui*) his; (*di lei*) her; (*rif. a cose o animali*) its; (*suo proprio*) his own, her own, its own: **Vuol sempre fare a modo suo**, he always wants to have his own way; **suo padre**, (*di lui*) his father; (*di lei*) her father; **la campagna e i suoi svantaggi**, the countryside and its disadvantages; **i suoi fratelli** (*di lei*), her brothers; **le sue sorelle** (*di lui*), his sisters; **la scatola con il suo coperchio**, the box with its lid; **Prese il suo cane e il suo fucile**, he took his dog and his gun; **Glielo ha detto un suo amico**, one of his friends told him; **Vuole la roba sua**,

he (*o* she) wants his (*o* her) own stuff; **Ha un'automobile sua?**, has he (*o* she) a car of his (*o* of her) own?; **Sono parole sue**, these are his (*o* her) very words; **Anche lei ha i suoi difetti**, she also has her faults; **Venne con sua moglie**, he came with his wife; **La casa dove abita è sua**, he lives in his own house; **Non è affar suo**, it's none of his (*o* of her) business; it's no business of his (*o* of hers); **Sta prendendo il suo solito bicchiere di birra**, he's having his usual glass of beer; **È un luogo che ha un suo fascino particolare per me**, it's a spot that has a charm of its own for me; **Lo voglio fare per amor suo**, I want to do it for her (*o* his) sake **2** (*formula di cortesia*) your: **Quando verrà a trovarmi con Sua figlia?**, when will you come and visit me with your daughter?; **Voglio ringraziarLa della Sua gentilezza**, I want to thank you for your kindness; **in seguito alla Sua lettera del 10 c.m.**, with regard to your letter of the 10th of this month **3** (*come pred. nominale*: di lui) his; (di lei) hers; (di cose o animali) its own (raro): **Quell'automobile non è sua**, that car isn't his (*o* hers); **Quella casa che ti vuol vendere non è sua, è di suo padre**, the house she (*o* he) wants to sell you isn't hers (*o* his), it's her (*o* his) father's **4** (*con valore indef.*) one's; (*suo proprio*) one's own **5** (*in forme ellittiche*) his, her, its, (*indef.*) one's (*seguiti da un sost.*): **Ne ha fatta una delle sue**, he (*o* she) has been up to his (*o* her) usual (*o* old) tricks; **Ognuno ha le sue** (pene), everyone has his own troubles; **Non voglio stare dalla sua**, I don't want to be on his (*o* her) side; **Vuole sempre dire la sua**, he (*o* she) always wants to have his (*o* her) say. ● **Sua Eminenza**, His Eminence □ **Sua Grazia**, His Grace □ **Sua Maestà**, His (*o* Her) Majesty □ **Sua Santità**, His Holiness □ **Deve avere un santo dalla sua**, he must have a lucky star □ (*nella chiusa delle lettere*) **Suo John Smith**, Yours sincerely, John Smith □ **Ormai avrà i suoi ottant'anni suonati**, he'll be well over eighty by now □ **Ogni cosa a suo tempo**, there is a time for everything. **B** *pron. poss.* (di lui) his; (di lei) hers; (di cose o animali) its own (raro): **Dammi il tuo libro e il suo!**, give me your book and his (*o* hers); **Siccome non hai un'altra penna, dammene una delle sue!**, as you haven't got another pen, give me one of hers (*o* of his); **Questo cappotto è il mio, quello il suo**, this coat is mine, that one is his (*o* hers). **C** *m.* **1** (*denaro, averi, ecc.*) his (*o* her) own money; his (*o* her) own property: **Ci rimette del suo**, he (*o* she) is spending his (*o* her) own money **2** — (*pl.*) **i suoi**, (*genitori*) his (*o* her) parents; (*parenti, familiari*) his (*o* her) family, his (*o* her) relatives, his (*o* her) folks (*fam.*); (*sostenitori, seguaci*) his (*o* her) supporters (*o* followers). ● **Vive del suo**, he lives on his income.
suòcera, *f.* mother-in-law. ● (*fam.*) **fare la s.**, to nag (at) sb.
suòcero, *m.* father-in-law.
suòla, *f.* **1** (*di scarpa*) sole: **la s. interna**, the inner sole; **rifare le suole**, to put new soles (on a pair of shoes); to sole **2** (*metall.*) hearth; sole; bottom; (*d'un forno a riverbero*) laboratory **3** (*ferr.*) (*di rotaia*) flange **4** (*naut.*) sole **5** (*min.*) floor. ● **scarpe con s. di gomma**, rubber-soled shoes.
suolare, suolatura, *V.* **solare** (2), **solatura**.
suòlo, *m.* **1** (*terra, terreno*) ground; soil; land: **a livello del s.**, ground level; **cadere al s.**, to fall to the ground; **radere al s.**, to raze to the ground; **il s. nativo**, one's native soil (*o* land) **2** (*strato*) layer: (*cucina*) **un s. di crema e uno di biscotti**, one layer of cream and another one of biscuits. ● (*aeron.*) **effetto s.**, ground-effect.
suonare, e deriv. *V.* **sonare**, e deriv.
suòno, *m.* (*generalm.*) sound: **un s. confuso di molte voci**, a confused sound of many voices; **un s. gradevole**, a pleasant sound; **un s. confuso**, a dim sound; (*fonetica*) **un s. dolce** (duro), a soft (a hard) sound: **La lettera «g» in «general» ha la s. dolce**, «g» in «general» is soft; **La lettera «g» in «garden» ha s. duro**, «g» in «garden» is hard; **il s. d'un violino** (d'un pianoforte, ecc.), the sound of a violin (a piano, etc.); **la fisica del s.**, the physics of sound; (*fis.*) **onde del s.**, sound waves; (*fis.*) **la velocità del s.**, the velocity of sound; sonic speed; (*aeron.*) **il muro** (*o* la barriera) **del s.**, the sound barrier; **mandare un s. sinistro**, to give out a sinister sound; **riconoscere q. al s. della voce**, to recognize sb. by the sound of his (*o* her) voice. ● **il s. delle campane**, the ringing (*o* chiming) of the bells □ **suoni e canti**, music and songs □ **costringere q. a fare q.c. a suon di bastonate**, to cane sb. into doing st. □ **far tacere un attore a suon di fischi**, to hiss an actor into silence (*o* off the stage) □ **senza s.**, soundless.
suòra, *f.* (*titolo che si dà alle monache*) Sister; (*monaca*) nun: **Suor Maria**, Sister Mary; **farsi s.**, to become a nun; to take the veil.
super, **A** *a.* premium: **benzina s.**, premium petrol. **B** *f.* (*benzina*) premium petrol.
superàbile, *a.* superable; surmountable.
superabilità, *f.* superability; superableness.
superaffollaménto, *m.* overcrowding.
superaffollato, *a.* overcrowded; jam-packed (*fam.*).
superalcòlico, **A** *a.* high-proof. **B** *m. pl.* high-proof spirits.

superalimentare, *v. t.* to overfeed*.
superalimentazióne, *f.* overfeeding; superalimentation; supernutrition.
superallenaménto, *m.* (*sport*) overtraining.
superallenare, *v. t.* (*sport*) to overtrain.
superaménto, *m.* **1** overcoming; getting over; (*di un esame*) getting through **2** (*autom.*) overtaking.
superare, *v. t.* **1** (*sorpassare, essere superiore a*) to exceed; to be over (st.); (*rif. a persona*) to surpass, to excel: **I risultati degli esami hanno superato tutte le mie aspettative**, the exam results have exceeded all my expectations; **Tu hai superato il limite di velocità**, you have exceeded the speed limit; **Quest'automobile supera i 200 chilometri orari**, this car exceeds (*o* does more than) 200 kilometres an hour; **s. in numero**, to exceed in number; to outnumber; **s. q. in velocità**, to exceed sb. in speed; to be faster than sb.; **Il pacco superava le dieci libbre**, the parcel was over ten pounds (in weight); **Quando le azioni superano le duemila lire, vendile!**, when the shares are over (*o* go over) two thousand lire, sell them!; **s. q. in q.c.**, to excel sb. in (at) st.; to surpass sb. in st.; **s. q.c. in altezza** (**in lunghezza**), to exceed st. in height (in length); to be higher (longer) than st.; **s. in peso**, to exceed in weight; to outweigh; **s. q. in intelligenza** (cultura, astuzia), to surpass sb. in intelligence (learning, cunning); **s. q. nel fare q.c.**, to excel sb. in doing st.; **s. q. in coraggio** (in virtù, in forza), to excel sb. in courage (in virtue, in strength) **2** (*oltrepassare*) to get* over; to climb over; (*attraversare*) to cross; (*percorrere*) to cover; (*oltrepassare con un veicolo*) to pass, to overtake*: **s. un muro**, to get (*o* to climb) over a wall; **s. una vetta**, to climb over a mountain peak; **s. un fiume** (un burrone), to cross a river (a ravine). **s. grandi distanze**, to cover long distances; **Mi superò mentre rallentavo per fermarmi**, he passed (*o* he overtook) me while I was slowing down to stop; **s. in curva**, to overtake (*o* to pass) on a bend **3** (*fig.: vincere, sormontare*) to overcome*; to surmount; to get* over; to pass; to get* through: **s. una difficoltà** (un ostacolo), to overcome (*o* to surmount) a difficulty (an obstacle); **s. una malattia**, to get over an illness; **Abbiamo potenti nemici da s.**, we have powerful enemies to overcome; **s. un pericolo**, to overcome (*o* to surmount) a danger; **s. la prova**, to pass the test; **s. un periodo critico**, to get over a critical period; **s. un esame**, to get through (*o* to pass) an exam; **Devi s. questi concetti che non significano più nulla nel nostro secolo**, you must get over these concepts that no longer have any meaning in our century **4** (*naut.: di nave a vela*) to overhaul. ● **s. ogni primato**, to break all records □ **s. q. di dieci punti**, (*durante una partita*) to be ten points ahead of sb.; (*alla fine di una partita*) to have scored ten points more than sb.
superato, *a.* **1** (*non più valido*) obsolete; old **2** (*non più attuale*) old-fashioned; out-of-date: **idee superate**, old-fashioned ideas.
superattivo, *a.* superactive.
superbaménte, *avv.* **1** (*con superbia*) proudly; haughtily; arrogantly **2** (*magnificamente*) superbly; magnificently; splendidly.
supèrbia, *f.* pride; haughtiness; arrogance; conceit: **essere pieno di s.**, to be full of pride (*o* conceit); **gonfiarsi di s.**, to be swollen with pride. ● **mettere su s.**, to put on airs.
superbióso, *a.* self-confident; haughty; arrogant.
supèrbo, **A** *a.* **1** (*che ha, che mostra superbia*) proud; haughty; arrogant: **andare s. di q.**, to be proud of sb.; **essere troppo s. per fare q.c.**, to be too proud to do st.; **un ragazzo s.**, a haughty boy; **una risposta superba**, an arrogant answer **2** (*magnifico*) superb; magnificent; (*splendido*) splendid: **superbi tesori d'arte**, superb treasures of art; **un palazzo s.**, a magnificent building; **un dono s.**, a splendid gift **3** (*altissimo, eccelso*) lofty; sublime. **B** *m.* proud person; (*pl. collett.*) (the) proud.
supercarburante, *m.* premium petrol.
supercilióso, *a.* (*lett.*) stern.
supercolòsso, *m.* (*cinem.*) supercolossal film.
supercompressióne, *f.* (*dei motori a combustione interna*) supercompression.
supercomprèsso, *a.* (*rif. a motore a combustione interna*) supercompressed.
superconduttività, *f.* (*fis.*) superconductivity.
superconduttivo, *a.* (*fis.*) superconductive.
superconduttóre, *m.* (*fis.*) superconductor.
superconduzióne, *f.* (*fis.*) superconduction.
supercongelato, *V.* **surgelato**.
supercrìtico, *a.* (*fis. atomica*) supercritical.
superdecorato, **A** *a.* much-decorated. **B** *m.* much-decorated person.
superdònna, *f.* superwoman* (*anche iron.*).
superdòse, *f.* overdose.
superdotato, **A** *a.* highly-gifted; highly-endowed. **B** *m.* highly-gifted person.

superègo, *m. (psic.)* super-ego.
supereterodina, *f. (radio)* superheterodyne: **s. a doppia conversione di frequenza**, double superheterodyne; **s. a segnale unico**, single-signal superheterodyne.
superfecondazióne, *f. (biol.)* superfecundation.
superfetazióne, *f. (anche fig.)* superf(o)etation.
superficiale, **A** *a.* superficial *(anche fig.)*; surface *(attr.)*; skin-deep; *(affrettato)* hasty: **una ferita s.**, a superficial *(o* skin-deep) wound; **una conoscenza s. di q.c.**, a superficial knowledge of st.; **una persona s.**, a superficial person; **istruzione s.**, superficial education; **impressioni superficiali**, surface impressions. **B** *m.* e *f.* superficial person.
superficialità, *f. (anche fig.)* superficiality. ● **con s.**, superficially; in a superficial way; cursorily.
superficialménte, *avv.* **1** superficially **2** *(in superficie)* on the surface.
superficie, *f.* **1** *(anche geom., mecc., aeron. e fig.)* surface; *(area)* area: **s. piana**, plane surface; **calcolare la s. d'un quadrato**, to calculate the (surface) area of a square; **una s. levigata** (scabrosa, ecc.), a smooth (rough, etc.) surface; **in s.**, on the surface; **non andare oltre la s.** *(o* rimanere alla s.), not to go under the surface; *(mecc.)* **s. di scorrimento**, sliding *(o* slide) surface; *(aeron.)* **s. alare**, wing area *(per estens.: strato superficiale)* layer; coat. ● *(aeron.)* **s. inferiore dell'ala**, wing underside □ **amicizie che si fermano alla s.**, surface friendships □ **cortesia che non va oltre la s.**, surface politeness.
superfluità, *f.* superfluity; superfluousness.
supèrfluo, **A** *a.* superfluous; surplus *(attr.)*; non-essential; needless; unnecessary: **Il cibo s. fa più male che bene**, superfluous food does more harm than good; **spese superflue**, superfluous *(o* unnecessary) expenses; **parole superflue**, superfluous words; **s. dire**, needless to say. **B** *m.* surplus; extra.
superfosfato, *m. (chim.)* superphosphate.
supergalàssia, *f. (astron.)* supergalaxy.
supergelatóre, *m.* deepfreeze.
supergigante, *a.* e *f. (astron.)* supergiant (star).
super-io, *m. (psic.)* super-ego.
superióra, **A** *f. (relig.)* Mother Superior. **B** *a.* — **madre s.**, Mother Superior.
superiorato, *m. (relig.)* office of a Superior.
superióre, **A** *a.* **1** superior: **un essere s.**, a superior being; **una qualità s.**, a superior quality; **essere s. a q. per forza (virtù, intelligenza)**, to be superior to sb. in strength (virtue, intelligence); **essere s. di numero**, to be superior in number; **Questa stoffa è s. a quella**, this cloth is superior to that (one); **Ha un'influenza molto s. alla mia presso il Ministero**, his influence is greatly superior to mine at the Ministry **2** *(più alto, più elevato)* higher: **prezzo (qualità, temperatura, velocità) s.**, higher price (quality, temperature, speed); **animali che appartengono a un ordine s.**, animals that belong to a higher order; **un grado s.**, a higher degree; **istruzione s.**, higher *(o* university) education **3** *(sovrastante)* upper: **la mascella (il labbro) s.**, the upper jaw (lip); **arti superiori**, upper limbs; arms; **le classi superiori**, the upper classes; **gli strati superiori dell'atmosfera**, the upper strata of the atmosphere; **i piani superiori di una casa**, the upper storeys of a house; **Abito al piano s.**, *(di una casa a due piani)* I live on the upper floor; *(di una casa a diversi piani)* I live on the floor above; **Il corso s. di un fiume**, the upper reaches of a river **4** *(fig.: al di sopra)* above; beyond: **Io sono s. a certe cose**, I am above certain things; **Sta conducendo una vita s. ai suoi mezzi**, he is living above *(o* beyond) his means; **Questo compito è s. alle mie capacità**, this task is beyond *(o* above) my capabilities; **essere s. a ogni sospetto (adulazione, biasimo, critica)**, to be above *(o* beyond) all suspicion (flattery, blame, criticism) **5** *(di grado superiore)* senior; higher: **le classi superiori di una scuola**, the senior classes of a school; **ufficiale s.**, senior *(o* field) officer; **dirigente s.**, senior manager; **scuola s.**, senior high school *(USA)* **6** *(più avanzato)* advanced: **l'Istituto di studi superiori di Princeton**, the Princeton Institute for Advanced Studies; **matematica s.**, advanced mathematics; **Faccio il primo anno di fisica s.**, I'm in my first year of advanced physics. ● **essere s. per durata**, to be longer-lasting; to last longer □ **persona s.**, highly-gifted person. **B** *m.* **1** superior: **rispettoso (insolente) verso i superiori**, respectful (insolent) to one's superiors; **Bisogna ubbidire ai propri superiori**, one must obey one's superiors **2** *(relig.)* Superior.
superiorità, *f.* superiority: **un atto di s.**, an act of superiority.
superiorménte, *avv.* on the upper part; above; at the top.
superlativaménte, *avv.* superlatively; in the highest degree.
superlativo, **A** *a.* **1** *(sommo, eccellente)* superlative; excellent: **bellezza superlativa**, superlative beauty **2** *(gramm.)* superlative: **il grado s.**, the superlative degree. **B** *m. (gramm.)* superlative (degree): **il s. relativo**, the relative superlative; **il s. assoluto**, the absolute superlative.

superlavóro, *m.* overwork.
superléga, *f. (metall.)* superalloy.
supermercato, *m.* supermarket.
supernazionale, *V.* **sopranazionale**.
supèrno, *a. (lett.)* supernal; supreme; *(celeste)* celestial; heavenly: **la grazia superna**, supernal grace; **le cose superne**, celestial things.
supernòva *(lat.), f. (astron.)* supernova.
supernutrizióne, *f.* supernutrition; overfeeding.
sùpero (1), *(lett.)* **A** *a. (superiore)* upper. **B** *m. pl. (mitol.)* (the) gods.
sùpero (2), *m. (comm.: eccedenza)* surplus; excess; extra.
superòtto, *a.* e *m. invar. (cinem.)* super-eight.
superperito, *m.* court-appointed expert *(o* specialist).
superperizia, *f.* court-appointed expert's report.
superpetrolièra, *f. (naut.)* supertanker.
superpotènza, *f.* superstate; superpower.
superproduzióne, *f. (econ.)* overproduction.
supersistema, *m.* supersystem.
supersònico, *a. (aeron.)* supersonic.
superspazio, *m. (fis.)* superspace.
superstélla, *f. (astron., fis.)* superstar.
supèrstite, **A** *a.* surviving. **B** *m.* e *f.* survivor: **È l'unico s. del naufragio**, he is the sole survivor of the shipwreck.
superstizióne, *f.* superstition: **Sono schiavi della s.**, they are slaves to superstition; **È una sciocca s.**, it's a silly superstition.
superstiziosaménte, *avv.* superstitiously.
superstiziosità, *f.* superstitiousness.
superstizióso, *a.* superstitious: **Gli ignoranti sono spesso superstiziosi**, ignorant people are often superstitious; **credenze superstiziose**, superstitious beliefs.
superstrada, *f.* motorway; speedway; expressway *(USA)*.
supertestimòne, *m.* key witness.
superuòmo, *m. (anche iron.)* superman*: **la teoria del s.**, the theory of the superman.
supervalutare, *V.* **sopravvalutare**.
supervisióne, *f.* supervision.
supervisóre, *m.* supervisor.
supinatóre, *a.* — *(anat.)* **muscolo s.**, supinator.
supinazióne, *f.* supination.
supino (1), *a.* supine *(anche fig.)*; (lying) on one's back; face upwards: **Dormo s.**, I sleep lying on my back; **Il ragazzo cadde s.**, the boy fell on his back; **rassegnazione supina**, supine *(o* servile) resignation. ● **ignoranza supina**, crass ignorance.
supino (2), *m. (gramm.)* supine.
suppellèttile, *f. (specialm. al pl.)* furnishing *(al pl.)*; piece of furniture: **le suppellettili di casa**, the house furniture; the household goods; **le suppellettili d'una chiesa**, the furnishings of a church.
suppergiù, *avv. (fam.)* about; nearly; approximately; roughly.
supplementare, *a.* **1** *(suppletivo)* supplementary; supplemental; additional; extra: **un preventivo s.**, a supplementary estimate; **tariffa s.**, additional charge; *(sport)* **tempi supplementari**, extra time *(sing.)*; overtime periods **2** *(geom.)* supplementary: **angoli supplementari**, supplementary angles. ● **treno s.**, relief-train.
suppleménto, *m.* **1** *(ciò che supplisce alla mancanza di altro)* supplement; *(aggiunta)* addition: **il s. letterario d'un giornale**, the literary supplement of a newspaper **2** *(sovrapprezzo)* extra *(o* additional) charge **3** *(geom.)* supplement: **il s. d'un arco (d'un angolo)**, the supplement of an arc (of an angle). ● *(ferr.)* **s. di tariffa**, extra fare.
supplentato, *m.* (period of) work as a substitute *(o* as a supply teacher).
supplènte, **A** *a.* temporary; substitute: **un maestro s.**, a temporary teacher. **B** *m.* e *f.* **1** *(impiegato s.)* substitute; sub *(fam.)* **2** *(insegnante s.)* supply teacher; temporary teacher.
supplènza, *f.* temporary post.
suppletivo, *a.* supplementary: **esami suppletivi**, supplementary examinations. ● *(polit.)* **elezioni suppletive**, by-elections.
suppletòrio, *a.* supplementary.
supplì, *m. (cucina)* rice croquette.
sùpplica, *f.* supplication; petition; entreaty: **presentare una s.**, to present a petition; **fare una s.**, to make a supplication *(o* a petition); to implore; to beseech; to beg.
supplicante, **A** *a.* suppliant; imploring. **B** *m.* e *f.* suppliant; petitioner.
supplicare, *v. t.* to entreat; to plead; to implore; to beseech*; to beg: **s. Iddio**, to beseech God; **s. misericordia**, to plead for mercy; **s. q. per ottenere q.c.**, to beseech sb. for st.
supplicatòrio, *a.* supplicatory: **una lettera supplicatoria**, a supplicatory letter.
sùpplice, *(lett.) V.* **supplicante**.
supplichévole, *a.* suppliant; imploring; beseeching: **uno sguardo s.**, an imploring glance.

supplichevolménte, *avv.* suppliantly; imploringly; beseechingly.

supplire, A *v. i.* to supply; (*compensare*) to make* up for, to compensate for: **La diligenza e lo studio suppliscono al difetto d'ingegno,** diligence and study make up for the lack of ingenuity; **s. alla mancanza di memoria,** to compensate for the loss of memory. **B** *v. t.* to stand* in for; to take* the place of: **s. un professore,** to stand in for a teacher; **L'ha supplito il dottor Bianchi,** Dr. Bianchi substituted for him.

suppliziare, *v. t.* to torture; to torment.

supplìzio, *m.* torture (*anche fig.*); torment: **Stare con lui è un vero s.,** it's a real torture to stay with him; **Che s.!,** what a torment!; **il s. della flagellazione,** (the torture of) flagellation; scourging; **il s. della fame,** the torment of hunger; (*mitol.*) **il s. di Tantalo,** the torment of Tantalus (*anche fig.*). ● **condurre al s.,** to lead to death (*o* to execution) □ **l'estremo s.,** death penalty; capital punishment □ (*fig.*) **far patire il s. di Tantalo,** to tantalize.

supponìbile, *a.* imaginable; presumable.

suppórre, *v. t.* to suppose; to presume; to assume; to imagine; to think*: **Ti troverai là, suppongo,** you'll be there, I suppose; «**Verrà?**» «**Suppongo di sì**», «will he come?» «I suppose so»; «**Suppongo di no**», «I suppose not»; **Supponiamo che sia vero,** let's suppose (*o* let's say) it's true; **Supponi di trovarti in un'isola deserta,** imagine yourself (to be) on a desert island; **Egli suppone che io sia uno sciocco,** he thinks I'm a fool.

suppòrto, *m.* (*generalm.*) support; rest; stand; bearing; (*elab.*) medium*: **s. a T,** T rest; (*mecc.*) **s. a muro,** wall bearing; (*mecc.*) **s. di banco,** main bearing; (*mecc.*) **s. magnetico,** magnetic stand; **s. per tubi,** pipe stand; (*mecc.*) **cappello del s.,** bearing-cap; (*mecc.*) **s. del perno,** journal-bearing. ● (*autom.*) **s. del differenziale,** differential-carrier □ (*radio*) **s. della valvola,** tube-socket □ (*aeron.*) **s. di antenna radio,** mast □ (*naut.*) **s. di tenda,** awning stanchion □ (*elab.*) **s. di memorizzazione,** storage medium.

suppositòrio, *m.* (*farm.*) suppository.

supposizióne, *f.* supposition; assumption; conjecture: **L'articolo del giornale si basava su supposizioni,** the newspaper article was based on suppositions; **La loro s. che la guerra sarebbe finita in sei mesi risultò errata,** their assumption that the war would end in six months proved wrong; **una s. infondata,** a groundless assumption; **fare una s.,** to make an assumption.

suppósta, *f.* (*farm.*) suppository.

suppósto, *a.* supposed; presumed; assumed. ● (e) **s. che...,** what if...

suppuràbile, *a.* liable to suppuration; liable to come to a head.

suppurare, *v. i.* to suppurate; to fester; to come* to a head.

suppurativo, *a.* suppurative.

suppurazióne, *f.* suppuration: **Bisogna aspettare la fine della s.,** it is necessary to wait for suppuration to end. ● **venire a s.,** to suppurate; to come to a head.

supremazia, *f.* supremacy; leadership: **la s. di Atene sulla Grecia,** the supremacy of Athens over Greece.

suprême (*franc.*), (*cucina*) **A** *f.* **1** suprême (made dish dressed with a sauce suprême) **2** (*salsa*) (sauce) suprême (rich sauce made of chicken stock and cream). **B** *a.* suprême: **salsa s.,** sauce suprême.

suprèmo, *a.* **1** supreme: **la Corte Suprema,** the Supreme Court; **il Capo S. della Chiesa,** the Supreme Pontiff; **il Consiglio S.,** the Supreme Council; **l'Ente S.,** the Supreme Being; **l'autorità suprema,** the supreme authority; **assumere il comando s.,** to assume the supreme command; **il s. sacrificio,** the supreme sacrifice **2** (*massimo, sommo*) great; greatest; highest; utmost; (*straordinario*) extraordinary: **uno sforzo s.,** a great (*o* supreme) effort; **con sua suprema soddisfazione,** to his great satisfaction; **Appresi la notizia con suprema gioia,** I learnt the news with the greatest (*o* the utmost) joy; **in grado s.,** in the highest degree; **la suprema lode,** the greatest (*o* highest) praise; **una donna di suprema bellezza,** a woman of extraordinary beauty **3** (*ultimo, estremo*) last: **il Giudizio S.,** the Last Judgment; **il s. addio,** the last farewell; **l'ora suprema,** one's last hour; **i supremi conforti della religione,** the last consolations (*o* comforts) of religion. ● **il Capo S. dello Stato,** the Head of State □ (*mil.*) **il Comandante S.,** the Commander-in-Chief □ (*mil.*) **comando s.,** general headquarters (*abbr.*: G.H.Q.) □ **di suprema importanza,** of prime (*o* chief, paramount) importance.

sùrah, *m. invar.* (*ind. tessile*) surah.

suralimentazióne, *V.* **superalimentazióne.**

surclassare, *v. t.* (*anche sport*) to outclass.

surf (*ingl.*), *m.* **1** (*ballo*) surf **2** (*sport*) *V.* **surfing**

surfing (*ingl.*), *m.* (*sport*) surfing. ● **chi fa il s.,** surfer □ **fare il s.,** to surf-ride; to surf; to go surfing.

surgelaménto, *m.* deep-freeze; deep-freezing.

surgelare, *v. t.* to deep-freeze*.

surgelato, A *a.* deep-frozen: **pesce s.,** deep-frozen fish. **B** *m.* deep-frozen food.

suriezióne, *f.* (*mat.*) surjection.

surmenage (*franc.*), *m.* **1** (*sovraffaticamento fisico*) overworking; over-exertion; (*sovraffaticamento mentale*) mental strain; brain-fag (*fam.*) **2** (*sport*) overtraining.

surmolòtto, *m.* (*zool., Rattus norvegicus*) Norway rat; brown rat; sewer-rat.

surplace (*franc.*), *m.* (*ciclismo*) surplace.

surplus (*franc.*), *m. invar.* **1** (*econ.*) surplus: **s. agricoli,** farm surpluses **2** (*mil.*) war surplus.

surreale, *a.* (*psic.*) surreal, surrealistic.

surrealismo, *m.* (*letter., arte*) surrealism.

surrealista, (*letter., arte*) **A** *m.* e *f.* surrealist. **B** *a.* surrealistic.

surrealìstico, *a.* (*letter., arte*) surrealistic.

surrenale, *a.* (*anat.*) suprarenal: **ghiandole surrenali,** suprarenal (*o* adrenal) glands.

surrène, *m.* (*anat.*) suprarenal (*o* adrenal) gland.

surrettìzio, *a.* surreptitious, subreptitious.

surrezióne, *f.* (*leg.*) subreption.

surricordato, *a.* aforementioned; aforesaid; above-mentioned.

surriferito, *a.* above-mentioned; aforesaid; referred to above (*pred.*).

surriscaldaménto, *m.* **1** overheating **2** (*fis.*) superheating.

surriscaldare, A *v. t.* **1** (*anche fig.*) to overheat **2** (*fis.*) to superheat. **surriscaldarsi, B** *v. rifl.* (*anche fig.*) to get* overheated; to overheat.

surriscaldato, *a.* **1** (*anche fig.*) overheated: **motore s.,** overheated engine **2** (*fis.*) superheated: **vapore s.,** superheated steam.

surriscaldatóre, *m.* superheater.

sùrroga, *V.* **surrogazióne.**

surrogàbile, *a.* replaceable.

surrogaménto, *m. V.* **surrogazióne.**

surrogare, *v. t.* **1** (*mettere in luogo d'un altro*) to subrogate; to put* (sb.) in the place of; to substitute for: **s. q. con q. altro,** to put sb. in the place of sb. else **2** (*subentrare ad altri*) to replace; to take* the place of: **s. l'operaio licenziato,** to replace the dismissed worker.

surrogato, *m.* substitute: **La margarina è un s. del burro,** margarine is a substitute for butter. ● **s. di caffè,** ersatz coffee.

surrogatòrio, *a.* (*leg.*) subrogating.

surrogazióne, *f.* subrogation; substitution.

survoltare, *v. t.* (*elettr.*) to boost.

survoltóre, *m.* (*elettr.*) (voltage) booster.

Susanna, *f.* Susanna(h); (*dim.*) Sue, Susie, Susy, Suzy. ● (*fig.*) **fare la casta S.,** to play the innocent.

suscettanza, *f.* (*elettr.*) susceptance.

suscettìbile, *a.* **1** (*capace di subire modificazioni*) susceptible; liable; capable: **essere s. di miglioramento,** to be susceptible of improvement **2** (*ombroso, facile a offendersi*) susceptible; oversensitive; touchy (*fam.*): **un giovane s.,** a susceptible young man.

suscettibilità, *f.* susceptibility; oversensitiveness; touchiness (*fam.*). ● **ferire la s. di q.,** to wound sb.'s susceptibilities; to hurt sb.'s feelings.

suscettività, *f.* susceptibility; receptivity. ● (*fis.*) **s. magnetica,** magnetic susceptibility.

suscettivo, *a.* (*filos.*) susceptible; receptive.

suscitare, *v. t.* to stir up; to excite; to provoke; to arouse; to kindle; to quicken: **s. invidia,** to excite envy; **s. il riso,** to provoke laughter; **s. una rivolta,** to stir up a revolt; **s. una passione in q.,** to kindle a passion in sb. ● **s. pettegolezzi,** to set tongues (*o* chins, beards) wagging □ **s. uno scandalo,** to cause a scandal.

suscitatóre, *m.* exciter; provoker.

susìna, *f.* (*bot.*) plum: **s. scura,** mussel plum. ● **s. di macchia,** sloe □ **s. regina Claudia,** greengage.

susino, *m.* (*bot., Prunus domestica*) plum; plum-tree. ● **s. di macchia** (*Prunus spinosa*), sloe □ **s. selvatico** (*Prunus insititia*), bullace.

suspicióne, *f.* (*leg.*) suspicion.

susseguènte, *a.* subsequent; following; (*immediately*) after: **quello s.,** the one immediately after.

susseguenteménte, *avv.* subsequently; after(wards).

susseguire, A *v. t.* e *i.* to succeed; to follow; to come* after: **Al lampo susseguire il tuono,** thunder follows lightning. **susseguirsi, B** *v. rifl. recipr.* to follow (*o* to succeed) one another: **I treni si susseguono a breve distanza,** trains follow one another at short intervals.

sussi, *m.* (*gioco infant.*) quoits (*pl.*).

sussidiare, *v. t.* to subsidize: **s. i profughi,** to subsidize the refugees.

sussidiàrio, A *a.* subsidiary; auxiliary; ancillary; (*supplementare*) supplementary; reserve (*attr.*): **un esercito s.,** an auxiliary

sussidiatóre

army; **mezzi sussidiari**, subsidiary (*o* reserve) means. **B** *m.* (*libro di testo*) primary textbook.
sussidiatóre, A *m.* subsidizer. **B** *a.* subsidizing.
sussidio, *m.* subsidy; grant; allowance; benefit; support; (*aiuto*) aid, help: **Furono inviate nuove forze in s. della città**, further reinforcements were sent in support of the town; **s. di disoccupazione**, unemployment benefit; dole (*fam.*); **s. (per) malattia**, sick-benefit; sick-pay; **chiedere un s.**, to request assistance. ● **sussidi audiovisivi**, audio-visual aids □ **sussidi scolastici**, educational aids □ **percepire il s. di disoccupazione**, to be on the dole (*fam.*).
sussiègo, *m.* hauteur; haughtiness; superciliousness. ● **mettersi in s.**, to put on airs □ **trattare q. con s.**, to treat sb. condescendingly.
sussiegóso, *a.* haughty; supercilious.
sussistènte, *a.* subsistent; subsisting; existing.
sussistènza, *f.* (*il sussistere*) subsistence; existence: **mezzi di s.**, means of subsistence **2** (*mil.*) supply department.
sussistere, *v. i.* **1** (*avere attuale esistenza*) to subsist; to exist **2** (*avere fondamento*) to hold* good; to hold* water: **ragioni che non sussistono**, reasons that don't hold water.
sussultare, *v. i.* **1** to start; to give* a start; to wince; to jump: **Sussultai per lo spavento**, I started back in fear; **Egli sussultò nel sentirsi insultato**, he winced at the insult **2** (*di cose*) to shake*; to tremble.
sussulto, *m.* **1** start; wince; jump **2** (*scossa*) shake; shock; tremor. ● **avere un s. di gioia**, to leap for joy.
sussultòrio, *a.* **1** jumpy; jerky **2** (*geol.*) sussultatory: **un terremoto s.**, a sussultatory earthquake.
sussùmere, *v. t.* (*filos.*) to subsume.
sussunzióne, *f.* (*filos.*) subsumption.
sussurrare, A *v. t.* **1** to whisper; to murmur **2** (*dire in segreto in tono di critica*) to whisper; to insinuate. **B** *v. i.* **1** (*bisbigliare*) to whisper; to murmur; (*di foglie, alberi, ecc.*) to rustle: **Sussurrano le foglie al vento**, the leaves are whispering (*o* rustling) in the wind **2** (*sparlare di nascosto*) to murmur: **Vanno sempre sussurrando contro di noi**, they are always murmuring against us; they're always running us down.
sussurratóre, A *m.* murmurer. **B** *a.* whispering; murmuring.
sussurrazióne, *f.* murmur; murmuring.
sussurrio, *m.* (*bisbiglio*) whispering; murmuring; (*di foglie, alberi, ecc.*) rustling.
sussurro, *m.* whisper; murmur; (*di foglie, alberi, ecc.*) rustle: **Ella mi parlò in un s.**, she spoke to me in a whisper; **il s. del vento**, the whisper (*o* whispering) of the wind.
sussurróne, *m.* (*fam.*) murmurer; backbiter.
susta, *f.* (*specialm. al pl.*: *stanghette degli occhiali*) ear-piece; leg (*fam.*).
sutura, *f.* (*anat., med.*) suture.
suturale, *a.* (*anat., med.*) sutural.
suturare, *v. t.* (*med.*) to suture.
suvvia, *inter.* come on!; right on!
suzióne, *f.* suction.
svagaménto, *V.* **svago**.
svagare, A *v. t.* **1** (*ricreare*) to amuse; to keep* (sb.) amused; to entertain: **Svaga il bambino con questi giocattoli**, keep the child amused with these toys **2** (*distrarre*) to distract; to divert (sb.'s) mind (from st.): **Il chiasso lo svaga e non può studiare**, the noise distracts him, and he cannot study. **svagarsi, B** *v. rifl.* **1** to amuse oneself; to relax; (*divertirsi*) to enjoy oneself, to have fun: **Il bambino si svagava con il cagnolino**, the little boy was amusing himself with the puppy **2** (*distrarsi*) to be distracted; to find* distraction. ● **Dopo tanto lavoro egli ha bisogno di s.**, after so much work he needs recreation.
svagatàggine, svagatézza, *f.* absent-mindedness; inattention; thoughtlessness; dreaminess.
svagato, A *a.* absent-minded; inattentive; thoughtless; dreamy: **È un ragazzo s.**, he's a thoughtless boy. **B** *m.* absent-minded (*o* thoughtless, dreamy) person. ● **avere un aspetto s.**, to have an absent look.
svago, *m.* (*lo svagare, lo svagarsi; ciò che svaga*) amusement; entertainment; recreation; relaxation; diversion; (*passatempo*) pastime: **Hai bisogno di un po' di s.**, you need some relaxation; **Non mancano di certo gli svaghi qui**, there are plenty of amusements here; **Alcuni considerano il giardinaggio come uno s.**, some people look upon gardening as a recreation. ● **prendersi un po' di s.**, to relax.
svaligiaménto, *m.* ransacking; pillaging; plundering.
svaligiare, *v. t.* to ransack; to pillage; to plunder; to burgle; to break* into (a house); to rob (a bank): **Gli hanno svaligiato la casa**, they have ransacked his house.
svaligiatóre, *m.* ransacker; pillager; burglar; house-breaker; robber.
svalutare, A *v. t.* **1** (*econ.*) to devalue; to undervalue; (*comm.*) to depreciate, to cry down: **Non fa che s. la merce altrui per vendere la propria**, he's always crying down other people's goods in order to sell his own; **s. la sterlina**, to devalue the pound **2** (*fig.*) to belittle; to disparage; to depreciate. **svalutarsi, B** *v. rifl.* (*econ.*) to depreciate.
svalutazióne, *f.* **1** (*econ.*) devaluation; undervaluation; (*comm.*) depreciation: **s. fluttuante**, floating devaluation; **subire una s. del 20%**, to undergo a depreciation of 20% **2** (*fig.*) belittlement; disparagement; depreciation.
svampare, *v. i.* **1** (*uscire fuori con vampate*) to blaze forth; to burst* out **2** (*fig.*: *diminuire d'intensità*) to die down; to cool down (*o* off): **Aspettiamo che gli svampi l'ira**, let's wait till his anger cools down.
svampire, *v. i.* **1** (*dial.*: *svaporare*) to evaporate; (*perdere odore*) to lose* (its) aroma; (*perdere sapore*) to lose* (its) flavour **2** (*fig.*) to become* weaker; to die down.
svampito, (*dial.*) **A** *a.* absent-minded; barmy (*fam.*); not right in the head (*o* upper story). **B** *m.* scatter-brain.
svaniménto, *m.* (*lett.*) fading away; vanishing; disappearance; disappearing.
svanire, *v. i.* **1** (*perdere odore, sapore*) to lose* (its) flavour (*o* aroma); (*rif. a profumo*) to lose* (its) scent: **Il vino svanisce, se non è ben imbottigliato**, wine loses its flavour, if it is not well bottled **2** (*svaporare*) to evaporate **3** (*fig.*: *dileguarsi, sparire*) to fade (*o* to die) away; to vanish; to disappear: **La memoria svanisce con gli anni**, memory fades away with age; **La bellezza svanisce presto**, beauty soon fades away; **Le tue speranze di successo sono svanite**, your prospects of success have vanished **4** (*fig.*: *placarsi*) to die down; to cool down: **Gli è svanita l'ira**, his anger has cooled down.
svanito, A *a.* (*di persona*) enfeebled; feeble-minded (through old age); dotty (*fam.*). **B** *m.* feeble-minded person; (*vecchio rimbambito*) dotard.
svantaggiato, *a.* at a disadvantage (*pred.*): **essere s. per** (*o* **da**) **q.c.**, to be at a disadvantage on account of st.
svantàggio, *m.* disadvantage; drawback; detriment; snag (*fam.*); handicap (*anche sport*): **Questo è per noi uno s. enorme**, it's a serious drawback to us; **Egli l'ha fatto con mio grande s.**, he did so to my great disadvantage; **Il nuotatore aveva uno s. di cinque secondi**, the swimmer had a handicap of five seconds; the swimmer was five seconds behind. ● **in condizioni di s.**, under a disadvantage □ **Ecco gli svantaggi!**, that's where the shoes pinches! (*fam.*) □ **L'affare risultò a loro s.**, the deal turned out badly for them.
svantaggiosaménte, *avv.* disadvantageously; to one's disadvantage.
svantaggióso, *a.* disadvantageous; unfavourable; (*dannoso*) detrimental; prejudicial: **un patto s.**, a disadvantageous pact.
svànzica, *f.* **1** (*moneta austriaca*) zwanziger **2** (*specialm. al pl., fam., scherz.*: *denaro*) money; lolly, dough (*pop.*).
svaporaménto, *m.* evaporation.
svaporare, *v. i.* **1** (*evaporare*) to evaporate; (*perdere odore, sapore*) to lose* (its) flavour (*o* aroma); (*rif. a profumo*) to lose* (its) scent: **L'etere svapora rapidamente**, ether evaporates quickly **2** (*fig.*) to cool (*o* to die) down; to fade away; to disappear: **Aspettiamo che gli svapori l'ira**, let's wait till his anger cools down; **lo s. dell'entusiasmo**, the cooling down of one's enthusiasm.
svaporato, *V.* **svanito**.
svaporazióne, *f.* evaporation.
svariaménto, *m.* variation.
svariare, A *v. t.* to vary; to diversify: **Mi si disse di s. la dieta**, I was told to vary my diet. **B** *v. i.* to be varied.
svariataménte, *avv.* variously.
svariatézza, *f.* variation; variousness; variety.
svariato, *a.* **1** varied; (*diverso*) various: **colori svariati**, varied colours **2** (*pl.*: *molti*) many: **svariate volte**, many times.
svarióne, *m.* blunder; bad mistake; bloomer (*fam.*); howler (*fam.*); clanger (*fam.*).
svasaménto, *m.* *V.* **svasatura**.
svasare, *v. t.* **1** (*cambiare di vaso a*) to repot **2** (*foggiare a forma di vaso*) to flare (*anche mecc.*): **s. una gonna**, to flare a skirt **3** (*mecc.*) to ream; to countersink*.
svasato, *a.* **1** flared (*anche mecc.*) **2** (*mecc.*) countersunk.
svasatóre, *m.* (*mecc.*) rose chucking reamer; countersink.
svasatura, *f.* **1** (*il cambiare di vaso*) repotting **2** (*il foggiare a forma di vaso*) flare; flaring; (*mecc.*) countersinking. ● (*archit.*) **s. muraria**, embrasure.
svasso, *m.* (*zool.*, *Podiceps cristatus*) great-crested grebe.
svàstica, *f.* swastika.
svecchiaménto, *m.* modernization; renewal.
svecchiare, *v. t.* **1** to modernize; to renew: **Mi sono preso la libertà di s. la lingua di quel brano**, I have taken the liberty to modernize the language of that passage; **s. un appartamento**, to modernize a flat; **s. il guardaroba**, to renew one's wardrobe

2 (*aggiornare*) to bring* (st.) up to date.

svecciatóio, svecciatóre, *m.* shelling machine; sheller.

svedése, A *a.* Swedish. **B** *m.* e *f.* (*abitante*) Swede. **C** *m.* (*lingua*) Swedish.

svéglia, *f.* **1** (*lo svegliare, lo svegliarsi*) getting up; (*ora della s.*) time for getting up, getting-up time **2** (*segnale*) call; early call: **La s. è alle cinque,** the call (*o* early call) is for five o'clock **3** (*orologio*) alarm-clock: **La mia s. non ha suonato stamattina,** my alarm-clock failed to go off this morning; **caricare una s.,** to set an alarm-clock; **mettere la s. alle sei,** to set the alarm-clock for six **4** (*mil.*) reveille: **suonare la s.,** to sound the reveille. ● **radio s.,** clock radio.

svegliare, A *v. t.* **1** to wake* (up); to awake*; to rouse: **Il vento mi ha svegliato stanotte,** the wind woke me (up) last night; **Svegliami presto domattina!,** wake me early tomorrow morning!; **Fu svegliato da un fruscio nel corridoio,** he was roused (*o* awakened) by a rustle in the corridor; **Lo svegliai da un sonno profondo,** I roused (*o* I awoke) him from a deep sleep; **Non lo sveglierebbero nemmeno le cannonate,** it would take a bomb to wake him up; **Il rumore della perforatrice lo svegliò d'un tratto,** the noise of the drill suddenly awoke him **2** (*fig.: animare, scuotere*) to wake* up; to rouse; to liven up: **Quel ragazzo va svegliato con una buona ramanzina,** that boy needs wakening up with a good telling off **3** (*fig.: risvegliare*) to awaken; to arouse; to rouse: **s. l'interesse (la curiosità) di q.,** to awaken sb.'s interest (curiosity); **s. l'invidia (il sospetto),** to arouse envy (suspicion); **s. l'appetito di q.,** to arouse sb.'s appetite; **Lo svegliai dal suo torpore mentale,** I roused him from his mental torpor; **s. il senso del dovere in q.,** to awaken sb. to a sense of duty. ● (*prov.*) **Non s. il can che dorme,** let sleeping dogs lie. **svegliarsi, B** *v. rifl.* **1** to wake* (up); to awake*: **Non si sveglia mai prima delle otto,** he never wakes up (*o* he never awakes) before eight o'clock; **Mi sono svegliato di soprassalto,** I awoke with a start; **Non si svegliò, nemmeno durante l'incursione aerea,** he didn't wake up, not even during the air-raid; **Svegliati!,** wake up! **2** (*fig.: risvegliarsi*) to reawaken; to rekindle; to rouse: **Vedendola di nuovo, tutto il mio amore si svegliò,** all my love rekindled on seeing her once again; **Tutta la natura si sveglia in primavera,** all nature reawakens in spring **3** (*fig., di vento: levarsi*) to rise*: **Si è svegliata una tramontana gelida,** a freezing north wind has risen **4** (*fig.: scaltrirsi*) to wake* up; to become* sharp: **Si è finalmente svegliato alla realtà,** he's woken up to reality at last. ● **Gli si è svegliato l'appetito,** his appetite has been stimulated □ **non s.** (*in tempo*), to oversleep □ **Mi dispiace, non mi sono svegliato,** sorry, (I) overslept!

svegliarino, *m.* (*fam.*) reminder.

svéglio, *a.* (*desto*) awake (*pred.*) **2** (*fig.: pronto d'ingegno*) wide-awake; quick(-witted); alert; sharp; smart.

svelaménto, *m.* disclosure; disclosing; revealing.

svelare, A *v. t.* (*palesare*) to disclose; to reveal; to lay* bare: **s. il nome di q.,** to disclose sb.'s name; **s. un segreto,** to reveal a secret. ● **s. il proprio carattere,** to show one's colours (*fam.*). **svelarsi, B** *v. rifl.* to reveal oneself; to show* oneself.

svelenare, svelenire, *v. t.* **1** (*togliere il veleno*) to unpoison; to remove the poison from **2** (*fig.*) to remove the sting from. **svelenarsi, svelenirsi, B** *v. rifl.* to give* vent to one's anger (spite, hatred, etc.).

svèllere, *v. t.* (*lett., anche fig.*) to uproot; to eradicate; to extirpate.

sveltaménte, *avv.* quickly; fast.

sveltézza, *f.* **1** (*rapidità*) quickness; dispatch; (*velocità*) speed: **s. di mano,** quickness (*o* sleight) of hand; **La sua s. alla calcolatrice è incredibile,** his speed with the adding machine is incredible; **Voglio che questo lavoro sia fatto con s.,** I want this work done with dispatch **2** (*prontezza*) quickness; readiness; promptness: **s. di mente,** quickness (*o* readiness) of mind; **La s. delle sue risposte rivela una mente ordinata,** the promptness of his answers reflects his orderly mind **3** (*forma slanciata*) slimness; slenderness. ● **fare q.c. con grande s.,** to do something (very) quickly.

sveltiménto, *m.* **1** quickening; speeding up: **lo s. del traffico stradale,** the speeding up of road traffic **2** (*il rendere più snello*) slimming; thinning **3** (*semplificazione*) simplification.. ● (*bur.*) **lo s. di una pratica,** the cutting through of red tape in a case.

sveltire, A *v. t.* **1** to quicken; to make* (st.) quicker; (*accelerare*) to speed up; (*rendere più agile*) to make* (st.) nimbler; (*rendere più elastico*) to make* (st.) suppler: **s. il passo,** to quicken one's pace; to hurry up; **Questi nuovi macchinari hanno sveltito il processo d'imbottigliamento,** this new machinery ha's made the bottling process quicker; **s. il traffico,** to speed up traffic; **s. la produzione,** to speed up production; **s. i propri movimenti,** to make one's movements suppler (*o* more agile); **Lo studio sveltisce la mente,** study quickens the mind **2** (*rendere disinvolto*) to make* (sb.) come out of his (*o* her) shell; (*svegliare*) to wake* up, to rouse: **Dobbiamo s. questo ragazzo timido,** we must make this bashful boy come out of his shell; **Filippo ha bisogno di essere sveltito,** Philip needs wakening up (*o* rousing) **3** (*abbreviare*) to shorten: **s. una frase (un romanzo),** to shorten a sentence (a novel) **4** (*semplificare*) to simplify: **s. una frase troppo lunga,** to simplify an overlong sentence; **s. una procedura,** to simplify a procedure. ● **s. la figura,** to slim. **sveltirsi, B** *v. rifl.* **1** to become* quicker (*o* quick); (*diventare più agile*) to become* nimbler (*o* suppler): **s. nel fare q.c.,** to become quicker in doing st. **2** (*diventare più spigliato*) to polish one's manners, to come* out of one's shell; (*svegliarsi*) to wake* up: **Si sveltì durante il soggiorno a Oxford,** he polished his manners during his stay at Oxford; **Si sveltirà quando lascerà la scuola,** he'll come out of his shell when he leaves school; **Dovrai sveltirti, se vorrai fare strada nella vita,** you'll have to wake up, if you want to get on in life.

svèlto, *a.* **1** (*rapido, pronto*) quick: **s. nel capire (nel mangiare, nel fare le cose),** quick in understanding (in eating, in doing things); **essere s. di lingua,** to have a quick tongue; to have the gift of the gab **2** (*intelligente*) quick-witted; sharp-witted; smart; alert: **un uomo s.,** a quick-witted (*o* an alert) man; **È un ragazzo s.,** he's a smart boy **3** (*slanciato*) slim; slender; (*rif. a donna*) svelte: **Ha una bella figura svelta,** she has a fine slender figure. ● **s. di mano,** (*che ruba*) light-fingered; (*manesco*) free with one's fists □ **alla svelta,** quickly: **fare le cose alla svelta,** to do things quickly □ **camminare con passo s.,** to go at a brisk pace; to go fast □ (*prov.*) **Chi è s. a mangiare è s. a lavorare,** quick at meat, quick at work.

svenare, A *v. t.* **1** to open (*o* to cut*, to sever) (sb.'s) veins: **Lo svenarono,** they cut his veins **2** (*fig.*) to bleed* (sb.) dry: **Tu mi vuoi s.,** you want to bleed me dry. **svenarsi, B** *v. rifl.* **1** to open (*o* to cut*) one's veins **2** (*fig.*) to spend* one's last penny.

svéndere, *v. t.* (*comm.*) to undersell*; to sell* off; to sell* at a loss.

svéndita, *f.* (*comm.*) underselling; selling-off; (clearance) sale.

svenévole, *a.* mawkish; affected; lackadaisical.

svenevolézza, *f.* mawkishness; affectation, lackadaisicalness; sentimentality.

svenevolménte, *avv.* mawkishly; affectedly.

sveniménto, *m.* faint; fainting(-fit); swoon: **essere colto da uno s.,** to have a fainting-fit; to faint; **andare soggetto agli svenimenti,** to be subject to fainting.

svenire, *v. i.* to faint; to swoon: **Dalla fame (dalla paura) svenni,** I fainted from hunger (from fright); **Alcune ragazze svennero dal caldo,** some girls fainted because of the heat.

sventagliare, A *v. t.* to fan. **sventagliarsi, B** *v. rifl.* to fan oneself.

sventagliata, *f.* **1** fanning **2** (*scarica a ventaglio di arma automatica*) sweeping (*o* fanning) burst of fire.

sventare, *v. t.* **1** (*far fallire*) to baffle; to foil; to thwart; to frustrate: **Riuscirono a s. i piani del nemico,** they succeeded in baffling (*o* thwarting) the enemy's plans; they succeeded in frustrating their enemies in their plans; **s. un attacco,** to foil an attack **2** (*naut.*) to spill: **s. una vela,** to spill a sail.

sventatàggine, *V.* **sventatézza.**

sventataménte, *avv.* heedlessly; thoughtlessly; recklessly; rashly.

sventatézza, *f.* **1** (*l'essere sventato*) heedlessness; thoughtlessness; recklessness; rashness **2** (*atto sventato*) thoughtless (*o* reckless, rash) action.

sventato, A *a.* heedless; thoughtless; reckless; rash; scatter--brained; feather-brained (*fam.*); hare-brained (*fam.*): **un giovane s.,** a reckless young man. **B** *m.* thoughtless (*o* rash) person; scatter-brain.

svèntola, *f.* **1** (*ventola*) fire-fan; fan **2** (*percossa*) blow; slap **3** (*pugilato*) swing. ● (*fig.*) **orecchie a s.,** flapping ears.

sventolaménto, *m.* flapping; waving; fluttering.

sventolare, A *v. t.* **1** to flap; to wave; to flutter; (*agitare*) to shake*: **Il vento faceva s. le vele,** the wind flapped the sails; **s. il fazzoletto,** to wave one's handkerchief; **s. le lenzuola,** to shake the sheets. **B** *v. i.* to flap; to wave; to flutter: **Le vele sventolavano al vento,** the sails were flapping in the wind; **La bandiera sventola sulla torre,** the flag is waving on the tower. ● **s. il fuoco,** to fan the fire. **sventolarsi, C** *v. rifl.* to fan oneself.

sventolata, *f.* **1** (*lo sventolare*) flapping; waving; fluttering **2** (*lo sventolarsi*) fanning.

sventolìo, *V.* **sventolaménto.**

sventraménto, *m.* **1** (*il togliere le interiora*) disembowelment; drawing; cleaning out; gutting **2** (*fig.: il demolire*) demolition; demolishing.

sventrare, *v. t.* **1** (*togliere le interiora*) to disembowel; to draw*; to clean out; to gut: **s. un pollo,** to draw a chicken; **s. un pesce,** to gut a fish **2** (*fig.: demolire*) to demolish; to knock down; to clear: **s. una città,** to demolish the slums (of a town). ● **s. q. con una pugnalata,** to stab sb. to death.

sventura, *f.* **1** misfortune; bad (*o* ill) luck: **Ella gli predisse la s.**, she predicted his misfortune; **Ci hanno portato s.**, they have brought us bad luck; **un uomo perseguitato dalla s.**, a man dogged by misfortune; **Che s.!**, what bad luck! **2** (*disgrazia*) misfortune; mishap; (*calamità*) calamity, catastrophe: **un compagno di s.**, a companion in misfortune. ● **per colmo di s.**, to crown (*o* to top) it all.

sventuratamente, *avv.* unluckily; unfortunately.

sventurato, **A** *a.* unlucky; unfortunate; hapless (*lett.*): **Sono proprio s., io!**, I'm really unlucky!; **la sventurata ragazza**, the unfortunate girl; **in quello s. giorno**, on that unlucky day. **B** *m.* unlucky person; wretch.

svergare, *v. t.* **1** (*ridurre in verghe*) to make* into bars **2** (*naut.*) to release; to heave (out); to unreeve: **s. una vela**, to heave (out) a sail.

sverginamento, *m.* defloration.

sverginare, *v. t.* to ravish; to deflower.

svergognamento, *m.* putting to shame; shaming; disgracing.

svergognare, *v. t.* to put* (sb.) to shame; to shame; to disgrace; (*smascherare*) to expose, to unmask: **Lo svergognai davanti a tutti**, I exposed him in front of everybody.

svergognatézza, *f.* shamelessness; impudence.

svergognato, **A** *a.* shameless; impudent; brazen(-faced): **uno s. mentitore**, a brazen-faced liar; **Che s.!**, what an impudent rascal he is!; **Che svergognata!**, what a shameless woman! **B** *m.* shameless person; brazen-face. ● **È uno s.**, he's lost to shame.

svergolamento, *m.* **1** (*mecc.*) twisting; twist **2** (*aeron.*) twist; warping: **s. aerodinamico**, aerodynamic twist.

svergolare, **A** *v. t.* **1** (*mecc.*) to twist **2** (*aeron.*) to twist; to warp. **svergolarsi**, **B** *v. rifl.* to become* twisted.

svernamento, *m.* wintering; (*di animali*) hibernating.

svernare, *v. i.* to winter; (*di animali*) to hibernate: **s. in Riviera**, to winter in the Riviera.

sverniciare, *v. t.* to remove paint from; to strip of paint.

sverniciatóre, *m.* paint remover; stripper.

svèrza, *f.* splinter.

sverzare, *v. t.* to splinter.

sverzino, *m.* (*spago che si aggiunge al cordone della frusta, per farla schioccare*) lash.

svescicare, e **svescicarsi**, *v. rifl.* (*fam.*) to blister: **Mi sono bruciato la mano ed ora mi si è svescicata**, I've burnt my hand and now it has blistered.

svestire, **A** *v. t.* **1** to undress; to strip (*o* to divest) (sb.) of (his) clothes **2** (*fig.*) to take* off; to divest; to strip: **s. un libro della copertina**, to take the cover off a book. **svestirsi**, **B** *v. rifl.* **1** to undress (oneself); to take* off one's clothes **2** (*fig.*) to rid oneself of; to lay* aside.

Svetònio, *m.* (*stor. letter.*) Suetonius.

svettamento, *m. V.* **svettatura**.

svettante, *a.* towering: **le svettanti guglie del duomo**, the towering spires of the cathedral.

svettare (1), *v. t.* (*agric.*) to poll; to lop: **s. un pero**, to poll a pear-tree.

svettare (2), *v. i.* **1** (*rif. a un albero*) to wave its top **2** (*per estens.: ergersi*) to stand* out; to rise* (up).

svettatóio, *m.* lopping shears (*pl.*).

svettatura, *f.* (*agric.*) polling; lopping.

Svèvia, *f.* (*geogr.*) Swabia.

svèvo, *a.* e *m.* Swabian.

Svèzia, *f.* (*geogr.*) Sweden.

svezzamento, *m.* **1** weaning **2** (*il disabituare*) breaking of a habit; weaning.

svezzare, **A** *v. t.* **1** to wean **2** (*disabituare*) to break* (sb.) of a habit; to wean (sb. from st.). **svezzarsi**, **B** *v. rifl.* to break* oneself of a habit; to get* rid of a habit.

sviamento, *m.* **1** deviation **2** (*ferr.*) derailment.

sviare, **A** *v. t.* **1** (*stornare*) to divert; to avert; to ward off: **s. l'attenzione di q. da q.c.**, to divert sb.'s attention from st.; **s. un pericolo**, to avert (*o* to ward off) a danger **2** (*fig.: distogliere*) to draw* away; to turn aside (*o* away): **s. q. dallo studio**, to draw sb. away from his studies **3** (*fig.: corrompere*) to lead* astray; to corrupt: **L'avevano sviato i compagni**, his companions had led him astray. **B** *v. i.* e **sviarsi**, *v. rifl.* to go* astray (*o* off the right path).

sviato, *a.* (*corrotto*) led astray; corrupted.

svicolare, *v. i.* (*fam.*) to turn into an alley; to turn a corner; (*svignarsela*) to slip away; to beat* it (*pop.*).

svignare, *v. i.* e **svignàrsela**, *v. rifl.* to slip off (*colloq.*); to slip away; to steal* away; to beat* it, to hook it (*pop.*): **Appena lo vidi arrivare, me la svignai**, when I saw him coming, I slipped away.

svigorimento, *m.* enfeeblement; weakening; debilitation.

svigorire, **A** *v. t.* to enfeeble; to weaken; to debilitate: **s. la mente**, to weaken the mind. **svigorirsi**, **B** *v. rifl.* to lose* one's vigour; to grow* weak (*o* feeble).

svilimento, *m.* depreciation. ● **lo s. dei prezzi**, the fall in prices.

svilire, *v. t.* to depreciate. ● **s. i prezzi**, to reduce prices.

svillaneggiamento, *m.* insulting; abusing.

svillaneggiare, **A** *v. t.* to insult; to abuse: **Tutti lo svillaneggiano**, they all insult him. **svillaneggiarsi**, **B** *v. rifl. recipr.* to abuse each other (*o* one another).

sviluppàbile, *a.* developable.

sviluppare, **A** *v. t.* **1** (*far crescere*) to develop; to expand; to increase: **s. un'azienda**, to develop (*o* to expand) a business; **s. le risorse naturali di un paese**, to develop the natural resources of a country **2** (*rinvigorire*) to strengthen; to develop: **L'esercizio fisico quotidiano sviluppa il corpo**, daily exercise strengthens the body; **Un ambiente congeniale contribuisce a s. l'intelligenza**, a congenial environment helps to develop one's intelligence **3** (*elaborare, svolgere*) to develop; to work out; to enlarge; to amplify: **s. un'idea (un argomento)**, to develop an idea (a subject); **s. un piano d'attacco**, to work out a plan of attack **4** (*produrre*) to develop; to generate; (*provocare*) to start: **s. calore**, to generate heat **5** (*disfare, sciogliere*) to untie; to undo*; to loosen; (*aprire*) to unwrap: **s. un nodo**, to untie (*o* to undo, to loosen) a knot; **s. q. dalle spire di un serpente**, to loosen (*o* to free) sb. from a serpent's coils **6** (*fotogr., mat.*) to develop: **s. un'equazione**, to develop an equation; **s. una pellicola**, to develop a film. **svilupparsi**, **B** *v. rifl.* **1** to develop: **La farfalla si sviluppa dal bozzolo**, the butterfly develops from a cocoon; **Il pulcino si sviluppa nell'uovo**, a chicken develops in the egg **2** (*crescere*) to grow*; (*rinvigorirsi*) to develop, to strengthen: **Il bambino si sviluppa bene**, the child is growing well; **L'altezza media della popolazione si è sviluppata molto in questo secolo**, the average height of the population has grown a great deal in this century; **Con il passare del tempo, si sviluppa l'intelligenza**, intelligence develops with the passing of time; **I muscoli si sviluppano con l'esercizio**, muscles strengthen (are strengthened) with exercise **3** (*espandersi*) to expand; to develop: **Il commercio afro-asiatico si sviluppa rapidamente**, Afro-Asiatic trade is expanding (*o* developing) rapidly; **Questo è un ramo dell'industria che si svilupperà presto**, this is a branch of industry that will soon develop **4** (*scoppiare*) to break* out; (*iniziare*) to begin*, to start: **Si è sviluppata un'epidemia**, an epidemic has broken out; **Si è sviluppato un incendio**, a fire has broken out **5** (*lett.: svincolarsi*) to break* free: **Non riusciva a s. da quella stretta**, he could not break free (*o* loose) from that grip.

sviluppato, *a.* **1** developed; fully grown **2** (*cresciuto, irrobustito*) strong; robust; sturdy **3** (*aumentato*) increased; developed; expanded.

sviluppatóre, *m.* (*fotogr.*) developer.

sviluppatrice, *f.* (*cinem., fotogr.*) developing-machine.

sviluppo, *m.* **1** development; growth; (*rafforzamento*) strengthening: **s. fisico (morale)**, physical (moral) development; **raggiungere il pieno s.**, to reach full growth; **l'età dello s.**, the age of development; puberty; **La miseria favorisce lo s. delle malattie**, poverty favours the growth of disease; **lo s. dei muscoli**, the strengthening of the muscles **2** (*espansione*) expansion; development; growth: **lo s. di una città (del commercio)**, the expansion (*o* the growth) of a city (of trade); **lo s. di un'azienda**, the development (*o* growth) of a business; **arrestare lo s. di q.c.**, to check the development of st.; **gli sviluppi di una situazione (di una crisi)**, the developments of a situation (of a crisis) **3** (*elaborazione*) working out; development: **lo s. di un piano d'attacco**, the working out of a plan of attack; **lo s. di un'idea**, the development of an idea **4** (*scient.: emissione*) generation: **lo s. di gas (d'elettricità, ecc.)**, the generation of gas (*o* electricity, etc.) **5** (*fotogr., mat.*) development. ● **lo s. della rete autostradale**, the total length of the motorway network □ (*comm.*) **s. delle vendite**, sales promotion □ **s. edilizio**, housing boom □ **un paese in via di s.**, a developing country.

svinare, *v. t.* (*agric.*) to draw* (wine from a vat).

svinatura, *f.* (*agric.*) drawing (of wine from a vat).

svincolamento, *m.* **1** (*il liberare da un vincolo*) release; releasing; setting free; disengagement; disengaging **2** (*leg.*) redeeming **3** (*comm.*) clearance; clearing.

svincolare, **A** *v. t.* **1** (*liberare da un vincolo*) to release; to set* free; to free; to disengage **2** (*leg.*) to release; to redeem: **s. una proprietà**, to redeem an estate **3** (*comm.: sdoganare*) to clear: **s. merci**, to clear goods. **svincolarsi**, **B** *v. rifl.* to release oneself; to free oneself; to disengage oneself.

svincolo, *m.* **1** (*leg.*) release; redemption: **s. di oggetti impegnati**, redemption of pawned articles **2** (*comm.*) clearance; clearing: **certificato di s.**, clearance certificate **3** (*autostradale*) turn-off.

sviolinare, *v. t.* (*fam.*) to sing* the praises of (sb.); to praise (sb.) to the skies; to blarney.

sviolinata, **sviolinatura**, *f.* (*fam.*) blarney; soft soap (*pop.*);

soft sawder (*pop.*).
svirgolare, *v. t.* (*pop.*) to hit* (*o* to strike*) violently.
svirilizzare, *v. t.* to emasculate.
svisamento, *m.* distortion; misrepresentation.
svisare, *v. t.* to distort; to misrepresent; to misinterpret; to twist; to wrench: **s. la verità**, to distort the truth; **s. le parole di q.**, to misinterpret sb.'s words; **s. il significato d'una frase**, to twist (*o* to wrench) the meaning of a sentence.
sviscerameǹto, *m.* **1** disembowelling; drawing; gutting **2** (*fig.*) thorough examination; dissection.
sviscerare, **A** *v. t.* **1** (*sventrare*) to disembowel; to draw*; to gut: **s. un pesce**, to gut a fish **2** (*fig.*) to examine (st.) thoroughly; to dissect. **sviscerarsi**, **B** *v. rifl.* to dote (on sb.).
svisceratamente, *avv.* with all one's heart; heart and soul.
svisceratezza, *f.* (*spreg.*) obsequiousness.
sviscerato, *a.* **1** (*appassionato*) passionate; ardent: **amore s.**, passionate love **2** (*spreg.*) obsequious. ● **complimenti sviscerati**, fulsome flattery; soft soap, soft sawder (*pop.*).
svista, *f.* oversight; slip; mistake: **fare una s.**, to make a slip; **per una s.**, by mistake; inadvertently.
svitamento, *m. V.* **svitatura**.
svitare, *v. t.* **svitarsi**, *v. rifl.* (*mecc.*) to unscrew.
svitato, **A** *a.* **1** (*mecc.*) unscrewed **2** (*fam.*: *di persona stramba*) eccentric; (*un po' tocco di cervello*) barmy. **B** *m.* (*fam.*) eccentric; queer card (*o* customer) (*fam.*); screwball (*pop. USA*). ● (*fam.*) **essere uno s.**, to have a screw loose.
svitatura, *f.* (*mecc.*) unscrewing.
sviticchiare, *v. t.* to disentwine; to disentangle.
Svizzera, *f.* (*geogr.*) Switzerland.
svizzero, **A** *a.* Swiss: **il confine s.**, the Swiss border. **B** *m.* **1** (*abitante della Svizzera*) Swiss **2** (*soldato del Papa*) Swiss guard.
svogliamento, *m.* listlessness; unwillingness; indolence.
svogliarsi, *v. rifl.* to lose* interest (in st.): **Si è svogliato del lavoro**, he has lost interest in his work.
svogliatàggine, *V.* **svogliatézza**.
svogliataménte, *avv.* listlessly; unwillingly; (*indolentemente*) indolently, lazily.
svogliatézza, *f.* listlessness; indolence; laziness.
svogliato, **A** *a.* listless; unwilling; indolent; lazy. **B** *m.* indolent person; lazy-bones (*fam.*).
svolazzamento, *m.* fluttering; flitting.
svolazzante, *a.* fluttering; flitting; flying: **una ragazza con i capelli svolazzanti al vento**, a girl with her hair flying in the wind.
svolazzare, *v. i.* to flutter; to flit; to fly*: **L'uccello svolazzava nella gabbia**, the bird was fluttering (its wings) in the cage; **Gli asfodeli svolazzavano nella brezza**, the daffodils were fluttering in the breeze; **farfalle che svolazzavano di fiore in fiore**, butterflies flitting from flower to flower.
svolazzìo, *m.* (continuous) fluttering.
svolazzo, *m.* **1** (*lo svolazzare*) fluttering; flitting **2** (*abbellimento fatto con tratto di penna*) flourish **3** (*pl.*, *fig.*: *ornamenti eccessivi*) embellishments; flourishes.
svòlgere, **A** *v. t.* **1** to unwind*; to uncoil (*spiegare*) to unfold; (*srotolare*) to unroll; (*un pacco*, *ecc.*) to unwrap: **s. un gomitolo di lana**, to unwind a ball of wool; **s. una pellicola** (**una pezza di stoffa**), to unroll a film (a piece of cloth); **s. una fune**, to uncoil a rope; **s. un giornale**, to unfold a newspaper; **s. un pacco**, to unwrap a parcel **2** (*sviluppare*) to develop; (*trattare*) to treat; (*scrivere*) to write*; (*risolvere*) to work out: **s. una tesi**, to develop a thesis; **s. un'idea**, to develop an idea; **Svolse l'argomento in modo esauriente**, he treated the subject thoroughly; **s. un tema**, to write an essay; **s. un problema**, to work out a problem **3** (*mettere in opera*) to carry out (*o* on): **s. un programma di lavoro**, to carry out a programme of work; **s. un'intensa attività**, to carry on an intense activity; **s. un piano d'attacco**, to carry out a plan of attack. **svòlgersi**, **B** *v. rifl.* **1** to unwind*; (*srotolarsi*) to unroll: **Il gomitolo di lana va svolgendosi**, the ball of wool is coming unwound (*o* unrolled) **2** (*svilupparsi*) to develop: **L'azione di rappresaglia si svolse secondo i piani prestabiliti**, the reprisals developed according to plan **3** (*accadere*) to happen; to occur; to take* place; (*procedere*) to go* (on), to go* off: **Questa scena increciosa si svolse proprio sotto i nostri occhi**, this regrettable scene happened (*o* occurred, took place) under our very eyes; **La vita si svolge, al solito, tranquilla**, life goes on in its usual peaceful way; **Raccontami come si sono svolti i fatti**, tell me how things went; **Sono sicuro che tutto si svolgerà secondo i piani**, I am sure that everything will go off according to plan **4** (*essere ambientato*) to be set **5** (*rif. a gare e sim.*) to be played: **La partita si svolgerà a Firenze**, the game will be played in Florence.
svolgimento, *m.* **1** unwinding; (*spiegamento*) unfolding; (*srotolamento*) unwinding; unrolling **2** (*trattazione*) treatment; development: **lo s. di un argomento**, the treatment of a subject; **lo s. di un'idea** (**di una tesi**), the development of an idea (of a thesis) **3** (*sviluppo*) development; (*andamento*) course: **lo s. di un piano strategico**, the development of a strategical plan; **lo s. degli eventi**, the course of events **4** (*il mettere in opera*) carrying out **5** (*componimento*) composition; theme.
svòlta, *f.* **1** bend; turn; turning; curve: **una strada che ha delle svolte pericolose**, a road with dangerous bends **2** (*fig.*) turning-point; turn. ● (*fig.*) **s. radicale**, u-turn □ (*autom.*) **divieto di s. a destra** (**a sinistra**) (*cartello*), no right (left) turn □ (*autom.*) **divieto di s. a destra e a sinistra** (*cartello*), ahead only.
svoltare, **A** *v. t.* (*svolgere*) to unroll; to unwind*: **s. una pellicola**, to unroll a film. **B** *v. i.* to turn: **s. a sinistra** (**a destra**), to turn (to the) left (right); **s. all'angolo**, to turn the corner.
svoltata, *f.* **1** (*lo svoltare*) turning **2** *V.* **svòlta**. ● **attenti alla s.**, take care at the corner; take care when you turn.
svòlto, *a.* **1** unwound; uncoiled; (*spiegato*) unfolded; (*srotolato*) unrolled; (*di un pacco*, *ecc.*) unwrapped **2** (*sviluppato*) developed; (*eseguito*) carried out. ● **una raccolta di temi svolti**, a collection of essays.
svoltolamento, *m.* rolling about; wallowing.
svoltolare, **A** *v. t.* to unroll; to unwrap. **svoltolarsi**, **B** *v. rifl.* to roll about; to wallow.
svuotaménto, *m.* emptying (out); depletion.
svuotare, *v. t.* **1** to empty (out); to clear out; to deplete: **s. il sacco**, to empty the bag **2** (*fig.*) to empty; to deprive; to divest: **s. una frase d'ogni significato**, to empty a phrase of all meaning.
swing (*ingl.*), *m.* (*mus.*, *pugilato*) swing.

t, T

T, t, f. e m. (diciottesima lettera dell'alfabeto ital.) T, t. ● (tel.) **t come Torino**, t for Tommy; (USA t for Tare) □ **a forma di T**, T-shaped □ **una squadra a T**, a T-square.
tabaccàio, m. tobacconist. ● **andare dal t.**, to go to the tobacconist's.
tabaccare, v. i. to take* snuff.
tabaccheria, f. tobacconist's shop.
tabacchicoltóre, m. tobacco-grower.
tabacchicoltura, f. tobacco-growing.
tabacchièra, f. snuff-box: **una bella t. d'oro**, a beautiful gold snuff-box.
tabacchino, m. tobacco-worker.
tabacco, A m. **1** (bot., Nicotiana tabacum) tobacco-plant; tobacco **2** (da fumo o da masticazione) tobacco: **t. da masticare**, chewing-tobacco; **una borsa da t.**, a tobacco pouch; **mistura di tabacchi**, tobacco blend; **Manifattura Tabacchi**, (State) Tobacco Factory **3** (da fiutare) snuff: **fiutare t.**, to take snuff; **una presa di t.**, a pinch of snuff. **B** a. (color t.) tobacco brown; tobacco-coloured.
tabaccóne, m. snuff-taker.
tabaccóso, a. snuffy.
tabagismo, m. (med.) nicotinism.
tabaina, f. (chim.) thebaine.
tabarro, m. cloak.
tabe, f. (med.) tabes: **t. dorsale**, tabes dorsalis.
tabèlla, f. table; (prospetto) schedule; (lista) list; (carta) chart: **t. dei prezzi**, price list. ● **t. degli orari**, time-table □ **t. di marcia**, (sport) schedule; (fig.) work schedule □ **ordinamento in tabelle**, tabulation □ **disporre in tabelle**, to tabulate.
tabellare, a. tabular.
tabellóne, m. **1** notice-board **2** (per le affissioni) hoarding; bill-board (USA) **3** (sport: nella pallacanestro) back-board. ● **t. per l'esame della vista**, eye chart □ **t. pubblicitario** (per l'affissione di manifesti), poster panel.
tabernàcolo, m. (relig.) **1** Tabernacle: **la Festa dei Tabernacoli**, the Feast of Tabernacles **2** (ciborio) tabernacle; ciborium* **3** (cappella) shrine.
tabético, a. e m. (med.) tabetic.
tàbico, a. (med.) tabic; tabetic.
tablino, m. (archeol.) tablinum*.
tabloid (ingl.), **A** m. tabloid. **B** a. of a tabloid: **formato t.**, format of a tabloid.
tablòide, m. (farm.) tabloid; tablet.
tabù, a. e m. (anche fig.) taboo: **Quell'argomento è t.**, that subject is taboo.
tabula rasa (lat.), f. tabula rasa. ● (fig.) **fare tabula rasa**, to make a clean sweep.
tabulare (1), a. (anche mat.) tabular.
tabulare (2), v. t. (mat., stat.) to tabulate: **t. dati statistici**, to tabulate statistics.
tabulàrio, m. (archeol.) tabularium*; tabulary.
tabulato, m. (elab.) printout.
tabulatóre, m. tabulator.
tabulatrice, f. (elab.) tabulating machine.
tabulazióne, f. tabulation.
tac, inter. **1** click!; clack! **2** (fig.: per sottolineare la subitaneità di q.c.) suddenly; all of a sudden; lo and behold (fam.).
tacca, f. **1** notch; hack; cut: **fare una t. col temperino**, to make a notch with a penknife; **le tacche del braccio della stadera**, the notches on the arm of a steelyard **2** (tipogr.) nick **3** (fig.: livello) class; kind; stamp: **Son tutt'e due della stessa t.**, they are both of the same stamp **4** (fig.: difetto) fault; flaw; blemish: **È un buon ragazzo ma ha qualche piccola t.**, he's a good boy but he has one or two small faults. ● **tacche di contrassegno**, tally marks □ **un uomo di mezza tacca**, a man of medium height; (fig.) a man of little worth.
taccagneria, f. miserliness; niggardliness; stinginess.
taccagno, A a. miserly; niggardly; stingy: **un uomo t.**, a miserly man. **B** m. miser; niggard: **Non fare il t.!**, don't be a miser!
taccamacca, f. (oleoresina contenuta in diverse piante) tacamahac, tacamahaca, tacmahack.
taccata, f. (naut.) keel-block. ● **le taccate**, the stocks.
taccheggiare (1), v. t. (tipogr.) to interlay*; to underlay*.
taccheggiare (2), v. t. e i. to shoplift.
taccheggiatóre, m. shoplifter.
tacchéggio (1), m. (tipogr.) interlaying; underlaying.
tacchéggio (2), m. (sistema di furto) shoplifting.
tàcchete, V. tac.
tacchettare, v. i. (fam.) to tap (o to clack) one's heels.
tacchettio, m. tapping (o clacking) of heels.
tacchétto, m. **1** (di scarpe femminili) (thin) heel **2** (di scarpe di calciatori) stud.
tacchificio, m. (ind.) heel factory.
tacchina, f. (zool.) turkey-hen.
tacchino, m. (zool., Meleagris gallopavo) turkey; (il maschio) turkey(-cock): **diventare rosso come un t.**, to become as red as a turkey-cock; **arrosto di t.**, roast turkey. ● **Pare un t. quando fa la ruota**, he's as proud as Punch.
tàccia, f. **1** (bad) reputation **2** (imputazione) charge; imputation. ● **avere la t. di ladro**, to have a reputation as a thief.
tacciàbile, a. chargeable (with); liable to be accused (o to the imputation) (of).
tacciare, v. t. to tax, to charge (sb. with st.); to accuse (sb. of st.): **t. q. di tradimento**, to accuse sb. of treason. ● **t. q. di bugiardo**, to call sb. a liar.
tacco, m. **1** heel: **tacchi alti (bassi)**, high (low) heels; **tacchi a spillo**, stiletto heels; **mettere i tacchi a un paio di scarpe**, to put heels on (o to heel) a pair of shoes; (fig.) **alzare i tacchi**, to take to one's heels; **mostrare i tacchi**, to show a clean pair of heels **2** (tipogr.) interlay; underlay **3** (cuneo) wedge; chock. ● **far rifare i tacchi alle scarpe**, to have a pair of shoes re-heeled □ **scarpe con i tacchi alti (con i tacchi bassi)**, high-heeled (low-heeled) shoes.
tàccola (1), f. (difetto) defect; flaw.
tàccola (2), f. (zool., Corvus monedula) jackdaw.
taccóne, m. **1** (toppa) patch **2** (metall.) scab.
taccuino, m. note-book; pocket-book.
tacére (1), A v. i. **1** (anche fig.) to be silent: **Tace sempre**, he is always silent; **E detto questo, tacque**, and having said this, he was silent; **Nella notte la città taceva**, in the night the city was silent; **La legge tace su questo**, the law is silent on this point; (fig.) **Tace ogni rumore**, all is silent; (fig.) **Tacciono i venti**, the winds are silent **2** (rimanere in silenzio) to keep* silent: **Ho taciuto, ma ora dirò tutto**, I've kept silent, but now I'll tell you everything; **Se lo sapeva, perché t.?**, if he knew it, why keep silent?; **Sopportò e tacque**, he put up with it and kept silent **3** (di strumento musicale: non suonare) not to be playing; (smettere di suonare) to stop playing: **A questo punto tacciono gli strumenti e si canta senza accompagnamento**, at this point the instruments stop playing and the voice continues unaccompanied. **B** v. t. to say* nothing about (st.); not to say* a word about (st.); (tralasciare) to omit, to leave* out (st.); (non far menzione di) not to mention (st.): **Tacque una cosa importante**, he omitted an important thing; **La persona di cui tacerò il nome**, the person whose name I shall not mention; **Racconterò tutta la storia tacendo i nomi**, I'll tell the whole story without mentioning any names. ● **far t. le batterie del nemico**, to silence the batteries of the enemy □ **far t. la voce della coscienza**, to silence the voice of one's conscience □ **far t. q.**, to silence sb. □ **Taci!**, be (o keep) quiet!; **hold your tongue!**; **shut up!** (pop.) □ **Quand'è così, taccio**, if things are like that, I've nothing more to say □ **Non posso t. che...**, I cannot avoid saying that... □ (prov.) **Chi tace acconsente**, silence gives consent.
tacére (2), m. silence: **Il t. in certi casi è colpevole**, sometimes silence is criminal. ● **mettere a t.**, to silence; to hush up: **mettere a t. uno scandalo**, to hush up a scandal □ (prov.) **Un bel t. non**

fu mai scritto, silence was never written down.
tacheometrìa, *f.* tacheometry; tachymetry.
tacheomètrico, *a.* tacheometric; tachymetric.
tacheòmetro, *m.* tacheometer; tachymeter.
tachicardìa, *f.* (*med.*) tachycardia.
tachicàrdico, *a.* e *m.* (*med.*) tachycardiac.
tachifagìa, *f.* (*med.*) tachyphagia.
tachifemìa, *f.* (*med.*) tachyphemia.
tachiglòsso, *m.* (*zool.*, *Tachyglossus aculeatus*) echidna; porcupine ant-eater.
tachigrafìa, *f.* tachygraphy; shorthand (writing).
tachigràfico, *a.* tachygraphic.
tachìgrafo, *m.* (*autom.*) tachograph.
tachimetrìa, *f.* (*fis.*) tachymetry.
tachìmetro, *m.* speedometer; tachymeter; speed indicator: (**cavo**) **flessibile per t.**, speedometer cable. ● **t. di bicicletta**, cyclometer.
tachióne, *m.* (*fis.*) tachyon.
tachipneà, *f.* (*med.*) tachypn(o)ea.
tacitaménte, *avv.* **1** (*in silenzio*) silently **2** (*in segreto*) secretly; in secret.
tacitare, *v. t.* **1** to silence: **Lo tacitò con una sola parola**, he silenced him with one word **2** (*comm.*) to pay* off; to satisfy: **Non è riuscito a t. i creditori**, he hasn't managed to pay off his creditors. ● **t. uno scandalo**, to hush up a scandal.
tacitiano, *a.* **1** (*letter.*) Tacitean **2** (*fig.*) laconic: **una risposta tacitiana**, a laconic reply.
tàcito, *a.* **1** silent; quiet: **una tacita preghiera**, a silent prayer; **Se ne stava a t.**, he was silent **2** (*non espresso*) tacit; implied: **un t. accordo**, a tacit agreement; **t. consenso**, implied consent; (*leg.*) **accettazione tacita**, tacit acceptance.
Tàcito, *m.* (*stor. lett.*) Tacitus.
taciturnità, *f.* taciturnity.
taciturno, *a.* taciturn; reserved; silent.
tackle (*ingl.*), *m.* (*calcio*) tackle; tackling: **È molto bravo nel t.**, he's very good at tackling.
tactismo, *V.* **tattismo**.
Taddèo, *m.* Thaddeus; (*dim.*) Thad, Thaddy.
tafanàrio, *m.* (*scherz.*) bottom; behind (*fam.*).
tàfano, *m.* **1** (*zool.*, *Tabanus*) horse-fly; gad-fly **2** (*fig.*: *persona importuna*) nuisance.
tafferùglio, *m.* brawl; scuffle: **Si cacciò nel t.**, he joined the brawl; **Nacque un t.**, a brawl began.
tàffete, *inter.* **1** bump!; bang! **2** (*fig.*: *per sottolineare la subitaneità di q.c.*) suddenly; all of a sudden; lo and behold (*fam.*). ● **Quando t.! capita proprio lui**, then, when I least expected him, there he was.
taffettà, *m.* (*ind. tessile*) taffeta.
tafofobìa, *f.* (*med.*) taphephobia.
tàglia (1), *f.* **1** (*prezzo del riscatto*) ransom; (*tributo di guerra*) tribute: **una t. di cento milioni di lire**, a ransom of a hundred million lire; **I vincitori imposero taglie a tutte le città conquistate**, the conquerors levied tributes on all the conquered cities **2** (*premio a chi assicura un malfattore alla giustizia*) reward; price; (*USA*, *anche*) bounty: **mettere una t. su q.**, to put a price on sb.'s head **3** (*statura*) height; (*misura*) size: **un uomo di mezza t.**, a man of medium height.
tàglia (2), *f.* (*specialm. naut.*: *paranco*) (twofold) tackle.
tagliabòrse, *m.* e *f. invar.* pickpocket.
tagliabòschi, *m. invar.* wood-cutter.
tagliacarte, *m. invar.* paper-knife*.
tagliaèrba, *m. invar.* lawn-mower.
tagliafiamma, *m. invar.* (*mecc.*) flame-trap.
tagliafièno, *m. invar.* (*agric.*) hay cutter.
tagliafili, *m.* wire-cutter.
tagliafuòco, *m. invar.* (*costr.*) fire-stop; fire-barrier.
taglialégna, *m. invar.* wood-cutter.
tagliamare, *m. invar.* (*naut.*) cutwater.
tagliando, *m.* coupon; (*scontrino*) voucher; slip: **t. di controllo**, contents slip.
tagliapasta, *m. invar.* (*cucina*) pastry-cutter; jagging wheel.
tagliapiètre, *m. invar.* stone-cutter; stone-mason.
tagliapizza, *m. invar.* pizza cutter.
tagliare, **A** *v. t.* **1** to cut*: **t. il tronco di un albero**, to cut a tree trunk; **t. un diamante**, to cut a diamond; **t. q.c. a pezzi**, to cut st. to pieces (*o* to bits); **t. la gola a q.**, to cut sb.'s throat; **nebbia che si potrebbe t. con un coltello**, fog that one could cut with a knife; pea-souper (*fam.*); **farsi t. i capelli**, to have one's hair cut; **t. il vetro con un diamante**, to cut glass with a diamond; **t. le carte** (*da gioco*), to cut the cards; **tagliarsi un dito**, to cut one's finger; **Mi sono tagliato facendomi la barba**, I cut myself (*o* my face) while shaving **2** (*staccare tagliando*, *e fig.*) to cut* off: **t. la testa a q.**, to cut sb.'s head off; **t. le comunicazioni al nemico**, to cut off the enemy's lines of communication; (*mil.*) **t. i rifornimenti**, to cut off supplies; **t. la ritirata al nemico**, to
cut off the enemy's retreat; **t. i viveri**, (*mil.*) to cut off supplies; (*fig.*) to cut off sb.'s allowance; **Se mi dici una bugia, ti taglio la lingua**, if you tell me a lie, I'll cut off your tongue **3** (*escludere, togliere*) to cut* out; (*abbreviare*) to shorten: **La commedia era troppo lunga; abbiamo dovuto t. alcune scene**, the play was too long; we have had to cut out a few scenes; **t. un articolo**, to shorten an article **4** (*attraversare*) to cut* across; (*intersecare*) to intersect: **Invece di fare il giro, taglio diritto**, I'll cut straight across instead of going all the way round; **una strada che ne taglia un'altra**, a road that cuts across another; **una linea che ne taglia un'altra**, a line cutting (*o* intersecting) another **5** (*trinciare*) to carve: **t. il pollo arrosto**, to carve the roast chicken **6** (*med.*: *sezionare*) to dissect: **t. un cadavere**, to dissect a body **7** (*med.*: *amputare*) to amputate; (*incidere*) to lance, to incise: **t. un dito a q.**, to amputate sb.'s finger **8** (*enologia*) to blend; to mix: **t. un vino**, to mix two wines **9** (*sport: tennis, ecc.*) to cut*: **t. una palla**, to cut a ball. **B** *v. i.* **1** to cut*; (*essere affilato*) to be sharp: **Queste forbici non tagliano**, these scissors won't cut (*o* aren't sharp); **Questo coltello taglia**, this knife is sharp (*o* cuts well) **2** (*prendere una scorciatoia*) to cut* across: **Tagliammo per i campi**, we cut across the fields. ● **t. un acquedotto** (*interromperlo*), to cut an acqueduct □ **t. a dadi**, to dice; to cube □ **t. a strisce**, to cut into strips; to slit □ (*fig.*) **t. le braccia** (*o le gambe*) **a q.**, to cut the ground from under sb.'s feet □ **t. i capelli a zero a q.**, to crop sb.'s hair □ **t. con l'ascia**, to hew □ (*fig.*) **t. la corda**, to cut and run; to slink off; to slip away □ **t. il fieno**, to mow the hay □ **t. i fili della luce elettrica** (*a un utente*), to cut off the electricity supply □ **t. le gambe a q.**, (*stancarlo molto*) to tire sb. out; (*del vino*) to go to sb.'s head □ **t. il grano**, to reap (*o* to cut) the wheat □ (*fig.*) **t. i panni addosso a q.**, to speak ill of sb.; to run sb. down □ (*naut.*) **t. la rotta a una nave**, to cut across the path of a ship □ (*fam.*) **t. le spese**, to cut down expenses; to reduce expenditure □ (*autom.*) **t. la strada**, to cut in □ **t. la strada a q.**, to get in sb.'s way; (*fig.*) to bar sb.'s way, to thwart sb. □ (*fig.*) **t. la testa al toro**, to decide the issue; to settle the question once for all □ **tagliarsi le vene** (*suicidarsi*), (*dei polsi*) to cut one's wrists; (*del collo*) to slit one's throat □ (*della sarta e sim.*) **t. un vestito**, to cut out a dress □ **avere una lingua che taglia e cuce**, to have a biting tongue □ **per tagliar corto**, to cut a long story short □ **un vento che taglia la faccia**, a biting wind □ (*fig.*) **Tagliatemi la testa se non è così!**, may I drop dead if it's not true! □ **Tagliamo corto!**, let's come to the point! □ **Mi taglierei la testa piuttosto che cedere**, I would kill myself rather than give in □ (*fig.*) **Bisogna t. il male alla radice**, one must go to the root of the matter. **tagliarsi**, **C** *v. rifl.* (*rompersi*, *dividersi*) to split*: **La seta si taglia facilmente nelle pieghe**, silk splits easily in the folds.
tagliaréte, *m. invar.* (*naut.*) net-cutter.
tagliasigari, *m.* cigar-cutter.
tagliastracci, *m. invar.* (*ind. cartaria*) rag-cutter; rag-chopper.
tagliata, *f.* **1** cut; cutting **2** (*d'erba, di fieno*) mowing; (*di grano*) reaping **3** (*abbattuta d'alberi*) felling (of trees); clearing ● **una buona t. di capelli**, a good haircut.
tagliatèlle, *f. pl.* (*cucina*) noodles; «tagliatelle» (*pasta in ribbon form*).
tagliato, *a.* **1** cut: **diamante t.**, cut diamond; **panno t.**, cut cloth **2** (*fig.*) cut out; fit: **essere t. per q.c.**, to be cut out for st.; **Non mi sento t. a far l'avvocato**, I don't feel cut out to be a lawyer **3** (*araldica*) per bend sinister. ● **un marito t. apposta per lei**, a husband made to measure for her □ **una roccia tagliata a picco**, a sheer cliff □ **un uomo t. all'antica**, an old-fashioned man.
tagliatóre, *m.* **1** cutter: **Quel sarto ha un bravo t.**, that tailor has a good cutter **2** (*di carne*) carver.
tagliatrice, *f.* **1** cutter **2** (*mecc.*) slitting-machine; cutting-machine.
tagliatura, *f.* **1** cutting **2** (*ciò che resta dopo un taglio*) cut (piece).
tagliaùnghie, *m.* nail-clippers (*pl.*).
tagliauòva, *m.* egg-slicer.
tagliavétro, *m.* (*mecc.*) glass-cutter.
tagleggiare, *v. t.* to impose a tribute on (sb., st.).
tagliènte, **A** *a.* (*anche fig.*) sharp: **un coltello t.**, a sharp knife; **una lingua t.**, a sharp tongue. **B** *m.* (*taglio di una lama*) (cutting) edge; bit.
tagliére, *m.* trencher; chopping-board.
taglierina, *f.* (*mecc.*) cutter; trimmer.
taglierini, *m. pl.* (*cucina*) fine noodles; «taglierini».
tàglio, *m.* **1** cut: **avere tagli nel viso**, to have cuts on one's face; **un t. profondo in una gamba**, a deep cut in a leg; **un t. superficiale**, a slight cut; **un t. alle spese**, a cut in expenditure; **fare un t. in un discorso** (**in una pellicola, ecc.**), to make a cut in a speech (in a film, etc.) **2** (*macelleria*) cut (of meat): **un t. nella lombata**, a loin cut; a cut off the loin; **un t. per fare lo**

tagliòla

spezzatino, a cut of meat for stewing; **un t. grasso (magro)**, a fat (a lean) cut of meat **3** (*med.: incisione*) incision: **Il chirurgo fece un t.**, the surgeon made an incision **4** (*med.: amputazione*) amputation: **Si dové procedere al t. del braccio**, they had to perform an amputation of the arm **5** (*parte tagliente*) (cutting) edge: **il t. del rasoio**, the edge of the razor; **t. sfrangiato**, frayed edge; **t. storto**, crooked edge; **t. preciso**, straight edge **6** (*margine*) edge: **il t. dorato di un libro**, the gilt edge of a book; **mattoni messi per t.**, bricks put on edge **7** (*modo di tagliare un abito*) cut; (*stile*) style: **Il t. di questa giacca non mi piace**, I don't like the cut of this jacket; **t. inglese**, English style; **Il t. dei pantaloni è un po' fuori moda**, the style of the trousers is a little old-fashioned **8** (*lunghezza di stoffa*) length: **un t. d'abito**, (*da uomo*) a suit-length; (*da donna*) a dress-length; **un t. di stoffa**, a length of material (for a suit or a dress) **9** (*fig.*) slant: **dare un t. nuovo a una materia (di studio)**, to put a new slant on a subject-matter **10** (*sport: tennis, ecc.*) cut **11** (*il tagliare*) cutting; (*il falciare*) mowing; (*il mietere*) reaping **12** (*di vini*) blending; mixing **13** (*mus.: lineetta*) stroke. ● (*med.*) **t. cesareo**, Caesarian section □ **t. dei capelli**, haircut □ **il t. dell'erba**, mowing □ **il t. dell'Istmo di Suez**, the opening of the Suez Isthmus □ **il t. della testa**, beheading □ **il t. del vetro**, glass-cutting □ (*anche fig.*) **arma a doppio t.**, double-edged weapon □ **arma da t.**, cutting weapon □ **biglietti** (*di banca*) **di grosso (di piccolo) t.**, large (small) notes; high-denomination (low-denomination) notes □ **bosco da t.** (*bosco ceduo*), copsewood □ (*fig.*) **cadere a t.**, to come at the right moment □ **carta moneta di grosso (di piccolo) t.**, high (low) denomination paper money □ **dalla parte del t.** (*di un coltello, ecc.*), on the cutting side; (*dalla parte del margine*) edgewise □ (*fam., fig.*) **darci un t.**, to cut it out □ (*fam.*) **dare un t. a una conversazione**, to cut short a conversation □ (*fig.*) **dare un t. netto a q.c.**, to put an end to st. □ **far perdere il t. a una lama**, to blunt a blade □ **fare il t. a una lama**, to sharpen a blade □ **fare il t. di un bosco**, to cut down the trees in a wood □ **ferita d'arma da t.**, knife cut □ **maestro di t.** (*sarto*), cutter □ **per t.**, on edge; obliquely □ **un rasoio che ha il t. grosso** (*o smussato*), a blunt razor □ **sciupare il t. a una lama**, to blunt a blade □ (*sartoria*) **scuola di t.**, (*per donne*) dressmaker's school; (*per uomini*) tailoring school □ **strumenti da t.**, cutting instruments □ **vendere q.c. a t.**, to sell st. in slices □ (*fig.*) **venire a t.**, to come at the right moment □ **vino da t.**, wine suitable for mixing with lighter wines □ **In un buon prato si fanno anche quattro tagli l'anno**, a good meadow can be mowed up to four times a year □ **Fu condannato al t. della testa**, he was sent to the block □ **Quel macellaio ha il t. sicuro**, that butcher is an excellent carver □ **Mi sono fatto un t. al dito**, I have cut my finger □ **Questo sarto è bravo nel t.** (*o ha un buon t.*), this tailor is a good cutter.
tagliòla, *f.* (*anche fig.*) trap; snare: **cadere in una t.**, to fall into a trap; **essere preso in una t.**, to be caught in a trap (*o* a snare).
tagliolini, *V.* **taglierini**.
tagliòlo, *m.* (*scalpello*) chisel.
tagliòne (1), *m.* retaliation; talion: **la legge del t.**, the law of retaliation; an eye for an eye and a tooth for a tooth.
tagliòne (2), *m.* (*edil., ing.*) cut-off wall.
tagliuzzaménto, *m.* cutting up; shredding; mincing.
tagliuzzare, *v. t.* to cut* up; to shred; to mince.
Tago, *m.* (*geogr.*) (the) Tagus.
taguàn, *m.* (*zool., Petaurista petaurista*) taguan; flying squirrel.
tahitiano, *a. e m.* Tahitian.
tàiga, *f.* taiga.
tailandése, A *a.* Thai; of Thailand. **B** *m.* (*lingua*) Thai. **C** *m. e f.* (*abitante*) Thai; Thailander.
Tailàndia, *f.* (*geogr.*) Thailand.
tailleur (*franc.*), *m.* tailleur; (tailor-made) costume.
talaltro, *pron. indef.* − **taluno o t.**, this or that person; **taluno... t.**, some... some (*o* others); **talvolta... talaltra**, sometimes... sometimes.
tàlamo, *m.* **1** (*bot., anat.*) thalamus*: **t. ottico**, optic thalamus **2** (*lett.: letto nuziale*) (nuptial) bed; (*camera nuziale*) bridal chamber. ● **condurre al t.**, to wed.
talare, A *f.* priest's cassock. **B** *a.* − **veste t.**, (priest's) cassock.
talari, *m. pl.* (*mitol.*) talaria.
talassemìa, *f.* (*med.*) thalassemia; thalassanemia.
talàssico, *a.* (*geogr.*) thalassic.
talassobiologìa, *f.* thalassobiology.
talassochìmica, *f.* thalassochemistry.
talassòcrate, *m.* (*lett.*) thalassocrat.
talassocrazìa, *f.* (*lett.*) thalassocracy.
talassofobìa, *f.* (*psic.*) thalassophobia.
talassografìa, *f.* oceanography; thalassography.
talassogràfico, *a.* oceanographic; thalassographic.
talassògrafo, *m.* oceanographer; thalassographer.
talassologìa, *f.* oceanics (*pl. col verbo al sing.*).

talassoterapìa, *f.* (*med.*) thalassotherapy.
talassoteràpico, *a.* (*med.*) thalassotherapeutic.
talché, *cong.* (*lett.*) so that.
talco, *m.* (*miner.*) talc. ● **t. in polvere**, talcum powder.
talcóso, *a.* (*miner.*) talcose.
tale, A *a.* **1** such: **Tali cose non si possono tollerare**, such things cannot be tolerated; **La sua bontà era t. che mi commossi**, his kindness was such that I was moved; **una povertà t.**, such poverty; **T. uno spavento!**, such a fright!; **Non è t. da piacere a tutti**, it isn't such that everyone will like it; **Tali furono le sue parole**, such were his words; **Non credevo che fosse una rovina t.**, I didn't think it was such a great disaster **2** (*preceduto da art. determ.*) such and such: **il t. giorno, alla t. ora**, on such and such a day, at such and such a time **3** (*preceduto da agg. dimostrativo, è idiom.*): **quella t. signora**, that lady; **quella t. cosa**, that thing; **quel t. Paolo che mi presentasti**, that Paul (whom) you introduced me to **4** (*questo, questa; quello, quella*) this; that: **in t. luogo**, in that place; **Quando avvenne t. fatto**, when that thing happened; **Non potrei accusare t. o tal altro**, I couldn't accuse this or that person **5** (*in correlazione con quale esprime identità*) like: **Il tuo vestito è t. quale il mio**, your dress is just like mine **6** (*così*) so: **Ho una t. paura**, I am so frightened; **Il freddo era t. che...**, it was so cold that... **7** (*un certo*) a, an; certain; one: **un t. signor Rossi**, a certain Mr Rossi; one Mr Rossi. ● **t. da resistere alla tortura**, strong enough to resist torture □ **Ve lo vendo t. e quale l'ho comperato**, I'll sell it to you just as I bought it □ (*prov.*) **T. padre, t. figlio**, like father, like son. **B** *pron. indef. m.* person; man* fellow; chap: **quel t.**, that fellow; that chap; **C'è un t. che ti cerca**, there's a fellow (*o* someone) looking for you. ● **il tal dei tali**, Mr So and So. **C** *pron. indef. f.* girl; woman*: **Per quella t. ho perso ogni stima**, I've lost all esteem for that woman.
talèa, *f.* (*bot.*) scion; cutting.
talentare, *v. i.* (*lett.*) to please; to like (*pers.*).
talènto (1), *m.* **1** (*grande ingegno*) talent; skill; genius*: **pieno di t.**, full of talent; **un uomo di grande t.**, a man of great talent; a talented man; (*iron.*) **Che t.!**, what talent! **2** (*inclinazione*) talent; gift; aptitude: **avere t. musicale**, to have a talent (*o* a gift) for music. ● **a proprio t.** (*spontaneamente*), of one's own free will □ **seguire il proprio t.**, to go (*o* to take) one's own way.
talènto (2), *m.* (*antica moneta*) talent: **la parabola dei talenti**, the parable of the talents.
Talìa, *f.* (*mitol.*) Thalia.
talidomide, *m.* (*farm.*) thalidomide.
talismànico, *a.* talismanic(al).
talismano, *m.* talisman; amulet.
tàllero, *m.* (*antica moneta*) thaler.
tàllico, *a.* (*chim.*) thallic.
tàllio, *m.* (*chim.*) thallium.
tallire, *v. i.* (*bot.*) to sprout.
tallo, *m.* (*bot.*) thallus*; (*germoglio*) sprout.
tallòfita, *f.* (*bot.*) thallophyte.
tallòlio, *m.* (*chim.*) tall oil.
tallonaménto, *m.* **1** close pursuit **2** (*sport*) heeling; hooking.
tallonare, *v. t.* **1** to pursue (sb.) closely **2** (*sport*) to heel; to hook.
tallonata, *f.* (*sport*) heel.
talloncino, *m.* **1** (*cedola staccabile*) coupon; detachable slip **2** (*sulle scatole di medicinali*) ticket **3** (*comm.*) talon.
tallóne (1), *m.* (*anat.; rinforzo della calza*) heel: **girare sui talloni**, to turn on one's heel(s); (*anche fig.*) **il t. d'Achille**, Achilles' heel.
tallóne (2), *m.* (*cedola*) coupon; voucher.
tallóso, *a.* (*chim.*) thallous.
talménte, *avv.* (*con agg. o avv.*) so; (*con verbo*) so much, in such a way, to such an extent: **È t. piccolo che non riesco a vederlo**, it's so tiny that I can't see it; **Era t. adirato da non riuscire a parlare**, he was so angry that he couldn't speak; he couldn't speak, he was so angry (*fam.*); **Quel libro mi è piaciuto t. che voglio rileggerlo**, I enjoyed that book so much that I want to read it again.
talmùd, *m.* (*stor.*) Talmud.
talmùdico, *a.* (*stor.*) Talmudic, Talmudical.
talmudista, *m.* Talmudist.
talóra, *avv.* sometimes; at times.
talpa (1), *f.* **1** (*zool., Talpa europaea*) mole: **cieco come una t.**, as blind as a mole **2** (*fig.: persona ottusa*) narrow-minded person: **È proprio una t.**, he's a narrow-minded person **3** (*fig.: spia*) mole. ● **pelle di t.**, moleskin.
talpa (2), *f.* (*escavatrice*) excavator.
taluno, A *a. indef.* (*al pl.*) some: **Ci sono taluni errori**, there are some mistakes. **B** *pron. indef.* **1** (*qualcuno*) somebody; someone: **T. potrebbe dire che...**, someone might say that... **2** (*pl. alcune persone*) some; some people: **Vi sono taluni che credo-**

no..., there are some people who believe...
talvòlta, avv. sometimes; at times.
tamarindo, m. (bot., Tamarindus indica) tamarind (anche la bevanda).
tamarisco, m. V. tamerice.
tàmaro, m. (bot., Tamus communis) black bryony.
tambarèllo, m. (zool., Auxis thazard) frigate mackerel; plain bonito*.
tamburare, v. i. to beat* (o to play) a drum; to drum.
tambureggiaménto, m. 1 drumming 2 (fig., mil.) running fire.
tambureggiante, a. drumming. ● (mil.) **fuoco t.**, running fire; drumfire.
tambureggiare, v. i. 1 to drum 2 (fig., mil.) to pound.
tamburellare, v. i. (anche fig.) to drum: **Tamburellava con le dita sul tavolo**, he was drumming on the table with his fingers.
tamburellista, m. e f. tambourine player.
tamburèllo, m. (mus.) tambourine; (sport) «tamburello».
tamburino, m. 1 drummer 2 (giornalismo: lista degli spettacoli) entertainments guide.
tamburo, m. 1 (mus.) drum; (suonatore di t.) drummer: **il rullo dei tamburi**, the roll of the drums; **suonare il t.**, to beat a drum; **annunciare q.c. a suon di t.**, to announce st. to the sound of drums; **t. maggiore**, drum-major; **battere la mazza sul t.**, to beat the drum with a drumstick 2 (mecc.) drum; cylinder; (di orologio) barrel; (di rivoltella) cylinder 3 (archit.) tambour 4 (naut.: del timone) rudderhead; (della ruota) paddle-box. ● (ind. tessile) **t. di cardatrice**, swift □ (fig.) **a t. battente**, immediately; on the nail (fam.) □ (fig.) **battere il t.**, to blow one's trumpet.
tamerice, f. (bot., Tamarix gallica) tamarisk.
Tamerlano, m. (stor.) Tamerlane.
tàmia, m. (zool., Tamias striatus) chipmunk; striped squirrel.
Tamigi, m. (geogr.) Thames.
tampòco, avv. (scherz.; preceduto da «né») (not) even. ● **Non ci sono andato né t. ho intenzione di andarci**, I didn't go, nor do I intend to go.
tamponaménto, m. 1 (med.) tamponage; plugging 2 (autom.) nose to tail crash; collision; bump. ● **tamponamenti a catena**, pile-up.
tamponare, v. t. 1 (med.) to tampon; to plug 2 (autom.) to collide with; to bump (o to crash) into (st.): **L'autobus tamponò un camion**, the bus collided with a truck. ● **t. una falla**, to stop a leak; (fig.) to fill (o to plug) a gap.
tampóne, A m. 1 (med.) tampon; plug 2 (ferr., chim.) buffer: **un t. a molla**, a spring buffer 3 (per timbri) ink-pad. ● **t. di carta assorbente**, blotting pad. B a. buffer (attr.): (chim.) **soluzione t.**, buffer solution.
tam-tam, m. tam-tam; Chinese gong.
tana, f. 1 lair; den (anche fig.): **la t. del leone**, the lion's den; **la t. del lupo**, the wolf's den; **una t. di ladri**, a den of thieves 2 (fig.: rif. a casa) hole: **vivere in una t.**, to live in a hole 3 (fig.: nei giochi infantili) home. ● **t. della volpe**, the fox's earth.
tanacéto, m. (bot., Tanacetum vulgare) tansy.
tanàglia, V. tenàglia.
tanatofobia, f. (psic.) thanatophobia.
tanatologia, f. thanatology.
tanatològico, a. thanatological.
tanca, f. 1 can; jerry-can 2 (naut.) tank.
tàndem, m. tandem (bicycle). ● (fig.) **fare q.c. in t.**, to do st. in tandem.
tanfata, f. whiff.
tanfo, m. 1 (puzzo) stench; stink: **Che t.!**, what a stink! 2 (odore di rinchiuso) musty smell. ● **sapere di t.**, to smell musty.
tanga, m. G-string.
tanganicano, a. e m. Tanganyican.
tangènte, A a. tangent (anche geom.). B f. 1 (geom.) tangent (line) 2 (quota, rata) quota; share; portion 3 (in traffici illeciti) cut (fam.); rake-off (gergo). ● (fig.) **filare per la t.**, (svignarsela), to slink away (o off); to slip away.
tangènza, f. 1 (geom.) tangency 2 (aeron.) ceiling: **quota di t.**, ceiling quota. ● **punto di t.**, tangential point.
tangenziale, A a. (geom.) tangential. B f. 1 (geom.) tangent (line) 2 (strada t.) by-pass; ring (o circular) road.
tàngere, v. t. (lett., specialm. fig.) to touch.
Tàngeri, f. (geogr.) Tangier.
tànghero, m. bumpkin; boor; lout.
tangìbile, a. tangible.
tangibilità, f. tangibility.
tango, A m. (mus.) tango*. B a. – **rosso t.**, tangerine.
tangóne, m. (naut.: buttafuori) boomkin; bumpkin; (asta di posta) lower boom, swinging boom. ● **t. di fiocco**, jib boom.
tanguino, m. (bot., Tanghinia venenifera) tanghin; ordeal tree.
tànica, f. 1 can; jerry-can 2 (naut., aeron.) tank.
tannare, v. t. (ind.) to tan.

tannato, m. (chim.) tannate.
tànnico, a. (chim.) tannic: **acido t.**, tannic acid.
tannino, m. (chim.) tannin.
tantàlico, a. (chim.) tantalic: **acido t.**, tantalic acid.
tantàlio, m. (chim.) tantalum.
tantalite, f. (miner.) tantalite.
Tàntalo, m. (mitol.) Tantalus: (anche fig.) **il supplizio di T.**, the torments of Tantalus.
tàntalo, m. (zool., Ibsis ibsis) wood ibsis*.
tantino, A pron. indef. bit; little (o tiny, wee) bit; (rif. a liquidi) drop: **Dammene un t.**, give me a tiny bit; **un t. d'acqua**, a drop of water. **un tantino**, B locuz. avv. 1 a little; a wee bit: **Mi sono annoiato un t.**, I was a little bored 2 (rif. a tempo) a bit; a moment: **Aspetta un t.!**, please, wait a bit!
tanto, A a. 1 (con valore intensivo) so much (pl.: so many); such a lot of (fam.); (tale) such; (così grande) such (a) great, so great (a); (così degno) such a worthy: **t. onore**, so much honour; **C'era tanta gente**, there were so many people; **Ho t. pane!**, I have so much bread!; I have such a lot of bread! (fam.); **Ci ha portato tanta roba**, he has brought us such a lot of stuff; (iron.) **come si conviene a t. signore**, as is fitting for such a worthy gentleman; **tanta miseria**, such great poverty; **Sono lieto che tu abbia tanta fiducia in me**, I am glad that you have such confidence in me (o that your confidence in me is so great) 2 (in correlazione con «quanto») as much (pl.: as many); (in frasi negative) so much (pl.: so many); such a lot of (fam.): **Ho t. pane quanto te**, I have as much bread as you (have); **Abbiamo tanti libri quanti (ne hanno) loro**, we have as many books as they (have); **Non ho t. pane quanto te**, I have not so much bread (o such a lot of bread) as you (have); **Non abbiamo tanti libri quanti (ne hanno) loro**, we have not so many books as they (have); **t. denaro quanto occorre**, as much money as one needs; **Sono tante quante le stelle del cielo**, they are as many as the stars in the sky 3 (in correlazione con «che» e «da») so much (pl.: so many); such a lot (fam.); (abbastanza) enough: **Ho t. pane da sfamarli tutti**, I have enough bread to feed them all; **Ho tanti amici che non sono mai solo**, I have so many friends that I am never alone; **Ha t. denaro da poter comprare ciò che vuole**, he has such a lot of money that he can buy what he likes 4 (altrettanto) as much (pl.: as many): **Tante teste, tanti pareri**, there are as many opinions as there are people; so many men (o heads), so many minds (o wits); **Tante parole, tanti errori**, there are as many mistakes as there are words. ● **Tante grazie!**, many thanks! □ **Da t. tempo attendeva quel momento**, he had been waiting for that moment for so long □ **Ti voglio t. bene**, I love you so much □ **C'erano tanti, ma tanti ragazzi**, there was a whole crowd of boys □ **Non fare tanti complimenti!**, don't stand on ceremony! □ **Non fare tante storie**, don't make so much fuss □ **Tanti saluti alla mamma**, remember me to your mother □ **Ha avuto tante (e poi tante) disgrazie!**, he's had so much bad luck! □ (fig.) **Il mangiare gli andò in t. veleno**, the pleasure of eating was completely spoilt for him. B avv. 1 (con agg. e avv.) so: **È t. bravo!**, he is so clever!; **Sii t. gentile da dirglielo tu**, be so kind as to tell him; **Sono t. stanco che non riesco ad addormentarmi**, I am so tired that I cannot go to sleep; **È t. alto che non arrivo a toccarlo**, it's so high that I can't reach it; **Faceva innamorare tutti t. era bella**, she was so beautiful that she made everyone fall in love; **Fa t. freddo!**, it's so cold!; **Sarà lungo t.** (facendo il gesto), it is about so long 2 (con verbi) so much; such a lot (fam.); (così a lungo) so long; (così intensamente) so hard: **L'amava t.!**, he loved her so much!; **T. fece che ottenne** (o da ottenere) **ciò che desiderava**, he insisted so much that he obtained what he wanted; **T. s'afflisse da morirne** (o che morì), he took it so much to heart that it killed him; **È t. che attendo**, I have been waiting so long; **Non posso aspettare tanto**, I can't wait so long; **Ha lavorato (studiato) t.**, he has worked (studied) so hard 3 (in correlazione con «quanto»: con agg. e avv.) as; (in frasi negative) so: **È t. bravo quanto suo fratello**, he is as clever as his brother; **È t. bella quanto buona**, she is as beautiful as she is virtuous; **È t. largo quanto lungo**, it is as wide as it is long; **Non è t. bravo quanto suo fratello**, he isn't so clever as his brother 4 (in correlazione con «quanto»: con sost. e pron.) both (...and): **Conosco t. Carlo (lui) quanto suo padre**, I know both Charles (him) and his father; I know Charles (him) and his father as well 5 (in correlazione con «quanto»: con verbi) as much; (in frasi negative) so; (così a lungo) as (o so) long; (così intensamente) as (o so) hard: **Lavora t. quanto può**, he works as much as he can; **Non s'è fermato t. quanto aveva promesso**, he didn't stop so long as he had promised; **Tu non studi t. quanto dovresti**, you don't study so hard as you should 6 (con valore moltiplicativo) as much (pl.: as many); (t. grande) as big: **due volte t.**, twice as much; **tre volte t.**, three times as much 7 (soltanto) just: **t. per cambiare**, just for a change; **t. per avere q.c. da fare**, just to pass the time. ●

tant'è, that is how it is □ **T. è vero che...**, so much so that... □ **t. in India che altrove**, in India as elsewhere □ **T. meglio (T. peggio)!**, so much the better (the worse)!: **T. meglio per lui!**, so much the better for him! □ **T. più che...**, all the more so as...: **T. più che da tre giorni non mangia**, all the more so as he has eaten nothing for three days □ **di t. in t.**, every now and then □ **per una volta t...**, for this once... □ **quanto più...t. meno**, the more...the less: **Quanto più insisti, t. meno mi convinci**, the more you insist, the less you convince me □ **quanto più...t. più**, the more... the more: **Quanto più studi, t. più impari**, the more you study, the more you learn □ **quanto prima, t. meglio**, the sooner, the better □ **una volta t.**, once in a while □ **Lo conosco da t.** (tempo), I've known him for ages □ **T. fa non andarci**, one might just as well not go □ **Tant'è: che glielo dica tu o glielo dica io, è lo stesso**, it makes no difference whether I tell him or you do □ **Tant'è, non c'è niente da fare**, and there's nothing you can do about it □ **Tanto che non andassi affatto**, I might just as well not go □ **T. gli uni quanto gli altri credono che...**, they all believe that... □ **Me ne rallegro t. e poi t.!**, I'm delighted!; (iron.) I'm thrilled to bits! □ **M'infastidiva sempre, t. che lo lasciai**, he always annoyed me, so much so that I left him □ **Se tu non ci vai, t. meno (andrò) io**, if you don't go, no more (o neither) will I □ **T. è lo stesso** (non c'è nulla da fare), it can't be helped □ **Nessuno ha il diritto di lamentarsi; t. meno tu**, nobody has a right to complain; (and) you least of all. **C** cong. 1 (comunque) however; but; in any case: **È inutile t. non lo farò**, it's useless, anyhow I shan't do it **2** (per esprimere sfiducia) anyway; after all; in any case: **Non scoraggiarti, t. ormai è fatta**, don't get depressed, after all it's all over with now. **D** pron. indef. **1** so much (pl.: so many); such a lot (fam.); that much: **T. mi basta**, so much is enough for me; **Si paga t. a testa**, one pays so much per head; **Dice che non vuol pagare più di t.**, he says he won't pay more than so much; **tanti dei nostri e tanti dei loro**, so many of our men, so many of theirs; **Non faccio come tanti**, I don't do as so many do; **T. io avevo da dirti**, that much had I to tell you **2** (molto) much (pl.: many); a lot (fam.); (molte persone) many people, a lot of people: **Non ne voglio t.**, I don't want much (o a lot); **Tanti dicono che non è vero**, many (o many people, a lot of people) say that it isn't true; **Dieci uomini non sono tanti per fare quel lavoro**, ten men aren't very many for that job **3** (abbastanza) enough: **Non ha t. da vivere**, he hasn't got enough to live on **4** (ellittico: abbastanza denaro, spazio, ecc.) enough (seguito da un sost.): **Ha t. da fare il signore**, he has enough money to live like a lord; **Non c'è t. da passare in due**, there's not enough room for two to pass; **Ho t. in mano da mandarlo in prigione**, I have got enough evidence to send him to prison. ● **un omone con t. di baffi**, a big man with a fine moustache □ (fig.) **restare con t. di naso**, to be quite baffled; to be let down □ **Se t. di muoversi...**, if he does as much as stir a finger... □ **Me ne ha fatte tante**, he has been a trial to me □ **Ne ha fatte tante!**, he has been up to all sorts of tricks □ **Spalancò t. d'occhi**, his (o her) eyes bulged □ **Gliene ho date tante**, I gave him a sound thrashing □ **Gliene dà a intendere tante**, he tells him a lot of lies □ **Se t. mi dà t.**, if it's like that; if things go on like that □ **Ne prese tante** (di botte)!, he was badly beaten up; he got a real thrashing □ **Tanti ne guadagna e tanti ne spende**, he spends as much as he earns. **E** m. – **un t.**, so much: **un t. al mese**, so much a month; **un t. per cento**, so much per cent; a percentage.

tantoché, cong. so (that); so much so that.

tao, m. (relig.) Tao.

taoismo, m. (relig.) Taoism.

taoista, a., m. e f. (relig.) Taoist.

taoistico, a. (relig.) Taoistic.

tapino, A a. wretched: **una vita tapina**, a wretched life. **B** m. wretch.

tapioca, f. tapioca.

tapiro, m. (zool., Tapirus) tapir.

tapis roulant (franc.), locuz. m. conveyor belt; travelling apron.

tappa, f. **1** (luogo di sosta) halting-place; (sosta) halt, stop **2** (parte d'un percorso, anche fig.) stage: **Ci si va in tre tappe**, one travels there in three stages; **le tappe della civiltà**, the stages of civilization **3** (sport) lap; stage: **le varie tappe del giro d'Italia**, the various laps in the Tour of Italy. ● (fig.) **bruciare le tappe**, to shoot ahead.

tappabuchi, m. e f. invar. (scherz.) stopgap.

tappare, A v. t. to bung; to cork; to block up; to stop: **t. una botte**, to bung a cask; **t. una bottiglia**, to cork a bottle; **t. una finestra**, to block up a window; **t. un buco**, to stop a gap; (fig.: pagare un debito) to pay a debt. ● (fig.) **t. la bocca a q.**, to make sb. shut up □ (fig.) **tapparsi la bocca**, to cover one's mouth; (fig.) to hold one's tongue □ (anche fig.) **tapparsi il naso**, to hold one's nose □ (anche fig.) **tapparsi gli occhi**, to close one's eyes □ (anche fig.) **tapparsi gli orecchi**, to stop one's ears. **tap-parsi, B** v. rifl. to shut oneself up: **t. in casa**, to shut oneself up in the house.

tapparella, f. (pop.) rolling (o roller) shutter; roll-up shutter.

tapparellista, m. e f. (pop.) repairer (and/or fitter) of roll-up shutters.

tappatrice, f. (enologia) corking machine.

tappéto, m. carpet; rug: **un t. di iuta**, a jute carpet; **un t. di lana** (di cotone), a wool (cotton) carpet; **un t. persiano**, a Persian carpet; **t. alto**, thick carpet; (fig.) **mettere q.c. sul t.**, to bring st. on the carpet; **Pare di camminare su un t.**, it's like walking on a carpet. ● **t. erboso**, lawn □ **t. verde**, green baize; (fig.: bisca) gambling-den □ (mil.) **bombardamento a t.**, pattern bombing □ (sport) **mettere** (o **mandare**) **al t.**, to knock down.

tappezzare, v. t. **1** (con stoffa le pareti) to tapestry; to hang* (with tapestry); (con carta) to paper: **t. una stanza**, to tapestry a room; **t. un muro**, to paper a wall **2** (i mobili) to upholster: **t. un sedile per auto**, to upholster a car seat **3** (fig.) to cover; to plaster: **Grandi manifesti tappezzavano i muri durante le elezioni**, huge manifestos covered the walls during the elections. ● **un muro tappezzato d'edera**, an ivy-mantled wall.

tappezzerìa, f. **1** (tessuto per rivestimento di pareti) tapestry; (carta da parati) wall-paper **2** (di mobili) upholstery **3** (arte del tappezziere) upholstering: **bei lavori di t.**, beautiful upholstering. ● **fare da t.** (in una festa da ballo), to be a wallflower.

tappezzière, m. decorator; upholsterer; paperhanger.

tappo, m. **1** (di botte, barile) bung; (di bottiglia, ecc.) stopper; (di sughero) cork; (metallico) cap; (del lavandino, ecc.) plug: **un t. di legno**, a wooden bung; **un t. di vetro**, a glass stopper; **t. a vite**, screw cap **2** (fig.: di persona) stump; podgy person. ● **t. di sicurezza**, safety valve □ **tappi per le orecchie**, ear plugs □ **sapere di t.** (rif. a vino), to be corked.

tara, f. **1** (comm.) tare: **dedurre la t. d'uso**, to deduct the customary tare; **la t. media**, the average tare **2** (med.) hereditary defect (o taint) **3** (fig.: difetto) flaw; blemish; fault: **un uomo senza t.**, a man without a flaw. ● (fig.) **fare la t. a q.c.**, to take st. with a grain of salt □ (comm.) **vendere senza t.**, to sell gross weight as net weight.

tarabuso, m. (zool., Botaurus stellaris) bittern; bull of the bog.

tarallo, taralluccio, m. (cucina) «tarallo», «taralluccio» (ring-shaped biscuit). ● (fig.) **finire a tarallucci e vino**, to reach an amicable agreement; to make it up in an amicable way.

tarantèlla, f. (mus.) tarantella.

tarantìsmo, m. (med.) tarantism.

tarantola, f. **1** (zool., Lycosa tarentula) tarantula; wolf-spider **2** (zool.: Tarentula mauritanica) «t. dei muri») gecko*.

tarantolato, a. bitten by a tarantula.

tarantolismo, m. (med.) tarantism.

tararà, f. (agric.) winnower.

tarare, v. t. **1** (comm.) to tare **2** (mecc.) to set*; to adjust; to calibrate.

tarassaco, m. (bot., Taraxacum officinale) taraxacum; dandelion.

tarato, a. **1** (comm.) tared **2** (med. e fig.) with a hereditary defect **3** (mecc.) set.

taratura, f. **1** (comm.) taring **2** (mecc.) setting; adjustment; calibration.

tarchiato, a. square-built; thickset; sturdy.

tardare, A v. i. **1** (essere in ritardo) to be late: **t. a un appuntamento**, to be late for an appointment **2** (indugiare) to delay; to take* (a long) time; to be late (o long): **Ha tardato due settimane a rispondere**, he is two weeks late in replying; **t. a venire**, to be late coming; **Non t. a dirgli questo**, don't delay in telling him this. **B** v. t. to delay; to procrastinate: **t. la consegna della merce**, to delay the delivery of the goods.

tardézza, f. **1** slowness **2** (fig.) backwardness.

tardi, avv. late: **Si alza t.**, he gets up late; **far t.**, to be late; (restare alzato fino a t.) to stay up late: **La sera gli piaceva far t.**, he liked to stay up late in the evening; **Doveva arrivare alle quattro, ma ha fatto t.**, he was due to arrive at four o'clock, but was late; **Mi si è fatto t.**, I am late; **Arriva sempre t. a scuola**, he is always late for school. ● **al più t.**, at the latest: **Tornerò, al più t., domenica**, I'll come back on Sunday at the latest □ **più t.**, later: **Ci vedremo più t.**, see you later □ **Dovevate pensarci prima, oramai è t.**, you should have thought it over earlier; it's too late now □ (prov.) **Chi t. arriva male alloggia**, first come, first served □ (prov.) **Meglio t. che mai**, better late than never.

tardigrado, m. (zool.) tardigrade; water-bear.

tardità, V. tardézza.

tardivaménte, avv. tardily; belatedly; (too) late.

tardività, f. lateness; tardiness.

tardivo, a. **1** late: **un inverno t.**, a late winter **2** (che viene troppo tardi) tardy; belated: **una pianta tardiva**, a tardy plant; **scuse tardive**, tardy apologies **3** (fig.: di persona) backward; retarded.

tardo, a. **1** slow; (pigro) sluggish, lazy: **È t. a giudicare**, he's slow

to judge; **t. nei movimenti**, slow in one's movements; (*lett.*) **passi tardi**, slow steps **2** (*di tempo*) late: **a tarda sera**, late in the evening; **a ora tarda**, at a late hour; **il t. Gotico**, the late Gothic **3** (*che giunge tardi*) tardy: **una confessione tarda**, a tardy confession **4** (*fig.*: *ottuso*) backward; slow-witted: **un ragazzo t.**, a backward boy.
tardóna, *f.* (*scherz.*) passée woman*.
tardóne, *m.* (*fam.*) lazy person; lazy-bones (*fam.*).
targa, *f.* **1** (*piastra di metallo*) plate: **Il dottore ha una t. d'ottone alla porta**, the doctor has a brass plate on his door **2** (*autom.*) plate; number-plate; license plate (*USA*) **3** (*stor.*) target. ● **numero di t.**, registration number.
targare, *v. t.* (*autom.*) to affix a number-plate to (a car).
targato, *a.* (*autom.*) furnished (*o* provided) with number-plate.
targatura, *f.* (*autom.*) affixing of a number-plate.
targhétta, *f.* embossed (metal) plate.
targhettare, *v. t.* to emboss.
targhettatrice, *f.* addressing machine; Addressograph (*marchio*); addresser.
targóne, *m.* (*bot.*, *Artemisia dracunculus*) tarragon.
tari, *m.* (*numismatica*) tari.
tariffa, *f.* tariff; rate; price; charge; fare: **t. doganale**, customs tariff; **t. protettiva**, protective tariff; **tariffe ferroviarie**, railway fares; **tariffe postali**, postal rates; **t. ridotta**, reduced rate. ● **tariffe professionali**, professional fees □ (*ferr.*) **biglietto a t. intera** (**ridotta**), full-fare (reduced-fare) ticket □ (*ferr.*) **biglietto a mezza t.**, half-fare ticket.
tariffale, *a.* tariff (*attr.*): **norma t.**, tariff regulations.
tariffare, *v. t.* to tariff.
tariffàrio, **A** *a.* tariff, price (*attr.*): **liste tariffarie**, price lists. ● **norme tariffarie**, standard tariffs. **B** *m.* tariff; price-list.
tarlare, *v. i.* **tarlarsi**, *v. rifl.* to get* worm-eaten; (*tarmare*) to get* moth-eaten.
tarlatana, *f.* (*ind. tessile*) tarlatan.
tarlato, *a.* worm-holed; worm-eaten; (*tarmato*) moth-eaten.
tarlatura, *f.* worm-hole.
tarlo, *m.* **1** (*zool.*) woodworm; worm: **disinfestazione dai tarli**, woodworm control **2** (*fig.*) gnawings, pangs (*pl.*): **il t. del rimorso**, the pangs of remorse. ● (*fig.*) **roso dal t. dell'invidia**, bitten by the bug of jealousy.
tarma, *f.* (*zool.*, *Tinea*) moth.
tarmare, *v. i.* **tarmarsi**, *v. rifl.* to get* moth-eaten.
tarmato, *a.* moth-eaten.
tarmicìda, *m.* moth-killer.
taròcco (1), *m.* tarot; taroc: **un mazzo di tarocchi**, a pack of tarots; **giocare a tarocchi**, to play tarots.
taròcco (2), *m.* (*varietà di arancio*) «tarocco» (variety of orange grown in Sicily).
taròzzo, *m.* (*naut.*) sheer-batten.
tarpan, *m. invar.* (*zool.*, *Equus gmelinii*) tarpan.
tarpano, **A** *a.* boorish; loutish; oafish. **B** *m.* boor; lout; oaf.
tarpare, *v. t.* (*anche fig.*) to clip: **t. le ali a q.**, to clip sb.'s wings.
Tarpèo, *a.* (*stor.*) Tarpeian: **la Rupe Tarpea**, the Tarpeian Rock.
Tarquìnio, *m.* (*stor.*) Tarquin; Tarquinius.
tarsale, *a.* (*anat.*) tarsal: **ossa tarsali**, tarsal bones.
tarsalgìa, *f.* (*med.*) tarsalgia.
tarsìa, *f.* (*arte*) tarsia; marquetry.
tàrsio spèttro, *m.* (*zool.*, *Tarsius filippinensis*) tarsier.
tarso, *m.* (*anat.*) tarsus*.
tartagliaménto, *m.* stuttering; stammering.
tartagliare, **A** *v. i.* to stutter; to stammer. **B** *v. t.* to stutter out; to stammer out; to mutter: **Tartagliò qualcosa e se ne andò**, he muttered something and went off.
tartaglióne, *m.* stutterer; stammerer.
tartana, *f.* **1** (*naut.*) tartan **2** (*rete a strascico*) trawl-net.
tartàreo, *a.* (*lett.*) Tartarean; infernal.
tartarésco, *a.* (*stor.*) Tartarian.
tartàrico, *a.* (*chim.*) tartaric: **acido t.**, tartaric acid.
tàrtaro (1), *m.* **1** (*mitol.*) Tartarus **2** (*lett.*: *inferno*) hell; underworld.
tàrtaro (2), *a. e m.* Tartar. ● (*cucina*) **bistecca alla tartara**, steak tartare.
tàrtaro (3), *m.* **1** (*chim.*) tartar: **cremore di t.**, cream of tartar; **t. emetico**, tartar emetic **2** (*med.*: *t. dentario*) tartar; scale.
tartaruga, *f.* **1** (*zool.*) tortoise; (*di mare*) turtle: **guscio di t.**, tortoise shell; (*cucina*) **zuppa di t.**, turtle soup **2** (*fig.*) sluggard; slowcoach: **Spicciati, t.!**, hurry up, slowcoach! ● **a passo di t.**, at a snail's pace □ **pettine di t.**, tortoise-shell comb.
tartassare, *v. t.* to ill-treat; to harass: **t. i poveri**, to ill-treat the poor. ● **t. un pezzo di musica** (**una lingua**), to murder a piece of music (a language) □ **t. uno strumento**, to strum an instrument □ **t. uno studente a un esame**, to put a student through a gruelling exam □ **La critica ha tartassato questo libro**, the critics have been hard on this book.

tartìna, *f.* (*cucina*) canapé.
tartrato, *m.* (*chim.*) tartrate.
tartufàia, *f.* truffle-ground.
tartufàio, *m.* truffle-seller.
tartufare, *v. t.* to garnish with truffles.
tartufato, *a.* (*cucina*) truffled.
tartufìcolo, *a.* truffle (*attr.*): **zona tartuficola**, truffle region.
tartuficoltóre, *m.* truffle-grower.
tartuficoltura, *f.* truffle-growing.
tartufo (1), *m.* (*bot.*, *Tuber*) truffle; earth-nut. ● **cane da t.**, truffle-dog.
tartufo (2), *m.* (*persona ipocrita*) «Tartuffe, Tartufe» (*franc.*); hypocrite.
tasca, *f.* **1** pocket: **t. a toppa**, patch pocket; **tasche dei calzoni**, trouser pockets; **t. finta**, false pocket; **t. interna**, inside pocket; **avere le tasche ben fornite** (**asciutte**), to have one's pockets well-lined (empty); **mettere q.c. in t.**, to put st. into one's pocket; to pocket st.; (*fig.*) **mettere mano alla t.**, to put one's hand into one's pocket; **togliere** (*o* **levare**) **di t.**, to take out of one's pocket; (*iron.*, *scherz.*) **Ci pensa la moglie a vuotargli** (*o* **a ripulirgli**) **le tasche**, his wife will empty his pockets for him; **Se mi rovesci le tasche, non ci trovi un soldo**, if you search my pockets, you won't find a penny **2** (*di valigia*, *borsa*, *ecc.*) compartment; division; pocket **3** (*anat.*) pouch **4** (*per decorare dolci*) pastry bag. ● (*fig.*) **avere le tasche vuote**, to be penniless; to be broke (*fam.*) □ (*fig.*) **averne le tasche piene**, to be fed up: **Ne ho piene le tasche di lui**, I'm fed up with him □ **conoscere q.c. come le proprie tasche**, to know st. like the back of one's hand □ (*fig.*) **entrare in t. a q.**, to bore sb. stiff □ **fazzoletto da t.**, pocket handkerchief □ **orologio da t.**, pocket watch □ (*anche fig.*) **pagare di t. propria**, to pay out of one's own pocket □ (*fig.*) **pigliare** (*o* **avere**) **q. in t.**, to be fed up with sb.; to despise sb. □ (*fig.*) **rompere le tasche a q.**, to be a pain in sb.'s neck; to bore sb. to death □ (*anche fig.*) **starsene con le mani in t.**, to stand (around) with one's hands in one's pockets □ **A me non viene niente in t.**, I am not getting anything out of it; I have nothing to gain from it.
tascàbile, **A** *a.* pocket (*attr.*): **un dizionario t.**, a pocket dictionary; **formato t.**, pocket-size (*agg.*). ● **corazzata t.**, pocket-size battleship. **B** *m.* pocket book; paperback.
tascapane, *m. invar.* haversack.
tascata, *f.* pocketful.
taschìna, *f.* (*filatelia*) stamp envelope.
taschìno, *m.* small pocket; (*della giacca*) breast-pocket.
tasmaniano, *a. e m.* Tasmanian.
tassa, *f.* **1** (*anche fam.*, *per «imposta»*, *«tributo»*) tax: **pagare cento sterline di tasse**, to pay a hundred pounds in taxes; **t. di circolazione**, motor-vehicle tax; **t. di esercizio**, trade-licence tax; **t. sugli articoli di lusso**, tax on luxury articles; **imporre tasse**, to levy taxes; **esente da tasse**, exempt from tax; tax-free **2** duty: **t. di bollo**, stamp duty; **t. di consumo**, excise duty; **t. sugli spettacoli**, entertainments duty; **t. proporzionale**, ad valorem duty **3** fee: **tasse scolastiche**, school fees; **t. di frequenza**, tuition fee; **t. di registro**, registration fee; **t. d'iscrizione** (*a una scuola*, *un circolo*, *ecc.*), entrance fee. ● (*naut.*) **t. d'ancoraggio**, anchorage □ **t. di pedaggio**, toll □ **t. di soggiorno**, tourist tax; taxe de séjour □ **t. sui cani**, dog licence (fee) □ **imporre una t. su q.c.**, to tax st.
tassàbile, *a.* taxable; chargeable (with duty); assessable.
tassàmetro, *m.* taximeter; meter (*fam.*).
tassare, **A** *v. t.* to tax; to assess; to charge: **t. i cittadini**, to tax the citizens; **t. una proprietà (un reddito)**, to assess a property (an income); **Ciascuno fu tassato per mille lire**, each person was taxed for a thousand lire. ● **t. eccessivamente**, to overtax. **tassarsi**, **B** *v. rifl.* to agree to pay (*o* to contribute).
tassativaménte, *avv.* peremptorily; absolutely.
tassativo, *a.* peremptory; definite; specific; absolute: **Questi sono ordini tassativi**, these are specific orders.
tassazióne, *f.* taxation; assessment; charging: **t. forfettaria**, standard taxation.
tassellare, *v. t.* **1** to dowel; to reinforce: **Se non lo tasselli, questo scalino finisce in pezzi**, if you don't reinforce it, this step will fall to pieces **2** (*tagliare q.c.*, *estraendone un tassello*) to cut* out a wedge from (st.); to plug: **s. un'anguria**, to plug a water-melon.
tassellato, **A** *a.* (*anche bot.*) tassellated(d). **B** *m.* parquet.
tassellatura, *f.* dowelling.
tassèllo, *m.* **1** dowel; wedge **2** (*per decorazione*) tessera* **3** (*sartoria*) gusset **4** (*pezzo che si estrae da q.c. come assaggio*) (sample) plug; wedge.
tassi, *m.* taxi; taxi-cab.
tassìa, *f.* (*fisiologia*) arrangement; -taxis: **t. fogliare**, phyllotaxis.
tassiano, *a.* (*letter.*) of T. Tasso; Tasso's: **la poesia tassiana**, Tasso's poetry.

tassidermìa, *f.* taxidermy.
tassidermista, *m.* e *f.* taxidermist.
tassinaro, (*dial.*) *V.* tassista.
tassista, *m.* taxi-driver; cab-driver.
tasso (1), *m.* (*zool.*, *Meles meles*) badger; brock. ● **dormire come un t.**, to sleep like a log.
tasso (2), *m.* (*bot.*, *Taxus baccata*) yew. ● **t. barbasso** (*Verbascum thapsus*), mullein.
tasso (3), *m.* (*incudine*) stake.
tasso (4), *m.* (*fin.*) rate: **t. di sconto**, rate of discount; discount rate; **t. d'interesse**, rate of interest; interest rate; **t. di mortalità**, death rate.
tassobarbasso, *m.* (*bot.*, *Verbascum thapsus*) mullein.
tassòdio, *m.* (*bot.*, *Taxodium distichum*) taxodium; bald cypress.
tassonomìa, *f.* taxonomy; systematics (*pl. col verbo al sing.*).
tassonòmico, *a.* taxonomic(al).
tassonomista, *m.* e *f.* taxonomer; taxonomist.
tastare, *v. t.* **1** to feel*; to touch: **Tastò il sacco per scoprire cosa c'era dentro**, he felt the sack to discover what was inside; (*med.*) **t. il polso a q.**, to feel sb.'s pulse (*anche fig.*); **Il medico gli tastò il braccio per vedere se era rotto**, the doctor felt his arm to see if it was broken **2** (*scandagliare*) to sound; to try; to fathom: **t. il muro con un martello**, to sound the wall with a hammer; **Prima di attraversare il guado, tastate il fondo**, before crossing the ford, try the bottom. ● **t. il terreno**, to test the ground; (*fig.*) to feel one's way.
tastata, *f.* touch. ● **dare una t. a q.c.**, to touch st. □ (*fig.*) **dare una t. a q.**, to sound sb. out.
tasteggiare, *v. t.* **1** to feel* slightly **2** (*mus.*) to tickle the keyboard; (*uno strumento a corda*) to strum.
tastièra, *f.* (*anche mus.*) keyboard.
tastierista, *m.* e *f.* keyboard operator.
tasto, *m.* **1** (*di strumento musicale, macchina per scrivere, ecc.*) key **2** (*tatto*) touch: **al t.**, to touch **3** (*fig.*) subject; matter: **Certi tasti non vanno toccati**, one must keep off certain subjects; **È pericoloso toccare quel t.**, keep off that subject. ● **t. di ritorno**, back spacer; return key □ (*fig.*) **andare a t.**, to grope one's way □ **Nello spiegare i classici va a t.**, he explains the classics gropingly □ (*fig.*) **toccare il t. giusto**, to strike the right note □ **Questo è proprio il t. doloroso**, that's just where the shoe pinches; that's the trouble!
tastóni, *avv.* gropingly. ● **camminare (a) t.**, to grope one's way.
tata, *f.* (*infant.: bambinaia*) nanny; nana.
tàtaro, *V.* tàrtaro (2).
tàttica, *f.* **1** (*mil.*) tactics (*pl. col verbo al sing.*): **t. navale**, naval tactics **2** (*fig.*, *sport*) tactics (*pl.*): **Con lui quella t. non serve**, those tactics are useless when dealing with him. ● **una t. dilatoria**, a delaying policy □ **Non ha t.**, he doesn't know how to go about things.
tatticismo, *m.* use of tactics.
tàttico, **A** *a.* (*mil. e fig.*) tactical: **una posizione tattica**, a tactical position; **un errore t.**, a tactical error. **B** *m.* tactician.
tatticóne, *m.* (*fam.*) sly fox.
tàttile, *a.* tactile: **organi tattili**, tactile organs.
tattilità, *f.* tactility.
tattismo, *m.* (*biol.*) taxis*.
tatto, *m.* **1** touch: **morbido al t.**, soft to the touch; **Egli ha il t. finissimo**, he has a most delicate touch **2** (*fig.*) tact: **Manca assolutamente di t.**, he's absolutely lacking in tact; **A trattare questa faccenda ci vuol t.**, one needs tact to deal with this affair; **pieno di t.**, full of tact; tactful. ● **avere t.**, to be tactful □ **privo di t.**, tactless.
tatuàggio, *m.* tattoo; tattooing.
tatuare, **A** *v. t.* to tattoo. **tatuarsi**, **B** *v. rifl.* to tattoo oneself; (*farsi tatuare*) to have oneself tattooed.
tatuato, *a.* tattooed.
tau, *m.* e *f.* (*diciannovesima lettera dell'alfabeto greco*) tau.
taumaturgìa, *f.* thaumaturgy.
taumatùrgico, *a.* thaumaturgic(al).
taumaturgo, *m.* thaumaturge.
taurina, *f.* (*chim.*) taurine.
taurino, *a.* **1** taurine; of a bull; bull (*attr.*) **2** (*fig.*) taurine; bull-like; bull (*attr.*): **un collo t.**, a bull neck.
tauromachìa, *f.* tauromachy; bull-fight.
tautologìa, *f.* tautology.
tautològico, *a.* tautologic(al).
tautomerìa, *f.* (*chim.*) tautomerism.
tautòmero, *a.* (*chim.*) tautomeric. ● **composto t.**, tautomer.
tautosillàbico, *a.* (*linguistica*) tautosyllabic.
tavèlla, *f.* (*costr.*) hollow flat block; hollow flat tile.
tavèrna, *f.* **1** (*osteria*) public house (*abbr. fam.*: pub); tavern: **frequentare le t.**, to frequent the pub **2** (*ristorante in stile rustico*) rustic restaurant; inn. ● **discorsi da t.**, vulgar talk □ (*prov.*) **In chiesa coi santi e in t. coi ghiottoni**, when in Rome, do as the Romans do.
tavernétta, *f.* rustic restaurant.
tavernière, *m.* **1** (*oste*) pub-keeper; publican; landlord **2** (*frequentatore di taverne*) frequenter of pubs.
tàvola, *f.* **1** table: **La minestra è in t.**, the soup is on the table; **avere sempre q. a t.**, to have always guests at table; **t. di marmo**, marble table; marble-topped table; **apparecchiare (sparecchiare) la t.**, to lay (to clear) the table; **t. a ribalta**, folding-table; **mettere a t. un bambino**, to make a child sit at table; **alzarsi da t.**, to leave the table; **sedersi a t.**, to sit down to table (*o* to lunch, dinner, etc.); **sedere a capo t.**, to sit at the head of the table; **t. da cucina**, kitchen table; **t. da pranzo**, dining-table; **t. a tre piedi**, three-legged table; **t. a ferro di cavallo**, horseshoe table; **t. allungabile**, draw-leaf table; **sedere a t.**, to sit at table; **essere a t.**, to be at table **2** (*banco di lavoro*) bench: **la t. del falegname**, the carpenter's bench **3** (*piano di legno*) board; (*di marmo*) slab: **le tavole del palcoscenico**, the boards of the stage **4** (*asse*) plank: **un tronco segato in tavole**, a trunk cut into planks **5** (*tabella*, *prospetto*) table: **tavole sinottiche**, synoptic tables; (*mat.*) **la t. pitagorica**, the multiplication table; (*mat.*) **tavole di logaritmi**, logarithm tables; (*relig.*) **le Tavole della Legge**, the Tables of the Law; (*stor. romana*) **le Dodici Tavole**, the Twelve Tables of the Law; (*med.*) **tavole anatomiche**, anatomical tables; (*mil.*) **t. di tiro**, firing table **6** (*indice*) index: **t. alfabetica**, alphabetical index; **t. dei proscritti**, index of proscribed people **7** (*illustrazione*) plate: **Il volume contiene dieci tavole a colori**, the volume contains ten coloured plates **8** (*quadro*) painting: **una bella t. del Guercino**, a beautiful painting by Guercino. ● **t. calda**, snack-bar □ (*naut.*) **t. di salvezza**, safety plank (*anche fig.*) □ **t. fuori testo**, plate □ **t. geografica**, map □ **t. reale** (*gioco*), backgammon □ **t. rotonda** (*convegno*), round-table conference □ (*naut.*) **t. a vela**, wind surf □ **amare la t.**, to be fond of eating □ **mettere** (*o* **portare**) **in t.**, to bring on the food □ **un quadro dipinto su t.**, a painting on wood □ **servire in t.**, to serve □ **tenere t. imbandita**, to keep open house □ **vino da t.**, table wine □ **A t.!**, dinner's ready! □ **Il pranzo è in t.**, dinner is served □ **Il mare è come una t.**, the sea is as smooth as a mill pond.
tavolàccio, *m.* plank-bed.
tavolame, *m.* planking. ● (*edil.*) **t. da rivestimento**, sheeting.
tavolata, *f.* table: **una t. di dieci persone**, a table of ten people.
tavolato, *m.* **1** boarding; (*parete di tavole*) wainscot; (*pavimento di tavole*) planking, wooden floor **2** (*geogr.*) table-land.
tavolétta, *f.* tablet; bar: **una t. di cioccolata**, a bar of chocolate; **una t. di cera**, a wax writing tablet. ● (*geodesia*) **t. pretoriana**, plane-table □ **andare a t.** (*premere a fondo l'acceleratore di un autoveicolo*), to press the accelerator to the floor; to step on the gas (*USA*).
tavolière, *m.* **1** (*scacchiera*) chess-board; draught-board **2** (*geogr.*) table-land.
tavolino, *m.* (small) table: **un t. da gioco**, a card-table; **un t. da notte**, a bedside-table. ● **al t.**, theoretically; in theory; on paper (*fam.*) □ **lavoro di t.**, writing work □ (*fig.*) **stare tutto il giorno a t.**, to study all day long.
tàvolo, *m.* table: **un t. da disegno**, a drawing-table; **un t. da lavoro**, a work-table; **un t. da stiro**, an ironing-table. ● (*tel.*) **t. di commutazione**, switchboard □ (*elab.*) **t. di comando**, (control) console.
tavolóne, *m.* **1** large table **2** (*grosso asse*) thick board; batten.
tavolòzza, *f.* (*arte*) palette. ● (*iron.*, *spreg.*) **Quella donna ha un viso che è una vera t.**, that woman has paint an inch thick on her face.
taxi, *m. invar.* taxi; taxi-cab. ● **t. aereo**, taxiplane; air taxi.
taylorismo, *m.* (*econ.*) Taylorism.
tazza, *f.* **1** cup: **una t. di tè**, a cup of tea; **una t. da tè**, a tea-cup **2** (*vaso del w.c.*) bowl.
tazzétta, *f.* (*bot.*, *Narcissus tazetta*) polyanthus narcissus.
tazzina, *f.* (*piccola tazza, specialm. da caffè*) coffee-cup.
te, *pron. pers. m.* e *f.* 2ª *pers. sing.* **1** (*compl. ogg. e indir.*) you; (*te stesso*) yourself: **Parlo con te**, I am talking to you; **Te l'avevo detto**, I'd told you so; **Lodano (proprio) te**, they are praising you; **Voglio dartelo**, I want to give it (to) you; **Devi farlo da te**, you must do it by yourself; **Devi decidere da te**, you must decide for yourself **2** (*come sogg. in frasi escl. e compar., e come pred.*) you: **Beato te!**, lucky you!; **È ricco come te**, he is as rich as you; **Pareva proprio te**, he really looked like you; **se fossi in te**, if I were you **3** (*particella pron.*, *spesso idiom.*) you: **Te lo dicevo**, I told you so **4** (*fam. pleonastico con valore rafforzativo: è idiom.*): **Te li ricordi!**, do you remember them? ● (**in**) **quanto a te**, as for you □ **secondo te**, in your opinion □ **Tocca a te!**, it's your turn! □ **Tocca a te decidere**, it's up to you to decide.
tè, *m.* **1** (*bot.*, *Thea sinensis*) tea-plant **2** (*bevanda*) tea: **pastine da tè**, tea-cakes; **tè verde**, green tea; **un pacchetto di tè**, a packet of

tea; **una tazza di tè**, a cup of tea; **una tazza da tè**, a tea-cup; **un servizio da tè**, a tea-set; a tea-service; **tè al limone**, tea with lemon; **l'ora del tè**, tea-time; **intervallo per il tè** (*durante il lavoro*), tea-break; **un barattolo per il tè**, a tea-caddy; **sala da tè**, tea-room **3** (*ricevimento*) tea-party: **dare un tè**, to give a tea-party. ● **tè danzante**, thé dansant; tea-dance.

tèa, *a. e f.* — **rosa tea**, tea-rose.

teatino, *m.* (*relig.*) Theatine.

teatràbile, *a.* dramatic; suitable for the stage.

teatrale, *a.* (*anche fig.*) theatrical: **una compagnia t.**, a theatrical company; **uno spettacolo t.**, a theatrical performance; **gesti teatrali**, theatrical gestures. ● **prima t.**, first night.

teatralità, *f.* theatricality.

teatrante, *m. e f.* (*spreg.*) **1** second-rate actor **2** (*fig.: di persona che ama i gesti teatrali*) tub-thumper.

teatrino, *m.* **1** (*teatro in miniatura, per bambini*) toy theatre **2** (*teatro di burattini*) puppet theatre.

teatro, *m.* **1** (*edificio; spettacoli teatrali, attività teatrale*) theatre: **t. popolare**, popular theatre; **t. dialettale**, vernacular theatre; **t. classico**, classical theatre; **t. all'aperto**, open-air theatre **il t. di Shakespeare**, Shakespeare's theatre (*o* plays); **scrivere per il t.**, to write for the theatre (*o* for the stage); **andare a t.**, to go to the theatre; **t. di prosa**, prose theatre; playhouse; **gente di t.**, theatre people; **Mi piace molto il t.**, I like the theatre very much; **il Teatro della Scala**, the Scala Theatre; **la sala del t.**, the theatre hall; **le poltrone del t.**, the theatre stalls; **i palchi del t.**, the theatre boxes; **le gradinate del t.**, the theatre tiers; **il loggione del t.**, the theatre gallery; **prenotare i posti a t.**, to book seats at the theatre **2** (*lo spettacolo*) performance: **Il t. comincia alle ventuno**, the performance begins at nine o'clock p.m. **3** (*il palcoscenico, le scene*) stage; scene: **un eroe da t.**, a stage hero; (*fig.*) **ritirarsi dal t.**, to retire from the stage **4** (*il pubblico*) audience; theatre: **Fu un delirio di tutto il t.**, the whole theatre was in a frenzy **5** (*fig.: luogo d'azione*) scene; site; theatre: **il t. del delitto**, the scene of the crime; **il t. di guerra**, the theatre of war. ● (*med.*) **t. anatomico**, anatomical theatre □ (*mus.*) **t. d'opera** (*o* **lirico**), opera □ (*mus.*) **t. d'operetta**, operetta □ (*cinem.*) **t. di posa**, studio □ **t. di varietà**, variety theatre; music-hall □ **t. gremito**, full house □ **t. mezzo vuoto**, half-empty house □ **frequentatore di teatri**, theatre-goer.

tebàide, *f.* (*fig.: luogo solitario*) desert; solitude: **Questa villa è una t.**, this villa is a desert. ● (*geogr. stor.*) **la T.**, Thebaid.

tebaismo, *m.* (*med.*) thebaism; opiumism.

Tebaldo, *m.* Theobald.

tebano, *a. e m.* Theban.

Tèbe, *f.* (*geogr. stor.*) Thebes.

tèca, *f.* **1** (*per reliquie*) reliquary **2** (*anat.*) theca*. ● (*anat.*) **t. cranica**, brain case.

technicòlor, *m.* (*marchio: cinem.*) technicolor.

Tècla, *f.* Thecla.

tecnèto, tecnèzio, *m.* (*chim.*) technetium.

tècnica, *f.* **1** technique: **la t. del disegno**, drawing technique **2** (*tecnologia*) technics (*pl. col verbo al sing.*). ● **t. elettronica**, electronics (*pl. col verbo al sing.*).

tecnicaménte, *avv.* technically.

tecnicìsmo, *m.* technicality: **Scrivendo, usi troppi tecnicismi**, when writing, you use too many technicalities.

tecnicità, *f.* technicalness; technicality.

tecnicizzare, *v. t.* to technicalize.

tècnico, **A** *a.* technical: **termini tecnici**, technical terms; **cognizioni tecniche**, technical knowledge; **scuola tecnica**, technical school; **istituto t. industriale**, technical school for different sectors of industry. **B** *m.* technician; technicist; engineer: **t. del collaudo**, test engineer; **t. della manutenzione degli ascensori**, lift engineer; **t. della televisione**, television engineer; (*cinem.*) **t. del suono**, sound engineer. ● **t. specializzato**, engineer.

tecnìgrafo, *m.* drafting machine.

tecnòcrate, *m. e f.* technocrat.

tecnocràtico, *a.* technocratic.

tecnocrazìa, *f.* technocracy.

tecnogràfico, *a.* technographic(al).

tecnologìa, *f.* technology: **t. meccanica**, mechanical technology.

tecnològico, *a.* technologic(al): **un dizionario t.**, a technological dictionary.

tecnologizzare, *v. t.* to technologize.

tecnopatìa, *f.* (*med.*) occupational disease.

tecnopolìmero, *m.* (*chim., ind.*) engineering resin.

tecnostruttura, *f.* (*econ.*) technostructure.

téco, *pron. pers.* (*lett.: con te*) with you.

tèda, *f.* (*lett.*) torch: **la teda nuziale**, the bridal torch.

tedescheggiare, *v. i.* to Germanize.

tedésco, *a. e m.* German.

tedescofilìa, *f.* Germanophilia.

tedescòfilo, *a. e m.* Germanophile.

tedescofobìa, *f.* Germanophobia.

tedescòfobo, **A** *a.* Germanophobic. **B** *m.* Germanophobe.

tediare, **A** *v. t.* to bore; to tire; to weary; (*infastidire*) to bother, to annoy: **Ho paura di tediarlo**, I'm afraid of boring him. **tediarsi**, **B** *v. rifl.* to get* bored.

tèdio, *m.* boredom; weariness; tedium: **Era preso da un t. invincibile**, he was in the grip of unspeakable tedium. ● **sentire il t. della vita**, to be bored with life □ **Dopo qualche tempo quel ragazzo mi venne a t.**, after a while I was fed up with that boy.

tediosità, *f.* tediousness; weariness; (*fastidio*) bother, annoyance.

tedióso, *a.* tedious; boring; wearying; (*fastidioso*) bothersome.

tedòforo, *m.* (*lett.*) torch-bearer.

teen-ager (*ingl.*), *m. e f.* teenager; teen-ager; teeny (*fam.*).

tefrite, *f.* (*miner.*) tephrite.

tegame, *m.* **1** saucepan; pan: **pentole e tegami**, pots and pans **2** (*contenuto*) panful. ● **uova al t.**, fried eggs.

tegamino, *m.* (*small*) frying pan.

téglia, *f.* baking-tin; baking-pan.

tégola, *f.* **1** tile: **t. di colmo**, ridge tile; **un tetto di tegole**, a tile roof **2** (*fig.*) blow. ● **Quella lettera fu una t. sulla testa per tuo padre**, that letter was a bolt from the blue for your father.

tegumentale, tegumentàrio, *a.* tegumental; tegumentary.

teguménto, *m.* (*anat., biol.*) integument.

teicoltóre, *m.* tea-grower.

teicoltura, *f.* tea-growing.

teièra, *f.* tea-pot. ● **copri-t.**, tea-cosy.

teìna, *f.* (*chim.*) theine.

teìsmo, *m.* (*filos.*) theism.

teìsta, *m. e f.* (*filos.*) theist.

teìstico, *a.* (*filos.*) theistic(al).

tèk, *m.* (*bot., Tectona grandis*) teak; (*il legno*) teak(wood).

téla, *f.* **1** (*generalm.*) cloth: **t. d'Olanda**, Holland cloth; **t. di iuta**, jute cloth; **t. grezza**, rough cloth; **una pezza di t.**, a roll of cloth; **t. d'amianto**, asbestos cloth; **t. di canapa**, hemp cloth; **tessere la t.**, to weave cloth; **imbiancare la t.**, to bleach cloth; **fare la t.**, to weave cloth **2** (*di canapa o lino: per vele, tende, ecc., o per dipingere*) canvas: **un quadro** (*dipinto*) **su t.**, a picture (painted) on canvas **3** (*dipinto su t.*) painting; canvas: **una t. di Raffaello**, a painting by Raphael **4** (*sipario*) curtain: **Cala la t.**, the curtain drops; **S'alza la t.**, the curtain rises; **alzare la t.**, to raise the curtain; **calare la t.**, to lower the curtain **5** (*autom.: di pneumatico*) ply; warp **6** (*fig.: intreccio di romanzo, ecc.*) plot: **la t. di un romanzo**, the plot of a novel. ● **t. batista**, cambric □ **t. da asciugamani**, towelling □ **t. da camicie**, shirting □ **t. da imballaggio**, packing cloth □ **t. da lenzuola**, sheeting □ **t. da materassi**, ticking □ **t. da sacco**, sackcloth, sacking □ **t. di lino**, linen □ (*fig.*) **la t. di Penelope**, a never-ending (*o* an endless) task □ (*zool.*) **t. di ragno**, spider's web; cobweb □ **t. cerata**, oilcloth □ **t. borse** (*o* **valigie**), bagging □ (*fig.*) **far t.** (*svignarsela*), to slink away; to slip away □ (*tipogr.*) **legatura in mezza t.**, half-cloth binding □ **un libro rilegato in t.**, a cloth-bound book □ (*fig.*) **ordire una t. contro q.**, to plot against sb. □ (*pop.*) **tela!** (*scappa!*), beat it!; scram! (*pop.*).

telàggio, *m.* weaving: **La tinta è buona, ma il t. è difettoso**, the colour is good but the weaving is defective.

telàio, *m.* **1** loom: **un t. meccanico**, a power loom; **un t. per maglieria**, a knitting loom; **un t. a mano**, a hand loom; **battenti del t.**, loom shutters; **il pettine del t.**, the loom card **2** (*struttura, armatura*) frame: **il t. di un letto**, the frame of a bed; **il t. della finestra**, the window frame **3** (*autom.*) chassis* **4** (*tipogr.*) chase. ● **t. da ricamo**, embroidery frame; tambour.

telamóne, *m.* (*archit.*) telamon*.

telato, *a.* linen (*attr.*): **carta telata**, linen paper.

teleabbonato, *m.* television licence-holder.

telearma, *f.* (*mil.*) guided weapon; missile.

teleautògrafo, *m.* teleautograph.

telebórsa, *f.* (*banca*) stock ticker.

telebùssola, *f.* (*naut.*) remote-indicating compass.

telecabina, *f.* cable-car.

telecàmera, *f.* television camera; telecamera. ● **a portata della t.**, on-camera □ **fuori portata della t.**, off-camera.

telecinematografìa, *f.* telecine; TV films (*o* movies).

telecinèsi, *f.* (*occultismo*) telekinesis*.

telecinètico, *a.* (*occultismo*) telekinetic.

telecomandare, *v. t.* to operate by remote control.

telecomandato, *a.* remote-controlled.

telecomando, *m.* remote (*o* distant) control; telecontrol.

telecompositrice, *f.* (*tipogr.*) teletypesetter.

telecomunicazióne, *f.* telecommunication.

teleconferènza, *f.* telelecture.

telecopiatrice, *f.* telecopier.

telecrònaca, *f.* telecast; newsreel.

telecronista, *m. e f.* TV (*o* television) commentator; telecaster. ● **t. di collegamento**, anchorman*.

telediffóndere, v. t. to telecast*.
telediffusióne, f. television broadcasting; telecast.
teledramma, m. teleplay.
teleelaborazióne, f. (elab.) teleprocessing.
telefax n. (tel.) fax; facsimile.
telefèrica, f. aerial railway; telpher; cableway. ● **t. a va e vieni**, jig-back.
telefèrico, a. telpher (attr.); cableway (attr.).
teleferista, m. telpher operator; telpherman*.
telefilm, m. telefilm.
telefonare, v. t. e i. to telephone; to phone; to ring* up (fam.): **Mi ha telefonato che verrà**, he phoned me that he would come; **Se non puoi venire, telefonami**, if you cannot come, ring me up. ● **Ti telefonerò**, I shall give you a ring □ **Provai a telefonarti**, I tried to get you on the 'phone.
telefonata, f. (telephone) call; ring (fam.): **una t. interurbana**, a long-distance call; a trunk-call; a toll call; **una t. urbana**, a local call; **Fammi una t.**, give me a ring.
telefonia, f. telephony: **t. senza fili**, wireless telephony.
telefonicaménte, avv. by telephone; by phone; on (o over) the phone.
telefònico, a. telephonic; telephone (attr.): **una trasmissione telefonica**, a telephonic transmission; **una cabina telefonica**, a telephone kiosk; a call-box; **un impianto t.**, a telephone installation; **servizio t.**, telephone service; **una comunicazione telefonica**, a telephone call; **un elenco t.**, a telephone directory; **rete telefonica**, telephone network. ● **apparecchio t.**, telephone.
telefonista, m. e f. 1 (di centrale telefonica) (telephone) operator 2 (negli uffici, ecc.) telephonist; attendant of call office.
telèfono, m. 1 telephone (abbr. fam.: phone): **un t. pubblico**, a public telephone; **un t. automatico**, an automatic telephone; **t. a gettoni**, coin-box telephone; pay phone (USA); **t. senza fili**, wireless telephone; **t. a tastiera**, push-button telephone; **il ricevitore del t.**, the telephone receiver; **fili del t.**, telephone wires; **un colpo di t.**, a telephone call; a buzz (pop. USA); **un impiegato del t.**, a telephone employee; **Avete il t.?**, are you on the telephone?; **Vi vogliono al t.**, you are wanted on the telephone; **Chi ha risposto al t.?**, who answered the telephone (bell)? 2 (servizio pubblico) telephone service. ● **«t. amico»**, crisis center □ **t. duplex**, party-line □ **t. interno**, extension (phone); interphone □ **chiamare q. al t.**, to telephone sb.; to ring sb. up □ **elenco degli abbonati al t.**, telephone directory.
telefòto, f. invar. telephoto*; telefacsimile.
telefotografia, f. 1 (il sistema) telephotography 2 (l'immagine trasmessa) telephotograph.
telefotogràfico, a. telephotographic.
telefotometria, f. (ottica) telephotometry.
telefotòmetro, m. telephotometer.
telegènico, a. telegenic.
telegiornale, m. television news(-reel); news (fam.).
telegrafare, v. t. e i. to telegraph; to wire (fam.); (per cavo sottomarino) to cable.
telegrafia, f. telegraphy: **la t. senza fili**, wireless telegraphy.
telegraficaménte, avv. 1 by telegram; telegraphically 2 (fig.) briefly; concisely; tersely.
telegràfico, a. 1 telegraphic; telegraph (attr.): **un messaggio t.**, a telegraphic message; **filo t.**, telegraph wire; **servizio t.**, telegraph service 2 (fig.) brief; concise; terse: **stile t.**, concise style. ● **dispaccio t.**, telegram.
telegrafista, m. e f. 1 telegraph operator; telegraphist 2 (mil.) signaller.
telègrafo, m. 1 telegraph: **fili del t.**, telegraph wires; **pali del t.**, telegraph poles 2 (ufficio) telegraph office. ● **per t.**, by wire.
telegramma, m. telegram; wire (fam.); (per cavo sottomarino) cable: **un t. con risposta pagata**, a reply-paid telegram; **trasmettere un t.**, to transmit a telegram; **ricevere un t.**, to receive a telegram; **un t. ordinario**, an ordinary-rate telegram.
teleguida, f. **teleguidare**, **teleguidato**, V. **telecomando**, **telecomandare**, **telecomandato**.
telelibera, f. private television broadcasting station.
Telèmaco, m. (letter.) Telemachus.
telemàtica, f. telematics (pl. col verbo al sing.).
telemeccànica, f. telemechanics (pl. col verbo al sing.).
telemeccànico, a. telemechanic.
telemedicina, f. (med.) telemedicine.
telemetria, f. telemetry; range-finding.
telemètrico, a. telemetric(al).
telemetrista, m. telemetrist; range-taker.
telèmetro, m. telemeter; range-finder.
telemisura, f. telemetering.
telencèfalo, m. (anat.) telencephalon.
telenovela (portoghese), s. f. soap opera.
teleobiettivo, m. (fotogr.) telephoto lens. ● **fotografia con il t.**, telephotography.
teleologia, f. (filos.) teleology.
teleològico, a. (filos.) teleologic(al).
teleòstei, m. pl. (zool., Teleostei) teleosts.
telepatìa, f. telepathy.
telepàtico, a. telepathic.
teleproiètto, m. (mil.) guided weapon; missile.
telequiz, m. TV quiz; telequiz.
teleradiotrasméttere, v. t. to simulcast*; to broadcast* simultaneously on radio and television.
teleria, f. linen goods (pl.). ● **negozio di t.**, draper's shop.
telericevènte, **A** a. television receiving. **B** f. television receiving station.
teleriscaldaménto, m. district heating.
teleromanzo, m. telecast novel; (a puntate) television serial.
teleruttóre, m. (fis.) remote-control switch. ● **t. di avviamento**, solenoid starter.
teleschérmo, m. telescreen; television screen.
telescopia, f. telescopy.
telescòpico, a. telescopic: (fotogr.) **mirino t.**, telescopic range-finder.
telescòpio, m. telescope. ● (mecc.) **a t.**, telescopic.
telescrivènte, f. teleprinter; teletypewriter. ● **sistema di telescriventi**, teleprinting system.
telescriventista, m. e f. teletypist.
telescuòla, f. teleschool.
teleselettivo, a. (tel.) direct dialling (attr.).
teleselezióne, f. (tel.) direct dialling system (for trunk-calls). ● **telefonata in t.**, self-dialled call.
telesisma, m. (geofisica) teleseism.
telesismologia, f. (geofisica) teleseismology.
telespettatóre, m. televiewer.
telestampatrice, f. (elab.) teleprinter.
telestesìa, f. tel(a)esthesia.
teletrasméttere, v. t. to televise; to telecast*; to broadcast* (by television). ● **t. via cavo**, to cablecast.
teletrasmettitóre, m. television transmitter; telecaster. ● **t. via cavo**, cablecaster.
teletrasmissióne, f. telecast. ● **t. via cavo**, cablecast.
teletrasmittènte, **A** a. television broadcasting (attr.). **B** f. television broadcasting station.
telétta, f. (ind. tessile) sliver.
teleutènte, m. e f. television licence-holder.
televisióne, f. 1 television: **t. a colori**, colour television; **guardare la t.**, to watch television; **vedere q.c. alla t.**, to see st. on television; **spettacolo in onda alla t.**, television programme 2 (televisore) television set; TV set; television; box (fam.); telly (fam.).
televisivo, a. television (attr.): **trasmissioni televisive**, television programmes. ● **originale t.**, teleplay.
televisóre, m. television set; TV set; television; box (fam.); telly (fam.). ● **t. su grande schermo**, theatre television.
tèlex, m. telex. ● **trasmettere a mezzo t.**, to telex.
telferàggio, m. telpherage.
tellina, f. (zool.) clam.
tellùrico (1), a. (geol.) telluric: **movimenti tellurici**, telluric movements.
tellùrico (2), a. (chim.) telluric.
tellùrio, m. (chim.) tellurium.
télo, m. length of material: **una sottana a tre teli**, a skirt made from three lengths of material. ● **t. di salvataggio** (o **da salto**) (dei pompieri), safety (o jumping) net.
telóne, m. 1 (per proteggere merce, ecc.) tarpaulin 2 (teatr.) curtain; screen: **calare il t.**, to lower the curtain.
teloslitta, f. (dei pompieri) canvas chute.
tèma (1), m. 1 (argomento) subject; topic; theme: **il t. di un discorso**, the theme of a speech; **uscire di t.**, to wander off the subject; **stare** (o **attenersi**) **al t.**, to keep to the subject (o point) 2 (scolastico) essay; composition: **t. in classe**, class essay; **svolgere un t.**, to write an essay; **dare un t.**, to set an essay 3 (mus.) theme 4 (linguistica) theme; stem. ● **fuori t.**, not to the point.
tèma (2), f. (lett.: timore) fear: **per t. di**, for fear that; lest: **Corsero via per t. di essere veduti**, they ran away lest they should be seen.
temàtica, f. (letter., polit., ecc.) (main) themes (pl.).
temàtico, a. 1 (anche mus.) thematic: **una variazione tematica**, a thematic variation; **una guida tematica**, a thematic catalogue 2 (linguistica) thematic; of the stem: **la vocale tematica**, the thematic vowel.
temerariaménte, avv. rashly; recklessly; foolhardily; temerariously.
temerarietà, f. rashness; recklessness; foolhardiness; temerity.
temeràrio, **A** a. rash; reckless; foolhardy; temerarious: **una risposta temeraria**, a rash reply; **un giudizio t.**, a rash judgment; **I**

coraggiosi non sono temerari, the brave are not reckless. **B** *m.* rash person; dare-devil.

temére, A *v. t.* **1** to fear: **Temo che gli dispiaccia**, I fear it will displease him; **Temo di non vederti contento**, I fear I shan't see you happy; **C'è da t. che abbia cambiato opinione**, it's to be feared that he has changed his mind; **t. la morte**, to fear death; **Ama e teme Dio**, he loves and fears God; **Teme il freddo**, he fears (*o* he cannot stand) the cold; **t. il castigo di Dio**, to fear God's wrath **2** (*avere paura di*) to be afraid (of): **Non t.!**, don't be afraid!; **Temo che sia già partito**, I'm afraid he will already have gone; **Temo di sbagliare**, I am afraid of making a mistake; **Temo di non riuscire**, I'm afraid I shan't succeed; **Temevo d'incomodarvi**, I was afraid of disturbing you; **Non vi temo**, I'm not afraid of you; **Temeva d'essere sgridato**, he was afraid of being scolded; **Temo di far peggio**, I am afraid of making things worse **3** (*rifuggire da*) not to be able to stand; to suffer from; to be afraid: **piante che temono il freddo**, plants that can't stand the cold. **B** *v. i.* **1** to fear: **t. per la salvezza di q.**, to fear for sb.'s safety; **Non t. di nulla!**, never fear! **2** to be afraid: **Temo di sì**, I am afraid so; **Temo di no**, I am afraid not. ● **t. delle proprie forze**, to mistrust one's strength □ **t. della vittoria**, to be doubtful of victory □ **t. di se stesso**, to have no self-confidence □ **non t. le difficoltà**, to be undaunted by difficulties □ **Teme la luce** (*scritto su bottiglie, ecc.*), keep in a dark place; do not expose to light □ **Teme l'umidità** (*scritto su casse, ecc.*), keep dry; store in a dry place □ **Teme il calore** (*scritto su bottiglie, ecc.*), keep cool.

temerità, *f.* temerity.

Tèmi, *f.* (*mitol.*) Themis.

temìbile, *a.* to be feared; dangerous.

Temistocle, *m.* (*stor.*) Themistocles.

tèmolo, *m.* (*zool.*, *Thymallus thymallus*) grayling.

tempàccio, *m.* nasty weather.

tempàrio, *m.* (*ind.*) time-study handbook.

tèmpera, *f.* **1** (*metall.*) hardening: **t. in bianco**, bright hardening **2** (*metall.*: *la proprietà*) temper: **Questo metallo ha una buona t.**, this metal has a good temper **3** (*pitt.*) tempera; distemper. ● (*metall.*) **acciaio di buona t.**, well-tempered steel □ **dipingere a t.**, to distemper □ **ritratto a t.**, tempera portrait; distemper.

temperalapis, temperamatite, *m.* pencil-sharpener.

temperaménto, *m.* **1** temperament; disposition: **un t. irrequieto**, a restless disposition; **un t. artistico**, an artistic temperament; **un t. linfatico**, a lymphatic temperament; **un t. romantico**, a romantic disposition; **un t. nervoso**, a nervous temperament **2** (*forza di carattere*) temperament; character **3** (*fig.*: *mitigazione*) tempering; (*compromesso*) compromise, arrangement: **Bisogna trovare un t.**, a compromise must be found; **t. al rigore**, tempering of rigour. ● **t. al dolore**, relief from pain.

temperante, *a.* temperate; moderate.

temperateménte, *avv.* temperately; with moderation.

temperanza, *f.* temperance; moderation; self-control: **t. a tavola**, self-control at table; **Ci vuole un po' di t. nel bere**, one must have moderation in drinking.

temperare, A *v. t.* **1** (*frenare*) to control; to moderate; to temper: **t. le passioni**, to control one's passions; **t. l'ira**, to moderate one's anger **2** (*metall.*) to temper; to harden: **t. l'acciaio**, to temper steel **3** (*affilare*) to sharpen: **t. una matita**, to sharpen a pencil **4** (*pitt.*: *i colori*) to blend*; to mix. **temperarsi, B** *v. rifl.* (*contenersi*) to be moderate; to be temperate: **t. nel bere**, to be moderate in drinking. ● **t. il vino con l'acqua**, to water down wine.

temperato, *a.* **1** temperate; moderate: **un uomo t. nel mangiare**, a man moderate in eating; (*geogr.*) **una zona temperata**, a temperate zone **2** (*metall.*) tempered: **acciaio ben t.**, well-tempered steel **3** (*affilato*) sharpened: **una matita temperata**, a sharpened pencil **4** (*pitt.*: *dei colori*) blended; mixed. ● **cuocere q.c. a fuoco t.**, to simmer st. □ **vino t. con acqua**, watered-down wine.

temperatura, *f.* temperature: **misurare la t. a un malato**, to take a sick person's temperature; **Ha qualche linea di t.**, he has a slight temperature; **un abbassamento (un rialzo) di t.**, a fall (a rise) in temperature; **uno sbalzo di t.**, a sudden change in temperature; **la t. dell'aria**, the temperature of the air; **t. ambiente**, room temperature; (*chim.*, *fis.*) **t. critica**, critical temperature; (*chim.*, *fis.*) **t. assoluta**, absolute temperature; (*metall.*) **t. di colata**, tapping temperature; (*fis.*) **t. di congelamento**, freezing temperature; (*fis.*) **t. di ebollizione**, boiling temperature; (*chim.*, *fis.*) **t. di condensazione**, dew point □ (*fis.*) **t. di fusione**, melting point.

tempèrie, *f.* (*anche fig.*) climate.

temperino, *m.* **1** penknife*; pocket-knife* **2** (*temperamatite*) pencil-sharpener.

tempèsta, *f.* **1** storm; tempest: **essere travolto dalla t.**, to be swept away by the storm; **La t. si è calmata**, the storm has blown over; **La t. infuria**, the storm is raging; **Si scatenò la t.**, the storm burst out; **La t. s'avvicina**, the storm is drawing near **2** (*fig.*: *grave turbamento*) storm; turmoil; whirl: **un cuore in t.**, a heart in turmoil; **Fu una t. in un bicchiere d'acqua**, it was a storm in a teacup **3** (*fig.*: *gragnuola*) shower; hail: **una t. di sassi**, a shower of stones; **una t. di pugni**, a shower of blows. ● **t. di grandine**, hailstorm □ **t. di sabbia**, sandstorm □ **t. di vento**, windstorm □ (*naut.*) **fuggire la t.**, to scud □ **Il mare è in t.**, the sea is stormy □ **Oggi fa t.**, it is stormy today □ **Il tempo minaccia t.**, the weather looks threatening.

tempestare, A *v. i.* to storm; to rage (*anche fig.*): **Tempestò tutta la notte**, it stormed all night. **B** *v. t.* **1** to batter; to storm (*anche fig.*): **Prese un sasso e cominciò a t. la porta**, he took a stone and began to batter the door; **Le nostre batterie tempestavano di colpi il nemico**, our troops were storming the enemy with blows **2** (*ornare fittamente*) to stud. ● **t. q. di domande**, to storm sb. with questions □ **t. q. di lettere**, to inundate sb. with letters □ **Lo tempestò di pugni**, he rained blows on him.

tempestato, *a.* (*ornato fittamente*) studded: **un cielo t. di stelle**, a star-studded sky; **un bel monile t. di diamanti**, a diamond-studded necklace.

tempestio, *m.* (*fig.*) shower; hail: **un t. di pugni**, a shower of blows. ● **un t. di domande**, a running fire of questions.

tempestivaménte, *avv.* opportunely; at the right moment.

tempestività, *f.* opportuneness; timeliness.

tempestivo, *a.* opportune; timely.

tempestóso, *a.* (*anche fig.*) stormy; tempestuous: **un mare t.**, a stormy sea; **un cielo t.**, a stormy sky; **una riunione tempestosa**, a stormy (*o* tempestuous) meeting.

tèmpia, *f.* (*anat.*) temple: **Gli battevano le tempie**, his temples were beating; **Fu ucciso da una sassata in una t.**, he was killed by a blow on the temple; **Vai facendo le tempie grigie**, you are going grey at the temples.

tempificare, *v. t.* to time; to schedule.

tèmpio, *m.* **1** (*non cristiano, anche fig.*) temple: **il t. di Giove**, the temple of Jove; **il t. della giustizia**, the temple of justice **2** (*chiesa*) church; temple. ● **t. ebraico**, synagogue.

tempismo, *m.* **1** sense of rhythm **2** (*fig.*, *sport*) (good) sense of timing.

tempista, *m.* e *f.* **1** (*mus.*) good timekeeper; timist **2** (*tecnico addetto alla rilevazione dei tempi*) time recorder (*o* taker); timer **3** (*fig.*, *sport*) person (player, politician, etc.) with a (good) sense of timing.

templare, *m.* (*stor.*) Templar.

tèmpo, *m.* **1** time: **il t. dello studio**, study time; **il t. del lavoro**, work time; **t. libero**, free time; spare time; **t. massimo**, maximum time; (*sport*) time-limit; **il t. medio**, the average time; **t. solare**, solar time; **t. vero**, actual time; (*sport*) **t. scaduto**, full time; **arrivare in t.**, to arrive in time; **guadagnare t.**, to gain time; **un intervallo di t.**, an interval of time; **passare il t. a giocare**, to pass the time playing; **nato prima del t.**, born before one's time; **ricuperare il t. perduto**, to make up for lost time; **spazio di t.**, space of time; **Il t. fugge** (*o* **vola**), time flies; **Il t. stringe**, time is getting short; **Ogni cosa a suo t.**, everything at the right time; **Dove l'ho il t.?**, where can I find the time?; **non avere un momento (un bricciolo) di t.**, not to have a moment's time (a scrap of time); **Non ho t. da perdere in chiacchiere**, I can't waste time chatting; **Non ho t. di rispondergli**, I've no time to answer him; **Fu detto a suo t.**, it was said at the proper time; **Ci vuole t.**, it takes time; **Come si faceva un t.**, as was the fashion at one time; **Non c'è da mettere t. in mezzo**, there's no time to lose; **Non c'è il t. materiale per avvertirlo**, there isn't time to warn him **2** (*epoca, età*) time (*spesso al pl.*); days (*pl.*); age; period: **ai tempi della regina Elisabetta**, in Elizabethan times; **coi tempi che corrono**, in these times; in this day and age; **Bisogna adattarsi ai tempi**, one must move with the times; **nella notte dei tempi**, in the most ancient times; **Oh beati quei tempi!**, those were the days!; **ai miei tempi**, in my time **3** (*periodo del servizio militare, della prigionia*) term; time: **Ha già fatto metà del suo t. dentro**, he's already served half his time **4** (*stagione*) season: **il t. della nidificazione**, the nesting season; **il t. della mietitura**, the harvest season; **il t. della caccia**, the hunting season; **a mezzo t.**, at the turn of the season **5** (*atmosferico*) weather: **t. bello (piovoso, sereno)**, good (rainy, clear) weather; **t. costante (variabile)**, stationary (changeable) weather; **t. infernale** (*o* **da lupi, da cani**), filthy (*o* nasty) weather; **le previsioni del t.**, the weather forecast (*sing.*); **Il t. cambia**, the weather is changing; **Il t. regge** (*o* **si mantiene**), the weather is stationary; **Oggi c'è un t. primaverile**, today it's Spring weather; **Se il t. lo permette**, weather permitting; **Vuoi uscire con questo t.?**, do you want to go out in this weather? **6** (*mus.*) time: **t. di valzer**, waltz time; **andare a t.**, to keep time; **battere il t.**, to beat time **7** (*mus.*: *battuta*) beat: **affrettare** (*o* **stringere**) **il t.**, to quicken the beat; **allargare** (*o* **allentare**) **il t.**, to slacken the beat; **andare**

tèmpora

(*o* **entrare**) **fuori t.**, to miss the beat; **entrare in t.**, to start on the beat **8** (*fase*) stage; phase: **L'operazione fu eseguita in due tempi**, the operation was performed in two stages **9** (*parte*) part: **Comincia ora il secondo t. del film**, the second part of the film is beginning **10** (*gramm.*) tense: **t. presente**, present tense; **t. passato**, past tense. ● **un t.**, once; long ago □ **t. addietro**, a short time ago □ **t. d'estate**, summertime □ **t. d'inverno**, wintertime □ (*fotogr.*) **t. di posa**, exposure time □ **t. di primavera**, springtime □ **t. fa**, some time ago □ (*relig.*) **t. pasquale**, Easter-tide □ **t. pieno**, full-time: **un lavoro a t. pieno**, a full-time job; **lavorare a t. pieno**, to work full time □ (*relig.*) **t. quaresimale**, Lent □ **essere all'altezza dei tempi**, to be up to date □ **a miglior t.**, some other time □ **a un t.** (*nello stesso tempo*), at the same time □ **a t. e luogo**, at the right time and in the right place □ **a t. perso**, in one's spare time □ **al t. dei tempi**, long ago □ (*fig.*) **al t. che Berta filava** (*o del re Pipino*), in days of old □ **al t. di Pio Nono**, in the days of Pius IX □ **aver fatto il proprio t.**, to be out of date □ **il buon t. antico** (*o andato*), the good old days □ (*fig.*) **buttare via il t.**, to waste one's time □ **col t.** (*o con l'andare del t.*), (*rif. al passato*) as time passed; (*rif. al futuro*) in time, as time passes □ **da quanto t.?**, how long?: **Da quanto t. studi l'inglese?**, how long have you been learning English? □ **darsi al (o al buon) t.**, to have a good time □ **da t.**, for some time: **È sposato da t.**, he has been married for some time □ **da t. immemorabile**, from time immemorial □ **di notte**, **t.**, by night □ **fare a** (*o* **in**) **t.**, to be in time □ **fin dal t. di...**, from the time of... □ **fin dal t. di Noè**, since the Flood □ **gente del t. antico**, people of old □ **in un anno di t.**, in a year's time □ (*fig.*) **ingannare** (*o* **ammazzare**) **il t.**, to kill time □ **in questi ultimi tempi**, lately □ **in t. di guerra**, in wartime □ **in t. di pace**, in peacetime □ **in t. utile**, in time; within the time-limit □ **essere in t. per** (*o* **a**) **fare q.c.**, to be in time to do st. □ (*fig.*) **lasciar correre il t.**, to let time pass □ (*fig.*) **marciare con i tempi**, to keep up with the times □ **molto t.**, a long time yonks (*fam.*) □ **nei ritagli di t.**, in one's spare time □ **nel più breve t. possibile**, as quickly as possible □ **nel t. che fu**, in the past □ **nello stesso t.**, at the same time □ **per qualche t.**, for some time □ **per t.**, early □ **poco t. dopo**, a little later □ (*fig.*) **precorrere i tempi**, to be ahead of one's time □ **quando sarà il t. delle quaglie**, when the quails are on the wing □ **quando sarà il t. delle rose**, when the roses are in bloom □ **È t. di andare**, it's time to go □ **È** (**proprio**) **t. che tu parta**, it's (high) time you started □ **C'è t.**, there's plenty of time! □ **È t. di finirla!**, it's time to stop it! □ **È del suo t.** (*ha la stessa età*), he is about the same age □ **L'uomo fu creato nel t.**, man was created mortal □ **Non è più t.**, it's too late □ **Pagherà centomila lire t. un mese**, he'll pay a hundred thousand lire within a month □ **Quanto t. c'è alla nostra partenza?**, how long will it take before we leave? □ **Quanto t. ci vuole per andarci?**, how long does it take to go there? □ **Sono cose di ogni t.**, these are timeless things □ **Bisogna saper cogliere il t.**, one must take advantage of opportunity (*prov.*) □ **Col t. e con la paglia si maturano le nespole**, time and straw make medlars ripe □ (*prov.*) **Il t. è galantuomo**, time will show □ (*prov.*) **Il t. guarisce tutti i mali**, time is a great healer □ (*prov.*) **Il t. viene per chi sa aspettare**, everything comes to him who waits □ (*prov.*) **Dai t. al t.**, patience is a virtue □ (*prov.*) **Chi ha t. non aspetti t.**, make hay while the sun shines.

tèmpora, *f. pl.* – (*relig.*) **le quattro t.**, the Ember Weeks.

temporale (1), *a.* (*anat.*) temporal: **la regione t.**, the temporal region.

temporale (2), **A** *a.* **1** (*anche gramm.*) temporal; of time: **un avverbio t.**, a temporal adverb; an adverb of time **2** (*relig.*) temporal; (*terreno*) worldly, earthly temporal: **beni temporali**, temporal (*o* worldly) goods; **potere t. e spirituale**, temporal and spiritual powers. **B** *f.* (*gramm.*) **proposizione t.**) time clause.

temporale (3), *m.* thunder-storm; storm: **Fu colto dal t.**, he was caught in the storm; **Il t. si scaricò lontano**, the storm burst in the distance; **Minaccia un t.**, a storm is threatening.

temporalésco, *a.* stormy. ● **nubi temporalesche**, storm clouds.

temporalismo, *m.* (*polit.*) (advocacy of the) temporal power of the Church.

temporalità, *f.* **1** temporality **2** (*pl., relig.*) temporalities.

temporaneaménte, *avv.* temporarily.

temporaneità, *f.* temporariness.

temporàneo, *a.* **1** (*provvisorio*) temporary; provisional: **beneficio t.**, temporary benefit **2** (*passeggero*) passing; transitory.

temporeggiaménto, *m.* temporization; procrastination.

temporeggiare, *v. i.* to temporize; to procrastinate.

temporeggiatóre, *m.* temporizer; procrastinator. ● **Fabio Massimo il T.**, Fabius Maximus Cunctator.

temporibus illis (*lat.*), *locuz. avv.* long ago; in days of old; in olden times, in days of yore (*lett.*).

temporizzare, *v. t.* (*mecc.*) to time.

temporizzatóre, *m.* (*elettr.*) timer.

temporizzazióne, *f.* (*mecc.*) timing.

tèmpra, *f.* **1** (*metall.*) tempering; hardening; quenching **2** (*fig.*) temperament; fibre: **un uomo di t. robusta**, a man of strong fibre **3** (*rif. a voce umana, a strumento*: timbro) timbre.

temprare, **A** *v. t.* **1** (*metall.*) to temper; to harden; to quench **2** (*fig.*) to strengthen. **temprarsi**, **B** *v. rifl.* (*diventare più forte*) to strengthen; to become* stronger.

tenace, *a.* **1** (*di cose*) tenacious; strong; tough: **un metallo t.**, a tough metal; **filo t.**, strong thread **2** (*fig.: di persone*) tenacious; strong-minded; firm; persevering: **un uomo t.**, a strong-minded man **3** (*fig.: saldo*) tenacious: **una memoria t.**, a tenacious (*o* retentive) memory. ● **amicizia t.**, binding friendship □ **colla t.**, thick glue □ **proposito t.**, stubborn purpose □ **Conservava la speranza t. di rivederla**, he clung to the hope of seeing her again.

tenaceménte, *avv.* tenaciously; firmly; (*con perseveranza*) perseveringly.

tenàcia, *f.* tenacity; tenaciousness; strong-mindedness; firmness.

tenacità, *f.* toughness.

tenàglia, *f.* **1** pincers (*pl.*); tongs (*pl.*): **un paio di tenaglie**, a pair of pincers **2** (*pl., pop.: chele*) pincers; nippers. ● **a t.**, pincer-shaped □ (*mil.*) **movimento a t.**, pincer movement □ (*fig.*) **Ci sono volute le tenaglie per levargli una parola di bocca**, one had to drag every word out of him.

tènar(e), *a.* – (*anat.*) **eminenza t.**, thenar eminence.

tènda, *f.* **1** (*da campo*) tent: (*mil.*) **una t. da campo**, a field tent; **una t. conica**, a bell-tent; (*dei pellirosse*) a tepee; **una t. da spiaggia**, a beach tent; **levare le tende**, to strike tents; (*fig.*) to pack up (and go); **piantare una t.**, to pitch a tent **2** (*di finestra, ecc.*) curtain: **tirare la t.**, to draw the curtain **3** (*all'esterno, sul ponte di una nave, ecc.*) awning: **Mise una t. sull'uscio della bottega**, he put up an awning at the shop door. ● (*med.*) **t. a ossigeno**, oxygen-tent □ **t. alla veneziana**, Venetian blind; window shade (*USA*) □ (*mil.*) **dormire sotto la t.**, to sleep under canvas □ (*fig.*) **piantare le tende**, to settle down; to take up one's residence.

tendàggio, *m.* curtaining; curtains (*pl.*).

tendènza, *f.* **1** (*attitudine*) tendency; bent; inclination; leaning: **Ha t. per la pittura**, he has a bent for painting; **dimostrare t. allo studio**, to show an inclination for study **2** (*orientamento*) trend (*anche econ.*); drift: **la t. del pensiero moderno**, the trend of modern thought; **t. di mercato**, market trend. ● **t. al rialzo**, (*Borsa*) bullish tendency; bullishness; (*econ.*) upward (*o* rising) trend; uptrend; upturn □ **t. al ribasso**, (*Borsa*) bearish tendency; bearishness; (*econ.*) downward (*o* falling) trend; downtrend; downturn □ **Il tempo ha t. a migliorare**, the weather is tending to improve.

tendenziale, *a.* tendential.

tendenziosaménte, *avv.* tendentiously.

tendenziosità, *f.* tendentiousness.

tendenzióso, *a.* tendentious: **informazioni tendenziose**, tendentious information. ● (*specialm. leg.*) **domanda tendenziosa**, leading question.

tènder (*ingl.*), *m.* (*ferr.*) tender.

tèndere, **A** *v. t.* **1** to stretch (out); to hold* out: **t. le braccia a q.**, to hold out one's arms to sb.; **t. le braccia per prendere q.c.**, to stretch out one's arms for st.; **t. il collo**, to stretch (*o* to crane) one's neck; **t. la mano a q.**, to hold out (*o* to stretch out) one's hand to sb.; (*fig.*) to offer sb. a helping hand **2** (*mettere in tensione*) to stretch; to tighten; to strain; to pull* (*st.*) tight; to make* (*st.*) taut: **t. una molla**, to stretch a spring; **t. le redini**, to tighten the reins; **t. le corde di un violino**, to tighten the strings of a violin; **t. una fune fino a spezzarla**, to strain a rope till it breaks (*o* to breaking point); **t. una corda**, to pull a cord tight (*o* to make a cord taut) **3** (*distendere*) to lay*; to spread*: **t. le reti al paretaio**, to lay the nets in a bird-trap; (*anche fig.*) **t. un'insidia**, to lay a snare. **B** *v. i.* **1** to tend; to trend; (*essere incline*) to be inclined; to lean*: **I prezzi tendono a salire**, prices are trending upwards; **L'industria tende ad accentrarsi in questa regione**, industry tends to centre in this region; **Questo ragazzo per natura tende all'ozio**, this boy is inclined by nature to be lazy; **t. a ingrassare**, to be inclined to grow fat; (*polit.*) **t. a sinistra** (**a destra**), to lean to the left (to the right) **2** (*aspirare, mirare*) to intend; to aim: **Tende a riunirsi con la moglie**, he intends to go back to his wife; **Tende a diventare senatore**, he aims at becoming senator; **Tende a diventare ricco**, he aims at becoming rich. ● **t. a una meta**, to have an aim □ **t. un arco**, to bend (*o* to draw) a bow □ **t. a mare a q.c.**, to apply one's mind to st. □ **t. l'orecchio a un rumore**, to prick up one's ears at a sound □ **t. i panni ad asciugare**, to hang the clothes out to dry □ **t. la pelle di un tamburo**, to brace a drum □ **t. le reti** (*per pescare*), to cast the nets □ **t. lo sguardo**, to screw up one's eyes □ (*anche fig.*) **t. una trappola**, to set a trap □ **un colore che tende al giallo**, a yellowish colour □ **Questo colore tende al**

verde, this colour verges on green □ **Questo vino tende al dolce**, this wine is on the sweet side □ **Il tempo tende al brutto**, the weather looks bad.

tendicaténa, *m. invar.* (*mecc.*) chain stretcher.
tendicinghia, *m. invar.* (*mecc.*) belt tightener.
tendicòllo, *m. invar.* collar-stiffener.
tendifilo, *m. invar.* (*ind. tessile*; *nella macchina per cucire*) thread-tensioner.
tendina, *f.* curtain.
tèndine, *m.* (*anat.*) tendon; sinew.
tendineo, *a.* (*anat.*) tendinous.
tendinite, *f.* (*med.*) tendinitis, tendonitis.
tendiscarpe, *m.* shoe-tree.
tenditóre, *m.* (*mecc.*) turnbuckle.
tendóne, *m.* awning (*di circo*) tent: **Un grandissimo t. copriva l'anfiteatro**, the amphitheatre was covered with a huge awning.
tendòpoli, *f.* camp; canvas town.
tènebre, *f. pl.* **1** darkness, dark, gloom (*sing.*): **folte t.**, thick darkness; heavy gloom; **le t. della notte**, the darkness of the night; **l'angelo delle t.**, the angel of darkness; (*fig.*) **le t. del medioevo**, the darkness of the Middle Ages **2** — (*relig.*) **ufficio delle t.**, office of Tenebrae. ● **al cadere delle t.**, at nightfall; at dusk □ **È un fatto avvolto nelle t.**, it's a fact wrapped in mystery.
tenebrosaménte, *avv.* darkly; gloomily; obscurely; (*misteriosamente*) mysteriously.
tenebrosità, *f.* **1** darkness; gloom; murkiness **2** (*fig.*) darkness; mystery; obscurity; secrecy.
tenebróso, *a.* **1** tenebrous; dark; gloomy; murky: **una notte tenebrosa**, a gloomy night **2** (*fig.*) dark; mysterious; obscure; secret: **intrighi tenebrosi**, dark intrigues.
tenènte, *m.* (*mil.*) lieutenant: **t. colonnello**, lieutenant-colonel; **t. di vascello**, sub-lieutenant.
tenènza, *f.* lieutenancy.
teneraménte, *avv.* tenderly; softly; fondly; lovingly.
tenére, **A** *v. t.* **1** (*t. in o per mano*; *t. stretto, trattenere*; *sostenere, reggere*; *occupare, ecc.*; e *fig.*) to hold*: **t. q.c. fermo**, to hold st. steady; **t. stretto** (*o* **forte**) **q.c.**, to hold st. tightly; **t. il cappello in mano**, to hold one's hat in one's hand; **t. q. per mano**, to hold sb. by the hand; **t. un bambino in braccio**, to hold a baby in one's arms; **Tieni il cane, ché il bambino ha paura**, hold the dog because the child is frightened; **Tienimi la scala**, hold the ladder for me; **uno strato di cemento che tiene l'acqua**, a layer of cement that holds water; **le terre italiane che erano tenute dall'Austria**, the Italian territories which were held by Austria; **mastice che tiene**, putty that holds; **un'auto che tiene la strada**, a car that holds the road well; **La molla non tiene più**, the spring won't hold any more; **La nave tiene la rotta**, the ship is holding her course; **t. un consiglio di guerra**, to hold a council of war; **t. una seduta**, to hold a sitting; **Tenne il posto per quattro anni**, he held the post for four years; **Tenete in alto le mani!**, hold your hands up!; **La polizia teneva indietro la folla**, the police held back the crowd; **Non lo tenevano in quattro**, four people weren't enough to hold him down **2** (*t. in una certa posizione*; *t. con sé, conservare*; *mantenere*; *impiegare*; *trattare*; *avere, ecc.*) to keep*: **t. q.c. in equilibrio**, to keep st. balanced; **t. la finestra aperta**, to keep the window open; **t. le mani a posto**, to keep one's hands to oneself; **t. le mani in tasca**, to keep one's hands in one's pockets; **un lume da t. sulla scrivania**, a lamp to keep on a desk; a reading-lamp; **Questo tu lo tengo per me**, I'll keep this for myself; **L'ho tenuto apposta per voi**, I've kept it especially for you; **Lo tengo in gabbia**, I keep it in a cage; **Tienimi un posto**, keep a seat for me; **t. q.c. per ricordo**, to keep st. as a souvenir; **La pelliccia mi terrà caldo**, my fur coat will keep me warm; **t. q. prigioniero**, to keep sb. prisoner; **t. q. tranquillo**, to keep sb. quiet; **Lo tiene a corto di quattrini**, he keeps him short of money; **t. q. come cuoco**, to keep sb. as a cook; **t. q.c. pronto**, to keep st. ready; **La mancanza di notizie mi tiene in ansia**, the lack of news keeps me anxious; **t. bottega di drogheria**, to keep a grocer's shop; **La tiene con sé da dieci anni**, he has kept her for ten years; **Tiene un cuoco e un segretario**, he keeps a cook and a secretary; **t. le carte in regola**, to keep one's papers (*o* documents) in order; **t. la propria camera ordinata**, to keep one's room tidy; **Tenga pure il cappello!**, please, keep your hat on! **3** (*contenere*) to hold*; to take*; to contain: **Un fiasco tiene qualcosa meno di due litri**, a flask holds a little less than two litres **4** (*prendere*) to take*: **Tieni questo cioccolatino**, take this chocolate **5** (*occupare*) to take* up: **Il carro tiene quasi tutta la strada**, the cart takes up almost all the road **6** (*seguire*) to keep* to; to follow: **t. una strada**, to keep to a road; **t. un metodo**, to follow a method; **Consigliatemi la via da t.**, advise me which road to follow **7** (*portare addosso, o in un certo modo*) to wear*: **t. un anello al dito**, to wear a ring on one's finger; **t. i capelli corti**, to wear one's hair short **8** (*considerare, ritenere*) to consider; to regard; to deem; to hold*: **Lo teniamo per un bravo giovane**, we consider him to be a good lad; **L'avevo sempre tenuto per un buon amico**, I had always considered him a good friend; **t. caro q.c.**, to hold st. dear. **B** *v. i.* **1** (*essere a favore di*) to be (for st.); to be (on sb.'s side): **Tengo per la libertà**, I'm for liberty; **Tiene dalla mia** (**parte**) (*o* **Tiene le mie parti**), he's on my side **2** (*somigliare*) to be like* (*prendere da*) to take* after: **Tiene dal babbo**, he's like his father (*o* he takes after his father) **3** (*spesso tenerci*; *ambire*) to be keen (on st.); (*avere caro*) to value; (*importarsene*) to care; (*essere fiero*) to be proud (of st.); (*volere*) to want: **Ci tengo a farlo**, I'm keen on doing it; **Ci tengo ad andare**, I am keen on going; **Tiene molto alla sua bellezza**, she values her beauty very much; **Ci tengo alla pelle**, I value my life; **Non ci tengo a nessuno che ci tenga**, there is no one who cares; **Ci tengo ad avere una bella casa**, I am very house-proud; **Tengo a dirlo!**, I want to make that clear!; **Se proprio ci tenete**, if you really want to. ● **t. q. a battesimo**, to stand godfather (*o* godmother) for sb. □ **t. q. a corto di denaro**, to keep sb. short of money □ **t. q. a dieta**, to keep sb. on a diet □ **t. q. a disagio**, to keep sb. uneasy □ **t. q. a freno**, to keep sb. in check □ **t. q. a galla**, to keep afloat □ **t. q. a mente**, to keep (*o* to bear) st. in mind □ **t. q. a stecchetto**, to keep sb. on short commons □ **t. alto l'onore**, to keep one's honour unspotted □ (*gioco*) **t. banco**, to keep the bank □ **t. bene il mare**, (*di nave*) to be seaworthy, to ride well; (*di persona*) to be a good sailor □ **t. il broncio**, to sulk; to be in the sulks □ **t. la cassa**, to be in charge of the cash register □ **t. i conti** (*o* **la contabilità**), to keep accounts □ **t. conto di q.c.**, to make allowance for st.; to allow for st. □ **t. da conto il denaro**, to save one's money □ **t. da conto la propria roba**, to take care of one's things □ **t. la destra**, to keep to the right □ **t. una dieta**, to keep to a diet □ (*fig.*) **t. dietro a una traccia** (a un argomento, ecc.), to follow a clue (an argument, etc.) □ **t. un discorso**, to make (*o* to deliver) a speech □ (*fig.*) **t. duro**, to hold on □ **t. fede alla parola data**, to keep one's word □ **t. una festa**, to hold a party; to give a party; to throw a party (*fam.*) □ **t. q. in dispregio**, to despise sb. □ **t. in serbo**, to keep in reserve □ **t. q. in soggezione**, to make sb. feel uneasy □ **t. il letto**, to keep to one's bed □ **t. mano**, to help; (*rif. a complici*) to aid and abet □ (*naut.*) **t. il mare**, to keep the sea □ (*mus.*) **t. una nota**, to sustain a note □ **t. una persona in casa** (*a pensione*), to keep a lodger □ **t. presente q.c.**, to bear st. in mind; to pay attention to st. □ **t. un segreto**, to keep a secret □ **t. una scuola**, to run a school □ **t. una vita esemplare**, to lead an exemplary life □ **colori che tengono**, fast colours □ **il gancio che tiene il quadro**, the hook supporting the picture □ **non t. conto di**, to tune out (*fam.*) □ **non t. fede alla parola data** (**a una promessa**), to break one's word (a promise) □ (*fig.*) **saper t. in mano la penna** (**i pennelli**), to be a good writer (painter) □ **stoffa che tiene l'acqua**, water-proof material □ **Tiene allegra la brigata**, he is the life and soul of the party □ (*fig.*) **Devi tenergli dietro**, you must watch him □ **Tenne una cattiva condotta**, his conduct was unsatisfactory □ **Vollero tenermi a colazione**, they wanted me to stay to lunch □ **Non c'è ragione che tenga**, there is no reason for it □ **Ah! ti tengo, ah! I've got you!** □ **Impara a t. la spada**, he is learning to fence □ **Non c'è scusa che tenga**, there is no excuse for it. **tenérsi**, **C** *v. rifl.* **1** to hold* (oneself): **t. stretto a una corda**, to hold on tightly to a rope; **Si teneva la testa fra le mani**, he was holding his head in his hands **2** (*rimanere in una certa posizione o condizione*) to keep* (oneself); to stay: **Tenetevi lontano**, keep away; **Tenetevi in guardia**, keep on the lookout; **t. in sella**, to stay in the saddle; **t. in piedi**, to keep on one's feet; **t. fuori dai guai**, to keep out of trouble; **t. lontano da un luogo**, to keep away from a place; **Tienti caldo!**, keep (yourself) warm!; **t. tranquillo**, to keep calm **3** (*considerarsi*) to consider oneself; to hold* oneself: **Non mi tengo obbligato**, I don't consider myself obliged; **Non me ne tengo responsabile**, I don't hold myself responsible for it **4** (*trattenersi*) to keep*; to refrain; to help (*col gerundio*): **Egli non poté t. dall'osservare che...**, he couldn't keep from remarking that...; **Mi tengo dal rispondere**, I refrain from replying; **Non potei tenermi dal ridere**, I couldn't help laughing **5** (*attenersi*) to stick* to; to keep* to; (*seguire*) to follow; (*ricordare*) to remember: **t. ai fatti**, to keep (*o* to stick) to the facts; **Tienti sempre alle regole**, always stick to the rules; **Non so a che metodo tenermi**, I don't know which method to follow; **Tienti a quanto ti ho detto**, remember what I've told you. ● **t. a galla**, to keep afloat □ **t. a destra**, to keep to the right □ **t. al largo**, (*fig.*) to lie in the offing; (*fig.*: *da q.*) to give a wide berth (to sb.) □ (*naut.*) **t. al vento**, to keep the luff □ **t. in contatto con q.**, to keep in touch with sb. □ **t. indietro**, to stand back □ **t. in disparte**, to hold oneself apart; to keep oneself to oneself □ **t. in equilibrio**, to keep one's balance □ **t. la pancia dal ridere**, to split one's sides with laughing □ **t. pronto**, to be ready □ (*naut.*) **t. pronti a salpare**, to stand by the anchor □

tenerézza

(*naut.*) **t. sottocosta**, to hug the shore □ **t. sulle difese**, to be ready to defend oneself □ **non riuscire a t. in piedi**, to be unable to stand (up) □ **pezzi che non si tengono bene insieme**, pieces that don't fit well together □ **Se lo tenne per detto**, he took it as read (o he took the lesson to heart) □ **Si tiene bene a galla**, he knows how to float □ **Si tiene bene in sella**, he sits a (o his) horse well □ **Si tiene in esercizio**, he keeps his hand in □ **Con noi si tiene sulle sue**, he holds aloof from us □ **So a che tenermi**, I know what to expect □ **Si tiene molto della sua bellezza**, she values her beauty highly □ **Si tiene un gran che**, he has a high opinion of himself.

tenerézza, *f.* 1 tenderness; softness 2 (*fig.*) tenderness; fondness: **Sentì un'improvvisa t.**, he felt a sudden tenderness 3 (*pl.*: *atti affettuosi*) loving behaviour (*sing.*); acts of tenderness; (*parole affettuose*) loving words. ● **Con lui non ci vogliono troppe tenerezze**, one mustn't be too soft with him.

tènero, A *a.* 1 tender; soft: **insalatina tenera**, tender lettuce; **carne tenera**, tender meat; **sapone t.**, soft soap 2 (*fig.*) tender; fond; loving; delicate: **Ha il cuore t.**, he has a tender (o a soft) heart; **un padre t.**, a loving father; **parole tenere**, fond words; **in tenera età**, in tender age (o years); **una tenera pianticella**, a delicate little plant; **teneri germogli**, tender buds. ● (*di cavallo*) **t. di bocca**, tender-mouthed □ **un azzurro t.**, a delicate shade of blue □ **dal cuore t.**, tender-hearted □ **fin dalla più tenera età**, from one's earliest years □ **Non essere troppo t. con lui**, don't be too soft with him. **B** *m.* 1 (*parte tenera*) tender (o soft) part: **Si mangia il t.**, one eats the tender part 2 (*fig.*: *affetto*) affection; tenderness. ● **avere del t. per q.**, to be sweet on sb.; to have a soft spot for sb. □ **C'è del t. tra quei due giovani**, those two young people look sweet upon each other.

tenerume, *m.* 1 tender things (*pl.*) 2 (*fig.*: *smancerie*) affectation; mawkishness.

tenèsmo, *m.* (*med.*) tenesmus.

tènia, *f.* (*zool.*, *Taenia*) tapeworm; taenia*.

teniàsi, *f.* (*med.*) t(a)eniasis.

tenifugo, *a.* e *m.* (*farm.*) taeniafuge.

tenitóre, *m.* holder.

tènnis, *m.* tennis: **giocare a t.**, to play tennis; **un campo da t.**, a tennis-court; **scarpe da t.**, tennis-shoes; **t. su prato**, lawn-tennis; **t. da tavolo**, table-tennis; ping-pong.

tennista, *m.* e *f.* tennis-player.

tennistico, *a.* tennis (*attr.*).

tènno (*giapponese*), *m.* Tenno*.

tenonatrice, *f.* (*tecn.*) tenoner.

tenóne, *m.* (*tecn.*) tenon.

tenóre, *m.* 1 (*modo*, *maniera*) way; tenor: **il proprio t. di vita**, one's way of living; **Parlò in questo t.**, he spoke in this way; **seguitando di questo t.**, continuing in this way 2 (*forma*, *tono*, *contenuto*) tenor; content (*di solito al pl.*): **il t. della lettera**, the contents of the letter; **alimentazione ad alto t. di proteine**, food with a high protein content 3 (*mus.*) tenor 4 – (*leg.*) **a t. dell'art. 7**, according to article 7. ● **un alto t. di vita**, a high standard of living.

tenoreggiare, *v. i.* to sing* tenor.

tenorile, *a.* (*mus.*) tenor (*attr.*): **una voce t.**, a tenor voice.

tenorrafìa, *f.* (*med.*) tenorrhaphy.

tenotomìa, *f.* (*med.*) tenotomy.

tensioattività, *f.* (*chim.*, *fis.*) surface activity.

tensioattivo, A *a.* (*chim.*, *fis.*) surface-active. **B** *m.* surface--active agent.

tensiometria, *f.* (*scient.*) tensiometry.

tensiomètrico, *a.* (*scient.*) tensiometric.

tensiòmetro, *m.* (*scient.*, *tecn.*) tensiometer.

tensióne, *f.* 1 (*anche fig.*) tension: **la t. delle corde**, the tension of the strings; **t. internazionale**, international tension 2 (*fig.*) tension; stress; strain: **t. nervosa**, nervous tension; stress; **vivere in t.**, to live in a state of tension; **t. mentale**, mental strain 3 (*fis.*, *elettr.*) tension; voltage: **t. di griglia**, grid voltage; **t. di linea**, line voltage; **a bassa t.**, low-tension: **linea a bassa t.**, low-tension line; **ad alta t.**, high-tension: **linea ad alta t.**, high-tension line 4 (*pressione*) pressure; (*med.*) **t. arteriosa**, blood pressure; **la t. del gas**, the gas pressure. ● (*elettr.*) **elevare la t. di**, to boost □ (*elettr.*) **sotto t.**, live; hot.

tensivo, *a.* (*raro*: *che dà tensione*) tensive.

tensóre, *a.* 1 tensor (*attr.*) 2 (*anat.*) tensor: **muscolo t.**, tensor muscle. **B** *m.* (*anat.*, *mat.*) tensor.

tensoriale, *a.* (*mat.*) tensorial; tensor (*attr.*).

tentàbile, A *a.* (*che si può tentare*) attemptable; (*che si lascia tentare*) temptable. **B** *m.* (*everything*) possible.

tentacolare, *a.* (*anche fig.*) tentacular.

tentàcolo, *m.* 1 (*zool.*) tentacle 2 (*fig.*) grip: **i tentacoli del vizio**, the grip of vice.

tentare, *v. t.* e *i.* 1 (*provare*) to try; to attempt; (*sforzarsi*) to endeavour: **Tenterò in ogni modo**, I'll try my hardest; **Tentò invano**, he tried in vain; **È inutile che tu tenti con lui** (o **che tu tenti di farglielo**), it's no use your trying it on with him; **Il prigioniero tentò di fuggire**, the prisoner attempted to escape; **Tentai di convincerlo**, I endeavoured to persuade him 2 (*mettere alla prova*) to try; to test: **t. la fortuna**, to try one's luck; **t. la fedeltà altrui**, to test sb.'s fidelity; **t. la profondità di un guado**, to test the depth of a ford 3 (*indurre in tentazione*, *anche fig.*) to tempt; (*allettare*) to lure, to entice; (*attirare*) to attract: **È il diavolo che ti tenta**, it is the devil who is tempting you; **Sarei tentato di scrivergli una letteraccia come ha fatto lui**, I'm tempted to write him a nasty letter like the one he wrote to me; **t. q. al male**, to tempt sb. to do evil; **sentirsi tentato**, to feel tempted; **Questa passeggiata non mi tenta molto**, this walk doesn't attract me very much 4 (*lett.*: *toccare lievemente*) to touch (lightly); to feel*: **t. le corde d'uno strumento**, to touch the strings of an instrument. ● (*leg.*) **t. di corrompere q.**, to tamper with sb. □ (*leg.*) **tentato omicidio**, attempted murder □ **Bisogna che tentiamo tutte le vie per riuscire**, we must go to any length to succeed □ **Tentiamole tutte!**, we must do it at all costs! □ (*prov.*) **T. non nuoce**, there is no harm in trying.

tentativo, *m.* attempt; try: **fare un t.**, to make an attempt; **to have a try**; **Tutti i tentativi sono stati inutili**, all attempts have been useless.

tentatóre, A *m.* tempter. **B** *a.* tempting: **con un sorriso t.**, with a tempting smile. ● **È un diavolo t.**, he can tempt like the devil himself.

tentazióne, *f.* 1 temptation: **Non ci indurre in t.**, lead us not into temptation; **resistere alle tentazioni**, to resist temptations; **La vista dei gioielli fu per lui una grande t.**, the sight of the jewels was a strong temptation to him 2 (*voglia*) wish; desire. ● **avere la t. di fare q.c.**, to be tempted to do st.

tenténna, *m.* e *f.* *invar.* waverer.

tentennaménto, *m.* 1 shaking 2 (*fig.*) hesitation; wavering; indecision.

tentennante, *a.* 1 shaky; wobbly 2 (*fig.*) hesitant; undecided.

tentennare, A *v. t.* to shake*: **t. il capo**, to shake one's head. **B** *v. i.* 1 to waver; to shake*; to wobble 2 (*fig.*) to be undecided; to hesitate; to waver; to wobble; to shilly-shally; to dilly-dally: **Ho cercato di persuaderlo, ma tentenna sempre**, I tried to persuade him, but he's still undecided. ● **camminare tentennando**, to stagger along; to reel.

tentennìo, *m.* 1 continued shaking 2 (*fig.*) constant hesitation.

tentóni (a), *avv.* gropingly. ● **andare (a) t.**, to grope (o to feel) one's way.

tènue, A *a.* 1 slender; tenuous; weak; slight; light; gentle: **un t. stelo**, a slender stalk; **una t. speranza**, a slender hope; **una t. fatica**, a slender effort; **un purgante t.**, a gentle purge 2 (*colori*) soft. ● (*anat.*) **intestino t.**, small intestine □ **pena t.**, lenient punishment. **B** *m.* (*anat.*) small intestine.

tenueménte, *avv.* tenuously; faintly; slightly.

tenuità, *f.* 1 slenderness; tenuity; tenuousness; weakness; slightness: **la t. della luce**, the weakness of the light 2 (*di colori*) softness.

tenuta, *f.* 1 (*proprietà agricola*) estate; holding; farm; ranch (*USA*): **Possiede una vasta t. nel meridione**, he has a vast estate in the South; **piccole tenute**, small holdings (o farms) 2 (*capacità*) capacity; holding: **la t. d'un serbatoio**, the capacity of a tank 3 (*abbigliamento*) clothes (*pl.*); (*uniforme*) uniform, turn-out: **t. di fatica**, working clothes; **in t. di gala**, in gala uniform; (*fig.*) in one's best clothes; **in t. sportiva**, in sports clothes 4 (*tecn.*) seal: **t. a liquido (a secco)**, wet (dry) seal 5 (*sport*: *resistenza*) endurance; tension; staying power. ● (*rag.*) **t. dei libri**, book--keeping □ (*mil.*) **t. di marcia**, battle-dress □ (*mil.*) **t. di servizio**, fatigue-dress □ (*autom.*) **t. di strada**, road-holding; roadability □ (*mil.*) **t. alta**, full dress □ **a t. d'acqua**, waterproof; watertight □ **a t. d'aria**, airtight □ **a t. di gas**, gasproof □ **in gran t.**, all dressed up □ **muro a t.**, watertight wall □ **un serbatoio della t. di dodici litri**, a tank holding twelve litres □ **Che t. ha quel recipiente?**, what does that container hold?

tenutària, *f.* madam (of a brothel).

tenutàrio, *m.* 1 (*proprietario*) holder; owner 2 (*chi gestisce una bisca*) manager of a gambling-house; (*chi gestisce una casa di malaffare*) manager of a brothel.

tenuto, *a.* 1 (*obbligato*) obliged; forced; bound: **È t. a pagare**, he is bound to pay; **Non sono t. ad andare**, I am not obliged to go 2 (*di terreno*) kept (for); planted (with): **un campo t. a pascolo**, a field kept for grazing; **un campo t. a grano**, a field planted with corn (o in which corn is grown). ● **Nessuno di voi è t. a fare l'impossibile**, none of you is expected (o supposed) to do impossibilities.

tenzonare, *v. i.* 1 to contend; to combat 2 (*fig.*) to dispute.

tenzóne, *f.* 1 contest; combat 2 (*stor.*, *letter.*) tenson, tenzon. ● **singolar t.**, duel: **sfidare q. a singolar t.**, to challenge sb. to a duel.

teobròma, *m.* (*bot.*, *Theobroma cacao*) cacao-tree; chocolate-tree.
teobromina, *f.* (*chim.*) theobromine.
teocèntrico, *a.* (*filos.*) theocentric.
teocentrismo, *m.* (*filos.*) theocentrism; theocentricism.
teocràtico, *a.* (*polit.*) theocratic(al): **governo t.**, theocratic rule.
teocrazìa, *f.* (*polit.*) theocracy.
Teòcrito, *m.* (*letter.*) Theocritus.
teodicèa, *f.* (*relig.*) theodicy.
teodolite, *m.* (*topografia*) theodolite.
Teodòra, *f.* Theodora; (*dim.*) Dora.
Teodorico, *m.* (*stor.*) Theodoric.
Teodòro, *m.* Theodore; (*dim.*) Tad, Dode, Teddy.
Teodòsia, *f.* (*stor.*) Theodosia.
teodosiano, *a.* Theodosian: **il codice t.**, the Theodosian code.
Teodòsio, *m.* (*stor.*) Theodosius.
teofanìa, *f.* (*relig.*) theophany.
teofillina, *f.* (*chim.*) theophylline.
Teòfilo, *m.* Theophilus.
teofobìa, *f.* (*psic.*) theophobia.
Teofrasto, *m.* (*stor. filos.*) Theophrastus.
teogonìa, *f.* theogony.
teogònico, *a.* theogonic.
teologale, *a.* theological: **le virtù teologali**, the theological virtues.
teologìa, *f.* theology. ● **corsi di t.**, divinity courses □ **dottore in t.**, doctor of divinity (*abbr.*: D.D.).
teològico, *a.* theological: **dottrine teologiche**, theological doctrines.
teologizzare, *v. i.* to theologize.
teòlogo, *m.* theologian.
teorèma, *m.* (*mat.*) theorem: **t. di Pitagora**, Pythagorean theorem (*o* proposition).
teoremàtico, *a.* (*mat.*) theorematic.
teorètica, *f.* theoretical philosophy.
teoreticamènte, *avv.* theoretically.
teorètico, *a.* (*filos.*) theoretic(al); speculative.
teorìa, *f.* **1** theory: **la t. dell'evoluzione**, the theory of evolution; **le teorie fisiche**, physical theories; **Non basta la t., occorre la pratica**, theory isn't enough; one needs practice; **in t.**, in theory; theoretically **2** (*modo di pensare*) theory; idea: **Ha delle teorie curiose sull'educazione dei figli**, he has some strange ideas on the upbringing of children **3** (*lett.*: *corteo, fila*) procession; string; long series: **una lunga t. di sacerdoti**, a long procession of priests.
teoricamènte, *avv.* theoretically; in theory.
teoricità, *f.* theoretical quality.
teòrico, A *a.* theoretic(al): **una trattazione teorica dell'argomento**, a theoretical treatise on the subject; **un corso t. pratico**, a theoretical and practical course. B *m.* theorician; theorist.
teorizzare, *v. t.* to theorize.
teorizzazióne, *f.* theorization.
teosofìa, *f.* theosophy.
teosòfico, *a.* theosophic(al).
teòsofo, *m.* theosophist.
tèpalo, *m.* (*bot.*) tepal.
tepidàrio, *m.* (*archeol.*) tepidarium*.
tepidézza, tèpido, V. tiepidézza, tièpido.
tepóre, *m.* warmth: **i primi tepori della primavera**, the first warmth of spring.
téppa, teppàglia, *f.* mob; rabble; hooligans (*pl.*).
teppismo, *m.* hooliganism; ruffianism: **È un atto di t.**, it's an act of hooliganism.
teppista, *m.* hooligan; ruffian; rowdy; hoodlum; punk (*pop. USA*). ● **giovane t.**, teddy-boy.
tequila (*spagn.*), *f. invar.* tequila (Mexican liquor made by redistilling mescal).
terapèuta, *m. e f.* therapeutist.
terapèutica, *f.* (*med.*) therapeutics (*pl. col verbo al sing.*).
terapèutico, *a.* (*med.*) therapeutic(al).
terapìa, *f.* (*med.*) therapy: **t. chirurgica**, surgical therapy; (*psic.*) **t. di gruppo**, group therapy.
teràpico, *a.* (*med.*) therapeutic(al).
teratogènesi, *f.* (*biol.*) teratogenesis.
teratogenètico, *a.* (*biol.*) teratogenetic; teratogenic.
teratogeno, *a.* (*biol., med.*) teratogenic. **farmaco** (*o* **agente**) **t.**, teratogen.
teratologìa, *f.* (*biol.*) teratology.
teratològico, *a.* (*biol.*) teratological.
teratòma, *m.* (*med.*) teratoma*.
tèrbio, *m.* (*chim.*) terbium.
terebinto, *m.* (*bot., Pistacia terebinthus*) terebinth; turpetine-tree.
tèrebra, *f.* (*zool.*) terebra*.
terebrante, A *a.* **1** (*zool.*) terebrant **2** (*rif. a dolore profondo*) stabbing; piercing. B *m.* (*zool.*) terebrant.

terebrazióne, *f.* (*min., edil.*) boring; drilling.
terèdine, *f.* (*zool., Teredo navalis*) ship-worm.
Terènzio, *m.* Terence.
Terèsa, *f.* Theresa; (*dim.*) Terry.
tèrgere, *v. t.* (*lett.*) **1** to wipe away; to dry: **t. il sudore**, to wipe one's sweat away **2** (*pulire*) to clean: **t. una ferita**, to clean a wound.
tergicristallo, *m.* (*autom.*) windscreen-wiper; windshield-wiper (*USA*).
tergiversare, *v. i.* to prevaricate; to shuffle; to beat* about the bush (*fam.*).
tergiversatóre, *m.* prevaricator.
tergiversazióne, *f.* prevarication.
tèrgo, *m.* back: **scrivere a t.**, to write on the back (of a sheet of paper). ● **a t.**, behind □ **dare** (*o* **voltare**) **il t.** (*o* **le terga**), to flee □ **venire da t.**, to come from behind □ **vedi a t.** (*di un foglio*), please see overleaf; please turn over (*abbr.*: P.T.O.).
terilène, *m. invar.* (*marchio*: *ind. tessile*) Terylene; Dacron (*USA*).
tèrital, *m. invar.* (*marchio*: *ind. tessile*) Terital.
termale, *a.* thermal: **acque termali**, thermal waters. ● **sorgenti termali**, hot springs □ **stazione t.**, spa □ **stazione t. per cure dimagranti**, health spa; fat farm (*pop. USA*).
tèrme, *f. pl.* **1** thermal baths; spa (*sing.*) **2** (*archeol.*) thermae. ● **le t. di Salsomaggiore**, the waters of Salsomaggiore.
tèrmico, *a.* (*fis.*) thermic(al); thermal: **raggi termici**, thermic rays. ● **formare a contatto t.**, to thermoform.
termidoriano, *a. e m.* (*stor.*) Thermidorian.
Termidòro, *m.* (*stor.*: *undicesimo mese del calendario rivoluzionario francese*) Thermidor (*franc.*).
terminàbile, *a.* terminable.
terminale, A *a.* terminal; (*di confine, anche*) boundary: **una pietra t.**, a boundary stone. B *m.* terminal (*anche elab.*): **t. di cavo**, cable terminal.
terminare, *v. t. e i.* (*finire*) to end; to finish; to terminate; (*cessare*) to cease: **t. la discussione**, to end the discussion; **Voglio t. in pace i miei giorni**, I want to end my days in peace; **t. un lavoro**, to finish a job; **Là termina la strada**, the road ends there; **le voci che terminano in consonante**, words ending (*o* terminating) in a consonant; **La riunione terminò alle undici**, the meeting terminated at eleven o'clock; **La lezione è terminata**, the lesson is finished (*o* is over). ● **Il film termina in modo triste**, the film has a sad ending.
terminatóre, *m.* (*astron.*) terminator.
terminazióne, *f.* **1** (*desinenza, suffisso*) ending; termination: **le terminazioni delle parole**, the endings of words **2** (*fine*) end; termination **3** (*tipogr.*) serif.
tèrmine, *m.* **1** (*fine*) end; close; (*scadenza*) termination, expiry: **condurre** (*o* **portare**) **q.c. a t.**, to bring st. to an end; to carry st. through; **mettere t. a uno scandalo**, to put an end to a scandal; **al t. della riunione**, at the close of the meeting; (*comm.*) **il t. di un contratto**, the termination of a contract **2** (*limite*) limit; (*data*) date: **porre un t. a q.c.**, to set a limit to st.; **fissare un t.**, to fix a date; **Tutto si può fare purché si resti nei termini**, everything is permissible within limits **3** (*confine*) boundary; (*segno di confine*) boundary mark: **Il fosso segna il t. del podere**, the ditch marks the boundary of the farm; **La rimozione dei termini è vietata dalla legge**, the removal of boundary marks is forbidden by law **4** (*condizione, rapporto*) term: **i termini di un contratto**, the terms (*o* conditions) of a contract; **essere in buoni termini con q.**, to be on good terms with sb. **5** (*parola*) term; word: **t. dell'agricoltura**, agricultural term; **t. medico**, medical term; **usare termini convenienti**, to use suitable terms; **Si è espresso in questi termini**, he spoke in these words; **in altri termini**, in other words; **Questo è il t. giusto**, this is the right word **6** (*tempo*) time; (*given*) period: **Il lavoro dev'essere finito nel t. prescritto**, the work must be finished within the prescribed time; **trascorso questo t.**, at the end of this period **7** (*mat., filos., gramm.*) term: **ridurre ai minimi termini**, to reduce to the lowest terms; **i due termini di una frazione**, the two terms of a fraction; **i due termini di un paragone**, the two terms of a comparison; **i termini di un sillogismo**, the terms of a syllogism **8** (*fig.*: *fine, scopo*) aim: **il t. dei suoi desideri**, the aim of his desires. ● (*comm.*) **il t. di una cambiale**, the expiry date of a bill □ (*leg.*) **t. di preavviso**, notice period □ (*leg.*) **t. di prescrizione**, period of limitation □ **t. legale** (*periodo di tempo*), legal term □ **il t. ultimo per la presentazione delle domande**, the dead-line for sending in applications □ **a breve t.**, short-term; short-dated; short □ **a lungo t.**, long-term; long-dated; long □ **a rigor di termini**, strictly speaking □ **a termini di legge**, according to the law □ (*comm.*) **cambiale a breve t.**, short-dated bill □ (*gramm.*) **complemento di t.**, indirect object □ **condurre a t. un affare**, to strike a bargain □ (*comm.*) **consegna a t.**, forward delivery □ **decorrenza di termini**, expiration of time □ **entro il più breve**

terminologìa

t. possibile, as soon as possible □ **entro il t. di due giorni**, within two days □ **mettere t. a un lavoro**, to end a piece of work □ **mezzi termini**, compromise (*sing.*); half measures □ **parlare senza** (*o non usare*) **mezzi termini**, not to mince matters (*o* one's words) □ **prestito a breve t.**, short-term loan □ **Fu ridotto a mal t.**, he was reduced to a bad state □ **Gli ho inviato un telegramma in questi termini:...**, I sent him a telegram as follows:... □ **Il lavoro è a buon t.**, the work is progressing well □ **Con me dovete misurare i termini**, mind how you speak to me □ **Fu deciso in questi termini**, it was so decided.
terminologìa, *f.* terminology.
termistóre, *m.* (*elettr.*) thermistor.
termitàio, *m.* termitary; termitarium*.
tèrmite (1), *f.* (*zool.*) termite; white ant (*pop.*).
termite (2), *f.* (*chim.*) thermite.
termoanestesìa, *f.* (*med.*) thermoan(a)esthesia.
termobaròmetro, *m.* (*med.*) thermobarometer.
termocautèrio, *m.* (*med.*) thermocautery.
termochìmica, *f.* thermochemistry.
termochìmico, *a.* thermochemic(al).
termocinètica, *f.* (*fis.*) thermokinetics (*pl. col verbo al sing.*).
termocoibènte, *V.* **termoisolante**.
termoconvettóre, *m.* (*fis.*) convector heater; heat convector; fan-heater.
termocopèrta, *f.* (*marchio*) electric blanket.
termocòppia, *f.* (*fis.*) thermocouple.
termodiffusióne, *f.* thermodiffusion; thermal diffusion.
termodinàmica, *f.* (*fis.*) thermodynamics (*pl. col verbo al sing.*).
termodinàmico, *a.* (*fis.*) thermodynamic(al).
termoelemènto, *m.* (*fis.*) thermoelement.
termoelettricità, *f.* (*fis.*) thermo-electricity.
termoelèttrico, *a.* (*fis.*) thermo-electric(al).
termoelettróne, *m.* (*fis.*) thermoelectron.
termoelettrònica, *f.* (*fis.*) thermoelectronics (*pl. col verbo al sing.*).
termoelettrònico, *a.* (*fis.*) thermo-electronic.
termòfilo, *a.* (*biol.*) thermophile.
termoformàbile, *a.* (*tecn.*) thermoformable.
termoformare, *v. t.* (*tecn.*) to thermoform.
termoformatura, *f.* (*tecn.*) thermoforming.
termòforo, *m.* heating-pad.
termogalvanòmetro, *m.* (*fis.*) thermogalvanometer.
termogènesi, *f.* (*biol.*) thermogenesis.
termogenètico, *a.* (*biol.*) thermogenetic.
termògeno, *a.* thermogenic.
termografìa, *f.* thermography.
termògrafo, *m.* (*fis.*) thermograph.
termogramma, *m.* thermogram.
termoindurènte, *a.* (*chim.*) thermosetting: **materia plastica t.**, thermosetting composition.
termióne, *m.* (*fis.*) thermion.
termoiònica, *f.* (*fis.*) thermionics.
termoiònico, *a.* (*fis.*) thermionic: **corrente termoionica**, thermionic current; **una valvola termoionica**, a thermionic tube (*o* valve).
termoisolante, (*fis.*) **A** *a.* heat-insulating. **B** *m.* heat insulator; insulating material.
termolàbile, *a.* (*fis.*) thermolabile.
termologìa, *f.* (*fis.*) thermology.
termològico, *a.* (*fis.*) thermological.
termoluminescènza, *f.* (*fis.*) thermoluminescence.
termomagnètico, *a.* (*fis.*) thermomagnetic.
termomagnetismo, *m.* (*fis.*) thermomagnetism.
termomanòmetro, *m.* (*fis.*) thermal pressure gauge.
termometallurgìa, *f.* thermometallurgy.
termometrìa, *f.* (*fis.*) thermometry.
termomètrico, *a.* (*fis.*) thermometric(al).
termòmetro, *m.* **1** thermometer: **un t. centigrado**, a centigrade thermometer; **un t. clinico**, a clinical thermometer; **il t. indica 36° sopra zero**, the thermometer is at 36 degrees above zero **2** (*per estens.: temperatura*) temperature: **Il t. sale**, the temperature is rising.
termonucleare, *a.* (*fis.*) thermonuclear.
termopila, *f.* (*fis.*) thermopile.
Termòpili, *f. pl.* (*stor.*) Thermopylae.
termoplàstica, *f.* (*tecn.*) thermoplastic.
termoplàstico, *a.* thermoplastic.
termoreattóre, *m.* (*mecc.*) thermoreactor.
termorecettóre, *m.* (*anat.*) thermoreceptor.
termoregolatóre, *m.* thermoregulator.
termoregolazióne, *f.* (*biol.*) thermoregulation.
termoresistènte, *a.* (*tecn.*) heat resistant.
tèrmos, *m.* thermos (bottle); thermos flask.
termoscòpio, *m.* (*fis.*) thermoscope.
termosensìbile, *a.* thermosensitive.
termosfèra, *f.* (*scient.*) thermosphere.
termosifóne, *m.* **1** (*sistema di riscaldamento*) central heating **2** (*radiatore*) radiator. ● **riscaldamento a t.**, central heating.
termostàbile, *a.* (*fis.*) thermostable.
termostatare, *v. t.* (*tecn.*) to thermostat.
termostàtico, *a.* (*fis.*) thermostatic.
termòstato, *m.* thermostat.
termotècnica, *f.* thermotechnics (*pl. col verbo al sing.*).
termoterapìa, *f.* (*med.*) thermotherapy.
termotropismo, *m.* (*bot.*) thermotropism.
termoventilazióne, *f.* air-heating.
tèrna, *f.* tern; set of three; (*lista di tre nomi*) list of three, short list: **entrare nella t.**, to enter in a list of three nominees.
ternàrio, **A** *a.* ternary. ● (*poesia*) **metro t.**, triplet metre □ (*poesia*) **verso t.**, three-syllable line. **B** *m.* (*poesia*) **1** (*terza rima*) «terza rima» **2** (*terzina*) triplet; tercet.
ternato, *a.* (*bot.*) ternate.
tèrno, *m.* (*gioco del lotto*) tern. ● (*fig.*) **Per lui è stato davvero un t. al lotto**, it was a real stroke of luck for him.
terpène, *m.* (*chim.*) terpene.
terpènico, *a.* (*chim.*) terpenic.
terpina, *f.* (*chim.*) terpin.
terpineòlo, *m.* (*chim.*) terpineol.
tèrra, *f.* **1** (*crosta terrestre; terriccio*) earth: **le viscere della t.**, the bowels of the earth; **i frutti della t.**, the fruits of the earth; **Le trincee furono rinforzate con sacchi di t.**, the trenches were reinforced with sacks of earth **2** (*il pianeta*) earth; (*per estens.: mondo*) world (*l'opposto di cielo*): **La t. gira intorno al sole**, the earth moves round the sun; **la rotazione della t.**, the rotation of the earth; **cose mai viste né in cielo né in t.**, things never seen in heaven or on earth; **Pace in t. agli uomini di buona volontà!**, peace on earth to men of good will!; **per tutta la t.**, all over the earth; **i piaceri caduchi della t.**, the fleeting joys of this world; **È volato dalla t. al Cielo**, he has left this world for the next **3** (*terra coltivabile, proprietà terriera; nazione*) land (*l'opposto di acqua e di mare*): **lavorare la t.**, to till the land; **zappare la t.**, to hoe the land; **Ha molta t. al sole**, he owns a lot of land; **terre fertili**, fertile lands; **la t. natia**, one's native land (*o* soil); **Siamo in t. straniera**, we are on foreign land; **fino al confine delle terre abitate**, as far as the boundary of inhabited land; **viaggiare per t. e per mare**, to travel by land and sea; **le forze armate di t., di mare e dell'aria**, the land, sea, and air forces; **la T. Promessa**, the Promised Land; **la T. Santa**, the Holy Land; (*geogr.*) **una lingua di t.**, a tongue of land; a spit **4** (*terreno*) ground; (*suolo*) soil: **dormire per t.**, to sleep on the ground; **scavare la t.**, to dig the ground; **Si sedette in t.**, he sat on the ground; **Egli rovesciò la sedia e cascò per t.**, he upset the chair and fell to the ground; **L'apparecchio precipitò a t.**, the plane crashed to the ground; **Si sentì mancare la t. sotto i piedi**, he felt as though the ground had opened up beneath his feet; (*fig.*) he felt lost; **t. buona**, good soil; **terre alluvionali**, alluvial soil; **t. ricca di minerali**, soil rich in minerals **5** (*nazione*) country; (*regione*) region: **È della tua t.**, he is from your region (*o* country); **Io sono della (tua) stessa t.**, I am from the same region (*o* country) as you **6** (*pavimento*) floor: **dormire** (**cadere, ecc.**) **per t.** (*in casa*), to sleep (to fall, etc.) on the floor **7** (*argilla*) clay; (*terra grassa*) loam: **t. da pipa**, pipe-clay. ● **terre alte**, highlands □ **terre basse**, lowlands □ **t. colorante**, colouring earth □ **terra cotta**, terracotta □ **t. da porcellana**, kaolin □ (*mil.*) **t. di nessuno**, no man's land □ **t. d'ombra**, umber □ **t. d'ombra bruciata**, burnt umber □ **t. di Siena**, sienna □ (*geogr.*) **le terre emerse**, the land masses of the globe □ (*geogr.*) **t. ferma**, mainland □ **t. refrattaria**, fireclay □ **t. t.**, mediocre, prosaic, pedestrian (*agg.*); close to the ground, at ground level (*avv.*) □ **a fior di t.**, close to the ground; at ground level: **La tubatura dell'acqua è a fior di t.**, the water-pipes are at ground level □ (*naut.*) **a t.**, ashore □ **essere a t.**, (*di un pneumatico*) to be flat; (*fig.: con pochi soldi, o senza*) to be badly off, to be broke; (*giù di morale*) to be in low spirits; (*fisicamente mal ridotto*) to be in bad shape □ **andare per t.** (*cadere*), to fall: **Se va per t., si rompe**, if it falls, it will break □ (*naut.*) **andare a t.**, to hug the coast; to coast □ **avere un po' di t. al sole**, to have a small property (out of town) □ (*geogr.*) **braccio di t.**, promontory □ **buttare a t. una casa**, to demolish a house □ (*elettr.*) **filo di t.**, earth-wire; ground wire (*USA*) □ (*autom.*) **una gomma a t.**, a flat tyre □ (*elettr.*) **messa a t.**, earthing □ (*elettr.*) **mettere a t.**, to earth; to ground (*USA*) □ **mettere piede a t.** (*dal cavallo, ecc.*), to dismount □ **mettere q. sotto t.**, to bury sb. □ **nascondere q.c. sotto t.**, to hide st. underground □ (*naut., aeron.*) **prendere** (**scendere a, toccare**) **t.**, close to the ground □ **tagliare un albero raso t.**, to cut a tree to the ground □ (*fig.*) **tutta la t.**, all human beings □ **vento di t.**, land wind □ **Si sentiva un odore di t.**, there was an earthy smell □ **Si sarebbe voluto nascondere sotto**

tesata

t., he would have liked to hide himself underground □ **Questa è t. italiana**, this is Italian territory □ (*naut.*) **T. in vista!**, land ho! □ **L'apparecchio volava raso t.**, the plane was skimming the ground.
tèrra-aria, *locuz. a.* (*mil.*) ground-air.
terracòtta, *f.* terracotta: **ornamenti di t.**, terracotta ornaments. ● **vasellame di t.**, earthenware.
terràcqueo, *V.* **terràqueo.**
terrafèrma, *f.* mainland; (dry) land: **una città di t.**, a mainland city; **sbarcare sulla t.**, to set foot on dry land; **Il molo si protende dalla t.**, the pier sticks out from the mainland.
terràglia, *f.* **1** earthenware **2** (*pl.*: **oggetti in t.**) earthenware (*sing.*).
terràgnolo, *a.* terricolous.
terramara, *f.* (*archeol.*) terramara*.
terramicina, *f.* (*marchio: farm.*) Terramycin.
terranòva, *m. invar.* (*cane*) Newfoundland dog.
Terranòva, *f.* (*geogr.*) Newfoundland.
terrapièno, *m.* **1** bank; embankment **2** (*mil.*) rampart; earthwork.
terràqueo, *a.* terraqueous. ● **il globo t.**, the globe.
Terrasanta, *f.* (*geogr.*) (the) Holy Land.
terrazza, *f.* terrace. ● **terreno a terrazze**, terraced land.
terrazzaménto, *m.* terracing.
terrazzare, *v. t.* to terrace.
terrazzato, *a.* terraced.
terrazzière, *m.* navvy; digger.
terrazzino, *m.* (*alpinismo*) ledge.
terrazzo, *m.* balcony; (*geol.*) terrace, bench, offset.
terremotato, **A** *a.* devastated by an earthquake. **B** *m.* earthquake victim.
terremòto, *m.* **1** earthquake; 'quake (*fam.*): **scosse di t.**, earthquake shocks; **una zona soggetta a terremoti**, a region subject to earthquakes **2** (*fig.*) live wire: **Quel ragazzo è un t.**, that boy is a live wire. ● **t. stellare**, starquake.
terréno (1), *a.* **1** ground (*attr.*): **piano t.**, ground floor; first floor (*USA*); **stanza terrena**, ground-floor room **2** (*mondano*) earthly; worldly: **gioie terrene**, earthly joys; **beni terreni**, worldly goods; **vita terrena**, earthly life; life on this earth.
terréno (2), *m.* **1** ground: **t. collinoso**, hilly ground; **t. ondulato**, undulating ground; **t. roccioso**, rocky ground; (*mil. e fig.*) **guadagnare (perdere) t.**, to gain (to lose) ground; **Si sentì mancare il t. sotto i piedi**, he felt as though the ground had opened up beneath his feet; (*mil. e fig.*) **contendere il t. palmo a palmo**, to fight for ground inch by inch; **dissodare il t.**, to break up the ground **2** (*terra coltivabile o fabbricabile*) **proprietà terriera**) land: **t. da vigna**, vine land; **t. fabbricabile**, building land; **t. in lotti fabbricabili**, land in building lots; **un pezzo di t.**, a piece of land; **t. boschivo**, wooded land; **concimare il t.**, to manure the land; **t. incolto**, rough (*o* fallow) land; **Avevo comprato il t. per fabbricarci una casa**, I had bought the land to build a house on it; **t. magro**, poor land; **t. piano**, level land **3** (*suolo*) soil: **t. argilloso**, clayey (*o* loamy) soil; **t. sabbioso**, sandy soil **4** (*campo da gioco*) field: **I giocatori erano già scesi sul t.**, the players had already taken the field **5** (*campo di battaglia*) (battle--)field: **Il nemico lasciò molti morti sul t.**, the enemy left many dead on the (battle-)field. ● **t. di gioco** (*per bambini piccoli*), tot lot □ **t. minato**, mined area (*anche fig.*) □ (*specialm. fig.*) **preparare il t.**, to prepare the ground □ **portare una questione sul t. legale**, to discuss the legal side of a problem □ **proprietario di terreni**, landowner □ **scendere sul t.**, (*mil.*) to go into battle; (*per un duello, per un incontro sportivo*) to take the field □ **tastare il t.**, to test the ground; (*fig.*) to feel one's way □ **Non posso seguirti su questo t.**, I can't follow you on this subject.
terreo, *a.* **1** earthy **2** (*di colorito*) sallow; wan; ashen. ● **Aveva un viso t.**, his face was pale.
tèrre rare, *f. pl.* (*chim.*) rare earths.
terrèstre, **A** *a.* terrestrial; land (*attr.*); earthly: **magnetismo t.**, terrestrial magnetism; **esercito t.**, land forces; **paradiso t.**, earthly Paradise. **B** *m. e f.* terrestrial.
terrìbile, *a.* terrible; terrifying; awful; dreadful: **una minaccia t.**, a terrible threat; **un mostro t.**, a terrifying monster; **bambini terribili**, dreadful children. ● **Fa un freddo t.**, it's terribly (*o* awfully) cold □ **Ho una fame t.**, I'm awfully hungry.
terribilità, *f.* terribleness; awfulness; dreadfulness.
terribilménte, *avv.* terribly; awfully; dreadfully.
terricciato, *m.* (*agric.*) compost.
terrìccio, *m.* mould; soil; (*per coltivazione in vaso*) loam.
terrìcolo, *a.* (*zool., bot.*) terrestrial; land (*attr.*).
terrier, *m.* (*cane*) terrier.
terrièro, *a.* landed: **proprietà terriera**, landed property; **Il conte ha lasciato la sua proprietà terriera al figlio**, the Count has left his landed property to his son. ● **proprietario t.**, land-owner.

terrificante, *a.* terrifying; appalling.
terrificare, *v. t.* to terrify; to appal.
terrìfico, *a.* terrifying; terrific.
terrìgeno, *a.* (*geol.*) terrigenous.
terrìgno, *a.* earthy.
terrìna, *f.* tureen.
territoriale, *a.* territorial: **acque territoriali**, territorial waters; **ingrandimenti territoriali**, territorial expansion; (*mil.*) **la milizia t.**, the Territorial Army. ● **difesa t.**, internal defence.
territorialità, *f.* territoriality.
territòrio, *m.* territory; possessions (*pl.*): **il t. dello Stato**, the State territory; **il t. della Diocesi**, the Diocesan possessions. ● **t. del comune**, municipal land □ (*leg.*) **competenza del t.**, territorial jurisdiction □ **ingrandimento del t.**, territorial expansion.
terróne, *m.* (*spreg.*) «terrone» (Southern Italian).
terróre, *m.* **1** terror; dread: **Il brigante era il t. di tutto il paese**, the brigand was the terror of the whole village; **incutere t. in q.**, to strike terror into sb.; **avere il t. di q.c.**, to have a dread of st.; to dread st.; **vivere nel t.**, to live in terror; **Governò il paese col t.**, he ruled the country with terror **2** (*persona che causa t.*) terror; bugbear **3** (*stor.*) (the) Terror.
terrorìsmo, *m.* terrorism.
terrorista, *m. e f.* terrorist.
terrorìstico, *a.* terroristic; terrorist (*attr.*).
terrorizzare, *v. t.* to terrorize; to terrify.
terróso, *a.* earthy.
Tersìcore, *f.* (*mitol.*) Terpsichore.
Tersite, *m.* (*mitol.*) Thersites.
tèrso, *a.* **1** clear; clean: **vetri tersi**, clean windows (*o* panes); **acqua tersa**, clear water **2** (*fig.*) terse; polished: **stile t.**, terse style.
Tertulliano, *m.* (*letter.*) Tertullian.
tèrza, *f.* **1** (*autom.*) third gear **2** (*mus.*) third **3** (*relig.*) terce, tierce **4** (*scherma*) tierce **5** (*terza classe di una scuola*) third form (*o* class) **6** (*ferr.*) third class; third (*fam.*).
terzana, *f.* (*med.*) tertian (fever).
terzarolare, *v. t.* (*naut.*) to reef.
terzaròlo, *m.* (*naut.*) reef: **prendere un t.**, to take in a reef. ● **far t.**, to reef.
terzétta, *f.* (*antica pistola*) short pistol.
terzétto, *m.* **1** (*mus.*) terzetto*; trio* **2** (*gruppo di tre*) trio*; three (people) (*pl.*): **Bel t.!**, a fine trio they are!
terziare, *v.t.* (*agric.*) to plough for the third time.
terziàrio, *a. e m.* tertiary. ● (*geol.*) **l'era terziaria**, the Tertiary □ (*econ.*) **il settore t.**, the services sector.
terziatura, *f.* (*agric.*) third ploughing.
terzìglio, *m.* «terziglio» (a card game).
terzina, *f.* (*mus., poesia*) triplet; tercet.
terzino, *m.* **1** (*calcio*) (full) back: **il t. destro** (**sinistro**), the right (left) back **2** (*mus.*) E-flat clarinet.
tèrzo, **A** *a. num. ord.* third: **arrivare t.**, to come in third; **una terza parte**, a third part; (*autom.*) **in terza velocità**, in third gear; **Alessandro III**, Alexander the Third; **la terza fila**, the third row; **il T. Mondo**, the Third World; **il t. sesso**, the third sex; **homo-sexuals**; (*interrogatorio di*) **t. grado**, third degree (questioning); **in t. luogo**, in the third place; thirdly; **roba di terz'ordine**, third-rate junk. ● (*leg.*) **t. acquirente**, subsequent buyer □ (*leg.*) **t. arbitro**, umpire □ (*leg.*) **t. di buona fede**, bona fide holder □ (*stor.*) **la Terza Italia**, modern Italy □ (*relig.*) **T. Ordine**, tertiary order □ **la terza pagina** (**di un giornale**), the literary page (of a daily paper) □ (*poesia*) **terza rima**, terza rima □ (*polit.*) **il t. stato**, the middle classes □ **decimo t.**, thirteenth □ **scrittore di terza pagina**, writer of a literary column □ **Fa da t. incomodo**, he is playing gooseberry. **B** *m.* **1** (*terza parte*) third: **dormire un t. della notte**, to sleep a third of the night; **aumento** (**sconto**) **di un t.**, increase (discount) of one third **2** (*terza persona*) third person; (*leg.*) third party: **Domanderemo il giudizio di un t.**, we will ask the opinion of a third person; **Fece da t.**, he acted as third person; **assicurazione contro terzi**, third-party insurance; **Purché non ci sia danno di terzi**, as long as there is no damage to third parties. ● **il t. incomodo**, the odd man out □ **Non dirlo a terzi!**, don't tell anybody else! **C** *avv.* (**in t. luogo**) thirdly; third: **T., perché non è tornato?**, thirdly, why didn't he come back?
terzogènito, *a. e m.* third-born.
terzùltimo, *a. e m.* last but two; antipenultimate.
terzuòlo, *m.* (*agric.*) hay of the third cutting.
tésa, *f.* **1** (*di cappello*) brim; (*di berretto*) visor **2** (*il tendere le reti*) laying.
tesafili, *m.* (*elettr.*) wire-stretcher.
tesàggio, *m.* stretching.
tesare, *v. t.* **1** to stretch **2** (*naut.*) to haul taut. ● (*naut.*) **t. e filare**, to veer and haul.
tesata, **tesatura**, *f.* **1** stretching **2** (*naut.*) hauling taut.

tesaurizzare, *v. t. e i.* (*econ.*) to hoard; to treasure up: **t. l'oro**, to hoard gold.
tesaurizzatore, *m.* (*econ.*) hoarder.
tesaurizzazione, *f.* (*econ.*) treasuring; hoarding.
tèschio, *m.* skull.
Tesèo, *m.* (*mitol.*) Theseus.
tèsi, *f.* thesis*; (*teoria*) theory: **t. di laurea**, degree (*o* graduation) thesis; doctoral dissertation; **discutere la t.**, to dispute one's thesis; **t. e antitesi**, thesis and antithesis; **una t. sballata**, a preposterous thesis; **sostenere una t.**, to uphold a theory; **sostenere la t. (di laurea)**, to be examined on one's thesis; **Stando alla sua t., si deve fare in questo modo**, if one accepts his theory, one must act in this way. ● **dramma (romanzo) a t.**, problem play (novel).
tesina, *f.* (short) dissertation.
Tesmoforie, *f. pl.* (*stor.*) Thesmophoria.
tèso, *a.* stretched; tense; taut; uptight (*fam.*): **una corda tesa**, a stretched rope; **L'aria era tesa**, the air was tense; **La corda era tesa**, the rope was taut. ● **avere i nervi tesi**, to be on edge; to be high-strung □ **avere il volto t.**, to look strained □ **con le orecchie tese**, with one's ears pricked up (*o* cocked) □ **essere in rapporti tesi con q.**, to be on strained terms with sb.
tesoreggiamento, *m. V.* **tesaurizzazione**.
tesoreggiare, *V.* **tesaurizzare**.
tesoreria, *f.* treasury: **la T. dello Stato**, the State Treasury.
tesorière, *m.* treasurer.
tesòro, *m.* 1 (*anche fig.*) treasure: **Quanti tesori si nascondono nelle viscere della terra!**, how many treasures are hidden in the bowels of the earth!; **tesori d'arte**, art treasures; (*fig.*) **una moglie che è un t.**, a treasure of a wife 2 (*somma enorme, patrimonio*) fortune: **Mi è costato un t.**, it has cost me a fortune; **Aveva accumulato un t.**, he had collected a fortune; **profondere tesori in un'impresa**, to invest a fortune in a business 3 (*tesoreria*) treasury: **il Ministero del T.**, the Treasury; **Buoni del T.**, Treasury Bonds. ● **T. mio!**, my darling! □ **far t. di q.c.**, to prize st. highly □ **Ministro del T.**, Chancellor of the Exchequer (*G.B.*); Secretary of the Treasury (*USA*) □ **Un buon amico vale un t.**, a good friend is worth his weight in gold □ **Farò t. dei tuoi consigli**, I shall treasure your advice □ **Che t. di figlio!**, what a wonderful son! □ **Ha un figlio che è il suo t.**, he thinks the world of his son.
Tèspi, *m.* (*stor.*) Thespis: **carro di T.**, Thespis's cart; (*teatr.*) travelling theatre.
Tessàglia, *f.* (*geogr.*) Thessaly.
tessàlico, *a.* Thessalian.
tèssalo, *a. e m.* Thessalian.
tèssera, *f.* 1 ticket; card; pass: **una t. ferroviaria**, a season ticket; a railway pass; **una t. di giornalista**, a press card; **una t. annonaria**, a ration card; **presentare la t. all'ingresso**, to present one's card at the entrance; **una t. di riconoscimento**, an identity card; **una t. d'iscrizione**, a membership card 2 (*tassello di mosaico*) tessera* 3 (*ciascuno dei pezzi del domino*) domino*.
tesseramento, *m.* 1 giving of a membership card 2 (*razionamento*) rationing.
tesserare, A *v. t.* 1 to give* (sb.) a membership card 2 (*razionare*) to ration. **tesserarsi**, B *v. rifl.* to get* a membership card.
tesserato, A *a.* 1 having a membership card 2 (*polit.*) card-carrying: **un comunista t.**, a card-carrying communist 3 (*razionato*) rationed: **burro t.**, rationed butter. B *m.* (card) member.
tèssere, *v. t.* to weave*; (*fig., anche*) to spin*: **t. la tela**, to weave cloth; **imparare a t.**, to learn (how) to weave; **t. rado**, to weave loosely; **t. fitto**, to weave closely; (*fig.*) **t. frodi**, to weave (*o* to spin) a web of deceit. ● **t. congiure**, to plot □ **t. un discorso**, to construct a speech □ **t. ghirlande di fiori**, to wreathe garlands of flowers □ (*ind. tessile*) **t. in diagonale**, to twill □ **t. le lodi di q.**, to sing sb.'s praises; to speak in praise of sb.
tesserino, *m.* membership card; identification card; pass.
tèssile, A *a.* textile: **industria t.**, textile industry; **fibre tessili**, textile fibres. B *m.* 1 textile worker 2 (*pl.*: **prodotti**) textiles: **una mostra di tessili**, an exhibition of textiles.
tessitóre, *m.* 1 weaver: **un t. di lana**, a wool weaver 2 (*fig.*: *orditore*) plotter; schemer.
tessitura, *f.* 1 weaving; texture: **la t. del lino**, the weaving of linen; **La t. è malfatta**, the weaving is badly done; **Pagheremo la t.**, we shall pay for the weaving; **t. di un discorso**, the thread of a speech 3 (*mus.*) tessitura. ● **t. a maglia**, knitting.
tessutale, *a.* (*biol.*) tissue (*attr.*).
tessuto, *m.* 1 fabric; material; cloth: **t. a maglia**, knitted fabric; **t. di lana**, woollen fabric; **t. di seta**, silk material; **t. a quadretti**, checked fabric; **t. a righe**, striped fabric; **t. fantasia**, fancy fabric; **t. impermeabile**, waterproof cloth; **t. ingualcibile**, crease-resisting fabric; **t. pettinato**, worsted fabric; **t. trasparente**, gauze material; **t. fabbricato a mano**, hand-woven material 2 (*biol.*) tissue: **t. epiteliale**, epithelial tissue; **t. muscolare**, muscular tissue; **t. connettivo**, connective tissue 3 (*fig.*) web; tissue: **un t. di menzogne**, a tissue (*o* a pack) of lies. ● **t. misto**, union □ **t. spigato**, cross twill □ **negoziante di tessuti**, draper □ **negozio di tessuti**, draper's shop □ (*fig.*) **un romanzo che è un t. di stramberie**, a novel that is a collection of oddities.
test (*ingl.*), *m.* test: (*ind.*) **t. attitudinale**, aptitude test; employment test; (*psic.*) **t. di associazione**, association test; (*psic.*) **t. di intelligenza**, intelligence test.
tèsta, *f.* 1 (*anche fig.*) head: **t. calva**, bald head; **teste coronate**, crowned heads; **la t. di un chiodo**, the head of a nail; **la t. di un martello**, the head of a hammer; (*mecc.*) **t. del cilindro**, cylinder head; **t. di vitello**, calf's head; **in t. alla pagina**, at the head of the page; **girare** (*o* **voltare**) **la t.**, to turn one's head; **levarsi** (*o* **scacciare**) **q.c. dalla t.**, to get st. out of one's head; **pagare un tanto a t.**, to pay so much a head (*o* per head); (*fig.*) **perdere la t.**, to lose one's head; **portare il cappello in t.**, to wear a hat (on one's head); **scolpire una t.**, to carve a head; **una vigorosa t. di Michelangelo**, a forceful head by Michelangelo; (*anche fig.*) **piegare la t.**, to bow one's head; **una moneta con la t. del re**, a coin showing the King's head; **Mi colpì alla t.**, he hit me on the head; **Non mi entra in t.**, I can't get it into my head; **Non mi è mai passato per la t.**, it never came into my head 2 (*chim.*: *nella distillazione*) forerun; fronts (*pl.*). ● (*fig.*) **t. calda**, hot-headed person □ (*naut.*) **t. del timone**, rudderhead □ (*bot.*) **t. d'aglio**, bulb of garlic □ (*naut.*) **t. d'albero**, mast-head □ (*fig.*) **t. di cavolo** (*o* **di rapa**, **di legno**), blockhead □ **t. di moro** (*colore*), dark brown □ **t. di morto**, skull; (*zool.*, *Acherontia atropos*) death's head moth □ (*mil.*) **t. di ponte**, bridge-head □ (*mil.*) **t. di sbarco**, beach-head □ (*tennis*) **t. di serie**, seed □ **t. di turco** (*bersaglio*), target □ (*fig.*) **t. dura**, (*ottuso*) thick-headed person; (*ostinato*) headstrong person □ (*fig.*) **t. matta**, madcap; crackpot □ (*fig.*) **essere una t. quadra**, to be a steady (*o* a well-balanced) person □ (*fig.*) **t. vuota**, empy-headed person □ **a t. bassa**, head down; (*fig.*) crestfallen □ **abbassare la t.**, to lower one's head; (*fig.*) to humble oneself □ **aeroplani che volano sopra la t.**, planes flying overhead □ **essere** (**mettersi**) **alla t. di q.c.**, to be (to place oneself) at the head of st.: **Si mise alla t. dell'azienda** (**dell'esercito**), he placed himself at the head of the firm (of the army) □ (*sport*) **arrivare primo per mezza t.**, to arrive first by a short head □ **andare a t. nuda** (*o* **scoperta**), to go bareheaded □ **avere** (**tenere**) **il cappello in t.**, to have (to keep) one's hat on □ **avere debiti** (*o* **essere indebitato**) **fin sopra la t.**, to be head over heels in debt □ (*fig.*) **avere la t. dura**, to be stubborn (*o* obstinate) □ **avere la t. in q.c.**, to have one's mind fixed on st. □ **avere la t. ricciuta**, to be curly-headed □ **avere le t. sulle spalle**, to have a good head on one's shoulders □ (*mecc.*) **battere in t.**, to knock; to ping □ **cacciatore di teste**, head-hunter □ **cadere a t. in giù**, to fall headlong □ (*sport*) **colpire la palla di t.** (*o* **dare di t. alla palla**), to head the ball □ (*sport*) **colpo** (*o* **tiro**) **di t.**, header □ (*fig.*) **un colpo di t.**, a rash act □ (*fig.*) **dare alla t.**, to go to one's head: **Il successo gli ha dato alla t.**, success has gone to his head □ **dare di t. in q.c.**, to bump one's head against st. □ **domandare la t. di q.**, to demand sb.'s head □ **fare un cenno con la t.**, to make a sign with one's head; to nod □ (*fig.*) **far le cose senza t.** (*o* **con la t. nel sacco**), to do things without reflection □ **fare di t. propria**, to go one's own way; to decide oneself: **Feci di t. mia**, I decided myself □ (*fig.*) **far girare la t. a q.**, to make sb.'s head spin; (*far perdere la t.*) to make sb. lose his head; **Quel profumo mi fa girare la t.**, that perfume makes my head spin; **Quella donna gli ha fatto girare la t.**, that woman has made him lose his head □ **fare t. al nemico**, to face the enemy □ (*sport*) **fare un tuffo di t.**, to take a header □ (*fig.*) **fasciarsi la t. prima d'essersela rotta**, to cross one's bridges before one comes to them □ (*fig.*) **essere una gran t.**, to be a genius □ **grattarsi la t.**, to scratch one's head; (*fig.*) to be bewildered □ **in t.**, at the head; ahead: **Era in t. alla fila**, he was at the head of the queue; **Camminava in t. a tutti**, he was walking ahead of everybody □ (*fig.*) **lavare la t. all'asino**, to do st. quite useless; to cast pearls before swine □ **lavata di t.**, reproof; scolding; telling off (*fam.*); dressing down (*fam.*) □ **lavoro di t.**, brain-work □ **mal di t.**, headache □ (*fig.*) **mettere la t. a partito**, to turn over a new leaf; to mend one's ways; (*sistemarsi*) to settle down □ (*fig.*) **mettersi q.c. in t.**, to get st. into one's head: **Si è messo in t. di persuadermi**, he's got it into his head to persuade me □ **mostro a due teste**, two-headed monster □ (*edil.*) **un muro di due teste**, a wall of two bricks' thickness □ (*fig.*) **non avere la t. a posto**, to be off one's head □ **pena la t.**, on pain of death □ **la pena della t.**, the death penalty □ **rompersi la t.**, to break one's head; (*fig.*: *scervellarsi*) to rack one's brains □ **statua senza t.**, headless statue □ (*fig.*) **tenere la t. a posto**, to keep one's head □ **tenere la t. a q.**, to make head

against sb. □ (*sport*) **tuffo di t.**, header □ (*fig.*) **uscirne con la t. rotta**, to come off badly; to have the worst of it □ (*autom.*) **valvole in t.**, overhead valves □ **essere via con la t.**, to be in one's stupid bag □ **un vino che dà alla t.**, a heady wine □ (*fig.*) **Mi ha fatto una t. così** (*o* **come un pallone**), he (*o* she) has talked my head off □ (*fig.*: *di persona*) **Che t.!**, what a brain! □ **Mi frulla un'idea per la t.**, an idea has come into my head □ **Ci giocherei** (*o* **scommetterei**) **la t.**, I would bet my life □ (*fig.*) **Non so dove battere la t.**, I don't know which way to turn □ **Ha messo in t. a mio figlio che deve studiare legge**, he's convinced my son that he should study Law □ (*prov.*) **Chi non ha t. abbia gambe**, if you don't use your head, you'll have to use your legs □ (*prov.*) **Il pesce puzza dalla t.**, fish begins to stink at the head.

testàceo, *a.* (*zool.*) testaceous; testacean; shelled: **molluschi testacei**, shelled molluscs.

tèsta-códa, *m. invar.* (*autom.*) about-face; spin-out **fare un t.**, to do an about-face.

testamentàrio, *a.* (*leg.*) testamentary; testamental: **erede t.**, heir testamentary; **successione testamentaria**, testamentary succession. ● **per disposizione testamentaria**, according to the will.

testaménto, *m.* **1** (*leg.*) will; (will and) testament: **erede per t.**, heir according to the will; **un t. nullo**, an invalid will; **fare t.**, to make one's will; **i codicilli d'un t.**, the codicils of a will; **ricevere per t.**, to inherit by will; **un t. olografo**, a holographic will; a holograph: **un t. segreto**, a mystic testament; a sealed will; **un t. pubblico**, a solemn will; **un t. congiuntivo e reciproco**, a double will; **un t. nuncupativo**, a nuncupative will; **disporre per t.**, to dispose (of st.) by will; **una clausola del t.**, a clause of the will. **2** (*Bibbia*) Testament: **il Vecchio** (*o* **l'Antico**) **e il Nuovo T.**, the Old and New Testaments. ● **che ha fatto t.** (*di persona deceduta*), testate □ **lasciare q.c. a q. per t.**, to will (*o* to bequeath) st. to sb. □ **senza aver fatto t.**, intestate.

testante, *m. e f.* (*leg.*) testator.

testardàggine, *f.* stubbornness; obstinacy.

testardaménte, *avv.* stubbornly; obstinately; with obstinacy.

testardo, **A** *a.* stubborn; obstinate; headstrong: **t. come un mulo**, as stubborn as a mule. **B** *m.* stubborn person.

testare, *v. i.* (*leg.*) to make* a (*o* one's) will. ● **capacità di t.**, testamentary capacity.

testata, *f.* **1** head: **la t. d'una vallata**, the head of a valley; (*archit.*) **la t. di una colonna**, the head of a column; (*autom.*) **la t. del motore**, the cylinder head **2** (*di giornale*) head; heading; nameplate; (*intestazione*) headline **3** (*fig.*: *giornale*) newspaper; paper (*fam.*) **4** (*colpo con la testa*) blow with the head; (*colpo battuto con la testa*) knock on the head. ● (*mil.*) **t. nucleare**, nuclear warhead □ **t. d'un letto**, bedhead □ **t. d'un ponte**, mainstay of a bridge.

testàtico, *m.* (*leg.*) head money; poll tax; capitation.

testatina, *f.* (*tipogr.*) heading; headline.

testatóre, *m.* (*leg.*) testator.

testatrice, *f.* (*leg.*) testatrix*.

tèste, *m. e f.* (*leg.*) witness: **t. d'accusa**, witness for the prosecution; **t. a difesa**, witness for the defence.

testé, *avv.* (*lett.*) just now: **t. arrivato**, just now arrived.

tester (*ingl.*), *m.* multimeter.

testicolare, *a.* (*anat.*) testicular.

testìcolo, *m.* (*anat.*) testicle; testis*.

testièra, *f.* **1** (*dei finimenti del cavallo*) crown-piece **2** (*modisteria*) dummy head; block **3** (*del letto*) bedhead; (*di poltrona*) headrest.

testificare, *v. t.* to testify; to bear* witness.

testimòne, **A** *m. e f.* (*anche leg.*) witness: **Mia sorella fu chiamata come t.**, my sister was called as a witness; **t. alle nozze di q.**, witness at sb.'s wedding; **produrre dei testimoni**, to call upon the witnesses; **t. giurato**, sworn witness; (*leg.*) **t. a carico**, witness for the prosecution; (*leg.*) **t. a discarico**, witness for the defence. ● (*relig.*) **T. di Geova**, Jehovah's Witness □ **t. dello sposo**, best man; bridesman □ **t. oculare**, eye-witness □ **fare da t. a un testamento**, to witness a will □ **Attese per dirglielo che non vi fossero testimoni**, she waited until there was no one about before telling him. **B** *m.* (*sport*: *nelle corse a staffetta*) baton.

testimoniale, *a.* (*leg.*) of a witness; of witnesses; witness (*attr.*): **esame t.**, examination of witnesses. ● **prova t.**, parole evidence.

testimonianza, *f.* evidence; testimony; witnessing; (*prova*) proof, token: **una t. autorevole**, reliable evidence; (*leg.*) **falsa t.**, false testimony; **Ho fatto la mia t.**, I have given my evidence; **una t. di stima**, a token of esteem. ● **rendere t.**, to bear witness □ **Non dire falsa t.**, don't bear false witness.

testimoniare, **A** *v. t.* to witness; to evidence; (*attestare*) to testify. **B** *v. i.* to bear* witness; to give* evidence; to witness; (*attestare*) to testify: **t. a favore di q.**, to give evidence on behalf of sb.; to witness for sb.; **t. contro q.**, to witness against sb.; **Verranno a t.**, they will come to bear witness; **Posso t. che è vero**, I can testify that it is true.

testimònio, *m.* (*fam.*) V. **testimòne**.

testina, *f.* **1** (*cucina*) calf's head **2** (*tecn.*) **t. di registrazione**, recording head.

testista, *m. e f.* (*psic.*) tester.

tèsto (1), *m.* text: **il t. della lettera**, the text of the letter; **libri di t.**, text-books; **annotare un t.**, to annotate a text; **t. di lingua**, language text; **Si allontana dal t.**, he strays from the text. ● **il t. della legge**, the letter of the law □ **i testi sacri**, the Holy Scriptures; the Bible □ (*leg.*) **t. unico**, consolidation act □ **traduzione con t. a fronte**, parallel text □ **In fatto di lingua quell'autore fa t.**, that author is an authority as regards language □ **Quell'edizione fa t.**, that is the standard edition.

tèsto (2), *m.* (*coperchio di terracotta*) (earthenware) pot-lid; (*teglia per torte*) baking-pan.

testolina, *f.* (*fig.*) flighty person.

testóne, *m.* **1** large head **2** (*fig.*: *zuccone*) blockhead; dimwit (*fam.*); (*testardo*) stubborn fellow.

testosteróne, *m.* (*biol.*) testosterone.

testuale, *a.* **1** textual: **critica t.**, textual criticism; **una citazione t.**, a textual quotation **2** (*preciso*) exact; precise: **l'interpretazione t.**, the precise interpretation; **Sono le sue parole testuali**, those are his precise (*o* very) words.

testualménte, *avv.* textually; verbatim.

testùggine, *f.* **1** (*zool.*) tortoise; (*di mare*) turtle **2** (*stor. mil.*) testudo*.

testurizzare, *v. t.* (*ind. tessile*) to texture.

testurizzazióne, *f.* (*ind. tessile*) texturing.

tèta, *m. e f.* (*ottava lettera dell'alfabeto greco*) theta.

tetanìa, *f.* (*med.*) tetany.

tetànico, *a.* (*med.*) tetanic: **infezione tetanica**, tetanic infection; **contrazione tetanica**, tetanic contraction.

tètano, *m.* (*med.*) tetanus.

tête-à-tête (*franc.*), *m.* tête-à-tête; private conversation; private interview.

Tèti, Tètide, *f.* (*mitol.*) Thetis.

tetraboràto, *m.* (*chim.*) tetraborate: **t. sodico**, sodium tetraborate; borax.

tetrabòrico, *a.* (*chim.*) tetraboric: **acido t.**, tetraboric acid.

tetraciclina, *f.* (*marchio: farm.*) tetracycline.

tetraclorometàno, *m.* (*chim.*) tetrachloromethane.

tetraclorùro, *m.* (*chim.*) tetrachloride: **t. di carbonio**, carbon tetrachloride.

tetracòrdo, *m.* (*mus.*) tetrachord.

tetracromìa, *f.* (*tipogr.*) four-colour process.

tetradàttilo, *a.* (*zool.*) tetradactylous.

tètrade, *f.* tetrad.

tetradimensionale, *a.* four-dimensional.

tetradràmma, *m.* (*numismatica*) tetradrachm(a).

tetraèdrico, *a.* (*geom.*) tetrahedral: **una piramide tetraedica**, a tetrahedral pyramid.

tetraèdro, *m.* (*geom.*) tetrahedron*.

tetraetile, *a.* (*chim.*) tetraethyl: **piombo t.**, tetraethyl lead.

tetrafluorùro, *m.* (*chim.*) tetrafluoride.

tetràggine, *f.* **1** dismalness; dreariness; darkness **2** (*fig.*) gloom: **ore di noia e t.**, hours of boredom and gloom.

tetragonale, *a.* (*geom., geol.*) tetragonal: **sistema t.**, tetragonal system.

tetràgono, **A** *a.* **1** (*geom.*) tetragonal **2** (*fig., lett.*) steadfast; four-square. **B** *m.* (*geom.*) tetragon.

tetragràmma, *m.* (*nome di quattro lettere*; *relig.*) tetragram; tetragrammaton*.

tetralina, *f.* (*chim.*) tetrahydronaphthalene.

tetralogìa, *f.* tetralogy.

tetraménte, *avv.* dismally; drearily; gloomily.

tetràmero, *a.* (*biol.*) tetramerous.

tetràmetro, *a.* (*poesia*) tetrameter.

tetraóne, *m.* (*zool., Tympanuchus cupido*) prairie-chicken.

tetrapak, *m.* (*marchio: ind.*) cardboard container (for drinks, milk, etc.; in the form of a tetrahedron).

tetràrca, *m.* (*stor.*) tetrarch.

tetrarcato, *m.* (*stor.*) tetrarchate.

tetrarchìa, *f.* (*stor.*) tetrarchy.

tetràstico, *m.* (*poesia*) tetrastich.

tetràstilo, *a.* (*archit.*) tetrastyle.

tetratòmico, *a.* (*fis.*) tetratomic.

tetravalènte, *a.* (*chim.*) tetravalent; quadrivalent.

tetravalènza, *f.* (*chim.*) tetravalence.

tètro, *a.* **1** dismal; dreary; gloomy; dark: **un luogo t.**, a dismal place **2** (*fig.*) (sad and) gloomy; dismal; dusky: **uno sguardo t.**, a gloomy look. ● **essere d'umore t.**, to feel gloomy; to be in low spirits.

tètrodo, *m.* (*radio*) tetrode; four-electrode tube.

tetròssido, *m.* (*chim.*) tetroxide.
tétta, *f.* (*fam.*: *mammella*) breast; tit, titty (*fam.*); bubby, booby (*pop.*).
tettarèlla, *f.* (*del poppatoio*) (nursing) teat; (*ciuccio*) dummy.
tétto, *m.* 1 roof: **un t. a punta**, a steep roof; **un t. a una falda**, a pent roof; a lean-to roof; **un t. a terrazza**, a flat roof; **un t. a padiglione**, a hip roof; **un t. a capanna** (*o* **a due spioventi**), a saddle roof; **un t. a guglia**, a spire roof; **coprire un t.**, to cover a roof; (*fig.*) **senza pane né t.**, without food or a roof over one's head; **t. apribile** (*di automobile*), sunshine (*o* sun) roof; sliding roof 2 (*fig.*: *limite massimo*) ceiling. ● **t. natio** (*o* **paterno**), family home; birthplace □ **a t.**, under the eaves: **una finestra a t.**, a window under the eaves □ (*leg.*) **abbandono del t. coniugale**, desertion □ **abitare a t.**, to live under the eaves □ **i senza tetto**, the homeless.
tettóia, *f.* roof; penthouse; (*di piattaforma*) roofing, shelter.
tettònica, *f.* (*geol.*) tectonics (*pl. col verbo al sing.*): **t. a placche** (*o* **a zolle**), plate tectonics.
tettònico, *a.* (*geol.*) tectonic.
tettonide, *f.* (*geol.*) tectonite.
tettùccio, *m.* (*aeron.*) canopy.
tèucrio, *m.* (*bot.*, *Teucrium*) germander.
tèucro, *a.* e *m.* (*stor.*) Trojan.
teutònico, *a.* Teutonic. ● **l'ordine t.**, the Teutonic Order.
Tévere, *m.* (*geogr.*) (the) Tiber.
texano, *a.* e *m.* Texan.
Thailàndia, *f.* (*geogr.*) Thailand.
thèrmos, *V.* **tèrmos**.
thrilling (*ingl.*), **A** *a.* thrilling: **un film t.**, a thrilling film. **B** *m.* thriller.
ti (1), *pron. pers. m.* e *f.* 2ª *pers. sing.* 1 (*compl. ogg.*) you; (*compl. indir.*) (to) you: **Ti loda**, he praises you; **Ti racconterò ogni cosa**, I'll tell you everything; **Eccoti**, there you are 2 (*coi verbi rifl.*) yourself (*o idiom.*): **Non ti diverti mai**, you never enjoy yourself; **Ti devi lavare prima di pranzo**, you must wash before dinner; **Lavati le mani!**, wash your hands! 3 (*con valore rafforzativo*: è *idiom.*): **Che ti credevi?**, what did you expect?
ti (2), *f.* e *m.* (*lettera*) tee, te; the letter t.
tiamina, *f.* (*biol.*, *chim.*) thiamine.
tiara, *f.* tiara.
tiazòlo, *m.* (*chim.*) thiazole.
Tiberiade, *f.* (*geogr.*) Tiberias.
tiberino, *a.* of the Tiber.
Tibèrio, *m.* (*stor.*) Tiberius.
tibetano, *a.* e *m.* Tibetan.
tibia, *f.* 1 (*anat.*) tibia*; shin-bone 2 (*stor. mus.*) tibia*.
tibiale, *a.* (*anat.*) tibial.
tibicine, *m.* (*mus.*) tibicen; flautist.
tibioastragàlico, *a.* (*anat.*) astragalotibial.
tibiotàrsico, *a.* (*anat.*) tibiotarsal.
Tibullo, *m.* (*letter.*) Tibullus.
tibùrio, *m.* (*archit.*) lantern.
tiburtino, *a.* of Tivoli. ● **pietra tiburtina**, travertin(e).
tic (1), *m.* (*med.*) tic.
tic (2), *inter.* e *m.* tick; click.
ticchettare, *v. i.* to tick.
ticchettìo, *m.* ticking; tapping: **il t. della macchina da scrivere**, the tapping of the typewriter.
ticchio (1), *m.* 1 (*tic nervoso*) tic 2 (*fig.*) whim; fancy. ● **Gli saltò il t. di uscire**, he suddenly took it into his head to go out.
ticchio (2), *m.* (*macchiolina*) speckle.
ticchiolato, *a.* speckled.
ticchiolatura, *f.* 1 speckling 2 (*malattia fungina di alcune piante*) scab.
ticinése, *a.* e *m.* Ticinese.
ticket (*ingl.*), *m. invar.* (*contributo del paziente sul costo dei medicinali, ecc.*) patient's contribution (in money); money paid by patients (*to cover part of the cost of a medicine, etc.*).
tictàc, *inter.* e *m.* tick tack; tick tock. ● **fare t.**, to tick; to tick-tack; (*rif. al cuore*) to go pit-a-pat.
tiepidaménte, *avv.* tepidly; coolly; half-heartedly.
tiepidézza, *f.* (*anche fig.*) tepidity; lukewarmness.
tièpido, *a.* tepid; lukewarm; (*fig., anche*) half-hearted: **un bagno t.**, a tepid bath; **caffè t.**, lukewarm coffee; **applausi tiepidi**, half-hearted applause.
Tièste, *m.* (*mitol.*) Thyestes.
tifare, *v. i.* (*fam.*) to be a fan of (sb., st.); to cheer (*o* to shout) for (sb., st.).
tifico, *a.* (*med.*) typhic.
tiflografìa, *f.* Braille-writing; embossed (*o* raised) printing; typhlography.
tiflògrafo, *m.* brailler; braillewriter; typhlograph.
tiflologìa, *f.* typhlology.
tifo, *m.* 1 (*med.*) typhus (fever) 2 (*fam.*: *fanatismo*) fanaticism.
● **fare il t. per q.**, to be a fan of sb.
tifòide, *a.* (*med.*) typhoid.
tifoidèa, *f.* (*med.*) typhoid (fever).
tifoidèo, *V.* **tifòide**.
tifóne, *m.* typhoon.
tifóso, **A** *a.* 1 (*med.*) typhous 2 (*fam.*: *che fa il tifo*) fanatic. **B** *m.* 1 (*med.*) sufferer from typhus 2 (*fam.*: *chi fa il tifo*) fan; (*calcio, anche*) supporter.
tight (*ingl.*), *m.* (*abito da cerimonia*) morning dress.
tiglio, *m.* 1 (*bot.*, *Tilia europaea*) lime; lime-tree; (*Tilia americana*) bass-wood: **infuso di t.**, lime tea 2 (*fibra*) bass.
tiglióso, *a.* 1 fibrous 2 (*di carne*) stringy; tough.
tigna, *f.* (*med.*) tinea; ringworm.
tignòla, *f.* (*zool.*, *Tinea*) moth.
tignóso, **A** *a.* 1 (*med.*) affected with ringworm 2 (*fig.*: *avaro*) miserly; stingy; (*ostinato*) stubborn. **B** *m.* 1 (*med.*) sufferer from ringworm 2 (*fig.*: *persona avara*) miser; niggard; (*persona ostinata*) stubborn person.
tigrato, *a.* striped; streaked; (*di gatto, anche*) tabby.
tigratura, *f.* stripes (*pl.*).
tigre, *f.* (*zool.*, *Panthera tigris*; *anche fig.*) tiger (*masch.*); tigress (*femm.*): **Nell'India si fa la caccia alla t.**, in India they hunt tigers; **feroce come una t.**, as fierce as a tiger; (*fig., polit.*) **t. di carta**, paper tiger. ● **avere un cuore di t.**, to have a cruel heart.
tigrésco, *a.* tiger-like; tigerish.
Tigri, *m.* (*geogr.*) (the) Tigris.
tigròtto, *m.* tiger cub.
tilacino, *m.* (*zool.*, *Thylacinus cynocephalus*) thylacine; Tasmanian wolf*; Tasmanian tiger.
tilde, *m. o f.* tilde.
tilt, *m.* – **andare in t.**, to jam; to become* jammed, to get* stuck (*anche fig.*); (*fig.*) to flop. ● **essere in t.**, to be in the blink; to be nonplussed □ **La nostra squadra di calcio ha fatto t.**, the match played by our soccer team was a flop.
timballo, *m.* 1 (*mus.*) timbal; kettledrum 2 (*cucina*) timbale; pie.
timbrare, *v. t.* to stamp; (*una lettera*) to postmark. ● **t. il cartellino di presenza**, (*all'inizio del lavoro*) to punch in, to clock in; (*all'uscita*) to punch out, to clock out (*o* off).
timbratrice, *f.* (*mecc.*) stamping-machine.
timbratura, *f.* stamping; (*di lettera*) postmarking.
timbrico, *a.* (*mus.*) pertaining to tone-colour.
timbro, *m.* 1 (*arnese per bollare*, *bollo*) stamp: **un t. di gomma**, a rubber stamp; **t. per data**, date stamp; dater; **t. a secco**, embossing stamp 2 (*di strumento musicale, di voce*) timbre; tone-colour: **il t. di voce**, the timbre of a voice. ● **t. postale**, postmark □ **mettere il t.**, to stamp.
timer (*ingl.*), *m.* (*tecn.*: *di forno, ecc.*) auto-timer; timer.
tìmico, *a.* (*anat.*) thymic; thymus (*attr.*).
timidaménte, *avv.* shyly; bashfully; timidly.
timidézza, *f.* shyness; bashfulness; timidity; timidness.
tìmido, **A** *a.* shy; bashful; timid; self-conscious: **la timida pecorella**, the timid sheep; **t. come un coniglio**, as timid as a hare; **una giovinetta timida**, a bashful young girl. **B** *m.* shy (*o* bashful) person: **Pareva un t.**, he seemed a shy person. ● **fare il t.**, to pretend to be shy.
timo (1), *m.* (*bot.*, *Thymus vulgaris*) thyme.
timo (2), *m.* (*anat.*) thymus*; thymus gland.
timocràtico, *a.* (*polit.*) timocratic(al).
timocrazìa, *f.* (*polit.*) timocracy.
timòlo, *m.* (*chim.*) thymol.
timòma, *m.* (*med.*) thymoma*.
timóne, *m.* 1 (*naut., aeron.*) rudder; helm (*anche fig.*); (*naut.*) steering-wheel: **t. compensato**, balance(d) rudder; **t. di fortuna**, jury-rudder; **t. a vento**, wind rudder; (*anche fig.*) **essere al t.**, to be at the helm; **dritto del t.**, rudder-post; (*fig.*) **il t. dello Stato**, the helm of state; **ubbidire al t.**, to answer the helm; (*anche fig.*) **prendere il t.**, to take the helm 2 (*di carro*) shaft 3 (*di aratro*) beam 4 (*di rimorchio*) drawbar. ● (*aeron.*) **t. di direzione**, rudder □ (*aeron.*) **t. di profondità**, elevator □ (*naut.*) **mettere il t. a dritta**, to starboard □ (*naut.*) **non rispondere al t.**, to fall off.
Timóne, *m.* (*stor.*) Timon.
timonièra, *f.* (*naut.*) steering-compartment; wheel-house.
timonière, *m.* (*naut.*) steersman*; helmsman*; (*di scialuppa, lancia, ecc.*) coxswain (*abbr.*: cox).
timonièro, *a.* (*naut., aeron.*) rudder, helm (*attr.*). ● (*zool.*) **penne timoniere**, rectrices.
timorato, *a.* scrupulous: **coscienza timorata**, scrupulous conscience. ● **t. di Dio**, God-fearing; devout.
timóre, *m.* 1 fear; dread: **vivere in continuo t.**, to live in perpetual fear; **gente senza t. di Dio**, people who have no fear of God; **Furono presi da improvviso t.**, a sudden fear came over them; **Si nutrono gravi timori per la loro salvezza**, grave fears are felt for their safety; **avere t. di q. (di q.c.)**, to be in dread of sb. (of st.)

2 (*t. reverenziale*) awe. ● **t. filiale**, filial fear; respect for one's parents □ **timor panico**, panic (fear) □ **per t. che**, for fear (that); lest: **per t. che tu faccia uno sbaglio**, for fear (o lest) you should make a mistake □ **Non abbiate t.!**, never fear!; don't be afraid!; (*non preoccupatevi!*) don't worry! □ **Sto in t. per la sua salute**, I fear for his health □ **Avevo t. di annoiarvi**, I was afraid of boring you □ **Avevo t. che egli pensasse male di me**, I was afraid he would think ill of me.

timorosaménte, *avv*. fearfully; timorously; timidly.

timoróso, *a*. fearful; timorous; timid: **un bambino t.**, a timid child.

Timòteo, *m*. Timothy; (*dim.*) Tim.

timpànico, *a*. (*anat.*) tympanic: **la membrana timpanica**, the tympanic membrane.

timpanismo, *m*. (*med.*) tympanites; meteorism.

timpanista, *m. e f.* (*mus.*) tympanist.

timpanite, *f.* **1** (*med.*) tympanitis **2** (*vet.*) tympanites; tympanism.

timpano, *m*. **1** (*anat.*) tympanum*; ear-drum **2** (*mus.*) kettledrum; timpano* **3** (*archit.*) tympanum*; gable. ● (*fig.*) **rompere i timpani a q.**, to deafen sb. □ **È duro di timpani**, he's hard of hearing.

tinca, *f*. (*zool., Tinca tinca*) tench.

tinèllo, *m*. breakfast-room; (small) dining-room.

tingere, A *v. t.* **1** to dye; to paint: **t. la stoffa**, to dye cloth; **t. q.c. di nero (di rosso, ecc.)**, to dye st. black (red, etc.); **t. la lana (la seta, ecc.)**, to dye wool (silk, etc.); **farsi t. i capelli**, to have one's hair dyed **2** (*macchiare*) to stain; to spot; (*insudiciare*) to dirty: **L'inchiostro ti ha tinto la faccia**, the ink has stained your face; **tingersi le mani d'inchiostro**, to stain one's hands with ink; **Lo tinse col carbone**, he dirtied him with coal **3** (*lett.: colorare lievemente*) to tinge; to tint: **Il sole tingeva i monti di rosa**, the sun tinged the mountains with a rosy hue. ● **acqua tinta di vino**, water tinged with wine. **tìngersi**, B *v. rifl.* **1** to dye; to paint: **t. i capelli**, to dye one's hair; **Certe tribù primitive si tingono il viso**, some primitive tribes paint their faces **2** (*colorarsi lievemente*) to be tinged: **Il cielo si tinse di rosso**, the sky was tinged with red **3** (*dipingersi, truccarsi*) to use make-up: **Quella ragazza si tinge molto**, that girl uses (*o* wears) plenty of make-up. ● **t. di rossore**, to blush □ **t. le labbra**, to use lipstick □ **I monti si tingevano di rosa**, the mountains took on a rosy hue.

tingitura, *f*. dyeing; painting.

tinnire, *v. i.* (*lett.*) to tinkle; to jingle.

tinnito, *m*. (*lett.*) tinkle, tinkling; jingle, jingling.

tìnnulo, *a*. (*lett.*) tinkling; jingly.

tino, *m*. **1** vat; tub; (*per fermentazione*) tun **2** (*metall.*) shaft.

tinòzza, *f*. tub; vat; (*per il bucato*) wash-tub; (*per il bagno*) bath-tub.

tinta, *f*. **1** (*materia colorante*) paint; dye; dyestuff: **una mano di t.**, a coat of paint; **mescolare due tinte**, to mix two dyes; **stoffa preparata con ottime tinte**, material prepared with very good dyes **2** (*colore*) colour; hue: **t. morbida**, soft colour; **t. solida**, fast colour; **la t. grigia dei suoi capelli**, the grey tint of his hair; **la t. della tua carnagione**, the colour of your complexion; **perdere la t.**, to lose colour; to fade; **Ha preso una brutta t.**, it has taken on a bad colour; **È una fusione di tinte**, it is a blend of colours; **Questo tessuto si vende in tutte le tinte**, this material is sold in all colours; **mezze tinte**, dull colours; **la t. scura dell'oceano**, the dark hue of the ocean **3** (*colore delicato*) tint; tinge (*anche fig.*); (*sfumatura, anche fig.*) shade: **C'era una t. d'ironia nella sua osservazione**, there was a shade (*o* a hint) of irony in his remark. ● (*anche fig.*) **dipingere q.c. a fosche tinte**, to paint st. in dark colours □ (*fig.*) **un dramma a forti tinte**, a sensational play □ **una leggera t. di malizia**, a slight touch of malice □ **scatola di tinte**, half-tone (*o* scatola di tinte, paint-box □ (*iron.*) **E di che t.!**, and how! □ **Nel raccontare la storia ha un po' calcato le tinte**, in telling the story he has laid it on a bit thick □ **Nel raccontare la storia smorzò un po' le tinte**, in telling the story he underplayed it a little (*o* he played it down) □ **Raccontò la storia con la t. più nera**, he set the story in the worst possible light □ **Questo tessuto ha preso bene la t.**, this material has dyed well □ (*fig.*) **Sono tutti della stessa t.**, they are all of the same kind; they are tarred with the same brush.

tintarèlla, *f*. sun-tan; tan: **prendere la t.**, to get sun-tanned; to get a tan.

tinteggiare, *v. t.* **1** to paint; to tint; to tinge; (*un muro*) to colour-wash **2** (*dipingere a tratti*) to paint here and there.

tinteggiatura, *f*. painting. ● **t. a tempera**, distemper.

tintinnàbolo, *m*. tintinnabulum*; bell.

tintinnare, *v. i.* to tinkle; to jingle. ● **far t.**, to tinkle; to jingle.

tintinnìo, *m*. tinkling; jingling.

tintinnire, *V*. tintinnare.

tintinno, *m*. tinkle, tinkling; jingle, jingling.

tinto, *a*. **1** dyed; coloured: **un vestito t.**, a dyed dress **2** (*macchiato*) stained **3** (*colorato lievemente*) tinged **4** (*truccato*) painted: **una faccia tinta**, a painted face.

tintóre, *m*. dyer.

tintoria, *f*. dye-works; (*negozio*) dry-cleaner's shop.

tintòrio, *a*. dyeing; dye (*attr.*).

tintura, *f*. **1** (*il tingere*) dyeing; painting: **La t. mi pare ben riuscita**, the dyeing seems to have been successful **2** (*materia colorante*) dye: **una t. per i capelli**, a hair dye **3** (*chim.*) tincture: **t. di iodio**, tincture of iodine.

tiofène, *m*. (*chim.*) thiophene.

tiòrba, *f*. (*mus.*) theorbo.

tiorbista, *m. e f.* (*suonatore di tiorba*) theorbist.

tiosolfato, *m*. (*chim.*) thiosulphate: **t. di sodio**, sodium thiosulphate; hypo.

tipàccio, *m*. rogue; scoundrel; bad lot (*fam.*).

tipicaménte, *avv*. typically.

tipicità, *f*. typicalness; typicality.

tìpico, *a*. typical; (*esemplare*) exemplary; (*caratteristico*) characteristic; (*t. del luogo*) local: **segni tipici**, typical signs; **un inglese t.**, a typical Englishman. ● **bellezza tipica**, beauty that conforms to type; perfect beauty.

tipizzare, *v. t.* **1** to typify **2** (*standardizzare*) to standardize.

tipizzazióne, *f*. **1** typification **2** (*standardizzazione*) standardization.

tipo, A *m*. **1** type; (*esemplare*) model; standard; (*simbolo*) symbol: **il t. napoletano**, the Neapolitan type; **tipi di vita animale**, types of animal life; **fare t.**, to be a model; to set an example; **un vero t. di bellezza**, a real symbol of beauty **2** (*genere*) type; quality; kind; sort: **Va con gente del suo t.**, he goes with people of his own kind; **vini di tipi diversi**, wines of different kinds; **t. unificato**, standard type **3** (*fam.: individuo*) fellow; chap; specimen; dude (*fam.*); guy (*USA*): **un bel t.**, a fine specimen; **Che t. strano!**, what a queer chap!; **Chi è quel t.?**, who is that fellow? **4** (*pl., tipogr.*) type: **stampato con i tipi del Bodoni**, printed in Bodoni type. ● **t. in gamba**, groover (*fam.*) □ **sul t. di**, like: **Il mio cappello è sul t. del tuo**, my hat is like yours. B *a*. **1** (*che può fungere da campione*) standard; model: **impianto t.**, standard installation **2** (*tipico*) typical.

tipografia, *f*. **1** typography **2** (*stamperia*) printing works; printing office.

tipograficaménte, *avv*. typographically.

tipogràfico, *a*. typographic(al); printing (*attr.*): **industria tipografica**, typographic industry; **stabilimento t.**, printing works.

tipògrafo, *m*. printer; typographer.

tipologia, *f*. typology.

tipològico, *a*. typologic(al).

tipometria, *f*. (*tipogr.*) typometry.

tipòmetro, *m*. (*tipogr.*) type (*o* line) gauge; pica rule; typometer.

tip tap, A *inter. e m*. tip-tap. B *m*. (*ballo*) tap-dance.

tiptologia, *f*. **1** (*occultismo*) typtology **2** (*linguaggio convenzionale dei carcerati*) tapping code.

tipula, *f*. (*zool., Tipula*) daddy-long-legs; crane-fly.

tirabaci, *m*. kiss-me-quick; kiss-curl.

tirabòzze, *m*. (*tipogr.*) proof-press.

tirabrace, *m*. baker's rake; oven rake.

tirabusciò, *m*. (*pop.*) corkscrew.

tiràggio, *m*. draught; draft (*USA*): **Questa stufa ha poco t.**, this stove has little draught.

tiralatte, *m*. breast-pump.

tiralìnee, *m*. drawing-pen; ruling-pen.

tiranneggiaménto, *m*. tyrannizing.

tiranneggiare, A *v. t.* **1** to tyrannize (over sb.); (*opprimere*) to oppress (sb.): **signorotti che erano buoni solo a t.**, lordlings who were only good for tyrannizing; **t. un popolo**, to oppress a people **2** (*per estens.: dominare*) to order about. B *v. i.* to be tyrannical; to tyrannize: **Ha sempre tiranneggiato**, he has always been tyrannical.

tirannésco, *a*. tyrannous; despotic.

tirannia, *f*. tyranny (*anche fig.*); despotism: **Questa è una t. bell'e buona**, this is real tyranny; **la t. della rima**, the tyranny of rhyme.

tirannicaménte, *avv*. tyrannically; despotically.

tirannicida, A *m. e f.* tyrannicide. B *a*. tyrannicidal.

tirannicidio, *m*. tyrannicide.

tirànnico, *a*. tyrannical; despotic: **governo t.**, tyrannical government.

tirànnide, *f*. tyranny.

tiranno, A *m*. (*anche fig.*) tyrant: **È un t. in famiglia**, he's a tyrant in his family. B *a*. tyrannical; tyrannous: **passione tiranna**, tyrannical passion.

tirannosàuro, *m*. (*paleontologia: Tyrannosaurus rex*) tyrannosaur.

tirante, *m*. **1** (*mecc.*) connecting rod; tie-rod; stay-bar: **t. del**

tirapièdi

freno, brake-rod **2** (*naut.*) fall **3** (*edil.*) tie-beam.
tirapièdi, A *m.* hangman's assistant. **B** *m.* e *f.* (*spreg.*) underling; hanger-on; understrapper.
tiropròve, *m. invar.* (*tipogr.*) proof-press.
tirapugni, *m.* knuckle-duster.
tirare, A *v. t.* **1** to pull; to draw*; (*trascinare*) to drag: **I buoi tirano l'aratro,** the oxen pull the plough; **Tiravano uno di qua e uno di là,** one was pulling one way and one the other; **t. una corda,** to pull a rope; **t. q. per i capelli (per gli orecchi),** to pull sb. by the hair (by the ears); **t. q. per la manica,** to pull sb. by the sleeve; **t. fuori il fazzoletto,** to pull out one's handkerchief; **Tirò fuori il coltello,** he pulled out his knife; **Lo tirarono fuori dalle macerie,** they pulled him out of the rubble; **t. su la secchia** (*dal pozzo*), to pull up the well-bucket; **t. via un dente,** to pull out a tooth; **La carrozza era tirata da quattro cavalli,** the coach was drawn by four horses; **t. q. da parte** (*o* in disparte), to draw sb. aside; **t. le tende,** to draw the curtains; **tirarsi dietro la porta,** to pull the door after one; **t. una linea,** to draw a line; **t. l'arco,** to draw the (*o* one's) bow; **t. una conclusione,** to draw a conclusion; **t. la paga,** to draw one's wages (*o* one's salary); **t. il vino da una botte,** to draw the wine from a cask; **fermarsi per t. il fiato,** to stop to draw breath; **Hanno dovuto tirarlo fuori dal suo nascondiglio,** they have had to drag him out of his hiding-place; **tirare** (*scritto su una porta*), pull **2** (*lanciare, scagliare*) to throw*: **Le fionde tirano sassi,** slings throw stones; **Gli tirò addosso una secchia d'acqua,** he threw a bucket of water over him; **t. la palla a q.,** to throw the ball to sb.; **t. sassi a un cane,** to throw stones at a dog; **t. fiori,** to throw flowers; **t. i dadi,** to throw (*o* to cast) the dice **3** (*attirare*) to attract; to draw*; to lead*; to win* (sb.) over: **La calamita tira il ferro,** the magnet attracts iron; **t. q. in un agguato,** to lead sb. into an ambush; **t. q. in una trappola,** to draw sb. into a snare; (*fig.*) **Cercò di tirarlo a sé,** he tried to win him over; **t. q. dalla propria (parte),** to win sb. over to one's side **4** (*assorbire*) to absorb; to drink* in; (*succhiare*) to suck: **terra asciutta che tira l'acqua,** dry earth that absorbs water; **legno che tira la vernice,** wood that drinks in the paint; **t. il latte,** to suck milk **5** (*tendere*) to stretch: **t. un elastico,** to stretch an elastic **6** (*lasciare cadere*) to drop: **Gli aeroplani tiravano spezzoni,** the aeroplanes were dropping bombs **7** (*stampare*) to print; to pull; to run* off: **t. mille copie di un libro,** to print a thousand copies of a book; **t. una bozza,** to pull a proof. **B** *v. i.* **1** to pull; to draw*: **un cavallo che non tira,** a horse that doesn't pull; **un camino che tira male,** a chimney that draws badly; **una pipa che tira bene,** a pipe that draws well; **Questa sigaretta non tira,** this cigarette does not draw well **2** (*soffiare*) to blow*: **Tirava un freddo vento di tramontana,** a cold wind was blowing from the north **3** (*di abiti*) to be tight: **Questa gonna tira nella vita,** this skirt is tight at the waist **4** (*sparare*) to shoot*; to fire: **t. al bersaglio,** to fire at the target; **t. a una lepre,** to shoot at a hare **5** (*avere una certa portata*) to have a range (of); to range (over): **un binocolo che tira tanti chilometri,** binoculars that have a range of so many kilometres; **cannoni che tirano a venti chilometri,** guns that range over twenty kilometres **6** (*mirare, tendere*) to aim (at st., at doing st.); to be after (st.); to have an eye on (st.): **Tira a finire (al più presto),** he aims at finishing (as soon as possible); **Non è innamorata di lui; tira solo ai suoi quattrini,** she isn't in love with him; she is just after his money; **t. all'eredità,** to have an eye on the inheritance **7** (*avere tendenza*) to have a tendency (to); to be inclined; to be apt: **Quel ragazzo tira a ingannare,** that boy has a tendency to deceive **8** (*di colore: tendere*) to verge (on); to border (on); to shade (into); to approach: **un giallo che tira al rosso,** a yellow verging on (*o* shading into) red **9** (*somigliare*) to be like; (*prendere da*) to take* after: **La ragazza tira dal padre,** the girl takes after her father. • (*fig.*) **t. l'acqua al proprio mulino,** to bring grist to one's own mill □ **t. a lucido,** to polish; to shine □ (*naut.*) **t. a secco,** to haul (ashore) □ **t. a sorte,** to draw lots □ **tirarsi addosso maledizioni,** to bring down curses on one's head □ **t. avanti,** to get along; to go on; (*a stento*) to struggle on; (*alla meglio*) to rub along (*fam.*) □ **t. avanti la baracca** (*o* la famiglia), to make both ends meet; (*con difficoltà*) to scrape a living □ **t. avanti il lavoro,** to carry on with one's work □ **t. baci,** to blow kisses □ **t. una barca in secco** (*o* alla spiaggia), to beach a boat □ **t. una botta a q.,** to give sb. a blow □ **t. calci,** to kick □ **t. il collo a un pollo,** to wring a chicken's neck □ **t. colpi di coltello,** to stab with a knife □ **t. un conto,** to add up a bill □ (*pop.*) **t. le cuoia,** to draw one's last breath; to kick the bucket (*pop.*) □ **t. q. da un impiccio,** to get sb. out of a scrape (*autom.*) **t. da una parte,** to one side □ **t. di lungo,** to go straight on □ **t. di scherma,** to fence □ **t. di spada,** to make use of the sword □ **t. diritto,** to go straight on; (*fig.*) to head straight for one's goal □ **t. frecce,** to shoot arrows □ **t. un frego su una parola,** to score out a word □ (*autom.*) **t. il freno a mano,** to apply the

handbrake □ **t. fuori delle storie,** to make up stories □ **t. fuori una nuova moda (un nuovo vocabolo),** to bring out a new fashion (a new word) □ **t. fuori scuse,** to make excuses □ **t. giù bestemmie** (*o* moccoli), to swear; to blaspheme □ **t. giù due righe,** to jot down a few lines □ **t. giù un edificio,** to pull down (*o* to demolish) a building □ (*fig.*) **t. in ballo q.c.,** to bring st. up; to drag up (*o* in) st. (*fam.*) □ **t. indietro,** to draw back □ **tirarla in lungo,** (*essere prolisso*) to spin it out; (*per guadagnare tempo*) to try to gain time □ **t. q.c. in lungo,** to draw st. out; (*ritardare*) to delay st.; (*posporre*) to put off st. □ **t. innanzi,** to go one's own way □ **t. partito** (*o* vantaggio) **da q.c.,** to get advantage out of st. □ **t. un pavimento a cera,** to polish a floor □ **t. la porta** (*chiuderla*), to shut the door □ **t. pugni a q.,** to punch sb. □ **t. le reti,** to draw in (*o* to haul in) the nets □ **t. schiaffi a q.,** to slap sb. □ **t. le somme,** to total; (*fig.*) to reach a conclusion; (*rag.*) to strike a balance □ **t. un sospiro,** to heave a sigh; to give a sigh □ **t. su,** (*sollevare*) to hitch up; (*prendere su*) to take up; (*allevare*) to bring up: **t. su un bambino,** to bring up a child □ **t. su col naso,** to sniff □ **t. (o tirarsi) su le maniche,** to tuck (*o* to roll) up one's sleeves □ **t. su un muro** (*costruirlo*), to build a wall □ (*a tombola, ecc.*) **t. su un numero,** to draw a number □ **t. su oggetti sparsi sul pavimento,** to pick up things lying on the floor □ **t. sul prezzo,** to bargain; to chaffer; to haggle; to higgle □ **t. sa la testa,** to raise one's head □ (*naut.*) **t. su una vela,** to clew up a sail □ **t. il sugo,** to draw off the gravy □ **t. via col lavoro,** (*farlo in fretta*) to do one's work in a hurry; (*abborracciarlo*) to botch one's work □ **t. via q.c.,** to throw st. away □ **t. via sui particolari,** to pass over the details □ (*autom., sport*) **farsi «t.»,** to draft □ **giocare a tira e molla,** to play fast and loose □ **Tira in là quella seggiola,** move that chair to one side □ **Non tira vento,** there is no wind □ «**Come va?» «Si tira avanti»,** «how are you getting on?» «fairly well» □ (*fam.*) **La mia automobile non tira in salita,** my car doesn't climb well (*o* is sluggish uphill) □ **Si tirava dietro una turba d'ammiratori,** he was followed by a crowd of fans □ (*fig.*) **Si tira dietro tutti gli altri,** they all do whatever he does □ **Si è tirato addosso l'antipatia di tutti,** he has drawn everybody's dislike on himself. **tirarsi, C** *v. rifl.* **1** to draw* (oneself); to pull (oneself); (*trascinarsi*) to drag: **Tirati più vicino!,** draw nearer!; **t. da parte** (*o* in disparte, in un canto), to draw aside (*o* on one side); **t. indietro,** to draw back (*anche fig.*), to turn off (*fam.*), **t. il cappello sugli occhi,** to draw (*o* to pull down) one's hat over one's eyes; **t. su,** (*alzarsi*) to draw oneself up; (*riaversi, riprendersi*) to pull oneself together; (*ristabilirsi*) to pull round, to recover; (*rialzarsi; e, fig., finanziariamente*) to get on one's feet again; **Se lo tirarono dietro legato,** they dragged him tied up behind them **2** (*mettersi*) to put* (oneself): **t. avanti,** to put oneself forward.

tirasségno, *m.* target shooting; shooting practice; (*luogo*) shooting range; (*al luna park*) shooting gallery.

tirastivali, *m.* boot-jack.

tirata, *f.* **1** pull; draw; tug: **una t. di capelli,** a tug (*o* a pull) at sb.'s hair; **una t. di briglia,** a tug at the bridle; **dare una t. a una fune,** to give a pull at a rope **2** (*lungo discorso*) tirade; diatribe: **Fece una t. contro i politicanti,** he gave a tirade against petty politicians **3** (*fig.: per indicare svolgimento ininterrotto*) go; stretch; (*di lavoro, di viaggio*) haul: **fare q.c. in una t. sola,** to do st. at one go (*o* at a stretch); **È stata una bella t.,** it has been a long haul **4** (*di sigaretta*) puff **5** (*fam.: bevendo*) draught. • **una t. di campanello,** a pull at the bell-rope; (*una scampanellata*) a ring □ **una t. di fumo,** a puff of smoke □ **t. d'orecchi,** ear-pulling; (*fig.*) scolding, telling off □ **t. di penna,** stroke of the pen □ **dare una t. d'orecchi a q.,** to pull sb.'s ears; (*fig.*) to give sb. a lecture, to scold sb. □ **dare una t. di pipa,** to pull at one's pipe.

tirato, *a.* **1** drawn tight; taut: **corda tirata,** taut cord **2** (*fig.: sforzato*) forced; strained **3** (*avaro*) tight-fisted; stingy: **È un uomo alquanto t.,** he's rather a stingy man. • **t. a lucido,** shining; (*elegante*) smart, dolled up.

tiratóre, *m.* shot: **È un t. eccellente,** he's an excellent shot. • **t. scelto,** marksman □ **franco t.,** (*mil.*) sniper; (*polit.*) politician who votes against his own party.

tiratura, *f.* **1** (*tipogr.: lo stampare*) printing: **Nella t. è saltata via una virgola,** a comma has been missed in the printing **2** (*tipogr.: numero di copie stampate*) edition; run; (*di giornali*) circulation: **Si farà una t. di tante copie,** there will be an edition of so many copies; **Tutta la t. del libro è stata venduta,** the whole edition has been sold; **Quel giornale ha una t. di diecimila copie,** that newspaper has a circulation of ten thousand copies. • **t. delle bozze,** proof-pulling □ **t. eccedente** (*o* in supero), overrun.

tiravolista, *m.* trapshooter.

tirchieria, *f.* tight-fistedness; stinginess: **Questa è una t.,** this is stinginess.

tirchio, A *a.* tight-fisted; stingy. **B** *m.* miser; tightwad (*fam.*): **Il**

padrone è un vecchio t., the master is an old miser.
tirèlla, *f.* trace.
tiremmòlla, *m. invar.* (*fam.*) **1** (*esitazione*) tergiversation; indecision; hesitation; shilly-shally (*fam.*): **Con questo t. non si viene a capo di nulla**, we don't get anywhere with this indecision; **dopo un lungo t.**, after much hesitation **2** (*persona indecisa*) shilly-shallyer (*fam.*).
tireosi, *f.* (*med.*) thyreosis.
tireotòssico, *a.* (*med.*) thyrotoxic.
tireotossicòsi, *f.* (*med.*) thyrotoxicosis.
Tirèsia, *m.* (*mitol.*) Tiresias.
tirètto, *m.* (*pop.: cassetto*) drawer.
tiristóre, *m.* (*elettr.*) thyristor.
tiritèra, *f.* rigmarole; long-winded yarn. ● **Zitto, se no ricomincia la solita t.**, be quiet or he'll begin the old story again.
tiro, *m.* **1** (*trazione*) draught; (*animali che tirano*) team: **un cavallo da t.**, a draught-horse **2** (*lancio*) throw; cast; (*sport*) shot: **un t. di dadi**, a throw at dice; **essere a un t. di sasso (da q.)**, to be within a stone's throw (of sb.); **un t. a rete**, a shot at (the) goal **3** (*mil.: fuoco*) fire: **t. diretto** (*indiretto*), direct (indirect) fire; **t. radente**, grazing fire; **aprire il t.**, to open fire; **t. in bianco**, blank fire; **regolare il t.**, to adjust fire; **venire sotto t.**, to come under fire **4** (*colpo, sparo*) shot: **Fece due tiri e colse nel centro**, he had two shots and hit the centre; **Ci restavano pochi tiri**, we had few shots left; **Con un t. prese due allodole**, he got two larks with a single shot **5** (*lo sparare*) shooting: **t. al piattello**, clay-pigeon shooting; trapshooting; **t. a segno**, target-shooting; shooting practice; (*luogo*) shooting range; (*al luna park*) shooting-gallery **6** (*tirata, strappo*) pull: **dare un t. alla fune**, to give a pull at the rope **7** (*scherzo*) trick: **giocare un t. a q.**, to play a trick on sb.; **fare un bel t.**, to play a clever trick; **fare un brutto t.** (*o un tiro birbone*) **a q.**, to play a dirty (*o* a nasty) trick on sb. ● (*sport*) **t. alla fune**, tug-of-war □ **un t. a due** (*carrozza*), a two-in-hand □ **un t. a quattro** (*carrozza*), a coach and four; a four-in-hand □ **un t. a sei** (*carrozza*), a carriage and six □ **t. con l'arco** (*lo sport*), archery □ **un t. con l'arco**, a bowshot □ (*mil.*) **t. di sbarramento**, barrage □ (*sport*) **t. di testa**, header □ **essere a t.**, (*d'arma da fuoco*) to be within range; (*a portata di mano*) to be within reach; (*cucina*) to be done to a turn □ **a un t. di freccia**, within bowshot □ **a un t. di fucile**, within shooting distance □ (*fig.*) **a un t. di schioppo**, within a stone's throw □ **essere fuori t.**, (*d'arma da fuoco*) to be out of range; (*non a portata di mano*) to be out of reach □ **sbagliare il t.** (*sparando*), to miss the target □ (*mil.*) **scuola di t.**, firing-school □ **venire a t.**, to come within range; (*fig.*) to come to hand □ (*fig.*) **Il t. non gli è riuscito**, he didn't pull it off □ **Se mi viene a t., lo concio per le feste**, if I can get my hands on him, I'll fix him □ (*mil.*) **Il reggimento è ai tiri**, the regiment is on shooting manoeuvres □ **se mi viene a t. di dirglielo**, if I get the chance to tell him □ **La carne non è ancora a t.**, the meat isn't fully cooked yet.
Tiro, *f.* (*geogr. stor.*) Tyre.
tirocinante, **A** *a.* training. **B** *m.* e *f.* apprentice; trainee; trainer; novice.
tirocinio, *m.* apprenticeship; probation; novitiate; training; (*specialm. di un medico*) traineeship: **fare il t. in clinica**, to do one's training in a clinic.
tiròide, *f.* (*anat.*) thyroid.
tiroidectomìa, *f.* (*med.*) thyroidectomy.
tiroidèo, *a.* (*anat.*) thyroid (*attr.*); thyroidal: **la ghiandola tiroidea**, the thyroid gland.
tiroidina, *f.* (*farm.*) thyroid extract.
tiroidismo, *m.* (*med.*) thyroidism.
tiroidite, *f.* (*med.*) thyroiditis.
tirolése, **A** *a..* *m.* e *f.* Tyrolese; Tyrolean: **un cappello alla t.**, a Tyrolese hat. **B** *f.* (*mus.*) Tyrolienne (*franc.*).
Tiròlo, *m.* (*geogr.*) (the) Tirol; (the) Tyrol.
tirosina, *f.* (*chim.*) tyrosine.
tiroxina, *f.* (*fisiologia*) thyroxin(e).
tirrènico, *a.* Tyrrhenian.
tirrèno, *a.* Tyrrhene; Tyrrhenian. ● (*geogr.*) **il** (**Mar**) **T.**, the Tyrrhenian Sea.
tirso, *m.* (*mitol., bot.*) thyrsus*.
Tirtèo, *m.* (*letter.*) Tyrtaeus.
tisana, *f.* infusion; decoction; ptisan.
Tisbe, *f.* (*mitol.*) Thisbe.
tisi, *f.* (*med.*) tuberculosis (*abbr.*: TB); phthisis; consumption.
tisichézza, *f.* **1** (*med.*) tuberculosis; consumption **2** (*fig.*) extreme thinness.
tisico, **A** *a.* **1** (*med.*) tuberculous; phthisical; consumptive **2** (*fig.*) stunted; (*malaticcio tisici*), stunted trees. ● **morire t.**, to die of consumption: **Finirà t.**, he'll die of consumption. **B** *m.* (*med.*) TB sufferer; consumptive.
tisiologìa, *f.* (*med.*) phthisiology.

tisiòlogo, *m.* phthisiologist.
tissulare, *a.* (*biol.*) tissue (*attr.*).
titanato, *m.* (*chim.*) titanate.
titànico (1), *a.* titanic; gigantic; enormous: **sforzi titanici**, enormous efforts.
titànico (2), *a.* (*chim.*) titanic: **acido t.**, titanic acid.
titànio, *m.* (*chim.*) titanium.
titanismo, *m.* Titanism.
titanite, *f.* (*miner.*) titanite.
titano, *m.* **1** (*mitol.*) Titan **2** (*fig.*) titan; giant: **un t. del commercio**, a giant of the world of commerce.
titanomachìa, *f.* (*mitol., letter.*) Titanomachy.
titillaménto, *m.* titillation.
titillare, *v. t.* to titillate; to tickle: **Dolci suoni gli titillavano gli orecchi**, sweet notes tickled his ears.
Tito, *m.* Titus.
titoismo, *m.* (*polit.*) Titoism.
titoista, *a.* (*polit.*) Titoist.
titolare (1), **A** *a.* titular; regular; official: **il professore t.**, the regular professor. **B** *m.* e *f.* **1** holder; (*di impiego, posto, ecc.*) occupant: **il t. della cattedra di Letteratura Latina**, the holder of the chair of Latin Literature **2** (*proprietario*) owner; proprietor: **il t. di una ditta**, the owner (*o* the principal) of a firm **3** (*relig.*) titular.
titolare (2), *v. t.* (*chim.*) to titrate.
titolato, **A** *a.* **1** titled **2** (*chim.*) titrated. **B** *m.* titled person; noble.
titolatrice, *f.* (*cinem.*) titler.
titolazióne, *f.* (*chim.*) titration.
titolétto, *m.* (*tipogr.*) running head.
titolista, *m.* e *f.* (*tipogr.*) headline setter.
titolo, *m.* **1** (*di libro, ecc.*) title; (*di articolo di giornale*) headline: **il t. di un quadro**, the title of a picture; **il t. di una commedia**, the title of a play; **il t. di un capitolo**, the title of a chapter; **L'opera porta il t. seguente**, the work bears the following title; **il t. e il sottotitolo di un libro**, the title and subtitle of a book; **t. a tutta pagina**, banner headline **2** (*nobiliare, onorifico, accademico*) title: **il t. di conte**, the title of count; **titoli ereditari**, hereditary titles; **«Professore» è un t. accademico**, "professor" is an academic title **3** (*appellativo; anche epiteto offensivo*) name: **Merita il t. d'eroe**, he is worthy of the name of hero; **Gli diede tutti i titoli possibili**, he called him all possible names **4** (*qualifica*) qualification: **Se vuoi concorrere, devi presentare i titoli**, if you want to compete, you must submit your qualifications; **Ha ottimi titoli accademici**, his academic qualifications are excellent; **Si dice avvocato ma non ha titoli**, he calls himself a lawyer but he has no qualifications; **titoli di studio**, educational qualifications; **un concorso per titoli**, a competition based on qualifications **5** (*comm.: intestazione*) heading: **Registralo sotto questo t.**, enter it under this heading **6** (*ragione, motivo*) reason; motive: **Questo è un nuovo t. alla nostra riconoscenza**, this is another reason for us to be grateful; **Non mi pare un t. sufficiente**, I do not think it is a good enough reason **7** (*diritto*) title; right: **Che t. ha al trono?**, what title has he to the throne?; **Non ha nessun t. alla proprietà**, he has no title to the estate; **Che t. hai per farmi questa domanda?**, what right have you to ask me this question? **8** (*pl., fin.*) documents; securities; (*azioni*) shares; stock (*sing.*); (*obbligazioni*) debentures; bonds (*USA*): **titoli di credito**, documents of credit; **titoli negoziabili**, negotiable documents; **titoli al portatore**, stock to bearer; bearer stook; **t. differiti**, deferred shares; **titoli di prim'ordine**, gilt-edged securities; **titoli di second'ordine**, second-rate securities; **titoli nominativi**, registered (*o* inscribed) stock (*o* shares); **titoli privilegiati**, preference stock (*o* shares); **titoli pubblici**, Government stock **9** (*dell'oro, ecc.*) percentage; (*di monete*) finess **10** (*ind. tessile*) count; number: **t. per lana pettinata**, worsted count **11** (*chim.*) titre; titer (*USA*); strength **12** (*relig.*) title. ● (*tipogr.*) **t. corrente**, running head. (*autom.*) **t. della miscela**, mixture strength □ (*leg.*) **t. di proprietà**, title □ (*meteorologia*) **t. di umidità dell'aria**, water vapour ratio □ (*leg.*) **t. esecutivo**, writ of execution □ **a titoli cubitali**, in block type □ **a t. d'amicizia**, as a mark of good feeling □ **a t. di carità**, as charity □ **a t. di curiosità**, out of curiosity □ **a t. di esempio**, by way of example □ **a t. di favore**, as a favour □ **a t. di premio**, as a prize □ **a t. di prestito**, as a loan □ **a t. di prova**, on trial □ **a t. gratuito**, free of charge □ **a t. oneroso**, for a money consideration □ **a t. personale**, in a personal capacity □ **a t. privato**, privately □ **atto a t. gratuito**, voluntary deed □ **elenco dei titoli allegati**, list of enclosed documents □ (*leg.*) **successore a t. universale** (*particolare*), universal (singular) successor □ **Gli fu conferito il t. di cavaliere**, he was knighted.
titolóne, *m.* (*giornalismo*) streamer; banner headline.
titubante, *a.* hesitant; hesitating; doubtful; undecided; irresolute; faltering: **Si mostrò t. ad accettare l'impiego**, he was undecided

titubanza, *f.* hesitation; hesitancy; indecision. ● **parlare con t.**, to speak hesitatingly.

titubare, *v. i.* to hesitate; to waver; to falter: **Rispose senza t.**, replied without hesitating.

tixotropia, *f.* (*chim.*) thixotropy.

tizianésco, *a.* **1** Titianesque **2** (*di capelli*) titian; auburn.

Tiziano, *m.* Titian.

tizio, *m.* chap; fellow; dude (*fam.*); guy (*USA*): **Ha sposato un t.**, she's married some chap; **Supponiamo che un t. ti dica**, suppose some fellow says to you. ● **un t. qualsiasi**, a nobody □ **T., Caio e Sempronio**, Tom, Dick and Harry.

tizzo, *m.* brand; firebrand.

tizzóne, *m.* brand; firebrand. ● (*fig.*) **un t. d'inferno**, a thorough scoundrel.

tmèsi, *f.* (*linguistica*) tmesis*.

to', *inter.* **1** (*prendi*) here!: **To', piglia questo**, here! take this **2** (*di stupore*) well now!: **To', chi si vede!**, well now! look who's here!

toast (*ingl.*), *m.* **1** slice of toast **2** (*coppia di fette farcite e tostate*) toasted sandwich.

Tobìa, *m.* Tobias; Tobiah; (*dim.*) Toby.

tobòga, *m.* **1** (*sport*) toboggan **2** (*scivolo*) slide.

tocai, *m.* (*vitigno*) Tokay grape **2** (*vino*) Tokay (wine).

tócca, *f.* (*oreficeria*) touchstone.

toccàbile, *a.* touchable.

toccalapis, *m.* penholder.

toccante, *a.* (*commovente*) touching; moving.

toccare, A *v. t.* **1** to touch: **Non lo t. con le mani**, don't touch it with your hands; **Gli toccò la fronte e sentì che scottava**, he touched his forehead and felt it was burning; **Stette tre giorni senza t. cibo**, he didn't touch any food for three days; **Non t. i miei libri!**, don't touch my books!; (*anche fig.*) **t. il fondo**, to touch (*o* to hit) bottom; **Tocca ferro!**, touch wood! **2** (*fig.*) to touch; to move: **parole che toccano il cuore**, words that touch the heart; **Le tue meschinità non mi toccano**, your pettiness doesn't touch me; **Gli ha toccato il cuore**, she has moved his heart **3** (*tastare, saggiare*) to feel*; (*maneggiare*) to handle: **Toccò l'acqua prima di entrare nel bagno**, he felt the water before getting into the bath; **Il medico gli toccò il polso**, the doctor felt his pulse; **Toccò col piede il terreno**, he felt the ground with his foot; **Si prega di non toccare la merce esposta**, please do not handle the goods on display **4** (*accennare, sfiorare*) to touch on; to mention: **Toccò parecchi argomenti**, he touched on various subjects **5** (*colpire*) to strike*; to hit*: **Fece tre attacchi senza t. l'avversario**, he made three attacks without hitting (*o* striking) his opponent; **t. il bersaglio**, to hit the target; (*fig.*) **t. nel segno**, to hit the mark; (*anche fig.*) **t. un tasto falso**, to strike a false note **6** (*raggiungere*) to reach: **t. la meta**, to reach one's goal **7** (*interessare*) to affect; (*riguardare*) to concern; to regard: **La notizia non mi tocca personalmente**, the news doesn't affect (*o* concern) me personally **8** (*offendere, ferire*) to offend; to hurt*: **t. q. nell'onore**, to offend sb.'s honour; **t. q. nell'orgoglio**, to hurt sb.'s pride **9** (*passare da un luogo*) to pass through (a place); (*naut.*) to touch at, to call at (a port): **La nave tocca Genova e Livorno**, the ship touches (*o* calls) at Genoa and Leghorn. **B** *v. i.* (*essere il turno di*) to be (sb.'s) turn: **Tocca a te fare le carte**, it's your turn to deal; **Ora tocca a te giocare**, it's your turn to play now; **A chi tocca?**, whose turn is it? **2** (*spettare a*) to be up to (sb.); to be (sb.'s) duty (*o* job): **Tocca a te dargli la triste notizia**, it is your duty to break him the bad news; **Non tocca a me parlare per tutti**, it's not up to me to speak for all of us; **Non toccava a te giustificarlo**, it was not your job to justify him **3** (*toccare in sorte*) to befall*; to be (sb.'s) lot; (*accadere, capitare*) to happen: **Questa è la fortuna che gli è toccata**, this is the lot that has befallen him; **Guardate un po' che mi tocca!**, look what is my lot!; **Sono dolente per quel che gli è toccato**, I'm so sorry for what happened to him **4** (*ricadere su*) to fall* upon (sb.): **La maggior parte di questo lavoro è toccata a me**, most of this work has fallen upon me **5** (*dovere*) to have (to); to be obliged (to); must (*pres. indic.*): **Ora mi tocca andare**, I must go now; **Vi toccherà aspettare molto**, you'll have to wait a long time; **Mi toccò tacere** (*tenere il segreto*), I had to keep it quiet; **Allora mi toccherebbe aiutarlo**, then I should have to help him **6** (*avere diritto a*) to have a right (to); to be entitled to; (*essere dovuto*) to be (sb.'s) due: **Mi toccherebbero dieci giorni di congedo**, I should be entitled to a ten days' leave; **Voglio quel che mi tocca, e basta!**, I only want my due! **7** (*ottenere*) to get*; to obtain: **Mi toccarono soltanto centomila lire**, I only got one hundred thousand lire; **Non m'è toccato quasi nulla**, I've got (*o* I've been given) next to nothing. ● (*fig.*) **t. il cielo con un dito**, to be in the seventh heaven; to be beside oneself with joy □ (*fig.*) **t. q.c. con mano**, to see st. with one's own eyes □ **t. con le spalle il muro**, to have one's back to the wall □ **toccarle** (*o* **toccarne**) *buscarle*,

to get a (good) beating □ **t. la sessantina**, to be nearly sixty □ **t. uno strumento** (*musicale*), to play an instrument □ **non t. un argomento**, to be silent on (*o* about) a matter □ **parole che toccano l'onore di q.**, words that question sb.'s honour □ **Lo toccò col gomito per avvertirlo**, he nudged him with his elbow to warn him □ (*fig.*) **Non ha mai toccato un libro**, he has never opened a book □ **Toccammo terra** (*approdammo*) **all'alba**, we landed at sunrise □ (*fig.*) **Non ha mai toccato il violino**, he has never picked up a violin □ **Lo toccò sulla spalla per avvertirlo**, he tapped him on the shoulder to warn him □ **I nuotatori toccarono terra**, the swimmers landed □ **Alla mamma guai a toccarle i figlioli**, the mother won't let you criticize her children □ **Non bisogna toccarlo nei suoi principi religiosi**, you mustn't attack his religious principles □ (*fig.*) **Ve lo farò t. con mano**, I'll give you sure proof of it □ (*a dama, a scacchi*) **Tocca a te!**, it's your move □ (*fam.*) **A chi tocca, tocca**, that's fate; that's life.

toccarsi, **C** *v. rifl. recipr.* to touch each other (*o* one another); to meet*: **Gli estremi si toccano**, extremes meet.

toccasana, *m. invar.* (*anche fig.*) cure-all; panacea.

toccata, *f.* **1** touch: **una t. di mano**, a touch of the hand; **Basta una t. per mandarlo a terra**, a touch is enough to knock it over **2** (*mus.*) toccata*: **Eseguì una t. e fuga di Bach**, he played a Bach toccata and fugue.

toccatina, *f.* **1** slight touch **2** (*mus.*) toccatina; short sonata prelude.

toccato, *a.* **1** (*mattoide*) touched; cracked, barmy, screwy (*pop.*) **2** (*scherma e fig.*) touché (*franc.*).

toccatutto, *m.* (*scherz.*) curious person; Paul Pry.

tócco (1), *a.* (*mattoide*) touched; wrong in the head; cracked, barmy, screwy (*pop.*): **Sembra che sia un po' t.**, he seems to be a bit touched.

tócco (2), *m.* **1** touch: **Basta il minimo t. per mandarlo in frantumi**, the slightest touch is enough to shatter it; **un pianista dal t. leggero**, a pianist with a light touch **2** (*colpo*) knock; tap: **Si sentirono due tocchi all'uscio**, two knocks were heard at the door **3** (*di campana, di pennello, ecc.*) stroke: **un t. di campana**, a stroke of the bell; **un t. di orologio**, a stroke of the clock; **Con pochi tocchi di pennello**, with a few strokes of the brush **4** (*rintocco funebre*) knell; toll **5** (*l'una*) one o'clock (p.m.): **al t.**, at one o'clock (in the afternoon).

tòcco (3), *m.* (*pezzo*) piece; chunk; hunk: **un bel t. di carne** (*di formaggio*), a nice chunk of meat (of cheese). ● (*fam.*) **un t. d'uomo alto così**, a strapping man □ (*fam.*) **un bel t. di ragazza**, a handsome girl; a fine figure of a girl.

tòcco (4), *m.* **1** (*di professori, ecc.*) (square) cap; mortar-board (*fam.*): **accademici in t. e toga**, university dons in cap and gown **2** (*da signora*) toque: **La signora aveva un bel t. di velluto**, the lady wore a fine velvet toque.

tocoferòlo, *m.* (*biol.*) tocopherol.

tocologia, *f.* tocology; obstetrics (*pl. col verbo al sing.*).

toelètta, *V.* **tolètta**.

tòfo, *m.* (*med.*) tophus; chalkstone.

tòga, *f.* **1** (*stor. romana*) toga **2** (*di magistrati, ecc.*) robe; gown. ● **accedere alla dignità della t.**, to be admitted to the Bar.

togato, *a.* **1** (*stor. romana*) togaed; clad in a toga; togated **2** (*di magistrato*) gowned; in (*o* wearing) a gown; robed **3** (*fig.*: *solenne*) stately. ● (*teatr.*) **commedia togata**, fabula togata.

tògliere, A *v. t.* **1** to take* away; to take* (from, out of); to take* off; to remove: **t. q.c. a q.**, to take st. from sb.; **Gli hanno tolto tutto ciò che aveva**, they have taken away everything he had; **t. il grado a q.**, to take away sb.'s rank; **Lo tolsero da quella scuola**, they took him out of that school; **Alcuni brani sono stati tolti da un libro**, some passages have been taken from a book; **Se da sette tolgo cinque resta due**, take five from seven and it leaves two; **Togliti la giacca** (**il cappello, ecc.**), take off your jacket (hat, etc.); **Togli il cappotto al bambino**, take off the child's coat; **Togli le mani di tasca!**, take your hands out of your pockets; **Perché non ti togli quei baffi?**, why don't you take off that moustache?; **t. il cibo di bocca a q.**, to take the food out of sb.'s mouth; **t. le parole di bocca a q.**, to take the words out of sb.'s mouth; **t. una macchia di grasso da un vestito**, to remove a grease stain from a dress; **t. a q. un dubbio** (*un timore*), to remove sb.'s doubt (fear); **Gli tolsero l'incarico**, they removed him from office **2** (*impedire*) to prevent: **Ciò non toglie che sia un brav'uomo**, this doesn't prevent him from being a good man **3** (*liberare*) to free; to relieve; to rescue: **Dio lo tolse dalle sue pene**, God freed him from his sufferings; **Mi hai tolto un gran peso!**, you have relieved (*o* freed) me of a great burden!; **t. q. dalla prigionia**, to rescue sb. from captivity **4** (*lett.*: *prendere*) to take* up: **Tolse in braccio il bambino**, he took up the baby in his arms **5** (*rubare, anche fig.*) to steal*; to lift; to pinch (*fam.*): **Tolgo qualche ora allo studio**, I steal a few hours from my studies; **t. il portafoglio a q.**, to lift sb.'s wallet; **t. il fidanzato a un'amica**, to steal (*fam.*: to pinch) a friend's fiancée. ●

tòno

(*mil.*) **t. l'assedio** (**il blocco**), to raise the siege (the blockade) ◻ **togliersi un capriccio**, to satisfy a whim ◻ (*mecc.*) **t. il carico da una molla**, to relieve a spring ◻ (*elettr.*) **t. il contatto**, to break contact ◻ **togliersi d'impiccio**, to get out of a scrape; to scrape through ◻ **t. di mezzo**, to take (st.) out of the way; to do away with; to get rid of: **Togli di mezzo quella sedia!**, take that chair out of the way!; **Bisogna t. di mezzo queste difficoltà**, we must do away with these difficulties; **L'hanno tolto di mezzo con un colpo di pistola**, they got rid of him with a pistol shot ◻ **t. il divieto**, to lift the prohibition ◻ **togliersi la fame**, to appease one's hunger ◻ **t. un'idea dalla testa di q.**, to get an idea out of sb.'s head ◻ (*naut.*) **t. gli ormeggi**, to unmoor ◻ **togliersi un peso dalla coscienza**, to relieve (*o* to get a weight) off one's conscience ◻ **t. il saluto a q.**, to cut sb. ◻ **t. i sigilli**, to break the seals ◻ (*naut.*) **t. il vento** (**a**), to blanket ◻ **togliersi la vita**, to take one's own life; to kill oneself; to commit suicide ◻ **togliersi la voglia di q.c.**, to satisfy one's desire for st. ◻ **Il presidente gli tolse la parola**, the chairman made him stop speaking.
tògliersi, B *v. rifl.* (*allontanarsi*) to get* away (*o* off, out): **Toglietevi di lì**, get away from (*o* out of) there; **Togliti dalla mia sedia!**, get off my chair. ● **t. dai piedi** (*o* **t. di mezzo**), to get out of the way; (*andarsene*) to clear off (*o* out).
toh, *V.* to'.
toilette (*franc.*), *V.* tolètta.
tokaj, tokay, *V.* tocai.
Tòkio, *f.* (*geogr.*) Tokyo.
tòlda, *f.* (*naut.*) deck.
tolemàico, *a.* Ptolemaic: **il sistema t.**, the Ptolemaic system.
tolétta, *f.* **1** toilet-table; dressing-table **2** (*camerino*) dressing room **3** (*gabinetto di decenza*) lavatory; toilet; rest room (*USA*) **4** (*abito elegante*) toilette: **Aveva una t. elegantissima**, she was wearing a most elegant toilette (*o* dress). ● **far t.**, to make one's toilet ◻ **Impiegò un'ora a far t.**, she spent an hour on her toilet.
tolettatura, *f.* (*di cani, gatti, ecc.*) grooming. ● **salone di t. per cani**, dog parlour.
tolleràbile, *a.* tolerable; endurable; bearable.
tollerabilità, *f.* tolerability, tolerableness; bearableness.
tollerabilménte, *avv.* tolerably; reasonably; fairly.
tollerante, *a.* tolerant; (*indulgente*) indulgent.
tolleranza, *f.* **1** tolerance (*anche mecc., med.*); toleration; endurance; (*indulgenza*) indulgence: **t. politica**, political tolerance; **t. del culto**, religious toleration **2** (*comm.*) allowance. ● **casa di t.**, brothel.
tollerare, *v. t.* to tolerate; to bear*; to endure; to stand*; to put* up with: **Nel partito non sono tollerati i dissenzienti**, dissenters are not tolerated in the party; **Non tollero questo seccatore**, I can't stand that bore; **Tollero il freddo più che il caldo**, I bear (*o* I stand) the cold better than the heat; **t. il dolore**, to bear pain.
Tolomèo, *m.* Ptolemy.
Tolóne, *f.* (*geogr.*) Toulon.
Tolósa, *f.* (*geogr.*) Toulouse.
tolstoiano, *a.* (*letter.*) Tolstoyan, Tolstoian.
tolstoismo, *m.* (*letter.*) Tolstoyism.
tòlto, A *a.* (*eccetto*) except for; with the exception of. **B** *m.* – **il mal t.**, ill-gotten gains (*pl.*).
tolù, *m.* (*bot.*) tolu balsam.
toluène, toluòlo, *m.* (*chim.*) toluene; toluol.
tomahawk (*ingl.*), *m.* (*armi*) tomahawk.
tomàia, *f.* **tomàio**, *m.* upper; vamp.
tómba, *f.* **1** tomb; grave: **la t. di famiglia**, the family tomb; **muto come una t.**, as silent as the grave; **dalla culla alla t.**, from the cradle to the grave; **essere con un piede nella t.**, to have one foot in the grave **2** (*fig.*: *luogo tetro*) tomb; gloomy place.
tombacco, *m.* (*metall.*) tombac.
tombale, *a.* tomb (*attr.*); grave (*attr.*): **una pietra t.**, a tomb-stone; a gravestone.
tombarèllo, *m.* (*trasporti*) tipper.
tombaròlo, *m.* (*pop.*) grave-robber.
tombino, *m.* manhole cover.
tómbola (1), *f.* tombola; bingo: **giocare a t.**, to play tombola.
tómbola (2), A *f.* (*fam.*: *caduta*) fall; tumble. ● **far t.** (*o* **fare una t.**), to tumble; to have a tumble. **B** *inter.* up-a-daisy!
tombolare, *v. i.* (*fam., anche fig.*) to tumble: **t. giù da cavallo**, to tumble off one's horse; (**dal**)**la scala**, to tumble down the stairs.
tombolata, *f.* (a) game of tombola.
tómbolo (1), *m.* **1** (*fam.*: *ruzzolone*) tumble; fall **2** (*fig.*) downfall; crash; collapse.
tómbolo (2), *m.* **1** (*cuscino per fare i merletti*) lace-pillow: **lavorare al t.**, to make lace on a lace-pillow **2** (*fam., scherz.*: *persona grassoccia*) tubby person; podge (*fam.*).
tómbolo (3), *m.* (*duna costiera*) tombolo; sand-and-gravel bar.
tombolóne, *m.* (*fam.*) heavy (*o* nasty) fall.

tomentóso, *a.* (*bot.*) tomentose; tomentous; downy.
tomismo, *m.* (*filos.*) Thomism.
tomista, *m.* e *f.* (*filos.*) Thomist.
tomistico, *a.* (*filos.*) Thomistic(al).
Tommaso, *m.* Thomas; (*dim.*) Tom, Tommy.
tòmo, *m.* **1** tome; volume: **un vocabolario in otto tomi**, a dictionary in eight tomes **2** (*fam.*: *tipo*) character; sort; card; customer: **un bel t.**, a queer card (*o* customer, fish).
tomografia, *f.* (*med.*) tomography.
tònaca, *f.* **1** (*di frate*) cowl; frock: **gettare la t.**, to give up the frock; **vestire la t.**, to take the cowl **2** (*di prete*) cassock; soutane (*franc.*): **gettare la t. alle ortiche**, to throw one's cassock to the winds.
tonacèlla, *f.* (*relig.*) tunicle; dalmatic.
tonale, *a.* (*anche mus.*) tonal.
tonalismo, *m.* (*mus.*) tonalism.
tonalità, *f.* **1** (*mus., pitt.*) tonality **2** (*sfumatura di colore*) tone; shade: **Ci sono molte t. di rosso**, there are many shades of red.
tonante, *a.* thundering: **con voce t.**, in a thundering voice. ● **Giove T.**, Jove the Thunderer.
tonare, *v. i.* **1** (*impers.*) to thunder: **Si sentiva t. lontano**, distant thunder could be heard; **Tonò tutta la notte**, it thundered all night **2** (*rimbombare*) to boom; to thunder: **Il cannone tonava**, the cannon thundered **3** (*fig.*: *parlare con veemenza*) to thunder: **Cicerone tonò contro Catilina**, Cicero thundered against Catiline. ● (*scherz.*) **Tanto tonò che piovve!**, it had to happen!
tonchiare, *v. i.* (*rif. a legumi*) to be infested with weevils.
tónchio, *m.* (*zool.*) weevil.
tonchióso, *a.* weevily; infested with weevils.
tondeggiante, *a.* curved; round; roundish: **fianchi tondeggianti**, curved hips; **un viso t.**, a round face; **una forma t.**, a curved shape.
tondeggiare, *v. i.* to be roundish.
tondèllo, *m.* **1** round **2** (*numismatica*) (coin-)blank.
tondézza, *f.* roundness.
tondino, *m.* **1** (*edil.*) reinforcing iron rod **2** (*archit.*) astragal **3** (*sottobicchiere*) glass-mat; coaster (*USA*); (*piattino*) saucer **4** (*numismatica*) (coin-)blank.
tòndo, A *a.* **1** round: **una mela tonda**, a round apple; **fare cifra tonda**, to make a round figure; **t. come una palla**, as round as a ball **2** (*fig.*: *preciso*) exact; full: **Sono due settimane tonde**, it is a full two weeks. **B** *m.* **1** circle; round **2** (*tipogr.*) Roman type **3** (*piatto*) (round) plate; (*sottocoppa*) coaster **4** (*pitt., scult.*) tondo*. ● **giocare a giro t.**, to play ring-a-ring-o'roses ◻ **in t.**, in a circle ◻ **parlare chiaro e t.**, to speak out; to speak one's mind.
tónfano, *m.* (*in un fiume*) pool.
tónfete, *inter.* plop!; splash!
tónfo, *m.* thud; (*in acqua*) splash; (*lieve t.*) plop: **il t. misurato dei remi**, the steady splash of the oars. ● **dare** (*o* **fare**) **un t.**, to thud; to plop.
tòni, *m.* (*pagliaccio del circo*) clown.
tònica, *f.* (*mus.*) tonic; keynote.
tonicità, *f.* tonicity.
tònico, A *a.* (*linguistica, mus., med.*) tonic: **accento t.**, tonic accent; stress-accent; **un amaro t.**, a tonic bitter. **B** *m.* (*farm., cosmesi*) tonic: **Gli ordinò un t.**, he ordered him a tonic.
tonificante, *a.* invigorating; tonic; (*specialm. di aria*) bracing.
tonificare, *v. t.* to invigorate; to tone up; to strengthen; to brace.
tonnara, *f.* tunny-fishing nets (*pl.*).
tonnato, *a.* (*cucina*) with tunny sauce.
tonneggiare, *v. t.* **tonneggiarsi**, *v. rifl.* (*naut.*) to warp; to kedge.
tonnéggio, *m.* (*naut.*) **1** (*il tonneggiare*) warping **2** (*cavo da t.*) warp; kedge-rope.
tonnellaggio, *m.* (*naut.*) tonnage: **t. lordo**, gross tonnage.
tonnellata, *f.* (*naut.*) **1** ton: **t. di dislocamento**, displacement ton; **t. metrica**, metric ton; (*naut.*) **t. d'ingombro**, freight ton; (*naut.*) **t. di stazza**, register ton; ton capacity.
tonnétto, *m.* (*zool., Euthynnus alliteratus*) little tunny; little tuna; false albacore.
tonnina, *f.* (*cucina*) pickled tunny.
tónno, *m.* **1** (*zool., Thunnus thynnus*) tunny; tuna **2** (*carne del t.*) tunny(-fish); tuna: **t. sott'olio**, tunny in olive oil.
tòno, *m.* **1** (*in molti sensi*) tone: **con un bel t. di voce**, in a fine tone of voice; **mutare il t. della voce**, to change the tone of one's voice; **rispondere in t. canzonatorio**, to reply in a mocking tone; **Lo disse in t. di comando**, he said it in a commanding tone; **in t. altezzoso**, in a haughty tone; **in t. di preghiera**, in a pleading tone; **Allora cambiò t. al discorso**, then he changed the tone of his speech; **dare il t. alla conversazione**, to give the tone to the conversation; **un quadro dai toni accesi**, a picture in fiery tones; (*med.*) **t. muscolare**, muscle tone **2** (*mus.*) pitch;

tonometrìa, *f.* (*fis., chim., med.*) tonometry.

tone; tune (*anche fig.*); (*chiave*) key: **al dolce t. di un violino**, to the sweet tone of a violin; **quarti di t.**, quarter-tones; **essere in t. (fuori t.)**, to be in tune (out of tune); **t. di do**, key of C (major); **t. maggiore (minore)**, major (minor) key; (*fig.*) **cambiar t.**, to change one's tune. ● **abbassare (alzare) il t. della voce**, to lower (to raise) one's voice □ (*mus.*) **dare il t.**, to give the note; (*fig.*) to set the style □ **darsi t.**, to put on airs; to make oneself important □ (*fam., fig.*) **essere giù di t.**, to be out of sorts; not to be oneself □ (*fig.*) **essere (sentirsi) in t.**, to be (to feel) fine □ **regolatore del t.**, tone-control □ **rispondere a t.**, (*a proposito*) to answer to the point; (*per le rime*) to give tit for tat □ **sotto t.**, throwaway □ **trombe dal t. argentino**, silver-toned trumpets.
tonometrìa, *f.* (*fis., chim., med.*) tonometry.
tonòmetro, *m.* (*fis., med.*) tonometer.
tonsilla, *f.* (*anat.*) tonsil: **Bisognerà togliergli le tonsille**, he must have his tonsils out.
tonsillare, *a.* (*anat.*) tonsillar.
tonsillectomìa, *f.* (*med.*) tonsillectomy.
tonsillite, *f.* (*med.*) tonsillitis.
tonsillotomìa, *f.* (*med.*) tonsillotomy.
tonsillòtomo, *m.* (*med.*) tonsillotome.
tonsura, *f.* (*relig.*) tonsure: **ricevere la t.**, to receive the tonsure.
tonsurare, *v. t.* (*relig.*) to tonsure.
tonsurato, **A** *a.* tonsured. **B** *m.* tonsured person.
tónto, **A** *a.* stupid; dull; half-baked (*pop.*). **B** *m.* dullard; fool; blockhead: **E quel t. non ha saputo rispondere?**, and didn't that dullard know how to reply? ● **fare il finto t.**, to pretend to be a fool.
topàia, *f.* **1** rats' nest; mouse-nest **2** (*fig.*) hovel: **Vive in una t.**, he lives in a hovel.
topàzio, *m.* (*miner.*) topaz.
topiàrio, *a.* – **arte topiaria**, topiary art.
tòpica (1), *f.* (*retor.*) topic.
tòpica (2), *f.* (*fam.*) faux pas (*franc.*); blunder: **fare una t.**, to commit a blunder; to drop a brick (*fam.*).
topicida, **A** *m.* rat-poison; rat-killer. **B** *a.* rat-destroying.
tòpico, *a.* **1** (*retor.*) topical **2** (*locale*) topical (*anche med., farm.*); local: **un medicamento t.**, a topical remedy.
topinambùr, *m.* (*bot., Helianthus tuberosus*) Jerusalem artichoke.
topino, *m.* **1** (*piccolo topo*) small mouse*; mouselet; mouseling **2** (*fig., vezzegg.*) little thing **3** (*zool., Riparia riparia*) sand-martin; bank-swallow (*USA*).
topless, (*ingl.*), *m.* (*moda*) topless garment; (*costume da bagno*) topless (bathing) suit; topless. ● **donna** (*o* **ragazza**) **in t.**, topless woman (*o* girl); topless.
tòpo, *m.* **1** (*zool., Mus*) mouse*; (*ratto*) rat: **t. campagnolo**, field-mouse; **t. d'acqua**, water-rat; **t. muschiato**, musk-rat; musquash; (*prov.*) **Quando non c'è la gatta i topi ballano**, when the cat is away, the mice will play; (*prov.*) **Il leone ebbe bisogno del topo**, the mouse once saved the lion in his need; a lion may come to be beholden to a mouse **2** (*fig., ladro*) thief*: **t. d'albergo (d'auto, ecc.)**, hotel (car, etc.) thief. ● (*fig.*) **t. di biblioteca**, bookworm □ (*fig.*) **fare la fine del t.**, to be caught like a rat in a trap.
topografìa, *f.* topography.
topogràfico, *a.* topographic(al). ● **carta topografica**, map.
topògrafo, *m.* topographer.
topolino, *m.* **1** small (*o* young) mouse*; mouselet; mouseling **2** (*fig.*) lively child*; imp.
Topolino, *m.* (*personaggio dei cartoni animati*) Mickey Mouse.
topologìa, *f.* topology.
topològico, *a.* topological.
toponimìa, *f.* toponymy.
toponìmico, *a.* toponymic(al).
topònimo, *m.* toponym; place-name.
toponomàstica, *f.* toponymy.
toponomàstico, *a.* toponymic(al).
toporagno, *m.* (*zool., Sorex araneus*) shrew.
tòppa, *f.* **1** (*anche fig.*) patch: **una tasca a t.**, a patch pocket **2** (*buco della serratura*) keyhole; (*serratura*) lock: **girare la chiave nella t.**, to turn the key in the lock. ● (*anche fig.*) **mettere una t. a q.c.**, to patch up st.
toppato, *a.* (*rif. al pelame di un animale*) dappled; spotted.
toppè, *m.* toupee.
tòppete, *inter.* **1** bang: **Lo prese di mira e t.!**, he aimed at him, and bang! **2** (*a un bambino che cade a terra*) up-a-daisy!
tòppo, *m.* stump.
tòr, *V.* **tòrr**.
torà, *f.* (*relig. ebraica*) torah.
torace, *m.* (*anat.*) thorax*; chest.
toracentèsi, *f.* (*med.*) thoracentesis*.
toràcico, *a.* (*anat.*) thoracic; chest (*attr.*). ● **cavità toracica**, chest, thorax.
toracoplàstica, *f.* (*med.*) thoracoplasty.

toracoscopìa, *f.* (*med.*) thoracoscopy.
toracoscòpio, *m.* (*med.*) thoracoscope.
toracotomìa, *f.* (*med.*) thoracotomy.
tórba, *f.* peat.
tórbida, *f.* **1** flood water **2** (*min.*) ore pulp.
torbidaménte, *avv.* (*anche fig.*) turbidly.
torbidézza, *f.* (*anche fig.*) turbidity; turbidness.
tórbido, **A** *a.* **1** turbid; cloudy: **acqua torbida**, cloudy water **2** (*fig.*) turbid; dark; troubled: **pensieri torbidi**, dark thoughts; **tempi torbidi**, troubled times. **B** *m.* (*pl.: tumulti*) disturbances; disorders. ● (*fig.*) **pescare nel t.**, to fish in troubled waters □ **C'è del t. in questa faccenda**, there's something brewing.
torbièra, *f.* peat-bog; peat-moss.
torbóso, *a.* peaty; peat (*attr.*): **terreno t.**, peat soil.
torcènte, *a.* – (*fis.*) **momento t.**, twisting moment; torque.
tòrcere, **A** *v. t.* **1** to twist: **t. un filo di ferro**, to twist a wire; **t. un braccio a q.**, to twist sb.'s arm; **filare e t.**, to spin and twist; **t. due fili per farne uno spago**, to twist two threads together to make a piece of string; (*lett.*) **t. le parole di q.**, to twist the meaning of sb.'s words **2** (*stringendo*) to wring* (out): **t. il collo a una gallina**, to wring a hen's neck; **t. la biancheria lavata**, to wring (out) the wet clothes **3** (*incurvare*) to bend*: **t. un ferro**, to bend a piece of iron; **t. una sbarra**, to bend a bar; **t. un ramo**, to bend a bough. **B** *v. i.* (*voltare*) to turn: **La strada torce a sinistra**, the road turns to the left. ● **t. la bocca**, to make a wry mouth □ (*fig.*) **t. il collo**, to pretend to be devout ● **t. le labbra**, to grimace (in disgust) □ **t. il naso**, to turn up one's nose □ (*lett.*) **t. q. dal retto cammino**, to lead sb. astray □ **t. lo sguardo**, to avert one's eyes □ **non t. un capello a q.**, not to touch a hair of sb.'s head ● (*fig.*) **uno che dà del filo da torcere**, a tough customer (*fam.*) □ (*fig.*) **Hai trovato chi ti darà filo da t.**, you have found (*o* met) your match □ **Questo problema mi ha dato del filo da t.**, this problem has been a hard nut to crack □ **Gli ipocriti e i bacchettoni torcono il collo**, hypocrites and bigots never look you in the face. **tòrcersi**, **C** *v. rifl.* to twist; to writhe: **rami che si torcono al vento**, branches that twist in the wind; **Si torceva dal dolore**, he was writhing (*o* twisting about) in pain. ● **t. dalle risa**, to split one's sides with laughter.
torcétto, *m.* (small) torch (made up of four long candles).
torchiare, *v. t.* **1** to press **2** (*fam., fig.*) to fire questions at (sb.).
torchiatura, *f.* pressing.
torchiétto, *m.* (*fotogr.*) printing-frame.
tòrchio, *m.* press: **un t. idraulico**, a hydraulic press; (*tipogr.*) **un t. a mano**, a hand-press; (*tipogr.*) **un t. calcografico**, a copperplate press; **un t. per vino**, a wine-press; **essere sotto il t.**, (*tipogr.*) to be in the press; (*fig.*) to work under pressure; (*essere interrogato*) to be grilled.
tòrcia, *f.* torch; brand: **una t. a vento**, a wind-proof torch.
torcicòllo, *m.* **1** stiff neck; crick in the neck; (*med.*) wryneck; torticollis **2** (*zool., Iynx torquilla*) wryneck.
torcièra, *f.* candlestick.
torcière, *m.* **1** candlestick **2** (*portatore di torcia*) torch-bearer.
torciglióne, *m.* (*acconciatura femminile*) turban.
torciménto, *m.* twisting.
torcinaso, *m.* barnacles (*pl.*).
torcitóio, *m.* (*ind. della seta*) throwing-mill.
torcitóre, *m.* (*ind. della seta*) throwster.
torcitrice, *f.* (*ind. della seta*) throwing-machine.
torcitura, *f.* **1** (*ind. della seta*) throwing **2** (*ind. tessile*) twist(ing).
torcolière, *m.* (*tipogr.*) pressman*.
tordéla, *f.* (*zool., Turdus viscivorus*) missel-thrush.
tórdo, *m.* (*zool., Turdus*) thrush. ● **grasso come un t.**, as fat as a goose; as plump as a dumpling.
toreador (*spagn.*), *V.* **torèro**.
toreare, *v. i.* to fight* bulls.
torèllo, *m.* **1** (*zool.*) young bull; bullock **2** (*fig.*) ox; bull.
torèro, *m.* toreador (*spagn.*); bull-fighter.
torèutica, *f.* toreutics (*pl. col verbo al sing.*).
tòrico, *a.* toric.
torinése, **A** *a.* of Turin (*pred.*); Torinese. **B** *m. e f.* native (*o* inhabitant) of Turin.
Torino, *f.* (*geogr.*) Turin.
tòrio, *m.* (*chim.*) thorium.
torite, *f.* (*miner.*) thorite.
tórlo, *V.* **tuòrlo**.
tórma, *f.* **1** (*di animali*) herd **2** (*di persone*) (unruly) crowd; swarm; throng. ● **andare a torme**, to go in crowds.
tormalina, *f.* (*miner.*) tourmaline. ● **t. nera**, schorl.
torménta, *f.* snowstorm: **Furono sorpresi dalla t.**, they were caught in the snowstorm.
tormentare, **A** *v. t.* to torment; to torture; (*molestare*) to annoy, to worry, to pester, to badger: **Era tormentato dalla gelo-**

sia, he was tormented by jealousy; **I reumatismi lo tormentano**, he is tortured with rheumatism; **Mi tormenta per un regalo**, he is pestering me for a present; **essere tormentato dai creditori**, to be badgered by creditors. **tormentarsi, B** *v. rifl.* to worry; to torment oneself.

tormentato, *a.* **1** tormented; tortured: **un'anima tormentata**, a tormented spirit **2** (*inquieto*) restless; haunted.

tormentatóre, *m.* tormentor; torturer.

tormentina, *f.* (*naut.*) storm jib; spitfire jib.

torménto, *m.* torment (*anche fig.*); torture: **i tormenti dell'inferno**, the torments of hell; **provare i tormenti della gelosia**, to undergo the torments of jealousy; **il t. delle zanzare**, the torment of mosquitoes; **i tormenti del caldo**, the torments of heat; (*fig.*) **Quel bambino è un t.**, that child is a torment (*o* a pest). ● **i tormenti della fame**, the pangs of hunger.

tormentosaménte, *avv.* tormentingly; painfully.

tormentóso, *a.* tormenting; worrying; painful: **un dubbio t.**, a tormenting doubt; **pensieri tormentosi**, tormenting (*o* troublesome) thoughts.

tornacónto, *m.* advantage; profit; benefit; (*interesse*) interest: **Lo vende perché ci ha il suo t.**, he's selling it because it is to his advantage. ● **Non c'è t.**, it doesn't pay; it isn't worth while.

tornado, *m. invar.* tornado; whirlwind; hurricane.

tornante, A *m.* hairpin bend; sharp turn. ● **strada a tornanti**, winding road. **B** *a.* – (*calcio*) **ala t.**, linkman.

tornare, A *v. i.* **1** to return; (*andare di nuovo*) to go* back; (*venire di nuovo*) to come* back; (*essere di ritorno*) to be back; (*ripetersi*) to come* again: **t. a piedi**, to return on foot; to walk back; **t. in automobile**, to return by car; to drive back; **t. in autobus**, to return by bus; **t. da scuola**, to return (*o* to come back) from school; **È tornato al suo paese**, he has returned (*o* gone back) to his village; **Dopo la scuola torno a casa**, after school I return (*o* go back) home; **Se ne tornavano a casa**, they were going back home; **t. da accompagnare q.**, to return (*o* to come back) from accompanying sb.; **t. da Firenze**, to return (*o* to come back) from Florence; **Gli è tornata la febbre**, his temperature has returned; **Arrivederci, e torni presto!**, goodbye! and come back soon; **Torno subito**, I'll be back in no time; **t. alle vecchie abitudini**, to return (*o* to go back) to old customs; **una circostanza che torna alla mente**, a circumstance that returns to one's mind; **È una bella occasione che non torna più**, it's a good chance that won't come again **2** (*essere, risultare*) to be; to come* (to); (*essere esatto*) to be right (*o* correct); (*di una somma, di un conto*) to work out: **t. utile**, to be of use; **Gli tornerà a onore**, this will be to his credit; this will do him credit; **Questo mi torna nuovo**, this is news to me; **Fai come vuoi, tanto torna (sempre) lo stesso** (*o* tutt'uno), do as you like, it comes to the same thing; **Il conto torna**, the bill is right; **Il peso torna (bene)**, the weight is correct; (*fam.*) **Ti torna?**, does it seem (*o* sound) right to you? **3** (*ridiventare*) to become* again; to come* (*o* to fall*) back (into st.); to return (to st.); to recover, to regain (st.): **t. di moda** (*o* in uso), to come back into fashion; **t. quello di prima**, to return to one's original state; **t. giovane**, to regain one's youth; **t. sano** (*o* in salute), to recover one's health. **B** *v. t.* **1** (*lett.: riportare, ricondurre*) to bring* back; to restore: **Voleva t. l'insegnamento all'antica semplicità**, he wanted to bring teaching back to its old simplicity **2** (*lett.: volgere*) to turn: **Poi alla bella donna tornai il viso**, then I turned my face to the beautiful lady. ● **t. a bomba**, to get back to the subject (*o* point) □ **t. a dire**, to repeat □ **t. a fare lo stesso errore**, to repeat the same mistake □ **t. a galla**, to come to the surface; (*fig.*) to come up again □ **t. al lavoro** (*o* a lavorare), to start work again; to go back to work □ **t. alla mente** (**alla memoria**), to come back to one's mind; (*ricordare*) to remember; **Il nome non mi torna alla mente**, I don't remember the name □ **t. al mondo** (*o* in vita), to come back to life □ **t. al punto di partenza**, to go back to one's starting-point; (*anche fig.*) to come full circle □ **t. col pensiero a q.c.**, to bring st. back to one's mind; to recall st. □ **t. conto a q.**, to be to sb.'s advantage (*valere la pena*) to be worth while, to pay: **Non mi torna conto di venderlo ora**, it is not to my advantage to sell it now; **Non lo faccio perché non mi torna conto**, I won't do it because it isn't worth while (*o* it doesn't pay) □ **t. in possesso di q.c.**, to regain possession of st.; to get st. back: **L'eredità è tornata in possesso del figlio maggiore**, the eldest son has regained possession of the inheritance □ **t. in sé**, to come to one's senses: **Dopo quella sfuriata tornò in sé**, after that fit of anger he came to his senses □ **t. su un argomento**, to take up a subject again □ (*di cibo*) **t. su** (*o* a gola), to repeat □ **t. sui propri passi**, to retrace one's steps □ **far t. q.c. alla mente di q.**, to remind sb. of st.; to bring back st. to sb. □ (*fig.*) **t. non indietro**, not to go back on one's decision (*o, per una promessa*: on one's word) □ **un ragionamento che non torna**, an illogical argument □ **un vestito che torna bene** (*o* a pennello), a dress that fits well

(*o* like a glove) □ **Torno a dirtelo!**, I tell you again! □ **Torniamo a noi!**, let us get back to the point! □ **Questo vestito è tornato nuovo**, now this dress is as good as new □ **Questo verso non torna**, this line does not scan properly □ (*fig.*) **I conti non tornano**, there's something wrong here □ (*scherz.*) **Questo libro ha nome «torna»**, be sure you return my book □ **Smettila di tornarci su!**, stop talking about it! □ (*prov.*) **La superbia va a cavallo e torna a piedi**, when pride rides, shame lacqueys.

tornasóle, *m.* (*chim.*) litmus: **cartina di t.**, litmus paper.

tornata, *f.* **1** (*adunanza*) sitting **2** (*poesia*) envoy.

torneare, *v. i.* (*stor.*) to tourney; to joust.

tornèlla, *f.* **tornèllo**, *m.* turnstile.

tornèo, *m.* **1** (*stor.*) tournament; tourney; (*giostra*) joust: **misurarsi in un t.**, to compete in a tournament; **giostre e tornei**, jousting and tourneys **2** (*sport*) tournament: **un t. di scherma**, a fencing tournament.

tornése, *m.* (*numismatica*) livre tournois (*franc.*).

torniètto, *m.* (*mecc.*) (small-size) lathe: **un t. da orologiaio**, a watchmaker's lathe.

tórnio, *m.* (*mecc.*) lathe; turning-lathe: **un t. a copiare**, a duplicating (*o* copying) lathe; **un t. a revolver**, a turret (*o* a capstan) lathe; **un t. automatico**, an automatic lathe; **un t. da banco**, a bench lathe; **un t. frontale**, an end (*o* a face) lathe. ● **t.** (**automatico**) **da viteria**, screw machine □ **t. verticale**, boring mill.

tornire, *v. t.* **1** (*mecc.*) to lathe; to turn (on a lathe) **2** (*fig.*) to polish up; to turn: **t. i propri versi**, to polish up one's verses. ● **t. a spoglia**, to back off (on the lathe) □ **t. con mandrino**, to mandrel.

tornito, *a.* **1** (*mecc.*) turned (on a lathe): **avorio t.**, ivory turned on a lathe **2** (*fig.*) well-turned; polished: **un verso t.**, a well-turned verse. ● **braccia tornite**, shapely arms.

tornitóre, *m.* (*mecc.*) turner: **un t. in legno**, a wood-turner.

tornitura, *f.* (*mecc.*) **1** turning **2** (*residui*) shavings (*pl.*).

tórno, A *m.* **1** (*lett.*) **il t. di tempo**, at about that time. **B** *locuz. avv.* – **t. t.**, all (a)round. ● **levarsi q. di t.**, to get rid of sb.

tòro (1), *m.* **1** (*zool.*) bull: **essere forte come un t.**, to be as strong as a bull; **Pareva un t. inferocito**, he looked like a maddened bull; (*fig.*) **prendere il t. per le corna**, to take the bull by the horns **2** – (*astron., astrologia*) **il T.**, Taurus; the Bull (*costellazione e II segno dello Zodiaco*). ● (*sport*) (**il**) **T.**, (the) Torino soccer team: **un tifoso del T.**, a fan of the Torino soccer team □ (*fig.*) **argomento che taglia la testa al t.**, settler, finisher (*fam.*); sockdolager, sockdologer (*pop., USA*) □ (*astrologia*) **persona nata sotto il segno del T.**, Taurus; Taurean □ (*fig.*) **tagliare la testa al t.**, to settle the question.

tòro (2), *m.* (*geom., archit.*) torus*; tore.

toroidale, *a.* (*geom.*) toroidal. ● (*elettr.*) **avvolgimento t.**, toroid coil.

toròide, *f.* (*geom.*) toroid.

tòron, *m.* (*chim.*) thoron; thorium emanation.

torpèdine (1), *f.* (*zool., Torpedo*) torpedo*; numb-fish.

torpèdine (2), *f.* (*mil.*) torpedo*; (*mina subacquea*) (submarine) mine: **una t. da blocco**, a blockade mine.

torpedinièra, *f.* (*mil.*) torpedo-boat.

torpèdo (*spagn.*), *f. invar.* torpedo.

torpedóne, *m.* (motor-)coach; bus; char-a-banc; charabanc.

torpidaménte, *avv.* torpidly; sluggishly.

torpidézza, *f.* torpidness; torpidity; sluggishness.

tòrpido, *a.* **1** torpid; numb **2** (*fig.*) torpid; sluggish; dull: **una mente torpida**, a sluggish mind.

torpóre, *m.* **1** torpor; numbness: **Il t. è una conseguenza del freddo**, numbness is a consequence of the cold **2** (*fig.*) torpor; sluggishness; dullness: **t.** (**di mente**), sluggishness of mind.

tòrr, *m.* (*fis.*) torr*.

torraiòlo, *a.* – **colombo t.**, rock dove.

torrazzo, *m.* imposing tower-like building.

tórre, *f.* **1** (*anche mil.*) tower: **la t. pendente**, the leaning tower; **la T. di Londra**, the Tower of London; **saldo come t.**, as solid as a tower; **le torri merlate del castello**, the crenellated towers of the castle; (*anche fig.*) **la t. di Babele**, the tower of Babel; (*fig.*) **chiudersi in una t. d'avorio**, to shut oneself up in an ivory tower; **t. di guardia**, guard tower; **t. di controllo**, control tower; **t. di comando**, conning tower; (*miss.*) **t. di lancio**, launching tower **2** (*mecc.*) tower: **t. di raffreddamento**, cooling-tower **3** (*scacchi*) castle; rook. ● (*mil.*) **t. corazzata**, turret □ **t. del faro**, lighthouse □ (*min.*) **t. di perforazione**, derrick.

torrefare, *v. t.* to toast; to roast: **caffè torrefatto**, roasted coffee.

torrefazióne, *f.* **1** toasting; roasting; torrefaction **2** (*negozio*) coffee-shop.

torreggiante, *a.* towering.

torreggiare, *v. i.* (*anche fig.*) to tower: **t. su tutti gli altri**, to tower above all the others.

torrènte, *m.* **1** stream; torrent: **torrenti montani**, mountain

torrentìzio

torrents 2 (*fig.*) torrent; flood: **un t. di lava**, a torrent of lava; **un t. di lacrime**, a flood of tears. ● **a torrenti**, in torrents: **Piove a torrenti**, it is raining in torrents; it is pouring.
torrentìzio, *a.* torrential; torrent-like. ● **corso d'acqua a regime t.**, torrential stream.
torrenziale, *a.* torrential: **pioggia t.**, torrential rain; torrents of rain.
torrétta, *f.* **1** (*archit., mil., aeron.*) turret **2** (*di sommergibile*) tower; (*t. corazzata*) turret; (*torre di comando*) conning tower.
tòrrido, *a.* torrid; burning; very hot: **la zona torrida**, the torrid zone; **il sole t.**, the burning sun.
torrióne, *m.* **1** embattled tower; keep (*stor.*) **2** (*naut.*) turret **3** (*nel linguaggio alpinistico*) tower; gendarme.
torróne, *m.* «torrone» (kind of nougat).
torsiògrafo, *m.* (*tecn.*) torsiograph.
torsiòmetro, *m.* **1** (*ind. tessile*) twist counter **2** (*mecc.*) torsion meter; torquemeter.
torsionale, *a.* torsional; torsion (*attr.*).
torsióne, *f.* **1** torsion; twisting: **la t. dei muscoli**, muscle torsion; (*mecc.*) **molleggio a barra di t.**, torsion-bar suspension **2** (*ginnastica*) twist. ● (*costr.*) **sollecitazione di t.**, torsional stress.
tórso, *m.* **1** torso* (*anche di statua*); trunk **2** *V.* **tórsolo**.
tórsolo, *m.* core: **il t. d'una mela**, the core of an apple.
tórta, *f.* cake; pie; (*crostata*) tart: **una t. di marzapane**, a marzipan cake; **una t. di mele**, an apple-pie. ● (*fig.*) **spartirsi la t.**, to split the loot.
tortellini, *m. pl.* (*cucina*) «tortellini».
tortèllo, *m.* (*cucina*) **1** (*pl.*) «tortelli» **2** (*frittella*) (kind of) fritter.
torticcio, *m.* (*naut.*) hawser; cable.
tortièra, *f.* baking-tin; pie-tin; cake-pan.
tortìglia, *f.* twine; cord.
tortiglióne, *m.* spiral.
tòrtile, *a.* twisted: **una colonna t.**, a twisted column.
tortino, *m.* (*cucina*) pie: **un t. di carciofi**, an artichoke-pie.
tòrto (1), *a.* twisted; crooked: **gambe torte**, crooked legs.
tòrto (2), *m.* **1** wrong: **avere t.**, to be wrong; **Hai t. marcio**, you are completely wrong; **Chi perde ha sempre t.**, the loser is always wrong; **dare t. a q.**, to consider sb. in the wrong; **mettersi dalla parte del t.**, to put oneself in the wrong; **Spero che i fatti mi diano t.**, I hope the facts will prove me wrong; **essere dalla parte del t.**, to be in the wrong **2** (*ingiustizia*) wrong; (*colpa*) fault: **Vendicherò i torti ricevuti**, I'll take revenge for the wrongs done to me; **riconoscere i propri torti**, to acknowledge one's faults. ● **a t.**, wrongly; unjustly □ **avere dei torti**, to be guilty of wrongdoing □ **fare t. al proprio amico**, to wrong one's friend □ **fare t. al proprio nome**, to dishonour one's name □ **Si lamenta a t.**, he is wrong to complain □ **Ho il solo t. di averle voluto troppo bene**, my only mistake was to love her too dearly □ **Non ha tutti i torti**, there's something in what he says □ **Ciò fa t. alla tua bontà**, this doesn't do justice to your goodness.
tórtora, **A** *f.* (*zool., Streptopelia turtur*) turtle-dove. **B** *a.* dove (*attr.*): **grigio t.**, dove gray.
tortrice, *f.* (*zool., Tortrix*) tortricid (moth).
tortuosaménte, *avv.* **1** tortuously (*anche fig.*); windingly **2** (*fig.*) deviously; circuitously; in an underhand way.
tortuosità, *f.* **1** tortuosity **2** (*fig.*) tortuousness; deviousness.
tortuóso, *a.* **1** winding; tortuous: **una strada tortuosa**, a winding road; **un fiume t.**, a tortuous river **2** (*fig.: ambiguo*) tortuous; devious; crooked: **ragionamento t.**, devious reasoning.
tortura, *f.* (*anche fig.*) torture; torment: **mettere alla t.**, to put to the torture; **Avere le scarpe strette è una t.**, it's torture to wear tight shoes; **Gli esami sono una t.**, exams are a torture.
torturare, **A** *v. t.* (*anche fig.*) to torture; to torment: **La gelosia lo torturava**, he was tormented with jealousy. ● **torturarsi il cervello**, to rack (*o* to cudgel) one's brains. **B** *v. rifl.* (*fig.*) to torment oneself: **Perché t. quando non c'è rimedio?**, why torment yourself when there's nothing to be done?
torvaménte, *avv.* grimly; surlily.
tórvo, *a.* grim; surly: **Mi guardò con occhio t.**, he gave me a grim look; **minaccioso e t.**, threatening and grim.
tósa, *f.* (*ind. lana*) shearing; clipping. ● **lana di t.**, fleece wool.
tosacani, *m.* dog-clipper.
tosaèrba, *m. e f. invar.* (lawn-)mower.
tosare, *v. t.* **1** to shear*; to clip: **t. il gregge**, to shear the flock; **t. una siepe**, to clip a hedge; **t. il can barbone**, to clip the poodle **2** (*scherz.: rapare*) to crop; to scalp (*scherz.*): **t. i capelli alle reclute**, to crop the recruits' hair **3** (*fig.*) to fleece: **In quel negozio tosano i clienti**, in that shop the customers are fleeced.
tosasièpi, *m. e f.* (pruning-)shears (*pl.*).
tosatóre, *m.* shearer; clipper.
tosatrice, *f.* (*macchina*) clippers (*pl.*). ● **t. per prati**, lawn-mower.

tosatura, *f.* **1** shearing; clipping: **la t. delle pecore**, sheep-shearing **2** (*scherz.: rapata*) crop.
Toscana, *f.* (*geogr.*) Tuscany.
toscanaménte, *avv.* in Tuscan style.
toscaneggiante, *a.* affecting the Tuscan style.
toscaneggiare, *v. i.* to speak* (*o* to write*) in the Tuscan style.
toscanismo, *m.* Tuscan idiom.
toscanità, *f.* Tuscan nature.
toscanizzare, *v. t.* to Tuscanize.
toscano, **A** *a.* Tuscan: **le colline toscane**, the Tuscan hills; (*archit.*) **l'ordine t.**, the Tuscan order. **B** *m.* **1** Tuscan: **la sagacia dei Toscani**, the subtlety of the Tuscans **2** (*dialetto dell'area toscana*) Tuscan: **Parla t.**, he speaks Tuscan **3** (*sigaro*) «toscano».
tósco, *a. e m.* (*lett.*) Tuscan.
tosóne, *m.* fleece: **il Toson d'oro**, the Golden Fleece.
tósse, *f.* cough: **t. convulsa** (*o* **asinina**, **canina**), whooping-cough; (*med.*) pertussis; **avere la t.**, to have a cough; **t. secca**, dry cough; **Si schiarì la gola con un colpo di t.**, he cleared his throat with a short cough. ● **attacco** (*o* **eccesso**) **di t.**, fit of coughing.
tossicchiare, *v. i.* to cough slightly.
tossicità, *f.* toxicity.
tòssico, **A** *a.* toxic; poisonous. **B** *m.* poison. ● **amaro come il t.**, as bitter as gall.
tossicodipendènte, *m.* drug addict.
tossicodipendènza, *f.* drug addiction.
tossicofobìa, *f.* (*psic.*) toxicophobia.
tossicologìa, *f.* toxicology.
tossicològico, *a.* toxicological.
tossicòlogo, *m.* toxicologist.
tossicòmane, *m. e f.* drug addict; drug (*o* dope) fiend (*pop.*).
tossicomanìa, *f.* drug addiction; toxicomania.
tossicòsi, *f.* (*med.*) toxicosis*.
tossiemìa, *f.* (*med.*) toxemia.
tossifugo, (*farm.*) **A** *a.* cough-relieving. **B** *m.* cough mixture.
tossina, *f.* (*biol.*) toxin.
tossinfettivo, *a.* (*med.*) toxinfectious.
tossinfezióne, *f.* (*med.*) toxinfection; disease with toxic manifestations.
tossire, *v. i.* to cough: **Tossì per avvertirlo**, he coughed to warn him; he gave him a warning cough. ● **t. sangue**, to cough (*o* to spit) up blood.
tostacaffè, *m. invar.* coffee-roaster.
tostapane, *m. invar.* toaster.
tostare, *v. t.* (*abbrustolire*) to toast; (*torrefare, anche*) to roast: **t. il pane**, to toast bread; **t. il caffè**, to roast coffee; **t. le mandorle**, to roast almonds.
tostatrice, *f.* (*tecn.*) toaster.
tostatura, *f.* toasting; (*torrefazione, anche*) roasting.
tostino, *m.* roaster: **un t. per caffè**, a coffee-roaster.
tòsto (1), *avv.* (*lett.*) at once; soon; quickly: **Fu t. fatto**, it was soon done; **ben t.**, very soon; **Uscì t.**, he went out quickly. ● **t. che**, as soon as: **T. che la vide le corse dietro**, as soon as he saw her, he ran after her □ **t. o tardi**, sooner or later.
tòsto (2), *a.* (*lett.: duro*) hard. ● **faccia tosta**, cheek; impudence: **Che faccia tosta!**, what cheek! □ **Ebbe la faccia tosta di dire che ero pazzo**, he had the cheek to say I was mad.
tòsto (3), *m.* toasted sandwich.
tòt, **A** *a. indef.* **1** (*pl.: tanti, tante*) so many: **con una spesa di tot lire**, with an expense of so many lire **2** (*tale*) such and such: **il giorno tot**, on such and such a day. **B** *pron. indef.* so much: **spendere tot per il vitto**, to spend so much on food.
totale, **A** *a.* total; entire; whole; complete; utter: **un'eclissi t.**, a total eclipse; **la somma t.**, the total sum; **l'importo t.**, the total amount; **rovina t.**, complete (*o* utter) ruin. **B** *m.* total; sum (total): **il t. di un'addizione**, the total of an addition; the footing(-up). ● **fare il t. delle cifre**, to add up the figures □ **in t.**, in all; on the whole.
totalità, *f.* totality; whole: **preso nella sua t.**, taken as a whole. ● **la t. dei presenti**, all those present.
totalitàrio, *a.* **1** absolute; total; complete: **la cifra totalitaria**, the absolute figure **2** (*polit.*) totalitarian: **uno Stato t.**, a totalitarian State.
totalitarismo, *m.* (*polit.*) totalitarianism.
totalitaristico, *a.* totalitarian.
totalizzare, *v. t.* **1** to totalize **2** (*sport*) to score.
totalizzatóre, *m.* **1** (*anche sport*) totalizator; tote (*fam.*) **2** (*parte della calcolatrice*) result register.
totalizzazióne, *f.* totalization.
tòtano, *m.* (*zool., Loligo vulgaris*) squid.
tòtem, *m.* (*etnologia*) totem.
totèmico, *a.* (*etnologia*) totemic; totemistic.
totemismo, *m.* (*etnologia*) totemism.
totip, *m.* horse-racing pools (*pl.*).
totocàlcio, *m.* (State) football pool (*o* pools).

tottavilla, *f.* (*zool.*, *Lullula arborea*) wood-lark.
toupet (*franc.*), *m.* hairpiece; wiglet; toupee; toupet.
tour de force (*locuz. franc.*), *m. invar.* tour de force; feat of strength (*o* skill); masterly accomplishment.
tournée (*franc.*), *f.* tour.
tourniquet (*franc.*), *m.* **1** (*tornante*) hairpin bend **2** (*tornello*) turnstile.
tout court (*locuz. franc.*), *locuz. avv.* tout court; simply; briefly.
tovàglia, *f.* **1** table-cloth: **una t. ricamata**, an embroidered table--cloth; **una t. di bucato**, a laundered table-cloth; **mettere** (*o* **stendere**) **la t.**, to lay the table-cloth; **levare la t.**, to remove the table--cloth; (*sparecchiare*) to clear the table **2** (*d'altare*) altar-cloth.
tovagliato, *m.* **1** table linen; napery **2** (*tipo di tessuto*) material for table linen.
tovagliòlo, *m.* (table) napkin; serviette (*franc.*).
tòzzo (1), *a.* stocky; squat; stumpy; thickset: **È bella, ma un po' tozza**, she is nice but rather stocky.
tòzzo (2), *m.* piece: **Gettò un t. di pane al cane**, he threw a piece of stale bread to the dog. ● (*fig.*) **per un t. di pane**, for next to nothing; for a song: **L'ha venduto per un t. di pane**, he sold it for next to nothing □ **Lavora tanto per un t. di pane**, he works so hard for so little.
tra, *prep.* **1** (*luogo, relazione*) between (*specialm. fra due*); among (*specialm. fra più di due*): **tra noi**, between us; **tra fratelli**, among brothers; **Dissero che avrebbero sistemato la cosa tra di loro**, they said they would settle the matter between themselves; **tra le due strade**, between the two roads; **Passa tutto il tempo tra i libri**, he spends all his time among his books **2** (*luogo: in mezzo a*) in the middle of; amid; amidst; through: **tra la folla**, in the middle of the crowd; **Il sentiero s'insinuava tra i monti**, the path wound through the mountains **3** (*tempo*) in; within: **tra due giorni**, in two days' time; **tra poco**, in a little while; shortly **4** (*partitivo*) of; among: **Tra le due sorelle preferisco la più giovane**, of the two sisters I prefer the younger one. ● **tra l'altro**, moreover; furthermore □ **tra me**, to myself □ **Passa la vita tra la moglie e i figli**, he spends all his time with his wife and children □ **Tra tutti erano in venti**, they were twenty in all □ (*prov.*) **Tra cani non si mordono**, dog does not bite dog □ (*prov.*) **tra il dire e il fare c'è di mezzo il mare**, saying is one thing, doing another.
trabàccolo, *m.* (*naut.*) lugger.
traballaménto, *m.* tottering; staggering.
traballante, *a.* tottering; staggering; shaky; rickety; wonky (*pop.*): **con passo t.**, with a tottering gait; **una vecchia auto t.**, a rickety old car.
traballare, *v. i.* **1** to totter (*anche fig.*); to stagger: **Ha le vertigini e traballa**, he is giddy and is tottering; **L'ubriaco traballava**, the drunk was tottering; **Quella ditta traballa**, that firm is tottering **2** (*di un veicolo*) to bump; to jerk; to jolt: **La vecchia automobile traballava**, the old car was bumping along. ● **Questo tavolo traballa**, this table is rickety.
traballìo, *m.* (*serie di sobbalzi*) bumping; jolting.
trabalóne, *m.* (*di veicoli*) bump; jolt. ● (*fig.*) **dare il t.**, to go bust (*pop.*).
trabalzare, *v. i.* to jolt; to bounce.
trabalzóne, *m.* jolt; bump.
trabatto, *m.* (*agric.*) sieve.
tràbea, *f.* (*archeol.*) trabea*.
trabeazióne, *f.* (*archit.*) trabeation; entablature.
trabiccolo, *m.* **1** (*scaldaletto*) bed-warmer **2** (*scherz.: mobile*) rickety piece of furniture **3** (*scherz.: veicolo*) rickety vehicle.
traboccante, *a.* (*anche fig.*) overflowing: **col cuore t. di gioia**, with a heart overflowing with joy.
traboccare, *v. i.* **1** (*anche fig.*) to overflow*: **Il grano traboccava dal sacco**, the corn was overflowing from the sack; **Il mio cuore traboccava di gioia**, my heart was overflowing with joy; **Il lago trabocca**, the lake is overflowing **2** (*di bilancia*) to turn: **far t. la bilancia**, to make the scales turn; **La bilancia traboccò**, the scales turned. ● **Il latte è traboccato**, the milk has boiled over □ **L'ira a lungo trattenuta trabocca improvvisa**, long controlled wrath bursts out unexpectedly □ **È la goccia che fa t. il vaso**, the last straw breaks the camel's back.
trabocchétto, **A** *m.* (*anche fig.*) trap; pitfall. **B** *a.* trick (*attr.*): **una domanda t.**, a trick question.
traboccévole, *a.* overflowing; superabundant.
trabócco, *m.* overflow, overflowing.
tracagnòtto, **A** *a.* squat; stocky; stumpy; dumpy; podgy. **B** *m.* squat (*o* dumpy) person.
tracannare, *v. t.* to gulp down: **Prese un bicchiere di vino e lo tracannò**, he took a glass of wine and gulped it down.
traccagnòtto, *V.* tracagnòtto.
traccheggiare, **A** *v. i.* to temporize; to dally. **B** *v. t.* to delay; to withhold* (*st.*); to keep* (*sb.*) in suspense: **Traccheggia il consenso**, he is withholding his consent.
traccéggio, *m.* (*nella scherma*) false attack.

tràccia, *f.* **1** track; (*di una persona, anche*) footstep, footprint: **le tracce del veicolo**, the tracks of the vehicle; **le tracce del cane**, the dog's tracks; **Si vedevano tracce fresche**, fresh tracks could be seen; **lasciare tracce sulla neve**, to leave tracks in the snow; **tracce di passi sulla sabbia**, footprints on the sand; **essere sulle tracce di q.**, to be on sb.'s tracks; **essere messo sulla buona t.**, to be put on the right track; **seguire le tracce di q.**, to follow sb.'s tracks; (*fig.*) to follow in sb.'s footsteps; **La polizia segue una t. falsa**, the police are on a false track **2** (*striscia*) trail; (*nella caccia, anche*) spoor: **la t. viscida di una lumaca**, the slimy trail of a snail; **una lunga t. di segatura**, a long trail of sawdust; **una t. di polvere da sparo**, a trail of gunpowder; **I cani seguivano dappresso le tracce (della selvaggina)**, the hounds were hot on the trail; **Il leone ferito aveva lasciato una t. di sangue**, the wounded lion had left a trail of blood; **perdere (ritrovare) la t.**, to lose (to pick up again) the trail (*o* the spoor) **3** (*specialm. fig.*) trace; (*segno*) mark, sign: **Non c'è t. di polvere sui libri**, there's no trace of dust on the books; **una t. lasciata dal ladro**, a trace left by the thief; **Dell'antica città non rimase t.**, no trace was left of the ancient city; **Scomparve senza lasciare t.** (*di sé*), he disappeared without leaving any traces; **Non c'era t. umana**, there was no trace (*o* sign) of human beings; **Il tempo ha lasciato tracce sul suo volto**, time has left its marks on his face **4** (*fig.: linee principali*) outline; general plan; scheme: **Fece la t. del suo discorso**, he traced the outline of his speech; he outlined his speech **5** (*di magnetofono*) track **6** (*edil.*) chase. ● (*elettr.*) **sotto t.**, in conduits; in tubes.
tracciaménto, *m.* tracing; lay-out: **il t. delle strade**, the lay-out of the roads.
tracciante, **A** *a.* tracing. ● **proiettile t.**, tracer bullet. **B** *m.* (*chim.*) tracer.
tracciare, *v. t.* to trace (out) (*anche fig.*); to mark out; to lay* out; to draw* (*anche fig.*); (*sulla carta*) to map out; (*a grandi linee*) to outline; (*fig.*) to design, to plan, to sketch: **t. un modello sulla stoffa**, to trace a pattern on the cloth; **t. la pianta di una casa**, to trace out the plan of a house; **t. una linea di condotta**, to trace (out) a course of action; **t. un campo da tennis**, to mark out a tennis-court; **t. una linea tratteggiata**, to draw a dash line; **t. uno schema**, to draw out a scheme; **t. un itinerario**, to map out a route; **t. lo schema di un romanzo**, to sketch out a novel; **t. le fondamenta**, to mark out the foundations; **t. la pianta di un giardino**, to lay out a garden; **strade e viali tracciati bene**, well-laid-out streets and avenues; **t. un muro**, to design a wall; **t. una strada nuova**, to mark out a new road; (*progettarla*) to plan a new road; (*costruirla*) to build a new road. ● **t. un arco**, to describe an arc □ **t. una curva termometrica**, to plot a temperature curve □ (*naut.*) **t. la rotta di una nave**, to plot a ship's course □ **t. un sentiero nella foresta**, to open a track through the forest □ (*segnando gli alberi*) to blaze a trail in the forest □ (*fig.*) **t. la via**, to lead the way.
tracciato, *m.* **1** tracing; lay-out: **discutere il t. della nuova strada**, to discuss the lay-out of the new road; **fare un t.**, to make a tracing **2** (*mat., stat.*) graph.
tracciatóre, *m.* tracer.
tracciatrice, *f.* (*mecc.*) jig borer.
tracciatura, *f.* tracing; drawing.
trace, *a. e m.* Thracian.
trachèa, *f.* (*anat.*) trachea*; windpipe.
tracheale, *a.* (*anat.*) tracheal.
tracheìde, *f.* (*bot.*) tracheid*.
tracheite, *f.* (*med.*) tracheitis.
tracheotomìa, *f.* (*med.*) tracheotomy.
trachino, *m.* (*zool.*, *Trachinus draco*) sting-bull.
trachite, *f.* (*geol.*) trachyte.
trachitico, *a.* (*geol.*) trachytic.
Tràcia, *f.* (*geogr.*) Thrace.
tracimare, *v. i.* to overflow*.
tracimazióne, *f.* overflowing.
tràcio, *a. e m.* Thracian.
tracòlla, *f.* shoulder-belt; baldric. ● **a t.**, baldric-wise; slung over one's shoulder □ **borsa a t.**, shoulder-bag.
tracollare, *v. i.* to lose* one's balance; to lean* to one side: **t. in avanti**, to lean forward. ● (*anche fig.*) **far t. la bilancia**, to turn the scale(s).
tracòllo, *m.* **1** collapse (*anche fig.*); breakdown: **un t. di salute**, a (physical) breakdown; **il t. dei suoi piani**, the collapse of his plans **2** (*econ.*) crash; collapse; slide; smash: **il t. del mercato**, the crash of the market; **frenare il t. economico**, to halt the economic slide. ● (*fig.*) **dare il t. alla bilancia**, to tip the scales □ **portare q. al t.**, to bring sb. to ruin □ **Era già ammalato, ma ora ha avuto un t.**, he was already ill, but now he has collapsed.
tracòma, *m.* (*med.*) trachoma.
tracomatóso, (*med.*) **A** *a.* trachomatous. **B** *m.* trachomatous person.

tracotante, A *a.* arrogant; overbearing; haughty. **B** *m. e f.* arrogant person.
tracotanza, *f.* arrogance; haughtiness.
tradescànzia, *f.* (*bot.*, *Tradescantia*) spiderwort.
tradiménto, *m.* **1** betrayal; treachery: **il t. dei propri alleati,** the betrayal of one's allies; **Questi sono tradimenti!,** this is treachery! **2** (*leg., polit.*) treason: **alto t.,** high treason. ● **a t.,** by treachery; treacherously; (*improvvisamente*) unexpectedly, by surprise □ **un attacco a t.,** a treacherous attack; (*fig.*) a stab in the back □ **far fare q.c. a q. a t.** (*con l'inganno*), to trick sb. into doing st. □ **commettere un t. contro q.,** to betray sb. □ **mangiare il pane a t.,** to eat at other people's expense □ **togliere q.c. a q. a t.** (*con l'inganno*), to cheat (*o* to trick) sb. out of st.
tradire, A *v. t.* **1** (*anche fig.*) to betray: **t. la patria,** to betray one's country; **t. gli interessi di q.,** to betray sb.'s interests; **t. la fiducia di q.,** to betray sb.'s trust; **t. un segreto,** to betray a secret; **Una parola lo tradì,** a single word betrayed him; **Il pallore tradiva la sua commozione,** his pallor betrayed his emotion **2** (*essere infedele*) to be unfaithful to; to cheat on (*fam.*): **t. il marito (la moglie),** to be unfaithful to one's husband (to one's wife); **t. il padrone,** to be unfaithful to one's master **3** (*ingannare*) to deceive: **Se la memoria non mi tradisce,** if my memory doesn't deceive me **4** (*mancare*; *venire meno a*) to fail; to fail in: **Non tradirmi!,** don't fail me; don't let me down; **Le forze lo tradivano,** his strength was failing him; **t. il proprio dovere,** to fail in one's duty; **t. l'ospitalità,** to fail in one's duty as a host (*o* as a guest). ● **t. un autore (un testo),** to misinterpret an author (a text) □ **t. il giuramento,** to break one's oath □ **t. le aspettative di q.,** to fail to come up to sb.'s expectations □ **t. la verità,** to distort the truth □ **Gli avvenimenti tradirono le sue speranze,** events did not come up to his expectations. **tradirsi, B** *v. rifl.* to betray oneself; to give* oneself away: **Appena parlò si tradì,** as soon as he spoke he betrayed himself; **Bada di non tradirti,** watch out you don't give yourself away!
traditóre, A *m.* **1** traitor; betrayer: **Quell'uomo è un t.,** that man is a traitor; **un t. della patria,** a traitor to one's country **2** (*ingannatore*) deceiver: **È un t. di donne,** he's a deceiver of women. **B** *a.* **1** (*anche fig.*) treacherous: **È un uomo t.,** he's a treacherous man; **Qui il ghiaccio è t.,** the ice is treacherous here **2** (*ingannatore*) deceitful; (*falso*) false: **un ragazzo t.,** a deceitful boy; **un amico t.,** a false friend; **una speranza traditrice,** a false hope. ● **vino t.,** deceptively strong wine.
traditrice, *f.* **1** traitress; betrayer **2** (*ingannatrice*) deceiver.
tradizionale, *a.* traditional; customary; conventional: **feste (usi) tradizionali,** traditional celebrations (customs).
tradizionalismo, *m.* traditionalism.
tradizionalista, *m. e f.* traditionalist.
tradizionalistico, *a.* traditionalistic.
tradizionalménte, *avv.* **1** traditionally; customarily **2** (*secondo la tradizione*) by tradition; by custom.
tradizióne, *f.* **1** tradition: **per t.,** by tradition; traditionally; **per una t. antichissima,** on account of a very old tradition; **secondo una t. tramandata da secoli,** according to a tradition handed down from century to century; **Bisognerà rompere la t.,** we must break with tradition; **t. orale,** oral tradition; word-of-mouth; **Le tradizioni sull'origine della città sono varie,** there are various traditions associated with the origins of the city **2** (*leg.*) tradition; delivery; transfer: **la t. di una proprietà,** the transfer of an estate. ● **È una t. di questa famiglia che non si mangi il pesce,** it is the custom in this family not to eat fish.
tradòtta, *f.* (*mil.*) troop-train.
traducianésimo, *m.* (*relig.*) traducianism.
traduciano, *m.* (*relig.*) traducian.
traducibile, *a.* **1** translatable **2** (*fig.*) expressible. ● **non t.,** untranslatable.
tradurre, *v. t.* **1** to translate: **t. un libro inglese in italiano,** to translate an English book into Italian; **t. alla lettera,** to translate literally; **t. a senso,** to translate freely; **t. a prima vista** (*o* **all'impronta**)**,** to translate at sight; **t. dal latino in italiano,** to translate from Latin into Italian **2** (*fig.*: *esprimere*) to express **3** (*condurre*) to take*: **t. q. davanti al giudice,** to take sb. to Court **4** (*leg.*: *detenuti*) to transfer. ● **t. in atto** (*o* **in pratica**) **un'idea,** to put an idea into practice □ **t. in parole chiare** (*o* **in volgare**)**,** to put into simple words □ **t. q. in carcere,** to imprison sb. □ **Non riesco a t. il mio pensiero per iscritto,** I can't get my thoughts down on paper.
traduttóre, *m.* **1** translator (*anche elab.*): **un insigne t.,** an outstanding translator **2** (*libretto contenente la traduzione di classici*) crib. ● (*prov.*) **t., traditore,** translators, traitors.
traduzióne, *f.* **1** translation: **La t. di certi libri è difficile,** the translation of some books is difficult; **una t. fedele,** a close (*o* a faithful) translation; **t. simultanea,** simultaneous translation **2** (*leg.*) transfer: **la t. dei detenuti,** the transfer of the prisoners.
traènza, *f.* (*comm.*) drawing.

trafelato, *a.* breathless; out of breath; panting: **Staccò i cavalli trafelati,** he unharnessed the panting horses; **Arrivò tutto t.,** he arrived quite out of breath.
traférro, *m.* (*fis.*) air gap.
trafficante, *m. e f.* trader; dealer; (*spreg.*) trafficker: **È un t. di seta,** he's a silk-dealer; **un t. di droga,** a drug trafficker; a pusher (*gergo*).
trafficare, A *v. i.* **1** to trade; to deal*; to traffic: **t. in grano,** to trade in corn; **t. in valuta straniera,** to deal in foreign currency; **t. in stupefacenti,** to traffic in drugs; to peddle drugs **2** (*fig.*: *affaccendarsi*) to bustle about: **Quella donna traffica tutto il giorno per casa,** that woman bustles about the house all day long. **B** *v. t.* (*specialm. spreg.*: *vendere*) to traffic in (st.). ● **Traffica, traffica, e non ottiene nulla,** he's always at it, but he never gets anywhere.
traffichino, *m.* (*spreg.*) intriguer; schemer; trafficker.
tràffico, *m.* **1** traffic: **In quella strada c'è un gran t.,** there is a lot of traffic in that street; **t. aereo,** air traffic; **t. ferroviario,** rail traffic; **t. stradale,** road traffic; **t. a senso unico,** one-way traffic; **bloccare il t.,** to halt traffic; **deviare il t.,** to divert traffic; **un ingorgo di t.,** a traffic jam; **chiudere una strada al t.,** to close a road to traffic **2** (*comm.*) trade; trading; traffic; trafficking: **t. di stupefacenti,** drug-trafficking; drug-peddling; **il t. del grano,** the corn trade; **t. clandestino,** illicit trading. ● (*spesso spreg.*) **far t. di q.c.,** to peddle st. □ **ore di t. intenso,** rush-hours.
trafficóne, *m.* intriguer; schemer.
trafiggere, *v. t.* **1** to transfix; to pierce through; (*ferire*) to wound: **i chiodi che trafissero le mani di Cristo,** the nails which transfixed Christ's hands; **Lo trafisse col pugnale,** he pierced him through with his dagger **2** (*fig.*) to pierce: **Le tue parole mi trafissero il cuore,** your words pierced my heart.
trafila, *f.* **1** procedure; proceeding; routine: **passare per una t.,** to go through a procedure; **trafile burocratiche,** bureaucratic procedures; red tape (*fam., collett.*) **2** (*metall.*) draw-plate; die-plate **3** (*ind. della gomma*) strainer.
trafilare, *v. t.* (*metall.*) to draw*: **t. a caldo,** to hot-draw; **t. a freddo,** to cold-draw.
trafilati, *m. pl.* (*metall.*) wirework (*sing.*). ● **commerciante di t. metallici,** wireworker.
trafilato, (*metall.*) **A** *a.* drawn: **t. a caldo,** hot-drawn; **t. a freddo,** cold-drawn; **t. al banco,** bench-drawn. **B** *m.* drawn product.
trafilatóre, *m.* wireworker.
trafilatrice, *f.* (*mecc.*) draw-bench; (wire-)drawing machine.
trafilatura, *f.* **1** (*metall.*) (wire-)drawing: **t. a caldo** (**a freddo**)**,** hot-drawing (cold-drawing) **2** (*ind. della gomma*) straining. ● **banco di t.,** draw-bench.
trafileria, *f.* (*ind.*) (wire-)drawing mill. ● **t. di fili metallici,** wire mill.
trafilétto, *m.* (*giornalismo*) paragraph; short article; (*satirico*) lampoon.
trafitta, *f.* **1** pang; piercing pain: **Ho delle trafitte al capo,** I have piercing pains in the head **2** (*ferita d'arma da punta*) (stab) wound.
trafittura, *f.* **1** (*il trafiggere*) transfixion; piercing **2** (*fitta*) pang; piercing pain.
traforare, *v. t.* **1** to pierce; to perforate; (*trivellare*) to bore, to drill; (*aprire una galleria*) to tunnel through: **La pallottola gli ha traforato la coscia,** the bullet has pierced his thigh; **t. il metallo,** to perforate metal **2** (*ricamo*) to embroider with open-work. ● **t. una montagna,** to bore a tunnel through a mountain.
traforato, *a.* (*di un ricamo*) open-work (*attr.*): **ricamo t.,** open-work embroidery.
traforatrice, *f.* (*mecc.*) boring-machine; (*sega*) fret-sawing machine.
traforazióne, *f.* piercing; perforation; (*trivellatura*) boring, drilling; (*l'aprire una galleria*) tunnelling: **la t. di un metallo,** the perforation of a metal.
trafóro, *m.* **1** (*traforazione*) piercing; perforation; (*trivellatura*) boring, drilling; (*l'aprire una galleria*) tunnelling: **il t. della montagna,** the boring of the mountain; **il t. del metallo,** the perforation of the metal; **È cominciato il t. della collina,** the tunnelling through the hill has begun **2** (*galleria*) tunnel: **Siamo passati per il t. del Sempione,** we came through the Simplon tunnel **3** (*ricamo*) open-work: **ricamo a t.,** open-work embroidery. ● **lavoro di t.** (*in legno*)**,** fretwork □ **seghetto da t.,** jigsaw.
trafugaménto, *m.* purloining; stealing.
trafugare, *v. t.* to purloin; to steal*: **Mi trafugò un anello,** he stole a ring from me.
tragèda, (*lett.*) *V.* **tragediògrafo.**
tragèdia, *f.* (*anche fig.*) tragedy: **Fu una vera t.!,** it was a real tragedy; **una t. di Shakespeare,** a tragedy by Shakespeare; **rappresentare una t.,** to perform a tragedy; **una t. in cinque atti,**

a tragedy in five acts. ● (*fig.*) **fare una t.**, to make a fuss (*o* a scene): **Se non trova pronto il pranzo fa una t.**, if he doesn't find dinner ready, he makes a fuss □ **Non c'è bisogno di far tragedie**, there's no need to make a scene □ **Dio, che t.!**, good heavens, what a mess!
tragediògrafo, *m.* tragedian; dramatist.
traghettaménto, *m.* ferrying.
traghettare, *v. t.* to ferry: **t. q. al di là del fiume**, to ferry sb. across the river.
traghettatóre, *m.* ferryman*.
traghètto, *m.* **1** (*luogo*) ferry; (*nave t.*) ferry-boat: **C'è sempre qualche gondola ai traghetti**, there is always a gondola at the ferries **2** (*il traghettare*) ferrying: **Il t. era difficile**, the ferrying was difficult.
tragicaménte, *avv.* tragically.
tragicità, *f.* (*anche fig.*) tragicalness.
tràgico, **A** *a.* (*anche fig.*) tragic(al): **un attore t.**, a tragic actor; **lo stile t.**, the tragic style; **un avvenimento t.**, a tragic event; **una morte tragica**, a tragic death; **Quell'attore riesce meglio nelle parti tragiche**, that actor is more successful in tragic roles. **B** *m.* **1** (*autore*) tragedian; dramatist: **Eschilo è il più grande t. della Grecia**, Aeschylus is the greatest of Greek tragedians **2** (*attore*) tragic actor **3** (*solo sing.*: *tragicità*) tragicalness; (*elemento t.*) tragic element; (*lato t.*) tragic side.
tragicòmico, *a.* (*anche fig.*) tragi-comic(al).
tragicommèdia, *f.* (*anche fig.*) tragi-comedy.
tragìtto, *m.* journey; trip; passage: (*per mare*) crossing: **Di qui alla città il t. è breve**, the journey from here to the city is short; **La nave fece il t. in poco tempo**, the ship did the crossing in a short time. ● **lungo il t.**, on the way; on the road.
trago, *m.* (*anat.*) tragus*.
traguardare, *v. t.* to sight.
traguardo, *m.* **1** (*sport*) winning-post; finishing-post; finishing line: **tagliare il t.**, to cross the finishing line first; to breast the tape **2** (*fig.*) goal; target: **raggiungere il proprio t.**, to achieve one's goal; (*econ.*) **t. produttivo**, production target **3** (*di arma da fuoco*) sight; (*di strumenti ottici*) level, back-sight. ● (*sport*) **giungere primo al t.**, to come in first.
Traiano, *m.* (*stor.*) Trajan.
traiettòria, *f.* trajectory: **La t. è diversa secondo l'inclinazione della bocca da fuoco**, the trajectory differs according to the slant of the fire-arm **2** (*miss.*) path.
tràina, *f.* tow-rope; tow-line.
trainare, *v. t.* to drag; to draw*; to pull; to haul; (*rimorchiare*) to tow: **La locomotiva traina numerosi carri**, the engine pulls many waggons. ● **farsi t.**, to have oneself pulled along.
tràino, *m.* **1** dragging; drawing; pulling; haulage; (*il rimorchiare*) towing **2** (*carico*) load: **un t. di legname**, a load of wood **3** (*treggia*) drag; sled; sledge: **traini tirati da buoi**, sleds pulled by oxen. ● **gancio da t.**, hitch.
trait d'union, (*locuz. franc.*) *m.* **1** (*tratto grafico*) hyphen **2** (*fig.*) link; (*intermediario*) go-between, intermediary.
tralasciare, *v. t.* **1** (*interrompere*) to stop; to interrupt: **t. gli studi**, to interrupt one's studies; **t. la cura**, to stop one's treatment **2** (*omettere*) to leave* out; to omit; to pass over; to skip: **Ho tralasciato una circostanza importante**, I have left out an important fact.
tràlcio, *m.* shoot; (*spinoso*) brier. ● **un t. d'edera**, a spray of ivy.
tralìccio, *m.* **1** (*tela grossa*) ticking **2** (*struttura metallica o di legno*) lattice(-work) **3** (*elettr.*) pylon. ● **t. di sostegno d'un ponte**, trestle □ **ponte a t.**, trestle-bridge.
tralice, in, *locuz. avv.* slantingly; slantwise; obliquely; askance: **guardare q. in t.**, to look askance at sb.
tralignaménto, *m.* degeneration; deviation.
tralignare, *v. i.* to degenerate; to deviate.
tralucènte, *a.* translucent; transparent: **alabastro t.**, translucent alabaster.
tralùcere, *v. i.* **1** to be transparent: **vetro che traluce**, transparent glass; **Traluce come il vetro**, it is as transparent as glass **2** (*brillare*) to shine*: (*fig.*) **La gioia gli traluceva dagli occhi**, joy was shining in his eyes.
tram, *m.* tram; street-car, trolley-car (*USA*): **montare sul t.**, to get on the tram; **scendere dal t.**, to get off the tram; **prendere il t.**, to take the tram.
trama, *f.* **1** (*ind. tessile*) woof; weft: **ordito e t.**, warp and weft **2** (*fig.*: *macchinazione*) plot; scheme; conspiracy: **ordire una t.**, to weave (*o* to lay) a plot; **scoprire una t.**, to discover a plot **3** (*fig.*: *intreccio*) plot: **Questa è la t. del racconto**, this is the plot of the story.
tramàglio, *m.* trammel.
tramandare, *v. t.* to hand down; to hand on; to transmit: **t. di padre in figlio**, to hand down from father to son; **t. ai posteri**, to hand down to posterity.
tramare, *v. t.* **1** (*ind. tessile*) to weave* **2** (*fig.*) to plot; to

scheme; to intrigue: **Tramano contro di noi**, they are plotting against us; **t. una congiura**, to plot a conspiracy; **t. inganni**, to plot tricks.
trambusto, *m.* uproar; confusion; turmoil; bustle: **La città era in t.**, the city was in an uproar; **In quel t. non si capiva più nulla**, it was impossible to understand anything in all that confusion.
tramenare, **A** *v. t.* to turn (things) topsy-turvy. **B** *v. i.* to rummage (about): **Andava tramenando nel suo cassetto**, he was rummaging in his drawer.
tramenio, *m.* **1** rummaging about **2** (*andirivieni di persone*) coming and going (of people); bustle.
tramestare, *v. i.* to rummage (about): **Smettila di t. fra le mie carte!**, please stop rummaging about among my papers!
tramestio, *m.* bustle; bustling; fuss.
tramèzza, *f.* (*di calzatura*) slip-sole.
tramezzare, *v. t.* **1** to divide; to partition (off) **2** (*intramezzare*) to interpose; to insert.
tramezzino, *m.* **1** sandwich **2** (*uomo-sandwich*) sandwich-man*.
tramèzzo (1), *m.* partition; (*muro divisorio*) partition wall.
tramèzzo (2), *V.* **frammèzzo**.
tràmite, **A** *m.* (*via, mezzo*) way; means; medium. ● **fare** (*o* **agire**) **da t.**, to act as intermediary □ **Il Ministro comunicherà la risposta per il t. della Prefettura**, the Ministry will communicate its reply via the Prefecture. **B** *prep.* (*per mezzo di*) through; by: **t. q.** (**q.c.**), through sb. (st.); **t. la posta**, by post.
tramòggia, *f.* **1** (*edil.*) hopper: **catena di tramogge**, hopper chain **2** (*mecc.*) feedbox. **3** (*ferr.*) **carro a t. per minerale di ferro**, iron-ore hopper car.
tramontana, *f.* **1** north wind: **Oggi tira la t.**, today the north wind is blowing **2** (*settentrione*) north: **una finestra che guarda a t.**, a window facing north; **L'ago della bussola è voltato a t.**, the compass needle is turned towards the north. ● (*fig.*) **perdere la t.**, to lose one's bearings.
tramontare (1), *v. i.* **1** to set*; to go* down: **Appena tramonta il sole, smettono di lavorare**, as soon as the sun has set, they stop work; **La luna è tramontata prima di mezzanotte**, the moon went down before midnight **2** (*fig.*) to fade; to decline; to wane; to become* obsolete: **La bellezza tramonta presto**, beauty soon fades.
tramontare (2), *m.* setting. ● **al t. del sole**, at sunset.
tramónto, *m.* **1** setting; (*del sole*) sunset: **verso il t.**, towards sunset **2** (*fig.*) decline; fading; waning: **il t. della giovinezza**, the fading of youth; **essere al t.**, to be on the wane. ● **dall'alba al t.**, from dawn to dusk.
tramortiménto, *m.* fainting; swoon.
tramortire, **A** *v. t.* to stun. **B** *v. i.* to faint; to swoon: **Ricevuto il colpo tramortì**, when he received the blow, he fainted.
tramortito, *a.* senseless; unconscious; in a faint; in a swoon: **Lo trovarono t.**, they found him senseless.
trampolière, *m.* (*zool.*) stilt-bird; wader; wading bird.
trampolino, *m.* (*sport*: *per i tuffi*) spring-board; diving-board; (*per il salto con gli sci*) ski-jumping board. ● (*fig.*) **servire da t. a q.**, to be a stepping-stone for sb.; to give sb. a leg up.
tràmpolo, *m.* **1** stilt: **camminare sui trampoli**, to walk on stilts; **reggersi** (*o* **stare**) **sui trampoli**, to balance oneself on stilts **2** (*pl., fig.*: *tacchi altissimi*) very high heels. ● (*fig.*) **reggersi sui trampoli**, (*di azienda, di persona*) to be shaky; (*di ragionamento*) not to hold water.
tramutaménto, *m.* transformation.
tramutare, **A** *v. t.* **1** to transform; to change: **Il successo ha tramutato il suo carattere**, success has transformed his character **2** (*trasferire*) to transfer; (*travasare*) to decant; (*trapiantare*) to transplant. **tramutarsi**, **B** *v. rifl.* to be transformed: **Il mostro si tramutò in principe**, the monster was transformed into a prince.
tramvài, **tramvìa**, *V.* **tranvài**, **tranvìa**.
tranche (*franc.*), *f.* **1** (*cucina*) tranche; slice **2** (*fin.*) tranche.
trància, *f.* **1** (*mecc.*) shearing machine; shears (*pl.*): **t. a ghigliottina**, guillotine shears; **t. da banco**, bench shears **2** (*fetta*) slice.
tranciare, *v. t.* (*mecc.*) to shear*.
tranciatóre, *m.* shearer.
tranciatrice, *f.* shearing machine; (*taglierina*) cutter: **t. per schede**, tab-card cutter.
tranciatura, *f.* (*mecc.*) shearing. ● **t. a stampo**, blanking □ **punzone per t.**, blanking die.
tràncio, *m.* (*fetta*) slice.
trancista, *V.* **tranciatóre**.
tranèllo, *m.* **1** trap; snare: **preparare un t.**, to lay a trap; **Cadde in un t.**, he fell into a trap **2** (*difficoltà non palese*) pitfall; catch.
trangugiaménto, *m.* gulping down.
trangugiare, *v. t.* **1** to gulp down; to bolt: **t. il pranzo**, to gulp down one's dinner **2** (*fig.*) to swallow: **t. un boccone amaro**, to swallow a bitter pill.

tranne, *prep.* except; save; but: **tutti tranne lui**, all except him.
tranquillaménte, *avv.* **1** (*con tranquillità*) quietly; peacefully; tranquilly; calmly **2** (*senza troppo preoccuparsi*) confidently; without fear (*o* hesitation) **3** (*senza rischi*) safely; without danger **4** (*comodamente*) easily.
tranquillante, **A** *a.* tranquillizing; reassuring: **parole tranquillanti**, reassuring words. ● **Mi ha detto molte parole tranquillanti**, he spoke to me reassuringly. **B** *m.* (*farm.*) tranquillizer: **Il medico gli diede un t.**, the doctor gave him a tranquillizer.
tranquillare, **A** *v. t.* to tranquillize; (*calmare*) to calm. **tranquillarsi,** **B** *v. rifl.* to calm oneself.
tranquillità, *f.* **1** calm; quiet; peace; stillness **2** (*di spirito*) tranquillity; peace of mind: **perdere la propria t.**, to lose one's peace of mind. ● **il Mare della T.** (*sulla Luna*), the Sea of Tranquility ● **nella t. della notte**, in the still of night.
tranquillizzare, **A** *v. t.* **1** to calm; to quiet; to tranquillize: **t. l'animo**, to calm one's spirits **2** (*rassicurare*) to reassure.
tranquillizzarsi, **B** *v. rifl.* **1** to calm down: **Tranquillizzati!**, calm yourself! **2** (*rassicurarsi*) to be reassured.
tranquillo, *a.* tranquil; peaceful; calm; quiet; throwaway: **together** (*fam. USA*): **un mare t.**, a calm sea; **sonno t.**, peaceful sleep; **un uomo t.**, a quiet man. ● **coscienza tranquilla**, easy conscience □ **mettersi t.**, to wind down □ **Sta t.!**, keep quiet!; (*non te la prendere*) don't worry! □ **Stia t.**, **tutto andrà bene**, don't worry, everything will be all right □ **Potete dormire tranquilli**, you needn't worry □ **Voglio morire t.**, I want to die in peace ● **Lasciami t.!**, leave me alone!; let me be!
transalpino, *a.* transalpine.
transatlàntico, **A** *a.* transatlantic: **cavi transatlantici**, transatlantic cables. **B** *m.* (*naut.*) (transatlantic) liner.
transatto, *a.* (*leg.*) settled; compounded: **una lite transatta**, a settled dispute.
transazióne, *f.* **1** agreement; compromise: **venire a una t.**, to come to a compromise; **venire a una t. con la propria coscienza**, to come to a compromise with one's conscience **2** (*leg.*) settlement; transaction; composition: **una t. amichevole**, a friendly composition **3** (*comm.*) transaction; dealing; deal: **transazioni di Borsa**, Stock-Exchange transactions.
transcontinentale, *a.* transcontinental.
transcutàneo, *a.* (*med.*) endermic.
transeat (*lat.*), *inter.* so be it.
transènna, *f.* **1** (*archit.*) transenna* **2** (*barriera*) barrier.
transessuale, *a.*, *m.* e *f.* transsexual.
transessualità, *f.* transsexualism.
transètto, *m.* (*archit.*) transept.
transeunte, *a.* (*lett.*) transient; transitory; ephemeral.
transfert (*franc.*), *m.* (*psic.*) transference.
trànsfuga, *m.* e *f.* (*lett.*) **1** deserter **2** (*fig.*: *voltagabbana*) turncoat.
transiberiana, *f.* trans-Siberian railway.
transiberiano, *a.* trans-Siberian.
transiènte, *a.* (*fis.*) transient.
transìgere, **A** *v. i.* **1** to come* to an agreement; to come* to terms; to compromise: **Credo che finiranno col t.**, I think they will end by coming to terms **2** (*leg.*) to settle: **t. con i creditori**, to settle with one's creditors **3** (*cedere*) to yield; to be weak: **In fatto di disciplina non transige**, in matters of discipline he is not weak. **B** *v. t.* (*leg.*) to settle; to compound.
transistor, transistóre, *m.* (*elettron.*) transistor: **radio a t.**, transistor radio.
transistorizzare, *v. t.* to transistorize.
transistorizzazióne, *f.* transistorization.
transitàbile, *a.* passable; practicable: **Quella strada è t.**, that road is passable. ● **strada t. con catene**, road where chains are required.
transitabilità, *f.* practicability. ● **bollettino della t. delle strade**, report on road conditions.
transitare, *v. i.* to pass: **Voleva t. per quella via**, he wanted to pass through that street. ● **È proibito t. per quella strada**, there is no transit through that street.
transitivaménte, *avv.* (*gramm.*) transitively.
transitivo, *a.* transitive: **un verbo t.**, a transitive verb.
trànsito, *m.* **1** transit: **merci in t.**, goods in transit **2** (*lett.*: *morte*) passing away; death: **il t. della Madonna**, the passing away of Our Lady. ● **t. interrotto**, road closed to traffic; **stop** □ **bolletta di t.**, transit-duty receipt □ **diritto di t.**, right of way □ (*autom.*) **divieto di t.** (*cartello*), no thoroughfare; no through road □ **stazione di t.**, intermediate station □ **uccelli di t.**, birds of passage □ **Un carro impediva il t.**, a cart was blocking the way □ **Il t. è interrotto**, the road is closed; (*per lavori in corso*) **Il t.** is up.
transitorietà, *f.* transitoriness; temporariness.
transitòrio, *a.* transitory; transient; temporary: (*leg.*) **disposizioni transitorie**, temporary laws; **In questo mondo tutto è t.**, in this world everything is transient.
transizióne, *f.* transition (*anche fis.*): **un periodo di t.**, a period of transition. ● **governo di t.**, stop-gap (*o* caretaker) government.
translùcido, *V.* **traslùcido.**
translunare, *a.* translunar.
transoceànico, *a.* transoceanic.
transònico, *a.* (*aeron.*) transonic.
transpacìfico, *a.* Transpacific: **cavo t.**, Transpacific cable.
transpadano, *a.* transpadane.
transpolare, *a.* transpolar; polar: **la rotta t.**, the polar route.
transrazziale, *a.* transracial.
transumanare, *V.* **trasumanare.**
transumante, *a.* transhumant.
transumanza, *f.* transhumance.
transumare, *v. i.* to move to other pastures.
transurànico, *a.* (*chim.*) transuranium (*attr.*); transuranic: **elementi transuranici**, transuranic elements.
transustanziarsi, *v. rifl.* (*relig.*) to transubstantiate.
transustanziazióne, *f.* (*relig.*) transubstantiation.
transvolare, *V.* **trasvolare.**
trantràn, *m.* (*fam.*) routine; daily round: **Si ritorna in ufficio e si ricomincia il solito t.**, back in the office, one begins the usual routine once more.
tranvài, *m.* tram; street-car, trolley-car (*USA*).
tranvia, *f.* tramway; street-car-line (*USA*).
tranviàrio, *a.* tram (*attr.*): **linea tranviaria**, tram-line; **servizio t.**, tram service.
tranvière, *m.* **1** tram-driver; street-car operator (*USA*) **2** (*bigliettaio*) (tram-)conductor.
trapanaménto, *m.* *V.* **trapanazióne.**
trapanare, *v. t.* **1** (*mecc.*) to drill; to bore **2** (*med.*) to trepan; to trephine; (*odontoiatria*) to drill. ● (*fig.*) **Questo rumore mi trapana il cervello**, this noise goes right through my head.
trapanatóre, *m.* (*operaio*) driller.
trapanatrice, *f.* (*mecc.*) drilling machine; drill.
trapanatura, trapanazióne, *f.* **1** (*mecc.*) drilling; boring **2** (*med.*) trepanation; (*odontoiatria*) drilling.
tràpano, *m.* **1** (*mecc.*) drill: **un t. ad aria compressa**, an air drill; **un t. a mano**, a hand drill; **un t. elettrico**, an electric drill **2** (*med.*) trepan; trephine; (*odontoiatria*) drill.
trapassàbile, *a.* pierceable.
trapassare, **A** *v. t.* to pierce; to run* through (*sb.*, *st.*); (*trafiggere*) to transfix: **La pallottola trapassò il muro**, the bullet pierced the wall; **Gli trapassò il cuore con una lancia**, he pierced his heart with a lance. **B** *v. i.* **1** (*passare*) to pass: **La luce trapassa dagli spiragli della finestra**, the light passes through the cracks in the window **2** (*morire*) to pass away; to die. ● (*fig.*) **t. il cuore a q.**, to break sb.'s heart.
trapassato, *m.* **1** (*gramm.*) past perfect; pluperfect **2** (*pl.*) (the) dead; (the) deceased: **la memoria dei trapassati**, the memory of the deceased.
trapasso, *m.* **1** passing; passage **2** (*lett.*: *morte*, *decesso*) passing; death: **Ebbe un t. molto sereno**, he had a very quiet death **3** (*leg.*) transfer; conveyance: **il t. d'una proprietà**, the conveyance of a property.
trapelare, *v. i.* **1** to seep (through); to leak; to ooze: **Il vino trapela dalla botte**, the wine is oozing from the barrel **2** (*fig.*) to leak out; to ooze out: **La notizia è trapelata**, the news has leaked out; **Dalla sua esitazione trapelava l'imbarazzo**, his embarrassment leaked out from behind his hesitation; **Preparò tutto in segreto e non fece t. nulla**, he prepared everything secretly and didn't let anything leak out.
trapèlo, *m.* extra horse.
trapeziförme, *a.* trapeziform.
trapèzio, *m.* **1** (*geom.*) trapezium* **2** (*attrezzo ginnico*) trapeze **3** (*anat.*) trapezius (muscle).
trapezista, *m.* e *f.* trapezist; trapeze artist.
trapezoèdro, *m.* (*geom.*, *cristallografia*) trapezohedron*.
trapezoidale, *a.* trapezoid(al).
trapezòide, **A** *a.* trapezoid(al). **B** *m.* (*geom.*, *anat.*) trapezoid.
trapiantàbile, *a.* transplantable.
trapiantare, **A** *v. t.* (*anche fig.*) to transplant: **t. rose**, to transplant roses; **t. un cuore**, to transplant a heart. **trapiantarsi,** **B** *v. rifl.* (*emigrare*) to move (to); (*stabilirsi*) to settle: **Un ramo della famiglia si trapiantò in Francia**, a branch of the family moved to France.
trapiantatóio, *m.* gardener's trowel.
trapiantatrice, *f.* (*mecc.*) transplanting machine.
trapianto, *m.* **1** transplanting; transplantation **2** (*med.*) transplant; transplantation: **t. del cuore**, heart transplant; heart swap (*fam.*).
trappa, *f.* Trappist monastery.

trappista, *m.* **1** Trappist (monk) **2** (*fig.*) hermit: **Fa una vita da t.**, he leads the life of a hermit.
tràppola, *f.* **1** trap: **una t. per topi**, a mouse-trap; **cadere in una t.**, to fall into a trap **2** (*fig.: tranello, insidia*) trap; snare: **tendere una t. a q.**, to set a trap for sb. ● (*anche fig.*) **prendere in t.**, to trap; to entrap.
trappolóne, *m.* (*pop.*) cheat; swindler.
trapùngere, (*lett.*) *V.* trapuntare.
trapunta, *f.* quilt.
trapuntare, *v. t.* **1** to quilt **2** (*ricamare*) to embroider.
trapunto, *A a.* **1** quilted **2** (*ricamato*) embroidered. ● **t. di stelle**, star-spangled; starry. *B m.* **1** quilting **2** (*ricamo*) embroidery.
trarre, *A v. t.* **1** to pull; to draw* (*anche fig.*); (*trascinare*) to drag: **t. q. a riva**, to pull sb. ashore; **t. fuori q.c. dalla tasca**, to pull st. out of one's pocket; **t. q. dal pericolo**, to pull sb. out of danger; **t. la corda dell'arco**, to pull the bowstring; **t. l'arco**, to draw the bow; **t. la spada dal fodero**, to draw one's sword from its sheath; **t. q. in disparte**, to draw sb. aside; **t. le conseguenze**, to draw the conclusions; **t. ispirazione dalla natura**, to draw one's inspiration from nature; **t. a sorte**, to draw lots; **t. un segreto di bocca a q.**, to draw a secret out of sb.; **t. esempi da uno scrittore**, to draw examples from a writer; **t. il fiato**, to draw breath; **t. il vino da una botte**, to draw wine from a cask; **t. q. per i capelli**, to drag sb. by the hair **2** (*condurre*) to lead*; (*portare*) to bring*: **t. q. a salvamento**, to lead sb. to safety; **t. q. in rovina**, to lead sb. to ruin; **t. q. in perdizione**, to lead sb. to perdition; to lead sb. astray; **t. q. in porto**, to lead sb. into port; **t. q. in tentazione**, to lead sb. into temptation; **La curiosità mi ha tratto qui**, curiosity has brought me here **3** (*prendere*) to take* (out): **Trasse di tasca una moneta**, he took a coin out of his pocket; **t. q.c. di mano a q.**, to take st. out of sb.'s hand **4** (*ricavare*) to get*; to obtain; to make*: **t. piacere da q.c.**, to get pleasure from st.; **t. vantaggio da q.c.**, to get benefit from st.; **t. lucro da q.c.**, to make a profit on st. **5** (*comm.*) to draw*: **t. una cambiale su q.**, to draw on sb.; **t. a vista**, to draw at sight; **t. una cambiale**, to draw (*o* to issue) a bill of exchange. *B v. i.* (*comm.: spiccare una tratta*) to draw*. ● **t. q. da un impiccio**, to get sb. out of a scrape ○ **t. q. d'inganno**, to undeceive sb.; to open sb.'s eyes □ **t. q. dalla miseria** (*da un pericolo, ecc.*), to rescue sb. from poverty (from a danger, etc.) □ **t. q. in inganno**, to deceive sb. □ **t. origine da q.**, **da q.c.**, to originate from (*o* with) sb., from (*o* in) st. □ **t. partito da q.c.**, to take advantage of st. □ **t. profitto da q.** (*da q.c.*), to profit by sb. (by st.) □ **t. la seta**, to spin silk □ **t. un sospiro**, to heave a sigh □ **Non se ne può t. che abbia torto di lagnarsi**, one can't blame him for complaining □ **Non se ne può t. alcun senso**, one can't make any sense out of it □ (*prov.*) **Il dado è tratto**, the die is cast. **trarsi, C** *v. rifl.* **1** to draw*: **t. indietro**, to draw back; **t. in disparte**, to draw aside **2** (*levarsi fuori*) to get* out (of st.): **t. da un impiccio**, to get out of a scrape.
trasalimento, *m.* start; jump.
trasalire, *v. i.* to start; to jump: **A quelle parole vidi il colpevole t.**, at those words I saw the guilty man jump; **Trasalì alla vista di suo padre**, he started at the sight of his father; **Trasalì per lo spavento**, he started with fright; **far t.**, to make (sb.) jump; to startle. ● **t. per il dolore**, to wince with pain.
trasandato, *a.* untidy; careless; slipshod; slovenly; shabby: **uno stile t.**, a careless (*o* slipshod) style; **un lavoro t.**, a slipshod piece of work; **vestiti trasandati**, shabby clothes.
trasbordare, *A v. t.* **1** to transfer **2** (*naut.*) to tran(s)ship. *B v. i.* **1** to change: **Si deve t. a Firenze**, one has to change at Florence **2** (*naut.*) to tran(s)ship: **Nel porto di Napoli dovemmo t.**, in the port of Naples we had to tranship.
trasbòrdo, *m.* **1** transfer **2** (*naut.*) tran(s)shipment.
trascégliere, *v. t.* to pick out; to select; to cull.
trascendentale, *a.* (*filos.*) transcendental. ● (*fam.*) **Non è niente di t.**, there's nothing special about it.
trascendentalismo, *m.* (*filos.*) transcendentalism.
trascendentalità, *f.* transcendentality.
trascendentalménte, *avv.* transcendentally.
trascendènte, *a.* (*filos.*) transcendent **2** (*mat.*) transcendental: **numeri trascendenti**, transcendental numbers.
trascendènza, *f.* (*filos., mat.*) transcendence; transcendency.
trascéndere, *A v. t.* to transcend; to surpass: **un concetto che trascende la capacità umana**, a concept that surpasses human understanding. *B v. i.* to lose* control of oneself; (*eccedere*) to go* too far: **Quell'uomo ha trasceso**, that man has lost control of himself. ● **t. a vie di fatto**, to come to blows.
trascinaménto, *m.* **1** (*anche fig.*) dragging **2** (*chim.*) entrainment.
trascinare, *A v. t.* **1** (*anche fig.*) to drag: **t. a stento q.c.**, to drag st. with difficulty; **Trascinò il colpevole dal preside**, he dragged the culprit to the headmaster; **t. q. (il nome di) nel fango**, to drag sb. (sb.'s name) in the mud; **camminare trascinando i piedi**, to walk with dragging feet **2** (*fig.: trasportare*) to carry away: **Fu trascinato dalla passione**, he was carried away by passion **3** (*portare, indurre*) to lead*: (*fig.*) **t. q. al** (*o* **sulla via del**) **male**, to lead sb. astray. ● (*fig.*) **t. la folla**, to sway the crowd □ **t. una rete a strascico**, to trawl a net □ (*fig.*) **t. la vita**, to lead a hard life; to drag out a wretched existence.
trascinarsi, *B v. rifl.* **1** to draw oneself (along): **Si trascinò a stento fino al pozzo**, he dragged himself with difficulty to the well; **Riusciva appena a t.**, he could scarcely drag himself along **2** (*fig.: andare per le lunghe*) to drag (on): **Il tempo pareva t. lentamente**, time seemed to drag; **La faccenda si è trascinata per anni**, the matter has been dragging on for years.
trascinatóre, *m.* (*fig.*) swayer.
trascoloraménto, *m.* discolouration.
trascolorare, *v. i.* **trascolorarsi,** *v. rifl.* to change colour; (*impallidire*) to grow* pale.
trascórrere, *A v. t.* **1** to spend*; to pass: **t. il tempo chiacchierando**, to pass one's time chatting; **t. le vacanze all'estero**, to spend one's holidays abroad **2** (*dare una scorsa a*) to skim through: **t. un libro**, to skim through a book. *B v. i.* to pass; to go* by; to elapse: **Gli anni trascorrono veloci**, the years pass quickly; **È trascorso un anno intero dalla sua partenza**, a whole year has elapsed since he left. ● **t. il tempo nell'ozio**, to idle one's time away.
trascórso, *A a.* past: **gli anni trascorsi**, the past years. *B m.* mistake; fault; oversight. ● **trascorsi di gioventù**, youthful escapades.
trascritto, *a.* transcribed: **il documento t.**, the transcribed document.
trascrittóre, *m.* transcriber; copyist.
trascrivere, *v. t.* **1** to transcribe; to write* out; to take* down; (*copiare*) to copy: **t. un codice**, to transcribe a codex **2** (*leg.*) to register; to record: **t. una legge**, to register a law **3** (*mus.*) to transcribe.
trascrizióne, *f.* **1** transcription; (*copia trascritta*) transcript; copy **2** (*leg.*) registration; recording **3** (*mus.*) transcription.
trascuràbile, *a.* negligible.
trascuranza, *f.* (*lett.*) carelessness; negligence.
trascurare, *A v. t.* **1** to neglect: **Trascura il lavoro**, he neglects his work; **Si possono t. i centesimi**, one can neglect the cents; **Trascura la moglie**, he neglects his wife **2** (*tenere in poco conto*) to disregard; (*non tenere in conto*) to overlook; to leave* (st.) out of account: **Trascurò i miei avvertimenti**, he disregarded my warnings. **trascurarsi,** *B v. rifl.* to neglect oneself; to let* oneself go.
trascurataggine, *V.* trascuratézza.
trascurataménte, *avv.* carelessly; negligently.
trascuratézza, *f.* carelessness; negligence.
trascurato, *a.* **1** careless; negligent: **È t. nel vestire**, he is careless in his dress; **uno stile t.**, a careless (*o* slipshod) style **2** (*non curato*) neglected: **un raffreddore t.**, a neglected cold.
trasduttóre, *m.* (*fis.*) transducer.
trasduzióne, *f.* (*tecn.*) transduction.
trasecolaménto, *m.* amazement.
trasecolare, *v. i.* to be amazed (at st.); to be struck with wonder; to be flabbergasted. ● **cosa da far t.**, an amazing thing.
trasferibile, *a.* **1** transferable **2** (*leg.*) conveyable; transferable (*rif. ad assegni e sim.*) negotiable **4** (*rif. a carattere o disegno autoadesivo*) dry transfer (*attr.*): **caratteri trasferibili**, dry transfer characters.
trasferiménto, *m.* removal; transfer: **il t. di un ufficiale**, the removal of an official **2** (*trasloco*) removal; move **3** (*leg.*) conveyance; transfer: **il t. di una proprietà**, the transfer of a property; (*leg.*) **il t. di un diritto**, the transfer of a right **4** (*elab.*) transfer. ● **t. di domicilio**, change of address.
trasferire, *A v. t.* **1** to remove; to transfer: **La sede papale fu trasferita ad Avignone**, the papal seat was transferred to Avignon; **Gli impiegati hanno chiesto di essere trasferiti**, the clerks have asked to be transferred; **Il nostro ufficio di Guildford sarà trasferito a Londra il mese prossimo**, our Guildford office will be removed to London next month **2** (*leg.*) to convey; to transfer. ● (*leg.*) **t. per mezzo di un atto legale**, to deed. **trasferirsi,** *B v. rifl.* to move: **Mi sono trasferito a Roma**, I have moved to Rome.
trasfèrta, *f.* **1** transfer; professional visit: **Il giudice è in t.**, the judge is away on a professional visit **2** (*indennità di t.*) travelling expenses (*pl.*); travelling indemnity: **Non mi hanno ancora pagato la t.**, I have not yet been paid my travelling expenses **3** (*sport*) away game; out-of-town match. ● (*sport*) **giocare in t.**, to play away □ **partita in t.**, away game.
trasfigurare, *A v. t.* to transfigure; to transform: **La sua faccia era trasfigurata dalla gioia**, his face was transfigured with joy; **La vita di campagna l'ha trasfigurato**, life in the country has

trasfigurazióne

transformed him. **trasfigurarsi, B** *v. rifl.* to change one's appearance; to be transformed: **Si trasfigurò con l'aiuto di una barba**, he changed his appearance with the help of a beard.
trasfigurazióne, *f.* transfiguration.
trasfóndere, *v. t.* **1** to transfuse **2** (*fig.*) to infuse; to instil(l).
trasformàbile, *a.* **1** transformable; changeable **2** (*di automobile*) convertible.
trasformabilità, *f.* transformability; changeability.
trasformare, A *v. t.* **1** to transform; to change; to turn: **Il successo ha trasformato il suo carattere**, success has transformed his character; **Aretusa fu trasformata in fonte**, Arethusa was changed into a spring; **t. il proprio aspetto**, to change one's appearance; **t. l'acqua in ghiaccio**, to change water into ice **2** (*rugby*) to convert. ● (*calcio*) **t. un rigore**, to score off a penalty. **trasformarsi, B** *v. rifl.* to be transformed; to change: **Il bruco si trasforma in farfalla**, the caterpillar changes into a butterfly; **Era buono, ma s'è trasformato**, he used to be good, but he's changed.
trasformatóre, *m.* (*anche elettr.*) transformer: **un t. bifase**, a two-phase transformer; **un t. di alta (bassa) frequenza**, a high-(low-)frequency transformer; **un t. di corrente**, a current transformer; **un t. riduttore** (*di tensione*), a step-down transformer.
trasformazionale, *a.* (*linguistica*) transformational: **grammatica t.**, transformational grammar. ● **fautore della grammatica t.**, transformationalist.
trasformazióne, *f.* **1** transformation; change; conversion: **subire una t.**, to undergo a transformation; **Quante trasformazioni!**, how many changes!; **la t. della sala da pranzo in salotto**, the conversion of the dining-room into a drawing-room **2** (*elettr., mat.*) transformation; (*rugby*) conversion.
trasformismo, *m.* (*biol., polit.*) transformism.
trasformista, *m.* e *f.* **1** (*anche polit.*) transformist; turncoat (*fam.*) **2** (*teatr.*) quick-change actor.
trasformistico, *a.* **1** (*biol.*) transformistic: **teorie trasformistiche**, transformistic theories **2** (*fig.*) transformist: **politica trasformistica**, transformist policy (*o* politics).
trasfusionale, *a.* (*med.*) transfusion (*attr.*); transfusional.
trasfusióne, *f.* (*med.*) transfusion: **t. di sangue**, blood-transfusion.
trasgredire, *v. t.* e *i.* to transgress; to infringe; to break*: **t. la** (*o* **alla**) **legge**, to transgress the law; **t. gli ordini**, to infringe order.
trasgressióne, *f.* **1** transgression; infringement; breaking: **la t. ai comandamenti**, the transgression of the commandments; **la t. della legge**, the infringement of the law **2** (*geol.*) transgression.
trasgressóre, *m.* transgressor; infringer; breaker.
traslare, *v. i.* to transfer.
traslato, A *a.* figurative; metaphorical. **B** *m.* (*retor.*) metaphor.
traslatóre, *m.* translator; (*tel., anche*) repeater.
traslatòrio, *a.* (*fis.*) translational; translatory: **moto t.**, translatory motion.
traslazióne, *f.* translation: **la t. d'un vescovo**, the translation of a bishop; (*fis.*) **moto di t.**, motion of translation; translatory motion. ● (*fin.*) **t. d'imposta**, shifting of tax.
traslitterare, *v. t.* to transliterate.
traslitterazióne, *f.* transliteration.
traslocare, A *v. t.* to remove; to move. **B** *v. i.* to move (house): **Domani comincio a t.**, I'll start moving house tomorrow.
traslòco, *m.* removal; move.
traslucidità, *f.* translucency.
traslùcido, *a.* translucent; translucid.
trasméttere, A *v. t.* **1** to transmit; to hand on; to pass on; (*tramandare*) to hand down: **t. un diritto**, to pass on a right; **t. una malattia**, to transmit a disease **2** (*spedire*) to send*: **t. un dispaccio**, to send a dispatch; **t. un telegramma**, to send a telegram; **t. una richiesta al Ministero**, to send a request to the Ministry **3** (*radio*) to broadcast*; to transmit: **t. contemporaneamente su diverse lunghezze d'onda**, to broadcast at the same time on different wave lengths; **t. un programma registrato**, to broadcast a recorded programme; **t. un messaggio per radio**, to transmit a message by radio **4** (*fis.*) to transmit; to convey: **Il ferro trasmette il calore**, iron transmits heat **5** (*comunicare*) to convey; to message; to transmit: **t. informazioni**, to convey information **6** (*leg., comm.*) to assign; to convey; to transfer: **t. titoli di credito**, to transfer negotiable instruments. ● **t. a mezzo telex**, to telex □ (*comm.*) **t. un'ordinazione a q.**, to pass an order on sb. □ **t. per filo**, to telegraph; to pipe (*fam.*) □ **t. per telefono**, to telephone □ **t. per telegrafo**, to wire; to telegraph; to cable □ **t. per televisione**, to telecast; to televise □ **t. sull'intera rete**, to network. **trasmettersi, B** *v. rifl.* **1** to be transmitted; to be passed on **2** (*tramandarsi*) to be handed down. ● **t. per contagio**, to be spread by infection.
trasmettitóre, *m.* transmitter. ● (*naut.*) **t. di ordini**, speaking-tube.
trasmigrare, *v. i.* to transmigrate; (*fig.*) to pass on (to sb.): **La famiglia trasmigrò in un altro paese**, the family transmigrated into another country; **In lui non sono trasmigrate le virtù paterne**, his father's qualities have not passed on to him.
trasmigrazióne, *f.* transmigration. ● **t. delle anime**, transmigration of souls.
trasmissibile, *a.* **1** transmissible **2** (*leg.*) transferable; assignable.
trasmissibilità, *f.* **1** transmissibility **2** (*leg.*) transferability; assignability.
trasmissióne, *f.* **1** (*anche fig.*) transmission: **la t. di un ordine**, the transmission of an order; **la t. di una malattia**, the transmission of a disease; **la t. di un diritto**, the transmission of a right; **la t. dei poteri**, the transmission of powers **2** (*spedizione*) sending (off) **3** (*radio*) broadcast; (*telev.*) telecast; (*il trasmettere*) broadcasting, transmission: **la t. di un programma radiofonico (televisivo)**, the transmission of a radio (television) programme; **t. in diretta**, live broadcast **4** (*fis.*) transmission: **t. di calore per contatto**, transmission of heat by contact **5** (*mecc.*) transmission; drive: **t. a cinghia**, belt drive; **t. idraulica**, hydraulic drive; (*autom.*) **t. anteriore**, front-wheel drive **6** (*leg.*) conveyance; assignment; transmission; transfer: **t. per successione**, transmission by descent. ● (*mecc.*) **t. ad alberi**, shafting □ (*mecc.*) **t. a ruote dentate**, gearing □ (*radio, telev.*) **t. con chiamate (telefoniche) dirette** (*da parte del pubblico*), call-in; phone-in □ **t. del giornale radio**, news broadcast □ **t. del pensiero**, thought transference □ **t. radiofonica**, broadcast □ **t. televisiva**, telecast; (*il trasmettere*) telecasting □ (*autom.*) **albero di t.**, driving shaft.
trasmittènte, (*radio, telev.*) **A** *a.* transmitting. ● **apparecchio t.**, transmitter. **B** *f.* transmitting (*o* broadcasting) station.
trasmodare, *v. i.* to exceed; to exaggerate: **Non bisogna mai t.**, one should never exaggerate. ● **t. nel bere e nel mangiare**, to eat and drink excessively.
trasmodato, *a.* excessive; exaggerated. ● **bevitore t.**, heavy drinker.
trasmutàbile, *a.* transmutable.
trasmutabilità, *f.* transmutability.
trasmutazióne, *f.* transmutation; transformation.
trasognato, *a.* dreamy; day-dreaming; lost in reverie (*pred.*): **occhi trasognati**, dreamy eyes. ● **avere un'aria trasognata**, to look absent-minded.
traspadano, *a.* transpadane.
trasparènte, A *a.* **1** transparent; (*di tessuto, anche*) see-through, diaphanous **2** (*molto sottile*) wafer-thin. **B** *m.* **1** (*pubblicità*) transparency **2** (*telev., cinem.*) back projection; background **3** (*teatr.*) scrim **4** (*tessuto posto sotto un merletto*) backing.
trasparènza, *f.* transparency. ● **guardare q.c. in t.**, to look at st. against the light.
trasparire, *v. i.* **1** to shine* (through st.); (*apparire*) to appear: **Dai vetri traspariva una luce**, a light was shining through the window; **Dagli occhi traspariva la sua gioia**, her happiness shone in her eyes; **La luna trasparì di tra le nuvole**, the moon appeared from among the clouds **2** (*essere trasparente*) to be transparent: **Il velo traspare**, the veil is transparent. ● **non lasciare t. le proprie intenzioni**, not to reveal one's intentions.
traspiràbile, *a.* transpirable.
traspirare, *v. i.* **1** to transpire; (*sudare*) to perspire, to sweat: **Le piante traspirano**, plants transpire **2** (*fig.: trapelare*) to transpire; to leak out: **Delle sue macchinazioni non traspirò nulla**, none of his machinations transpired.
traspiratòrio, *a.* of transpiration; transpiratory.
traspirazióne, *f.* transpiration; (*cutanea*) perspiration, sweating: **la t. delle piante**, the transpiration of plants.
traspórre, *v. t.* (*anche mus.*) to transpose: **t. una parola nel periodo**, to transpose a word in the sentence.
trasportàbile, *a.* transportable; conveyable: **merce t.**, transportable goods.
trasportare, *v. t.* **1** to transport; to carry; to convey: **t. un baule**, to carry a trunk; **La barca ci trasporterà all'altra riva**, the boat will carry us to the other bank; **t. q.c. per ferrovia (per mare, in autocarro)**, to transport st. by rail (by sea, by lorry); **I passeggeri sono trasportati all'aeroporto in autobus**, passengers are conveyed to the airport by bus **2** (*spostare*) to move; (*trasferire*) to transfer, to remove: **La capitale fu trasportata da Firenze a Roma**, the capital was moved (*o* transferred) from Florence to Rome **3** (*mus.*) to transpose: **t. un brano musicale da una chiave a un'altra**, to transpose a piece of music from one key to another **4** (*spingere, sospingere*) to drive*: **Il vento trasportò la nave sulle coste della Sardegna**, the wind drove the ship on to the Sardinian coast **5** (*rif. a disegno: riportare*) to transfer. ● **t. con un carro**, to cart; to waggon □ (*naut.*) **t. con chiatte**, to

lighter □ **t. con un furgone**, to van □ **t. in barca** (*a remi*), to row □ **t. q. all'ospedale**, to take sb. to hospital □ **lasciarsi t. da**, to let (*o* to allow) oneself to be carried away by; to be transported with: **lasciarsi t. dall'ira**, to allow oneself to be carried away by anger (*o* to fly into a rage); **lasciarsi t. dalla gioia**, to be transported with joy; **Si lascia t. dall'entusiasmo**, he lets himself be carried away by enthusiasm.

trasportatóre, *m.* **1** (*vettore*) transporter; carrier; haulage contractor; haulier; teamster (*USA*) **2** (*mecc.*) conveyer, conveyor; carrier: **un t. a catena**, a chain conveyor; **un t. a nastro**, a belt conveyor (*o* carrier); **un t. a rulli**, a roller conveyor; **un t. a tazze**, a bucket conveyor; a skip hoist.

traspòrto, *m.* **1** transport; conveyance; carriage; (*solo di merce*) haulage; transportation; transportal (*USA*); (*prezzo del t.*) transport charges (*pl.*), carriage; (*per via di mare*) freight charges (*pl.*), freightage, freight (*in USA, anche per via di terra*): **il t. delle merci**, the transport (*o* conveyance) of goods; **mezzi di t.**, means of transport; **t. per via di terra** (**di mare, per via aerea**), conveyance (*o* transport, carriage) by land (by sea, by air); (**spese di**) **t. a carico del destinatario**, carriage forward; **franco di t.**, carriage paid (*o* free); **Le ferrovie effettuano più della metà dei trasporti fra una città e l'altra**, railroads carry over one half of the inter-city freight **2** (*fig.*) transport; rapture: **in un t. di gioia** (**d'ira, ecc.**), in a transport of delight (of rage, etc.) **3** (*mus.*) transposition: **il t. di un brano musicale**, the transposition of a piece of music **4** (*di solito*: **t. funebre**) funeral: **Il t. sarà domani alle dieci**, the funeral will take place tomorrow at ten **5** (*rif. a disegno*) transfer. ● **trasporti urbani**, local transit □ **aeroplano da t.**, freighter; (*mil.*) (troop-)transport □ **compagnia di trasporti marittimi**, shipping company □ (*comm.*) **contratto di t. marittimo**, affreightment □ **impresa di trasporti**, haulage contractors (*pl.*); trucking company (*USA*) □ **l'industria dei trasporti stradali**, the road haulage industry □ **nave da t.**, freighter; cargo boat; (*mil.*) (troop-)transport □ **spese di t.**, transport charges; carriage; (*per mare*) freight charges, freight (*in USA, anche per via di terra*) □ (**spese di**) **t. con carri**, cartage □ (**spese di**) **t. con facchini**, porterage □ **Mi abbracciò con t.**, he embraced me heartily □ **Studia con t.**, he studies with great enthusiasm.

traspositóre, *m.* (*specialm. mus.*) transposer.

trasposizióne, *f.* (*anche mus.*) transposition.

trassato, (*econ.*) **A** *a.* drawn upon. **B** *m.* drawee.

trasteverino, *a.* e *m.* Trasteverine.

trastullare, **A** *v. t.* (*far divertire*) to amuse; (*giocando*) to play with: **La zia trastullava la nipotina**, the aunt was playing with her little niece. ● **Lo trastulla con false promesse**, he's leading him up the garden path with false promises. **trastullarsi**, **B** *v. rifl.* **1** to amuse oneself (with st.); (*giocare*) to play: **I miei figli si trastullano con molto poco**, my children amuse themselves with very little; **Quel bambino sta trastulla tutto il giorno**, that child plays all the day **2** (*perdere tempo*) to dawdle (*o* to trifle) away one's time; to twiddle one's thumbs (*fam.*).

trastullo, *m.* **1** (*divertimento*) amusement; (*il giocare*) play: **Ci vuole un po' di t. dopo il lavoro**, one must have a little amusement after work **2** (*giocattolo*) toy; plaything; (*passatempo*) pastime, hobby: **Il bambino aveva per t. un asinello di gomma**, the child had a little rubber donkey as a toy; **Il giardinaggio è il suo t.**, his hobby is gardening. ● (*fig.*) **essere il t. della fortuna**, to be the plaything of Fate.

trasudaménto, *m.* transudation; oozing.

trasudare, **A** *v. i.* to transude; to ooze; (*sudare*) to perspire, to sweat: **fluido che trasuda dal corpo**, fluid transuding from the body; **Dai muri trasuda l'umidità**, the damp oozes from the walls. **B** *v. t.* to ooze with (st.): **Il muro trasuda umidità**, the wall is oozing with damp.

trasudativo, **trasudatizio**, *a.* (*med.*) transudative; transudatory.

trasudato, *m.* (*med.*) transudate.

trasudazióne, *f.* transudation; oozing; (*cutanea*) perspiration, sweat.

trasumanare, *v. i.* **trasumanarsi**, *v. rifl.* (*lett.*) to be transhumanized.

trasumanazióne, *f.* (*lett.*) transhumanation.

trasversale, **A** *a.* transverse; transversal; oblique; cross (*attr.*): **linee trasversali**, transversal lines; **trave t.**, cross girder. ● (*naut.*) **piano t.**, athwartship plane. **B** *f.* **1** (*geom.*) transversal: **un punto fra la linea retta e la t.**, a point between the straight line and the transversal **2** (*strada t.*) cross-road; side-street: **la seconda t. a destra**, the second (side-)street (*o* turning) on the right.

trasversalménte, *avv.* transversely; obliquely; crosswise, crossways.

trasvèrso, **A** *a.* transverse: (*anat.*) **muscoli trasversi**, transverse muscles. **B** *m.* (*edil.*) crossbeam.

trasvolare, **A** *v. t.* to fly* across: **L'aeroplano trasvolò l'Atlantico**, the aeroplane flew across the Atlantic; **Le rondini trasvolano oceani e continenti**, swallows fly across oceans and continents. **B** *v. i.* (*fig.*: *trattare di sfuggita*) to pass over (st.); to skim over (st.): **Trasvolò sui dettagli più importanti**, he passed over the most important details.

trasvolata, *f.* (long-distance) flight; (air) crossing: **la t. dell'Atlantico**, the flight across the Atlantic.

trasvolatóre, *m.* (long-distance) flyer.

tratta, *f.* **1** (*traffico illegale*) trade: **la t. delle bianche**, the white-slave trade; **la t. dei negri**, the slave trade **2** (*comm.*) draft; bill (of exchange): **una t. a vista**, a sight draft; **una t. bancaria**, a banker's draft; **una t. scaduta**, an overdue draft; **girare una t.**, to endorse a draft; **onorare** (**disonorare**) **una t.**, to honour (to dishonour) a bill; **spiccare** (*o* **emettere**) **una t.**, to issue a draft; to draw a bill **3** (*ferr.*: *di percorso*) section; stretch. ● (*comm.*) **t. allo scoperto**, overdraft □ (*comm.*) **cambiale t.**, bill of exchange □ **spiccare una t. su q. per q.c.**, to draw on sb. for st.

trattàbile, *a.* **1** (*rif. a persona*) tractable; amenable: **La signora è poco t.**, the lady is not very tractable **2** (*tecn.*) treatable **3** (*rif. ad argomento*) that can be dealt with; suitable: **un argomento t. in poesia**, a subject suitable for poetry. ● **prezzo t.**, price subject to negotiation.

trattabilità, *f.* **1** (*rif. a persona*) tractability; amenability **2** (*tecn.*) treatableness.

trattaménto, *m.* **1** treatment (*anche med., tecn.*); deal (*fam.*): **il t. delle fratture**, the treatment of fractures; **il t. dei metalli**, the treatment of metals; (*fis.*) **t. termico**, heat treatment; **t. di favore**, discriminating treatment; **un t. equo**, a square deal **2** (*vitto*) food; (*vitto e alloggio*) board and lodging; room and board (*USA*): **Gli danno la paga e il t.**, they give him his wages and his board and lodging; **Le danno il t. completo**, they give her board and lodging (and clothing) **3** (*stipendio*) salary; (*salario*) wages (*pl.*); (*paga*) pay. ● (*metall.*) **t. a freddo**, cold-treating (*ind. mineraria*) **t. del materiale**, ore dressing ● **t. di quiescenza**, retired pension □ **ricevere un buon t.**, to be treated well □ **Ha avuto il t. che si meritava**, he got what (*o* he was treated as) he deserved ● **Qui c'è un t. signorile**, here they treat you very well.

trattare, **A** *v. t.* **1** to treat (*anche med., tecn.*); to deal* with (sb.): **t. le pelli col tannino**, to treat skins with tannin; **t. una ferita**, to treat a wound; **t. q. affabilmente**, to deal affably with sb.; **Tratta male sua moglie**, he treats his wife badly; **Mi tratta da più di quel che sono**, he treats me with more importance than I deserve **2** (*maneggiare, anche fig.*) to handle: **Sa t. le armi**, he knows how to handle weapons; **Sa t. la gente**, he knows how to handle people; (*fig.*) **Bisogna trattarlo con i guanti**, one must handle him with kid gloves **3** (*discutere*) to discuss; to treat; (*negoziare*) to negotiate, to transact: **Tratterò questo tema**, I shall discuss (*o* treat) this subject; **t. l'unione di due società**, to discuss (*o* to negotiate) the merging of two companies; **t. la pace** (**un prestito, ecc.**), to negotiate peace (a loan, etc.) **4** (*commerciare in*) to deal* in (st.); to handle; to merchandise: **t. un articolo** (**un nuovo affare, ecc.**), to deal in an article (in a line, etc.); **t. articoli di lana** (**di seta, ecc.**), to deal in woollens (in silkens, etc.) **5** (*lavorare*) to treat; to work in (st.): **t. il ferro**, to work in iron; **t. il legno**, to work in wood **6** (*curare*) to treat; to cure: **una ferita trattata con iodio**, a wound treated with iodine **7** (*occuparsi di*) to look after; to take* care of: **t. gli interessi di q.**, to look after sb.'s interests. **B** *v. i.* **1** to treat, to deal* (with sb.): **t. col nemico per fare la pace**, to treat with the enemy for peace; **Tratterò direttamente con lui**, I'll deal directly with him **2** (*di un argomento*) to treat (of); to deal* (with); to be (about): **Il saggio tratta dei progressi fatti nel campo delle ricerche sul cancro**, the essay treats of the progress of cancer research; **Di che cosa tratta il libro?**, what is the book about? **3** (*con uso impers.*) to be a question (of); to be a matter (of); to have to do (with); to be: **Si tratta di qualche lira di più**, it is a question of a few more lire; **Si tratta di vita o di morte**, it is a matter of life or death; **Non si tratta di questo**, it has nothing to do with that; **Si tratta di una cosa importante**, it is an important question; **Di che si tratta?**, what is the matter?; **Si trattava di mio zio**, it was (*o* it turned out to be) my uncle. ● (*leg.*) **t. una causa**, to conduct (*o* to plead) a case **t. con vapore**, to steam □ **t. galvanicamente**, to plate □ **t. male q.**, (*anche*) to ill-treat sb. □ **t. q. con i fiocchi**, to do sb. fine □ **t. termicamente**, to heat-treat □ **Dopotutto si tratta dei miei interessi**, after all, my own interests are involved □ **Si tratta della libertà della patria**, the freedom of our (your, their) country is at stake. ● **Si tratta solo di schiacciare un pulsante**, you've only got to press a button □ **il problema di cui si tratta**, the problem in hand. **trattarsi**, **C** *v. rifl.* to treat oneself; to live; to do* oneself (*fam.*): **t. bene**, to treat (*o* to do) oneself well; **t. da signore**, to live like a lord.

trattàrio, *m.* (*econ.*) drawee.

trattatista, *m.* writer of treatises.

trattativa, *f.* negotiation: **Le trattative sono fallite**, the negotiations have fallen through; **trattative in corso**, pending

trattato

negotiations; **t. sindacale**, labour negotiation; bargaining; **iniziare le trattative con q.**, to enter into negotiations with sb. ● **t. privata**, negotiated contract ▢ **essere in trattative con q.**, to be negotiating with sb.

trattato, *m.* **1** treatise: **un t. di filosofia**, a philosophical treatise **2** (*accordo*) treaty: **un t. di pace**, a peace treaty; **firmare un t.**, to sign a treaty; **rispettare un t.**, to respect a treaty; **fare un t.**, to make a treaty; **ratificare un t.**, to ratify a treaty; **rompere un t.**, to abuse a treaty.

trattazióne, *f.* **1** (*di un argomento*) treatment: **È una t. succinta ma chiara**, it is a brief but clear treatment **2** (*comm.: di affari*) handling; dealing.

tratteggiare, *v. t.* **1** to outline; to sketch: **Ha tratteggiato un ritratto**, he has sketched a portrait **2** (*ombreggiare*) to hatch **3** (*fig.*) to describe: **Tratteggiò la figura poetica di Dante**, he described Dante as a poetic figure.

tratteggiato, *a.* **1** sketched: **un ritratto ben t.**, a well-sketched portrait **2** (*ombreggiato*) hatched **3** (*fig.*) described; drawn: **un personaggio ben t.**, a well-drawn character.

trattéggio, *m.* **1** outline; sketch **2** (*ombreggiatura*) hatching **3** (*fig.*) description.

trattenére, **A** *v. t.* **1** (*anche fig.*) to hold* (back); to keep* (back); to restrain; to check: **t. il respiro**, to hold one's breath; **t. le lacrime**, to hold back (*o* to restrain) one's tears; **Il pensiero di sua madre lo trattenne**, the thought of his mother held him back; **Se non lo avessi trattenuto gli avrebbe dato uno schiaffo**, if I had not held him back, he would have slapped his face; **t. l'ira**, to check (*o* to repress) one's anger **2** (*far restare*) to keep*; to detain: **Mi trattenne fino a tardi**, he kept me till late; **Non mi t.; ho fretta**, don't detain me; I'm in a hurry; **Volle trattenermi a pranzo**, he kept me for dinner **3** (*detrarre*) to deduct; to retain; to keep* back: **t. la propria provvigione sulle somme riscosse**, to deduct one's commission from the amounts collected; **t. il 2% sulla paga di q.**, to retain 2% out of sb.'s pay **4** (*intrattenere*) to entertain: **Nei ricevimenti sa t. benissimo i suoi ospiti**, at receptions he knows very well how to entertain his guests. ● (*di una nave*) **trattenuta in porto dal maltempo**, weather-bound ▢ (*di una nave*) **trattenuta in porto dal vento contrario**, wind-bound. **trattenérsi**, **B** *v. rifl.* **1** (*frenarsi*) to keep* oneself, to restrain oneself (from doing st.): **Mi trattenni a stento dal dargli uno schiaffo**, I could hardly keep myself from slapping his face; **Non riuscii a trattenermi e scoppiai in lacrime**, I couldn't restrain myself and I burst into tears **2** (*restare*) to remain; to stay; (*fermarsi*) to stop: **Trattenetevi ancora un po'**, stay a little longer; **Mi tratterrò a Milano una settimana**, I shall stop in Milan for a week. ● **t. col pensiero su q.c.**, to think at length about st. ▢ **Non posso trattenermi dal fare** (*dal dire, ecc.*)..., I cannot help doing (saying, etc.)... ▢ **Non potei trattenermi dal ridere** (*dal piangere, ecc.*), I couldn't help laughing (crying, etc.).

tratteniménto, *m.* **1** entertainment: **t. musicale**, musical entertainment **2** (*ricevimento*) reception; party: **Non c'è stato un t. in casa dei nostri cugini**, there hasn't been a reception at our cousins'.

trattenuta, *f.* (*bur.*) deduction; deduct; holdback (pay); check off: **t. sullo stipendio**, deduction from salary. ● (*fin.*) **t. d'acconto**, withholding tax.

trattino, *m.* dash; (*nelle parole composte*) hyphen. ● **dividere** (*o* unire) **una parola con un t.**, to hyphen (*o* to hyphenate) a word.

tratto (1), *a.* drawn: **a spada tratta**, with drawn sword; (*fig.*) vigorously, fiercely, tooth and nail.

tratto (2), *m.* **1** (*linea*) line; outline; (*segno*) stroke: **un t. di penna**, a stroke of the pen; **un t. di pennello**, a brush-stroke **2** (*parte*) part; (*distesa*) stretch; (*di fiume*) reach; (*tappa*) leg; (*di libro*) passage: **Ne ho letto un t.**, I have read part of it; **Faremo un bel t. di strada insieme**, we'll walk a good part of the way together; **un lungo t. di strada**, a long stretch of road; **un t. di mare**, a stretch of sea; **Questo libro è noioso in qualche t.**, this book is boring in some parts; **l'ultimo t. del viaggio**, the last leg of the journey; **In questo libro c'è un t. che mi piace molto**, in this book there is a passage I like very much **3** (*di tempo*) period (of time); while: **un breve t. di tempo**, a short while; **Dopo un t. riprese a parlare**, after a while he started talking again **4** (*pl.: lineamenti*) traits; lineaments; features: **i tratti del volto**, the facial lineaments; **un viso dai tratti regolari**, a face with regular features **5** (*pl., fig.: caratteristiche*) (main) traits; (characteristic) features: **i tratti salienti del carattere nazionale**, the main traits (*o* features) of the national character **6** (*modo di comportarsi*) behaviour; bearing; manners (*pl.*): **Si vede dal t. che è un signore**, one can see from his behaviour that he's a gentleman; **Ha un t. signorile**, he has very refined manners. ● **t. di binario**, track section ▢ (*naut.*) **un t. di gomena** (*200 metri*), a cable's length ▢ **un t. di tubazione**, a length of pipe, a piece of piping ▢ (*tipogr.*) **t. d'unione** (*lineetta*), hyphen ▢ (*tipogr.*) **t. lungo**, dash ▢ **a un t.** (*o* d'un t.),

suddenly; all at once; all of (*o* on) a sudden ▢ **a tratti**, (every) now and then; from time to time ▢ (*fig.*) **dare il t. alla bilancia**, to tip the scales ▢ (*fig.*) **descrivere q.c. a grandi** (*o* larghi) **tratti**, to describe st. in outline ▢ **dipingere a larghi tratti**, to sketch; to outline ▢ **disegnare q.c. a tratti larghi**, to draw st. in outline ▢ **Abbiamo camminato un bel t.**, we have walked quite a long way.

trattóre (1), *m.* (*mecc.*) tractor: **un t. a cingoli**, a caterpillar (tractor); **un t. agricolo**, a farm tractor; an agrimotor.

trattóre (2), *m.* (*gestore di trattoria*) inn-keeper.

trattoria, *f.* inn; restaurant.

trattorista, *m.* tractor-driver; tractorist.

trattrice, *f.* (*mecc.*) tractor; (*mat.*) tractrix*.

tratturo, *m.* sheep-track.

tràuma, *m.* (*med.*) trauma*. ● **t. psichico**, mental shock.

traumàtico, *a.* (*med.*) traumatic: **febbre traumatica**, traumatic fever.

traumatizzare, *v. t.* (*anche fig.*) to traumatize.

traumatizzato, **A** *a.* (*anche fig.*) traumatized. **B** *m.* traumatized person.

traumatologia, *f.* (*med.*) traumatology; accident surgery.

traumatològico, **A** *a.* accident (*attr.*); casualty (*attr.*): **centro t.**, accident department (*o* hospital). **B** *m.* accident department (*o* hospital); casualty ward.

traumatòlogo, *m.* traumatologist.

travagliare, **A** *v. t.* to trouble; to torment: **Il rimorso mi travaglia**, remorse is tormenting me. **travagliarsi**, **B** *v. rifl.* (*lett.*) to worry.

travagliato, *a.* **1** troubled; tormented **2** (*difficile*) hard: **una vita travagliata**, a hard life.

travàglio, *m.* **1** (*affanno*) trouble; suffering; torment; pain; anguish: **Si vive in continuo t.**, one lives in constant suffering; **L'incertezza è causa di t.**, uncertainty causes anguish **2** (*del parto*) labour. ● **avere t. di stomaco**, to feel sick.

travalicare, *v. t.* (*lett.*) to pass over; to cross.

travasaménto, *m.* decanting.

travasare, **A** *v. t.* to pour off; to decant: **t. il vino**, to decant wine. **travasarsi**, **B** *v. rifl.* to spill*.

travasatrice, *f.* (*enologia*) transfer pump.

travaso, *m.* **1** pouring off; decanting; decantation: **t. del vino**, wine decanting **2** (*med.*) effusion: **t. di sangue**, effusion of blood. ● **t. di bile**, outflow of bile.

travata, travatura, *f.* (*edil.*) truss; beams (*pl.*): **una t. di ponte**, a bridge truss; **una t. semplice**, a king(-post) truss.

travato, *a.* **1** (*costr.*) trussed: **soffitto t.**, trussed ceiling **2** – **cavallo t.**, horse with two white socks on one side.

trave, *f.* beam; girder; rafter: **una t. composta**, a built-up beam; **una t. in aggetto**, an overhanging beam; **t. maestra**, main girder. ● **t. di colmo** (*di tetto*), ridge-pole; roof-tree ▢ (*ferr.*) **t. portante**, body bolster ▢ (*fig.*) **fare d'ogni fuscello una t.**, to make mountains out of molehills.

travedére, *v. i.* to be mistaken; to be (*o* to see*) wrong: **Travide sicuramente, perché non c'è scritto così**, he was surely mistaken, because that's not what's written; **Mi pareva lui, ma forse ho traveduto**, I thought it was him, but perhaps I was mistaken. ● (*fig.*) **t. per q.**, to think the world of sb.

travéggole, *f. pl.* – **avere le t.**, to mistake one thing for another; to see double.

travèrsa, *f.* **1** (cross-)bar; cross-piece; transom; traverse: **mettere una t. sulla strada per impedire il passaggio**, to put a bar (*o* a transom) across the road to halt traffic **2** (*ferr.*) sleeper; tie (*USA*) **3** (*strada t.*) cross-road; side-street; (*scorciatoia*) short cut: **C'è una t. per la quale arriverete subito**, there's a short cut which will take you there immediately **4** (*del letto*) underblanket **5** (*calcio*) cross-bar **6** (*edil.*) ledger. ● **la t. della croce**, the arms of the cross.

traversare, *v. t.* **1** (*anche fig.*) to cross: **t. la strada**, to cross the road; **t. il fiume in barca**, to cross the river by boat; **Un piccolo sentiero traversa la foresta**, a narrow path crosses the forest; **Una nuova idea gli traversò la mente**, a new idea crossed his mind **2** (*alpinismo*) to traverse: **t. una parete**, to traverse the face of a cliff. ● (*naut.*) **t. l'ancora**, to stow the anchor.

traversata, *f.* **1** (*naut., aeron.*) crossing; passage: **Fece una t. calma**, he had a calm crossing **2** (*alpinismo*) traverse.

traversìa, *f.* mishap; misfortune; accident: **Dopo tante traversie vorrebbe un po' di pace**, after so many misfortunes he would like a bit of peace.

traversina, *f.* (*ferr.*) sleeper; tie (*USA*).

traversino, *m.* (*naut.*) breast-rope.

travèrso, **A** *a.* transversal; transverse; oblique; cross. ● **via traversa**, cross-road; side-street ▢ (*fig.*) **Ottenne l'impiego per vie traverse**, he got the job by underhand methods. **B** *m.* width **2** (*naut.*) beam. ● (*naut.*) **al** (*o* sul) **t.**, abeam; abreast ▢ **andare di t.**, (*di cibo*) to go down the wrong way; (*fig.*) to go amiss ▢ (*fig.*) **avere la luna di t.**, to have got out of bed on the wrong

side (*fam.*) □ (*naut.*) **di t.**, athwart □ **guardare q. di t.**, to look askance at sb.; (*fig.*) to give sb. a nasty look □ **per** (*o* **di, a**) **t.**, obliquely; lengthwise; in the wrong way: **Era messo di t.**, it was placed obliquely □ **Il cane era sdraiato per t.**, the dog was lying lengthwise □ (*fig.*) **prendere q.c. di t.**, to get st. wrong.

traversóne, *m.* **1** (*calcio*) cross-kick; cross-pass **2** (*pugilato*: *gancio d'incontro*) cross: **un t. destro**, a right cross.

travertino, *m.* (*miner.*) travertin(e).

travestiménto, *m.* disguise.

travestire, **A** *v. t.* (*anche fig.*) to disguise: **Lo travestirono da frate**, they disguised him as a friar. **travestirsi**, **B** *v. rifl.* to disguise oneself: **Si travestirono da soldati**, they disguised themselves as soldiers. ● **t. da uomo** (*o* **da donna**), to cross-dress.

travestitismo, *m.* (*psic.*) transvestism; transvestitism.

travestito, **A** *a.* disguised; in disguise: **un poliziotto t.**, a policeman in disguise. **B** *m.* (*psic.*) transvestite; transvestist.

travèt, *m.* petty clerk; pen-pusher (*fam.*).

travétto, *m.* (*edil.*) common joist; rafter: **t. di rinforzo**, auxiliary rafter. ● **t. di colmo**, ridge board.

traviaménto, *m.* aberration; perversion.

traviare, **A** *v. t.* to lead* astray; to corrupt: **Fu traviato dai cattivi compagni**, he was led astray by bad companions. **traviarsi**, **B** *v. rifl.* to go* astray.

traviato, *a.* debauched; corrupted.

traviatóre, *m.* misleader; corrupter.

travicèllo, *m.* joist; rafter. ● **Re T.**, King Log.

travisaménto, *m.* distortion; alteration; misinterpretation.

travisare, *v. t.* to distort; to alter; to misinterpret: **t. le parole di q.**, to distort sb.'s words; **t. i fatti**, to alter the facts; **t. la verità**, to distort the truth.

travolgènte, *a.* overwhelming; overpowering; sweeping: **la t. furia degli elementi**, the overwhelming fury of the elements; (*fig.*) **bellezza t.**, overpowering beauty. ● **vento t.**, fierce wind.

travòlgere, *v. t.* to sweep* away (st.); (*sopraffare*) to overwhelm, to overcome*, to crush; (*investire*) to run* over (sb., st.): **Il vento travolse tutto**, the wind swept everything away; **L'autobus travolse la donna**, the bus ran over the woman.

trazióne, *f.* **1** (*mecc.*) traction: **forza di t.**, force of traction; **t. meccanica**, mechanical traction; **t. a vapore**, steam-traction; **t. elettrica**, electric-traction **2** (*autom.*) drive: **t. anteriore**, front-wheel drive; **t. sulle quattro ruote**, four-wheel drive **3** (*med.*) traction.

tre, *a. num. card.* e *m.* three: **le tre Grazie**, the three Graces; **Sono le** (*ore*) **tre**, it is three o'clock; **il tre per cento**, three per cent; **eravamo in tre**, there were three of us; **Si gioca in tre**, three can play; **il tre di picche**, the three of spades; (*mat.*) **la regola del tre**, the rule of three; **È stato estratto il tre**, number three has been drawn; **Abito al tre**, I live at number three. ● **e tre!**, that's the third time! □ **Sono cose da pensarci prima tre volte**, these things need thinking over before (hand) □ (*prov.*) **Chi fa da sé fa per tre**, God (*o* Heaven) helps those who help themselves.

treàlberi, *m.* (*naut.*) three-master; three-masted ship.

trébbia, *f.* **1** (*trebbiatrice*) threshing-machine; thresher **2** (*trebbiatura*) threshing.

trebbiare, *v. t.* to thresh.

trebbiatóre, *m.* thresher.

trebbiatrice, *f.* threshing-machine.

trebbiatura, *f.* threshing.

trebisónda, *f.* – **perdere la t.**, to lose one's head.

tréccia, *f.* plait; braid; (*di capelli, anche*) pigtail: **una t. di paglia**, a straw plait; (*elettr.*) **una t. di rame**, a copper plait. ● **t. d'agli** (**di fichi**), string of garlic (of figs) □ (*naut.*) **t. di cavi** (*o* **di corde**), fox □ (*elettr.*) **conduttore a t.**, plaited conductor □ **farsi le trecce**, to plait one's hair.

trecciatrice, *f.* (*tecn.*) plaiting machine.

trecentésco, *a.* fourteenth-century (*attr.*).

trecentésimo, *a. num. ord.* e *m.* three hundredth.

trecentista, *m.* e *f.* fourteenth-century writer (*o* artist).

trecènto, **A** *a. num. card.* three hundred: **Lo stadio contiene t. persone**, the stadium contains three hundred people. **B** *m.* **1** three hundred: **i t. delle Termopili**, the three hundred of Thermopylae **2** (*il secolo*) the fourteenth century; (*per l'arte italiana, anche*) «Trecento».

tredicènne, **A** *a.* thirteen years old (*pred.*); thirteen-year-old (*attr.*). **B** *m.* thirteen-year-old boy. **C** *f.* thirteen-year-old girl.

tredicèsima, *f.* thirteenth month's pay; year-end bonus.

tredicèsimo, *a. num. ord.* e *m.* thirteenth.

trédici, *a. num. card.* e *m.* thirteen: **La stanza contiene t. persone**, the room holds thirteen people. ● **Sono le** (**ore**) **t.**, it is one o'clock.

tréfolo, *m.* strand.

tregènda, *f.* horde of witches; witches' sabbath. ● **notte di t.**, Walpurgis Night; (*fig.*) stormy night.

tréggia, *f.* drag; sled; sledge.

trégua, *f.* **1** truce: **chiedere una t.**, to ask for a truce; **accordare una t.**, to allow a truce **2** (*fig.*) rest; respite; pause: **Il dolore non gli dà t.**, the pain gives him no respite; **t. salariale**, wage (*o* pay) pause. ● **t. d'armi**, truce; armistice; cease fire □ **piogge senza t.**, endless rain □ **Lavora senza t.**, he works ceaselessly.

tremacuòre, *m.* anxiety; trepidation.

tremante, *a.* trembling; shaking; quivering; (*di freddo*) shivering: **con una voce t. di commozione**, in a voice trembling with emotion.

tremare, *v. i.* to tremble; to shake*; to quiver; (*di freddo*) to shiver: **Fa t. la sala con la voce**, his voice makes the room shake; **t. per tutto il corpo**, to shake all over; **Mi tremano le gambe**, my legs are shaking; **t. come una foglia**, to tremble (*o* to shake) like a leaf; **Le canne tremano al vento**, the reeds shake in the wind; **sentir t. la terra sotto i piedi**, to feel the ground shake under one's feet; **t. di paura**, to tremble (*o* to shake) with fear; **È vecchio e gli trema la mano**, he's old and his hand trembles; **Mi trema la voce**, my voice is trembling; **Dice di non aver paura e trema**, he says he's not afraid, but he's trembling. ● **Mi trema la vista**, my sight is shaky □ **Non trema dinanzi a nessuno**, he is not afraid of anybody □ **Solo a pensarci mi trema il cuore**, the thought alone makes my heart skip a beat.

tremarèlla, *f.* (*fam.*) shivers (*pl.*); blue funk (*fam.*): **avere la t.**, to shake in one's shoes'; to be in a blue funk; **far venire la t. a q.**, to give sb. the shivers.

tremebóndo, *a.* (*lett.*) trembling.

tremendaménte, *avv.* frightfully; awfully; terribly.

tremèndo, *a.* **1** frightful; awful; terrible: **una sciagura tremenda**, a terrible accident; **sofferenza tremenda**, terrible suffering; **una vendetta tremenda**, an awful revenge; **un caldo t.**, a frightful heat **2** (*duro, grave*) tremendous; great; terrible; severe. ● **Oggi fa un caldo t.**, today it's awfully hot.

trementina, *f.* (*chim.*) turpentine. ● **essenza di t.**, oil of turpentine.

tremila, *a. num. card.* e *m.* three thousand.

tremillèsimo, *a. num. ord.* e *m.* three thousandth.

trèmito, *m.* trembling; shake; quiver; (*per il freddo*) shiver: **Per il suo corpo passò un t.**, a shiver ran through his body. ● **Mi prese il t.**, I began to shudder.

tremolante, *a.* trembling; quivering; tremulous; (*di luce*) flickering; (*di stelle*) twinkling: **una mano t.**, a trembling hand; **una fiammella t.**, a flickering flame; **stelle tremolanti**, twinkling stars; **gelatina t.**, quivering jelly; **una riga t.**, a tremulous line.

tremolare, **A** *v. i.* to tremble; to quiver; (*di luce*) to flicker; (*di stelle*) to twinkle: **una fiamma che tremola**, a flickering flame; **una voce che tremola**, a trembling voice. **B** *m.* (*solo sing.*) V. **tremolìo**.

tremolìo, *m.* trembling; quivering; (*di luce*) flickering; (*di stelle*) twinkling.

trèmolo, **A** *a.* V. **trèmulo**. **B** *m.* **1** (*mus.*: *abbellimento*) tremolo **2** (*mus.*: *registro dell'organo*) tremolo (stop) **3** (*bot.*, *Populus tremula*) aspen.

tremóre, *m.* trembling; shaking; (*per il freddo*) shivering; (*med.*) tremor.

trèmulo, *a.* trembling; quivering; tremulous; (*di luce*) flickering; (*di stelle*) twinkling: **con voce tremula**, in a trembling voice; **una fiammella tremula**, a flickering flame.

trench (*ingl.*), *m.* trench-coat.

trenino, *m.* **1** (*giocattolo*) toy train; (*modellino*) model train **2** (*treno piccolo*) miniature train.

trèno (1), *m.* **1** train: **t. accelerato**, slow train; **t. blindato**, armoured train; **t. diretto**, through train; **t. direttissimo**, fast train; **t. merci**, goods train; **t. misto**, goods and passenger train; **t. postale**, mail train; **t. rapido** (*o* **espresso**), express train; **t. viaggiatori**, passenger train; **t. in partenza da**, train departing from; **t. in arrivo a**, train arriving at; **un t. in arrivo**, an in train; **un t. in partenza**, an out train; **t. festivo**, extra holiday train; **Il t. fu preso d'assalto dai passeggeri**, the train was stormed by the passengers; **movimento dei treni**, train traffic; **prendere il t.**, to catch the train; **perdere il t.**, to miss one's train; **il passaggio di un t.**, the passing of a train; **salire in t.**, to get into (*o* on) the train; **scendere dal t.**, to get out of (*o* off) the train; **t. di soccorso**, breakdown train; **t. a carrozze intercomunicanti**, corridor train; **un t. di lusso**, a Pullman train; **dare via libera al t.**, to let the train (run) through; **andare** (**viaggiare**) **in t.**, to go (to travel) by train; **la formazione di un t.**, the making-up of a train; **dare la partenza al t.**, to dispatch the train; **agganciare la locomotiva al t.**, to hitch the engine to the train; **Il t. è in orario**, the train is on schedule; **Arriverò col t. delle sette**, I shall arrive by the seven o'clock train **2** (*fig.*: *tenore di vita*) tenor (of life); standard (*o* way) of living: **Ha un t. di vita molto dispendioso**, he has a very high standard of living **3** (*di animale*) quarter(s):

trèno (2)

il t. posteriore, the hind quarter(s) **4** (*mecc.*) train; mill: **t. di laminazione**, train of rolls; **t. per rotaie**, rail rolling mill. ● (*autom.*) **t. di gomme**, set of tyres □ (*fis.*) **t. di onde**, wave train □ **t. di vita**, standard (*o* way) of living □ (*autom.*) **t. stradale** (*autotreno*), truck; trailer.

trèno (2), *m.* **trenodìa**, *f.* (*letter.*: *canto funebre*) threnode; threnody. ● (*Bibbia*) **i treni di Geremia**, the Lamentations of Geremiah.

trènta, *a. num. card.* e *m.* thirty: **t. lire**, thirty lire; **È sui t.** (**anni**), he is about thirty years old; **Il mese commerciale è di t. giorni**, the commercial month has thirty days; **Eravamo in t.**, there were thirty of us; **Ha passato i t.**, he is over thirty. ● **Oggi è il t. del mese**, today is the thirtieth of the month □ (*fig.*) **Chi ha fatto t. può fare trentuno**, now that you've gone that far you might as well finish.

trentaduèsimo, **A** *a. num. ord.* e *m.* thirty-second. **B** *m.* (*tipogr.*) thirty-twomo.

trentamila, *a. num. card.* e *m.* thirty thousand.

trentatré, *a. num. card.* e *m.* thirty-three.

trentatreèsimo, *a. num. ord.* e *m.* thirty-third.

trentennale, **A** *a.* thirty-year (*attr.*): **un contratto t.**, a thirty-year contract. **B** *m.* thirtieth anniversary.

trentènne, **A** *a.* thirty years old (*pred.*); thirty-year-old (*attr.*). **B** *m.* thirty-year-old man. **C** *f.* thirty-year-old woman.

trentènnio, *m.* thirty years (*pl.*); thirty-year period: **Ci conosciamo da un t.**, we have known each other for thirty years.

trentèsimo, *a. num. ord.* e *m.* thirtieth.

trentina, *f.* about thirty: **Ci saranno una t. di persone**, there will be about thirty people; **È un uomo sulla t.**, he's a man of about thirty. ● **aver passato la t.**, to be in one's thirties.

trentino, **A** *a.* (*di Trento*) of (*o* from) Trento. **B** *m.* inhabitant (*o* native) of Trento.

Trènto, *f.* (*geogr.*) Trento.

trentunèsimo, *a. num. ord.* e *m.* thirty-first.

trentuno, *a. num. card.* e *m.* thirty-one. ● **il 31 luglio**, the thirty-first of July; **il trentuno luglio**, July the thirty-first.

trepestìo, *m.* (*tosc.*) trampling; trample; tramp.

trepidaménte, *avv.* timorously; anxiously.

trepidànte, *a.* anxious; trembling.

trepidare, *v. i.* to be anxious (*o* worried) (about sb., st.); to tremble (for sb., st.): **Trepido per lui**, I am anxious about him.

trepidazióne, *f.* anxiety; trepidation: **Aspettammo le notizie con t.**, we waited for the news in trepidation. ● **stare in t.**, to be anxious.

trèpido, *a.* timorous; anxious: **Apparve t. davanti al giudice**, he appeared anxious before the judge.

treppiède, *m.* **1** tripod **2** (*arnese da cucina*) trivet.

trequarti, *m.* **1** (*moda*) three-quarter-length coat: **un t. di pelliccia**, a three-quarter-length fur coat **2** (*med.*) trocar **3** (*rugby*) three-quarter.

trésca, *f.* **1** plot; intrigue **2** (*intrigo amoroso*) love-affair.

trescare, *v. i.* **1** to plot; to intrigue **2** (*avere una relazione amorosa illecita*) to have a love-affair: **Tresca con la moglie di suo fratello**, he's having a love-affair with his brother's wife.

trescóne, *m.* (*ballo*) «trescone».

tréspolo, *m.* **1** trestle; stand; horse; (*per uccelli*) perch (*fig., scherz.*) old crock; jalopy.

tressètte, *m.* «tressette» (Italian card game).

Trèviri, *f.* (*geogr.*) Trier.

trèvo, *m.* (*naut.*) course.

triaca, *f.* (*farm., stor.*) theriac.

triacanto, *m.* (*bot., Gleditsia triacanthos*) honey locust.

trìade, *f.* triad: (*mus.*) **t. maggiore** (**minore**), major (minor) triad; **una t. divina**, a triad of deities; **formare una t.**, to make up a triad.

triàdico, *a.* triadic.

trialìsmo, *m.* trialism; triadism.

triangolare (1), *a.* triangular.

triangolare (2), *v. t.* (*sport*) to pass triangularly.

triangolarità, *f.* triangularity.

triangolazióne, *f.* triangulation.

triàngolo, *m.* **1** (*geom., fig., mus.*) triangle: **un t. isoscele** (**scaleno**), an isosceles (a scalene) triangle; **un t. ottusangolo**, an obtuse-angled triangle; **un t. rettangolo**, a right-angle triangle; (*fig.*) **il solito** (*o* **il classico**) **t.**, the eternal triangle **2** (*pannolino per neonati*) napkin; nappy (*fam.*); diaper (*USA*).

triarchìa, *f.* triarchy.

triàrio, *m.* (*stor.*) triarius* (*lat.*).

trias, *m.* (*geol.*) Trias.

triàssico, (*geol.*) **A** *a.* Triassic. **B** *m.* Trias; Triassic (period).

triatòmico, *a.* (*chim.*) triatomic.

tribale, *a.* tribal.

tribàsico, *a.* (*chim.*) tribasic.

triboelettricità, *f.* (*fis.*) triboelectricity.

triboelèttrico, *a.* (*fis.*) triboelectric.

tribolaménto, *m.* tribulation.

tribolare, **A** *v. t.* to afflict; to torment; to trouble: **È tribolato dai reumatismi**, he's afflicted with rheumatism. **B** *v. i.* to suffer: **Ha tribolato sempre**, he has always suffered; **Si tribola in questa vita**, man was born to suffer; **Tribola per la lombaggine**, he suffers from lumbago. ● **far t. q.**, to make sb. suffer: **Ha fatto t. sua madre**, he has made his mother suffer □ **Ha finito di t.**, his troubles are over; he is dead.

tribolato, *a.* afflicted; tormented; troubled. ● **vita tribolata**, hard life.

tribolazióne, *f.* tribulation; suffering: **vivere in mezzo alle tribolazioni**, to live in tribulation; to live a hard life.

trìbolo, *m.* **1** tribulation; affliction: **La vita è seminata di triboli**, life is full of afflictions **2** (*bot., Tribulus terrestris*) (land) caltrop(s).

tribologìa, *f.* (*fis.*) tribology.

triboluminescènza, *f.* (*fis.*) triboluminescence.

tribórdo, *m.* (*naut.*) starboard. ● **Barra a t.!**, starboard the helm! □ **accostare a t.**, to starboard.

tribù, *f.* **1** tribe: **Il popolo ebreo era diviso in dodici t.**, the Hebrews were divided into twelve tribes; **t. celtiche**, Celtic tribes; **la t. degli acquatici**, the aquatic tribe **2** (*fig., scherz.: gran numero*) crowd; gang; tribe; (*famiglia numerosa*) tribe, brood, clan: **Ecco lo zio con tutta la sua t.**, here is uncle with all his tribe.

tribuna, *f.* **1** (*per oratori*) tribune; platform; rostrum*: **In alcuni parlamenti i deputati parlano dalla t.**, in some parliaments the deputies speak from the tribune **2** (*luogo riservato a certe categorie*) gallery: **la t. della stampa**, the press gallery **3** (*sport*) stand: **La t. dell'ippodromo era piena**, the stand on the race course was full **4** (*archit.*) apse; tribune.

tribunale, *m.* law-court; court; tribunal (*anche fig.*): **Il giudice siede in t.**, the judge sits in court; **presentarsi in t.**, to appear in court; **chiamare q. in t.**, to take sb. to court; **ricorrere al t.**, to appeal to the court; **comparire davanti a un t.**, to come up before a court; **t. militare**, court-martial; **t. civile**, civil court; **t. di equità**, court of equity; **t. penale**, criminal court; **t. supremo**, Supreme Court; (*fig.*) **il t. di Dio**, God's tribunal; **t. marittimo**, admiralty court; **t. di prima istanza**, court of primary jurisdiction; **t. di ultima istanza**, court of final jurisdiction; **t. arbitrale**, arbitration court. ● (*fig.*) **il t. della propria coscienza**, the judgment of one's conscience □ **presidente del t.**, presiding judge.

tribunalésco, *a.* (*spreg.*) court (*attr.*); legalistic.

tribunato, *m.* (*stor.*) tribuneship.

tribunésco, *a.* (*spreg.*) bombastic.

tribunìzio, *a.* (*stor.*) tribunicial; tribunitial; tribunician; tribunitian: **potestà tribunizia**, tribunicial power.

tribuno, *m.* **1** (*stor.*) tribune: **t. della plebe**, tribune of the people **2** (*fig.*) demagogue; tribune.

tributare, *v. t.* to render; to bestow; to grant; to pay* (tribute): **t. onori a q.**, to render honours to sb.

tributària, *f.* **1** revenue office (*o* service) **2** (*collett.*) – **la t.**, the revenue officers.

tributàrio, *a.* **1** tributary: **i popoli tributari di Roma**, the tributary peoples of Rome; **un fiume t.**, a tributary river **2** (*fin.: fiscale*) fiscal; taxation, tax (*attr.*): **ordinamento t.**, tax system.

tributarista, *m.* **1** tax consultant; tax (*o* fiscal) expert **2** (*specialista di diritto tributario*) expert in financial law.

tributo, *m.* **1** (*anche fig.*) tribute: **imporre un t. a una città**, to lay a town under tribute; **rendere un t. di sangue alla patria**, to render one's blood in tribute to one's native land; **un t. di fiori**, a floral tribute; **L'eroe fu fatto segno al t. della folla**, the hero was the centre of the crowd's tribute **2** (*fin.: imposta*) tax; (*sulle importazioni*) impost: **I tributi dovrebbero gravare su tutti i ceti**, taxes should be exacted from all classes. ● (*fig.*) **pagare il proprio t. alla natura**, to pay the debt of nature.

triceràtope, **triceràtopo**, *m.* (*paleontologia*) triceratops.

trichèco, *m.* (*zool., Odobenus rosmarus*) walrus*; morse.

trichiàsi, *f.* (*med.*) trichiasis.

trichina, *f.* (*zool., Trichinella spiralis*) trichina*.

trichinòsi, *f.* (*med.*) trichinosis*.

triciclo, *m.* tricycle.

tricìpite, **A** *a.* **1** (*lett.*) three-headed: **il t. Cerbero**, the three-headed Cerberus **2** (*anat.*) tricipital; triceps (*attr.*). **B** *m.* (*anat.*) triceps (muscle).

triclinio, *m.* (*archeol.*) triclinium*.

triclino, (*miner.*) **A** *a.* triclinic. **B** *m.* triclinic system.

triclorofenòlo, *m.* (*chim.*) trichlorophenol.

tricocèfalo, *m.* (*zool., Trichocephalus dispar*) whipworm.

tricofobìa, *f.* (*med.*) trichophobia.

tricologìa, *f.* (*med.*) trichology.

tricòlogo, *m.* trichologist.

tricolóre, *a.* e *m.* tricolour; tricolor (*USA*): **la bandiera t.**, the

tricolour flag; **Sventola il t.**, the tricolour is flying.
tricòma, *m.* **1** (*med.*) trichoma **2** (*bot.*) trichome.
tricòrde, tricòrdo, *a.* (*lett.*) trichord. ● (*mus.*) **strumento t.**, trichord.
tricòrne, *a.* (*lett.*) tricorn.
tricòrno, *m.* tricorn (hat); three-cornered hat.
tricòsi, *f.* (*med.*) trichosis*.
tricot (*franc.*), *m.* (*ind. tessile*) tricot.
tricotomìa, *f.* trichotomy.
tricòttero, *m.* (*zool.*) trichopter; caddis-fly.
tricromìa, *f.* (*fotogr.*) **1** (*procedimento*) three-colour process **2** (*riproduzione*) three-colour printing.
tric trac, *m.* (*gioco*) backgammon; tric-trac.
tricuspidale, *a.* tricuspid(al).
tricuspidato, *a.* (*anche bot.*) tricuspidate(d).
tricùspide, *a.* tricuspid: (*anat.*) **valvola t.**, tricuspid valve.
tridacna, *f.* (*zool., Tridacna gigas*) tridacna; giant clam.
tridàttilo, *a.* (*zool.*) tridactyl(e); tridactylous. ● (*zool.*) **piovanello t.** (*Crocethia alba*), sanderling.
tridènte, *m.* **1** trident **2** (*agric.*) hay-fork.
tridentino, *a.* Tridentine.
tridimensionale, *a.* tridimensional; three-dimensional.
tridimensionalità, *f.* tridimensionality; three-dimensionality.
triduo, *m.* (*relig.*) triduum: **celebrare un t. in onore di un santo**, to observe a triduum in honour of a saint.
trièdro, (*geom.*) **A** *a.* trihedral: **angolo t.**, trihedral angle. **B** *m.* trihedron*.
trielina, *f.* (*chim.*) trichloroethylene.
triennale, A *a.* **1** (*che dura tre anni*) triennial; three-year (*attr.*): **una nomina t.**, a three-year appointment; **un corso di studi t.**, a triennial course of studies **2** (*che ricorre ogni tre anni*) triennial; three-yearly (*attr.*): **un esame t.**, a triennial examination. **B** *f.* exhibition held every three years.
triènne, *a.* three-year-old (*attr.*).
triènnio, *m.* three years (*pl.*); three-year period; triennium*.
trierarca, *m.* (*stor.*) trierarch.
trierarchìa, *f.* (*stor.*) trierarchy.
triestino, A *a.* of (*o* from) Trieste. **B** *m.* inhabitant (*o* native) of Trieste.
trifase, *a.* (*elettr.*) three-phase (*attr.*): **circuito t.**, three-phase circuit; **un convertitore t.**, a three-phase converter; **corrente t.**, three-phase current; **il sistema t.**, the three-phase system.
trifenilmetano, *m.* (*chim.*) triphenylmethane.
trìfido, *a.* **1** (*a tre punte*) three-pointed **2** (*bot.*) trifid.
trifogliato, *a.* (*bot.*) trifoliate(d); trefoil.
trifoglìna, *f.* (*bot., Lotus corniculatus*) lotus; bird's-foot trefoil.
trifòglio, *m.* (*bot., Trifolium incarnatum*) (crimson) clover; (*Trifolium pratense*) red clover. ● **t. nero** (*Trifolium hybridum*), alsike (clover).
trifola, *f.* (*dial.*: *tartufo*) truffle.
trifolato, *a.* **1** (*cucina*) (*condito con tartufo*) truffled **2** (*tagliato sottile e condito con aglio e prezzemolo*) sliced and cooked with oil, garlic and parsley.
trifora, *f.* (*archit.*) window with three lights.
triforcare, *v. t.* **triforcarsi**, *v. rifl.* to divide into three (branches): **La via si triforca lì**, the road divides into three there.
trifòrme, *a.* (*lett.*) triform.
trigèmino, A *a.* **1** trigeminous; triple **2** (*anat.*) trigeminal. **B** *m.* (*anat.*) trigeminus*; trigeminal nerve. ● **parto t.**, birth of triplets.
trigèsimo, A *num. ord.* thirtieth. **B** *m.* thirtieth day: **nel t. della morte di q.**, on the thirtieth day after sb.'s death.
trigètto, *m.* (*aeron.*) trijet.
trìglia, *f.* (*zool., Mullus*) mullet. ● **t. di fango** (*Mullus barbatus*), red mullet □ (*fig.*) **fare l'occhio di t. a q.**, to cast (*o* to make) sheep's eyes at sb.
trìglifo, *m.* (*archit.*) triglyph.
trigonale, *a.* (*geom., miner.*) trigonal.
trigonèlla, *f.* (*bot., Trigonella foenum graecum*) fenugreek.
trìgono, A *m.* **1** (*mus., astron.*) trigon **2** (*anat.*) trigone **3** (*naut.*) lateen sail. **B** *a.* (*anche bot.*) trigonal.
trigonometrìa, *f.* (*mat.*) trigonometry: **t. piana**, plane trigonometry; **t. sferica**, spherical trigonometry.
trigonomètrico, *a.* (*mat.*) trigonometric(al).
trilaterale, *a.* trilateral.
trilàtero, *a. e m.* (*geom.*) trilateral.
trilineare, *a.* (*geom.*) trilinear.
trilìngue, *a.* trilingual: **un'iscrizione t.**, a trilingual inscription.
trilióne, *a. num. card. e m.* (*mat.*) billion (*in G.B.*); trillion (*in USA*).
trillare, *v. i.* to trill; (*di campanello*) to ring*: **Il campanello trillò**, the door-bell rang.
trillo, *m.* (*specialm. mus.*) trill; (*di campanello*) ring.

trilobato, *a.* (*bot.*) trilobal; trilobate(d); three-lobed.
trilobite, *f.* (*paleontologia*) trilobite.
trilogìa, *f.* (*letter.*) trilogy.
trilustre, *a.* (*lett.*) fifteen years old (*pred.*); fifteen-year-old (*attr.*).
trimarano, *m.* (*naut.*) trimaran; (*abbr.*) tri.
trimestrale, *a.* quarterly; three-monthly: **un abbonamento t.**, a quarterly subscription; **rate a scadenza t.**, quarterly payments. ● **scrutini trimestrali**, average term marks.
trimèstre, *m.* **1** (*periodo di tre mesi*) quarter: **lo stipendio di un t.**, a quarter's pay **2** (*scolastico*) term; trimester (*USA*) **3** (*somma da pagare o da riscuotere ogni tre mesi*) three-monthly payment; (*rata trimestrale*) three-monthly instalment.
trimètrico, *a.* (*miner.*) trimetric.
trìmetro, *m.* (*poesia*) trimeter: **un t. trocaico (giambico)**, a trochaic (an iambic) trimeter.
trimorfìsmo, *m.* (*miner.*) trimorphism.
trimotóre, (*aeron.*) **A** *a.* three-engined. **B** *m.* three-engined aircraft.
trimùrti, *f.* (*relig. indiana*) Trimurti.
trìna, *f.* (*pizzo*) lace.
Trinàcria, *f.* (*lett., stor.*) Trinacria; Sicily.
trinàcrio, *a.* (*lett., stor.*) Trinacrian; Sicilian.
trinato, *a.* (*guarnito di trine*) trimmed with lace.
trinca, *f.* (*naut.*) gammon.
trincare (1), *v. t.* (*naut.*) to gammon.
trincare (2), *v. t.* (*fam.*) to guzzle; to swill (*fam.*); to swig (*fam.*); to knock back (*fam.*): **Si sono trincati un fiasco**, they have knocked back a flask.
trincarino, *m.* (*naut.*) stringer.
trincata, *f.* (*pop.*) good drink; (*copious*) draught; swill (*fam.*).
trincèa, *f.* **1** (*mil.*) trench: **una t. scoperta**, an open trench; **guerra di t.**, trench warfare **2** (*ferr.*) cutting: **La ferrovia corre un centinaio di metri in t.**, the railway runs through a cutting for about a hundred metres.
tri nceramé nto, *m.* (*mil.*) entrenchment.
trincerare, A *v. t.* (*mil.*) to entrench: **È necessario t. questa posizione**, it is necessary to entrench this position. **trincerarsi, B** *v. rifl.* **1** (*mil.*) to entrench oneself: **I soldati si trincereranno sul fianco del monte**, the soldiers will entrench themselves on the mountainside **2** (*fig.*) to withdraw* (behind st.); to take* refuge (behind st.): **Si trincerò dietro il segreto d'ufficio**, he withdrew behind professional secrecy. ● (*fig.*) **t. nelle proprie posizioni**, to dig oneself in.
trincétto, *m.* shoemaker's knife*.
trinchettìna, *f.* (*naut.*) fore-topmast staysail.
trinchétto, *m.* (*naut.*) **1** (*albero*) foremast **2** (*pennone*) foreyard **3** (*vela inferiore*) foresail.
trinciaforaggi, *m.* (*agric.*) fodder-cutter.
trinciante, *m.* carver; carving-knife*.
trinciapàglia, *m.* (*agric.*) straw-cutter.
trinciapòllo, trinciapòlli, *m.* poultry shears (*pl.*).
trinciare, A *v. t.* to carve; to cut* up: **t. la carne**, to carve meat. ● (*fig.*) **t. gesti nell'aria**, to beat the air □ (*fig.*) **t. giudizi**, to make rash judgments □ (*fig.*) **t. i panni addosso a q.**, to speak ill of sb.; to pull sb. to pieces. **trinciarsi, B** *v. rifl.* to split*.
trinciato, A *a.* **1** cut up **2** (*araldica*) per bend. **B** *m.* (*tabacco*) shag: **t. forte**, strong shag.
trinciatóre, *m.* cutter; shredder.
trinciatrìce, *f.* (*mecc.*) shredder.
trinciatura, *f.* **1** cutting up **2** (*minuzzoli*) cuttings (*pl.*); shreds (*pl.*).
trincóne, *m.* (*fam.*) guzzler; tippler; swiller (*fam.*).
trinità, *f.* trinity: **la Santìssima Trinità**, the Holy Trinity; **il mistero della T.**, the mystery of the Trinity.
trinitàrio, *a. e m.* (*relig.*) Trinitarian.
trinitarìsmo, *m.* (*relig.*) Trinitarianism.
trinitrotoluòlo, *m.* (*chim.*) trinitrotoluene.
trino, *a.* trine. ● **Dio uno e t.**, God three persons in one.
trinomiale, *a.* (*mat.*) trinomial.
trinòmio, *m.* (*mat. e fig.*) trinomial.
trio, *m.* (*mus. e fig.*) trio.
triodo, *m.* (*fis.*) triode.
trionfale, *a.* triumphal: **un'entrata t.**, a triumphal entry.
trionfalìsmo, *m.* (*specialm. polit.*) triumphalism.
trionfalista, *m. e f.* (*specialm. polit.*) triumphalist.
trionfalìstico, *a.* (*specialm. polit.*) triumphalist (*attr.*).
trionfalménte, *avv.* triumphantly; victoriously.
trionfante, *a.* triumphant: **la Chiesa t.**, the Church Triumphant. ● **essere t.**, to exult; to triumph.
trionfare, *v. i.* (*anche fig.*) to triumph: **Trionfò sui suoi nemici**, he triumphed over his enemies; **t. dell'opposizione**, to triumph over the opposition; **t. delle difficoltà**, to triumph over difficulties. ● **far t. la giustizia**, to make justice prevail □ **La verità presto o tardi trionfa**, sooner or later truth will out.

trionfatóre, A *m.* triumphant hero; (*vincitore*) victor. **B** *a.* triumphing.

trionfo, *m.* **1** triumph: **il t. dello spirito sulla materia,** the triumph of mind over matter; **i trionfi di Pompeo,** Pompey's triumphs; (*letter.*) **i Trionfi del Petrarca,** Petrarch's Triumphs; **Fu accolto dai cittadini in t.,** he was greeted by the citizens in triumph; **Il cantante ebbe un gran t.,** the singer had a great triumph; **essere portato in t.,** to be borne in triumph **2** (*centro tavola*) centre-piece; «épergne» (*franc.*) **3** (*tarocco*) court card; (*in alcuni giochi di carte*) trump. ● (*archit.*) **arco di t.,** triumphal arch ▫ **ottenere un t.,** to triumph.

triòssido, *m.* (*chim.*) trioxide.
tripanosòma, *m.* (*zool., Trypanosoma*) trypanosome.
tripanosomìasi, *f.* (*med.*) trypanosomiasis*.
tripartire, *v. t.* to divide into three (parts).
tripartìtico, *a.* (*polit.*) three-party (*attr.*); tripartite.
tripartitìsmo, *m.* (*polit.*) tripartitism; tripartism.
tripartìto, A *a.* **1** tripartite; divided into three (parts) **2** (*polit.*) three-party (*attr.*); tripartite. **B** *m.* (*polit.*) three-party government.
tripartizióne, *f.* tripartition.
tripla, *f.* (*mus.*) triple time.
triplano, *m.* (*aeron.*) triplane.
triplétta, *f.* **1** (*fucile a tre canne*) three-barrelled shot-gun **2** (*sport*) triple win.
triplicare, A *v. t.* to triple; to treble; to triplicate: **t. il salario,** to triple wages; **t. gli sforzi,** to triple one's efforts. **triplicarsi, B** *v. rifl.* to treble; to triplicate.
triplicazióne, *f.* triplication.
trìplice, *a.* triple; triplicate: (*stor.*) **la T. Alleanza,** the Triple Alliance; **Propongo un t. scopo,** I propose a triple aim. ● **in t. copia,** in triplicate.
triplista, *m.* (*sport*) triple jumper.
triplo, A *a.* triple; treble; threefold: **una paga tripla,** triple wages. ● (*sport*) **il salto t.,** the triple jump; the hop, step and jump. **B** *m.* triple; three times as much; three times as many: **Nove è il t. di tre,** nine is the triple of three; **Avrà il t.,** he will have three times as much.
trìpode, *m.* tripod.
tripodìa, *f.* (*poesia*) tripody.
tripolare, *a.* (*elettr., fig., polit.*) tripolar.
trìpoli, *m.* (*miner.*) tripoli; rotten-stone.
tripolitano, *a.* e *m.* Tripolitan.
tripòsto, *a. invar.* three-seater (*attr.*).
trippa, *f.* **1** (*cucina*) tripe **2** (*fam., scherz.: pancia*) paunch; belly. ● **mettere su t.,** to put on weight; to get flabby.
trippàio, *m.* tripe-seller.
tripperìa, *f.* tripe-shop.
trippóne, *m.* (*spreg.*) pot-belly.
tripsina, *f.* (*biol.*) trypsin.
triptòfano, *m.* (*biol.*) tryptophan(e).
tripudiare, *v. i.* to exult; to rejoice: **t. per la vittoria,** to rejoice in victory.
tripùdio, *m.* exultation; rejoicing: **La notizia fu accolta con vero t.,** the news was greeted with real rejoicing. ● (*fig.*) **un t. di colori,** a galaxy of colour.
trireattóre, *m.* (*aeron.*) trijet.
trirégno, *m.* (*relig.*) triple crown; papal tiara.
trirème, *f.* (*stor.*) trireme.
tris, *m.* (*poker, ecc.*) three of a kind. ● **t. d'assi,** three aces.
trisàvola, *f.* great-great-grandmother.
trisàvolo, *m.* great-great-grandfather.
trisecare, *v. t.* (*anche geom.*) to trisect.
trisettrice, *f.* (*geom.*) trisectrix*.
trisezióne, *f.* (*anche geom.*) trisection.
trisillàbico, *a.* trisyllabic.
trisìllabo, A *a.* trisyllabic. **B** *m.* trisyllable.
trisma, trismo, *m.* (*med.*) trismus; lock-jaw.
Tristano, *m.* Tristram.
triste, *a.* **1** sad; unhappy: **L'anima mia è t.,** my soul is sad; **tristi notizie,** sad news; **in quella t. occasione,** on that unhappy occasion; **avvilito e t.,** downcast and sad; **essere tutto t.,** to be very sad; **un t. sorriso,** a sad smile **2** (*di un luogo*) gloomy; bleak; dreary; dismal: **un paesaggio t.,** a bleak landscape.
tristeménte, *avv.* sadly; unhappily.
tristézza, *f.* **1** sadness; unhappiness: **occhi velati di t.,** eyes veiled with sadness; **gioia mista a t.,** joy mingled with sadness **2** (*di un luogo*) gloominess; gloom.
tristìzia, *f.* (*lett.*) **1** (*malvagità*) wickedness **2** (*tristezza*) sadness; unhappiness.
tristo, *a.* **1** wicked; bad: **una trista menzogna,** a wicked lie; **gente trista,** wicked people **2** (*meschino*) mean; poor: **Ha fatto una trista figura,** he cut a poor figure **3** (*lett.: sventurato*) wretched; unhappy.

tritàbile, *a.* that can be minced.
tritacarne, *m. invar.* mincer; mincing-machine; meat-grinder (*USA*).
tritaghiàccio, *m. invar.* ice-crusher.
tritare, *v. t.* to mince; to chop: **t. la carne,** to mince meat.
tritarifiuti, *m.* rubbish (*o* garbage) crusher; refuse (*o* trash) shredder.
tritato, *a.* minced; chopped; ground: **carne tritata,** minced meat; mince.
tritatura, *f.* mincing; chopping; grinding.
tritatutto, *m.* mincer; food-grinder, food-chopper (*USA*).
tritèllo, *m.* fine bran.
tritio, V. **trìzio**.
trito, A *a.* **1** (*tritato*) minced; chopped: **carne trita,** minced meat **2** (*fig.*) trite; stale; commonplace; hackneyed: **argomenti triti,** trite subjects; **un'espressione trita,** a stale expression. ● **roccia trita,** pounded rock. **B** *m.* (*cucina*) mirepoix (*franc.*). ● **t. di cipolle,** minced bacon and onions.
tritòlo, *m.* (*chim.*) trinitrotoluene (*abbr.*: TNT).
tritóne, *m.* **1** (*mitol.*) Triton **2** (*zool., Triturus*) triton; newt **3** (*fis.*) triton.
trìttico, *m.* **1** (*arte*) triptych **2** (*documento*) pass-sheet.
trittòngo, *m.* (*fon.*) triphthong.
tritume, *m.* **1** shavings (*pl.*); crumbs (*pl.*) **2** (*fig., spreg.*) trivialities (*pl.*); mere commonplaces (*pl.*).
trituràbile, *a.* triturable.
triturare, *v. t.* to triturate; to grind*. ● **t. il cibo con i denti,** to chew up one's food with one's teeth.
trituratóre, A *a.* grinding. **B** *m.* grinding-mill.
triturazióne, *f.* trituration.
triumvirale, *a.* (*stor.*) triumviral.
triumvirato, *m.* (*stor.*) triumvirate.
triùmviro, *m.* (*stor.*) triumvir*.
trivalènte, *a.* (*chim.*) trivalent; tervalent.
trivalènza, *f.* (*chim.*) trivalence; trivalency; tervalence; tervalency.
trivalve, *a.* (*zool.*) trivalve.
trivèlla, *f.* **1** (*per miniera*) drill: **una t. a graniglia,** a shot drill; **una t. a percussione,** a percussion (*o* a churn) drill **2** (*per i pozzi*) borer; drill **3** (*falegnameria*) gimlet; auger.
trivellaménto, *m.* V. **trivellatura**.
trivellare, *v. t.* **1** to drill; to bore: **t. un pozzo di petrolio,** to drill an oil well **2** (*fig.*) to nag (at): **Un pensiero mi trivella la mente,** a thought keeps nagging at my mind.
trivellatóre, *m.* driller; borer.
trivellatura, trivellazióne, *f.* (*di miniera*) drilling; boring: **t. a rotazione,** rotary drilling; **t. sottomarina,** offshore (*o* submarine) drilling. ● **t. a getto** (*d'acqua, d'aria*), jetting ▫ **torre di t.,** derrick.
trivèllo, *m.* (*falegnameria*) gimlet; auger.
triviale, *a.* coarse; vulgar; low: **maniere triviali,** coarse manners; **una parola (persona) t.,** a vulgar word (person).
trivialità, *f.* **1** coarseness; vulgarity **2** (*azione triviale*) vulgarity; (*espressione triviale*) coarse expression.
trivialménte, *avv.* coarsely; vulgarly.
trìvio, *m.* **1** cross-roads **2** (*nel Medioevo: arti del t.*) trivium*; grammar, rhetoric and logic. ● **gente da t.,** vulgar people ▫ **parole da t.,** vulgar words.
trìzio, *m.* (*chim.*) tritium.
trocàico, *a.* (*poesia*) trochaic.
trocantère, *m.* (*anat., zool.*) trochanter.
trocantèrico, *a.* (*anat.*) trochanteric.
trochèo, *m.* (*poesia*) trochee.
tròclea, *f.* (*anat.*) trochlea.
trocleare, *a.* trochlear: **un nervo (muscolo) t.,** a trochlear nerve (muscle).
tròco, *m.* (*zool., Trochus*) top-shell.
trofèo, *m.* **1** trophy: **i trofei di Mario,** Marius's trophies; **t. di guerra,** war trophy **2** (*mil.*) badge.
tròfico, *a.* (*biol.*) trophic(al).
trofismo, *m.* (*med.*) trophism.
trofoblasto, *m.* (*embriologia*) trophoblast.
trofoneuròsi, *f.* (*med.*) trophoneurosis.
trofoneuròtico, *a.* (*med.*) trophoneurotic.
troglodita, *m.* e *f.* troglodyte (*anche fig.*); cave-dweller.
trogloditico, *a.* (*anche fig.*) troglodytic(al).
trogloditìsmo, *m.* troglodytism.
trògolo, *m.* trough. ● **t. d'incubazione,** hatchery.
tròia, *f.* (*volg.*) **1** (*scrofa*) sow **2** (*fig.*) prostitute; whore.
Tròia, *f.* (*geogr.*) Troy.
troiàio, *m.* (*volg., anche fig.*) pigsty.
troiano, *a.* e *m.* Trojan. ● (*fig.*) **al tempo dei Troiani,** in olden days.
tròica, *f.* (*anche fig.*) troika.

Tròilo, *m.* (*letter.*) Troilus.
trómba, *f.* **1** (*mus.*) trumpet: **dare fiato alle trombe,** to sound the trumpets; (*fig.*) to trumpet; **Si udì il suono della t.,** the sound of the trumpet was heard; **uno squillo di t.,** a trumpet blast **2** (*suonatore di t.*) trumpet; trumpeter **3** (*mus., mil.*) bugle: **la t. del reggimento,** the regimental bugle **4** (*pompa*) pump: **t. idraulica,** hydraulic pump; **t. d'incendio,** fire pump; (*naut.*) **t. di sentina,** bilge pump **5** (*delle scale, dell'ascensore*) well **6** (*autom.*) horn: **t. elettrica,** electric horn **7** (*anat.*) tube: **t. d'Eustachio,** Eustachian tube; **t. di Falloppio,** Fallopian tube **8** (*zool.*) proboscis*. ● (*meteorologia*) **t. d'aria,** whirlwind; tornado □ (*pop.*) **la t. dell'elefante,** the elephant's trunk □ **t. dello stivale,** leg (of a boot) □ (*fig.*) **la t. del vicinato,** gossip; telltale □ (*meteorologia*) **t. marina,** waterspout □ (*meteorologia*) **t. terrestre,** whirlwind; tornado □ (*fig., fam.*) **partire in t.,** to go off at full steam.
trombare, *v. t.* **1** (*scherz.*: *bocciare*) to fail; to reject **2** (*volg.*: *possedere carnalmente*) to fuck (*volg.*).
trombétta, *f.* trumpet.
trombettière, *m.* **1** (*mil.*) bugler **2** (*zool., Bucanetes githagineus*) trumpeter bullfinch.
trombettista, *m. e f.* (*mus.*) trumpet(-player).
trombina, *f.* (*biol.*) thrombin.
trómbo, *m.* (*med.*) thrombus*.
trombocito, trombocita, *m.* (*biol.*) thrombocyte.
trombocitopenia, *f.* (*med.*) thrombocytopenia.
trombocitòsi, *f.* (*med.*) thrombocytosis*.
tromboflebite, *f.* (*med.*) thrombophlebitis.
trombóne, *m.* **1** (*mus.*) trombone **2** (*schioppo a canna corta*) blunderbuss **3** (*bot., Narcissus pseudo-narcissus*) daffodil; lent-lily **4** (*fig., fam.*) windbag.
trombonista, *m.* (*mus.*) trombonist.
trombòsi, *f.* (*med.*) thrombosis*.
trompe-l'oeil (*locuz. franc.*), *m.* (*pitt.*) trompe-l'oeil.
troncaménto, *m.* **1** cutting off; breaking off (*anche fig.*): **il t. dei viveri,** the cutting off of food supplies **2** (*linguistica*) apocope: **il t. d'una vocale,** the apocope of a vowel.
troncare, *v. t.* **1** to cut* off; to break* off (*anche fig.*): **t. lo stelo d'un fiore,** to cut off the stalk of a flower; **t. le relazioni politiche,** to break off political relations; **t. un'amicizia,** to break off a friendship; **t. una conversazione,** to break off a conversation **2** (*linguistica*) to apocopate: **t. una parola,** to apocopate a word. ● (*fig.*) **t. la carriera di q.,** to ruin sb.'s career □ (*fig.*) **t. le gambe a q.,** to put a spoke in sb.'s wheel □ (*fig.*) **t. la parola in bocca a q.,** to cut sb. short □ **una salita che tronca le gambe,** a climb that tires one's legs.
troncato, *a.* **1** (*biol.*) truncate **2** (*araldica*) per fess.
troncatrice, *f.* (*mecc.*) cropper.
troncatura, *f.* cutting off; breaking off (*anche fig.*).
tronchése, *m. e f.* (*mecc.*) (cutting) nippers (*pl.*).
tronchesina, *f.* nail clippers (*pl.*).
trónco (1), *a.* **1** (*specialm. geom.*) truncated: **cono t.** (**piramide tronca**), truncated cone (pyramid) **2** (*mozzato*) cut off; (*mutilato*) maimed; (*smozzicato*) cut short, broken: **un uomo con le gambe tronche,** a man with his legs cut off; (*fig.*) **parole tronche,** broken words **3** (*linguistica*) apocopate(d): **una parola tronca,** an apocopated word; (*per estens.*) a word with the accent on the last syllable. ● **arrestarsi** (*o* **restare**) **in t.,** to stop short □ **in t.,** unfinished: **Lasciò il lavoro in t.,** he left his work unfinished □ **essere licenziato in t.,** to be sacked (*o* fired) on the spot.
trónco (2), *m.* **1** (*bot., anat.*) trunk: **abbattere un t. d'albero,** to cut down a tree trunk; **spiccare la testa dal t.,** to sever the head from the trunk; **il t. di una quercia,** the trunk of an oak **2** (*d'albero abbattuto*) log **3** (*ceppo d'albero, nel terreno*) stump **4** (*fig.*: *ceppo, stirpe*) stock: **popoli dello stesso t.,** peoples of the same stock **5** (*di strada, ecc.*: *tratto*) section; (*diramazione*) branch: **t. di strada,** road section; **t. ferroviario,** railway section **6** (*geom.*) truncated figure; frustum* **7** (*scult.*) torso* **8** (*archit.*) shaft; trunk: **il t. di una colonna,** the shaft of a column. ● (*aeron.*) **t. centrale** (*della fusoliera*), centre section □ (*geom.*) **t. di cono** (**di piramide**), truncated cone (pyramid).
troncóne, *m.* **1** stump **2** (*per estens.*: *moncone*) stump.
troneggiare, *v. i.* **1** to dominate; to lord it; to stand* out (*fare bella mostra di sé*) to reign (over) **2** (*sovrastare*) to tower (above sb., st.): **Troneggiava sugli altri per la sua statura,** he towered above the others in height.
trónfio, *a.* **1** conceited; puffed up: **La superbia lo rende t.,** he is puffed up with pride **2** (*lett.*) pompous; bombastic. ● **essere t. come un pavone,** to be as proud as Punch □ **camminare tutto t.,** to strut along.
tròno, *m.* **1** throne: **il t. pontificio,** the papal throne; **salire al t.,** to ascend the throne; **rinunciare al t.,** to renounce the throne; **l'erede al t.,** the heir to the throne; **succedere al t.,** to succeed to the throne **2** (*pl., relig.*) Thrones.

tropicale, *a.* (*geogr.*) tropical: **clima t.,** tropical climate.
tropicalizzare, *v. t.* to tropicalize.
tropicalizzazióne, *f.* tropicalization.
tròpico, *m.* (*astron., geogr.*) tropic: **il t. del Cancro,** the Tropic of Cancer; **il t. del Capricorno,** the Tropic of Capricorn.
tropismo, *m.* (*biol.*) tropism.
tròpo, *m.* (*retor.*) trope.
tropologia, *f.* tropology.
tropològico, *a.* tropological.
tropopàusa, *f.* (*meteorologia*) tropopause.
troposfèra, *f.* (*meteorologia*) troposphere.
troposfèrico, *a.* (*meteorologia*) tropospheric.
tròppo, A *avv.* **1** (*con agg. e avv.*) too: **Fa t. caldo,** it's too hot; **t. presto,** too early; **Mi pare di essere stato t. buono** (**t. paziente**), I think I have been too good (too patient); **T. buono!,** too good of you!; **Non mi sento t. bene,** I'm not feeling too well; **È t. buono per arrabbiarsi,** he's too good to get angry **2** (*con verbi*) too much: **Dorme t.,** he sleeps too much; **Bisogna compatirlo, le voleva t. bene,** one must be sorry for him, he loved her too much; **Si sente che c'è qualcosa di t.,** one feels there is too much; **Sarebbe t.** (*o* **di t.**) **per lui,** it would be too much for him; **a-versela t. a male,** to take it too much amiss **3** (*di tempo*) too long: **Ho aspettato t.,** I've waited too long; **È t. che aspetto,** I've been waiting too long. ● **anche** (*o* **fin**) **t.,** only too: **Era fin t. vero,** it was only too true □ **andare t. oltre,** to go too far (*anche fig.*) □ **proprio t.,** quite too: **È proprio t. difficile,** it's quite too difficult □ **È t. giusto,** it's more than right. **B** *a.* too much (*pl.*: too many): **C'è t. inchiostro,** there is too much ink; **C'era troppa gente,** there were too many people; **Ho troppe cose da fare,** I have too many things to do. ● **per t. tempo,** too long. **C** *pron. e m.* too much (*pl.*: too many); (*troppa gente*) too many people: **Questo è t.,** that's too much; **Questo è davvero t.!,** that's really too much!; **Chiedi t.,** you want too much; **Lo sanno troppi,** too many people know about it; **Me ne hai dati troppi,** you've given me too many (of them); **Me ne hai dati due di t.,** you've given me two too many. ● **essere di t.,** (*di cosa*) to be superfluous, not to be needed; (*di persona*) to be one too many: **M'accorsi ch'ero di t.,** I realized I was one too many □ (*prov.*) **Il t. stroppia,** more than enough is too much; too much breaks the bag.
troppopièno, *m.* overflow.
tròta, *f.* (*zool., Salmo*) trout.
troticoltóre, *m.* trout-breeder.
troticoltura, *f.* trout-breeding.
trotino, *a.* trout-coloured.
trottapiano, *m.* (*scherz.*) slowcoach.
trottare, *v. i.* **1** to trot **2** (*fig.*: *di persona*) to trot along; to walk briskly; to hurry: **Per arrivare in tempo, bisogna t.,** we must trot along to arrive in time. ● **far t. un cavallo,** to trot a horse.
trottata, *f.* **1** trot: **fare una t.,** to go for a trot **2** (*fig.*) trot; brisk walk: **Fu una lunga t. e arrivai tutto sudato,** it was a long trot, and I arrived bathed in sweat.
trottatóio, *m.* riding-field.
trottatóre, *m.* trotter.
trotterellare, *v. i.* **1** to trot **2** (*fig.*: *di persona*) to trot (*o* to jog) along; (*di bambini*) to toddle.
tròtto, *m.* **1** trot: **andare di piccolo t.,** to go at a gentle trot; **andare di t. serrato,** to go at a steady trot **2** (*fig.*) trot; brisk pace. ● **correre al t.,** to trot □ **corse al t.,** trotting-races □ **mettere un cavallo al t.,** to trot a horse □ **rompere il t.,** to break □ (*fig.*) **Di buon t. arriverò in mezz'ora,** at this rate I shall do it in half an hour.
tròttola, *f.* (spinning-)top. ● (*fig.*) **girare come una t.,** to buzz about.
trottolare, *v. i.* **1** to spin* **2** (*fig.*) to buzz about.
trottolino, *m.* (*fam.*) lively child.
trotzkismo, *m.* (*polit.*) Trotskyism.
trotzkista, *m. e f.* (*polit.*) Trotskyist.
troupe (*franc.*), *f.* **1** company; troupe (*franc.*) **2** (*teatr.*) stage--group; stage-company.
trousse (*franc.*), *f.* **1** (*astuccio*) case **2** (*abbigliamento*) evening bag; dress handbag.
trovàbile, *a.* findable. ● **roba rara, difficilmente t.,** rare stuff, not easily found.
trovadóre, *m.* (*stor., letter.*) troubadour.
trovadòrico, *a.* (*stor., letter.*) troubadour (*attr.*).
trovante, *m.* (*geogr.*) erratic block.
trovare, A *v. t.* **1** (*in molti sensi*) to find*: **Ho trovato l'anello che avevi smarrito,** I have found the ring you had lost; **Trovai l'uscio chiuso,** I found the door closed; **Lo trovai seduto in poltrona,** I found him sitting in his arm-chair; **Entro e ti trovo un pieno di soldati,** I went in and found a crowd of soldiers; **Non trovò buona accoglienza,** he found no welcome; **Non trovò giovamento,** he found no relief; (*fig.*) **Come lo trovi?,** how do you find

him?; **Finalmente ti trovo**, at last I've found you; **non t. pace**, to find no peace; **t. la soluzione di un problema**, to find the solution to a problem; **t. una buona ragione**, to find a good reason; **t. da dormire**, to find somewhere to sleep; **t. da mangiare**, to find something to eat; **t. marito**, to find a husband; **t. per caso**, to find by chance; **t. un posto** (*o* **un'occupazione**), to find a job; **t. q. in casa**, to find sb. in; **non t. q. in casa**, to find sb. out; **t. una scusa**, to find an excuse **2** (*scoprire*) to find* (out); to discover: **Troveremo il colpevole**, we'll find out the culprit; **se si troverà che il reo è lui**, if they find that he is the culprit; **Colombo trovò un nuovo mondo**, Columbus discovered a new world **3** (*incontrare*) to meet* (st.); to meet* with (sb., st.); to come* across (*o* upon) (sb.); to run* into (sb.): **Lo trovai in piazza**, I met with him in the square; **Ho trovato molti ostacoli (molte difficoltà, ecc.)**, I've met with many obstacles (difficulties, etc.); **Trovò la morte in un incidente stradale**, he met his death in a road accident; **Un galantuomo come lui non si trova più**, one doesn't come across gentlemen like him any more; **Trovò un carro che sbarrava la strada**, he came upon a cart that barred the way; **Lo trovai proprio dietro l'angolo della strada**, I ran into him just round the street corner **4** (*cogliere, sorprendere*) to catch*: **Lo trovarono che rubava**, they caught him stealing; **Lo trovarono in flagrante**, they caught him red-handed **5** (*visitare*) to see*: **Sono andato a t. il mio amico**, I went to see my friend **6** (*pensare*) to think*; (*giudicare, reputare*) to find*, to consider: **Trovo che ha perfettamente ragione**, I think he is quite right; **Io lo trovo troppo salato**, I find it too salty; **t. giusto**, to find it right. ● **t. da ridire su q.c.**, to find fault with st. ☐ (*fig.*) **t. pane per i propri denti**, to meet one's match ☐ **Il tuo consiglio lascia il tempo che trova**, your advice is of no avail ☐ (*prov.*) **Chi cerca trova**, nothing seek nothing find. **trovarsi**, **B** *v. rifl.* **1** to find* oneself: **Mi trovai di fronte a quel palazzo**, I found myself in front of that palace; **Si trovò nel mezzo di un tafferuglio**, he found himself in the middle of a fight **2** (*essere*) to be; (*essere situato*) to be situated, to lie*: **t. in buone condizioni finanziarie**, to be well off; (*fig.*) **t. in cattive acque**, to be badly off; **t. in miseria**, to be destitute (*o* poverty-stricken); **t. in pericolo**, to be in danger; (*fig.*) **t. nelle peste**, to be in trouble; **Ci troviamo d'accordo su questo punto**, we are agreed (*o* in agreement) on this point; **i paesi che si trovano al centro d'Europa**, the countries that are (situated) in central Europe; **L'Irlanda si trova a occidente della Gran Bretagna**, Ireland lies to the west of Great Britain **3** (*sentirsi*) to feel*; to be: **t. a proprio agio**, to be (*o* to feel) at (one's) ease. **C** *v. rifl. recipr.* to meet*; to see*: **Ci troviamo spesso insieme**, we often meet; **t. per caso**, to meet by chance.
trovaròbe, *m.* (*teatr.*) property-man*.
trovata, *f.* **1** expedient; contrivance; trick; invention: **Quella t. lo salvò**, that expedient saved him **2** (*idea felice*) bright idea; brain-wave (*fam.*) **3** (*battuta*) witty remark. ● **t. pubblicitaria**, stunt ☐ **cavarsela con una bella t.**, to get out of it with a fine excuse.
trovatèllo, *m.* foundling.
trovato, **A** *m.* (*raro*) (*invenzione*) invention; (*scoperta*) discovery; (*espediente*) expedient, contrivance. **B** *a.* — **Ben t.!**, (*per indicare invenzione ingegnosa*) well said!; it's a good story!; (*come formula di saluto*) how nice to see you!
trovatóre, *m.* (*stor., letter.*) troubadour.
trovièro, *m.* (*letter.*) trouvère (*franc.*).
trozkìsmo, trozkìsta, *V.* trotzkìsmo, trotzkìsta.
tròzza, *f.* (*naut.*) parrel.
truca, *f.* (*cinem.*) (film) printing machine.
truccare, **A** *v. t.* **1** to make* up: **Mi occorre un quarto d'ora per t. quell'attrice**, I need a quarter of an hour to make up that actress **2** (*travestire*) to disguise: **t. un attore da re**, to disguise an actor as a king **3** (*modificare q.c. per trarre in inganno*) to falsify; to doctor up (st.) (*fam.*) **4** (*sport*) to fix; to rig: **t. un incontro di pugilato**, to fix a boxing match. ● **t. le carte**, to mark (*o* to fix) the cards ☐ **t. i dadi**, to load the dice ☐ **t. un motore**, to supercharge (*o* to hot, to soup up) an engine. **truccarsi**, **B** *v. rifl.* **1** to make* up: **Devo truccarmi prima di uscire**, I must make up before going out; **Un attore deve saper t.**, an actor must know how to make up **2** (*travestirsi*) to disguise oneself: **t. da re**, to disguise oneself as a king.
truccatóre, *m.* make-up man*.
truccatura, *f.* **1** make-up **2** (*travestimento*) disguise: **È una t. magnifica**, it is a magnificent disguise.
trucco, *m.* **1** trick: **S'è scoperto il t.**, the trick has been discovered; **i trucchi del prestigiatore**, conjuring tricks; **conoscere i trucchi del mestiere**, to know the tricks of the trade; to know the ropes (*fam.*) **2** (*truccatura*) make-up. ● **farsi il t.**, to make (oneself) up.
truce, *a.* **1** threatening; fierce; grim: **un uomo t.**, a fierce man; **uno sguardo t.**, a threatening look **2** (*crudele*) cruel; (*feroce*) savage: **spietato e t.**, pitiless and cruel.

trucemènte, *avv.* fiercely; savagely; cruelly; pitilessly.
trucidare, *v. t.* to slaughter; to slay*: **Fu trucidato dalla folla**, he was slaughtered by the crowd.
trùciolo, *m.* shaving (*generalm. al pl.*): **trucioli di carta**, paper-shavings; **trucioli per imballaggio**, wood-shavings.
truculènto, *a.* **1** truculent; cruel **2** (*scherz.: terrificante*) blood-curdling: **un film t.**, a blood-curdling film.
truffa, *f.* fraud (*anche leg.*); swindle; cheat; fiddle (*fam.*); shuck (*USA*): **È stato condannato per t.**, he was convicted of fraud. ● **Gli hanno fatto una t.**, they have defrauded him.
truffaldino, **A** *a.* fraudulent; crooked: **un contratto t.**, a fraudulent contract; **un'azione truffaldina**, a crooked action. **B** *m.* cheat; fraud; swindler: **Quell'uomo è un t.**, that man is a cheat.
truffare, *v. t.* to defraud (*anche leg.*); to cheat; to swindle; to shuck (*USA*): **Lo ha truffato d'un mezzo milione**, he has defrauded him of half a million.
truffatóre, *m.* cheat; swindler; crook (*pop.*).
trufferia, *f.* fraud; trick; swindle.
truismo, *m.* truism; self-evident truth.
trullo, *m.* trullo* (*ital.*).
trumeau (*franc.*), *m.* (*arredamento*) secrétaire (*franc.*); secretary.
truògolo, *m.* trough.
truppa, *f.* **1** (*mil.*) troop; force: **le truppe alleate**, the allied troops; **truppe da sbarco**, landing troops; **truppe d'assalto**, storm-troops **2** (*fig.*) troop; band; horde: **a truppe**, in bands. ● (*mil.*) **uomini di t.**, troops; ranks.
truschino, *m.* (*tecn.*) surface gauge.
trust (*ingl.*), *m.* trust: **t. bancario**, bank (*o* banking) trust; **legislazione anti-trust**, anti-trust legislation.
tse-tse, *f.* (*zool., Glossina palpalis, anche* **mosca** *t.*) tsetse-fly.
tu, **A** *pron. pers. m. e f.* 2ª *pers. sing.* **1** you: **Ehi, tu!**, you, there!; **Tu, vattene!**, you go away! (*o* go away, you!); **Lo dici tu!**, you say so!; **Sei stato tu a dirlo**, it was you who said so; **contento tu, contenti tutti**, if you are happy, everyone is happy; **Partito tu, le cose migliorarono**, after you left (*o* with you gone), things improved **2** (*arc., poet., relig.*) thou: «**Guido, i' vorrei che tu e Lapo ed io**» (*Dante*), «Guido, I wish that Lapo, thou, and I». ● **tu stesso**, you yourself: **L'hai detto tu stesso**, you yourself said so; you said so yourself ☐ **Non sei** (*o* **Non sembri**) **più tu**, you don't look your former self. **B** *m.* familiar form (of you). ● **a tu per tu** (**con q.**), face to face (to sb.) ☐ **dare del tu**, to use the familiar form of address; to tutoyer (*franc.*); (*di un inglese*) to thou ☐ **dare del tu a q.**, to address sb. as «tu»; (*di un inglese*) to thou sb.; (*essere in confidenza con q.*) to be on familiar terms with sb.: **Ci diamo del tu**, we are on familiar terms ☐ **mettersi a tu per tu con q.**, to bandy words with sb.; to answer sb. back.
tuareg, *m., f.* e *a. invar.* Tuareg*.
tuba, *f.* (*mus.*) tuba: **t. di basso**, bass tuba **2** (*cappello a cilindro*) top-hat: **Lo zio era in t.**, uncle was wearing a top-hat **3** (*anat.*) tube: **t. uterina** (*o* **di Falloppio**), uterine (*o* Fallopian) tube **4** (*gergo mil.: recluta*) rookie.
tubare, *v. i.* (*anche fig.*) to coo.
tubàrico, *a.* (*anat.*) tubal.
tubatura, tubazióne, *f.* piping; pipes (*pl.*); pipe-line.
tubeless (*ingl.*), *m.* (*autom.*) tubeless tyre.
tubercolare, *a.* (*med.*) tubercular.
tubercolina, *f.* (*med.*) tubercolin.
tubèrcolo, *m.* (*anat., med., bot.*) tubercle; tubercule.
tubercolosàrio, *m.* (*med.*) sanatorium*.
tubercolòsi, *f.* (*med.*) tuberculosis: **t. polmonare**, pulmonary tuberculosis; consumption; **t. ossea**, osseo-tuberculosis.
tubercolóso, tubercolòtico, (*med.*) **A** *a.* tuberculous; tubercular; consumptive. **B** *m.* tubercular patient; consumptive.
tùbero, *m.* (*bot.*) tuber.
tuberósa, *f.* (*bot., Polianthes tuberosa*) tuberose.
tuberosità, *f.* (*anat.*) tuberosity.
tuberóso, *a.* (*bot.*) tuberous.
tubettificio, *m.* tube-factory.
tubétto, *m.* tube: **un t. di dentifricio**, a tube of toothpaste.
tubino, *m.* **1** (*cappello*) bowler (hat); derby (hat) (*USA*) **2** (*abito*) sheath dress.
tubista, *m.* pipe-maker; (*idraulico*) plumber, pipe fitter.
tubo, *m.* **1** tube; pipe: **il t. dell'acqua**, the water-pipe; **un t. di scarico**, a waste pipe; **il t. della stufa**, the stove pipe; (*fis.*) **un t. a raggi catodici**, a cathode-ray tube; (*naut.*) **un t. di lancio**, a torpedo-tube; (*autom.*) **il t. di scappamento**, the exhaust-pipe **2** (*anat.*) duct; canal: **il t. digerente**, the alimentary canal (*o* tract). ● **tubi fluorescenti**, fluorescent lighting ☐ (*naut.*) **t. lanciamine**, mine shaft.
tubolare, **A** *a.* tubular. **B** *m.* tubular tyre.
tùbulo, *m.* **1** small tube **2** (*anat., bot.*) tubule.

tubulóso, *a.* (*bot.*) tubulous.
tucano, *m.* (*zool.*, *Ramphastos*) toucan.
Tucìdide, *m.* (*stor.*) Thucydides.
tucùl, *m.* «tucul» (Abyssinian hut).
tufàceo, *a.* (*miner.*) tufaceous: **roccia tufacea**, tufaceous rock.
tuffare, A *v. t.* to plunge; to dip: **t. il capo nell'acqua**, to plunge one's head into the water; **t. la penna nell'inchiostro**, to dip one's pen into the ink. **tuffarsi, B** *v. rifl.* **1** to dive; to plunge (*anche fig.*): **t. nel lago**, to plunge into the lake; **Si tuffò nelle lotte politiche**, he plunged into political intrigue **2** (*aeron.*) to nose-dive. ● **Il sole si tuffò nel mare**, the sun disappeared into the sea.
tuffata, *f.* **1** dive; plunge **2** (*aeron.*) nose-dive.
tuffatóre, *m.* **1** diver **2** (*aeron.*) dive-bomber **3** *V.* **tuffétto**.
tuffétto, *m.* (*zool.*, *Podiceps ruficollis*) little grebe; dabchick.
tuffista, *m.* e *f.* diver.
tuffo, *m.* **1** dive; plunge (*anche fig.*): **Fece un t. nell'acqua**, he took a plunge (*o* he dived, he plunged) into the water; (*fig.*) **buttarsi a t. su q.c.**, to make a dive for st. **2** (*aeron.*) nose-dive. ● **t. di testa**, header □ **A quella notizia ho avuto un t. al cuore**, at that news my heart skipped a beat □ **Si sentiva il t. dei remi**, the splash of the oars could be heard.
tufo, *m.* (*miner.*) tufa: **t. vulcanico**, volcanic tufa; tuff.
tufóso, *a.* (*miner.*) tufaceous.
tuga, *f.* (*naut.*) deckhouse; wheelhouse.
tugùrio, *m.* hovel. ● **Il suo ufficio è un misero t.**, his office is a ghastly hole.
tuia, *f.* (*bot.*, *Thuja*) thuja.
tularemìa, *f.* (*med.*) tularemia.
tùlio, *m.* (*chim.*) thulium.
tulipano, *m.* (*bot.*, *Tulipa gesneriana*) tulip: **tulipani d'Olanda**, Dutch tulips.
tulle, *m.* (*ind. tessile*) tulle.
tulliano, *a.* (*letter.*) Ciceronian.
Tùllio, *m.* Tully; Tullius.
tumefare, A *v. i.* to tumefy; to cause (st.) to swell. **tumefarsi, B** *v. rifl.* to tumefy; to swell* up.
tumefatto, *a.* swollen: **una guancia tumefatta**, a swollen cheek.
tumefazióne, *f.* tumefaction; swelling.
tumescènte, *a.* tumescent.
tumescènza, *f.* tumescence.
tumidézza, tumidità, *f.* **1** tumidity; tumidness; swollenness **2** (*fig.*, *lett.*) tumidity; turgidity; pomposity; bombast.
tùmido, *a.* **1** tumid; swollen: **avere il ventre t.**, to have a swollen belly **2** (*fig.*, *lett.*) tumid; turgid; inflated; pompous: **uno stile t.**, a pompous style.
tùmolo, *V.* **tùmulo**.
tumorale, *a.* (*med.*) tumoral; tumorous.
tumóre, *m.* (*med.*) tumour; tumor (*USA*): **S'è formato un t.**, a tumour has grown.
tumulare, *v. t.* to entomb; to bury; to inter: **Lo tumularono nella tomba di famiglia**, they buried him in the family tomb.
tumulazióne, *f.* burial; burying; interment.
tùmulo, *m.* **1** (*archeol.*) tumulus*; barrow **2** (*accumulo di terra*) mound **3** (*lett.: tomba*) grave.
tumulto, *m.* **1** tumult; uproar; turmoil: **In quella sala c'era un gran t.**, there was a great uproar in that room; **Ho l'anima in t.**, my mind is in an uproar **2** (*sommossa*) riot. ● **un t. d'affetti**, contrasting passions.
tumultuante, A *a.* tumultuous; riotous: **la folla t.**, the riotous crowd. **B** *m.* e *f.* rioter: **i tumultuanti**, the rioters.
tumultuare, *v. i.* to riot.
tumultuosaménte, *avv.* tumultuously; uproariously; riotously.
tumultuóso, *a.* tumultuous; uproarious; riotous: **un'adunanza tumultuosa**, a tumultuous meeting; **una folla tumultuosa**, a riotous crowd.
tundra, *f.* (*geogr.*) tundra.
tungstenite, *f.* (*miner.*) tungstenite.
tungstèno, *m.* (*chim.*) tungsten; wolfram.
tùnica, *f.* (*anche anat.*, *zool.*) tunic.
tunicato, *a.* (*bot.*, *zool.*) tunicate.
Tùnisi, *f.* (*geogr.*) Tunis.
tunisino, *a.* e *m.* Tunisian.
tùnnel, *m.* (*anche fig.*) tunnel: **t. aerodinamico** (*o* **del vento**), wind-tunnel.
tuo, A *a. poss.* **1** your; (*tuo proprio*) your own: **il tuo libro**, your book; **la tua casa**, your house; **i tuoi amici**, your friends; **le tue sorelle**, your sisters; **un tuo amico**, one of your friends (*o* a friend of yours); **questo tuo figlio**, this son of yours; **Bada ai fatti tuoi!**, mind your own business!; **Hai una casa tua?**, have you got a house of your own? **2** (*come pred. nominale*) yours: **Questo libro è tuo**, this book is yours; **Questa bicicletta è tua**, this bicycle is yours **3** (*nelle forme ellittiche*) − **Ho ricevuto la tua del 10 corrente, e te ne ringrazio**, thank you for your letter of the 10th of this month **4** (*in fine di lettera*) yours: (**Cordiali saluti dal**) **tuo affezionato Carlo**, yours sincerely (*o* love from) Charles; **Mi firmo il tuo...**, I sign myself yours truly... **5** (*arc.*, *poet.*, *relig.*) thy: «**Venga il Tuo regno**», «Thy Kingdom come». ● **Hai un santo dalla tua**, you're incredibly lucky □ (*iron.*, *scherz.*) **Ne hai fatte delle tue**, you have done some fine things □ **Scommetto che ne hai fatta un'altra delle tue**, I bet you've been up to your old tricks again. **B** *pron. poss.* **1** yours: **È tuo questo libro?**, is this book yours?; **i miei amici e i tuoi**, my friends and yours; **Mia madre sta parlando con la tua**, my mother is talking with yours **2** (*arc.*, *poet.*, *relig.*) thine: **Tua è la gloria, o Signore**, Thine is the glory, oh Lord. ● **qualcosa** (**niente**) **di tuo**, something (nothing) of your own. **C** *m.* **1** (*denari, averi, ecc.*) what you own; your (own) money (*o* property): **Dopo tutto, spendi del tuo**, after all, you spend your own money **2** (*pl.*) − **i tuoi**, (*genitori*) your parents; (*parenti, familiari*) your relatives, your family, your people (*fam.*); (*seguaci, sostenitori*) your followers, your supporters: **Tanti saluti ai tuoi**, my best wishes to your people.
tuonare, *V.* **tonare**.
tuòno, *m.* **1** thunder: **uno scoppio di t.**, a clap of thunder; **lampi e tuoni**, thunder and lightning; **Si sentiva brontolare il t.**, the rumble of thunder was heard; **Dopo il fulmine, il t.**, there is lightning before thunder **2** (*fig.: rombo*) rumble; roar; boom: **il t. dei cannoni**, the rumble of guns.
tuòrlo, *m.* yolk.
tupamaro (*spagn.*), *m.* Tupamaro (member of an extreme left-wing guerrilla organization in Uruguay).
tuppè, *m.* «toupet» (*franc.*); toupee.
tura, *f.* (*ing.*, *naut.*) cofferdam.
turabottìglie, *m.* corking-machine.
turabuchi, *m.* e *f.* (*fam.*, *scherz.*) stopgap.
turàcciolo, *m.* stopper; (*di sughero*) cork.
turafalle, *m.* (*naut.*) stopwater.
turapòri, *m.* (*tecn.*) filler; sealer.
turare, A *v. t.* to plug; to stop; (*con sughero*) to cork: **t. un buco**, to plug a hole; (*fig.: pagare un debito*) to pay a debt; (*per estens.: sostituire momentaneamente q.*) to replace sb.; **t. una falla**, to stop a leak; (*fig.*) to pay a debt; **t. un fiasco**, to cork a flask. ● **t. la bocca a q.**, to make sb. shut up □ **turarsi gli orecchi**, to stop one's ears □ **turarsi il naso**, to hold one's nose. **turarsi, B** *v. rifl.* (*occludersi*) to become* obstructed; to get* stopped up.
turba (1), *f.* crowd; throng; multitude; (*spreg.*) rabble, mob: **una t. di monelli**, a crowd of kids; **Gesù predicava alle turbe**, Jesus preached to the multitudes.
turba (2), *f.* (*med.*) disorder: **Soffriva di turbe nervose**, he suffered from a nervous disorder.
turbaménto, *m.* **1** disturbance; perturbation; upset **2** (*dell'animo*) emotion: **Non poteva nascondere il proprio t.**, he couldn't hide his emotion. ● (*leg.*) **t. dell'ordine pubblico**, breach (*o* violation) of the peace.
turbante, *m.* turban.
turbare, A *v. t.* to disturb; to unsettle; to upset*; to trouble: **t. la quiete pubblica**, to disturb the peace; **t. il sonno di q.**, to disturb sb.'s sleep; **La notizia lo turbò**, the news upset him. ● **t. la digestione**, to interrupt digestion □ **t. la mente di q.**, to upset sb. **turbarsi, B** *v. rifl.* to get* upset; to become* agitated: **A quella vista si turbò fortemente**, at the sight of that he got very upset. ● **Si turba per ogni schiocchezza**, she gets worried over every little thing.
turbativa, *f.* (*leg.*) disturbance: **t. del possesso**, disturbance of possession.
turbato, *a.* disturbed; upset; troubled: **Sentendo questo rimase t.**, he was disturbed to hear this; **con l'animo t.**, with a troubled spirit.
turbatóre, *m.* disturber.
turbellari, *m. pl.* (*zool.*, *Turbellaria*) turbellarian worms.
turbidimetrìa, *f.* (*chim.*) turbidimetry.
turbidimètrico, *a.* (*chim.*) turbidimetric.
turbina, *f.* (*mecc.*) turbine: **una t. a vapore**, a steam turbine; **una t. a gas**, a gas turbine; **una t. idraulica**, a hydraulic turbine; **una t. a reazione**, a reaction turbine.
turbinare, *v. i.* to whirl (*anche fig.*); to eddy: **La neve turbinava**, the snow was whirling; **Molti pensieri turbinavano nella sua mente**, many thoughts were whirling through his head. ● **far t.**, to whirl.
turbinato, A *a.* (*bot.*, *zool.*) turbinate. **B** *m.* (*anat.*) turbinate bone; nasal concha.
tùrbine, *m.* **1** whirl; whirling movement **2** (**t. di vento**, *anche fig.*) whirlwind: **piante divelte dal t.**, plants uprooted by the whirlwind; **un t. d'idee**, a whirlwind of ideas **3** (*fig.*) whirl; storm; bustle: **travolto da un t. di passioni**, carried away by a storm of passions; **la pace del chiostro e il t. della vita moderna**, the peace of the cloister and the whirl (*o* bustle) of modern

turbinio — life. ● **t. di neve**, snow-storm □ **t. di polvere**, dust-storm; dust-devil □ **t. di sabbia**, sand-storm.

turbinio, *m.* **1** whirling; edding: **In mezzo a quel t. non si vedeva niente**, in the midst of that whirling nothing could be seen **2** (*fig.*) bustle; whirl; turmoil: **in mezzo a quel t. di gente**, in the middle of that bustle of people.

turbinóso, *a.* (*anche fig.*) whirling; stormy: **un vento t.**, a stormy wind; **passioni turbinose**, stormy passions.

turboalternatóre, *m.* (*elettr.*) turbo-alternator; turbine generator.

turbocistèrna, *f.* (*naut.*) turbine-driven tanker.

turbocompressóre, *m.* (*mecc.*) multistage centrifugal blower; dynamic compressor; turboblower: **t. d'alimentazione**, turbosupercharger.

turbodìnamo, *f.* (*mecc.*) turbo-dynamo; turbo-generator.

turboelèttrico, *a.* (*mecc.*) turbo-electric: **trazione turboelettrica**, turbo-electric drive.

turboèlica, (*aeron.*) **A** *f.* turbo-propeller engine; turbo-prop (engine). **B** *m. invar.* turbo-prop.

turbogeneratóre, *m.* (*mecc.*) turbo-generator.

turbogètto, *m.* (*aeron.*) turbojet (engine).

turbolenteménte, *avv.* turbulently; tumultuously; boisterously.

turbolènto, *a.* turbulent; tumultuous; boisterous: **tempi turbolenti**, turbulent times. ● **ragazzo t.**, unruly child.

turbolènza, *f.* turbulence (*anche fis.*); disturbance.

turbomotóre, *m.* (*mecc.*) turbine engine.

turbonave, *f.* (*naut.*) turbine steamship.

turbopómpa, *f.* (*mecc.*) turbo-pump.

turboreattóre, *m.* (*aeron.*) turbo-jet (engine).

turbosfèra, *f.* (*meteorologia*) turbosphere.

turboventilatóre, *m.* (*mecc.*) turbofan.

turcasso, *m.* (*faretra*) quiver.

turchése, *m.* e *f.* (*miner.*) turquoise. ● **verde t.**, turquoise green.

Turchìa, *f.* (*geogr.*) Turkey.

turchinétto, *m.* blu(e)ing.

turchino, *a.* e *m.* deep blue.

turcimanno, *m.* **1** dragoman* **2** (*scherz.:* interprete) interpreter.

turco, **A** *a.* Turkish: **caffè t.**, Turkish coffee; **una nave turca**, a Turkish ship; **un bagno t.**, a Turkish bath. ● **alla turca**, in the Turkish manner □ **ferro t.**, horse-shoe □ **gabinetto alla turca**, Asian toilet □ **letto alla turca**, divan □ **sedere** (*o* sedersi) **alla turca**, to sit cross-legged. **B** *m.* **1** Turk: **i Turchi**, the Turks **2** (*la lingua*) Turkish: **parlare t.**, to speak Turkish; (*fig.*) to talk double-Dutch. ● (*fig.*) **bestemmiare come un t.**, to swear like a trooper □ (*fig.*) **fumare come un t.**, to smoke like a chimney.

Turènna, *f.* (*geogr.*) Touraine.

turgidézza, **turgidità**, *f.* **1** turgidity; turgidness **2** (*fig.*) turgidity; pomposity.

tùrgido, *a.* **1** turgid; swollen: **occhi turgidi di lacrime**, eyes swollen with tears **2** (*fig.*) turgid; pompous: **uno stile t.**, a pompous style.

turgóre, *m.* (*lett.*) turgidity; turgidness; (*bot.*) turgor.

turibolo, *m.* (*relig.*) thurible.

turiferàrio, *m.* (*relig.*) thurifer.

Turingia, *f.* (*geogr.*) Thuringia.

turióne, *m.* (*bot.*) turion.

turismo, *m.* tourism; touring. ● **Ente per il T.**, Tourist Board □ **ufficio del t.**, tourist agency.

turista, *m.* e *f.* tourist. ● **t. che va al sud**, sunseeker.

turistico, *a.* tourist (*attr.*); touristic: **un ufficio t.**, a tourist agency; (*ferr.*) **un biglietto t.**, a tourist ticket; **classe turistica**, tourist class. □ **operatore t.**, tour operator □ **una visita turistica**, a sightseeing tour.

turlupinare, *v. t.* to cheat; to swindle; to trick.

turlupinatóre, *m.* cheat; swindler; trickster.

turlupinatura, *f.* cheating; swindling; trickery.

turnazióne, *f.* (*ind.*) turnover.

turnista, *m.* e *f.* shift-worker.

turno, *m.* **1** turn: **Lo farò quando sarà il mio t.**, I'll do it when it's my turn **2** (*di guardia*) duty; (*di lavoro*) shift, spell: **il medico di t.**, the doctor on duty; **stabilire il t. dei servizi**, to settle the work shift; **il t. di notte**, the night shift; **lavorare a t.**, to work on shifts. ● (*naut.*) **t. di guardia**, watch.

turpe, *a.* base; foul; filthy; shameful: **un t. delitto**, a foul crime; **parole turpi**, foul (*o* coarse) language; **atti turpi**, shameful actions.

turpeménte, *avv.* basely; foully; shamefully.

turpilòquio, *m.* scurrilous (*o* coarse) language.

turpitùdine, *f.* turpitude; baseness; foulness.

turricolato, *a.* turriculate(d); turreted: **una conchiglia turricolata**, a turreted (*o* turreted) shell.

turrito, *a.* many-towered; turreted: **un castello t.**, a many-towered castle; **una città turrita**, a many-towered city.

tuscànico, *a.* (*archit.*) Tuscan: **l'ordine t.**, the Tuscan order.

tussor, *m.* (*ind. tessile*) Tussah; Tussore; Tussur.

tuta, *f.* **1** overalls (*pl.*): **operai in t.**, workmen in overalls **2** (*t. sportiva*) track-suit. ● **t. da ginnastica**, tracksuit □ (*mil.*) **t. mimetica**, camouflaged combat clothing □ **t. spaziale**, space-suit.

tutèla, *f.* **1** (*leg.*) guardianship; tutorship; custody; (*di minorenne*) wardship, ward: **essere sotto t.**, to be under wardship **2** (*protezione*) protection; (*difesa*) defence: **sotto la t. della legge**, under the protection of the law; **a t. del mio onore**, in defence of my honour. ● **misure di t.**, protective measures.

tutelare (1), **A** *v. t.* to protect; to defend: **Devo t. il buon nome della famiglia**, I have to protect the good name of the family; **La legge tutela il cittadino**, the Law protects the citizen. ● (*leg.*) **tutelato da diritto d'autore**, copyright (*attr.*). **tutelarsi**, **B** *v. rifl.* to protect oneself; (*prendere precauzioni*) to take* precautions (against st.).

tutelare (2), *a.* guardian (*attr.*); tutelar; tutelary: **le divinità tutelari della casa**, the guardian deities of the household; **l'angelo t.**, the guardian angel; **giudice t.**, tutelary judge.

tutina, *f.* **1** (*per bambino*) romper suit; rompers (*pl.*) **2** (*da ginnastica ritmica*) body stocking.

tùtolo, *m.* (*bot.*) corn-cob.

tutóre, *m.* **1** guardian; tutor; curator: **Il t. è lo zio**, his uncle is his guardian; **nominare un t.**, to appoint a guardian **2** (*per estens.: protettore*) protector; defender; guardian. ● **t. dell'ordine (pubblico)**, policeman.

tutòrio, *a.* (*leg.*) tutelary. ● **autorità tutoria**, supervisory authority.

tuttala, *m. invar.* (*aeron.*) flying wing.

tuttavìa, *cong.* but; yet; still; nevertheless; however: **Non si sentiva bene, t. voleva partire**, he didn't feel well, yet he wanted to leave.

tutto, **A** *a.* **1** all; (*intero*) whole: **t. il giorno**, all (the) day; the whole day; **per t. il giorno**, all day long; **tutta la notte**, all night; the whole night; **per tutta la notte**, all night long; **tutta l'Italia**, all Italy; the whole of Italy; **in** (*o* **per**) **tutta Italia**, all over Italy (*o* throughout Italy); **tutta Roma**, all Rome; the whole of Rome; **per** (*o* **in**) **tutta Roma**, all over Rome; **L'ama con t. il cuore**, he loves her with all his heart; **Ho letto t. il libro**, I've read the whole book; **Passai t. quell'anno a Parigi**, I spent all (of) that year (*o* the whole of that year) in Paris; **Con tutta la sua buona volontà, non è riuscito a nulla**, with all his good will, he hasn't succeeded in anything; **t. solo**, all alone; quite alone **2** (*pl.*) all; (*ogni*) every; (*ciascuno*) each; (*qualsiasi*) any: **Tutti gli uomini sono uguali**, all men are equal; **Tutti gli scolari devono presentarsi domani**, all the pupils must be present tomorrow; **Andiamo a scuola tutti i giorni feriali**, we go to school every week-day; **Guardai tutti i quadri uno per uno**, I watched each picture in turn; (*fig.*) **a tutti i costi**, at all costs; at any cost; **a tutte le età**, at all ages; at any age; **a tutte le ore**, at all hours; at any hour; **di tutte le sorte**, of all kinds; **le persone tutte**, all people (*o* everybody); **una volta per tutte**, once (and) for all; **tutt'e tre** (**quattro**, **ecc.**), all three (four, etc.) of them **3** (*pl.*, con un pron. pers.): all: **noi tutti** (*o* **noi tutte**), all of us; we all, (*compl.*) us all; **voi tutti** (*o* **voi tutte**), all of you; you all; **tutti loro**, all of them; they all, (*compl.*) them all **4** (*con valore avverbiale*) all; (*completamente*) quite, completely, entirely: **t. pulito**, all clean; **t. di legno**, all wood; **È tutta colpa sua**, it's all his fault; **con le mani tutte scorticate**, with his hands all scratched; **t. buio**, quite dark; **t. il contrario**, quite the opposite; **t. pieno**, completely full; full up; **essere t. di q.**, to belong entirely to sb.; **Glielo spiegò con tutta libertà**, he explained it to him quite openly. ● **t. allegro**, very happy; full of joy □ **tutt'al più**, at the most; at worst: **Tutt'al più si arrabbierà**, at worst he'll get angry □ **tutt'a un tratto**, all at once □ (*fig.*) **essere t. casa e famiglia**, to be wholly devoted to one's family □ (*fig.*) **essere t. chiesa**, to be a regular church-goer □ **tutt'e due**, both □ **tutt'intorno**, whole □ **tutt'intorno**, all around □ **t. pensoso**, deep (*o* lost) in thought □ **t. quanto**, all: **Ho letto tutte quante le opere di Shakespeare**, I have read all Shakespeare's works □ **t. quello che**, all (that); everything (that): **Presi t. quello che c'era**, I took everything that was there; **Mi ha dato t. quello che aveva**, he gave me everything he had □ (*fig.*) **essere t. studio**, to think only of study □ **t. sudato**, bathed in sweat □ **essere tutt'uno**, to be one and the same □ **tutte le volte che**, every time (that); whenever □ **a t. andare**, at full speed □ **a tutt'oggi**, up to and including today □ **a tutta prova**, quite safe □ **a t. spiano**, without a break; uninterruptedly □ **con l'abito di tutti i giorni**, in my (your, his, etc.) everyday clothes □ **con t.** (*nonostante*), for all: **Con t. il tuo denaro, non sei felice**, for all your money, you're not happy □ **con t. questo** (*tuttavia*), yet; nevertheless □ (*fig.*) **di t. cuore**, with all one's heart □ **di t. punto**, completely; thoroughly □ **una**

donna tutta casa, the stay-at-home sort of woman □ in tutta fretta, with all haste; in great haste □ in tutti i luoghi (o posti), in every place; everywhere □ lungo tutta la strada, all along the road □ (fig.) un uomo t. d'un pezzo, a man of sterling character □ È tutt'uno, per me, it's all one (o all the same) to me □ (fig.) È tutt'uno con il padrone, he's hand in glove with the boss □ Tutt'altro! (niente affatto!), not at all! □ In certi casi tacere o mentire è tutt'uno, in some cases it makes no difference whether one lies or keeps silent □ È tutt'altro che onesto, he's anything but honest □ Era tutta in lacrime, she was all in tears □ (fig.) Sono tutt'occhi (tutt'orecchi), I'm all eyes (all ears) □ (fig.) È tutto naso, he is all nose □ Sono tutte chiacchiere, it's nothing but gossip □ (fig.) È tutta brio, she is full of life □ Si spaurì tutta, she was frightened to death □ (fig.) Le pensa tutte, he knows all the tricks □ (prov.) Non è tutto oro quel che riluce, all that glitters is not gold. **B** pron. **1** all; (ogni cosa) everything; (qualsiasi cosa) anything: Ecco t., that's all; È t. qui, that is all; E non è t., and that's not all; T. non è perduto, all is not lost; T. cambia, everything changes; Pensa lui a t., he takes care of everything; T. sta che non se ne accorga, everything depends on his not noticing it; Quando s'è detto che non ha coscienza, s'è detto t., when you've said he's got no conscience, you've said everything; T., piuttosto che cedere, anything rather than give in **2** (pl.); (tutta la gente) all people; (ognuno) everybody, everyone; (ciascuno) each (one): Lo sanno tutti, everybody knows; Dicono tutti la stessa cosa, everybody says the same thing; Nei piccoli paesi tutti si conoscono, in a small village everyone knows everyone else; Li guardai tutti uno per uno, I watched each (one) in turn **3** (pl.: noi tutti) all of us, we all; (voi tutti) all of you, you all; (tutti loro) all of them, they all; Ci saremo tutti, all of us will be there; Se ne andarono tutti, all of them (o they all) left; Prendili tutti, take all of them **4** (la cosa più importante) everything; the most important thing: La bellezza non è t., beauty is not everything; In questo lavoro la pazienza è t., in this job patience is the most important thing. ● t. t., absolutely everything □ con t. che (sebbene), although; though □ da per t., everywhere □ del t., quite; entirely; completely: Non è del t. cattivo, he (o it) isn't quite bad □ fare di t., to do everything: Sa fare di t., he knows how to do everything □ innanzi t., V. prima di t. □ in t., in all: Ce n'erano cinque in t., there were five in all □ in t. e per t., entirely; quite (avv.); complete (agg.); through and through: fidato in t. e per t., quite trustworthy; È stata una sorpresa in t. e per t., it has been a complete surprise (to me); È un galantuomo in t. e per t., he is an honest man through and through □ prima di t., first of all; (in primo luogo) in the first place □ Ha fatto di t., ma non è riuscito, he did all he could, but to no avail □ Fa di t. per avere quel posto, he does all he can to get that job □ Quando c'è la salute, c'è t., health is what matters most. **C** m. whole; (ogni cosa) everything: il t. e le parti, the whole and its parts; Consideriamolo come un t., let's take it as a whole; Il t. vi sarà dato domani, everything will be given you tomorrow. ● giocare il t. per il t., to risk everything.

tuttoché, cong. (lett.) though; although.
tuttofare, A a. invar. general: **domestica t.**, general maid; maid of all work. **B** m. e f. invar. general servant; factotum.
tuttóra, avv. still: Credo che sia t. in Africa, I think he is still in Africa.
tuttotóndo, m. — (scult.) **a t.**, in the round.
tutù, m. tutu.
tùzia, f. tutty.
tuziorismo, m. (filos.) tutiorism.
tuziorista, (filos.) **A** m. e f. tutiorist. **B** a. tutiorist (attr.).
tuzioristico, a. (filos.) tutiorist (attr.).
tweed (ingl.), m. (ind. tessile) tweed.
twist (ingl.), m. (ballo) twist.
two-step (ingl.), locuz. m. (ballo) two-step.
tze-tze, V. tse-tse.
tzigano, a. e m. Tzigane: **musica tzigana,** Tzigane music; È uno t., he is a Tzigane.

u, U

U, u, *f.* e *m.* (*diciannovesima lettera dell'alfabeto ital.*) U, u. ● (*tel.*) **u come Udine**, u for Uncle □ **curva a U**, hairpin bend □ (*autom.*) **inversione ad U**, U-turn.
uabaina, *f.* (*chim.*) ouabain.
uabaio, *m.* (*zool., Acocanthera ouabaia*) ouabaio.
uadi, *m.* (*geogr.*) wadi, wady.
ubbia, *f.* superstitious idea; (*pregiudizio*) prejudice; (*timore infondato*) imaginary fear: **Questa tua paura non è che una u.**, this fear of yours is nothing but a superstitious idea; **Levati queste ubbie dalla testa**, get these prejudices out of your head.
ubbidiènte, *a.* 1 obedient: **È un ragazzo u.**, he is an obedient boy 2 (*per estens.: docile*) docile; submissive.
ubbidienteménte, *avv.* 1 obediently 2 (*docilmente*) docilely; submissively.
ubbidiènza, *f.* 1 obedience: **Una delle virtù è l'u.**, obedience is one of the virtues; **Lo faccio per u.**, I do it out of obedience; **u. passiva**, passive obedience; **promettere u.**, to promise obedience; **negare u.**, to refuse obedience; **giurare u.**, to swear obedience 2 (*per estens.: docilità*) docility; submissiveness; submission.
ubbidire, *v. i.* e *t.* to obey: **u. alla mamma**, to obey one's mother; **La mano non sempre ubbidisce all'artista**, the artist's hand doesn't always obey him; **u. alle leggi**, to obey the law; **u. alle leggi della natura**, to obey the laws of nature. ● **u. alla necessità** (*o* **al bisogno**), to give in to necessity □ **farsi u. da tutti**, to exact obedience from everyone.
ubbióso, *a.* full of superstitious ideas; full of imaginary fears.
ubbriaco, e *deriv. V.* **ubriaco,** e *deriv.*
ubertà, ubertosità, *f.* (*lett.*) fertility: **l'u. delle terre umbre**, the fertility of the Umbrian country.
Ubèrto, *m.* Hubert.
ubertóso, *a.* (*lett.*) fertile: **terra ubertosa**, fertile land.
ubi (*lat.*), *avv.* – **ubi consistam**, point of reference.
ubicare, *v. t.* to place; to locate; to situate.
ubicato, *a.* placed; located; situated.
ubicazióne, *f.* location; site; situation: **l'u. della casa nuova**, the site of the new house.
ubiquista, A *m.* e *f.* (*relig.*) Ubiquist; Ubiquitarian. **B** *a.* 1 (*relig.*) Ubiquitarian 2 (*zool., bot.*) ubiquitous.
ubiquità, *f.* ubiquity; ubiquitousness; omnipresence: **avere il dono dell'u.**, to have the gift of ubiquity.
ubiquitàrio, *m.* e *a.* (*relig.*) Ubiquitarian.
ubriacaménto, *V.* **ubriacatura.**
ubriacare, A *v. t.* to make* (sb.) drunk; to get* (sb.) drunk; to intoxicate, to inebriate (*anche fig.*): **Lo ubriacarono per gioco**, they got him drunk for fun; **Lo ubriacarono di lodi**, they intoxicated him with praise. ● **Il successo l'ha ubriacato**, success has gone to his head. **ubriacarsi, B** *v. rifl.* to get* drunk; to become* intoxicated (*o* inebriated) (*anche fig.*): **Non è avvezzo a bere e si ubriaca subito**, he's not used to drinking and he gets drunk immediately. ● **bere tanto da u.**, to drink oneself drunk.
ubriacatura, *f.* drunkenness; intoxication, inebriation (*anche fig.*). ● **prendere un'u.**, to get drunk □ (*fig.*) **prendere un'u. per q.**, to have an infatuation for sb.
ubriachézza, *f.* drunkenness; intoxication; inebriety.
ubriaco, A *a.* drunk, intoxicated, inebriated (*anche fig.*); drunken (*attr.*): **un uomo u.**, a drunken man; **Torna sempre a casa u.**, he always comes home drunk; **essere u. fradicio**, to be dead drunk; **to be as drunk as a lord**; **u. d'amore**, intoxicated with love. **B** *m.* drunken man*; drunk: **C'è un u. nella strada**, there's a drunk in the street.
ubriacóne, *m.* drunkard.
ucașe, *V.* **ukase.**
uccellagióne, *f.* 1 bird-catching; fowling 2 (*quantità di volatili catturati*) (total of) birds caught.
uccellàio, *m.* bird-seller.
uccellame, *m.* (total of) birds caught; bag.
uccellanda, *f.* fowling-ground.
uccellare, *v. i.* to fowl.
uccellatóio, *m.* fowling-ground.
uccellatóre, *m.* bird-catcher; fowler.
uccellétto, *m.* 1 little bird; birdie 2 (*al pl.: cacciagione*) game.
uccellièra, *f.* aviary.
uccellino, *m.* 1 little bird; birdie 2 (*uccello che ha appena messo le penne*) fledg(e)ling.
uccèllo, *m.* 1 bird; fowl: **u. del malaugurio**, bird of ill omen; (*fig.*) Jonah, prophet of doom; jinx (*USA*); **un u. migratore**, a migrating bird 2 (*volg.: pene*) cock (*volg.*). ● **uccelli acquatici**, waterfowl □ (*zool.*) **u. delle tempeste** (*Hydrobates pelagicus*), storm-petrel; storm-bird □ (*fig.*) **uccel di bosco**, fugitive □ **u. di nido**, nestling □ (*zool.*) **u. lira** (*Menura superba*), lyre-bird □ **u. rapace**, raptorial □ (*fig.*) **a volo d'u.**, bird's-eye (*attr.*) □ **caccia agli uccelli acquatici**, waterfowling □ **cacciatore di uccelli acquatici**, waterfowler □ (*prov.*) **A ogni u. il suo nido è bello**, there is no place like home.
uccidere, A *v. t.* (*anche fig.*) to kill: **u. q. a tradimento**, to kill sb. treacherously; **u. con la spada**, to kill with a sword; **u. q. con un colpo di coltello**, to kill sb. with a knife stab; **u. q. in battaglia**, to kill sb. in battle; **u. q. in duello**, to kill sb. in a duel; **Fu ucciso da una pallottola al cuore**, he was killed by a shot through the heart; **Il gelo ha ucciso le piante**, the frost has killed the plants; **Il caldo mi uccide**, the heat is killing me 2 (*assassinare*) to murder: **Gli hanno ucciso il padre**, they have murdered his father; **Lo uccisero a sangue freddo**, they killed him in cold blood 3 (*con un'arma da fuoco*) to shoot*: **Fu ucciso da un cecchino**, he was shot by a sniper 4 (*massacrare*) to massacre; (*macellare*) to slaughter; to butcher. ● **u. q. col pugnale**, to stab sb. to death □ **u. q. col veleno**, to poison sb. □ **farsi u. per q.**, to get killed □ **Fu ucciso con una cornata**, he was gored to death □ (*fig.*) **La noia mi uccide**, I am bored to death □ **Lo hanno ucciso i dispiaceri**, his troubles were the death of him. **uccidersi, B** *v. rifl.* 1 to kill oneself (*anche fig.*); to commit suicide: **Perché si è uccisa Frances?**, why did Frances commit suicide?; **u. a forza di lavoro**, to kill oneself by overwork 2 (*perdere la vita*) to get* killed; to lose* one's life: **Si è ucciso in un incidente stradale**, he got killed in a road accident. **C** *v. rifl. recipr.* to kill each other (*o* one another).
uccisióne, *f.* 1 killing 2 (*assassinio*) murder: **l'u. di quell'uomo**, the murder of the man 3 (*nella caccia*) kill: **essere presente all'u.**, to be in at the kill 4 (*massacro*) massacre; slaughter.
uccișo, A *a.* 1 killed 2 (*assassinato*) murdered 3 (*con un'arma da fuoco*) shot. **B** *m.* 1 person killed: **il numero degli uccisi**, the number of persons killed 2 person murdered: **L'u. era un noto fuorilegge**, the person murdered was a notorious outlaw. ● **gli uccisi** (*in battaglia*), the slain.
uccișóre, *m.* 1 killer 2 (*assassino*) murderer: **La polizia ha catturato l'u.**, the police have captured the murderer.
Ucràina, *f.* (*geogr.*) Ukraine.
ucràino, *a.* e *m.* Ukrainian.
udìbile, *a.* audible.
udibilità, *f.* audibility.
udiènza, *f.* 1 audience; hearing; (*colloquio*) interview: **concedere un'u. a q.**, to grant sb. an audience (*o* an interview); to give sb. a hearing; **ottenere un'u.**, to be granted an audience; to get a hearing 2 (*specialm. leg.*) hearing; sitting; session: **C'è un'u. al Tribunale**, there is a hearing in Court; **Le udienze sono pubbliche**, sittings are public; **u. a porte aperte**, hearing (*o* sitting) in open Court; **u. a porte chiuse**, (*civile*) hearing in Chambers; (*penale*) trial «in camera»; (*leg.*) **sospendere** (*o* **rinviare**) **l'u.**, to adjourn the sitting; (*leg.*) **togliere l'u.**, to close the sitting. ● **dare u. a q.**, to give sb. a hearing; (*dare ascolto*) to listen (*o* to pay attention) to sb. □ (*leg.*) **in pubblica u.**, in open Court □ **rifiutare un'u.**, to refuse admittance: **Gli fu rifiutata l'u.**, he was refused admittance □ (*leg.*) **ruolo delle udienze**, (*civili*) cause list; (*penali*) calendar □ (*leg.*) **L'u. è fissata per domani**, the case will be heard tomorrow.
udire, *v. t.* 1 to hear*: **Udii un tonfo**, I heard a thud; **L'ho già**

udita cantare, (*una donna*) I've heard her sing before; (*una canzone*) I've heard it sung before; **Dio udì le mie preghiere,** God heard my prayers; **u. la messa,** to hear mass; **u. i testimoni,** to hear the witnesses; **Un giudice deve u. le due parti,** a judge must hear both sides **2** (*ascoltare*) to listen to: **Udii una predica,** I listened to a sermon. ● **u. le lezioni di q.,** to follow sb.'s lectures □ **Ho udito (dire) che...,** I've heard that... □ **Non ne ho mai udito parlare,** I've never heard of it (*o* of him, of her).
uditivo, *a.* auditory: **potenza uditiva,** auditory power; **organo u.,** auditory organ.
udito, *m.* hearing: **il senso dell'u.,** the sense of hearing; **avere l'u. ottuso,** to be hard of hearing; **Ha l'u. fine,** his hearing is acute (*o* keen); he has sharp ears; **Ha perso l'u.,** he has lost his hearing.
uditofono, *m.* hearing aid; audiphone.
uditóre, *m.* **1** hearer **2** (*ascoltatore*) listener **3** (*a scuola*) student entitled to attend lessons (but not to take exams) **4** (*relig.*) «Auditor»: **u. di Sua Santità,** «Auditor Sanctissimi» (*lat.*); **u. di Rota,** Auditor of the Rota. ● **gli uditori,** the audience.
uditòrio, *m.* audience; listeners (*pl.*): **un u. attento,** an attentive audience; **conquistare l'u.,** to grasp one's audience; **parlare a un vasto u.** to address a large audience.
udometria, *f.* (*meteorologia*) udometry.
udomètrico, *a.* (*meteorologia*) udometric; pluviometric(al).
udòmetro, *m.* (*meteorologia*) udometer; rain-gauge; pluviometer.
uff, uffa, *inter.* phew!; pshaw!
ufficiale (1), *a.* **1** official: **notizia u.** (*o* **notizie ufficiali**), official news; **gazzetta u.,** official gazzette; **dichiarazioni ufficiali,** official statements; **invito u.,** official invitation; **Atti ufficiali del Senato,** Official Acts of the Senate; **in forma u.,** in official form **2** (*formale*) formal: **Facemmo una visita u. all'ambasciatore,** we paid a formal call on the ambassador. ● (*sport*) **gara u.,** competition game (*o* match, etc.).
ufficiale (2), *m.* **1** (*mil.*) officer: **u. di fanteria,** infantry officer; **u. d'aviazione,** air force officer; **u. di marina,** naval officer; **u. di polizia,** police officer; **il grado di u.,** the rank of officer; **la mensa degli ufficiali,** the officers' mess; **u. superiore,** high-ranking officer; **ufficiali e truppa,** officers and men; **ufficiali ed equipaggio,** officers and crew; **u. sanitario,** health officer **2** (*funzionario*) official; officer: **un pubblico u.,** a public official. ● **u. dello stato civile,** registrar □ (*naut., aeron.*) **u. di rotta,** navigator □ (*leg.*) **u. giudiziario,** bailiff; sheriff □ (*naut.*) **u. in seconda,** second in command; mate □ (*mil.*) **u. pagatore,** paymaster (general) □ **u. postale,** postmaster; (*se donna*) postmistress □ **alto u. dell'ammiragliato,** Sea-Lord □ (*naut.*) **primo u.,** first (*o* chief) mate.
ufficialità (1), *f.* official character (*o* nature): **l'u. della notizia,** the official character of the news.
ufficialità (2), *f.* (*mil.*) officers (*pl.*).
ufficializzare, *v. t.* (*bur.*) to officialize; to make* (*st.*) official.
ufficialménte, *avv.* officially.
ufficiante, (*relig.*) **A** *a.* officiating: **il sacerdote u.,** the officiating priest. **B** *m.* officiant.
ufficiare, A *v. i.* (*relig.*) to officiate: **Oggi ufficia il vescovo,** today the bishop is officiating. **B** *v. t.* (*bur.*) to invite: **Il Prefetto fu ufficiato a intervenire alla cerimonia,** the Prefect was invited to attend the ceremony.
ufficiatóre, *m.* **1** officiator **2** (*relig.*) officiant.
ufficiatura, *f.* (*relig.*) officiating; officiation.
ufficio, *m.* **1** (*il luogo*) office; (*impiego*) bureau* (*agenzia*) agency; (*reparto*) department: **Arriva sempre in ritardo all'u.,** he always arrives late at the office; **Il signor X è in u.,** Mr X is at the office; **u. di stato civile,** registry office; **u. informazioni,** inquiry office; (*statale, municipale*) Information Bureau; (*mil.*) Intelligence Office (*o* Department); **u. viaggi** (*o* **turistico**), travel bureau (*o* agency); tourist office; **u. postale,** post-office; post; **u. prenotazioni,** booking-office; (*comm.*) **u. vendite,** sales department; **u. (del) personale,** personnel department **2** (*carica*) office: **accettare un u.,** to accept office **3** (*dovere*) duty; (*funzione*) function: **u. di madre,** a mother's duty; **Consigliare è u. di un buon amico,** to advise is the duty of a good friend; **Qual è il tuo u. qui?,** what's your function here? **4** (*pl.: servigi, aiuto*) offices; services: **L'ha ottenuto mercé i buoni uffici d'un amico,** he obtained it through the good offices (*o* services) of a friend **5** (*impiego, lavoro*) job; place; office: **accettare un u.,** to accept a job **6** (*relig.*) (Divine) Office. ● **u. di cancelliere,** clerkship □ (*naut.*) **u. di capitano,** captainship □ **u. di cassiere,** treasureship □ **u. di collocamento,** labour exchange; employment bureau □ (*leg.*) **u. di giudice,** (*la carica*) justiceship; judgeship; (*sede*) chamber □ **attrezzatura d'u.,** office equipment □ **comunicazione d'u.,** official communication □ (*leg.*) **difensore d'u.,** counsel for the defence (appointed by the Court) □ **doveri d'u.,** official duties □ **lavoro d'u.,** office work □ **orario d'u.,** office hours □ **un palazzo adibito a uffici,** an office-block □ (*leg.*) **procedimento d'u.,** prosecution «ex officio» □ **provvedere d'u.,** to act officially □ **scrivere d'u.,** to write officially.
ufficiosaménte, *avv.* unofficially; officiously; informally; off the record.
ufficiosità, *f.* unofficial (*o* semi-official) character; officiousness; informality.
ufficióso, *a.* unofficial; semi-official; officious; informal: **la stampa ufficiosa,** the officious press. ● **bugia ufficiosa,** white lie □ **in via ufficiosa,** unofficially.
uffizio, *m.* (*relig.*) office: **l'u. dei defunti,** the office of the dead; **l'U. delle Tenebre,** the office of Tenebrae; **dire l'u.,** to say office; **l'u. divino,** the Divine Office. ● (*stor.*) **il Sant'U.,** the (Holy) Inquisition.
ufo, a (1), *locuz. avv.* free (of charge); without paying. ● **mangiare a u.,** to scrounge a meal □ **vivere a u.,** to live off others.
ufo (2), *m. invar.* (*fam.: disco volante*) flying saucer; U.F.O. (Unidentified Flying Object).
ufologia, *f.* ufology.
ufològico, *a.* ufological.
ufòlogo, *m.* ufologist.
ugandése, *a., m. e f.* Ugandan.
ugèllo, *m.* (*mecc.*) nozzle; (*di altoforno*) tuyere.
ùggia, *f.* boredom; annoyance: **Leggo per far passare l'u.,** I read to get rid of my boredom. ● **avere l'u.,** to be in a bad mood □ **essere in u. a q.,** to be hated by sb. □ **avere q. in u.,** to be unable to bear sb. □ **prendere q. in u.,** to take a dislike to sb. □ **Mi è venuto in u. quel ragazzo,** I can't bear that boy.
uggiolare, *v. i.* to whine; to whimper: **Il cagnolino uggiolò tutta la notte,** the puppy whined all night.
uggiolina, *f.* sensation of hunger.
uggiolio, *m.* whining; whimpering.
uggiosaménte, *avv.* boringly; tiresomely; irksomely; dully.
uggiosità, *f.* boredom; irritation; (*del tempo*) gloominess.
uggióso, *a.* **1** (*noioso*) boring; tiresome; irksome; dull; irritating; (*del tempo*) gloomy: **un discorso u.,** a boring speech; **una persona uggiosa,** an irritating person **2** (*annoiato*) bored; irritable: **Il tempo cattivo mi rende u.,** bad weather makes me irritable.
ugnatura, *f.* chamfer; bevel.
Ugo, *m.* Hugh.
ùgola, *f.* (*anat.*) uvula*. ● (*fig.*) **un'u. d'oro,** a golden voice □ **rinfrescarsi l'u.,** to wet one's whistle □ **Che u.!,** what a voice!
ugonòtto, *m.* Huguenot: **la strage degli Ugonotti,** the slaughter of the Huguenots.
ùgrico, *a.* (*linguistica*) Ugric; Ugrian.
ugro, *a. e m.* Ugrian.
ugro-finnico, *a.* Ugro-Finnic: **lingue ugro-finniche,** Ugro-Finnic languages.
uguagliàbile, *a.* that can be equalled.
uguagliaménto, *m.* equalization.
uguaglianza, *f.* equality: **libertà e u.,** liberty and equality; **u. dei diritti,** equality of rights; (*mat.*) **il segno d'u.,** the sign of equality; (*gramm.*) **il comparativo d'u.,** the comparative of equality. ● **le uguaglianze e le disuguaglianze del terreno,** the ups and downs of the ground □ **essere su una base di u. con q.,** to be on an equal footing with sb. □ **Non c'è u. di criterio,** there is no fixed criterion.
uguagliare, A *v. t.* **1** (*rendere uguale*) to equalize; to make* (*st.*) equal; to level (*anche fig.*): **u. redditi (imposte, ecc.),** to equalize incomes (taxes, etc.); **Un peso è maggiore dell'altro; bisogna uguagliarli,** one weight is greater than the other; they must be equalized; **La morte uguaglia tutti,** death makes all men equal; death levels all men **2** (*pareggiare*) to even up; (*spianare*) to smooth (down); (*livellare*) to level (down, up): **u. il terreno,** to level down (*o* up) the ground; **u. le differenze sociali,** to even up social differences **3** (*essere uguale a*) to equal; to be equal to (sb., st.): **La bontà in lui uguaglia l'ingegno,** his kindness equals his wisdom; **La sua forza uguaglia la tua,** he equals you (*o* he is your equal) in strength; **Non c'è tristezza che uguagli la mia,** there is no sadness equal to mine **4** (*considerare uguale*) to consider (st.) equal (to); (*paragonare*) to compare: **Il suo merito non si può u. al nostro,** his merit cannot be considered equal to ours. **uguagliarsi, B** *v. rifl.* to consider oneself equal (to sb.); (*paragonarsi*) to compare oneself: **Osa u. a Verdi,** he dares to compare himself to Verdi. **C** *v. rifl. recipr.* to be equal.
uguale, A *a.* **1** equal; like; alike (*pred.*); the same; (*identico*) identical: **A lavoro u., u. paga,** equal pay for equal work; **due persone di u. altezza,** two persons of equal height; **cose uguali fra loro,** things equal to one another; **Questi due vestiti sono proprio uguali,** these two dresses are exactly the same (*o* identical, exactly alike); **È u. al mio,** it is like mine; it is the same as mine; **Sono d'u. grandezza,** they are the same size; **sempre gentile, sempre u. con tutti,** always kind, always the same with everyone; **Tutti gli uomini sono uguali davanti a Dio,** all men are equal before God; **Questo è u. a quello,** this is the same as that **2**

(*mat.*) equal: **espressioni uguali**, equal expressions; **figure uguali**, equal figures **3** (*uniforme*) even; regular; steady; equable: **Il filo non è (venuto) u.**, the thread is not even; **camminare con passo u.**, to walk at a regular pace; **con voce u. e monotona**, in a steady monotonous voice; **un clima sempre u.**, an equable climate. ● (*comm.*) **u. al campione**, up to sample □ **È un cielo coperto, tutto u.**, the sky is clouded over evenly □ (*fig.*) **È sempre u. a se stesso**, he is consistent □ **Paghi lui o un altro, per me torna u.**, whether he pays or somebody else does, it is all the same to me □ **Non ce n'è un altro u. a lui**, he has no equal □ (*mat.*) **Sia x u. a y**, let x be the equal of y. **B** *m. e f.* equal: **Non troverai l'u. di questa stoffa in Italia**, you won't find the equal of this material in Italy; **È superbo anche con i propri uguali**, he is proud even with his equals. ● **Egli non ha l'u.**, there's nobody like him. **C** *avv.* (just) the same; alike: **Costano u.**, they cost just the same.

ugualitàrio, *a.* (*polit.*) egalitarian; equalitarian.
ugualitarismo, *m.* (*polit.*) egalitarianism; equalitarianism.
ugualménte, *avv.* **1** equally; in the same way; alike: **Sono vestiti u.**, they are dressed in the same way **2** (*malgrado tutto*) all the same; nevertheless: **L'ho fatto u.**, I've done it all the same.
uh, *inter.* **1** (*di raccapriccio*) ugh! **2** (*di dolore*) ah!; oh! **3** (*di meraviglia*) oh!
uhm, *inter.* hum!; h'm!; hm!
uistitì, *m.* (*zool.*, *Callithrix jacchus*) marmoset.
ukase, *m. invar.* (*stor.*, *fig.*) ukase.
ukulèle, *f. e m.* (*mus.*) ukulele, ukelele.
ulano, *m.* (*mil.*) cavalry lancer.
ùlcera, *f.* (*med.*) ulcer: **u. gastrica**, gastric ulcer; **u. duodenale**, duodenal ulcer.
ulcerare, *v. t.* **ulcerarsi**, *v. rifl.* (*med.*) to ulcerate.
ulcerativo, *a.* (*med.*) ulcerative; (*ulceroso*) ulcerous: **una sostanza ulcerativa**, an ulcerative substance; **il processo u.**, the ulcerous process.
ulcerazióne, *f.* (*med.*) ulceration.
ulceróso, (*med.*) **A** *a.* ulcerous. **B** *m.* sufferer from a gastric ulcer.
ùlema, *m. invar.* ulema; ulama.
uligano, *m.* (*teppista*) hooligan.
Ulisse, *m.* Ulysses.
ulisside, ulisside, *m. e f.* **1** descendant of Ulysses **2** (*fig.*) adventurous traveller thirsty for knowledge.
ulite, *f.* (*med.*) gingivitis.
oliva, e *deriv.* V. **oliva**, e *deriv.*
ulivèlla, *f.* (*edil.*) lewis.
Ulma, *f.* (*geogr.*) Ulm.
ulmàcee, *f. pl.* (*bot.*) Ulmaceae.
ulna, *f.* (*anat.*) ulna*.
ulnare, *a.* (*anat.*) ulnar.
ulterióre, *a.* ulterior; further: **Attendete ulteriori istruzioni**, wait for further instructions. ● (*stor.*) **Gallia U.**, Further Gaul.
ulteriorménte, *avv.* **1** further (on) **2** (*in seguito*) later (on); subsequently.
ùltima, *f.* (*fam.*: da «*ultimo*» *per ellissi*) (the) latest; (*di notizia*, *anche*) latest news: **Hai sentito l'u. di mio cugino?**, have you heard my cousin's latest? ● **Sai l'u. (barzelletta)?**, have you heard the latest joke? □ **Questa è l'u. che mi fa!**, he won't catch me again! □ (*fig.*) **Questa è l'u.!**, this is the limit!
ultimaménte, *avv.* lately; of late; recently; not long ago.
ultimare, *v. t.* to complete; to finish: **u. la stampa**, to finish the printing; **u. la verniciatura**, to complete the painting.
ultimativo, *a.* final; last.
ultimàtum, *m.* ultimatum*.
ultimazióne, *f.* completion.
ultimìssima, *f.* **1** (*ultima edizione di un giornale*) latest edition **2** (*pl.: notizie più recenti in un giornale*) spot (*o* latest) news.
ùltimo, A *a.* **1** (*di una serie, in assoluto*) last: **l'u. giorno della settimana**, the last day of the week; **l'u. giorno dell'anno**, the last day of the year; **l'u. lembo di terra**, the last strip of earth; **l'ultima casa della strada**, the last house in the street; **una delle ultime file**, one of the last rows; **in questi ultimi anni**, in the last few years; **l'u. saluto**, the last farewell; **dal primo all'ultimo uomo**, from the first to the last man; **sino all'ultima goccia**, to the last drop; (*leg.*) **ultime volontà**, last will and testament; **pagare tutto sino all'ultima lira**, to pay everything down to the last penny; **l'u. romanzo del Verga**, Verga's last novel; **Abbiamo preso l'u. treno**, we took the last train; **Vuole sempre avere l'ultima parola**, he always wants to have the last word **2** (*il più recente*) (the) latest; (*talora*) (the) last; (*il più nuovo*) (the) newest; (*il più moderno*) (the) most up-to-date: **l'ultima moda**, the latest fashion; **l'u. romanzo di Moravia**, Moravia's last novel; **le ultime notizie**, the latest news; **le ultime notizie che ho sentito di lui**, the last news I heard about him; **nella mia ultima lettera**, in my last letter; **Questo è l'u. ritrovato in fatto di elettrodomestici**, this is the last (*o* the most up-to-date) thing in household electric equipment **3** (*estremo*) (the) farthest; (the) utmost: **gli ultimi confini della terra**, the utmost ends of the earth **4** (*primario, fondamentale*) **Dio è l'ultima perfezione**, God is ultimate perfection; **l'u. fine della creazione**, the ultimate aim of creation. ● **gli ultimi arrivati** (*o* **venuti**), the fresh-comers; (*in ritardo*) the late-comers □ **l'u. piano**, the top floor □ (*fig.*) **arrivare con l'ultima corsa**, to arrive at the last minute □ **arrivare per u.**, to arrive last □ **dare gli ultimi tocchi a q.c.**, to give a few finishing touches to st. □ **esalare l'u. respiro**, to breathe one's last □ (*fig.*) **in u. luogo**, finally □ **negli ultimi tempi**, lately □ **le notizie dell'ultima ora**, the latest news □ (*prov.*) **È l'ultima goccia che fa traboccare il vaso**, the last drop makes the cup run over. **B** *m.* **1** (the) last: **Gli ultimi saranno i primi**, the first shall be last **2** (*fig.*: *chi è u. per importanza, merito e sim.*) (the) lowest: **l'u. degli ultimi**, the lowest of the low; **È l'u. dei pittori**, he's the lowest of painters. ● **essere l'u. della classe**, to be at the bottom of the class □ **all'u.**, in the end: **All'u. sembrava convinto**, in the end he seemed convinced □ **fino all'u.**, to the last; till the end: **Lo ripeterò fino all'u. dei miei giorni**, I'll repeat it till the end of my days □ **in** (*o* **da**) **u.**, in the end; eventually: **In u. trionferà la giustizia**, justice will triumph in the end □ **quest'u.** (*di due*), the latter □ **sull'u.**, towards the end.
ultimogènito, A *a.* last-born (*attr.*). **B** *m.* last-born (child).
ultóre, *m.* (*lett.*) avenger: **Giove U.**, Jove the Avenger.
ultra (1) (*franc.*), **ultrà, A** *m. e f.* **1** (*stor.*) Ultra **2** (*polit.*: *di destra*) ultraconservative; right-winger; reactionary **3** (*polit.*: *di sinistra*) ultraist; ultraleftist; left-winger. **B** *a.* (*polit.*) **1** (*di destra*) ultraconservative; right-wing; reactionary **2** (*di sinistra*) ultraist(ic); ultraleft.
ultra (2), *pref.* ultra.
ultra (3) (*lat.*), *avv.* – **non plus u.**, ne plus ultra, non plus ultra: **il non plus u. della perfezione** (**delle barbarie**), the non plus ultra of perfection (of barbarity).
ultracentenàrio, A *a.* ultracentenarian; over a hundred years old. **B** *m.* ultracentenarian.
ultracentrìfuga, *f.* (*tecn.*) ultracentrifuge.
ultracentrifugazióne, *f.* (*tecn.*) ultracentrifugation.
ultracórto, *a.* (*fis.*) ultra-short: **onde ultracorte**, ultra-short waves.
ultracùstica, *f.* ultrasonics, supersonics (*pl. col verbo al sing.*).
ultracùstico, *a.* ultrasonic; supersonic.
ultraelevato, *a.* (*scient.*) ultrahigh: (*radio, telev.*) **frequenza ultraelevata**, ultrahigh frequency.
ultrafiltrazióne, *f.* ultrafiltration.
ultrafiltro, *m.* ultrafilter.
ultramarino, *a.* overseas; ultramarine.
ultramicròmetro, *m.* (*fis.*) ultramicrometer.
ultramicroscopìa, *f.* (*fis.*) ultramicroscopy.
ultramicroscòpico, *a.* (*fis.*) ultramicroscopic(al).
ultramicroscòpio, *m.* (*fis.*) ultramicroscope.
ultramicròtomo, *m.* ultramicrotome.
ultramodèrno, *a.* ultramodern.
ultramontano, *a.* ultramontane.
ultrapotènte, *a.* **1** very (*o* most) powerful **2** (*radio, mecc.*) high--power (*attr.*): **una stazione u.**, a high-power transmitting station.
ultraràpido, *a.* **1** very quick **2** (*fotogr.*) ultrarapid.
ultrarósso, **A** *a. e m.* (*fis.*) ultrared; infrared.
ultrasensìbile, *a.* ultrasensitive; hypersensitive.
ultrasinistra, *f.* (*polit.*) ultraleft.
ultrasònico, ultrasonòro, *a.* (*fis.*) ultrasonic; supersonic: **onde ultrasoniche**, supersonic waves.
ultrastruttura, *f.* (*biol.*) ultrastructure.
ultrasuòno, *m.* (*fis.*) ultrasound.
ultrasuonoterapìa, *f.* (*med.*) ultrasound diathermy.
ultraterréno, *a.* ultramundane; transmundane; heavenly. ● **vita ultraterrena**, afterlife.
ultraviolétto, A *a.* (*fis.*) ultraviolet: **raggi ultraviolétti**, ultraviolet rays. **B** *m.* ultraviolet light.
ultravirus, *m. invar.* (*biol.*) ultravirus.
ultravuòto, *m.* (*fis.*) ultra-high vacuum.
ululante, *a.* howling; ululating, ululant.
ululare, *v. i.* to howl; to ululate: **Udii u. i lupi**, I heard wolves howling; **Il vento ululava**, the wind howled.
ululato, ùlulo, *m.* howl; howling; ululation: **l'u. del vento**, the howling of the wind.
ulva, *f.* (*bot.*, *Ulva lactuca*) ulva*; sea lettuce.
umanaménte, *avv.* **1** humanly: **Non è u. possibile**, it isn't humanly possible **2** (*con umanità*) humanely: **Fu trattato molto u.**, he was treated very humanely.
umanarsi, *v. rifl.* (*relig.*) to become* incarnate; to be made flesh: **Il Figliolo di Dio volle u.**, the Son of God wanted to be made flesh.

umanazióne, f. (relig.) incarnation.
umanésimo, m. (stor., letter.) humanism.
umanista, m. e f. (stor., letter.) humanist.
umanístico, a. (stor., letter.) humanistic. ● **studi umanistici,** classical studies; the humanities.
umanità, f. 1 (natura umana) humanity; human nature: **l'u. e la divinità di Cristo,** the humanity and divinity of Christ 2 (sentimento di fratellanza) humaneness: **I romani trattavano gli schiavi con u.,** the Romans treated slaves with humanity 3 (genere umano) humanity; mankind: **i benefattori dell'u.,** the benefactors of mankind; **u. tribolata,** suffering humanity.
umanitàrio, a. e m. humanitarian: **dottrine umanitarie,** humanitarian doctrines; **È un u.,** he is a humanitarian.
umanitarismo, m. humanitarianism.
umanizzare, v. t. **umanizzarsi,** v. rifl. to humanize.
umanizzato, a. humanized.
umano, A a. 1 human: **il corpo u.,** the human body; **un essere u.,** a human being; **la potenza dell'ingegno u.,** the power of the human brain 2 (gentile, comprensivo) humane; understanding: **Usate modi più umani,** use more humane ways; **È una persona molto umana,** he is a very understanding person; **Si mostrò u.,** he showed himself to be humane. ● (fig.) **la bestia umana,** the beast in man □ **rispetto u.,** respect for public opinion □ **È u. che si favorisca il proprio figlio,** it is natural that one should favour one's own son. **B** m. 1 (the) human: **l'u. e il divino,** the human and the divine 2 (pl., lett.: uomini) humanity (sing.); men; (genere umano) mankind (sing.). ● **Non ha nulla di u.,** he is quite inhuman.
umanòide, m. e a. humanoid.
umazióne, f. (lett.) inhumation; burial.
umbellato, a. (bot.) umbellate(d).
Umbèrto, m. Humbert.
umbilicale, a. (anat.) umbilical: **il cordone u.,** the umbilical cord.
umbilicato, a. umbilicate; navel-shaped.
umbìlico, m. (anat., fig.) umbilicus*; navel.
umbonato, a. (anche bot., zool.) umbonate(d).
umbóne, m. (di scudo; bot., zool.) umbo*.
umbràtile, a. (lett.) shady.
umbro, a. e m. Umbrian.
umerale, A a. (anat.) humeral. **B** m. (relig.) humeral veil.
umettante, a. (chim.) humectant.
umettare, v. t. to moisten; to dampen: **umettarsi le labbra,** to moisten one's lips.
umettazióne, f. moistening; dampening.
ùmico, a. (biol.) humic. ● (chim.) **acido u.,** humic acid.
umidézza, f. dampness; moistness.
umidiccio, a. dampish; somewhat damp (o moist): **stanze umidicce,** dampish rooms.
umidificare, v. t. to humidify.
umidificatóre, m. humidifier.
umidificazióne, f. humidification.
umidità, f. damp; dampness; moisture; humidity: **l'u. dell'aria,** the humidity in the air; **Devi guardarti dall'u.,** you must protect yourself from the damp; **piante che vogliono l'u.,** plants that need moisture. ● **C'è molta u. stasera,** it is very damp this evening.
ùmido, A a. damp; moist; humid: **piedi umidi,** damp feet; **panni umidi,** damp clothes; **aria umida,** humid air; **occhi umidi di pianto,** eyes moist with tears; **Ha le mani umide di sudore,** his hands are moist with sweat; **muri umidi,** damp walls. **B** m. 1 damp; dampness: **riguardarsi dall'u. della notte,** to protect oneself against the dampness at night 2 (cucina) stew. ● **carne in u.,** stewed meat; (meat) stew.
umidifero, m. (lett.) V. umidità.
umìfero, a. rich in humus.
umificazióne, f. (biol.) humification.
ùmile, a. humble; unpretentious; (modesto) modest: **di umili natali,** of humble birth; **Dovresti mostrarti più u.,** you should be humbler; **un'u. preghiera,** a humble prayer; **suo servo umilissimo,** your most humble servant; **contegno u.,** humble bearing; **una casa u.,** a modest house. ● **gli umili,** the humble: **gli umili di cuore,** the humble in heart □ **Dio esalta gli umili,** God exalts the humble □ **lavori umili,** menial tasks.
umiliante, a. humiliating: **condizioni di pace umilianti,** humiliating peace terms.
umiliare, A v. t. to humiliate; to humble; to mortify: **Disse così per umiliarla,** he spoke like that to humiliate her; **Dio umilia i superbi,** God humbles the proud. **umiliarsi, B** v. rifl. to humble oneself; to lower oneself: **Si umiliò e chiese perdono,** he humbled himself and begged for forgiveness.
umiliazióne, f. 1 humiliation; humbling; mortification: **un atto di u.,** an act of humiliation 2 (atto umiliante) humiliation: **Ci tocca sopportare tante umiliazioni,** we have to bear so many humiliations.
umilménte, avv. humbly.
umiltà, f. 1 humility: **la virtù dell'u.,** the virtue of humility; **u. vera (finta, affettata),** true (false, affected) humility; **in segno di u.,** as a sign of humility 2 (l'essere di modesta condizione) humbleness; unpretentiousness: **u. di natali,** humbleness of birth; **l'u. di una casa,** the unpretentiousness of a house. ● **u. di linguaggio,** humble speech.
umóre, m. 1 humour; humor (USA); (linfa) sap: **l'u. vitale delle piante,** the vital humour of plants; **gli umori del corpo,** the humours of the body; **u. acqueo,** aqueous humour 2 (stato d'animo) humour; humor (USA); temper; mood; spirits (pl.): **essere di buon u.,** to be in a good mood (o humour); **essere di cattivo u.,** to be in a bad mood (o humour); **essere d'u. nero,** to be in a black mood (o temper); **cose che mettono il buon u.,** things that put one in a good humour.
umorésca, f. (mus.) humoresque.
umorismo, m. humour; humor (USA): **u. nero,** black humour.
umorista, m. e f. humorist: **u. nero,** black humorist.
umoristicaménte, avv. humorously.
umorìstico, a. humorous; funny: **un giornale u.,** a humorous paper; **una storiella umoristica,** a funny story. ● **spirito u.,** sense of humour.
un, una, V. uno.
unànime, a. unanimous: **Tutti furono unanimi nell'approvazione,** all were unanimous in their approval; **con voto u.,** by a unanimous vote.
unanimeménte, avv. unanimously; with one consent (o assent).
unanimismo, m. unanimism.
unanimità, f. unanimity. ● **all'u.,** unanimously; with one consent (o assent): **eletto all'u.,** elected unanimously.
unciale, a. (tipogr.) uncial.
uncinare, v. t. to hook: **u. pesce,** to hook a fish.
uncinato, a. hooked; (biol.) hamate(d): **un pezzo di ferro u.,** a hooked piece of iron. ● **croce uncinata,** swastika □ **parentesi uncinata,** angled brackets (pl.).
uncinétto, m. crochet-needle; crochet-hook. ● **lavorare all'u.,** to crochet □ **lavoro all'u.,** crochet.
uncino, m. 1 hook: **Lo ripescarono con un u.,** they fished it out with a hook 2 (fig.: pretesto) pretext; excuse 3 (scherz.: scarabocchio) scribble; scrawl; pothook 4 (sport: pugilato) hook 5 (biol.) hamus*. ● (fig.) **attaccarsi a tutti gli uncini,** to pick holes in st.
undècimo, a. num. ord. e m. eleventh.
undicènne, A a. eleven years old (pred.); eleven-year-old (attr.). **B** m. eleven-year-old boy. **C** f. eleven-year-old girl.
undicèsimo, a. num. ord. e m. eleventh.
ùndici, a. num. card. e m. eleven: **un verso di u. sillabe,** a line of eleven syllables; **Sono le (ore) u.,** it's eleven o'clock. ● **l'u. aprile,** the eleventh of April; April the eleventh.
ungàrico, a. (lett.) Hungarian.
ùngaro, a. e m. Hungarian.
ùngere, A v. t. 1 to grease; to oil; to lubricate: **u. gli scarponi,** to grease one's boots; **u. di sego,** to grease with tallow; (anche fig.) **u. le ruote,** to grease the wheels 2 (insudiciare di grasso) to make* greasy; to get* grease (o oil) on: **Ti sei unto tutto il vestito,** you have got grease all over your dress 3 (relig.) to anoint: **Fu unto re,** he was anointed King 4 (fig.: adulare) to flatter; to butter up (fam.). **ùngersi, B** v. rifl. 1 to grease oneself: **Gli antichi lottatori si ungevano il corpo,** the ancient wrestlers greased their bodies 2 (macchiarsi di unto) to get* grease (o oil) on oneself.
ungherése, a. e m. Hungarian. ● **l'u. (la lingua),** Hungarian.
Ungheria, f. (geogr.) Hungary.
ùnghia, f. 1 (anat.) nail: **mangiarsi (o mordersi) le unghie,** to bite one's nails; **u. incarnita,** ingrowing nail; **tagliarsi le unghie,** to pare one's nails; **le unghie delle mani,** finger-nails; **le unghie dei piedi,** toe-nails 2 (artiglio) claw; (di rapace) talon: **le unghie del gatto (del leone, ecc.),** the cat's (the lion's, etc.) claws; **le unghie dell'aquila,** the eagle's talons; (anche fig.) **mettere fuori le unghie,** to put out one's claws 3 (zoccolo) hoof*: **I ruminanti hanno le unghie fesse,** ruminants have cloven hooves 4 (naut.: dell'ancora) peak; bill: **u. dell'ancora,** anchor bill 5 (archit.) groin 6 (fig.: quantità minima) tiny bit. ● (fig.) **avere q. tra (o sotto) le unghie,** to have sb. in one's clutches □ (fig.) **avere le unghie lunghe,** to be light-fingered (o to be a thief) □ (fig.) **Sono sempre pronti ad allungare le unghie sulla roba altrui,** they are always ready to take what does not belong to them □ (fig.) **Cadde tra le unghie di uno strozzino,** he fell into the clutches of a usurer □ (fig.) **Tra l'uno e l'altro corre un'u.,** there's a hair's breadth between the two □ (fig.) **C'è mancata un'u.!,** it was a near miss!
unghiata, f. 1 (graffio) scratch; claw-mark 2 (colpo di zoccolo) hoof-blow 3 (intaccatura) nick. ● **dare un'u. a q.,** to scratch sb.

unghiato, *a.* (*lett.*) clawed.
unghiatura, *f.* **1** (*scavo nell'orologio per poterlo aprire*) nail-grip; (*linguetta sporgente*) finger-flap, finger-grip **2** (*archit.*) bevel; chamfer **3** (*med.*) nail-scratch **4** (*legatoria*) projecting book flap.
unghièlla, *f.* (*tipo di cesello*) cross-cut-chisel.
unghiòlo, *m.* claw.
unghióne, *m.* (large) claw; talon; (*zoccolo*) hoof*.
unghiuto, *a.* having long nails.
ungitóre, *m.* greaser; oiler.
ungitura, *f.* greasing; oiling.
ungueale, *a.* (*anat.*) nail (*attr.*); ungual; unguinal.
unguènto, *m.* unguent; ointment.
ùngula, *f.* (*zool.*) hoof*.
ungulato, *a.* e *m.* (*zool.*) ungulate.
unguligrado, *a.* (*zool.*) unguligrade.
unibile, *a.* unitable.
unibilità, *f.* unitability.
unicaménte, *avv.* only; solely.
unicamerale, *a.* (*polit.*) unicameral.
unicameralismo, *m.* (*polit.*) unicameralism.
unicellulare, *a.* (*biol.*) unicellular.
unicità, *f.* oneness; unicity; singleness.
ùnico, A *a.* **1** only: **È figlio u.**, he is an only child; (*relig.*) **l'u. Figlio del Padre**, the only begotten Son; **l'u. pretendente al trono**, the only pretender to the throne; **la mia sola e unica speranza**, my one and only hope; **È l'u. concorrente**, he is the only candidate **2** (*senza pari*) unique: **Come attore comico, oggi è u.**, as a comedian, he is unique today; **È un rimedio u.**, it is a unique remedy **3** (*solo, esclusivo*) sole: **u. agente**, sole agent; **u. erede**, sole heir **4** (*singolo*) single: **una ferrovia a binario u.**, a single-track railway. ● (*teatr.*) **atto u.**, one-act play □ (*teatr.*) **dramma in un u. atto**, one-act play □ **esemplare u.**, only copy extant □ **fare un fronte u.**, to present a united front □ **numero u.** (*di giornale*), special number □ **strada a senso u.**, one-way street □ **L'unica è dimenticarlo**, the only thing to do is to forget it □ **È l'unica!**, it's the only thing to do. B *m.* only; only person: **Sei l'u. a saperlo**, you're the only one to know. ● **Siamo stati gli unici a farlo**, we were the only people that did it.
unicòrno, A *a.* (*zool.*) one-horned. B *m.* **1** (*mitol.*) unicorn **2** (*zool., Monodon monoceros*) narwhal(e); sea-unicorn.
unicum (*lat.*), *m.* (*esemplare unico*) unicum*; unique specimen.
unidimensionale, *a.* unidimensional; one-dimensional.
unidirezionale, *a.* **1** (*tecn.*) unidirectional **2** (*di circolazione stradale*) one-way (*attr.*).
unifamiliare, *a.* one-family (*attr.*).
unificàbile, *a.* **1** unifiable **2** (*che si può standardizzare*) standardizable.
unificare, A *v. t.* **1** to unify: **Vogliamo u. l'Europa**, we want to unify Europe **2** (*standardizzare*) to standardize: **u. i diversi codici**, to standardize the various legal systems **3** (*fin., econ.: fondere*) to consolidate; to merge. B **unificarsi**, *v. rifl. recipr.* (*anche fin., econ.*) to consolidate.
unificativo, *a.* unifying.
unificato, *a.* **1** unified: **l'Italia unificata**, unified Italy **2** (*standardizzato*) standardized: **codici unificati**, standardized legal systems **3** (*fin., econ.*) consolidated; merged.
unificatóre, A *m.* unifier. B *a.* unifying.
unificazióne, *f.* **1** unification: **l'u. d'Italia**, the unification of Italy **2** (*standardizzazione*) standardization: **la u. dei diversi codici**, the standardization of the various legal systems **3** (*fin., econ.: fusione*) consolidation; merger; merging.
uniformare, A *v. t.* **1** to conform: **u. la propria condotta alle leggi**, to conform one's behaviour to the law **2** (*unificare*) to make* uniform. B **uniformarsi**, *v. rifl.* to conform (to); to comply (with): **u. alla volontà di Dio**, to conform to God's will.
uniformazióne, *f.* **1** (*il conformarsi*) conforming **2** (*il rendere uniforme*) uniforming, making uniform.
unifórme (1), *a.* **1** uniform; even; regular: (*fis.*) **misura (movimento, temperatura, velocità) u.**, uniform size (motion, temperature, speed) **2** (*monotono*) unvarying; unbroken; monotonous.
unifórme (2), *f.* uniform: **l'u. d'un ufficiale**, an officer's uniform; **essere in u.**, to wear a uniform; **in alta u.**, in full uniform. ● **vestire l'u.**, to become a soldier; to join up (*fam.*).
uniformeménte, *avv.* uniformly.
uniformità, *f.* uniformity; (*regolarità*) evenness: **u. di stile**, uniformity of style.
unigènito, A *a.* (*relig.*) only-begotten. B *m.* **1** only child **2** (*relig.*) (the) Only Begotten son.
unilabiata, *a. solo f.* (*bot.*) unilabiate(d).
unilaterale, *a.* unilateral; one-sided: **un giudizio u.**, a one-sided decision.
unilateralismo, *m.* unilateralism.

unilateralità, *f.* unilaterality; one-sidedness.
unilateralménte, *avv.* unilaterally.
uniloculare, *a.* (*biol.*) unilocular.
uninèrvio, *a.* (*bot.*) uninerved.
uninominale, *a.* uninominal. ● (*polit.*) **collegio u.**, single-member constituency.
unióne, *f.* **1** union: **l'u. dell'anima col corpo**, the union of body and soul; **u. matrimoniale**, marriage union; **l'u. di più Stati in confederazione**, the union of several States into a confederation **2** (*fig.: accordo, armonia*) unity; concord; harmony; agreement: **una famiglia dove manca l'u.**, a family where unity is lacking; **vivere in buona u.**, to live together in unity; **lavorare in perfetta u.**, to work in perfect harmony (*o* concord) **3** (*associazione*) association; (*lega*) league; (*coalizione*) coalition; (*federazione politica*) union: (*polit.*) **l'u. delle sinistre**, the left-wing coalition; **l'U. Sovietica**, the Soviet Union; **l'U. Sudafricana**, the Union of South Africa **4** (*di colori o suoni*) blending **5** (*tecn.*) joining: **l'u. di due pezzi mediante la saldatura**, the joining of two pieces by soldering; **l'u. di due pezzi di stoffa**, the joining of two pieces of material. ● (*prov.*) **L'u. fa la forza**, unity is strength.
unionismo, *m.* (*polit., relig.*) unionism.
unionista, *m.* e *f.* (*polit., relig.*) unionist.
uniparo, *a.* (*biol.*) uniparous.
unipolare, *a.* (*elettr.*) unipolar; single-pole (*attr.*).
unipòlo, *m.* (*elettromagnetismo*) unipole; isotropic antenna*.
unire, A *v. t.* **1** to unite; to join; to combine: **La sventura unisce gli uomini**, misfortune unites men; **u. in matrimonio**, to join in matrimony; to marry; **u. le forze**, to join forces; **u. due pezzi di stoffa**, to join two pieces of material; **u. due assi assieme**, to join two boards together **2** (*collegare*) to connect; to link; to join: **Le due città sono unite da una ferrovia**, the two towns are connected (*o* linked) by a railway; **Li unisce una vecchia amicizia**, they are linked by an old friendship; **u. un'isola alla terraferma con un ponte**, to join an island to the mainland with a bridge **3** (*aggiungere*) to add: **u. il merito alla modestia**, to add merit to modesty **4** (*colori, suoni*) to blend* **5** (*accludere*) to enclose: **u. una fattura a una lettera**, to enclose an invoice with a letter. ● (*naut.*) **u. una cima intrecciandone i capi**, to splice a rope. B **unirsi**, *v. rifl.* **1** to unite: **Gli italiani si unirono per cacciare gli stranieri**, the Italians united to drive out the foreigners; **L'Inghilterra e la Scozia si unirono nel 1706**, England and Scotland united in 1706; **Uniamoci per combattere la miseria**, let us unite to fight (*o* in fighting) poverty **2** (*accompagnarsi*) to join; (*mettersi insieme*) to get* together: **u. a una compagnia** (*o una comitiva*), to join a company (a party); **Si unì a noi per non fare la strada da sola**, she joined us in order not to travel alone; **u. al gioco (alla conversazione)**, to join in the game (in the conversation) **3** (*fig.: armonizzarsi*) to blend*: **I diversi colori si uniscono perfettamente**, the different colours blend perfectly. ● **u. in matrimonio**, to get married; to get spliced (*pop.*) □ **u. in società**, to form a partnership.
unisessuale, *a.* (*biol.*) unisexual.
unisessualità, *f.* (*biol.*) unisexuality.
unisessuato, *V.* **unisessuale**.
unisèx, *a. invar.* (*moda*) unisex: **la generazione degli abiti u.**, the unisex generation.
unisono, A *a.* **1** (*anche mus.*) unisonous: **strumenti unisoni**, unisonous instruments **2** (*fig.*) concordant. ● **un coro di voci unisone**, a chorus of voices in unison. B *m.* **1** (*mus.*) unison **2** (*fig.*) agreement; unison; harmony: **Noi due siamo in perfetto u.**, we two are in perfect unison; **agire all'u.**, to act in unison.
unità, *f.* **1** unity: (*teatr.*) **le tre unità**, the dramatic unities; **l'u. d'Italia**, the unity of Italy; **un discorso che manca di u.**, a speech lacking in unity; **l'u. artistica di un'opera**, the artistic unity of a work **2** (*misura, valore*) unit: (*mat., anche*) unity: **un'u. di lunghezza (di peso, ecc.)**, a unit of length (of weight, etc.); **u. monetaria**, monetary unit; **u. di misura**, unit of measure; (*fis.*) **u. assoluta**, absolute unit: **Tre unità formano il numero tre**, three units form the number three; **la colonna delle u.**, the column of units; **La famiglia è considerata l'u. sociale**, family is considered as the unit of society **3** (*mil.*) unit: **u. tattica**, tactical unit; **La compagnia e il battaglione sono u.**, the company and the battalion are units **4** (*naut.*) (war-)ship; vessel; craft: **u. di superficie**, surface vessel **5** (*aeron.*) aircraft; aeroplane **6** (*elab.*) unit: **u. centrale (di elaborazione)**, central processing unit. ● (*fis., chim.*) **u. Curie**, Curie □ (*fis.*) **u. di assorbimento acustico, sabin** □ (*fis.*) **u. di calore**, thermal unit □ **l'u. di Dio**, the oneness of God □ **u. di propositi**, unanimous proposals (*pl.*) □ **u. di velocità di trasmissione telegrafica**, baud □ (*mat.*) **u. frazionaria**, unit fraction.
unitaménte, *avv.* unitedly; together: **u. a**, together with.
unitarianismo, *V.* **unitarismo**.
unitariano, *a.* e *m.* (*relig.*) Unitarian.

unitarietà, *f.* unitariness.
unitàrio, A *a.* **1** unitary: **una politica unitaria,** a unitary policy **2** (*relig.*) Unitarian: **la Chiesa Unitaria,** the Unitarian Church. ● (*econ.*) **prezzo u.,** average price. **B** *m.* (*relig.*) Unitarian.
unitarismo, *m.* (*relig.*) Unitarianism.
unitézza, *f.* **1** uniformity: **u. di tinta,** uniformity of colour **2** (*compattezza*) compactness.
unito, *a.* **1** united: **In quella casa sono tutti uniti,** in that house they are all united; **il Regno U.,** the United Kingdom **2** (*aggiunto*) added: **merito u. alla modestia,** merit added to modesty **3** (*accluso*) enclosed. ● **persone unite dall'amicizia,** persons linked in friendship □ **tinta unita,** even tint.
univalve, *a.* (*zool.*) univalve(d).
universale, A *a.* **1** universal; general: (*polit.*) **suffragio u.,** universal suffrage; (*leg.*) **successione a titolo u.,** universal succession; **erede u.,** universal heir; **compianto u.,** general grief **2** (*di tutto il mondo*) world (*attr.*); worldwide: **storia u.,** world history. ● (*relig.*) **giudizio u.,** last judgment □ **storia u.,** world history. **B** *m.* **1** (*filos.*) (the) universal **2** (*lett.: totalità*) total number; collective whole.
universalismo, *m.* (*polit., relig.*) Universalism.
universalista, *m.* e *f.* (*polit., relig.*) universalist.
universalistico, *a.* (*polit., relig.*) universalistic; universalist (*attr.*).
universalità, *f.* **1** universality: **l'u. del concetto di sostanza,** the universality of the concept of substance **2** (*totalità*) total number, collective whole: **l'u. dei credenti,** the total number of the faithful; **l'u. degli uomini,** the total number of men.
universalizzare, A *v. t.* to make* universal; to universalize: **u. il sapere,** to universalize knowledge. **universalizzarsi, B** *v. rifl.* to be universalized.
universalizzazióne, *f.* **1** universalization **2** (*diffusione*) generalization.
universalménte, *avv.* universally; (*da parte di tutti*) by everybody.
universiade, *f.* (*sport, specialm. al pl.*) world university games (*pl.*).
università, *f.* university: **l'u. di Bologna,** Bologna University; **U. Popolare,** open University. ● (*USA*) **grande u.** (*assai differenziata*), multiuniversity □ **liberalizzazione degli accessi all'u.,** open enrollment.
universitàrio, A *a.* university, undergraduate (*attr.*): **uno studente u.,** a university student. **B** *m.* university student; undergraduate.
univèrso (1), *a.* (*lett.*) whole; entire: **l'u. mondo,** the whole world.
univèrso (2), *m.* universe; world: **le leggi dell'u.,** the laws of the universe. ● (*fam., scherz.*) **credersi il padrone dell'u.,** to consider oneself the lord of creation.
univocaménte, *avv.* univocally.
univocità, *f.* univocity.
univoco, *a.* univocal: **un termine u.,** a univocal term.
Unno, *m.* (*stor.*) Hun.
uno (1), *a. num. card.* e *m.* (*f.* **una**) **1** one: (*mat.*) **scrivere un uno,** to write a one; **scrivere tre uno,** to write three ones; (*mat.*) **Sette più uno fa otto,** seven plus one is eight; (*mat.*) **Scrivo uno e porto due,** I put down one and carry two; **Dio è uno,** God is one; **Ce ne saranno uno o due,** there will be one or two; **C'era un cane, non due,** there was one dog, not two; **uno una volta tanto,** one from time to time; **dieci contro uno,** ten against one; **la stanza (numero) uno,** room (number) one; **una settimana e due giorni,** one week and two days **2** (*il numero uno*) number one: **Ha estratto l'uno,** he has drawn number one **3** (*il primo del mese*) (the) first: **l'uno di gennaio,** (on) the first of January **4** (*prima ora dopo il mezzogiorno o la mezzanotte*) one o'clock: **È l'una,** it is one o'clock **5** (*stesso, medesimo*) the same; one and the same: **Risposero tutti a un tempo,** they all replied at the same time (*o* together) **6** (*unito*) united: **Ora siamo uni di lingua, di fede e d'armi,** now we are united under one language, one faith, one army; **l'Italia una e indipendente,** Italy united and independent. ● **uno alla volta** (*o* **a uno a uno**), one at a time; one by one □ **uno dopo l'altro,** one after the other □ (**l'**)**uno per cento,** one per cent □ **uno solo,** just (*o* only) one □ **un terzo** (**un quarto, ecc.**), one (*o* a) third (one fourth, etc.) □ **andare (marciare) per uno,** to go (to march) in single (*o* Indian) file □ (*nei giochi*) **andare** (*o* **stare**) **per uno,** to need one to win □ **a un modo,** (in) the same way: **Lo fecero tutti a un modo,** they all did it the same way □ **a una voce,** together: **Risposero tutti a una voce,** they all replied together □ **un giorno, per raccontarne una...,** one day, for example... □ (*fig.*) **numero uno,** first-class; excellent; prodigious: **È un ingegno numero uno,** he's a first-class brain; (*iron.*) **È un asino numero uno,** he's a prodigious ass □ **venire al lavoro un giorno su due,** to come to work every other day □ (*nelle corse*) **Uno, due, tre..., via!,** ready, steady..., go! □ **Fa un caldo la dentro!,** it's so hot in there! □ **È nato nell'uno** (*o, fam.:* **È dell'uno**), he was born in the first year of the century □ **L'ha detto una volta sola,** he said it once only □ **Ha un sorriso!,** she has such a smile! □ **Ho un appetito!,** I have a terrific appetite! □ **Tutto ieri è stato un piovere!,** it poured all yesterday! □ **M'avesse detto un grazie!,** he might have said thank you! □ **La verità è una,** there is only one truth □ (*fig.*) È **tutt'uno,** it makes no difference □ **Quei due sono tutt'uno** (*o* formano un corpo e un'anima), those two are great friends (*o* are united body and soul) □ (*prov.*) **Uno per tutti, tutti per uno,** all for one and one for all.
uno (2), *pron. indef.* (*f.* **una**) **1** one: **uno di noi (di voi, di loro),** one of us (of you, of them); **uno di questi giorni,** one of these days; **una delle due,** one of the two; **una delle alunne,** one of the pupils; **Compramene uno come quello,** buy me one like that; **Ne voglio uno più grande,** I want a bigger one; **quando uno è morto,** when one is dead; **Non so se ammirare di più il coraggio dell'uno o la fredda decisione dell'altro,** I don't know which to admire more, the one's courage or the other's cold determination **2** (*qualcuno*) somebody, someone; (*un tizio*) a fellow, a chap, a man*; (*una tizia*) a girl, a woman*; (*fig.*) a soul: **dire male di uno,** to speak ill of somebody; **Se uno ti dice così, che rispondi?,** if somebody says that to you, how will you reply?; **uno di campagna,** somebody (*o* a man) from the country; **M'incontrai con uno,** I met a fellow; **Parlai con una che non ti conosceva affatto,** I talked to a woman (*o* a girl) who didn't know you at all; **Uno che è** (*o* **sia, fosse**) **uno, non l'ho visto,** I haven't seen a soul (*o* there wasn't a soul to be seen) **3** (*ciascuno*) each: **mille lire l'uno,** a thousand lire each; **Facciamo un po' per uno,** let's have a little each (*o* let's share it) **4** (*qualcosa*) something; (*una cosa*) a thing: **Volete sentirne una?,** let me tell you something; (*una cosa*) a thing: **Volete sentirne una?,** let me tell you something; **Non gliene va bene** (male) **una,** nothing seems to go right (wrong) with him; **Me n'è toccata una bella!,** a fine thing happened to me! ● **l'uno..., l'altro...,** the one..., the other...; (*fra due, anche*) the former..., the latter... □ **l'uno e l'altro,** both: **Conosco bene l'uno e l'altro,** I know both of them well □ **l'un l'altro,** each other; (*rif. a più di due*) one another: **Si abbracciarono l'un l'altro,** they embraced each other; **Dicono male l'uno dell'altro,** they speak ill of each other; **S'aiutano l'un l'altro,** they help each other (*o* one another) □ **gli uni gli altri,** one another □ **uno di città,** a town man □ (*di donna*) **una di quelle,** a prostitute □ **né l'uno né l'altro,** neither □ **nemmeno uno dei due,** neither (of them) □ **nemmeno uno di loro,** none (*o* not one) of them □ **pagare metà per uno,** to go fifty-fifty (with sb.) □ **sia l'uno sia l'altro,** both □ **Conosco bene gli uni e gli altri,** I know all of them well.
uno (3), *art. determ.* **1** (*f.* **una**) a, an: **uno zio,** an uncle; **un giornale,** a newspaper; **un anno,** a year; (*nelle narrazioni*) **one year;** **un giorno feriale,** a week-day; **Un giorno, un contadino...,** one day, a peasant...; **una donna,** a woman; **un erede,** an heir; **un'erede,** an heiress; **un europeo,** a European; **un uomo onesto,** an honest man; **una strada a senso unico,** a one-way street; **una persona educata,** a well-behaved person; (*fig., iron.*) **Sei un bel bugiardo,** you're a fine liar **2** (*circa*) about; some (*o idiom.*): **Costerà un tremila lire,** it will cost about three thousand lire; **un cento persone** (*o* **un centinaio di persone**), about a hundred people; **un trenta** (*o* **una trentina di**) **studenti,** some (*o* about) thirty students; **un quattro o cinque,** four or five. ● **un certo Signor Brown,** a Mr Brown □ **un tale** (*o* **un tizio**), a fellow □ (*anche fig.*) **È un signore,** he is a gentleman □ (*fig., spreg.*) **Ma questo è un porcile!,** this is a pigsty!
unticcio, A *a.* distastefully oily. **B** *m.* grease; oil; fat.
unto (1), A *a.* **1** greasy; oily; (*sporco*) dirty: **con le dita unte, with greasy fingers 2** (*relig.*) anointed. **B** *m.* (*relig.*) anointed: **l'U. del Signore,** the Lord's Anointed.
unto (2), *m.* grease; fat: **una macchia d'u.,** a grease-spot.
untóre, *m.* (*stor.*) plague-spreader.
untume, *m.* grease.
untuosaménte, *avv.* **1** greasily **2** (*fig.*) unctuously.
untuosità, *f.* **1** greasiness; oiliness: **l'u. dei capelli,** the greasiness of the hair; **l'u. del cibo,** the oiliness of the food **2** (*fig.*) unctuousness: **Non lo posso soffrire con la sua u.,** I can't bear him and his unctuousness.
untuóso, *a.* **1** greasy; oily: **Ha la pelle untuosa,** he has a greasy skin; **cibo u.,** oily food **2** (*fig.*) unctuous: **modi untuosi,** unctuous ways.
unzióne, *f.* greasing; unction (*relig.* e *fig.*); (*med.*) inunction:

(*relig.*) **Estrema U.**, Extreme Unction.
uòmo, *m.* **1** (*essere umano*) man*; human being: **l'u. preistorico**, prehistoric man **2** (*maschio*; *individuo*) man*; person: **un u. d'affari**, a business man; a businessman; **Pace agli uomini di buona volontà**, peace to men of good will; **Sentì la voce d'un u.**, he heard the voice of a man; **È venuto un u. a cercarti**, a man came looking for you; **È un u. onesto**, he's an honest man; **È un u. crudele**, he's a cruel man; **un u. di poche parole**, a man of few words; **È un u. grasso**, he's a fat man; **un bell'u.**, a handsome man; **un grand'u.**, a great man; **l'u. del giorno**, the man of the hour; **un u. grande**, a big man; **un u. di parola**, a man of honour; **un u. di mondo**, a man about town; **un u. di cuore**, a generous man; (*fig.*) **Da quel giorno è un altro u.**, since that day he has been a different man; **Venite qua, buon u.**, come here, my good man; **un u. povero**, a man who is poor; **un pover'u.**, a poor man; a wretch; **un u. buono**, a good (*o* a kind-hearted) man; (*mil.*) **quattro uomini e un caporale**, four men and a corporal; **agire da u.**, to behave like a man; **cose indegne d'un u.**, things unworthy of a man; **farsi u.**, to become a man **3** (*u. fatto*; *adulto*) grown man*; grown-up: **Ora non sei più un ragazzo, sei un u.**, you are no longer a boy, now, you are a grown man **4** (*tipo*) fellow; man*; chap; guy (*USA*): **un u. alla buona**, an easy-going fellow; (*iron.*) **Furbo, l'u.!**, crafty fellow! **5** (*fam.: marito*) husband; man*: **Lena ha mandato il suo u. in città**, Lena has sent her husband (*o* her man) into town. ● **u. bianco**, honky, honkie (*spreg.*) □ **u. chiave**, keyman □ **l'u. del gas**, the gasman □ **l'u. delle pulizie**, the cleaner □ **u. di chiesa**, (*ecclesiastico*) churchman; (*chi va in chiesa*) church-goer □ **u. di fatica**, labourer; blue collar □ (*stor.*) **u. di guerra**, warrior; soldier □ **u. di mare**, seaman □ (*spreg.*) **u. di paglia**, man of straw; figure-head; dummy □ **u. di stato**, statesman □ **u. di studio**, scholar □ **u. di toga**, magistrate □ **un u. finito**, a «has-been» □ (*naut.*) **u. in mare**, man overboard □ **u. morto** (*attaccapanni a colonna*), clothes-stand □ (*ferr.*) (*dispositivo di*) **u. morto**, dead-man control □ **u. nero**, (*spauracchio*) bogey; (*nei giochi di carte*) knave (*o* jack) of spades □ **un u. nuovo**, an upstart □ (*sport*) **u. partita**, match winner □ **l'u. qualunque**, the man in the street □ **u. rana**, frogman □ **u. sportivo**, sportsman □ **a memoria d'u.**, within living memory □ **a passo d'u.**, at walking pace □ **come un sol u.**, as one man; of one accord; all together □ **i diritti dell'u.**, human rights □ **farsi u.**, to grow up □ **natura d'u.**, human nature □ **Se gli mancasse la moglie, sarebbe un u. perso**, if he were to lose his wife, he'd be helpless □ **Non sono u. da tollerarlo**, I'm not one to put up with it □ **Non è u. capace di tanto**, he is not capable of so much □ (*di un ragazzo*) **Ha fatto la voce d'u.**, his voice has broken □ **Ehi, quell'u.!**, hey, you there! □ **È un u. di genio**, he is a genius □ **È un sant'u.**, he is goodness personified □ (*prov.*) **U. avvisato, mezzo salvato**, forewarned, forearmed □ (*prov.*) **L'u. propone e Dio dispone**, man proposes, God disposes.
uòpo, *m.* (*lett.*) need: **all'u.**, in case of need. ● **essere** (*o* **fare**) **d'u.**, to be necessary.
uòsa, *f.* gaiter.
uòvo, *m.* egg: **uova affogate** (*o* **in camicia**), poached eggs; **uova all'occhio di bue** (*o* **al tegamino**), fried eggs; **un u. appena fatto**, a new-laid egg; **uova bazzotte**, soft-boiled eggs; **u. di Pasqua**, Easter egg; **uova del baco da seta**, silkworm's eggs; **uova fresche** (**di giornata**), new-laid eggs; **u. di gallina**, hen's egg; **uova gallate**, fertilized eggs; **uova in padella**, fried eggs; **uova ripiene**, stuffed eggs; **uova sode**, hard-boiled eggs; **uova strapazzate**, scrambled eggs; **la chiara** (*o* **il bianco**) **di un u.**, the white of an egg; **fatto come un u.**, egg-shaped; **grosso come un u.**, the size of an egg; **sbattere** (*o* **frullare**) **le uova**, to beat eggs; **Le galline fanno le uova**, hens lay eggs. ● (*cucina*) **u. all'ostrica**, prairie-oyster □ **u. da tè**, tea-ball □ (*zool.*) **u. d'insetto parassita**, nit □ (*zool.*) **uova di molluschi**, spat □ **uova di rana**, frog-spawn □ **u. per rammendare**, darning-ball; darning-egg □ (*fig.*) **cercare il pelo nell'u.**, to pick holes (in st.); to split hairs □ (*fig.*) **guastare** (*o* **rompere**) **le uova nel paniere a q.**, to upset sb.'s apple-cart □ **guscio dell'u.**, egg-shell □ **tuorlo** (*o* **rosso**) **dell'u.**, yolk □ (*di pulcino*) **uscire dall'u.**, to hatch □ **È l'u. di Colombo!**, it's as plain as the nose on your face! □ (*prov.*) **Meglio un u. oggi che una gallina domani**, a bird in the hand is worth two in the bush.
uperizzàre, *v. t.* (*ind. alimentare*) to uperize.
uperizzazióne, *f.* (*ind. alimentare*) uperization.
uppercut (*ingl.*), *m.* (*pugilato*) uppercut.
ùpupa, *f.* (*zool.*, *Upupa epops*) hoopoe.
uragàno, *m.* **1** (*ciclone tropicale*) hurricane; (*violenta tempesta*) storm, tempest **2** (*fig.*) storm: **un u. di applausi**, a storm of applause.
Uràli, *m. pl.* (*geogr.*) (the) Ural mountains; (the) Urals.

uràlico, *a.* (*geogr.*) Uralian; Uralic.
urango, *m.* (*zool.*, *Pongo pygmaeus*) orang-outang; orang-utan.
uraniàno, *a.* (*astron.*) Uranian.
urànico, *a.* (*chim.*) uranic.
uranìfero, *a.* (*miner.*) uraniferous.
uraninite, *f.* (*miner.*) uraninite; pitchblende.
urànio, *m.* (*chim.*) uranium: **u. arricchito**, enriched uranium; **arricchimento dell'u.**, uranium enrichment.
uranìsmo, *m.* uranism; homosexuality.
uranìsta, *m.* uranist; homosexual.
Urano, *m.* (*mitol.*, *astron.*) Uranus.
uranografìa, *f.* (*astron.*) uranography.
uranogràfico, *a.* (*astron.*) uranographic(al).
uranògrafo, *m.* uranographer; uranographist.
uranometrìa, *f.* (*astron.*) uranometry.
uranomètrico, *a.* (*astron.*) uranometrical.
uranoscopìa, *f.* (*astron.*) uranoscopy.
uranoscòpico, *a.* (*astron.*) uranoscopic.
uranòscopo, *m.* (*zool.*, *Uranoscopus scaber*) star-gazer.
uràto, *m.* (*chim.*) urate.
urbanésimo, *m.* urbanism.
urbanìsta, *m. e f.* urbanist; urbanologist; town-planner; city-planner.
urbanìstica, *f.* urbanism; urbanology; town-planning; city-planning.
urbanìstico, *a.* urbanistic; town-planning (*attr.*); city-planning (*attr.*): **consulente u.**, town planning consultant.
urbanità, *f.* urbanity: **trattare q. con u.**, to treat sb. with urbanity. ● **u. di modi**, urbane manners.
urbanizzàre, *v. t.* **1** to urbanize **2** (*rendere civile*) to civilize.
urbanizzazióne, *f.* urbanization.
urbàno, *a.* **1** urban; city (*attr.*); town (*attr.*): **mura urbane**, city walls; (*leg.*) **pretura urbana**, city court; **nettezza urbana**, city cleaning department **2** (*fig.*) urbane; courteous; polite: **È u. con tutti**, he is urbane to everybody; **modi urbani**, urbane (*o* good) manners.
Urbano, *m.* Urban.
urbe, *f.* (*lett.*) city: **l'U. Eterna**, the Eternal City; Rome.
urbinàte, **A** *a.* of Urbino. **B** *m. e f.* inhabitant (*o* native) of Urbino.
urèa, *f.* (*chim.*) urea.
urèico, *a.* (*chim.*) ureic; ureal. ● (*ind.*) **resina ureica**, urea resin.
uremìa, *f.* (*med.*) uraemia.
urèmico, (*med.*) **A** *a.* uraemic. **B** *m.* sufferer from uraemia.
urènte, *a.* (*lett.*) burning.
uretàno, *m.* (*chim.*) urethane.
uretère, *m.* (*anat.*) ureter; urinary duct.
ureterite, *f.* (*med.*) ureteritis.
urètra, *f.* (*anat.*) urethra*.
uretràle, *a.* (*anat.*) urethral.
uretrite, *f.* (*med.*) urethritis*.
uretroscopìa, *f.* (*med.*) urethroscopy.
uretroscòpico, *a.* (*med.*) urethroscopic.
uretroscòpio, *m.* (*med.*) urethroscope.
urgènte, *a.* urgent; pressing: **un bisogno u.**, an urgent need; **affari urgenti**, urgent business; **problemi urgenti**, pressing problems; **una lettera u.**, an urgent letter; **avere u. bisogno di q.c.**, to be in urgent need of st.; to need st. urgently.
urgenteménte, *avv.* urgently; with urgency.
urgènza, *f.* urgency: **Lo farà quando potrà: non c'è u.**, he will do it when he can: there's no urgency. ● **chiamata d'u.**, urgent call □ **con la massima u.**, with the utmost speed □ (*med.*) **un intervento d'u.**, an emergency operation □ **soccorso d'u.**, first-aid □ **C'è u. di denaro**, there is an urgent need of money □ **Ho u. di partire**, I'm in a hurry to leave.
ùrgere, **A** *v. i.* to be urgent; to be pressing; to be urgently required: **Questi affari urgono**, this business is urgent; **Urgevano aiuti**, help was urgently required. ● **Urge farlo subito**, it must be done immediately. **B** *v. t.* (*lett.*) to urge; to press.
uri, *f.* (*relig. maomettana*) houri.
ùria, *f.* (*zool.*, *Uria aalge*) guillemot; tarrock.
Uria, *m.* (*Bibbia*) Uriah.
uricemìa, *f.* (*med.*) uricaemia.
uricèmico, (*med.*) **A** *a.* uricaemic. **B** *m.* sufferer from uricaemia.
ùrico, *a.* (*chim.*) uric: **acido u.**, uric acid.
urìna, *f.* urine.
urinàre, *V.* **orinare**.
urinàrio, *a.* urinary.
urinìfero, *a.* (*anat.*) uriniferous.
urlàre, *v. i. e t.* to howl; to shout; to scream; to yell; to shriek;

to bawl: **I lupi urlavano,** the wolves were howling; **Perché urla il bambino?,** why is the baby howling?; **Urlò come un ossesso quando sentì la notizia,** he shouted (*o* yelled) like a madman when he heard the news; **u. di dolore,** to shout with pain; **Il vento urla,** the wind is howling; **u. bestemmie,** to bawl out curses; **La folla urlava,** the crowd was shouting; **Il generale urlò gli ordini,** the general shouted his orders; **u. una canzone,** to bawl a song.

urlata, *f.* shout; cry; shriek; howl, yell.

urlatóre, A *m.* **1** howler; shouter; bawler **2** (*cantante*) pop-singer. **B** *a.* howling; shouting; bawling. ● (*zool.*) **scimmia urlatrice** (*Alouatta seniculus*), howling monkey; howler.

urlìo, *m.* howling; shouting; screaming; yelling: **l'u. dei lupi,** the howling of the wolves; **l'u. del vento,** the howling of the wind; **in mezzo all'u. della folla,** in the midst of the shouting of the crowd.

urlo, *m.* shout; cry; yell; howl; shriek: **cacciare un u.,** to let out a shout (*o* a yell); **l'u. del lupo,** the howl of the wolf; **un u. di dolore,** a cry of pain; **urli d'indignazione,** shouts of indignation; **l'u. del vento,** the howl of the wind. ● **l'u. del mare in tempesta,** the roar of the stormy sea □ **l'u. della sirena,** the wailing of the siren □ **far tacere un oratore a forza di urla,** to shout (*o* to howl) down a speaker.

urlóne, *m.* shouter; yeller.

urna, *f.* **1** urn: **un'u. cineraria,** a cinerary urn **2** (*u. elettorale*) ballot-box. ● **andare alle urne,** to go to the polls □ **il responso delle urne,** the election returns.

uro, *m.* (*zool.*, *Bos primigenius*) aurochs; urus*.

urobilina, *f.* (*biol.*) urobilin.

urodèlo, *m.* (*zool.*) urodele.

urogallo, *m.* (*zool.*, *Tetrao urogallus*) capercailye, capercailzie; wood grouse*.

urogenitale, *a.* (*anat.*) urogenital.

urografia, *f.* (*med.*) urography.

urolitìasi, *f.* (*med.*) urolithiasis.

urolito, *m.* (*med.*) urolith.

urologia, *f.* (*med.*) urology.

urològico, *a.* (*med.*) urological.

uròlogo, *m.* urologist.

uroniano, *a.* (*geol.*) Huronian.

uropigio, *m.* (*zool.*) uropygial gland; preen gland.

uroscopia, *f.* (*med.*) uroscopy.

urotropina, *f.* (*chim.*) urotropine.

urrà, *inter.* hurrah!; hurray!; yippee (*fam.*)!

Ursidi, *m. pl.* (*zool.*) Ursidae.

ursóne, *m.* (*zool.*, *Erethizon dorsatum*) North American porcupine.

urtante, A *a.* (*fig.*) irritating; annoying: **Ha modi urtanti,** he has annoying ways. **B** *m.* (*naut.*) **1** (*di mina*) horn **2** (*di nave*) bilge-keel.

urtare, A *v. t. e i.* **1** (*cozzare*) to bump into (sb., st.); to bump against (st.); to knock against (st.); to strike*; to collide with, to crash into, to run* into (st.); (*inciampare*) to stumble over (st.): **Mentre camminava per la strada, urtò una donna,** while walking in the street he bumped into a woman; **Urtai il capo nel soffitto,** I bumped (*o* knocked, hit) my head against the ceiling; **La nave urtò in uno scoglio,** the ship struck a rock; **La locomotiva urtò un treno merci,** the engine crashed into a goods train; **L'aeroplano urtò contro la vetta del monte,** the aeroplane crashed into the mountain peak; **L'automobile urtò (in) un muro,** the car ran into a wall; **Urtai (contro) la radice di un albero e caddi,** I stumbled over the root of a tree and fell **2** (*spingere*) to push; to shove; (*dare una spinta*) to give* (sb.) a shove: **Passando, m'ha urtato col gomito,** in passing he gave me a shove with his elbow **3** (*fig.: irritare*) to irritate; to annoy; to vex: **Non urtarlo, o te ne pentirai,** don't irritate him or you'll regret it; **Sono cose che urtano,** they are irritating things **4** (*fig.: provocare*) to provoke; (*offendere*) to offend, to hurt*: **Se lo urti, reagisce subito,** if you provoke him, he reacts immediately; **Le sue parole urtarono la mia suscettibilità,** his words hurt my feelings. ● (*fig.*) **u. in una difficoltà,** to run into (*o* to come up against) a difficulty □ (*fig.*) **u. i nervi a q.,** to get on sb.'s nerves: **Vederla così gli ha urtato i nervi,** seeing her like that got on his nerves. **urtarsi, B** *v. rifl.* (*irritarsi*) to become* irritated; to take* umbrage (at st.); to get* cross (*fam.*): **Si urta per un nonnulla,** he becomes irritated over nothing; **he takes umbrage at nothing.** **C** *v. rifl. recipr.* **1** (*scontrarsi*) to bump (*o* to run*) into each other (*o* one another); to collide: **Ci urtammo sulla soglia,** we bumped into each other on the threshold; **I due cervi si urtarono frontalmente,** the two stags ran head-on into each other; **I due camion (le due navi) si urtarono nella nebbia,** the two lorries (the two ships) collided in the fog **2** (*spingersi*) to push; to shove: **La gente si urtava per uscire,** people were pushing (and shoving) to get out; **La gente si urtava per entrare nel teatro,** people were pushing to get into the theatre **3** (*fig.: venire a contrasto*) to fall* out; to clash: **Si sono urtati per una questione di denaro,** they had a falling-out over money.

urtata, *f.* knock; (*spinta*) push, shove.

urtica, *e deriv.* V. **ortica,** *e deriv.*

urticàcee, *f. pl.* (*bot.*) Urticaceae.

urticante, *a.* urticant.

urto, A *m.* **1** (*cozzo*) bump, knock; (*collisione*) collision, crash: **Cadendo, ho dato un brutto u. col capo,** I got a nasty knock on the head when I fell; **l'u. di un'automobile contro un treno,** the collision of a car with a train; **l'u. frontale fra due veicoli,** the head-on collision between two vehicles **2** (*spinta*) push; shove: **M'ha dato un u. mentre scrivevo,** he gave me a push while I was writing **3** (*mil.*) *attacco*) attack: **sostenere gli urti del nemico,** to stand up to the attacks of the enemy **4** (*fis., mecc.*) impact: **u. di caduta,** drop impact **5** (*fig.: contrasto*) clash; conflict; collision: **un u. d'idee,** a clash of ideas; **un u. d'interessi,** a conflict of interests; **trovarsi in u. con l'autorità costituita,** to find oneself in collision with the forces of the law. ● (*fig.*) **essere in u. con q.,** to be on bad terms (*o* at loggerheads) with sb. □ (*fig.*) **mettersi in u. con q.,** to fall out with sb. □ (*fig.*) **prendere q. in u.,** to conceive a dislike for sb. □ (*mil.*) **sostenere l'u. dell'attacco,** to bear the brunt of the attack □ **Ha dato un u. contro il pilastro,** he bumped into the pillar. **B** *a.* massive: (*med.*) **dose u.,** massive dose.

urtóne, *m.* violent knock; (*spintone*) hard push, hard shove.

urtoterapìa, *f.* (*med.*) shock therapy; shock treatment.

uruguaiàno, *a.* e *m.* Uruguayan.

usàbile, *a.* usable; utilizable: **un arnese ancora u.,** a tool that is still usable.

usanza, *f.* **1** (*costume*) custom; (*moda*) fashion: **l'u. del baciamano,** the custom of handkissing; **C'è l'u. d'inviare gli auguri a Natale,** it is the custom to send one's good wishes at Christmas; **le usanze dei Mussulmani,** the Moslem customs; **introdurre un'u.,** to introduce a custom; **abolire un'u.,** to abolish a custom; **all'u. degli antichi,** according to the custom of the ancients; as the ancients did **2** (*abitudine*) habit: **Ha l'u. di alzarsi presto la mattina,** he is in the habit of getting up early in the morning; **prendere un'u.,** to get into a habit; **smettere un'u.,** to get out of a habit **3** (*moda*) fashion; vogue: **l'u. della gonna corta,** the short skirt fashion **4** (*leg.*) usance; custom. ● (*prov.*) **Paese che vai u. che trovi,** so many countries, so many customs.

usare, A *v. t.* **1** to use; to make* use of; (*impiegare*) to employ; (*maneggiare*) to handle: **Usate giudizio!,** use your judgment; **Usa meglio il tuo denaro!,** make a better use of your money!; **Si vede bene che hanno usato materiale di cattiva qualità,** it's obvious that poor quality material has been used; **Qui bisogna u. il martello,** here we (*o* you, etc.) must use the hammer; **u. l'astuzia,** to use cunning; **u. minacce,** to use threats; **Non sa come u. il tempo libero,** he doesn't know how to employ his spare time; **Sta attento quando usi i miei libri,** be careful while handling my books **2** (*essere solito*) to be in the habit of; to be accustomed to; to be used to; (*al pass.*) used, would: **Usano alzarsi di buon'ora,** they are in the habit of getting up early; they are accustomed to getting up early; **Non uso dimenticare i favori,** I am not in the habit of forgetting favours; **Io non uso fare così,** I am not accustomed to doing so; I am not used to doing so; **Usavi fumare la pipa, non è vero?,** you used to smoke a pipe, didn't you?; **Usava scrivermi una lettera ogni due giorni,** he would write me a letter every second day **3** (*in espressioni di cortesia: fare*) to do*: **u. una cortesia a q.,** to do sb. a favour **4** (*agire con*) to act with; to exercise; to be (+ *agg.*): **u. prudenza,** to exercise prudence; **u. molta attenzione,** to act very carefully; **u. pietà,** to be merciful **5** (*logorare*) to wear* out; (*consumare*) to use up: **Abbiamo usato molto carbone quest'inverno,** we have used up a lot of coal last winter. **B** *v. i.* **1** (*essere comune,* talora **«usarsi»,** *con l'inf. sottinteso*) to be the custom, to be customary; (*essere di moda*) to be in (*o* the) fashion, to be fashionable, to be in; (*essere usato*) to be used: **S'usa così,** that is the custom; **In quel paese usano fare così,** that is the custom in that country; **In Italia s'usa dare la mancia ai camerieri,** in Italy it is customary to tip waiters; **Risposse, come s'usa, che era ben lieto,** he replied, as is customary, that he was only too happy; **Anni fa s'usavano sottane strette,** years ago tight skirts were in fashion; **Cappellini del genere non usano più,** such hats are out of fashion (*o* are not fashionable any more); **Queste sono parole che non si usano più,** these are words which are no longer used **2** (*servirsi*) to make* use of: **u. delle proprie capacità,** to make use of one's own capabilities. ● **u. cortesie** (*o* **premure**), to be kind: **Mi**

usato

ha usato tante premure, he has been so kind to me □ **u. dei propri diritti**, to avail oneself of one's rights □ **u. modi gentili**, to behave politely □ **u. parsimonia**, to be thrifty □ **u. prudenza**, to be prudent □ **Da usarsi solo in caso d'incendio**, for use only in case of fire □ **L'ho comprato per usarlo, non per ornamento**, I bought it for use, not for ornament.

usato, A *a.* 1 (*non più nuovo*) second-hand; used: **mobilia usata**, second-hand furniture; **automobili usate**, used cars; **Vende roba usata**, he sells second-hand things 2 (*abituale*) usual; customary 3 (*in uso*) in use; used: **i metodi usati in una scuola**, the methods in use in a school 4 (*abituato*) accustomed (to); used (to): **gente usata alla fatica**, people used to hard work. ● **non u.**, unused. B *m.* 1 (*the*) ordinary: **Sono cose fuori dell'u.**, they are things out of the ordinary; they are unusual things 2 (*roba usata*) second-hand goods (*pl.*). ● **il mercato dell'u.**, the second-hand market.

usbèco, *m. e a.* Usbeg, Uzbek.

usbèrgo, *m.* 1 (*stor.*) hauberk 2 (*fig.*) protection; shield; defence: **sotto l'u. della legge**, under the protection of the law.

uscènte, *a.* 1 (*che sta per finire*) expiring: **l'anno u.**, the expiring year 2 (*di chi lascia un ufficio*) retiring; outgoing: **il sindaco u.**, the retiring mayor 3 (*gramm.*) ending: **verbi uscenti in -are**, verbs ending in -are.

uscière, *m.* 1 usher 2 (*fam.: ufficiale giudiziario*) bailiff.

ùscio, *m.* door: **un u. a vetri**, a glass door; **l'u. di casa**, the front door; **l'u. di cucina**, the kitchen door; **l'u. di strada**, the street door; **affacciarsi** (*o farsi*) **all'u.**, to come to the door; **aprire l'u.**, to open the door; **chiudere l'u.**, to shut the door; (*a chiave*) to lock the door; **mettersi** (*o stare*) **sull'u.**, to stand at the door (*o* in the doorway); **sbattere l'u.**, to slam the door; **sfondare l'u.**, to break down the door; **sprangare l'u.**, to bar the door. ● **abitare u. a u.** (*o a u. e bottega*) **con q.**, to live next door to sb. □ **infilare** (*o prendere*) **l'u.**, to leave; to go away □ **mettere q. fuori dell'u.**, to throw sb. out □ (*fig.*) **mettere** (*o stringere*) **q. tra l'uscio e il muro**, to put sb. with his (*o* her) back to the wall; to force sb. to take a decision □ (*fig.*) **essere** (*o trovarsi*) **tra l'u. e il muro**, to be with one's back to the wall; to be between the devil and the deep blue sea □ (*fig.*) **non fermarsi al primo u.**, not to take the first opportunity that comes along □ (*fig.*) **Non si trovano ad ogni u.**, they don't grow on trees (*o* on every hedgerow).

uscire, *v. i.* 1 (*andare fuori, anche fig.*) to go* out; (*da un luogo, anche*) to leave*: **u. a cavallo**, to go out on horseback; (*in gita*) to go out riding; **u. a passeggio**, to go out for a walk; **u. a piedi**, to go out (*o* to leave) on foot; **u. dalla porta**, to go out through the door; (*fig.*) **u. di cervello** (*o* di senno, di sé), to go out of one's mind; (*mus.*) **u. di tono**, to go out of tune; **u. in auto**, to go out in the (*o* in one's) car; (*in gita*) to go out motoring; **u. in bicicletta**, to go out on one's bicycle; (*in gita*) to go out cycling; **lasciare u. q.**, to allow sb. to go out; to let sb. out; **Esco un momento e torno**, I'm going out for a moment and coming back at once; **Esco sul balcone**, I am going out onto the balcony; **Erano usciti in piazza**, they had gone out into the square; **È una ragazza che esce spesso**, she is a girl who goes out a lot; **Uscì dalla stanza**, he went out of the room; **Il treno esce dalla stazione**, the train is leaving the station; **Lo sapevo ed ora m'è uscito di mente**, I knew it, and now it's gone out of my head 2 (*venire fuori, anche fig.*) to come* out: **u. dal bagno**, to come out of the bath; **u. di** (*o dalla*) **chiesa**, to come out of church; **u. sano e salvo**, to come out safe and sound; **u. dalla tana**, to come out of the den; **u. di** (*o dalla*) **scuola**, to come out of school; **u. di camera**, to come out of one's room; (*mil.*) **u. di trincea**, to come out from the trenches; **Uscite di là!**, come out of there!; **Esci** (*fuori*) **se hai il coraggio**, come out if you've got the courage; **Il pulcino esce dall'uovo**, the chick comes out of the egg; **Il treno esce dalla galleria**, the train is coming out of the tunnel; **Il fazzoletto ti esce dalla tasca**, your handkerchief is coming out of your pocket; **È uscito il nuovo decreto**, the new decree has come out; **Il primo numero** (**del giornale**) **uscirà il quindici del mese**, the first number will come out on the fifteenth of the month; **Quanti libri escono ogni anno?**, how many books come out each year?; **Uscì** (**fuori**) **con una proposta un po' strana**, he came out with a rather strange proposal 3 (*andare fuori, venire fuori, anche fig.*) to get* out: **u. per la finestra**, to get out through the window; **u. dai guai**, to get out of trouble; **u. dal letto**, to get out of bed; (*anche fig.*) **u. di riga**, to get out of line; (*fig.*) **u. da un ginepraio**, to get out of a tight corner; **u. dalla carrozza**, to get out of the coach; **Il leone uscì dalla gabbia**, the lion got out of his cage; **Non saprei come uscirne**, I wouldn't know how to get out of it 4 (*venir fuori, provenire, anche fig.*) to come* (from): **Di lì esce un gran puzzo**, there is an awful smell coming from there; **un «sì» che gli usciva dal cuore**, a «yes» which came from his

heart; **Non di rado dal male esce il bene**, quite often good comes from evil 5 (*venire su*) to come* up: **u. dalla cantina**, to come up from the cellar; **u. dal pozzo**, to come up from the well 6 (*lasciare, abbandonare*) to leave*: **u. dalla città**, to leave the city; **u. di casa**, to leave the house; (*fig.*) to leave home; (*naut.*) **u. dal porto**, to leave port; **u. dal posto**, to leave one's place; **u. dall'ospedale**, to leave hospital; **u. di carcere**, to leave (*o* to come out of) prison; **u. di fila**, to leave one's place in the queue; **Il lavoro che esce dalla nostra fabbrica dev'essere perfetto**, the work that leaves our factory must be perfect; **Quando la merce è uscita di bottega, non la prendo più indietro**, once the goods have left the shop, I won't take them back again 7 (*cadere*) to drop; (*sfuggire*) to slip: **Il bicchiere le uscì di mano e si fece in mille pezzi**, the glass dropped from (*o* slipped out of) her hand and broke into a thousand pieces; **u. di mente a q.**, to slip sb.'s memory 8 (*ferr.*) to run* off; (*autom.*) to go* off: **La locomotiva uscì dalle rotaie**, the engine ran off the rails; **L'automobile uscì di strada**, the car went off the road 9 (*finire*) to end: **u. dalla neutralità**, to end one's neutrality; (*gramm.*) **verbi che escono in -are**, verbs that end in -are 10 (*sboccare*) to end (at); (*condurre*) to lead* (to, out): **Il vicolo esce sulla strada principale**, the alley ends at the main street; **Questa strada esce sulla piazza**, this street leads to the square; **La via Flaminia esce da Porta del Popolo**, the via Flaminia leads out of the Porta del Popolo 11 (*scaturire: di liquidi*) to flow (out); to come* (out); to run* (*di gas e sim.*) to come* (out), to escape; **L'acqua esce dal rubinetto**, the water flows from the tap 12 (*essere estratto*) to be drawn; to come* out: **Per primo uscì il numero venti**, number twenty was drawn first; **Il suo nome uscì dall'urna**, his name was drawn 13 (*sporgere*) to protrude; to stick* out 14 (*nei giochi di carte*) to lead*: **u. a quadri**, to lead diamonds 15 — **uscirci** (*ricavarci*), to be got out of: **Ti dico che con tre metri solo il vestito non ci esce**, I tell you that with only three metres you won't get a dress out of it 16 — **uscirne** (*cavarsela*), to come* off (*o* through); to get* off: **uscirne bene** (*male*), to come off well (badly); **uscirne a buon mercato**, to get off cheaply; **Ne uscì senza neanche una scalfittura**, he came through without even a scratch. ● (*naut.*) **u. al largo**, to head out to sea □ (*fig.*) **u. dai gangheri**, to go (*o* to fly) off the handle □ **u. dall'adolescenza**, to leave one's adolescence behind; to become a man (*o a woman*) □ **u. dall'argomento**, to get off the point; to digress □ (*fig.*) **u. dal giusto cammino** (*o dalla retta via*), to leave the straight and narrow path □ **u. dal letargo**, (*zool.*) to come out of hibernation; (*fig.*) to wake up □ (*di un fiume*) **u. dal letto**, to overflow (one's banks) □ (*del sole*) **u. dalle nuvole**, to break through □ (*fig.*) **u. di carica**, to end one's term of office; (*dimettersi*) to resign one's post □ **u. di corsa** (*o correndo*), to run out □ **u. di minorità**, to come of age □ **u. di scena**, (*di attore*) to go off; to exit; to leave the stage; (*fig.*) to leave the scene □ **u. furtivamente** (*o di soppiatto*), to steal out □ **u. in** (**tutta**) **fretta**, to hurry out □ (*naut.*) **u. in mare**, to put out to sea □ **u. in una risata**, to burst into laughter □ (*leg.*) **u. indenne da un'indagine**, to bear bequest □ **u. precipitosamente**, to rush out □ **fare u. q.**, (*mandarlo fuori*) to send sb. out; (*accompagnarlo fuori*) to show sb. out; (*lasciarlo u.*) to allow sb. to go out, to let sb. out □ (*fig.*) **Mi esce dagli occhi**, I'm fed up with it □ **Se ne uscirà con poco**, he will get off cheaply; (*non sarà costoso*) it won't take him a lot of money; (*non sarà difficile*) it won't be very difficult for him □ **Tutte le mie camicie sono uscite dalle sue mani**, all my shirts are the work of her hands □ **Ciò esce dalla mia competenza**, this is outside my province □ **Che non t'esca una parola di bocca!**, don't let a word escape you! □ **Di dov'è uscito quello lì?**, where has that fellow sprung from? □ **Di qui si esce**, this is the way out □ **Di qui non si esce: o è un ladro o uno stupido**, there's no getting away from it: either he's a thief or a fool □ (*teatr.*) **Esce Amleto**, exit Hamlet.

uscita, *f.* 1 (*l'uscire*) getting out; (*l'andare fuori*) going out; (*venire fuori*) coming out; (*il lasciare un luogo*) leaving (a place); (*teatr.*) exit: **all'u. dalla scuola**, on coming out of school; **all'u. dalla città**, on leaving the town; **l'u. dell'attore** (*dalla scena*), the actor's exit 2 (*passaggio per cui si esce*) exit (*anche teatr.*); way out (*anche fig.*): **u. di sicurezza**, (*di teatro, ecc.*) emergency exit; (*di una casa, anche*) fire escape; **segnale d'u.** (*d'autostrada*), exit sign; **Vietata l'u.**, no exit; **Dov'è l'u.?**, where is the exit?; **Aspettami all'u. del sottopassaggio**, wait for me at the subway exit; **Di qui non c'è u.**, there is no way out; **Non ha altra u.**, he has no other way out; **trovare una via d'u.**, to find a way out; **Si è messo in una via senza u.**, he has got himself into a situation from which there is no way out 3 (*fig.: scappatoia, soluzione*) way out; solution: **Questa è l'unica u. ragionevole**, this is the only reasonable way out **4** (*di liquido*) outflow; flowing out; (*di gas e sim.*) outlet, escape **5** (*sbocco*) outlet; vent; hole; opening: **un canale che dà u. alle acque**, a canal acting as an outlet for water **6** (*liberazione*) release: **u. dal carcere**, release from prison **7** (*spesa*) expenditure; expense; outlay; outgoing; outgo: **Le uscite superano le entrate**, the expenditure is greater than the income **8** (*fig.: motto di spirito*) joke; witticism **9** (*gramm.: desinenza*) ending: **parole che hanno l'u. in a**, words that have an ending in a **10** (*nei giochi di carte*) lead **11** (*gioco del calcio: del portiere*) coming out (of goal) **12** (*mil.: sortita*) sortie; sally **13** (*elettr., elab.*) output: **l'u. di un amplificatore**, the output of an amplifier. ● **buon'u.**, (*per una casa*) key-money; (*per un'azienda*) goodwill; (*premio di liquidazione*) leaving-bonus □ **una casa con due uscite**, a house with two doors □ (*comm.*) **dazio d'u.**, export duty □ (*comm.*) **dichiarazione d'u.**, declaration outwards □ **di prima u.** (*subito*), immediately: **Cominciò a parlare e di prima u. disse una stupidaggine**, he began to speak and immediately said something stupid □ (*ferr.*) **mostrare il biglietto all'u.**, to show one's ticket at the barrier □ (*comm.*) **permesso d'u.**, clearance permit □ **una strada senza u.**, a dead end; a blind alley □ **Ha certe uscite bizzarre**, he comes out with the strangest things □ **I soldati hanno la libera u.**, the soldiers are off duty □ **Oggi è il mio giorno di libera u.**, today is my day off □ **Andiamo a vedere l'u. della processione**, let's go and see the procession come out.

usignòlo, *m.* (*zool.*, *Luscinia megarhyncha*) nightingale. ● (*fig.*) **cantare come un u.**, to sing like a lark.

usitato, *a.* (*lett.*) **1** much-used; common: **locuzioni usitate**, much-used expressions **2** (*solito*) usual; habitual: **all'ora usitata**, at the usual time.

uso (1), *m.* **1** use: **l'uso della favella**, the use of one's tongue; **l'uso errato di una locuzione**, the wrong use of a phrase; **avere l'uso di q.c.**, to have the use of st.; **pagare un tanto per l'uso di q.c.**, to pay so much for the use of st.; **per uso proprio personale**, for one's own personal use; **Serve a tanti usi**, it has a great many uses; **Fa buon (cattivo) uso del suo tempo**, he makes good (bad) use of his time; **Fa troppo uso di medicine**, he makes too much use of medicine; **Ha perso l'uso del braccio destro**, he has lost the use of his right arm **2** (*rif. alla lingua*) usage: **l'uso comune**, common usage; **l'uso letterario**, literary usage; **l'uso parlato**, colloquial usage; **l'uso scritto**, written usage **3** (*usanza, costume*) custom; usage; habit; (*maniera*) style, way: **gli usi e i costumi di un popolo**, the usages and customs of a nation; **È d'uso mangiare il tacchino a Natale**, it is a custom to eat turkey at Christmas; **Così vuole l'uso**, that is the custom; **secondo l'uso della gente di mare**, according to the custom of seafaring people; **regole fondate sull'uso**, rules based on usage; **È fatto all'uso inglese**, it is in the English style; **Aveva in uso di andare al mare ogni estate**, he was in the habit of going to the seaside every summer **4** (*pratica*) practice: **Si vede che conosce il francese ma che gli manca l'uso**, one can see he knows French but that he needs practice **5** (*moda*) fashion: **all'uso** (*o* **secondo l'uso**) **dei Romani**, after the Roman fashion **6** (*logoramento*) wear: **uso e consumo**, wear and tear **7** (*leg.: consuetudine*) custom. ● **a proprio uso e consumo**, at one's own disposal □ **a uso della gioventù**, for the young □ **con le riserve d'uso**, with the usual reservations □ (*di contenitore, ecc.*) **da gettare dopo l'uso**, disposable □ **d'uso antiquato**, obsolete □ **d'uso dialettale**, dialectal □ (*leg.*) **diritto d'uso**, right of user □ **fare uso a q.c.**, to get used to it: **Quando ci avrà fatto l'uso, gli sembrerà facile**, when he has got used to it, it will seem easy to him □ **fare uso del diritto di voto**, to exercise the right to vote □ **frasi d'uso**, conventional expressions □ **fuori (d')uso**, out of use; unserviceable; old-fashioned; (*d'un meccanismo*) out of order, not working; (*d'un vocabolo*) obsolete: **roba fuori d'uso**, unserviceable things; **articoli fuori uso**, old-fashioned articles; **una voce fuori uso**, an obsolete word □ **essere in uso**, to be in use (*o* in fashion) □ **logoro dall'uso**, worn-out □ **mettere q.c. in uso**, to put st. into use; to bring st. into fashion □ **secondo l'uso dei migliori scrittori**, as in the best writers □ **seguire l'uso**, to follow the custom (*o* the fashion) □ **stoffa uso inglese**, English-type material □ **tornare in uso**, to come back into use (*o* into fashion) □ (*polit.*) **violare gli usi di guerra**, to violate the conventions of war □ **una voce d'uso**, a common word □ **A che uso serve questo strumento?**, what is this instrument for? □ **Fanno uso di mezzi scellerati in guerra**, their practices in war are despicable □ **Gli proibì l'uso del vino**, he forbade him to drink wine □ **Ha perso l'uso della ragione**, he's out of his mind □ **Non ne conosco l'uso**, (*non so usarlo*) I don't know how to use it; (*non so a che serva*) I don't know what it's for.

uso (2), *a.* (*lett.*) used, accustomed (to st., to doing st.); wont (to do st.): **Non sono uso a un simile trattamento** (*o* **a essere trattato così**), I'm not used (*o* accustomed) to such treatment (*o* to being treated like that); **Ero uso alle fatiche**, I was used to hard work.

ùssaro, ùssero, *m.* (*mil.*) hussar.

ussita, *a., m. e f.* (*stor. relig.*) Hussite.

ussitismo, *m.* (*stor. relig.*) Hussitism; Hussism.

usta, *f.* scent.

ustionare, **A** *v. t.* to scald; to burn*. **ustionarsi**, **B** *v. rifl.* to scald (*o* to burn*) oneself.

ustióne, *f.* burn; scald: **u. di primo grado**, first-degree burn.

usto, *a.* (*chim.*) calcined.

ustolare, *v. i.* to whine.

ustòrio, *a.* burning: **uno specchio u.**, a burning glass.

usuale, *a.* usual; customary; common; ordinary: **una parola u.**, a common word; **carta u.**, ordinary paper. ● **per l'u.**, usually; as a rule.

usualità, *f.* usualness; customariness; commonness.

usucapióne, *f.* (*leg.*) usucap(t)ion; prescription.

usucapire, *v. t.* (*leg.*) to prescribe; to acquire (st.) by prescription.

usufruire, *v. i.* **1** (*leg.*) to enjoy (st.) in usufruct **2** (*valersi di q.c.*) to take* advantage (of st.): **u. di una legge**, to take advantage of a law. ● **u. di un vantaggio**, to make use of an advantage.

usufrutto, *m.* (*leg.*) usufruct: **u. legale**, legal usufruct; **quasi u.**, quasi-usufruct. ● **u. a vita**, life tenancy.

usufruttuàrio, *a. e m.* (*leg.*) usufructuary. ● **u. a vita**, life tenant.

usura (1), *f.* usury: **dare** (*o* **prestare**) **a u.**, to lend with usury. ● (*fig.*) **Le offese ricevute le rendeva a** (*o* **con**) **u.**, he repaid the insults received with interest.

usura (2), *f.* (*logorio*) wear and tear; wear: **l'u. di una macchina**, the wear and tear of a machine; **dare segni d'u.**, to show wear.

usuràio, *m.* **1** usurer **2** (*per estens.: avaro*) miser; skinflint.

usurare, *v. t.* to wear* out (st.).

usuràrio, *a.* usurious: **interessi usurari**, usurious interest.

usurpaménto, *m.* usurpation; (*di un diritto*) encroachment.

usurpare, *v. t.* to usurp: **u. il trono**, to usurp the throne. ● **u. i diritti di q.**, to encroach on (*o* upon) sb.'s rights.

usurpatóre, *m.* usurper; (*di un diritto*) encroacher.

usurpazióne, *f.* usurpation; (*di un diritto*) encroachment.

utensile, *m.* tool; utensil; implement: **utensili da cucina**, kitchen utensils; **utensili da fabbro**, a blacksmith's tools; **u. per filettare**, threading tool; **u. per sgrossare**, roughing tool; **u. per tornire**, turning tool; **utensili da falegname**, a carpenter's tools; **u. da taglio**, cutting tool; **u. da tornio**, lathe cutting tool; **u. per zigrinare**, knurling tool; **u. portatile** (*elettrico, pneumatico, meccanico*), power-driven hand tool. ● **macchina u.**, a machine tool.

utensileria, *f.* **1** set of tools; tools (*pl.*) **2** (*reparto d'officina*) tool-room.

utènte, *m. e f.* user; consumer: **gli utenti del gas**, gas consumers; **gli utenti dell'energia elettrica**, electricity consumers. ● **utenti della pubblicità**, advertisers □ **utenti della radio, della televisione**, licence-holders □ **utenti del telefono**, telephone subscribers.

utènza, *f.* **1** use; consumption: **l'u. del gas**, gas consumption; **l'u. della caldaia**, the use of the boiler **2** (*l'insieme degli utenti*) users (*pl.*); consumers (*pl.*); (*del telefono*) subscribers (*pl.*); (*della radio e della televisione*) licence-holders (*pl.*).

uterino, *a.* (*anat.*) uterine. ● **fratelli uterini**, uterine brothers; half-brothers on the mother's side.

ùtero, *m.* (*anat.*) uterus*; womb.

ùtile, **A** *a.* **1** useful; helpful; handy (*fam.*): **conoscenze utili**, (*di cose*) useful knowledge (*sing.*); (*di persone*) useful contacts; **rendersi u.**, to make oneself useful; **essere u. a q.**, to be helpful to sb.; **In quella circostanza mi fu u.**, he was useful to me on that occasion **2** (*che può servire*) usable: **Di cinque stanze, ce ne sono solo due utili**, of five rooms only two are usable. ● **u. alla salute**, good for one's health □ **in tempo u.**, in time: **presentare i documenti in tempo u.**, to submit one's documents in time □ (*mecc.*) **lunghezza u.**, working length □ **Sarà u. informarsi bene**, it will be advisable to obtain correct information. **B** *m.* **1** advantage; benefit **2** (*econ., fin., rag.*) profit; income; gain; earnings (*pl.*); makings (*pl.*): **L'u. netto sarà di centomila lire**, the net profit will be a hundred thousand lire; **dividere l'u. a metà**, to split the profit; **partecipare agli utili**, to share (the) profits; **partecipazione agli utili**, profit-sharing; **u. d'esercizio**, income for the year; **utili non distribuiti**, retained earnings. ● (*sport*) **partita u.**, win or even match □ **unire l'u. al dilettevole**, to combine business with pleasure; to combine the useful and the pleasurable □ **Che**

utilità

u. ti dà questo?, what good is this to you? □ **Non pensa che al suo u.**, he thinks only of himself.

utilità, *f.* **1** utility; usefulness; use: **l'u. dell'esperienza**, the usefulness of experience; **senza u. pratica**, without any practical use; **La riflessione reca poca u. in questo caso**, in this case reflection is of little use **2** (*vantaggio*) advantage; benefit: **Il libro non mi fu di molta u.**, the book wasn't of much benefit to me **3** (*econ.*) utility: **u. marginale**, marginal utility. ● **u. pubblica**, common good (*o* welfare); public interest: **per ragioni di pubblica u.**, in the public interest; for common good.

utilitària, *f.* (*autom.*) utility (*o* economy) car; runabout; compact car (*USA*).

utilitàrio, *a.* e *m.* utilitarian: **il sistema u.**, the utilitarian system.

utilitarismo, *m.* (*filos.*) utilitarianism.

utilitarista, *a.*, *m.* e *f.* (*anche filos.*) utilitarian.

utilitarìstico, *a.* (*anche filos.*) utilitarian.

utilizzàbile, *a.* usable; utilizable: **avanzi ancora utilizzabili**, leftovers still utilizable.

utilizzabilità, *f.* usableness; capability (of st.) to be utilized.

utilizzare, *v. t.* to use; to utilize; to make* use of (st.): **u. gli avanzi**, to utilize the left-overs; **u. il tempo**, to utilize time.

utilizzatóre, *m.* utilizer; (*econ.*) user.

utilizzazióne, *f.* **utilizzo**, *m.* use; utilization.

utilménte, *avv.* usefully.

utopìa, *f.* utopia: **La pace universale è un'u.**, universal peace is a utopia.

utòpico, *a.* utopian.

utopista, *m.* e *f.* utopian.

utopìstico, *a.* utopian.

utricolare, utrìcolo, *V.* otricolare, otrìcolo.

utriculària, *f.* (*bot.*, *Utricularia vulgaris*) bladderwort.

uva, *f.* grapes (*pl.*); (*nei composti*) grape: **un gràppolo d'u.**, a bunch of grapes; **cogliere l'u.**, to pick (the) grapes; **u. da tavola**, eating grapes; **u. matura**, ripe grapes; **succo d'u.**, grape-juice. ● (*bot.*) **u. di mare** (*Sargassum bacciferum*), sargasso; gulf-weed □ **u. passa**, raisins (*pl.*) □ (*bot.*) **u. spina** (*Ribes grossularia*), gooseberry □ **u. sultanina**, currants (*pl.*) □ (*bot.*) **u. ursina** (*Arctostaphylos uva-ursi*), bearberry □ **chicco d'u.**, grape.

uvàceo, *a.* grapy; grape (*attr.*).

ùvea, *f.* (*anat.*) uvea.

uveale, *a.* (*anat.*) uveal.

uveite, *f.* (*med.*) uveitis.

uvétta, *f.* (*uva passa*) raisins (*pl.*).

uvìfero, *a.* (*lett.*) grape-bearing.

uvulare, *a.* (*anat.*, *fon.*) uvular.

uvulite, *f.* (*med.*) uvulitis.

uxorìcida, **A** *m.* e *f.* uxoricide. **B** *a.* uxoricidal.

uxoricìdio, *m.* uxoricide.

uxòrio, *a.* (*specialm. leg.*) uxorial.

ùzzolo, *m.* (*fam.*, *tosc.*) whim; fancy: **Gli è venuto l'u. di viaggiare**, he has taken a fancy to travelling.

v, V

V, v, *f. e m.* (*ventesima lettera dell'alfabeto ital.*) V, v. ● (*tel.*) **v come Venezia**, v for Victor □ **fatto a v,** v-shaped; vee-shaped.
vacante, *a.* vacant: (*leg.*) **eredità v.,** vacant succession. ● **carica v.,** vacancy.
vacanza, *f.* **1** holiday; vacation: **vacanze di Natale**, Christmas holidays; **vacanze estive**, Summer holidays; **Passerò le vacanze al mare,** I'll spend my holidays at the seaside; **andare in v.,** to go on holiday; **essere in v.,** to be on holiday; **tornare dalle vacanze,** to come back from one's holidays; **v. studio,** educational holiday; **un giorno di v.,** a day's holiday; a holiday; (*dal lavoro*) a day off; **Domani è v.,** tomorrow is a holiday **2** (*del Parlamento*) recess: **Il Parlamento è in v.,** Parliament is in recess **3** (*di carica, posto di lavoro*) vacancy: **Alla prima v. sarete assunto,** you will be taken on as soon as there is a vacancy. ● **far v.,** to take a holiday; (*essere assente*) to be absent: **Quest'anno quell'alunno ha fatto molte vacanze,** this year that pupil has often been absent.
vacanziere, *m.* (*fam.*) holiday-maker; vacationer (*USA*).
vacare, *v. i.* to be vacant.
vacazione, *f.* (*leg.*) period of professional attendance. ● (*leg.*) **v. della legge,** vacatio legis (*lat.*).
vacca, *f.* **1** cow: **una v. da latte,** a milch-cow; **latte di v.,** cow's milk; **Questa v. dà molto latte,** this cow is a good milker **2** (*fig., spreg.: donnaccia*) bitch; cow.
vaccaio, vaccaro, *m.* cowman*; cowherd.
vaccata, *f.* (*volg.*) (piece of) nonsense; mere rubbish; trash.
vaccheria, *f.* **1** (*stalla*) cowshed **2** (*latteria*) dairy-farm.
vacchetta, *f.* cowhide.
vaccina, *f.* **1** (*vacca*) cow **2** (*carne di vacca o di manzo*) beef **3** (*sterco di vacca*) cow-dung.
vaccinabile, *a.* (*med.*) that can be vaccinated.
vaccinare, *v. t.* (*med.*) to vaccinate; to inoculate: **Bisogna v. un'altra volta il bambino,** the baby must be vaccinated again. ● (*fig.*) **essere vaccinato contro le delusioni,** to be inured to disappointment.
vaccinato, (*med.*) **A** *a.* vaccinated. **B** *m.* vaccinated person.
vaccinatore, *m.* (*med.*) vaccinator.
vaccinazione, *f.* (*med.*) vaccination; inoculation. ● **fare la v.,** to be vaccinated.
vaccinico, *a.* (*med.*) vaccinal.
vaccino, A *a.* (*di vacca*) vaccine; cow (*attr.*); (*bovino*) bovine; cattle (*attr.*). **B** *m.* (*med.*) vaccine: **v. antitifico,** typhoid vaccine.
vaccinoprofilassi, *f.* (*med.*) prophylactic vaccination.
vaccinostilo, *m.* (*med.*) vaccinostyle.
vaccinoterapia, *f.* (*med.*) vaccine therapy.
vacillamento, *m.* **1** tottering; staggering; wobbling **2** (*di luci*) flickering **3** (*fig.*) shakiness.
vacillante, *a.* **1** tottering; staggering; wobbly; unsteady: **un passo v.,** a tottering gait **2** (*di luci*) flickering: **luci vacillanti,** flickering lights **3** (*fig.*) shaky; (*incerto*) vacillating, wavering: **una fama v.,** a shaky reputation; **fede v.,** wavering faith.
vacillare, *v. i.* **1** to totter; to stagger; to wobble: **Vacillava camminando,** he tottered as he walked; **Ebbe una vertigine e vacillò,** he felt giddy and tottered **2** (*di luci*) to flicker: **Le luci vacillavano nella nebbia,** the lights flickered in the mist **3** (*fig.*) to be shaky; (*essere incerto*) to vacillate, to waver, to wobble: **La mente dei vecchi spesso vacilla,** old people's minds are often shaky; **La sua fede vacillava,** his faith was wavering.
vacuità, *f.* vacuity; vacuousness; emptiness: **la v. dei suoi discorsi,** the emptiness of his words. ● **la v. della sua mente,** his empty-headedness.
vacuo, A *a.* vacuous; empty: **uno sguardo v.,** a vacuous stare; **una mente vacua,** an empty head; **promesse vacue,** empty promises. **B** *m.* vacuum*.
vacuolare, *a.* (*biol.*) vacuolar; vacuolate(d).
vacuolo, *m.* (*biol.*) vacuole.
vacuometro, *m.* (*fis.*) vacuometer.
vademecum, *m.* vade-mecum.

va e vieni, *m.* coming and going; to and fro; hustle and bustle.
vagabondaggine, *f.* vagrancy; vagabondage.
vagabondaggio, *m.* **1** vagrancy; vagabondage; vagabondism: **estirpare il v. dalle città,** to eliminate vagrancy in the cities; **darsi al v.,** to take to vagrancy; to take to the road **2** (*il vagabondare*) wandering (*di solito al pl.*): (*fig.*) **vagabondaggi letterari,** literary wanderings.
vagabondare, *v. i.* **1** to be a vagrant (*o* a vagabond) to be a tramp: **Scacciato di casa si mise a v.,** thrown out of his home he took to being a tramp **2** (*andare vagando*) to wander about; to roam about; to rove: **Nelle vacanze mi piace v.,** I like to roam about during the holidays. ● (*fig.*) **v. col pensiero,** to let one's thoughts wander.
vagabondo, A *m.* **1** vagrant; vagabond; tramp: **La polizia fece una retata di vagabondi,** the police made a round-up of tramps; **fare la vita del v.,** to lead the life of a tramp **2** (*fannullone*) idler; loafer; layabout. **B** *a.* **1** vagabond; vagrant; roving: **una vita vagabonda,** a vagabond life **2** (*di animali*) stray **3** (*fig.*) wandering: **una mente vagabonda,** a wandering mind.
vagale, *a.* (*anat.*) vagal.
vagamente, *avv.* vaguely.
vagante, *a.* **1** wandering; rambling: **uno sguardo v.,** a wandering look; **dolori vaganti,** wandering pains.
vagare, *v. i.* to wander; to ramble; to roam; to rove: **v. per i boschi,** to wander through the woods; **v. per il mondo,** to roam about the world; **Le nuvole vagavano per il cielo,** the clouds were wandering across the sky; **v. d'affetto in affetto,** to wander from one love to another.
vagheggiamento, *m.* **1** pleasurable contemplation; (*sguardo amoroso*) longing gaze: **il v. della donna amata,** the pleasurable contemplation of one's lady love **2** (*l'immaginare con desiderio*) longing; yearning: **Il suo era v. amoroso più che passione,** his was an amorous longing rather than a passion.
vagheggiare, A *v. t.* **1** to contemplate (sb., st.) with pleasure; to gaze at (sb., st.) with admiration: **L'innamorato vagheggia la donna amata,** the lover contemplates his lady love with pleasure **2** (*desiderare intensamente*) to long (*o* to yearn) for (st.); (*sognare*) to dream* of (st.): **Vagheggiava un avvenire di pace,** he was dreaming of a peaceful future. **vagheggiarsi, B** *v. rifl.* to admire oneself: **Si vagheggiava allo specchio,** she was admiring herself in the mirror.
vagheggiatore, *m.* (*lett.*) admirer; lover; (*corteggiatore*) wooer.
vagheggino, *m.* gallant; ladies' man*: **fare il v.,** to play the gallant.
vaghezza, *f.* **1** (*indeterminatezza*) vagueness; haziness; indeterminacy: **Ha accennato alla cosa con troppa v.,** he alluded to the thing with too much vagueness **2** (*bellezza*) beauty; charm: **la v. di quel posto,** the beauty of that place **3** (*lett.: desiderio*) fancy; longing; yearning: **sentire v. per q.c.,** to have a fancy (*o* a longing) for st.; (*scherz.*) **Mi punge v. di un po' di champagne,** I have a fancy for some champagne; I just fancy some champagne.
vagina, *f.* **1** (*anat.*) vagina* **2** (*lett.: guaina*) sheath.
vaginale, *a.* (*anat.*) vaginal.
vaginismo, *m.* (*med.*) vaginismus.
vaginite, *f.* (*med.*) vaginitis.
vagire, *v. i.* to whimper; to wail.
vagito, *m.* **1** whimper; wail; (*med.*) vagitus **2** (*pl., fig.*) dawnings; stirrings: **i primi vagiti della nostra letteratura,** the first dawnings of our literature.
vaglia (1), *f.* (*pregio, merito*) merit; worth: **un uomo di v.,** a man of merit (*o* of great worth); **uno scrittore di v.,** a writer of merit.
vaglia (2), *m. invar.* (*titolo di credito*) money-order: **v. telegrafico,** telegraphic money-order; **fare** (*o* **emettere**) **un v.,** to make out a money-order; **riscuotere un v.,** to cash a money-order. ● **v. bancario,** bank draft □ **v. cambiario,** promissory note □ **v. postale,** postal order.
vagliare, *v. t.* **1** to sift; to sieve; to riddle: **v. la ghiaia,** to riddle

vagliata

gravel **2** (*grano, ecc.*) to winnow **3** (*ind.*) to riddle; to screen **4** (*fig.*) to examine closely (*o* thoroughly); to sift; to weigh (up): **La commissione vagliò gli elaborati dei candidati**, the commission examined the candidates' papers closely; **v. le prove**, to sift evidence; **v. una proposta**, to weigh up a proposal.

vagliata, *f.* sifting; sieving; riddling; winnowing.

vagliatóre, *m.* sifter; siever; riddler; winnower.

vagliatrice, *f.* (*mecc.*) sifting-machine.

vagliatura, *f.* **1** sifting; sieving; riddling; winnowing **2** (*ind.*) riddling; screening **3** (*mondiglia*) siftings (*pl.*); winnowings (*pl.*). ● (*min.*) **v. a scosse**, van(ning).

vàglio, *m.* **1** sieve; sifter; screen; riddle: (*ind.*) **un v. a 75 maglie**, a 75-mesh screen; **un v. a mano**, a hand sieve; **un v. meccanico**, a mechanical sieve **2** (*fig.*) close examination; scrutiny; sifting: **roba che non resiste al v.**, stuff that doesn't stand up to close examination. ● (*min.*) **v. a scosse**, vanner □ (*anche fig.*) **passare al v.**, to sift; to screen.

vago, A *a.* **1** (*incerto*) vague; hazy; indefinite: **un v. sospetto**, a vague suspicion; **I suoi propositi erano troppo vaghi**, his intentions were too vague; **un suono v.**, an indefinite sound **2** (*fig.*: *grazioso, leggiadro*) pretty; charming; lovely; fair: **una vaga fanciulla**, a pretty girl; **vaghi fiori**, fair flowers **3** (*lett.*: *desideroso*) eager: **v. di gloria**, eager for glory **4** (*lett.*: *errante*) wandering **5** (*anat.*) vagal: **nervo v.**, vagal nerve; vagus*. **B** *m.* **1** (*incertezza*) uncertainty; vagueness: **È facile cadere nel v.**, it is easy to fall into uncertainty **2** (*anat.*) vagus*; vagal nerve. ● **tenersi nel v.**, to stick to general terms.

vagolare, *v. i.* (*lett.*) to wander.

vagoncino, *m.* **1** (small) truck **2** (*di funivia*) cable-car **3** (*min.*) mine-car; vag(g)on; tram; corf: **un v. a piattaforma**, a flat (*o* a platform) wagon.

vagóne, *m.* (*ferr.*) **1** (*per merci*) wag(g)on; truck; freight car (*USA*): **v. merci**, goods wagon; goods truck; (*chiuso*) boxwagon **2** (*per passeggeri*) (railway) carriage; coach; passenger car (*USA*): **un v. di prima classe**, a first-class coach. ● **v. di servizio**, caboose (*USA*) □ **v. frigorifero**, refrigerator car □ **v. letto**, sleeping-car; sleeper □ **v. ristorante**, dining-car; diner □ **v. salotto**, saloon-carriage.

vagonétto, *m.* (*min.*) mine-car; wag(g)on; tram; corf: **un v. ribaltabile Decauville**, a Decauville tilting wagon.

vagonista, *m.* (*min.*) carman*.

vagotonìa, *f.* (*med.*) vagotonia; vagotony.

vagotònico, *a.* (*med.*) vagotonic.

vainiglia, *V.* **vanìglia**.

vàio, A *a.* bluish grey. **B** *m.* (*araldica*) vair.

vaiolarsi, *v. rifl.* (*metall.*) to pit.

vaiolato, *a.* (*metall.*) pitted.

vaiolatura, *f.* (*metall.*) pitting.

vaiòlo, *m.* **1** (*med.*) smallpox **2** (*agric.*) anthracnose. ● (*vet.*) **v. aviario**, fowlpox □ (*vet.*) **v. equino**, horsepox □ (*vet.*) **v. suino**, swine pox.

vaiolòide, *f.* (*med.*) varioloid.

vaiolóso, (*med.*) **A** *a.* variolous; suffering from smallpox. **B** *m.* smallpox patient.

valanga, *f.* **1** avalanche: **C'è stata una v. in montagna**, there has been an avalanche in the mountains **2** (*fig.*) shower; avalanche; flood: **una v. di posta**, an avalanche of letters; **I soldati si buttarono a v. sul nemico**, the soldiers fell on the enemy like an avalanche. ● (*fig.*) **una v. di applausi**, thunderous applause.

valchirìa, *f.* (*mitol.*) Valkyrie, Walkyrie, Valkyr.

valdése, (*stor.*) **A** *a.*, *m.* **e** *f.* Waldensian. **B** *m. pl.* Waldenses.

valdismo, *m.* (*stor.*) Waldensian movement.

valdostano, A *a.* of the Valley of Aosta. **B** *m.* **1** inhabitant (*o* native) of the Valley of Aosta **2** (*dialetto*) dialect spoken in the Valley of Aosta.

vale, A *inter.* vale; farewell. **B** *m.* farewell: **l'ultimo** (*o* **l'estremo**) **v.**, the last farewell.

valènte, *a.* skilful; able; capable; talented: **un pittore v.**, a talented painter.

valentìa, *f.* skill; ability; capability; prowess: **Mostrò la sua v.**, he showed his skill.

Valentiniàno, *m.* (*stor.*) Valentinian.

Valentino, *m.* Valentine. ● **festa di san V.**, St. Valentine's Day.

valentuòmo, *m.* man* of merit; (*specialm. scherz.*) worthy: **Scelsero alcuni valentuomini della loro città**, they chose some worthies of their city.

valènza, *f.* (*chim.*) valence, valency.

valére, A *v. i.* e *t.* **1** (*avere valore o merito*) to be worth: **Questa macchina vale diversi milioni**, this car is worth several million lire; **una cosa che non vale niente**, a thing worth nothing; **Il vino buono vale moltissimo**, good wine is worth a great deal (*o* is very expensive); (*anche fig.*) **Te lo do per quel che vale**, I give it you for what it's worth; **Il gioco non vale la candela**, the game is not worth the candle; **Non vale un soldo**, it isn't worth a brass farthing; **Non vale un fico secco**, it's not worth a fig (*o* a straw, a pin); **Non vale un gran che**, it's not worth much; **Vale un occhio** (*o* **un Perù**, **un tesoro**), it is worth a fortune; **Non vale la pena**, it is not worth the trouble; **Vale tant'oro quanto pesa**, he (*o* she) is worth his (*o* her) weight in gold **2** (*avere molto merito*) to be worth a great deal: **Quell'uomo vale**, that man is worth a great deal **3** (*avere autorità*) to count; to have weight: **In quella casa vale più la moglie che il marito**, in that house the wife counts more than the husband **4** (*avere abilità*) to be good (at): **v. in matematica**, to be good at mathematics **5** (*essere valido, contare*) to count: **Quel lancio non vale**, that throw doesn't count; **Questi anni di servizio non valgono per la pensione**, these years of employment don't count towards a pension **6** (*essere valido, riconosciuto*) to be valid; (*avere vigore*) to be in force: **Vale ancora questo documento?**, is this document still valid?; **Per quanto vale il biglietto?**, how long is the ticket valid?; **Questa legge vale tuttora**, this law is still in force **7** (*avere efficacia*) to be of use; to avail (*lett.*): **Che vale?**, what use is it?; of what avail is it?; **Vale poco al nostro scopo**, it's of little use to us; **Nulla valse contro la tempesta**, nothing availed against the storm **8** (*equivalere*) to be worth; to be equal to (sb., st.): **Una sillaba lunga vale due brevi**, a long syllable is worth two short ones; **un uomo che vale per dieci**, a man worth ten others; **una ragione che vale per mille**, an argument worth a thousand others **9** (*significare*) to mean*: **Ignorava perfino che in francese «maison» vale «casa»**, he did not even know that «maison» means «house» in French **10** (*procurare*) to bring*; to earn*: **Quest'azione gli valse la promozione**, this action brought him promotion **11** (*rendere, fruttare*) to produce; to yield; to bring* in. ● **v. meglio**, to be better: **Vale meglio tacere**, it is better to keep silent □ **v. la pena**, to be worth (while): **Ne valeva la pena?**, was it worth while?; **Vale la pena leggere questo romanzo**, this novel is worth reading □ **farsi v.**, to make oneself felt; to assert oneself □ **far v. i propri diritti**, to assert one's rights □ **far v. le proprie ragioni**, to make oneself heard □ (*tipogr.*) **Vale, «stet»** □ **Non vale!**, it's not fair! □ **Né vale il dire che...**, nor can one say that... □ **vale a dire...**, that is to say... □ **Vale quanto dire...**, one might as well say... □ **Tanto vale che si vada via**, we had better go away □ **Il tuo esempio valse a incoraggiarlo**, your example succeeded in encouraging him □ **Le mie parole non valsero che a scoraggiarlo**, my words did nothing but discourage him □ (*fig.*) **Vale il colpo**, it's worth trying □ **Quella parola, in dialetto, vale un insulto**, that word, in dialect, is an insult □ **Che gli valse aver taciuto?**, what good did it do him to keep silent? □ **Uno vale l'altro**, one is as good (*o*, *spreg.*: as bad) as the other □ **Un esempio varrà per tutti**, one example will be sufficient □ **Se non ti sei fatto pagare, tanto valeva non essere andato**, if you haven't made him pay up, you might just as well not have gone □ **Tanto vale non farlo**, we (*o* you, they) may as well not do it □ **Si crede di v. chi sa che!**, he thinks the world of himself! □ (*prov.*) **Contro la forza la ragion non vale**, might is (*o* makes, overcomes) right □ (*prov.*) **Il gioco non vale la candela**, the game is not worth the candle □ (*prov.*) **Vale più la pratica che la grammatica**, an ounce of practice is worth a pound of precept. **valérsi, B** *v. rifl.* to make* use (of); to take* advantage (of); to avail oneself (of): **Valetevi del mio aiuto**, make use of my help; **Dobbiamo valerci di ogni opportunità**, we must take advantage (*o* avail ourselves) of every opportunity. ● **Si è valso di me come mediatore**, he used my services as mediator.

valeriana, *f.* **1** (*bot.*, *Valeriana officinalis*) valerian; setwall; garden heliotrope **2** (*farm.*) valerian: **essenza di v.**, valerian oil. ● (*bot.*) **v. rossa** (*Centranthus ruber*), red valerian.

valerianato, *m.* (*chim.*) valerianate.

valeriànico, *a.* (*chim.*) valerianic; valeric: **acido v.**, valeric acid.

Valèrio, *m.* Valerius.

valetudinàrio, *a.* e *m.* (*lett.*) valetudinarian.

valévole, *a.* valid: **un biglietto v. per tre giorni**, a ticket valid for three days.

valgismo, *m.* (*med.*) valgus condition.

valgo, *a.* (*med.*) valgus.

valicàbile, *a.* that can be crossed.

valicare, *v. t.* **1** (*attraversare*) to cross: **Valicò le montagne**, he crossed the mountains **2** (*guadare*) to ford; to wade: **Valicò il fiume**, he forded the river.

vàlico, *m.* **1** (mountain) pass **2** (*guado*) ford **3** (*l'attraversare*) crossing **4** (*il guadare*) fording.

validaménte, *avv.* validly.

validazione, *f.* (*elab.*) validation: **v. dei dati**, data validation.

validità, *f.* **1** validity; (*efficacia*) effectiveness: **impugnare la v. di un matrimonio**, to contest the validity of a marriage; **argomenti di nessuna v.**, arguments of no validity **2** (*vigore*) strength: **la v. delle membra**, the strength of one's limbs **3** (*di moneta, ecc.*) currency: **la v. di un'assicurazione**, the currency of an insurance. ● **Il biglietto ha la v. di tre giorni**, the ticket is valid for three days.

vàlido, *a.* **1** (*valevole*) valid: **Il biglietto non è v. senza firma**, the ticket is not valid without a signature; (*leg.*) **testamento v.**, valid will; **matrimonio v.**, valid marriage **2** (*efficace*) efficacious; effective; substantial; worthwhile: **un v. contributo**, a substantial contribution **3** (*che ha fondamento*) sound; valid; good; well-grounded; **un argomento v.**, a sound argument; **sollevare obiezioni valide**, to raise valid (*o* sound) objections **4** (*gagliardo*) strong: **non più giovane ma sempre v.**, no longer young but still strong **5** (*di moneta, ecc.*) current. ● **essere v. alle armi**, to be fit for (military) service □ **un'arma valida**, a powerful weapon □ **essere di v. aiuto a q.**, to prove of great help to sb. □ (*leg.*) **non v.**, invalid; void; (*nullo*) null □ **La mente è ancora valida ma non il corpo**, he is (*o* I am, etc.) healthy in mind but not in body □ **Questa regola non è sempre valida**, this rule does not always hold.

valigeria, *f.* **1** (*negozio*) leather-goods shop **2** (*fabbrica*) leather factory **3** (*assortimento di valigie*) leather goods (*pl.*); leatherware.

valìgia, *f.* suit-case; case; bag: **una v. di pelle** (*o di cuoio*), a leather suit-case. ● **v. diplomatica**, diplomatic bag □ (*stor.*) **V. delle Indie**, Indian Mail □ **disfare le valigie**, to unpack □ **fare le valigie**, to pack; (*fig.*) to pack one's bags, to pack up, to make tracks (*fam.*): **Facciamo le valigie perché domani si parte**, let's pack, as we're leaving tomorrow; (*fig.*) **È ora che tu faccia le valigie**, it's time you made tracks.

valigiàio, *m.* **1** (*chi fabbrica valigie*) leather-goods manufacturer **2** (*chi vende valigie*) leather-goods seller.

vallàta, *f.* valley.

valle, *f.* **1** valley; dale; vale (*poet.*): **lo sbocco della v.**, the mouth of the valley; **questa v. di lacrime**, this vale of tears **2** (*pl.: paludi*) marshes: **le valli di Comacchio**, the marshes of Comacchio. ● **a v.**, downstream: **il Tevere, a v. di Roma...**, downstream from Rome the Tiber... □ **per valli e per monti**, up hill and down dale; (*fig.*) high and low: **Cercò per valli e per monti senza poterlo trovare**, he looked high and low, but could not find him □ **precipitare a v.**, to fall downhill □ **precipitarsi a v.**, to rush downhill □ **scendere a v.**, to go downhill; (*di fiume*) to flow down.

vallèa, *f.* (*poet.*) valley; vale, dale (*poet.*).

vallétta, *f.* **1** small valley; dell; hollow **2** (*telev.*) compere's assistant.

vallétto, *m.* **1** valet; page; footman*: **un v. in livrea**, a liveried footman **2** (*telev.*) assistant. ● **v. d'arme**, squire.

vallicoltura, *f.* lagoon fish breeding.

valligiàno, **A** *a.* valley-dwelling. **B** *m.* valley-dweller; dalesman*.

vallìvo, *a.* valley (*attr.*).

vallo, *m.* **1** (*mil.*) rampart **2** (*stor. romana*) vallum*; wall.

vallóne (1), *m.* (*geogr.*) deep valley

vallóne (2), *a. e m.* Walloon. ● **lingua v.**, Walloon.

vallonèa, *f.* (*bot., Quercus aegilops*) valonia oak.

valóre, *m.* **1** (*anche fig.*) value; worth; (*di persona, anche*) merit: **il v. della merce**, the value of the merchandise; **v. intrinseco**, intrinsic value; **un quadro** (**un ricordo**) **di gran v.**, a painting (a memory) of great value; **dare molto** (**poco**) **v. a q.c.**, to set a high (a low) value on st.; **aumentare** (**diminuire**) **di v.**, to rise (to diminish) in value; **avere** (**non avere**) **v.**, to be of value (of no value); **uomini di gran v.**, men of (great) worth; **uno scienziato di v.**, a scientist of merit **2** (*econ., mat., mus.*) value: **la teoria dei valori**, the theory of values; **v. nominale** (**reale**), face (true) value; **v. aggiunto**, value added: **imposta sul v. aggiunto**, value-added tax (*abbr.*: VAT) **3** (*significato*) value; meaning; (*importanza*) importance, weight; (*validità*) value: **Le parole acquistano un v. particolare secondo il contesto**, words acquire a special meaning according to the context; **Non ha capito il v. della notizia**, he hasn't understood the importance of the news; **Do molto v. alla sua opinione**, I attach great importance to his opinion; **Le tue obiezioni non hanno alcun v.**, your objections have no weight; **Questo documento non ha v. legale**, this document has no legal value (*o* no value in law) **4** (*pl.: oggetti preziosi*) valuables; valuable (*o* value) goods: **I valori erano nella cassaforte**, the valuables were in the safe; **un pacco di valori**, a packet containing valuables **5** (*pl., fin., Borsa: titoli*) stocks and shares; securities; stock (*sing.*): **rialzo** (**ribasso**) **dei valori**, rise (fall) in the price of stocks and shares **6** (*prezzo*) price: **il v. del grano**, the price of corn; **v. commerciale** (*o* **venale**), selling price **7** (*coraggio*) valour; bravery; courage: **combattere con v.**, to fight with valour; **atti di v.**, acts of valour; **una medaglia al v. militare**, a medal for military valour. ● (*rag.*) **valori attivi**, assets □ **valori bollati**, revenue stamps □ **v. d'affezione**, sentimental value □ **v. di riscatto** (**di una polizza d'assicurazione**), surrender value (of an insurance policy) □ (*fin.*) **valori industriali**, industrials □ **v. locativo**, letting (*o* rental) value; (*per il fisco*) rateable value □ (*fin.*) **v. monetario**, monetary value □ (*rag.*) **valori passivi**, liabilities □ **acquistare giocattoli per il v. di cento sterline**, to buy one hundred pounds' worth of toys □ **acquistare merce per il v. di mille sterline**, to buy goods to the value of one thousand pounds □ (*gramm.*) **un aggettivo con v. di avverbio**, an adjective used as an adverb □ **la Borsa Valori**, the Stock Exchange; (*le quotazioni*) Stock Exchange quotations □ (*comm.*) **campione senza v.**, free sample □ **dare troppo v. a q.** (**q.c.**), to overvalue sb. (st.) □ (*comm.*) **dazio al v.**, «ad valorem» duty □ **gioielli di grande v.**, very valuable jewels □ **medaglia al v. civile**, medal awarded (to a civilian) for heroic conduct □ **merce di poco v.**, cheap goods □ **mettere in v. un podere**, to put a farm to its best use □ **mettere in v. q.c.**, to show st. to its best advantage: **Ho messo in v. le tue doti artistiche**, I have shown your artistic gifts to their best advantage □ **oggetti di v.**, valuables □ **privo di v.** (*o* **senza v.**), worthless; valueless □ **spedire q.c. come campione senza v.**, to send st. by sample post □ (*anche iron.: di persona*) **È un v.!**, he's a paragon! □ (*mus.*) **Una semibreve ha il v. di due minime**, a semibreve is worth two minims □ (*fig.*) **Sei un campione senza v.**, you're a good-for-nothing □ **Le sue parole hanno il v. di una promessa**, his words are as good as a promise.

valorizzàre, **A** *v. t.* **1** (*sfruttare*) to exploit; to turn (st.) to account; to use (st.) to advantage; to utilize: **v. le risorse naturali di un paese**, to exploit the natural resources of a country **2** (*aumentare di valore*) to increase the value of (st.); to make* (st.) valuable: **v. un terreno**, to increase the value of a piece of land **3** (*mettere in risalto*) to bring* (st.) out; to make* the most of (st.). **valorizzàrsi**, **B** *v. rifl.* to make* the most of oneself.

valorizzazióne, *f.* **1** exploitation: **la v. di una miniera di carbone**, the exploitation of a coal-mine **2** (*aumento di valore*) increase in value.

valorosaménte, *avv.* valorously; valiantly; bravely; courageously.

valoróso, *a.* **1** valorous; valiant; brave; courageous: **un soldato v.**, a valiant soldier **2** (*valente*) skilful; talented: **un v. chirurgo**, a skilful surgeon.

valpolicèlla, *m. invar.* «valpolicella» (dry red table wine from vineyards near Lake Garda).

valùta, *f.* **1** (*moneta*) currency; money; value: **pagamento da farsi in v. francese**, payment to be made in French currency; **v. cartacea**, paper currency (*o* money); **v. debole**, soft (*o* weak) currency; **v. estera**, foreign currency; **v. forte**, hard currency; **v. pregiata**, hard currency; (*rag.*) **v. di conto**, money of account; (*rag.*) **v. in conto**, value in (*o* on) account; (*banca*) **v. in contanti**, cash value **2** (*banca: tempo per la decorrenza degli interessi; è idiom.*): **v. primo gennaio**, interest to run (*o* running) from January 1st. ● **v.** (**a corso**) **legale**, legal tender □ **v. metallica**, specie; metal coin □ **in v. aurea** (**argentea**), in gold (in silver).

valutàbile, *a.* **1** valuable, appraisable **2** (*del quale si può tener conto*) that can be taken into account **3** (*determinabile*) assessable; ratable **4** (*calcolabile*) reckonable; computable.

valutàre, *v. t.* **1** (*giudicare il valore di*) to value (*anche fig.*); to estimate; to appraise: **Ha valutato l'orologio centomila lire**, he has valued the watch at a hundred thousand lire; **Valutano la sua fortuna a trecento milioni di dollari**, they estimate his fortune at three hundred million dollars; **Tu lo valuti troppo**, you value him too highly; you overestimate him; **v. l'onore più della vita**, to value honour more than life; **v. la capacità dei propri studenti**, to appraise the ability of one's students **2** (*tenere presente, considerare*) to take* (st.) into account; to allow for (st.): **Valutando ciò che ha già avuto, rimane creditore di un milione di lire**, taking into account what he has already received, he is still creditor for the sum of one million lire **3** (*determinare*) to assess; to rate: **v. i danni**, to assess the damages **4** (*calcolare*) to reckon; to calculate; to compute: **Valutammo che per finire questo dizionario ci volessero dieci anni**, we reckoned that it would take ten years to finish this dictionary **5** (*soppesare*) to weigh; to consider; to judge; to estimate: (*leg.*) **v. le prove**, to weigh evidence; **v. la portata di un discorso**, to judge the importance of a speech. ● **v. poco**, to undervalue; to underestimate; to underrate: **Tu valuti poco la tua intelligenza**, you underestimate your intelligence □ **v. troppo**, to overvalue; to overestimate; to overrate: **Il quadro fu valutato troppo**, the painting was overvalued.

valutàrio, *a.* (*fin.*) monetary; money, currency (*attr.*): **norme valutarie**, monetary (*o* currency) regulations.

valutatìvo, *a.* valuational. ● **criteri valutativi**, criteria of valuation.

valutazióne, *f.* **1** valuation; estimation; appraisal **2** (*determinazione*) assessment; rating **3** (*calcolo*) reckoning; calculation; computation.

valva, *f.* (*zool., bot.*) valve.

valvare, *a.* (*zool.*, *bot.*) valvate.
valvassino, *m.* (*stor.*) vavasour's vassal.
valvassóre, *m.* (*stor.*) vavasor.
vàlvola, *f.* **1** (*mecc.*) valve: **un v. modulatrice**, a modulating valve; **v. di scarico**, exhaust-valve; (*anche fig.*) **v. di sicurezza**, safety-valve; **v. d'aspirazione**, inlet valve; **v. a cerniera**, flap-valve; **v. a due vie**, two-way valve; **v. a farfalla**, throttle-valve; butterfly-valve; **v. a saracinesca**, gate-valve; sluice-valve; **v. di sfiato**, air-valve **2** (*radio, telev.*) valve; tube: **v. a raggi catodici**, cathode-ray tube **3** (*elettr.: fusibile*) fuse: **v. a tabacchiera**, box-fuse; **v. a tappo**, plug-fuse; **È saltata una v.**, a fuse has blown **4** (*anat.*) valve: **v. dell'aorta**, aortic valve. ● **v. automatica e galleggiante**, ball-cock □ (*autom.*) **v. dell'aria**, choke □ (*mecc.*) **v. del carburante**, fuel nozzle (*o* jet) □ (*di stufa o forno*) **v. regolatrice**, damper □ **v. termostatica**, thermostat □ **un apparecchio a cinque valvole**, a five-valve set; a five-tube set (*USA*).
valvolare, *a.* **1** (*radio, telev.*) valve (*attr.*) **2** (*med.*) valval; valvular; valvar: **insufficienza v.**, valvular insufficiency.
vàlzer, *m.* waltz: **suonare un v.**, to play a waltz. ● **ballare il v.**, to waltz.
vamp (*ingl.*), *f.* vamp; «femme fatale» (*franc.*).
vampa, *f.* **1** (*intenso calore*) fierce heat: **la v. del sole** (**di un incendio**), the fierce heat of the sun (of a fire) **2** (*fiammata*) flash; blaze: **la v. che proveniva dalla carta che bruciava**, the blaze produced by the burning paper **3** (*fig.: calore alla faccia*) flush; (*per vergogna*) blush: **Mi vengono le vampe al viso**, a flush comes to my face; **una v. di vergogna**, a blush of shame.
vampata, *f.* **1** (*d'intenso calore*) burst of heat **2** (*di fiamma*) blaze; flame: **L'incendio mandava terribili vampate**, the fire was sending up terrific flames **3** (*fig.: di calore alla faccia*) hot flush; hot flash (*USA*); (*per vergogna*) blush: **Mi vengono le vampate al viso**, a flush comes to my face; **una v. di vergogna**, a blush of shame. ● **una v. di aria calda**, a blast of hot air □ **una v. d'ira**, a burst of rage.
vampeggiare, *v. i.* to blaze; to flame: **Il fuoco vampeggiava nel caminetto**, the fire was blazing in the hearth.
vampirismo, *m.* vampirism.
vampiro, *m.* **1** vampire **2** (*zool.*) vampire (bat) **3** (*fig.: strozzino*) vampire; blood-sucker. ● **donna v.**, vamp; «femme fatale» (*franc.*).
vanàdio, *m.* (*chim.*) vanadium.
vanaglòria, *f.* vainglory; boastfulness: **Chi non conosce la sua v.?**, who doesn't know of his boastfulness?
vanagloriarsi, *v. rifl.* to boast: **v. di q.c.**, to boast about st.
vanaglorióso, *a.* vainglorious; boastful: **È antipatico perché v.**, he is an unpleasant person because he's boastful.
vanaménte, *avv.* vainly; (*invano*) in vain, to no avail.
vandàlico, *a.* **1** (*stor.*) Vandal; Vandalic **2** (*fig.*) vandal; vandalic.
vandalismo, *m.* vandalism: **atto di v.**, act of vandalism.
vàndalo, *m.* **1** (*stor.*) Vandal **2** (*fig.*) vandal.
Vandèa, *f.* (*geogr.*) Vendée.
vandeàno, *a.* e *m.* (*geogr.*) Vendean.
vaneggiaménto, *m.* raving.
vaneggiare, *v. i.* to rave: **Vaneggiava nel delirio**, he was raving in delirium.
vanèllo, *m.* (*zool., Vanellus vanellus*) lapwing.
vanerèllo, *a.* rather vain; (*sciocco*) silly: **una ragazza vanerella**, a silly girl.
vanèsio, A *a.* foppish; conceited. **B** *m.* fop; dandy.
vanéssa, *f.* (*zool., Vanessa*) vanessa. ● **v. atalanta** (*Vanessa atalanta*), red admiral □ **v. del cardo** (*Vanessa cardui*), painted lady.
vanga, *f.* spade: **a colpi di v.**, by spade blows.
vangare, *v. t.* to dig*; to spade.
vangata, *f.* **1** (*il vangare*) digging **2** (*quantità*) spadeful **3** (*colpo di vanga*) blow from a spade: **L'ammazzò con una v.**, he killed him with a blow from his spade. ● **dare una v.**, to dig up.
vangatóre, *m.* digger.
vangatura, *f.* digging; spading.
vangèlo, *m.* **1** Gospel: **il v. secondo S. Matteo**, the Gospel according to St. Matthew; **predicare il v.**, to preach the Gospel; **il v. di oggi**, the Gospel for today; **La messa era al v.**, the priest was at the Gospel **2** (*fig.*) gospel: **il v. dei socialisti**, the gospel of the Socialists. ● (*fam.*) **È v. per lui**, it's gospel truth for him.
vanghettare, *v. t.* (*agric.*) to hoe.
vanghétto, *m.* (*agric.*) hoe.
vangile, *m.* (*agric.*) foot-rest (of a spade).
vanificare, *v. t.* to frustrate.
vaniglia, *f.* **1** (*bot., Vanilla planifolia*) vanilla **2** (*essenza di v.*) vanilla (essence).
vanigliato, *a.* vanilla (*attr.*): **zucchero v.**, vanilla sugar.
vanillina, *f.* (*chim.*) vanillin.

vanilòquio, *m.* **1** raving **2** (*fig.*) idle talk; twaddle (*fam.*): **Certe discussioni non sono che vaniloqui**, some discussion is no more than idle talk.
vanità, *f.* **1** (*l'esser vano*) vanity **2** (*frivolo compiacimento*) vanity; conceit: **È pura v.**, it is sheer vanity; **Lo fa per v.**, he does it out of vanity **3** (*inutilità*) vainness; uselessness: **la v. di uno sforzo**, the vainness of an effort. ● **Egli ha la v. di voler sembrare giovane**, he is vain enough to want to pass as a young man.
vanitosaménte, *avv.* vainly; conceitedly.
vanitóso, **A** *a.* vain; conceited: **una ragazza vanitosa**, a vain girl. **B** *m.* vain person.
vano, A *a.* **1** (*privo di fondamento*) vain; empty: **vane speranze**, vain hopes; **vane minacce**, empty threats; **i vani piaceri di questo mondo**, the vain pleasures of this life **2** (*inutile*) vain; useless; idle: **un v. tentativo**, a vain attempt; **vane lacrime**, idle tears; **fatica vana**, useless toil; **Tutte le ricerche furono vane**, all investigation proved useless **3** (*vanitoso*) vain; conceited: **gente vana**, vain people **4** (*vuoto all'interno*) empty; hollow: **un guscio v.**, an empty shell. ● **discorsi vani**, idle talk (*sing.*). **B** *m.* **1** (*parte vuota*) hollow; (*apertura*) opening: **il v. della campana**, the hollow of the bell; **il v. della finestra**, the window opening; **il v. del pozzo**, the well opening **2** (*stanza*) room: **Questo appartamento ha quattro vani**, this flat has four rooms. ● **il v. dell'ascensore**, the lift-shaft **4 v. delle scale**, stairwell □ (*autom.*) **v. motore**, motor compartment □ (*autom.*) **v. portabagagli**, (luggage) boot; trunk (*USA*) □ (*aeron.*) **v. strumenti**, instrument panel □ **un appartamento di quattro vani**, a four-room(ed) flat.
vantàggio, *m.* **1** (*profitto*) advantage; benefit; profit: **con reciproco v.**, with advantage to both parties; **trarre v. dalle circostanze**, to take advantage of (*o* to profit by) the situation; **Questo va tutto a v. vostro**, this is all to your advantage; **a mio (a tuo, ecc.) v.**, to my (to your, etc.) advantage; **Fa quella cura ma non ne trae alcun v.**, he is taking that cure but derives no advantage from it **2** (*condizione favorevole*) advantage: **Puoi fare il comodo tuo, e questo è un gran v.**, you can do as you like, and that's a great advantage; **una professione che dà molti vantaggi**, a profession that has many advantages **3** (*distacco di tempo o di spazio, anche sport*) lead: **Aveva cento metri di v.**, he had a lead of a hundred metres; **un quarto d'ora di v.**, a lead of a quarter of an hour **4** (*sport: alla partenza*) start: **dare v. a q. venti metri di v.**, to give sb. a start of twenty metres; **dare a q. tre punti di v.**, to give sb. a start of three points **5** (*tennis*) vantage (*abbr.*: van) **6** (*tipogr.*) galley. ● **cercare sempre il proprio v.**, to live only for oneself: **È un uomo che cerca sempre il suo v.**, he is a man who lives only for himself □ **spendere la propria vita a v. degli altri**, to devote one's life to the service of others.
vantaggiosaménte, *avv.* advantageously; profitably; (*favorevolmente*) favourably.
vantaggióso, *a.* advantageous; profitable; (*favorevole*) favourable: **condizioni vantaggiose**, advantageous (*o* favourable) conditions; **un affare v.**, a profitable business; **un'offerta vantaggiosa**, a favourable offer; **Sarà v. per tutti**, it will prove advantageous to everyone.
vantare, A *v. t.* **1** to boast of; to extol; to praise: **Vantava i suoi pregi**, he was boasting of his merits; **Vanta la bellezza di sua figlia**, he boasts of his daughter's beauty **2** (*avere il pregio di*) to boast: **una città che vanta una storia gloriosa**, a city that boasts a glorious history. ● **v. un diritto su q.c.**, to set up a claim to st. **vantarsi, B** *v. rifl.* **1** (*gloriarsi*) to be proud (of st.): **L'ho fatto e me ne vanto**, I did it and I'm proud of it **2** (*millantarsi*) to boast, to brag (of, about st.): **Si vanta delle sue imprese**, he boasts of his exploits.
vantatóre, *m.* boaster; braggart.
vantería, *f.* boasting; bragging; braggadocio*: **Quante vanterie!**, what boasting!
vanto, *m.* **1** (*il vantarsi*) boast; boasting **2** (*merito, pregio*) virtue; merit: **il v. della moderazione**, the virtue of moderation; **il v. della pazienza**, the virtue of patience. ● **darsi v.**, to boast: **Si dà v. della sua intelligenza**, he boasts about (*o* of) his intelligence □ (*iron.*) **Che bel v.!**, a fine thing, indeed!
vànvera, *a, locuz. avv.* at random; haphazardly. ● **parlare a v.**, to talk nonsense.
vàpiti, *m.* (*zool., Cervus canadensis*) wapiti*; elk*.
vaporare, *v. t.* e *i.* (*anche fig.*) to evaporate.
vapóre, *m.* **1** vapour; vapor (*USA*); fume: **vapori di benzina**, petrol fumes; **vapori di cloroformio**, fumes of chloroform; **vapori mefitici**, mephitic fumes; (*fig.*) **i vapori del vino**, the fumes of wine **2** (*acqueo*) steam: **macchina a v.**, steam-engine; **ferro a v.**, steam iron; **caldaia a v.**, steam-boiler **3** (*naut., anche nave a v.*) steamship; steamboat; steamer: **un v. postale**, a mail-steamer. ● (*anche fig.*) **a tutto v.**, at full speed □ **bagni a v.**, vapour-baths □ (*mecc.*) **cavallo v.**, horse-power □ **cuocere al v.**, to steam.

aporétto, *m.* (*naut.*) **1** steamboat; steamer **2** (*mezzo pubblico di trasporto su un fiume, un lago, ecc.*) water-bus.

aporièra, *f.* locomotive; steam-engine.

aporìmetro, *m.* (*fis.*) vaporimeter.

aporizzàbile, *a.* (*fis.*) vaporizable.

vaporizzare, A *v. t. e i.* **1** (*anche fis.*) to vaporize **2** (*trattare con vapore*) to steam. **vaporizzarsi, B** *v. rifl.* to evaporate.

vaporizzatóre, *m.* (*fis.*) vaporizer; (*nebulizzatore*) atomizer.

vaporizzazióne, *f.* (*fis.*) vaporization; evaporation.

vaporosità, *f.* flimsiness; gauziness; (*di capelli*) fluffiness **2** (*fig.: indeterminatezza*) vagueness.

vaporóso, *a.* **1** flimsy; gauzy; (*di capelli*) fluffy: **una camicia da notte vaporosa,** a flimsy night-dress **2** (*fig.: indeterminato*) vague.

var, *m.* (*elettr.*) var.

varano, *m.* (*zool., Varanus*) monitor.

varare, A *v. t.* **1** (*naut. e fig.*) to launch; to set* afloat: **Una nuova nave è stata varata dai cantieri di Genova,** a new ship has been launched from the dockyard of Genoa; **v. una nuova commedia,** to launch a new comedy **2** (*fig., scherz.: promuovere*) to pass: **v. un candidato,** to pass a candidate **3** (*sport: scegliere*) to pick; to choose*. ● **v. una legge,** to pass a law. **vararsi, B** *v. rifl.* (*naut.*) to strand.

varata, *f.* (*min.*) blasting.

varcàbile, *a.* that can be crossed; passable.

varcare, *v. t.* (*attraversare, oltrepassare*) to cross; to pass: **Varcò le montagne,** he crossed the mountains; **Varcò la soglia,** he crossed the threshold **2** (*fig.*) to overstep; (*superare*) to pass: **Varcò i limiti della decenza,** he overstepped the bounds of decency; **Ho varcato la cinquantina,** I've passed fifty. ● **Hai varcato i limiti della pazienza,** you've exhausted my patience.

varco, *m.* opening; passage; way: **Tra due rupi s'apriva un v.,** there was an opening between two rocks; **aprirsi un v. nella boscaglia,** to cut one's way through the undergrowth; **aprirsi un v. tra la folla,** to force a passage (*o* to push one's way) through the crowd. ● **aspettare q. al v.,** to lie in wait for sb.; (*fig.*) to bide one's time □ (*fig.*) **cogliere q. al v.,** to catch sb. out.

varèa, *f.* (*naut.*) yardarm.

varechina, *f.* bleach.

variàbile, A *a.* varying; variable; changeable; (*instabile*) unsteady: **prezzi variabili,** varying (*o* unsteady) prices; **peso v.,** varying weight; **umore v.,** changeable mood; **tempo v.,** changeable (*o* unsettled) weather; **venti variabili,** variable (*o* shifting) winds; (*mat.*) **una quantità v.,** a variable (quantity). ● (*di persona*) **essere v.,** to have an unstable nature. **B** *f.* (*mat., stat.*) variable.

variabilità, *f.* variability; variableness; changeability, changeableness; (*instabilità*) unsteadiness. ● (*stat.*) **indice di v.,** variance.

variaménte, *avv.* variously; variedly; in various ways.

variante, A *a.* varying; changing: **un aspetto v.,** a changing appearance; **colori poco varianti gli uni dagli altri,** colours varying little one from the other. **B** *f.* variant; variation: **Questo codice ha una v.,** this codex shows a variant; **un proverbio con due varianti,** a proverb with two variations.

varianza, *f.* (*stat.*) variance.

variare, *v. t. e i.* **1** (*cambiare*) to change; to vary; to alter: **La moda varia ogni anno,** fashions change every year; **v. di pensiero,** to change one's mind; **v. l'argomento del discorso,** to change the subject of the discussion **2** (*essere differente*) to differ; to vary; (*diversificare*) to diversify: **La pena varia secondo il delitto,** the punishment varies according to the crime; **Da paese a paese varia assai il clima,** the climate varies a lot from country to country. ● (*mecc.*) **v. il numero dei giri,** to rev □ **v. l'orario,** to alter the time-table □ (*anche iron.*) **tanto per v.,** just for a change □ **Il tempo accenna a v.,** the weather looks changeable.

variato, *a.* varied: **il paesaggio v.,** the varied scenery.

variatóre, *m.* (*mecc.*) variator: **v. di velocità,** speed variator. ● (*elettr.*) **v. di fase,** phase transformer □ (*elettr.*) **v. di frequenza,** frequency changer (*o* converter).

variazióne, *f.* variation (*anche mus.*); change; alteration: (*naut.*) **v. della bussola,** compass variation; **variazioni barometriche,** barometric variations; (*mat.*) **calcolo delle variazioni,** calculus of variations; (*elettr.*) **v. di frequenza,** frequency change; **v. d'itinerario,** change of route; **variazioni su un motivo per pianoforte,** variations on a theme for piano; **v. di colore,** variation in colour; **v. d'orario,** alteration in the time-table. ● (*astron.*) **le variazioni della luna,** the phases of the moon.

varice, *f.* (*med.*) varix*; varicose vein: **soffrire di varici,** to suffer from varicose veins.

varicèlla, *f.* (*med.*) chickenpox; varicella.

varicocèle, *m.* (*med.*) varicocele.

varicóso, *a.* (*med.*) varicose: **vene varicose,** varicose veins.

variegato, *a.* variegated; many-coloured; varicoloured. ●

marmo giallo v. di nero, yellow marble veined with black.

variegatura, *f.* variegation.

varietà, A *f.* **1** variety: **la v. del paesaggio,** the variety of the landscape; **v. di carattere,** variety of character; **v. di gusto,** variety of taste; **Nei cibi ci vuole un po' di v.,** one needs a little variety in one's food; **una v. di colori,** a variety of colours **2** (*diversità*) difference; diversity: **v. di opinioni,** difference of opinions **3** (*qualità, genere*) variety; kind: **Vi mostrerò qualche altra v. di uccelli,** I'll show you some other varieties of birds; **tutte le v. di quarzo,** all the varieties of quartz. **B** *m.* (*teatr.*) variety; vaudeville (*USA*): **Ieri sera sono stato al v.,** last night I went to the variety; **un teatro di v.,** a variety theatre; a music-hall; a vaudeville (theater) (*USA*); **uno spettacolo di v.,** a variety show.

vàrio, A *a.* **1** varied: **d'umor v.,** of varied humour; **Di questa stagione il tempo è v.,** the weather is varied at this time of the year; **un uomo di varia cultura,** a man of varied culture **2** (*diverso*) various; different: **per varie ragioni,** for various reasons **3** (*pl.: molti*) various; several: **Ho da sbrigare varie faccende,** I have various things to do; **Ciò si può fare in vari modi,** that can be done in various ways; **L'ho visto varie volte,** I've seen him several times; **varie persone,** various people; **Varie circostanze ci hanno indotto a...,** there are various circumstances which have induced us to... ● (*prov.*) **Il mondo è bello perché è v.,** variety is the spice of life. **B** *pron. indef.* (*pl.*) various (*o* several) people. ● (*in titoli di libri, in scritti, ecc.*) **varie,** miscellaneous (matters) □ **varie ed eventuali,** any other business (*abbr.*: AOB).

variògrafo, *m.* variograph.

variolato, *a.* pock-marked.

variòmetro, *m.* variometer.

variopinto, *a.* many-coloured; varicoloured; variegated.

varismo, *m.* (*med.*) varus condition.

vàrmetro, *m.* varmeter.

varo (1), *m.* (*naut. e fig.*) launch; launching: **assistere al v. di una nave,** to be present at the launching of a ship.

varo (2), *a.* (*med.*) varus.

Varróne, *m.* (*stor.*) Varro.

Varsàvia, *f.* (*geogr.*) Warsaw.

varva, *f.* (*geol.*) varve.

vasàio, *m.* potter.

vasale, *a.* (*anat.*) vasal.

vasca, *f.* **1** basin: **la v. della fontana,** the fountain basin **2** (*da bagno*) bath; bathtub; tub **3** (*piscina*) (swimming-)pool; (*lunghezza di una piscina*) length: **fare sei vasche,** to swim six lengths **4** (*ind. tessile*) kier. ● (*ind.*) **v. di lavaggio,** swilling tank □ (*fotogr.*) **v. di sviluppo,** developing tank □ (*ind. tessile*) **v. per il candeggio,** bleaching vat □ **v. per i pesci,** fish-pond.

vascèllo, *m.* (*naut.*) vessel; (*nave*) ship; (*da guerra*) warship. ● **capitano di v.,** sea-captain □ **tenente di v.,** lieutenant (in the Navy).

vaschétta, *f.* **1** (small) basin **2** (*di carburatore*) float chamber.

vascolare, *a.* **1** (*anat., bot.*) vascular: **il sistema v.,** the vascular system **2** (*arte*) vase: **pittura v.,** vase painting.

vascolarizzato, *a.* (*anat.*) vascularized.

vascolarizzazióne, *f.* (*anat.*) vascularization.

vàscolo, *m.* vasculum*.

vascolóso, *a.* (*anat.*) vascular.

vasectomìa, *f.* (*med.*) vasectomy.

vaselina, *f.* vaseline.

vasellame, *m.* **1** (*di porcellana*) china; (*di maiolica*) majolica; (*d'oro, d'argento*) plate; (*di vetro, di cristallo*) glassware **2** (*di terracotta*) crockery.

vaseria, *f.* garden pottery; flower pots (*pl.*).

vasétto, *m.* (small) jar; pot: **un v. di crema,** a (small) jar of cream; **v. della senape,** mustard-pot.

vasistas, (*franc.*), *m.* (*edil.*) transom-window.

vaso, *m.* **1** (*ornamentale*) vase: **una raccolta di vasi antichi,** a collection of ancient vases; **un v. (pieno) di fiori,** a vase (full) of flowers **2** (*specialm. di terracotta*) pot: **un v. da fiori,** a flower-pot; **un v. da notte,** a chamber-pot **3** (*per conserve*) jar: **un v. di marmellata,** a jar of jam **4** (*anat., bot.*) vessel: **i vasi sanguigni,** the blood vessels **5** (*recipiente in generale*) vessel; box; container; jar **6** (*parte della latrina*) bowl; lavatory-pan **7** (*relig.*) vessel: **vasi sacri,** sacred vessels; (*fig.*) **v. d'elezione,** chosen vessel. ● (*fis.*) **v. Dewar,** Dewar vessel (*o* flask) □ (*mitol.*) **il v. di Pandora,** Pandora's box □ (*fig.*) **portare vasi a Samo,** to carry coals to Newcastle.

vasocostrittóre, (*farm.*) **A** *m.* vasoconstrictor. **B** *a.* vasoconstrictive; vasoconstricting.

vasocostrizióne, *f.* (*med.*) vasoconstriction.

vasodilatatóre, (*farm.*) **A** *m.* vasodilator. **B** *a.* vasodilating.

vasodilatazióne, *f.* (*med.*) vasodilatation.

vasomotilità, *f.* (*anat.*) vasomotion.

vasomotóre, *a.* (*anat., farm.*) vasomotor.

vasomotòrio, *a.* (*anat.*) vasomotor.
vasopressina, *f.* (*biol.*) vasopressin.
vassallàggio, *m.* **1** (*stor*) vassalage **2** (*fig.*) subjection.
vassallàtico, *a.* (*stor.*) vassal (*attr.*): **tributi vassallatici**, vassal tributes.
vassallo, A *m.* **1** (*stor.*) vassal: **un v. dell'imperatore**, a vassal of the Emperor **2** (*anche fig.*: *suddito*) subject; (*dipendente*) servant: **Siamo tutti vassalli del nostro re**, we are all subjects of our king; **Ci tratta come fossimo suoi vassalli**, he treats us as if we were servants of his. **B** *a.* vassal: **gli stati vassalli**, the vassal states.
vassóio, *m.* **1** tray: **un v. da tè**, a tea-tray; **Fai passare il v.**, hand the tray round **2** (*sparviero*) mortar-board; hawk.
vastaménte, *avv.* vastly; widely.
vastità, *f.* vastness (*anche fig.*); wideness; hugeness; (*estensione*) extent: **la v. della sua cultura**, the vastness of his learning; **la v. degli oceani**, the vastness of the oceans.
vasto, *a.* vast; wide; huge; (*esteso*) extensive: **una vasta distesa di deserto**, a vast expanse of desert; **vasti restauri**, extensive repairs; **un v. assortimento**, a wide assortment. ● **su vasta scala**, on a large scale; **large-scale** (*attr.*).
vate, *m.* (*lett.*) **1** (*profeta*) prophet **2** (*poeta*) bard.
vaticanista, *m. e f.* scholar of Vatican problems.
vaticano, *a. e m.* Vatican: **la Città del V.**, the Vatican city; **ambienti vaticani**, Vatican circles; **musei vaticani**, Vatican museums.
vaticinante, *a.* prophetic: **spirito v.**, prophetic spirit.
vaticinare, *v. t.* to vaticinate; to prophesy; to predict.
vaticinio, *m.* vaticination; prophecy; prediction: **Il v. si avverò**, the prophecy came true.
vattelappésca!, *inter.* (*fam.*) who knows?
vaudeville (*franc.*), *m. invar.* (*teatr.*) **1** vaudeville; light comedy; bedroom comedy **2** (*in USA*) vaudeville; variety.
ve (1), *pron. pers. m. e f. 2ª pers. pl.* (to) you: **Ve lo dissi**, I told you; **Ve ne prego**, I beg you; please. ● **Ve ne pentirete!**, you'll be sorry for this!
ve (2), *avv.* there: **Ve lo misero**, they put it there; **Non ve ne rimase uno**, not one remained there.
ve', *inter.* see! ● **Bada, ve'!**, watch out! □ **Non ci provare, ve'!**, don't you try it, then! □ **Attento ve'!**, careful, now! □ **Grazie, ve'!**, thanks, then!
vecchiaia, *f.* **1** old age: **v. inoltrata**, advanced old age; **Sono già sulla soglia della v.**, I am already on the threshold of old age; **pensione di v.**, old-age pension; **il bastone della mia v.**, the staff of my old age; **Devo pensare alla mia v.**, I must think of my old age **2** (*persone vecchie*) the old (*pl.*); the aged (*pl.*); old people (*pl.*): **rispettare la v.**, to respect the aged. ● **avere i segni di una v. precoce**, to bear the marks of early ageing □ **ricovero di v.**, old people's home.
vecchiardo, *m.* (*spreg.*) old man*.
vecchierèllo, *m.* poor old man*.
vecchièzza, *f.* (old) age: **la v. di quei pini**, the age of those pines; **dalla virilità alla v.**, from manhood to old age.
vècchio, A *a.* **1** old: **Pareva diventato v.**, he seemed to have grown old; **un v. soldato**, an old soldier; **i vecchi tempi**, the old days; **un v. cliente**, an old client; **Siamo vecchi amici**, we are old friends; **vecchie abitudini**, old habits; (*relig.*) **il V. Testamento**, the Old Testament; **v. di tre anni**, three years old; **più v. di Matusalemme**, as old as Methuselah; as old as the hills; **Carlo è più v. di Giorgio di dieci anni**, Charles is ten years older than George **2** (*usato*) old; used; (*di seconda mano*) second-hand: **Dov'è il mio cappello v.?**, where is my old hat?; **panni vecchi**, old clothes; **libri vecchi**, second-hand books **3** (*stantio*) stale: **pane v.**, stale bread; **notizie vecchie**, stale news. ● **essere vecchi del mestiere**, to have been a long time in the trade; to be an old hand at the job □ **più v.** (*rif. a componenti di una stessa famiglia*), elder: **Qual è il più vecchio dei due fratelli?**, which is the elder of the two brothers? □ **È molto più v. di me**, he is my elder by several years □ **Plinio il V.**, Pliny the Elder □ **Ormai sono v. del mestiere**, I'm an old hand (at the job) □ (*prov.*) **Bandiera vecchia onor di capitano**, an old ensign is a captain's honour □ (*prov.*) **Chi lascia la via vecchia per la nuova sa quel che lascia ma non sa quel che trova**, who leaves the old way for the new, will find himself deceived. **B** *m.* **1** old man*: **un v. rimbambito**, an old man in his dotage; a dotard; **Che v. matto!**, what a stupid old man! **2** (*pl.*) old people: **un ospizio per vecchi**, an old people's home; **i miei vecchi**, my old people. ● **Al vino si può dare il v. artificialmente**, wine can be made to taste old by artificial means □ **un libro nuovo in cui c'è molto di v.**, a new book containing a lot of old material □ **È una musica tra il v. e il nuovo**, this music is half old half new □ (*prov.*) **Giovane ozioso v. bisognoso**, an idle youth, a needy age.
vecchiòtto, *a.* ageing; rather old.
vecchiume, *m.* (*spreg.*) old stuff; rubbish; trash.
véccia, *f.* (*bot.*, *Vicia sativa*) vetch; tare.
vecciato, veccióso, *a.* vetchy: **pane v.**, vetchy bread.
véce, *f.* place; stead: **fare le veci di q.**, to take sb.'s place; **in mia v.**, in my place (*o* stead); instead of me; **far firmare un documento dal padre o da chi ne fa le veci**, to get a document signed by the father or whoever takes his place.
Vèda, *m. invar.* (*relig.*) Veda.
vedènte, *a.* seeing. ● **i non vedenti**, the blind.
vedére (1), A *v. t. e i.* **1** (*anche fig.*) to see*: **L'ho visto con questi occhi**, I saw it with my own eyes; **Non ho mai visto la Sicilia**, I have never seen Sicily; **Non ho mai visto l'«Aida»**, I have never seen «Aida»; **Venite a v. la mia commedia**, come and see my play; **Devi v. che casa meravigliosa!**, you should see what a wonderful house it is!; **Vedessi che magnificenza!**, you should see the splendour!; **Non lo vedremo più**, we shall see him no more; we have seen the last of him; **Non si vedeva anima viva**, there wasn't a living soul to be seen; **Vieni a v.!**, come and see!; **v. q. in sogno**, to see sb. in a dream; **Ne ho viste di tutti i colori**, I've seen all manners of things; **v. con l'occhio della mente**, to see in one's mind's eye; **v. con l'immaginazione**, to see in one's imagination; **Vedi il paragrafo seguente**, see the next paragraph; **È una cosa da v.** (*o* degna d'essere vista), it's a thing worth seeing; **Di qui si può v. senza essere visti**, from here one can see without being seen; **I ciechi non vedono**, the blind cannot see; **Ci vede solo da un occhio**, he can only see with one eye; **Non vedete che vi prende in giro?**, can't you see he's pulling your leg?; **Vedo già come andrà a finire**, I can see here and now how it's going to end; **Guardo, ma non vedo nulla**, I'm looking, but I can't see anything; **Lo vedrebbe un cieco**, a blind man could see that; **Di qui si vede il mare**, from here one can see the sea; **L'ho visto passare sotto la mia finestra**, I saw him go by under my window; **L'ho visto correre verso la stazione**, I saw him running to the station; **Fu visto cadere a terra**, he was seen to drop down; **Fu visto sparare**, he was seen shooting; **Vidi arrestare il ladro**, I saw the thief (being) arrested; **Vidi il ladro arrestato**, I saw the arrested thief; **Vediamo di che si tratta**, let's see what all this is about; **Non vedo come sia possibile**, I don't see how it's possible; **Non so, ma vedremo**, I don't know, but we shall see; **Questo poi è da v.**, that remains to be seen **2** (*guardare*) to look (at): **Vedi com'è bello!**, look how beautiful it is!; **Vedi quant'è cresciuto!**, look how he's grown!; **Vedi, io farei così**, look, this is what I'd do; **Adesso vedi quest'altro libro**, now look at this other book **3** (*scorrere*) to look at; to have a look at; to look through: **Ho visto il tuo programma e mi piace**, I've looked at your programme, and I like it; **Ho visto le sue proposte e non mi piacciono**, I've looked through his proposals, and I don't like them **4** (*incontrare*) to see*; to meet*: **Diteglí che voglio vederlo**, tell him I want to see him; **Non vede mai nessuno**, he never sees anyone **5** (*visitare*) to see*; to visit: **Verrò presto a vederti**, I'll come and see you soon; **Il medico l'ha visto?**, has the doctor seen him? **6** (*consultare*) to see*; to consult: **Bisognerà che prima veda il mio avvocato**, I must see my lawyer first **7** (*procurare*) to see*; to try: **Vedete di accontentarlo**, see about satisfying him; **Non prometto nulla, ma vedrò**, I'm not promising anything, but I'll try **8** (*ricevere*) to get*; to have: **Mi ha promesso una buona mesata, ma ancora non s'è visto il becco di un quattrino**, he promised me a good month's pay, but so far I haven't had a brass farthing; **In due partite non ho visto una carta (buona)**, I haven't had one good card in two games **9** — **vedersi** (*apparire*), to show*: **Si vede ancora il segno della ferita?**; does the mark of the wound still show? ● **v. doppio**, to see double □ (*anche fig.*) **v. la luce**, to see the light □ (*fig.*) **v. q.c. di buon occhio** (*di mal occhio*), to approve (to disapprove) of st. □ (*fig.*) **v. q. di buon occhio** (*di mal occhio*), to have a liking (a dislike) for sb. □ **vederci bene**, to have good sight; (*fig.*) to be wary □ **vederci male**, to have poor sight □ **avere a che v.**, to have to do with: **Non ho più nulla a che v. con quel ragazzo**, I've nothing more to do with that boy □ **Questo non ha nulla a che v. col nostro discorso**, this has nothing to do with what we are saying □ (*fig.*) **cose mai viste**, things unheard of □ **dare a v.**, (*mostrare*) to show (signs); (*fingere*) to pretend: **Non dava a v. d'essere stanco**, he showed no sign of being tired; **Dava a v. d'essere ammalato**, he pretended he was ill □ **far v.**, to show: **Fatemi v. i documenti**, show me your papers; **Ti farò v. io chi sono!**, I'll show you who I am!; **Gliela farò v.!**, I'll show him! □ **farsi v.**, (*mostrarsi*) to show oneself (*o* one's face), to show up, to turn up; (*farsi visitare*) to be examined: **Si vergogna di farsi vedere al circolo**, he is ashamed to show his face at the club; **Non si fece v. alla festa**, he didn't show up at the party; **Fatti v. dal medico**, ask the doctor to examine you □ (*fig.*) **non v. l'ora**, to look forward; to spoil for: **Non vedo l'ora di rivederti**, I'm looking forward to seeing you again; □ **non vederci più**, (*essere diventato cieco*) to have gone blind; (*fig.*: *per l'ira*) to see red, to fly off the handle; **Quel poveretto non ci vede più**, that poor fellow has gone blind; **Quando m'insultò**, non

ci vidi più, when he insulted me, I saw red □ *(fig.)* **non vederci più dalla fame (dalla sete)**, to be dying of hunger (of thirst) □ **stare a v.**, *(osservare)* to watch, to stand watching; *(vedere)* to see; *(attendere)* to wait and see: **Invece di aiutarci, sta a v.**, instead of helping us, he stands watching; **Staremo a v. come andrà a finire**, we'll see how it ends; **Stiamo a v.!**, let's wait and see □ *(fig.)* **Gli si vede la bontà in faccia**, his kindness is written in his face □ **L'accompagnai a v. la città**, I showed him round the town □ **Vedendolo, si direbbe che è un buon ragazzo**, by the look of him one would say he is a good boy □ *(fig.)* **Mi sono visto più di una volta la morte vicina**, I've looked death in the face more than once □ **Vuoi v. che vado e gli dico tutto?**, I've a good mind to go and tell him everything □ **Stai a v. che finiranno per litigare**, I'll bet you they end up fighting □ **Vuoi v. che ci rimette anche il denaro?**, I'll bet you he loses his money into the bargain □ **Vedi tu** *(decidi)*, it's up to you □ *(fig.)* **Ciascuno ha il suo modo di v.**, each person has his own way of looking at things □ **Me la sono vista brutta**, I had a narrow escape □ *(fig.)* **Tentate, se volete, ma io la vedo male** *(o* **brutta)**, try, if you like, but I think no good will come of it □ **Mi vedrete!** *(minaccia)*, you haven't seen the last of me! □ **Quell'impertinente vedrà di che sono capace io!**, that bounder will soon discover who(m) he's dealing with! □ *(fig.)* **Non posso vederlo**, I can't stand the sight of him □ **Non venne; si vede che aveva da fare**, he didn't come; he must have been busy □ **Si vede che mi ero ingannato**, I must have been mistaken □ **Chi s'è visto s'è visto**, that's that □ **Si è preso il denaro e chi s'è visto s'è visto**, he took the money and disappeared into the blue □ **To' chi si vede!**, look who is here! □ *(fig.)* **Voglio v. chiaro in questa faccenda**, I want to get to the bottom of this affair □ *(fig.)* **Lo (o La) vedremo**, we'll see about that □ *(prov.)* **Chi vivrà vedrà**, time discloses all things □ *(prov.)* **V. per credere**, seeing is believing □ *(prov.)* **Occhio non vede cuore non duole**, what the eye sees not, the heart rues not. **vedérsi, B** *v. rifl.* **1** *(anche fig.)* to see* oneself: **v. allo specchio**, to see oneself in the mirror; **quando si vide in quelle condizioni disperate**, when he saw himself in such desperate conditions; **v. in pericolo**, to see oneself in danger; **Non mi ci vedo a fare una cosa simile**, I can't see myself doing a thing like that **2** *(trovarsi)* to find* oneself: **Si vide abbandonato da tutti**, he found himself abandoned by everyone; **si vide costretto a sposarla**, he found himself obliged to marry her. ● **v. perduto**, to feel *(o* to give oneself up for) lost □ **Vedetevela voi**, see about it yourselves. **C** *v. rifl. recipr.* to see* each other; *(incontrarsi)* to meet*: **Non ci vediamo molto spesso**, we don't meet very often; **Non ci vedremo più**, we shall never meet again. ● **Ci vediamo!** *(saluto)*, see you!

vedére (2), *m.* **1** sight; vision **2** *(apparenza)* appearance; aspect; look; *(impressione)* impression **3** *(opinione)* opinion; view; conviction: **a mio** *(tuo, ecc.)* **v.**, in my (your, etc.) opinion.

vedétta, *f.* **1** *(posto d'osservazione)* look-out: **stare di v.**, to be on the look-out **2** *(sentinella)* look-out; «vedette» *(franc.)*: **ritirare le vedette**, to withdraw the look-outs **3** *(naut.)* patrol vessel; **vedette-boat 4** *(cinem.; teatr.)* star; *(cinem., teatr.)* famous actress.

vedétte *(franc.)*, *f. (cinem.)* star; *(cinem., teatr.)* famous actress.

vèdico, *a. (letter.)* Vedic.

védova, *f.* **1** widow: **rimanere v.**, to be left a widow; **v. bianca**, grass widow; *(mus.)* **la V. Allegra**, the Merry Widow **2** *(zool., Vidua)* widow-bird. ● *(zool.)* **v. nera** *(Latrodectes mactans)*, black widow □ *(fig., scherz.)* **figlio unico di madre v.**, the only one (left); the last of its kind.

vedovanza, *f.* widowhood.

vedovare, *v. t. (lett.)* **1** to widow **2** *(fig.)* to widow, to bereave*; to deprive (sb. of st.).

vedovile, A *a.* widowed; *(di vedova, anche)* widow's *(attr.)*; *(di vedovo, anche)* widower's *(attr.)*: **abito v.**, widow's weeds; **stato v.**, widowed state. **B** *m.* dower.

védovo, A *m.* widower: **rimanere v.**, to be left a widower; **Era v., ma ancora giovane**, he was a widower, but still young. **B** *a.* widowed: **un uomo v.**, a widowed man.

vedrétta, *f. (geol.)* hanging glacier; cirque glacier.

veduta, *f.* **1** view; sight: **Di quassù c'è una bella v.**, there's a fine view from up here; **Mi piace questa v. delle due torri**, I like the view of the two towers from here; **le vedute di Roma**, the sights of Rome **2** *(pl., fig.: opinioni, idee)* views; opinions: **Non conosco le sue vedute**, I don't know his views *(o* opinions) **3** *(arte)* veduta*; view: **una v. panoramica di Roma**, a panoramic view *(o* a panorama) of Rome. ● *(fotogr.)* **v. a volo d'uccello**, aerial view □ **un uomo di larghe** *(o* **ampie) vedute**, a broad-minded man □ **un uomo di vedute meschine** *(o* **ristrette)**, a narrow-minded man.

vedutismo, *m. (pitt.)* vedutismo*; painting of panoramic views of places.

vedutista, *m.* e *f. (pitt.)* vedutista*; painter of panoramic views of places.

veemènte, *a.* vehement; violent; impetuous: **Era d'indole v.**, he was of a vehement character; **invettiva v.**, vehement abuse; **passioni veementi**, violent passions. ● **l'impeto v. del nemico**, the fierceness of the enemy's attack □ **ondata v.**, huge wave.

veemènza, *f.* vehemence; impetus; violence: **la v. delle passioni**, the vehemence of one's passions. ● **con v.**, vehemently.

vegetale, *a.* e *m.* vegetable: **oli vegetali**, vegetable oils; **il regno v.**, the vegetable kingdom; **crine v.**, vegetable hair.

vegetare, *v. i. (anche fig.)* to vegetate: **Questo non è vivere, è v.**, this is not living, it's vegetating.

vegetarianismo, *m.* vegetarianism. ● **v. integrale**, veganism *(fam.)*.

vegetariano, *a.* e *m.* vegetarian: **È un v.**, he is a vegetarian; **regime v.**, vegetarian diet. ● **v. integrale**, vegan *(fam.)*.

vegetativo, *a.* vegetative.

vegetazionale, *a. (bot.)* vegetational.

vegetazióne, *f.* vegetation: **v. tropicale**, tropical vegetation; **v. spontanea**, self-sown vegetation.

vègeto, *a.* **1** thriving; flourishing **2** *(di persona)* strong; vigorous; healthy. ● **vivo e v.**, alive and kicking.

vegetominerale, *a.* vegeto-mineral.

veggènte, *m.* e *f.* **1** seer; prophet *(masch.)*, prophetess *(femm.)* **2** *(indovino)* clairvoyant.

veggènza, *f.* **1** prophecy **2** *(chiaroveggenza)* clairvoyance.

véglia, *f.* **1** watch; vigil: **lunghe ore di v.**, long hours of watch; **v. d'armi**, vigil at arms **2** *(trattenimento)* (evening) party. ● **v. danzante**, dance □ **v. funebre**, vigil; *(in Irlanda)* wake □ **cose da raccontarsi a v.**, tall stories □ **fare la v. a un malato**, to sit up beside a sick person □ **tra la v. e il sonno**, half-asleep.

vegliardo, *m.* venerable old man*.

vegliare, A *v. i.* **1** *(stare sveglio)* to keep* awake; to stay up late: **Veglia sui libri**, he stays up late over his books; **v. in orazione**, to stay up late praying **2** *(vigilare)* to keep* watch; to look after: **Veglia sul fratellino**, he looks after his little brother. **B** *v. t.* to watch; to watch over: **v. un malato**, to watch over a sick man. ● **v. al letto di un malato**, to watch by the bedside of a sick person (all night) □ **v. un morto**, to keep watch beside a dead body □ **Bisogna v. perché non succeda niente**, we must be careful nothing happens.

vegliónе, *m.* ball; dance; *(in maschera)* masked ball: **v. di fine d'anno**, New Year's Eve dance.

veicolare (1), *v. t.* **1** *(med.)* to communicate; to transmit; to be a carrier *(o* a vector) of: **Gli insetti possono v. malattie infettive**, insects may be vectors of infectious diseases **2** *(fig.)* to diffuse; to spread: **v. idee**, to diffuse ideas.

veicolare (2), *a.* vehicular; of vehicles; vehicle *(attr.)*: **circolazione v.**, vehicular traffic.

veicolo, *m.* **1** vehicle; conveyance: **un v. a due (a quattro) ruote**, a two-wheeled (a four-wheeled) vehicle; **un v. a sei ruote**, a curious conveyance on six wheels **2** *(med., chim.)* carrier; vector: **È un v. di malattie infettive**, it's a carrier of infectious diseases; **Nelle pomate i grassi sono veicoli delle sostanze attive**, in ointments the fats are carriers for the active substances. ● **v. a cuscino d'aria**, hovercraft; air-cushion vehicle *(USA)*; **v. a cuscino d'aria per uso marittimo**, surface-effect ship □ **v. spaziale**, space ship; spacecraft.

véla, *f.* **1** sail: **v. latina**, lateen sail; **v. di fortuna**, storm-sail; **v. quadra**, square sail; **issare le vele**, to hoist the sails; **raccogliere** *(o* **serrare) le vele**, to furl the sails □ *(fig.)* **to reach one's conclusion; to wind up; alzare** *(o* **spiegare) le vele**, to unfurl the sails; **essere sotto v.**, to be under sail; **far v.**, to set sail; *(fig.)* to leave; **andare a gonfie vele**, to be under full sail *(sing.)*; *(fig.)* to be going fine, to go at a fine pace **2** *(lo sport)* sailing; yachting; *(volo o vela)* soaring, gliding. ● **v. di gabbia**, topsail □ **v. di maestra**, mainsail □ **v. di mezzana**, jigger □ **v. di straglio**, staysail □ **v. di trinchetto**, foresail □ **a vele spiegate**, under sail *(o* canvas) *(sing.)* □ **barca a v.**, sailing-boat; yacht □ **con le vele ammainate**, under bare poles □ *(archit.)* **volta a v.**, dome *(o* cap) vault □ **Il vento è alla v.**, the wind is favourable.

velaccino, *m. (naut.)* skysail.

velàccio, *m. (naut.)* topgallant (sail).

velame (1), *m. (naut.)* sails *(pl.)*.

velame (2), *m. (lett., per lo più fig.)* veil: **sotto il v. dell'allegoria**, under the veil of allegory.

velare (1), A *v. t.* **1** *(anche fig.)* to veil: **v. un quadro**, to veil a picture; **La nebbia vela il sole**, mist veils the sun **2** *(fig.: nascondere)* to conceal; to hide*: **Velano i loro vizi sotto oneste apparenze**, they conceal their vices under the cloak of honesty **3** *(fig.: offuscare)* to dim: **Le lacrime le velarono gli occhi**, her eyes were dimmed with tears. ● **v. d'ironia il proprio discorso**, to cloak one's speech in irony □ **v. la luce**, to shade the light □ **v. un suono**, to muffle a sound. **velarsi, B** *v. rifl.* **1** to veil oneself: **Le musulmane non possono uscire senza v.**, Moslem women cannot go out without veiling themselves **2** *(di voce)*

velare (2)

to grow* husky: **Mi si è velata la voce**, my voice has grown husky **3** (*di vista*) to grow* dim (*o* misty): **Mi si velarono gli occhi di lacrime**, my eyes grew dim with tears.

velare (2), *a.* (*fon.*) velar.

velàrio, *m.* (*teatr.*) curtain.

velarizzato, *a.* (*linguistica*) velarized.

velarizzazióne, *f.* (*linguistica*) velarization.

velataménte, *avv.* covertly.

velato, *a.* (*anche fig.*) veiled: **un quadro v.**, a veiled picture; **una donna velata**, a veiled woman; (*fig.*) **linguaggio v.**, veiled speech; (*fig.*) **velata ipocrisia**, veiled hypocrisy. ● **calze velate**, transparent (*o* sheer) stockings □ **luce velata**, dim light □ **occhi velati**, misty eyes □ **suono v.**, muffled sound □ **voce velata**, husky voice.

velatura (1), *f.* **1** (*il velare*) veiling; dimming **2** (*fotogr.*) fog **3** (*pitt.*) glazing.

velatura (2), *f.* **1** (*naut.*) sailage; sails (*pl.*) **2** (*aeron.*) lifting surface.

veleggiaménto, *m.* **1** (*naut.*) sailing **2** (*aeron.*) soaring; gliding.

veleggiare, **A** *v. i.* **1** (*navigare a vela*) to sail **2** (*aeron.*) to soar; to glide. **B** *v. t.* (*lett.*) to sail: **v. l'Adriatico**, to sail the Adriatic.

veleggiata, *f.* sail; sailing trip: **Che bella v.!**, what a delightful sail! ● **una v. di tre giorni**, three days' sailing.

veleggiatóre, *m.* (*aeron.*) glider.

velenifero, *a.* poisonous; venomous. ● **ghiandola velenifera**, poison sac.

veléno, *m.* (*anche fig.*) poison; (*di animali*) venom: **il v. della vipera**, snake venom; **amaro come il v.**, as bitter as poison; **il v. della gelosia**, the poison of jealousy; **il v. dell'invidia**, the venom of envy; **somministrare un v.**, to administer poison; **Anche se non ti piace, mangialo; non è v.**, even if you don't like it, eat it; it's not poison; (*fig.*) **Per lui il vino è v.**, wine is a poison for him; (*di sapore*) **Pare v.!**, it tastes like poison! ● (*fig.*) **avere il v. in corpo**, to be filled with resentment □ (*fig.*) **avere del v. contro q.**, to have a grudge against sb. □ (*fig.*) **masticare v.**, to swallow one's anger □ **satira piena di v.**, biting satire □ (*fig.*) **sputare v.**, to give vent to one's wrath (*o* spite).

velenosità, *f.* (*anche fig.*) poisonousness; venomousness.

velenóso, *a.* (*anche fig.*) poisonous; venomous: **erba velenosa**, poisonous grass; **funghi velenosi**, poisonous mushrooms; **scritto v.**, venomous writing. ● **donna velenosa**, treacherous woman □ **una lingua velenosa**, a spiteful tongue □ **satira velenosa**, biting satire.

veleria, *f.* (*naut.*) (*officina*) sailmaker's yard; sail-loft.

velétta (1), *f.* (*di cappello da donna*) hat-veil.

velétta (2), *f.* (*lett.*: *vedetta*) look-out: **stare alle velette**, to be on the look-out.

vèlico, *a.* sail (*attr.*); sailing (*attr.*): **gare veliche**, sailing competitions; **navigazione velica**, sail travel.

velièro, *m.* sailing-vessel; sailing-ship; sailer; wind-jammer (*fam.*). ● **v. a tre alberi**, bark; barque; three-master □ **v. corsaro**, corsair □ **v. da pesca**, smack.

velificio, *m.* sail workshop (*o* factory).

velina, A *f.* **1** (*carta v.*) tissue-paper; (*foglio di carta v.*) flimsy **2** (*copia di lettera*) carbon copy **3** (*giornalismo*) press release; bulletin. **B** *a.* – **carta v.**, tissue-paper; **foglio di carta v.**, flimsy.

velismo, *m.* (*sport*) sailing.

velista, *m. e f.* sailor.

vèliti, *m. pl.* (*stor. romana*) velites.

velìvolo, *m.* (*aeron.*) aeroplane; aircraft; airplane (*USA*).

velleità, *f.* **1** velleity **2** (*aspirazione irrealizzabile*) foolish aspiration; mere wish; fancy: **Velleità senili!**, senile fancies! ● **Ha la v. d'essere poeta**, he fancies himself as a poet.

velleitàrio, A *a.* over-ambitious; wild (*fam.*). **B** *m.* wishful thinker.

velleitarismo, *m.* indulgence in velleities; vain ambition.

vellicaménto, *m.* (*lett.*) tickling.

vellicare, *v. t.* (*lett.*) to tickle; to titillate: **v. la fantasia**, to titillate the imagination.

vellicazióne, *f.* (*lett.*) tickling; titillation.

vèllo, *m.* fleece: **v. di pecora**, sheep's fleece; (*mitol.*) **il V. d'oro**, the Golden Fleece. ● **v. di capra**, goatskin.

vellóso, *a.* fleecy; shaggy; hairy: **un orso v.**, a shaggy bear; **pecore vellose**, fleecy sheep.

vellutare, *v. t.* (*ind. tessile*) to give* a velvet finish to (a fabric).

vellutato, *a.* velvety; velvet (*attr.*): **una pelle vellutata**, a velvet skin; **stoffa vellutata**, velvet material; **nero v.**, velvet black. ● (*bot.*) **foglie vellutate**, velutinous leaves.

vellutatrice, *f.* (*ind. tessile*) velvet-pile machine.

vellutino, *m.* **1** fine velvet **2** (*nastrino di velluto*) velvet ribbon.

vellùto, *m.* velvet: **v. a riccio**, pile velvet; **un bavero di v.**, a velvet collar; **v. a coste**, corduroy velvet; **morbido come il v.**, as soft as velvet; **v. di seta**, silk velvet; (*fig.*) **andare** (*o* **camminare**) **sul v.**, (*procedere con passi silenziosi*) to have a velvet tread; (*procedere senza ostacoli*) to be on velvet; (*fig.*) **un pugno di ferro nel guanto di v.**, an iron hand in a velvet glove. ● **v. di cotone**, velveteen.

vélo, *m.* **1** (*anche fig.*) veil: (*relig.*) **prendere il v.**, to take the veil; (*fig.*) **stendere un v.** (*pietoso*) **su q.c.**, to draw a veil over sth.; **sotto il v. della metafora**, under the veil of metaphor; **la danza dei sette veli**, the dance of the seven veils; (*relig.*) **lasciare** (*o* **deporre**) **il v.**, to cast off the veil; to leave the convent; **un v. di mistero**, a veil of mystery **2** (*tessuto*) gauze; voile: **un abito di v.**, a dress of voile **3** (*fig.*: *strato sottile*) film; thin layer; touch; light covering: **un v. di polvere**, a thin layer of dust; **un v. di ghiaccio**, a film of ice; **un v. di cipria**, a touch of powder **4** (*fig.*: *apparenza ingannevole*) pretence; veil; cloak; mask: **sotto il v. dell'altruismo**, under the veil (*o* the pretence) of unselfishness **5** (*anat.*, *bot.*) veil; velum*: **v. palatino** (*o* **pendulo**), palatine veil **6** (*fotogr.*) fog; haze: **densità del v.**, fog density. ● **il v. dello staccio**, the sieve netting □ **v. di cipolla**, onion skin □ **dare un v. di bianco**, to give a light coat of white (paint) □ **zucchero a v.**, castor sugar □ (*fig.*) **Gli cadde il v. dagli occhi**, the scales fell from his eyes □ **Le nuvole fanno v. al sole**, the clouds are hiding the sun □ **Un v. d'acqua ci scorreva sopra**, a trickle of water was running over it □ **C'era un v. di tristezza nella sua voce**, there was a touch of sadness in his voice.

velóce, *a.* fast; quick; rapid; swift: **un'automobile v.**, a fast car; **un corridore v.**, a fast runner; **v. come un fulmine**, as quick as lightning; **più v. del pensiero**, quicker than thought; **un cavallo v.**, a swift horse. ● (*autom.*) **guida v.**, speeding □ **la media del giro più v.**, the average best speed per circuit □ **Il tempo scorre v.**, time passes quickly □ **Veloci fuggono gli anni**, the years fly by.

veloceménte, *avv.* quickly; fast; rapidly; swiftly. ● **andare** (*o* **passare**) **v.**, to whiz; to whizz (*fam.*).

velocipede, *m.* velocipede.

velocipedista, *m. e f.* velocipedist.

velocipedìstico, *a.* cycling (*attr.*): **Unione Velocipedistica Italiana**, Italian Cycling Association.

velocista, *m. e f.* (*sport*) sprinter.

velocità, *f.* **1** speed; velocity; rapidity; swiftness; rate: **v. massima**, top speed; **v. ridotta**, reduced speed; **v. supersonica**, supersonic speed; (*naut.*, *aeron.*) **v. di crociera**, cruising speed; (*naut.*) **v. d'immersione**, submerged speed; **v. folle**, breakneck speed; **a tutta v.**, at full (*o* at top) speed; **il minimo** (**il massimo**) **di v.**, the least (the greatest) possible speed; **aumentare** (**rallentare**) **la v.**, to increase (to slacken) speed; **a piccola v.**, at low speed; (*ferr.*) by goods train; **a grande v.**, at high speed; (*ferr.*) by passenger train; **v. limite**, maximum velocity; **v. del vento**, wind velocity; (*elab.*) **v. di trasferimento**, transfer rate **2** (*mecc.*, *autom.*) gear: **prima v.**, first (*o* bottom) gear; **quarta v.**, fourth (*o* top) gear. ● **v. di salita**, rate of climb □ (*mecc.*, *autom.*) **cambio di v.**, gearbox □ **eccesso di v.**, speeding: **Fu multato per eccesso di v.**, he was fined for speeding □ **indicatore di v.**, speedometer □ **Va alla v. di cento miglia all'ora**, it goes a hundred miles an hour.

velocréspo, *m.* chiffon.

velòdromo, *m.* cycle-track.

velours (*franc.*), *m.* (*ind. tessile*) velour, velours.

véltro, *m.* (*lett.*) greyhound.

véna, *f.* **1** (*anat.*) vein: (*fig.*) **Si sentì bollire il sangue nelle vene**, he felt the blood boil in his veins; **tagliarsi le vene**, to cut one's veins **2** (*venatura*) vein; (*del legno*) grain: **le vene di una pietra**, the veins of a stone **3** (*filone minerario*) vein; lode; (*di carbone*) seam: **una v. d'oro**, a vein of gold; **scoprire una v. d'oro**, to discover a gold vein; **una v. di carbone**, a seam of coal **4** (*d'acqua*) spring (of water): **una v. d'acqua minerale**, a spring of mineral water **5** (*fig.*: *estro*) vein; talent; (*disposizione*) disposition, inclination; (*umore*) mood: **v. poetica**, poetic vein; **È dotato di larga v. oratoria**, he has a great disposition for oratory; **La sua v. musicale è prossima a esaurirsi**, his musical vein is about to dry up; **Gli manca la v.**, he lacks the vein for it; **essere in v. di generosità** (**di scherzare**), to be in a generous (a joking) mood. ● **una v. d'umorismo**, a streak of humour □ (*geol.*) **v. secondaria**, leader □ **avere la v. poetica**, to have a gift for poetry □ **far q.c. di v.** (**di buona v.**), to do st. willingly □ (*fig.*) **essere in v. di fare q.c.**, to feel like doing st. □ (*fig.*) **Non ha sangue nelle vene**, he is lily-livered □ (*fig.*) **Non le rimase sangue nelle vene**, her blood ran cold □ (*fig.*) **Ha scoperto una v. d'oro**, he has discovered a gold mine.

venale, *a.* **1** (*che si può vendere*) salable, saleable; for sale; (*relat. a vendita*) sale (*attr.*); selling: **non avere valore v.**, to have no saleable value; **prezzo v.**, sale (*o* selling) price **2** (*fig.*) venal; mercenary: **un uomo v.**, a venal man.

venalità, *f.* (*fig.*) venality; mercenariness.

venare, *v. t.* to vein.

venato, *a.* **1** veined; (*di legno*) grained **2** (*fig.*) tinged; veined: **v. di tristezza**, tinged with sadness.

venatòrio, *a.* hunting (*attr.*): **bollettino v.**, hunting bulletin; **Si è aperta oggi la stagione venatoria,** the hunting season has opened today. ● **arte venatoria,** art of hunting; hunting.

venatura, *f.* vein; veining; (*di foglie, ecc.*) venation.

vendémmia, *f.* **1** (*raccolta dell'uva*) vintage; grape-harvest; grape-gathering **2** (*quantità di uva raccolta*) (grape-)harvest; vintage; (*vino che se ne ottiene*) vintage: **Quest'anno la v. è abbondante,** this year the harvest is plentiful **3** (*tempo della raccolta*) vintage; vintage-time: **Si avvicina la v.,** vintage-time is drawing near. ● **fare la v.,** to harvest (*o* to gather) the grapes.

vendemmiàbile, *a.* ready for harvesting: **uva v.,** grapes ready for harvesting.

Vendemmiàio, *m.* (*stor.: primo mese del calendario rivoluzionario francese*) Vendémiaire (*franc.*).

vendemmiare, A *v. i.* to harvest (*o* to gather) grapes. **B** *v. t.* to harvest.

vendemmiatóre, *m.* vintager; grape-gatherer.

véndere, A *v. t.* **1** to sell*: **I rigattieri comprano e vendono tutto,** second-hand dealers buy and sell everything; **v. a contanti,** to sell for cash; **v. a credito,** to sell on credit; **v. all'ingrosso,** to sell wholesale; **v. al minuto** (*o* **al dettaglio**), to sell retail; **v. sotto costo** (*o* **sotto prezzo**), to sell below cost price; **v. q.c. caro,** to sell st. at a high price; **v. a buon mercato** (*o* **a pochi soldi**), to sell cheaply; **v. a peso,** to sell by weight; **v. a misura,** to sell by the measure; **v. al metro,** to sell by the metre; **v. a rate,** to sell on hire-purchase; **v. al miglior offerente,** to sell to the highest bidder; **v. sotto banco,** to sell under the counter; **v. a mercato nero,** to sell on the black market; **v. di seconda mano,** to sell second-hand; (*fig.*) **v. la propria libertà,** to sell one's liberty; (*fig.*) **v. cara la propria vita,** to sell one's life dearly; (*fig.*) **v. l'anima al diavolo,** to sell one's soul to the devil; **avere il permesso di v.,** to have a licence to sell; **v. q. come schiavo,** to sell sb. into slavery; (*fig.*) **Ha venduto anche la camicia,** he has sold the shirt off his back; (*anche fig.*) **saper v. la propria merce,** to know how to sell one's wares **2** (*tradire*) to betray: **v. un segreto,** to betray a secret; **v. la patria,** to betray one's country **3** — **vendersi** (*essere venduto*), to sell*: **articoli che si vendono cari,** articles that sell at a high price; **Le mele si vendono bene quest'anno,** apples are selling well this year **4** — **vendersi** (*costare*), to cost*: **Si vende a mille lire al chilo,** it costs one thousand lire a kilo. ● **v. all'asta** (*o* **all'incanto**), to auction; to auction off □ (*fig.*) **v. ciance** (*o* **frottole**), to tell tall stories □ (*fig.*) **v. fumo,** to bluff; to swindle □ **v. il proprio corpo,** to prostitute oneself □ **v. sotto** (**il prezzo di**) **mercato,** to undersell □ **l'arte di v.,** salesmanship □ **casa da v.,** house for sale □ **Quell'articolo non si vende,** (*non è in vendita*) that article is not for sale; (*si vende male*) that article doesn't sell at all □ **Questo romanzo si vende molto,** this novel is a best seller □ **Vendesi,** for (*o* on) sale □ (*fig.*) **Ha salute da v.,** he is as strong as a horse □ **In quanto a intelligenza, ne ha da v.,** as for intelligence, he has more than enough □ (*fig.*) **Ne ho da v.,** I've enough and to spare □ (*fig.*) **Questa non me la vendi,** you won't make me swallow that □ (*fig.*) **Ce n'è da v.,** there's enough for all □ (*fig.*) **Hai ragione da v., eppure...,** you're full of good reasons, and yet... □ (*fig.*) **Te la vendo come l'ho comprata,** I'm just repeating what I was told. **véndersi, B** *v. rifl.* **1** to sell* oneself; to betray oneself: **v. anima e corpo,** to sell oneself body and soul; **S'era venduto al nemico,** he had sold himself to the enemy **2** (*prostituirsi*) to prostitute oneself.

venderéccio, *a.* **1** marketable; salable; saleable: **cose venderecce,** marketable things **2** (*fig.*) venal; mercenary: **gente vendereccia,** venal people.

vendétta, *f.* revenge; vengeance: **far v. d'un insulto,** to take revenge for an insult; **gridare v.,** to cry out for vengeance; (*scherz.: rif. a cose*) to be terrible (*o* outrageous); **prendere v.,** to take vengeance; **fare q.c. per v.,** to do st. in (*o* out of) revenge; **assetato di v.,** thirsting for revenge; **È un delitto che grida v. al cospetto di Dio,** it's a crime that cries to God for vengeance; **un'aspra v.,** a bitter vengeance. ● **avere la v. nel cuore,** to harbour thoughts of revenge.

vendeuse (*franc.*), *f.* boutique assistant; boutique salesgirl (*o* saleswoman).

vendìbile, *a.* salable; saleable; marketable.

vendicàbile, *a.* that can be revenged.

vendicare, A *v. t.* to revenge; to avenge: **v. il proprio padre,** to revenge one's father. ● **La giustizia vendica i torti,** justice rights wrongs. **vendicarsi, B** *v. rifl.* to take* one's revenge; to avenge oneself (on sb. for st.): **Bada: si vendicheranno,** be careful: they will take their revenge. ● **v. di un'ingiuria,** to avenge an insult.

vendicativo, A *a.* vindictive; revengeful. **B** *m.* vindictive person.

vendicatóre, A *m.* avenger; revenger. **B** *a.* avenging; revengeful.

vendifumo, *m. e f. invar.* humbug; swindler; **con man*** (*pop.*).

véndita, *f.* **1** (*anche leg.*) sale: **È in v. la casa?,** is the house for sale?; **Questa merce è in v.,** these goods are on sale; **La v. aumenta** (*diminuisce*), the sale is increasing (is diminishing); **v. per contanti,** cash sale; **v. a credito,** credit sale; **condizioni di v.,** conditions (*o* terms) of sale; **mettere q.c. in v.,** to put st. up for sale; **v. volontaria,** voluntary sale; **v. coatta,** forced sale; **v. giudiziale,** judicial sale; **v. con patto di riscatto,** sale with right of redemption; **v. su campione,** sale by sample; **atto di v.,** bill of sale **2** (*bottega*) shop: **Ha aperto una v. d'olio,** he has opened an olive-oil shop **3** (*stor.: dei Carbonari*) lodge. ● **v. all'asta,** auction (sale) □ **v. a domicilio,** door-to-door selling □ **v. all'ingrosso,** wholesale □ **v. al minuto,** retail (sale) □ (**il sistema delle**) **vendite a rate,** hire purchase □ **v. per corrispondenza,** mail-order selling □ **v. sotto costo,** underselling; (*specialm. all'estero*) dumping □ **addetta alle vendite,** salesgirl □ **addetto alle vendite,** salesman □ **conto vendite,** sales account □ (*comm.*) **contratto di v.,** sale contract □ **essere di facile v.,** to sell easily; to be readily marketable □ **reparto vendite,** sales department.

venditóre, *m.* seller; vendor. ● **v. ambulante,** hawker; chapman □ (*fig.*) **v. di fumo,** humbug; swindler; **con man** (*gergo*).

venduto, A *a.* **1** sold: **derrate** (*o* **merci**) **vendute,** sold goods **2** (*fig.: corrotto*) corrupt; sold; mercenary: **un uomo v.,** a corrupt man. **B** *m.* **1** (*comm.*) goods sold (*pl.*) **2** (*persona*) corrupt individual.

veneficio, *m.* poisoning: **È imputato di v.,** he is charged with poisoning.

venèfico, *a.* (*anche fig.*) poisonous: **erbe venefiche,** poisonous herbs; **dottrine venefiche,** poisonous doctrines.

veneràbile, *a.* **1** venerable: **età v.,** venerable age **2** (*relig.*) Venerable.

venerabilità, *f.* venerability; venerableness.

venerabilménte, *avv.* venerably.

venerando, *a.* venerable: **una madre veneranda,** a venerable mother; **veneranda canizie,** venerable white hair.

venerare, *v. t.* **1** to revere: **Lo rispetto e lo venero,** I respect and revere him; **v. i genitori,** to revere one's parents **2** (*relig.*) to venerate: **v. i Santi,** to venerate the Saints.

venerazióne, *f.* **1** reverence: **degno di v.,** worthy of reverence; **avere della v. per q.,** to show reverence to sb. **2** (*relig.*) veneration: **la v. dei Santi,** the veneration of the Saints. ● **avere v. per i Santi,** to venerate the Saints □ **degno di v.,** venerable.

venerdì, *m.* Friday: (*relig.*) **il V. Santo,** Good Friday; **Ricevono tutti i v.,** they are at home on Fridays; **Quest'anno Natale viene di v.,** this year Christmas Day falls on a Friday. ● (*scherz.*) **Gli manca un v.,** he has a screw loose (*fam.*).

Vènere, *f.* **1** (*mitol., astron.*) Venus: **la nascita di V.,** the birth of Venus; **la V. di Milo,** the Venus of Milo **2** (*fig.: donna bella*) venus; beauty: **Non è una v., ma è una brava ragazza,** she's no beauty, but she's a good girl. ● **bella come una v.,** as beautiful as a goddess □ (*prov.*) **Bacco, tabacco e V. riducon l'uomo in cenere,** gaming, women, and wine, while they laugh, they make men pine.

venèreo, *a.* venereal: (*med.*) **malattie veneree,** venereal diseases.

vèneto, *a. e m.* Venetian.

Venèzia, *f.* (*geogr.*) Venice.

veneziana, *f.* **1** Venetian girl (*o* woman*) **2** (*tipo di tenda*) Venetian blind.

veneziano, A *a. e m.* Venetian: **alla veneziana,** in the Venetian manner. **B** *m.* (*dialetto*) Venetian (dialect).

venezuelano, *a. e m.* Venezuelan.

vènia, *f.* (*lett.*) pardon: **con vostra v.,** begging your pardon; **chiedere v.,** to beg pardon. ● **chiedere v. a q. per q.c.,** to apologize to sb. for st.

veniale, *a.* venial (*anche relig.*); excusable; forgiveable: **un peccato v.,** a venial sin.

venialità, *f.* veniality.

veniènte, *a.* coming (*seguente*) next, following.

venire (1), A *v. i.* **1** to come*: **Vieni da me,** come to my place; **Ma venite dunque!,** do come on!; **Lo vedo v.,** I can see him coming; **Dopo gennaio viene febbraio,** February comes after January; **È una notizia che viene da buona fonte,** it's news that comes from a reliable source; **Questa stoffa viene dall'Italia,** this material comes from Italy; **Verrò a trovarti,** I'll come and see you; **Viene da una buona famiglia,** he comes of a good family; **È venuta la posta,** the post has come; **Mi viene naturale,** it comes natural to me; **Vieni ad aprirmi!,** come and let me in!; **v. a piedi,** to come on foot; **v. in auto,** to come by car; **v. in bicicletta,** to come by bicycle; **v. a cavallo,** to come on horseback; **v. per via di terra,** to come by land; **v. per mare,** to come by sea; **Chi va e chi viene,** some come, some go; **andare e v.,** to come and go; **il primo che viene,** the first one to come; **una parola che viene dal latino,** a word that comes from Latin; **Da dove viene?,** where does it (*o* he, she) come from?; **Venite di qua,** come this

venire (2) way; **Ora viene il bello**, the best part is coming now; **Viene da Roma**, (è di Roma) he (o she) comes from Rome; (arriva da Roma) he (o she) is coming from Rome; **Verrò a prenderti**, I'll come and pick you up; **Sono venuto col treno di ieri sera**, I came by train yesterday evening; **Sono cose di là da v.**, these are things to come; **Quando verrà la mia ora**, when my hour comes; (fig.) **Tutto il suo male viene dal fegato**, all his troubles come from his liver; **Venne sull'uscio**, he came to the door; **Mi venne un'idea**, an idea came to me; **Vengo a chiederti un favore**, I've come to ask a favour of you **2** (arrivare) to arrive; to come* (on): **È venuto l'inverno**, winter has arrived; **È venuto il tempo di pagare**, the time has come for payment; **Venne il giorno tanto desiderato**, the long-awaited day arrived; **Venne la notte**, night came on; **Sento che mi viene il raffreddore**, I feel a cold coming on **3** (trasferirsi) to come* over; (passare) to move, to move (o to pass) on: **Quella famiglia è appena venuta in città dalla campagna**, that family has just moved from the country into the town; **E ora veniamo ad altro!**, and now let's move on (o pass on) to something else!; **una famiglia venuta in Inghilterra con Guglielmo il Conquistatore**, a family that came over to England with William the Conqueror **4** (v. su, sorgere) to rise*; to arise*: **Il sughero viene subito a galla**, cork rises to the surface immediately; **A tutti vennero le lacrime agli occhi**, everybody felt the tears rise to their eyes; **quando verrà l'occasione**, when the opportunity arises; when I get the chance **5** (crescere) to grow*; (spuntare) to come* up: **Nei climi freddi il grano non viene**, corn doesn't grow in cold climates; **Non vedi come viene male?**, can't you see how poorly it's growing?; **I piselli non sono ancora venuti**, the peas have not come up yet **6** (di festa: cadere) to fall*: **Natale quest'anno viene di domenica**, Christmas falls on a Sunday this year **7** (di numeri estratti: uscire) to come* out: **È venuto il venti**, number twenty has come out **8** (cedere a una trazione) to give*; to give* way; to yield: **Se tiri forte, vedrai che viene**, if you pull hard, you'll see it'll give **9** (ammontare a) to come* to; to come* out at: **Ho fatto la somma e mi viene trecento**, I've added it up and it comes to three hundred; **Il totale viene 650**, the total comes out at 650 **10** (costare) to cost*: **Quanto viene?**, how much does it cost?; how much is it?; **Ti verrà più di centomila lire**, it will cost you more than one hundred thousand lire; **Quel che viene viene**, I don't care what it costs **11** (riuscire) to come* off; to come* out; to turn out; to come* on: **L'esperimento non è venuto**, the experiment has not come off; **La torta non è venuta bene**, the cake has not turned out well; **Questa somma non mi viene**, I cannot make this sum come out; **Tu vieni sempre bene** (in fotografia), you always come out well; **Come viene il tuo giardino?**, how's your garden coming on?; **Il tuo ricamo viene bene**, your embroidery is coming on nicely **12** (fam.: venir via) to come* out: **Questa macchia non viene**, this stain won't come out **13** (ausiliare nella voce passiva) to be: **Viene ammirata appunto per questo**, that is precisely why she is admired; **E così venne ingannata**, and so he was deceived **14** (seguito da gerundio) to be; to be beginning: **Ci veniva raccontando la sua storia**, he was telling us his story; **Lo vengo leggendo con comodo**, I am reading it in my own time; **Mi vengo accorgendo che...**, I am beginning to notice that... **15** (pop.: spettare) to be due: **Ti si darà quel che ti viene**, you will receive your due **16** (impers.: avere voglia di) to feel* like (seguito da gerundio o costruzione pers.): **Mi venne da ridere**, I felt like laughing; **Mi sta venendo sonno**, I feel like sleeping; **Mi fa v. da piangere**, it makes me feel like crying **17** (volg.: giungere all'orgasmo sessuale) to have an orgasm; to come* (volg.). ● (mil.) **v. a battaglia**, to join battle □ **v. a capo di un problema**, to solve a problem □ **v. a capo di q.c.**, to get to the bottom of st. □ **v. a conoscenza**, to come to one's knowledge: **Siamo venuti a conoscenza che avete l'intenzione di sospendere i pagamenti**, it has come to our knowledge that you intend to suspend payment □ **v. a conoscenza di q.c.**, to learn of st. □ **v. addosso**, (procedere) to come straight for; (urtare) to bump into: **Quella macchina mi veniva addosso**, that car was coming straight for me; **Girò l'angolo e mi venne addosso**, he turned the corner and bumped into me □ **v. a essere** (diventare), to become: **Sposando Graziella, viene a esserti cognato**, by marrying Graziella he becomes your brother-in-law □ **v. ai ferri corti**, to come to grips □ **v. alla luce**, to see the light of day: **Venne alla luce il 3 novembre del 1980**, he first saw the light of day on November 3rd, 1980 □ **v. alle mani**, to come to blows □ **v. al mondo**, to come into the world; to be born □ **v. a noia**, to get fed up (with st.); to get tired (of st.): **Quella musica m'è venuta a noia**, I'm fed up with that music □ **v. agli orecchi** (o alle orecchie), to come to one's hearing: **M'è venuto alle orecchie che intendi sposarti**, it's come to my hearing that you intend to get married □ **v. a parole**, to have words: **Vennero a parole a proposito di un debito**, they had words over a debt □ **v. a questione**, to fall to arguing: **Vennero a questione e si picchiarono**, they fell to arguing and came to blows □ **v. alla riva**, to reach the bank (o the shore) □ **v. a sapere**, to come to learn; to understand; to get to know: **Come sei venuto a sapere dove abita?**, how did you get to know where he is living □ **v. al sodo**, to come to the point □ **v. a una transazione**, to compound; to compromise □ **v. bene**, to be a success: **Il dolce è venuto bene**, the sweet is a success □ **v. dietro**, to follow; to come behind: **Mi veniva dietro**, he was following me □ **v. di moda**, to come into fashion; to become fashionable □ **v. fuori**, to come out; (essere pubblicato) to come out, to be published: **Il mio libro verrà fuori in primavera**, my book will be published in the Spring □ **v.** (o **venirsene**) **fuori con q.c.**, to come out with st.; to issue st.: **Se ne venne fuori con una storia incredibile**, he came out with an incredible story □ **v. giù**, to come down; to come off: **Veniva giù un diluvio**, the rain came down in torrents □ (fig.) **v. in chiaro**, to come to light: **Venne in chiaro che il padre era lui**, it came to light that he was the father □ (anche fig.) **v. incontro a q.**, to meet sb.: **Ti verrò incontro**, I'll meet you □ **v. in mente**, to occur: **Mi venne in mente che era giorno di mercato**, it occurred to me (o the thought came across my mind) that it was market-day □ **v. in odio**, to become hateful: **Mi è venuto in odio**, he has become hateful to me □ **v. male**, to be a failure: **Il dolce è venuto male**, the sweet is a failure □ **v. meno** (svenire), to faint □ **v. meno a un impegno**, to break an engagement □ **v. su**, to come up; (crescere) to come on, to grow up: **Le piantine non sono ancora venute su**, the seeds have not come up yet; **Mi pare che il bambino non venga su bene**, I think the baby is not coming on well □ **v. via**, to come away; (staccarsi) to come off (o out, unstuck, unstitched): **Venni via senza rispondere**, I came away without replying; **Mi è venuto via un bottone dalla giacca**, a button has come off my coat; **Viene via la tinta, se si lava?**, will the colour come out if it is washed?; **La cucitura venne via**, the seam came unstitched □ **far v. q.**, to send for sb.; to call sb.: **Ho fatto v. il medico**, I have sent for the doctor □ **negli anni che verranno**, in years to come □ **il mese che viene**, the coming month □ **quando viene il destro**, when I (o you, etc.) get the chance □ **quando viene la sera**, when evening falls □ **i tempi che verranno**, future times □ **un va e vieni** (di gente), a coming and going □ **Ho provato a suonare quel pezzo ma non mi viene**, I've tried playing that piece but I can't manage it □ **Cosa ti viene in mente?** (rimprovero), you must be mad! □ **se mi viene davanti...**, if I catch sight of him again... □ **Gli venne meno il coraggio**, his courage abandoned him □ **Venne meno ai patti**, he did not abide by the terms □ **guadagni che gli vengono dalla professione**, the earnings from his profession □ **Aspettiamo che venga il giorno (la notte)!**, let's wait till daybreak (nightfall)! □ **Verrò a pranzo da te**, I'll have dinner at your place □ **Veniamo ai fatti**, let's get down to facts □ **Gli è venuta la febbre**, he has developed a temperature □ **Mi venne un giramento di capo**, a fit of dizziness came over me □ **Mi fa v. l'acquolina in bocca**, it makes my mouth water □ **Gli è venuta la speranza che...**, he has begun to hope that... □ **Gli è venuta la paura che...**, he is afraid that... □ **Questo cibo mi fa v. la nausea**, this food makes me feel sick □ **Mi viene voglia di dirgli la verità**, I am tempted to tell him the truth □ **Non faccio altro che andare e v.**, (torno subito) I am just going and coming straight back; (mi muovo di continuo) I do nothing but run backwards and forwards □ **Neppure se viene giù il mondo!**, not on your life! □ **Che ti venga un accidente!**, (I hope you) drop dead! □ (iron.) **Che ti venga il ben di Dio!**, good luck to you! □ **Mi venne detto che ci avrei pensato**, I chanced to say I would think about it □ **Mi venne fatto d'incontrarlo**, I chanced to meet him □ **Se mi viene fatto di coglierlo mentre ruba...**, if I can manage to catch him stealing... □ **Ora gli è venuto questo capriccio**, now he has got this idea into his head.

venirsene, B v. rifl. to come*: **Se ne veniva pian piano**, he was coming at a snail's pace; **invece di v. a Roma...**, instead of coming to Rome...

venire (2), m. **1** coming: **un andare e v. affannato**, a lot of coming and going **2** (venuta) arrival.

venóso, a. venous: **sangue v.**, venous blood.

ventàglia, f. (stor.) ventail.

ventagliàio, m. **1** (chi fabbrica ventagli) fan-maker **2** (chi vende ventagli) fan-seller.

ventàglio, m. **1** fan **2** (econ.) range: **il v. dei prezzi**, the price range **3** (zool., Pecten jacobaeus) Jacob's scallop. ● **a v.**, fan-shaped (agg.); fanwise (avv.): **Le strade si aprono a v.**, the roads open fanwise □ (mil.) **disporsi a v.**, to fan out.

ventata, f. gust (of wind); flurry: **Una v. gli portò via il cappello**, a gust of wind carried off his hat; **Tirano delle ventate che spazzano via tutto**, there are gusts blowing that sweep everything away. ● (fig.) **una v. di patriottismo**, a wave of patriotism.

ventennale, A a. **1** (che dura venti anni) twenty-year (attr.) **2** (che ricorre ogni venti anni) recurring every twenty years. **B** m.

twentieth anniversary.
venténne, A *a.* twenty years old (*pred.*); twenty-year-old (*attr.*): **una ragazza v.**, a twenty-year-old girl. **B** *m.* e *f.* twenty-year-old.
venténnio, *m.* (period of) twenty years: **Dura da un v.**, it has lasted for twenty years. ● **il v. fascista**, the Fascist period □ **Sono due ventenni che il paese attende questo giorno**, the village has been waiting for this day for forty years.
ventèsimo, *a. num. ord.* e *m.* twentieth: **Siamo nel v. secolo**, we are in the twentieth century; **È un v. del totale**, it is a twentieth of the total.
vénti, *a. num. card.* e *m.* twenty: **Ha passato i v. anni**, he is over (*o* past) twenty; **Sono più di v.**, they are more than twenty; **Sono le dieci e v.**, it is twenty past ten; **Abita al v.**, he lives at number twenty; **gli anni v.**, the twenties; **Sabato è stato estratto il v.**, last Saturday number twenty was drawn. ● **Sono le (ore) v.**, it is eight p.m.
venticinque, *a. num. card.* e *m.* twenty-five.
venticinquènne, A *a.* twenty-five years old (*pred.*); twenty-five-year-old (*attr.*). **B** *m.* e *f.* twenty-five-year-old.
venticinquènnio, *m.* (period of) twenty-five years: **un v. di convivenza**, twenty-five years of living together.
venticinquèsimo, *a. num. ord.* e *m.* twenty-fifth: **È riuscito v. nel concorso**, he came twenty-fifth in the competition.
ventidue, *a. num. card.* e *m.* twenty-two.
ventiduènne, A *a.* twenty-two years old (*pred.*); twenty-two-year-old (*attr.*). **B** *m.* e *f.* twenty-two-year-old.
ventiduèsimo, *a. num. ord.* e *m.* twenty-second.
ventilabro, *m.* (*agric.*) winnowing-fan.
ventilare, *v. t.* **1** to ventilate; to air: **Apro le finestre per v. la stanza**, I am opening the windows to air the room **2** (*fig.*) to ventilate; to examine; (*discutere*) to discuss: **Fu ventilata anche quest'idea, ma la lasciammo cadere**, this idea was also ventilated, but we let it drop **3** (*agric.*) to winnow; to fan.
ventilato, *a.* airy: **una stanza ventilata**, an airy room.
ventilatóre, *a.* ventilator; fan: **un v. elettrico**, an electric fan; **un v. da soffitto (da muro, da tavolo)**, a ceiling (wall, desk) fan; **pala di v.**, fan-blade.
ventilazióne, *f.* **1** ventilation: **Con tutte le finestre aperte c'è troppa v.**, with all the windows open there's too much ventilation; (*di miniera*) **v. in depressione**, vacuum ventilation; (*di miniera*) **v. in parallelo**, split ventilation **2** (*agric.*) winnowing.
ventimila, *a. num. card.* e *m.* twenty thousand.
ventimillèsimo, *a. num. ord.* e *m.* twenty-thousandth.
ventina, *f.* about twenty; score: **una v. d'anni**, about twenty years; **una v. di persone**, about (*o* some) twenty people; **una v. di uova**, a score of eggs. ● **avere passato la v.**, to be over twenty; to be in one's twenties.
ventino, *m.* (*stor.*: *moneta ital. da venti centesimi*) twenty-cent piece.
ventinòve, *a. num. card.* e *m.* twenty-nine.
ventinovèsimo, *a. num. ord.* e *m.* twenty-ninth.
ventiquattrèsimo, *a. num. ord.* e *m.* twenty-fourth.
ventiquattro, *a. num. card.* e *m.* twenty-four: **entro ventiquattr'ore**, within twenty-four hours. ● **alle v.**, at midnight; at twelve p.m.
ventiquattr'óre, A *f. pl.* period of twenty-four hours. **B** *f.* **1** (*valigetta da viaggio*) overnight bag (*o* case); overnighter (*fam.*) **2** (*sport*) twenty-four-hour (motor-)race.
ventiséi, *a. num. card.* e *m.* twenty-six.
ventiseièsimo, *a. num. ord.* e *m.* twenty-sixth.
ventisètte, *a. num. card.* e *m.* twenty-seven. ● **Quell'impiegato non pensa che al v.**, that clerk only thinks of pay-day.
ventisettèsimo, *a. num. ord.* e *m.* twenty-seventh.
ventitré, *a. num. card.* e *m.* twenty-three. ● **portare il cappello sulle v.**, to wear one's hat set at a jaunty (*o* rakish) angle □ **Sono le (ore) v.**, it's eleven p.m.
ventitreèsimo, *a. num. ord.* e *m.* twenty-third.
vènto, *m.* **1** wind: **v. costante**, steady wind; **v. d'acqua**, rain-bearing wind; **v. debole**, low wind; **v. di nord-est**, North-East wind; **v. di tramontana**, North wind; (*naut.*) **v. di traverso**, side wind; (*naut.*) **v. dominante**, prevailing wind; **v. forte** (*o* **gagliardo**), strong (*o* high) wind; **v. fresco**, fresh wind; **v. locale**, local wind; **v. periodico**, periodical wind; **v. variabile**, variable wind; **un alito di v.**, a breath of wind; **correre come il v.**, to run like the wind; (*naut. e fig.*) **avere il v. contrario**, to have the wind against one; (*naut. e fig.*) **avere il v. favorevole**, to have a favourable wind; **un buffo di v.**, a gust of wind; **un colpo di v.**, a gust of wind; (*naut.*) **col v. in poppa**, before the wind; (*naut.*) **col v. in prua**, on the wind; **con le bandiere spiegate al v.**, with the flags flying in the wind; **foglie che stormiscono al v.**, leaves rustling in the wind; **una folata di v.**, a gust of wind; (*fig.*) **gettare al v.**, to throw to the winds; **un soffio di v.**, a puff of wind; (*fig.*) **spargere q.c. ai quattro venti**, to spread st. to the four winds (*o* far and wide); **Il v. fischia** (**mugge, romba**), the wind is whistling (moaning, howling); **Soffia il v.**, the wind is blowing; **Il v. è calato**, the wind has fallen; **È mutato il v.**, the wind has changed (*o* shifted); **Tirava un v. che mozzava il respiro**, the wind was so strong that it took your breath away; (*fig.*) **Tirava un v. che ti portava via**, the wind was so strong it nearly blew you away **2** (*meteorologia*) **v. a raffiche**, squally wind; **v. debole**, light breeze; **v. di burrasca**, gale; **v. forte**, strong breeze; **v. fortissimo**, moderate gale; **v. quasi forte**, moderate breeze; **v. teso**, stiff breeze; **v. violento**, whole gale **3** (*pop.*: *peto*) fart (*volg.*); wind. ● (*naut.*) **v. al giardinetto**, quarter-wind □ (*naut.*) **v. contrario**, head wind □ (*aeron.*) **v. di coda**, tail wind □ (*fig.*) **v. di fronda**, spirit of rebellion □ (*naut., aeron.*) **v. di prua**, head (*o* dead) wind □ (*naut.*) **v. in poppa**, aft (*o* stern) wind □ (*meteorologia*) **v. di mare (di terra)**, onshore (offshore) wind □ (*naut.*) **al v.**, windward; aloof □ (*naut., anche fig.*) **avere il v. in poppa**, to sail before the wind □ (*naut.*) **avere il vantaggio del v. su una nave**, to have the weather gauge (*o* gage) of a ship □ **bufera di v.**, windstorm □ (*naut.*) **col v. stretto**, close to the wind □ **con le chiome sparse al v.**, with windswept hair □ **fare (farsi) v.** (*col ventaglio*), to fan (to fan oneself) □ **fatica buttata al v.**, wasted effort □ (*naut.*) **forte v. del sud**, souther □ (*naut.*) **forte v. di sud-est**, southeaster □ (*naut.*) **forte v. di sud-ovest**, southwester □ **giacca a v.**, wind-cheater; windjammer; windbreaker (*USA*); (*con cappuccio*), anorak □ (*meteorologia*) **groppo di vento**, squall □ (*aeron.*) **manica a v.**, wind-sock □ **mulino a v.**, windmill □ (*fig.*) **navigare secondo il v.**, to go with the tide □ (*meteorologia*) **nodo di v.**, whirlwind □ (*fig.*) **parlare al v.**, to talk to a brick wall □ (*fig.*) **pascere q. di v.**, to feed sb. on promises □ **pompa a v.**, wind pump □ (*naut.*) **prendere il v. a prora**, to be taken aback □ **raffica di v.**, windblast □ (*fig.*) **regolarsi secondo il v. che tira** (*o* **spira**), to see which way the wind is blowing □ (*fig.*) **restare con le mani piene di v.**, to be left empty-handed □ (*naut.*) **rosa dei venti**, compass-card □ (*naut.*) **essere sotto v.**, to be to leeward; to be to windward □ **senza v.**, windless □ (*naut.*) **spiegare le vele al v.**, to unfurl the sails □ **torcia a v.**, wind-resisting torch □ (*fig.*) **un uomo pieno** (*o* **gonfio**) **di v.**, a windbag □ (*fig.*) **voltarsi a tutti i venti**, to be a weathercock □ **È un luogo dove domina il v.**, it's a wind-swept place □ **Tira un v. d'acqua**, it's blowing up for rain □ **Tira un forte v.**, it's blowing hard □ (*fig.*) **Spira cattivo v. per loro**, it's an awkward time for them □ **Qual buon v. ti porta?**, what lucky chance brings you here? □ (*prov.*) **Chi semina v. raccoglie tempesta**, sow wind and reap whirlwind.
vèntola, *f.* **1** fire-fan; fan **2** (*portalampade da parete*) (wall) sconce **3** (*agric.*) winnowing-fan. ● **muro a v.**, partition □ (*fam.*) **orecchie a v.**, flap-ears.
ventósa, *f.* **1** (*zool.*) sucker **2** (*med.*) cupping-glass **3** (*mecc.*) suction cup.
ventosità, *f.* **1** windiness **2** (*fig.*) conceit; bombast **3** (*med.*) flatulence.
ventóso, A *a.* **1** windy: **una giornata ventosa**, a windy day; **marzo v.**, windy March **2** (*fig.*) conceited; puffed up **3** (*med.*) flatulent. **B** *m.* – (*stor.*: *sesto mese del calendario rivoluzionario francese*) **V.**, Ventôse (*franc.*).
ventottèsimo, *a. num. ord.* e *m.* twenty-eighth.
ventòtto, *a. num. card.* e *m.* twenty-eight.
ventrale, *a.* (*anat.*) ventral: **pinne ventrali**, ventral fins.
vèntre, *m.* **1** (*anat.*) abdomen*; stomach; venter (*anche zool.*); belly (*fam.*); tummy (*fam.*); **Non pensa che al v.**, he thinks only of his stomach; **basso v.**, lower belly; **riempirsi il v.**, to fill one's belly; **dolori di v.**, belly-ache; tummy-ache **2** (*grembo materno*) womb: **Benedetto il frutto del tuo v.**, blessed is the fruit of thy womb **3** (*fig.*) belly: **il v. di una botte**, the belly of a barrel; **nel v. della nave**, in the belly of the ship **4** (*di un'onda*) trough **5** (*fis.*) antinode. ● **correre v. a terra**, to run at full speed; (*rif. a cavallo*) to go at full gallop □ **nel v. della terra**, in the bowels of the earth.
ventrésca, *f.* (*cucina*) belly of tunny in olive oil.
ventricolare, *a.* (*anat.*) ventricular.
ventricolo, *m.* (*anat.*) ventricle.
ventrièra, *f.* body-belt; girdle.
ventriglio, *m.* gizzard.
ventriloquio, *m.* ventriloquism.
ventriloquo, A *a.* ventriloquial. **B** *m.* ventriloquist.
ventunènne, A *a.* twenty-one years old (*pred.*); twenty-one-year-old (*attr.*). **B** *m.* e *f.* twenty-one-year-old.
ventunèsimo, *a. num. ord.* e *m.* twenty-first.
ventuno, *a. num. card.* e *m.* twenty-one. ● **il v. agosto**, the twenty-first of August; August the twenty-first □ **Sono le (ore) v.**, it's nine p.m.
ventura, *f.* fortune; luck; chance: **la buona (la mala) v.**, good (bad) luck; **andare alla v.**, to trust to luck; to take one's chance;

venturimetro

andare in cerca di v., to seek one's fortune; **Per mia v. seppi che...**, it was my (good) luck to discover that... ● (*stor.*) **capitano di v.**, mercenary captain □ **compagnie di v.**, bands of mercenaries □ **soldato di v.**, soldier of fortune; mercenary.

venturìmetro, *m.* Venturi meter.

venturo, *a.* coming; next; (*futuro*) future: **l'anno v.**, next (*o* the coming) year; **la lezione ventura**, the next lesson.

venturóso, *a.* (*poet.*) lucky; happy.

vènula, *f.* (*anat.*) venule.

venusiano, *a.* e *m.* Venusian.

venustà, *f.* (*lett.*) beauty.

venusto, *a.* (*lett.*) beautiful; (*rif. a donna, anche*) comely.

venuta, *f.* **1** (*il venire*) coming: **la v. del Messia**, the coming of the Messiah; **Ritarderò la mia v.**, I shall delay my coming **2** (*arrivo*) arrival: **la v. del treno**, the arrival of the train; **alla mia (tua, ecc.) v.**, on my (your, etc.) arrival; when I (you, etc.) arrived.

venuto, **A** *a.* coming. **B** *m.* comer. ● **nuovo v.**, new-comer □ **primo v.**, first-comer □ (*fig.*) **Non sono il primo v.**, I'm not a nobody.

véra, *f.* **1** (*puteale*) well-curb **2** (*anello matrimoniale*) wedding-ring.

verace, *a.* **1** (*lett.: vero*) true: **come segno di v. amicizia**, as a sign of true friendship; **un racconto v.**, a true story **2** (*veritiero*) truthful; veracious: **un testimone v.**, a truthful witness.

veraceménte, *avv.* truthfully; veraciously.

veracità, *f.* truthfulness; veracity: **la v. del racconto**, the veracity of the story; **la v. della testimonianza**, the truthfulness of the evidence.

veraménte, *avv.* **1** (*in verità*) truly; really; indeed: **Sono v. belli**, they are really beautiful; «**Tutto è andato a monte**» «**V.?**», «everything is on the rocks» «really?»; **V. non lo so**, I really don't know **2** (*a dire il vero*) to tell the truth; as a matter of fact **3** (*effettivamente*) actually: **V. non c'era bisogno di dirglielo**, it wasn't actually necessary to tell him.

veranda, *f.* veranda(h); porch (*USA*).

verbale, **A** *a.* verbal (*anche gramm.*); oral: **sostantivi (aggettivi) verbali**, verbal nouns (adjectives); **un ordine v.**, a verbal order. **B** *m.* **1** minutes (*pl.*); record; roll: **mettere a v.**, to take minutes; to record; to minute; **il v. della riunione**, the minutes of the meeting; **il v. di una causa**, a Court record **2** (*resoconto fatto per la polizia*) statement: **firmare il v.**, to sign the statement. ● **v. di contravvenzione**, order to pay a fine □ **libro dei verbali**, minute-book.

verbalismo, *m.* verbalism.

verbalizzare, **A** *v. t.* to record; to minute. **B** *v. i.* to take* minutes.

verbalizzazióne, *f.* recording.

verbalménte, *avv.* verbally; orally; by word of mouth.

verbèna, *f.* (*bot.*, *Verbena officinalis*) vervain; verbena.

verbigerazióne, *f.* (*psic.*) verbigeration.

verbigràzia, *locuz. avv.* exempli gratia (*lat.*) (*abbr.*: e.g.); for example; for instance.

vèrbo, *m.* **1** (*gramm.*) verb **2** (*lett.: parola*) word: **Non voleva intendere v.**, he wouldn't listen to a word; **Non disse v.**, he did not say a word; **il v. divino**, the word of God. ● (*relig.*) **il V. incarnato**, the Word made flesh.

verbosaménte, *avv.* verbosely; diffusely; wordily.

verbosità, *f.* verbosity; wordiness.

verbóso, *a.* verbose; wordy.

verdastro, **A** *a.* greenish. **B** *m.* greenish hue.

verdazzurro, *a.* e *m.* blue-green.

vérde, **A** *a.* **1** green: **v. chiaro** (**scuro**), light (dark) green; **v. vivo** (*o* **v. bandiera**), bright green; **v. pallido** (**smorto**), pale (dull) green; **prati** (**persiane**, **rive**) **verdi**, green meadows (shutters, banks); **v. come l'erba**, as green as grass **2** (*non maturo*) green; unripe: **Le pesche sono ancora verdi**, the peaches are still green **3** (*fig.: giovane, giovanile*) green: **È vecchio, ma si conserva sempre v.**, he is old, but he still keeps green; **Era nei suoi anni verdi** (*o* **nella v. età**), he was in his green years (*o* early youth) **4** (*di persona: livido*) green; white; livid: **v. di bile**, white with fury; **essere v. dall'invidia**, to be green with envy **5** (*fin.*) green: **la sterlina v.**, the green pound **6** (*polit.*) green: **il partito v.**, the green party. ● **v. bottiglia**, bottle-green □ (*fig.*) **essere v. e vivo**, to be alive and kicking □ **v. mare**, sea-green □ **v. oliva**, olive-green □ **v. pisello**, pea-green. **B** *m.* **1** green: **Il v. è il colore della speranza**, green is the colour of hope; **Non c'è un filo di v.**, there's not a spot of green; **Si mangia solo il v.**, you only eat the green **2** (*fronde verdi, germogli*) greenery: **il v. dei boschi a primavera**, the greenery of the woods in Spring **3** (*zona v.*) parks and gardens (*pl.*): **v. pubblico**, public parks and gardens **4** (*araldica*) vert. ● (*polit.*) **i verdi**, the greens □ **v. antico** (*marmo*), verd-antique □ (*fig.*) **essere al v.**, to be broke (*o* penniless) □ **essere v. di bile**, to be uptight (*fam.*) □ (*fig.*) **ridursi al v.**, to lose all one's money □ **senza un filo di v.**, without a blade of grass □ **essere nel v.** degli anni, to be in one's green years □ **I prati si vestono di v.**, the fields are growing green.

verdeggiante, *a.* verdant.

verdeggiare, *v. i.* **1** (*diventare verde*) to turn green: **Già i prati verdeggiano**, the fields are already turning green **2** (*essere verde*) to be green (*o* greenish); to be verdant.

verdèllo, *m.* **1** *V.* **verdóne 2** (*bot.*) summer lemon.

verdemare, *a.* sea-green.

verderame, **A** *m.* (*chim.*) verdigris. **B** *a.* verdigris (*attr.*).

verdésca, *f.* (*zool.*, *Prionace glauca*) blue shark.

verdétto, *m.* (*anche fig.*) **1** verdict: **v. di assoluzione**, verdict of not guilty; **v. di condanna**, verdict of guilty; **pronunciare un v. contro q.**, to bring in a verdict against sb. **2** (*sport*) decision. ● **Mi rimetto al v. della posterità**, posterity shall be my judge.

verdìccio, *a.* greenish.

verdógnolo, *a.* greenish.

verdolino, *a.* pale green.

verdóne, **A** *a.* deep green. **B** *m.* **1** (*zool.*, *Chloris chloris*) greenfinch **2** *V.* **verdésca**.

verdura, *f.* (*ortaggi*) greens (*pl.*); vegetables (*pl.*); veg* (*fam.*): **Devi mangiare molta v.**, you must eat a lot of greens.

verecondaménte, *avv.* modestly; coyly; bashfully.

verecóndia, *f.* (*lett.*) modesty; coyness; bashfulness.

verecóndo, *a.* (*lett.*) modest; coy; bashful: **una fanciulla vereconda**, a coy girl.

vérga, *f.* **1** rod; bar: **una v. d'oro**, a gold bar **2** (*ramoscello*) twig **3** (*per fustigare*) rod; birch **4** (*ind. tessile*) lease rod; lease bar **5** (*anat.*) penis*. ● (*bot.*) **v. aurea** (*Solidago virga-aurea*), golden-rod □ (*relig.*) **v. pastorale**, bishop's staff; crozier □ **v. regale**, royal sceptre □ **tremare come una v.** (*o* **v. a v.**), to tremble like a leaf.

vergare, *v. t.* **1** (*rigare*) to draw* (*o* to rule) lines on (st.); to stripe; to line: **v. la carta**, to draw lines on paper **2** (*manoscrivere*) to write* (by hand); to jot down: **v. una lettera**, to write a letter.

vergata, *f.* stroke (of a rod): **Fece dare trenta vergate allo schiavo**, he ordered the slave to be given thirty strokes.

vergatina, *f.* (*ind. cartaria*) manifold paper.

vergatino, *m.* (*ind. tessile*) striped cloth.

vergato, *a.* **1** striped; lined **2** (*scritto*) written. ● **carta vergata**, laid paper.

vergatura, *f.* (*ind. cartaria*) laid lines (*pl.*).

vergèlla, *f.* (*metall.*) (wire) rod.

vergènza, *f.* (*geol.*) vergence.

verginale, *a.* virginal; virgin (*attr.*): **pudore v.**, virgin modesty.

vérgine, **A** *a.* (*in ogni senso*) virgin: **una foresta v.**, a virgin forest; **un cuore v.**, a virgin heart; **olio v. d'oliva**, virgin olive-oil. ● **Morì v.**, she died a virgin. **B** *f.* **1** virgin: (*relig.*) **la Santa V. Maria**, the Holy Virgin Mary **2** — (*astron.*, *astrologia*) **la V.**, Virgo; the Virgin (*costellazione e VI segno dello Zodiaco*). ● (*astrologia*) **persona nata sotto il segno della V.**, Virgo; Virgoan.

vergineo, *a.* (*lett.*) virginal.

verginità, *f.* virginity. ● (*fig.*) **rifarsi una v.**, to clear one's name; to regain one's good reputation.

vergógna, *f.* **1** shame: **rosso di v.**, blushing for (*o* with) shame; **Che v.!**, what a shame!; **V.!**, shame on you!; **coprire q. di v.**, to cover sb. with shame; **coprirsi di v.**, to be covered with shame; **provare v.**, to feel shame (at having done st.); **non conoscere la v.**, to be lost to shame; **cose che fanno v. a un popolo civile**, things which put a civilized people to shame **2** (*disonore*) disgrace: **È la v. della sua famiglia**, he is the disgrace of his family **3** (*senso di soggezione*) embarrassment; (*timidezza*) shyness, bashfulness: **Venne avanti pieno di v.**, he came forward full of embarrassment **4** (*pl.*: *organi genitali*) «pudenda» (*lat.*); private (*o* privy) parts. ● **avere v.**, to be (*o* to feel) ashamed: **Ha v. dei suoi vizi**, he is ashamed of his vices □ **sentire v.**, to feel ashamed □ **senza v.**, shameless □ **È una cosa che fa v.**, it's a shameful thing.

vergognarsi, *v. rifl.* **1** to be (*o* to feel*) ashamed: **Mi vergogno di averlo avuto per amico**, I'm ashamed of having had him as a friend; **Mi vergogno per loro**, I am ashamed for their sake; **Mi vergogno di te**, I am ashamed of you; **Mi vergogno di fare un regalo così modesto**, I am ashamed of giving such a small present **2** (*per timidezza*) to be shy; to be bashful: **Si vergogna anche del medico**, he is shy even before his doctor. ● **Vergognati!**, you ought to be ashamed of yourself!

vergognosaménte, *avv.* shamefully; disgracefully.

vergognóso, *a.* **1** shameful; disgraceful: **negligenza vergognosa**, shameful negligence; **Si comportò in un modo v.**, he behaved in a disgraceful way **2** (*che prova vergogna*) ashamed (*pred.*): **È v. della sua colpa**, he is ashamed of his fault **3** (*timido*) shy; bashful: **È una ragazza molto vergognosa**, she is a very shy girl.

vérgola, *f.* silk twist.

veridicaménte, *avv.* truthfully; veraciously.

veridicità, *f.* truthfulness; veracity.
verìdico, *a.* truthful; veracious.
verifica, *f.* verification (*anche elab.*); check; (*ispezione*) survey, inspection; (*esame*) examination: (*rag.*) **v. dei bilanci**, check on statements; (*rag.*) **v. di cassa**, cash inspection. ● (*rag.*) **v. dei conti**, audit; check-up.
verificàbile, *a.* verifiable.
verificabilità, *f.* verifiableness; verifiability.
verificare, A *v. t.* to verify (*anche elab.*); to check; (*ispezionare*) to survey, to inspect; (*esaminare*) to examine: **v. se tutto è pronto**, to check if everything is ready; **v. la pressione del sangue**, to check (sb.'s) blood pressure. ● (*rag.*) **v. i conti**, to audit (the accounts) □ **v. il funzionamento d'una macchina**, to test the working of a machine. **verificarsi**, B *v. rifl.* **1** (*avverarsi*) to come* true; to prove correct: **Si è verificata la profezia**, the prophecy has come true **2** (*accadere*) to happen; to occur; to take* place: **se si verifica qualche inconveniente**, if something awkward happens.
verificatóre, *m.* verifier; checker; (*ispettore*) surveyor, inspector; (*esaminatore*) examiner. ● (*rag.*) **v. dei conti**, auditor.
verificatrice, *f.* (*macchina elettronica*) verifier.
verificazióne, *V.* **verifica**.
verisìmile, e *deriv. V.* **verosìmile**, e *deriv.*
verìsmo, *m.* **1** realism **2** (*stor. letter.*) «verismo»; verism.
verista, A *a.* **1** realistic **2** (*stor. letter.*) following the «verismo» movement; veristic. B *m.* e *f.* **1** realist **2** (*stor. letter.*) member of the «verismo» movement; verist.
verìstico, *a.* **1** realistic **2** (*stor. letter.*) characteristic of the «verismo» movement; veristic.
verità, *f.* **1** truth; (*talora*) verity: (*relig.*) **v. rivelata**, revealed truth; **v. incontestabile** (*o* **indiscutibile**), unquestionable truth; **v. sacrosanta**, honest truth; **v. lapalissiana**, self-evident truth; **la v. pura e semplice**, the plain truth; **dire la v., tutta la v., niente altro che la v.**, to tell the truth, the whole truth and nothing but the truth; **v. sicura**, certain truth; **La sua voce è quella della v.**, he is the voice of truth; **a dir la v.**, to tell you the truth; (*relig.*) **v. di fede**, revealed truth; **cercare la v.**, to search for the truth; **appurare la v.**, to find out the truth; **accertare la v. di q.c.**, to verify the truth of st.; **le v.** eterne, eternal verities **2** (*veridicità*) truthfulness; truth; veracity: **la v. del racconto**, the truthfulness (*o* the truth) of the story. ● **in v.** (*o* **per la v.**), truly; really; in truth (*lett.*) □ **macchina della v.**, lie detector □ (*chim.*) **siero della v.**, truth serum (*o* drug) □ (*fig.*) **È la bocca della verità**, he's truth personified □ **Il mio orologio dice la v.**, my watch tells the right time □ **Quello che dice è tutta v.**, what he says is absolutely true □ **Non sempre i capelli bianchi dicono la v.**, white hair is not always a sign of age □ **Dì la v., non credi anche tu che...**, don't you also really and truly think that... □ **Ciò che ho detto è la pura v.**, what I said is absolutely true □ (*prov.*) **La v. vien sempre a galla**, truth will prevail.
veritièro, *a.* **1** (*che è vero*) true **2** (*che dice il vero*) truthful; veracious: **un testimone v.**, a truthful witness.
vèrla, *f.* (*zool., Lanius*) shrike; butcher-bird.
vèrme, *m.* (*anche fig.*) worm: **Il bambino ha i vermi**, the baby has worms; **L'uomo dinanzi a Dio è un v. della terra**, man is before God as a worm of the earth; **Misero v.!**, miserable worm! ● (*zool.*) **v. solitario** (*Taenia solium*), taenia*; tapeworm □ **nudo come un v.**, stark naked.
vermeil (*franc.*), *m.* vermeil; silver gilt; gilt bronze.
vermèna, *f.* **1** (*bot.*) *V.* **verbèna 2** (*lett.*) slender shoot.
vermicàio, *m.* **1** (*luogo brulicante di vermi*) worm-infested place **2** (*brulichio di vermi*) wriggling mass of worms.
vermicèlli, *m. pl.* «vermicelli» (thin kind of spaghetti).
vermicolare, *a.* vermicular: (*anat.*) **appendice v.**, vermicular appendix.
vermiculite, *f.* (*miner.*) vermiculite.
vermifobia, *f.* (*psic.*) vermiphobia.
vermifórme, *a.* vermiform; wormlike.
vermìfugo, (*farm.*) A *a.* vermifugal; vermifuge. B *m.* vermifuge.
vermìglio, *a.* e *m.* vermilion.
vermiglióne, *m.* (*chim.*) vermilion.
verminazióne, *f.* (*med.*) vermination.
vermìnosi, *f.* (*vet.*) verminosis*.
verminóso, *a.* verminous.
vèrmut, *m.* vermouth: **v. secco**, dry vermouth.
vernàccia, *f.* «vernaccia» (kind of dry white wine made in Sardinia or at San Gimignano).
vernàcolo, *a.* e *m.* vernacular: **poeta v.**, vernacular poet; **poesia in v.**, poetry in the vernacular.
vernalizzare, *v. t.* (*bot.*) to vernalize.
vernalizzazióne, *f.* (*bot.*) vernalization.
vernazióne, *f.* (*bot.*) vernation.
vernice, *f.* **1** paint; (*trasparente*) varnish: **dare una mano di v.**, to give a coat of paint; **v. a smalto**, enamel paint; lacquer; **V. fresca!**, wet paint!; **v. a spirito**, spirit varnish; **v. bituminosa**, bituminous paint; **v. fosforescente**, luminous paint; **v. isolante**, insulating varnish; **v. opaca**, flat varnish **2** (*fig.: apparenza superficiale*) varnish; gloss; veneer; (*di cultura*) smattering: **Ha una v. di buona creanza**, he has a varnish of good manners **3** (*inaugurazione di una mostra*) varnishing-day; vernissage (*franc.*) **4** (*pellame*) patent leather: **una borsa di v.**, a patent leather bag. ● **v. a fuoco**, stove enamel □ (*fotogr.*) **v. coprente**, opaque retouching dye □ (*fotogr.*) **v. per ritocchi**, dope.
verniciare, *v. t.* **1** to paint; (*con vernice trasparente*) to varnish. ● **v. a smalto**, to enamel; to lacquer □ **v. a spruzzo**, to spray □ **v. a tampone**, to pad; to French-polish.
verniciatóre, *m.* painter; varnisher.
verniciatura, *f.* **1** painting; (*con vernice trasparente*) varnishing: **v. a mano**, brush-painting; **v. a spruzzo**, spray painting; paint spraying; **v. a fuoco**, oven-baked painting **2** (*fig.: apparenza*) varnish; gloss; veneer; (*conoscenza superficiale*) smattering: **Ha una v. d'istruzione**, he has a smattering of learning. ● **v. a centrifugazione**, whirling □ **v. a immersione**, dipping □ **v. a rullo**, roller coating □ **v. a smalto**, enamelling □ **v. a tampone**, French-polishing.
vernissage (*franc.*), *m.* vernissage; varnishing-day.
véro, A *a.* **1** true: **È incredibile, ma v.**, it's incredible but true: **Questi sono fatti veri**, these are true facts; **Le sue parole sono vere**, his words are true; **Gesù Cristo, v. Dio e v. uomo**, Jesus Christ, true God and true man; **Com'è v. che io sono** (*o* **noi siamo**) **qui**, as true as I'm (*o* we're) standing here; **È v. che ieri...?**, is it true that yesterday...?; **Fosse v.!**, if it were true!; **Non mi parrebbe v.!**, that would be too good to be true! **2** (*reale*) real; (*genuino*) genuine, veritable; (*talora*) true: **La ragione vera è un'altra**, the real reason is another; **vera seta**, real (*o* genuine) silk; **una collana di perle vere**, a real pearl necklace; **È un v. artista** (**galantuomo**), he is a real artist (gentleman); **Lo zio è stato per lui un v. padre**, his uncle has been a real father to him; **v. champagne**, real (*o* genuine) champagne; **tutt'oro v.**, all real gold; **È v. affetto**, it's real (*o* true) affection; **Non disse il v. motivo**, he did not give the real motive **3** (*enfatico: perfetto*) thorough; perfect; regular; proper: **Fu un v. tradimento**, it was (a) downright betrayal; **È una vera canaglia!**, he's a proper (*o* a real) bastard **4** (*giusto, esatto*) right; correct: **Chiamarlo ladro sarebbe la parola vera**, thief would be the right name to call him **5** (*realistico*) lifelike; true to life. ● **v. com'è v. il sole**, as true as grass is green □ **una v. menzogna**, a downright lie □ **com'è v. Dio** (*o* **Iddio**, **il cielo**), as God is my witness □ **tant'è v. che**, in fact; indeed □ **Il v. erede è Giovanni**, the rightful heir is John □ **Me ne dolgo di v. cuore**, it grieves me from the bottom of my heart □ **Era proprio tifo di quello v.**, it was indeed typhus, the genuine article □ **Se è v.?... niente di più v.!**, is it true?... it's absolutely true □ **È v.?**, is that so? □ **Non è v.?**, isn't that so? □ **Questa è una vera calunnia!**, this is entirely slander! □ **Tu lo sai, non è v.?**, you know, don't you? □ **Tu non c'eri, (è) vero?**, you weren't there, were you? □ **Non mi par v.!**, I can hardly believe it! □ **Non mi par v. di rivederti finalmente**, I can't believe I'm seeing you again at last. B *m.* **1** truth: **il v. assoluto**, the absolute truth; (*fig.*) **la luce del v.**, the light of truth; **C'è gran parte di v. in questo**, there's a great deal of truth in this; **Lo dico per amor del v.**, I am saying it for the sake of truth; **Dimmi il v.**, tell me the truth; **dire il v.**, to tell the truth **2** (*arte*) life: **disegnare dal v.**, to draw from life; **ritrarre dal v.**, to represent life. ● **una bilancia che dice il v.**, scales that show the correct weight □ **grande al v.**, life-size □ **essere nel v.**, to be right □ **un orologio che dice il v.**, a clock that tells the right time □ **salvo il v.**, saving error □ **La memoria non mi dice più il v.**, my memory no longer serves me □ **Lo so per v.**, I know it for a fact.
veronàl, *m.* (*marchio: chim.*) Veronal.
veróne, *m.* (*lett.*) balcony.
veronése, A *a.* Veronese; relating to (*o* of) Verona. B *m.* e *f.* **1** native (*o* inhabitant) of Verona; Veronese **2** (*dialetto*) dialect of Verona; Veronese dialect.
verònica (1), *f.* (*bot., Veronica officinalis*) speedwell.
verònica (2), *f.* (*relig.*) Veronica; vernicle.
verònica (3), *f.* (*tauromachia*) veronica.
verosimigliante, *V.* **verosìmile**.
verosimiglianza, *f.* verisimilitude; likelihood.
verosìmile, *a.* likely; probable: **Mi pare più v. che non ci abbia pensato**, I think it more likely that he didn't think of it. ● **essere poco v.**, to be unlikely; to be improbable □ **un racconto che ha del v.**, a tale that has some truth in it.
verricèllo, *m.* windlass; winch (*anche naut.*).
verrina, *f.* auger.
vèrro, *m.* (*zool.*) boar.
verruca, *f.* (*med., bot.*) verruca*; wart.

verrucóso, *a.* (*med., bot.*) verrucose; warty.
versàccio, *m.* **1** (*strillo*) loud shrill cry; screech **2** (*smorfia*) grimace: **fare i versacci,** to make grimaces; to pull faces (at sb.).
versaménto, *m.* **1** pouring; spilling; shedding: **dopo tanto v. di sangue,** after so much shedding of blood **2** (*comm.*) deposit; (*pagamento*) payment: **fare un v.,** to make a deposit; **un v. in banca,** a payment into the bank **3** (*med.*) effusion.
versante (1), *m.* e *f.* **1** (*chi esegue un pagamento*) payer **2** (*chi esegue un deposito*) depositor.
versante (2), *m.* (*geogr.*) slope; versant: **il v. occidentale degli Appennini,** the western slope of the Apennines.
versare (1), A *v. t.* **1** (*anche fig.*) to pour (out): **v. il vino nel bicchiere,** to pour the wine into the glass; **Versami (versati) da bere,** pour me (pour yourself) a drink; **versarsi addosso dell'olio bollente,** to pour boiling oil on oneself; **v. le proprie pene in seno a q.,** to pour out one's troubles on sb.'s shoulder **2** (*rovesciare*) to spill*: **Hai versato il vino sulla tovaglia,** you have spilt the wine on the table-cloth **3** (*spargere*) to shed*: **v. sangue,** to shed blood; **v. lacrime,** to shed tears; **v. il sangue per la patria,** to shed one's blood for one's country **4** (*vuotare, scaricare*) to empty: **v. le noci dal sacco,** to empty the nuts from the sack; **Il Po versa le sue acque nell'Adriatico,** the Po empties its waters into the Adriatic **5** (*comm.*) to deposit; (*pagare*) to pay*: **v. un milione (di lire) nel conto,** to pay a million lire into one's account. **B** *v. i.* **1** (*perdere*) to leak: **Quella botte versa,** that barrel leaks **2** (*traboccare*) to overflow **3** (*sboccare*) to flow; to empty. ● **v. la colpa su un altro,** to put the blame on sb. else □ **v. come caparra,** to put down as a deposit □ (*fig.*) **v. fiumi d'inchiostro,** to write reams □ (*comm.*) **v. una somma in deposito,** to make a deposit. **versarsi, C** *v. rifl.* **1** (*rovesciarsi*) to spill*: **Si è versato un po' di vino,** a little wine has spilt **2** (*sfociare*) to flow: **Il Po si versa nell'Adriatico,** the Po flows into the Adriatic.
versare (2), *v. i.* (*trovarsi*) to be; to live: **v. in pericolo di vita,** to be in danger of losing one's life; **v. in gravi difficoltà finanziarie,** to be in financial straits.
versàtile, *a.* versatile: **un ingegno v.,** a versatile mind.
versatilità, *f.* versatility.
versato, *a.* versed; skilled: **un uomo v. negli studi scientifici,** a man versed in scientific studies.
verseggiare, *v. t.* e *i.* to versify.
verseggiatóre, *m.* versifier; rhymester.
verseggiatura, *f.* versifying.
versétto, *m.* (*Bibbia*) verse.
versièra, *f.* **1** (*diavolessa*) she-devil; female demon **2** (*fig.*) hag.
versificare, *v. t.* e *i.* to versify.
versificatóre, *m.* versifier.
versificazióne, *f.* versification.
versiliberista, *m.* e *f.* writer of free verse.
versióne, *f.* **1** version; (*traduzione*) translation: **una v. dal latino in italiano,** a translation from Latin into Italian; **Di questa leggenda troviamo un'altra v.,** we find another version of this legend **2** (*tipo*) version; model.
vèrso (1), *m.* **1** (*di poesia*) line (of verse); (*talora*) verse: **un v. catalettico,** a catalectic line (of verse); **un v. esametro,** a six--foot dactylic line (of verse); a hexameter; **un v. latino,** a line of Latin verse; **citare alcuni versi di Keats,** to quote a few verses from Keats; **una strofa di sei versi,** a stanza composed of six lines; a six-lined stanza **2** (*pl.: composizione poetica*) verse (*sing.*); poetry (*sing.*): **I suoi versi sono sublimi,** his verse is sublime; **versi eleganti,** elegant verse; **versi lirici,** lyrical verse; **versi epici,** epic verse; **versi sciolti,** blank verse; **una satira in versi,** a satire in verse; **scrivere in versi e in prosa,** to write in verse and (in) prose; **i versi di Byron,** Byron's verse; **versi giocosi,** comic verse; **mettere in versi una novella,** to put a short story into verse; **una traduzione in versi dell'Iliade,** a verse translation of the Iliad **3** (*suono*) sound; (*rumore*) noise: **Fa ogni tanto uno strano v.,** he makes a strange sound (*o* noise) every so often **4** (*grido caratteristico*) cry; (*di uccello, anche*) call, note, song: **il v. del cenciaiolo,** the ragman's cry; **il v. di un animale ferito,** the cry of a wounded animal; **il v. del pavone,** the peacock's cry; **il v. dell'anitra selvatica,** the call of the wild duck; **il v. dell'allodola,** the note of the skylark; **il v. degli uccelli,** the song of birds **5** (*gesto caratteristico*) (peculiar) gesture; (characteristic) movement; (*smorfia*) grimace; (*boccaccia*) face: **fare un v.,** to make (*o* to pull) a face **6** (*direzione*) way; direction; (*lato, anche fig.*) side, angle: **Prendete per questo v. e andate diritto,** take this way and go straight on; **Il vento soffiava da ogni v.,** the wind was blowing from all directions; **Dobbiamo considerare la faccenda da tutti i versi,** we must consider the matter from all sides (*o* angles) **7** (*di legno, pelo, stoffa, ecc.*) grain: **Bisogna piallare il legno per il suo v.,** wood must be planed with the grain; **Non spazzolare la stoffa contro il suo v.!,** don't brush the cloth against the grain **8** (*maniera, mezzo*) manner; way; means: **Non c'è v. di convincerlo,** there's no way of convincing him; **Bisogna trovare il v. di avvertirlo,** we must find a way of warning him. ● **il v. dell'asino,** the ass's bray □ **il v. del canarino,** the canary's chirp □ **il v. del gallo,** the cock's crow □ **il v. del gatto,** the cat's mew □ **il v. della zampogna,** the bagpipe's wail □ **versi endecasillabi,** hendecasyllables □ **versi esametri,** hexametres □ **a v.,** well: **fare q.c. a v.,** to do st. well □ **andare a v. a q.,** to be to sb.'s liking □ **una cosa a v.,** a thing well done □ **lasciare andare le cose per il loro v.,** to let things take their course □ **per un v. o per un altro,** one way or another □ (*fig.*) **prendere q. per il suo v.** (**per il v. sbagliato**), to rub sb. the right way (the wrong way) □ **una ragazza a v.,** a good-mannered girl □ **rifare il v. a q.,** to mimic sb. □ **rispondere per il v.,** to answer to the point □ **Quel tipo non mi va a v.,** I don't like that fellow □ **Bisogna prendere le cose per il loro v.,** one must take things as they come □ (*fig.*) **Sono cose senza v.,** these are senseless things □ **Chi per un v. e chi per un altro...,** some for one reason, some for another...
vèrso (2), *m.* **1** (*retro, rovescio*) back; reverse; reverse side: **il v. di una busta,** the back of an envelope; **il v. di una medaglia,** the reverse of a medal **2** (*di pagina*) verso*.
vèrso (3), *prep.* **1** (*direzione, anche fig.*) toward(s); in the direction of: **Marciavamo v. il mare,** we were marching towards the sea; **Andavo v. la stazione,** I was walking towards the station; **Temo che stiamo andando v. la guerra,** I am afraid we are drifting towards war; **Egli guardava v. il mare,** he was looking in the direction of the sea **2** (*vicino a*) near: **La sua casa è v. il mare,** his house is near the sea **3** (*tempo*) towards; (*circa*) about, around: **v. l'alba,** towards dawn; **v. sera,** towards evening; **v. la metà del mese,** towards the middle of the month; **Venne v. le dieci,** he came at about ten o'clock **4** (*nei confronti di*) towards; to; with: **V. lui è sempre stato indulgente,** he has always been indulgent with him; **È sempre gentile v. di me,** he's always kind to me **5** (*lett.: a paragone di*) to; in front of: **È poco o nulla v. quello che si sarebbe dovuto fare,** it's little or nothing to what ought to have been done; **V. di lui mi sento un gigante,** I feel like a giant in front of him **6** (*comm.: contro*) against: **v. pagamento di una certa somma,** against payment of a certain sum of money. ● **v. l'alto,** upward(s) □ **v. il basso,** downward(s) □ **v. casa,** homeward(s) □ **v. est,** eastward(s) □ **v. l'esterno,** outward(s) □ **v. l'interno,** inward(s) □ **v. nord,** northward(s) □ **v. ovest,** westward(s) □ **v. la riva** (*del mare*), inshore □ **v. sud,** southward(s) □ **andare v. casa,** to make for home □ (*di casa, finestra*) **guardare v. il mare** (**v. sud, ecc.**), to face the sea (to face south, etc.) □ **V. di voi non ho alcun debito; v. di lui sì,** I don't have any debts to pay you, but I have some to pay him.
versóio, *m.* (*agric.*) mould-board.
versóre, *m.* (*fis.*) versor.
vèrtebra, *f.* (*anat.*) vertebra*.
vertebrale, *a.* (*anat.*) vertebral: **la colonna v.,** the vertebral (*o* spinal) column.
vertebrato, *a.* e *m.* vertebrate.
vertènte, *a.* **1** concerning **2** (*leg.*) pending.
vertènza, *f.* controversy; dispute: **una v. diplomatica,** a diplomatic controversy; **una v. giudiziaria,** a judicial controversy; **v. sindacale,** labour (*o* trade) dispute.
vèrtere, *v. i.* **1** to concern; to be about (sb., st.): **Su che cosa verteva la discussione?,** what was the discussion about? **2** (*leg.*) to be pending.
verticale, A *a.* vertical. ● **in v.,** apeak. **B** *f.* **1** vertical **2** (*ginnastica*) handstand **3** (*di parole incrociate*) down.
verticalismo, *m.* verticalism; verticalness.
verticalità, *f.* verticality.
vèrtice, *m.* **1** **v. di una scala,** the top of a ladder; **il v. di un monte,** the top (*o* summit) of a mountain **2** (*fig.*) height: **È giunto al v. della gloria,** he is at the height of his glory **3** (*geom.*) vertex*: **v. di un angolo,** the vertex of an angle **4** (*fig., specialm. polit.*) summit: **un incontro al v.,** a meeting at the summit **5** (*incontro*) summit meeting; (*conferenza*) summit conference **6** (*spesso pl.: dirigenti*) summit powers; leaders; top men.
verticillato, *a.* (*bot.*) verticillate.
verticillo, *m.* (*bot.*) verticil; whorl.
verticistico, *a.* (*spreg., polit.*) of (*o* concerning) the party leaders; taken at the top; top (*attr.*): **una decisione verticistica,** a decision taken at the top.
vertìgine, *f.* dizziness; giddiness; (*med.*) vertigo*: **un attacco di vertigini,** a fit of giddiness (*sing.*); a giddy turn (*fam.*); **A tante persone vengono le vertigini a guardare da una grande altezza,** lots of people suffer from giddiness when looking down from a great height. ● **avere le vertigini,** to feel giddy □ (*fig.*) **Il successo gli ha dato le vertigini,** success has gone to his head.
vertiginóso, *a.* **1** dizzy; giddy; vertiginous: **altezze vertiginose,** dizzy heights; **una rapidità vertiginosa,** a dizzy speed; **una danza**

vertiginosa, a giddy dance **2** (*di velocità*) breakneck.
veruno, (*lett.*) *V*. alcuno, nessuno.
verve (*franc.*), *f. invar.* verve; (great) vitality; energy; enthusiasm.
vérza, *f.* (*bot.*, *Brassica oleracea sabauda*) savoy cabbage.
verzellino, *m.* (*zool.*, *Serinus canarius serinus*) serin.
verzière, *m.* (*lett.*) garden; (*orto*) kitchen garden.
verzòtto, *a.* — cavolo v., *V.* vérza.
verzura, *f.* (*lett.*) verdure; greenery.
véscia, *f.* **1** (*loffa*) wind **2** (*bot.*, *Lycoperdon perlatum*) puff-ball.
vescica, *f.* **1** (*anat.*) bladder; vesica*: **la v. urinaria**, the urinary bladder; **v. natatoria**, swimming-bladder **2** (*della pelle*) blister.
vescicale, *a.* (*anat.*) vesical.
vescicante, vescicatòrio, *a.* e *m.* vesicant; vesicatory.
vescicazióne, *f.* (*med.*) blistering; vesication.
vescichétta, *f.* **1** (*anat.*) vesicle: **v. seminale**, seminal vesicle **2** (*med.*) blister. ● (*anat.*) **v. biliare**, gall-bladder.
vescìcola, *f.* (*anat.*, *med.*, *geol.*) vesicle.
vescicolare, *a.* (*anat.*, *med.*, *geol.*) vesicular.
vescicóso, *a.* (*med.*) vesiculate(d).
vescovado, vescovato, *m.* **1** (*dignità di vescovo*) bishopric; episcopate: **essere innalzato al v.**, to be raised to the bishopric; **esercitare il v.**, to exercise one's bishopric **2** (*durata della carica di un vescovo*) episcopate **3** (*palazzo sede del vescovo*) bishop's palace.
vescovile, *a.* episcopal: **dignità v.**, episcopal dignity.
véscovo, *m.* bishop: **v. ausiliare**, auxiliary (bishop).
vèspa, *f.* **1** (*zool.*) wasp **2** (*motoveicolo*) Vespa; motor scooter. ● (*fig.*) **dal vitino di v.**, wasp-waisted.
vespàio, *m.* **1** wasps' nest **2** (*med.*) favus **3** (*edil.*) loose stone foundation. ● (*fig.*) **suscitare** (*o* **stuzzicare**) **un v.**, to stir up a nest of hornets.
vespasiàno, *m.* public urinal.
Vespasiàno, *m.* (*stor.*) Vespasian.
vèspero, *m.* **1** (*astron.*) Vesper **2** (*poet.*) vesper.
vespertino, *a.* (*lett.*) evening: **le ore vespertine**, the evening hours.
vespista, *m.* e *f.* Vespa-rider; scooterist.
vèspro, *m.* **1** (*relig.*) Vespers (*pl.*): **Il sacerdote stava dicendo il v.**, the priest was saying Vespers **2** (*sera*) evening.
vessare, *v. t.* to oppress: **v. i sudditi**, to oppress one's subjects.
vessatóre, **A** *m.* oppressor. **B** *a.* oppressive.
vessatòrio, *a.* oppressive: **sistemi vessatori**, oppressive systems.
vessazióne, *f.* oppression: **ribellarsi alle vessazioni**, to rebel against oppression.
vessillìfero, *m.* **1** (*stor. romana*) vexillary; standard-bearer **2** (*fig.*) precursor; forerunner.
vessillo, *m.* **1** standard; banner; (*bandiera*) flag: **il v. della cavalleria**, the cavalry standard **2** (*stor. romana*; *bot.*) vexillum*.
vestàglia, *f.* dressing-gown.
vestagliétta, *f.* (house-)frock.
vestale, *f.* **1** (*stor. romana*) vestal (virgin) **2** (*fig.*) vestal.
vèste, *f.* **1** (*specialm. al pl.*) clothing (*collett.*); clothes; garments: **vesti estive**, summer clothes; **vesti femminili**, women's clothing; **vesti maschili**, men's clothing; **indossare** (**togliersi**) **le vesti**, to put on (to take off) one's clothes; **stracciarsi le vesti**, to tear one's clothes; **in povere** (**lacere**) **vesti**, in poor (torn) clothes; **in ricche** (*o* **preziose**) **vesti**, in precious clothes **2** (*abito*, *vestito*, *anche fig.*) dress: **È più bella la v. che la sposa**, the dress is prettier than the bride; **La toga era la v. dei Romani**, the toga was the Roman dress; **Gli alberi mettono la loro v. verdeggiante**, the trees are putting on their verdant dress **3** (*rivestimento*) casing: **la v. in paglia di un fiasco**, the straw casing of a flask **4** (*qualità*) capacity: **Vengo qui in v. di rappresentante**, I am here in the capacity of representative **5** (*fig.*: *autorità*) authority. ● **v. cardinalizia**, cardinal's robes □ **v. da camera**, dressing-gown □ **v. da cerimonia**, robes □ (*lett.*, *fig.*) **la v. fiorita dei prati**, the meadows' flowery robe □ **v. talare**, cassock □ (*tipogr.*) **v. tipografica**, lay-out; format □ **un traditore in v. d'amico**, a traitor disguised as a friend □ **Te lo dico in v. d'amico**, I tell you as a friend □ **Questo libro ha una bella v.** (**tipografica**), this book is well laid out.
Vestfàlia, *f.* Westphalia.
vestiàrio, *m.* **1** clothing; (*abiti*) clothes (*pl.*); (*assortimento di abiti di cui una persona dispone*) wardrobe: **un capo di v.**, an article of clothing; **Ha un ricco v.**, he has a very fine wardrobe; **effetti di v.**, personal effects of clothing **2** (*teatr.*) costumes (*pl.*).
vestiarista, *m.* e *f.* (*teatr.*) costumier.
vestibolare, *a.* (*anat.*) vestibular.
vestibolo, *m.* **1** hall **2** (*anat.*) vestibule: **il v. dell'orecchio**, the vestibule of the ear **3** (*teatr.*) foyer **4** (*archeol.*) vestibule.
vestigio, *m.* **1** (*orma*) footprint **2** (*fig.*: *traccia*) trace; vestige: **vestigia dell'antica gloria**, traces of ancient glory **3** (*pl.*, *fig.*: *ruderi*) ruins; remains: **le vestigia della Roma imperiale**, the ruins of imperial Rome.
vestiménto, *m.* (*lett.*) clothing; clothes (*pl.*).
vestina, *f.* baby's dress; baby's garment.
vestire (1), **A** *v. t.* **1** (*coprire con le vesti*) to dress: **La madre veste la bambina**, the mother is dressing her child; **La bimba veste la sua bambola**, the child is dressing her doll; **La vestì di rosa**, she dressed her in pink; **È paralitico, e ha bisogno di chi lo vesta**, he is paralysed, and needs someone to dress him **2** (*provvedere delle vesti necessarie*, *anche fig.*) to clothe: **Costa molto v. la famiglia**, it costs a lot to clothe one's family; **v. gli ignudi**, to clothe the naked; **La muraglia era vestita d'edera**, the wall was clothed in (*o* covered with) ivy; **v. di nobili forme meschini concetti**, to clothe empty ideas in fine phrases **3** (*fare vestiti a*) to make* (sb.'s) clothes: **Veste i suoi figli da sola**, she makes her children's clothes herself **4** (*indossare*, *mettere indosso*) to put* on; (*avere indosso*) to wear*: **v. la divisa prima di cominciare a lavorare**, to put on one's uniform before starting work; **v. l'armatura**, to wear armour; **v. la livrea**, to wear livery; **Vestivano toghe di seta**, they were wearing silk gowns **5** (*di abito: stare bene indosso*) to fit: **Questo cappotto ti veste perfettamente**, this coat fits you perfectly (*o* to a T) **6** (*fig.*: *ricoprire*) to cover: **La neve vestì di bianco i campi**, the snow covered the fields with a white mantle. **B** *v. i.* **1** to be dressed; to dress; to wear* (*st.*): **Anna veste sempre bene**, Anna is always well dressed; **Veste sempre di grigio**, he is always dressed in grey; he always wears grey; **Non sa v.**, he doesn't know how to dress; **v. alla buona**, to dress plainly; **v. con eleganza**, to dress elegantly; **v. con lusso**, to dress expensively; **v. a lutto**, to wear mourning; **v. di nero**, to wear black **2** (*di vestito*) to fit: **una giacca che veste bene**, a jacket that fits well. ● (*fig.*) **v. l'abito talare**, to become a priest □ (*fig.*) **v. la divisa** (**militare**), to join the army; to become a soldier □ **v. un fiasco**, to cover a flask with a straw casing □ (*fig.*) **v. la toga**, to become a lawyer □ (*fig.*) **spogliare un altare per vestirne un altro**, to rob Peter to pay Paul □ (*relig.*) **Il Figlio di Dio vestì umana carne**, the Son of God took on human form □ **Lo veste il padrone**, his master provides him with clothes □ **La veste una bravissima sarta**, she has a wonderful dressmaker □ (*prov.*) **Vesti un ciocco, pare un fiocco**, it's appearances that count. **C** *v. rifl.* **1** (*mettersi le vesti*) to dress (oneself); to get* dressed: **Hai finito di vestirti?**, have you finished dressing?; **Quanto ci metti a vestirti?**, how long does it take you to dress (yourself?)?; **Mi vesto subito e vengo**, I'll get dressed at once and come; **La bambina non è abbastanza grande per v. da sola**, the child isn't old enough to dress herself **2** (*provvedersi delle vesti necessarie*) to clothe oneself: **Costa molto v.**, it costs a lot to clothe oneself **3** (*indossare*, *portare*) to put* on; to wear*: **v. con abiti pesanti**, to put on heavy clothes; **Si vestirono in maschera**, they put on fancy dress; **Si veste di lana**, she wears wool **4** (*essere vestito*) to be dressed; to dress: **Si veste sempre bene**, he is always well dressed; **v. alla buona**, to dress carelessly; **v. di bianco** (**di seta, ecc.**), to dress in white (in silk, etc.); **non saper v.**, not to know how to dress **5** (*farsi fare i vestiti*) to have one's clothes made (by sb.): **Si veste da una bravissima sarta**, she has her clothes made by a very good dressmaker **6** (*mascherarsi*) to dress (oneself) up; to disguise oneself: **v. da pirata** (**da Cenerentola, ecc.**), to dress up as a pirate (as Cinderella, etc.); **Si vestì da donna**, he disguised himself as a woman **7** (*fig.*: *ricoprirsi*) to be covered (with st.): **I campi si vestono di fiori**, the fields are covered with flowers. ● **v. a festa**, to put on one's Sunday clothes (*o* one's Sunday best) □ (*poet.*) **La foresta si veste di novelle fronde**, the forest is putting forth its new leaves.
vestire (2), *m.* **1** (*vestiario*) clothes (*pl.*): **Nel v. deve spendere molto poco**, she must spend very little on clothes **2** (*modo di vestire*) way of dressing.
vestito (1), *a.* **1** dressed; clothed (*anche fig.*); clad (*lett.*): **Così mal v.!**, so badly dressed!; **Ben v.**, well dressed; **v. di lana**, dressed in wool; **v. alla marinara**, dressed in (*o* wearing) a sailor suit; **v. da estate**, dressed for the Summer; **un ufficiale v. in borghese**, an officer dressed in mufti; **una ragazza vestita di bianco**, a girl dressed in white; **una muraglia vestita d'edera**, a wall clothed in ivy **2** (*bot.*) in the husk: **riso v.**, rice in the husk. ● (*lett.*, *fig.*) **colline vestite di verde**, green-clad hills □ (*fig.*) **nascere v.**, to be born with a silver spoon in one's mouth □ (*fig.*) **È un asino calzato e v.**, he's a complete boor.
vestito (2), *m.* **1** (*vestiario*) clothing (*collett.*); clothes (*pl.*): **Il v. dell'uomo comprende anche i calzoni**, trousers are part of men's clothing; **Deve pensare da sé ai vestiti**, he must provide his own clothing; **v. giornaliero**, everyday clothes; **v. ordinario**, ordinary clothes; **v. buono**, good clothes **2** (*da uomo*) suit: **un v. da uomo**, a man's suit; **v. comodo**, a comfortable suit; **un v. stretto**, a tight-fitting suit; **un v. nuovo**, a new suit **3** (*da donna*) dress; (*gonna e giacca*) suit, costume; (*pantaloni e giacca*) trouser suit; (*vestitino*, *anche da bambina*) frock: **un v. di cotone**, a

vestizióne

cotton dress; **un v. attillato**, a tight dress; **un v. accollato**, a high-necked dress; **un v. scollato**, a low-necked dress; **un v. rifatto**, an altered dress; **un v. da inverno**, a winter suit; **un v. da estate**, a summer dress (*o* frock). ● **v. alla marinara**, sailor suit □ **v. da mezza sera**, cocktail dress (*o* **v. da sera**, evening dress • **vestiti da strapazzo**, clothes for casual wear; casuals (*fam.*) □ **il v. della domenica** (*o* **del dì di festa**), one's Sunday best □ **v. di gala**, gala dress.
vestizióne, *f.* (*relig.*) taking the habit; (*di una monaca*) taking the veil.
vesuviana, vesuvianite, *f.* (*miner.*) vesuvianite; idrocase.
Vesùvio, *m.* (*geogr.*) Vesuvius.
veterano, *a. e m.* veteran. ● (*fig.*) **È un v. del mestiere**, he's an old hand at the job.
veterinària, *f.* veterinary science.
veterinàrio, *a. e m.* veterinary (*abbr. fam.*: vet): **un medico v.**, a veterinary surgeon; a veterinarian; **un ufficiale v.**, a military vet.
vèto, *m.* veto*: **avere il diritto di v.**, to have the right of veto; **mettere** (*o* **opporre**) **il v. a una proposta**, to put a veto on a proposal; to veto a proposal.
vetràio, *m.* **1** (*chi fabbrica o lavora vetro*) glass-maker; glazier **2** (*chi vende lastre di vetro*) glassman*; glass merchant.
vetrame, *m.* glassware.
vetràrio, *a.* glass (*attr.*): **industria vetraria**, glass industry. ● **l'arte vetraria**, the art of glass-making.
vetrata, *f.* **1** (*ampia finestra*) (large) glass window: **le vetrate a colori della cattedrale**, the stained-glass windows in the cathedral **2** (*porta a vetri*) glass door.
vetrato, A *a.* glazed. ● **carta vetrata**, glass-paper; sandpaper. B *m.* (*patina di ghiaccio*) thin layer of ice; clear ice.
vetreria, *f.* **1** (*ind.*) glass works (*pl. col verbo al sing.*) **2** (*oggetti di vetro*) glasswork; glassware.
vetriata, *V.* **vetrata**.
vétrice, *f. e m.* (*bot., Salix viminalis*) (common) osier.
vetrificàbile, *a.* (*ind.*) vitrifiable.
vetrificante, *a.* (*ind.*) glazing.
vetrificare, *v. t., v. i.* e **vetrificarsi**, *v. rifl.* to vitrify.
vetrificazióne, *f.* (*ind.*) vitrification; vitrifaction.
vetrina, *f.* **1** (shop-)window: **È in v. dal gioielliere**, it's in the jeweller's shop-window **2** (*bacheca*) show-case; display case: **Nei musei molte cose si tengono in v.**, in museums many things are kept in show-cases **3** (*credenza a vetri*) (glass-fronted) sideboard **4** (*vernice vetrosa*) glaze. ● **andare a guardare le vetrine**, to go window-shopping □ **chi guarda le vetrine**, window-shopper □ **guardare le vetrine**, to window-shop □ (*fig.*) **mettersi in v.**, to show off.
vetrinista, *m. e f.* window-dresser.
vetrinistica, *f.* window-dressing.
vetrino, *m.* (*per microscopio*) slide.
vetrioleggiare, *v. t.* to injure (sb.) with vitriol; to vitriolize.
vetriòlo, *m.* vitriol.
vétro, *m.* glass: **v. colorato**, stained glass; **v. infrangibile**, unbreakable glass; **v. opaco**, opaque glass; **v. opalino**, opal glass; **v. smerigliato**, frosted glass; **v. soffiato**, blown glass; **v. stampato**, moulded glass; **v. temperato**, tempered glass; **una lastra di v.**, a sheet of glass. ● **v. di finestra**, window-pane; pane; window ● **bicchiere di v.**, glass □ **oggetti di v.**, glass-work; glassware □ **vetri artistici di Murano**, artistic Venetian glassware □ **Bisogna imballare i vetri con la paglia**, glassware must be packed with straw.
vetrocemènto, *m.* (*chim., edil.*) reinforced concrete and glass tiles (*pl.*).
vetrocromìa, *f.* (*pitt.*) glass-painting.
vetrofanìa, *f.* diaphanie (*franc.*).
vétroflex, *m.* (*isolante termico*) glass wool.
vetrorèsina, *f.* fibreglass; fiberglass (*USA*).
vetróso, *a.* vitreous.
vétta, *f.* **1** top; peak; summit: **la v. del monte**, the top of the mountain; **la v. dell'albero**, the top of the tree; **Se si parte all'alba, a mezzogiorno si può essere in v.**, if you leave at dawn you can reach the summit by noon; **di v. in v.**, from peak to peak **2** (*naut.*) end.
vettóre, A *m.* **1** (*geom., fis.*) vector **2** (*leg.*) (common) carrier: **responsabilità del v.**, carrier's liability **3** (*biol.*) vector. B *a.* (*geom., fis.*) vector: **raggio v.**, radius vector.
vettoriale, *a.* (*geom., fis.*) vectorial.
vettovàglia, *f.* (*specialm. al pl.*) victuals (*pl.*); provisions (*pl.*): **La città assediata si arrese per mancanza di vettovaglie**, the besieged city surrendered for lack of victuals.
vettovagliamènto, *m.* victualling; provisioning.
vettovagliare, *v. t.* to victual; to provision: **v. l'esercito**, to victual the army.
vettura, *f.* **1** (*carrozza*) carriage; coach **2** (*ferr.*) railway-carriage; coach; car (*USA*) (*tranviaria*) tram; streetcar (*USA*):

una v. di prima classe, a first-class coach; **attaccare (staccare) una v.**, to add (to uncouple) a coach **3** (*automobile*) (motor) car: **v. da corsa**, racing-car; **v. d'epoca**, vintage car. ● **v. di piazza**, taxi; cab (*specialm. USA*) □ (*comm.*) **lettera di v.**, consignment (*o* delivery) note; way-bill □ (*ferr.*) **In v.!**, all aboard!
vetturale, *m.* carter.
vetturétta, *f.* baby car; utility car.
vetturino, *m.* coachman*. ● **bestemmiare come un v.**, to swear like a trooper.
vetustà, *f.* (*lett.*) ancientness; oldness.
vetusto, *a.* (*lett.*) ancient; old: **nelle età più vetuste**, in the most ancient times.
vezzeggiaménto, *m.* fondling; petting; caressing; cosseting.
vezzeggiare, *v. t.* to fondle; to pet; to caress; to cosset: **v. un bambino**, to fondle a baby.
vezzeggiativo, A *a.* **1** endearing **2** (*gramm.*) of endearment (*pred.*). B *m.* **1** (*gramm.*) term of endearment **2** (*nomignolo*) pet name.
vézzo, *m.* **1** habit: **Ha il brutto v. di succhiarsi le dita**, he has the nasty habit of sucking his fingers; **Lo fa per v.**, it's a habit of his **2** (*pl.*: *atti, parole o gesti pieni di fascino*) charms: **Non seppe resistere ai suoi vezzi**, he was unable to resist her charms **3** (*pl.*: *moine*) affectation (*sing.*); affected manners; mincing ways: **È pieno di vezzi**, he's full of affectation **4** (*collana*) necklace. ● **un v. di perle**, a string of pearls □ **fare un v. a q.**, to caress sb.
vezzosaménte, *avv.* **1** charmingly **2** (*in modo lezioso*) affectedly; with affectation; mincingly.
vezzosità, *f.* **1** charm **2** (*leziosità*) affectation.
vezzóso, A *a.* **1** charming: **una ragazza vezzosa**, a charming girl **2** (*lezioso*) affected; mincing. B *m.* charming person; charmer. ● **fare il v.**, to be affected.
vi (1), A *pron. pers. m. e f.* 2ª *pers. pl.* **1** (*compl. ogg.*) you; (*compl. indir.*) to you: **Non vi vidi**, I didn't see you; **Sono venuto a vedervi**, I have come to see you; **Vi dirò**, I'll tell you; **Vi manderò quel libro**, I'll send you that book; **Vi cercano**, they are looking for you **2** (*coi verbi rifl.*) yourselves (*o idiom.*): **Non stancatevi troppo**, don't tire yourselves too much; **Vi siete vestiti?**, have you dressed (yourselves)?; **Non vi sentite bene?**, don't you feel well?; **Vi siete feriti?**, are you hurt?; **Vi pentirete di ciò**, you'll repent it **3** (*coi verbi rifl. recipr.*) each other (*fra due*); one another (*fra più di due*): **Vi somigliate come due gocce d'acqua**, you are exactly like each other; you are as like as two peas (*fam.*); **Non vi conoscete?**, don't you know one another? B *pron. dimostrativo* (*a ciò*) to it, abou it; (*in ciò*) in it: **quando vi si applica**, when he gets down to it; **Non voglio pensarvi più**, I don't want to think about it any more.
vi (2), *avv.* (*di luogo:* lì) there; (*qui*) here: **v'è**, there is; **vi sono**, there are; **In questa strada non v'è anima viva**, there isn't a living soul in this street; **Non vi trovai nessuno**, I didn't find anybody there; **Eccovi**, here you are.
via (1), A *f.* **1** (*strada*) road; street; (*in un indirizzo italiano*) via: **la via di Oxford**, the Oxford road; **le vie di Oxford**, Oxford streets; **la via di Napoli**, the road to Naples; **le vie di Napoli**, the streets of Naples; **Abito in via Marconi**, I live in via Marconi; **una via romana**, (*degli antichi romani*) a Roman road; (*in Roma*) a street in Rome; **una via battuta**, a busy road; **la via maestra**, the main road; **la via principale** (*di una città*), the main street; **Prenda la prima via a destra**, take the first street on the right; **vie di città e di campagna**, town and country roads **2** (*passaggio, percorso*) route; way (*anche fig.*); (*traiettoria di proiettile*) path: **Non c'è via attraverso questa sterpaglia**, there's no way through this bushwood; **in** (*o* **per**) **via**, on the way; **essere per via**, to be on one's way; **sulla via di casa**, on one's way home; **aprirsi la via a forza**, to force one's way; **mettersi in via**, to start on one's way; **v. set ouf** (*o* off); **essere in via di guarigione**, to be on the way to recovery; **un nuovo figlio in via**, another baby on the way; **una malattia in via**, an illness on the way **3** (*alpinismo*) route: **aprire una via**, to open up a new route; **via ferrata**, route with fixed ropes **4** (*fig.*: *cammino*) path; road; track; (*linea di condotta*) course; line: **la via della gloria**, the path of glory; **la via della virtù**, the path of virtue; **la via della perdizione**, the road to ruin; **essere sulla retta via**, to be on the straight and narrow path; **rimettere q. sulla retta via**, to put sb. back on the right track (*o* on the straight and narrow path); **scegliere le vie oblique** (*o* **traverse**), to follow crooked paths (*o* underhand methods); **seguire la via battuta**, to keep to the beaten track; **tenere una falsa via**, to be on the wrong track **5** (*fig.*: *modo*) way: **trovare la via di fare q.c.**, to find the way to do st.; **in via amichevole**, in a friendly way; as a friend; **in via eccezionale**, by way of exception; **per via d'esempio**, by way of example; **Non c'è via** (*né verso*) **di persuaderlo**, there is (absolutely) no way of persuading him; **Le vie di Dio sono infinite**, God's ways are infinite; **Non c'è via di scampo**, there's

no way out **6** (*procedimento*) channels (*pl.*): **agire per via diplomatica**, to act through diplomatic channels **7** (*fig.*: *carriera*) career: **Ha scelto la via della milizia**, he has chosen the career of a soldier **8** (*anat.*) duct; tract; organ: **le vie biliari**, the biliary ducts; **le vie respiratorie**, the respiratory tract (*o* organs). ● **la Via Crucis**, the Way of the Cross; (*fig.*) calvary: **Fu per me una vera via crucis**, it was a real calvary for me □ **via d'accesso**, approach (route) □ **via d'acqua**, (*falla*) leak; (*canale navigabile*) waterway □ **vie di fatto**, violence: **scendere a vie di fatto**, to have recourse to violence □ (*fig.*) **via di mezzo**, middle course; (*compromesso*) compromise; (*alternativa*) alternative: **Bisogna andare o restare**; **non c'è via di mezzo**, either we go or we stay; there's no other alternative □ (*astron.*) **la Via Lattea**, the Milky Way □ (*anche fig.*) **via senza uscita**, dead end; blind alley □ **adire le vie legali**, to take legal steps; to have recourse to legal action (*sing.*) □ **a mezza via**, half-way: **incontrarsi a mezza via**, to meet half-way □ (*chim.*) **analisi chimica per via secca**, dry-way analysis □ **foglio di via**, travel order; (*mil.*) travel warrant □ (*leg.*) **in via di diritto**, by right □ **in via di guarigione**, in the process of healing □ **in via provvisoria**, provisionally □ **in via sperimentale**, as an experiment □ (*fig.*) **mettersi la via tra le gambe**, to walk away □ **essere parenti per via di madre**, to be related on one's mother's side □ **per via aerea**, by air; (*della posta*) by air mail □ **per via d'aria**, by air □ **per via di**, (*come*) as; (*per causa di*) because of: **Lo dico per via d'esempio**, I say it as an example; **Tutto per via della tua maledetta superbia!**, all because of your wretched pride! □ **per via (di) terra**, by land; overland □ **per vie traverse**, by underhand means (*o* methods) □ (*fig.*) **Ho tentato tutte le vie**, I've tried hard □ (*fig.*) **Non c'è altra via da scegliere**, there's nothing else for it □ (*fig.*) **Bisogna prenderlo per la via del cuore**, you must appeal to his heart □ **Questa medicina è da prendere per via orale**, this medicine is to be taken orally □ **Questa medicina è da prendere per via esterna**, this medicine is to be used externally □ **Mi feci da un canto per dargli la via**, I stood aside to let him pass □ (*prov.*) **La via dell'inferno è lastricata da buone intenzioni**, Hell is paved with good intentions. **B** *prep.* (*passando per*) via: **Le merci sono state spedite a Hong Kong via** (**Canale di**) **Suez**, the goods have been shipped to Hong Kong via the Suez Canal.

via (2), A *avv.* **1** away; off: **buttare via**, to throw away; **correre via**, to run away; **mandare via q.**, to send sb. away; **volare via**, to fly away; **Cacciatelo via!**, chase him away!; **Vieni via di lì**, come away from there; **Porta via queste cose!**, take these things away; **Il vento gli ha portato via il cappello**, the wind has blown his hat away; **portare via q.c.**, to carry st. off; **Va via!**, be off!; **Devo andare via**, I must be off; **E via come una saetta**, and off like a shot; **Prese il cappello e andò via**, he took his hat and off he went **2** (*fuori*) out; away: **Andai a visitarlo, ma era via**, I went to visit him, but he was out. ● **via via che si presentano**, as they arrive □ **andare via da un luogo**, to leave a place □ **andare via in un baleno**, to disappear in a flash □ **dare via q.c.**, to give st. away; (*venderla*) to sell st. □ **e così via** (*o* **e via dicendo**), and so on: **Non vuole lavorare, fa debiti, e così via**, he won't work, he runs into debts, and so on □ **Parlammo di mangiare, di bere, e via dicendo**, we talked about eating, drinking, and so on □ **tirare via** (*affrettarsi*) to hurry □ **tirare via un lavoro**, to botch a piece of work □ **uno di fuori via**, a stranger □ **venire via**, to come away; (*di macchia*) to come out; (*staccarsi*) to come off: **È venuta via la maniglia dell'uscio**, the door handle has come off □ **Va' via!** (*non ci credo!*), go on! □ **I denari vanno via che è un piacere**, my (*o* our) money goes like water. **B** *inter.* **1** (*per scacciare*) go away!; get away!; be off!; (*rif. ad animali*) shoo! **2** (*per far partire*) go! **3** (*per far fretta*) hurry up!; step on it! (*fam.*) **4** (*per esprimere incoraggiamento, per incitare*) come on!: **Via! coraggio!**, come on! courage!; **Via! smettila!**, come on! stop it!; **Via! facciamolo!**, come on! let's do it! ● **Via! fuori di lì!**, get away from there! □ **Via, sono contento!**, all right, I'm satisfied □ **Eh, via! sono cose da dirsi?**, oh, come now! that's a fine thing to say! □ **Se egli si contentasse di poco, via!**, if he were satisfied with a little; well, I mean! **C** *m.* (*segnale di partenza*) starting-signal; signal to start: **dare il via**, to give the starting-signal; (*fig.*, *anche*) to give the green light. ● **dare il via a una discussione**, to open a debate □ **dare il via ai lavori**, to begin (*o* to start) work □ **essere pronti al via**, to be ready to go.

viàbile, *a.* practicable.

viabilista, viabilistico, *a.* (road) traffic, road (*attr.*).

viabilità, *f.* **1** practicability; (*stato di una strada*) road conditions (*pl.*) **2** (*possibilità di transito*) use of the road: **La v. è stata interrotta per il crollo del ponte**, the use of the road has been interrupted on account of the collapse of the bridge (*rete stradale*) road system; roads (*pl.*); network of roads: **I Romani dotarono l'impero di un'ottima v.**, the Romans provided the Empire with an excellent network of roads **4** (*norme sul traffico*) traffic regulations (*pl.*); (*norme e attività relative alla costruzione delle strade*) highway engineering.

Via Crucis, *V. sotto* **via (1)**.

viadòtto, *m.* viaduct.

viaggiante, *a.* travelling. ● (*ferr.*) **personale v.**, travelling personnel; trainmen (*pl.*).

viaggiare (1), A *v. i.* **1** to travel; to journey; to make a trip; (*per mare*) to voyage: **v. a cavallo**, to travel on horseback; **v. a piedi**, to travel on foot; **v. in aeroplano**, to travel by plane; to fly; **v. in automobile**, to travel by car; to motor; **v. in carrozza**, to travel by carriage; **v. in incognito**, to travel incognito; **v. in piroscafo**, to travel by boat; **v. in treno**, to travel by train; **v. nei Mari del Sud**, to voyage through the South Seas; **v. per divertimento** (**per istruzione, per affari**), to travel for pleasure (for education, on business); **v. per terra e per mare**, to travel by land and by sea; **v. con pochi bagagli**, to travel light; **Ha viaggiato molto**, he has travelled a lot; he is a well-travelled person **2** (*comm.*: *fare il rappresentante*) to travel: **Viaggia per conto della ditta Rossi e C.**, he travels for Messrs Rossi & Co.; **Viaggia in tessuti di cotone**, he travels in cotton goods **3** (*di treno, tram, ecc.*) to run; to travel: **I tram viaggiano sulle rotaie**, trams run on rails; **Il treno viaggiava a settanta miglia all'ora**, the train was running at seventy miles an hour **4** (*di merci: essere trasportate*) to travel; to be carried: **La merce viaggia a rischio del mittente**, the goods travel at the sender's risk. **B** *v. t.* to travel (over, round): **v. il mondo**, to travel the whole world; to travel round the world (*o* the world over); **Ho viaggiato l'Italia da un capo all'altro**, I've travelled all over Italy. ● (*scherz.*) **v. col cavallo di S. Francesco**, to go on foot; to hoof it; to travel on Shank's mare (*o* pony) □ **v. con un abbonamento ferroviario**, to commute □ (*miss.*) **che viaggia nello spazio**, spaceborne: **un satellite che viaggia nello spazio**, a spaceborne satellite □ **Chi viaggia in cerca di un clima più caldo**, sunseeker □ **uno che ha viaggiato molto**, a well-travelled man □ **Il treno viaggia con 40 minuti di ritardo**, the train is 40 minutes late □ **Mi piace molto v.**, I like travelling very much; I'm very fond of travel.

viaggiare (2), *m.* travelling: **Il v. è utile e dilettevole**, travelling is useful and pleasant; **Certe cose s'imparano soltanto col v.**, some things are learnt only by travelling.

viaggiatóre, A *m.* **1** traveller **2** (*passeggero*) passenger: **v. di prima classe**, first-class passenger. ● **v. spaziale**, spaceman. **B** *a.* travelling: **commesso v.**, commercial traveller; travelling salesman. ● **v. (che sta) in piedi**, standee (*fam. USA*) □ **piccione v.**, carrier-pigeon; homing-pigeon □ **treno viaggiatori**, passenger train.

viàggio, *m.* **1** (*in genere*) journey; (*per mare*) voyage: **v. di andata**, outward journey (*o* voyage); **v. di ritorno**, return (*o* homeward) journey (*o* voyage); (*naut.*) **nel v. di andata** (*di ritorno*), on the voyage out (home); **fare un v. intorno al mondo**, to make a journey round the world; **intraprendere un v.** (*o* **mettersi in v.**), to set out on a journey; **fare un lungo v.**, to make a long journey (*o* voyage); **un v. di poche ore**, a few hours' journey; **un v. d'un giorno**, a day's journey; (*fig.*) **l'estremo** (*o* **l'ultimo**) **v.** (*o* **il v. senza ritorno**), the last journey; **v. a piedi**, journey on foot; **v. a cavallo**, journey on horseback; **v. aereo**, journey by plane; flight; **v. di mare**, journey by sea; voyage; **v. di terra**, journey by land; **v. a prezzo ridotto**, journey at a reduced fare; **la metà del v.**, half the journey; **la fine del v.**, the end of the journey **2** (*gita*; *viaggetto*; *tragitto per commissioni*, *ecc.*) trip: **un v. d'istruzione** (**di piacere, ecc.**), an educational (a pleasure, etc.) trip; **un viaggetto al mare** (**per il fine settimana, ecc.**), a trip to the seaside (a week-end trip, etc.); **Ho dovuto fare tre viaggi dall'avvocato**, I had to make three trips to the lawyer; **In tre viaggi ha portato duemila mattoni**, in three trips he has carried two thousand bricks **3** (*pl.*) travels; (*il viaggiare*) travel, travelling (*sing.*): **scrivere un libro sui propri viaggi**, to write a book about one's travels; «**I viaggi di Gulliver**», «Gulliver's Travels»; **Un tempo i viaggi erano lenti e pericolosi**, travel (*o* travelling) was slow and dangerous in olden days **4** (*v. turistico*) tour: **un v. circolare**, a circular tour; **un v. intorno al mondo**, a round-the-world tour; **v.** «**tutto compreso**», package tour **5** (*traversata aerea o marittima*) passage: **prenotare un v. a New York**, to book a passage to New York. ● (*ferr.*) **v. di andata e ritorno**, return journey □ **v. di nozze**, honeymoon; wedding trip □ **v. di pendolare**, commute □ (*naut.*) **v. di prova**, trial trip □ **v. interplanetario**, interplanetary voyage □ **abito da v.**, travelling clothes □ **borsa da v.**, travelling bag □ **compagno di v.**, fellow-traveller □ (*fig.*) **fare un v. e due servizi**, to kill two birds with one stone □ **essere in v.**, to be travelling □ **essere in v. di nozze a Parigi**, to be honeymooning in Paris □ **libro di viaggi**, travel book □ (*ferr.*) **partire**, to set out; to start: **Ci mettemmo in v. all'alba**, we set out at dawn □ **partire per un v. d'esplorazione**, to set out on an exploration □ **spese di v.**, travelling expenses □ (*fig.*) **Andar da qui a lì; ma è un v.!**, to go from

viale

here to there; why, it's a day's march! □ **Buon v.!**, have a good journey!; *(fig.)* never mind, too bad: **Se mi riesce, bene; se no, buon v.**, if I succeed, all well and good; if not, too bad.
viale, *A 1* avenue; «boulevard» *(franc.)*: **un v. di tigli**, an avenue of lime-trees *2 (strada privata)* drive.
vialétto, *m.* path.
viandante, *m.* e *f.* wayfarer *(lett.)*; traveller.
viàrio, *a.* road *(attr.)*: **rete viaria**, road network.
viàtico, *m. (relig.)* viaticum. ● **morire senza v.**, to die unshriven.
viavài, *m.* coming and going; bustle: **Con tutto questo v. non posso lavorare in pace**, with all this coming and going I can't work in peace.
vibrafonista, *m.* e *f. (mus.)* vibraphonist.
vibràfono, *m. (mus.)* vibraphone.
vibrante, *a. (anche fig.)* vibrating; quivering: **le corde vibranti del violino**, the vibrating strings of the violin; **v. di passione**, vibrating with passion.
vibrare, *A v. t. 1 (agitare)* to brandish; to wave; to shake*: **v. la spada**, to brandish one's sword *2 (assestare con forza)* to strike*; to deal*: **v. un colpo**, to strike a blow *3 (gettare)* to hurl; to fling*: **Giove vibrò un fulmine**, Jove flung a thunderbolt. **B** *v. i. 1* to vibrate *2 (fig.)* to vibrate; to quiver: **v. di passione**, to vibrate with passion. ● **v. una coltellata a q.**, to stab sb.
vibràtile, *a.* vibratile.
vibrato, *A a. (vigoroso)* forceful; vehement. **B** *m. (mus.)* vibrato.
vibratóre, *A m.* vibrator: *(fis.)* **v. asincrono**, asynchronous vibrator. ● *(fis.)* **v. a cicala**, buzzer □ *(mecc.)* **bobina del v.**, booster coil □ *(fis.)* **lamina mobile di v.**, whip. **B** *a.* — **cuscinetto v.**, vibrator.
vibratòrio, *a.* vibratory: **moto v.**, vibratory motion. ● **massaggio v.**, vibro-massage.
vibrazióne, *f. 1* vibration: **v. acustica**, sound vibration *2 (fig.)* quiver; quivering; vibration.
vibrióne, *m. (biol.)* vibrio*.
vibrissa, *f. (anat., zool.)* vibrissa*.
vibrògrafo, *m. (fis.)* vibrograph.
vibromassaggiatóre, *m.* massage vibrator; vibromassager.
vibroscòpio, *m. (tecn.)* vibroscope.
vibrotrasportatóre, *m. (ind.)* vibrating *(o* vibratory*)* conveyor.
vibrovàglio, *m. (ind. miner.)* vibrating screen.
viburno, *m. (bot., Viburnum)* viburnum.
vicaria, *f. (relig.)* vicariate; vicarship.
vicariale, *a. (relig.)* vicarial.
vicariante, *a. (biol., med.)* vicarious.
vicariato, *m. (relig.)* vicariate; vicarship.
vicàrio, *A m. (relig.)* vicar: **il V. di Cristo**, the Vicar of Christ. **B** *a. (anche med.)* vicarious. ● **Cardinal V.**, Cardinal Vicar.
vice, *m.* e *f.* deputy; vice; substitute.
viceammiràglio, *m.* vice-admiral.
vicebibliotecàrio, *m.* assistant librarian.
vicebrigadière, *m. (mil.)* sergeant.
vicecancellière, *m.* vice-chancellor.
vicecapo, *m.* deputy chief: **il v. della polizia**, the deputy police chief.
vicecommissàrio, *m.* deputy inspector.
vicecònsole, *m.* vice-consul.
vicedirettóre, *m.* assistant *(o* deputy*)* manager; *(di una scuola)* assistant head-master; *(di un giornale)* assistant *(o* deputy*)* editor; subeditor.
vicegovernatóre, *m.* vice-governor; deputy governor.
vicemadre, *f.* foster-mother.
vicènda, *f. 1 (evento)* event; vicissitude; circumstance: **le vicende della mia vita**, the vicissitudes of my life; **orribili vicende**, horrible events *2 (successione)* succession: **una v. di vittorie e sconfitte**, a succession of victories and defeats. ● **a v.**, *(a turno)* in turn; *(l'un l'altro: fra molti)* one another, *(fra due)* each other.
vicendévole, *a.* reciprocal; mutual.
vicendevolménte, *avv.* reciprocally; mutually.
vicentino, *A a.* relating to *(o* of*)* Vicenza. **B** *m. 1* native *(o* inhabitant*)* of Vicenza *2 (dialetto)* dialect of Vicenza.
vicepadre, *m.* foster-father.
vicepàrroco, *m.* parish vicar; parochial vicar; vicar.
viceprefètto, *m.* sub-prefect.
vicepréside, *A m.* assistant principal; assistant head-master. **B** *f.* assistant lady principal; assistant head-mistress.
vicepresidènte, *m.* vice-president; *(di un consiglio, di un'assemblea)* vice-chairman*, deputy chairman*; *(della Camera, del Senato)* Deputy Speaker.
vicepresidènza, *f.* vice-presidency; *(di un consiglio, di un'assemblea)* vice-chairmanship; deputy chairmanship.
vicepretóre, *m. (leg.)* assistant magistrate.
vicepretura, *f. 1 (luogo)* deputy magistrate's court *2 (carica)* office *(o* post*)* of deputy magistrate.
vicequestóre, *m.* vice-prefect of police; deputy police prefect.
viceré, *m.* viceroy.
vicereale, *a.* viceregal.
vicereame, *m.* viceroyalty.
viceregina, *f.* vicereine.
vicesegretàrio, *m.* assistant secretary; undersecretary.
vicesìndaco, *m.* assistant *(o* deputy*)* mayor.
vicevèrsa, *A avv. (nei vari significati)* vice versa *(lat.)*. ● **viaggio da Napoli a Roma e v.**, journey from Naples to Rome and back. **B** *cong. (fam.: invece)* but; and instead; whereas: **Aveva promesso di scrivermi, v. non l'ha fatto**, he promised to write to me but he never did.
vichiano, *A a.* di G.B. Vico: **la filosofia vichiana**, the philosophy of G.B. Vico. **B** *m. (filos.)* disciple of G.B. Vico.
vichingo, *a.* e *m. (stor.)* Viking.
vicinale, *a. 1* local: **strada v.**, local road *2 (chim.)* vicinal.
viciname, *m. (spreg.)* neighbours *(pl.)*; people of the neighbourhood.
vicinanza, *f. 1 (l'essere vicino)* nearness; closeness; vicinity; proximity: **in v. di Roma**, in the vicinity of Rome; close to Rome; **la v. della stazione**, the nearness of the station; **in stretta v.**, in close *(o* near*)* proximity *2 (pl.: dintorni)* vicinity *(sing.)*; neighbourhood *(sing.)*; neighborhood *(sing., USA)*; surroundings; «environs» *(franc.)*: **Sta nelle vicinanze di Milano**, he lives in the vicinity *(o* in the neighbourhood*)* of Milan. ● **in v. e in lontananza**, near and far □ *(prov.)* **V. è mezza parentela**, good neighbours are more than friends.
vicinato, *m. 1 (luogo)* neighbourhood; neighborhood *(USA)*: **la gente del v.**, the people of the neighbourhood *2 (vicini)* neighbours *(pl.)*; neighbors *(pl., USA)*: **essere in buoni rapporti con il v.**, to be on good terms with one's neighbours; **A quelle grida accorse tutto il v.**, on hearing the shouting all the neighbours rushed in; **far parlare il v.**, to have the neighbours talking.
vicinióre, *a. (bur.: più vicino)* neighbouring; neighboring *(USA)*.
vicino, *A 1* nearby; close; neighbouring *(attr.)*; neighboring *(attr., USA)*; *(spesso:* **vicino a***)* near; *(accanto)* next: **nella piazza vicina**, in the nearby square; **La Posta è vicinissima**, the post office is close at hand; **le vicine campagne**, the neighbouring countryside; **paesi vicini** *(confinanti)*, neighbouring countries; **nel paese v.**, in the neighbouring village; **La nave era vicina al porto**, the ship was near the port; **Erano vicini al nascondiglio**, they were near their hiding-place; **La stazione è vicinissima**, the station is quite near; **Qual è l'albergo più v.?**, which is the nearest hotel?; *(fig.)* **un parente v.** *(stretto)*, a near relation; *(fig.)* **un parente dei più vicini**, one of one's closest relations; *(fig.)* **Non è proprio la stessa stoffa ma assai vicina**, it isn't quite the same material but near enough; *(fig.)* **un colore più v. al rosso che al giallo**, a colour nearer red than yellow; **la stanza vicina**, the next room *2 (di tempo)* nearby; near at hand *(pred.)*; *(talora)* near *(pred.)*: **Natale è vicino**, Christmas is nearby; **Gli esami sono vicini**, examinations are near at hand; **La fine è vicina**, the end is near *(o* imminent*)*; **La morte può essere più vicina di quanto tu non pensi**, death may be nearer than you think; **Dev'essere più v. ai quaranta che ai cinquanta**, he must be nearer forty than fifty. ● **essere v. a fare q.c.**, to be about to do st. □ *(di persona)* **essere v. a finire q.c.**, to be about to finish st. □ *(di cosa)* **essere v. alla fine**, to be nearly finished: **Il vino nella botte è v. alla fine**, the wine in the barrel is nearly finished □ **essere v. alla follia**, to be on the brink of madness □ **essere v. a rendere l'anima a Dio**, to be ready to render one's soul □ **una donna vicina al parto**, a woman approaching childbirth □ **idee vicine alle mie**, ideas approaching my own □ **Il Paese più v. all'Inghilterra è la Francia**, England's nearest neighbour is France □ **È v. ai cinquant'anni**, he is close upon fifty □ **La pioggia era vicina**, it was going to rain □ **Ci trovammo vicini a tavola**, we were neighbours at table □ **Abitano nella casa vicina**, they live next door. **B** *m.* neighbour; neighbor *(USA)*: **Ciò disturba i vicini**, it disturbs the neighbours; **Era una mia vicina**, she was a neighbour of mine. ● **v. di casa**, next-door neighbour □ **il mio v. di tavola**, the person sitting next to me at table □ **È il mio v. di podere**, he owns *(o* tills*)* the neighbouring farm □ **Era il mio v. di posto** *(o* **di banco***)*, he had the seat next to mine □ **I nostri vicini** *(di casa)* **sono molto rumorosi**, the people next door are very noisy. **C** *avv.* near; nearby; near at hand; close; close by *(o* at hand*)*: **La casa è qui v.**, the house is near here *(o* hereabouts*)*; **Tieni sempre v. un buon dizionario!**, always have a good dictionary near *(o* close*)* at hand!; **Sta' v.!**, stay close by!; **Vieni più v.!**, come nearer *(o* closer*)*. **D** *prep.* near; close to; next *(to)*; *(presso)* by; *(accanto a)* beside; *(nelle vicinanze di)* in the neighbourhood of: **una villa v. a Milano**, a villa in the neighbourhood of Milan; *(fig.)* **v. alla perfezione**, near perfection; **v. a me**, near *(to)* me;

M'era seduto v., he was sitting near me; **Stammi v.!**, keep near to me; **Abita v. alla chiesa**, he lives close to (*o* close by) the church; **Posso portare la mia sedia v. alla tua?**, may I bring my chair next yours?; **Siedi v. a me**, sit next to me; **Vieni a sederti v. a me**, come and sit by (*o* beside) me; **Trovammo un bel posticino v. a un fiume**, we found a nice spot by a river. ● **essere v. alla morte**, to be at death's door □ **v. v.**, very (*o* quite) near □ **da v.**, (*dappresso*) at close quarters; (*fig.*) closely: **quando lo vedemmo da v.**, when we saw him at close quarters; **osservare (scrutare) da v.**, to observe (to examine) at close quarters; to watch closely □ **non vederci bene da v.**, to be long-sighted □ **sparare da v.**, to fire at close range □ (*fig.*) **Ci sei andato v.** (*hai quasi indovinato*), you nearly guessed.
vicissitùdine, *f.* vicissitude: **le vicissitudini della vita**, the vicissitudes of life; the ups and downs of life.
vìcolo, *m.* alley; lane: (*anche fig.*) **un v. cieco**, a blind alley.
vìdeo, (*telev.*) **A** *m.* video; telescreen. **B** *a.* video (*attr.*).
videocassétta, *f.* (*telev.*) video cassette.
videocitòfono, *m.* videointercom.
videodisco, *m.* videodisc, video disc.
videòfono, *V.* videotelèfono.
videofrequènza, *f.* (*telev.*) video frequency.
videogiòco, *m.* video game.
videonastro, *m.* (*telev.*) videotape.
videoregistratóre, *m.* (*telev.*) video recorder. ● **v. a nastro magnetico**, videotape recorder.
videoregistrazióne, *f.* (*telev.*) video recording. ● **eseguire una v. su nastro**, to videotape.
videosegnale, *m.* (*telev.*) video signal.
videotèl, *m. invar.* videotex.
videotelèfono, *m.* video-telephone; videophone; viewphone.
videoterminale, *m.* (*tecn.*) videoterminal.
vidicon, *m.* (*telev.*) vidicon.
vidimare, *v. t.* to authenticate; to certify; (*vistare*) to visa: **Bisogna far v. il certificato**, the certificate must be authenticated.
vidimazióne, *f.* authentication; certification; (*visto*) visa.
vidiòta, *m. e f.* (*scherz. o spreg.*) idiot-box viewer; TV fan.
viennése, *a., m. e f.* Viennese: **i viennesi**, the Viennese.
viepiù, *avv.* (*lett.*) more and more.
vietàbile, *a.* **1** (*che si può proibire*) that can be forbidden **2** (*che si può impedire*) preventable.
vietare, *v. t.* to forbid* (sb. to do st.); to prohibit (sb. from doing st.); (*impedire*) to prevent (sb. from doing st.): **La legge vieta il commercio degli stupefacenti**, the law forbids the traffic of drugs; **Il medico mi ha vietato di fumare**, the doctor has forbidden me to smoke; **v. i cibi grassi**, to forbid the consumption of fats; **È vietato entrare senza bussare**, it is forbidden to enter without knocking; **Chi ci vieta di farlo?**, who is to prevent us (from doing it)?; **Nulla vieta che tu lo faccia**, there's nothing to prevent you from doing it.
vietàto, *a.* forbidden. ● **Vietata l'affissione**, stick (*o* post) no bills ● **V. ai minori di anni quattordici**, children under fourteen not admitted □ **V. fumare**, no smoking □ **V. l'ingresso!**, no admittance!; keep out! □ **V. il passaggio**, no thoroughfare □ **Senso v.**, no entry.
vietcòng, *a., m. e f.* Vietcong.
vietnamìta, *a., m. e f.* Vietnamese: **i vietnamiti**, the Vietnamese.
vietnamizzàre, *v. t.* (*polit., mil.*) to Vietnamize.
vietnamizzazióne, *f.* (*polit., mil.*) Vietnamization.
vièto, *a.* (*spreg.*) old; stale; obsolete; antiquated: **usanze viete**, old customs; **parole viete**, obsolete words.
vigènte, *a.* in force (*pred.*): **leggi vigenti**, laws in force.
vigére, *v. i.* to be in force: **una legge che ora non vige più**, a law that is no longer in force. ● **Vigeva allora l'usanza di...**, it was then the custom that...
vigèsimo, *a. num. ord.* (*lett.*) twentieth.
vigilante, **A** *a.* vigilant; watchful. **B** *m. e f.* supervisor; overseer; (*guardiano*) watchman*, guard.
vigilànza, *f.* vigilance; watchfulness; care; (*sorveglianza*) surveillance, supervision: **v. scrupolosa**, scrupulous vigilance; **v. paterna**, paternal care; **È sotto la v. della polizia**, he is under the surveillance of the police; **v. delle persone sospette**, surveillance of suspected persons; **la v. degli operai**, the supervision of workmen; **la v. degli scolari**, the supervision of school-children. ● **v. dei mari**, control of sea traffic □ **v. delle strade**, traffic control □ **squadra di v.** (*durante uno sciopero*), strike picket.
vigilàre, **A** *v. t.* to watch over; to supervise; (*tenere d'occhio*) to keep* an eye on: **v. i lavori**, to supervise work; **v. gli operai**, to supervise workmen; **v. gli scolari durante la ricreazione**, to supervise pupils during recreation; **v. le persone sospette**, to keep an eye on suspected persons. **B** *v. i.* to keep* watch; to see*: **Vigila che siano eseguiti gli ordini**, see that the orders are carried out; **Vigilano al buon ordine**, they see that order is kept **2** (*lett.: stare sveglio*) to stay awake.

vigilàto, **A** *a.* watched. **B** *m.* – (*leg.*) **v. speciale**, person under police surveillance.
vigilatóre, *m.* watcher; supervisor.
vigilatrìce, *f.* supervisor. ● **v. scolastica**, school (visiting) nurse.
vìgile, **A** *a.* vigilant; watchful. **B** *m.* – **v. urbano**, (local) policeman*; (*addetto al traffico*) traffic warden; **v. del fuoco**, fireman*.
vigìlia, *f.* **1** (*anche fig.*) eve: **Siamo alla v. della partenza**, we are on the eve of departure; **la v. di Natale**, Christmas eve; **alla v. di grandi avvenimenti**, on the eve of great events **2** (*relig.*) fast; (*astinenza*) abstinence: **osservare** (*o* **rispettare**) **la v.**, to keep fast; **Oggi è v.**, today is a day of abstinence (*o* a fast-day) **3** (*veglia notturna*) watch. ● (*stor.*) **v. d'armi**, vigil at arms □ (*relig.*) **fare v.**, to fast ● (*fig.*) **È alla v. del fallimento**, he is on the brink of failure □ (*fig.*) **Eravamo alla v. della guerra**, we were on the brink of war.
vigliaccaménte, *avv.* in a cowardly way; like a coward.
vigliacchería, *f.* **1** (*l'essere vigliacco*) cowardice: **Ti accusano di v.**, they are accusing you of cowardice **2** (*azione da vigliacco*) act of cowardice; cowardly action: **Sarebbe una v.!**, that would be (an act of) cowardice!
vigliàcco, **A** *a.* cowardly: **Sono gente vigliacca**, they are cowardly people. **B** *m.* coward: **Allora è un v.**, then he's a coward; **Vigliacchi!**, cowards!
vìgna, *f.* vineyard: **lavorare la v.**, to work in the vineyard; **una v. di collina**, a hillside vineyard; **v. di pianura**, vineyard in the plain. ● (*relig.*) **la v. del Signore**, the mystical vine □ (*fig.*) **Non è terreno da piantar v.**, (*di persona*) you can't rely on him; (*di cosa*) you can't count on it.
vignaiòlo, *m.* vine-dresser.
vignéto, *m.* vineyard: **La zona è coltivata a vigneti**, the region is all vineyards.
vignétta, *f.* vignette; (*v. umoristica*) cartoon; (*illustrazione*) illustration.
vignettatùra, *f.* (*ottica, fotogr.*) vignetting.
vignettìsta, *m. e f.* cartoonist; illustrator.
vigógna, *f.* **1** (*zool.*, *Lama vicugna*) vicuna; vicugna **2** (*il tessuto*) vicuna (cloth): **un vestito di v.**, a vicuna suit.
vigóre, *m.* **1** vigour; vigor (*USA*); energy; strength: **un giovane pieno di v.**, a young man full of vigour; a sturdy young man; **cibo (bevanda) che dà v.**, food (drink) that gives strength; **il v. della mente**, the vigour of one's mind; **sostenere il proprio punto di vista con v.**, to maintain one's point of view with energy (*o* vigorously) **2** (*leg.*) force; effect; validity: **entrare in v.**, to come into force; **essere in v.**, to be in force. ● **essere nel pieno v. delle proprie forze**, to be at the full height of one's strength.
vigorìa, *f.* vigour; vigor (*USA*); energy; strength.
vigorosaménte, *avv.* vigorously; with energy.
vigorosità, *f.* vigorousness; strength.
vigoróso, *a.* vigorous; strong; sturdy.
vìle, **A** *a.* **1** (*vigliacco*) cowardly **2** (*meschino*) base; mean; vile: **È codardo e v.**, he is cowardly and base; **v. tradimento**, base betrayal; **una v. menzogna**, a mean lie **3** (*lett.: di cosa che vale o costa poco*) cheap; poor: **tutta roba v.**, all cheap stuff **4** (*di nascita umile*) humble; low: **Era di vili natali**, he was of humble birth. ● **L'ha venduto al v. prezzo di...**, he sold it for the ludicrous sum of... **B** *m. e f.* coward: **I vili meritano disprezzo**, cowards are worthy only of contempt. ● **azione da v.**, cowardly action.
vilipèndere, *v. t.* to scorn; to hold* in contempt; to vilify: **v. la virtù**, to scorn virtue. ● **Lo ha pubblicamente vilipeso**, he poured scorn on him in public.
vilipèndio, *m.* **1** scorn; contempt; vilification **2** (*leg.*) public defamation (*o* insult).
vilipéso, *a.* scorned; vilified: **Si vide v.**, he imagined himself scorned.
vìlla, *f.* **1** (*fuori città*) villa; country-house; country-seat: **una v. al mare**, a seaside villa; **una v. in collina**, a hillside villa; **le ville medicee**, the Medici villas; **una v. sul lago**, a lakeside villa **2** (*in città*) detached residence; (*talora*) villa: **Abitano in una v.**, they live in a villa.
villàggio, *m.* village.
villanàccio, *m.* boor; lout.
villanàta, *f.* rude action; (piece of) incivility.
villanèlla, *f.* **1** country-girl **2** (*mus.*) villanella* **3** (*poesia*) villanelle.
villanescaménte, *avv.* rudely; roughly; coarsely; borishly; loutishly.
villanésco, *a.* rude; boorish; rough.
villanìa, *f.* **1** rudeness; boorishness: **la v. di certa gente**, the rudeness of some people **2** (*azione villana*) rude action; (piece of) incivility. ● **fare** (*o* **dire**) **una v. a q.**, to be rude to sb.
villàno, **A** *a.* rude; rough; boorish: **atti villani**, rough deeds; **modi villani**, rude manners; **parole villane**, rude words. **B** *m.*

villanzóne

1 countryman*; peasant: **Vidi due villani che zappavano**, I saw two peasants hoeing **2** (*persona rozza e incivile*) rude (*o* ill-mannered) person; boor: **Sarà istruito, ma è un v.**, he may be educated, but he's a boor. ● (*spreg.*) **v. rifatto**, nouveau riche (*franc.*); upstart.

villanzóne, *m.* boor; lout.

villeggiante, *m.* e *f.* holiday-maker; holidayer; vacationer (*USA*): **una località piena di villeggianti**, a place crowded with holiday-makers.

villeggiare, *v. i.* to spend* one's (summer) holidays; to holiday; to vacation (*USA*). ● **Quest'anno villeggerò sulle Alpi**, this year I shall go to the Alps for my holiday.

villeggiatura, *f.* holiday; holidays (*pl.*); vacation (*USA*): **andare in v.**, to go on holiday; **tornare dalla v.**, to come back from one's holiday; **passare la v. in montagna**, to spend one's holiday in the mountains; **La v. gli ha fatto bene**, his holiday has done him good; **S'avvicina la v.**, the holidays are drawing near. ● **luogo di v.**, holiday resort.

villeréccio, *a.* (*lett.*) rustic; rural.

villétta, *f.* **1** little detached house **2** (*in campagna*) cottage.

víllico, *m.* peasant; countryman*.

villino, *m.* V. **villétta**.

villo, *m.* (*anat., bot.*) villus*.

villosità, *f.* **1** hairiness **2** (*anat., bot.*) villosity.

villóso, *a.* **1** hairy **2** (*anat., bot.*) villous.

villòtta, *f.* (*mus.*) villota*.

vilménte, *avv.* basely; meanly; vilely.

viltà, *f.* **1** (*vigliaccheria*) cowardice; (*azione da vigliacco*) cowardly action: **Ha taciuto la verità per v.**, he didn't tell the truth out of cowardice; **accusa di v.**, accusation of cowardice **2** (*lett.: meschinità*) baseness; (*azione meschina*) base thing: **Ancora una v. da parte sua**, more baseness from him; **commettere una v.**, to do a base thing.

vilùcchio, *m.* (*bot., Convolvulus arvensis*) field bindweed.

viluppo, *m.* (*anche fig.*) tangle: **un v. di fili**, a tangle of threads; **un v. di idee**, a tangle of ideas.

vìmine, *m.* wicker; osier; withe, withy: **un cesto di vimini**, a wicker basket.

vimineo, *a.* (*lett.*) wicker, osier (*attr.*).

vinàccia, *f.* marc.

vinacciòlo, *m.* grape-stone.

vinàio, *m.* wine-seller.

vinàrio, *a.* wine (*attr.*): **l'industria vinaria**, the wine industry.

vinavil, *m.* (*marchio*) synthetic glue made with polyvinyl acetate; polyvinyl acetate glue.

vincastro, *m.* (*lett.*) withe; wicker.

vincènte, **A** *a.* winning: **il numero v.**, the winning number; **il partito v.**, the winning party. **B** *m.* e *f.* winner: **i vincenti**, the winners.

Vincènzo, *m.* Vincent.

vìncere, **A** *v. t.* e *i.* **1** (*riportare la vittoria*) to win*: **Il Governo vinse per pochi voti**, the Government won by a few votes; **Vinse la proposta di far costruire il ponte**, the motion to build the bridge won; **v. una corsa (una gara)**, to win a race (a match); **Vinse nella gara di nuoto (di scherma, ecc.)**, he won the swimming competition (the fencing match, etc.); **v. la battaglia (la guerra, ecc.)**, to win the battle (the war, etc.); **v. una causa** (*o* **un processo**), to win a case; (*anche fig.*) **v. la partita**, to win the game **2** (*sopraffare, superare*) to overcome*: **v. il nemico con le armi (con la fame, con l'assedio)**, to overcome the enemy with weapons (by hunger, by siege); **Venne a lotta con lui e lo vinse**, he struggled with him and overcame him; **Bisogna v. la virulenza dell'infezione**, we must overcome the virulence of the infection; **essere vinto dall'emozione**, to be overcome by emotion; **v. una difficoltà (gli ostacoli)**, to overcome a difficulty (obstacles); **v. la gola (l'amor proprio, ecc.)**, to overcome one's greed (one's pride, etc.); **v. l'ira (la paura, ecc.)**, to overcome one's anger (one's fear, etc.) **3** (*dominare*) to master: **v. le passioni**, to master one's passions; **v. se stesso**, to master oneself **4** (*sorpassare*) to surpass; to outdo*: **Lo vince in bravura**, he surpasses him in cleverness; **v. q. in bontà (bellezza, costanza)**, to surpass sb. in goodness (beauty, constancy) **5** (*battere*) to beat*; (*sconfiggere*) to defeat; to vanquish: **Vinse tutti nel gioco della dama (nel biliardo, ecc.)**, he beat everyone at draughts (at billiards, etc.); **Cesare vinse i Galli**, Caesar defeated (*o* vanquished, overcame) the Gauls **6** (*nei giochi*) to win*: **Gli vinsi diecimila lire alle carte**, I won ten thousand lire off him at cards; **v. un premio**, to win a prize; **v. una scommessa**, to win a bet; **v. la tombola**, to win at tombola (*o* at bingo). ● (*fam.*) **vincerla (con q.)**, to get the upper hand of (sb.); to get the better of (sb.): **Con me non la vince di sicuro**, he won't get the upper hand of me □ (*fig.*) **v. la prova**, to pass the test □ **v. q. in astuzia**, to outwit sb. □ **lasciarsi v. dall'ira** (**dalla**

pietà, ecc.), to give way to one's anger (one's pity, etc.) □ **lasciarsi v. dalla tentazione**, to yield to temptation □ **V. o morire!**, victory or death! □ **Fu vinto dalle sue preghiere (dalle sue lacrime)**, he was won over by her prayers (by her tears) □ **La luce del sole vince quella della luna**, the light of the sun is brighter than of the moon □ (*mil.*) **La città fu vinta dopo lungo assedio**, the city was taken after a long siege. **vincersi**, **B** *v. rifl.* (*dominarsi*) to master oneself; to control oneself.

vinchéto, *m.* osier-bed; osiery.

vincìbile, *a.* vincible.

vincibòsco, V. **caprifòglio**.

vinciglio, *m.* osier; withe, withy.

vìncita, *f.* **1** (*il vincere*) win: **una v. al lotto**, a win in the lottery; **una v. alle carte**, a win at cards; **una v. di un milione (di lire)**, a win of a million lire **2** (*ciò che si vince*) winnings (*pl.*): **Ecco la v.**, here are your winnings.

vincitóre, **A** *m.* winner. **B** *a.* winning; victorious. ● **ritornare v.**, to return triumphant.

vinco, *m.* osier; withe, withy; wicker.

vincolante, *a.* (*anche leg.*) binding; mandatory.

vincolare (1), *a.* (*mecc.*) restraining.

vincolare (2), *v. t.* **1** (*anche fig.*) to bind*: **Il giuramento mi vincola al silenzio**, my oath binds me to silence; **Questo contratto mi vincola**, this contract binds me **2** (*fin.*) to tie up; to lock up: **v. il capitale**, to tie up one's capital **3** (*mecc.*) to constrain; to restrain.

vincolativo, *a.* binding.

vincolato, *a.* **1** (*anche leg.*) bound **2** (*fin.*) tied-up; locked-up. ● **in conto v.**, on deposit.

vincolìstico, *a.* (*leg.*) restriction, control (*attr.*): **regime v.**, restriction scheme.

vìncolo, *m.* **1** bond; tie: **il v. matrimoniale**, the bond of matrimony; **un v. d'amore**, a bond of love; **vincoli di sangue**, blood ties **2** (*mecc.*) constraint; restraint. ● **essere sotto il v. del giuramento**, to be bound under oath.

vìndice, (*lett.*) **A** *a.* avenging; vindicatory. **B** *m.* e *f.* avenger; vindicator.

vinèllo, *m.* thin wine.

vinìcolo, *a.* wine (*attr.*): **l'industria vinicola**, the wine industry; **un'esposizione vinicola**, a wine display.

vinìfero, *a.* wine-producing (*attr.*).

vinificare, *v. i.* to make* wine.

vinificazióne, *f.* wine-making; vinification: **attrezzi per la v.**, wine-making equipment.

vinile, *m.* (*chim.*) vinyl.

vinìlico, *a.* (*chim.*) vinyl (*attr.*). ● **resina vinilica**, vinyl resin.

vinilpèlle, *f.* (*marchio*) Vinilpelle (imitation leather made of vinyl resin).

vino, *m.* wine: **v. allungato** (*o* **annacquato**), watered-down wine; **v. brulé**, mulled wine; **v. comune**, cheap wine; **v. da pasto**, table-wine; **v. d'annata**, vintage wine; **v. dolce**, sweet wine; **v. forte**, strong wine; **v. frizzante** (*o* **spumante**), sparkling wine; **v. leggero**, light wine; **v. non spumante**, still wine; **v. nuovo**, new wine; **v. puro**, pure wine; **v. secco**, dry wine; **v. sincero**, genuine wine; **v. tagliato**, adulterated wine; **v. scelto**, choice wine; **un commerciante di vini**, a wine-merchant; **due dita di v.**, a drop of wine; **travasare il v.**, to decant wine. ● **v. di Marsala**, Marsala □ **v. di mele**, cider □ **v. rosato**, rosé □ (*fig.*) **dire pane al pane, al vino al v.**, to call a spade a spade □ (*prov.*) **Buon v. fa buon sangue**, good wine engendreth good blood □ (*prov.*) **Il buon v. non ha bisogno di frasca**, good wine needs no bush.

vinosità, *f.* vinosity.

vinóso, *a.* **1** vinous; wine (*attr.*): **fermentazione vinosa**, wine fermentation **2** (*che sa di vino*) winy.

vinsanto, *m.* «vinsanto» (fine dessert wine produced chiefly in Tuscany).

vinto, **A** *a.* **1** that was won **2** (*sconfitto*) beaten; defeated; vanquished: **il nemico v.**, the beaten enemy; **v. in battaglia**, beaten in battle; **v. al biliardo**, beaten at billiards **3** (*sopraffatto*) overcome: **v. dalla stanchezza**, overcome by tiredness. ● **v. ma non domo**, bloody but unbowed □ (*fig.*) **avere partita vinta**, to get one's way □ (*fig.*) **darla vinta a q.**, to let sb. have his way; to give in to sb. □ (*anche fig.*) **darsi per v.**, to give in (*o* up). **B** *m.* loser: **i vinti e i vincitori**, the losers and the winners. ● **Guai ai vinti!**, woe to the vanquished!

vìola (1), **A** *f.* (*bot., Viola odorata*) violet. ● (*bot.*) **v. del pensiero** (*Viola tricolor*), pansy. **B** *a.* e *m.* (*il colore*) violet: **vestito di v.**, dressed in violet; **un abito v.**, a violet dress.

vìola (2), *f.* (*mus.*) viola.

violàbile, *a.* violable.

violacciòcca, *f.* (*bot., Matthiola incana*) stock; gillyflower. ● **v. gialla** (*Cheiranthus cheiri*), wallflower.

violàceo, **A** *a.* purple; purplish; purply. **B** *m.* purple.

violare, *v. t.* **1** (*trasgredire*) to break*; to violate; to transgress;

to infringe: **v. un patto**, to break a pact; **v. un segreto**, to break a secret; **v. una promessa**, to break one's promise; **v. un giuramento**, to violate an oath; **v. la legge**, to break (*o* to infringe) the law **2** (*profanare*) to profane: **v. una chiesa**, to profane a church; **v. una tomba**, to profane a tomb **3** (*polit.*) to violate: **v. la neutralità di un paese**, to violate the neutrality of a country **4** (*violentare*) to rape; to violate. ● (*leg.*) **v. il domicilio di q.**, to break into sb.'s house □ **v. il segreto epistolare**, to violate the secrecy of correspondence.

violatóre, *m.* **1** breaker; violator; infringer **2** (*profanatore*) profaner **3** (*polit.*) violator. ● **v. della legge**, lawbreaker.

violazióne, *f.* **1** violation; breaking; breach **2** (*profanazione*) profanation. ● (*leg.*) **v. di contratto**, breach of contract □ (*leg.*) **v. di domicilio**, unlawful entry; (*con la forza*) house-breaking □ (*leg.*) **v. della legge**, breach (*o* transgression) of the law.

violentare, *v. t.* **1** to rape; to violate: **v. una donna**, to rape a woman **2** (*fig.*) to outrage: **v. le coscienze**, to outrage people's consciences; **Usate la persuasione, evitate di violentarli**, use persuasion, avoid outraging them.

violenteménte, *avv.* violently.

violènto, **A** *a.* violent: **un uomo v.**, a violent man; **morire di morte violenta**, to meet a violent death; **una passione violenta**, a violent passion; **una tempesta violenta**, a violent storm. ● **rapina violenta**, robbery with violence ● **Attendete che il vento sia meno v.**, wait till the wind abates. **B** *m.* violent fellow.

violènza, *f.* violence: **la v. di quell'uomo**, the violence of that man; **la v. delle onde**, the violence of the waves; **ricorrere alla v.**, to have recourse to violence; **fare v. a se stesso**, to do oneself violence. ● (*leg.*) **v. carnale**, rape □ (*leg.*) **v. morale**, undue influence ● **con dolce v.**, with gentle force (*o* firmness) □ **non v.**, nonviolence.

violétta, *f.* (*bot.*, *Viola odorata*) violet.

violétto, *a.* e *m.* violet: **luce violetta**, violet light.

violinàio, *m.* violin-maker.

violinista, *m.* e *f.* (*mus.*) violinist; fiddler (*fam.*).

violinìstico, *a.* violinistic; violin (*attr.*).

violìno, *m.* (*mus.*) **1** violin, fiddle (*fam.*): **un suonatore di v.**, a violin-player; a violinist; **una sonata per v. e pianoforte**, a sonata for violin and piano **2** (*suonatore*) violinist; fiddler (*fam.*); (*in un'orchestra*) violin: **È il primo v. della Scala**, he's the first violin at the Scala; **violini di fila**, the violins in an orchestra; **v. di spalla** (*primo v.*) first violin; (*second v.*) second violin; (*fig.*) right-hand man. ● **chiave di v.**, G (*o* violin, treble) clef.

violista, *m.* e *f.* (*mus.*) viola-player.

violle (*franc.*), *f.* (*fis.*) Violle.

violoncellista, *m.* e *f.* (*mus.*) violoncellist; (*abbr.*) 'cellist.

violoncèllo, *m.* violoncello*; (*abbr.*) cello*.

viòttola, *f.* **viòttolo**, *m.* path; lane.

vipera, *f.* (*zool.*, *Vipera*) viper (*anche fig.*); adder: **Quella donna è una v.!**, that woman is a viper!; **Ha una lingua di v.**, she has the tongue of a viper. ● **rivoltarsi contro q. come una v.**, to turn on sb. spitefully.

viperàio, *m.* **1** (*cacciatore di vipere*) viper-catcher **2** (*covo di vipere*) brood of vipers.

Vipèridi, *m. pl.* (*zool.*, *Viperidae*) Viperidae; (the) viper family.

viperìno, *a.* **1** viperine **2** (*fig.*) viperous; viperish: **una lingua viperina**, a viperish tongue.

vipla, *f.* (*marchio*) Vipla (polyvinyl chloride).

viràggio, *m.* **1** (*naut.*) tacking; veer **2** (*aeron.*) turn; turning: **L'aeroplano fece un brusco v.**, the aeroplane gave a sudden turn **3** (*fotogr.*) toning **4** (*chim.*) colour change.

virago, *f.* (*lett.*) virago; termagant.

virale, *a.* (*med.*) viral: **epatite v.**, viral (*o* infectious) hepatitis.

viraménto, V. **virata**.

virare, **A** *v. i.* **1** (*naut.*) to tack; to veer **2** (*aeron.*, *sport*) to turn **3** (*fotogr.*) to tone **4** (*chim.*) to change colour. ● (*naut.*) **v. di bordo**, to veer round; to come about. **B** *v. t.* (*naut.*) to haul: **v. un cavo**, to haul a cable.

virata, *f.* **1** (*naut.*) tacking; veer **2** (*aeron.*, *sport*) turn.

viremia, *f.* (*med.*) vir(a)emia.

virènte, *a.* (*poet.*) verdant.

virgiliàno, *a.* (*letter.*) Virgilian.

Virgilio, *m.* (*letter.*) Virgil.

virginale (1), V. **verginale**.

virginale (2), *f.* (*stor. mus.*) virginal(s).

virgineo, V. **vergineo**.

virginia, **A** *m.* (*tabacco*) Virginia tobacco; (*sigaro*) Virginia cigar. **B** *f.* Virginia cigarette.

virgola, *f.* **1** (*gramm.*) comma: **doppie virgole**, inverted commas **2** (*mat.*) (decimal) point: **due v. quattro**, two point four (2.4); **zero v. otto**, point eight **3** (*ciocca di capelli*) kiss-curl. ● (*med.*) **bacillo a v.**, comma (*o* cholera) bacillus □ (*gramm.*) **punto e v.**, semi-colon □ **Non s'è allontanato una v. dall'originale**, he hasn't changed a word.

virgolare, virgolettare, *v. t.* to put* in inverted commas.

virgolétte, *f. pl.* inverted commas; quotation marks; quotes (*specialm. USA*): **aprire (chiudere) le v.**, to open (to close) inverted commas; **tra v.**, in inverted commas.

virgulto, *m.* **1** (*germoglio*) shoot; (*arboscello*) sapling **2** (*fig.*, *lett.*: *rampollo*) offspring; scion.

viridàrio, *m.* (*archeol.*) viridarium*.

virile, *a.* manly; masculine; virile; (*fig.*) vigorous: **aspetto v.**, manly bearing; **una voce v.**, a manly voice; **sentimenti virili**, manly feelings; **forza v.**, virile strength; (*fig.*) **stile v.**, vigorous style. ● **donna d'animo v.**, woman of strong mind □ **età v.**, manhood.

virilìsmo, *m.* (*med.*) virilism.

virilità, *f.* **1** manliness; virility **2** (*età virile*) manhood.

virilizzare, **A** *v. t.* to make* virile; to virilize. **virilizzarsi**, **B** *v. rifl.* to become* virile.

virilizzazióne, *f.* virilization.

virilménte, *avv.* in a manly (*o* virile) way; (*fig.*) vigorously.

virogènesi, *f.* (*biol.*) multiplication of a virus.

virologìa, *f.* (*biol.*) virology.

virològico, *a.* (*biol.*) virological.

viròlogo, *m.* virologist.

viròsi, *f.* (*med.*) virosis*.

virtù, *f.* **1** virtue: **essere ricco di v.**, to be full of virtue; **un modello di v.**, a model of virtue; **praticare la v.**, to practise virtue; (*fig.*) **un fiore di v.**, a paragon of virtue; (*fig.*) **la via della v.**, the path of virtue; **v. civili**, civil virtues; **la v. del perdono**, the virtue of forgiveness; **la v. del tacere**, the virtue of keeping silent; **la v. della rassegnazione**, the virtue of resignation; (*relig.*) **le quattro v. cardinali**, the four cardinal virtues; (*relig.*) **le tre v. teologali**, the three theological virtues **2** (*potere*) power; (*facoltà*) faculty; (*proprietà*) property; (*talora*) virtue: **per v. magica**, by the power of magic; **la v. immaginativa**, one's power of imagination; **la v. della parola e dell'esempio**, the power of words and example; (*relig.*) **per v. dello Spirito Santo**, by the power of the Holy Ghost; (*fis.*) **v. magnetica**, magnetic power; **la v. percettiva**, one's perceptive faculty; **le v. curative di certe erbe**, the healing virtues (*o* properties) of certain herbs; **Svapora e perde tutte le v.**, it evaporates and loses all its properties **3** (*pl.*: *buone qualità*) good qualities; virtues: **È una ragazza che ha tante v., eppure non trova marito**, she's a girl with many good qualities (*o* virtues), and yet she can't find a husband **4** (*valor militare*) valour. ● **fare di necessità v.**, to make a virtue of necessity □ **in v. di**, in (*o* by) virtue of: **in v. di tale legge**, in virtue of that law □ **in v. di questo accordo**, under this agreement □ **per v. della preghiera**, by virtue of prayer.

virtuale, *a.* virtual: (*fis.*) **un'immagine v.**, a virtual image; (*fis.*) **inerzia v.**, virtual inertia.

virtualità, *f.* virtuality.

virtuosaménte, *avv.* **1** (*in modo virtuoso*) virtuously **2** (*con virtuosismo*) in a virtuoso way; with virtuosity; with technical skill.

virtuosìsmo, *m.* virtuosity.

virtuosìstico, *a.* (*specialm. mus.*) virtuosic; virtuoso (*attr.*).

virtuosità, *f.* **1** virtuousness **2** (*virtuosismo*) virtuosity.

virtuóso, **A** *a.* virtuous. **B** *m.* **1** virtuous man* **2** (*specialm. mus.*) virtuoso*: **un v. di violino**, a violin virtuoso; a virtuoso violinist.

virulènto, *a.* (*anche fig.*) virulent: **un morbo v.**, a virulent disease; **una satira virulenta**, a virulent satire.

virulènza, *f.* (*anche fig.*) virulence.

virus, *m.* (*biol.*) virus.

vis, *f.* – **vis comica**, comic vein.

visagista, *m.* e *f.* cosmetologist; beautician.

vis-à-vis, **A** *locuz. avv.* «vis-à-vis» (*franc.*); face to face: **C'incontrammo vis-à-vis**, we met face to face. **B** *m.* (*in ogni senso*) «vis-à-vis» (*franc.*).

viscerale, *a.* **1** (*anat.*) visceral **2** (*fig.*) heartfelt; visceral; deep-down.

viscere, *m.* (*pl.* **visceri** nelle def. *1* e *2*; **viscere** nella def. *3*) **1** (*anat.*) viscus*: **Il cuore, i polmoni e gli intestini sono visceri**, the heart, the lungs and the intestines are viscera **2** (*pl.*: *intestini*) bowels; (*di animali*) entrails **3** (*pl.*: *grembo materno*) womb (*sing.*): **il frutto delle sue v.**, the fruit of her womb. ● (*fig.*) **le v. della terra**, the bowels of the earth.

vischio, *m.* **1** (*bot.*, *Viscum album*) mistletoe **2** (*pania*) bird-lime **3** (*fig.*) trap.

vischiosità, *f.* **1** stickiness; glueyness **2** (*econ.*) stickiness: **la v. dei prezzi**, the price stickiness **3** V. **viscosità**.

vischióso, *a.* **1** (*appiccicoso*) sticky; gluey **2** V. **viscóso**.

viscidità, *f.* viscidity; viscosity; clamminess; (*anche fig.*) sliminess, slipperiness: **la v. di una sostanza**, the viscidity of a substance; **la v. dell'anguilla**, the sliminess of the eel; **la v. di quell'uomo**, the slipperiness of that man.

viscido, *a.* viscid; viscous; clammy; (*anche fig.*) slimy, slippery:

viscidume

una sostanza viscida, a viscid substance; un'anguilla viscida, a slimy eel; È un tipo v., he's a slippery customer.
viscidume, *m.* (*spreg.*) slime; slimy stuff.
visciola, *f.* wild cherry.
visciolo, *m.* (*bot.*, *Prunus cerasus*) wild-cherry tree.
viscónte, *m.* viscount.
viscontèa, *f.* viscount(c)y.
viscontéssa, *f.* viscountess.
viscósa, *f.* (*chim.*) viscose.
viscosimetro, *m.* viscosimeter; viscometer.
viscosità, *f.* (*fis.*, *chim.*) viscosity.
viscóso, *a.* (*fis.*, *chim.*) viscous: **materia viscosa**, viscous matter.
visétto, *m.* pretty little face.
visìbile, A *a.* **1** visible: **effetti visibili**, visible effects; **v. a occhio nudo**, visible to the naked eye; **Il direttore è v. dalle quattro alle cinque della sera**, the manager is visible from four to five in the evening **2** (*di persona*: *disponibile a essere visitato*) available **3** (*fig.*: *evidente*) apparent; evident; manifest. **B** *m.* visible: **il v. e l'invisibile**, the visible and the invisible.
visìbilio, *m.* great number; host; mass: **un v. di gente**, a host of people; **un v. di cose**, a host of things. ● **andare in v.**, to go into ecstasies (*o* raptures) □ **mandare q. in v.**, to throw sb. into ecstasies (*o* raptures).
visibilità, *f.* visibility: **scarsa v.**, poor visibility.
visibilménte, *avv.* visibly; openly.
visièra, *f.* **1** (*stor. mil.*) visor, vizor **2** (*tesa di berretto*) peak.
visigòtico, *a.* (*stor.*) Visigothic. ● **scrittura visigotica**, Visigothic (script).
Visigòto, (*stor.*) **A** *a.* Visigothic. **B** *m.* Visigoth.
visionare, *v. t.* (*specialm. cinem.*) **1** (*vedere*) to view; to preview (*anche leg.*): **v. un film**, to preview a film **2** (*proiettare, programmare*) to screen.
visionàrio, A *a.* visionary. **B** *m.* visionary; day-dreamer: **Fai male a credere a quel v.**, you are making a mistake in believing that day-dreamer.
visióne, *f.* **1** vision: **Ebbe una v.**, he had a vision; **una v. in sogno**, a vision in a dream **2** (*scena, vista*) sight; scene: **una v. raccapricciante**, a gruesome sight **3** (*idea, concetto*) idea; outlook; view: **una v. pessimistica della vita**, a pessimistic outlook on life; **farsi una chiara v. degli avvenimenti**, to get a clear view of the facts. ● **prendere v. di q.c.**, to take note of st.; to look over st. □ (*cinem.*) **prima v.**, first showing (*o* run) □ (*cinem.*) **seconda v.**, rerun.
visìr, *m.* vizier: **Gran V.**, Grand Vizier.
visita, *f.* **1** visit; (*se breve*) call: **una v. di turisti al museo**, a visit to the museum by tourists; **una v. del Ministro a Napoli**, a visit to Naples by the Minister; **una v. alle carceri**, a prison visit; **la v. di una chiesa**, the visit to a church; **una v. a un amico**, a visit to a friend; a call on a friend; **una v. di un amico**, a visit (*o* a call) from a friend; **fare una v. a q.**, to pay a visit to sb.; to call on sb.; **fare una v. a un malato**, to pay a visit to a sick person; **restituire una v.**, to return a visit (*o* a call); **una v. di congedo**, a farewell visit **2** (*di un medico*: *a domicilio*; *di un rappresentante e sim.*) call: **v. a domicilio del malato**, sick call at home; **Ho ancora molte visite da fare**, I have still several calls to make **3** (*v. medica*) examination: **v. medica**, medical examination; **passare la v. di leva**, to pass the medical examination for call-up **4** (*relig.*) visitation: **v. del Signore**, visitation of the Lord; **v. pastorale** (*del vescovo*), pastoral visitation (of the diocese) **5** (*ispezione*) examination; inspection: **v. doganale**, customs examination (*o* inspection); **v. sanitaria**, sanitary inspection **6** (*chi visita*) visitor: **Ci sono delle visite in salotto**, there are some visitors in the drawing-room. ● **v. di controllo**, (*naut.*) search; (*med.*) medical check-up □ **v. di convenienza**, duty call □ **v. fiscale**, official medical check □ (*leg.*, *naut.*) **diritto di v.**, right of search □ **biglietto da v.**, visiting card □ (*del medico*) **fare una v. a un malato**, to examine a patient □ **fare una v. ai monumenti**, to go sight-seeing □ **giro di visite** (*di medico, ecc.*), rounds (*pl.*) □ (*gergo mil.*) **marcare v.**, to report sick; to go on sick parade □ (*scherz.*) **È la v. di S. Elisabetta**, we can't get rid of him (*o* of her, etc.) □ **Le nostre famiglie non si scambiano visite**, our families are not on visiting terms.
visitare, *v. t.* **1** (*andare a trovare*) to visit; to call on (sb.); to see*; to pay* (sb.) a visit: **v. gli infermi**, to visit the sick; **v. i carcerati**, to visit those in prison; **Sono stato a v. Giovanni**, I've been to visit John; **Andiamo a v. i Margheri!**, let's go and see the Margheris **2** (*andare a vedere*) to visit: **v. una città**, to visit a town **3** (*med.*) to examine: **Il dottore visita un paziente**, the doctor is examining a patient; **Il dottore è venuto, ma non l'ha visitato**, the doctor came but did not examine him **4** (*ispezionare*) to inspect: **v. i bagagli**, to inspect the luggage. ● **far v. la propria casa agli amici**, to show one's friends around one's house □ **farsi v. dal medico**, to have a medical examination (*o* a check-up); to see the doctor (*fam.*) □ **Ho visitato tutte le sale del museo**, I've been into every room of the museum □ **La guida ci fece v. il castello**, the guide showed us over the castle.
visitatóre, *m.* visitor; caller. ● (*relig.*) **v. apostolico**, Apostolic Visitor.
visitatrice, *f.* **1** visitor; caller **2** (*per incarico di ente assistenziale*) visitress; (*di infermi*) visiting nurse.
visitazióne, *f.* (*relig.*) Visitation.
visivo, *a.* visual: **la facoltà visiva**, the visual faculty; **organi visivi**, visual organs. ● **campo v.**, field of vision.
Visnu, *m.* (*relig.*) Vishnu.
visnuismo, *m.* (*relig.*) Vishnuism; Vaishnavism.
visnuita, *m. e f.* (*relig.*) Vishnuite; Vaishnavite; Vaishnava.
viso, *m.* face: **dire q.c. sul v. a q.**, to say st. to sb.'s face; **Gli si legge in v.**, it is written all over his face; **un v. onesto**, an honest face; **guardare q. in v.**, to look sb. in the face; **Glielo spiattellò sul v.**, he said it straight out to his face; **a v. a v.**, face to face; **colpire q. al v.**, to hit sb. in the face; (*fig.*) **fare buon v. a cattivo gioco** (*o* **a cattiva sorte**), to put a good face upon st.; to bite the bullet (*fam.*); (*fig.*) **gettare q.c. sul v. a q.**, to throw st. in sb.'s face. ● (*anche scherz.*) **v. pallido**, paleface □ **accendersi in v.**, to flush; to blush □ **a v. aperto**, frankly; openly □ **fare buon v. a q.**, to welcome sb. □ (*fig.*) **non guardare in v. nessuno**, to go ahead regardless of everyone □ **Cambiò v. al vedermi**, his expression changed when he saw me □ **Non l'ho mai visto in v.**, I've never set eyes on him.
visóne, *m.* **1** (*zool.*, *Putorius vison*) mink **2** (*pelliccia*) mink (fur).
visóre, *m.* (*fis.*) viewer.
vispézza, *f.* liveliness; briskness; sprightliness.
vispo, *a.* lively; brisk; sprightly: **È vecchio ma ancora v.**, he is old but still lively; **v. come un uccello**, as lively as a cricket; **un bambino v.**, a lively child.
vissuto, *a.* (*che ha esperienza, anche spreg.*) experienced: **un uomo v.**, an experienced man. ● **vita vissuta**, real life.
vista, *f.* **1** (*facoltà visiva*) sight; eyesight: **Ha la v. buona**, he has good sight; **Ha la v. cattiva**, he has poor sight; **Ha la v. debole**, he has weak eyesight; **annebbiare** (*o* **offuscare**) **la v.**, to dim the sight; **appannare la v.**, to cloud the sight; **avere la v. corta**, to have short sight; to be short-sighted (*anche fig.*); **avere la v. lunga**, to have long sight; to be long-sighted (*anche fig.*); (*fig.*) to have great foresight; **offendere la v.**, to offend the sight; **perdere la v.**, to lose one's sight; **riacquistare la v.**, to regain one's sight; **rendere la v. ai ciechi**, to give back sight to the blind; **organo della v.**, organ of sight; **S. Lucia ti conservi la v.!**, Saint Lucy preserve your sight!; **L'aquila è di v. acutissima**, eagles have excellent sight **2** (*l'atto di vedere*) sight: **Quella v. lo turbò**, that sight disturbed him; **una v. lieta**, a happy sight; **un'orrenda v.**, a horrible sight; **impedire la v. di q.c.**, to prevent the sight of st.; **togliere la v. di q.c.**, to remove the sight of st.; (*fig.*) **sfuggire alla v. di q.**, to escape sb.'s sight; (*fig.*) **Ha perso di v. la cosa principale**, he has lost sight of the principal thing; **uscire di v.**, to go out of sight; **essere in v. di un luogo**, to be in sight of a place; **togliersi dalla v. di q.**, to quit sb.'s sight; **La sua v. mi irrita**, the sight of him irritates me; **alla v. di quello spettacolo**, at the sight of that spectacle; **conoscere q. di v.**, to know sb. by sight; **Non bisogna perderlo di v. perché è un uomo pericoloso**, we must not lose sight of him because he's dangerous **3** (*occhio*) eye; (*occhi*) eyes: **Fin dove arriva** (*o* **si spinge**) **la v.**, as far as the eye can see; **curare la v.**, to treat the eyes; **logorarsi la v.**, to strain one's eyes; **Ho la v. stanca**, my eyes are tired **4** (*campo visivo, panorama*) view; (*veduta*) sight: **impedire la v. di q.c.**, to block the view of st.; **Infine giungemmo in v. del lago**, at last we came in view of the lake (*o* the lake came into view); **Scese la nebbia, e i monti uscirono di v.**, fog came down and the mountains passed from our view; **Di qui si gode una bella v.**, you enjoy a good view from here **5** (*comm.*) sight: **una tratta pagabile a v.**, a draft payable at sight; **una tratta a v.**, a sight draft; **a trenta giorni v.**, thirty days after sight. ● **a prima v.**, at first sight; at (*o* on) sight: **S'innamorò di lei a prima v.**, he fell in love with her at first sight; **Legge la musica a prima v.**, he reads music at sight; **giudicare a prima v.**, to judge on sight □ **a v.**, at (*o* on) sight: **l'ordine di sparare a v.**, the order to shoot at sight □ **a v. d'occhio**, as far as the eye can see; (*sempre più*) before one's (very) eyes: **Il deserto si stendeva a v. d'occhio**, the desert stretched as far as the eye could see; **Deperiva a v. d'occhio**, he was wasting away before my very eyes □ (*fig.*) **avere in v. q.c.**, to have st. in view: **Ho in v. q.c. d'interessante**, I have st. interesting in view □ (*fig.*) **avere in v. q.**, to have one's eye on sb.: **Ho in v. la ragazza che farebbe per te**, I've my eye on the girl that would suit you □ **fare bella v.**, to make a beautiful sight (*o* a good impression) □ **fare bella v. di sé**, to be displayed; to be shown to advantage □ **far v.** (*o* **le viste**), to pretend: **Feci v. di non vederlo**, I pretended not to see him □ **guardare q. a v.**, to keep an eye on sb.; to watch sb. closely □ **in v. di**,

within (*o* in) sight of; (*nei pressi di*) in the neighbourhood of; (*fig.*) in view of, considering, in consideration of: **in v. di come sono andate le cose**, in view of the facts □ (*fig.*) **essere in v.**, (*di persona*) to be in the public eye; (*di cosa*) to stand out; (*di avvenimento*) to be imminent □ (*med.*) **malattie della v.**, eye diseases □ (*fig.*) **mettere in buona (cattiva) v.**, (*una cosa*) to stress the advantages (the disadvantages) of (st.); (*una persona*) to stress the merits (the defects) of (sb.) □ **mettere in v. q.c.**, to show off st.; to display st. to advantage □ (*fig.*) **perdere di v. q.**, to lose touch with sb. □ **presentarsi alla v. di q.**, to come into sight (*o* view); (*al cospetto di q.*) to come before sb. □ **punto di v.**, point of view; view-point □ **offrirsi alla v. di q.**, to show oneself to sb. □ **sfuggire alla v.**, to pass unobserved □ **Terra in v.!**, land ho! □ (*fig.*) **un uomo molto in v.**, a well--known man □ (*aeron.*) **volo a v.**, contact flying.

vistare, *v. t.* (*un documento e sim.*) to visa; (*una domanda e sim.*) to approve; to okay (*fam.*).

visto, A *a.* seen: **le tante cose viste**, the many things seen. ● **essere ben v.**, to be well-liked (*o* popular) □ **essere mal v.**, to be unpopular. **B** *locuz. cong.* — **v. che...**, since; seeing that: **v. che non piove...**, since it's not raining... **C** *m.* visa; (*firma d'approvazione*) approval; OK (*fam.*): **v. d'ingresso**, entry visa; **v. d'uscita**, exit visa. ● **mettere il v. su q.c.**, to visa st.

Vistola, *f.* (*geogr.*) (the) Vistula.

vistosaménte, *avv.* **1** (*in modo vistoso*) showily; gaudily; garishly **2** (*accentuatamente*) strikingly.

vistosità, *f.* showiness; gaudiness; garishness.

vistóso, *a.* **1** (*appariscente*) showy; gaudy; garish; kicky (*fam.*): **un vestito v.**, a showy dress; **una donna d'una bellezza vistosa**, a woman of a showy kind of beauty **2** (*notevole*) huge; enormous; considerable: **somma vistosa**, enormous sum.

visuale, A *a.* visual: **raggi visuali**, visual rays; **l'angolo v.**, the visual angle. **B** *f.* (*veduta*) view; sight: **una magnifica v.**, a magnificent view **2** (*fis.*) line of vision.

visualizzare, *v. t.* to visualize.

visualizzatóre, *m.* **1** visualizer **2** (*elettron.*) display: (*elab.*) **v. di controllo**, monitor display; (*elab.*) **v. di dati**, data display.

visualizzazióne, *f.* visualization.

vīsus (*lat.*), *m.* (*fisiologia, ottica*) sight.

vita (1), *f.* **1** (*anche fig.*) life*: **la v. eterna**, eternal life; **la v. futura**, future life; **la v. terrena**, life on earth; **questa v.**, this life; **la v. di uno Stato**, the life of a State; **uniti nella v. e nella morte**, united in life and in death; **v. mondana**, (*sociale*) social life; (*terrena*) earthly life; **v. libera**, life of freedom; **v. marinara**, sea life; **v. operosa**, hard-working life; **v. oziosa**, lazy life; **fare v. semplice** (*ritirata*) to lead a simple (quiet) life; **avere un sistema di v.**, to have a rule of life; **stentare la v.**, to struggle through life; **fare v. grama (povera)**, to lead a wretched (poor) life; **fare v. comoda**, to lead a comfortable life; **fare gran v.**, to lead a life of luxury; **disprezzare la v.**, to scorn life; **gli agi** (*o* **le comodità**) **della v.**, the comforts of life; **la v. d'un edificio**, the life of a building; **la v. d'un libro**, the life of a book; **impetrare** (*o* **supplicare**) **la v. di q.**, to beg for sb.'s life; **vendere cara** (*o* **a caro prezzo**) **la v.**, to sell one's life dearly; **salvare la v. a q.**, to save sb.'s life; **troncare la v. a q.**, to cut short sb.'s life; **un luogo dove non c'è traccia di v.**, a place with no sign of life; **lasciarci** (*o* **rimetterci, perdere**) **la v.**, to lose one's life; **togliere la v. a q.**, to take away sb.'s life; (*anche fig.*) **far tornare in v.**, to bring sb. back to life; **fare una v. disonesta**, to lead an immoral life; **fare una v. virtuosa**, to lead a life of virtue; **fare una v. sregolata**, (*immorale*) to lead a dissipated life; (*disorganizzata*) to lead a disorderly life; **farsi un tenore di v.**, to adopt a way of life; **Tacete, se vi è cara la v.**, keep quiet, if you value your life; **Ne va della v.**, my (your, etc.) life is at stake; **I genitori ci hanno dato la v.**, our parents have given us life; **Non avevo mai visto in v. mia una cosa simile**, I had never seen anything like that in my whole life; (*relig.*) **l'altra v.**, the other life; **v. natural durante**, for the whole of one's (natural) life; (*anche fig.*) **non dare segno di v.**, to give no sign of life; **passare la v. negli stenti**, to struggle through life; **essere debitore della v. a q.**, to owe sb. one's life; **O la borsa o la v.!**, your money or your life!; **Si tratta di v. o di morte**, it's a matter of life and death; **v. intemerata**, exemplary life; (*letter.*) **le Vite di Plutarco**, Plutarch's Lives; **Faccio una v. da cane** (*o* **da cani**), I lead a dog's life; **v. dell'anima**, spiritual life; **tra la v. e la morte**, between life and death; **essere attaccato alla v.**, to be fond of life; **togliersi la v.**, to take one's life; **mettere a rischio la v.**, to risk one's life; **Vi può costare la v.**, it might cost you your life; **Fu eletto presidente a v.**, he was elected President for life; **Diede la v. per la patria**, he gave his life for his country; **fare grazia a q. della v.**, to grant sb.'s life; **È nel fiore della v.**, he's in the prime of life **2** (*durata di tutta una vita*) lifetime: **per (tutta) una v.**, for a lifetime; **È un'occasione che capita una sola volta nella v.**, it's the chance of a lifetime; **Non basterebbe la v. d'un uomo per finire quel lavoro**, a lifetime wouldn't be long enough to finish that task **3** (*il necessario per vivere*) living; livelihood: **guadagnarsi la v. insegnando**, to earn (*o* to gain, to get, to make) a living by teaching; to earn (*o* to gain) one's livelihood by teaching; **guadagnarsi la v. a stento**, to scrape one's living; **guadagnarsi la v. onestamente**, to earn an honest livelihood; **Il costo della v. è triplicato**, the cost of living is three times what it used to be **4** (*animazione*) life*; animation; (*vivacità*) life*, liveliness; (*vitalità*) vitality: **C'è poca v. in questa cittadina**, there isn't much life in this little town; **I bambini sono pieni di v.**, the children are full of life; **È lui che dà v. a tutta la comitiva**, he is the life and soul of the party; **traboccare di v.**, to be bubbling over with vitality **5** (*durata della vita*) span of life; life span: **La v. è in media di poco più di sessant'anni**, the average life span is slightly over sixty years **6** (*costo della vita*) cost of living: **La v. è cara**, the cost of living is high. ● **v. di campagna**, country life □ **v. di città**, town life □ **V. mia!**, my dearest! □ **animale (pianta) di lunga v.**, long-lived animal (plant) □ **apprezzare (odiare) la v.**, to appreciate (to hate) being alive □ **assicurazione sulla v.**, life insurance □ **un bugiardo per la v.**, an incorrigible liar □ **cambiare** (*o* **mutare**) **v.**, to turn over a new leaf □ (*leg.*) **carcere a v.**, life imprisonment □ **una città piena di v.**, a lively town □ (*fig.*) **una commedia piena di v.**, a lively comedy □ (*leg.*) **condanna a v.**, life sentence □ **conoscere v., morte e miracoli di q.**, to know all about sb. else's business □ **conservare** (*o* **tenere**) **q. in v.**, to keep sb. alive □ (*fig.*) **Il credito è la v. del commercio**, credit is the life-blood of commerce □ (*fig.*) **dare v. a un'istituzione**, to found an institution □ **fare la v.**, to be on the streets; to lead a life of easy virtue □ **fare v. da principi** (*o* **da re**), to live in the lap of luxury □ **fare v. in comune con q.**, to live with sb. □ **essere in v.**, to be alive □ **essere in fin di v.**, to be near one's end; to be at death's door □ **mala v.**, criminal society □ **mantenere** (*o* **tenere**) **q. in v.**, to keep sb. alive □ **mantenersi** (*o* **tenersi**) **in v.**, to keep alive □ **membro a v.**, life-member □ **mendicare la v.**, to beg one's bread; (*fig.*) to live in great hardship □ (*fig.*) **passare a miglior v.**, to pass into a better world □ **pena la v.**, on pain of death □ **pericolo di v.**, danger of death □ **più caro della v.**, dearer than life itself □ (*fig.*) **un quadro senza v.**, a lifeless painting □ **ragazza di v.**, prostitute; street-girl □ **scrivere la v. di q.**, to write the story of sb.'s life □ **scrivere la v. di se stesso**, to write the story of one's life □ (*fig.*) **stile senza v.**, lifeless style □ **una strada priva di v.**, a lifeless street □ (*fig.*) **È un ragazzo pieno di v.**, he's a lively boy □ (*leg.*) **Fu condannato a v.**, he received a life sentence; he was condemned to life imprisonment □ **Darei la v., piuttosto che...**, I'd rather die than... □ **In v. non fece molto**, he did not do much while he was alive □ **Non si lamenta alcuna perdita di vite umane**, there are no casualties involved □ **Se Dio mi dà v....**, if the Lord doesn't call me to Him... □ (*fig.*) **La Compagnia ebbe v. per pochi anni**, the Company only lasted a few years □ **Gli abbonati danno v. al giornale**, it's the subscribers who keep a newspaper alive □ **Fa la v. del gran signore**, he lives like a lord □ **Sono legati per la v. e per la morte**, they stick together through thick and thin □ **Si è dato alla mala v.**, he has turned a criminal □ **Si è data alla mala v.**, she is no longer an honest woman □ (*prov.*) **Finché c'è v. c'è speranza**, while there's life, there's hope.

vita (2), *f.* (*parte del corpo*) waist: **afferrare q. per la v.**, to seize sb. by the waist; **un vestito stretto di v.**, a dress tight at the waist; **Sento un dolore alla v.**, I feel a pain in my waist; **Ha la v. snella**, she has a slim waist; she is slim-waisted. ● (*fig.*) **v. di vespa**, wasp waist □ **punto di v.**, waist-line □ **Su con la v.!**, keep your shoulders back!; hold yourself straight!; (*fig.*) cheer up!, chin up!

vitàccia, *f.* hard (*o* rotten) life.

vitaiòlo, *m.* playboy.

vitalba, *f.* (*bot., Clematis vitalba*) traveller's-joy; old-man's beard.

vitale, *a.* **1** (*anche fig.*) vital: **forza v.**, vital strength; **l'umore v. delle piante**, the vital juice of plants; **spazio v.**, vital space; lebensraum (*ted.*) **2** (*med.*) viable: **vivo e v.**, alive and viable.

vitalismo, *m.* (*biol.*) vitalism.

vitalità, *f.* **1** (*anche fig.*) vitality **2** (*med.*) viability.

vitaliziare, *v. t.* to settle an annuity on (sb.).

vitalizio, A *a.* life (*attr.*): **un socio v.**, a life member. **B** *m.* life annuity: **fare un v.**, to arrange a life annuity.

vitamina, *f.* vitamin.

vitaminico, *a.* vitaminic.

vitaminizzare, *v. t.* (*biol., med.*) to vitaminize.

vitaminizzazióne, *f.* (*biol., med.*) vitaminization.

vitaminologia, *f.* vitaminology.

vitando, *a.* to be avoided.

vitato, *a.* (*agric.*) planted with vines.

vite (1), *f.* (*bot., Vitis vinifera*) vine: **potare le viti**, to prune the vines. ● **v. bianca** (*Bryonia alba*), white bryony □ **v. del**

vite (2)

Canadà (*Parthenocissus quinquefolia*), Virginia creeper; woodbine (*USA*).
vite (2), *f.* **1** (*mecc.*) screw: **v. di avanzamento**, feeding screw; **v. maschio** (**femmina**), male (female) screw; **v. perpetua**, worm screw; **v. madre**, lead screw; (*anche fig.*) **un giro di v.**, a turn of the screw; (*fig.*) a crackdown; **allentare una v.**, to loosen a screw **2** (*aeron.*) spin: **cadere a v.**, to go into a spin.
vitèlla, *f.* heifer.
vitellino (1), *a.* (*biol.*) vitelline: **sacco v.**, vitelline membrane; yolk-sac.
vitellino (2), *m.* young calf*.
vitèllo (1), *m.* **1** calf*: **un v. di latte**, a sucking calf **2** (*cucina*) veal: **arrosto di v.**, roast veal **3** (*cuoio*) calf(-leather): **scarpe di v.**, calf shoes.
vitèllo (2), *m.* (*biol.*) vitellus; yolk (of an egg).
vitellóne, *m.* **1** (*zool.*) fatted calf* **2** (*cucina*) veal **3** (*fig.*: *di uomo*) lazy good-for-nothing.
viticcio, *m.* (*bot.*) tendril.
viticolo, *a.* viticultural.
viticoltóre, *m.* vine-grower; viticulturist.
viticoltura, *f.* vine-growing; viticulture.
vitifero, *a.* (*lett.*) vine-bearing: **terreno v.**, vine-bearing land.
vitigno, *m.* (species of) vine: **un ottimo v.**, a good species of vine; **vitigni americani**, American vines; **vitigni nostrani**, local vines.
vitiligine, *f.* (*med.*) vitiligo.
vitivinicolo, *a.* vine-growing and wine-producing.
vitreo, A *a.* **1** vitreous; glassy: **occhi vitrei**, glassy eyes **2** (*anat.*) vitreous: **corpo v.**, vitreous humour (*o* body). **B** *m.* (*anat.*) vitreous humour (*o* body).
vittima, *f.* (*anche fig.*) victim: **immolare la v.**, to offer up the victim; **vittime del terremoto**, victims of the earthquake; **vittime della tirannide**, victims of tyranny; **fare la v.**, to play (*o* to act) the victim; (*iron.*) **Povera v.!**, poor victim! • **v. del dovere**, martyr to duty □ **senza vittime**, victimless.
vittimismo, *m.* **1** self-pity **2** (*med.*) persecution complex.
vittimista, *m.* e *f.* **1** self-pitier **2** (*med.*) sufferer from a persecution complex.
vittimistico, *a.* self-pitying: **atteggiamento v.**, attitude of self-pity; (*psic.*) persecution complex.
vittimizzare, *v. t.* to victimize.
vittimizzazióne, *f.* victimization.
vitto, *m.* **1** food: **procurarsi il v.**, to provide one's food **2** (*pasti*) board: **v. e alloggio**, board and lodging.
vittòria, *f.* **1** victory: **il lauro della v.**, the laurels of victory; **una v. di Pirro**, a Pyrrhic victory; (*fig.*) **avere la v. in mano** (*o* **in pugno**), to be sure of victory; **riportare v. sui nemici**, to gain victory over one's enemies; **una v. navale**, a naval victory; **cantare v.**, to crow over a victory **2** (*sport*) win. • (*fig.*) **la palma della v.**, the victor's palm.
Vittòria, *f.* Victoria.
vittoriano, *a.* Victorian: **l'età vittoriana**, the Victorian Age; **romanzieri vittoriani**, Victorian novelists. • **gusto tipico dell'epoca vittoriana**, Victorianism □ **mobili di stile v.**, Victorian furniture □ **persona vissuta nell'età vittoriana**, Victorian.
Vittòrio, *m.* Victor.
vittoriosaménte, *avv.* victoriously.
vittorióso, *a.* victorious; winning.
vituperàbile, *a.* vituperable (*raro*); disgraceful.
vituperando, *V.* **vituperévole**.
vituperare, *v. t.* to vituperate; to revile; to abuse.
vituperativo, *a.* vituperative.
vituperatóre, A *m.* vituperator. **B** *a.* vituperating.
vituperévole, *a.* shameful; despicable; ignominious.
vituperevolménte, *avv.* shamefully; despicably; ignominiously.
vitupèrio, *m.* **1** vituperation; abuse; (*ingiuria*) insult: **Lo coprì di vituperi**, he covered him with insults **2** (*causa di disonore*) disgrace; shame: **Sei il v. della famiglia**, you're a disgrace to the family.
vituperóso, *a.* shameful; disgraceful.
viuzza, *f.* narrow street; lane; alley.
viva, *inter.* hurrah!; hurray! **V. la regina!**, hurrah for the Queen!; long live the Queen!
vivacchiare, *v. i.* to manage to scrape a living; to get* along somehow; to live from hand to mouth: **Con quel negozio vivacchiano**, they manage to scrape a living with their shop. • «**Come ve la passate?**» «**Si vivacchia**», «how are you getting on?» «we manage».
vivace, *a.* **1** lively; sprightly; vivacious; (*di colore*) bright, vivid: **un ragazzo v.**, a lively boy; **una discussione v.**, a lively discussion; **ingegno v.**, lively intelligence; **una fiamma v.**, a bright flame **2** (*mus.*) vivace. • **occhi vivaci**, sparkling eyes.
vivaceménte, *avv.* livelily; sprightly; vivaciously.
vivacità, *f.* liveliness; sprightliness; vivacity; (*di colore*) brightness. • **la v. dei suoi occhi**, the light in her eyes.

vivacizzare, *v. t.* to enliven; to animate.
vivaddio, *inter.* good heavens!; by Jove!: **Ma v.! non vinceranno**, but they won't win, by Jove!
vivagno, *m.* (*cimosa*) selvage; selvedge; list.
vivàio, *m.* **1** (*di pesci*) hatchery; fishpond; vivarium* **2** (*agric.*) nursery; garden centre: **v. forestale**, forest nursery **3** (*fig.*) breeding-ground; nursery: **Questa università è stata un v. di grandi uomini**, this college has been a breeding-ground for great men.
vivaista, *m.* e *f.* **1** (*piscicoltura*) fish breeder **2** (*agric.*) nurseryman*.
vivaistico, *a.* **1** (*piscicoltura*) of a hatchery (*o* fishpond) **2** (*agric.*) of a garden centre.
vivaménte, *avv.* (*con calore*) warmly, heartily; (*profondamente*) deeply, profoundly; (*con interesse*) keenly: **ringraziare v. q.**, to thank sb. warmly (*o* with all one's heart).
vivanda, *f.* **1** food; victuals (*pl.*): **apparecchiare le vivande**, to set out the food **2** (*piatto*) dish.
vivandièra, *f.* (female) sutler; vivandière (*franc.*): **la v. del reggimento**, the regimental vivandière.
vivandière, *m.* sutler; vivandier (*franc.*): **il carro del v.**, the sutler's cart.
vivènte, A *a.* living; alive (*pred.*); live (*attr.*): **una lingua v.**, a living language; **È l'immagine v. del padre**, he's the living (*o* the spitting) image of his father; **Il giovane, v. ancora lo zio, prese moglie**, the young man, his uncle still being alive, took a wife. **B** *m.* living person; (*pl. collett.*) (the) living: **il Dio dei viventi**, God of the living.
vivere (1), A *v. i.* **1** (*essere in vita*) to live; to be alive: **v. libero**, to live a free man; **v. schiavo**, to live the life of a slave; **v. poveramente**, to live wretchedly; **v. felice**, to live happily; (*fig.*) **Vive come un eremita**, he lives the life of a hermit; **v. saggiamente**, to live wisely; **v. onestamente**, to live honestly (*o* an honest life); **v. da gran signore**, to live like a lord; **v. fino a tarda età**, to live to be old (*o* to a great age); **Viveva in quei tempi un uomo che...**, there lived at that time a man who...; **Visse al tempo di Augusto**, he lived at the time of Augustus; **Visse sino a ottant'anni**, he lived to be eighty **2** (*avere casa, abitare*) to live: **Vive da solo**, he lives alone; **Vive in campagna**, he lives in the country; **Vivono a Roma**, they live in Rome; **v. presso una famiglia**, to live with a family; **Chi potrebbe v. con quello lì?**, it's impossible to live with that fellow **3** (*nutrirsi*) to live (on st.): **v. di carne**, to live on meat; **v. di sola verdura**, to live on vegetables alone; **v. di latte e di uova**, to live on milk and eggs; **L'uomo non vive di solo pane**, man cannot live on bread alone **4** (*di cose immateriali: durare*) to live on: **La sua fama vivrà imperitura nei secoli**, his fame will live on for ever throughout the centuries; **v. nel cuore di tutti**, to live on in all hearts; **v. nella memoria di q.**, to live on in sb.'s memory **5** (*di cose materiali: durare*) to last; to be alive; to endure: **un'opera che vive da secoli**, a work that has lasted for centuries; **tradizioni che vivono ancora**, traditions that are still alive; **un libro che vivrà per secoli**, a book that will last for centuries **6** (*fig.*: *nutrirsi*) to feed* (on st.): **v. d'ambizione**, to feed on ambition **7** (*trovare i mezzi di sussistenza*) to live: **v. alla giornata**, to live from hand to mouth; **v. con lo stipendio**, to live on one's salary. **B** *v. t.* to live; (*condurre*) to lead*: **v. la propria vita**, to live one's own life; **v. anni lieti**, to live happy years; **v. la gioventù**, to live one's youth; **v. una ben misera vita**, to lead a truly wretched life; **Ha vissuto una v. tranquilla**, he has led a calm life. • **v. a lungo**, to be long-lived □ **v. alle spalle di q.**, to live off sb.; to sponge on sb. (*fam.*) □ **v. di espedienti**, to live by one's wits □ **v. di rendita**, to live on one's private income □ **avere di che v.**, to have enough to live on □ **cessare di v.**, to die; to pass away □ (*fig.*) **far v. il commercio (l'industria)**, to foster commerce (industry) □ (*fig.*) **insegnare a q. a v.**, to teach sb. good manners □ **essere stanco di v.**, to be tired of life □ **il tempo che ancora mi rimane da v.**, what I have left of life □ **tutto ciò che vive su questa terra**, all living things on this earth □ (*tipogr.*) **Vive!**, «stet» (*lat.*) □ **Quel ragazzo non sa v.**, that boy doesn't know how to behave □ «**Come va?**» «**Si vive**», «how are you getting on?» «I manage» □ **Si guadagna da v.**, he makes a living □ **Qui davvero si può dire di v.!**, this is really living! □ **Quand'era giovane ha vissuto anche lui**, he too led a gay life when he was young □ (*fig.*) **Lasciatemi v.!**, let me have some peace!; let me alone! □ **È un giornale che vive da molti anni**, that newspaper has been going strong for many years □ **Non mi lascia v. un momento di pace**, he doesn't give me a moment's peace □ **Non si sa di che viva**, it's not known what he lives on □ **Vivendo s'impara**, one learns by experience □ (*prov.*) **Chi vivrà vedrà**, time discloses all things □ (*prov.*) **Vivi e lascia v.**, live and let live.
vivere (2), *m.* **1** (*la vita*) life: **il v. in campagna**, country life; **il v. rinchiuso**, cloistered life; **il quieto v.**, a quiet life; **cose convenienti al v. umano**, things appropriate to human life **2** (*modo di v.*)

way of life; way of living: il v. degli antichi, the way of life of the ancients; **il v. dei cinesi**, the Chinese way of living **3** (*costo della vita*) cost of living: **Il v. costa carissimo**, the cost of living is very high. ● **per amore del quieto v.**, for the sake of a quiet life; just to avoid a dispute (*o a quarrel*).
viveri, *m. pl.* food (*sing.*); food-stuffs; victuals; provisions; supplies: **razionamento dei v.**, food rationing; **trasporto dei v.**, food transport; **introdurre v. in una città assediata**, to introduce food into a besieged city; **Il prezzo dei v. aumenta**, the price of food-stuffs is going up; (*mil.*) **foraggi e v.**, forage and victuals; **restare senza v.**, to run short of provisions; (*mil. e fig.*) **tagliare i v.**, to cut off supplies; **rifornire di v. un esercito (una nave)**, to victual an army (a ship).
vivèrra, *f.* (*zool.*, *Viverra civetta*) civet-cat; civet.
viverricola, *f.* (*zool.*, *Viverricula indica*) small Indian civet.
Vivèrridi, *m. pl.* (*zool.*, *Viverridae*) Viverridae; (the) civet family.
viveur (*franc.*), *m.* (bon) viveur; man-about-town; pleasure-seeker; gay dog (*fam.*).
vivézza, *f.* vividness; liveliness; (*di colori*) brightness. ● **descrivere con v. d'immagini**, to describe with vivid images.
Viviàna, *f.* Vivian.
vivibile, *a.* liv(e)able.
vivido, *a.* vivid; lively; (*di colori*) bright.
vivificare, *v. t.* to vivify; to enliven; to quicken: **Il sole vivifica le piante**, the sun vivifies the plants.
vivificativo, *a.* vivifying.
vivificatóre, A *m.* vivifier. **B** *a.* vivifying.
vivificazióne, *f.* vivification.
vivinatalità, *f.* (*stat.*) live births (*pl.*).
viviparità, *f.* (*zool.*) viviparity.
viviparo, (*zool.*) **A** *a.* viviparous. **B** *m.* viviparous animal.
vivisettòrio, *a.* vivisectional; vivisection (*attr.*).
vivisezionare, *v. t.* **1** to vivisect **2** (*fig.*) to examine (st.) minutely.
vivisezióne, *f.* **1** vivisection **2** (*fig.*) minute examination.
vivo, A *a.* **1** (*vivente*) living; alive (*pred.*); live (*attr.*): **carne viva**, living flesh; **albero v.**, living tree; **animale v.**, living animal; **Dio v. e vero**, the true living God; **Non c'era anima viva per la strada**, there wasn't a living soul in the street; **lingua viva**, living language; **o v. o morto**, dead or alive; **Gli scriverò tanto per farmi v.**, I'll write to him, just to show I'm still alive; **l'anno venturo, se sarò v.**, next year, if I am alive; **Allora mio padre era ancora v.**, at that time my father was still alive; **Fu sepolto v.**, he was buried alive; (*fig.*) **Quella statua è viva**, that statue is alive; **È più morto che v.**, he is more dead than alive; **Questo ciliegio è ancora v.**, this cherry tree is still alive; **Lo ritrovarono v.**, they found him alive; **prendere gli uccelli vivi**, to catch birds alive; **pesci vivi**, live fish **2** (*vivace*) lively; animated: **uno sguardo v.**, a lively expression; **La discussione fu viva**, the discussion was lively; **un ragazzo piuttosto v.**, a rather lively boy; **occhi vivi**, lively eyes **3** (*vivido*) vivid; clear: **una descrizione viva**, a vivid description; **uno stile v.**, a vivid style **4** (*di colore, ecc.*) bright: **colori vivi**, bright colours; **un rosso v.**, a bright red; **fiamma viva**, bright flame; **luce viva**, bright light **5** (*grande*) great; (*intenso*) intense; (*urgente*) urgent: **un v. bisogno**, a great need; **v. ribrezzo**, great disgust; **v. sgomento**, great alarm; **v. zelo**, great zeal; **v. amore**, great love; **viva pietà**, great pity; **v. affetto**, great affection; **con viva commozione**, with intense emotion; **viva necessità**, urgent need **6** (*forte*) strong: **viva fede**, strong (*o living*) faith; **viva speranza**, strong (*o living*) hope; **passioni vive**, strong passions; **Ho il v. desiderio di rivederlo**, I have a strong desire to see him again **7** (*profondo*) deep; (*sentito*) heart-felt, deep-felt: **v. dolore**, deep sorrow; **È con v. dolore che...**, it is with deep grief that...; **con viva simpatia**, with deep sympathy; **viva riconoscenza**, deep gratitude; **vivi ringraziamenti**, heart-felt thanks; **rendere vive grazie**, to give heart-felt thanks **8** (*acuto*) keen; sharp: **intelligenza viva**, keen intelligence; **un v. interesse**, a keen interest; **Sento un v. dolore al braccio**, I feel a sharp pain in my arm **9** (*di rumore*) loud: **vivi rumori**, loud noises; **Il rumore si fece più v.**, the noise grew louder **10** (*fresco*) fresh: **aria viva**, fresh air; **una fonte viva**, a fresh spring. ● **v. e vegeto**, alive and kicking □ **a** (*o* **di**) **viva forza**, by force □ **a viva voce**, by word of mouth; orally □ **acqua viva**, running water □ **argento v.**, quicksilver □ (*fig.*) **avere l'argento v. addosso**, to be restless □ **calce viva**, quicklime □ **calore v.**, burning heat □ **commercio v.**, brisk trade □ **di v. cuore**, whole-heartedly: **Si pentì di v. cuore**, he repented whole-heartedly □ **farsi v.**, (*farsi vedere*) to turn up; (*dare notizie di sé*) to give news of oneself □ **Finché sarò v.**, as long as I live □ (*fis.*) **forza viva**, kinetic energy □ (*fig.*) **le forze vive del paese**, the vital forces of the nation □ **l'inglese dell'uso v.**, living English □ (*fig.*) **mangiarsi v. q.**, to give sb. a good dressing down (*fam.*) □ (*naut.*) **opera viva**, quickwork; hull (below the waterline) □ **siepe viva**, quickset hedge □ **spese vive**, actual expenses; out-of-pocket expenses

(*fam.*) □ **spigolo v.**, sharp jutting corner □ **taglio v.**, sharp cut □ (*fig.*) **tener viva la conversazione**, to keep the conversation going; to keep the ball rolling (*fam.*) □ **tener viva la fiamma**, to keep the fire going □ **Fatti v. ogni tanto!**, come and see me every now and then □ **Egli sarà sempre v. nel nostro cuore**, he will always have a place in our hearts □ **Egli è sempre v. nella nostra memoria**, he is always present in our thoughts □ **Va cotto a fuoco v.**, it must be cooked over an open (*o a high*) fire □ **Con me non s'è fatto v.**, I've heard nothing from him □ **L'ho sentito io dalla sua viva voce**, I heard it myself from his own lips □ **Ne ebbe un'impressione viva**, he was deeply struck (by it) □ **Ne serbiamo v. il ricordo**, we keep his memory green (*o alive*). **B** *m.* **1** (*persona vivente*) living person; (*pl. collett.*) (the) living: **i vivi e i morti**, the living and the dead **2** (*carne viva*) living flesh (*o part*); (the) quick: **tagliare fino al v.**, to cut to the quick; **mordersi le unghie fino al v.**, to bite one's nails to the quick. ● (*archit.*) **il v. della colonna**, the shaft of the column □ **al v.**, (*arte*) to life; lifelike; (*fig.*) realistically; (*tipogr.*) bleed (*attr.*): **Lo ritrasse al v.**, he portrayed him to life; **Lo descrisse al v.**, he described it realistically; **pagina al v.**, bleed page □ (*fig.*) **entrare nel v. della questione**, to get to the root (*o the heart*) of the matter □ (*arte*) **grande quanto il v.**, life-size □ (*fig.*) **pungere (toccare) q. nel** (*o* **sul**) **v.**, to sting (to touch) sb. to the quick □ **sul più v. del combattimento**, in the thick of the fighting □ (*radio*) **trasmissione dal v.**, live broadcast □ **Si pentì nel v. del suo cuore**, he repented from the bottom of his heart.
viziare, A *v. t.* **1** to spoil*: **v. i figli**, to spoil one's children **2** (*guastare, anche leg.*) to vitiate: **Il non avere calcolato questo particolare vizia tutto il progetto**, not having calculated this detail vitiates the whole plan; **Il contratto è viziato nella forma e nella sostanza**, the contract is vitiated in form and substance **3** (*corrompere*) to lead* astray; to corrupt **4** (*inquinare*) to pollute; to make* stale (*o foul*). **viziarsi, B** *v. rifl.* to become* spoiled; to acquire bad habits (*o ways*).
viziato, *a.* **1** spoilt: **un ragazzo v.**, a spoilt boy **2** (*guastato, anche leg.*) vitiated: **un contratto v.**, a vitiated contract **3** (*corrotto*) corrupt; depraved **4** (*inquinato*) polluted; stale; foul: **aria viziata**, stale air.
vizio, *m.* **1** vice: **essere pieno di vizi**, to have many vices; **il v. di mentire**, the vice of lying; **Ha il v. di bere**, he has the vice of drinking; **vivere nel v.**, to live in vice; **il v. della gola**, the vice of gluttony **2** (*cattiva abitudine*) bad habit: **Ha il v. di fare sempre tardi**, he has the bad habit of always arriving late; **Ha il v. di rodersi le unghie**, he has the bad habit of biting his nails **3** (*imperfezione, anche leg.*) vice; flaw; defect: **un v. di procedura**, a flaw in the proceedings; **v. intrinseco**, inherent vice; **v. occulto**, latent defect (*o fault*). ● (*leg.*) **v. di consenso**, invalid consent □ (*relig.*) **i sette vizi capitali**, the seven deadly sins.
viziosaménte, *avv.* viciously. ● **vivere nel v.**, to live a vicious life.
viziosità, *f.* **1** viciousness; debauchery **2** (*l'essere difettoso*) defectiveness.
viziòso, A *a.* **1** dissolute; depraved; vicious; corrupt; (*di carattere, personalità*) debased: **una vita viziosa**, a vicious life **2** (*difettoso*) vicious; defective: **una pronunzia viziosa**, a defective pronunciation. ● **circolo v.**, vicious circle. **B** *m.* vicious person; debauchee.
vizzo, *a.* withered: **frutta vizza**, withered fruit; **fiori vizzi**, withered (*o faded*) flowers; **guance vizze**, withered (*o flabby*) cheeks.
vocabolàrio, *m.* **1** (*patrimonio lessicale*) vocabulary; lexicon: **D'Annunzio ha un v. assai ricco**, D'Annunzio has a very rich vocabulary; **v. essenziale**, basic vocabulary **2** (*dizionario*) dictionary: **un v. tascabile**, a pocket dictionary; **ricorrere al v.**, to use a dictionary; **consultare il v.**, to consult a dictionary.
vocabolarista, *m. e f.* lexicographer.
vocàbolo, *m.* word; term: **il significato proprio del v.**, the proper meaning of the word.
vocale (1), *a.* vocal: (*mus.*) **un concerto v. e strumentale**, a vocal and instrumental concert; (*anat.*) **le corde vocali**, the vocal chords.
vocale (2), *f.* (*fon.*) vowel: **una v. atona (tonica)**, an atonic (tonic) vowel.
vocàlico, *a.* (*fon.*) vocalic; vowel (*attr.*).
vocalismo, *m.* (*linguistica*) vocalism.
vocalità, *f.* (*mus.*) vocality.
vocalizzare, A *v. t.* (*linguistica*) to vocalize. **B** *v. i.* (*mus.*) to vocalize.
vocalizzazióne, *f.* (*linguistica, mus.*) vocalization.
vocalizzo, *m.* (*mus.*) vocalization.
vocativo, *a. e m.* (*gramm.*) vocative: **È al v.**, it's in the vocative (case).
vocazionale, *a.* vocational.
vocazióne, *f.* vocation; calling: **Ha v. per la medicina**, he has a vocation for medicine; **v. per la vita monastica**, vocation (*o*

vóce calling) for the monastic life; **Bisogna seguire la propria v.**, one must follow one's particular vocation; **non avere v. per q.c.**, to have no vocation for st.; not to be cut out for st. (*fam.*).

vóce, *f.* **1** (*anche fig.*) voice: **v. sforzata**, strained voice; **v. dura**, hard voice; **v. pastosa**, mellow voice; **v. morbida**, tender voice; **v. agile**, supple voice; **v. accorata**, heart-broken voice; **con v. imperiosa**, in a peremptory voice; **v. chioccia**, harsh voice; **v. roca**, hoarse voice; **v. fioca**, weak voice; **v. soave**, sweet voice; **v. limpida**, clear voice; **v. intonata**, voice in tune; **v. stonata**, voice out of tune; **v. fessa**, cracked voice; **v. grave**, deep voice; **v. chiara**, clear voice; **v. stridula**, strident voice; **v. squillante**, ringing voice; (*mus.*) **voci bianche**, treble voices; **v. rotta dal pianto**, voice broken by sobs; **perdere la v.**, to lose one's voice; **avere poca v.** (**un fil di v.**), to have a small voice (a thread of a voice); **essere giù di v.**, not to be in good voice; **non avere v.**, to be out of voice; **v. in falsetto**, falsetto voice; **v. di naso**, nasal voice; (*mus.*) **v. di contralto**, contralto voice; **mutare v.**, to alter one's voice; **a gran v.**, in a loud voice; **con v. sommessa**, in a low voice; **alzare la v.**, to raise one's voice; **abbassare la v.**, to lower one's voice; **ad alta** (**a bassa**) **v.**, in a loud (in a low) voice; **tono di v.**, tone of voice; **la v. del cuore**, the voice of the heart; **la v. della natura**, the voice of Nature **2** (*di animali*) call; cry; (*canto*) song: **Il ruggito è la v. del leone**, the roar is the call of the lion; **la v. del pavone**, the cry of the peacock; **la v. dell'usignolo**, the song of the nightingale **3** (*suono*) sound: **la v. del tuono** (**del vento**), the sound of thunder (of the wind) **4** (*diceria*) rumour: **Hanno diffuso la v. che...**, they have spread the rumour that...; **Si è sparsa la v. che...**, rumour has it that...; there is a rumour that...; **Corrono queste voci**, these are the rumours that are being spread; **voci contraddittorie**, conflicting rumours; **voci vaghe**, vague rumours; **voci infondate**, unfounded rumours **5** (*opinione*) opinion: **la v. pubblica**, public opinion **6** (*mus.: sonorità*) tone: **Il pianoforte ha una bella v.**, the piano has a beautiful tone; **la v. del violino**, the tone of the violin **7** (*vocabolo*) word; (*v. di dizionario*) entry, headword: **Questa v. è antiquata**, this word is archaic; **una v. caduta in disuso**, an obsolete word; **Quante voci ha quel dizionario?**, how many headwords are there in that dictionary? **8** (*intestatura*) heading; (*articolo*) item: **Questa merce è compresa sotto la v. «bevande»**, these goods come under the heading «drinks»; **Ne ho parlato sotto quella v.**, I have dealt with it under that heading; **le voci d'una lista**, the items of a list **9** (*gramm.: forma del verbo*) voice; (*parte del verbo*) part: **nella v. attiva**, in the active voice; **v. passiva**, passive voice; **le voci di un verbo**, the parts of the verb. ● (*mus.*) **v. di gola**, throaty voice □ (*mus.*) **v. di petto**, chest-voice □ (*mus.*) **v. di testa**, head-voice □ (*cinem., telev.*) **v. fuori campo**, voice-over □ (*fig.*) **a una v.**, with one voice; unanimously □ **ad alta v.**, aloud □ **parlare ad alta v.**, to speak aloud □ **a mezza v.**, in a soft voice □ **a portata di v.**, within hearing □ **a** (**viva**) **v.**, by word of mouth; orally □ (*fig.*) **avere v. in capitolo**, to have a say in the matter □ **coprire la v. di q.**, to cover the sound of sb.'s voice □ (*fig.*) **correre v.**, to be rumoured □ **dar v. ai propri sentimenti**, to voice one's feelings □ (*fig.*) **darsi la v.**, to pass the word round □ **dare sulla v. a q.**, to contradict sb. □ (*fig.*) **non avere v. in capitolo**, to have no voice (*o* say) in the matter □ **parlare sotto v.**, to speak under one's breath □ (*mus.*) **pezzo musicale a tre voci**, three-part song □ (*mil.*) **saluto alla v.**, cheer □ (*mus.*) **sotto v.**, sottovoce; very soft □ **Qualche v. dirà che...**, some people will say that... □ **La v. del sangue gridava vendetta**, his blood called out for vengeance □ **V.!**, louder!; speak up! □ (*prov.*) **v. di popolo, v. di Dio**, the voice of the people, the voice of God; vox populi, vox Dei (*lat.*).

vociare (1), *v. i.* **1** (*gridare*) to shout; to bawl: **Per quanto vociasse, nessuno lo sentì**, in spite of his shouting, no one heard him **2** (*chiacchierare*) to gossip.

vociare (2), *m.* **1** (*il gridare*) shouting; bawling: **Si sentiva un gran v.**, a great shouting could be heard **2** (*chiacchiere*) gossip: **Si fa un gran v. sui nuovi ospiti**, there is a lot of gossip going round about the new guests.

vociferante, *a.* vociferating; vociferous; clamorous; shouting: **la turba v.**, the shouting crowd.

vociferare, **A** *v. i.* to vociferate; to bawl; to shout. **B** *v. t.* to rumour: **Si vocifera che presto scoppierà la guerra**, it is rumoured that soon the war will break out.

vociferatóre, *m.* **1** shouter **2** (*chi sparge notizie*) gossipmonger; rumour-monger.

vociferazióne, *f.* **1** vociferation; shouting **2** (*diceria*) rumour.

vocìo, *m.* shouting; clamour.

vòdka, *f.* vodka.

vóga (1), *f.* **1** (*moda*) fashion; vogue: **essere in** (**gran**) **v.**, to be in fashion (*o* in vogue); to be in; to be all the go; **venire in v.**, to come into fashion **2** (*entusiasmo*) enthusiasm; will; keenness: **fare q.c. con v.**, to do st. with a will. ● **una persona in v.**, a popular person.

vóga (2), *f.* **1** (*spinta data con i remi*) stroke: **dare la v.**, to give the stroke **2** (*il vogare*) rowing.

vogare, *v. i.* to row; to oar; (*dando il ritmo*) to stroke; (*con la pagaia*) to scull.

vogata, *f.* **1** row: **una buona v.**, a good row **2** (*spinta data coi remi*) stroke: **un percorso lungo trenta vogate**, a distance thirty strokes long.

vogatóre, *m.* **1** rower; oarsman* **2** (*attrezzo*) rowing-machine **3** (*maglietta*) vest. ● **È il terzo v. nell'armo di Cambridge**, he rows no. 3 in the Cambridge crew.

vòglia, *f.* **1** (*desiderio*) desire; wish; (*intenso*) longing; (*capriccio*) fancy, whim: **una v. matta**, a crazy desire; **cavarsi tutte le voglie**, to satisfy all one's desires; to indulge all one's fancies; **piegarsi alle voglie altrui**, to bow before the wishes of others; **una gran v. di tornare a casa**, a longing for home **2** (*desiderio sessuale*) desire; lust **3** (*di donna incinta*) craving: **Al sesto mese ebbe una v. di fragole**, during the sixth month she had a craving for strawberries **4** (*macchia della pelle*) birthmark: **Ha sul braccio una v. di fragole**, he has a strawberry birthmark on his arm **5** (*scherz.: briciolino*) scrap; (*sorsettino*) sip: **Me ne hai dato solo una v.**, you've given me only a scrap of it. ● **avere una gran v. di fare q.c.**, to be longing to do st.: **Ho una gran v. di rivederla**, I'm longing to see her again; **Ho una gran v. di andare in vacanza**, I'm longing for the holidays □ **avere v. di fare q.c.**, to feel like doing st.; (*volere*) to want to do st.: **Ho v. di camminare** (**di piangere, di ridere, ecc.**), I feel like walking (crying, laughing, etc.); **Non ho v. di fare un pasto abbondante**, I don't feel like (eating) a big meal now; **Andremo a fare una passeggiata, se ne hai v.**, we'll go for a walk, if you feel like it; **Ha v. di lavorare**, he (*o* she) wants to work; **Non ha v. di studiare**, he (*o* she) doesn't want to study □ **di buona v.**, willingly; with pleasure: **Lo faccio di buona v.**, I do it with pleasure □ **di mala v.**, unwillingly; reluctantly: **Lo faccio di mala v.**, I do it unwillingly □ **fare q.c. contro v.**, to do st. against one's will □ **lavorare di buona v.**, to work with a will □ **morire dalla v. di sapere q.c.**, to be dying to know st. □ **ragazzi senza v. di studiare**, boys without the will to study □ **Fa venire v. a vederlo**, it makes my mouth water □ **Mi mette v. d'andare**, it makes me feel like going □ **Mi vien v. di...**, I feel like... □ **Avrei v. di una birra**, I could do with a glass of beer □ **Avrei v. di una sigaretta**, I should like a cigarette □ **Rispondi sul serio; non ho v. di scherzare**, be serious; I'm not in the mood for joking □ **Muoio dalla v. di bere un tè**, I'm dying for a cup of tea.

voglióso, *a.* desirous; longing; yearning: **v. di pace**, desirous of peace.

vói, *pron. pers. m.* e *f.* 2ª *pers. pl.* **1** (*sogg.*) you: **Lo diceste voi**, you said so; **Foste voi a dirlo**, it was you who said so; **Eravate voi?**, was it you?; **Beati voi!**, lucky you! **2** (*come pred. nominale*) you: **se io fossi** (**in**) **voi**, if I were you **3** (*compl. ogg. e indir.*) you: **Vidi voi, non loro**, I saw you, not them; **Tocca a voi decidere**, it's up to you to decide; **Dico a voi!**, I'm talking to you! **4** (*formula di cortesia; ora generalm. sostituita da* «*Lei*») you: **Voi, Rosa, farete le camere e laverete i piatti**, you, Rose, are to do the bedrooms and the washing up. ● **voi due**, the two of you; (*entrambi*) both of you, you both: **C'eravate solo voi due**, there was just the two of you; **Voi due sarete puniti**, you shall both be punished □ **voi stessi** (*o* **proprio voi**), you yourselves □ **voi tre** (**quattro, ecc.**), the three (the four, etc.) of you: **Voi c'eravate tutti e tre**, all three of you were present □ **voi tutti**, all of you; you all □ **da voi**, (*nel vostro paese*) in your country; (*nella vostra regione*) in your part of the country □ **da voi** (*da soli*), (*all*) by yourselves: **L'avete fatto da voi?**, did you do it by yourselves? □ **dare del voi**, to use the plural form of address □ **dare del voi a q.**, to address sb. as «voi» □ **A voi!**, (*tocca a voi*) it's your turn!; (*alla vostra salute*) here's to you! □ **Eccomi a voi!**, here I am (at your service)! □ **Non siete** (*o* **non sembrate**) **più voi**, you are not looking quite yourselves.

voialtri, *pron. pers. m.* 2ª *pers. pl.* you; you people; you folks; (*i rimanenti*) the rest of you.

voile (*franc.*), *m. invar.* (*ind. tessile*) voile.

voivòda, *m.* (*stor.*) vaivode, voivode.

volano, *m.* **1** (*sport: la palla*) shuttlecock; (*il gioco*) badminton **2** (*mecc.*) fly-wheel.

volant (*franc.*), *m. invar.* (*moda*) volant; flounce.

volante (1), **A** *a.* flying. ● (*moda*) **indossatrice v.**, free-lance model (*o* mannequin). **B** *f.* (*polizia*) flying-squad.

volante (2), *m.* (*autom.*) steering-wheel; wheel: **alternarsi al v.**, to take spells at the wheel; **mettersi al v.**, to take the wheel; **stare al v.**, to be at the wheel. ● «**v. a destra**», «right-hand drive» □ «**v. a sinistra**», «left-hand drive».

volantinàggio, *m.* distribution of leaflets.

volantinare, *v. t.* to distribute leaflets to propagandize (st.).

volantino (1), *m.* (*mecc.*) handwheel.

volantino (2), *m.* **1** (*manifestino*) handbill; leaflet; fly sheet;

dodger (USA) 2 (per rifinitura di indumenti femminili) flounce; frill.

volare, v. i. 1 (anche fig.) to fly*: **v. alto**, to fly high; **v. basso**, to fly low; **v. via**, to fly away; (aeron.) **v. a bassa quota**, to fly low; **Gli uccelli volano**, birds fly; **Ho volato su Milano**, I've flown over Milan; **Volavano le foglie secche**, dead leaves were flying about; **Volavano le granate (le frecce, i sassi)**, grenades (arrows, stones) were flying; **Volavano feroci ingiurie**, fierce insults were flying; **Il tempo vola**, time flies; **Volano gli anni**, the years fly by; **I giorni volavano (via)**, days flew past; **Il suo nome volava di bocca in bocca**, his name flew from lip to lip; **Non posso mica v.!**, I can't fly, can I?; (lett.) **A te vola il mio pensiero**, my thoughts fly to you 2 (fig.: correre, precipitarsi) to fly*; to rush; to speed*: **I bambini volarono incontro alla madre**, the children flew to their mother; **Volai alla stazione**, I rushed to the station; **L'automobile volava attraverso la pianura**, the car was speeding across the plain. ● (di elicottero) **v. a punto fisso**, to hover □ (aeron.) **v. a velocità di crociera**, to cruise □ (aeron.) **v. (a volo) librato**, to glide □ (fig.) **v. in cielo**, to go to Heaven □ (aeron.) **v. in picchiata**, to fly (del vento) to blow away (o off); (scagliare) to throw: **far v. un aeroplano (un aquilone, ecc.)**, to fly an aeroplane (a kite, etc.); **Il vento gli fece v. via il cappello**, the wind blew his hat off; **far v. i piatti dalla finestra**, to throw the dishes out of the window □ **Crederebbe che gli asini volano**, he'd swallow anything □ **Non si sentiva v. una mosca**, you could have heard a pin drop □ (fig.) **Volo e torno**, I'll be back in no time □ (fig.) **Corri, vola, e torna subito!**, run, step on it, and come back at once! □ (fig.) **Il treno volava**, the train was going at a fantastic speed □ **Le carte volarono via**, the papers blew away □ (scherz.) **Volere o v., ci ha reso un gran servizio**, willy-nilly, he's been extremely useful to us □ (fig.) **Volarono gli schiaffi**, there was an exchange of blows.

volata (1), f. 1 (anche fig.) flight: **una v. lirica**, a flight of lyricism 2 (corsa) rush 3 (sport) (final) sprint 4 (mil.: di un cannone) muzzle; (di mine) volley 5 (min.) volley. ● **di v.**, quickly; in a moment □ **Ci vado di v.**, I'll rush there □ (sport) **vincere di v.**, to sprint home to win □ **Torno di v.**, I'll be back immediately.

volata (2), f. (sport: nel tennis) volley; volée (franc.).

volàtica, f. (pop.) rash.

volàtile, A a. 1 winged: **animali volatili**, winged animals 2 (chim.) volatile: **L'etere, la benzina e il cloroformio sono volatili**, ether, petrol and chloroform are volatile. B m. winged creature; bird.

volatilità, f. volatility.

volatilizzàbile, a. (chim.) volatilizable.

volatilizzare, A v. t. e i. (chim.) to volatilize. **volatilizzarsi**, B v. rifl. 1 (chim.) to volatilize 2 (fig., fam.: dileguarsi) to vanish; to disappear into thin air (fam.).

volatilizzazióne, f. (chim.) volatilization.

volatóre, A m. (specialm. rif. ad uccello o insetto) flyer, flier: **un buon v.**, a high flyer. B a. flying.

vol-au-vent (franc.), m. invar. (cucina) «vol-au-vent» (patty of puffed paste).

volée (franc.), f. (nel tennis) volée; volley.

volènte, a. willing: **v. o nolente**, willing or unwilling; willy-nilly.

volenteróso, a. willing.

volentièri, avv. willingly; with pleasure: **ben v.**, very willingly; «**Vuoi venire anche tu?**» «**V.**», «would you like to come too?» «with pleasure»; **Lo vedrò v.**, I'll see him with pleasure. ● **spesso e v.**, very often.

volére (1), A v. t. 1 to want: **Voglio i miei denari**, I want my money; **Il direttore ti vuole**, the manager wants you; **Da me vuole troppo**, he wants too much of me; **Vuole tutto a suo modo**, he wants it all his own way; **Non voglio nessuno**, I don't want anyone; **Vuoi venire con me?**, do you want to come with me?; **Non voglio tanta confidanza**, I don't want such familiarity; **Voglio sapere**, I want to know; **Voglio essere ubbidito**, I want to be obeyed; **Voglio che tu sia buono**, I want you to be good; **Non voglio che si sciupi il denaro**, I don't want the money to be wasted; **Ha voluto parlare**, he wanted to speak; **Volevano picchiarlo**, they wanted to beat him; **Ti voglio al telefono**, you are wanted on the phone; **I genitori lo vollero prete**, his parents wanted him to be a priest; **Volete altro?**, (cortesemente) is there anything else you want?; (con stizza) what more do you want?; **Chissà che cos'altro vorrà!**, I wonder what he'll want next!; **Sa quello che vuole**, he knows what he wants; **Si vuol far frate**, he wants to become a monk; **Mi vollero con loro**, they wanted me to go with them; **Nessuno lo vuole per amico**, nobody wants him for a friend; **Ai bambini s'insegna a non dire «voglio»**, children are taught not to say «I want» 2 (gradire) to like (specialm. al condiz.): **Fai come vuoi!**, do as you like!; **Se vuoi, possiamo trovarci al circolo**, we can meet at the club if you like; **Ti voglio vicino**, I should like you to be near me; **Vuoi una fetta di prosciutto?**, would you like a slice of ham?; **Volete venire da me domani?**, would you like to come round and see me tomorrow?; **Come volete voi**, as you like; **Quando vuoi**, whenever you like; **Vorrei un consiglio**, I should like some advice; **Vorrei più diligenza**, I should like a little more diligence; **Vorrei vederti felice**, I should like to see you happy; **Vorrebbe che tu la perdonassi**, she would like you to forgive her; (iron.) **Vorrei vedere che non pagasse!**, I'd like to see him try not to pay up!; **Voglia o no, così dev'essere**, whether he likes it or not, that's the way it's got to be 3 (desiderare) to wish (seguito da un verbo all'inf., o da proposizione oggettiva); (per esprimere un desiderio generalm. irrealizzabile) to wish (seguito da un verbo al congiunt.); to wish for (rif. a un sost.); (talora) to desire: **Vogliono fare una passeggiata**, they wish (o they would like) to go for a walk; **Non volevo che andassi incontro a seccature inutili**, I didn't wish you to go to unnecessary trouble; **Vorrei essere una rondine (un re, ecc.)**, I wish I were a swallow (a king, etc.); **Vorrei che tu fossi qui con me**, I wish you were here with me; **Vorrei poterti aiutare**, I wish I could help you; **Vorrei sapere quel che sta succedendo!**, I wish I knew what's going on; **Vorrei che mi rispondesse**, I wish he would answer; **Ti vorrei al mio posto**, I wish you were in my place; **Ti vorrei più attento**, I wish you paid (o you would pay) more attention; **Avrebbe voluto essere rimasta a casa**, she wished she had stayed at home; **Egli avrebbe voluto essere già di ritorno (a casa)**, he wished himself home again; **Che altro può (potrebbe) v.?**, what more can (could) he wish for?; **Ha tutto quello che una donna può v.**, she has everything a woman can wish for; **Tutti vogliamo la felicità**, we all desire happiness 4 (preferire) to prefer; (scegliere, decidere) to choose*; would rather (condiz. pres.): **Vorrei che tu non ci andassi da sola**, I should prefer you not to go there alone; **Non voglio essere candidato**, I do not choose (o I refuse) to be a candidate; **Fa' un po' come vuoi!**, do as you choose!; **Vollero restare a casa**, they chose to stay at home; **Vorrei non vederlo soffrire**, I would (o I'd) rather not see him suffer 5 (volontà intensa; o nelle richieste, nelle offerte, nelle preghiere) will (pres. indic.), would (pass. indic. e congiunt.; condiz.) (seguito da un verbo all'inf.); (would) have (seguiti da un sost., o da una proposizione oggettiva): **Voglio fare come mi piace**, I will do as I like; **Voglio essere ubbidito**, I will be obeyed; **Egli vuol fare a modo suo**, he will have his own way; **Non voglio farlo!**, I will not (o won't) do it!; **Non vogliono aiutarci**, they won't help us; **Vieni quando vuoi**, come whenever you will; **Gli dissi che era tardi, ma volle partire lo stesso**, I told him it was late; he would leave just the same; **Non vollero aiutarci**, they would not (o wouldn't) help us; **Vorrei chiederti di pensarci su**, I would ask you to think it over; **Egli potrebbe aiutarci, se volesse**, he could help us, if he would; **Vorrei che non fosse così (o che le cose non stessero così)!**, (I) would it were otherwise!; **Volete entrare?**, will you come in?; **Volete tacere?**, will you be quiet?; **Vuoi (vorresti) farmi il piacere di chiudere la porta?**, will (would) you be so kind as to shut the door?; **Chiesi loro se volevano entrare**, I asked them whether they would come in; **Vuoi una tazza di tè?**, will you have a cup of tea?; **Volete che v'aiuti?**, will you have me help you?; **Che cosa vorreste che facessi?**, what would you have me do?; **Come volete ch'io faccia?**, what would you have me do?; what can I do?; **Non voglio che tu mi rimbecchi così**, I won't have you answer back like that; (fam.) **Il chiodo non vuole entrare**, the nail won't go in; (fam.) **Il dolore non vuole passare**, the pain won't go away; (fam.) **Il fucile non vuole sparare**, the rifle won't fire; **Il mulo non voleva più proseguire**, the mule would not go (o refused to go) any farther; **Che vuoi? non c'era altro da fare**, what would you have had me do? there was no other solution 6 (nelle offerte di fare q.c.) — **Vuoi (volete) che io (noi, ecc.)...**, shall I (we, etc.)...?: **Vuoi che apra la porta?**, shall I open the door?; **Vuoi che chiuda la finestra?**, shall I shut the window?; **Volete che vi aiuti?**, shall I help you?; **Volete che venga anche lui?**, shall he come as well?; **Volete che andiamo a fare una passeggiata?**, shall we all go for a walk?; **Andiamocene, vuoi?**, let's go away, shall we? 7 (esigere, richiedere) to require; to need; to call for: **Queste piante vogliono la luce**, these plants require light; **È una faccenda che vuole essere trattata con prudenza**, it's a matter that needs to be handled with care; **È un lavoro che vuole molta attenzione**, it's a job calling for a great deal of attention; **L'educazione dei figli vuole molta pazienza**, the upbringing of children calls for great patience; **Questo verbo vuole il congiuntivo**, this verb requires (o takes) the subjunctive 8 (esigere un prezzo) to want; (chiedere) to ask: **Ne vuole diecimila lire**, he wants ten thousand lire for it; **Quanto volete della tua casa?**, how much are you asking for your house? 9 (avere intenzione di) to intend; to be going (to): **Che cosa vuoi fare oggi?**, what do you intend to do (o doing) today?; what are you going to do today?; **Voglio che lo facciano**, I intend them

volére (2)

to do it (*o* that they shall do it); **Voglio sapere la verità prima di lasciarti andare**, I am going to know the truth before I let you go **10** (*pretendere, aspettarsi*) to expect: **Vogliono che lavori la domenica**, they expect me to work on Sunday; **Tu vuoi troppo da lei**, you're expecting too much from her; **Voglio che tu sia puntuale 11** (*permettere*) to let*; to allow: **Verrò, se mia madre vuole**, I'll come, if my mother lets me; **Non voglio che tu sperperi il tuo denaro**, I won't let you waste your money **12** (*decretare, disporre*) to will: **Dio lo vuole!**, God wills it!; **Come Dio vuole!**, as God wills!; **Il Paese lo vuole!**, the country wills it!; **Ci vedremo domani, se Dio vuole**, we'll see each other tomorrow, God willing **13** (*seguito da un verbo impers.*) to be about (to); to look like (*o* as if): **Secondo me vuol piovere**, I think it's going to rain; it looks like rain; **Sembra che il tempo voglia rimettersi**, it looks as if the weather is going to clear up **14** (*ritenere, credere, dire*) to think*; to say*: **Vogliono che ci sia stato un tradimento**, they think (*o* they say) there was a betrayal; **Si vuole sia stato avvelenato**, it is said that he was poisoned **15** (*ammettere*) to admit: **Voglio che non abbia potuto, pure doveva provare**, I admit that he couldn't, but he should still have tried **16** – **v. piuttosto** (*o anziché*) (*preferire*), would (*o* had) rather (*condiz.*); would (*o* had) sooner (*condiz.*): **Piuttosto, vorrei andare a Parigi**, I would rather (*o* I had rather, I'd rather) go to Paris; **Vorrei morire piuttosto che tradire la patria**, I would rather (*o* I would sooner) die than betray my country; **Non vorresti essere amato piuttosto che temuto?**, wouldn't you rather be liked than feared?; **Vorrei che tu venissi oggi anziché domani**, I would rather you came today than tomorrow; **Mi diedero della birra, ma avrei piuttosto voluto del vino**, I was given beer, but I would rather have drunk wine. **B** *v. impers.* – **volerci** (*occorrere; essere necessario, opportuno, richiesto*), to take; to be needed; to be required: **Quanto ci vuole per andare da Bologna a Roma?**, how long does it take to go from Bologna to Rome?; **Mi ci volle un'ora buona per arrivare a casa**, it took me a full hour to get home; **Ci vuole molta pazienza**, it takes a lot of patience; **Ci vuole tempo a fare queste cose**, these things take time; **Ci vollero quattro ore a fare quel lavoro**, the work took four hours; **Ci volle tempo prima che la ferita guarisse**, the wound took a long time to heal; **C'è voluto del bello e del buono per convincerlo**, it took a lot of doing to convince him; he took some convincing; **Quanta stoffa ci vuole per un vestito?**, how much material is required for a dress?; **Metticene quanto ce ne vuole**, put in as much as needed; **Ci vorrebbe uno come Lei**, what we require is someone like you; **Ci vorrebbe un po' di verde**, what's needed is a little green; **Qui ci vorrebbe un buon bicchiere**, what I (*o* we) need is a stiff drink; **Qui ci vorrebbe un bel sofà**, what we (*o* you) require here is a fine sofa; **Ce n'è voluto per arrivare qui!**, it took some doing to get here!; **L'ho persuaso, ma ce n'è voluto!**, I convinced him, but it took some doing! ● **v. bene a q.**, to love sb.; to be fond of sb.: **Il cane vuol bene al padrone**, the dog loves his master; **Si vogliono molto bene**, they are very fond of each other ● **v. dire** (*significare*), to mean*: **Che vuol dire questa parola inglese?**, what does this English word mean?; **Giovanni..., voglio dire Antonio**, John..., I mean Anthony; **Questo vuol dire che non torna più**, this means he's gone for good; **Questo vuol dire che non ti fidi di me**, this means you don't trust me □ **v. male a q.**, to hate sb.; to detest sb. □ **a v. che tutto vada bene**, if everything is to go well □ **neanche a volerlo**, not even if you try □ **non volendo** (*o* **senza v.**), unintentionally; unwittingly □ **volerne a q.**, to have a grudge against sb. □ **vuoi...vuoi**, both...and: **Egli scrive bene vuoi in prosa, vuoi in versi**, he writes well both in prose and in verse □ **Se Dio vuole, è finita!**, it's all over now, thank God! □ **Ritornerà quando Dio vorrà**, he'll return when it pleases God □ **Centomila lire di più o di meno non vogliono dir nulla**, a hundred thousand lire more or less don't make any difference □ **Dicano quel che vogliono** (**dire**), I don't care what they say □ **Ha fatto cadere tutto? volevo ben dire!**, he's dropped everything? I knew it! □ **Volevo ben dire!**, I thought as much! □ **Dio non voglia!**, God forbid! □ **Vorrei ingannarmi, credetelo**, I wish it could be otherwise, believe me □ **Vogliatemi bene!**, keep a place in your heart for me! □ **Qui ti voglio!**, let's see what you can do! □ **Volete accomodarvi?**, (*sedervi*) do sit down!; (*entrare*) do come in! □ **Non mi volevo persuadere**, I couldn't persuade myself □ **Voleva fare e voleva dire, ma...**, he was full of boasts and empty talk, but... □ **Vuol essere una faccenda seria**, it seems to be a serious matter □ **Il destino volle che quel giorno non uscissi di casa**, my fate ruled that I should remain at home that day □ **Ci vuol altro che la cortesia con quella gente!**, you won't get anything out of those people with good manners! □ **Dio volesse che fosse ancora vivo!**, if only he were still alive!; would to God he were still alive! □ **Vorrei che si rompesse il collo!**, I hope he will break his neck! □ (*Bibbia*) **Non fare agli altri quello che non vorresti fosse fatto a te**, do unto others as you would

be done by □ **Se lo vuoi lo devi pagare**, you can't get it for nothing □ (**Lei**) **che** (**cosa**) **vuole?**, (*offerta di servigi*) what can I do for you? □ **C'è uno che ti vuole**, there's somebody to see you □ **Che vuole, che non sta mai cheto?**, what's the matter with him? he can't keep still for five minutes □ (*fig.*) **L'ha voluto** (**ben gli sta**), he asked for it ● **Mi vogliono morto**, they want to see me dead □ **quel che ci vuole**, the name of the game (*fam.*) □ **Non me ne v.**, don't hold it against me □ **Dio ha voluto così**, it was God's will □ **Dio voglia che torni sano e salvo!**, may God bring him back safe and sound! □ **Volesse il cielo che ritornasse sano e salvo!**, Heaven grant him a safe return! ● **Vorrei morire se non è così**, may I drop dead if it isn't so □ (*fam.*) **v. o volare**, **ci ha reso un gran servizio**, willy-nilly, he's been extremely useful to us □ (*fig.*) **Chi la vuol cruda, chi la vuol cotta**, one man's meat is another man's poison □ (*prov.*) **V. è potere**, where there's a will, there's a way □ (*prov.*) **Chi dice quel che vuole sente quel che non vorrebbe**, he who says what he likes, shall hear what he does not like □ (*prov.*) **Chi più ha più vuole**, appetite comes with eating □ (*prov.*) **Chi troppo vuole, nulla stringe**, grasp all, lose all □ (*prov.*) **Chi vuole vada e chi non vuole mandi**, if you want a thing done, go; if not, send.

volére (2), *m.* **1** (*volontà*) will: **fare q.c. di buon v.**, to do st. with a good will; **Sia fatto il v. di Dio**, God's will be done **2** (*pl.*: *desideri*) wishes. ● **buon v.**, good will ● **di mio v.**, of my own will □ (*prov.*) **Il v. è già molto**, a strong heart is half the battle.

volgare, **A** *a.* **1** vulgar; coarse: **parole volgari**, vulgar words; **modi volgari**, vulgar manners; **È gente v.**, they are vulgar people **2** (*comune*) common; ordinary: **un ladro v.**, a common thief **3** (*popolare*) popular; (*di forme linguistiche e sim.*) vernacular, vulgar: **secondo un detto v.**, according to a popular saying; **parole dell'uso v.**, words in popular use; **poesia v.**, vernacular poetry; **latino v.**, vulgar Latin. **B** *m.* vernacular; vulgar tongue. ● **i volgari d'Italia**, the Italian vernaculars □ (*fig.*) **Ve lo dirò in buon v.**, I'll tell you straight.

volgarismo, *m.* vulgarism.

volgarità, *f.* **1** vulgarity; coarseness **2** (*parola, espressione volgare*) filthy (*o* foul) language: **dire v.**, to use foul language. ● **dire una v.**, to say st. vulgar □ **È d'una v.!**, he is so vulgar!

volgarizzaménto, *m.* **1** vernacularization **2** (*divulgazione*) popularization; vulgarization **3** (*testo tradotto in volgare*) translation (in the vernacular).

volgarizzare, *v. t.* **1** (*tradurre in volgare*) to translate into the vernacular; to vernacularize: **Le opere di quell'autore furono volgarizzate nel '500**, the works of that writer were vernacularized in the sixteenth century **2** (*divulgare*) to popularize; to vulgarize: **La fantascienza ha volgarizzato molte idee scientifiche**, science fiction has popularized many scientific ideas.

volgarizzatóre, *m.* **1** (*chi traduce*) translator into the vernacular **2** (*chi divulga*) popularizer.

volgarizzazióne, *f.* V. **volgarizzamento**.

volgarménte, *avv.* **1** (*in modo volgare*) vulgarly; coarsely **2** (*comunemente*) popularly; commonly **3** (*in lingua volgare*) in the vernacular.

Volgata, *f.* (*relig.*) (the) Vulgate.

vòlgere, **A** *v. t.* **1** (*anche fig.*) to turn: **v. gli occhi** (*o* **lo sguardo**) **verso q.**, to turn one's eyes on sb.; **v. i passi verso un luogo**, to turn one's steps towards a place; **v. il pensiero a q.c.**, to turn one's thoughts to st.; (*anche fig.*) **v. le spalle a q.**, to turn one's back on sb.; **v. il viso verso q.**, to turn one's face towards sb.; **v. la mente a q.c.**, to turn one's mind to st. **2** (*tradurre*) to turn; to translate; to put*: **v. un brano in greco**, to translate (*o* to put) a passage into Greek. **B** *v. i.* to turn: **La strada volge a sinistra**, the road turns to the left; **Il giorno volgeva a sera**, the day was turning to evening. ● **v. le armi contro q.**, to take up arms against sb. □ **v. in fuga il nemico**, to put the enemy to flight □ **v. la parola a q.**, to address sb. □ **v. le spalle a q.** (*fuggire*), to flee sb.: **Volse le spalle al nemico**, he fled the enemy □ **un colore che volge al rosso**, a colour tending to (*o* verging on) red □ **col v. degli anni**, with the passing of years □ **Volse la sua ira contro di me**, he poured his anger on me □ **Tentò di v. la cosa in burla**, he tried to make a joke of it □ **Le cose volgono al peggio**, things are taking a turn for the worse □ **Il sole volgeva al tramonto**, the sun was setting □ **Il tempo volge al bello**, the weather is changing for the better □ **Le mie vacanze volgono al termine**, my holidays are nearly finished. **vòlgersi**, **C** *v. rifl.* **1** (*girarsi*) to turn; to turn round: **Si volse verso me**, he turned towards me; **da qualunque lato mi volga**, whichever way I turn; **Si volse a lui e gli chiese...**, he turned to him and asked... **2** (*fig.*: *dedicarsi*) to take* up: **volgersi agli studi classici**, to take up classical studies; **volgersi all'arte della pittura**, to take up the art of painting **3** (*fig.*: *riversarsi*), to be turned; to be directed: **Il suo odio si volse contro di noi**, his hatred was directed against us. ● **volgersi alle arti**, to become interested in the arts.

vólgo, *m.* common people (*o* herd); lower classes (*pl.*); mob (*spreg.*): **il v. dei letterati**, the common herd of writers. ● **uscire dal v.**, to rise from the gutter.

volièra, *f.* aviary.

volitività, *f.* determination; resoluteness; firmness of purpose.

volitivo, A *a.* **1** volitive: **un atto v.**, a volitive action **2** (*di persona*) strong-willed. ● **forza volitiva**, will-power. **B** *m.* strong-willed person.

volizióne, *f.* volition.

vólo, *m.* **1** (*anche fig.*) flight: **in v.**, in flight; **il v. dell'aquila**, the flight of the eagle; **privare un uccello del v.**, **tagliandogli le ali**, to deprive a bird of flight by clipping its wings; **alzare il v.**, to take flight; **fermare il v.**, to cease flight; **un v. della fantasia**, a flight of fancy **2** (*aeron.*) flight; flying: **v. a vista**, contact flying; **v. cieco** (*o* **strumentale**), blind (*o* instrument) flight; **v. notturno**, night flight; **v. di collaudo**, test flight; **v. a rovescio**, inverted flight; **v. senza scalo**, non-stop flight; **durata del v.**, flight (*o* flying) time; **le tappe del v.**, the flight laps (*caduta*) fall: **un v. dal quarto piano**, a fall from the fourth floor. ● (*di elicottero*) **v. a punto fisso**, hovering □ (*aeron.*) **v. a vela** (*o* **v. librato**), glide; gliding (*sport*) **v. col deltaplano**, hang-gliding □ (*aeron.*) **v. in picchiata**, dive; diving □ (*fig.*) **v. poetico**, poetic flight of fancy □ (*miss.*) **v. spaziale**, space-flight □ **a v. d'uccello** (*in linea retta*), as the crow flies □ (*aeron.*) **essere al primo v.**, to be making one's maiden flight □ **alzarsi** (*o* **levarsi**) **in v.**, (*d'uccello*) to take flight; (*d'aereo*) to take off □ **assistente di v.**, air-hostess; stewardess □ **essere atto al v.**, to be able to fly; (*aeron.*) to be airworthy □ (*rugby*) **calcio al v.**, punt □ **colpire un uccello in v.**, to shoot a bird on the wing □ **dare libero v. alla fantasia**, to give full rein (*o* the reins) to one's imagination □ **fare un v.**, to fly; (*fig.: cadere*) to fall: **Ha fatto un v. dal quinto piano**, he has fallen from the fifth floor □ (*fig.*) **far fare un v. a q.c.**, to throw st. away □ (*fig.*) **in un v.**, in a moment □ **panorama a v. d'uccello**, bird's-eye view □ **prendere** (*o* **spiccare**) **il v.**, (*d'uccello*) to take wing; (*di aereo*) to take off; (*fig.: di persona*) to take flight, to flee*; (*di cosa: sparire*) to disappear: **Il prigioniero ha preso il v.**, the prisoner has fled; **Il cassiere della banca ha preso il v. con quaranta milioni**, the Bank cashier has disappeared with forty million lire; **Il denaro e i gioielli hanno preso il v.**, the money and jewels have disappeared (*o* have been stolen) □ **uccellino di primo v.**, fledg(e)ling □ **vedere q.c. a v. d'uccello**, to get a bird's-eye view of st. □ (*fig.*) **L'ho letto di v.**, I read it in a hurry □ (*fig.*) **Temo che sia il v. d'Icaro**, I'm afraid it's just a flash in the pan □ **Ha traversato l'Atlantico in v. dieci volte**, he has flown ten times over the Atlantic □ (*fig.*) **M'ha inteso al v.**, he understood me at once □ (*fig.*) **Feci una mezza promessa e lui la prese** (*o* **colse**) **al v.**, I half promised it and he seized on it at once □ (*fig.*) **Le occasioni bisogna prenderle al v.**, one must seize opportunity on the spot □ (*fig.*) **Faccio un v. a Firenze e torno subito**, I'm making a quick trip to Florence and coming back immediately.

volontà, *f.* will; (*forza di v.*) will-power: **Tutto dipende dalla sua v.**, it all depends on his will; **Sia fatta la v. di Dio**, God's will be done; **forzare la v. di q.**, to force sb.'s will; **imporre la propria v.**, to impose one's will; **Ci si è messo di** (**buona**) **v.**, he went to it with a will; **v. di ferro**, iron will; **con uno sforzo di v.**, with an effort of will; **Faccio appello alla vostra buona v.**, I call upon your good will; **v. inflessibile**, unbending will; **v. debole** (*o* **fiacca**), weak will; **v. ferma**, determined will; **contro la propria v.**, against one's will; **di mia** (**di tua**) **v.**, of my (your) own will; **di spontanea v.**, of one's own free will; **essere privo di v.**, to have no will of one's own. ● (*gramm.*) **verbi di v.**, verbs expressing willingness (*o* **a**, **at**) will; at one's pleasure □ **per cause indipendenti dalla propria v.**, for reasons beyond one's control □ (*leg.*) **ultime volontà**, last will and testament □ **Ha v. d'imparare**, he is willing to learn □ **Puoi prenderne a v.**, you may take as much (*o* as many) as you like.

volontariaménte, *avv.* voluntarily; of one's own free will.

volontariato, *m.* **1** (*anche mil.*) voluntary service **2** (*il prestare gratuitamente la propria opera presso enti pubblici o privati*) voluntary apprenticeship.

volontarietà, *f.* voluntariness.

volontàrio, A *a.* **1** voluntary: **esilio v.**, voluntary exile **2** (*leg.*) wilful. **B** *m.* (*anche mil.*) volunteer: **un esercito di volontari**, an army of volunteers. ● **v. del sangue**, blood-donor.

volontarismo, *m.* (*anche filos.*) voluntarism. ● **seguace del v.**, voluntarist.

volontaristico, *a.* (*anche filos.*) voluntaristic.

volonteróso, *a.* willing.

volovelismo, *m.* (*sport*) sailplaning; gliding.

volovelista, *m. e f.* (*sport*) sailplaner; glider.

volpacchiòtto, *m.* **1** (*zool.*) fox-cub **2** (*fig.*) sly fox.

volpare, *v. i.* (*agric.*) to be infected with fox-bane.

vólpe, *f.* **1** (*zool.*) fox; (*v. femmina*) vixen: **caccia alla v.**, fox-hunting; **tana di v.**, fox-earth; (*zool.*) **v. argentata** (*Vulpes fulva*), silver fox; **Mia moglie ha comprato una pelliccia di v.**, my wife has bought a fox fur **2** (*fig.*) sly fox: **Quell'uomo è una vecchia v.**, that man is a sly old fox **3** (*agric.*) fox-bane.

volpeggiare, *v. i.* to be foxy. ● (*prov.*) **Con la volpe convien v.**, if thou dealest with a fox, think of his tricks.

volpino, A *a.* foxy; fox-like: **astuzia volpina**, foxy wiliness. **B** *m.* (*zool.*) Pomeranian dog.

volpòca, *f.* (*zool., Tadorna tadorna*) sheldrake.

volpóne, *m.* (*anche fig.*) old fox.

vòlt, *m.* (*elettr.*) volt.

vòlta (1), *f.* **1** time: **uno** (**due**, **ecc.**) **alla v.**, one (two, etc.) at a time; **una cosa per v.**, one thing at a time; **per questa v. sì**, (for) this time, yes; **nove volte su dieci**, nine times out of ten; **tre** (**quattro**, **ecc.**) **volte**, three (four, etc.) times; **Sia la prima e l'ultima v.!**, let this be the first and last time; **Tante di quelle volte!**, so many times!; **Questa v. sono contento**, this time I'm pleased; **Non è la prima v. che lo vedo**, it's not the first time I've seen him; **Non sarà l'ultima v.**, it won't be the last time; **Le ho parlato un paio di volte**, I've spoken to her a couple of times; **Un'altra v. ci penso io**, next time I'll handle it; **La prossima v. pagherò io**, next time I'll pay; **Quante volte te l'ho detto?**, how many times have I told you?; **Ve lo dico per l'ennesima volta**, I am telling you for the umpteenth time **2** (*turno*) turn: **Ora viene la tua v.**, now your turn is coming; **Ora viene la v. di Gino**, now comes Gino's turn. ● **una v.**, once; (*per una volta*) for once; (*un tempo, anche*) once upon a time: **una v. sola**, just once; **una v. per ciascuno**, once each; **Una v. presa una decisione, non ci si ritorna su**, once you have made up your mind there's no going back; **una v. quando ero giovane**, once upon a time when I was young; **Meglio una volta che mai**, better once than never; **Sta' zitto una buona v.**, be quiet for once; **Dammi retta una buona v.!**, listen to me for once!; **C'era una v. un re**, once upon a time there was a king; **Smettila per una v.**, leave off for once; **Te lo dico una v. per tutte**, I tell you once (and) for all □ **una v. che** (*poiché*), since: **Una v. che non s'è visto, è segno che non vuol venire**, since he hasn't turned up, it means that he doesn't want to come □ **una v. o due**, once or twice □ **una v. o l'altra**, some time or other; one day; (*prima o poi*) sooner or later: **Una v. o l'altra gli rompo il muso**, one day I'll smash his face in □ **v. per v.**, each time: **Pagalo v. per v.**, pay him each time □ **una v. tanto**, once in a while; every now and then; (*questa volta*) just this once: **Viene una v. tanto**, he comes every now and then; **Una v. tanto hai ragione**, just this once you're right □ **a volte**, sometimes; at times □ **ancora una v.**, once more (*o* again) □ **certe** (*o* **delle**) **volte**, at times; on occasion □ **due volte**, twice □ **due volte altrettanto**, twice as much □ **fare troppe cose in una v.**, to do too many things at the same time □ **molte volte**, often □ **un po' alla v.**, a little at a time; (*a poco a poco*) little by little □ **poche volte**, seldom □ **rare volte**, rarely □ **spesse volte**, often □ **tutte le volte che**, every time: **tutte le volte che lo vedo**, every time (*o* whenever) I see him □ **in tutto** (*o* **tutti**) **in una v.**, all at once □ (*mat.*) **Tre volte tre fa nove**, three times three is (*o* are) nine □ **Sono più le volte che vince che quelle che perde**, he wins more often than he loses □ **Sono cose che accadevano ai tempi di una v.**, these are things that happened in the old days □ (*fig.*) **Questa è la v. buona**, this is it □ **È la v. che non si scherza**, this is no laughing matter □ **Smettila una buona v.!**, for heaven's sake, stop it! □ (*prov.*) **Chi mena per primo mena due volte**, the first blow is as much as two □ (*prov.*) **Una v. per uno non fa male a nessuno**, I today, you tomorrow.

vòlta (2), *f.* **1** (*giro*) turn; (*curva*) turn, bend: **due volte di chiave**, two turns of the key; **le volte della ruota**, the turns of the wheel; **Fece fare due o tre volte al cavallo**, he put the horse through two or three turns; **La strada sale facendo parecchie volte**, the road climbs and makes several turns **2** (*direzione*) direction: **Sono partiti alla v. di Torino**, they left in the direction of Turin; they set out for Turin **3** (*tipogr.*) reverse (side); verso*. ● (*naut.*) **v. di un cavo**, kink □ (*naut.*) **v. doppia**, two round turns □ (*naut.*) **v. semplice**, hitch □ **a v. di corriere**, by return of post □ (*astron.*) **dar v.**, to set □ (*del vino*) **dar la v.**, to turn sour □ (*aeron.*) **gran v.**, loop; looping the loop □ **Gli ha dato di v. il cervello**, he's gone off his head □ (*naut.*) **Leva v.!**, let go! □ (*naut.*) **Piglia v.!**, turn up!; secure!

vòlta (3), *f.* (*archit. e fig.*) vault: **v. a crociera**, cross vault; **v. a cupola**, dome vault; **v. a botte**, barrel vault; **v. a ventaglio**, fan vault; **la v. celeste**, the vault of heaven. ● (*anat.*) **v. cranica**, calvarium*; (*anat.*) **v. del palato**, palatal arch □ (*anche fig.*) **chiave di v.**, keystone □ **fatto a volte**, vaulted □ **un tetto** (**una stanza**) **a volta**, a vaulted roof (room).

voltafàccia, *m. invar.* (*anche fig.*) about-face; volte-face (*franc.*).

voltafièno, *m. invar.* (*agric.*) (hay) tedder.

voltagabbana, *m. invar.* **e** *f.* turncoat; time-server; trimmer; weathercock.

voltàggio, *m.* (*elettr.*) voltage.

voltàico, *a.* (*elettr.*) voltaic: **una pila (batteria) voltaica,** a voltaic pile (battery).
voltaìsmo, *m.* (*elettr.*) voltaism; galvanism.
voltàmetro, *m.* (*elettr.*) voltameter.
voltampère, *m.* (*elettr.*) volt-ampere.
voltamperòmetro, *m.* (*elettr.*) volt-ammeter.
voltapiètre, *m.* (*zool., Arenaria interpres*) turnstone.
voltare, A *v. t.* **1** to turn: **v. il capo,** to turn one's head; **v. la chiave nella toppa,** to turn the key in the keyhole; **v. la faccia verso q.** (q.c.), to turn one's face towards sb. (st.); **v. gli occhi,** to turn one's eyes; (*anche fig.*) **v. le spalle a q.,** to turn one's back on sb.; **Voltarono l'angolo e se la svignarono,** they turned the corner and took to their heels; **Voltò il cavallo a destra,** he turned his horse to the right **2** (*rivoltare*) to turn over: **v. la braciola nella padella,** to turn the chop over in the frying pan; **v. pagina,** to turn over the page; (*fig.*) to turn over a new leaf; **v. una moneta,** to turn a coin over **3** (*rigirare*) to turn round: **v. la barca,** to turn the boat round; **Voltò indietro il cavallo,** he turned his horse round; **Il vento ha voltato la banderuola,** the wind has turned the weathercock round **4** (*lett.: tradurre*) to turn; to translate; to put*: **v. un brano in latino,** to turn (o to translate) a passage into Latin **5** (*sartoria*) to turn: **v. un cappotto,** to turn a coat. **B** *v. i.* **1** to turn: **v. all'angolo,** to turn at the corner; **La strada volta a sinistra,** the road turns to the left **2** (*rigirarsi*) to turn round: **Autista, voltate!,** driver, turn round! ● (*fig.*) **v. gabbana** (*o* **casacca**), to be a turncoat □ **v. q.c. in burla,** to make a joke of st. □ **Il tempo volta al brutto,** the weather is breaking. **voltarsi, C** *v. rifl.* **1** to turn: **v. indietro,** to turn round; **v. verso q.,** to turn to sb.; (*fig.*) **v. contro q.,** to turn against sb.; (*fig.*) **non sapere da quale parte v.,** not to know which way to turn; **Voltatevi da quella parte,** turn that way **2** (*rivoltarsi*) to turn over: **v. nel letto,** to turn over in bed **3** (*rigirarsi*) to turn round: **Voltati!,** turn round! **4** (*del vento*) to shift: **Il levante si è voltato in tramontana,** the East wind has shifted in a northerly direction. ● **v. e rivoltarsi nel letto,** to toss and turn in one's bed □ **Il tempo si è voltato al brutto,** the weather has turned nasty.
voltastòmaco, *m. invar.* (*fam., anche fig.*) nausea. ● **avere il v.,** to be sick □ (*anche fig.*) **dare il v. a q.,** to make sb. feel sick; to turn sb.'s stomach; to make sb.'s gorge rise □ **Quella commedia è un vero v.,** that play is really a nauseating thing.
voltata, *f.* **1** turn; turning **2** (*svolta di strada*) turn; turning; bend: **Bada che c'è una v.,** mind the bend.
volteggiaménto, *m.* (*di uccelli, aerei*) circling.
volteggiare, *v. i.* **1** to fly* about; to circle: **Un falco volteggiava sopra i merli della torre,** a falcon was circling above the battlements of the tower **2** (*muoversi cambiando continuamente direzione*) to turn here and there **3** (*equitazione, ginnastica*) to vault.
volteggiatóre, *m.* (*equitazione, ginnastica*) vaulter.
voltéggio, *m.* (*equitazione, ginnastica*) vault; vaulting.
voltelettróne, *m.* (*elettr.*) electron volt.
volteriano, *V.* **volterriano.**
volterrana, *f.* (*archit.*) vault built with bricks laid flat.
volterriano, *a. e m.* (*letter.*) Voltairian, Voltairean.
voltiano, *a.* of A. Volta.
voltìmetro, vòltmetro, *m.* (*elettr.*) voltmeter.
vòlto (1), *a.* **1** (*rivolto*) turned: **v. in su (in giù),** turned up (down) **2** (*dedito*) devoted (to st.).
vólto (2), *m.* face (*anche fig.*); visage (*lett.*); (*espressione*) countenance: **con v. sereno,** with a serene countenance; **guardare q. in v.,** to look sb. in the face; **Era acceso in v.,** he was red in the face; **cambiare in v.,** to change countenance.
voltolare, A *v. t.* to roll: **v. un sasso,** to roll a stone. **voltolarsi, B** *v. rifl.* to roll about; to wallow.
voltolino, *m.* (*zool., Porzana porzana*) spotted rail; spotted crake.
voltolóne, voltolóni, *avv.* rolling about.
voltòmetro, *m.* (*elettr.*) voltmeter.
voltura, *f.* **1** (*rif. a servizi pubblici*) transfer **2** (*leg.*) registration of a transfer deed.
volturare, *v. t.* to transfer.
volùbile, *a.* **1** fickle; inconstant **2** (*bot.*) voluble; twining. ● **tempo v.,** changeable (*o* unstable) weather.
volubilità, *f.* fickleness; inconstancy.
volubilménte, *avv.* in a fickle manner; inconstantly.
volume, *m.* **1** volume: **il v. d'un corpo,** the volume of a body; **unità di v.,** unit of volume; (*radio, telev.*) **alzare (abbassare) il v.,** to turn up (down) the volume; **un gran v. di voce,** a great volume of voice **2** (*quantità*) amount; volume; size: **un gran v. di roba,** a great amount of stuff; **un gran v. d'acqua,** a great amount of water; **il v. degli scambi economici,** the amount of economic trade **3** (*libro*) volume: **un v. rilegato,** a bound volume; **un'opera in sei volumi,** a work in six volumes. ● **far v.,** to be voluminous;

to be bulky.
volumenòmetro, *m.* (*fis.*) volumenometer.
volumetrìa, *f.* volumetry; measurement of volume.
volumètrico, *a.* (*anche chim.*) volumetric(al).
voluminosità, *f.* voluminosity; voluminousness; bulkiness.
voluminóso, *a.* voluminous; bulky; (*ingombrante*) cumbersome: **gonne voluminose,** voluminous skirts; **un pacco v.,** a bulky parcel.
voluta, *f.* **1** (*archit.*) volute; scroll **2** (*spira*) spiral: **una v. di fumo,** a spiral of smoke; **le volute del guscio d'una chiocciola,** the spirals of a snail-shell; **manico a v.,** spiral handle.
voluto, *a.* **1** wanted; wished for **2** (*fig.: ricercato*) affected; far-fetched.
voluttà, *f.* **1** (*piacere sensuale*) voluptuousness; sensual pleasure **2** (*intenso godimento*) pleasure; delight; joy: **Per me leggere è una gran v.,** reading is a great joy for me; **la v. della vendetta,** the joy of revenge.
voluttuàrio, *a.* **1** voluptuary; sensual **2** (*non necessario*) unnecessary; non-essential: **spese voluttuarie,** unnecessary expenses.
voluttuosaménte, *avv.* voluptuously.
voluttuosità, *f.* voluptuousness.
voluttuóso, *a.* voluptuous: **carezze voluttuose,** voluptuous caresses; **uno sguardo v.,** a voluptuous look.
vòlva, *f.* (*bot.*) volva.
volvènte, *a.* (*mecc., fis.*) rolling: **attrito v.,** rolling friction.
vòlvolo, *m.* (*med.*) volvulus.
vombato, *m.* (*zool., Phascolomys ursinus*) (Tasmanian) wombat.
vomeràia, *f.* (*agric.*) share-beam.
vòmere, *m.* **1** (*agric.*) ploughshare **2** (*anat.*) vomer.
vòmica, *f.* (*med.*) vomica*.
vòmico, *a.* vomitory; emetic. ● (*bot.*) **noce vomica,** nux vomica.
vomitare, A *v. t.* **1** to vomit; to throw* up (*fam.*): **v. sangue,** to vomit blood; **far venire da v.,** to make one want to vomit; **Il Vesuvio vomita lava e cenere,** Vesuvius vomits lava and ashes. **B** *v. i.* (*fig.*) to pour forth; to spit* out; to vomit: **Vomitò ogni sorta di ingiurie contro i suoi benefattori,** he poured forth all sorts of insults on his benefactors. ● **v. per il mal di mare,** to be seasick □ **fare sforzi per v.,** to retch.
vomitativo, vomitatòrio, *a. e m.* (*farm.*) emetic.
vòmito, *m.* **1** (*il vomitare*) vomiting; (*med.*) emesis: **provocare (o muovere) il v.,** to cause vomiting **2** (*materia vomitata*) vomit. ● **avere il v.,** to vomit; to throw up (*fam.*) □ **conato di v.,** retch □ **far venire il v. a q.,** to make sb. sick.
vomitòrio, *m.* (*archeol.*) vomitorium*.
vomizióne, *f.* (*med.*) vomition; vomiting.
vóngola, *f.* (*zool.*) clam. ● **guscio di v.,** clamshell.
Vopo (ted.), **A** *f.* Vopo (*abbr. di* Volkspolizei) **B** *m.* Vopo policeman*. ● (*collett.*) **i V.,** the Vopo.
vorace, *a.* **1** voracious; ravenous: **un lupo v.,** a voracious wolf **2** (*fig.*) destructive; voracious: **tempo v.,** destructive time; **fiamme voraci,** voracious flames.
voraceménte, *avv.* voraciously; ravenously.
voracità, *f.* voracity, voraciousness; ravenousness; greed: **la v. del lupo,** the voracity of the wolf.
voràgine, *f.* abyss; gulf; chasm; depth: **lo spalancarsi d'una v.,** the opening of an abyss. ● **le voragini dell'oceano,** the depths of the ocean.
vorticare, *v. i.* to whirl.
vòrtice, *m.* **1** (*d'acqua*) whirlpool; (*d'aria, ecc.*) whirlwind; vortex*: **Annegò in un v.,** he drowned in a whirlpool; **un v. di fumo,** a vortex of smoke; **un v. di fiamme,** a vortex of flames; **un v. di polvere,** a vortex of dust **2** (*fig.*) whirl; vortex*; maelstrom: **il v. della vita moderna,** the whirl of modern life. ● (*fig.*) **v. di danze,** whirling dances.
vorticèlla, *f.* (*zool., Vorticella*) vorticella; bell-animalcule.
vorticìsmo, *m.* (*arte*) vorticism.
vorticosaménte, *avv.* vortically; in a whirl.
vorticóso, *a.* whirling; vorticose; vertical: **moto v.,** whirling motion.
vossignoria, *m. e f.* (*rif. a persona nobile*) your Lordship (*masch.*); your Ladyship (*femm.*).
vòstro, A *a. poss.* **1** your; (*v. proprio*) your own: **Vostra Maestà,** Your Majesty; **v. zio,** your uncle; **i vostri pari,** your equals; **ai vostri tempi,** in your days; **al v. servizio,** at your service; **Avete già una casa vostra?,** have you already your own house (*o* a house of your own)?; **un v. amico,** one of your friends; a friend of yours **2** (*come pred. nominale*) yours: **Questi libri sono vostri,** these books are yours **3** (*nella chiusa delle lettere*) yours: **distinti saluti dal v. Carlo Rossi,** (I am) yours truly Carlo Rossi. **B** *pron. poss.* yours: **Il nostro caso è diverso dal v.,** our case is different from yours; **Questi non sono i miei; sono i vostri,** these are not mine; they're yours. **C** *m.* **1** what is yours; your property: **Nessuno tocca il v.,** nobody touches your property

2 (*pl.*) your people; (*parenti*) your relatives; (*seguaci*) your followers; (*sostenitori*) your supporters. ● **q.c.** (**niente**) **di v.**, something (nothing) of your own □ **Alla vostra!** (*brindisi*), your health!; cheerio!; cheers! □ **Ne avete fatta una delle vostre**, you've been up to (one of) your tricks! □ **Ho ricevuto la vostra del 21 settembre**, I have received your letter (*o* yours) of the 21 st September □ **Sono dalla vostra**, I am on your side □ **Dite la vostra**, speak out; have your say.

votante, **A** *a.* **1** voting **2** (*che ha diritto al voto*) eligible to vote. **B** *m.* e *f.* **1** voter **2** (*chi ha diritto al voto*) person eligible to vote; elector.

votare (1), **A** *v. i.* to vote; to give* one's vote: **andare a v.**, to go to vote; to go to the polls; **v. per alzata di mano**, to vote by show of hands; **v. per q.**, to vote for sb.; **v. a favore di una proposta**, to vote in favour of a proposal; **v. in favore (di q.)**, to vote in favour (of sb.); **v. contro (q.)**, to vote against (sb.); **Gli elettori hanno il diritto e il dovere di v.**, the electors have the right and the duty to vote. **B** *v. t.* **1** (*dare il voto a*) to give* one's vote to (sb.); (*votare in favore di*) to vote in favour of (sb., st.): **v. il candidato dal partito X**, to give one's vote to the candidate of the X Party; **v. una proposta**, to vote in favour of a proposal **2** (*approvare*) to pass; to vote (st.) through: **La Camera ha votato il disegno di legge**, the House has passed the Bill (*o* has voted the Bill through) **3** (*consacrare*) to consecrate; to devote; to vow: **v. la propria anima a Dio**, to consecrate one's soul to God; **v. un tempio ad Apollo**, to vow a temple to Apollo □ **v. a scrutinio segreto**, to ballot; to vote by ballot □ **v. per un candidato**, to ballot for a candidate □ **v. scheda bianca**, to return a blank voting paper □ **Fu votato che...**, it was decided that... □ (*fig.*) **È votato alla morte** (*o* **a sicura fine**), he is bound to die □ **Ha votato il 90% degli elettori**, 90% of the electors have gone to the polls. **votarsi**, **C** *v. rifl.* to devote oneself: **v. alla scienza**, to devote oneself to science; **v. a Dio**, to devote oneself to God. ● (*fig.*) **Non sapere a che santo v.**, to be at one's wits' end.

votare (2), **votarsi**, *V.* **vuotare**, **vuotarsi**.

votazióne, *f.* **1** (*il votare*) vote; voting: **v. per acclamazione**, voting by acclamation; **v. per appello nominale**, voting by roll-call; **passare alla v.**, to proceed to a (*o* the) vote; **il risultato della v.**, the returns of the vote; **modalità della v.**, procedure of voting **2** (*il risultato della v.*) vote: **v. favorevole**, a favourable vote; **v. contraria**, an unfavourable vote; **con v. unanime**, without a dissenting vote; unanimously **3** (*v. scolastica*) marks (*pl.*): **riportare** (*o* **ottenere**) **una buona v.**, to get good marks. ● **v. a scrutinio segreto**, balloting; ballot □ **v. nulla**, void ballot □ **v. segreta**, ballot □ **prendere parte alle votazioni**, to go to the polls.

votivo, *a.* votive: **una statua votiva**, a votive statue; **una Messa votiva**, a votive Mass; **un'offerta votiva**, a votive offering.

vóto (1), *m.* **1** (*promessa*) vow: **fare un v.**, to make a vow; **mantenere** (*o* **osservare**) **un v.**, to keep one's vow; **mancare al v.**, to break one's vow; **sciogliere q. da un v.**, to release sb. from a vow; **far voti di povertà, di castità e di ubbidienza**, to take vows of poverty, chastity, and obedience; (*relig.*) **voti semplici**, simple vows; (*relig.*) **voti solenni**, solemn vows; (*relig.*) **prendere** (*o* **pronunziare**) **i voti**, to take the vows **2** (*offerta*) votive offering: **i ladri hanno rubato i voti**, thieves have stolen the votive offerings; **offrire** (*portare*) **q.c. in v.**, to offer (to bring) st. as a votive offering; **portare un v. all'altare della Madonna**, to bring a votive offering to the altar of Our Lady; **attaccare il v. all'immagine della Vergine**, to hang one's votive offering on the statue of the Virgin **3** (*lett.:* **desiderio**) desire; (*augurio*) wish: **Questi sono i voti del mio cuore**, these are my heart's desires; **formulare voti**, to express one's good wishes **4** (*elettorale*) vote; ballot: **concedere il diritto al v.**, to grant the right to vote; **voti nulli**, invalid votes; **v. di fiducia**, vote of confidence; **v. di preferenza**, preferential ballot; **dare il v.**, to give one's vote; **dare il proprio v. a q.**, to give one's vote to sb.; **fare lo scrutinio dei voti**, to count the votes; **a maggioranza di voti**, by a majority vote; **mettere ai voti**, to put to the vote; **voti favorevoli** (**contrari**), favourable (unfavourable) votes; **raccogliere i voti**, to receive votes; **promettere il v.**, to promise one's vote; **chiedere voti**, to solicit votes **5** (*pl.:* **complesso dei suffragi**) vote: **Credi che i voti del partito laburista aumentino nelle prossime elezioni?**, do you think the Labour vote will increase at the next election? **6** (*valutazione di merito*) mark; grade: **Gli ho dato un cattivo v.**, I have given him a bad mark; **a pieni voti**, with full marks. ● **v. consultivo**, advisory vote □ **v. deliberativo**, effective vote □ **v. palese** (**segreto**), open (secret) vote □ **v. per alzata e seduta**, rising vote □ **a unanimità di voti**, without a dissenting vote; unanimously □ **avente diritto al v.**, (person) eligible to vote □ (*polit.*) **chi controlla molti voti**, power-broker □ **v. consultivo**, without a right to vote □ (*leg.*) **con v. deliberativo**, with a right to vote □ **fare v. di andare in pellegrinaggio a Lourdes**, to vow to go on pilgrimage to Lourdes □ **mettere ai voti**

q.c., to take a vote on st. □ **respingere con i voti una proposta**, to vote down a proposal □ **scheda di v.**, ballot-paper; voting paper; poll card □ (*scherz.*) **Non ho fatto il v. di non bere**, I haven't pledged my life not to drink.

vóto (2), *V.* **vuòto**.

voucher (*ingl.*), *m.* voucher.

voyeur (*franc.*), *m.* voyeur; peeper; Peeping Tom (*fam.*).

voyeurismo, *m.* voyeurism.

voyeuristico, *a.* voyeuristic.

vu, *f.* e *m.* (*lettera*) vee, ve; the letter v. ● **vu doppio**, double-you.

vudù, *m.* voodoo.

vuduismo, *m.* voodooism; voodoo.

vuduista, *m.* e *f.* voodooist; voodoo.

vuduistico, *a.* (*relig.*) voodooistic; voodoo (*attr.*).

vulcànico, *a.* **1** volcanic: **un fenomeno v.**, a volcanic phenomenon; **pietra vulcanica**, volcanic stone **2** (*fig.*) volcanic; hot-headed; impetuous: **un temperamento v.**, a volcanic temper. ● (*fig.*) **ingegno** (*o* **cervello**) **v.**, lively mind.

vulcanismo, *m.* (*geol.*) volcanism.

vulcanista, *m.* e *f.* (*astron.*) vulcanist; hot mooner (*fam.*).

vulcanizzante, (*ind.*) **A** *a.* vulcanizing. **B** *m.* vulcanizing agent.

vulcanizzare, *v. t.* (*ind.*) to vulcanize: **v. un pneumatico**, to vulcanize a tyre.

vulcanizzatóre, *m.* vulcanizer.

vulcanizzazióne, *f.* (*ind.*) vulcanization: **v. a vapore**, steam vulcanization.

vulcano, *m.* volcano*: **un v. spento**, an extinct volcano; **un v. attivo**, an active volcano; **un v. intermittente**, a dormant volcano. ● **vulcani lunari**, moon craters □ (*fig.*) **avere la testa come un v.**, to be seething with ideas □ (*fig.*) **camminare** (*o* **stare seduti**) **su un v.**, to be on dangerous ground.

Vulcano, *m.* (*mitol.*) Vulcan.

vulcanògeno, *a.* (*geol.*) vulcanogenic.

vulcanologìa, *f.* volcanology, vulcanology.

vulcanològico, *a.* volcanologic(al); vulcanologic(al).

vulcanòlogo, *m.* volcanologist, vulcanologist; volcanist.

Vulgata, *V.* **Volgata**.

vulneràbile, *a.* vulnerable. ● (*fig.*) **lato v.**, weak spot.

vulnerabilità, *f.* vulnerability; vulnerableness.

vulnerare, *v. t.* **1** (*lett.:* **ferire**) to wound **2** (*fig.*) to violate: **v. un diritto**, to violate a right; **v. un principio**, to violate a principle.

vulneràrìa, *f.* (*bot.*, *Anthyllis vulneraria*) kidney-vetch; lady's-finger.

vulneràrio, *a.* e *m.* (*farm.*) vulnerary: **balsamo v.**, vulnerary balsam; **acqua vulneraria**, vulnerary water.

vulva, *f.* (*anat.*) vulva; cunnus*.

vulvàre, *a.* (*anat.*) vulvar; vulval.

vulvària, *f.* (*bot.*, *Chenopodium vulvaria*) stinking goosefoot.

vulvite, *f.* (*med.*) vulvitis.

vulvovaginale, *a.* (*anat.*) vulvovaginal.

vulvovaginite, *f.* (*med.*) vulvovaginitis*.

vuotàggine, *f.* emptiness; vacuity; (*cosa insulsa*) (piece of) nonsense.

vuotamèle, *m. invar.* apple-corer.

vuotare, **A** *v. t.* **1** to empty; (*sgombrare*) to clear out: **v. una botte** (**un catino**, **la cantina**), to empty a cask (a basin, the cellar); **v. il bicchiere**, to empty one's glass; **v. la credenza**, to empty (*o* to clear out) the cupboard; **v. i cassetti**, to empty (out) the drawers; **v. una stanza di tutti i mobili**, to empty a room of all furniture **2** (*prosciugare*) to drain: **v. una cisterna** (**un pozzo**), to drain a cistern (a well) **3** (*naut.*) to bail: **v. una barca**, to bail (out) a boat. ● (*naut.*) **v. il bacino**, to pump out the dock □ **v. un canale di scolo**, to clear out a drain □ (*dei ladri*) **v. la casa**, to carry off everything in the house □ (*fig., fam.*) **v. il sacco**, to spill the beans (*pop.*) □ (*naut.*) **v. la sentina**, to dry out the bilge □ (*fig.*) **v. le tasche a q.**, to clean sb. out; to strip sb. of all his money □ (*naut., aeron.*) **v. la zavorra**, to unballast □ **far v. l'aula**, to clear the hall □ **Vuotate i bicchieri!**, drink up! **vuotarsi**, **B** *v. rifl.* to empty; to be emptied: **La sala si vuota**, the hall is emptying; **La botte s'è vuotata**, the cask has emptied (itself).

vuotata, *f.* emptying out. ● **dare una v. a q.c.**, to empty st. out.

vuotatura, *f.* emptying.

vuotézza, *f.* vacuity.

vuòto, **A** *a.* **1** (*anche fig.*) empty: **una borsa vuota**, an empty bag; **una botte vuota**, an empty cask; **una bottega vuota**, an empty shop; **una bottiglia vuota**, an empty bottle; **una carrozza vuota**, an empty carriage; **una gabbia vuota**, an empty cage; **un nido v.**, an empty nest; **una spiga vuota**, an empty ear; **tasche vuote**, empty pockets; **a stomaco v.**, on an empty stomach; **avere lo stomaco v.**, to have an empty stomach; **parole vuote**, empty words; **vuote promesse**, empty promises; **Il treno era quasi v.**, the train was almost empty **2** (*vacante*) empty; vacant; unoccupied: **una panca vuota**, an empty bench; **un posto v.**, an empty seat; **una stanza vuota** (*in un albergo*), a vacant room **3** (*privo, sprovvisto*) devoid (of); empty (of); lacking (in): **un discorso v. di senso comune**, a speech devoid of common sense; **parole vuote di senso**, words devoid of sense; words empty of meaning; meaningless words. ● **a mani vuote**, empty-handed ☐ (*fig.*) **cervello v.**, empty-headed person ☐ **un'esistenza vuota**, an aimless life ☐ (*fig.*) **rimanere a mani vuote**, to have one's hopes dashed ☐ **sentirsi lo stomaco v.**, to feel empty ☐ (*fig.*) **testa** (*o* **zucca**) **vuota**, empty-headed person ☐ (*fig.*) **tornare a mani vuote**, to come back empty-handed ☐ (*fig.*) **Ho la testa vuota**, my mind is a complete blank ☐ **Il teatro iersera era mezzo v.**, the theatre was half empty last night ☐ (*fig.*) **L'hanno lasciato con le tasche vuote**, they've cleaned him out. **B** *m.* **1** (*spazio vuoto*) empty space; (*spazio in bianco*) blank; (*lacuna*) gap: **i vuoti fra una sbarra e l'altra**, the empty spaces between one bar and another; **Tra il muro e lo scaffale resta un v.**, there's still an empty space between the wall and the bookcase; **colmare i vuoti**, to fill in the blanks **2** (*spazio libero*) void; air; space: **penzolare nel v.**, to dangle in the air **3** (*recipiente vuoto*) empty: **vuoti a perdere**, non-returnable empties; **Prego restituire i vuoti**, please return the empties **4** (*fig.*: *senso di vuoto*) void: **La sua morte ha lasciato un** (**gran**) **v. nella famiglia**, his death has left a void in the family **5** (*fig.*: *vacuità*) emptiness; vacuity: **il v. di quel discorso**, the emptiness of that speech; **il v. di quel libro**, the emptiness of that book **6** (*fis.*) vacuum: **La natura aborrisce il v.**, Nature abhors a vacuum; **Con la macchina pneumatica si fa il v.**, one can create a vacuum with an air-pump. ● (*aeron.*) **v. d'aria**, air pocket ☐ (*comm., naut.*) **v. per pieno**, dead freight ☐ (*fig.*) **a v.**, in vain; uselessly; to no purpose ☐ **andare a v.**, to fail; to fall flat; to come to nothing ☐ (*fig.*) **cadere nel v.**, to fall on deaf ears ☐ (*di prodotti conservati*) **chiuso sotto v.**, vacuum-packed ☐ **dare a q. un assegno a v.**, to give sb. a dud cheque (*fam.*) ☐ **emettere un assegno a v.**, to overdraw one's account ☐ **fare polemiche a v.**, to create useless arguments ☐ (*fig.*) **fare il v. intorno a sé**, to isolate oneself; to make oneself very unpopular ☐ (*mecc.*) **funzionamento** (*o* **marcia**) **a v.**, idling ☐ (*mecc.*) **girare** (*o* **marciare**) **a v.**, to idle ☐ **mandare a v.**, to spoil; to ruin: **mandare a v. un accordo**, to ruin a deal ☐ **un tentativo andato a v.**, a fruitless attempt ☐ (*mil.*) **tirare a v.**, to miss the mark ☐ **Ha lasciato un gran v. fra di noi**, we miss him very much.

vuotòmetro, *V.* vacuòmetro.

w, W

W, w, *f.* e *m.* W, w. ● (*tel.*) **w come Washington**, w for William.
wafer (*ingl.*), *m.* (*biscotto*) wafer.
wagneriàno, *a.* e *m.* (*mus.*) Wagnerian.
wagon-lit (*locuz. franc.*), *m.* (*ferr.*) wagon-lit; sleeping car; sleeper.
wagon-restaurant (*franc.*), *locuz. m.* restaurant-car.
Walhalla, *m.* (*mitol.*) Walhalla; Valhalla.
walkie-talkie (*ingl.*), *locuz. m.* walkie-talkie.
walkìria, *V.* **valchìria.**
Walter, *m.* Walter.
walzer (*ted.*), *V.* **valzer.**
wàpiti, *m.* (*zool., Cervus canadensis*) wapiti*; elk*.
water-closet (*ingl.*), *m.* toilet; lavatory; loo (*fam.*); water--closet (*USA*).
waterpolista, *m.* e *f.* (*sport*) water-polo player.
watt, *m.* (*elettr.*) watt.
wattòmetro, *m.* (*elettr.*) wattmeter.
wattòra, *f.* (*elettr.*) watt-hour.
wattoràmetro, *m.* (*elettr.*) watt-hour meter.

watussi, *m. pl.* Watus(s)i; Watutsi; Tus(s)i; Tutsi.
weber (*ted.*), *m.* (*fis.*) weber.
week-end (*ingl.*), *locuz. m.* weekend.
wellerismo, *m.* (*letter.*) Wellerism.
wellingtònia, *V.* **sequòia.**
Weltanschauung (*ted.*), *f. invar.* (*filos.*) Weltanschauung*; philosophy of life.
welter (*ingl.*), *m.* (*pugilato*) welter; welter-weight.
wertherismo, *m.* (*lett.*) Wertherism.
western (*ingl.*), *a.* e *m.* (*cinem.*) western.
whisky (*ingl.*), *m.* whisky; whiskey (*Irl., USA*).
widia, *m. invar.* (*metall.*) widia.
winchester (*ingl.*), *m.* (*armi*) Winchester rifle.
windsurf (*ingl.*), *m. invar.* (*sport*) wind surf.
wolfràmio, *m.* (*chim.*) wolfram; tungsten.
wolframite, *f.* (*miner.*) wolframite.
Wotan, *m.* (*mitol.*) Woden; Odin.
würstel (*ted.*), *m.* frankfurter; Vienna sausage.

x, X

X, x, *f.* e *m.* **1** X, x **2** (*mat.*) x. ● (*tel.*) **x come Xanthia**, x for X--ray □ **a x**, x-shaped □ (*fig., scherz.*) **gambe a x**, bandy legs □ (*fis.*) **raggi x**, X-rays.
xantène, *m.* (*chim.*) xanthene.
xàntico, *a.* (*chim.*) xanthic.
xantìna, *f.* (*chim.*) xanthine.
xantismo, *m.* xanthism.
xantofìcee, *f. pl.* (*bot., Xanthophyceae*) yellow-green algae.
xantofìlla, *f.* (*chim.*) xanthophyll.
xantòma, *m.* (*med.*) xanthoma*.
xantomatóso, *a.* (*med.*) xanthomatous.
xantopsìa, *f.* (*med.*) xanthopsia.
xenìa, *f.* (*bot.*) xenia.
xèno, *m.* (*chim.*) xenon.
xenodòchio, *m.* (*stor.*) xenodochium*.
xenofobìa, *f.* xenophobia.
xenòfobo, A *a.* xenophobic. **B** *m.* xenophobe.
xeres (*spagn.*), *m.* (*vino*) sherry.
xeròbio, *a.* (*biol.*) xerophilous; xerophile.
xerocopìa, *f.* xerographic copy.
xerocopiare, *v. t.* to xerox; to make* xerographic copies.
xerofìta, *f.* (*bot.*) xerophyte.
xeròfito, *a.* (*bot.*) xerophytic. ● **pianta xerofita,** xerophyte.

xeroftalmìa, *f.* (*med.*) xerophthalmia.
xeroftàlmico, *a.* (*med.*) xerophthalmic.
xeroftalmo, *V.* **xeroftalmìa.**
xerografìa, *f.* xerography.
xerogràfico, *a.* xerographic.
xeròsi, *f.* (*med.*) xerosis*.
xerotèrmo, *a.* (*bot.*) xerothermic. ● **pianta xeroterma,** xerotherm.
xifòforo, *m.* (*zool., Xiphophorus helleri*) swordtail.
xifòide, (*anat.*) **A** *a.* xiphoid. **B** *m.* e *f.* xiphoid process.
xilèma, *m.* (*bot.*) xylem.
xilemàtico, *a.* (*bot.*) xylem (*attr.*).
xilène, *m.* (*chim.*) xylene.
xilòfago, *a.* (*zool.*) xylophagous; wood-eating.
xilofonista, *m.* e *f.* (*mus.*) xylophonist.
xilòfono, *m.* (*mus.*) xylophone.
xilografìa, *f.* **1** xylography; wood-engraving **2** (*stampa*) xylograph.
xilògrafo, *m.* xylographer; wood-engraver.
xilòlo, *m.* (*chim.*) xylol; xylene.
xilologìa, *f.* xylology.
xilósio, *m.* (*chim.*) xylose; wood sugar.
xòanon (*greco*), *m. invar.* (*archeol.*) xoanon*.

y, Y

Y, y, *f.* e *m.* **1** Y, y **2** (*mat.*) y. ● (*tel.*) **y come York**, y for Yellow (*USA*: y for Yankee) □ **a y**, y-shaped.
yacht (*ingl.*), *m.* yacht; **y. a vela**, sailing yacht.
yak (*ingl.*), *m.* (*zool., Bos grunniensis*) yak*.
yard, *m.* yard.
yatagan, *m.* yataghan.
yemenita, *a.*, *m.* e *f.* Yemenite.
yen, *m.* yen.
yeti, *m.* yeti; (the) abominable snowman*.
yòga, *m.* (*filos.*) yoga.

yog(h)i, *m.* yogi, yogin.
yògurt, *m.* yogurt; yoghourt.
yòle, *V.* **iòle.**
yorkshire terrier (*ingl.*), *locuz. m.* (*zool.*) Yorkshire terrier.
yo-yo, *m.* yo-yo.
yprite, *f.* (*chim.*) mustard gas; yperite.
yuan (*cinese*), *m. invar.* (*unità monetaria della Repubblica Popolare Cinese*) yuan*.
yucca, *f.* (*bot., Yucca*) yucca.
yurta (*russo*), *f.* yurta, yurt.

z, Z

Z, z, *f. e m.* (*ventunesima lettera dell'alfabeto ital.*) Z, z: **dall'a alla z**, from a to z. ● (*tel.*) **z come Zara**, z for Zebra.
zabaióne, *m.* egg-flip; egg-nog.
zabro, *m.* (*zool.*, *Zabros tenebrioides*) darkling ground beetle.
Zaccaria, *m.* Zachariah; Zacharias; Zachary; (*dim.*) Zach.
zàcchera, *f.* (*schizzo di fango*) splash of mud; mudsplash.
zaccheróne, *m.* (*fam.*) sloven.
zaccheróso, *a.* mud-splashed; muddy.
zaffare, *v. t.* **1** (*una botte*) to bung **2** (*med.*) to plug.
zaffata, *f.* **1** whiff; (*tanfo*) stench, stink **2** (*spruzzo*) spirt; spurt; splash; (*di vapore e sim.*) whiff: **una z. di fumo dal motore**, a whiff of smoke from the engine.
zaffatura, *f.* **1** (*di una botte*) bunging **2** (*med.*) plugging.
zàffera, *f.* (*ind. della maiolica*) zaffre, zaffer.
zafferanato, *a.* **1** (*condito con zafferano*) saffroned; flavoured with saffron (*pred.*) **2** (*del colore dello zafferano*) saffron--coloured; saffron (*attr.*).
zafferano, **A** *m.* (*bot.*, *Crocus sativus*; *sostanza gialla usata in farmacia e in cucina*) saffron: **risotto con lo z.**, risotto with saffron. **B** *a.* saffron (*attr.*): **giallo z.**, saffron yellow. ● (*bot.*) **z. delle Indie** (*Curcuma longa*), turmeric □ (*zool.*) **gabbiano z.** (*Larus fuscus*), lesser blackback.
zafferanóne, *m.* (*bot.*, *Carthamus tinctorius*) safflower; bastard saffron.
zaffirino, *a.* sapphirine; sapphire (*attr.*).
zaffìro, *m.* sapphire. ● (*fig.*) **un cielo di z.**, a sapphire sky.
zaffo, *m.* **1** (*di botte*) peg; bung **2** (*med.*) plug.
zagàglia, *f.* (*stor.*) assagai, assegai.
zàgara, *f.* orange-blossom.
zàino, *m.* knapsack; kit-bag. ● **z. da marinaio**, seabag.
zairiano, **A** *a.* of Zaire. **B** *m.* inhabitant (*o* native) of Zaire.
zambiano, *a. e m.* Zambian.
zampa, *f.* **1** (*arto di un animale*) leg: **le zampe d'un cavallo**, the legs of a horse **2** (*parte terminale dell'arto*) foot*; hoof*; (*di taluni quadrupedi*) paw: **le zampe del cane**, a dog's paws **3** (*di uccello*) claw **4** (*di insetto*) leg; foot* **5** (*cucina*) leg: **una z. di vitello lessa**, a boiled leg of veal **6** (*fam., scherz.: gamba dell'uomo*) leg **7** (*fam., scherz.: mano*) paw; hand: **Giù le zampe!**, hands off! ● (*naut.*) **z. d'oca**, crowfoot □ (*fig.*) **zampe di gallina**, (*rughe intorno agli occhi*) crow's feet; (*scritto indecifrabile*) scrawl (*sing.*) □ **a quattro zampe**, four-legged □ **camminare a quattro zampe**, to crawl (*o* to go) on all fours □ (*fig., spreg.*) **leccare le zampe a q.**, to lick sb.'s shoes (*pop.*).
zampare, *v. i.* (*battere la zampa in terra*) to paw (the ground).
zampata, *f.* **1** blow with the paw: **Il leone l'atterrò con una z.**, the lion laid him out with a blow from his paw **2** (*colpo di zoccolo; calcio dato da una persona*) kick **3** (*impronta*) mark of a paw; claw-mark; hoof-mark; (*in genere*) track: **Trovammo le zampate d'una tigre**, we found the tracks of a tiger.
zampettare, *v. i.* **1** (*rif. ad animali*) to trot **2** (*rif. a bambini piccoli*) to toddle.
zampétto, *m.* (*cucina: di maiale*) trotter; (*di agnello*) leg.
zampillante, *a.* gushing; spurting; squirting.
zampillare, *v. i.* to gush; to spurt; to squirt.
zampillìo, *m.* gushing; spurting; squirting.
zampillo, *m.* jet; gush; spurt; squirt.
zampino, *m.* little paw. ● (*fig.*) **mettere lo z. in una faccenda**, to have a hand in some matter; **to have a finger in the pie** (*fam.*): (*fig.*) **Questa volta ci ha messo lo z. il diavolo**, this time the devil has had a hand in it.
zampiróne, *m.* **1** fumigator **2** (*scherz.: sigaretta scadente*) cheap cigarette.
zampógna, *f.* bagpipe(s); pipe.
zampognaro, *m.* piper.
zampóne, *m.* (*cucina*) «zampone» (stuffed pig's trotter).
zana, *f.* **1** (*cesta*) basket: **una z. per la biancheria**, a laundry basket **2** (*culla*) cradle.
zanèlla, *f.* (*cunetta*) gutter.

zàngola, *f.* churn.
zangolatóre, *m.* churner.
zangolatura, *f.* churning.
zanna, *f.* **1** (*di elefanti, cinghiali, ecc.*) tusk **2** (*dei carnivori*) fang: **le zanne del lupo**, the wolf's fangs; **le zanne del leone**, the lion's fangs **3** (*pl., scherz. o spreg.: di persone*) teeth; fangs: **mostrare le zanne**, to show one's teeth; to bare one's fangs.
zannata, *f.* **1** (*colpo di zanna*) thrust (with a tusk): **L'elefante gli squarciò la mano con una sola z.**, the elephant tore his hand open with one single thrust **2** (*morso*) bite **3** (*segno lasciato dal morso*) tooth-mark; fang-mark.
zanni, *m.* (*teatr., anche fig.*) zany. ● **fare lo z.**, to play the fool.
zannuto, *a.* **1** (*rif. ad elefante, ecc.*) tusked **2** (*rif. a carnivoro*) fanged **3** (*spreg.: rif. a persona*) with long, protruding teeth.
Zante, *f.* (*geogr.*) Xanthus.
zanzara, *f.* (*zool.*, *Culex mosquito*) mosquito*; gnat (*USA*). ● **essere molesto** (*o* **seccante, noioso**) **come una z.**, to be a real nuisance □ **una vocina da z.**, a thin, piping voice.
zanzarièra, *f.* mosquito-net.
zappa, *f.* mattock; hoe. ● (*fig.*) **darsi la z. sui piedi**, to be hoist with one's own petard; to shoot oneself in the foot (*fam.*).
zappare, *v. t.* to dig* (with a mattock); to hoe: **z. l'orto**, to hoe the garden.
zappata, *f.* **1** (*colpo di zappa*) blow with a mattock (*o a* hoe) **2** (*lo zappare*) hoeing: **Dai una z. all'orto**, give the garden a little hoeing.
zappatèrra, *m. invar.* **1** (*spreg.*) hoer; (*contadino*) farm--labourer **2** (*fig.: persona rozza*) boor; lout.
zappatóre, *m.* **1** hoer; (*contadino*) farm-labourer **2** (*mil.*) sapper.
zappatrice, *f.* hoeing-machine; mechanical hoe.
zappatura, *f.* hoeing.
zappétta, *f.* hoe.
zappettare, *v. t.* to hoe.
zar, *m.* czar, tsar, tzar.
zarèvic, *m.* czarevitch, czarewich, tsarevitch, tsarewich.
zarina, *f.* czarina, tsarina, tzarina.
zarista, *a., m. e f.* czarist, tsarist, tzarist.
zàttera, *f.* (*naut.*) lighter; raft: **una z. di salvataggio**, a life-raft.
zatteràggio, *m.* (*ind.*) lighterage.
zatterino, *m.* (*naut.*) punt.
zatteróne, *m.* **1** (*naut.*) large raft **2** (*edil.*) slab: **z. di fondazione**, foundation slab **3** (*mil.*) landing craft.
zatteróni, *m. pl.* (*scarpe con suola e tacco altissimi*) platform shoes; platforms.
zavòrra, *f.* **1** (*naut.*) ballast: **imbarcare la z.**, to take in ballast; **gettare la z.**, to jettison ballast **2** (*fig.: roba inutile*) padding: **In questo libro ho trovato molta z.**, I found a lot of padding in this book **3** (*fig.: persona di scarsa levatura*) dead weight.
zavorramento, *m.* (*naut.*) ballasting.
zavorrare, *v. t.* (*naut.*) to ballast.
zàzzera, *f.* **1** long hair: **portare la z.**, to wear one's hair long **2** (*spreg. o scherz.*) mop(-head); shock of hair; thatch (*fam.*).
zazzeróne, *m.* (*spreg.*) mop-head.
zazzeruto, *a.* **1** long-haired **2** (*spreg. o scherz.*) mop-headed; shock-headed.
zèbra, *f.* **1** (*zool.*, *Equus zebra*) zebra **2** (*pl.: passaggio pedonale*) zebra crossing (*sing.*). ● (*sport*) **le zebre**, the Juventus soccer players.
zebrato, *a.* striped. ● **passaggio z.**, zebra crossing.
zebratura, *f.* black and white stripes (*pl.*). ● **z. stradale**, stripes on a zebra crossing.
zebù, *m.* (*zool.*, *Bos indicus*) zebu.
zécca (1), *f.* mint. ● (*fig.*) **nuovo di z.**, brand-new.
zécca (2), *f.* (*zool.*) tick.
zecchinétta, *f.* (*gioco di carte*) lansquenet; lambskint.
zecchino, *m.* (*stor.*) sequin: **z. gigliato**, Florentine sequin. ● **oro (di) z.**, pure gold.

zéccola, *f.* **1** bur **2** (*fig.*: *bazzecola*) (mere) trifle.
zéccolo, *m.* **1** tangle of wool **2** (*raro*: *zeccola*) bur.
zèffiro, *V.* **zèfiro**.
zefir, *m.* (*ind. tessile*) zephyr.
zèfiro, *m.* zephyr; breeze.
Zèfiro, *m.* (*mitol.*) Zephyrus.
Zelanda, *f.* (*geogr.*) Zealand. ● **Nuova Z.**, New Zealand.
zelante, **A** *a.* zealous; eager: **essere z. nel proprio dovere**, to be zealous in doing one's duty. **B** *m.* e *f.* zealous person.
zelatemènte, *avv.* zealously; fervently.
zelantería, *f.* (eccessive) zeal; zealotry.
zelatóre, *m.* zealot.
zèlo, *m.* zeal; eagerness; fervour: **È pieno di z.**, he's full of zeal; **lavorare con z.**, to work with fervour.
zelòta, *m.* (*stor.*) Zealot.
zèn, *m.* (*relig.*) Zen (Buddhism).
zendado, *m.* (*stor.*) sendal.
zènit, *m.* (*astron.*) zenith.
zenitale, *a.* (*astron.*) zenithal: **telescopio z.**, zenith telescope.
zénzero, *m.* (*bot.*, *Zingiber officinale*) ginger. ● **pan di z.**, gingerbread.
zeolite, *f.* (*miner.*) zeolite.
zeolítico, *a.* zeolitic.
zeolitizzazióne, *f.* (*geol.*) zeolitization.
zéppa, *f.* **1** wedge **2** (*edil.*) shim **3** (*tipogr.*) slug **4** (*fig.*) stop-gap **5** (*giornalismo*) space filler. ● (*fig.*) **metterci una z.**, to make the best of a bad job.
zeppelin (*ted.*), *m.* (*aeron.*) Zeppelin; (*abbr. fam.*) Zep(p).
zéppo, *a.* (packed) full; packed; crammed; cram-full: **pieno z.**, packed full; (*fig.*) **un libro pieno z. d'errori**, a book packed with (*o* full of) mistakes.
zerbino, *m.* (*stuoia*) door-mat.
zerbinòtto, *m.* dandy; fop; coxcomb.
zeriba, *f.* zeriba, zareba.
zèro, **A** *m.* **1** (*mat.*) nought; cipher, cypher: **cinque, quattro, tre due, uno, z.**, five, four, three, two, one, nought; **z. virgola tre**, (nought) point three **2** (*di voti*) nought: **z. in latino**, nought in Latin **3** (*fis.*) zero: **z. assoluto**, absolute zero; **Il termometro segna z.**, the thermometer is at zero; **dieci gradi sotto (sopra) z.**, ten degrees below (above) zero **4** (*al telefono*) o (*pronuncia* [ou]): **Il mio numero di telefono è 2230**, my telephone number is double two three o. ● **farsi tagliare i capelli a z.**, to have one's hair cropped □ (*fig.*) **non capire uno z.**, to be unable to understand anything □ (*fig.*) **ridurre a z.**, to reduce to nothing □ (*fig.*) **ridursi a z.**, to have nothing left □ (*fig.*) **spaccare lo z.**, to account for every halfpenny □ **sparare a z.**, (*mil.*) to fire with zero degrees of elevation; to fire point blank; (*fig.*) to attack violently □ **Quell'uomo è uno z.**, that man is a nobody (*o* a cipher) □ (*fig.*) **Non vale uno z.**, it's not worth a brass farthing (*o* tuppence, *fam.*). **B** *a.* **1** zero: **l'ora z.**, zero hour; **Il termometro segna z. gradi**, the thermometer shows zero degrees **2** (*tennis*) love. ● **Ha fatto z. punti**, he hasn't scored at all □ (*sport*) **z. punti**, nil.
zèta, *f.* e *m.* **1** (*lettera*) zed; zee (*USA*); the letter z **2** (*sesta lettera dell'alfabeto greco*) zeta.
zèugma, *m.* (*gramm.*) zeugma.
zeugmàtico, *a.* (*gramm.*) zeugmatic.
zeuzèra, *f.* (*zool.*, *Zeuzera pyrina*) leopard moth.
zia, *f.* aunt: **zia Gianna**, Aunt Jane.
zibaldóne, *m.* **1** (*mescolanza*) miscellany; mixture **2** (*spreg.*) hotchpotch: **Quello non è un trattato; non è altro che uno z.**, that's not a treatise; it's no more than a hotchpotch **3** (*letter.*) commonplace book.
zibellino, *m.* (*zool.*, *Martes zibellina*; *pelliccia*) sable.
zibétto, *m.* **1** (*zool.*, *Viverra zibetha*) Indian civet(-cat); zibet **2** (*profumeria*) civet.
zibibbo, *m.* «zibibbo» (a sweet grape).
ziètta, *f.* (*fam.*) auntie, aunty.
zifio, *m.* (*zool.*, *Ziphius cavirostris*) Cuvier's whale.
zigano, a. e *m.* (*lingua*) gypsy: **musica zigana**, Tzigane music.
zigodàttilo, *a.* (*zool.*) zygodactylic; zygodactylous.
zigolo, *m.* (*zool.*, *Emberiza*) bunting. ● **z. nero** (*Emberiza cirlus*), cirl bunting.
zigomàtico, *a.* (*anat.*) zygomatic.
zigomo, *m.* (*anat.*) cheek-bone; zygoma*.
zigomòrfo, *a.* (*bot.*) zygomorphic; zygomorphous.
zigòsi, *f.* (*biol.*) zygosis*.
zigòte, *m.* (*biol.*) zygote.
zigòtico, *a.* (*biol.*) zygotic; zygote (*attr.*).
zigrinare, *v. t.* **1** (*pelli*) to grain **2** (*mecc.*) to knurl **3** (*monete*) to mill; to reed.
zigrinato, *a.* **1** (*rif. a pelli*) grained **2** (*mecc.*) knurled **3** (*rif. a monete*) milled; reeded.
zigrinatura, *f.* **1** (*di pelli*) graining **2** (*mecc.*) knurling **3** (*di monete*) milling; reeding.
zigrino, *m.* **1** shagreen **2** (*mecc.*) knurling tool.
zigzàg, *m.* zigzag: **a z.**, zigzag. ● **andare a z.**, to zigzag.
zigzagaménto, *m.* zigzagging.
zigzagare, *v. i.* to zigzag.
zimarra, *f.* **1** long robe **2** (*scherz.*: *cappotto lungo*) long coat.
zimasi, *f.* (*biol.*) zymase.
zimbellare, *v. t.* **1** to decoy **2** (*fig.*) to decoy; to seduce; to allure.
zimbèllo, *m.* **1** (*anche fig.*) decoy **2** (*oggetto di scherno*) laughing-stock: **È lo z. dei compagni**, he's the laughing-stock of his friends; **servire da z.**, to be a laughing-stock; **Diventerai lo z. di tutti**, you'll become a laughing-stock to one and all.
zimología, *f.* zymology.
zinale, *m.* (*dial.*) apron.
zincare, *v. t.* (*metall.*) to zinc; to coat with zinc; to galvanize: **z. a caldo**, to hot-galvanize.
zincato, **A** *a.* (*metall.*) coated with zinc; zinc-plated; galvanized. **B** *m.* (*chim.*) zincate.
zincatura, *f.* (*metall.*) zinc-plating; galvanization.
zincite, *f.* (*miner.*) zincite.
zinco, *m.* **1** (*chim.*) zinc: **carbonato (ossido) di z.**, zinc carbonate (oxide); **una lamiera di z.**, a zinc sheet **2** (*tipogr.*) cut.
zincografía, *f.* (*tipogr.*) zincography.
zincogràfico, *a.* (*tipogr.*) zincographic.
zincògrafo, *m.* (*tipogr.*) zincographer.
zincotipía, *f.* (*tipogr.*) **1** (*procedimento*) zincography **2** (*copia stampata*) zincotype; zincograph.
zincotipista, *m.* e *f.* (*tipogr.*) zincographer.
zingarésca, *f.* **1** (*letter.*) gipsy (*o* gypsy) poem **2** (*mus.*) gipsy (*o* gypsy) song.
zingarésco, **A** *a.* gipsy, gypsy (*attr.*): **costumi zingareschi**, gypsy customs. **B** *m.* (*lingua degli zingari*) Gypsy; Romany.
zingaro, *m.* gipsy, gypsy. ● **fare una vita da z.**, to lead a wandering life.
zinnia, *f.* (*bot.*, *Zinnia*) zinnia.
zinzino, *m.* (*fam.*) **1** (*fam.*) hint; spot; drop: **uno z. di pepe**, a pinch of pepper; **uno z. di whisky**, a drop (*o* a spot) of whisky **2** (*fig.*) scrap: **uno z. di pazienza**, a scrap of patience.
zio, *m.* uncle: **zio Paolo**, Uncle Paul; **Come stanno gli zii** (*lo zio e la zia*)?, how are uncle and aunt?; **zio materno**, uncle on one's mother's side; (*scherz.*) **lo zio d'America**, a rich uncle.
zip, *m.* (*chiusura lampo*) zip-fastener; zipper.
zipolare, *v. t.* to peg.
zipolo, *m.* bung; spigot; peg.
zirconato, *m.* (*chim.*) zirconate.
zircóne, *m.* (*miner.*) zircon.
zircònio, *m.* (*chim.*) zirconium.
zirlare, *v. i.* to whistle.
zirlo, *m.* (*thrush's*) whistle.
zitèlla, *f.* spinster. ● (*spreg.*) **vecchia z.**, old maid □ **È ancora z.**, she is still on the shelf (*fam.*).
zitellóna, *f.* (*spreg.*) old maid.
zitellóne, *m.* (*scherz.*) old bachelor.
zittío, *m.* hissing; booing.
zittire, *v. i.* e *t.* to hiss; to boo: **Il pubblico cominciò a z.**, the audience began to hiss for silence; **Il tenore fu zittito**, the tenor was booed.
zitto, *a.* silent; quiet: **Sta' z.!**, (be) quiet!; shut up!
zizzània, *f.* **1** (*bot.*, *Lolium temulentum*) (bearded) darnel **2** (*fig.*) discord: **seminare** (*o* **spargere**) **z.**, to sow discord; to make mischief.
zizzola, *f.* **1** (*raro*: *giuggiola*) jujube **2** (*fig.*, *per lo più iron.*) bagatelle. ● **Che z.!**, what a blow.
zoccolàio, *m.* **1** (*fabbricante di zoccoli*) clog-maker; clogger **2** (*venditore di zoccoli*) seller of clogs **3** (*fig.*: *zotico*) lout; boor.
zoccolante, *m.* — **frati zoccolanti**, Observants.
zoccolare, *v. i.* to clatter along (in clogs); to clump about.
zoccolata, *f.* blow with a clog.
zoccolatura, *f.* wainscot, wainscot(t)ing.
zoccolino, *m.* (*edil.*) baseboard; mopboard.
zoccolío, *m.* clattering (of clogs).
zòccolo, *m.* **1** clog; sabot **2** (*di cavalli, ecc.*) hoof* **3** (*zolla di terra*) sod **4** (*archit.*) base; (*di colonna*) plinth; (*piedistallo*) socle **5** (*di parete*) skirting board; wainscot **6** (*fis.*) base; socket: **z. di valvola**, tube (*o* valve) base **7** (*fig.*, *spreg.*: *uomo da nulla*) good--for-nothing. ● (*geol.*) **z. continentale**, continental shelf.
zodiacale, *a.* (*astron.*) zodiacal.
zodíaco, *m.* (*astron.*) zodiac: **costellazioni dello z.**, signs of the zodiac.
zoidiofilía, *f.* (*bot.*) animal pollination.
zoidiòfilo, *a.* (*bot.*) zoidiophilous; zoophilous.
zolfanèllo, *m.* sulphur match.

zolfara, zolfatara, f. sulphur-mine.
zólfo, m. (chim.) sulphur.
zoliano, a. (letter.) Zolaesque.
zòlla, f. 1 sod; turf 2 (di zucchero) lump 3 (geol.) plate.
zollétta, f. lump.
zòna, f. 1 (anche geogr., astron.) zone: **z. glaciale,** glacial zone; **z. torrida,** torrid zone; **z. di guerra,** war zone; **z. neutra,** neutral zone; **Berlino è divisa in due zone,** Berlin is divided into two zones 2 (regione) region; (distretto) district; (area) area; (fascia) belt: **una z. montuosa,** a mountainous region; **una z. malarica,** a malarial region; **z. residenziale,** residential area; **z. verde,** parks and gardens area; green belt; **la z. del granturco** (in USA), the Corn Belt 3 (del telegrafo) tape 4 (striscia) stripe: **a zone di vari colori,** in many-coloured stripes 5 (stor.: fascia) zone 6 (elab.) zone; area. ● (radio) **z. d'ascolto,** service area □ (meteorologia) **z. di depressione,** trough □ (radio) **z. di silenzio,** blind (o dead) spot □ (mil.) **z. morta** (o **defilata**), dead ground □ **z. pedonale,** pedestrian precinct □ (autom.) **z. per parcheggio,** parking-lot □ (mat.) **z. sferica,** zone □ **dividere in zone,** to zone □ (nel gioco del «bridge») **in z.,** vulnerable.
zonale, a. zonal; regional; area (attr.); district (attr.).
zonatura, f. division into zones.
zonizzazione, f. zoning.
zónzo, a, locuz. avv. — **andare a z.,** to saunter; to stroll; to loaf.
zòo, m. (fam.) zoo*.
zoochimica, f. zoochemistry.
zoofilia, f. zoophily.
zoòfilo, A m. zoophile; zoophilist. **B** a. zoophilous.
zoofobia, f. zoophobia.
zoòfobo, a. zoophobous.
zoòforo, m. (fregio ionico) zoophorus*.
zoogènico, a. zoogenic: **rocce zoogeniche,** zoogenic rocks.
zoogeografia, f. zoogeography.
zooglèa, f. (microbiologia) zoogl(o)ea*.
zoografia, f. zoography.
zoolatria, f. zoolatry.
zoologia, f. zoology.
zoològico, a. zoological: **giardino z.,** zoological gardens (pl.); (abbr.) zoo.
zoòlogo, m. zoologist.
zoom (ingl.), m. (fotogr., telev.) zoom lens.
zoometria, f. zoometry.
zoonòsi, f. zoonosis*.
zooplancton, m. zooplankton.
zoopsia, f. (psic.) zooscopy.
zoospòra, f. (biol.) zoospore.
zootecnia, f. zootechny; zootechnics (pl. col verbo al sing.).
zootècnico, A a. zootechnical; livestock (attr.). **B** m. zootechnician.
zoòtoca, f. (zool., Lacerta zootoca vivipara) viviparous lizard.
zootomia, f. zootomy.
zoppìa, f. limp.
zoppicante, a. 1 limping; lame: **un uomo z.,** a limping man 2 (fig.: instabile) unsteady, wobbly; rickety: **un tavolo z.,** a rickety table. ● **versi zoppicanti,** halting verses.
zoppicare, v. i. 1 to limp: **È guarito, ma zoppica,** he's cured, but he limps 2 (fig.: essere instabile) to be unsteady: **Questa tavola zoppica,** this table is unsteady 3 (fig.: mancare di rigore) to be unsound: **Questo ragionamento zoppica,** this argument is unsound.
zoppicóni, avv. haltingly; with a limp. ● **andare z.,** to limp along.
zòppo, A a. 1 limping; lame: **Rimase z. dalla gamba sinistra,** he remained lame in his left leg 2 (fig.: instabile) unsteady; wobbly; rickety: **una sedia zoppa,** a rickety chair 3 (fig.: difettoso) unsound; defective; faulty: **un ragionamento z.,** an unsound argument; **rima zoppa,** faulty rhyme. ● (nei giochi) **correre a piè z.,** to hop. **B** m. lame person; cripple. ● (prov.) **Chi burla lo z. badi d'esser dritto,** he that mocks a cripple, ought to be whole □ (prov.) **Chi va con lo z. impara a zoppicare,** he that dwells next door to a cripple, will learn to halt.
zorilla, m. (zool., Zorilla) zoril; muishond.
Zoroastro, m. Zoroaster.
zoster (lat.), a. — (med.) **herpes z.,** herpes zoster; shingles.
zoticàggine, f. (spreg.) boorishness.
zotichézza, f. roughness; rudeness; boorishness.
zòtico, A a. rough; rude; boorish: **maniere zotiche,** rough manners. **B** m. boor; lout: **È un contadino, ma non è affatto uno z.,** he's a peasant, but he's not a bit of a boor.
zoticóne, m. ill-mannered person; boor; lout; clodhopper.
zuava, f. zouave (jacket).
zuavo, m. (mil.) zouave. ● **pantaloni alla zuava,** plus-fours.
zucca, f. 1 (bot., Cucurbita pepo) pumpkin: **semi di z.,** pumpkin seeds 2 (fig.: testa) head; pate (fam.); noddle (fam.): **Hai battuto la z.?,** did you bang your noddle?; **una z. pelata,** a bald pate. ● (fig.) **sale in z.,** savvy (pop.); gumption (fam.): **esser senza sale in z.,** to have no savvy; to lack gumption.
zuccàia, f. pumpkin bed.
zuccata, f. bang with the head.
zuccheràggio, m. (enologia) must-sugar enrichment.
zuccherare, v. t. to sugar; to sweeten.
zuccherato, a. 1 sugared; sweetened 2 (fig.) sugary; honeyed: **parole melate e zuccherate,** sweet and honeyed words.
zuccherièra, f. sugar-basin; sugar-bowl: **una z. d'argento,** a silver sugar-basin.
zuccherière, m. 1 (industriale che produce zucchero) sugar manufacturer 2 (operaio di zuccherificio) worker in a sugar-house.
zuccherièro, a. sugar (attr.): **l'industria zuccheriera,** the sugar industry.
zuccherificio, m. sugar-house; sugar-refinery.
zuccherino, A a. sugary; sweet: **sostanze zuccherine,** sugary substances. **B** m. sweetmeat; sugar-plum (anche fig.): **Devo dare uno z. al bambino,** I must give the child a sugar-plum. ● (fig.) **dare lo z. a q.,** to fob sb. off with st.
zùcchero, m. sugar: **z. a velo,** icing sugar; **z. bruciato,** burnt sugar; caramel; **z. di barbabietola,** beet sugar; **z. di canna,** cane sugar; **z. d'orzo,** barley sugar; **canna da z.,** sugar cane; **z. scuro,** brown sugar; **z. in polvere,** castor (o granulated) sugar; **z. in quadretti** (o **zollette**), lump sugar; (fig.) **essere tutto z. e miele,** to be all sugar and honey. ● **z. filato,** candy floss; cotton candy (USA) □ (fig.) **a pan di z.,** sugar-loaf (attr.) □ **Tuo padre è molto severo, ma tua madre è un vero z.,** your father is very strict but your mother is a lamb.
zuccheróso, a. 1 sugary; sweet 2 (fig.) sugary, honeyed; (spreg.) sickly, soppy.
zucchetta, V. zucchina.
zucchétto, m. 1 V. **zucchina** 2 (copricapo) skull-cap: **lo z. del cardinale,** the Cardinal's red skull-cap.
zucchina, f. **zucchino,** m. courgette; zucchini (USA).
zucconàggine, f. dullness; doltishness; thickheadedness; (caparbietà) pig-headedness (pop.).
zuccóne, A m. (pop.) 1 (testa grossa) big head 2 (fig.: persona ottusa) blockhead; thickhead; dolt; dunce; donkey (pop.); (persona caparbia) pig-headed fool (pop.). **B** a. dull; slow-witted; doltish; thickheaded; (caparbio) pig-headed (pop.).
zuffa, f. brawl; scuffle; punch-up (fam.): **cacciarsi nella z.,** to join in the brawl.
zufolaménto, m. 1 (mus.) piping 2 (fischietto) whistling.
zufolare, A v. i. 1 (mus.) to pipe 2 (fischiare) to whistle. **B** v. t. (fischiettare) to whistle. ● (fig.) **z. q.c. negli orecchi a q.,** to whisper st. in sb.'s ear □ (prov.) **Non si può bere e z.,** a man cannot whistle and drink at the same time.
zufolata, f. 1 (mus.) piping 2 (fischio) whistle.
zufolio, V. zufolamento.
zùfolo, m. (mus.) flageolet.
zulù, A m. e f. 1 Zulu 2 (fig.: zotico) boor; lout. **B** a. Zulu (attr.): **un villaggio z.,** a Zulu village.
zumare, v. t. e i. (cinem., telev.) to zoom.
zumata, f. (cinem., telev.) zoom.
zuppa, f. 1 soup: **z. di verdura,** vegetable soup; **z. di pesce,** fish soup 2 (fig.) muddle; mess: **Vedessi che z.,** you should see the mess. ● (cucina) **z. inglese,** trifle □ **fare la z. nel vino,** to dip one's bread in wine □ **Se non è z. è pan bagnato,** it's six of one and half a dozen of the other.
zuppièra, f. soup-tureen.
zuppo, a. wet through; soaked; drenched; soppy: **essere tutto z. dalla pioggia,** to be soaked with rain; to be drenched to the skin.
zurighése, A a. Zurich; relating to (o of) Zurich. **B** m. e f. native (o inhabitant) of Zurich.
Zurigo, f. (geogr.) Zurich.
zuzzurellóne, zuzzurullóne, m. (fam.) rollicking person.

SIGLE, ABBREVIAZIONI, SIMBOLI INGLESI

a. 1 *acre*(s), acro(-i). **2** *active*, (*gramm.*) attivo. **3** *adult*, (*di film*) per adulti. **4** *afternoon*, pomeriggio. **5** *amateur*, (*sport, ecc.*) dilettante. **6** (*fis.*) *area*, area.
A. *Academy*, Accademia.
A *ampere*, (*fis.*) ampere.
A.A. 1 *Anti-aircraft*, Antiaereo. **2** *Automobile Association*, Automobil Club (*G.B.*); *cfr. ital. A.C.I.*).
A.A.A. 1 *Amateur Athletic Association*, Associazione dell'Atletica Dilettantistica (*G.B.*). **2** *American Automobile Association*, Automobile Club d'America.
A.A.A.S. *American Association for the Advancement of Science*, Associazione Americana per il Progresso delle Scienze.
A.A.E. *American Association of Engineers*, Associazione degli Ingegneri Americani.
a. a/r *against all risks*, (*comm*) contro tutti i rischi (*nelle polizze d'assicurazione*).
A.B. 1 *Able-bodied seaman*, (*mil.*) marinaio. **2** (*lat.*: *Artium Baccalaureus*) *Bachelor of Arts*, laureato in Lettere (*con laurea di 1° grado*; *specialm. USA*).
A.B.A. 1 *Amateur Boxing Association*, Associazione del Pugilato Dilettantistico (*G.B.*). **2** *American Bar Association*, Associazione Forense Americana (*USA*).
abbr. 1 *abbreviated*, abbreviato (abbr.). **2** *abbreviation*, abbreviazione (abbr.).
A.B.C. 1 *Aerated Bread Company*, nome di una catena di ristoranti economici (*G.B.*). **2** *American Broadcasting Company*, Compagnia Americana di Radiodiffusione.
ab init. (*lat.*: *ab initio*) *from the beginning*, dal principio.
abl. *ablative*, ablativo (abl.).
Abp. *Archbishop*, Arcivescovo (Arc.).
abr. 1 *abridged*, (*di un libro*) ridotto. **2** *abridgement*, riduzione (*di un libro*).
abs. 1 *absolute*, assoluto. **2** *abstract*, (*leg.*) estratto.
abt. *about*, circa; all'incirca.
a.c. *alternating current*, corrente alternata (c.a.).
a/c 1 *account*, (*comm.*) conto (c.to). **2** (*anche* A/c, A/C) *aircraft*, (*mil.*) aeroplano, aeroplani; aereo, aerei. **3** *aircraftman*, (*mil.*) aviere.
Ac *actinium*, (*chim.*) attinio (Ac).
A.C. 1 *Aero Club*, Aeroclub. **2** *Air Corps*, Forze Aeree (*USA*). **3** *Alpine Club*, Club Alpino. **4** *alternating current*, corrente alternata (c. a.). **5** *Appeal Court*, (*leg.*) Corte d'Appello. **6** *Army Corps*, Corpo d'Armata (C. d'A.). **7** *Athletic Club*, Club Atletico.
acc. 1 *acceptance*, (*comm.*) accettazione (*di una cambiale*). **2** *accepted*, (*di una cambiale*) accettata. **3** *according (to)*, secondo; a seconda (di). **4** *account*, (*comm.*) conto. **5** *accusative*, (*gramm.*) accusativo (acc.).
accus. *accusative*, (*gramm.*) accusativo (acc.).
act. *active*, (*gramm.*) attivo (att.).
ad *advertisement*, annuncio pubblicitario.
A.D. (*lat.*: *Anno Domini*) *in the year of the Lord*, Anno Domini (A.D.); dopo Cristo (d.C.).
A.D.C., A.-de-C. *Aide-de-Camp*, (*mil.*) aiutante di campo.
ad int. (*lat.*: *ad interim*) *in the meanwhile*, ad interim.
adj. *adjective*, aggettivo (agg.).
Adj., Adjt. *Adjutant*, (*mil.*) Aiutante.
ad lib. (*lat.*: *ad libitum*) *at one's pleasure*; *as much as you like*, ad libitum; a volontà.
Adm. 1 *Admiral*, Ammiraglio. **2** *Admiralty*, Ammiragliato.
admin. 1 *administration*, amministrazione (amm.ne). **2** *administrative*, amministrativo. **3** *administrator*, amministratore (amm.re).
A.D.P. *Automatic Data Processing*, elaborazione automatica dei dati.
adv. 1 *advanced*, superiore. **2** *adverb*, avverbio (avv.).
ad val. (*lat.*: *ad valorem*) *according to the value*; *in proportion to the estimated value* (*of the goods*), (*comm.*) ad valorem; secondo il valore (della merce).

A.E.A. *Atomic Energy Authority*, Ente per l'Energia Atomica (*G.B.*).
A.E.C. *Atomic Energy Commission*, Commissione per l'Energia Atomica (*USA*).
A.E.R.E. *Atomic Energy Research Establishment*, Stabilimento per le Ricerche sull'Energia Atomica (*a Harwell, G.B.*).
A.F. 1 *Admiral of the Fleet*, Ammiraglio. **2** *Air Force*, (*mil.*) Aeronautica. **3** *Audio Frequency*, audiofrequenza.
AFA *Amateur Football Association*, Associazione del Gioco del Calcio Dilettantistico (*G.B.*).
AFCent *Allied Forces, Central Europe*, Forze Alleate dell'Europa Centrale.
A.F.H.Q. *Air Force Head Quarters*, Quartier Generale dell'Aeronautica.
A.F. of L. *American Federation of Labor*, Federazione Americana del Lavoro.
Afr. 1 *Africa*, Africa. **2** *African*, Africano.
aft. 1 *after*, dopo. **2** *afternoon*, pomeriggio
Ag *silver*, (*chim.*) argento (Ag).
A.G. 1 *Adjutant-General*, (*mil.*) Aiutante generale. **2** *Agent--General*, (*comm.*) Agente Generale. **3** *Attorney General*, Procuratore Generale (P. G., Proc. Gen.).
Agcy. *Agency*, Agenzia.
agr., agric. *agriculture*, agricoltura (agric.).
A.I.D. *Agency for International Development*, Agenzia per lo Sviluppo Internazionale.
Al *aluminium*, (*chim.*) alluminio (Al).
A.L. *American Legion*, Legione Americana (*associazione di ex--combattenti e reduci*).
Ala. *Alabama*, Alabama.
Alas. *Alaska*, Alaska.
Alb. 1 *Albania*, Albania. **2** *Alberta*, Alberta.
alg. *algebra*, algebra (alg.).
alt. 1 *alternate*, alternato. **2** *alternatively*, alternativamente. **3** *altitude*, altitudine (alt.).
a. m. 1 (*lat.*: *ante meridiem*) *before noon*, antimeridiano (a. m., ant.). **2** *above mentioned*, summenzionato; suddetto.
Am *americium*, (*chim.*) americio (Am).
Am. 1 *America*, America. **2** *American*, americano.
A.M. 1 *Air Mail*, Posta Aerea. **2** *Air Marshal*, Maresciallo dell'Aria. **3** *Air Ministry*, Ministero dell'Aeronautica. **4** (*lat.*: *Artium Magister*) *Master of Arts*, laureato in Lettere (*con laurea di 2° grado*). **5** *Amplitude Modulation*, (*fis.*) Modulazione di Ampiezza (A.M.).
A.M.A. *American Medical Association*, Ordine dei Medici Americani.
amt. *amount*, (*comm.*) ammontare.
Angl. *Anglican*, anglicano.
Ang.-Sax. *Anglo-Saxon*, anglosassone.
anon. *anonymous*, anonimo.
A.P. *Asociated Press*, Stampa Associata (*agenzia di stampa*; USA).
A.P.L. *Automatic Programming Language*, Linguaggio per la Programmazione Automatica.
app. 1 *appendix*, appendice (app.). **2** *appointed*, nominato (*a una carica*). **3** *apprentice*, apprendista.
approx. 1 *approximate*, approssimato. **2** *approximately*, approssimativamente. **3** *approximation*, approssimazione.
appx. *appendix*, appendice (app.).
Apr. *April*, aprile (apr.).
Ar *argon*, (*chim.*) argon (Ar).
A.R.A. *Associate of the Royal Academy*, Membro dell'Accademia Reale.
A.R.C. 1 *Agricultural Research Council*, Consiglio per le Ricerche nel Campo dell'Agricoltura (*G.B.*). **2** *American Red Cross*, Croce Rossa Americana.
arch. 1 *archaic*, arcaico. **2** *archaism*, arcaismo. **3** *architect*, architetto. **4** *architectural*, architettonico.
Archaeol. 1 *archaeological*, archeologico. **2** *Archaeology*, Ar-

Archbp.

cheologia (archeol.).
Archbp. Archbishop, Arcivescovo.
Archd. 1 Archdeacon, Arcidiacono. **2** Archduke, Arciduca.
Ariz. Arizona, Arizona.
Ark. Arkansas, Arkansas.
arr. 1 arrival, arrivo. **2** arrives, (*di un treno, ecc.*) arriva; in arrivo.
art. 1 article, (*gramm., ecc.*) articolo (art.). **2** (*raro*) artillery, artiglieria. **3** artist, artista.
As arsenic, (*chim.*) arsenico (As).
As. 1 Asia, Asia. **2** Asian, Asiatic, asiatico.
a/s. 1 account sales, (*comm.*) conto vendite. **2** after sight, (*comm.*) a vista. **3** alongside, (*naut., comm.*) sottobordo: a/s. ship, sotto paranco.
A.S. 1 Academy of Sciences, Accademia delle Scienze. **2** Account Sales, (*comm.*) Conto Vendite. **3** Anglo-Saxon, anglosassone. **4** Assistant Secretary, vicesegretario. **5** anti-submarine, (*mil.*) antisommergibile.
A.S.A. 1 American Statistical Association, Associazione Americana di Statistica. **2** Amateur Swimming Association, Associazione del Nuoto Dilettantistico (*G.B.*). **3** American Standards Association, Associazione per la Normalizzazione.
ass. association, associazione.
Assn., Assoc. Association, Associazione.
asst. assistant, assistente.
at. atomic, atomico.
At astatine, (*chim.*) astato (At).
A.-T. Anti-Tank, anticarro.
A.T.A.F. Allied Tactical Air Force, Forza Aerea Tattica Alleata.
A.T.C. Airway Traffic Control, Controllo Traffico Aereo.
Atl. Atlantic, atlantico.
atm. 1 atmosphere, atmosfera (atm). **2** atmospheric, atmosferico.
att. attached, allegato.
Att. Attorney, Procuratore Legale.
Att.-Gen. Attorney General, Procuratore Generale; (*in USA*) Ministro della Giustizia.
attrib. attribute, attributo (attr.).
Atty. Attorney, Procuratore Legale.
at. wt. atomic weight, peso atomico.
Au gold, (*chim.*) oro (Au).
Aug. August, agosto (ago.).
Aus. 1 Austria, Austria. **2** Austrian, austriaco.
Austral. 1 Australia, Australia. **2** Australian, australiano.
A.U.T. Association of University Teachers, Associazione dei Docenti Universitari (*G.B.*).
auth. 1 authentic, autentico. **2** author, autore (A.). **3** authorization, autorizzazione. **4** authorized, autorizzato.
aux. auxiliary, (*gramm.*) ausiliare (aus.).
av. 1 average, medio; media. **2** avoirdupois (*sistema inglese di pesi*).
A.V. Authorized Version, Versione Autorizzata (*traduzione ufficiale della Bibbia Anglicana: 1611*).
avdp. avoirdupois (*sistema inglese di pesi*).
Ave. Avenue, viale (V.le).
b. 1 ball, palla (*nel cricket*). **2** book, libro. **3** born, nato (n.).
B boron, (*chim.*) boro (B).
B. 1 Baptist, (*relig.*) Battista. **2** Baron, Barone. **3** Bible, Bibbia. **4** British, Britannico.
Ba barium (*chim.*) bario (Ba).
B.A. 1 Bachelor of Arts, laureato in Lettere (*laurea di 1° grado*). **2** British Academy, Accademia Britannica. **3** British Association (for the Advancement of Science), Associazione Britannica (per il Progresso della Scienza).
B.A.B.S. Beam Approach Beacon System, Sistema di Avvicinamento con Radar faro.
B.A.O.R. British Army of the Rhine, Armata Britannica del Reno.
bap., bapt. baptized, battezzato.
Bapt. Baptist, (*relig.*) Battista.
bar. 1 barometer, barometro. **2** barometrical, barometrico.
barr. barrister, avvocato (avv.).
Bart. Baronet, Baronetto.
BASIC Beginner's All Purpose Symbolic Instruction Code, Codifica di Istruzioni Simbolica Universale per Principianti.
B.B.C. British Broadcasting Corporation, Ente Radiofonico Britannico.
bbl(s) barrel(s), barile (-i).
B.C. 1 Bachelor of Chemistry, laureato in Chimica (*laurea di 1° grado*). **2** Before Christ, avanti Cristo (a.C.). **3** Board of Control, Comitato di Controllo. **4** British Columbia, Columbia Britannica.
B.C.F. British Cycling Federation, Federazione Ciclistica Britannica.

B.D. 1 Bachelor of Divinity, laureato in Teologia (*laurea di 1° grado*). **2** Bomb Disposal, (*mil.*) il rendere inoffensive le bombe inesplose: B.D. squad, squadra di artificieri.
B/D bank draft, (*comm.*) tratta bancaria; assegno circolare.
Be beryllium, (*chim.*) berillio (Be).
B.E. 1 Bachelor of Education, laureato in Pedagogia (*laurea di 1° grado*). **2** Bachelor of Engineering, laureato in Ingegneria (*laurea di 1° grado*). **3** Board of Education, Ministero dell'Istruzione. **4** Bachelor of Economics, laureato in Economia (*laurea di 1° grado*).
B/E. 1 bill of entry, (*comm.*) bolletta d'entrata (*doganale*). **2** bill of exchange, cambiale.
B.E.A. 1 British East Africa, Africa Orientale Britannica. **2** British European Airways, Linee Aeree Britanniche per l'Europa.
B.Ed. Bachelor of Education, laureato in Pedagogia (*laurea di 1° grado*).
Beds. Bedfordshire, la Contea di Bedford.
bef. before, prima.
Belg. 1 Belgian, belga. **2** Belgium, Belgio.
B.E.M. British Empire Medal, Medaglia dell'Impero Britannico.
B.E.P.O. British Empire Producers' Organization, Organizzazione dei Produttori dell'Impero Britannico.
Berks. Berkshire, la Contea di Berk.
bet. between, fra, tra.
b.h.p. brake horse-power, (*mecc.*) potenza al freno.
Bi bismuth, (*chim.*) bismuto (Bi).
B.I. 1 Board of Investigation, Comitato Investigativo. **2** British India, l'India Britannica.
B.I.A.T.A. British Independent Air Transport Association, Associazione Britannica delle Compagnie Indipendenti per i Trasporti Aerei.
Bib. 1 Bible, Bibbia. **2** Biblical, biblico.
bibl. bibliotheca, biblioteca.
bibliog. 1 bibliographer, bibliografo. **2** bibliographical, bibliografico. **3** bibliography, bibliografia.
B.I.F. British Industries Federation, Federazione delle Industrie Britanniche.
biol. 1 biological, biologico. **2** biology, biologia (biol.).
B.I.S. Bank for International Settlements, Banca dei Regolamenti Internazionali (*Svizzera*).
Bk berkelium, (*chim.*) berkelio (Bk).
bkcy. bankruptcy, bancarotta, fallimento.
bkpt. bankrupt, fallito.
B/L bill of lading, polizza di carico.
Bl. Blessed, (*relig.*) Beato.
bldg(s). building(s), edificio (-i).
B.L.E.U. Blind Landing Experimental Unit, Centro sperimentale per atterraggio senza visibilità.
B.M. 1 Bachelor of Medicine, dottore in Medicina (*laurea di 1° grado*). **2** British Museum, Museo Britannico.
B.M.A. 1 British Marine Aircraft, Aereo (*o* Aerei) della Marina Britannica. **2** British Medical Association, Ordine dei Medici Britannici.
B.M.E.W.S. Ballistic Missile Early Warning System, Sistema di avvistamento lontano di missile balistico.
Bn. 1 Baron, Barone. **2** Battalion, Battaglione.
B.N. banknote, banconota.
B.N.E.C. British National Export Council, Consiglio Nazionale Britannico per le Esportazioni.
b.o. buyer's option, (*comm.*) opzione del compratore.
B.O.A.C. British Overseas Airways Corporation, Società Aerea Britannica per i Paesi d'Oltremare.
B.O.D. Biological Oxygen Demand, Domanda di Ossigeno Biologico.
B. of A. Bank of America, Banca d'America.
B. of E. Bank of England, Banca d'Inghilterra.
B. of T. Board of Trade, Ministero del Commercio.
b.p. 1 boiling point, (*fis.*) punto d'ebollizione. **2** bill(s) payable, cambiale (-i) passiva (-e).
Bp. Bishop, Vescovo.
B.P. British Petroleum co. ltd., Compagnia Britannica del Petrolio.
B.P.C. 1 British Petroleum Company, Società Petrolifera Britannica. **2** British Productivity Council, Consiglio Britannico per la Produttività.
Br bromine, (*chim.*) bromo (Br).
B. R. 1 Bank Rate, (*comm.*) tasso di sconto. **2** Bill of Rights, (*stor.*) Bill of Rights. **3** British Railways, Ferrovie Britanniche.
B/R bill(s) receivable, cambiale (-i) attiva (-e).
B.R.C.S. British Red Cross Society, Croce Rossa Britannica.
b. rec. bills receivable, cambiali attive.
Brecon. Brecknockshire, la Contea di Brecknock.
brev. 1 brevet, brevetto (brev.). **2** breveted, brevettato.

Sigle, abbreviazioni, simboli inglesi

Brig.-Gen. **Brigadier General**, Generale di Brigata.
Brit. 1 **Britain**, Gran Bretagna. 2 **British**, britannico.
Bros. **Brothers**, (*comm.*) Fratelli (F.lli).
B.R.S. **British Road Services**, Servizio Nazionale Britannico dei Trasporti su Strada.
b.s. 1 **balance sheet**, (*comm.*) bilancio. 2 **battleship**, (*mil.*) nave da guerra. 3 **bill of sale**, (*comm.*) nota di vendita.
B.S. 1 **Bachelor of Science**, laureato in Scienze (*laurea di 1° grado*; *specialm. USA*). 2 **Boy Scout**, Giovane Esploratore. 3 *V.* **b.s.**, 1 e 2.
B. Sc. **Bachelor of Science**, laureato in Scienze (*laurea di 1° grado*).
B. Sc. (Econ.) **Bachelor of Science in the Faculty of Economics**, laureato in Scienze Economiche (*laurea di 1° grado*).
B. Sc. (Eng.) **Bachelor of Science in the Faculty of Engineering**, laureato in Ingegneria (*laurea di 1° grado*).
B.S.T. **British Summer Time**, Ora Legale Britannica.
Bt. **Baronet**, Baronetto.
B.T.C. **British Transport Commission**, Commissione Britannica dei Trasporti.
B. T. U. **British Thermal Unit**, (*fis.*) Unità Termica Britannica.
bu. **bushel** (*misura per cereali*).
Bucks **Buckinghamshire**, la Contea di Buckingham.
bull. **bulletin**, bollettino.
B.U.P. **British United Press**, Stampa Unita Britannica.
bur. 1 **bureau**, ufficio. 2 **buried**, sepolto.
bus. 1 **bushel** (*misura per cereali*). 2 **business**, affari.
B.V. 1 (*lat.*: Beata Virgo) **Blessed Virgin**, (*relig.*) la Beata Vergine. 2 **Bible Version**, la Versione (dei Salmi) della Bibbia.
B.V.M. (*lat.*: Beata Virgo Maria) **Blessed Virgin Mary**, la Beata Vergine Maria.
B.W. **Biological Warfare**, guerra biologica.
B.W.I. **British West Indies**, Indie Occidentali Britanniche.
c. 1 **calorie** (**small**), (*fis.*) (piccola) caloria. 2 **cathode**, (*fis.*) catodo. 3 **cent**, centesimo (*di dollaro, ecc.*). 4 **centigramme**, centigrammo. 5 **centimetre**, centimetro. 6 (*lat.*: **circa**) **about**, circa.
C **carbon**, (*chim.*) carbonio (C).
°C (*fis.*) **degree Celsius**, grado centigrado (°C).
C. 1 **Calorie** (**large**), (*fis.*) (grande) caloria. 2 **Canon**, (*relig.*) Canonico. 3 **Cape**, Capo. 4 **Captain**, Capitano. 5 **century**, secolo. 6 **cold**, (*dell'acqua*) freddo. 7 **coulomb**, (*fis.*) coulomb (C).
ca. 1 **cathode**, (*fis.*) catodo. 2 (*lat.*: **circa**) **about**, circa.
Ca **calcium**, (*chim.*) calcio (Ca).
C.A. 1 **Catholic Association**, Associazione Cattolica. 2 **Central America**, America Centrale. 3 **Chartered Accountant**, Ragioniere iscritto all'Albo. 4 **Commercial Agent**, Agente di Commercio. 5 **Court of Appeal**, Corte d'Appello.
C/A 1 **Capital Account**, (*comm.*) Conto Capitale. 2 **Commercial Agent**, Agente di Commercio.
C.A.D. **Computer Aided Design**, Progettazione con l'Ausilio dell'Elaboratore.
C.A.I. **Computer Assisted Instruction**, Istruzione Assistita dall'Elaboratore.
cal. 1 **calendar**, calendario. 2 **calibre**, calibro. 3 **calorie** (**small**), (*fis.*) (piccola) caloria.
Cal. 1 **California**, California. 2 **calorie** (**large**), (*fis.*) (grande) caloria.
Calif. 1 **California**, California. 2 **Californian**, californiano.
Cam., Camb. **Cambridge**.
Cambs **Cambridgeshire**, la Contea di Cambridge.
Can. 1 **Canada**, Canada. 2 **Canadian**, canadese.
Cant. **Canterbury**.
Cantab. (*lat.*: **Cantabrigiensis**) **of Cambridge**, cantabrigiano.
cap. 1 **capital**, maiuscolo (*di lettera*). 2 **captain**, capitano. 3 (*lat.*: caput) **chapter**, capitolo (cap.).
caps. 1 **capital letters**, lettere maiuscole. 2 **capsule**, (*med.*) capsula.
Capt. **Captain**, Capitano (Cap.).
Card. **Cardinal**, Cardinale (Card.).
Cards. **Cardiganshire**, la Contea di Cardigan.
Carm., Carmarths. **Carmarthenshire**, la Contea di Carmarthen.
CAT **Computerized Axial Tomography**, Tomografia Assiale Computerizzata (TAC).
C.A.T. **College of Advanced Technology**, Istituto Superiore di Tecnologia (*G.B.*).
Cath. 1 **Cathedral**, cattedrale. 2 **Cathode**, (*fis.*) catodo. 3 **Catholic**, cattolico.
C.A.T.V. 1 **Cable Television**, Televisione via Cavo. 2 **Community Antenna Television**, Televisione ad Antenna Centralizzata.
C.B.C. 1 **Canadian Broadcasting Corporation**, Ente Radiofonico Canadese. 2 **County Borough Council**, Consiglio Comunale di un «Borough» di Contea (*G.B.*).
C.B.D. **Cash Before Delivery**, Pagamento Prima della Consegna.
C.B.E. **Commander of the Order of the British Empire**, Comandante dell'Ordine dell'Impero Britannico.
C.B.I. **Confederation of British Industry**, Confederazione dell'Industria Britannica (*cfr. ital. Confindustria*).
C.B.S. **Columbia Broadcasting System**, Rete Radiotelevisiva di Columbia.
cc. 1 (*lat.*: **capita**) **chapters**, capitoli. 2 **centuries**, secoli.
C.C. **County Council**, Consiglio di Contea.
C.C.C. **Central Control Commission**, Commissione Centrale di Controllo.
C.C.P. 1 **Chief Commissioner of Police**, Capo della Polizia. 2 **Code of Civil Procedure**, Codice di Procedura Civile.
C.C.P.R. **Central Council of Physical Recreation**, (*sport*) Consiglio Centrale per la Ricreazione Fisica (*in Inghilterra*).
C.C.T.V. **Closed Circuit Television**, Televisione a Circuito Chiuso.
c.d. **cash discount**, (*comm.*) sconto cassa
Cd **cadmium**, (*chim.*) cadmio (Cd).
C.D. 1 **Civil Defense**, Difesa Civile. 2 **Coast Defense**, Difesa Costiera. 3 **Contagious Disease**, (*med.*) malattia contagiosa. 4 (*franc.*: Corps Diplomatique) **Diplomatic Corps**, Corpo Diplomatico (C.D.).
C.D.C. **Commonwealth Development Corporation**, Associazione per lo Sviluppo dei Paesi del Commonwealth (*G.B.*).
Ce **cerium**, (*chim.*) cerio (Ce).
C.E. 1 **Civil Engineer**, Ingegnere Civile. 2 **Counter-espionage**, Controspionaggio.
C.E.D. **Community for European Defense**, Comunità Europea di Difesa (C.E.D.).
Celt. **Celtic**, celtico.
cent. 1 **central**, centrale. 2 (*lat.*: **centum**) **a hundred**, cento: **per cent.**, per cento. 3 **century**, secolo (sec.).
CENTO **Central Treaty Organization**, Organizzazione del Trattato Centrale (CENTO).
C.E.R.N. (*franc.*: **Conseil Européen des Recherches Nucléaires**) **European Centre for Nuclear Research**, Centro Europeo per le Ricerche Nucleari (C.E.R.N.).
cf. 1 **calf**, (*legatoria*) vitello; in vitello. 2 (*lat.*: **confer**) **compare**, confronta (cfr.).
Cf **californium**, (*chim.*) californio (Cf)
C.F. 1 **Chaplain to the Forces**, Cappellano Militare. 2 **Corresponding Fellow**, Socio Corrispondente.
C.F.I., c.f.i. **cost, freight, insurance**, (*comm.*) costo, assicurazione e nolo.
cg **centigramme**, centigrammo (cg).
C.G. **Coast Guard**, (*mil.*) Guardia Costiera.
C.G.S. **centimetre-gram(me)-second** (**unit**), (*fis.*) (unità) centimetro-grammo massa-secondo (C.G.S).
ch. 1 **chairman**, presidente. 2 **chapter**, capitolo (Cap.). 3 **check**, scacco (*nel gioco*). 4 **chief**, capo. 5 **child**, bambino. 6 **children**, bambini.
Ch. 1 **China**, Cina. 2 **Chinese**, cinese. 3 **Church**, Chiesa.
Chanc. 1 **Chancellor**, Cancelliere. 2 **Chancery**, Cancelleria; Pretura.
chap. **Chapter**, capitolo (Cap.).
Chap. **Chaplain**, Cappellano.
Ches., Chesh. **Cheshire**, la Contea di Chester.
Chin. **Chinese**, cinese.
chq. **cheque**, (*comm.*) assegno bancario.
Chr. 1 **Christ**, Cristo. 2 **Christian**, cristiano.
chron. 1 **chronicle**, cronaca. 2 **chronological**, cronologico. 3 **chronologically**, cronologicamente. 4 **chronology**, cronologia.
c.i. 1 **cast iron**, ghisa, di ghisa. 2 **cost and insurance**, (*comm.*) costo e assicurazione.
C.I. 1 **Channel Islands**, Isole Normanne. 2 **consular invoice**, (*comm.*) fattura consolare.
C.I.A. **Central Intelligence Agency**, (*mil.*) Servizio Segreto (*USA*).
c.i.f. **cost, insurance, freight**, (*comm.*) costo, assicurazione e nolo.
C.-in-C. **Commander in Chief**, Comandante in Capo; Comandante Supremo.
cit. 1 **citation**, citazione. 2 **cited**, citato. 3 **citizen**, cittadino. 4 **citrate**, (*chim.*) citrato.
C.J. **Chief Justice**, Presidente della Corte di Giustizia.
Cl **chlorine**, (*chim.*) cloro (Cl).
class. 1 **classical**, classico. 2 **classification**, classificazione.
cm **centimetre**, centimetro (cm).
Cm **curium**, (*chim.*) curio (Cm).
c/o 1 **care of**, presso (*negli indirizzi*). 2 **carried over**, (*comm.*) riportato (*nei conti*).
Co **cobalt**, (*chim.*) cobalto (Co).
Co. 1 **Company**, (*comm.*) Compagnia (C.ia); Società (Soc.). 2 **County**, Contea.
C.O. 1 **Colonial Office**, Ministero delle Colonie. 2 **Commanding**

Officer, Ufficiale in Comando. **3 Conscientious objector**, obiettore di coscienza.
COBOL Common Business Oriented Language, Linguaggio Orientato alle Procedure Amministrative Correnti.
cod. 1 code, (*leg.*) codice (cod.). **2 codex**, (*filol.*, *ecc.*) codice (cod.).
c.o.d. cash on delivery, (*comm.*) pagamento alla consegna; contro assegno.
co-ed., co-educational, (*di scuola*) mista.
coeff. coefficient, coefficiente.
C. of E. 1 Church of England, Chiesa d'Inghilterra. **2 Company of Engineers**, (*mil.*) Compagnia del Genio (*in Irlanda*).
col. 1 colonial, coloniale. **2 colony**, colonia. **3 column**, colonna.
Col. 1 Colonel, Colonnello. **2 Columbia**, Columbia.
coll. 1 colleague, collega. **2 collection**, collezione. **3 collector**, collezionista. **4 college**, «college». **5 colloquial**, colloquiale; familiare.
Colo. Colorado, Colorado.
com. 1 comedy, commedia. **2 common**, comune.
COMECON Council for Mutual Economic Aid, Consiglio di Mutua Assistenza Economica (*URSS*).
comm. 1 commerce, commercio. **2 commission**, commissione. **3 committee**, comitato. **4 Commonwealth**. **5 communication**, comunicazione.
Comm. Commodore, commodoro.
Commdr. Commander, (*mil.*) Comandante.
comp. 1 company, compagnia. **2 comparative**, comparativo (compar.). **3 compare**, confronta (cfr.). **4 comparison**, confronto. **5 composer**, compositore. **6 composition**, composizione. **7 compound**, composto.
compar. 1 comparative, comparativo (compar.). **2 comparison**, confronto; paragone.
COMSAT Communications Satellite Corporation, Società per le Comunicazioni via Satellite.
con. 1 conclusion, conclusione. **2 conversation**, conversazione.
Con. Consul, Console.
conj. 1 conjugation, coniugazione. **2 conjunction**, congiunzione. **3 conjunctive**, congiuntivo.
Conn. Connecticut.
cons. consonant, consonante.
Cons. 1 Conservative, (*polit.*) Conservatore. **2 V. Consols**. **3 Constable**, poliziotto. **4 Constitution**, Costituzione. **5 Consul**, Console.
Consols Consolidated Annuities (*o* **Funds**), Annualità (*o* Fondi) Consolidati (*titoli di Stato*).
const. 1 constable, poliziotto. **2 constitution**, costituzione. **3 constitutional**, costituzionale.
cont., contd. continued, (*di un racconto*) continua; alla prossima puntata.
contr. 1 contracted, contratto (*agg.*). **2 contraction**, contrazione.
Co-op. 1 Co-operation, cooperazione. **2 co-operative**, cooperativo; cooperativa (coop.).
Corn. 1 Cornish, abitante (*o* lingua) della Cornovaglia. **2 Corwall**, Cornovaglia.
corp. 1 corporal, (*mil.*) caporale. **2 corporation**, società; ente.
corr. 1 correct, corretto. **2 correspondence**, corrispondenza. **3 correspondent**, corrispondente. **4 corrugated**, (*di lamiera*) ondulata. **5 corrupt**, (*filol.*) corrotto. **6 corruption**, (*filol.*) corruzione.
cos cosine, (*mat.*) coseno (cos).
cosec cosecant, (*mat.*) cosecante (cosec).
COSPAR Committee on Space Research, Commissione per le Ricerche Spaziali.
cot cotangent, (*mat.*) cotangente (cot).
cox. coxswain, (*naut.*) timoniere.
cp. compare, confronta (cfr.).
C.P. 1 Cape Province, Provincia del Capo. **2 Communist Party**, Partito Comunista.
C/P Charter Party, (*comm.*, *naut.*) Contratto di Nolo.
C.P.A. Certified Public Accountant, Contabile diplomato (*USA*).
cpl. corporal, caporale.
C.P.R. Canadian Pacific Railway, Ferrovia Canadese del Pacifico.
C.P.S. 1 Church Patronage Society, Società del Patronato della Chiesa. **2** (*lat.*: *Custos Privati Sigilli*) **Keeper of the Privy Seal**, Custode del Sigillo Privato.
C.P.U. Central Processing Unit, Unità Centrale di Elaboratore.
cr. 1 created, nominato. **2 credit**, credito. **3 creditor**, creditore. **4 crown**, corona (*formato di carta da stampa*).
Cr chromium, (*chim.*) cromo (Cr).
C.R.O. Commonwealth Relations Office, Ufficio per le Relazioni coi Paesi del Commonwealth (*G.B.*).

C.R.T. Cathode Ray Tube, Tubo a Raggi Catodici.
Cs caesium, (*chim.*) cesio (Cs).
C.S. 1 Chief of Staff, Capo del Personale. **2 Civil Service**, la Burocrazia Statale.
C.S.A. Confederate States of America, (*stor.*) Stati Confederati d'America (*al tempo della guerra di secessione*: *1861*).
C.S.C. Commonwealth Scientific Committee, Comitato Scientifico per il Commonwealth (*G.B.*).
C.S.E. Certificate of Secondary Education, Diploma di Scuola Secondaria (*di livello inferiore*: *cfr.* *G.C.E.*; *G.B.*).
C.T.C. Cyclists' Touring Club, Club del Turismo Ciclistico (*G.B.*).
ctl cental (*cento libbre*; *misura di peso*).
cu cubic, cubico; cubo.
Cu copper, (*chim.*) rame (Cu).
Cumb. Cumberland.
cur. currency, (*comm.*) valuta (val.).
C.W. 1 chemical warfare, guerra chimica. **2 continuous wave**, (*radio*) onda persistente.
C.W.S. Co-operative Wholesale Society, Società delle Cooperative di Consumo (*G.B.*).
cwt hundredweight(s) (*in G.B.*: 112 libbre; *in USA*: 100 libbre).
cy. currency, (*comm.*) valuta (val.).
cyl. 1 cylinder, cilindro. **2 cylindrical**, cilindrico.
C.Z. Canal Zone, Zona del Canale (di Panama).
d. 1 date, data. **2 daughter**, figlia. **3 day**, giorno. **4 dead** (*o* **deceased**), morto. **5** (*lat.*: **dele**) **delete**, (*tipogr.*) cassa. **6** (*lat.*: **denarius**, **denarii**) penny.
D. 1 Democrat, democratico (*sost.*). **2 Democratic**, democratico (*agg.*). **3 Dutch**, olandese.
D/A 1 Deposit Account, (*comm.*) conto di deposito; conto vincolato. **2 documents against acceptance**, (*comm.*) documenti contro accettazione. **3 documents attached**, (*comm.*) documenti allegati.
Dak. Dakota.
Dan. 1 Danish, danese (*agg.*); lingua danese. **2 Danube**, Danubio.
dat. dative, dativo (dat.).
dau. daughter, figlia.
DB Data Base, Banca Dati.
d.c. 1 direct current, (*fis.*) corrente continua. **2 double column**, doppia colonna.
D.C. 1 Direct Current, (*fis.*) corrente continua. **2 District of Columbia**, Distretto Federale della Columbia (*in USA*; *in cui si trova Washington*).
D.C.F. Discounted Cash Flow, Flusso dei fondi col tasso di sconto già calcolato.
D.C.J. District Court Judge, (*leg.*) Giudice Distrettuale (*USA*).
dd. delivered, (*comm.*) consegnato.
d.d. days after date, (*comm.*) giorni data (*nelle cambiali*).
d/d dated, datato; in data.
D.D. 1 Delayed Delivery, (*comm.*) consegna ritardata. **2** (*lat.*: Divinitatis Doctor) **Doctor of Divinity**, dottore in Teologia.
D.D.T. dichloro-diphenyl-trichloroethane, (*chim.*) diclorodifeniltricloroetano (D.D.T.).
dec. 1 deceased, deceduto. **2 decimal**, decimale. **3 declaration**, dichiarazione. **4 declension**, (*gramm.*) declinazione. **5 decorative**, decorativo. **6 decrease**, diminuzione.
Dec. December, dicembre (dic.).
decl. 1 declaration, dichiarazione. **2 declared**, dichiarato. **3 declension**, (*gramm.*) declinazione.
deg. degree(s), grado(-i).
Del. Delaware.
Dem. 1 Democrat, democratico (*sost.*). **2 Democratic**, democratico (*agg.*).
Den. Denmark, Danimarca.
dep. 1 department, dipartimento; reparto. **2 departure**, partenza. **3 deponent**, (*gramm.*) deponente. **4 deputy**, vice.
dept. department, dipartimento; reparto.
Devon. Devonshire, la Contea di Devon.
D.F.C. Distinguished Flying Cross, (*mil.*) Croce al Valore Aeronautico.
D.F.M. Distinguished Flying Medal, (*mil.*) Medaglia al Valore Aeronautico.
dft. defendant, (*leg.*) (il) convenuto. **2 draft**, (*comm.*) tratta.
dict. 1 dictaphone, dittafono. **2 dictation**, dettato. **3 dictionary**, dizionario.
dir. direction, direzione (Dir.).
Dir. Director, Direttore (Dir.).
disct. discount, (*comm.*) sconto.
dist. 1 distance, distanza. **2 distant**, distante. **3 distinguished**, distinto. **4 district**, distretto.
D. Lit., D. Litt. 1 (*lat.*: Doctor Litterarum) **Doctor of Letters**, dottore in Lettere. **2** (*lat.*: Doctor Literaturae) **Doctor of Literature**, dottore in Letteratura.

DNA DeoxyriboNucleic Acid, (*biol.*) acido deossiribonucleico.
do. 1 ditto; the same, (*comm.*) il suddetto; come sopra. 2 dollar, dollaro.
doc. document, (*leg.*) documento.
dol(l)s. dollars, dollari.
dom. 1 domestic, domestico. 2 domicile, domicilio. 3 *V.* Dom.
Dom. Dominion (*geogr., polit.*).
Dors. Dorsetshire, la Contea del Dorset.
D.O.S. Disk Operating System, Sistema Operativo su Disco.
doz. dozen, dozzina.
D.P. 1 Democratic Party, Partito Democratico. 2 Displaced Person, profugo; rifugiato politico. 3 Doctor of Pharmacy, dottore in Farmacia.
D. Ph., D. Phil. (*lat.*: Doctor Philosophiae) Doctor of Philosophy, dottore in Filosofia.
dpo. depot, deposito.
dpt. 1 department, dipartimento; reparto. 2 deponent, (*gramm.*) deponente.
dr. 1 drachm, dracma. 2 dram (*misura per peso pari a g 1,77*). 3 drawer, (*comm.*) traente (*di cambiale*).
Dr. 1 Debtor, debitore. 2 Doctor, dottore. 3 Driver, autista; conducente.
dram. 1 dramatic, drammatico. 2 dramatist, drammaturgo.
Dram. Pers. (*lat.*: Dramatis Personae) Persons of the Play, (*teatr.*) Personaggi.
D.S. Department of State, Dipartimento di Stato (*USA*).
DSB Double-Side Band, Doppia Banda Laterale.
D. Sc. Doctor of Science, dottore in Scienze.
D.S.I.R. Department of Scientific and Industrial Research, Dipartimento della Ricerca Scientifica e Industriale (*G.B.*).
Dubl. Dublin, Dublino.
Dur., Durh. Durham.
Dy dysprosium, (*chim.*) disprosio (Dy).
D.Y. dockyard, (*naut.*) cantiere; arsenale.
E. 1 Earl, Conte. 2 Earth, (la) Terra. 3 East, Est (E.); (l')Oriente. 4 Eastern, Orientale. 5 Engineer, Ingegnere. 6 Engineering, Ingegneria. 7 English, (l')inglese. 8 Excellency, Eccellenza. 9 Excellent, Eccellente. 10 2° classe (*di navi, nel Registro dei Lloyd*).
ea. each, ogni; (*comm.*) cadauno.
E.B. Encyclopaedia Britannica, Enciclopedia Britannica.
E.B.U. European Broadcasting Union, Unione Europea di Radiodiffusione (*Svizzera*).
E.C. 1 East Central, (*geogr.*) Centro-orientale (*anche come distretto postale, a Londra*). 2 Episcopal Church, Chiesa Episcopale. 3 Established Church, Chiesa di Stato; religione ufficiale.
E.C.A. Economic Commission for Africa, Commissione Economica per l'Africa (*Etiopia*).
E.C.A.F.E. Economic Commission for Asia, and the Far East, Commissione Economica per l'Asia e l'Estremo Oriente (*Thailandia*).
E.C.E. Economic Commission for Europe, Commissione Economica per l'Europa (*Svizzera*).
ECG Electrocardiogram, (*med.*) elettrocardiogramma (ECG).
E.C.G.D. Export Credits Guarantee Department, Dipartimento per la Garanzia dei Crediti per l'Esportazione (*G.B.*).
E.C.L.A. Economic Commission for Latin America, Commissione Economica per l'America Latina (*Cile*).
E.C.M. European Common Market, Mercato Comune Europeo (M.E.C.).
E.C.S.C. European Coal and Steel Community, Comunità Europea per il Carbone e per l'Acciaio (C.E.C.A.).
ECU European Currency Unit, Unità Monetaria Europea.
ed. 1 edited, dato alle stampe (da); a cura (di). 2 edition, edizione (ed.). 3 editor, chi dà alle stampe (q.c.); chi cura un'edizione (ed.). 4 *V.* educ.
Ed. 1 Editor, Redattore Capo. 2 Edinburgh, Edimburgo.
E.D.C. European Defense Community, Comunità Europea di Difesa (C.E.D.).
Edin. Edinburgh, Edimburgo.
edit. 1 edited, dato alle stampe (da); a cura (di). 2 edition, edizione. 3 editor, chi dà alle stampe (q.c.); chi cura un'edizione.
E.D.P. Electronic Data Processing, Elaborazione Elettronica dei Dati.
educ. 1 educated, istruito; educato. 2 education, istruzione; educazione. 3 educational, che concerne l'istruzione; educativo; pedagogico.
E.E. 1 Early English, (*filol.*) Antico Inglese. 2 Electrical Engineer, Ingegnere Elettrotecnico. 3 Errors Excepted, (*comm.*) Salvo Errori.
E.E.C. European Economic Community, Comunità Economica Europea (C.E.E.).
E.F.T.A. European Free Trade Association, Associazione Europea di Libero Scambio (E.F.T.A.).
e.g. (*lat.*: exempli gratia) for example, per esempio (p. es.).
E.H.F. Extremely High Frequency, (*fis.*) frequenza estremamente elevata.
E.I. East Indies, (*geogr.*) Indie Orientali.
eld. eldest, (il) maggiore; (il) più anziano (*fra più di due*).
E.L.D.O. European Launcher Development Organization, Organizzazione Europea per lo Sviluppo dei Razzi Spaziali.
Emb. 1 Embankment, argine (*lungo un fiume*). 2 Embassy, Ambasciata.
emf (*elettr.*) electromotive force, forza elettromotrice.
E.M.I. Electric and Music Industries, Industrie Elettriche e Musicali.
Emp. 1 Emperor, Imperatore. 2 Empire, Impero. 3 Empress, imperatrice.
E.M.S. European Monetary System, Sistema Monetario Europeo (S.M.E.).
encl. enclosure, allegato (all.).
ency. encyclopaedia, enciclopedia.
eng. 1 engine, macchina; motore. 2 engineer, ingegnere; macchinista. 3 engineering, ingegneria. 4 engraved, (*arte*) inciso. 5 engraver, (*arte*) incisore. 6 engraving, (*arte*) incisione.
Eng. 1 England, Inghilterra. 2 English, inglese (ingl.).
e.o. (*lat.*: ex officio) by virtue of one's office, d'ufficio.
E.&O.E. errors and omissions excepted, (*comm.*) salvo errori ed omissioni (S.E.&O.).
Ep. Epistle, epistola.
Episc. Episcopal, (*relig.*) Episcopale.
epit. 1 epitaph, epitafio. 2 epitome, epitome.
E.P.T.A. Expanded Program for Technical Assistance, Programma Ampliato di Assistenza Tecnica (dell'ONU).
E.P.U. European Payments Union, Unione Europea dei Pagamenti.
eq. 1 equal, uguale. 2 *V.* equiv.
Eq. 1 Equator, Equatore. 2 Equatorial, equatoriale.
equiv. equivalent, equivalente.
Er erbium, (*chim.*) erbio (Er).
ERDA Energy Research and Development Administration, Ente per la ricerca e lo sviluppo energetico (*USA*).
E.R.P. European Recovery Programme, Programma di Ricostruzione Europa (E.R.P.).
E.R.W. Enhanced Radiation Weapon, Ordigno (Nucleare) a Radiazione Intensificata.
Es Einsteinium, (*chim.*) einsteinio (Es).
E.S.A. European Space Agency, Ente Spaziale Europeo.
ESDAC European Space Data Centre, Centro Europeo per il Trattamento dei Dati Spaziali.
E.S.L.A.B. European Space Research Laboratory, Laboratorio Europeo di Ricerche Spaziali.
E.S.P. Extra Sensory Perception, Percezione Extra-Sensoriale.
esp., espec. especially, specialmente (spec.).
Esq(re). Esquire, Signor (*titolo di cortesia usato nell'indirizzo di lettere a professionisti, ecc.*).
ESRIN European Space Research Institute, Istituto Europeo di Ricerche Spaziali.
E.S.R.O. European Space Research Organization, Organizzazione Europea per le Ricerche Spaziali.
ess. essence, essenza.
Ess. Essex.
ESTRC European Space Research and Technology Centre, Centro Europeo di Ricerche e Tecnologia Spaziale.
etc. (*lat.*: et cetera) and so on, eccetera (ecc.).
Eu europium, (*chim.*) europio (Eu).
Eur. 1 Europe, Europa. 2 European, europeo (eur.).
EURATOM European Atomic Energy Community, Comunità Europea dell'Energia Atomica (EURATOM).
Eurovision European Television, Televisione Europea (Eurovisione).
ev. evangelical, evangelico.
E.W.R. Early Warning Radar, Radar d'avvistamento a distanza.
ex. 1 examined, esaminato. 2 example, esempio. 3 except, eccetto. 4 exception, eccezione. 5 exchange, scambio. 6 executive, esecutivo. 7 exempt, esente. 8 exercise, esercizio. 9 export, esportazione.
Ex. 1 Exchange, (*comm.*) Borsa. 2 Exeter (*geogr.*). 3 Exodus, (*Bibbia*) Esodo.
exc. 1 excellent, eccellente. 2 except, eccetto. 3 excepted, eccettuato. 4 exception, eccezione.
Exc. Excellency, Eccellenza (*titolo*).
EX IMBANK Export-Import Bank, Banca per l'Esportazione e l'Importazione.
exp exponential, esponenziale.
f. 1 farthing (un quarto di penny). 2 fathom, braccio (*misura di profondità*). 3 female, femmina. 4 feminine, femminile (femm.). 5 feet, piedi (*misura di lunghezza*). 6 following, se-

F

guente (seg.). **7 foot**, piede (*misura*).
F **fluorine**, (*chim.*) fluoro (F).
°F **degree Fahrenheit**, (*fis.*) grado Fahrenheit (°F).
F. 1 farad, (*fis.*) farad. **2 Father**, (*relig.*) Padre. **3 Fellow**, Membro; Socio.
f.a. **free alongside**, (*naut.*) franco sottobordo: **f. a. ship**, (*comm.*) franco sotto paranco.
F.A. **Football Association**, (*sport*) Associazione del Gioco del Calcio (*G.B.*).
F.A.O. **Food and Agriculture Organization**, Organizzazione (*delle Nazioni Unite*) per l'Alimentazione e l'Agricoltura (*Italia*) (F.A.O.).
f.a.q. 1 fair average quality, (*comm.*) (di) buona qualità media. **2 free alongside quay**, (*comm.*) franco banchina.
f.a.s. **free alongside ship**, (*comm.*) franco sotto paranco.
F.B. 1 Fire Brigade, Vigili del Fuoco. **2 Flying Boat**, (*mil., naut.*) Idrovolante.
F.B.A. **Fellow of the British Academy**, Membro dell'Accademia Britannica.
F.B.I. 1 Federal Bureau of Investigation, Ufficio Federale Investigativo (*USA*). **2 Federation of British Industries**, Federazione delle Industrie Britanniche.
F.C. **Free Church (of Scotland)**, Libera Chiesa (Scozzese).
F.D. (*lat.*: Fidei Defensor) **Defender of the Faith**, (*stor.*) Difensore della Fede.
F.D.M. **Frequency Division Multiplexing**, multiplex a divisione di Frequenza.
Fe iron, (*chim.*) ferro (Fe).
F.E. **Far East**, Estremo Oriente.
Feb. **February**, febbraio (feb.).
Fed. 1 Federal, Federale. **2 Federalist**, Federalista. **3 Federation**, Federazione.
fem. **feminine**, femminile (femm.).
F.E.T. **Field Effect Transistor**, Transistor a Effetto di Campo.
F.I. **Falkland Islands**, Isole Falkland.
fin. 1 finance, finanza. **2 financial**, finanziario. **3 finished**, finito.
Fin. 1 Finland, Finlandia. **2 Finnish**, finlandese.
Finn. **Finnish**, finlandese.
fl. **fluid**, fluido.
Fla. **Florida**.
fm. 1 farm, fattoria. **2 fathom**, braccio (*misura di profondità*). **3 form**, modulo. **4 from**, da.
Fm **fermium**, (*chim.*) fermio (Fm).
F.M. 1 Field-Marshal, Feldmaresciallo. **2 Frequency Modulation**, (*radio*) Modulazione di Frequenza (F.M.).
F.N.B. **Federal Narcotics Bureau**, Ufficio Federale per i Narcotici.
fo. **folio**, in folio (in-fol.).
f.o. **firm offer**, (*comm.*) offerta valida.
F.O. 1 Flying Officer, (*mil., aeron.*) Ufficiale di Volo. **2 Foreign Office**, Ministero degli Esteri (*G.B.*).
F.O.A. **Foreign Operations Administration**, Amministrazione per le Operazioni all'Estero.
f.o.b. **free on board**, (*comm.*) franco a bordo (f.o.b.).
F.O.B.S. **Fractional Orbital Bombardment System**, Sistema di Bombardamento Orbitale Frazionario.
f.o.c. 1 free of charge, (*comm.*) senza spese. **2 free on car**, (*comm.*) franco ferrovia; franco stazione ferroviaria.
fo'c's'le **forecastle**, (*naut.*) castello di prua.
fol. 1 folio, in folio (in-fol.). **2 following**, seguente (seg.).
for. 1 foreign, straniero. **2 forestry**, scienza forestale; silvicoltura.
f.o.r. **free on rail**, (*comm.*) franco rotaie; franco ferrovia.
FORTRAN **Formula Translation**, (Linguaggio per la) Traduzione di Formule.
f.o.t. **free on truck**, (*comm.*) franco vagone di partenza.
f.p. **freezing point**, (*fis.*) punto di congelamento.
F.P. **Fire Plug**, presa per estintore; bocca da incendio.
F.P.A. **Free of Particular Average**, Franco Avaria Particolare.
f.p.m. **feet per minute**, piedi al minuto.
f.p.s. **feet per second**, piedi al secondo.
Fr **francium**, (*chim.*) francio (Fr).
Fr. 1 Father, (*relig.*) Padre. **2 France**, Francia. **3 French**, francese. **4 Friar**, Frate. **5 Friday**, venerdì (ven.).
F.R.A.M. **Fellow of the Royal Academy of Music**, Membro della Reale Accademia di Musica.
F.R.C.P. **Fellow of the Royal College of Physicians**, Membro del Reale Collegio dei Medici.
Fri. **Friday**, venerdì (ven.).
F.R.S. **Fellow of the Royal Society**, Membro della «Royal Society».
ft. **fort**, forte; fortezza.
ft **foot** (*pl.* **feet**), piede (*misura di lunghezza*).

fur. 1 furlong (*misura di lunghezza*). **2 furnished**, ammobigliato.
fut. **future**, (*gramm.*) futuro (fut.).
g **gram(me)**, grammo (g).
G. 1 Germanic, Germanico. **2 Gulf**, (*geogr.*) Golfo.
Ga **gallium**, (*chim.*) gallio (Ga).
Ga. **Georgia**.
G.A. **General Assembly**, Assemblea Generale.
Gael. **Gaelic**, gaelico.
Gal **gallon**, gallone.
G.A.T.T. **General Agreement on Tariffs and Trade**, Accordo Generale sulle Tariffe e sul Commercio Estero.
gaz. **gazette**, gazzetta.
G.B. **Great Britain**, Gran Bretagna.
G.B. & I. **Great Britain and Ireland**, Gran Bretagna e Irlanda.
g.c. **gun control**, controllo del tiro (*di un cannone*).
G.C.A. **Ground Controlled Approach**, Avvicinamento Controllato da Terra.
g.c.d. **greatest common divisor**, (*mat.*) massimo comun divisore.
G.C.E. **General Certificate of Education**, Diploma di Scuola Secondaria (*di livello superiore*: cfr. C.S.E.; *G.B.*).
G.C.I. **Ground Control Interception**, Intercettazione Controllata da Terra.
G.C.V.O. **(Knight) Grand Cross of the Royal Victorian Order**, (Cavaliere della) Gran Croce dell'Ordine della Regina Vittoria.
Gd **gadolinium**, (*chim.*) gadolinio (Gd).
G.D. **Grand Duchy**, Granducato.
Ge **germanium**, (*chim.*) germanio (Ge).
G.E. **General Electric**, Società Generale Elettrica.
gen. 1 gender, (*gramm.*) genere. **2 general**, generale. **3 generally**, generalmente. **4 genetics**, genetica. **5 genitive**, genitivo (gen.). **6 genus**, (*scient.*) genere.
Gen. 1 General, Generale. **2** (*Bibbia*) **Genesis**, Genesi.
gent. **gentleman**, signore.
ger. 1 gerund, gerundio (ger.). **2 gerundive**, gerundivo.
Ger. 1 German, tedesco. **2 Germany**, Germania.
G.H.Q. **General Headquarters**, Quartier Generale (Q.G.).
G.I. **General or Government Issue**, (*mil.*) oggetti di ordinanza, per estensione: qualsiasi soldato in uniforme (*USA*).
Gib. **Gibraltar**, Gibilterra.
Gk. **Greek**, greco.
Glam(org). **Glamorganshire**, la Contea di Glamorgan.
Glas. **Glasgow**.
Glos., Gloucs. **Gloucestershire**, la Contea di Gloucester.
gm **gramme(s)**, grammo(-i) (g).
G.M. 1 General Manager, Direttore Generale. **2 General Motors** (*fabbrica d'automobili USA*).
G.M.T. **Greenwich Mean Time**, Ora di Greenwich.
gn. **guinea**, ghinea (*moneta*).
G.N.P. **Gross National Product**, Prodotto Nazionale Lordo (P.N.L.).
G.P. 1 Gallup Poll, Sondaggio Gallup. **2 General Practitioner**, medico generico.
G.P.O. 1 General Post Office, Posta Centrale. **2 Government Printing Office**, Poligrafici di Stato (*USA*).
gr. 1 grain, grano (*misura di peso*). **2 grammar**, grammatica (gram.). **3 gram(me)**, grammo (g). **4 gunner**, cannoniere.
Gr. 1 Grecian, greco. **2 Greece**, Grecia. **3 Greek**, greco.
Grad. **Graduate**, laureato.
G.S. 1 General Secretary, Segretario Generale. **2 General Staff**, Stato Maggiore Generale (S.M.G.). **3 Geological Society**, Società Geologica.
Gt. Br. **Great Britain**, Gran Bretagna.
Gu. **guinea**, ghinea (*moneta*).
guar. 1 guaranteed, garantito. **2 guarantor**, garante.
G.W.R. **Great Western Railway**, Grande Ferrovia dell'Occidente.
gym. 1 gymnasium, palestra. **2 gymnastics**, ginnastica: **gym. teacher**, professore di ginnastica.
h. 1 heat, calore; caldo. **2 height**, altezza. **3 high**, alto. **4 horse**, cavallo. **5 hot**, caldo (*agg.*). **6 hour**, ora (*sessanta minuti*). **7 hundred**, cento. **8 husband**, marito. **9 hydrant**, idrante.
H 1 henry, (*fis.*) henry (*unità elettrica*; H). **2 hydrogen**, (*chim.*) idrogeno (H).
H.A. **Heavy Artillery**, Artiglieria Pesante.
Hants **Hampshire**.
H.B.M. **His** (*o* **Her**) **Britannic Majesty**, Sua Maestà Britannica.
H.C. 1 Habitual Criminal, delinquente abituale. **2 High Church**, Chiesa «Alta». **3 High Commissioner**, Alto Commissario. **4 High Court**, (*leg.*) Alta Corte. **5 Holy Communion**, Santa Comunione. **6 House of Commons**, Camera dei Comuni.
h.c.f. **highest common factor**, (*mat.*) massimo comun divisore (M.C.D.).
He **helium**, (*chim.*) elio (He).
H.E. 1 High Explosive, Alto Esplosivo. **2 His Eminence**, Sua Eminenza (S.Em.). **3 His Excellency**, Sua Eccellenza (S.E.).

Hebr. 1 **Hebrews**, (*Bibbia*) gli Ebrei. 2 **Hebrides**, le Ebridi.
Heref(s) Herefordshire, la Contea di Hereford.
Herts Hertfordshire, la Contea di Hertford.
hf. half, mezzo; metà.
Hf hafnium, (*chim.*) afnio (Hf).
H.F. High Frequency, (*fis.*) alta frequenza (H.F.).
hg 1 **hectogram(me)**, ettogrammo (hg). 2 **heliogram**, eliogramma.
Hg mercury, (*chim.*) mercurio (Hg).
H.G. 1 **Her** (*o* **His**) **Grace**, Sua Grazia. 2 **High German**, (*linguistica*) Alto Tedesco. 3 **Horse Guards**, Guardie a Cavallo.
H.H. 1 **His** (*o* **Her**) **Highness**, Sua Altezza. 2 **His Holiness**, (*relig.*) Sua Santità (S.S.).
hhd. hogshead (*unità di misura USA*).
H.I. Hawaiian Islande, Isole Hawaii.
Hi.Fi. High Fidelity, alta fedeltà.
H.I.H. His (*o* **Her**) **Imperial Highness**, Sua Altezza Imperiale.
H.I.M. His (*o* **Her**) **Imperial Majesty**, Sua Maestà Imperiale.
H.L. 1 **Honours List**, Elenco delle Onorificenze (*o* delle Lauree con Lode). 2 **House of Lords**, Camera dei Lord.
H.M. His (*o* **Her**) **Majesty**, Sua Maestà (S.M.).
H.M.S.O. His (*o* **Her**) **Majesty's Stationery Office**, Istituto Poligrafico dello Stato (*G.B.*).
Ho holmium, (*chim.*) olmio (Ho).
hon. 1 **honorary**, onorario (*agg.*). 2 **honourable**, onorevole.
h.p., H.P. 1 **high pressure**, (*fis.*) alta pressione (A.P.). 2 **hire purchase**, (*comm.*) (sistema degli) acquisti a rate. 3 **horse power**, (*fis.*) cavalli vapore (H.P.).
H.P. Houses of Parliament, (il) Parlamento; (le) Camere.
h.p.-hr. horse power-hour, (*fis.*) cavalli vapore-ora.
H.Q. Headquarters, (*mil.*) Quartier Generale (Q.G.).
hr. hour(s), ora(-e).
H.R. 1 **Home Rule**, Autogoverno (*storia irlandese*). 2 **House of Representatives**, Camera dei Deputati (*USA*).
H.S. 1 **High School**, Scuola Secondaria. 2 **Home Secretary**, Ministro dell'Interno.
ht. height, altezza (alt.).
h.t. H.T. high tension, (*fis.*) (ad) alta tensione (A.T.).
Hun. 1 **Hungarian**, ungherese. 2 **Hungary**, Ungheria.
hund. hundred, cento.
Hunts Huntingdonshire, la Contea di Huntingdon.
H.V. High Voltage, (*fis.*) Alta Tensione (A.T.).
Hz hertz, (*fis.*) hertz (Hz).
i. intransive, intransivo (intr.).
I iodine, (*chim.*) iodio (I).
I. 1 **Ireland**, Irlanda. 2 **Irish**, irlandese. 3 **Island** (*o* **Isle**), Isola. 4 **Italy**, Italia.
Ia. Iowa.
I.A.D.B. Inter-American Defense Board, Giunta Inter-Americana di Difesa (*USA*).
I.A.E.A. International Atomic Energy Agency, Agenzia Internazionale per l'Energia Atomica (I.A.E.A.) (*Austria*).
I.A.F. International Astronautical Federation, Federazione Astronautica Internazionale (*Svizzera*).
I.A.R.U. International Amateur Radio Union, Unione Internazionale Radio-Amatori (*USA*).
I.A.T.A. International Air Transport Association, Associazione Internazionale Trasporti Aerei (*Canada*) (I.A.T.A.).
ib., ibid. (*lat.*: ibidem) **in the same place**, nello stesso luogo (ibid.).
I.B.M. International Business Machines, Macchine Contabili Internazionali (*società USA*).
I.B.R.D. International Bank for Reconstruction and Development, Banca Internazionale per la Ricostruzione e lo Sviluppo (B.I.R.S.; *USA*).
I.C.A. International Cooperative Alliance, Alleanza Cooperativa Internazionale.
I.C.A.O. International Civil Aviation Organization, Organizzazione Internazionale per l'Aviazione Civile (*Canada*).
I.C.B.M. Intercontinental Ballistic Missile, (*mil.*) missile balistico intercontinentale.
I.C.C. International Chamber of Commerce, Camera di Commercio Internazionale.
I.C.D.P. International Confederation for Disarmament and Peace, Confederazione Internazionale per il Disarmo e la Pace.
Ice. Iceland, Islanda.
ICMB Intercontinental Ballistic Missile, Missile Balistico Intercontinentale.
I.C.S.C. International Committee Satellite Communications, Comitato Internazionale per le Comunicazioni via Satellite.
I.C.S.U. International Council of Scientific Unions, Consiglio Internazionale delle Unioni Scientifiche (I.C.S.U.).
id. (*lat.*: idem) **the same**, lo stesso; idem (id.).
Id. Idaho.

I.D. 1 **Intelligence Department**, (*mil.*) Centro Informazioni. 2 **Internal Diameter**, (*mat.*) diametro interno.
Ida. Idaho.
I.D.A. International Development Association, Associazione Internazionale di Sviluppo.
I.D.P. Integrated Data Processing, Elaborazione Integrata dei Dati.
i.e. (*lat.*: id est) **that is**, cioè.
I.F.A.L.P.A. International Federation of Air Line Pilots Associations, Federazione Internazionale delle Associazioni di Piloti di Linee Aeree.
I.F.A.P. International Federation of Agricultural Producers, Federazione Internazionale dei Produttori Agricoli.
I.F.S. Irish Free State, (*stor.*) Stato Libero d'Irlanda.
I.G.U. International Geographical Union, Unione Geografica Internazionale.
I.G.Y. International Geophysical Year, Anno Geofisico Internazionale.
I.L.A. International Law Association, Associazione Internazionale del Diritto (*G.B.*).
Ill. Illinois.
I.L.O. International Labour Organization, Organizzazione Internazionale del Lavoro (O.I.L.; *Svizzera*).
I.L.R.M. International League for the Rights of Man, Lega Internazionale dei Diritti dell'Uomo (L.I.D.U.).
I.L.S. Instrumental Landing Systems, sistemi di atterraggio strumentale.
I.M.F. International Monetary Fund, Fondo Monetario Internazionale (F.M.I.; *USA*).
imp. 1 **imperative**, imperativo (imper.). 2 **imperfect**, imperfetto (imperf.). 3 **imperial**, imperiale. 4 **impersonal**, impersonale (impers.).
imper. imperative, imperativo (imper., imperat.).
imperf. imperfect, imperfetto (imperf.).
impt. important, importante.
I.M.U. International Mathematical Union, Unione Matematica Internazionale.
in inch(es), pollice(-i) (*misura di lunghezza*).
In indium, (*chim.*) indio (In).
Inc. Incorporated, (*comm.*) Associato.
incl. 1 **included**, incluso. 2 **including**, compreso (*prep.*). 3 **inclusive**, comprensivo; che include.
incog. (*lat.*: incognito) **in secret**, in incognito.
ind. 1 **index**, indice. 2 **indicated**, indicato. 3 **indication**, indicazione. 4 **indicative**, (*gramm.*) indicativo (indic.). 5 **indirect**, indiretto. 6 **indirectly**, indirettamente.
Ind. 1 **Independent**, Indipendente. 2 **India**, India. 3 **Indian**, indiano. 4 **Indiana**. 5 **Industry**, Industria.
indic. indicative, (*gramm.*) indicativo (indic.).
inf. 1 **infantry**, fanteria. 2 **infinitive**, infinito (inf.). 3 **infirmary**, infermeria. 4 **information**, informazione.
infin. infinitive, infinito (inf.).
I.N.S. International News Service, Agenzia Internazionale di Stampa.
Insp. Inspector, Ispettore.
Inst. istant, **of the present month**, corrente mese (c.m.).
instr. 1 **instructions**, istruzioni. 2 **instructor**, istruttore. 3 **instrument**, strumento.
int. 1 **interest**, interesse. 2 **interim**, interim. 3 **interior**, interiore. 4 **interjection**, interiezione (inter.). 5 **internal**, interno. 6 **international**, internazionale. 7 **interpreter**, interprete.
INTELSAT International Telecommunications Satellite Consortium, Consorzio Internazionale per le Telecomunicazioni via Satellite.
inter. intermediate, intermedio.
interj. interjection, (*gramm.*) interiezione (inter.).
INTERPOL (*franc.*: **Organisation Internationale de Police Criminelle**) **International Police**, Organizzazione Internazionale di Polizia Criminale (*Francia*).
interr. interrogative, interrogativo (interr.).
intr., intrans. intransitive, intransitivo (intr., intrans.).
intro(d). 1 **introduced**, introdotto. 2 **introduction**, introduzione. 3 **introductory**, introduttivo.
inv. 1 **invented**, inventato. 2 **inventor**, inventore. 3 **invoice**, (*comm.*) fattura.
I.o.M. Isle of Man, Isola di Man.
I.O.U. I owe you, (*comm.*) promessa scritta di pagare un debito.
I.o.W. Isle of Wight, Isola di Wight.
I.P.A. 1 **International Phonetic Association**, Associazione Fonetica Internazionale. 2 **International Pediatric Association**, Associazione Internazionale di Pediatria.
IPU Interparliamentary Union, Unione Interparlamentare.
I.Q. Intelligence Quotient, (*psic.*) quoziente d'intelligenza (Q.I.).
Ir iridium, (*chim.*) iridio (Ir).

Ir. 1 Ireland, Irlanda. **2 Irish**, irlandese.
I.R.A. International Recreation Association, Associazione Internazionale Ricreativa (*USA*).
I.R.B.M. Intermediate Range Ballistic Missile, Missile Balistico di Media Portata.
I.R.C. International Red Cross, Croce Rossa Internazionale.
I.R.O. International Refugee Organization, Organizzazione Internazionale per i Rifugiati.
I.S.A. International Federation of the National standardizing Association, Federazione Internazionale delle Associazioni Nazionali di Unificazione.
I.S.O. International Organization for Standardization, Organizzazione Internazionale per la Standardizzazione.
It. 1 Italian, italiano (it.). **2 Italy**, Italia.
I.T. Inclusive Tours, Viaggi «tutto compreso».
I.T.A. Independent Television Authority, Autorità della Televisione Indipendente (*G.B.*).
I.T.O. International Trade Organization, Organizzazione Internazionale per il Commercio.
I.T.S. Industrial Training Service, Servizio di Addestramento al Lavoro nell'Industria (*G.B.*).
I.T.U. International Telecommunications Union, Unione Internazionale per le Telecomunicazioni (U.I.T.; *Svizzera*).
I.U.B. International Union of Biochemistry, Unione Internazionale di Biochimica.
I.U.B.S. International Union of Biological Sciences, Unione Internazionale delle Scienze Biologiche.
I.U.C. International Union of Cristallography, Unione Internazionale di Cristallografia.
I.U.D. Intrauterine Device, Dispositivo Anticoncezionale Intrauterino.
I.U.G.G. International Union of Geodesy and Geophysics, Unione Internazionale di Geodesia e Geofisica.
I.U.G.S. International Union of Geological Sciences, Unione Internazionale delle Scienze Geologiche.
I.U.H.P.S. International Union of the History and Philosophy of Sciences, Unione Internazionale di Storia e Filosofia delle Scienze.
I.U.P.A.C. International Union of Pure and Applied Chemistry, Unione Internazionale di Chimica Pura e Applicata.
I.U.P.S. International Union of Physiological Sciences, Unione Internazionale delle Scienze Fisiologiche.
I.U.T.A.M. International Union of Theoretical and Applied Mechanics, Unione Internazonale di Meccanica Teorica e Applicata.
I.V.U. International Vegetarian Union, Unione Internazionale dei Vegetariani (*G.B.*).
I.W.S. International Wool Secretariat, Segretariato Internazionale della Lana (*G.B.*).
I.Y.H.F. International Youth Hostel Federation, Federazione Internazionale Ostelli della Gioventù (*Danimarca*).
I.Y.R.U. International Yacht Racing Union, Unione Internazionale delle Gare di Yacht.
J joule, (*fis.*) joule (J).
J. 1 Jew, ebreo (*sost.*). **2 Jewish**, ebreo (*agg.*).
J.A.L. Japan Air Lines, Linee Aeree Giapponesi.
Jam. Jamaica, Giamaica.
Jan. January, gennaio (genn.).
J.C. Jesus Christ, Gesù Cristo (G.C.).
jn. junction, giunto; (*ferr.*) nodo ferroviario.
jnr. junior.
J.P. Justice of the Peace, (*leg.*) Giudice di Pace.
jr. junior.
Jul. July, luglio (lug.).
Jun. June, giugno (giu.).
jurisp. jurisprudence, giurisprudenza.
jus. justice, giustizia.
k knot, (*naut.*) nodo (*misura di velocità*).
K potassium, (*chim.*) potassio (K).
Kan., Kans. Kansas.
K.B. 1 King's Bench, (*leg.*) Corte Suprema del «Common Law» (*G.B.*). **2 Knight of the Bath**, Cavaliere dell'Ordine del Bagno.
K.B.E. Knight Commander of the Order of the British Empire, Cavaliere dell'Ordine dell'Impero Britannico.
kc kilocycle, (*fis.*) chilociclo (kc).
K.C. 1 King's College (*a Cambridge o a Londra*). **2 King's Counsel**, (*leg.*) Patrocinante per la Corona (*alto titolo onorifico concesso ad avvocati*).
Ken. Kentucky.
kg kilogramme, chilogrammo (kg).
K.G. Knight of the Order of the Garter, Cavaliere dell'Ordine della Giarrettiera.
K.K.K. Ku-Klux-Klan (*società segreta USA*).
K.L.H. Knight of the Legion of Honour, Cavaliere della Legion d'Onore (*Francia*).
km kilometre, chilometro (km).
Knt. Knight, Cavaliere.
K.O. Knock out, (*sport*) fuori combattimento (K.O.).
K. of C. Knights of Columbus, Cavalieri di Colombo (*USA*).
Kr Krypton, (*chim.*) cripto (Kr).
Kt. 1 Knight, cavaliere. **2 Knot**, (*naut.*) nodo.
K.T. 1 Knight of the Order of the Thistle, Cavaliere dell'Ordine del Cardo. **2 Knight Templar**, Cavaliere Templare.
Ky. Kentucky.
l litre, litro (l).
l. 1 latitude, (*geogr.*) latitudine **2 league**, lega (*misura*). **3 left**, sinistro; sinistra. **4 length**, lunghezza. **5 line**, linea.
L. 1 Lake, Lago. **2 Latin**, latino. **3 Liberal**, (*polit.*) Liberale. **4 London**, Londra.
La lanthanum, (*chim.*) lantanio (La).
La. Louisiana.
L.A. 1 Legislative Assembly, Assemblea Legislativa. **2 Library Association**, Associazione delle Biblioteche. **3 Local Authority**, Autorità Locale.
Lab. 1 Laboratory, Laboratorio. **2 Labour**, Lavoro; Manodopera. **3 Labrador**.
LAFTA Latin American Free Trade Association, Associazione Latino Americana di Libero Scambio.
Lanc. Lancaster.
Lancs. Lancashire, la Contea di Lancaster.
lang. language, lingua; linguaggio.
LASER Light Amplification by Stimulated Emission of Radiation, Amplificazione della luce per mezzo di Emissione Stimolata di Radiazione.
lat. latitude, (*geogr.*) latitudine (lat.).
Lat. Latin, latino (lat.).
lb pound(s), libbra (-e).
l.c. 1 level crossing, (*ferr.*) passaggio a livello. **2** (*lat.*: **loco citato**) **in the place named**, luogo citato (loc. cit.). **3 lower case**, (*tipogr.*) minuscolo.
L/C Letter of Credit, lettera di credito.
L.C.C. 1 London County Council, Consiglio della Contea di Londra. **2 Letter commercial credit**, Lettera Commerciale di Credito.
L.C.D. Liquid Crystal Display, Visualizzatore a Cristalli Liquidi.
l.c.m. least (*o* **lowest**) **common multiple**, (*mat.*) minimo comune multiplo (m.c.m.).
Ld 1 Lead, (*chim.*) piombo (Pb). **2 Lord**.
L.D. 1 Doctor of Letters, dottore in Lettere (*USA*). **2 Low Dutch**, (*linguistica*) Basso Tedesco.
Ldp. 1 Ladyship, Signoria (*detto di donna*). **2 Lordship**, Signoria (*detto d'uomo*); Eccellenza (*detto di vescovo*).
lea. leather, cuoio.
lect. 1 lecture, conferenza; lezione universitaria. **2 lecturer**, conferenziere; professore universitario.
LED Light Emitting Diode, Diodo a Emissione Luminosa.
leg. 1 legal, legale (leg.). **2 legate**, (*leg.*) legato (leg.).
legis(l). 1 legislative, legislativo. **2 legislature**, legislatura.
Leics. Leicestershire, la Contea di Leicester.
LEM Lunar Excursion Module, Modulo per l'Escursione Lunare.
L.F. low frequency, (*fis.*) bassa frequenza (L.F.).
L.G. Low German, (*linguistica*) Basso Tedesco.
L.H. Lighthouse, (*naut.*) Faro.
L.H.D. (*lat.*: **Litterarum Humanorum Doctor**)- **Doctor of Human Letters**, dottore in Lettere.
lh/dr lefthand drive, (*autom.*) guida a sinistra (*cartello*).
Li lithium, (*chim.*) litio (Li).
L.I.A. Lebanese International Airways, Linee Aeree Internazionali Libanesi.
Lib. 1 Liberal, Liberale. **2 Librarian**, Bibliotecario. **3 Library**, Biblioteca.
Lieut. Lieutenant, Tenente (Ten.).
Lincs. Lincolnshire, la Contea di Lincoln.
lit. 1 literal, letterale. **2 literally**, letteralmente. **3 literary**, letterario (lett.). **4 literature**, letteratura (letter.). **5 litre**(s), litro(-i).
L.J. Lord Justice (*leg.*).
L.L. 1 Lending Library, Biblioteca di Prestito. **2 Low Latin**, Basso Latino.
LL.B. (*lat.*: **Legum Baccalaureus**) **Bachelor of Laws**, dottore in Legge (*laurea di 1° grado*).
LL.D. (*lat.*: **Legum Doctor**) **Doctor of Laws**, dottore in Legge.
L.M.T. local mean time, ora locale.
L/N League of Nations, (*stor.*) Società delle Nazioni (S.D.N.).
L.N.G. Liquefied Natural Gas, Gas Naturale Liquefatto.
L.O. Liaison Officer, Ufficiale di Collegamento.
loc. cit. (*lat.*: **loco citato**) **at the place mentioned**, luogo citato (loc. cit.).
log logarithm, (*mat.*) logaritmo (log).

Lon., Lond. London, Londra.
long. longitude, longitudine (long.).
LORAN Long-Range Navigation, sistema di radioassistenza alla navigazione.
L.p. 1 Ladyship, Signoria (*detto di donna*). **2 Lordship**, Signoria (*detto d'uomo*); Eccellenza (*detto di vescovo*).
LP Long Playing, Lunga Esecuzione, nei dischi microsolco.
L.P. 1 Labour Party, Partito Laburista. **2 Liberal Party**, Partito Liberale. **3 Low Pressure**, (*fis.*) bassa pressione (B.P.).
L.P.G. Liquefied Petroleum Gas, gas di petrolio liquefatto.
L.P.T.B. London Passenger Transport Board, Azienda Trasporto Passeggeri di Londra.
Lr lawrencium, (*chim.*) laurenzio (Lr).
L.R. Lloyd's Register, (*comm., naut.*) il Registro dei Lloyd (*di Londra*).
L.S. Long Shot, (*cinem.*) campo lungo.
L.S.I. Large Scale Integration, Integrazione su Vasta Scala.
L.T. 1 London Transport, *V.* **L.P.T.B. 2 Low Tension**, (*fis.*) bassa tensione (B.T.).
L.T.A. Lawn Tennis Association, Associazione del Tennis su Prato (*G.B.*).
Ltd. Limited, (*comm.*) a responsabilità limitata (*detto di una società*).
Lu lutetium, (*chim.*) lutezio (Lu).
Lux. Luxembourg, Lussemburgo.
lv. leave, permesso; congedo; licenza.
L.V. Low Voltage, (*fis.*) bassa tensione (B.T.).
lyr. lyric (*o* lyrical), lirico.
m 1 male, maschio. **2 manual**, manuale. **3 mark**, segno; marchio. **4 married**, sposato. **5 masculine**, maschile. **6 mass**, massa. **7 member**, membro; socio. **8 meridian**, meridiano. **9 meridional**, meridionale. **10 metre**, metro (m). **11 mile**, miglio. **12 minor**, minore. **13 molar**, (dente) molare. **14 month**, mese. **15 moon**, luna.
M motorway, autostrada: **M 1**, autostrada nº 1 (*da Londra a Leeds*).
M. 1 Magistrate, Magistrato. **2 Majesty**, Maestà. **3 Mark**, marco (*moneta tedesca*). **4 Marquess**, Marchese. **5 Medical**, Medico (*agg.*). **6 Member**, Membro, Socio. **7 Methodist**, (*relig.*) Metodista. **8 Minesweeper**, (*mil.*) Spazzamine. **9 Moderate**, Moderato. **10 Monday**, lunedì. **11 Mother**, Madre. **12 Mountain**, Monte; Montagna.
M.A. 1 Master of Arts, dottore in Lettere (*laurea di 2º grado*). **2 Middle Ages**, Medio Evo. **3 Military Academy**, Accademia Militare.
M/A my account, (*comm.*) a mio favore; a me medesimo.
M.A.F.F.S. Modular Airborne Fire Fighting System, Sistema Antincendio Aviotrasportato Modulare.
mag. 1 magazine, rivista illustrata. **2 magnetic**, magnetico. **3 magnetism**, magnetismo. **4 magneto**, calamita.
Maj. Major, Maggiore (Magg.).
mar. 1 maritime, marittimo. **2 married**, sposato; coniugato.
Mar. March, marzo (mar.).
March. Marchioness, Marchesa (M.sa).
Marq. Marques, Marquis, Marchese (M.se).
masc. masculine, maschile.
MASER Microwave Amplification by stimulated Emission of Radiation, Amplificazione di microonde mediante emissione stimolata di radiazione.
Mass. Massachusetts.
math. 1 mathematical, matematico (*agg.*). **2 mathematics**, la matematica.
max. maximum, massimo.
M.B. 1 Motor Boat, (*naut.*) Motovedetta, Motoscafo. **2** (*lat.*: Medicinae Baccalaureus) Bachelor of Medicine, diplomato in Medicina.
M.C. 1 Master of Ceremonies, Cerimoniere. **2 Member of Congress**, Membro del Congresso (*USA*). **3 Military Cross**, Croce di Guerra.
Md mendelevium, (*chim.*) mendelevio (Md).
Md. Maryland.
M.D. 1 Managing Director, Consigliere Delegato. **2 Market Day**, giorno di mercato. **3** (*lat.*: **Medicinae Doctor**) **Doctor of Medicine**, dottore in Medicina. **4 Mental defective**, minorato psichico.
Mdx. Middlesex.
Me. Maine.
M.E. 1 Mechanical Engineer, Ingegnere Meccanico. **2 Middle East**, Medio Oriente. **3 Middle English**, (*linguistica*) l'Inglese di Mezzo. **4 Mining Engineer**, Ingegnere Minerario. **5 Most Excellent**, Eccellentissimo.
M.E.A. Middle East Airlines, Linee Aeree del Medio Oriente.
Messrs. Messieurs, Signori (*negli indirizzi*).
met. 1 metaphor, metafora. **2 metronome**, (*mus.*) metronomo.

metal(l). metallurgy, metallurgia (metall.).
metaph. 1 metaphor, metafora. **2 metaphorical**, metaforico. **3 metaphysical**, metafisico. **4 metaphysics**, la metafisica.
M.E.T.O. Middle East Treaty Organization, Organizzazione del Trattato del Medio Oriente (*Irak*).
Mex. 1 Mexican, messicano. **2 Mexico**, Messico.
M.F. 1 Master of Forestry, laureato in Scienze Forestali. **2 Medium Frequency**, (*fis.*) media frequenza (M.F.).
mfd. manufactured, fabbricato (*agg.*).
M.F.H. Master of Fox-hounds, (*sport*) Maestro della Caccia alla Volpe (*G.B.*).
Mg magnesium, (*chim.*) magnesio (Mg).
Mgr. 1 Manager, Direttore. **2 Monseigneur**, Monsignore. **3 Monsignor**, Monsignor (Mons.).
mi mile(s), miglio (-a) (mi).
Mich. Michigan.
min. 1 mineralogy, mineralogia (miner.). **2 minimum**, minimo (min.). **3 minute(s)**, minuto(-i).
Min. minister, ministro (Min.).
Minn. Minnesota.
Miss. Mississippi.
M.I.T. Massachusetts Institute of Technology, Istituto di Tecnologia del Massachusetts.
M.M. 1 Mercantile Marine, Marina Mercantile. **2 Military Medal**, Medaglia al Valor Militare.
M.M.R.B.M. Mobile Medium Range Ballistic Missile, Missile Balistico Mobile a Media Gittata.
Mn manganese, (*chim.*) manganese (Mn).
Mo molybdenum, (*chim.*) molibdeno (Mo).
Mo. Missouri.
M.O. 1 Medical Officer, Ufficiale Medico. **2 Money Order**, (*comm.*) vaglia postale.
mon. monetary, monetario.
Mon. 1 Monday, lunedì (lun.). **2 Monmouthshire**.
Mont. Montana.
Montr. Montreal.
M.O.S. Metal Oxide Semiconductor, Semiconduttore a Ossido Metallico.
m.p. melting point, (*fis.*) punto di fusione.
M.P. 1 Meeting-Point, (*mil.*) punto d'incontro (*o* di raduno). **2 Member of Parliament**, Deputato (*G.B.*). **3 Metropolitan Police**, la Polizia Metropolitana (*di Londra*). **4 Military Police**, Polizia Militare. **5 Minister Plenipotentiary**, Ministro Plenipotenziario.
m.p.h. miles per hour, miglia all'ora.
Mr, Mr. Mister, Signore (Sig.).
M.R. 1 Ministry of Reconstruction, Ministero della Ricostruzione. **2 Municipal Reform**, Riforma Municipale.
M.R.B.M. Medium Range Ballistic Missile, Missile Balistico a Media Gittata.
M.R.C. Medical Research Council, Consiglio per le Ricerche nel Campo della Medicina (*G.B.*).
M.R.C.A. Multi-Role Combat Aircraft, Aereo da Combattimento a Impiego Plurimo.
M.R.C.P. Member of the Royal College of Physicians, Membro del Reale Collegio dei Medici.
Mrs, Mrs. Mistress, Signora (Sig.ra).
MS 1 Mail Steamer, (*naut.*) Piroscafo Postale. **2 manuscript**, manoscritto (MS)
M.S. 1 Master of Science, dottore in Scienze (*laurea di 2º grado*; specialm. *USA*). **2 Master of Surgery**, dottore in Chirurgia. **3 Metric System**, Sistema Metrico Decimale. **4 Ministry of Shipping**, Ministero della Marina Mercantile. **5 Ministry of Supply**, Ministero dei Rifornimenti.
M/S Motor Ship, (*naut.*) Motonave (M/N).
Ms, Ms. Mistress *o* Miss, Signora *o* Signorina (S.a).
M.Sc. Master of Science, dottore in Scienze (*laurea di 2º grado*).
m.s.l. mean sea-level, livello medio del mare.
MSS. manuscripts, manoscritti.
Mt. Mount, Monte (M.).
M.T. 1 Mandated Territory, (*polit.*) Territorio Mandatario. **2 Military Training**, Addestramento Militare. **3 Motor Transport**, Trasporti con veicoli a Motore.
M/T Ministry of Transport, Ministero dei Trasporti.
M.T.B. Motor Torpedo Boat, (*naut.*) Motosilurante; Motoscafo antisommergibili (MAS).
M.T.I. Moving Target Indicator, Radar Indicatore di Bersagli Mobili.
M.T.M. Methods Time Measurement, Misura Metodi e Tempi.
munic. municipal, municipale.
mus. 1 museum, museo. **2 music**, musica (mus.). **3 musical**, musicale (mus.).
Mx. Middlesex.
myth. 1 mythological, mitologico. **2 mythology**, mitologia.

Sigle, abbreviazioni, simboli inglesi

Sigle, abbreviazioni, simboli inglesi

n. 1 name, nome (n.). **2 neuter**, neutro (n.). **3 new**, nuovo. **4 noon**, meriggio. **5 noun**, sostantivo (sost.). **6 number**, numero.
N nitrogen, (*chim.*) azoto (N).
N. 1 North, Nord (N.). **2 Northern**, Settentrionale.
Na sodium, (*chim.*) sodio (Na).
N.A. 1 National Academy, Accademia Nazionale. **2 Naval Attaché**, Addetto Navale. **3 North America**, Nord-America. **4 North Atlantic**, Nord-Atlantico.
N.A.A.S. National Agricultural Advisory Service, Comitato Nazionale di Consulenza Agricola (*G.B.*).
N.A.D.G.E. Nato Air Defense Ground Environment, Difesa Aerea dei Territori Nato.
N.A.F.T.A. New Zealand-Australia Free Trade Agreement, Accordo di Libero Scambio fra la Nuova Zelanda e l'Australia.
N.A.S.A. National Aeronautics and Space Administration, Ente Nazionale Aeronautico e Spaziale (*USA*) (N.A.S.A.).
nat. 1 national, nazionale (naz.). **2 natural**, naturale. **3 naturalist**, naturalista.
Nat. 1 National, Nazionale. **2 Nationalist**, Nazionalista.
N.A.T.O. North Atlantic Treaty Organization, Organizzazione del Trattato Nord-Atlantico (*Belgio*) (N.A.T.O.).
naut. nautical, nautico (naut.).
nav. 1 naval, navale (nav.). **2 navigation**, navigazione. **3 navigator** (*naut.*), ufficiale di rotta.
navig. *V.* nav. 2 e 3.
Nb niobium, (*chim.*) niobio (Nb).
N.B. 1 North Britain, Gran Bretagna Settentrionale. **2** (*lat.*: **nota bene**) **note well**, nota bene (N.B.).
N.B.C. National Broadcasting Corporation, Ente Radiofonico Nazionale (*USA*).
N.C. North Carolina, Carolina del Nord.
N.C.B. National Coal Board, Consiglio Nazionale per il Carbon Fossile (*G.B.*).
n.d. 1 no date, senza data. **2 not dated**, senza data (*detto di libri*).
Nd neodymium, (*chim.*) neodimio (Nd).
N.D. North Dakota, Dakota del Nord.
N. Dak. North Dakota, Dakota del Nord.
Ne neon, (*chim.*) neon (Ne).
N.E. 1 Naval Engineer, Ingegnere Navale. **2 New Edition**, Nuova Edizione. **3 New England**, Nuova Inghilterra. **4 North-East**, Nord-Est.
Neb(r). Nebraska.
N.E.D.C. National Economic Development Council, Consiglio Nazionale per lo Sviluppo Economico (*G.B.*).
N. Eng. New England, Nuova Inghilterra.
Neth. Netherlands, (i) Paesi Bassi.
neut. 1 neuter, neutro. **2 neutral**, neutrale.
Nev. Nevada.
Newfld. Newfoundland, Terranova.
New M(ex). New Mexico, Nuovo Messico.
N.F. 1 Newfoundland, Terranova. **2 Norman-French**, Franco-Normanno.
N.F.A. National Federation of Anglers, (*sport*) Federazione Nazionale della Pesca con la Lenza (*G.B.*).
N.G. 1 National Gallery, (*arte*) Galleria Nazionale. **2 National Guard**, (*mil.*) Guardia Nazionale. **3 New Guinea**, Nuova Guinea.
N.H. 1 Naval Hospital, Ospedale Navale. **2 New Hampshire**.
N. Heb. New Hebrew, (*linguistica*) Nuovo Ebreo.
Ni nickel, (*chim.*) nichel (Ni).
N.I.R.N.S. National Institute for Research in Nuclear Science, Istituto Nazionale per le Ricerche nel Campo della Scienza Nucleare (*G.B.*).
N. J. New Jersey.
N. M., N. Mex. New Mexico, Nuovo Messico.
N.M.R. Nuclear Magnetic Resonance, Risonanza Magnetica Nucleare.
No nobelium, (*chim.*) nobelio (No).
No. number, numero (n.).
N.O. 1 Naval Officer, Ufficiale di Marina. **2 New Orleans**.
nom(in). 1 nominal, nominale. **2 nominative**, (*gramm.*) nominativo (nom.).
Nor. 1 Norway, Norvegia. **2 Norwegian**, norvegese.
Norf. Norfolk.
Northants. Northamptonshire, la Contea di Northampton.
Northumb. Northumberland.
Notts. Nottinghamshire, la Contea di Nottingham.
Nov. 1 novel, romanzo. **2 novelist**, romanziere. **3 November**, novembre (nov.).
n.p. 1 new paragraph, a capo (*dettando*). **2 no place**, senza luogo di pubblicazione (*di un libro*).
Np neptunium, (*chim.*) nettunio (Np).

N.P. Notary Public, Pubblico Notaio.
N.P.F.A. National Playing Fields Association, Associazione Nazionale per i Campi Sportivi (*G.B.*).
N.S. 1 National Society, Società Nazionale. **2 New Serie**, Nuova Serie. **3 Nova Scotia**, Nuova Scozia. **4 Numismatic Society**, Società numismatica.
N.S.P.C.A. National Society for the Prevention of Cruelty to Animals, Società Nazionale per la Protezione degli Animali.
N.T. 1 National Trust, Trust Nazionale. **2 New Testament**, Nuovo Testamento.
N.T.S.C. National Television System Committee, Comitato Nazionale per la Televisione a colori statunitense.
N.U.T. National Union of Teachers, Unione Nazionale degli Insegnanti (*Sindacato della Scuola Inglese*).
N.W. 1 North Wales, Galles del Nord. **2 North-West**, Nord-Ovest. **3 North-western**, Nord-occidentale.
N.Y. New York.
N.Z. New Zealand, (*geogr.*) Nuova Zelanda.
o. 1 old, vecchio. **2 only**, soltanto. **3 overcast**, coperto (*del cielo*). **4 overseer**, sorvegliante; sovrintendente.
O oxygen, (*chim.*) ossigeno (O).
O. 1 Observer, Osservatore. **2 Officer**, Ufficiale. **3 Ohio. 4 Order**, Ordine.
O.A.E.C. Organization of Asian Economic Co-operation, Organizzazione per la Collaborazione Economica Asiatica.
O.A.P.E.C. Organization of Arab Petroleum Exporting Countries, Organizzazione dei Paesi Arabi Esportatori di Petrolio.
O.A.S. Organization of American States, Organizzazione degli Stati Americani (*USA*).
O.A.U. Organization of African Unity, Organizzazione per l'Unità Africana.
O.B.E. Officer of the Order of the British Empire, Ufficiale dell'Ordine dell'Impero Britannico.
obs. 1 observation, osservazione. **2 observatory**, osservatorio. **3 observer**, osservatore. **4 obsolete**, obsoleto.
o.c. (*lat.*: **opere citato**) **in the work quoted**, nell'opera citata (op. cit.).
Oc. Ocean, Oceano.
oct. octavo, (*di un libro*) (in) ottavo.
Oct. October, ottobre (ott.).
O.D.M. Ministry of Overseas Development, Ministero per lo Sviluppo dei Paesi d'Oltremare (*facenti parte del Commonwealth*).
O.E. Old English, (*linguistica*) Antico Inglese.
O.E.C.D. Organization for Economic Co-operation and Development, Organizzazione per la Cooperazione e lo Sviluppo Economico (O.C.S.E.).
O.E.E.C. Organization for European Economic Co-operation, Organizzazione per la Cooperazione Economica Europea (O.E.C.E.).
O.E.M. Original Equipment Manufacturer, Azienda Trasformatrice di Apparecchiature Primarie.
O.H.B.M.S. On His (*o* Her) Britannic Majesty's Service, al servizio di Sua Maestà Britannica.
O.H.M.S. On His (*o* Her) Majesty's Service, al servizio di Sua Maestà.
O.K. all correct, tutto bene; benissimo.
Okla. Oklahoma.
Ont. Ontario.
op. 1 opposite, di fronte; dirimpetto. **2 opposed**, opposto. **3** (*lat.*: **opus**) **work**, opera (op.).
o.p. out of print, esaurito (*di un libro*).
O.P. 1 Observation Post, (*mil.*) Osservatorio. **2 Open Policy**, (*comm.*) polizza aperta.
op. cit. (*lat.*: **opere citato**) **in the work quoted**, nell'opera citata (op. cit.).
O.P.E.C. Organization of Petroleum Exporting Countries, Organizzazione dei Paesi Esportatori di Petrolio.
O.R. Operational Research, ricerca operativa.
Or. Oregon.
ord. 1 ordained, (*relig.*) ordinato. **2 order**, ordine. **3 ordinal**, (*mat.*) ordinale. **4 ordinance**, ordinanza. **5 ordinary**, ordinario.
Ore(g). Oregon.
org. 1 organ, organo. **2 organic**, organico. **3 organism**, organismo. **4 organization**, organizzazione. **5 organized**, organizzato.
o/s out of stock, (*comm.*) esaurito.
Os osmium, (*chim.*) osmio (Os).
O.S. 1 Ordinary Seaman, marinaio semplice. **2 Operating System**, Sistema Operativo.
o.t. overtime, (lavoro) straordinario.
O.T. Old Testament, Vecchio Testamento.
O.T.C. Organization for Trade Cooperation, Organizzazione per la Cooperazione Commerciale.

Ox(f). Oxford.
Oxon. 1 (*lat.*: **Oxonia**) Oxfordshire, la Contea di Oxford. **2** (*lat.*: **Oxoniensis**) **Oxonian**, oxoniano (*dell'Università di Oxford*).
oz ounce, oncia (*misura di peso*).
p. 1 page, pagina (pag.). **2 park**, parco. **3 participle**, participio. **4 past**, (*gramm.*) passato (pass.). **5 pint**, pinta (*misura*). **6 population**, popolazione. **7 pressure**, pressione.
P 1 Parking, (*autom.*) Parcheggio, Posteggio (P). **2 phosphorus**, (*chim.*) fosforo (P).
P. 1 Pope, Papa. **2 Port**, Porto. **3 President**, Presidente. **4 Prince**, Principe. **5 Protestant**, Protestante. **6 Public**, Pubblico.
Pa 1 protactinium, (*chim.*) protoattinio (Pa). **2 Pascal**, (*fis.*) Pascal (Pa).
Pa. Pennsylvania.
P.A. 1 Press Association, Associazione della Stampa. **2 Publishers' Association**, Associazione degli Editori.
P.A.A. Pan American Airways, Linee Aeree Americane.
Pac. Pacific, (il) Pacifico.
Pak. Pakistan.
Pal. Palestine, Palestina.
P.A.L. Phase Alternation Line, alternazione di fase da riga a riga.
Pan. Panama.
par. 1 paragraph, paragrafo (par.). **2 parallel**, parallelo. **3 parish**, parrocchia (parr.).
Parl. Parliament, Parlamento.
part. 1 participle, participio (part.). **2 participial**, participiale. **3 particular**, particolare. **4 particularly**, particolarmente.
pass. passive, passivo (pass.).
pat. 1 patent, brevetto (brev.). **2 patented**, brevettato.
Pat. Off. Patent Office, Ufficio Brevetti.
P.A.Y.E. pay-as-you-earn, (sistema di) ritenuta alla fonte (*G.B.*).
payt. payment, pagamento; versamento (vers.).
Pb lead, (*chim.*) piombo (Pb).
P.B.X. Private Branch Exchange, Centrale Telefonica Privata.
p.c. postcard, cartolina postale (c.p.).
p./c., P./C. 1 per cent., per cento. **2 petty cash**, (*comm.*) (denaro delle) piccole spese e piccole entrate.
P.C. 1 Panama Canal, Canale di Panama. **2 Police Constable**, Agente di Polizia. **3 Privy Council**, Consiglio Privato (*di un Sovrano*).
pd pound, libbra.
pd. paid, pagato.
Pd palladium, (*chim.*) palladio (Pd).
P.D. 1 Personnel Department, Reparto del Personale. **2 Port Dues**, (*comm.*) Diritti Portuali. **3 potential difference**, (*fis.*) differenza di potenziale.
P.E.N. CLUB Poets, Essaysts, Novelists Club, Club dei Poeti, Saggisti e Romanzieri (*G.B.*).
Penn. Pennsylvania.
perf. 1 perfect, perfetto. **2 performance**, esecuzione; rendimento.
per pro(c.) (*lat.*: **per procurationem**) by proxy, per procura (p.p.).
pers. 1 person, persona. **2 personal**, personale. **3 personally**, personalmente.
P.E.R.T. Program Evaluation and Review Technique, Tecnica di Valutazione e Revisione dei Programmi.
PET Positron Emission Tomography, Tomografia a Emissione di Positroni.
Pg. 1 Portugal, Portogallo. **2 Portuguese**, portoghese.
P.G. Paying Guest, «Ospite Pagante».
pharm. 1 pharmaceutical, farmaceutico. **2 pharmacy**, farmacia.
Ph. B. (*lat.*: **Philosophiae Baccalaureus**) Bachelor of Philosophy, dottore in Filosofia (*laurea di 1° grado*).
Ph. D. (*lat.*: **Philosophiae Doctor**) Doctor of Philosophy, (*laurea di 2° grado, simile al dottorato di ricerca*).
philol. 1 philological, filologico. **2 philology**, filologia (filol.).
philos. 1 philosophical, filosofico. **2 philosophy**, filosofia (filos.).
phon(et). phonetics, (*gramm.*) fonetica (fon.).
phot(og). 1 photographic, fotografico. **2 photography**, fotografia.
phys. 1 physical, fisico. **2 physician**, medico. **3 physics**, fisica (fis.). **4 physiological**, fisiologico. **5 physiology**, fisiologia.
pk. 1 park, parco. **2 peak**, picco; vetta. **3 peck** (*misura di capacità*).
pl. 1 place, luogo. **2 plate**, piatto; (*di libro*) tavola fuori testo. **3 plural**, plurale.
P/L Profit and Loss, Profitti e Perdite.
plur. plural, plurale (pl.).
p.m. 1 (*lat.*: **post meridiem**) after noon, pomeridiano (p.m.). **2** (*lat.*: **post mortem**) after death, post mortem, autopsia.
Pm promethium, (*chim.*) prometeo (Pm).
P.M. 1 Police Magistrate, Pretore. **2 Postmaster**, Ufficiale Postale. **3 post mortem**, *V.* **p.m., 2**. **4 Prime Minister**, Primo Ministro. **5 Phase Modulation**, Modulazione di Fase.
Po polonium, (*chim.*) polonio (Po).
P.O. 1 Pilot Officer, (*aeron.*) Ufficiale Pilota. **2 Post Office**, Ufficio Postale.
p.o.b., P.O.B. Post Office Box, Casella postale.
P.O.D. (*anche*: **p.o.d.**) pay on delivery, pagamento alla consegna; contro assegno.
poet. 1 poetic, poetical, poetico. **2 poetically**, poeticamente. **3 poetry**, poesia.
pol. 1 political, politico. **2 politically**, politicamente.
Pol. 1 Poland, Polonia. **2 Polish**, polacco.
polit. 1 political, politico. **2 politics**, politica.
pop. 1 popular, popolare. **2 population**, popolazione (pop.).
Port. 1 Portugal, Portogallo. **2 Portuguese**, portoghese.
poss. 1 possession, possesso. **2 possessive**, (*gramm.*) possessivo (poss.).
P.O.W. Prisoner of War, Prigioniero di Guerra.
p.p. 1 parcel post, pacco postale (p.p.). **2 past participle**, participio passato. **3** *V.* **per pro(c). 4 post-paid**, (*comm.*) franco posta.
pr. 1 pair, paio. **2 present**, presente (pres.). **3 price**, prezzo.
Pr praseodymium, (*chim.*) praseodimio (Pr).
Pr. 1 Priest, Prete. **2 Prince**, Principe.
P.R. 1 Parachute Regiment, Reggimento di Paracadutisti. **2 Poste restante**, (*di una lettera*) fermo posta. **3 Public Relations**, Relazioni Pubbliche. **4 Puerto Rico**, Portorico.
P.R.A. President of the Royal Academy, Presidente dell'Accademia Reale.
prec. preceding, precedente.
pred. predicate, predicato (pred.).
pref. 1 preface, prefazione. **2 prefix**, (*gramm.*) prefisso (pref.).
prep. 1 preparation, preparazione. **2 preparatory**, preparatorio. **3 preposition**, preposizione (prep.).
pres. present, presente (pres.).
Pres. 1 Presidency, (*polit.*) Presidenza (Pres.). **2 President**, (*polit.*) Presidente (Pres.).
pret. preterite, (*gramm.*) preterito.
prev. 1 previous, precedente. **2 previously**, precedentemente.
princ. 1 principal, principale. **2 principally**, principalmente.
P.R.M. Public Relation Man, Addetto alle Pubbliche Relazioni.
prof. profession, professione.
Prof. Professor, Professore (Prof.).
prom. promontory, promontorio.
pron. 1 pronominal, pronominale. **2 pronoun**, (*gramm.*) pronome (pron.). **3 pronounced**, pronunciato. **4 pronunciation**, pronuncia.
prov. 1 proverb, proverbio (prov.). **2 province**, provincia (prov.). **3 provincial**, provinciale.
prox. (*lat.*: **proximo mense**) next month, prossimo venturo (p.v.).
P.S. Privy Seal, Sigillo Privato (*di un Sovrano*).
P.S., P/S (*lat.*: **post scriptum**) postscript, poscritto (P.S.).
P.S.S.C. Physical Science Study Committee, Comitato per lo Studio della Scienza Fisica.
pt. 1 part, parte. **2 pint**, pinta (*misura di capacità*). **3 point**, punto; (*geogr.*) punta.
Pt platinum, (*chim.*) platino (Pt).
Pt. 1 Point, (*geogr.*) Punta. **2 Port**, Porto.
P.T. Physical Training, Educazione Fisica.
Pte. Private, soldato; soldato semplice.
P.T.O. please turn over, (*comm.*) voltare pagina.
Pu plutonium, (*chim.*) plutonio (Pu).
pub. 1 public, pubblico. **2 publication**, pubblicazione. **3 publicly**, pubblicamente. **4 published**, pubblicato. **5 publisher**, editore. **6 publishing**, editoriale; editrice (agg.).
PULSAR Pulsating Star, Stella Pulsante.
pun. puncheon (*misura*).
P.V.C. poly-vinyl-cloride, polivinilcloruro.
P/W Prisoner of War, prigioniero di guerra.
q quintal, quintale (q).
q. 1 quart, quarto (*misura di capacità*). **2 quarterly**, trimestrale. **3 quarter**, quarto (*misura*). **4 query**, quesito. **5 question**, domanda.
Q. 1 Quebec. 2 Queen, Regina. **3 Queensland** (*geogr.*).
QANTAS Queensland and Northern Territory Aerial Service, Servizio Aereo del Queensland e del Territorio Settentrionale.
Q.B. 1 Quarter Back, (*sport*) mediano. **2 Queen's Bench**, Regia Corte di Giustizia.
Q.C. 1 Queen's Counsel (*leg.*: alto titolo onorifico concesso ad avvocati). **2 Queen's College**.
q.e.d., Q.E.D. (*lat.*: **quod erat demonstrandum**) which was to be

proved, come dovevasi dimostrare (c.d.d.).
qr. quarter, quarto (*misura*).
q.s. (*lat.*: **quantum sufficit**) **a sufficient quantity**, quanto basta (*nelle ricette*).
Q.S. Quarter Sessions (*leg.*).
qt. 1 quantity, quantità. **2 quart**, quarto (*misura di capacità*).
q.t. quiet (*nella locuz. fam.*): **on the q.t.**, in segreto; di nascosto; in confidenza.
q.to quarto, (*di un libro*) in quarto.
qu. 1 query, quesito. **2 question**, domanda.
Qu. Queen, Regina.
quad. 1 quadrangle, quadrilatero (*specialm.: cortile di un college universitario*). **2 quadrant**, quadrante. **3 quadruple**, quadruplo.
quar(t). quarterly, trimestralmente.
QUASAR Quasi Star, (Oggetto) Simile a una Stella.
Que. 1 Quebec. 2 Queensland.
quot. quotation, citazione; (*comm.*) quotazione (quot.).
q.V. (*lat.*: **quod vide**) **which see**, vedi (*V.*; *nei rimandi*).
q.v. 1 (*lat.*: **quantumvis volueris**) **as much as you like**, (*med.*) a volontà. **2** (*lat.*: **quod vide**) **which see**, vedi (*V.*; *nei rimandi*).
qy. query, quesito.
r. 1 radius, (*geom.*) raggio. **2 rain**, pioggia. **3 rare**, raro. **4 recipe**, ricetta. **5 recto**, (*bibliografia*) recto. **6 right**, destro, (la) destra. **7 rod** (*misura di lunghezza*). **8 rood** (*misura*).
R. 1 (*lat.*: **Regina**) **Queen**, Regina. **2 Registered**, Registrato (R). **3 Republican**, Repubblicano. **4 Reserve**, Riserva. **5** (*lat.*: **Rex**) **King**, Re. **6 River**, Fiume. **7 Roman**, Romano. **8 Rupee**, Rupia.
Ra radium, (*chim.*) radio (Ra).
R.A. 1 Rear-Admiral, Contrammiraglio. **2 Royal Academician**, Accademico Reale. **3 Royal Academy**, Accademia Reale (R. A.). **4 Royal Artillery**, Regia Artiglieria.
R.A.A. Royal Academy of Arts, Accademia Reale delle Arti.
R.A.C. Royal Automobile Club, Reale Automobile Club (*G.B.*).
rad. 1 radicale. 2 radius, (*geom.*) raggio.
Rad. Radical, (*polit.*) Radicale.
RADAR Radio Detecting and Ranging, Radio-rivelatore e misuratore di distanza.
R.A.F. Royal Air Force, Regia Aeronautica (*G.B.*).
R.A.M. Royal Academy of Music, Regia Accademia di Musica.
Rb rubidium, (*chim.*) rubidio (Rb).
R.C. 1 Red Cross, Croce Rossa. **2 Reinforced Concrete**, cemento armato. **3 Roman Catholic**, Cattolico Apostolico Romano.
R.C.A. Radio Corporation of America, Ente Radiofonico Americano.
R.C.C. Roman Catholic Church, Chiesa Cattolica.
rd. road, strada; via.
Re rhenium, (*chim.*) renio (Re).
rec. receipt, ricevuta (ric.).
recd. received, ricevuto.
ref. reference, riferimento (rif.).
Ref. Ch. Reformed Church, Chiesa Riformata.
refl. 1 reflection, riflessione; riflesso. **2 reflective**, riflessivo; riflettente. **3 reflex**, riflesso. **4 reflexive**, (*gramm.*) riflessivo (rifl.).
reg. 1 region, regione. **2 register**, registro. **3 regular**, regolare. **4 regulation**, regolazione; regolamento.
Reg. registered, registrato, (*alla Posta*) raccomandato.
rel. 1 relating (to), concernente; riferentesi (a). **2 relative**, relativo. **3 religion**, religione.
rem. remittance, rimessa.
Rep. 1 Report, Rapporto, Relazione. **2 Reporter**, Relatore; Cronista, Reporter. **3 Representative**, Rappresentante. **4 Republic**, Repubblica. **5 Republican**, Repubblicano.
ret. retired, in pensione.
retd. 1 *V*. **ret. 2 returned**, restituito.
rev. 1 revenue, (*econ.*) entrata; erario, fisco. **2 reverse**, contrario, rovescio; (*mecc.*) retromarcia. **3 revised**, riveduto, corretto. **4 revision**, revisione. **5 revolution**, (*mecc.*) giro.
Rev. Reverend, (*relig.*) Reverendo (Rev.).
Rev. Ver. Revised Version, Versione Riveduta (*della Bibbia Anglicana*: 1881-85).
R.G.S. Royal Geographical Society, Regia Società Geografica.
Rgt. Regiment, Reggimento.
Rh rhodium, (*chim.*) rodio (Rh).
R.H. Royal Highness, Altezza Reale (A.R.).
R.H.A. Royal Horse Artillery, Regia Artiglieria Ippotrainata.
R.I. 1 Rhode Island. 2 Royal Institution, Regio Istituto.
R.I.B.A. Royal Institute of British Architects, Associazione Nazionale degli Architetti Britannici.
Rit Rail inclusive tours, itinerari ferroviari «tutto compreso».
R.M. Royal Mint, (la) Regia Zecca (*nella Torre di Londra*).
RMI Radio Magnetic Indicator, Indicatore radiomagnetico.
Rn radon, (*chim.*) radon (Rn).
R.N. 1 Registered Nurse, infermiere diplomato; infermiera diplomata. **2 Royal Navy**, Regia Marina.
R.O. Recruiting Officer, (*mil.*) Ufficiale Arruolatore.
Rom. 1 Roman, Romano. **2 Romance**, (*linguistica*) Romanzo.
Rom. Cath. Roman Catholic, Cattolico Apostolico Romano.
Roum. 1 Roumania, Romania. **2 Roumanian**, rumeno.
R.P. 1 Rates of Postage, Tariffe Postali. **2 Reply Paid**, risposta pagata. **3 Rescue Party**, squadra di soccorso.
R/P 1 Reprint, Ristampa. **2 Return of Post** (*comm.*): **by R/P**, a giro di posta.
RPG Report Program Generator, Generatore di Tabulati.
rpm, r.p.m. revolutions per minute, (*mecc.*) giri al minuto (giri/min).
rps, r.p.s. revolutions per second, (*mecc.*) giri al secondo (giri/s).
rpt. report, rapporto, relazione.
R.P.V. Remotely Piloted Vehicle, Veicolo Pilotato a Distanza.
R.R. 1 Railroad, Ferrovia (*USA*). **2 Right Reverend**, Molto Reverendo (M.R.). **3 Rolls Royce**.
R.S. Royal Society, Regia Società.
R.S.M. 1 Royal Scottish Museum, Regio Museo Scozzese. **2 Royal Society of Medicine**, Regia Società di Medicina.
R.S.V.P. (*franc*. **répondez s'il vous plait**) **Reply if you please**, si prega di rispondere (R.S.V.P.).
Rt. Hon. Right Honourable, Molto Onorevole.
Rt. Rev. Right Reverend, Reverendissimo (Rev.mo).
Ru ruthenium, (*chim.*) rutenio (Ru).
R.U.F. Rugby Football Union, Unione del Gioco della Palla Ovale (*G.B.*).
Rus(s) 1 Russia, Russia. **2 Russian**, russo.
R.W. Right of Way, 1 (*autom.*) diritto di precedenza. **2** (*ferr.*) servitù di passaggio.
ry. railway, ferrovia (ferr.).
s. 1 second, (*di tempo*) secondo (s). **2 section**, sezione. **3 shilling(s)**, scellino(-i). **4 sign**, segno. **5 snow**, neve. **6 son**, figlio.
S sulphur, (*chim.*) zolfo (S).
S. 1 Sailing ship, Nave a vela. **2 Saint**, Santo (S.). **3 Saturday**, sabato. **4 School**, Scuola. **5 Socialist**, Socialista. **6 South**, Sud. **7 Southern**, Meridionale. **8 Sun**, Sole. **9 Sunday**, domenica.
S.A. 1 Salvation Army, Esercito della Salvezza. **2 Secretary for Air**, Ministro dell'Aeronautica. **3 Small Arms**, (*mil.*) Armi (da fuoco) portatili. **4 South Africa**, Sudafrica. **5 South African**, sudafricano. **6 South Australia**, Australia del Sud.
S.A.A. South African Airways, Linee Aeree Sudafricane.
SABMIS Sea-based Antiballistic Missile Intercept System, Sistema di Intercettazione di Missili Balistici da Postazioni in mare.
S.A.C. Strategic Air Command, Comando Strategico Aereo.
S.A.F. Strategic Air Force, Forza Aerea Strategica.
S.A.L.T. Strategic Arms Limitation Talks, Trattative per la Limitazione delle Armi Strategiche.
san. sanitary, sanitario.
S.A.R. 1 Sons of the American Revolution, Figli della Rivoluzione Americana (*USA*). **2 South African Republic**, Repubblica del Sudafrica.
S.A.S. Scandinavian Airlines System, Linee Aeree Scandinave.
Sask. Saskatchewan.
Sat. 1 Saturday, sabato (sab.). **2 Saturn**, Saturno.
Sb antimony, (*chim.*) antimonio (Sb).
S.B. Savings Bank, Cassa di Risparmio.
Sc scandium, (*chim.*) scandio (Sc).
S.C. 1 Sanitary Corps, (*mil.*) Corpo della Sanità. **2 South Carolina**, Carolina del Sud. **3 Supreme Court**, (*leg.*) Corte Suprema (S.C.).
sch. 1 scholar, erudito, dotto. **2 scholarship**, borsa di studio. **3 school**, scuola. **4 schooner**, (*naut.*) goletta.
Scot. 1 Scotland, Scozia. **2 Scottish**, scozzese.
scr. 1 screwed, avvitato. **2 scruple** (*misura di peso*).
S.C.R. Silicon Controlled Rectifier, Raddrizzatore Controllato al Silicio.
Scrip(t) Scripture, la (Sacra) Scrittura.
S.C.S. Silicon Controlled Switch, Interruttore Controllato al Silicio.
S.D. 1 South Dakota, Dakota del Sud. **2 State Department**, Dipartimento di Stato (*USA*). **3 Supply Depot**, Magazzino Rifornimenti.
S. Dak. South Dakota, Dakota del Sud.
S.D.R. Special Drawing Rights, Diritti Speciali di Prelievo.
Se selenium, (*chim.*) selenio (Se).
S.E. 1 South-East, Sud-Est (S.E.). **2 South-Eastern**, Sud-orientale.
S/E Stock Exchange, Borsa Valori.
S.E.A.T.O. South-East Asia Treaty Organization, Organizzazione del Trattato dell'Asia Sud-Orientale (*Tailandia*).

sec 1 **secant**, (*mat.*) secante (sec). 2 **second(s)**, secondo(-i). 3 **section**, sezione.
Sec. secretary, segretario (segr.).
sen., senr. senior.
Sen. 1 **Senate**, Senato. 2 **Senator**, Senatore (Sen.). 3 **Senior**.
sep. separate, separato.
Sep(t). September, Settembre (sett.).
Serg(t). Sergeant, sergente.
S.E.R.L. Services Electronics Research Laboratory, Laboratorio di Ricerche Elettroniche delle Forze Armate Britanniche.
S.E.T.A.F. Southern European Task American Force, Unità Operativa Americana del Sud Europa.
S.F. 1 **San Francisco**. 2 **Sinking Fund**, (*comm.*) Fondo d'ammortamento.
s.g. specific gravity, (*fis.*) gravità specifica.
S.G. 1 **Scots Guards**, (*mil.*) Guardie Scozzesi. 2 **Solicitor-General** (*leg.*).
Sgt. Sergeant, Sergente.
sh. shilling(s), scellino(-i).
S.H.A.P.E. Supreme Headquarters of the Allied Powers in Europe, Comando Supremo delle Potenze Alleate in Europa.
Shet. Is. Shetland Isles, Isole Shetland.
S.H.F. Super High Frequency, (*fis.*) frequenza superelevata.
Shrops. Shropshire.
Si silicon, (*chim.*) silicio (Si).
S.I. Shetland Isles, Isole Shetland; **Staten Island** (*USA*).
sim. 1 **similar**, simile. 2 **similarly**, similmente.
sin sine, (*mat.*) seno (sen).
sing. singular, singolare (sing.).
S.J. Society of Jesus, Compagnia di Gesù (*i Gesuiti*).
Skr., Skrt. Sanskrit, Sanscrito.
s.l. 1 **sea level**, livello del mare (l.m.). 2 (*lat.*: **sine loco**) **without place (of printing)**, sine loco (s.l.).
S.L. 1 **Searchlight**, riflettore. 2 **Squadron Leader**, (*aeron. mil.*) Comandante di Squadra. 3 **Sub-Lieutenant**, (*naut. mil.*) Sottotenente di Vascello.
Sm samarium, (*chim.*) samario (Sm).
Sn tin, (*chim.*) stagno (Sn).
So. 1 **South**, Sud (S.). 2 **Southern**, meridionale.
S.O. 1 **Staff Officer**, (*mil.*) Ufficiale di Stato Maggiore. 2 **Stationery Office**, Libreria di Stato.
Soc. 1 **Social**, Sociale. 2 **Socialist**, Socialista. 3 **Society**, Società. 4 **Socialism**, Socialismo.
Sol. Solicitor, Avvocato.
Sol.-Gen. Solicitor General (*leg.*).
Som. Somersetshire, la Contea di Somerset.
SONAR Sound Navigation and Ranging, Navigazione e misurazione per mezzo del suono.
S.O.S. (Save Our Souls) request for help, (segnale di) richiesta di soccorso (S.O.S.).
sp. 1 **species**, specie. 2 **specimen**, campione, esemplare, saggio.
Sp. 1 **Spain**, Spagna. 2 **Spanish**, spagnolo.
S.P.C. South Pacific Commission, Commissione del Sud Pacifico.
S.P.C.C. Society for the Prevention of Cruelty to Children, Società per la Protezione dell'Infanzia.
spec. 1 **special**, speciale. 2 **specially**, specialmente. 3 **specific**, specifico. 4 **specifically**, specificamente. 5 **specimen**, campione, esemplare, saggio.
SPS Solar Power Satellite, Satellite Solare di Potenza.
Sq. 1 **Squadron**, (*mil.*) Squadrone; (*aeron.*) Squadra. 2 **Square**, Piazza (P.za).
sq m 1 **square metre**, metro quadrato. 2 **square mile**, miglio quadrato.
Sr strontium, (*chim.*) stronzio (Sr).
Sr. 1 **Senior**. 2 **Sister**, (*med.*) Sorella (*infermiera*).
S.R.C. Science Research Council, Consiglio Nazionale per la Ricerca Scientifica (*G.B.*).
S.R.I. (*lat.*: **Sacrum Romanum Imperium**) **Holy Roman Empire**, (*stor.*) Sacro Romano Impero (S.R.I.).
SS. 1 **Saints**, (*relig.*) Santi (SS.). 2 (*lat.*: **Sanctissimus**) **Most Holy**, Santissimo (SS.). 3 **Steamship**, (*naut.*) piroscafo.
S.S. 1 (*ted.*: **Schutzstaffel**) **Hitler's Bodyguard**, (*stor.*) milizia nazista (S.S.). 2 **Secondary School**, Scuola Secondaria. 3 **Secretary of State**, Segretario di Stato. 4 **Secret Service**, Servizio Segreto.
S/S 1 **Secretary of State**, Segretario di Stato. 2 **Steamship**, (*naut.*) piroscafo.
st. stone (*misura di peso*).
St. 1 **Saint**, Santo, San (S.). 2 **Strait(s)**, (*geogr.*) Stretto. 3 **Street**, Strada.
Staffs. Staffordshire, la Contea di Stafford.
stat. 1 **station**, stazione. 2 **stationary**, stazionario. 3 **statistical**, statistico. 4 **statistics**, statistica. 5 **statute**, statuto.
std. standard, standard, tipo.
STD Subscriber Trunk Dialling, teleselezione.
Stdy. Saturday, sabato (sab.).
St. Ex. Stock Exchange, Borsa Valori.
stg. sterling.
stn. station, stazione.
S.T.O.L. Short Takeoff and Landing, Decollo e atterraggio corti.
sub. 1 **submarine**, (*naut.*) sottomarino. 2 **substitute**, sostituto. 3 **suburb**, sobborgo. 4 **subway**, sottopassaggio.
sub-ed. sub-editor, vice direttore (*di un giornale*).
subj. 1 **subject**, soggetto. 2 **subjunctive**, congiuntivo (cong.).
suff. 1 **suffix**, (*gramm.*) suffisso (suff.). 2 **sufficient**, sufficiente (suff.).
Suff. Suffolk.
Sun(d). Sunday, domenica (dom.).
sup. 1 **superior**, superiore (sup.). 2 **superlative**, (*gramm.*) superlativo (sup.). 3 **supine**, (*gramm.*) supino.
super. 1 **superficial**, superficiale. 2 **superior**, superiore. 3 **supernumerary**, soprannumerario.
superl. superlative, (*gramm.*) superlativo (superl.).
suppl. 1 **supplement**, supplemento. 2 **supplementary**, supplementare.
supr. supreme, supremo.
surg. 1 **surgeon**, chirurgo. 2 **surgery**, chirurgia. 3 **surgical**, chirurgico.
surv. 1 **surveying**, sorveglianza; agrimensura, topografia. 2 **surveyor**, sorvegliante; agrimensore, topografo, geometra.
Suss. Sussex.
S.V. Sailing Vessel, (*naut.*) Nave a vela.
s.v.p., S.V.P. (*franc.*: **s'il vous plaît**) **if you please**, per favore (S.V.P.).
Sw. 1 **Sweden**, Svezia. 2 **Swedish**, svedese. 3 **Swiss**, svizzero.
S.W. 1 **Short Wave**, (*radio*) onda corta. 2 **South Wales** (*geogr.*) Galles del Sud. 3 **South-West**, Sud Ovest (S.O.). 4 **South-Western**, Sud-occidentale.
Swit(z). Switzerland, Svizzera.
Sx. Sussex.
Sy. Surrey.
sym. 1 **symmetrical**, simmetrico. 2 **symmetry**, simmetria. 3 **symphony**, sinfonia.
symb. 1 **symbol**, simbolo. 2 **symbolic**, simbolico.
syn. synonym, sinonimo.
t ton(s), tonnellata(-e) (t).
t. 1 **tare**, (*comm.*) tara. 2 **tempo**, (*mus.*) tempo. 3 **tenor**, (*mus.*) tenore. 4 **thunder**, tuono. 5 **ton**, tonnellata. 6 **town**, città. 7 **transitive**, transitivo (trans.).
T Tesla, (*fis.*) Tesla (T).
T. 1 **Telephone**, Telefono. 2 **Temperature**, Temperatura. 3 **Tuesday**, martedì (mar., mart.).
Ta tantalum, (*chim.*) tantalio (Ta).
T.A. 1 **Tass Agency**, (l')Agenzia Tass. 2 **Telegraphic Address**, indirizzo telegrafico. 3 **Territorial Army**, Esercito Territoriale.
T.A.B. Technical Assistance Board, Ufficio dell'Assistenza Tecnica (ONU).
tan tangent, (*mat.*) tangente (tg).
Tb terbium, (*chim.*) terbio (Tb).
T.B. Tuberculosis, (*med.*) tubercolosi (tbc, TBC).
T.B.D. Torpedo-Boat Destroyer, Cacciatorpediniere (Caccia).
Tc technetium, (*chim.*) tecnezio (Tc).
T.C. Training Centre, Centro d'Addestramento.
T.D.W. Ton Dead Weight, Tonnellata a Portata Lorda.
Te tellurium, (*chim.*) tellurio (Te).
tech. 1 **technical**, tecnico. 2 **technically**, tecnicamente. 3 **technique**, tecnica. 4 **technological**, tecnologico. 5 **technology**, tecnologia.
tel. 1 **telegram**, telegramma. 2 **telegraph**, telegrafo. 3 **telegraphist**, telegrafista. 4 **telephone**, telefono (tel.).
TELEX Telegraph Exchange, Trasmissione per telescrivente.
ten. tenor, (*mus.*) tenore.
Tenn. Tennessee.
territ. 1 **territorial**, territoriale. 2 **territory**, territorio.
Test. 1 **Testament**, testamento. 2 **Testator**, testatore (T.).
Teut. 1 **Teuton**, teutone. 2 **Teutonic**, teutonico.
Tex. Texas.
T.F. 1 **Task Force**, (*mil.*) Unità Tattica. 2 **Territorial Force**, (*mil.*) Forza Territoriale.
Th thorium, (*chim.*) torio (Th).
Th. Thursday, giovedì (giov.).
theol. 1 **theological**, teologico. 2 **theology**, teologia.
thro' through, attraverso, per.
Thur(s). Thursday, giovedì (giov.).
Ti titanium, (*chim.*) titanio (Ti).
TIR (*franc.*: **Transports Internationaux Routiers**) **International Transport of Merchandise by Road**, Trasporti Internazionali su Strada (TIR).

tit. 1 title, titolo. **2 titular**, titolare.
Tl thallium, (*chim.*) tallio (Tl).
Tm thulium, (*chim.*) tulio (Tm).
T.N. Telephone Number, numero telefonico.
T.N.T. TriNitroToluol, (*chim.*) trinitrotoluolo (*esplosivo*) (TNT).
T.O. 1 Telegraph Office, Ufficio del Telegrafo. **2** (*anche*) (**t.o.**) **turn over**, volta pagina; voltare.
tr. 1 tragedy, tragedia. **2 transaction**, operazione commerciale. **3 transitive**, transitivo. **4 translation**, traduzione (trad.). **5 translated**, tradotto. **6 translator**, traduttore. **7 transport**, trasporto. **8 trustee**, fiduciario, amministratore.
trad. 1 tradition, tradizione. **2 traditional**, tradizionale.
trag. 1 tragedian, tragediografo. **2 tragedy**, tragedia. **3 tragic**, tragico.
trans. 1 transferred, (*comm.*) trasferito. **2 transitivo**, transitivo (trans.). **3 transitory**, transitorio. **4 translated**, tradotto. **5 translation**, traduzione. **6 translator**, traduttore. **7 transport**, trasporto.
treas. treasurer, tesoriere.
Treas. Treasury, Tesoro.
Trin. Coll. Trinity College (*a* Oxford, *a* Cambridge, *o a* Dublino).
T.S. Training Ship, (*naut.*) Nave Scuola.
T.T. 1 Teetotaller, astemio. **2 Telegraphic Transfer**, versamento telegrafico. **3 Torpedo Tubes**, (*naut.*) tubi lanciasiluri. **4 Tourist Trophy** (*sport*).
T.U. 1 Trade Union (*sindacato dei lavoratori inglesi*). **2 Trade Unionist**, sindacalista.
T.U.C. 1 Trade Unions Congress, Congresso delle «Trade Union». **2 Trade Unions Council**, Consiglio delle «Trade Union» (*organizzazione centrale dei sindacati britannici*).
Tues. Tuesday, martedì (mar., mart.).
T.V. television, televisione (T.V.).
T.V.A. Tennessee Valley Authority, Ente per la Vallata del Tennessee (*USA*).
T.W.A. Trans World Airlines, Linee Aeree Intercontinentali.
typ., typog. 1 typographical, tipografico (tip., tipogr.). **2 typography**, tipografia.
u. upper, superiore.
U uranium, (*chim.*) uranio (U).
U. 1 Union, Unione. **2 Unionist**, Unionista. **3 Universal**, Universale; (*detto di un film*) (visibile) per tutti. **4 University**, Università. **5 Utah**.
U.A.B. Unemployment Assistance Board, Comitato di Assistenza ai Disoccupati.
U.A.R. United Arab Republic, Repubblica Araba Unita (R.A.U.).
U.D. 1 Upper Deck, (*naut.*) ponte superiore. **2 Urban District**, Distretto Urbano.
U.D.C. Universal Decimal Classification, Classificazione decimale universale.
U.F.O. Unidentified Flying Object, Oggetto volante non identificato.
U.G.C. University Grants Committee, Comitato Nazionale per le Borse di Studio Universitarie (*G.B.*).
U.H.F. ultra high frequency, (*radio*, *telev.*) frequenza ultraelevata (U.H.F.).
U.K. United Kingdom, Regno Unito (*di Gran Bretagna e Irlanda Settentrionale*).
U.K.A.E.A. United Kingdom Atomic Energy Authority, Ente Nazionale Britannico per l'Energia Atomica.
ult. (*lat.*: ultimo mense) **last month**, ultimo scorso (u.s.).
U.N. United Nations, Nazioni Unite (N.U.).
unabr. unabridged, (*di un libro*) in edizione integrale.
U.N.D.P. United Nations Development Programme, Programma delle Nazioni Unite per lo sviluppo.
U.N.E.F. United Nations Emergency Forces, Forze di Emergenza delle Nazioni Unite.
U.N.E.S.C.O. United Nations Educational, Scientific and Cultural Organization, Organizzazione delle Nazioni Unite per l'Educazione, la Scienza e la Cultura (*Francia*) (U.N.E.S.C.O.).
U.N.H.C.R. United Nations High Commissioner for Refugees, Alto Commissario delle Nazioni Unite per i Rifugiati Politici.
U.N.I.C.E.F. United Nations International Children's Emergency Fund, Fondo Internazionale delle Nazioni Unite per l'Infanzia (*USA*) (U.N.I.C.E.F.).
U.N.I.T.A.R. United Nations Institute for Training and Research, Istituto di Formazione e di Ricerca delle Nazioni Unite.
univ. 1 universal, universale. **2 universally**, universalmente.
Univ. 1 Universalist, Universalista. **2 University**, Università.
UNIVAC Universal Automatic Computer, Calcolatore universale automatico.
U.N.O. United Nations Organization, Organizzazione delle Nazioni Unite (O.N.U.).
U.N.R.R.A. United Nations Relief and Rehabilitation Administration, Amministrazione dei Soccorsi delle Nazioni Unite (*ai Paesi danneggiati dalla Seconda Guerra Mondiale*) (U.N.R.R.A.).
U. of S. A. Union of South Africa, Unione del Sud-Africa.
U.P. 1 United Press, Stampa Associata (*agenzia di stampa USA*). **2 United Provinces**, Province Riunite.
U.P.U. Universal Post Union, Unione Postale Universale (U.P.U.).
U.S. 1 Under Secretary, Sottosegretario. **2 United States**, Stati Uniti (S.U.).
U.S.A. 1 United States of America, Stati Uniti d'America. **2 United States Army**, Esercito Statunitense.
U.S.A.F. United States Air Force, (*mil.*) Aeronautica Statunitense.
U.S.I.S. United States Information Service, Servizio di Informazioni degli Stati Uniti.
U.S.N. United States Navy, Marina Militare Statunitense.
U.S.S.A.F. United States Strategic Air Force, Aviazione Strategica Statunitense.
U.S.S.R. Union of Soviet Socialist Republics, Unione delle Repubbliche Socialiste Sovietiche (U.R.S.S.).
usu. 1 usual, usuale, solito. **2 usually**, usualmente, di solito.
U.T.O. United Towns Organization, Federazione Mondiale delle Città Gemellate (*Francia*).
U.V. ultraviolet, (*fis.*) ultravioletto (UV, Uv).
U/W. Underwriter, (*comm.*) sottoscrittore; (*naut.*) assicuratore marittimo.
v 1 volt, (*fis.*) volt (V). **2 volume**, (*mat.*) volume (vol.).
v. 1 valve, valvola. **2 velocity**, velocità. **3 verb**, verbo. **4 verse**, (*poesia*) verso, versi. **5 version**, versione. **6 versus**, (*leg.*, *sport*) contro. **7 very**, molto. **8 vision**, (*med.*) vista, visus. **9 vocative**, vocativo (voc.). **10 volume**, (*mat.*) volume.
V 1 vanadium, (*chim.*) vanadio (V). **2 velocity**, (*fis.*) velocità. **3 volt**, (*fis.*) volt (V). **4 volume**, (*mat.*) volume (vol.).
V. 1 Vector, (*fis.*) Vettore. **2 Vicar**, Curato; Vicario. **3 Vice**, (*pref.*) Vice. **4 Victoria**, (*stor.*) Vittoria. **5 Victorian**, (*stor.*) vittoriano. **6 Victory**, Vittoria. **7 Virgin**, Vergine. **8 Viscount**, Visconte. **9 Voltage**, (*fis.*) voltaggio. **10 Volunteer**, Volontario.
v.a. 1 verb active, (*gramm.*) verbo attivo. **2 verbal adjective**, aggettivo verbale.
Va. Virginia (*geogr.*).
V.A. 1 Vicar Apostolic, Vicario Apostolico. **2 Royal Order of Victoria and Albert**, Reale Ordine di Vittoria e Alberto.
val. 1 value, valore. **2 valued**, valutato.
var. 1 variant, variante. **2 variation**, (*naut.*) variazione. **3 variegated**, variegato. **4 variety**, varietà. **5 various**, vario.
Vat. Vatican, Vaticano (Vat.).
V.A.T. Value Added Tax, Imposta sul Valore Aggiunto (I.V.A.).
vb. verb, verbo (vb.).
vb.n. verbal noun, sostantivo verbale.
V.C. 1 Vice-Chancellor, Vice Cancelliere. **2 Vice-Consul**, Vice-Console. **3 Victoria Cross**, Croce della Regina Vittoria.
V.C.R. Video Cassette Recorder, Videoregistratore a cassette.
V.-day Victory Day, il Giorno della Vittoria.
vel. velocity, velocità.
Ven. 1 Venerable, Venerabile (Ven.). **2 Venetian**, veneziano.
vet., Vet. 1 veteran, veterano, reduce. **2 veterinary**, veterinario.
V.G. Vicar General, Vicario Generale.
V.H.F. very high frequency, (*radio telev.*) (ad) altissima frequenza (V.H.F.).
v.i. verb intransitive, verbo intransitivo.
Vic. 1 Vicar, Vicario; Curato. **2 Vicarage**, Vicariato. **3 Victoria**, Vittoria.
Vict. Victoria, Vittoria.
V.I.P. Very Important Person, persona molto importante, vip.
Virg. Virginia (*geogr.*).
vis. visibility, visibilità.
Vis., Visc., Vist. 1 Viscount, Visconte. **2 Viscountess**, Viscontessa.
viz. (*lat.*: videlicet) **namely**, vale a dire.
V.L.F. very low frequency, (*radio, telev.*) (a) bassissima frequenza.
V.O. 1 Veterinary Officer, (*mil.*) Ufficiale Veterinario. **2 Victorian Order**, Ordine della Regina Vittoria.
V.O.A. Voice of America, La Voce dell'America.
voc. vocative, vocativo (voc.).
vocoder voice coder, codificatore della voce.
vol. 1 volume, volume (vol.). **2 voluntary**, volontario.
Vol. Volunteer(s), (*mil.*) Volontario(-i).
volc. 1 volcanic, vulcanico. **2 volcano**, vulcano.
V.O.R. Very-high-frequency Omnidirectional Radio Range, Apparecchiatura che capta le emissioni del radiofaro dell'aeroporto.
V.P. 1 Variable pitch, (*di un'elica*) a passo variabile. **2 Vice-President**, Vice-Presidente.

V.-Pres. Vice-President, Vice-Presidente.
v.r. verb reflexive, verbo riflessivo (v. rifl.).
V.R. (*lat.*: **Victoria Regina**) **Queen Victoria**, la Regina Vittoria.
vs. versus, (*leg.*, *sport*) contro.
v.s. (*lat.*: **vide supra**) **see above**, vedi sopra (v.s., V.s.).
V.S. Veterinary Surgeon, Chirurgo Veterinario.
V.S.O. Very Superior Old, stravecchio superiore (*detto di Cognac che abbia da 12 a 17 anni di invecchiamento*).
V.S.O.P. Very Superior Old Pale, stravecchio superiore paglierino (*detto di Cognac che abbia da 18 a 25 anni di invecchiamento*).
v.t. verb transitive, verbo transitivo.
Vt. Vermont.
V.T.O. Vertical Take Off, decollo verticale.
V.T.O.L. Vertical Take Off and Landing, decollo e atterraggio verticali.
V.T.R. Video Tape Recorder, Videoregistratore a nastro.
vulg. 1 vulgar, volgare. **2 vulgarly**, volgarmente.
Vul(g). Vulgate, (*relig.*) Vulgata.
vv. 1 verbs, (*gramm.*) verbi. **2 verses**, (*poesia*) versi, strofe.
V.V.S.O.P. Very Very Superior Old Pale, super stravecchio superiore paglierino (*detto di Cognac che abbia da 25 a 40 anni di invecchiamento*).
w. 1 weight, peso. **2 water**, acqua. **3 week**, settimana. **4 wicket** (*nel gioco del cricket*). **5 wife**, moglie. **6 with**, con. **7 work**, (*fis.*) lavoro. **8 wrong**, errato, sbagliato.
W 1 wolfram (*o* **tungsten**), (*chim.*) wolframio (*o* tungsteno) (W). **2 watt**, (*fis.*) watt (W).
W. 1 Washington. **2 Wales**. **3 Wednesday**, mercoledì. **4 Welsh**, gallese. **5 West**, Ovest (O.). **6 Western**, Occidentale.
W.A. 1 West Africa, Africa Occidentale. **2 Western Australia**, Australia Occidentale.
W.A.A.C. Women's Army Auxiliary Corps, (*mil.*) Corpo Ausiliario Femminile dell'Esercito (*G.B.*).
W.A.A.F. Women's Auxiliary Air Force, (*mil.*) Corpo Ausiliario Femminile dell'Aeronautica.
W.A.C. Women's Auxiliary Corps, (*mil.*) Corpo delle Ausiliarie dell'Esercito (*USA*).
W.A.P.C. Women's Auxiliary Police Corps, Corpo delle Ausiliarie di Polizia.
War., Warw., Wars. Warwickshire, la Contea di Warwick.
Wash. Washington (*geogr.*: *lo Stato*).
W.A.S.P. White Anglo-Saxon Protestant, Bianco Anglosassone Protestante.
W.A.Y. World Assembly of Youth, Assemblea Mondiale della Gioventù (*Belgio*).
W.B. Warehouse Book, (*comm.*) Libro Magazzino.
W.B.A. World Boxing Association, Associazione Pugilistica Mondiale.
w.c. 1 water closet, gabinetto (di decenza) (W.C.). **2 without charge**, (*comm.*) senza spese, gratis.
W.C.C. World Council of Churches, Consiglio Mondiale delle Chiese (*Svizzera*).
W.D. War Department, Ministero della Guerra (*USA*).
W.E.A. Workers' Educational Association, Associazione Culturale dei Lavoratori (*G.B.*).
Wed. Wednesday, mercoledì (merc.).
Westmd. Westmoreland.
Westmr. Westminster.
W.E.U. Western European Union, Unione dell'Europa Occidentale.
W.F.T.U. World Federation of Trade Unions, Federazione Sindacale Mondiale.
W.G. 1 Welsh Guards, Guardie Gallesi. **2 Westminster Gazette**. **3 West Germanic**, (*linguistica*) Germanico Occidentale.
W.H.O. World Health Organization, Organizzazione Mondiale della Sanità.
W.I. 1 West Indian, (*abitante*) delle Indie Occidentali. **2 West Indies**, Indie Occidentali. **3 Wrought Iron**, (di) ferro battuto.
Will. William (Guglielmo).
Wilts. Wiltshire.

W.I.P.O. World Intellectual Property Organization, Organizzazione Mondiale per la Proprietà Intellettuale.
Wis(c). Wisconsin.
wk 1 week, settimana. **2 work**, lavoro.
W.L. 1 (*franc.*: **Wagon lit**) **sleeping-car**, (*ferr.*) vagone letto (W. L.). **2 War Loan**, Prestito di Guerra. **3 Water Line**, (*naut.*) linea di galleggiamento.
W.M.A. World Medical Association, Associazione Medica Mondiale (*USA*).
W.M.O. World Meteorological Organization, Organizzazione Meteorologica Mondiale (O.M.M.; *Svizzera*).
W.O. 1 War Office, Ministero della Guerra (*G.B.*). **2 Wireless Operator**, radiotelegrafista, marconista.
Worc(s). Worcestershire, la Contea di Worcester.
w.p. weather permitting, tempo permettendo.
W.P. 1 Warsaw Pact, Patto di Varsavia. **2 Western Province**, Provincia Occidentale. **3 White Paper**, (*polit.*) Libro Bianco. **4 Word Processing**, Trattamento della Parola.
W.P.A. With Particular Average, Con Danno Particolare.
W.R.A.C. Women's Royal Army Corps, Corpo delle Ausiliarie dell'Esercito (*G.B.*).
W.R.A.F. Women's Royal Air Force, Corpo delle Ausiliarie dell'Aeronautica (*G.B.*).
W.R.N.S. Women's Royal Naval Service, Corpo delle Ausiliarie della Marina (*G.B.*).
W.S. Working Storage, Memoria di lavoro.
wt. 1 weight, peso. **2 without**, senza.
W.T. 1 Watertight, a tenuta d'acqua. **2 Wireless Telegraphy**, radiotelegrafia (R.T.).
W.T.A.O. World Touring and Automobile Organization, Organizzazione Mondiale del Turismo e dell'Automobile (*G.B.*).
Wtr. 1 Waiter, cameriere. **2 Winter**, inverno. **3 Writer**, scrittore; scrivente.
W/V. wind velocity, velocità del vento.
W.Va. West Virginia, Virginia Occidentale.
W.V.S. Women's Voluntary Service, Servizio Volontario Femminile.
W.W. Water works, giochi d'acqua (*di fontane, ecc.*).
W.W.F. World Wildlife Fund, Fondo mondiale per la natura.
Wyo. Wyoming.
X 1 (**X.**) **Christ**, Cristo (X). **2 Cross**, Croce. **3 excluded**, (*di un film*) vietato ai minori.
Xe xenon, (*chim.*) xeno (Xe).
Xm., Xmas Christmas, Natale.
Xn. Christian, cristiano.
Xt. Christ, Cristo (X.).
Xtian. Christian, cristiano.
Xts. Christ's College (*a Cambridge*).
Y yttrium, (*chim.*) ittrio (Y).
Yb ytterbium, (*chim.*) itterbio (Yb).
Y.B. Year Book, (*leg.*) Annuario.
yd yard(s), iarda(-e) (*misura di lunghezza*).
Y.H.A. Youth Hostels Association, Associazione degli Ostelli della Gioventù.
Yks. Yorkshire, la Contea di York.
Y.M.C.A. Young Men's Christian Association, Associazione Cristiana della Gioventù Maschile (*G.B.*).
Yorks. Yorkshire, la Contea di York.
yr. 1 year, anno. **2 younger**, più giovane, junior. **3 your**, vostro (vs., Vs.).
Y.R.A. Yacht Racing Association, Associazione dello Sport della Vela.
Y.W.C.A. Young Women's Christian Association, Associazione Cristiana della Gioventù Femminile (*G.B.*).
Zanz. Zanzibar.
Z.C. Zionist Congress, Congresso Sionista.
Z.G. Zoological Gardens, Giardino Zoologico.
Zn zinc, (*chim.*) zinco (Zn).
zool. 1 zoological, zoologico. **2 zoology**, zoologia.
Zr zirconium, (*chim.*) zirconio (Zr).

NOMI PROPRI INGLESI

Ada ['eidə]
Adlai ['ædlei]
Adonais [,ædou'neiis]
Aelfric ['ælfrik]
Agricola [ə'grikələ]
Agrippa [ə'gripə]
Agrippina [,ægri'pi:nə]
Ahab ['eihæb]
Aileen ['eili:n]
Alastair ['æləstə*]
Alastor [ə'læstɔ:*]
Aldhelm ['ɔ:ldhelm]
Aldred ['ɔ:ldrid]
Alfric ['ælfrik]
Algernon ['ældʒənən]
Alice ['ælis]
Alison ['ælisn]
Allan ['ælən]
Almayer [æl'meiə*]
Alonso [ə'lounsou]
Amabel ['æməbel]
Amelia [ə'mi:ljə]
Amerigo [,æmə'ri:gou]
Amos ['eimɔs]
Amy ['eimi]
Amyas ['eimjəs]
Aneurin [ə'naiərin]
Angela ['ændʒilə]
Angus ['æŋgəs]
Annabella [,ænə'belə]
Antonia [æn'tounjə]
Antonio [æn'touniou]
Aphra ['a:frə, 'æfrə]
Apollo [ə'pɔlou]
Arabella [,ærə'belə]
Arden ['a:dn]
Asa ['eisə, 'a:sə]
Ashley ['æʃli]
Astarte [æs'ta:ti]
Astraea [æs'tri:ə]
Astrophel ['æstrəfel]
Athelstan ['æθəlstən]
Attila ['ætilə]
Aubrey ['ɔ:bri]
Audrey ['ɔ:dri]
Augusta [ɔ:'gʌstə]
Aurora [ɔ:'rɔ:rə, ɔ:'rɔ:rə]
Ava ['a:və]
Aylwin ['eilwin]
Banquo ['bæŋkwou]
Barbara ['ba:bərə]
Bassanio [bə'sa:niou]
Beatrice ['biətris]
Belinda [bi'lində]
Bell [bel]
Bella [belə]
Beowulf [beiowulf]
Berenice [,beri'naisi]
Beryl [beril]
Beves [bi:vis]
Boadicea [,bouədi'siə]
Bonamy ['bɔnəmi]
Boris ['bɔris]
Bottom ['bɔtəm]
Boynton ['bɔintn]
Brabantio [bra:'bænʃiou]
Brenda ['brendə:]
Brett [bret]
Brian ['braiən]
Brinsley ['brinzli]
Bruce [bru:s]
Bryan ['braiən]
Bulwer ['bulwə*]
Burk [bə:k]
Burt [bə:t]
Buster ['bʌstə*]
Butler ['bʌtlə*]
Bysshe [biʃ]

Caedmon ['kædmən]
Caleb ['keileb]
Calpurnia [kæl'pə:niə]
Camilla [kə'milə]
Candida ['kændidə]
Candy ['kændi]
Caracalla [kærə'kælə]
Carson ['ka:sn]
Cary ['kɛəri]
Casca ['kæska]
Cassio ['kæsiou]
Cecilia [si'siljə]
Cedric ['si:drik]
Celeste [si'lest]
Celia ['si:ljə]
Charmian ['tʃa:miən]
Chimera [kai'miərə]
Christabel ['kristəbel]
Cinna ['sinə]
Circe ['sə:si]
Clara ['klɛərə]
Clarence ['klærəns]
Clarissa [klə'risə]
Claudia ['klɔ:djə]
Cleanth ['kli:ənθ]
Clemence ['kleməns]
Cleopatra [kliou'patrə, kliə'pa:trə]
Clifford ['klifəd]
Clifton ['kliftən]
Clio ['klaiou]
Clive [klaiv]
Cnut [kə'nju:t]
Colin ['kɔlin]
Colley ['kɔli]
Comus ['koumas]
Conan ['kɔnən, 'kounən]
Cophetua [kou'fetjuə]
Cordelia [kɔ:'di:liə]
Cornelia [kɔ:'ni:ljə]
Cotton ['kɔtn]
Coventry ['kɔvəntri]
Cressida ['kresidə]
Crichton ['kraitn]
Cunningham ['kʌniŋəm]
Cuthbert ['kʌθbət]
Cynewulf ['kiniwulf]
Dana ['deinə]
Dante ['dænti]
Dashiell ['dæʃəl]
Deborah ['debərə]
Deirdre ['diədri]
Delbert [del'bə:t]
Delia ['di:liə]
Derek ['derik]
Derrik ['derik]
Desdemona [,dezdi'mounə]
Desmond ['dezmənd]
Diana [dai'ænə]
Diomede ['daiəmi:d]
Dion ['daiən]
Dioscuri ['daiɔs'ku:ri]
Donalbain ['dɔnlbein]
Donna ['dɔnə]
Dorian ['dɔ:riən]
Dorrit ['dɔrit]
Dougal ['du:gəl]
Douglas ['dʌgləs]
Dudley ['dʌdli]
Dugald ['du:gəld]
Duke [dju:k]
Duncan ['dʌŋkən]
Duns [dʌnz]
Dunstan ['dʌnstən]
Dwight [dwait]
Dylan ['dilən]
Eamon ['eimən]
Edgar ['edgə*]
Edith ['i:diθ]

Edna ['ednə]
Edwin ['edwin]
Edwina ['edwi:nə]
Eileen ['aili:n]
Eirene [ai'ri:ni]
Elaine [e'lein]
Eldred ['eldrid]
Elfred ['elfrid]
Elfreda [el'fri:də]
Elfrida [el'fri:də]
Elgar ['elgə*]
Eli ['i:lai]
Elia ['i:liə]
Elias [i'laiəs]
Elijah [i'laidʒə]
Ella ['elə]
Ellen ['elin]
Ellery ['eləri]
Elmer ['elmə*]
Eloisa [,elou'i:zə]
Elsa ['elsə]
Emilia [i'miliə]
Emlyn ['emlin]
Emma ['emə]
Enid ['i:nid]
Enoch ['i:nɔk]
Eric ['erik]
Erica ['erikə]
Eroll ['erəl]
Eros ['erɔs]
Errol(l) ['erəl]
Erskine ['ə:skin]
Ervine ['ə:vin]
Erwin ['ə:win]
Esau ['i:sɔ:]
Esmé ['ezmi]
Ethel ['eθəl]
Ethelbald ['eθəlbɔ:ld]
Ethelbert ['eθəlbə:t]
Ethelred ['eθəlred]
Ethelwulf ['eθəlwulf]
Eudora [ju:'dɔ:rə]
Eugenia [ju:'dʒi:njə]
Eulalia [ju:'leiljə]
Eunice ['ju:nis]
Euphues ['ju:fju(:)i:z]
Euterpe [ju:'tə:pi]
Eva ['i:və]
Evelina [,evi'li:nə]
Evelyn ['i:vlin]
Ewan ['ju:in]
Ewen ['ju:in]
Ezra ['ezrə]
Fabiola [,fæbi'oulə]
Faust [faust]
Faustina [fɔ:s'ti:nə]
Fay [fei]
Felicia [fi'lisiə]
Fenimore ['fenimɔ:*]
Fergus ['fə:gəs]
Fidelia [fi'di:ljə]
Fingal ['fiŋgəl]
Finnegan ['finigən]
Fiona [fi'ounə]
Flavia ['fleivjə]
Fleance ['fli:əns]
Floyd [flɔid]
Forrest ['fɔrist]
Fortinbras ['fɔ:tinbræs]
Fulke [fulk]
Fulvia ['fʌlviə]
Gabriella [,geibri'elə]
Galatea [,gælə'tiə]
Galba ['gælbə]
Galt [gɔ:lt]
Gavin ['gævin]
Gawain(e) ['ga:wein]
Geraint ['geraint]

Nomi propri inglesi

Gertrude [ˈgəːtruːd]
Gilda [ˈdʒɪldə]
Giotto [ˈdʒɔtou]
Gladys [ˈglædis]
Gloria [ˈglɔːriə]
Gloriana [ˌglɔːriˈaːnə]
Godiva [gəˈdaivə, gouˈdaivə]
Godwin [ˈgɔdwin]
Gog [gɔg]
Gonzalo [gɔnˈzaːlou]
Gorboduc [ˈgɔːbədʌk]
Gordon [ˈgɔːdn]
Graham [ˈgreiəm]
Gratiano [ˌgræʃiˈaːnou, ˌgraːʃiˈaːnou]
Grendel [ˈgrendl]
Greta [ˈgriːtə]
Griffith [ˈgrifiθ]
Griselda [griˈzeldə]
Grosvenor [ˈgrouvnə*]
Guthlac [ˈgʌθlək]
Gwyneth [ˈgwiniθ]
Hakluyt [ˈhækluːt]
Hal [hæl]
Hamelin [ˈhæmilin]
Hamish [ˈheimiʃ]
Hardicanute [ˈhaːdikənjuːt]
Harley [ˈhaːli]
Hartley [ˈhaːtli]
Harvey [ˈhaːvi]
Hazel [ˈheizl]
Hengist [ˈhengist]
Hero [ˈhiərou]
Hervey [ˈhaːvi, ˈhəːvi]
Hiawatha [ˌhaiəˈwɔθə]
Hilda [ˈhildə]
Hiram [ˈhaiərəm]
Hodge [hɔdʒ]
Honor [ˈɔnə*]
Horsa [ˈhɔːsə]
Hotspur [ˈhɔtspə(ː)*]
Howard [hauəd]
Huckleberry [ˈhʌklbəri]
Hudibras [ˈhjuːdibræs]
Humphr(e)y [ˈhʌmfri]
Iachimo [aiˈækimou, iˈækimou]
Iago [iˈaːgou]
Ianthe [aiˈænθi]
Ida [ˈaidə]
Ifor [ˈaivə*]
Imogen [ˈimoudʒən]
Ina [ˈainə]
Inge [iŋ, indʒ]
Ingram [ˈingrəm]
Inigo [ˈinigou]
Iolanthe [ˌaiəˈlænθi]
Ira [ˈaiərə]
Irene [aiˈriːni(ː)]
Iris [ˈaiəris]
Irvine [ˈəːvin]
Irving [ˈəːviŋ]
Isabella [ˌizəˈbelə]
Isis [ˈaisis]
Israel [ˈizreiəl]
Ivanhoe [ˈaivənhou]
Ivor [ˈaivə*]
Ivy [ˈaivi]
Jabez [ˈdʒeibez]
Jael [ˈdʒeiəl]
Jago [ˈdʒeigou]
Jan [dʒæn]
Jay [dʒei]
Jedediah [ˌdʒediˈdaiə]
Jefferson [ˈdʒefəsn]
Jemima [dʒiˈmaimə]
Jenner [ˈdʒenə*]
Jennifer [ˈdʒenifə*]
Jervis [ˈdʒaːvis, ˈdʒəːvis]
Jessica [ˈdʒesikə]
Jill [dʒil]
Joel [ˈdʒouel]
Joyce [dʒɔis]
June [dʒuːn]
Kathleen [ˈkæθliːn]
Keith [kiːθ]

Kenneth [ˈkeniθ]
Kezia [ˈkizaiə]
Kim [kim]
King [kiŋ]
Kirk [kəːk]
Lacey [ˈleisi]
Lachlan [ˈlæklən]
Lafcadio [læfˈkaːdiou]
Lana [ˈlaːnə]
Lance [laːns]
Langston [ˈlæŋstən]
Lascelles [ˈlæsəlz]
Latona [ləˈtounə]
Launce [laːns, lɔːns]
Laura [ˈlɔːrə]
Laurie [ˈlɔ(ː)ri]
Lavinia [ləˈviniə]
Layamon [ˈlaiəmən]
Lear [liə*]
Leda [liːdə]
Lee [liː]
Leigh [liː]
Leila [ˈliːlə]
Lemuel [ˈlemjuəl]
Lena [ˈliːnə]
Lennox [ˈlenəks]
Leo [ˈliː(ː)ou]
Leonardo [ˌliː(ː)əˈnaːdou]
Leonora [ˌliː(ː)əˈnɔːrə]
Leslie [ˈlezli]
Levi [ˈliːvai]
Lincoln [ˈliŋkən]
Llewellyn [luː(ː)ˈelin]
Lloyd [lɔid]
Logan [ˈlougən]
Lord [lɔːd]
Lorenzo [ləˈrenzou]
Lorna [ˈlɔːnə]
Lucasta [luˈkæstə]
Lucia [ˈluːsiə]
Luciana [ˌluːsiˈaːnə]
Lucina [luːˈsainə]
Lycidas [ˈlisidæs]
Lynn [lin]
Lytton [litn]
Mabel [ˈmeibəl]
Macbeth [mækˈbeθ, məkˈbeθ]
Macduff [mækˈdʌf, məkˈdʌf]
Maddalo [ˈmædəlou]
Madoc [ˈmædək]
Magnus [ˈmægnəs]
Magog [ˈmeigɔg]
Maida [ˈmeidə]
Makepeace [ˈmeikpiːs]
Malachi [ˈmæləkai]
Malcolm [ˈmælkəm]
Malvolio [mælˈvouljou]
Manley [ˈmænli]
Marcella [maːˈselə]
Maria [məˈraiə]
Mariana [ˌmɛəriˈænə]
Marigold [ˈmærigould]
Marilyn [ˈmærilin]
Marina [məˈriːnə]
Marion [ˈmɛəriən]
Marjory [ˈmaːdʒəri]
Marlene [ˈmaːliːn]
Marlon [ˈmaːlən]
Marmaduke [ˈmaːmədjuːk]
Marmion [ˈmaːmiən]
Mather [ˈmeiðə*]
Maud [mɔːd]
Maura [ˈmɔːrə]
Maureen [ˈmɔːriːn]
Mavis [ˈmeivis]
Maxwell [ˈmækswəl]
May [mei]
Medea [miˈdiə]
Medusa [miˈdjuːzə]
Melpomene [melˈpɔmini]
Mercutio [məːˈkjuːʃiou]
Merle [məːl]
Merope [ˈmerəpi]
Mervin [ˈməːvin]

Messala [meˈsaːlə]
Messalina [mesəˈliːnə]
Michelangelo [ˌmaikəlˈændʒilou]
Mildred [ˈmildrid]
Miles [mailz]
Millicent [ˈmilisnt]
Minerva [miˈnəːvə]
Minnie [ˈmini]
Miranda [miˈrændə]
Moira [ˈmɔiərə]
Moloch [ˈmoulɔk]
Mona [ˈmounə]
Montagu(e) [ˈmɔntəgjuː]
Montgomery [mɔntˈgʌməri]
Morag [ˈmɔːræg]
Mordecai [ˌmɔːdiˈkeiai]
Moreen [mɔːˈriːn]
Morgan [ˈmɔːgən]
Morgana [mɔːˈgaːnaː]
Mortimer [ˈmɔːtimə*]
Moss [mɔs]
Mowgli [ˈmaugli]
Murdoch [ˈməːdɔk]
Muriel [ˈmjuəriəl]
Myrna [ˈməːnə]
Myrtle [ˈməːtl]
Mysia [ˈmisiə]
Nahum [ˈneihəm]
Nausicaa [nɔːsikiə]
Nerissa [niˈrisə]
Nigel [ˈnaidʒəl]
Nike [ˈnaikiː]
Niobe [ˈnaioubi]
Nisbet [ˈnizbit]
Norman [ˈnɔːmən]
Oberon [ˈoubərən]
Odo [ˈoudou]
Olaf [ˈouləf, ˈɔləf]
Olivia [ɔˈliviə]
Oona [ˈuːnə]
Oriana [ˌɔriˈaːnə]
Orlando [ɔːˈlændou]
Orsino [ɔːˈsiːnou]
Orson [ˈɔːsn]
Osbert [ˈɔzbət, ˈɔzbəːt]
Oscar [ˈɔskə*]
Osmund [ˈɔzmənd]
Ouida [ˈwiːdə]
Owen [ˈouin]
Pamela [ˈpæmilə]
Paula [ˈpɔːlə]
Pearl [pəːl]
Penelope [piˈneləpi]
Perceval [ˈpəːsivəl]
Percival [ˈpəːsivəl]
Percy [ˈpəːsi]
Perdita [ˈpəːditə]
Perry [ˈperi]
Petruchio [piˈtruːkiou]
Pettie [ˈpeti]
Petula [peˈtjuːlə]
Phebe [ˈfiːbi]
Phinehas [ˈfiniæs]
Phoebe [ˈfiːbi]
Phyllis [ˈfilis]
Pomona [pəˈmounə]
Portia [ˈpɔːʃiə]
Primrose [ˈprimrouz]
Proserpina [prəˈsəːpinə]
Prospero [ˈprɔspərou]
Puck [pʌk]
Queenie [ˈkwiːni]
Ralph [rælf]
Ramona [rəˈmounə]
Randall [ˈrænd(ə)l]
Rasselas [ˈræsiləs]
Rebecca [riˈbekə]
Regina [riˈdʒainə]
Reinhold [ˈrainhould]
Rex [reks]
Rhoda [ˈroudə]
Rhondda [ˈrɔndə]
Rhys [riːs]
Ring [riŋ]

Nomi propri inglesi

Rita ['ri:tə]
Roberta [rou'bə:tə]
Robinson ['rɔbinsn]
Rodney ['rɔdni]
Romeo ['roumiou]
Romola ['rɔmələ]
Ronald [rɔnḷd]
Rosina [rou'zi:nə]
Rowena [rou'i:nə]
Roy [rɔi]
Ruby ['ru:bi]
Rudyard ['rʌdjəd]
Rufus ['ru:fəs]
Runyon ['rʌnjən]
Rupert ['ru:pət]
Ruth [ru:θ]
Ryan ['raiən]
Sabrina [sæ'bri:nə]
Sacheverell [sə'ʃevərəl]
Salome [sə'loumi]
Saul [sɔ:l]
Savage ['sævidʒ]
Scylla ['silə]
Seamas [ˈʃeiməs]
Seamus [ˈʃeiməs]
Sean [ʃɔ:n]
Selena [si'li:nə]
Semele ['semili]
Seneca ['senikə]
Seth [seθ]
Seymour ['si:mɔ:*]
Sheila [ˈʃi:lə]
Sherlock [ˈʃə:lɔk]
Sherwood [ˈʃə:wud]
Shirley [ˈʃə:li]
Shylock [ˈʃailɔk]
Silas ['sailəs]
Silla ['silə]
Silvia ['silviə]
Sinclair ['siŋklɛə*]
Siva ['sivə]
Somerset ['sʌməsit]
Spencer ['spensə*]
Stanley ['stænli]
Stearns [stə:nz]
Stella [stelə]
Sten [sten]
Susanna [su(:)'zænə]
Sycorax ['sikəræks]
Sydney ['sidni]
Tabitha ['tæbiθə]
Talbot ['tɔ:lbət]
Teresa [tə'ri:zə]
Terry ['teri]
Thor [θɔ:*]
Thornton ['θɔ:ntən]
Thorold ['θʌrəld]
Titania [ti'ta:njə]
Tracy ['treisi]
Trevor ['trevə*]
Trinculo ['triŋkju(:)lou]
Tyrone [ti'roun]
Udolpho [ju:'dɔlfou]
Ughtred ['u:trid]
Ulfilas ['ulfilæs]
Ulick [ˈju:lik]
Una [ˈju:nə]
Urania [juə'reinjə]
Uriah [juə'raiə]
Uther [ˈju:θə*]
Vachel(l) ['veitʃəl]
Valeria [və'liəriə]
Vanessa [və'nesə]
Varina [və'ri:nə]
Vathek ['væθek]
Vera ['viərə]
Vere [viə*]
Vernon ['və:nən]
Veronica [və'rɔnikə]
Vesta ['vestə]
Viola ['vaiələ]
Virginia [və'dʒinjə]
Wace [weis]
Wadsworth ['wɔdzwə:θ]
Waldo ['wɔ:ldou]
Wallace ['wɔles]
Waller ['wɔlə*]
Walt [wɔ:lt]
Wamba ['wɔmbə]
Wanda ['wɔndə]
Washington ['wɔʃiŋtən]
Wendell ['wendl]
Wendy ['wendi]
Wilfred ['wilfrid]
Wilfrid ['wilfrid]
Wilkie ['wilki]
Willa ['wilə]
Willard ['wila:d]
Winifred ['winifrid]
Winnie ['wini]
Winston ['winstən]
Woodrow ['wudrou]
Wulfstan ['wulfstən]
Wyndham ['windəm]
Wystan ['wistən]
Xavier ['zæviə*]
Yehudi [je'hu:di]
Yorick ['jɔrik]
Yvor ['i:və*, 'aivə*]
Zenobia [zi'noubiə]
Zeus [zju:s]

COGNOMI INGLESI

Abbot ['æbət]
A Becket [ə'bekit]
Abercrombie ['æbəkrɔmbi, ˌæbəkrʌmbi]
Abergavenny [ˌæbə'geni]
Acheson ['ætʃisn̩]
Acton ['æktən]
Adam ['ædəm]
Adams ['ædəmz]
Addams ['ædəmz]
Addington ['ædiŋtən]
Addison ['ædisn̩]
Adrian ['eidriən]
Agnew ['ægnju:]
Aiken ['eikin]
Aikin ['eikin]
Ainsworth ['einzwə(:)θ]
Akenside ['eikinsaid]
Albermarle ['ælbima:l]
Alcock ['ælkɔk]
Alcott ['ɔ(:)lkət]
Aldington ['ɔ:ldiŋtən]
Aldrich ['ɔ:ldridʒ]
Alexander ['ælig'za:ndə*]
Allein(e) ['ælin]
Allen ['ælin]
Allenby ['ælənbi]
Alleyn [æ'li:n]
Allingham ['æliŋəm]
Allsop(p) ['ɔ:lsəp]
Allworthy ['ɔ:lˌwə:ði]
Althorp ['ɔ:lθɔ:p]
Amery ['eiməri]
Amory ['eiməri]
Amyot ['eimiət]
Anderson ['ændəsn]
Andow ['ændau]
Andrade ['ændreid]
Andrews ['ændru:z]
Angell ['eindʒəl]
Anstey ['ænsti]
Appleby ['æplbi]
Appleton ['æpltən]
Aram ['ɛərəm]
Arbuthnot(t) [a:'bʌθnət]
Archer ['a:tʃə*]
Arkwright ['a:krait]
Armitage ['a:mitidʒ]
Armstrong ['a:mstrɔŋ]
Arne [a:n]
Arnold ['a:n̩d]
Arrowsmith ['ærou-smiθ]
Arthur ['a:θə*]
Arundel ['ærəndl]
Ascham ['æskəm]
Ashley ['æʃli]
Ashton ['æʃtən]
Ashwell ['æʃwəl]
Ashworth ['æʃwə:θ]
Asquith ['æskwiθ]
Astaire [æs'tɛə]
Aston ['æstən]
Astor ['æstə*]
Atkins ['ætkinz]
Atkinson ['ætkinsn]
Attlee ['ætli]
Auchinleck [ˌɔ:xin'lek, ˌɔ:kin'lek]
Auden ['ɔ:dən]
Austen ['ɔstin]
Austin ['ɔstin]
Avebury ['eivbəri]
Aylmer ['eilmə*]
Babbitt ['bæbit]
Babington ['bæbiŋtən]
Bagehot ['bædʒət]
Bailey ['beili]
Baker ['beikə*]
Bakewell ['beikwəl]
Balch [bɔ:ltʃ]

Balchin ['bɔ:ltʃin]
Baldwin ['bɔ:ldwin]
Bale [beil]
Balfour ['bælfuə*]
Ball [bɔ:l]
Ballantyne ['bæləntain]
Bal(l)iol ['beiljəl]
Bancroft ['bænkrɔft]
Banting ['bæntiŋ]
Barbellion [ba:'beljən]
Barbour ['ba:bə*]
Barclay ['ba:kli]
Bardeen ['ba:di:n]
Baring ['bɛəriŋ]
Barker ['ba:kə*]
Barklay ['ba:klei]
Barlow ['ba:lou]
Barnes [ba:nz]
Barnfield ['ba:nfi:ld]
Barnum ['ba:nəm]
Barrett ['bærət]
Barrie ['bæri]
Barrow ['bærou]
Barry ['bæri]
Barrymore ['bærimɔ:*]
Bartlett ['ba:tlit]
Barton ['ba:tn]
Bartram ['ba:trəm]
Baruch [bə'ru:k]
Basset(t) ['bæsit]
Bates [beits]
Bathurst ['bæθə(:)st]
Baxter ['bækstə*]
Beadle ['bi:dl]
Beard [biəd]
Beardsley ['biədzli]
Beattie ['bi:ti]
Beaufort ['boufət]
Beaumont ['boumənt]
Beaverbrook ['bi:vəbruk]
Beck [bek]
Becker ['bekə*]
Becket(t) ['bekit]
Beckford ['bekfəd]
Beddoes ['bedouz]
Beecham ['bi:tʃəm]
Beecher ['bi:tʃə*]
Beer [biə*]
Beerbohm ['biəboum]
Beery ['biəri]
Behn [bein]
Bell ['bel]
Bellamy ['beləmi]
Bellenden ['beləndən]
Belloc [be'lɔk]
Bellow ['below]
Benét [be'nei]
Benlowes ['benlouz]
Bennett ['benit]
Benson ['bensn̩]
Bentham ['benθəm]
Bentinck ['bentiŋk]
Bentley ['bentli]
Beresford ['berizfəd]
Berkeley ['ba:kli] (*Inghilterra*); ['bə:kli] (*USA*)
Berners ['bə:nəz]
Berry ['beri]
Besant ['besənt]
Besier ['beziə*]
Betjeman ['betʃəmən]
Betterton ['betətn̩]
Bevan ['bevən]
Beveridge ['bevəridʒ]
Beverley ['bevəli]
Bevin ['bevin]
Bickerstaff ['bikəsta:f]
Biddle ['bidl]

Bierce [biəs]
Bigelow ['bigilou]
Binyon ['binjən]
Birkbeck ['bə:bek]
Birrell ['birəl]
Blackett ['blækit]
Blackmore ['blækmɔ:*]
Blackmur ['blækmuə*]
Blackstone ['blækstən]
Blackwell ['blækwəl]
Blackwood ['blækwud]
Blaine [blein]
Blair [blɛə*]
Blake [bleik]
Blessington ['blesiŋtən]
Bloomfield ['blu:mfi:ld]
Blount [blʌnt]
Blunden ['blʌndən]
Blunt [blʌnt]
Boas ['bouæz, 'bouəz]
Bodley ['bɔdli]
Bogan ['bougən]
Bogart ['bougət]
Bolingbroke ['bɔliŋbruk]
Bolinger ['boulindʒə*]
Bollinger ['bɔlindʒə*]
Boone [bu:n]
Boots [bu:ts]
Born [bɔ:n]
Borrow ['bɔrou]
Boswell ['bɔzwəl]
Bothwell ['bɔθwəl]
Bottomley ['bɔtəmli]
Bottrall ['bɔtrəl]
Bourne [bə:n]
Bowden ['boudn]
Bowdler ['baudlə*]
Bowen ['bouin]
Bowles [boulz]
Bowra ['baurə]
Bowring ['bauriŋ]
Boyd [bɔid]
Boyle [bɔil]
Bradford ['brædfəd]
Bradlaugh ['brædlɔ:]
Bradley ['brædli]
Bradshaw ['brædʃɔ:]
Bradstreet ['brædstri:t]
Bragg [bræg]
Brando ['brændou]
Brattain ['brætein, 'brætən]
Braun [brɔ:n]
Brawne [brɔ:n]
Bridges ['bridʒiz]
Bridg(e)water ['bridʒˌwɔtə*]
Bridgman ['bridʒmən]
Bridie ['braidi]
Briggs [brigz]
Brighouse ['brighaus]
Bright [brait]
Brinsley ['brinzli]
Brittain ['britən]
Britten ['britən]
Brixton ['brikstən]
Brome [bru:m]
Bromfield ['brɔmfi:ld]
Brontë ['brɔnti]
Brooke [bruk]
Brooks [bruks]
Brougham [bru:m]
Broughton ['brɔ:tn̩]
Brown [braun]
Browne [braun]
Browning ['brauniŋ]
Bruce [bru:s]
Brummel ['brʌməl]
Bryan ['braiən]
Bryant ['braiənt]

Cognomi inglesi

Bryce [brais]
Brynner ['brinə*]
Buchan ['bʌxən, 'bʌkən]
Buchanan [bju(:)'kænən]
Buck [bʌk]
Buckle ['bʌkl]
Buckley ['bʌkli]
Buell ['bju:əl]
Buick ['bju(:)ik]
Bullock ['bulək]
Bullough ['bulou]
Bulwer ['bulwə*]
Bunche [bʌntʃ]
Bunyan ['bʌnjən]
Burbage ['bə:bidʒ]
Burdett ['bə(:)'det]
Burgess ['bə:dʒis]
Burgh [bə:g, 'bʌrə]
Burghley ['bə:li]
Burgoyne ['bə:gɔin]
Burke [bə:k]
Burleigh ['bə:li]
Burlington ['bə:liŋtən]
Burnaby ['bə:nəbi]
Burne-Jones ['bə:n-'dʒounz]
Burnet ['bə:nit]
Burney ['bə:ni]
Burns [bə:nz]
Burroughs ['bʌrouz]
Burton ['bə:tn]
Bury ['bjuəri]
Bush [buʃ]
Bushnell ['buʃnel]
Butler ['bʌtlə*]
Buxton ['bʌkstən]
Byles [bailz]
Byng [biŋ]
Byrd [bə:d]
Byrom ['baiərəm]
Byron ['baiərən]
Cabell ['kæbəl]
Cable ['keibl]
Cabot ['kæbət]
Cadbury ['kædbəri]
Cadillac ['kædilæk]
Cagney ['kægni]
Caine [kein]
Caird [kɛəd]
Calamy ['kæləmi]
Calder ['kɔ:ldə*]
Caldwell ['kɔ:ldwəl]
Calhoun [kæl'houn]
Callaghan ['kæləhən]
Calvin ['kælvin]
Camden ['kæmdən]
Campbell ['kæmbl]
Campion ['kæmpjən]
Cannan ['kænən]
Canning ['kæniŋ]
Capell ['keipəl]
Capote [kə'pout]
Capra ['kæprə]
Carew [kə'ru:]
Carl(e)ton ['ka:ltən]
Carlyle [ka:'lail]
Carmichael [ka:'maikəl]
Carnegie [ka:'negi]
Carpenter ['ka:pintə*]
Carr [ka:*]
Carrel ['kærəl]
Carroll ['kærəl]
Carson ['ka:sn]
Carter ['ka:tə*]
Carteret ['ka:tərət]
Cartwright ['ka:t-rait]
Cary ['kɛəri]
Cassel(l) ['kæsl]
Castlemain ['ka:slmein]
Castlereagh ['ka:slrei]
Cather ['kæðə*]
Cavendish ['kævəndiʃ]
Caxton ['kækstən]
Cecil ['sesl, 'sisl]
Chadwick ['tʃædwik]

Chamberlain ['tʃeimbəlin]
Chamberlayne ['tʃeimbəlein]
Chambers ['tʃeimbəz]
Chancellor ['tʃa:nsələ*]
Chandler ['tʃa:ndlə*]
Channing ['tʃæniŋ]
Chaplin ['tʃæplin]
Chapman ['tʃæpmən]
Charrington ['tʃæriŋtən]
Chase [tʃeis]
Chatham ['tʃætəm]
Chatterton ['tʃætətn]
Chatto ['tʃætou]
Chaucer ['tʃɔ:sə*]
Chester ['tʃestə*]
Chesterfield ['tʃestəfi:ld]
Chesterton ['tʃestətən]
Chettle ['tʃetl]
Cheyne ['tʃein(i)]
Cheyney ['tʃeini]
Chippendale ['tʃipindeil]
Chivers ['tʃivəz]
Christie ['kristi]
Chrysler ['kraizlə*]
Church [tʃə:tʃ]
Churchill ['tʃə:tʃil]
Chuzzlewit ['tʃʌzlwit]
Cibber ['sibə*]
Clanvowe ['klænvau]
Clare [klɛə*]
Clarendon ['klærəndən]
Claridge ['klæridʒ]
Clark(e) [kla:k]
Clay [klei]
Cleland ['klelənd]
Clemens ['klemənz]
Cleveland ['kli:vlənd]
Clifford ['klifəd]
Clift [klift]
Clinton ['klintən]
Clive [klaiv]
Clough [klʌf]
Cobbet ['kɔbit]
Cobden ['kɔbdən]
Cockcroft ['kɔk-krɔft]
Codrington ['kɔdriŋtən]
Cody ['koudi]
Cohen ['kouin]
Coke [kouk]
Cole [koul]
Coleman ['koulmən]
Coleridge ['koulridʒ]
Colet ['kɔlit]
Collier ['kɔliə*]
Collingwood ['kɔliŋwud]
Collins ['kɔlinz]
Colman ['koulmən]
Colquhoun [kə:'hu:n]
Colum ['kɔlʌm]
Combe [ku:m]
Comfort ['kʌmfət]
Commager ['kɔmədʒə*]
Compton Burnett ['kɔmptən 'bə:nit]
Conan Doyle ['kɔnən 'dɔil]
Conant ['kɔnənt]
Condell ['kɔndel]
Congreve ['kɔŋgri:v]
Connelly ['kɔnəli]
Connolly ['kɔnəli]
Conrad ['kɔnræd]
Constable ['kʌnstəbl]
Conway ['kɔnwei]
Cook [kuk]
Cooke [kuk]
Coolidge ['ku:lidʒ]
Cooper ['ku:pə*]
Cornell [kɔ:'nel]
Cornwallis [kɔ:n'wɔlis]
Cosgrave ['kɔzgreiv]
Cotton ['kɔtn]
Cournand ['kuənənd]
Courtenay ['kɔ:tni]
Coverdale ['kʌvədeil]
Coward ['kauəd]

Cowley ['kauli]
Cowper ['ku:pə*]
Cox [kɔks]
Cozzens ['kʌzənz]
Crabbe [kræb]
Craig [kreig]
Crane [krein]
Cranmer ['krænmə*]
Crashaw ['kræʃɔ:]
Crawford ['krɔ:fəd]
Creighton ['kraitn]
Cremer ['kremə*]
Crèvecoeur ['krevkœ*]
Crichton ['kraitn]
Crick [krik]
Crockett ['krɔkit]
Crompton ['krʌmptən]
Cromwell ['krɔmwəl]
Cronin ['krounin]
Crosby ['krɔzbi]
Crowfoot-Hodgkin ['kroufut-'hɔdʒkin]
Cruickshank ['krukʃæŋk]
Crusoe ['kru:sou]
Cudworth ['kʌdwə(:)θ]
Cukor ['kju:kə*]
Cullen ['kʌlən]
Cummings ['kʌmiŋz]
Cuney ['kju:ni]
Curtis ['kə:tis]
Curzon ['kə:zn]
Custer ['kʌstə*]
Daimler ['deimlə*]
Dale [deil]
Dalton ['dɔltən]
Dane [dein]
Daniel ['dænjəl]
Darcy, D'Arcy ['da:si]
Darnley ['da:nli]
Darwin ['da:win]
Davenant ['dævinənt]
Davenport ['dævnpɔ:t]
Davidson ['deividsn]
Davies ['deivis]
Davis ['deivis]
Davisson ['deivisən]
Dawes [dɔ:z]
Day [dei]
Dean [di:n]
De Bourgh, De Burgh [də'bə:g]
Defoe [də'fou]
Dekker ['dekə*]
Delafield [,delə'fi:ld]
De la Mare [,delə'mɛə*]
Delany [də'leini]
Dell [del]
Deloney [də'louni]
De Mille [də'mil]
Denham ['denəm]
Dennie ['deni]
Dennis ['denis]
De Quincey [də'kwinsi]
Deronda [də'rɔndə]
de Valera [dəvə'lɛərə]
De Vere [də'viə*]
Devereux ['devəru:]
Dewey ['dju(:)i]
Dickens ['dikinz]
Dickinson ['dikinsn]
Dietrich ['daitrik]
Digby ['digbi]
Dillon ['dilən]
Dirac [diə'ræk]
Disney ['dizni]
Disraeli [diz'reili]
Dixon ['diksn]
Dmytryk ['dmi:trik]
Dobell [dou'bel]
Dobson ['dɔbsn]
Dodge [dɔdʒ]
Dodgson ['dɔdʒsn]
Doisy ['dɔizi]
Dombey ['dɔmbi]
Donald ['dɔnld]
Donaldson ['dɔnldsn]

Cognomi inglesi

- **Donne** [dʌn]
- **Dooley** ['du:li]
- **Doolittle** ['du:litl]
- **Dos Passos** [,dɔs'pæsəs]
- **Douglas** ['dʌgləs]
- **Dowden** ['daudn]
- **Dowland** ['dauland]
- **Dowson** ['dausn]
- **Doyle** [dɔil]
- **Drake** [dreik]
- **Drayton** ['dreitn]
- **Dreiser** ['draizə*]
- **Drew** [dru:]
- **Drinan** ['drinən]
- **Drinkwater** ['driŋk,wɔ:tə*]
- **Drummond** ['drʌmənd]
- **Dryden** ['draidn]
- **Dubois** ['dju:bwa:]
- **Duchesne** [dju:'ʃein]
- **Duckworth** ['dʌʃwə:θ]
- **Duff** [dʌf]
- **Dulles** [dʌlis]
- **Du Maurier** [dju(:)'mɔ:riei]
- **Dunbar** [dʌn'ba:*]
- **Duncan** ['dʌŋkən]
- **Dunning** ['dʌniŋ]
- **Duns** [dʌnz]
- **Dunton** ['dʌntn]
- **Dupont, Du Pont** ['dju:pɔnt]
- **Durrell** ['dʌrəl]
- **Dwight** [dwait]
- **Dyce** [dais]
- **Dyer** [daiə*]
- **Dylan** ['dilən]
- **Earle** [ə:l]
- **Eastman** ['i:stmən]
- **Eaton** ['i:tn]
- **Eccles** ['eklz]
- **Eddington** ['ediŋtən]
- **Eddy** ['edi]
- **Eden** ['i:dn]
- **Edgeworth** ['edʒwə:θ]
- **Edison** ['edisn]
- **Edward(e)s** ['edwədz]
- **Eggleston** ['eglstən]
- **Einstein** ['ainstain]
- **Eisenhower** ['aizən,hauə*]
- **Elgar** ['elgə*]
- **Elgin** ['elgin]
- **Eliot** ['eljət]
- **Elliott** ['eljət]
- **Ellis** ['elis]
- **Elyot** ['eljət]
- **Emerson** ['eməsn]
- **Empson** ['empsn]
- **Enders** ['endəz]
- **Erlanger** ['ə:lændʒə*]
- **Erskine** ['ə:skin]
- **Ervine** ['ə:vin]
- **Etherege** ['eθəridʒ]
- **Evelyn** ['i:vlin]
- **Everett** ['evərit]
- **Ewald** ['ju(:)əld]
- **Faber** ['feibə*]
- **Fagin** [feigin]
- **Fahrenheit** ['færənhait]
- **Fairbanks** ['fɛəbæŋks]
- **Fairfax** ['fɛəfæks]
- **Falstaff** ['fɔ:lsta:f]
- **Fanshawe** ['fænʃɔ:]
- **Faraday** ['færədei]
- **Farquhar** ['fa:kwə*]
- **Farrell** ['færəl]
- **Faulkes** ['fɔ:ks]
- **Faulkner** ['fɔ:knə*]
- **Fawcett** ['fɔ:sit]
- **Fawkes** [fɔ:ks]
- **Fay** [fei]
- **Felton** ['feltən]
- **Fenton** ['fentən]
- **Ferber** ['fə:bə*]
- **Fergus(s)on** ['fə:gəsn]
- **Ferrar** [ferə*]
- **Ferrier** ['feriə*]

- **Feynman** ['feinmən]
- **Fields** [fi:ldz]
- **Fillmore** ['filmɔ:*]
- **Filmer** ['filmə*]
- **Finlay** ['finlei]
- **Fisher** ['fiʃə*]
- **Fitzgerald** [fits'dʒerəld]
- **Fitzherbert** [fits'hə:bət]
- **Fitzjames** [fits'dʒeimz]
- **Fitzpatrick** [fits'pætrik]
- **Fitzroy** [fits'rɔi]
- **Flaherty** ['flɛəti]
- **Flanagan** ['flænəgən]
- **Flaxman** ['flæksmən]
- **Fleay** [flei]
- **Flecker** ['flekə*]
- **Fleming** ['flemiŋ]
- **Fletcher** ['fletʃə*]
- **Flint** [flint]
- **Florey** ['flɔri]
- **Florio** ['flɔ:riou]
- **Flynn** [flin]
- **Fonda** ['fɔndə]
- **Foote** [fut]
- **Forbes** [fɔ:bz] (*Inghilterra*); ['fɔ:bis] (*Scozia*)
- **Ford** [fɔ:d]
- **Forester** ['fɔristə*]
- **Forster** ['fɔ:stə*]
- **Forsyte** ['fɔ:sait]
- **Forsyth** [fɔ:'saiθ]
- **Fortescue** ['fɔ:tiskju:]
- **Fosbury** ['fɔzbəri]
- **Fowler** ['faulə*]
- **Fowles** [faulz]
- **Fox(e)** [fɔks]
- **Foyle** [fɔil]
- **Franklin** ['fræŋklin]
- **Frazer** ['freizə*]
- **Frederich** ['fredrik]
- **Freeman** ['fri:mən]
- **Freneau** ['frinou]
- **Frere** [friə*]
- **Frobisher** ['froubiʃə*]
- **Frost** [frɔst]
- **Froude** [fru:d]
- **Fry** [frai]
- **Fuller** ['fulə*]
- **Fulton** ['fultn]
- **Furnivall** ['fə:nivəl]
- **Fyfield** ['faifi:ld]
- **Gable** ['geibl]
- **Gadsby** ['gædzbi]
- **Gage** ['geidʒ]
- **Gainsborough** ['geinzbərə]
- **Gaitskell** ['geitskil]
- **Gallup** ['gæləp]
- **Galsworthy** ['gɔ:lzweði]
- **Galt** [gɔ:lt]
- **Gandhi** ['gændi:]
- **Garbo** ['ga:bou]
- **Gardiner** ['ga:dnə*]
- **Gardner** ['ga:dnə*]
- **Garfield** ['ga:fi:ld]
- **Garland** ['ga:lənd]
- **Garnett** [ga:nit]
- **Garrick** ['gærik]
- **Garth** [ga:θ]
- **Gascoigne** ['gæskɔin]
- **Gascoyne** ['gæskɔin]
- **Gaskell** ['gæskəl]
- **Gasser** ['gæsə*]
- **Gates** [geits]
- **Gatling** ['gætliŋ]
- **Gauden** ['gɔ:dn]
- **Gaultier** ['gɔ:ltiə*]
- **Gaunt** [gɔ:nt]
- **Gaveston** ['gævistən]
- **Gay** [gei]
- **Geddes** ['gedis]
- **Geiger** ['gaigə*]
- **George** [dʒɔ:dʒ]
- **Gershwin** ['gə:ʃwin]
- **Gibbon** ['gibən]
- **Gibbs** [gibz]

- **Gibson** ['gibsn]
- **Gielgud** ['gilgud]
- **Giffard** ['dʒifəd]
- **Gifford** ['gifəd]
- **Gilbert** ['gilbət]
- **Gilder** ['gildə*]
- **Gillette** [dʒi'let]
- **Gil(l)man** ['gilmən]
- **Gilpin** ['gilpin]
- **Gish** [giʃ]
- **Gissing** ['gisiŋ]
- **Gladstone** ['glædstən]
- **Glanvill** ['glænvil]
- **Glaser** ['gleizə*]
- **Glover** ['glʌvə*]
- **Goddard** ['gɔdəd]
- **Godfrey** ['gɔdfri]
- **Godwin** ['gɔdwin]
- **Goepert-Mayer** ['gə:pət'maiə*]
- **Golding** ['gouldiŋ]
- **Goldsmith** ['gouldsmiθ]
- **Gollancz** ['gɔlənts]
- **Gooch** [gu:tʃ]
- **Goodman** ['gudmən]
- **Googe** [gu(:)dʒ]
- **Gordon** ['gɔ:dn]
- **Gosse** [gɔs]
- **Gosson** ['gɔsn]
- **Gough** [gɔf]
- **Gower** ['gauə*]
- **Grafton** ['gra:ftən]
- **Graham(e)** ['greiəm]
- **Grainger** ['greindʒə*]
- **Grandison** ['grændisn]
- **Grant** [gra:nt]
- **Granville** ['grænvil]
- **Graves** [greivz]
- **Gray** [grei]
- **Greeley** ['gri:li]
- **Green** [gri:n]
- **Greene** [gri:n]
- **Gregory** ['gregəri]
- **Gresham** ['greʃəm]
- **Greville** ['grevil]
- **Grey** [grei]
- **Grierson** ['griəsn]
- **Griffin** ['grifin]
- **Griffith** ['grifiθ]
- **Grocyn** ['grousin]
- **Grosvenor** ['grouvnə*]
- **Guedalla** [gwi'dælə]
- **Guggenheim** ['gugənhaim]
- **Guildenstern** ['gildənstə:n]
- **Guinness** ['ginis]
- **Guthrie** ['gʌθri]
- **Gwyn(ne)** [gwin]
- **Habington** ['hæbiŋtən]
- **Hadley** ['hædli]
- **Haggard** ['hægəd]
- **Haig(h)** [heig]
- **Hakluyt** ['hæklu:t]
- **Haldane** ['hɔ:ldein]
- **Hall** [hɔ:l]
- **Hallam** ['hæləm]
- **Hamilton** ['hæmiltən]
- **Hammett** ['hæmit]
- **Hammond** ['hæmənd]
- **Hampden** ['hæmpdən]
- **Hankin** ['hæŋkin]
- **Hanmer** ['hænmə*]
- **Harcourt** ['ha:kət]
- **Harden** ['ha:dn]
- **Harding** ['ha:diŋ]
- **Hardy** ['ha:di]
- **Harewood** ['ha:wud]
- **Hargreaves** ['ha:rgri:vz]
- **Harland** ['ha:lənd]
- **Harlow(e)** ['ha:lou]
- **Harmsworth** ['ha:mzwə(:)θ]
- **Harper** ['ha:pə*]
- **Harrap** ['hærəp]
- **Harrington** ['hæriŋtən]
- **Harris** ['hæris]
- **Harrison** ['hærisn]

Cognomi inglesi

Harrow ['hærou]
Hart [ha:t]
Harte [ha:t]
Hartington ['ha:tiŋtən]
Hartley ['ha:tli]
Harvey ['ha:vi]
Hastings ['heistiŋz]
Hathaway ['hæθəwei]
Havelo(c)k ['hævlɔk]
Hawes [hɔ:z]
Hawkins ['hɔ:kinz]
Hawks [hɔ:ks]
Hawkwood ['hɔ:kwud]
Haworth ['hɔ:wə(:)θ]
Hawthorne ['hɔ:θɔ:n]
Hay [hei]
Haydn ['haidn]
Hayes [heiz]
Haynes [heinz]
Hayward ['heiwəd]
Hayword ['heiwəd]
Hazlitt ['hæzlit]
Heal(e)y ['hi:li]
Hearn [hə:n]
Hearst [hə:st]
Heath [hi:θ]
Heathcliff ['hi:θklif]
Heathfield ['hi:θfi:ld]
Hedge [hedʒ]
Heinemann ['hainəmən]
Hellman ['helmən]
Heminge(s) ['heimiŋ(z)]
Hemingway ['heimiŋwei]
Hench [hentʃ]
Henderson ['hendəsn]
Henley ['henli]
Henry ['henri]
Henryson ['henrisn]
Henslowe ['henzlou]
Hepburn ['hebə(:)n]
Herbert ['hə:bət]
Herndon ['hə:ndn]
Herrick ['herik]
Hewlett ['hju:lit]
Heywood ['heiwud]
Hichens ['hitʃinz]
Hicks [hiks]
Higgins ['higinz]
Highmore ['haimɔ:*]
Hill [hil]
Hillary ['hiləri]
Hilliard ['hiliəd]
Hillman ['hilmən]
Hillyard ['hiljəd]
Hilton ['hiltən]
Hinshelwood ['hinʃəlwud]
Hitchcock ['hitʃkɔk]
Hoare [hɔ:*]
Hobbes [hɔbz]
Hoby ['hɔbi]
Hoccleve ['hɔkli:v]
Hodgkin ['hɔdʒkin]
Hodgson ['hɔdʒsn]
Hoe [hou]
Hofstadter ['hɔfsta:dtə*]
Hogarth ['hougα:θ]
Hogg [hɔg]
Holden ['houldən]
Holinshed ['hɔlinʃəd]
Holland ['hɔlənd]
Hollis ['hɔlis]
Holmes [houmz]
Home [hju:m]
Hood [hud]
Hooker ['hukə*]
Hoover ['hu:və*]
Hopkins ['hɔpkinz]
Horne [hɔ:n]
Horton ['hɔ:tn]
Hough [hʌf]
Houghton ['hɔ:tn]
Housman ['hausmən]
Houston ['hu:stən]
Howard ['hauəd]

Howe [hau]
Howells [hauəlz]
Hubbard ['hʌbəd]
Hudson ['hʌdsn]
Hughes [hju:z]
Hull [hʌl]
Hulme [hju:m]
Hume [hju:m]
Humphrey ['ʌmfrei]
Huneker [hunəkə*]
Hunt [hʌnt]
Hunter ['hʌntə*]
Hurd [hə:d]
Huskisson ['hʌskisn]
Huston ['hustən]
Hutcheson ['hʌtʃisn]
Hutchinson ['hʌtʃinsn]
Hutton ['hʌtn]
Huxley ['hʌksli]
Huysmans ['haizmənz]
Hyde [haid]
Hyndman ['haindmən]
Inge [iŋ]
Ireland ['aiələnd]
Ireton ['aiətn]
Irving ['ə:viŋ]
Irwin ['ə:win]
Isaacs ['aisəks]
Isherwood ['iʃə(:)wud]
Jackson ['dʒæksn]
Jacob ['dʒeikəb]
Jacobs ['dʒeikəbz]
James [dʒeimz]
Jameson ['dʒeimsn]
Jansen ['dʒænsn]
Jarrell ['dʒærəl]
Jarvis ['dʒa:vis]
Jay [dʒei]
Jefferies ['dʒefriz]
Jeffers [dʒefəz]
Jefferson ['dʒefəsn]
Jeffrey ['dʒefri]
Jeffreys ['dʒefriz]
Jekyll ['dʒi:kil, 'dʒekil]
Jenkins ['dʒenkinz]
Jenner ['dʒenə*]
Jerome [dʒe'roum]
Jewett ['dʒu:it]
Johnson ['dʒɔnsn]
Johnston ['dʒɔnstn]
Jones [dʒounz]
Jonson ['dʒɔnsn]
Jordan ['dʒɔ:d(ə)n]
Josephson ['dʒouzifsn]
Joule [dʒaul, dʒu:l]
Jowett ['dʒauit, 'dʒouit]
Jowitt ['dʒauit, 'dʒouit]
Joyce [dʒɔis]
Kaufman ['kaufmən]
Kay [kei]
Kaye [kei]
Kaye-Smith ['kei 'smiθ]
Kazan [kə'za:n]
Kazin [kə'zin]
Kean [ki:n]
Keaton ['ki:tn]
Keats [ki:ts]
Keble ['ki:bl]
Kegan ['ki:gən]
Keith [ki:θ]
Kellogg ['kelɔg]
Kelly ['keli]
Kelvin ['kelvin]
Kemble ['kembl]
Kendall ['kendl]
Kendrew ['kendru:]
Kennan ['kenən]
Kennedy ['kenidi]
Kerr [kə*]
Kett [ket]
Key [ki:]
Keyes [ki:z]
Keynes [keinz]
Kidd [kid]

Killigrew ['kiligru:]
Kilpatrick [kil'pætrik]
King [kiŋ]
Kinglake ['kiŋleik]
Kingsley ['kiŋzli]
Kinsey ['kinzi]
Kipling ['kipliŋ]
Kirkland ['kə:klənd]
Kirkpatrick [kə:k'pætrik]
Kissinger ['kisindʒə*]
Kitchener ['kitʃinə*]
Kittredge ['kitridʒ]
Kneller ['nelə*]
Knickerbocker ['nikəbɔkə*]
Knight [nait]
Knox [nɔks]
Kornberg ['kɔ:nbə:g]
Kramer ['kræmə*]
Krebs [krebz]
Kronin ['krounin]
Kubrick ['kubrik]
Kusch [kuʃ]
Kyd [kid]
Ladd [læd]
Lafayette [ˌla:fai'et] (*Inghilterra*); [ˌla:fei'et] (*USA*)
Lamb [læm]
Lambert ['læmbə(:)t]
Lancaster ['læŋkəstə*]
Landor ['lændɔ:*]
Lang [læŋ]
Langhorne ['læŋhɔ:n]
Langland ['læŋlənd]
Langmuir ['læŋmjuə]
Langton ['læŋtən]
Lanier ['læniə*]
Lansdowne ['lænzdaun]
Lardner ['la:dnə*]
Lascelles ['læsəlz]
Latimer ['lætimə*]
Laud [lɔ:d]
Laughton ['lɔ:tn]
Laurel ['lɔrəl]
Law [lɔ:]
Lawrence ['lɔrəns]
Lawson ['lɔ:sn]
Lean [li:n]
Leavis ['li:vis]
Lederberg ['ledəbə:g]
Ledwidge ['ledwidʒ]
Lee [li:]
Leech [li:tʃ]
Legge [leg]
Legros [lə'grou]
Lehmann ['leimən]
Leigh [li:]
Leighton ['leitn]
Lely ['li:li]
Lemmon ['lemən]
Lennon ['lenən]
Len(n)ox ['lenəks]
Le Roy [lə'rɔi]
L'Estrange [ləs'treindʒ]
Lever ['li:və*]
Leveson ['levisn]
Levy ['li:vi]
Lewes ['lu(:)is]
Lewis ['lu(:)is]
Libby ['libi]
Liddell ['lidl]
Liebig ['li:big]
Lilburne ['lilbə:n]
Linacre ['linəkə*]
Lincoln ['liŋkən]
Lindberg ['lindbə:g]
Lindsay ['lindzi]
Linklater ['liŋkleitə*]
Lipmann ['lipmən]
Lipton ['liptən]
Lister ['listə*]
Littleton ['litltən]
Livingstone ['liviŋstən]
Lloyd [lɔid]
Locke [lɔk]

Cognomi inglesi

Lockhart ['lɔkət]
Lockridge ['lɔkridʒ]
Locksley ['lɔksli]
Lodge [lɔdʒ]
Logie Baird ['lougi 'bɛəd]
Lombard ['lɔmba:d]
London ['lʌndən]
Long [lɔŋ]
Longfellow ['lɔŋ,felou]
Longman ['lɔŋmən]
Longstreet ['lɔŋstri:t]
Losey ['louzi]
Lough [lʌf]
Loughton ['lautn]
Lovat ['lʌvət]
Lovejoy ['lʌvdʒɔi]
Lovelace ['lʌvleis]
Lowell ['louəl]
Lowes [louz]
Lubbock ['lʌbək]
Lubitsch ['lu:bitʃ]
Lucas ['lu:kəs]
Lucy ['lu:si]
Luhan ['lu:hən]
Lumet ['lu:mit]
Lundy ['lʌndi]
Lydgate ['lidgət]
Lyell ['laiəl]
Lyly ['lili]
Lynch [lintʃ]
Lyndsay ['lindzi]
Lyons ['laiənz]
Lytton ['litn]
MacArthur [mək'a:θə*]
Macaulay [mə'kɔ:li]
MacDiarmid [mək'daiəmid]
Macdonald [mək'dɔnəld]
MacDuff [mæk'dʌf]
MacFarlane [mək'fa:lin]
MacIntosh ['mækintɔʃ]
Mackay(e) [mə'kei]
MacKenzie [mə'kenzi]
MacKintosh ['mækintɔʃ]
MacLaglen [mək'læglən]
Maclaine [mə'klein]
Macleane [mə'klein]
MacLeish [mə'kli:ʃ]
Macleod [mə'klaud]
Macmillan [mək'milən]
Macmorran [mək'mɔrən]
MacNeice [mək'ni:s]
MacPherson [mək'fə:sn]
Macready [mə'kri:di]
Madison ['mædisn]
Mailer ['meilə*]
Malan [mə'la:n]
Mallock ['mælɔk]
Mal(l)ory ['mæləri]
Malthus ['mælθəs]
Mandeville ['mændəvil]
Mankiewicz ['mæŋkiəvik]
Manley ['mænli]
Mann [mæn]
Manning ['mæniŋ]
Mannyng ['mæniŋ]
Mansfield ['mænsfi:ld]
March [ma:tʃ]
Markham ['ma:kəm]
Marlow(e) ['ma:lou]
Marquand ['ma:kwənd]
Marryat ['mæriət]
Marshall ['ma:ʃəl]
Marston ['ma:stən]
Martin ['ma:tin]
Martyn ['ma:tin]
Marvell ['ma:vel]
Masefield ['meisfi:ld]
Mason ['meisn]
Massinger ['mæsindʒə*]
Masters ['ma:stəz]
Mather ['meiðə*]
Mat(t)hews ['mæθju:z]
Matthiessen ['mæθi(e)sn]
Maugham [mɔ:m]

Maxwell ['mækswəl]
Maynard ['meinəd]
McCallum [mə'kæləm]
McCarthy [mə'ka:θi]
McCormack [mə'kɔ:mək]
McCullers [mə'kʌləz]
McKenna [mə'kenə]
McKinley [mə'kinli]
Meade [mi:d]
Medawar ['medəwa:*]
Medwall ['medwəl]
Melville ['melvil]
Mencken ['meŋkən]
Menzies ['menziz]
Meredith ['merədiθ]
Meres [miəz]
Merrill ['meril]
Mer(r)ivale ['meriveil]
Merton ['mə:tn]
Methuen ['meθjuin]
Meyer ['maiə*]
Meynell ['menl]
Micawber [mi'kɔ:bə*]
Michelson ['mikəlsn]
Middleton ['midltən]
Milestone ['mailstoun]
Milford ['milfəd]
Mill [mil]
Millais ['milei]
Millay ['milei]
Miller ['milə*]
Millikan ['milikən]
Mills [milz]
Milne [miln, mil]
Milton ['miltən]
Minot ['mainət]
Minto ['mintou]
Mitchell ['mitʃəl]
Mitchum ['mitʃəm]
Mitford ['mitfəd]
Mix [miks]
Mondale ['mɔndeil]
Monk [mʌŋk]
Monkhouse ['mʌŋkhaus]
Monro(e) [mən'rou]
Montagu(e) ['mɔntəgju:]
Moody ['mu:di]
Moore [muə*]
Moran [mə'ræn]
More [mɔ:*]
Morgan ['mɔ:gən]
Morley ['mɔ:li]
Morrell ['mʌrəl]
Morris ['mɔris]
Morrison ['mɔrisn]
Morse [mɔ:s]
Mortimer ['mɔ:timə*]
Morton ['mɔ:tn]
Motley ['mɔtli]
Mott [mɔt]
Mottram ['mɔtrəm]
Mountbatten [maunt'bætn]
Muir [mjuə*]
Muirhead ['mjuəhəd]
Muller ['mulə*]
Mumford ['mʌmfəd]
Munday ['mʌndi]
Munro [mʌn'rou]
Murdoch ['mə:dɔk]
Murphy ['mə:fi]
Murray ['mʌri]
Murry ['mʌri]
Myers ['maiəz]
Napier ['neipiə*]
Nash(e) [næʃ]
Nathan ['neiθən]
Nelson ['nelsn]
Nesbitt ['nezbit]
Neville ['nevil]
Newbolt ['nju:boult]
Newbury ['nju:bəri]
Newell ['nju:əl]
Newly ['nju:li]
Newman ['nju:mən]

Newton ['nju:tn]
Nichols ['nikəlz]
Nicholson ['nikəlsn]
Nickleby ['niklbi]
Nicolls ['nikəlz]
Nicolson ['nikəlsn]
Niebuhr ['ni:buə*]
Nightingale ['naitiŋgeil]
Niven ['nivən]
Nixon ['niksn]
Noel-Baker ['nouəl-'beikə*]
Norris ['nɔris]
Northrop ['nɔ:θrʌp]
Norton ['nɔ:tn]
Noyes [nɔiz]
Nye [nai]
Oakes [ouks]
Oates [outs]
O'Brien [ou'braiən]
O'Callaghan [ou'kæləhən]
O'Casey [ou'keisi]
Occam ['ɔkəm]
Occleve ['ɔkli:v]
Ochoa ['ɔkouə]
Ockham ['ɔkəm]
O'Connell [ou'kɔnl]
O'Connor [ou'kɔnə*]
Odets ['ɔdets]
O'Donnell [ou'dɔnl]
O'Flaherty [ou'flɛəti]
Ogilvie ['ouglvi]
O'Hara [ou'ha:rə]
O'Kelly [ou'keli]
Oldham ['ouldəm]
Oliphant ['ɔlifənt]
Oliver ['ɔlivə*]
Olivier [ə'liviəi]
O'Neil(l) [ou'ni:l]
Onions ['ʌnjənz]
Orczy ['ɔ:ksi]
Orr [ɔ:*]
Orwell ['ɔ:wel]
Osborne ['ɔzbɔ:n]
Osgood ['ɔzgud]
O'Sullivan [ou'sʌlivən]
Otis ['outis]
Otway ['ɔtwei]
Overbury ['ouvəbəri]
Owen ['ouin]
Owens ['ouinz]
Packard ['pæka:d]
Page [peidʒ]
Paget ['pædʒit]
Pain(e) [pein]
Painter ['peintə*]
Palance ['pæləns]
Paley ['peili]
Palgrave ['pælgreiv]
Palmer ['pa:mə*]
Palmerston(e) ['pa:məstən]
Pankhurst ['pæŋkhə:st]
Parker ['pa:kə*]
Parkinson ['pa:kinsn]
Parkman ['pa:kmən]
Parnell [pa:'nel]
Parr [pa:*]
Parrington ['pæriŋtən]
Parsons ['pa:snz]
Paston ['pæstən]
Pater ['peitə*]
Patericke ['peitərik]
Paterson ['pætəsn]
Patmore ['pətmɔ:*]
Patterson ['pætəsn]
Pauling ['pɔ:liŋ]
Peabody ['pi:bɔdi]
Peacock ['pi:kɔk]
Pearse [piəs]
Pearson ['piəsn]
Peck [pek]
Pecock ['pi:kɔk]
Peel(e) [pi:l]
Pelham ['peləm]
Penn [pen]

Cognomi inglesi

Pepys ['pepis, pi:ps]
Percival ['pə:sivəl]
Percy ['pə:si]
Perkins ['pə:kinz]
Perrers ['perəz]
Perry ['peri]
Pershing ['pə:ʃiŋ]
Perutz ['peru:ts]
Peters ['pi:təz]
Petry ['petri]
Pettie ['peti]
Phelps [felps]
Philips ['filips]
Phillips ['filips]
Phillpotts ['filpots]
Pickering ['pikəriŋ]
Pickford ['pikfəd]
Pickwick ['pikwik]
Pierce [piəs]
Pinero [pi'niərou]
Pitman ['pitmən]
Pitt [pit]
Plomer ['plu:mə*]
Plunket(t) ['plʌŋkit]
Poe [pou]
Poitier ['poitiə*]
Pole [poul]
Polk [pouk]
Pollard ['poləd]
Pollock ['polək]
Pomfret ['pʌmfrit]
Ponsonby ['pʌnsnbi]
Poole [pu:l]
Pope [poup]
Porter ['pɔ:tə*]
Pound [paund]
Powell ['pouəl, 'pauəl]
Powys ['pouis]
Praed [preid]
Pratt [præt]
Preminger ['premiŋgə*]
Prescott ['preskət]
Preston ['prestən]
Price [prais]
Pride [praid]
Priestley ['pri:stli]
Prince [prins]
Pringle ['priŋgl]
Prior ['praiə*]
Pritchard ['pritʃəd]
Pritchett ['pritʃit]
Procter ['prɔktə*]
Prowse [praus]
Prynne [prin]
Pugin ['pju:dʒin]
Pulitzer ['pulitsə*]
Pullman ['pulmən]
Purcell ['pə:sl]
Pusey ['pju:zi]
Putnam ['pʌtnəm]
Puttenham ['pʌtənəm]
Pym [pim]
Pynson ['pinsn]
Quarles [kwɔ:lz]
Queen [kwi:n]
Quiller-Couch ['kwiləˈkuːtʃ]
Quinault ['kwinlt]
Quinc(e)y ['kwinsi]
Quinn [kwin]
Rabin ['reibin]
Radcliffe ['rædklif]
Raeburn ['reibə:n]
Raine [rein]
Raleigh ['rɔ:li]
Ramsay ['ræmzi]
Ramsey ['ræmzi]
Randall ['rændl]
Randolph ['rændolf]
Rank [ræŋk]
Ransom(e) ['rænsəm]
Ratcliffe ['rætklif]
Rathbone ['ræθboun]
Rattigan ['rætigən]
Rawlings ['rɔ:liŋz]

Rayleigh ['reili]
Read(e) [ri:d]
Reading ['rediŋ]
Reagan ['regən]
Reed [ri:d]
Rees(e) [ri:s]
Reeve [ri:v]
Reid [ri:d]
Remington ['remiŋtən]
Reynolds ['renldz]
Rhodes [roudz]
Rhys [ri:s]
Ricardo [ri'ka:dou]
Rice [rais]
Rich [ritʃ]
Richards ['ritʃədz]
Richardson ['ritʃədsn]
Ridgway ['ridʒwei]
Ridler ['ridlə*]
Riggs [rigz]
Riley ['raili]
Ripley ['ripli]
Robbins ['robinz]
Roberts ['robəts]
Robertson ['robətsn]
Robins ['roubinz]
Robinson ['robinsn]
Robynson ['robinsn]
Rockefeller ['rokifelə*]
Rodgers ['rodʒəz]
Roethke ['rœθkə]
Rogers ['rodʒəz]
Romney ['romni]
Rooney ['ru:ni]
Roosevelt ['rouzəvelt]
Root [ru:t]
Roper ['roupə*]
Roscoe ['rɔskou]
Rosencrantz ['rouzənkrænts]
Ross [rɔs]
Rossen ['rɔsn]
Rossetti [ro'seti]
Roth [roθ]
Rothermere ['rɔðəmiə*]
Rothschild ['roθtʃaild]
Rourke [ruək]
Routledge ['rautlidʒ]
Rowe [rou]
Rowlandson ['rouləndsn]
Rowley ['rouli]
Rowse [raus]
Roy [rɔi]
Rush [rʌʃ]
Ruskin ['rʌskin]
Russell ['rʌsl]
Rutherford ['rʌðəfəd]
Ryan ['raiən]
Rymer ['raimə]
Sacheverell [sə'ʃevərəl]
Sackville ['sækvil]
Sackville-West ['sækvil 'west]
Saintsbury ['seintzbəri]
Salinger ['sæliŋgə*]
Sand [sænd]
Sandburg ['sændbə:g]
Sandford ['sænfəd]
Sandys [sændz]
Sanger ['sæŋgə*]
Sarg(e)ant ['sa:dʒənt]
Saroyan [sə'rɔiən]
Sassoon [sə'su:n]
Savile ['sævil]
Sawyer ['sɔ:jə*]
Sayers ['seiəz]
Schwartz [ʃva:ts]
Schwinger ['ʃviŋdʒə*]
Scot(t) [skɔt]
Scribner ['skribnə*]
Seaborg ['si:bɔ:g]
Sedgwick ['sedʒwik]
Sedley ['sedli]
Selden ['seldən]
Seldes [seldz]
Selfridge ['selfridʒ]

Sellers ['seləz]
Seward ['si:wəd]
Sewell ['sju:əl]
Seymour ['si:mɔ:*]
Shackleton ['ʃækltən]
Shadwell ['ʃædwəl]
Shakespear(e) ['ʃeikspiə*]
Shandy ['ʃændi]
Shanks ['ʃæŋks]
Shapiro [ʃə'piərou]; (USA) ['ʃæpirou]
Sharp [ʃa:p]
Shaw [ʃɔ:]
Shelley ['ʃeli]
Sheppard ['ʃepəd]
Sheridan ['ʃeridn]
Sherman ['ʃə:mən]
Sherriff ['ʃerif]
Sherrington ['ʃeriŋtən]
Sherwood ['ʃə:wud]
Shirley ['ʃə:li]
Shockley ['ʃɔkli]
Shorthouse ['ʃɔ:thaus]
Siddons ['sidnz]
Sidney ['sidni]
Sigourney ['siguəni]
Sillittoe ['silitou]
Simms [simz]
Simpson ['simpsn]
Sinatra [si'na:trə]
Sinclair ['siŋkleə*]
Singer ['siŋə*]
Singleton ['siŋgltən]
Sitwell ['sitwəl]
Skeat [ski:t]
Skelton ['skeltn]
Skinner ['skinə*]
Sloan(e) [sloun]
Smith [smiθ]
Smollett ['smɔlit]
Snow [snou]
Soddy ['sodi]
Somerville ['sʌməvil]
Southerne ['sauðə:n]
Southey ['sʌði, sauði]
Southwell ['sauθwəl]
Sparks [spa:ks]
Spelman ['spelmən]
Spencer ['spensə*]
Spender ['spendə*]
Spenser ['spensə*]
Spillane ['spilein]
Spring [spriŋ]
Spurgeon ['spə:dʒən]
Squire ['skwaiə*]
Stanford ['stænfəd]
Stanhope ['stænəp]
Stanley ['stænli]
Stedman ['stedmən]
Steel(e) [sti:l]
Steevens ['sti:vnz]
Steffens ['stefənz]
Stein [stain]
Steinbeck ['stainbek]
Stephen ['sti:vn]
Stephens ['sti:vnz]
Stephenson ['sti:vnsn]
Stern [stə:n]
Sterne [stə:n]
Stevens ['sti:vnz]
Stevenson ['sti:vnsn]
Stewart [stjuət]
Stickney ['stikni]
Stieglitz ['stiglits]
Stokes [stouks]
Stoughton ['stɔ:tn]
Stowe [stou]
Strachey ['streitʃi]
Stuart [stjuət]
Stubbs [stʌbz]
Studebaker ['stu:dəbeikə*]
Studley ['stʌdli]
Sturges ['stə:dʒiz]
Sturgis ['stə:dʒis]
Suckling ['sʌkliŋ]

Cognomi inglesi

Sullivan [ˈsʌlivən]
Sumner [ˈsʌmnə*]
Surtees [ˈsəːtiːz]
Sutro [ˈsuːtrou]
Swan [swɔn]
Swanson [ˈswɔnsn]
Swift [swift]
Swinburne [ˈswinbəːn]
Swinnerton [ˈswinətən]
Sykes [saiks]
Sylvester [silˈvestə*]
Symond [ˈsaimənd]
Symonds [ˈsaimǝndz]
Symons [ˈsaimənz]
Synge [siŋ]
Taft [tæft, taːft]
Tagore [təˈgɔː*]
Tanner [ˈtænə*]
Tate [teit]
Tatum [ˈteitəm]
Taylor [ˈteilə*]
Temple [ˈtempl]
Tennings [ˈteniŋz]
Tennyson [ˈtenisn]
Thackeray [ˈθækəri]
Thatcher [ˈθætʃə*]
Theiler [ˈtailə*]
Thomas [ˈtɔməs]
Thompson [ˈtɔmpsn]
Thomson [ˈtɔmsn]
Thoreau [ˈθɔːrou]
Thornhill [ˈθɔːnhil]
Thornton [ˈθɔːntən]
Thorold [ˈθʌrəld]
Thorp(e) [ˈθɔːp]
Thurber [ˈθəːbə*]
Thynne [θin]
Tickell [ˈtikəl]
Ticknor [ˈtiknə*]
Tiller [ˈtilə*]
Tillotson [ˈtilətsn]
Timrod [ˈtimrəd]
Tindale [ˈtindl]
Tocqueville [ˈtɔkvil]
Todd [tɔd]
Toland [ˈtoulənd]
Tomlinson [ˈtɔmlinsn]
Tompkins [ˈtɔmkinz]
Topcliffe [ˈtɔpklif]
Tottel [ˈtɔtl]
Tourneur [ˈtəːnə*]
Tovey [ˈtouvi]
Townes [taunz]
Townsend [ˈtaunzend]
Townshend [ˈtaunzend]
Toynbee [ˈtɔinbi]
Tracy [ˈtreisi]
Traherne [trəˈhəːn]
Treece [triːs]
Trelawn(e)y [triˈlɔːni]
Trench [trentʃ]
Trenchard [ˈtrentʃaːd]
Trevelyan [triˈveljən]
Trilling [ˈtriliŋ]
Trollope [ˈtrɔləp]
Tromp [trɔmp, trʌmp]
Truman [ˈtruːmən]
Trumbull [ˈtrʌmbəl]
Tucker [ˈtʌkə*]
Tuke [tjuːk]

Tull [tʌl]
Tupper [ˈtʌpə*]
Turner [ˈtəːnə*]
Twain [twein]
Tyler [ˈtailə*]
Tynan [ˈtainən]
Tyndale [ˈtindl]
Udall [ˈjuːdəl]
Unwin [ˈʌnwin]
Upton [ˈʌptən]
Urey [ˈjuəri]
Urquhart [ˈəːkət]
Urry [ˈʌri]
Ustinov [ˈjuːstinɔf]
Vanbrugh [ˈvænbrə]
Van Buren [væn ˈbjuːrən]
Vandenberg [ˈvændənbəːg]
Vanderbilt [ˈvændəbilt]
Van Druten [vænˈdruːtən]
Vane [vein]
Vansittart [vænˈsitaːt]
Vaughan [vɔːn]
Vere [viə*]
Verney [ˈvəːni]
Vickers [ˈvikəz]
Vidal [ˈvidəl]
Vidor [ˈvidɔː*]
Viereck [ˈviərek]
Vigneaud [ˈvinjou]
Villiers [ˈvilǝz]
Von Békésy [vɔn ˈbekeʃi]
Wainwright [ˈweinrait]
Waksman [ˈwæksmən]
Walford [ˈwɔːlfəd]
Walker [ˈwɔːkə*]
Wallace [ˈwɔləs]
Waller [ˈwɔlə*]
Walpole [ˈwɔːlpoul]
Walsh [wɔːlʃ]
Walsingham [ˈwɔːlsiŋəm]
Walters [ˈwɔːltəz]
Walton [ˈwɔːltən]
Warbeck [ˈwɔːbek]
Warburton [ˈwɔːbətn]
Ward [wɔːd]
Warhol [ˈwɔːhɔl]
Warner [ˈwɔːnə*]
Warren [ˈwɔrin]
Warton [ˈwɔːtn]
Washington [ˈwɔʃiŋtən]
Watkins [ˈwɔtkinz]
Watson [ˈwɔtsn]
Watson-Watt [ˈwɔtsn ˈwɔt]
Watt [wɔt]
Watts [wɔts]
Waugh [wɔː]
Wavell [ˈweivəl]
Wayne [wein]
Webb [web]
Webster [ˈwebstə*]
Weller [ˈwelə*]
Welles [welz]
Wellesley [ˈwelzli]
Wellington [ˈweliŋtən]
Wellmann [ˈwelmən]
Wells [welz]
Welty [ˈwelti]
Wendell [ˈwendl]
Wentworth [ˈwentwəːθ]

Wesley [ˈwezli]
West [west]
Weston [ˈwestən]
Wharton [ˈwɔːtn]
Wheeler [ˈwiːlə*]
Whetstone [ˈwetstoun]
Whichcote [ˈwitʃkout]
Whipple [ˈwipl]
Whistler [ˈwislə*]
Whiston [ˈwistən]
White [wait]
Whitefield [ˈwaitfiːld]
Whitehead [ˈwaithəd]
Whitman [ˈwitmən]
Whitney [ˈwitni]
Whittier [ˈwitiə*]
Whittington [ˈwitiŋtən]
Whittle [ˈwitl]
Wicklif(fe) [ˈwiklif]
Wiggelsworth [ˈwiglzwəːθ]
Wigner [ˈwignə*]
Wilberforce [ˈwilbəfɔːs]
Wilbur [ˈwilbə*]
Wilde [waild]
Wilder [ˈwaildə*]
Wilkes [wilks]
Wilkie [ˈwilki]
Wilkins [ˈwilkinz]
Wilkinson [ˈwilkinsn]
Williams [ˈwiliəmz]
Williamson [ˈwiliəmsn]
Willis [ˈwilis]
Willoughby [ˈwiləbi]
Wilmot [ˈwilmət]
Wilson [ˈwilsn]
Windsor [ˈwinzə*]
Winters [ˈwintəz]
Winthrop [ˈwinθrʌp]
Wise [waiz]
Wiseman [ˈwaizmən]
Wither [ˈwiðə*]
Wodehouse [ˈwudhaus]
Wolfe [wulf]
Wollstonecraft [ˈwulstənkraːft]
Wolsey [ˈwulzi]
Woods [wudz]
Woodward [ˈwudwəd]
Woolf [wulf]
Woolner [ˈwulnə*]
Woolsey [ˈwulzi]
Woolworth [ˈwulwəːθ]
Wordsworth [ˈwəːdzwə(ː)θ]
Wotton [ˈwɔtn]
Wren [ren]
Wright [rait]
Wriothesley [ˈraiəθsli]
Wyat(t) [ˈwaiət]
Wycherley [ˈwitʃəli]
Wyclif(fe) [ˈwiklif]
Wyler [ˈwailə*]
Wyndham [ˈwindəm]
Wythe [wiθ]
Yates [jeits]
Yeat(e)s [jeits]
Yerby [ˈjəːbi]
Yonge [jʌŋ]
Young [iʌŋ]
Zangwill [ˈzæŋgwil]
Zilliacus [ˌziliˈaːkəs]

TOPONIMI INGLESI

Aberdeen [ˌæbəˈdiːn]
Aberystwyth [ˌæbəˈristwiθ]
Accra [əˈkrɑː]
Adelaide [ˈædəleid]
Aden [ˈeidn]
Africa [ˈæfrikə]
Airedale [ˈɛədeil]
Akron [ˈækrɔn]
Alabama [ˌæləˈbɑːmə]
Alaska [əˈlæskə]
Albania [ælˈbeinjə]
Albany [ˈɔːlbəni]
Alberta [ælˈbəːtə]
Albury [ˈɔːlbəri]
Alderney [ˈɔːldəni]
Algeria [ælˈdʒiəriə]
Altrincham [ˈɔːltrinəm]
America [əˈmerikə]
Anatolia [ˌænəˈtouljə]
Anchorage [ˈæŋkəridʒ]
Andalusia [ˌændəˈluːzjə]
Andorra [ænˈdɔrə]
Anglesey [ˈæŋglsi]
Angola [æŋˈgoulə]
Angus [ˈæŋgəs]
Annapolis [əˈnæpəlis]
Antrim [ˈæntrim]
Appleby [ˈæplbi]
Arabia [əˈreibjə]
Aran [ˈærən]
Arcadia [ɑːˈkeidjə]
Argentina [ˌɑːdʒənˈtiːnə]
Argyll [ɑːˈgail]
Arizona [ˌæriˈzounə]
Arkansas [ˈɑːkənsɔː] (lo Stato); [ɑːˈkænsəs] (la città)
Armagh [ɑːˈmɑː]
Armenia [ɑːˈmiːnjə]
Arran [ˈærən]
Ascension [əˈsenʃən]
Ascot [ˈæskət]
Ashbourne [ˈæʃbɔːn]
Asia [ˈeiʃə]
Assam [ˈæsæm]
Aston [ˈæstən]
Athabasca [ˌæθəˈbæskə]
Athlone [æθˈloun]
Atlanta [ətˈlæntə, ætˈlæntə]
Auckland [ˈɔːklənd]
Augusta [ɔːˈgʌstə]
Austin [ˈɔːstin, ˈɔstin]
Australia [ɔːsˈtreiljə, ɔsˈtreiljə]
Austria [ˈɔstriə]
Avon [ˈeivən]
Aylesbury [ˈeilzbəri]
Ayr [ɛə*]
Bahamas [bəˈhɑːməz]
Bahrein [bɑːˈrein]
Balmoral [bælˈmɔrəl]
Banff [bæmf, bænf]
Bangalore [ˌbæŋgəˈlɔː*]
Bangladesh [ˌbæŋgləˈdeʃ]
Bangor [ˈbæŋgə*] (Galles); [ˈbæŋgɔː*] (USA)
Banks [bæŋks]
Barbados [bɑːˈbeidouz]
Basutoland [bəˈsuːtoulænd]
Bath [bɑːθ]
Bathurst [ˈbæθə(ː)st]
Baton Rouge [ˈbætənˈruːʒ]
Beaumaris [bouˈmɔris, ˌbouˈmæris]
Bechuanaland [ˌbetʃuˈɑːnəlænd]
Bedford(shire) [ˈbedfəd(ʃə*)]
Belfast [ˈbelfɑːst]
Belize [beˈliːz]
Benares [biˈnɑːriz]

Benin [beˈnin]
Ben Nevis [benˈnevis]
Berkeley [ˈbɑːkli] (Inghilterra); [ˈbəːkli] (USA)
Berkshire [ˈbɑːkʃə*]
Bermuda [bə(ː)ˈmjuːdə]
Berwick [ˈberik]
Beverly [ˈbevəli]
Bhutan [buːˈtæn]
Birkenhead [ˈbəːkənhed]
Birmingham [ˈbəːmiŋəm]
Bismarck [ˈbizmɑːk]
Blackburn [ˈblækbəːn]
Blackpool [ˈblækpuːl]
Bogota [ˌbougəˈtɑː]
Boise [ˈbɔizi]
Bolivia [bəˈliviə]
Bolton [ˈboultən]
Bombay [bɔmˈbei]
Borneo [ˈbɔːniou]
Bosnia [ˈbɔzniə]
Boston [ˈbɔstən]
Botswana [bɔˈtswɑːnə]
Bournemouth [ˈbɔːnməθ]
Boyne [bɔin]
Bradford [ˈbrædfəd]
Brecknock(shire) [ˈbreknɔk(ʃə*)]
Brecon(shire) [ˈbrekən(ʃə*)]
Brentford [ˈbrentfəd]
Bridgeport [ˈbridʒpɔːt]
Brighton [ˈbraitn]
Brisbane [ˈbrizbən]
Bristol [ˈbristl]
Brunei [ˈbruːnai]
Buckinghamshire [ˈbʌkiŋəmʃə*]
Buffalo [ˈbʌfəlou]
Bulgaria [bʌlˈgɛəriə]
Burundi [buˈrundi]
Bute [bjuːt]
Caernarvon [kəˈnɑːvn]
Caernarvonshire [kəˈnɑːvnʃiə*]
Caithness [ˈkeiθnes]
Calcutta [kælˈkʌtə]
California [ˌkæliˈfɔːnjə]
Cam [kæm]
Cambridge(shire) [ˈkeimbridʒ(ʃiə*)]
Camden [ˈkæmdən]
Cameroon [ˈkæməruːn]
Canada [ˈkænədə]
Canterbury [ˈkæntəbəri]
Canton [ˈkæntɔn]
Cardiff [ˈkɑːdif]
Cardiganshire [ˈkɑːdigənʃiə*]
Carlisle [kɑːˈlail]
Carmarthen [kəˈmɑːðən]
Carmarthenshire [kəˈmɑːðənʃiə*]
Carnarvon [kəˈnɑːvn]
Carnarvonshire [kəˈnɑːvnʃiə*]
Carolina [ˌkærəˈlainə]
Carson City [ˈkɑːsn̩ ˈsiti]
Cawnpore [kɔːnˈpɔː*]
Ceylon [siˈlɔn]
Charleston [ˈtʃɑːlstən]
Charlotte [ˈʃɑːlət]
Charlottesville [ˈʃɑːlɔtsvil]
Chattanooga [ˌtʃætəˈnuːgə]
Chelmsford [ˈtʃelmzfəd]
Chesapeake [ˈtʃesəpiːk]
Cheshire [ˈtʃeʃə*]
Chester [ˈtʃestə*]
Cheviot(s) [ˈtʃeviət(s)]
Cheyenne [ʃaiˈæn]
Chicago [ʃiˈkɑːgou]
Chichester [ˈtʃitʃistə*]
Chiltern Hills [ˈtʃiltə(ː)n ˈhilz]

Christchurch [ˈkrais(t)tʃəːt]
Cincinnati [ˌsinsiˈnæti]
Cirencester [ˈsaiərənsestə*]
Clackmannan [klækˈmænən]
Cleveland [ˈkliːvlənd]
Clifton [ˈkliftən]
Clyde [klaid]
Colchester [ˈkoultʃistə*]
Colombia [kəˈlɔmbiə]
Colombo [kəˈlʌmbou]
Colorado [ˌkɔləˈrɑːdou]
Columbia [kəˈlʌmbiə]
Columbus [kəˈlʌmbəs]
Concord [ˈkɔnkɔːd]
Congo [ˈkɔŋgou]
Connaught [ˈkɔnɔːt]
Connecticut [kəˈnektikət, kəˈnetikət]
Cook [kuk]
Cordova [ˈkɔːdəvə]
Cork [kɔːk]
Corsica [ˈkɔːsikə]
Cotswolds [ˈkɔtswouldz]
Coventry [ˈkɔvəntri]
Cromarty [ˈkrɔməti]
Croydon [ˈkrɔidn]
Cuba [ˈkjuːbə]
Culloden [kəˈlɔdn]
Cumberland [ˈkʌmbələnd]
Dacca [dæˈkɑː]
Dacia [ˈdeisjə]
Dahomey [dəˈhoumi]
Dakota [dəˈkoutə]
Dalkeith [dælˈkiːθ]
Dallas [ˈdæləs]
Dar es Salaam [ˈdɑːresˈsəˈlɑːm]
Dartmoor [ˈdɑːtmuə*]
Darwin [ˈdɑːwin]
Davenport [ˈdævnpɔːt]
Dayton [ˈdeitn]
Delaware [ˈdeləwɛə*]
Delhi [ˈdeli]
Denbigh [ˈdenbi]
Denbighshire [ˈdenbiʃiə*]
Denver [ˈdenvə*]
Derby [ˈdɑːbi]
Derbyshire [ˈdɑːbiʃə*]
Derwent [ˈdəːwent]
Des Moines [diˈmɔin]
Detroit [dəˈtrɔit]
Devon [ˈdevn]
Devonshire [ˈdevnʃə*]
Dingwall [ˈdiŋwɔːl]
Dolgellau [dɔlˈgeθlai]
Dolgelley [dɔlˈgeθli]
Donegal [ˈdɔnigɔːl]
Dorchester [ˈdɔːtʃistə*]
Dornoch [ˈdɔːnɔx, ˈdɔːnɔk]
Dornock [ˈdɔːnɔk]
Dorset [ˈdɔːsit]
Dorsetshire [ˈdɔːsitʃiə*]
Douglas [ˈdʌgləs]
Dover [ˈdouvə*]
Down [daun]
Drogheda [ˈdrɔːədə, ˈdrɔːidə]
Duluth [duˈluːθ, djuˈluːθ]
Dumfries [dʌmˈfriːs]
Dundee [dʌnˈdiː]
Dunedin [dʌˈniːdin]
Dungeness [ˈdʌndʒˈnes]
Durban [ˈdəːbən]
Durham [ˈdʌrəm]
Ealing [ˈiːliŋ]
Eaton [ˈiːtn̩]
Ecuador [ˌekwəˈdɔː*]
Edmonton [ˈedməntn̩]

Elba ['elbə]
Elgin ['elgin]
Elizabeth [i'lizəbəθ]
El Paso [el'pæsou]
Ely [i:li]
Erie ['iəri]
Eritrea [,eri'triə]
Essex ['esiks]
Estonia [es'tounjə]
Etna ['etnə]
Etruria [i'truəriə]
Eurasia [juə'reiʒjə]
Everest ['evərist]
Exeter ['eksətə*]
Exton ['ekstən]
Eyre [ɛə*]
Falkland Island ['fɔ:klənd 'ailəndz]
Fenwick ['fenik]
Fermanagh [fə(:)'mænə]
Fife [faif]
Fitzroy ['fitsrɔi]
Flint [flint]
Flintshire ['flintʃiə*]
Florida ['flɔridə]
Folkestone ['foukstən]
Forfar ['fɔ:fə*]
Formosa [fɔ:'mousə]
Forth [fɔ:θ]
Fort Wayne [fɔ:t'wein]
Fort Worth [fɔ:t'wə:θ]
Freetown ['fri:-taun]
Fresno ['freznou]
Galway ['gɔ:lwei]
Gambia ['gæmbiə]
Gateshead ['geits-hed]
Gatesville ['geitsvil]
Georgetown ['dʒɔ:dʒtaun]
Georgia ['dʒɔ:dʒiə]
Ghana ['ga:nə]
Glamorgan(shire) [glə'mɔ:gən(ʃiə*)]
Glasgow ['gla:sgou]
Glencoe [glen'kou]
Glenmore [glen'mɔ:*]
Gloucester ['glɔstə*]
Gloucestershire ['glɔstəʃiə*]
Gozo ['gouzou]
Grampian(s) ['græmpiən(z)]
Grand Rapids ['grænd'ræpidz]
Grasmere ['gra:smiə*]
Greenwich ['grinidʒ]
Grimsby ['grimzbi]
Guatemala [,gwæti'ma:lə]
Guernsey ['gə:nzi]
Guiana [gai'ænə]
Guildford ['gilfəd]
Guinea ['gini]
Guyana [gai'ænə]
Haddington ['hædiŋtən]
Haiti ['heiti]
Halifax ['hælifæks]
Hamilton ['hæmiltən]
Hampshire ['hæmpʃiə*]
Hampton ['hæmptən]
Harrington ['hæriŋtən]
Harris ['hæris]
Harrisburg ['hærisbə:g]
Harrow ['hærou]
Hartford ['ha:tfəd]
Harwell ['ha:wel]
Harwich ['hæridʒ]
Hastings ['heistiŋz]
Hawaii [ha:'waṅi:]
Hecla ['heklə]
Hendon ['hendən]
Hereford ['herifəd]
Herefordshire ['herifədʃiə*]
Hertford ['ha:fəd] (*Inghilterra*); ['ha:tfəd] (*USA*)
Hertfordshire ['ha:fədʃiə*]
Hobart ['houba:t]
Holland ['hɔlənd]
Hollywood ['hɔliwud]
Honduras [hɔn'djuərəs]
Hong Kong ['hɔŋ'kɔn]

Honolulu [,hɔnə'lu:lu:]
Houston ['hju:stən] (*USA*)
Huddersfield ['hʌdəzfi:ld]
Hudson ['hʌds(ə)n]
Hull [hʌl]
Humber ['hʌmbə*]
Hunter ['hʌntə*]
Huntingdon ['hʌntiŋdən]
Huntingdonshire ['hʌntiŋdənʃiə*]
Huron ['hjuərən]
Hyderabad ['haidərəbæd]
Hydrabad ['haidrəbæd]
Iberia [ai'biəriə]
Idaho ['aidəhou]
Ilford ['ilfəd]
Ilfracombe [,ilfrə'ku:m]
Illinois [,ili'nɔi(s)]
India ['indjə]
Indiana [,indi'ænə]
Indianapolis [,indiə'næpəlis]
Indonesia [,indou'ni:zjə]
Inverary [,invə'rɛəri]
Inverness [,invə'nes]
Iowa ['aiouə]
Ipswich ['ipswitʃ]
Iran [i'ra:n]
Iraq [i'ra:k]
Islington ['izliŋtən]
Jackson ['dʒæksn]
Jacksonville ['dʒæksnvil]
Jamestown ['dʒeimztaun]
Jefferson ['dʒefəsn]
Jefferson City ['dʒefəsn 'siti]
Jersey ['dʒə:si]
Jersey City ['dʒə:si 'siti]
Jesselton ['dʒesltən]
Johannesburg [dʒou'hænisbə:g]
Jugoslavia ['ju:gou'sla:vjə]
Juneau ['dʒu:nou]
Kalahari [,ka:la:'ha:ri]
Kampala [kæm'pa:lə]
Kansas ['kænzəs]
Kansas City ['kænzəs 'siti]
Karachi [kə'ra:tʃi]
Katanga [kə'ta:ŋgə]
Katrine ['kætrin]
Kendall ['kendl]
Kenilworth ['kenilwə:θ]
Kent [kent]
Kentucky [ken'tʌki]
Kenya ['ki:njə]
Kerry ['keri]
Kesteven [kes'ti:vən]
Keswick ['kezik]
Kew [kju:]
Kildare ['kildɛə*]
Kilkenny [kil'keni]
Kilmarnock [kil'ma:nək]
Kimberley ['kimbəli]
Kincardine [kiŋ'ka:din]
Kingston ['kiŋstən]
Kingston upon Hull ['kiŋstən-əpɔn'hʌl]
Kinross [kin'rɔs]
Kirkwall ['kə:kwɔ:l]
Knoxville ['nɔksvil]
Kuala Lumpur ['kwa:lə 'lumpuə*]
Kuching ['kutʃiŋ]
Kurdistan [,kə:dis'ta:n]
Kuwait [ku'weit]
Labrador ['læbrədɔ:*]
Lagos ['leigɔs]
Lahore ['ləhɔ:*]
Lambeth ['læmbəθ]
Lanark ['lænək]
Lanarkshire ['lænəkʃiə*]
Lancashire ['læŋkəʃiə*]
Lancaster ['læŋkəstə*]
Land's End ['lændz 'end]
Lansing ['la:nsiŋ] (*Inghilterra*); ['lænsiŋ] (*USA*)
Laos [lauz, laus]
Launceston ['lɔ:nstən] (*Inghilterra*); ['lɔ:nsəstən] (*Tasmania*)
Leeds ['li:dz]

Leicester(shire) ['lestə*(ʃiə*)]
Leinster ['lenstə*]
Lerwick ['lə:wik, 'lɛrik]
Lesotho [lə'soutou]
Lewes ['lu(:)is]
Lewis ['lu(:)is]
Lexington ['leksiŋtən]
Leyton ['leitn]
Liberia [lai'biəriə]
Liffey ['lifi]
Lilliput ['lilipʌt]
Limpopo [lim'poupou]
Lincoln(shire) ['liŋkən(ʃiə*)]
Lindsey ['lindzi]
Little Rock ['litl'rɔk]
Liverpool ['livəpu:l]
Llandudno [læn'dʌdnou, læn'didnou]
Loch Katrine ['lɔx 'kætrin]
Loch Lomond ['lɔx 'loumənd]
Loch Ness ['lɔx 'nes]
Lomond ['loumənd]
Londonderry [,lʌndən'deri]
Long Beach ['lɔŋ 'bi:tʃ]
Longford ['lɔŋfəd]
Los Angeles [lɔs'ændʒili:z]
Lothian ['louðiən]
Lough Neagh ['lɔx nei]
Louisiana [lu(:),i:zi'ænə]
Louisville ['lu(:)ivil]
Louth [lauð] (*Irlanda*); [lauθ] (*Lincolnshire*)
Lucknow ['lʌknau]
Ludlow ['lʌdlou]
Lusaka [lu:'sa:kə]
Luton [lu:tn]
Macedonia [,mæsi'dounjə]
Mackenzie [mə'kenzi]
Madagascar [,mædə'gæskə*]
Madison ['mædisn]
Madras [mə'dræs, mə'dra:s]
Madrid [mə'drid]
Mafeking ['mæfikiŋ]
Maidstone ['meidstən]
Maine [mein]
Malacca [mə'lækə]
Malaga ['mæləgə]
Malaysia [mə'leiziə]
Malmesbury ['ma:mzbəri]
Malta ['mɔ:ltə]
Malvern ['mɔ:lvə(:)n]
Man [mæn]
Manchester ['mæntʃistə*]
Manitoba [,mæni'toubə]
Marlborough ['mɔ:lbərə]; ['ma:lbərə] (*USA e Nuova Zelanda*)
Marston Moor ['ma:stən 'muə*]
Maryland ['mɛəriənd]
Maseru ['mæzəru]
Massachusetts [,mæsə'tʃu:sets, ,mæsə'tʃu:sits]
Mayo ['meiou]
Mbabane [mba:'ba:n]
Meath [mi:ð]
Mecca ['mekə]
Medway ['medwei]
Melanesia [,melə'ni:zjə]
Melbourne ['melbən]
Melrose ['melrouz]
Memphis ['memfis]
Menai Strait ['menai 'streit]
Merioneth [,meri'ɔniθ]
Merionethshire ['meriɔniθʃiə*]
Mersey ['mə:zi]
Mesopotamia [,mesəpə'teimjə]
Messina [me'si:nə]
Miami [mai'æmi]
Michigan ['miʃigən]
Middlesbrough ['midlzbrə]
Middlesex ['midlseks]
Midlothian [mid'louðiən]
Midway ['midwei]
Milwaukee [mil'wɔ:ki(:)]
Minneapolis [,mini'æpəlis]
Minnesota [,mini'soutə]
Mississippi [,misi'sipi]

Toponimi inglesi

Toponimi inglesi

Missouri [mi'zuəri, mi'suəri]
Mitchell ['mitʃəl]
Mobile ['moubail]
Moldavia [mɔl'deivjə]
Mombasa [mɔm'bæsə]
Monaghan ['mɔnəhən, 'mɔnəxən]
Mongolia [mɔŋ'gouljə]
Monmouth ['mɔnməθ]
Monmouthshire ['mɔnməθʃiə*]
Montana [mɔn'ta:na, mɔn'tænə]
Montenegro [ˌmɔnti'ni:grou]
Montgomery [mənt'gʌməri]
Montgomeryshire [məntgʌmərifiə*]
Montpelier [mənt'pi:ljə*] (USA)
Montreal [ˌmɔntri'ɔ:l]
Moravia [mə'reivjə]
Moray ['mʌri]
Munster ['mʌnstə*]
Mysore [mai'sɔ:*]
Nairn [nɛən]
Nairobi [ˌnaiə'roubi]
Namibia [næ'mibiə]
Nantucket [næn'tʌkit]
Naseby ['neizbi]
Nashville ['næʃvil]
Nassau ['næsɔ:]
Natal [nə'tæl]
Nazareth ['næzəriθ]
Neagh [nei]
Nebraska [ni'bræskə]
Nelson ['nelsn̩]
Nepal [ni:'pɔ:l]
Ness [nes]
Nevada [ne'va:də]
Newark ['nju(:)ək]
New Bedford [ˌnju:'bedfəd]
New Brighton [ˌnju:'braitn̩]
Newbury ['nju:bəri]
Newcastle ['nju:ˌka:sl]
New Hampshire [ˌnju:'hæmpʃiə*]
Newhaven [nju:'heivn̩]
New Haven [nju'heivn]
New Jersey [nju:'dʒə:zi]
New Mexico [nju:'meksikou]
New Orleans [nju:'ɔ:liənz]
Newport ['nju:pɔ:t]
New York ['nju:'jɔ:k]
Niagara Falls [nai'ægərə 'fɔ:lz]
Nicaragua [ˌnikə'rægjuə]
Nicosia [ˌnikou'si(:)ə]
Nigeria [nai'dʒiəriə]
Norfolk ['nɔ:fək]
Northampton(shire) [nɔ:'θæmptən(ʃiə*)]
North Carolina ['nɔ:θ ˌkærə'lainə]
North Dakota ['nɔ:θ də'koutə]
Northumberland [nɔ:'θʌmbələnd]
Norwich ['nɔridʒ] (Inghilterra); ['nɔ:witʃ] (USA)
Nottingham ['nɔtiŋəm]
Nottinghamshire ['nɔtiŋəmʃiə*]
Nubia ['nju:bjə]
Numidia [nju(:)'midiə]
Nyanza ['njænzə]
Nyassa ['njæsə]
Nyassaland ['njæsələnd]
Oakland ['ouklənd]
Oceania [ˌouʃi'einiə]
Offaly ['ɔfəli]
Ohio [ou'haiou]
Okeechobee ['ouki:tʃoubi:]
Oklahoma [ˌouklə'houmə]
Oklahoma City [ˌouklə'houmə 'siti]
Oldbury ['ouldbəri]
Oldham ['ouldəm]
Olympia [ou'limpiə]
Omaha [ˌoumə'ha:]
Oman [ou'ma:n]
Ontario [ɔn'tɛəriou]
Orange ['ɔrindʒ]
Oregon ['ɔrigən]
Orkney ['ɔ:kni]
Ottawa ['ɔtəwə]
Ouse [u:z]
Oxford ['ɔksfəd]
Oxfordshire ['ɔksfədʃiə*]
Pakistan [ˌpa:kis'ta:n]
Panama [ˌpænə'ma:]
Paraguay ['pærəgwai]
Pasadena [ˌpæsə'di:nə]
Paterson ['pætəsn]
Peebles ['pi:blz]
Pemba ['pembə]
Pembroke ['pembruk]
Pembrokeshire ['pembrukʃiə*]
Pennine(s) ['penain(z)]
Pennsylvania [ˌpensil'veinjə]
Penrith ['penriθ]
Pensacola [ˌpensə'koulə]
Penzance [pen'zæns]
Peoria [pi'ouriə]
Persia ['pə:ʃə]
Perth [pə:θ]
Peru [pe'ru:]
Peterborough ['pi:təbrə]
Phoenix ['fi:niks]
Pierre [piə*]
Pittsburgh ['pitsbə:g]
Plymouth ['plimiθ]
Portland ['pɔ:tlənd]
Portobello [ˌpɔ:tou'belou]
Port of Spain ['pɔ:t-əv-'spein]
Portsmouth ['pɔ:tsməθ]
Potomac [pə'toumæk, pə'toumək]
Preston ['prestən]
Pretoria [pri'tɔ:riə]
Providence ['prɔvidəns]
Prussia ['prʌʃə]
Puerto Rico ['pwə:tou'ri:kou]
Punjab [pʌn'dʒa:b]
Qatar ['ka:ta:*]
Quebec [kwi'bek]
Queensland ['kwi:nzlənd]
Queenstown ['kwi:nztaun]
Quito ['ki:tou]
Radcliffe ['rædklif]
Radnor(shire) ['rædnə*(ʃiə*)]
Raleigh ['rɔ:li]
Rangoon [ræŋ'gu:n]
Rangpur ['ræŋpuə*]
Rawalpindi [rɔ:əl'pindi]
Reading ['rediŋ]
Renfrew ['renfru:]
Rhode Island ['roud 'ailənd]
Rhodesia [rou'di:ziə]
Rhondda ['rɔndə]
Richmond ['ritʃmənd]
Rio Grande ['ri:ou 'grænd]
Rochester ['rɔtʃistə*]
Roscommon [rɔs'kɔmən]
Ross [rɔs]
Roxburgh ['rɔksbərə]
Ruanda Urundi ['rua:ndə 'urundi]
Russia ['rʌʃə]
Rutland ['rʌtlənd]
Rutlandshire ['rʌtləndʃiə*]
Rwanda ['rua:ndə]
Rye [rai]
Sacramento [ˌsækrə'mentou]
Sahara [sə'ha:rə]
Salem ['seilem]
Salford ['sɔ:lfəd]
Salisbury ['sɔ:lzbəri]
Salt Lake City ['sɔ:lt 'leik 'siti]
Salvador ['sælvədɔ:*]
Samoa [sə'mouə]
San Antonio [ˌsænæn'tounjou]
Sandhurst ['sændhə:st]
San Diego [ˌsændi'eigou]
Sandringham ['sændriŋəm]
Sanford ['sænfəd]
San Francisco [ˌsænfrən'siskou]
Santa Cruz ['sæntə 'kru:z]
Santa Fé [ˌsæntə'fei]
Saratoga [ˌsærə'tougə]
Sarawak [sə'ra:wək]
Saskatchewan [səs'kætʃiwən]
Saskatoon [sæskə'tu:n]
Savannah [sə'vænə]
Scafell ['skɔ:'fel]
Scandinavia [ˌskændi'neivjə]
Scapa Flow ['skæpə 'flou]
Scarborough ['ska:brə]
Scilly ['sili]
Seattle [si'ætl]
Selkirk ['selkə:k]
Senegal [ˌseni'gɔ:l]
Serbia ['sə:bjə]
Severn ['sevə(:)n]
Shaftesbury ['ʃa:ftsbəri]
Shannon ['ʃænən]
Sheffield ['ʃefi:ld]
Shetland ['ʃetlənd]
Shrewsbury ['ʃru:zbəri, 'ʃrouzbəri]
Shropshire ['ʃrɔpʃiə*]
Siam ['saiæm]
Sierra Leone ['siərə li'oun]
Sierra Nevada ['siərə 'neva:də]
Sinai ['sainiai]
Singapore [ˌsiŋgə'pɔ:*]
Skye [skai]
Slavonia [slə'vounjə]
Sligo ['slaigou]
Snowdon ['snoudn̩]
Sofia ['soufjə]
Solent ['soulənt]
Solway ['sɔlwei]
Somerset ['sʌməsit]
Somersetshire ['sʌməsitʃiə*]
Somerville ['sʌməvil]
Southampton [sauθ'æmptən]
South Carolina ['sauθ ˌkærə'lainə]
South Dakota ['sauθ də'koutə]
Southend ['sauθ'end]
Southport ['sauθpɔ:t]
Sparta ['spa:tə]
Spokane [spə'kæn]
Springfield ['spriŋfi:ld]
Sri Lanka [sri:'læŋkə]
Stafford ['stæfəd]
Staffordshire ['stæfədʃiə*]
St. Albans [snt'ɔ:lbənz]
St. Andrews [snt'ændru:z]
St. Anne [snt'æn]
St. Clair [snt'klɛə*]
St. George's [snt'dʒɔ:dʒiz]
St. Helena [ˌsenti'li:nə]
St. Helens [snt'helinz]
Stirling ['stə:liŋ]
St. Johns [snt'dʒɔnz]
St. Lawrence [snt'lɔrəns]
St. Louis [snt'luis]
Stockport ['stɔkpɔ:t]
Stoke on Trent ['stouk-ɔn-'trent]
Stonehenge ['stoun'hendʒ]
St. Paul [snt'pɔ:l]
St. Peter [snt'pi:tə*]
Stratford on Avon ['strætfəd-ɔn'eivn̩]
Sudan [su(:)'da:n]
Suez ['su(:)iz]
Suffolk ['sʌfək]
Sunderland ['sʌndələnd]
Surinam [ˌsuəri'næm]
Surrey ['sʌri]
Sussex ['sʌsiks]
Sutherland ['sʌðələnd]
Sutton ['sʌtn̩]
Suva ['su:və]
Swansea ['swɔnzi]
Swaziland ['swa:zilænd]
Sydney ['sidni]
Tabor ['teibɔ:*]
Tacoma [tə'koumə]
Taiwan [tai'wæn]
Tallahassee [ˌtælə'hæsi]
Tampa ['tæmpə]
Tanganyika [ˌtæŋgə'nji:kə]
Tanzania [tæn'zeiniə]
Tasmania [tæz'meinjə]
Taunton ['ta:ntən]
Tay [tei]
Tees [ti:z]
Tempe ['tempi]

Tennessee [ˌtenə'siː]
Teviot ['tiːviət]
Tewkesbury ['tjuːksbəri]
Texas ['teksəs]
Tibet [ti'bet]
Tobago [tou'beigou]
Togo ['tougou]
Toledo [tɔ'leidou] (*Spagna*); [tə'liːdou] (*USA*)
Tonga ['tɔŋgə]
Toronto [tə'rɔntou]
Tottenham ['tɔtnəm]
Trent [trent]
Trenton ['trentn̩]
Trieste [tri(ː)'est]
Trinidad ['trinidæd]
Tripoli ['tripəli]
Trossachs ['trɔsæks, 'trɔsəks]
Tucson ['tuːsɔn]
Tulsa ['tʌlsə]
Tunisia [tjuː(ː)'niziə]
Tweed [twiːd]
Tyne [tain]
Tyrone [ti'roun]
Uganda [juː'gændə]
Ullswater ['ʌlzˌwɔːtə*]
Uruguay ['urugwai]
Utah ['juːtaː]
Utica [juːtikə]
Uttar Pradesh ['utəprə'deiʃ]
Valletta [və'letə]

Vancouver [væn'kuːvə*]
Venezuela [ˌvene'zweilə]
Vermont [və'mɔnt]
Victoria [vik'tɔːriə]
Vienna [vi'enə]
Vietnam ['vjet'naːm]
Virginia [və'dʒinjə]
Volta ['vɔltə]
Wakefield ['weikfiːld]
Wallace ['wɔles]
Waltham ['wɔːltəm]
Wapping ['wɔpiŋ]
Warwick ['wɔrik]
Warwickshire ['wɔrikʃiə*]
Washington ['wɔʃiŋtən]
Waterbury ['wɔːtəbəri]
Waterford ['wɔːtəfəd]
Waterloo [ˌwɔːtə'luː]
Waverley ['weivəli]
Wellington ['weliŋtən]
Westmor(e)land ['wes*t*mələnd]
West Point ['west 'pɔint]
West Virginia ['west və'dʒiniə]
Wexford ['weksfəd]
Whitney ['witni]
Wichita ['witʃitɔː]
Wichita Falls ['witʃitɔː 'fɔːlz]
Wick [wik]
Wicklow ['wiklou]
Wight [wait]
Wigtown ['wigtən]

Willington ['wiliŋtən]
Wilmington ['wilmiŋtən]
Wiltshire ['wiltʃiə*]
Wimbledon ['wimbldən]
Winchester ['winˌtʃistə*]
Windermere ['windəmiə*]
Windsor ['winzə*]
Winnipeg ['winipeg]
Wisconsin [wis'kɔnsin]
Woburn ['wuːbəːn]
Wolverhampton ['wulvəˌhæm*p*tən]
Woodstock ['wudstɔk]
Woolwich ['wulidʒ]
Worcester ['wustə*]
Worcestershire ['wustəʃiə*]
Worthing ['weːðiŋ]
Wyoming [wai'oumiŋ]
Yarmouth ['jaːməθ]
Yellowstone ['jeloustoun]
Yemen ['jemən]
York [jɔːk]
Yorkshire ['jɔːkʃiə*]
Yorktown ['jɔːktaun]
Yosemite [jou'semiti]
Youngstown ['jʌŋztaun]
Yukon ['juːkɔn]
Zaire [zaː'iə*]
Zambia ['zæmbiə]
Zanzibar [ˌzænzi'baː*]
Zimbabwe [zim'baːbwi]
Zomba ['zɔmbə]

Toponimi inglesi

PRINCIPALI VERBI IRREGOLARI INGLESI

(La lettera (R), apposta accanto all'infinito, indica che il verbo può essere anche usato come regolare. Il segno † denota una forma arcaica o poetica).

INFINITO	PASSATO	PARTICIPIO PASSATO
abide (R) [ə'baid]	abode [ə'boud]	abode [ə'boud]
arise [ə'raiz]	arose [ə'rouz]	arisen [ə'rizn]
awake (R) [ə'weik]	awoke [ə'wouk]	awoke [ə'wouk]
be [bi:]	was [wɔz, wəz]	been [bi:n, bin]
bear [bɛə*]	bore [bɔ:*]	borne [bɔ:n] born [bɔ:n]
beat [bi:t]	beat [bi:t]	beaten ['bi:tn] beat † [bi:t]
become [bi'kʌm]	became [bi'keim]	become [bi'kʌm]
befall [bi'fɔ:l]	befell [bi'fel]	befallen [bi'fɔlən]
beget [bi'get]	begot [bi'gɔt]	begotten [bi'gɔtn] begot [bi'gɔt]
begin [bi'gin]	began [bi'gæn]	begun [bi'gʌn]
behold [bi'hould]	beheld [bi'held]	beheld [bi'held]
bend [bend]	bent [bent]	bent [bent]
bereave (R) [bi'ri:v]	bereft [bi'reft]	bereft [bi'reft]
beseech [bi'si:tʃ]	besought [bi'sɔ:t]	besought [bi'sɔ:t]
bet (R) [bet]	bet [bet]	bet [bet]
bid [bid]	bid [bid] bade [beid]	bid [bid] bidden ['bidn]
bind [baind]	bound [baund]	bound [baund]
bite [bait]	bit [bit]	bitten ['bitn] bit [bit]
bleed [bli:d]	bled [bled]	bled [bled]
blend (R) [blend]	blent [blent]	blent [blent]
bless (R) [bles]	blest [blest]	blest [blest]
blow [blou]	blew [blu:]	blown [bloun]
break [breik]	broke [brouk]	broken ['broukən]
breed [bri:d]	bred [bred]	bred [bred]
bring [briŋ]	brought [brɔ:t]	brought [brɔ:t]
broadcast (R) ['brɔ:dka:st]	broadcast ['brɔ:dka:st]	broadcast ['brɔ:dka:st]
build [bild]	built [bilt]	built [bilt]
burn (R) [bə:n]	burnt [bə:nt]	burnt [bə:nt]
burst [bə:st]	burst [bə:st]	burst [bə:st]
buy [bai]	bought [bɔ:t]	bought [bɔ:t]
cast [ka:st]	cast [ka:st]	cast [ka:st]
catch [kætʃ]	caught [kɔ:t]	caught [kɔ:t]
chide (R) [tʃaid]	chid [tʃid]	chidden ['tʃidən] chid [tʃid]
choose [tʃu:z]	chose [tʃouz]	chosen ['tʃouzn]
cleave (R) [kli:v]	cleft [kleft] clove [klouv]	cleft [kleft] cloven ['klouvn]
cling [kliŋ]	clung [klʌŋ]	clung [klʌŋ]
clothe (R) [klouð]	clad [klæd]	clad [klæd]
come [kʌm]	came [keim]	come [kʌm]
cost [kɔst]	cost [kɔst]	cost [kɔst]
creep [kri:p]	crept [krept]	crept [krept]
crow (R) [krou]	crew [kru:]	crowed [kroud]
cut [kʌt]	cut [kʌt]	cut [kʌt]
dare (R) [dɛə*]	durst † [də:st]	dared [dɛəd]
deal [di:l]	dealt [delt]	dealt [delt]
dig [dig]	dug [dʌg]	dug [dʌg]
do [du]	did [did]	done [dʌn]
draw [drɔ:]	drew [dru:]	drawn [drɔ:n]
dream (R) [dri:m]	dreamt [dremt]	dreamt [dremt]
drink [driŋk]	drank [dræŋk]	drunk [drʌŋk]
drive [draiv]	drove [drouv]	driven ['drivn]
dwell (R) [dwel]	dwelt [dwelt]	dwelt [dwelt]
eat [i:t]	ate [et]	eaten ['i:tn]
fall [fɔ:l]	fell [fel]	fallen ['fɔ:lən]
feed [fi:d]	fed [fed]	fed [fed]
feel [fi:l]	felt [felt]	felt [felt]
fight [fait]	fought [fɔ:t]	fought [fɔ:t]
find [faind]	found [faund]	found [faund]
flee [fli:]	fled [fled]	fled [fled]
fling [fliŋ]	flung [flʌŋ]	flung [flʌŋ]
fly [flai]	flew [flu:]	flown [floun]
forbear [fɔ:'bɛə*]	forbore [fɔ:'bɔ:*]	forborne [fɔ:'bɔ:n]
forbid [fə'bid]	forbade [fə'beid] forbad [fə'bæd]	forbidden [fə'bidn]
forecast (R) ['fɔ:ka:st]	forecast ['fɔ:ka:st]	forecast ['fɔ:ka:st]

forget [fə'get]	forgot [fə'gɔt]	forgotten [fə'gɔtn]
forgive [fə'giv]	forgave [fə'geiv]	forgiven [fə'givn]
forsake [fə'seik]	forsook [fə'suk]	forsaken [fə'seikən]
forswear [fɔ:'swɛə*]	forswore [fɔ:'swɔ:*]	forsworn [fɔ:'swɔ:n]
freeze [fri:z]	froze [frouz]	frozen ['frouzn]
get [get]	got [gɔt]	got [gɔt] gotten † ['gɔtn] (USA)
gild (R) [gild]	gilt [gilt]	gilt [gilt]
gird (R) [gə:d]	girt [gə:t]	girt [gə:t]
give [giv]	gave [geiv]	given ['givn]
gnaw (R) [nɔ:]	gnawed [nɔ:d]	gnawn [nɔ:n]
go [gou]	went [went]	gone [gɔn]
grave (R) [greiv]	graved [greivd]	graven [greivən]
grind [graind]	ground [graund]	ground [graund]
grow [grou]	grew [gru:]	grown [groun]
hang (R) [hæŋ]	hung [hʌŋ]	hung [hʌŋ]
have [hæv]	had [hæd]	had [hæd]
hear [hiə*]	heard [hə:d]	heard [hə:d]
heave (R) [hi:v]	hove [houv]	hove [houv]
hew (R) [hju:]	hewed [hju:d]	hewn [hju:n]
hide [haid]	hid [hid]	hidden ['hidn] hid [hid]
hit [hit]	hit [hit]	hit [hit]
hold [hould]	held [held]	held [held]
hurt [hə:t]	hurt [hə:t]	hurt [hə:t]
keep [ki:p]	kept [kept]	kept [kept]
kneel [ni:l]	knelt [nelt]	knelt [nelt]
knit (R) [nit]	knit [nit]	knit [nit]
know [nou]	knew [nju:]	known [noun]
lade [leid]	laded ['leidid]	laden ['leidn]
lay [lei]	laid [leid]	laid [leid]
lead [li:d]	led [led]	led [led]
lean (R) [li:n]	leant [lent]	leant [lent]
leap (R) [li:p]	leapt [lept]	leapt [lept]
learn (R) [lə:n]	learnt [lə:nt]	learnt [lə:nt]
leave [li:v]	left [left]	left [left]
lend [lend]	lent [lent]	lent [lent]
let [let]	let [let]	let [let]
lie [lai]	lay [lei]	lain [lein]
light (R) [lait]	lit [lit]	lit [lit]
lose [lu:z]	lost [lɔst]	lost [lɔst]
make [meik]	made [meid]	made [meid]
mean [mi:n]	meant [ment]	meant [ment]
meet [mi:t]	met [met]	met [met]
melt (R) [melt]	melted [meltəd]	molten ['moultən]
mistake [mis'teik]	mistook [mis'tuk]	mistaken [mis'teikn]
misunderstand ['misʌndə'stænd]	misunderstood ['misʌndə'stud]	misunderstood ['misʌndə'stud]
mow (R) [mou]	mowed [moud]	mown [moun]
pay [pei]	paid [peid]	paid [peid]
prove (R) [pru:v]	proved ['pru:vəd]	proven ['pru:vən]
put [put]	put [put]	put [put]
quit (R) [kwit]	quit [kwit]	quit [kwit]
read [ri:d]	read [red]	read [red]
reave (R) [ri:v]	reft [reft]	reft [reft]
rend [rend]	rent [rent]	rent [rent]
rid (R) [rid]	rid [rid]	rid [rid]
ride [raid]	rode [roud]	ridden ['ridn]
ring [riŋ]	rang [ræŋ]	rung [rʌŋ]
rise [raiz]	rose [rouz]	risen ['rizn]
rive (R) [raiv]	rived [raivd]	riven ['rivn]
run [rʌn]	ran [ræn]	run [rʌn]
saw (R) [sɔ:]	sawed [sɔ:d]	sawn [sɔ:n]
say [sei]	said [sed]	said [sed]
see [si:]	saw [sɔ:]	seen [si:n]
seek [si:k]	sought [sɔ:t]	sought [sɔ:t]
sell [sel]	sold [sould]	sold [sould]
send [send]	sent [sent]	sent [sent]
set [set]	set [set]	set [set]
sew (R) [sou]	sewed [soud]	sewn [soun]
shake [ʃeik]	shook [ʃuk]	shaken ['ʃeikn]
shave (R) [ʃeiv]	shaved [ʃeivd]	shaven ['ʃeivn]
shear (R) [ʃiə*]	sheared [ʃiəd]	shorn [ʃɔ:n]
shed [ʃed]	shed [ʃed]	shed [ʃed]
shine [ʃain]	shone [ʃɔn]	shone [ʃɔn]
shoe [ʃu:]	shod [ʃɔd]	shod [ʃɔd]

Principali verbi irregolari inglesi

Principali verbi irregolari inglesi

Infinitive	Past	Past Participle
shoot [ʃu:t]	shot [ʃɔt]	shot [ʃɔt]
show (R) [ʃou]	showed [ʃoud]	shown [ʃoun]
shrink [ʃriŋk]	shrank [ʃræŋk]	shrunk [ʃrʌŋk]
shrive (R) [ʃraiv]	shrove [ʃrouv]	shriven [ʃrivn]
shut [ʃʌt]	shut [ʃʌt]	shut [ʃʌt]
sing [siŋ]	sang [sæŋ]	sung [sʌŋ]
sink [siŋk]	sank [sæŋk]	sunk [sʌŋk]
sit [sit]	sat [sæt]	sat [sæt]
slay [slei]	slew [slu:]	slain [slein]
sleep [sli:p]	slept [slept]	slept [slept]
slide [slaid]	slid [slid]	slid [slid]
sling [sliŋ]	slung [slʌŋ]	slung [slʌŋ]
slink [sliŋk]	slunk [slʌŋk]	slunk [slʌŋk]
slit [slit]	slit [slit]	slit [slit]
smell (R) [smel]	smelt [smelt]	smelt [smelt]
smite [smait]	smote [smout]	smitten ['smitn]
sow (R) [sou]	sowed [soud]	sown [soun]
speak [spi:k]	spoke [spouk]	spoken ['spoukən]
speed (R) [spi:d]	sped [sped]	sped [sped]
spell (R) [spel]	spelt [spelt]	spelt [spelt]
spend [spend]	spent [spent]	spent [spent]
spill (R) [spil]	spilt [spilt]	spilt [spilt]
spin [spin]	spun [spʌn] span [spæn]	spun [spʌn]
spit [spit]	spat [spæt] spit † [spit]	spat [spæt] spit † [spit]
split [split]	split [split]	split [split]
spoil (R) [spɔil]	spoilt [spɔilt]	spoilt [spɔilt]
spread [spred]	spread [spred]	spread [spred]
spring [spriŋ]	sprang [spræŋ]	sprung [sprʌŋ]
stand [stænd]	stood [stud]	stood [stud]
stave (R) [steiv]	stove [stouv]	stove [stouv]
steal [sti:l]	stole [stoul]	stolen ['stoulən]
stick [stik]	stuck [stʌk]	stuck [stʌk]
sting [stiŋ]	stung [stʌŋ]	stung [stʌŋ]
stink [stiŋk]	stank [stæŋk] stunk [stʌŋk]	stunk [stʌŋk]
strew (R) [stru:]	strewed [stru:d]	strewn [stru:n]
stride [straid]	strode [stroud]	stridden ['stridn]
strike [straik]	struck [strʌk]	struck [strʌk] stricken † ['strikən]
string [striŋ]	strung [strʌŋ]	strung [strʌŋ]
strive [straiv]	strove [strouv]	striven ['strivən]
swear [swɛə*]	swore [swɔ:*] sware † [swɛə*]	sworn [swɔ:n]
sweat (R) [swet]	sweat [swet]	sweat [swet]
sweep [swi:p]	swept [swept]	swept [swept]
swell (R) [swel]	swelled [sweld]	swollen ['swoulən]
swim [swim]	swam [swæm]	swum [swʌm]
swing [swiŋ]	swung [swʌŋ]	swung [swʌŋ]
take [teik]	took [tuk]	taken ['teikən]
teach [ti:tʃ]	taught [tɔ:t]	taught [tɔ:t]
tear [tɛə*]	tore [tɔ:*]	torn [tɔ:n]
tell [tel]	told [tould]	told [tould]
think [θiŋk]	thought [θɔ:t]	thought [θɔ:t]
thrive (R) [θraiv]	throve [θrouv]	thriven ['θrivn]
throw [θrou]	threw [θru:]	thrown [θroun]
thrust [θrʌst]	thrust [θrʌst]	thrust [θrʌst]
tread [tred]	trod [trɔd]	trodden ['trɔdn] trod [trɔd]
understand ['ʌndə'stænd]	understood ['ʌndə'stud]	understood ['ʌndə'stud]
wake (R) [weik]	woke [wouk]	woken ['woukən] woke [wouk]
wear [wɛə*]	wore [wɔ:*]	worn [wɔ:n]
weave [wi:v]	wove [wouv]	woven ['wouvən]
wed (R) [wed]	wed [wed]	wed [wed]
weep [wi:p]	wept [wept]	wept [wept]
wet (R) [wet]	wet [wet]	wet [wet]
win [win]	won [wʌn]	won [wʌn]
wind [waind]	wound [waund]	wound [waund]
work (R) [wə:k]	wrought † [rɔ:t]	wrought † [rɔ:t]
wring [riŋ]	wrung [rʌŋ]	wrung [rʌŋ]
write [rait]	wrote [rout] writ † [rit]	written ['ritn] writ † [rit]

SIGLE, ABBREVIAZIONI, SIMBOLI ITALIANI

A. 1 (*elettr.*) **ampere**, ampere. 2 (*teatr.*) **atto**, act. 3 **Altezza**, Highness. 4 **Assicurata**, insured. 5 **Alpi**, Alps. 6 **Autore**, author. 7 **alto**, high, tall.
a. (*mat.*) **ara**, are (a).
aa. (*med.*, *nelle ricette*) **ana**, of each an equal quantity, (A.A.).
A.A.M.S. Azienda Autonoma dei Monopoli di Stato, Board of State Monopolies.
A.A.R.R. (*araldica*) **Altezze Reali**, Royal Highnesses (R.H.).
ab. abitanti, population (pop.).
abb. abbonamento, subscription.
abbr. 1 **abbreviato**, abbreviated. 2 **abbreviazione**, abbreviation (abbr.).
A.B.I. Associazione Bancaria Italiana, Italian Bankers' Association.
abl. (*gramm.*) ablativo, ablative (abl.).
abr. abrogato, abrogated, repealed.
A.C. Azione Cattolica, Organization for Catholic Action.
Ac (*chim.*) attinio, actinium (Ac).
a.c. 1 (*comm.*) **assegno circolare**, banker's draft (*G.B.*); cashier's check (*USA*). 2 **anno corrente**, present year. 3 (*tip.*) **a capo**, new line, new paragraph.
a.C. avanti Cristo, before Christ (B.C.).
A.C.C. Alta Corte Costituzionale, Supreme Constitutional Court.
Acc. accademia, academy.
acc. 1 (*mus.*) **accelerando**, accelerando (becoming faster) 2 (*gramm.*) **accusativo**, accusative (acc.).
A.C.D.G. Associazione Cristiana dei Giovani, Christian Youth Association.
A.C.I. 1 **Automobile Club d'Italia**, Italian Automobile Association. 2 **Aviazione Civile Italiana**, Italian Aviation. 3 **Azione Cattolica Italiana**, Italian Catholic Action Movement. 4 **Aero Club d'Italia**, Italian Aero Club.
A.C.I.S. Alto Commissariato per l'Igiene e la Sanità, Office of the High Commissioner of Public Health.
A.C.L.I. Associazione Cattolica dei Lavoratori Italiani, Italian Workers' Catholic Association.
A.D. (*lat.*: **Anno Domini**) nell'anno del Signore, in the year of the Lord (A.D.).
AE.C.I. Aero Club d'Italia, Italian Aero Club.
A.E.P. Agenzia Europea della Produttività, European Productivity Board.
a.f. (*fis.*) alta frequenza, high frequency (H.F.).
A.F.I. Associazione Filatelica Italiana, Italian Philatelists' Association.
AFRODITE (*meteor.*) Previsioni Meteorologiche Oggettive per Finalità Decisionali e Valutazioni Tecniche, Automated Forecasting Refined Outputs for Decision Inputs and Technical Evaluations.
Ag (*chim.*) argento, silver (Ag).
A.G. Alberghi per la Gioventù, Youth Hostels.
A.G.C.I. Associazione Generale delle Cooperative Italiane, Italian Association of Cooperative Societies.
agg. (*gramm.*) aggettivo, adjective.
A.G.I. 1 **Agenzia Giornalistica Italiana**, Italian News Agency. 2 **Associazione Guide Italiane**, Italian Girl Guides' Association.
A.G.I.P. Azienda Generale Italiana Petroli, National Hydrocarbons Authority.
A.G.I.S. Associazione Generale Italiana dello Spettacolo, Italian Association for theatrical, cinematographic, etc. activities.
ago. agosto, August (Aug.).
agr., agric. 1 **agricolo**, agricultural. 2 **agricoltore**, farmer. 3 **agricoltura**, agriculture, farming (agr., agric.).
A.I. Aeronautica Italiana, Italian Air Force.
A.I.A. (*sport*) Associazione Italiana Arbitri, Italian Referees' Association.
A.I.A.C. (*sport*) Associazione Internazionale degli Agenti di Cambio, International Stockbrokers' Association.
A.I.C.S. (*sport*) Associazione Italiana Circoli Sportivi, Italian Association of Sport Clubs.

A.I.E. 1 **Associazione Italiana degli Editori**, Italian Publishers' Association. 2 **Associazione Internazionale degli Economisti**, International Economists' Association.
A.I.E.D. Associazione Italiana Educazione Demografica, Italian Association for Demographic Education.
A.I.S.E. Associazione Internazionale delle Scienze Economiche, International Association of Economical Sciences.
Al (*chim.*) alluminio, aluminium (Al).
alg. algebra, algebra (alg.).
ALITALIA Aerolinee Italiane Internazionali, Italian Airlines.
all. allegato, enclosure.
alt. 1 **altezza**, height. 2 **altitudine**, altitude; on the sea level.
Am (*chim.*) americio, americium (Am).
A.M. 1 (*fis.*) **Modulazione d'Ampiezza**, Amplitude Modulation (A.M.). 2 (*mil.*) **Aeronautica Militare** (*targa autom.*), Air Force (A.F.).
a.m. antimeridiano, before noon (a.m.).
amer. americano, American.
amm. ammiraglio, admiral.
amm.ne amministrazione, administration.
amm.re amministratore, administrator.
ana (*med.*, *nelle ricette*) **ana**, of each an equal quantity (A.A.).
A.N.A. (*mil.*) Associazione Nazionale Alpini, National Mountain Troops Corps Veterans' Association.
A.N.A.I. (*mil.*) Associazione Nazionale Arditi d'Italia, Italian Commando Corps Veterans' Association.
A.N.A.S. Azienda Nazionale Autonoma delle Strade, State Highways Authority.
A.N.C.R. (*mil.*) Associazione Nazionale Combattenti e Reduci, National Veterans' Association.
A.N.D.E. Associazione Nazionale Donne Elettrici, Women Voters' National Association.
A.N.E.A. Associazione Nazionale fra gli Enti di Assistenza, Welfare Boards' National Association.
A.N.F.I.A. Associazione Nazionale fra le Industrie Automobilistiche, Motor Industries' National Association.
ang. 1 **angolo**, corner. 2 (*mat.*) **angolo**, angle.
A.N.I.C. Azienda Nazionale Idrogenazione Idrocarburi, National Hydrocarbon Company.
A.N.I.C.A. 1 **Associazione Nazionale Industrie Cinematografiche e Affini**, Cinematographic and Related Industries' National Association 2 **Associazione Nazionale fra gli Istituti di Credito Agrario**, National Association of Agrarian Credit Banks.
A.N.L. Accademia Nazionale dei Lincei, Lincei National Academy.
A.N.M.I.G. (*mil.*) Associazione Nazionale Mutilati e Invalidi di Guerra, National Association of Disabled Servicemen.
A.N.M.I.L. Associazione Nazionale Mutilati e Invalidi del Lavoro, National Associaton of Disabled Workers.
A.N.P.I. Associazione Nazionale Partigiani d'Italia, National Association of Italian Partisans.
A.N.P.P.I.A. Associazione Nazionale Perseguitati Politici Italiani Antifascisti, National Association of Italian Antifascist Political Victims.
A.N.S.A. Agenzia Nazionale Stampa Associata, Italian Associated Press Agency.
ant. antimeridiano, before noon (a.m.).
A.N.V.G. (*mil.*) Associazione Nazionale Volontari di Guerra, National War Volunteers' Association.
A.P. (*fis.*) alta pressione, high pressure (H.P.).
A.P.I. Associazione Pionieri Italiani, Italian Boy Scouts Association.
app. appendice, appendix (app.).
apr. aprile, April (Apr.).
Ar (*chim.*) argon, argon (Ar).
A.R. 1 (*araldica*) **Altezza Reale**, Royal Highness. 2 (*ferr.*) **andata e ritorno**, return ticket (*G.B.*); two-way ticket (*USA*).
Arc. arcivescovo, Archbishop.
A.R.C.E. Associazione per le Relazioni Culturali con l'Estero,

Sigle, abbreviazioni, simboli italiani

Arch. Association for Cultural Relations with Foreign Countries.
Arch. *architetto*, architect (Arch.).
arch. 1 *archivio*, archives (*pl.*); records office. 2 *architettura*, architecture.
archeol. *archeologia*, archaeology.
arit., aritm. 1 *aritmetica*, arithmetic. 2 *aritmetico*, arithmetical.
arr. (*ferr.*) *arrivo*, arrival (arr.).
art. (*gramm.*) *articolo*, article (art.).
A.S. (*araldica*) *Altezza Serenissima*, Most Serene Highness.
As (*chim.*) *arsenico*, arsenic (As).
A.S.C.I. *Associazione Scoutistica Cattolica Italiana*, Association of Italian Catholic Boy Scouts.
Ass. *assicurata*, insured mail.
ASSOBANCARIA *Associazione Bancaria Italiana*, Italian Bankers' Association.
ASSOLOMBARDA *Associazione Industriale Lombarda*, Lombardy Manufacturers' Association.
A.S.S.T. *Azienda di Stato per i Servizi Telefonici*, National Telephones State Board.
astr., astron. 1 *astronomia*, astronomy. 2 *astronomo*, astronomer.
At (*chim.*) *astato*, astatine (At).
A.T. 1 *Antico Testamento*, Old Testament (O.T.). 2 (*fis.*) *Alta Tensione*, High Tension (H.T.).
A.T.I. 1 *Azienda Tabacchi Italiani*, Italian State Tobacco Board. 2 *Aero Trasporti Italiani*, Italian Air Freight Line.
atm. 1 *atmosfera*, atmosphere. 2 *atmosferico*, atmospheric.
A.T.M. *Azienda Tranviaria Municipale*, City Rapid Transit Board.
atom. (*fis.*) *atomico*, atomic.
att. (*gramm.*) *attivo*, active.
attr. (*gramm.*) *attributo*, attribute (attr.).
Au (*chim.*) *oro*, gold (Au).
aus. *ausiliare*, auxiliary (aux.).
autom. *automobilismo*, motoring.
A.V.I.S. *Associazione Volontari Italiani del Sangue*, Association of Voluntary Italian Blood-Donors.
Avv. *avvocato*, lawyer.
avv. (*gramm.*) *avverbio*, adverb (adv.).
az. (*comm.*) *azione*, share.
B (*chim.*) *boro*, boron (B).
B. 1 (*araldica*) *Barone*, Baron. 2 (*relig.*) *Beato*, Blessed.
Ba (*chim.*) *bario*, barium (Ba).
B.A. *Belle Arti*, Fine Arts.
Bar. (*araldica*) *Barone*, Baron.
ba.sa (*araldica*) *baronessa*, baroness.
B.C. (*mus.*) *basso continuo*, thorough bass.
Be (*chim.*) *berillio*, beryllium (Be).
B.E.I. *Banca Europea degli Investimenti*, European Bank for Investments.
BENELUX *Belgio, Olanda, Lussemburgo*, Belgium, Netherlands, Luxembourg.
b. f. *bassa frequenza* (*fis.*), low frequency (L.F.).
B.I. *Banca d'Italia*, Bank of Italy.
Bi (*chim.*) *bismuto*, bismuth (Bi).
bibl. 1 *bibliografia*, bibliography (bibliog.). 2 *bibliografo*, bibliographer. 3 *biblioteca*, library. 4 *biblico*, biblical.
bim. 1 *bimestre*, a two-month period. 2 *bimestrale*, bi-monthly. 3 *bimensile*, semi-monthly.
biochim. (*chim.*) *biochimica*, biochemistry.
biol. *biologia*, biology (biol.).
B.I.R.S. *Banca Internazionale per la Ricostruzione e lo Sviluppo*, International Bank for Reconstruction and Development (I.B.R.D.).
Bk (*chim.*) *berkelio*, berkelium (Bk).
B.M. *Banca Mondiale*, World Bank.
B.N.L. *Banca Nazionale del Lavoro*, National Work Bank.
bot. *botanica*, botanics.
B.P. (*fis.*) *Bassa Pressione*, Low Pressure (L.P.).
Br (*chim.*) *bromo*, bromine (Br).
B.R. *Banco di Roma*, Bank of Rome.
brev. *brevetto*, patent.
B.R.I. *Banca dei Regolamenti Internazionali*, Bank for International Settlements (B.I.S.).
bross. *brossura*, paper-back binding.
b.ssa (*araldica*) *baronessa*, baroness.
B.T. (*fis.*) *Bassa Tensione*, Low Voltage (L.V.).
B.U. *Bollettino Ufficiale*, Official Gazette.
B.V.M. *Beata Vergine Maria*, Blessed Virgin Mary (B.V.M.).
C (*chim.*) *carbonio*, carbon (C).
°C (*fis.*) *grado centigrado*, degree Celsius (°C).
C. 1 (*araldica*) *conte*, Count, Earl. 2 (*leg.*) *codice*, code, statute. 3 (*relig.*) *congregazione*, congregation. 4 *centigradi*, centigrade. 5 (*fis.*) *coulomb*, coulomb.
c. 1 (*comm.*) *conto*, account. 2 *corso*, avenue. 3 (*di poema*) *canto*, canto. 4 *cento*, hundred. 5 *circa*, about. 6 (*gramm.*) *congiunzione*, conjunction. 7 *corrente*, current. 8 *cubico*, cubic.
Ca (*chim.*) *calcio*, calcium (Ca).
c. a. (*fis.*) *corrente alternata*, alternating current (A. C.).
C.A.A. *Corte d'Assise d'Appello*, Criminal Court of Appeal.
cab. *cablogramma*, cable.
cad. *cadauno*, each.
C.A.F. (*sport*) *Commissione d'Appello Federale*, Federal Committee of Appeal.
C.A.I. *Club Alpino Italiano*, Italian Alpine Club.
C.A.M.E.N. *Centro d'Applicazioni Militari dell'Energia Nucleare*, Centre for military applications of nuclear energy.
cap. 1 (*mil.*) *capitano*, captain. 2 *capitolo*, chapter.
C.A.P. *Codice di Avviamento Postale*, (GB) postcode, (USA) zip code.
cap.le (*mil.*) *caporale*, corporal.
cap. magg. (*mil.*) *caporal maggiore*, lance corporal.
C.A.R. *Centro Addestramento Reclute*, Recruit Training Centre.
Card. *Cardinale* (*relig.*), Cardinal (Card.).
C.A.S.M. *Centro di Alti Studi Militari*, High Military Studies' Centre.
cat. *catalogo*, catalogue.
Cav. *Cavaliere* (*titolo*).
Cav. Gr. Cr. *Cavaliere di Gran Croce* (*titolo*).
Cav. Lav. *Cavaliere del Lavoro* (*titolo*).
Cav. Uff. *Cavaliere Ufficiale* (*titolo*).
C.C. 1 *Carta Costituzionale*, Constitutional Charter. 2 *Codice Civile*, Civil Code. 3 *Codice di Commercio*, Commercial Code. 4 *Corpo Consolare*, Consular Corps. 5 *Corte di Cassazione*, Court of Cassation. 6 *Corte Costituzionale*, Constitutional Court. 7 *Corte dei Conti*, Supreme State Accounting Court. 8 *Commissione Centrale*, Central Commission.
C/c, c/c, c.c. (*comm.*) *conto corrente*, current account.
cc *centimetri cubici*, cubic centimetres.
c.c. 1 (*elettr.*) *corrente continua*, Direct Current (D.C.). 2 (*elettr.*) *corto circuito*, short circuit.
C.C.C. *Centro Cinematografico Cattolico*, Catholic Film Centre.
C.C.I. *Camera di Commercio Internazionale*, International Chamber of Commerce.
c.c.p. *conto corrente postale*, current postal account.
C.C.S.M. (*mil.*) *Comando Corpo di Stato Maggiore*, General Staff Corps Headquarters.
Cd (*chim.*) *cadmio*, cadmium (Cd).
C.D. 1 *Comitato Direttivo*, Steering Committee. 2 *Consigliere Delegato*, Managing Director. 3 *Corpo Diplomatico*, (*franc.*: Corps Diplomatique) Diplomatic Corps (C.D.).
C. d'A. 1 (*mil.*) *Corpo d'Armata*, Army Corps. 2 (*leg.*) *Corte d'Appello*, Court of Appeals. 3 (*leg.*) *Corte d'Assise*, Court of Assizes.
c.d.d. *come dovevasi dimostrare*, which was to be demonstrated.
C. d. G. (*relig.*) *Compagnia di Gesù*, Society of Jesus (S. J.).
C.d.L. *Camera del Lavoro*, Trade Union Headquarters.
C.D.N. (*stor.*) *Comitato di Difesa Nazionale*, National Defense Committee.
C.d.R. *Cassa di Risparmio*, Savings Bank.
C.d.S. 1 *Circolo della Stampa*, Press Club. 2 *Codice della Strada*, Highway Traffic Code. 3 (*polit.*) *Consiglio di Sicurezza*, security Council.
Ce (*chim.*) *cerio*, cerium (Ce).
C.E. 1 *Comitato Esecutivo*, Executive Committee. 2 (*polit.*) *Consiglio Europeo*, Council of Europe.
C.E.C.A. *Comunità Europea del Carbone e dell'Acciaio*, European Coal and Steel Community (E.C.S.C.).
C.E.D. *Comunità Europea di Difesa*, European Defense Community (E.D.C.).
C.E.E. *Comunità Economica Europea*, European Economic Community (E.E.C.).
C.E.E.A. *Comunità Europea per l'Energia Atomica*, European Atomic Energy Community (EURATOM).
CENTO *Organizzazione del Trattato Centrale*, Central Treaty Organization (CENTO).
C.E.P.E.S. *Comitato Europeo per il Progresso Economico e Sociale*, European Committee for Economic and Social Development.
C.E.R.N. *Consiglio Europeo per le Ricerche Nucleari* (*Conseil Européen des Recherches Nucléaires*), European Council for Nuclear Research (C.E.R.N.).
C.E.R.P. *Centro Europeo di Relazioni Pubbliche*, European Centre of Public Relations.
Cf (*chim.*) *californio*, californium (Cf).
cfr. *confronta*, compare (cf.).
cg *centigrammo*, centigramme (cg).

C.G. Console Generale, Consul General (C.G.).
C.G.A.L. Confederazione Generale dell'Agricoltura Italiana, General Association of Italian Agriculture.
C.G.I.A. Confederazione Generale Italiana dell'Artigianato, Italian Artisan Crafts Association.
C.G.I.C. Confederazione Generale Italiana del Commercio, Italian Commerce Association.
C.G.I.I. Confederazione Generale Italiana dell'Industria, Italian Industry Association.
C.G.I.L. Confederazione Generale Italiana del Lavoro, Italian General Confederation of Labor.
CGS Centimetro, Grammo, Secondo, Centimetre, Gram, Second (C.G.S.).
C.G.S.T.C. Centro Giovanile Scambi Turistici e Culturali, Youth Centre For Tourism and Cultural Exchanges.
chim. 1 chimica, chemistry. 2 chimico, chemist; chemical (*agg.*).
chir. chirurgia, surgery.
C.I. 1 Credito Italiano, Italian Credit Bank. 2 Corte Internazionale (dell'Aia), International Court (*The Hague*).
C.ia Compagnia (*comm.*), Company.
C.I.C.R. 1 Comitato Interministeriale per il Credito e il Risparmio, Interdepartmental Committee for Credit and Savings. 2 Comitato Internazionale della Croce Rossa, International Red Cross Committee.
C.I.D.A. Confederazione Italiana Dirigenti d'Azienda, Italian Confederation of Business Managers.
C.I.F. Centro Italiano Femminile (*organizzazione cattolica*), Italian Women Centre (a Catholic organization).
cif (*comm.*) costo, assicurazione e nolo, cost, insurance and freight (c.i.f.).
C.I.G. Corte Internazionale di Giustizia, International Court of Justice.
C.I.G.A. Compagnia Italiana dei Grandi Alberghi, Italian Great Hotels Company.
C.I.L. (*stor., mil.*) Corpo Italiano di Liberazione, Italian Liberation Corps.
C.I.M. Centro Italiano della Moda, Italian Centre of Fashion.
C.I.O. Comitato Internazionale Olimpico (*sport*), International Olympic Games Committee.
C.I.O.S. Comitato Internazionale Organizzazione Scientifica, International Committee for Scientific Organization.
C.I.P. Comitato Interministeriale per i Prezzi, Committee of Ministers for Prices.
C.I.P.E. Comitato Interministeriale per la Programmazione Economica, Committee of Ministers for Economic Planning.
C.I.R. Comitato Interministeriale per la Ricostruzione, Interdepartmental Committee for Reconstruction.
C.I.R.M. Comitato Internazionale Radio-Medico, International Radio-Medical Committee.
C.I.S. Comitato Internazionale degli Scambi, International Committee for Exchanges.
C.I.S.C. Confederazione Internazionale dei Sindacati Cristiani, International Federation of Christian Trade Unions.
C.I.S.L. 1 Confederazione Italiana Sindacati Lavoratori, Federation of Italian Trade Unions. 2 Confederazione Internazionale dei Sindacati Liberi, International Federation of Free Trade Unions.
CISNAL Confederazione Italiana Sindacati Nazionali Lavoratori, Italian Association of National Trade Unions.
C.I.T. Compagnia Italiana di Turismo, Italian Travel Bureau.
cit citato, cited, quoted.
cl centilitro, centilitre (cl).
Cl (*chim.*) cloro, chlorine (Cl).
C.L. Commissione Legislativa, Legislative Committee.
C.L.N. Comitato di Liberazione Nazionale, National Committee for the Liberation of Italy (during World War II).
C.L.N.A.I. Comitato di Liberazione Nazionale dell'Alta Italia, Northern Italy Committee of National Liberation (during World War II).
cm centimetro, centimetre (cm).
Cm (*chim.*) curio, curium (Cm).
C.M. Circolare Ministeriale, Ministry Circular Letter.
cmc centimetro cubico, cubic centimetre.
C. Mezz. Cassa del Mezzogiorno, Fund for the Improvement of Southern Italy.
cmq centimetro quadrato, square centimetre.
C.N. Comitato Nazionale, National Committee.
C.N.A. 1 Confederazione Nazionale dell'Artigianato, National Federation of Craftsmen. 2 Costruzioni Nazionali di Apparecchi Aeronautici, National Aircraft Construction Company.
C.N.E.L. Consiglio Nazionale dell'Economia e del Lavoro, National Council for Economy and Labour.
C.N.E.N. Comitato Nazionale per l'Energia Nucleare, National Council of Nuclear Power.
C.N.G.I. Commissariato Nazionale della Gioventù Italiana, National Committee for Italian Youth.
C.N.M.A.C. Cassa Nazionale Mutua degli Addetti al Commercio, National Tradesmen's Health Insurance Fund.
C.N.M.L.I. Cassa Nazionale Mutua Lavoratori Industria, National Industrial Workers' Health Insurance Fund.
C.N.P. Comitato Nazionale per la Produttività, National Board fr Productivity.
C.N.R. Consiglio Nazionale delle Ricerche, National Council for Scientific Research.
C.N.R.N. Comitato Nazionale per le Ricerche Nucleari, National Committee for Nuclear Research.
Co (*chim.*) cobalto, cobalt (Co).
cod. codice, codex.
Col. Colonnello, Colonel (Col.).
coll. collettivo, collective.
comand. (*mil.*) comandante, commander.
COMECON Consiglio di Mutua Assistenza Economica, Council for Mutual Economic Aid (*URSS*) (COMECON).
COMES Comunità Europea degli Scrittori, Writers' European Community.
COMILITER (*mil.*) Comando Militare Territoriale, Zone of the Interior Headquarters.
Comm. commendatore (*titolo*).
comm. 1 commercio, trade 2 commerciale, commercial.
Comm. Uff. commendatore ufficiale (*titolo*).
compar. (*gramm.*) comparativo, comparative.
compl. (*gramm.*) complemento, complement.
cond. (*gramm.*) condizionale, conditional.
CONFAGRICOLTURA Confederazione Generale dell'Agricoltura Italiana, General Federation of Italian Landowners.
CONFARTIGIANATO Confederazione Generale Italiana dell'Artigianato, General Federation of Italian Artisans and Craftsmen.
CONFCOMMERCIO Confederazione Generale Italiana del Commercio, General Federation of Italian Merchants and Shopkeepers.
CONFINDUSTRIA Confederazione Generale dell'Industria Italiana, Italian Manufacturers' Association.
cong. 1 (*gramm.*) congiuntivo, subjunctive (subj.). 2 (*gramm.*) congiunzione, conjunction (conj.).
C.O.N.I. Comitato Olimpico Nazionale Italiano, Italian National Olympic Committee.
coniug. (*gramm.*) coniugazione, conjugation.
cons. 1 consigliere, councillor. 2 (*comm.*) consigliere, director.
contraz. (*gramm.*) contrazione, contraction.
cont.ssa contessa, countess.
coop. 1 cooperativa, co-operative society. 2 cooperazione, cooperation.
corr. 1 (*gramm.*) correlativo, correlative. 2 corrispondenza, correspondence. 3 corrispondente, correspondent, corresponding. 4 corrente, current. 5 corretto, corrected. 6 corriere, courier.
cos (*mat.*) coseno, cosine (cos).
cosec (*mat.*) cosecante, cosecant (cosec).
costr. costruzione, construction.
cot (*mat.*) cotangente, cotangent (cot, ctn).
C.P. 1 Casella Postale, Post(-Office) Box. 2 (*leg.*) Codice Penale, Penal Code. 3 Consiglio Provinciale, District Council.
c.p. cartolina postale, postcard (P.C.).
C.P.A. 1 Commissione Pontificia di Assistenza, Papal Welfare Commission. 2 Corte Permanente di Arbitrato, Permanent Arbitration Court.
C.P.C. Codice di Procedura Civile, Code of Civil (Law) Procedure.
C.P.P. Codice di Procedura Penale, Code of Criminal (Law) Procedure (C. Cr. P.).
Cr (*chim.*) cromo, chrome (Cr).
C.R.A.L. Circolo Ricreativo Assistenziale Lavoratori, Recreational and Welfare Centre for Workers.
C.R.I. 1 Croce Rossa Italiana, Italian Red Cross. 2 Croce Rossa Internazionale, International Red Cross.
C.R.U.E.I. Centro Italiano per le Relazioni Universitarie con l'Estero, Italian Centre for University Relations with Foreign Countries.
Cs (*chim.*) cesio, cesium (Cs).
C.S. 1 Collegio Sindacale, Board of Directors. 2 (*mil.*) Comando Supremo, Supreme Headquarters. 3 Consiglio Superiore, High Council. 4 Corte Suprema, Supreme Court (S.C.).
c.s. come sopra, as above.
C.S.C. Centro Sperimentale di Cinematografia, Experimental Centre for the Italian Cinema.
C.S.D. (*mil.*) Commissione Suprema di Difesa, Supreme Defense Board.
C.S.d.P.I. Consiglio Superiore della Pubblica Istruzione, High

Board of the Ministry of Education.
C.S.I. **1 Centro Sportivo Italiano**, Italian Sport Centre. **2 Codice Sportivo Internazionale**, International Sport Code.
C.so Corso, Street.
c.ssa (*araldica*) **contessa**, countess.
C.T. (*sport*) **Commissario Tecnico**, coach.
c.te conte, count, earl.
c.to conto, account (ac.).
Cu (*chim.*) **rame**, copper (Cu).
C.V. (*mecc.*) **cavallo vapore**, horse-power (H.P.).
c.v.d. come volevasi dimostrare, which was to be demonstrated.
C.V.L. Corpo Volontari della Libertà, Volunteer Corps of Fighters for Liberty (in World War II).
D 1 Domenica, Sunday. **2 Don** (*titolo*). **3** (*med.*) **dà** (*nelle prescrizioni mediche*), recipe. **4** (*ferr.*) **diretto**, through train.
d. diametro, diameter.
dag decagrammo, decagramme.
dal decalitro, decalitre.
dam decametro, decametre.
dat. (*gramm.*) **dativo**, dative (dat.).
D.C. Democrazia Cristiana, Christian Democrat Party.
d.C. dopo Cristo, in the year of the Lord; Anno Domini (A.D.).
d.c. (*mus.*) **da capo**, repeat from the beginning.
DD (*ferr.*) **direttissimo**, fast train.
D.D.T. (*chim.*) **diclorodifeniltricloroetano**, dichlorodiphenyltrichloroethane (D.D.T.).
dec. (*med., nelle ricette*) **decotto**, decotion.
Decr. Decreto, decree, ordinance.
deriv. 1 derivazione, derivation. **2 derivato**, derivative. **3** (*comm.*) **derivato**, by-product.
dett. 1 dettaglio, detail, particular. **2 dettagliante**, retailer, retail dealer.
dev. devoto (*nelle lettere*), yours truly.
dev.mo devotissimo (*nelle lettere*), yours truly.
D.G. 1 Direttore Generale, General Manager (G.M.). **2 Direzione Generale**, Main (Administrative) Office(s).
dg decigrammo, decigramme (dg).
dial. dialettale, dialectal.
dic. dicembre, December (Dec.).
difett. (*gramm.*) **difettivo**, defective.
diff. 1 differenza, difference. **2 differente**, different. **3 differenziale**, differential.
dil. (*med., nelle ricette*) **diluito**, diluted.
dim. 1 (*mus.*) **diminuendo**, diminuendo (diminishing). **2** (*gramm.*) **diminutivo**, diminutive.
dipl. diploma, degree.
dir. diritto, law.
Dir. 1 Direttore, director, manager. **2 Direzione**, administrative office.
Dir.ce Direttrice, (Lady) Director, Directress, Manageress.
Dir. Gen. 1 Direttore Generale, General Director, General Manager. **2 Direzione Generale**, Main Office.
div. 1 divisione, department. **2** (*comm.*) **dividendi**, dividends. **3** (*mil.*) **divisione**, division. **4** (*mat.*) **divisione**, division.
diz. dizionario, dictionary (dict.).
dl decilitro, decilitre (dl).
D.L. Decreto Legge, Executive Order.
dm decimetro, decimetre (dm).
dom. domenica, Sunday (Sun.).
dott. 1 dottore, doctor. **2 dottore** (*laureato non medico*), graduate.
D.P. 1 Decreto Penale, Penal Writ. **2 Decreto Presidenziale**, President's Decree, President's Executive Order. **3 Democrazia Proletaria**, (party for) Proletarian Democracy.
dr. dottore, doctor.
dr.ssa dottoressa, lady doctor.
ds. (*med.*) **destro**, right.
d.ssa duchessa, duchess.
Dy (*chim.*) **disprosio**, dysprosium (Dy).
dz. dozzina, dozen.
E. Est, East (E.).
E.A. 1 Ente Autonomo, Independent Body, Autonomous Agency. **2 Energia Atomica**, Atomic Energy.
E.A.M. Ente Autotrasporti Merci, Freight Transport Board.
E.C.A. Ente Comunale di Assistenza, Municipal Relief Board.
Ecc. Eccellenza, (*in genere*) Excellency; (*a un vescovo*) Lordship.
ecc. eccetera, et cetera, and so on (etc.).
ECG (*med.*) **elettrocardiogramma**, electrocardiogram (ECG).
ed. edizione, edition, publication (ed.).
edit. editore, publisher (ed.).
E.E. Escursionisti Esteri (*targa autom.*), Foreign Excursionists.
E.E.P. Ente Europeo per la Produttività, European Organization for Productivity.
EE.PP. Enti Pubblici, Public Agencies.
EE.PP.TT. Enti Provinciali per il Turismo, District Offices for the Promotion of Tourism.
eff. 1 (*comm.*) **effetto**, bill, promissory note. **2 effettivo**, effective.
E.F.T.A. Associazione Europea di Libero Scambio, European Free Trade Association (E.F.T.A.).
Egr. (Sig.) Egregio (Signor) (*negli indirizzi*), Mr.
E.I. 1 Enciclopedia Italiana, Italian Encyclopaedia. **2 Esercito Italiano**, Italian Army.
elettr. elettricità, electricity.
elettrochim. elettrochimica, electrochemistry.
elettromecc. elettromeccanica, electromechanics.
elettron. elettronica, electronics.
ell. 1 (*gramm.*) **ellissi**, ellipsis. **2** (*gramm.*) **ellittico**, elliptic(al).
Em. (*relig.*) **Eminenza**, Eminence.
Em.mo Eminentissimo (*titolo*), Most Eminent.
E.N. Educazione Nazionale, National Education.
E.N.A.L. Ente Nazionale Assistenza Lavoratori, National Agency for Assistance to Workers.
E.N.A.P.I. Ente Nazionale dell'Artigianato e delle Piccole Industrie, Artisan and Small Industries Authority.
E.N.B.P.S. Ente Nazionale per le Biblioteche Popolari e Scolastiche, National Organization of Popular and School Libraries.
ENEA Comitato Nazionale per la ricerca e lo sviluppo dell'Energia Nucleare e delle Energie Alternative, National Council for Nuclear and Alternative Energies.
E.N.E.L. Ente Nazionale per l'Energia Elettrica, National Electricity Board.
E.N.I. Ente Nazionale Idrocarburi, National Hydrocarbon Corporation.
E.N.I.C. 1 Ente Nazionale Industrie Cinematografiche, National Association of Film Producers. **2 Ente Nazionale della Cinofilia Italiana**, National Italian Dog Breeders and Lovers' Association.
E.N.I.T. Ente Nazionale Italiano per il Turismo, Italian State Tourist Office.
E.N.P.A. Ente Nazionale per la Protezione degli Animali, National Society for the Prevention of Cruelty to Animals.
E.N.P.A.S. Ente Nazionale di Previdenza e Assistenza per i Dipendenti Statali, National Board of Social Insurance and Welfare for Civil Servants.
E.N.P.I. Ente Nazionale Prevenzione Infortuni, National Institution for the Prevention of Accidents.
E.P.T. Ente Provinciale per il Turismo, Provincial Tourist Department.
eq. (*mat.*) **equazione**, equation.
Er (*chim.*) **erbio**, erbium (Er).
E.R.P. Programma di Ricostruzione Europea, European Recovery Programme (E.R.P.).
Es (*chim.*) **einstenio**, einsteinium (Es).
es. esempio, example (ex.).
escl. 1 esclamazione, exclamation. **2 esclamativo**, exclamative.
e segg. e seguenti, and the following ones.
etc. eccetera (*lat.: et cetera*), and so on, and so forth (etc.).
E.T.I. Ente Teatrale Italiano, Board for the Promotion of Theatrical Performances.
Eu (*chim.*) **europio**, europium (Eu).
euf. eufemismo, euphemism.
E.U.R. Esposizione Universale di Roma, Roman Universal Exhibition (now a residential suburb of Rome).
eur. europeo, European.
EURATOM Comunità Europea per l'Energia Atomica, European Atomic Energy Community (EURATOM).
E.V. 1 Eccellenza Vostra, Your Excellency. **2 Era volgare**, in the year of the Lord, Anno Domini (A.D.).
F (*chim.*) **fluoro**, fluorine (F).
°F (*fis.*) **grado Fahrenheit**, degree Fahrenheit (°F).
F. 1 (*mus.*) **forte**, loud. **2** (*alle carte*) **fante**, knave, jack. **3** (*chim.*) (*nelle ricette mediche*) **fiat, si faccia**, be it done. **4** (*fis.*) **forza**, force.
f. (*gramm.*) **femminile**, feminine (f.).
F.A.L. (*leg.*) **Foglio Annunzi Legali**, Law Announcements Bulletin.
fam. 1 famiglia, family. **2 familiare**, familiar; colloquial.
F.A.O. Organizzazione per l'Alimentazione e l'Agricoltura, Food and Agriculture Organization (F.A.O.).
farm. 1 farmacia, pharmacy. **2 farmacista**, chemist, pharmacist.
F.A.S.T. Federazione delle Associazioni Scientifiche e Tecniche, Federation of Scientific and Technical Associations.
fatt. (*comm.*) **fattura**, invoice (inv.).
f.co (*comm.*) **franco**, free.
Fe (*chim.*) **ferro**, iron (Fe).
feb. febbraio, February (Feb.).
FEDERCONSORZI Federazione Italiana dei Consorzi Agrari,

Italian Association of Agricultural Unions.
FEDERTERRA Federazione dei Lavoratori della Terra, Farm Workers' Trade Union.
Federtessili Federazione Italiana Sindacati Lavoratori Tessili, Italian Association of Textile Trade Unions.
fem. (*elettr.*) forza elettromotrice, electromotive force (emf).
femm. (*gramm.*) femminile, feminine.
ferr. ferrovia, railway (ry.).
FF, ff 1 (*mus.*) fortissimo, very loud. **2** facente funzione, acting.
FF.AA. (*mil.*) Forze Armate, Armed Forces.
FFF, fff (*mus.*) fortissimo, extremely loud.
FF.SS. Ferrovie dello Stato, (Italian) State Railways.
F.G.I. Federazione Ginnastica Italiana, Italian Gymnastics Association.
F.I.A. Federazione Internazionale Automobilistica, International Automobile Association.
F.I.A.T. Fabbrica Italiana Automobili Torino, Italian Motor Works in Turin.
F.I.C. 1 Federazione Italiana Canottaggio, Italian Boating Association. **2** Federazione Italiana Cronometristi, Italian Time-Keepers Association.
F.I.D.A.L. Federazione Italiana di Atletica Leggera, Italian Track and Field Association.
F.I.D.A.P. Federazione Italiana di Atletica Pesante, Italian Heavy Athletics Association.
F.I.D.C. Federazione Italiana della Caccia, Italian Shooting and Hunting Association.
F.I.E.N. Forum Italiano dell'Energia Nucleare, Italian Forum of Nuclear Energy.
F.I.F.A. Federazione Internazionale Calcio (*Fédération Internationale Football Association*), International Football Association.
fig. 1 figura, figure. **2** figurato, figurative.
F.I.G. Federazione Italiana Golf, Italian Golf Association.
F.I.G.B. Federazione Italiana Gioco Bocce, Italian «Bocce» Association.
F.I.G.C. Federazione Italiana Gioco Calcio, Italian Football Association.
F.I.H.P. Federazione Italiana Hockey e Pattinaggio, Italian Hockey and Skating Association.
fil. filiale, branch office.
filol. filologia, philology.
filos. filosofia, philosophy.
F.I.L.S. Federazione Italiana Lavoratori dello Spettacolo, Italian Association of Workers in Theatre, Cinema, Radio and TV.
F.I.M. 1 Federazione Italiana Metalmeccanici, Italian Metallurgists and Mechanics Association. **2** Federazione Italiana Motonautica, Italian Motor-boating Association.
F.I.N. Federazione Italiana Nuoto, Italian Swimming Association.
fin. 1 finanza, finance. **2** finanziario, financial.
FINCANTIERI Società Finanziaria Cantieri Navali, Shipbuilding Financial corporation.
FINMARE Società Finanziaria Marittima, Maritime Transport Financial Corporation.
FINMECCANICA Società Finanziaria Meccanica, Mechanical Financial Corporation.
FINSIDER Società Finanziaria Siderurgica, Iron and Steel Financial Corporation.
F.I.O.M. Federazione Impiegati e Operai Metallurgici, Association of Workers in Metallurgical Industries.
F.I.P. Federazione Italiana Pallacanestro, Italian Basketball Association.
F.I.P.A.V. Federazione Italiana Pallavolo, Italian Volley-ball Association.
F.I.P.B. Federazione Italiana Palla-Base, Italian Baseball Association.
F.I.P.S. Federazione Italiana Pesca Sportiva, Italian Fishing Association.
F.I.R. Federazione Italiana Rugby, Italian Rugby Association.
F.I.S. Federazione Italiana Scherma, Italian Fencing Association.
fis. fisica, physics (phys.).
F.I.S.C. Federazione Internazionale Sindacati Cristiani, International Association of Christian Trade Unions.
F.I.S.E. Federazione Italiana Sport Equestri, Italian Equestrian Sports Association.
F.I.S.G. Federazione Italiana Sport Ghiaccio, Italian Association of Sports on Ice.
F.I.S.I. Federazione Italiana Sport Invernali, Italian Winter Sports Association.
F.I.S.L. Federazione Internazionale dei Sindacati Liberi, International Association of Independent Trade Unions.
F.I.S.N. Federazione Italiana Sci Nautico, Italian Water-Skiing Association.
F.I.T. Federazione Italiana Tennis, Italian Tennis Association.
F.I.T.A.V. Federazione Italiana Tiro a Volo, Italian Pigeon and Clay-Pigeon Shooting Association.
F.I.V.L. Federazione Italiana Volontari della Libertà, Italian Association of Fighters for Liberty (in World War II).
f.l.a. (*chim.*) (*nelle ricette*: **fiat lege artis**), sia fatto a regola d'arte, be it compounded skilfully.
F.lli (*comm.*) Fratelli, Brothers (Bros.).
F.L.N. Fronte di Liberazione Nazionale, National Liberation Front.
Fm (*chim.*) fermio, fermium (Fm).
F.M. 1 forza motrice, driving power. **2** (*fis.*) Modulazione di Frequenza, Frequency Modulation (F.M.).
F.M.I. 1 Federazione Motociclistica Italiana, Italian Motorcycling Association. **2** Fondo Monetario Internazionale, International Monetary Fund (I.M.F.).
F.N.S.I. Federazione Nazionale della Stampa Italiana, Italian Press Association.
f.o.b. (*comm.*) franco a bordo, free on board (f.o.b.).
fon. fonetica, phonetics (phon.).
fot., foto, fotogr. fotografia, photography (phot.).
F.P.I. Federazione Pugilistica Italiana, Italian Boxing Association.
fr. 1 francese, French (Fr.). **2** (*relig.*) frà, frate, friar, brother (Fr.).
Fr (*chim.*) francio, francium (Fr).
Fr. b. franco belga, Belgian franc.
freq. 1 frequenza, frequency. **2** frequente, frequent. **3** frequentemente, frequently.
Fr. f. franco francese, French franc.
Fr. s. franco svizzero, Swiss franc.
F.S. Ferrovie dello Stato, (Italian) State Railways.
F.S.M. Federazione Sindacale Mondiale, World Federation of Trade Unions.
f.to firmato, signed.
F.U.C.I. Federazione Universitaria Cattolica Italiana, Association of Italian Catholic University Students.
fut. (*gramm.*) futuro, future (fut.).
fut. ant. (*gramm.*) futuro anteriore, future perfect.
g grammo, gramme (g).
g. giorno, day (d.).
Ga (*chim.*) gallio, gallium (Ga).
G.A. 1 Giunta Amministrativa, Municipal Council. **2** (*mil.*) Genio Aeronautico, Aeronautical Engineers.
G.A.P. Gruppo d'Azione Partigiana, Group of Italian Partisans (during World War II).
G.C. 1 Gesù Cristo, Jesus Christ (J.C.). **2** Gran Croce (*decorazione*), Grand Cross.
G. D. Granduca, Grand Duke (G.D.).
Gd (*chim.*) gadolinio, gadolinium (Gd).
G.d.F. Guardia di Finanza, Revenue Guard Corps.
Ge (*chim.*) germanio, germanium (Ge).
G.E.I. Giovani Esploratori Italiani, Italian Boy Scouts.
Gen. 1 Generale, General. **2** (*Bibbia*) Genesi, Genesis.
gen. (*gramm.*) genitivo, genitive (gen.).
Genn. gennaio, January (Jan.).
geod. geodesia, geodesy.
geofis. geofisica, geophysics.
geogr. geografia, geography.
geol. geologia, geology.
Geom. geometra, land surveyor.
geom. geometria, geometry.
ger. (*gramm.*) gerundio, gerund.
GG.FF. Guardie Forestali, Ranger Corps.
G.I. Giudice Istruttore, Examining Magistrate.
giorn. 1 giornale, newspaper. **2** giornalista, newspaperman. **3** giornaliero, daily.
giov. giovedì, Thursday (Thur.).
Giu. giugno, June (Jun.).
G.M. 1 Genio Militare, Corps of Engineers. **2** Gran Maestro (*titolo*). **3** Guardia Medica, First Aid Station.
G.N. 1 Genio Navale, Navy Engineers. **2** Guardia Nazionale, National Guard.
G.P.A. Giunta Provinciale Amministrativa, District Council.
G.Q.G. (*mil.*) Gran Quartiere Generale, Supreme Headquarters.
gr grammo, gramme.
gram(m). 1 grammatica, grammar. **2** grammaticale, grammatical.
Gr. Cord. Gran Cordone (*titolo*), Grand Cordon.
Gr.Cr. Gran Croce (*titolo*), Grand Cross.
Gr. Uff. Grande Ufficiale (*titolo*).
G.U. Gazzetta Ufficiale, Official Gazette.
G.U.F. (*stor.*) Gruppi Universitari Fascisti, Fascist University Organization.
G.V. (*ferr.*) Grande Velocità, express goods service.
H 1 ospedale, Hospital. **2** (*chim.*) idrogeno, hydrogen (H). **3**

h.

h. (*fis.*) **henry**, henry.
h. 1 altezza, height (h.). **2 ora**, hour (h.).
ha ettaro, hectare (ha).
He (*chim.*) **elio**, helium (He).
Hf (*chim.*) **afnio**, hafnium (Hf).
H.F. (*fis.*) **alta frequenza**, high frequency (H.F.).
Hg (*chim.*) **mercurio**, mercury (Hg).
hg ettogrammo, hectogramme (hg).
hl ettolitro, hectolitre (hl).
hm ettometro, hectometre (hm).
hmq ettometro quadrato, square hectometre.
Ho (*chim.*) **olmio**, holmium (Ho).
H.P. cavallo vapore, Horse Power (H.P.).
Hz. (*fis.*) **hertz**, hertz (Hz.).
I 1 Italia, Italy. **2** (*chim.*) **iodio**, iodine (I).
I.A.E.A. Agenzia Internazionale dell'Energia Atomica, International Atomic Energy Agency (I.A.E.A.).
I.A.T.A. Associazione Internazionale per il Trasporto Aereo, International Air Transport Association (I.A.T.A.).
ibid. (*lat.*: **ibidem**) **nello stesso luogo**, in the same place (ib., ibid.).
I.C.A. Alleanza Cooperativa Internazionale, International Cooperative Alliance.
I.C.A.M. Istituto Case del Mezzogiorno, Institute for Housing Development in Southern Italy.
I.C.A.O. Organizzazione Internazionale per l'Aviazione Civile, International Civil Aviation Organization (I.C.A.O.).
I.C.E. Istituto per il Commercio Estero, Institute for the Promotion of Foreign Trade.
I.C.P. Istituto Case Popolari, Institute for Low Income Housing.
I.C.S. Istituto Centrale di Statistica, Central Statistics Institute.
I.C.S.U. Consiglio Internazionale delle Unioni Scientifiche, International Council of Scientific Unions.
id. (*lat*: **idem**) **lo stesso**, the same (id.).
id. c.s. idem come sopra, ditto as above.
I.d.L. Ispettorato del Lavoro, Labour Inspectorate.
idr. 1 idraulica, hydraulics. **2 idraulico**, hydraulic.
I.F. Intendenza di Finanza, Revenue Office.
I. G. E. Imposta Generale sull'Entrata, purchase tax; turnover tax.
I.G.M. Istituto Geografico Militare, Military Survey Office.
I.I.A. Istituto Internazionale dell'Agricoltura, International Agriculture Institute.
Ill.mo (*titolo*) **illustrissimo**, Most Illustrious.
I.M.E.O. Istituto Italiano per il Medio ed Estremo Oriente, Italian Institute for the Middle and Far East.
I.M.I. Istituto Mobiliare Italiano, Italian Institute for Financing Personal and Real Property.
imper., imperat. (*gramm.*) **imperativo**, imperative (imp., imper.).
imperf. (*gramm.*) **imperfetto**, imperfect (imp., imperf.).
impers. (*gramm.*) **impersonale**, impersonal.
impr. impresa, building contractors.
In (*chim.*) **indio**, indium (In).
I.N.A. Istituto Nazionale delle Assicurazioni, National Insurance Company.
I.N.AD.E.L. Istituto Nazionale per l'Assistenza ai Dipendenti degli Enti Locali, National Board for the Welfare of Employees of Local Authorities.
I.N.A.I.L. Istituto Nazionale per l'Assicurazione contro gli Infortuni sul Lavoro, National Board for the Insurance against Accidents in Industrial Work.
I.N.A.M. Istituto Nazionale Assicurazione Malattie, National Health Insurance Board.
I.N.A.S. Istituto Nazionale Assistenza Sociale, National Social Welfare Board.
inc. incaricato (*docente fuori ruolo*), teacher appointed on a yearly basis.
I.N.C.I.S. Istituto Nazionale Case per gli Impiegati dello Stato, National Institute for Providing Houses for Civil Servants.
ind. industria, industry.
indef. (*gramm.*) **indefinito**, indefinite.
indic. (*gramm.*) **indicativo**, indicative (indic.).
I.N.E. Istituto Nazionale Esportazioni, National Institute for the Promotion of Export Trade.
inf. (*gramm.*) **infinito**, infinitive (inf., infin.).
I.N.F.N. Istituto Nazionale di Fisica Nucleare, National Institute of Nuclear Physics.
in-fol. in folio, folio (fo., fol.).
Ing. ingegnere, engineer (eng.).
ing. ingegneria, engineering (eng.).
ing. chim. 1 ingegneria chimica, chemical engineering. **2 ingegnere chimico**, chemical engineer.
ing. civ. 1 ingegneria civile, civil engineering. **2 ingegnere civile**, civil engineer.
ing. ind. 1 ingegneria industriale, industrial engineering. **2 ingegnere industriale**, industrial engineer.
ingl. inglese, English (Eng.).
I.N.P.S. Istituto Nazionale di Previdenza Sociale, National Institute of Social Insurance.
I.N.T. Istituto Nazionale Trasporti, National Transportation Board.
inter. (*gramm.*) **interiezione**, interjection (int., interj.).
INTERFLORA Associazione Internazionale di Trasmissioni Floreali, Florists Telegraph Delivery Association.
interr. 1 (*gramm.*) **interrogativo**, interrogative. **2 interrogatorio**, questioning.
intr., intrans. (*gramm.*) **intransitivo**, intransitive (intr., intrans.).
I.P.L. Ispettorato Provinciale del Lavoro, District Labour Inspectorate.
I.P.S. Istituto Poligrafico dello Stato, State Printing and Stationery Office.
Ir (*chim.*) **iridio**, iridium (Ir).
I.R.C.E. Istituto per le Relazioni Culturali con l'Estero, Institute for Cultural Relations with Foreign Countries.
I.R.I. Istituto per la Ricostruzione Industriale, Institute for Industrial Reconstruction.
I.S.E.F. Istituto Superiore di Educazione Fisica, Higher School of Physical Training.
ispett. 1 ispettore, inspector. **2 ispettorato**, inspectorate.
I.S.P.I. Istituto per gli Studi di Politica Internazionale, Institute for the Studies of International Politics.
I.S.S. Istituto Superiore di Sanità, Health Higher Institute.
ist. istituto, institute.
ISTAT Istituto Centrale di Statistica, Central Statistics Institute.
ISVEIMER Istituto per lo Sviluppo Economico dell'Italia Meridionale, Institute for the Development of the Economy of Southern Italy.
it. italiano, Italian (It.).
I.T.C. Istituto Tecnico Commerciale, Business and Technical School.
I.V.A. Imposta sul Valore Aggiunto, Value Added Tax (V.A.T.).
K (*chim.*) **potassio**, potassium (K).
kc (*fis.*) **chilociclo**, kilocycle (kc).
kg chilogrammo, kilogramme (kg).
kgm chilogrammetro, kilogram-metre (kgm).
kl chilolitro, kilolitre (kl).
km chilometro, kilometre (km).
km/h chilometri all'ora, kilometres per hour (km. p. h.).
kmq chilometro quadrato, square kilometre (sq. km.).
km/sec chilometri al secondo, kilometres per second (km. p. s.).
K.O. (*sport*) **fuori combattimento** (*knock out*) (K.O.).
Kr (*chim.*) **cripto**, krypton (Kr).
kV (*fis.*) **chilovolt**, kilovolt (kv).
kW (*fis.*) **chilowatt**, kilowatt (kw).
kWh (*fis.*) **chilowattora**, kilowatt-hour (kw-h).
l litro, litre (l).
l. lunedì, Monday (M., Mon.).
La (*chim.*) **lantanio**, lanthanum (La).
L.A. Lega Araba, Arab League.
lab. laboratorio, laboratory (Lab.).
lat. 1 latino, Latin (Lat.). **2** (*geogr.*) **latitudine**, latitude (lat.).
l.c. (*lat.*: **loco citato**) **luogo citato**, in the place cited (loc. cit.).
leg. 1 legale, legal. **2** (*mus.*) **legato**, bound.
legg. (*mus.*) **leggero**, soft, light.
lett. letterario, literary (lit.).
letter. letteratura, literature (lit.).
L.F. (*fis.*) **bassa frequenza**, low frequency (L.F.).
Li (*chim.*) **litio**, lithium (Li).
libr. 1 libraio, bookseller. **2 libreria**, bookshop.
L.I.D.U. Lega Internazionale dei Diritti dell'Uomo, International League for the Rights of Man (I.L.R.M.).
L.it. Lire italiane, Italian lire.
LL.AA. Loro Altezze, Their Highnesses.
LL.EE. Loro Eccellenze, Their Excellencies.
LL.EEm. Loro Eminenze, Their Eminences.
LL.MM. Loro Maestà, Their Majesties.
LL.PP. Lavori Pubblici, Public Works.
l.m. (*geogr.*) **livello del mare**, sea level (s. l.).
LN luna nuova, novilunio, new moon.
L.N. Lega Nazionale, National League.
L.N.I. Lega Navale Italiana, Italian Naval Association.
loc. cit. (*lat.*: **loco citato**) **luogo citato**, in the place cited (loc. cit.).
locuz. (*gramm.*) **locuzione**, phrase.
log (*mat.*) **logaritmo**, logarithm (log).
long. (*geogr.*) **longitudine**, longitude (long.).
Lr (*chim.*) **laurenzio**, lawrencium (Lr).
L.st. lira sterlina, pound (sterling).

Lu (*chim.*) **lutezio**, lutetium (Lu).
lu., lug. luglio, July (Jul.).
lun. lunedì, Monday (Mon.).
m metro, metre (m).
M. Monte, Mount (Mt).
m. 1 (*gramm.*) **maschile**, masculine (m.) **2 mese**, month (m.). **3 morto**, dead (d.).
Mª. maestra, mistress, school teacher.
M°. (*mus.*) **Maestro**, Maestro.
M.A. (*elettr.*, *radio*) **modulazione di ampiezza**, amplitude modulation (A.M.).
mag. maggio, May.
magg. (*mil.*) **maggiore**, major (maj.).
Mar. 1 (*mil.*, *ufficiale*) **Maresciallo**, Marshal. **2** (*mil.*, *sottufficiale*), **Maresciallo**, Warrant Officer.
mar. 1 martedì, Tuesday (Tues.). **2 marzo**, March (Mar.). **3 marina**, marine. **4 marittimo**, maritime.
March. Marchese, Marquis (Marq.).
march.sa marchesa, marchioness, marquise.
mar.llo 1 (*mil.*, *sottufficiale*) **maresciallo**, warrant officer. **2** (*ufficiale*) **maresciallo**, marshal.
mar. merc. marina mercantile, merchant marine.
mar. mil. marina militare, navy.
mart. martedì, Tuesday (Tues.).
MAS motoscafo antisommergibile, motor torpedo-boat (M.T.B.); E-boat.
mat. matematica, mathematics (math.).
mc metro cubo, cubic metre.
M.C.D. (*mat.*) **massimo comun divisore**, highest common factor (h.c.f.).
m.c.d. (*mat.*) **minimo comune denominatore**, lowest common denominator (l.c.d.).
m.c.m. (*mat.*) **minimo comune multiplo**, lowest common multiple (l.c.m.).
Md (*chim.*) **mendelevio**, mendelevium (Md).
M.E. 1 Medio Evo, Middle Ages (M.A.). **2 Membro Effettivo**, active member. **3 Movimento Europeo** (*Mouvement Européen*), European Movement.
M.E.C. Mercato Europeo Comune, European Common Market (E.C.M.).
mecc. 1 meccanica, mechanics. **2 meccanico**, mechanical.
mecc. raz. meccanica razionale, theoretical mechanics, analytic mechanics.
med. medicina, medicine.
Mem. memorandum, memorandum, memo.
mens. mensile, monthly.
mer., merc. mercoledì, Wednesday (Wed.).
metall. 1 metallo, metal. **2 metallurgia**, metallurgy. **3 metallurgico**, metallurgic, metallurgical.
meteor. meteorologia, meteorology.
M.F. (*fis.*) **Media Frequenza**, Medium Frequency (M.F.).
M.F.E. Movimento Federalista Europeo, European Federalist Movement.
Mg (*chim.*) **magnesio**, magnesium (Mg).
mg milligrammo, milligramme (mg).
mi. miglio, mile (mi.).
mil. militare, military.
Min. 1 Ministro, minister. **2 Ministero**, ministry.
min. 1 minimo, minimum. **2 minuto**, minute (min.).
miner. mineralogia, mineralogy.
M.I.T.A.M. Mercato Internazionale del Tessile e dell'Abbigliamento, International Market of the Textile and Ready-To-Wear Industries.
mitt. mittente (*nelle buste*), sender; from.
ml millilitro, millilitre (ml).
M.M. Marina Militare, Italian Navy.
mm millimetro, millimetre (mm).
mmc millimetro cubo, cubic millimetre.
mmq millimetro quadrato, square millimetre.
M/N motonave, motor ship.
Mn (*chim.*) **manganese**, manganese (Mn).
Mo (*chim.*) **molibdeno**, molybdenum (Mo).
mons. (*relig.*) **monsignore**, Monsignore (Mgr.).
Mq miglio quadrato, square mile.
mq metro quadrato, square metre (sq. m.).
M.R. 1 (*nelle Università*) **Magnifico Rettore**, Chancellor. **2** (*relig.*) **Molto Reverendo**, Right Reverend (R.R.).
ms., MS. manoscritto, manuscript.
M.S. Movimento Studentesco, student movement.
M.sa marchesa, Marchioness (March.).
M.se marchese, Marquis (Marq.).
M.S.I. Movimento Sociale Italiano, Italian Social Movement.
mus. 1 musica, music. **2 musicale**, musical (mus.).
n. 1 nato, born (b.). **2** (*gramm.*) **neutro**, neuter. **3 nome**, name; (*gramm.*) noun (n.). **4** (*comm.*) **nostro**, our; ours. **5 numero**, number (No.).
N (*chim.*) **azoto**, nitrogen (N).
N. Nord, North.
Na (*chim.*) **sodio**, sodium (Na).
N.A.S. Nucleo Anti-Sofisticazioni, Office for the Prevention of the Adulteration of Beverages and Foodstuffs.
naut. nautico, nautical (naut.).
nav. navale, naval (nav.).
naz. nazionale, national (nat.).
N.B. nota bene, note well (N.B.).
Nb (*chim.*) **niobio**, niobium (Nb).
Nd (*chim.*) **neodimio**, neodymium (Nd).
N.D. 1 Nobil Donna (*titolo*). **2** (*relig.*) **Nostra Donna**, Our Lady.
N.d.A. Nota dell'Autore, Author's Note.
N.d.D. Nota della Direzione (*in un giornale o rivista*), Editor's Note.
N.d.E. Nota dell'Editore, Publisher's Note.
N.d.R. Nota della Redazione, Editor's Note.
N.d.T. Nota del Traduttore, Translator's Note.
N.E. Nord-Est, North-East (N.E.).
Ne (*chim.*) **neon**, neon (Ne).
neg. 1 negativo, negative. **2 negazione**, negation.
neol. neologismo, neologism.
N.H. (*lat.*: **Nobilis Homo**) **Nobil Uomo** (*titolo*).
Ni (*chim.*) **nichel**, nickel (Ni).
N.N. 1 (*lat.*: **nescio nomen**) **di padre ignoto**, father's name unknown. **2** (*lat.*: **nihil novi**) **niente di nuovo**, nothing new; no news.
NNE (*geogr.*) **Nord-Nord-Est**, North-North-East.
NNO (*geogr.*) **Nord-Nord-Ovest**, North-North-West.
No (*chim.*) **nobelio**, nobelium (No).
N.O. Nord-Ovest, North-West (N.W.).
nom. (*gramm.*) **nominativo**, nominative (nom(in).).
Nov. novembre, November (Nov.).
Np (*chim.*) **nettunio**, neptunium (Np).
ns. (*comm.*) **nostro**, our; ours.
N.S.G.C. Nostro Signore Gesù Cristo, Our Lord Jesus Christ.
N.T. Nuovo Testamento, New Testament (N.T.).
N.U. 1 Nazioni Unite, United Nations (U.N.). **2 Nettezza Urbana**, City Sanitation Department.
num. 1 numero, number. **2 numerale**, numeral.
O (*chim.*) **ossigeno**, oxygen (O).
O. (*geogr.*) **Ovest**, West.
obb.mo obbligatissimo (*nelle lettere*), your obedient servant.
O.C.D. (*relig.*) **Ordine dei Carmelitani**, Order of the Carmelites (*pop.*: the white friars).
O.C.S.E. Organizzazione di Cooperazione e di Sviluppo Economico, Organization for Economic Co-operation and Development (*in Europe*) (O.E.C.D.).
O.C.T.I. Ufficio Centrale dei Trasporti Internazionali tramite Ferrovia (*Office International des Transports par Chemin de Fer*), Central Bureau of International Shipments by Railway.
O.d.G. Ordine del Giorno, order of the day.
O.E.C.E. Organizzazione Europea per la Cooperazione Economica, Organization for European Economic Co-operation (O.E.E.C.).
off. officina, workshop, shop.
off. mecc. officina meccanica, mechanical workshop.
O.F.M. Ordine dei Frati Minori, Order of Friars Minor.
ogg. oggetto, object.
O.I.L. Organizzazione Internazionale del Lavoro, International Labour Organization (I.L.O.).
O.M. Officine Meccaniche (lorry manufacturers).
O.M.M. Organizzazione Meteorologica Mondiale, World Meteorological Organization (W.M.O.).
O.M.R. (*ordine cavalleresco*) **Ordine al Merito della Repubblica**, (*order of chivalry*) Order to the Merit of the Republic.
O.M.S. Organizzazione Mondiale della Sanità, World Health Organization (W.H.O.).
On. onorevole, Member of Parliament (M.P.).
O.N.B. (*stor.*) **Opera Nazionale Balilla**, Fascist Youth Organization.
O.N.C. Opera Nazionale Combattenti, Ex-Soldiers' National Association.
O.N.M.I. 1 Opera Nazionale per il Mezzogiorno d'Italia, National Organization for the Improvement of Southern Italy. **2 Opera Nazionale Maternità e Infanzia**, National Institute for Mother and Child Welfare.
ONO (*geogr.*) **Ovest-Nord-Ovest**, West-North-West.
onom. onomastico, name-day.
O.N.P.I. Opera Nazionale per i Pensionati d'Italia, National Organization for Italian Pensioners.
O.N.U. Organizzazione delle Nazioni Unite, United Nations

Organization (U.N.O.).
OO.PP. Opere Pubbliche, Public Works.
op. opera, work.
op. cit. (*lat.*: **opere citato**) **opera citata**, in the work cited (op. cit.).
or. 1 orario, hourly. **2** (*ferr.*) **orario**, time-table.
orch. orchestra, orchestra.
Os (*chim.*) **osmio**, osmium (Os).
OSO (*geogr.*) **Ovest-Sud-Ovest**, West-South-West.
O.S.SS.A. Ordine Supremo della Santissima Annunziata, (*order of chivalry*) Supreme Order of the Virgin Mary.
Ott. ottobre, October (Oct.).
ott. 1 (*mus.*) **ottava**, octave. **2 ottica**, optics.
O.V.R.A. (*stor.*) **Opera di Vigilanza per la Repressione dell'Antifascismo**, Fascist Secret Police.
P 1 (*autom.*) **Posteggio**, Parking (P). **2** (*chim.*) **fosforo**, phosphorus (P).
P. (*relig.*) **Padre**, Father (Fr.).
Pa 1 (*chim.*) **protoattinio**, protoactinium (Pa). **2** (*fis.*) **Pascal**, Pascal (Pa).
P.A. 1 Patto Atlantico, North Atlantic Treaty. **2 Posta Aerea**, Air Mail. **3 Pubblica Accusa**, Public Prosecutor. **4 Pubblica Amministrazione**, Public Administration. **5 Pubblico Accusatore**, Public Prosecutor.
p.a. 1 (*nei biglietti di visita*) **per auguri**, with best greetings. **2** (*fis.*) **peso atomico**, atomic weight.
pag. pagina, page (p.).
pagg. pagine, pages.
par. paragrafo, paragraph (par.).
parr. 1 parrocchia, parish (church). **2 parroco**, parish priest; vicar.
part. (*gramm.*) **participio**, participle (part.).
partic. (*gramm.*) **particella**, particle.
pass. 1 (*gramm.*) **passato**, past (p.). **2** (*nelle citazioni; lat.*: **passim**) **in diversi luoghi**, passim. **3** (*gramm.*) **passivo**, passive (pass.).
patol. patologia, pathology.
Pb (*chim.*) **piombo**, lead (Pb).
P.C. 1 (*leg.*) **Parte Civile**, plaintiff. **2 Partito Comunista**, Communist Party.
p.c. (*nei biglietti di visita*) **1 per congedo**, for leave-taking visit. **2 per congratulazioni**, offering congratulations. **3 per condoglianze**, offering sympathy.
P.C.A. Pontificia Commissione di Assistenza, Papal Welfare Organization.
p.c.c. per copia conforme, carbon copy (*o* copies).
P.C.I. Partito Comunista Italiano, Italian Communist Party.
Pd (*chim.*) **palladio**, palladium (Pd).
P.d.A. (*stor.*) **Partito d'Azione**, Action Party.
P.D.I. (*stor.*) **Partito Democratico Italiano**, Italian Democratic Party.
P.D.I.U.M. Partito Democratico Italiano di Unità Monarchica, Italian Democrat Party of United Royalists.
P.d.U.P. Partito di Unità Proletaria, Party for the Union of Proletarians.
p.e. per esempio, for example (e. g.).
P.E. Parlamento Europeo, European Parliament.
ped. (*mus.*) **pedale**, pedal (to prolong or mute the sound).
per. 1 perito, expert. **2 periodo**, period.
per. agrim. perito agrimensore, surveyor.
per. art. perito artistico, art expert.
per. call. perito calligrafo, handwriting expert.
per. chim. perito chimico, non-graduate chemist.
per. comm. perito commerciale, commercial expert.
per. elettron. perito elettronico, non-graduate electronics expert.
per. ind. perito industriale, non-graduate engineer.
per. mecc. perito meccanico, non-graduate mechanical engineer.
per. nav. perito navale, ship surveyor.
pers. 1 persona, person. **2 personale**, personal.
per. tecn. comm. perito tecnico-commerciale, estimator.
p. es. per esempio, for example (e. g.).
p. est. per estensione, by extension.
p.f. per favore, please.
P.G. 1 Procuratore Generale, Attorney-General (Att.-Gen.). **2 Procura Generale**, Attorney-General's Office. **3** (*relig.*) **Padre Generale**, Father General.
P.G.R. (*relig.*) **per grazia ricevuta**, thanks for grace received.
P.I. 1 Pubblica Istruzione, Public Education. **2 Pubblico Impiego**, Civil Service.
pl. 1 piazzale, square (Sq.). **2** (*gramm.*) **plurale**, plural (pl.).
P.L.I. Partito Liberale Italiano, Italian Liberal Party.
Pm (*chim.*) **prometeo**, prometium (Pm).

P.M. 1 Polizia Militare, Military Police (M.P.). **2** (*leg.*) **Pubblico Ministero**, Public Prosecutor.
p.m. pomeridiano, after noon (p.m.).
P.M.P. (*stor.*) **Partito Monarchico Popolare**, Popular Monarchist Party.
P.N.F. (*stor.*) **Partito Nazionale Fascista**, National Fascist Party.
P.N.L. Prodotto Nazionale Lordo, Gross National Product (G.N.P.).
P.N.M. (*stor.*) **Partito Nazionale Monarchico**, National Monarchist Party.
Po (*chim.*) **polonio**, polonium (Po).
P.O. Posta Ordinaria, first class mail.
P.O.A. Pontificia Opera di Assistenza, Papal Welfare Organization.
poet. poetico, poetic(al) (poet.).
Pol. Polizia, police.
POLFER. Polizia Ferroviaria, Railway Police.
polit. 1 politica, politics. **2 politico**, political.
POLSTRADA Polizia Stradale, Highway Police.
pom. pomeridiano, after noon (p. m.).
pont. pontificio, papal.
pop. 1 popolazione, population. **2 popolare**, popular.
PP. (*relig.*) **Padri**, Fathers.
P.P. 1 posa piano (*sui pacchi*), handle with care. **2** (*comm.*) **porto pagato**, carriage paid.
p.p. 1 pacco postale, parcel post (p.p.). **2 per procura**, by proxy (per pro(c).).
PP.OO.MM. Pontificie Opere Missionarie, Papal Mission Welfare Organization.
PPP (*mus.*) **più che piano**, extremely soft.
PP.TT. Poste e Telecomunicazioni, Post, Telephone and Telegraph Services.
Pr (*chim.*) **praseodimio**, praseodymium (Pr).
p.r. per ringraziamento, with thanks.
P.R. 1 Partito Radicale, Radical Party. **2 Piano Regolatore**, town-planning regulations.
P.R.A. Pubblico Registro Automobilistico, Office where Motor Vehicles are Registered.
pred. (*gramm.*) **predicato**, predicate (pred.).
pref. (*gramm.*) **prefisso**, prefix.
prefaz. prefazione, foreword.
prep. (*gramm.*) **preposizione**, preposition (prep.).
pres. presente, present (pres.).
Pres. 1 (*polit.*) **Presidente**, President (Pres.). **2** (*polit.*) **Presidenza**, Presidency (Pres.).
P.R.I. Partito Repubblicano Italiano, Italian Republican Party.
Proc. Gen. (*leg.*) **Procuratore Generale**, Attorney General (Att.-Gen.).
Prof. professore, professor.
Proff. professori, professors.
Prof.ssa professoressa, lady-teacher, lady-professor.
pron. (*gramm.*) **pronome**, pronoun (pron.).
prop. (*gramm.*) **proposizione**, sentence.
prov. 1 provincia, province, district. **2 provinciale**, provincial. **3 proverbio**, proverb (prov.).
provv. 1 provvisorio, provisional. **2 provveditore**, (school) superintendent. **3 provveditorato**, (school) superintendent's office.
P.S. 1 (*lat.*: **post scriptum**) **poscritto**, postscript (P.S.). **2 Pubblica Sicurezza**, Police.
P.S.D.I. Partito Socialista Democratico Italiano, Italian Socialist Democratic Party.
P.S.I. Partito Socialista Italiano, Italian Socialist Party.
psic. psicologia, psychology.
P.S.I.U.P. Partito Socialista Italiano di Unità Proletaria, Italian Socialist Party for the Union of All Workers.
P.S.U. Partito Socialista Unificato, United Socialist Party.
Pt (*chim.*) **platino**, platinum (Pt).
P.T. 1 Poste e Telegrafi, Post and Telegraph Service. **2 Polizia del Traffico**, Traffic Squad (of the Police).
P.T.P. Posto Telefonico Pubblico, local telephone office.
P.T.T. Poste, Telegrafi e Telefoni, Post, Telegraph, and Telephone Service.
Pu (*chim.*) **plutonio**, plutonium (Pu).
pubbl. pubblicità, advertising.
P.V. (*ferr.*) **Piccola Velocità**, ordinary goods service.
p. v. prossimo venturo, next month (prox.).
P.za piazza, square (sq.).
q quintale, quintal (q).
q. 1 quadrato, square (sq.). **2 quota**, quota. **3 qualcuno**, somebody.
q.c. qualche cosa, qualcosa, something.
q.e.d. (*lat.*: **quod erat demonstrandum**) **come dovevasi dimostrare**, which was to be demonstrated (q.e.d.).

Q.G. (*mil.*) **Quartier Generale**, Headquarters (H.Q.).
quot. (*comm.*) **quotazione**, quotation (quot.).
q.v. qualche volta, sometimes.
R. 1 (*comm.*) **ricevuta**, receipt. **2** (*nelle lettere e nei pacchi*) **Raccomandata**, Registered. **3** (*ferr.*) **rapido**, express train. **4** (*relig.*) **Reverendo**, Reverend. **5** (*nel gioco degli scacchi*) **Re**, King.
r (*mat.*) **raggio**, radius (R).
r. (*bibl.*) **recto**, recto.
Ra (*chim.*) **radio**, radium (Ra).
R.A. 1 Registro Aeronautico, Air Registry. **2 Regia Accademia**, Royal Academy (R.A.).
racc. raccomandata, registered letter.
rag. ragioneria, accountancy.
Rag. ragioniere, accountant.
R.A.I. Radiotelevisione Italiana (*un tempo*, Radio Audizioni Italiane), Italian TV and Broadcasting Corporation.
R.A.I.- T.V. Radio Audizioni Italiane e Televisione, Italian Radio and Television Corporation.
R.A.S. Riunione Adriatica di Sicurtà, United Adriatic Insurance Companies.
R.A.U. Repubblica Araba Unita, United Arab Republic (U.A.R.).
RAV (*posta*) **Rimessa Assegni e Vaglia**, Draft and Money Order Remittance.
Rb (*chim.*) **rubidio**, rubidium (Rb).
Rc (*mat.*) **radice cubica**, cubic root.
R.D. Regio Decreto, Royal Decree.
R.D.T. Repubblica Democratica Tedesca, German Democratic Republic.
Re (*chim.*) **renio**, rhenium (Re).
R.E. (*mil.*) **Regio Esercito**, Royal Army.
rec. reciproco, reciprocal.
ref. 1 referenza, reference. **2 referto**, report.
reg. 1 regione, region. **2 regionale**, regional. **3 regolare**, regular (reg.).
regg. 1 reggente, regent. **2** (*mil.*) **reggimento**, regiment.
rel. (*gramm.*) **relativo**, relative (rel.).
relig. 1 religione, religion (rel.). **2 religioso**, religious (rel.).
rep. reparto, department.
Rep. Repubblica, Republic (Rep.).
Rev. (*relig.*) **Reverendo**, Reverend (Rev.).
Rev.mo (*relig.*) **Reverendissimo**, Right Reverend (Rt. Rev.).
R.F.T. Repubblica Federale Tedesca, German Federal Republic.
Rh (*chim.*) **rodio**, rhodium (Rh). **2** (*biol.*, *fisiol.*) **fattore Rh**, Rh factor (Rh).
R.I. Repubblica Italiana, Italian Republic.
ric. (*comm.*) **ricevuta**, receipt (rec.).
rif. riferimento, reference (ref.).
rifl. (*gramm.*) **riflessivo**, reflexive (refl.).
R.I.N.A. Registro Italiano Navale e Aeronautico, Italian Air and Shipping Registry.
ripr. viet. riproduzione vietata, copyrighted, reproduction forbidden.
R.M. 1 (*mil.*) **Regia Marina**, Royal Navy (R.N.). **2 Ricchezza Mobile**, income (for tax purposes).
R.N. (*mil.*) **Riserva Navale**, Navy Reserve.
Rn (*chim.*) **radon**, radon (Rn).
R.P. Reverendo Padre, Reverend Father.
Rq. (*mat.*) **radice quadrata**, square root.
R.r.r. (*posta*) **raccomandata con ricevuta di ritorno**, (mails) registered, return receipt requested.
RSM Repubblica di San Marino (*targa autom.*), Republic of San Marino.
R.S.V.P. si prega di rispondere (*franc.*, *répondez s'il vous plaît*), please reply (R.S.V.P.).
R.T. radiotelegrafia, wireless telegraphy (W.T.).
Ru (*chim.*) **rutenio**, ruthenium (Ru).
S (*chim.*) **zolfo**, sulphur (S).
S. 1 San, Santo, Saint (St.). **2 Sud**, South (S.).
s secondo (*sost.*), second (s, sec.).
s. 1 sabato, Saturday (Sa., Sat.). **2** (*gramm.*) **sostantivo**, noun (n.).
S.A. 1 Sua Altezza, His (*o* Her) Highness (H.H.). **2 Società Anonima**, joint-stock company.
s.a. (*bibl.*) **sine anno**, no year.
sab. sabato, Saturday (Sat.).
S. Acc. (*comm.*) **Società in Accomandita**, Limited Partnership (Ltd.).
S.acc.p.a. (*comm.*) **Società in accomandita per azioni**, partnership limited by shares.
S.A.I. 1 Società Aeronautica Italiana, Italian Aircraft Company. **2 Società Assicuratrice Italiana**, Italian Insurance Company.
S.A.P. (*stor.*) **Squadre d'Azione Patriottica**, Patriotic Action Squads.

S.A.R. Sua Altezza Reale, His (*o* Her) Royal Highness (H.R.H.).
S.a.s. (*comm.*) **Società in accomandita semplice**, limited partnership.
Sb (*chim.*) **antimonio**, antimony (Sb).
s.b.f. (*comm.*) **salvo buon fine**, under usual reserve.
S.C. 1 Sede Centrale, Head Office (H.O.). **2** (*leg.*) **Suprema Corte**, Supreme Court (S.C.).
Sc (*chim.*) **scandio**, scandium (Sc).
scherz. 1 (*mus.*) **scherzando**, scherzando (joking, in a joking mood). **2 scherzoso**, joking.
scient. scientifico, scientific.
S.C.T. Soggiorno, Cura e Turismo, Resort, Spa and Tourism.
S.C.V. Stato della Città del Vaticano (*targa autom.*), Vatican City.
s.d. (*bibl.*) **senza data**, no date (n. d.).
s.d.l. (*bibl.*) **senza data o luogo**, no place or date (n. p. or d.).
S.D.N. (*stor.*) **Società delle Nazioni**, League of Nations (L/N).
S.E. 1 Sua Eccellenza, His Excellency (H.E.); (*di un vescovo*) His Lordship. **2 Sud-Est**, South-East (S.E.).
Se (*chim.*) **selenio**, selenium (Se).
S.E.A.T. Società Elenchi Ufficiali degli Abbonati al Telefono, Telephone Directory Publishing Company.
sec 1 (*mat.*) **secante**, secant (sec). **2 secondo** (*sost.*), second.
sec. secolo, century (cent.).
seg. seguente, following (fol.).
segg. 1 seguenti (*pl.*), following. **2 seggiovia**, chair lift.
segr. segretario, secretary.
Segr.to Segretariato, Secretariat(e).
S.Em. Sua Eminenza, His Eminence (H.E.).
sen (*mat.*) **seno**, sine (sin.).
Sen. senatore, senator (Sen.).
S.E.O. (*comm.*) **salvo errori e omissioni**, errors and omissions excepted (E. & O. E.).
S.E.R. Sua Eccellenza Reverendissima, His Right Reverend Excellency.
serg. (*mil.*) **sergente**, sergeant (sergt.).
serg. magg. (*mil.*) **sergente maggiore**, sergeant major.
sett. settembre, September (Sept.).
sfr. sotto fascia, raccomandato, under cover, registered.
sfs. sotto fascia semplice, under cover, not registered.
S.G. Sua Grazia, His (*o* Her) Grace (H.G.).
s.g. secondo grandezza, according to size.
Si (*chim.*) **silicio**, silicon (Si).
S.I.A.E. Società Italiana Autori ed Editori, Italian Authors' and Publishers' Association.
S.I.D. (*mil.*) **Servizio Informazioni della Difesa**, military counter-espionage organization (once, S.I.F.A.R.).
S.I.F. Società Internazionale di Finanziamento, International Financing Company.
Sig. Signor, Mister (Mr).
Sig.a, Sig.ra Signora, Mistress (Mrs).
Sigg. Signori, Messieurs (Messrs).
Sig.na Signorina, Miss.
S.I.M. (*mil.*) **Servizio Informazioni Militari**, Army Intelligence Service.
sim. 1 simile, similar, alike (sim.). **2 similmente**, similarly (sim.).
sing. (*gramm.*) **singolare**, singular (sing.).
SIP (*un tempo*, **Società Idroelettrica Piemonte**) **Società Italiana per l'esercizio telefonico**, Italian Telephones Corporation.
S.I.S.A.L. Società Italiana Sistemi A Lotto, Italian Company of Lotteries.
s.l.m. (*geogr.*) **sul livello del mare**, above sea level.
S.M. 1 (*mil.*) **Stato Maggiore**, General Staff (G.S.). **2 Sua Maestà**, His (*o* Her) Majesty (H.M.). **3 Sue Mani** (*su una lettera*), to be delivered personally.
Sm (*chim.*) **samario**, samarium (Sm).
S.M.D. Sistema Metrico Decimale, Meter, Kilogram, Second System.
S.M.E. Sistema Monetario Europeo, European Monetary System (E.M.S.).
S.M.G. (*mil.*) **Stato Maggior Generale**, General Staff (G.S.).
S.M.I. Sua Maestà Imperiale, His (*o* Her) Imperial Majesty (H.I.M.).
S.M.O.M. Sovrano Militare Ordine di Malta, Sovereign Military Order of Malta.
Sn (*chim.*) **stagno**, tin (Sn).
sn. sinistra, left.
S.n.c. Società in nome collettivo, general partnership.
S.N.D.A. Società Nazionale Dante Alighieri, Dante Alighieri National Cultural Association.
S.O. Sud-Ovest, South-West (S.W.).
Soc. (*comm.*) **Società**, Partnership, Company (Co.).
sogg. (*gramm.*) **soggetto**, subject.
SO.RI.MA. Società Ricuperi Marittimi, Sea Salvage Company.

S.O.S. (*segnale internazionale radiotelegrafico di pericolo*) «salvate le nostre anime», «save our souls» (S.O.S.).
sost. (*gramm.*) **sostantivo**, noun (n.).
S.P. 1 (*relig.*) **Santo Padre**, His Holiness (H.H.). **2 Strada Provinciale**, provincial road.
S.p.A. (*comm.*) **Società per Azioni**, Joint-Stock Company.
S.P.E. (*mil.*) **Servizio Permanente Effettivo**, Regular Army.
spec. specialmente, especially (esp.).
S.P.E.S. Servizio Propaganda e Stampa, Advertising and Printing Service.
Spett., Spett.le (*comm., all'inizio di una lettera*) **Spettabile**, Dear Sir(s).
S.P.M. 1 (*nelle lettere a mano*) **Sue Proprie Mani**, to be delivered in his (*o* her) own hands. **2 Scuola Professionale Marittima**, Seamen Vocational Training School.
S.P.Q.R. (*motto di Roma*) **il Senato e il Popolo Romano** (*lat.*: Senatus Populusque Romanus), the Senate and People of Rome.
spreg. spregiativo, derogatory, disparaging.
S.Q. Secondo Quantità (*sul menù*), (price) according to the quantity consumed.
Sr (*chim.*) **stronzio**, strontium (Sr).
S.R. (*relig.*) **Sacra Rota**, the Sacred Rota.
S.R.C. Santa Romana Chiesa, Holy Roman Church.
S.R.I. (*stor.*) **Sacro Romano Impero**, Holy Roman Empire (S.R.I.).
S.r.l. (*comm.*) **Società a responsabilità limitata**, Limited Partnership (Ltd).
SS (*stor. ted.*: Schutzstaffel) **milizia speciale nazista**, Hitler's bodyguard.
SS. 1 (*relig.*) **Santi**, Saints (SS.). **2** (*relig.*) **Santissimo**, Most Holy (SS.).
S.S. 1 Santa Sede, Holy See. **2 Sua Santità**, His Holiness (H.H.).
s/s piroscafo, steamship.
SS.A. (Ordine cavalleresco della) Santissima Annunziata, (Order of chivalry of the) Virgin Mary.
SSE (*geogr.*) **Sud-Sud-Est**, South-South-East.
SSO (*geogr.*) **Sud-Sud-Ovest**, South-South-West.
SS.PP. (*relig.*) **Santi Padri**, Holy Fathers.
stat. 1 statistica, statistics. **2 statistico**, statistical. **3 statale**, state.
S.Ten. (*mil.*) **Sottotenente**, Sub-Lieutenant.
S.T.E.T. Società Finanziaria Telefonica, Telephone Financial Corporation; (*un tempo*, **Società Torinese Esercizio Telefoni**), Turin Telephone Company.
str. strada, street, road.
S.U. Stati Uniti, United States (U.S.).
S.U.A. Stati Uniti d'America, United States of America (U.S.A.).
S.U.C.A.I. Sezione Universitaria del Club Alpino Italiano, University Students Section of the Italian Alpine Club.
succ. 1 successori, successors. **2 succursale**, branch.
suff. (*gramm.*) **suffisso**, suffix (suff.).
sup. superiore, superior (sup.).
superf. 1 superficie, area, surface. **2 superficiale**, superficial.
superl. (*gramm.*) **superlativo**, superlative (superl.).
S.V. Signoria Vostra, Your Lordship.
s.v. (*mus.*) **sotto voce**, sotto voce (in an undertone, with subdued sound).
T (*fis.*) **Tesla**, Tesla (T).
T. (*mus.*) **tutti**, all.
t tonnellata, ton (t).
t. (*bibl.*) **tomo**, tome.
Ta (*chim.*) **tantalio**, tantalum (Ta).
tab. tabella, table.
TAC (*med.*) **Tomografia Assiale Computerizzata**, Computerized Axial Tomography (CAT).
TAR Tribunale Amministrativo Regionale, Regional Administrative Court of Law.
tav. tavola, table.
Tb (*chim.*) **terbio**, terbium (Tb).
T/B (*comm.*) **tratte su banche**, drafts drawn on banks.
tbc, TBC tubercolosi, tuberculosis (T.B.).
Tc (*chim.*) **tecnezio**, technetium (Tc).
T.C., T.Col. (*mil.*) **Tenente Colonnello**, Lieutenant Colonel.
T.C.I. Touring Club Italiano, Italian Touring Club.
Te (*chim.*) **tellurio**, tellurium (Te).
T.E. (*ferr.*) **trazione elettrica**, electrical traction.
teatr. teatrale, theatrical.
tecn. 1 tecnica, technique. **2 tecnico**, technical. **3 tecnologia**, technology.
tecnol. 1 tecnologia, technology. **2 tecnologico**, technological.
ted. tedesco, German (Ger.).
tel. 1 telefono, telephone (tel.). **2 telefonia**, telephony.
telegr. 1 telegrafo, telegraph. **2 telegrafia**, telegraphy. **3 telegramma**, telegram.
telev. 1 televisione, television. **2 televisore**, televisor.
TELEX Trasmissione per telescrivente, Telegraph Exchange.
Ten. (*mil.*) **Tenente**, Lieutenant (Lieut.).
Ten. Col. (*mil.*) **Tenente Colonnello**, Lieutenant Colonel.
Ten. Gen. (*mil.*) **Tenente Generale**, Lieutenant General.
Ten. Vasc. (*mil.*) **Tenente di Vascello**, Lieutenant (in the navy).
teol. 1 teologia, theology. **2 teologo**, theologian.
terr. 1 terreno, land, ground, plot. **2 territorio**, territory. **3 territoriale**, territorial. **4** (*mil.*) **territoriale**, home army soldier.
tess. 1 tessili, textiles. **2 tessuti**, fabrics. **3 tessera**, membership card.
tg (*mat.*) **tangente**, tangent (tan.).
Th (*chim.*) **torio**, thorium (Th).
Ti (*chim.*) **titanio**, titanium (Ti).
tip. 1 tipografia, printing house. **2 tipografo**, printer.
TIR Trasporti Internazionali su strada, International Transport of Merchandise by Road (TIR).
Tl (*chim.*) **tallio**, thallium (Tl).
Tm (*chim.*) **tulio**, thulium (Tm).
TNT (*chim.*) **trinitrotoluene**, trinitrotoluene, trinitrotoluol (T.N.T.).
top. 1 topografia, topography. **2 topografo**, topographer.
tosc. toscano, Tuscan.
TOTIP Totalizzatore Ippico, Horse-race Pools.
TOTOCALCIO Totalizzatore del (Gioco del) Calcio, Football Pools.
tr. (*comm.*) **tratta**, draft (dft.).
trad. 1 traduttore, translator (tr.). **2 traduzione**, translation (tr.).
trans. 1 (*naut.*) **transatlantico**, ocean-going liner. **2** (*gramm.*) **transitivo**, transitive (trans.). **3** (*ferr.*) **transito**, transit.
trib. (*leg.*) **tribunale**, tribunal, law court.
trim. 1 trimestre, term. **2 trimestrale**, quarterly.
T.S. 1 Tribunale Supremo, Supreme Court. **2 Tribunale Speciale**, Extraordinary Court.
T.S.F. telegrafo senza fili, wireless.
Tu (*chim.*) **tullio**, tullium (Tu).
T.U. (*leg.*) **Testo Unico**, Unified Code.
T.V. Televisione, Television.
U (*chim.*) **uranio**, uranium (U).
U.A.I. Unione Astronomica Internazionale, International Union of Astronomers.
U.C. 1 Ufficiale di Complemento, Reserve Officer. **2 Ufficio di Collocamento**, Labour Exchange.
U.C.I. Unione Ciclistica Internazionale, International Cycling Association.
U.C.M.E.A. Ufficio Centrale di Meteorologia e di Ecologia Agraria, National Board of Meteorology and Agrarian Ecology.
U.D.A.C. Unione Donne d'Azione Cattolica, Association of Italian Catholic Women.
U.D.I. Unione Donne Italiane, Association of Italian Women.
U.E.F. Unione Europea dei Federalisti, European Union of Supporters of Federalism.
U.E.O. Unione dell'Europa Occidentale, Western European Union (W.E.U.).
U.E.P. Unione Europea dei Pagamenti, European Payments Union.
U.E.R. Unione Europea di Radiodiffusione, European Broadcasting Union (E.B.U.).
uff. 1 ufficiale, official. **2** (*mil.*) **ufficiale**, officer. **3 ufficio**, office, bureau.
U.F.I. Unione Fiere Internazionali, International Trade Fair Union.
U.F.N. Unione Famiglie Numerose, Association of Large-Size Families.
U.G.I. Unione Goliardica Italiana, Italian Union Students.
U.I.C. Unione Italiana Ciechi, Italian Union of the Blind.
U.I.C.C. Unione Internazionale Contro il Cancro, International Association Against Cancer.
U.I.L. Unione Italiana del Lavoro, Italian Federation of Trade Unions.
U.I.S. Unione Internazionale di Soccorso, International Aid Society.
U.I.T. Unione Internazionale Telecomunicazioni, International Telecommunications Union (I.T.U.).
U.I.T.S. Unione Italiana Tiro a Segno, Italian Rifle Association.
U.M. Unione Militare, Military Union.
U.M.I. Unione Monarchica Italiana, Italian Royalist Union.
U.N.A.T. Unione Nazionale Artisti Teatrali, National Theatre Artists Association.
U.N.I. 1 Unione Naturisti Italiana, Italian Naturist Association. **2 Ente Nazionale Italiano di Unificazione**, Italian National Association for Standardization.
U.N.I.C.E. Unione delle Industrie della Comunità Europea,

European Community Industrial Union.
U.N.L.A. Unione Nazionale per la Lotta contro l'Analfabetismo, National Association for the Fight against Illiteracy.
U.N.U.C.I. Unione Nazionale Ufficiali in congedo d'Italia, National Association of Italian Reserve Officers.
U.N.U.R.I. Unione Nazionale Universitaria Rappresentativa Italiana, Association of Italian University Students.
U.P.A. Unione Panamericana, Pan-American Union.
UPIM Unico Prezzo Italiano di Milano (*a lower price department store chain*).
U.P.T. Ufficio Provinciale del Tesoro, District Treasury Office.
U.P.U. Unione Postale Universale, Universal Postal Union (U.P.U.).
U.R.S.S. Unione delle Repubbliche Socialiste Sovietiche, Union of Soviet Socialist Republics (U.S.S.R.).
U.S. 1 Ufficio Stampa, Press Agency. **2** Uscita di Sicurezza, Emergency Exit.
u.s. ultimo scorso, last month (ult.).
U.S.I. Ufficio Serico Italiano, Italian Bureau for the Promotion of Silk Fabrics.
U.S.V.I. Unione delle Società Veliche d'Italia, Association of Italian Sailing Clubs.
U.T.E.T. Unione Tipografico-Editrice Torinese (a Publishing House with main offices in Turin).
UV, Uv (*fis.*) ultravioletto, ultraviolet (U.V.).
U.V. Unione Valdostana (*franc.*: *Union Valdotaine*), Aosta Valley Union (Political Party in the Aosta Region).
U.V.I. Unione Velocipedistica Italiana, Italian Cycling Association.
V (*chim.*) vanadio, vanadium (V).
V. Via, Street (St.).
v. 1 vedi, see. **2** venerdì, Friday (Fr.). **3** (*gramm.*) verbo, verb (v.). **4** (*poesia*) verso, verse, line. **5** (*bibl.*) verso, verso.
val. (*comm.*) valuta, currency (cur., cy.).
var. 1 varietà, variety. **2** variabile, variable. **3** variante, variant.
Vat. Vaticano, Vatican (Vat.).
vb. (*gramm.*) verbo, verb (vb.).
V.C. 1 Vice Console, Vice-Consul (V.C.). **2** Vice Cancelliere, Vice-Chancellor. **3** Valor Civile, Civic Valour.
V.E. Vostra Eccellenza, Your Excellency; (*a un vescovo*) Your Lordship.
V.Ecc. Vostra Eccellenza, Your Excellency.
V.Em. Vostra Eminenza, Your Eminence.
Ven. Venerabile, Venerable (Ven.).
ven. venerdì, Friday (Fr.).
ver. (*comm.*) versamento, payment (payt.).
Vesc. Vescovo, Bishop (Bp.).
vet. 1 veterinaria, veterinary science. **2** veterinario, veterinary.
vezz. (*gramm.*) vezzeggiativo, diminutive form of a noun.
V.F., V.d.F. Vigili del Fuoco, Fire Brigade (F.B.).
V.G. Vostra Grazia, Your Grace.
vic. vicolo, alley.
v.le viale, avenue (av.); boulevard (Blvd.).
V.M. 1 Valor Militare, Military Valour. **2** Vostra Maestà, Your Majesty.
voc. 1 vocabolo, word. **2** (*gramm.*) vocativo, vocative (voc.).
vol. volume, volume (vol.).
voll. volumi, volumes.
v.r. vedi retro, please turn over (p.t.o., P.T.O.).
vs., Vs. (*comm.*) vostro, your; yours (yr.).
V.S. Vostra Santità, Your Holiness.
v.s. vedi sopra, see above.
V.S.Ill. Vostra Signoria Illustrissima, Your Most Illustrious Lordship.
V.T. Vecchio Testamento, Old Testament (O.T.).
V.U. Vigile Urbano, Traffic Policeman.
VV.UU. Vigili Urbani, Traffic Police.
W 1 (*elettr.*) Watt, Watt (W). **2** (*chim.*) wolframio, wolfram (W). **3 Evviva**, Long live!
W.C. gabinetto di decenza, toilet (w.c.).
X Cristo, Christ (X, X.).
Xe (*chim.*) xeno, xenon (Xe).
Y (*chim.*) ittrio, yttrium (Y).
Yb (*chim.*) itterbio, ytterbium (Yb).
Y.C.I. (*sport*) Yacht Club Italia, Italian Yacht Club.
Z.M. (*mil.*) Zona Militare, Restricted Military Area.
Zn (*chim.*) zinco, zinc (Zn).
Zr (*chim.*) zirconio, zirconium (Zr).

PRINCIPALI VERBI IRREGOLARI ITALIANI

(Il numero esponente indica la coniugazione cui appartiene il verbo. Per es. ¹ **andare,** *prima coniugazione sul modello di amare;* ² **accendere,** *seconda coniugazione, come temere;* ³ **apparire,** *terza coniugazione, come servire)*

²**accendere,** *Pass. remoto:* accesi – *Part. pass.:* acceso.
²**accludere,** *Pass. remoto:* acclusi – *Part. pass.:* accluso.
²**accorgersi,** *Pass. remoto:* mi accorsi – *Part. pass.:* accortosi.
²**addurre,** (da addùcere, *tema* adduc-) *Indic. pres.:* adduco, adduci, ecc. *Pass. remoto:* addussi, adducesti, addusse, adducemmo, adduceste, addussero. *Futuro:* addurrò, ecc. *Condiz. pres.:* addurrei, ecc. *Part. pass.:* addotto.
²**affiggere,** *Pass. remoto:* affissi – *Part. pass.:* affisso.
²**affliggere,** *Pass. remoto:* afflissi – *Part. pass.:* afflitto.
²**alludere,** *Pass. remoto:* allusi – *Part. pass.:* alluso.
¹**andare,** *Indic. pres.:* vado (o vo), vai, va, andiamo, andate, vanno. *Futuro semplice:* andrò, andrai, andrà, andremo, andrete, andranno. *Cong. pres.:* vada, vada, vada, andiamo, andiate, vadano. *Imper. pres.:* va (o va'), vada, andiamo, andate, vadano. *Condiz. pres.:* andrei, andresti, andrebbe, andremmo, andreste, andrebbero. Gli altri tempi si formano regolarmente dal tema and- (L'ausiliare è essere).
²**annettere,** *Pass. remoto:* annettei (o annessi) – *Part. pass.:* annesso.
³**apparire,** *Indic. pres.:* appaio (o apparisco), appari (o apparisci), appare (o apparisce), appariamo, apparite, appaiono (o appariscono). *Pass. remoto:* apparvi (o apparsi), appariti, apparve (o apparse), apparimmo, appariste, apparirono (o apparvero o apparsero). *Cong. pres.:* appaia (o apparisca) *per le tre persone singolari,* appariamo, appariate, appaiano (o appariscano). *Imper. pres.:* appari (o apparisci), apparite. *Part. pres.:* apparente – *Part. pass.:* apparso (L'ausiliare è essere).
²**appendere,** *Pass. remoto:* appesi – *Part. pass.:* appeso.
³**aprire,** *Pass. remoto:* aprii (o apersi), apristi, aprì (o aperse), aprimmo, apriste, aprirono (o apersero). *Part. pass.:* aperto.
²**ardere,** *Pass. remoto:* arsi – *Part. pass.:* arso.
²**aspergere,** *Pass. remoto:* aspersi – *Part. pass.:* asperso.
²**assidersi,** *Pass. remoto:* mi assisi – *Part. pass.:* assiso.
²**assistere,** *Pass. remoto:* assistei (o assistetti) – *Part. pass.:* assistito.
²**assolvere,** *Pass. remoto:* assolsi (o assolvei) – *Part. pass.:* assolto.
²**assumere,** *Pass. remoto:* assunsi – *Part. pass.:* assunto.
²**attingere,** *Pass. remoto:* attinsi – *Part. pass.:* attinto.
²**bere,** (da bevere, *radice* bev-). *Indic. pres.:* bevo, bevi, ecc. *Imperfetto:* bevevo, ecc. *Pass. remoto:* bevvi, bevesti, bevve, bevemmo, beveste, bevvero. *Futuro:* berrò, ecc. *Cong. pres.:* beva, ecc. *Condiz. pres.:* berrei, ecc. *Part. pass.:* bevuto.
²**cadere,** *Pass. remoto:* caddi. *Futuro:* cadrò, ecc. *Condiz. pres.:* cadrei, ecc. – *Part. pass.:* caduto.
²**chiedere,** *Pass. remoto:* chiesi – *Part. pass.:* chiesto.
²**chiudere,** *Pass. remoto:* chiusi – *Part. pass.:* chiuso.
²**cingere,** *Pass. remoto:* cinsi – *Part. pass.:* cinto.
²**cogliere,** *Indic. pres.:* colgo, cogli, coglie, cogliamo, cogliete, colgono. *Pass. remoto:* colsi – *Part. pass.:* colto.
²**coincidere,** *Pass. remoto:* coincisi – *Part. pass.:* coinciso.
²**comprimere,** *Pass. remoto:* compressi – *Part. pass.:* compresso.
²**concedere,** *Pass. remoto:* concessi (o concedei) – *Part. pass.:* concesso (o conceduto).
²**condurre,** (da condùcere, *tema* conduc-). *Indic. pres.:* conduco, conduci, ecc. *Pass. remoto:* condussi, conducesti, condusse, conducemmo, conduceste, condussero. *Futuro:* condurrò, ecc. *Condiz. pres.:* condurrei, ecc. – *Part. pass.:* condotto.
²**conoscere,** *Pass. remoto:* conobbi – *Part. pass.:* conosciuto.
²**conquidere,** *Pass. remoto:* conquisi – *Part. pass.:* conquiso.
²**contundere,** *Pass. remoto:* contusi – *Part. pass.:* contuso.
²**convergere,** *Pass. remoto:* conversi – *Part. pass.:* converso.
²**correre,** *Pass. remoto:* corsi – *Part. pass.:* corso.
³**costruire,** *Pass. remoto:* costruii (o costrussi), costruisti, costruì (o costrusse), costruimmo, costruiste, costruirono (o costrussero). *Part. pass.:* costruito (o costrutto).
²**crescere,** *Pass. remoto:* crebbi – *Part. pass.:* cresciuto.
²**cuocere,** *Indic. pres.:* cuocio, cuoci, cuoce, cociamo, cocete, cuociono. *Pass. remoto:* cossi, cocesti, cosse, cocemmo, coceste, cossero. *Cong. pres.:* cuocia, cuocia, cuocia, cociamo, cociate, cuociano. *Imper. pres.:* cuoci, cocete.
¹**dare,** *Indic. pres.:* do, dai, dà, diamo, date, dànno. *Pass. remoto:* diedi (o detti), desti, diede (o diè o dette), demmo, deste, diedero (o dettero). *Futuro semplice:* darò, darai, darà, ecc. *Cong. pres.:* dia, dia, dia, diamo, diate, diano. *Cong. imperfetto:* dessi, dessi, desse, dessimo, deste, dessero. *Imperativo pres.:* da' (o dai), dia, diamo, date, diano. *Condiz. pres.:* darei, daresti, darebbe, daremmo, dareste, darebbero. *Part. pass.:* dato (L'ausiliare è avere).
²**decidere,** *Pass. remoto:* decisi – *Part. pass.:* deciso.
²**devolvere,** *Pass. remoto:* devolvei – *Part. pass.:* devoluto.
²**difendere,** *Pass. remoto:* difesi – *Part. pass.:* difeso.
²**dipendere,** *Pass. remoto:* dipesi – *Part. pass.:* dipeso.
²**dipingere,** *Pass. remoto:* dipinsi – *Part. pass.:* dipinto.
²**dire,** (da dicere, *radice* dic-) *Indic. pres.:* dico, dici, dice, diciamo, dite, dicono. *Imperfetto:* dicevo, ecc. *Pass. remoto:* dissi, dicesti, disse, dicemmo, diceste, dissero. *Futuro:* dirò, ecc. *Cong. pres.:* dica, dica, dica, diciamo, diciate, dicano. *Condiz. pres.:* direi, diresti, direbbe, diremmo, direste, direbbero. *Imper. pres.:* di', dite – *Part. pass.:* detto. (Allo stesso modo si coniugano i composti **ridire, disdire, contraddire, benedire,** ecc., ma alla seconda persona sing. dell'Imper. pres. hanno la desinenza in -dici, disdici, maledici, benedici, ecc., eccetto **ridire** che fa ridi').
²**dirigere,** *Pass. remoto:* diressi – *Part. pass.:* diretto.
²**discutere,** *Pass. remoto:* discussi – *Part. pass.:* discusso.
²**disperdere,** *Pass. remoto:* dispersi – *Part. pass.:* disperso.
²**dissuadere,** *Pass. remoto:* dissuasi – *Part. pass.:* dissuaso.
²**distinguere,** *Pass. remoto:* distinsi – *Part. pass.:* distinto.
²**divellere,** *Pass. remoto:* divelsi – *Part. pass.:* divelto.
²**dividere,** *Pass. remoto:* divisi – *Part. pass.:* diviso.
²**dolere o dolersi,** *Indic. pres.:* mi dolgo, ti duoli, si duole, ci doliamo (o ci dogliamo), vi dolete, si dolgono. *Pass. remoto:* mi dolsi, ti dolesti, si dolse, ci dolemmo, vi doleste, si dolsero. *Futuro:* mi dorrò, ecc. *Cong. pres.:* mi dolga, ti dolga, si dolga, ci doliamo (o dogliamo), vi doliate (o dogliate), si dolgano. *Condiz. pres.:* mi dorrei, ecc. *Imper. pres.:* duoliti, doletevi. *Part. pass.:* dolutosi.
²**dovere,** (da debère) *Indic. pres.:* devo (o debbo), devi, deve, dobbiamo, dovete, devono (o debbono). *Futuro:* dovrò, ecc. *Condiz. pres.:* dovrei, ecc. *Cong. pres.:* debba, debba, debba, dobbiamo, dobbiate, debbano.
²**eccellere,** *Pass. remoto:* eccelsi – *Part. pass.:* eccelso.
²**elidere,** *Pass. remoto:* elisi – *Part. pass.:* eliso.
²**emergere,** *Pass. remoto:* emersi – *Part. pass.:* emerso.
²**ergere,** *Pass. remoto:* ersi – *Part. pass.:* erto.
²**esigere,** *Pass. remoto:* esigei (o esigetti) – *Part. pass.:* esatto.
²**esistere,** *Pass. remoto:* esistei (o esistetti) – *Part. pass.:* esistito.
²**espellere,** *Pass. remoto:* espulsi – *Part. pass.:* espulso.
²**esplodere,** *Pass. remoto:* esplosi – *Part. pass.:* esploso.
²**evadere,** *Pass. remoto:* evasi – *Part. pass.:* evaso.
²**evolvere,** *Pass. remoto:* evolsi – *Part. pass.:* evoluto.
²**fare,** (da facere, *radice* fac-) *Indic. pres.:* faccio (o fo), fai, fa, facciamo, fate, fanno. *Cong. pres.:* faccia, ecc. *Pass. remoto:* feci, facesti, fece, facemmo, faceste, fecero. *Futuro:* farò, ecc. *Condiz. pres.:* farei, ecc. *Imper. pres.:* fa (o fa'), fate – *Part. pass.:* fatto. Nei composti di fare la prima e la terza persona singolare dell'Indic. pres. sono accentate: assuefò, rarefò, ecc., assuefà, rarefà, ecc.; ma per la prima persona sing. è già usata la forma in -faccio: assuefaccio, rarefaccio, contraffaccio, ecc. Disfare fa anche disfo, disfa e soddisfare può seguire la coniugazione regolare nell'Indic. pres.: soddisfo, soddisfi, ecc.) e futuro (soddisferò, ecc.) e nel Cong. pres. (soddisfi, ecc.).
²**figgere,** *Pass. remoto:* fissi – *Part. pass.:* fitto (o fisso).
²**fingere,** *Pass. remoto:* finsi – *Part. pass.:* finto.
²**flettere,** *Pass. remoto:* flettei (o flessi) – *Part. pass.:* flesso.
²**fondere,** *Pass. remoto:* fusi – *Part. pass.:* fuso.
²**frangere,** *Pass. remoto:* fransi – *Part. pass.:* franto.
²**friggere,** *Pass. remoto:* frissi – *Part. pass.:* fritto.
²**fungere,** *Pass. remoto:* funsi – *Part. pass.:* funto.
²**giacere,** *Indic. pres.:* giaccio, giaci, giace, giacciamo, giacete, giacciono. *Pass. remoto:* giacqui. *Cong. pres.:* giaccia, giaccia, giaccia, giacciamo (o giaciamo), giacciate (o giaciate), giacciano.
²**giungere,** *Pass. remoto:* giunsi – *Part. pass.:* giunto.
²**godere,** *Futuro semplice:* godrò, godrai, ecc. *Condiz. pres.:* godrei, godresti, ecc.
²**incidere,** *Pass. remoto:* incisi – *Part. pass.:* inciso.
²**incutere,** *Pass. remoto:* incussi e incutei – *Part. pass.:* incusso.
²**indulgere,** *Pass. remoto:* indulsi – *Part. pass.:* indulto.
²**infliggere,** *Pass. remoto:* inflissi – *Part. pass.:* inflitto.
²**intridere,** *Pass. remoto:* intrisi – *Part. pass.:* intriso.
²**intrudere,** *Pass. remoto:* intrusi – *Part. pass.:* intruso.

² **invadere,** *Pass. remoto:* invasi – *Part. pass.:* invaso.
² **ledere,** *Pass. remoto:* lesi – *Part. pass.:* leso.
² **leggere,** *Pass. remoto:* lessi – *Part. pass.:* letto.
² **mettere,** *Pass. remoto:* misi – *Part. pass.:* messo.
² **mordere,** *Pass. remoto:* morsi – *Part. pass.:* morso.
³ **morire,** *Indic. pres.:* muoio, muori, muore, moriamo, morite, muoiono. *Futuro:* morirò, (o morrò), morirai (o morrai), *ecc. Cong. pres.:* muoia, muoia, muoia, moriamo, moriate, muoiano. *Condiz. pres.:* morirei (o morrei), moriresti (o morresti), *ecc. Part. pass.:* morto.
² **mungere,** *Pass. remoto:* munsi – *Part. pass.:* munto.
⁹ **muovere,** *Indic. pres.:* muovo, muovi, muove, moviamo (o muoviamo), movete (o muovete), muovono. *Pass. remoto:* mossi. *Cong. pres.:* muova, muova, muova, moviamo (o muoviamo), moviate (o muoviate), muovano. *Imper. pres.:* muovi, muova, moviamo (o muoviamo), movete (o muovete), muovano. *Part. pass.:* mosso.
² **nascere,** *Pass. remoto:* nacqui – *Part. pass.:* nato.
² **nascondere,** *Pass. remoto:* nascosi – *Part. pass.:* nascosto.
² **nuocere,** *Indic. pres.:* noccio (o nuocio e nuoccio), nuoci, nuoce, nociamo, nocete, nocciono (o nuociono e nuocciono). *Pass. remoto:* nocqui, nocesti, nocque, nocemmo, noceste, nocquero. *Cong. pres.:* noccia (o nuocia e nuoccia), *per le tre persone singolari,* nociamo, nociate, nocciano (o nuociono e nuocciano). *Imper. pres.:* nuoci, nocete. *Part. pass.:* nociuto.
² **offendere,** *Pass. remoto:* offesi – *Part. pass.:* offeso.
³ **offrire,** *Pass. remoto:* offrii (o offersi) – *Part. pass.:* offerto.
² **parere,** *Ind. pres.:* paio, pari, pare, paiamo (o pariamo), parete, paiono. – *Pass. remoto:* parvi, paresti, parve, paremmo, pareste, parvero. – *Futuro:* parrò, *ecc.* – *Condiz. pres.:* parrei, *ecc.* – *Cong. pres.:* paia, paia, paia, paiamo (e pariamo), paiate, paiano. – *Part. pass.:* parso.
² **percuotere,** *Pass. remoto:* percossi – *Part. pass.:* percosso.
² **perdere,** *Pass. remoto:* persi (o perdei, perdetti) – *Part. pass.:* perso, perduto.
² **persuadere,** *Pass. remoto:* persuasi – *Part. pass.:* persuaso.
² **piacere,** *Indic. pres.:* piaccio, piaci, piace, piacciamo, piacete, piacciono. – *Pass. remoto:* piacqui. – *Cong. pres.:* piaccia, piaccia, piaccia, piacciamo (o piaciamo), piacciate, piacciano.
² **piangere,** *Pass. remoto:* piansi – *Part. pass.:* pianto.
² **piovere,** *Pass. remoto:* piovve – *Part. pass.:* piovuto.
² **porgere** *Pass. remoto:* porsi – *Part. pass.:* porto.
² **porre,** (da ponere, *radice* pon-) *Indic. pres.:* pongo, poni, pone, poniamo, ponete, pongono. – *Cong. pres.:* ponga, ponga, ponga, poniamo, poniate, pongano. – *Pass. remoto:* posi, ponesti, pose, ponemmo, poneste, posero. – *Futuro:* porrò, *ecc.* – *Condiz. pres.:* porrei, *ecc.* – *Imper. pres.:* poni, ponete. – *Part. pass.:* posto.
² **potere,** *Indic. pres.:* posso, puoi, può, possiamo, potete, possono. – *Futuro:* potrò, *ecc.* – *Condiz. pres.:* potrei, potresti, *ecc.* – *Cong. pres.:* possa, *ecc.* – *Imper. pres.:* (manca).
² **prediligere,** *Pass. remoto:* predilessi – *Part. pass.:* prediletto.
² **prefiggere,** *Pass. remoto:* prefissi – *Part. pass.:* prefisso.
² **prendere,** *Pass. remoto:* presi – *Part. pass.:* preso.
² **presumere,** *Pass. remoto:* presunsi – *Part. pass.:* presunto.
² **proteggere,** *Pass. remoto:* protessi – *Part. pass.:* protetto.
² **pungere,** *Pass. remoto:* punsi – *Part. pass.:* punto.
² **radere,** *Pass. remoto:* rasi – *Part. pass.:* raso.
² **redigere,** *Pass. remoto:* redassi – *Part. pass.:* redatto.
² **redimere,** *Pass. remoto:* redensi – *Part. pass.:* redento.
² **reggere,** *Pass. remoto* ressi *Part. pass.:* retto.
² **rendere,** *Pass. remoto:* resi (o rendei) – *Part. pass.:* reso.
² **ridere,** *Pass. remoto:* risi – *Part. pass.:* riso.
² **rifulgere,** *Pass. remoto:* rifulsi – *Part. pass.:* rifulso.
² **rimanere,** *Indic. pres.:* rimango, rimani, rimane, rimaniamo, rimanete, rimangono. – *Pass. remoto:* rimasi. – *Futuro:* rimarrò, *ecc.* – *Condiz. pres.:* rimarrei, *ecc.* – *Cong. pres.:* rimanga, rimanga, rimanga, rimaniamo, rimaniate, rimangano. – *Part. pass.:* rimasto.
³ **rispondere,** *Pass. remoto:* risposi – *Part. pass.:* risposto.
² **rodere,** *Pass. remoto:* rosi – *Part. pass.:* roso.
¹ **rompere,** *Pass. remoto:* ruppi – *Part. pass.:* rotto.
² **salire,** *Indic. pres.:* salgo, sali, sale, saliamo, salite, salgono. – *Cong. pres.:* salga, salga, salga, saliamo, saliate, salgano. – *Imper. pres.:* sali, salite. – (*L'ausiliare è* essere, *però se il verbo è usato transitivamente si coniuga nei tempi composti con l'ausiliare* avere).
² **sapere,** *Indic. pres.:* so, sai, sa, sappiamo, sapete, sanno. – *Pass. remoto:* seppi, sapesti, seppe, sapemmo, sapeste, seppero. – *Futuro:* saprò, *ecc.* – *Condiz. pres.:* saprei, *ecc.* – *Cong. pres.:* sappia, *ecc.* – *Imper. pres.:* sappi, sappiate.
² **scegliere,** *Indic. pres.:* scelgo, scegli, sceglie, scegliamo, scegliete, scelgono. – *Pass. remoto:* scelsi, scegliesti, scelse, scegliemmo, sceglieste, scelsero. – *Cong. pres.:* scelga, scelga, scelga, scegliamo, scegliate, scelgano. – *Imper. pres.:* scegli, scegliete.
² **scendere,** *Pass. remoto:* scesi – *Part. pass.:* sceso.
² **scindere,** *Pass. remoto:* scissi – *Part. pass.:* scisso.
² **sciogliere,** *Indic. pres.:* sciolgo, sciogli, scioglie, sciogliamo, sciogliete, sciolgono. – *Pass. remoto:* sciolsi, sciogliesti, sciolse, sciogliemmo, scioglieste, sciolsero. – *Cong. pres.:* sciolga, sciolga, sciolga, sciogliamo, sciogliate, sciolgano. – *Imper. pres.:* sciogli, sciogliete. – *Part. pass.:* sciolto.
² **scorgere,** *Pass. remoto:* scorsi – *Part. pass.:* scorto.
² **scrivere,** *Pass. remoto:* scrissi – *Part. pass.:* scritto.
² **scuotere,** *Pass. remoto:* scossi – *Part. pass.:* scosso.
² **sedere,** *Indic. pres.:* sièdo (o seggo), sièdi, siède, sediamo, sedete, sièdono (o seggono). – *Cong. pres.:* sieda, sieda, sieda (o segga, segga, segga), sediamo, sediate, sièdano (o seggano). – *Imper. pres.:* siedi, sedete. – *Come* sedere *si coniuga il composto* possedére. *Altri due composti,* presièdere *e* risièdere, *hanno coniugazione regolare e mantengono il dittongo* ie *anche quando non ha l'accento tonico:* presiediamo, presiedete, presiedevo, *ecc.;* risiediamo, risiedevo, risiedendo, *ecc.*
² **seppellire,** *Part. pass.:* seppellito e sepolto.
² **soffrire,** *Pass. remoto:* soffersi e soffrii – *Part. pass.:* sofferto.
² **sorgere,** *Pass. remoto:* sorsi – *Part. pass.:* sorto.
² **spargere,** *Pass. remoto:* sparsi – *Part. pass.:* sparso.
² **spegnere,** *Pass. remoto:* spensi – *Part. pass.:* spento.
² **spendere,** *Pass. remoto:* spesi – *Part. pass.:* speso.
² **spingere,** *Pass. remoto:* spinsi – *Part. pass.:* spinto.
² **sporgere,** *Pass. remoto:* sporsi – *Part. pass.:* sporto.
¹ **stare,** *Ind. pres.:* sto, stai, sta, stiamo, state, stanno. – *Pass. remoto:* stetti, stesti, stette, stemmo, steste, stettero. – *Futuro semplice:* starò, starai, starà, staremo, starete, staranno. – *Cong. imperfetto:* stessi, stessi, stesse, stessimo, steste, stessero. – *Imper.:* sta (o sta'), stia, stiamo, state, stiano. – *Condiz. pres.:* starei, staresti, starebbe, staremmo, stareste, starebbero. – (L'ausiliare è essere). – *I composti di* stare *hanno l'accento sulla prima e sulla terza persona sing. dell'indic. pres.* (ristò, soprastò, sottostò; ristà, soprastà, sottostà) *e seguono la coniugazione di* stare, *eccetto* contrastare, restare, sovrastare, *ecc. che seguono la coniugazione regolare.*
² **stringere,** *Pass. remoto:* strinsi – *Part. pass.:* stretto.
² **struggere,** *Pass. remoto:* strussi – *Part. pass.:* strutto.
² **svellere,** *Pass. remoto:* svelsi – *Part. pass.:* svelto.
² **tacere,** *Indic. pres.:* taccio, taci, tace, taciamo, tacete, tacciono. – *Pass. remoto:* tacqui. – *Cong. pres.:* taccia, taccia, taccia, tacciamo, tacciate, tacciano.
² **tendere,** *Pass. remoto:* tesi – *Part. pass.:* teso.
² **tenere,** *Indic. pres.:* tengo, tieni, tiene, teniamo, tenete, tengono. – *Pass. remoto:* tenni, tenesti, tenne, tenemmo, teneste, tennero. – *Futuro:* terrò, *ecc.* – *Condiz. pres.:* terrei, *ecc.* – *Cong. pres.:* tenga, tenga, tenga, teniamo, teniate, tengano. – *Imper.:* tieni, tenete.
² **tergere,** *Pass. remoto:* tersi – *Part. pass.:* terso.
² **tingere,** *Pass. remoto:* tinsi – *Part. pass.:* tinto.
² **togliere,** *Indic. pres.:* tolgo, togli, toglie, togliamo, togliete, tolgono. – *Pass. remoto:* tolsi. – *Part. pass.:* tolto.
² **torcere,** *Pass. remoto:* torsi. – *Part. pass.:* torto.
² **trarre,** (da trahere) *Indic. pres.:* traggo, trai, trae, traiamo, traete, traggono. – *Cong. pres.:* tragga, tragga, tragga, traiamo, traiate, traggano. – *Pass. remoto:* trassi, traesti, trasse, traemmo, traeste, trassero. – *Futuro:* trarrò, *ecc.* – *Condiz. pres.:* trarrei, *ecc.* – *Imper. pres.:* trai, traete. – *Part. pass.:* tratto. – *Tutti gli altri tempi si formano regolarmente dal tema* tra- (traevo, traessi, traendo, *ecc.*
² **uccidere,** *Pass. remoto:* uccisi. – *Part. pass.:* ucciso.
³ **udire,** *Indic. pres.:* odo, odi, ode, udiamo, udite, odono. – *Futuro:* udirò (o udrò), udirai (o udrai), *ecc.* – *Cong. pres.:* oda, oda, oda, udiamo, udiate, odano. – *Condiz. pres.:* udirei (o udrei), udiresti (o udresti), *ecc.* – *Imper. pres.:* odi, udite.
² **ungere,** *Pass. remoto:* unsi. – *Part. pass.:* unto.
² **uscire,** *Indic. pres.:* esco, esci, esce, usciamo, uscite, escono. – *Imper. pres.:* esci, uscite.
² **valere,** *Indic. pres.:* valgo, vali, vale, valiamo, valete, valgono. – *Pass. remoto:* valsi, valesti, valse, valemmo, valeste, valsero. – *Futuro:* varrò, *ecc.* – *Condiz. pres.:* varrei, *ecc.* – *Part. pass.:* valso.
² **vedere,** *Indic. pres.:* vedo (o veggo), vedi, vede, vediamo, vedete, vedono (o veggono). – *Pass. remoto:* vidi, vedesti, vide, vedemmo, vedeste, videro. – *Futuro:* vedrò, *ecc.* – *Condiz. pres.:* vedrei, *ecc.* – *Cong. pres.:* veda (o vegga), *per le tre persone singolari,* vediamo, vediate, vedano (o veggano). – *Part. pres.:* veggente. – *Part. pass.:* veduto o visto.
² **venire,** *Indic. pres.:* vengo, vieni, viene, veniamo, venite, vengono. *Pass. remoto:* venni, venisti, venne, venimmo, veniste, vennero. – *Futuro:* verrò, *ecc.* – *Condiz. pres.:* verrei, *ecc.* – *Imper. pres.:* vieni, venite. – *Part. pres.:* veniente. – *Part. pass.:* venuto.
² **vincere,** *Pass. remoto:* vinsi. – *Part. pass.:* vinto.
² **vivere,** *Pass. remoto:* vissi, vivesti, visse, vivemmo, viveste, vissero. – *Futuro:* vivrò, *ecc.* – *Condiz. pres.:* vivrei, *ecc.* – *Part. pass.:* vissuto. – (L'ausiliare è essere, *però se il verbo è usato con significato transitivo, l'ausiliare è* avere).
² **volere,** *Indic. pres.:* voglio, vuoi, vuole, vogliamo, volete, vogliono. – *Pass. remoto:* volli, volesti, volle, volemmo, voleste, vollero. – *Futuro:* vorrò, *ecc.* – *Condiz. pres.:* vorrei, *ecc.* – *Cong. pres.:* voglia, voglia, voglia, vogliamo, vogliate, vogliano. – *Imper. pres.:* vogli, vogliate.
² **volgere,** *Pass. remoto:* volsi. – *Part. pass.:* volto.

REPERTORI DI TERMINOLOGIA SISTEMATICA

Cardinal numbers		Numeri cardinali
nought; zero	0	zero
one	1	uno
two	2	due
three	3	tre
four	4	quattro
five	5	cinque
six	6	sei
seven	7	sette
eight	8	otto
nine	9	nove
ten	10	dieci
eleven	11	undici
twelve	12	dodici
thirteen	13	tredici
fourteen	14	quattordici
fifteen	15	quindici
sixteen	16	sedici
seventeen	17	diciassette
eighteen	18	diciotto
nineteen	19	diciannove
twenty	20	venti
twenty-one	21	ventuno
twenty-two	22	ventidue
thirty	30	trenta
forty	40	quaranta
fifty	50	cinquanta
sixty	60	sessanta
seventy	70	settanta
eighty	80	ottanta
ninety	90	novanta
one hundred	100	cento
one hundred and one	101	centouno
two hundred	200	duecento
three hundred	300	trecento
one thousand	1000	mille
one thousand and one	1001	milleuno
one thousand and one hundred; eleven hundred	1100	millecento
one thousand and two hundred; twelve hundred	1200	milleduecento
two thousand	2000	duemila
ten thousand	10000	diecimila
one hundred thousand	100000	centomila
one million	1000000	un milione
one thousand million; (USA) one billion	10^9	un miliardo
one billion; (USA) one trillion	10^{12}	un trilione

Ordinal numbers		Numeri ordinali
first	1	primo
second	2	secondo
third	3	terzo
fourth	4	quarto
fifth	5	quinto
sixth	6	sesto
seventh	7	settimo
eighth	8	ottavo
ninth	9	nono
tenth	10	decimo
eleventh	11	undicesimo
twelfth	12	dodicesimo
thirteenth	13	tredicesimo
fourteenth	14	quattordicesimo
fifteenth	15	quindicesimo
sixteenth	16	sedicesimo
seventeenth	17	diciassettesimo
eighteenth	18	diciottesimo
nineteenth	19	diciannovesimo
twentieth	20	ventesimo
twenty-first	21	ventunesimo
twenty-second	22	ventiduesimo
thirtieth	30	trentesimo
fortieth	40	quarantesimo
fiftieth	50	cinquantesimo
sixtieth	60	sessantesimo
seventieth	70	settantesimo
eightieth	80	ottantesimo
ninetieth	90	novantesimo
hundredth	100	centesimo
hundred and first	101	centounesimo
hundred and tenth	110	centodecimo
two hundredth	200	duecentesimo
three hundredth	300	trecentesimo
thousandth	1000	millesimo
two thousandth	2000	duemillesimo
millionth	1000000	milionesimo

Mathematical signs		Segni matematici
$+$	plus	più
$-$	minus	meno
$\pm$	plus or minus	più o meno
$\times$	multiplied by	(moltiplicato) per
$\div$	divided by	diviso (per)
$=$	is equal to	è uguale a
$\equiv$	is identically equal to	è identicamente uguale a
$\approx$	is approximately equal to	è circa uguale a
$\neq$	is not equal to	è diverso da
$>$	is greater than	è maggiore di
$\gg$	is much greater than	è molto maggiore di
$<$	is less than	è minore di
$\ll$	is much less than	è molto minore di
$\geq$	is greater than or equal to	è maggiore o uguale a
$\leq$	is less than or equal to	è minore o uguale a
$\cap$	intersection	intersezione
$\cup$	union	unione
$\in$	is an element of	appartiene a
$\Leftrightarrow$	is equivalent to	è equivalente a
$\Rightarrow$	implies	implica
( )	parentheses	parentesi (tonde)
[ ]	brackets	parentesi quadre
{ }	braces	graffe
∞	infinity	infinito
$\sqrt{\ }$	(square) root of	radice (quadrata) di
$\sqrt[3]{\ }$	cube root of	radice cubica di
$\parallel$	parallel to	parallelo a
$\perp$	perpendicular to	perpendicolare a
$°$	degrees	gradi
$'$	minutes	minuti
$''$	seconds	secondi
dx	differential of x	differenziale di x
dy/dx	derivative of y with respect to x	derivata di y rispetto a x
$\partial u/\partial x$	partial derivative of u with respect to x	derivata parziale di u rispetto a x
$\|x\|$	absolute value of x	valore assoluto di x; modulo di x
$\bar{x}$	mean value of x	valor medio di x
$\int$	integral of	integrale (indefinito) di
$\int_b^a$	integral of, between limits b and a	integrale (definito) di, fra i limiti b e a
$n!$	factorial n	n factoriale
$\mathbf{A} \times \mathbf{B}$	vector product of $\mathbf{A}$ and $\mathbf{B}$	prodotto vettoriale di $\mathbf{A}$ e $\mathbf{B}$
$\mathbf{A} \cdot \mathbf{B}$	scalar product of $\mathbf{A}$ and $\mathbf{B}$	prodotto scalare di $\mathbf{A}$ e $\mathbf{B}$
∇	del; nabla	(operatore) nabla
∇^2	Laplacian operator	laplaciano
Σ	summation of	sommatoria di

Punctuaction marks and special characters | Segni di punteggiatura e altri caratteri

,	comma	virgola
;	semi-colon	punto e virgola
:	colon	due punti
.	full stop; (*USA*) period	punto
?	question mark	punto interrogativo
!	exclamation mark; (*USA*) exclamation point	punto esclamativo
'	apostrophe	apostrofo
" "	quotation marks; quotes; inverted commas	virgolette
( )	brackets; parentheses	parentesi
-	hyphen	trattino
–	en dash	trattino medio
—	em dash	trattone; lineato
/	solidus; slash; slant; virgule	barra (obliqua)
*	asterisk	asterisco
%	percent	percento
&	ampersand	e commerciale
´	acute accent	accento acuto
`	grave accent	accento grave
¨	di(a)eresis; umlaut	dieresi; umlaut
^	circumflex	accento circonflesso
~	tilde	tilde
¸	cedilla	cediglia

Chemical elements | Elementi chimici

Ac	actinium	attinio
Ag	silver	argento
Al	aluminium, *USA* aluminum	alluminio
Am	americium	americio
Ar	argon	argo(n)
As	arsenic	arsenico
At	astatine	astato
Au	gold	oro
B	boron	boro
Ba	barium	bario
Be	beryllium	berillio
Bi	bismuth	bismuto
Bk	berkelium	berchelio, berkelio
Br	bromine	bromo
C	carbon	carbonio
Ca	calcium	calcio
Cd	cadmium	cadmio
Ce	cerium	cerio
Cf	californium	californio
Cl	chlorine	cloro
Cm	curium	curio
Co	cobalt	cobalto
Cr	chromium	cromo
Cs	caesium, *USA* cesium	cesio
Cu	copper	rame
Dy	dysprosium	disprosio
Er	erbium	erbio
Es	einsteinium	einstenio
Eu	europium	europio
F	fluorine	fluoro
Fe	iron	ferro
Fm	fermium	fermio
Fr	francium	francio
Ga	gallium	gallio
Gd	gadolinium	gadolinio
Ge	germanium	germanio
H	hydrogen	idrogeno
Ha	hahnium	hahnio
He	helium	elio
Hf	hafnium	afnio
Hg	mercury	mercurio
Ho	holmium	(h)olmio
I	iodine	iodio
In	indium	indio
Ir	iridium	iridio
K	potassium	potassio
Kr	krypton	cripto(n), krypton
La	lanthanum	lantanio
Li	lithium	litio
Lr	lawrencium	laurenzio, lawrencio
Lu	lutetium	lutezio
Md	mendelevium	mendelevio
Mg	magnesium	magnesio
Mn	manganese	manganese
Mo	molybdenum	molibdeno
N	nitrogen	azoto
Na	sodium	sodio
Nb	niobium	niobio
Nd	neodymium	neodimio
Ne	neon	neo(n)
Ni	nickel	nichel(io)
No	nobelium	nobelio
Np	neptunium	nettunio
O	oxygen	ossigeno
Os	osmium	osmio
P	phosphorus	fosforo
Pa	protactinium	protoattinio
Pb	lead	piombo
Pd	palladium	palladio
Pm	promethium	prometeo, promezio
Po	polonium	polonio
Pr	praseodymium	praseodimio
Pt	platinum	platino
Pu	plutonium	plutonio
Ra	radium	radio, radium
Rb	rubidium	rubidio
Re	rhenium	renio
Rf	rutherfordium	rutherfordio
Rh	rhodium	rodio
Rn	radon	rado(n)
Ru	ruthenium	rutenio
S	sulphur	zolfo
Sb	antimony	antimonio
Sc	scandium	scandio
Se	selenium	selenio
Si	silicon	silicio
Sm	samarium	samario
Sn	tin	stagno
Sr	strontium	stronzio
Ta	tantalum	tantalio
Tb	terbium	terbio
Tc	technetium	tecnezio, tecnet(i)o
Te	tellurium	tellurio
Th	thorium	torio
Ti	titanium	titanio
Tl	thallium	tallio
Tm	thulium	tulio
U	uranium	uranio
V	vanadium	vanadio
W	tungsten	tungsteno; wolframio
Xe	xenon	xeno(n)
Y	yttrium	ittrio
Yb	ytterbium	itterbio
Zn	zinc	zinco
Zr	zirconium	zirconio

Sistema monetario inglese
(unità base: **pound**, *sterlina)*

Bronze coins:
(new) halfpenny (1/2p), mezzo penny
(new) penny (1p), penny
twopence (2p), due pence

Cupro-nickel coins:
fivepence (5p), cinque pence
tenpence (10p), dieci pence
fifty-penny piece (50p, £ 0.50), cinquanta pence

Bank-notes:
pound note (£ 1), sterlina
five-pound note (£ 5), cinque sterline
ten-pound note (£ 10), dieci sterline
twenty-pound note (£ 20), venti sterline

Prima del 15 febbraio 1971, la sterlina era divisa in venti **shillings** (scellini) e lo scellino in dodici **pennies**. Erano in circolazione le seguenti monete:

Copper coins *(fam.:* **coppers**)**:**
halfpenny (1/2d.), mezzo penny
penny (1d.), penny *(dodicesima parte dello scellino)*
threepence, threepenny bit (3d.), tre pence

Silver coins:
sixpence (6d.), sei pence *(mezzo scellino)*
shilling (1s., 1/–), scellino *(ventesima parte della sterlina)*
florin, two-shilling piece (2 s., 2/–), due scellini
half-crown (2s.6d., 2-6), mezza corona *(due scellini e sei pence)*
crown (5s., 5/–), corona *(cinque scellini)*

Nominal coins:
guinea (£1.1s., 21s.), ghinea *(ventun scellini)*

Sistema monetario americano
(unità base: **dollar**, *dollaro)*

Copper coins:
cent (1c.), un centesimo di dollaro
nickel (5c.), cinque centesimi di dollaro

Silver coins:
dime (10c.), dieci centesimi di dollaro
quarter (25c.), venticinque centesimi di dollaro
half dollar (50c), mezzo dollaro *(cinquanta centesimi di dollaro)*
dollar ($1), dollaro

Bank-notes:
Si stampano banconote di $ 1, 2, 5, 10, 20, 50, 100, 500. Si hanno anche tagli speciali di $ 1000, 5000, 10000.

Weights and measures - Pesi e misure

Units of length - Unità di lunghezza

Name	Symbol	Equivalent to	Nome italiano	Equivalente metrico
inch	in		pollice	2,54 cm
mil		1/1000 in	millesimo di pollice	25,4 µm
hand		4 in	palmo inglese	10,16 cm
span		9 in	spanna inglese	22,86 cm
foot	ft	12 in	piede	30,48 cm
cubit		18 in	cubito inglese	45,72 cm
yard	yd	3 ft = 36 in	yarda	0,9144 m
fathom	fm	2 yd	braccio inglese	1,8288 m
rod; pole; perch	rd; po	5,5 yd = 1/320 mi	pertica inglese	5,0292 m
(Gunter's) chain	ch	22 yd = 1/80 mi	catena inglese	20,1168 m
furlong	fur	220 yd = 1/8 mi		201,168 m
(statute) mile	mi	1760 yd	miglio (terrestre)	1609,344 m
(Admiralty) nautical mile	naut mi	6080 ft	miglio marino	1853,184 m
international nautical mile	int naut mi	6076,11 ft	miglio marino internazionale	1852 m
league	lea	3 mi	lega inglese	4828,032 m

Units of area - Unità di superficie

Name	Symbol	Equivalent to	Nome italiano	Equivalente metrico
square inch	sq in		pollice quadrato	6,4516 cm²
square foot	sq ft	144 sq in	piede quadrato	929,0304 cm²
square yard	sq yd	9 sq ft	yarda quadrata	0,836127 m²
rood	ro	1210 sq yd		1011,714 m²
acre	a	4 ro	acro	4046,86 m²
square mile	sq mi	640 a	miglio quadrato	2,59 km²
township		36 sq mi		93,24 km²

Units of volume - Unità di volume

Name	Symbol	Equivalent to	Nome italiano	Equivalente metrico
cubic inch	cu in		pollice cubo	16,387 cm³
cubic foot	cu ft	1728 cu in	piede cubo	28,317 dm³
cubic yard	cu yd	27 cu ft	yarda cuba	0,76455 m³
cord foot		16 cu ft		0,45307 m³
cord		128 cu ft		3,62456 m³

Units of capacity: Imperial Standard (UK) - Unità di capacità: Imperial Standard

Name	Symbol	Equivalent to	Nome italiano	Equivalente metrico
fluid ounce	fl oz	1/160 gal	oncia fluida (UK)	28,413 cm^3
gill	gi	5 fl oz = 1/32 gal		142,065 cm^3
pint	pt	4 gi = 1/8 gal	pinta (UK)	568,261 cm^3
quart	qt	2 pt = 1/4 gal		1,13652 dm^3
gallon	gal	277,42 cu in	gallone (UK)	4,54609 dm^3
peck	pk	2 gal		9,09218 dm^3
bushel	bu	4 pk = 8 gal		36,369 dm^3
quarter		8 bu = 64 gal		290,950 dm^3

Units of capacity for liquid commodities (USA) - Unità di capacità per liquidi (USA)

Name	Symbol	Equivalent to	Nome italiano	Equivalente metrico
fluid ounce	fl oz	1/128 gal	oncia fluida (USA)	29,5736 cm^3
gill	gi	4 fl oz = 1/32 gal		118,294 cm^3
(liquid) pint	pt	4 gi = 1/8 gal		473,176 cm^3
(liquid) quart	qt	2 pt = 1/4 gal		946,353 cm^3
gallon	gal	231 cu in	gallone (USA)	3,78541 dm^3
barrel		31,5 gal		119,240 dm^3
oil barrel		42 gal		158,987 dm^3

Units of capacity for dry commodities (USA) - Misure di capacità per aridi (USA)

Name	Symbol	Equivalent to	Nome italiano	Equivalente metrico
(dry) pint	pt	1/64 bu		0,55061 dm^3
(dry) quart	qt	2 pt = 1/32 bu		1,10122 dm^3
bushel	bu	2150,42 cu in		35,239 dm^3
dry barrel	bbl	105 qt		115,628 dm^3

Units of weight or mass: avoirdupois system - Unità di peso o massa: sistema avoirdupois

Name	Symbol	Equivalent to	Nome italiano	Equivalente metrico
grain	gr	1/7000 lb	grano	64,79891 mg
dram	drm	1/16 oz = 1/256 lb		1,771845 g
ounce	oz	1/16 lb	oncia	28,34953 g
pound	lb		libbra	0,4535924 kg
stone	st	14 lb		6,350294 kg
quarter	qr	2 st = 28 lb		12,70059 kg
cental; short hundredweight	ctl	100 lb		45,35924 kg
long hundredweight	cwt	112 lb		50,80235 kg
short ton	s tn	20 ctl = 2000 lb		907,1848 kg
long ton	tn	20 cwt = 2240 lb		1016,047 kg

Units of weight or mass: troy and apothecaries' systems - Unità di peso o di massa: sistemi troy e apothecaries

Name	Symbol	Equivalent to	Nome italiano	Equivalente metrico
grain	gr	1/5760 lb tr	grano	64,79891 mg
pennyweight	dwt	24 gr = 1/240 lb tr		1,55517 g
ounce	oz tr	480 gr = 1/12 lb tr	oncia troy	31,1035 g
pound	lb tr	5760 gr	libbra troy	373,242 g

Scales of temperature - Scale di temperatura

Name	Symbol	Nome italiano	Equivalenze
degree Fahrenheit	°F	grado Fahrenheit	$T(°F) = (9/5) \times T(°C) + 32$
degree Celsius	°C	grado centigrado	$T(°C) = (5/9) \times (T(°F) - 32)$

Military ranks - Gradi militari

Questa tavola riporta una corrispondenza lessicale tra i gradi militari italiani, inglesi e statunitensi: non implica, quindi, un'esatta equivalenza tra funzioni o responsabilità. Nelle traduzioni specialistiche è consigliabile mantenere la denominazione della lingua d'appartenenza.

ITALIA	UNITED KINGDOM	UNITED STATES
Esercito	**Army**	**U.S. Army**
Maresciallo d'Italia	Field-marshal	General of the army
Generale d'armata	General	General
Generale di corpo d'armata	Lieutenant-general	Lieutenant-general
Generale di divisione	Major-general	Major-general
Generale di brigata	Brigadier	Brigadier-general
Colonnello	Colonel	Colonel
Tenente colonnello	Lieutenant-colonel	Lieutenant-colonel
Maggiore	Major	Major
Capitano	Captain	Captain
Tenente	Lieutenant	First Lieutenant
Sottotenente	Second Lieutenant	Second Lieutenant
Maresciallo	Warrant Officer	Warrant Officer
Sergente maggiore	Staff Sergeant	Sergeant Major
Sergente	Sergeant	Sergeant
Caporale maggiore	Corporal	Corporal
Caporale	Lance-corporal	Private 1st class
Soldato	Private	Basic Private
Marina	**Royal Navy**	**U.S. Navy**
Grande ammiraglio	Admiral of the fleet	Fleet Admiral
Ammiraglio d'armata	Admiral	Admiral
Ammiraglio di squadra	Vice Admiral	Vice Admiral
Ammiraglio di divisione	Rear Admiral	Rear Admiral
Contrammiraglio	Commodore	Commodore
Capitano di vascello	Captain	Captain
Capitano di fregata	Commander	Commander
Capitano di corvetta	Lieutenant Commander	Lieutenant Commander
Tenente di vascello	Lieutenant	Lieutenant
Sottotenente di vascello	Sub-Lieutenant	Lieutenant junior grade
Guardiamarina	Acting Sub-Lieutenant	Ensign
Capo	Fleet Chief Petty Officer	Warrant Officer
Secondo capo	Chief Petty Officer	Chief Petty Officer
Sergente	Petty Officer	Petty Officer 1st class
		Petty Officer 2nd class
Sottocapo	Leading Seaman	Petty Officer 3rd class
Comune di 1ª classe	Able Seaman	Seaman
Comune di 2ª classe	Ordinary Seaman	Seaman Apprentice
Comune di 3ª classe	Junior Seaman	Seaman Recruit
Aviazione	**Royal Air Force**	**U.S. Air Force**
Maresciallo dell'aria	Marshal of the Royal Air Force	General of the Air Force
Generale d'armata aerea	Air Chief Marshal	General
Generale di squadra aerea	Air Marshal	Lieutenant General
Generale di divisione aerea	Air Vice Marshal	Major General
Generale di brigata aerea	Air Commodore	Brigadier General
Colonnello	Group Captain	Colonel
Tenente colonnello	Wing Commander	Lieutenant Colonel
Maggiore	Squadron Leader	Major
Capitano	Flight Lieutenant	Captain
Tenente	Flying Officer	First Lieutenant
Sottotenente	Pilot Officer	Second Lieutenant
Maresciallo	Warrant Officer	Warrant Officer
Sergente maggiore	Flight sergeant	Master Sergeant
Sergente	Sergeant	Staff Sergeant
Primo aviere	Corporal	Sergeant
Aviere scelto		Airman 1st Class
Aviere	Aircraftman	Basic Airman

TAVOLE DI NOMENCLATURA

a cura di Fernando Picchi

aeronautica	pag.	2129
aeroporto		2130
architettura		2115
astronautica		2130
automobile		2120
autoveicoli		2121
casa		2114
chimico [apparecchi e strumenti del]		2136
ciclo e motociclo		2118
edilizia		2116-2117
elaborazione elettronica dei dati		2136
elettricità [produzione e distribuzione dell']		2133
elettrodomestici		2134
elettronica		2135
falegname [arnesi e macchine del]		2138
ferramenta		2139
ferrovia		2122-2123
fisica		2131-2132
marina		2124-2127
martello		2139
meccanica		2140-2141
metallurgia		2142
miniera		2143
motociclo *vedi* ciclo e motociclo		2118
motore		2119
nucleare [fisica e industria]		2137
petrolio		2144
porto		2128
sega		2138
suono [registrazione e riproduzione del]		2134
teatro		2118
telegrafia		2135
trapano		2143

aeronautics	pag.	2129
airport		2130
architecture		2115
astronautics		2130
bicycle and motorcycle		2118
building		2116-2117
carpentry [tools and machines for]		2138
chemical laboratory implements		2136
drill		2143
electric household appliances		2134
electricity [production and distribution of]		2133
electronic data processing		2136
electronics		2135
engines		2119
hammer		2139
house		2114
ironmongery		2139
metallurgy		2142
mining		2143
motorcycle see *bicycle and motorcycle*		2118
motor vehicles		2121
motor-car		2120
nuclear physics		2137
petroleum		2144
physics		2131-2132
port		2128
railway		2122-2123
saw		2138
seamanship		2124-2127
sound recording and reproduction		2134
telegraphy		2135
theatre		2118
workshop		2140-2141

casa *house*

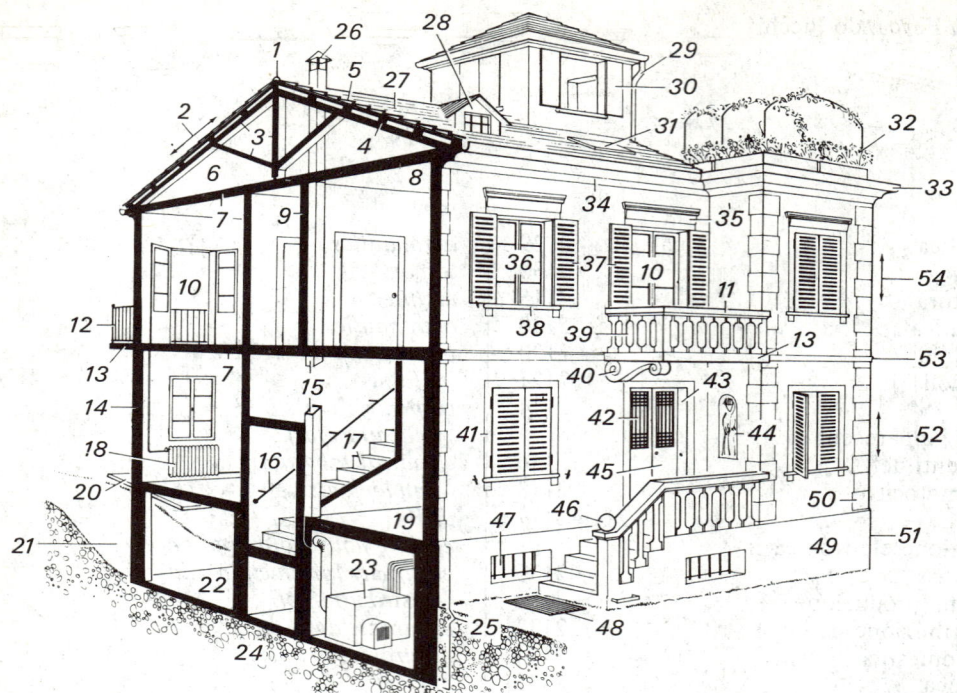

1 colmo **ridge** 2 tetto **roof** 3 capriata **truss** 4 corrente **stringer** 5 tegola **tile** 6 sottotetto **garret** 7 solaio **floor** 8 soffitto **ceiling** 9 muro divisorio **partition** 10 portafinestra **French window** 11 parapetto **parapet** 12 ringhiera **railing** 13 balcone **balcony** 14 muro maestro **main wall** 15 canna fumaria **flue** 16 corrimano **handrail** 17 scala **stair** 18 radiatore **radiator** 19 pavimento **floor** 20 porta del garage **garage door** 21 rampa **ramp** 22 garage **garage** 23 caldaia per riscaldamento centrale **central heating boiler** 24 fondamenta **foundation** 25 seminterrato **basement** 26 comignolo **chimney cap** 27 falda **pitch** 28 abbaino **dormer** 29 doccia **downpipe** 30 altana **roof-terrace** 31 lucernario **skylight** 32 giardino pensile **roof garden** 33 gronda (eaves) **gutter** 34 cornicione **cornice** 35 architrave **window lintel** 36 finestra **window** 37 persiana **Venetian shutter** 38 davanzale **window sill** 39 balaustrata **balusters** 40 mensola **console** 41 riquadro **bay** 42 porta **door** 43 stipite **door post** 44 nicchia **niche** 45 battente **wing** 46 pomo **pommel** 47 finestrella **basement window** 48 stoino **mat** 49 zoccolo **socle** 50 concio **quoin** 51 spigolo **corner** 52 piano rialzato **entresol** 53 marcapiano **string-course** 54 primo piano **first floor**

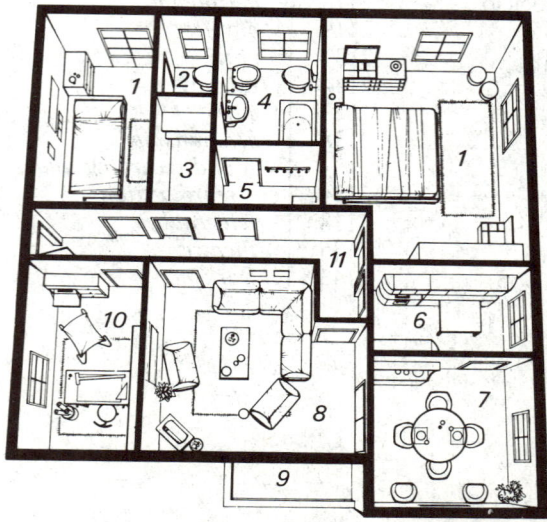

1 camera da letto **bedroom** 2 gabinetto **lavatory** 3 ripostiglio **closet** 4 bagno **bathroom** 5 spogliatoio **dressing-room** 6 cucina **kitchen** 7 camera da pranzo **dining-room** 8 soggiorno **living-room** 9 balcone **balcony** 10 studio **study** 11 corridoio **passage-way**

architettura *architecture*

Tavole di nomenclatura

ordine *order*

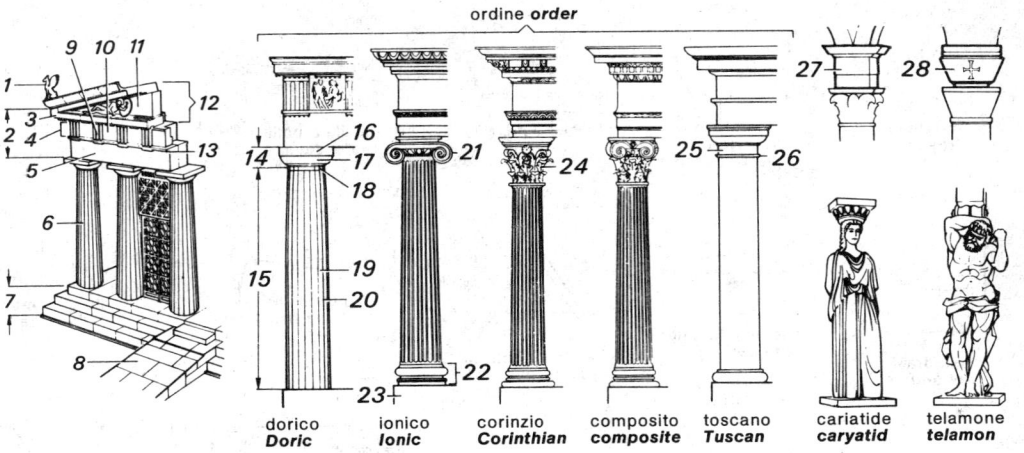

dorico **Doric** — ionico **Ionic** — corinzio **Corinthian** — composito **composite** — toscano **Tuscan** — cariatide **caryatid** — telamone **telamon**

1 acroterio *acroterium* 2 trabeazione *entablature* 3 cornice *cornice* 4 fregio *frieze* 5 architrave *architrave* 6 colonna *column* 7 basamento *pavement* 8 rampa *ramp* 9 triglifo *triglyph* 10 metopa *metope* 11 timpano *tympanum* 12 frontone *pediment* 13 tenia *taenia* 14 capitello *capital* 15 fusto *fust* 16 abaco *abacus* 17 echino *echinus* 18 collarino *necking* 19 scanalatura *flute* 20 cresta *edge* 21 voluta *volute* 22 base *base* 23 plinto *plinth* 24 acanto *acanthus* 25 collare *necking* 26 astragalo *astragal* 27 dado *dado* 28 pulvino *pulvine*

arco *arch*

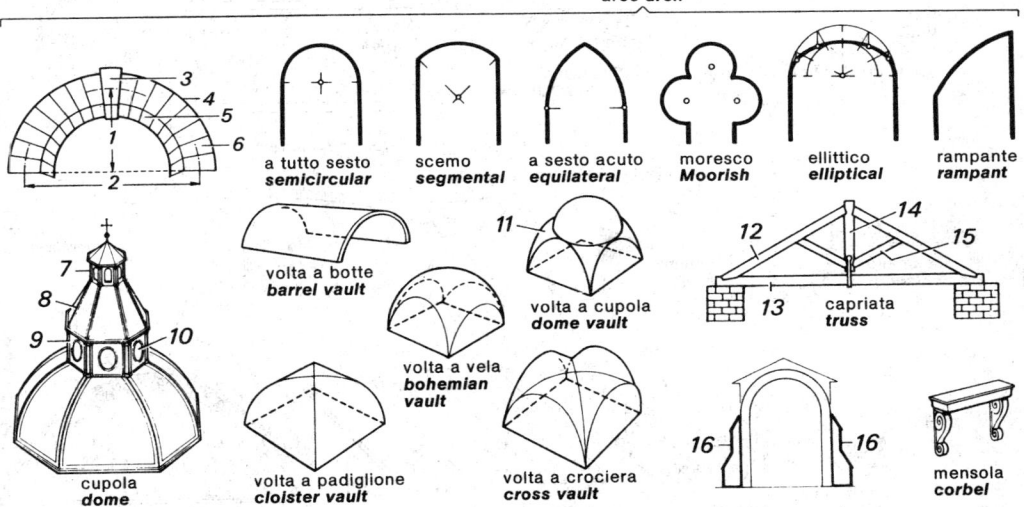

a tutto sesto **semicircular** — scemo **segmental** — a sesto acuto **equilateral** — moresco **Moorish** — ellittico **elliptical** — rampante **rampant**

volta a botte **barrel vault** — volta a cupola **dome vault** — capriata **truss** — volta a vela **bohemian vault** — volta a padiglione **cloister vault** — volta a crociera **cross vault** — mensola **corbel** — cupola **dome**

1 freccia *rise* 2 luce *span* 3 chiave *keystone* 4 estradosso *extrados* 5 intradosso *intrados* 6 concio *voussoir* 7 lanterna *skylight turret* 8 costolone *rib* 9 tamburo *drum* 10 occhio *eye* 11 pennacchio *pendentive* 12 puntone *rafter* 13 catena *tie beam* 14 monaco *king post* 15 saettone *strut* 16 contrafforte *counterfort*

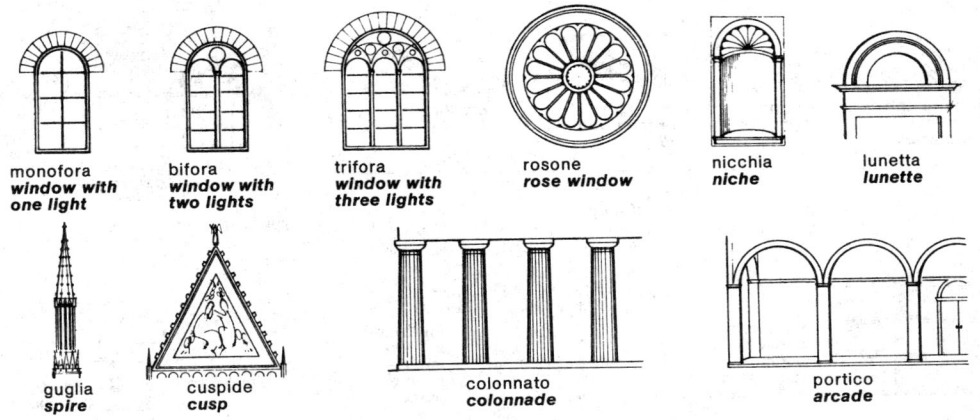

monofora **window with one light** — bifora **window with two lights** — trifora **window with three lights** — rosone **rose window** — nicchia **niche** — lunetta **lunette** — guglia **spire** — cuspide **cusp** — colonnato **colonnade** — portico **arcade**

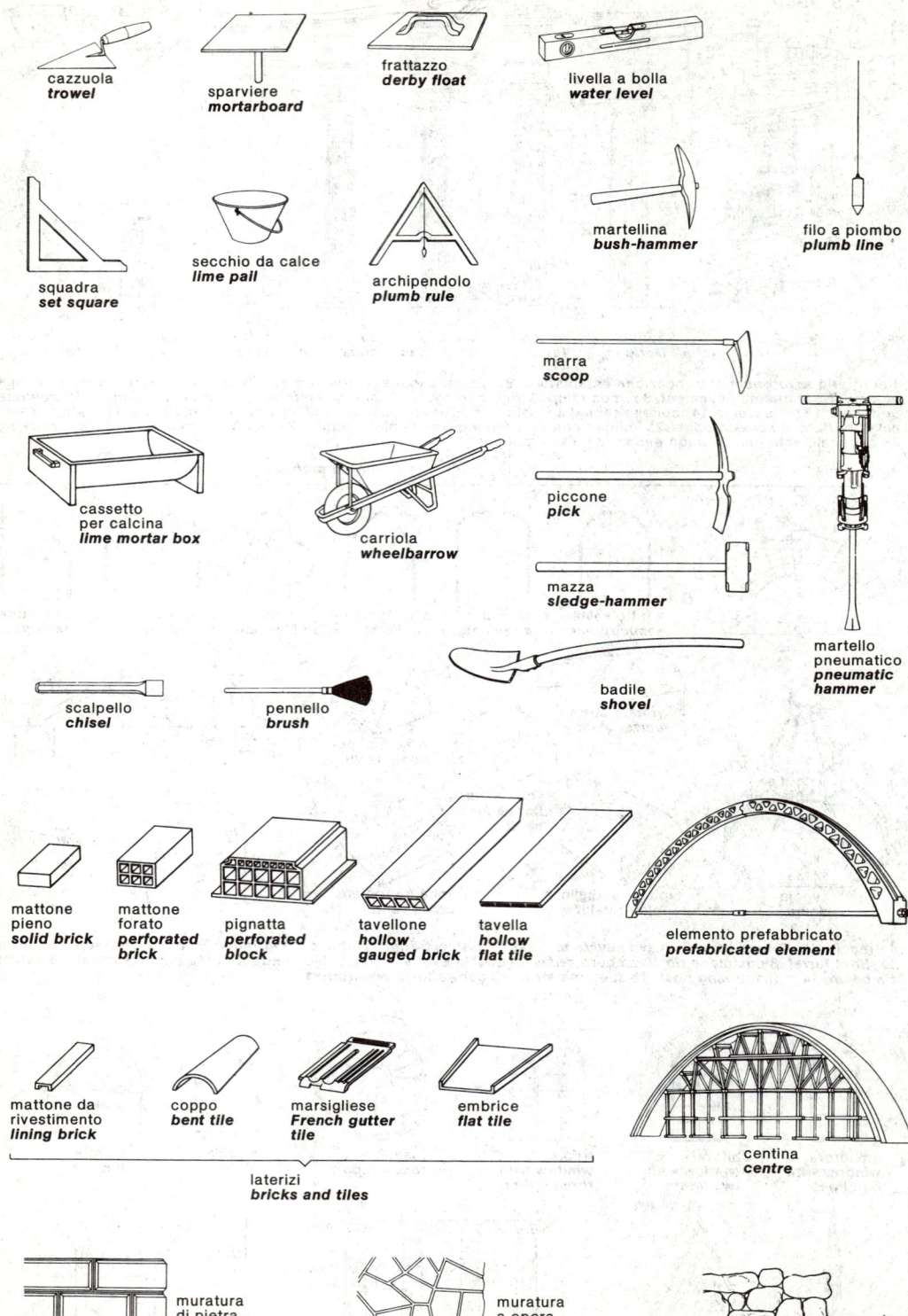

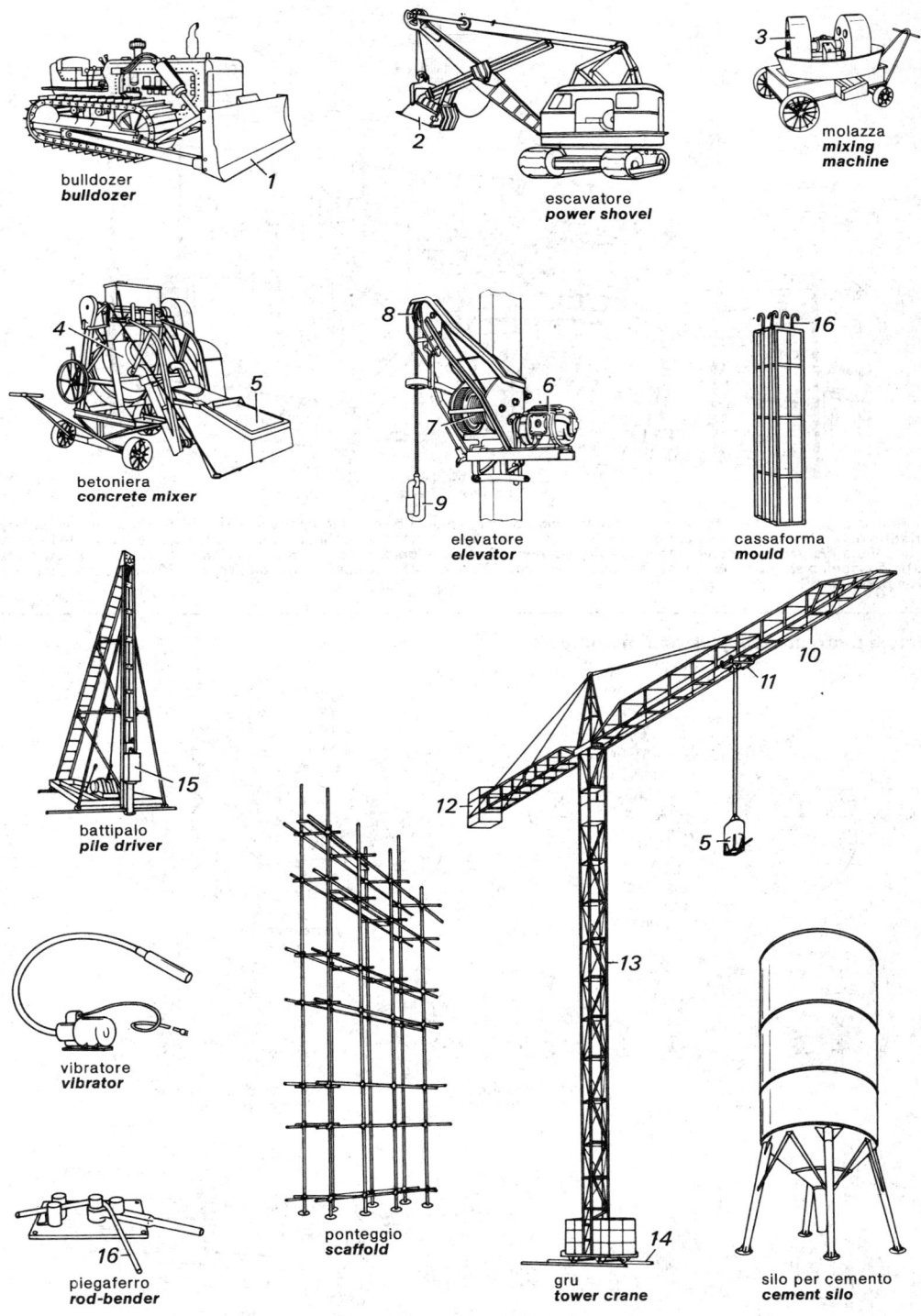

edilizia *building*

Tavole di nomenclatura

1 lama *blade* 2 cucchiaio *shovel* 3 mola *wheel* 4 tamburo *drum* 5 benna *bucket* 6 motore *motor* 7 verricello *windlass* 8 carrucola *pulley* 9 gancio *hook* 10 braccio *jib* 11 carrello *crab* 12 contrappeso *counterweight* 13 torre a traliccio *steelwork tower* 14 rotaia *rails* 15 berta *ram* 16 tondino *rod*

teatro *theatre*

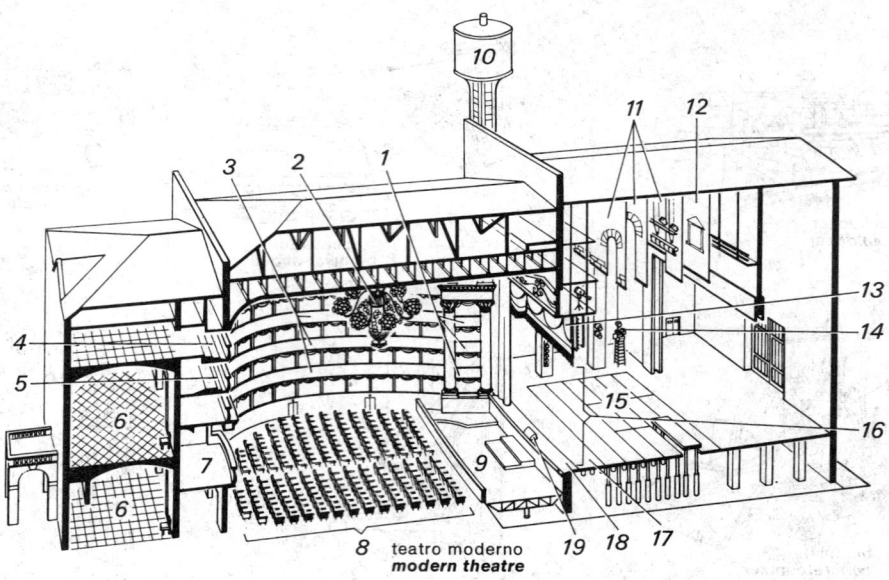

1 palchi di proscenio **stage boxes** 2 lampadario **chandelier** 3 palchi **boxes** 4 loggione **top gallery** 5 prima galleria **gallery** 6 ridotto **foyer** 7 palco centrale **central box** 8 platea **auditorium** 9 fossa dell'orchestra **orchestra pit** 10 serbatoio dell'acqua antincendio **cistern** 11 scene mobili **shifting scenes** 12 fondale **back-drop** 13 sipari **curtains** 14 riflettori **floodlights** 15 palcoscenico **stage** 16 boccascena **proscenium arch** 17 proscenio **proscenium** 18 ribalta **apron** 19 buca del suggeritore **prompter's box**

---

ciclo e motociclo *bicycle and motorcycle*

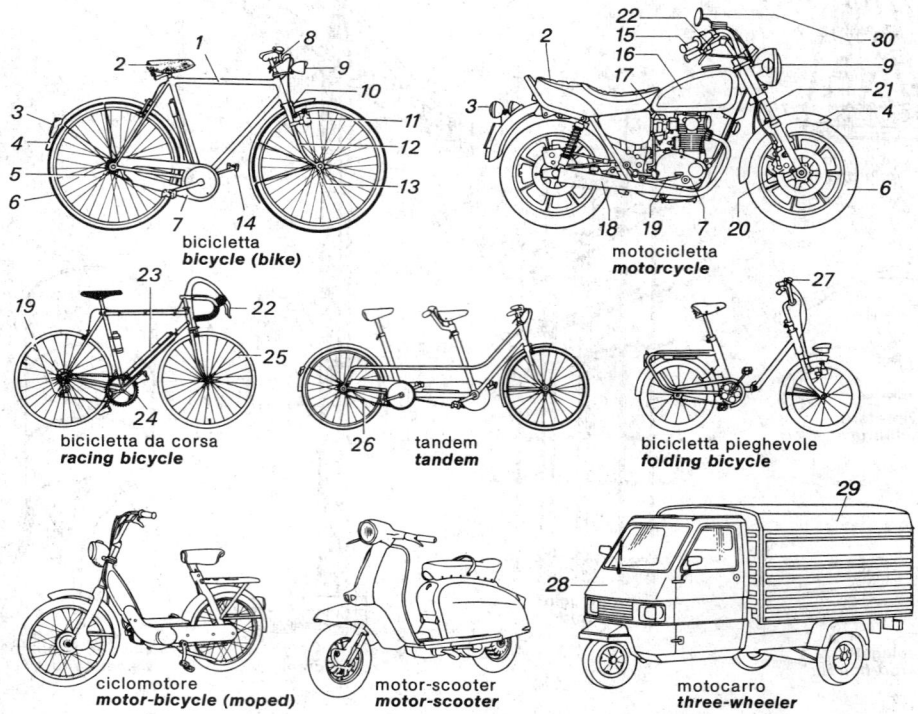

1 canna **top tube** 2 sellino **saddle** 3 catarifrangente **reflector** 4 parafango **mudguard** 5 rocchetto a ruota libera **free-wheel hub** 6 pneumatico **tyre** 7 carter **chain guard** 8 manubrio **handle-bar** 9 fanale **headlamp** 10 freno **brake** 11 dinamo **dynamo** 12 forcella **fork** 13 mozzo **hub** 14 pedale **pedal** 15 manopola del gas **twist-grip** 16 serbatoio **tank** 17 carburatore **carburettor** 18 marmitta **silencer** 19 cambio **foot change lever (motorcycle); derailleur (bicycle)** 20 freno a disco **disk brake** 21 forcella telescopica **telescopic fork** 22 leva del freno **front brake lever** 23 pompa **pump** 24 moltiplica **driving sprockets** 25 raggio **spoke** 26 catena **chain** 27 campanello **bell** 28 cabina **cab** 29 cassone **body** 30 retrovisore **rear-view mirror**

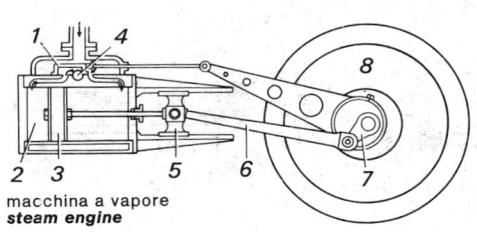
macchina a vapore
steam engine

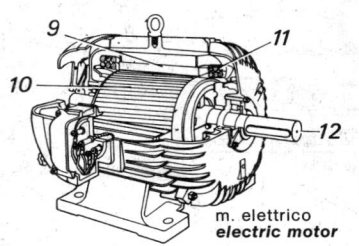
m. elettrico
electric motor

1 cassetto di distribuzione **slide valve** 2 cilindro **cylinder** 3 stantuffo **piston** 4 scarico del vapore **steam exhaust** 5 testa a croce **crosshead** 6 biella **connecting-rod** 7 manovella **crank** 8 volano **flywheel** 9 statore **stator** 10 rotore **rotor** 11 avvolgimento **winding** 12 albero **shaft**

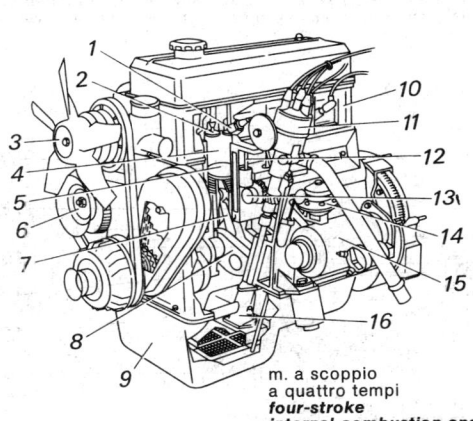
m. a scoppio a quattro tempi
four-stroke internal-combustion engine

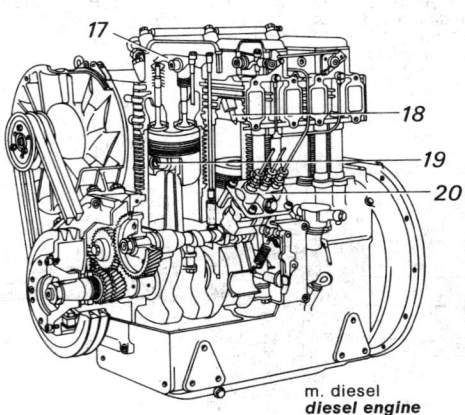
m. diesel
diesel engine

1 candela **spark-plug** 2 valvola **valve** 3 ventola **fan** 4 cilindro **cylinder** 5 pistone **piston** 6 dinamo **generator** 7 biella **connecting-rod** 8 albero a gomiti **crankshaft** 9 coppa dell'olio **oil pan** 10 testate **cylinder covers** 11 spinterogeno **battery coil ignition** 12 punteria **valve tappet** 13 albero a camme **camshaft** 14 pompa **pump** 15 motorino di avviamento **starter** 16 pompa dell'olio **oil pump** 17 bilanciere **rocker** 18 polverizzatore **atomiser** 19 spinotto **piston pin** 20 pompa d'iniezione **fuel injection pump**

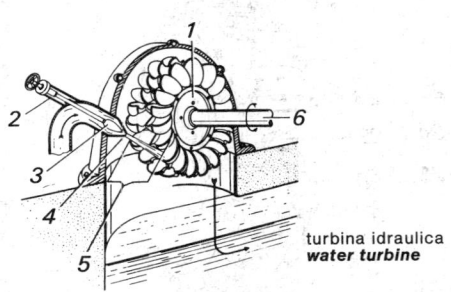
turbina idraulica
water turbine

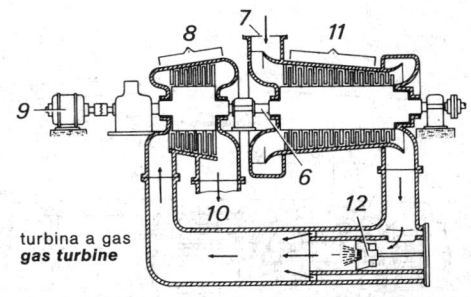
turbina a gas
gas turbine

1 girante **runner** 2 distributore **wicket gate** 3 spina regolabile **adjustable needle** 4 ugello **nozzle** 5 pala **blade** 6 albero **shaft** 7 presa d'aria **air scoop** 8 turbina **turbine** 9 motore d'avviamento **starter** 10 scarico dei gas **gas exhaust** 11 compressore dell'aria **air compressor** 12 bruciatore **burner**

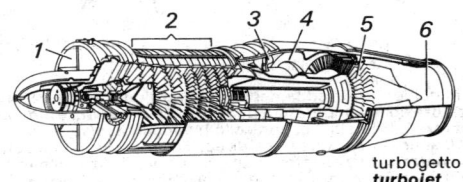
turbogetto
turbojet

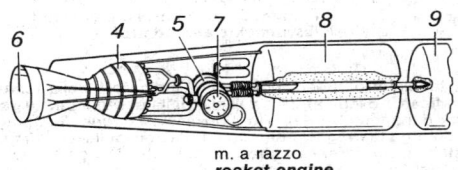
m. a razzo
rocket engine

1 presa d'aria **air scoop** 2 compressore dell'aria **air compressor** 3 bruciatore **burner** 4 camera di combustione **combustion chamber** 5 turbina **turbine** 6 ugello **nozzle** 7 pompa **pump** 8 serbatoio del comburente **comburent tank** 9 serbatoio del combustibile **fuel tank**

automobile *motor-car*

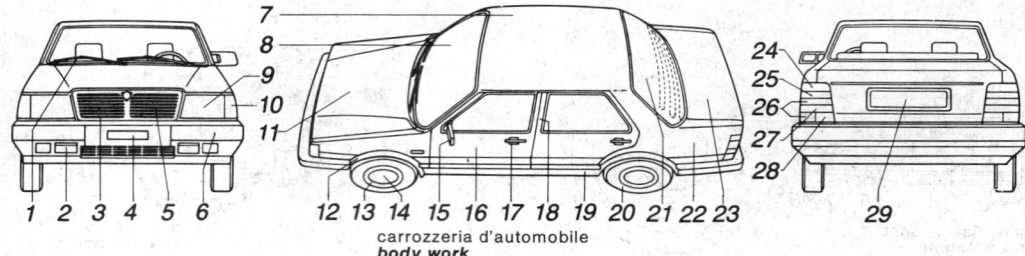

carrozzeria d'automobile
body work

1 tergicristallo **wind-screen wiper** 2 faro antinebbia **fog light** 3 griglia **radiator grille** 4 targa anteriore **front number-plate** 5 calandra **calender** 6 paraurti **bumper** 7 padiglione **roof** 8 parabrezza **wind screen** 9 proiettore e luci di posizione **headlight and parking light** 10 luce e indicatore di direzione **side-light and indicator** 11 cofano **bonnet** 12 parafango **mud guard** 13 cerchione **rim** 14 coppa **hub cup** 15 retrovisore **rear-view mirror** 16 portiera **door** 17 maniglia **door handle** 18 montante door **pillar** 19 scocca **bearing body** 20 pneumatico **tyre** 21 lunotto **rear window** 22 fiancata **side** 23 baule **boot** 24 luce e indicatore di direzione **side-light and indicator** 25 luci di posizione e arresto **rear and stop lights** 26 catarifrangente **reflector** 27 faro di retromarcia **reverse light** 28 faro antinebbia posteriore **rear fog light** 29 targa posteriore **rear number-plate**

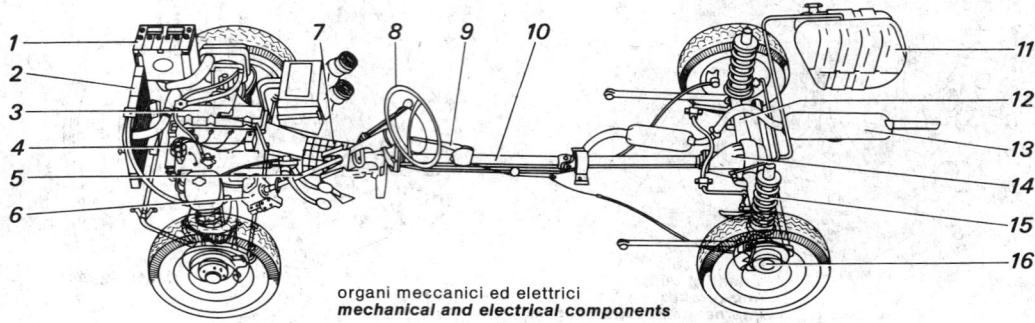

organi meccanici ed elettrici
mechanical and electrical components

1 batteria **battery** 2 radiatore **radiator** 3 motore **engine** 4 spinterogeno **battery coil ignition** 5 piantone **steering column** 6 scatola dello sterzo **steering box** 7 scatola del cambio **gear box** 8 volante **steering wheel** 9 freno di stazionamento **hand brake** 10 albero di trasmissione **driving shaft** 11 serbatoio **petrol tank** 12 semiasse **axle shaft** 13 marmitta **muffler** 14 scatola del differenziale **differential carrier** 15 sospensione **suspension** 16 freno a disco **disk brake**

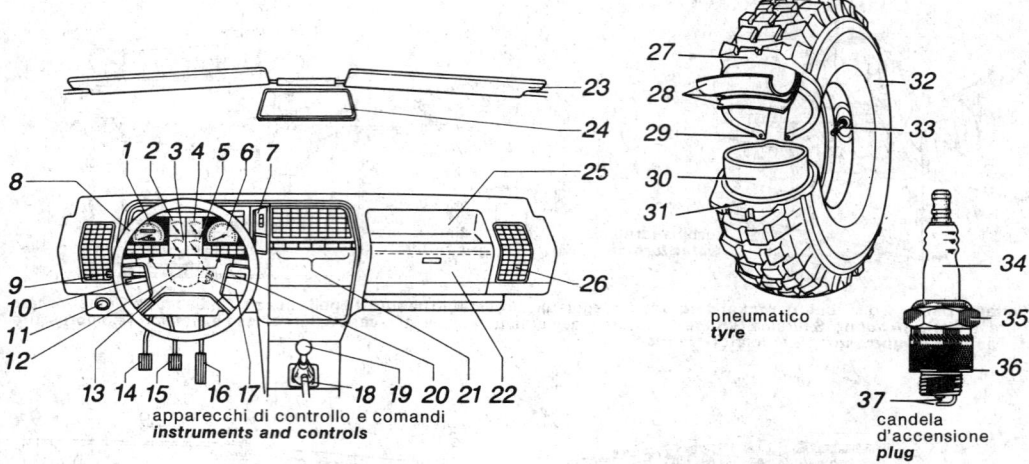

apparecchi di controllo e comandi
instruments and controls

pneumatico
tyre

candela d'accensione
plug

1 tachimetro **speed indicator** 2 indicatore della temperatura del liquido di raffreddamento **cooling liquid temperature indicator** 3 indicatore del livello della benzina **petrol gauge** 4 indicatore della temperatura dell'olio **oil temperature indicator** 5 manometro dell'olio **oil pressure gauge** 6 contagiri **rev counter** 7 dispositivi di controllo luminosi **display lights** 8 volante **steering wheel** 9 commutatore delle luci **dimmer switch** 10 indicatore di direzione **direction indicator** 11 lavacristallo **wind-screen washer** 12 interruttori e comandi **switches and controls** 13 avvisatore acustico **horn** 14 frizione **clutch pedal** 15 freno **brake pedal** 16 acceleratore **accelerator** 17 accensione **ignition** 18 freno di stazionamento **hand brake lever** 19 cambio **gear stick** 20 interruttore del tergicristallo **windscreen-wiper switch** 21 spie di funzionamento e controllo **warning and control lights** 22 ripostiglio **glove box** 23 aletta parasole **sun-screen** 24 specchietto retrovisore **rear-view mirror** 25 portaoggetti **dashboard tray** 26 diffusore d'aria **fresh air ventilator** 27 battistrada **thread** 28 tele **ply** 29 tallone **bead** 30 camera d'aria **inner tube** 31 copertone **tyre shoe** 32 fianco **tyre sidewall** 33 valvola **valve** 34 nucleo isolante **insulating material** 35 corpo **body** 36 guarnizione **washer** 37 elettrodi **electrodes**

autoveicoli motor vehicles

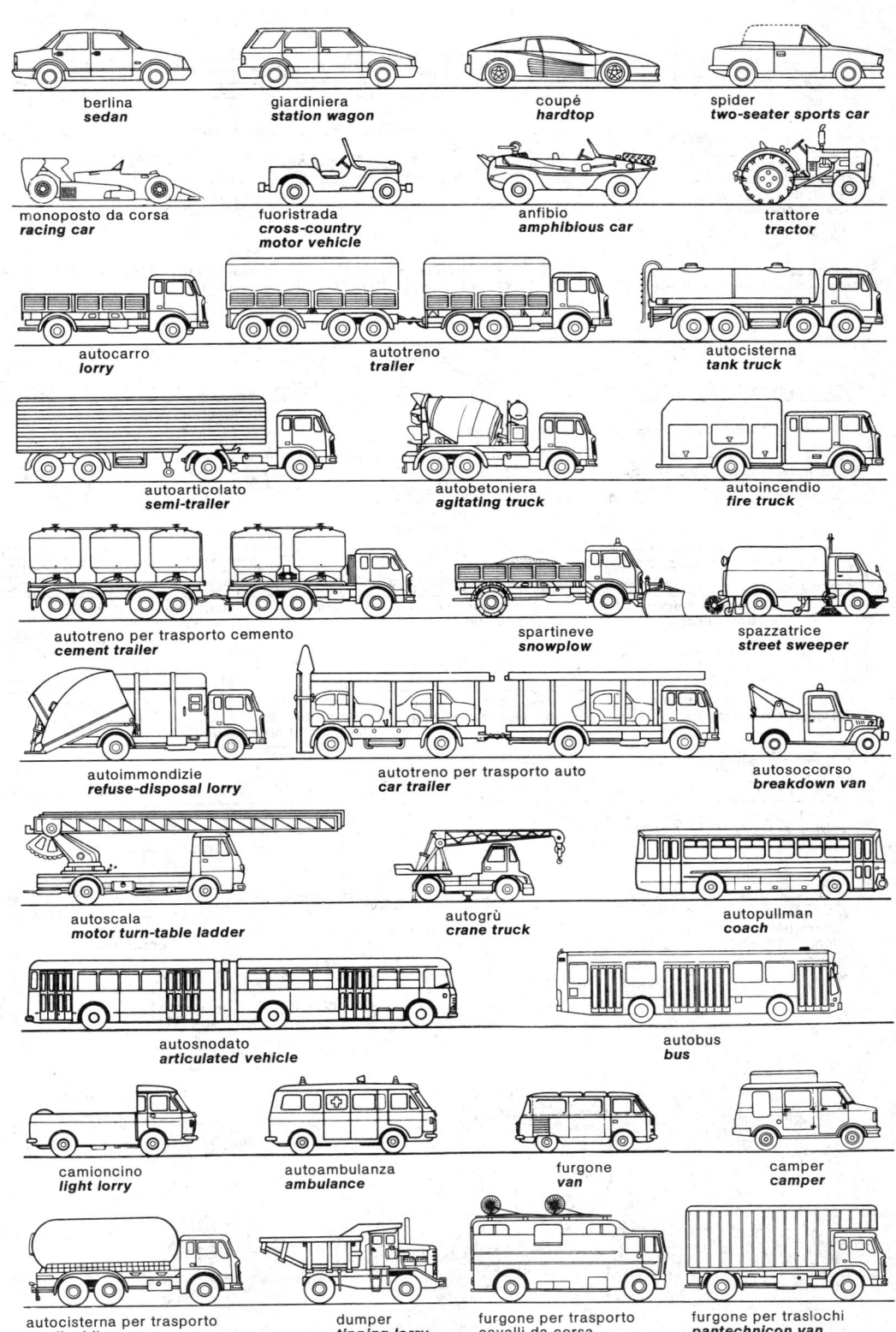

ferrovia *railway*

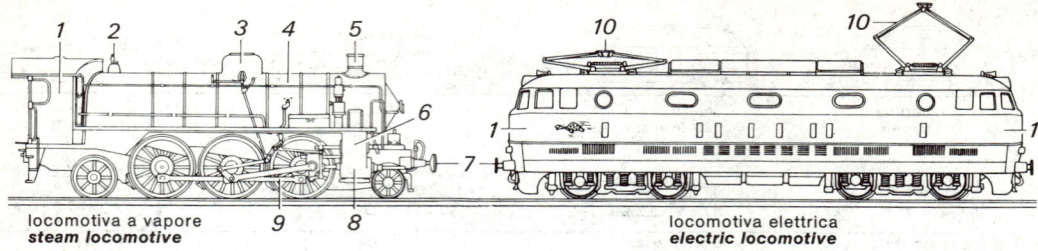

locomotiva a vapore
steam locomotive

locomotiva elettrica
electric locomotive

1 cabina **cab** 2 fischio **whistle** 3 duomo **dome** 4 caldaia **boiler** 5 fumaiolo **funnel** 6 cassetto di distribuzione **slide valve** 7 respingente **buffer** 8 cilindro **cylinder** 9 biella **connecting-rod** 10 pantografo **pantograph**

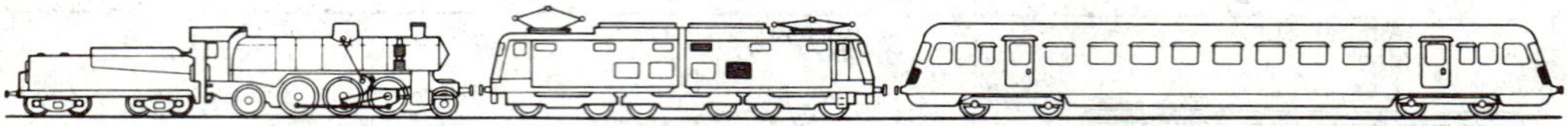

tender **tender**

locomotiva a vapore **steam locomotive**

locomotiva elettrica **electric locomotive**

automotrice termica **diesel railcar**

elettrotreno **electric train**

automotrice elettrica **electric railcar**

locomotiva diesel da manovra **diesel shunt locomotive**

carrozza viaggiatori **passenger coach**

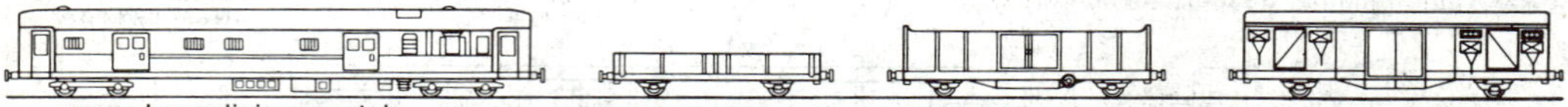

carro bagagliaio e postale **baggage and mail van**

carro scoperto **low-sided open wagon**

carro scoperto con sponde alte **high-sided open wagon**

carro coperto **box van**

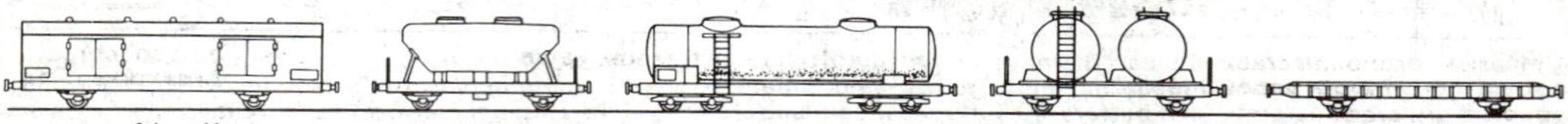

carro frigorifero **refrigerator car**

carro a tramoggia **hopper wagon**

carro cisterna **tank wagon**

carro botte **cask wagon**

carro piatto **flat car**

carro per grandi trasporti **long-load wagon**

carro con piano ribassato **well wagon**

coccodrillo **crocodile truck**

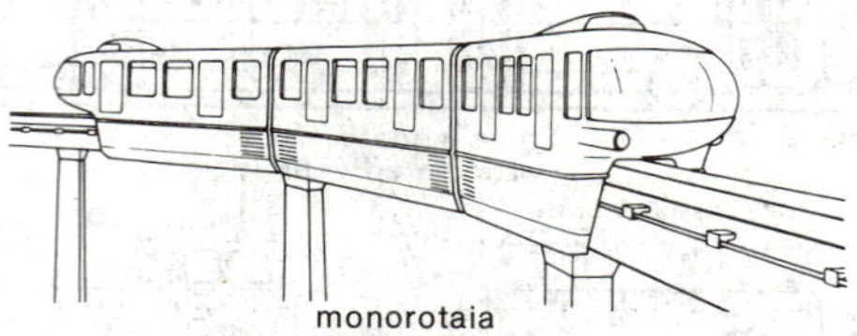

monorotaia **monorail**

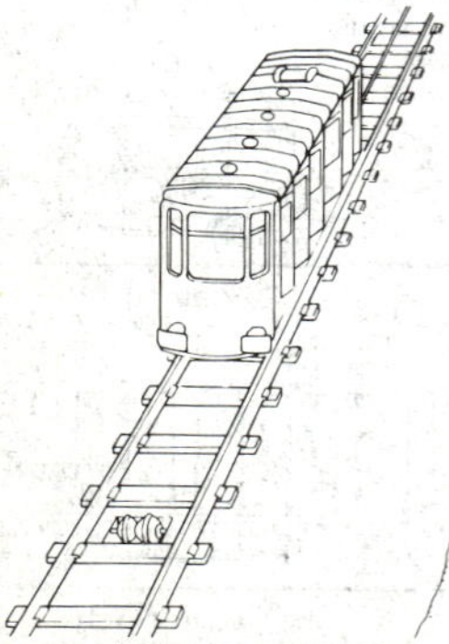

funicolare **funicular railway**

cremagliera **rack railway**

metropolitana **underground railway**

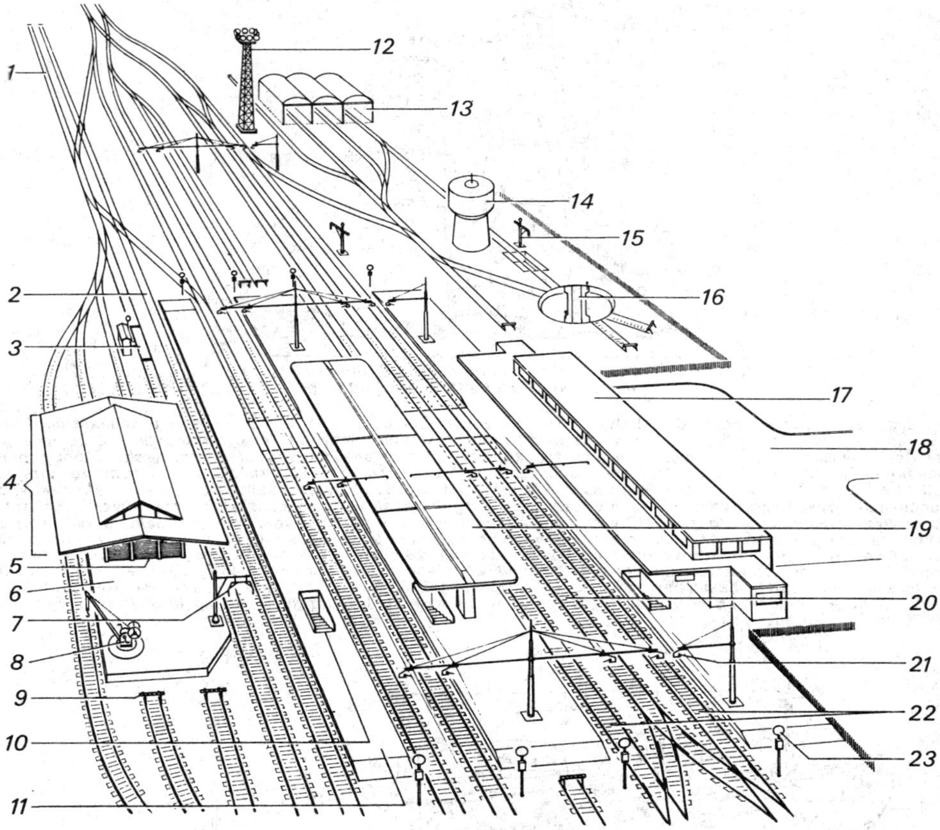

ferrovia *railway*

stazione ferroviaria **railway station**

1 binario morto **blind track** 2 binari di deposito e di manovra **shunting and depot tracks** 3 stadera a ponte **weighbridge** 4 scalo merci **freight yard** 5 magazzino merci **goods shed** 6 piano caricatore **loading platform** 7 sagoma di carico **loading gauge** 8 gru **crane** 9 fermacarri **buffers** 10 sottopassaggio **underpass** 11 marciapiedi **platform** 12 torre faro **signal tower** 13 impianti di deposito e manutenzione **maintenance and storage sheds** 14 serbatoio dell'acqua **fresh water tank** 15 colonna idraulica **water tower** 16 piattaforma girevole **turntable** 17 fabbricato viaggiatori **passenger terminal** 18 piazzale esterno **railway yard** 19 pensilina **station roof** 20 binario di deposito e pulizia **depot and cleaning track** 21 linea elettrica **electric line** 22 binari di partenza e arrivo dei treni **departure and arrival tracks** 23 segnale indicatore di direzione **direction indicator**

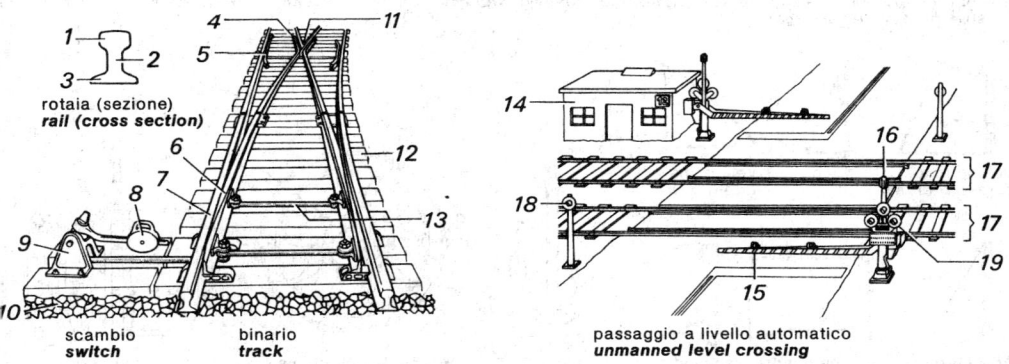

rotaia (sezione) **rail (cross section)**

scambio **switch** binario **track**

passaggio a livello automatico **unmanned level crossing**

1 fungo **head** 2 gambo **web** 3 suola **flange** 4 rotaia a zampa di lepre **wing rail** 5 controrotaia **guard rail** 6 ago **point** 7 rotaia **rail** 8 contrappeso **balance weight** 9 cassetta di manovra **switch gear** 10 massicciata **ballast** 11 cuore **frog** 12 traversa **sleeper** 13 tirante d'unione **switch rod** 14 casello **signal box** 15 barriera **barrier** 16 segnale acustico **sound signal** 17 binario **track** 18 luce rossa **red light** 19 luci rosse lampeggianti **flashing red lights**

marina *seamanship*

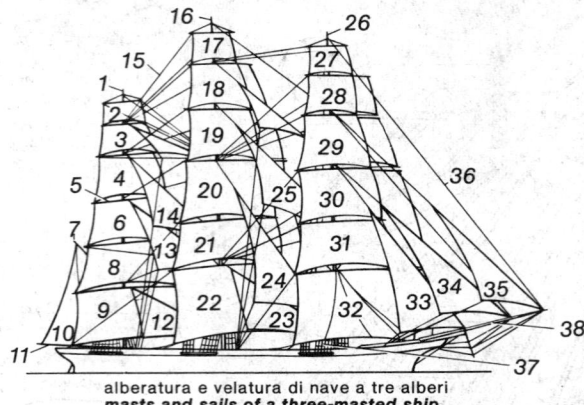

alberatura e velatura di nave a tre alberi
masts and sails of a three-masted ship

1 albero di mezzana *mizzen mast* 2 controbelvedere *mizzen royal* 3 belvedere volante *mizzen upper topgallant sail* 4 belvedere fisso *mizzen lower topgallant sail* 5 pennone *yard* 6 contromezzana volante *mizzen upper topsail* 7 picco della randa *spanker gaff* 8 bassa contromezzana *mizzen lower topsail* 9 trevo di mezzana *mizzen course (crossjack)* 10 randa *spanker* 11 boma *boom* 12 vela di strallo di contromezzana *mizzen topmast staysail* 13 vela di strallo di belvedere *mizzen topgallant staysail* 14 vela di strallo di controbelvedere *mizzen royal staysail* 15 drizza *halyard* 16 albero di maestra *main mast* 17 controvelaccio *main royal* 18 gran velaccio volante *main upper topgallant sail* 19 gran velaccio fisso *main lower topgallant sail* 20 gabbia volante *main upper topsail* 21 bassa gabbia *main lower topsail* 22 trevo di maestra *main course (main sail)* 23 vela di strallo di gabbia (cavalla o carbonera) *main topmast staysail* 24 vela di strallo di gran velaccio *main topgallant staysail* 25 vela di strallo di controvelaccio *main royal staysail* 26 albero di trinchetto *fore mast* 27 controvelaccino *fore royal* 28 velaccino volante *fore upper topgallant sail* 29 velaccino fisso *fore lower topgallant sail* 30 parrocchetto volante *fore upper topsail* 31 basso parrocchetto *fore lower topsail* 32 trevo di trinchetto *fore course (fore sail)* 33 gran fiocco (fiocco di dentro) *inner jib* 34 falso fiocco (fiocco di fuori) *outer jib* 35 controfiocco *flying jib* 36 strallo *stay* 37 sartia *shroud* 38 bompresso *bowsprit*

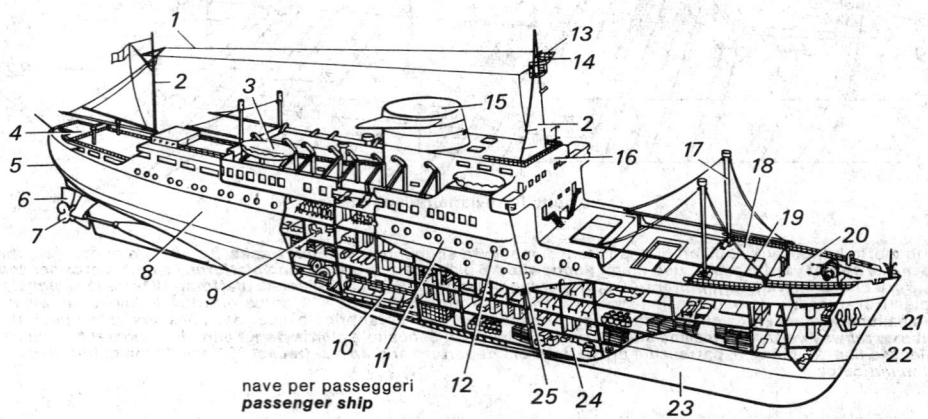

nave per passeggeri
passenger ship

1 antenna della radio *radio aerial* 2 albero *mast* 3 lancia di salvataggio *life-boat* 4 cassero *poop* 5 poppa *stern* 6 timone *rudder* 7 elica *propeller* 8 murata *side* 9 cabina *cabin* 10 sala macchine *engine room* 11 ponte *deck* 12 oblò *porthole* 13 coffa *top* 14 radar *radar* 15 fumaiolo *funnel* 16 ponte di comando *navigating bridge deck* 17 albero di carico *derrick* 18 coperta *fore deck* 19 boccaporto *hatchway* 20 castello *forecastle* 21 ancora *anchor* 22 prora *stem* 23 carena *bottom* 24 stiva *hold* 25 fanale *light*

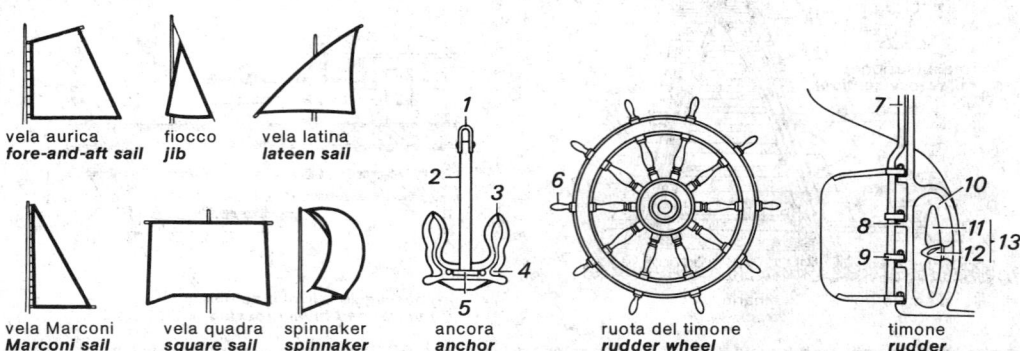

vela aurica *fore-and-aft sail*   fiocco *jib*   vela latina *lateen sail*

vela Marconi *Marconi sail*   vela quadra *square sail*   spinnaker *spinnaker*   ancora *anchor*   ruota del timone *rudder wheel*   timone *rudder*

1 cicala *ring* 2 fuso *shank* 3 marra *fluke* 4 braccio *arm* 5 diamante *crown* 6 caviglia *spoke* 7 asta *rudder stock* 8 agugliotto *pintle* 9 femminella *gudgeon* 10 pozzo dell'elica *propeller well* 11 pala *blade* 12 mozzo *boss* 13 elica *propeller*

marina *seamanship*

Tavole di nomenclatura

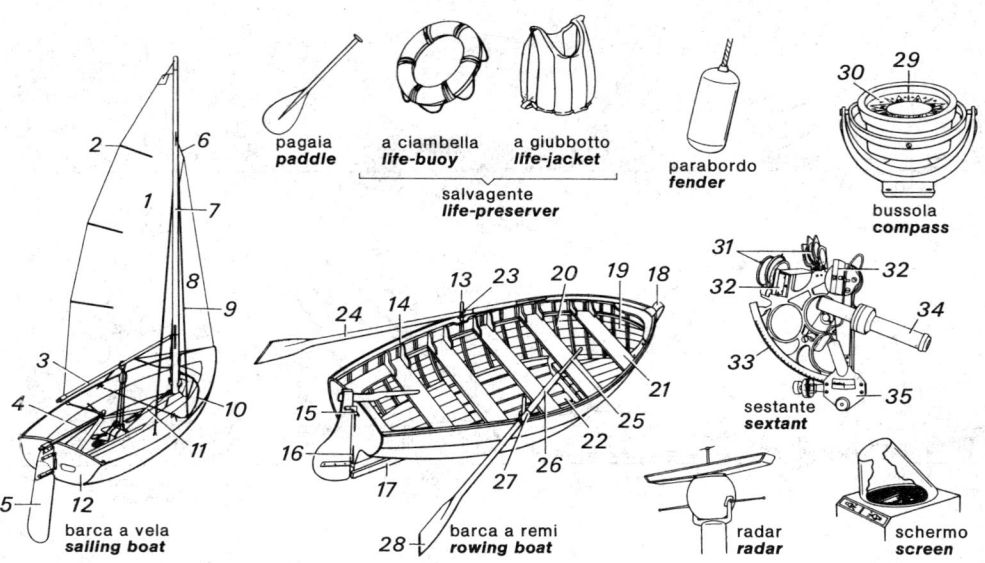

1 randa **gaff sail** 2 stecca **batten** 3 boma **boom** 4 barra **tiller** 5 timone **rudder** 6 drizza **halyard** 7 albero **mast** 8 fiocco **jib** 9 sartia **shroud** 10 scotta **sheet** 11 deriva **drop keel** 12 quadro di poppa **transom board** 13 scalmo **thole** 14 falchetta **thole board** 15 femminella **gudgeon** 16 agugliotto **pintle** 17 chiglia **keel** 18 dritto di prora **stem-post** 19 fasciame **planking** 20 ordinata **rib** 21 banco **thwart** 22 pagliolo **floor-boards** 23 stroppo **trailing-line** 24 remo **oar** 25 impugnatura **hand grip** 26 girone **handle** 27 ginocchio **loom** 28 pala **blade** 29 linea di fede **lubber-line** 30 rosa **compass-rose** 31 filtri **shades** 32 specchio **mirror** 33 settore graduato **limb** 34 cannocchiale **telescope** 35 alidada **index bar**

dragone **dragon**

finn **finn**

flying dutchman **flying dutchman**

flying junior **flying junior**

star **star**

catamarano **catamaran**

motoscafo cabinato **cabin motor boat**

fuoribordo **outboard boat**

entrobordo da corsa **inboard racer**

lancia **launch**

gommone **rubber dinghy**

moscone **moscone**

outrigger **outrigger**

felze **cabin** pettine **comb** gondola **gondola**

barchino da palude **punt**

gozzo ligure **fishing boat from Liguria**

barca da lago **lake boat**

piroga **log canoe**

piroga con bilanciere **outrigger canoe**

kayak eschimese **kayak**

canoa canadese **canoe from Canada**

zattera **raft**

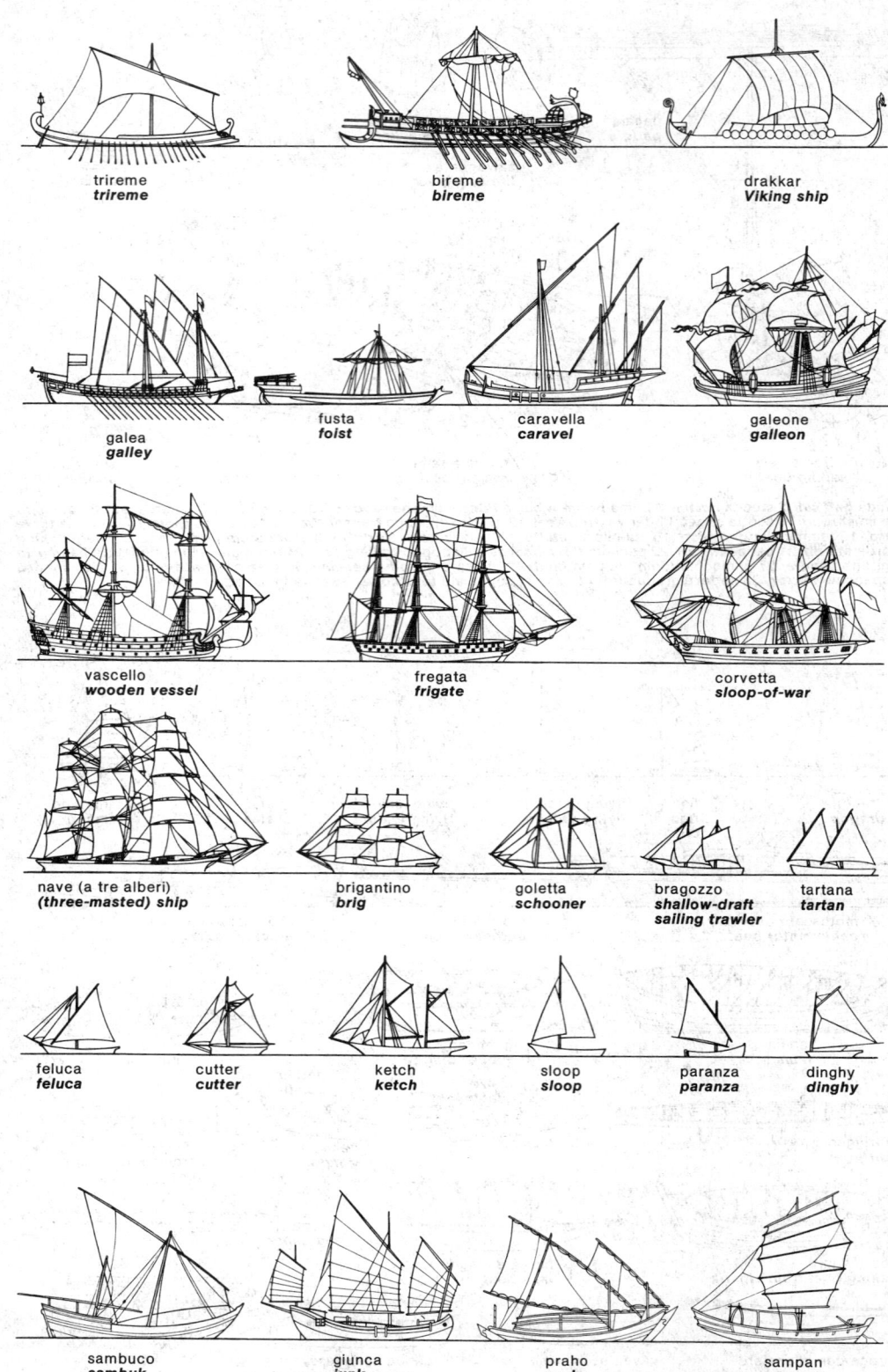

marina *seamanship*

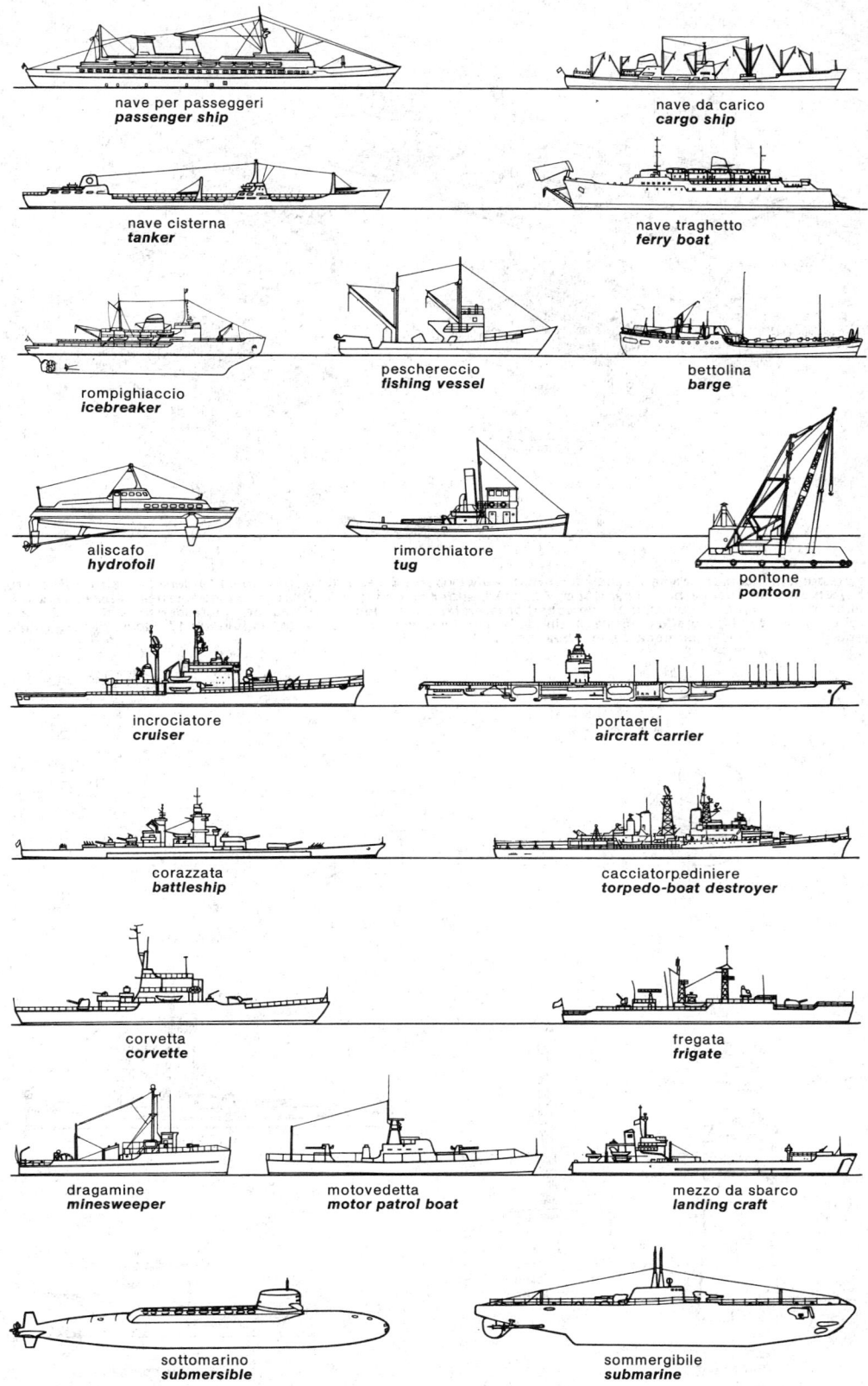

porto port

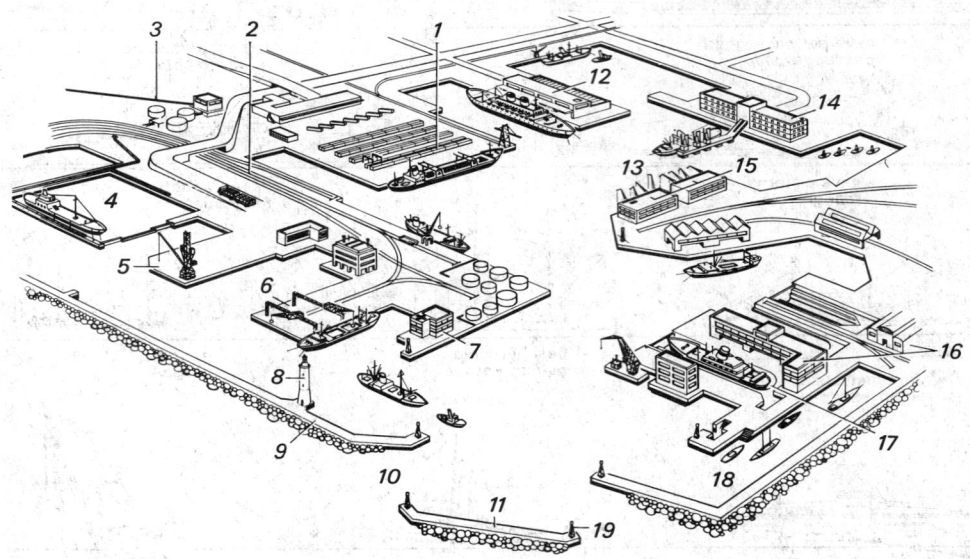

1 calata container **container wharf** 2 scalo ferroviario **railway berth** 3 oleodotto **oil pipeline** 4 darsena dei petroli **oil basin** 5 molo **jetty** 6 calata del carbone **coal wharf** 7 sanità **health office** 8 faro **lighthouse** 9 diga foranea **outer breakwater** 10 imboccatura **mouth** 11 antemurale **detached breakwater** 12 stazione marittima **marine passenger station** 13 scalo merci **cargo berth** 14 silo **silos** 15 magazzini delle merci **warehouses** 16 cantieri **shipyards** 17 bacino di carenaggio **dry-dock** 18 porticciolo per imbarcazioni **boat basin** 19 fanale **light**

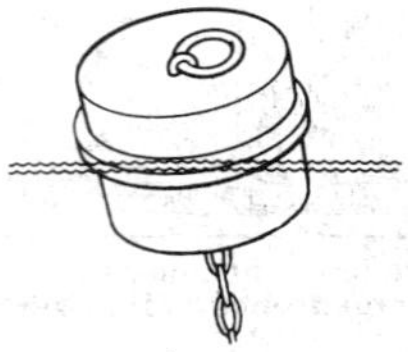

boa **buoy**

bitta d'ormeggio **mooring bitt**

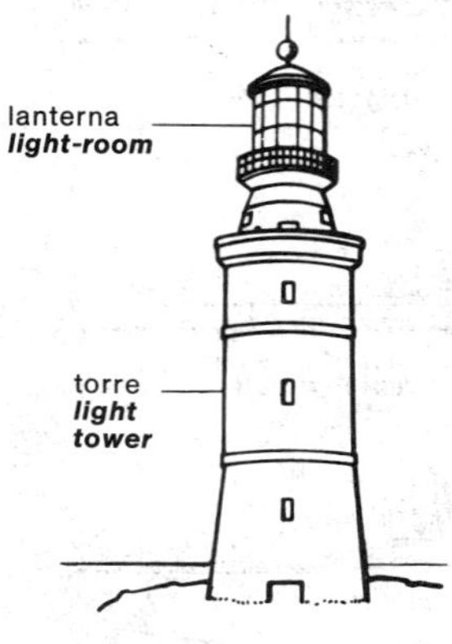

lanterna **light-room**

torre **light tower**

faro **lighthouse**

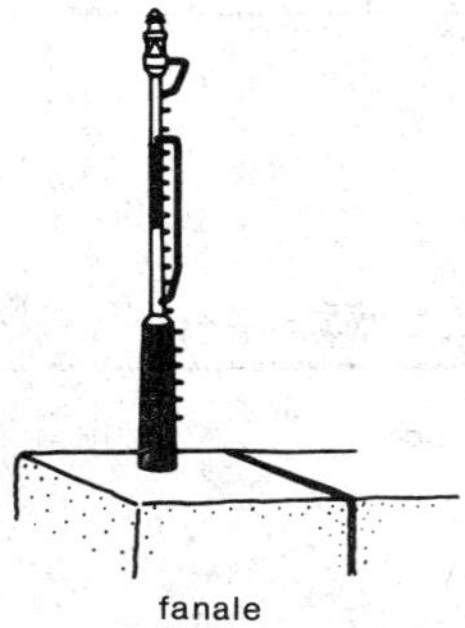

fanale **light**

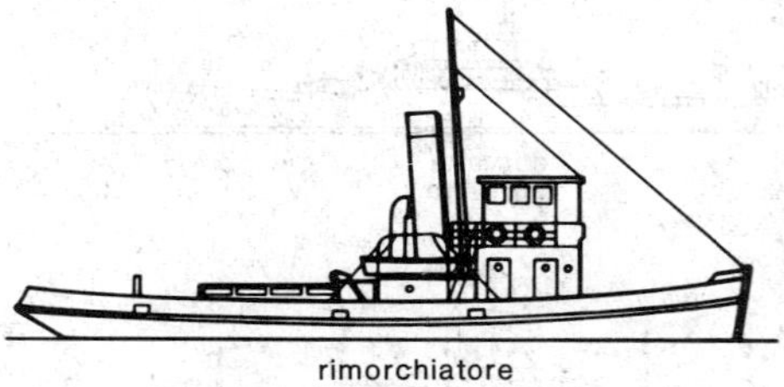

rimorchiatore **tug**

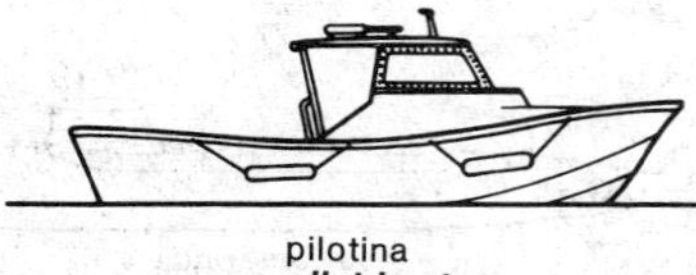

pilotina **pilot boat**

aeronautica aeronautics

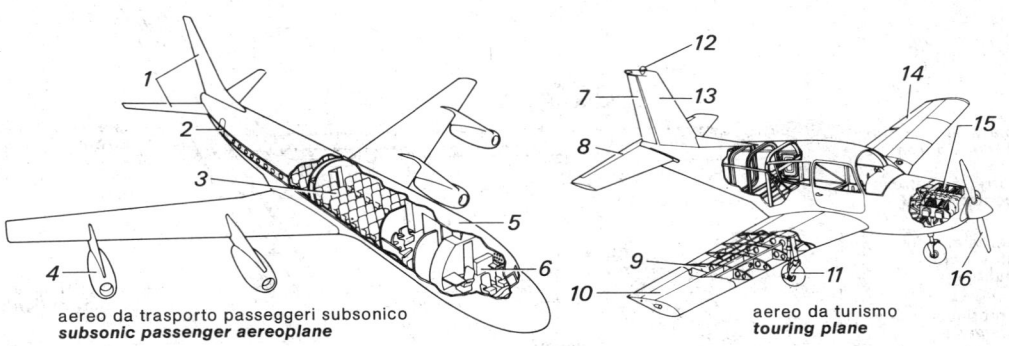

aereo da trasporto passeggeri subsonico
subsonic passenger aereoplane

aereo da turismo
touring plane

1 impennaggi **tail units** 2 portello **door** 3 cabina per passeggeri **passenger compartment** 4 gondola motore **nacelle**
5 fusoliera **fuselage** 6 cabina di pilotaggio **cockpit** 7 timone di direzione **rudder** 8 timone di profondità **elevator** 9 centina **rib**
10 ala **wing** 11 carrello **undercarriage** 12 fanalino **tail light** 13 deriva **fin** 14 alettone **aileron** 15 motore **engine** 16 elica **propeller**

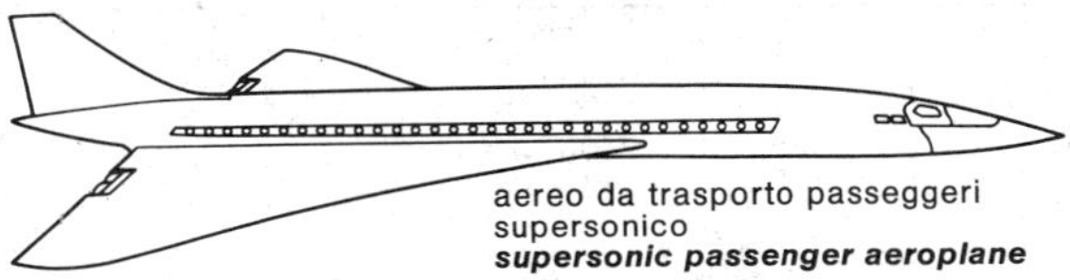

aereo da trasporto passeggeri supersonico
supersonic passenger aeroplane

rotore **rotor** 
pala **blade**
abitacolo **cockpit**
pattino **skid**
elicottero **helicopter**

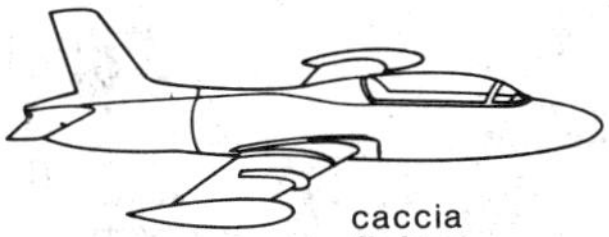

caccia **fighter**

bombardiere **bomber**

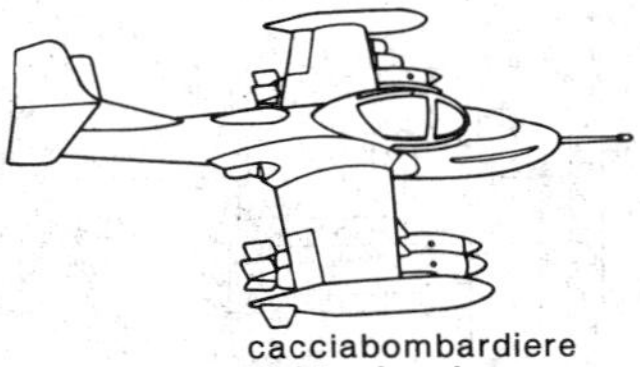

cacciabombardiere **fighter bomber**

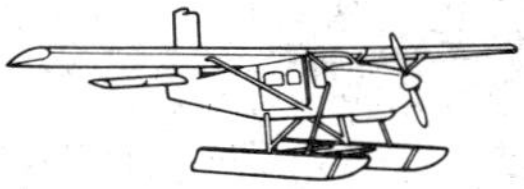

idrovolante **seaplane**

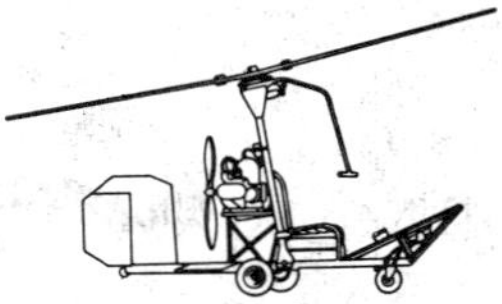

autogiro **gyroplane**

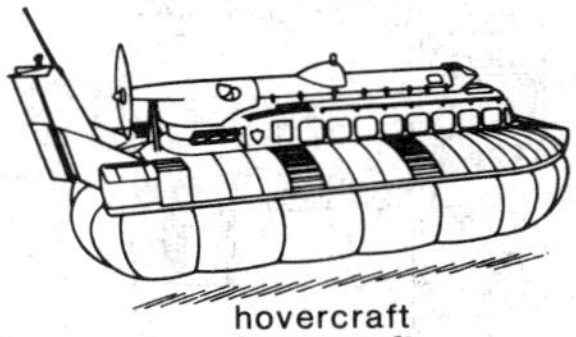

hovercraft **hovercraft**

aliante **glider**

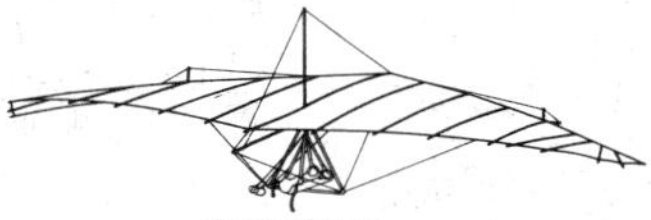

deltaplano **hang-glider**

dirigibile **airship**

pallone frenato **captive balloon**

pallone **balloon**

mongolfiera **hot-air balloon**

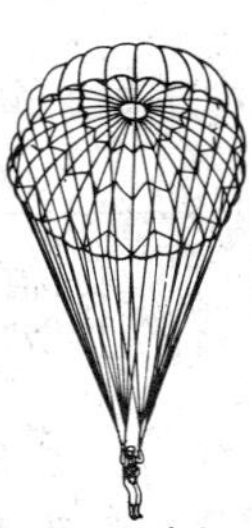

paracadute **parachute**

Tavole di nomenclatura

aeroporto *airport*

- piazzale **service apron**
- torre di controllo **control tower**
- aerostazione **air terminal building**
- aerorimessa **hangar**
- molo **gate**
- pista di rullaggio **taxiway**
- luci di pista **runway lights**
- pista principale **runway**

astronautica *astronautics*

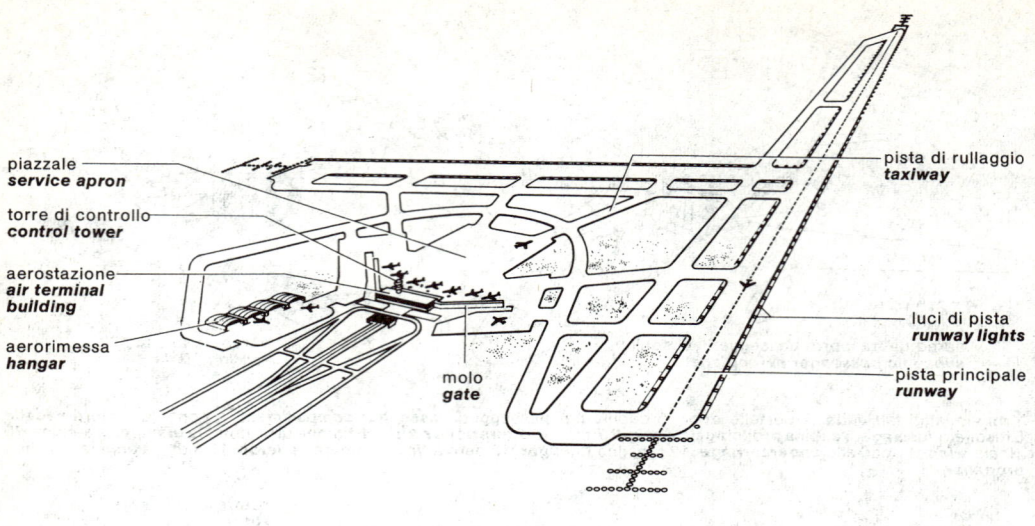

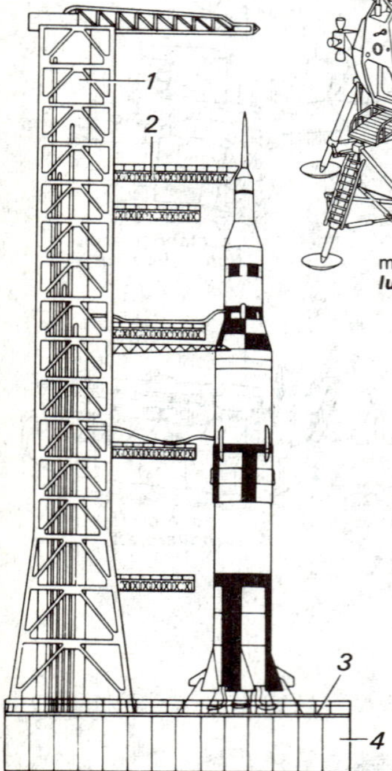

- missile **missile**
- modulo lunare **lunar module** 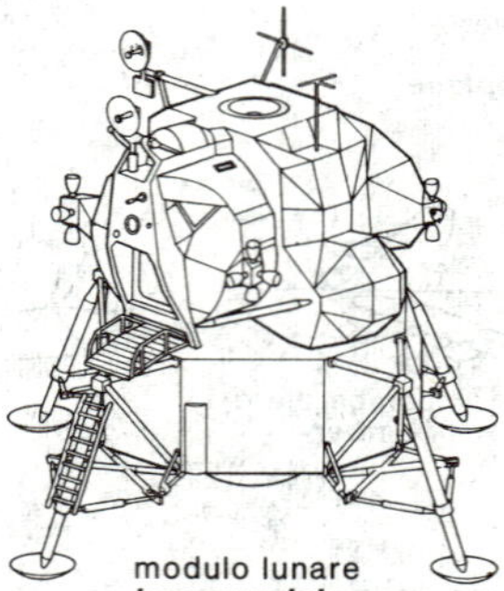
- modulo di servizio e comando **command and service module** 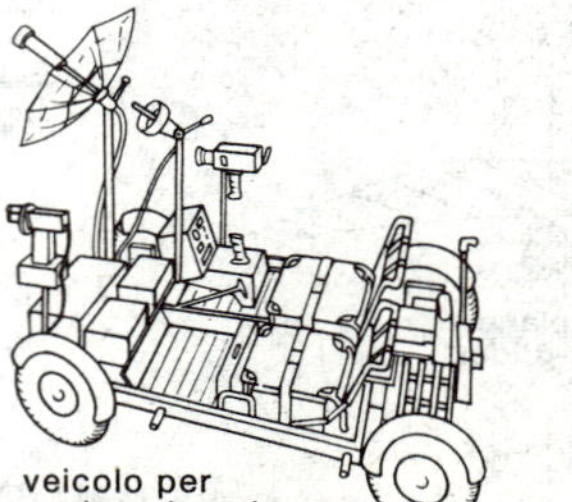
- satelliti artificiali **artificial satellites**
- navetta spaziale **space shuttle**
- veicolo per esplorazione lunare **vehicle for exploring the moon**
- tuta spaziale **space suit** 

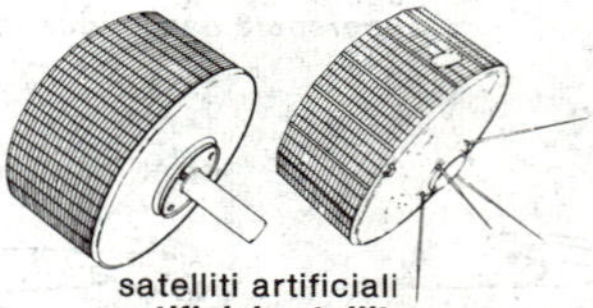

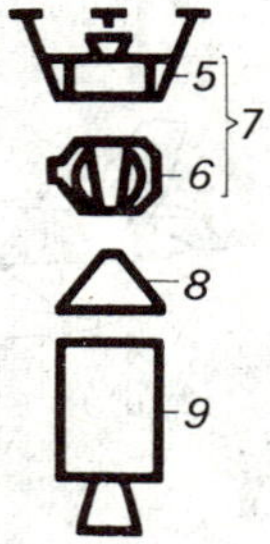

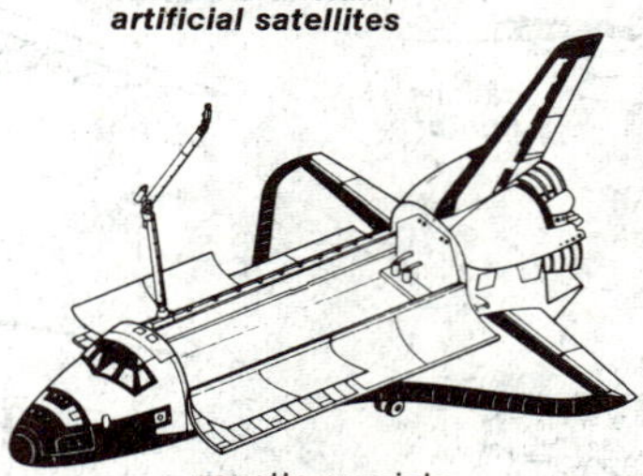

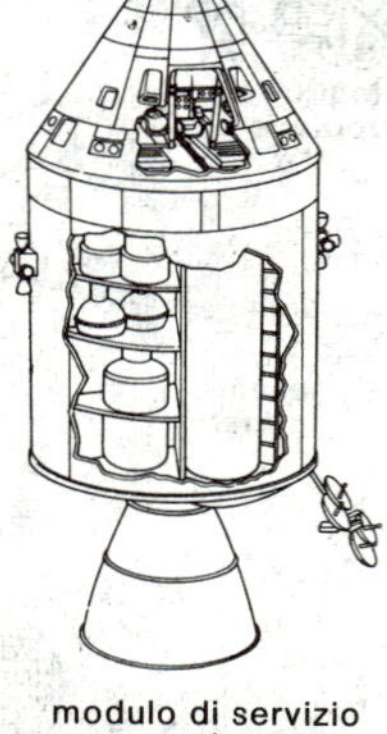

1 torre di servizio e di alimentazione **service and feeding tower** 2 braccio di servizio **service arm** 3 piattaforma di lancio **launching platform** 4 veicolo trasportatore cingolato **tracked conveyer** 5 stadio di discesa **descent stage** 6 stadio di risalita **take-off stage** 7 modulo lunare **lunar module** 8 modulo di comando **command module** 9 modulo di servizio **service module**

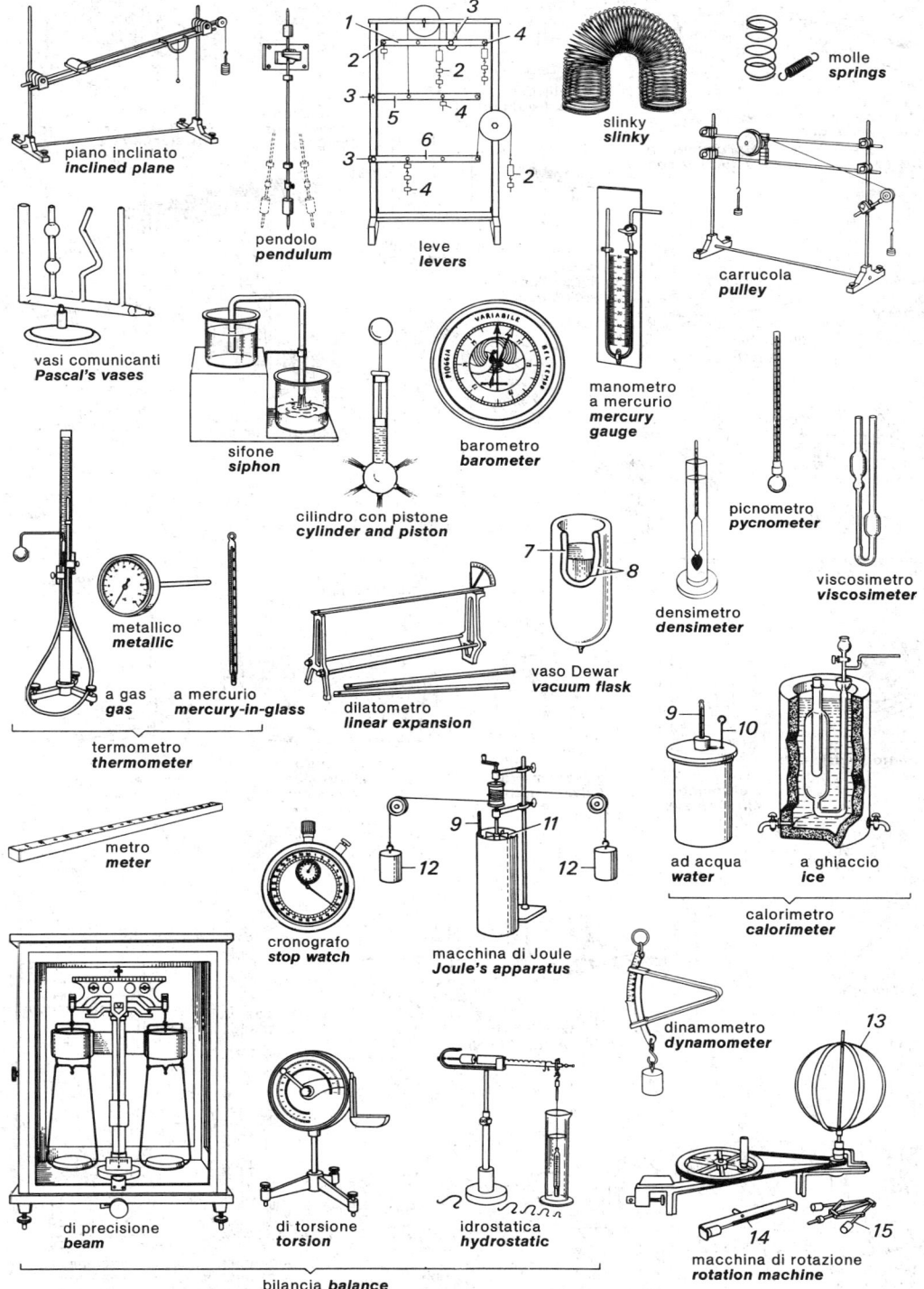

1 di primo genere **first-class** 2 potenza **load** 3 fulcro **fulcrum** 4 resistenza **effort** 5 di terzo genere **third-class** 6 di secondo genere **second-class** 7 vuoto **vacuum** 8 parete speculare di vetro **silvered surface** 9 termometro **thermometer** 10 mescolatore **mixer** 11 ruota a palette **paddle wheel** 12 massa cadente **falling weight** 13 apparecchio per dimostrare lo schiacciamento dei poli **machine for demonstration of pole flattening** 14 misuratore della forza centrifuga **centrifugal force meter** 15 regolatore di Watt **Watt governor**

fisica physics

Tavole di nomenclatura

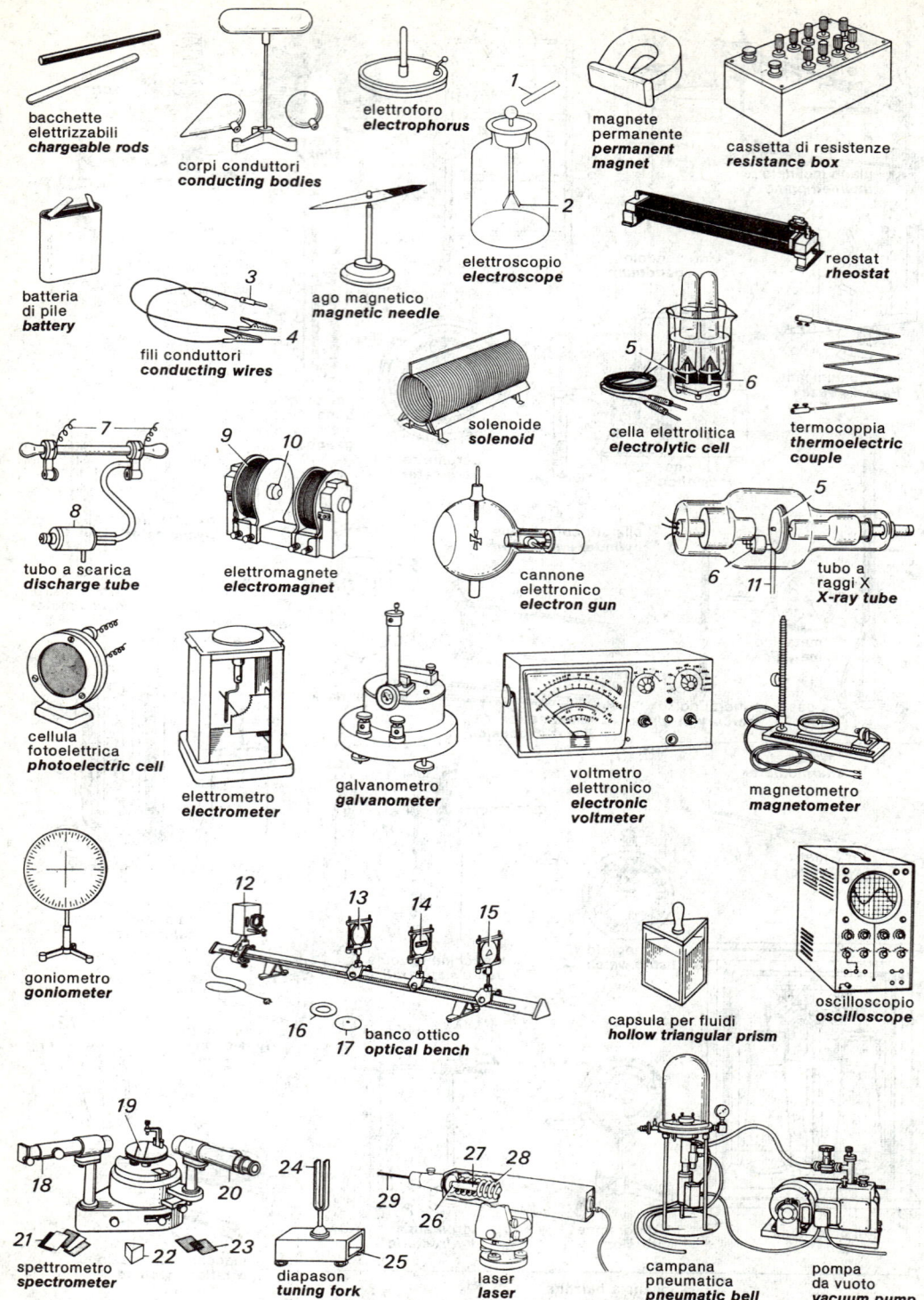

1 corpo elettricamente carico **electrically-charged body** 2 foglie d'oro **gold leaves** 3 spina **plug** 4 coccodrillo **terminal** 5 anodo **anode** 6 catodo **cathode** 7 elettrodi **electrodes** 8 valvola d'aspirazione **exhaust valve** 9 bobina **coil** 10 espansione polare **pole piece** 11 raggi X **X-rays** 12 sorgente luminosa **light source** 13 lente **lens** 14 diaframma a fenditura **slit diaphragm** 15 reticolo **reticule** 16 vetro smerigliato **ground glass** 17 diaframma forato **hole diaphragm** 18 obiettivo **objective** 19 piattaforma **support** 20 cannocchiale **eyepiece** 21 lamina **plate** 22 prisma **prism** 23 polaroide **polaroid lens** 24 rebbio **tine** 25 cassetta di risonanza **resonance box** 26 specchio parzialmente riflettente **partly-reflecting substage mirror** 27 tubo a gas **gas tube** 28 flash a spirale **spiral flash** 29 raggio di luce laser **light ray**

produzione e distribuzione dell'elettricità
production and distribution of electricity

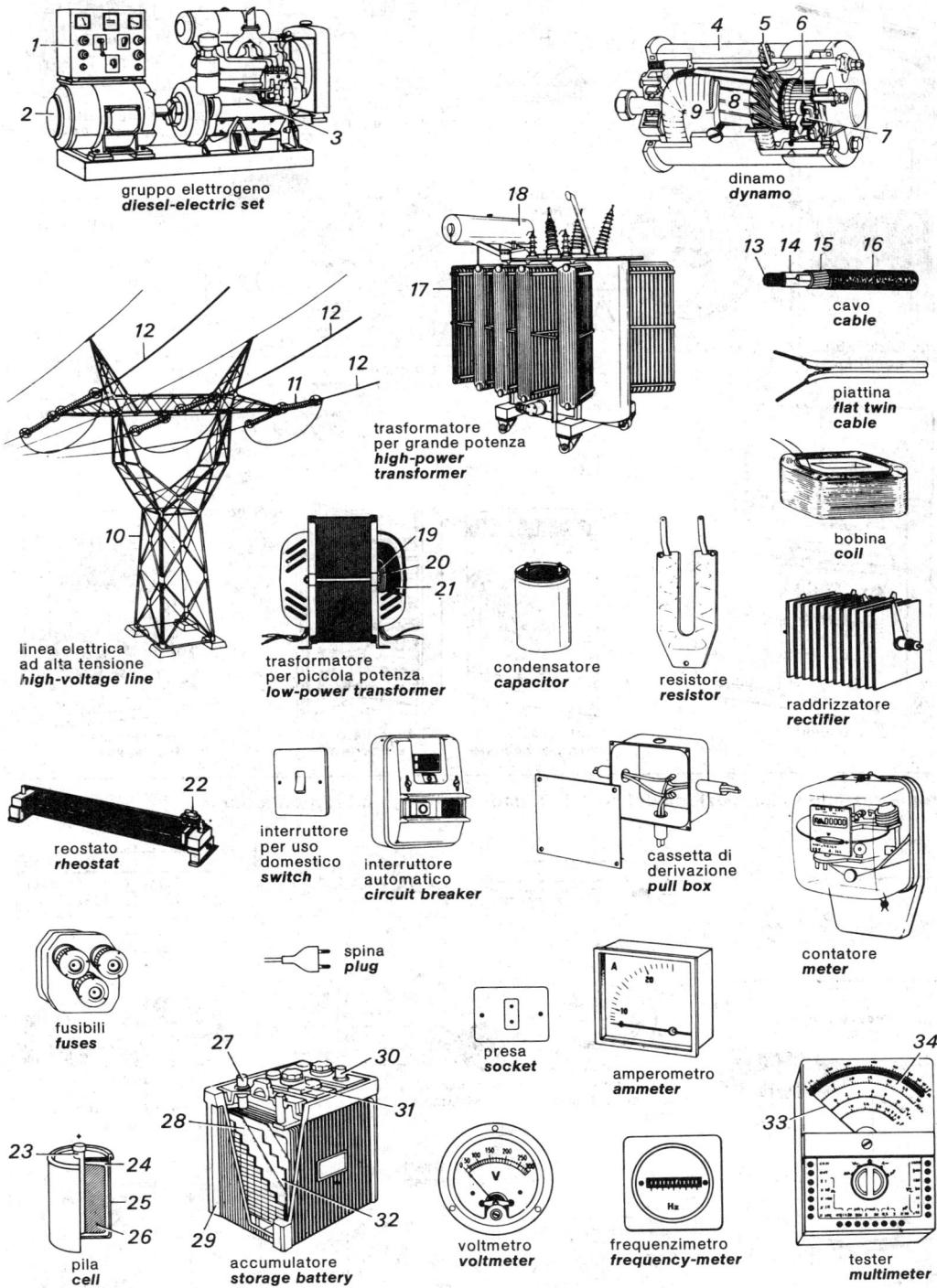

1 quadro elettrico **generator panel** 2 alternatore **alternator** 3 motore diesel **diesel engine** 4 carcassa **frame** 5 morsetto **terminal** 6 collettore **commutator** 7 spazzola **brush** 8 indotto **armature** 9 induttore **inductor** 10 traliccio **lattice** 11 isolatore **insulator** 12 cavo elettrico **electric cable** 13 conduttore **wire** 14 isolante **wire insulation coating** 15 armatura in acciaio **steel armour** 16 guaina **sheath** 17 radiatori **radiators** 18 serbatoio dell'olio di raffreddamento **cooling oil reservoir** 19 nucleo **core** 20 primario **primary winding** 21 secondario **secondary winding** 22 cursore **slider** 23 carbone **carbon** 24 elettrolito **electrolyte** 25 zinco **zinc** 26 miscela depolarizzante **depolarizer** 27 polo positivo **positive post** 28 piastra **plate** 29 cassetta **jar** 30 polo negativo **negative post** 31 ponticello **cell connector** 32 separatore **separator** 33 indice **pointer** 34 scala **scale**

elettrodomestici
electric household appliances

registrazione e riproduzione del suono *sound recording and reproduction*

1 pick-up ***pick-up*** 2 piatto ***turntable*** 3 braccio ***arm*** 4 altoparlante ***loudspeaker*** 5 selezionatore ***selector***

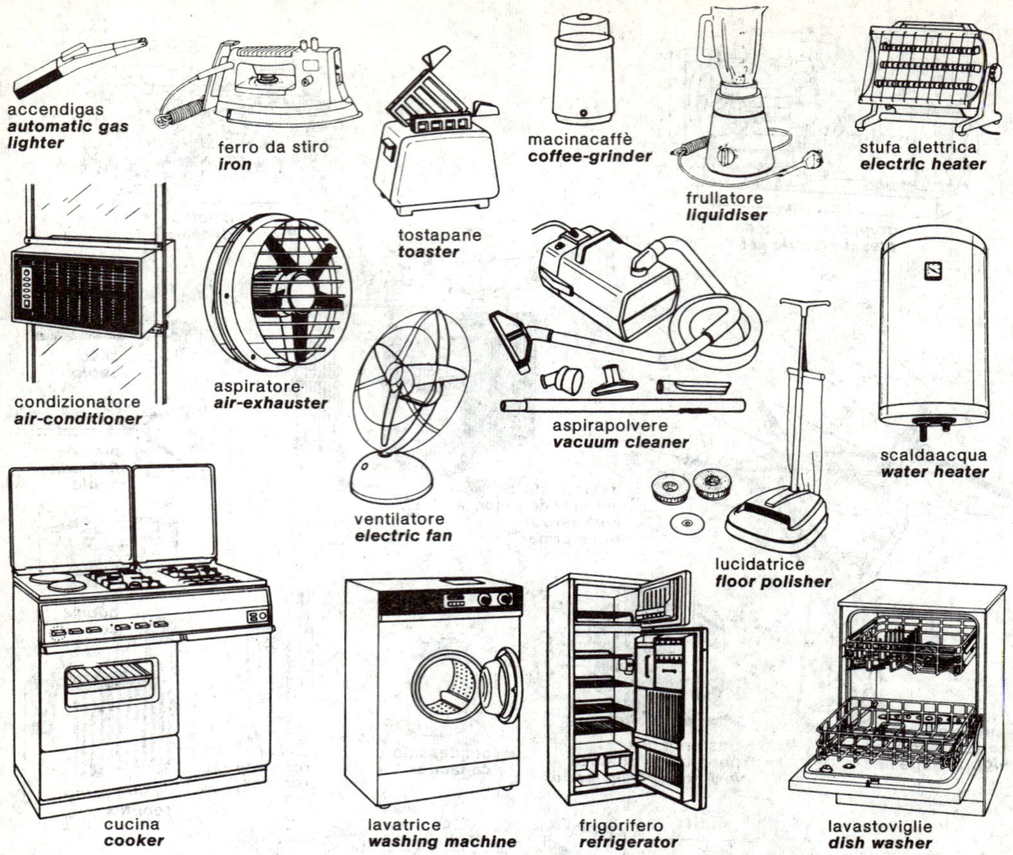

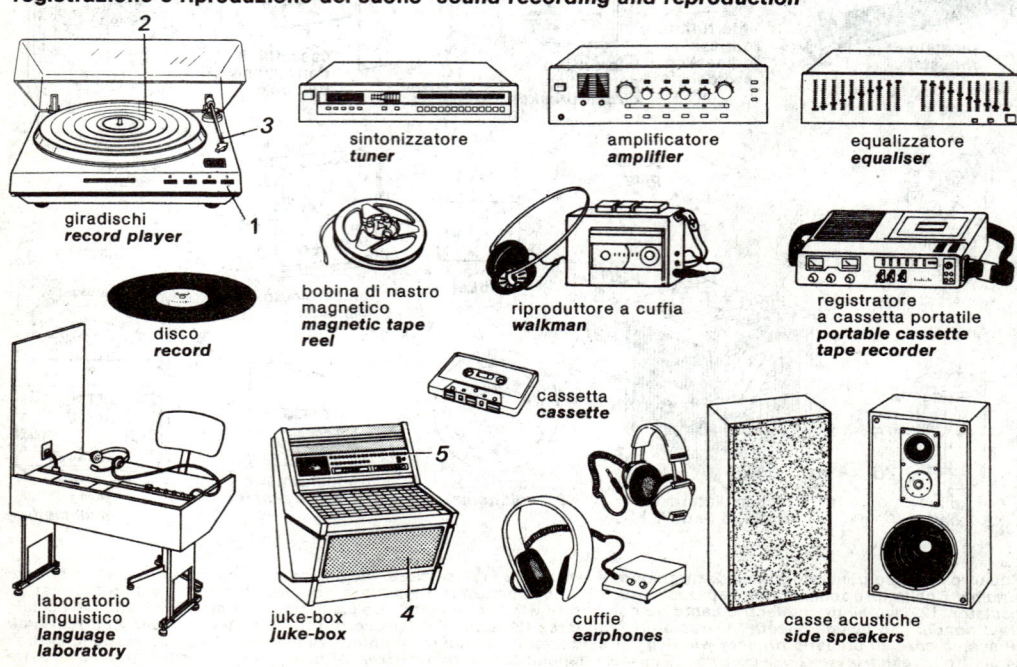

telegrafia telegraphy

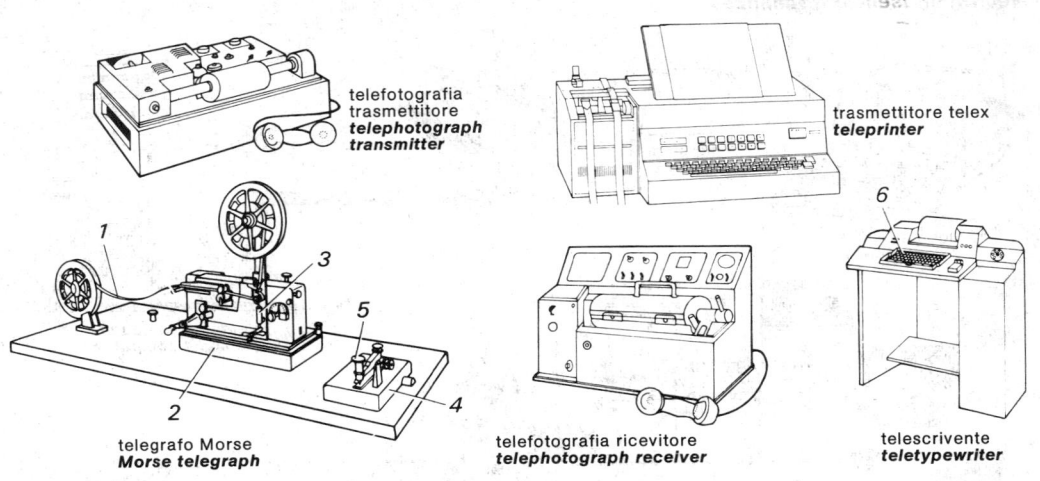

telefotografia trasmettitore / *telephotograph transmitter*
telegrafo Morse / *Morse telegraph*
trasmettitore telex / *teleprinter*
telefotografia ricevitore / *telephotograph receiver*
telescrivente / *teletypewriter*

1 nastro di carta *paper tape* 2 ricevitore *receiver* 3 penna *pencil* 4 trasmettitore *transmitter* 5 tasto *key* 6 tastiera *keyboard*

---

elettronica electronics

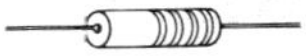

resistore / *resistor*
condensatore / *capacitor* 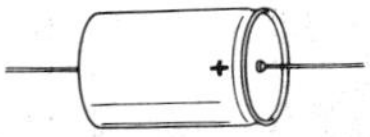
potenziometro / *potentiometer* 
induttore / *inductor* 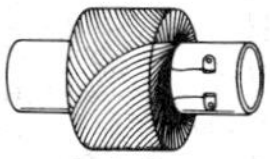
diodo / *diode* 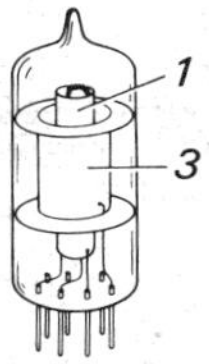
triodo / *triode* 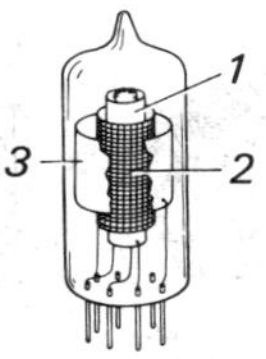
cavo coassiale / *coaxial cable*
guida d'onda / *wave guide* 
transistore / *transistor* 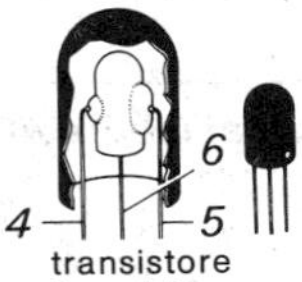 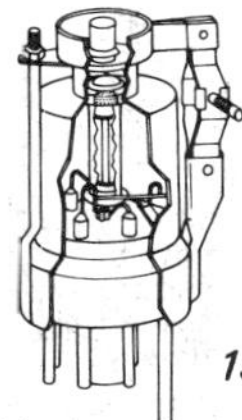
tubo a raggi catodici / *cathode ray tube*
klystron / *klystron*
generatore di segnali / *signal generator* 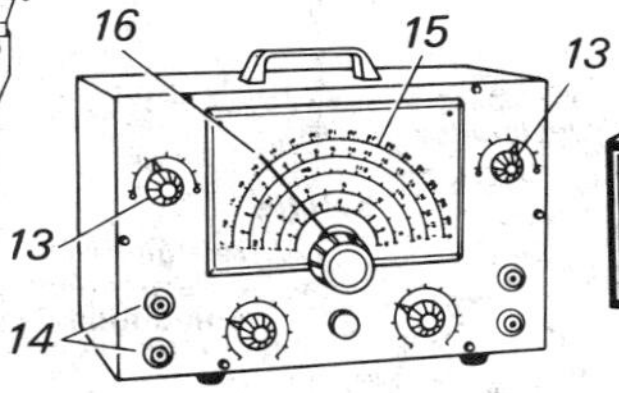
alimentatore / *power pack* 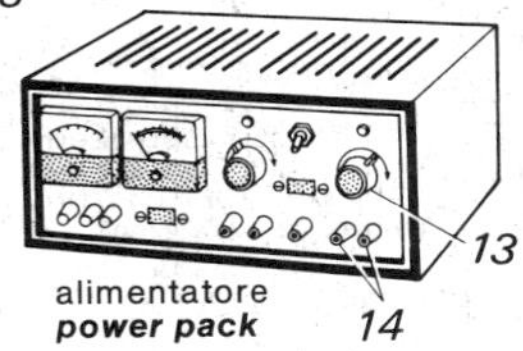
tester / *multimeter* 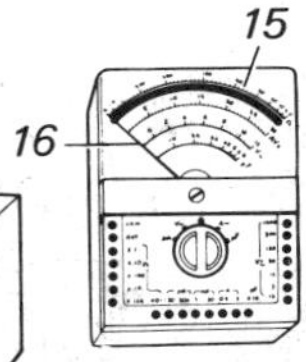
oscilloscopio / *oscilloscope* 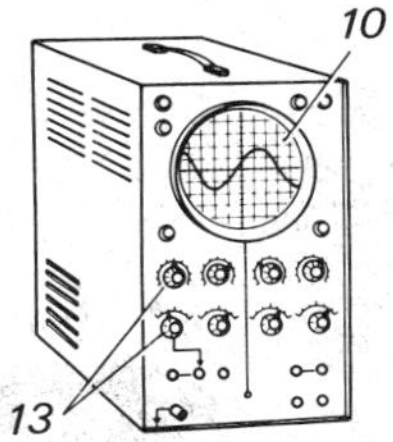
sopra **above** / sotto **below** — **circuito stampato** / *printed circuit* 
circuito integrato / *integrated circuit*
schema di circuito / *circuit diagram* 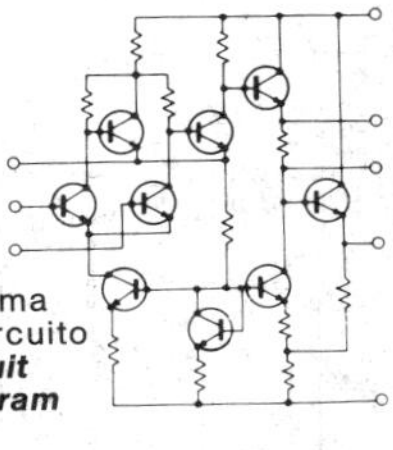

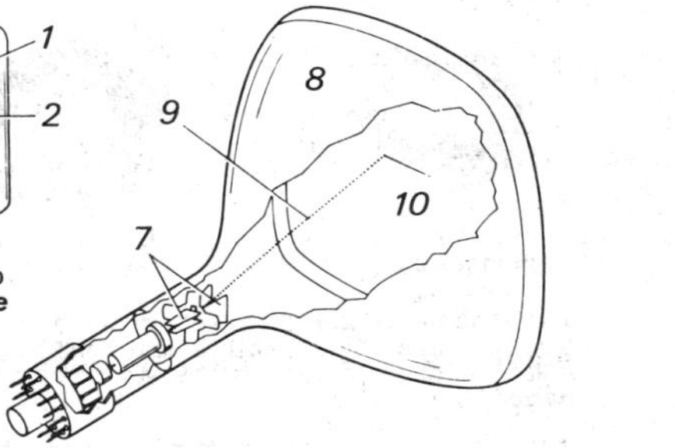

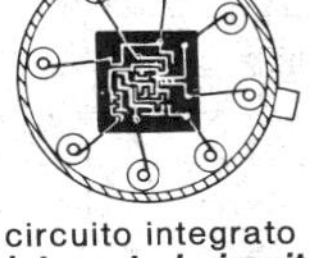

1 catodo *cathode* 2 griglia *grid* 3 anodo *anode* 4 emettitore *emitter* 5 collettore *collector* 6 base *base* 7 placchette di deflessione *deflecting plates* 8 ampolla di vetro *glass bulb* 9 pennello elettronico *beam of electrons* 10 schermo fluorescente *fluorescent screen* 11 conduttore *conductor* 12 isolante *insulating material* 13 comandi *control knobs* 14 terminali *terminals* 15 scala *scale* 16 indice *pointer*

elaborazione elettronica dei dati
electronic data processing

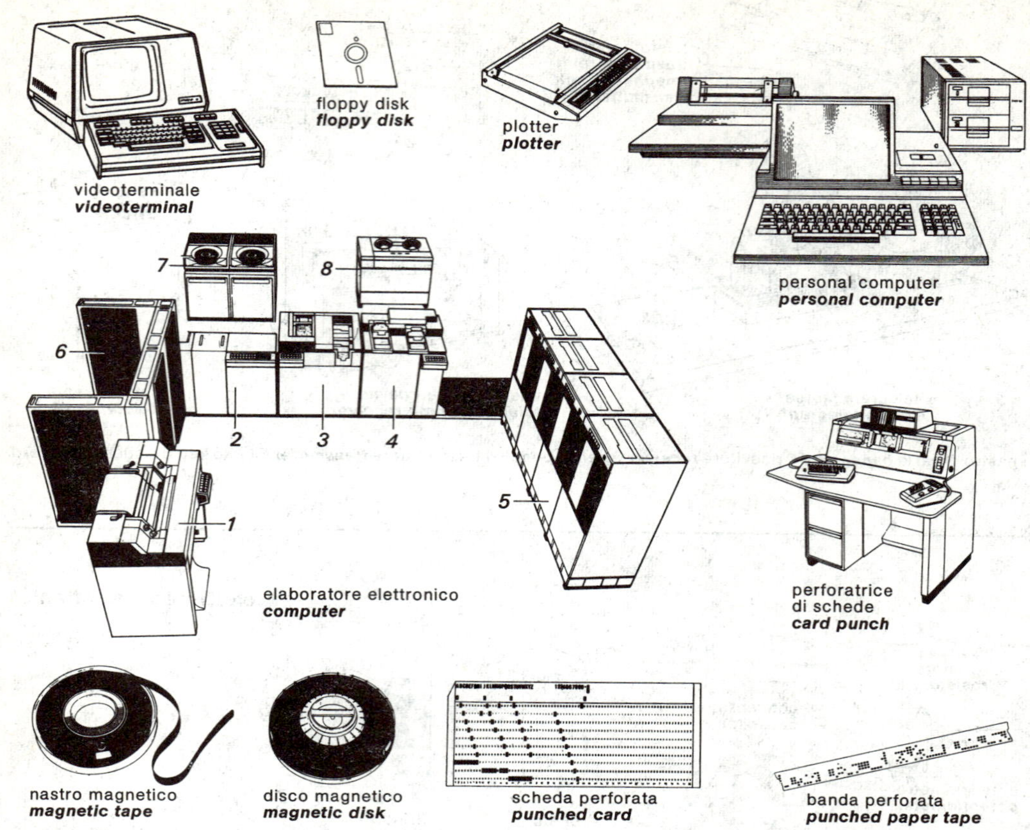

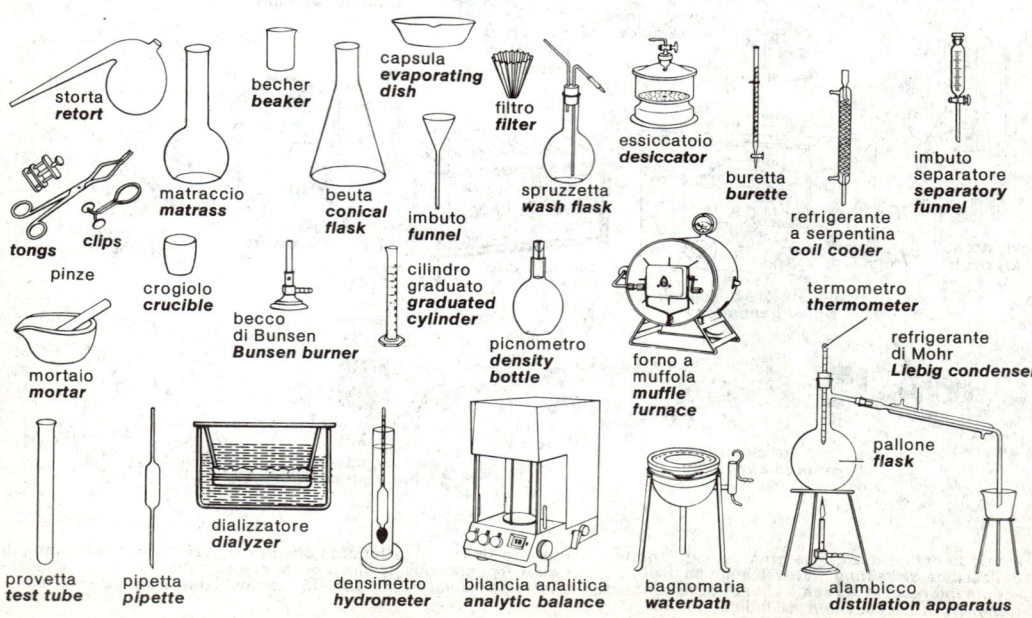

1 stampante **printer** 2 console di comando **consol** 3 lettore di schede **card reader** 4 perforatore di schede **card punch** 5 unità di memoria ausiliaria a nastro magnetico **magnetic tape secondary storage unit** 6 unità centrale **central processing unit** 7 unità di memoria ausiliaria a disco magnetico **magnetic disk secondary storage unit** 8 lettore di banda perforata **paper tape reader**

apparecchi e strumenti del chimico chemical laboratory implements

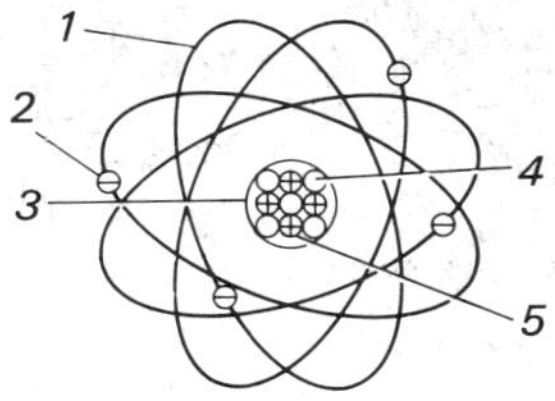

nucleare (fisica e industria)
nuclear physics

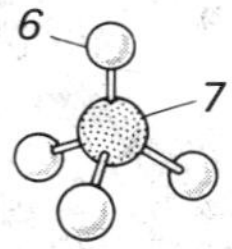

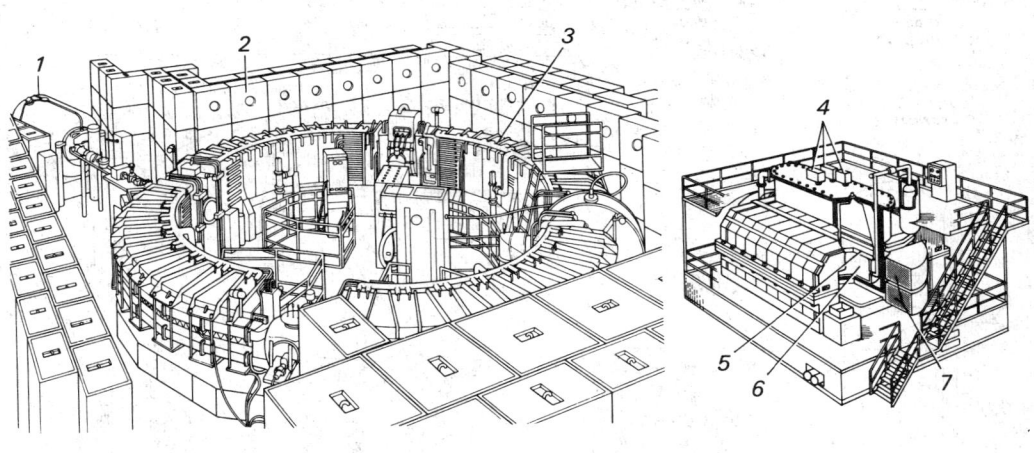

modello di molecola
molecule model

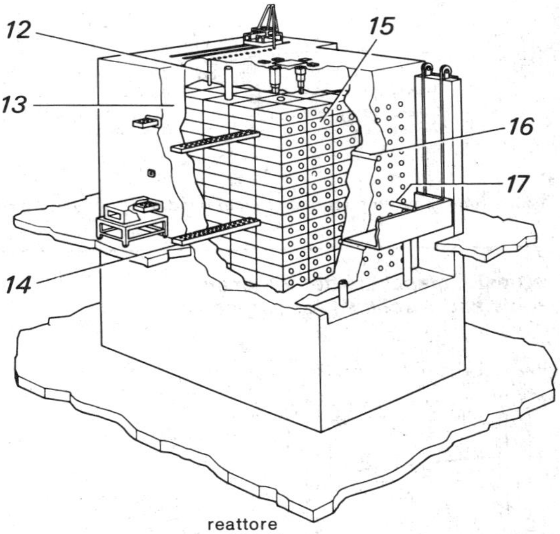

modello di atomo
atom model

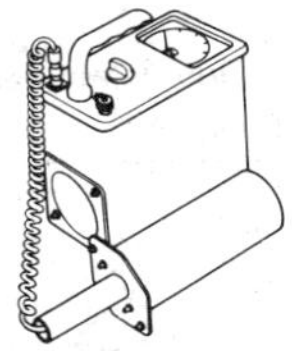

rivelatore e contatore di particelle
particle detector and counter

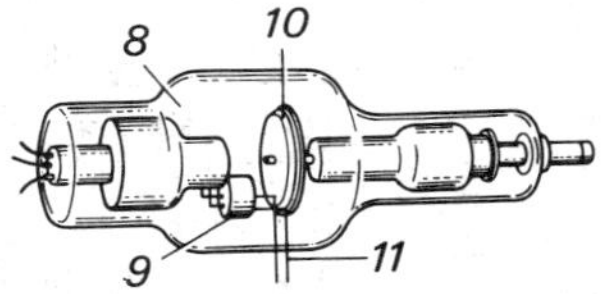

reattore nucleare
nuclear reactor

tubo per raggi X
X-ray tube

1 orbita elettronica **electron orbit** 2 elettrone **electron** 3 nucleo **nucleus** 4 neutrone **neutron** 5 protone **proton** 6 atomo d'idrogeno **hydrogen atom** 7 atomo di carbonio **carbon atom** 8 ampolla **bulb** 9 catodo **cathode** 10 anodo rotante **rotating anode** 11 raggi X **X-rays** 12 barra di controllo **control rod** 13 parete protettiva in calcestruzzo **protective concrete wall** 14 barra per estrazione dei radioisotopi **radioisotope extraction rod** 15 moderatore **moderator** 16 tubo di raffreddamento **cooling pipe** 17 barra di uranio **uranium rod**

acceleratore di particelle
particle accelerator

camera a bolle
bubble chamber

1 iniettore **injector** 2 schermo protettivo **protective shield** 3 anello **doughnut** 4 macchine fotografiche **cameras** 5 finestra **window** 6 camera a bolle **bubble chamber** 7 avvolgimenti dell'elettromagnete **electromagnetic coils**

Tavole di nomenclatura

sega saw

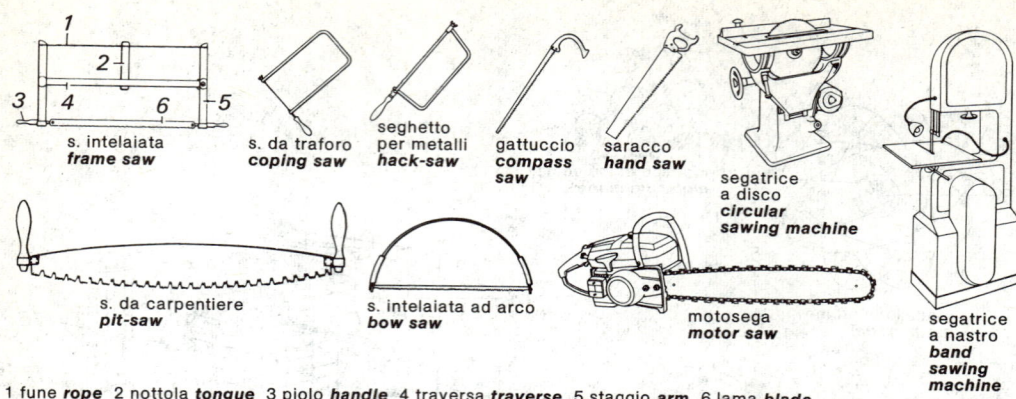

s. intelaiata **frame saw** — s. da traforo **coping saw** — seghetto per metalli **hack-saw** — gattuccio **compass saw** — saracco **hand saw** — segatrice a disco **circular sawing machine** — s. da carpentiere **pit-saw** — s. intelaiata ad arco **bow saw** — motosega **motor saw** — segatrice a nastro **band sawing machine**

1 fune **rope** 2 nottola **tongue** 3 piolo **handle** 4 traversa **traverse** 5 staggio **arm** 6 lama **blade**

---

arnesi e macchine del falegname
tools and machines for carpentry

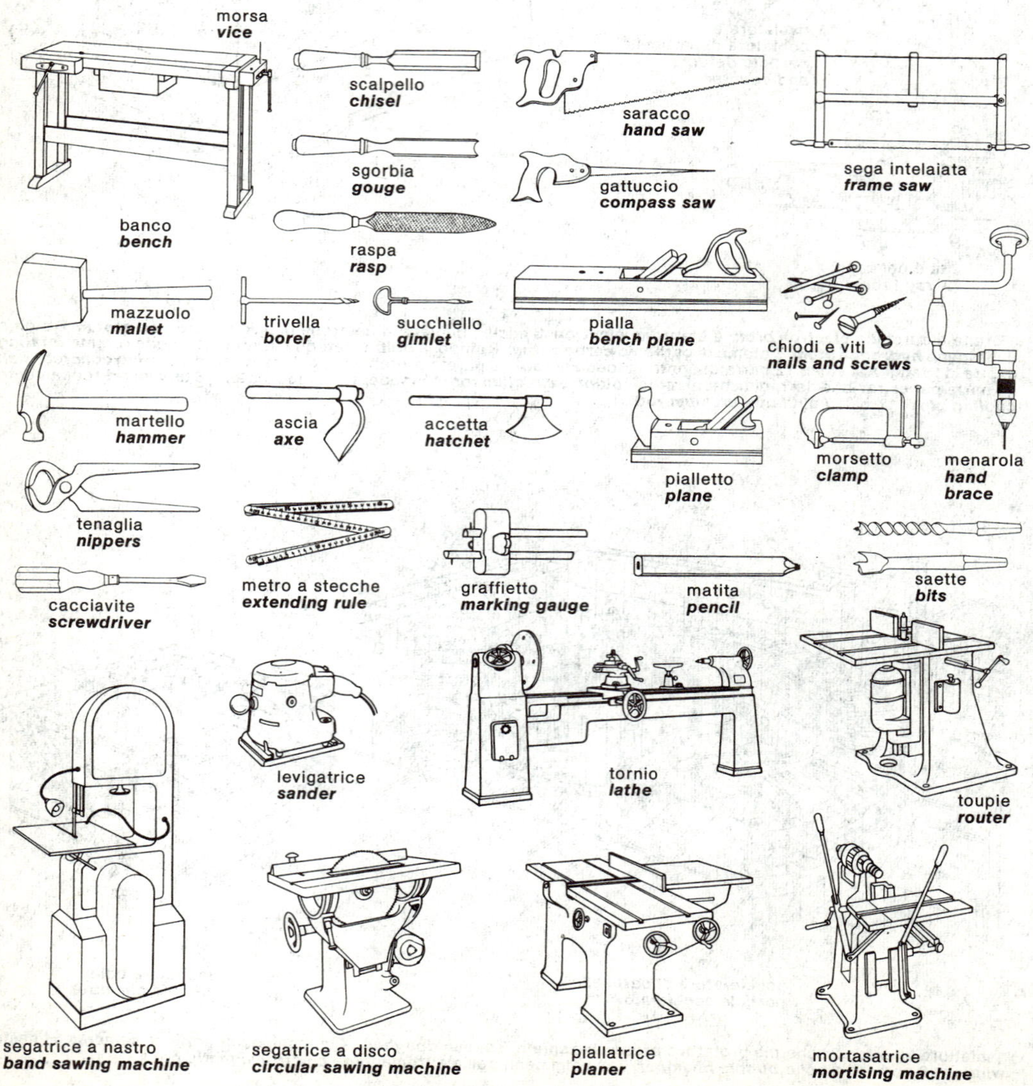

morsa **vice** — scalpello **chisel** — saracco **hand saw** — sega intelaiata **frame saw** — sgorbia **gouge** — gattuccio **compass saw** — banco **bench** — raspa **rasp** — mazzuolo **mallet** — trivella **borer** — succhiello **gimlet** — pialla **bench plane** — chiodi e viti **nails and screws** — martello **hammer** — ascia **axe** — accetta **hatchet** — pialletto **plane** — morsetto **clamp** — menarola **hand brace** — tenaglia **nippers** — metro a stecche **extending rule** — graffietto **marking gauge** — matita **pencil** — saette **bits** — cacciavite **screwdriver** — levigatrice **sander** — tornio **lathe** — toupie **router** — segatrice a nastro **band sawing machine** — segatrice a disco **circular sawing machine** — piallatrice **planer** — mortasatrice **mortising machine**

martello *hammer*

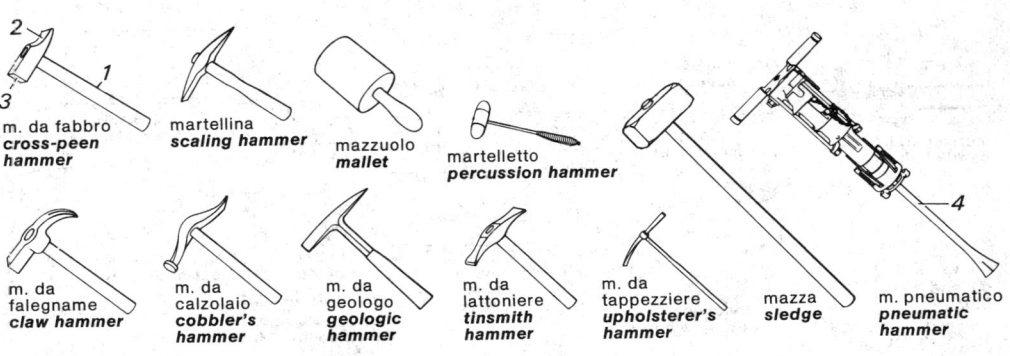

m. da fabbro **cross-peen hammer** — martellina **scaling hammer** — mazzuolo **mallet** — martelletto **percussion hammer** — mazza **sledge** — m. pneumatico **pneumatic hammer**

m. da falegname **claw hammer** — m. da calzolaio **cobbler's hammer** — m. da geologo **geologic hammer** — m. da lattoniere **tinsmith hammer** — m. da tappezziere **upholsterer's hammer**

1 manico **handle** 2 penna **peen** 3 bocca **face** 4 fioretto **bit**

ferramenta *ironmongery*

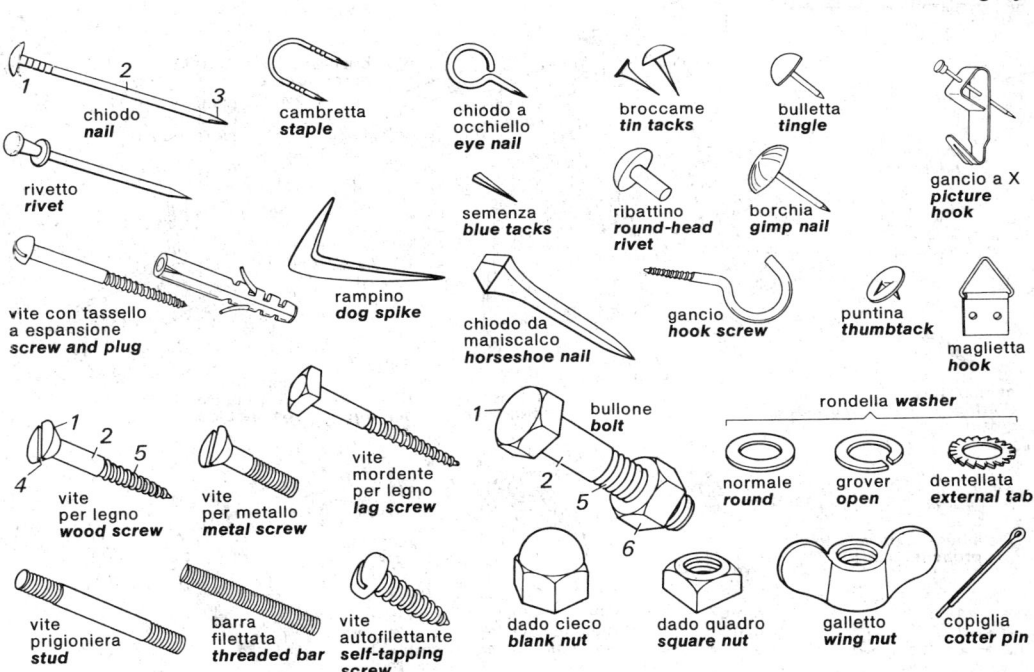

chiodo **nail** — cambretta **staple** — chiodo a occhiello **eye nail** — broccame **tin tacks** — bulletta **tingle** — rivetto **rivet** — semenza **blue tacks** — ribattino **round-head rivet** — borchia **gimp nail** — gancio a X **picture hook** — vite con tassello a espansione **screw and plug** — rampino **dog spike** — chiodo da maniscalco **horseshoe nail** — gancio **hook screw** — puntina **thumbtack** — maglietta **hook**

vite per legno **wood screw** — vite per metallo **metal screw** — vite mordente per legno **lag screw** — bullone **bolt** — rondella **washer**: normale **round**, grover **open**, dentellata **external tab**

vite prigioniera **stud** — barra filettata **threaded bar** — vite autofilettante **self-tapping screw** — dado cieco **blank nut** — dado quadro **square nut** — galletto **wing nut** — copiglia **cotter pin**

1 testa **head** 2 gambo **shank** 3 punta **point** 4 taglio **nick** 5 filettatura **thread** 6 dado **nut**

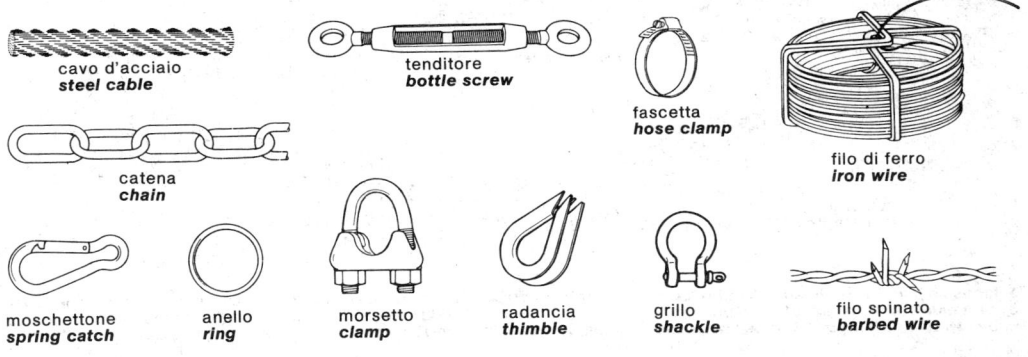

cavo d'acciaio **steel cable** — tenditore **bottle screw** — fascetta **hose clamp** — filo di ferro **iron wire** — catena **chain** — moschettone **spring catch** — anello **ring** — morsetto **clamp** — radancia **thimble** — grillo **shackle** — filo spinato **barbed wire**

meccanica workshop

Tavole di nomenclatura

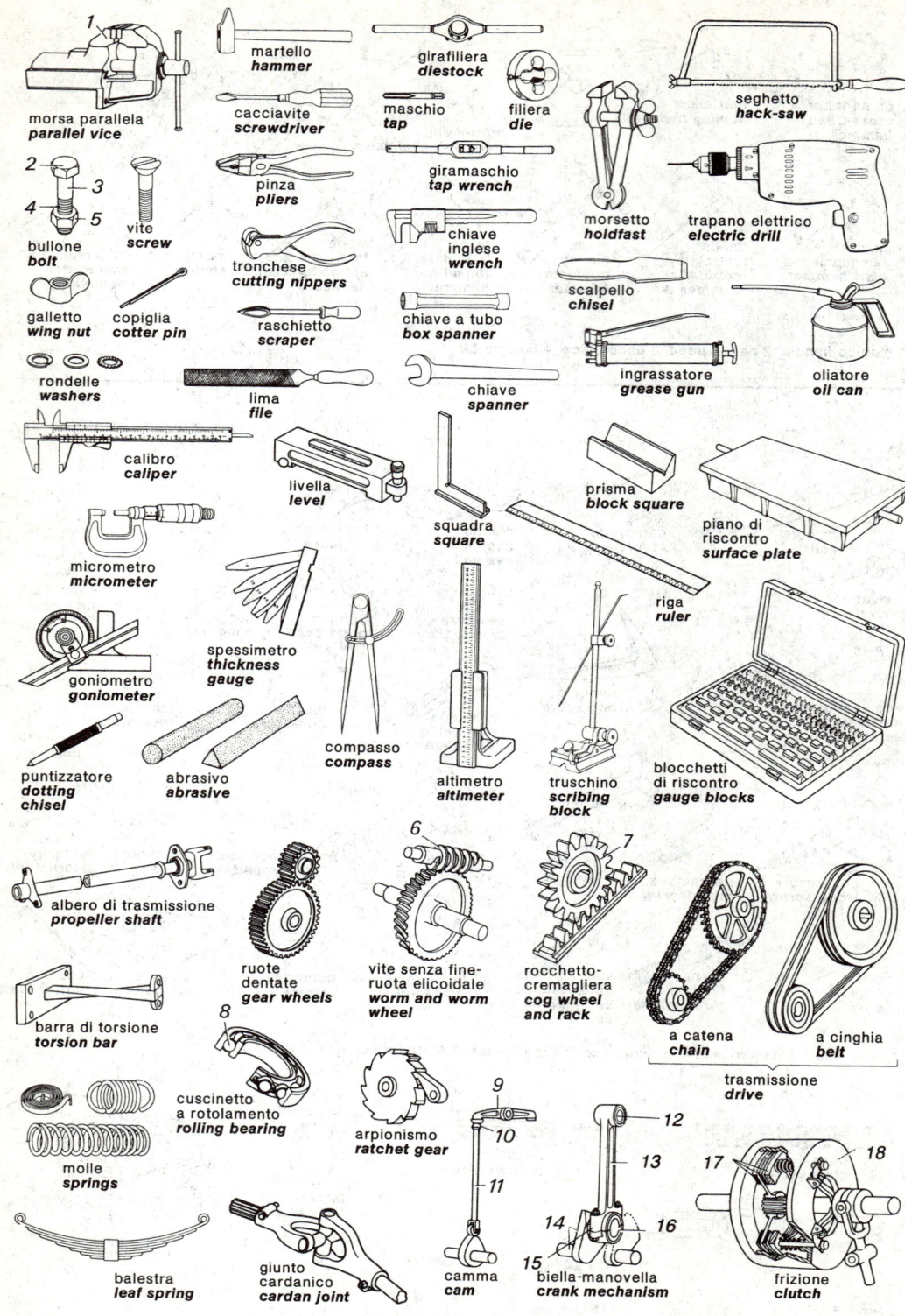

1 ganascia *jaw* 2 testa *head* 3 gambo *shank* 4 filettatura *thread* 5 dado *nut* 6 vite senza fine *worm* 7 rocchetto *cog wheel* 8 sfera *ball* 9 bilanciere *rocker* 10 punterie *tappets* 11 asta *rod* 12 piede *small end* 13 fusto *shank* 14 albero motore *gooseneck* 15 testa *big end* 16 bronzina *brass* 17 anelli *rings* 18 volano *flywheel*

meccanica workshop

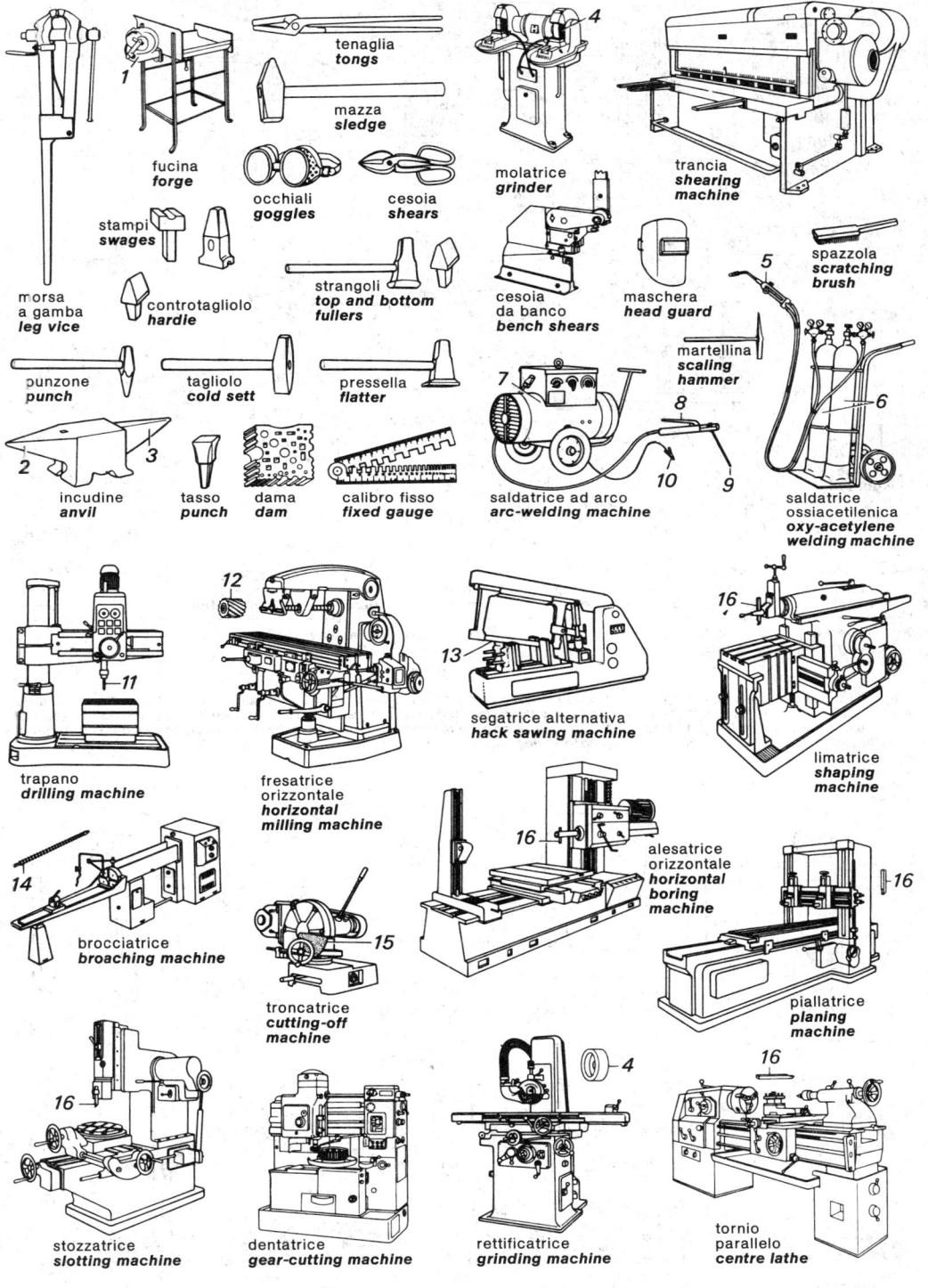

1 mantice **bellows** 2 lingua **beak** 3 corno **horn** 4 mola **grinding wheel** 5 cannello ossiacetilenico **oxy-acetylene torch** 6 bombole **cylinders** 7 gruppo motore dinamo **motor generator set** 8 pinza **welding gun** 9 elettrodo **electrode** 10 morsetto di massa **ground terminal** 11 punta **drill** 12 fresa **mill** 13 lama **blade** 14 broccia **broach** 15 disco abrasivo **sanding disk** 16 utensile **piece**

Tavole di nomenclatura

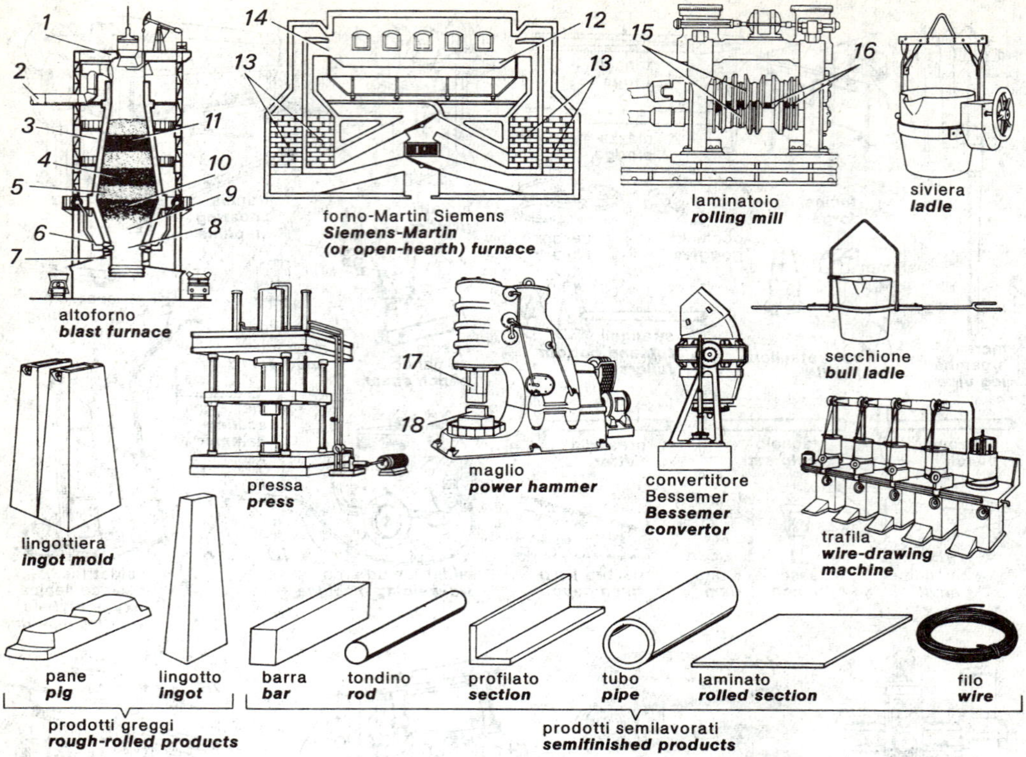

metallurgia metallurgy

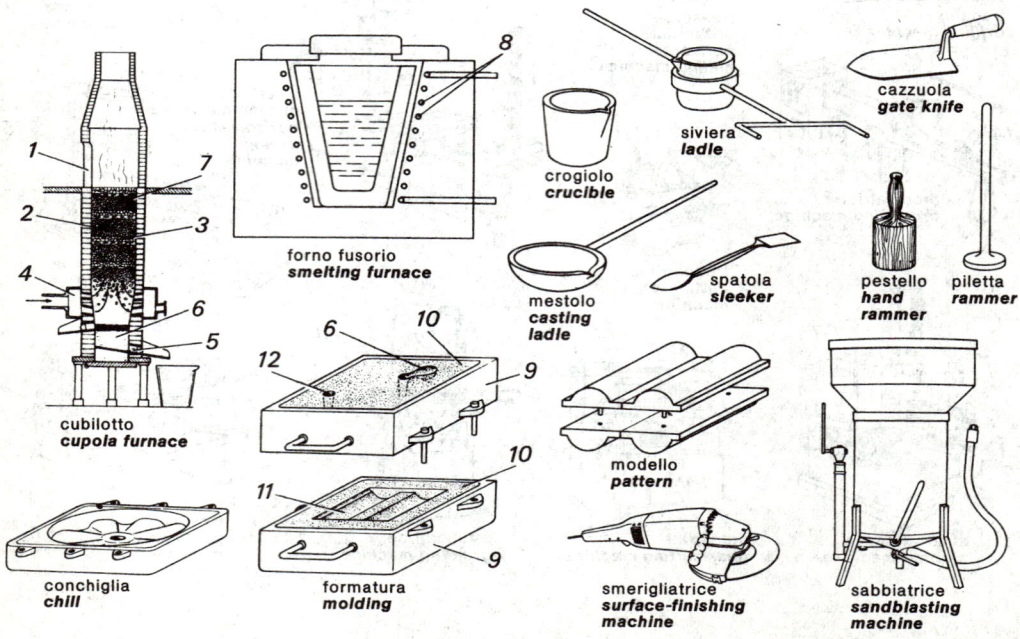

altoforno blast furnace — **forno-Martin Siemens** Siemens-Martin (or open-hearth) furnace — **laminatoio** rolling mill — **siviera** ladle — **pressa** press — **maglio** power hammer — **convertitore Bessemer** Bessemer convertor — **secchione** bull ladle — **trafila** wire-drawing machine — **lingottiera** ingot mold — **pane** pig — **lingotto** ingot — **barra** bar — **tondino** rod — **profilato** section — **tubo** pipe — **laminato** rolled section — **filo** wire — **prodotti greggi** rough-rolled products — **prodotti semilavorati** semifinished products

1 bocca di caricamento **charging door** 2 recuperatore dei gas **gas recuperator** 3 rivestimento refrattario **firebrick lining** 4 coke **coke** 5 fondente e minerale **flux and mineral** 6 ugello dell'aria **tuyère** 7 crogiolo **hearth** 8 foro di colata **tap hole** 9 sacca **bosh** 10 ventre **belly** 11 tino **shaft** 12 suola **hearth** 13 recuperatore di calore **heat recuperator** 14 gas combustibile **combustible gas** 15 cilindri **rolls** 16 laminato **rolled section** 17 mazza **ram** 18 incudine **anvil**

cubilotto cupola furnace — **forno fusorio** smelting furnace — **crogiolo** crucible — **siviera** ladle — **cazzuola** gate knife — **mestolo** casting ladle — **spatola** sleeker — **pestello** hand rammer — **piletta** rammer — **conchiglia** chill — **modello** pattern — **formatura** molding — **smerigliatrice** surface-finishing machine — **sabbiatrice** sandblasting machine

1 bocca di caricamento **charging door** 2 coke **coke** 3 fondente e ghisa **flux and cast iron** 4 ugello dell'aria **tuyère** 5 crogiolo **hearth** 6 foro di colata **tap hole** 7 tino **shaft** 8 resistenza **resistance** 9 staffa **molding box** 10 terra da fonderia **molding sand** 11 impronta **pattern** 12 sfiato **escape hole**

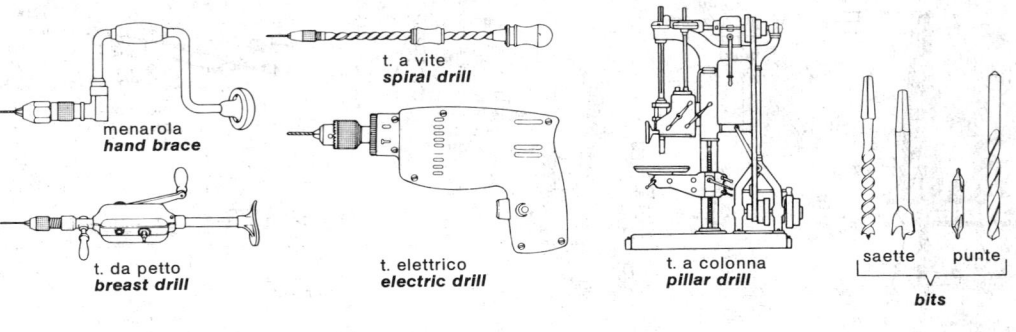

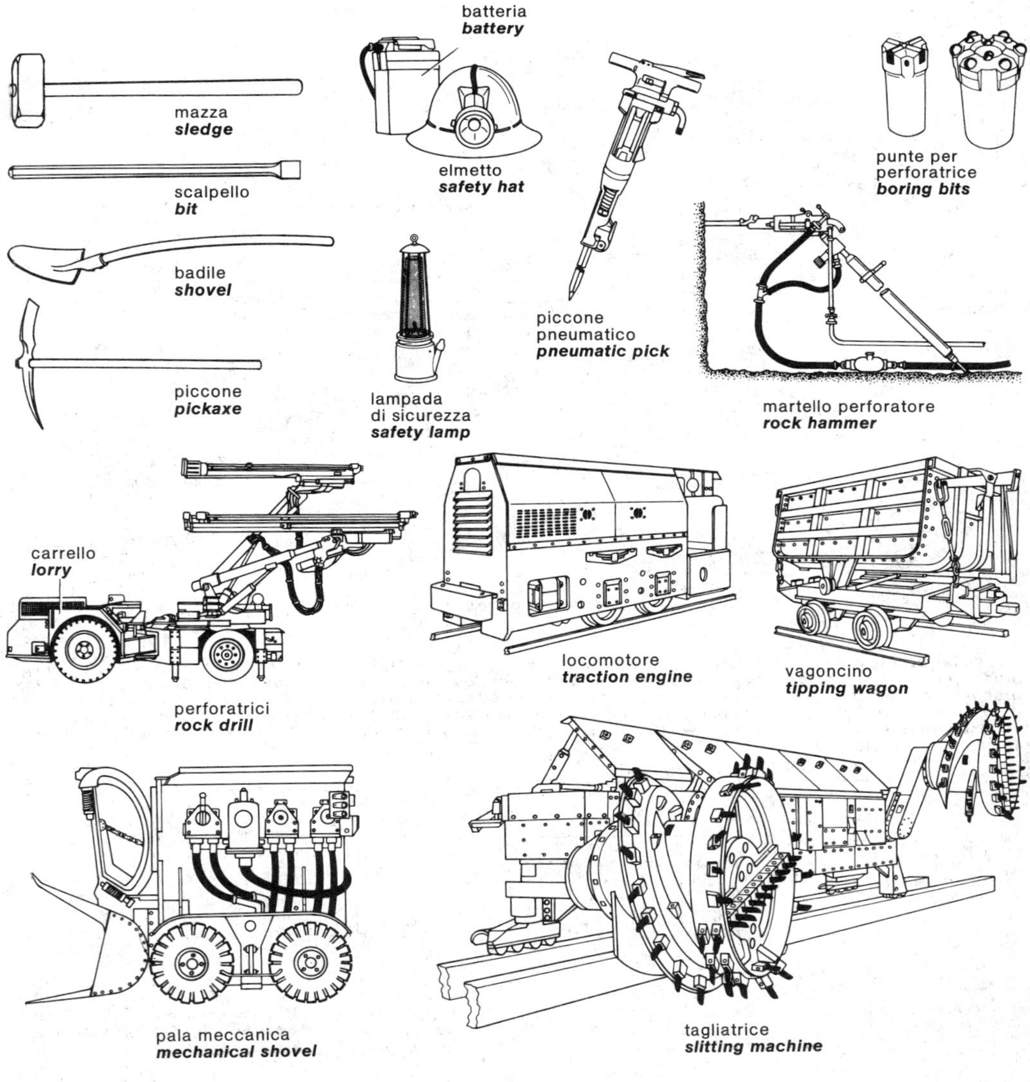

petrolio petroleum

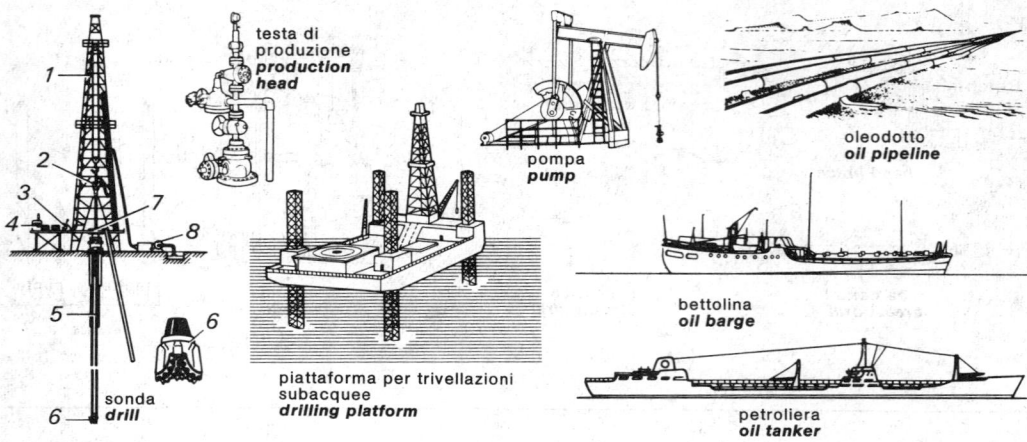

1 torre di perforazione **derrick** 2 testa d'iniezione del fango **mud injection head** 3 argano **capstan** 4 gruppo motore **engine** 5 asta **stem** 6 scalpello **bit** 7 tavola di rotazione **rotary table** 8 pompa del fango **mud pump**

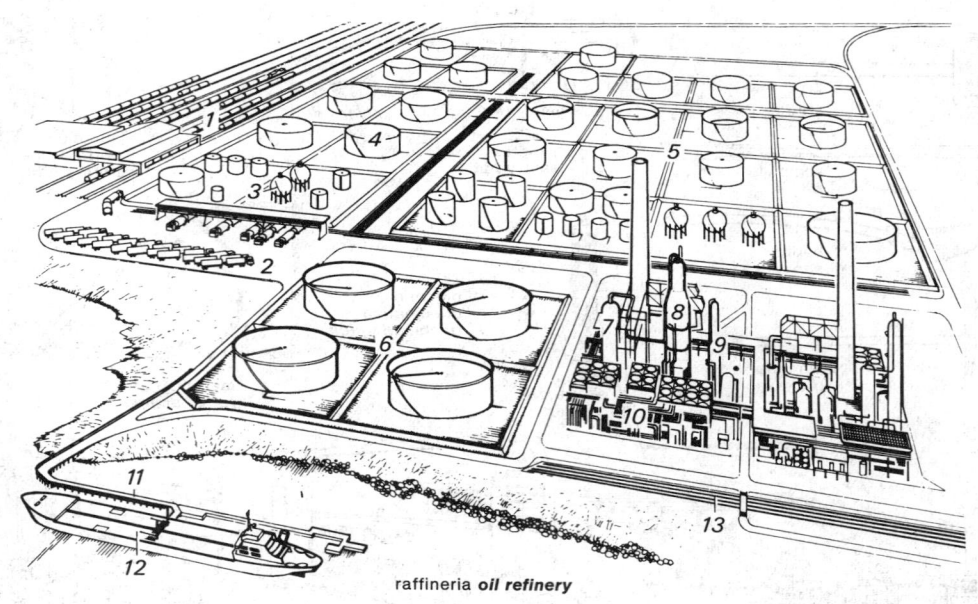

raffineria **oil refinery**

1 scalo ferroviario **railway** 2 piazzale di sosta e carico delle autocisterne **tanker parking and loading area** 3 serbatoio per prodotti gassosi **gas storage tank** 4 serbatoio per prodotti liquidi **liquid storage tank** 5 deposito dei prodotti raffinati **refined products storage area** 6 deposito del petrolio greggio **crude-oil storage area** 7 torre di distillazione sotto vuoto **vacuum distillation tower** 8 forno di riscaldamento del greggio **crude-oil heater** 9 torre di distillazione a pressione atmosferica **atmospheric pressure distillation tower** 10 condensatori **condensers** 11 molo petroli **oil mole** 12 petroliera **oil tanker** 13 oleodotto **oil-pipeline**

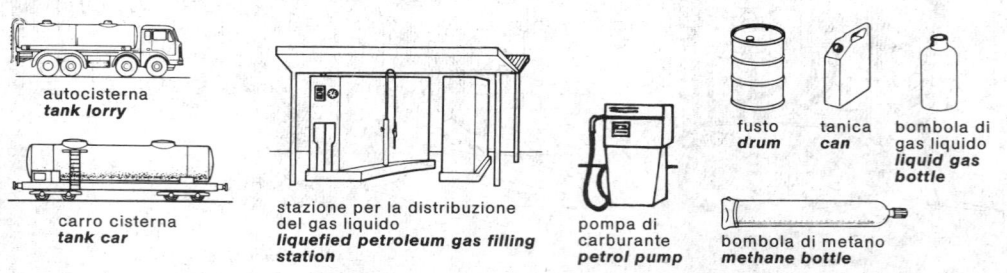

LE BANDIERE DEGLI STATI DEL MONDO
FLAGS OF THE NATIONS OF THE WORLD

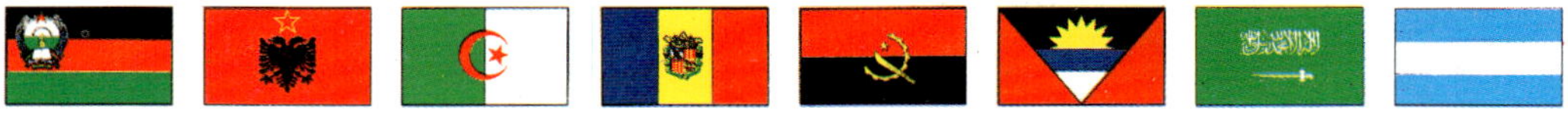

 AFGHANISTAN / *AFGHANISTAN*
 ALBANIA / *ALBANIA*
 ALGERIA / *ALGERIA*
 ANDORRA / *ANDORRA*
 ANGOLA / *ANGOLA*
 ANTIGUA E BARBUDA / *ANTIGUA & BARBUDA*
 ARABIA SAUDITA / *SAUDI ARABIA*
 ARGENTINA / *ARGENTINA*

 AUSTRALIA / *AUSTRALIA*
 AUSTRIA / *AUSTRIA*
 BAHAMA / *BAHAMAS*
 BAHRAIN / *BAHRAIN*
 BANGLADESH / *BANGLADESH*
 BARBADOS / *BARBADOS*
 BELGIO / *BELGIUM*
 BELIZE / *BELIZE*

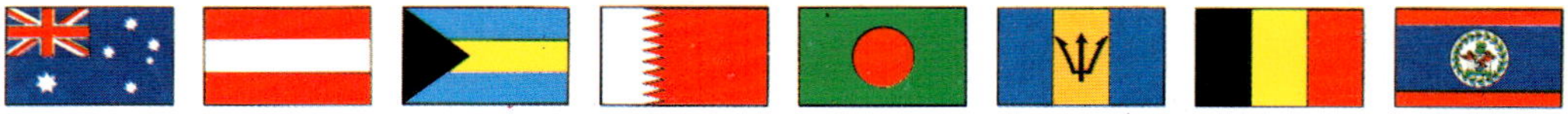

 BENIN / *BENIN*
 BHUTAN / *BHUTAN*
 BIRMANIA / *BURMA*
 BOLIVIA / *BOLIVIA*
 BOTSWANA / *BOTSWANA*
 BRASILE / *BRAZIL*
 BULGARIA / *BULGARIA*
 BURKINA FASO / *BURKINA FASO*

 BURUNDI / *BURUNDI*
 CAMBOGIA / *CAMBODIA (KAMPUCHEA)*
 CAMERUN / *CAMEROON*
 CANADA / *CANADA*
 CAPO VERDE / *CAPE VERDE*
 CECOSLOVACCHIA / *CZECHOSLOVAKIA*
 CIAD / *CHAD*
 CILE / *CHILE*

 CINA / *CHINA*
 CIPRO / *CYPRUS*
 CITTÀ DEL VATICANO / *VATICAN CITY*
 COLOMBIA / *COLOMBIA*
 COMORE / *COMOROS*
 CONGO / *CONGO*
 COREA DEL NORD / *NORTH KOREA*
 COREA DEL SUD / *SOUTH KOREA*

 COSTA D'AVORIO / *IVORY COAST*
 COSTA RICA / *COSTA RICA*
 CUBA / *CUBA*
 DANIMARCA / *DENMARK*
 DOMINICA / *DOMINICA*
 ECUADOR / *ECUADOR*
 EGITTO / *EGYPT*
 EL SALVADOR / *EL SALVADOR*

 EMIRATI ARABI UNITI / *UNITED ARAB EMIRATES*
 ETIOPIA / *ETHIOPIA*
 FIGI / *FIJI*
 FILIPPINE / *PHILIPPINES*
 FINLANDIA / *FINLAND*
 FRANCIA / *FRANCE*
 GABON / *GABON*
 GAMBIA / *GAMBIA*

 GHANA / *GHANA*
 GIAMAICA / *JAMAICA*
 GIAPPONE / *JAPAN*
 GIBUTI / *DJIBOUTI*
 GIORDANIA / *JORDAN*
 GRECIA / *GREECE*
 GRENADA / *GRENADA*
 GUATEMALA / *GUATEMALA*

 GUINEA / *GUINEA*
 GUINEA-BISSAU / *GUINEA-BISSAU*
 GUINEA EQUATORIALE / *EQUATORIAL GUINEA*
GUYANA / *GUYANA*
HAITI / *HAITI*
HONDURAS / *HONDURAS*
INDIA / *INDIA*
INDONESIA / *INDONESIA*

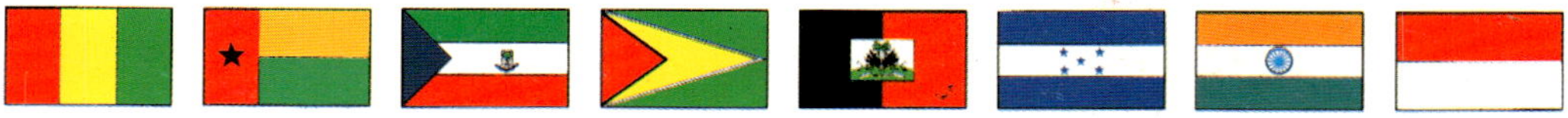

 IRAN / *IRAN*
 IRAQ / *IRAQ*
 IRLANDA / *IRELAND*
 ISLANDA / *ICELAND*
 ISRAELE / *ISRAEL*
ITALIA / *ITALY*
JUGOSLAVIA / *YUGOSLAVIA*
KENYA / *KENYA*